景德镇市志

（上）

1986—2010

景德镇市地方志编纂委员会 编

方志出版社
Publishing House of Local Records

图书在版编目（CIP）数据

景德镇市志. 1986—2010 / 景德镇市地方志编纂委员会编. -- 北京 : 方志出版社, 2020.11
ISBN 978-7-5144-4359-2

Ⅰ. ①景… Ⅱ. ①景… Ⅲ. ①景德镇－地方志－1986-2010 Ⅳ. ①K295.63

中国版本图书馆 CIP 数据核字(2020)第 188353 号

景德镇市志（1986—2010）

编　　者：景德镇市地方志编纂委员会
责任编辑：丛　珺、宁　芳、王　品
出 版 者：方志出版社
地址　北京市朝阳区潘家园东里 9 号（国家方志馆 4 层）
邮编　100021
网址　http://www.fzph.org
发　　行：方志出版社图书经销中心
电话（010）67110500
经　　销：各地新华书店
印　　刷：江西山水印务有限公司
开　　本：889×1194　1/16
印　　张：113.5
字　　数：4600 千字
版　　次：2020 年 11 月第 1 版　2020 年 11 月第 1 次印刷
印　　数：0001～2000 册
ISBN 978-7-5144-4359-2　定价：2200.00 元

景德镇市地方志编纂委员会

《景德镇市志（1986—2010）》编纂委员会成员名单

（2019 年 7 月）

顾　　问:钟志生

主任委员:刘　锋

副主任委员:黄金龙　唐　良　张良华　熊　皓　孙庚九　黄　野　廖云东　王丽心　胡春平　张维汉　况小军　李雪海

委　　员:(按姓氏笔画排序)

方霞云　计　群　艾春龙　石　珂　龙　骏　占　剑　宁恭武　冯国平　尧宁生　朱平生　朱仕木　朱菁华　汤武辉　汤其放　孙艳峰　严　峰　芦继云　李冬香　李景春　吴　飞　余华平　余志华　汪来金　张田安　陈振中　陈烽进　林益真　罗文军　周玉登　钟良贵　洪明华　倪卫春　徐九生　徐耿忠　徐　辉　高　翔　黄　伟　黄　涛　巢文斌　程卫东　程新宇　赖德华　蔡启彬　黎廷相　操柳林

曾任《景德镇市志（1986—2010）》编纂委员会成员名单

顾　　问:邓保生　刘昌林

主任委员:刘昌林　梅　亦

副主任委员:(按姓氏笔画排序)

于秀明　史文斌　史晓莲　刘朝阳　余振泰　沈　薇　张良华　张建军　俞定珍　陶永昌　潘　波　戴洪安

委　　员:(按姓氏笔画排序)

王友寿　王国华　方　清　占子松　叶光正　朱长安　伍恒光　闫　浩　江民强　江　华　江寿如　许华光　孙庚久　花长龙　杨挺潮　李学锋　宋汪龙　张明正　张学锋　张秧田　张随云　张景根　林卫春　罗建国　罗　璇　周镇清　郑小平　郑胜林　胡士桓　胡友林　胡建平　胡银娇　俞小平　俞永红　饶亚明　施杏兰　姚　进　徐　华　徐爱民　唐　良　黄　武　葛祖明　程曙光　傅桂龙　舒超英　雷　铧　雷　铭　熊小席　滕晓华

《景德镇市志（1986—2010）》编纂机构

《景德镇市志（1986—2010）》编纂人员名单

总　　编：刘　锋
主　　审：黄金龙　熊　皓　张良华
主　　编：李雪海
副 主 编：李景春　宁恭武

总　　纂：李景春
责任编辑：李景春　饶　璟　石卉珍　赵席忠
初稿编辑：吴　军　李清然　鲍文芳
图片编辑：李景春
工作人员：曾　文　詹新前　邱　辉　张　津

曾参与《景德镇市志（1986—2010）》编纂的人员名单

主　　编：史晓莲　俞定珍
资料整理：江寿如　张科理　段晓惠　韩晓光　龙荣芬　余安安

各承编单位撰稿人员名单

于秀其　万　芬　王玉娟　王建伟　王　贵　王彦勋　王晓敏　王海波　王雅琴　卞　军　方旭明
邓春建　平超群　叶　刚　叶　凯　付建清　冯开明　冯玉婷　冯仕超　邢　鹏　吕景峰　朱友生
朱峻锋　朱　颖　朱　鹰　伍艳红　刘文龙　刘志明　刘　坚　刘国华　刘建华　刘善荣　江志瑜
江丽娜　江　南　江　威　杨水春　李小中　李　丹　李志文　李　凯　李胜宝　李　恒　李益乐
李斯宇　李　翔　李满成　吴玉和　吴　华　吴建华　吴顺斌　吴群芳　吴德文　吴德明　邱云龙
邱建新　余兆彦　余　慧　邹龙生　汪郁渊　汪　凯　汪建华　汪剑锋　沈　琴　张育来　陈卫军
陈东升　陈　丽　陈　垚　陈　莹　陈　琦　罗贤雄　罗琴英　金寿进　金　瑜　周柱良　周　健
周　密　郑员英　郑新平　房希昌　赵席忠　段惠敏　侯　越　饶天龙　饶　璟　施云峰　姜　慧
洪东亮　洪先社　洪唯真　秦文丽　聂发明　夏　静　倪　凯　徐　浩　徐　锋　徐新华　翁光华
翁韶华　高国丰　唐忆秋　涂中勇　涂　强　黄小青　黄长城　黄　俊　梅端发　曹　谌　戚传付
龚　超　梁　雨　彭国红　彭建光　董良干　蒋德发　嵇景玲　程志山　程初田　程贤达　程　勇
童文明　曾　浩　詹善教　鲍　婕　熊小凤　熊　麟　樊华江　戴　骏　魏金华

说明：有多人参与撰稿的单位，记主要撰稿人或负责人。以姓氏笔画为序。

景德镇市政区图

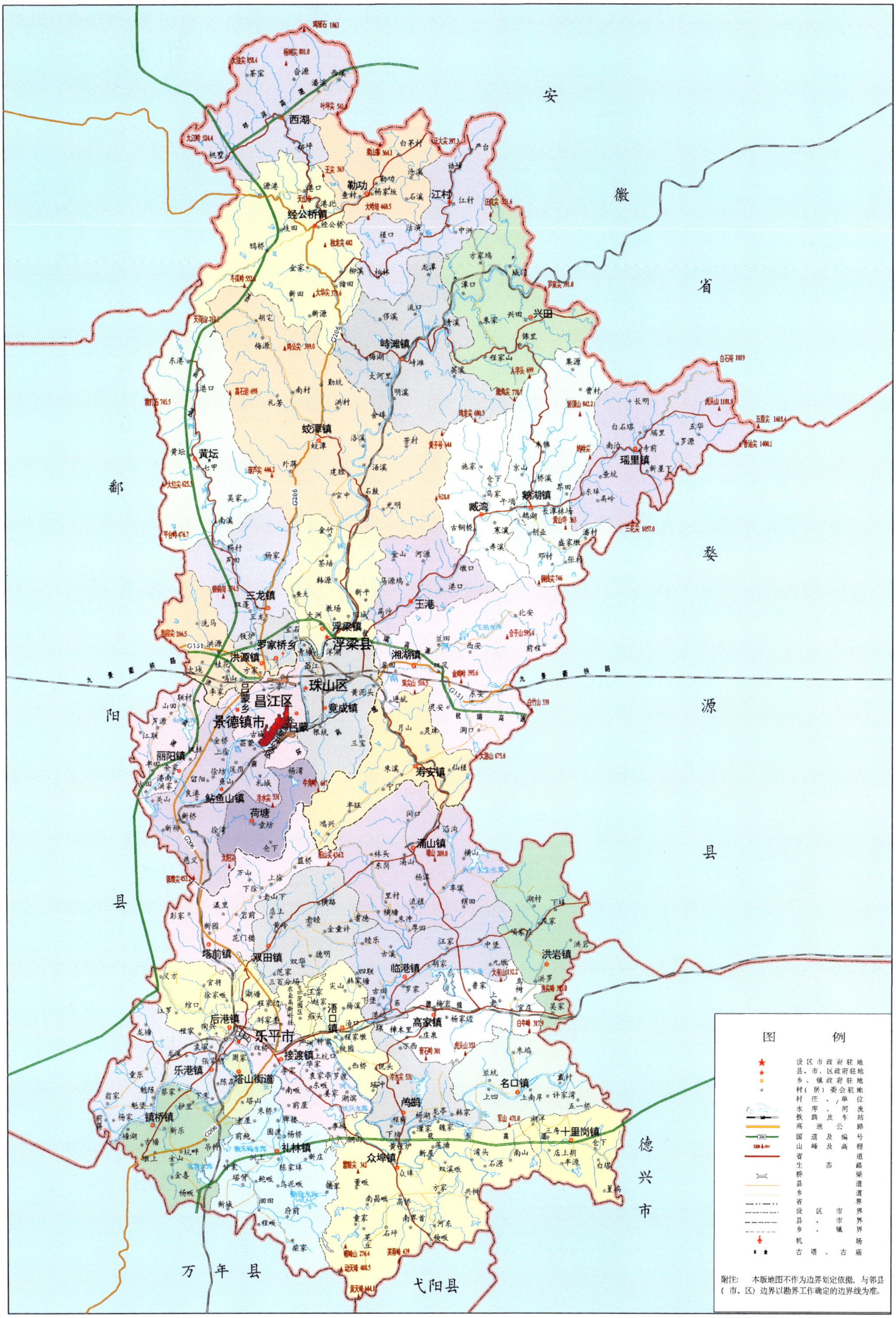

江西省地矿测绘院编制 审图号：赣S（2019）033号

2020 年，景德镇一江两岸风光 （潘旺福　摄）

2020 年，昌南湖湿地公园风光 （潘旺福　摄）

2020 年的景德镇北站夜景 （欧阳圣辉 摄）

2020 年 7 月，浯溪口水利枢纽蓄洪削峰场景 （李金龙 摄）

80年代的景德镇人民广场与景德镇饭店

2010 年的景德镇人民广场 （李景春 摄）

2010 年新建的昌江广场 （李景春 摄）

▲ 2010 年的珠山大桥
（郑筱卿　摄）

◀ 80 年代的珠山大桥
（郑筱卿　摄）

▲ 2008 年枫树山路口
（章天福　摄）

▶ 80 年代珠山
中路南门头

2010 年，景德镇市一江两岸俯瞰图　（胡汉清　摄）

乐平天湖公园 （徐天泽　摄）

2009年,昌南大道与瓷都大道交会路口 (郑筱卿　摄)

浮梁三贤湖公园

2006 年，昌南大道文化墙 （郑筱卿 摄）

瓷灯柱

广场人行天桥

▲▶ 建于70年代的景德镇昌河机械厂职工宿舍（李景春　摄）

2010年，昌河棚户区改造后的新貌（李景春　摄）

2010年的浮梁红塔（李景春 摄）

1984年维修前的浮梁红塔
（李德山 摄）

2004年重建的龙珠阁（岳峻 摄）

20世纪初的龙珠阁

1929年的龙珠阁

◀ 珠山中路制瓷工人铜像

▼ 迎宾路城雕《水滴》

金岭大道青花瓷城雕 （郑筱卿 摄）

▶ 1990年建景德镇市城标（甘世骥 摄）

迎宾路城雕《神火》 （李景春 摄）

▲90年代景德镇客运码头(陈和平 摄)

▶80年代景德镇瓷器外运船队

▲80年代昌江竹(木)筏运输

▲80年代的昌江大桥（王光琪　摄）

► 80年代，景德镇中渡口的水泥船浮桥，替代了木船浮桥
（王光琪　摄）

杭瑞、济广高速公路浮梁枢纽（陈国胜　摄）

公交巾帼示范班组

▲2016年杭州—景德镇—昆明航线首航

◀80年代执飞景德镇—南昌的“安二”飞机（熊钦元 摄）

2004 年 10 月，国际知名陶瓷产区市长（景德镇）峰会 （郑筱卿 摄）

2011 年 10 月 19 日，世界陶瓷城市市长峰会

1990 年 10 月，首届景德镇国际陶瓷节开幕式

2010 年 10 月，中国景德镇国际陶瓷博览会开幕式

豪德贸易广场

中国陶瓷城

中国瓷园

▼ 80 年代广场南路瓷器街

80 年代三间庙(迎宾路两侧)的陶瓷市场

烧柴瓷窑 （潘旺福 摄）

90年代大量推广使用的燃气梭式窑

（郑筱卿 摄）

80年代景德镇燃煤圆窑

80年代景德镇燃煤隧道窑

▶ 80 年代，景德镇陶瓷原料实现机械炼泥

80 年代，市宇宙瓷厂彩绘车间生产场景

80 年代，在日本举办的景德镇陶瓷展

90 年代，繁忙的煤气窑生产车间 （郑筱卿 摄）

▲▼ 景德镇陶瓷股份公司生产线

景德镇 7501 瓷

建国瓷厂生产的三阳开泰瓷瓶

人民瓷厂生产的青花梧桐餐具

景德镇红叶陶瓷股份公司生产的国庆 60 周年庆典专用瓷“国泰民安”餐具

▲陶瓷股份公司生产的中南海用餐具

艺术化的日用陶瓷——法蓝瓷

彩绘工人在画青花瓷瓶

东风瓷厂生产的系列景德壶

雕塑瓷厂生产的人像瓷雕《楚魂》(左)、《达摩》(右) （刘远长 制作 郑筱卿 摄）

市雕塑瓷厂生产的《水浒108将》(部分)

建国瓷厂生产的郎红釉美人肩瓷瓶
（邓希平　制作）

宇宙瓷厂生产的“米卡沙”出口瓷

超耐热陶瓷煲产品

建国瓷厂生产的第五届全运会颜色釉奖杯

2010 年，乐平塔山工业园一角 （徐天泽 摄）

▲ 2010 年，景德镇国家陶瓷科技城

▼ 2010 年，景德镇高新区一角景

◀ 2008 年 6 月 22 日，景德镇市首座 500 千伏输变电工程奠基

▶ 2006 年 10 月 27 日，市供电公司为浮梁县西湖乡合源村最后一家无电户举行通电仪式。至此，全市实现户户通电

▶ 2009 年 10 月 26 日，景德镇电厂新建 2 台 600 兆瓦发电机组工程奠基

（潘旺福　摄）

▼ 乐平鸬鹚光伏发电基地　（徐天泽　摄）

▲昌飞直升机生产线

▲ 2010 年 9 月，昌飞公司生产的 AC313 大型民用直升机在青藏高原测试

▶ 中国直升机研究所

昌河 Q35

昌河北斗星

◀昌河汽车生产线

◀昌河北斗星生产线

华意压缩机生产线

华意压缩机股份有限公司

黑猫公司生产线

▼ 焦化工业集团生产区

华润公司燃气库

王港乡墩口村翠冠雪梨

乐平历崌山杨梅特色园

▼ 乐平万亩无公害蔬菜基地 （徐天泽 摄）

2010 年，景德镇浮梁茶文化旅游节开幕式

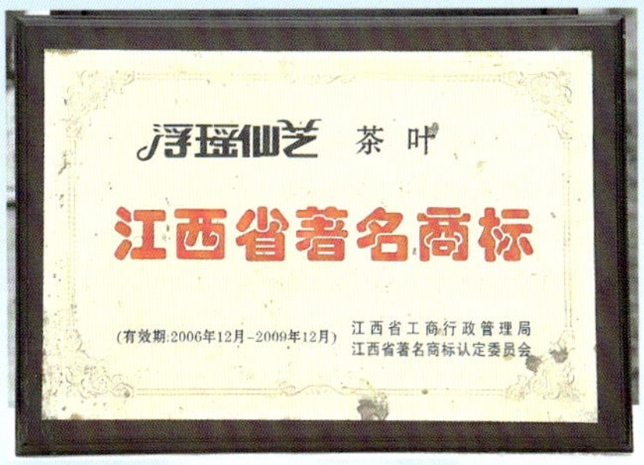

浮瑶仙芝 茶叶

江西省著名商标

（有效期：2006年12月-2009年12月）

江西省工商行政管理局
江西省著名商标认定委员会

江西省"浮瑶仙芝"茶业有限公司：

贵单位选送的浮瑶仙芝牌浮瑶仙芝茶，荣获第六届"中茶杯"全国名优茶评比

特等奖

中国茶叶学会
二〇〇五年七月

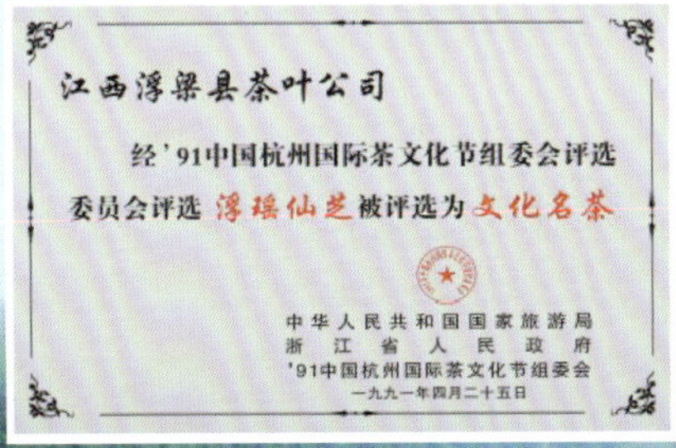

江西浮梁县茶叶公司

经'91中国杭州国际茶文化节组委会评选委员会评选 浮瑶仙芝 被评选为 文化名茶

中华人民共和国国家旅游局
浙江省人民政府
'91中国杭州国际茶文化节组委会
一九九一年四月二十五日

浮梁高山茶园 （郑筱卿 摄）

樟树为景德镇市树。图为浮梁县高岭村 1000 多年的古樟(周金定 摄)

◀ 茶花为景德镇市花。图为浮梁磻溪村 200 多年的茶花
（汪元芬 摄）

▼ 鸳鸯
（施祖康 摄于浮梁楠木田村）

五股尖云海 （潘旺福 摄）

90年代被淘金毁坏的昌江河床 （牛亚斌 摄）

乐平共产主义水库（潘旺福 摄）

林海中的瑶里镇汪胡村 （潘旺福 摄）

浮梁县勒功乡沧溪村

浮梁县港口村

▶ 浮梁县乡村集市
（郑筱卿　摄）

▼乐平众埠镇便民服务中心

鹅湖镇良溪村

2004 年改造后的中山北路步行街

2008 年开业的景德镇金鼎百货

80年代，市供销大厦落成暨瓷城购物中心开业典礼

▶80年代，斗富弄农贸市场（王筠松 摄）

2002年，华达购物广场开业

景德镇陶瓷学院湘湖校区

景德镇学院

江西陶瓷工艺美术职业学院

中国轻工业陶瓷研究所

江西省陶瓷研究所

景德镇市陶瓷研究所

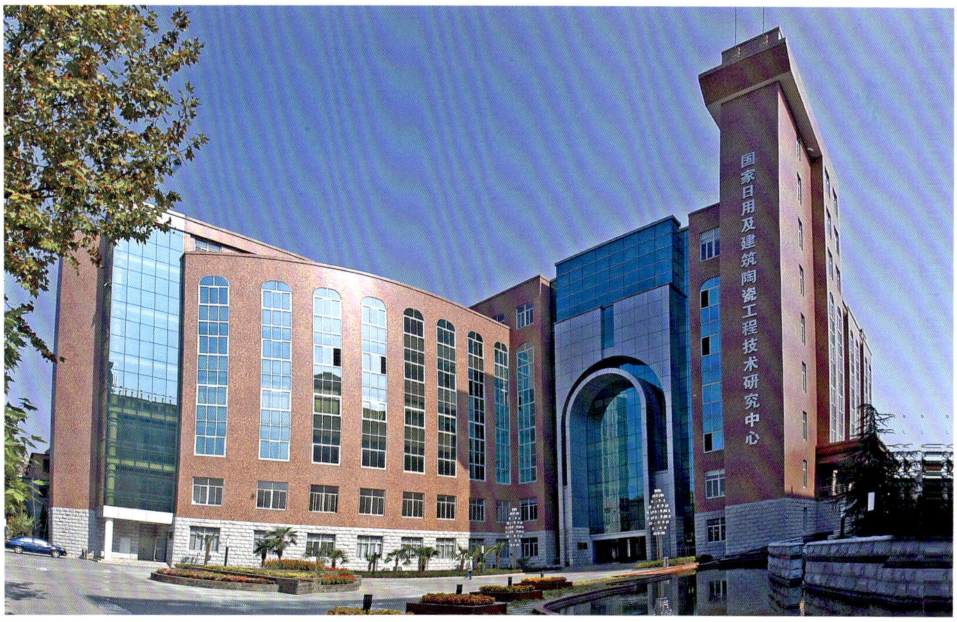

国家日用及建筑陶瓷工程技术研究所

景德镇陶瓷文化研究所

瑶里古镇

国家 AAAAA 级旅游景区——古窑

浮梁古县衙风景区

乐平唐代龙窑遗址 （徐天泽　摄）

乐平浒崦古戏台 （徐天泽　摄）

▲御窑厂大门

▶ 御窑出土瓷片

明宣德青花梅瓶(出土瓷片修复件)

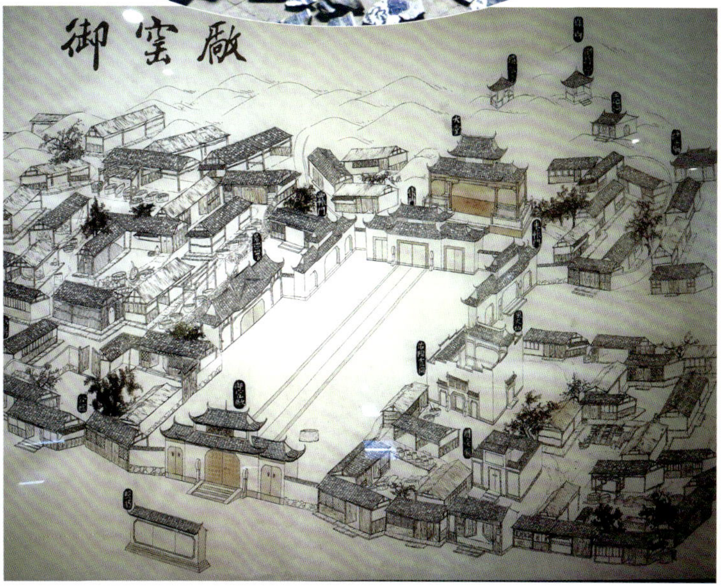

御窑厂布局图(瓷板画)

▲景德镇御窑厂宣德地层发掘现场

◀御窑厂明代制瓷作坊遗址

景德镇御窑厂明代葫芦窑遗址群

景德镇市第二人民医院门诊部、住院部大楼

景德镇市第一人民医院住院部 （潘旺福 摄）

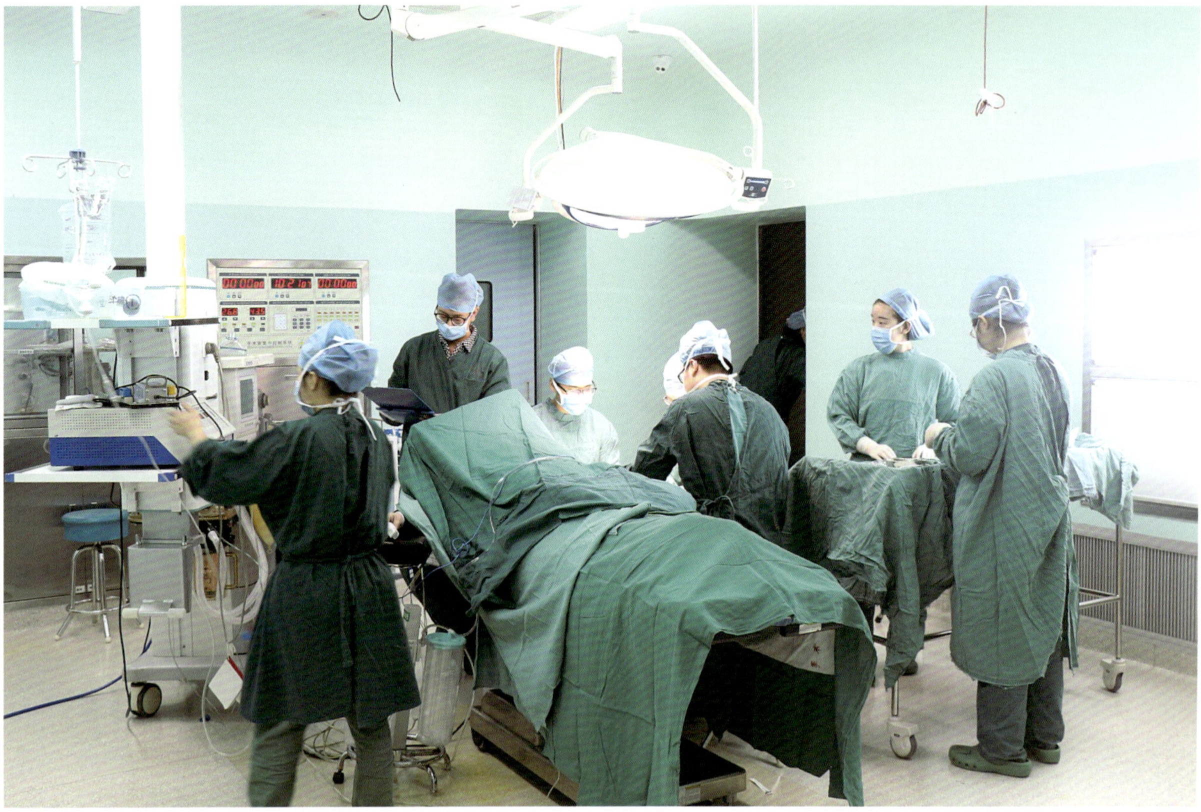

景德镇市第三人民医院数字化百级手术室

2010年，建设中的景德镇市妇幼保健院 （李景春　摄）

2008 年 9 月 8 日，奥运冠军吴静钰（右）、金紫薇凯旋

2009 年 9 月，景德镇市第十一届运动会开幕式

▲乐平红十军建军旧址

▶ 1938 年，景德镇红军办事处旧址(麻石上弄)

◀ 乐平赣东北特委旧址(荷园)(徐天泽　摄)

90 年代初的江西省陶瓷工业公司

90 年代的江西省陶瓷销售公司

◀70 年代的景德镇市陶瓷美术生产合作社

◀十八桥景德镇市工商业联合会旧址
（郑筱卿 摄）

▶陈家弄节孝牌

▶解放路陶瓷化工颜料店

◀ 乐平涌山煤矿百年欧式建筑

▶ 刘家弄清代窑砖房

◀ 90 年代珠山中路邮政大楼

80年代珠山中路瓷器友谊商店

80年代景德镇长途汽车站

三闾庙昌江古码头

▶ 80 年代的景德镇市政府
（金向东 摄）

▶ 80 年代公交 1 路车邮电大楼站

▶光明电影院

◀昌江区清真寺旧貌

▶中华南路礼拜堂

◀中华南路百年老店

◀建国瓷厂

▶ 红旗瓷厂

艺术瓷厂（金向东 摄）

电瓷电器工业公司

为民瓷厂

新华瓷厂

雕塑瓷厂

东风瓷厂

红光瓷厂

景兴瓷厂

人民瓷厂

◀景德镇陶瓷厂

▶光明瓷厂
（潘旺福　摄）

◀红星瓷厂

▶中国瓷都洁具厂

◀华风瓷厂（陈修义　摄）

地理概貌 风物神韵

一九六七年景德镇航片

收藏于景德镇老城博物馆的 1967 年景德镇城区航拍图

序　一

最古之史，实为方志。地方志被称为“一方之全史”，具有“存史、资政、育人”的重要作用。修史编志是中华民族特有的历史文化传统，也是各级党委政府一项重要的文化系统工程。

景德镇起于珠山之麓，兴于昌江之滨，从江南小镇到世界瓷都，历经千年，窑火不熄。2000 多年的冶陶史、1000 多年的官窑史、600 年的御窑史，“三面青山一面水，一城瓷器半城窑”，创造了“工匠八方来，器成天下走”的繁荣景象。

“治天下者以史为鉴，治郡国者以志为鉴”。本部志书是 1991 年版《景德镇市志》的续修，记述了景德镇 1986—2010 年的经济社会发展历程。这 25 年，全市上下在历届市委、市政府的坚强领导下，解放思想、团结奋斗，深入推进改革开放，全力改善民生福祉，推动各项事业取得了长足进步。经济实力显著增强，从计划经济逐步过渡到有计划的商品经济、社会主义市场经济，全市国内生产总值由 1986 年的 10.57 亿元，发展到 2010 年的 461.5 亿元，增长 43.6 倍。新兴产业蓬勃发展，经济发展活力不断增强，产业结构从以传统的陶瓷工业为支撑，到陶瓷、航空、汽车、文化旅游等产业齐头并进。社会事业全面进步，人民生活从温饱到小康，衣食住行和精神生活都发生了巨大变化，九年制义务教育基本普及，城乡医疗卫生服务体系不断完善，社会保障标准不断提高，广播电视全面覆盖，全市城镇居民人均可支配收入增长 15 倍，农村居民可支配收入增长 16 倍，生活品质不断提高。交通状况显著改善，从“萦迂曲折”到“四通八达”，罗家机场扩建升格成 4C 级机场，九景高速公路、景婺黄高速公路、景鹰高速公路建成通车，206 国道完成高等级化改造，与皖赣铁路、昌江水运构成了水陆空立体交通网络，发挥了承东启西、引南接北的重要作用。城乡面貌日新月异，从“草鞋码头”到宜居城市，拔烟囱、改窑炉、治污水，“蓝天碧水”工程顺利实施，工业企业相继完成“退城进郊”“退城进园”，城镇布局更加合理，社会主义新农村建设取得明显成效，景德镇的天变蓝了、水变清了，城市转型发展进入了新阶段。

修史之难，无出于志。《景德镇市志（1986—2010）》的编纂始于 2011 年，经过九年多的精心雕琢，揽地方资料于史籍，辑百业精华于一卷，共计460万字，成印付册，实属不易。在此，谨向本书出版表示热烈祝贺，向组织、参与、支持本志编写的同志们表示诚挚的敬意和衷心的感谢！

修志问道，以启未来。当前国家发展进入了新时代，景德镇的发展也迎来了天时地利人和的新阶段。2019年5月，习近平总书记时隔三年再次视察江西，殷殷嘱托我们“要建好景德镇国家陶瓷文化传承创新试验区，打造对外文化交流新平台”，为景德镇的发展标定了历史方位、擘画了美好蓝图。2019年11月，李克强总理到景德镇视察调研，期待我们“把千年瓷都打造成国际瓷都”。国务院批复的《景德镇国家陶瓷文化传承创新试验区实施方案》，明确我们要按照“两地一中心（国家陶瓷文化保护传承创新基地、世界著名陶瓷文化旅游目的地，国际陶瓷文化交流合作交易中心）”的发展定位，把景德镇建设成为全国具有重要示范意义的新型人文城市和具有重要影响力的世界陶瓷文化中心城市，成为共建“一带一路”国家文化交流重要载体和展示中华陶瓷文化魅力的名片，走出一条具有世界意义、中国价值、新时代特征、景德镇特点的发展新路子。省委、省政府要求我们“抢抓千载机遇、想尽千方百计、复兴千年瓷都，高标准、高质量、高水平建好国家陶瓷文化传承创新试验区，使景德镇成为让世界感知中国、惊叹中国的城市”。

总书记有嘱托、总理有期待、国家有使命、省委省政府有要求，千年古镇迎来了千载难逢的历史机遇，世界瓷都开启了对话世界的崭新篇章。我们要高举习近平新时代中国特色社会主义思想伟大旗帜，牢记习近平总书记殷殷嘱托，感恩奋进，真抓实干，全力做好景德镇的工作、办好景德镇的事情，努力把历史上、记忆中的景德镇，变成一个可触摸、可体验的景德镇，变成一个体现新发展理念的景德镇，变成一个用独特语言讲述新时代中国故事的景德镇，为推动中华文化走出去贡献“景德镇力量”，使景德镇真正成为展示中国文化的名片、讲述中国故事的平台、传递中国声音的窗口。

是为序。

中共景德镇市委书记：钟志生

2020年11月

序　二

国有史，郡有志。《景德镇市志（1986—2010）》的付梓面世，实为我市政治、经济、文化生活中的一件大喜事，值得庆贺！

千年窑火不息，万里瓷路绵延。丝绸之路上的船舱马背，不仅运送了景德镇的瓷茶，更造就了一个令世人惊叹的陶瓷圣地、世界瓷都。当代的景德镇不仅延续着历史上的繁荣兴旺，而且愈加紧扣时代脉搏，积蓄了澎湃的发展势能。新世纪前后25年间的改革发展实践，堪称一段景德镇波澜壮阔的奋斗历程，在浩荡历史进程中留下了绚丽的一笔。上世纪八九十年代，景德镇大力实施"蓝天碧水"工程，"草鞋码头"焕发新颜；新世纪初，市政府驻地大搬迁，为御窑大遗址保护留出空间，"三朝御窑"获得新生；置镇千年之际，成功举办景德镇国际陶瓷博览会，打造了永不落幕的世界陶瓷盛会和国际交易平台，"千年瓷都"风采再现……一张张蓝图变为现实，一个个愿景成为实景，与时俱进、开拓进取的景德镇，先后收获了中国优秀旅游城市、全国社会治安综合治理先进城市、国家园林城市、全国"双拥"模范城等荣誉称号。

盛世修志，志载盛世。《景德镇市志（1986—2010）》坚持以习近平新时代中国特色社会主义思想为指导，既结合地方特色，也反映时代特点，既完整深入，也详略得当，充分发挥了"存史、资政、育人"的重要作用，必将承前启后、鉴往昭来，服务当代、惠泽后世。

编志修书，浩繁艰苦。《景德镇市志（1986—2010）》历经资料搜集、编写评审、反复修改，几度春秋，数易其稿，终告完成。全书39篇460万言，工程浩繁。在此，崇高敬意无以言表。

修志问道，以启未来。如今，中国特色社会主义进入新时代，景德镇也进入发展新阶段，先后荣获国家生态文明建设示范市、全国文明城市、国家卫生城市，国务院正式批复景德镇国家陶瓷文化传承创新试验区。展望未来，让我们以史为鉴，牢记习近平总书记提出的“要建好景德镇国家陶瓷文化传承创新试验区，打造对外文化交流新平台”的殷殷嘱托，紧紧抓住景德镇国家陶瓷文化传承创新试验区这个千载难逢的历史机遇，朝着打造与世界对话的国际瓷都这一更高目标奋力前行，齐心协力描绘好新时代景德镇改革发展新画卷。

是为序。

景德镇市人民政府市长：刘锋

2020 年 11 月

凡　例

一、本志以马克思列宁主义、毛泽东思想、邓小平理论、“三个代表”重要思想、科学发展观、习近平新时代中国特色社会主义思想为指导，坚持辩证唯物主义和历史唯物主义的立场、观点和方法。按照国务院《地方志工作条例》的规定与要求，实事求是，客观记述景德镇市自然、政治、经济、文化和社会的历史与现状，突出时代特征和地方特色，力求思想性、科学性和资料性的统一。

二、本志为《景德镇市志》的续志，记述时限为1986—2010年。为保持记事的完整性，部分内容作适当上溯或下延。文前彩页选用了部分2020年城市基础设施图照，反映景德镇的城市发展面貌。

三、本志遵循事物发展的逻辑顺序，依照志书的整体结构，以类系事，事以类从，按照自然属性与社会分工相结合的原则，设置篇目。志首设图片、综述、专记、大事记，志末设附录、编纂始末。

四、本志采用述、记、志、传、图、表、录7种体裁，以志为主体，设篇、章、节。全志章下设无题小序，视需要节下设目与子目。

五、本志所述“全市”包括市区和市辖县(市)。“市区”为市辖区境，即昌江区和珠山区。“市属”为市直各部门或直接管理单位。“境内”或“域内”为全市行政区域内。

六、瓷器自古就是景德镇的特产，是中国古代对外贸易的主要商品。本志特设瓷业篇，综合记述其生产、贸易、科研及其衍生的文化等。景德镇森林覆盖率高，生态环境好，旅游资源丰富，林业、旅游业单独设篇记述。

七、人物篇分人物传、人物简介、人物表。人物传按卒年、人物简介按生年排列，遵循“生不立传”的原则。为弥补首轮《景德镇市志》对人物记述的缺漏，在“人物传”“人物简介”“人物表”中补录部分历史人物和全国劳动模范、国家级工艺美术大师、有重大贡献的知名人士等人物。未收到资料者缺载。

八、本志采取集中和分散相结合的方式记述体制改革，在政治部类前集中记述体制改革，简要记载全市经济、政治体制改革内容。社会事业改革在各自篇章中分散记述。

九、本志年代的记述中，未标明世纪的均为20世纪。即“20世纪××年代”直接记述为“××年代”，其他世纪年代则完整记述，如19世纪90年代。

十、本志以现代语体文记述，据事直书、述而不论。行文力求严谨、朴实、简洁、流畅。

十一、本志中的地名、机构、职务、职称等专有名称，均按当时称谓记述。机构名称首次出现时使用全称，括注后用简称。“中国共产党”简称为“中共”；各民主党派市委会均用简称，表述为“民革”“民盟”“民建”“九三学社”市委会等；市级机关、企业一般省去“景德镇”，直接写“市委”“市政府”“市财政局”“市宇宙瓷厂”等。

十二、本志行文规范，包括文字、纪年、称谓、计量单位、数字、表格等，执行国家标准和《〈江西省志(1991—2010年)〉编纂行文规范》(赣志办函字〔2015〕5号文件)。土地面积使用公顷，但表格中的原始数据使用亩的予以保留。

十三、本志采用的数据以市统计部门数据为准。统计部门未作统计的，按各行业、各部门的统计口径记述。人口数据主要使用2000年、2010年人口普查数据。其他有年份而未标明月份的数据，均为年末数据。国土面积使用2005年版《江西省地图集》数据及国土管理部门相关数据。表格中缺项数据包括存在但找不到，均以“—”表示。

十四、本志设条目索引。

十五、本志资料主要来自各承编单位档案、《景德镇市年鉴》、《景德镇市统计年鉴》，以及相关志书、报刊、专著等，经考证后入志，一般不注明出处。

总目录

附　录

上册目录

第三篇　国土与环保

第四篇　人　口

第五篇　城乡建设

第六篇　城市管理

第七篇　交通运输

第八篇　水　利

第九篇　电　力

第十篇　信息产业

第十一篇　工业园区

综　述

景德镇市位于江西省东北部，赣、浙、皖三省交界处，处北纬28°44′～29°56′，东经116°57′～117°42′之间。境域西北与安徽省东至县交界；南与上饶市万年县接壤；西与上饶市鄱阳县相邻；东北与安徽省祁门县相接；东南与上饶市婺源县毗邻。土地面积5256平方千米，下辖乐平市、浮梁县、昌江区、珠山区。

一

市域春秋时属楚东境，秦为九江郡番县辖地，汉属豫章郡鄱阳县。东晋咸和五年至九年（330—334）设新平镇，因在昌江之南又名昌南镇。唐武德四年（621）析鄱阳置新平县（后名新昌县、浮梁县），为景德镇治域区划之始。其时镇为县属。北宋景德元年（1004），昌南镇瓷业兴旺，税赋足，进御瓷底款书“景德年制”，遂以真宗皇帝年号景德为镇名。

景德镇历史悠久。涌山洞考古发现与万年仙人洞同为江西境内古人类遗址，浮梁沽演、蛟潭古文化遗址考古发现，景德镇域内先民们4000年前就在这里生息繁衍。清·道光《浮梁县志》载：新平治陶，始于汉世。乐平南窑和浮梁兰田窑的考古发掘，把景德镇制瓷可考历史推至中唐时期，景德镇有着近千年的官窑史、六百年的御窑史，有过“三面青山一面水、一城瓷器半城窑”繁荣景象，千年窑火至今不断，是闻名世界的“瓷都”。

景德镇不但是一个较早的手工业城市，也是中国最早的外来人口占大多数的开放型城市，清康熙年间有诗描述景德镇，“陶阳十三里，烟火十万家，陶民十七八，土著二三分”。作为国家首批历史文化名城，景德镇的陶瓷文化遗产灿若星辰、遍布全市，主要有古文化遗址、古窑址、古建筑、古街区、碑刻、石雕、匾额等。御窑遗址、湖田窑遗址、高岭土矿遗址被列为国家重点文物保护单位。御窑遗址考古发掘被评为2003年全国十大考古新发现，高岭古矿遗址被评为首批国家矿山公园。到2010年，全市共有列入名录的非物质文化遗产512项，其中省级非物质文化遗产142项，市手工业制瓷技艺、传统瓷窑作坊营造技艺被列入《国家首批非物质文化遗产名录》。域内有景德镇陶瓷馆、景德镇官窑博物馆、景德镇陶瓷民俗博物馆、景德镇民窑博物馆等10个博物馆。乐平的古戏台文化、浮梁的茶文化，有着很强的地域特色。

景德镇是海陆丝绸之路的重要起点，是瓷茶的重要货源地。郑和7次下西洋，所携带的主要商品，就是景德镇陶瓷；“南海一号”和“碗礁一号”沉船打捞出水的货物中，有大量的景德镇青白瓷；16世纪瓷器传到欧洲后，王公贵族都以拥有景德镇瓷器为荣，被宫廷及民间收藏。瓷器在海上运输中起到压舱石的作用，占海上丝绸之路贸易商品一半以上，海上丝绸之路也因此称为陶瓷之路。景德镇与北京、广州一同，成为欧洲对东方古国了解最多的城市。中华人民共和国成立以后，历任国家领导人赠送外国政要的礼品，多为景德镇瓷器；景德镇瓷器成为中南海用瓷、钓鱼台国宴用瓷、国家大型庆典活动用瓷；景德镇也是外国政要和嘉宾的参访地。2004年10月始办的中国景德镇国际陶瓷博览会，成为全球标杆性的陶瓷盛会，中国陶瓷行业国际化、专业化的会展品牌与名片，同时也成为展示和推介景德镇陶瓷品牌的平台。

20世纪80年代后期，景德镇陶瓷产量与产业规模达到历史最好水平，初步形成完整的生产体系。90年代，景德镇陶瓷产业在进行经营管理体制改革的同时，陶瓷生产的工艺技术、设备更新改造也取得巨大成就。生产的发展从以建新厂扩规模为主的外延式扩大再生产，转向以加强对现有企业进行技术改造为主的内涵式扩大再生产。通过引进、消化、吸收,对景德镇陶瓷工业进行全面技术改造,推进生产技术向国际先进水平看齐。通过不断采用新技术、推广新工艺、开发新产品,陶瓷产品不断向高档化、多元化方向发展。陶瓷生产和出口创汇等综合效益明显提高,在全国各产瓷区中排在前列,获得各种技术发明奖、科技进步奖、优质产品奖的数量和层级为全国各产瓷区之首。

“八五”期间,围绕轻工业部提出的“五化”(原料标准化、辅材专业化、燃料煤气化、工艺现代化、产品高档化)目标,景德镇陶瓷工业通过实施原料、匣钵、石膏生产的技术改造,初步实现原、辅材料生产专业化、标准化;采用注浆、烘干、贴花以及冲压、喷雾干燥等一系列生产新工艺,特别是引进90年代国际先进水平的等静压成型和其他关键设备,实现瓷器、面砖生产自动化;通过窑炉改造,尤其是引进、推广燃气梭式窑、隧道窑,基本上实现烧瓷工艺的换代。“八五”陶瓷技改、大幅度提高陶瓷生产的技术装备水平,极大提升了高档瓷的生产能力,增强景德镇在国际市场上的竞争力,是对景德镇日用瓷传统生产工艺技术的一场革命,为中国传统陶瓷工业向现代化工业迈进闯出一条新路。

二

景德镇是以单一的陶瓷手工业支撑1000多年的城市。瓷土产地高岭山,为世界制瓷黏土(kaolin)的命名地。景德镇瓷器造型优美、品种繁多、装饰丰富、风格独特,以“白如玉,明如镜,薄如纸,声如磬”的特点蜚声中外。青花、玲珑、粉彩、颜色釉,合称景德镇四大传统名瓷,大量精美的陈设瓷珍藏于世界各大博物馆。

进入90年代,在计划经济向市场经济转轨的过程中,陶瓷企业普遍存在经营体制不适、企业负担过重、管理体制落后、市场竞争激烈等困难和问题,国营陶瓷企业投入与产出倒挂,生产与销售失衡,收入与支出反差,开始陷入经营困境,有的企业甚至出现停产或半停产状态,由此引发了一系列社会矛盾。1996年3月23日,景德镇市委研究确定红星、建国、艺术、红光、人民、东风、为民、红旗8户陶瓷企业作为推行“两权分离、划小经营、风险抵押、租赁承包”的改革试点。5月,在东风瓷厂开始以“划小核算单位、实行风险承包”的方式实施改制试点,帮助企业走出经营困境。1997年,陶瓷改革在前几年“一厂一策、主攻难点、整体推进、重点突破”的基本思路下,制定以“售、股、租、包、并、破”为主要内容的改革措施,逐步把改革推向深入。国有陶瓷企业通过扩大企业自主权、企业三项制度改革、推行经济责任制、实行利改税及新税制等改革措施,生产经营得到新的发展。在历经国退民进、结构调整、退城进园等改革后,景德镇通过政策引导、招商引资,做大民营企业,发展高技术陶瓷,景德镇传统瓷业重新走上复兴之路。

1994年,江西景德镇高新技术产业园区成立,是江西省3个高新技术产业园区之一。新建新都民营陶瓷园烧造基地,迁入从城区撤出的梭式窑。景德镇陶瓷生产开始退城进园,逐渐形成多个陶瓷生产聚集区。2004年,景德镇在浮梁县城西部建立陶瓷工业园区,引进广东佛山的大型建陶企业入驻,同时接受市区迁出的陶瓷企业,陶瓷园区成为省政府和科技部共建的景德镇国家陶瓷科技城产业化基地。

2004年以后,景德镇加快推进国家陶瓷科技城的建设,依托景德镇陶瓷学院、国家日用及建筑陶瓷工程技术研究中心等研发机构,形成以陶瓷新材料为主导,包括传统陶瓷创新的特色产业群,成为全国陶瓷行业创新基地和江西省重要的科技创新基地,推动陶瓷科技和教育事业的不断发展。“十一五”期间,景德镇的高技术陶瓷产品扩展到纳米陶瓷、陶瓷粉体、防弹陶瓷、功能陶瓷、电子陶瓷、远红外陶瓷,技术陶瓷产业集群形成。至2010年,景德镇已形成一个集陶瓷勘探、矿山开采、原料加工、产品制造、包装设计、内外贸易、教育科技、文化创意等门类齐全的全产业链配套生产体系。

21世纪初,在深化市场经济体制改革过程中,景德镇进一步实施以“债务剥离、资产净化、职工安置”为主要内容的陶瓷国企改革。在国家政策的支持下,景德镇市委、市政府集中力量,整合资源,对6万余名职工实施补偿安置和身份转换,企业资产完成清算转隶,实现有效监管。理顺陶瓷管理体制,成立市瓷局,作为市政府职能部门,统一管理全市陶瓷产业。到2010年,国有陶瓷企业改制工作全面完成。

三

20 世纪 60 年代末，一批部（省）属电子、制药、机械企业作为国防“小三线”建设入驻景德镇市郊，这些企业不仅带动了当地的基础设施建设，拉动了市域经济发展，还迅速改变了景德镇的产业结构。至 80 年代中期，景德镇以昌河飞机制造厂和中国直升机研究所为龙头，成为全国唯一具备直升机科研与生产能力的城市，被誉为“中国直升机工业摇篮”。从研发直 8 型、直 9 型系列直升机开始，到研发生产直 11 型系列直升机及中国第一架大型民用直升机 AC313，景德镇努力打造航空产业基地。

景德镇域内驻有多家省部属电子企业，80 年代主要有 999 厂、713 厂、859 厂、897 厂、602 厂、740 厂、4321 厂、523 厂等 10 余家，生产的军、民用电子产品有 60 余类共 1500 多个品种。电子工业企业多、产品广、门类齐、质量优，成为全国主要的电子工业基地，部分产品在全国同类同行中处领先地位。90 年代开始，随着国家外向型经济的发展，这些电子企业纷纷迁往交通便利的发达地区，景德镇电子产业大幅萎缩。

景德镇市机械工业在 80 年代中期，是全市三大经济支柱工业之一，1986 年机械工业产值近 2 亿元。90 年代，随着产品结构调整，机械工业总产值下降，但新兴工业异军突起，如景德镇建成国内第一条年产 100 万台无氟压缩机生产线的华意压缩机厂，成为中国无氟压缩机生产和出口的重要基地。2007 年，景德镇华意集团由长虹集团兼并后，企业走出困境，规模不断扩大，冰箱产品畅销国内外。2010 年，无氟压缩机通过兼并扩产走向欧洲，逐步发展成为全球最大的家用电冰箱压缩机制造企业。以电瓷电器公司为龙头的机电行业主要生产高压电瓷、高压电器、氧化锌避雷器，其产品在 90 年代行销国内外。

从昌河集团分拆出来的昌河汽车有限责任公司主产微型车，布局合肥与九江生产基地，先后生产旅行车、小型载货车、微型面包车轿车系列以及汽车发动机，成为国家主要的微型车生产基地，昌河牌面包车与北斗星轿车曾经以价廉物美而畅销全国，一度成为北京市出租车的主要车型。之后的几年里，企业轿车开发落后于同类企业，从中航集团转隶长安集团后，轿车车型更新升级依然缓慢。

1986 年，景德镇为解决原煤烧造瓷器产生的污染问题，建成投产焦化煤气厂，企业以煤化工为主体，为陶瓷企业提供煤气，同时不断拉长产业链，实施多元化发展，提高资源综合利用水平，炭黑、复合肥、药用安瓿、输液瓶、脑复康产品相继问世。2008 年，焦化集团进入新一轮跨越发展阶段，成功打造出“煤化工相关多元产业、专业化炭黑产业、裂变发展的酒店和房地产业”三大支柱产业，企业年销售收入逐步向百亿目标迈进，成为景德镇市属企业纳税第一大户。

四

景德镇农业主要是粮油作物种植，主要品种有水稻、油菜、玉米。通过多次进行中低产田改造，改良土壤，增加耕地养分，不断提高耕地质量。1986 年，水稻播种面积 9.67 万公顷，产量 40.87 万吨，至 2010 年面积减少至 8.38 万公顷，产量增加到 54.09 万吨。粮油种子使用农药品种由高效、高毒、高残留向高效、低毒、低残留方向发展。推广测土施肥，化肥施用由氮、磷、钾向综合使用复合肥、专用肥、配方肥发展；农业机械化程度不断提高，农民逐步成为投资和经营农业机械的主体。水果种植历史悠久，80 年代主要是农民房前屋后零星种植，2000 年以后，通过农业开发，形成一些规模果园，在传统的桃、李、梨、枣、柿、桔、西瓜的基础上，引进杨梅、火龙果、草莓等新、优水果品种。从不足万亩 1000 余吨，发展到 7 万亩近万吨，出现一批种植观光大户。

畜牧业主要是鸡鸭鹅、猪牛羊等养殖，通过发展推动畜牧业规模经营。1986 年畜牧业产值 0.6 亿元，

2010年达14.88亿元,占农业总产值的25.86%。蜜蜂养殖继续发展,农户散养的多为中华蜂,专业和规模养殖的蜜蜂多为意大利蜂,采取追蜂蜜源的方式随油菜花期向北方移动,秋凉后返回本地越冬。2010年,全市养蜂12869箱,蜂蜜产量230吨。

景德镇市境水域养殖主要是草鱼、鳊鱼、鲶鱼、鲢鱼等。至2010年,养殖水域面积7000公顷,占可养水域面积96.48%。渔业养殖模式由粗放渔业向精细渔业转变,池塘高密度精养、水库立体综合养殖水平提高,单位面积产出增加,优质品种所占的比重增长较快。

90年代开始,景德镇的蔬菜种植发展迅速,并呈特色发展。乐平市主要发展商品蔬菜,成为全省最大的蔬菜生产基地;昌江区扩大蔬菜花色品种,发展无公害蔬菜、精细菜和营养蔬菜,丰富市民"菜篮子";浮梁县发展食用菌生产、高山蔬菜、野生蔬菜、森林蔬菜和食用笋等。至2010年,全市形成九大蔬菜基地,播种面积达2.6万公顷,产量达80万吨,仅次于水稻。推广大棚种植、绿色种植,40个产品被农业部认定为无公害农产品。乐平蔬菜批发大市场被农业部批准为全国首批定点批发市场、农业部鲜活农产品价格信息采集点。

浮梁茶叶历史悠久,曾以红茶扬名国内外,是江西主要产茶县之一,与"祁红"茶为同一产区。1991—1995年,浮梁县贷款实施红茶出口基地建设项目,是江西省吉湖农业综合开发项目的子项目,包括茶园低改、茶叶初制厂建设、茶叶精制厂建设、茶叶纸箱包装厂建设。项目实施后,茶叶出口却遭遇欧盟农产品贸易绿色壁垒,外贸受阻,产业大幅萎缩。2000年后,通过推广名优绿茶加工技术、建设有机茶园、创建茶叶品牌,重新打开国内外市场。至2010年,全市上规模的标准化茶园有浮瑶仙芝茶叶有限公司、浮梁县昌南茶叶公司、福安茶叶有限公司等公司的茶园。"浮梁茶"获农业部中国农产品地理标志登记。浮梁县分别有浮瑶仙芝、浮红、崖玉、瑶河等11个茶叶品牌。

景德镇市林地资源丰富,林地面积占土地总面积的67.1%,市域森林资源主要有用材林、经济林、竹林、薪炭林、特种林。通过开展植树造林、封山育林和限额采伐,打击破坏林业资源犯罪,实现森林资源持续增长。全市森林覆盖率由1989年的45.08%增加至2010年的65.07%。全市建有省级自然保护区2个、县级自然保护区6个,自然保护小区371个。面积共计5万公顷,占景德镇国土面积的10.21%,高出全省平均值约4个百分点。进入21世纪,景德镇严格控制天然林阔叶林采伐,保护动植物资源及生态环境,天然林与人工林面积之比保持在2.53∶1。

90年代,国家确定乐平市和浮梁县为农业开发县(市)。通过实施果桑茶开发、吉湖项目开发和国家农业综合开发项目,开展土地治理、水利冬修、中低产田改造、水土流失治理,促进新农村建设和农业现代化。至2010年年底,景德镇市农业综合开发项目累计投入资金3.91亿元。包括中央财政资金1.16亿元,地方财政配套资金0.58亿元,银行贷款1.28亿元,自筹资金0.89亿元。建设产业化项目42个,扶持万头养猪场、农业生态园、蔬菜批发市场、米业公司、茶叶公司等农业产业化项目,直接带动农户2万多户,解决农村剩余劳动力万余人就业。

1986—2010年,景德镇市防洪、排涝、灌溉、发电等水利工程建设取得长足进展。景德镇市区城防堤防洪标准从5~7年一遇提高到20年一遇,浯溪口水利枢纽建成后,整体防洪标准提高到50年一遇,80多万市民得到保护;乐平的乐北联圩、镇桥联圩、续湖联圩、牌楼圩等得到维修加固,88多万人口和5万多公顷耕地得到保护;共产主义水库、玉田水库、山田水库等得到维修加固;疏浚昌江河道,建设鱼山船闸,提高了昌江通航能力;樟树坑水电站建成投运,浯溪口水利枢纽完成设计。全市90%以上的地区内涝得到治理,80%以上农田实现旱涝保收。水利工程体系取得防洪、灌溉、排涝、供水、发电和生态效益,在国民经济发展中发挥了重要作用。

全市共有14个垦殖场和2个农垦工商公司,总人口38938人。80年代开始,陆续实行乡场合一、承包到户的经营责任制改造。至2010年,全市农垦企业基本完成改制,职工给予补偿安置后,生产资料按乡、村经营体制管理。

五

20世纪90年代，景德镇市开展一系列教育改革工作，全面推进素质教育，兴办幼儿学前教育，大力普及九年义务教育，全面扩大高中阶段教育。至2010年，全市幼儿园（保育院）增至483所，教职工2698人；小学496所、教学点120个，在校学生14万人；初、高中学校数共有76所，初中在校学生6.8万人，高中在校学生2.3万人；职业学校22所，在校学生2万余人；高等院校3所，在校大学生2.6万人，其中景德镇陶瓷学院为全国唯一的陶瓷高等学校，在校学生1.5万人。景德镇拥有初等、中等、高等陶瓷职业教育机构，设有部、省、市三级陶瓷科研单位，拥有全国最为完整的陶瓷科研、教育体系。

景德镇悠久的制瓷历史，留下了大量的陶瓷文化遗存。80年代，在珠山中路东门头一带发现御窑遗址，市政府成立考古研究所，开展考古发掘和保护管理工作。2002年10月至2005年1月，又对珠山北麓等地进行连续3年的主动性考古发掘，发现晚清江西瓷业公司发行所建筑遗迹一处，清理明代葫芦形窑炉遗迹7座，馒头形窑炉14座，发现明永乐和宣德早期官窑落选贡品挖坑掩埋的瓷器30小坑（窝），以及沿坡倾倒的成化、弘治时期瓷片5处，其中不少品种是罕见的官窑遗物。作为遗址保护的重大举措，将在此办公的市政府全部迁出。至2010年，省、市文物考古研究所对御窑厂遗址进行多次抢救性考古发掘，获得10余吨瓷片，发现几十处明御窑埋藏的落选贡瓷场所和21座明代窑炉遗址，整理、复原出御窑瓷器1400件。这些考古发掘和研究成果解决了中国陶瓷史的部分疑难问题，在世界陶瓷考古界产生巨大影响。御窑厂遗址考古发掘被评为2003年度全国十大考古新发现。御窑厂遗址被批准为国家考古遗址公园。

千年不息的窑火孕育出多姿多彩的陶瓷文化。历年来，政府和民众不断开展文化艺术活动，丰富市民文化生活。市内设有各类陶瓷博物馆、艺术馆十余座，展示景德镇厚重的陶瓷文化和精湛的陶瓷艺术。2009年，景德镇市委、市政府提出大力发展文化创意产业的战略构想，城市的126个重点建设项目中，就有历史文化街区保护等10多个文化和生态方面的项目。每年举办一次全市性群众歌咏月活动。市歌舞团自编自导的青花舞、瓷乐器活跃于国内外舞台，深受观众青睐。还有经常性开展的社区舞蹈比赛等，极大丰富了群众精神文化生活。景德镇陶瓷文化和群众文化得到传承与发展。

到90年代，景德镇血吸虫病、地方性甲状腺病得到控制，但结核病及矿山、陶瓷工人的尘肺病高发，随着卫生事业的发展，当地主要的职业病得到有效防治。至2010年建成市疾控中心实验室、市传染病医院和市急救中心，市一院、二院、三院、四院等单位也通过多渠道筹集资金，加大医院基础设施建设，建成三甲医院4家；加快人才引进，率先在全省实现新农合全覆盖，参合率达到99%，新农合统筹资金使用率在91%；社区卫生进一步发展，全市有省一星级社区卫生服务机构5家、二星级14家、三星级11家，“15分钟社区卫生服务圈”基本形成；妇幼卫生保健水平进一步提高，全市孕产妇死亡率9.7/10万，5岁以下儿童死亡率9.08‰，居民人均寿命大幅提升至75岁，主要健康指标和总体医疗质量高于全国平均水平。

1986—2010年，景德镇竞技体育硕果累累，先后向优秀训练单位输送后备体育人才148名。其中有2008年北京奥运会上分别夺得跆拳道女子49公斤级和女子四人双桨赛艇金牌的吴静钰、金紫薇，以及蔡烨清、张冬莲、范彦浦、张婵莺、刘露芳等一批优秀体育人才。全民健身活动日趋普及，基层体育活动组织遍布城乡社区，职工体育、农民体育、学校体育、残疾人体育、老年人体育全面发展。

依托丰富的文化资源和生态资源，景德镇旅游产业呈现跨越式发展，旅游接待人次由1991年的17.74万人增长至2010年的1324.59万人；旅游总收入由0.21亿元增长到66.63亿元；创汇由66.57万美元增长到6484.11万美元。2005年，国家旅游局批准景德镇市为中国优秀旅游城市。至2010年，全市有AAAAA级景区1家，AAAA级景区5家，旅行社29家。分布在车站、景区和闹市区周边的星级酒店、连锁酒店、中档旅馆及乡村民宿、农家旅舍基本满足旅客的出行需要。旅游购物以陶瓷和茶叶为主，金昌利陶瓷大市场、国贸广场、中国陶瓷城等一批陶瓷市场，满足旅客的购物需要。

六

景德镇是赣东北的重要城市,有国道、铁路、航空、水路等交通线路,但等级低,运力小。20世纪80年代,景德镇公路交通主要是206国道和九(江)景(德镇)衢(州)省道,国道吕蒙至河西段9.38千米改建成水泥路面,成为景德镇市首段高等级公路。90年代后,先后建成九景高速公路、石洪一级公路,结束景德镇无高等级公路的历史。2006—2010年,全市各级政府持续抓公路建设,新建改建县乡公路1500千米,实现村村通。境内有九景、景婺黄、景鹰、德昌、祁浮5条高速公路,总里程196.53千米;国(省)道5条,总里程258.887千米;县(乡)公路总里程2000千米,形成四通八达的公路交通网络。铁路有皖赣铁路,但铁路等级低、运力小。"十二五"期间景德镇规划建设九(江)景(德镇)衢(州)铁路,设计标准为国家一级双线电气化铁路,时速200千米。水运依靠昌江干流航道,昌江渠化工程鲇鱼山枢纽和凰岗枢纽先后建成,昌江成为五级航道,可常年通行300吨级船舶。民航有罗家机场,90年代改建为4C级民用机场,2005年后经扩建重组,可满足年旅客吞吐量60万人次、货邮吞吐量20万吨、飞机起降6000多架次的需要。至2010年,景德镇初步形成公路、铁路、水路、航空为一体的综合交通运输网络。

80年代,建成珠山大桥,景德镇开启了一江两岸的城市格局。90年代,城市建设加快,先后建成瓷都大桥、白鹭大桥,新建昌江大道、景德大道,沟通昌江两岸,大力开发西市区,形成一江两岸的城市格局。城市总体布局由条状向长方形棋盘状发展,景德镇建成区框架迅速拉大,城市中心体系逐步形成,即西市区为景德镇市级综合服务中心、浮梁县城为城市副中心、高新区工业为新城中心、洪源片区为物流商贸中心、景东片区为商贸中心。同时,景德镇市开始发展房地产业,实施房地产开发建设和旧城改造,兴建住宅小区。进入21世纪,景德镇城区房地产业进入一个开发新时代,通过老城区改造,新建昌南拓展新区、景东大道开发新区,一批高层住宅楼拔地而起,房地产业为古老的瓷都增添了亮丽的风景线。至2010年,市城区有各类房屋总建筑面积2000万平方米。其中住宅面积1000万平方米,商业房面积280万平方米。人均住房建筑面积30.14平方米,城区住房配套率约达83%,功能齐全的住宅小区占住宅总量的33%左右。

城市广场被誉为城市的"脸面"与"客厅"。70年代,市中心只有一个简易的足球场,用于运动会和群众集会。2000年以后,景德镇加大对城市广场改造和建设的力度,在城市中心和人口密集区,先后建成人民广场、昌江广场、景岚苑广场、昌河广场等几个大型休闲广场,总面积11.3公顷,满足城市居民休闲、娱乐、锻炼的需求。

七

景德镇历史上长期采用松柴烧瓷,造成周边及昌江上游森林过度砍伐。70年代以煤代柴烧瓷技术的推广,保住了景德镇的青山绿水。但集中在市区的煤窑造成了严重的烟尘污染。80年代中期,景德镇老城区依然是瓷厂与民居混杂的格局。全市数以千计的燃煤圆窑、隧道窑、坑道烘房和烤花炉,百余座巨大的烟囱吐着"乌龙"。到90年代初,市区183座烧煤圆窑和22座烧煤隧道窑的浓烟翻滚,主城区烟尘浓度超过国家工业窑炉大气污染物排放标准4~40倍,烟尘排放量约4600吨,烟尘浓度达3000~7000毫克/立方米,超过国家排放标准15~35倍,严重了污染城市环境,影响了居民生活,破坏了城市形象。

90年代开始,景德镇开始实施"蓝天碧水"工程,关停、拆除各种烧煤工业窑炉,从居民区中撤出梭式窑、烤花炉。1995年,市人大提出《关于限期拆除市区煤烧圆窑的议案》,要求在使用焦化煤气、液化石油气技术已成熟的基础上,有步骤地拆除煤烧圆窑,彻底治理市区大气污染。市政府制定《关于市区煤烧圆窑限期拆除实施意见》,限期三年拆除市区煤烧圆窑。在市人大常委会的监督下,全市先后在工业园区建成数十条(座)焦炉气隧道窑,推广液化气梭式窑、煤气烤花窑、煤气热风炉上千台。至2002年底,燃煤窑炉全部拆改关闭,2002年也成为瓷都景德镇的环保元年!

"碧水"工程包括:开展昌江河综合整治,制定《关于治理昌江河水环境的工作方案》《景德镇市昌江河水环境质量保护管理办法》和《景德镇市无磷洗涤用品管理办法》;加大对企业污染源的监管,督促市焦化煤气总厂、景德镇啤酒厂、昌铃公司和华意电器总公司等重点企业落实工业废水处理措施;加强水厂饮用水源地保护,实施截留引污工程,强制关闭饮用水源地一级保护区内排污口和排污企业,对景德镇发电厂进行异地重建;全面禁止在市区河道采金挖沙作业,规划整治沿江两岸沙场;建设并运行污水处理厂。

"蓝天碧水"工程的实施,使景德镇大气环境得到根本治理,陶瓷企业实现退城进园、窑炉改造和产业升级,实施老城改造,庭院绿化,城区生态环境不断改善。在全省城市环境综合整治定量考核中,景德镇市由之前的连续三年倒数第一转变为四连冠,先后被评为全国绿化模范城市、中国优秀旅游城市、全国社会治安综合治理先进城市,荣获中国人居环境(范例)奖。

往事千年,瓷都静好。宋·汪肩吾《昌江风土记》曰:"浮梁之俗洁而居,鲜而食,华而出。其山川林木,望之郁郁疏秀,泉甘而土肥,亦美壤矣"。今天的景德镇,依然山清水秀、风光旖旎,依然是绿色宜居、平安和谐之城。新世纪,新气象,新风貌,千年瓷都继续以开放、包容、创新的精神,大力发展陶瓷文化创意产业,再现"工匠八方来,器成天下走"的盛景,向着世界瓷都、航空之城迈进。

专　记

“草鞋码头”成旧忆　生态瓷都换新颜

——千年瓷都打造蓝天碧水工程纪实

千年瓷都——景德镇，是闻名于世的陶瓷圣地，也是一个环境优美、景色宜人的生态城市。徜徉在这座历史文化名城的大街小巷，不仅能够感受到悠久的历史底蕴和厚重的文化积淀，也陶醉于她湛蓝的天空、清新的空气、绕城的碧水、青翠的山峦。

历史上，景德镇由于传统的瓷业生产工艺，窑炉与居民混杂的城市布局，造成老城区“烟囱多、街道窄、灰尘大、脏乱差”的状况。正是有了景德镇历届市委市政府坚持不懈的环境整治工作，有了将能源更新换代的科技进步，有了污染工业退城进园，有了用实际行动推进“蓝天碧水”工程、建设生态家园的艰苦实践，才换来如今的蓝天碧水、怡人风光。

一、烟尘滚滚能蔽日

千年窑火铸就了“瓷都”辉煌，但持续多年的烧窑制瓷也给景德镇的生态环境带来莫大压力。烧制陶瓷主要采用的煤烧窑，限于生产力发展水平，不可避免排放出大量烟尘，成为景德镇大气污染的结构性污染源。

元代，蒋祈就在《陶记》中发出了“一里窑，五里焦之谚语，其龟鉴矣!”的感叹。明清时期，制瓷业达到高峰，据清道光《浮梁县志》记载，有制瓷工人10万之众、窑炉300座，夜晚的景德镇就像一座燃烧着的巨炉。19世纪40年代，美国哈佛大学教授郎菲罗作诗《景德镇神游》，描写道：“俯瞰全境如焚火，三千炉灶一齐熏。充满天际如浓雾，喷烟不断转如轮。”到了七八十年代，景德镇城区烟囱林立，街面尘土飞扬，高空浓烟滚滚，30多平方千米的市区分布着数以千计的燃煤圆窑、隧道窑、坑道烘房和烤花炉，林立着600多根高低不一的烟囱，每年消耗煤200万吨。环境污染最严重的时候，每月的自然降尘量达到54吨/平方千米。如果一年不清扫的话，降尘可达30多厘米。

80年代，南市区烟囱群

以1995年的统计数据来看，当时市区集中了183座煤烧圆窑，日产烟尘18吨，烟尘排放浓度超过国家工业窑炉大气污染物排放标准4~43倍；有煤烧隧道窑22条，年耗煤量约9万吨，烟尘排放量约4600吨，烟尘浓度达3000~7000毫克/立方米，超过国家排放标准15~35倍。几百支烟囱排放的废气如乌龙翻滚，每天飘浮在景德镇城市上空的烟尘有1吨多，市区林格曼黑度达5级以上。

“黑烟滚滚能遮日，三天不洗尘作被”，堪称当时烟尘污染的真实写照。1997—1999

年，景德镇城市环境质量考评在全省11个设区市中连续3年排名倒数第一。烟尘污染痼疾，严重损害了市民身体健康，使矽肺病成为当时景德镇主要的职业病，肺结核成为主要传染病；也严重破坏了城市形象、影响了投资环境，让外来投资者望而却步。治理大气污染，成为市委市政府的首要任务，也是谋求下一步发展必须先解决好的问题。

二、一江碧水受污染

昌江河（又名昌江）由北向南贯穿景德镇全境，全长254千米，流域总面积6260平方千米，年平均水资源总量达106.27亿立方米，人均水资源量3586立方米，远高于全国的2200立方米。历史上，昌江不仅沿岸青山苍翠、河水清澈见底，还是景德镇瓷器远销海内外的主要运输通道，是名副其实的景德镇"母亲河"。

到了80年代，由于长期砍伐树木用以烧窑，昌江上游出现水土大量流失现象，又因水资源管理体制不畅导致昌江支流东河多发频发大规模淘金挖沙破坏河床现象，加之城市污水处理设施滞后、公民环保意识不强，出现沿岸居民、企业向河内倾倒生活垃圾、排放工业废水等不良行为，昌江河不堪重负、水污染情况日趋严重。

据统计，当时每年都有高达8924万吨污水（生活污水3339万吨、工业废水5585万吨）排放入江，严重恶化了昌江水质，破坏了水生态和水环境。枯水季节，景德镇城区上游水质是II类水，但到了城区下游河段就成了IV类水以下。"母亲河"的污染，严重影响了群众生产生活和城市环境风貌，治理已是迫在眉睫。

三、"蓝天"工程降"黑龙"

面对浓烟滚滚、污水横流的现实，为更好回应群众呼声、解决发展痛点，市委市政府扎实推进了大力整治环境、建设生态城市的"蓝天碧水"工程。

1986年，治理大气污染的"蓝天工程"正式拉开帷幕，吹响了向黑色烟尘宣战的战斗号角。按照"谁污染、谁治理"的原则，狠抓污染源治理，限期淘汰耗能高、质量低、严重污染环境的产品以及落后工艺设备。至1987年年底，红星瓷厂锅炉、740厂锅炉和噪声、市第一医院锅炉、523厂锅炉烟尘及噪音、713厂的空压机房噪声、人民瓷厂的烘房、市粮食局三粮库的噪声、为民瓷厂煤渣污染、新华瓷厂锅炉烟尘、市纸箱厂锅炉烟尘等10家污染源治理取得明显成效。特别是兴建了焦化煤气厂，以"改变陶瓷燃料结构，提高陶瓷质量，改善大气环境"为使命，把焦炉煤气源源不断地输送到大小瓷厂、千家万户，深度优化了景德镇陶瓷燃料结构。

"蓝天工程"前期进展顺利，但要根治景德镇的大气污染，任务仍然非常艰巨，首当其冲的就是全市煤烧窑的改造任务。当时陶瓷企业效益低下，而改造窑炉所需资金巨大，市财政和厂家无力承受。同时，每根烟囱都涉及近500名陶瓷工人的就业和上千人的生计问题。资金投入的压力、百姓生计的考量、社会稳定的风险，使得改造煤烧窑工作进展十分缓慢，改革进入攻坚阶段。

从1995年开始，景德镇市的窑炉拆改工作可形象地比作"三大战役"：第一战役，以集中锅炉供热改变了坑道烘房分散烧窑的模式；第二战役，对国家规定淘汰的圆窑进行拆改；第三战役，针对隧道窑炉进行专项整治。在推进"三大战役"的过程中，注重了能源替代和技术改造，先后投资6亿元建成了33条煤气隧道窑，尽量将煤烧圆窑改成煤烧（油烧或气烧）隧道窑，将煤烧烘房改为蒸汽烘房，将煤烧锦窑改成油烧（或气烧）辊道窑，使烧造瓷器的能源经历了柴、煤、油、气、电的变迁，并逐步推广了净化粉及煤用脱硫助燃剂、高压电除尘器、APF污水处理装置等烟尘消除、污水处理等设施。

1996年，景德镇市重要粉尘污染源——市水泥厂停产，并计划搬迁到柳家湾与市第二水泥厂合并。是年，市政府制定了《关于市区煤烧圆窑限期拆除实施意见》，将限期3年拆除市区煤烧圆窑的工作进行了任务细化、分解落实。市政府及有关部门尽力为企业排忧解难，对已按期缴纳排污费的企业补助拆窑经费，同时大力推广燃气梭式窑等先进陶瓷窑炉。至1997年年底，全市拆除关停煤烧圆窑155座。

1998年，市政府出台《关于继续在市区限期拆改煤烧圆窑的意见》，明确提出了关停拆改目标：对市区已经停烧的圆窑，不准续烧，仍在使用的在1999年10月1日前关停，12月前由产权单位自行拆除。至1999年年底拆除106座，改造24座，作文物保留1座，界定市区范围外5座，剩8座。

2000年年初，完成全部关停拆改目标，并先后建成焦炉气隧道窑、煤气烤花窑、煤气热风炉数10条（座），推广普及液化气梭式窑达上千台，陶瓷生产的科技水平大步提升。

2002年年底,在市人大环资委督查下,实施“退城进郊”“退二进三”,工业企业尽量迁出城区,进行多年的煤烧隧道窑拆改任务终于全面完成。

经过不断努力,“黑龙”被一步步降服,几年时间里先后淘汰拆除煤烧圆窑183座、煤烧隧道窑22条,拆除烟囱606根,从居民区中撤出梭式窑600多座、烤花炉800多个,基本结束主城区以煤烧瓷的历史。同时,管道煤气和罐装液化气迅速普及,居民生活用的煤饼也逐步退出市场,城市大气环境得到明显改善。

四、“碧水”工程净昌江

市政府实施的“碧水”工程,以切实做好昌江河水环境保护及水污染防治工作,确保各功能区水质达标为目的。一是针对昌江河富营养化等问题,加大对重点企业污染源的监管力度,促使市焦化煤气总厂、景德镇啤酒厂、昌铃公司和华意电器总公司等企业各自担负起工业废水治理任务,结合国家“上大压小”计划对景德镇发电厂进行异地重建。二是配合昌江河综合整治工作,制定了《关于治理昌江河水环境的工作方案》《景德镇市昌江河水环境质量保护管理办法》和《景德镇无磷洗涤用品管理办法》等。三是实施截污分流和搬迁工程,保护水厂饮用水源地。实施景德镇电厂3号灰库的2个排污口废水治理,建设第四水厂饮用水源地引污截流管道和黄泥头自来水厂水源保护区排污口截流引污工程,强制关闭饮用水源一级保护区内排污口3个,关闭饮用水源保护区内排污企业1个。四是全面禁止在市区河道采金挖沙作业,规划整治沿江两岸沙场。五是抓好污染物减排重点工程的推进,实施“以减排化学需氧量、氨氮为重点的水污染综合整治工程”。

在推进“碧水”工程中,处于昌江上游的浮梁县做出大量贡献。1990年以来,浮梁县为保护昌江河径流的稳定,加强森林涵养水源的能力,累计人工造林1万公顷。1993年,对河道黄金群采进行整治,取缔淘金船170多艘。随后对河道采砂进行规划,划定河段,控制总量,河道采砂和疏浚工程结合。1996年,作出封山育林6.67万公顷的决定,到1999年实际封山8.07万公顷,建立自然保护区8个,面积近6.7万公顷。2002年实施退耕还林工程,面积达0.27万公顷。2005—2007年,累计投放2.2亿元,实施长江防护林、退耕还林、重点防护林和特种用途林管护试点等工程,建立健全生态环境投资补偿运行机制。其后,又继续实施“消灭宜林荒山”“山下再造跨世纪绿色工程”和“国家重点生态林工程”等项目,全县森林覆盖率达到79.2%,生态保护、水源涵养的效果显著提高。

景德镇市政府统筹全局,不断加大工作力度。2002年,集中力量对昌江河进行整治,取缔了一批污染严重的小电镀厂、小轧钢厂和小化工厂等“十五小”企业。同时,对昌江河里的“淘金”船进行整治,查处了违规船只1000多艘。2004年,市人大环资委发起并通过了以昌江河上游祁门县(安徽省)、浮梁县、昌江区、珠山区人大常委会为成员的联席会议制度,制定了《昌江流域县(区)人大水环境与水资源保护工作联席会议章程》,就昌江河的污染防治问题每年轮流召开会议。2008年,景德镇市首座污水处理厂——西瓜洲城市污水处理厂建成并投入使用,建设面积6.22公顷,并配套建设14千米的污水收集管网,主要收集处理市区中部及东部的城市污水,服务面积约25.63平方千米,日处理污水能力8万吨。上游的浮梁县城市污水处理厂也在2009年竣工使用。2008—2010年,为解决昌江冬季枯水期径流过小,水质难以稳定达到Ⅱ类标准以上问题,景德镇决定在上游建设库容4.27亿立方米的浯溪口水库,有序推进了获批同意、移民规划、拆迁补偿评估、环评等各项前期工作。

通过实施昌江沿岸污染物排放治理、森林涵养水分功能修复及建库蓄水调节等各种举措,“碧水”工程正在努力呵护着景德镇“母亲河”的健康清洁,景德镇也逐渐探索出一条城水相融、人水相亲的生态文明建设格局。

五、蓝天碧水再现瓷都

“蓝天碧水”工程的实施,使景德镇大气环境得到根本治理,大气污染指数下降25%,空气降尘量减少90%以上,也使“母亲河”昌江河的水更加清澈,全市水生态、水环境不断改善。

2003年,景德镇空气质量优良天数达到364天,空气质量优良率99.7%,超过国家规定标准。昌江城市饮用水水源地水质优于国家Ⅱ类标准。市区园林绿化总面积达到1704.3公顷,园林绿地面积为1584.04公顷,公共绿地面积为290.8公顷,绿化标准超过了省级园林城市标准。从2003年开始,景德镇市在全省城市环境综合整治定量考核中,由之前的连续三年倒数第一变为连夺四届榜首,一跃成为全省环保先进城市。

环境的改善也给景德镇经济社会发展带来了丰厚回报。人民群众健康水平不断提高，肺结核患病率从80年代的3.7%降低至2004年的0.6%，2004—2008年间有5000多名患者得到免费治疗。招商引资不断取得突破，更多的项目和企业乐于到景德镇“安家”，景德镇汽车零部件产业基地、光伏产业基地、长虹景德镇机电产业基地及配套企业、LED照明产业基地等几亿元乃至几十亿元项目相继落户，海畅法蓝瓷、东璟实业、嘉佳陶瓷等企业相继引进。从2004年开始，连续多年成功举办景德镇国际陶瓷博览会，吸引了几十个国家和地区的上千家企业参与，成为具有较大国际影响的国家级博览会。城市形象不断改善，旅游产业迅速发展，“世界瓷都、艺术之城、千年名镇、生态家园”的城市形象得到外界认可，先后获得了“中国优秀旅游城市”“全国绿化模范城市”“国家园林城市”“中国人居环境范例奖”等荣誉称号。2010年，景德镇接待国内外游客1324.59万人次，实现旅游总收入66.63亿元，其中入境游19.49万人次，创汇6484.11万美元，这两项指标在全省排名前列，旅游总收入创历史最好成绩。

告别“草鞋码头”之后，新世纪的景德镇不仅延续着千年辉煌，也越来越具有生态底色、时代特色，一个充满生机与活力、凸显“山水、园林、生态及陶瓷文化”特色的新型城市正在崛起。

80年代景德镇南市区

半世纪御瓷烧造　建公园申遗保护

——景德镇御窑遗址发现与保护纪实

景德镇是“最古老的世界瓷业中心”,陶瓷文化是景德镇城市的灵魂,是景德镇城市的生命。作为中国传统文化形象的代表城市之一,在人类文明史上有重要的地位。景德镇的文化遗产的重要性不仅在于已经出土和依然埋藏着的极其丰富的古代瓷器制品,更为难得的是,她仍然依存着古代特大规模的、相当完整复杂的瓷业体系,它由原料产地、交通道路、水运码头、作坊窑厂、商埠民居、城池衙署、技艺民俗等构成,依托于自然山水,涉及社会经济和人文精神的方方面面,堪称人类与自然完美结合的典范,在中国是独一无二的,在世界也是独一无二的,而御窑厂则是这个体系中的核心。

景德镇御窑厂是明、清两代御用瓷器的专门制造场所,是我国历史上烧制时间最长、规模最大、工艺最精的官办瓷厂,是中国瓷业发展到巅峰时期的产物,现存遗址及其背景环境是研究景德镇乃至中国陶瓷历史的重要基础。御窑厂的设立,为景德镇世界瓷都地位的形成奠定了坚实的基础,精美绝伦的御窑瓷器具有极高的艺术价值和经济价值,是世界文化的瑰宝,被海内外各大博物馆和收藏家争相收藏。出土修复器则是人们考证传世御窑瓷器的重要标尺,也是鉴别和鉴赏古代陶瓷制品的重要依据,更是研究景德镇御窑发展历史和艺术成就的宝贵遗存。

御窑厂之谜

宋代北方战乱频繁,诸窑荒废,工匠的大量南迁,景德镇的瓷业兴人旺。元代,朝廷在景德镇设立“浮梁瓷局”,专门为皇家采购定制各种瓷器达70余年。明洪武年间,朝廷在景德镇开办皇家御器厂,清代改为御窑厂。从明洪武二年(1369)一直到清宣统二年(1911)辛亥革命推翻帝制,皇家御窑厂这家中国首屈一指的“国营企业”,历经两朝27帝,足足办了近600年。负责管理御窑厂的内务府官员,前后多达30多位,其间实行督陶制度,督陶官官阶高至四品。

御窑厂的工匠是精选的,原材料是最优等的,所产瓷器就叫官窑瓷,不惜工本,严禁流入民间,明代更严禁民间仿造,违者将被治罪。官窑瓷比之于民窑瓷,无论质地还是工艺水平,都达到了当时的最高峰,代表了明、清时期中国陶瓷技术和艺术的最高成就,在世界陶瓷发展史上占有特殊的地位,被誉为瓷国皇冠上的明珠,具有极高的文物收藏和鉴赏价值,以致西方以瓷(china)代称中国(China)。但御窑厂在哪儿呢?

明清时期珠山地段古窑场的兴盛,史书上多有记载,然而近百年的变迁,地面建筑也早就没有过去的痕迹,珠山一带早已是景德镇市民生活的闹市中心,大片的民居巷弄中,御窑遗址的中心在哪个位置,究竟地下有多少宝藏,却始终是一个谜,新中国成立以来考古专家们对瓷都古窑遗址的探寻和研究一直就没有停止过,到80年代初,景德镇御窑遗址仍不清楚准确的位置。

1982年农历腊月二十四日,在珠山中路附近修建街道的施工人员,在开挖的泥土中发现夹杂着许多瓷片。经闻讯而来的文物专家鉴定,这些瓷片全是明代宣德年间御窑生产的瓷器,瓷都御窑遗址的神秘面纱从此被撩开了一角。经过几年的研究,但受制于地面建筑密集,不能开展有效的探掘考证,御窑厂的准确位置依然扑朔迷离。

1987年夏,景德镇着手恢复和重建龙珠阁景观,当地基挖到地下4米左右时,数万片堆积在一起的明代成化年间御窑古瓷碎片凸显出来,顿时引起了全国陶瓷考古界一片惊呼,这些古瓷碎片,片片都是无价之宝,御窑遗址之谜已拿到破解之匙。

元明两代的御窑都有一个同样的规矩,御窑厂的工匠不得将朝廷定制的瓷器的生产工艺、器形外泄,相沿到清。御窑厂生产的瓷器,经检验合格的每年秋冬二季送往皇宫,有瑕疵而被淘汰下来的瓷器一律在厂内砸碎掩埋,不得流入民间,到清乾隆年间,御批除“黄器”外可以就地售卖。因此埋藏在地下的碎片只要不是过度粉碎,就可以修复还原成为精美的瓷器。世界各国博物馆保存的成化御窑瓷仅200件左右,然而在龙珠阁附近挖掘发现的成化年间御窑瓷片,就能修复还原成数量巨大的瓷器,其中有的瓷瓶、瓷碗与当年赠送给高丽王、西藏王的礼品瓷相同。上千只“青花斗彩落花流水杯”,还有绝世的“青花三足鼓形香熏”,可谓价值连城。

1994 年 7 月 27 日,考古专家又在龙珠阁旁不远处的一座民房改建工地上,发现了明代初年釉里红花卉大碗的残片,不但显示出元末明初陶瓷烧制技术的演化与进步,而且进一步证明了元明清古御窑就分布在龙珠阁至市政府大院一带,总面积约 5.1 万平方米的地方,其中市政府大院占了一半,是御窑厂的中心地带,景德镇市政府大院竟建在宝藏之上!

反“地道战”

景德镇两千多年来究竟生产制作了多少瓷器,已无法统计。据史书记载,仅在宋代瓷器的年成交额就达一百万贯,明代后期每年运往欧洲的瓷器至少在 5 万件以上。1983 年在南中国海发现的一艘清顺治二年(1645)沉船,打捞起 2.3 万件中国瓷器,嗣后不久打捞出的另一艘清乾隆十五年(1750)沉没的货船,装载有 10 万件青花瓷器,两次打捞的瓷器精品几乎都是景德镇生产。

明清御窑的瓷器,是景德镇瓷器中的珍品,也是海内外收藏家和考古学家孜孜以求的宝物,一块御窑瓷的碎片在收藏市场上都被炒到高价。御窑瓷主要收藏在故宫博物院,也有相当一部分流入美国、日本和欧洲。明代初年朱元璋时期的御窑瓷,现今存世的仅 60 余件,其价值由此可见一斑。

盗墓贼总跑在考古专家前面,盗挖御窑瓷片的也不例外。随着珠山一带不断发现御窑瓷碎片的消息传出,从龙珠阁和市政府大院区域就成了海内外文物走私分子觊觎的目标。自 80 年代末开始,遗址地下的盗掘活动就一直没有停止,而且愈演愈烈。这种盗掘活动多是以小团伙作案,勾结一些民房的房主,躲在民房内往地下打洞或深挖地道,规模大的甚至掘进近百米。中华北路 4 号的一户人家,被盗挖的洞穴延伸到墙基下,导致地表塌陷,房屋里出现了一个 1 米多见方、4 米多深的大洞。与市政府一墙之隔的徐家巷 11 号盗挖情形更加严重,一间空置房的下面被人挖了一个 20 多米长的洞穴,挖出的余土把整个房间都堆满了,最后造成了街道路面下陷才被发现。

在市政府值夜班的机关干部,差不多都听到过地下“咚咚咚”的挖掘声,好像是电影“地道战”的场景再现。在中国香港及国外一些城市的古玩市场上,越来越多地出现了景德镇御窑的瓷器,售价也在持续走高。文物走私分子盗掘御窑的行径,一度到了疯狂的地步。

市政府多次发出通告,严厉打击盗掘御窑的行为,规定在御窑厂遗址文物保护范围内,不得进行与文物保护无关的建设工程,如有特殊需求的,必须先经市政府同意,再按照规定程序报有关部门批准。在御窑厂遗址保护范围内,严禁任何单位和个人擅自掘土作业,违者依法移交司法机关处理。同时要求各级公安、司法、工商和文物行政管理等部门要相互配合,密切协作,坚决依法打击盗掘和走私文物的违法活动。

2002 年,珠山区公安分局对龙珠阁御窑古文化遗址盗挖现象严重问题,采取有力措施、集中警力、组织力量,相继摧毁了龙珠阁御窑古文化遗址盗挖点 10 个,抓获犯罪嫌疑人 25 名,刑拘 23 名,并破获以朱华明为首的盗挖团伙,抓获幕后组织者 4 名,缴获古瓷片 11 箱,震慑了犯罪分子。2003 年,在为期 11 个月的打击盗掘御窑遗址犯罪统一行动中,景德镇警方采取追逃与追赃并举的策略,多次赴北京、上海,对涉案人员和销赃点进行搜查,共缴获 200 余箱(袋)御窑瓷片和 150 件经过修复的御窑瓷器,据专家评估总价值达亿元,先后抓捕盗掘遗址嫌疑人 56 人,猖獗的盗掘御窑遗址的犯罪活动得到有效控制。同时也有力地打击了境外非法文物市场,由于景德镇方面切断了货源供给,竟使境外多家文物商店悄然关门。

“板棚政府”

民国时期,这里是当时唯一官办的江西瓷业公司所在地。1949 年以后,成为景德镇政府机关的所在地,2.7 万多平方米的政府大院内却是难得的静谧。但地下宝库被发现后,市长们就坐不住了。2002 年年底,挂了几十年的市政府牌子悄然不见了,一辆辆搬家的车子驶进驶出。这样紧急大搬迁是为了让位于政府大院地下的御窑保护性探掘,这在瓷都景德镇引起了巨大反响,市民从中看到了市政府对保护历史文物的决心。

这块黄金宝地就被全面保护起来,发掘恢复了明清时期窑场遗址,并在此建设了“景德镇御窑遗址博物馆”。闻名史今的景德镇御窑终于以实物形式呈现在人们面前。

搬离这块宝地的景德镇市政府办公室和其他 18 个部门没找到合适的去处,先是窝在位于城西郊临时搭建起来的板棚房,景德镇市政府的市长们与机关干部一起在板棚四合院里面办公。之后,市政府办公室及部分政府机关单位借用市属企业焦化煤气厂的行政楼办公。10 多年过去,景德镇多次选址筹建行政中心,但因种种原因未果,景德镇成为江西省唯一没有建行政中心的设区市,而且是“漂泊”在外借房办公的设区市人民政府。

市政府在板棚房办公

遗址公园建设

站在龙珠阁上,景德镇老城区便一览无余,龙珠阁下就是御窑(御器厂)旧址,曾经也是景德古镇最繁华的中心区,老旧的民居、狭窄的弄巷下面就埋藏着大量价值不菲的古瓷片,也把那段辉煌的陶瓷历史,深深地保护在地下。无论房地产开发的冲动有多强,景德镇市政府在旧城市改造中,始终竭力呵护着这片陶瓷圣地。市政府对珠山遗址一带实行更严格的保护,逐步把居住在民房中的数万居民迁走,市政府带头先行搬迁,政府各部门不讲条件,不计得失,以保护文物的实际行动为市民作出表率。2012 年,两栋六层的市政府干部宿舍楼在一声沉闷的巨响中消失了,几天后御窑遗址核心保护区内出现一块巨大的草坪,龙珠阁与御窑之间联成一体。

80 年代,经考古专家分析考证,御窑遗址不仅埋藏有大量古代御用瓷的碎片,而且很可能埋藏有瓷器作坊、窑炉、仓库甚至官署的遗迹,这将是我国乃至世界最丰富、最珍贵的古瓷窑遗址,是研究世界陶瓷史的重要实物资料。2000 年 10 月,经国家文物局批准,由中国社会科学院考古研究所和景德镇陶瓷馆的专家共同组成的御窑考古工作队,对珠山遗址的保护和发掘工作全面展开。

2003 年,经过对御窑遗址的初步清理发掘,清理出明官窑 11 座,被评为 2003 年度全国十大考古新发现,引起国内外古陶瓷考古界的极大关注。2006 年御窑遗址被国务院公布为国家重点文物保护单位。修复、保护工作随之展开,其保护工程有:御窑厂大门重修工程,御窑遗址龙珠阁护壁桩工程,御窑遗址大门内外广场整修工程,御窑厂窑炉遗址保护房工程,御窑遗址珠山北麓保护工程,御窑工艺博物馆改造工程,古戏台修建,文物保护中心改建,佑灵祠重修,迎宾楼、御宝斋修建,水电管网改造工程,中心道路改建及绿化工程。工程总投资近 3000 万元,御窑遗址于 2007 年 10 月对外开放,在海内外产生了较大的影响。

2009 年,御窑遗址保护第三期工程启动,总投资 4978 万元。建设项目主要包括建筑面积 1200 平方米的保护管理用房,建筑面积 3000 平方米的综合展示中心,制作安装标桩、标牌及界桩 204 处。

2010 年年初,国家文物局负责人专程到景德镇调研,研究将御窑遗址打造成一座国家考古遗址公园。景德镇市按照建设国家考古遗址公园要求,积极实施御窑遗址保护工程,探索大遗址保护与旅游开发相结合的发展新模式。遗址公园规划除 5. 34 万平方米核心区外,还将周边的彭家弄、毕家弄等窑砖里弄作为展示陶瓷历史风貌的重要载体。2013 年,景德镇御窑厂被国家文物局公布为国家考古遗址公园,并列入国家

景德镇御窑考古遗址公园全貌

重点大遗址、全国25处大遗址重点保护展示工程和全国10处大遗址保护展示示范园区,并批复同意《御窑厂遗址五年考古发掘规划》,国家共投资近5亿元用于遗址保护和遗址公园建设。2014年,对御窑厂遗址围墙东侧和遗址西侧进行考古发掘,新发现作坊等重要遗迹和遗物。6月14日,文化部正式向景德镇御窑厂国家考古遗址公园授牌,同时2014年中国文化遗产日主场城市(景德镇)活动开幕式在景德镇御窑厂国家考古遗址公园内举行。

申遗进行时

2015年3月,景德镇正式启动以御窑厂遗址为核心的申报世界文化遗产工作,多次邀请国内知名的考古专家和遗产保护专家学者等到景德镇进行调研论证,明确以御窑厂遗址为核心的18个具有代表性的文化要素主体进行整体申报,更好地吻合世界文化遗产的标准及充分体现其完整性和普遍价值。同年年底,景德镇御窑厂国家考古遗址公园成功获得国家AAAA级旅游景区称号。

御窑厂遗址保护与利用工作也得到中央领导的高度重视,专门批示国家文物局会同国家发改委研究、论证,加强对景德镇御窑厂遗址的保护,给予支持,规划设计好,管理利用好。景德镇加快推进御窑遗址的保护工程,按照"一心、一环、一线"的景观结构实施。一心即御窑遗址核心区,东至中华北路西侧线,南至珠山中路北侧线,西至东司岭至毕家上弄一带,北至彭家上弄南侧线,总面积为5.1万平方米,包括明代窑场遗址区、考古发掘动态区、官署遗迹区、御窑文化休闲区。一环即围绕御窑核心区,东为御窑考古遗址公园配套工程,位于湖口弄—龙缸弄—中华北路南端西侧,包括新建御窑遗址博物馆(御窑展示中心、御窑陶瓷研究中心、御窑陶瓷考古中心)和游客接待中心;南为御窑国家考古遗址公园服务中心,位于珠山中路北侧;西为历史街区,位于中山北路东侧;北为古陶瓷业习俗区,位于彭家上弄北侧。以点、线相连形成御窑核心区外环。一线即西线,昌江流域。北至斗富弄,南至迎祥下弄,沿昌江东岸为一线,为留住景德镇历史上制瓷原料、燃料和产品输出重要的交通运输记忆。

2017年1月,国家文物局批准景德镇御窑厂遗址被列入《中国世界文化遗产预备名单》,御窑厂遗址获得申遗"入场券"。

御窑厂大门

大事记

1986 年

1 月 3 日 市物资局办公室大楼发生火灾,损失严重,局机关及所属生产资料服务公司、机电公司、轻化公司、金属公司等单位自成立以来各类档案资料被焚毁。10 日,市人保公司赔付保险款 27 万元。

1 月 4 日 《江西风貌》影片摄制组到景德镇市,拍摄以展现陶瓷精湛工艺和独特文化魅力为主要内容的节目《物华天宝》第二集。

1 月 10 日 市陶瓷历史博物馆获文化部授予的 1985 年度全国文物博物系统先进集体金牌。

1 月 19 日 市防尘机械厂生产的 YSYF－2000 型喷釉净化回收工作台通过鉴定,填补国内陶瓷设备的一项空白。

1 月 25 日 市委市政府颁布《景德镇市文艺创作奖励条例》,首次设立文艺创作奖。决定每 2 年进行一次全市文艺作品评奖活动,作品从 1985 年开始。

2 月 1 日 市委市政府批转市体改委《关于我市 1986 年城市经济体制综合改革试点工作意见的报告》,《报告》就搞活企业提出继续简政放权 10 条措施。

2 月 13 日 市人民瓷厂生产的万年青牌影青凤牡 58 头中餐具、市红星瓷厂生产的飞鹤牌 54 头中餐具、市艺术瓷厂生产的景德镇牌瓷板画获 1985 年全国轻工优质产品称号。

2 月 19—22 日 市首届农民"丰收杯"篮球赛在鹅湖区体育场举行,蛟潭区勒功乡队、鹅湖区鹅湖滩乡队、昌江区荷塘乡队以及乐平县接渡乡队 4 支男篮队参加角逐。

2 月 22 日 省政府同意将景德镇陶瓷学校划归省轻工业厅直接领导和管理,为县(处)级建制。

3 月 1 日 景德镇电视台地面卫星接收站和 13 频道正式投入工作。至此,市区及近郊可以收看到 3 个频道的电视节目,分别是 6 频道(播出自办节目)、8 频道(转播省电视台节目)、13 频道(转中央电视台第一套节目)。

3 月 6 日 市宇宙瓷厂生产的系列艺术瓷盘"红楼梦十二金钗"第一集"宝钗"首批运抵美国芝加哥试销,是中国首次进入美国彩盘中心的产品。

3 月 14 日 1985 年度全省地(市)县优秀电视节目评选会在景德镇市召开,景德镇市参评的《瓷都异珠》(电视专题)和《直八型飞机试飞成功》(电视新闻)获奖。

3 月 15 日 国家计划委员会同意把景德镇陶瓷技术改造列为国家"七五"期间重点项目。5 年内国家经委、计委投资 2.06 亿元,对景德镇陶瓷工业进行全面、系统配套的技术改造。投资主要用于景德镇瓷厂(4369 工程)、华峰陶瓷有限公司等企业的技术改造。

3 月 20 日 市光明瓷厂设计、生产的青花玲珑玩玉牌 45 头(件)西餐具,参加莱比锡国际博览会,获德意志民主共和国标准化博览会和产品检验局莱比锡博览会委员会颁发的金质奖章。

3 月 20—21 日 召开市八届人大常委会第二十九次会议,作出《关于加紧编纂〈景德镇市志〉的决议》。

3 月 22 日 市广播电视局与市委宣传部、市"五讲四美三热爱"委员会办公室联合摄制反映全市创"三优"活动的电视专题片《雄鹰展翅,新城更美》。

4 月 1 日 乐(平)德(兴)铁路正式通车,该铁路南起皖赣铁路乐平站,北至德兴市泗洲镇,全长 62 千米,为德兴铜矿石外运通道。

4 月 19—25 日　市政协召开六届六次全体会议。在通过规定议程后，接受杜学秀辞去市政协主席职务。同时选举方综为市政协主席，章培荣为市政协副主席。

4 月 20—26 日　市八届人民代表大会举行第六次会议。会议接受朱志良、王元芝、胡志德、石毅辞去市人大常委会副主任职务；免去方综副市长职务；补选胡仲愚、廉润生为市人大常委会副主任，柯尔荣、殷国光为副市长。

5 月 1—2 日　南斯拉夫联邦马其顿共和国斯科普里男子篮球队到市访问，在市体育馆分别与江苏省男子篮球队和江西省男子篮球队进行两场友谊赛，开创市承办外国运动队与中国省级队体育活动的先河。

5 月 7 日　市人民保险公司在黄坛乡试办万亩水稻保险。后由于遭受旱灾、虫灾、稻瘟病灾造成减产，保险公司照章赔付 3.48 万元。

5 月 15 日　市建国瓷厂研制的大件郎红釉新配方获国家科学技术进步三等奖。

5 月 16 日　市房地产公司与南昌微机应用研究所合作研制“微机房产管理系统”课题，经省建设厅主持召开的技术鉴定会通过。18 日经出席华东地区房产住宅科技情报网筹备会的六省一市专家、技术人员鉴定，获一致通过。该成果在省内属首次研制，跨入全国先进行列。

5 月 17 日　中国轻工业陶瓷研究所王怀俊与上海大学美术学院章智声等 3 位教授赴丹麦联合举办中国绘画艺术展。并在哥本哈根皇家瓷厂绘瓷表演，丹麦皇太后参加开幕式剪彩，首相夫人、文化大臣、中国驻丹麦大使及夫人前往祝贺。

6 月 1 日　第一部反映瓷城风貌和生活的长篇小说《瓷魂》(杨毅著)，由长江文艺出版社出版。

6 月 2 日　省陶瓷销售总公司召开全市包装改革专业会议，对景德镇陶瓷包装实施纸箱代草改革的 45 个品种的包装质量、器型结构、包装率和包装价格进行检查、总结，促进景德镇瓷器进入国际市场。

6 月 12 日　中央电视台一行 4 人到景德镇拍摄《景德镇陶瓷新产品》和《稀土在景德镇陶瓷工业中应用》科技专题片。

7 月 12 日　景德镇市废止国营企业招工“子女顶替”制度和“内招子女”的办法。

7 月 25 日　1986 年 1 月 1 日起，省政府同意对发展景德镇陶瓷工业给予特殊化优惠政策。从财政、投资、金融等方面给予支持，决定成立景德镇陶瓷工业技术改造领导小组，组长由钱家铭担任。

7 月 28 日　市宇宙瓷厂和航空航天部 602 直升机所共同研制的 32 米燃油辊道烤花窑微机控制系统通过鉴定，在江西省陶瓷生产中首次成功应用微电子技术，领先国内陶瓷行业。1987 年获省科技进步三等奖。

8 月 8 日　市政协文史办公室第一次向去台人士征集文史资料获得成功，工程师汤大纶从台湾经香港寄来题为《回忆光大瓷厂》稿件。

8 月 9 日　市光明瓷厂从联邦德国哈姆公司引进一条 82 米煤气隧道窑，在北京签订合同。1988 年 10 月投产。

8 月 14 日　市雕塑瓷厂美术设计师蔡敬标成功烧成第一座身高 1.945 米的站云带子寿星瓷雕。

8 月 16 日　市陶瓷窑具厂与英国阿克米·玛尔斯有限公司签订引进人工合成莫来石制作窑具技术及关键设备合同。

8 月　中国银行景德镇分行在全国金融系统表彰大会上，被授予全国金融系统先进单位称号。

8 月　第一辆昌河牌 CH630GGJ 工具车和第一辆 CH630G 客车问世。

9 月 10 日　市第七小学岳剑琴、乐平中学汪良秀老师被中宣部、共青团中央、国家教委、全国教育工会在北京联合举办的庆祝教师节大会上授予人民教师奖章(享受部级劳模待遇)。

9 月 15—17 日　应中国科学院邀请，国际知名地质学家、瑞士苏世黎工业大学地质研究所所长许靖华，美国耶鲁大学教授罗杰斯一行 5 人，到市参观访问，并赴乐平进行地质考察。

9 月 23 日　市光明瓷厂生产的玩玉牌 45 头青花玲珑清香西餐具获 1986 年莱比锡春季国际博览会金质奖。

10 月 1 日　首届中国城市市花展览在深圳展出，景德镇市送展的市花山茶品种红芙蓉、桃红、西施面、茶梅、皇冠等首次采用激素催花技术，实现在展出期间开花。

10月4日 市雕塑瓷厂生产的"双鹿"台灯被评为中国工艺美术百花奖优质产品。

10月10日 景德镇电视台第一部自己编导的电视剧《理解万岁》(3集)开拍。1987年4月25日,该剧在西安举行的第五届"大众电视金鹰奖"评比中获优秀单本剧奖。

10月12日 市歌舞团研制的瓷瓯,为国内首创的新型旋律性打击乐器。在全国第二届发明展览会上,获国家发明银质奖。

10月23日 市红光瓷厂生产的青花玲珑100件堆雕综合艺术花瓶和青花玲珑9头厨房用具新产品通过省级鉴定,填补国内空白。

10月24日 市光华瓷厂研发的电镀仿古铜装饰陈设瓷新工艺通过鉴定,为江西省在不导电非金属上进行电镀开创了先例。

10月26—31日 航空工业部科技局在昌河飞机制造厂召开的技术鉴定会上,景波机械厂铝合金、镁合金等精密锻造新工艺通过技术鉴定,获部级科技进步二等奖。

10月27—31日 应市长欧阳志凤的邀请,日本佐贺县有田町町长青木类次率有田町政府代表团一行10人,到市参观访问。商定景德镇出土的永乐、宣德陶瓷文物赴日展览;景德镇派中医、针灸方面的医务人员和体育代表团访问有田町。双方陶瓷历史学者和陶瓷科技工作者开展学术交流。

11月6—9日 江西省首次城市志专志稿评议会在市华光饭店举行,市长、市志编委会主任委员欧阳志凤等市领导出席开幕式和闭幕式。

11月15日 206国道(烟台至汕头)景德镇境内吕蒙至河西段公路改造工程动工建设,全长9.38千米。该工程由市政府承担征地、拆迁和路基土石方工程;省公路局承担桥梁、防护工程和水泥路面。于1989年9月29日竣工,10月1日全线通车。

11月24日 市政府首次召开议政会。会上有12位政协委员发言,13位政协委员作书面发言,对市各部门的工作提出意见和建议。

11月28日 应联邦德国维莱路彼赫公司的邀请,省计委副主任姜萍、副市长舒圣佑率中国卫生洁具生产技术考察团一行6人,赴联邦德国进行卫生洁具生产技术考察。

11月30日 由瓷用化工厂与上海不锈钢器皿厂,共同研究与试验的不锈钢器皿贴花装饰新工艺在上海通过有关部门和市经委的鉴定,此项新工艺填补了国内空白。

11月 市广播电视局被命名为省、市园林绿化单位和全国绿化先进单位。

12月4日 市为民瓷厂被国家计委和轻工业部列为省陶瓷工业公司出口瓷基地技术改造工程中的重点工程。

12月11日 市人民瓷厂获国家经委授予的"六五"全国技术进步先进企业全优奖,市光明瓷厂荣获"六五"全国技术进步先进企业单项奖。

12月12—13日 召开市八届人大常委会会议。会议接受欧阳志凤辞去市长职务,决定副市长舒圣佑为代理市长,任命王伟科为副市长。

12月13日 市同业资金拆借市场首次开业。实行定期挂牌开盘,相互融通资金余缺。此前,人民银行景德镇市分行制定了《景德镇市金融机构同业资金融通管理办法》。

12月19日 全市首届民兵代表会议在市政府礼堂开幕。省军区领导,市委、市人大、市政府、市政协、军分区、市纪委的领导以及市武委会的成员;来自全市各条战线的461名代表参加会议。

12月30日 省政府表彰市鹅湖区的天宝乡、创业垦殖场、鹅湖滩乡为全省粮食贡献大乡。

12月 市建筑材料厂建造的2座容量为200吨的散装水泥库完工,并购进2台8吨散装水泥车,为全市首家推广使用散装水泥的企业。

12月 市景陶瓷厂被国家建材局、中国城建建材工会全国委员会授予全国建材先进企业称号。景德镇陶瓷历史博览区规划设计获建设部优秀设计表扬奖。

1987 年

1 月 1 日　省航务管理局决定，姚公渡以上昌江河段 89 千米全部划归景德镇航道段管理。

1 月 3—4 日　美国职业流行病专家汤姆斯博士和卡希尔在同济医大、省卫生厅等有关部门领导陪同下，对市宇宙瓷厂、市景陶瓷厂、市人民瓷厂、市光明瓷厂、昌河飞机制造厂等单位的部分矽肺病患者、粉尘作业工人以及非粉尘工人的职业史、疾病史等作详细的询问和调查。

1 月 19 日　市曙光瓷厂首创千件莲子缸成型新工艺通过专家鉴定。

2 月 19 日　由中国工艺品进出口总公司举办的第六届"大中国展"和"景德镇陶瓷展"，在日本高岛屋株式会社所属各大百货商场隆重开幕。中国驻日本大使章曙出席开幕式并剪彩。

2 月 28 日　市政府设立"2345"市长电话。从 3 月 1 日起，每天 8—22 时，负责收集整理群众反映的意见和建议。

3 月 3 日　市水电局将 10 千伏三河支线、三龙支线（共 7.895 千米）产权无偿移交景德镇供电局。

3 月 11 日　省陶瓷工业公司及所属十大瓷厂被轻工业部列入国家 150 个重点出口企业。

是日　轻工业部陶瓷研究所的陶瓷嵌丝装饰课题，通过轻工业部专家组技术鉴定。9 月，在中国第三届全国发明展览会上获铜牌。

3 月 16 日　由央行景德镇市分行牵头，九江、上饶、鹰潭、抚州、景德镇 5 地资金拆借市场成立。

3 月　市政府决定市零售商业和饮食服务业将试行租赁经营，首先在市区内的商业零售、饮食服务业实施。采取职工个人、集体租赁的方式，偏远地段的商店公开向社会招标租赁。5 月，市饮食服务公司对国营新正义饮食店首家实行公开招标租赁。

3 月　经央行江西省分行批准，景德镇市国营 4321 厂（胜利器材厂）为全省第一家向社会发行企业债券的试点企业，在全市发行企业债券 475.5 万元。3 年期、4 年期、5 年期年利率分别为 11%、12%、13%，采取分年付息的复利制方法，为全国第一个证券发行采取复利计息的企业债券。

4 月 6 日　国家经委将景德镇市风光瓷厂列为全国稀土瓷开发基地，并贴息贷款 250 万元支持该厂进行技术改造。

4 月 13—15 日　南斯拉夫马其顿共和国对外文化联络委员会副主席斯维坦·斯坦诺耶夫斯基到景德镇参观访问，代市长舒圣佑、副市长殷国光会见了客人。

4 月 14—15 日　市地方志编纂委员会召开第一次全市地方志工作会议，市委代书记、市志编委会主任委员欧阳志凤、市人大常委会主任张烈、代市长舒圣佑到会讲话。会上为各专志主编、主笔颁发证书。

4 月 21—22 日　全市开展集中打击刑事犯罪统一行动，共抓获各类犯罪分子 190 名，摧毁各种团伙 25 个，破获各类现行案件 22 起。

4 月　市雕塑瓷厂生产的各式微型雕塑共 10 万件，首次投放欧美市场。

5 月 15 日　获江西省优秀新产品称号的 861 型聚乙烯纯片材锦盒由省陶瓷工业公司经销部彩绘瓷厂送展参加在北京举行的"全国包装改进成果展览会"。

5 月 18 日　景德镇昌河飞机工业公司（以下简称昌飞公司）直 8 机 02 号在南昌进行试飞汇报表演。

5 月 27—30 日　德意志民主共和国国家电视台《中国长江行》摄制组一行 6 人到市采访，拍摄外景。

5 月 30 日　景德镇市马拉松俱乐部主办"华东杯"马拉松邀请赛，华东地区 6 省 1 市的 105 名运动员参加比赛。

6 月 3 日　全市农村整党工作基本结束。这次整党从 1984 年 10 月开始，参加整党的党员 52837 人，其中预备党员 2829 人，准予登记的 49621 人，暂缓登记的 244 人，不予登记的 102 人，暂挂的 41 人。

6 月 15—17 日　联邦德国专家，武汉大学名誉教授，曾任武汉柴油机厂厂长的威尔纳·格里希，在长江动力公司总经理于志安的陪同下，到市参观访问。代市长舒圣佑会见了客人。其间，格里希应邀给全市工厂厂长、公司经理100余人作《质量与管理》的学术报告。

6月17—18日 南非非洲国民大会妇女代表团一行3人,在团长南非非洲国民大会妇女部书记恩·乔贝率领下,由全国妇联国际活动委员会书记处书记、省妇联主任陪同,到景德镇市参观访问。

6月20日 1987年全国陶瓷优质产品复查评比在景德镇揭晓。省陶瓷工业公司所属企业有12项产品获奖,名列全国同行业之首。

6月24—25日 日本(海上丝绸之路)广播协会(NHK)专题部导演铃木肇、导演吉川研和制片人河本哲也一行3人到市采访。

6月28日至7月4日 市政协第七届委员会第一次会议在市政府礼堂召开。会议选举廉润生为第七届政协主席,章培荣、程正棠、刘夏石、刘新园、方寒程、李友祥、蒋仁德为副主席,王遐为秘书长。

6月30日至7月5日 市第九届人民代表大会在市政府礼堂召开。选举方综为市第九届人大常委会主任,方哲夫、吴早来、吴钟山、周国桢、谢家超、万彩凤为副主任;舒圣佑为市长,殷国光、王伟科、柯尔荣、喻长林、张桂生为副市长。

7月20日 由轻工业部日用品工艺局、中国消费者协会、北京百货大楼全国优质产品总汇联合举办的全国首届陶瓷名、优、新产品展销评议会,在北京市百货大楼揭晓。省陶瓷工业公司所属瓷厂的8项产品被评为消费者满意奖,名列全国参展企业之首。

7月27—30日 中共景德镇市第五次代表大会在市委礼堂召开。选举产生中共景德镇市第五届委员会委员34人,候补委员6人;选出中共景德镇市纪律检查委员会委员21人。30日,中共景德镇市第五届委员会举行第一次会议,选举欧阳志凤为市委书记,刘祖三、舒圣佑为市委副书记,文有铭、李孝来、徐希祉、龚农民、殷国光、郑荣辉为市委常委。选举周庭祥为市纪律检查委员会书记。

8月8日 省陶瓷工业公司与市教育局在市第六中学联办陶瓷职业技术高中,于9月1日开始招生。这是景德镇市首次校企联办职业高中。

8月 在唐山市举行的第二届全国伤残人运动会上,景德镇市伤残人运动员李镇夺得男子组A2级100米蛙游和50米仰泳2块金牌,并打破这2个项目该级别的全国纪录。

8月 市建筑材料厂生产的“珠山牌”石棉瓦水泥小波瓦,在中国建材工业协会石棉水泥制品分会组织的1987年度全国建材产品质量检查中,通过部颁标准检测。这是江西省石棉水泥制品首次通过部颁标准。

8月 市陶瓷窑具厂生产的熔融石英黏土匣钵、市光明瓷厂生产的青花彩色玲珑45头清香西餐具、市瓷用化工厂生产的陶瓷釉上低温丝印颜料和市雕塑瓷厂生产的夜光釉瓷雕获全国轻工业优秀新产品奖。

9月5日 市新华瓷厂生产的50头青花吊珠葡萄维吾尔族瓷餐具,在乌鲁木齐市召开的少数民族日用产品评选会上,获1987年少数民族用品优质产品奖。该厂成为国家民委定点的唯一一家民族用瓷生产厂。

9月22—24日 国务院副秘书长吴庆彤、国家旅游局副局长何若泉、民航总局副局长华学谦等到景德镇考察旅游交通及景德镇机场扩建等工作。

9月28日 汪毓华、邵秀清、徐景健当选为共青团第十二次全国代表大会代表。

10月3日 市古窑瓷厂成功烧制优质青花釉里红万件瓷瓶,在景德镇制瓷史上罕见。

10月28日 经轻工业部管理检查组验收合格,市人民瓷厂被命名为“优秀质量管理企业”。

11月1日 中国银行景德镇支行正式开办远洋业务,先后与40多家国外代理行建立业务关系。

11月3日 景德镇市首次从联邦德国引进的煤气隧道窑在光明瓷厂正式开始安装。

11月26—28日 1988年度景德镇内销瓷全国订货会在景德镇市开幕,全国29个省、市、自治区400多名代表到会。订货数量达1.1亿件。

12月7日 美国《彩盘世界》杂志推选出景德镇市宇宙瓷厂生产的宝钗扑蝶彩盘为1987年在美国最受欢迎的彩盘,为中国首次。

12月27日 轻工业部为市无线电厂总工程师陈颂平主持设计的JW121W、JW1225W精密扫频仪举行鉴定会。会上,表彰陈颂平10年来在电子测量仪器新产品开发中作出的成绩,并给予奖励。

是年 昌江第一期鲇鱼山渠化工程船闸、泄水闸建成并落闸蓄水。主要建筑物有船闸、泄水闸、电站和公路桥，工程总投资1960万元。装有4台发电机组，总装机容量为2530千瓦。1989年电站并网发电，是中国第一座以电养航模式建设的航电枢纽。

1988年

1月1日 市直国合商业大中型企业全面推行经理承包责任制、经理任期目标责任制和经理任期终结审计制。6月10日，市财政局、商业局代表市政府作为发包方，与13家企业签订为期3年（1988—1990）的第一轮承包经营合同。

1月13日 国务院批准景德镇祥集弄明代民居为全国第三批重点文物保护单位。

1月19日 市雕塑瓷厂散花牌传统人物瓷雕获1987年度国家优质产品金奖。

1月31日 江西省第七届人民代表大会第一次会议上，舒圣佑、刘夏石、秦锡麟当选为第七届全国人民代表大会代表。

2月20日 市民间艺人试制成特大薄胎大碗，其口径650毫米，为当时最大的薄胎碗。

3月1日 市邮电通信DD16长途全自动直拨设备正式开通。

是日 市光明瓷厂厂长徐志军被全国妇联、中国企业管理协会、《中国农村经营报》和《中国妇女报》评为首届"全国优秀女企业家"。1989年12月，获江西省首届巾帼奖。

3月25日 景德镇外汇交易所正式成立，当天调剂业务成交17笔，金额142万美元。

3月28—29日 南京区域18个地市陶瓷行业横向联谊会第一次会议在景德镇召开，参加会议的有24个地区的代表。

3月 由景德镇陶瓷工业设计院自行设计的第一条81米焦化煤气隧道窑在市红星瓷厂试产，经4个月的连续运行，窑青率达到91.68%。随后，市红光、景兴、新华、艺术、红旗等瓷厂相继建成焦化煤气隧道窑，实现烧制瓷器烧柴—烧煤—烧油—烧气四代能源技术变革。

4月8日 景德镇陶瓷职工大学研制的"微机应用于出口陶瓷画面及器型设计系统"通过省级鉴定，填补全国陶瓷产品CAD的空白。

4月21日 景德镇珠山明代御窑遗址发现和出土大批明成化年间（1465—1487）御窑瓷片。11月2日，发现并出土正统年间（1436—1449）御窑遗存。

5月5—17日 由中国电视艺术家协会、上海艺术研究所和市广播电视局联合举办的全国第三届（金三角）优秀戏曲电视剧评奖大会在景德镇举行。景德镇电视台摄制的电视剧采茶戏《酒烧心》获三等奖。

5月11日 皖浙赣边区红军游击队瑶里改编暨新四军驻景德镇办事处成立五十周年纪念大会举行，皖浙赣边区红军游击队瑶里改编纪念碑在浮梁瑶里乡揭幕。市党政军领导、当年参加瑶里改编和在新四军驻景德镇办事处工作过的老同志，新中国成立后在景德镇担任过领导的部分干部，与各方面群众代表及瑶里群众200余人，参加纪念大会与纪念碑揭幕仪式。

5月15—21日 景德镇市第一届青少年运动会在市广场田径场举行。21个代表队2000余名运动员参加田径、游泳、射击等9个项目的竞赛，4人4次打破市纪录，15人19次打破17项市青少年纪录。

5月21—23日 31个国家的驻华使节和夫人、巴勒斯坦驻京办事处主任及联合国粮农组织驻华代表一行52人，在外交部副部长及夫人、江西省副省长的陪同下，到景德镇参观考查。

5月29日 市建工建材技术咨询服务部受江西国际技术合作公司委托，执行中国成套设备出口公司与伊拉克制砖总公司签订的中国工程师、技术工人聘请合同，派出207人赴伊拉克纳贾夫加气混凝土厂、灰砂砖厂执行技术劳动服务。这是景德镇第一个国际技术劳务输出项目，也是江西省较大项目之一。

5月30日至6月1日 35个国家驻华使节和夫人及联合国教科文组织驻华代表一行62人，在外交部副部长和江西省副省长的陪同下，到景德镇参观考察。

6月8日 市雕塑瓷厂在全国轻工业深化企业改革经验交流会上，被轻工业部授予先进集体称号。

6月23—25日 应中国国际促进会邀请,日中友好艺术文化协会顾问永石初秀,日中友好艺术协会会长、日本陶瓷世家佐藤走波率日中友好艺术文化协会访华团一行23人,到景德镇参观访问。

6月25日 全市首届农民书画展在市群艺馆举行,72位农民作者的102幅作品参展。

7月6日 轻工业部陶瓷研究所胡逢立妻子王光秀,将其夫收藏的从汉代到民国时期的陶瓷、漆器、石雕、木雕及国外瓷器共1147件文物献给国家。

7月12日 中国卫生洁具厂与法国比希维勒公司在北京正式签订兴建景德镇卫生洁具厂合同,规模为年产36万件高级卫生洁具,合同总价为2698.3万法郎(折合449.7万美元),是1987年中国利用法国政府混合贷款的13个项目之一。

7月24日至8月4日 由景德镇市高级建筑师、高级工程师为主组成的江西省历史古建筑保护交流考察团一行6人,应邀赴日本开展交流考察。

8月8日 北京时间11时左右,乐平县礼林乡前鲍村私人集资开办的坞煤矿井下发生特大瓦斯爆炸事故,死亡7人,重伤1人。

8月10日 景德镇市城区至鲇鱼山19千米航道开辟市区第一条客运航班。

8月25日 市政府在大中型企业(公司)实行经理负责制、任期目标责任制和离任审计制。基层企业实行不同形式的承包经营责任制。对第一、第二制米厂,油化厂,粮油食品厂,饲料厂,第二、第三粮库,粮油汽车运输公司等中型企业,改为市粮食局直属领导,赋予其相应的自主权。

8月26日 市妇联主任鲍保娣和光明瓷厂厂长徐志军作为全国妇女代表赴京参加全国妇女第六次代表大会。会上,徐志军当选为全国妇女第六次代表大会执行委员。

8月30日 市政府发布《关于鼓励台胞投资的优惠办法》和《关于鼓励引荐台资项目的奖励办法》。

9月3日 市政府召开深化企业劳动、工资、人事制度改革工作会。明确深化企业劳动、工资、人事制度改革,推行工资总额与经济效益挂钩,逐步建立和完善以养老保险为核心的社会保险制度。

9月9日 景德镇陶瓷在首次全国轻工业出口产品展览会上,获金奖9项,占江西省获金奖产品的90%,居全国陶瓷行业首位。

9月9—10日 市委市政府召开全市企业党政分开工作会议,部署全面推进企业党政分工工作,理顺企业行政、党组织和职代会之间关系。

9月28日 市青花文具厂生产的龙牌青花文具,在全国第七届工艺美术品百花奖创优评比会上获银奖。

10月11日 经国务院批准,撤销景德镇市鹅湖区、蛟潭区,合并设置浮梁县。1989年7月13日,浮梁县复县奠基典礼在县城大石口村举行。

10月18—20日 世界银行茶叶项目评估团一行12人到枫树山林场、九龙山垦殖场等地考察。

11月4日 以英国伦敦古陶瓷博物馆馆长、国际中国古陶瓷研究专家康蕊君为团长的国际东方陶瓷学会代表团到市考察访问。

11月15日 姚泉荣、刘少军发掘整理研制的乐器“瓷瓯”在全国第二届科技发明展览会上获银质奖,并获文化部科技成果四等奖。

11月26日 中国总工会第十一次全国代表大会,授予市为民瓷厂工会为“模范职工之家”称号。

11月 在市区一建筑工地发现明代官窑瓷片和红烧土,共发掘明代御厂瓷窑遗址5座,解开了明正统官窑之谜,填补了中国陶瓷史研究的空白期。

12月15日 市建国瓷厂研制2支超万件大瓶成功。该瓶高2.25米,均采用青花釉里红相结合的装饰方法,分别绘制百鸟图和仙山琼阁图。

12月28日 市档案馆正式向社会首批开放1227卷(册)历史档案资料,市民持身份证等合法证件,均可在市档案馆查找利用已开放的档案和资料。

12月29日 经市政府市长办公会议研究决定,鉴于浮梁县已经国务院批准正式开始筹建,县城驻旧城乡,将由昌江区管辖的旧城乡成建制划归新成立的浮梁县政府管辖。

1989 年

1 月 15 日　受轻工业部、中国陶瓷协会委托,省陶瓷工业公司牵头组织召开全国陶瓷矿山原料国家级企业标准讨论会,参加会议的有江苏、广东、湖南、河北、江西 5 省陶瓷原料生产企业代表。在充分讨论基础上,起草《国家级陶瓷原料企业标准》。

1 月　撤销鹅湖区的鹅湖滩乡、昌江区的鲇鱼山乡建制,分别设立鹅湖镇和鲇鱼山镇。至此,景德镇市共设有 11 个乡级建制镇,分别是乐平镇、涌山镇、镇桥镇、接渡镇、众埠镇、乐港镇、乐河镇、蛟潭镇、经公桥镇、鹅湖镇、鲇鱼山镇。

1 月　民盟景德镇市委会在澳门地区首次举办"瓷都八虬"景德镇陶瓷美术精品展,澳门工商总会会长马万祺亲临展厅并剪彩。

1 月　景德镇市获 1988 年全省 12 城市"创三优"竞赛活动第二名。

2 月 6 日　市陶瓷历史博物馆明代古建筑群迁建工程全面竣工,工程将乡村明代建筑移迁于此。

2 月　市第一家按国际三星级标准设计建造的高级旅游涉外合资饭店"景德镇合资宾馆"竣工。

3 月 31 日　省陶瓷工业公司李年初、黄宪生等 5 人负责起草的《青花日用细瓷器》《青花玲珑日用细瓷器》国家标准,由国家技术监督局发布,自 1990 年 1 月 1 日起开始执行。

3 月　《中国历史文化名城丛书・景德镇》(林景梧、汪宗达主编)出版,该书全面介绍景德镇的风貌。

3 月　市第六小学少先大队被共青团中央、全国少工委授予全国红旗大队称号。

4 月 1 日　由国家教委、外经贸部和人民教育出版社组成的联合国儿童基金会考察组一行 8 人,在省教委副主任张希仁等陪同下,到市考察卫星电视教育工作。考察组决定在联合国儿童基金会第四周期援助项目中安排 4 万美元资金,发展市卫星电视教育事业。这是全省唯一获得该项奖励的地市。

4 月 7 日至 7 月 23 日　应香港市政局邀请,景德镇珠山出土永乐、宣德官窑瓷器在香港大会堂艺术馆展出。展出期间接待观众 8.9 万人次,结束后 98 件展品安全返回。

4 月 26 日　国家重点文物保护单位祥集弄 3 号明代建筑维修工程全面竣工。

4 月 27 日　经省政府批准,市人民瓷厂刘书阁、万木佑,市建国瓷厂张小凡,市红旗瓷厂刘显明、吴新荣,市瓷用日化工厂姚三友、余华,市陶瓷机械厂王海清,市雕塑瓷厂蔡敬标,市红光瓷厂万华新等为省级有突出贡献的工人。从 1989 年 5 月 1 日起,给予每人晋升一级工资奖励。

4 月　昌飞公司研制的直 8 型直升机,通过国家技术鉴定。

5 月 10 日　江西省第二届玉茗花戏剧节评奖揭晓,市京剧团演出的《女囚》获演出、剧本、导演、舞蹈设计、表演等 13 个奖项。

5 月 16 日　全国首届"祖冲之杯"数学竞赛授奖大会在市二中举行。竞赛由中国数学学会教改联络处等单位联合举办,全国 18 个省市的 35000 多名学生参加。景德镇市获团体总分第一名,个人前三名被市二中初三(6)班学生查郁敏、邹继旺、韩振刚所夺。会上授予市数学学会秘书长舒冬如等 4 人"特别贡献奖",授予二中吴艳珠"优秀辅导老师奖",对前 19 名(景德镇占 8 名)成绩突出的学生,给予全国通报表彰。

5 月　国际红十字会罗马尼亚代表团在省、市红十字会领导陪同下访问市第一小学。

6 月 1 日　在市区范围内正式启用《常住人口登记表》,取消现行的《户口底册》。

6 月 2—11 日　中国国际贸易促进会和中国国际商会主办的中国出口商品展览会,在美国俄亥俄州克利夫兰市国际博览中心举行。景德镇参展瓷器有艺术、人民、建国、红旗等瓷厂生产的名品、精品 4810 件。

7 月 29 日　在首届北京国际博览会轻工产品评比会上,市雕塑瓷厂瓷雕,市人民瓷厂青花影青中餐具和青花梧桐茶餐具,市曙光瓷厂莲子缸,市艺术瓷厂薄胎、人物瓷,市建国瓷厂高温彩色釉,市光明瓷厂青花玲珑瓷,市为民瓷厂西餐具,市红光瓷厂青花玲珑瓷,共获 9 项金奖。

7 月 31 日　市工艺美术服务公司举行文物捐献仪式,将公司收藏的 1200 余件文物捐献给市文物管理部门。

7月 景德镇饭店获“省级先进企业”称号。同时,经省旅游局批准为全省首批涉外旅游点单位。

8月11日 景光中学(740厂子弟学校)学生霍晓明在联邦德国不伦瑞克市参加国际第三十届数学奥林匹克大赛中,以41分的成绩名列第二名,获金牌奖。

9月12日 美国、日本等国家和中国香港地区的文物收藏家、史学家及考古界人士一行37人,由上海博物馆组团,到市参观考察和学术交流。

9月26日 市凤凰山粮油中转储备库工程验收基本合格。该工程是商业部和江西省共同投资556万元建设,1987年12月竣工,总库容量4.5万吨,配有铁路专用线。

9月26日至11月2日 景德镇举办首届职工技术操作比武活动。全市10万余名职工参加预赛,有213名男女选手先后参加珠算、商品包装、自行车装修、烹调等7项技术表演赛。23人分别获得7个比赛项目前三名,其中获第一名的7人均晋升一级工资。

9月28日 经轻工业部审核,国务院企业管理指导委员会批准,市光明瓷厂、宇宙瓷厂、陶瓷机械厂为1988年度轻工业国家二级企业。

是日 景德镇市第一部地名专著——《景德镇市地名志》出版发行。

10月1日 城市一级干道瓷都大道(206国道市区段)举行通车典礼。该工程全长9.7千米,宽40米,工程总投资2900万元。1986年11月15日动工,1989年9月29日竣工。

10月10日 世界著名祭红大师法国陶艺家费兰克访问市陶瓷考古研究所,并向该所赠送她本人制作的祭红瓷瓶。

10月14—19日 马来西亚国际博览会在吉隆坡举行。景德镇应邀参展的青花、粉彩、玲珑、颜色釉、雕塑、薄胎等传统名瓷,被抢购一空。马来西亚客商与省陶瓷工业公司签订购买瓷器意向书。

10月30日 景德镇陶瓷职工大学承担的“氧化钴制作工艺”省级研制项目通过技术鉴定,填补景德镇氧化钴生产的空白。

10月 景德镇市第一张信用卡——长城信用卡在中行景德镇支行发行。

10月 浮梁县江村制茶名人江智甫后代江贵宝,献出1枚1915年的浮梁功夫红茶金质奖牌。该奖牌系在美国旧金山举行的巴拿马万国博览会上获得,珍藏近80年。

11月18日 市红旗瓷厂发运台湾54头釉下彩川枝莲餐具200套,首批由广东汕头口岸转出。

11月24日 市委、市政府召开市直机关首批年轻干部下基层锻炼欢送大会。此次下基层干部共有86名,时间为两年。

11月 国务院嘉奖景德镇市粮油生产工作。在本年度全国夏季粮油创高产活动中,市夏季粮油总产超历史最高水平。

12月1日 轻工业部陶瓷研究所制定《ZBY20001－89日用陶瓷泥料、泥浆、釉浆含水率测定方法》《ZBY20002－89日用陶瓷泥浆、釉浆筛余量测定方法》《ZBY20003－89陶瓷烹调器砂锅热稳定性测定方法》3项行业标准,经轻工部批准为强制性行业标准,并经国家技术监督局编号。1990年6月1日实施。

12月12日 省长吴官正与市陶瓷企业领导座谈,要求陶瓷企业要大力增强危机感,把景瓷质量搞上去,开拓国际市场,为江西争光。

12月16日 市雕塑瓷厂研制的系列瓷雕奖杯和瓷质沙金釉在瓷雕上应用等科研项目,通过省级评审鉴定。

12月18日 珍藏于故宫博物院的一套清同治皇帝婚典御用瓷,共224件(套),有樽、鼎、彝等40个品种,系清光绪元年(1875)景德镇御窑厂所造。市艺术瓷厂用6个月时间,成功复制生产3套。经专家鉴定后分别被上海博物馆和香港中艺公司收藏。

12月25日 景德镇设立全市首届迎春集邮活动日,举行集邮联谊会。

12月 市第一塑料厂被省政府命名为省级“先进单位”。

12月 市残疾人运动员李镇在贵阳举行的全国伤残人游泳比赛中,以1分30秒10的成绩超过荷兰人创造的1分42秒11的百米蛙泳短池世界纪录。

12月 江西昌河微型汽车工业联合公司从昌河机械厂析出，单独组建为汽车生产企业。

是年 市人民瓷厂通过在瓷釉中加入适量的硅灰石作助熔剂，成功研制硅灰石青花釉，提高了青花日用细瓷耐热冷急变性能，以适应餐馆饭店高温消毒、机械洗涤。属国内日用瓷工业生产首例，成果获1991年度省科技进步三等奖。

1990年

1月3日 市陶瓷馆主办景德镇近百年已故陶瓷艺术名人作品展览，展出王琦、徐仲南等人作品100余件。

1月6日 轻工业部授予市瓷用化工厂、市光明瓷厂推动企业技术进步金龙腾飞奖。

1月13日 全市电话由4位拨号制升为6位拨号制。

1月 景德镇市获1989年全省12城市创“三优”竞赛活动一等奖。

3月15日 市为民瓷厂与省陶瓷出口公司、日本中华贸易公司联合在日本举办景德镇陶瓷名家名作展，送展作品200余件(套)。

3月16日 市红星瓷厂将重油掺水乳化燃烧工艺试验运用于陶瓷烧炼获得成功。

3月 光敏核不育系W6184S和W6154S在市域的育性转换规律观察试验被列入市科技项目，通过在市枫树山塘坞分场、乐平县农科所和浮梁县鹅湖镇坑村3个点的观察，探讨出其临界最低温度21.6℃以下转为可育，日照时数在13小时以下由不育转为可育。12月27日通过市科委组织的专家的鉴定验收。

4月1日 景德镇至扬州省际公路货运零担班线正式开通，全程599千米，途经青阳、芜湖、南京，双方对等出车，按月轮开四班。

4月6日 市光明瓷厂首次试制高铝质全封闭匣钵涂料成功，并在陶瓷行业推广。

4月6—14日 景德镇市举办首届现货易货商品交易会，总成交额达2.5亿元，其中陶瓷系统成交额达4000万元。

4月8日 市邮电局在景德镇饭店开通使用DMS交换系统长途直拨立即计费打印设备。为全省首家在电信代办点使用该设备。

4月23日 市路灯管理所被评为全国道路照明先进单位。

4月30日 市宇宙瓷厂彩绘二分厂贴花一组被评为全国先进班组，获全国总工会颁发的“五一劳动奖状”。

4月下旬 由市艺术瓷厂和市光明节能器材厂联合研制的特大型TSAC节能自控电烤花炉在艺术瓷厂正式投产运行。

5月 景德镇港货运码头建成投入使用。码头位于西瓜洲，占地5.13万平方米，岸线长600米，年货物吞吐能力为45万吨，总投资749万元，于1987年9月开工建设。

5月 昌河飞机制造厂航空模型队在河南举行的全国自由飞航空模型锦标赛上，获业余组FIA、FIC两个项目团体第一名，FIB团体第二名。队员戴池军、叶平分别获FIA、FIC项目金牌，韦苹获FIC银牌。

5月 乐平县被确定为全国妇幼卫生发展合作项目县，获得外援5万美元，配套资金15万元。

6月5—8日 市艺术瓷厂受中国工艺美术协会委托在景德镇市举办1990年全国美术陶瓷评比会，全国15个省、市的37家企业选送作品并派代表团参加会议。会议评出6个单项前三名，景德镇市夺取4个第一名、2个第二名，同时还获得优秀创作一等奖2项、二等奖1项、三等奖3项。

6月9日 省政府在北京全国新闻发布厅举行景德镇国际陶瓷节新闻发布会。副省长张逢雨代表省政府致新闻发布词，宣布首届中国瓷都——景德镇国际陶瓷节于10月11—14日在景德镇举行。驻京部分外国记者和首都主要新闻单位的记者200多人参加新闻发布会。

6月18日 江西省陶瓷工业协会在景德镇市召开成立大会。该协会由全省148家陶瓷企业、事业单位组成。

6月23日 市人民、光明、宇宙、为民、红星、红旗、东风、华风、景兴、艺术、红光等瓷厂和陶瓷原料总厂、瓷用化工厂、陶瓷机械厂、焦化煤气厂共15家企业定为全省大中型企业。

7月10日 红十军建军60周年纪念大会在乐平县召开。元帅徐向前,中顾委常委杨得志、余秋里,中顾委委员饶守坤、白栋材、汪东兴,老同志方志纯,湖北省人大常委会主任黄知真等为纪念活动题词,方志纯、黄知真、马长岭和胡德兰专门向大会发来贺电。省委书记毛致用,省委副书记、省长吴官正出席大会并讲话。

7月28日 市艺术瓷厂美术瓷在河南省洛阳市召开的全国第九届中国工艺美术品百花奖评审会上获金杯奖;市雕塑瓷厂的瓷雕、市曙光瓷厂的莲子缸获银奖。

7月30日 景德镇市开办国库券转让市场,市2家专业银行信托公司和3家城市信用社挂牌开盘交易,第一天国库券交易金额达万余元。国库券转让市场1989年6月2日获省分行批准开放。

7月31日 市委决定成立市陶瓷工业发展协调领导小组,由江国镇任组长,殷国光任副组长,成员有王伟科、徐希祉、于显文、李火保、林万云、赵灵武、秦锡麟。加强对陶瓷生产、经贸和教育、科研的协调。

8月1日 景德镇至常州省际公路直达货运零担班线正式开通,全程有549千米,双方对等共营,按月轮流开行。

8月12日 市红旗瓷厂制成釉下彩特大薄胎皮灯。皮灯高55厘米,围径140厘米,画面为万里长城雪景,展现了祖国山河的雄姿。中央电视台在8月29日《午间新闻》节目中播放。

8月中旬 江西省陶瓷工业公司收到联合国经济开发署官员戴维和约翰先生从联合国总部寄来的6月对景德镇市考察结论报告,报告指出:"该地区已生产出,现仍在生产一些世界上最优雅、无可超比的瓷器,产品制作精湛,瓷坯生产精细,一次烧成的青花瓷在其装饰和质量上都属上等水平。"

8月30日 第一个室内集贸市场——人民市场正式启用。人民市场共4层5100平方米,可安排各种摊位500余个,肉类、水产、蔬菜、豆制品、水果、副食一应俱全。

8月 在全省16城市1989—1990年度创"五好"活动总查总评中,景德镇市获一等奖,受到省政府表彰。

9月17日 市艺术瓷厂老艺人陈先水绘制以老虎为画面的大瓷板画"雄风"烧制成功。整块瓷板高233厘米,宽103厘米,厚0.5厘米。

9月24日 市人民瓷厂烧制成功4只高达3米的超万件青花瓶比美国生产的"世界最大花瓶"高出0.3米。

是日 昌河飞机制造厂通过国家二级企业评审,正式命名为国家二级企业。

9月24—26日 省创建卫生城检查评比团在景德镇检查创建卫生城工作。经检查评比,景德镇市获全省15城市创建卫生城第二名,被命名为省卫生城市。

9月下旬 市红星瓷厂烧制成功超千件薄胎皮灯,该皮灯高104厘米,径围165厘米,灯罩上饰有"肥鳜乐游图"。

9月30日 市电信公司YCF-121型5000户数字无线寻呼系统开通。

9月底 珠山中路第一座过街人行天桥建成,桥长21米,宽3.6米,工程造价47万元。

9月 市面砖厂生产的小花牌白色釉面砖,在上海举办的90年代首届全国美化生活商品大赛中,获"白玉兰杯"金奖。

10月6日 位于市珠山西路和瓷都大道交叉路口的景德镇市城标建成。城标上分别用铜铸刻李先念、彭真、王震为瓷都景德镇的题词。

10月11日 具有千年历史的景德镇城徽建筑——龙珠阁重建工程竣工,举行落成典礼。重建后的龙珠阁高34.5米,建筑面积1650平方米,总投资330余万元。

10月11—14日 举办首届"中国瓷都——景德镇国际陶瓷节"。来自日本、英国、法国、意大利、印尼等18个国家和地区的515名外宾及近3000名内宾参加。收到中国、日本和中国台湾地区参赛产品1157套件,获一、二、三等奖产品共221套件,景德镇市获77个,占34.8%。陶瓷节期间,内外贸成交额达2.15亿元人民币;与外商洽谈签订对外合作项目18项,引进资金6680万元人民币。

10月14日 来自国内外的陶瓷考古专家60余人在景德镇市进行学术交流活动。故宫博物院研究员耿宝昌主持,市陶瓷考古研究所所长、研究员刘新园在会上作《元、明、清三代官窑考古研究》的学术报告。

10月 市艺术瓷厂制成一件超级粉彩万件瓶和一只特大型薄胎斗笠碗。万件瓶呈敞口凤尾型,瓶高260厘米,腹围215厘米,其装饰为粉彩传统六合同春图;斗笠碗口径为87厘米,超过以往最大的薄胎碗。

10月 市红旗瓷厂制成高118厘米的影青刻花特大型薄胎皮灯,灯体高70厘米,围径170厘米,装饰采用半刀泥技法刻成6条形态各异、矫若游龙的金鱼。

11月3日 市艺术瓷厂墨彩陈设瓷、市青花文具厂文具、740厂金属陶瓷发射管获1990年度国家质量金质奖,市曙光瓷厂莲子缸、市雕塑瓷厂雕塑、市建国瓷厂颜色釉陈设瓷获银质奖。

11月14日 市建国瓷厂副厂长、高级工程师邓希平研制的陶瓷彩虹釉艺术瓷盘,在比利时布鲁塞尔第39届尤里卡世界发明博览会上获发明金奖;邓希平获"骑士勋章"。

11月27日 市耐火器材厂生产的硅线石质耐火材料获国家科委颁发的国家重大科技成果证书。

12月14日 联合国儿童基金会教育官员莱姆和邵伯栋在外经贸部、国家教委及省教委领导陪同下,到浮梁县考察儿童基金会第四周期远距离教育受援项目准备工作。

12月15日 市邮电局火车站进出邮件转运大楼工程竣工。大楼内部18米高的螺旋滑梯为江西省内首创,经检验被评为优良工程。

12月19日 交通部授予市第一汽车运输公司下属景德镇汽车站"文明车站"金字奖匾。

12月24日 市政府划定景德镇市城市规划控制区:北起浮梁旧城,南至宋家山,西至丽阳乡古田村,东至景光电工厂,总面积244.5平方千米。

12月 昌河飞机制造厂生产的直8运输型直升机和KJ-8A自动驾驶仪两项科研成果获部级一等奖。

12月 市电瓷电器公司研制25W6-220/8高强度耐污加强型棒式支柱绝缘子成功,获省科技进步二等奖。GW7-220千伏高压隔离开关试制成功。市电瓷电器公司成为全国棒式支柱绝缘子品种最多的厂家。500千伏耐污棒式支柱绝缘子产品得到国家科委、计委、冶金部、财政部联合表彰和国务院重大技术装备领导小组嘉奖。

12月 江西省陶瓷工业公司被轻工业部评为全国轻工业科技进步先进单位。

是年 市雕塑瓷厂首家引进澳大利亚波特欧肯公司液化石油气梭式窑,实现陶瓷无匣烧成工艺的技术革命。

1991年

1月15—19日 省陶瓷工业进出口公司与印度尼西亚展览公司合作,在印尼首都雅加达成功举办"中国景德镇陶瓷展销会"。

1月17日 全市有13家企业被省政府批准并命名为省级"重合同守信用"企业。

1月24日 由602直升机研究所(简称602直升机所)制造安装的微机控制陶瓷烤花炉在市艺术瓷厂投入生产。

1月 景德镇市先后在4321厂、市为民瓷厂4369工程、人民瓷厂、陶瓷装饰材料厂、景陶瓷厂5家部、市属国有工业企业比照中外合资企业管理办法,划出部分分厂(车间、生产线)实行"一厂两制"的改革试点。

1月 市陶瓷职业技术高级中学被国家教委定为省级重点职业高中。

2月11日 市焦化煤气厂民用煤气工程正式点火成功,并为市首批560户铁路职工输送煤气。

2月26日 景德镇陶瓷工业设计院经轻工业部调划为甲级院。

3月16日 浮梁县列为"八五"时期最后一批国家商品粮基地县。

3 月 20—24 日 市九届人民代表大会召开第六次会议,选举殷国光为景德镇市市长。

4 月 25 日 市为民瓷厂新花 45 头餐具和 15 头咖啡具获第二届北京国际博览会金奖。

4 月 27 日 602 直升机所被航空航天工业部授予航空工业 40 年有重大贡献单位称号。

4 月 29 日 浮梁县首次复制成功的“浮瑶仙芝”绿茶,获 1991 年中国杭州国际“文化名茶”奖。

5 月 3 日 市陶瓷装饰材料厂、市光明瓷厂、市国营 897 厂、市煤炭公司、乐平县电机厂 5 家企业在全省经济体制改革工作会议上,被省政府授予改革先进企业。

5 月 17 日 市搬运史上重量最大、难度最高的 142 吨“万克注塑机”,由市航(搬)运公司安全运送通过珠山大桥。

5 月 21 日至 6 月 4 日 市工艺美术公司与中国工艺品展销公司联合举办的景德镇现代陶瓷艺术名作展在北京中国工艺美术馆展出,参展的 300 件作品均属稀罕之作。

5 月 24 日 省委书记毛致用、省长吴官正在景德镇市召开 7 县(市、区)委书记座谈会,就进一步加强扶贫开发工作进行调研,波阳、乐平、浮梁、婺源、万年、德兴、昌江等县(市、区)委书记和市领导参加座谈会。

5 月 31 日 人行景德镇市分行同城票据清算电子化网络开始试运行。成为江西省第一个实行全面微机联网试运行清算资金的城市。

6 月 6 日 由中国工艺美术大师、省陶瓷研究所所长秦锡麟率领的省陶瓷研究所和省陶瓷出口公司赴日本展览团一行 5 人,应日本 SOGO 株式会社和植野陶瓷株式会社的邀请,在日本横滨市举行“景德镇陶瓷名作展”,在高知市举行“江西省陶瓷研究所名家名作展”。

是日 由市文联主办的第二届日本财团法人植野艺术研究所恩巴中国近代美术馆精选景德镇陶瓷美术名作展览在景德镇陶瓷学院开幕，植野会长率陶艺家、评论家到市审评入选作品，由日本恩巴中国近代美术馆收藏。

6 月 11 日 铁路客运上海至景德镇直达快车开行。

6 月 25 日 由国家土地管理局、中国土地勘测规划院、省土管局在市召开的全球定位系统(GPS)地籍控制网检查验收会上,专家们一致确认景德镇市 GPS 地籍首级控制网达到国内领先水平。

6 月 经省地质调查大队勘探,在乐平县塔前乡北 3 千米处发现大型陶粒矿,初步探明储量为 4137 万吨,远景储量可达 1 亿吨。

7 月 1 日 《景德镇市乡级公费医疗管理制度改革意见》及其实施细则开始试行。

7 月 4 日 在北京首届中国国货精品博览会上,景德镇市选送 12 项产品获金奖 9 项,银奖 1 项,优秀奖 2 项。

7 月 16—17 日 市焦化煤气厂工程竣工通过国家验收,工程质量、工艺设计和配套设施达到设计要求,同意正式移交生产。该厂于 1983 年 9 月 5 日开工建设。

7 月 23 日 由航空航天部、省经委组织,省电子工业局主持鉴定,国营景德镇市西航特陶公司中试成功的氧化锆高纯超细微粉,通过部省级鉴定。

8 月 7 日 市合资宾馆被国家旅游局批准评定为“三星级”旅游涉外饭店。

8 月 19 日 省长吴官正在市党政领导陪同下考察为民瓷厂 4369 工程(以等静压成型为主体,素烧、本烧燃气隧道窑相配套的高档瓷生产线)。

8 月 20 日 中国瓷都景德镇陶瓷企业集团成立,中央和省有关部门及兄弟产瓷区的代表 200 多人到会祝贺。集团在省陶瓷工业公司基础上组建。

8 月 21 日 市雕塑瓷厂从澳大利亚波特—欧肯公司引进的液化气梭式窑一次性调试成功。

8 月 25 日 由市、区两级调查核定,昌江区竟成乡河西村人均纯收入达 1206 元,确定为全市第一个小康村。

8 月 28 日 景德镇数字微波通信系统工程正式开通使用。

8 月 29 日 省首届工艺美术百花奖珍品评审结果在景德镇市揭晓。市雕塑瓷厂的捏雕《秋色竹菊》和圆雕《三个和尚的梦》,市艺术瓷厂的 87 厘米双面对称百蝶图薄胎斗笠碗,省陶瓷研究所的色釉装饰水乡瓶等4件作品获珍品奖。

8月 市伤残人运动员李镇，参加在唐山市举行的第二届全国伤残人运动会，夺得男子组A2级100米蛙游和50米仰泳2块金牌，并打破这两个项目该级别的全国纪录。

9月19日 市射击运动员万晓春在第二届全国城市运动会上，以665环的成绩夺取女子标准步枪3×20项目金牌。

9月28日 浮梁大桥建成通车，是浮梁县境内最大的新型公路桥。主桥全长249.4米，桥面净宽9米+(2×1.5)米，高度19米，荷载标准为汽-20、挂-100，设计洪水频率1/100，总投资403.95万元。该桥1990年3月开工建设。

是日 刘新园、刘隔天、樊蒲、陈颂平、章文超、王恩怀、潘文复被批准为江西省首批享受政府特殊津贴人员。

9月30日 景德镇华意电器总公司从美国泰康公司和澳大利亚可比公司，以及德国、日本、丹麦等国引进最新生产无氟冰箱、冷柜压缩机技术及设备，由澳大利亚政府提供低息贷款3636万美元，在悉尼正式签订合同生效。11月11日，国家"八五"重点工程、中国第一条无氟压缩机生产线在华意厂破土动工。1993年9月23日正式投产。

10月1日 景德镇至广州的零担货运班车开通，全程1189千米。

10月5日 江西省第一座地市级有线广播电视站在市建成开通。

10月30日 市三建公司在中国集体建筑企业协会第三次代表大会上获全国先进集体建筑企业称号。

11月5日 市商业系统首批17家商店进行"四放开"(经营范围、价格权限、用工制度、分配制度)试点。

11月16—19日 国家科委、国家科学技术奖励工作办在北京举办国家级科技奖及优秀项目展览会上，市建国瓷厂研制的彩虹釉陶瓷、市陶瓷传感器研究所研制的天然瓷石(土)制作的湿敏电阻元件获国家发明奖。

11月19日 景德镇瓷厂(为民瓷厂4369工程)与美国美尔可陶瓷进口公司举行合资经营合同签字仪式。

11月 景德镇瓷厂在全市率先实行全员劳动合同管理，对全厂被录用的251人不分所有制界限，统称企业员工，签订劳动合同。

12月6日 轻工业部陶研所高级工艺美术师戴荣华的25幅国画作品应邀赴东京与日本3名著名陶艺家的作品举行联展。

12月11日 在全国第六届发明展览会上，市陶瓷传感器研究所完成的天然石制作的湿敏电阻元件和鹅湖面砖厂完成的薄胎瓷雕系列灯具获银质奖；省陶瓷研究所完成的稀土尾矿青瓷和国营999厂、东南大学完成的介质滤波器获铜质奖。

1992年

1月1日 市红旗瓷厂采用微机控制的还原焰燃焦炉煤气隧道窑通过验收正式点火开烧，为国内第一条。

1月4日 景德镇城东北湘湖镇白虎湾首次发现带纪年铭的唐代青釉瓷碾(残)和一批青釉瓷碗、罐件。

1月21日 以川口武彦为团长的日本佐贺县有田町政府代表团一行5人到市进行友好访问。12月20日，日本佐贺县有田町政府代表团一行6人再次到市进行友好访问。

1月31日 市第一医院获全国卫生先进集体称号。

2月11日 昌江第二期渠化工程凰岗梯级枢纽主体工程竣工，落闸蓄水。该枢纽位于景德镇下游38千米的响水滩尾部，主要建筑物有船闸、泄水闸、溢流坝和公路桥。工程总投资2081万元。1987年10月动工兴建。

3月12日 全市国营企业全面试行全员劳动合同制管理。

3月20日 景波机械厂自行设计研制生产的航天牌HG-1型高铬铸钢球,通过省国防科工办组织的技术鉴定。

3月21日 江西省第一家跨省经济协作企业——中美合资上海太平洋陶瓷有限公司,租赁景德镇陶瓷厂卫生瓷生产线工作顺利交接。

3月22日 华意电冰箱厂被列入轻工业部公布的1991年全国轻工企业售后服务表彰名单,是江西省唯一一家。

3月 昌河汽车第一辆昌河牌CH1018型微型车问世。

4月22日 乐平县礼林乡境内发现石英石露天矿,探明储量为2000万吨。经省地质矿产实验测试中心抽样化验分析,矿石品位居全省之首。

4月28日至5月15日 团市委、市青联、市学联联合举办"瓷都之春"首届青年文化艺术节,先后开展20余项大型活动,参加活动的团员青年近2万人次。

4月29日 市瓷用化工厂获全国"五一劳动奖状"。

5月4日 206国道乐平李家岭立交桥建成通车。该桥1990年6月开工,全长371米,两端引道长584米,桥面宽14.5米,由省公路局、南昌铁路分局、乐平县政府联合投资建设,总投资884万元,其中省公路局投资453万元,是全省第一座采用链系钢构预应力悬灌梁后张法施工的立交桥,属省重点工程。

5月7—12日 日本精选景德镇陶瓷美术名作展览在景德镇陶瓷学院举行。展出陶瓷艺术精品296件,经过日本专家的评审,入选作品21件,由日本恩巴中国近代美术馆收藏。

5月10日 景德镇港客运码头竣工,占地9325平方米,年旅客吞吐量为15万人次,岸线长200米,总投资248万元。

5月19—22日 中共景德镇市第六次代表大会在市委礼堂召开。选举产生中共景德镇市委第六届委员会委员34人,候补委员6人;选出中共景德镇市纪律委员会委员21名。22日,中共景德镇市第六届委员会第一次全体会议,选举江国镇为市委书记,殷国光、周庭祥、黄木华为市委副书记,管日顺、查炳炎、徐希祉、龚农民、王延汉、汪宗达为市委常委;选举查炳炎为市纪律检查委员会书记。

5月28日至6月1日 市政协第八届委员会第一次会议在市政府礼堂召开。选举程新饶为市第八届政协委员会主席,程正棠、严裕才、刘夏石、刘新园、方寒程、杨启村、王遐、吴奇山为副主席。

5月28日至6月2日 市第十届人民代表大会在市政府礼堂召开。选举李孝来为市第十届人大常委会主任,万彩凤、周国祯、谢家超、陈焕新、余南甫、王中信为副主任;殷国光为市长,管日顺、王伟科、柯尔荣、张桂生、李水根为副市长。

6月1日 景德镇市取消除军供油以外的城镇居民凭证、凭票定量供应平价食油的规定,各种补助油供应油一并取消。从1992年起,取消对农民的油脂定购任务,改按议价收购,收购价格随行就市,结束从1953年后的油脂统购统销的历史。

6月2日 应省政府邀请,以日本冈山县知事长野士郎为团长的日本冈山县友好团到江西访问。分赴景德镇市访问组21人,由冈山县日中恳谈会会长、友好访问团副团长大藤真率领到市访问。

7月16日 南昌轮船公司"滕王阁"35号客轮首次试航景德镇,景德镇客运港首次接待客轮。

7月27日 景德镇电厂技改工程由国务院经济贸易办公室批准立项。9月30日,景德镇电厂2台125兆瓦机组技改工程开工。

7月29日 市焦化煤气厂晋升为国家大二型企业。

8月7日 华中电网在景德镇召开江西景德镇发电厂技改工程可行性补充审查会,会议确定:景德镇电厂扩建、外送工程配套,"同步建设、一步到位"。外送工程含220千伏蛇龙变电站一座,220千伏景德镇电厂——蛇龙变输电线路双回,220千伏蛇龙变电站——垱岭变输电线路一回。配套工程总投资6009万元。

9月12日 在北京举行的全国射击锦标赛达标赛上,市体校选送的运动员周舟戈以3449环的总成绩打破3440环的全国纪录,获得冠军。

9月26日 景德镇电信移动电话在市区正式开通。

10月7日 由中国文史出版社出版的《景德镇市志》第一卷出版发行，该志由市地方志办公室分五卷编纂，这种分年度出版的形式在全省各设区市中独有。

10月16日 对外经济贸易部正式批准同意江西省陶瓷工业公司经营进出口业务。

11月4日 经国务院批准，撤销乐平县设立乐平市（县级）。乐平县于1983年由上饶地区划给景德镇市辖。

11月10—17日 中央电视台《神州风采》摄制组到市拍摄《景德镇漫话》（上、下集）及《景德镇瓷器精萃》三集专题片。

12月15日 市体育运动学校被国家体委授予全国业余体育训练先进集体称号。

12月22日 在1992年中国旅游购物节（北京）民用、旅游商品销售博览会上，市中外合资贵进保健用品有限公司开发生产的"得宝"牌中药保健口罩，获国家"金杯奖"和产品"畅销奖"。

12月25日 市焦化煤气厂二号焦炉主体建设工程竣工。二号焦炉（21孔）扩建工程被国家列入"八五"计划，总投资3200万元，于1991年9月18日破土动工。

12月28日 景德镇市城市信用合作社中心社开业。

是年 景德镇从湖南引进南方水稻旱育高产栽培技术进行试验示范，该技术以日本水稻专家原正市的水稻旱育稀植技术为基础，1995年开始大面积推广，1997年11月获农业部"全国农牧渔业丰收奖"一等奖。

1993年

1月27日 由昌飞公司和602直升机所共同研制的直8机国产主桨叶，在由海航和航空航天工业部组织召开的技术鉴定会上，通过部级成果鉴定。

1月 市档案馆在整理民国档案时，发现清光绪二十一年（1895）的两份由钦差大臣签发的空白"奖札"。使市档案馆馆藏档案历史溯及光绪二十一年，增长16年。

2月11—13日 被列入国家高科技火炬项目的6-APA"β-内酰胺类半合成抗生素系列，产品开发项目"在江西东风制药厂成功投产。经有关部门和专家检测，其成品效价、透光度、平均克分子量收率等项指标处于国际领先水平，填补国内空白。

3月17—19日 中共中央组织部在市召开知识分子工作研讨会，中组部及16个省市区有关领导出席会议。

3月23日 市红旗瓷厂新建的全市首条煤改气陶瓷隧道窑一次点火成功。该窑于1987年2月18日动工兴建。

3月26日 市公安局在市政府礼堂举行首次授予人民警察警衔仪式，市党政军六套班子领导、省公安厅领导、700多名公安干警参加授衔仪式。授予一级警督41人、二级警督105人、三级警督166人，以及警司493人、警员26人。

4月15日 在湖南常德市举行的1993年全国星火计划成果展销洽谈会上，乐平市皮革厂蛇皮制革，江西食品厂"安牌"桃酥"乐瀛"牌刺梨果汁饮料、竹尔康饮料4项产品获金奖。

4月24日 602直升机所研制的NS-400gt大型土工离心机在南京通过由航空航天部科技司主持的部级技术鉴定。

4月29日 景德镇航空锻铸公司四分厂自行研制的陶瓷机械设备双缸隔膜泵一次试车成功。

5月9日 以泰国南邦府副府尹乃巴实为团长的泰国南邦府陶瓷赴华考察团到市参观访问。

5月19日 由市红旗瓷厂、航空航天部17所和市陶瓷工业设计院联合承担的科研课题"微机控制还原焰煤气隧道窑技术"，通过部级鉴定。

5月26—27日 应解放军总参谋长张万年邀请，到华访问的泰国武装部队最高司令上将瓦拉那·阿披乍里和夫人一行12人,在总参外事局副局长詹懋海、省军区司令员冯金茂、参谋长李彩鸾陪同下到市访问。

6月1日 由市焦化煤气总厂和市新华瓷厂经过4次试验的一次性无匣烧瓷获得成功,窑青达88点以上,一级品率达61%。

6月7—8日 来自伊朗、英国、波兰、加拿大、韩国、德国、印度、意大利、新加坡、古巴10国驻上海领事馆的总领事、主要官员和夫人一行15人,以及上海市外办主任徐兆春等,到市进行考察访问。

6月8日 市雕塑瓷厂明青园竣工落成,该园集陶瓷生产、陶瓷文化与陶瓷旅游为一体,占地面积1万多平方米。

是日 俄罗斯摇滚歌舞团到市演出,这是外国艺术表演团体首次到景德镇演出。

7月3日 由驻英国、马来西亚、缅甸、荷兰、巴西、乌干达、毛里塔尼亚、扎伊尔、古巴、吉尔吉斯等国大使,驻美使馆、驻釜山总领事馆、驻菲律宾使馆等参赞,外交部官员及其夫人一行30余人组成的驻外使节团抵市参观访问。

7月10日 华东地区最大的10吨横锻锤在景德镇航空锻铸公司安装调试成功。

7月 江西省陶瓷研究所的离子型稀土尾砂综合利用——稀土尾砂在陶瓷坯釉中的应用通过专家论证。该项目为"八五"国家科技攻关项目。

8月1日 受国家技术监督局和轻工业部委托,由省陶瓷工业公司制定的《铜红釉瓷器》《陈设艺术瓷器·雕塑瓷》《陈设艺术瓷器·器皿瓷》《陈设艺术瓷器·薄胎瓷》标准从即日起正式实施;《陈设艺术瓷器·文化用瓷》标准从1993年10月1日起正式实施。

8月14日 省"八五"重点工程建设项目之一的景德镇火力发电厂铁路专用线,在浮梁火车站接入皖赣铁路线,全长3.5千米。

9月1日 景德镇陶瓷建筑设计研究院仿制进口梭式窑试烧成功。

是日 上海股票异地买卖正式在景德镇市证券交易部开通。

9月23日 "八五"规划利用外资重点建设项目——年产百万台无氟压缩机生产线在华意电器集团正式投产。

10月12—15日 以摩洛哥萨非市市政委员会主席(市长)埃勒·芒达尼·巴希尔为团长的政府代表团一行12人到市参观访问。

10月15日 景德镇市与摩洛哥萨非市结为友好城市。

10月19日至11月3日 由国家科委国际科技合作司委托省陶研所承办的国际陶瓷工艺美术班开班,共有学员11名,其中新加坡3名、马来西亚6名、泰国2名,培训结束向全体学员颁发了结业证书。

10月22日 联合国助理秘书长、联合国儿童基金会副执行主任项普等官员一行,由外经贸部有关负责人陪同,到市视察联合国基金会在市实施的妇幼卫生合作项目执行情况。

10月22—31日 在河北省石家庄市召开的第七届全国发明展览会上,省陶瓷研究所参展的现代高档民间青花瓷技术和新型节能间歇窑2项发明成果获金奖。景德镇陶瓷学院参展的国产EY系列添加剂在等静压成型工艺应用和TSY-32型物料水分快速检测仪2项发明成果获银奖。

10月25—29日 省政府"两基"评估验收第五分团到珠山区进行"两基"评估验收。珠山区是全省首批申报基本普及九年义务教育和基本扫除青壮年文盲的7个县区之一。经检查,确认珠山区"两基"各项指标达到省定标准。1994年12月,国家教委审定宣布,珠山区为全国首批554个"两基"达标县区之一。

11月1日 全市第一座按照殡葬管理法规定建设的瓷都陵园公墓主体工程建成开放。

12月30日 景德镇市第一部综合年鉴《景德镇年鉴(1991—1992)》,由市地方志办公室编纂,中央党校出版社出版发行。

12月 景德镇陶瓷学院的《陶瓷导刊》成为中国陶瓷工业协会会刊。

1994年

1月1日 国有740厂新产品FC－4T钛陶瓷三极管通过省级鉴定并试生产，主要用于飞机、导弹等飞行器的无线电高度表。

1月6日 “景德板鸡”工程生产线竣工投产。该工程1993年3月破土动工，为国家1993年星火计划推广项目。

1月11—13日 省长吴官正和副省长黄智权、张云川到市视察陶瓷企业和重点建设工程。在调查研究的基础上，省长吴官正主持召开现场办公会议。

1月12日 陶瓷工业设计院为阿尔及利亚陶瓷厂制造的一条36米辊道烤花窑完成，按时发运国外。

2月4日 乐平市涌山镇车溪村庙背山发现一批铜钟，共46个（大的14个、小的32个），经有关部门鉴定是战国时期的乐器。

2月15日 昌河飞机工业公司直8机主桨叶制造技术与应用研究、多点测温装置研制与应用、气象终端技术应用研究3项科技成果通过部级鉴定。

2月18—22日 日本濑户市政府副市长水野纯代表团一行13人到市，进行友好访问。

2月 在1993年全国汽车摩托车产品评价调查活动中，昌河飞机工业公司生产的“昌河”牌微型车获中国公认名牌车称号。

3月23日 市委按照“抓大放小”的方针，研究确定市红星、建国、艺术、红光、人民、东风、为民、红旗8家陶瓷企业作为推行“两权分离、划小经营、风险抵押、租赁承包”改革试点。

4月12日 “景德板鸡”在1994杭州中国星火计划国际研讨会暨星火计划产品和技术展示会上，获金奖。6月7—13日，在第五届亚太国际贸易博览会上，获金奖。10月11—17日，在国家科委和成都市共同举办的“1994成都全国星火科技精品展示会”上，再次获金奖。

4月13日 市委市政府决定，对华意电器公司、景德镇瓷厂等单位，进行“转机建制”试点改革。

4月27—29日 省委书记毛致用到市调查研究。在市委书记殷国光等领导陪同下，先后到乐平市、浮梁县以及景德镇市区了解部分农村的粮、棉、菜生产情况，重点察看10余家工业企业的生产经营情况。

5月21日 市第二中学获全国初中数学联赛团体、个人双冠军。

5月25日 泰国武装最高司令上将瓦拉那·阿披乍里和夫人一行16人，在解放军副总参谋长中将徐惠滋和夫人、省军区政委少将郑仕超和夫人等陪同下，抵市参观访问。

6月1日 焦化煤气厂“八五”技改重点项目，总投资1200万元新建的年产万吨炭黑生产线，各主机设备经安装、调试运转良好。当天上午举行点火烘炉仪式。

6月18日 市陶瓷装饰材料厂与意大利娜塞堤集团公司共同投资6000万元兴建的，年产160万平方米高档瓷质外墙砖生产线点火投产。

6月 乐平市蔬菜批发大市场开始兴建，1995年1月1日竣工。为全省首个蔬菜产地专业批发市场。

7月14日 市政府启动浮梁县瑶里乡虎头岗至三墩公路工程，这是皖赣交通新线御（史亭）渔（亭）公路的一段，后经变更调整为瑶里乡东沅山至与安徽省休宁县交界的左龙公路石家碑，全长18.18千米，总投资2100万元。于1997年10月18日通车。

7月16日 华意压缩机厂生产出第一批无氟压缩机泵体，通过装机检测，各方面数据均达到规定要求。

是日 市档案局编辑的1949年以来首部《景德镇市科技人物名录》由江西科技出版社出版发行。

7月20日 市政府决定对主城区瓷厂改烧煤气后的24座煤烧圆窑，以及1989年后限期拆除的33座违章新建煤烧圆窑，分期分批强制拆除，改善城区烟尘污染状况。

8月19日 《人民日报》以“景德镇电化教育走出新路”为题，报道景德镇市加快电教工作改革创新情况。《江西日报》《解放日报》《景德镇日报》相继作报道。

8月22日 景德镇实施党政领导信访接待日制度。上午,市委副书记、市长殷国光到信访接待室接待群众来访。

8月26日 省民政厅批复同意浮梁县瑶里、湘湖、洪源3个乡撤销乡建制改设镇建制。11月16日,批复同意昌江区竟成乡改设镇建制。至此,全市建镇16个,其中乐平市7个、浮梁县7个、昌江区2个。

8月 景德镇电厂生产区火车双线卸煤沟建成投运,为全省首座。全长180米,上部为预制构件吊装框架结构,跨度27米,下部为钢筋砼地下室结构,总投资1500万元。

9月1日 1994中国旅游购物节(景德镇)暨首届旅游瓷交易会在市雕塑瓷厂明青园拉开序幕。来自全国各地的500多人参加会议。

9月5日 市第一汽车运输公司开通景德镇直达北京卧铺客车,为全省市级第一条直通首都的公路客运班线。

9月25日 由江西省陶瓷工业公司国家用瓷办公室与景德镇市化工厂共同研制,市宇宙、人民、景德镇、红旗、国艺、雕塑6家瓷厂和化工厂、窑模厂合作生产的第二代国徽瓷,运抵北京后受到中央领导和中央有关部门的好评。

9月 由省陶瓷研究所研发,装烧特大件瓷花瓶的燃气台车式专用窑获国家实用新型专利。

10月7日 在北京举办的中国名牌产品认定暨明星企业评选活动中,昌河公司获"中国明星企业"称号,昌河牌微型客车被认定为"中国名牌产品"。

10月11日 市委市政府决定授予张松茂、王锡良、王怀俊、刘平、汪桂英、洪国忠、徐亚凤家庭为"陶瓷世家"。11月22日举行授匾仪式,向张松茂、王锡良等从事陶瓷生产或与陶瓷紧密相关工作,并有独特专长和成就的24户三代以上直系亲属家庭授予"陶瓷世家"匾牌。

10月11—13日 以泰国南邦府副府尹乃丝蓬·宏育为团长的经济考察团一行15人到市进行访问。双方就发展经济、贸易等方面的合作达成五项协议。

10月13日 省政府批复设立景德镇高新技术产业开发区,为首批省级开发区。

是日 景德镇市第一所村级老年活动中心——长寿亭老年活动中心,在乐平市涌山镇涌山村落成。

11月2日 经市十届人大第十六次会议审议通过,每年10月12日举办"中国瓷都——景德镇国际陶瓷节"。

11月2—4日 美国前助理国务卿霍德里奇偕夫人到市访问。

12月9日 铁路景德镇机务段新建110吨内燃机车加油站竣工,结束内燃机车只能单跑景鹰线路,要到鹰潭加油的历史。

12月16—18日 由林业部和财政部联合主持的世行贷款"森林资源发展和保护项目"实施启动会在市召开。工程总投资达3.34亿美元。

12月 市宇宙瓷厂率先建立现代企业制度,成立景德镇市宇宙瓷业有限公司,成为陶瓷行业首家国有独资公司。

是年 省陶瓷工业公司原燃材料供应处在科室股份合作经营的基础上,实施全员股份合作制改组。成立江西省陶瓷工业物资供应有限公司,为景德镇市首家国有企业改组为股份合作制公司。

是年 市瓷用化工厂成功开发出釉中彩颜料品种14个和釉中彩贴花纸品种7个,填补省内空白。

1995年

1月5日 华意电器总公司年产100万台无氟压缩机技改工程竣工投产。该工程于1993年5月开工建设。

1月9日 景德镇发布明初官窑考古研究成果,首次公布的洪武年间官窑瓷器和永乐年间官窑外销瓷器(片),已复原118件,其中青花釉里红瓷器40余件。1994年8月,在中华北路御窑遗址,距地表1.8米处出土古瓷片总量为2.5吨。

1月28日 由昌飞公司和602直升机所共同研制的全国唯一的多用途大型运输型直升机通过设计定型审查，被中国航空报社评选为1994年中国航空工业十大新闻之一。

1月28日至6月28日 景德镇市陶瓷考古研究所在日本大阪市立东洋陶瓷美术馆、东京出光美术馆、热海MOA美术馆举办景德镇官窑展。此次展品115件(套)，是景德镇首次在国外举办的大型官窑瓷展。

2月21日至4月20日 首次开展国家行政机关及事业单位工作人员1994年度考核工作。全市有888个单位共36604人参加考核，确定等次情况为优秀4196人、称职29454人、基本称职276人、不称职16人、未定等次2662人。

3月10日 市委市政府在景德镇陶瓷馆举行爱国主义教育基地命名授牌仪式。市陶瓷历史博物馆为省级基地；景德镇陶瓷馆、莲花塘革命烈士纪念塔、乐平市界首红十军纪念地、浮梁县瑶里新四军改编纪念碑、湖田古窑遗址、高岭瓷土矿遗址、市古窑瓷厂、龙珠阁为市级基地。

是日 景德镇首座220千伏蛇龙变电站动工建设。位于昌江区西郊蛇垄里，投资3764万元。1996年11月2日，竣工并投入运行，使景德镇由省电网末端进入主网，缓解了市区用电紧张矛盾。

4月4日 经国家经贸委等有关部门批准，华意电器总公司晋升为国家大型一级企业。

4月23日 在全国首批公交系统"青年文明号"命名和接匾大会上，市公交公司03－170车组，被授予全国"青年文明号"车组称号。

5月 轻工业部陶瓷研究所研制的陶瓷造纸刀片、电磁灶陶瓷面板被国家科委、国家技术监督局等5家评为1995年度国家级新产品。

6月1日 昌河汽车公司与日本铃木株式会社、冈谷钢机株式会社合资成立江西昌河铃木汽车有限公司，为江西省最大一家中外合资企业。

6月2日 召开市第十届人民代表大会常务委员会第20次会议，审议市政府提交的《关于限期拆除市区煤烧圆窑的议案》，并通过《关于治理城市大气污染，限期拆除市区煤烧圆窑的决议》。

6月5日 中央电视台《大京九》摄制组到市拍摄采访，先后到三闾庙、陶瓷历史博物馆、陶瓷馆、古陶瓷研究所、御窑长廊、瓷器街、华意电器总公司、板鸡公司，进行为期3天的拍摄访谈。

6月7日 全国政协委员、香港汉荣书局董事长石景宜向景德镇市图书馆捐赠台湾版科技、文学、哲学等综合性图书4000余册。

6月13日 景德镇瓷厂科研项目"日用高档瓷原料配方""等静压成型""二次烧成等工艺技术研究"通过国家级鉴定，属行业先进水平。

6月19日 省陶瓷工业公司在《江西日报》刊登招聘启事，面向全省公开招聘日用陶瓷企业厂长。经过严格考评，聘用冯有根为市建国瓷厂厂长。

6月22日 市运动员范彦溥在意大利米兰举行的世界杯射击赛中，以682.1环的成绩获男子10米移动靶比赛金牌。

7月6日 民进中央副主席楚庄向市陶瓷馆捐赠一件口径为6.2厘米，画有翠兰如意边脚，矾红描金双龙戏珠洪宪瓷印泥盒，填补这一年代馆藏品空白。

8月1日 景德镇市至波阳县的客运班船正式开通。9月6日，景德镇航务分局和国际旅行社合资建造的景德镇市第一艘豪华型旅游船，投入营运。

8月5日 由华意压缩机厂生产的"泰康牌"无公害压缩机，获得国际CB认证书。

8月9日 乐平市邹家杂件货运码头竣工。位于乐平市乐安河上游坝口，1992年11月动工建设，年吞吐货物12万吨，总投资150万元。建成后的码头岸线长60米，可容纳100吨级机驳船停发。

8月28日 市曙光路蔬菜批发市场正式启用，由市工商局筹资250万元兴建，为钢架顶棚结构，占地1万平方米。

8月28日至9月1日 在北京举行纪念抗日战争胜利50周年书画展上，市环卫处职工余组福的行书作品"矢志共产宏图业，为花欣作落泥红"作为江西省唯一的作品入选参展。

9月3日 乐平市电子设备厂在第二届中国科技精品博览会上获国家金奖。

9月4日 市第一所希望小学——浮梁县西湖乡获滩村的"获滩希望小学"竣工开学。

9月5日 市政府发布《景德镇市全面实行劳动合同制度实施细则》。至年底,全市639个国有和集体企业单位,17.97万名职工实行劳动合同制度。

是日 昌河飞机制造工业公司和美国西科斯基公司在北京签订S-92直升机生产国际合作项目。

9月21日 景德镇长青牌青花梧桐餐茶具,玩玉牌青花玲珑中西餐具、茶具、咖啡具,红叶牌高档强化日用瓷,高岭牌系列餐茶具和华意牌无氟电冰箱被评为江西省名牌产品。

9月22日 黄乐线公路乐平至涌山段二级油路改造工程竣工通车。工程于1987年动工修建,全长35.507千米,投资2262.5万元。

是日 全市公路货物运输定额保险开始实施,按车辆吨位计算,每月每吨位收取保险费30元,每吨位每次保险金额50000元,每月最多可赔偿3次。

10月17日 市第三人民医院科研课题"自体骨髓移植术"获省卫生厅1995年度技术创新一等奖。

10月18日 昌江区竟成镇投资1000余万元建设的综合性市场——景东招商场开业。工程于1994年2月动工兴建,属1995年全市十大重点工程之一。

10月19日 景德镇发电厂标准轨铁路专用线开通。铁路专用线全长3.2千米。由江西南昌铁路设计院设计,南昌铁路建设总公司承建。于1993年4月动工兴建。

11月25日 景德镇被国家旅游局列为向全世界推出的35个王牌景点之一。

12月6日 景(德镇)白(沙关)公路(编号:S308)景德镇市境18.71千米全面改造竣工。改造项目于1992年10月动工,分两期进行,总投资1520.9万元。第一期工程双凤桥至界首10.71千米为二级9米宽沥青路面;第二期工程黄泥头至双凤桥8千米,其中黄泥头至荞麦岭4.2千米路基宽20米,路面宽9米,水泥混凝土结构,其余路基宽12米,路面宽9米,沥青路面。

12月18日 昌江区鱼山镇留阳村进行"五荒"(荒山、荒地、荒坡、荒水、荒滩)资源拍卖试点。

12月27日 由市有线电视台、浮梁县文化广播电视局、浮梁县文物保护管理所联合拍摄的12集电视专题片《浮梁胜迹》摄制完成,在市有线电视台首播。

12月 景德镇市被国家体育总局评为全国武术之乡。

1996年

1月20日 湖田古窑保护区发掘出宋、元时期制瓷作坊遗址。该窑址保存完整,规模较大,国内罕见。

2月1日 市第十届人民代表大会第五次会议补选舒晓琴为市长。

3月1日 市政府和省交通厅联合建设的石岭至洪源一级公路正式开工,全长2.7千米,路基宽40米,路面宽18米,总投资2034.3万元。其中,市政府投资954.6万元,省公路局投资1079.7万元。于2000年9月建成通车。

3月17日 国家经贸委、国家计委、国家统计局、财政部、劳动人事部公布"1994年度全国大型工业企业"名单,昌河飞机工业公司晋升为全国一档工业企业。

3月18日 AE_{1370}Y型无氟制冷压缩机、CA42型钽电解电容器、彩电同声表面波滤波器、昌河牌CH1016B型微型箱式车、CDZ01型高压铝电解电容器、200毫米×150毫米×6毫米釉面砖、人造玛瑙卫生洁具、稀土尾砂瓷质外墙砖、红泥耐候聚乙烯管材管件9项产品被评为1995年度江西省重点优秀新产品。

4月4日 华意压缩机厂生产的AE_{1360}Y型无氟压缩机列入1996年国家级火炬计划项目。

4月13日 中央电视台《新闻联播》栏目头条报道浮梁县经公桥镇港口村坚持20年红白喜事开"四会"的做法,播出时长4分30秒。

4月24日 经中国证监会批准,市第一家上市公司——华意压缩机股份有限公司以每股4.08元价格向社会公开发行3500万份社会公众股(其中内部职工股350万股),共募集资本1.4亿元。6月19日,3150万股社会公众股上市,深圳证券交易所股票代码为000404,股票简称“华意压缩”。12月19日,350万股内部职工股(除43200股高管持股按规定被锁定外)上市流通。

4月 中国名牌商品介绍活动委员会授予市雕塑瓷厂散花牌传统人物瓷雕、景德镇瓷厂红叶牌日用瓷、市光明瓷厂玩玉牌青花玲珑瓷为全国品牌产品。

5月23—25日 省教委实验教学普及县工作验收组对珠山区的“普实”(普及实验教学)工作进行验收,获得高分达标。3月浮梁、乐平已达标,至此,景德镇市全面实现“普实”工作目标,进入全省先进行列,获省奖金27万元。

6月28日 浮梁县鹅湖镇东埠村莲花山发现大型玛瑙石矿,该矿呈绿、红、咖啡色等6种不同的色调,色彩斑斓,储量居全省第一,具有较高开采价值。

7月13日 全市电话由6位拨号制升为7位拨号制。

7月18日 景德镇民航罗家机场扩建竣工通过验收。1991年12月5日国家计委批复同意扩建罗家机场,1992年9月30日扩建工程破土动工。

8月20日 应国家教委邀请,香港广播电视有限公司董事长、香港邵氏影业公司董事长邵逸夫和方逸华、安子介一行36人,在国家教委副主任韦钰等陪同下到景德镇市参观访问。向浮梁一中、景德镇市一中各捐款80万元建设教学设施。

8月28日 景德镇市同日本佐贺县有田町缔结友好城市,在日本有田町国际陶艺博览会主会场,由市长舒晓琴和有田町町长川口武彦签署协议。

9月10日 景德镇罗家机场举行“上海—景德镇—上海”首航庆典仪式。

9月20日 根据省委组织部、省人事厅的统一部署,景德镇市面向社会考录10名国家公务员,共有613人报名参加考试,经过笔试、面试、体检、考核等程序,市政府办公室录用10人。

9月25日 景德镇电厂在全面实行劳动合同制后,率先推行集体合同制。成为景德镇市正式签订集体合同的第一家省属企业。

9月 中国轻工总会陶瓷研究所科技成果高强度耐热陶瓷材料产品获国际发明展览会铜奖。同时,被国家科学技术委员会批准为国家级科技成果重点推广计划项目日用陶瓷原料精选技术和日用陶瓷坯料制备工艺与设备的技术依托单位,并发给证书。

10月11日 景德镇市与日本濑户市建立友好关系协议签字仪式暨濑户陶瓷展开幕式在景德镇市陶瓷馆举行。市长舒晓琴和濑户市市长井上博签署协议。

10月28—30日 美国西科斯基公司副总裁、S-92项目副总裁肯·凯利和S-92项目总设计师威廉·盖莱尔到昌河公司,主持并通过景德镇S-92项目的关键设计评审工作。同时批准景德镇直升机集团进行S-92前5架机斜梁的制造。1997年5月14日交付美方总装。

11月1日 市陶瓷历史博物馆被命名为全国百家中小学爱国主义教育基地。

11月12日 中国轻工总会陶瓷研究所高级工程师朱素琴在国家“八五”重点科技攻关项目“原料制备工艺与设备的研究”中,获先进个人称号。

12月15日 景德镇市“110”报警服务台开通接警服务。1997年6月18日和6月28日,乐平市、浮梁县“110”报警服务台分别开通。

12月19日 市公安局举行全市第一例行政处罚听证会。会议由市公安局法制研究室主持,听证一起吊销驾驶执照案,当事人委托其代理律师代理出席,来自社会各界和各级公安交警、法制等公安行政执法部门近百人参加旁听。市交警支队根据听证会的听证意见,依法对该案作出处理。

12月26日 由中国直升机研究所、市昌河飞机工业公司以及数十家工厂、研究所、院校配合,采用新科技、新工艺研制成功的Z11轻型军民多用途直升机在景德镇市通过技术鉴定。

1997 年

1 月 8 日 曙光路水果批发市场开张营业。市场占地面积 7000 平方米,65 间库房,可容纳 49 辆 10 吨大货车交易,是赣东北地区最大的水果集散地。

1 月 18 日 瓷都大桥竣工通车。主桥长 191.5 米,桥宽 21 米,总投资 7100 万元。1995 年 1 月 18 日开工奠基,为当时国内第六座、省内第一座中承式钢管混凝土系杆拱桥。

3 月 1 日 高达 4.14 米的青花釉里红超万件特大瓷瓶由筹划人唐景祥等在景德镇组织烧造成功。比已有吉尼斯世界瓷瓶记录之最的 2.88 米还高出 1.26 米,制作人向吉尼斯纪录上海总部申报瓷瓶世界之最。

3 月 25 日 国际互联网景德镇接入网开通。至 12 月底,市邮电局开通 16 个端口,入网用户 70 户。

4 月 7—8 日 世界银行副行长赛韦里诺、世界银行中国与蒙古局局长霍普、世界银行驻中国首席代表鲍泰利一行,在财政部世行司代司长祝宪和省财政厅副厅长陪同下,到市考察国家造林项目实施情况。

5 月 1 日 国营 4321 厂"天乐牌"电容器畅销,给国内名牌彩电配套量位居全国之首。

是日 昌飞公司获中华全国总工会授予"全国五一劳动奖状",是全省唯一获得此殊荣的国有企业。

5 月 28 日 香港回归瓷质纪念宝鼎在景德镇问世。在北京中国美术馆举办的中国景德镇当代艺术陶瓷精品大展将其征集为展标。

6 月 2 日 两根超万件(322 厘米×90 厘米)映山红宝灵双耳瓷尊首次在景德镇面世。作品启运北京,陈放在人民大会堂江西厅。

6 月 5 日 经省民政厅批准,乐平市礼林、后港、塔前、双田、浯口、洪岩、高家、洺口、临港撤乡设镇。

6 月 6 日 为迎接香港回归祖国,向香港特别行政区献厚礼,由市 8 位陶瓷工艺美术大师创作的大型瓷板画《紫归牡怀图》向省政府交接仪式,在景德镇陶瓷馆举行。

6 月 28 日 景德镇印刷包装机械有限公司生产的 J4104 自动胶印机运往美国芝加哥,参加 1997 国际印刷与纸品包装转换技术展览会。在中国参展产品中,同类产品仅此一家。

7 月 10 日 由邵逸夫捐资 80 万港元助建的景德镇一中逸夫体育馆竣工落成。体育馆建筑面积 2500 平方米,总投资 400 万元人民币,是市直中小学第一座大型室内体育馆。

9 月 10 日 市陶瓷考古研究所修复的缠枝莲纹釉里红大碗、矾红地绿灵芝卷耳三足炉、缠枝菊纹青花执壶、并蒂莲纹青花折沿盘等 8 件明代官窑瓷器,在北京中国历史博物馆全国考古新发现精品展展出。

11 月 13 日 九景高速公路开工建设。起点为九江市木家垄,终点为景德镇市罗家滩,途经庐山区、湖口县、都昌县、波阳县,全长 133.64 千米。路基宽度为 24.5 米,双向四车道,全封闭,全立交。2000 年 11 月 8 日建成通车,总投资 30.2 亿元。

11 月 18 日 由德宇集团刘浩元等研制的"得雨活茶"微生物保鲜技术通过省级鉴定。12 月 20 日,千克极品"得雨活茶"以 3.08 万元的价格在上海拍卖成交。

12 月 9—12 日 中共景德镇市第七次代表大会在市政府礼堂召开。选举产生中共景德镇市第七届委员会委员 33 人,候补委员 7 人;选出中共景德镇市纪律检查委员会委员 21 人。12 日,中共景德镇市第七届委员会举行第一次会议,选举殷国光为市委书记,舒晓琴、刘爱才、张桂生为市委副书记,查炳炎、杨金云、刘道清、张忠信等为市委常委;选举刘爱才为市纪律检查委员会书记。

12 月 20 日 由直升机所和昌飞公司共同研制生产的直 11 型直升机一级风险试飞成功。1998 年 8 月 24 日,首批 9 架直 11 型直升机正式交付。

12 月 26 日至 1998 年 1 月 2 日 市十一届人民代表大会在市政府礼堂召开,会议通过有关法定议程后,选举周庭祥为市人大常委会主任;选举舒晓琴为市长,李水根、周华保、马宁等为副市长。

12 月 27 日至 1998 年 1 月 1 日 市政协第九届一次会议在市政府礼堂召开,选举龚农民为第九届政协主席,柯尔荣、汪宗达、周国俊、刘新园、李建中、刘浩元、王守之为副主席。

12 月 景德镇市“江西省大面积旱稻旱床育秧及配套增产技术推广”,获得全国“农牧渔业丰收奖”一等奖。

12 月 景德镇市首次获“全国双拥模范城”称号。

1998 年

1 月 27 日 市歌舞团创作演出的新编《青花乐舞》作为江西省代表节目,在“陕、赣、黔三省’98 春节电视晚会”上演出。《青花乐舞》还被江西电视台拍摄制作成 MTV,除夕和正月初一分别在华东六省一市春节电视文艺晚会和中央电视台一套、二套春节专题节目中播放。

3 月 市工商联建立全市第一个私营企业党支部——中共刚强水泥厂党支部,隶属于企业所在地后港镇党委领导。

4 月 3—29 日 景德镇为非公人员开展工艺美术职称评审,首开全国职称评定之先河。通过专家评委会评选,评定 63 人为高级工艺美术师、50 人为工艺美术师、14 人为助理工艺美术师。

4 月 22—24 日 丹麦丹佛斯压缩机股份有限公司总裁莫尔、技术副总裁纽思森、生产副总裁罗伊等一行 5 人,专程到景德镇市考察,洽谈与华意电器总公司、广东科龙电器股份有限公司联合在景德镇市新建年产 300 万台无氟压缩机生产线的项目合作。

5 月 18 日 焦化煤气厂在景德镇宾馆举行 1.5 万吨炭黑生产线建设动工典礼。11 月 18 日,湿法炭黑生产线建成点火投产。

6 月 1 日 景德镇市开始实施《城市居民最低生活保障制度》。

6 月 26 日 景德镇地区遭受特大洪水,昌江河水位达 34.27 米,超警戒水位 5.77 米,是 1949 年以来最高水位。洪灾直接经济损失 32.26 亿元,其中农业 11.3 亿元、工业交通 12.7 亿元。房屋倒塌 13.08 万间,其中倒塌居民住房 10.66 万间,损坏房屋 21.68 万间。全市 4 个县(市、区)61 个乡(镇)场、592 个村委会和 9 个街道 158 个居委会全面受灾。省长舒圣佑率领省委办公厅、省政府办公厅、省水利厅、省民政厅等单位负责人到景德镇市视察水情,指导抗洪救灾。

7 月 24 日 景德镇市籍选手蔡烨清在西班牙举办的世界射击锦标赛上以 687.3 环的成绩,获女子运动手枪个人世界冠军。12 月,蔡烨清在曼谷举办的第 13 届亚运会上夺得女子射击 3 枚金牌和 1 枚银牌。

7 月 31 日 市有线电视台现场直播市中院芦某某、冯某某抢劫一案庭审过程,在社会上产生强烈反响。省高院刑一庭庭长、省检察院和省司法厅一行 6 人到庭指导。

7 月 市艺术瓷厂成功烧制直径为 110 厘米的薄胎大碗,刷新吉尼斯世界纪录。薄胎碗是中国工艺美术大师王隆夫和高级工艺美术师王安维联袂绘制的《九老九寿图》,采用景德镇粉彩人物的装饰技巧。

11 月 8 日 市防洪工程在昌江区竟成镇湖田畈正式动工。2001 年 10 月 21 日,湖田至南河口 5.1 千米石渣堤工程完工并通过验收。

12 月 18 日 市焦化煤气厂研制的塑纤钢化门窗获国家三项专利(专利号:ZL98307640.5、ZL98330282.0、ZL98330282.2)。1999 年 8 月 20 日,经国家经济贸易委员会专家评审,被认定为 1999 年度国家级新产品。

12 月 22—23 日 由省科委立项,景德镇陶瓷学院承担的钛酸铝陶瓷研制和抗菌生物瓷材料的研究 2 项省级重点产学研项目顺利通过专家组鉴定,2 项科研成果均达到国内领先水平。

12 月 26 日 昌飞公司微型车年产量首次突破 10 万辆大关,其中厢式微型车已连续 7 年稳居全国同行业榜首。

12 月 26 日至 2000 年 12 月 景德镇市为全省地市级“三讲”教育试点单位之一。市委先后就市级班子“三讲”教育试点、市直单位班子、县(市、区)级班子和县(市、区)委组宣两部班子的“三讲”集中教育工作,进行专题研究,作出具体部署和安排。全市参加“三讲”教育的领导干部 1000 余人,其中市级干部 37 人,县级干部750余人,科级干部210余人。

是年 市特种陶瓷研究所研制的防弹陶瓷装甲项目,被省科委列入省级科技攻关计划。防弹陶瓷及复合装甲是防弹材料的更新换代产品,1999年11月和2000年1月,分别通过江西省科委主持的技术鉴定,填补国内空白。

1999年

1月15—20日 市十一届人民代表大会第二次会议选举刘爱才为市长。

2月10日 昌飞公司直8-A型机通过国家技术鉴定审查。

3月22日 市陶瓷技术专家组赴哥伦比亚,为其提供陶瓷技术援助。

4月1日 景德镇陶瓷股份有限公司生产的红叶牌餐具、茶具、咖啡具被确定为省重点保护产品。

4月12日 浮梁县政府将浮梁县供电公司与浮梁县水电公司合并,再与省电力公司共同参股组建浮梁县供电有限公司。省电力公司控股占60%,浮梁县占40%。

6月下旬 市委组织部和省陶瓷工业公司联合拍摄的党员电化教育片,在省电视台播出。年末,在中央电视台一套《地方台30分》节目播放,记述市红光瓷厂一分厂厂长吴彩云的改革事迹。

8月21日 人民大会堂管理局与江西德宇集团在人民大会堂海南厅召开景德镇得雨活茶荣膺人民大会堂特供茶介绍会。

10月15日 景德镇焦化煤气厂被国务院定为520户国家重点企业(化工行业中排序第32位)之一。

11月26日 市客运中心站(景德镇汽车站)按国家一级汽车客运站标准开工建设,占地面积29970平方米,建筑面积19417平方米,总投资2500万元,可容驻站客车150辆,日旅客吞吐量最高可达12300人次。2001年3月18日建成运营。

11月 景德镇市"水稻抛秧大面积示范推广"技术获全国"农牧渔业丰收奖"一等奖。

12月1日 市陶瓷研究所特制的一对超万件青花斗彩"百荷图"瓷瓶,在省政府门前举行发送仪式后,送往澳门特别行政区政府。

12月10日 由景德镇陶瓷协会申请注册的"景德镇商标",经国家工商行政管理局商标局注册发证。

12月底 全市108座倒焰圆形煤窑,除耐火材料厂保留2座、玉风瓷厂保留1座外,其余全部拆除,新建92座气烧梭式窑替代。

是年 经云南省园艺博览局批准,景德镇陶瓷股份公司生产的陶瓷产品为1999世博会唯一指定产品,并准许使用1999世博会专用标志、会徽、吉祥物(含有关图案)及文字说明。

2000年

1月18日 省陶瓷进出口公司与珠海三桥集团公司签订《合作开发协议书》,利用公司原有景德镇市曙光路57号库区近3.5万平方米的闲置仓库合作开发建设市场。3月18日,成立景德镇商贸批发大市场。2001年7月,市工商管理局批准并发给"市场登记证"。10月,景德镇商贸批发大市场正式运行营业。

是日 全市公开选拔副县级领导干部考试笔试开考,400名考生参加考试,24人进入面试,录用8人。

1月26日 市三蕾瓷用化工有限公司承担的国家重点科技攻关项目"釉中彩陶瓷颜料、花纸生产工艺技术"通过国家级鉴定验收,填补国内釉中彩陶瓷颜料、花纸生产工艺和产品的空白。

3月16日 市政府无偿划拨2.13公顷土地、拨款20万元,在昌江区鲇鱼山镇吕蒙村新建革命烈士陵园。2001年6月28日,举行奠基仪式。

4月16日 市政府与南昌洪城大市场股份有限公司董事长、总经理胡建华,在景德镇签订《合作开发建设景德镇陶瓷城项目协议书》,这是南昌、景德镇两市最大的合作项目。

4月18日 市劳动力市场举办新千年首届劳务洽谈会,26家用人单位提供就业岗位400多个,报名求职800多人次。经双向选择,录用340余名。

5月18日 市政府首次采取拍卖的形式出让国有土地使用权,拍卖市北环路两侧土地8宗,总面积19086平方米,共拍得1186.68万元。

6月6日 市第一家瓶装纯净水生产线在景德镇电厂“过得好”纯净水厂建成投产。

6月9日 爱沙尼亚国家电视台高级新闻编辑、原总统府新闻官英德列克·特莱费尔德一行3人到市拍摄陶瓷文化专题新闻片。

6月25日 九景支线公路扩建工程正式开工。该工程是江西省亚行贷款项目,省重点工程。起于九景高速公路终点罗家滩,终点与安徽祁门和东至相接,路线全长78.95千米。

6月28日 宋家山垃圾处理场动工兴建,处理场位于景德镇市吕蒙乡,是利用国债建设的城市基础设施项目,总投资3800万元,设计日处理垃圾330~380吨,日处理垃圾渗沥液400吨,垃圾总库容量163万立方米,使用年限10年。2002年1月正式投入使用。

8月28日 市陶瓷职业中专学校举行“国家级重点职业高中”揭牌仪式,为全省首批国家级重点中等职业学校。

9月1—30日 市酒厂和市食品酿造厂2家国有商办工业企业的资产整体出让,为首次被民营企业整体收购的市国有企业。324人置换职工身份,其中全民固定工208人,全民合同工47人,大集体职工69人。

9月13日 市区19个国有粮店开始改革,实施产权变现、统一标准安置职工,粮店资产面向社会拍卖。市区的麻石弄、富强弄、新德园、绣球弄、周路口、工人新村等粮店拍卖成交,成交金额132.686万元。经市政府批准,协议转让河西、东二路、解放路、陈家街等粮店,收回转让金162.3万元,市粮食局系统内部拨转4个粮店,总共收回资金496.986万元。

9月16日 市房管局举行房地产交易会暨房地产交易大厅开业仪式。

9月26日 江西省国道线上第一个由地方筹资建设管理的公路大桥——乐平大桥正式开工。于2003年7月建成通车。

10月 昌汽集团“昌河”商标被国家工商局评定为“中国驰名商标”。

12月22日 市十一届人民代表大会常委会第二次会议通过《关于治理大气污染限期拆改市区煤烧隧道窑的决议》,同意和支持市政府提出的力争在2003年年底,确保在2004年完成市区煤烧隧道窑的拆改工作。至2002年12月31日,市区22条煤烧隧道窑全部拆除,改为焦化煤气和石油液化气作燃料的新型窑炉。

12月23日 《景德镇陶瓷全集》大型画册出版发行。分4卷,共812个页码38万多文字,选用1460多张彩色照片。

12月26日 昌飞公司在引进日本铃木公司WagonR+系列车型技术的基础上,开发“北斗星”小型乘用车并下线。

12月 市行政区域界线勘定工作全面完成,勘定县级行政区域界线12条,三交点8个。

2001年

1月12—14日 省长舒圣佑、副省长王君到市调研改革和发展情况,了解群众生活状况,看望、慰问生活困难的职工,并听取市委、市政府工作汇报和陶瓷行业改革专题汇报。

2月11日 中央电视台《东方时空——直播中国》栏目播出景德镇陶瓷文化专题节目,市陶瓷考古研究所、古窑瓷厂参与拍摄工作。

4月15日 昌飞公司直11型机获得国家民用型号合格证。

4月17日 国家“九五”攻关项目江西省陶瓷研究所的“釉中彩窑烧嘴的开发研制”通过国家验收。

4月22日 景德镇首次拍卖城市国有存量土地,5宗土地总面积为23271.4平方米,成交总金额2000余万元。

4月28日 市公交公司无人售票车投入运营。

4月29—30日 以瑞典驻华大使凌希乐为团长的欧盟各国驻华使节访赣团一行20人到市参观访问。

5月 市地税局稽查局与市公安局经侦处联合查处建局以来最大一起涉税案件——涌龙水泥有限公司偷税案,查补税款507万元(其中应代扣代缴个人所得税137万元),罚款58.7万元。

6月11日 中宣部公布乐平赣东北特委旧址、红十军建军旧址方志敏纪念馆等为第二批百个爱国主义教育示范基地。

6月24—27日 中共景德镇市第八次代表大会在市政府礼堂召开。选举产生市第八届委员会委员35人,候补委员6人。27日,选举舒晓琴为市委书记,张忠信、李亚平、周萌等为市委副书记,选举管正川、樊耀、郭建晖、刘德意、殷金水等为市委常委。选举周萌为市纪律检查委员会书记。

6月25日 国务院公布高岭瓷土矿遗址为全国重点文物保护单位。

6月28日至7月2日 市政协第十届一次会议在市政府礼堂召开。选举龚农民为第十届政协主席,柯尔荣、刘新园、李建中、刘浩元、王守之、夏山东、叶永强为副主席。

6月29日至7月4日 市十二届人民代表大会在市政府礼堂召开。会议经过法定议程后,选举周庭祥为市十二届人大常委会主任,查炳炎、李水根、王光秋、马宁、余仰贤、梁莉莉为副主任,王晓茅为秘书长;选举市长,郭建晖、周华保、谢茹等为副市长。

7月6日 "昌河股份"A股在上海证交所,以每股面值1元人民币,每股发行价7.28元,向社会公众公开发行11000万股。

8月4日 中国景德镇陶瓷博物馆被国家编委办公室批准正式冠名,国家计委同意该项目立项,并被列入国家"十五"规划新建十大博物馆之一。

8月28日 景德镇陶瓷股份有限公司首批中南海用瓷起运。2002年1月28日,第二、第三批在中南海交接。

9月16—17日 以日本民主党副理事长、日本众议院伊滕忠治为团长的日本众议员访华团一行6人到市参观访问。

9月21日 国内首家全国中小学陶艺培训基地在陶瓷历史博物馆西侧挂牌成立。建筑面积2.2万平方米。

9月25日 市考古所研究员刘新园获国家文物局1999—2001年度"郑振铎、王冶秋文物保护奖"个人奖。该奖由香港敏求学会钟华倍先生等人捐款设立,每年用10万港元奖励为中国文物、博物馆事业作出优异成绩的基层文博单位和文博工作者。

10月29日 景德镇陶瓷股份有限公司的"红叶"陶瓷入选上海APEC会议专用瓷。

11月8日 因不符合消防安全要求,砖木结构的景德镇标志性建筑、市民俗称"七层楼"的景德镇饭店被爆破拆除。

11月14—15日 韩国利川市市长柳胜优、议长姜基弼率领的市政府代表团到市参观访问。

11月28日 珠山区新村街道与市第二人民医院合办的凉山村下居委会社区卫生服务中心成立,为全市首家。

12月6日 景德镇得雨活茶升格为北京人民大会堂"国宴茶"。

12月15日 昌飞公司与中央电视台签订直11型机购销合同,标志着国产直升机首次进入民用市场。2002年8月25日,中央电视台与昌飞公司直11型中继航拍直升机交接暨颁证仪式在中国航空博物馆举行。

12月22日 经省政府批准,景德镇对乡镇行政区划作重大调整,将原有53个乡镇撤并为38个。

2002 年

1 月 28 日　市环保局 4 套大气环境全天候采样系统启用，提高了大气污染监测能力。

2 月 8 日　景德镇天翼中学成立，由景德镇一中与陶亮公司联合办学，属民办股份制学校，景德镇一中占 70% 股份，陶亮公司占 30% 的股份。

3 月 23 日　景德镇陶瓷股份有限公司“红叶”牌陶瓷通过原产地标记注册，成为江西省第一个取得原产地标记保护的品牌。为全国日用瓷行业第一家。4 月，获国家质检总局授予原产地标识认证证书，是国内日用陶瓷唯一获此证单位。

4 月 2—3 日　省委书记孟建柱率省直有关部门领导深入景德镇市区、浮梁县和乐平市调查研究，了解当地改革和发展情况。

4 月 19 日　景德镇市调整景德镇高新区规划控制用地。新区具体分 3 个区域，即石岭洪源区域 7. 26 平方千米，石岭区域东起迎宾路西端及与之相连的机场路，西南为西河环绕，北至原景湖公路。二期控制区起步区面积约为 3. 09 平方千米的西北侧，南起景湖公路，北至罗家桥乡铁炉里村新村，东为西河环绕，西至金坑坞；官庄吕蒙区域 13. 88 平方千米，东起韭菜园，西至舒家庄、杨家港、吕蒙桥，北起蛇垄里、五里岗水库，南过昌江河至南山脚下；吕蒙桥以西区域约 10 平方千米。

4 月 26 日　景德镇市旅游局推出“瓷都新十景”：龙珠御阁、龙岗览胜、琼泉繁星、瑶瀑村海、瓷宫惊玉、洪源仙境、塔衙古韵、翠湖叠彩、玉岭云峰、郭璞幽情。

5 月 18 日　市百货纺织品总公司将瓷都百货大楼整体租赁给台湾客商。台商投入资金 1200 万元，创建台商独资民营企业——华达购物广场。

5 月 24 日　豪德贸易广场建设项目落户景德镇，由香港豪德集团有限公司投资建设，项目实际投资 4. 5 亿元，用地 20 公顷。项目分两期建设，一期投资 3. 5 亿元，用地 14. 13 公顷，于 2002 年 7 月动工建设，2003 年 12 月一期工程建成，有商铺 1214 套和住宅 80 套。

5 月　华意压缩机股份有限公司投资 1. 4 亿元成功收购浙江省嘉兴市加西贝拉压缩机有限公司 3. 732% 的股权，取得控股地位。华意压缩机股份有限公司产能达到年产 500 万台规模，居全国第一。

5 月　在江西省赴香港招商引资洽谈会上，市物资局民营陶瓷科技园区项目与美国新都兴业有限公司正式签约，同时引进深圳香江集团，投资 13 亿元建设中国陶瓷城。2004 年 4 月 28 日，建成开业。

6 月 5 日　缅甸第一工业部部长吴昂当一行 8 人到景德镇，就委托市陶瓷工业设计院承建日用陶瓷厂项目进行实地考察。

6 月 12 日　水稻机械化抛秧技术开始在全市推广。

7 月 1 日　中国驰名商标“景德镇”商标正式启用防伪标识。11 日，景德镇陶瓷股份有限公司、省玉风瓷厂、南光陶瓷有限公司首获该商标防伪标识。

7 月 10 日　九（江）景（德镇）高速公路支线工程——206 国道白泥塘（赣皖交界处）至洪源、省道张（王庙）经（公桥）小维岭（赣皖交界处）至经公桥公路拓宽改造工程竣工，全长 79. 1 千米，总投资 3. 43 亿元。

7 月 20 日　景德镇陶瓷股份有限公司生产的“吉祥如意”餐具瓷，被选定为中共中央总书记江泽民访美时馈赠美国总统布什夫妇的礼品。

8 月 8 日　瓷都交通音乐广播电台正式开播，全天播出时间长达 20 个小时。是赣东北地区第一家以交通信息、娱乐互动、情感休闲为主要内容的广播电台，也是景德镇第一家完全市场化运作的媒体。

8 月 26 日　香港知名人士邵逸夫及夫人邵方逸华一行 60 余人，在教育部副部长章新胜、江西省副省长胡振鹏陪同下，抵市参观考察景德镇陶瓷学院等学校。

9 月 28 日　石岭至洪源公路拓宽改造工程开工。石洪公路全长 2. 7 千米，全线路基按 60 米宽规划，40 米宽实施，路面按一级路标准，双向四车道，共 18 米宽。其中洪源公路大桥全长 165 米，上部构造采用 8 孔，标准路径 20 米。2003 年 6 月底竣工,总投资 2800 万元。

11 月 30 日 新加坡第一批包机旅游团 300 余人到景德镇。市政府在陶瓷历史博览区举行欢迎仪式。

12 月 5 日 景德镇陶瓷学院、省陶瓷研究所等 4 家单位组建的国家日用及建筑陶瓷工程技术研究中心项目,通过由科技部组织的同行专家的可行性认证。

12 月 31 日 县道涌(山)新(店)线二级沥青路改造工程竣工。线路起于乐平市涌山,止于临港镇新店,全长 14.67 千米,路基宽 12 米,路面宽 9 米,于 2001 年 7 月开工,造价 1399 万元。

是日 市政府及 18 家政府部门从原址地——明清时期御窑厂遗址保护区域整体搬迁石岭临时板棚房办公。御窑遗址进行全方位保护和发掘。

是年 市休闲广场安装由中国工艺美术大师张育贤创作完成的运瓷土铜雕《瓷工颂》,珠山西路与瓷都大道交叉路口公园安装炒茶铜雕《茶农赞》。

是年 经市政府批准市陶瓷历史博物馆和古窑瓷厂合并,成立陶瓷历史博览区。景德镇陶瓷历史博览区通过国家旅游局的检查验收,获得国家 AAA 级旅游景区称号。

2003 年

1 月 6 日 景德镇陶瓷股份有限公司生产的"红叶"牌高档日用细瓷被国家质量监督检验检疫总局授予国家免检产品称号。

3 月 市劳动就业局首次为 23 名自谋职业、自主创业的下岗失业人员,发放小额担保贷款 21.5 万元。至 12 月底,全市为 448 名下岗失业人员发放小额贴息贷款 871.5 万元,带动近 2000 人就业和再就业。

4 月 17 日 景德镇成立预防"非典"协调小组。4 月 22 日,市委决定成立全市防治"非典"工作总指挥部,市政府各部门按照分工全面开展防控工作。8 月 3 日上午举行防治非典型肺炎表彰大会。全市未发生疫情。

6 月 25 日 市土地储备中心在全省率先与国家开发银行江西分行签订 20 亿元贷款合同,用于土地储备和老城区改造。市政府制定《景德镇市土地储备办法》垄断土地一级市场。

7 月 27 日 市房管局举办中国·景德镇首届房地产交易展示会,开展房地产政策宣传、咨询、办证、最新楼盘展示、二手房交易、房地产信息发布、房地产金融服务。

7 月 31 日 全市首次采矿权拍卖在浮梁县成功举行,出让砂石采矿权 2 宗,成交价款 34.1 万元。

8 月 20 日 泰国公主诗琳通一行抵达景德镇参观访问。

8 月 28 日 昌飞公司直 8 通用运输型直升机(直 8 - F)在吕蒙机场成功实现首飞。

9 月 25 日 景德镇民窑博物馆举行开馆揭牌仪式,并正式对外开放。新开展的项目有古代民窑瓷器展览、古代制瓷作坊遗迹展、古代窑炉遗迹展、民窑特别展。

10 月 20 日 景德镇《瓷都晚报》创刊,是景德镇第一份晚报,开创省内引进民间资本办报的先例。

12 月 景德镇陶瓷学院国家日用及建筑陶瓷工程技术研究中心获科技部批准成立,为江西省首个国家级科研平台。

2004 年

1 月 29 日 浮梁工业园区成建制划出,组建景德镇市陶瓷科技园,作为科技部、江西省政府共建景德镇国家陶瓷科技城 4 个基地(研发、产业、人才培养、商贸交流)之一的产业化基地。园区内行使县级管理权限,财税实行封闭管理,独立运作。10 月,全面启动建设。

3 月 4 日 市青年志愿者正式启动长效服务机制。青年志愿者在双休日上门提供家电、水电、五保户房屋维修和健康咨询、法律咨询等服务。

3 月 10—16 日 景德镇市举办国际模特赛事——上海国际时装模特大赛中国总决赛。大赛由 2004 上海国际服装文化节组委会、2004 上海国际时装模特大赛中国总决赛组委会、景德镇市委宣传部、上海文化发展有限公司、上海东方卫视传媒有限公司共同主办,昌河工业(集团)公司独家冠名。

3 月 景德镇市被省委、省政府授予江西省创建文明城市工作先进城市和江西省卫生城市称号。

4 月 11 日 景德镇御窑遗址考古成果被评为 2003 年度全国十大考古新发现。

5 月 13 日 "燃烧的辉煌——12 至 18 世纪景德镇陶瓷艺术杰作展"在巴黎中国文化艺术中心开幕。法国总理夫人拉法兰、中国驻法大使赵进军等出席开幕仪式。

5 月 28 日 省政府下发《关于同意将景德镇陶瓷职工大学等四所学校并入景德镇高等专科学校的批复》,同意将景德镇陶瓷职工大学、江西广播电视大学景德镇分校、景德镇师范学校、景德镇教师进修学校的人、财、物及财政拨款基数成建制并入景德镇高等专科学校。保留江西广播电视大学景德镇分校相应的业务工作,并负责市中小学新增教师的培养以及在职中小学教师继续教育工作。

5 月 30 日 市陶瓷历史博览区顺利通过国家旅游局 AAAA 级景区评定组的评定验收,成为全省文博系统第一家、全市第一家 AAAA 级景区。

6 月 13 日 在韩国光川举行的世界跆拳道青年锦标赛上,景德镇选手吴静钰获得女子 49 公斤级冠军。

7 月 1 日 县道公路经(公桥)桃(墅)线油路改造工程开工,工程按三级公路标准建设,全长 29 千米,工程投资 1162.17 万元。于 2005 年 11 月竣工。

7 月 12 日 市第十二届人民代表大会常委会第十九次会议,决定虞国庆为代市长。

7 月 31 日至 8 月 5 日 中国四大名镇集邮展览在景德镇市举行,在全国尚属首次,规模为 100 个标准框。

8 月 22 日 206 国道浮梁洪源至乐平杨家岭段新建工程建成通车。为全省首条采用 BOT 模式建设的国道项目,全长 42 千米,路基宽 15 米,路面宽 12 米,沥青混凝土路面,计算行车速度为 80 千米/小时,总投资 2.78 亿元。2002 年 7 月 28 日开工建设。

8 月 28 日 最后一批三峡移民在浮梁县王港、臧湾乡安家落户,共 168 户 878 人。

8 月 31 日 第一部以青花瓷为线索的电影《青花》在景德镇市开机。

10 月 12—16 日 首届景德镇国际陶瓷博览会在景德镇举行。博览会由商务部、中国轻工业联合会、中国国际贸易促进委员会、江西省政府主办,商务部外贸发展局、中国陶瓷工业协会、江西省外经贸厅、中国商贸促进会江西分会、景德镇市政府承办。是全国产瓷区首次举办的国际陶瓷博览会,也是景德镇千年华诞的标志性活动。

10 月 16 日 浮梁县被农业部授予全国无公害茶生产示范基地县,并颁发证书。

11 月 7 日 "昌南"陶瓷商标由省陶瓷进出口公司注册。2009 年 7 月,被认定为省著名商标。

12 月 24—28 日 市女子瓷乐团应文化部邀请赴北京参加文化部春节联欢晚会的录制,2005 年大年初一晚在中央电视台播出。是江西省第一次参加文化部春节联欢晚会的演出。

12 月 景德镇陶瓷学院教授秦锡麟被国家授予推进中国现代陶瓷艺术教育与国际交流特殊贡献奖,是中国唯一获得该殊荣的艺术家。

12 月 景德镇陶瓷学院《陶瓷学报》被科技部定为中国科技核心期刊,《中国陶瓷》成为陶瓷行业中文核心期刊。

是年 市产权交易中心成功组织乐平第二水泥厂国有产权整体拍卖,最终以 600 万元成交,增值率为 66.6%。这是全市首次以竞价方式公开拍卖的国有企业整体产权。

是年 景德镇陶瓷股份有限公司创作的"奥运腰鼓杯"被北京奥组委选定为雅典奥运会礼品瓷,8 月运至雅典奥运会"中国之家"使用。

2005 年

1 月 6 日 景德镇陶瓷股份有限公司成功为美国前总统布什钻石婚庆 60 周年制作一批纪念瓷,该产品由美国白宫收藏。

1 月 25 日 竟成镇文化站站长周元强在北京参加由农民日报社、中国农业电影电视中心主办,《人民日报》《光明日报》《经济日报》《经济参考报》和中央人民广播电台、中国农村杂志社等新闻单位及农业部协办的“盛世乡约 · 时代新闻人物”颁奖晚会,被授予时代新闻人物。

1 月 全市开展保持共产党员先进性教育活动。活动分三个批次进行:第一批是市、县党政机关和部分企事业单位,共涉及基层党组织 1074 个,党员 15575 人;第二批是城市基层和乡镇机关,共涉及基层党组织 1606 个,党员 31797 人;第三批是农村和部分党政机关,共涉及基层党组织 848 个,党员 23791 人。分为学习动员、分析评议、整改提高三个阶段进行,基本结束后,再用三个月左右的时间,巩固和扩大整改成果。

2 月 28 日 由市陶瓷馆监制的 2 座高 5 米(分 7 层)的巨型青花装饰瓷塔运往日本,参加在大阪举办的食品博览会,此塔为食博会主体标志物,将长期陈列在大阪关西国际机场候机厅。

4 月 市陶瓷研究所赖德全、何叔水联袂创作的 500 件小口梅瓶《源》《脉》作品,以中共中央的名义赠送中国国民党中央委员会、亲民党中央党部。

5 月 30 日 市政府决定将昌江区吕蒙乡成建制划拨给景德镇高新区,其财政上解纳入高新区财政预算,吕蒙乡依然按照乡镇模式管理。7 月 1 日,高新区正式接管吕蒙乡所有人、财、物、事。至此,高新区辖区面积 50 平方千米,其中工业规划面积达 15 平方千米。

7 月 6 日 市政府公布以市老城区内的古建筑为主的第三批市级文物保护单位(18 处)。

7 月 17 日 台湾台北莺歌高职访问团到景德镇全国中小学生陶艺培训基地参观考察。访问团 18 人,团长张再兴,副团长古秀菊、刘志璇,双方签署《两岸教育学术文化交流合作备忘录》。

7 月 故宫博物院、省文物考古研究所、市陶瓷考古研究所联合对昌江区丽阳乡瓷器山遗址进行三个月的考古发掘,清理元代龙窑和明代葫芦窑遗址各一座。考古成果入围 2005 年全国十大考古新发现评选。

8 月 3 日 市人口计生委在乐平剧院举行全市农村部分计划生育家庭奖励扶助金首发仪式。全市农村首批 659 人享受计划生育奖励扶助。

8 月 23 日 国土资源部确认首批 28 个国家矿山公园,高岭古矿入选,成为江西省唯一一座国家矿山公园。

8 月 29 日 中国优秀旅游城市评定委员会命名景德镇市为中国优秀旅游城市。

9 月 6 日 景德镇陶瓷科技园区向首批 133 户、134 名失地农民和农户发放“失地农户(人员)证”。园区失地农民女性年满 50 周岁至 60 周岁,男性年满 55 周岁至 60 周岁每月可到园区领取 100 元的生活补助,满 61 周岁男、女每月均可领到 160 元的生活补助,从 6 月份开始计发。

9 月 16 日 浮梁县瑶里镇入选中国第二批历史文化名镇,是全省唯一获此称号的乡镇。

9 月 19 日 由昌河航空工业有限公司与意大利阿古斯特公司共同投资成立的合资公司——江西昌河阿古斯特直升机有限公司正式揭牌,意大利阿古斯特公司执行董事、总经理斯帕诺尼等高级管理人员,中航工业集团、中央电视台、公安部、中信海洋直升机股份有限公司及昌飞公司、602 直升机所领导出席揭牌仪式。9 月 23 日在北京人民大会堂举行新公司成立新闻发布会,生产的直升机型号为 CA109E。

9 月 景德镇陶瓷股份有限公司生产的红叶牌餐具、茶具获中国名牌产品称号。

10 月 12 日 9 时 40 分,丹麦丹佛斯公司总裁柯劳森的私人公务机猎鹰 2000 降落在景德镇机场。这是景德镇机场通航以来,首次为境外飞机提供导航和地面保障服务。

10 月 12—23 日 景德镇籍运动员金紫薇在江苏南京举行的第十届全运上获女子单人双桨和双人双桨 2 枚金牌。

10 月 19 日 全钢质新浮桥在中渡口原浮桥地址建成通行。新建造的浮桥总长 141 米,桥面宽 8 米,由 17 艘以钢质结构为主材料的钢质船组成,每艘船载重约 28 吨。

10 月 26 日 在北京举行的全国精神文明建设工作表彰大会上,景德镇获评全国创建文明城市工作先进城市。

10 月 28 日 美国门县市政府在门县和景德镇市签订《景德镇市和门县市推进友好城市发展协议书》。

12 月 8 日 乐平新店至秧坂战备公路工程开工。公路全长 46.5 千米,按三级路标准建设,总投资 9300 万元,该公路是连接乐平市和弋阳县的快速通道。2007 年 1 月工程竣工。

12 月 22 日 高岭—瑶里风景名胜区、浮梁古县衙景区被评为国家 AAAA 级旅游景区。

12 月 华夏建筑陶瓷研究开发中心在景德镇陶瓷学院投资 1500 多万元建设的建筑陶瓷分析测试中心获英国陶瓷协会认证,为中国陶瓷产品进入欧盟区提供质量认证。

12 月 景德镇陶瓷学院 2004 级研究生余立锋获德国红点概念奖和 IF 设计奖两项世界工业设计界大奖,这是国内工业设计类大学生首次获得这两项荣誉。

2006 年

4 月 12 日 世界 500 强企业之一香港新世界集团投资江西电化项目正式签约。

5 月 4 日 景德镇电视台配合中央台、省台成功进行“劳动最光荣——景德镇篇”的大型直播,为央视在景德镇现场直播时间最长,介绍陶瓷历史文化内容最全的节目。

5 月 20 日 景德镇手工制瓷技艺、景德镇传统瓷窑作坊营造技艺被国务院列入第一批国家级非物质文化遗产保护名录。

5 月 23 日 全省首批省级绿色社区表彰大会在景德镇市举行,市莲花塘社区和时代奥园社区被命名为省级绿色社区。

5 月 25 日 景德镇明清御窑厂遗址被国务院公布为全国重点文物保护单位。

5 月 经人事部批准,景德镇陶瓷学院国家日用及建筑陶瓷工程技术研究中心设立博士后科研工作站。2008 年 4 月揭牌。

6 月 20 日 景德镇市陶瓷历史博览区被文化部命名为第二批国家文化产业示范基地。

7 月 7 日 包括利比里亚警察总局局长比屈斯·西荷(女)在内的近 20 个非洲国家警察和安全官员抵达景德镇市,专程对景德镇市公安基层派出所建设进行考察。

7 月 31 日至 8 月 2 日 新加坡首次在景德镇市选招初三优秀学生,享受新加坡政府提供的全额奖学金。新加坡南华中学校长符传丰一行 4 人到市选招,赴该校就读,经 3 场笔试和 1 场面试,市一中分校的于霁航和市二中的蔡谨蔓、韩知成、周萱被录取,并于 10 月初赴新加坡南华中学就读。

8 月 昌河汽车公司被商务部、国家发改委认定为首批国家汽车整车出口基地企业。

9 月 27 日 香港著名爱国实业家、慈善家田家炳捐资建设的市田家炳外国语学校举行揭牌仪式。

9 月 昌河汽车获“2006 年度中国汽车行业最受消费者喜爱十大知名品牌”,昌河“北斗星”名列 2006 年度中国汽车网“十佳最省油轿车”排行榜第一名。

10 月 12 日 市政府在浮梁县鹅湖镇举行“农村土地承包经营权证”首发仪式。至 2008 年 12 月,全市换补新证 22 万份,占农户数 96%,确权面积 5.33 万公顷,占耕地总面积 98%。

10 月 20—23 日 景德镇元青花国际学术研讨会在高新区举行。来自英国、法国、德国、韩国、土耳其、荷兰、埃及等国家和中国故宫博物院、国家博物馆、首都博物馆、上海博物馆、南京博物馆、台北故宫博物院等地区的 400 多名中外嘉宾参加研讨会开幕式。

10 月 27 日 市政府、人大、政协,浮梁县委,市供电公司领导到西湖乡合源村参加最后一家无电户的通电仪式。至此,景德镇“户户通”工程全部竣工通电。

11月19日 杭(州)瑞(丽)高速公路婺源至景德镇段(景婺黄高速公路)建成通车。起于赣皖交界处塔岭,途经婺源,止于景德镇市西郊鲤鱼洲,与九(江)景(德镇)高速公路相接,全长116.144千米。于2004年11月1日开工。

11月20日 市台景化工有限公司生产的废水未经处理直接外排,造成昌江河水质污染,该公司停产整顿后,新建一座240吨废水沉淀池,完善治污措施。市环保局首次召开环保听证会,取得当地村民代表、新闻媒体等与会人员认可后,核准恢复其试生产。

11月27—30日 中共景德镇市第九次代表大会在市财富大厦召开。选举产生市第九届委员会委员45人,候补委员9人;选出市纪律检查委员会30人;景德镇市出席中共江西省第十二次代表大会代表22人。30日,市第九届委员会举行第一次会议,选举市委书记,李放、傅卓成为市委副书记,陈兴超、王力农、黄河、夏修全、占勇、马玉玲(女)、汪立耕等为市委常委;选举梁高潮为市纪委书记。

12月5—8日 市政协第十一届一次会议在市财富大厦召开。选举查炳炎为第十一届政协主席,周华保、李昌华、陈长生、曹秋珍、王祖庆、潘义忠、何炳钦、童第云为副主席。

12月6—9日 市第十三届人民代表大会在市财富大厦召开。选举马博维为市第十三届人大常委会主任,梁莉莉、夏山东、叶永强、冯上延、伍枝勤、余昭安等为副主任;选举李放为市长,陈兴超、谢茹、黄康明、于秀明、方府春等为副市长。

12月上旬 在卡塔尔多哈举办的第15届亚洲运动会上,景德镇籍选手张冬莲与队友合作获射击女子双向飞碟团体冠军;金紫薇获赛艇女子单人双桨冠军;吴静钰获跆拳道女子47公斤级冠军。

12月18日 昌江区荷塘乡汽车客运站建成投入使用,为全省首座标准化区乡汽车客运站。

12月28日 昌江区竟成镇工会成立,成为景德镇市首家乡镇工会。

是年 景德镇入选全国31家媒体评出的"中国最值得外国人去的50个地方"。

是年 景德镇牌青花玲珑工艺陶瓷、粉彩工艺陶瓷、高温颜色釉工艺陶瓷、薄胎工艺陶瓷、综合装饰工艺陶瓷获中国名牌产品称号。

2007年

1月16日 省道汪(胡)乌(石)线景德镇市何家桥至浮梁县瑶里段公路改造工程开工。工程全长65.1千米,何家桥至瑶里段按二级公路标准,路面宽9米,瑶里至虎头岗段按三级公路标准,路面宽7米,整个工程分二期实施,总投资2.18亿元。2009年7月31日竣工。

1月25日 市政府批准公布第四批市级文物保护单位,有刘家弄作坊群、吊脚楼窑址等8处。景德镇市市级文物保护单位增至42处。

1月 景德镇陶瓷学院和国家日用陶瓷质量检测中心联合组建的国家陶瓷质量监督检验中心,由国家质检总局授牌成立。

3月5日 吴乐秧二级公路改造工程开工。吴乐秧二级公路改造项目在省道上(饶)乐(平)线乐平至德兴段,乐(平)江(村)线乐平至弋阳段公路乐平市境内段基础上改扩建。该工程全长71.85千米,其中吴乐段公路长43.84千米,乐秧段公路长28.01千米。2009年5月底竣工,6月8日建成通车,项目总投资2.178亿元。

4月3—8日 中央电视台科教频道大型栏目《人物》摄制组到景德镇,对获中国民间文化杰出传承人称号的江西省工艺美术大师孙同鑫和市美术家协会主席、中国工艺美术大师李菊生进行采访拍摄。

4月8日 中央电视台经济频道大型户外电视访谈节目《金土地·希望快车》在景德镇市陶瓷文化博览区进行现场录制。

4月29日 由国家广电总局批准的全国首家农民影视剧制作中心——景德镇市昌江区竟成镇文化站农民影视剧制作中心挂牌成立。6月24日《人民日报》头版用"开机""首播""圆梦"3个小标题报道竟成镇文化站站长周元强15年拍剧历程和成就。

5月1—16日 景德镇御窑厂出土的永乐官窑瓷首次在首都博物馆展出,展品118件。

5月18日 景德镇选手吴静钰在北京举行的世界跆拳道锦标赛女子47公斤级比赛中获得金牌。

5月29日 602直升机所申报的某型武装直升机研制项目和S-92国际合作项目——尾斜梁/平尾研制项目分别获"中国铝业杯"首届中央企业青年创新奖的金奖和铜奖,成为航空工业系统唯一获金奖的单位。

6月15日 景德镇陶瓷学院新校区图书馆工程获第二届全国建设工程优秀项目成果三等奖。

6月15—27日 中央电视台科教频道《百科探密》栏目组到景德镇陶瓷民俗博物馆,拍摄镇窑及1975年景德镇烧制"7501瓷"的过程。

6月28日 周国桢陶瓷艺术馆、刘远长陶瓷艺术馆、李菊生陶瓷艺术馆首批3个个人陶瓷艺术馆开馆。

6月 景德镇陶瓷学院在北京中国美术馆举办师生陶瓷艺术作品展。秦锡麟创作的青花釉里红春意盎然、周国桢的雕塑作品静观和施于人的青花斗彩罐多子多福被故宫博物院永久收藏。

7月12日 昌飞公司与美国西科斯基飞机公司在北京举行S-76C++型直升机合作协议签字仪式。

7月18日 为纪念中国人民解放军建军80周年,省陶瓷研究所研制出直径为30.5厘米的高档骨质瓷"八一军旗红"。

7月22日 20时18分,景德镇市"一江两岸"照明工程举行亮灯仪式。

8月9日 乐平市后港镇程家村一位只有小学三年级文化的普通农民程成高,发明的带抹砂浆机构的水平尺,获国家专利。

8月24—28日 中央电视台第七套《乡土》栏目摄制组一行5人到乐平对古戏台和民间武术进行专题拍摄。

8月25日 在南昌举行的2007首届"江西十大创新品牌企业、江西十大杰出策划家"评选颁奖盛典上,市春涛包装有限公司获江西十大创意品牌企业称号,公司包装设计大师赵水涛获市唯一的江西十大策划家称号。

8月 全市实施国有农场税费改革,免除农场职工承担的类似"乡镇五项统筹"等费用,逐步分离国有农场社会职能,转变国有农场管理模式。全市共计分离农场学校32所,教职工404人,分离场办医院13所,医务人员118人,分离公安派出所8个人员81人。国有农场改成生产队,合并成村委会,或并入邻近村委会。

9月29日 由北京大学文博学院、省考古研究所、市陶瓷考古研究所联合组成的考古队,对昌江东侧的观音阁晚明瓷窑遗址进行考古发掘,发现明代晚期陶瓷作坊遗迹和窑炉遗迹,出土一批明代中后期至清初时期重要瓷器标本。

10月10日 景德镇海关首次试行跨关区"属地报关、口岸验放"通关模式取得成功。

10月16—22日 中央电视台国际频道《走遍中国》专栏每晚8点播出30分钟纪录片《CHINA奇人》,推介景德镇市著名陶瓷艺术家陆履峻、周国祯、任瑞华、胡光震、李一新和李小聪。

10月23日 竟成影视剧制作中心拍摄的首部商业发行电视剧《妈妈,您在哪》正式开机。2008年1月23日,在景德镇市竟成文化站举行首映式。该剧参演演员达370余人,均为业余演员。

10月25日 德国黑森州议会主委会主席阿明·克莱恩、卢旺达东部省执行秘书查里斯、日本冈山县国际课主任石井一志等11位国际友城代表到市参观访问。

10月27日 乐平市被中国园艺学会长江蔬菜协会正式授予"江南菜乡"称号,命名授牌仪式在临港镇盛埠村举行。

11月11日 在北京举行的2007首届中国旅游论坛上,景德镇市与云南丽江、山西平遥等10座城市被评为"中国十佳古城"。

11月25日 在第四届国际专利与名牌博览会上,景德镇市国家级工艺美术大师王锡良、秦锡麟联袂为奥运创作的《荣誉·辉煌》获博览会金奖。《荣誉·辉煌》瓷由2个瓷瓶组成,瓷瓶瓶高38厘米,瓶口瓶底约11.2厘米,瓷瓶造型为双鼠耳奖杯瓶。

11月28日 济(南)广(州)高速公路景德镇至鹰潭段建成通车。项目起于赣皖交界处桃墅岭,途经浮梁、鄱阳、乐平、万年、余干,终于鹰潭市西郊下屋周,全长202.6千米。

12月2日 景德镇市获"全国绿化模范城市"称号。在全国120多个申报绿化模范城市(区)中,有14个获批。

12月7日 景德镇市数字城管监督指挥中心正式开通,成为全省第一个运行数字城管系统城市。2008年5月13日,50台数字化城管监察装备"城管通"开始投入使用。

12月24日 在开门子大酒店三楼会议中心举行的拍卖会上,四川长虹电器股份有限公司以2.34亿元价格,竞拍到华意压缩机股份有限公司9710万股股份,占华意压缩机股份有限公司全部股份的29.92%,成为该公司控股股东。华意压缩机股份有限公司历经4年的战略重组工作基本完成。

12月 省人大环境与资源保护委员会、省政协人口资源环境委员会、省环保局、江西日报社联合授予浮梁县"首届江西十佳绿色生态县(市、区)",浮梁县瑶里镇"首届江西十佳环境优美乡(镇)"称号。

12月 轻工业部陶瓷研究所的高纯氧化铌钽坩埚科研项目通过省经贸厅组织的新产品鉴定会,属国内国际首创,定为重点新产品。该项目为省创新基金项目,并列入国家中小企业创新基金项目。

是年 省陶瓷研究所设计和制作的中国茶礼瓷罐和礼品彩盘在俄罗斯中国年活动中,分别送俄罗斯领导人和欧亚部长级会议。

2008年

1月16日 市中级人民法院集中销毁百件侵权陶瓷产品,打击仿冒名家作品行为,保护知识产权。

1月19日 全国研究生考试景德镇六中考场内,市公安局网监支队抓获正在利用无线对讲设备进行作弊的考生和协助考生作弊人员14人,缴获作案对讲设备6部。

1月24日 在中央综治办、公安部、建设部等国家6部委联合召开的全国治理自行车被盗问题专项行动总结表彰会上,市公安局被评为全国先进集体,是江西省唯一获此称号的设区市公安局。

3月10日 景德镇市开门子集团进出口公司、江西电化精细化工有限公司、江西东风药业有限公司、江西立信药业有限公司、华意压缩机股份公司被列为省级重点出口企业。全市省级重点出口企业由昌河汽车进出口公司和江西省陶瓷进出口公司2户增为7户。

3月 新昌南炼焦化工有限公司动工建设。项目为2座55孔6米顶装节能焦炉,项目投资7.3亿元,分两期建设。2009年9月26日,一期工程正式投产。

4月25日 日本TBS电视台《世界不可思议发现》栏目组到景德镇,拍摄陶瓷历史文化研究成果、古窑遗址、现代陶瓷艺术专题片,详细介绍景德镇瓷器通过海上丝绸之路走向欧洲、中东的历程。

4月28日 浮梁县瑶里村被命名为全省首个"国家级生态村"。是环境保护部第七批命名的"全国环境优美乡镇"。

4月29日 人民银行景德镇市中心支行、市经济适用房和廉租住房建设推进工作领导小组与全市各银行业金融机构,在市建行广场支行召开全市经济适用房首次放贷业务推介会。景德镇在全省率先启动经济适用住房贷款业务,当天对湖田小区经济适用住房发放首批贷款16户,金额近80万元。

4月 市广播电视台制作的纪录片《陶窑》获联合国最佳陶瓷艺术纪录片奖和电影节文化遗产奖。

5月15日 昌飞公司紧急召开抗震救灾动员大会,下发"直8系列装备支前保障力量动员预案",5月底共派出10架直8系列直升机和一组小分队赴四川灾区救援,同时公司向地震灾区捐款200多万元。

5月20—30日 受文化部外联局委派,江西景德镇精品瓷器展在巴林展出,参展的70件(套)陶瓷精品均由市陶瓷馆提供。

5月30日 市政府召开全市行政事业单位国有资产统一划转工作会议,确定划转的范围、方法、程序、时间、步骤。至年底,全市第一批列入划转范围的行政事业单位国有资产全部划转完成,包括土地105万平方米，房产 24.5 万平方米。

5 月 乐平莴笋、地瓜、黄瓜被农业部绿色食品办公室批准为全国绿色蔬菜原料（蔬菜），标准化生产基地面积为 8533.33 公顷。

6 月 3 日 利用“景德镇在线”建立旅游与陶瓷电子商务系统，被工业与信息产业部确认立项，列入全国 2008 年信息技术应用“倍增计划”，成为江西省当年获全国立项的三个项目之一。

6 月 8 日 景德镇传统青花瓷制作技艺、景德镇传统制瓷柴窑烧成技艺、浮梁功夫红茶制作技艺、荷塘乡手工竹编技艺、景德镇民间故事——瓷窑的传说、景德镇民窑陶瓷美术等 6 项市级非物质文化遗产，列入第二批省级非物质文化遗产名录。全市非物质文化遗产列入国家级名录 2 项、省级名录 8 项、市级名录 40 项。

6 月 22 日 景德镇分别举行 500 千伏景德镇输变电工程奠基典礼和长虹景德镇机电产业基地首批配套项目暨景德镇汽车零部件基地第二批项目奠基典礼。副省长洪礼和出席奠基仪式。

6 月 市社会防控体系视频监控系统一期工程顺利建成，在全市建立起市公安局、县（市、区）公安局、派出所三级视频监控中心，基本实现全市 259 个公共视频监控点的联网运行和信息共享。

7 月 2 日 省长吴新雄到景德镇市调研，先后视察陶瓷工业园区金意陶、乐华、神飞等重点工业项目。

7 月 28 日 陶瓷民窑遗址博物馆工程奠基，2009 年 2 月进行全面施工。

8 月 8 日 景德镇市九景衢铁路建设、皖赣线复线改造工程被列为“十一五”全国铁路开工建设项目。

8 月 17 日 在北京奥运会赛艇女子四人双桨决赛中，景德镇市运动员金紫薇和唐宾、奚爱华、张杨杨队员一道，为中国赢得第 29 枚金牌，这是中国赛艇运动员在历届奥运会上获得的第一枚金牌。

8 月 20 日 在北京举办的第 29 届夏季奥运会跆拳道女子 49 公斤级决赛中，景德镇市运动员吴静钰为中国赢得第 45 枚金牌。

8 月 25 日 由黑猫股份公司投资建设的多晶硅配套项目白炭黑生产线开工建设。该产品为纳米级高新技术产品，总投资 1.05 亿元，年产气相法白炭黑 3000 吨。

9 月 9 日 由景德镇陶瓷协会、亚太文化创意产业协会、财团法人新光三越文教基金联合会主办的“景德镇·台北海峡两岸陶瓷精品展”在台北新光三越百货 A9 馆九楼开幕，共展出作品 288 件，是从景德镇和台湾 2000 多件送展作品中挑选出来的精品。

9 月 14 日 深圳航空从美国引进 1 架波音 737－800 型客机，深圳航空公司将波音客机命名为“景德镇号”，成为景德镇的一张“空中名片”。11 月 21 日，“景德镇号”737－800 客机抵达景德镇机场。

9 月 17 日 由科技部、省政府共同主办的 2008 中国（景德镇）高技术陶瓷国际论坛开幕。中国工程院院士李龙土、葛昌纯、顾真安、洪茂椿等，以及来自美国、日本、葡萄牙的专家学者 200 多人，以“加强自主创新，促进高技术陶瓷产业化”为主题进行深入研讨和交流，近百篇学术论文在论坛上宣读讨论。

9 月 19—21 日 应市政府邀请，著名收藏家、北京观复博物馆馆长马未都率近百名收藏界人士、北京主流媒体记者到景德镇，进行文化交流活动。

9 月 25 日 市政府与省国资委及省石化集团公司、省纺织集团公司、省电子集团公司、江中集团公司签订省属企业下放属地管理的行政划转移交协议书。其中，江西化纤化工有限公司、江维高科股份有限公司、江西电化有限公司、江西东风制药有限公司、江西东风药业股份有限公司下放至乐平市管理；江西景光电子有限公司、景德镇景光实业管理中心、江西万平电子有限公司、景德镇万平实业管理中心下放至浮梁县管理；江西胜利器材厂下放至昌江区管理；江西景华电子有限公司、景德镇景华实业管理中心下放至珠山区管理。

9 月 27 日 景德镇市法蓝瓷实业有限公司被确定为第三批国家文化产业示范基地。

9 月 经省委组织部、省人事厅批准，全市各级群团机关、事业单位共 102 个单位（部门）列入参照公务员法管理单位范围，其中政府直属 41 个，人民团体和群众团体 33 个，党委系统直属事业单位 12 个，政府所属（市直）事业单位 16 个。

10 月 18 日 景德镇引进的重大陶瓷项目欧文莱陶瓷、康大陶瓷、辰道纳米科技分别在市陶瓷园区举行奠基仪式。

10月19日 陶瓷题材的电视连续剧《大瓷商》在景德镇开机。

10月20日 首届景德镇国际艺术陶瓷拍卖会在市紫晶宾馆举行。拍卖会持续两个多小时,共成交106件艺术陶瓷作品,成交率近68.8%,成交额2996万元。

10月21日 佑陶灵祠重修落成剪彩揭幕仪式在市御窑厂内举行。

10月 景德镇陶瓷学院与美国国务院、西弗吉尼亚大学共同设计创作的美国驻中国大使馆新馆落成纪念瓷行碗,被美国国务院出版的《中美关系200年》誉为"中美民间交往的典范和新高潮"。

11月3日 市政府在得雨生态园召开国家A级旅游景区授牌仪式,得雨生态园、洪岩仙境风景区、雕塑瓷厂明青园、金竹山寨景区获牌。11月15日市高岭国家矿山公园开园。

11月 市环保公益组织获得世界自然基金会(WWF)"汇丰与气候伙伴同行"行动举办权。这是景德镇市首次承办由世界组织举办的活动,将与全国其他100座城市同时开展一系列有关气候变化倡导联动活动。

12月19日 市中级人民法院正式宣告华意电器总公司破产。华意冰箱厂资产在2008年11月24日拍卖给国内知名冰箱品牌美菱股份公司的下属企业——江西美菱制冷有限公司。

12月22日 市文化(文物)局决定,景德镇陶瓷馆、官窑博物馆、民窑博物馆、民俗博物馆、乐平市博物馆5家博物馆自2009年1月1日起向公众免费开放。

12月25日 市国资公司在市行政服务中心举办首批划转店面公开招租会,实行全程阳光竞租。通过公平、公正、公开拍租,首批店面都以平均高于原租金43.2%的增长幅度拍租成功。

12月底 景德镇所有建制村(行政村)通上沥青(水泥)路,成为全省首批实现这一目标的4个设区市之一,提前2年完成"十一五"规划确定的目标。

12月 市审计局干部吴昊撰写的长篇小说《最后的官窑》入选全国第三届"三个一百"原创出版工程,列文艺少儿类99种书目的62位,这是景德镇市首次有文学作品入选。2008年1月由中国华侨出版社出版。

是年 中英文版的旅游宣传片《烈焰中走过千年——景德镇》,入选国家新闻出版总署"走出去工程",向海外推出的110部电视片之一,是江西省唯一一部。

2009年

1月15日 220千伏浮梁变电站建成投运,浮梁县城的电力供应有了安全保障。该工程2008年3月13日开工。

1月25日 景德镇老年大学瓷乐团参加中央电视台全国中老年春节电视晚会演出,并获金奖。

1月 景德镇陶瓷学院教授周健儿主持完成的"高性能低膨胀陶瓷材料的研制及其应用"获国家科技进步二等奖,实现景德镇陶瓷学院建校以来国家三大科技奖励零的突破。

2月20日 铁路客运首发景德镇至上海南L501/4次列车。

2月21日 零时起206国道储田收费站、省道白(沙关)景(德镇)公路湘湖收费站取消收费。

2月25日 市公安局机场分局曹文军、乐平市公安局盛超,入选联合国维和警察并随江西维和警队奔赴东帝汶民主共和国执行为期一年的维和任务。这是景德镇市首批入选联合国维和行动的警察。

2月 昌汽集团"昌河"商标被国家工商局评定为"中国驰名商标"。

3月19日 全省重点工程市西瓜洲污水处理厂整体通过环保验收,投入正式运营。这是景德镇第一座城市污水处理厂,日处理污水8万吨,占地面积6.22公顷。

4月6—7日 奥地利奥中友协高级代表团一行在奥地利联邦议会议长、奥中友协监事哈拉德·莱森贝格的带领下到景德镇市进行友好访问。

4月7日 市政府出台《景德镇市环境污染防治管理办法》,明确各级政府在环境污染防治方面的职责。

4月16—30日 景德镇市在哈萨克斯坦阿拉木图市的卡斯捷耶夫国家艺术博物馆举办白金——永恒的典藏景德镇瓷器展。

4月20—22日 法国国立瓷器制造局局长、法国国立瓷器博物馆馆长大卫·卡梅欧、中法学院法国教育顾问李安娜到景德镇，与市陶瓷艺术家和政府有关部门领导交流陶瓷艺术方面的新技术、新成果，寻找共同的文化内涵。

4月21—23日 受中联部和全国妇联邀请，非洲政党与妇女组织干部研修班成员，来自埃塞俄比亚、肯尼亚、利比里亚、利比亚、毛里求斯、卢旺达等11个非洲国家的执政党和妇女组织一行21人，到景德镇市考察妇女儿童发展情况。

4月 景德镇陶瓷股份有限公司制作生产的“国泰民安”餐具被中共中央办公厅选定为国庆庆典专用瓷。并按照中共中央办公厅建议，设计生产镂雕笔筒、水果拼盘、双层茶杯、双子口茶壶等一系列新品种。

4月 乐平三中、浮梁一中、昌江一中被批准为省重点中学，昌河中学、市七中、市十六中、市田家炳外国语学校、乐平洪马中学（民办）等被批准为江西省重点建设中学。至此，全市包括景德镇一中、二中和乐平中学共有6所省重点中学；包括乐平四中共有6所省重点建设中学。

5月12日 浮梁县鹅湖镇、经公桥镇、蛟潭镇、西湖乡、兴田乡和臧湾乡被省环保厅命名为第二批省级环境优美乡镇。

5月22日 景德镇市公共厕所全部取消收费。

5月 市政府召开关于全市防控甲型H1N1流感工作会议，传达国务院办公厅下发的通知和省委主要领导就加强防控人感染甲型H1N1流感所作的批示，成立防控工作领导小组，安排部署全市防控工作。市长李放主持会议并讲话。

5月 景德镇市与意大利艾米利亚－罗马涅大区的拉维纳市签署建立友好城市关系意向书。

6月6—7日 景德镇市选手刘昱在“中国棋材杯”徐州中国象棋公开赛中，以7胜2和夺得冠军。

6月9日 陈圣发（手工拉坯）、余云山（滓窑）、王炎生（手工做坯）、曹开永（手工剐坯）被文化部授予全国第三批国家级非物质文化遗产项目代表性传承人称号。

6月底 市安监局煤矿瓦斯远程监控系统市级中心站机房建成运行。乐平中心机房建成并与9座煤矿的瓦斯监测系统联网。10月，浮梁县监控中心机房建成联网。全市煤矿安全逐步实现远程监控。

7月9日 经省政府批复，《景德镇御窑厂遗址保护规划》公布实施。

7月 新增景德镇陶瓷学院为艺术硕士专业学位研究生培养单位，填补江西省艺术硕士专业学位研究生教育的空白。

8月4日 首届瓷都警察节在市公安局交警支队大院开幕，省国家安全厅党委书记、厅长周容兴以及市委、市政府、市人大、市政协、景德镇军分区领导，南昌、九江、新余、鹰潭、赣州、宜春、上饶、抚州、景德镇等设区市的公安局长，市公检法等部门的领导出席开幕式。全市2000名公安民警参加开幕式。

9月1日 第四届江西艺术节（第八届玉茗花戏剧节）在景德镇市开幕，为期18天，分南北两片同期举行，南片在抚州市，北片在景德镇市。艺术节期间，来自全省各地的32个文艺团体、35部大小剧目参加展演，有采茶戏、赣剧、木偶剧、话剧、山歌戏、评戏、京剧等，集中展示江西近3年来戏剧艺术创作成果。

9月6日 市焦化工业集团有限公司位列2009年中国服务业企业500强第234名。

9月23日 景德镇首届民间工艺美术作品展在景德镇国贸广场现代陶艺馆开幕。展出的作品有陶瓷工艺品以及玉器、漆器、玻璃器、刺绣、根艺、木艺、剪纸、民间雕塑、竹编等共300多件，均为具有瓷都特色和景德镇地域特点的民间工艺美术作品。

10月16日 景德镇电厂2×600兆瓦扩建工程获国家发改委核准建设，同意实施“上大压小”工程，并取得“先建后关”的政策。10月26日，举行开工典礼。

10月19—22日 景德镇清代乾隆时期建造的三百担柴窑（又名镇窑）举行复烧活动，并申报世界吉尼斯纪录。中央电视台《正大综艺》——“见证吉尼斯纪录诞生”节目组全程录播，英国见证官博士吴晓红现场为这座清代最大柴窑颁发“吉尼斯纪录”证书。

11月23日 昌飞公司向美国西科斯基飞机公司交付首架S－76C＋＋直升机。27日，直升机在30车间装车发运美国。

11 月 26 日 在第九届中国民间文艺“山花奖”颁奖典礼上,陶瓷世家孙公窑第四代传人孙立新创作的江南春晓瓷灯获得“山花奖·民间工艺美术作品奖”。

11 月 27 日 江西佳森机械有限公司投产。项目投资 1.6 亿元,用地 4.53 公顷,于 2008 年 10 月开工建设,专业生产液压挺杆、机械式挺杆、气门摇臂及液压涨紧器等系列产品。

11 月 28 日 华意压缩机股份有限公司“600 项目”首条生产线投产,项目总投资 14 亿元,占地 53.33 公顷,具有年生产 600 万台压缩机的生产能力。项目分两期建设,其中一期投资 5 亿元,占地 16.67 公顷,2010 年 11 月全部投产。

11 月 30 日 省发改委、省环保厅、省住房和城乡建设厅、省林业厅、省中小企业局联合命名浮梁县为首批省级生态县(市、区)。

11 月 30 日至 12 月 10 日 由市委市政府主办的“辉煌 60 年——景德镇陶瓷成就展”在北京国家大剧院举行,共有 30 多万人次参观展览。

12 月 21 日 移动公司联合江西陶瓷工艺美术职业技术学院成立全省首个国家 3G(TD－SCDMA)实验室,并签订校园信息化协议,实现移动有线宽带独家进入,发展移动宽带学生客户 1160 户,在全省第一个实现 WLAN 规模商用。

12 月 28 日 由市外经贸局主办,阿里巴巴(中国)网络技术有限公司承办的市首届电子商务论坛举行。

12 月 良友宾馆客房部服务员游芳在中央文明办、中央文明网联合举办的“中国身边好人”活动中被评为“中国好人”。

12 月 景德镇陶瓷学院被国务院学位办批准为 2008—2015 年博士学位授权立项建设单位。

12 月 景德镇陶瓷学院青年教师孟福伟的《生死时速》和张婧婧的《弧》系列作品,在中国美术馆举行的第十一届全国美术作品展览暨首届中国美术奖、创作奖、获奖提名作品展览会上分获金奖和铜奖。

2010 年

1 月 1 日 全市开始发放孤儿基本生活费。最低养育标准,城乡福利机构抚养孤儿每人每月 1000 元,城市散居孤儿每人每月 570 元,农村散居孤儿每人每月 400 元。

1 月 市十八渡浮桥建成通行。该桥由市园林规划设计院组织设计,市桥梁管理所、园林规划设计院共同组织施工。2009 年 10 月开工建设。浮桥全部采用高分子、高密度新型聚乙烯材料制作。整座桥全长 150 余米,宽 4 米,桥的两侧设有 1.3 米高的护栏,安装路灯和设置花坛 28 个。

2 月 9 日 省环保厅授予乐平市洪岩镇、浯口镇,浮梁县江村乡等 87 个乡镇为第三批“省级生态乡镇”称号;授予昌江区丽阳乡枫林村,乐平市临港镇盛埠村,浮梁县蛟潭镇蛟潭村、梅源村,兴田乡兴田村等 106 个村为第一批省级生态村。

是月 市工商局核准华锦蓝天玻璃制品有限公司股东以股权出资增加注册资本登记申请。这是国家工商总局《工商行政管理机关出资登记办法》出台后,景德镇市登记的第一家以股权作为出资的公司。

3 月 18 日 首架国产大型民用直升机 AC313 在昌飞公司吕蒙机场举行首飞仪式。中国飞龙专业航空公司、中航国际租赁有限公司、中航工业直升机公司共同签署 5 架 AC313 直升机订购合同。

3 月 19 日 环保部审定批准浮梁县蛟潭镇为国家生态建设示范区之“全国环境优美乡镇”。

4 月 19 日 景德镇第二城市污水处理厂举行运营庆典。项目设计日处理污水 8 万吨,分期实施。一期日处理工业污水 2 万吨,总投资 8900 万元,2008 年 11 月开工,2009 年 11 月建成,配套污水收集管网达 30 千米。

4 月 22 日 由市陶瓷企业创作的 8 尊联合国千年卫士陶瓷塑像启运上海,安放在上海世博会国际信息发展网馆千年卫士展区,供世人瞻仰。以纪念 8 位在海地大地震中不幸遇难的中国驻海地维和警官。

4 月 昌河汽车启动景德镇工厂新增年产 6 万台扩能改造工程,景德镇工厂整车产能由 10 万辆提高到 17 万辆。

5 月 10—26 日 由市委市政府主办,市文联承办的“中国瓷都景德镇——首届上海陶瓷成就展”在上海展览中心开幕。展品近900件(套),参展艺术陶瓷作者包括景德镇所有工艺美术大师、艺术专业教授、中青年艺术家。

5月14日 国防部、外交部组织邀请的48个国家百余名驻华武官到景德镇访问。

5月25日 景德镇举办2010(香港)经贸合作恳谈会,江西立信药业增资扩产、高档仿古瓷、中航国际贸易文化广场、市民窑博物馆、江窑手工制瓷作坊园、朗逸酒店、年产400吨三氯化硼项目、年产12000吨节能防火漆项目等重大合作项目签约,投资总额2.02亿美元。

5月31日 市建国瓷厂、市人民瓷厂、市光明瓷厂、市红星瓷厂、市红旗瓷厂、市华风瓷厂、市景陶瓷厂向市中级人民法院递送"政策性破产申请",当日由市中级人民法院立案。

5月 位于市高新区官庄的岚山大桥开工。大桥全长378米,另有南、北引道计240米,总投资2915万元。

6月9日 由中宣部、中央文明办等10部委共同举办的"激情广场"爱国歌曲大家唱·景德镇篇暨市第31届群众歌咏月活动在中国陶瓷博物馆广场举行,全场34个方阵6000余人。

8月18日至10月5日 AC313直升机完成"挑战世界屋脊"高原试飞任务,首次实现国产大型直升机进入西藏,成功飞抵海拔5200米的珠峰登山大本营,创造中国直升机的多项飞行纪录。

8月26日 省公安厅经侦总队、市公安局和上饶市公安局、上海市经侦部门在德兴市花桥镇、乐平市,同时开展代号为"青瓷行动"的统一搜捕行动,共捣毁特大假发票印制窝点3处、储藏窝点6处,抓获犯罪嫌疑人8人,缴获印制的假发票成品及半成品共计409万份,用于印制假发票的各类印刷机械设备5台。这是江西省捣毁制假发票窝点最多、抓获犯罪嫌疑人最多、缴获假发票最多的案件。

9月2日 珠山区梨树园小学竣工启用并举行开学典礼,项目总投资1700多万元,学校综合楼建筑面积7200平方米,有32个教学班以及多媒体演示厅、自然实验室、图书阅览室等专用教室,是唯全市一一所落户小区的学校。

9月14日 中国国民党荣誉主席连战和夫人,中国国民党副主席林丰正等一行到景德镇参观台资企业海畅法蓝瓷公司、古窑民俗博览区、浮梁古县衙等。

9月26日 市中级人民法院作为全省唯一一家中级法院入选最高人民法院公布的全国100家"司法公开示范法院"。

9月30日 景德大道一期道路(暨白鹭大桥)顺利通车。该桥2004年4月开工建设。

9月 市再生资源回收体系建设项目在市洪源镇罗道公路南侧举行开工典礼。属市政府2010年重点建设工程,项目总投资15065万元,一期总用地13.33余公顷,建筑面积11万平方米。6月,商务部将景德镇市列入国家第二批再生资源回收体系建设试点城市,是江西省唯一一个试点城市。

10月8日 联合国国际信息发展组织为市博大精工艺术陶瓷有限公司颁发陶瓷界唯一的世博会"千年金奖"及证书。

10月9日 景德镇明代葫芦窑暨清代镇窑复烧点火仪式在景德镇陶瓷民俗博览区举行。

10月16日 景德镇机场新航站楼工程完成,顺利实现转场试运营。工程于2008年开工建设。

10月19日 省道汪(湖)乌(石)线景德镇市黄泥头至乐平段公路改造工程开工。公路全长48.84千米,按平原微丘二级公路技术标准建设,路面宽7~9米,路基宽8.5~12米,路面结构为沥青或水泥混凝土面层,总投资5306万元。

10月17日 景德镇市与斐济联邦人民共和国楠迪市签订建立友好城市关系意向书。

11月8日 由昌飞公司与602直升机所共同研制的轻型多用途直升机AC311在天津成功首飞。首飞结束后,中航直升机公司与贵阳市政府、天津市滨海新区公安局签订2架AC311直升机购销合同。

11月9日 浮梁黄字号黑鹿保护区被列入江西省10处新批建省级自然保护区名单。

12月27日 省长吴新雄就加快推进航空直升机产业发展深入景德镇市调研。

12月 景德镇陶瓷学院与常州市政府签订常州天宁寺瓷佛殿设计制作项目,该项目第一次将大型瓷壁画、大规格超薄瓷板、综合装饰、环境艺术、动漫等艺术引入佛教场所。总投资1300万元。

第一篇　行政区划

第一章　境域区划

景德镇市地处赣、浙、皖三省交界处。1949 年从浮梁县析出设市,市县分治。1958 年辖浮梁县。1960 年浮梁县撤销,改市辖区。1983 年乐平县划入。1988 年恢复浮梁县建制。1992 年乐平县撤县改市。2010 年,景德镇市下辖 1 市 1 县 2 区,市域面积 5256 平方千米。

第一节　位置面积

地理位置

景德镇市位于江西省的东北部,北纬 28°44′~29°56′,东经 116°57′~117°42′之间,边界线西北与安徽省东至县交界,东北与安徽省祁门县相接,南与江西省万年县接壤,西与鄱阳县相邻,东南与婺源县毗邻。

境域面积

1986 年,景德镇市土地面积 5247. 9 平方千米。市区面积 3274. 44 平方千米(含珠山区、昌江区、鹅湖区、蛟潭区),乐平县 1973. 46 平方千米。2010 年,土地面积 5256 平方千米。其中乐平市 1980 平方千米,浮梁县 2851 平方千米,昌江区 398 平方千米,珠山区 27 平方千米。

第二节　建置区划

建置沿革

1986 年,景德镇市辖珠山区、昌江区、鹅湖区、蛟潭区、乐平县。设 14 个街道、56 个乡镇(农场、垦殖场)、212 个居委员会、527 个村委会。1988 年 10 月,撤销鹅湖、蛟潭 2 区恢复浮梁县建制。1992 年 9 月,国务院批复撤销乐平县设立乐平市(县级市)。2010 年,市辖乐平市、浮梁县、昌江区、珠山区。另有景德镇市高新技术开发区 1 个功能区。设 13 个街道、38 个乡镇、3 个国有农林牧渔场、131 个社区居委会、502 个村委会。

区划变迁

区划调整　1987 年 4 月,昌江区鲇鱼山乡的丽阳、余家、枫林、山田、丰田、芦源、古田、江联、港南、洪家、联村 11 个村划出,组建丽阳乡。1988 年 11 月 7 日,乐平县从临港乡划出杨村、九墩、汪家、新店、中堡、下石 6 个村委会和胡家村委会所辖的夏家村,新设立乐河镇。1989 年 1 月,昌江区管辖的旧城乡成建制划归浮梁县管辖。

2002 年 11 月,昌江区管辖的太白园街道办事处成建制划归珠山区管辖,珠山区管辖的西郊街道办事处成建制划归昌江区管辖。2003 年 10 月,浮梁县鹅湖镇东埠(竹岭、竹新、界田、界新、良溪、良新、莲花山自然村除外)、高岭、南泊、查坑 4 个村委会划归瑶里镇管辖。2007 年 9 月,昌江区增设新枫街道办事处。其管辖范围除西郊垦殖场辖区外，另划入西郊街道的新风路、汽车站、韭菜园、红星、红旗、红光、光明、青花文具厂、哪吒庙、十八渡等10个居委会。2009年11月16日，浮梁县设立罗家桥乡，洪源镇的宝石、程家、高墩庙、铁炉、康乐山、茶垅、石新7个村委会划归罗家桥乡管辖。

撤乡设镇　1988年11月7日，蛟潭区的蛟潭乡、经公桥乡，乐平县的涌山乡、接渡乡、镇桥乡、众埠乡、乐港乡撤销乡建制，改为镇建制，其原行政区域、隶属关系不变。1989年1月，鹅湖区鹅湖滩乡、昌江区鲇鱼山乡撤销乡建制，分别设立鹅湖镇和鲇鱼山镇。加上原乐平镇，景德镇市共设有11个乡级建制镇。1994年8月26日，撤销浮梁县瑶里、湘湖、洪源乡，分别设立瑶里、湘湖、洪源镇。11月16日，昌江区竟成乡撤销乡建制，设立竟成镇。1997年6月5日，乐平市的礼林、后港、塔前、双田、浯口、洪岩、高家、名口、临港9个乡撤乡设镇。至此，景德镇市所辖县(市、区)共有建制镇26个，占全市乡镇总数近50%。2008年3月，浮梁县三龙乡撤销乡建制，设立三龙镇。

撤并乡镇(村)　2001年，各县(市、区)将53个乡镇撤并为38个。其中乐平市25个乡镇撤并为16个，撤销乐平镇，改设洎阳街道办事处；撤销坎上乡，改设塔山街道办事处(辖原坎上乡和镇桥镇塔山村委会的区域范围)；撤销历岖山乡，成建制并入洪岩镇；撤销洄田乡，成建制并入礼林镇；撤销乐河镇，成建制并入临港镇；撤销观峰乡，成建制并入乐港镇；撤销文山乡，成建制并入众埠镇；撤销科山乡，成建制(吕家村委会除外)并入塔前镇，吕家村委会成建制并入涌山镇；撤销金鹅山乡，成建制并入浯口镇。浮梁县23个乡镇撤并为17个，撤销储田乡，成建制并入经公桥镇；撤销天宝乡、金竹山乡，成建制并入鹅湖镇；撤销罗家桥乡，成建制并入洪源镇；撤销福港乡，成建制并入蛟潭镇；撤销新平乡，成建制并入浮梁镇。

2002年，全市610个村委会撤并为538个，总数减少11.8%。调整乐平市、浮梁县共20个乡镇153个村委会。其中乐平市352个村委会撤并为293个，减少16.8%；浮梁县203个村委会撤并为190个，减少6.4%。2003年9月开始，对全市38个乡镇进行撤村并组，共撤并67个村委会(其中乐平20个，浮梁36个，昌江11个)。

第二章　市辖县(市、区)

乐平在景德镇南部，处乐安江流域，靠近鄱阳湖平原，粮食种植面积大，又以蔬菜为特色。浮梁处景德镇北部，为昌江流域的山区，以茶叶为特色，浮梁面积约为乐平的一倍，人口却不足乐平的一半。昌江区在景德镇西南部，为低山丘陵地带，部分地区为80年代从鄱阳县划入。珠山区为景德镇老城区，以瓷业生产为特色。

乐平是周边地区商品集散中心，江西老工业基地。全国无公害农产品生产示范基地县，江西最大的无公害蔬菜生产基地，被称为“江南菜乡”。洪马文化诞生地，南宋风节名臣洪皓出使金国被扣留15年全节而归，史称“苏武第二”；宋元史学家马端临用50年时间写成《文献通考》，史称“三通”之首，被誉为“洪公气节、马氏文章”。境内遍布400余座明清古戏台，被称为“中华古戏台博物馆”，饶剧的发源地，素称“赣剧之乡”。

浮梁古为望县，以瓷茶文化闻名于世，被誉为“瓷之源，茶之乡”。1997年浮梁县被农业部命名为“中国红茶之乡”。昌江流经浮梁，流域内山清水秀，物产丰饶。浮梁东北部群峰林立，林木葱茏，森林覆盖率81%，为“省十佳绿色生态县”“江西旅游强县”，获11块国家级旅游铭牌。

昌江区是景德镇的工业发展区域，景德镇高新技术开发区、昌河飞机组装园、历尧工业园、鱼丽工业园区、景德镇电厂等产业及能源基地位于区境。国道206线、景鹰高速穿境而过，昌江河畅达鄱阳湖，离景德镇机场仅10千米路程。AAAAA级古窑民俗博览区、湖田古窑址、全国重点文物保护单位——丽阳窑址等坐落区境，昌江区以其深厚的文化底蕴，获江西省首届“十大人文魅力县区”称号。境内有被誉为“社会主义时代的南泥湾”的荷塘垦殖场、有“江西十大文化古镇”之一的丽阳镇、有“江西省百强镇”之誉的竟成镇。

珠山区是景德镇市城市区，辖地制瓷历史悠久，有完备的现代陶瓷工业生产体系，有陶瓷教育的高等学府，有国家、省(部)级陶瓷研究中心、有先进的现代直升机的研究、设计、生产单位。珠山区以服务城市、服务民生为宗旨,抓好社区建设,成为国家双拥模范城区、江西省平安城市区、江西省和谐社区建设示范区,被评为“人与自然和谐发展、经济与生态良性循环宜居城区”和“中国优秀旅游城市区”。

第一节 乐平市

行政区划

地理位置 乐平市位于赣东北腹地,处赣东北丘陵山地向鄱阳湖平原过渡地带,乐安河中游地区。北纬28°42′~29°13′,东经116°53′~117°32′,属东8时区。市域东境与婺源县、德兴市相邻;南部与弋阳县、万年县交界;西部与鄱阳县接壤;北部与昌江区、浮梁县毗连。城区位于市域中偏西部,处乐德铁路与皖赣铁路交轨处,国道206线和黄乐、田乐、乐江、乐上4条省级公路在城区交会。景鹰高速、德昌高速穿境而过。城区至景德镇市区公路44千米,铁路43千米,至罗家机场45千米;至省会南昌公路208千米,铁路252千米;至首都北京铁路1743千米。

政区沿革 在旧石器时代已有人类栖息。春秋战国时期先后隶属于吴、越、楚,初属番(音pó)邑,后属余汗(音gān)县。秦统一中国后实行郡县制,属九江郡余汗县。汉代为余汗县乐安乡。东汉灵帝光和元年(178),析余干县北境置乐平县,县城立于银城堡(今德兴市银城畈)。东汉兴平二年(195),三国吴迁县城至乐安乡亭驻地洎口(今洺口镇戴村),改县名为乐安县。南朝陈天嘉元年(560)废乐安县入鄱阳县。太建十三年(581)以乐安县旧址置银城县,仍治洎口。隋开皇十年(591)废银城县入鄱阳县。唐武德四年(621)重置乐平县,仍治洎口;九年又废乐平县入鄱阳县。唐开元四年(716)再度重建乐平县,县城立在长乐水口(今众埠镇铜山港口村),隶属江南西道饶州。中和三年(883)迁县于花靥镇(今洎阳街道)。元元贞元年(1295)升县为州,隶属江浙行省饶州路。明初,改州为县,改路为府。清代承袭明制。民国中属江西省第五行政区。1930年建立苏维埃政权,属闽浙赣省辖。1949年4月29日,中国人民解放军进驻乐平。乐平县初属赣东北行署乐平专区(驻乐平)。是年10月,专员公署移驻景德镇,改为浮梁专区。1952年10月乐平改属上饶专区。1983年10月,改属景德镇市。1992年9月21日撤销乐平县,设立乐平市。

政区划分 1986年,乐平县辖乐平镇、坎上乡、礼林乡、涧田乡、镇桥乡、观峰乡、乐港乡、后港乡、接渡乡、金鹅山乡、双田乡、塔前乡、科山乡、涌山乡、临港乡、疠岠山乡、洪岩乡、高家乡、洺口乡、十里岗乡、鸬鹚乡、众埠乡、文山乡、浯口乡、良种场、共库管理局。下设394个村(居)民委员会。1988年,全县村民委员会改为村公所。

1992年设市后,辖乐平镇、镇桥镇、乐港镇、涌山镇、众埠镇、接渡镇、乐河镇、坎上乡、礼林乡、涧田乡、观峰乡、后港乡、金鹅山乡、双田乡、塔前乡、科山乡、临港乡、疠岠山乡、洪岩乡、高家乡、洺口乡、十里岗乡、鸬鹚乡、文山乡、浯口乡、科山垦殖场、红岩垦殖场、马家良种场、共产主义水库管理局。下设369个村(居)民委员会。1994年,全市撤销村公所,恢复村民委员会。

2000年,撤销市良种场乡级行政建制,安邦村委会划归塔前镇管辖,同心桥村委会及良种场场部直属农业局。乐平市辖16镇9乡和共产主义水库管理局,下设373个村民委员会(分场)2250个村(居)民小组1636个自然村。

2010年,辖十里岗乡、鸬鹚乡、涌山镇、镇桥镇、接渡镇、众埠镇、乐港镇、洪岩镇、高家镇、临港镇、浯口镇、塔前镇、双田镇、名口镇、礼林镇、后港镇、洎阳街道、塔山街道、共库管理局、农业高新科技示范园区。共293个村(居)民委员会。

人口 1986年,乐平县有居民12.91万户,65.11万人,其中男性33.75万人,女性31.36万人。2000年,乐平市有居民20.25万户,75.94万人,其中男性39.88万人,女性36.06万人。常住人口中汉族人口72.91万人,占总人口的99.93%;各少数民族495人,占总人口的0.07%。2010年,有居民26.20万户,88.71万人,其中男性47.18万人,女性41.53万人。常住人口中,汉族人口81万人,占总人口的99.97%;有瑶、苗、壮、土家、回、满、畲、布依、彝、哈尼、黎、锡伯、傣、蒙古、藏、维吾尔、土、羌、布朗等19个少数民族,少数民族人口282人，占总人口的0.03%。唯一的少数民族村为浯口镇瑶族村瑶冲，人口273人。同2000年相比，汉族增加8.09万人，增长11.1%，占总人口比重增加0.04%；少数民族减少213人，减少43.03%，占总人口比重减少0.04%。

自然环境

地形地貌　境内属赣东北丘陵山地和鄱阳湖平原之间的过渡地带。地面高程总的趋势是东高西低，南北边缘高，中部腹地低。山地面积占50.3%，耕地面积占19.6%，基本上是“五山一水二分田，二分道路和庄园”。

山脉　为黄山余脉和怀玉山脉的延伸，最高点是789.2米，为历岖山主峰仙姑尖。最低点位于浯口镇，平均海拔只有18米。

河流　水系属长江流域鄱阳湖水系。由东向西贯穿全境的乐安河发源于婺源，全长279千米，流域面积9615平方千米，乐平境内干流长83.2千米，流域面积1944平方千米。乐安河在乐平境内汇纳众多支流，其中较大的有洎水、官庄水、长乐水、建节水、车溪水、安殷水、礌溪水。

森林　2010年，全市森林地面积81406公顷，森林覆盖率42.9%，活立木蓄积量287.3万立方米。

自然资源　植物资源。平原旱地以马鞭草、猫尾草、香附草等本地原生禾本科草类为多。平原湿地常见的草类有稗草、剪刀草、野芋等。水塘与河中有溪藻、浮萍、菱角等。丘陵山地草类以稂箕、蕨萁为多；藤类有葛藤、野葡萄、金银花等；灌木类有黄荆、栀子花、杜鹃、枸杞、紫荆标、山楂等；乔木类有樟树、松树、枫树等；菌类有冻菇、霉菇、灵芝等。

动物资源。兽类有豺狗、野猫、狐狸、黄鼠狼、刺猬、兔子等；禽类有麻雀、黄雀、斑鸠、雉、竹鸡等；鱼及两栖类有鲤鱼、鳊鱼、鳜鱼、鲫鱼、草鱼、黄鳅、黄鳝、虾、螃蟹、甲鱼、石蛙等；蛇类有松花蛇、水蛇、棋盘蛇、眼镜蛇等；昆虫及爬虫类常见的有蝴蝶、黄蜂、蜻蜓、螳螂、蝉、蟋蟀、蚂蚁、蜈蚣等。

水资源。地表产水量丰水年为26.73亿立方米，平水年为19.54亿立方米，偏枯年为15.01亿立方米，多年平均为20.57亿立方米。

矿产资源。主要有煤炭、海泡石、石英石、瓷土、石灰石、大理石，还有花岗岩、膨润土、陶粒岩、锰等。

气候　境内属亚热带湿润性季风气候区，冷暖交替，温暖湿润，雨量充沛，四季分明。年平均气温18.3℃，最热月份为7月，月均温为29.5℃、极端最低温为－9.1℃；常年无霜期219～313天，多年平均为247.2天，年平均降水量1672.3毫米；年蒸发量1220.7毫米；年平均日照为1766.3小时。不利气候主要是晚春有寒潮袭境，中夏多暴雨洪涝，伏秋少雨干旱，晚秋有寒露风入侵。以东北风为主，冬季西北风较大。

经济发展

生产总值　乐平市生产总值由1986年的34644万元，2000年的357513万元，增至2010年的143亿元；人均生产总值由1986年的532元，2000年的4765元，增至2010年的17472元。

财政　乐平市财政总收入由1986年2813万元，2000年20995万元，增至2010年14.7亿元。三产结构，由1986年40∶45∶15，2000年20∶46∶34，调整为2010年16∶59∶25，比重由二、一、三优化为二、三、一。

工业　1986年，乐平县工业总产值38210万元，占工农业总产值67.5%。2000年，乐平市乡及乡以上工业总产值16.2亿元，占工农业总产值64.9%。2010年，乐平市规模以上工业总产值达214亿元，按当年价计算，是1986年的56倍。形成化工、能源、建材、医药、食品五大支柱产业，五大支柱产业已占据全市工业经济的主导地位，规模以上工业总产值占乐平市工业总产值的85%。

农业　主要名产有油料（油菜籽、芝麻、花生、油茶籽）、棉花、甘蔗、历岖山杨梅、大叶水芹、白萝卜、大蒜等。乐平蔬菜播种面积达1.71万公顷，总产量达62.02万吨，品种达10大类100多种，是江西省最大的无公害蔬菜生产基地，全国著名的蔬菜生产基地。2007年9月被中国园艺学会长江蔬菜协会命名为“江南菜乡”，并被农业部确定为农产品信息采集中心之一。

1986年，乐平县农业总产值1.84亿元，粮食总产量25.17万吨；2000年，乐平市农业总产值8.75亿元，粮食总产量27万吨；2010年，农业总产值35亿元，按当年价计算，是1986年的19倍，年均递增13.1%，粮食总产量38.8万吨，平均亩产398千克。

商贸　乐平赣东北大市场是江西省四大综合批发市场之一、赣东北地区最大的小商品批发市场,带动和繁荣了乐平的商贸经济。1986 年,实现社会消费品零售总额 1.66 亿元,2000 年实现社会消费品零售总额 9.74 亿元,2010 年实现社会消费品零售总额 39.36 亿元,是 1986 年的 23 倍多,年均增长 10.41%。第三产业增加值由 1986 年 5257 万元,2000 年 12.1 亿元增至 2010 年 35.16 亿元,是 1986 年的 66 倍多。

旅游　旅游资源以 412 座明清戏台为特色的"古",以翠平湖光、洪岩仙境、文山石林等为亮点的"绿",以红十军创建史为中心的"红"不断开发利用。洪岩风景区、文山石林景区均为国家 AAAA 级景区,旅游业已发展成为乐平市新兴的支柱产业。至 2010 年,每年到乐平各景点旅游的游客达到 250 余万人次,年旅游收入突破 13 亿元。

基础设施

交通　公路。纵向有国道 206 线、乐秧公路、景鹰高速,横向有上乐线、田乐线、德昌高速,基本形成"三纵三横双循环"的公路交通格局。农村区乡站、候车亭相继建成,52 个候车亭遍布乐平市农村公路沿线;大力实施渡桥改造工程,鸬鹚大桥、众埠大桥相继完工;开通 5 条 10 班通村客运班线,农村客运网络四通八达。乐平市通车里程由 1986 年的 496.8 千米,2000 年的 879.84 千米,增至 2010 年的 1900 千米,运输能力大为提升。货运量由 1986 年的 60.2 万吨,2000 年的 292 万吨,增至 2010 年的 526 万吨,客运量由 1986 年的 127.75 万人次,2000 年的 355.14 万人次,增至 2010 年的 662 万人次。

铁路。皖赣线、乐德线穿境而过。1986 年 9 月 1 日乐德线开始试车。1986 年铁路货运量 71.46 万吨,客运量达 32.42 万人次。2000 年铁路货运量 85.3 万吨,客运量达 54.89 万人次。2010 年铁路货运量达 26.2 万吨,客运量达 46.4 万人次。

水运。形成以乐安河为干,辅以 7 条支流的"羽状"水上交通网,上游至德兴市、下游至万年县。乐平市境内航道 83.9 千米,在册专业运输机动船 44 艘,运力 6000 吨,港口可常年通 500 吨级船舶。1986 年港口货物吞吐量 16.2 万吨,2010 年港口货物吞吐量近 70 万吨。

邮政电信　1986 年,邮电局所 33 所,其中农村 27 所。2000 年,邮政局有自办邮政支局(所)23 个,另有电化、东风、矿务局 3 个邮政代办所。2010 年,全市邮电局(所)34 所。完成邮电业务总量 2.17 亿元。

1985 年 5 月,交换机容量为 6 台 720 门,市内用户 428 户。2000 年年底,市话放号 12085 户,公用电话亭 380 个,农村用户达 6915 户。2010 年,固定电话年末用户 10.68 万户,拥有移动通信用户 33.66 万户,乐平市杆路规模达到 2000 千米,管道规模达到 105 千米。

社会事业

教育　1986 年,乐平县共有普通中学 42 所、小学 710 所;2000 年,乐平市共有普通中学 48 所、职业中学 7 所、小学 309 所;2010 年,共有普通中学 46 所、农村职业中学 3 所、小学 286 所。各级各类学校在校生达 12.05 万人(其中普通中学在校生数 3.85 万人、小学在校生数 7.93 万人、幼儿园在园儿童 9103 人),各类学校教职工 7409 人(其中专任教师 6808 人)。城乡高标准普及九年义务教育,基本扫除青壮年文盲。现代远程教育覆盖率已达 98%。

科技　1986 年,乐平县共有科研机构 1 个,专业技术人员 12 人,申报国家级科技项目 1 个,获得国家发明设计三等奖。2000 年,共有科技活动机构 27 个,申报省级科技项目 2 个,组织实施市级项目 5 个,评出获奖项目 4 项;2010 年,共有科技活动机构 45 个、专业技术人员 13068 个,申报国家、省级科技项目 20 个、市级科技项目 36 个、专利申请 28 件,通过了国家科技进步奖考核,荣获"全国科普示范县(市)"称号。

文化艺术　从 90 年代开始,乐平先后投入 2 亿多元资金加强文化基础设施建设,图书馆、文化馆、博物馆、广播电视台相继改造与新建;城区户户通有线电视,行政村有线电视覆盖率达 85%,自然村覆盖率达 56%。16 个乡(镇)全部建有乡(镇)文化站、活动室、表演厅、阅览室。群众文化活动丰富多彩。160 多个健身辅导站、300 多个群众文体组织遍布乐平城乡,100 多个农村业余剧团在农村巡回演出。乐港里汪、袁家等村的手狮舞被列入非物质文化遗产保护。送戏下乡、送电影下乡和乡(镇)自办文体活动,农村文化三项活动频繁。2000—2010 年,乐平赣剧团送戏下乡 13000 多场,观众达 1500 多万人次。市电影公司共放映优秀国产故事片 10740 场次、科教片 8000 多场次,观众人数达 300 万余人次。乡(镇)、街道举办群众文体活动

173 场次，参加活动人数 4.5 万人次，观众达 45 万人次。

新闻出版　1987 年 8 月 25 日，《乐平报》复刊，为四开四版周报。至 1990 年 2 月，先后使用景文刊字第 003 号、赣出内景文刊字〔1990〕第 003 号内部发行。1989 年 1 月乐平报社正式成立，1990 年 2 月 10 日起，使用赣内刊字 12—009 刊号。1993 年，《乐平报》由周报改为周二报；9 月，国家新闻出版署批准《乐平报》为全国公开发行的报纸，采用国内统一刊号 CN36—0039。1996 年，《乐平报》扩刊为对开四版。

广播电视　1985 年 1 月 1 日，在草鞋山建设的电视差转台正式开播。是年，县广播站址设城东扶摇巷 28 号，办公用房及机房共 5 间，约 120 平方米。1992 年，动工兴建乐平有线电视台，传送有线电视节目 18 套，自办节目 1 套。1993 年 2 月成立乐平电视台，自办《乐平新闻》节目。1994 年改称乐平人民广播电台。1998 年 7 月，撤并乐平人民广播电台、乐平电视台、乐平有线电视台、乐平教育电视台，成立乐平市广播电视台。台址登高山，占地面积 4000 平方米。

医疗卫生　1986 年，乐平县共有各类医疗卫生机构 72 个，卫生机构床位数 929 张，卫生技术人员 1294 人。2000 年，乐平市共有各类医疗卫生机构 36 个，卫生机构床位数 1227 张，卫生技术人员 1478 人。2010 年，共有各类医疗卫生机构 76 个，卫生机构床位数 1433 张，卫生技术人员 1589 人，其中卫生机构比 1986 年增长 5.6%，实有床位数比 1986 年增长 54.3%。

体育　乐平民风彪悍，崇尚习武。1996 年，被国家体委命名为“全国武术之乡”。2010 年，全市有各类体育场地 1100 个，其中田径场 7 个，篮球场 306 个，足球场 4 个，门球场 20 个，有各类体育专业协会 11 个，会员 1.7 万余人，每年举办各类全民健身活动 20 余次。是年，被国家体育总局评为“先进单位”，授予“全民健身活动优秀组织奖”称号。

人民生活

居民收入　1986 年，乐平农民年均纯收入 364 元，职工年人均工资 1150 元。2000 年，农民年均纯收入 2464 元，职工年人均工资 5430 元。2010 年，农民人均纯收入 6345 元，职工年均工资 22334 元。

居民消费　1986 年，农村居民人均生活消费支出 309 元，城乡居民人均储蓄存款 119 元。2000 年，农村居民人均生活消费支出 1347 元，城乡居民人均储蓄存款 2372 元。2010 年，城镇居民人均生活消费支出 8867.5 元，农村居民人均生活消费支出 3720.2 元，城乡居民人均储蓄存款 9187 元。

社会保障　2000 年，共收缴养老保险金 2900 万元，收缴失业保险金 160 万元，养老保险覆盖面不断扩大，新增扩覆 11 家单位，新增参保人员 1815 人。实行社会化发放养老金 5000 多人，占参加统筹离退休人数 90% 以上，每月社会化发放养老金 160 万元。国有企业下岗职工 2000 多人，进入再就业服务中心进行托管。全年累计发放下岗职工基本生活费 66.9 万元。2010 年，城镇居民最低生活保障户 6550 户 16651 人，全年发放城市低保金 3609 万元，人均月补差 180 元。农村低保对象 12140 户 25561 人，发放低保金 2352 万元，人均月补差 75 元。全年累计发放大病救助金 880 万元，救助 10127 人次。参加城镇职工基本养老保险人数 62976 人，参加医疗保险人数 58744 人。参加农村合作医疗人数 629778 人，参合率 99.2%。社会就业人数 50.6 万人。其中，城镇就业 13.9 万人，农村就业 36.7 万人。

第二节　浮梁县

行政区划

地理位置　浮梁县位于江西省东北部，北纬 29°09′～29°56′，东经 117°01′～117°42′。东邻婺源县、安徽省休宁县，西毗鄱阳县，南接乐平市和景德镇市区，北连安徽省祁门县、东至县。县界轮廓呈树叶形，南北长约 88 千米，东西宽约 67 千米。县城大石口，距景德镇市区 3 千米。1993 年，全县总面积为 2867 平方千米。2004 年，浮梁工业园区上划市政府管辖。2010 年，总面积为 2851 平方千米，水域面积为 4715.83 公顷。

政区沿革　浮梁春秋时为楚国东境。秦属九江郡番县。东晋设新平镇。唐武德二年(619)，于鄱阳东界置新平乡。武德四年置新平县。武德八年，重入鄱阳县。开元四年(716)恢复县制，易名新昌县。天宝元年(742),更名为浮梁县,为上县。永泰二年(766)析浮梁北境入歙州合黟县南置祁门县。北宋景德元年(1004),因为昌南镇的制瓷工艺出色,遂以皇帝年号为名置景德镇,隶属于饶州浮梁县。县治设旧城,民国5年(1916),知事陈安迁县治于景德镇莲花塘。1949年4月29日,县域解放,景德镇析出建市,原治所设景德镇市政府。5月4日,中共浮梁县委、县政府成立,县治迁回旧城,县属浮梁专区。9月,属乐平专区。11月,乐平专区改为浮梁地区,县属浮梁地区。1952年9月,浮梁地区并入上饶地区,县随属上饶地区。1958年10月,县改属景德镇市。1960年,县制撤销,行政区域由景德镇市直辖。1975年8月成立景东区、景西区。1980年5月分别改为鹅湖区、蛟潭区。1988年11月撤区恢复浮梁县,仍隶属景德镇市。

政区划分　1986年,鹅湖区辖瑶里、鹅湖滩、金竹山、天保、臧湾、王港、新平、湘湖、寿安9乡和创业垦殖场,全区76个村委会、577个自然村;蛟潭区辖西湖、勒功、经公桥、储田、江村、兴田、峙滩、蛟潭、福港、三龙、黄坛、罗家桥、洪源13个乡和九龙、万寿山、罗家3个垦殖场,全区108个村委会、793个自然村。1989年,浮梁县辖浮梁、鹅湖、蛟潭、经公桥4个镇和瑶里、金竹山、天保、臧湾、王港、新平、湘湖、寿安、洪源、罗家桥、三龙、黄坛、福港、兴田、峙滩、储田、江村、西湖、勒功19个乡,臧湾、罗家、九龙、万寿山4个垦殖场,全县共217个村委会1666个村民小组。2010年,浮梁县辖浮梁、瑶里、鹅湖、湘湖、寿安、洪源、三龙、蛟潭、经公桥9个镇,西湖、勒功、江村、兴田、峙滩、黄坛、王港、臧湾8个乡;辖有陶瓷工业园区(下辖罗家桥乡1个、村民委员会7个),全县辖有158个村民委员会、9个居民委员会,下设1760个村民小组。

人口　1986年,鹅湖区和蛟潭区总户数为5.53万户,总人口24.46万人,其中男性13.85万人,女性10.61万人。1989年,浮梁县总户数为6.09万户,总人口为25.55万人,其中男性13.51万人,女性为12.04万人。1990年,浮梁县有蒙古、回、苗、壮、朝鲜、满、瑶、白、土家、黎、畲、水、俄罗斯等13个少数民族,少数民族人口183人。2000年,全县总户数为7.7万户,总人口27.28万人,其中男性14.33万人,女性为12.95万人,少数民族人口180人。2010年年末,全县总户数为8.17万户,总人口30.36万人,其中男性15.95万人,女性14.41万人。总人口中,以汉族为主,蒙古、回、苗、壮、朝鲜等17个少数民族人口较少。

自然环境

地形地貌　境内地貌类型以山地为主,其次为岗阜和流水侵蚀堆积平原。

山脉　境内以中低山、低山和丘陵为主,总的趋势为东西北三面高,3条山脉缓缓向西南低走,地形起伏变化较大,最高峰瑶里镇五股尖海拔1618.4米,最低点浮梁镇金竹坑海拔28米。昌江、南河及东河两岸有零星分布的山间盆地。

河流　昌江是浮梁最大河流,发源于安徽省祁门县大洪岭,向南流经安徽倒湖、江西浮梁、景德镇,经昌江区丽阳至鄱阳县注入鄱阳湖,全长253千米,浮梁县境内61千米。昌江在浮梁县域有明溪河、建溪河、东河、南河、西河、北河6条支河。

植被　1989年,全县耕地面积20546公顷(其中水田18781公顷),茶叶6266公顷,果园2445公顷,养殖面积602公顷。2010年,全县耕地面积18068公顷(其中水田16607公顷),茶叶6674公顷,果园1448公顷,养殖面积1083公顷。1993年,全县森林面积166666.7公顷,活立木蓄积量812万立方米,森林覆盖率58.12%。2010年,森林覆盖率达81%以上,当年造林面积1927公顷,是全省重点林区之一。

自然资源　植物资源。国家级珍贵树种有银杏、香榧、红豆杉、红楠、闽楠、鹅掌楸等。经济林有毛竹、油茶、油桐、漆树等。此外还分布山苍子、香榧、猕猴桃、橡子、杜仲、金银花、七叶一枝花等野生植物。

动物资源。国家一级保护动物有云豹、黑麂、白颈长尾雉,还有猴、蛇、鹿、穿山甲、相思鸟、黑熊、平胸龟、小壁虎、画眉、布谷鸟、白鹭、果子狸等珍稀野生动物。

水资源。县内人均占有地表水资源5024立方米。

矿产资源。境内地下矿藏主要有金、银、铜、锡、锌、钨、锰、瓷土、煤、大理石、石灰石、萤石等。2010年,通过前期勘探,发现矿产4大类26种,主要有金、铜、钨、锡等12种,朱溪钨矿属世界级超大型钨矿。

气候　县域属亚热带季风性气候,雨量充沛,光照充足,无霜期长;有冬冷春寒,夏热秋旱,春秋短而冬夏长的气候特征。境内历年平均日照数为1968.5小时,历年平均气温17.1℃,历年极端最高气温为41.8℃,历年极端最低气温为-10.9℃,历年平均积温达6238.3℃,历年平均降水量1768.9毫米,历年平均无霜期为284.3天。气温年较差值是24.1℃。境内各地分布很不均匀，其中县城、罗家、洪源为暖中心，比北部山区西湖、勒功、经公桥、江村、兴田、瑶里、金竹山等地偏高3℃，冷中心分布在瑶里三花尖和白石塔一带。

经济发展

生产总值　1989年，全县总产值为27349万元，其中农业总产值14250万元，工业总产值8878万元。2000年，全县总产值为121798万元，其中农业总产值46689万元，工业总产值41068万元。2010年，全县生产总值54.2亿元，年均增长15.9%，其中农业总产值15.27亿元，工业总产值28.49亿元，第一产业9.8亿元，第二产业30.25亿元，第三产业14.23亿元。

财政　1986年，鹅湖、蛟潭两区财政总收入为1882.86万元，财政总支出为1022.59万元。1989年，浮梁县财政总收入为2821万元，财政总支出为1738.87万元。2000年，全县财政总收入为7216万元，财政总支出8155万元。2010年，全县财政总收入为5.39亿元，财政总支出10.75亿元。

工业　80年代，鹅湖、蛟潭两区实行经济体制改革后，私营工业企业逐步兴起，政府对私营企业实行鼓励和保护政策。工业主要以县办集体企业和乡镇办企业为主，其中有陶瓷、化工、木材加工、建筑材料业等。1989年工业总产值8878万元。2000年，工业总产值41068万元。2010年，工业总产值28.49亿元，全县规模以上单位116个，主营业务收入996900万元，利税总额103868万元。工业形成"一园三基地"（景德镇陶瓷工业园区，三龙、洪源、湘湖三个基地）的发展格局，产品以陶瓷、机械电子、有色金属矿采选和绿色食品加工为重点。实际引进境外资金2263万美元，引进省外资金29.9亿元。

农业　种植业。1986年，鹅湖、蛟潭两区粮食播种面积32850公顷，粮食总产量129477吨，粮食作物主要以水稻、玉米、红薯、荞麦、大豆为主。1989年，全县农作物播种面积41554公顷，粮食总产量137325吨。2000年，全县农作物播种面积48981公顷，粮食总产量141509吨。2010年，全县农作物播种面积44227公顷，粮食总产量160844吨。经济作物主要有茶叶、花生、油菜籽、芝麻、棉花、甘蔗、水果等，以茶叶为主。

1986年，鹅湖、蛟潭两区茶叶面积为5562公顷，干茶产量1640吨。1989年，全县茶叶面积为6266公顷，干茶产量2219吨。2000年，茶叶面积为4954公顷，干茶产量2024吨，果园面积1263公顷，产量1627吨。2010年，茶叶面积为6674公顷，干茶产量3420吨；果园面积1448公顷，产量2504吨；甘蔗产量590吨。

养殖业。畜禽饲养以猪、牛、鸡、鸭为主。1989年，年末生猪存栏数为95972头，牛年末存栏17173头，家禽年末存栏（笼）45.4万羽，年末养蜂6893箱。2000年，全县年末生猪存栏数为129951头，牛年末存栏20248头，家禽年末存栏（笼）88.5万羽，年末养蜂7197箱。2010年，牛年末存栏9654头，生猪年末存栏88146头，家禽年末存栏（笼）83.89万羽，年末养蜂5415箱。

1989年，水产养殖面积602公顷（其中水库474.8公顷、池塘127.2公顷），水产品产量550吨。2000年，水产养殖面积833.67公顷（其中水库652.07公顷、池塘160.93公顷），水产品产量1300吨。2010年，水产养殖面积1083.27公顷（其中水库874.93公顷、池塘185.67公顷），水产品产量3597吨。

林业　是浮梁优势产业。1989年，全县林地面积166867公顷，占全县土地总面积的58%，有活立木蓄积总量812.3万立方米，用材林蓄积673.7万立方米，全县人工林面积3.63万公顷。2000年起，全县共建立自然保护区8个，自然保护小区244个，总面积7万公顷，当年造林面积233公顷。2010年，全县有林地面积22.21万公顷，占林地面积的93.8%，原始森林有266.67公顷；活立木蓄积量1016.8万立方米，名列全省第二；毛竹1566.8万根。

旅游业　2000年，全县共接待旅游人数7万人次，实现旅游总收入1.02亿元，其中门票收入369万元。2010年，全县有AAAA景区2个（瑶里风景区、古县衙景区），共接待旅游人数246万人次，实现旅游总收入24.02亿元，其中门票收入4239万元。

个私经济　1989年，全县个体工商户2424户，从业人员3384人，主要从事服务业、工业、交通运输业、文化娱乐业等，还有广告设计、美术装潢、科技发展等新兴产业。1996年起，全县个体私营经济进入快速发展阶段，至2010年，全县个体工商户4878户，从业人员11208人，注册资金16887.36万元；全县实有私营企业778户，从业人员8950人，注册资本147811万元。

基础设施

交通　县域内有国道206线、皖赣铁路、昌江河道3大交通动脉，县城距罗家机场仅3千米。1986年，皖赣铁路在县境内长56千米；国道206线在县境域内长75.45千米；省道3条，县境内共计长98.71千米。1993年，全县共有县道22条，总计441.77千米；乡镇公路41条，总计233.4千米；渡口39处。至2010年，县域内有九景高速公路、景婺黄（常）高速公路、景鹰高速公路和祁浮高速公路。县道、乡道四通八达，行政村实现村村通油路或水泥路。全县共有客运企业1家，客运班线20条，乡镇通客车率为100%。

邮政电信　1986年，鹅湖、蛟潭两区有邮政服务网点31处，自办局所23处，农村投递路线单程长度1211千米，函件收入为64201元，包裹收入48039元，汇费收入28937元。1989年，全县有邮电局（所）32处，业务收入161.4万元，电话总量484户，至1993年全县电话实施程控数字化。1998年国家邮电分营，至2000年，全县有邮政局（所）23处，业务收入874万元，电话总量13857户，邮电光缆总线长1000千米，移动通信开始迅猛发展。2010年，全县有邮政局（所）24处，建设便民服务站50个，村邮站11个，业务收入1108万元。移动通信开展136、139工程，并开通县域偏远山区瑶里镇程家门移动基站等业务。

社会事业

教育　1993年，浮梁县有幼儿园、托儿所共50所，小学附设学前班90个，在托儿童3800人，教职工144人；有完小198所，在校小学生23589人，教职工1241人，学龄儿童入学率稳定在99%，巩固率98%，基本实现五年义务教育；有初级中学25所，高级中学1所，完中2所，初中有191个教学班，在校学生9805人，高中有23个教学班，在校学生1386人，共有中学教职工1022人。1996年，浮梁一中建设竣工，首期招收初一至高一学生800余人。1997年，浮梁县通过省教委、国家教委组织的“两基”（基本普及九年义务教育、基本扫除青壮年文盲）工作评估验收，为国家“两基”达标县。2003年，浮梁一中被列为江西省重点建设学校。2010年，全县有学校237所（其中普通中学25所），学生32717人，教师2618人。

科技　1988年，鹅湖、蛟潭两区有专业技术职称的科技人员1589人，其中从事自然科学工作的272人，从事社会科学1317人。1993年，全县有专业技术职称的科技人员共有3124人。1986—1993年获得省级以上科研项目15项。2000年，全县实施科技项目25个，投入科技三项经费26.8万元。2010年，设有农业技术推广中心、良种繁育基地、药材推广中心等农技机构。全县共有各类管理人才和专业技术人才4628人，农村有各类实用人才307人。申报国家级科技项目2个，省级科技项目1个，市级科技项目10个。

文化艺术　1986年，鹅湖、蛟潭两区设有图书馆2个，乡文化站23个，村文化室90个。2000年以后，农民群众自发组织的小型表演团体得到恢复，有铜管乐队、唱堂会班子、唢呐吹奏队等团体。2010年，县政府对图书馆、博物馆进行改扩建，全县共有各级文物保护单位103处，其中全国重点文物保护单位1处、省级3处、市级31处、县级68处，馆藏文物124件。全县有电影放映单位8个、农民业余剧团8个、农民铜管乐队8支、农民业余龙灯队20支，兴田乡潭口村的“珍珠灯”和瑶里镇长明村的“青狮白象灯”最具影响力。是年2月，在参加全省农民文艺会演中，瑶里山妹子合唱团《摘茶籽》节目、浮梁县建设局《浮梁崛起一座城》节目获一等奖。

广播电视　1986年，鹅湖、蛟潭两区设有有线广播站、乡级共有广播站22个。是年，蛟潭区在蛟潭乡洪村对面山上兴建功率为50瓦电视差转台1座。至1988年，乡级广播站除少数正常播音外，大部分都先后停播。1991年，浮梁有线广播站恢复正式开播，范围仅限于县城城区。1993年，县广播站调频广播试播成功，并建成1座乡级、6座村级卫星地面站，总功率达86瓦。是年，全县共有电视差转台32座，总功率371瓦，电视覆盖率70%，之后实施广电“村村通”工程。1998年1月，筹建浮梁县广播电视台，10月1日，广播电视台开播，除新闻外，陆续编播专栏节目、专题片。至2002年10月，与省、市广电网络联网，电视节目增至26套。2010年，全县加快广电网络建设，新增线路25万米，主干线改造3.3万米，新增用户6400多户，并开始实施数字电视传输工作。

新闻出版　1990年4月，浮梁县委创办《浮梁信息》刊物。1991年1月县政府创办《浮梁政情》刊物。1993年7月《浮梁报》复刊。2005年7月，《浮梁报》改为《景德镇日报·浮梁新闻》，每周一期，随《景德镇日报》发行。

医疗卫生　1986年，鹅湖区、蛟潭区均设人民医院。1988年，鹅湖区共设有8个乡、1个垦殖场卫生院；蛟潭区共设12个乡（镇、场）卫生院。1993年，县人民医院（县中医院）开诊，有医护、管理人员29人；县卫生防疫人员19人，县妇幼保健人员15人。全县设21个乡镇卫生院（不含蛟潭、鹅湖人民医院），共有病床382张，医、技、管理和其他工作人员481人。2010年，全县有县级公立综合医院1所、妇幼保健院1所、疾病控制中心1个。有乡（镇）卫生院18个，行政村卫生所158个。民营医院有综合医院1所、正骨医院2所、骨伤科医院1所。

体育　浮梁体育活动丰富多彩，主要开展传统体育、全民健身、老年体育活动。2008年，浮梁籍选手金紫薇与队友获北京奥运会赛艇四人双桨决赛金牌。2010年，承办全国百城千村健身气功展演活动和环鄱阳湖国际自行车大赛（浮梁段）比赛。

人民生活

居民收入　中共十一届三中全会召开后，人民生活不断改善。1988年，鹅湖、蛟潭两区农民人均全年纯收入530元，职工年收入651元。2000年，全县农民人均全年纯收入2253元，在岗职工平均工资为5253元。2010年，全县城镇居民可支配收入为16567元，在岗职工年平均工资20245元，农民人均纯收入为6518元。

居民消费　1990年，全县社会商品零售额7714万元，其中居民消费品零售额5819万元。2000年，全县社会商品零售总额25976万元。2010年，全县社会商品零售总额100968万元，其中城镇社会商品零售总额61158万元，乡村社会商品零售总额39810万元。

社会保障　1990年，浮梁县开展劳动保险工作，至1993年年底，全县有10家大集体、38家国营企业参加社会保险。保险项目主要是职工医疗和养老社会保险，集体企业职工按月工资的2%、国营企业职工和合同制工人按3%缴纳养老保险基金。2000年，全县共有在职职工6897人参加社会养老保险，个人缴纳养老保险基金增至6%。2009年起，全国开展新型农村社会养老保险试点。2010年，城镇基本养老保险参保人数1.252万人，城镇基本医疗保险参保人数4.99万人，农村五保户集中供养率80%，农民参加新型农村合作医疗20.99万人。全县共有城市低保对象3990户6502人，农村低保对象5231户9553人。共有910人享受医疗救助，发放医疗救助金455.3万元。

第三节　昌江区

行政区划

地理位置　昌江区位于景德镇市西南部，北纬29°6′～29°26′，东经117°1′～117°16′，南邻乐平市，北交浮梁县，西接鄱阳县，辖区环绕景德镇市市区。区政府驻地瓷都大道。全区东西长约30千米，南北宽20千米，区域面积398平方千米。

政区沿革　昌江区成立于1970年，因地处景德镇城区南部，始称景南区。1979年更名为昌江区。昌江为景德镇市主要河流，故名。1980年12月成立昌江区政府。1983年7月波阳县的鱼山公社及荷塘垦殖场划入昌江区。是年古城公社、枫树山林场、朝阳垦殖场、先锋垦殖场划归昌江区管辖。1990年，朝阳垦殖场、先锋垦殖场划归浮梁县辖。2002年8月，珠山区的西郊街道划归昌江区管辖，昌江区的太白园街道划归珠山区管辖。2005年7月1日，吕蒙乡成建制从昌江区移交景德镇高新区管理。

政区划分　1986年，昌江区辖鲇鱼山乡、竟成乡、吕蒙乡、荷塘乡、旧城乡4个乡，太白园1个街道办事处，73个居（村）委员会以及枫树山林场、西郊垦殖场。2002年，昌江区与珠山区行政区划以昌江为区界，昌江区辖西郊街道办事处，竟成镇、鲇鱼山镇2个镇，吕蒙乡、荷塘乡、丽阳乡3个乡及西郊垦殖场。2010年，辖竟成镇、鲇鱼山镇、荷塘乡、丽阳乡、吕蒙乡、西郊街道、新枫街道，共46个村（分场）、30个居委会。

人口　1986年，全区总户数2.81万户，11.24万人。1990年，全区总人口12.58万人，其中家庭人口12.29万人，集体户口2909人。总人口中，男性6.58万人，女性6万人，分别占总人口比为53.30%、46.70%。有少数民族8个，少数民族人口103人，占总人口0.08%。2000年，全区总人口13.92万人，其中男性7.24万人、女性6.68万人。有少数民族15个,少数民族人口163人,其中蒙古族54人、回族48人。2010年,全区常住人口19.22万人,其中农业人口8.3万人。有少数民族18个,少数民族人口302人。

自然环境

地形地貌　境内地势呈南高北低分布,按地貌构成分为丘陵和平原两大类型。南部为丘陵山区,东北和西南为低山丘陵、平地。

山脉　属黄山山脉的余脉,最高点东南缘刀口山,海拔651米。最低点在鲇鱼山镇关山村港下,海拔为16.7米。

河流　昌江为境内主要河流,自北向西南斜穿全区,西河、南河支流分别流经三间庙、渡峰坑,汇入昌江,流经区境的竟成、吕蒙、鲇鱼山,经丽阳出区境,境内河段长37千米,流域面积8.88平方千米。西河源于鄱阳县祝家岭南,经浮梁县洪源入昌江区吕蒙乡、竟成镇后注入昌江,境内河流长5.4千米,流域面积0.324平方千米。南河源于婺源县,经浮梁入区境黄泥头、里村,于渡峰坑汇入昌江,境内河流长5.7千米,流域面积0.37平方千米。

森林　2010年,全区森林面积15200公顷,属常绿阔叶林植物区,森林覆盖率达51.7%,城区绿化覆盖率达55.9%。树木种类繁多,主要乔木有杉树、马尾松、青冈栎、栲槠、樟树等。灌木丛类型有茅栗、映山红、乌饭、檵木、白栎及山竹等。

土壤　红壤在境内土壤类型中面积最大。山丘地区的基带土壤,除个别低丘出露紫色岩风化物发育而成的紫色土外,都是红壤土类。

自然资源　植物资源。有藤本植物96科367种、水生植物22科35种,苔藓、菌类及地衣类二科20种。

动物资源。野生动物有猫头鹰、竹鸡、斑鸠、画眉、山雀、野鸡、獐、麂、果子狸、獾、野猪、穿山甲等。

矿产资源。区境内金属矿以金、银、铜等为主,非金属矿以瓷土、黏土为主分布较广。

气候　境内属亚热带季风性气候,雨量充沛,气候温和,四季分明,无霜期长。冬季多偏北风,天气寒冷;春夏之交,梅雨绵绵;盛夏多偏南风,天气晴热;秋夏之际,多晴少雨。形成冬冷春寒,夏热秋旱,春秋短而冬夏长的气候特征。

经济发展

生产总值　1986年,全区实现社会总产值5202.4万元,服务业收入1055万元。2000年全区实现社会总产值9.12亿元。2010年,全区实现生产总值131.1亿元。

财政　1986年,市对区财政实行"定收定支、收支挂钩、超额分成、短收减支"财政体制,财政收入519.7万元。2000年财政收入3403万元。2010年完成财政总收入5.02亿元,其中地方财政收入4.16亿元。

工业　1986年,工业企业发展到310家,实现工业总产值2730.21万元。2000年实现工业总产值5.0343亿元。2010年,工业总产值36亿元,规模以上工业企业总数达到39家,超亿元企业5家,完成规模工业总产值35亿元,工业园区共完成产值18.3亿元。实现服务业产值17.46亿元,是2005年的3.4倍,年均增长28%。

农业　全区耕地面积3733.33公顷,在稳定粮食生产的基础上,不断加快推进农业产业化建设,形成了以獭兔、生猪、菜牛、肉鸽以及甘蔗、蔬菜、优质稻、油茶等为主导的特色农业产业。1986年全区实现农业生产总值1847.4万元。2000年实现农业总产值1.0769亿元。2010年实现农业总产值4.4亿元,粮食总产3.2万吨。全区农业产业化经营组织达65家,其中省市农业龙头企业14家,带动辐射5300多户农户形成种、养、加工一条龙的生产格局,有10多个项目被列为省、市特色农业重点示范项目。

林业　1999年林地面积为18930公顷,占土地总面积的54.4%。2000年森林面积14722公顷,活立木蓄积481717立方米。2010年新增造林绿化面积479.27公顷。

招商引资　昌江区以昌飞、新电厂等周边大中型企业为依托,重点抓好生物制药、机械制造、包装配件、新型化工、特色陶瓷等五大产业招商引资。2010年完成固定资产投资106亿元,引进3000万元以上项目36个,引入外资1822万美元,实现外贸出口2551万美元。

社会事业

教育　1986年，全区有小学116所，学生18073人，中学6所，学生2400人。1998年创办昌江一中，有6个高中教学班，46名教师，362名学生。2000年，全区有小学48所，小学教学点17个，初中5所，完中1所。在校小学生14664人，中学生4583人；小学教职员工868人，中学教职员工342人。2010年，全区共有小学42所，九年一贯制学校2所，在校小学生12065人；昌江一中有41个教学班，在校学生2550人，教职员工180人；有幼儿园95所，其中已办证32所，在校幼儿5106人，幼儿园教职工538人，其中专业教师110人。

科技　1985—2000年，全区科研经费投入232.7万元，科研项目立项49项。1995年西郊垦殖场引进美国"落地王"种鸽繁殖饲养，1996年被江西省科委列为"星火计划"项目，1998年被景德镇市政府列为养鸽示范基地，年产仔鸽3万对。1999年，江西德宇集团研究开发的得雨活茶成为"人民大会堂特供茶"，产品远销国外和港、澳、台地区。2010年全区共有省级星火计划项目1个，市级科技项目14个。

文化艺术　1984年，昌江区文化广播电视局成立。1998年，竟成镇文化站获省级"百强文化中心站"称号。2000年，全区共有乡（镇）街道文化站7个，文化经营点66家。2010年，建成30家村级农家书屋。2000—2010年，出版各类专著10余部，竟成文化站创作剧本22部。

广播电视　1991年、1992年先后在荷塘乡建电视差转台1座、卫星电视地面接收站1座。1994年，鲇鱼山镇建有线电视站1座，至2000年全区建有卫星电视地面接收站21座。2010年实现有线电视网全覆盖。

医疗卫生　1988年，昌江区红十字会成立。是年，区人民医院更名为昌江区红十字会医院。2000年年底，全区有乡、镇卫生院5个，垦殖场卫生院1个，村卫生所13个，乡村医生60人、卫生员28人。开展农村合作医疗，2010年全区农民参合率100%。

体育　1984年建立区老年体协。1989年昌江区被评为江西省体育工作先进县（区）。至2000年全区有老年体协68个。2008年8月，吴静钰获得北京奥运会女子跆拳道49公斤级冠军。2010年，规划建设省跆拳道训练基地1个，坐落于省重点中学昌江一中田径场东侧，占地面积4600平方米，建筑面积3286平方米。有9所学校成为国家足球进校园布点单位。全区47个行政村、29个社区都建立体育协会组织和老年体育科学组织，全区有5个体育辅助站、35个辅导点。

人民生活

居民收入　1986年全区农民人均纯收入434元。1990年农民人均纯收入为774元。2000年全区城镇集体职工人均纯收入3985元，农民人均收入2457元。2010年，城镇居民可支配收入达14996元，农民人均可支配收入6875元。

居民消费　1986—1990年，居民消费内容有彩电、冰箱，收入高的居民开始使用摩托车。1990年起，居民早餐品种逐步增加豆奶、鲜牛奶。2010年城乡商品销售总额9662万元，其中消费零售额4876万元。

社会保障　2000年，全区共337户计840人享受城市最低生活保障；全区共有"五保户"222人，其中集体供养216人，享受定期定量救济6人。2010年，城镇登记失业率控制在3.4%以内，零就业家庭安置率100%。基本养老、基本医疗、失业保险等社会保障体系不断完善，农村新型合作医疗、城镇居民基本医疗保险全覆盖，新型农村合作医疗参合率100%。敬老院"一乡一院"布局全面实现，农村五保对象集中供养率达80%以上。

第四节　珠山区

行政区划

地理位置　珠山区位于景德镇市老城区和东部新城区，北纬29°16′～29°19′，东经117°11′～117°15′。区域东部至黄泥头，与浮梁县湘湖镇接壤；西部至昌江河畔，与景德镇市昌江区隔河相望；南部与昌江区竟成镇银坑村毗邻；北部与昌江区青塘村相连。区政府驻石狮埠街道中山北路319号，处景德镇御窑厂北侧。

政区沿革　1970年3月,组建景德镇市景北区(珠山区前身)、景南区(昌江区前身)。景北区、景南区行政区划以市区中心东方红大道(珠山中路)为区界,东方红大道以北地区为景北区,辖石狮埠、珠山(街道)人民公社。1973年3月,增设西郊(街道)人民公社。1976年1月,增设新村街道。1979年3月,景北区改称珠山区,为县一级权力机构。1981年11月,鹅湖区朝阳垦殖场、蛟潭区先锋垦殖场划归珠山区管辖。1983年12月,市区行政区划调整,属昌江区管辖的昌江、周路口、里村、新厂、昌河街道划归珠山区管辖,朝阳垦殖场、先锋垦殖场划归昌江区管辖。2002年11月,原属昌江区管辖的太白园街道划归珠山区管辖,原属珠山区管辖的西郊街道划归昌江区管辖。

政区划分　1986年,珠山区辖石狮埠、珠山、西郊、新村、昌江、周路口、里村、新厂、昌河9个街道,共有175个居委会1224个小组。2002年,珠山区与昌江区行政区划以昌江为界,珠山区辖石狮埠、珠山、新村、昌江、周路口、里村、新厂、昌河、太白原9个街道。2010年,辖石狮埠、珠山、新村、昌江、周路口、里村、新厂、昌河、太白园9个街道,下辖81个社区居民委员会。

人口　1986年,全区常住总人口6.63万户、22.71万人。其中非农业人口22.52万人,占全区总人口99.15%;农业人口1921人,占全区总人口0.85%;男性12.08万人,女性10.63万人。2000年,全区常住总人口9.35万户、30.55万人。其中非农业人口27.78万人,占全区总人口90.03%;农业人口2.77万人,占全区总人口9.06%;男性15.63万人,女性14.92万人;蒙古、回、藏、维吾尔、苗、彝、壮、布依、朝鲜、壮、满等22个少数民族,人口967人,占全区总人口0.32%。2010年,全区常住总人口28.14万人,其中非农业人口28.14万人,蒙古、回、苗、壮、满、朝鲜、侗、土家等少数民族人口850人。

自然环境

地形地貌　境区内地势为低山丘陵总的趋势为北东高、南西低,地形起伏变化较大,最高点为马鞍山,最低点为西瓜洲。中渡口至昌江大桥一段河床地势平缓。

山脉　属黄山山脉的余脉,总体走向为北东—西南向。最高峰为马鞍山海拔(黄海高程)为93.3米。

河流　昌江绕珠山区而过,也是珠山区、昌江区的自然分界线。从浮梁县境域南端流入,经昌江区竟成镇青塘村,进入珠山区石狮埠、珠山、昌江、太白园街道,由北向南到西瓜洲,流入昌江区境域鲇鱼山,经凰岗进入鄱阳县境。在珠山区境域全长为9.8千米。南河源出婺源县西北五花尖之南麓。由婺源县车田进入浮梁县玉田水库,进入珠山区新厂街道黄泥头至市区小港嘴,于东岸注入昌江。在珠山区境域4.5千米。

森林　境内属常绿阔叶林植物区,森林植被覆盖面积广,覆盖率达56%。树木种类繁多,主要乔木有杉树、马尾松、青杠栎、栲槠、樟树等。灌木丛类型有茅栗、映山红、乌饭、檵木、白栎及山竹等。

土壤　红壤在境内土壤类型中面积最大。山丘地区的基带土壤,除个别低丘出露紫色岩风化物发育而成的紫色土外,都是红壤土类。

自然资源　植物资源。主要按木本植物类、藤本植物类、竹类、草本植物类划分,已查明有97科366种。

动物资源。有香狸(野猫)、松花蛇、壁虎、蝙蝠等。昌江河野生鱼类有鲩鱼(草鱼)、鲢鱼、鲤鱼、鳊鱼、鲫鱼、鲇鱼、忍子鱼、泥鳅、刺鳅等。昆虫类有少量蟋蟀、蝉、螳螂、金龟子、蜻蜓、蝴蝶、萤火虫、毛虫等。野生鸟类有麻雀、乌鸦、画眉、喜鹊、鸽、燕、相思鸟等。

矿产资源。主要是非金属矿产白云岩、石灰岩和耐火黏土。

气候　属亚热带季风性气候,热量丰富,雨量充沛,光照充足,无霜期长,冬冷春寒,夏热秋旱,春秋短而冬夏长的气候特征。2010年,区境内平均气温18℃,极端最高气温38.8℃,极端最低气温-4℃,全年日照时数1724.1小时,全年降水量2571.5毫米,无霜期271天。

经济发展

生产总值　1986年,珠山区社会生产总值3277.66万元,其中第二产业1815.0万元,第三产业1462.66万元。2000年,区社会总产值36700万元,其中第二产业21100万元,第三产业42600万元。2010年,地区生产总值132.48亿元。

财政　1984年8月始,建立区财政。1986年,区财政总收入551万元,财政总支出373万元。2000年,区财政总收入2375万元,总支出3747万元。2010年,区财政总收入37088万元,财政总支出49081万元。

工业　1986年，区属工业主要有陶瓷彩绘加工，工业总产值1815万元。2000年，工业总产值21100万元。2010年，规模以上工业增加值为3.72亿元。

服务业　1986年，总产值1462.66万元，2000年为42600万元。2010年，三产税收为2.34亿元，同比增长52.02%，占财政总收入的63.25%。

招商引资　1992年12月，珠山区招商引资开始起步。1997年和1998年，区政府制定一系列鼓励外来投资优惠政策。2000年，引进外来投资4.6亿元建设浙江路。2002年10月，设立珠山区经济开发区，下设工业园、陶瓷园、汽车配件园、民营科技园、生态园。2010年，共引进3000万元以上项目33个，其中亿元以上项目7个，3000万元以上工业项目12个，外资项目3个。实际利用内资20.37亿元，实际利用外资675万美元，实现外贸出口创汇3008万美元。

社会事业

教育　1986年，珠山区有小学13所，学生人数12594人，教师人数631人。1995年，珠山区成为全国首批“两基”（基本普及九年义务教育和基本扫除青壮年文盲）达标县区之一。1996年，珠山区通过首批全省实验教学普及县（区）验收。1998年珠山区定为江西省18个素质教育实施区之一。2000年，全区幼儿园104所，其中公办幼儿园6所，民办幼儿园98所，学前三年入园率91%，学前一年入园率95%。小学13所，学生人数13281人，教师人数741人。2002年秋季，珠山区定为省级基础课程改革实施区。2005年11月，珠山区通过省政府“两基”年检复查合格。2006年，珠山区被评为江西省“实验教学普及县”合格县（市、区）；2008年被省政府评为“江西省教育督导综合评估合格县（市、区）”之一。2010年，全区幼儿园70所，其中公办幼儿园6所、民办幼儿园64所。幼儿园班级数238个，幼儿入园人数7160人，幼儿教职工676人。小学12所，学生人数16160人，教师人数1219人，其中在职教师671人、退休教师548人。

科技　1984年3月，区设立科学技术协会。1994年，区爱国卫生运动委员会办公室对区卫生局1993年完成的《1990—1992年珠山区20世纪90年代初期1/10人口死因抽样调查资料》进行科学统计，分析90年代初珠山区居民死亡原因、年龄等数据编制出《景德镇市珠山区居民预期寿命及死因寿命表》。1999年，珠山区被中国科学技术协会授予全国科普示范城区。

文化艺术　1986年，建立珠山之声艺术团、珠山业余越剧团、街道和珠山区群众文化中心，开展书画、摄影、戏剧、曲艺、文学创作、音乐舞蹈等活动，街道、社区普遍开展文化周活动。民间文艺有景德镇大鼓、讲传说书、文辞、道情、小调、莲花落（闹）。1986—2010年，连续25年举办珠山区群众歌咏月活动。2010年8月，出版发行《景德镇市珠山区志（1970—2003）》。

医疗卫生　1986年，区卫生局负责行政区划内个体医疗机构登记批准和管理工作。2007年，珠山区被评为全国有中医药特色社区卫生服务示范区。至2009年，珠山区建立区疾病预防控制中心和区卫生监督所，区属9个街道建立社区卫生服务中心，向社区居民免费提供基本公共卫生服务。2010年，珠山区登记批准执业的医疗卫生机构有148家，其中区直医疗卫生机构2家、社区卫生服务中心9家、社区卫生服务站14家、各类门诊部18家、卫生所5家，各类个体诊所100家。

体育　1986—2000年，组织区体育代表团先后参加景德镇市第八至第十届运动会，均取得团体优异成绩。2008年，组织区体育代表团参加江西省县级田径运动会，获得全省团体总分二等奖，并被授予2008年度江西省体育后备人才先进县称号。是年，举办全区首届社区体育运动会。2009年，组队参加景德镇第十一届运动会，夺得金牌总数、奖牌总数第一，区体育局获全国群众体育先进单位称号。2010年，建设梨树园小学田径运动场和区体育综合健身馆。

人民生活

居民收入　1991年，珠山区城镇居民人均生活费1251元，比1990年增长18.04%，扣除生活费用价格上升因素，实际增长12.1%。2000年，城市居民人均可支配收入5097人元，比1999年净增559元，增长12.3%。2010年，城市居民人均可支配收入为16657元，比2009年增加1661元，增长11.1%。

居民消费　1991年，珠山区城镇居民人均生活支出1179元，比1990年实际增长19.55%。2000年，城市居民人均消费支出3737元，比1999年增长9.4%。2010年，城市居民人均消费性支出为11475元，比

2009 年增长 8.7%。

社会保障　1986 年至 1998 年 5 月,社会救济主要是对区内的孤儿、孤老、社会困难户或因受特殊情况影响(遭受火灾、水灾)造成生活困难者给予定期或临时救济。1997 年,区政府制定《珠山区城市居民最低生活保障制度实施细则(试行)》。1998 年 6 月起实施,至 12 月,全区享受城市居民最低生活保障户 426 户,享受低保人数 587 人,发放低保金额为 24.65 万元。2000 年,全区享受城市居民最低生活保障户 1460 户 3086 人,发放低保金额 210.60 万元。2010 年,城市居民基本医疗保险参保人数 16.3 万人,全区享受最低生活保障对象 12335 户 26370 人,月人均补助低保金额达到 180 元,全年发放低保金额 5653 万元。

第二篇　自然环境

第一章　地质地貌

景德镇境域处于扬子地层区的南缘部分，印支运动后则与东南地层区合为华南中部构造地层区。地处扬子地块、华夏地块与华南中部造山带的交接部位，历经从元古代到新生代的各旋回构造运动，地质构造极为复杂。境内地形总体为北部、东北、西北高，以中低山为主，往南逐渐变低、变缓，中部丘陵、岗地和间夹的谷地为主，南部以丘陵、岗地为主。流域内河川纵横，支流密布，昌江与乐安河为主要河道，在鄱阳县姚公渡汇合，主河道长299千米，流域面积15300平方千米，占全省总面积7.9%。

第一节　地　质

地层

境内地层主要为浅变质岩系，部分为沉积岩及零星分布的第四纪松散沉积物3大部分组成。出露的地层有中元古代蓟县纪；新元古代青白口纪；晚古生代石炭纪、二叠纪；中生代三叠纪、侏罗纪、白垩纪；新生代第四纪。缺失早古生代地层。岩类主要有变质岩类、岩浆岩类、一般碎屑岩类、红色碎屑岩类、碳酸盐岩类、松散岩类，面积分别为3595.2平方千米、173.95平方千米、193.84平方千米、184.2平方千米、94.25平方千米、1026.03平方千米，分别占全市面积的68.25%、3.3%、3.68%、3.50%、1.79%、19.48%。

表2-1-1　　景德镇市区域地层情况表

地质年代			地层单位	厚度(米)	展布	岩性特征	化石	分布	沉积环境
中元古代	蓟县纪	双桥山群	横涌组	>453.6	北东向	灰—青灰色、灰绿色变余细粒长石岩屑杂砂岩、变余长石石英杂砂岩、变余粉砂岩夹同色粉砂质板岩	含微古植物化石	黄坛—储田—经公桥—白茅	较为活动的裂陷海
			计林组	2022.24	北东向条带状、蛇曲状	以紫红色为特征的砂、板岩建造。主体岩性为紫红色条带状板岩、粉砂质板岩、变余细砂岩夹灰绿色砂质板岩、变余细砂岩、粉砂岩、深灰色板岩及少许变细碧岩、角斑岩等	含微古植物化石	三县尖—经公桥—黄山坞、西冲—芦田—外施—万寿寺—曲阿里—营里—勒功—沧溪—严台	中外陆棚至深海盆地
			安乐林组	3620	北东向	灰—深灰色、灰绿色厚—巨厚层状、块状变余中细粒凝灰质长石石英杂砂岩、凝灰质岩屑石英杂砂岩、凝灰质岩屑杂砂岩、凝灰质粉砂岩、凝灰质板岩等组成	—	桃墅店—西湖—西溪、芦源—旧城福港—兴田	次深海浊流

续表 2-1-1

地质年代			地层单位	厚度(米)	展布	岩性特征	化石	分布	沉积环境
中元古代	蓟县纪	溪口岩群	佛子坑岩组	>2423.1	近东西向	灰—浅灰色、灰绿色砂质千枚岩为主,与石英片岩,千枚状粉砂岩组成韵律;中部为青灰、深灰色中—巨厚层状变余中细粒长石石英杂砂岩、粉砂质绿泥绢云千枚岩夹薄层状、透镜状变余含菱铁矿微晶灰岩、条纹条带状钙质硅质岩;上部则为青灰色薄—厚层状变余细—中细粒长石石英(岩屑)杂砂岩,变余中细粒石英杂砂岩、条纹条带状二云母千枚岩互层	含微古生物化石	中东部钱铜尖—三花尖—五股尖	次深海至浅海环境下的浊流
			板桥岩组	2304.7	近东西向	灰—深灰色变余细砂岩、变余粉砂岩与灰—灰黑色绢云千枚岩组成韵律。变余砂岩中常发育变余钙质砂岩透镜体。本岩级可分为三部分:下部为灰—深灰色薄至微薄层状条纹条带状粉砂质千枚岩与灰黑色、暗灰色薄—微薄层状绢云千枚岩、含炭千枚岩组成韵律;中部为灰色、灰绿色中—厚层状变余细粒杂砂岩与青灰色、深灰色薄层状绢云千枚岩呈不等厚互层,变余杂砂岩中见变余钙质砂岩透镜体;上部为灰—浅灰色、青灰色中—薄层状变余细粒杂砂岩与灰色薄层状条纹条带状千枚岩互层,偶夹变余钙质粉砂岩透镜体	含微古生物化石	舒家庄—莲花山—马墩口—瑶里、刘家滩—横路—沿沟、金银山—桃树尖、临港—厉居寺、洄田—矢源	深海滞流(还原)环境下的浊流
			木坑岩组	2316.8		为灰绿色、浅灰色中至巨厚层状、块状变余细至微细粒长石石英杂砂岩、细粒岩屑杂砂岩,千枚状含砂粉砂岩,变余粉砂岩及灰绿色、浅灰绿色绢云千枚岩组成韵律;本岩组以岩屑杂砂岩为主体,颜色以灰绿、绿色为特征	含微古生物化石	龙塘—凤凰山—荷塘—三宝蓬—东流、月湖—杨草尖—小游山、古溪—厚田—横山、高家—岍崌山、渣岭—白玉峰、铺里—扶源	浅海—次深海(或者是具有内波内潮汐作用的深海)
			郑家坞岩组	>1833.6	近东西向	浅灰、灰白色、灰黄色、淡灰绿色变余凝灰质砂岩、变沉凝灰岩、凝灰质千枚岩,及灰绿色变余细砂岩、绢云千枚岩组成	含微古生物化石	寺前—柳家湾—东流—白羊冲、新城—白石岭—鸬鹚、董家—金家亭	深海浊流
新元古代	青白口纪	历口群	葛公镇组	681.74~1069.17		下段为灰、青灰、灰黄色变复成分砾岩、变岩屑砂岩、粉砂岩及粉砂质板岩;上部为青灰、灰、浅灰绿色中薄层状变余粉砂岩、粉砂质板岩	含微古生物化石	茶宝—鸡冠石	陆棚到近滨带

续表 2－1－1

地质年代		地层单位	厚度（米）	展布	岩性特征	化石	分布	沉积环境
晚古生代	石炭纪	华山岭组	164.7	条带状	下部为灰白色巨厚层状石英砾岩、含砾粗粒石英砂岩、粗粒石英砂岩；上部为紫红色砾岩、含砾石英粗砂岩、粉砂质泥岩组成层序	产植物化石碎片	前房—龙塘、金山—库前—拉犁山—程家、虎爪形—虎山—庄泉	河流—湖泊
		梓山组	7.53～11.44	条带状	底部为一层褐黄、灰黑色含锰粉砂岩（1米），下部为灰白色块状石英质细砾岩，偶夹灰白色中层状石英质中砾岩；上部为灰白色中厚层状细粒石英砂岩与紫红色粉砂岩、泥岩互层	产植物腕足、双壳化石	枫树下—塔山—拉犁山—下石、桃树尖—塘尾、洪岩—龙坞、程家边—下湾—文山	滨岸砂砾石滩
		老虎洞组	＞123.84～258.66	条带状	下部为灰白色略带肉红色块状细晶白云岩，偶夹黄色似层状含钙砂质页岩；上部为浅灰、灰色块状不等晶白云岩夹灰白色中厚—厚层状细晶白云岩、浅灰色块状粗晶白云岩，局部夹灰岩	产腕足、蜓化石	咀首畈—月湖—寺前—宁厂—江村、新大睦—瓦窑坞—张家店—洪冲坞—蛟岭、下石—蔡家、洪岩—龙坞、下湾—文山	内陆海局限碳酸盐台地
		黄龙组	22.13～52.65	条带状	为灰、灰白色厚层状生物碎屑泥晶灰岩、砂屑灰岩、砂屑—鲕粒灰岩	产蜓、腕足化石	湘湖—天宝—梅岭、咀首畈—月湖—寺前—宁厂—江村、新大睦—瓦窑坞—张家店—洪冲坞—蛟岭、下石—蔡家、洪岩—龙坞、下湾—文山	开阔碳酸盐台地
		船山组	90～303.11	条带状	下部为灰白、浅灰色巨厚层状—块状生物碎屑泥晶灰岩、泥晶生物碎屑灰岩、生物碎屑微晶灰岩夹粗晶灰岩、角砾状灰岩、白云质灰岩；上部为浅灰、灰黑色中厚状纯灰岩、致密灰岩、微晶灰岩、生物碎屑灰岩	产腕足、珊瑚、蜓、有孔虫、苔藓虫、介形虫、海百合茎化石	宝石—大岭、湘湖—天宝—梅岭、咀首畈—月湖—寺前—宁厂—江村、新大睦—瓦窑坞—张家店—洪冲坞—蛟岭	开阔碳酸盐台地
	二叠纪	梁山组	0.15～21.60	条带状	为黑色微层含生屑碳质泥岩、灰黑色薄—中厚层状细粒石英砂岩夹灰黑色薄层泥质粉砂岩、灰黑色透镜状泥晶灰岩，局部夹沥青质煤线	产珊瑚、腕足化石	咀首畈—月湖—寺前—宁厂—江村、新大睦—瓦窑坞—张家店—洪冲坞—蛟岭	滨海沼泽
		栖霞组	100.42～272.32	条带状	为深灰、黑色薄—中厚层状生物碎屑泥晶灰岩、泥晶生物碎屑灰岩、生物碎屑微晶灰岩、黑色薄层状含碳（微粒）砂屑生物碎屑灰岩，偶夹内碎屑灰岩、硅质岩，上部夹泥岩条带	产蜓、珊瑚、腕足、螺及介形虫化石	宝石—大岭、黄泥头—湘湖—天宝、咀首畈—月湖—寺前—宁厂—江村、新大睦—瓦窑坞—张家店—洪冲坞—蛟岭	陆棚浅海碳酸盐岩台地

续表2-1-1

地质年代		地层单位		厚度(米)	展布	岩性特征	化石	分布	沉积环境
晚古生代	二叠纪	小江边组		17.81~49.94	条带状	为深灰、青灰色薄层状碳质泥岩、泥晶灰岩、微晶灰岩、含燧石团块状泥灰岩夹透镜状灰岩、薄层硅质岩	局部产菊花石和海泡石,产珊瑚、腕足等化石	马鞍山—黄泥头—湘湖—天宝、咀首畈—月湖—寺前—宁厂—江村、新大睦—瓦窑坞—张家店—洪冲坞—蛟岭、翁家—牯牛岭—王巴塘	潮坪泻湖
晚古生代	二叠纪	孤峰组		68~78.2	条带状	为灰黑、黑色薄层条带状硅质岩、硅质粉砂岩、硅质页岩夹灰黑色薄层状碳质泥(页)岩、浅灰色微晶灰岩、泥灰岩	产蜓、菊石、腕足、双壳、珊瑚、海绵骨针和放射虫化石	马鞍山—黄泥头—湘湖—天宝、咀首畈—月湖—寺前—宁厂—江村、新大睦—瓦窑坞—张家店—洪冲坞—蛟岭、翁家—牯牛岭—王巴塘、杨花亭—梁家塘	内陆海深水盆地
晚古生代	二叠纪	乐平组	官山段	18.79~27.71	条带状	为黄褐、浅灰色中厚层状中粗粒—细粒岩屑石英砂岩、粉砂岩,深灰色中层状含碳质钙质生物碎屑粉砂岩,黑色中厚层状碳质粉砂岩夹铁质结核,见小型交错层理,水平层理	产植物、腕足等化石	咀首畈—月湖—寺前—宁厂—江村、新大睦—瓦窑坞—张家店—洪冲坞—蛟岭、鸣山—社令桥—叶家源、新乐—江岭—官木岭、北山—陈家—桥头丘—钟家山	滨海—浅海
晚古生代	二叠纪	乐平组	老山段	119.12~133.33	条带状	为灰、深灰色中厚层状细粒—微细粒岩屑石英砂岩、粉砂岩、粉砂质泥岩,黑色厚层状碳质粉砂岩、含碳粉砂质泥岩、碳质泥岩夹碳质页岩及煤线	产植物、腕足、菊石等化石		滨海沼泽
晚古生代	二叠纪	乐平组	狮子山段	9.2~40.68	条带状	为黄褐、灰白色中层状细粒岩屑石英砂岩与灰、灰紫色薄层状粉砂质泥岩互层	产腕足化石		后滨临滨碎屑岩
晚古生代	二叠纪	乐平组	王潘里段	88.09	条带状	为黄褐、灰紫色中厚层状泥质粉砂岩、粉砂质泥岩、细粒—微细粒岩屑石英砂岩、细粒岩屑杂砂岩,黑色中厚层状碳质泥岩夹碳质页岩及不稳定煤层,含菱铁矿结核	产植物化石		滨海沼泽
晚古生代	二叠纪	长兴组		143.9	条带状	为灰、浅灰、灰黄色中厚层状生屑泥—微晶灰岩、亮晶灰岩,上部局部夹白云质灰岩及燧石结核,顶部为鲕状灰岩	产腕足、牙形石、有孔虫、双壳、绿藻、红藻等化石	鸿兴—寺前—宁厂—江村、新大睦—瓦窑坞—张家店—洪冲坞—蛟岭、陈家—桥头丘	浅海碳酸盐岩台地

续表 2-1-1

地质年代		地层单位		厚度(米)	展布	岩性特征	化石	分布	沉积环境
中生代	三叠记	青龙组		下部 72.7、上部 143.37	条带状	下部岩性殷坑段底部为灰白色巨厚层状鲕状灰岩,灰、深灰色中薄层状泥灰岩与钙质泥岩、粘土质页岩互层;上部高安灰岩灰、肉红色中厚层状微晶—细晶灰岩与灰、浅灰色中薄层状泥晶灰岩或泥灰岩互层	下部产菊石、双壳及牙形刺;上部产双壳、腹足化石	仙槎—洪冲坞—汪村—蛟岭、陈家—桥头丘	浅海陆架—碳酸盐岩台地
		周冲村组		>28.03	零星	为浅灰、灰白色中薄层状微—粉晶白云岩夹同色厚层状粉晶白云岩	产牙形刺	仙槎—洪冲坞—汪村	局限海台地边缘鲕粒滩
		安源群	紫家冲组	300.69~315.9	条带状	下部为浅灰、灰白色厚层—块状复成分细砾岩与黄褐、灰白色中厚层状不等粒岩屑石英砂岩互层;上部为紫灰、黑色砂岩、粉砂岩、碳质页岩,间夹煤层或煤线,韵律性明显	产植物、双壳及螺类化石	大岭—王港—青树下、黄泥头—湘湖—北安—天宝—程家门、东流—程前、龙塘—咀首畈—月湖—寺前—宁厂—江村、新大睦—瓦窑坞—张家店—洪冲坞、翁家—苦竹咀	河流—滨海沼泽
			三家冲组	36.4	条带状	下部为灰白色中层状细粒岩屑石英砂岩;中部为灰紫色中层状粉砂岩、粉砂质泥岩互层夹碳质页岩;上部为灰黑色含碳质泥岩	产海相双壳及植物化石碎片	咀首畈—月湖—界首、新大睦—瓦窑坞—张家店—洪冲坞	滞流海湾—淡化泻湖
			三丘田组	>520.1	条带状	下部为黄褐、灰白色中厚层状石英细砾岩、中薄层状中细粒岩屑石英砂岩、微细粒岩屑杂砂岩与黄褐色中层状粉砂岩互层;中部为深灰色碳质粉砂岩、碳质泥岩互层,夹煤层及灰紫色厚层状泥岩	产植物及双壳化石	新大睦—瓦窑坞—张家店—洪冲坞、茶籽岗—葛家	滨海沼泽
		多江组		309.10	条带状	为灰、灰白色厚层状细粒石英砂岩、长石石英杂砂岩、含砾砂岩夹粉砂岩、泥岩及碳质页岩	产植物化石	坪峰尖—外荷塘	低能局限淡化泻湖
	侏罗纪	林山组群	群水北组	1177.3	条带状	为灰白、灰黄色薄—厚层状石英砂岩、长石石英砂岩、粉砂岩夹灰绿色粉砂质黏土岩、页岩,局部夹碳质页岩或煤线,底部为砾岩、含砾砂岩	产植物化石	丽阳—龙塘山—象山—旸府滩、范家源—宋家山—湖田、岀头—石峡汪家、金家—六合村	温暖潮湿气候的河流—湖泊
			群漳平组	877.90	条带状	下部为灰紫、灰黄色沙砾岩、含泥砾砂岩、岩屑砂岩夹泥岩;上部为灰紫、灰黄色岩屑砂岩、长石砂岩与粉砂岩、泥岩互层	产植物化石	新柳—鲇鱼山—宋家山—湖田	半干旱气候的滨湖三角洲—滨湖

续表2-1-1

地质年代		地层单位		厚度(米)	展布	岩性特征	化石	分布	沉积环境
中生代	白垩纪	火把山群	石溪组	227~1011.35	条带状	为一套杂色砂岩、泥岩、火山碎屑岩,底部为砾岩	产双壳类、介形虫、叶肢介、昆虫、植物等化石	传贤—金鹅山、鸬鹚—洛口、众埠—河头、篁坞—十里岗—戴家寨	内陆滨湖
			冷水坞组	1213.16~1544.7	条带状	为杂色砂岩、粉砂岩、泥岩,夹含砾砂岩、砾岩,局部夹薄层凝灰岩,具交错层理	产双壳类、叶肢介、介形类、腹足类、昆虫、植物、鱼等化石	方家—戴村	内陆河流、湖泊
		赣州群	茅店组	675.3~1166.3	条带状	主要为紫红色砾岩、沙砾岩、细砂岩、粉砂岩不等厚互层	产轮藻化石	珠尖—杨村、蛇垄里—景德镇市五中(新)、芦家山—景德镇市委党校、江墩村—玉田村、大岭山—野山头、后埠—军山—下横山、湾头—店上胡	盆地的河流冲积洪积
			徽州组	784.61~2520.11	—	为棕黄、灰、紫红色砾质岩屑砂岩、中粗粒砂岩、细砂岩、粉砂岩及钙质泥岩	产双壳类、介形类、叶肢介、恐龙骨骼及恐龙蛋等化石	—	浅湖
		圭峰群小岩组		371~674	—	为紫红、砖红色砾岩、砂岩	产恐龙骨骼、脚印遗迹化石	财岗山—炉山下	冲积扇—扇三角洲—滨浅湖
新生代	第四纪	赣县组		2~6	零星	为橘黄色粗砾石层	—	程村	山间河流上游的河床
		进贤组		2~>10	零星	上部为棕黄色网纹状红土;下部为砂、砾石层	—	旧城附近	河流河床冲积、似冲积扇

续表 2－1－1

地质年代		地层单位	厚度(米)	展布	岩性特征	化石	分布	沉积环境
新生代	第四纪	莲塘组	3～16	零星	下部为棕黄色粗砾石层和含砾粗砂层;上部为棕黄色亚黏土层,粉砂质亚黏土层	—	旧城附近	河流冲积
		联圩组	3～22.69	—	下部为土褐、褐黄色砾质砂层、沙砾石层;上部为土黄、土褐色亚砂土—砂土层	—	昌江和乐安河及其两侧	河流冲积相沉积
		望城岗组	5～10	—	上部为砖红、红色均质红土;下部紫红、砖红、棕黄色网纹状红土,含基岩碎屑的网纹红土,碎屑成分与下部基岩一致	—	鹅湖、前房、乐平市—梅岩、袁家亭、湖滨	风化残坡积
		山背组	0.2～3	—	为土黄、黄褐色亚黏土—砂土层及碎石砂土层。碎石成分为变碎屑岩、板岩及脉石英,呈棱角—次棱角状,大小不一,结构松散,分选性差	—	露于鹅湖等	风化残坡积

岩浆岩

境内岩浆岩分布面积 173.95 平方千米,占全市总面积 3.3%。岩浆岩主要是以酸性侵入岩体为主,其次是中性—酸性侵入岩脉,少量是超基性—基性侵入岩脉。

酸性侵入岩体主要出露在鹅湖、汪胡、长明、桃岭、大洲、板坑坞、下程和篁坞一带,深成相。鹅湖侵入岩体,出露在浮梁县东部鹅湖一带,近椭圆状,总面积约 105.84 平方千米,鹅湖侵入岩体具有多期侵入特点,岩体呈岩基、岩株状产出,形成于早白垩世;大洲侵入岩体出露在浮梁县西北部黄坛乡大洲一带,呈北北东向串珠状展布,总面积 2.26 平方千米,岩体呈岩株状产出,形成于早白垩世;板坑坞侵入岩体出露在浮梁县西北部板坑坞、黄金坑一带,呈北东向串珠状展布,总面积 3.2 平方千米,岩体呈岩株状产出,形成于早白垩世;长明侵入岩体出露在浮梁县东部长明一带,近圆状,总面积 3.93 平方千米,岩体呈岩株状产出,形成于早白垩世;汪胡侵入岩体出露在浮梁县东部汪胡一带,近椭圆状,总面积 19.36 平方千米,岩体呈岩基状产出,形成于早白垩世;桃岭侵入岩体出露在浮梁县东部桃岭、潘村、锦里一带,呈北东向展布,明显受北东向构造制约,近椭圆状,总面积 17.0 平方千米,岩体呈岩基、岩株状产出,形成于晚侏罗世;下程侵入岩体出露在礼林镇下程,呈北东向分布,似椭圆状,面积 1.2 平方千米,岩体呈岩株状产出,形成于早侏罗世;篁坞侵入岩体出露在十里岗乡篁坞村东面,近圆形分布,面积 2.1 平方千米,岩体呈岩株状产出,形成于晚白垩世。

中酸性侵入岩体主要出露在杨家尖、塔前、塘岭、新大睦—张家坞一带,浅成—超浅成相。杨家尖侵入岩体出露在双田镇杨家尖,受北西、北北西和北东三组断裂控制,呈不规则弯曲状,面积约 0.16 平方千米,岩体呈岩株状产出,形成于早侏罗世;张家坞侵入岩体出露在双田镇华子峰,岩口以东,张家坞以北,零星状产出,呈不规则葫芦状或不规则脉状,面积 0.63 平方千米,岩体呈岩株状产出,形成于早侏罗世;塘岭侵入岩体出露在塔前镇塘岭,呈不规则楔状或小岩瘤状,面积 0.16 平方千米,岩体呈岩株状产出,形成于早侏罗世;塔前侵入岩体出露在塔前镇毛家园,呈北东向展布,近长椭圆状,面积 4 平方千米,岩体呈岩株状产出,形成于晚侏罗世。

中性—酸性侵入岩脉主要出露在鹅湖盆地及外围、三龙—蛟潭、东流—宁村、新大睦—张家坞一带,脉状、分支脉状,成群出露,规模较大的主要脉体平行展布,受北东及北东东向构造控制,大部分脉体呈北东向展布,岩脉长 90～7300 米,宽 1～200 米不等。主要形成于燕山期。岩性主要有闪长岩类、伟晶岩类、细晶岩类、细粒花岗岩类、花岗斑岩类、二长斑岩类、石英斑岩及石英脉。

超基性—基性侵入岩位于十里岗乡天子堂,出露面积0.25平方千米,形成于四堡期。岩体呈不规则岩瘤状产出,北东向展布,倾向南东,倾角较陡,一般71°~86°,岩性为灰绿、深绿色角闪石岩,变晶结构,片状构造。主要成分有角闪石,少量辉石和橄榄石,局部见钛磁铁矿、黄铁矿,岩石普遍片理化。

超基性—基性侵入岩脉主要出露在天分山—界首一带,其他地方也有零星出露,受北东及北东东向构造控制,呈脉状产出。岩脉长80~720米,宽2~50米不等。主要形成于印支期,其次形成于晋宁期和燕山期。岩性主要有蚀变单辉岩、变辉长辉绿岩、苦橄玢岩、橄榄玄武玢岩、辉绿岩、黑云母煌斑岩、安山玄武岩、安山岩。

地质构造

景德镇地质发展历史,大致可分为4个发展时期,即四堡—晋宁期、加里东期、印支期及燕山期—喜山期。中晚元古代,形成由双桥山群组成的紧密线状基底褶皱,轴向北东东。震旦纪—三叠纪,形成由石炭—二叠系构成的大型复式向斜盖层褶皱,轴向北东,同时发育断裂构造。自晚三叠世以来,强烈的断块运动,在盖层褶皱的基础上,形成由侏罗系和白垩系组成的断坳盆地。第四纪新构造运动,则以缓慢抬升为主,主要表现为发育河谷冲积阶地。

景德镇市以宜丰—景德镇—歙县深大断裂带为界,以北为扬子地块,以南为华南中部中元古代末期造山带。

褶皱构造　黄坛—经公桥—白茅复式背斜褶皱属于基底褶皱。位于扬子地块内,其西翼地层总体向北西西倾斜,东翼地层总体向南东东倾斜,核部地层为横涌组,翼部地层为计林组、安乐林组,其北部被青白口纪—南华纪地层呈断层掩覆关系,延展不明;西南部延展到邻县鄱阳,区内延长约50千米。

三溪—乐平—婺源复式向斜褶皱属于基底褶皱。轴部位于余干三溪—乐平—婺源一线,呈北北东—南西西方向延展。西端被鄱阳湖盆地所覆盖;东端在婺源以东扬起消失;南翼被纵向断裂切割,使其轴部偏南,两翼不甚对称。轴部由郑家坞岩组组成,两翼广泛出露木坑岩组、板桥岩组、佛子坑岩组。此外尚有少许晚古生代和中新生代沉积盖层不整合覆盖于基底岩系之上。其走向延伸与基底褶皱方向基本一致,反映新老构造的继承关系。

鄱阳—景德镇复式向斜褶皱属于盖层褶皱。主要由石炭系及下三叠统组成,呈北东方向延伸。南西端在鄱阳附近被湖区及第四系覆盖;北东端经五股尖延入安徽祁门县境。北西翼由于断层切割,已大都剥蚀殆尽;南翼岩层倾角由于断裂影响,变化极大,大者可达70°~80°,小者仅15°左右。

进贤—乐平复式向斜褶皱属于盖层褶皱。位于鄱阳—景德镇复式向斜褶皱的西南侧,主要由二叠系组成。多呈北东方向展布。走向断层甚发育,由于断层切割,多为不完整向斜。岩层倾角一般为15°~25°,极少数因断裂影响可达60°~80°。

韧性剪切带　经公桥韧性剪切带位于鄱阳时山—板坑坞—储田—江村—安徽历口一线,呈北东向展布。向北东发散状延伸至安徽境内,向南西收敛延至鄱阳时山,境内全长47.3千米,宽0.15~1.025千米。韧性剪切带横向上具较明显分带现象,两侧为小褶皱带,中间为糜棱岩化—片理化带。韧性剪切带西南端板坑坞附近被燕山期花岗岩体充填。剪切带是深部构造环境下,古老浅变质岩系经辗磨及重结晶,剪切变形及塑性流变作用形成。

大背坞韧性剪切带位于鄱阳金家坞—三龙—芳村—大背坞—赖家—金宝—安徽渔亭一线(129千米,境内长57千米),韧性剪切带变形强烈部位常发育斑点构造,斑点粒径0.5~3毫米,形态为纺锤状、瘤状、长条状。主要由褐铁矿和少量石英组成,部分为碳酸盐斑点。

鄣公山韧性剪切带位于高岭—郑家山—五股尖—婺源鄣公山一线,本剪切带糜棱片理产状倾角10°~30°、30°~60°不等,呈近东西向展布。该带以北所见片理褶皱均属自南向北的下滑褶皱;该带以南上述褶皱少见,取而代之的是由北往南的逆冲剪切片褶。剪切带宽约2.5千米,延长约65千米,境内长14.6千米具自南向北下滑剪切性质,形成糜棱岩带、糜棱岩化带和规模雄伟的下滑褶皱变形带。剪切带形成之后,受印支—燕山期北东向断层右行错移切割和岩体的侵位热变质叠加。

珍珠山韧性剪切带位于姚家—汪家边—石潭山—架鼓山—官口—珍珠山一线,总体呈北东—南西向展布，受东流—九都北西向断层和塔前—赋春断裂带切割限制，延长约45千米。由北东、近东西向二组次级剪切带交会、分开组成网格状构造阵列。剪切带总体走向为北东50°左右，倾向北西、倾角70°～85°。剪切带岩石由千糜岩、糜棱岩、糜棱岩化原岩组成，其特征是岩石呈书页状、薄片状发育，层理构造已被彻底置换，顺片理有大量分异石英脉发育，岩石成分层、石英脉呈似层状、透镜状、无根褶皱状残存于糜棱片理中。剪切带的构造岩类型主要有糜棱片岩、千糜岩、糜棱岩化岩石。据剪切带片内无根褶皱及旋转碎斑系旋转指向可判断本剪切带早期为自北西向南东的左行逆冲剪切，晚期为左行走滑剪切机制。

断层构造　桃墅—西湖—西溪逆断层位于扬子地块内，逆断层延长56千米、宽5～30千米，倾向150°～165°倾角35°～75°切割蓟县纪、青白口纪、南华—震旦纪地层，左行平移切错晋宁期褶皱轴线及近东西向断层，断层两侧岩层产状紊乱，顺断层岩石具碎裂岩化、硅化及挤压揉皱现象，其内多见团块状石英脉充填，局部可见强挤压透镜体带、硅化碎裂岩带及剪切片理化带，带内见构造透镜体呈硅化碎裂状及石英脉呈分异网格状、微细条痕状分布。在断层面上可见平行及斜交层面的两组擦痕，断面发生弯曲变形。为燕山期以来的活动断层。

宜丰—景德镇—歙县深大断裂带为复式断裂构造，上部为铲式推覆断裂，倾向北北西，上陡下缓，倾角47°～0°，深约9千米，逐渐变为水平断裂。其下有切穿中、下地壳隐伏深断裂，产状陡立，倾向为南南东，倾角23°左右，断裂沿线倾向，倾角可能有变，为晋宁期以来的活动复式地壳断裂。断裂带东段，区内所展布的北东向压—张性断裂以及北西向张扭性断裂均属其组成部分。

乐平逆断层位于华南中部中元古代末期造山带乐平—歙县构造混杂岩亚带，该断层沿观峰—鸣山—后港—彭村坞—官木岭—厚田—婺源县珍珠山北东向成带展布，贯穿乐平市区。平面上呈“蛇”状延伸，断续延长48千米，总体走向北东东，倾向北北西，倾角40°～75°，宽度10余米，性质为逆冲断裂。

第二节　地　貌

中低山地区

主要分布于东、南、北部的边缘地区，面积为737.47平方千米，占全市面积14%，山顶标高一般为500～1600米，沟谷多呈“V”字形，地形坡度35°～50°。主要成土母质为泥岩类风化物，土壤类型为薄层或中层黄红壤、山地黄棕壤等。其腐殖质层较厚，一般大于3厘米，有机质含量多大于5%。主要植被为乔木，森林覆盖率64%，是省、市用材林基地。

丘陵区

境内面积最大、分布最广，遍布全市的各个乡镇，面积3014.54平方千米，占全市面积57.23%，山顶标高一般为150～500米，沟谷多呈“U”字形，地形坡度20°～35°。植被为乔木和灌木。土壤类型主要为厚层、中层红壤，腐殖质层多在2厘米左右，有机质一般在2.5%～4.5%，是发展林业和茶叶、油茶、果树等经济基地。

岗地区

仅在鹅湖至臧湾一带和城区至三龙、蛟潭一带，属丘陵与平原间的过渡区，地形极为平缓，起伏变化甚小。面积688.72平方千米，占全市面积13.07%，山顶标高一般为小于150米，沟谷多平缓，地形坡度10°～20°。

河谷平原区

昌江支流东河流域的鹅湖盆地、天宝盆地，南河流域的湘湖盆地；乐安河流域及乐平西部的平原有洺口盆地、鸬鹚盆地、众埠盆地、临港盆地、双田盆地，以及接渡平原、城郊平原、镇桥平原等。面积826.73平方千米，占全市面积15.70%，阶面标高一般为17～70米，地形坡度一般小于5°。植被多为灌木和草丛。平原地区开发历史相对较早，人口密度大，耕地连片，土壤肥沃，河流纵横，是景德镇市粮食作物及蔬菜等农副产品的集中产区。

第三节 山峰 河流

山峰

境内山地属安徽的黄山余脉,在景德镇东北部,最高峰是瑶里镇的五股尖,向南延伸有五花尖、三花尖、铜钱尖、大游山直至冷角亭与婺源县交界;向北延伸经白石塔至鸡冠石,并由此向西南延伸至雷打石,起伏下降至关山与鄱阳接壤。山脉走向以北—南为主,最高点在五股尖,海拔1618.4米,最低点在鲇鱼山镇关山村港下,海拔16.7米左右,高低相差1601.7米。东南部山地海拔在500米左右,主要在乐平市境内的洪岩镇、科山乡境内,属黄山余脉,还有文山,属怀玉山支脉。

五股尖 位于瑶里东12千米与安徽交界处。境内第一高峰,海拔高度为1618.4米。

香油尖 位于瑶里东10.5千米与安徽交界处,从五股尖沿山脊向南西3千米,为境内第二高峰,海拔高度1400.1米,与五股尖遥相对峙。

虎头山 位于瑶里北东9千米与安徽交界处,由五股尖向北西4.5千米,双峰并立,两峰相距约0.8千米,海拔高度分别为1193米和1181.8米,为第三、第四高峰。虎头山与白石塔间有一无名峰,位于虎头山之北3.2千米,海拔高度1124米,为第五高峰。

鸡冠石 位于西湖北东与安徽交界处,海拔高度为1063米,为第六高峰。

三花尖 位于瑶里南南西10千米,海拔1057米,为第七高峰,该峰为第一高峰和第二高峰同一山脉向南西的延伸部分。

吊梨夹 位于鹅湖东10千米处,三花尖向南西约1千米,海拔1030米,为第八高峰。向北东约1千米处为一无名峰,海拔1023米,是境内第九高峰。

白石塔 位于虎头山高峰北部5千米处,海拔1019米,为第十高峰。

五花尖 位于瑶里南8千米处,由白石塔再向北东约1.5千米,海拔1016米,为第十一高峰。

除上述千米以上高峰外,海拔900米以上的高峰在东部尚有数处,而在北部和西部则较为少见。北部第二高峰大狼尖,海拔仅858米。西部第一高峰八字脑海拔869.5米,第二高峰雷打石海拔745.5米。

仙姑尖 位于乐平市东北43千米的历崛山主峰,海拔798.2米,为乐平市第一高峰。

黄天峰 位于乐平市众埠镇境内的文山主峰,海拔644.1米,为乐平市第二高峰。

罗家岭 位于乐平市塔前镇境内的科山主峰,海拔569.3米,为乐平市第三高峰。

河流

昌江 属长江流域饶河鄱阳湖水系,发源于安徽省祁门县境域。祁门县城以上有2源,1支来自大洪岭,另1支来自西坑,2水至祁门县城汇合后,往西南行,至皖赣边界倒湖右岸纳大北港水(沥水),过倒湖流入景德镇市境内,由北向南穿越市境中部,至鲇山乡出境,止于鄱阳县姚公渡,其水流与乐安河汇合流入鄱阳湖。境域干流全119.9千米,流域面积6260平方千米(其中在安徽1894平方千米)。境内昌江河段平均纵坡降为0.369‰,河道弯曲系数为1.45。其中较大支流主要有东河、南河、西河、北河。

东河。又名番源水,位于境内东部,发源于皖赣边界分水岭。水源有2支,北支源于白石塔,南支分别源于瑶里虎头岗和五股尖。南支流至梅岭渐宽,至绕南以下1千米处与北支合流,自东北向西南行,经瑶里、南泊、东埠、鹅湖,至午家巷,于马墩口入东河,合流17.5千米,东河水出凤凰嘴入昌江。河长53千米,流域面积617.7平方千米。

南河。也称历降水,位于境内南部、昌江东岸。源出婺源县西北五花尖之南麓。流经长溪、港头,过车田始入境内,又经北安,与北来长源水会于玉田水库,出水库过兰田在湘湖街会鲤鱼桥水,于黄泥头入南河。南河又下行21千米至景德镇市区小港嘴,于东岸注入昌江。全长76千米,流域面积566平方千米,境内流域面积460平方千米。

西河。又称大演水,发源于皖赣边界三县尖分水岭西侧的鄱阳县莲花山,过清溪又2千米入境内,自北向南流，经东港、港口、黄坛、南溪、芦田，至三龙会兴溪桥水（江山水）。自莲花山至三龙水长 40 千米，福风以上坡度陡峻，港口村至福风村间 10 千米，落差达 55 米，比降高达 5.56‰。兴溪桥水位于西河东侧，源出江山万寿寺，长 22.5 千米，流经内蒋、兴溪桥、盘溪口、麦园村，至罗家滩入西河。西河东流 5 千米，在景德镇市区三闾庙南侧西港口汇入昌江。全长 66 千米，流域面积 499 平方千米。

北河。也称小北港，位于境内北部、昌江上游东侧。在沧溪以上有东西两源。西源水出西湖跑马降、长湾岭南侧的江家坞；东源水名为白茅港水，境内长 8.5 千米。于杨村武陵溪口入昌江。全长 64 千米，沧溪至杨村口长 21.5 千米。整个流域面积 856 平方千米，境内流域面积 544 平方千米。

乐安河　属长江流域饶河鄱阳湖水系，源出婺源县东北部芙蓉岭，流经德兴西北部后，由洺口镇戴村进入乐平，于观峰乡前畈村出境，经万年、鄱阳入鄱阳湖，全长 279 千米，流域面积 9615 平方千米；乐平境内干流长 83.2 千米，流域面积 1944 平方千米。乐安河在乐平境内汇纳众多支流，其中较大支流有洎水、官庄水、长乐水、建节水、车溪水、安殷水、磻溪水。

洎水。水源有南北 2 支。北源来自德兴、玉山边界坪林尖、银山尖一带，总的流势是东西向；南源出自德兴、玉山、上饶 3 县边界银古坳一带，向西流至榔口与北源汇合，再向西流经杨村、花桥、新营、银城镇、南墩等地，进入乐平境内后于戴村东南汇入乐安河。全长 102 千米，流域面积 580 平方千米，自然落差 910 米，平均坡降为 1.92%。洎水流域绝大部分在德兴境内，乐平境内长 4.4 千米，面积约 19 平方千米。

官庄水。又名洺溪，发源于岈崌山小河山口，由北向南流经小坑、段家、洪岩、官庄等地于洺口村东注入乐安河，全长 32 千米，流域面积 200 平方千米，天然落差 125 米。

长乐水。发源于怀玉山脉四角坪和华坛山、米头尖一带。出自四角坪（德兴境内）的溪水向西流，出自华坛山（上饶县境内）的溪水向北流，出自米头尖（德兴境内）的山溪向西北流，至德兴瑞港双河口 3 条溪水汇合，流经界田，于十里岗乡汤家村入乐平境，流经南港，至洺口（南岸）汇入乐安河。全长 70 千米，流域面积 576 平方千米，天然落差 683 米。乐平境内河长 14.3 千米，流域面积 87 平方千米。

建节水。水源有东西 2 支。东源又分 2 支，一支出自米头尖西南麓横峰县北篁村一带，另一支源于弋阳县漆工镇西北山中，2 支分别流入德兴，于长田村汇合，流经黄柏村后进入乐平境；西源也有 2 支，一支出自弋阳县东北边缘舂米窝（山峰），经众埠东南鲇鱼山进入乐平，另一支出自三县岭弋阳县境内，经曹溪流入乐平（在弋阳境内叫曹溪河）。西源 2 支流在众埠南部松柏村汇合后向北流至众埠双河渡港口与来自德兴的东源汇合，向西北流至众埠尚濂嘴村注入乐安河，全长 137 千米，流域面积 730 平方千米，河面宽 60～100 米，最大天然落差 707 米。

车溪水。水流有东西 2 支。东支发源于婺源西部鸡山，在婺源境内叫镇头水。乐平共库即是拦此河蓄水而成。西支叫涌山河，发源于浮、乐边界乐平一侧黄土坑一带。涌山河南流至古金山，与车溪水汇合，南流至厚田又纳入发源于科山界首的东岗河，南流至临港罗家，又纳入发源于乐河镇杨村的白石溪，南流至高畈转西向流经浯口，汇放浯溪水后西去杨溪村注入乐安河，全长 65 千米，流域面积 609 平方千米，乐平境内干流长 42 千米，流域面积 340 平方千米。

安殷水。上游在万年县境内，叫珠溪河。有东西 2 源，东源大源河出自万年东部边缘动天峰，西源珠溪河出自万年县南三县岭西麓。珠溪河自唐下畈流入乐平境，大源河由港背村流入乐平境，至洄田村西南窑厂汇合，北上流经洄田、礼林，于翥山黄家注入乐安河。全长 68 千米，流域面积 676.3 平方千米。乐平境内长 26.4 千米，流域面积 200 平方千米。

磻溪水。发源于科山乡月形山，以西南向流经塔前下徐、大墠等地，于花门楼村转南向流至双田油麻墩汇集从北来自横路的天分水，从东来自石峡汪家的歧山水，流经后港磻溪村至湖塘村又汇入来自塔前中西部的双港，西流至高桥再汇入来自义方、官将的高桥河，往南流入乐港丁家、小陂，于鸣山东麓注入乐安河。全长 45 千米，流域面积 311 平方千米。

第二章　气象　水文

境内地处中亚热带湿润季风区,气候温和,雨量充沛,光照充足。四季分明,夏冬长,春秋短。四季气候特点是春寒、夏热、秋燥、冬冷;春末夏初阴雨连绵,伏秋多干旱;无霜期长,冰冻期短。

境内河流属鄱阳湖5大水系中的饶河水系。北部有源于安徽祁门县大洪山的昌江,全长240千米,自北向南流经浮梁、景德镇市区和昌江区后,再注鄱阳湖;南部有发源于赣皖边境怀玉山西麓的婺源县芙蓉岭的乐安河,全长279千米,流经乐平市向北蜿蜒,汇入鄱阳湖。

第一节　气象指标

气温

平均气温　1986—2010年,景德镇区域年平均气温为18.0℃。

表2-2-1　1986—2010年景德镇区域年平均和极端气温表　单位:℃

项目	景德镇	乐平	项目	景德镇	乐平
历年平均	18.0	18.2	极端最高	40.8	40.8
最高值	18.9	19.0	出现日期	2003.8.2	1988.7.18
出现年份	2007	2007	极端最低	-9.6	-13.4
最低值	17.2	17.5	出现日期	1991.12.29	1991.12.29
出现年份	1989、1993	1986、1993			

表2-2-2　1986—2010年景德镇区域月平均气温表　单位:℃

月份	景德镇	乐平	月份	景德镇	乐平
1	5.8	5.9	7	29.2	29.7
2	8.2	8.4	8	28.5	28.9
3	11.8	12.1	9	25.1	25.4
4	17.7	18.0	10	19.6	19.8
5	22.5	22.9	11	13.4	13.5
6	25.7	26.0	12	8.0	7.9

气温比较　1986—2010年,域内年平均日较差为8.8℃,变化最大为9.9℃,变化最小为7.5℃。

1986—2010年,景德镇区域月平均气温7月最高,1月最低,大陆性气候明显。各县(市、区)历年平均1月气温为5.8℃,7月气温为29.2℃,年较差为23.4℃。

表2-2-3　1986—2010年景德镇区域月平均气温日较差表　单位:℃

月份	景德镇	月份	景德镇	月份	景德镇
1	7.5	3	8.5	5	9.2
2	8.1	4	9.2	6	7.9

续表 2-2-3

月份	景德镇	月份	景德镇	月份	景德镇
7	8.5	9	9.2	11	9.8
8	8.8	10	9.9	12	9.4

界限温度及积温　1986—2010 年，景德镇区域年平均气温≥15℃，初日最早出现在 1 月 10 日，最迟出现在 4 月 28 日。≥15℃终日，最早出现在 10 月 6 日，最迟出现在 12 月 4 日。稳定通过 15℃初终日天数，最长 227 天，最短 166 天。其间积温最高 5520.7℃，最低 4168.1℃。

1986—2010 年，景德镇区域年平均气温≥20℃，初日最早出现在 2 月 10 日，最迟出现在 5 月 31 日。≥20℃终日，最早出现在 9 月 8 日，最迟出现在 10 月 27 日。稳定通过 20℃初、终日天数，最长 164 天，最短 93 天。其间积温最高 4371.8℃，最低 2526.3℃。

表 2-2-4　　1986—2010 年景德镇区域稳定通过临界温度表

项目		景德镇	项目		景德镇
≥5℃	初日	3 月 1 日	≥15℃	初日	4 月 21 日
	终日	12 月 8 日		终日	10 月 29 日
	天数	283		天数	192
	积温	6000.9℃		积温	4779.4℃
≥10℃	初日	3 月 29 日	≥20℃	初日	5 月 27 日
	终日	11 月 18 日		终日	10 月 1 日
	天数	235		天数	128
	积温	5467.4℃		积温	3430.1℃

降水

年降水量　1986—2010 年，景德镇区域常年降水总量 1813.7 毫米。各季节降水量分配不均匀，春雨（2—4 月）535.1 毫米，占年雨量的 29.5%左右；夏雨（5—7 月）795.7 毫米，占年雨量的 43.9%左右；秋雨（8—10 月）269.1 毫米，占年雨量的 14.8%左右；冬雨（11 月及次年 1 月）215.0 毫米，占年雨量的 11.9%左右。

表 2-2-5　　1986—2010 年景德镇区域降水量情况表　　单位：毫米

年份	景德镇	乐平	年份	景德镇	乐平
1986	1552.7	1299.4	1995	2142.1	2591.8
1987	1828.6	1729.7	1996	1892.1	1480.8
1988	1523.0	1444.2	1997	1838.0	1994.2
1989	2070.8	2099.5	1998	2577.3	2336.3
1990	1689.2	1803.4	1999	2469.1	2677.3
1991	1496.1	1617.9	2000	1570.0	1672.3
1992	1854.7	1870.0	2001	1548.4	1638.9
1993	2324.3	2384.9	2002	1966.0	2078.2
1994	1845.1	1879.0	2003	1728.8	1799.9

续表 2-2-5

年份	景德镇	乐平	年份	景德镇	乐平
2004	1483.1	1514.6	2009	1402.1	1356.6
2005	1305.1	1538.5	2010	2571.5	2412.5
2006	1662.7	1408.2	多年平均降水量	1813.7	1831.2
2007	1330.6	1220.2	最多降水量年份	1998	1999
2008	1672.7	1931.5	最少降水量年份	2005	2007

1986—2010 年,景德镇区域平均雨量 1813.8 毫米,最多 2577.3 毫米,最少 1305.1 毫米。年降水量极值以 1999 年出现 2677.3 毫米降雨为最大,以 2007 年出现 1220.2 毫米为最少。年平均降雪日数为 2.4 天。

表 2-2-6　　1986—2010 年景德镇区域月平均雨量及降水量极值表　　单位:毫米

月份	平均雨量	最多雨量	最少雨量	月份	平均雨量	最多雨量	最少雨量
1	95.9	228.7	24.0	7	223.6	444.6	31.1
2	114.9	216.1	24.6	8	145.0	430.5	16.7
3	186.7	420.2	65.1	9	59.2	168.9	2.1
4	233.5	419.7	94.5	10	64.9	266.6	0.1
5	237.8	387.7	78.3	11	67.9	298.5	1.6
6	334.3	685.2	117.1	12	50.1	175.0	0.0

表 2-2-7　　1986—2010 年景德镇区域季平均雨量及降水量极值表　　单位:毫米

季节	平均雨量	最多雨量	最少雨量	季节	平均雨量	最多雨量	最少雨量
春季	535.1	884.2	281.5	秋季	269.1	525.7	114.3
夏季	795.7	1498.6	406.8	冬季	215.0	668.2	100.9

1986—2010 年,景德镇区域年平均降水日数为 147.9 日。最长连续降水日数为 20 天,过程累积雨量为 220.9 毫米,出现在 2009 年 2 月 14 日至 3 月 5 日;最长连续无降水日数为 39 天,出现在 2004 年 9 月 22 日至 10 月 30 日。全市日最大降水量为 204.7 毫米,出现在 2010 年 7 月 15 日。

蒸发　1986—2010 年,景德镇区域年平均蒸发量为 1041.2 毫米,盛夏气温高,蒸发量大,7 月、8 月月蒸发量分别为 159.4 毫米和 139.1 毫米。1 月、2 月月蒸发量为全年最小,分别为 32.4 毫米和 41.5 毫米。

湿度　1986—2010 年,景德镇区域年平均相对湿度为 75.7%。全市最大相对湿度为 100%,多出现在雾天,极端最小湿度为 9.0%,出现在 1992 年 2 月 24 日和 1993 年 1 月 28 日。

霜期

1986—2010 年,景德镇区域年平均霜期 107 天。年霜期最长 148 天,霜期最短 49 天。无霜期最长 298 天,最短 227 天。

表 2－2－8　　**1986—2010 年景德镇区域霜期情况表**

霜期	景德镇	无霜期	景德镇
最长天数	148	最长天数	298
出现年份	1995—1996	出现年份	2007
最短天数及	49	最短天数	227
出现年份	2006—2007	出现年份	1995、1996

日照

景德镇区域年平均实际日照数 1756. 3 小时。

表 2－2－9　　**1986—2010 年景德镇区域月平均日照表**　　单位：小时

月份	平均日照数	月份	平均日照数	月份	平均日照数
1	88. 9	5	155. 4	9	180. 5
2	88. 7	6	139. 3	10	181. 0
3	99. 1	7	218. 4	11	140. 4
4	121. 3	8	205. 1	12	138. 2

风

1986—2010 年，景德镇区域一年之中均以静风天数最多，其次是北风或偏北风。夏季为南风。从 9 月至次年 3 月盛行北风，4 月、5 月南、北风势均力敌，但仍以北风稍多。平均风速为 1. 7 米/秒。

第二节　水文记录

水位

景德镇市大、中、小河流水位观测点有 8 处。观测时间大部分在 30 年以上，渡峰坑站最长达 60 年，蛟潭站最短为 16 年。1986—2010 年，各站年最高、最低水位变幅为 2～16 米，变幅最大的樟树坑站 15. 41 米，变幅最小的荷塘站 2. 86 米。各站年最高水位多出现在 6—7 月，最低水位多出现在 8 月至次年 1 月。

表 2－2－10　　**1986—2010 年景德镇区域各水文站水位特征值表**　　单位：米

站名	年平均水位	历年最高水位		历年最低水位	
		水位	日期	水位	日期
潭口	49. 98	62. 94	1996. 7. 1	49. 30	2010. 12. 9
蛟潭	42. 93	48. 26	1990. 7. 2	42. 395	1986. 8. 29
樟树坑	28. 16	42. 53	1998. 6. 26	27. 12	2009. 1. 19
竹岭	54. 375	57. 40	1998. 7. 22	54. 21	2007. 11. 17
深渡	43. 75	49. 34	1998. 7. 22	43. 18	2010. 12. 8
渡峰坑	23. 65	34. 27	1998. 6. 26	21. 14	1986. 2. 16
荷塘	43. 735	46. 36	2010. 7. 15	43. 50	1991. 10. 12
虎山	21. 37	30. 33	1998. 7. 24	19. 72	1986. 8. 28

表 2-2-11　　1986—2010 年景德镇区域各水文站月平均水位情况表　　单位:米

月份	潭口	蛟潭	樟树坑	竹岭	深渡	渡峰坑	荷塘	虎山
1	49.70	42.81	27.83	54.30	43.60	23.33	43.67	20.94
2	49.82	42.84	27.98	54.34	43.65	23.45	43.71	21.21
3	50.09	42.95	28.33	54.41	43.77	23.71	43.79	21.69
4	50.24	43.05	28.53	54.47	43.87	23.93	43.85	22.04
5	50.30	43.05	28.61	54.47	43.92	23.99	43.85	22.01
6	50.58	43.20	28.88	54.51	44.04	24.20	43.87	22.33
7	50.36	43.13	28.68	54.47	43.94	24.07	43.81	21.78
8	49.91	42.89	28.08	54.36	43.74	23.63	43.72	21.16
9	49.77	42.83	27.87	54.31	43.66	23.51	43.67	20.96
10	49.66	42.80	27.71	54.28	43.61	23.30	43.64	20.73
11	49.66	42.80	27.73	54.28	43.59	23.34	43.64	20.76
12	49.63	42.80	27.71	54.28	43.56	23.39	43.64	20.81

流量

景德镇市大、中、小河流的流量观测点有 8 处,观测时间一般在 30 年以上,渡峰坑站最长达 57 年,蛟潭站最短为 16 年。1986—2010 年,各站年最大、最小流量变幅平均为 10662 倍,樟树坑站最大达 4.4 万倍,虎山站最小为 904.1 倍。

表 2-2-12　　1986—2010 年景德镇区域各水文站年平均流量特征值比统计表　　单位:立方米/秒

站名	年平均流量	历年最大流量		历年最小流量	
		流量	日期	流量	日期
潭口	57.6	4990	1996.7.1	0.356	2005.11.8
蛟潭	3.66	403	1990.7.2	0.045	1990.9.4
樟树坑	95.1	4180	2010.7.15	0.095	2006.10.29
竹岭	0.674	90.8	1998.7.22	0.012	2007.11.17
深渡	16.3	1320	1998.7.22	0.785	2007.1.31
渡峰坑	152	8600	1998.6.26	1.33	1995.12.31
荷塘	0.539	82.9	2010.7.15	0.028	1991.10.12
虎山	235	7640	1998.7.24	8.45	2008.1.15

表 2-2-13　　1986—2010 年景德镇区域各水文站月平均流量统计表　　单位:立方米/秒

月份	潭口	蛟潭	樟树坑	竹岭	深渡	渡峰坑	荷塘	虎山
1	17.5	1.24	22.7	0.205	6.64	47.0	0.207	90.6
2	32.6	1.67	63.4	0.384	9.49	80.6	0.314	144

续表 2-2-13

月份	潭口	蛟潭	樟树坑	竹岭	深渡	渡峰坑	荷塘	虎山
3	65.5	3.58	134	0.741	16.8	170	0.655	287
4	88.1	5.88	140	1.16	23.5	238	1.03	412
5	103	6.31	180	1.18	26.6	274	0.976	413
6	164	11.5	207	1.83	40.6	404	1.32	622
7	124	8.75	221	1.52	33.9	350	0.974	414
8	40.8	1.82	69.4	0.472	13.6	106	0.377	154
9	20.9	1.12	44.2	0.205	7.59	49.9	0.188	95.8
10	11.1	0.648	19.7	0.116	5.62	28.8	0.133	53.1
11	12.7	0.783	25.5	0.136	5.70	30.1	0.156	70.2
12	10.5	0.610	13.5	0.125	4.86	27.8	0.140	65.5

悬移质输沙率

渡峰坑水文站观测昌江泥沙的悬移质输沙率。1986—2010 年，平均含沙量为 0.082 千克/立方米，1996 年 6 月 18 日含沙量最大为 4.21 千克/立方米。平均输沙率为 14.9 千克/秒，平均输沙量为 45 万吨，平均输沙模数为 89.8 吨/平方千米。

虎山水文站观测乐安河泥沙的悬移质输沙率。1986—2010 年，平均含沙量为 0.078 千克/立方米，1993 年 6 月 19 日含沙量最大为 1.66 千克/立方米。平均输沙率为 20.6 千克/秒，平均输沙量为 65 万吨，平均输沙模数为 102 吨/平方千米。

平均输沙模数最大为虎山水文站 102 吨/平方千米，最小为渡峰坑水文站 89.8 吨/平方千米。

表 2-2-14　**1986—2010 年景德镇区域月平均含沙量特征值统计表**　单位：千克/立方米

站名	1月	2月	3月	4月	5月	6月	7月	8月	9月	10月	11月	12月
渡峰坑	0.015	0.025	0.034	0.054	0.067	0.112	0.101	0.033	0.015	0.012	0.013	0.012
虎山	0.018	0.029	0.058	0.073	0.075	0.097	0.076	0.020	0.013	0.010	0.014	0.011

表 2-2-15　**1986—2010 年景德镇区域月平均悬移质输沙率统计表**　单位：千克/秒

站名	1月	2月	3月	4月	5月	6月	7月	8月	9月	10月	11月	12月
渡峰坑	0.82	2.70	7.38	15.6	22.6	62.5	53.1	6.50	1.34	0.408	0.65	0.346
虎山	2.30	5.64	22.7	36.3	30.8	82.4	56.1	4.97	1.62	0.63	2.26	1.17

水温

渡峰坑水文站观测昌江河流水温。1986—2010 年，平均水温 19.9℃，2005 年 8 月 5 日出现最高水温 37.4℃。2000 年 1 月 25 日最低水温 2.5℃。

虎山水文站观测乐安河河流水温。1986—2010 年，平均水温 19.7℃，2003 年 8 月 1 日出现最高水温 34.6℃。1991 年 12 月 9 日最低水温 2.2℃。

各站多年年平均水温为 18.6℃，最高水温出现在渡峰坑站为 37.4℃，最低水温出现在虎山站为 2.2℃。水温与气温同步变化，一般最高值出现在每年的 7—8 月，最低值出现在每年的 12 月至次年 1 月。

表2-2-16　　1986—2010年景德镇区域月平均水温统计表　　单位:℃

站名	1月	2月	3月	4月	5月	6月	7月	8月	9月	10月	11月	12月
渡峰坑	9.6	10.7	13.6	18.3	22.9	25.6	28.9	30.4	27.6	22.4	16.6	11.8
虎山	8.8	10.4	13.5	18.2	22.9	25.5	29.2	30.4	27.7	21.7	16.8	11.2

水面蒸发量

1986—2010年,全市有渡峰坑、虎山2个水文站用标准的E601型蒸发器观测水面蒸发量,渡峰坑观测时间有60多年,虎山从2005年才开始观测。两站平均年蒸发量为843.8毫米,最大年蒸发量为昌江渡峰坑站1053.0毫米(1986年),最小年蒸发量为乐安河虎山站750.3毫米(2006年)。

蒸发量与气温和风力同步变化,每年7—8月是蒸发量的高值期,月蒸发量为133.2~184.6毫米。每年1月蒸发量最小,月蒸发量为20.7~23.3毫米。

第三章　自然资源

景德镇自然资源丰富。境内土壤资源丰富,以红壤为主,随着成土母质的不同,成土过程中所占主导因素的差异,出现不同性质的其他土壤类型,西南部发育的紫色泥田(土),以及石灰岩类风化物发育的棕红色石灰泥田,土类集中,也有零星分布,一般都与地带性红壤相接或互存。

境内有煤炭、钨、铜、陶瓷(高岭)土、黄金、石灰岩、石英、膨润土、大理石和紫砂陶土等矿产资源,探明的矿种37种,正在开发利用的16种。区域内群山环绕,自然地理环境优越,野生动植物种类繁多,有红豆杉、银杏、云豹、狗熊、黑鹿等国家一、二级保护动植物,拥有各类保护区8个,自然保护区面积占国土面积的11.42%。

第一节　土壤资源

土壤类别

境内大面积分布着地带性红壤,是自然土壤的主要类型,经过开垦、利用和改良,种植水稻等其他农作物,成为主要耕地土壤类型。根据土壤的分类原则,把耕地土壤和自然土壤作为一个整体来划分,可分为5个土类、9个亚类、29个土属、73个土种。在5个土类中,以水稻土、红壤为主,二者占土壤总面积的88.25%,紫色土、石灰土、潮土3个土类仅占11.75%。

土壤分布

境内地势由西南部向东北部缓缓上升。从最低处开始,依次分布着河谷小平原的潴育型水稻土,低、中丘陵的红壤及局部的紫色土、石灰土和丘谷间的潴育型、潜育型水稻土,高丘陵或低山的黄红壤及红壤性土,中、低山的山地黄壤,中山的山地黄棕壤,山顶较平坦处小面积的山地草甸土,形成河谷—平原—丘陵—山地的土壤分布规律。地带性红壤大面积分布在海拔200~500米的范围内,与其他土壤交错分布,其低山红壤区分布着土层不甚发育的红壤性土,其上限与黄壤相连,构成红壤的分布特点。

境内东、西、北边缘山区呈现一定的山地土壤垂直分布规律。基带典型的土壤为红壤,环状水平分布于海拔500米以下地带上,向上为黄红壤,上限约750米,西湖、鸡冠石等地870米处仍是黄红壤,以上即为山地黄壤,再向上至1200米以上就出现山地黄棕壤,植被中乔木减少,在1350米以上出现环状水平带,以草本植被为主,也有矮小的马尾松、棠梨、金樱子等植物。土壤腐殖质层深厚,有机质含量高达14%以上,土壤类型为山地草甸土，因面积小，未列入土壤分类系统。

丘陵地区土壤分布，受成土母质类型等条件的影响，几种土壤类型交错分布或零星出现。丘陵地区主要成土母质有：浅变质岩类的板岩、片岩和千枚岩，酸性结晶岩类的花岗岩等，这种类型面积大，分布广，面积约占80%以上。在西南部的中、低丘陵区常出现第四纪红黏土、石灰土，和紫色泥质岩类红壤交错出现。整个丘陵地区有效土层较深厚，一般在40～60米。丘陵区水稻土分布广泛，面积大。主要土壤类型是鳝泥田和麻沙泥田，还有小面积分布的黄泥田、紫泥田、红砂泥田、石灰泥田，丘间畈上，还分布着大面积的潴育型水稻土和淹育型水稻土。

昌江河、乐安河两岸受水流影响，平坦开阔处形成中小各异的平原，为河流冲积物发育起来的潮土和潮砂泥田，呈带状分布，面积有大、有小，土层较厚，爽水条件好，通透性强，土层质地分选性明显。

土壤特性

水稻土　景德镇市的主要耕作土壤，有近10万公顷，占土地总面积的20%。是各类自然土壤或不同母质在长期种植水稻过程中，经水耕熟化而成的一种土壤。广泛分布在境内各种地貌单元中的平坦地形处，尤以河流两岸和丘间谷地最为集中。以众埠、鹅湖、鲇鱼山、洪源、高家、湘湖、双田、后港等地为最多，根据水稻土的发育程度和剖面特征，可分为淹育、潴育、潜育三个亚类。

红壤　划分为，面积33.33余万公顷，占土地总面积的73.6%。具有酸、瘦、黏、厚的共性。由于红壤基的大量淋失，加上自然植被的人为破坏，土壤向酸、瘦、黏方面发展。红壤依据不同的成土条件、发育阶段和肥力特点，划分为红壤、棕红壤、黄红壤三个亚类。适宜种植茶叶、油茶、油桐、板栗、桃、李、枣等经济作物。

黄壤　分布在800～1000米以上的山地，面积2000多公顷，占土地总面积的0.5%。山地黄壤，位于黄红壤的山地垂直带谱上。土体上下普遍带黄色或红黄色，与红壤的鲜红色有明显的区别。主要分布在瑶里、西湖、黄潭、鹅湖等乡镇。适宜发展杉树、樟树等材林。

黄棕壤　山地垂直地带性土壤，位于黄壤之上，仅分布在瑶里镇的五股尖山上海拔高度1200米左右的中山区。面积400余公顷，占土地总面积的0.09%。黄棕壤由于分布位置高，气候凉湿，土壤的淋溶作用较强，黏化层明显，呈现黄棕色，自然植被以阔叶林为主。黄棕壤土壤有机质累积高，土壤养分丰富。

石灰土　面积近6000公顷，占土地总面积的1.3%。是一类成土时间较短的幼年岩性土壤，主要受碳酸岩类母质的钙质作用，形成与碳酸盐类（主要是石灰岩）母质密切相关。主要分布在塔前、寿安、湘湖、双田、红岩等乡镇，可种油菜、芝麻、红薯等经济作物。

潮土　面积近1.07万公顷，占土地总面积的2.3%。土壤土层深厚，土体潮润，全剖面质地均一，疏松通透性好，宜种性广。主要分布于昌江、乐安河以及主支流沿岸的河漫滩阶地和平原上，在一些小溪河流边也有零星小面积分布。潮土是景德镇经济作物的种植基地，主要有棉花、油菜、芝麻、花生、麦类等。

紫色土　集中分布在鲇鱼山乡凤岗、鱼山、新柳一带，面积666.67公顷。属紫色泥页岩酸性紫色土，成土年龄短，土层不厚，呈紫色或紫红色，质地黏重，酸性，自然植被以小灌丛为主，无明显腐质层。

第二节　水资源

水资源规模

2010年，景德镇市水资源总量为84.57亿立方米，年人均水资源占有量为5333立方米，高于全国人均2200立方米，高于全省人均3700立方米。地下水平均量9.9亿立方米，可开采量1.37亿立方米。水资源总量平均值53.4亿立方米，其中市区（昌江区、珠山区）3.88亿立方米、浮梁县27.24亿立方米、乐平22.28亿立方米。20%保证率为67.8亿立方米，50%保证率51.4亿立方米，75%保证率40.3亿立方米，95%保证率为27.4亿立方米。

2010年，昌江由安徽入境水量27.81亿立方米，出境76.84亿立方米；乐安河上饶市入境90.8亿立方米，出境122.05亿立方米。景德镇市总用水量为8.40亿立方米，入河废污水量1.35亿吨。

开发利用

地表水源工程包括蓄水工程、引水工程和提水工程。景德镇市有蓄、引、提水工程5826座(处)。其中蓄水工程有各类水库464座,总库容4.8亿立方米;大小山塘3187口,总库容7725万立方米。引水工程有引水堤坝1267座,引水能力9172万立方米。提水工程有各类机电提水设施908台(套),提水能力3.33亿立方米。

表2-3-1　　**2010年景德镇市供水量一览表**　　单位:亿立方米

县(市、区)	地表水源供水量				地下水源供水量	总供水量
	蓄水	引水	提水	小计		
市区	0.29	0.07	2.50	2.86	0.17	3.03
浮梁县	0.60	0.11	0.66	1.37	0.04	1.41
乐平市	1.78	0.27	1.52	3.57	0.39	3.96
全市合计	2.67	0.45	4.68	7.80	0.60	8.40

地下水源工程

景德镇区域地下水资源主要是浅层松散裂隙水,平均量9.9亿立方米,可开采量1.37亿立方米。2010年地下水资源总量18.50亿立方米。其中昌江区、珠山区1.36亿立方米,浮梁县9.53亿立方米,乐平7.61亿立方米。地下水源供水工程主要有厂矿企业自备水井及农村机电井、人工井等。全市地下水水源工程共有102313处。据《景德镇市2010年度水资源公报》资料,景德镇市2010年实际取用水量为8.4亿立方米,其中地下水为0.6亿立方米,占总用水量7%。按期用途分为工业用水0.26亿立方米,占43%;农业用水0.05亿立方米,占8%;居民生活用水0.25亿立方米,占42%;城镇公共用水0.04亿立方米,占7%。

水生态环境

景德镇市主要河流水环境功能区达标率达95%。主要污染河段在昌江景德镇吕蒙桥段和乐安河石镇街段,主要污染物为氨氮、总磷和高锰酸盐。昌江河道取水区域水质情况总体良好。

表2-3-2　　**2010年景德镇市城市饮用水取水区水质状况一览表**　　单位:次

水源地名称	所属水资源分区名称	水源地类型	水源地全年监测次数	基本项目全年水质类别次			
				Ⅰ类	Ⅱ类	Ⅲ类	年基本项目合格次数
洋湖水厂	昌江	地表水	36	22	13	1	36
观音阁水厂	昌江	地表水	36	20	16	0	36
第四水厂	昌江	地表水	36	20	16	0	36
黄泥头水厂	昌江	地表水	36	10	22	4	36

昌江干流省界水体监测断面潭口水文站以下至观音阁水厂全年以Ⅱ类水为主,瓷都大桥以下(西河口附近)至渡峰坑水文站河段为Ⅲ类水;枯水期渡峰水文站及吕蒙、鱼山河段劣于Ⅲ类水。昌江污染河长度占总评价河长度11.6%左右,主要分布在南河口、吕蒙至鱼山等河段,主要污染物为溶解氧、氨氮、挥发性酚和石油类。乐安河评价河长75千米,评价河段3个。乐安河虎山至接渡河段全年以Ⅱ类水为主,枯水期接渡至洎阳桥河段有时劣于Ⅲ类水。乐安河塔山工业园区以下河段水质较差。

表 2-3-3　　2010 年景德镇市水资源分区废污水排放量一览表　　单位：万吨/年

行政区名称	水资源分区名称	用户废污水排放量						火电厂直流式冷却水排放量	矿坑排水量	入河废污水量
		城镇居民生活	第二产业			第三产业	合计			
			工业	建筑业	小计					
市区	饶河（昌江）	2113	5919	1.5	5920	559	8592	12777.5	—	6014
浮梁县	饶河（昌江）	462	1649	0.3	1650	85	2197	0	—	1538
乐平市	饶河（乐安河）	1745	3929	1	3930	214	5890	2014	340	4123
全市合计		4320	11497	2.8	11500	858.48	16679	14791.5	340	11675

第三节　矿产资源

煤炭

已探明储量 1.6 亿余吨，至 2010 年年底已开采储量约 8580 万吨，未开采约 7620 万吨。主要分布在乐平市涌山、双田、乐港、塔前、浯口和浮梁县寿安、湘湖等地区。

陶瓷（高岭）土

日用陶瓷（高岭）土　经过多年开采，至 2010 年储藏量仍有 500 万吨，主要分布在浮梁县寿安、鹅湖和珠山区三宝地区。

建筑陶瓷土　1992 年 8 月 8 日，由省地质调查研究大队勘探，在乐平县塔前乡发现一座大型储量陶粒矿，储量达 4137.31 吨，在全省罕见。至 2010 年年底，未开采量约 3700 万吨。主要分布在乐平市众埠、十里岗、乐港、双田、塔前、涌山和浮梁县黄坛、三龙、鹅湖、蛟潭、寿安及昌江区鱼山地区。

有色金属

铜　已探明金属储量 160 余万吨，至 2010 年底已开采储量约 17 万吨，未开采约 150 万吨。主要分布在乐平市双田、涌山和浮梁县寿安地区。

钨　已探明金属储量约 200 万吨，至 2010 年年底已开采储量约 3 万吨，未开采 190 余万吨。主要分布在浮梁县寿安、瑶里地区。自 2010 年，利用中央、省政府财政资金 1.037 亿元，在浮梁县寿安朱溪钨铜矿区开展勘查，初步探明钨金属储量 286 万吨，铜金属储量 30 余万吨，找矿前景广阔，预计钨储量突破 300 万吨，铜储量突破 100 万吨。

钼　已探明金属储量 20 余万吨，尚未开发。主要分布在乐平市塔前地区，找矿远景较好。

锡　已探明金属储量 60 余万吨，至 2010 年年底已开采储量约 2 万吨，未开采约 50 余万吨。主要分布在浮梁县黄坛地区。

黄金　已探明储量 20 余吨，至 2010 年年底已开采储量约 3.25 吨，未开采约 17 吨。主要分布在浮梁县臧湾、蛟潭、鹅湖、三龙、王港和乐平市临港、高家、双田及昌江区荷塘、鱼山地区。2010 年年底省国土资源厅在全市范围内设有 79 个金矿找矿勘查项目。

膨润土

已探明储量 2600 余万吨，至 2010 年年底已开采储量约 76 万吨，未开采约 1800 万吨。该产品为活性白土，适用于化工及石油、矿产钻探润滑原料。主要分布在乐平市浯口地区。

石英(砂砾岩)

已探明储量2.22亿吨,属大型矿床,适用于玻璃制品及化工原料,尚未开发。分布在乐平市涽口、接渡地区。1992年4月22日,乐平县礼林乡境内发现石英石露天矿,探明储量为2000万吨,经省地质矿产实验测试中心抽样化验分析,矿品位居全省之首。

水泥用石灰岩

已探明储量6.1亿吨,远景储量超10亿吨。至2010年年底已开采储量约7750万吨,未开采约5.0亿吨。主要分布在乐平市涌山、高家、临港、双田、塔前和浮梁县寿安、湘湖等地区。

紫砂陶土

2010年,景德镇市开展探查紫砂陶土资源,初步发现昌江鱼山矿区有大型紫砂陶土矿,属景德镇市首次新发现矿产资源,填补了市紫砂陶土资源空白。经过初始应用,适合制作日用陶器,如壶类、茶杯类、罐类、缸类、钵类及碗、盘、砂锅、内胆类、酒瓶类等,也可以开发建筑陶瓷产品,如瓦、内外墙砖、地面砖、装饰路灯柱、街景、公园、宾馆大型雕塑等。

第四节　动物植物资源

野生动物

全市分布昆虫6000多种和多足、软体、蜘蛛等动物,陆生脊椎动物有760种,其中兽类88种,鸟类320种,两栖类38种,爬行类65种。列入国家级保护动物20余种,其中国家Ⅰ级保护动物有云豹、黑鹿、白鹤、黑鹳、梅花鹿等,国家Ⅱ级保护动物有穿山甲、獐、黑熊、猕猴、白鹇、鹰等。2008年,景德镇市首次在昌江河岸发现国家Ⅰ级重点保护鸟类中华秋沙鸭,至2010年约有80余只。

兽类　已发现的主要兽类动物有貉(狗犴)、猸(白面)、石犴(泥鳅扒)、黄狼、黄鼠狼、狐狸、狸子(箭猫)、香狸(野猫)、猹、青猺(花面狸或两头乌)、黄猺(青鼬)、狼、虎、金钱豹、豺狗、排狗、水獭、泥獭、黄鼠、松鼠、老鼠、水鼠、地鼠、野山羊、草獐、鹿、梅花鹿、黑熊、野兔、野猪、豪猪、刺猬(刺老鼠)、黄猴、穿山甲、蝙蝠。

上述动物中,以瑶里山区动物种类最多,而野山羊、黑熊、梅花鹿、黄猴仅在瑶里山区发现。

鸟类　据有关资料记载和发现,鸟类主要有鹳、白鹇、老鹰、鹭、杜鹃、竹凤、野鸭、水鸭、水鸡、斑鸠、莺、黄雀、麻雀、鸽、八哥、喜鹊、画眉、啄木鸟、乌鸦、燕、鹧鸪、翠鸟、竹鸡、角鸡、猴面鹰、猫头鹰、相思鸟、鸳鸯、青合鸟、红嘴甲(啄蛇鸟)、水乌鸦、白鹤、叫天子、中华秋沙鸭等。

蛇类　境内蛇种类甚多,遍布各地,以山区为最。常见的有松花蛇(两种,一为菜花蛇,一为臭花蛇)、乌梢蛇、眼镜蛇(扁头风)、蕲蛇(五步蛇)、金环蛇(手巾花)、银环蛇(百步梯)、黄金条、烂肚鳖(一种蝮蛇)、青竹标(分两种,另一为红绿青标蛇)、麻七寸(七寸毒或小五步)、盲蛇(俗名红颈蛇或两头蛇)、泥蛇(拱地蛇)。其中以乌稍、水蛇、松花、五步、七寸、银环等蛇较多。还有稀有蛇种猪豚蛇、蟒蛇等,虽有资料记载,但据调查现尚未发现踪迹。

鱼类　据调查境内至少有60余种鱼类。主要鱼种有鲩鱼(草鱼)、鲢鱼、鲤鱼、鳊鱼、鲇鱼、鲴鱼、鲫鱼(侧鱼)、鳜鱼、鳝鱼、鳗鱼、青鱼、鲌鱼、鳡鱼、乌鱼、石斑鱼、忍子鱼、泥鳅、刺鳅、鲦鱼、鳑鲏鱼、鳍鱼。

两栖介壳类　主要有龟、鳖、蛇龟、河蚌、虾、蟹、螺蛳、蜗牛、青蛙、石蛙、大鲵(娃娃鱼)、蟾蜍等。

昆虫类　常见的有蚕、蜂、蟋蟀、蝉、螳螂、蟑螂、金龟子、蝇、螟蛉、蜉蝣、蚂蚁、白蚁、蚊、蜻蜓、百足虫、蝴蝶、萤火虫、毛虫等。

植物资源

境内植物已查明的约有217科788种。现按木本植物类、藤本植物类、竹类、草本植物类、水生植物类和苔藓、菌及地衣类划分。

木本植物类　主要有银杏、红豆杉、香榧、粗榧、苏铁、马尾松、罗汉松、湿地松、杉木、三尖杉、侧柏、竹柏、圆柏、龙柏、玉兰、厚朴、木莲、白兰花、樟、肉桂、乌药、楠木、檫树、桂皮、天目木姜子、香叶树、香叶子、山胡椒、山苍子、石榴、山桐子、番木瓜、杨桐、厚皮香、石笔木、黄端木、野山茶、油茶、茶、米碎花、柃木、蒲桃、多叶山竹子、椴树、杜英、梧桐、乌柏、千年桐、算盘子、木薯、油桐、重阳木、枇杷、杏、梅、梨、野山楂、茶果、李、月季、蔷薇、木莓、厚叶铁丝莲、牡丹、豪猪刺、阔叶十大功劳、十大功劳、南天竹、木通、紫薇、瑞香、海桐花、合欢、山合欢、绣球、相思树、蜡梅、紫荆、皂荚、皂角、黄檀、花桕木、绵鸡儿、胡枝子、槐、苦参、截叶铁扫帚、枫树、托木、杜仲、细叶黄杨、悬柃木、茅栗、垂柳、曲柳、杨梅、桤木、光皮桦、板栗、甜槠、苦槠、石栋、锥栗、栲树、麻栎、槲树、栓皮栎、木麻黄、榔榆、大叶榉、柘树、桑树、金花果、扶桑、变色木、冬青、枸骨、枳椇、卫矛、丝棉木、马甲子、枣树、柚、臭椿、香椿、楝树、川楝、佛手、桔、香园、大半夏、胡颓子、三角枫、五叶枫、青枫、漆树、黄连木、南酸枣、黄杞、野核桃、胡桃、化香树、枫杨、泡花树、光皮树、八角枫、喜树、吊钟花、丹桂、五茄、杜鹃花、灯笼花、马醉木、满山红、乌饭、荚竹桃、香果树、泡桐、梓树、菜豆树、紫珊、凤凰木、黄花槐、伯乐树、青皮树、紫金午、白檀、山矾、驳骨丹、金钟花、白蜡树、迎春花、茉莉、小叶女贞、木栖、月桂、水团花、风箱树、虎刺、栀子花、栀子、糙叶木、满天星、六月雪、狗骨柴、忍冬、糯米条、接骨木、枸杞、白棠子树、杜虹花、大青、海通、杜荆、芭蕉、银鹊树、灯台树、花石榴、果石榴、使君子、风车子、木芙蓉、朱槿、木槿、金丝桃、梵天花等95科350种树。

藤本植物类　主要有冷饭团、南五味子、山木通、叶木通、五叶瓜藤、野木瓜、轮番藤、苍白称钩风、防己、金线吊乌龟、千金藤、石蟾蜍、大血藤、猕猴桃、中华猕猴桃、小果蔷薇、金缨子、寒莓、高粱泡、多脉悬钩子、空心泡、龙须藤、大托叶云实、鸡血藤、葛藤、薜荔、雷公藤、勾儿茶、三裂叶蛇葡萄、葎叶蛇葡萄、爬山虎、粉叶爬山虎、山叶崖爬藤、蘡薁、葡萄、巨锋葡萄、先锋葡萄、清风藤、飞龙掌血、波叶紫金牛、九节龙、钩吻、清香藤、络石、链珠藤、巴戟、羊角藤、茜草、钩藤、山银花、全缘叶紫珠、菝葜、黄藤等26科56种。

竹类　主要有棕竹、棕榈、观音竹、凤尾竹、方竹、阔叶箬竹、箬竹、刚竹、水竹、桂竹、毛竹、箭竹、罗汉竹、红竹、苦竹等2科16种。

草本植物类　常见的有牛蒡、野艾蒿、小苦艾、马兰、紫苑、蟹甲草、蝙蝠草、兔儿伞、翠菊、菊花、野菊、大蓟、小蓟、黄鹌菜、天竺牡丹、一点红、一年蓬、兰草、大丁草、向日葵、莴苣、苦菜、剪刀股、火艾、野苦麻、狗舌草、一枝萤花、蒲公英、大艾、沙参、风铃草、土壳参、半边莲、桔梗、冬瓜、西瓜、甜瓜、南瓜、北瓜、瓠、葫芦、丝瓜、苦瓜、黄瓜、败酱、车轴草、砧草、茜草、车前、九头狮子草、紫云菜、苦苣苔、金鱼草、胡麻草、栀子草、松篙、地黄、玄参、阴行草、水蔓青、香椒、朝天番椒、番茄、烟草、茄、马铃薯、王珊瑚、藿香、筋骨草、野芝麻、薄荷、荆芥、紫苏、夏枯草、丹参、鼠尾草、黄芩、百黑香、马鞭草、紫草、黄疸草、牵牛花、水甘草、龙胆、睡菜、苦菜、铜钱草、樱草花、珍珠菜、报春花、樱草、细叶鹿蹄草、鹿蹄草、山芹、胡萝卜、当归、野胡萝卜、前胡、防癸、防风、珊瑚菜、土当归、土参、水珠草、柳叶菜、倒挂金钟、丁香蓼、水苋菜、千屈菜、水松叶、秋海棠、胡堇草、紫花堇菜、犁头草、香堇菜、地耳草、元宝草、花葵、锦葵、黄麻、田麻、凤仙花、榎草、大戟、译漆、地锦草、猩猩草、蓖麻、瓜子金、远志、白苏、芸香、蒺藜、金莲花、酢浆草、拢牛儿苗、鱼腥草、天竺葵、花生、木黄芪、紫云英、山扁豆、牛角豆、野百合、山蚕豆、山黑豆、大豆、蔓豆、甘草、胡豆、马棘、野豌豆、铁扫帚、鸡眼草、苜蓿、草木樨、含羞草、绿豆、菜豆、豌豆、苦参、蚕豆、草藤、草莓、水杨梅、蛇含、狼牙、翻白菜、地榆、白须草、梅花草、人字草、虎耳草、土三七、佛甲草、木樨草、南芥菜、芸苔、甘蓝、花菜、大芥、金英花、鹅掌草、金龟草、黄连、芍药、毛金梅草、苍耳、狗筋蔓、石竹、繁缕、马齿苋、牛藤、莲子草、野苋、苋菜、鸡冠、千日红、藜、地肤、菠菱、荞麦、马蓼、辣蓼、金线草、大黄、羊蹄、马兜铃、细辛、百芯草、苧麻、草苧麻、大麻、桑草、银线草、仙人指甲兰、泽兰、白及、银兰、金兰、石斛、赤箭、山姜、香雪兰、唐菖蒲、水仙菖蒲、薯芋、龙舌兰、石蒜、水仙、洋葱、山蒜、葫、韭、文竹、天门冬、挂兰、贝母、萱草、土伏岑、紫萼、玉簪、山丹、卷丹、麦门冬、黄精、万年青、凤尾草、油点草、莞草、野古草、百合、灯芯草、石菖蒲、天南星、虎掌、芋、观音莲、半夏、牛毛耗、针兰、乌拉草、燕麦、大麦、淡竹叶、芒、青茅、稻、糯、稗、狠尾草、甘蔗、黑麦、牛鞭草、粱、狗尾草、油芒、大油芒、醉马草、小麦、玉黍、茇茇草、节节菜、阴地蕨、观音座莲、芒箕骨、里白、长叶里白、钱线草、石长生、过坛龙、山苏花、地柏叶、乌毛蕨草、金蕨、线蕨、风了草、骨牌蕨、羊齿、瘤足蕨、水龙骨、毛蕨、耳蕨、蕨、岩凤尾蕨、蜈蚣草、八角莲、七叶一枝花等70科311种。

水生植物类　常见的有三叶狐尾藻、狐尾藻、水马齿、貉藻、萍蓬草、睡莲、鹿蹄草、毛苦荞麦、鸭舌草、雨久花、品藻、水萍、大藻、鸭嘴草、龙舌草、苦草、泽泻、菹草、眼子菜、大叶藻、满江红、槐叶苹、苹藻、水蕨、鹧鸪草、仙菜、解藻、丝藻、瑚珊藻、节节藻、蜈蚣藻、菱等约22科35种。

苔藓、菌及地衣类　主要有埃苏、竹荪、龟荤、鬼笔、毒蛇荤、瓢荤、松荤、青头菌、白帽菌、伞荤、蘑菇、灵芝、茅荤、扫帚菇、银耳、木耳、扇状地衣、松萝、石耳、石芯等2科20种。

第四章　自然灾害

境内自然灾害主要有水灾、旱灾、地质灾害、冰冻灾害等。1986年以来,景德镇市兴修水利基础设施,形成兴利防洪工程综合体系,建立水文自动测报系统,全市抗御灾害能力不断提高,虽灾害不断,但灾害损失总体有所减轻。

第一节　地质灾害

灾害类型

区域内地质灾害类型为滑坡、崩塌(河岸崩塌)、泥石流、地面塌陷等。至2010年,区内(发生点与隐患点之和)滑坡、崩塌、河岸崩塌、泥石流、采空地面塌陷、岩溶地面塌陷及不稳定斜坡共745处,其中滑坡221处、崩塌88处、河岸崩塌29处、泥石流25处、采空地面塌陷61处、岩溶地面塌陷85处、不稳定斜坡236处。地质灾害主要由人类工程活动及持续降雨或集中性降雨诱发。1986—2010年,共发生地质灾害1180次,造成死亡31人、伤11人,直接经济损失约1780万元。

区内(隐患点)稳定性差、较差的地质灾害隐患点共727处,威胁人口5787人,威胁财产7721.45万元。其中滑坡221处,威胁人口1858人,威胁财产1331.83万元;崩塌88处,威胁人口210人,威胁财产209.59万元;河岸崩塌29处,威胁人口13人,威胁财产51.9万元;泥石流25处,威胁人口20人,威胁财产345.2万元;不稳定斜坡236处,威胁人口873人,威胁财产2387.23万元;采空地面塌陷55处,威胁人口2110人,威胁财产1748.9万元;岩溶地面塌陷73处,威胁人口703人,威胁财产646.8万元。

从地质灾害发生的影响因素分析,地貌及岩性是决定地质灾害分布的主导因素,强降雨和人类工程活动是导致地质灾害发生的主要诱发因素。

滑坡　滑坡共221处,是全市主要地质灾害类型,占全市地质灾害点总数43.59%。滑坡灾害直接经济损失305.14万元;滑坡体体积有12立方米至187.5万立方米,滑坡规模属大型、中型各1处,小(1)型12处、小(2)型207处,以浅层土质滑坡为主。灾情等级均属小型。滑坡多由人类工程活动及降雨诱发。

崩塌　崩塌也是全市主要地质灾害类型,分崩塌与河岸崩塌2类,总计117处。其中崩塌88处,占全市地质灾害点总数17.36%,崩塌灾害造成29人死亡、4人受伤,直接经济损失91.34万元,崩塌体的规模10~6000立方米,规模小(1)型1处,其余均为小(2)型,灾情等级均为小型。崩塌主要为人类工程活动形成的高陡边坡,岩土体在暴雨与重力的作用下突然失稳而形成的,具有突发性。

河岸崩塌29处,占全市地质灾害点总数5.72%。河岸崩塌灾害造成直接经济损失43.2万元。崩塌体体积100~90000立方米,规模小(1)型1处,其余均为小(2)型,灾情等级均为小型。河岸崩塌主要由地表水侵蚀诱发。

泥石流　泥石流地质灾害在全市分布较少,共有25处,占全市地质灾害点总数4.63%,泥石流灾害造成直接经济损失618.3万元。泥石流体积600~30000立方米,规模均为小型。灾情等级中型的1处,其余均为小型。泥石流主要在自然条件下形成。有2处泥石流隐患与人类工程活动(采矿)有关。

地面塌陷　地面塌陷也是全市主要地质灾害类型,分采空地面塌陷与岩溶地面塌陷2类,总有146处。采空地面塌陷61处,占全市地质灾害点总数12.03%,采空地面塌陷灾害造成的直接经济损失为448.91万元。采空地面塌陷规模有巨型2处、大型14处、中型26处、小型19处，灾情等级均为小型。采空地面塌陷主要为人类工程活动造成(采矿)造成，具有突发性。

岩溶地面塌陷85处，占全市地质灾害点总数16.77%。岩溶地面塌陷灾害造成的直接经济损失为394.07万元。岩溶地面塌陷规模有巨型5处、大型4处、中型13处、小型63处。岩溶地面塌陷有自然因素诱发，也有因采矿活动而诱发。

不稳定斜坡　全市已发现不稳定斜坡236处，多为切坡建房、新修公路及公路改扩建、矿山开采等形成的高陡边坡，多属岩质坡，边坡坡度多为50°~80°，切坡高一般6~30米，边坡大部分未做防护，边坡在降雨下存在崩塌、滑坡的可能。威胁人口873人，威胁财产2387.23万元。潜在灾害规模有中型1处、小(1)型5处、其余均为小(2)型，危害等级均为小型。

灾害区分布

地质灾害及地质灾害隐患点在全市均有分布，其中浮梁县地质灾害点188个，占全市总地质灾害点37.08%，地质灾害隐患点262个，占全市地质灾害隐患点36.04%；乐平市地质灾害点237个，占全市总地质灾害点46.75%，地质灾害隐患点316个，占全市地质灾害隐患点43.47%；昌江区地质灾害点71个，占全市总地质灾害点14.00%，地质灾害隐患点132个，占全市地质灾害隐患点18.16%；珠山区地质灾害点11个，占全市总地质灾害点2.17%，地质灾害隐患点17个，占全市地质灾害隐患点2.34%。

地质灾害高易发区　崩滑流高易发区。区内共有崩滑流及不稳定斜坡等地质灾害隐患点164处，灾点密度0.156处/平方千米。灾害类型以滑坡为主，崩塌及不稳定斜坡次之，其中滑坡79处、崩塌31处、不稳定斜坡37处、泥石流17处。地质灾害隐患点共威胁人口601人，威胁财产608.28万元。分西湖—黄坛、鹅湖—瑶里、洪岩镇东部、众埠—礼林4个亚区。

地面塌陷地质灾害高易发区。区内共有地面塌陷点136处，灾点密度0.380处/平方千米。地质灾害隐患点共威胁人口2768人，威胁财产2315.6万元。分湘湖—鱼山、寿安—塔前、仙槎—双田、临港—乐平城郊、乐港镇西部、高家—礼林、众埠镇南7个亚区。

地质灾害中易发区　崩滑流中易发区。分布于浮梁县勒功乡、江村乡、经公桥镇南部、蛟潭镇的大部、峙滩乡、兴田乡、臧湾乡、王港乡、洪源镇、湘湖镇东部、寿安镇的大部地区的低山丘陵区；市区北部的丽阳乡、鱼山镇、竟成镇、老城区等地的丘陵岗，市区南部的昌江区竟成—荷塘的低山丘陵区；乐平市北部的涌山—高家—礼林等地丘陵岗地区、十里岗乡东部白塔丘陵区等地。区内地形坡度一般大于30°，岩类以变质岩为主，局部有少量的碎屑岩、碳酸盐岩及岩浆岩类，岩体风化强烈，岩体破碎，区内居民建房切坡及修路切坡等人类工程活动强烈。区内共有崩滑流及不稳定斜坡等地质灾害隐患点366处，灾点密度0.114处/平方千米。灾害类型以滑坡为主，崩塌及不稳定斜坡次之，其中滑坡133处、崩塌59处、不稳定斜坡166处、泥石流8处。地质灾害隐患点共威胁人口2213人，威胁财产4433.38万元。分勒功—涌山—礼林(B1)、洪源—竟成(B2)、十里岗(B3)3个亚区。

地面塌陷地质灾害中易发区。全区面积42.33平方千米，占全市总面积的0.80%，主要分布于乐平市乐港镇、后港镇、涺口镇、镇桥镇等地的河谷平原区、岗地区。河谷平原区地形坡度一般小于5°，丘陵岗地区的地形坡度一般小于25°，岩类以碳酸盐岩类岩及第四系松散土类为主，灰岩岩溶发育，抽取岩溶地下水及采矿为区内的主要人类工程活动。区内共有地面塌陷点1处，灾点密度0.024处/平方千米。地质灾害隐患点共威胁人口6人，威胁财产10万元。分后港—乐港、镇桥镇2个亚区。

地质灾害低易发区　区内共有崩滑及不稳定斜坡等地质灾害隐患点71处，灾点密度0.070处/平方千米。灾害类型以不稳定斜坡为主，崩塌及滑坡次之，其中不稳定斜坡34处、崩塌27处、滑坡10处。地质灾害隐患点共威胁人口160人，威胁财产288.95万元。分三龙—湘湖—丽阳、涺口—镇桥、众埠—十里岗3个亚区。

第二节　水　灾

昌江

1990年7月1日17时至2日2时，普降暴雨，市区突起洪灾。2日20时，昌江渡峰坑水位达30.63米，超警戒水位2.13米。全市受淹面积10353.33公顷，成灾3693.33公顷，共冲毁农田旱地406.67公顷，受灾严重的有浮梁县蛟潭、黄坛和昌江区鱼山、竟成等28个乡镇200多个行政村，共30823户14.41万人，市区居民受淹300户1500余人，倒塌房屋176间，受伤21人；共冲毁山塘8座，昌江区竟成乡老鸦滩圩堤决口，西瓜洲圩堤塌方长度240米，毁坏通信线路27.5千米，输电线78千米，桥涵126座，渡槽13座，灌溉渠道13座，灌溉渠道17.34千米，堰坝207座，机电排涝站58座，机电排涝站58座。有9个乡镇交通中断，造成经济损失0.19亿元。

1993年6月18日至7月初，昌江渡峰坑水位4次超过警戒线。6月22日，昌江河水位达30.95米，超警戒水位2.45米。全市共有4个县(市、区)70个乡(镇)1625个村受灾，受灾人口16.55万人，被洪水围困1.45万人，共有63个城镇进水，27个城镇积水损坏房屋427051间，倒塌房屋0.96万间，10.59万平方米，因灾死亡5人。停产或部分停产企业2450个，中断铁路1条、公路99条、航道2条、供电线路108条，损坏大中型水库4座、小(1)型水库10座、小(2)型水库78座、堤防82.05千米，圩堤决口4条5处计0.48千米。损坏护岸696处，损坏水闸86座，冲毁槽坝394座。其他小型水利工程水毁损坏更加严重，造成直接经济损失总计5.6亿元。

1994年6月9—13日，昌江流域大范围连续暴雨，6月13日20时，渡峰坑洪峰水位达到30.02米，超过警戒线水位1.52米。受灾人口58.15万人，被洪水围困人数达4.1万人，农作物受灾面积24374.33公顷，成灾面积19393.6公顷，绝收面积5230.73公顷，造成粮食减产24204吨；中断公路11条、航道1条；损坏房屋1.22万间14.832万平方米，倒塌房屋2451间2.918万平方米，153个工矿企业因灾停产，因灾死亡5人。水利设施损失严重，全市损坏水库中型1座、小(1)型14座、小(2)型24座，损坏堤防23千米，护岸159处，水闸38座，渡槽25座，桥涵15座，渠道决口25.7千米；损坏机电泵站132座1.008万千瓦，水电站7座0.25万千瓦，管理设施18处，造成直接经济损失1.15亿元。

1996年6月29日20时至7月2日18时，昌江流域平均降水412毫米。7月1日16时，昌江渡峰坑水文站水位达33.18米，超警戒4.68米，32米以上高水位区持续50个小时。浮梁县、昌江区、珠山区共有41个乡镇275个村委会166个居委会受灾，受灾人口61万人。21个城镇进水，损坏房屋5.9万间，倒塌房屋2.8万间。市区严重被淹，沿江东路、西路、中山路、曙光路等7个街道被水淹没，水最深处达4米，8万名城市居民被水围困，市区17条供电线路2000门电话中断，1个微波站受损，3个水厂断电站被迫停水，工业供气中断，全市工业农业被迫停产半停产。水利工程受到严重破坏，损坏中型水库溢洪道2座，小(1)型水库12座，小(2)型水库582座，山塘723座，圩堤漫顶4条，决口13处540米，损坏护岸34处，渠道决口6.7千米，机电泵站226座3655千瓦，水电站9座2107千瓦，水文设施4个。农作物受灾面积20246.67公顷，死亡牲畜7.16万头；水产养殖成灾面积466.67公顷，损失水产1090吨；冲走木材3600立方米；冲毁桥涵86座，毁坏路基363千米；输电线杆损坏692根，通讯线杆214根。造成的经济损失达12.6亿元。

1998年6月12日8时至26日15时，昌江流域降雨量高达592毫米；23日14时至26日2时，平均降雨422毫米；25日西湖站日降雨量271毫米，历口站和经公桥站日降雨229毫米。时段降雨量25日20时至26日2时，昌江流域平均降雨66.7毫米，经公桥站1小时降雨47毫米为最大；25日9—24时，渡峰坑站水位从29.17米涨至32.43米，平均每小时涨幅217毫米，26日15时24分渡峰坑站洪峰水位达34.27米，超警戒线5.77米。7月17—27日，昌江流域持续暴雨，昌江流域平均降水量达530毫米。渡峰坑水文站连续出现超警戒水位3.08米、3.44米、1.32米和1.33米的四次洪峰。全市4个县(市、区)61个乡(镇)场、592个村委会和9个街道158个居委会受灾人口115万人，成灾人口95万人，被困人口63万人，无家可归人口12.24

万人。房屋倒塌 13.08 万间，倒塌居民住房 10.66 万间，损坏房屋 21.68 万间。216 所中、小学被淹，倒塌校舍 1217 间。市区两次受外洪内涝侵袭，水淹时间长达 24 小时。

1999 年 6 月 30 日，昌江河每小时涨幅 0.32 米。至 7 月 1 日零时 30 分，渡峰坑站洪峰水位达 33.19 米，超警戒线 4.69 米，洪峰流量 7310 秒/立方米。8 月 29 日 8 时至 30 日 8 时，平均降雨量达 83.5 毫米，其中昌江主要支流东河降雨达 200 毫米；30 日 2—8 时，浮梁县瑶里汛坑站、臧湾深度站、樟树坑站降雨均在 115 ~ 129 毫米，短时强降雨致使昌江支流东河流域山洪暴发。8 月底出现高水位，历史罕见。全市 4 个县（市、区）有 61 个乡（镇、场）494 个村委会和 6 个街道 28 个居委会受灾，其中浮梁县、珠山区、昌江区为重灾县区。受灾人口达 75 万人，被困人口 17.8 万人，被困村庄 345 个；损坏房屋 14.2 万间，倒塌房屋 9.3 万间，面积 83.4 万平方米，其中居民住房 6.2 万间；农作物受灾面积 35992 公顷，成灾面积 26045 公顷，绝收面积 16079 公顷，毁坏耕地面积 471 公顷，其中灌溉面积 386 公顷，粮食减产 75230 吨，蔬菜受灾面积 666.67 公顷，死亡牲畜 4.5 万头。

2008 年 6 月 8 日 20 时起，昌江流域平均降雨量达 278.1 毫米，渡峰坑水文站 11 日 6 时 48 分，洪峰水位达到 31.67 米，超警戒 3.17 米，水位变幅 8.54 米，昌江流域各水文站全线超警戒。灾害共造成 69.9 万人受害，农作物受灾面积 3084 公顷，农作物绝收面积 1798 公顷，倒塌居民住房 673 间，紧急转移 67792 人。直接经济损失 11.6 亿元。

2010 年 7 月 10—16 日，昌江上游遭遇连续强降雨。16 日凌晨，渡峰坑水文站洪峰水位达 32.75 米，超警戒线 4.25 米。市区大部分地段发生严重内涝，内涝面积达到 9.1 平方千米，其中珠山区 2.6 平方千米，昌江区 6.5 平方千米，最大水深 2.8 米。城市道路中断 14 条，其中主干道如珠山路、东一路、曙光路、瓷都大道、沿河东路、沿河西路等多处积水，高新区内交通干道，深达 0.5 ~ 2.5 米。农村道路有 136 条中断，城市停水、停电面积占市区的 36%、41%。全市 56 个乡镇（街道）受灾，农作物受灾 32500 公顷，受灾人口 66.68 万人，倒塌房屋 284 间，直接经济损失 30.8 亿元。

乐安河

1989 年 6 月 27 日，乐安河水位连续 6 天超过警戒线。7 月 4 日，乐安河虎山水位达 28.28 米，超过警戒线 2.28 米。农作物受灾面积达 23713.3 公顷，受灾人口 28.36 万人，死亡 2 人，倒塌房屋 372 间，损失粮食 40000 吨，损坏桥涵 58 座、船 15 只、通信线路 21.8 千米、公路 101 千米，国道 206 线和乐德公路及许多乡级公路交通中断。

1993 年 6 月 18 日至 7 月初，乐安河水位 5 次超过警戒线。7 月 6 日，乐安河虎山水位达 29.33 米，超警戒水位 3.33 米，乐平城区坝口水位 25.98 米，超警戒线 3.48 米。接渡、浯口、塥上、礼林 4 处堤防决口，大批水利工程、公路及桥涵被冲毁。不少低洼地带被洪水浸泡达 20 天，造成交通中断、工矿企业停产。

1994 年 6 月 10—18 日，乐安河流域连降暴雨，虎山站洪峰水位高达 29.03 米，超警戒水位 3.03 米。受灾乡镇 15 个、村庄 1002 个，受灾人口 38 万。损坏房屋 1.2 万间。农作物受灾面积 15333.33 公顷，其中绝收面积 6273.33 公顷。死亡牲畜 4100 头。渠道决口 2700 米。乡镇企业全停产 140 个，部分停产 38 个。

1997 年 7 月 7 日 8 时至 8 日 8 时，乐安河流域平均降水 147.7 毫米，其中以三都站 205 毫米为最大。7 月 9 日 7 时 30 分，乐安河虎山站洪峰水位达 30.01 米，超过警戒线 4.01 米。有 21 个乡镇场不同程度受灾，进水乡镇 2 个，受灾村庄 260 个，受灾人口 31.6 万人，其中被洪水围困人数 3 万人，紧急转移人口 5 万人；受灾农作物面积 21333 公顷，农作物成灾面积 14364 公顷，农作物绝收面积 3733 公顷，因灾减产粮食 21669 吨，损失粮食 600 吨，死亡大牲畜 71917 头，损坏房屋 810 间，倒塌房屋 212 间。因灾造成部分工矿企业和乡镇企业停工停产，造成公路、航运中断，公路桥涵、路基损坏，供电中断，水毁工程多处，综合直接经济损失 1.43 亿元。

1998 年 6 月 25 日 20 时至 26 日 2 时，乐安河流域平均降雨 228.9 毫米，6 小时降雨 71 毫米。7 月 17—27 日，乐安河流域持续暴雨，平均降水量 596 毫米，乐安河虎山水文站连续出现超警戒水位 1.88 米、4.32 米和 1.93 米的三次洪峰。其中 24 日 15 时 30 分虎山水文站出现 30.32 米的洪峰水位，超警戒线 4.32 米。乐平市区坝口水位为 26.69 米，超警戒线 4.19 米，27 日第六次洪峰更大，镇桥塘湖段圩堤溃决，洪水倒灌，加上鄱阳湖水顶托,洪水持续不退,致使镇桥镇平原地区田地和村庄,在洪水中浸泡60天,3万多人口,被迫转移。国道206线韩家渡至万年段交通中断2个月。其他沿河乡镇也有多处被淹。

2008年6月11日17时30分,虎山水文站洪峰水位29.14米,超警戒3.14米。造成100多个村庄和城区部分低洼地区被淹,1万人被洪水围困。

2010年7月8日21时始,乐安河流域出现大到暴雨,降雨量160毫米。7月10日13时,洪峰通过乐安河虎山水文站,水位达28.53米,超警戒线2.53米。造成20个乡镇(街道)不同程度受灾,17807人被洪水围困,内涝最深水深6~7米,危险地段被困人员10860人被全部安全转移。

表2-4-1　　1989—2010年景德镇市特大洪水情况表

年份	最大暴雨出现日期	最大日降雨量(毫米)	虎山站最高水(米)	超警戒线(米)	渡峰坑站最高水位(米)	超警戒线(米)	直接经济损失(亿元)
1989	7月2日	177	28.28	2.28	—	—	0.6
1990	7月1日	242	—	—	30.63	2.13	0.19
1993			29.33	3.33	30.95	2.45	5.6
1994	6月13日	173	29.03	3.03	30.02	1.52	1.15
1996	6月30日	198	—	—	33.18	4.68	12.6
1997			30.01	4.01	—	—	1.43
1998	6月25日	183	30.32	4.32	34.27	5.77	32.26
1999	6月30日		—	—	33.19	4.69	22.71
2002	4月23日	214	—	—	29.33	0.83	0.45
2010	7月16日	265	27.46	1.46	32.75	4.25	30.8

第三节　旱　灾

1990年7—9月,昌江流域平均降雨402毫米,高温炎热、地面蒸发量大,全市农村严重干旱。全市受旱面积达24540公顷,其中断水面积15806.67公顷,水田开裂面积3780公顷,泛白面积4953.33公顷。

1991年,景德镇市南部地区旱情严重。4—5月全市降雨量为580.1毫米,6—7月中旬降雨量为158.8毫米,加上持续高温,日最高气温达40℃,致使农村旱情在汛期尚未结束就迅速发展,全市受旱面积达23806.67公顷。

2000年1—6月,昌江河流域平均降雨量仅978.5毫米,4—6月合计降雨量556.5毫米。5月极端气温达39度以上。6月23日以后持续高温少雨,旱情加剧。昌江河渡峰坑水文站实测流量每天平均以0.7立方米/秒递减,至7月24日,全市蓄水总量2.245亿立方米,与多年同期平均蓄水量减少60%。全市农作物受灾面积21650公顷,损失粮食5.93万吨。

2001年6月,降雨平均值偏少,雨季提前10多天结束,全市江河水库水位普遍偏少,致使7月发生大范围的干旱,全市农作物受旱面积达14466.66公顷,其中重旱面积6200公顷,轻旱面积6933.33公顷,干枯面积1333.33公顷,因灾损失粮食7.61万吨、经济作物1260万元。

2003年7月,景德镇市晴热少雨,35℃以上连续高温天气达30天,平均气温31℃以上,最高达40℃以上,发生严重的伏秋干旱。农作物受旱面积达28466.67公顷。

2007年1—7月,景德镇总降雨量为965毫米,比多年同期均值偏少31%。8月,晴热高温天气持续,上旬降雨量比多年同期均值偏少6成。各类水利工程蓄水比多年同期均值偏少4成。全市农作物受灾面积达17500公顷,占总耕地面积的31.6%,其中轻旱9760公顷、重旱6180公顷、干枯1560公顷;水田缺水面积890公顷,旱地缺墒面积1680公顷,3400头大牲畜因旱发生饮水困难。

第四节 其他灾害

冰冻雨雪灾害

1987年3月25日,乐平县降雪,气温骤降至-2℃,油菜、蔬菜、小麦生长严重受损。

1991年12月29日,乐平县突降大雪,积雪厚度近20厘米,气温降至有气象记录以来最低的-13.4℃,冻土厚度25厘米,全境柑橘树大部分被冻死。

2008年1月12日至2月2日,全市22天低温冰冻雨雪天气。1月28日晚至29日大雪和1月31日晚至2月2日早晨连续大到暴雪,共造成75.39万人受灾,因灾伤病人口6256人,被困人口32915人。农作物受灾面积33755公顷,农作物绝收面积6229公顷,倒塌居民住房2315间,紧急转移人口3918人,直接经济损失达20.3亿元。

暴风雨灾害

1986年4月10日下午3时40分至6时,乐平县南部接渡、众埠等乡镇遭受11级暴风雨和冰雹袭击,95幢房屋和大批室外通信、输电设施被毁,死6人、伤15人,还有部分猪、牛被压死。

1992年5月6日傍晚,雷电暴风雨袭击乐平县高家、众埠、接渡、礼林、镇桥等15个乡镇,吹倒民房1251间,致2人死亡,31人受伤,户外输电、通信设施损失严重,其中有7台变压器遭雷击损坏。

第三篇　国土与环保

第一章　国土资源保护

1994 年,市政府加强土地管理,城市规划区内建设用地实行统一规划、统一征用、统一开发、统一出让、统一管理,建设用地管理制度化、规范化。1999 年,全市建立和完善土地有形市场,实行对土地一级市场的高度垄断,实行统一规划征用、收购储备、开发整理、出让管理。对经营性用地,由市土地交易中心通过招标、拍卖、挂牌方式出让,建立土地有形市场。2004 年,在全面划定基本农田保护区的基础上,建立健全耕地保护责任制。全省率先建立市国土资源执法监察指挥中心,组建市国土资源执法支队,完善市、县(市、区、乡镇、村四级)执法监察网络,实行动态巡查执法。

第一节　土地规划利用

土地规划

1998 年 5 月,市政府启动《景德镇市土地利用总体规划》编制工作,1999 年 5 月编制完成,经省政府批准实施。同时,编制完成市辖各县(市、区)土地利用总体规划。11 月 29 日至 12 月 9 日,市国土局完成对辖区 55 个乡镇土地利用总体规划进行评审,全市三级土地利用总体规划全部完成。2004 年 3 月,景德镇市开展第一轮土地利用总体规划修编试点。

土地使用制度

1992 年 8 月 6 日,召开国有土地使用制度改革动员部署大会,会议提出:以清理整顿土地市场为突破口,加强行政划拨土地使用权管理,推进土地使用制度改革,逐步建立和完善公开、合法的土地市场机制,充分发挥土地资产的经济效益和社会效益。并就开展清理整顿工作进行具体部署。

1994 年,市政府颁发《景德镇市规划区建设用地管理办法》,把城市规划区内各项建设用地纳入统一规划、统一征用、统一开发、统一出让、统一管理的“五统一”轨道。1998 年修订、1999 年实施的土地管理法,规定农民不能凭借自己的土地财产权利,自主参与工业化、城市化进程,景德镇市土地开始从无偿划拨到有偿使用的转变。

2000 年,市政府颁发《景德镇市城市规划区征地管理办法》和《景德镇市城市规划区国有土地使用权管理办法》,逐步规范城区土地管理。城区所有建设用地,由市土地管理局实行统一规划、统一征用、统一收购储备、统一开发整理、统一出让、统一监督管理,垄断土地供应一级市场。2001 年,根据国土资源部《关于整顿和规范土地市场秩序的通知》,景德镇建立健全建设用地供应总量控制制度,城市建设用地集中供应制度,土地使用权公开交易制度,基准地价定期更新和公布制度,土地登记可查询制度,集体决策制度。当年全面推行经营性用地招标、拍卖、挂牌出让制度,对全市房地产等经营性用地实行招标、拍卖、挂牌出让。5 月 28 日,景德镇市首轮发布实施城区规划区基准地价。

2003 年,市政府颁发《景德镇市土地储备管理办法》,规范土地收购储备工作,当年收购储备土地 1333.33 公顷,其中新征地 933.33 公顷,收购存量土地 400 公顷,实现城市土地资产保值、增值。2005 年,市政府颁发《景德镇市土地管理暂行办法》，完善土地管理工作制度。2006年8月，景德镇市明确必须纳入招标、拍卖、挂牌出让方式的六类土地和可以纳入协议出让范围的五类土地，对招标、拍卖、挂牌或协议出让土地使用权的范围和出让的具体规程进行细化，建立国有土地出让的协调决策机制和价格争议裁决机制。是年，严格执行土地出让计划公开、集体决策公开、土地信息公开、程序公开、竞价公开、出让结果公开的“六公开”制度，实行基准地价定期更新和公布制度，构筑土地市场运作监督机制。

2007年，景德镇市将土地信息录入土地市场监管网，开始实行监测监管。2008年，景德镇市统一实行将出让合同和划拨决定书录入土地市场监管网。2010年，全市对国家机关办公、基础设施以及各类公共社会事业用地，一律实现有偿使用，完善土地有偿制度改革，构建城乡统一的建设用地市场。是年，建立和完善土地经营调控机制，成立城市土地经营管理工作领导小组，对土地资产处置、出让、规划、出让底价、出让方式等实行集体决策，逐步建立和完善土地登记、查询和土地供应信息公布制度，推动土地使用管理制度化、程序化、规范化。

土地市场

80年代，土地使用主要通过政府划拨供应，景德镇没有建立土地市场。1992年，全市通过推行土地使用制度改革，逐步建立和完善公开、合法的土地市场机制，规范和发展土地市场，建立公开、公平、公正和规范有序的土地市场体系。1993年3月9日，市政府授权市房产管理局与香港泰立珠宝制造厂有限公司签订“景德镇市珠山中路南门头地段街道两侧土地使用权出让合同”。为市首次出让土地使用权，出让土地面积0.93公顷，土地出让费为每亩空地85万元人民币，出让土地使用权期限为60年。土地开发分两期：先开发北侧0.4公顷，再开发南侧0.53公顷。1994年，全市土地出让、出租逐步走向规范化。4月，市土地管理局对城市使用土地进行社会调查，将城区全部用地划分成6段，分别评估和测算各级别商业、住宅、工业等类用地的平均价格，制定城区基准地价，其中最高一级商业用地价为1700元/平方米。会同市物价局论证后，首次经市政府批准公布基准地价，作为政府对地价宏观调控和制定地价的主要依据。6月27日，市土地管理局与中新房地产开发有限公司签订国有土地使用权出让合同，首次出让国有土地使用权0.32公顷，用于建造瓷贸大厦。

1995年3月10日，市地产市场管理处成立，承担全市土地一级市场管理，承担全市城镇国有土地使用权出让、转让、出租、抵押等交易市场的监督管理工作。5月18日，市土地估价事务所成立，主要从事土地定级、土地估价、土地勘丈、地面附着物估价等工作，为城镇土地交易提供地价依据。

同年，为解决长期以来建设单位征地难的矛盾，根据市人民政府规定，在城市规划区内实行统一征地，保障国家建设用地的需要。当年共受理建设用地申请16宗，完成代征、预征的有瓷都大桥、高新技术产业开发区、新德园房地产开发有限公司、人民银行、897厂等单位用地12宗，面积53.57公顷，其中耕地10公顷（全部用于重点工程）。同时，新征土地全部办理出让手续，收取土地出让金150多万元。

1998年，全市出让土地42宗，出让面积12.43公顷，收取土地出让金1202.94万元。1999年，市政府下发《关于加强城市规划区土地统一管理垄断土地一级市场的通知》，逐步规范土地市场管理，形成集中统一供应土地机制，初步建立土地有形市场。

2000年5月18日，在市政府会议厅举行市北环路两侧国有土地使用权拍卖会，第一次拍卖城区土地使用权，8宗土地全部成交，拍卖面积1.91公顷，成交金额1189.13万元。8月29日，举行市北环路两侧国有土地使用权第二次拍卖，拍卖面积1.48公顷，成交金额1104.59万元。

2001年3月，成立市土地交易中心，与市地产市场管理处合署办公，土地有形市场建立，实现土地使用权从分散、隐蔽、无序的“有市无场”状态，向集中、公开、有序的“有市有场”转变。全年出让土地面积31.76公顷，出让土地收入1.97亿元。

2002年，市国土资源局在全省率先配置土地交易电子显示系统和电子查询系统，土地交易纳入统一招投标平台，进行公开交易，通过招标（挂牌）出让土地28宗，面积78.11公顷，出让成交4亿元。集体建设用地实现新突破，对河西、黄泥头农贸市场用地进行公开挂牌出租，招租面积3.6公顷，出租成交3080万元，在全省率先开创集体建设用地流转新方式。全年共出让土地使用权35宗，面积89.85公顷，出让土地收入达

4.55 亿元。

2003 年,通过招标拍卖挂牌方式出让土地 38 宗,面积 134.2 公顷,出让土地收入达 11.23 亿元,促进城市建设良性循环和滚动发展。2004 年,全面落实经营性用地招拍挂出让制度,全市共出让土地 66 宗,面积 150.8 余公顷,出让土地总收入 8.2 亿元,其中通过招拍挂方式出让土地 34 宗,面积 93.33 余公顷,金额 7.5 亿元。共转让土地 30 宗,面积 9.07 公顷,转让金额 2376 余万元。

2006 年,全市共出让土地 115.13 公顷,出让土地收入 7.15 亿元。2007—2009 年,通过招标拍卖挂牌出让土地 76 宗,面积 243.53 公顷,成交金额 22.69 亿元。2010 年,规范土地经营市场,建立健全网上报名投标制度,全市通过招标、拍卖、挂牌出让土地使用权 24 宗,面积 75.32 公顷,成交金额 10.49 亿元,其中景东大道北侧,尚东国际小区东侧 1 宗 18.87 公顷商住用地,从起价 1.84 亿元,攀升到 2.85 亿元成交,现场竞价净增值突破 1 亿元。

表 3-1-1　**2000—2010 景德镇市土地交易情况表**　单位:公顷、万元

年份	面积	金额	年份	面积	金额	年份	面积	金额
2000	3.39	2294	2004	150.80	82000	2008	227.20	109051
2001	31.76	19700	2005	67.43	35705	2009	156.77	77079
2002	167.96	85500	2006	115.13	71500	2010	124.53	114955
2003	134.20	11230	2007	122.96	128872			

土地储备

2000 年,成立景德镇市土地储备中心。11 月 26 日,市编办下发《关于成立景德镇市土地储备中心的批复》,2001 年 2 月 20 日,市土地储备中心正式挂牌运作。

2001—2002 年,土地储备中心共收储钢材市场、省陶瓷进口公司、殡葬管理处、再生公司、供销社黎明路、皮革厂、燃料总公司、艺术瓷厂、景兴瓷厂、宇宙瓷厂 10 宗地块,收储面积约 30.11 公顷。共出让市钢材市场、市皮革厂、省陶瓷进出口公司大楼 3 宗地块,出让面积 3.45 公顷。

2003 年,成功申请国家开发银行 20 亿元贷款。6 月 25 日,市政府与国家开发银行江西省分行签订《信用合作协议》,国家开发银行江西省分行与土地储备中心签订 20 亿元的借款合同。景德镇市成为国家开发银行江西省分行的贷款试点单位。全年使用国家开发银行贷款资金 6.4 亿元,收购土地 580.47 公顷,累计收购土地 789 公顷。市政府出台《景德镇市土地储备管理办法》《关于进一步强化政府垄断土地一级市场加强土地储备工作的通知》等文件,建立和完善土地储备制度,使土地储备工作有章可循,确保良性发展。是年,土地储备中心承接陶瓷工业园、工业园主干道、生态大道和曙光路、新枫路"一园两路"重点工程的改造建设任务。

2004 年 4 月,土地储备中心成立灵杰置业公司,向社会公开招聘 5 名工作人员,按照现代企业制度要求独立运营,对已收储土地上的房屋实行租赁管理,承接收储土地的安置房建设工作。2005 年共收购储备企业用地 15 宗,面积 19.29 公顷,新增建设用地 4 宗,面积 31.2 公顷,投入资金 2600 万元。工业园建设基本结束,引进各类陶瓷企业近 50 家,投资额过亿元。

是年,国家对土地和信贷两个方面实施严格的宏观调控措施,把住"地根",紧缩"银根",在一定程度上制约土地储备工作的开展。为应对这种局面,储备中心加强与国家开发银行(简称国开行)的沟通协调,全年国开行到位贷款资金 6 亿元,累计到位资金 13 亿元,实际使用 12 亿元,收购企业用地 23 宗,面积 127.07 公顷,新增建设用地 82.6 公顷储备入库,累计收储土地达到 998.67 公顷。

2006 年收储土地 31 宗,面积 96 公顷。2007 年收储土地 25 宗,面积 72.67 公顷。2008 年收储土地 7 宗,面积 66.75 公顷,出让经营性用地 19 宗,面积 55.92 公顷。出让总额 7.25 亿元,收益 2.95 亿元。并发挥土地储备的优势,利用储备土地融资 4.82 亿元,为政府注入城市建设资金提供有力保障。配合交易中心举办 2008 年景德镇市经营性用地招商推介会,展出土地 18 宗,面积达 55.92 公顷。

2009年,收购光明电影院、原建设局、中华北路延伸段等20宗地块,合计89.11公顷,收储资金9794万元。利用储备土地融资4.64亿元。2010年,收储土地27宗,面积86.90公顷,收储资金达14331.26万元。用环球陶瓷、富祥机械等23宗收储土地进行抵押融资6.9亿元。

表3-1-2　**2001—2010年景德镇市土地收储、供让面积情况表**　单位:公顷

年份	收储面积	供让面积	年份	收储面积	供让面积
2001—2002	30.11	3.45	2007	72.67	122.96
2003	655.93	4.27	2008	66.75	55.92
2004	209.67	26.34	2009	89.11	57.49
2005	50.49	65.07	2010	86.90	71.77
2006	96	69.94	合计	1357.63	477.21

第二节　耕地保护

建设用地管理

建设用地审批　1986年,依照国家土地管理法规定,征(使)用耕地0.2公顷以内,其他土地0.67公顷以内,由市(县)政府审批,超过此面积报上级政府审批。1994年,土地审批权限变更为市(县)政府有权审批0.2公顷以内耕地,0.67公顷以内其他土地。1999年,土地管理法修订后的土地审批权限为:基本农田以外的一般耕地在35公顷以内,基本农田以外的一般耕地和其他土地合计在70公顷以内的上报省政府审批,超此面积及征用基本农田的报国务院审批。

国家建设用地　市土地管理局负责全市建设用地划拨、征用的审查报批。1987—2002年市本级建设用地征地报批103.2公顷。1993年上报审批建设用地50宗,面积39.8公顷,为市电厂技改、机场扩建等建设用地提供保障。1994年,市政府颁发《景德镇市规划区内建设用地管理办法》,全市审批建设用地134.54公顷。1995年市政府规定城市规划区内实行统一征地,全市完成重点工程征用土地12宗,面积53.56公顷,其中耕地10.02公顷。7月,市土地局、计委、建设局联合制定《景德镇市规划区内各项建设用地程序》,规范征地工作。

1997年5月20日,依照国家计委、国家土地局发布第六号令,冻结非农业建设项目占用耕地,清理1991—1996年间非农建设项目用地。2003年,省国土资源厅为解决历史遗留用地问题,到各地市现场办公审批建设用地,景德镇市现场上报建设用地1334.85公顷,省国土资源厅现场审批149.44公顷。2004年1—11月清理整顿土地市场,暂停农用地转用审批。12月市本级审查报批建设用地89.41公顷。

2005—2006年,全市报批建设用地786.72公顷。2007年,全市报批建设用地374.87公顷,另外审批市本级2003年现场办公上报的建设用地541.03公顷,保障城市建设发展用地需要。

2008—2009年,报批国家重点工程景鹰高速公路和景婺黄高速公路建设用地923.43公顷。2010年,全市报批建设用地995.39公顷,其中国家、省、市重点项目建设用地605.27公顷,使用市本级计划470.86公顷,争取省国土资源厅追加奖励建设用地指标129.73公顷。

表3-1-3　**1997—2010年景德镇市重点工程用地和规划用地表**　单位:公顷

项目名称	占地面积	其中:耕地
九景公路罗家滩立交桥	25.33	25.33
九景公路	73.73	38.20

续表 3-1-3

项目名称	占地面积	其中:耕地
九景公路支线(景黄公路)	185.61	106.48
景鹰高速公路	639.50	174.31
景婺黄高速公路	283.93	89.57
祁门至浮梁高速公路良禾口(赣皖界)至桃墅店段新建工程	106.46	25.79
江西景德镇电厂 2×600 兆瓦级机组“上大压小”扩建工程	109.56	17.29
景德镇 500 千伏变电站	4.68	0.12
德昌高速	249.28	95.90

表 3-1-4　**1991—2010 年景德镇市建设用地一览表**　单位:公顷

年份	宗数	面积	年份	宗数	面积	年份	宗数	面积
1991	1	1.33	1998	4	110.63	2005	8	124.07
1992	7	15.74	1999	8	39.79	2006	33	662.64
1993	11	39.80	2000	4	30.85	2007	43	915.91
1994	7	134.53	2001	4	190.67	2008	32	528.52
1995	19	144.21	2002	4	7.74	2009	44	1349.71
1996	1	1.41	2003	15	385.93	2010	64	995.39
1997	2	14.74	2004	5	226.17			

基本农田保护

1986 年,国家提出“基本农田”这一概念,保护基本农田作为贯彻土地基本国策、保护耕地而采取的特殊措施。1991 年,为保护基本农田,市土地管理局制定和下达耕地开发计划,各县、市、区将计划任务分解,落实到乡村。乐平土地管理局和财政局联合与村委会签订耕地开发合同,完成耕地开发任务,由县财政局拨付扶持资金。浮梁县重点抓臧湾金矿耕地复垦,10 公顷复垦耕地具备种植条件。全市共开发耕地 22.94 公顷,其中复垦 59.24 公顷,增加耕地面积 59.24 公顷。

1993 年 3 月 31 日,市政府下发《关于进一步加强土地管理切实保护耕地的通知》,全年开发耕地 103.07 公顷,其中复垦耕地 30 公顷,为全市划定基本农田打下基础。1995 年,全市开垦、复垦耕地 712.87 公顷,各县市区均先后建立基本农田保护区。1996 年 6 月 4 日,全市 66666.67 公顷基本农田划为保护区范围。

1997 年,启动编制《景德镇市基本农田保护规划》。1998 年 8 月编制完成,12 月经省政府批准实施。同时建立健全耕地保护责任制。全市共划定基本农田保护区 58 个,保护片 697 个,设置保护标牌 754 块,基本农田保护面积 72642.67 公顷,保护率达到 81.13%,其中一级保护面积 5.09 公顷,一级保护率为 70.01%。基本农田保护率为 85.3%。

1999 年起,每年年初市政府与各县(市、区)政府、各县(市、区)政府与各乡镇、各乡镇与各村、村与各农户均签订耕地保护及基本农田保护责任书,共签订县级责任书 6 份,乡(镇)责任书 42 份,到村责任书 601 份,将耕地和基本农田保护责任落实到位,年终进行层层考核,增强各级政府领导保护耕地和基本农田的责任。

2000 年,根据国土资源部、农业部关于对保护区实施调整划定的要求,全市调整基本农田保护区,建立保护区 55 个,保护片 700 个,纳入基本农田保护的面积为 76555.55 公顷,保护率 85.37%,浮梁县划定基本农田保护区工作受到省政府通报表彰。

2004 年,全市基本农田的保护区进行调整划定,签订基本农田保护责任书 649 份,划定基本农田保护片

601 个,设置保护标牌 713 块,基本农田保护面积为 76436.6 公顷,保护率达 90.68%。

2006 年,全市划定基本农田保护区 42 个,基本农田保护面积 73294.22 公顷,保护率 86.4%。

2008 年 6 月 17 日,市政府加强对基本农田的保护,印发《景德镇市基本农田保护工作方案》,并制定《景德镇市耕地保护责任目标考核办法》,建立健全基本农田保护制度。

2009 年,国家重点项目景鹰高速公路占用基本农田 139.33 公顷,做到占一补一,即时补划,确保基本农田面积不减少。2010 年,根据新一轮土地利用总体规划,全市调整划定基本农田保护区 43 个、保护片 577 个、设立保护标志 715 个。纳入基本农田保护面积为 72006.67 公顷,保护率 85.4%。

土地开发整理

1993 年年初,为稳定耕地面积,市土地管理局将耕地开发计划下达到各县(市、区)后,县(市、区)及时将计划分解落实到乡、村,签订开发合同,搞好检查验收工作。全市共开发耕地 103 公顷(其中开垦耕地 73 公顷,复垦耕地 30 公顷),超额完成计划 28.8%。

2002 年,全市开始实施土地开发整理工作,完成土地开发整理项目 14 个,新增耕地面积 98.12 公顷。2003 年 3 月,编制完成《景德镇市土地开发整理规划》,全省第一个获省级评审通过。全年新增耕地面积 250.33 公顷,保持耕地占补平衡。2004 年,全市共实施土地开发整理复垦项目 30 个,新增耕地面积 392.50 公顷。其中,市本级新增耕地 92.21 公顷;乐平市新增耕地 107.60 公顷;浮梁县新增耕地 192.69 公顷。2005 年,全市实施土地开发项目 20 个,净增耕地 200 公顷。

2006 年,实施乐平市高家镇土地开发整理项目,新增耕地 65.33 公顷,是全市最大的土地开发整理项目,当年全市增耕地 173.33 余公顷。

表 3-1-5　**2004—2010 年景德镇市土地整理项目表**　单位:公顷、万元

年份	项目名称	验收批复	设计			实际			任务完成情况	变更情况	资金来源	资金拨付
			建设规模	新增耕地	总投资	建设规模	新增耕地	总投资				
2004	乐平市高家镇土地整理项目	—	606.2	65.27	835.09	606.2	20.17	837.13	2007 年 8 月完工,2011 年 12 月验收	—	中央资金	835
2008	浮梁县鹅湖镇等 3 个乡镇土地整理项目	—	933	29.08	2101.5	933	13.12	1882.29	已验收	无	新增有偿费	1891
2008	乐平市涪口镇程家墩村等 5 个镇 8 个村土地开发项目	赣国土资核〔2008〕1281 号	205.36	191.82	931.34	183.09	173.41	931.34	已验收	无	地方财政	
2009	乐平市名口镇戴村等 2 个镇 5 个村土地开发项目	赣国土资核〔2009〕850 号	147.87	136.45	539.24	134.30	134.30	680	已验收	无	地方财政	
2010	乐平市高家镇樟木里村等 3 个乡(镇)5 个村土地开发项目(一)	赣国土资核〔2010〕934 号	155.11	147.57	709.42	127.88	124.83	1269	已验收	无	地方财政	
2010	乐平市高家镇樟木里村等 3 个乡(镇)5 个村土地开发项目(二)	景国土资发〔2010〕105 号	117.97	109.64	559.58	116.82	114.46	1269	已验收	无	地方财政	
2010	乐平市众埠镇南昌畈等 4 个村土地整理项目	—	662.45	21.17	1803.1	662.45	21.17	1641.96	已验收	无	中央资金	1800

2008年,实施土地整理项目11个,其中浮梁县鹅湖镇等3个乡镇土地整理项目,施工规模933公顷,新增耕地面积13.12公顷,总投资1882.29万元。2009年,制定实施《景德镇市土地开发复垦补充耕地项目暂行管理办法》,规范土地整理项目管理。全年实施乐平市名口镇等2个镇5个村土地开发项目,建设规模134.30公顷,新增耕地123.20公顷,总投资680万元。2010年,实施乐平市高家镇等5个乡(镇)10个村土地开发项目,建设规模3670.43万元,新增耕地239.29公顷,总投资1269万元。

第三节 土地监察

执法监督

1987年,全市土地监察工作全面展开,建立市、县(区)、乡(镇)三级土地监察网络,全年查处违法用地案件5起。从1992年开始,全市开展无违法批地、无违法管地、无违法用地的"三无乡镇"活动,在浮梁县各乡镇、乐平县10个乡镇、昌江区2个乡镇开展活动试点。乐平县高家乡、疬崌山乡,浮梁县储田乡、蛟潭镇和昌江区枫树山林场在开展"三无"活动中,对历年来的建设用地和建住宅用地进行全面清查处理,并依法补办手续。乐平县乐港镇,浮梁县储田乡在开展"三无乡镇"活动中,加强土地管理,强化土地监察,做到无违法批地、管地、用地。1995年7月,乐港镇被国家土地局评为全国"三无"活动模范乡镇,储田乡被省土地局评为全省"三无"活动先进乡镇。

1993年,全市查处违法用地136起,面积0.46公顷。1994年,建立监察执法目标责任制,对城区开发区、生活小区、房地产开发公司等有关单位和个人占用土地情况进行调查摸底,市土地监察队实行分片监察,责任到人。10月7日至11月20日,全市开展土地行政执法大检查,共查处各类违法用地213起。县(市、区)、乡镇、村普遍建立三级土地监察员网络,确保土地管理法律、法规顺利实施。

1995年9—11月,全市开展土地管理执法大检查,重点对越权审批,化整为零,未批先建,少批多占,闲置抛荒耕地和非法转让、出租土地等违法用地案件进行清理和处理,共清查处理违法用地143宗,面积38公顷,其中耕地0.21公顷,查处非法转让土地14起,收缴土地收益6万余元。全年共查处违法用地337宗,面积37.4公顷,其中市区35宗,面积9.53公顷。1997年,全市查处土地违法案件265宗,面积70.39公顷,其中耕地26.14公顷,已处理235宗,结案率达85%。

2000年,成立市土地监察大队,强化土地违法行为查处,全市土地违法行为呈现逐年下降趋势。全年查处土地违法案件45起,调处土地纠纷25起。

2003年,全市查处各类违法用地186宗,面积4.7公顷,拆除乱搭乱建房屋35处,违法用地面积0.24公顷。2006年,全年查处土地违法案件171宗,面积5.16公顷,其中公开曝光处理2宗土地违法案件。

2007年4月2日,组建市国土资源执法监察支队,配备监察交通工具,实行执法动态巡查。9月中旬,全市开展土地执法百日行动,立案查处违法违规用地12起,涉地面积62.75公顷。2008年,开展巩固百日行动成果执法,立案查处违法案件17宗,并对2起违法案件责任人移送司法机关追究刑事责任。

2009年1月10日,市国土资源局与市法院、市检察院、市公安局、市监察局等部门,建立共同制止查处国土资源违法案件的联合执法机制。在全省率先建成市国土资源执法监察指挥中心,实行24小时受理群众举报,负责国土资源法律、法规的咨询服务和国土资源违法违规案件查处。3月11日,全省国土资源执法监察现场会在景德镇市召开。9月24—25日,全国创新国土资源联合执法机制研讨会在河南省洛阳市召开,市国土资源执法监察支队代表江西省在会上作典型经验发言。12月18日,市国土资源执法支队荣获全国国土资源执法监察先进集体。市国土资源局获江西省2009年度国土资源执法监察目标考核先进单位,并获得10万元国土资源执法监察工作经费和20公顷建设用地指标奖励。2010年,按照"整改到位,处罚到位,责任追究到位"的要求,依法查处违法用地案件51宗。

秩序整顿

1991—2010年,全市各类非农建设用地共有19857宗,面积817.19公顷,占用耕地320.63公顷,其中国家建设用地 2651 宗，面积 627.29 公顷，占用耕地 306.36 公顷；集体建设用地 86 宗，面积 17.68 公顷，占用耕地 4.43 公顷；个人建房 17120 宗，面积 172.22 公顷，占用耕地 9.90 公顷。市规划区内各类建设用地 1280 宗，面积 149.99 公顷，占用耕地 47.39 公顷，其中开发区建设用地 6 宗，面积 46.9 公顷，占用耕地 7.19 公顷；房地产开发项目 11 宗，面积 6.42 公顷，占用耕地 5.42 公顷。全市共查出各类违法用地 805 宗，面积 140.10 公顷，其中耕地 38.32 公顷，未批先用地 609 宗，面积 54.22 公顷。针对所查出的问题，分别进行调查处理。

1992 年 7 月 3 日，全市开展清理整顿土地市场工作，成立市清理整顿土地市场领导小组。至 12 月底全市单位和个人共申报 693 户，补签国有土地使用权出让合同 128 宗，出让面积 210.67 公顷。1995 年 9—11 月，全市开展土地管理执法大检查，重点对越权批地、化整为零、未批先建、少批多占、闲置抛荒耕地和非法转让、出租土地等违法用地案件进行及时清查和处理。共清查处理违法用地 143 宗，面积 38 公顷，其中耕地 0.21 公顷；查处非法转让土地 14 起，收回土地收益 6 万多元。1997 年，全市开展非农业建设用地大清查，市政府成立景德镇市非农建设用地清查工作领导小组，部署非农建设用地清查工作，至 10 月底基本摸清全市非农建设用地数量及利用情况。

2001 年，通过国土资源部关于整顿和规范土地市场秩序的通知，景德镇市加强国土资源管理方面整顿和规范市场经济秩序。2005 年，国务院办公厅发出《关于做好稳定住房价格工作意见的通知》，市国土资源局贯彻落实国务院各项调控政策措施，做好供需双向调节，遏制投机性炒房，控制投资性购房，鼓励普通商品住房和经济适用住房建设，促进住房价格的基本稳定和房地产业的健康发展。2007 年，根据建设部等 8 部门《关于开展房地产市场秩序专项整治的通知》景德镇市开展专项整治，强化房地产市场监管，对房地产开发企业依法进行审计和检查，打击房地产开发建设中的违法行为。

2008 年，按照国土资源部和省住房和城乡建设厅部署，景德镇市对房地产市场进行清理整顿，明确新建住房结构比例，制定和实施住房建设规划，加大对闲置土地的处置力度。2009 年，清理住宅开发项目，查处擅自超容积率用地项目 14 宗，擅自超容积率总面积 0.89 公顷，追缴土地出让金 1632 万元。2010 年，全市清理闲置土地档案，查处闲置土地 5 宗，面积 28.3 公顷。

第二章　国土资源管理

1986 年，景德镇市开始筹建独立的国土资源管理机构。1987 年分别成立市土地管理局和市矿产资源开发管理局，各县（市、区）相应建立土地管理机构。1991 年，全市首次开展地籍调查，历时 5 年查清全市城市规划区内土地权属、类别、面积、分布和现状。1992 年，全市开展矿业秩序治理，封闭非法小煤窑，并对采矿企业实行登记管理。2010 年，国土管理实现规范化、法制化管理。

第一节　土地资源调查

地籍调查

1991 年 5 月，市政府决定由市土地管理局承担全市规划区内地籍调查工作，统一实施，统一成图，统一汇总，统一注册登记发证。市土地管理局在城镇国有土地使用权申报登记和试点工作的基础上，开展市城区地籍调查，采用 GPS 卫星全球定位系统控制测量。6 月 25 日，由国家土地管理局、中国土地勘测规划院、省土地管理局在景德镇召开的 GPS 地籍控制网检查验收会上，专家们一致确认景德镇市 GPS 地籍首级控制网达到国内领先水平。1993 年，历时 5 年多的县级土地资源调查圆满结束，调查首次全面查清境内各县（市、区）所辖各类土地的面积、分布、权属和利用状况，分别编写《乐平市土地资源》《昌江区土地资源》《浮梁县土地资源》专著。11－12 月,乐平、昌江、浮梁相继通过省级成果验收和专家鉴定,成绩均达优良以上。昌江区还印制全区历史上第一幅彩印挂图《昌江区土地利用现状图》。1994 年,历时 6 年的全市土地资源调查工作全面结束,查清全市各类土地的面积、分布、权属及利用状况。其成果包括:土地境界接边资料;土地资源调查数据汇总集;1:10 万土地利用现状彩色印刷挂图等图件资料;出版《景德镇市土地资源》(10 万字)。为全市制定国民经济计划、农业区划、城市开发、科学管理土地等多项工作提供重要的基础资料。6 月 8 日,市级汇总成果通过省土管局验收和有关专家鉴定。至 1996 年 5 月,完成城市密集区测量 22.5 平方千米,首级控制 65 平方千米,地籍地图 353 幅,调查 20067 宗单位和个人的土地权属界线,用地类别及利用现状等地籍要素,全面查清全市城市规划区内的土地权属、类别、面积、分布和现状,摸清市城区土地家底。9 月 23 日,经省土地管理局验收,调查成果达到优良水平,颁发"城镇地籍调查合格证书"。

2003 年,全市实施地籍信息化建设,完成城镇地籍管理信息系统,建成覆盖城区 8887 宗地计 28 万平方千米,共 371 幅地籍图形和属性的数据库,为地籍管理提供信息平台,被国土资源部授予"全国土地登记、调查先进单位"称号。

2004 年 3 月,市国土资源局牵头组织开展城镇地籍调查工作,按照工作方案和技术方案,选定合作单位、落实工作经费,开展外业更新调查、数据采集,收集土地详查和土地变更调查的图件、数据,建立数据库等步骤进行。武汉瑞得信息工程有限责任公司负责外业调查、数据处理和数据库建设,省测绘局第二测绘院负责航空摄影和正射影像图制作,市国土资源测绘勘察设计院负责对老城区及新城区地籍修测、补测。至 2005 年 9 月,完成全市 427 平方千米最新土地利用现状、权属、分布和数量调查工作,涉及 2 个区的 15 个乡镇场、街道办事处,涵盖 80 个行政村,调查图斑总数 87396 个,其中面状图斑 63404 个、线状图斑 23993 个。城区面积 39 平方千米,入库管理宗地 26378 宗,登记发证 14514 宗,绘制 1:500 城镇地籍图 696 幅。其中数字化成果包括全市 275 幅数字正射影像图,城镇土地利用更新数据库文件,各级行政界限、权属界限数据。是年 12 月,景德镇市城镇一体化地籍管理信息系统通过国土资源部及省国土资源厅专家组的验收,确认景德镇市城镇地籍管理信息系统项目技术先进,实用性强,在全省处于领先地位,项目获得部级银奖。

第二次土地调查

2007 年 9 月 26 日,成立市第二次土地调查工作小组,领导小组下设办公室,抽调 12 个单位的人员专职负责全市土地调查工作。先后举办第二次土地调查业务培训班 20 余期,培训人员 500 余人次。

2008 年,启动全市第二次土地调查,调查范围:全市辖区内农村土地调查全覆盖,城镇地籍调查,本级市、县(市、区)政府所在地的城市或城镇。3 月 28 日,制定《景德镇市第二次土地调查工作实施方案》并组织实施。是年完成农村土地外业调查 4000 多平方千米,县(市、区)城镇土地调查完成 60%,确保全市第二次土地调查工作有序推进。2009 年,全市开展"第二次调查工作决战年行动",全面完成农村土地外业调查,完成市本级土地调查,统一推进数据库建设。2010 年全面结束,形成文字、数据、图件等成果资料,并汇总报送国土资源部验收。

土地利用调查

1998 年,开展土地利用变更调查。市土地利用面积情况为耕地 883.15 平方千米、园地 92.48 平方千米、林地 3613.75 平方千米、交通用地 48.84 平方千米、居民点及工矿 172.06 平方千米、水域 293.09 平方千米、未利用地 152.18 平方千米。

根据市土地利用调查成果,至 2007 年 12 月底,农用地面积 4761.60 平方千米,占土地总面积的 90.59%。其中耕地 842.89 平方千米,以种植粮食以及蔬菜、油菜、棉花、芝麻、花生等经济作物为主;园地 92.65 平方千米,以种植柑橘、桃、李、杨梅、板栗等为主;林地 3641.98 平方千米,主要分布在浮梁县和昌江区的南部山区;牧草地 0.55 平方千米;其他农用地 183.53 平方千米,主要为畜禽饲养、农村道路、养殖水面及坑塘水面等用地。建设用地面积 253.15 平方千米,占土地总面积 4.82%,主要包括居民点和工矿用地、交通运输用地及水利设施用地。由于经济的发展,城镇面积不断扩大,居民点及工矿用地共 181.07 平方千米;交通运输用地中主要是铁路及公路用地,共 30.83 平方千米;水利设施用地 41.25 平方千米,主要为水库水面及水工建筑用地。未利用地面积 241.47 平方千米,占土地总面积 4.59%。其中荒草地面积 80.29 平方千米;沼泽地、沙地、裸土地、裸岩石砾地、其他未利用地面积27.24平方千米;水域面积133.94平方千米(河流水面面积73.15平方千米,苇地、滩涂用地面积60.79平方千米)。

至2010年,土地利用变更为耕地929.53平方千米,园地57.85平方千米,林地3572.41平方千米,交通用地72.07平方千米,居民点及工矿271.18平方千米,水域235.85平方千米,未利用地46.16平方千米。

表3-2-1 **1998—2010年景德镇市土地利用情况表** 单位:平方千米

年份	耕地	园地	林地	交通用地	居民点及工矿	水域	未利用地
1998	883.15	92.48	3613.75	48.84	172.06	293.09	152.18
1999	893.22	92.37	3612.43	49.82	172.94	290.16	144.61
2000	893.22	92.37	3612.12	50.53	172.93	290.04	144.33
2001	893.22	92.29	3612.06	50.54	173.06	290.04	144.34
2002	886.62	92.27	3618.51	18.73	173.09	133.67	105.56
2003	862.16	93.51	3641.24	19.14	174.49	133.66	105.36
2004	848.49	94.78	3653.20	19.22	175.53	133.66	104.76
2005	848.22	94.78	3652.81	19.22	176.24	133.66	104.76
2006	843.31	92.76	3643.15	30.83	179.06	133.94	107.77
2007	842.89	92.65	3641.98	30.83	181.07	133.94	107.53
2008	842.90	92.39	3640.24	30.83	185.75	133.69	105.47
2009	929.67	58.41	3576.59	68.82	265.95	235.77	45.67
2010	929.53	57.85	3572.41	72.07	271.18	235.85	46.16

第二节 测绘管理

基础测绘

1991年2月21日,市土地管理局邀请武汉测绘科技大学专家,采用GPS卫星技术进行地籍控制测量,利用4台GPS双频接收机执行旸府山、龙头山等6个控制点的作业观测,3月初完成全部内业,控制面积65平方千米。

2003年12月,用航空摄影测量方法生产共25幅1:10000数字线划地图(DLG)。2004年,市国土资源局投入资金700万元,对城区460平方千米面积地形地貌进行航拍测绘,形成一整套清晰完整的城区测绘资料。2005年,对新城区11平方千米进行实地测绘和4平方千米的修订测绘工作,形成覆盖全市350千米的航片图,建立具有3种比例尺规格的城乡一体地储信息系统。

2006年,完成《景德镇市(2006—2015)中长期基础测绘规划》编制工作,并组织实施。2008年8月,市国土局与省第三测绘院编制完成景德镇市城区图,景德镇市地图等一批公开版规范地图,为政府部门、社会各界人士提供便捷、可靠的测绘服务。至2010年,市国土资源局将基础测绘与第二次全国土地调查结合,在控制网的布设、地籍地形测量、数据库建立上与基础测绘规划相衔接,同期部署、同期安排。全市基础测绘完成采用数字摄影测量,测制123.4平方千米1:500比例尺数字地形图1974幅、34.9平方千米1:1000比例尺数字地形图139幅、193平方千米1:2000比例尺数字地形图193幅。图形生产时用图单位提出需与当时的

1∶10000 地形图坐标系一致，坐标系统采用中央子午线为东经 117°00′高斯统一投影 3°带的 1954 年北京坐标系，满足规范 GB 50026－2007《工程测量规范》测区内投影长度变形值不大于 2.5 厘米/千米的要求。

数字城市建设

2010 年 11 月，经国家测绘地理信息局批准，景德镇市列入数字城市建设推广城市。市政府把“数字景德镇”项目建设，作为促进经济社会发展的一个重要基础平台，颁发《景德镇市数字城市地理框架建设与使用管理办法》，成立由市国土资源局、市公安局、市国安局、市建设局、市房管局、市建筑设计院等部门分管领导组成领导小组，投入资金 1501.08 万元，推动数字城市项目的实施，并成功向国家测绘局申报“数字城市地理框架建设项目”。

数字景德镇地理空间框架建设包括建立：“一库”即市基础地理信息数据库；“一平台”即市地理信息公共服务平台；“七个示范应用”即天地图·景德镇、地税地理信息系统、地质灾害地理信息系统、房产销售分布地理信息系统、国安地理信息系统、城乡一体化地籍管理信息系统、警用地理信息系统；“三套数据集”即基础地理数据集、政务数据集、公众数据集。采用国家认可的地理信息数据保密处理技术，并统筹做好数据保密，经整合分别建立涉密版、政务版、公众版三个地理信息数据库，形成分版运行的规范模式。

数字景德镇建设以地理信息资源开发利用为出发点，在典型示范应用、多领域拓展应用两方面推进，在景德镇旅游查询、城市管理、城市交通、环境监控、应急处置、政府决策和服务民生等方面发挥信息化作用，促进城市人流、物流、资金流、交通流的通畅协调，为市民的生产生活提供方便。

测量标志普查

1986 年以后，全市多次开展测量标志普查工作，纳入国家重点保护范围的测量标志有 81 个，其中 GPS 点 15 个(A 级 GPS 点 1 个，B 级 GPS 点 5 个，C 级 GPS 点 9 个)、水准点 66 个(二等水准点 48 个，三等水准点 18 个)。查明一些测量标志占地属性和永久性测量标志的保护状况。将测量标志有关照片、图件、基本情况等普查成果全部建档归案，并颁发土地使用证书。市国土资源局将测量标志保护工作纳入县(市)级国土资源考核评价，制定《测量标志保护巡查记录表》《测绘市场监管情况记录表》。各县(市)国土资源局定期组织基层国土资源所填报，开展一年一度的测量标志维护管理检查。利用全国土地日、测绘法宣传日及普法教育的机会，向测标保管员、社会各界宣传测量标志的重要性，宣传损毁测量标志要承担的法律责任，普及测量标志保护知识。

测绘成果管理

2003 年，景德镇市开展测绘资质审查、年度注册及复审换证工作。加强测绘成果管理，做好测绘成果年度汇交和档案考核、测绘项目质量监督检查工作。至 2010 年，景德镇市有测绘资质单位 12 家，其中乙级 2 家、丙级 2 家、丁级 8 家。市国土资源局建立测绘成果资料和信息共享机制，提高公共资源利用率。建立测绘地理信息市场监管职能部门联席会议制度，定期分析存在的问题，研究制定应对措施。2008—2010 年，连续获全省测绘管理工作先进单位。2010 年，申请省测绘局、国家测绘局对市部分 1∶500、1∶1000、1∶2000 涉密测绘成果进行技术处理，为全市社会各类发展提供测绘成果 1200 多幅。

测绘行政执法

2003—2010 年，市国土资源局对全市地图市场、网站存在“问题地图”进行查处，发现“问题地图”约 200 份，责令 2 家经营单位撤下问题地图，保证网络以及其他方面使用地图严格按照国家相关部门的规定执行。

2007 年 8 月 26 日，市政府颁布《景德镇市测绘管理办法》，推进测绘行政执法工作。市国土资源局每年定期开展测绘成果保密工作检查，认真检查测绘成果的索取、使用管理和对外提供等工作，重点检查测绘成果的保管制度与设施，加工使用与传输，测绘纸质图、各类测绘成果数据、涉密计算机及移动存储介质等，完善保密管理制度和设施，避免失、泄密事件的发生。

第三节　矿产管理

采矿登记管理

1986 年，市经贸委矿管科负责管理采矿业。1987 年 10 月，成立市矿产资源开发管理局，对全市的采矿企业实现采矿登记管理。1991—1992 年，全市共有 829 个国营、集体单位和个体采矿者获得采矿登记证。1993 年 9 月，市矿产资源开发管理局更名为市地质矿产局。1993—1996 年，全市共发放采矿登记证 501 个。其中省级发证矿山 9 个，包括锰矿 1 个、煤矿 7 个、砂金矿 1 个；市级登记发证矿山 14 个，包括煤矿 2 个、陶瓷土矿 7 个、萤石矿 1 个、大理石矿 1 个、砖瓦黏土矿 3 个；县级登记发证矿山 478 个，包括煤矿 243 个、建筑石料矿 85 个、砖瓦黏土矿 91 个、河道采砂 59 个。

1998 年，根据国务院《矿产资源开采登记管理办法》，全市开始调整资源管理方式，取消按国有、集体、个体的分类管理模式，建立按矿种、规模确定的国家、省、市、县分级管理权限，并使用统一制发的国家采矿许可证，体现矿山资源的国家所有性质。

矿产资源开采管理

1986 年以后，全市矿产资源开发经历 3 次产业结构调整，第一次产业调整是 80 年代中末期至 90 年代初期，鼓励全民开矿，扶持乡镇集体、个体开采矿产资源，全市矿产开采全面开放，特别是煤矿的开采，矿山数由改革开放前 7 个国营企业，增加至 500 余个采矿点。

1994—2005 年，进行第二次产业调整，根据资源的供需矛盾，调整矿产资源开采结构，实行关井压产，取缔一大批采矿条件差、生产工艺落后、影响国矿安全的个体小矿山。全市煤矿矿山总数由关井压产前的 243 个陆续压缩至 1999 年年底的 81 个，2005 年年底减至 31 个。

2006 年起，进行第三次产业调整，各级政府引导矿山企业自主整合矿产资源，以优并劣，以大并小，实行重组兼并。对矿山布局不合理、小规模开采、一矿多开等现象进行调整，整合一部分有开采潜力、具备联合做大的小矿。对全市煤炭、瓷土、黄金、石灰岩等主要矿产资源进行总体规划，逐步由分散性开采整合到集约式开发。新建一批上规模上档次，技术含量高的大型矿山企业，扩建一批有潜力、有资源，环境、安全条件达标的规模矿山。

2008 年，根据省政府确定“矿产资源整合年”的要求，按照“整顿关闭、整合技改、管理强矿”三步走工作思路，对乐平矿务局涌山矿区的 3 个煤矿、江西锦溪水泥有限公司坞家山 4 个矿山的石灰岩进行统一整合。2010 年，又陆续对江西锦溪水泥有限公司中堡石灰岩矿、浮梁县朱溪顺利瓷土矿等 5 个矿山进行整合。整合后的矿山开采规模有较大提高，煤矿由原来的单矿年生产能力 25 万吨提高到 90 万吨，石灰岩由原来的单矿年生产能力 5 万吨提高到 50 万吨，矿山安全也得到改善。

至 2010 年年底，全市矿山总数下降到 159 个，其中煤矿 22 个、金矿 5 个、铜矿 2 个、锡矿 1 个、陶瓷(高岭)土矿 23 个、膨润土矿 4 个、水泥用石灰岩矿 7 个、大理石矿 1 个、石英矿 1 个、方解石矿 1 个、萤石矿 1 个、建筑用石料矿 53 个、砖瓦用页岩(黏土)矿 38 个。

矿产资源规划

2004 年，市政府制定《景德镇市矿产资源总体规划(2001—2010)》。2008 年，市国土资源局在总体规划的基础上，制定《景德镇市矿山资源总体规划(2008—2015)》，规划覆盖范围为景德镇市所辖行政区域，对地质矿产调查评价、矿产资源勘查、开发利用与保护现状，以及矿山生态环境保护等作出总体安排；划定矿产资源开采规划区，确定鼓励开采区、限制开采区、禁止开采区和储备保护区的划分；提出矿业开发结构调整与优化、矿产资源利用率、新建设矿山准入条件和矿产资源市场建设等，成为市政府对所辖行政区矿产资源勘查、保护和合理利用，矿山生态环境保护进行宏观调控和监督管理的依据。

矿业秩序治理整顿

1991—1992 年，全市开展矿业秩序治理整顿工作，封闭个体煤窑 458 座，查处采矿侵权和越界采矿案件

56起。1994年3—11月,对全市小煤窑进行4次规模较大的清理整顿,取缔并炸毁非法小煤窑17座,促进矿区矿业秩序好转。1996年,全面开展矿业秩序整顿,重点以一片煤(乐平小煤窑)、一条江(昌江河群采)、一座山(浮梁大背坞金矿区)为主要整顿对象。共采取突击性行动数十次,共封闭、炸毁小煤窑107座,清理非法采金船60余条,淘汰采砂船35条。1997年,继续进行矿业秩序整改,关闭非法小煤窑156座。2002年,全市炸封关闭无证非法矿山463个,其中煤窑267个,并对越界越层开采、破坏资源、破坏环境和影响安全的矿山进行整改。2003年,市国土资源局加强对全市无证小煤窑及非煤矿山的监控管理,组织人员到矿山监控27次,下达违法开采制止通知书16份,行政处罚函件11份,炸封非法小煤窑85个,关闭无证矿山48个,查处越界超深开采4起,乱采滥挖、破坏资源18起,没收矿产品690吨,吊销采矿许可证2个,注销采矿证87个。

2004年6月,市国土资源局与各级政府及有关部门配合,严厉打击非法开采矿产资源行为,关闭炸封无证非法矿井270余座,其中煤矿246座,查处越层越界开采2起。

2005年,依据国务院《关于全面整顿和规范矿产资源开发秩序的通知》精神,全市开展9次较大规模的专项整治行动,出动千余人次,关闭炸封无证矿山437个,其中非法小煤窑398个、非法采砂淘金矿12个、非法矿点27个,越界开采3处,非法转让矿山2起。但由于煤炭市场供不应求,开采门槛低,暴利之下小煤窑开采屡禁不止。

2006年年初,对全市小煤窑进行7次大规模重点整治,炸封无证矿山436个,其中非法小煤窑397个、非法采砂淘金船12条、非法采石27处,越界开采3处,非法转让2起,没收矿产品原煤1100吨。2007年,对全市非法小煤窑进行大规模整治,共炸封非法煤矿493座次,没收非法开采煤炭1100吨,收缴非法采煤机械、机电设备70余件,拘留非法采煤矿主90余人。非法采煤现象得到有效遏制,全市非法煤矿首次出现零开采局面。2009年,加大矿山执法动态巡查,连续3年保持非法小煤窑"零开采"、矿山安全"零事故"。国土资源部等13部委授予市国土资源局全国整顿和规范矿产资源开发秩序先进单位称号。

至2010年年底,全市累计炸封非法小煤窑494个,炸毁没收非法采矿设备158件(台),拆除工棚屋160余间,没收非法煤炭23260余吨,依法查处非法采矿人员422人次,其中刑拘29人次,治安拘留360余人次,其他处罚30余人次,罚没款16万余元,党纪政纪处理失职干部20余人。在彻底遏制小煤窑非法开采的同时,对非法开采黄金、陶瓷土、石英矿等活动以及越界开采等违法行为进行查处,关闭非法开采矿点13处。

第四节　土地登记发证

1988年10月,市政府颁布《景德镇市国有土地使用权申报登记实施细则》,市土地管理局组织用地单位及个人对其在市城区所使用的土地进行申报,开展土地权属调查、审核、登记工作。权属调查由专业队伍通知用地单位会同调查组人员实地指界,相邻双方签字盖章来确定宗地界址线。历时两年多完成申报登记工作,省土地管理局派员检查认定符合国家技术规程,达到"土地来源合法,四至清楚无争议,面积准确"标准。

1991年10月,市政府召开景德镇市城市国有土地使用权颁证大会,首次颁发国有土地使用证,至1992年共颁发4000本。同年,按照省政府统一部署,全面开展境内铁路用地调查、登记、发证工作。浮梁县和乐平市分别完成皖赣线26宗,面积225.93万平方米,乐德线9宗,面积13.53万平方米的铁路用地登记发证。1993年,全市共颁发土地使用证9265本,其中国有土地使用证2065本、集体建设用地使用证7182本、临时用地18宗,办理各种变更登记手续227宗。1998年,全市共颁发土地使用证1159本,其中国有土地使用证792本,集体土地使用证367本。累计颁发国有土地使用证11684本;集体土地使用证27462本,其中昌江区1808本、乐平市3577本、浮梁县22077本。

1999年6月15日至12月31日,全市开展土地证年检工作,对19776宗用地进行检查,查出非法出租、转让、改变用途420宗,少批多占145宗,补办土地使用证534本,补收土地收益65.99万元。2002年,全市颁发国有土地使用证11475本,累计颁发17595本;颁发集体土地建设用地使用证1905本,累计颁发31993本。

2003年12月，市政府发布《景德镇市土地登记暂行办法》，进一步规范土地登记发证工作，全市共颁发国有土地使用证1566本，其中市规划区529本、昌江区5本、乐平市808本、浮梁县224本；集体建设用地使用证666本，其中昌江区12本、乐平市17本、浮梁县637本。至2010年，共颁发中华人民共和国国有土地使用证39343本。

第五节　管理机构

市国土资源管理局

1987年8月27日，成立市土地管理局，内设秘书科、地籍管理科、建设用地科、综合调研科等4个业务科室，为市政府正处级工作部门。是年10月，成立市矿产资源开发监督管理局，1993年9月16日更名为市地质矿产局，内设开发监督科、综合科2个业务科室。2002年10月16日，市土地管理局与市地质矿产局合并，组建市国土资源局，内设资源利用规划科、耕地保护科、地籍管理科等6个业务科室，机关编制32人。下辖市土地储备中心、市国土资源执法监察支队、市地产市场管理处（市土地交易中心）、市土地整理中心、市建设用地事务中心、市国土资源财务中心、市国土资源信息中心等7个直属单位。

直属单位

高新技术产业开发区分局　2002年，景德镇高新区管委会土地管理局，为景德镇高新区内设机构。2006年4月26日，更名为市国土资源局高新区分局，隶属于市国土资源局，为正科级全额拨款事业单位。

市土地储备中心　2000年11月26日成立，为正科级全额拨款事业单位。2002年8月9日，升格为副县级全额拨款事业单位，编制18人。

市国土资源执法监察支队　2000年4月10日，成立市土地监察大队，为正科级差额拨款事业单位管理，核定事业编制30人。2007年4月2日，更名为市国土资源执法监察支队，内设办公室、案件审理科、市国土资源执法监察指挥中心，土地执法、矿山执法和土地收益大队。

市地产市场管理处（市土地交易中心）　1995年3月10日，成立市地产市场管理处，为正科级全额拨款事业单位。2001年3月2日，成立市土地交易中心，与地产市场管理处合署办公，编制11人。

市土地整理中心　2001年3月13日成立，为正科级全额拨款事业单位，编制6人。

市建设用地事务中心　2008年4月22日，成立市征地事务所，为正科级自收自支事业单位。2009年5月31日更名为市建设用地事务中心，编制6人。

市国土资源财务中心　2009年5月31日成立，为正科级全额拨款事业单位，编制3人。

市国土资源信息中心　2008年4月22日成立，为正科级全额拨款事业单位，编制2人。

派出机构

市国土资源局珠山分局　1994年1月21日，成立市土地管理局珠山分局，2002年10月更名为市国土资源局珠山分局。为市国土资源局正科级派出机构，编制3人。

市国土资源局昌江分局　2000年4月10日，昌江区土地管理局更名为市土地管理局昌江分局，2002年10月更名为市国土资源局昌江分局。为市国土资源局正科级派出机构，编制8人，下辖竟成、荷塘、鱼山、丽阳国土资源所4个事业单位。

陶瓷工业园分局　为市国土资源局的派出机构，正科级全额拨款的事业单位，是依法受委托执法机构。2004年6月20日成立陶瓷科技园土地管理局，编制3人，2006年4月26日更名为市国土资源局陶瓷工业园分局。2010年10月11日，成立罗家桥国土资源所，为副科级全额拨款事业单位，隶属于市国土资源局陶瓷工业园分局，编制2人。

县级管理机构

乐平市国土资源局　1987年8月，成立乐平县土地管理局，隶属乐平市政府的正科级工作部门。内设人事秘书股、地籍管理股、建设用地管理股、土地监察股4个业务科室,下辖地产公司等1个直属单位。1989年成立乐平市矿产资源管理局,1993年更名为乐平市地质矿产局,内设人事秘书股、矿管股、矿产监督管理股3个业务科室。2002年10月,乐平市土地管理局与乐平市地质矿产局合并,组建乐平市国土资源局,内设人事秘书股、地籍管理股、耕地保护股等7个业务科室,下辖乐平市土地交易中心、乐平市土地储备中心、乐平市国土资源执法监察大队等26个直属单位,编制210人。

浮梁县国土资源局 1989年3月,由蛟潭区农业局土地管理办公室和鹅湖区农业局土地管理办公室合并,成立浮梁县土地管理局,隶属浮梁县政府的正科级工作部门,内设人秘股、地籍股、耕保股、用地股、计财股5个行政股室,下辖土地执法监察大队、测量队2个事业单位。1993年9月,成立县矿产资源管理局,内设人秘股、矿管股、矿监股、计财股4个行政股室,下设事业单位砂石所。2002年9月20日,县土地管理局与县矿产资源管理局合并,组建县国土资源管理局,内设人秘股、地籍股、规划测绘股、法规股、计财股、矿管股、地质环境股、耕保利用股8个行政股室,下设国土资源执法监察大队、土地储备中心、7个国土资源中心所、征地事务中心、测量队、土地整理中心、估价所、交易中心、砂石管理所等15个直属事业单位。

第三章 环境监测

80年代至21世纪初,景德镇市区环境空气污染表现为煤烟型污染,及硫酸型酸雨为主要特征,空气污染源主要是燃料燃烧废气、生产工艺废气、机动车辆尾气,城市建设、建筑施工、道路交通改造和居民生活产生的扬尘和油烟等。空气污染物包括二氧化硫、氮氧化物、总悬浮颗粒物(可吸入颗粒物)、降尘和降水中的硫酸盐、硝酸盐、氯化物等。各类废水全部通过直接或间接的方式排入昌江河和乐安河。工业废水中的污染物主要是化学需氧量、氨氮和石油类等,主要来源是焦化集团和乐平市塔山工业园。居民生活污水中含有化学需氧量、氨氮、总磷、生化需氧量、大肠菌群等。声环境质量的主要声源为生活噪声、交通噪声和施工噪声,工业噪声和其他噪声对声环境质量的影响较小。

进入21世纪后,市委市政府加大力度推进整治环境、建设生态城市"蓝天碧水"工程,市区空气质量得到较大改善,空气质量稳定达到国家二级标准,昌江水质保持在国家Ⅱ类水以上,景德镇环境质量在江西设区市中名列前茅。但乐安江水质受上游德兴铜矿影响,重金属超标。

第一节 大气环境

大气监测

监测项目 1986年,全市大气环境监测项目有二氧化硫、氮氧化物、总悬浮颗粒物、降尘、大气降水等6项。其中大气降水监测包括降水量、pH值、硝酸根离子、铵离子、钙离子、镁离子、钾离子、钠离子、电导率等。1987—1990年大气降水仅监测pH值。1991年以后,降水监测项目包括降水量、pH值、电导率、硫酸根离子、硝酸根离子、氯离子、氟离子、铵离子、钙离子、镁离子、钾离子、钠离子。1993年空气质量监测增加硫酸盐化速率项目。2001年起,氮氧化物改为二氧化氮。2004年起,总悬浮颗粒物改为可吸入颗粒物。

2010年,大气环境例行监测项目有二氧化硫、二氧化氮、可吸入颗粒物、降尘、硫酸盐化速率、大气降水6项。其中大气降水监测包括降水量、pH值、电导率、硫酸根离子、硝酸根离子、钾离子、钠离子、钙离子、镁离子、铵离子、氯离子和氟离子12个项目。采样分析方法按照料国家标准、《环境监测技术规范》(大气和废气部分)和《空气和废气监测分析方法》执行。

监测点 1986年,按功能分区设置大气环境监测点,西郊工业区(吕蒙、4321厂、市气象台)、居民商业区(市计委)、老工业区(市光明瓷厂)、东郊工业区(里村、陶瓷学院)7个点位,监测二氧化硫、氮氧化物、总悬浮颗粒物、降尘。降水监测点设置在市气象台、市茶厂、市环境监测站。1987年至1992年8月降水监测只在市监测站(昌虹路)设点。

1989年,经省环保局批准,确定西郊工业区(市兽医站)、市中心地带(市老干部活动中心)、东郊工业区(轻工部陶研所)作为国控站景德镇市大气环境监测点位,景德镇日报社作为对照点,监测二氧化硫、氮氧化物、总悬浮颗粒物。1990年,国控站景德镇市大气环境监测点位开始监测降尘项目。1992年9月在西郊(市象台)增设降水监测点。

1993年,国控站市大气环境监测点位开始监测硫酸盐化速率项目。1998年,大气环境监测对照点从景德镇日报社迁至市财校。2003年12月,在王港中学和原环保局院内建立酸雨自动采样系统。

2005年,昌虹路降水监测点迁至玉田湖。2006年12月,在陶瓷学院安装环境空气自动监测系统。2007年,在轻工部陶研所安装环境空气自动监测系统。2008年5月,在高新区(台达陶瓷)增设大气环境监测点,对照点从财校迁至897厂。是年,玉田湖降水监测点迁至王港中学。

检测频率　1986年,降尘每月监测一次,每次1个月;降水pH值逢雨必测,其他监测项目每月监测一次。1986—1999年,二氧化硫、氮氧化物、总悬浮颗粒物监测频率为每季1次,1月、4月、7月、10月为监测月,每年4次,每次5天(其中二氧化硫、氮氧化物,每次采样40分钟,总悬浮颗粒物每次采样1小时)。1993年,硫酸盐化速率每月监测1次,每次时间为1个月。2000年,二氧化硫、氮氧化物、总悬浮颗粒物监测由"五日法"改为24小时连续采样人工分析法。2003年6月,在市老干部活动中心和市兽医站2个大气监测点,安装环境空气自动监测系统,进行24小时连续监测。2006年12月,在轻工部陶研所监测点采用空气自动监测系统进行24小时连续监测。2008年5月,在高新区(台达陶瓷)监测点采用24小时连续采样人工分析法。

表3-3-1　**2010年景德镇市大气环境监测点位设置表**　单位:米

监测项目	测点名称	测点地理坐标	测点海拔	采样高度
二氧化硫、二氧化氮、可吸入颗粒物、降尘、硫酸盐化速率	897厂	北纬29°24′49.8″ 东经117°13′55.9″	53	10
	老干部活动中心	北纬29°17′45.6″ 东经117°12′39.6″	67	15
	轻工部陶研所	北纬29°17′43.7″ 东经117°14′45.5″	43	15
	市兽医站	北纬29°16′42.6″ 东经117°11′54″	69	10
	台达陶瓷	北纬29°15′35″ 东经117°08′57″	35	10

大气环境质量

二氧化硫浓度　1986年,二氧化硫年均浓度为0.095毫克/立方米,日均浓度超标率为15.36%。2010年二氧化硫年均浓度为0.015毫克/立方米。日均浓度超过国家二级标准的年份有1986—1989年,其中1986年年均值最高。1988年日均浓度最高为0.636毫克/立方米,超标率16.89%,超过国家二级标准3.24倍。

二氧化氮浓度　1986年,氮氧化物(2001年起改为二氧化氮)日均浓度为0.047毫克/立方米,日均浓度超标率为7.19%。2001年、2010年分别为0.026毫克/立方米和0.021毫克/立方米,超标率均为0。1987年和1990年,年均浓度超过国家二级标准,1990年年均值最高,为0.062毫克/立方米,超过国家二级标准0.24倍。

可吸入颗粒物浓度　1986年,总悬浮颗粒物(2004年起改为可吸入颗粒物)年均浓度为0.457毫克/立方米,日均浓度超标率为58.17%。2003年年均浓度为0.163毫克/立方米,日均浓度超标率为12.5%。2010年可吸入颗粒物年均浓度为0.058毫克/立方米。总悬浮颗粒物年均浓度超过国家二级标准的有9

年,即1986—1992年,1995年和1998年,其中1987年年均值和日均浓度超标率均最高,超过国家二级标准2.07倍。

表3-3-2　　1986—2010年景德镇市空气环境监测数据表(一)　　单位:毫克/立方米、%

年份	二氧化硫			氮氧化物(※二氧化氮)			总悬浮颗粒物(※可吸入颗粒物)		
	年均值	日均浓度范围	超标率	年均值	日均浓度范围	超标率	年均值	日均浓度范围	超标率
1986	0.095	0.008~0.507	15.36	0.047	0.008~0.301	7.19	0.457	0.121~1.610	58.17
1987	0.072	0.008~0.509	11.39	0.054	0.017~0.347	7.83	0.614	0.070~1.634	71.89
1988	0.093	0.012~0.636	16.89	0.044	0.014~0.242	4.58	0.543	0.112~1.515	71.8
1989	0.068	0.008~0.312	11.7	0.032	0.010~0.135	1.37	0.467	0.065~1.862	50
1990	0.048	0.013~0.311	5.67	0.062	0.005~0.204	13.13	0.287	0.038~1.155	29.37
1991	0.049	0.003~0.287	5	0.047	0.013~0.176	3.75	0.229	0.052~0.760	21.25
1992	0.056	0.009~0.200	2.5	0.048	0.017~0.135	6.25	0.228	0.023~0.550	25
1993	0.083	0.013~0.262	8.75	0.039	0.005~0.138	2.5	0.144	0.011~0.663	10
1994	0.054	0.008~0.132	1.25	0.04	0.005~0.104	2.5	0.187	0.013~0.656	17.5
1995	0.05	0.008~0.137	0	0.04	0.008~0.118	5	0.224	0.071~0.410	27.5
1996	0.03	0.002~0.151	1	0.037	0.001~0.091	0	0.186	0.009~0.464	13
1997	0.027	0.002~0.108	0	0.039	0.004~0.084	0	0.18	0.002~0.450	10
1998	0.022	0.002~0.098	0	0.037	0.005~0.106	1	0.282	0.003~1.480	31
1999	0.022	0.001~0.067	0	0.044	0.010~0.175	3	0.174	0.009~0.527	14
2000	0.024	0.002~0.095	0	0.026	0.006~0.089	0	0.149	0.001~0.370	15
2001	0.024	0.002~0.085	0	※0.026	0.008~0.062	0	0.177	0.052~0.320	1
2002	0.014	0.001~0.047	0	※0.022	0.002~0.049	0	0.115	0.011~0.276	0
2003	0.017	0.002~0.088	0	※0.02	0.002~0.056	0	0.163	0.037~0.353	12.5
2004	0.018	0.001~0.155	0.3	※0.025	0.002~0.118	0	※0.064	0.019~0.186	0.6
2005	0.013	0.002~0.058	0	※0.02	0.005~0.059	0	※0.07	0.029~0.145	0
2006	0.019	0.001~0.064	0	※0.023	0.006~0.063	0	※0.067	0.026~0.148	3.39
2007	0.016	0.002~0.050	0	※0.017	0.004~0.063	0	※0.063	0.023~0.172	2.49
2008	0.012	0.002~0.048	0	※0.016	0.001~0.045	0	※0.059	0.022~0.135	0
2009	0.027	0.002~0.066	0	※0.017	0.002~0.045	0	※0.056	0.024~0.126	0
2010	0.015	0.003~0.049	0	※0.021	0.003~0.045	0	※0.058	0.043~0.085	0

说明:表中超标率是指"日均浓度超标率"

降尘浓度　1986年,空气降尘为15.41吨/平方千米·月,2010年为4.131吨/平方千米·月。降尘月均浓度有超标现象的年份有1986—1995年、1997年、2001—2005年16个年份,其中降尘年均值最高的是1989年,为22.93吨/平方千米·月,超标1.08倍;降尘月均浓度超标率最高的年份是1992年,月均浓度超标率为80.6%。

硫酸盐化速率 1993年开始监测空气硫酸盐化速率,当年月均浓度为0.497三氧化硫毫克/100平方厘米碱片·日。2010年硫酸盐化速率月均浓度为0.100三氧化硫毫克/100平方厘米碱片·日。硫酸盐化速率日均浓度有超标现象的年份有1993—1996年、1998—2003年10个年份。其中1994年年均值最高,为0.574三氧化硫毫克/100平方厘米碱片·日,1993年日均浓度超标率最高,为44.44%。

表3-3-3 1986—2010年景德镇市空气环境监测数据表(二)

年份	降尘（吨/平方千米·月）			硫酸盐化速率三氧化硫（毫克/100平方厘米碱片·日）		
	年均值	月均浓度范围	超标率(%)	年均值	日均浓度范围	超标率(%)
1986	15.41	4.23~51.48	55.3	—	—	—
1987	20.78	4.29~49.52	74.4	—	—	—
1988	16.98	2.43~57.73	42.2	—	—	—
1989	22.93	3.30~55.72	59	—	—	—
1990	13.74	3.55~35.04	34	—	—	—
1991	9.372	2.260~26.630	72.2	—	—	—
1992	11.68	3.600~33.02	80.6	—	—	—
1993	7.766	3.039~42.283	35.4	0.497	0.118~1.593	44.44
1994	12.826	2.908~26.659	56.25	0.574	0.021~2.510	39.13
1995	8.72	2.900~20.540	45.8	0.258	0.028~0.940	12.50
1996	6.8	5.8~7.8	0	0.174	0.010~1.270	4.17
1997	5.3	3.5~7.0	66.67	0.058	0.010~0.154	0.00
1998	4.7	3.8~5.0	0	0.156	0.015~0.917	6.25
1999	5.6	4.4~6.8	0	0.112	0.003~0.660	2.08
2000	5.6	4.4~6.7	0	0.18	0.015~0.784	8.33
2001	6.85	2.1~15	23.4	0.114	0.013~0.294	2.10
2002	5.84	2.064~12.0	20.8	0.091	0.013~0.275	2.10
2003	5.7	0.267~9.530	18.8	0.084	0.015~0.429	6.20
2004	6.14	2.923~15.524	27.1	0.076	0.015~0.246	0.00
2005	6.891	3.685~15.220	18.8	0.058	0.030~0.136	0.00
2006	6.845	2.634~12.741	0	0.056	0.030~0.130	0.00
2007	4.716	3.356~6.456	0	0.070	0.033~0.136	0.00
2008	4.502	3.019~6.550	0	0.078	0.038~0.122	0.00
2009	4.560	3.010~6.750	0	0.093	0.051~0.121	0.00
2010	4.131	2.979~5.139	0	0.100	0.058~0.150	0.00

酸雨 景德镇市的酸雨是由燃料燃烧、生产工艺废气、机动车尾气排放以及受大气环流影响形成。1986

年共采集降水样本 89 个,pH 年均值 5.01,酸雨频率 60.67%。2010 年共采集降水样本 150 个,pH 年均值 4.58,酸雨频率 92.67%。

1986—2010 年,酸雨 pH 年均值在 4.48 ~ 5.9 之间。其中,2006 年酸雨 pH 年均值最低为 4.48,1989 年酸雨 pH 年均值最高为 5.9;酸雨频率总体加密,2007 年最高为 94.12%,酸雨变化呈加重的趋势。

表 3-3-4　**1986—2010 年景德镇市酸雨监测情况表**

年份	样本数	pH 值范围	pH 年均值	酸雨频率(%)
1986	89	4.06 ~ 7.10	5.01	60.67
1987	76	4.34 ~ 7.80	5.46	52.63
1988	33	4.50 ~ 7.50	5.88	36.36
1989	8	4.4 ~ 7.38	5.9	37.50
1990	60	4.03 ~ 6.89	5.37	46.67
1991	26	5.11 ~ 6.43	5.36	26.92
1992	54	7.59 ~ 4.27	5.5	37.04
1993	102	4.01 ~ 6.11	4.6	83.33
1994	29	4.10 ~ 6.04	4.92	79.31
1995	44	4.36 ~ 7.07	5.81	54.55
1996	24	4.52 ~ 6.62	4.94	58.33
1997	46	4.20 ~ 5.73	4.68	91.30
1998	21	4.20 ~ 6.98	4.92	90.48
1999	146	4.12 ~ 6.54	4.76	86.30
2000	89	4.02 ~ 6.71	4.71	80.90
2001	84	3.84 ~ 6.90	4.62	76.19
2002	152	3.99 ~ 6.95	4.92	59.87
2003	112	3.91 ~ 7.24	4.85	80.36
2004	90	4.01 ~ 6.45	4.51	92.22
2005	126	3.70 ~ 7.24	4.59	84.13
2006	118	3.76 ~ 7.23	4.48	88.14
2007	68	3.64 ~ 6.83	4.55	94.12
2008	99	3.92 ~ 7.32	4.95	72.72
2009	136	3.50 ~ 7.41	4.57	89.71
2010	150	3.52 ~ 7.70	4.58	92.67

空气质量　2003 年开始,市环境监测站通过《景德镇日报》每日向市民公布空气质量状况。9 月 3 日开

始，在市电视台1、2、3频道开播空气质量日报及预报。2003—2010年空气质量总体良好，未见中度污染。

表3－3－5　　2003—2010年景德镇市空气质量情况表

年份		优良	轻度污染	年份		优良	轻度污染
2003	天数	213	1	2007	天数	365	0
	百分比(%)	99.6	0.4		百分比(%)	100	0
2004	天数	351	13	2008	天数	366	0
	百分比(%)	96.5	3.5		百分比(%)	100	0
2005	天数	363	2	2009	天数	365	0
	百分比(%)	99.5	0.5		百分比(%)	100	0
2006	天数	364	1	2010	天数	365	0
	百分比(%)	99.7	0.3		百分比(%)	100	0

工业烟尘排放　1986年，全市工业烟尘排放量为59292吨，随着全市煤烧圆窑和隧道窑的拆改，加上部分陶瓷企业关停后，全市工业烟尘排放量大幅下降。至2010年，全市的工业烟尘排放量为8230.36吨。二氧化硫的工业排放量则成波段性变化，2006年达到顶峰，排放51913.49吨，随着国家总量减排措施的出台与实施，全市二氧化硫工业排放量大幅下降，至2010年排放量减为37721.92吨。

表3－3－6　　1986—2010年景德镇市工业污染物排放情况表　　单位：吨

年份	工业二氧化硫	烟尘	年份	二氧化硫	烟尘	年份	二氧化硫	烟尘
1986	31970	59292	1995	16428	32319	2004	37569.73	9393.80
1987	23037	50656	1996	11493.85	13635.76	2005	47372.04	10571.49
1988	32119	48026	1997	21647.18	12150.40	2006	51913.49	8721.98
1989	25195	44515	1998	18638.84	9432.82	2007	48433.83	9752.83
1990	22457	45162	1999	14891.84	11737.64	2008	47611.22	7722.89
1991	24372	45183	2000	12167.43	7676.59	2009	43270.30	8392.18
1992	22976	27372	2001	18025.97	9091.58	2010	37721.92	8230.36
1993	22048	41184	2002	15837.33	9191.10			
1994	22560	40190	2003	15887.77	10440.11			

第二节　水环境

河流监测

昌江河（景德镇段）水质　1986年，景德镇市地表水监测主体是流经市境内的昌江河和乐安河。昌江河上设置有福港、观音阁、吕蒙、鲇鱼山以及玉田水库共5个监测断面，必测项目有pH值、水温、悬浮物、总硬度、高锰酸盐指数、溶解氧、五日生化需氧量、氨氮、亚硝酸盐氮、硝酸盐氮、挥发酚、总氰化物、砷、汞、六价铬、铅、镉、铜、电导率等19项。1989年开始监测石油类。至2007年，水质中氨氮、溶解氧、化学需氧量、挥发酚和石油类为主要超标项目。2008年,监测断面调整为镇埠、吊鱼村、洋湖水厂、南河河口、鲇鱼山和关山,监测项目调整为pH值、水温、溶解氧、高锰酸盐指数、化学需氧量、五日生化需氧量、氨氮、总磷、总氮、铜、锌、氟化物、硒、砷、汞、镉、六价铬、铅、总氰化物、挥发酚、石油类、阴离子表面活性剂、硫化物、粪大肠菌群等24项。2008—2010年,镇埠、吊鱼村、洋湖水厂、南河河口和关山断面监测项目全部达到国家标准。

福港断面。1986—2007年,超标项目有石油类、挥发酚、生化需氧量、氨氮等,其中主要超标项目是石油类。1989年福港断面石油类年均检测浓度是0.932毫克/升,超标2.1倍。2007年年均检测浓度为0.005毫克/升,达到国家标准。石油类最大单次检测浓度出现在1991年,最大检测浓度为19.8毫克/升,超标395倍;石油类超标的年份有1989年、1990年、1991年、1995年、1996年、1998年,超标率最高的年份有1995年、1996年、1998年,均为100%超标。挥发酚超标的年份是1994年,监测值为0.003毫克/升,超标0.5倍;生化需氧量超标的年份是1997年,监测值为4毫克/升,超标0.3倍;氨氮超标的年份是1995年,监测值为0.674毫克/升,超标0.3倍。

观音阁断面。1986—2007年,超标项目有石油类、氨氮,其中主要超标项目是石油类。1989年,观音阁断面石油类年均检测浓度是1.011毫克/升,超标2.37倍。2007年年均检测浓度为0.010毫克/升,达到国家标准。最大单次检测浓度出现在1996年,最大检测浓度为5.78毫克/升,超标114.6倍。石油类超标的年份有1989年、1990年、1992年、1993年、1994年、1995年、1996年、1997年、1998年、1999年、2001年、2002年,超标率最高的年份有1997年和2002年,最高超标率为66.7%。氨氮超标的年份有1989年、1993年、1995年,其中超标率最高的年份为1995年,最高超标率为100%。氨氮最大单次检测浓度出现在1993年,最大监测浓度为1.523毫克/升,超标2.0倍。

吕蒙断面。1986—2007年超标项目有石油类、氨氮、挥发酚,其中主要超标项目是石油类,1989年吕蒙断面石油类年均检测浓度是14.752毫克/升,超标48.17倍,2007年年均检测浓度为0.024毫克/升,达到国家标准。最大单次检测浓度出现在1991年,为66.2毫克/升,超标219.7倍。石油类超标的年份有1989—2002年,超标率最高的年份有1997年,最高超标率为100%。氨氮超标的年份有1989—2001年,其中超标率最高的年份为1993年和1995年,最高超标率为100%。氨氮最大单次检测浓度出现在1993年,最大监测浓度为2.763毫克/升,超标4.5倍。挥发酚超标的年份有1989年、1994年、1997年、1999年、2000年、2001年,其中1999年超标率最高,为83.3%,挥发酚最大单次检测浓度出现在1999年,为0.072毫克/升,超标13.4倍。

鲇鱼山断面。1986—2010年超标项目有石油类、氨氮、挥发酚、溶解氧、总磷,其中主要超标项目是石油类,1989年鲇鱼山断面石油类年均检测浓度是0.797毫克/升,超标1.66倍,2010年年均检测浓度为0.010毫克/升,达到国家标准。最大单次检测出现在1997年,浓度为23.04毫克/升,超标459.8倍。石油类超标的年份有1989—2002年,超标率最高的年份有2000年,最高超标率为100%。氨氮超标的年份有1992—2001年,其中超标率最高的年份为1993年和1995年,最高超标率为100%。氨氮最大单次检测浓度出现在2001年,最大监测浓度为1.655毫克/升,超标0.7倍。挥发酚超标的年份有1994年、1999年、2000年、2001年,其中1999年超标率最高,为50%,挥发酚最大单次检测浓度出现在1999年,为0.051毫克/升,超标9.2倍。溶解氧不达标的年份是2007年,年均监测浓度为4.98毫克/升,低于标准0.004倍。总磷超标的年份是2005年,年均监测浓度为0.225毫克/升,超标0.125倍。

玉田水库断面。1986—2000年超标项目有石油类、高锰酸盐指数,其中主要超标项目是石油类,1989年玉田水库断面石油类年均检测浓度是0.618毫克/升,超标1.06倍,2000年年均检测浓度为0.02毫克/升,达到国家标准。最大单次检测浓度出现在1996年,最大检测浓度为2.6毫克/升,超标51倍。石油类超标的年份有1989年、1992年、1993年、1994年、1996年、1997年、1998年。高锰酸盐指数超标的年份只有1986年,超标0.04倍。

乐安河(景德镇段)水质　1986年,乐安河上设置有戴村、韩家渡和接渡共3个监测断面,必测项目有pH值、水温、悬浮物、总硬度、高锰酸盐指数、溶解氧、五日生化需氧量、氨氮、亚硝酸盐氮、硝酸盐氮、挥发酚、总氰化物、砷、汞、六价铬、铅、镉、铜、石油类、电导率等19项。1989年开始监测石油类。1993年接渡监测断面移至镇桥断面。至2007年,水质中pH值、溶解氧、生化需氧量、铜、铅、镉为主要超标项目。是年,在戴村建立水质自动监测站。2008 年，监测断面调整为戴村、桃源、韩家渡和野鸡山村，监测项目调整为 pH 值、水温、溶解氧、高锰酸盐指数、化学需氧量、五日生化需氧量、氨氮、总磷、总氮、铜、锌、氟化物、硒、砷、汞、镉、六价铬、铅、总氰化物、挥发酚、石油类、阴离子表面活性剂、硫化物、粪大肠菌群等 24 项。2008—2010 年，桃园和野鸡山村断面监测项目全部达到国家标准。

戴村断面。1986—2010 年超标项目有铜、镉、铅、汞、氨氮、生化需氧量、pH 值，其中主要超标项目是重金属铜、镉、铅。金属铜超标的年份有 1986 年、1987 年、1988 年，最大超标率出现在 1987 年、1988 年，均为 100%，最大单次监测浓度出现在 1988 年，最大检测浓度为 0.0550 毫克/升，超标 4.5 倍。金属镉超标的年份有 1992 年、1996 年、1997 年、1998 年，最大超标率出现在 1997 年，为 60%，最大单次监测浓度出现在 1996 年，最大检测浓度为 0.047 毫克/升，超标 8.4 倍。金属铅超标的年份有 1991 年、1993 年、1996 年、1997 年，最大超标率出现在 1991 年、1996 年、1997 年，均为 40%，最大单次监测浓度出现在 1996 年，最大检测浓度为 0.567 毫克/升，超标 10.3 倍。金属汞超标的年份有 1996 年，监测浓度为 0.0005 毫克/升，超标 4 倍。氨氮超标的年份有 1995 年，监测浓度为 0.70 毫克/升，超标 0.4 倍。生化需氧量超标的年份有 2001 年，监测浓度为 4.64 毫克/升，超标 0.16 倍。pH 值监测值超出国家标准 6.5 ~ 8.5 的范围年份有 1987 年、1989 年、1990 年、1996 年、1998 年、1999 年，最低为 5.47，最高为 8.70。

韩家渡断面。1986—2010 年超标项目有铜、镉、铅、汞、石油类、生化需氧量、pH 值，其中主要超标项目是重金属铜、镉、铅。金属铜超标的年份有 1986 年、1987 年、1988 年，最大超标率出现在 1987 年、1988 年，均为 50%，最大单次监测浓度出现在 1988 年，最大检测浓度为 0.0375 毫克/升，超标 2.8 倍。金属镉超标的年份有 1992 年、1996 年、1997 年、1998 年，最大超标率出现在 1996 年，为 40%，最大单次监测浓度出现在 1996 年，最大检测浓度为 0.047 毫克/升，超标 8.4 倍。金属铅超标的年份有 1991 年、1996 年、1997 年，最大超标率出现在 1991 年和 1997 年，均为 60%，最大单次监测浓度出现在 1996 年，最大检测浓度为 0.290 毫克/升，超标 4.8 倍。金属汞超标的年份有 1996 年，监测浓度为 0.0005 毫克/升，超标 4 倍。石油类超标的年份有 1996 年，监测浓度为 0.07 毫克/升，超标 0.4 倍。生化需氧量超标的年份有 2001 年，监测浓度为 4.70 毫克/升，超标 0.18 倍。pH 值监测值超出了国家标准范围的年份有 1988 年、1989 年、1996 年，最低为 5.60，最高为 10.07。

接渡断面。1986—1992 年超标项目有铜、镉、铅、pH 值，其中主要超标项目是重金属铜、镉、铅。金属铜超标的年份有 1986 年、1987 年、1988 年，最大超标率出现在 1988 年，均为 100%，最大单次监测浓度出现在 1988 年，最大检测浓度为 0.0900 毫克/升，超标 8 倍。金属镉超标的年份有 1987 年、1992 年，最大超标率出现在 1992 年，为 25%，最大单次监测浓度出现在 1992 年，最大单次检测浓度为 0.020 毫克/升，超标 3 倍。金属铅超标的年份有 1989 年、1991 年，1991 年最大超标率出现在 1991 年，为 60%，最大单次监测浓度出现在 1991 年，最大单次最大检测浓度为 0.100 毫克/升，超标 1 倍。pH 值监测值超出国家标准范围的年份有 1989 年、1990 年，分别为 6.07 和 6.12。

镇桥断面。1993—2007 年超标项目有镉、铅、汞、生化需氧量、pH 值，金属镉超标的年份有 1996 年、1997 年，最大超标率出现在 1996 年，为 40%，最大单次监测浓度出现在 1996 年，最大检测浓度为 0.043 毫克/升，超标 7.6 倍。金属铅超标的年份有 1993 年、1996 年、1997 年，最大超标率出现在 1996 年，为 60%，最大单次监测浓度出现在 1996 年，最大检测浓度为 0.490 毫克/升，超标 8.8 倍。金属汞超标的年份有 1996 年，监测浓度为 0.0005 毫克/升，超标 4 倍。生化需氧量超标的年份有 2001 年，监测浓度为 4.70 毫克/升，超标 0.18 倍。pH 值监测值超出国家标准范围的年份有 1996 年、1999 年，分别为 6.10 和 6.20。

饮用水源监测

景德镇市区先后建有观音阁水厂、洋湖水厂、第四水厂、黄泥头水厂，取水口都设置在昌江河上游。1986 年，饮用水源地监测断面为观音阁，监测的项目为 pH 值、总硬度、高锰酸盐指数、溶解氧、五日生化需氧量、氨氮、亚硝酸盐氮、硝酸盐氮、挥发酚、总氰化物、砷、汞、六价铬、铅、镉、铜等 16 项，监测频率为 3 ~ 6 次/年不等。1991 年，增加悬浮物和石油类监测项目，监测频率由 3 次/年改为每月一次。2002 年，增加洋湖水厂监测断面。2007 年，在洋湖水厂和黄泥头水厂上游建立水质自动监测站。2008 年，增加第四水厂和黄泥头水厂监测断面。2010 年，每月例行的监测项目为 pH 值、水温、溶解氧、高锰酸盐指数、化学需氧量、五日生化需氧量、氨氮、总磷、总氮、铜、锌、氟化物、硒、砷、汞、镉、六价铬、铅、总氰化物、挥发酚、石油类、阴离子表面活性剂、硫化物、粪大肠菌群、硫酸盐、氯化物、硝酸盐、铁、锰等29项为常规监测项目,另外每年要进行一次集中式生活饮用水源地特定项目共80项的分析,全部监测项目合计为109项。

饮用水源地主要污染物是氨氮,主要超标断面是观音阁水厂取水口。1989年和1993年超标率为50%,1994年超标率为5%,1995年超标率为100%。2003年洋湖水厂氨氮超标率为8.3%。2003年后,市政府实施保护水源地保护措施后,全市4个饮用水源地氨氮监测全部达标。

表3-3-7　　**2002—2010年景德镇市饮用水源主要污染物氨氮超标情况表**

年份	观音阁水厂		洋湖水厂		第四水厂		黄泥头水厂	
	浓度范围(毫克/升)	超标率(%)	浓度范围(毫克/升)	超标率(%)	浓度范围(毫克/升)	超标率(%)	浓度范围(毫克/升)	超标率(%)
2002	0.012~0.060	0	0.012~0.125	0	—	—	—	—
2003	0.025~0.152	0	0.025~0.580	8.3	—	—	—	—
2004	0.076~0.196	0	0.002~0.456	0	—	—	—	—
2005	0.078~0.118	0	0.056~0.128	0	—	—	—	—
2006	0.056~0.171	0	0.043~0.266	0	—	—	—	—
2007	0.106~0.397	0	0.094~0.369	0	—	—	—	—
2008	—	—	0.078~0.440	0	0.085~0.437	0	0.197~0.495	0
2009	—	—	0.049~0.441	0	0.049~0.649	0	0.054~0.751	0
2010	—	—	0.032~0.298	0	0.037~0.491	0	0.029~0.480	0

说明:饮用水氨氮标准1999年以前为0.5毫克/升,1999年后为1.0毫克/升(江西省环境监测站评价全省集中式饮用水统一用Ⅲ类水质标准)

表3-3-8　　**2010年景德镇市地表水监测断面及点位设置表**

河流名称	断面名称	监测断面		功能	监测频率
		地理位置	相对位置		
昌江河	镇埠	北纬29°40′ 东经117°26	昌江上游入境 (浮梁县境内)	景观娱乐用水区、入省	逢单月监测
	吊鱼村	北纬29°36′ 东经117°18	昌江上游 (浮梁县境内)	景观娱乐用水区、昌江源头保护区出水	逢单月监测
	洋湖水厂	北纬29°20′ 东经117°13	昌江河水源地 (景德镇市区)	饮用水源地	每月监测
	第四水厂	北纬29°18′ 东经117°11′	昌江河水源地 (景德镇市区)	饮用水源地	每月监测
	鱼山	北纬29°12′ 东经117°06′	昌江下游 (昌江区境内)	削减、国控	每月监测
	关山	东经117°01′ 北纬29°11′	昌江下游出境 (昌江区境内)	景观娱乐用水区、市界	逢单月监测
	南河河口	北纬29°16′ 东经117°12′	南河下游 (昌江区境内)	景观娱乐用水区	逢单月监测
	黄泥头	北纬29°18′ 东经117°16′	南河水源地 (景德镇市区)	饮用水源地	每月监测

续表 3－3－8

河流名称	断面名称	监测断面		功能	监测频率
		地理位置	相对位置		
乐安河	戴村	东经 117°28′ 北纬 28°55′	乐安河入境	对照、市界	逢单月监测
	桃源	东经 117°13′ 北纬 28°57′	乐平市 城市上游	景观娱乐用水区	
	韩家渡	东经 117°04′ 北纬 28°55′	乐平市 城市下游	控制	
	野鸡山村	东经 116°59′ 北纬 28°52′	乐安河出境	景观娱乐用水区、市界	

水质污染综合指数

昌江流域　主要污染断面是吕蒙和鲇鱼山断面，污染类型是以有机和无机污染为主。1986—2007 年污染负荷比，福港断面 1998 年最高为 26. 55%，1999 年最低为 7. 39%；观音阁断面 1996 年最高为 33. 52%，1997 年最低为 6. 72%；吕蒙断面 1999 年最高为 50. 89%，1997 年最低为 15. 14%；鲇鱼山断面 1997 年最高为 75. 22%，2004 年最低为 20. 51%。

2008—2010 年污染负荷比，镇埠断面 2010 年最高为 14. 5%，2009 年最低为 4. 2%；吊鱼村断面 2009 年最高为 34. 0%，2010 年最低为 12. 3%；关山断面 2009 年最高为 27. 6%，2010 年最低为 17. 1%；洋湖水厂断面 2010 年最高为 18. 5%，2009 年最低为 5. 6%。南河河口断面 2008 年最高为 18. 0%，2009 年最低为 9. 0%。

乐安江流域　主要污染断面是韩家渡和野鸡山村，污染类型是以重金属污染为主。1986—2010 年污染负荷比，戴村断面 1996 年最高为 50. 3%，2010 年最低为 25. 6%；韩家渡断面 2007 年最高为 38. 2%，2009 年最低为 12. 4%；接渡断面 1990 年最高为 38. 8%，1989 年最低为 28. 4%；镇桥断面 1999 年最高为 33. 9%，1996 年最低为 19. 4%；桃源断面 2010 年最高 24. 1%，2009 年最低为 8. 8%；野鸡山村断面 2009 年最高为 69. 5%，2010 年最低为 25. 6%。

水污染物排放

1986 年，全市排放各类废水 6450 万吨，工业化学需氧量排放 480. 93 吨。2010 年各类废水排放 9043 万吨，工业化学需氧量排放 5442. 46 吨。

表 3－3－9　**1986—2010 年景德镇市废水及工业化学需氧量排放情况表**

年份	废水（万吨）		合计（万吨）	工业化学需氧量（吨）	年份	废水（万吨）		合计（万吨）	工业化学需氧量（吨）
	工业废水	生活废水				工业废水	生活废水		
1986	4750	1700	6450	480. 93	1992	7018	2622	9640	8401
1987	3887	704	4591	5426. 38	1993	6678	2678	9356	6003. 8
1988	5857	1826	7683	3408	1994	6892	2712	9604	4939. 02
1989	5719	2377	8096	4698	1995	5996	2783	8779	4145. 84
1990	5863. 35	2380	8243. 35	2536. 21	1996	4618	2825	7443	4811. 5
1991	6794	2595	9389	1995	1997	3407	2865	6272	1154. 5

续表 3-3-9

年份	废水(万吨)		合计(万吨)	工业化学需氧量(吨)	年份	废水(万吨)		合计(万吨)	工业化学需氧量(吨)
	工业废水	生活废水				工业废水	生活废水		
1998	3238	2915	6153	1945.3	2005	5142	3483	8625	4112.27
1999	3493	2945	6438	2432.1	2006	5199	3539	8738	5017.24
2000	3317	2980	6297	2708.9	2007	5276	3638	8914	4964.42
2001	4011	3070	7081	3252.63	2008	4328	3689	8017	3531.26
2002	4403	3113	7516	3211.48	2009	4566	3717	8283	4172.65
2003	5039	3316	8355	3887.7	2010	5296	3747	9043	5442.46
2004	5585	3463	9048	4206.53					

第三节　声环境

声环境监测

区域噪声监测　1986年,景德镇市区域开始监测环境噪声,把市区域21平方千米的城市建成区按500米×500米划分等面积的方形网格91个,除去不予监测评价(即农田、河面、近期不用的建筑用地等)的网格数,实测数为49个,评价面积为12.25平方千米,网格覆盖35.7万人,噪声等效A声级(LAeq)为66.3分贝。1988年,网格覆盖38.6万人,LAeq为60分贝。1990年,网格覆盖41.6万人,LAeq为60.8分贝。监测频率为1986年、1988年、1990年各监测一次。

1992年,区域环境噪声在原500米×500米网格布点基础上,在部分区域按250米×250米加密布点,监测点位增至114个,实际监测点位108个,做一次性监测网格覆盖人43.3万人,LAeq为53.6分贝,之后多年未进行监测。1997年,开始每年监测一次,部分点位有所变动,网格覆盖人42.67万人,LAeq为60.3分贝,呈上升趋势。

2008年,根据噪声监测实施细则,噪声监测点位布设在城市有效建成区,区域环境噪声及交通噪声监测点位重新优化布点,城市区域框定为东北向以景涌地方铁路线为界;南以南环高速为界至吕蒙桥;西以新国道206线为界;北以迎宾路至金岭大道至三间庙水库再平行交叉于景涌地方铁路线。调整后,在城区范围内全部以500米×500米划分等面积正方形网格,共设172个网络监测点。其中58个网格内的企业、水面、空地所占面积大于该网格面积之半,为无效网格,故实设有效网格数为114个,监测面积为28.5平方千米,占建成区面积66.28%。

表3-3-10　**1986—1991年景德镇市区域环境噪声监测网格点情况表**

网格点号	监测点位	网格点号	监测点位	网格点号	监测点位	网格点号	监测点位
1	昌河机械厂	5	向秀丽幼儿园	9	人大	13	陶瓷学院内
2	人民公园	6	城建局	10	利群药店	14	少年宫
3	石狮埠街委	7	陶机厂后门	11	老干部中心	15	环卫处西南角
4	市游泳场	8	第一中学校前门	12	住宅公司预制厂	16	万年街

续表 3－3－10

网格点号	监测点位	网格点号	监测点位	网格点号	监测点位	网格点号	监测点位
17	里村粮库	26	第八小学	35	公安看守所	44	建新瓷厂
18	景德镇宾馆	27	陶瓷设计院	36	第八中学校	45	古窑博览区
19	计量所	28	建筑厂涂料车间外	37	第二小学	46	汽车监理所
20	三塑料厂	29	陶研所内	38	第十一中学	47	茶厂
21	计委	30	中医院住院部	39	昌江西桥头	48	竟红瓷厂
22	二医院住院部	31	消防器材公司	40	红星瓷厂外南	49	黎明制药厂生活区
23	为民瓷厂后门	32	第六小学	41	结核病医院		
24	东郊粮站	33	电视塔	42	电台干扰台		
25	梅苑公园	34	老鸦滩	43	十八渡居民区		

表 3－3－11　　**1992—2007 年景德镇市区域环境噪声监测网格点情况表**

网格点号	监测点位	网格点号	监测点位	网格点号	监测点位	网格点号	监测点位
1	半边街	20	广场饭店	39	第九小学	58	浮桥东沿河向南 100 米
2	三间庙	21	瓷用化工厂宿舍	40	东风瓷厂大门	59	第五小校大门
3	里市渡	22	环卫处	41	电机厂大门	60	市委
4	一医院北 100 米	23	瓷业联中	42	图书馆宿舍	61	新华瓷厂
5	游泳场	24	瓷器街沿河向南 100 米在向东 50 米	43	里村街委	62	文化宫
6	昌河宿舍	25	第六小学校	44	物资局宿舍外	63	城建局
7	黄泥头	26	电视大学	45	瓷校内	64	昌虹粮站北 50 米
8	河西饭店	27	万年街	46	部陶研所	65	周路口街委
9	人民公园	28	卫校	47	陶瓷学院	66	第十一中学
10	石狮埠粮站旁	29	宾馆老楼	48	戴家下弄沿河交叉路口	67	火车站
11	陶机厂	30	师范学校	49	华意电器总公司	68	光明瓷厂大门(沿河)
12	第一中学前门	31	医药公司仓库路口	50	少年宫南端	69	红光瓷厂后门(中山路)
13	东郊粮站	32	财校	51	戴家弄沿河交叉路口	70	红光瓷厂大门(中华路)
14	景陶瓷厂宿舍	33	珠山区政府院内	52	皮革厂	71	煤炭公司
15	珠山大桥东沿河 120 米	34	老供电局附近	53	陶瓷博览区北端	72	铁路中学校
16	第二律师所	35	西路粮站	54	第八中学	73	铁路中宿舍
17	市政府	36	新村派出所北 50 米	55	第九中学	74	602 所宿舍
18	邮电局(珠山中路)	37	新村街委路口	56	盐业公司东 20 米	75	森林公园内
19	迎宾楼	38	物资局宿舍	57	4321 厂宿舍区	76	化肥厂宿舍

续表 3-3-11

网格点号	监测点位	网格点号	监测点位	网格点号	监测点位	网格点号	监测点位
77	货运码头	85	龙珠阁	93	戴家弄中段	101	消防器材厂
78	冷冻厂	86	建国瓷厂	94	昌江电瓷厂大门	102	南山造纸厂
79	窑具厂宿舍	87	艺术瓷厂	95	二建材料厂	103	官庄旅社
80	电视壹台	88	干休所	96	昌江大桥西北端	104	铁五处宿舍
81	东风瓷厂大煤场	89	二院住院部	97	茶厂宿舍	105	军分区
82	环境监测站	90	夜叉坞	98	第二粮库	106	十八渡
83	斗富弄交叉口	91	为民瓷厂宿舍	99	煤炭公司大门	107	千佛楼
84	华家上弄中段	92	陶瓷博览区(南端)	100	华意冰柜厂	108	气象台

表 3-3-12　　2008—2010 年景德镇市区域环境噪声监测网格点情况表

网格点号	监测点位	网格点号	监测点位	网格点号	监测点位	网格点号	监测点位
1	洪源联通营业所	21	523 厂宿舍区	41	昌河销售大楼	61	陶瓷设计院
2	洪源瓷厂	22	黄泥头小学	42	茶山上	62	华阳小区
3	电感器材厂	23	邮政综合楼	43	金叶大酒店后	63	石油公司
4	密阳陶瓷公司	24	交通大楼	44	东风坦	64	海宏花园
5	杀猪场	25	卫校	45	彭家弄中段	65	景夏苑
6	昌江村委	26	合资宾馆	46	景德律师事务所	66	金鱼山
7	洋湖水厂	27	财政局	47	名仕嘉苑	67	第二十小学
8	市规划局后	28	体校	48	广场邮政局后	68	第三小学
9	罗垦卫生院	29	景西试验学校	49	华联小区	69	樊家井
10	石岭小学	30	高压紧固件厂	50	宁景公寓	70	市短途东站
11	第四人民医院	31	珠山区政府	51	陶瓷股份公司	71	前街居委会
12	外国语学校	32	市委保育院	52	第一中学	72	陶家村
13	三河村	33	珠山区工商局	53	东郊健民药店后	73	蟠龙岗小区
14	三间庙新村	34	第九中学	54	景陶宿舍	74	特殊教育学校
15	第十九小学	35	陶瓷职大	55	昌铃西大门	75	水文分局
16	新枫园	36	盐业公司宿舍后	56	昌河污水处理站	76	小天鹅艺术幼儿园
17	人寿公司宿舍	37	市联运公司	57	时代奥园	77	红星瓷厂后门
18	华鑫商住楼	38	喜迎门酒楼	58	市农业银行	78	站前派出所
19	昌河职工俱乐部	39	明青园	59	电信大楼边	79	铁道俱乐部
20	第十九中学	40	昌飞公司南门	60	十八桥商城	80	原料总厂

续表 3－3－12

网格点号	监测点位	网格点号	监测点位	网格点号	监测点位	网格点号	监测点位
81	602 所医院	90	竟红瓷厂	99	海事分局	108	高档窑具公司
82	法院	91	市疾控中心	100	金钥药业公司	109	古城小学
83	塘坞分场	92	枫叶陶瓷公司	101	景厦水泥构件公司	110	老华风瓷厂
84	高专	93	昌江区政府	102	昌江区人武部	111	历尧村
85	伊龙嘉苑	94	新都民营陶瓷园	103	吕蒙卫生院	112	恩冠陶瓷公司
86	第十五中学	95	斯达尔公司	104	老官庄村	113	市农科所
87	二建预制厂	96	官庄邮电支局	105	美国长青公司	114	南山村
88	第二中学	97	豪德贸易广场	106	凯兴陶瓷公司		
89	曙光花纸厂	98	园林分场	107	造纸厂		

功能区噪声监测　1986 年，景德镇市开始监测环境功能区噪声，根据国家标准（GB 3096－82）划分为特殊功能区、居民文教区、一类混合区、二类混合区、老工业区、东郊工业区。监测时间为昼间时间 7∶00～22∶00，夜间时间 23∶00～6∶00。

1991 年，噪声功能区划分调整为特殊功能区、居民文教区、一类混合区、二类混合区、工业集中区、集贸市场。监测频率为每年 6 月、12 月中旬各监测一次，每次连续监测 72 小时，监测时间不变。

1996 年，噪声功能区划分调整为特殊住宅区，居民文教区，商住、商业、工业混杂区，交道道路两侧，工业集中区，商业街。监测频率调整为每年 6 月、12 月各监测一次，每次连续监测 24 小时，监测时间不变。

1986—1990 年景德镇市功能区噪声监测点情况表

表 3－3－13　　单位：平方千米、万人/平方千米

功能区名称	区域面积	人口密度	监测点位					
特殊功能区	1.776	0.256	古窑博物馆	结核病院	人民公园	市宾馆	梅苑公园	市少年宫
居民文教区	4.47	0.481	市委	游泳场	老干部活动中心	广播电视局	市计量所	市陶研所
一类混合区	3.28	0.862	石狮埠街委	向秀丽幼儿园	市防疫站	白蚁防治所	市建设局	二院住院部
二类混合区	3.82	0.874	三塑料厂	万年街	陶瓷设计院	周路口街委	新华印刷厂	第十一中学
老工业区	2.64	1.71	市茶厂	红星瓷厂	匣钵厂	东风瓷厂	昌江区委	红旗瓷厂
东郊工业区	3.51	0.174	昌河机械厂	999 厂	陶机厂	东郊粮站	建材预制厂	第六中学

表 3－3－14　**1991—2010 年景德镇市功能区噪声监测点情况表**

1991—1995 年		1996—2010 年	
功能区名称	监测点	功能区名称	监测点
特殊功能区	市合资宾馆	特殊住宅区	市合资宾馆
居民文教区	市新村街委	居民文教区	市卫生防疫站

续表 3-3-14

1991—1995 年		1996—2010 年	
功能区名称	监测点	功能区名称	监测点
一类混合区	市卫生防疫站	商住、商业、工业混杂区	市第一制米厂
二类混合区	市绣球下弄	交通道路两侧	房建开发公司、第二人民医院
工业集中区	陶机厂内	工业集中区	市陶瓷机械厂
集贸市场	市一制米厂	商业街	市人民电影院

城市交通噪声监测　1986 年,城区道路交通噪声监测仅限于白天机动车平均流量大于 100 辆/小时的路段。是年,市交通噪声监测道路点长 14359 米,路宽 19.6 米,车流量 241 辆/小时,LAeq 为 65.0 分贝。监测频率为逢双年监测一次。1988 年,在吕西路上增加 4 个监测点,道路点路长 26359 米,路宽 23.2 米,车流量 264 辆/小时,LAeq 为 64.6 分贝。1991 年,在曙光路、新风路、东二路、广场北路上增加监测点位,监测频率调整为每年一次。

表 3-3-15　**1986—1990 年景德镇市区交通噪声监测点位情况表**　单位:米、辆/小时

道路名称	路宽	路长	平均车流量	监测点位			
中华路	15	2220	108	红星瓷厂	建国瓷厂	二院门诊	周路口
中山路	15	2773	147	第二小学	白蚁防治所	昌江区委	向秀丽幼儿园
沿河路	22	3410	286	职防所	红星瓷厂	陶瓷出口公司	第十小学
珠山路	20	1740	262	工艺美术部	市总工会	体育馆	邮电大楼
东一路	22	4216	324	陶机厂	里村花园	竟红瓷厂	999 厂
吕西路	28	12000	346	4321 厂	西郊街委	汽车监理所	消防器材公司

1996 年以后,交通噪声监测点范围为市区交通干线(白天机动车平均车流量大于 100 辆/小时的路段)两侧,全市 13 条主干道共布设 24 个点,道路点长 36.7 千米。监测频率调整为每年 12 月取昼间做一次性监测,采样高度为 1.2 米。

表 3-3-16　**1996 年景德镇市区交通噪声监测点位情况表**

道路名称	监测点位			
广场北路	洋湖水厂南	陶亮	粮食局	—
马鞍山路	弹簧厂	竟成信用社	—	—
瓷都大道	高专	外贸局	4321 厂	农行分理处
翠云路	里村加油站	—	—	—
新厂西路	陶机厂前门	—	—	—
景陶前门	新厂东路	—	—	—
沿河西路	林业局	十八渡	—	—

续表 3－3－16

道路名称	监测点位			
新风路	汽车站	—	—	—
曙光路	红星厂大门	竟成镇政府	—	—
沿河东路	客运码头南	—	—	—
珠山路	供电局前	新跃广场	市政工程处	—
北环路	瓷都大桥东	—	—	—
朝阳路	宇宙厂前门	华意压缩机	—	—

2003 年 12 月，在市朝阳路西端建立第一座环境噪声自动显示牌及远程监控系统，第二套位于老市政府对面，第三套位于昌南大道十字路口，市民通过环境噪声自动显示牌及远程监控系统可以实时看到噪声值。2007 年，交通噪声监测道路由原来的 13 条增加至 32 条，监测点由原来的 24 个增加至 52 个，监测路段总长 73.8 千米。监测频率为每年 12 月份取昼间做一次性监测，采样高度均为 1.2 米。2010 年，监测路长 73800 米，路宽 30.2 米，车流量 2015 辆/小时，LAeq 为 67.7 分贝。

表 3－3－17　　**2007—2010 年景德镇市区交通噪声监测点位情况表**

道路名称	点位名称	路长（千米）	路宽（米）	平均车流量（辆/小时）
古城路	凯兴陶瓷	1.1	30	216
兴园路	台达原料	1.1	30	60
	景厦水泥构建	1.3	30	140
瓷都大道	华风瓷厂	3.2	30	624
	造纸厂	2.3	30	920
	高专	1.3	30	920
	交警支队	1.3	30	2260
	4321 厂	1.5	30	1760
龙景路	景磐城建公司	1.1	16	160
	高新东风陶瓷	0.7	30	220
景德西大道	豪德广场东	2.3	52	110
西山路	军干所	2.5	20	120
紫晶路	二亭下	1.9	27	360
昌南大道	财富大厦	4.9	46	520
迎宾大道	邮电综合楼	3.8	44	920
新厂东路	景陶门前	2.9	14	1194
新厂西路	省陶研所	2.6	14	858
新风路	长运集团	1.4	20	756

续表 3－3－17

道路名称	点位名称	路长(千米)	路宽(米)	平均车流量(辆/小时)
马鞍山路	昌江区人防	0.8	12	1290
	竟成信用社	0.4	12	1938
珠山路	供电大楼	0.8	17	2508
	新跃广场	1.4	17	2604
	市政工程处	0.7	17	1992
路浙江	拉芳舍	1.1	23	580
	永红宾馆	0.5	26	1140
翠云路	国粮库	0.6	16	456
新平路	锦绣昌南	1.5	29	180
通站路	龙腾宾馆	0.4	18	1120
	美安居	0.7	30	200
陶阳中路	三院门口	0.6	27	600
陶阳南路	陶源大酒店	1.1	26	820
广场南路	新唐人街	0.5	23	880
	开门子广场	1.1	23	1500
沿江西路	林业局	0.9	10	384
	十八渡	1.6	14	330
广场北路	洋湖水厂南	0.4	15	204
	陶亮	1.2	15	2070
	粮食局	0.8	15	2712
沿江东路	第一小学分校左	0.6	13	276
	红旗瓷厂	1.5	15	348
高岭路	九洲洁具	3.5	39	690
曙光路	竟成镇政府	2.0	18	1170
	红星瓷厂大门	0.8	15	1326
昌江大道	审计局	1.5	30	858
	自来水公司	1.0	30	2850
朝阳路	逸夫小学	2.6	24	1050
	压缩机厂	1.8	43	1044
中华南路	红光瓷厂后门	0.9	7	320
	电视大学	0.6	7	560

续表 3－3－17

道路名称	点位名称	路长(千米)	路宽(米)	平均车流量(辆/小时)
中华北路	卫生防疫站	1.3	8	760
新村北路	新村派出所	0.6	8	500
新村西路	工商局	0.8	8	1160

环境噪声评价

1986—2010 年，按照区域噪声评价标准，2004 年评价结果为好，1992 年、2000 年、2003 年、2005 年、2007 年、2010 年评价结果为较好，1988 年、1998 年、1999 年、2001 年、2002 年、2006 年和 2008 年评价结果为轻度污染，1990 年和 1997 年评价结果为中度污染，1986 年评价结果为重度污染。

表 3－3－18　**1986—2010 年景德镇市区域环境噪声情况表**

年份	网格大小(米×米)	测点总数	网格覆盖人口数(万人)	LAeq(分贝)
1986	500×500	50	35.7	66.3
1988	500×500	50	38.6	60.0
1990	500×500	50	41.6	60.8
1992	250×250	114	43.3	53.6
1997	250×250	114	42.67	60.3
1998	250×250	114	42.67	55.5
1999	250×250	114	42.67	58.0
2000	250×250	114	42.67	54.7
2001	250×250	114	44	58.0
2002	250×250	114	44	56.2
2003	250×250	114	44	51.8
2004	250×250	114	44	49.8
2005	250×250	114	44	54.6
2006	250×250	114	44.5	55.2
2007	250×250	114	44.5	50.7
2008	250×250	114	44.5	55.1
2009	250×250	114	44.5	55.0
2010	250×250	114	44.5	54.7

1986—2010 年，按照交通噪声评价标准，1986 年、1988 年、1990 年、1991 年、2003 年、2004 年、2005 年、2006 年、2007 年、2008 年和 2010 年评价结果为好；2001 年、2002 年、2009 年评价结果为较好；1993 年和 1995 年评价结果为轻度污染；1992 年、1994 年、1996 年、1997 年、1999 年和 2000 年评价结果为中度污染；只有 1998 年评价结果为重度污染。

表3-3-19　　1986—2010年景德镇市城区交通环境噪声情况表

年份	路长(米)	路宽(米)	平均车流量(辆/小时)	LAeq(分贝)
1986	14359	19.6	241	65.0
1988	26359	23.2	264	64.6
1990	26359	23.2	288	67.1
1991	26359	23.2	300	65.6
1992	26359	23.2	300	73.4
1993	26359	23.2	330	70.5
1994	26359	23.2	300	74.6
1995	26359	23.2	1177	72.0
1996	26359	30.2	1800	73.4
1997	26359	30.2	918	72.4
1998	26359	30.2	2160	75.5
1999	26359	30.2	2556	72.6
2000	26359	30.2	1192	73.4
2001	36700	30.2	1336	69.9
2002	36700	30.2	1336	68.8
2003	36700	30.2	1336	67.1
2004	36700	30.2	1336	66.4
2005	36700	30.2	1336	65.1
2006	36700	30.2	1705	66.5
2007	73800	30.2	2070	66.2
2008	73800	30.2	1863	66.5
2009	73800	30.2	2106	69.4
2010	73800	30.2	2015	67.7

第四章　环境保护

80年代,以煤烧瓷的工艺给景德镇城区带来了严重的空气污染。90年代初开始,景德镇市通过拆改煤烧窑,采用燃气梭式窑烧造瓷器,大幅降低陶瓷行业的烟尘污染。通过关停重污染小企业,减少排污总量,强化环境治理,从源头上控制污染物排放。2002年以后,随着乐平化工园区的发展,化工废水、废气逐步增多,对周边环境造成污染。市、县两级环保部门加强污染治理能力建设,依法开展环境监督,制定环境保护规划、落实环境保护责任、督促企业建设污水、废气处理设施,努力控制医药化工企业对环境的污染。同时,加大环保宣传力度,提高公众环保意识。通过市委市政府的治理,全社会的共同参与,保护了一方蓝天碧水,实现了景德镇环境由乱到治的转变。

第一节 污染治理

拆改窑炉

1986年，陶瓷行业按照“谁污染、谁治理”的原则，结合企业技术改造，对原有的污染源进行治理。限期淘汰耗能高、质量低、严重污染环境的产品以及落后的工艺设备。尽量将圆窑改成煤烧（油烧或气烧）隧道窑，将煤烧烘房改为蒸汽烘房，将煤烧锦窑改成油烧（或气烧）辊道窑。

1989年6月，市政府制发《严禁在城市规范区内新建、扩建、改建煤烧圆窑的通告》。1991年8月21日，市雕塑瓷厂引进澳大利亚燃气梭式窑，成功进行无匣钵烧瓷，景德镇开始以气代煤烧瓷。1992年，完成3条煤气窑的改造，20条煤烧坑道烘房的改造。

1993年，市政府下发《关于严肃处理违章新建煤烧圆窑的批复》。1994年，市政府提出“统一规划，分步实施，下定决心，坚决拆除”城市规划区内的煤烧圆窑的新举措。全市共拆除和改造14座煤烧圆窑，新建6座煤气隧道窑，推广液化气梭式窑40余座，煤气热风炉2台。

80年代，市宇宙瓷厂烟尘污染场景

1995年6月，市人大常委会通过《关于治理城市大气污染限期拆除市区煤烧圆窑的决定》。9月，市政府下发《关于煤烧圆窑限期拆除的实施意见》，当年拆除7座。

1998年10月26日，市政府出台《关于继续在市区限期拆改煤烧圆窑的意见》，确定关停拆改目标：对市区已经停烧的圆窑，不准续烧，仍在使用的在1999年10月1日前关停，12月前由产权单位自行拆除。至1999年年底拆除106座，改造24座，作文物保留1座，界定市区范围外5座，剩8座。

2001年12月22日，市人大常委会通过《关于治理大气污染，限期拆改市区煤烧隧道窑的决议》，同意和支持市政府在2004年前分批拆改市区煤烧隧道窑的规划。2002年3月，市政府发布《关于加快市区煤烧隧道窑拆改工作步伐的通告》，5年共拆除煤烧圆窑183座，拆改煤烧隧道窑22条，拆除烟囱606根，基本结束主城区以煤烧瓷的历史，通过窑炉拆改，全市每年削减烟尘2万吨、二氧化硫1.6万吨。

2005年，全面开展燃气梭式窑退城进园工作。2006年5月，市环保局制定《关于全市燃煤窑炉限期达标排放的通告》，规定城市建成区内和进出城市公路及旅游公路两侧的各类燃煤工业窑炉，改用电、液化气、管道煤气等清洁能源。8月30日，市梦特香陶瓷有限公司的2条推板窑采用焦炉煤气代替烧煤。9月29日，市嘉宝瓷业发展有限公司1条煤烧烤花推板窑改为电烤花窑。另新建1条天然气小截面隧道窑代原煤烧推板窑。2008年，制定《景德镇市拆改燃煤锅炉（窑炉）专项行动方案》，拆改中心城区的燃煤锅炉（含生活、工业）4吨以下28台，其他工业窑炉3台。

2002年底景德镇治污零点行动后，停止冒烟的烟囱

关停重污染小企业

1994—1995年，依法取缔昌江区丽阳乡枫林村、乐平高家乡、洺口乡非法生产三氧化二砷企业3家。

1997年，省政府取缔关停浮梁县洪源电镀厂、鹅湖机械厂电镀车间、庄湾大背坞金矿、昌江区童街电镀厂、市轻化局申江五金总厂电镀车间等5家污染严重小企业。1998年，对严重污染环境的“十五小”企业（国务院明令取缔关停的十五种重污染小企业）关停工作进行多次督查，对已取缔的5家“十五小”企业进行复查,巩固关停成果。是年,关停三龙电镀厂。

2000年,关停取缔昌江区荷塘金矿。2002年,市环保局会同市监察局、市经贸委成立景德镇市严查环境违法行为遏止污染反弹工作领导小组,重点查处死灰复燃的“十五小”企业、煤烧圆窑和擅自停运的污染治理设施,共查处33家企业。

2003年,关闭南景轧钢厂、关停九龙化工有限公司。2004年,关闭罗家垦殖场福乐型材厂地条钢生产线、南景轧钢厂2家地条钢厂(恢复生产)和浮梁县昌龙金属加工厂、浮梁县德源五金加工厂、浮梁县新平金属加工厂3家小电镀厂;淘汰华英低压电瓷厂落后工艺。

2007年,拆除洪达水泥厂使用的落后工艺设备。2009年,组织开展昌江源头和昌江、乐安河两岸1千米范围内的“十五小”和“新五小”(小水泥、小火电、小炼油、小煤矿、小钢铁)污染企业以及重点污染源企业的现场检查,取缔一批环境违法企业。

限期治理

1986年,市环保局对各企业的20台工业锅炉进行治理,对740厂、东风瓷厂等单位的噪声予以治理。为民瓷厂、景德镇铁路机务段等单位建立煤渣砖厂,黎明制药厂建立湘湖废酸处理站等。是年,指导、督查宇宙瓷厂、电瓷电器公司、昌江电瓷厂、市第一医院、740厂等单位的陶瓷(电瓷)精制废水、医疗废水、电镀废水等的治理。

1987年,完成红星瓷厂锅炉、740厂锅炉和噪声、市第一医院锅炉、523厂锅炉烟尘及噪音、713厂的空压机房噪声、人民瓷厂的烘房、市粮食局三粮库的噪声、为民瓷厂煤渣污染、新华瓷厂锅炉烟尘、市纸箱厂锅炉烟尘等10家污染源治理。

1988年,市政府批准市环保局提出的对12家污染严重的企、事业单位限期治理的请示,要求在1989年前治理完毕。期限内完成治理项目有:市无线电厂的电镀废水,昌江电瓷厂和东风瓷厂的原料精制废水,建国瓷厂的锅炉噪声,市红星瓷厂、人民瓷厂、建国瓷厂等单位的陶瓷原料榨泥机废水循环利用工程。

1991年4月16日,市政府对景陶、红旗瓷厂的工业粉尘、原料精制废水污染源下达限期治理通知。红旗瓷厂工程如期完成,景德镇陶瓷厂因有关参数达不到技术而要求延期完工。全年共对44家工业企业进行污染治理,其中废水治理项目27项、废气治理项目23项、固体废物治理项目13项、噪声治理项目1项、其他6项。

1992年,完成黎明制药厂6.5吨锅炉治理工程,光明瓷厂4号锅炉烟尘治理工程,景德镇市电瓷电器公司菱角塘综合治理和景兴瓷厂含油废水治理,红星瓷厂发电机房噪声治理,勤俭瓷厂原料废水治理项目,完成陶瓷原料精制废水治理试点的前期准备工作。全年共对64家企、事业单位进行污染治理,竣工项目中有废水治理项目19项、废气治理项目15项、固体废物治理项目4项、噪声治理项目5项、其他3项。

1997年,完成市焦化煤气厂炭黑尾气治理工程、市高压紧固厂冲天炉烟尘治理工程、市减速机厂煅打炉烟尘治理工程等限期治理项目。

2000年5月,市政府下发《关于下达市属企业污染源限期治理项目的通知》,就市属工业污染源主要考核验收指标超标的46个单位污染源实施限期治理。

2002年,德宇板鸡公司废气治理工程通过验收,焦化煤气总厂投资100万元建成的尾气洗涤塔,洗涤水循环使用项目完成并投入使用;投资120万元的黄血盐治理工程和投资40万元的清污分流工程进入调试阶段;景德镇啤酒有限公司废水治理项目投入施工。2003年,开展全市新建小区的生活污水治理工作,新增处理生活污水35万吨能力,有30家单位与污水治理单位签订生活污水的处理合同。

2004年,污染限期治理项目主要包括全市8家重点污染企业13个治理项目。

表3-4-1　　**2004年景德镇市污染源限期治理项目一览表**

单位	治理项目	主要污染指标
市焦化煤气总厂	工业废水	化学需氧量、固体悬浮物、石油类、挥发酚、氰化物
江西景德啤酒有限公司	工业废水	化学需氧量、五项生化需氧量、固体悬浮物、pH值、色度等

续表 3－4－1

单位	治理项目	主要污染指标
江西乐盛化工有限公司	工业废水	化学需氧量、pH 值、色度、苯胺硝基物等
市第一医院	医疗废水	粪大肠菌群余氯
	余氯在线监测系统	化学需氧量、固体悬浮物等
市第二医院	医疗废水	粪大肠菌群余氯
	余氯在线监测系统	化学需氧量、固体悬浮物等
市结核病医院	医疗废水	粪大肠菌群余氯
	余氯在线监测系统	化学需氧量、固体悬浮物等
市第三医院	医疗废水	粪大肠菌群余氯
	余氯在线监测系统	化学需氧量、固体悬浮物等
市妇幼保健医院	医疗废水	粪大肠菌群余氯
	余氯在线监测系统	化学需氧量、固体悬浮物等

2005 年，污染限期治理项目主要包括市焦化煤气总厂捣固炼焦，污染物为废气、废水；市中医院、四院、市皮肤病医院的医疗废水，主要污染物为粪大肠菌群、余氯；江西锦溪水泥有限公司、江西化纤水泥分厂、江西龙腾水泥有限公司、乐平市刚强水泥厂、乐平金鼎水泥有限公司、重阳水泥有限责任公司、浮南水泥厂、乐矿水泥厂、涌龙水泥有限公司、乐平市第二水泥厂的工业废气，污染物为粉尘、烟尘。

2007 年，污染限期治理项目主要包括景德镇发电有限责任公司、珍宝特陶有限公司、市焦化煤气总厂 3 家重点污染企业的 6 个治理项目。乐平旺顺化工、联合化工、台景医药化工、景德镇啤酒厂的污染防治设施进入试运行阶段。天惠食品完成搬迁。

污染物总量减排

工业污染物减排　1995 年，市政府首次设立“烟尘控制区”，具体范围包括：老市区、西郊、东郊，总面积 24 平方千米。控制区内的炉、窑、灶的烟尘排放必须达标。是年，全市工业污染企业有 606 家，治理达标企业有 223 家，依法关停企业 366 家。除氰化物未削减反而升高外，石油类有少量削减，削减较大的污染物有烟尘、粉尘、二氧化硫和工业固废物。造成氰化物排放总量增加的主要原因是市焦化煤气总厂生产量逐年增加，污染治理设备未相应配备。

1996 年 8 月 30 日，国务院发布《关于环境保护若干问题的决定》，提出至 2000 年力争使环境污染和生态破坏加剧的趋势得到基本控制，部分城市和地区的环境质量有所改善的环境保护目标。是年，景德镇市区重要粉尘污染源——市水泥厂停产，并启动搬迁到柳家湾与市第二水泥厂合并的工作，景德镇市区烟尘污染治理取得重大成果。

2000 年 3 月，市政府制订《景德镇市工业污染源达标工作方案》，提出分年度、分阶段的工业污染源达标工作计划，确定工业企业达标排放时间表。是年，全市工业污染重点企业 606 家，其中纳入省级重点考核的 23 家，纳入市级重点考核的 74 家，纳入县级考核的 509 家。至年底，三级考核企业中，分别有 22 家、70 家、497 家实现达标排放。全市工业企业主要污染物排放量为：二氧化硫 1.25 万吨，烟尘 0.89 万吨，工业粉尘 0.17 万吨，化学需氧量 0.37 万吨，石油类 30 吨，氰化物 3.17 吨，汞 10 千克，铅 10 千克，镉 0.7 千克，六价铬 13 千克，工业固体废物 1.3 万吨。除氰化物外，其他外排污染物均在本市污染物总量控制内。

2001 年，建成烟尘控制区 1 个，共 32.2 平方千米；建成环境噪声达标区 1 个，共 13.5 平方千米。市板鸡公司锅炉烟尘经治理实现达标排放，制止永新瓷厂圆窑复烧生产，推动昌化电瓷厂煤烧圆窑、林业公司煤烧圆窑拆除，对三宝村、建工建材厂停烧圆窑多次检查监督。年底，完成省政府下达的工业污染治理任务，工业污染源达标排放率为97.2%,通过省环保局验收。

2003年,市政府下发《关于扩大城市烟尘控制区范围的通知》,将全市建成区全部划为"烟尘控制区"。

2005—2010年,"十一五"期间国家对化学需氧量、二氧化硫两项主要污染物实行总量控制管理,并确定为约束性指标,将全市重点污染源纳入减排范围。省政府要求景德镇至2010年年底,全市化学需氧量排放总量比2005年减少9.6%,由2.4万吨减少到2.17万吨;二氧化硫排放总量在2005年的基础上削减18.7%,由4.93万吨减少到4.01万吨。市政府制定主要污染物总量减排计划,将减排目标任务分解到各县(市、区)政府和重点排污企业,落实到具体工程项目上,并签订目标责任状。通过采取产业结构调整、实施清洁生产、关停电厂小发电机组等措施。至2010年年底,全市化学需氧量和二氧化硫排放量分别比2005年下降10.59%和22.05%,超额完成省政府下达的"十一五"减排任务。

表3-4-2　**2005—2010年景德镇市污染物减排情况表**　单位:吨、%

年份	化学需氧量(COD)排放量	与2005年相比削减百分比	二氧化硫(SO_2)排放量	与2005年相比削减百分比
2005	24000	基数	49300	基数
2006	24924	-3.85	53828	-9.18
2007	24627	-2.50	50348	-2.03
2008	22427	6.54	49870	-1.16
2009	21702	9.58	45902	6.90
2010	21458	10.59	38428	22.05

其他污染物减排　2001年,市环保局制定城市噪声管理办法,发布加强城市饮食服务行业油烟、烟尘污染防治的通告,对158家饮食服务单位和38家小浴室进行清理整顿。2002年,市环保局发布《关于加强城市饮食服务业油烟防治的通告》,当年完成48家大型餐馆的油烟净化治理。2005年5月15—31日,全市开展整顿含油废水污染,要求营业面积80平方米以上的餐饮单位必须安装油水分离器,实行达标排放。至年底完成57家油水净化器安装,完成82家餐饮单位油烟净化治理,对城区内的49台洗浴锅炉分别采取改造和关停的措施。

2006年11月1日,市机动车检测中心增加尾气检测项目,对污染物排放达标的车辆,签发"汽车尾气排放合格证";不达标的车辆,要求修理至达标。2008年,对8715辆在用机动车尾气进行检测,治理3554辆。2009年,启动汽车以旧换新享受财政补贴工作,市环保局承担"黄标车"确认工作,有9辆以旧换新的汽车,被确定为"黄标车"享受财政补贴。2010年,市环保局在黄标车和以旧换新的审核中,共办理各类"黄标车"394辆和以旧换新汽车13辆。

乐平工业园区环境综合治理

2002年,乐平市工业园区筹建,2004年委托省环科院编制《乐平市工业园区环境影响报告书》,7月景德镇市环保局批复。园区引进企业为8家,第1家为乐平市浩鑫金属制品厂,由于引进企业较少,且处于建设阶段,污染物排放总量和环境压力较小,园区没有开展环境整治工作。

2006年8月4日,乐平市环保局组成4个行动小组对乐平塔山工业园内江西化纤化工有限公司、乐平市加金纸业有限公司、旺顺化工、江西东风药业股份公司、江西电化有限责任公司、晨航灯头厂、江乐精细、善元化工、江西天新药业、联合化工、常青林化工、九江龙化工、精益化工、浩鑫金属、吉翔化工、中盛化工、巨业化工、瑞盛化工、远大化工等企业开展环保专项检查。行动重点检查工业园内企业的主要产品、主要污染物、污染因子、废水、废气排放及环保设施运行情况,并对废水采样监测。检查对存在违反环保法律法规的企业下达环境违法行为改正通知书,对不改正者给予适当经济处罚。

2007年5月,乐平市先后开展"两炉"专项整治行动和工业园区未经处理废水"零排放"专项行动,严防企业出现偷排行为。对个别先期引进的污染严重、治理无望的企业，采取关停措施。园区内所有锅炉经整治后，达标排放的达100%。

2008年4月，乐平市环保局成立园区监察中队。5月，开展工业企业环境整治专项行动，以工业园区内化工企业为重点进行整治和查处。报请乐平市政府予以停产、限期治理企业2家；报请予以限期治理企业6家；限期整改经验收合格后方可投产企业14家；依法处以罚款5家企业；要求依法加强管理，确保废水稳定、长期达标排放企业9家。通过专项行动遏制环境污染。

2009年，乐平市政府投资350多万元对园区的污水管网进行改造，基本做到清污分流；投资4500余万元兴建工业污水处理厂，开始调试运行；投资500多万元建成园区环境监控中心，并完成在线监测安装调试，指挥平台完成网络联通，基本实现园区工业废水远程视频监控。组建园区监察大队和信息监控室，园区监察大队人员24小时在岗值班，及时发现和查处非法排污行为。11月1日起至2010年2月10日，开展百日环境专项整治活动，邀请省环境保护厅专家进行验收。

2010年5月，乐平市委、乐平市政府开展乐平工业园区环境综合整治工作，打击园区内企业违法排污行为。7月，通过积极调整监管方式、创新监管方法、采取技术帮扶等新举措，全面开展“三废”整治，使园区及周边环境质量得到明显改善。7月下旬，对乐平工业园区环境监控工作进行调整和细化，明确8个环境驻点监控责任领导、责任人及重点监控企业，细化监控内容和要求；配置4个日常巡逻监控组人员，每天登记监控情况，经分管领导签字后报主要领导，督促和帮助企业进行整改。8月，责成华兴、瑞盛、辰宇、巨业、源潮等5家企业停产整顿，处罚企业6家，其中瑞盛、巨业、源潮通过治理验收后恢复生产。帮助5家企业办理环保手续。

第二节　环境管理

污染物排放管理

排污申报　1986年，景德镇按照国务院《征收排污费暂行办法》，要求各排污单位应当如实地向当地环境保护部门申报、登记排放污染物的种类、数量和浓度。

1990年，按照《中华人民共和国环境保护法》规定，市属相关企事业单位全面开展排污申报工作，对拒报或者谎报的排污单位，按照“环保法”规定进行相应处罚。1991年，按照《江西省征收排污费办法》规定，全市开展排污申报登记对象由过去的企事业单位扩展到企业、事业、机关团体、部队和个体工商户。排污申报的内容由过去工业企业“三废”排放，扩展到对服务行业的锅炉、炉灶以及窑炉、采暖锅炉排放的烟尘和建筑施工噪声等内容。1992年10月1日，按照《排放污染物申报登记管理规定》要求，对在全市直接或间接向环境排放污染物、工业和建筑施工噪声或者产生固体废物的企事业单位进行排污申报登记。1993年，分批组织120多人次培训，重新填报“水污染物申报登记表”，完成登记单位58个，为发放“排污许可证”做基础工作。

2003年7月1日，市环保局要求全市排污单位每年12月15日前，填报“全国排放污染物申报登记表（试行）”，申报下一年度正常作业条件下排放污染物种类、数量、浓度等情况，并提供与污染物排放有关的资料。市环境监察支队征管大队对污染物种类、数量以及提供的资料进行核实，进行排污量核定和排污费核算。12月9日，新的《排污费征收使用管理条例》颁布实施，市环保局组织培训138人，指导填报“排放污染物申报登记表”，为排污费征收做好基础工作。

排污费征收　1986年，景德镇市依照国务院《征收排污费暂行办法》进行排污申报、排污量核定以及排污费核算工作，依法征收排污费。1990年12月，按照《江西省征收排污费办法》，规定排污费征收的项目范围、计算依据，规范市排污费征收工作。

1991年6月，国家环保局、国家物价局、财政部发布《超标污水排污费征收标准》取代《征收排污费暂行办法》中的废水排污费征收标准，增加超标废水10个收费因子。1992年1月1日，按照省环境保护局、省物价局、省财政厅联合下发的《转发〈关于调整超标污水和统一超标噪声排污费征收标准的通知〉的通知》要求,在全市开始征收超标污水排污费以及超标噪声排污费。市环保局采取分片管理、集中下达、银行委收、专户储存的运行机制,至2002年累计达到564万元。

2003年7月1日,按照国务院发布的《排污费征收使用管理条例》规定,对排污者实行多因子当量收费,向水体排污者征收污水排污费,污水超标排放加倍征收排污费。

2008年6月1日,按照《中华人民共和国水污染环境防治法》规定,全市停止对超标污水实行加倍征收排污费,超标排污属于违法行为,依法惩处。规定向城市污水集中处理设施排放符合有关标准的污水,并且缴纳污水处理费的可以不再缴纳污水排污费。至2010年,排污费征收额达到3575.5万元。

表3-4-3　**2003—2010年景德镇市排污费征收一览表**　单位:万元

年份	全市征收单位数	全市征收金额	市本级征收单位数	市本级征收金额
2003	1207	778.1	138	311.7
2004	1374	900.2	134	425.3
2005	1087	1118.5	110	542.4
2006	1129	1232.0	135	649.7
2007	1520	1732.9	116	902.6
2008	1466	2194.9	123	1163.5
2009	1353	2591.2	98	1342.3
2010	1063	3575.5	79	1753.2

排污费使用　排污费主要用于大气环境、水环境改善以及重点污染源治理。1986—1987年,按照国务院《征收排污费暂行办法》规定,征收的超标排污费的80%补助缴费单位治理污染源。

1988年9月1日,按照《污染源治理专项基金有偿使用暂行办法》(国务院令第10号)执行。1990年1月1日,排污费的使用按照《江西省污染源治理专项基金有偿使用实施办法》执行。

2003年7月1日,按照财政部、国家环保总局《排污费资金收缴使用管理办法》和《江西省排污费资金收缴使用管理办法》的规定,设立环境保护专项资金,用于下列污染防治项目的拨款补助和贷款贴息:①重点污染源防治项目。②区域性污染防治项目。③污染防治新技术。④国务院规定的其他污染项目。市财政局、环境保护局编制环境保护专项资金申请指南,指导环境保护专项资金的申报和使用。

表3-4-4　**2004—2010年景德镇市环保专项资金使用情况表**　单位:万元

年份	投资项目数	投资金额	年份	投资项目数	投资金额
2004	3	39.5	2008	30	1501.9(其中中央专项178)
2005	7	990(其中中央专项500)	2009	26	1528.8(其中中央专项197)
2006	16	917.4(其中中央专项300)	2010	26	1401
2007	17	1413.8(其中中央专项600)			

固体废物管理

景德镇市固体废物主要为火力发电过程排出的粉煤灰,其次是炉渣、煤矸石、尾矿以及其他工业所排放的废弃物和城市生活垃圾。危险废物主要来源于化工、医药制造行业生产过程中产生的精(蒸)馏残渣、母液、活性炭等,其次为医疗废物和其他行业产生的被列入《国家危险废物名录》的废物。1996 年 1 月 1 日,按照《中华人民共和国固体废物污染环境防治法》规定,对工业固体废物以及危险废物执行申报登记制度,全面开展工业固体废物申报工作。

2005 年,全市危险废物产生量仅 9.1 吨,危险废物处置量为 3 吨。2008 年工业固体废物年处置率均在 63.63%。2010 年,工业固体废物产生量 153.89 万吨,工业固体废物综合利用量 141.11 万吨,工业固体废物年处置率 91.7%;全市危险废物产生量 841.21 吨,危险废物综合利用量为 698 吨,危险废物贮存量 8.5 吨,危险废物处置量 134.71 吨。

表 3-4-5　**2005—2010 年景德镇市工业固体废物综合利用情况表**　单位:万吨、%

年份	产生量	危废产生量	年综合利用量	年综合利用率	其中						
					危废	冶炼废渣	粉煤灰	炉渣	煤矸石	尾矿	其他
2005	131.14	9.1	129.85	99.02	9	—	63.74	27.88	8.96	9.5	19.55
2006	129.85	0.8	116.32	89.58	0	0.01	63.62	26.87	7.04	—	6.6
2007	138.55	1	123.41	88.07	0	0.03	75.98	16.55	12.06	2.61	6.58
2008	137.88	54.5	87.74	63.64	0	0.03	36.49	21.38	17.98	2.61	1.8
2009	159.16	174.52	149.94	94.21	0	0.03	77.66	30.69	18.21	0.8	1.64
2010	153.89	841.21	141.11	91.70	698	—	64.86	35.82	11.28	—	10.61

辐射源管理

电离辐射　1989 年,市第一人民医院、第二人民医院、第三人民医院放疗使用锶、碘、钴放射源,乐平江西化纤化工厂使用铯-137IV 类源核子秤 1 枚。

1995 年,市发电厂 3 号、4 号机组投产,卸灰器共安装 24 枚铯-137 放射源;市金银产品技术监测中心购买含镅-241 放射源的黄金成色分析仪 1 台;江西浮南水泥厂机立窑生产使用 1 枚铯-137。

2000 年,乐平矿务局水泥厂使用 1 枚铯-137 核子秤投产。2001 年,乐平金鼎水泥有限公司使用铯-137核子秤 IV 类源 1 枚投产。2002 年,收储 740 厂 1 枚钴-60 废源。2003 年,乐平矿务局水泥厂新增 1 枚铯-137 核子秤。

2004 年,乐平金鼎水泥有限公司新增 1 枚铯-137 核子秤、市华峰人造板有限公司中纤板厂使用 1 枚铯-137测厚、江西浮南水泥厂内江西辉鹰实业有限公司新建水泥生产线转入 15 枚 IV 类放射源。

2005 年 1 月,收储重阳水泥厂 1 枚铯-137。是年 5 月,市卫生局正式将放射源监管权移交给市环保局。7 月,市环保局对全市涉源企业进行摸底检查并对放射源进行辐射剂量监测,全市涉源单位有 17 家,除医用外共有 79 枚放射源。

2007 年,省环保局委托市环保局对辖区内使用Ⅳ类以下放射源及Ⅲ类射线装置单位进行审批及颁发许可证。

2008 年 11 月,收储市发电有限责任公司 24 枚铯-137。是年,全市涉源单位 10 家,审批办理"辐射安全许可证"的有江西化纤化工有限责任公司、市龙腾水泥有限公司、乐平刚强水泥厂 3 家,督办乐平矿务局水泥厂、江西浮南水泥厂、市金银产品技术监测中心、乐平金鼎水泥有限公司、市第三医院等 5 家。2010 年,开门子陶瓷化工集团购买 1 枚钴-60III 类源。

电磁辐射　1989 年,景德镇市区电磁波污染源主要有电视发射塔 1 座,甚高频电话发射塔 1 座;市区

110千伏变电站2座,乐平1座。电磁波污染源离市中心或居民密集区较远。

1997年,开展电磁辐射环境污染源调查,对广播电视、通信、医疗、电力等14个单位41台设备的运行功率、频率、屏蔽措施等影响环境的因素进行调查。第一次掌握使用电磁辐射设备的单位基本情况。

2006年,市环保局组织人员调查移动、联通及6家工业企业电磁辐射设备使用情况,督促申报登记,并按省环保局要求上报调查数据。2009年,市环保局检查使用射线装置辐射的单位,并限期申办辐射安全许可证。至年底,有2家医院和1个企业取得辐射安全许可证,2家医院递交申请报告。

2010年,市环保局组织开展全市核技术利用辐射安全综合检查,对未取得辐射安全许可证的单位下达整改要求。全市共有29家医疗机构、6家企业和3个客运站场拥有79台(套)射线装置,有2家医院和1个企业办理辐射安全许可证。年底,全市13家医院办理辐射安全许可证,市第一、第二、第三人民医院向省环保厅递交申请材料。

建设项目环保管理

1986年,国务院环委会、国家计委、国家经委联合颁布《建设项目环境管理办法》,明确规定建设项目的环境影响报告审批制度和"三同时"(同时设计、同时施工、同时使用)制度。是年,市环保局共对35个大中型基本建设项目和技术改造项目执行环境影响报告审批制度,执行率达92%。1987—1988年,按照建设项目环境影响报告审批制度和"三同时"制度审批建设项目,对未履行报批手续、擅自开工的万能达瓷厂予以处理和通报。1989年,对昌河飞机制造厂等8家单位试行环境保护设施运行情况月报告制度。

1991年,对17个建设项目竣工环境保护设施进行验收,建设项目环境保护投资额达223.23万元。1992年,完成9个小型建设项目竣工环境保护验收。

2002年,对浮梁县湘湖镇"年产一千吨卡马西平缩合物项目"下达停建通知;对乐平市旺顺化工厂不履行环评审批手续作出责令停产处理;对在建项目实施跟踪检查,严格控制引入技术含量低、环境污染严重的项目和污染转嫁项目。配合国家环保总局和省环保局开展建设项目环境管理工作,对昌河"直8型机生产线技改项目"和江西化纤"年产万20平方米微晶玻璃板工程"出具标准执行函和总量控制计划。加强对非工业项目的监管,一批饮食服务业项目和房地产开发项目申报和补办环评审批手续。

2003年,对江西景光电子有限公司"真空管出口专线改造项目"、华意电气总公司"完善200万台无氟制冷压缩机技改项目"、江西乐盛化工有限公司"年产6000吨芳香胺项目"、江维高科股份有限公司"年产20万平方米微晶玻璃板项目"、江西中景集团有限公司"扩大740系列四开单纸胶印机出口技改工程项目"进行竣工环境保护验收。昌河飞机工业(集团)有限公司和昌河铃木汽车有限责任公司率先通过ISO14000环境管理体系认证审核。

2006年,全年共受理33个建设项目(其中工业项目13个),审批27个(非工业项目13个);为上级审批的10个建设项目提供服务。

2007年,共审批10个项目,受理申办环评审批手续建设项目72个,审批建设项目65个,7个建设项目环评文件正在编制或报批之中,否决3个不符合国家产业政策规定或能耗高污染重的建设项目。已办理项目竣工环保验收手续4个,已批65个建设项目中,工业类建设项目27个,非工业类建设项目38个。编制报告书3个,编制报告表51个,填登记表11个,65个项目总投资15.21亿元。否决国家明令禁止和淘汰的建设项目2个,通过竣工环境保护验收的项目7个。

2008年,为争取工业用地出具环保核准证明33份,涉及工业用地283.5137公顷;为高新技术产业开发区、乐平市、浮梁县核准项目30个;争取节能减排资金项目9个,资金总额4亿元。全年共审批94个建设项目。14个建设项目通过项目竣工环保验收,比上年验收项目增长100%。对于选址不适当,不符合产业政策,不具备成熟的治理技术的项目,全部否决。否决建设项目1个。

2009年,分别对乐平奇科化工有限公司、市疾病控制中心、景德镇乐华陶瓷有限公司等23家企事业单位进行建设项目环境工程竣工验收。

2010年,全市所有建设项目严格按照环保法规审定,禁止建设项目使用高污染燃料,景德镇发电有限责任公司5#机组循环流化床锅炉脱硫,脱硫效果大幅度提高。全年共完成市三雄陶瓷有限公司"日用陶瓷及高档瓷酒瓶生产项目”、江西嘉柏新材料有限公司“扩建年产8000吨三氧氢硅联产2400吨四氧化硅生产装置项目”、江西立信药业有限公司“年产美罗培南原料药3吨、无菌粉针剂500万只GMP技改工程”等20个项目竣工验收,其中城区10个、乐平3个、浮梁7个。

表3-4-6　**1987—2010年景德镇市环境评价审批验收项目统计表**　单位:个

年份	审批建设项目	其中大型项目	保护设施竣工验收
1986	35	—	—
1987	30	—	—
1988	48	2	—
1989—1990	54	—	—
1991	42	7	17
1992	36	7	9
1993	29	4	30(省委托9)
1994	13	—	8
1995	14	—	6
1996	8	—	5
1997	11	—	7
1998	19	4(省委托)	48
1999—2000	34	—	5
2001	47	—	2
2002	11	—	—
2003	39	10(省批)	5
2004	40	—	—
2005	22(评估20)	—	—
2006	44(评估37)	—	3
2007	71(评估41)	—	7
2008	84(评估41)		14
2009	148(评估59)	—	21
2010	102(评估69)	12	20

环保规划

1988年6月,市规划部门完成《景德镇市国土规划环境保护专题规划》编制工作。《规划》要求景德镇在2000年使城区大气环境质量达到国家规定的二级标准,水环境质量达到国家规定的Ⅱ类地面水水质标准,自然生态基本恢复良性循环。是年还编制完成《昌江流域规划——环境保护专题》《乐安河流域规划——环境保护专题》《乐平县国土规划——环境保护专题》和《2000年景德镇市环境保护预测和对策》。

1992年3月,为配合国家颁布的《地面水环境质量标准》(GB 3838—88)和《污水综合排放标准》(GB8978—88)的实施,市环保局编制完成《景德镇市地面水域环境功能区划分》。区划涉及辖区内昌江河、西河、杨村河、东河和南河。将昌江河景德镇段划分为Ⅱ、Ⅲ、Ⅳ类功能区;南河划分为Ⅱ、Ⅳ类功能区;东河划分为Ⅱ、Ⅲ类功能区;杨村河和西河分别划分为Ⅱ、Ⅲ类功能区。开展市水功能区划分工作,水功能区划包括乐平县和浮梁县。1993 年 1 月,市环境科学研究所承担完成《景德镇市二〇〇〇年城市环境综合整治规划》,通过摸清主要污染源及主要污染物,合理指导工业布局,分阶段、有计划地利用环境容量,治理主要污染源及主要污染物,使环境保护与经济发展相协调。1995 年,编制完成《景德镇市城市环境保护规划(1995—2010 年)》,规划范围北起浮梁旧城,南至宋家山,西至丽阳乡古田村,东至景光电子厂。

1996 年 3 月,编制《景德镇市环境保护"九五"计划和到 2010 年规划》,根据景德镇的地理特点、环境背景、发展战略和目标,体现后续 15 年环境保护工作的基本思路和总体构想,即将水、气、渣、声等污染因子的指标值严格控制在 1995 年的水平。1998 年,编制"九五"期间景德镇市主要污染物排放总量控制计划,并逐级分解到县(市、区)政府排污单位。1999 年 10 月,编制《景德镇市环境保护"十五"规划和 2015 年长远目标纲要》,提出"十五"期间全市环境质量力争达到的水平和 2015 年计划达到的环境质量目标,提出污染物排放总量削减计划,设计并拟定环境污染治理项目。

2006 年,编制完成《景德镇市(昌江河)饮用水水源地环境保护规划》。规划加强饮用水水源地污染防治和管理能力建设,建立水源地保护相关技术方法、法律法规,为后续饮用水水源地保护奠定基础。2007 年 3 月,编制完成《景德镇市"十一五"环境保护发展规划》,提出景德镇市"十一五"环境保护的指导思想和目标,确立具体任务和政策、制度保障措施。规划基准年为 2005 年,规划期为 2006—2010 年。

第三节　污染源普查与检查

污染源普查

2007 年 6 月,第一次全国污染源普查工作启动,市环境污染普查办公室分别调查工业源 833 个、生活源 1501 个、农业源 848 个、集中式污染治理设施 2 个,掌握全市污染源分布,污染源排放设施,污染排放规律。

工业源普查　工业源废水。2007 年,全市工业从昌江流域的取水量为 22119.85 万立方米,从乐安河流域的取水量为 7430.38 万立方米。废水量为 4505.34 万吨,占废水排放总量 77.30%;废水实际处理企业数占废水排放企业数 21.37%。石油加工炼焦及核燃料加工业化学原料及化学制品制造业、医药制造业和造纸及纸制品业共 4 个行业的化学需氧量产生量与排放量,分别占全市化学需氧量产生总量与排放总量的 95.25% 和 89.16%。全市工业园中,乐平工业园区、景德镇陶瓷工业园区、景德镇高新技术产业园区化学需氧量产生分别为 8141.36 吨、124.37 吨、467.48 吨;排放量分别为 2209 吨、30.43 吨、267.36 吨。流域化学需氧量产、排强度:昌江流域化学需氧量产生强度为 0.020478 吨/万元,乐安河流域化学需氧量产生强度为 0.020527 吨/万元;昌江流域化学需氧量排放强度为 0.003365 吨/万元,乐安河流域化学需氧量排放强度为 0.008074 吨/万元。行业化学需氧量排放强度,由大到小依次为造纸及纸制品业 0.0255 吨/万元,石油加工炼焦及核燃料加工业 0.014 吨/万元,化学原料及化学制品造业 0.012 吨/万元,医药制造业 0.012 吨/万元,其余行业 0.001 吨/万元。

工业源综合能源。全市综合能源消费量折合标准煤 386.1 万吨,其中原煤 295.8 万吨、洗精煤 132.3 万吨、热力 2007166.15 百万千焦、电力 152231.17 万千瓦小时、焦炉煤气 29733.44 万立方米。全市综合能源消费总量较大的行业有石油加工炼焦及核燃料加工业、电力热力的生产和供应业、化学原料及化学制品制造业、非金属矿物制品业、医药制造业,分别占全市综合能源消费总量 37.73%、35.67%、12.37%、11.46%、1.17%。

工业源废气。2007 年,工业源废气区域排放情况:氟化物产生量和排放量主要分布在乐平市和昌江区辖区内,分别为 10102.77 千克、5258.3 千克。废气治理设施实际处理量占工业废气排放总量的 43.20%,其中昌江区、珠山区、浮梁县、乐平市废气治理设施实际处理量分别占工业废气排放总量 49.02%、41.17%、27.63%、45.35%。燃料燃烧过程中主要污染物行业产、排情况:电力热力的生产和供应业有市发电有限责任公司和江西电化高科有限责任公司热电分公司,合计烟尘产生量为 585820.74 吨,经处理后的排放量为

2912.88 吨。非金属矿物制品业和化学原料及化学制品制造业的烟尘排放量分别为 8316.74 吨、7344.08 吨。燃料燃烧过程中二氧化硫排放量占全市二氧化硫排放量近 75% 的企业有市发电有限责任公司和江西电化高科有限责任公司热电分公司,二氧化硫排放量分别为 23312.82 吨、11221.00 吨,分别占全市二氧化硫排放总量 50.61%、24.36%。

表 3-4-7 2007 年景德镇市各县(市、区)工业源污染主要指标表

污染物	乐平市	浮梁县	珠山区	昌江区
工业废水排放量(万吨)	3142.39	173.93	1091.69	1321.68
工业废水化学需氧量排放量(吨)	15194.91	1366.64	434.43	33093.03
工业固体废物区域产生(吨)	746358.77	248656.47	664864.44	115700.034
工业固体废物区域利用(吨)	731117.64	48976.35	350612.25	115215.82
废气排放量(万立方米)	2335539.36	239923.5	3164972.77	884175.42
二氧化硫排放量(吨)	20532.61	302.49	23574.3	1847.04
烟尘排放量(吨)	9852.38	755.79	2668.14	6852.99
农业污染源(个)	591	105	0	152

工业源固体废物。2007 年,全市工业固体废物排放情况:粉煤灰 564020.14 吨、炉渣 372000.5 吨、煤矸石 457330 吨、尾矿 92675.12 吨、脱硫石膏 23804 吨、污泥 864.9 吨、冶炼废渣 144.52 吨、其他废物 249499.404 吨。工业源固体废物产生量占全市产生总量 85% 以上的行业主要有电力、热力的生产和供应业,煤炭开采和洗选业,有色金属矿采选业,化学原料及化学制品制造业。全市废水处理产生污泥量较大的企业有江西昌河铃木汽车有限公司、江西天新药业有限公司、江西化纤化工有限责任公司、市啤酒有限公司(老)、市啤酒有限公司(新)、乐平市纸业有限责任公司景德镇分公司,产生量依次为 441.10 吨、165.00 吨、120.00 吨、120.00 吨、50.00 吨、30.00 吨,分别占全市废水处理污泥产生总量的 46.73%、17.48%、12.71%、12.71%、5.30%、3.18%。这些污泥全部得到利用或处置。粉煤灰炉渣产生量较大的企业有市发电有限责任公司、江西化纤化工有限责任公司、市焦化煤气总厂、江西电化高科有限责任公司和热电分公司;煤矸石产生量较大的企业是江西沿沟矿业有限责任公司;其他废物产生量较大的企业有浮梁县王港金矿有限公司;尾矿产生量较大的企业有浮梁大背坞金矿、浮梁县金丰矿业开发有限公司。这些企业的固体废物倾倒丢弃量均为零。

工业源危险废物。全市工业源危险废物产生量从大到小依次为医药制造业 2763.05 吨、石油加工炼焦及核燃料加工业 1705.71 吨、化学原料及化学制品制造业 891.20 吨、交通运输设备制造业 601.26 吨、金属制品业 80.04 吨、专用设备制造业 3.26 吨,这些工业源危险废物基本上都得到了利用或处置。工业源危险废物产生量占全市 85% 以上的企业主要有:江西东风药业股份有限公司(2000.00 吨)、市龙腾碳素燃料科技有限公司(1680.00 吨)、江西昌河铃木汽车有限公司(587.49 吨)、江西黑猫炭黑股份有限公司(554.50 吨),这些企业产生的危险废物全部规范利用或处置。区域医疗废物产生、处置情况:全市医疗废物产生量最多的区域为珠山区,占全市医疗废物产生总量 73.82%,昌江区、乐平市、浮梁县分别占医疗废物产生总量 13.30%、10.98%、1.9%。2010 年以前,产生的医疗废物均由单位各自采用焚烧、高温消毒、微波消毒或化学消毒等不同方式进行处置。2010 年开始,由景德镇市清源医疗废物处理有限公司集中处置。

生活源普查 生活污水。2007 年,产生量、排放量 93.88% 来自居民家庭,其次为住宿业、餐饮业、医疗机构,污染因子为化学需氧量、五日生化需氧量、总磷、动植物油、氨氮和总氮。重金属及总氰化物在全市排放极少且仅仅分布在医院、摄影扩印业与理发及美容服务保健业。居民家庭是主要污水源,化学需氧量占 78.85%、五日生化需氧量占 99.28%、总磷占 92.26%、氨氮占 96.85%、总氮占 95.41%。

生活源废气。全市生活源废气产生量、排放量 98.62% 来自城镇居民生活。废气主要污染因子为烟尘、

氮氧化物和二氧化硫,烟尘占96.81%、氮氧化物占98.48%、二氧化硫占97.58%。

其他污染源 机动车。2007年,全市载货汽车排放的总颗粒物、氮氧化物均占据全市机动车排气污染50%左右,而其中尤以重型汽车为主,分别占载货汽车的65.84%、51.20%,其次为载客汽车。一氧化碳、碳氢化物排放量,载客汽车与载货汽车差不多。与固定排放源相比,机动车的排放特点除了排放源的分散性和移动性之外,还有集中在中心城区和早晚上下班高峰时间的特点。

农业源污染。2007年,全市普查种植业43个,占农业源总数的5.07%;养殖场畜禽养殖业企业60个,占农业源总数的7.08%;畜禽养殖业企业370个,占农业源总数的43.63%;规模化水产养殖场18个,占农业源总数的2.12%;专业水产养殖户357个,占农业源总数的42.10%。2008年3月24日,市环境监测站完成全市175个土壤样品的pH值、有机质含量和土壤颗粒物组成的分析;123个阳离子交换量、52个全钾、全磷、全氮和49个石油类的全部分析任务。

集中式污染治理设施。2007年,集中式污染治理设施分别为市宋家山和乐平市乐港2座垃圾处理场,处理方式为无害化填埋,设计年垃圾处理量分别为146000吨和44000吨。

执法检查

1988年,市环保局按照市政府要求,对全市贯彻执行《中华人民共和国环境保护法》《中华人民共和国水污染防治法》《中华人民共和国大气污染防治法》等法律、法规执行情况进行为期一个月的执法大检查。此后,每年开展监察活动,一般污染源每季度一次,重点污染源每月一次。同时,按照上级部署开展专项执法检查。

1993年6—8月,市环保局分2组对全市50多个企事业单位的建设项目环境保护"三同时"、污染源及野生动物保护情况进行环保执法大检查。查出市区违建新煤窑14座,昌江河违规淘金挖沙船400余只。1994年,对全市17个在建项目进行环境保护"三同时"检查。同时,严格禁止小造纸、小电镀、小化工等污染严重的建设项目,全面开展非工业建设项目的环境管理工作。1995年,对华意电气公司华意压缩机厂等6个单位建设项目竣工环境保护进行验收,对景德镇发电厂、光明瓷厂、523厂等20个在建项目进行环境保护"三同时"检查;对违反建设项目环境管理法规的浮梁县木材厂和南光陶瓷有限公司,责成补办手续,并给予处罚;对违规建设的乐平洺口乡、高家乡及昌江丽阳乡生产三氧化二砷的企业,予以取缔。1996年,检查20家在建项目环境保护"三同时"执行情况,其中受省环境保护局委托的建设项目为8家。1999年6月,对全市市区煤烧圆窑限期在一、二季度拆改的情况进行大检查,推进煤烧圆窑全面拆改。

2001年11月中旬,市环境监理支队抽调环保专业人员,成立执法检查工作小组,对重点单位开展环境保护法律、法规、方针、政策及废水、废气等污染物排放情况和污染治理设施运转、管理等情况进行检查,遏制违法行为。2002年9月,市环保局与卫生、公安部门联合开展放射源安全管理专项整治,重点检查已停产涉源单位市859厂,以及涉源单位市三院、景德镇发电厂、浮南矿、乐平水泥二厂、江西化纤化工有限公司等。

2003年5月至年底,对"非典"定点医院污水处理设施进行现场环境监察,确保"非典"定点医院污水处理措施落实到位。8月,市环保局、市计委、市经贸委、市监察局、市工商局、市司法局和市安监局开展清理整顿不法排污企业保障群众健康环保专项行动,联合建立全市清理整顿不法排污企业,保障群众健康联席会议制度,用3年时间清理整顿违反《建设项目环境保护管理条例》的项目、死灰复燃的"十五小""新五小"企业以及国家经贸委规定2002年年底以前淘汰的污染严重、危害人民群众身体健康的生产能力、工艺和产品,技术落后、二次污染严重电子企业,排放有毒有害污染物集中、严重危害人民群众身体健康的地区。

2004年5月,市环保局对市宋家山垃圾处理厂、市污水处理厂、市畜禽养殖等开展检查,基本查清污染源及企业环保设施运行等情况。9月,对乐平市佳顺灯头有限责任公司、乐平市残联振兴淀粉厂和乐平市电光源玻璃厂等5家挂牌督办、停产办理环评手续的企业进行现场督查,推动环保制度落实,整改工作进展顺利。是年,按照市政府办公室《关于我市固定资产投资项目清理工作的通知》,开展钢铁电解铝水泥行业建设项目清理工作和建设项目环境保护"三同时"执行情况专项清查活动,针对全市水泥行业粉尘治理普遍不达标的状况,及时下达通知,督促落实整改。

2005年,开展钢铁、电解铝、水泥等行业建设项目清理。辖区内无钢铁、电解铝等重点清理建设项目。

全市有 14 家水泥生产企业,其中粉磨站 4 家,正常生产的有 12 家,已停产 2 家,总生产规模 180 万吨。市政府及乐平市政府针对各水泥厂粉尘污染状况,下达限期整改。开展固定资产投资项目清理,市固定资产投资项目 47 个,投资项目中重点行业 2 个,其中已审批 1 个;非重点行业项目 45 个,已审批 21 个。通过清理整顿,非重点行业项目审批 34 个,正在办理 7 个,下马项目 2 个,执行率为 96%。开展建设项目环境保护和“三同时”执行情况的清查活动,对利用招商引资和工业园区开发,违反环保法律法规的政策和规定进行检查,从源头上有效地控制技术市场含量低、环境污染严重的项目和污染转嫁项目在市落户。对浮梁县境内的黄金开采业和各类工业园区开展环境保护督查。是年,针对昌江河及其支流东河、南河、西河、北河和城市饮用水水源地的水质源头进行环保专项行动执法检查,就水污染防治工作向市政府提出建议。

2006 年 8—10 月,开展饮用水源保护专项执法检查工作,重点检查饮用水源保护区的违法排污和违法建设企业,城镇饮用水源地上游,影响饮用水源地水质安全的排污企业和其他污染水质行为。2007 年,市环保局对浮梁天惠食品公司等 8 家重点挂牌督查督办企业,现场检查、督查,落实关停措施。2009 年 6 月,市环保局、市计委、市经贸委等 9 部门开展整治违法排污企业,保障群众健康环保专项行动,部署实施专项行动工作方案,开展重点行业企业污染物排放、昌江及昌江源头周边地区水环境安全、城市污水处理厂、城市垃圾处理场和打击“两高一资”(高耗能、高污染和资源性)的专项整治,取得良好的效果。

2010 年 4 月,对全市重金属污染企业进行专项检查,查清企业重金属污染情况,建立企业监管台账,确定重点防控区域(流域)中行业、企业和高风险人群,集中解决危害群众健康和生态环境的突出问题。6 月中旬,市环保局、市林业局、市建设局和市旅游局联合开展省级以上自然保护区、风景名胜区、森林公园和国家 AAAA 级旅游景区的专项执法检查工作。9 月,市环保局对重金属排放企业,国家、省和市重点污染源企业,园区企业,饮用水源地和饮用水安全,城市污水处理厂及工业污水处理厂等进行大检查,督促重金属排放企业建立特征污染物产生、排放台账和日常监测制度,规范原料、产品、废弃物堆放场所和排污口设置。开展水环境综合整治行动,主要是对江河源头及其干流沿线 1 千米范围内的污染企业进行清理,对饮用水源保护区内排污口整治成果开展回头看检查。开展沿江沿河化工企业环境污染隐患排查整治,查找环境污染隐患,落实有效防范措施。同时,将影响全市环境质量和沿河沿江医药化工等企业环境安全隐患列为市级环保专项行动挂牌督办整治项目,保证全市无环境安全重大事故的发生。

环境污染事故

华风瓷厂“废水”外排　1985 年 8 月,华风瓷厂原料精制“废水”未经任何处理外排,造成当地 4 公顷地、0.80 公顷鱼塘被瓷土污染,约 2.50 千米的农田灌溉渠道被瓷土堵塞,造成当年秋季该村农业生产受到严重损失。

金意陶公司污水外排　2008 年 6 月 25 日凌晨 3 时,金意陶陶瓷有限公司煤气发生炉在生产过程中产生的焦油污水,未按规定抽入到酚水池,直接排入市政下水管道,导致 1 吨左右的焦油污水流入西河支流,造成西河支流水质的污染。

胺基化反应釜爆炸　2010 年 6 月 15 日 5 时 50 分,江西旺顺化工有限公司对硝基苯胺车间胺基化反应釜因冷却水夹套设备发生故障,导致反应釜温度失控引发爆炸,因厂区内存有大量盐酸、液氨储罐等。市环境监测站、市环境监察支队应急队员赶赴现场,经检查危险物料储罐只是有些错位未开裂,废水及消防水流入应急池,未对附近水体、大气环境造成污染。

第四节　环保考核

定量考核

1989 年,省政府与景德镇市政府签订《城市环境综合整治定量考核责任书》。1992 年,市政府分管副市长与各县(市、区)长签订《环境保护目标责任书》。1990—1992 年,考核项目为大气总悬浮微粒年日平均值、二氧化硫年日平均值、民用型煤普及率、饮用水源水质达标率、城市地面水 COD 平均值、万元工业产值废水排放量、城市交通干线噪声平均值、区域环境噪声平均值、工业固体废弃物综合利用率、建成区绿化覆盖率、城市人均绿地面积、建设项目环境影响报告制度和“三同时”执行率。景德镇自评分为 79 分、81 分、86. 93 分。1993 年,考核项目减少城市人均绿地面积、建设项目环境影响报告制度和“三同时”执行率。增加烟尘控制区覆盖率、汽车尾气达标率、工业废水处理率、重点工业企业工业废水排放达标率、生活垃圾无害化处理率、城市气化率。六项环境质量指标得分为 35. 75 分,七项污染控制指标得分为 25. 37 分,三项城建指标得分为 13. 08 分,总分 74. 20 分。1994 年,六项环境质量指标得分为 37. 91 分,七项污染控制指标得分为 21. 12 分,三项城建指标得分为 12. 74 分,总分 71. 77 分。

2002 年,景德镇结合城市改造,新建集贸市场、搬迁马路市场,对所有歌舞厅多次进行整治,降低城市环境噪声。新建道路实行车辆分流,市交警在各主要路段增设机动车禁鸣标牌,增加道路绿化和新建休闲绿化带。至 2005 年,景德镇市城市环境定量考核连续 4 年获得全省“城考”第一名。2008 年,景德镇环境六项考核中,主要污染物总量减排和主要河流断面优质水率、空气质量等环境保护指标总体评分在全省 11 个设区市中列第一位。2010 年 12 月 24 日,省环保厅、省发改委、省工信委组织有关专家对市富祥药业有限公司、江西天新药业有限公司、江西世龙实业股份有限公司进行清洁生产审核,并予以通过。

绿色评比

1996 年 9 月 16 日,国家环保局授予华意公司全国保护臭氧层先进企业称号。2001 年 6 月,乐平三中、浮梁一小被省环保局命名为绿色学校。2002 年,市师范学校、市特殊教育学校被评为省级绿色学校。2006 年 5 月 23 日,全省首批省级绿色社区表彰大会在景德镇市举行,市莲花塘社区和时代奥园社区被命名为省级绿色社区。2007 年,珠山区新村街道莲花塘社区被国家环保总局授予全国绿色社区称号。11 月,省人大环境与资源保护委员会、省政协人口资源环境委员会、江西省环保局、江西日报社联合授予浮梁县首届江西十佳绿色生态县(市、区)称号,浮梁县瑶里镇首届江西十佳环境优美乡(镇)称号。

2008 年 4 月 28 日,经环境保护部批准,浮梁县瑶里村成为江西省国家级生态村,并被环境保护部命名第七批全国环境优美乡镇。2009 年 11 月 30 日,浮梁县被命名为江西省首批省级生态县(市、区)。2010 年 3 月 19 日,环保部批准浮梁县蛟潭镇为国家生态建设示范区之全国环境优美乡镇。

第五节　宣传与科研

环保宣传

世界环境日活动　1985 年,景德镇第一次开展纪念“6 · 5”世界环境日活动。1986 年 6 月,市环保局在市教委的配合下,组织全市中小学生举行纪念世界环境日作文比赛,题目是《环境——和平》,比赛活动共收到作文 150 余篇,获得前 3 名的 18 位学生受到表彰。

1994 年,市政府分管副市长就市环保工作“6 · 5”世界环境日主题接受市电视台记者的采访;市环保局与电视台联合开展以“还我蓝天碧水”为主题的电视台新闻竞赛活动,取得较好效果。1995 年 6 月,摄制反映景德镇市环境保护专题片《还我蓝天碧水》,在江西电视台《看江西》栏目中播放。全年在《中国环境报》《江西环保工作通讯》《景德镇日报》和景德镇电视台、电台等刊物和部门播放、刊登稿件 50 余篇。是年开展'95 赣江环保世纪行活动。1997 年,市环保局组织全市纪念“6 · 5”世界环境日座谈会,举办“'96 环保昌江行”新闻发布会,向市政协委员讲授环境保护课,在主要街道开展环境保护宣传咨询活动。1998 年,利用广播、电视、报刊、宣传橱窗、图片、画册等形式向全社会宣传环保知识。“6 · 5”世界环境日期间,在市电视台黄金时间播放有关环境保护内容的资料片。1999 年,利用广播、电视、报刊、简报、内部资料进行保护宣传,在“6 · 5”世界环境日、科技活动月对公民进行环保环境宣传,提高市民的环保意识。

2000 年,邀请省委党校专家为领导干部进行环保专题的讲座,提高全市领导干部环保意识。2001 年 6 月 5 日,在市政府门口设立环保咨询台,发放宣传资料 400 余份,宣传世界环境日主题:保护环境、公众参与。

给市委保育院儿童赠送有关环保的儿童图画书。为实现《全国环境宣传教育行动纲要》阶段性目标，与市教委联合开办“绿色学校”。环保宣传在省级刊物报道5次，在市三台一报报道43次，4篇环保科技论文获市科协优秀论文一、二等奖。2002年3月1日，《江西省环境污染防治条例》实施，市环保局发放宣传保护环境宣传单400余份，宣传世界环境主题——世间万物、生命之网。

2003年6月5日，市环保局组织市华意电器总公司、省级绿色环保学校等单位围绕“6·5”世界环境日主题“水——20亿人生命之所系”开展宣传咨询活动。在市休闲广场设活动现场咨询台，三个彩虹门悬挂“6·5”世界环境日主题等环境保护宣传标语，发放“6·5”宣传图片、警示图片、《三十年风雨铸辉煌 新世纪全面建小康》《环保宣传手册》《公民环保行为规范陶瓷工业人员读本》和2002年景德镇市环境质量报告等宣传画和资料，现场接待咨询500余人次，受理投诉9起，发放宣传资料2200余份。2004年，与北京地球纵观教育研究中心建立环境保护与可持续发展影视教育光盘借用中心，存放各类影视资料片100张，利用这些资料片在“6·5”世界环境日以及其他场合进行宣传教育。主办“6·5”环保之夜文艺晚会，并且通过手机短信发布2004年“6·5”世界环境日主题；组织全市活动，并通过报纸、电视等新闻媒体采用有奖答题方式，进行环境保护知识竞赛，提高市民对环境与资源保护重要性的认识。

2005年6月5日，组织大专院校、厂矿、企业开展世界环境日宣传活动，活动现场就环境法律、法规、环境科学等方面开展咨询，发放宣传资料1000余份，接待咨询300余人次。2007年5月，市环保局、教育局、邮政局、团市委等部门联合举办全市中小学生环保知识竞赛，全市5万名学生参加竞赛，共评出一等奖3个、二等奖10个、三等奖50个。“6·5”世界环境日，市人大环资委、市环保局、市文联、瓷都晚报社、景德镇在线网站等5家单位在市休闲广场联合开展“绿色瓷都、生态瓷都、魅力瓷都”影展活动，共收到摄影作品500余幅。2010年6月，围绕“低碳减排·绿色生活”的主题，与市教育局及各县（市、区）环保部门联合在学校、社区开展一系列的宣传活动，传递低碳生活理念，倡导绿色生活，提高公众环保意识。

环保宣传教育 1992年，市环保局与省陶瓷公司、市劳动就业局等单位联合举办全市“安全环境宣传图片展”，参观人数达1.20万人。与复旦大学联办“环境保护专业证书”班。在《景德镇日报》开辟每月1期“环保专栏”，发挥舆论导向作用。4月，举办全市首届“环保杯”青年交谊舞大奖赛，在赛场周围举办全市环境保护先进企业图片展览，并举办环保知识有奖猜谜活动，将宣传活动寓教于乐。1994年3月，与市广播电视局等单位联合举办“环保知识有奖竞赛活动”，共收到有效答卷1387份。完成国家、省环保局要求的《还我蓝天》专题片的摄制，在电视台和有关报刊上播放和刊登各类稿件60余篇。完成省环保局下达的1994年《中国环境报》1200份的征订工作。

2001年，“数字环保”即环境保护信息化建设取得进展，景德镇市被纳入全国100个重点城市的环境信息网络系统建设中，年度内完成基础建设，并通过日本专家组的验收。2002年3月31日，市环保局科技人员在市第五中学组织初、高中学生开展生物和环境科学实践活动，景德镇在第六届江西省青少年生物和环境科学实践活动评选中有9篇文章获奖，其中有关环保文章占77%以上，并获全国优秀组织奖。2003年3月20日至12月30日，开展主题为“生态瓷都、持续发展”的活动。

2004年5月7日，景德镇环境保护政务信息查询系统投入使用，该系统包括机构设置、办事指南、法律法规等10个内容，方便外来人员办事。11月，市环保局与北京地球纵观环境科普研究中心合作，正式成立全省唯一的环境保护影视教育中心——景德镇环境保护与可持续发展教育影视资料中心。该中心拥有环境保护相关影视资料VCD百余张，并对外租借。

2005年，开展“百名市长进绿色社区创建活动”，市领导到莲花塘社区调研，考察了解莲花塘社区创建绿色社区的情况，并赠送环境教育光盘、环境宣传图册等资料。2006年，成功举办首次大学生环境公益广告设计大赛，并送国家环保总局参评，获得全国大赛三等奖1名，优胜奖5名。在全省“建设资源节约型，环境友好型社会”公益广告设计大赛中，景德镇陶瓷学院选手分获大学生组的一、二、三等奖。

2007年，市环保局先后与江西电视台、景德镇电视台制作播发关于绿色生态建设、水资源保护等环保重点工作的专题电视节目。11月，市环保局被《中国环境报》评选为全国“中国环境报宣传工作”先进单位。2008年，全市推选的环保类公益广告作品包揽全国公益广告赛大赛的一等奖，为首次获得国家级环保类比赛大奖。市环保公益组织首次获得世界自然基金会“汇丰与气候伙伴同行”活动的举办权之一。2010年3月,市举办第三届全市环境公益广告大赛,共收到作品180件,经过广泛征稿、组织主要创作者座谈、集中评选审定入围获奖作品、制作宣传画报1000余份,选评出一等奖1个、二等奖2个、三等奖6个。7月,组织全市环保非政府组织(NGO)志愿者参加国家发改委举办的“国际青年能源与气候变化峰会”,组织参与由香港地球之友主办的“情系赣粤水环境保护宣传”活动。

环保科研

1991—1992年,市环保局消除烟尘小组在市雕塑瓷厂2号窑进行煤烧倒焰窑还原期二次风消烟除尘试验,消烟除尘效果明显。740厂研磨机采用消音吸声处理后,噪音从103分贝降低到81分贝。1994年7月16日,华意压缩机厂金加工生产线调试成功。开机生产出第一批无氟压缩机泵体,各方面数据均达到规定要求。

1996年4月,市环保局与浮梁工业开发区引进地埋式无动力生活废水处理装置技术专利,经2个示范工程试验获得成功,排放水质达到国家污水排放二级标准,市政府在浮梁县浮梁镇召开现场会予以推广。5月,市环发实业公司研发的瓷都牌节能梭式窑,通过省环保局组织的专家鉴定,被授予生产资质证书,得到国家科委100万元科技贷款支持。1997年,引进国家环保局最佳实用技术——净化粉及煤用脱硫助燃剂,在市红星瓷厂等厂家试验后在全市推行使用。是年,昌河飞机制造公司、999厂、602所等14家单位推广应用地埋式无动力生活废水处理装置。

2003年,在3条煤烧隧道窑中应用高压电除尘器进行烟尘消除实验,取得一定效果。2007年,景德镇市海畅法蓝瓷污水处理工程获江西省环保产业协会“江西省污染防治示范工程”称号。2009年,新枫园续建工程、名仕嘉苑等6个房地产项目19套污水处理安装工程和景翰文城等6家单位9套生活污水处理工程的完成设计,完成市疾病预防控制中心污水处理站、市烟草公司中水回用建设工程、市紫晶宾馆中水回用安装、调试工作。2010年,江西电力公司景德镇发电厂(鱼山)1#66万千瓦机组采用湿法脱硫、低氮燃烧脱硝技术,同时青塘3台小功率机组关闭,实现增产减污。

第六节　管理机构

市环境保护委员会

1989年成立,是全市环境保护工作的协调机构,由市政府分管环境保护工作的副市长任主任,由市政府联系环保工作的副秘书长,市经委、市计委、市农委、市科委、市环保局领导任副主任,有关单位领导为委员会成员。

市环境保护局

1986年,内设有办公室、污染控制科、管理科,正县级建制。2010年11月,机关行政编制17人(含纪检监察编制2人),后勤服务编制2人,内设办公室、行政审批服务科、污染防治科。下设市环境监察支队、市环境监测站、市环境科学研究所、市主要污染物总量控制中心、市环境工程评估中心、市工业废物交换中心。

市环保事业单位

市环境科学研究所　1989年11月14日成立,为市环保局下属正科级事业单位,编制10人,实行自收自支,企业化管理,内设办公室、环境评价中心、污染治理中心。2004年9月,改为全额拨款事业单位,内设办公室、环评业务室、综合业务室,编制21人。

市环境监察支队　1986年,为正科级事业机构,编制5人。1992年3月,更名为市环境监理所。1999年12月,更名为市环境监理支队;2002年12月,更名为市环境监察支队。2005年6月,成立环保热线投诉中心,开通“12369”环保投诉热线。2008年8月7日,参照公务员法管理,编制17人,在岗人员25名,内设办公室、稽查大队、监察一大队、监察二大队和“12369”环保热线投诉中心。

市主要污染物总量控制中心　2010年11月成立，为正科级全额拨款事业单位，编制5人。

市环境监测站　1986年，隶属于市环境保护局，定编为23人。1988年增至30人，2005年编制为41人，2010年年底编制为39人。

市环境工程评估中心　2003年6月成立，为自收自支事业单位，编制10人。

市工业废物交换中心　1999年12月成立，为正科级事业单位，实行企业化管理，编制5人。

县(市、区)环保机构

乐平市环保局　1986年，称乐平县环保局，为正科级机构。1992年9月更名为乐平市环保局。至2010年，先后设立人事秘书股、环境影响评价股(行政审批股)、污染防治股、法规宣传教育股、自然生态保护股、污染物排放总量控制股。下设副科级事业单位乐平市环境监测站和环境科学研究所、环境监察一大队、环境监察二大队、固废管理中心4个股级事业单位。

浮梁县环保局　1989年7月，成立浮梁县建设与环境保护局，内设环境保护办公室。2006年6月，成立浮梁县环境保护局，为县政府直属正科级事业单位，内设办公室(综合股)、环保管理股、财会统计股，下设事业单位环境监察大队(浮梁县环境监测站)。2007年，环境监察大队与环境监测站分设，环境监察大队为副科级事业单位，同时成立环境科学评价所，与环境监测站合署办公，为股级事业单位。2010年，成立浮梁县主要污染物总量控制中心，为股级事业单位。

昌江区环保局　1989年，成立昌江区环境监理站。2004年1月，昌江区环境保护局从建设环境保护局中分设，为区政府直属正科级事业单位。2010年12月，改为区政府工作部门。下设区环境监察大队、区环境监测站。

珠山区环保局　1986年，为区城乡建设环境保护局。1989年，成立珠山区环境监理站。1998年7月，更名为珠山区环境监察大队。2002年，成立珠山区环境保护局，为区政府工作部门。2010年年底，内设办公室、综合管理股。下设区环境监察大队、区环境监测站。

第四篇　人　口

第一章　人口状况

1986年末,全市总户数27.8万户,总人口123.18万人,人口密度每平方千米235人,社会从业人员62.41万人。2010年年末,全市总户数53.8万户,总人口163.16万人,人口密度每平方千米310人,社会从业人员96.98万人。

第一节　人口数量分布

地域分布

户籍人口数是通过公安部门的经常性统计月报或年报取得,常住人口是指实际经常居住在某地区一定时间(指半年以上)的人口。每10年进行一次人口普查、每5年进行一次1%人口抽样调查,从1990年开始在以上年份以外每年采取人口变动抽样调查。2010年,全市户籍人口163.16万人,其中昌江区17.81万人、珠山区28.39万人、浮梁县28.25万人、乐平市88.71万人。

表4-1-1　**1986—2010年景德镇市分县(市、区)户籍人口统计表**　单位:万人

年份	合计	昌江区	珠山区	浮梁县	乐平市
1986	123.18	10.71	23.18	24.18	65.11
1987	124.51	10.91	23.50	24.56	65.54
1988	127.00	11.01	23.89	24.96	67.14
1989	129.66	11.11	24.21	25.55	68.79
1990	131.43	11.21	24.56	25.64	70.02
1991	132.88	11.41	24.84	25.87	70.76
1992	133.86	11.53	25.08	26.07	71.18
1993	135.78	11.78	25.39	26.38	72.23
1994	136.59	11.96	25.79	26.54	72.30
1995	137.64	12.14	26.28	26.41	72.81
1996	139.38	12.27	26.66	26.74	73.71
1997	140.49	12.48	27.12	26.74	74.15
1998	142.30	12.48	27.83	26.93	75.06
1999	142.23	12.58	27.49	27.07	75.09

续表 4－1－1

年份	合计	昌江区	珠山区	浮梁县	乐平市
2000	143.78	12.89	27.57	27.28	76.04
2001	145.61	13.08	28.01	27.81	76.71
2002	147.30	15.08	26.68	27.97	77.57
2003	148.30	15.23	26.92	27.51	78.60
2004	150.57	16.07	27.11	27.70	79.69
2005	150.83	16.64	27.34	26.55	80.30
2006	153.62	17.01	27.68	27.37	81.56
2007	156.18	17.02	27.94	28.00	83.22
2008	158.23	17.28	28.29	28.07	84.59
2009	160.22	17.52	28.27	28.30	86.13
2010	163.16	17.81	28.39	28.25	88.71

常住人口按每年人口变动抽样调查数据推算，人口普查和1%人口抽样调查对人口变动抽样调查推算的人口数据进行修正。2010年全市常住人口158.75万人，其中昌江区19.22万人、珠山区28.14万人、浮梁县30.36万人、乐平市81.03万人。

表 4－1－2　　1986—2010年景德镇市分县(市、区)常住人口统计表　　单位：万人

年份	合计	昌江区	珠山区	浮梁县	乐平市
1986	123.18	10.71	23.18	24.18	65.11
1987	124.51	10.91	23.50	24.56	65.54
1988	127.00	11.01	23.89	24.96	67.14
1989	129.66	11.11	24.21	25.55	68.79
1990	134.35	14.76	24.80	25.21	69.58
1991	137.74	15.13	26.44	25.82	70.35
1992	139.24	15.39	26.69	26.12	71.04
1993	141.06	15.64	26.97	26.41	72.04
1994	142.73	16.00	27.45	26.73	72.55
1995	144.22	16.57	27.69	26.67	73.29
1996	145.63	16.81	27.86	26.94	74.02
1997	147.11	17.07	28.40	27.00	74.64
1998	148.44	17.62	28.43	27.09	75.30
1999	149.92	18.26	28.98	27.53	75.15
2000	145.34	13.92	30.55	27.90	72.97
2001	149.34	18.84	26.82	28.07	75.61
2002	150.64	19.00	27.05	28.22	76.37

续表 4-1-2

年份	合计	昌江区	珠山区	浮梁县	乐平市
2003	151.77	19.14	27.26	28.34	77.03
2004	152.83	19.27	27.45	28.40	77.71
2005	153.84	19.40	27.63	28.54	78.27
2006	154.50	17.99	27.12	28.10	81.29
2007	155.44	18.14	27.28	28.27	81.75
2008	156.52	18.25	27.51	28.49	82.27
2009	157.66	18.37	27.73	28.70	82.86
2010	158.75	19.22	28.14	30.36	81.03

1986 年以来开展三次人口普查,第四次人口普查(1990 年)普查标准时点为 7 月 1 日零时,第五次人口普查(2000 年)和第六次人口普查(2010 年)普查标准时点为 11 月 1 日零时。

表 4-1-3 **1990 年、2000 年、2010 年景德镇市人口与全国、全省人口比较表** 单位:人、%

年份	景德镇市人口	江西省人口	全国人口	景德镇市人口	
				占江西省人口比	占全国人口比
第四次人口普查 1990 年	1343463	37710177	1160017381	3.56	0.12
第五次人口普查 2000 年	1453367	41398015	1295330000	3.51	0.11
第六次人口普查 2010 年	1587477	44567797	1370536875	3.56	0.12

人口密度

人口密度是一定时期单位土地面积上居住的人口数。1986 年全市人口密度为 235 人/平方千米;2000 年全市人口密度 282 人/平方千米,高于全省 249 人/平方千米;2010 年全市人口密度 302 人/平方千米,高于全省 267 人/平方千米,呈稳定上升趋势。

表 4-1-4 **1986—2010 年景德镇市人口密度统计表** 单位:人/平方千米

年份	人口密度	年份	人口密度	年份	人口密度
1986	235	1995	275	2004	291
1987	237	1996	277	2005	293
1988	242	1997	280	2006	294
1989	247	1998	283	2007	296
1990	256	1999	286	2008	298
1991	262	2000	282	2009	300
1992	265	2001	284	2010	302
1993	269	2002	287		
1994	272	2003	289		

说明:1990 年以前常住人口采用公安户籍人数。2000 年以前景德镇市土地面积 5248 平方千米,2000 年及以后景德镇市土地面积 5256 平方千米

第二节　人口变动

自然增长

1986年，全市出生17202人，出生率为14.06‰；死亡率5.85‰；自然增长10049人，自然增长率8.21‰。2010年，全市出生21496人，出生率为13.58‰；死亡率5.93‰；自然增长12109人，自然增长率7.65‰。

表4－1－5　　1986—2010年景德镇市人口自然变动一览表

年份	年平均人口（万人）	出生人口（人）	死亡人口（人）	人口自然增长（人）	出生率（‰）	死亡率（‰）	自然增长率（‰）
1986	122.32	17202	7153	10049	14.06	5.85	8.21
1987	123.85	17043	7902	9141	13.76	6.38	7.38
1988	125.76	21022	7213	13809	16.71	5.74	10.97
1989	128.33	19994	7143	12851	15.58	5.57	10.01
1990	130.55	23901	8090	15811	18.31	6.2	12.11
1991	132.16	17912	6818	11094	13.55	5.16	8.39
1992	133.37	14640	6613	8027	10.98	4.96	6.02
1993	134.82	15759	6287	9472	11.69	4.66	7.03
1994	136.19	15721	6634	9087	11.54	4.87	6.67
1995	137.12	15184	6886	8298	11.09	5.03	6.06
1996	138.51	13734	6083	7651	9.89	4.4	5.49
1997	139.94	15180	5687	9493	10.85	4.06	6.79
1998	141.40	15174	5669	9505	10.73	4.01	6.72
1999	142.27	15281	5423	9858	10.74	3.81	6.93
2000	147.37	22695	8665	14030	15.4	5.88	9.52
2001	148.69	22482	8624	13858	15.12	5.8	9.32
2002	149.99	22154	8579	13574	14.77	5.72	9.05
2003	151.21	21411	8997	12414	14.16	5.95	8.21
2004	152.30	20896	8559	12336	13.72	5.62	8.1
2005	153.33	20654	8479	12174	13.47	5.53	7.94
2006	154.17	20613	8664	11948	13.37	5.62	7.75
2007	154.97	20921	8740	12181	13.5	5.64	7.86
2008	155.98	21120	8828	12291	13.54	5.66	7.88
2009	157.09	21223	8938	12284	13.51	5.69	7.82
2010	158.29	21496	9387	12109	13.58	5.93	7.65

人口迁移

2000 年迁移人口中，部队复员转业军人、工作调动及随迁家属占 20.5%，务工经商占 17.6%，学习培训占 9.5%。

2010 年迁移人口中，部队复员转业军人、工作调动及随迁家属占 18.4%，务工经商占 27.1%，学习培训占 16.4%，三项相加超过 50%。

表 4－1－6　　**2000 年、2010 年景德镇市内迁移人口迁移情况表**　　单位：人

年份	合计	务工经商	工作调动	学习培训	拆迁搬家	婚姻迁入	随迁家属	投亲靠友	其他
2000	114730	20180	3480	10900	18140	18810	23530	6140	13550
2010	203044	55060	6218	33345	29368	11767	37386	8075	21825

第三节　人口结构

年龄结构

1990 年，全市常住人口中，0～14 岁的少年儿童人口为 41.23 万人，占总人口的 30.69%；15～64 岁的劳动适龄人口为 87.40 万人，占总人口的 65.05%；65 岁及以上老年人口为 5.72 万人，占总人口的4.26%。

2000 年，全市常住人口中，0～14 岁的少年儿童人口为 35.78 万人，占总人口的 24.62%；15～64 岁的劳动适龄人口为 101.36 万人，占总人口的 69.74%；65 岁及以上老年人口为 8.20 万人，占总人口的5.64%。

2010 年，全市常住人口中，0～14 岁的少年儿童人口为 31.94 万人，占总人口的 20.12%；15～64 岁的劳动适龄人口为 115.92 万人，占总人口的 73.02%；65 岁及以上老年人口为 10.89 万人，占总人口的6.86%。

表 4－1－7　　**1990 年景德镇市人口年龄构成调查表**

组别		乳婴组	学龄前儿童组	学龄儿童组	劳动力后备组	劳动年龄组	被抚养年龄组		选龄组	法定婚龄起点组	育龄妇女人口组
年龄界限（岁）		0	1～6	7～12	13～15	男 16～59、女 16～54	少儿 0～15	男 60 岁以上、女 55 以上	18 以上	男 22、女 20	15～49
全年	数量（人）	32836	163183	154842	92972	786281	443833	113349	838823	30344	351258
	占总人口比（%）	2.44	12.15	11.52	6.92	58.53	33.04	8.44	62.44	2.26	26.15
男	数量（人）	17009	84564	80483	48464	426980	230520	45569	440870	15740	—
	占总人口比（%）	1.26	6.30	5.99	3.61	31.78	17.16	3.39	32.82	1.17	—
女	数量（人）	15827	78619	74359	44508	359301	213313	67780	397953	14604	351258
	占总人口比（%）	1.18	5.85	5.53	3.31	26.75	15.88	5.05	29.62	1.09	26.15

表 4－1－8

2000 年景德镇市人口年龄构成调查表

组别		乳婴组	学龄前儿童组	学龄儿童组	劳动力后备组	劳动年龄组	被抚养年龄组		选龄组	法定婚龄起点组	育龄妇女人口组
年龄界限（岁）		0	1～6	7～12	13～15	男 16～59、女 16～54	少儿 0～15	老年男 60 岁以上、女 55 以上	18 以上	男 22、女 20	15～49
全年	数量（人）	21325	111759	168773	80330	923875	382187	147305	1024403	23406	413445
	占总人口比（%）	1.47	7.69	11.61	5.53	63.57	26.30	10.13	70.48	1.61	28.45
男	数量（人）	11680	61786	88150	41988	488531	203604	62439	526285	13504	—
	占总人口比（%）	0.80	4.25	6.06	2.89	33.61	14.01	4.29	36.21	0.93	—
女	数量（人）	9645	49973	80623	38342	435344	178583	84866	498118	9902	413445
	占总人口比（%）	0.67	3.44	5.55	2.64	29.96	12.29	5.84	34.27	0.68	28.45

表 4－1－9

2010 年景德镇市人口年龄构成调查表

组别		乳婴组	学龄前儿童组	学龄儿童组	劳动力后备组	劳动年龄组	被抚养年龄组		选龄组	法定婚龄起点组	育龄妇女人口组
年龄界限（岁）		0	1～6	7～12	13～15	男 16～59、女 16～54	少儿 0～15 及老年男 60 岁以上、女 55 以上	18～22	18 以上	男 22、女 20	15～49
全年	数量（人）	19680	142080	117543	63013	1034040	342316	211121	1201085	31576	454027
	占总人口比（%）	1.24	8.95	7.40	3.97	65.14	21.56	13.30	75.66	1.99	28.60
男	数量（人）	10748	82584	67627	34558	545613	280515	144803	607616	13239	—
	占总人口比（%）	0.68	5.20	4.26	2.18	34.37	12.31	5.35	38.28	0.83	—
女	数量（人）	8932	59496	49916	28455	488427	146799	126123	593469	18337	454027
	占总人口比（%）	0.56	3.75	3.14	1.79	30.77	9.25	7.95	37.38	1.16	28.60

表 4－1－10

1990 年、2000 年、2010 年景德镇市老年人口构成表

单位：%、人

年份	65 岁及以上人口占总人口比重	其中：80 岁及以上人口总数	80 岁及以上人口占 65 岁及以上人口比重
1990	4.26	4569	7.99
2000	5.64	7932	9.5
2010	6.86	15386	14.12

性别结构

以女性为100,男性对女性的比例计算性别比。1990年,第四次全国人口普查全市常住人口性别比为109.79。2000年,第五次全国人口普查全市常住人口中性别比为107.98。2010年,第六次全国人口普查全市常住人口中,男性为82.61万人,占总人口的52.04%;女性76.13万人,占47.96%,人口性别比为108.51。

表4-1-11　**1986—2010年景德镇户籍男女人口数量、性别比动态变化表**

年份	人口数量(万人)		性别比	年份	人口数量(万人)		性别比
	男性	女性			男性	女性	
1986	64.39	58.79	109.53	1999	74.37	67.86	109.59
1987	65.07	59.44	109.47	2000	75.19	68.59	109.62
1988	66.33	60.67	109.33	2001	76.13	69.48	109.57
1989	67.58	62.08	108.86	2002	77.6	69.7	111.33
1990	68.64	62.79	109.32	2003	77.59	70.67	109.79
1991	69.31	63.57	109.03	2004	78.65	71.92	109.36
1992	69.91	63.95	109.32	2005	78.87	71.96	109.60
1993	70.94	64.84	109.41	2006	80.35	73.27	109.66
1994	71.22	65.37	108.95	2007	81.97	74.21	110.46
1995	71.84	65.8	109.18	2008	83.17	75.06	110.80
1996	72.76	66.62	109.22	2009	84.07	76.15	110.40
1997	73.41	67.08	109.44	2010	85.56	77.6	110.26
1998	74.36	67.94	109.45				

县(市、区)人口性别比　1990年全国第四次人口普查,全市4个县(市、区)的人口性别比是昌江区109.55、珠山区110.20、浮梁县112.82、乐平市108.53。2000年全国第五次人口普查,全市4个县(市、区)的人口性别比是昌江区107.98、珠山区104.81、浮梁县106.49、乐平市109.85。2010年全国第六次人口普查,全市4个县(市、区)的人口性别比是昌江区109.55、珠山区101.63、浮梁县110.71、乐平市109.93。

分年龄组性别比　全市人口中,一般是低年龄组男性多于女性,高年龄组女性多于男性。因此低年龄组人口性别比高,高年龄组人口性别比低。

表4-1-12　**1990年、2000年、2010年景德镇市分年龄组人口性别比一览表**

年龄组(岁)	1990年	2000年	2010年	年龄组(岁)	1990年	2000年	2010年
0~4	107.39	127.66	136.14	35~39	109.15	110.32	107.19
5~9	108.06	113.35	137.68	40~44	114.99	110.59	106.39
10~14	108.62	107.37	130.35	45~49	118.47	106.78	108.47
15~19	108.62	111.17	106.74	50~54	116.65	109.70	106.79
20~24	109.89	99.54	95.11	55~59	118.92	112.31	103.88
25~29	112.72	104.57	95.69	60~64	116.98	109.12	105.24
30~34	113.80	105.73	103.41	65~69	101.34	102.94	105.16

续表 4－1－12

年龄组(岁)	1990 年	2000 年	2010 年	年龄组(岁)	1990 年	2000 年	2010 年
70～74	84.03	98.26	96.99	85～89	38.27	46.79	64.11
75～79	70.80	82.30	89.02	90～94	50.56	38.31	50.99
80～84	53.77	62.43	83.61	95 以上	15.38	61.76	57.01

家庭规模

1986 年,全市居民家庭人口平均每户为 4.43 人,1990 年减少为 4.05 人,低于全省 4.40 人的水平,5 年间户规模缩小 9%。此后,全市居民家庭户规模继续呈逐年缩小趋势,至 2010 年,平均每户人口减少为 3.03 人,与 1990 年相比,户规模缩小 25.19%。

表 4－1－13　**1986—2010 年景德镇市居民家庭户规模变化情况表**　单位:人

年份	户规模	年份	户规模	年份	户规模
1986	4.43	1995	3.78	2004	3.36
1987	4.38	1996	3.78	2005	3.26
1988	4.30	1997	3.74	2006	3.22
1989	4.00	1998	3.63	2007	3.14
1990	4.05	1999	3.53	2008	3.08
1991	3.89	2000	3.48	2009	3.05
1992	3.93	2001	3.42	2010	3.03
1993	3.94	2002	3.42		
1994	3.87	2003	3.38		

由于居民家庭规模缩小,人口结构也发生变化。1990 年、2000 年和 2010 年三次全国人口普查,全市居民家庭中人口数量多、代际层次多和多核心的家庭逐渐减少;人口数量和代际层次少以及单核心家庭明显增加。2010 年与 1990 年相比,1 人户和 2 人户的数量分别由 17628 户和 29263 户增加至 38198 户和 78586 户,两类家庭户分别增长 1.17 倍和 1.69 倍;1 人户和 2 人户占全市总户数的比重,分别由 5.63% 和 9.35% 上升至 8.85% 和 18.21%。5 人及以上的大家庭同比由 124816 户减少至 98804 户,减少比例达 20.85%;5 人及以上户占全市总户数的比重,由 39.80% 下降为 22.89%。

表 4－1－14　**2010 年景德镇市家庭户规模构成一览表**　单位:户、%

户规模	户数	比重	户规模	户数	比重
1 人户	38198	8.85	7 人户	10046	2.33
2 人户	78586	18.21	8 人户	4401	1.02
3 人户	110870	25.69	9 人户	2308	0.53
4 人户	105109	24.36	10 人及以上户	2015	0.47
5 人户	53434	12.38	合计	431567	100
6 人户	26600	6.16			

2010 年,1 代户为 99658 户,比 1990 年的 30625 户增加 69033 户,增幅达 2.25 倍;1 代户占全市总户数的比重,由 9.78% 上升到 23.09%。四世同堂、多核心的 4 代及以上户为 3138 户,比 1990 年减少 16107 户,

减少幅度达83.7%;4代及以上户所占比重,由6.05%下降为0.73%。

表4-1-15　　2000年、2010年景德镇市家庭户对比表　　单位:户、%

家庭户类别	2000年		2010年	
	户数	比重	户数	比重
1代户	71214	18.8	99658	23.09
2代户	239112	63.14	231417	53.62
3代户	66157	17.47	97354	22.56
4代户	2244	0.59	3138	0.73
合计	378727	100	431567	100

城镇居民家庭规模　1987年和1990年市统计局两次调查,居民家庭人口的代际结构由辈分层次多、亲缘关系复杂型向比较单纯的青年型和老年型家庭发展。1987年与1990年相比,青年家庭和老年家庭各自占城镇总人口的比重,分别由44.23%和2.0%上升至51.29%和4.59%。

2010年第六次全国人口普查,城镇居民家庭平均每户人口为3.24人。其中:1人户为26863户,占城镇总户数的比重为10.46%;2人户为54688户,占比为21.30%;3人户为79465户,占比为30.95%;4人户为52967户,占比为20.64%;5人及以上户为42729户,占比为16.65%。按代际分,1代户和2代户分别为70139户和139017户,分别占城镇总人口的比重为27.32%和54.15%;3代户和4代及以上户为46429户和1127户,分别占18.09%和0.44%。

农村居民家庭规模　1986年后,由于国家计划生育政策的实施和人们对家庭的观念更新,农村与城镇一样,独生子女和从大家庭分离出来的青年家庭也逐渐增加。平均家庭人口不断减少,代际层次多、亲缘关系复杂的多核心家庭减少,户规模缩小。2010年,市农村社会经济调查队对180户农户调查,农村居民家庭平均每户人口为4.13人,比1986年的5.85人减少1.72人,减少幅度为29.4%,占近1/3。其中乐平市农户平均为4.33人,比1986年减少1.48人。

表4-1-16　　2010年景德镇市农村居民家庭结构情况表　　单位:户、%

结　构	户数	占总户数比重	结构	户数	占总户数比重
1代户	29519	16.88	1人户	11335	6.48
2代户	92400	52.84	2人户	23898	13.67
3代户	50925	29.12	3人户	34405	17.96
4代及以上户	2011	1.16	4人户	52142	29.82
			5人及以上户	56075	32.07

民族结构

1986年,景德镇居民以汉族居多,占99.8%,另有回、满、壮等15个少数民族。1990年,第四次人口普查,全市共有汉、回、满、蒙古、苗、瑶等22个民族,其中汉族人口占99.92%。2000年,分布在全市的少数民族有32个,少数民族人口1805人,占全市总人口比重0.12%。从人口数量分析,超过100人的少数民族有4个,总人数1321人,占少数民族人口比重73.2%。其中以回族人口最多为598人,占少数民族人口总数的33.1%,分列第2~4位的分别是满族319人、蒙古族304人、壮族100人。

2010年,分布在全市的少数民族有38个,比2000年前增加6个,少数民族人口(常驻)1574人,占全市总人口比重0.11%。从人口数量分析,超过100人的少数民族共有5个,总人数1056人,占少数民族人口比重达67.1%。其中以回族人口最多为356人,占少数民族人口总数的22.6%,分列第2~5位的是满族270人、壮族160人、土家族142人和苗族128人。

表 4-1-17　**2000 年、2010 年景德镇市人口普查各少数民族人口统计表**　单位：人

民族	第五次人口普查人数(2000 年)	第六次人口普查人数(2010 年)	民族	第五次人口普查人数(2000 年)	第六次人口普查人数(2010 年)
回族	598	356	毛南族	—	3
满族	319	270	侗族	13	3
壮族	100	160	拉祜族	3	3
土家族	57	142	傈僳族	—	2
苗族	73	128	东乡族	1	2
瑶族	15	99	布朗族	—	2
蒙古族	304	96	仡佬族	3	2
彝族	49	51	纳西族	—	1
畲族	36	41	达斡族	3	1
布依族	31	34	仫佬族	2	1
朝鲜族	54	25	羌族	—	1
黎族	10	25	阿昌族	1	1
景颇族	—	18	怒族	14	1
哈萨克族	—	16	鄂温克族	—	1
白族	3	15	京族	—	1
维吾尔族	32	13	鄂伦春族	—	1
傣族	1	13	高山族	4	0
佤族	2	11	水族	1	0
藏族	46	10	撒拉族	1	0
哈尼族	—	10	塔吉克族	2	0
上族	16	10	独龙族	1	0
锡伯族	10	5			

职业结构

90 年代以后，随着产业结构的变化调整，就业人口的职业结构也随之发生变化，职业结构的变动反映出劳动力本身就业转移的本质特征。2010 年，第六次人口普查景德镇市各职业人口中，以农、林、牧、渔、水利业生产人员最多，占 38.01%；其次是生产、运输设备操作人员和有关人员，占 33.28%；第三是商业、服务业人员，占总数的 16.44%。

与 2000 年第五次人口普查相比，居前三位的职业没有变化，但三种职业的分布发生了变化，即农、林、牧、渔、水利业生产人员减少，向商业、服务业人员和生产、运输设备操作人员及有关行业人员转移增加。这与产业结构调整一致。

表4-1-18　　1990年、2000年、2010年人口普查职业结构表　　单位:%

职业分类	第四次人口普查(1990年)	第五次人口普查(2000年)	第六次人口普查(2010年)
国家机关、党群组织、企业、事业单位负责人	2.63	2.78	1.31
专业技术人员	6.78	6.68	6.26
办事人员和有关人员	2.94	3.87	4.60
商业、服务业人员	6.62	10.91	16.44
农、林、牧、渔、水利业生产人员	55.85	54.53	38.00
生产、运输设备操作人员及有关人中	25.10	21.17	33.33
不便分类的其他从业人员	0.08	0.06	0.07
总计	100	100	100

2010年,全市农林牧渔业、工业、建筑业、交通运输、商业等物质生产部门劳动者71.27万人,占社会劳动者比重73.49%,比1985年下降17.42%。三次产业由1986年的51.43:32.67:15.9变化为2010年的28.91:34.01:37.08,第一产业下降22.05%,第二产业和第三产业分别上升0.93%和21.12%。

表4-1-19　　1986—2010年景德镇市社会从业人数分布与构成表(一)

年份	分布(万人)			构成(%)	
	合计	物质生产部门	非物质生产部门	物质生产部门	非物质生产部门
1986	62.41	56.73	5.68	90.90	9.10
1987	63.69	57.42	6.27	90.16	9.84
1988	64.9	58.41	6.49	90.00	10.00
1989	66.16	59.36	6.8	89.72	10.28
1990	66.53	59.30	7.23	89.13	10.87
1991	66.35	59.42	6.93	89.56	10.44
1992	66.16	58.99	7.17	89.16	10.84
1993	66.48	60.41	6.07	90.87	9.13
1994	68.47	59.58	8.89	87.02	12.98
1995	70.81	59.96	10.85	85.49	14.51
1996	71.23	61.12	10.11	85.81	14.19
1997	75.23	64.27	10.96	85.43	14.57
1998	74.93	61.24	13.69	81.73	18.27
1999	77.78	64.55	13.23	82.99	17.01
2000	78.09	62.35	15.74	79.84	20.16
2001	78.33	61.88	16.45	79.00	21.00
2002	78.50	60.25	18.25	76.75	23.25

续表 4－1－19

年份	分布(万人)			构成(%)	
	合计	物质生产部门	非物质生产部门	物质生产部门	非物质生产部门
2003	79.88	60.47	19.41	75.70	24.30
2004	84.09	62.34	21.75	74.13	25.87
2005	85.00	63.01	21.99	74.13	25.87
2006	87.28	64.87	22.41	74.32	25.68
2007	89.78	67.03	22.75	74.66	25.34
2008	92.37	69.32	23.05	75.05	24.95
2009	94.97	70.18	24.79	73.90	26.10
2010	96.98	71.27	25.71	73.49	26.51

表 4－1－20　　1986—2010 年景德镇市社会从业人数分布与构成表(二)

年份	分布(万人)				构成(%)		
	合计	第一产业	第二产业	第三产业	第一产业	第二产业	第三产业
1986	62.41	32.1	20.39	9.92	51.43	32.67	15.9
1987	63.69	31.34	20.90	11.45	49.21	32.82	17.97
1988	64.90	32.01	20.90	11.99	49.32	32.2	18.48
1989	66.16	35.58	21.12	9.46	53.78	31.92	14.3
1990	66.53	33.13	20.37	13.03	49.80	30.62	19.58
1991	66.35	33.08	20.87	12.40	49.86	31.45	18.69
1992	66.16	32.36	21.28	12.52	48.91	32.16	18.93
1993	66.48	32.76	22.15	11.57	49.28	33.32	17.40
1994	68.47	30.11	22.99	15.37	43.98	33.58	22.44
1995	70.81	29.89	23.41	17.51	42.21	33.06	24.73
1996	71.23	30.82	23.74	16.67	43.27	33.33	23.40
1997	75.23	31.27	24.88	19.08	41.56	33.07	25.37
1998	74.93	29.37	25.61	19.95	39.20	34.18	26.62
1999	77.78	29.88	26.52	21.38	38.42	34.10	27.48
2000	78.09	27.32	26.77	24.00	34.99	34.28	30.73
2001	78.33	28.12	25.48	24.73	35.90	32.53	31.57
2002	78.50	26.70	25.98	25.82	34.01	33.10	32.89
2003	79.88	26.61	26.68	26.59	33.31	33.40	33.29
2004	84.09	27.11	27.77	29.21	32.24	33.02	34.74
2005	85.00	27.00	28.30	29.70	31.76	33.29	34.95

续表 4-1-20

年份	分布(万人)				构成(%)		
	合计	第一产业	第二产业	第三产业	第一产业	第二产业	第三产业
2006	87.28	27.40	29.00	30.88	31.39	33.23	35.38
2007	89.78	27.84	30.05	31.89	31.01	33.47	35.52
2008	92.37	28.17	31.21	32.99	30.50	33.79	35.71
2009	94.97	28.22	31.91	34.84	29.71	33.60	36.69
2010	96.98	28.04	32.98	35.96	28.91	34.01	37.08

文化结构

随着市场经济体制建立和发展,全市劳动力市场日趋完善,人口在教育结构、人才结构上发生变化。2010 年,在市 6 岁及以上人口中,各种受教育程度情况分别为大专及以上文化程度人口 12.61 万人,占 6 岁及以上人口比重 8.7%;高中(包括中专)文化程度人口 21.91 万人,占 15.1%;初中文化程度人口 55.89 万人,占 38.6%;小学文化程度人口 47.02 万人,占 32.5%;未上学人口 7.32 万人,占 5.1%。在各种文化程度人口中,男性人口明显高于女性,城镇人口明显高于农村。

表 4-1-21 **1990 年、2000 年、2010 年景德镇市三次人口普查全市 6 岁及以上人口文化构成表** 单位:万人

年份	大专及以上	高中	初中	小学
1990	1.90	11.09	25.68	51.57
2000	3.62	15.99	47.08	55.28
2010	12.61	21.91	55.89	47.02

2010 年,第六次人口普查与 2000 年第五次人口普查相比,每 10 万人中具有各种受教育程度人口发生较大变化。大专及以上文化程度人口由 3227 人上升为 7937 人,增长 1.46 倍;初中文化程度人口由 31799 人上升为 35169 人,增长 10.6%;小学文化程度的人口由 37343 人下降为 29590 人,下降 20.8%。构成文化程度两极人口呈现猛增大减走势,未上过学比重下降最快,大专及以上文化程度比重上升最大。

表 4-1-22 **2010 年景德镇市学龄以上人口受教育程度表** 单位:人

文化程度	男	女	文化程度	男	女
研究生	1368	907	高中	124167	94919
大学本科	27853	19537	初中	307267	251640
大学专科	43626	32853	小学	219764	250473

第二章 人口控制

1986—2010 年,全市计划生育工作以宣传教育、避孕、经常性工作为主,计划生育与发展经济、与帮助群众勤劳致富奔小康、与建设文明幸福家庭相结合,由以社会制约为主向逐步建立利益导向与社会制约相结合,达到有效控制人口增长,提高人口素质,促进人口与经济、社会、资源、环境协调发展和可持续发展的目标,实现从严格控制人口增长到稳定低生育水平的转变。

第一节　宣传教育

宣传活动

1988年起，市计划生育部门通过送电影下乡，放映反映人口计生事业的电影和计划生育知识的科教片，宣传计划生育知识。基层乡镇在集市日开展计划生育宣传。

1991年9月，景德镇纪念中共中央《关于控制我国人口增长问题致全体共产党员、共青团员的公开信》发表11周年，举办全市计划生育文艺会演。在世界人口日举办计划生育座谈会，邀请各界人士座谈人口与计划生育。

1994年，元旦春节期间和春季、夏季、秋季，开展全市4次大型计划生育宣传活动，组织“人类与性”大型巡回展览，整顿规范计划生育宣传标语，新设永久性大幅标语700余条(块)，全市累计派出3000名各级干部到村组开展计划生育宣传，印发10万份计划生育宣传品送到各家各户。

1995年，各级计生部门在街道集镇设立宣传咨询站；全市刷写固定计划生育大幅标语1.5万条，展出计生宣传画板400多块(幅)，办黑板报宣传栏100块，乐平市在街头设置200块搪瓷计生宣传牌，各县市区制作大型宣传画20块。

位于马鞍山铁路涵洞口两侧的大型计生宣传瓷板画

1996年11月11—17日，开展“计划生育、优生优育、生殖保健知识”宣传咨询活动，全市共设立咨询服务点74个，展出图文板块500余块，悬挂条幅标语50余条，出动124台次宣传车进行巡回宣传；为育龄群众提供15000人次咨询服务，同时免费发放1200余件避孕药具。各地还制作计划生育宣传品近5万份，张贴知识挂图400张，出黑板报、宣传栏500期。各计生服务站(所)组织技术人员873人次为群众释疑解难。

1998年，各乡镇街道新刷写张贴标语近1800余条，办宣传栏、黑板报360余块，全市设立宣传咨询点150多个。为纪念改革开放20周年，市计生委制作“二十年全市少生52万人”的计划生育成果展板。各县(市、区)组织“国策进我家”演讲会和计划生育文艺会演，纪念“九二五”公开信发表18周年。

1999年10月11—17日，举行世界“六十亿人口日”纪念活动，开展以“关注人口与可持续发展”为主题的宣传活动，市、县(市、区)组织计划生育板画展览，共计展出计划生育板面300余块(幅)。各地组织宣传咨询队伍、流动宣传车辆，开展知识竞赛、演讲比赛、召开座谈会等多种形式的计生宣传活动。

2001年5月，开展科技活动周活动，与市健康教育所共同举办画展，与市各大医院妇科、儿科专家一道设立计生科普咨询点23个，印制、发放计生和生殖保健宣传品54000余份(册)，组织育龄夫妇听取医务人员讲解生殖保健知识。放映相关录像140多场(次)，出动计生宣传车辆14台。中央《关于加强人口与计划生育工作稳定低生育水平的决定》(以下简称《决定》)发表一周年，各县(市、区)分别在闹市区、商贸市场、集镇设立宣传服务咨询点40余个，制作展出宣传板块15块，展出宣传黑板报400块(期)，发放宣传中央

《决定》、计生科普知识、政策法规的活页20000余份。

2002年,为纪念"九二五"公开信和《中华人民共和国人口与计划生育法》的实施,各县(市、区)围绕人口与计划生育法组织计划生育文艺会演。至年底,全市各级计生部门共组织宣传、咨询活动50多次(场),累计发放"一法三规"等计生政策、科普宣传品30多万份。

2003年12月4日,市计生委在市休闲广场开展人口与计划生育法大型宣传活动,共展出大型宣传展板7块,发送《中华人民共和国人口与计划生育法》《江西省人口与计划生育条例》画册及《生殖保健知识问答》等宣传品1000余份,发放避孕药具1500余盒,共接待咨询的群众1000余人次。

2004年,与省计生宣教中心合作,共同制作《画说"五期教育"》读本、《江西省社会抚养费管理办法》宣传手册5万份,征订《计生知识20题》宣传页10万份,发放到育龄群众手中。

2006年,开展"13亿人口日"活动,分发5万多本法律法规、保护女性健康、倡导文明新风、知情选择等书籍,以及3万多份《关爱女孩》小折页和6万份的宣传品,市、县两级举办"关爱女孩行动"知识竞赛。

2007年,市人口计生委印制宣传单10万份、《决定》宣传册5000份,征订宣传画和宣传折页5000份,发放到干部群众手中,使《决定》宣传进乡村、进社区、进课堂、进栏目。

2010年9月26日,在市人民广场举行纪念中共中央《公开信》发表30周年宣传活动,各县(市、区)的育龄市民和基层计生专干参加文艺会演,3000余名市民参加宣传活动。

媒体宣传

1991—1992年,市电台、电视台和《景德镇日报》共发计划生育稿件100多篇。1993—1995年,在国家、省和市级报刊上发表计划生育稿件220篇。

1996年5月,乐平市投资6万元摄制计划生育专题电视片在全市播放。11月11—17日,开展"计划生育、优生优育、生殖保健知识"宣传咨询周活动期间,市、县、乡电视台(站)和广播站每天播放计划生育标语和计划生育专题,宣传报道咨询活动情况,共播出有关稿件429篇,市电视台制作电视专题片送江西电视台播出。

2000年5月,在《景德镇日报》和景德镇广播电台设人口与计划生育专栏,在市电视台开辟《婚、孕、育》系列报道栏目。至11月底,市"1报3台"共发学习宣传计划生育方面的稿件以600余篇(条)。

2002年5月,国家计生委到景德镇制作电视专题片在中央电视台教育频道播出。10月3日,昌江区抓基层打基础,推行"三为主"的经验在江西卫视播出。在《景德镇日报》、市电台、市电视台开设人口与计划生育专栏,刊发123篇稿件。

2005年,建立市人口和计划生育门户网站(市人口和计划生育政务网),宣传政策法规、生殖健康、优生优育、避孕节育等知识。2006年9月20—30日,《景德镇日报》《瓷都晚报》分别开辟栏目并刊发《关于在全市集中整治出生人口性别比偏高问题的通告》;9月10日至11月10日,市电视台一、二、三套节目连续播放电视游走宣传标语60天。5—10月,与市电影公司联合开展计划生育科普知识影片展映活动,电影公司组织3个放映小分队,分别到浮梁、昌江的214个行政村进行放映,共放映180余场,观映人数达到90000人次。

2008年5月,市人口计生委在《景德镇日报》开辟"瓷都计生知识咨询台"专栏。市和各县(市、区)电视台、电台均设立人口计生专题栏目,宣传中央计划生育政策、计划生育生殖健康科普等知识。2009年9月,市计生委在市电视台开辟《人口时空》栏目,定期播放、动态反映全市人口计生工作。

2010年7月,《瓷都晚报》开辟每周一期的《江西省人口与计划生育条例》《流动人口计划生育工作条例》《流动人口计划生育工作条例百题问答》专栏,共刊出宣传内容38期。全市各级各类报刊刊稿410篇,电台、电视台播出计生新闻30余条。

主题活动

婚育新风活动　1999年,全市开展"婚育新风进万家"主题活动,以乐港镇、湘湖镇、竟成镇和昌江街道为试点单位,把婚育新风进万家活动与计划生育村民自治、"八个一"(为流动人口发一份计划生育服务指南、进行一次权利和义务的宣传、办一份"婚育证明"、落实一项有效的避孕节育措施、签订一份计划生育合同、确定一位计划生育联系人、帮扶一户流动人口困难家庭、返乡后登门访视一次)服务结合起来,纳入"双学双比""巾帼建功""五好家庭"等活动内容。至2000年,全市乡(镇)、街道"婚育新风"开展率达80%,村

(居)委会开展率达70%以上。市、县、乡三级建立新型婚育文化画廊30多条,铺设永久性瓷板画60余块,设立咨询点352个,张贴中央《决定》、计划生育政策法规、科普知识、挂图23万多份。

2001年10月,中宣部、国家计生委授予珠山区、昌江区竟成镇、浮梁县寿安镇全国婚育新风进万家活动先进县(市、区)和先进乡(镇);授予昌河飞机制造公司、昌江区枫树山林场三宝分场婚育新风进万家活动先进企业单位称号。

2003年,全市各社区设立婚育新风宣传长廊,组织育龄群众在人口学校、婚育新风传播站开展计生政策、婚育科普知识学习、竞赛与文娱活动。全市各级计生部门共组织宣传、咨询活动670多场(次),累计发放计生政策、科普宣传品30多万份。

2005年11月10日,中宣部、中央文明办、国家计生委等10部委授予珠山区2001—2005年全国"婚育新风进万家"活动先进区称号。

2006年,景德镇推行婚育新风"五进五建"[进商业超市,创建新型生育文化基地;进中心户院,创建婚育新风传播站;进旅游景点,创建宣传教育新载体;进影视传媒,创建计生影视宣传网;进村(居)社区,创建人口文化宣传队]宣传模式。市、县(市、区)人口计生部门印发有关生殖健康科普知识、《江西省社会抚养费管理办法》宣传册、农村奖励扶助政策等各种计划生育宣传品10万余张(册)。

2007年,全市实施"婚育新风入脑入心、技术服务周到贴心、承诺守信关爱暖心、管理规范满意称心、生育文明幸福顺心"的"五心"工程。2009年,全市计生部门把人口文化、婚育新风宣传教育融入新农村建设的进程,建成新家庭文化屋138个、农家书屋18个、社区家庭书屋42个。

2010年,通过新型生育文化进社区、进超市、进古街、进里弄,建设计划生育瓷板宣传画廊等形式,倡导婚育新风。

"三下乡"活动　1996年起,与卫生、科技、文化部门合作,开展"三下乡"(送政策、送科技、送服务)活动。利用集市宣传、定点咨询、入户宣传等活动,采取出动宣传车、出示宣传展牌,发放宣传材料、避孕药具,进行生殖健康咨询等活动。1998年春节期间,与市京剧团组织送戏下乡慰问演出,发放《江西省计划生育条例》挂图、优生优育折页、《春风化雨暖人心》录像带、《计划生育实用工作手册》等计划生育宣传单(品)等5000余册(本)。

2000年,各县(市、区)把婚育新风"四送四进"与开展"八个一"技术服务活动以及"三下乡"活动结合起来,把婚育新风、生育政策、科普知识和致富技术送进村、送上门、送到群众中去,引导广大育龄群众树立科学、文明、进步的婚育观念。

2004年1月中旬,市计生委组织宣传与技术服务人员,邀请市医疗单位妇产科专家,派出4辆计划生育流动服务车到乐平市众埠镇,浮梁县湘湖镇,昌江区鱼山镇开展计划生育"三下乡"宣传服务活动。活动期间,配合省委宣传部,省人口计生委在乐平众埠举办"计划生育利国利民,中国人情系千家"文艺演出。向众埠政府赠送VCD和一批计划生育科普知识书籍,走访慰问纯女户、计生困难户,为他们送去节日物资和慰问金。2005年11月6日,外交部、文化部、卫生部、民航总局、新闻出版总署、全国侨联、中航第一集团公司、中航第二集团公司组成的国家机关计划生育"三下乡"第一协作小组到瑶里镇,向瑶里小学和部分实施计划生育的贫困母亲捐助,20位计划生育贫困母亲接受捐助。

2006年年初,市人口计生委组织开展"方便群众,宣传服务进村入户"的计划生育"三下乡"活动。聘请市医院的妇产科专家到乐平市的双田镇、浮梁县的蛟潭镇和昌江区的丽阳乡,为2200多名农村妇女进行常见妇科病咨询检查、治疗,共发放避孕药具2000盒。

2008年,市人口计生委组织到昌江区竟成镇、丽阳乡,浮梁县江村乡、黄坛乡,乐平市涪口镇,陶瓷科技园和高新区吕蒙乡开展"三下乡"活动,为育龄群众送知识、送健康、送服务。走访计生困难家庭22户,共发放慰问金6600元;赠送挂历1000本、对联900副、年画5000张、宣传历书6000本、环保袋1000只,免费体检500余人。

2010年1月26日至2月1日,市计生委组织计划生育"三下乡"宣传与技术服务队伍,到昌江区鱼山镇关山村、荷塘乡童坊村,浮梁县黄坛乡黄坛村、三龙乡三龙村,吕蒙乡古城村,工业园高墩庙村,乐平市众埠镇、十里岗乡南港村,向村民发放各种计划生育宣传材料8万多份(册)、宣传物品3200条、避孕药具16000盒(板),走访慰问计划生育贫困家庭16户。

教育培训

1991年,景德镇市委党校及大中学校和"农民夜校"把计划生育列入教育内容。是年年底,市计生委组织30多名农村计划生育专干,到市卫校进行为期2个月的计划生育技术培训。1992年,各县(市、区)、乡镇、街道成立婚育学校,学习人口理论、计划生育政策法规、避孕节育和优生优育知识,上万名青年和新婚夫妇以及85%以上的育龄人群接受人口与计划生育基础知识教育。

1993年3月5—6日,全市举办3期A超、B超培训班,120多名学员参加,学习查环查孕技术。6月7—9日,全市各级计划生育技术服务网络从事节育手术的专职或兼职技术人员,通过理论考试和技术操作考核,50人领取计划生育手术合格证,持证上岗。11月5—7日,全市开办首期基层计划生育专干岗位培训班,乐平、浮梁和市区同时开班,学习内容为"人口理论""计划生育管理""节育技术""人口统计"4门课程和公文写作、公务员知识,考核后首批106名学员全部获得岗位培训合格证书。1994年11月1日至12月2日,全市举办第二期乡级计生专干岗位培训班,共有学员111人,其中大专文化程度7人,高中、中专82人,初中22人,全体学员学习4门课程和有关公务员知识、公文写作等内容,全部考试合格。全市乡级计划生育专干全部按国家计生委规定完成培训。

1995年,全市婚育学校基础知识教育开展率为96%,受教育率为92%。1996年11月11—17日,开展"计划生育、优生优育、生殖保健知识"宣传咨询活动。其间,各乡镇、街道举办275期婚孕育知识培训班,受教育人数达到12000人次。

1997年4月,全市200余名副县级以上干部在市委党校参加人口理论学习并进行考试。7—8月,全市开展以"提高育龄群众自我保健意识和自我保健能力,维护育龄妇女合法权益"为主要内容的生殖生理健康教育与竞赛活动。1999年7月5日,市计生委举办基层公务员培训班,65名乡镇街道计生办主任参加学习。市委党校和各县(市、区)党校把计划生育知识作为干部学习的必修课,纳入教学计划,并进行业务考试。

2000年7月,各县区举办B超技术培训提高班,参加人员有110余人。11月,全市县计生服务站乡服务所共组织90多人参加各级医疗和计划生育技术部门培训班学习,并对近两年来新上岗的54名技术人员进行业务考核。2002年6月5日,市计生委举办专题讲座,特邀南京人口学院教授冯九璋讲课,县(市、区)、乡镇(街道)党政一把手和分管领导及计生办主任200余人参加。

2004年4月18—23日,市计生委与南京人口管理干部学院共同举办计生业务培训班,全市45名乡镇(街道)分管领导或计生办主任,在南京人口管理干部学院集中学习人口理论、优质服务、规范统计等专业知识。全年,景德镇市共举办各类培训班40余期,参加培训的县、乡村三级专干人数达到4200多人次。

2005年5—6月,市人口计生委开展基层计生专干培训,全市680余名村级计划生育专干分9期进行人口与计划生育业务知识培训,675名考试合格获得资格证书,并持证上岗。

2007年9月5日,举办全市人口计划生育规划统计培训班,各县(市、区)人口计生委分管领导和统计股长,各乡(镇、街)计生办的统计、微机操作人员及市计生委机关各科室负责人共100余人在景德镇宾馆参加培训。培训内容为目标管理指标的解释和计算、WIS系统的操作和使用、流动人口信息平台等业务知识,省人口计生委选派老师授课和现场演示。2008年3月,全市160余名计生技术服务人员参加科技大练兵培训,并全部考试合格。

2009年9月23日,市计划生育领导小组召开全市人口计生理论研讨会,共收到理论研讨文章74篇,经过初评、复评,确定53篇入选评奖,其中获一等奖3篇,二等奖7篇,三等奖10篇。

2010年9月,在市合资宾馆举办全市计划生育科技、药具人员大练兵培训班,120多名计划生育科技、药具人员参加。

第二节　技术服务

避孕节育服务

1986 年，市计划生育技术服务主要是落实 4 项手术。1988 年起，采取集中活动和经常工作相结合的方法，为育龄群众开展避孕节育技术服务。

1993 年，推行避孕节育新技术新方法，运用 T 铜环和母体乐等新型节育器，推广产后 42 天上环。购进 A 超(富内节育妊娠诊断仪)75 台，装备到每个乡和街道，购进 B 型超声诊断仪 55 台，装备到每个县服务站和 80% 的乡镇服务所。

1994 年年初，市委、市政府下发《关于在全市基本实现计划生育孕前型管理的决定》，市计生委在征求基层意见的基础上，制定孕前型管理的各项管理制度。在春、夏、秋季集中组织计划生育技术服务活动。1995 年，普遍推广生殖健康全程系列服务和计划生育新技术。

1996 年，开展全市春、夏、秋季 3 次大规模计划生育集中服务活动和查环查孕工作。1998 年，开展计划生育"优质服务年"活动，拓宽生殖健康服务领域，开展妇科病普查诊治、围产期保健等项目。同时，做好育龄妇女生殖道感染的防治工作，对危害妇女健康的常见病、多发病，做到早发现、早诊断、早治疗。

2000 年，在全市 33 个村委会和 8 个居委会中开展避孕节育措施"知情选择"试点工作，避孕的有效率有所提高，群众自觉参与意识明显增强。2003 年，全面推行"在群众充分知情，技术人员精心指导的前提下，由育龄夫妇自主选择以长效措施为主的避孕节育措施"，实现在全市城区全面推广、农村推行面达到 40% 的目标。

2007 年，全市落实长效节育措施率达到 85% 以上。2009 年，建立"三二一"(三带头，由计生干部、党员干部和国家机关事业单位工作人员及家属带头落实避孕节育措施；二激励，奖励落实避孕节育措施的服务对象和管理服务工作的人员；一落实，应落实避孕节育措施的服务对象责任落实到人)的落实避孕节育措施工作机制。8 月，全市组织开展以落实长效避孕措施为主的技术服务活动。

2010 年 3 月起，每个月进行"四术"完成情况分析通报，并对各地开展计划生育技术服务情况进行不定期的督查指导，开展两次计划生育技术服务集中活动。

优生优育服务

1995 年起，在全市推行优婚优生、优教和优质避孕全程系列服务工作。主要内容包括开展以青少年和未婚青年婚前教育，促进婚育观念转变，做好新婚服务，提供避孕与孕育知识，加强孕期保健，维护孕产妇安全，提供婴儿服务指导，促进优育优教事业的发展；提供优质避孕节育技术服务，认真落实现行计划生育技术政策；完善全程服务，健全社会保障体系。

2003 年起，推行"出生缺陷干预工程"，计划生育技术服务网络与妇幼保健系统合作，逐步建立出生缺陷三级预防网络，根据不同地区的特点和不同人群的需要，针对病因明确且可有效干预的疾病，选择适宜的技术和方法逐步推广，降低出生缺陷发生率。2004 年，景德镇市全面推广应用叶酸预防出生缺陷工作，全年发放叶酸 2800 人份。

2008 年，全面启动出生缺陷一级预防工作，全市发放叶酸近 3000 人份，优生检测 1830 余人。2009 年，下发《关于做好出生缺陷一级预防工作实施意见》，成立全面启动出生缺陷一级预防工作领导小组，共拨出专款 21 万元用于开展出生缺陷预防工作。全市发放叶酸近 5400 人份，优生检测 4354 人，降低出生缺陷风险。

2010 年，市人口和计划生育委员会制定下发《关于优生促进实施意见》，开展孕前优生健康检查工作，初步形成一级预防和孕前优生健康检查为重点的服务工作模式。1—10 月，全市为群众进行孕前优生健康检查 7500 余人次。

生殖保健服务

1998 年，开展全市生殖保健教育、生育调节、优生优育、性保健、不孕症治疗、孕产期保健等服务。妇科病普查64000余人,其中2000余人接受治疗,并完成生殖健康调查和1000例宫内节育器回顾性调查以及100人份的狄盖波斯通(3个月避孕针)试用任务。共环检84399人、孕检109297人,环检、孕检率分别保持在95%以上。

2000年起,国家推广生殖道感染干预工程,利用计划生育技术服务系统,开展常见生殖道感染性疾病的检查、监测,与预防及卫生保健部门合作,形成预防与治疗相结合的防治体系。

2001年5月,科技活动周期间共有850多名计生服务人员到乡镇街道和村组,为13200多名重点管理对象进行查环、查孕,为2700多名育龄妇女进行妇科病普查,免费开展查病、治病、义诊、咨询。发放避孕药具2230人份,同时还随访1300名孕产妇及术后对象。2002年,以昌江区、浮梁县、乐平市为"知情选择、生殖道感染干预、出生缺陷干预"项目试点,向国家和省上报项目文本。全市有80%以上的乡镇服务所开展以妇科病查治为主体的"生殖道感染干预"工程,有60%的乡镇开展以服用叶酸为主的"出生缺陷干预"工程。

2003年,推行"避孕节育优质服务工程",全市共为育龄妇女开展查环查孕和普查普治30余万人次。乐平市计生委成立生殖保健服务中心,投入资金18万元,对3664名特殊群体开展妇科病普查普治等服务,对患有妇科病的163名育龄妇女免费进行微波治疗,启用特殊群体生殖保健优质服务系统软件,分别建立生殖健康档案,实行跟踪服务。

2004年,市计生委下发《景德镇市生殖道感染综合防治工作规范》,以浮梁县作为全市生殖道感染干预工程试点,其他各县(市、区)通过多种形式利用计生服务网络为育龄妇女开展普查普治等服务,扩大生殖保健手册的使用范围,20余万已婚育龄妇女享受基本生殖保健服务。全市避孕知情选择城区推广面达到100%,农村达到60%。

2005年,省计生委与吉林修正药业集团公司联合在江西省开展为期5年的"关爱妇女生殖健康"合作项目,景德镇为首批实施市。2006年1—3月,市计生委与吉林修正药业集团合作,开展查治妇科病查治,有80%的农村育龄妇女接受服务。

2005—2010年,乐平、浮梁两站在完成计划生育手术同时,每年生殖保健业务量都在2000多例以上,妇科病普查普治面不断扩大,治愈率达40%以上。全市各级计划生育技术服务机构每年到全市各个乡镇街道,免费为育龄妇女预防和普查常见妇科病,受益妇女人数达85%以上。

避孕用具管理与发放

1988年7月,市计划生育避孕药具站成立,拥有库房110平方米,并配有控温控湿设备。1989年3月,制定市级计划生育药具站工作职责,指导全市药具供应、发放、管理、随访工作,满足育龄夫妇所需的基本需求。

1990年5月,开展创"六好"服务站活动,制定县、乡药具工作评分标准,在全市开展检查评比活动,全市有2个县站、22个乡所获得此称号。1991年7月,举办服务站管理培训班,将计划生育药具工作纳入培训内容,县、乡共83人参加培训。1992年5月,在全市开展使用避孕药具安全性调研活动,确保育龄妇女的健康和用药安全。

1993年起,实行计划免费发放和市场零售相结合,零售网点扩大到80多个,同时对各企事业单位实行避孕药具有价供应。全市使用药具避孕对象的药具使用率达到90%以上。

1994年起,将计划生育药具工作纳入乡级计生服务所检查内容进行考评,实行规范管理,进一步强化全市计划生育药具发放工作的基础。1995年5月,举办全市避孕节育措施"皮下埋植剂技术培训班",全市有35人参加培训。

1996年起,药具工作纳入计划生育目标管理考核内容,召开药具管理工作会,培训药管人员,下发《药具知识竞赛题集》700本,组织药具知识竞赛。1997年,按照《江西省村级计划生育规范管理细则(试行)》要求抓好村级药具规范工作,为育龄群众提供更加安全、便捷、满意的服务。

1998年8月12日,设立在沿河东路麻石弄口的计划生育药具服务中心正式挂牌服务,为育龄夫妇提供优生优育、避孕节育、生殖保健知识宣传咨询与技术服务,指导县(市、区)计划生育技术服务站开展宣传咨询与服务。1999年10月,对全市8个乡镇进行业务检查,全市建立一批药具管理规范试点。举办药管人员学习班,考试合格者颁发上岗证,药管人员持证上岗率达到97%以上。

2000 年起，为配合计划生育优生促进、母亲健康、农村计生家庭创业“三大工程”项目，加大推行避孕措施知情选择工作力度，开展药具优质服务。2002 年起，建立计算机网络化管理，基本取消手工报表，建立以省站为龙头，市药具站为主体，县服务站为支干的药具信息网，基本实现办公自动化。

2003 年起，计划生育社区服务的模式由城区向农村转移，在浮梁县开展避孕药具知情选择的试点，加强对避孕药具知识的宣传，提高育龄群众对药具知识的知晓率，指导科学选择适宜自己的避孕方法。

2004 年 6 月，景德镇市出台《城市计划生育药具发放办法改革试点方案》，并在珠山区开展试点工作。探索建立完善的管理制度、运行方式、行为规范，提高药具的易得性和群众的满意度，满足不同人群对避孕节育、生殖健康的多样化需求。

2005 年，开展避孕药具安全性问题和学术研讨工作，乐平市计生服务站的《吉妮环临床使用观察》和浮梁县计生服务站的《三相避孕片的使用效果调查》2 篇学术研讨课题报告在省药具站分获二等奖和三等奖。

2006 年，开展关爱残疾人、下岗职工、流动人员等特殊群体工作试点，创新计划生育药具工作机制，全市共投入专项资金 15 万元，为 6.2 万名残疾人、3.09 万名下岗人员、7.08 万名流动人口提供避孕药具发放和随访服务。2007 年，改革单一自取的药具调拨方式，实行自取和配送相结合的新机制，减少药具周转环节，缩短调拨周期。2008 年，在部分城镇居民区安装安全套自动售套机 30 台。

2010 年年底，避孕药具仓库扩大到 150 平方米，货架、控温控湿设备齐全。各村（居）委会全部设立药具发放供应点，并配备避孕药具箱。药具使用率 7.45%，药具发放到位率 98%。

表 4-2-1　**2010 年 9 月景德镇市使用避孕药具人数表**　单位：人、%

单位	已婚育龄妇女数	使用药具人数	计划发放人数							流入人口（零星）发放人数						使用率
			小计	口服短效	口服速药	长效药（针剂）	外用栓（凝胶）	外用膜	避孕套	小计	口服短效	口服速药	外用栓（凝胶）	外用膜	避孕套	
合计	363266	31270	27064	2894	6	1	151	534	23478	4206	54	10	95	92	3955	7.45
昌江区	36795	2497	2250	264	0	0	0	110	1876	247	0	0	37	33	177	6.11
珠山区	75369	15553	12457	452	6	0	151	138	11710	3096	49	10	58	57	2922	16.53
浮梁县	53110	2560	2467	203	0	1	0	42	2221	93	5	0	0	2	86	4.65
乐平市	193703	10466	9696	1971	0	0	0	241	7484	770	0	0	0	0	770	5.01
高新开发区	2278	63	63	0	0	0	0	0	63	0	0	0	0	0	0	2.77
陶瓷科技园	2011	131	131	4	0	0	0	3	124	0	0	0	0	0	0	6.51

队伍与设备

1986 年，各县（市、区）均设立计划生育服务站。根据服务对象的数量，每个站配备计划生育技术人员 5～15 名，开展宣传教育、技术服务。

1992 年 4 月，乐平众埠、临港 2 个乡率先建立乡计划生育服务所。5 月，市委常委会作出加快计划生育技术网络建设步伐的决定。年底，全市共建县级计划生育服务站 2 个、乡服务所 51 个。其中人员、设备、房屋三配套达到一类标准的 47 个，达到二类标准的 4 个；村服务室 331 个，建所率达到 92%（不含垦殖场），建室率达到 52%。全市共有计划生育专职人员 405 人，村计划生育专干 455 人。1993 年起，乡镇相继成立计划生育服务所，人口较多的乡镇成立计划生育中心服务所或县（市、区）计划生育指导站分站，配备技术人员 2～5 名。

1994年,全市增配计生专干500余人。乐平市财政给每人每年500元固定补贴,考试录取410人,每个行政村配备1~2名专干;浮梁县财政对每个村专干每年补贴300元,农村基层专干的报酬基本落实;昌江区从教师队伍中抽调10名教师,安排在基层从事计划生育工作。全市95%的乡镇成立服务所,90%的村成立服务室。大部分乡村配备B超、A超等检查设备。农村县站、乡所、村室开展的计划生育技术服务手术数,占农村计生手术总数的71%。昌江区服务站已竣工使用,珠山区服务站动工建设。1995年8月,浮梁县计生服务站被评为省"六好服务站"(政治思想工作好、基础工作条件好、宣传培训工作好、技术药具服务好、执行规章制度好、财务物资管理好)。年底,全市给县站、乡所增配18台B超诊断仪,乐平市服务站扩大业务用房,增加空调及心电图机。甲类乡服务所达15个,占总数的26.79%;乙类乡所达31个,占总数的55.36%。村计划生育服务室有600个,其中78.09%达到合格村室标准。全市计生系统技术服务部门所做的计划生育手术已占全市计划生育手术总量的75%以上。

1997年,乐平市投资70多万元,建成规模较大的新服务站;浮梁县扩建县站用房面积400余平方米,总面积达到1400平方米,县乡两级用于三级服务网络的投入共达150余万元。村服务室建成率达到100%。1999年年底,共有36个服务所达到省颁一级标准,占乡所总数的65.45%。

2000年,各县(市、区)在服务站(所)的用房、器械、设备等共投入80多万元,建成一批比较规范的服务所,共购置大型B超仪20台。全市有甲类所27个、乙类所25个、丙类所3个。村服务室建成率达到100%。计生系统实施计划生育手术占全市计生手术总量80%以上。

2002年,各级计生部门对全市46个县站、乡所进行考核验收,有44个站所取得"计划生育技术务机构执业许可证",187名技术人员取得"计划生育技术服务合格证",浮梁县计划生育服务站和乐平市计划生育服务站被评为全省"六好"服务站。

2003年,昌江区投资80多万元建服务大楼。市计生委为乡镇服务所统一配置避孕药具柜。市、县、乡三级用于计划生育服务机构建设的资金达到650多万元,90%的乡所达到或基本达到省规范要求。2004年,市计生委购置红外乳腺诊断仪、红外治疗仪、B型超声诊断仪和无影灯、显微镜等技术服务设备60多台(套),按照"奖励先进,鞭策后进"的原则,免费发放到乡镇和部分街道服务所。众埠和吕蒙2个乡服务所被省人口计生委评为全省"百佳服务所"。

2005年,省人口计生委为每个县级服务站配备计划生育流动服务车。乐平市和浮梁县站基本达到国家甲类站的装备标准,分别配备凸阵B超、心电监护仪、电刀、乳腺诊断仪、酶标仪等大型设备。60%的乡镇服务所购置显微镜,80%的乡所更新B超。90%的乡镇服务所手术室达到吊顶、地砖、墙砖和毛玻璃门窗的要求,17%的乡镇服务所手术室配备空调。全市4个县站,42个乡镇服务所(其中6个为中心乡所),全部取得执业许可证。

2007年5月,全市每个乡镇计生服务所增加一名执业医师编制,解决县、乡镇服务站(所)技术人员编制38人。珠山区拨出50万元专款建设计生服务站。乐平市划拨新建市服务站的业务用地1公顷。全市共设置中心乡镇服务所12个。

2008年,全市共改建、扩建、新建计生服务站、所16个,新增业务用房面积1724平方米。计划生育服务机构共施行计划生育手术2万余例,环孕检27.5万人次,生殖健康普查9万余人。2009年,计生服务体系建设项目8个,共改扩建、新建计生服务站(所)19个,其中利用国债项目资金8个。各级政府共投入180万元,为基层服务所购置技术服务设备,60%的乡镇服务所按国家标准完成形象标识建设。

2010年,全市共增加服务用房面积5728平方米,全市计划生育服务机构开展计划生育手术占全市计划生育手术总量达80%以上,术后随访10万人次,为育龄群众提供咨询9万人次。浮梁县计生服务站拥有计生技术服务机构执业许可证、医疗机构执业许可证、母婴保健技术服务许可证、农村合作医疗定点服务机构许可证。乐平市计生服务站拥有计生技术服务机构执业许可证、医疗机构执业许可证、母婴保健技术服务许可证。珠山、昌江、高新区计生服务站拥有计生技术服务机构执业许可证。昌江区服务站还拥有医疗机构执业许可证。

表 4－2－2　　**2010 年景德镇市县级服务站基本情况表**

服务站名称	行政区域总人口数	已婚育龄妇女总数	初建时间	最近一次的改扩建时间	服务站人数								服务站建筑面积		固定资产				财政拨款形式	服务机构服务种类
					实有人数	财政供养人员	行政管理人员	取得执业资格医师	取得执业资格助理医师	取得执业资格护士	取得执业资格药师	取得计生技术服务合格证	总建筑面积	业务用房建筑面积	总额	房屋及建筑物	流动服务车	技术服务设备		
	万人	万人	年	年	人	人	人	人	人	人	人	人	平方米	平方米	万元	万元	万元	万元		
浮梁县计划生育服务站	29.28	6.27	1991	2004	19	12	3	5	0	7	4	16	1800	1400	269	172	22.5	74.5	全额拨款	避孕节育技术服务，生殖健康服务，药具发放，宣传教育，培训服务，信息咨询，出生缺陷一级干预服务，其他综合医疗服务
珠山区计划生育服务站	27	7.1	1990	2008	11	5	2	3	1	4	1	4	600	500	156	60	26	70	差额或定额拨款	避孕节育技术服务，生殖健康服务，药具发放，宣传教育，培训服务，信息咨询，出生缺陷一级干预服务
高新技术产业开发区计划生育服务站	1.08	0.21	1996	—	2	0	0	1	0	0	0	1	260	200	0	0	0	0	全额拨款	避孕节育技术服务，生殖健康服务，药具发放，出生缺陷一级干预服务
陶瓷工业园区计划生育服务站	0.8	0.2	—	—	1	1	0	0	0	0	0	0	0	0	0	0	0	0	全额拨款	药具发放，宣传教育，信息咨询
昌江区计划生育服务站	15.85	3.88	1991	2008	10	10	3	1	0	6	0	6	1600	1400	205	160	20	25	全额拨款	避孕节育技术服务，生殖健康服务，药具发放，宣传教育，培训服务，信息咨询，出生缺陷一级干预服务，其他综合医疗服务
乐平市计划生育服务站	84.7	19.1	1985	—	31	20	10	8	2	10	1	21	1200	1000	90	30	18	42	全额拨款	避孕节育技术服务，生殖健康服务，药具发放，宣传教育，培训服务，信息咨询，出生缺陷一级干预服务，其他综合医疗服务
合计	158.71	36.76	—	—	74	48	18	18	3	27	6	48	5460	4500	720	422	86.5	211.5	—	—

第三节　政策实施

奖励扶助制度

农村计划生育家庭奖励扶助　2005年,实施国家农村部分计划生育家庭奖励扶助制度,对符合国家农村部分计划生育家庭奖励扶助制度规定的对象,按每人每年600元的标准,发给奖励扶助金。8月3日上午,市人口计生委在乐平剧院举行全市农村部分计划生育家庭奖励扶助金首发仪式。对本人及配偶均为农业户口或界定为农村居民户口;1973—2001年没有违反计划生育法律法规和政策规定生育;现存一个子女或两个女孩或子女死亡现无子女;年满60周岁的对象发放奖励扶助金。全市农村首批659人享受计划生育奖励扶助。至2010年,全市共有1050人享受该项奖励政策。

城乡独生子女伤残、死亡家庭扶助　2008年,全面实施城乡独生子女伤残、死亡家庭扶助制度。对符合国家独生子女伤残、死亡家庭扶助制度规定的夫妻双方,分别按照每人每年960元和1200元的标准发给扶助金。至2010年,全市共有271人享受该项政策。

计划生育利益导向制度　1990年起,实施农村独生子女、二女家庭计划生育补充养老保险制度,以改善农村独女、二女家庭父母养老保障条件。乡政府为主动放弃生育二胎的农村独女父母和农村二女家庭父母中施行绝育手术的一方,办理不低于3000元的计划生育补充养老保险金。被保险人达到49周岁时一次性领取包括本金在内的全部收益。2001—2010年,共有1998人办理该项保险。

1995年起,推行"计划生育三结合"(计划生育工作与发展农村经济相结合,与帮助群众勤劳致富奔小康相结合,与建设文明幸福家庭相结合),对计划生育户在发展生产、解决生活困难待遇方面给予资金、技术等扶助。年内有1500户帮扶对象人均收入比上年增长20%。

2004年起,实施计划生育中考加分政策。对参加普通高中招生考试的农村独生子女户和双女户考生实行加10分的优待政策。至2010年,全市共有7000名左右考生享受到加10分政策。

2006年,建立农村独女、二女家庭参加国家新型农村合作医疗保险扶助制度。对农村不再生育的独女家庭和已实行绝育措施的二女家庭纳入国家新型农村合作医疗保险,纳入其家庭成员个人出资部分,全部由财政负担。至2010年,全市累计为115237人办理该项保险。

2007年起,建立计划生育家庭综合保险制度,为计划生育家庭子女健康成长提供基本的风险保障支持。乡政府为已领取"独生子女父母光荣证"的0~6周岁独生子女家庭和农村二女家庭每年办理一次30元的计划生育家庭爱心保险。参加爱心保险的家庭因子女、父母死亡和子女因病住院时,可分别获得死亡赔付金和医疗费报销。所需经费全部由省、市、县(市、区)财政和乡政府共同承担。2007—2010年,全市共有75235人办理该项保险。

2008年起,对农村独生子女家庭实施一次性奖励制度。对农村主动放弃生育二胎,并领取"独生子女父母光荣证"的夫妻,省财政按每户2000元的标准给予一次性奖励,市、县(市、区)分别按每户500元标准给予一次性奖励。至2010年全市有256人享受该项奖励。

表4-2-3　**2010年景德镇市计划生育家庭奖励扶助人数统计表**　单位:人

县(市、区、经开区)	其中				合计
	无子女	一子女	二女	其他	
乐平市	58	477	109	3	647
浮梁县	1	254	119	0	374
昌江区	0	79	18	0	97
高新区	0	7	8	0	15

续表 4－2－3

县(市、区、经开区)	其中				合计
	无子女	一子女	二女	其他	
陶瓷工业园区	0	0	2	0	2
合计	59	817	256	3	1135

表 4－2－4　　**2010 年景德镇市计划生育利益导向扶助对象统计表**　　单位:人

县(市、区、经开区)	补充养老保险	爱心保险	新农合	一次性奖励	阳光助学
乐平	48	9842	7702	22	87
浮梁县	79	3942	13931	29	631
昌江区	38	3569	1890	1	19
高新区	0	274	504	1	18
陶瓷工业园	0	120	136	0	7
合计	165	17747	24163	53	762

表 4－2－5　　**2010 年景德镇市计划生育特别扶助人数统计表**　　单位:人

单位	合计	伤残家庭			死亡家庭		
		小计	城市	农村	小计	城市	农村
乐平市人口计生委(局)	72	18	6	12	54	9	45
浮梁县人口计生委(局)	75	18	1	17	57	3	54
昌江区人口计生委(局)	33	10	7	3	23	9	14
珠山区人口计生委(局)	88	39	39	0	49	49	0
高新区人口计生委(局)	2	0	0	0	2	0	2
陶瓷工业园区人口计生委(局)	1	0	0	0	1	0	1
共计	271	85	53	32	186	70	116

处罚制度

“一票否决”制度　1991 年起,对下列情况的单位实行计划生育“一票否决”:未完成上级下达的年度人口控制指标的;出生人口性别比连续两年以上严重失调且治理不力的;社会抚养费征收、管理和使用严重违规的;人口和计划生育工作中有严重弄虚作假行为、人口数据严重失实的;人口和计划生育工作中因违法行政导致发生重大恶性案件,或辖区内发生影响重大的人口和计划生育违法违纪案件的;单位的干部职工(含聘用制工作人员)中有违反人口与计划生育法律法规超计划生育,且不按规定处理到位,并造成恶劣影响的;医疗、保健和计划生育技术服务机构违反人口与计划生育法律法规,为他人进行非医学需要的胎儿性别鉴定或选择性别的人工终止妊娠手术的。被“一票否决”的单位取消其参加综合性先进集体评选资格,其人口和计划生育工作负责人不能评为各类先进、不得授予荣誉称号,年度考核不得定为优秀等次;不得易地易岗重用任职,不得晋职晋级;列为后备干部的,取消后备干部资格。连续两次被“一票否决”的单位,对其人口和计划生育工作负责人,按照干部管理权限予以免职或责令辞职。

1994 年 6 月,推荐省、市级文明单位时,全市有 11 个计划生育工作未达标的单位被"一票否决"。2003 年,市计生委决定对乐平市的接渡镇、浯口镇,浮梁县的蛟潭镇,珠山区的周路口街道,昌江区的荷塘乡实行重点管理。2006 年,决定乐平市礼林镇、接渡镇,浮梁县洪源镇 3 个乡镇退出计划生育重点管理。2008 年,决定对乐平市临港镇、浮梁县洪源镇、昌江区枫树山垦殖场、珠山区的昌河街道实行计划生育重点管理,管理期限为一年,重点管理期间实行计划生育"一票否决"。

2009 年,对全市 3 个乡(镇、街道)实行"一票否决",对 6 个乡(镇、街道)实行限期整改。2010 年,决定对乐平市名口镇、洪岩镇,浮梁县鹅湖镇,珠山区里村街道,昌江区枫树山林场和陶瓷工业园区等 6 个单位人口计划生育工作实行限期整改,决定对浮梁县经公桥镇、乐平市高家镇、珠山区石狮埠街道的人口计划生育工作实行"一票否决"。

社会抚养费征收　2004 年 2 月 1 日,景德镇实行《江西省社会抚养费征收管理办法》规定,不符合《中华人民共和国人口与计划生育法》和《江西省人口与计划生育条例》(以下简称《条例》)规定生育子女的公民,以及为他人计划外生育提供帮助而非法收养子女的公民,应当依法缴纳社会抚养费。

城镇居民的社会抚养费征收标准,以县级政府统计部门公布的当事人计划外生育的子女出生前一年该县(市、区)城镇居民年人均可支配收入为计征基数。农村居民的社会抚养费征收标准,以县级人民政府统计部门公布的当事人计划外生育的子女出生前一年,该县(市、区)农村居民年人均纯收入为计征基数;当事人实际纯收入高于前述农村居民年人均纯收入的,以实际纯收入为计征基数。

第四节　人口管理

目标管理责任制

1988 年,全市计生系统首次实行计划生育目标管理考核工作责任制,由县级计生部门考核乡镇计划生育工作岗位责任,责任制指标包括计划生育率和无多胎生育。1989 年起,延伸到乡镇对村级制定实施责任制,同时配合专题活动制定计划生育集中活动责任制。1990 年,将结扎上环措施落实率、合格村达标率等指标纳入责任制考核。

1991 年起,把宣传教育、规划统计、科技服务、政策法规、办公室工作和协会工作纳入计划生育责任制考核。是年开始,每年由市长与县(市、区)长、县(市、区)长与乡镇街道主要领导层层签订人口与计划生育目标管理责任状,计划生育工作主要指标由党政领导亲自抓、负总责。1996 年起,市政府与 12 个计划生育相关部门签订人口与计划生育目标管理责任书,并制定落实计划生育岗位责任制,严格考核,奖励为主。同时实行分类管理。

2000 年起,市委、市政府制定《市直有关单位计划生育工作职责分工和考评办法》,落实市直各有关单位执行计划生育工作职责,并把考核结果纳入各部门主要领导的政绩。

2006 年,市委、市政府深入推行人口计生目标责任制,把人口计生工作纳入督查范围。3 月,实行市领导计划生育工作挂点制,市委书记挂点联系乐平市接渡镇东坂村,分管副书记和分管副市长分别挂点联系浮梁县鹅湖镇桥溪村和蛟潭镇勤坑村。

2008 年,市委、市政府把人口与计划生育工作纳入经济社会发展的总体规划,党政一把手亲自抓、负总责,从领导决策、责任落实、日常工作督查等方面,推进党政、部门和计生"三线"考核。

2010 年,市计划生育领导小组修改《市直有关单位人口与计划生育工作职责分工和考评办法》,明确规定新成立单位和部门的人口计生职责。对参与全市评模评先的 32 个单位和 123 名个人的计划生育情况进行审核。

基层人口管理

1992 年,全市开展创建计划生育合格村(居委会、单位)活动,合格标准是无计划外生育、无不到法定婚龄的早婚早育、无无措施人流、无引产;为育龄夫妇服务好、干群关系好。凡基层计划生育工作达标的,由市计生委统一核发计划生育合格村牌匾。乐平、浮梁两县分别被列入全省和全市重点管理单位,12 个乡镇、街道定为全市计划生育单列单位。1993 年年初,市委抽调 50 多名市直机关干部到各乡镇担任乡长助理,协助抓计划生育工作。5 月,市财政为基层服务网络购置 10 多万元设备。全年共发放准生证 12315 人,其中一胎为 11745 人、二胎 570 人。

1994 年 6 月,开展计划生育基层基础调查,共调查 300 多个行政村的计划生育情况,被调查人数累计达 11 万人。1995 年 7 月 1 日,全市推行计划外生育费"乡收县管,财政监督"的新体制,市政府批转推行新体制的工作方案,成立由计生、财政、审计、监察、物价等部门负责人组成的计划外生育费管理体制改革领导小组,分管副市长任组长,下发实施细则,年底实施到位。

1996 年,对村级计划生育工作实行分类指导,开展计划生育红旗村的创建活动,逐步开展计划生育村民自治工作,鼓励群众自我教育、自我管理、自我服务,扩大群众的民主参与和民主监督。

1997 年,各县(市、区)制订"基层工作年"规划方案,全市计划生育村级建设人员、报酬、责任、制度、必要的用房设备"五落实"率达到 98% 以上,计划生育"合格村"357 个,占全市行政村总数 56% 以上;创建"合格居委会"239 个,占总数的 78.1%。

1998 年年底,继续推进全市村级计划生育"五落实",有 446 个行政村达到"合格村"标准,占全市行政村总数的 70.02%。1999 年 6 月 17 日,市计划生育领导小组对全市 55 个连续两年达到标准的合格村和 10 个居委会进行表彰授牌。全市达到合格村标准的行政村 429 个、合格居委会 214 个,分别占行政村和居委会总数的 70.32% 和 76.7%。市计生委在浮梁县柳溪、北安,乐平市倪坞、横山和昌江区杨湾等 5 个村开展计划生育村民自治试点工作。

2000 年 10 月,全市有 12 个行政村计划生育村民自治工作受到省计生委表彰。2002 年,各县(市、区)对村专干普遍采取乡聘村用方式管理,加强村级计生队伍建设。2003 年,市计生委印发《景德镇市 2003 年度计划生育合格村考核验收评分标准》和《景德镇市计划生育合格村(居)考核工作质量控制及保证办法》,规范合格村创建活动,计划生育村民自治推行率达到 69.65%。

2004 年,全市所有乡(镇、街道)实行已婚育龄妇女信息微机管理,初步建立以计算机信息反馈引导服务的乡镇计划生育服务机制,实现省、市点对点通讯,保证统计报表的及时性和保密性。2005 年,市计生委实施信息化带动工程,为每个乡(镇、街道)配备针式打印机,印制核查表格 48 万份,集中培训统计、技术人员。全市基层统计人员上门逐户、逐人调查核对计生有关资料。

2007 年,市人口计生委制定《景德镇市计划生育村(居)民自治指导意见》,开展创建计划生育合格村(居)和红旗村(居)活动,全市计划生育合格村(居)创建率达到 85% 以上。2008 年起,把人口计划生育工作融入社会主义新农村建设,建设生育文明示范村。开展育龄夫妇计划生育的合同管理。

2009 年,市计划生育领导小组下发《景德镇市乡(镇、街道)人口计划生育工作分类管理办法》,实行分类管理考核,将得分排位在前 15 名的为一类(好)单位,得分排位在 16~45 名的为二类(中)单位,得分排位低于 45 名的为三类(差)单位。分类实行动态管理,一年一评。

2010 年,加强全员人口信息系统建设、全员流动人口统计以及人口计生基础信息核查等三项工作,完成当年出生调查和人口计划生育基础信息核查双向协查两项调查,推进出生实名信息网络化管理。

流动人口计生管理

1986 年,全市将流动人口的计划生育工作管理作为计划生育工作的重要组成部分。1991 年起,贯彻落实《流动人口计划生育管理办法》。1993 年 3 月,乐平市政府颁发《关于流动人口计划生育管理实施意见》。1994 年 6 月 8 日,全市开展流动人口计生集中服务日活动。

1995 年,全市实行流动人口的计划生育"双向管理",由户籍地和现居住地政府共同管理。1996 年,对流出人员定期随访。1998 年,全市公安、工商、劳动就业、卫生、房产管理等部门配合计划生育部门,做好流动人口中 11 万余名已婚育龄妇女的计划生育管理和服务。1999 年,各县(市、区)向流动人口印发公开信,组织流动人口参加计生法规培训班。5 月 6 日,市计生委召开协调会议,协调解决城乡接合部的流动人口计划生育管理。

2003 年,建立流动人口管理信息系统。2005 年 1 月,取消流动人口婚育证明工本费,按照“分级管理、分级负担”的原则,全市将流入人口与户籍管理费用一并纳入同级财政预算。2006 年 5 月,对全市流动人口的管理台账、报表、办理“流动人口婚育证明”的村委会有关证明、计划生育合同、流动人口婚育证明催办通知书等进行清理,统一制定一套合法、简便、有效的流动人口管理相关资料。

2007 年 2 月,全市开展流动人口计划生育“关怀关爱”专项行动,在春节期间开展流动人口计划生育法规政策、生殖健康和避孕节育知识的宣传服务活动,实施“三上门”(加大宣传力度,送政策上门;摸清情况,送证上门;提供优质服务,送健康上门)。

2008 年,各县(市、区)选择一个街道(乡、镇),建立“以房管人”机制,开展流动人口计划生育协会和计划生育管理长效机制创新试点。2009 年 7 月,全市建立“统筹管理、服务均等、信息共享、区域协作、双向考核”的流动人口计划生育工作新机制,形成党政领导统筹协调、各部门密切配合、流入地和流出地互动互补的流动人口“一盘棋”格局。

2010 年,市人口计生委开展流动人口的摸底建档、流动人口避孕措施落实、流动人口生殖健康普查、流动人口 PADIS 平台运行情况督查通报等工作,落实“四免服务”(免费送避孕药上门、免费办理婚育证明、免费落实技术服务、免费发放宣传品)。

第五节　机　构

市计划生育领导小组

1986 年,市计划生育领导小组由市政府分管副市长任组长,有市委组织部、市委宣传部、市财政局、市计生委、市公安局、市卫生局、市民政局、市工商局等单位和共青团、工会、妇联等群团组织 12 个成员单位。2007 年 5 月,市人口与计划生育领导小组组长改由市委副书记、市长担任,成员单位由市纪检、市委组织部、市委宣传部、市计生委等 32 家单位组成。根据人员变动不定期对领导小组组长和成员进行调整。

市人口和计划生育委员会

1986 年,市计生委内设人秘科、统计科、宣教科、政策法规科,为正县级单位,行政编制 10 人。1994 年 5 月,增设科学技术科和基层工作科。2002 年 10 月,内设机构调整为办公室、规划统计科、宣教科、政策法规科、科学技术科和基层工作科,行政编制 14 人,工勤编 2 人。2005 年 5 月,更名为市人口和计划生育委员会,内设机构和人员编制不变。2009 年 6 月,增设流动人口管理服务科。

计生服务机构

市计划生育技术服务站　1984 年 4 月成立,称市计划生育宣传技术指导站,为正科级全额拨款事业单位,编制 4 人。1990 年 2 月,更名为市计划生育技术服务站,有工作人员 5 人。

市计划生育避孕药具管理站　1988 年 7 月,成立市计划生育药具站,由计划生育宣传技术指导站单列出来,为差额拨款事业单位,编制 6 人。2004 年 8 月,改为全额拨款事业单位,编制 7 人。

市计划生育协会　1987 年 4 月成立。1990 年起,先后在乡镇、村(居委会)、企业成立计划生育协会组织。至 2010 年,全市有基层计划生育协会组织 894 个,会员 11 万人。2004 年 6 月,成立市计划生育协会办公室,定编 2 人。

县(市、区)计划生育委员会

乐平市计划生育委员会　1985 年,成立计生服务站。1986 年,乐平市计划生育委员会内设办公室、法规股、规统股,为正科级机构,编制数 12 人。2010 年内设人秘股、财务股、法规股、审批股、协会办、科技股、规统股、流管股、宣传股、信访股、执法大队,编制数 12 人。

浮梁县计划生育委员会　1989 年 4 月,撤销鹅湖区计生委、蛟潭区计生委,成立浮梁县计划生育委员会,内设秘书股、政策法规股和规划统计股。1994 年,县计划生育委员会改称计划生育局,定编 12 人。1996

年,恢复为计划生育委员会。2005 年,改称人口和计划生育委员会,内设秘书股、政策法规股、规划统计股,定编 12 人。是年,成立计生服务站。

珠山区计划生育委员会　1986 年,内设综合办公室、政策法规、宣传教育、规划统计等股(室),为正科级机构,编制 6 人。1991 年,成立计生服务站。2010 年内设综合办公室、规划统计、政策法规、科学技术、宣传教育、流动人口计划生育管理办公室等股(室),编制 6 人。

昌江区计划生育委员会　1986 年,内设办公室、规划统计、宣传教育、政策法规等股(室),为正科级机构,编制 6 人。1992 年,成立计生服务站。2010 年内设办公室、规划统计、政策法规、科学技术、宣传教育、流动人口计划生育管理办公室,编制 6 人。

第五篇　城乡建设

第一章　城乡规划

80年代,景德镇市编制完成城镇体系规划和城市总体规划,并陆续开展专项规划和详细规划的编制,指导城市建设发展。90年代,全市完成县(市)总体规划和建制镇规划,并开展镇村规划。同时,提高测绘技术水平,加强规划管理。至2010年,多次开展城市总体规划的修编,指导城乡建设,不断适应经济和社会的发展。

第一节　城镇体系规划

市域经济发展规划

根据《景德镇市国民经济和社会发展"九五"计划和2010年远景目标纲要》,经济发展的主要目标是:国民生产总值2000年达到106亿元(按1995年价格计算),5年平均递增14.5%;2010年达到330亿元,10年平均递增12%。人均国民生产总值2000年达到6900元(按1995年价格计算),2010年达到19000元。财政收入2000年达到11亿元(按当年价格计算),5年平均递增17%;2010年达到45亿元,10年平均递增15%。外贸出口总值2000年达到2亿美元,其中陶瓷出口达到1亿美元;2010年达到8亿美元,其中陶瓷出口3.5亿美元。

围绕上述目标,以呼应浦东、策应京九、加快"昌九景"重点区域建设为契机,配合环鄱阳湖经济区的建设,发展外向型经济,培植九景、昌景沿线景德镇地区产业带。2000年,科技进步对经济增长的贡献率达到49%,2010年达到60%。一、二、三产业结构比例,由1995年的13:50:37,调整为2000年的6:54:40。

生产力布局以城区为中心,南北以皖赣铁路、国道206线,东西以景九、景婺公路为纽带,加快沿线地区小城镇建设,形成大"十"字生产力布局。

产业布局按照九景婺公路沿线,以市高新技术开发区为中心,向西开发建设洪源镇全国乡镇企业示范区,向东开发建设湘湖工业园区;国道206线、皖赣铁路沿线向南开发建设昌江星火技术工业区、乐蔆工业区,向北开发建设洋湖工业区、蛟潭开发区、经公桥开发区。至2000年,沿九景婺公路、国道206线南段,构筑成"T"形产业轴线。

城镇体系规划布局

1984年5月,省政府批准《景德镇市城镇体系规划(1981—2000)》,规划景德镇以中心城市为依托,以交通枢纽为纽带,沿公路、铁路交通干线形成较高密度的城镇群体,构成以中心城市、次中心城市、片中心城镇与重点城镇、一般建制镇与乡(场)集镇四个层次的,具有综合型、工业型、集贸型、交通枢纽型、旅游型等特色的城镇体系。

根据城镇发展规划,对不同区域分别规划。中心城市——景德镇市(含浮梁县城),规划布局分为中心区、西市区、西南区、西北区和城北区(浮梁县城)。至2000年,中心城市人口(常住人口,下同)规模为38.71万人,城市建设用地面积42.60平方千米。2010年,中心城市人口发展到48.5万人,城市建设用地规模扩大到53.35平方千米。城市用地发展方向主要是西北部和北部,西河以北至洪源、浮梁是城市新区开发的重点。东市区向李家坳和湖田两个方向扩展；中市区北部向景浮路两侧发展，逐步与浮梁县城连接；中市区南部向西瓜洲和银坑坞发展。

次中心城市——乐平市，将接渡工业区、塔山工业区、乐平矿务局纳入市区规划范围，至2000年，城镇人口规模约10万人，城市用地面积约12平方千米。2010年，城镇人口规模15万人，城市用地面积20.1平方千米。

片中心城镇，蛟潭、鹅湖、经公桥、镇桥、众埠、涌山、塔前等。重要城镇，鲇鱼山、洪源、湘湖、瑶里、乐港、接渡、后港、洪岩、礼林等。每镇人口规模约1万～2.5万人，用地规模约1～3平方千米。

一般建制镇和乡（场）集镇，人口规模约0.3万～0.5万人，用地规模约1～1.5平方千米。2000年建制镇增至20个左右（不含城关镇），2010年发展至30个以上。

城镇化水平不断提高，城镇人口比例逐步上升。至2000年市域常住人口控制在148万人左右，城镇非农业人口64.53万人，城镇化水平为40%。2010年，市域常住人口控制在160万人，城镇非农业人口86.21万人，城镇化水平达53.9%。组织农村剩余劳力向乡镇企业和非农产业的转移，2000年非农业劳动力占社会总劳动力的比重达80%，其中乡镇企业从业人员达到8.5万人以上。

表5－1－1　**1994年景德镇市域城镇性质、人口规模一览表**　单位：万人

城镇层次		城镇名称	人口规模		城镇功能定位与主要产业
			现状	规划	
一	中心城市	景德镇（含浮梁县城）	33.54	48.5	中外著名瓷都、全国历史文化名城、具有旅游潜力的赣皖浙毗邻地区的中心城市
二	次中心城市	乐平	7.32	15.0	赣东北次中心城市，以化工、煤炭、食品等为主的工业城市
三	片中心城镇	鹅湖	0.7	1.2	浮东中心城镇
		蛟潭	0.7	1.2	浮西中心城镇
		经公桥	0.4	0.9	浮北中心城镇，边贸
		镇桥	0.2	1.8	乐西南中心城镇，商贸
		众埠	0.3	1.7	乐南中心城镇，商贸
		涌山	0.8	1.4	乐北中心城镇，煤炭工业
		洪岩	0.1	0.5	乐东中心城镇，旅游业
	重要小城镇	鲇鱼山	0.7	1.5	工业和交通枢纽，卫星城镇
		洪源	0.5	2.0	交通枢纽，全国乡镇工业示范区
		湘湖	0.7	1.2	工业型城镇，旅游
		寿安	0.3	0.6	工矿型城镇，旅游
		瑶里	0.2	0.5	经济林，旅游
		乐港	1.0	2.5	蔬菜基地
		接渡	0.7	2.3	化工、建材
		后港	0.3	0.9	建材、煤炭
		塔前	0.1	0.7	建材、林木加工
		礼林	0.8	1.2	煤炭、建材
四	一般建制镇与乡（场）集镇		≤0.2	0.3～0.5	

城镇基础设施规划

市域交通体系　“九五”期间,建成九景一级专用公路、御渔三级公路,改造提高市域地段国道206线等级;2010年内,争取昌景一级专用公路、九景衢铁路建设。建设和改造县乡公路,提高公路等级和密度,实现乡乡通柏油路、村村通公路。

水运重点是整治昌江航道,综合利用昌江渠化工程,搞好乐安江四级航道治理,保证300吨级货轮常年通航,逐步形成通畅的水路运输网络。

罗家CCCC级民航机场建成后,近期先开通上海、南京、广州和北京等航线。2000年前,逐步开通国内(含香港、澳门)30条航线,预测年客运量40万人次;积极创造条件建成国际航空港,力争在2010年内开通至日本、韩国、新加坡等多条国际航线,年客运量达到60万人次。

能源建设　预测2000年中心城市城网最大供电负荷为1.8万千瓦。2005年前建成20千伏景东变电站,基本消除拉闸限电现象。远期规划与九江联网,引入三峡电源。兴建浯溪口水利枢纽工程,发展农村小水电和电网,乐安河流域近期建设鸬鹚、坝口水电站,建成3~5个农村水电初级电气化和小康水平电气化示范区;远期兴建牌楼、塘畔、浯口、碧湾、洺口等水电站。2010年达到50万千瓦,规划设城网变电站11个,总容量105.5万千伏安。近期重点改造乐平电厂,完成蛇垄里、城北变电站及其他城镇电网的建设和改造。

重点改造乐平矿区,有计划地改造乐平、浮梁乡村小煤窑。扩产改造焦化煤气厂,发展乐平市区民用煤气,2000年中心城市民用煤气普及率达到70%,2010年内实现城市民用煤气化。

通信设施　完善邮政、长途电信、市话、农话4个通信网络的建设,发展各种应用信息系统和信息咨询服务系统,实现邮政“四网一化”系统工程,提高通信综合能力。2000年市话程控交换容量达到13.8万门(包括交换机可达19万门),用户线总数20万对,话机总数14.2万门,实现城市通信传输线路电缆化,基本建成乡镇程控端局,形成城乡电话网络。至2010年,建成长途通信光缆传输系统,交换机24%容量达到46万门,话机总数达到36万部,市话普及率达到24%以上,通信能力达到中等发达国家水平。

水利工程　以防洪排涝为重点,建设一批兼有防洪、供水灌溉、发电等多种功能的水利设施。2000年前,重点抓好第四水厂建设和乐北联圩改造,做好南河改道前期工作;农村卫生饮用水受益人口覆盖率达到90%。2010年前,完成南河改道工程,建成昌江上游浯溪口水利工程枢纽,城市防洪能力达到50年一遇,远景规划达到100年一遇。

市场建设　以批发市场为龙头,专业市场为骨干,初级市场为基础,建设一批辐射赣皖浙毗邻地区的综合商厦、购物中心。2000年前,中心城市兴建1~2座档次高、规模大的国际陶瓷商贸大厦,使景德镇形成国内外陶瓷商品集散地。浮梁县发挥林、茶资源优势,重点发展“赣东北土特产大市场”。乐平市发展完善“赣东北大市场”,形成全省蔬菜生产批发基地。

第二节　城市总体规划

《景德镇市城市总体规划(1982—2000)》

1984年5月,《景德镇市城市总体规划(1982—2000)》确定:景德镇市城市性质为历史文化名城、陶瓷工业基地、著名瓷都。城市人口发展规模为近期(至1990年)达到32万人,远期(至2000年)控制在40万以内。建成区面积到1990年为28.91平方千米,2000年发展到41.50平方千米。城市总体布局分为老城区(中市区)、东市区、西市区3大片,形成分区条块组合的城市布局。规划至2000年城市用地人均指标为100平方米,工业用地占建成区总面积30%,仓库用地占5%,对外交通用地占6%,生活居住用地占49.10%。近期人均公共绿地为4.44平方米,城市绿化覆盖率为31%,远期人均绿地达到8.12平方米,城市绿化覆盖率提高到50%。

中市区规划范围　北起观音阁,南到西瓜洲,西临昌江,东至皖赣铁路线。建成区面积为1980年6.47平方千米,规划建成区面积到2000年为8.05平方千米。中市区是全市政治、经济、文化的中心,也是历史文化名城的重要保护片区。珠山中路以北主要为行政机关、文教卫生、商业服务和生活居住区；珠山中路以南至戴家弄为生活居住、商业服务、科研文化及金融等为主的服务区；戴家弄以南为以陶瓷工业为主的工业区，陶瓷工业技术改造应以就地改造为主，适当集中成片，重点放在扩大内涵再生产上。

东市区规划范围　东起黄泥头，西接中市区，南到南山路，北至塘家坞。建成区面积1980年为7.58平方千米，规划建成区面积到2000年为14.09平方千米。朝阳路以南是以陶瓷工业为主体和与之配套的机械、化工以及电子、航空工业区。里村一带紧邻马鞍山火车站，除已安排铁路站场用地外，不宜再新建、扩建工厂和仓库，应尽量安排公共建筑与生活服务设施。新厂处于东市区中段，建有陶瓷大中专院校、科研所和金融、文教卫生与商业服务设施，宜在朝阳路中段至林荫路再新建一些市、区级公共建筑，逐步将新厂一带建成东市区的公共活动中心。从新厂至黄泥头，限制工业用地，扩大生活居住用地。位于东市区边缘的湖田、黄泥头、白虎湾陶瓷古窑遗址，要严格保护。

西市区规划范围　东临昌江，南到宋家山，西起张家坞，北至旸府滩，是城市重点开发建设区。建成区面积1980年为6.95平方千米，规划建成区到2000年为19.36平方千米。按功能划分为三个片区：西一区与中市区隔江相望，规划主要安排行政、金融、文化、商业服务和生活居住用地；西二区位于城市下风下游，规划主要作工业建设用地，逐步建成陶瓷、机械、医药、化工、木材加工等行业的综合工业区；西三区规划为生活居住用地，适当安排一些无污染的服务加工业。

1990年12月24日，市政府公布调整城市规划区范围：北起浮梁旧城，南到宋家山，西至丽阳乡古田村，东到景光电子厂，总面积244.5平方千米，其中重点规划区仍为2000年城市规划建成区范围，面积41.5平方千米。

《景德镇市城市总体规划(1996—2010)》

1994年9月，市政府委托市建筑设计院编制《景德镇市城市总体规划(1996—2010)》，1997年11月28日，市十届人大常委会审议通过，2000年获省政府批准。

此版规划确定城市规划区范围是：东起卫生洁具厂，西至丽阳乡古田村，南起宋家山，北到浮梁县城及洪源镇。总面积160平方千米，至2010年城市人口规模为49万人，城市建设用地为49平方千米。城市性质为：中外著名瓷都、国家历史文化名城、赣东北地区的中心城区。主城区由中市区、东市区、西市区、城北区组成，并将浮梁县和景德镇市融为一体考虑，统一规划、整体布局、协调发展。

《景德镇市城市总体规划(2002—2020)》

2002年，市政府委托武汉大学城市建设学院编制新一轮《景德镇市城市总体规划(2002—2020)》，2004年9月编制完成，但未上报审批。

此版规划确定中心城区规划范围包括珠山区，昌江区的竟成镇、吕蒙乡、西郊垦殖场，浮梁镇的洪源镇、湘湖镇、罗家垦殖场部分地区。规划建设范围为160平方千米，其中城市建设用地为80平方千米。城市性质为：中外著名瓷都，国家历史文化名城，江南著名旅游城市，江西省重要工业城市。城市职能：世界陶瓷艺术文化展示及交流中心；全国陶瓷产业重要生产基地及教育基地；"五山两湖"区域旅游中心；赣浙皖区域重要交通物流枢纽；江西省传统工业改造基地及高新技术产业示范基地。2010年城市人口规模为50万人，城市建设用地为70平方千米。2020年城市人口规模为80万人，城市建设用地为80平方千米。城市布局为"一城三区九大功能组团"结构。

《景德镇市城市总体规划(2008—2030)》

2007年7月，市政府委托省城乡规划设计研究院编制《景德镇市城市总体规划(2008—2030)》，2010年8月完成编制、评审及审议等工作，并上报省政府审批。

该版规划确定景德镇市城市规划区包含珠山区，昌江区的西郊街道、竟成镇，浮梁县的县城、洪源镇、高新技术产业园区及湘湖镇等区域，面积约500平方千米。城市性质为：世界瓷都、中国陶瓷文化创意中心、中国直升机产业基地、生态宜居旅游城市。景德镇中心城区建成以陶瓷文化为特色，文化底蕴丰厚，自然环境优，产业实力强的山水园林城市。打造文化艺术、生态旅游、产业基地、交通枢纽、中心服务的城市职能体系。

中心城区人口规模为:近期2015年60万人,中期2020年70万人,远期2030年90万人。规划城市建设用地总指标调整按国家Ⅳ级用地标准(105.1~120.0平方米/人)执行,总用地人均指标不超过现状人均111.84平方米/人。城市发展方向主要在西南,其次在东北、西北方向。西南成团拓展,西北、北部成组布局,东部轴向延展,中部调整优化。

景德镇中心城区将形成"一城四片区,中心放射"状结构。"一城",即西市区及中市区构成城市主城区,是集行政办公、商业金融、文化娱乐、旅游会展、生活居住为一体的城市综合区。"四片区",即指主城区西北部洪源罗家片区(商贸、物流、工业)、北部浮梁片区(居住、商贸、旅游)、西南部高新片区(工业)、东部景东片区(工业、科教、居住)。"中心放射",即以主城为中心,沿交通干线向西北、北、东及西南放射发展。各片区通过城市道路网相联系,形成有机整体。本次规划中心城区的空间增长边界由杭瑞高速、济广高速、绕城高速南环线及城区周边山体围合区域,加局部外围地区(浮梁古县衙,陶瓷科技园部分)。空间增长边界内面积约198.5平方千米。

第三节　规划编制与案例

规划编制

80年代初,在城市总体规划确定后,开始编制城市详细规划。至1990年,完成的详细规划项目有:新村西路、火车站、朝阳路、十八渡、广场北路、金鱼山、苗圃、新风路等小区规划,珠山路西段、瓷都大道中段临街建设规划,人民广场、斗富弄、麻石弄瓷器街改造规划,体育中心、陶瓷历史博览区规划,玉田水库风景区、森林公园规划等。规划的编制,一部分是由市城建规划设计部门承担,一部分邀请省内外高等院校师生到景德镇毕业实习完成。

1991年,完成林荫路小区规划、瓷器街火烧地段复建规划、环卫设施布局规划、城市主要道路走向控制规划、工人新村和东市区民用煤气管线规划。1992年,完成枫林经济开发区控制性规划、蛇垄里经济开发区控制规划、诸仙洞风景区规划、珠山中路西段改建规划、全市集贸市场规划和梅苑小区修建性规划。1995年,编制的详细规划有:沿江东路(中渡口至戴家弄)改造规划,枫树山共大居住小区规划,扩展枫林居住小区详细规划,樊家井村鲁家墩、后街村八卦山、新厂村、三河村、小港咀村私房建设小区详细规划,西北区石岭至罗家滩扩大详细规划,瓷都大道中段(枫树山至西河桥)临街详细规划,梨树园小区修建性详细规划。1997年,编制城市道路网调整完善规划设计、梨树园小区安居工程设计等规划。1998年,编制第四水厂、北环路等详细规划。1999年,编制沿江北路、中华南路、莲社南路、陶瓷一条街、陶瓷旅游城、信华商贸城、景泉花园、东尼花苑、莲花山庄居住小区等详细规划,以及三闾庙历史街区保护规划。

2000年,重点编制城市主干道路网调整规划和迎宾路、东三路、景德大道、站前路、北环路、为宇路、昌河大道临街详细规划及市场规划,提出城市交通道路体系规划和历史文化名城整体保护规划建议。2010年,编制完成韭菜园—西瓜洲片区以及景德镇西市区控制性详细规划。

规划案例

火车站小区规划　80年代编制。小区位于中市区的马鞍山地段,地形高低起伏较大,属开发性地段。东面为铁路客站,其中站房主体建筑面积为5500平方米,站前建有180米×70米车站广场,四周建旅馆、饭店、瓷器商场和邮电、银行、工艺美术大楼;北面为通站路和云门公园;以火车站大门为主线,向西开辟40米宽的站前路,穿越中华路、中山路至沿江东路,站前路作为公共交通的枢纽,开辟通站路和站前路2条公交线路。站前路生活小区由3个住宅成团组成,居住人口按1.8万人规划,住宅建筑以4~5层为主,人口密度为1170人/平方千米。

陶瓷历史博览区规划　80年代初编制。陶瓷历史博览区位于西市区潘龙岗,西距瓷都大道约800米,四周松林环绕,峰峦苍翠,环境幽雅,空气清新。近期规划范围的3条Y形山谷及其环绕的山丘,占地40公顷,远期规划控制用地87公顷。总体布置分3个组成部分:中路是一座具有地方建筑风格的古陶瓷综合展览馆,集中展示景德镇陶瓷历史发展概况;东翼为古代制瓷作坊展览区——古窑瓷厂,利用现存和仿造的明清式坯房、窑房组合而成;中部左侧为明清民俗建筑群区,是将分散在浮梁乡间具有价值的明清民俗建筑有选择地拆迁复建。明、清两代建筑群以一个人工湖分隔,布置在一个狭长的山谷里。前端的"清园"由通仪大夫祠、臧湾大夫第、礼芳大宅以及书院和前清小户住宅等5栋有代表性的民俗建筑组成;后段的"明间"亦有8栋明代民俗建筑组成。

陶瓷博览区的规划设计和建设,体现朴实丰富的民间文化气息和空间环境,集中再现景德镇古代制瓷工艺的全过程和明清时期景德镇的民俗建筑风貌。1986年获建设部优秀设计表扬奖,1987年获省科技进步二等奖,并载入1984—1985年度的《中国建筑年鉴》。

广场北路文化区规划 90年代编制。广场北路是连接珠山东路与新平路的一般性交通干道,全长2.85千米,宽25米。两侧除原有工人新村和竟成乡的生活居住用地外,自南向北逐步建成电影院、医院、学校、游泳场、报社等单位。规划确定广场北路为文化体育活动为主的城市生活性干道。

林荫路小区规划 1991年9月编制。位于东市区新厂路中段,有林荫路将新厂路和朝阳路连通。小区用地14.2万平方米,建筑面积83029平方米,居住容积人口1564户6256人。公共建筑布置以新厂路临街和林荫路岔口为主,配以文化活动中心和占地1万~1.5万平方米的景东招商场,与原有的百货商场、银行、邮电大楼和新华书店等服务设施,构成一个较完整的东市区中心。

老城区保护整治与更新详细规划 2002年3月,委托中国城市规划设计研究院编制。规划范围以珠山为中心,北到瓷都大桥,南到红旗瓷厂,东到莲社路,西到昌江,总面积207.67万平方米,其中重点保护区76.99万平方米,建设控制区130.68万平方米。规划指导思想为:突出景德镇历史文化名城的独特价值,保护展示景德镇瓷行业、瓷文化在各个历史时期、各个典型环节的实物例证。划定核心保护范围,确定建设控制区,既保护好历史文化遗产,又积极改善道路交通和市政设施。

第四节 专项规划

历史文化名城保护规划

《景德镇市历史文化名城保护规划(1982—2000)》 1981年,景德镇在编制城市总体规划的同时,编制此规划,规划确定二片、三区、五处、十点和一条街的点、线、面相结合的保护范围。

中市区片和浮梁片。中市区片以龙珠阁为中心,由中山路、中华路把中市区内的文物古迹、会馆有机地连接起来;浮梁旧县城保护片以清县衙为中心,修缮、恢复清末县衙风貌和宋代红塔,远期考虑修复宝积寺。

陶瓷历史博览区、三闾庙区和高岭古瓷矿区。三闾庙是古代景德镇的水陆交通枢纽,又是现存的明、清古街建筑群较集中的地段。陶瓷历史博览区规划开发建设成以陶瓷展销为主的明、清民俗博览区。高岭古瓷矿区规划以高岭的古矿洞、淘洗坑、尾砂堆为主体,将东埠清代市街、高岭古道以及高岭云风亭、高岭村和古树群等列入绝对保护区内,以利于高岭古矿区的保护和开发利用。

湖田古窑遗址、塘下古窑遗址、黄泥头古窑遗址和南市街古窑遗址,被列为国家、省、市级重点文物保护单位。在确定以上5处古窑遗址为绝对保护区的基础上,划定古窑遗址环境影响协调区。在国家级文物保护单位湖田古窑遗址,设置保护房和陈列室,并严格控制周围其他建筑。

西湖桃墅3栋明代住宅、三龙盘溪口王仲舒祠、兴田夏田明间、臧湾明代农舍、瑶里明代村镇商店、峙滩英溪明代青云得路坊、勤功沧溪明宅、勒功街宋塔,原则上按各文物单位的原有风格进行修缮和就地保护。

麻石弄明清瓷器街。恢复明清瓷器街,尽可能地保护原有店面的建筑风格,安排传统瓷、仿古瓷、工艺瓷等各类门市店面,展销丰富多彩的陶瓷新产品,使瓷器街成为展示景德镇陶瓷文化和进行陶瓷贸易活动的场所。

《景德镇市历史文化名城保护规划(1995—2010)》 1994年,市政府委托市建筑设计院编制,1996年8月完成。规划明确:保护规划应以制瓷历史为主线,着重渲染景德镇灿烂的陶瓷文化,通过点、线、面三个层

次,在空间上加强联系,把昌江河、东河、南河、西河、莲花塘、珠山、马鞍山、南山、旸府山等“五水四山”作为骨干,其他自然山水为辅助,构成景德镇山水城市的大框架。把分散的文物单位、景点、古街区及待整修、复建的部分,有机联系,共同构成历史文化名城的结构要素。

节点景观。建筑物景观、民居、寺庙、龙珠阁、作坊、会馆等,在老城区以龙珠阁为控制点,作为空间视廊控制及协调建筑群的规划控制。

轴线景观。昌江河及支流两岸各景点的修复,如三间庙古街码头,将历代商贸盛况场面及两岸风土人情,融入昌江运输的舟帆波影。修复古代商业街如瓷器街及明、清古街等。

区域景观。包括湖田古窑遗址保护区、珠山明清御厂遗址保护区、枫树山古建筑古陶瓷博览区、浮梁县旧城保护区、高岭古矿遗址保护区、三间庙保护区、浮梁县革命历史文物保护区。

《景德镇市历史文化名城保护规划(2008—2030)》 2007年7月,市政府委托省城乡规划设计研究院编制,中心城区保护框架为:“一条主脉、一大核心、四个保护区、多处文物古迹”,即以历史城区(老城区)为中心,湖田古窑遗址保护区、枫树山陶瓷古建筑保护区、三间庙明清古街保护区、浮梁旧城保护区拱卫在御窑周围,以昌江及其支流作为联系,构建历史文化名城——历史城区(老城区)——历史文化街区(地段)——文物古迹(文物保护单位和未列入文物保护单位的不可移动文物)保护结构体系。

历史文化街区保护。保护原有街巷格局,维持现状街道宜人的空间尺度,合理控制道路宽度及沿街建筑物后退道路距离。保护历史文化街区内保存较为完好的古建筑;保护街巷“通街达水”的格局;保护街区历史风貌的完整以及与其有密切关系的民居形式、院落空间等历史环境要素;保护街区内居民的生活方式和习俗。

文物古迹保护。保护对象为珠山明清御窑遗址、湖田古窑遗址、枫树山陶瓷古建筑、三间庙明清古街、浮梁古县衙等。保护措施为历史建筑宜继续延续其使用功能,通过必要的外部修缮,完善内部设施,改善使用条件。

非物质历史文化遗产保护。加强非物质文化遗产的收集和整理,建立和保护重要非物质文化遗产栖息地,保护非物质文化项目和传承人,加强传统表演、工艺技能等人才培养,恢复传统节日,保护和恢复传统地名以及街巷历史名称,增进非物质文化遗产的活力。

旧城更新规划。坚持统一规划、合理布局、综合开发、配套建设。旧城区更新主要措施:疏解居住人口,降低人口密度,提升居住质量;加快城中村改造,提升整体居住水平;调整优化用地布局和结构;完善道路系统和改善环境。

城市绿地系统规划

2004年4月,由省城乡规划设计研究院编制完成《景德镇市城市绿地系统规划(2004—2020)》。规划建设目标为“山在城中”“城在绿中”,构筑“山、水、城、林”融合、和谐的山水园林城市。规划指标为2003年、2010年、2020年建成区绿地率分别为38.48%、40%、45%;绿化覆盖率分别是41.39%、45%、50%;人均公园绿地面积分别为9.53平方米、12.0平方米、14.5平方米。在景德镇市城区外围,通过区域合作建立以山体、农田水网、绿化为基础的景德镇地区环状绿色生态屏障——生态环廊,从总体上形成“区域生态圈”。

城市生态绿地空间结构与布局 以“山、水、城、林”融为一体的自然格局为基础,沿昌江水系发展的多中心组团式网络型城市,使大量自然山体、水体和农田楔入城区,城区与自然山水体系交融,构成绿色瓷都山水相依的空间格局。中心城区绿地以小型化、均匀化、立体化均衡分布,郊野绿地成片发展,形成市区外缘绿色地带,楔形绿地嵌入城市,水网、路网、绿网交织。

中心城区绿地系统结构与布局 城市绿地总体空间形态特征结构为“四面环青屏,处处邻绿景,三水绕城廊,绿网织全城”。重点突出“一城”(历史文化名城)、“三水”(昌江、西河、南河)、“四山”(柏树山、宋家山、捆牛山、东山)、“八区”(三贤湖、旸府山—观音阁、西郊、枫树山、莲花塘、南河、吕蒙、三宝生态区)的中心城区绿地系统布局结构模式。以公园绿地、生产绿地、防护绿地、附属绿地(居住绿地、道路绿地、单位附属绿地)等类型齐全,点、线、面、环相结合的完善的城市绿网体系。

第五节 县域规划

县(市)城区规划

乐平县(市)城区规划 1985年,《乐平县城总体规划》编制完成,确定乐平县城为全县政治、经济、文化的中心,赣东北和景德镇市化工、轻工业为主的工业城市。县城规模近期(1990年)建成面积为7.38平方千米,城区人口7.80万人;远期(2000年)建成区面积扩大到13.30平方千米,城区人口增至10.50万人。城市结构布局为一镇两区(乐平镇、塔山工业区和接渡工业区)的组团式。建设按照“重点发展城东,适当建设西南,逐步改造旧城,控制扩大接渡,稳步扩展塔山”的方针进行。

乐平镇是县城的行政和文化中心,规划着重加强市政公共设施配套建设,整治城内小河,搞好防洪排涝,改善居住环境。要严格控制扩大新的工业用地,迁出易燃、易爆和污染严重的企业,城北规划以发展食品、纺织、建材等无污染工业为主;城东规划以机械、医药(化工)为主的工业区;城西规划以轻工、机械为主的工业区。地处县城下风下游的塔山工业区,重点是发展化工、轻工和安排易染、易爆及有污染工业,搞好生产和生活设施配套建设。位于县城东郊的接渡工业区,因对县城污染严重,应适当控制其工业发展,搞好“三废”处理,形成以电力、建材和化工为主的工业区,为使货物周转安全方便,规划相对集中形成邹家、城西、塔山和接渡5个仓库区,对现有不适宜设在城区的仓库要逐步调整迁出。

按照“有利生产,方便生活”的原则,规划形成6个居住区,每个居住区由3~4个小区或住宅组团组成。老城区以新建4层住宅为主,拆建和改造为辅。各居住区都要建成相应的生活服务配套设施,做到建一片成一片。

对外交通规划。扩建铁路客站,改建站前广场,新增设3股道,远期将货运站迁至西南。在李家岭处兴建铁路公路立交桥,解决国道206线与皖赣铁路交会的问题。航运远期规划将货运码头迁至沿河西路。县城道路将形成“三纵四横一外环”的方格网状道路系统,规划按道路功能分为五类:过境道路红线宽30米,将乐上公路自人民大道东风制药厂玻璃车间处,经三中北边一段公路与后港南张公路衔接,实现过境公路走外围;交通性干道红线宽20~30米,有旧南张公路、沿河路、环城西路、环城东路、环城北路和东移的南张线;生活性干道红线宽24~30米,有人民大道、向北大道、文化路和观音泉路;居住区道路宽9米,分布在各居住区和街坊;商业街有东南大街和南大街,老北街为步行小商品街。

浮梁县城区规划 1988年11月,国务院批准恢复浮梁县,新县址定在浮梁镇的大石口。县城规划是年年底开始,1989年4月完成总体规划的编制,5月提交县筹建领导小组讨论修改,8月12日经县人大常委会一届二次会议审议通过,并上报市政府批准。

浮梁县总体规划年限,近期2000年,远期2020年。总体规划确定县城的性质为:以茶叶为特产的加工工业县城,景德镇的卫星城。县城人口规模近期发展到3万人,远期控制在8万人左右。用地规模近期为4.50平方千米,远期发展到12平方千米。

县城总体布局采取以城区中心为主体,南北两边为附翼,具有高效、集中式的带状串联形态。县城区地形为一片较为开阔的荒坡山地,基本无制约影响建设开发的因素。规划以较严谨的道路网将城区分为北、中、南3片,北部主要为行政、经济区,中部为以商业服务业为主的生活服务区,南部为以居住为主的生活区。旧城区历史上是浮梁县治,也是新县城规划不可分割的组成部分,要保护好宋塔、清县衙、宝积寺、孔庙等文物古迹,发展与县中心的交通联系,将旧县城区开发为具有田园风光、景雅悦目的旅游区,适当发展食品加工业。

县城工业主要布置在西南翼和东南侧,工业用地指标近期为0.75~1平方千米,近期为3~4平方千米。西南郊的宝石一带规划拟形成综合性工业区。县城东南的洋湖地带规划安排以包装加工为主的工业。

交通规划近期自如意亭或陶金岭将国道206线改线往县城方向偏移3千米走三龙出口;往东在大石口新建浮梁大桥,沟通县城东西两岸交通,缩短与市区的里程。往东方向的大岭公路,近期通过改造拓宽,使之与景瑶、景婺公路衔接,远期开辟从洋湖经塘家坞走李家坳与市区朝阳路衔接。往北开通县城与福港至蛟潭的公路。

城区道路规划形成方格网加放射串联式的路网系统,交通性干道主要承担县城工业区、火车站、仓库区之间的货运交通联系,从而起到连接城乡过境公路和郊区公路运输的作用,道路红线宽度为20~30米;生活性干道主要承担居民区与工业的交通,道路红线宽度为30~40米;次干道为工业区和居住区内部道路,规划红线宽18米,干道间距为300~500米。

城区供水设施,近期在浮梁大桥上游约100米处建设一座日供水5000立方米水厂,远期扩建到1万立方米/日。管网布置以树枝状为主,县城中心须形成环状。排水设施采取雨、污合流制,工业废水须经过处理达标后方可排放。供电线路近期规划从青塘电厂接3.50万伏高压线,并在接近供电负荷的城区边缘选择适当位置建一座3.50万伏变电站,将县城电力供应纳入市网,电讯系统主要依托景德镇市万门程控电话,近期装机容量为1000门,远期发展到2600~3000门,县城与乡镇开通纵横自动交换机。

生活居住区规划近期为4个居住小区,每个小区规模约7000~8000人,由4个400~500户的住宅组团组成。远期将形成8~10个居住小区。生活居住区用地近期为400万平方米,人均用地指标为35平方米,人均居住面积8平方米;远期用地为695万平方米,人均居住面积达到12平方米。住宅层高为4~5层,面系数K值为52%,间距不小于11.2米,建筑密度为26%。

县城的行政、经济、科技机构主要分布在大石口至郭家洲一带,形成城区的公共活动中心。教育、文化、体育、卫生设施和集贸市场作相应分布。公共建筑人均指标近期为8平方米,远期为13平方米。园林绿化规划,近期建公园一座,每个居住小区形成绿化组团,搞好昌江沿岸绿化,逐步形成敞开式的绿化园林,公共绿化人均指标近期为5平方米,远期达到11平方米。

2006年,组织完成新一轮城市总体规划修编,确定把浮梁建设成为景德镇市"北城区"和集旅游、休闲、度假、居住和美食为一体的瓷都"后花园"的城市发展定位。将绿地系统规划纳入了城市总体规划之中,规划突出以昌江河两岸亲水天然景观绿化带为依托,点缀适当的人文景观,构成一条以自然景观为主的滨江景观带;同时重点打造以城市自然景观与人文景观相互交融的天宝公园、南苑广场、三贤湖等公共景观项目,着重突出瓷、茶文化生态特色,并把三贤湖景区开发为重点,从规划的高度确定打造山水园林城市的发展目标。

2010年,启动新一轮县城总体规划修编,将洋湖纳入城市规划控制范围,形成县城"一江两岸"的格局。同时城区向北拓展1.2千米,县城规划区面积由16平方千米增加到18平方千米。

镇村规划

规划编制　1988年9月,市属2县1区所有建制镇、乡(场)集镇规划全部编制完成。其中,列入省级试点的鹅湖、蛟潭集镇规划,在全省村镇规划设计评比中,分别获得优秀规划设计三等奖和鼓励奖。

1990年,全市有12个建制镇,大致可分为三类:一是县城所在地的城关镇,有乐平镇和浮梁镇;二是处于几个乡场集镇中心的小城镇,有蛟潭、鹅湖、经公桥、镇桥和众埠镇;三是工业型小城镇,有乐河、乐港、涌山、接渡和鱼山镇。除城关镇外,10个建制镇均已编制总体规划。

1996—1997年,10个新设建制镇开展总体规划编制,其中寿安镇总体规划率先编制完成报县政府审批。经省建设厅确定鲇鱼山镇、洪源镇为国家试点后备镇。2001年,洪源镇和众埠镇完成总体规划修编工作。

2000年,涌山、众埠、洪源、浮梁、鲇鱼山5个镇列入全省200个重点镇行列。全市建成镇区面积2322公顷,城镇化水平为35.1%,小城镇建设初具规模。

2004年,全市共39个乡镇(场),建制镇18个,乡(场)21个,已修编总体规划的建制镇15个、乡1个,通过省、市、县专家评审的有12个,待评审的有4个。全国重点镇湘湖镇、涌山镇,以及省、市重点镇鹅湖镇、蛟潭、众埠、镇桥等都编制街道改造修建性详细规划设计,指导小城镇建设项目的实施。

2005年年初,景德镇市提出用三年时间全面完成全市村、乡、镇建设规划的工作目标,投入100多万元资金帮助编制规划。2006年,市委下发《关于加快建设社会主义新农村建设的意见》,要求以规划为龙头,切实加强村镇建设的指导和管理。至年底,全市应编制规划的乡镇有17个乡镇没有完成总体规划,占48.6%;有343个行政村没有编制总体规划,占73.4%。村镇规划编制水平排在全省后列。

2007年5月，市政府下发《关于推进新农村建设抓好村镇规划编制的通知》。至年底，全市35个乡镇总体规划和477个行政村(浮梁县16个乡镇，151个行政村；乐平市16个乡镇，278个行政村；昌江区3个乡镇，48个行政村)规划全面完成编制任务。2008年2月，通过省建设厅专家组验收。2009年，浮梁县为全省7个县(市)灾后重建示范点之一，纳入全省扶助名录。

2009年3月5日，市政府下发《景德镇市村镇规划建设管理工作实施意见》。至年底，全市2000个村庄完成规划编制率达60%的目标。

至2010年年底，全市35个镇乡编制总体规划、221个行政村编制建设规划，历史文化名镇(村)和风景名胜区的保护工作得到加强。

中心小城镇规划　鹅湖镇。原为鹅湖区政府所在地，景瑶公路和昌河支流的东河自东向西穿过镇境。1989年1月9日设建制镇，下设12个行政村，驻有15个行政事业单位，镇、村办企业各有4个，以机械工业和手工业为主的浮东中心小城镇。镇辖面积144平方千米，镇建成区面积为0.63平方千米。1990年全镇人口为1.8万人，镇建成区人口为4300人，其中非农业人口2800人。1988年4月编制《鹅湖镇规划》，确定鹅湖镇为县东北的中心小城镇，工业发展以机械和食品加工业为主。用地规模近期(1991—1995年)为1.0平方千米，远期(1996—2000年)扩大到1.50平方千米；人口规模近期为0.68万人，远期发展到0.70万人。

蛟潭镇。原为蛟潭区政府驻地，位于国道206线上，距市区30千米。1988年12月设镇，下辖9个行政村、2个林场，总面积192平方千米。1990年镇建成区面积为5.74平方千米，建成区人口为4900人，其中非农业人口为3100人。蛟潭镇林木资源丰富，工业基础较好，驻地有部属电子工业企业，县、镇办企业起步较早，建有木材加工厂、火柴厂、化工厂、农机厂、玻璃厂、瓷用颜料厂、印刷厂、轮胎厂和汽车修配厂等骨干个业。是以林产加工和电子业为主的浮西中心小城镇，商品交易中心。规划2000年全镇总人口为1.75万人，其中建成区非农业人口为4000人。

经公桥镇。位于浮梁西北边境，距市区61千米，有3条县道和国道206线在此交会。1988年12月设镇，下辖7个行政村，全镇面积131平方千米。1990年镇建成区面积为3.6平方千米，建成区人口为3200人，其中非农业人口为1500人。全镇以农林、土特产加工业为主，公共设施有一定基础。规划确定经公桥镇为浮西北的中心小城镇，工业发展以竹木、茶叶、香菇加工为主。规划将过境公路拓宽3～4米为主街道，两旁以新建公共建筑为主，不再安排居民建房。改善镇内道路交通、生活饮用水、电力供应和环境卫生。开辟1个居民住宅新区和2个1000平方米的农贸市场，新建茶叶精制大楼、土特产品加工大楼和木竹综合加工大楼。搞好镇区绿化，争取2000年绿化覆盖率达到90%。

众埠镇。位于乐平市东南边境，距县城25千米，乐弋、镇篁公路在此交会，乐安河支流建节水流经于此。众埠镇农业发达，粮食产量约占全县的1/8，素为毗邻四乡的集贸中心，经贸可联3县。1988年12月设镇，镇辖面积199平方千米，1990年镇建成区面积8.15平方千米，建成区人口4006人，其中农业人口2000人。城镇性质为：以农产品加工为主的乐东南中心小城镇，并开展新镇选址规划。2010年，制定《众埠镇2008—2025年城镇建设总体规划》，镇区布局形成“两轴”“两心”“两组团”。“两轴”即以乐弋公路与新秧战备公路为经济发展轴；“两心”即以镇政府为行政服务中心和以十里长街为商贸服务中心；“两组团”即北面以德昌高速公路众埠段铜山进入口边兴建铜山工业组团，南面以镇区为基点，向东兴建一条与“端临十里长街”平行的“廷鸾市贸易新街”，并打通两街之间的珠山路、建设路，形成街网并联，由镇变城，形成镇南商贸组团。两组团形成后镇区面积由原1.1平方千米增加到4.55平方千米，人口由8000人增加到4万人，创建乐平市面积最大、人口最多的边际贸易强镇。

镇桥镇。位乐平市西南部，距县城12.5千米，国道206线自北向南穿越镇境，乐安河自东向西流经镇区。1988年12月设镇，下辖3个行政村，镇域面积131平方千米，其中镇建成面积约0.80平方千米。1987年年末全镇人口为45939人，其中镇区人口8694人。镇桥镇农产品加工和乡镇企业发展较快，是周围四乡的集贸中心。是乐西南以食品加工为重点的中心小城镇。2000年规划镇区人口10280人，建成区面积为1.04平方千米。建设规划坚持改造旧镇、完善配套的原则，道路规划采用“井”字布局，将过境干道拓宽到26米，次干道宽7～14米，街区巷道宽5米。工业生产用地为10974平方米，公共建筑和生活居住用地

51927平方米。公共建筑和住宅为3～4层为主，农房建筑以2层为主。规划建设中注重保护有价值的名胜古迹、革命历史遗址和民间建筑，如坑口的戏台等。

工业小城镇规划　涌山镇。位于乐平市北部，距县城33千米。古为乐平、浮梁、婺源3县通衢。1990年12月设镇，总面积170平方千米。1990年镇建成区面积为1.28平方千米，建成区人口8800人，其中非农业人口为2800人。涌山镇煤炭资源丰富，为赣东盛产煤炭之重镇。涌山、沿沟等省属大型煤矿均坐落该镇境内，还有乡镇小煤窑。石灰石储量亦有一定规模，适宜煅烧石灰和水泥。境内还有石器时代的岩洞、宋元的瓷窑和明清古建筑等文物古迹多处。是乐北的经济、文化中心，以煤炭、建材为主的工矿型小城镇。至2000年镇建成区人口规模为1万人左右。工业建设利用当地丰富资源，加强综合性、计划性开发。规划布局在镇东安排食品加工、农机修造无污染工业；镇西以发展建材业为主。将过境公路外迁，从涌山桥至镇小学建一条宽20米的行政商业街。新建4000平方米的农贸市场和2800平方米客运停车场。取用共库水源，建设1000立方米/日的自来水厂，供电线路由6千伏安改为10千伏安。建设3个住宅小区，用地6.20万平方米，建筑面积4万平方米。

接渡镇。位于乐平市城东城部的乐安河畔，距县城5千米，全镇86.50平方千米。镇内建有江西乐平发电厂、乐平化肥厂、县煤渣砖厂等省、县属企业，镇办企业有建筑、农机、水电和农副产品加工等，乐上、乐弋公路和乐德铁路从镇境穿过，沿河还有3个小货运码头，工业密集，交通便利，水电和通信设施较完善，是乐平县郊的重要工业小城镇和农副产品集散地。1990年镇建成人口为4000人，建成区面积9.23平方千米。至2000年镇建成人口为5920人，改造拓宽原有道路，增设新路网，形成棋盘式布局。将过境公路拓宽至30米，扬君街拓宽至26米，街区巷道宽5米，主次街道两侧40～120米以内安排公共建筑用地。

乐港镇。位于乐平市城西南部的港口村，距县城仅2.5千米，东临乐安河，西有皖赣铁路和国道206线通过镇境，有3条县乡公路通达。全镇面积86.20平方千米，1990年年末镇建成区面积为0.32平方千米，建成区人口2090人，其中非农业人口1000人。镇办工业主要有机械修造、建筑建材和煤炭、海泡石开采业等，农产品主要有粮食、棉花、蔬菜等，1987年工农业总产值3366万元，是乐平县工农业生产较为发达的小城镇。规划该镇发展为依托县城，联系农村，以发展轻型工业和农副产品加工为主的县城卫星城镇。到2000年，镇建成区人口发展6800人，建成区面积扩大到0.60平方千米，其中工业生产用地6万平方米，公共建筑用地3.50万平方米，生活居住用地3.30万平方米，公共绿化用地1万平方米。道路规划为棋盘式布局，将过境公路拓宽至30米，作为主要商业、行政街。次干道宽14米，街区巷道宽5米，路面结构为沥青表面处理，两旁设盖板明沟下水道。主、次干道两侧以安排商业、服务和行政、文化娱乐设施为主。公共住宅主要布置在镇北。

鱼山镇。位于景德镇市南郊，属昌江区辖镇，1989年1月设镇，全镇面积140平方千米，1990年镇建成区面积为0.35平方千米，建成区人口为3300人。镇区用地开阔，皖赣铁路、国道206线和2条县乡公路通过镇境，是重要的农副产品集散地。乡镇企业主要有制砖、水泥、砂石、陶瓷和农机修造等，镇内还有部属景波机械厂，昌江渠化工程鲇鱼山枢纽。鱼山镇是全省按规划建设12个样板镇之一，是以机械、建材为主的交通枢纽型工业小城镇。规划建设东起吕蒙大桥西至义城下花桥边的镇区主干道和老镇区修建河东路街道，再建河西路街道，形成由桥头公路、沿河林荫道和中心街道组成全长1500千米的镇区环形路。主干道由10米拓宽至24米，次干道宽12米。沿主、次干道合理布置工业区、商业区和生活区。

集镇规划　集镇建设规划以面向农村，有利于工农结合、城乡结合为出发点，充分发挥集镇在新农村建设和组织农村经济文化生活的基地作用。坚持旧镇改造、完善配套、有利生产、方便生活的原则，对各项建设进行合理布局，协调发展，并适当留有余地。合理利用每寸土地，挖掘集镇内分散与零星用地的潜力，防止求新过急而大拆大建。搞好农业产业结构的调整，发展第三产业，解决剩余劳动力，促进城乡物质文化交流，使之形成具有地方特色的农村集镇。

规划确定的集镇性质基本是：乡村的政治、经济、文化中心，以工矿或农副产品加工为主的中心集镇。规划的下限时间至2000年，集镇人口发展规模为2000～5000人，用地规模为0.30～0.50平方千米。各集镇规划内容还包括公共建筑、农房建设、道路、桥梁、下水道、路灯、防洪堤坝、自来水、园林绿化和环境卫生等，具体指标接近或略低于建制镇。

1988 年,全市乡场集镇规划的编制工作完成,2 县 1 区 46 个乡场集镇编制发展规划,其中乐平有洄田、十里岗、高家、洺口、文山、礼林、历嵋山、段家、洪岩、鸬鹚、共库、涪口、双田、横路、临港、塔前、金鹅山、坎上、后港和观丰 20 个集镇,浮梁有浮梁、寿安、湘湖、新平、王港、瑶里、天保、臧湾、金竹山、洪源、西湖、罗家桥、黄坛、三龙、福港、峙滩、兴田、勒功街、江村、储田、罗垦、臧垦、九龙山、万寿山 24 个集镇,昌江区有荷塘和丽阳 2 个集镇。

1989—1990 年,对部分集镇规划进行调整完善,累计调整集镇规划 39 个,占全部集镇规划的 84.78%。

第六节 城市测绘

控制测量

1986 年 11 月,市政府组织开展全市测量标志普查,历时三个半月。共普查测量标志 416 个,其中三角点 309 个,水准点 107 个。经过联网改造,与国家 1954 年北京坐标点,黄海高精控制网联网,建立独立的地方坐标系统。

1991 年,改单纯手工测量为运用 GPS 定位系统进行城市控制网测量。1996 年,完成全市Ⅰ、Ⅱ、Ⅲ级控制网 42.5 平方千米优化解算。2001 年,城市控制网改造成果获华东地区城市勘测优秀工程二等奖。2002 年,配合珠山西路延伸工程,测绘西市区 GPS 控制网 23 平方千米,完成 GPS 控制网覆盖市区。

2010 年,完成改造市 GPS D、E 级控制网测量和四等水准网测量。

地形测量

1986 年 5 月,测绘完成景德镇旅游宾馆 1∶200 地形图,获市政府优秀勘察设计工程二等奖。1987 年 8 月,制成 1∶5000 大型《景德镇市现状模型》,参加首次景德镇市城市建设规划展览。

1995 年,受上饶地区规划部门委托,测绘上饶地区郭门镇 1∶1000 地形图 10 平方千米。1998 年 7 月,对昌江、南河沿线地段,重要机关企事业单位,城市桥梁等基础设施,共 80 个点进行实地勘察,在取得洪水淹没现场实测数据基础上,结合城市总体规划编制的城市 10 年一遇、20 年一遇、50 年一遇城市防洪标准,编绘成 1∶1000、1∶7500 城市洪水淹没图,为城市防洪提供了基础资料。

2002 年 1 月,对景德镇市老城区 1∶500 地形图进行修测;6 月,完成吕蒙机场 2.06 平方千米 1∶500 数字化地形图测绘。同时,完成高新区、昌南大道、林荫路等路段 31 平方千米 1∶500 地形图测绘。

2003 年 10 月,施测紫晶岩至国道 206 线 4 平方千米 1∶500 数字化地形图。2006 年,完成景德镇 1∶500 地形图测量 50 平方千米。2007 年,测绘鄱阳县枧田街新农村建设规划地形测量 2.5 平方千米。

2009 年 4 月,测绘南昌钢铁厂罗家集镇地区 15 平方千米 1∶1000 地形图,测绘万年县 63 个村镇规划 1∶500地形图;7 月测绘南昌昌北机场白水地区 23 平方千米 1∶1000 地形图。2010 年 9 月,测绘景德镇垃圾填埋场 1∶500 数字化地形图 1.3 平方千米;11 月,测绘景德镇市污水管道二期工程 5 平方千米 1∶500 数字化带状地形图。

工程测量

2001 年,完成全市休闲场地人民广场、昌江广场、昌河广场建设工程放线定位测量。2005 年,为景东大道建设工程进行前期地形、线路、土石方测量。

2006 年 9 月,根据市政府《景德镇市城市绿线管理规定》文件精神,开展市行政区域内已竣工,或在建小区进行绿化面积达标测量,简称“绿线”测量。至 2010 年测量“绿线”面积约 40 万平方米。

2007 年 12 月至 2008 年 5 月,对全市 29 条主干道、31 条支干道,全程约 150 千米的道路路面及路边地面城市管理部件,包括公交站亭、电话亭、公厕、垃圾箱、宣传栏、广告牌、窨井盖、灯(线)杆、树木、雕塑等,进行测量普查,获取全面、准确、完整的地理基础信息,为建设数字化城市管理信息系统提供基础资料。

2010年,昌南大道景观建设场地平整工程测量1平方千米。

地籍测量与地图绘制

1987年7月,编绘1∶5000主城区《景德镇市城区图》;10月编绘1∶150000第三版《景德镇市地图》(彩图含乐平县),内部发行,印数2000张。12月,编绘第二版《景德镇市旅游交通图》,由测绘出版社公开发行,印数17330张。

1990年6月,在《景德镇市地图》的基础上首次设计编绘《中国城市地图集》景德镇版,1991年4月由《中国城市地图集》收编。1990年,江西维尼纶厂地籍测量项目获景德镇市第五次优秀勘察设计三等奖。1991年4月,承制市区交通图、市行政规划图、江西金三角旅游图,6月8日全部出版。1992年《景德镇市地图》测绘获市优秀工程勘察设计二等奖。1996年开展全市地籍测量,1998年获省优秀勘察设计三等奖。

2001年11月,《城市控制网改造及区域数字化成图》项目,获市勘测优秀工程二等奖。

第二章 城市建设

景德镇城区道路属一种不规则的带状方格网布局,道路走向基本为东—西,南—北向。1986—1990年,城市建设的重点向西发展,开辟和建设珠山西路、沿江西路、瓷都大道。1991—1992年,市政工程设施建设以"控制总量,调整结构,实事求是,量力而行"为原则,用于市政建设的投入比"七五"期间年平均数减少约15%,新建改建城市道路有解放路、沿江东路、新村北路等17项,新建下水道有为宇路、沿江东路、朝阳路等9项。

90年代后期,新建昌江大道,建设瓷都大桥,城市增加一条东西方向通道。进入21世纪,城市建设速度加快,新建迎宾大道、浙江路、金岭大道、昌南大道、生态大道、西山路、兴园路、龙井路,拓展了城区的范围,道路建设标准也有很大提高。2010年,建成白鹭大桥,并开始建设市区第四条东西方向跨江通道的景德大道,优化路网格局。

第一节 城市道路

主干道

珠山中路　市中心东西向主干道。东起景德镇饭店,西至珠山大桥,全长1099.85米,路幅宽30米。其中南门头以东路段全长787.35米,车行道宽17米,人行道单侧宽6.5米;南门头以西路段长312.50米。车行道宽11米,人行道单侧宽3米。1989年更换人行道水泥砼预制块。

珠山东路　东起夜叉坞新桥,西接珠山中路,长1145米,宽30~35米。其中人民广场北侧路段车行道宽25米,人行道单侧宽5米,建设银行(老行址)以东路段车行道宽20米,人行道单侧宽5米。1989年,建设银行至光明电影院路段铺设水泥路面。

珠山西路　东接珠山大桥,西至瓷都大道,长472.50米,路幅宽30米,其中行车道宽18米,人行道单侧宽6米。2009年改造为沥青路面。

瓷都大道　北起淘金岭,南至吕蒙大桥,全长10800米,宽40米。其中西河桥至教育学院处4千米路段为"三块板"结构,分上、下行线,快车道单侧宽10米,慢车道单侧宽5米,人行道单侧宽5米。属国道206线纵贯市区的过境道路,1986年开始按一级道路标准进行改造,1989年10月竣工,定名瓷都大道,整项工程总投资约2800万元。2001年改造为沥青路面。

新厂路　为横贯东市区的交通干道。东起黄泥头,西至里村街心花坛,全长5349米,宽30米,其中车行道宽20米,人行道单侧宽5米。道路共分两段,里村至新厂第二百货商场路段称新厂西路,长2501米;新厂第二百货商场至黄泥头路段称新厂东路,长2848米。2000年改造为沥青路面。

朝阳路　为横贯东市区的第二条主干道,原名东二路。西起夜叉坞新桥头,东与何家桥路相交,长1645米,宽30米。1984—1986年重新桥铺设14米宽的水泥砼车行道至昌河北路口。

马鞍山路　北起人民广场公交中心站,东南至里村街心花坛,连接中市区与东市区的交通干道,全长1150米,车行道宽14~26米,人行道单侧宽3~5米。1987年立交桥以西路段重铺沥青路面;1990年全线人行道铺装水泥预制板块。2002年改造为沥青路面。

中山路　北起观音阁,南至太白园街心花坛,全长4952米。以珠山中路为界,分南、北两段:中山南路长1482米,宽14米,其中车行道宽10米;中山北路长3470米,宽14米,其中车行道宽8~10米。此路元代已成雏形,俗称“前街”。2010年改造为沥青路面。

1998年6月26日,珠山中路南门头段遇洪水景象及老城改造后的街景

中华路　北起第一人民医院,南至红星瓷厂与曙光路相交,全长2922米。该路以珠山中路为界分南北两段:南段中华南路长1616米,宽14米,其中车行道宽9米;北段称中华北路长1396米,宽14米,其中车行道宽8.5米,人行道单侧宽2.75米。俗称“后街”。2009年改造为沥青路面。

沿江东路　北起中渡口,南至西瓜洲,为中市区南北向主要交通干道,全长2982米。浮桥路口段长163

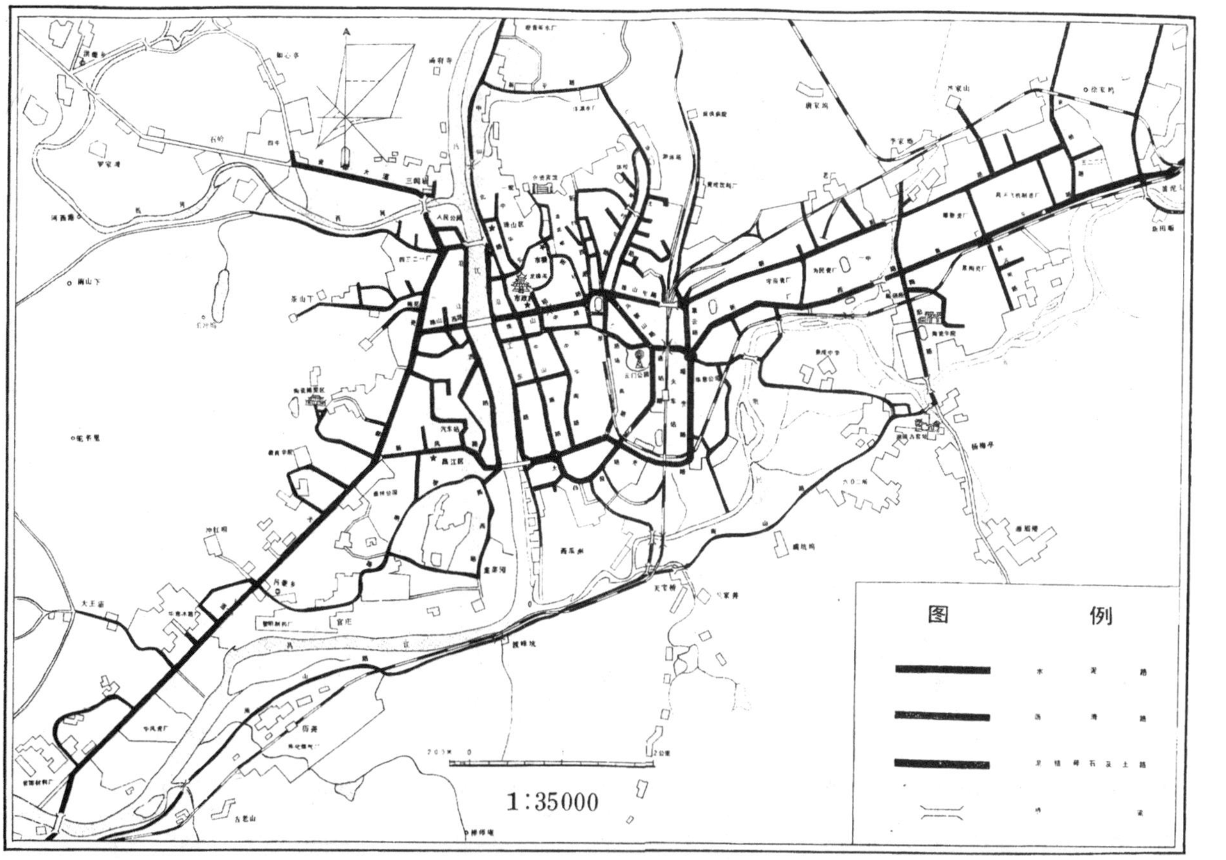

1990年景德镇城市道路桥梁示意图

米,为水泥砼路面,路幅宽仅11米,其中车行道宽8.7米,单边人行道宽2.3米;中渡口至麻石弄路段长888米,为沥青路面,宽21米,其中车行道宽15米;麻石弄至昌江大桥至西瓜洲路段为水泥砼路面,长494米,宽16米。2008年改造为沥青路面。

曙光路　西起太白园街心花坛,向东转北至里村街心花坛,全长2582米,宽30米,其中车行道宽18米。2004年改造为沥青路面。

翠云路　北起夜叉坞新桥头,南至里村街心花坛,全长612米,宽25米,其中车行道宽15米,沥青路面。

新风路　东接昌江大桥,西至昌江电瓷厂与瓷都大道相交,全长1362.2米。其中长途汽车站以东路段,车行道宽12米,人行道单侧宽3米;长途汽车站以西路段,车行道宽20米。1985年铺设沥青砼路面。2006年,自老汽车站直行延伸至沿河西路。

广场北路　北起洋湖水厂,南与珠山东路相交,全长2500米,宽25米,其中车行道宽15米。1989年全线水泥砼路面铺设竣工。该路亦为市区通往浮梁县城的交通要道。2005年改造为沥青路面。

表5-2-1　**2010年景德镇市城区干道一览表**　单位:米、平方米

名称	起止地点	长度	宽度	车行道面积	沥青	小计	路面类别
瓷都大道	吕蒙大桥北至西河桥北	7750	40	232500	77500	310000	沥青
沿江西路	浮桥至昌江大桥	2490.35	25	36739.5	25519.25	62258.75	砼
新风路	昌江大桥至瓷都大道	1362.2	30	26000	14866	40866	沥青
沿江东路	浮桥至环卫处粪库	3515	16	45365	10875	56240	砼
中山北路	观音阁至南门头	3470	15	30686	21364	52050	沥青
中山南路	太白园至珠山中路	1482	15	14359	7871	22230	沥青
中华北路	第一人民医院至珠山中路路	1306	12.73	10921	5696	16617	沥青
中华南路	珠山中路至曙光路	1616	14	14544	8080	22624	沥青
广场北路	珠山东路至洋湖水厂	2500	25	37500	25000	62500	沥青
广场南路	珠山东路至曙光路	1678.2	32	35773	18075	53848	砼、沥青
曙光路	太白园至里村花园	3150	30	75600	18900	94500	沥青
珠山西路	珠山中路至瓷都大道	520	30	9360	6240	15600	沥青
珠山中路	珠山西路至景德商城	1411.85	30	28236	14156.6	42392.6	沥青
珠山东路	新桥至景德商城	1145	32.37	24211.2	12855	37066.2	沥青
新厂西路	里村至陶阳路	2501	29.5	57523	16429	73952	沥青
新厂东路	陶阳路到玉源路	2848	39.2	58477	53119	111596	沥青
朝阳路	新桥至昌河俱乐部	3872	27.75	51522	55942	107464	砼、沥青
昌南大道	瓷都大道至国道206线	5200	60	239200	72800	312000	沥青
龙井路	瓷都大道至工业园主干道	720	40	21600	7200	28800	砼
工业园主干道	古城路至国道206线	10600	40	374000	50000	424000	砼
新平路	昌南大道至迎宾路	1800	40	52200	19800	72000	沥青
西山路	瓷都大道至昌南大道	2423	35	65421	19384	84805	沥青
紫晶路	昌南大道至迎宾路	1909	35	45816	20999	66815	沥青

续表 5－2－1

名称	起止地点	长度	宽度	车行道面积	沥青	小计	路面类别
兴园路	古城路至龙井路	1537	40	46110	15370	61480	砼
生态大道	国道 206 线至丽阳乡水泥砼路	13800	15	207000	—	207000	砼
金岭大道	迎宾大道至浮梁	5800	60	348000	—	348000	沥青
高岭大道	白虎湾至黄泥头	2900	40	116000	—	116000	沥青
通站路	马鞍山至曙光路	1250	40	37500	12500	50000	沥青
迎宾大道	西客站至九景高速（含石洪路）	3800	28.6～44	131780	24000	155780	砼
昌江大道	西客站至景浮路	2800	40	84000	28000	112000	砼
为宇路延伸	新厂路至南河	1100	40	44000	—	44000	沥青
景德大道	豪德广场至南河	7700	50	385000	—	385000	沥青
景东大道	梨树园至景瑶公路	7400	40	296000	—	296000	沥青
环保路	高新区	2500	26	65000	—	65000	
滨江路	高新区	3400	25	85000	—	85000	沥青

次干道

广场南路　北起公共汽车人民广场中心站，南与解放路相交，全长 378.20 米，宽 15～30 米，其中车行道宽 15 米。2005 年向南延伸至曙光路，全长 1678.2 米，宽 32 米。

莲社南路　南起解放路东风瓷厂，北至一建公司与珠山路相交，长 276 米，宽 20 米，其中车行道宽 14～18 米，人行道单侧宽 2 米。2003 年进行路面及人行道板改造。

莲社北路　南接莲社南路，北至胜利路市委门口，全长 715 米，宽 19～31 米，其中车行道宽 8～20 米，人行道单侧宽 5 米。2008 年进行路面及人行道板改造。

胜利路　西于东门头处接中华北路，北至市委门口接莲社北路，全长 491 米，宽 12～16 米，其中车行道宽 8～12 米，人行道单侧宽 2.5 米。

解放路　东起马鞍山路通站路口，西至十八桥接中华南路，全长 1206 米，宽 14 米，其中车行道宽 10 米，人行道宽 4 米。2009 年进行路面及人行道板改造。

沿江西路　南起昌江大桥，北至中渡口，沿昌江西岸南北走向，全长 2490.35 米，宽 25 米，其中车行道宽 15 米，人行道宽 3～5 米。2011 年进行沥青路面及人行道板改造。

通站路　南起火车站广场，北与马鞍山路相交，长 578 米，宽 28 米，其中车行道宽 20 米，人行道宽 8 米。2004 年，向南延伸至曙光路，全长 1250 米，宽 40 米。

浮桥西路　东起浮桥西端，西与瓷都大道相接，长 216.70 米，宽 24 米，其中车行道宽 14 米。2005 年进行沥青路面及人行道板改造。

银曙路　南接南山公路（银坑坞），北至太白园路，全长 1441.5 米，宽 12 米，其中车行道宽 8 米，人行道宽 4 米。1986 年铺设沥青路面。

南山路　东起湖田大桥，西接吕蒙国道 206 线全长 11830 米，宽 8 米。2001 年进行沥青路面改造。

陶阳路　北起第二百货商场，南至湖田桥南，全长 1232 米，宽 15 米。1998 年 4 月，陶阳路路面改造工程竣工，铺设混凝土路面全长 1232 米，面积 11088 平方米，铺装人行道 7392 米，修建下水道 1232 米。

新村西路　北起珠山中路东头新华书店，北至医药公司仓库，全长 1137 米，宽 14 米，其中车行道宽 8 米，双向人行道各宽 3 米。

新村北路　西接新村西路，东与广场北路相交，全长 899.60 米，宽 13 米，其中车行道宽 8 米。1989 年开辟,1990 年年底全线铺设水泥砼路面。

林荫路　连接新厂路和朝阳路的主要通道,道路全长 524 米,宽 30 米。1993 年年初开始动工,当年完成路基和下水道工程,1995 年 10 月铺装混凝土路面,竣工通车。工程总投资 370 万元。

支路

斗富弄　东接风景路,西至沿江东路,全长 314 米,宽 11.50 ~ 16 米,其中车行道宽 7.50 ~ 12 米。2005 年,配合老城改造恢复为道路,铺设沥青路面及人行道板。拓宽改造后道路长约 450 米,宽 16 米,其中人行道宽 6 米,路面为沥青砼。

戴家弄　东起中华南路周路口,西至沿江东路,全长 615 米。2005 年,在老城改造中拓宽改造后,西起沿江路,东至中华路,全长 627.3 米,道路总宽为 20 米,其中机动车道宽 14 米,双向四车道,双向人行道各宽 3 米,路面为沥青混凝土。

昌西路　北起昌江大桥西端,南至园林瓷厂,全长 1493 米,宽 12 米,其中车行道宽 8 米。1990 年开始集资铺设水泥砼路面。2010 年,进行沥青路面改造。

建设路　北起珠山西路城建开发公司东侧,经仪表厂、中医院至瓷都大道出口,全长 727.10 米,宽 5.50 米。1987 开辟,1990 年年底铺设水泥砼路面。

表 5-2-2　　**2010 年景德镇市城区支路一览表**　　单位:米、平方米

名称	起止地点	长度	宽度	车行道面积	人行道面积	小计	路面类别
公园路	西起瓷都大道南至浮桥西端	433.8	14.9	4714.5	1753.8	6468.3	砼
浮桥西路	西起瓷都大道东至浮桥西端	262	25.4	4036.2	2620	6656.2	砼
人大宿舍路	北起珠山大桥西南至人大宿舍	188	8.2	1547	—	1547	砼
建设路	北起珠山西路至瓷都大道中医院	727.1	5.6	4121.05	—	4121.05	砼
昌西路	北起昌江大桥西南至园林瓷厂	1492	7	10451	—	10451	砼
银曙路	北起太白园瓷厂南至南山路	1441.5	11.5	10917	5766	16683	砼
莲社北路	南起珠山路北至莲花塘	715	21.4	7448	7865	15313	沥青
莲社南路	北起珠山中路南至解放路	276	20	4138	1380	5518	沥青
新村西路	南起新华书店左侧北至医药公司仓库	1137	13.8	9718	6022.51	15740.51	砼
前进巷	南起新村东路北至百花饭店	295.2	5	1492.8	—	1492.8	砼
向阳岭	南起体育馆后背北至向阳岭门楼	277	5	1385	—	1385	砼
新村西一路	工商局对面至老革命宿舍	311	4.5	1400	—	1400	砼
新村东路	南起新村商场北至体育中学	1249.6	9.8	9587.4	2659	12246.4	沥青
新平路	南起中山北路北至洋湖水厂	1430	6	8580	—	8580	沥青
太平巷	东起中华北路西至中山北路	155	9	1008	388	1396	沥青
中渡口	东起中山北路西至沿江东路	38	14	456	76	532	砼
斗富弄	东起中华北路西至沿江东路	341	13.6	3278	1364	4642	沥青
风景路	西起中华北路向东至市档案馆	1838	7.5	10375	3496.56	13871.56	沥青
胜利路	西起中华北路东至市委机关门口	491	13	3928	2455	6383	沥青
新村北横路	东起广场北路西至医药公司仓库	899.6	13.8	7222	5222	12444	砼

续表 5－2－2

名称	起止地点	长度	宽度	车行道面积	人行道面积	小计	路面类别
广场南横路	广场南路至莲社南路	160	7.6	1213	—	1213	砼
麻石上弄	东起中华南路西至中山南路	178	8	1068	356	1424	沥青
麻石下弄	东起中山南路西至沿江东路	330	8	1980	660	2640	沥青
解放路	西起十八桥东至马鞍山路	1206	12.39	10601	4344	14945	沥青
马鞍山路	北起公共汽车广场中心站向东南延伸市政府路	1150	24	18169.8	9432.5	27602.3	沥青
戴家上弄	东起中华南路西至中山南路	334	14.06	3495	1202	4697	砼
戴家下弄	东起中山南路西至沿江东路	281	10.07	2158	674	2832	沥青
翠云路	北起新桥圆盘南至里村圆盘	612	25.5	10468	5154	15622	沥青
太白园路	北起太白园街心花坛经市肉联厂至曙光路	1160.4	16	13363	4812	18175	沥青
古城路	瓷都大道至兴园路	720	40	21600	7200	28800	沥青
枥木岭	中山北路至新平路	234.3	3.5	820	—	820	砼
建新瓷厂	中山南路至建新瓷厂	70	4.8	336	—	336	砼
向阳岭	牌楼至珠山彩绘瓷厂	502.1	3.5～4	1885.4	—	1885.4	砼
前进巷(支)	新村农贸市场对面至前进巷 53 号	250	4.5	1125	—	1125	砼
杨家坞	杨家坞 1 号至广场南路	220	4.2	924		924	砼
计生委宿舍	计生委宿舍至检察院宿舍	200	5	1000	—	1000	砼
樊家井路	曙光路至煤炭公司后门	548.4	4.5～6	2680		2680	砼
莲花山路	广场北路至九中厕所、陶瓷职大	1045	4.9	5127	—	5127	砼
文化宫路	陶瓷展览馆至文化宫	90	3.7	333	—	333	沥青
环卫垃圾站	广场垃圾中转站	35.5	5.75	204.4	—	204.4	沥青
群艺馆路	马鞍山至群艺馆后门	35.85	5.3	188.86	—	188.86	砼
茶叶塘路	家具厂至景樟公路	980	3.5	3430	—	3430	砼
百货公司宿舍路	莲花山路至百货公司宿舍	110.3	3.65	402.6	—	402.6	砼
筲箕坞路	新村东路至筲箕坞	300	5	1500	—	1500	砼
向阳岭路	新村北横路至焦化宿舍	93.2	4.5	419.4	—	419.4	砼
凉山树下	新村北横路至岭上	120.55	5	602.75	—	602.75	砼
民政工业公司	广场北路至民政工业公司	210	4	840	—	840	砼
新华居委会	广场北路至新村新华居委会	372.2	4	1488.8	—	1488.8	砼
电脑公司	广场北路至电脑公司、窑建公司	170.5	3.5～5.2	682	—	682	砼
牛王庙路	珠山东路至牛王庙	357	3.7	1320.9	—	1320.9	砼

续表 5-2-2

名称	起止地点	长度	宽度	车行道面积	人行道面积	小计	路面类别
体育中学路	新村东路至体育中学	150	4.5	675	—	675	砼
太白园	太白园22号至26号	185	7.1	1313.5	—	1313.5	砼
新亭下	新亭下新村298号至荒地	170	5.8	986	—	986	砼
鲁家墩	曙光路煤炭公司至终点菜地	370.6	4.6~6.8	2182.68	—	2182.68	沥青
前进巷支路	新村西路至百花饭店后农贸市场	551.15	5~10.2	3144.97	—	3144.97	沥青
昌虹路	广场北路至房屋修建公司	284.3	4.58	1302.09	—	1302.09	砼
卫生局宿舍	昌虹路至卫生局宿舍	129	4.1~5	630.6	—	630.6	砼
昌江区政府	昌虹路至昌江区宿舍	200	4	800	—	800	砼
景兴中学	电瓷新村1栋至景兴中学	578.5	6.1	3528.85	—	3528.85	砼
新村西路二路	新村西路至师范学校	164	4.5	738	—	738	砼
罗家坞路	朝阳路至铁路工务段、竟成饮料厂	1214.5	6	7287	—	7287	砼
竟成路	里村圆盘至里村大桥	746.1	8~13	6699.3	—	6699.3	砼
竟雕瓷厂	朝阳路至竟雕厂	664.1	4.5	2988.45	—	2988.45	砼
老鸦滩	圩堤至老鸦滩至里村后街	1767.7	5	8838.5	—	8838.5	砼
老鸦滩路	昌明彩绘厂至地铁	562.3	5.1~7.1	3647.73	—	3647.73	砼
后村曙光新村	竟成粮管所至后街曙光新村20号	303.5	3.7~6.6	1536.64	—	1536.64	砼
里村后街	新厂西路43号至98号	151	6.2	936.2	—	936.2	砼
竟成石灰厂	竟成岭49号至竟成石灰厂	82.5	4.5	371.3	—	371.3	砼
童街村	陶机厂至竟成小学	1638.7	5.5	9061.86	—	9061.86	砼
为宇路	朝阳路至新厂西路	490.5	5.9	2903.7	—	2903.7	砼
宇宙生活区	宇东3幢至宇西14幢至万能达瓷厂	518.8	6.6	3422.86	—	3422.86	砼
为民瓷厂生活区	朝阳路至为民厂区后门	427.5	8	3445	—	3445	砼
凤凰山路	朝阳路至凤凰山粮库	459.3	9	4152.2	—	4152.2	砼
李家村	新厂东路至李家村	448	5.35	2396.8	—	2396.8	砼
林荫大道	朝阳路至竟新瓷厂	605	6	3668	—	3668	砼
三医院	金花桥至一中门口	353	7.2	2565	—	2565	砼
商检局路	一中至商检局	95.6	4	382.4	—	382.4	砼
马晋路	一中大门至一中边门	67.5	4.7	317.2	—	317.2	砼
李家坳	朝阳路(星星幼儿园)至铁路	712	5.4	3843.14	—	3843.14	砼
南山路	国道206线至铁路立交桥、南湖机械厂	11830	6.4	75638	—	75638	砼
湖田村	南河路口至602所招待所	252	3.8	961.2	—	961.2	砼

续表 5－2－2

名称	起止地点	长度	宽度	车行道面积	人行道面积	小计	路面类别
湖三路	602 所路口至三宝村	1859	5.9	9840.5	—	9840.5	砼
下窑路	陶阳路口至化工厂大门	1175.7	4～6.2	6979.98	—	6979.98	砼
雕塑瓷厂	朝阳路晨光至雕塑经销部	112	4	448	—	448	砼
昌河北路	新厂东路至昌河子弟中学、朝阳路	539.7	17.7	5247	4311.8	9558.8	砼
昌河南路	新厂东路至昌河红砖厂、昌河技校	938.9	12.8	8058.53	4000.9	12059.43	砼
体育路	昌河车篷至林园路	195.3	5.4	1054.62	—	1054.62	沥青
昌河西路	集贸市场至林园路	195.3	5.4	1054.62	—	1054.62	沥青
花园路	朝阳路至林园路	195.3	5.4	1054.62	—	1054.62	沥青
昌河中路	保育院至林园路	1027.3	6.6	6795.22	—	6795.22	沥青
昌河东路	朝阳路至芙蓉路	428	5.5	2354	—	2354	砼
友谊路	昌河生活区 519 幢至 811 幢	400	5	2000	—	2000	砼
芙蓉路	昌河中学至昌河东路	325	5.6	1820	—	1820	砼
林园路	昌河小学至昌河汽配件公司	314	5	1570	—	1570	沥青
昌河生活区	铁轨至昌建公司、保育院东侧	2198.6	3.5～6.2	9599.43	—	9599.43	沥青
景德酒厂	酒厂至昌河车间大门	114	5.5	627	—	627	沥青
景华机械厂	新厂东路至朝阳路	545	8	2725	1635	4360	沥青
999 厂生活区	朝阳路至生活区 1 幢	450	3.7～5.5	2061	—	2061	沥青
523 厂生活区	宿舍北 1 幢至邮电配件厂	748.9	4～41	4980	—	4980	砼
景瑶公路市郊段	何家桥至市地质队	1309	7	9163	—	9163	沥青
腊丽山路	黄泥头至铁路边	937	5	4685	—	4685	沥青
景涌公路	铁路边至学校	212.2	5～7	1273.2	—	1273.2	砼
黄泥头水厂	桥头至桥尾	51	4.3	219.3	—	219.3	沥青
三河村	瓷都大道至三河杨家弄	277	3.5	969.5	—	969.5	砼
西河路	瓷都大道主桥涵	1812.7	4～7	9507.01	—	9507.01	砼
茶山路	瓷都大道至龙沙发廊	1970.5	4～6	9429.03	—	9429.03	砼
看守所路（蟠龙路）	瓷都大道武警支队至看守所门口	125.3	5	626.5	—	626.5	砼
七中路	珠山西路至七中	136	5	680	—	680	砼
西郊垦殖场	少年宫至金鱼山	145	4	580	—	580	砼
木竹制品厂路	沿江西路至裕昌瓷厂	468.5	4～6	1929	—	1929	砼
医疗机械厂宿舍路	建设路主宿舍	126	5	630	—	630	沥青

续表5－2－2

名称	起止地点	长度	宽度	车行道面积	人行道面积	小计	路面类别
牛奶公司侧路	仁达商店至牛奶公司	126	6	756	—	756	沥青
中医院路	建设路至中医院	128	5.8	742.4	—	742.4	砼
八中路	瓷都大道至二十一小学至八中	776	5	3880	—	3880	砼
技校路	二十一小学至枝校	477	4.85	2314.5	—	2314.5	砼
农行宿舍路	瓷都大道至农行宿舍	43	4.8	206.4	—	206.4	砼
气象台路	汽车站至二建预制厂	510	4.5	2295	—	2295	砼
陶瓷博览区	瓷都大道至博览区门前	1470.5	4.78	7042	—	7042	砼
昌江瓷厂路	瓷都大道至昌江瓷厂	84	4.5	378	—	378	砼
十五中路	新风路至十五中	167	6.2	1035.4	—	1035.4	沥青
森林公园宿舍路	新风路至森林公司3栋	272	4.96	1339.4	—	1339.4	沥青
枫树山路	新风路至结防所	500	6	3000	—	3000	砼
园林分场	园林瓷厂至园林分场	1070	5.8	6206	—	6206	砼
苗圃路	河西加油站至梅苑公园	270	5	1350	—	1350	砼
西郊支路	瓷都大道至沪枫食品厂	1542	4.6	7093.2	—	7093.2	砼
昌化电瓷路	瓷庄饭店至昌化电瓷厂	215	4.8	1032	—	1032	砼
家冰厂路	瓷都大道至华意厂门	195	7.2	1404	—	1404	砼
金鱼山路	沿江西路至一心桥	378.6	11.4	2325.6	2007.6	4333.2	砼
新风岭路	新风路至交警支队宿舍	160	4	640	—	640	砼
黎明路	市土产仓库至砼接头	3629.5	5	18296.2	—	18296.2	砼
吕蒙乡路	东美瓷厂至靠椅山至吕蒙砖瓦厂	6888	3.85	26579	—	26579	砼
西山路支线	西山路至古窑	1100	35	29700	8800	38500	沥青
童宾路	新厂西路至朝阳路陶机段	450	35	9900	5850	15750	沥青
浙江路	通站路至沿江东路	1500	40	39000	21000	60000	砼
陶阳南路	新厂路至湖田桥	1000	30	20000	10000	30000	沥青
陶阳中路	新厂路至朝阳路	605	39	16335	7260	23595	沥青
陶阳北路	朝阳路至李家坳规划路	1600	39	44800	17600	62400	沥青
新八中环路	昌南大道	2040	16	26045	6595	32640	沥青

里弄巷道

景德镇里弄大多房屋陈旧、危房较多，且地势低洼、下水道老化，很多下水道在居民房下方，难以全面进行改造，市建设局每年对里弄进行有针对性的改造建设。1986年起，由街道办事处向里弄沿线居民、工厂、商店等筹集材料费，国家补助人工费，筹集资金24.35万元，改造里弄路面总长40千米，面积9.67万平方米。

1990年，市区3.5米宽以下且已命名的里弄巷道共有343条，总长54.1千米，其中80%的里弄铺装水泥砼路面。

1999年，市建设局组织市政工程处、城建开发公司、城建建筑公司、砼预制厂的职工400余人，出动运输车辆和工程机械50台，清掏23条重点地段下水道，总长约18893米。

2003年，市建设局对老城区里弄进行系统改造，从中渡口至太白园改造里弄164条。改造内容包括里弄路面、下水道改造，由市建设局城建科负责项目施工，市政工程处技术协助。2005年，改造完成葡萄架、广益弄、姚家弄、青石街等60条里弄及下水道工程，全长约5000米，总投资约130万元。2006年，对小花蔑弄、太平巷路面，小姚家弄等37条里弄的路面和下水道进行改造，全长3800米。

2008—2009年，市建设局对老城区里弄进行系统改造，从新厂街道至河西老城区，改造里弄140条。改造内容包括铺设水泥砼路面，疏通改造里弄排水系统。通过两次较为系统的里弄改造，全市里弄道路及里弄市政基础设施得到改善。

80年代景德镇三间庙老街

表5-2-3　　2010年景德镇市城区里弄一览表　　单位：米、平方米

名称	起止地点	长度	宽度	面积
沈家祠	中山北路至沈家祠1号至9号	203	2~2.3	449.5
茶园塘横路	茶园塘12号至26号	60	2	120
大镜头	新村信誉蔑厂至大镜头7号	96.8	2	193.6
八字门	中山北路654号至大镜头18号	190	2	268.5
油行弄	中山北路599号后墙至629号	127.4	1.8~1.6	226.72
半边街横弄	中山北路589号后墙至591号	77.3	1.8~1.5	130.56
半边街横弄下弄	中山北路至昌江边	9.85	1.6	15.76
上陈家下弄	中山北路至昌江边	15.2	1.8	27.36
上陈家弄	中山北路567号至陈家弄1号	119.2	1.6	190.72
韦陀桥	中山北路559号至韦陀桥1号	38.5	1.8	69.3
上黄家下弄	中山北路至昌江边	20	1.6	32
上黄家弄	中山北路539号至上黄家弄1号	69	1.7	117.3
上姚家下弄	中山北路至昌江边	17	1.8	30.6
上姚家弄	中山北路517号至徐家街39号	205	1.8	369
上江家弄	中山北路491号至徐家街21号	150	1.4	210
徐家街	徐家街32号至求知弄8号	210	1.8	378
求知弄	中山北路455号至求知弄3号	170	1.6	272
童关栅门	求知弄3号至中华北路262号	90	1.8	162

续表5－2－3

名称	起止地点	长度	宽度	面积
大弄口	中山北路469号至上江家弄5号	224	1.8	403.2
棋杆弄	中山北路476号至棋杆弄1号	85	1.8	153
篾丝上弄	中山北路445号至中华北路262号	240	1.4	336
玉字巷	中山北路423号至篾丝上弄15号	200	1.6	320
上当铺弄	中山北路417号至上当铺弄3号	120	1.4	168
石狮埠上弄	中山北路409号至石狮埠上弄2号	22	1.4	30.8
下姚家弄	中山北路375号至中华北路224号	180	1.6	288
十八拐	太平巷19号至十八拐5号	60	1.5	90
朝阳巷	朝阳巷21号至朝阳巷横弄16号	230	1.8	414
朝阳巷横弄	朝阳巷横弄36号至龙船弄21号	95	1.6	152
龙船上弄	中山北路331号至中华北路202号	146	2.1	304.5
低头上弄	中山北路729号至低头上弄281号	135	2	270
罗家坦	龙船弄21号至中华北路166号	125	1.8	225
青石街	罗家坦付3号至青石街31号	395	1.8～1.4	693
侯家弄	中山北路至侯家弄1号	95	1.4	133
樟树弄	中山北路至青石街付32号	144	90	1.6
板坊上弄	中山北路至朱氏上弄3号	210	2	420
朱氏上弄	中山北路至中华北路	108	1.5	162
百花弄	中山北路至新安巷1后墙	60	1.4	84
新安弄	中山北路至沟沿上13号	65	1.8	117
新安上弄	中山北路至新安上巷2号	65	2.2	143
草鞋弄	中山北路至沟沿上20号	97	1.8	174.6
沟沿上	沟沿上30号至斗富上弄21号	197	1.8	354.6
更生弄	更生弄17号至中华北路	68	1.4	95.2
朱氏上侧弄	中山北路至朱氏上侧弄5号	30	1.8	54
求知下弄	中山北路至昌江边	45	1.9	85.5
篾丝下弄	中山北路至昌江边	25	1.8	45
石狮埠下弄	中山北路至昌江边	25	1.8	45
朝阳巷下巷	中山北路至昌江边	22	1.6	35.2
龙船下弄	中山北路至昌江边	20	1.8	36
低头下弄	中山北路至昌江边	30	1.8	54
中渡口	中山北路至渡口33号	135	1.8	243

续表 5－2－3

名称	起止地点	长度	宽度	面积
板坊下弄	中山北路至沿江东路	45	1.6	72
朱氏下弄	中山北路至沿江东路	60	1.6	96
瑞州弄	中山北路至沿江东路	115	1.2	138
哲四巷	中山北路至沿江东路至通津桥 15 号	191	1.6	305.6
通津桥	沿江东路至通津桥上横弄 12 号至斗富下弄	234	1.6	374.4
新安下弄	中山北路至通津桥上横弄 8 号	70	2.2	154
雷锋寺	中华北路 287 号至雷锋寺 2 号	64	2	128
扫帚弄	中华北路 287 号至扫帚弄 4 号	50	1.4	70
吴家寺堂	中华北路至吴家寺堂 1 号	110	1.8	198
安全弄	中华北路 229 号至安全弄 243 号	70	1.3～1.8	106
老门头号弄	老门头 9 号至 12 号	130	1.7	221
薛家坞	薛家坞 77 号后门至薛家坞 81 号	601	1.6	961.6
薛家坞横弄	薛家横弄 44 号至风景路	136	1.6	217.6
薛家坞岭上	薛家坞 30 号至薛家坞岭上 1 号	80	1.8	144
铁匠弄	中华北路至风景路至 1 号	132	1.4	184.8
方家上弄	中山北路至斗富弄 24 号	85	1.5	127.5
彭家上弄	中山北路至 32 号	250	2	500
毕家上弄	中山北路 85 号至中华北路	290	1.8	522
詹家上弄	中山北路至詹家上弄 1 号	85	1.5	127.5
东司岭	毕家上弄 4 号至珠山中路	265	1.9	503.5
程家上巷	中山北路至东司岭 28 号	275	1.8	495
迎瑞上弄	中山北路至迎瑞口弄 2 号	110	1.7	187
老当铺上弄	中山北路至老当铺上弄 3 号	60	1.7	102
新当铺上弄	中山北路至东司岭 20 号	160	1.4	224
祥集上弄	中山北路至东司岭 14 号	155	1.8	279
方家上弄	中山北路至沿江东路至 36 号	205	2	410
水府弄	方家下弄 2 号至沿江东路	150	1.4	210
湖北书院	方家下弄 34 号至湖北书院 1 号	30	3	90
彭家下弄	中山北路至沿江东路	180	2.2	396
彭家下弄一横弄	彭家下弄 40 号至福寿弄 25 号	93	1.5	139.5
彭家下弄二横弄	彭家下弄 43 号后墙至詹家下弄 45 号	113	1.5	169.5
毕家下弄	中山北路至沿江东路至詹家下弄 15 号	262.45	1.6	419.92

续表5-2-3

名称	起止地点	长度	宽度	面积
福寿弄	福寿弄2号至沿江东路	106.3	1.4	148.82
詹家下弄	中山北路至沿江东路	165	1.6	264
程家下弄	中山北路至沿江东路至八小侧面	218.6	1.8	398.56
程家下巷上横弄	程家下巷26号至迎瑞下弄53号	155.3	1.8~2	250.29
郑家洼	程家下巷上横弄36号至郑家洼19号	107.85	2.7	251.06
程家下巷下横弄	程家下弄68号至迎瑞下弄16号	196.15	2.2~1.3	380.72
迎瑞下弄	中山北路至迎瑞下弄16号	360.5	3~1.5	961.57
老当铺下弄	中山北路至沿江东路	345.65	2.4~1.95	826.25
祥集下弄	中山北路至沿江东路	245.25	2.8	686.7
祥集下弄一横弄	祥集下弄6号至珠山中路	66.65	2.9~1.47	155.03
祥集下弄二横弄	祥集下弄50号至珠山中路	44.4	2.8	124.32
药王庙	药王庙19号至迎祥弄6号	100	2	200
迎祥弄	中华北路至迎祥弄6号	202	2~1.8	383.6
湖口弄	湖口弄2号至迎祥弄1号	155	3	465
义思井	迎祥弄1号至义思井5号	51	1.8	91.8
莲花岭	胜利路至莲花岭2号	205	3~1.5	480
龙缸弄	中华北路至胜利77号	145	2.8	406
新罗汉肚	新罗汉肚16号至胜利路	265	1.5	397.5
睦鱼墩	莲社路付1号至睦鱼墩横弄13号	65	1.6	104
蔡家街	蔡家街1号至41号	180	1.6	288
蔡家街横弄	胜利路30号至蔡家街横弄1号	52	1.6	83.2
筷子弄	胜利路42号至筷子弄6号	85	1.6	136
风车弄	胜利路至王龙桥1号	120	1.6	192
五龙桥	胜利路至犁头号咀13号	80	1.7	136
许家弄	五龙桥22号至许家弄1弄	175	1.6	280
葡萄架	胜利路20号至葡萄架23号	130	1.8	234
小苏家弄	中华北路至大苏家弄31号	200	1.8	360
广益弄	五龙桥1号至苏家弄24号	160	1.6	256
大苏家弄	大苏家弄1号至31号	240	1.6	384
苏家坂	友谊瓷器商店至二轻局西北角	115	1.7	195.5
犁头咀	犁头咀13号至艺术瓷厂保育	105	1.6	168
江家坞	江家坞横弄14号至江家坞1号	95	1.7	161.51

续表 5-2-3

名称	起止地点	长度	宽度	面积
单栅门	珠山中路至单栅门 21 号	80	2	160
双栅门	单栅门 5 号至红艺瓷厂	20	1.6	32
观音岭	犁头咀 1 号至观音岭 17 号	118	1.6	188.8
枯树横弄	枯树横弄 24 号至 1 号	160	1.6	256
枯树弄	枯树弄 31 号至单栅门 2 号	300	1.7	510
九黄岭	九黄岭 27 号至枯树横弄 24 号	110	1.6	176
农旺弄	枯树弄 31 号后墙至农旺弄 14 号	310	1.7	527
酱油弄	许家弄 1 号至大苏家弄 29 号	105	1.4	147
江家坞横弄	江家坞横弄 14 号至苏家坂 32 号	53	1.7	90.1
陈家街横弄	陈家街 6 号至十八桥 15 号	115	1.3	149.5
十八桥	中华南路 61 号至十八桥 2 号	174	1.40~1.70	282.6
陈家街	中华南路至陈家街道 2 号	125	1.8	225
抚州弄	珠山中路至解放路	210	2.5	525
毕家坦横弄	解放路至抚州弄 3 号	90	1.6	144
毕家坦	抚州弄 11 号至毕家坦 3 号	86	1.6	137.6
大椿树弄	大椿树弄 2 号至抚州弄 17 号	230	1.6	368
小椿树弄	小椿树弄 9 号至抚州弄 21 号	90	1.5	135
大井头	解放路 205 号至 223 号	130	2	260
咋叭弄	解放路至咋叭弄 6 号	70	1.8	126
解放路横弄	解放路至横弄 11 号	130	1.7	221
童家弄	珠山中路至童家弄 8 号	125	2	250
园栅门	莲社南路至园栅门 29 号	135	2.5	337.5
赛跑坦	莲社南路至赛跑坦 34 号	110	1.8	198
枣树下	弄口至沿江东路	50	1.8	90
千物楼	中山南路 236 号至玉路弄	459.4	3.30~0.60	1038.7
玉路弄	中山南路 274 号至沿江东路 128 号	120	1.5	180
吊脚楼	中山南路 251 号至弄底	311.4	2.10~1.90	639.24
刘家下弄	中山南路 286 号至弄底	421	2.90~0.90	1130.4
太平桥	南接红旗厂厂房北至刘家下弄 26 号	92.3	1.8	166.14
狮子下弄	中山南路 326 号至刘家下弄 22 号至弄底	10.3	3.30~2.30	249.9
小花园弄	中华南路 275 号至大花园下弄 24 号	135	1.5	202.5
大花园下弄	弄口至 24 号	127	1.9	241.5

续表5-2-3

名称	起止地点	长度	宽度	面积
珠弄里上弄	中山南路82号至珠弄里4号	32	2.4	76.8
珠弄里下弄	中山南路394号至珠弄里下弄9号	25	2.7	67.5
积谷岭	中山南路40号至弄底31号	294.5	3.2~2.80	799.96
登科下弄	中山南路418号至中山南路420号	9.5	3.2	30.4
小路园	中山南路438号至光明瓷厂厂房	90.2	1.8	162.36
油盐巷	中山南路446号至光明瓷厂厂房	445	3.50~2.00	1042.95
小阔弄	光明瓷厂厂房至茶厂厂房计1号17号	15	2	244.95
三间庙正街	正街11号至77号	332	2.5	830
三间庙刘家弄	刘家弄1号至13号	192	1.7	326.4
三间庙杨家弄	昌江边至三河路小卖部	206.7	2.5	516.75
旸府寺	三间庙旸府寺至录像室	1415	2.50~3.00	3992.5
油榨套	公路分局水塔至油榨套14号至斗姥阁	820.4	3.00~2.00	2205.6
警校	瓷都大道至警校	119	3	357
官庄村	瓷都大道至官庄村	680	3	2040
二建宿舍	保险公司至二建宿舍	390	3.3	1287
茶山	龙沙发廊至燃料总店仓库至围墙	619.4	4.00~1.50	1532.65
河西凤凰山	凤凰8号至20号	169.2	2.50~1.20	227.35
红光瓷厂宿舍	黎明路至红光瓷厂宿舍	174	2	348
吕蒙乡	官庄老村30号至51号	1692.7	3.30~1.80	4704.66
后街曙光新村	后街曙光新村20号至终点	220.3	3.00~4.70	594.96
老鸦滩	竟成幸福院至老鸦滩58号	583.1	3.00~3.50	1651.03
里村后街	里村后街1号至66号	1102.5	2.30~3.40	2386.35
里村前街新村	里村前街新村44号至前街城外5号	218	3.35~1.35	533.71
里村前街区(1)	里村前街2号至60号	816.3	2.80~3.00	2346.13
里村前街区(2)	里村前街104号至136号	491.9	1.20~9.70	1105.98
码头	里村前街3号至码头24号	317.8	2.25~2.55	793.11
老鸦滩一巷	老鸦滩弄口至老鸦滩7号	102	2.6	265.2
里村前街刘家弄	刘家弄3号至15号	312.2	2.00~1.50	385
庆安上巷	庆安上巷1号至21号	130	1.80~2.15	274.53
庆安下巷	庆安下巷1号至8号	128.8	1.60~2.65	250.78
程家岭	码头号21号至程家岭21号	152.3	2.10~8.00	316.83
竟成岭	三粮库后门至竟成原料厂	91.4	2.00~4.80	392.7

续表5－2－3

名称	起止地点	长度	宽度	面积
陶机生活区	陶机工居委会至陶机宿舍161幢	456	2.1～2.6	1494.6
竟成童街村	童街179号至265号	1797.4	3.3～1.6	4119.18
八卦山	八卦山1栋西经过5栋至1栋东	480	2	960
建兴路	一建生活区至建兴弄	173	1.7	294.1
三医院	新厂西路至三院宿舍	63	3	189
一中	朝阳路至一中后门	22.8	6.7	152.8
新厂后村	陶研所旁至二百对面弄口	459	2.65～2.5	1189.8
新厂前村	小铁路幼儿园	546.2	3～2.8	1566.78
湖田村支	湖田饭至602所子弟学校	297.9	3	893.7
36厂生活区	新厂东路至生活区	262.5	4.4	878.5
景陶厂生活区	景陶瓷厂侧门至生活区	253	2.4	607.2
李家村	新厂东路至李家村	1046.8	2.3	2407.84
昌河生活区	锅炉房至住院部	150	2.5	375
999厂生活区	花园四周	1542.5	3.2～2	4152.8
黄泥头	林管所侧至铁路	463.4	2.35	1167.79
绣球下弄	绣球下弄2号沿江东路	350	2	700
东兴弄	弄口至绣球下弄	80	2	160
丝瓜棚	弄口至沿江东路	66	1.5	99
邓家弄	珠山中路至邓家弄23号	160	2	320
金家弄	中华南路至小塘街22号	375	1.801	675
金家横弄	解放路至金家弄12号	145	1.9	275.5
小魏家弄	中华南路99号至小魏家弄1号	65	1.5	97.5
云谷巷	中华南路129号至云谷巷26号	120	1.5	180
牌楼里	中华南路至牌楼里1号	387	2	774
大强家弄	中华南路213号至东风弄61号附1号	164	2	328
小强家弄	中华南路221号至东风弄18号	130	1.4	182
大强家横弄	大强家弄14号至大强家横弄5号	42	2	84
窑弄里	中华南路233号至窑弄里2号	35	1.8	63
东风弄	牌楼里1号至周路口1234号	185	2	375
东风横弄	东风弄49号附1号至东风弄37号	60	1.8	108
老珠山	小塘街22号至万年街61号	255	3	756
周路口	中华南路至万年街61号	195	2.5	487.5

续表 5-2-3

名称	起止地点	长度	宽度	面积
周路口横弄	周路口 10 号至周路口横弄 3 号	35	2	70
苦珠山横弄	东风弄 61-附 1 号至苦珠山 27 号	50	1.6	80
生益岭	金家横弄 17 号至金家弄 15 号	200	1.7	340
青峰岭	解放路至青峰岭 1 号	132	1.9	250.8
小塘街	青峰岭 1 号至小塘街 22 号	68	1.9	129.2
牛瓦弄	青峰岭 1 号至牛瓦弄 5 号	177	2	354
菠萝巷	牛瓦弄 5 号至万年街 12 号	292	1.9~2.5	724
八角井	莲社南路至八角井 11 号	346	1.8	622.8
方井头	广场南路至解放路 132 号	326.5	1.8	192.6
解放岭	解放路 83 号至广场南路 59 号	135	1.6	216
解放桥	解放路 106 号至广场南路 81 号	50	2	100
老弄口上弄	中山南路至老弄口 3 号	160	1.7	272
江家上弄	中山南路至江家上弄 4 号	135	2	270
勤俭上岭	中山南路至中华南路	270	2.3	621
桂花弄	中华北路 2 号至弄底	46	1.8	82.8
大志弄	中山南路至大志弄 5 号	15	1.6	24
富强上弄	中山南路至中华南路	275	1.9	522.5
铁丝弄	中山南路至铁丝弄 4 号	52	1.5	78
太平上弄	中山南路至太平上弄 1 号	45	1.4	63
安弄	小黄家上弄 82 号至富强上弄 17 号	82	1.5	127.5
小黄家上弄	中山南路至中华南路	390	1.7	663
汪家坦	中山南路 83 号至麻石上弄 16 号	110	1.6	176
小桥上	麻石上弄 2 号至小黄家上弄 18 号	115	2.3	264.5
花园里	涂家坦 29 号至花园里 16 号	100	2.1	210
太和上弄	中山南路至太和上弄 12 号	80	1.4	112
再胜上弄	中山南路至塘旁坝 56 号	180	1.8	324
五间头上弄	中山南路 169 号至五间头上弄 3 号	30	2.2	66
董家上弄	中山南路至塘旁坝 20 号	270	1.8	486
董家上岭横弄	塘旁坝 78 号至大黄家上弄 88 号	135	1.8	243
大黄家上弄	中山南路 203 号至中华南路 246 号	380	2	760
塘旁坝	塘旁坝 78 号至大黄家上弄 9 号	240	1.8	432
青云巷	大黄家上弄 39 号至青云巷 2 号	50	1.4	70

续表 5－2－3

名称	起止地点	长度	宽度	面积
戴家上弄二横弄	戴家弄二横弄 12 号至戴家上弄 51 号	65	1. 5	97. 5
钟家上弄	二十小东侧至钟家上弄 1 号	135	1. 8	243
戴家弄上弄	戴家弄上弄 1 号至景兴瓷厂医务所	54	2	108
涂家坦	涂家坦 16 号至涂家坦 22 号	40	2	80
叶家弄	中华南路 176 号至叶家弄 3 号	30	1. 8	54
陈家横弄	勤俭下岭横弄 1 号至麻石下弄 113 号	40	1. 3	52
小花蔑弄	勤俭下岭横 9 号至麻石下弄 55 号	217. 5	1. 55	337. 13
泗旺里	泗旺里付 2 号至珠山中路	177	1. 6	277. 5
打船厂	泗旺里付 1 号江家下弄 63 号	115	1. 3	149. 5
建昌弄	大南门头 20 号至打船厂 7 号	75	1. 8	135
建昌后弄	老弄口下弄 22 号至江家下弄 37 号	64	1. 6	102. 4
老弄口下弄	中山南路横弄至老弄口下弄 6 号	215	3	64. 5
大南门头	小南门头横弄 5 号至大南门头 1 号	174	1. 65	287. 1
小南门头	老弄口下弄 13 号至小南门头 10 号	117	1. 6	169. 6
小江家弄	江家下弄 72 号至沿江东路	160	1. 95	312
勤俭下岭	中山南路至沿江东路 121 号	342	2	667. 8
花子岭	勤俭下岭 50 号至麻石下弄 43 号	50	1. 6	80
江家下弄	中山南路至沿江东路	295	1. 7	501. 5
麻石下横弄	勤俭下岭 28 号至麻石下弄 25 号	85	1. 45	123. 25
江家下横弄	江家下横弄 2 号至 20 号	45	1. 3	58. 5
江家中横弄	勤俭下岭 63 号至江家下弄 66 号	42	1. 3	54. 6
江家上横弄	勤俭下岭 21 号至江家下弄 22 号	42	1. 5	63
桃花弄	麻石下弄至驰马弄 31 号	49	1. 3	63. 7
大桃花弄	桃花弄 15 号至驰马弄 23 号	75	1. 6	120
驰马弄	驰马弄 58 号至瓷器街 46 号	220	1. 3	335
棋盘街	瓷器街 46 号至棋盘街 6 号	154	1. 3	200. 2
大十字弄	沿江东路至大十字弄 1 号	263	1. 3	341. 9
瓷器街	麻石下弄至瓷器街 1 号	100	4. 5	450
小黄家下弄	中山南路至小黄家下侧弄 17 号	507	1. 6	491. 2
十字横弄	驰马弄 16 号至小黄家下弄 51 号	42	1. 1	46. 2
太平弄	沿江东路 105 号至小黄家下弄 44 号	144	1. 7	244. 8
黄家洲	黄家洲 59 号至何家洼 103 号	144	1. 9	273. 6

续表 5-2-3

名称	起止地点	长度	宽度	面积
何家洼	中山南路至何家洼 103 号	140	1.85	259
富强下弄	中山南路至沿江东路	330	1.8	594
里仁弄	沿江东路至富强下弄付 4 号	270	1.6	432
小里仁弄	粮贸沿江粮油食品店至富强下弄 88 号	80	1.5	120
土地弄	沿江东路至土地弄附 10 号	165	1.5	247.5
太和下弄	中山南路至土地弄附 10 号	115	1.6	184
土地横弄	土地横弄 3 号至富强下弄 34 号	51	1.5	76.5
里仁横弄	太平下弄 10 号至里仁横弄 11 号	49	2	98
再胜下横弄	再胜下横弄 12 号至 21 号	100	1.6	160
窑弄	窑弄 61 号至 1 号	205.6	2	411.2
五间头下弄	中山南路至沿江东路	303	1.7	515.1
再胜下弄	中山南路至再胜下弄 110 号	335	2	710
菜园弄	五间头 12 号至菜园弄 38 号	190	1.5	285
菜园弄横弄	五间头横弄 7 号至董家下岭 33 号	40	1.8	72
董家下岭	中山南路至沿江东路	275	2.05	563.75
三间头	三间头 1 号至 4 号	28	2.1	58.8
董家下岭横弄	董家下岭横弄 7 号至大董家下弄 48 号	52	1.9	98.8
小董家岭	董家下岭 40 号至小董家岭 27 号	110	1.4	154
大黄家下弄	中山南路至沿江东路 109 号	268	2	536
小钟家弄	小钟家弄 1 号至 14 号	260	1.9	494
钟家下弄	戴家下弄 65 号至中山南路	267	1.7	453.9
武举弄	钟家下弄 5 号至 21 号	72	1.7	127.5
新村西路山脚下	川菜馆至景师附小	260	2.6	676
洪家山	邮电局宿舍至师范	237	2	474
邱家坞	新村西路至副食品公司宿舍 15 栋	392.9	2	829.41
凉山树下	市审计局宿舍至市税务局宿舍	315	2.5	596.5
向阳岭	前进巷 35 号至向阳岭 17 栋 9 号	11469.1	2~2.15	3221.61
腊梅山	新村北横路至腊梅山 29 号幢 120 号	333.1	2.3	647.25
尖嘴塘	新村东路至反帝岭 19 栋 3 号	1050.6	2	2124.85
新村东路	新村东路至新村中路 16 栋 5 号	819.9	2	1762
百眼井	新村东路至新村街道	750	2.8	2100
新民巷	市妇幼保健院后围墙至新村街道工业公司	3015	2.8	8442

续表 5－2－3

名称	起止地点	长度	宽度	面积
光明巷	珠山东路至新村东路 25 栋 1 号	600	2.8	1680
茶叶坞	茶叶坞 101 号至 7 栋 2 号	495.55	1.5～3.8	1004.76
夜叉坞	夜叉坞 17 栋至 9 栋 1 号	553	2	1688
新峰巷	马鞍山路至陶瓷窑具厂宿舍	368	2	736
新峰岭	马鞍山路至铁路职工宿舍 9 栋 15 号	120	2.74	324
马鞍山北岭	马鞍山路至马鞍山北岭 131 号	500	1.8	900
解放路南岭	解放路至南岭 19 号	195.2	2	390.4
解放路北岭	解放路至电机厂宿舍	210.8	1.9	375.4
老街上	公园路 70 号至 74 号	801.2	4	2098.4
墩头上	墩头上 6 号至 64 号	276	2	471
上韭菜园	锯板厂沿江西路	402.5	1.5～3	1051
胜利路	西郊街道至沿江西路	363	1.5	544.5
东风坦	市十一小侧至沿江西路	1197	2.1	2513.7
东风坦山脚下	瓷都大道至东风坦山脚下 5 号	187.1	1.5	355.4
西郊	新风粮油食品店至省汽运景公司宿舍 21 栋	2196.6	1.2～2.2	5224.1
麻布袋	西郊彩绘瓷厂后墙至航运宿舍 30 号	937	2.3～2.5	1883.5
十八渡	十八渡侧弄 13 号至侧弄 10 号后墙	772	2	1544
万年街	横弄 2 号至横弄 19 号	329	0.9～2.5	582.5
横弄	横弄 2 号至 10 号	43	0.9	38.7
横弄	横弄 19 号至工人宿舍 14 号	72	2.5	180
饶州弄	横弄 2 号至工人宿舍 18 号	141.8	3.2	453.76
凌角居	中华南路 3 号至 163 号	66	1.7	112.2
烟园里	中华南路 1 号至 5 号	20	1.7	34
小花园弄	中华南路 1 号至 8 号	111	1.5	166.5
浚泗井	中华南路 1 号至 23 号	335	1.9	672.7
周路口（支）	中华南路 1 号至 40 号	33	1.5	49.5
汉阳弄	中华南路 1 号至 13 号	108	1.6	192.8
秀水桥	中华南路 1 号至 14 号	165	2.8	410.4
花子棚	中华南路 1 号至横弄 13 号	165	1.5	247.5
杨家坞	中华南路 5 号至横弄 49 号	595	1.2～2.4	1247.16
杨家坞二横弄	横弄 42 号至 10 号	187.8	2.1	366.28
方家塘	横弄 1 号至 11 号	60	1.7～3	141
沙帽墩	电瓷厂通道至 6 号	309.1	1.8	603.39
豆芽井	电瓷厂 1 号至 10 号	60	2	120
陶瓷弄	电瓷厂 1 号至 11 号	116.6	1.8	220.2

续表 5-2-3

名称	起止地点	长度	宽度	面积
陶瓷横弄	车鸡弄5号至陶瓷横弄12号	127.8	1.5	223.08
车鸡弄	车鸡弄1号至34号	203	4	512
红星弄	车鸡弄1号至5号	16	1.2	19.2
工农街	工农街2号至127号	888.3	2.4	2022.95
雅雀窝	工农街1幢1号至4幢附2号	57.9	2.1	121.59
油榨街	工农街2号至38号	251.1	2.5	489.85
十字街	工农街1号至21号	382	3.2	956.7
油榨弄	工农街11号至工农街38号	84.5	1.9	160.55
曙光村	厕所至曙光村17号	142.5	3.3	419.1
太白园	太白园路3号至269号	412.4	3.4	1373.66
樊家井	景美服装厂至曙光路(经过鱼塘)	3250.6	1.1~3.6	8863.29
绣球上弄	戴家上弄口至2号	187.6	1.6~2.95	437.62
典当弄	戴家上弄口1号至18号	104.2	2.1	199.04
陈家弄	戴家上弄口1号至17号	274.9	2.3	554.38
玉路上弄	戴家上弄口1号至15号	31	1.8	55.8
新村水库	十中路口至广场北路	353	2-3	904.4
大花园弄	十中路口1号至50号	133.9	1.9~2.7	284.07
牛角弄	中山南路300号至弄尾	21	1.7	35.07
登科上弄	中山南路425号至427号	85.2	2.5	157.02
马金岭	中山南路1号至7号	104	2.3	239.2
石鼓里	中山南路1号至13号	134.2	1.4~3.2	333.89
胜利弄	中华南路380号至胜利弄5号	25	1.8	45
刘家上弄	中华南路1号至37号	336.5	1.8~3.2	732.7
狮子上弄	中华南路1号至39号	538.8	3.9	1486.57
烟园里	中华南路1号至16号	120	1.2~2.35	931.01
沟沿上	中华南路428号至红光瓷厂	244.7	2.4~3.1	716.57
爆竹弄	中华南路1号至12号	81.58	2.45~2.8	216.12
枥木岭支	枥木岭7号至9号	45.7	3.4	155.38

新建改建城市道路

新建道路　1996年始,城市道路建设速度加快。1997—1998年,新建昌江大道(北环路)。1999—2000年,新建迎宾大道。2000年,市政府决定由珠山区政府、市建设局、市政工程处、市财政局、市国土局、高新区、昌江区、浮梁县土地局分别成立项目部,作为业主单位负责新建城市道路工程。

表5－2－4　　**1997—2010年景德镇市新建城市道路一览表**　　单位：米、平方米

年份	名称	起止地点	长度	宽度	车行道面积	人行道面积	路面类别
1997—1998	昌江大道	西客站至景浮路	2800	40	84000	28000	砼
1999—2000	迎宾大道	西客站至九景高速(含石洪路)	3800	28.6～44	131780	24000	砼
2000—2005	浙江路	通站路至沿江东路	1500	40	39000	21000	砼
2001—2003	金岭大道	迎宾大道至浮梁	5800	60	348000	—	沥青
2001—2003	高岭大道	白虎湾至黄泥头	2900	40	116000	—	沥青
2001—2003	昌南大道	瓷都大道至国道206线	5200	60	239200	72800	沥青
2003—2006	生态大道	国道206线至丽阳乡水泥砼路	13800	15	207000	—	砼
2005—2012	西山路	瓷都大道至昌南大道	2423	35	65421	19384	沥青
2005—2012	兴园路	古城路至龙井路	1537	40	46110	15370	砼
2005—2012	龙井路	瓷都大道至工业园主干道	720	40	21600	7200	砼
2005—2009	景东大道(一期)	梨树园至景瑶公路	7400	40	296000	—	沥青
2005—2011	景德大道	豪德广场至南河	7700	50	385000	—	沥青
2010—2011	景北大道	广场北路至景北大桥	2400	50	96000	24000	沥青

改扩建道路　1996年始，城市道路改、扩建速度加快，改造内容包括下水道扩建、路面及人行道改造、电力管线入地、绿化等。市政府决定由市直单位作为业主，成立项目部负责工程的管理。1998—2003年，由市国土局项目部负责瓷都大道分段改、扩建；2001—2008年，市水务局项目部负责沿河西路、沿河东路改、扩建；2004—2006年，市审计局项目部负责朝阳路改、扩建；2004—2008年，市国土局项目部负责曙光路、通站路改、扩建，市财政局项目部负责广场北路、新厂路、翠云路、为宇路延伸段改、扩建；2005年，市政工程处项目部负责珠山中路人行道大修改造，人行道板由水泥彩板全部更换为大理石火烧板，珠山中路金属交通护栏更新为新型白色塑钢护栏，人行道上铺设无障碍盲道；2006—2010年，市建设局项目部负责中华北路、中华南路、中山北路、中山南路、马鞍山路、东站路、解放路、银曙路、太平巷路的改、扩建。

新风路全线改造。市城建部门投入165.5万元，对新风路路面和下水道进行全线改造，由市政工程处承担设计、施工；铺设混凝土路面全长1302米，面积10480平方米；修建Φ1200圆涵下水道1292米。1995年1月竣工。

陶阳路全线改造。市建设局投入117万元，昌飞公司、602所、印机厂集资90万元，对陶阳路路面和下水道进行全面改造。市城建开发公司承担该工程的设计和施工，铺设混凝土路面全长1232米，面积11088平方米，铺装人行道7392平方米，修建下水道1232米。1998年4月30日，陶阳路路面改造工程全线竣工。

北环路配套工程。在瓷都大桥东西连通道路路幅18米宽车行道基础上，续建慢车道、4700米Φ1000下水道和人行道、绿化、路灯等设施。一期工程由国家贷款投资2000万元，为市1998年唯一被列为省级重点工程的市政工程项目。1998年10月25日正式动工，由市政工程处承担施工，1999年竣工。

县(市)街道

乐平城区街道　自唐代起，就形成以安隐寺(今大寺上)为中心的四门街道，以后逐渐发展为东大街、西大街、南大街、北大街、南外街、沿河街6条主要街道，总长3902米。随着城区范围逐步扩大，原来的"街"大都改名"路"。1995年，乐平市地名办重新命名15条道路。至2010年，主要街道有：

洎阳路。洎阳中路南起洎阳大桥北端，与人民路相交，北接洎阳北路，全长1.88千米，宽30米；洎阳南路以乐平石油库为起点，至洎阳大桥南端止，全长6.8千米，宽30米；洎阳北路南接洎阳中路，北至龙溪公路桥(湖塘村前)，全长2.4千米，宽30米。

翥山路。翥山东路东至公园路，相接洎阳中路，全长750米，宽15米，为乐平市老城区主街；翥山西路东

接翥山东路,与浯阳中路相交,至西街广场,全长650米,宽15米。

人民路。人民西路西起李家岭立交桥东侧,相接浯阳路,全长800米,宽30米;人民中路西接人民西路,与浯阳路相交,与东风路相接,全长1.7千米,宽30米;人民东路西接人民中路,与乐江公路、乐上公路交接,全长2.5千米。

安平路。安平南路南起张家桥,与田乐公路相接,北接安平中路,与迎宾路相交,全长1650米。宽36米,该路为国道206线城区段;安平中路南接安平南路,北至李家岭立交桥南端,全长750米,宽36米;安平北路南接李家岭立交桥北端,北至徐家畈公路桥,全长3.1千米,宽36米。

迎宾路。迎宾东路东起南河排涝站,与迎宾西路相接,全长1310米,宽20米;迎宾西路原名站前路,西起乐平火车站,东接迎宾东路,全长570米,宽30米。

珠海路。珠海西路南接迎宾西路,东接珠海中路,全长550米,宽36米;珠海中路西至安平中路,东至浯阳路,全长770米,宽30米,其中两边人行道各宽8米,是乐平最繁华的商业街道;珠海东路西接浯阳路,东至人民路,全长350米,宽36米。

八一路。南与人民西路T接,北至石尾山,全长600米,宽15米,1995年年底铺南段水泥路面。

公园路。南与沿河街相接,经南河排涝站与迎宾东路T接,北与长寿路T接,全长400米,水泥路面,因路东侧规划为东湖公园,故名公园路。

长寿路。东接公园路,与安平中路T接,全长1500米,因该路通往登高山晨练场,故名长寿路。

大市场西路。原名环城西路,位于赣东北大市场西侧,北T接安平南路,南连沿河街,全长600米,宽8米,因位于赣东北大市场西侧,故名大市场西路。

沿河街。西接大市场西路,东至坝口,全长1100米,宽20米。

新平路。90年代中后期兴建。北起人民西路,南至陶家桥,全长640米,宽15米。陶家桥至大市场西路为新平南路;陶家桥至珠海路为新平中路,为主要商业街市;珠海路至人民西路为新平北路。

东风路。南起石油公司,经东风药业有限公司,北接人民东路,全长1200米,宽12米。

联盟路。南接长寿路,穿越珠海中路,北接人民西路,全长650米,宽10米。

观音泉路。西起乐平中学门口,经观音泉,东与人民东路T接,全长1500米,宽12米。

浮梁城区街道　1989年,浮梁县主要道路网按照"三纵四横"的格局进行布置,"三纵"指新昌路、高岭路、民福路,"四横"指朝阳大道、开源街、三贤街、浮红街。2003年,建设县城外环路,包括御旧路、白居易路、滨江路、县衙路、红塔路。2010年,随着外环路的建设完成,县城内的各条道路全部与外部道路相互接通。

新昌路。南与滨江西路T字路口及景北大桥相接,北至县交警大楼转盘处,景北大桥建成通车,新昌路是县城进入景德镇市的主要通道,道路总长2252米,路幅宽40米,其中车行道宽20米、双边人行道总宽20米。新昌路以与朝阳大道交会处转盘为分界点将新昌路分为新昌南路、新昌北路。新昌路两边均为商品住宅小区,临街均为店面。县移动公司、交通局、妇幼保健院、人才市场、供电公司、交警分别布在道路两边。

高岭路。南与三贤街T字路口相接,北至粮食局与环湖路相接,道路总长1098米,路幅宽40米,其中车行道宽20米、双边人行道总宽20米。高岭路以与朝阳大道交会处分界将高岭路分为高岭南路、高岭北路。高岭路两边均为商品住宅小区,临街均为店面。县人民医院、国税、地税、粮食局、农业局、菜市场分别布置在道路两边。

民福路。南至县一中,北至县教育局与浮红路相接,道路总长1054米,路幅宽30米,其中车行道宽16米、双边人行道总宽14米。民福路以与朝阳大道交会处分界将民福路分为民福南路、民福北路。民福南路一中两边均为商品住宅小区,临街均为店面。县一中、民政局、环保局、文化宫、县电视台、计生委、建设局、电信局分别布置在道路两边。

朝阳大道。东与浮梁大桥相接并有下桥道路与滨江路立交,西至陶瓷工业园区与唐英大道、景北高速入口相接,道路总长4121米,路幅宽40米,其中车行道宽20米、双边人行道总宽20米。道路分为朝阳东大道和朝阳西大道。朝阳东大道从浮梁大桥至县人民银行,此段道路主要是政治金融商业中心,县政府、县委、自来水公司、县农商银行、工商银行、农业银行、保险公司、日新超市、福万家超市、天宝公园等坐落道路两边。

朝阳西大道从县人民银行至陶瓷工业园区，是县城出入的主要通道，县二小、县二中、三贤湖、县工商局及海能燃气公司坐落在道路两边。

开源街。东与滨江路T字路口相接，西至朱家港村与滨江西路相接，道路总长1473米，路幅宽20米，其中车行道宽12米、双边人行道总宽8米。开源路分为开源东路、开源中路、开源西路。开源路主要是商住楼，临街均为店面。县财政局、交通局、房管局及商住楼坐落在道路两边。

三贤街。东与滨江路T字路口相接，西至滨江西路相接，道路总长1598米，路幅宽40米，其中车行道宽20米、双边人行道总宽20米。三贤两边均为商品住宅小区，临街均为店面。

浮红街。东与御旧路T字路口相接，西至县二中环湖路相接，道路总长1822米，路幅宽20米，其中车行道宽12米、双边人行道总宽8米。是浮梁县生活用品商业街，两边均为商品住宅小区，临街均为店面。

红塔路。东与新平大桥相接，西至县交警与御旧路相接，道路总长4500米，路幅宽40米，其中车行道宽26米、双边人行道总宽14米。是县城过境公路。

滨江路。西与朝阳西大道T字路口相接，东至与浮梁大桥相接，道路总长5209米，路幅宽26米，其中车行道宽16米、单边人行道总宽10米。滨江路以与景北大桥交会处分界将滨江路分为滨江东路、滨江西路。滨江西路东边边均为商品住宅小区，临街均为店面。滨江东路西边为商品住宅小区，沿河边是沿河景观带。

县衙路。西与滨江东路口相接，东至宝积寺与新平大桥相接，道路总长6936米，路幅宽24米，其中车行道宽16米、双边人行道总宽8米。县衙路是去往浮梁古县衙的旅游道路。

御旧路。东与朝阳大道相接，西至交警转盘与白居易路、红塔路新昌路相接，道路总长1796米，路幅宽30米，其中车行道宽16米、双边人行道总宽14米。高岭路两边均为4～5层高商品住宅，临街均为店面，是县城过境道路。县公安局、消防队、公路局、石油公司分别布置在道路两边。

白居易路。东与御旧路相接，西至陶瓷工业园区与景北高速出口相接，道路总长2780米，路幅宽30米，其中车行道宽16米、双边人行道总宽14米。

环湖路。北与白居易T字路口相接，南至县二中与朝阳西大道相接，道路总长3510米，路幅宽30米，其中车行道宽10米、双边人行道总宽20米。环湖路北边均为商品住宅小区，临街均为店面，西边是县三贤湖公园游步道。

第二节 城市桥梁

跨江河桥

中渡口浮桥　位于昌江东岸，是昌江上建造最早的一座木质浮桥。1986年为钢丝网水泥壳船，主桥面木板结构，车行道铺设钢板，为确保枯水季节的正常通行，浮桥两岸还各设置一艘钢结构趸船。1996年特大洪水期间，浮桥结构老化严重，威胁到下游的珠山大桥和昌江大桥的度汛安全。汛期过后，中渡口浮桥拆除。市政府筹集资金60万元购置3艘轮渡，修建两岸码头，开通中渡口轮渡，日开行约100个班次，运送渡客4000人次。2005年7月，市政府在中渡口重新规划建造一座全钢质浮桥，由市城市桥梁管理处组织施工建设，10月19日正式通行，总投资300余万元，新浮桥总长141米，宽8米，由17艘钢质船组成，每艘船载重约28吨。该桥的建造是当年市政府为民办的“十件实事”之一。

中渡口木质浮桥

昌江大桥　位于市区太白园的曙光路与新风路之间，为昌江上第一座永久性桥梁。1962年10月1日竣工通车，工程总投资300万元。该桥为变截面悬链线空腹式片石拱桥，桥面全长501米，宽13米，其中车行道宽8米，人行道单侧宽2.5米，6孔，每孔路径40.80米，荷载能力为汽－18、拖-80,人群荷载300千克/平方米,设计水位为36.76米,防洪能力为百年一遇,通航等级为5级。90年代桥主体出现多处裂缝和渗水现象,严重威胁到大桥安全。2000年8月至2001年2月,市建设局组织施工对昌江大桥进行加固改造,改造后桥总长为512米,跨径200米。

中渡口钢质浮桥

珠山大桥　位于市珠山中路与珠山西路之间的昌江河道上。1980年12月动工兴建,1983年10月1日竣工通车。该桥为预应力钢筋混凝土双曲桁架拱桥,全长312米,宽18米,其中车行道宽12米,人行道单侧宽3米,荷载能力为汽-20、拖-100,人群荷载为350千克/平方米。按百年一遇的洪水设计,通航等级为6级。共5孔,每孔跨径52.80米,桥孔由平行的5片桁架片及搁置其上的空心板桥面组成,桁架的拱片矢跨度为1/9,片间距为3.70米,桥墩为重力式墩,墩顶宽2.50米。东岸桥台采用建筑在岩石上组合结构,西岸采用挖孔桩基础组合桥台,两岸桥台顶部各有净跨1米的小孔,以助排水。该桥具有自重轻、整体性好、受力明确、预制装配程度高的特点,建设总投资为894万元。当时在全国同类型桥梁中,珠山大桥是第26座,在省内属首座。珠山大桥的建成对加快西市区的开发建设,起到非常重要的作用。

建设中的珠山大桥

瓷都大桥　位于市三间庙和里市渡之间。1995年1月18日开工建设,由上海铁道大学设计,江苏省海洋公司和铁四局五处施工,铁道部科学研究院西北分院监理,总投资7100万元。1997年1月18日竣工通车。工程创下同类型桥梁跨度和一次性起吊重量两项全国第一。桥型为国际流行的中承式钢管混凝土特大拱桥。造型远观颇似一道彩虹横贯江面。大桥单跨过江,跨度为150米,全长432.5米,其中主桥长191.5米,宽为21米,4车道,人行道各宽2米;桥底水面距拱顶32米,荷载能力为汽-20、挂-100。

白鹭大桥　位于昌江大桥下游1千米处,横跨昌江,东起西瓜洲,西接韭菜园。2004年4月开工建设,2008年4月28日竣工,2010年9月30日正式通车,总投资10027.3137万元。由上海市政工程设计研究院设计,中铁大桥局集团五公司施工,大桥按双向六车道城市主干道标准建设,荷载为城-A级,全桥总长794.74米,其中主桥210米,引桥276米,道路308.74米;主桥和引桥桥面宽29米,道路宽41米。白鹭大桥主桥结构为单索面独斜塔无背索全钢箱梁斜拉桥,主跨径120米,两个边跨径各45米,主塔桥墩为8根孔灌注桩,塔身长88米,垂直高度76米,塔身内倾角58度,重598吨,采用竖直转体施工,主桥钢箱梁运用顶推方法合拢。

白鹭大桥

十八渡浮桥　位于珠山大桥下游500米,是昌江河上第二座浮桥,由市园林规划设计院组织设计,市桥梁管理所、园林规划设计院共同组织施工。2009年10月开工建设,从设计到竣工通行总共历时不到2个月。浮桥全部采用高分子、高密度新型聚乙烯材料制作,具有防老化、防紫外线、防腐蚀，环保、坚固、轻便的特点，而且施工方便、成本低、工期短。整座桥全长150余米，宽4米，桥的两侧设有1.3米高的护栏，同时安装颇具特色的景观路灯，设置花坛28个，成为昌江河上一道美丽的风景。投运一年多后拆除。

湖田大桥　位于市区东南部的湖田，南北向跨南河，连接陶阳路和南山路，1968年8月建成通车。该桥为浆砌片石T型平板桥，桥长84米，宽8米，6孔，孔径净跨16.85米，荷载能力为汽-10、拖-60，工程投资35万元。2008年，对该桥进行加固加宽改造，改造后桥长84米，宽16米。

南河桥（天宝桥）　位于南河口银曙路上，1977年建成。桥长85米，宽9.50米，2孔，孔径净跨32米，荷载能力为汽-10、拖-50，由市革委拨专款36万元建设。2008年由市建设局组织加固改造，改造后桥长85米，宽9米。

前街大桥　位于市里村前街石码头，1977年由竟成乡自筹40万元建成。为浆砌片石混凝土拱桥，桥长105米，宽9米，4孔，孔径净跨22.1米，荷载能力为汽-10、拖-60。

童街大桥　位于市里村童街，1984年由竟成乡自筹30万元建成。为浆砌片石混凝土拱桥，桥长101.5米，宽8米，3孔，孔径净跨27.30米，荷载能力为汽-10、拖-50。

黄泥头大桥　位于市黄泥头景涌公路起点处，1983年建成。为钢筋混凝土片石拱桥，桥长104.30米，宽9.50米，3孔，孔径净跨30米，荷载能力为汽-20、拖-100。

南河一桥　位于市城东湖田桥至南河口段。2002年，由市城市防洪工程指挥部工程建设管理处建设完工。为钢筋混凝土T型截面简支梁桥，全长99米，宽10.5米，跨径33米，荷载能力为汽-15、挂-80。

南河三桥　位于市景德西大道与岚山路段。1999年，由市城市防洪工程指挥部工程建设管理处建设完工。为钢筋混凝土T型截面简支梁桥，全长152米，宽10.5米，跨径20米，荷载能力为汽-15、挂-80。

为宇路桥　位于市为宇路延伸段。2004年，由市财政局建设完工。为预应力混凝土变截面连续梁桥。全长87米，宽30米，跨径20米，荷载等级为城-A。

西河桥　位于市三间庙西河口的国道206线上，1963年建成。为钢筋混凝土双曲拱桥，全长90米，宽9.4米，2孔，孔径净跨34.20米，荷载能力为汽-13、拖-60，工程投资18万元。1989年10月，国道206线市区吕蒙至陶金岭段改建为城市道路后，即按高等级道路的要求，对西河桥进行扩建，在原桥的基础上加宽至40米。

紫晶桥　位于市紫晶路。2003年，由昌江支线II号项目部建设完工。为预应力钢筋混凝土空心桥梁。全长181米，宽15米，跨径33米，荷载能力为汽-13、挂-80。

新平桥　位于市新平路。2003年，由昌江支线I路工程项目部建设完工。为预应力钢筋混凝土空心桥梁。全长120米，宽18.5米，跨径70米，荷载能力为汽-13、挂-80。

立体交叉桥

道路立交桥　位于新村北路东口，跨越新村东路，1990年12月建成，为钢筋混凝土多孔薄板桥。桥身长30米，宽13.80米，荷载能力为汽-15、拖-100吨级。由市建筑设计院设计，市政工程处施工，工程造价24万元。

高架人行桥　七小天桥。位于珠山中路第七小学，为城市第一座钢结构过街人行天桥。桥身长21米，宽3.6米，高5.30米。由市焦化煤气厂等单位集资47万，市城建开发公司突击施工60天，1990年9月底竣工通行。

广场天桥。位于休闲广场、光明电影院、市图书馆、广场五交化商场之间的十字路口。2008年10月16日开工建设，2009年1月20日全面竣工。天桥造型为“十”字形，宽3.5米，桥梁长分别为76.2米和57.5米，桥墩为砼结构，其他均为钢结构，总造价485万元。

铁路立交桥涵洞　马鞍山铁路涵洞。位于马鞍山路与皖赣铁路K402+896交叉处，为框架结构铁路上行立交桥，穿越铁路景德镇站9股道，长48米，宽25米，4孔，孔高4.20米，孔跨6米，荷载等级为H-20、拖-100。1976年建设皖赣铁路时建成中间2孔机动车通道；1987年完成增孔工程，采用顶进法施工，两侧各增1孔，为非机动车与人行通道。

新桥。位于市珠山东路与朝阳路之间,跨越皖赣铁路线,又称“跨线桥”。1976年建皖赣铁路时,铁路线从桥下穿过,因桥高度不足而拆除,新建此桥。由铁道部第四工程局设计院设计,铁四局五处施工,1980年5月全面竣工投入使用。为钢筋混凝土双曲拱桥,全长76米,宽20米,2孔,孔径净跨32.5米,荷载能力为汽-15、拖-80吨级。

第三节 城市燃气

80年代初,景德镇市的开始城市燃气供应,气源主要有煤制气和液化石油气两种。前者主要用于陶瓷工业也供民用,后者为城市民用燃气。至2000年景德镇形成焦化管道煤气与瓶装液化石油气并存的局面,居民生活用煤饼基本淘汰。2010年,深燃燃气公司建有燃气管网32.49千米,居民用户26户,工业用户146户,年供应天然气约0.11亿立方米。华润燃气公司拥有中、低压燃气管网总长度360千米,其中铸铁管材160千米,PE管材30千米,钢管管材15千米。居民用户60781户,工业用户198户,商业用户113户。供应人工煤气1.978亿立方米,天然气0.055亿立方米,液化天然气0.058亿立方米。

人工煤气

气源建设 景德镇焦化煤气厂位于距市区约11千米的西南郊,紧邻历尧火车站,占地面积36公顷。建设JN43-80型42孔焦炉一座,Φ3米W-G发生炉7台,2万立方米气柜1座;铁路运输专用线2340米。设计生产能力为日产焦炉煤气42万立方米,年产化肥焦28.2万吨。1986年12月27日景德镇市焦化煤气厂正式投产,工程总决算10375.19万元,是景德镇市第一个超亿元的基本建设项目。1987年硫铵、粗苯等工段陆续投产,焦炉煤气先后送往市红星、光明、新华等瓷厂试烧。全部工程于1989年6月竣工,1990年年末炼焦生产达到设计能力,1991年7月正式通过国家竣工验收。

煤气管线 景德镇焦化煤气外送管线与焦化煤气厂同步建设,铺设厂内工艺管线3.9万米,厂外输气管线13710米,到达市区后逐步扩展。厂外煤气管道为Φ630螺旋钢管,自贮配车间引出,从厂前道路沿皖赣铁路护坡东行,穿过油库铁路专线,沿南山路至南河口,再穿越铁路和南河,经过西瓜洲至沿江东路,全长4747米。进入市区后分二路走,管线布置为环形,全部采用机械化柔性接口钢管。一路是继续北上,经斗富弄转东至风景路;另一路由沿江东路经曙光路、广场南路再折向珠山中路,经中华北路至斗富弄,与第一条形成环形接口,全长8262米。进瓷厂供气管线:建国、新华瓷厂经胜利路引接口;艺术瓷厂经马鞍山路引接口;曙光瓷厂经太白园路引接口;红光瓷厂经中华南路引接口;为民、宇宙瓷厂经珠山东路、朝阳路引接口。全线穿越铁路干支线6处、河流1处、桥梁1处;安装阀门30座、混水井39套。

1988年开始向市区陶瓷企业试供气。1990年开始向城区居民供应焦化煤气,由市煤气有限公司经营管理。1993年、2003年、2006年焦化煤气厂进行多次扩建,至2010年煤气外供量达2.2亿立方米。

陶瓷工业用气 60年代,景德镇瓷厂最早试用发生炉煤气焙烧日用瓷,为时不长,仅烧制过白胎瓷。1984年12月,全国煤气工作会议上,景德镇市焦化煤气工程被列为“六五”期间全国60个节能项目之一。省陶瓷工业公司及所属瓷厂对日用瓷生产窑炉进行燃气技术改造。1985年新建的华风瓷厂,成功采用冷净混合发生炉煤气焙烧日用瓷,发生炉煤气站参照原景德镇瓷厂的图纸由江西省轻化工业设计院设计,以国内成熟的烟煤净化冷煤气作为陶瓷工业燃料,用山西大同弱黏结性块煤造气,2台Φ3-13型煤气发生炉,包括配煤、气化、降焦、输气、排污、防爆等系统,大小6条煤气窑,平均负荷5000标立方米/时。这是景德镇瓷器生产历史上继松柴、煤炭、重油之后的第四代陶瓷工业燃料,尤其是烧制具有传统特色的青花日用细瓷,在国内尚属首次。

1986年,由陶瓷工业设计院自行设计,市窑炉工程公司承建的中国第一条81米焦化煤气还原焰隧道窑落户红星瓷厂,1988年1月点火试烧成功。此后,光明、新华、红光、建国、东风等瓷厂和陶瓷窑具厂陆续建成煤气隧道窑。至1990年,全市建成煤气窑炉11座,其中国外引进煤气窑炉4座、自行改造隧道窑6座、烤花窑1座,有8家瓷厂开始使用煤气烧瓷,铺设工业煤气管13.7千米,日均用气约9.7万标准立方米。取得明显的经济效益和环境效益:能源节约40%以上,由原烧重油每千克瓷耗能10000大卡降低至6000大卡以下;烧成产品质量超过油窑水平,瓷器一级品率为69.48%,煤气烤花质量亦超历史;余热利用效果好,基本上可保证瓷坯干燥;减少环境烟尘污染,降低劳动强度。

民用煤气　1986年,市城乡建设局成立民用煤气工程筹建办公室,筹建民用煤气管线,委托华北市政工程设计院设计,建设规模为日供气5万标准立方米,供2.5万户居民用气,工程总投资1491万元,其中进户管道675万元由用户集资,"八五"期间使33%的城市居民用上管道煤气。1987年3月完成民用煤气工程的可行性研究,争取到建设部补助市民用煤气工程资金100万元。1988年6月完成设计后,市政府撤销民用煤气工程筹建办公室,将民用煤气工程移交市焦化煤气厂负责。1990年11月成立煤气公司筹建处,是年年底曙光路铁路小区民用煤气竣工通气,新村西路生活区煤气工程也开始建设,管道向居民聚居区延伸。

80年代中期,景德镇市的740厂、897厂、4321厂等电子工业企业,各自兴建煤气发生站,安装煤气管道,供单位职工使用。

液化石油气

1982年9月,市液化石油气公司成立,隶属市物资局,主营液化石油气及钢瓶、灶具。1984年,由物资局投资和部分单位集资,在枫树山建成液化石油气贮罐站,设有10吨卧式贮气罐9个,2吨残液回收罐1只,贮气能力90吨,备有5吨液化石油气专用槽车3辆,建成标准充装台及充装管道并联设施,采用烃泵罐装小瓶。气源主要来自九江,其次是武汉、南京、安庆等地石油化工企业。1990年,供气457吨(主要供应集资单位),用户2500户。

除液化石油气公司的计划供气外,全市还有市物资局、八〇〇库、陶销公司等21个单位自建小型液化石油气罐库(站),设有贮罐66只,贮气能力431吨,备有槽车21辆,烃泵21台,罐装秤51台。1990年供气量1172吨,用气户7839户,气源由用气单位自行组织采购、运输和充装,主要解决企业生产和职工生活用气。进入90年代后期,这些气站逐步走向市场。

1990年,全市居民中使用液化石油气,具有稳定气源的用户约1.04万户,用气人口约4.03万人,约占城市人口的12.59%,年耗气量1629立方米,其中由市液化石油气公司计划供气约28%。2000年以后,液化石油气取代煤饼,成为市民的主要生活燃料。

天然气

2005年9月,江西海能天然气公司在浮梁县正式投产运营。采用液化槽车公路运输的方式,运至公司再通过管道供应景德镇陶瓷个园区工业用户和浮梁县城居民用户。

2006年11月28日,景德镇深燃天然气有限公司低温LNG储罐竣工并正式通气,通过管网供应高新区工业用户。2011年7月,与省天然气公司合作的CNG项目正式投入运营,供应CNG,形成以供应CNG为主、LNG为辅的供气格局。

海能燃气公司天然气罐区

燃气企业

江西海能燃气有限公司　为城市液化天然气管道供气系统建设和运营的企业,注册地在浮梁县。2004年8月成立,并取得浮梁县城、陶瓷科技园、洪源、三龙工业基地30年特许经营权。2005年9月正式投产运营,2006年9月变更为外商独资企业,注册资本230万美元。至2010年,有工业用户35家,居民用户10000多户,年供气800万立方米。

景德镇深燃天然气有限公司　是深圳市燃气集团有限公司的全资子公司,注册资金4050万元,主营城市燃气运营和管理。2006年,经市政府授权取得景德镇高新区30年的管道天然气经营权,开展天然气项目的建设、经营、管理。11月,建成投运4个150立方米的低温LNG储罐。12月,日均供气量达到2000立方米。2007年12月,日均供气量达到11400立方米。2007—2010年,售气量分别是1925.58吨、3937.32吨、5291.75吨、8694.38吨。

景德镇华润燃气有限公司　2007年9月,景德镇华润燃气有限公司成立。为华润燃气(集团)有限公司和景德镇市焦化工业集团有限公司共同出资设立的中外合资企业。注册资本2.52亿元人民币,其中华润燃气(集团)有限公司出资16380万元人民币,占注册资本的65%,市焦化工业集团有限公司出资8820万元人民币,占注册资本的35%。公司承接市煤气有限公司所有的管道煤气供应及相关业务。2008~2010年,通过管道分别供应焦化煤气1.99亿立方米、1.89亿立方米、2.20亿立方米。

第四节　城市供排水

供水

水厂建设　市自来水公司。始建于1978年7月,隶属于市建设局。1986年,日供水能力为10万立方米,供水管道70千米,年供水3000万立方米。至2010年,自来水公司下设观音阁水厂、黄泥头水厂、洋湖水厂、第四水厂和供水服务公司、工程部、水质检测中心、水表检测中心、物资供应公司、给水工程有限公司、自来水公司安装所等15个职能部门。日供水能力达30万立方米,供水覆盖城乡面积48平方千米,自来水普及率98.3%,用户12万多户。

观音阁水厂。始建于1956年。1982年对平流式沉淀池进行改造,采用斜管沉淀池,并结合对角穿孔旋流反应,沉淀能力从2万立方米/日提高至4万立方米/日。1991年9月,观音阁水厂加氯间、一级泵房、二级泵房、反应沉淀池、双阀滤池进行全面改造,提高加矾加氯效果,日供水量达到6万立方米。

黄泥头水厂。1975年5月19日竣工投产。1991年,进行沉淀池改造后,日产量提高至2.1万立方米。2005年9月,使用二氧化氯发生器取代原液氯消毒的方式。2008年10月,投资100余万元对净水工艺进行改造,将原对角旋流穿孔反应池改为微涡流反应池,新增沉淀池一组,原虹吸滤池改为汽水反冲洗滤池,并新增罗茨风机一台,滤后处理水质显著提高。

洋湖水厂。1984年7月1日投产。1992年4月13日,二期扩建改造工程正式破土动工。1994年12月,建成储水库、双闸滤池、加药间,日供水能力突破12万立方米。1999年10月28日,洋湖水厂二期北环路1698米球墨铸铁管(DN500)(瓷都大桥东侧至广场北路昌江大道十字路口)给水工程开工,2000年1月竣工。1999年11月27日,洋湖水厂至昌江河二期1232米水泥涵管排水工程开工,2001年5月竣工投入使用。2009年10月,洋湖水厂取水泵房油浸式变压器更换为干式变压器,实现对变压器运行温度的检测及监控。2010年1—4月,洋湖水厂更换全部供水机组,通过合理调度运行,实现节能降耗。

市第四水厂。位于瓷都大桥西端,占地面积80867平方米。1998年12月21日,省计委批复同意第四水厂工程建设总规模为日供水20万立方米,一期建设日供水10万立方米,取水泵房、送水泵房、加药车间等土建工程按总规模一次建成,工程总概算为13281.82万元,由国家计委批准利用日本国际协力银行贷款和国债资金建设。1999年11月8日破土动工。2003年9月底主体工程基本完成,建有取水泵房、折板絮凝反应池、平流沉淀池、V型滤池、清水池、送水泵房、加药车间、维修间(含仓库)、车库、食堂、综合办公大楼及废水处理车间等。城市输水管道工程也同时完工。2004年5月9日正式并网向全市供水,市自来水公司总供水能力达到30万立方米/日,主要生产工艺实行自动化管理。2009年1月,第四水厂对取水泵房各供水机组开关柜进行整改,实现井上、井下同时控制供水机组运行。

浮梁县大石口水厂。1994年,在大石口村旁建成日供水0.5万立方米的简易供水设施。1998年,投资2339万元,新建生产及管理设施。主管网覆盖整个县城建成区和浮梁镇、三龙镇、景德镇陶瓷工业园区、三龙陶瓷工业园基地、洪源工业园区以及县城周边地区及旅游点，县城供水管网(DN100 以上)总长 73.6 千米。2010 年供水 363 万立方米。

乐平润泉供水有限公司。前身为乐平自来水公司。1989 年日供水能力为 1.2 万立方米，有湖腰畈深井 3 口、马家水厂等供水设施，2000 年供水 39.5 万立方米。2009 年 10 月，由省水利投资集团有限公司与乐平市政府共同出资组建乐平润泉供水有限公司，负责乐平市城乡一体化供水工程的建设和运营管理。建设规模为日供水 10 万立方米，总投资 4 亿元。2010 年 9 月 30 日，一期工程通水，为乐平市城区及输水管线沿线乡镇 34 万人提供来自共产主义水库的优质饮用水。

自备水源。1990 年，市区约有 54 个单位建有自备水源，日平均开采量 6.6 万立方米。其中 39 个单位建有地下水抽采设施，日平均抽取 1.3 万立方米。较大的取水单位有昌河飞机、黎明制药厂、999 厂、焦化煤气厂等企业。

管网建设　管网分布。1985 年，沿珠山大桥铺设第三条过江供水干管。1987 年 2 月，铺设洋湖水厂至广场北路 2#Φ1000 预应力混凝土出厂干管 2.5 千米。1988 年，从珠山西路口至昌江电瓷厂沿瓷都大道铺设 Φ500 管道 1.61 千米。1990 年，铺设新村西路、新村北路 Φ200～400 管道 1.91 千米。1990 年 10 月，铺设观音阁水厂 3#Φ600 出厂干管，自木材厂储木场穿越昌江，埋入河床 0.5～1.0 米。至西岸三间庙过西河桥，与瓷都大道供水干管连接，长 2.39 千米，形成第四条过江管道。至 1990 年年末，城市 Φ150 以上的供水管道总长达到 73.42 千米，其中钢管 1.83 千米，预应力混凝土管 15.19 千米，铸铁管 56.40 千米。

1995 年，市自来水公司加快自来水管网建设，西南区、中市区供水干管以南北走向为主，西北区、东市区供水干管以东西走向为主，优化管网布局，逐步形成以环状供水管网为主，树状供水管网为辅的格局。在管材选型上由原来的铸铁管和预应力水泥管为主发展为使用新型球墨铸铁管、螺旋钢管、PE 管以及铝塑管等各种新型管材。

2003 年，市城区给水管网改造，项目总投资为 2150 万元，资金来源为企业自筹 1290 万元，申请农业贷款 860 万元，改造部分严重老化管网，敷设 DN200～600 输配水管网 33.7 千米。从 1995 年 7 月至 2010 年，新增铺设 DN100 以上主干管 65.385 千米，新增各类 DN100 以上阀门 381 只(含排气阀 4 只)。

表 5－2－5　**景德镇东市区供水干线管网一览表**

线路	建设年份	位置	管材	长度(米)	主管控制阀门型号及数量
陶玉路供水干线	2000	陶玉路东侧	DN500 球墨铸铁管	576	DN500 阀门 2 只、DN300 阀门 1 只、DN200 阀门 2 只
新厂路供水干线	2003	从里村花园沿新厂路北侧至昌河路	DN500 球墨铸铁管	3570	DN500 阀门 4 只、DN400 阀门 3 只、DN300 阀门 4 只、DN200 阀门 6 只、DN100 阀门 6 只
陶玉南路供水干线	2004	从东一路入口处起沿道路东、西两侧至南河	DN500、DN400 球墨铸铁管	185	DN500 阀门 4 只、DN400 阀门 8 只、DN300 阀门 7 只、DN200 阀门 10 只、DN100 阀门 8 只
			DN600 螺旋钢管	110	
		后延至景德大道	DN500、DN400 球墨铸铁管	885	
景东大道供水干线	2007	从广场北路入口	DN500 球墨铸铁管	1250	DN600 阀门 2 只、DN500 阀门 2 只、DN300 阀门 19 只、DN100 阀门 7 只
			DN300 球墨铸铁管	270	
		景东大道铁路桥过桥管南北两侧	DN600 螺旋钢管	420	

续表 5-2-5

线路	建设年份	位置	管材	长度(米)	主管控制阀门型号及数量
昌河供水专线	2009	从观音阁水厂出口沿中山路至昌江大道梨树园段	DN800 球墨铸铁管	2888	DN800 阀门 2 只、DN600 阀门 8 只、DN500 阀门 4 只、DN400 阀门 2 只
		再经景东大道至昌河水泵房	DN600 球墨铸铁管	4852	

说明:2010 年 8 月,昌河加压泵站投运,实施专管供水,昌河生活区使用自来水公司提供的自来水,结束使用南河自备水源的历史

表 5-2-6 **景德镇中市区供水干线管网一览表**

线路	建设年份	位置	管材	长度(米)	主管控制阀门型号及数量
昌江大道供水干线	1997	从第四水厂沿昌江大道北面至广场北路	DN500 球墨铸铁管	2460	设 DN500 阀门 4 只、DN300 阀门 4 只、DN200 阀门 3 只
马鞍山路供水干线	1995	从原光明电影院门前沿马鞍山路东侧至里村涵洞	DN500 球墨铸铁管	1020	DN500 阀门 2 只、DN200 阀门 2 只
中山北路步行街供水干线改造	1998	中山北路步行街西侧	DN300PE 管	560	DN300 阀门 2 只、DN200 阀门 1 只
斗富弄供水干线	2008	斗富弄街北侧	DN300 球墨铸铁管	580	DN300 阀门 3 只、DN200 阀门 1 只
戴家弄供水干线	2009	戴家弄街北侧	DN400 球墨铸铁管	630	DN400 阀门 2 只、DN200 阀门 18 只、DN100 阀门 6 只
胜利路供水干线	2006	胜利路南侧至福得堡酒店,再从北侧至市委	DN300 球墨铸铁管	560	DN300 阀门 2 只
曙光路供水干线	2003	从太白园路第二中学沿曙光路南侧、东侧至里村花园	DN400 球墨铸铁管	2480	DN400 阀门 4 只、DN300 阀门 3 只、DN200 阀门 6 只
昌虹路供水干线	2005	昌虹路	DN200 球墨铸铁管	210	DN200 阀门 1 只、DN100 阀门 2 只
莲花山路供水干线	2002	莲花山路	DN200 球墨铸铁管	186	DN200 阀门 2 只、DN100 阀门 2 只
西路延伸供水干线	2005	北至昌江大道、南至原西路,沿道路西侧	DN500 供水干管、DN300 铸铁管、DN300 球墨铸铁管	660	DN300 阀门 2 只、DN200 阀门 2 只

表 5-2-7 **景德镇西市区供水干线管网一览表**

线路	建设年份	位置	管材	长度(米)	主管控制阀门型号及数量
第四水厂供水干线	2002	从第四水厂二级泵房至昌江大道南面	DN1200 螺旋钢出水干管	160	DN1200 阀门 2 只、DN1000 阀门 5 只、DN800 阀门 3 只、沿路支线设 DN600 阀门 2 只、DN500 阀门 9 只、DN400 阀门 4 只、DN300 阀门 1 只、DN200 阀门 17 只、DN100 排气阀 4 只。并与观音阁水厂 3 号 DN600 管相连、与珠山西路 DN500 管相连、与新风路 DN500 管相连。
		沿道路至西河桥北面	DN1200 球墨铸铁管	460	
		过西河桥至河南岸,在公路宾馆汇集	两根 DN1000 螺旋钢管	150	
		瓷都大道西侧至枫树山路口人民银行	DN1200 球墨铸铁管	2800	
		至豪德贸易广场	DN1000 球墨铸铁管	1380	
		吕蒙德宇集团	DN800 球墨铸铁管	3900	
迎宾大道供水干线	2001	从西河桥迎宾大道口沿道路南面至神火标志处	DN500 球墨铸铁管	1540	DN500 阀门 2 只、DN300 阀门 4 只、DN200 阀门 3 只
		至石洪加油站	DN300 球墨铸铁管	1460	
昌南大道供水干线	2002	从交通银行大厦十字路口沿昌南大道南北两侧至紫晶路	DN500 球墨铸铁管	3230	DN500 阀门 4 只、DN200 阀门 6 只
		从紫晶路路口至海峰小区	DN500 球墨铸铁管	566	
新平路供水干线	2003	沿新平路东面、南至昌南大道、北至迎宾大道	DN300 球墨铸铁管	1860	DN300 阀门 6 只、DN200 阀门 2 只
西山路供水干线	2006	沿西山路南北两侧、东至瓷都大道、西至昌南大道	DN300 球墨铸铁管	2220	DN300 阀门 4 只、DN200 阀门 46 只
龙井路供水干线	2004	从瓷都大道入口处沿龙井路南面	DN400 球墨铸铁管	1060	DN400 阀门 4 只、DN200 阀门 6 只
古城路供水干线	2004	从瓷都大道入口处沿古城路南面	DN400 球墨铸铁管	860	DN400 阀门 4 只、DN200 阀门 4 只
新风路供水干线	2005	新风路南侧	DN500 球墨铸铁管	1480	DN500 阀门 2 只、DN200 阀门 3 只
新风路支线供水干线	2007	新风路汽车站入口沿道路南侧至沿江西路倒虹管入口处	DN500 球墨铸铁管	1238	DN500 阀门 2 只、DN300 阀门 5 只、DN100 阀门 2 只
昌江大桥过河倒虹管供水干线	2007	昌江大桥北侧、距昌江大桥 120 米处	DN600 螺旋钢管	330	DN500 阀门 4 只、DN300 阀门 3 只、DN200 阀门 4 只
		沿江东路西侧,北连戴家弄输水干线、南连第二中学	DN500 球墨铸铁管	930	
白鹭大桥过河倒虹管供水干线	2007	白鹭大桥北侧、距白鹭大桥 50 米处	DN600 螺旋钢管	230	DN500 阀门 2 只、DN300 阀门 2 只、DN200 阀门 4 只
陶阳中路供水干线	2001	北至东二路十字路口、南至东一路十字路口道路东侧	DN500 球墨铸铁管	568	DN500 阀门 2 只、DN300 阀门 2 只、DN200 阀门 2 只
陶阳南路供水干线	2003	从新厂第二百货商场十字路口沿道路东侧至湖田	DN400 球墨铸铁管	1568	DN400 阀门 2 只、DN300 阀门 2 只、DN200 阀门 2 只
竟成路供水干线	1995	从里村花园沿竟成路北侧至方家山	DN200 球墨铸铁管	865	DN200 阀门 2 只、DN100 阀门 2 只

续表 5-2-7

线路	建设年份	位置	管材	长度(米)	主管控制阀门型号及数量
梧桐大道干线	2006	从瓷都大道入口处沿古城路进入梧桐大道	DN500 球墨铸铁管	1155	DN600 阀门 5 只、DN300 阀门 2 只、DN400 阀门 1 只、DN300 阀门 5 只、DN200 阀门 7 只
			DN600 球墨铸铁管	5661	
生态路供水干线	2009	从西山路口沿昌南大道至生态路	DN200 球墨铸铁管	3520	DN200 阀门 7 只
景德大道供水干线	2010	景德大道	DN600 球墨铸铁管	4098	DN600 阀门 5 只、DN500 阀门 3 只、DN300 阀门 6 只、DN200 阀门 6 只
			螺旋钢管	250	

户表及支线管网改造。1986—2002 年,市自来水公司不断对供水管网进行维修改造,逐步推行 1 户 1 表计量。2003 年 8 月,公司成立户表改造小组,抽调 4 名职工负责 1 户 1 表改造工作。2005 年年初,分别对国税、农行、茶山、十八渡、向阳岭等地区进行 1 户 1 表改造,共计 2000 余户。

2005 年 3 月,户表改造工作纳入自来水销售分公司管理。5 月,市政府同意对全市陶瓷特困企业职工宿舍进行 1 户 1 表改造,提高水费回收率。6 月开始施工。主要有:梅家岭、哪吒庙、韭菜园、银曙路、十八渡、茶山及各里弄管网改造;景陶瓷厂、859 厂、999 厂、为民瓷厂、宇宙瓷厂、陶机厂、李家坳、黎明制药厂及红星、红光、红旗、光明、人民、艺术、建国等瓷厂生活区管网改造;豪德贸易广场、国贸广场、香江陶瓷商城、昌南陶瓷商城及梨树园、新枫园、海慧、远东、春天花园、华阳、海峰、名仕、圣罗蒂景等各式商住楼 1 户 1 表工程。改造后的户表直接由自来水公司管理,自来水的水压、流量及用水环境明显得到提高。2007 年 5 月,户表改造工作纳入公司勘察设计中心管理,至 2010 年全市户表改造完成 31677 户。

浙江路片区开发中揭露的民国时期下水道

公共水站。是供水不足年代的定时集中供水设施。1982 年,全市最多达到 123 个,每个站服务半径在 150 米左右,日供水 860 立方米,供水人口 1.6 万人。1985 年减至 84 个,1987 年为 29 个,至 1990 年仅保留半边街、向阳岭、金家弄 3 个售水站,由居民自管,日售水 66 立方米。后废弃。

消防栓。1985 年,全市共安装消防栓 228 个,建成区每平方千米 13.5 个,由于人为破坏,至 1990 年有公共消防栓 107 个。按照消防设计要求,新建的办公楼、公共设施和生产建筑必须安装室内消防栓。1990—2000 年,安装消防栓 2 次,分别为 100 个和 50 个。2010 年又新安装消防栓 100 个,至年底市区有公共消防栓 357 个。

排水

设施 据 1990 年全市市政公共设施普查统计,市区共有下水道 144 条,总长 92.35 千米,排水形式均为雨水、污水合流制,管道结构分为圆涵、拱涵、盖板明沟、明沟 4 种类型,还有涵洞 17 条,长 584.60 米,跨径 1.50 ~4 米。排水设施主要分布在中市区,并基本形成网络,东市区、西市区的排水设施尚未形成系统,全市排水设施服务率为 62.04%。市政工程处管护 71.60 千米,珠山区、昌江区管护 11.73 千米,其他单位自管 9.02 千米,下水道完好率 37.5%。

表 5－2－8　**1990 年景德镇市城市下水道情况表**

类别	管道(米)					检查井(个)
	小计	圆涵	拱涵	盖板明沟	明沟	
街道	71602.50	15887.87	16348.35	38314.77	1051.51	715
里弄	11734.50	—	1211.72	9632.98	889.80	—
单位自建	9017.21	1227.90	703.20	4449.91	2636.20	29
合计	92354.21	17115.77	18263.27	52397.66	4577.51	744

1990 年后，老城区主、次干道陆续进行改造，采用双边涵管排水系统，增设雨水井和检查井，方便排水与清掏疏通。一般采用 Φ1500 水泥涵管。随着城市道路建设加快，市政排水设施也不断得以完善。排水管道主要形式为混凝土圆管涵、盖板涵等；排水设施按区域分为东、西两片，东市区末端为南河、昌江河，主干排水管道 7 条；西市区末端为西河、昌江河，主干排水管道 5 条。流向形式为：街道(小区)→次干道排水→主干道排水→主干排水管道→部分流入污水处理厂→河流。

表 5－2－9　**2010 年景德镇东市区主干排水管道一览表**　单位：千米

管道名称	长度	结构	流经路线
刘家弄大沟	2.5	窑砖拱涵	莲花塘、胜利路、珠山中路华达商场、十八桥、中华南路、浙江路至昌江河截污干管
通津桥下水道	1.2	窑砖拱涵	求子弄途经太平巷、龙船弄、中华北路、风景路、斗富弄至昌江河截污干管
韦陀桥下水道	2.2	混凝土圆管涵及片石明沟	新安路路头途经洋湖水厂、昌江村农田、中山北路至昌江河
樊家井大沟	3.2	红石拱涵、块石盖板涵及片石明沟	新村东路(新德园菜市场)途经广场北路、广场南路、十一中至罗家坞大沟
罗家坞大沟	2.8	片石拱涵、片石盖板涵、片石明沟	罗家坞途经新桥、里村菜市场、瓷都宾馆、曙光路水果批发市场至老南河
为宇路下水道	0.8	混凝土圆管涵	为宇路口途经新厂西路、樟树下小区、农田、南河
金花桥下水道	1.7	片石明沟及块石盖板	昌江广场途经朝阳路、陶阳中路(三院)、新厂西路(陶研所)至老南河

表 5－2－10　**2010 年景德镇西市区主干排水管道一览表**　单位：千米

管道名称	长度	结构	出水口
沿江西路下水道	4.5	混凝土圆管涵	浮桥桥头、十八渡排涝站
瓷都大道下水道	7	混凝土圆管涵	分段排入昌江河
新风路下水道	1.4	混凝土圆管涵	直接流入昌江河
烟草公司下水道	0.4	混凝土圆管涵及片石明沟	梅苑途径茶山路至西河
迎宾路、新平路、紫晶路下水道	4.1	混凝土圆管涵	直接排入西河或接入其他道路主下水道流入昌江河

表5－2－11　**2010年景德镇部分道路排水管网普查情况表**

城区	名称	起始地点	管道形式	长度(米)
中心老城区	珠山中路	珠山大桥至景德商城	砖拱暗渠(600～800)×(650～2300)	1068
	中山南路	珠山中路至太白园	盖板沟渠(双侧)	240
			砼圆管涵DN800～1000	1346
	中山北路	电厂至珠山中路	砼圆管涵DN800～1000	2940
	中华南路	珠山中路至曙光路	盖板沟渠600×800(双侧)	1220
			砼圆管涵DN800～1000	990
	中华北路	昌江大道至珠山中路	砖拱暗渠(600～500)×(600～800)及砼圆管涵DN600～1000	1823
			砼圆管涵DN600～1000	3580
	沿江东路	浮桥至环卫粪库	砼圆管涵DN600～1500(南侧)	2220
	广场北路	珠山东路至洋湖水厂	片石沟涵500×(500～1200)(北侧)	1900
			砼圆管涵DN1000～1800(双侧)	2200
	广场南路	珠山东路至曙光路	砖拱涵	150
	曙光路	太白园至里村花园	砼圆管涵DN1000～1500(双侧)	5000
	通站路	马鞍山路至曙光路	砼圆管涵DN600～1500(双侧)	1320
			盖板沟渠600×(800～1400)(双侧)	940
	莲社北路	珠山中路至莲花塘	片石暗渠(300～400)×(400～650)	260
	莲社南路	珠山中路至解放路	片石暗渠400×600	280
	新村西路	珠山东路至昌江大道	砼圆管涵DN500～800～1250及片石盖板沟渠1100×1800	1320
	新村东路	珠山东路至奥林匹克花园	砼圆管涵DN600～800及片石沟渠500×600	870
	西一路	新村西路至老干部宿舍	无排水设施	0
	西二路	新村西路至师范	砖砌盖板沟渠400×500	200
	老年体协路	广场北路至奥林匹克花园	无排水设施	0
	太平巷	中山北路至中华北路	砼圆管涵DN1000～1200	153
	中渡口	沿江东路至中山北路	片石盖板暗渠500×600	54
	斗富弄	沿江东路至中华北路	砼圆管涵DN1500	350
	风景路	中华北路至市档案馆	片石盖板沟渠400×500	350
			砼圆管涵DN1500	1000
	胜利路	中华北路至莲社北路	盖板沟渠(400～500)×800	105
	环莲花塘路	莲社北路至合资宾馆(环塘)	砼圆管涵DN300～500	727
	新村北横路	新村西路至广场北路	砼圆管涵DN500(双侧)及片石沟渠500×800	820
	广场南横路	莲社南路至广场南路	片石暗渠500×800	150
	麻石上弄	中山南路至中华南路	砼圆管涵DN800～600	525
	麻石下弄	沿江东路至中山南路	砖拱暗渠800×1200	338
	解放路	中华南路至马鞍山路	砖砌暗沟500×700(双侧)	1360
			砼圆管涵DN600～1000	453

续表 5－2－11

城区	名称	起始地点	管道形式	长度
中心老城区	戴家弄上弄	中山南路至中华南路	砼圆管涵 DN1000（双侧）	680
	戴家弄下弄	沿江东路至中山南路	砼圆管涵 DN1000（双侧）	560
	太白园路	曙光路至太白园	砼圆管涵 DN600～1000	972
	天门山路	广场北路至梅家岭	砖砌盖板明沟 300×400	150
	莲花山路	广场北路至窑建	砖砌盖板明沟 500×600	480
	群星路	广场北路至职大	道路起伏大无排水设施	0
	昌虹路	广场北路至昌虹	砖砌盖板明沟 300×400	220
	向阳岭路	新村北横路至新村东路	片石暗渠 600×700	273
	银曙路	太白园路至南山路	砼圆管涵 DN800～1000	1417
	浙江路	沿江东路至通站路	砼圆管涵 DN1500（双侧）	3000
	马鞍山路	珠山东路至里村花园	砼圆管涵 DN800～1800 及片石暗渠 800×800	1155
东城区	珠山东路	皮肤医院至新桥	砼圆管涵 DN300～800	580
	新厂西路	里村花园至陶阳路	砼圆管涵 DN1000（双侧）	5155
	新厂东路	陶阳路至高岭大道	砼圆管涵 DN1000（双侧）	1994
			砼圆管涵 DN600～1500 及沟渠	1800
	朝阳路	新桥至陶阳路	砼圆管涵 DN1000（双侧）	4600
	昌河大道	陶阳路至何家桥路	片石暗渠 600×800	1800
			砼圆管涵 DN800	330
	曙光路	太白园至里村花园	砼圆管涵 DN1200～1800（双侧）	5300
	高岭大道	新厂东路至陶院新区	砼圆管涵 DN500～1200（双侧）	4872
			砼圆管涵 DN800～1000	2200
	通站南路	曙光路至景德大道	砼圆管涵 DN800（双侧）	1200
	昌江大道	西客站至瓷源路	砼圆管涵 DN800～1200（双侧）	5600
	景东大道	瓷源路至何家桥路	部分排水设施未完	8640
	景德大道	瓷都大道至湖田桥	砼圆管涵 DN600～1200（双侧）	12840
	城北大道	洋湖水厂至城北大桥	砼圆管涵 DN1200～1500（双侧）	4800
	新安路	中山北路至洋湖水厂	片石沟渠 800×1000 及砼圆管涵 DN1000～1200	1300
	翠云路	新桥至里村花园	砼圆管涵 DN1000（双侧）	980
	陶玉路	朝阳路至新厂西路	砼圆管涵 DN1000	510
	陶玉南路	新厂西路至景德大道	砼圆管涵 DN1200（双侧）	1960
	童宾路	朝阳路与新厂西路	砼圆管涵 DN1250（双侧），现只做东侧	614
	陶阳南路	新厂西路至湖田桥	砼圆管涵 DN600～1000（双侧）	2020
	陶阳中路	朝阳路至新厂西路	砼圆管涵 DN1200	480
	陶阳东路	铁路立交桥至朝阳路	砼圆管涵 DN800～1000（双侧）	1660
	陶阳北路	景东大道至铁路立交桥	砼圆管涵 DN800～1000（双侧）	2000

续表 5－2－11

城区	名称	起始地点	管道形式	长度
东城区	昌河中路	昌河大道至昌河医院	砼圆管涵 DN800	860
	昌河北路	昌河大道至新厂东路	片石盖板（600～800）×（600～1000）（双侧）	1020
	昌河南路	新厂东路至南河	片石盖板 1000×（600～1200）	990
	何家桥路	景东大道至新厂东路	道路两侧为自然形成的便沟	0
	腊梨山路	新厂东路至市委党校	片石盖板 600×800	890
	景华路	昌河大道至新厂东路	砼圆管涵 DN800～1000	514
	李家路	新厂东路至李家	无排水设施	0
	下窑路	陶阳南路至化工厂	片石盖板 500×（600～800）	510
	方家山路	陶玉南路至方家山村委会	砼圆管涵 DN1000（双侧）	940
	老厂路	朝阳路至地方铁路	砼圆管涵 DN800～1000	430
	东站路	朝阳路至地方铁路	砼圆管涵 DN600～1000	620
	罗家坞路	新桥至景东大道	砖砌沟渠 300×300 流向罗家坞大沟沟头	260
	岚山路	湖田桥至南河二桥	无排水设施	0
	无名路	昌江大道（审计局）至新安路	无排水设施	0
西城区	瓷都大道	吕蒙大桥至迎宾大道	砼圆管涵 DN1250（双侧）部分地段管网未贯通	15800
	新风路	昌江大桥至瓷都大道	砼圆管涵 DN1000～1500（双侧）	2640
	沿江西路	浮桥至瓷都大道	砼圆管涵 DN400～1000	2406
	珠山西路	瓷都大道至珠山大桥	片石沟渠 1100×1100	196
	昌南大道	瓷都大道至国道 206 线	砼圆管涵 DN1200（双侧）	4900
	西山路	昌南大道至瓷都大道	砼圆管涵 DN1800（西侧）及 1200（东侧）	4800
	龙井路	西山路至瓷都大道	高新区至瓷都大道段砼圆管涵 DN1200（南侧）及 1500（北侧）	1460
	梧桐大道	古城路至国道 206 线	半导体至古城路砼圆管涵 DN1200（双侧）	7200
	古城路	瓷都大道至梧桐大道	砼圆管涵 DN1000（南侧）及 1500（北侧）	2200
	兴园路	龙井路至方家牌	砼圆管涵 DN800（双侧）	4600
	新平路	昌南大道至迎宾大道	砼圆管涵 DN1000（西侧）及 1500（东侧）	3400
	紫晶路	昌南大道至迎宾大道	砼圆管涵 DN1000（西侧）及 1500（东侧）	3600
	生态路	国道 206 线至丽阳镇水泥路	无排水设施	0
	金岭大道	迎宾大道至机场	砼圆管涵 DN1000～1200（双侧）	6200
	迎宾大道	西客站至杭瑞高速入口	砼圆管涵 DN1500（双排）	2560
	浮桥西路	瓷都大道至浮桥	砼圆管涵 DN1000	248
	金鱼山路	沿江西路至麻布袋	砼圆管涵 DN800～1500	460
	昌西路	新风路至景德大道	砼圆管涵 DN800～1000	1056

续表 5－2－11

城区	名称	起始地点	管道形式	长度（米）
西城区	黎明路	昌西路至瓷都大道	砼圆管涵 DN800～1000 及片石盖板渠 700×（600～1000）	2743
	茶山路	瓷都大道至新平路	砖砌明沟	1000
	河西路	瓷都大道至新平路	片石明沟 800×800 及边沟	750
	梅苑路	瓷都大道至昌南大道	砼圆管涵 DN600～800 及砖砌明沟 300×300	300
	紫薇路	瓷都大道至沿江西路	片石沟渠 700×800	680
	一心桥路	珠山西路至紫薇路	片石沟渠 700×800	212
	兴华路	瓷都大道至第八中学	片石沟渠 500×（500～2000）	227
	枫林路	瓷都大道至昌南大道	砼圆管涵 DN300～600	390
	昌兴路	林业局北侧	无排水设施	0
	昌龙路	公安局北侧	无排水设施	0
	盘龙路	交警支队南侧	砼圆管涵 DN300～600 及砖砌盖板渠 500×800	260
	古窑路	瓷都大道至古窑到新五中路	无排水设施	0
	新五中路	昌南大道至西山路	砼圆管涵 DN800	700
	枫叶路	高专北侧（教育小区）	无排水设施	0
	塘坞路	高专南侧	片石盖板渠及片石明渠 4000×3500	720
	枫树山路	新风路至黎明路	砼圆管涵 DN1000	260
	水文路	新风路至水文站（老汽车站东侧）	无排水设施	0
	无名路	瓷都大道至官庄村委会西侧延伸	无排水设施	0
	无名路	梧桐大道至腾飞陶瓷建筑材料厂	无排水设施	0
	无名路	昌南大道至紫晶宾馆到紫晶路	砼圆管涵 DN1200	360

表 5－2－12　**2010 年景德镇城市窨井统计表**

城区	路名	检查井型号	检查井数量（套）	检查井单双边	雨水井型号（毫米）	雨水井数量（套）	雨水井单双边
城南养护所	珠山中路南侧	Φ600	16	单边	600×600 750×450 500×400	2 20 1	双边
	东一路	Φ600	160	双边	750×450 500×650	8 86×2	双边
	陶阳路	Φ700	60	单边	750×450	50	双边
	浙江路	Φ700	60	双边	600×400	60	双边
	广场南路	Φ700	64	双边	750×450	64	双边
	曙光路	Φ700	146	双边	750×450	146	双边
	沿江东路	Φ700	43	单边	500×400	86	双边
	中山南路	Φ700	54	单边	750×450	108	双边
	中华南路	Φ700	54	单边	750×450	108	双边
	麻石弄	Φ700 Φ600	4 4	单边	750×450 600×600 600×400	12 10 2	双边
	戴家弄	Φ700	46	双边	750×450	46	双边
	昌江大桥匝道	Φ600	3	单边	600×600	4	单边
	马鞍山	Φ700	25	单边	500×650 750×450	52 2	双边

续表 5-2-12

城区	路名	检查井型号	检查井数量(套)	检查井单双边	雨水井型号	雨水井数量(套)	雨水井单双边
城南养护所	解放路	Φ700	34	单边	750×450 600×400	50 22	双边
	太白园路	Φ700 Φ700	31 52	单边 双边	750×450	110	双边
	银曙路	Φ700	39	单边	750×450	68	双边
	景德大道	Φ700 Φ700	98 166	双边 三边	750×450 750×450	98 166	双边 三边
	陶宇路	Φ700	1	单边	700×700	22	双边
	昌河西路	Φ700	14	单边	750×450	28	双边
	童宾路	Φ700	8	单边	750×450	16	双边
	玉源路	Φ700	132	双边	750×450	132	双边
	通站路	Φ700	18	双边	750×450	20	双边
城北养护所	广场北路	Φ700	50	双边	450×550	133	双边
	珠山中路北边	Φ600	17	单边	450×550	28	单边
	珠山东路	Φ700	16	双边	450×550	22	双边
	朝阳路	Φ700	57	双边	450×550	181	双边
	翠云路	Φ700	9	双边	450×550	36	双边
	童宾路	—	—	—	450×750	7	—
	沿河东路	Φ700	25	双边	450×750	32	双边
	中山北路	Φ700	12	双边	450×750	70	双边
	昌江大道	Φ700	16	双边	60×60×10	160	双边
	昌江东大道	Φ700	32	双边	450×550	64	双边
	景东大道	Φ700	132	双边	450×750	272	双边
	陶阳北路	Φ700	85	双边	450×750	135	双边
	胜利路	—	—	—	60×60×10 450×550	23	双边
	中山北路	Φ700	5	双边	450×550	23	双边
	莲花塘市委门口—斗富弄口	Φ700	9	双边	450×550	15	双边
	中华北路	Φ700	41	双边	450×550	82	双边
城西养护所	瓷都大桥至西客站至西河桥	600×600	42	双边	—	—	—
	西河桥至豪德	Φ700	72	双边	450×750	288	双边
	豪德至吕蒙大桥	600×600 Φ700	64 2	双边	450×750	64	双边
	西山路	Φ700	110	双边	450×750	117	双边

续表 5－2－12

城区	路名	检查井型号	检查井数量(套)	检查井单双边	雨水井型号（毫米）	雨水井数量(套)	雨水井单双边
城西养护所	昌南大道	Φ700	254	双边	450×750	508	双边
	白鹭大桥至豪德	Φ700	110	双边	450×750	220	双边
	融科路	Φ800	15	双边	450×750	36	双边
	紫晶路	Φ700	88	双边	450×750	96	双边
	机场路	Φ700	158	双边	450×750	316	双边
	新平路	Φ700	64	双边	450×750	128	双边
	公园路	Φ700		双边	450×750	37	双边
	沿河西路	Φ800	39	双边	450×750	82	双边
	新风路	Φ700	116	双边	450×750	116	双边
	昌西路	Φ700	38	双边	450×750	80	双边
	昌西路支路	Φ700	45	双边	450×750	92	双边
	城建开发公司旁建设路	Φ700	4	双边	450×750	8	双边
	迎宾大道	600×600	70	双边	450×750	80	双边

管理　80年代之前，景德镇周边多自然洼地，起到一定的储洪分流作用。随着城市建设的加快，填塘建房、地块硬化，自然分流蓄水功能基本丧失。近10年中，城市内涝灾害频发，其主要原因有：排水设施修建注重局部，缺乏整体规划；部分主干下水道修建年代可追溯到明清时期，窑砖拱结构断面大小不一，多次发生坍塌，如刘家弄下水道；部分主干下水道淤塞，如老南河排水道、罗家坞排水道等；部分道路排水系统在建设时期未联通完善，如昌江大道瓷都大桥东侧、瓷都大道豪德至吕蒙大桥；汛期河水倒灌造成市区多处低洼地段积水，如西瓜洲、中渡口；道路建设改造中未把沿线路口排水接入道路主干下水道，如朝阳路老厂下水道，广场北路与昌江大道交叉口；主城区未实行雨污水分流，导致管网进水、排水系统经常被堵塞；各道路及排水系统建设单位复杂，排水设施不完善甚至缺失，如莲花山庄部分道路。

1985年以后，新建、改建道路采用水泥涵管结构，涵管直径从30～1500厘米不等。中心城区的排水包括自然降雨、生活用水、生产用水等，最终排入昌江河。至2010年，景德镇尚未实现雨、污分流。市城区的排水主要是两种形式：一是通过沟、渠、涵等排水，最终排入昌江河或污水处理系统的排污截管。二是泵站抽水形式，在昌江河高水位时，启用南河沿线的排涝泵站和景东大道陶阳支线铁路桥涵下的抽水泵站排涝。

污水处理

污水管网、截污管网　景德镇市老城区截污管网建设是市西瓜洲污水处理厂的配套工程，沿昌江和南河铺设两条主截污管道共计11千米。2005年，投入建设资金5000余万元建设厂外截污管网，其中国债资金2100万元，以奖代补资金2175万元。2008年9月，建设完成老城区截污管网分南河段4.15千米和昌江河段5.1千米。其中昌江河段实际收集老城区生活污水4万吨/日～5万吨/日，为西瓜洲污水处理厂设计日处理8万吨的一半。

污水处理厂　市西瓜洲污水处理厂。景德镇鹏鹞水务有限公司以BOT模式投资建设，建设规模为日处理8万吨，占地面积6.22公顷，总投资8400多万元。污水来源为城市居民生活污水，污水经处理达标后直排入景德镇南河。2007年7月动工建设，2008年7月中旬一期工程（4万吨/日）竣工通水试运行，9月经环保验收正式运营。12月25日二期工程（4万吨/日）竣工试运行。2009年3月19日整体通过环保验收，投

入正式运营。污水处理工艺采用 A/A/O 工艺,出水执行国家《城镇污水厂污染物排放标准》GB 18918 - 2002 一级 B 标准。2010 年,日均处理量 6.96 万吨,运行负荷率 87%,日均污泥产量 27.7 吨/天(含水率 80%),全部卫生填埋处理。

表 5-2-13　　**2010 年西瓜洲污水处理厂进、出水指标一览表**

项目	进水平均值(毫克/升)	出水平均值(毫克/升)	削减量(吨)	去除率(%)
COD(化学含氧量)	138.28	27.24	8094.9	80.3
NH3-N(氨氮)	11.57	6.32	417.9	45.4
TP(总磷)	1.29	0.76	39.1	41.2

西瓜洲污水处理厂中控系统配套设施完善,对污水厂的进出水量、进出水指标、曝气设备的运行状况、曝气池的溶解氧浓度、污泥浓度等数据进行实时监控,并能随机调阅运行指标数据及趋势曲线,相关数据能保存一年以上。市环保局每月对进出水的 COD 仪、氨氮仪、pH 计等在线仪表进行比对测量,确保在线数据实时有效。

西瓜洲污水处理厂俯视图

景德镇第二污水处理厂。位于景德镇高新技术开发区,2008 年 11 月开工,项目设计规模为日处理污水 8 万吨,分期实施,一期建设规模为日处理工业污水 2 万吨,配套污水收集管网 30 千米,采用水解 + A/O 反应池工艺,污水处理后自流排放至昌江,污泥经浓缩脱水后运至垃圾填埋场。2009 年 11 月一期建成,总投资 8900 万元。2010 年 4 月 19 日正式运营。

浮梁污水处理厂。位于国道 206 线查家大桥东侧,距离县城中心约 6 千米,2008 年 8 月开工建设。规划设计日处理污水能力 2 万吨,项目占地面积 2.4 公顷,分期实施。2009 年 7 月,一期工程竣工,日处理污水 1 万吨,总投资 3272 万元。全年处理污水 222.65 万吨,实现达标排放。

乐平污水处理厂。位于乐平市乐港镇张家桥村。2008 年 8 月开工建设。2010 年 2 月,一期工程所有机电设备安装完毕,进行单机调试和试运行,日处理生活污水 2 万吨,总投资 4600 万元。

第五节 照明 亮化

路灯建设

1986年,全市拥有多种光源和多种灯型的路灯2550盏,其中道路照明灯1164盏,108条里弄照明灯1386盏,线路总长172千米,容量180千瓦。城区有34条街道和108条里弄安装照明设施,灯型灯具有圆球形、半圆球、直臂长短式、双臂雄鹰式等。1990年,改造新厂西路路灯工程,埋没地下电缆5200米,建双叉单柱灯93组。

1992年,新装和改造路灯工程有新厂东路、朝阳路、曙光路、新风路、新村北路、莲社路、新村西路等,并在珠山中路新建高31米的高杆灯1座,合计新增路灯线路总长2.6千米,增加路灯65组83盏。1993年,新建广场北路路灯,改造解放路、珠山路和昌江大桥、珠山大桥路灯灯型,更换瓷都大道路灯电缆200米,修复新厂路、千佛楼等路段灯具86盏。

1994年,新建曙光路路灯31盏、架线1800米,朝阳路路灯40盏、埋电缆2000米,新厂东路路灯30盏、埋电缆1200米,沿江西路路灯84盏、埋电缆2000米,瓷都大道路灯200盏、埋电缆5000米。新建珠山西路39米高杆灯1座,更新珠山西路、珠山大桥灯具100盏。

1995年,新建里村花坛、新风路口、西河桥头39米高杆灯3座,朝阳路路灯15组,改造莲花塘环塘路灯25组,瓷都大道路灯100组。1997年,林荫路安装30组XHB－57型庭院式双球高压钠灯。

2003年,全市城市改造项目立项36个,城市各主干道及支干道路灯列入新改建项目中。对有路无灯、有灯无效果的路段进行路灯设计布设。2006年,新增浮桥西路、中渡口、锦绣昌南路等照明线路10条约3.61千米。2008年,对珠山路、一心桥、紫薇路及各项目部路灯进行装饰、维修、清洗灯罩(具),新增路灯5000盏。2009年6月,无路灯的西郊街道、新风街道、新厂街道里弄开始安装路灯,同时对老城区里弄补装路灯共计3000余盏。全市里弄路灯达6000余盏,解决部分里弄无路灯问题。

2010年,新建和改造的路段有锦绣昌南二期路灯22盏,湖田路路灯20盏,麻石上弄、麻石下弄路灯11盏,吕蒙机场路路灯300盏,中华北路延伸段路灯24盏,莲花塘—新枫园路路灯24盏,罗家滩高速出口段、石洪路路灯352盏,景德大道(白鹭大桥—曙光路段)369盏,银曙光二路路灯100盏,吕蒙桥路灯9盏,中山北路延伸路灯42盏,沿江东路路灯59盏,人民广场补光灯6盏。至年底,城市路灯共计4.9万盏,亮灯率达98%。

全市已安装路灯的路段包括:城西区。迎宾大道、瓷都大道、昌南大道、紫晶路、西山路、机场路、石洪路、珠山西路、吕蒙机场路、新平路、沿河西路、新风路。支干道有:奥园路、浮桥西路、西河路、茶山路、梅苑路、枫林路、盘龙路、古窑路、塘坞路、陶艺路、昌西路、黎明路、金鱼山路、昌兴路、昌龙路、紫薇路、一心桥路、枫叶路、水文路等。

城南区。中华南路、中山南路、曙光路、浙江路、广场南路、通站路、沿河东路、马鞍山路、广场南路、景德大道、珠山中路。支干道有:银曙路、樊家井路、太白园路、莲社南路、工农街路、老鸦滩路、解放路、戴家弄、西瓜洲路等。

城东区。新厂路(东一路)、朝阳路(东二路)、珠山东路、景东大道、翠云路、陶阳北路、昌河路。支干道有:下窑路、湖田路、天翼路、陶玉路、昌河横路。

城北区。广场北路、昌江东路、昌江大道(东三路)。支干道有:新村西路、前进巷、向阳岭、新村中路、师范路、胜利路、风景路、珠山八友街(斗富弄)、御窑长廊、青塘路、莲花塘(新枫园路)、为宇路延伸段等。

路灯光源

80年代,照明灯开始向美化发展。1987年,莲花塘环塘路改装三叉龙眼庭院式80瓦汞灯22组。是年,在通站路首次采用两侧交错排列方式,安装五叉蘑菇形组合灯,光源亦为80瓦汞灯;在马鞍山路改装25盏215瓦钠灯,为3米单臂灯架,敞开式灯具。1988年1月1日,拆除珠山中路悬索汞灯,改建为道路两侧交错排列双叉柱灯50组,行车道照明为215瓦钠灯,人行道照明为40瓦白炽灯;9月,拆除珠山大桥五叉玉兰花灯具,改装四叉筒式磨砂玻璃灯具;11月,新装曙江路里村花坛—铁路医院段125瓦单臂汞灯13盏。1989年7月,更换沿江东路昌江大桥—珠山大桥段125瓦汞灯30盏,灯具为3米单臂杆琵琶形有机玻璃罩;9月,又将昌江大桥桥灯更换为三叉方框玻璃罩,80瓦汞灯120盏,新装瓷都大道森林公园—浮桥西路双叉单柱灯97组,机动车道和非机动车道分别为150瓦钠灯和80瓦汞灯照明;11月,新装沿江西路珠山大桥以北路段汞灯14盏,配有琵琶形机玻璃灯罩,3米单臂灯架。1990年,实施新厂西路灯改造工程,安装150瓦钠灯和80瓦汞灯各1盏,分布于道路两侧交错排列。10月,在珠山西路与瓷都大道交叉口安装高杆组合灯一套,由8盏150瓦钠灯组合成圆形;同时还在新桥、火车站广场、市政府门前花坛等处,分别安装6组5头玉兰灯、12组5头蘑菇灯、双臂雄鹰灯和水泡灯。

90年代末期,开始推广第三代光源(高压钠灯)。2008年,在紫晶路开始使用的节能LED灯,并逐年推广。2010年,在景德大道工程中继续使用LED灯具。

城市景观灯

1986年,全市景观灯灯型有琵琶、悬桃、玉兰、蘑菇、多头组合、伞形和桥式、吊光式等。

1994年,珠山中路、莲社北路安装树挂式彩灯5000盏。1995年,珠山西路、莲社北路、马鞍山路等处跨街彩虹灯8座,市委、市政府、市人大院内庭院灯24组,安装莲社北路、马鞍山路彩灯4660盏,珠山西路、莲花塘“满天星”灯300串。

2001年10月,市人民广场改造进行景观照明施工建设,首次安装12组青花陶瓷灯柱。此后,大规模采用陶瓷路灯柱,成为景德镇市街头一景。2002年7月,对昌河广场景观照明施工。

2003年,对城区景观雕塑街心花园及桥梁实施景观亮化改造,包括莲花塘环塘景观亮化,昌南大道文化墙及路口绿化带景观亮化,石岭转盘(神火)亮化,西客站转盘(水滴)亮化,太白园转盘(春苗)亮化,里村转盘(太平窑)亮化,湘湖街转盘(高岭石)和全市街心小花园景观亮化共计80余处。

青花瓷灯柱

2006年,修缮昌江大桥、珠山路、莲花塘等5条线路的路灯、景观灯。2010年,瓷都大桥、珠山大桥、昌江大桥以及白鹭大桥安装景观灯,一江两岸各种灯光灯带流光溢彩。

第六节　园林绿化

绿化建设

城市绿化　1986年年初,景德镇城市绿化面积为495.59万平方米,其中公共绿地159万平方米,人均拥有公共绿地4平方米,道路绿化总长39千米,植行道树11038株,城市绿化覆盖率达到25.18%。是年,开始绿化沿河西岸,与东岸类似,堤岸植柳,间植桃花,配以茶花、黄杨球、花竹等,行道树以樟树、悬铃木间植。珠山大桥西端两侧建南、北两园,分别建设绿色长廊,以紫藤等为攀缘植物,北园草坪上建有“群鹿”雕塑。东西两岸绿化带以浮桥、珠山大桥、昌江大桥为纽带,连成一环型沿江带状公园,即滨江公园。

1990年年底,城市建成区绿化面积达885.05万平方米,其中公共绿地包括公园、风景区、沿江绿带、小游园、广场绿地、街心花坛、分车绿带等,总面积达177.83万平方米,人均绿地面积6.45平方米,城市绿化覆盖率30.01%。如包括城市规划控制区的1245.3万平方米自然山林,绿化覆盖率可达51.5%。

1995年,景德镇建成区园林绿地面积992.5万平方米,绿地率31.7%,公共绿地197万平方米,人均绿地面积6.7平方米,城市绿化覆盖面积为157.5万平方米,覆盖率为33.7%。全市森林覆盖率达51.53%,

其中郊区 63%。

2001—2004 年，根据绿地系统规划，先后建成昌江广场、人民广场（在原有基础上进行改造）、昌河广场、高新技术广场、景岚苑广场 5 个城市绿化广场。2003 年，开工建设林荫路口、新桥桥头、新村西路等 13 处街心花园。2006 年，全市建成区绿化覆盖率达 41.3%、建成区绿地率达 38.47%、中心城区人均公共绿地面积 9.31 平方米，生产绿地占建成区面积达 2.63%，分别高于 40%、35%、9 平方米、5 平方米、2% 的国家级园林城市标准。市园林管理处被建设部评为“全国城市园林绿化先进集体”。2007 年，市建成区绿地率为 40.62%，绿化覆盖率为 43.32%。

2010 年年底，全市绿化总面积 3819.52 万平方米，绿化覆盖率 53.86%，其中公共绿化 724.65 万平方米，人均 15.1 平方米。全市建有 8 个公园，面积 126.5 万平方米，建有街心花园 13 个，广场绿化 5 个。

表 5－2－14　　**2010 年景德镇市公共绿地一览表**　　单位：万平方米

名称	绿地面积	分布地点	建成时间
人民公园	7.07	瓷都大道北段	2005 年改造
梅苑公园	1.13	瓷都大道中段	2006 年拆迁
云门公园	8.6	解放路中段	2010 年改造
枫树山公园绿地（含海慧公园）	58.5	新风路与瓷都大道十字路口	2009 年改建
昌河公园	7.54	昌河社区	2008 年
植物园	98	昌南大道东段	2004 年
人民广场	2.7	珠山中路	2000 年改建
昌江广场	5.6	朝阳路中段	2003 年新建
昌河广场	1	昌河社区	2001 年新建、2003 年新建人工湖
景岚广场	1	六 0 二所社区	2003 年新建
高新技术广场	1	瓷都大道南段	2002 年
莲花塘公园	33	莲社北路	原生态林木
陶瓷历史博览区公园	100	瓷都大道中段	原生态林木
松涛公园	1.26	马鞍山路东路口	原生态林木
滨江公园	9.4	沿江东路、沿江西路	原生态林木
少年宫	3	沿江西路中段	原生态林木
枯树岭	0.16	单栅门社区	原生态林木
马鞍山北山	1.18	珠山东路中段	原生态林木
江家山	1.26	江家山社区	原生态林木
广场东山	0.65	广场南路中段	原生态林木
人大西山	0.33	珠山西路	原生态林木
雷公山	0.72	中华北路社区	原生态林木
莲花山	7.01	广场北路中段	原生态林木
陶机后山	5.46	陶机社区	原生态林木
陶机东山	2.87	朝阳路中段	原生态林木

续表5-2-14

名称	绿地面积	分布地点	建成时间
昌河后山	2.54	昌河社区	原生态林木
扫家岭	12.96	农民新村社区	原生态林木
茶叶塘	6.58	一院社区	原生态林木
沙沱山	19	焦化社区	原生态林木
服装一厂街头绿地	0.26	珠山西路口	2002年
新桥头街头绿地	0.24	朝阳路西路口	2003年新建
陶阳中路口街头绿地	0.3	陶阳路中路口	2003年新建
莲花塘街头绿地	0.08	莲社北路口	—
湖田桥头街头绿地	0.33	陶阳南路口	2008年新建、2010年新增桥头绿地
黄泥头街头绿地	0.4	新厂路东段	—
交通银行街头绿地	0.35	昌南大道东路口	2002年
昌江大桥东桥头绿地	0.3	沿江东路南段	—
锦绣昌南街头绿地	0.5	迎宾大道中段	—

道路绿化　1986年,珠山中路、莲社北路、东一路高大的悬铃木形成林荫大道。沿江西路建成,从吕西路移植悬铃木大树为行道树,成活率达90%。1989年瓷都大道竣工,为3板4块,进行配套绿化,行道树以樟树间植悬铃木,分车绿带上木为广玉兰和桂花,下木是黄杨球和花柏球,配植红木槿和山茶花。全市绿化道路33条,总长达60余千米,植有行道树1.5万株,覆盖面积40.4平方千米。其中的瓷都大道、珠山东路、珠山西路、通站路、新厂路等建有分车绿带,主要是以女贞为绿篱,配植美人蕉、茶花球、黄杨等花灌木;主要交叉通道口建有太白园花坛、里村花坛、市政府花坛、新桥花坛、广场花坛、瓷都大道花坛等街心花坛,四季更换鲜花。用作行道树的树种以樟树、悬铃木、梧桐、女贞等为主,其他还有棕榈、广玉兰、柳树、苦楝、合欢、重阳木、枫杨等10余种。1998年,珠山中路、莲社路悬铃木被换成杜英。

2008年之前,市高新区完成长城创域路绿化面积2852平方米,梧桐路中央绿化带12510平方米,道路交叉口组团4280平方米。2008—2010年完成威富尔路绿化8078平方米,长虹路3480平方米,创元路2808平方米,多晶硅厂区门口14644平方米,高新广场4965平方米的绿化。14条道路全部实现绿化。

2009—2010年,市政府投入1800万元对景东大道、昌南大道、昌江河内侧护坡、西山路、金岭大道及新平路进行二期绿化,总面积7.5万平方米。至2010年,先后完成昌南路二期风光带、石洪路风光带、一江两岸护坡、景德大道南河段绿化岛工程、枫树山森林公园改造工程等绿化景观带建设。

表5-2-15　**2010年景德镇市城区主次干道绿化一览表**

道路名称	长度(米)	宽度(米)	道路面积(平方米)	绿地面积(平方米)	绿地率(%)	绿化覆盖面积(平方米)	覆盖率(%)	主要树种
昌南大道	5100	60	306000	142800	47	142800	47	2003年新建,主要树种有:香樟、杜英、银杏、色块苗等;2007年完成马踏飞燕转盘景观建设;2009年、2010年,增加道路两侧风光带

续表 5－2－15

道路名称	长度（米）	宽度（米）	道路面积（平方米）	绿地面积（平方米）	绿地率（%）	绿化覆盖面积（平方米）	覆盖率（%）	主要树种
金岭大道	3600	80	288000	154800	53.8	154800	53.8	2003 年新建，主要树种有：香樟、杜英、雪松、色块苗等
高岭大道	1300	80	104000	37000	35.6	37000	35.6	2003 年新建，主要树种有：法桐、杜英、雪松、色块苗等；2004 年增加两侧风光带；2005 年沿河改造移植大法桐；2007 年完成瓷上转盘绿化
迎宾大道	3800（转盘段 1640 米）	60	228000	93680	41	93680	41	2001 年 6 月至 2002 年 5 月新建，主要树种有：香樟、紫薇、茶花、雪松、色块苗；2003 年建神火雕塑，新建迎宾路和石洪路风光带
瓷都大道	8303	40	332120	83694.24	25.2	166060	50	1986 年新建；1995 年改造提高，主要树种有：香樟、法桐、广玉兰、紫薇、红叶李、塔柏、色块苗等
新厂路	5349	30	160470	40117.5	25	40117.5	25	1998 年改造，拆除原有绿化岛；2003 年新建行道树，主要树种为香樟
朝阳路	3872	35	135520	34848	26	40656	30	2002 年改建、新增人行道绿化带，主要树种有：香樟、色块苗等
珠山路	2727	30	81810	20452.5	25	24543	30	1995 年改造砍除法桐，改种桂花、广玉兰等；2003 年后改种杜英
昌江大道	2400	40	96000	24096	25.1	24096	25.1	1997 年种植行道树香樟；2001 年新增绿化岛，主要树种有：法桐、茶花、紫薇、色块苗等；2013 年 3 月拆除绿化岛
沿江东路	3515	20	70300	17926.5	25.5	56240	80	1990 年滨江公园改造，主要树种有：樟树、棕榈、花灌木等
沿河西路	2490	25	62250	15936	25.6	49800	80	1990 年南园北园改造，主要树种有：香樟、花灌木等
陶阳路	1605	30	48150	12519	26	12519	26	2001 年改造，主要树种有：香樟、法桐、桂花、色块苗等
紫晶路	1909	35	66815	16904.2	25.3	16904.2	25.3	2004 年新建，主要树种有：香樟、法桐、杜英、色块苗等
浙江路	1500	40	60000	15000	25	15000	25	2005 年新建，主要树种有：香樟、红叶李、色块苗等
新平路	1800	40	72000	18144	25.2	18144	25.2	2004 年新建，主要树种有：法桐、色块苗等
西山路	2423	35	84805	21370.86	25.2	21370.86	25.2	2004 年新建，主要树种有：法桐、色块苗等；2009 年新栽 280 棵樟树
曙光路	2582	30	77460	19365	25	19365	25	2006 年改造，新增人行道绿化带，主要树种有：法桐、桂花、色块苗等

续表 5-2-15

道路名称	长度(米)	宽度(米)	道路面积(平方米)	绿地面积(平方米)	绿地率(%)	绿化覆盖面积(平方米)	覆盖率(%)	主要树种
中山路	4950	14	69300	17671.5	25.5	55440	80	—
中华路	2926	14	40964	10404.86	25.4	32771.2	80	—
龙井路	720	40	28800	7228.8	25.1	7228.8	25.1	—
陶瓷工业园主干道	5000	40	200000	5000	25	50000	25	—
陶阳北路	1600	39	62400	22401.6	35.9	22101.6	35.9	—
童宾路	450	20	9000	2700	30	2700	30	—
广场北路	2378	25	59450	14862.5	25	23780	40	—
新风路	1362	22	29964	7491	25	11985.6	40	2006 年改造,主要树种有:法桐、银杏等
莲社路	991	25	24775	6689.25	27	19820	80	—
马鞍山路	1150	25	28750	7216.25	25.1	17250	60	—
广场南路	1100	25	27500	6957.5	25.3	6957.5	25.3	—
翠云路	612	25	15300	3978	26	12240	80	—
解放路	1200	14	16800	3600	21.4	10080	60	—
新村西路	1720	14	24080	5160	21.4	14448	60	—
新村东路	1250	14	17500	3750	21.4	5250	30	—
新村北横路	900	14	12600	2700	21.4	7560	60	—
太白园路	1156	20	23120	5784.6	25.02	11560	50	—
银曙路	1442	12	17304	4326	25	6921.6	40	—
岚山路	11500	15	172500	44332.5	25.7	77625	45	—
建设路	727.1	6	4362.6	2181.3	50	3053.8	70	—
广场南横路	160	15	2400	600	25	1440	60	—
风景路	1840	12	22080	5520	25	13248	60	—
胜利路	491	13	6383	1634	25.6	2936.18	46	—
浮桥西路	262	15	3930	786	20	2358	60	—
昌西路	1493	7	10451	4494	43	6270.6	60	—
三宝路	1900	12	22800	5700	25	5700	25	—
陶玉路	450	20	9000	2286	25.4	2286	25.4	—
公园路	434	15	6510	1302	20	3906	60	—

小区绿化　1998 年,市政府出台《关于城区居住小区绿化规划》,把绿化、植绿、护绿作为全市各单位和全体市民的共同任务,把庭院、小区作为绿化重点。2005 年,制定《绿化工作方案》,明确在小区筹建项目审

批中，凡绿化率达不到规划要求的不予批建，确保附属绿化用地达到国家规划标准，绿化主管部门加强对绿化工程建设质量的监督管理，确保绿化质量。新建小区绿化面积必须占总用地面积的35%以上。2010年，10个居住小区（指建筑面积5万平方米以上）占地320万平方米，绿化面积达到126.5万平方米。

表5－2－16　**2010年景德镇市城区居住小区绿化一览表**　单位：平方米、%

居住小区名称	总用地	绿地	绿地率	主要绿化树种	建设年份
昌河飞机工业（集团）有限责任公司生活区	2200000	830000.6	37.7	樟树、松树、棕榈	2010
江西胜利器材厂（原4321厂）生活区	37359	10000	26.7	樟树、桂花、梧桐	2010
新枫园小区	66700	28014	42	雪松、桂花	2005
梨树园小区	300000	108000	36	雪松、棕榈	2006
富春花苑小区	48024	15580	32.4	樟树、松树、棕榈	2005
春天花园小区	54027	24582	46	樟树、桂花	2004
远东怡景花园小区	73370	37419	51	樟树、桂花、紫薇	2009
海慧花园小区	106720	55494	52	樟树、雪松、桂花	2003
紫薇花园小区	16935	5978	35.2	柏树、桃柳、桂花	2004

单位（庭院）绿化　70年代迁入景德镇的电子、机械企业和80年代景德镇建设的“十大”瓷厂，都注重在厂区和生活区植树绿化，主要树种有悬铃木、女贞、樟树等。

2005年，市政府出台《城市绿化规划建设指标的规定》，确定各单位厂区、庭院绿化率不少于35%和绿化覆盖率不少于40%的标准，并提出拆墙透绿、拆房建绿、见缝插绿、美观协调的要求。各单位在绿地建设中注重树种搭配和造型设计，达到美化效果。2010年，城区单位（庭院）绿化总用地面积14.69平方千米，绿地面积5.94平方千米。

表5－2－17　**2010年景德镇市城区单位（庭院）绿化情况表**　单位：平方米、%

单位名称	总用地面积	绿地面积	绿地率	主要绿化树种
市普天通讯设备厂	155000	19845	12.8	樟树、桂花
江西胜利器材厂	98882	20000	20.2	樟树、柏树
市移动公司	9100	3000	33	樟树、杜英
水晶智能化仪表厂	5710	2360	41.3	樟树、广玉兰
人行市中心支行	22011	10005	45.5	樟树、广玉兰、柏树
昌河飞机工业（集团）有限责任公司	5200000	2548000	49	樟树、广玉兰、柏树
602研究所	614000	210000	34.2	樟树、桂花
景华电子有限公司	445200	94000	21	樟树、广玉兰
市交通银行	700	100	14.3	樟树、杜英
轻工部陶瓷研究所	94800	34128	36	樟树、苦莲
江西德宇集团	164474.7	62400	38	樟树、杜英
江西玉风瓷厂	11000	3000	27.3	樟树、杜英
市盐业公司	13200	2000	15.2	樟树、桂花

续表 5－2－17

单位名称	总用地面积	绿地面积	绿地率	主要绿化树种
市供电公司	44489	26000	58.4	樟树、梧桐
市电信公司	95000	42750	45	樟树、杜英
市开门子酒店	30015	2750	9.2	樟树
市气象局	10656	4049	38	樟树、柏树
市财政局	36630	20146	55	樟树、桂花
市公路管理局	2921	980	34	樟树、桂花
市建设局	4740	732	15.4	樟树、广玉兰
市国土资源局	3600	1100	31	樟树、桂花
市科技局	1600	650	41	樟树、广玉兰
市政府	8337	3334	40	樟树、桂花
市烟草专卖局	10800	3000	28	樟树
市工商局	4300	2120	49.3	樟树、桂花
市征费局	3333	1333	40	樟树、罗汉松
市委机关大院	32600	21000	64.4	樟树、桂花
市人大机关大院	5000	2000	40	广玉兰、桂花
市公安局	20000	8000	40	樟树、桂花
市国家公安局	7066	2740	39	樟树、桂花
市第一人民医院	63800	26796	42	樟树、桂花、广玉兰
市第二人民医院	36000	22119	61.4	樟树、女贞
市第三人民医院	50437.5	21887.8	43	樟树、女贞、桂花
市第四人民医院	27000	6656	25	悬铃木、桂花
市中医院	43997	18038	41	樟树、桂花
市陶瓷馆	20790	7276	35	樟树、桂花
市结防所	39600	13860	35	桂花、广玉兰
市国家粮食储备库	140000	42000	18.7	杜英、桂花
市日报社	17720	5600	31.6	樟树、桂花
市古窑瓷厂	41181	18531	45	樟树、竹子
珠山区政府	8000	900	11.2	樟树、桂花
市政工程处	58298	14200	24	樟树、柏树
市合资宾馆	14700	4000	27.2	女贞、桂花
华意电器总公司	700000	287000	41	樟树、桂花
市雕塑瓷厂	190000	20000	10.5	樟树、桂花
市三蕾瓷用化工有限公司	128638	46058	35.8	樟树、桂花、广玉兰

续表 5－2－17

单位名称	总用地面积	绿地面积	绿地率	主要绿化树种
市开门子药用化工厂	88711	26613	30	樟树、广玉兰
市全球陶瓷有限公司	78671	11800	15	樟树、桂花
市陶瓷股份公司	117345.8	21038	18	樟树
市陶瓷股份公司(三厂)	45000	5000	11	樟树
市华风瓷厂	200000	40000	20	樟树、悬铃木
市第一塑料厂	40000	4000	10	樟树、桂花
市第一中学	135726	51869	38.2	樟树、桂花、广玉兰
市第二中学	60000	18956	31.6	樟树、桂花
市第四中学	2400	960	40	樟树、悬铃木
市第一高职中学	19800	5200	26.2	樟树、桂花
市第二高职中学	62000	29600	47.7	樟树、桂花
市体育中学	54279	14652	27	樟树、广玉兰
市第十一中学	17649	2664	15	樟树、桂花
市第一中学分校	18009	2930	16.3	樟树、桂花
市委党校	63936	26853	42	樟树、柏树
市技工学校	39348	21000	53.4	樟树、桂花
江西工艺美院	73370	20800	28.9	樟树、广玉兰
市师范附	6593	1686	26	樟树、桂花
市第十一小学	7260	2100	28.9	樟树、悬铃木
景德镇陶瓷学院	199800	97700	54.3	樟树、桂花
景德镇高等专科学校	493580	301083.8	61	樟树、桂花
市师范学校	33000	16500	50	樟树、广玉兰
市第二十一小学	7000	2450	35	樟树
市洋湖水厂	31500	18900	69	樟树、桂花
市殡葬管理处	3000	1200	40	柏树
市武警支队	46122.2	19000	41.2	樟树、广玉兰
市委保育院	7000	2800	40	樟树
景德镇发电厂	435400	162400	37.3	樟树、桂花
市焦化煤气厂	466533	323000	69.3	樟树、广玉兰
市观音阁水厂	20000	6700	33.5	樟树、桂花
江西省陶瓷研究所	13532	4500	33.2	樟树、桂花
市民营陶瓷科技园	79650	6372	8	杜英、桂花
市特殊教育学校	12227	7336	60	樟树、桂花

续表 5－2－17

单位名称	总用地面积	绿地面积	绿地率	主要绿化树种
市商业学校	7700	3080	40	樟树、悬铃木
昌江区政府大院	21321	10660.5	50	樟树、桂花
江西高等级公路景德镇管理所	15600	14400	92.3	樟树、杜英
景德镇官窑博物馆	3750	1350	36	樟树
市国税局	21800	3150	14.4	樟树、桂花
市社会福利院	8000	2000	25	樟树、桂花
江西景光电工厂	520000	160000	30.7	樟树、桂花、广玉兰
景德镇宾馆	16000	5600	35	樟树、桂花
市陶瓷历史博物馆	18000	10080	56	樟树、桂花
市华意压缩机股份有限公司	220000	84300	38.3	樟树、广玉兰
江西省石油公司历尧油库	86710	60030	69.2	樟树、悬铃木
国有 859 厂	280000	148400	53	樟树、悬铃木
市纸业有限公司	90000	10280	11.4	樟树、悬铃木
景德镇陶瓷厂	316278	47450	15	樟树、悬铃木
市宇宙瓷业有限公司	160000	13260	8.3	樟树、悬铃木
市纸箱厂	45000	1600	3.6	樟树、悬铃木
市为民瓷厂	100800	22422	32.2	樟树、悬铃木
市陶瓷原料总厂	83000	41032	49.4	樟树、悬铃木
昌江区竟成镇幸福院	7800	2340	30	樟树、桂花
江西昌铃公司	190000	40000	21.1	樟树、桂花
市消防支队	24788	12641.8	51	樟树、桂花
昌江区竟成镇政府	13333	5000	37.5	樟树、广玉兰
市公交公司	15334	4584.9	29.9	樟树、悬铃木
市教育局	5400	200	3.7	樟树、桂花
市群星学校	25000	1600	6.4	樟树、悬铃木
市农业银行	6500	2665	41	樟树、桂花
南昌铁路局景德镇站	30000	6000	20	樟树、广玉兰
市工商银行	3000	1500	50	樟树、桂花
市人寿保险公司	8660	2684.6	31	樟树、桂花
市航务分局	1540	308	20	樟树、桂花
市容环卫局	23876	12544	52.5	樟树、悬铃木
市昌江征费所	2000	666	33.3	樟树、悬铃木
市特陶公司	2100	650	31	樟树、桂花
市地方税务局	5200	200	4	樟树、桂花
市人防办	3300	1320	40	樟树、悬铃木

续表 5－2－17

单位名称	总用地面积	绿地面积	绿地率	主要绿化树种
市政协	5000	2500	50	樟树、广玉兰
市印刷机械厂	150000	54000	36	樟树、广玉兰
市黄泥头水厂	6600	2399	36.3	樟树、桂花
市军供站	9260	1990.9	21.5	樟树、悬铃木
市瓷都宾馆	6600	1320	20	樟树、桂花
市磁性材料厂	30060	3500	11.6	樟树、悬铃木
市农业局	3300	200	6	樟树、桂花
市石油分公司	10560	5808	55	樟树、悬铃木
80411 部队	200000	63000	31.5	樟树、桂花、广玉兰
80723 部队	146740	80040	54.5	樟树、桂花、广玉兰
市老干部活动中心	2820	725	25.7	樟树、紫薇
市出入境检验检疫局	6670	2010	30	樟树、桂花
市司法局	5500	300	5.5	樟树
市环保局	2000	134	6.7	樟树
市卫生防疫站	3106	424	10	樟树、女贞
市农机管理站	2000	200	10	桂花、柏树
市林业局	1600	211	13.2	樟树、广玉兰
市广播电视局	2500	230	9.2	樟树、桂花

市树市花　1985 年 9 月 26 日，市八届人大常委会第二十六次会议，命名樟树为景德镇市市树，茶花为景德镇市市花。樟树成为市区道路、庭院的主要树种，茶花也是市民庭院绿化、美化的主要花木。

1986 年 10 月和 1988 年 10 月，第一、二届“中国城市市花展览会”分别在深圳和北京举行。景德镇市选送的茶花有赤丹、大红牡丹、梅茶、西施面、小桃红、红芙蓉、白芙蓉、皇冠、赛洛阳等名贵品种，造型苍劲古拙，并采用赤霉素催花手段，使正常于每年 3 月、4 月间开放的茶花，提前在国庆期间怒放，获得好评。1988 年 3 月，由中国茶花协会主办的“首届中国茶花展览会”在杭州举行，景德镇参展作品“雪里红”茶花获优质展品奖，景德镇展区获“布置艺术奖”。

1989 年，市人民公园辟建第二个市花园，移植有茶花大树，栽于小丘上，春天花开时节，一片火红的硕大花朵，艳丽绚烂。此外，沿江东西两岸绿化带也大量种植茶花，瓷都大道、珠山西路、新厂西路也有少量点缀。

花木生产单位

梅苑公园　隶属市园林局，占地 15000 平方米。1986 年，市园林处的盆景达 4000 余盆。10 月，代表景德镇参加全省第二届盆景艺术展览（南昌人民公园），景德镇共获一等奖 6 个，二等奖 9 个。1989 年 10 月，市总工会、城乡建设局、广播电视局、园林处等 13 个单位，在梅苑公园举行全市首届盆景艺术联展，分梅桩、树桩、山水、根雕 4 个展区，展出盆景 800 余盆，展示瓷都的园艺水平。1992 年 10 月，在市梅苑公园举办省第三届盆景艺术展览，景德镇市获团体总分第一。2007 年 10 月，市园林局获省第四届盆景艺术展览会最佳组织奖。之后，梅苑公园改制，人员分流，至 2010 年已剩下不到 200 盆盆景。

市绿盛园艺有限公司　1986 年，由市盆景繁殖研究所改制为花木公司，位于河西苗圃，属企业性质。1997 年 7 月，培植 5 万盆鲜花装点市珠山中路，迎接香港回归。10 月，参加全国第四届园艺花卉博览会（在上海上风公园）。11 月，参加省菊花展览（在南昌人民公园）。2003 年，获省首届花卉园艺博览会银奖。2009 年 4 月，改制为市绿盛园艺有限公司，搬迁至新平路茶山。10 月，代表景德镇参加全国第七届园艺花卉博览会(北京顺义区)。

三龙苗圃　始建于1986年12月,占地面积14.67万平方米,是市园林局下属事业单位,集苗木育种、栽培、移植、嫁接、研发新品种等职能为一体,为城市绿化提供苗木,是大型园林绿化苗木繁育基地。1986—1993年,移植樟树、桂花等苗木充实苗圃,树种有40余种,数量达30余万棵。1993—2000年,引种罗汉松、青枫等苗木。2000—2005年,开始繁育紫薇、红花继木等苗木。2006—2010年,繁育瓜子黄杨、小蜡、金叶女贞等灌木,引种水杉、银杏、红花继木大型盆景等。苗圃有园林绿化苗木100余种,存量达百万棵。

城市公园

云门公园　即马鞍山公园,位于市中心通站路与解放路交叉口西南侧的马鞍山,占地面积8.6万平方米,海拔93.3米,是一座开放式山地公园。1982年后,陆续修建道路、鸳鸯亭、环翠楼、宁绍书院。1988年9月,建造东门楼,为仿古式园林建筑,飞檐翘角,双亭对峙,装饰粉壁金瓦,配以山石、花木,具有浓厚的山门风格,1989年9月竣工。之后,陆续建成云门书院、鸟廊(东篱春晓)、天池、观景台和围墙等景点。园林建筑面积达6930平方米,形成古城翠色、玉泉探声、东篱春晓、南塘古匣、枫林西照、北岭娇梅6个景区。1996年通站路改造,东门废弃,1998年和2004年两次对园内云门书院、环翠楼、姊妹亭等景点进行维修。2009年,市政府投资350万元对云门公园进行大规模改造。其中园内青石板路全部重修,另新增青石板路300米,并在园内修建5处休闲广场,姊妹亭开始原样翻新,新修后古亭焕然一新。2010年5月,云门书院改造完成。2010年11月重建环翠楼,次年2月完工,新建环翠楼位于马鞍山制高点,为三层仿古八角亭,占地面积80平方米,高29米。改造后云门公园年游客量达30万人次,成为市民游乐休闲的场所之一。

人民公园　位于西市区昌江与西河交汇处,东濒昌江,占地总面积7.07万平方米。1954年3月在原刘氏果园基础上扩建,当年7月6日建成开放并定名"人民公园"。1985—1995年每年金秋时节都举办菊花展览。1990年首届陶瓷节在人民公园举办活动。2005年3月8日,市政府投资1200万元对人民公园进行改造。10月1日竣工并对外开放。公园绿地面积54400平方米,绿地覆盖率为85%。

人民公园布局典雅,进入大门是取自浮梁西湖深山的32吨巨石,上书"人民公园"四个大字,公园广场四周环绕苍松翠柏。广场北面是2005年竣工的儿童乐园,设有碰碰车、碰碰船、旋转飞机等游艺项目,占地面积3000余平方米。紧靠儿童乐园是健身区,区内各种健身器材一应俱全。北面是1958年创建的动物园,2005年改建,占地面积1500平方米。动物园以西是新建休闲餐饮区和停车场,餐饮区旁有棵200多年的罗汉松。明代建筑"望河楼"是1965年由彭家弄湖北书院迁建于此。此楼上下两层,重檐翘角,顶部有雕刻精细的五龙抢珠图案,颇具古风。2005年公园改造拆除此楼,只保留望河亭,并翻新重建。五凤阁是1954年4月从景德镇市徽州会馆迁至今址的明代宫殿式建筑,2005年进行修缮,该阁古朴典雅,全木结构,榫卯相接,雕刻技艺精湛。烟波楼于1978年动工,1988年竣工,常用于举办书画、灯会等展览。1988年遭遇特大洪水,部分建筑受损严重。2005年翻修,高三层,主体面积1500平方米。烟波楼临江以东是2006年建成的水上乐园,游人可租船游江,一览昌江风光。

园林城市创建

景德镇生态园林城市创建　1994年,景德镇市被建设部授予全国绿化先进城市称号。2003年围绕把景德镇建成"经济重镇、江南旅游都市和富有特色瓷都"的战略目标和"特色建市、生态立市"的总体要求,市委、市政府出台《景德镇市创建国家园林城市实施方案》,依据城市环境机体与功能,利用山、水、城、瓷等自然资源和文化资源,以创建国家园林城市为载体,以城市园林绿化为重点,开展生态环境建设,创建现代园林城市,提升城市品位,优化人居环境。

位于市区的枫树山森林公园一角

2004年11月,景德镇市成功创建"江西省园林城市"。2005年6月5日,市政府向建设部提交《关于景德镇市申报国家园林城市的请示》。9月，向建设部提交国家园林城市申报材料。10月，建设部专家组对景德镇市申报国家园林城市进行正式检查考核。根据建设部检查意见，景德镇开展整改工作。2006年9月26日，建设部下发《关于命名国家园林城市的通报》，命名景德镇为"国家园林城市"。11月9日，建设部城建司一行人员到景德镇授牌。

2009年2月24—26日，景德镇市通过建设部"国家园林城市"检查专家组的实地复查验收。

浮梁县园林城市创建　2008年，浮梁县委、县政府按照《江西省园林县城标准》及其评选办法提出创建江西省园林县城实施方案，组织开展园林县城创建工作。在加大城市生态环境建设和县城基础设施建设中，结合瓷茶文化，展示街道绿化、公园特色、滨江特点、庭院个性，基本形成一路一景、一路一树、路在林中、房在园中、城在绿中、人在景中的园林绿化生态景观。县城路灯亮化率达98%；生活垃圾无害化处理率达98%；城市大气污染指数达到二级标准；地表水环境质量达到Ⅱ类以上；公交车每万人拥有6.2标台，与景德镇市区交通便捷；县城燃气普及率90%；城市环境呈现出整洁美观、靓丽规范，管理有序。2009年申报江西省园林县城，经省建设厅专家组考核审定，2010年4月，命名浮梁县城为江西省园林县城。

第七节　城市建设资金

资金来源

1985年，国家实行利改税后，对城市建设资金来源作重大调整，市、县和建制镇开征城市维护建设税，废止从上年工商利润中提取5%、工商税附加1%和国拨城市维护费等制度；城市公共事业附加费继续征收。

1993年8月4日，市政府颁布《景德镇市征收城市公用设施配套费实施细则》，配套费按建设项目的总建筑工地面积计征，城市总体规划区内每平方米27元（含邮电设施配套费2元），县城、建制镇每平方米10元，用于统一规划管理和建设、改造市政设施，年底实施。2007年9月3日，市政设施配套费调整为按建筑面积每平方米40元的标准征收。

表5-2-18　　1994—2010年景德镇市政基础设施配套费征收一览表　　单位：万元

年份	金额	年度	金额	年度	金额
1994	138.3	2000	538.3	2006	397.2
1995	174.5	2001	451.6	2007	1914.4
1996	321.5	2002	265.6	2008	1956
1997	169.5	2003	370.1	2009	2808.2
1998	304	2004	990.6	2010	3187.7
1999	337.5	2005	401.6	总计	14726.6

资金管理

1986年以后，城市建设资金实行财政集中支付，由市财政局根据用款计划，将工程款项直接支付给项目施工单位（供货方、个人等），减少中间环节。市建设局制定《市建设局财务管理制度》《市建设局建设项目资金管理办法》，加强对城市建设资金的管理、监督。

市财政拨付市建设局的城市维护建设资金及按比例返还的非税收入，除弥补局属建设单位的工作经费外，全部投入到城市基础设施建设，主要用于城市的道路、里弄、下水道、路面及管网等新建、改建、扩建以及园林绿化管理工作。

至1990年，由市财政拨付城市维护建设费4199万元，其中城市基础设施建设和维护资金支出约占60%，机关、事业单位行政经费支出约占32%，城市绿化经费支出3%，城市规划支出约占5%。1986—2010

年,市财政拨付经费合计51523.5万元(含建设系统内各单位人员及办公经费)。

表5-2-19　　1986—2010年景德镇市财政拨付城市建设维护费一览表　　单位:万元

年份	金额	年度	金额	年度	金额	年度	金额
1986	882.9	1993	869.2	2000	1005.4	2007	3500.2
1987	809	1994	913.6	2001	1140.2	2008	5110.2
1988	829	1995	1082.5	2002	1717.7	2009	9125.8
1989	879.5	1996	1300.1	2003	2027.8	2010	6911.9
1990	798.6	1997	1301.7	2004	2825.9	总计	51523.5
1991	766.5	1998	1491.9	2005	2236.4		
1992	792.3	1999	961.5	2006	2243.7		

表5-2-20　　2001—2010年景德镇市城市市政基础设施建设支出汇总表　　单位:万元

年份	完成投资	年份	完成投资	年份	完成投资
2001	11950	2005	12163	2009	122751
2002	12770	2006	32702	2010	141600
2003	30077	2007	30182	总计	459475
2004	28110	2008	37170		

第三章　城镇建设

80年代,乐平市城区建设主要为改造老城区,2000年以后新市区建设加快;浮梁县为新建县城,位于旧城以南4千米;昌江、珠山2区为城市区,城市建设由市建设局统一管理。各县(市、区)村镇建设以规划为龙头,以新农村建设为抓手,统筹城乡发展,推进城乡一体化规划建设。通过完善基础设施,展示乡镇特色,美化市容市貌,努力改善居民生产生活环境。

第一节　县城建设

乐平市城区建设

1986年以后,乐平县城区建设迅速推进。1992年撤县设市后,先后改建和新修翥山路、洎阳路、安平路、迎宾路、人民路、长寿路、公园路、新平路、珠海路、大连路、凤凰大道、乐平大道等10余条宽阔的街道。城区面积日益扩大,形成一个由乐平大道、大连路、人民大道、天湖路、东风路、民电路、建设路、凤凰大道等道路交织而成的五纵六横、四通八达的城市道路格局。

“十一五”期间,先后新建1个为民服务中心及行政组团、城东城北2个新区、3个生态主题公园以及20多条新区主干道管网,基本形成现代文化生态园林式城市雏形。城区面积由10平方千米发展到近20平方千米,人口达到15万人,城镇化率提高近10个百分点,达45.73%。完成260余个城市建设项目,城区人均道路面积达12.22平方米；建成区绿地达到44%，公园绿地面积达到269公顷，人均公园绿地面积达15.97平方米，燃气普及率达92%；城市路灯共计7000余盏，城区亮灯率为98%；引共产主义水库优质水源，彻底解决自来水水质问题，并迅速推进城乡供水一体化。五年政府投入城市基础设施建设资金8.3亿元，促进土地升值，新区经营性土地均价增长近6.3倍，累计获得土地出让金18亿元。

80年代乐平西街口

乐平老北街鸟瞰

浮梁县县城建设

1988年11月，浮梁县恢复建制，新县城选址在浮梁旧城与市区之间的浮梁镇大石口村西的茶园、荒坡上。经过规划，县城以东西向朝阳大道为轴线，县委、县政府机关及各部门、各单位两边建设，各单位争取上级资金建设办公及生活设施，大多数单位形成前面办公楼，后面是单位宿舍楼的建设模式，没有规划集中的商品房区域。至2000年，县城初具规模，道路网形成，政府机关办公设施、县基础设施初步建成，住宅小区建设开始加速。

2008年，组建浮梁县城市建设开发投资有限公司，融资1.52亿元用于三龙陶瓷工业基地、污水处理厂和县基础设施建设，先后组织实施天宝公园、滨江景观带、银坞公园、竹韵园等游乐园建设，共完成公共绿地总面积39万平方米，其中3个公园共30.53万平方米。以县衙路、朝阳西大道和滨江西路3条景观路为重点，先后对城区13条主次干道实施绿化、美化工程，建成绿化面积6.6万平方米。实施小区绿化和庭院绿化建设，按照“三季有花、四季常春”的要求，开展创建“园林化单位”评比活动，县城共有省级园林化单位和庭院11个，实现县城绿化覆盖率42.2%、绿地率39.2%、人均公园面积13平方米的创建目标。

2010年，实施三贤湖、南苑广场等26项重点工程建设，总投资约3.5亿元。完成县城新昌路、滨江路和朝阳西大道的绿化改造工程；完成朝阳大道114盏节能路灯的亮化改造升级，实现节能减排目标；9月投资977万元的景东（湘湖）自来水厂建成运行，新建新昌南大道西侧南苑广场及景观设施。10月白居易路改造工程主体路面浇筑完成。年底，县城人行道改造工程全面完成，红塔路续建工程全线贯通，天宝公园三期如期竣工，浮梁大桥加固维修工程完成桥面以下结构加固；采取BOT模式，整体出让县污水处理厂经营权融资3200万元，启动污水管网二期工程建设（包括三龙污水处理厂和县城雨污分流工程，总长达50千米）。通过向省开发银行融资6700万元，启动三贤湖工程建设，完成土方工程25万立方米，完成征地50.7公顷，入口广场、环湖路、排涝站、三贤桥、排污管网、东面景观土方和绿化景观配套等基础工程正在施工，一座占地53.3万平方米、湖面26万平方米的人工湖的雏形已基本形成。

浮梁县县城一角

“十一五”期间，累计投入城市基础设施建设资金

6.5 亿元,城市面貌焕然一新。城区面积由 3.8 平方千米发展到 5.8 平方千米;城区人口由不足 2 万人发展到近 4 万人。

第二节　乡(镇)村建设

建制镇建设

1990 年年末,市辖 2 县 1 区设有建制镇 10 个(不含城关镇),镇建成区面积 671.31 公顷;镇区住户 0.94 万户,总人口 3.77 万人,其中非农业户 0.46 万户,非农业人口 1.78 万人;住宅建筑面积 105.90 万平方米,其中楼房建筑面积 69.313 万平方米,人均居住面积 15.66 平方米;公共建筑面积 26.70 万平方米;生产建筑面积 45.98 万平方米,其中混合结构分别为 10.80 万平方米和 20.64 万平方米。镇区道路总长 36.44 千米,总面积 37.20 万平方米,其中已铺装高级、次高级路面的道路长 19.85 千米,面积 26.57 万平方米;安装路灯 218 盏。建有桥梁 16 座,防洪堤 4 千米,下水道 4.6 千米,公共厕所 23 座。供水能力 185 立方米/日,建成自来水厂的镇仅 1 个,全年供水量 7.29 万立方米;污水排放量 1180 吨/日,其中排放生活污水 1131 吨/日。

1994 年,建制镇供水设施建设有新的进展,鱼山镇、接渡镇分别建成供水能力为 1000 立方米/日的自来水厂,用水普及率达 70%,用水人口逾 4000 人;1995 年,乐港镇、众埠镇和经公桥镇分别建成规模为 1000 立方米/日的自来水厂。是年,省建设厅全省范围内推出 100 个建制镇试点建设,景德镇市浮梁县蛟潭镇、洪源镇,乐平市乐港镇列入试点建设。

2000 年,全市有涌山、众埠、洪源、浮梁、鲇鱼山等 5 个镇列入全省 200 个重点镇行列,全市建成镇区面积 2322 公顷,城镇化水平为 35.1%。

2001 年,浮梁县鹅湖镇按新一轮总体规划新建鹅湖主干道,长 3000 米,宽 42 米,并实现绿化、亮化,总投资 2000 多万元;通过拍卖建设用地,筹措建设资金,加快基础设施建设,建成占地 5000 多平方米的鹅湖综合市场。蛟潭镇引进民间资金改造旧镇区,建设新镇区,投资 3000 多万元,竣工面积 5 万平方米。瑶里镇投入 60 多万元用于道路设施修复,完善城镇功能。洪源镇通过招商引资对街道进行亮化、硬化、美化、绿化、管网化,城镇面貌焕然一新。湘湖镇道路改造拓宽长 1600 米,并绿化、亮化,总投资 100 多万元。经公桥镇排水改造 1000 米,新建汽车客运站 1000 多平方米,综合市场改造 2000 多平方米,总投资 110 万元。鹅湖镇、湘湖镇得到省厅自来水建设项目补助资金 18 万元。是年,乐平市涌山镇资金投入近 3000 万元,开发城市主干道 2000 米,新建休闲广场约 5 万平方米,开发建设居民住宅小区 5000 平方米,新建公共设施等 1 万多平方米,投资 600 万元完善休闲广场的设施,同时将涌枫大道纳入湘官一级公路建设。塔前镇新修道路长 960 米,宽 9 米,工程投资 100 多万元。众埠镇通过控制土地一级市场,进行旧城改造,新建珠山路、延河路两条商贸街,并扩建改造延鸾路。镇桥镇严格执行总体规划拆除房屋近 3 万平方米,进行老街改造。

2005 年新建的鹅湖大道

2004 年 2 月 4 日,浮梁县洪源镇、乐平市涌山镇经建设部、国家发改委、民政部、国土资源部、农业部、科技部等 6 部委确定全国重点镇。2006

年，乐平市在全市各乡镇新建垃圾窖池 1020 个，投资 60 多万元。2008 年，推广垃圾处理工作，浮梁县的鹅湖镇、经公桥镇、王港乡、瑶里镇和蛟潭镇吴家村、湘湖镇下街村、黄坛乡徐家村、兴田乡兴田村，乐平市镇桥镇、塔前镇、礼林镇和乐港镇菱田村、洪岩镇洪岩村、临港镇盛埠村，昌江区的竟成镇，为全市农村垃圾处理示范点。

2009 年 5 月底，全市 36 个乡镇全面完成垃圾场建设任务，在全省 11 个设区市中率先完成任务。是年，市政府批复《景德镇市加快小城镇建设实施方案》，搭建重点小城镇建设项目融资平台，全市 16 个乡镇共 33 个项目为第一批融资建设项目。

2010 年，省住房和城乡建设厅、财政厅下达景德镇农村建制镇自来水设施建设资金 22 万，其中乐平镇桥镇 8 万、乐平洪岩镇 5 万、浮梁王港乡王港村 3 万、浮梁鹅湖镇朱锦村 3 万、昌江区荷塘乡仓下树村 3 万。7 月，乐平市洪岩镇确立为全省 26 个新型城镇化示范镇。

特色镇建设

卫星集镇建设　乐平市张家桥村距市区有 2 千米的农田菜地相隔。90 年代始，市政建设与集镇建设同时向农田菜地扩展，将集镇和市区基本连成一体。张家桥村附近为万亩蔬菜保护示范基地，又是全国农村技术市场试办地，建成以蔬菜为主的农贸市场，面积 1200 平方米，商贸街 2 条，面积 6000 平方米；乐平市后港岭李家岭立交桥建成后，兴建 2 万平方米的公共建筑，沿国道 206 线兴建商贸街 500 米，城市建设不断向后港方向扩展，先后建成精制米厂、植物油厂、配合饲料厂、农资大楼、复合肥厂、合资宾馆、新港中学，安平北路经延伸到此，后港岭及其附近的乐平矿务局驻地高家山与市区完全连成一体，成为粮油加工工业区和农业生产资料经营集散地。

工业集镇建设　主要包括乐平市涌山、接渡、乐河 3 个集镇。1985 年以后，涌山镇利用石灰石、煤炭等矿产资源，迅速建成煤矿、水泥厂、石灰厂等一批骨干企业。先后建成长 260 米、宽 36 米的商贸街和 6000 平方米的综合贸易市场；将镇内公路改线于镇外，建成邮电大楼、镇政府大楼、涌山大酒家、涌出中学教学大楼，街道全部铺设水泥路面，安装自来水，成为乐平市最大集镇。2010 年，涌山镇加快新城区、涌枫大道、外环线改造为主的市政工程建设，启动府前路、福勤路、涌山镇文化站、人民东路改造、垃圾处理站等 20 个重点项目建设。接渡镇新建商贸街两条，面积 4200 平方米，农贸市场 2 处，面积 1400 平方米。1990 年，建成日产 500 立方米的自来水厂，居民新建楼房户达 1/5。镇区工厂密集、街市繁荣，为乐平东郊重镇。乐河镇是在原乐河机械厂旧地建起的工业重镇，90 年代初曾一度繁荣，随着乐河机械厂外迁，2001 年合并到临港镇。

边贸集镇建设　湘湖镇。1996 年，按照边贸集镇建设的要求，湘湖镇沿景白公路两侧打造 1 千米商贸街，面积为 4000 平方米；农贸市场 1 座，面积 2600 平方米。投资 50 万元，建设商贸街和综合市场。

浮梁县湘湖老街

众埠镇。1995 年，按照边贸集镇的要求，沿乐江公路两侧兴建 5 千米长的商贸街，农贸市场 2 座，面积 9800 平方米，铺设商贸街水泥路面。2000 年开始建设红十军农贸广场。2010 年，众埠镇完成总体规划修编，沿河路完成征地拆迁 13 户，启动廷鸾大道改造，老街改造完成设计及招投标工作。

镇桥镇。1986 年以后，镇内新建的住宅多为楼房，占住宅总数的 63%，街道铺设水泥路面。新建商贸街 1 条，面积 4000 平方米；农贸市场 2 处，面积 6000 平方米。

塔前镇。借助国道 206 线改选建设，拆迁一批旧房，兴建长 300 米宽 30 米的商贸街 1 条，两边兴建一批商业店面，形成一定规模的商贸街。

洺口镇。为乐平东南部最大集镇。1985 年乡政府兴建办公大楼。1988 年后新建商贸街 2 条，面积

6660平方米,兴建农贸市场2处,面积1400平方米。1996年兴建洛口中学仪器大楼和办公大楼。1997年,建成信用社办公楼和电信大楼,兴建日产200立方米的自来水厂。

经公桥镇。2000年,按照边贸集镇的要求,建设经公桥新街500米,新建店铺房屋70家,建设1500平方米的农贸市场1个。2008年,新建祥瑞小区,占地1.56公顷,安排农民建房91户。2010年,制定经公桥镇镇控制性总体规划。

旅游集镇建设 洪岩镇为乐平旅游集镇。90年代以后,先后改建高家镇至洪岩镇的公路和进入洪岩景区的登山公路,将砂石路面改为油路;建成大牌楼、忠宣湖、洪公祠、松漠亭,改造洞内灯光、护栏,并在景区建成仙境宾馆、峁山避暑山庄和餐厅及商店服务设施等。2010年,洪岩镇完成小城镇详规及项目建设效果图,完成规划区内建设用地征用6.1万平方米,对原洪岩中学教学楼、翻花井周边房屋进行拆迁。洪岩山庄二期工程完成征地拆迁11.5万平方米。

2002年,瑶里镇打通虎头岗通往安徽的省级公路。2003年8月,高岭、东埠、查坑、南泊村从鹅湖镇划入瑶里镇老街,将镇行政机关迁出瑶里镇老街,对老镇进行大规模修缮,增设旅游接待基础设施,将高岭—瑶里风景名胜区打造成国家AAAA级风景名胜区。

商贸集镇建设

至1990年年末,市辖2县1区共有商贸集镇46个,其中35个为乡(镇)政府驻地,总占地面积1020.58公顷;居民2.05万户9.34万人,其中非农业人口0.58万户1.91万人;住宅建筑面积260.74万平方米,全部为砖瓦房,其中楼房占30.77%,人均居住面积15.34平方米;公共建筑面积161.90万平方米,生产建筑面积10810万平方米;道路总长度89千米,面积57.38万平方米,其中高级、次高级路面长34千米,面积32.01万平方米;安装路灯141盏,建桥梁43座,防洪堤18千米,下水道39千米,公厕46座;自备水源日供水522立方米,铺装供水管道总长49千米,年供水量19.06万立方米,其中生产用水2.29万立方米,生活用水16.58万立方米,用水人口占乡(镇)总人口的9.39%,人均日生活用水量0.042立方米。

90年代,乐平市蔡家(田里)、礼林、涪口、临港、高家5个集镇,均建成农贸市场,铺设水泥路面,形成一条商贸街。礼林采取民间融资、先售后建和农民承建市场的办法,开发建设礼林商贸中心、大型顶棚农贸市场,建筑面积3600平方米,设有摊位88个;兴建200户居民小区,铺设水泥路面2000平方米。涪口镇在乐上公路两侧兴建农民商贸街,总长达800米。临港进行老街改造,建成一条长1500米、宽11米的水泥路主街,建成800米的钢架农贸市场。蔡家自1985年以后,新建影剧院、镇政府大楼、税务大楼、营业所大楼、邮政大楼、卫生院大楼等,沿黄乐公路两旁形成长达700米的商贸街,街两旁新建新建的商居楼;铺设近万平方米的水泥路面,建成800平方米的钢架结构农贸市场;1999年街两旁架起悬壁式路灯,兴建公厕,完成自来水厂引水工程,与邻村龙珠、双溪、黄岭基本连成一片。高家在原乐河机械厂梅岩分厂的旧址改造一批工业厂房为公共建筑及商业建筑,铺设水泥路面1200平方米,开通有线电视和程控电话。

乡村建设

至1990年年末,市辖2县1区共有村庄3575个,其中中心村庄604个,村庄用地11644.35公顷,住户16.06万户,人口76.6万人。住宅建筑面积1729.44万平方米,其中砖瓦房1625.42万平方米,砖混结构楼房116.65万平方米,住房面积923.79万平方米,人均居住面积12.06平方米;公共建筑面积8.17万平方米,其中砖混结构1.62万平方米;生产建筑面积10.20万平方米,其中砖混结构2.30万平方米。建成村庄道路5263千米,其中铺装道路411千米,通车、通电村庄3219个,占90.02%。494个村庄用上自来水,受益人口19.01万人,占农村总人口的24.83%,其他未通自来水的村庄也普遍进行饮用水源卫生处理。

新村建设 1985—2000年,全市共新建33个村,共956户。其中最大的为乐平镇洲上新村和众埠镇惠民新村。洲上新村有居民94户,惠民新村91户,村内道路主次分明,布局合理,有活动中心、制米厂、配电房等公共建筑。新村建设有总体规划,有村名牌楼,村民住宅建设统一规划,造型新颖,为砖混结构楼房,大部分正立面贴墙面砖,结构布局方便村民的生活生产需要,村内主干道铺设水泥路面,先后都安装程控电话。

1995年,省建设厅在全省范围内推出100个小康住宅建设示范村,景德镇市昌江区竟成镇樊家井村、浮梁县洪源镇方家村、乐平市乐港镇袁家村列入试点村。2006年,市委、市政府下发《关于加快建设社会主义新农村的意见》,根据"生产发展,生活宽裕,乡风文明,村容整洁,管理民主"的总体目标要求,以规划为龙头,以村庄整治为重点,推进新农村建设,共有试点村115个,其中乐平市67个、浮梁县38个、昌江区10个。

2010年,市建设局组织20多名专家编制出版《景德镇市新农村住宅设计图集》,编入9套成熟住宅图和施工图设计方案,共出版700套,指导农村住宅建设。

农村危房改造　2009年,全市开展农村危房调查摸底工作,各县(市、区)建设、民政、房管部门联合组成工作小组深入各乡镇摸底排查,根据国家危房鉴定标准,农村危房鉴定属整栋(D级)的危房要拆除重建,属局部(C级)的危房要修缮加固。2010年,乐平市农村危房改造困难户共有900户,其中由建设部门摸底核实并认定的危房改造对象807户(含81户维修户),民政部门核实并认定的因灾倒房对象93户。在新建和翻建住房的726户中,共有分散供养五保户47户、低保户471户、贫困户180户、因灾倒房户28户。农村危房改造对象补助资金990万元全部发放到位,完成危房改造任务。

文化旅游名镇(村)

2005年9月16日,浮梁县瑶里镇被建设部、国家文物局公布为国家第二批中国历史文化名镇。2008年10月14日,浮梁县江村乡严台村被公布为国家第四批历史文化名村。2010年12月13日,勒功乡沧溪村被公布为中国第五批历史文化名村。2010年3月10日,浮梁县瑶里镇被住房和城乡建设部、国家文物局公布为第一批全国特色景观旅游名镇(村)。

第四章　建筑业

90年代初,全市建筑施工中采用散木模板、竹木脚手架,在施工现场搅拌混凝土、楼房使用龙门吊。至21世纪初,开始使用泵送商品混凝土、落地钢管脚手架、竹胶大模板、吊车、人货电梯等技术,使用轻质墙体材料、墙地砖、防水涂料等新材料。引进国家推广的地基基础和地下空间技术、钢筋及预应力技术、抗震改造技术,施工更加科学,工程质量更加稳定可靠。

第一节　勘察设计

勘察设计队伍

1986年,景德镇的勘察设计单位有市建筑设计院、陶瓷工业设计院,市房管局、水利水电局、供电局、公路局、昌河飞机工业公司、602研究所、4321厂等先后成立设计室(所),承担不同等级的建筑工程设计。至1990年,全市勘察设计单位有11个(不含乐平、浮梁),其中建筑工程勘察设计单位7个,甲级设计单位2个(含勘察乙级),乙级工程测绘单位1个,丙级设计单位4个。从业设计人员近400人,其中高级技术人员49人,中级技术人员150人。另外,省、部级专业设计院也承担景德镇市很多大型复杂的工业建设项目设计。如省电力设计院、省轻工业设计院、省化工设计院、省建筑设计研究院、航空工业部设计院、林业部设计院、三机部第四设计院、冶金部设计院等设计单位,承担发电厂、昌河飞机制造厂、焦化煤气厂、黎明制药厂等工业项目设计。

进入21世纪,市高新技术开发区建设及房地产开发迅速发展,大量外地(如北京、浙江、上海、广州、深圳、福建等)房地产开发企业进入景德镇市,外地建筑设计单位也一同参与景德镇市工业与民用建筑设计。同时,本市设计单位及设计人员也加入沿海地区的建设市场。

1993—2000年,市建筑设计院在珠海、汕头等地开设分院,在上海、昆山、惠州等地开设分部。至2010年年底,景德镇市的建筑设计市场形成全面开放的状态。

市建筑设计院　为自收自支企业化管理的正县级事业单位,归口市建设局。1986年12月,建院30周年时迁入莲花塘设计院大楼办公。1989 年,经建设部批准为国家建筑行业甲级资质设计院,是全市唯一的建筑行业甲级资质设计院。具有工程咨询、工程总承包甲级资质,工程勘察、城市规划、市政公用工程(除燃气外)设计、工程监理乙级资质和地基处理三级资质。2000 年,增挂景德镇城市规划设计院牌子,与市建筑设计院两块牌子一套人马。

市建筑设计院下设总师室,2 个建筑设计所,1 个市政工程设计所,1 个城市规划所及岩土工程所和监理公司、地基处理公司等,拥有建筑、结构、给排水、暖通、电气、城市规划、道路桥梁等多专业技术人员。2010 年,有职工 109 人,其中高级工程师 21 人(含教授级高工 2 人),工程师 43 人,助理工程师 30 人。包括国家一级注册建筑师 4 人,国家注册城市规划师 3 人,国家一级注册结构师 4 人。

90 年代初期,在珠海、汕头、上海、昆山、东莞、惠州等地设立分院或办事处。建院以后,完成数以千计的各类工业与民用建筑设计项目和城市规划、市政工程项目。其中有陶瓷、机械、电子、建材、食品等工业厂房,航空工业直升机库等复杂工业建筑,有住宅、学校等大量民用建筑和医院、影剧院、宾馆、商场、写字楼、火车站、机场候机楼、体育馆、展览馆等大型复杂高层公共建筑。获部、省、厅、市优秀设计奖百余项次。

陶瓷工业设计研究院　为陶瓷工业专业设计单位,归口省陶瓷工业公司。1990 年 11 月经轻工业部批准为轻工甲级资质设计单位,并获建筑设计乙级资质。该院以日用陶瓷工业设计为主,并承担电瓷、特种陶瓷工业设计以及其他工业与民用建筑设计。1990 年有职工 139 人,其中高级工程师 15 人、工程师 36 人、助理工程师 43 人、技术员 8 人。20 世纪末,随着市陶瓷产业变革和陶瓷生产工艺的发展以及全市十大瓷厂的改制,陶瓷生产逐步走向小规模作坊式生产模式,景德镇市以陶瓷生产厂房为主流的工业建筑市场萎缩,设计人才流失。

建筑设计

建筑设计方案评审　1986—1999 年,由市建设局组织建筑设计方案评审,建筑设计方案评审专家包括建筑、结构、设备、规划专家和规划管理干部组成,由分管规划设计的副局长担任主任委员,资深建筑专家任副主任委员,具体工作由市建设局规划科负责。根据工程项目方案报审情况,不定期召开设计方案评审会,对报审设计方案提出评审意见,决定是否批准报审设计方案,或修改后批准该设计方案。2000 年成立市规划局后,方案审批由规划局承担,规划局重组建筑设计方案评审委员会,并扩大至消防、环保、交通、人防、节能等主管部门专家,由规划局长主持评审会,规划局相关科室负责人参加。至 2010 年设计方案评审和审批工作更趋成熟和严格。

建筑施工图设计审查　施工图审查是国家法定基本建设程序。2001 年,市建筑设计院成立环景建筑设计审查所,承担全市建筑工程项目的施工图设计审查。2005 年,环景建筑设计审查所划归市规划局直辖。2001—2010 年,共审查建筑工程施工图设计项目单项工程 968 项。建设部和省建设厅每年均对设计施工图审查工作进行检查、指导、交流,提高审签质量和审签水平。

设计案例

工业建筑　陶瓷厂房。80 年代,景德镇的陶瓷工业厂房由传统的坯房(原料精制和成型车间)和窑房(烧成车间)发展到采用主体流水新工艺布置平面设计的集中式联合多层厂房。

至 90 年代,景德镇市陶瓷生产企业大量改制,逐步走向小规模作坊式生产模式,曾以大型陶瓷生产厂房为主流的工业建筑发展停滞。至 21 世纪初,景德镇以陶瓷生产为主的工业产业结构逐步发展到以陶瓷、电子、航空、机械制造、化工、电力、建材等多元化产业结构,工业建筑也逐步由预应力装配式结构和木结构、框架结构发展到大跨度钢结构,部分厂房由单层发展到多层现浇钢筋砼结构厂房,使城市的工业建筑进入了新的时代。至 2010 年,设计建成的主要陶瓷工业建筑项目有新地陶瓷、金艺陶瓷、乐华陶瓷、新都民营陶瓷园、中国陶瓷城,以及海畅法兰瓷有限公司、湖田仿古瓷厂、景东陶瓷有限公司、瑞然陶瓷有限公司、艺峰特陶有限公司、陶瓷科技园、广龙陶瓷、隆发陶瓷有限公司的厂房等。

其他工业建筑。1986—2010 年,主要代表建筑有昌河飞机工业公司的昌远注塑厂房和昌靖内饰件等厂房,昌河航空工业有限公司的 372 厂房 425 号钣金厂房,昌河飞机工业集团公司厂房,安达塑料泡沫制品有限公司的 1 号、2 号、3 号、4 号厂房,佳宝防震包装材料厂房,市万泉天然香料厂生产车间,市真空电器有限公司厂房，中国直升机设计研究所903号厂房，江西新能源科技有限公司厂房，景新多晶硅一期项目，市嘉和汽车工业有限公司1号、3号厂房，景德镇LED节能照明产业基地2号厂房，光电产业类企业10万平方米厂房及配套基础设施，景光工模具制造有限公司建设项目的仓库、厂房，市向宇机械有限公司2号厂房，江西密胜科技有限公司厂房，景华电子有限公司高新区新建厂房等。

民用住宅　景德镇明清时期的民居主要为"三件五架式、以天井为单元平面布局、前店后坊、家店一体"混合式的一层建筑。至七八十年代发展73-1型通用图住宅。2~3层砖混结构、砖墙承重，设钢筋圈梁、预制钢筋砼多孔板楼面、水泥桁条、水泥瓦坡屋面或槽形板屋面，面积在45平方米以内、独用厨房、一至三室、无明显客厅。80~90年代，市区新建住宅发展为80-1型、83-1型单元式5~7层住宅，层高为3米，有一室一厅、二室一厅、二室二厅、三室一厅、三室二厅等户型，每户有独用厨房、卫生间、阳台，设备较齐全，采光通风良好。结构形式均为砖混结构，大多采用预制预应力钢筋砼多孔板，同时一些临街住宅的底层或一、二层设置商业、服务网点，形成一种将商业服务与住宅联合建造商住楼新形式，商店向街面敞开，楼层住宅从背立面楼梯上下，互不干扰，商业部分采用框架结构，上部为混合结构。如广场旁金昌利商住楼、新德园商住楼、新村西路德成花园商住楼等，市民居住户条件和质量大为改善。

90年代后，随房地产开发加快，住宅建筑按住宅小区规划设计，大规模成片建设，除注重住宅单体房型适用、经济符合市场需求外，小区建设考虑商业服务、教育、停车、物业管理配套建设和小区环境绿化美化。较早建设的小区有金鱼山小区、梨树园小区、莲花山庄、新枫园小区等。2000—2010年，相继建设远东怡景花园、春天花园、莱顿风情等20多个住宅小区。

2001年建设的宝镇公寓是全市首座高层住宅（7层以上，设电梯），以后相继有海慧花园、新村花园、远东怡景、瓷都国际华城、长虹金域中央、港逸豪庭、尚东国际、金岸名都等高层住宅。

公共建筑　1986—2010年，景德镇市建成多种类型的公共建筑，主要有学校、办公楼、医院、体育馆、酒店宾馆及文化、银行、商业、交通等建筑设施。

学校建筑有一小、四小、七小、十二小、一中、二中、四中、五中、昌江一中、新五中等中小学教学楼、景德镇高专艺术教学楼、陶瓷学院新校区（湘湖）等大学建筑，学校建筑多为框混合框架结构、外廊式建筑。

医院建筑有第一人民医院外科大楼（高层），第二人民医院住院部（高层）、门诊楼，第六人民医院大楼、妇幼保健院住院大楼（高层）等，均为混凝土框架结构，突出使用功能的设计。

办公建筑有市人大办公楼、公安大楼、海关大楼（高层）、国税局大楼（高层）、地税局大楼（高层）、交通大楼（高层）、邮电大楼（高层）、珠山区政府办公楼、市委办公楼（高层）、烟草公司大楼、中保人寿大楼、广播电视大楼、供电局大楼（高层），以及检察院、法院、环保、司法、邮政、移动、联通、水务、高新区、交警支队、消防支队、人防应急中心等单位办公楼，均为混凝土框架结构。

酒店宾馆建筑有景德大酒店、瓷都宾馆、翠云宾馆、文苑大酒店、伊龙大酒店、开门子酒店、紫晶宾馆、朗逸酒店（高层）、豪门大酒店（高层）、金叶大酒店。

文化建筑有龙珠阁复建工程、古陶瓷博览区、财富大厦、陶瓷展馆、省陶研所艺术楼、陶院老校区图书馆、陶艺交流中心、市图书馆、昌河文化中心、陶瓷工艺美术学校图书馆。

商业建筑有豪德建材市场、金昌利瓷贸大厦、景德镇商城、国贸陶瓷广场、二百商场、锦绣昌南、华达百货、时代广场、金鼎百货、新跃广场、陶瓷大世界等。

交通建筑有罗家机场候机楼、长途汽车站（西客站）、火车站。

优秀建筑设计获奖

1987年，全省第三次优秀勘察设计评选中，"景德镇市少年宫"获省优秀设计二等奖，"景德镇火车站"获省优秀设计表相奖。1988年，省建设厅优秀设计评选，"景德镇市老干部活动中心"获优秀设计二等奖，"物资交流中心""市游泳场"获优秀设计表扬奖，"陶人画坊"获优秀园林设计二等奖；"古陶瓷博览区设计"项目，获省科技进步二等奖。1989年，在全省第四次优秀设计评选中，"市老干部活动中心""陶人画坊"获省优秀设计二等奖。

1991年，"景德镇旅游宾馆"（合资宾馆）项目被评为城乡建设系统部级优秀设计表扬奖；"古窑博雅园"

获全省城乡建设系统优秀设计三等奖。1993 年,“景德镇龙珠阁复建工程”荣获全省城乡建设优秀设计二等奖。1995 年,“景德镇市工人文化宫二期工程”“工商银行金融营业楼”获全省城乡建设优秀设计二等奖,“景德镇市御窑商业长廊”获省城乡建设优秀设计三等奖。

1996 年,在第七次全国优秀勘察设计评选活动中,市建筑设计院有 11 项设计成果分获部、省、市级 19 项奖。明青园(与陶瓷工业设计院合作,并获建设部优秀设计三等奖)、工人文化宫二期工程(并获省优秀设计三等奖、省建设系统优秀设计二等奖)、工商银行营业楼(并获江西省优秀设计三等奖、省建设系优秀设计二等奖)、御窑商业长廊(并获省建设系统优秀设计三等奖)、焦化煤气厂培训中心(并获全省优秀设计表扬奖、省建设系统优秀设计三等奖)获市优秀设计一等奖;市妇联实验幼儿园、新村邮电综合楼、乐平化纤厂培训中心获二等奖;市交通稽征综合楼、万达商厦获三等奖。

1998 年,“景德镇市人民银行”建筑设计获省优秀建筑设计三等奖;2000 年,“中国 1999 昆明世界园艺博览会江西瓷园”项目获省第九次勘察设计“四优”评选工程一等奖。2004 年,“景德镇市人民广场改造工程”获全省城乡建设优秀勘察设计评选市政公用工程二等奖。2006 年,“昌江广场”获省城市规划设计三等奖。

2007 年,“浮梁县王港乡港口村村庄整建规划”获(省)市新农村建设村庄规划评选表扬奖,市建筑设计院推荐的新农村建设农房设计方案获“江西省新农村建设农房设计方案竞赛”二等奖。2008 年,市龙兴瓷苑厂房、展厅、办公楼,市财富大厦会堂、展厅项目和市人民公园改造项目,江西陶瓷工艺美术职业技术学院科技艺术中心项目分别获全省工程勘察设计行业优秀建筑工程设计二、三等奖;2009 年,市财富大厦会堂、展厅,市人民公园改造,江西陶瓷工艺美术职业技术学院科技艺术中心项目分别获省第十三次勘察设计“四优”设计二、三等奖。

第二节　建筑施工

施工技术推广

1986 年 12 月,市建筑材料厂建成 2 座容量为 200 吨的散装水泥库,并购进 2 台 8 吨散装水泥车,首家推广使用散装水泥。1987 年 10 月,市政府转市经委《关于加快发展我市散装水泥的实施意见》,指导散装水泥推广使用。

1987 年 8 月,市建筑材料厂生产的“珠山牌”石棉水泥小波瓦,在中国建材工业协会石棉瓦分会组织的全国建材产品质量检查中,通过部颁标准,为江西省石棉水泥制品首次通过部颁标准。

1990 年 6 月 2 日,全省第一座采用链系钢构预应力悬灌梁后张法施工的乐平李家岭立交桥开工,工程投资 360 万元。12 月 15 日,市邮局火车站进出邮件转运大楼竣工,内部 18 米高的螺旋滑梯为省内首创。

1991 年 5 月 15 日,西河桥扩建工程开工,桥梁全长 77.68 米,东侧加宽 21 米、西侧加宽 12 米,加上原桥宽,桥面总宽度为 40 米。施工中采用三层复合式施工,底层采用普通混凝土,中层渗入钢纤维混凝土,桥面试用素混凝土,引进喷锚技术用于老桥加固,提高荷载能力。由市城建综合开发公司施工。

1993 年 7 月,市二建耗资 80 万元,从中国北方工业总公司购进全市第一台起重高度 100 米,回转半径 45 米,最大起重 5 吨的自升式塔吊,在市人民银行大楼工地首次安装使用。

1995 年 9 月,市一建公司承担 16 层框架结构的市商贸大厦施工,由于地质复杂,施工场地狭小,在地基处理中,首次采取泵吸反循环钻机打桩技术,保证了桩基入岩深度和孔壁垂直,而且钻孔速度快,质量好,孔底沉渣极少。桩基质量、入岩深度均满足设计要求,经省有关检测单位对工程桩基砼质量抽蕊检测,51 根桩基全部优良。

1996 年 10 月,市一建公司在承建江西烟草景德镇市职工培训中心大厦项目中,首次采用泵送砼料新技术。该楼建筑面积 1.8 万平方米,21 层框架钢筋混凝土结构。整个工程砼浇捣量大、标号要求高。公司投资 26.5 万元购买 1 台建设部重点推广的“HBT40”型砼输送泵,其扬程可达 80 米,每小时输送砼 40 立方米。施工中 9 天完成常规需要 40 天的工作量。12 月,累计浇捣砼 4000 平方米,节约开支 17 万元。施工中运用网络计划等科学管理方法,采用90年代先进的工艺技术,加快工程进度,进入标准层施工后,平均以10天一层楼的速度刷新纪录。

1997年,一建公司在市印刷包装机械有限公司建筑面积6868.75万平方米总装车间的施工中,首次采用单层多跨装式排架结构,有效克服了废孔、弯曲等弊端,先后将1527件预制构件全部按规范标准安装到位,提前实现屋面封顶。

2005年,推广应用高效减水剂、泵送剂、早强剂、UEA膨胀剂等混凝土外加剂,以及多种活性混合材料,在施工单位委托配合比设计时,推荐使用新技术以提高施工质量,降低成本。市区新建的建筑当中,1/3的建设单位使用水泥多孔砖。

2007年,江西中恒集团景德镇分公司和岩土分公司合作,对原有长螺旋技术进行改进,在景德镇实行长螺旋钻孔压灌技术。采用长螺旋钻机钻孔至设计标高,利用混凝土泵将混凝土从钻头底压出,边压灌混凝土边提升钻头直至成桩,然后利用专门振动装置将钢筋笼一次插入混凝土桩体,形成钢筋混凝土灌注桩。与普通水下灌注桩施工工艺相比,长螺旋钻孔压灌桩施工,由于不需要泥浆护壁,无泥皮,无沉渣,无泥浆污染,施工速度快,造价较低。

优质工程

优质工程评选 2004年7月1日,《景德镇市优良工程奖评选与管理办法》发布施行,由市建设局成立优良工程奖评审委员会,负责评审工作,获奖项目由市建设局审批表彰。评选范围为房屋建筑工程、市政公用设施工程、建筑装饰工程和园林绿化工程。市优良工程奖每半年评选一次。

2007年,制定《景德镇市结构优良工程奖评审实施细则》,共分总则、评审标准、评审范围及条件、评审程序、纪律和要求、附则等7章18条。

至2010年,全市建筑工程质量创中国建筑工程鲁班奖(国家优质工程)1项(陶院图书馆),全国建筑工程装饰奖1项(紫晶宾馆),江西省杜鹃花杯奖工程10项,江西省优良工程奖68项。

表5-4-1 **2002—2009年景德镇市获省级以上优良工程奖统计表** 单位:个

年份	江西省优良工程奖	江西省杜鹃花杯奖	年份	江西省优良工程奖	江西省杜鹃花杯奖
2002	7	1	2006	11	2
2003	9	1	2007	3	1
2004	11	1	2008	9	1
2005	12	2	2009	6	1

表5-4-2 **2001—2009年景德镇市获江西省优质建设工程杜鹃花奖项目表** 单位:平方米

年份	工程名称	建筑面积	施工单位	监理单位
2001	景德镇陶瓷学院教学大楼	10760	江苏三江建设有限公司	—
2001	市烟草职工培训大楼	18000	江西省华景建设集团有限公司	—
2002	景德镇陶瓷学院科技实验楼	13900	江西广宇建设有限公司	江西省兴赣建设监理咨询有限公司
2003	景德镇陶瓷学院青年教师公寓	7079	江西省第二建筑工程公司	江西省兴赣建设监理咨询有限公司
2004	景德镇陶瓷学院新校区教学楼	16742	江苏广宇建设有限公司	江西省兴赣建设监理咨询有限公司
2005	景德镇陶瓷学院新区图书馆	22800	江西省第二建筑工程公司	江西省兴赣建设监理咨询有限公司
2005	景德镇城市名都工程A区银座	11501	浙江省东阳第三建筑工程有限公司	市环中建设监理有限公司

续表 5－4－2

年份	工程名称	建筑面积	施工单位	监理单位
2006	市邮政局邮政综合楼	11087	江西省第二建筑工程公司	市环中建设监理有限公司
2006	景德镇特设成品楼工程	14000	江苏广宇建设集团有限公司	市景航工程建设监理有限公司
2007	市烟草物流中心	20788	江西省第二建筑工程公司	市环中建设监理有限公司
2008	市国家税务局综合业务用房	13105	江西省第二建筑工程公司	市景航工程建设监理有限公司
2009	景德镇900号科研设计中心	26065	江苏广宇建设集团有限公司	市景航工程建设监理有限公司

表5－4－3 **2003—2010景德镇获江西省优良工程奖项目表** 单位:平方米

年份	工程名称	面积	施工企业	监理单位
2003	景德镇陶瓷学院游泳馆	4181	江苏广宇建设有限公司	江西兴赣建设监理咨询有限公司
2003	市第四水厂一期净水工程	8000	江西省华景建设集团有限公司	江西中昌工程咨询监理有限公司
2003	市中国陶瓷城C6、C8栋	9000	中天建设集团有限公司	市宏程建设监理有限公司
2003	市中国陶瓷城E5、E6	6768	宏润建设集团股份有限公司	市宏程建设监理有限公司
2003	市新枫园住宅小区12号楼	4036	江西省华景建设集团有限公司	市宏程建设监理有限公司
2003	市新枫园小区11号住宅楼工程	4400	市第二建筑工程公司	市宏程建设监理有限公司
2003	市梨树园二期工程玫瑰花苑5号楼	4283	江西景房集团广厦建筑公司	市瓷城建设监理有限公司
2003	市太白园实验中学教学楼	8785	江西省华景建设集团有限公司	市环中建设监理有限公司
2003	中国轻工业部陶瓷研究所大学生宿舍楼	8619	江苏广宇建设有限公司	江西兴赣建设监理咨询有限公司
2004	景德镇陶瓷学院新区学生食堂	8192	江西省第二建筑工程公司	江西省兴赣建设监理咨询有限公司
2004	景德镇陶瓷学院新区专家接待中心	5600	江西省第二建筑工程公司	江西省兴赣建设监理咨询有限公司
2004	景德镇陶瓷学院新区学生公寓A1型	6260	江苏广宇建设有限公司	江西省兴赣建设监理咨询有限公司
2004	景德镇陶瓷学院新区学生公寓A2型	6148	江苏广宇建设有限公司	江西省兴赣建设监理咨询有限公司
2004	市海关大楼	7283	江西省华景建设集团有限公司	江西省建科工程建设监理有限公司景德镇市分公司
2004	市远东怡景花园27号楼	4086	江西省第二建筑工程公司	江西省建科工程建设监理有限公司
2004	市海慧花园小区9号楼工程	4400	江西省昌南建筑有限公司	市环中建设监理有限公司
2004	市新跃广场二期	18868	市第二建筑工程公司	市环中建设监理有限公司
2004	市昌河中学阶梯教室综合楼	12600	市第二建筑工程公司	市景航工程建设监理有限公司
2004	市国际商贸广场16号楼	7300	江西省昌厦建设工程集团公司	市宏程建设监理有限公司

续表 5 – 4 – 3

年份	工程名称	面积	施工企业	监理单位
2004	市站前路大江二期购物中心	33058	江西省昌厦建设工程集团公司	市环中建设监理有限公司
2005	景德镇陶瓷学院教学组团主教学楼	28967	江苏广宇建设集团有限公司	江西省兴赣建设监理咨询有限公司
2005	景德镇陶瓷学院多功能训练馆	8980	江苏广宇建设集团有限公司	江西省兴赣建设监理咨询有限公司
2005	景德镇陶院新区学生公寓 10 号楼	6160	江西省第二建筑工程公司	江西省兴赣建设监理咨询有限公司
2005	景德镇陶院新区学生公寓 11 号楼	7111	江西省第二建筑工程公司	江西省兴赣建设监理咨询有限公司
2005	市城市名都 B 区 1 号楼	13369	浙江省东阳第三建筑工程有限公司	市环中建设监理有限公司
2005	市海宏花园 A 栋	16500	市第二建筑工程公司	市景航工程建设监理有限公司
2006	景德镇 502 部装厂房工程	28427	江苏广宇建设集团有限公司	市景航工程建设监理有限公司
2006	景德镇高等专科学校图书馆	20100	江西省第二建筑工程公司	江西省兴赣建设监理咨询有限公司
2006	景德镇陶瓷学院新区二食堂	8481	江西省第二建筑工程公司	江西省兴赣建设监理咨询有限公司
2006	市林业科技培训中心	5667	江西省第三建筑有限责任公司	市景航工程建设监理有限公司
2006	市第一人民医院外科综合楼	20000	江西中联建设集团有限公司	江西中祥建设监理有限公司
2006	市圣罗帝景小区 1 号、17 号楼	7552 9089	江苏汉中建设集团有限公司江西分公司	市宏程建设监理有限公司
2007	景德镇昌飞公司 427 号厂房	21500	江苏广宇建设集团有限公司	市景航工程建设监理有限公司
2007	市圣罗帝景小区 14 号楼	5977	江苏汉中建设集团江西分公司	市宏程建设监理有限公司
2007	市东方明珠 7 号、8 号楼	8430 9160	市第二建筑工程公司	市环中建设监理有限公司
2007	市东方明珠 9 号楼	9854	市第二建筑工程公司	市环中建设监理有限公司
2007	市金厦清清嘉园 1 号、2 号楼	6480 6571	江西省第三建筑有限责任公司	市环中建设监理有限公司
2007	市加州印象小区 9 号、12 号楼	4752 4875	江西省第三建筑有限责任公司	市宏程建设监理有限公司
2008	CHINA 印象农贸市场	16799	市第二建筑工程公司	市宏程建设监理有限公司
2008	景德镇陶瓷学院艺术实验楼	12598	江西中恒建设集团公司	江西兴赣建设监理咨询有限公司
2008	市丽华花苑	16700	新世纪建设工程有限公司	市环中建设监理有限公司
2009	景德镇 901 号综合信息控制试验室	10510	江苏广宇建设集团有限公司	市景航工程建设监理有限公司

续表 5-4-3

年份	工程名称	面积	施工企业	监理单位
2009	市长虹机电产业项目	68149	江西省第二建筑工程公司	南昌市建筑技术咨询监理有限公司
2009	乐平客运中心站	7882	湖南省第六工程有限公司	江西省赣建工程建设监理有限公司
2009	市二院住院部综合大楼	28000	江西省第二建筑工程公司	市环中建设监理有限公司
2010	市 CHINA 印象 2 号、3 号、5 号、6 号楼	34000	海力建设集团有限公司	景德镇宏程监理有限公司
2010	市 CHINA 印象 1 号、4 号楼	4503	海力建设集团有限公司	景德镇宏程监理有限公司
2010	景德镇陶瓷学院新区 17 号学生公寓	11566	江西建工第二建筑有限公司	市瓷城建设监理有限公司
2010	市隆基尚城 1 号、2 号、3 号楼	28240	江西临川建筑安装工程总公司	江西中祥建设监理有限公司

第三节　建筑企业

企业资质

景德镇市建筑业从小到大，从大到强，技术水平不断提高，管理能力不断提升，具有施工总承包、专业承包、劳务分包等管理资质。2010 年，全市取得资质证书的施工总承包企业 48 家、专业承包企业 69 家、劳务分包企业 3 家(江西运达建设劳务有限公司资质等级为脚手架搭设作业、景德镇兴力送变电工程有限公司资质等级为架线工程作业、市水电维修安装有限公司资质等级为水暖电安装作业)。市(包括昌江区、珠山区)91 家、乐平市 14 家、浮梁县 15 家。

表 5-4-4　　2010 年全市建筑企业资质类别等级情况表

序列类别	景德镇市			浮梁县			乐平市			小计
	一级	二级	三级	一级	二级	三级	一级	二级	三级	
A 施工总承包	2	13	12	1	6	6	0	4	4	48
B 专业承包	0	15	47	1	0	1	0	1	4	69
C 劳务分包	2	0	0	0	0	0	1	0	0	3
合计	4	28	59	2	6	7	1	5	8	120

表 5-4-5　　2010 年景德镇市建筑企业施工总承包资质一览表(一)

企业名称	成立年份	资质等级	企业名称	成立年份	资质等级
江西省华景建设集团有限公司	—	房建一级	浮梁县城市建设综合开发公司	1994	市政二级
江西景泰路桥工程有限公司	1994	公路一级	江西宇航建设工程有限公司	2004	房建二级
江西省荣翔建设有限公司	2006	房建一级	江西省腾翔建设有限公司	2009	房建二级

续表5－4－5

企业名称	成立时间	资质等级	企业名称	成立年份	资质等级
市昌江建筑工程公司	2007	房建二级	乐平市第二建筑工程公司	1999	房建二级
市朝阳建筑工程有限公司	2001	房建二级	乐平市第一建筑工程公司	1999	房建二级
市第二建筑工程公司	1990	房建二级	江西恒齐市政工程有限公司	—	市政三级
市第三建筑工程公司	1990	房建二级	市金禾环保工程有限公司	2010	房建三级
市东方公路桥梁建设有限公司	—	公路二级	江西省盛蓝建设有限公司	—	房建三级
市东方建筑工程有限公司	2001	房建二级	江西顺义建筑工程有限公司	2007	房建三级
市竟成建筑工程公司	—	房建二级	江西洲宇建筑工程有限公司	2009	房建三级
市通源市政工程有限公司	2005	市政二级	市城建建筑工程公司	—	房建三级
市市政工程总公司	2002	市政二级	市第四建筑工程公司	1990	房建三级
浮梁县市政工程公司	1992	市政二级	市江都建筑工程有限公司	—	房建三级
江西恒邦建设有限公司	2002	房建二级	市信昌建筑工程有限公司	—	房建三级
乐平市翥山建筑工程有限公司	2002	房建二级	乐平市洎阳建筑工程有限公司	2001	房建三级
江西宏达建筑有限公司	—	房建二级	乐平市宏顺建筑工程有限公司	2010	房建三级
江西景德房地产建设集团有限公司	2001	房建二级	乐平市水利水电建筑工程公司	1999	水电三级
江西明赣水利建设有限公司	1999	水利水电二级	市通途公路工程有限公司	—	公路三級
			江西昌源实业有限公司	—	电力三级
江西省昌南建筑有限公司	2001	房建二级	江西誉王建筑工程有限公司	2005	房建三级
市给水工程有限公司	2001	市政二级	市西郊建设工程有限公司	—	房建三级
江西省华宏建设有限公司	1990	房建二级	江西金达地矿工程有限责任公司	—	地基二级

表5－4－6　　2010年景德镇建筑施工企业专业承包资质一览表(二)

企业名称	成立年份	资质等级	企业名称	成立年份	资质等级
市宏远地基基础有限公司	—	地基三级	江西新意科技有限公司	—	智能化三级
市环球地基工程有限公司	—	地基三级	市新城建设投资开发有限责任公司	—	土石方三级
江西欣峰地基工程有限公司	—	地基三级	市景宽公路开发有限公司	—	土石方三级
市窑炉建筑安装公司	2000	窑炉二级	浮梁县映辉亮化工程有限责任公司	—	照明三级
江西省陶研所海泰窑炉开发中心	—	窑炉二级	市国信节能科技股份有限公司	—	照明三级
市消防工程有限公司	1997	消防二级	江西烨欣电力工程有限公司	—	照明三级
乐平赣东北新星实业总公司	1993	送变电二级	景德镇科莱利陶瓷工程技术有限公司	2009	窑炉三级
江西斯达尔钢结构有限公司	—	钢结构二级	乐平锦溪商品混凝土有限公司	2010	预拌混凝土三级
市航务工程处	—	航道二级			
江西中瑞丰达信息科技有限公司	—	智能化三级	景磐城建混凝土有限公司	2004	预拌混凝土三级

续表5-4-6

企业名称	成立年份	资质等级	企业名称	成立年份	资质等级
景德镇东鑫混凝土有限公司	2009	预拌混凝土三级	市枫叶装饰工程有限公司	—	装饰三级
市城竟混凝土有限公司	2009	预拌混凝土三级	景德镇翔达装饰工程有限公司	—	装饰三级
			市诚鑫装潢有限公司	—	装饰三级
市政峰混凝土有限公司	2008	预拌混凝土三级	市辉宏建筑装潢有限公司	2005	装饰三级
市远大空调制冷工程有限公司	2002	机电设备安装三级	市康之居装饰工程有限公司	—	装饰三级
江西奥虎送变电有限公司	2007	送变电三级	市艺海建筑装潢有限公司	—	装饰三级
江西全通电力工程技术有限公司	—	送变电三级	景德镇骏星装潢有限公司	—	装饰三级
景德镇瓷都电力实业开发有限公司	—	送变电三级	市海通装饰有限公司	—	装饰三级
江西福恒建设工程有限公司	—	特种专业	景浮雳实业有限公司	—	装饰三级
江西中胜建筑工程有限公司	2001	装饰一级	市明尚装饰工程有限公司	2005	装饰三级
市华声物业有限公司	—	装饰二级	市鑫磊装饰有限公司	—	装饰三级
景德镇鸿发实业有限公司	—	装饰二级	市世纪诚信装饰工程有限公司	—	装饰三级
景德镇陶瓷工程公司	—	装饰二级	市正发建筑装潢有限公司	1998	装饰三级
市百花置业有限公司	1996	装饰二级	市嘉诚装饰工程有限公司	—	装饰三级
江西金众装饰工程有限公司	—	装饰二级	市华阳广告装潢有限公司	—	装饰三级
江西昌建建筑装饰工程有限公司	—	装饰二级	乐平市天诚广告装饰有限公司	—	装饰三级
市昌辉建筑装饰工程有限公司	—	装饰二级	乐平市聚秀装饰有限公司	—	装饰三级
江西银河装饰设计有限公司	1997	装饰二级	市通达诚信装饰工程有限公司	—	装饰三级
市三泰装饰广告有限公司	2004	装饰二级	景德镇逸天装饰设计工程有限公司	—	装饰三级
市维克多装饰有限公司	—	装饰三级	景德镇中陶建筑装饰工程有限公司	—	装饰三级
市华隆装饰有限公司	—	装饰三级	市宏达广告装饰有限公司	—	装饰三级
市家和物业管理公司	—	装饰三级	市华昌建筑装饰工程有限公司	—	装饰三级
市欧雅装饰有限公司	—	装饰三级	乐平市祺祥广告装饰有限责任公司	—	装饰三级
市华昌装饰有限公司	—	装饰三级	景德镇东航室内装饰设计有限公司	2006	装饰三级
市电信实业有限公司	—	装饰三级	市青年广告装饰有限公司	—	装饰三级

企业简介

市政劳动服务公司　1986年成立,隶属于市政工程处的大集体企业,员工大多为市政公司职工的子女和家属,由建设印刷厂和工程三队2个部门组成,共有职工138名。1995年,由于经营困难,22人主动退职。

2008年,市政工程处启动企业改制,对不同类型职工采取补缴社会养老保险费、发放一次性工龄补偿金等方式,职工与企业签订《解除劳动关系协议》。市政工程处将夜叉坞市政宿舍区内原市政劳动服务公司生产使用的0.34公顷国有划拨土地出让,筹集到340万元,用作市政劳动服务公司企业改制资金,不足部分由市政工程处自筹解决。同时,为大多数一线工人办理特殊工种证书,按照国家相关政策,女满45周岁、男满55周岁享受退休待遇。2010年企业改制完成。

市第二建筑工程公司　公司在原市劳动局的合作建筑工程公司基础上组建,属市建设局大集体企业。1990年,公司在册职工1390人,其中固定职工1196人。有职称的工程技术、经济类人员148人,其中经济师6人、助理经济师25人、经济员21人、会计师3人、助理会计师8人、会计员8人、统计师1人,高级工程师1人、助理工程师33人、技术员42人。2003年12月,职工总数1454人,其中退休职工631人、在职人员823人。2003年公司改制,为职工预交社会养老保险和医疗保险后解除劳动关系,企业留用人员重新签订合同。改制后公司在职职工565人,其中专业技术人员230人、高级工程师6人、高级经济师2人、高级会计师2人、中级专业技术人员96人、初级专业技术人员124人、一级建造师6人、二级建造师23人、其他专业技工76人。

市第四建筑工程公司　1980年7月,建筑服务公司成立,隶属市第一建筑工程公司。1986年,建筑服务公司90%职工全部安排在一建公司工作。1988年12月,市建工建材局将服务公司从一建公司划出,更名为市第四建筑工程公司,资质为房屋建筑工程施工总承包三级,职工总数为366人,隶属建工建材局。1993年12月,四建公司和一建公司的大集体瓷城建筑工程公司合并,职工人数为680多人。2002年,第四建筑工程公司划归市建设局。公司资质房屋建筑工程施工总承包三级,职工总数560人(其中退休职工388人)。

上饶地区第二建筑公司(驻乐平长寿路)　80年代初,是乐平县资质较高的建筑企业,县内重点工程、特别是驻乐平的中央省属企业的主要建筑工程,大多由该公司承建。由于在建筑市场竞争中落败,至2000年,公司基本停止经营,职工自谋生路。

乐平市第一建筑工程公司　建筑业资质三级,有职工532人,其中工程系列技术人员55人、经济系列技术人员12人。机械设备165台,功率1291.7千瓦。1985—1999年承建的主要工程59个,有乐平水泥厂、乐平二百商场、二轻大楼、公安大楼、人民医院住院部、纺织厂万锭车间、乐平大厦、信用社、邮电大楼、市政府大楼、赣东北供电局宿舍、赣东北大市场商居楼、蔬菜批发一条街、乐平供电局大楼、广播电视大楼、商贸大厦、乐中叶青图书馆等工程。

乐平市第二建筑工程公司　为建筑集体企业,资质等级三级。1990年有职称的人员共61名,其中技术人员41名、中级职称人员12名。基建设备217台,功率1271千瓦。承建的主要工程有百货大楼、煤炭局办公大楼、帆布厂、江西食品厂、县税务大楼、中国银行综合办公大楼、乐万供电局大楼、乐平新汽车站、乐平酿酒厂办公楼、交通银行综合办公楼、珠海路农行大楼等。

其他建筑公司　乐平市第三建筑工程公司,原名盾港基建队,1990年改用现名,2000年有242人,其中中级职称2人,初级职称16人。乐平市政建设工程公司,成立于1985年,有职工160名,其中工程师2人,助理工程师8人,会计师1人,助理会计师2人,助理经济师1人,四级工程项目经理5人,工程技术人员3人。乐平市宏达建筑工程有限责任公司,成立于1993年2月18日,系台属邹建民开办,2000年有职工166人,其中工程师7人,助理工程师18人,技术员3人,助理会计师6人,项目经理3级6人、4级4人;乐平市华信建筑工程有限责任公司,成立于1998年6月3日,由华长坤开办的私营建筑企业,2000年有职工168人,其中工程师5人,助理工程师22人,技术员4人,会计师1人,助理会计师2人,3、4级项目经理各4人。

除有组织的建筑施工企业外,乐平、浮梁还有大批分散于农村的建筑工匠。如乐平后港湖塘滨、陶兴、茅林岗,乐平镇宠公桥、镇桥镇埂上村,都有众多的劳力从事建筑业,号称“石匠村”。据1997年全国第一次农业普查资料,乐平农村从事建筑业的劳力达15010人。他们或成批外出打工、承揽建筑,或在当地揽建民居工程和乐平市非重点工程,尤其是私家住宅,基本都是由这些分散的建筑工匠承建。

第五章 房地产业

90年代初,景德镇市开始发展房地产业,推行住房制度改革,实施房地产开发建设和旧城改造,改善居民住房条件,建立房地产市场,居民住房靠单位的观念发生变化。至1991年,全市住宅建设投资累计18000万元,竣工住宅面积130万平方米。

进入21世纪,景德镇城区房地产开发进入一个新时代,通过老城改造,新区拓展。至2010年,市区有各类房屋总建筑面积2092.76万平方米。其中住宅面积1175.82万平方米、商业房面积281.85万平方米、直管公房面积90.31万平方米、其他办公生产用房584.78万平方米,人均住房建筑面积30.14平方米,人均使用面积21.09平方米,城区住房配套率达83%,功能齐全的小区住宅占住宅总量33%。

第一节 房地产开发

旧城改造

90年代初,景德镇就对老城区南门头沿江东路进行旧城改造,新建泰景楼商品房。1994年11月,市政府成立旧城改造指挥部,办公室设在市房产管理局,抽调24名管理干部、技术员,实施城区沿江东路、中华北路御窑长廊和南门头二期开发为内容的“三条街”旧城改造。1998年,对十八桥地段实行大规模旧城改造,拆除破旧房屋3万平方米,新建十八桥商城。2005年,实施戴家弄街区改造项目,累计完成投资6.12亿元,规划占地面积9.36公顷,拆迁户数2629户,拆迁房屋建筑面积17.43万平方米,改造后的戴家弄形成商业街,街道两边建成9个高层、多层商住楼小区。斗富弄街区旧城改造项目,累计完成投资1.7亿元,项目地处城市核心保护区,临街立面仿古装饰,建有昌南阁、珠山八友雕像,新增城市文化景观,改造后的街区成为旅游小商品一条街。

景德镇特色——窑砖里弄

2006年12月,刘家弄陶瓷民窑遗址被列为市级文物保护单位。2008年7月28日开工建设保护工程,至2009年10月建成,总投资达1.6亿元。主要建设内容包括陶瓷民窑遗址博物馆及附属仿古建筑群,占地面积24000平方米,建筑面积43200平方米,此项因起浙江路与沿江东路交会处修建城市道路时,发现地下留存有自明代以来的景德镇民窑制瓷遗存堆积层,肌理清晰,特征明显。市政府对该区域实施重点保护,并就地兴建景德镇市陶瓷民窑遗址博物馆,保护和展示古瓷文物,将遗址保护区打造成集陶瓷商贸、文化创意、休闲旅游为一体的新街区。

昌南阁

景德镇饭店。习惯称七层楼,曾是景德镇市标志性建筑,俯瞰市中心的休闲广场,为俄式风格的砖木结构建筑。60年代初建设,与群英堂一样,其建筑的基础取用了浮梁旧城临河城墙的麻石墙砖。是市政府对外接待的二星级饭店,有200多间标准客房,并设有酒楼、餐厅、舞厅、桑拿、购物等服务设施，因消防不达标而停业。2001年11月，建成42年后爆破拆除，原址建成景德镇商城。拆下的旧砖运往浮梁旧城，用于修建浮梁古县衙。

群英堂。为砖木结构的剧场建筑，俄式风格。曾是景德镇重要的电影放映、舞台演出和官方召开大型会议的场所，也是市文艺演出单位的排练场所，在景德镇有较高知名度。2003年在老城改造中拆除，建成群英街，为服装步行街。

景德镇饭店

群英堂

表5-5-1　　2001—2010年景德镇市旧城改造情况表

年份	拆旧屋	建新房
2001	珠山西路延伸、广场周边道路拓建等在内的19个拆迁项目，建筑面积52.32万平方米，占地面积39.82万平方米	房地产开发投资总额2.84亿元，施工面积61.7万平方米，竣工面积32.15万平方米
2002	拆迁项目10个，建筑面积26.07万平方米，占地面积19.28万平方米	房地产开发投资总额6.69亿元，施工面积97.1万平方米，竣工面积42.6万平方米
2003	拆迁项目34个，建筑面积63.09万平方米，占地面积46.48万平方米	房地产开发投资总额17.1亿元，施工面积214.72万平方米，竣工面积87.39万平方米
2004	拆迁项目15个，建筑面积23.96万平方米，占地面积20.45万平方米	房地产开发投资总额18.08亿元，施工面积250.72万平方米，竣工面积116.94万平方米
2005	戴家弄、斗富弄街区和中山北路延伸段改造等在内的拆迁项目8个，其中戴家弄街区和中山北路延伸段拆除房屋建筑面积16.58万平方米，占地面积12.2万平方米	房地产开发投资总额9.8亿元，施工面积272万平方米，竣工面积64.5万平方米
2006	景东大道工程建设等8个拆迁项目，建筑面积2.23万平方米，占地面积3.96万平方米	房地产开发投资总额5.8亿元，施工面积56万平方米，竣工面积28万平方米
2007	市体育馆土地储备等7个拆迁项目，建筑面积3.24万平方米，占地面积1.9万平方米	房地产开发投资总额7.3亿元，施工面积63万平方米，竣工面积26万平方米
2008	五中及周边改造等5个拆迁项目，建筑面积3.65万平方米，占地面积3.36万平方米	房地产开发投资总额6.6亿元，施工面积45万平方米，竣工面积22万平方米
2009	御窑厂遗址保护设施建设等5个拆迁项目，建筑面积6.74万平方米，占地面积5.1万平方米	房地产开发投资总额5.9亿元，施工面积50万平方米，竣工面积23万平方米
2010	景东大道建设等9个拆迁项目，建筑面积11.12万平方米，占地面积19.87万平方米	房地产开发投资总额12亿元，施工面积70万平方米，竣工面积33万平方米

棚户区改造

2009年,景德镇市制定《2009—2011年城市棚户区改造计划》,拟用三年时间完成47.62万平方米棚户区改造,其中中心城区26.05万平方米、乐平市15.58万平方米、浮梁县5万平方米。2010年,全市实施棚户区改造30.51万平方米,其中市区实施焦化集团、昌飞公司、普天、景华、昌明社区、景德大道、沿江西路7个棚户区改造项目,建筑面积17.05万平方米。

乐平矿务局采煤沉陷区综合治理工程

表5-5-2 **2010年景德镇市棚户区改造情况表**

地区	拆迁户数(户)	拆迁面积(万平方米)	新建套数(套)	新建面积(万平方米)	投资金额(万元)
全市	7642	30.51	5177	38.1	90793
中心城区	5162	17.05	3671	25.56	58083
乐平市	1342	9.46	1202	10.09	27290
浮梁县	1138	4	304	2.45	5420

拆迁安置

1991年3月22日,国务院公布《城市房屋拆迁管理条例》,城市房屋拆迁应经政府部门行政许可。1993年9月,市政府颁发《景德镇市房屋拆迁管理暂行办法》,规范全市房屋拆迁工作。1995年,市政府对房屋拆迁实行许可证制度,按审批程序,统一使用建设部印制的拆迁许可证。全年共审批办理公、私房屋拆迁许可证466份,拆除建筑面积17.7万平方米。2000年8月30日,市政府颁发《景德镇市房屋拆迁管理实施办法》,进一步规范全市房屋拆迁工作,全年发放拆迁许可证18份,完成房屋拆迁面积15万平方米,并给予被拆迁人产权调换"拆一还一"不结算差价的优惠。

2002年,市房产管理局先后对新厂路、朝阳路、昌河大道东段和陶阳路、休闲广场周边道路旁、站前路、珠山西路、广场南路、瓷都大道、通站路、新村东路等处危旧房屋进行拆迁,共发放拆迁许可证10份,拆迁房屋面积100余万平方米。

2003年10月1日,省政府发布《江西省城市房屋拆迁管理实施办法》。是年,新村花园完成房屋拆迁面积3.1万平方米,拆迁713户,房屋安置9000平方米。2004年,共核发拆迁许可证13份,批准房屋拆迁面积23万平方米。2005年,共核发拆迁许可证14份,批准房屋拆迁面积44.56万平方米。

2006年2月,市政府发布实施《景德镇市城市房屋拆迁管理实施细则》,拆迁工作严格执行房屋拆迁程序和审批备案制度,房屋拆迁工作规范、合法、有序进行。年底,完成房屋拆迁面积2.23万平方米。

2007年9月,乐平市在南河公园建设拆迁项目中,全面推行"产权调换,以房安置",在规划地段新建安置小区(亭碚小区),让被拆迁户按照"拆一还一,以旧换新"原则,在安置小区换安置房。2009年2月,市成立城市拆迁估价专家委员会,建立拆迁估价专家库,负责对城市房屋拆迁估价指导和技术鉴定。市房管局加强对房屋拆迁单位、拆迁评估单位及拆迁单位的资格管理,强化拆迁行业监管。

至2010年,全市共完成129个项目的房屋拆迁工作,涉及被拆迁房屋11991户,累计拆迁房屋建筑面积231.56万平方米,安置房屋8792套。当年,核发拆迁许可证9份,批准拆迁房屋面积11.12万平方米,拆迁1200户。

表 5-5-3　　1999—2009 年景德镇市房屋拆迁费标准表

项目		标准	说明
房屋拆迁管理费	委托拆迁	5 元/平方米	按被拆除房屋建筑面积计算
	自行拆迁	3 元/平方米	
房屋拆迁代办费(受委托单位)		20 元/平方米	
临时安置补偿费		3 元/平方米	
停产停业补助		170 元/人·月	按工商注册人数计算
搬家补助费		200 元/月	按被拆迁户计算

表 5-5-4　　2010 年景德镇市房屋重置价格标准表　　单位:元/平方米、年

建筑结构	等级	重置单价	耐用年限	条件内容
钢混	1	800	100	钢筋混凝土框架,梁、柱承重,现浇或预制楼板,地面贴大理石或地砖及磨石地面,铝合金门窗,外墙贴墙面砖或高级粉刷,办公大楼及厂房
	2	690	100	钢筋混凝土框架,梁、柱承重或部分砖柱及以上部结构砖墙承重,预制楼板,磨石子地面或水泥地面,正规门窗,中级或高级粉刷,有独用厨房、水、电、卫生设备
砖混	1	640	80	砖墙或部分钢筋混凝土梁、柱承重,现浇或预制楼板,铝合金门窗,水泥地面,外墙贴墙面砖,有独用厨房、水电卫生设备
	2	600	80	砖墙或部分钢筋混凝土梁、柱承重,现浇或预制楼板,水泥地面,正规门窗,中级粉刷,有独用厨房、水、电卫生设备
	3	560	80	砖墙或部分钢筋混凝土梁,现浇或预制楼板,水泥地面,正规门窗,中级或普通粉刷,非单元或住宅,有厨房、水电及公用卫生设备
砖木	1	460	60	木屋架,梁、柱或砖墙承重,水泥或木楼板,水泥或三合土地面,中级粉刷,油漆板壁,有塑板或油毡的平面,有厨房、水电设备
	2	460	60	木屋架,木擅条,实或空斗墙(包括半砖)和窑砖承重,普通木楼,地板部分土地面,简易门窗,小青瓦屋面
简易	1	320	20	不正规的木屋架、擅条,乱砖、木板、竹、土等简易墙,小青瓦屋面,土地面,简易门窗,沿口高度不低于 2.5 米

商品房开发

1986—1995 年,是景德镇市房地产开发起步时期,全市房地产开发企业不到 10 家,均为国有开发单位,每年开发楼盘 1 万~4 万平方米。楼盘多数为 6 层的建筑,城市住房规划要求相对滞后,环境、绿化配套均没有严格标准。由市城市建设综合开发公司在沿河西路新建的金鱼山小区,敞开排式住宅楼房,是景德镇市第一个比较规范商品房小区。

1996 年,景德镇市房地产开发兴起。至 2001 年,全市国有、民营、股份合作等性质的房地产开发企业有 30 多家,每年开发楼盘的面积 8 万~30 万平方米,多数是组团式开发 4~6 栋多层建筑。主要楼盘有景德镇海虹置业有限公司开发的紫薇花园,由金厦房地产开发有限公司开发的金厦·阳光嘉园,由江西海慧集团公司开发的海慧花园,由新州房地产开发有限公司开发的小高层住宅宝镇花园等。并在全省首开先河,开发梨树园经济适用住房小区,为市区中、低收入群体解决住房难问题。

2002—2010 年,全市房地产开发企业发展到 100 多家,多数是民营股份制企业,外来投资地产商占到 1/3,每年开发楼盘的面积 60 万~100 万平方米,多数是环境配套较全的住宅小区。按照市委、市政府"拉开城

区框架,打开城市通道,重点建设新区,逐步改造老城”的总体思路,全市掀起房地产开发建设热潮。主要小区楼盘有市中心板块名仕嘉苑、华阳新时代广场、金鼎国际商住楼等;城北板块有春天花园、莱顿风情、尚东国际、恒大名都等;城西板块有昌南逸墅、金岸名都、中国陶瓷城等;昌南新城区板块有时代奥园、香山御园、伴山洋房等;枫树山板块有宝都、锦绣天城、银湖新都等;城南板块有天宇绿园、三桥商住楼、恒业地产等;城东板块东方明珠、圣罗帝景、长虹金域、四季春晖、景翰文城等。

90 年代戴家弄街头

房地产资金 主要来源于房地产开发项目的企业自有资金,占房地产开发项目总投资的30%,银行对房地产开发企业发放,用于住房、商业用房和其他房地产开发建设的中长期项目贷款和社会资金。

随着房地产业的繁荣发展,房地产的高额利润不仅吸引了民营经济的资金流入,还吸引部分国企参与其中,许多私营企业、个体老板开始产业转型,投向房地产行业,大量的社会资金也流向房地产行业。至2010年,社会资金成为房地产投资第一来源。

2010 年老城改造建设的戴家弄商品房

房地产用地 2003年起,市城区房地产开发建设用地始有记录。当年,全市房地产开发建设用地面积140.05万平方米。2006年,全市房地产开发建设用地面积69.863万平方米。2008年,房地产开发建设用地面积55.92万平方米。2009年为57.963万平方米。2010年,房地产开发建设用地面积75.31万平方米。2003—2010年,全市房地产开发建设用地累计总面积达617.26万平方米。

表5-5-5 1991—2010年景德镇市房地产开发投资、建设一览表 单位:万元、万平方米

年份	开发投资额	施工面积	竣工面积	城区人均居住面积
1991	1661	8.61	4.85	17.60
1992	1798	6.64	4.44	18.20
1993	2420	12.83	4.98	19.50
1994	4532	17.38	4.98	20.13
1995	9658	26.24	6.60	20.58
1996	8588	26.88	8.32	21.36
1997	7395	25.05	3.67	21.80
1998	9735	33.79	18.59	22.12
1999	15311	46.67	11.72	22.56

续表 5－5－5

年份	开发投资额	施工面积	竣工面积	城区人均居住面积
2000	22138	56.11	29.10	23.20
2001	28736	61.71	32.15	23.81
2002	66978	63.28	46.16	24.62
2003	171012	93.20	87.00	25.01
2004	181237	120.00	90.00	25.43
2005	135798	83.40	73.00	27.04
2006	145116	70.83	70.88	27.54
2007	161617	101.34	89.99	28.90
2008	230820	53.00	44.00	28.93
2009	249760	67.00	71.00	29.90
2010	257261	75.00	56.00	31.20

房地产项目选介

普通住宅小区　时代奥园住宅小区。位于市昌南大道，由浙资景德镇市新时代房地产开发公司开发建设，占地面积11.33公顷，建筑面积18万平方米，建有楼房26栋，规划居住1660户，始建于2004年3月，2009年10月竣工交付使用，总投资2600万元。是一个以运动健身为主题的住宅小区，配套绿化齐全。

圣罗帝景住宅小区。位于市陶阳路老陶瓷学院对面，由北京华泰伟业投资有限公司创办的景德镇圣罗置业有限公司开发建设，占地面积4.71公顷，建筑面积8.5万平方米，是瓷都首个欧式风情小区，建有楼房18栋，规划居住550户，始建于2006年6月，2008年12月建成投入使用，总投资1000万元。

海慧花园住宅小区。位于市瓷都大道枫树山森林公园旁，由市第一家民营企业江西海慧集团开发建设，是一个全封住宅小区，占地面积78546平方米，建筑面积14.6万平方米。建有楼房26栋，规划居住1430户，始建于2001年3月，2004年12月建成投入使用，总投资1500万元。

春天花园住宅小区。位于市昌江大道中段，交通便利，由江西新洲房地产开发有限公司开发建设。占地面积5.33余公顷，建筑面积达7万多平方米。建有楼房12栋，规划居住686户，始建于2003年5月，2007年12月建成投入使用，总投资800万元。春天花园保留周边山地、树林的原始风貌。被市房管局评为优秀楼盘。

新枫园住宅小区。位于市昌江大道剪刀山，由市新枫园房地产开发有限公司开发建设，是景德镇市2000年首批经济适用房项目，占地面积6.66公顷，小区总建筑面积11.52万平方米，建有楼房29栋750户。2003年竣工，总投资1500万元。小区绿化率达45%。小区会所、广场、幼儿园、停车场、娱乐中心、医疗中心等新生活配套设施一应俱全。被市房管局评为优秀楼盘。

长虹·金域中央住宅小区。位于市朝阳路、新厂东路之间，西邻昌江广场，由景德镇长虹置业有限公司开发建设，占地面积19.2公顷，建筑面积50万平方米，建有楼房48栋，5600户住宅。2008年6月开工，2010年12月竣工，总投资1.2亿元。该楼盘错落有致，空间采光距离合理，自然山体绿色植被保存完好。2010年，被江西省房协评为优秀楼盘。

旅游房地产　仿古步行街。位于市中山北路，全长400米，是老城区最为繁华热闹的商贸地段。2003年，市房产管理局动工修缮改造老城区中山北路南门头至斗富弄地段全长400余米的古街，对临街两边150余栋房屋进行修缮改造，2004年7月全面竣工。老街修旧如旧，恢复砖木结构、青瓦飘檐、木雕花窗，形成极具明清建筑特色的仿古步行街，街上有不少老字号店铺，如公和圃餐饮店、种德堂中药店、受之照相馆、四季春小吃店等,是一条历经百年历史的老街。

锦绣昌南——中国瓷园。位于市城区迎宾路,由景德镇昌南置业有限公司投资开发建设,占地面积21.33公顷。2003年开工建设,2006年建成。共建徽派房屋590间(套),建筑面积约3万平方米。它是以陶瓷文化为基调,比照“清明上河图”,再现景德镇明清时期的昌南古镇风貌。是景德镇地区集陶瓷制作、商贸、旅游、居住、休闲于一体的大型徽派建筑景观园区,是国家AAAA级景区。

陶瓷民窑遗址博物馆。位于市浙江路和沿江东路交汇处,由市房产管理局开发建设,于2008年7月28日开工,2009年10月竣工。主要建设内容为陶瓷民窑遗址博物馆及附属仿古建筑群,总占地面积24000平方米,总建筑面积43200平方米,规划道路面积4800平方米,绿化面积9600平方米。该项目是陶瓷文化历史保护工程。

商业房地产 豪德贸易广场。位于高新区,由香港豪德集团有限公司于2003年开发的大型商业地产。2004年建成,占地面积14公顷,建筑面积12.7万平方米,总投资1.2亿元。豪德贸易广场均为三层楼联排建筑物,是全市最大的建材市场,经营日用百货、小商品、家居装饰、五金交电、化工、电器、灯饰、土特产等各类商品,也是赣、浙、皖地区最大的建材批发零售市场。

新跃广场。位于市珠山中路,由市锦宫实业有限公司开发建设,是景德镇市首批成片旧城改造开发项目。规划用地4.67公顷,总建筑面积14.5万平方米。1998年5月开工建设,2000年建成投入使用,总投资8000万元。定位服装专业市场,并被国家经贸委命名为全国特色商业街。市场主道宽12米、分支通道6～6.5米,北楼与南楼中间设1000多平方米的中庭休闲广场,顶棚以现代轻型高强材料构成,临街入口处及休闲广场内分别有4台户外自动扶梯、6个步行梯引入二楼,市场内交通畅通自如。

大江新城。位于市站前路北侧火车站至中华南路一段,全长900余米,是景德镇商业新城区。1998年,由浙江温岭市大江房地产开发有限公司景德镇分公司投资开发建设,占地面积约4.5万平方米,总建筑面积约为12万平方米,2005年建成。站前路与广场南路、中华南路、中山南路与珠山路、休闲广场相连,形成新的商业区域。项目底层是“岭南式骑楼”设计,是市内第一条整体规划、建设,集购物、旅游、休闲、娱乐为一体的主要商业街道。由于该项目是浙江开发商建设,2005年4月,站前路被市政府更名为浙江路。

锦龙家居大世界。位于市中山南路与曙光路交叉路口。2001年开发,占地面积为2.45公顷,总建筑面积约30000平方米,2003年9月建成营运。配套有首座形象前庭、观光电梯、自动扶梯、货梯、消防自控系统、背景音乐系统等市场化设施,为景德镇专业化、规模化的家居经营市场。

中国陶瓷城。位于市西市区迎宾大道,西接九景高速,南临市客运总站,由景德镇香江商贸有限公司于2004年开发建设,占地面积13.33公顷,建筑面积10万平方米。2007年建成,总投资1.2亿元。是景德镇市陶瓷商贸、展销物流、旅游购物集散中心。

新都民营陶瓷园。位于市高新区,2002年由江西盛都置业有限公司开发建设,占地面积24公顷,总建筑面积12万平方米。2004年建成投入营运,把分散在老城区一家一户杂乱的陶瓷作坊集中到工业园区,前店后作坊式生产陶瓷。园内采用大型液化气站集中供气,消除梭式窑生产陶瓷使用液化气罐带来的安全隐患,降低烧制生产成本。陶瓷作坊集中生产、销售,为选购陶瓷产品的客商提供一站式服务。

保障性住房 湖田小区。位于城东湖田大桥以东,南靠岚山,北临南河。建设用地10公顷,总建筑面积18万平方米,绿化率35%,由市规划设计研究所设计,小区配套水、电、气、有线电视、光缆等均纳入规划建设中。2007年6月开工,2008年12月30日竣工,分两期建设。总投资1.5亿元,小区住房套型建筑面积以80平方米为主,为2062户中低收入家庭提供经济适用房。

安居苑小区。位于市通站路延伸段西侧,建设用地面积5.53公顷,总建筑面积3.61万平方米。容积率1.34,建筑密度28.60%,绿化率33.60%。2004年3月26日开工建设,2008年9月建成,总投资4325万元。小区建有17栋630套廉租住房。

南河小区。位于市东市区方家山,景德大道北侧,属经济适用住房、廉租住房项目。总规划用地面积11.27万平方米,容积率1.43,建筑密度26.7%,绿化率27.4%,小区分A、B二个地块,共建有24栋870套经济适用住房和42栋1584套廉租住房,总建筑面积达15.29万平方米。配套物业用房7139.3平方米,托儿所1324.82平方米。2008年5月16日开工建设，总投资1.1亿元。2011年建成交付。

梨树园小区。位于市广场北路，建设总用地43.73公顷，住宅5951套，商用（车库）1454间。南苑一期工程建设规模12公顷，开发建设翠竹花苑、玫瑰花苑、紫荆花苑、春之源花苑、天虹家园等经济适用房，建筑面积约8.17万平方米，其中住宅663户、商用（车库）167间。1998年10月开工建设，2000年年初竣工。梨树园北苑二期工程建设规模24公顷，开发建设海峰花苑、星光花苑AB区、珠光花苑、香格里拉家园、阳光花苑、观景花苑、千年家园等经济适用房，建设面积约65.02万平方米，其中住宅4319户、商用（车库）1232间。2000年3月16日开工建设，2002年10月30日竣工交付。二期扩建工程用地7.08公顷，开发建设绿叶花苑经济适用房及梨树园小学，建设面积约11.63公顷（小学6000平方米），其中住宅969户，商用（车库）55间。2002年11月7日开工建设，2004年7月8日竣工交付。梨树园小区建设总投资1.3亿元。

历尧小区。位于昌江区历尧火车站北面。项目规划用地面积5.47公顷，总建筑面积6.15万平方米，建设27栋1206套廉租住房。容积率1.2，建筑密度24%，绿化率30.7%。2007年6月18日开工建设，2009年10月20日竣工交付，总投资8275.59万元。

昌明小区。位于原国有859厂内，占地面积2.33公顷，建筑面积4.05万平方米，共有住房465套。2009年10月开工建设，2010年8月竣工，总投资4600万元。

石岭小区。位于市西市区北部，东邻玉字亭新村，西为城市支路（老国道206线）。建设规划用地4.05公顷，由26栋住宅楼以及社区配套用房和幼儿园组成，总建筑面积5.28万平方米。其中廉租住房1000套，建筑面积4.97万平方米，配套用房及公厕建筑面积1546.86平方米。建筑物占地面积10451.09平方米，建筑密度25.7%，容积率1.31，绿化率32%。2008年9月10日开工建设，2010年10月28日竣工交付，总投资6500万元。

第二节　房地产企业

开发企业

1985年，市城建综合开发公司成立，为景德镇市第一家房地产开发企业，隶属于市建设局。90年代初，多家国有单位组建房地产开发企业，市房产管理局组建成立市房屋建设开发公司、省陶瓷工业公司组建成立住宅综合开发公司、市农业局组建成立市商品房开发公司。1999年，随着房地产开发市场化，新增房地产企业14家。进入21世纪，景德镇市房地产开发由过去以国有开发企业为主转向民营、外来开发企业共同开发。2003年，全市房地产开发企业新增34家，总计132家，其中外资房地产开发企业16家。各房地产开发企业优胜劣汰，竞争发展。至2010年年底，全市共有171家房地产开发企业，其中城区121家。

表5-5-6　　2010年景德镇市城区房地产开发企业一览表

公司名称	地址	类别	资质等级	注册时间
江西景德房地产建设集团有限公司	市梨树园小区内	国有	二级	2002.5
江西锦龙房地产开发有限集团公司	市昌南逸墅小区	民营	二级	2001.10
金厦房地产开发有限公司	市广场北路清清嘉园小区	民营	二级	2001.11
江西生生集团有限公司	市曙光路古玩市场	民营	二级	1997.6
江西省华景东方房地产综合开发有限公司	市朝阳路东方嘉园小区内	国有	二级	2003.8
瓷都房地产开发有限公司	市梨树园南苑小区D栋1号	国有	二级	1997.6
房屋建设开发公司	市广场北路56号	国有	二级	1987.10
开门子房地产开发有限公司	市解放路106号	国有	二级	2002.6

续表5-5-6

公司名称	地址	类别	资质等级	注册时间
新枫园房地产开发有限公司	市一心桥路1号	国有	二级	2001.6
喜苑置业有限公司	市景德大道南河边	民营	三级	2009.8
太华房地产开发有限集团公司	市梦园小区2号楼	民营	三级	2002.5
华意房地产开发有限公司	市华意压缩机厂内	民营	三级	2004.6
圣罗置业有限公司	市轻工业陶瓷研究所内	民营	三级	2003.8
远东置业有限公司	市陶阳南路陶源大酒店	民营	三级	2001.8
中奇房地产开发有限公司	市新桥下坡处	民营	三级	2002.2
海慧集团公司	市瓷都大道海慧花园小区内	民营	三级	1998.9
盛都置业有限公司	市瓷都大道陶瓷工业民营园内	民营	三级	2002.7
威时房地产开发有限公司	市公园路1号	民营	三级	2006.8
城建综合开发有限公司	市珠山西路28号	国有	三级	1985.10
新时代房地产开发有限集团公司	市昌南大道时代奥园小区	民营	三级	2003.8
海峰房地产开发有限公司	市广场北路海峰花园内	民营	三级	1998.5
昌南置业有限公司	市迎宾大道锦绣昌南小区内	民营	三级	2002.9
南洋电缆景德镇发达有限公司	市新平路1号	民营	三级	2003.8
金马置业有限公司	市朝阳路雕塑瓷厂对面	民营	三级	2003.8
金汇房地产开发有限公司	乐平市东湖新区迎宾大道旁	民营	三级	2002.11
华鑫房地产开发有限公司	市广场北路华鑫公寓小区	民营	三级	2000.4
众和置业有限公司	市陶阳中路民通银行4楼	民营	三级	2002.4
华阳房地产开发有限公司	市广场时代广场小区内	民营	三级	1998.9
德福房地产开发有限公司	市瓷都大道河西农贸市场内	民营	三级	1999.11
新洲房地产开发有限公司	市昌江大道春天花园小区内	民营	三级	2000.12
外经房地产开发有限公司	市陶玉路金球大厦4楼	民营	三级	1999.4
大江房地产开发有限公司	市浙江路社区居委会旁	民营	三级	2000.7
三九房地产开发有限公司	市沿江东路二建二楼	民营	三级	1998.7
三桥房地产开发有限公司	市曙光路二汽大楼	民营	三级	2000.1
祥发置业有限公司	市梨树园玫瑰花园12号楼	民营	三级	1999.10
陶瓷住宅综合开发有限公司	市珠山中路121号	国有	三级	1987.12
宏昌房地产开发有限公司	市昌江大道云天酒店	民营	三级	2000.12
海虹置业有限公司	市珠山西路(城建综合大楼)	民营	三级	2000.5
利强置业有限公司	市广场南路花都夜总会店面	民营	三级	1998.6
龙珠房地产开发有限公司	市中山北路毕家弄口	民营	三级	1998.2

续表 5-5-6

公司名称	地址	类别	资质等级	注册时间
兴昌房地产开发有限公司	市朝阳路昌江区人武部	民营	四级	2003.6
丽华房地产开发有限公司	市新厂东路九九九厂	民营	四级	2002.7
珠江房地产开发有限公司	市新桥路口	民营	四级	2000.8
金地置业有限公司	市朝阳路6中对面	民营	四级	2003.9
昌明房地产开发有限公司	市一中学大门对面	民营	四级	2001.10
古窑房地产开发有限公司	市陶玉路宁景公寓内	民营	四级	1998.12
枫树山房地产开发有限公司	市瓷都大道505号	民营	四级	1993.4
豪德贸易广场开发有限公司	市瓷都大道豪德贸易广场	民营	四级	2003.3
华联置业有限公司	市朝阳路40号	民营	四级	2003.3
振兴陶瓷园开发有限公司	市陶都大道高新开发区内	国有	四级	2002.6
江西隆基置业有限公司	市昌江大道496号	民营	四级	2004.4
昌江房地产开发有限公司	市滨江宾馆国际旅行社	民营	四级	1992.9
鸿荣房地产开发有限公司	市珠山西路服装厂大楼3楼	民营	四级	2000.11
商品房开发有限公司	市瓷都大道加油站旁	民营	四级	1994.10
华盛房地产开发有限公司	市瓷都大道543号	民营	四级	1999.9
景顺房地产开发有限公司	市中华南路469号	民营	四级	2001.3
国林房地产开发有限公司	市新枫路汽车公司对面	民营	四级	2001.12
成安房地产开发有限公司	市瓷都大道伊龙大酒店	民营	四级	2003.11
陶亮置业有限公司	市广场北路陶亮大厦	民营	四级	1992.6
嘉华房地产开发有限公司	市昌江大道珠山法院旁	民营	四级	1998.9
高远房地产开发有限公司	市广场北路民政局大楼前面	民营	四级	2003.3
天源房地产开发有限公司	市新村北路68号	民营	四级	2001.12
远大房地产开发有限公司	市莲花山庄商住楼2楼	民营	四级	2004.5
毅兴房地产开发有限公司	市十八桥农贸市场	民营	四级	1999.5
创业房地产开发有限公司	市广场北路6号楼	民营	四级	2000.10
诚信房地产开发有限公司	市曙光瓷厂内	民营	四级	2002.9
天地房地产开发有限公司	市陶阳南路陶院对面	民营	四级	2003.9
新世纪房地产开发有限公司	市朝阳路华意压缩机厂对面	民营	四级	2003.10
锦宫实业有限公司	市珠山中路新跃大厦4楼	民营	四级	1994.10
嘉实投资发展有限公司	市珠山中路景厦商城	民营	四级	2003.9
江西恒发房地产开发有限公司	市广场时代广场	民营	四级	2005.9
丰华置业有限公司	市广场南路花都夜总会对面	民营	四级	2002.10

续表5-5-6

公司名称	地址	类别	资质等级	注册时间
远东房地产开发有限公司	市昌江大道怡景花园小区内	民营	四级	2002.10
恒兴房地产开发有限公司	市新枫路	民营	四级	2001.9
建筑房屋开发有限公司	市广场北路二院对面	民营	四级	2001.10
昌泰房地产开发有限公司	市新村北路财政局旁	民营	四级	2000.9
荣恒置业有限公司	市景东大道尚东国际小区	民营	四级	2009.10
弘立置业有限公司	市新村西路金桂园小区	民营	四级	2005.9
华泰房地产开发有限公司	市曙光路昌江消防队旁	民营	四级	2000.10
华益房地产开发有限公司	市沿江西路原剪刀厂址	民营	四级	2001.9
景厦房地产开发有限公司	市供电局大楼内	民营	四级	2003.8
珠山房地产开发有限公司	市中华北路农贸市场对面	民营	四级	2004.9
伟诚置业有限公司	市翠云路粮油公司仓库对面	民营	四级	2003.10
长虹置业有限公司	市新厂东路长虹金域中央小区	国有	暂定	2008.5
达源置业有限公司	市风景路与中华北路十字路口	民营	暂定	2005.10
源都房地产开发有限公司	市景德大道南河蝶恋园小区内	民营	暂定	2005.6
宝都房地产开发有限公司	市瓷都大道靠西山路	民营	暂定	2003.7
创远投资开发有限公司	市人民广场新村西路口	民营	暂定	2004.9
滨江房地产开发有限公司	市滨江宾馆内	民营	暂定	2005.9
天宇房地产开发有限公司	市曙光路天宇绿园小区	民营	暂定	2006.10
融科智地房地产开发有限公司	市西山路市检察院对面	民营	暂定	2006.11
迈克斯房地产开发有限公司	市国道206线二亭村	民营	暂定	2004.8
泰富置业有限公司	市瓷都大道原环保局前面	民营	暂定	2006.7
宇泰房地产开发有限公司	市新厂东路景陶瓷厂旁	民营	暂定	2005.9
江西益伍实业有限公司	市昌南大道伴山洋房小区	民营	暂定	2005.10
富祥置业有限公司	市新厂西路陶机厂	民营	暂定	2005.9
龙胜房地产开发有限公司	市一心桥路口	民营	暂定	2000.11
冠东房地产开发有限公司	市瓷都大道豪德广场内	民营	暂定	2005.9
商业房地产开发有限公司	市广场北路商业公寓楼二楼	民营	暂定	1994.10
宇新房地产开发有限公司	市广场北路民政局对面	民营	暂定	2006.9
鲲鹏房地产开发有限公司	市西郊垦殖厂	民营	暂定	2003.1
华月房地产开发有限公司	市戴家弄与中华南路交汇处	民营	暂定	1999.3
金众房地产开发有限公司	市昌江大道梨树园南边	民营	暂定	2001.4
平安房地产开发有限公司	市陶玉路平安商住楼	民营	暂定	2001.9

续表 5-5-6

公司名称	地址	类别	资质等级	注册时间
深建业房地产开发有限公司	市戴家弄靠沿江东路旁	民营	暂定	2005.9
花苑房地产开发有限公司	市珠山中路花苑宾馆内	民营	暂定	1998.10
龙辉房地产开发有限公司	市新村北路9中对面	民营	暂定	2003.9
宣德房地产开发有限公司	市斗富弄改造项目办公楼	民营	暂定	2005.10
润福房地产开发有限公司	市瓷都大道豪德贸易广场	民营	暂定	2006.10
八方置业有限公司	市新厂西路陶机厂内	民营	暂定	2006.9
天祥置业有限公司	市景东大道尚东国际小区	民营	暂定	2008.10
弘盛置业有限公司	市新桥路口御景东方小区	民营	暂定	2005.6
禧昌置业有限公司	市斗富弄改造项目办公楼	民营	暂定	2005.10
大诚置业有限公司	市一中对面旁	民营	暂定	2006.10
广居置业有限公司	市戴家弄改造项目小区	民营	暂定	2005.9
宏伟置业有限公司	市翠云路加油站旁	民营	暂定	2003.6
昌锦投资发展有限公司	市中华北路一医院对面	民营	暂定	2005.10
驰华房地产开发有限公司	市风景路与中华北路交会处	民营	暂定	2005.9
仁泰房地产开发有限公司	市瓷都大道水产公司旁	民营	暂定	2008.5
文豪房地产开发有限公司	市梨树园北苑上坡处	民营	暂定	2006.10
重阳房地产开发有限公司	市通站路重阳宾馆内	民营	暂定	2000.8

企业选介

市城建综合开发公司　1985年成立，为二级资质，2010年为三级资质，注册资本2206万元，是以市政工程和房地产开发为一体的企业。以商品房小区开发为主，兼营道路、桥梁、给排水、隧道、涵洞等多种工程项目，拥有固定资产900多万元，流动资金1300万元。在80年代后期，开发建设全市第一个居民住宅小区金鱼山小区，建筑面积5万多平方米，之后承建市休闲广场、昌河广场、市广电中心、市客运中心等工程项目。

市房屋建设开发公司　1987年10月成立，二级资质企业，注册资本2000万元，由原市政府统建办转制而成，隶属于市房产管理局，为全民事业单位。公司成立初参与城市旧城改造和社区开发建设，2002年承担市政府重点工程项目新村花园（广场北路水淹地）建设任务，小区位于城市中心地带，集商贸、居住、休闲为一体。2008年竣工。

省陶瓷工业公司住宅综合开发公司　1987年12月成立，二级资质企业，注册资本2000万元。隶属于省陶瓷工业公司，主要承担陶瓷系统各企业统建职工住房，先后开发建设新村北路、曙光路等商品房，竣工面积达28万平方米。2001—2003年，承担为宇路（现为陶玉路）综合改造建设，两旁建成商住楼房。2010年，该项目成为瓷都歌厅一条街。

市瓷都房地产开发有限公司　1998年3月成立，二级资质企业，注册资本5000万元。先后建设全省最大的经济适用住房梨树园小区，建筑面积70多万平方米，彭家弄商品房、樟树小区安居工程项目计8万多平方米。公司下辖市广厦建筑工程公司、市瓷都房地产建筑装饰工程处和市瓷都房地产物业管理中心。

江西锦龙房地产开发有限公司　2000年4月成立，二级资质企业，以房地产为龙头，集服装百货、宾馆酒店、家居装饰、物业管理为一体的综合性、多元化集团公司，注册资本5000万元。先后开发建设曙光路商住楼、市农机大市场、金龙大酒店、新世纪公寓、金色时代公寓、锦龙家居大世界、莱顿风情、瓷都国际华城等项目,是景德镇市规模较大的本地房地产企业。

市开门子房地产开发有限公司 2002年6月成立,二级资质企业,注册资本11000万元。由市焦化煤气总厂和煤气有限公司联合投资的国有控股企业,先后开发沃尔玛广场、金鼎国际、康家花园、金和汇景等项目,建筑面积60多万平方米,其中沃尔玛广场建筑面积12万平方米,引进沃尔玛国际连锁超市,成为集百货、餐饮、电器、休闲、娱乐、健身、影城、电玩等各种业态的室内一站式购物广场。

市宇新房地产开发有限公司 2006年8月成立,注册资本5000万港元。为港资地产企业,在市广场北路开发建设港逸豪庭住宅小区,建筑面积11万平方米,小区集商贸、餐饮、娱乐、休闲为一体,是景德镇市第一个成片小高层居住小区。公司还投入13亿元竞拍到市休闲广场黄金地块,新建"地王大厦"33层的标志性建筑,计7.6万平方米。

第六篇　城市管理

第一章　建设管理

90 年代，景德镇的城市建设进入一个新的发展时期，城市规划与建设管理从同一机构到分设，实现规划先行，建设施工规范，城市建设管理更加精细、更加科学。市政设施不断进行更新改造，城市道路广场设施、照明亮化设施、供排水设施、垃圾处理设施不断完善，通过开展卫生城市、园林城市、文明城市创建活动，市政设施管理水平不断提高，城市环境大为改善，满足群众的宜居需要，提高了城市的品位。

第一节　规划管理

书证核发

1986 年，市城建局设规划办公室，承担规划管理工作，1990 年更名规划管理。1991 年 4 月 1 日，全市实行《建设项目选址意见书》和"建设用地规划许可证""建设工程规划许可证"制度，即"一书两证"。1992 年共颁发《建设项目选址意见书》66 份；办理建设用地规划许可 30 项，用地面积总计 22.34 万平方米；核发建设工程规划许可证 527 件，建筑面积 29.81 万平方米，其中公房发证 172 项，建筑面积 25.28 万平方米，私房发证 355 项，建筑面积 4.53 万平方米。颁证率均达 100%。

1991—1998 年，7 年共签发《建设项目选址意见书》580 份，办理"建设用地规划许可证"533 份，批准规划建设用地 234.65 万平方米；核发"建设工程规划许可证"1235 份，批准建筑面积 130.09 万平方米。"一书两证"发放率为 90% 以上。

1994 年 4 月，全市城建工作会议上讨论关于强化城市规划管理、城市建设用地管理、城市综合开发、市容环境管理交叉等一些深层次的问题，各有关部门基本达成共识，并就落实集中统一行使规划审批权问题，市建设局与珠山区、昌江区城建局签订责任状。

2000 年 9 月，市城市规划局挂牌成立，制定《景德镇市城市规划管理审批规程》，城市规划区内各类分区规划和重点地段的控制性详细规划由市规划局初审，经市规划委员会审查同意后报市政府批准。中心城区内重点地段的各类修建性详细规划和建筑设计方案原则上采取招标方式进行编制，优选出 2 个以上方案由市规划局组织专家评审，并报市规划委员会审定，由市政府批准后实施。

2000—2010 年，征用土地需先提出申请，根据市政府对建设项目的批示，市规划局经过现场踏勘，提出规划选址意见，由市国土局负责土地的收储，规划局绘制选址范围图并出具《设计条件通知书》；经过土地流转程序后，办理"建设用地规划许可证"及"建设工程规划许可证"。

1995—2010年景德镇市建设选址意见书及用地规划许可证发放一览表

表6-1-1　　单位:件、万平方米

年份	建设项目选址意见书	面积	建设用地规划许可证	用地面积
1995	129	—	86	180.42
1996	71	—	56	33
1997	36	32.12	61	17.9
1998	49	50.87	135	60.34
1999	112	90.72	143	65.12
2000	76	62.42	68	96.85
2001	85	180.06	86	180.42
2002	100	232.03	97	121.18
2003	91	373.8	106	79.58
2004	78	275.64	77	275.64
2005	77	132.17	76	130.5
2006	58	170.5	60	175.73
2007	55	123.38	53	141.66
2008	19	93.98	61	278.32
2009	23	62.64	36	85.65
2010	21	83.67	49	152.62

表6-1-2　　**1995—2010年景德镇市区核发建设工程规划许可证一览表**　　单位:件、万平方米

年份	建设工程规划许可证	建筑面积	年份	建设工程规划许可证	建筑面积
1995	125	1.2	2003	68	130.4
1996	121	20.8	2004	101	79.7
1997	83	19.7	2005	63	91.06
1998	71	19.46	2006	76	86.52
1999	144	39.18	2007	89	114.16
2000	74	—	2008	61	151.38
2001	67	41.97	2009	46	110.32
2002	67	63.88	2010	66	146.25

执法监察

1986年,开展制止与查处各种违法建设行为,整顿市容环境,拆除违章建筑,维护正常的城市规划、建设和管理秩序。1988年1月26日,市政府印发《关于加强城市规划管理的通知》,加强城市规划的集中统一管理,调整市、区两级规划管理范围与权限,加强旧市区的改造与保护。至1990年,共查处违章建筑3875起,

拆除违章建筑21783平方米。其中查处对城市规划影响较大的违章建筑4起，拆除违章建筑568平方米。

1992年1月，市政府成立城市规划管理整治领导小组，批转市城乡建设局《关于我市城市规划管理整治的实施意见》，首次在全市范围内开展为期3个月的城市规划管理整治。清理市妇幼保健院、东郊二百商场门前和中山北路马路市场，将广场主席台前的固定棚店改为活动摊位，强制拆除瓷都大道、珠山路、广场北路、朝阳路的临街违法违章建筑91个，1244平方米；督促瓷都大道的临街店面进行统一的外墙装饰。初步规划梅家岭、枫林、紫金岩3个私房建设区；将瓷都大道、珠山路、莲社路等主要道路的临街建设项目规划审批权，上升为由市长或分管副市长审核批准；对中外合资德成房地产开发公司在新村西路商品房建设中严重违反城市规划的行为，进行公开曝光和严肃处理。

1995年1月6日，市城乡建设、土地管理、房产管理部门联合发出通知，对城区部分街道和地段实行规划控制。规定瓷都大桥西段800米，路幅宽25米，道路两则各30米范围内为临街规划用地；中市区东起中山路、西临沿江东路、南到戴家弄、北至中渡口的范围内，由市政府统一规划、统一拆迁、统一改造和开发，任何单位、居民不得改扩建设私房；对瓷都大道、珠山中路、莲社北路、中山北路、沿江西路、风景路、新厂路等道路两侧的建设实行严格控制，由市政府统一开发建设，不再审批零星建设项目，任何单位和个人不得私自转让土地使用权。4月，开展"城市规划年"活动，先后制定《私房规划建设管理办法》《违法建设处理办法》和《城市测绘管理办法》，严格按照"一书两证"规划要求管理建设项目。

1996年，查处违法建设368起，拆除违章建筑1000余平方米，清除占道建筑194起210平方米。2004年，按照市委、市政府市场规划的要求，完成三桥陶瓷批发市场搬迁，拆除三桥市场内的临时店面600余间。

2005—2006年，市规划局开展规划执法督察，作出行政处罚决定20起。2007年，市规划局联合市监察局开展规划效能专项监察。指派规划督察员督察乐平市、浮梁县城乡规划效能监察工作，保障建设项目按批准的规划实施。

2007—2008年，市规划局共查处各类违法（章）案件77起，结案77起，作出行政处罚决定77起。2009年，由市监察、规划、建设、房管、国土、城管等部门成立市专项治理工作领导小组，在规划局设立领导小组办公室，重点对2007年1月1日至2009年3月31日期间全市变更规划、调整容积率的房地产项目进行全面清理、排查，共清查出14个存在容积率与原规划设计条件不符的建设项目，进行土地出让金的追缴、处罚和建设规费的补缴。2010年4月，市规划局协助市监察局在全市开展工程建设领域突出问题专项治理检查，查处13处违法建设项目，作出行政处罚决定6起。

违建拆除

1985年6月至1990年12月，共查处违章建筑3875起，累计面积21783平方米。1992年7月24日，市政府组织城建、工商、公安、法院、武警和吕蒙乡政府等部门共400人统一行动，强制拆除瓷都大道违法建筑47栋，建筑面积2500平方米。全年共查处违法建筑254起，建筑面积14970平方米；查处违章占道470起，乱挖道路26起；清理占道乱搭棚点38处，面积475平方米。

1993年，市城管大队共拆除违章建筑379起，面积4547平方米。1995年，市城管大队严格按照法律程序规定执法，做到主体合法、行政合法、程序合法。全年共查处违法建设案件339起19940平方米，其中停建115起8514平方米，强行拆除84起4232平方米。1996年，市城管大队共查处违法建设案件368起，拆除违章建筑面积1000多平方米，清除占道建筑194起，面积210平方米。

1999年，重点对珠山中路、莲社北路电话亭、陶瓷历史博览区私房、客运码头住宅楼和煤烧圆窑等各种违法建筑进行拆除。全年共查处违法建设案件364起35460平方米，共拆除违法建筑54起6870平方米，责令停建21起1050平方米。

2002年，督促工人新村、莲花塘风景区、沿江两岸、昌西路、瓷都大道、玉源大道所在单位的拆墙透绿工作，拆除违章建筑面积43440平方米。2003年拆除各类违章建筑36500平方米。2004年拆除违法建筑1000余起，面积达1万余平方米。

2005年，对西市区河西原农贸市场及周边违法建筑进行搬迁、拆除，48户业主迁入新市场营业。拆除河西菜市场、戴家弄农贸市场、斗富弄服装市场占道摊点764个，占道搭建145个。拆除十八桥、一中旁边蔬菜公司生活区、一院门口、石狮埠街道、高新区、刘家弄违法建筑,面积达3875平方米。全年共查处违规建设单位7家,面积约27000余平方米;查处违建私房47户,面积16000余平方米。

2006年,市政府发布的《关于坚决制止城市规划区内违法侵占国有、集体土地和乱建私房的通告》。12月21日下午,由市城管支队、市公安特警大队、市土地监察大队、昌江区综合执法大队、竟成镇综治办等部门组成200余人的联合执法队伍,对昌江区竟成镇童街村湖田洲违法占用耕地的违章建筑进行拆除,共拆除2万余平方米。全年共查处违规建设单位10家,面积29262平方米,查处违建私房765户,强制拆除面积达42715平方米。

2007年,市政府下发《关于坚决制止城市规划区内违法侵占国有集体土地和乱建私房的通告》,清理整顿非法乱建私房,共处罚违法建设26起1260平方米,依法拆除286处37569平方米,打击了违法建设行为。2008年,加强老城区内违法建设的巡查和监控,开展"百日拆违"行动。全年共拆除违法建设250户14000余平方米。

2009年,市城管支队落实责任追究制,对监管不力、放纵违法建设的干部、队员严格实行责任追究通报批评。全年共拆除违法建筑83户5580平方米。2010年,加强对浮梁县、高新区、昌江区违法建设的监管,巡查发现属县、区范围内的违法建筑,立即下达《查处违法建设通知单》到责任县区(其中一份送到市政府),要求3~7天将查处结果反馈到市城管支队。当年,共拆除违法建筑113户,拆除面积达7200多平方米。

勘察设计行业管理

1991年,市建设局对测绘行业实行归口管理,对勘察设计单位进行资质审查,设立全省第一个省测绘资料供应点。是年,完成城市测绘标准工作量48.83平方千米,1992年完成40.2平方千米,1993年完成40平方千米。

1995年1月,城乡建设部在全国实行注册建筑师制度,市城乡建设局开展市一级注册建筑师考核认定工作。1996年10月,市城乡建设局开展全市住宅设计质量检查,规范建筑设计工作。

1997年9月,市城乡建设局增设勘察设计与测绘科。负责全市规划设计、建筑设计、市政工程设计和勘察行业的行政管理、资质审查和资格的动态管理。是年,建设部先后对结构、勘察、电气、公用设备等专业的设计人员实行注册师执业资格制度。组织注册师报考、继续教育培训、执业资格证书申领换发等工作。

1999年4月,市城乡规划局按照建设部有关文件精神,率先在全省开展建筑工程施工图设计文件审查工作,委托施工图审查机构对全市建筑工程报建项目施工图设计文件(含勘察报告)进行结构安全和强制性标准、规范执行情况等内容进行审查,提高设计质量。

2000年9月,勘察设计行业管理职能划入市城市规划局,勘察设计管理科为市城市规划局内设科室。

2001年9月,市城市规划局下发《关于加强勘察设计质量管理的通知》,整顿和规范建筑市场秩序,提高景德镇市勘察设计质量。

第二节　施工管理

在建工地管理

1992年9月7—17日,市建筑工程管理处首次开展施工现场标准化管理达标检查。检查施工企业29家,在建工程项目42个,评出合格工地13个、一般合格工地8个、不合格工地21个,对不合格单位,发出限期整改通知书。

1993年,对临街建筑、重点工程均实行"押证"和张挂"四牌一图"措施。第四届陶瓷节期间,要求工业厂房1000平方米,宿舍1500平方米及临街建筑、重点工程不仅"挂牌",并要砌筑围墙,书写标语,分类整齐堆放材料,做到文明施工。乐平市一建公司施工的邮电楼工地、市第三建筑公司施工的工艺品市场工地、市住宅建筑公司施工的老弄口商品房门诊部工地被评为"江西省1993年度施工现场标准管理先进单位"。

1995年5月4日,严格按照《景德镇市建筑行业在建单位工程施工管理办法》进行现场考核。市建筑工程管理处对珠山路、瓷都大道、莲社路、沿河路、胜利路等城市主干道的临街建设工程，进行建筑卫生清理和文明施工整治，共清理建筑垃圾 56 车 120 多吨。

2002 年起，市建筑安监站每一年度开展安全生产月活动，普及安全生产的法律法规和安全知识。

2004 年，在建工地施行围挡作业和进出口处道路硬化，渣土运输后保洁城区道路，从源头上控制污染源。市城管支队对建筑工程从打基础就开始监督，把防范措施做到前面，实行全程跟踪管理。6 月，市建筑监站按照《江西省建筑施工企业安全生产许可证实施细则》《江西省建筑工程安全监督管理程序》，规范建筑市场秩序，协助开展事故调查及事故应急处理等相关事项，并进行各类建筑事故统计。

2005 年起，每年春节、国庆、中秋、"两会"、瓷博会前开展安全生产排查工作及后期整改落实"回头看"检查，针对文明施工及安全施工提出整改意见，保障施工安全。

2006 年，市城管支队制定《建筑工地开工标准》，督促建筑工地实行围挡作业，硬化进出口路面，设置车辆冲洗平台、排水沟、水槽等。并联合安监站等部门对在建工地的不文明施工作业行为进行专项整治，对不达标的工地一律责令停工整改，待检查验收后方可开工建设。2007 年 3 月，组建保洁公司，招聘一批保洁员负责对工地处置渣土、运输建筑材料造成的道路污染进行清扫保洁，并对工地作业车辆车轮进行冲洗，保持工地作业车辆净轮上路。

2008 年 7 月，市建筑安监站制定重大危险源公示和跟踪管理制度。2009 年 7 月 9 日，开展"危险性较大工程安全专项施工方案编制软件"推广应用，强制使用"安必行"管理软件。7 月 13 日，制定统一的安全生产监督计划书，并印制成册。

2010 年 11 月，市建筑安监站按照《江西省危险性较大的分部分项工程安全管理实施细则》，开展防范和遏制建筑施工安全生产事故。至年底，有 63 家工地设置水槽或冲洗平台，有 7 家工地购买并安装全自动冲洗设备。

渣土管理

1986 年，景德镇城区工程施工的渣土大多往周边水塘、洼地填埋，但禁止往昌江河道倾倒。1999 年，珠山区市容局统一管理城市建筑渣土的调剂与综合利用。

2002 年 12 月 4 日，市环卫局组建渣土管理办公室，选址作为建筑无害渣土填埋场，对全市渣土运输、回填、消纳进行管理。

2006 年年底，城管支队从市环卫局接管渣土管理职责，推行渣土密闭运输，对渣土处置实行 24 小时巡察，发现问题迅速进行处理。支队共办理渣土处置审批手续 69 起，责令有关单位和人员清洗污染道路共计达 17 万平方米。与公安交警部门密切配合，加大对运输煤、沙、砂石等易污染道路运输车辆查处，共查处违规运输车辆 80 余辆，维护了道路环境。6 月，支队成立创意渣土砂石运输有限公司，规范渣土、砂石运输市场，对市区渣土砂石运输实行统一管理、统一调度、统一处置，业务市场化运作。

2007 年 5 月 15 日，建筑市场监管工作联席会召开首次会议，参加人员有市建设局相关科室、局直属单位负责人，确定对建设工程推行使用商品混凝土工作进行监督检查，严禁在城区工程现场搅拌混凝土，减少搅拌扬尘。2008 年，市城管支队共办理渣土处置审批手续 49 起，共查处违规渣土运输车辆 150 辆，责令有关单位和个人清洗被污染的道路面积达 2000 多平方米。对市区建筑工程宣传推广使用商品混凝土，减少搅拌扬尘。

2009 年，共办理渣土处置审批手续 75 起，累计责令有关单位和个人清洗被污染的道路面积达 6000 多平方米。对使用商品混凝土情况进行摸底调查，督促使用商品混凝土。年底，全市 90% 以上的建筑工地使用商品混凝土。2010 年，督促 30 家工地改用商品混凝土，共办理渣土处置审批手续 82 起。

第三节 市政设施管理

城市道路管理

道路维护管理 1986年,道路管理由市政工程处实施,市区内的人行道交通护栏由市政工程处管理维修,城市道路中间的交通隔离护栏由市交警支队管理。

2003年5月,加强对乱倒垃圾,违章饮食摊点清理,特别是偷倒医疗垃圾行为进行监控监管。各城管大队对火车站、珠山中路、朝阳路、瓷都大道等路段及市内各农贸市场周边环境进行重点巡查整治,对城中村、农贸市场和娱乐场所周边环境进行重点监管。

2004年7月,市城管支队接管市政道路开挖管理职能,规范道路开挖审批程序,控制市政道路的开挖行为,对未取得许可证的破路施工,严管重罚。上半年查处违章开挖12起。至2010年共办理道路开挖审批手续1000余起,共查处违规开挖道路行为近百起。

2006年2月3—6日,城管支队组织力量对火车站及周边地区占道经营、出店经营、流浪乞讨等有损市容市貌行为进行集中整治。共清理流动摊点340个,制止出店经营82处,规范饮食排档、水果摊36个,疏导流浪乞讨人员12人次,净化火车站及周边地区春运环境。

2010年,办理城区道路开挖审批151起,查处违规开挖道路行为6起。3月开始,市城管支队与交警联合查处大货车撒漏行动,至年底共查处300余部违规车辆,扣车240多辆,扣驾驶证60多本,教育车主100余人。

占道泊车管理 2009年7月,市政府决定在中心城区道路临时占道停车实行收费,并公开拍卖收费权。市建鑫市政设施服务公司中标,承包期3年。市政工程处作为行业主管部门,对占道停车工作实行监督管理。全市占道停车泊位首批使用840个。2010年,新增收费管理泊位312个,总计1152个。

表6-1-3　**2010年景德镇市中心城区收费管理网点分布表**　单位:个

收费管理路段	泊位数量	收费管理路段	泊位数量	收费管理路段	泊位数量
加足阳光(浙江路)	22	东门头御窑一段	10	金鼎(广场南路)	30
浙江商城(广场南路)	9	东门头御窑二段	14	景瀚陶瓷通道北侧	15
浙江路上岛	21	莲社路移动公司	25	沃尔玛(广场南路)	18
浙江路移动	13	莲花塘文化宫	42	金昌利一段	14
唐人街酒店(浙江路)	24	国贸陶瓷市场	19	金昌利二段	15
根之根(浙江路)	16	新厂工商银行	25	西路口	16
庆和酒店(浙江路)	10	市斗富弄	31	景瀚陶瓷市场北侧人行道	35
小黄鱼(浙江路)	18	广场北路洪客隆	40	景瀚陶瓷市场门前人行道	35
黄城(浙江路)	23	中山路口百草堂	17	国贸陶瓷大市场门前西侧人行道	35
花都(广场南路)	2	中山路口华达超市	7	莲社北路四平手机城	7
澳门豆捞(广场南路)	22	昌南大道迪欧门前	10	马鞍山二段	13
天天渔港(浙江路)	18	沿河东路北二段	15	老五中(广场南路)	12
永恒国际(广场南路)	20	沿河东路北一段	15	新厂三院	13
湘里人家(浙江路)	17	沿河东路南一段	11	新厂洪客隆	10

续表 6－1－3

收费管理路段	泊位数量	收费管理路段	泊位数量	收费管理路段	泊位数量
银杏宾馆(浙江路)	8	莲花塘周边	15	新厂农业银行	12
龙盛酒店(浙江路)	26	新天地路口	19	珠山东路两侧路面	70
拉芳舍(浙江路)	28	莲花塘联通	26	解放西路北侧路面	120
周大福(浙江路)	19	马鞍山一段	16	新厂东路洪客隆超市门前	9

自来水管理

水资源管理　景德镇市地表水资源丰富，但水源时空分布不均，年际和季节变幅较大，冬季河水流量较少，甚至短期取水困难。西河由于水量较小，加之污染严重，不能作为取水水源，全市供水的水源主要取自昌江、南河。1987 年 8 月昌江流量只有 1.28 立方米/秒，造成观音阁水厂间断供水，部分工业企业因缺水而被迫停产。之后，市政府加强对供水水源的管理，对造成南河上游水源污染的企业进行整治，基本保持了南河水质的稳定。鱼山枢纽建成蓄水后，解决昌江缺水问题。景德镇发电厂的煤灰场坝也采取加固加高、扩大容量等防止水污染措施。1989—2010 年，市政府多次组织公安、矿管、航道、水利等部门，对昌江、东河和南河口的挖沙、淘金船进行清理，基本控制污染。但上游工业、养殖业及生活污水依然威胁着昌江的水质。

1992 年，市政府明确节约用水和城镇地下水资源管理职能归口市节约用水办公室，市节水办加强对取用地下水情况调查和颁发许可证。至年末，全市取用地下水源的单位共计 38 个，在用 35 个，颁发取用地下水源许可证 27 个。

管网管理　2004 年 3 月，市自来水公司成立探漏所，定员 4 人，配备听漏仪、探管仪、便携式计量仪等设备 2 套。隶属生产处管理。8 月，成立管线处，探漏所划归管线处管理，实行责任目标承包管理。2006 年 11 月，探漏所购置价值 24.3 万元的探测仪 1 台、专业电钻 1 台。同时请深圳探漏公司对全市疑难点进行探测，查获大小漏点 24 处。市自来水公司探漏人员全程跟踪学习，提高了探漏技术。2007 年 6 月，探漏所与管线处分离，实行独立承包核算，人员扩编为 8 人。

2005 年 1 月，自来水公司开通服务热线“8581111”，接受用户报修。同年，制定供水管网抢修应急预案，确定 4 个抢修等级。其中 DN150 以下管道爆管，关阀后影响范围在 100 户以内正常供水的为四级；口径 DN200～400 的管道爆管，关闭阀门后影响整个小区或 1000 户以内正常供水且漏水点在重点地区、重要道路的为三级；DN500～600 管道爆管，停水影响 10000 户以内正常供水，且漏点在重点地区、重要道路为二级；抢修口径在 DN800～1200 的管道爆管，造成整个城区或部分城区停水为一级。根据不同的事故等级确定不同的应急响应措施，四级、三级抢修负责人为管线管理所所长，二级抢修负责人为管线所分管经理，一级抢修负责人为总经理。

2007 年 1 月，602 所用水告急，水压由 1.00 千克降为 0.5 千克。经公司探漏部门检查，在湖田桥头深两米多的地方有暗漏两处，经查为 DN200 铸铁管弯头松开及水管断裂，并立即断水抢修。

2010 年 3 月 11 日上午，自来水公司管网维修部门在日常巡查时，发现洋湖水厂 2 级泵房至 1 级泵房路旁，农民菜地里流出清水，随后探明是洋湖水厂 DN1000 的 2 号混水管漏水。经抢修补漏，全市供水未受影响。自来水公司制定防冻供水应急预案，每年冬季备足强险物资、器材，根据天气预报情况对管网的薄弱部位进行重点巡护。在寒潮到达景德镇前，通过媒体提醒用户包裹室外水表，防止表面玻璃冻爆。

用户管理　自来水厂成立营业所负责营业管理，1984 年市自来水用户为 5624 户。1993 年，营业所改为供水管理所，负责营业管理。1994 年 4 月 1 日，市城建局、物价局、财政局发布《景德镇市征收城市排水设施使用费实施细则》，用户按用水总量的 55% 缴纳污水排放费。1995 年 3 月，自来水公司将供水管理所改编为营业所、管线所和水表检测中心，增设接水工程处，统管接水工作。6 月底用户达 8672 户。

2000 年，市区自来水用户达到 1.1 万户。2000 年以后，随着商品房建设快速发展，国有企业职工宿舍集体总水表改造为 1 户 1 表等工作的推进，居民用水立户数迅速增加。2001 年 6 月，市自来水公司引进第一套计算机管理系统，对用水户档案等业务性工作实行计算机管理。2003 年，使用营销收费系统，对水费收缴工作进行管理。2005 年自来水用户达到 3.3 万户。

2008 年 6 月,公司成立营销部,负责全市抄表、收费、客户服务、管网维护工作。6—9 月,市自来水公司组织 8 个小组对全市水表进行第一次普查,掌握全市自来水用户的计量情况。9 月 25 日,市政府第 39 次常务会议讨论通过《景德镇市城市饮用水二次供水管理办法》。10 月 15 日,市自来水公司组织人员开展第二次供水工作,由营销部负责。

2009 年 1 月,进行自来水营业管理改革,对东郊、城南、城北、昌江营业所所长实行聘任制,完成水费回收任务,所长薪酬按年薪核发,抄收员按计件绩效考核。当年门收水费当月回收率达到 95%,门收综合回收率达到 100%。4 月,由上海爱科公司对营销收费系统进行升级利用农商银行全市 16 个营业网点,开通全市水费代收业务,方便用户缴费。

2010 年 3—6 月,全市进行第二次水表普查,逐户进行现场核对,重点核查用水量明显不符的用户,规范各类水价,查处违章用水和偷盗水行为。是年年底,市区自来水用户达到 8.2 万户。

桥梁管理

日常管护　1986 年,市建设局桥梁管理处管理中渡口浮桥、珠山大桥、昌江大桥、西河桥、南河桥(天宝桥)等 10 余座桥梁。2010 年 12 月制定《景德镇市城市桥梁设施日常巡查制度》,对全市城市桥梁每周进行两次专项巡查,每次巡查有巡查记录,对在巡查中发现的问题及时反馈到相关责任部门进行处理。对两座浮桥安排专门人员每天进行值班巡视,汛期 24 小时值班。洪峰时期,解开浮桥以让漂浮杂物通过。

检测维修　2000 年后,市桥梁管理处收集完善城市桥梁技术档案。至 2010 年,共恢复建立中渡口浮桥、十八渡浮桥、瓷都大桥、广场天桥 4 座桥梁的技术档案,根据每座桥梁的技术档案和日常巡查记录,对巡查中发现的较大安全隐患及时报告市建设局,由市建设局组织人员进行桥梁专项检测和维修加固工作。

地下管线管理

2008 年 10 月 23 日,《景德镇市城市地下管线管理办法》颁布施行,成立城市地下管线管理办公室。2009 年开展地下管线普查,规范地下管线项目的新、扩、改审批程序,审批华润燃气公司 8.2 千米输气管道工程。

照明亮化管理

1986 年,路灯由微电脑智能控制。2005 年发展为多功能经纬度控制。2009 年基本完成路灯遥感监控系统装置。2010 年 1 月,全市路灯控制计量箱更换,统一采用不锈钢箱体,并安装为路灯监控自动指令控制。全市控制点增至 164 台,并且从原来悬挂式杆上控制点改为落地式。路灯专用变压器共 45 台,容量均分别为 160~250 千伏安。

第四节　城建档案管理

管理制度

1988 年 4 月,市政府颁发《景德镇市城市建设档案管理暂行办法》,规定所有在城市规划区内的基本建设工程项目档案,必须交城建档案馆统一管理,这是景德镇市历史上第一个规范城建档案管理的文件。10 月,市城建局、市档案局、建设银行景德镇市分行 3 家联合印发《景德镇市城市建设档案管理暂行办法实施细则》,对城建档案馆接收档案范围、竣工档案的要求作出具体规定,并实行竣工档案保证金制度。

2003 年 12 月,市政府发布《景德镇市城市建设档案管理规定》,明确市城建档案馆是城市建设档案保管基地和利用中心,在城市规划、建设等活动中形成的历史记录,必须依法移交市城建档案馆。

2004 年 3 月 19 日,浮梁县政府颁布《浮梁县城市建设档案管理办法》。2007 年 9 月 2 日,乐平市政府颁布《乐平市城市建设项目档案管理办法》,规范县(市)级城建档案管理、监督工作。

2008 年 9 月 6 日,市政府发布《景德镇市城市地下管线管理办法》(市长令),规范全市地下管线管理工作。2009 年 1 月 1 日，市建设局、市规划局实施地下管线工程审批制度，包括规划报建、覆土前测量、施工许可及竣工备案等程序，所有管线工程开工前均需到市城建档案馆查询该地段的地下管线资料，在工程竣工后向市城建档案馆移交一套完整的管线资料。4 月，市政府下发《关于切实加强市政基础设施工程档案管理的通知》，规定市政基础工程在招投标时，建设单位必须在有关文件中增加市政基础设施工程档案管理的条款，并把编制市政基础设施工程档案的费用列入工程造价，明确施工单位在申报施工资质年审时必须提供工程档案移交证复印件。

档案业务

档案种类　建设工程档案。包括工业与民用建筑工程档案和市政、公用基础设施工程（含地下管线）档案，这部分档案是馆藏档案的主体，在建设工程档案验收合格后接收进馆。馆藏建设工程档案中，以房屋建筑工程档案居多，其中又以民用建筑工程占多数；其次是城市道路、桥梁、下水道、自来水厂等市政工程档案；还有部分煤气、电信等地下管线档案。

业务管理和业务技术档案。主要是城市规划局办理建设项目“一书两证”产生的业务技术档案，这部分规划管理档案每 3 年由市规划局向城建档案馆移交，集中统一管理。每年度还接收建设系统内的招投标管理、工程质量监督管理、装饰装修管理、施工许可、工程竣工备案等档案。

城市基础资料及其他有关档案。包括有关城市建设的政策、法规，城建科研成果，城市历史、自然、经济等方面的基础资料，这部分档案大多数由城建档案馆直接收集。

城市历史声像档案。包括城市建设、城市旧貌、城市风光、园林绿化等图片、影像资料。这部分声像档案大多数由城建档案馆自行组织拍摄、编辑完成，也有少部分征集而来。

档案数量　1986 年 5 月，开始接收局机关历年来的城市勘测、规划设计、规划管理、市政工程、公共设施等专业的图纸资料，并按建设部《城建档案分类大纲》整理归档。至年底共接收整理档案 900 余卷，图纸 1000 张。

至 1990 年年末，馆藏永久、长期档案 4207 卷，折合排架总长 45 米，图纸 3331 张（不包括组成卷的），其中底图 1251 张，照片 2195 张。城建规划模型 15 个，录音、录像带 12 盒。档案分为城市勘测、城市规划、城市建设管理、市政水利工程、公用设施、交通运输工程、工业建筑、民用建筑、园林绿化与名胜古迹、环境保护、城市建设科研、县（区）建设、人防军事工程等，共 14 大类 63 属类 184 小类。馆藏科技图书资料分为 12 类共 4570 余册，折合排架总长 40 米，其中科技资料 1800 册，报纸杂志 2700 册，信息交流资料 70 卷（册）。至 2010 年年底，市城建档案馆馆藏档案增加到 33269 卷，排架长度 498.95 米，照片 5540 张，底图 7921 张。乐平市城建档案馆馆藏档案 9800 卷，浮梁县城建档案馆馆藏档案 1 万余卷。

表 6-1-4　**1986—2010 年景德镇城建档案馆接收档案一览表**

年份	卷数	年份	卷数	年份	卷数
1986	0	1995	713	2004	1639
1987	2450	1996	360	2005	2317
1988	264	1997	1081	2006	3512
1989	325	1998	971	2007	3297
1990	539	1999	640	2008	4113
1991	458	2000	962	2009	4879
1992	772	2001	647	2010	5615
1993	571	2002	687		
1994	469	2003	1110		

业务指导　2000 年，景德镇市城建档案管理处成立，加大对所辖县（市）城建档案馆业务指导工作，帮助县（市、区）城建档案馆制定达标工作计划。对照省城建档案目标管理考核要求，进一步完善一县一市馆藏

分类方案和各项规章制度,每年对县(市)城建档案馆进行考核、培训、检查。通过指导帮扶建设,2006年浮梁县城建档案馆在全省率先通过省建设厅二级目标管理考核;2007年乐平市城建档案馆通过省二级目标管理考核。2009年,浮梁县城建档案馆成为省一级考核达标单位。

至2010年,共举办工程档案业务技术培训班9期,对县(市)城建档案馆工作人员、各建设项目部的档案人员、资料员进行培训。培训内容为城建档案的收集、整理、归档及移交等业务,累计培训城建档案业务人员近千名。

档案利用服务

市城建档案馆对接收进馆的城建档案进行分类、整理后归档,及时更新检索信息,通过编制各类检索工具,提供档案利用服务,开发档案信息资源。从1987年建馆至2010年,共接待查阅档案9200人次,调卷15251卷次。特别是主动开展收集声像档案,向市委、市政府和有关部门提供大量的声像档案资料,其中为"改革开放三十年城市建设图片展""建国六十年城市建设展览"提供声像档案图片210张,再现了景德镇的城市历史风貌。

表6-1-5　**1987—2010年景德镇市城建档案馆档案利用情况表**

年份	人次	卷数	年份	人次	卷数
1987	179	472	1999	240	359
1988	785	486	2000	250	200
1989	176	326	2001	465	360
1990	424	458	2002	605	1070
1991	361	279	2003	355	790
1992	311	487	2004	285	317
1993	182	290	2005	236	207
1994	171	239	2006	310	280
1995	132	231	2007	349	398
1996	315	387	2008	372	317
1997	138	145	2009	623	2365
1998	265	422	2010	578	1286

市城建档案馆对市重点工程项目进行"跟踪"服务,在项目开工之前安排专人采集声像资料,留下原始影像与建成之后的影像对照备查,对工程项目的档案人员、资料员进行培训,依照城建档案形成的规律,注重抓好档案信息的源头收集,保证城建档案不流失,维护城市建设档案完整与安全。2000年以后,对昌江大桥、瓷都大桥、珠山大桥的建设、维修档案进行动态管理,实时更新档案信息。在市城建档案馆推动下,2008年10月23日《景德镇市城市地下管线管理办法》颁布施行。

档案设施

馆房建设　1987年,市城建档案馆成立之初,只有1间80平方米的库房和2间办公室,1990年市城建局位于新村西路的办公楼建成后,其中的二层划拨城建档案馆使用,有档案库房173平方米,资料阅览室26平方米,模型陈列室80平方米。2007年城建档案馆搬迁至瓷都大道建设局大楼一楼临时办公,档案库房也位于一楼,馆藏环境极其潮湿、阴暗。2010年4月,市城建档案馆新馆房开工建设,10月竣工,总投资306万元。新馆房为四合院型低层建筑,建筑面积2500平方米,有办公用房10间,3大4小共7间档案库房,1间中型展厅,并配有机房、声像编辑室、档案管理室、档案数字化工作室、消毒室、声像资料库、多媒体会议室及

珍贵档案保管室以及书库、阅览室，新库房可以容纳景德镇市未来50年的馆藏量。

乐平市城建档案馆于2002年12月26日成立，建有独立馆房，面积500平方米。浮梁县城市建设档案馆于2001年2月17日年成立，建有独立馆舍，面积500平方米。

市城建档案馆

档案装具　1986年5月，市城建档案室购置铁皮档案柜和档案五节柜共12顶。1990年，市城建档案馆档案装具用品有档案柜28顶，底图柜6顶，卡片检索柜1套，图书资料柜10顶。1992年，添置第一组13列档案密集架。

2010年新馆房建成后，馆藏档案的装具全部更换为密集架，但图纸和地图保管还是沿用原有的底图柜。至年底，全馆有档案密集架3联104列，可存放档案40万卷，图纸柜25台，图书资料柜（架）10台。

仪器设备　自建馆以后，市城建档案馆不断购置档案专业设备，特别是在新馆建成后，加快添置更新设备，至1990年，配置微机、复印机、电子打字机、幻灯机等档案管理设备和温度自动记录仪、空气吸湿机、吸尘器、通风排气扇等库房管理设备。至2010年，档案处理、保管、利用设备有计算机为主的档案管理、办公设备：包括服务器3台，电脑终端28台，打印机4台，以及扫描仪、光盘刻录机等；以摄影摄像为主的声像设备：有摄像机3台，照相机3台，录放像机1台，投影仪2台，以及录音机、幻灯机、VCD、彩电等；库房环境控制仪器设备：有空调机以及消毒机、除湿机、温湿度自动记录仪、吸尘器等；馆库消防、安全设备：在新建库房的同时，配置全套火灾自动监测、报警和气体灭火消防联动控制系统，设置专门的消防控制室，另外馆库内外共设置摄像监控器9个，安排专人24小时值班监控；档案利用服务设备：有数码工程一体机、办公复印机、制版印刷一体机、无氨晒图机、档案扫描仪。

编（科）研成果

系统开发　1987年建馆后，市城建档案馆不断探索提高城建档案管理水平的办法。1998年，建立单机版城建档案计算机检索系统。2003年10月，建成中心机房和内部局域网，2004年年底自主开发研制网络版“景德镇市城建档案管理信息系统”，并一直平稳运行。该系统由景德镇市城建档案馆依托自身档案、计算机人才，借助高校技术力量开发的网络版信息管理系统，是“数字化城建档案馆”解决方案，实现项目级、案卷级、文件级城建档案信息以及电子化原件的录入、维护、管理、利用等功能。

2005年，开通城建档案馆门户网站（cjda. jdzjs. gov. cn），将馆（处）基本情况介绍、领导分工、机构设置、办事程序及城建档案管理相关法律法规都上网公布，实现政务公开和信息公开。

2010年，市城建档案馆坚持“量力而行，分步实施”的原则，自筹资金购置档案扫描设备，成功将纸质档案电子化，与正在运行的档案管理系统链接，实现计算机文件级检索，逐步实现档案数字化。

主要成果　至1990年，利用馆藏档案主办和协办3期城市规划展览和1期建筑摄影建筑画展，举办1期城建档案管理培训班，参与和主持编纂《当代景德镇市城市建设》《景德镇市城市道路概况》和《景德镇市市政建设40年》等城建史志资料，并与全国50多个城建档案馆、大专院校建立信息交流和资料交换关系。

2000—2010年，市城建档案馆利用档案资料、声像档案进行2次文献材料编纂，主要成果有《市城乡建设志》（江西科技出版社出版，2000年）、《瓷都建设风光》（2001年）、《江西建设新貌》画册（2002年）、《市建设局2003年纪念邮册》；参与编辑《中国历史文化名城——景德镇》（2005年）、《江西建设新貌——景德镇篇》（2005年）。利用馆藏声像资料多次参与举办城市建设成果展，编辑制作《数字城管在瓷都》（2008年）、《洪岩镇》（2009年）、《鹅湖镇》（“五整治，三建设”纪实，2009年）、《锦龙腾飞》（“莱顿、国际华城”楼盘简介，2008年）等专题片。

第二章　市容管理

90 年代以后,景德镇在加快城市建设的同时,加强市容市貌管理,从门前“三包”到数字城管,不断提高城市环境管理水平;开展城市创建活动,协调各方力量,加大市容整治力度;改造城市的灯饰广告,美化、亮化市容,彻底改变了景德镇曾经因瓷厂密集而产生的脏乱面貌,改变了“草鞋码头”的城市形象,为市民工作、生活提供了一个舒适的环境。

第一节　市容监察

市容环境执法

1985 年 6 月,市城市管理大队成立,统一管理市容市貌。

1993 年,清理妇幼保健院、东郊第二百货公司商场、中山北路等处严重影响市容的“马路市场”。1995 年,查处影响市容市貌的“四乱”现象和行为,共清理 569 处,拆除雨棚、摊点、广告牌等 4000 余个。1996 年,以治理市容脏、乱、差为突破口,清理整治全市主干道上占道经营 2345 处、违章悬挂物 2165 块(条),清除示范路乱牵电线 700 余米,查处违章撒漏余土车辆 49 辆。

1997 年,全市开展深化综合整治市容环境工作,市城管大队在继续对珠山中路、莲社路等 13 条城市主、次要道路管理的基础上,扩大整治的覆盖面,至 2000 年基本实现“三年大有改观”的目标。

1998 年 11 月,市政府发布《景德镇市市区市容和环境卫生管理规定》,明确区(市容局)、街道(环卫所)、居委会(环卫站)三级管理体制,落实“门前三包”责任。

1999 年,市容环境监察大队成立,隶属市容环境卫生管理局,为正科级事业单位。对全市环境卫生、“门前三包”、占道经营、乱摆摊点等实行监察,负责市区环境卫生设施的规划、建设和管理。

2001 年,市容环境执法工作实行定路段、定岗位、定责任人的方案,将全市主要干道分为 9 个片,由 9 个小队实行综合立体管理,做到无跨店经营、无临时摊点、无乱堆乱放、无乱贴乱画、无乱搭乱建。各小队推行“步行监管”,通过延长执勤时间,改变监管方式,市容环境管理取得良好的效果。全年共取缔各类占道摊点 570 处,拆违章雨棚 455 平方米,收缴违章广告牌 160 块,清理夜市摊点 90 家,收缴占道货物 45 车。

2002 年,加强对出店经营的管理,取缔占道堆放经营竹木、建材,占道修理机动车、洗车现象,整改小型饮食店经营环境,清理户外广告等。全市 25 条主要干道,实行每天 7:30 至 20:00 规范管理,20:00 至第二天 7:30 机动管理。成功整治中山路、中华南北路、沿江东西路、石洪路、黄泥头、广场北路等老大难路段,取缔各类占道摊点 2200 处,拆除违章雨棚 9520 个 9 万平方米,违章广告牌 270 多块,清理违规摆设的夜市商家 110 家,收缴违章摆放的物品近 200 车。实施“拆墙透绿”工作,沿街单位拆掉围墙种植花草树木。

2007 年,围绕创建“国家五城”和“江西省第二届文明城市”活动,组织开展 100 余次大规模的市容环境综合整治行动。在“门前三包”基础上,增加 61 名协管员在珠山路、瓷都大道、新厂路、朝阳路进行监督管理,试行效果良好并逐步向其他路段推广。

2008 年 5 月,市城管支队与市创建办、市环卫局联合发布《关于落实城区主干道店面管理、垃圾清运、收集的有关事项的通告》,并送达各门店,对违反规定经劝告仍不整改的商户进行处罚。7 月,与工商部门联合将一心桥“马路市场”30 余户占道经营摊点全部引导到新建成的一心桥市场内经营。

2010 年,景德镇市继续开展创“国家五城”活动,对学校及周边环境监管实行“三定”(定人、定岗、定责)责任制,安排城管队员在全市各校(幼儿园)上学、放学高峰时段进行重点监管。

灯饰广告改造

1999年3月,珠山区市容环境卫生管理局成立市容管理科,负责审批市区户外广告的设置,对影响市容的设施及建设项目实行监察。

2003年3月,市环境卫生管理局首次成功竞标拍卖出珠山中路立杆式灯箱广告设置权。7月,市政府决定竞标拍卖城市户外广告设施设置使用权。

2004年5月,按照市委《关于在市区街面不再吊挂宣传广告条幅的通知》,对过街广告横幅实行全面整治并逐步进行清理、取缔。7月,首次对开发园区广告牌匾的设置进行规范管理。

2005年1月,市物价局、市财政局核定户外广告设置管理收费标准。8月,对珠山中路进行集中整治改造,拆除破旧、有碍市容观瞻的广告牌、灯箱立牌53块3000平方米,并对临街建筑立面进行清洗刷新,配装光源,进行亮化改造。2006年6月,对珠山路、广场周边、昌江两岸等路段进行市容整治和夜景亮化。2008年8月,“一江两岸”、人民广场周边临街建筑立面进行“穿衣戴帽”改造工程,美化、亮化区域街景。

2009年10月,新厂西路、里村周边、胜利路、东门头周边等路段进行市容环境及门店牌匾治理改造,清理拆除里村周边219户门店的141块牌匾,计852平方米,拆除胜利路及东门头周边56户门店的68块牌匾,计419.22平方米,清理规范灯箱立牌23块、改造下水管12处,统一规范安装门店牌匾1760.85平方米,改善街区的整体市容环境。

2010年,整治全市40多条道路的户外广告。拆除新厂路119户门店的141块牌匾,清理大型灯箱牌匾18块;拆除胜利路不规范门店牌匾61块,清理规范灯箱牌匾11块;规范广场北路、新厂西路、豪德贸易广场二期等处临街建筑门店招牌。按照一店一牌、一楼一式、一街一景、统一式样、统一尺寸的标准改造设置门店牌匾260户。实施“一江两岸”的改造及亮化工程,拆除有碍“一江两岸”景观的户外广告设施1处300余平方米,对市劳动就业局楼顶的户外广告设施进行升级。同时,设置40余块共8000平方米的大型公益广告,宣传新型城镇化建设。

数字城管

2007年12月7日,市建设局投资300多万元在“12319”为民服务热线基础上建设景德镇市数字化城市管理指挥中心。指挥中心与市综合管理办公室合署办公。中心内设热线科11人、业务科5人、综合科2人、信息采集员30人。中心控制室占地近100平方米,内设大屏幕5块,电脑操作台4个,4名工作人员24小时接收群众投诉、市政府热线转办、城管通上传信息及各种任务的分派。中心控制室与市城防体系实现资源共享,接入公安视频监控点186处,大屏幕可同时监控其中16处,可进行其他点的转换和切入。

景德镇市数字城管系统建设涵盖市建成区珠山路、瓷都大道、朝阳路、新厂东路等29条主干道,涉及高新、珠山和昌江3个区。从地理空间上将城市划分为3000多个单元网格和责任格,由监督员进行全时段监控管理,对每条道路上的井盖、邮筒、果皮箱、路灯、停车场、电话亭等城市设施都赋予“数字”身份,实现城市管理工作的及时、准确定位。

市数字城管指挥中心综合运用计算机、无线网络、现代光纤通信网络、遥感影像、GPS全球定位等技术,利用GIS基础地理信息,建成城市管理平台。采用“万米单元网络管理法”“城市部件管理法”“城市事件管理法”等管理方法,实行“监督与指挥两个管理职能轴心分离”的管理新模式。该系统除了能及时处理市民通过“12319”热线举报和市政府热线转办的事情外,还能运用掌握在信息采集员手中的“城管通”进行现场拍照、图片上传、录音上报、表单填写、位置定位等,并及时通过无线网络向监督指挥中心传递信息,确保问题及时发现、任务准确派遣、问题及时处理、监督及时反馈。

市城管监督指挥中心

2009年,系统增加16路录像功能,指挥中心接案

16418件,全部处理办复。2010年,受理各类有效信息26685件,办复26604件。2007—2010年,指挥中心受理案卷数量103346件,数字化城市管理指挥中心成为受理群众对城市建设管理意见的绿色通道。

第二节　专项整治

创文明示范路整治

1994年4月4日,市政府发布《关于建设珠山路文明示范街的通告》,要求沿街单位、门店、住户认真实施“门前三包”责任制和“七户联岗”卫生值日制。12月,省建设厅对文明示范街进行检查验收,珠山路、莲社路被命名为省级文明示范街。1995年12月26日,省建设厅、爱委会、文明委对两条文明路进行复查,验收达标,正式授予“文明示范路”牌匾。

“双创”整治

2003年,景德镇开展创建文明卫生城市(双创)活动。开展市容整治,实施主干道上店面“透明工程”,发出通告6000多份,动员沿街店面业主拆除卷帘门,安装玻璃门,当年更换4407户完成98%;在主干道迎宾路上禁止占道加工铁门、铁窗,47户实现搬迁;配合市交通局对人力板车进行整治,收缴板车车轮2600多个,规范板车的停放载货秩序;配合市“双创”办对全市城区主干道口不规范餐饮店进行整治,整治或取缔出店经营、占道经营、无证经营或卫生不达标的经营点;将新桥建材市场和粮食局车队建材市场搬迁到豪德广场;搬迁斗富弄、十八桥2个马路市场;清理垃圾广告19000余条。

“创四城”整治

2005年,景德镇市开展“创四城”(全国文明城市、国家卫生城市、中国优秀旅游城市、江西省园林城市)活动。全市以各条主干道、各集贸市场、商业广场、学校周边为重点整治市容环境,市城管支队每周组织各大队进行一次大整治,每天各中队进行一次小整治,对所有在建工地污染源头、夜宵排档、刨冰摊点、渣土石灰膏运输、人力板车、洗车点、小餐馆、水果摊点进行专项检查,遏制出店经营、占道经营、环境污染、乱停乱放、乱贴乱挂等违规行为。通过持续推行定路段、定人员、定管理目标、定奖惩的管理制度,组建夜间特勤分队,调整早、中、晚上下班时间,实现市容全天候监管。为迎接瓷博会,与在建工地签订市容保护责任状,改造珠山中路的防盗窗,督促拆除广告牌、灯箱及违章搭建,亮化沿街大楼,清洗墙面,美化珠山中路市容环境。

1995年,昌江西岸风光

2010年,环境整治后昌江西岸风光

“创五城”整治

2010年,景德镇以创建“国家五城”活动为契机,加大市容环境整治力度,全市集中整治校园及周边环境,清理学校(幼儿园)周边占道经营、流动摊点、违章搭建;取缔学校周边不卫生饮食摊点100余处,水果摊点60余处;清理出店经营80余处,流动摊点100余处。

第三章　环境卫生管理

2002年3月11日，市编委下发《关于进一步理顺环境卫生管理体制的通知》，将由珠山区政府管理的市容环境卫生管理局改为由市建设局管理，并更名为市环境卫生管理局。珠山区、昌江区分别成立环境卫生管理局，为区政府直属事业单位，接受市环卫局业务指导。8月30日，市政府下发《关于明确市容环境卫生管理责任范围的通知》，明确划分各区市容环境卫生管理责任范围，按照珠山、昌江两区区划调整范围和辖地管理原则，珠山区、昌江区环卫局负责城区的47条主、次干道清扫保洁。其他道路、里弄小巷、庭院、宿舍楼道、居民区、公共场所等都实行辖地管理。

第一节　垃圾处理

垃圾清扫

1986年，景德镇市的影院、剧院、公园、车站、机场、宾馆、绿化景观带等公共场所的垃圾清扫由各自责任单位清扫。市区的太白园菜市场、新村东路菜市场、沿江东路菜市场及广场主席台的环境卫生由市环境卫生管理处负责，垃圾清扫由各自辖区内的环卫站负责，清扫面积47000平方米。市环境卫生管理处负责清扫的主要道路有西市区珠山西路、东市区新厂西路、东一路（里村—陶研所）、东二路（新桥—宇宙瓷厂）、翠云路等市区主次干道32条。总清扫面积35万平方米。

1987年3月，城区里弄清扫保洁和生活垃圾清运改由居委会管理。

1990年年末，随着城区道路改扩建和人行道铺设完善，道路清扫面积西市区增加瓷都大道、沿江西路、公园路、新风路、浮桥西路等，东市区增加林荫路、朝阳路延伸、新厂西路延伸，清扫面积为62万平方米。至2000年，随着东市区和西市区拓展，景德镇市市容环境卫生管理局的清扫总面积为125万平方米。

进入21世纪，市区公共活动场所建设加快。2002年改造完成27000平方米人民广场，2004年建成57000平方米昌江广场，各具特色的国贸广场、豪德广场、香江广场等相继建成，城区主要道路也配套建设20多个小广场、绿化岛。环卫部门的清扫保洁面积也大幅增加。市区各菜场内的垃圾清扫由物业进行管理。

2001年4月，市容局购置第一辆机械化清扫车。2001年以后，随着景德镇36项重点工程建设和城市框架拉开，公共场所面积也大幅增大，东市区和中市区道路由珠山区环卫局清扫，西市区道路由昌江区和高新区环卫局清扫。2005年11月，市建设局成立路段综合管理办公室，设置公益性岗位，招聘“4050”下岗职工，承担城市道路市容卫生环境卫生监督管理，城市公共设施保洁、垃圾广告清除等工作。当年招聘84人。2006年，市政府下发《关于落实城区部分小支路清扫保洁工作的通知》，加强对城市干道以外道路清扫保洁。2006年8月和2007年1月，昌江区环卫局和珠山区环卫局又分别购置1台机械化清扫车，提高清扫效率。

2008年8月，市政府下发《关于进一步明确城市道路清扫保洁工作责任的通知》，对昌南大道、通站路、陶阳南路、新安路、新平路、西山路、景德大道、紫晶路、金岭大道、迎宾大道等主次干道和20余条支路清扫保洁进行责任划分。

2009年11月，两区环卫局购置10辆电动保洁车，加强对主要干道零星垃圾清扫保洁和环境卫生监管。至2010年，公共场所清扫面积达316万平方米，招聘“4050”下岗职工94人。

垃圾收集清运

垃圾清扫后主要是用果壳箱、垃圾箱和人力三轮车收集，城市社区设置垃圾池和垃圾桶。80年代，市区垃圾中转站有5座，垃圾清运是用人力三轮车或大板车转运至中转站集中，再用卡车运至垃圾填埋场。市区主要道路旁设置垃圾桶和集装箱，利用铲车和吊装车，将垃圾桶和集装箱内的垃圾装上卡车，直接运至垃圾填埋场。

1990年年末,市区共有井冈山牌(大多为1~1.5吨)垃圾清运车21台,垃圾转运站、简易堆放场6个,垃圾清运全部实现机械化,年清运垃圾9.4万吨。

2008年7月,市政府调整市容环卫管理体制,将市环卫局原承担的垃圾清运工作划分给珠山区、昌江区、高新区环卫局,市环卫局所属14辆(5吨以上)垃圾清运车移交各区环卫局,珠山区11辆,昌江区3辆。垃圾清运经费100万元也下拨给两区环卫局。对垃圾清运车加装密闭装置,防止垃圾撒漏。

2010年,市区有垃圾中转站14座,共有垃圾清运车辆16辆,其中珠山区垃圾运输车7辆、昌江区垃圾运输车5辆、高新区垃圾运输车1辆、环城公司垃圾运输车3辆。垃圾运输车主要是东风和解放系列大卡车(5~10吨),其中垃圾压缩车有4辆(压缩车可直接在收集点压缩),年清运垃圾14万吨,并全部采用卫生填埋方式进行垃圾无害化处理。

第二节　卫生设施

果壳箱设置

1986年,城市主要道路两侧设有铸铁果皮箱和水泥瓷砖地下痰盂各100个。同时,在里弄街道,沿河路、东一路、东二路等处,设有300只活动垃圾箱。

1990年年末,市容局在18条城市道路旁设置垃圾桶、集装箱208个。

2006年,市环卫局在珠山中路、广场北路、广场南路、瓷都大道等20余条城市道路旁安放660多只新款果壳箱。新款果壳箱以蓝白双色作为主体色彩,更加凸显环保主题,容积也比原果壳箱有所增大,且美观实用。

2007年,市环卫局先后在全市各主次干道、里弄、小区等处安置果壳箱1000只、垃圾屋100个、垃圾桶300个。2008年,在全市各主次干道设有垃圾箱1600余只。

2010年,在城区主次道路设有垃圾箱、果壳箱1953只,小支路、里弄等处设有垃圾桶1105个。同时果壳箱的材料由过去的铁皮果壳箱改为塑料果壳箱、玻璃纤维果壳箱、不锈钢果壳箱、环保果壳箱,以及大理石双色果壳箱、陶瓷果壳箱,材质越来越耐用,越来越有地方艺术特色和品位。

垃圾中转站

1986年,全市有垃圾中转站3座。至2000年,全市有垃圾中转站11座。2003年,投入近百万元新建黄家墩、六院、华风3座垃圾中转站,投入10万元资金改造一批垃圾中转站。2006—2008年,先后新建改建北环路、中渡口、豪德、周路口、枫树山、新厂垃圾中转站。2010年,新建改建陶机、十八渡、莲花山庄、昌南大道4座垃圾中转站。垃圾中转站总共14座。

垃圾填埋场

朱家岭垃圾场　位于昌江区昌江村景樟公路旁的山洼,日处理生活垃圾约200吨,生活垃圾存量约80万吨,占地面积约28000平方米。1987年由市环境卫生管理处和昌江区竟成乡昌江村签订租用协议,租期10年。生活垃圾1989年开始进场,1999年租期结束,全部"三通一平"后作为居民住宅安置用地。

宋家山垃圾处理场　位于昌江区吕蒙乡宋家山,处昌江河下游,距市区14千米,是利用国债建设的城市无害化垃圾处理场,总投资3800万元,设计日处理垃圾330~380吨,日处理垃圾渗沥液400吨,垃圾总库容量163万立方米,使用年限10年。2000年6月动工兴建,2002年1月正式投入使用。

宋家山垃圾处理场卫生填埋库区采用垂直防渗,周边建设截洪沟、石坝、渗沥液调节池,形成完善的渗沥液收集系统。配套建有渗沥液处理站,采用活性污泥渍法和生物模法处理垃圾渗沥液,废水达到设计排放标准。填埋沼气收集采用横竖相连的导排设施,导出后集中燃烧。

公共厕所

1986年,市政府决定将计划新建市政府机关干部宿舍的34.5万元资金,用于兴建20座水冲式公厕,实行5项减免措施降低相关工程费用,解决市民上厕所难问题。市区共有公厕286座,实行收费使用制度,收费标准为小便5分/次、大便1角/次。各大企业宿舍区均建有公厕。

1990年,市环卫部门共新建和改造公厕55座,各机关、工厂、学校等单位也陆续自建一批厕所。至年底,市区共有公厕313座蹲位4213个,包括旱式厕所232座,水冲式80座,总占地面积13689平方米,建筑面积12792平方米,总库容量8959立方米,其中属市环卫部门管养的有170座,蹲位2194个,库容量6640.5立方米。

2003年,全市新建水冲式公厕50余座,其中利用社会力量新建公厕20座,使市区内的水冲式公厕比例由20%提升至90%。

2008年,最后一批39座旱厕改造建设完成,市管公厕全部改为水冲式。

2009年6月1日,市区公厕全部免费对外开放。至2010年,全市共有公厕416座,其中属环卫部门管护免费开放公厕120座。

第四章　建筑业管理

市建设行政管理部门对建筑工程安全和质量实施监督管理。从规划设计到安全施工、质量控制,全方位进行监管。2000年以后,工程质量监督由监督工程实体质量,转向检查五方责任主体(建设、施工、监理、勘探、设计)的质量行为;由监督实体质量发现问题,转到追溯责任主体的质量保证体系;由环环把关转向随机抽查。推行施工监理制度落实质量第三方监管。质监站对基础(包括地基)、主体结构、环境质量,特别是涉及结构安全的主要环节进行检查,由传统的"看、问"的检查方式,转向采用检测仪器和设备,提供准确数据。质量监督由过去的"传、帮、带"转为执法监督,回归执法主体地位。同时,加强建筑业管理,维护市场竞争。规范工地管理,确保安全施工、文明施工。

第一节　建筑市场

市场管理

1986年,市建工建材局内设建筑管理科,对外称建筑管理处,承担工程建设执法监察,初审建设工程施工许可证的资料,对外来施工企业审查备案职能。1987年8月15日,市政府印发《景德镇市关于加强建筑市场管理的暂行规定》,对施工队伍资质,从业人员资格,项目招投标,市场竞争秩序进行规范。

1991年,市建工建材局会同市工商行政管理局举办新施工合同文本培训班,培训人员110人,组织施工合同执行情况大检查。至年底,全市核定施工企业82家(包括土建、窑炉建筑、建筑装饰、水电安装等),四级以上施工企业53家,4家外地施工企业重新登记注册,清退外来施工单位19个,清退人员5627人,查处"三无"工程73项,整改各类建筑工程事故隐患100多起。

1993年,加强工程报建和施工企业资质管理,全年共受理报建项目141项,工程量32.79万平方米,造价11794万元,基本做到先报建后开工;查处违规工程33项,工程量6.79万平方米,造价1926万元;对全市70家上等级的各类施工企业进行资质审查,其中建筑施工企业55家,窑炉施工企业11家,设备安装企业1家,装潢施工企业3家。经资质年检合格的59家,基本合格的9家,经省建设厅发文撤销的不合格施工企业2家。同时,对非等级施工企业及外埠4家已登记注册的施工企业一并进行年检。

1994年5月,《景德镇市建筑市场管理办法》发布施行,对在全市从事各类工程的勘察设计、施工、建设监理以及建筑构配件、非标准设备加工生产等发包和承包活动进行监督和管理。规定必须建立工程项目报建制度,推行招标投标制;严禁无证无照承包工程,不得非法转包。全年共查处违规工程6项,建筑面积

1.26万平方米,工程造价438.3万元,促进建筑市场秩序明显好转。

1997年,市共检查工程项目264项,建筑施工单位53家。通过重点检查78项工程,符合要求34项,基本符合要求24项,不符合要求18项,查处违规工程16起,总造价28.14万元。1998年,查处违规工程49项,发出催办通知书38份,核办"施工许可证"32份,补办18份。1999年,共查处25项违法违规施工建筑工程,发出停工通知书30多份,对6家建筑企业予以警告处分。开展建筑业企业资质年检,全市86家建筑业企业,合格65家,基本合格18家,不合格(降级)1家,吊销资质证书2家。

2003年,加强对建筑及装饰工程管理,加大对监理、有形建筑市场专项整治。全年共检查在建工程156项,占全市在建项目80%以上,查出各类问题76项,下发责令整改通知书27份。全市7家监理公司通过年检,在建工程项目按法定程序报建率为85%。

2004年,严把施工许可和竣工验收备案关,全年共办理施工许可证99项,检查在建工程136项,查出各类问题37项,下发限期办理施工许可通知书16份,下发责令停工改正通知书7份,对9家施工企业给予市场不良行为记录1次,并对违法违规责任单位和责任人进行处理。

2005年,共办理施工许可证64项,检查在建工程52项,查出各类问题14项,下发限期办理施工许可通知书8份,下发责令停工改正通知书2份,对13家施工企业给予市场不良行为记录1次,并对违法违规责任单位和责任人进行处理。

2008年1月31日,建筑市场监管工作联席会决定由建管处牵头建立建筑市场信息体系和联合执法平台,各建设管理单位形成统一停工建议书,由建设局委托建管处经办(市场行为由建管处办理,质量安全问题仍由建设局办理),并由城管统一执法,报信息平台备案;联席会确定事项由建管处督察落实。8月6日,市建设局将建设市场管理行政执法权(包括依法管理、依法查处职权)委托市建设市场督察站行使。

2009年8月,市建设局对全市建筑市场进行综合执法检查,由城管、市政、招标办、质监站、安监站等职能部门组成3个联合检查小组,对市区南部20多家建筑工地逐一进行核查,督促业主补办相关报建手续。

2010年,加大对无证施工、超建、转包、违法分包等违法违规行为的查处力度,对浮梁县、乐平市、昌江区建设稽查执法进行指导和监督,共下发稽查通知单37份,浮梁县转送稽查通知单6份。

市场整顿

1988年9月,市工商行政管理局仲裁委员会设立建筑安装工程承包合同仲裁庭,调解、裁定合同纠纷。12月24日,市政府发出《关于整顿我市建设市场秩序的通知》,建设管理部门用3个月的时间开展建设市场整顿,查处无证设计、无证施工、无计划建筑的"三无"工程。

1989年6月28日,市整顿建设市场领导小组办公室对外来建筑队伍及农民工进行清退,第一批清退19个外埠建筑单位1599人。压缩外埠施工人员1645人,施工企业清退计划外民工1660人。7月3日,市政府批转《景德镇市建设工程项目管理暂行办法》和《景德镇市加强外埠施工队伍管理和进行治理整顿的暂行意见》,并规定原则上不再引进新的建设队伍,对现有队伍进行重新审查、登记、注册。

1990年8月,经省建设厅建筑施工企业资质等级复查小组审查,全市有等级资质证的企业118家,按新的资质标准复查审查后发证80家。

2001年5月9日,成立市整顿和规范建筑市场秩序工作领导小组,指导全市9家勘察设计单位、129家建设单位(业主)、70家施工企业(含市外20家)、9家监理单位(含市外6家)开展自查自纠工作。自查自纠单项工程362项,建筑面积14.35万平方米,总造价6.35亿元。市整顿办抽查单项工程56项,其中40多项工程进行整顿,查处违纪工程9项,处罚建设单位(业主)9个,施工单位5个,发出停工通知书14份,收缴罚款15.20万元;全市94家建筑施工企业实现资质就位,在资质就位中压缩59个,组建一级企业1个和二级企业5个。开展第三次项目经理资质审查和项目经理资质复查工作,初审合格179人,其中二级27人、三级136人、四级16人,项目经理复查303人,实施项目经理上岗"押证"制度。全市共核发施工许可证80份,其中补发许可证10份。

2007年7月1日至8月底,市城管支队、建设局建管科、市建管处、招标办、质监站、安监站、造价站、城建档案馆、培训中心等单位组成联合执法小组,检查全市2005年以来所有在建或已竣工的房屋建筑工程项目。主要检查内容包括建设、施工单位执行施工许可制度情况；施工、监理单位资质和承包情况；施工单位非法转包、违法分包和挂靠情况等，共涉及88个建设项目。

2010年8月2日至9月10日，全市开展建设市场综合执法检查，检查2008年以后开工、在建、竣工验收及竣工验收备案工程，投资额在30万元以上或者建筑面积在300平方米以上住宅工程，建设市场各主体方行为和相关建设手续，共检查52项住宅工程、380栋单体建筑，总面积230万平方米，下发整改通知单26份(109项)。11月，对所有在建项目的工程监理企业市场行为联合开展专项检查，抽查16家监理企业，涉及32个在建项目。12月10日，对14家监理企业(55小项)下发整改通知单，并督促落实。

信用体系建设

2007年，开始企业信用管理。市建筑市场监督站加强对施工单位动态管理，制止挂靠、转包和违法分包等行为，实施建筑市场不良行为记入档案并予以公示。

2008年9月，市建设局建筑市场监管联席会研究通过《景德镇市建筑市场主体信用管理办法》，为招标代理机构建立诚信档案，对违反法律、法规和强制性标准的质量行为主体不良行为进行公示并扣分。11月5日，建设信用平台“景德镇建设信用网”正式开通试运行，采集全市诚信信息数据，发布建筑市场各方主体诚信行为记录。11月13日，江西国龙建筑工程有限公司办理第一套《景德镇市建筑市场诚信管理手册》。当年共办理8套，发布各项信息逾120条。

2009年3月，市建设局发布《关于进一步加强我市建设市场信用管理的通知》，建设市场主体、从业人员统一办理诚信管理卡。景德镇建设信用网全年发布各项信息逾960条，办理《景德镇市建筑市场诚信管理手册》168套，办理从业人员诚信管理卡313张。4月，市政府下发《关于切实加强市政基础设施工程档案管理的通知》，规范市政基础设施工程档案的管理。6月10日，将建筑市场诚信管理检查记录情况在建设信用网上公布。11月6日，安监站发布对起重机械设备进行备案、使用登记、检测检验工作程序和制度。

是年，“景德镇建设信用网”建成集企业、人员、项目3大数据库，版面设计由原来8项增至40项，一年之内点击率突破10万次，增容扩版后资讯内容涵盖建设系统18个单位或部门及县(市、区)建设系统。

2010年1月，市建设市场督察站办理第一批“从业人员管理卡”合计150张，专门记录在建筑活动履行职责过程中产生的与信用有关行为及其他诚信情况，作为市场监管的依据和市场准入的凭证。是年，发布各项信息逾1200条，办理“景德镇市建筑市场诚信管理手册”69套，办理从业人员诚信管理卡563张。

第二节　安全质量监管

安全监督

三类人员管理　2004年4月，市建筑工程安全生产监督管理站依据《江西省建筑施工企业主要负责人、项目负责人和专职安全生产管理人员(三类人员)安全生产考核管理实施细则》，加强安全考核，提升建筑工程施工从业人员的素质。

2005年，依据建设部《“三类人员”安全生产考核管理暂行规定》，提高安全生产知识水平和管理能力。安监站对施工企业及项目人员进行三类人员培训考核。

2009年3月6日，市安监站全面推行安监员工作责任制，对已办理安全生产监督手续的在建工程及时确定安监员。7月2日，完善安监员施工现场管理各项职责，将阶段性验收与安全生产保证金返退工作挂钩，保证处罚落实到位。安监站设计制作阶段性验收表格，分三个阶段与安全生产保证金相对应，启用《建筑工程安全生产综合评定意见书》，并增加建设、施工、监理等五方主体内容。

2010年5月28日，市安监站举办全市施工企业“三类人员”合格证考试。6月8日，举办一期危险性较大的分部分项工程、高大模板支撑工程学习宣贯班。11月16日，市安监站在水岸豪庭B座建筑工地召开全市创标准化示范工地现场会，江西省建设工程安质监管局领导，市建设局、安监局领导到会，参会人员157人。至年底，共为施工企业A类人员143人、B类人员399人、C类人员469人发证。

表 6-4-1　　2005—2010 年景德镇市持证“三类人员”统计表　　单位:人

年份	A 类人员	B 类人员	C 类人员	年份	A 类人员	B 类人员	C 类人员
2005	75	211	256	2008	14	59	50
2006	28	53	65	2009	13	13	54
2007	9	11	21	2010	4	50	23

特种作业人员管理　建筑施工特种作业包括建筑电工、建筑架子工、建筑起重信号司索工、建筑起重机械司机、建筑起重机械安装拆卸工、高处作业吊篮安装拆卸工等特殊工种。至 2010 年年底,核批特种作业操作证 460 人。首批颁发特种作业操作证 294 本,其中架子工证 66 本、电工证 88 本、塔式起重机司机 36 本、物料提升机司机 42 本、施工升降机司机 62 本。

机械设备管理　2008 年 4 月,市建筑工程安全生产监督管理站转发建设部《建筑起重机械备案登记办法》的通知,开展建筑设备登记,共登记备案 189 台(套),使用登记 76 台。

2009 年 5 月 6 日,开展建筑起重机械设备专项大检查,全面完善建筑起重机械设备备案登记制度。6 月 8 日,按照省安质监局新余会议精神,对危险性较大工程实施监控,对起重机械设备备案和检查,钢管脚手架的安全监管统一进行计算机管理。8 月 10 日,建筑安监站与市检测中心联合邀请江西赣建检测中心对全市起重机械设备进行摸底检查。9 月 18 日,联合市重点办、安监局以及市安委会安全生产第九督查组成员开展对在建重点建设项目进行抽查,并对乐平站、浮梁站的安全生产工作进行督查。

2009 年起,对大型机械设备进行网上备案登记制度,当年登记备案 114 台,2010 年登记 104 台。

工程备案及安全许可　2005 年起,市建筑安监站对安全生产许可证的申请和延期进行审批,当年审批 38 家、2006 年审批 9 家、2007 年审批 4 家、2008 年审批 1 家。

2008 年 1 月,对建筑施工项目进行开工备案及竣工备案验收制度,记录基本信息、缴纳安检费、保险费、安全设施费情况,当年备案工程项目 38 个。完善建设工程安全专项方案专家认证工作,市安监站初步确定专家库人员名单。2010 年工程开工备案 86 个,竣工备案 30 个。当年共审批 54 家企业的安全生产许可证。

安全保险及安全费用　2001 年 7 月,《江西省建筑意外保险实施细则》发布实施,明确建筑造价 1000 万元以内保险费用按照工程造价的 1.2‰收取,1000 万~5000 万元以内保险费用按照工程造价的 1.3‰~0.0001x‰收取(x:工程造价),5000 万元以上保险费用按照工程造价的 0.6‰收取。2006 年 5 月,安全生产费用按照《江西省高危行业企业安全生产费用财务管理暂行办法》执行,按不低于建筑工程总造价的 2.0%计取。

2010 年 1 月,实行建筑意外伤害保险团体共保,完善现场安全生产状况评估工作,作为安全咨询服务的内容,与日常监督工作相结合。

施工现场达标、安全管理　1992 年 9 月 7—17 日,市建筑工程管理处首次开展施工现场标准化管理达标检查,共检查施工企业 29 家,在建工程项目 42 个,评出合格工地 13 个,一般合格工地 8 个,不合格工地 21 个。对严重违章施工,施工现场管理混乱的工地发出限期整改通知书。对重点工程和临街建筑实行施工员、质检员、安全员押证(上岗证)施工和“挂四牌一图”施工。

1993 年,第四届陶瓷节期间,要求工业厂房 1000 平方米,宿舍 1500 平方米及临街建筑、重点工程工地不仅“挂牌”,并要砌筑围墙,书写标语,分类整齐堆放材料,做到文明施工。乐平市一建的邮电楼工地,景德镇市第三建筑公司施工的工艺品市场工地,景德镇市住宅建筑公司施工的老弄口商品房门诊部工地被评为“江西省 1993 年度施工现场标准管理先进单位工地”。

1995 年 5 月 4 日,市建筑工程管理处开展为期 6 天的突击整治建筑垃圾攻坚战,对珠山路、瓷都大道、莲社路、沿河路、胜利路等城市主干道的临街建设工地,进行建筑卫生和文明施工清理整治。共清理建筑垃圾 56 车,计 120 多吨。责令施工企业实行卫生责任包干和“挂牌”“押证”施工,临街施工点建施工围墙并粉刷一新,同时严格按照《景德镇市建筑行业在建单位工程施工管理办法》进行现场考核,全市干道临街建筑实现文明卫生施工。

2002年起，市建筑安监站每一年度开展安全生产月活动，普及安全生产的法律法规和安全知识。每年6月在市中心广场参与市建设局、安委会、安监局、消防等安全生产部门联合组织开展的“安全生产月主题”教育宣传活动，为广大市民派发安全生产活动传单，普及安全知识。

2004年6月，市建筑安监站按照《江西省建筑施工企业安全生产许可证实施细则》《江西省建筑工程安全监督管理程序》，规范建筑市场秩序，协助开展事故调查及事故应急处理等相关事项，并进行各类建筑事故统计。2005年起，每年春节、国庆、中秋、“两会”、“瓷博会”前开展安全生产排查工作及节后整改落实“回头看”检查，针对节前、会前文明施工及安全施工提出整改意见，保障施工安全。

2008年7月，市建筑安监站制定重大危险源公示和跟踪管理制度。2009年7月9日，开展“危险性较大工程安全专项施工方案编制软件”推广应用，强制使用“安必行”管理软件。7月13日，制定统一的安全生产监督计划书，并印制成册。

2010年4月19日，市广场南路金鼎国际深基坑施工因连日降雨边坡出现重大险情，安监站组织部署抢险工作，经过两日两夜的处置，险情得以控制。11月，按照《江西省危险性较大的分部分项工程安全管理实施细则》，市建筑安监站开展防范和遏制建筑施工安全生产事故工作。

表6－4－2　　2008—2010年景德镇市论证专项方案统计表　　单位：个

年份	机械设备	基坑支护	外架	其他
2008	6	4	7	1
2009	7	3	8	1
2010	12	6	10	0

质量监督

主体质量行为监管　2002年9月，市建筑质监站编印《施工企业质量监督管理手册》，对工程质量进行监督考核，由质监员在监督抽查和省、市、县组织的质量大检查中实施，每个工程项目的检查考核一般不少于4次，考核结果将作为施工企业评先、评优、招投标及企业资质年检的依据。其中质量保证体系包括以下内容：企业机构及质量管理人员设置情况；企业内部质量管理制度建立情况；企业贯彻ISO9000系统标准情况。

2003年，建设部印发《工程质量监督工作导则》，市质监站将工作的侧重点转向对责任主体和有关机构的质量责任行为以及工程实体质量监督检查的行政执法行为，推行监督巡查及监督检测等监管方式。

2004年1月1日，规定全市新开工的建筑必须填写《江西省建筑工程施工技术资料资料汇编》中的表格。8月1日后竣工验收的工程项目原则上应按《资料汇编》要求整理资料，对未按规定填写的工程竣工验收资料的工程不予验收通过。按照建设部《建设工程质量责任主体和有关机构不良记录管理办法》，将工程参建各方主体质量行为不良记录作为质监工作主要手段，以诚信建设为杠杆，对参建各方主体质量不良行为起到警示和处罚作用。是年，市建筑质监站在办证大厅设立服务窗口，受理建设工程监督手续的申报办理，实行“首头号”责任制，一次性告知所需资料，对于符合规定条件的单位在7个工作日内予以办结。建立“市建设工程质量监督网站”，实行网上报监、网上投诉、网上备案、网上申报优质工程，网上征询工作意见。

2005年，市建筑质监站加强对各方主体质量行为动态监管，改告知检查为随机抽查，由例行检查变为重点、有目的、有计划的主动巡查。召开全市监理人员会议，并到各个监理公司召开座谈会，开展监理质量行为的专项检查，落实质量和安全责任。10—11月，检查在建工程面积在1000平方米以上，形象进度在二层以上的商品住宅工程主体结构质量，通过目测与实测检查，对工程技术资料、工程质量控制资料、监理资料等进行核查。是年，与市城建档案馆联合，按《资料汇编》要求，统一规范施工技术资料管理。

2006年3月，成立村镇建设工程质量监督组，每季度到村镇对房屋建设质量进行不少于2次的抽查，每季度向省总站汇报。9月，在市人民广场进行以“创新提升质量，名牌促进发展”为主题的“质量月”活动。悬挂宣传横幅10余条，广告宣传牌3块，散发宣传材料500余份，装饰宣传车1辆。10月，两次对全市的在建工程逐个进行质量大检查，对施工单位共下发整改通知书41项，要求不合格或存在安全隐患的工程进行整改。

2008年,落实《江西省建设工程质量检测管理暂行规定》的精神,开展检测单位的资质就位工作,要求监督单位、施工图审查机构履行质量责任,规范工程质量检测市场和检测行为。配合规划部门组织建设、施工、设计、监理、检测等单位召开现场会。

分套验收　2006年12月始,执行《江西省住宅工程分套验收办法》,进行厨卫间、窗台、屋面渗漏专项治理,逐步建立住宅质量分套验收制度,加快对质量投诉的处理工作。

2008年,全市推行住宅分户验收制度,规范验收程序,发挥建设单位、监理单位和施工单位的质量监管作用,通过参建各方验收检查、分户验收技术人员核查、质监站抽查三道关,切实减少和消除质量通病。

2010年7月1日起,市建筑质监站制定《住宅工程质量分户验收实施细则》,规定建设单位组织施工、监理等单位在住宅工程各检验批、分项、分部工程验收合格的基础上,对住宅工程的每一户(套)及相关公共部位的观感质量和使用功能等进行检查验收,并出具验收合格证明。当年对20多个单位工程进行分户验收抽验,特别是对住户关心的室内空间尺寸进行现场测量复核。

表6-4-3　**2010年景德镇市住宅工程质量分户验收内容表**

验收项目	主要验收内容
楼地面、墙面和顶棚	地面裂缝、空鼓、材料环保性能,墙面和顶棚爆灰、空鼓、裂缝,装饰图案、缝格、色泽、表面洁净
门窗	窗台高度、渗水、门窗启闭、玻璃安装
栏杆	栏杆高度、间距、安装牢固、防攀爬措施
防水工程	屋面渗水、厨卫间渗水、阳台地面渗水、外墙渗水
室内主要空间尺寸	开间净尺寸、室内净高
给排水工程	管道渗水、管道坡向、安装固定、地漏水封、给水口位置
电气工程	接地、相位、控制箱配置,开关、插座位置
建筑节能	保温层厚度、固定措施
其他	烟道、通风道、邮政信报箱等

节能监督　2008年,市建设局相继出台《关于贯彻执行〈建筑节能工程施工验收规范〉有关的通知》《关于建筑节能工程施工质量资料整理有关要求的通知》,设立两位专职节能质监员,对建筑物外围结构(墙体、门窗、玻璃幕墙、屋面等)及时进行单项检查,对建筑节能工程所使用的材料进行见证检测,强化建筑节能分部工程的施工监督和竣工验收。

2009年5月7日,市建筑质监站责令金厦阳光嘉园二期节能部位暂停施工,要求施工单位进行整改,相关质量行为主体对施工暂停令置之不理,在脱离监管的情况下将工程节能分部施工完毕。2010年6月4日,市质监站对该工程的建设单位市金厦房地产开发公司通报批评,对施工单位江西省第三建筑工程有限公司记不良行为记录1次,监理单位市环中建设监理有限工程公司记不良行为记录1次。

2010年,按照原建设部《民用建筑节能工程质量监督工作导则》和《建筑节能工程施工质量验收规范》,质监站把好施工图审查核查、节能材料入场质量、施工过程质量控制、竣工验收备案等"四关",对节能施工资料进行审查,开展节能检测,确保建筑节能工程质量。

保障房监管　市建设局加强对保障性住房的质量监管。2010年8月16日,按照《关于进一步加强保障性安居工程远程视频监控系统安装工作的通知》,与房管局组织联合监督巡查小组对市历尧廉租房小区、市经济适用房昌明小区、市南河廉租房小区、市南河经济适用房三期4个项目工程进行监督巡查,督促视频系统安装到位。9月初,举办市保障性安居工程三大规程宣贯学习班,全市工程建设单位、监理单位和施工单位的主要技术负责人200多人参会,学习省建筑安质监局《保障性安居工程质量通病防治规程》《保障性安居工程质量分户验收规程》和《保障性安居工程质量监督检查规程》。

是年，开展质量监督巡查4次，对在建的13个保障性安居工程项目中的64个建设、施工、监理单位的质量行为、工程技术资料以及工程实体质量进行检查，共下发整改通知单33份，保障性安居工程执法建议书6份。

质量检测　1986—2009年，市建筑质监站审核对建设单位提交《竣工验收通知》及有关资料后，符合竣工验收条件的，派人参加验收监督。重点或特殊工程的竣工验收监督由站长或者总工，组成专业技术小组参加。重点对工程竣工验收的组织形式、验收程序、执行验收规范、标准情况等实行监督，对违规行为责令改正，各方对竣工验收结果达不成统一意见时进行协调。同时，对工程实体质量抽测资料进行审查或者抽测，对观感质量进行检查。

2002年6月18日，市质监站下发《关于强化建设工程质量检测工作管理的通知》，对见证取样检测工作和见证检测报告提出明确要求。2004年5月，市质监站下发《关于加强建设工程质量检测机构监督管理的通知》，加强对检测机构的备案管理；加强对桩基检测方案的备案管理和桩基动测报告必须报省建设厅认证管理；加强对工程常态检测的动态管理。11月16日，市质监站下发《关于加强城市桥梁管理工作的通知》，对全市桥梁开展全面检查。

2007年1月1日，执行见证取样人员备案登记卡制度，备案登记卡有效期1年。见证取样人员由建设单位、监理单位、施工单位委派，监理单位驻现场监理工程师、监理员、建设单位和施工单位有关工程技术人员。建设单位、监理单位将委派到工地现场见证人员名单书面通知施工单位、检测单位和工程质量监督机构。每个工地现场见证人员不得少于1人，重要、大型工程见证人员不得少于2人。检测项目取样时，见证人员对取样过程进行见证并签证，见证记录归入工程技术档案。试检样由见证、取样人员共同送检。

每个质量监督员配备游标卡尺、卷尺、检查用小锤等测量工具，以及回弹仪、楼板厚度测量仪、钢筋扫描仪和砂浆灌入仪等实体检测设备、用于建筑节能分部实体检测的黏结强度检测仪和保温砂浆取芯机、用于分户验收室内空间尺寸测量的激光测距仪、标线仪等仪器设备，通过科学的检测数据判断工程质量好坏。

2010年7月15日，质监站对冷拉处理后的光圆钢筋按规范要求重新进行见证取样送检，取得合格的检测报告后才能在施工现场使用。

地基基础检测　建筑地基的隐蔽工程验收，由勘察、设计、施工、建设、监理等单位共同参与，市工程质量监督站监督参建各方对地基验收的程序、内容、方法。

建筑工程质监人员检测混凝土构造梁质量

1990年首次开始静载试验，2007年首次进行取芯检测。2008年6月，市质监站对全市工程质量检测机构和预拌商品混凝土企业开展专项检查，监督混凝土质量。2009年，加强深基坑、异型结构、大跨度结构、钢结构等特殊结构工程的质量监督检查，落实监管责任。督促预拌商品砼企业建立和完善质量保证体系，落实质量管理责任。

2010年4月6日，市建设工程质量检测中心，在市土地储备中心八中南侧安置房1号、2号、3号及绿园居住小区A－1/A－3、A－2/A－4等工程的桩基检测中，违反相关规定，未将检测方案上报工程质量监督部门备案擅自进行桩基检测，未能在静载试验前将现场检测活动安排报工程质量监督部门，且检测数量不符合要求。市质监站决定对市建设工程质量检测中心给予2次不良行为记录的处罚。

执法巡查

2000年至2010年6月，市建筑质监站监督管理工程项目1632个，参与竣工验收1596个，监督面积805.93万平方米，监督覆盖率达100%。发现和预防各种质量事故、质量隐患680多起，调查工程质量事故17起，责令局部推倒重建工程23起，发出停工整改通知书290多份。受理查处90多起群众投诉，查处质量问题80多项（次）。

2004年，市质监站开展“住宅工程质量年”活动。试行巡查制度，将习惯性的告知检查改为随机抽查，由例行检查变为有重点、有目的、有计划的主动巡查。至 11 月底,共监督工程 1895 项,监督面积 713.5 万平方米,参与核验工程 1962 项,面积 679.94 平方米,监督覆盖率从建站初期的 30% 上升至 97%,工程质量水平逐年提高。共发现和预防各种质量事故、质量隐患 1200 多起,调查处理重大工程质量事故 25 起,责令局部推倒重建工程 46 起,发出停工整改通知书 560 多份。

2005 年 3—12 月,对全市建筑工程进行 2 次全面质量大检查,共检查在建单项工程 123 项,对其中 38 个工程下发停工整改通知单和局部暂停通知书,对监理企业未履行质量行为下发处理通知书 10 份,要求其中 3 栋已做到 3 层楼面的工程,拆除至正负零。对省兴赣监理公司、市瓷城监理公司进行全市通报批评。

2006 年 9 月 15—18 日,市质监站组织开展对监理企业履行质量责任行为检查,重点检查工程项目监理机构和人员到位情况,防止出现严重的压价竞争、超资质承揽业务现象。对施工现场人员配备不齐,水电监理、土建监理 1 人担当,施工质量控制不严格等情况进行处理纠正。是月,组织对住宅工程质量责任主体的质量行为、实体质量、资料管理等进行细致的检查,下发工程质量整改通知书 12 份,对 2 项工程的三方责任主体不良质量行为进行处罚。

2007 年,市质监站成立监督执法科,专门对违反法律法规及强制性执行标准的各责任主体及有关机构的行为进行调查取证和核实,提出处罚建议并按委托权限实施行政处罚。在工程项目办理监督手续时增加对施工现场踏勘的环节,处罚先开工后办手续的行为。5 月 15 日至 6 月 28 日,对全市 48 家施工企业、34 家房地产开发企业进行现场检查,共检查在建工程 58 项,对 23 项工程下发停工整改通知书和局部暂停施工通知书,对监理企业下发处理通知书 4 份,并通报批评 1 家监理公司,处理使用不合格煤矸石烧结多孔砖的施工企业 3 家。

2008 年 11 月 25 日至 12 月 2 日,市建筑质监站对 21 项主体在建工程(未进入装饰装修)进行督查。涉及建设单位 20 家、监理单位 9 家、施工单位 19 家、检测机构 2 家,下发建设工程质量监督执法检查告知书 13 份、建设工程局部暂停施工 1 份。全年接待咨询投诉 12 起,“12319”质量热线转达各类咨询投诉 3 起,“12345”市长热线转达投诉 1 起,政风行风民主评议纳谏活动接待咨询投诉 2 起,均积极予以答复处理。

2009 年,采取抽查和巡查相结合的监管方法,按照工程类别、重要性及参建企业的业绩、信誉、质量保证能力等情况,实施分类监管,集中监管资源对重点工程和信誉差、质量保证能力弱的企业实施监督。

2010 年 3 月 1 日,市建设局制定《市建设工程质量监督巡查实施办法(试行)》,规范所辖区域建筑工程实体质量及参建各方责任主体的质量行为,明确监督巡查的程序、内容、处理措施、整改记录等。逐步实现从传统的“三到位”监督模式向以行政执法为基本特征,以落实工程质量各方责任主体的质量责任为内容,以质量巡查为手段的质量巡查机制的转变;从传统的对工程项目“平均化监督”向根据工程项目特点、企业社会信用、履行质量行为能力的“差别化监管”的转变。全年在建受监工程 36 项,建筑面积 35 万平方米,其中住宅工程 24 项,住宅工程面积 10 万平方米,公建工程 12 项,公建工程面积 25 万平方米。其中新受监工程 72 项,建筑面积 35.2 万平方米;竣工验收合格工程 31 项,建筑面积 9.8 万平方米。

第三节　工程招投标与监理

招投标管理

1986—1999 年,市工程招标投标工作以宣传为主,工程交易方式以谈判方式为主,业主自行发包。

1999 年 8 月,成立市建设工程招标投标办公室和市建设工程交易管理中心,两块牌子一套人马。建设工程招标投标管理工作正式纳入政府职能,工程交易由市招标办组织实施,市招标办不定期开展建设工程招投标市场行为进行专项检查,对规避招标的工程项目和先开工后办招投标手续的行为进行警告、限期改正、罚款、没收违法所得的处理。市发改委立项为市重点工程的项目招标,由市重点工程管理办公室负责协调监管。

2000 年 1 月,《中华人民共和国招标投标法》正式施行,有关部委又相继出台配套的规章,市招标投标制度开始推广。年底,招标办采用分期付款的方式,斥资60余万元购买里村400平方米交易大楼(含装修、设备),在全省同行业中率先使用开标投影设备并使用专家抽取软件。

2005年5月,市建筑工程交易中心和招标办职能分离、财务共享,两块牌子一套人马。11月,市招标办建立市建设工程招标投标网站,发布工程信息。

2007年3月9日,602所直升机研发平台建设项目进行施工、监理招标,为景德镇地区首个工程项目施工、监理招标。6月13日,市招标办、有形建筑市场(简称交易中心)人员职能分开,形成招标办执法监督管理,交易中心保障服务,相互制约的招标投标工作机制。实行"事前核准、事中监督、事后备案"制度,从公开信息、投标报名、资质审查、文件审核、专家抽取、评标定标等环节,明确有形建筑市场集中交易的方式和过程。

2008年3月18日,市行政区域内项目总投资额超过1000万元,或单项监理合同估算价30万元以上的工程建设项目监理必须进行招标,建设工程招标投标范围从原来单一的工程施工招标投标逐步扩大到工程勘察、设计、监理。6月1日,昌河飞机工业(集团)公司在景德镇地区工程招标投标活动全部纳入市招标办监管。11月5日,市建设局制定《工程建设项目招标代理机构信用管理试行办法》和《工程招标代理机构信用管理手册》,每年第一季度末公开招标代理机构信用等级,优先向建设单位推荐A级招标代理机构,景德镇代理机构有市大地建设造价咨询有限公司、江西中祥建设监理有限公司、江西景德工程造价咨询有限公司、市天平建设工程造价咨询有限公司4家。是月,实施《景德镇市注册建造师IC卡信息管理办法》,同一建造师在合同期内,工程主体未封顶的不得承接下一个工程。

是年,景德镇招标投标网除公布招标事项核准、招标公告、中标结果、信用记录等信息外,开始实行网上报名,逐步推行网上招标投标。

2009年5月,市招标办对全市招投标代理机构、投标企业、评标专家进行电子化招投标操作培训,全面推进电子化招投标工作。市建设工程招标投标网网站内容包括工程在建项目、注册建设师查询及公告、评标专家信息等栏目,实现招投标信息的发布、查询、反馈、下载、统计、即时通讯、流程控制等功能,方便招投标各方主体查询、监督和投诉,并经国家工信部网站备案。是年,评标工作在合理低价法和综合评估法上增加简易评标法,对总投资300万元以下的市管单项工程,200万元以下的县管工程,100万元以下的专业、装饰工程使用简易评价法,提高评标效率。对通过资格审查入围企业,无故不参加投标的,限制在景德镇地区参加投标,并给予不良记录,打击投标企业围标、串标行为。

2010年4月,市招标办监管的项目全部实行网上电子化招标、评标,使用电子标书。通过网上发送招标中标通知书、施工合同备案。

表6-4-4　　2002—2010年景德镇市招标办监管工程招投标情况表

年份	交易项目(个)	中标价格(万元)	其中					
			公开招标项目(个)	中标价格(万元)	面积(平方米)	邀标项目(个)	中标价格(万元)	面积(平方米)
2002	60	29132	21	5900	5552011	39	23232	581781
2003	70	28613	29	9718	394387	41	18895	393957
2004	71	38727	28	10537	252043	43	28190	575031
2005	64	63241	32	27154	1306595	32	36087	680686
2006	52	32177	24	12839	107254	28	19338	472770
2007	73	64672	35	27911	23834	38	36761	1164795
2008	50	62417	26	7889	96564	24	54528	779888
2009	66	47683	36	12197	85707	30	35486	377697
2010	75	132130	34	28292	48185	41	103838	726046

工程建设监理

1991年5月,景德镇市西河桥扩建工程中,首次试行监理制度。1999年扩大推广工程建设监理制度。2000年强制执行。是年2月2日成立景德镇第一家监理公司景德镇市环中建设监理有限公司(房建甲级资质)。2003年8月18日发布实施《景德镇市工程建设监理收费标准(试行)规定》,由于监理市场竞争激烈,监理公司按市场调剂价收取监理费,多数工程监理费低于标准。至2010年,景德镇设立工程建设监理公司9家,其中房建甲级2家,房建乙级5家,房建丙级2家。

表6-4-5　　2010年景德镇市监理企业一览表

企业名称	资质等级	技术人员数	企业名称	资质等级	技术人员数
江西中祥建设监理有限公司	房建甲级	33	乐平市宏大建设监理有限公司	房建乙级	23
景德镇市环中建设监理有限公司	房建甲级	30	景德镇市通达建设监理有限公司	房建乙级	22
景德镇景航建设监理有限公司	房建乙级	25	景德镇市瓷城建设监理有限公司	房建丙级	5
景德镇市宏程建设监理有限公司	房建乙级	21	江西金信建设监理有限公搜	房建丙级	7
景德镇市景建建设监理有限公司	房建乙级	21			

第四节　造价监管

造价审核

1986年4月30日,景德镇建设工程定额管理站成立,隶属于市建设局,对全市建筑工程造价进行监管。工程造价管理审核包括施工合同备案、发承包双方工程竣工结算文件备案。审核的材料包括施工合同、招标文件、招标答疑、投标书、中标通知书、竣工结算书、补充协议、签证。每年一次编制发布材料预算价格。

1991—1992年,代编、审编、测定建筑安装工程预(决)算,完成标底工程量2000万元,其中4条煤气隧道窑施工企业提供决算金额758万元,经审查核减为665万元,节约资金93万元。协助法院仲裁经济纠纷案金额200万元。

1994年,审查近5000万元的工程预算或决算。协助检察院、法院判决和仲裁工程经济案件7起,维护建设单位和施工企业合法权益。1995年,全年完成土建预决算编制2600万元,安装预决算300万元,陶瓷炉窑工程1400多万元。1996年,与市计委、市建行联合制定预算标准,规范市工程造价计算依据。全年咨询核减工程造价近400万元。

1997年12月22日,景德镇建设工程定额管理站更名为市建设工程造价管理站。

1998年,协调各类工程预决算38起,为业主节约工程资金386万元,协助检察院、法院办案8起,出具工程造价鉴定书,案值800多万元。1999年,协助市法院和检察院仲裁合同纠纷、工程决算以及经济案件5起,涉及金额600余万元,挽回经济损失200万元。全年参与工程标底审定20余项。

2000年,完成工程造价咨询业务6080万元,其中1000万元以上项目4项,完成标底编制30项,预决算项目25项,协助法院调解、仲裁工程项目3项。

2006年3月,市造价站与招标办联合召开"工程量清单计价"推广研讨会,逐步推广清单计价制度。按照省建设厅下发的工程定额,逐步规范造价计算依据。

2007年1月,市建设局规定造价咨询单位按季度上报竣工结算审核报告,在办理竣工结算时提供施工合同告知审查表,并以审查表中审查意见作为主要计价依据,市造价站在全省地市造价站中率先执行工程造价按照工程量清单计价。是年,使用国有资金或有国有资金占控股主导地位的招标项目,推行采用工程量清单计价办法,全年35项公开招标工程全部采用工程量清单计价。为广场南路项目部、十四冶集团公司等7

家单位造价纠纷做出咨询回函,7 家单位对处理结果均表示满意。

2008 年,市造价站对九江第二建筑工程公司等 6 家施工单位提出的造价问题,通过研究讨论给出答复回函,甲乙双方对处理结果均表示满意。全年受理建设工程项目施工合同告知审查 22 项,审查通过 17 项,办理中 5 项。是年,收缴工程定额测定费 101 万余元,较上年增长 31%。

2009 年,受理建设工程项目发包、承包双方竣工结算文件告知审查 15 项,审查通过 13 项,正在办理 2 项。通过对施工合同审查,并完善表格设计,减少甲乙双方在办理竣工结算时产生争议,减轻定额解释和造价仲裁工作负担。全年调解完成 7 起定额解释争议。是年,收缴金额共计 26.7 万元。之后停止收费。

2010 年,市造价站成立定额解释专家小组,受理造价纠纷申请报告后,随机抽取 5 名专家小组成员讨论,结合讨论意见作出回函。将施工合同告知审查表列为建设工程项目申请施工许可证的必备材料。

中介监管

1997 年,成立市大地建设造价咨询有限公司,由市造价站控股,经省建设厅批准为乙级咨询单位和甲级招标投标代理机构,为景德镇第一家工程造价咨询中介机构。

至 2000 年,全市新增具备资质的工程造价咨询中介机构有市景审工程造价咨询审计有限公司、江西景德工程造价咨询有限公司、景德镇市天平建设工程造价咨询有限公司、江西中祥建设监理有限公司、景德镇兴瓷工程造价咨询有限公司 5 家。

2001 年,大地建设工程造价咨询公司的改制为民营机构。2003 年,全市有 7 家中介咨询机构(含乐平市 1 家),市造价站对各公司进行年检。2005 年,经省建设厅批准,景德镇市 8 家工程造价咨询企业中,天平、大地、兴瓷、景审、景德、景航、新昌为乙级,正大为暂定乙级,各咨询机构订立自律公约,避免恶性竞争。

2006 年 4—6 月,市《造价咨询自律公约》管理小组对全市 8 家工程造价咨询单位开展自律公约执行情况进行检查,对检查中发现问题较为严重的两家违约单位进行处罚。市造价站为 20 项工程办理定额测编手续,其中有 5 项工程补办手续。受理新昌公司投诉、举报事件 2 起,经检查组调查取证,对参与的咨询公司按《自律公约》进行处罚,对涉及的个人给予警告。

2009 年,检查 7 家咨询公司 210 个项目,督促整改发现的问题,没收违规的新昌公司履约金 3000 元,行政处罚 5000 元。建立中介机构和造价从业人员的信用档案。

2010 年 4 月 6 日至 5 月 13 日,对全市 5 家工程造价咨询公司进行自律检查,发现的共性问题有文件资料不齐,有缺项(缺汇总表、编制说明、计算底稿、施工合同告知备案表),并指导补充整改到位。

造价信息

1986 年起,市造价站每年依据建筑市场实际情况,选取景德镇地区多个具有代表性的典型工程,套用省工程定额、《景德镇市建设工程造价信息》测算,得出各类型工程造价经济指标,并公开发布。

1991—1992 年,发布《安装材料预算价格》和《建筑工程结算有关规定》。1993 年,编制发行《景德镇地区 1992 年度建筑材料(土建)预算价格和建筑工程综合价差系数》,为全市建筑工程预(决)算依据,重新测定 1993 年度建筑综合价差系数,在全市范围通令执行。指导和协助乐平市和浮梁县开展 1992—1993 年度建筑工程材料预算价格和价差系数的测定和编制工作。

1993 年 6 月,首次编制《窑炉材料预算价格》和《陶瓷窑炉专用定额》,对陶瓷技术改造起了很大作用。1994 年 3 月,经省建设厅专家审定后在全省各地发行。9 月,作为地市定额站首次受邀参加建设部、冶金部在西安召开的全国工业窑炉定额修编工作会议。1995 年 6 月,编纂完成《全国统一安装基础定额》一书中《工业炉窑分册》陶瓷炉窑增补的隧道窑、辊道窑等部分定额子目编写任务。

1995 年,完成 1994 年下半年和 1995 年上半年度景德镇地区建筑安装材料预算价格和高级装饰材料预算价格编制发行工作,制定建筑安装工程材料价差计算管理办法。

2003 年,对建安工程材料价格实行动态管理,在全市建设、施工、中介、厂家和供应商中多渠道建立建安材料价格信息网络,按时发布有关价格信息,为全市招投标工作的顺利开展提供保障。

2006 年 2 月,《景德镇市建设工程造价信息》由原来的季刊改为双月刊,对其内容进行充实、细化,扩大信息量。

2008 年,开展建筑工程实物工程量与建筑工种人工成本信息以及城市住宅建筑工程造价信息测算工作。2009 年,加强在全市建设、施工、中介、厂家和供应商中收集价格信息,健全材料价格信息网络,每月召开一次造价信息专题座谈会,分别由信息员和施工企业代表、建设单位代表参加,对会议内容、结果进行收集整理并存档。

2010 年 4 月,市造价站选取 10 项典型工程,分析计算出各典型工程综合工日单价,并将测算分析资料和调查资料上报省造价站。

第五章　房地产管理

80 年代末,景德镇实施住房制度改革,在统一城镇住房租金标准、超标加租和新房新租制度三项改革基础上,分步提租发补贴,住房实行公积金制度,鼓励集资合作建房,优惠出售公有房。鼓励单位资助和个人集资的形式实行集资合作建房,提高机关干部、员工,企业职工的购房能力。90 年代,全市商品房建设逐步加快,市政府实行商品房预售许可证制度,建立房地产开发销售信息公示和网上备案制度,建立市房地产交易大厅,各部门集中办公,统一进行管理和服务。市房地产中介也伴随着房地产交易市场形成而发展,为市民提供房地产发布信息、代办交易手续以及评估、经纪及咨询等业务。随着住宅小区建设的发展,物业公司也迅速发展,为居民有偿提供保洁、保安以及水、电、气维修等服务。2005 年,市政府开始建设廉租房和经济适用房,解决低收入家庭的住房问题。至 2010 年,景德镇市民逐步从以居住企业宿舍为主,改变为以居住小区商品房为主,居住条件发生巨大变化,生活品质有了显著提高。

第一节　市场管理

商品房市场

商品房预售　1994 年 7 月,市区开始实行商品房预售许可证制度。房地产开发企业必须到市房产管理局办理预售许可证,凭证刊登预售广告,对外预售商品房。当年,共有 20 个房地产工程项目办理许可证,预售商品房面积 3.43 万平方米。1998 年 7 月 20 日,国务院颁布《城市房地产开发经营管理条例》,规定房地产开发企业应当自商品房预售合同签订之日起 30 日内,到商品房所在地县级以上政府房地产开发主管部门和负责土地管理工作的部门备案。2002 年,市房产管理局规范商品房预售许可证发证工作,建立商品房开发测绘丈量制度,凡房地产开发企业所开发的项目,在申请商品房预售许可证时,须进行新建房屋丈量。全年丈量发证项目 50 个,建筑面积达 62.5 万平方米,消除商品房销售"短斤少两"现象。市中心城区开始实行电子化商品房合同备案和商品房预(销)售合同编号登记管理。对符合商品房预售条件的楼盘颁发商品房预售许可证,并在市属各媒体公布。2003 年 4 月,市政府办公室批转《关于进一步规范我市商品房预售行为意见的通知》,明确商品房预售实行许可证制度,开发企业所获商品房预售资金必须用在该项目上,并由各银行加强监管,未取得商品房预售许可证的项目,不得在广告媒体进行楼盘宣传。全年共办理商品房预售许可证 70 件,预售商品房面积 115.78 万平方米。

2006 年,市区办理商品房预售许可证 49 件,预售商品房面积 159.72 万平方米。2007 年,市房产管理局强化商品房预售管理,将商品房预售许可证发证工作,纳入市政府行政服务中心窗口办理,严格实行商品房价格预报登记,从宏观上对商品房预售价格和房型面积进行监控,全年核发商品房预售许可证 54 份,预售商品房面积 54.69 万平方米。2009 年,市房产管理局建立房地产开发销售信息公示制度,完善商品房网上备案系统,实现全市房地产开发项目管理、商品房预售许可网上审批以及商品房买卖合同网上即时备案,当年办理商品房预售许可证 47 件,预售商品房面积 60.42 万平方米。2010 年,市区办理商品房预售许可证 66

件，预售商品房面积84万平方米。

表6-5-1　　2002—2010年景德镇市区商品房预售许可证发放一览表　　单位：万平方米

年份	许可证件数	预售面积	年份	许可证件数	预售面积
2002	50	62.5	2007	54	54.69
2003	70	115.78	2008	49	54.71
2004	46	56.88	2009	47	60.42
2005	53	58.4	2010	66	84
2006	49	159.72			

商品房销售　1991年，按照《江西省房地产交易市场管理办法》，市房地产交易市场由市房产管理局、工商局、物价局3家联合办公，统一监管和管理，对房屋买卖、租赁等活动，实行一条龙服务，当年共销售商品房0.82万平方米。1999年，房屋交易1555起，其中商品房销售面积5.66万平方米。2000年5月，市房地产交易大厅建成投入营运，大厅装置电子屏幕，全市有48家房地产开发公司进场交易，并联合工商、财政、金融、公证部门入驻，实行登记、发证一条龙服务。各家银行推行按揭购买商品房，房地产市场交易活跃。全年交易总面积42万平方米，其中商品房销售10.07万平方米，市房地产交易管理处被评为2000年度全省房地产市场管理达标单位。

2002年，市区房地产交易面积达45万平方米，其中商品房销售36.12万平方米，办理房地产权证书3600本。2003年，银行按揭促销商品房，销售面积62.50万平方米。2006年，市房地产管理局规范房地产市场，实行"一站式"办证服务。房地产交易发证软件系统升级，房产交易、转让、备案、档案信息平台和数据库全面启动，为商品房市场提供了交易平台，商品房销售面积达74.90万平方米。2008年11月，市政府下发《关于促进景德镇市房地产市场健康稳定发展的若干意见》，推动商品房交易，全年商品房销售面积56万平方米。2010年，市区商品房销售创新高，总面积达107.78万平方米。

表6-5-2　　1991—2010年景德镇市区商品房销售一览表　　单位：万平方米、元/平方米

年份	商品房销售面积	销售均价	年份	商品房销售面积	销售均价
1991	0.82	500	2001	12.56	1300
1992	0.87	550	2002	36.12	1400
1993	0.91	600	2003	62.50	1600
1994	1.03	700	2004	80.02	1700
1995	1.86	800	2005	84.32	1800
1996	2.03	850	2006	74.90	2000
1997	3.64	900	2007	79.55	2400
1998	4.75	1050	2008	56.00	2500
1999	5.66	1100	2009	89.00	2700
2000	10.07	1200	2010	107.78	3000

县（市）商品房市场　2001年，乐平市开始实行商品房预售许可制度。2003—2006年，预售商品房面积69.95万平方米。2007—2010年，预售商品房面积119.143万平方米。

2004年，乐平市开始逐步实行商品房买卖合同备案制度，2009年9月实施商品房买卖合同网上备案公示。2003—2005年商品房销售面积50万平方米，2006—2010年销售面积136.288万平方米。

2006年，浮梁县开始实行商品房预售许可制度。2006—2010年，预售商品房面积33.23万平方米，共销

售商品房面积39.98万平方米。

房地产交易会 2003年7月18—20日，景德镇市首届房地产交易展示会在锦龙家具城举办，全市有50多家开发项目（含乐平市、浮梁县）楼盘参展，商品房成交1861套，面积21万平方米，成交金额2.4亿元。2004年10月18—20日，市第二届房地产交易会在新落成的皇冠购物广场举办，全市有38家开发项目参展，商品房成交1110套，面积10万平方米，成交金额2亿元。2005年11月18—20日，市第三届房交会在广场南路鑫源大厦举办，有32家开发项目参展，商品房成交2200多套，面积25万平方米，成交金额3亿元。2006年12月8—10日，市第四届房交会在房地产交易中心大厅内举办，有20家开发项目参展，商品房成交160套，面积1800平方米，成交金额3900余万元。2007年9月29日至10月2日，市第五届房交会在沃尔玛广场举办，有18家开发项目参展，商品房成交216套，面积2360平方米，成交金额5000余万元。2008年11月28—30日，市第六届房交会在广场南路皇冠国际大酒店大厅举办，有17家开发项目和5家房屋装饰公司参展，商品房成交127套，面积1400平方米，成交金额3622万元。2009年10月20—22日，市第七届房交会在人民广场举办，有13家开发商参展，商品房成交110套，面积1200平方米，成交金额3000万元。2010年未举办。

房地产契税征缴 1997年，景德镇市开始征收房屋契税。市房地产交易管理处在办理市房屋交易权属登记时，配合税务部门征缴房屋契税。1999年，征缴房屋契税130万元。2002—2010年，分别征缴房屋契税800万元、1100万元、2945万元、2436万元、2356万元、3606万元、3762万元、5423万元、6402万元。

房屋租赁市场

1986年，市区房屋租赁市场由市房产管理局管理。1995年5月9日，建设部颁布《城市房屋租赁管理办法》，规范房屋租赁市场。2008年3月28日，市政府颁发《城市房屋租赁管理办法》，规范全市房屋租赁秩序。6月5日，市房屋租赁管理处成立，下设租赁一科、租赁二科两个业务科室，以珠山中路为界，实行分片管理。对全市租赁房屋进行登记备案，共签发房屋租赁备案证272户。2009年，签发房屋租赁备案证538户。2010年，共签发房屋租赁备案证1544户。房屋租赁管理处与市打击传销领导小组联合办公，对全市的出租房屋进行排查，与承租双方签订《房屋租赁综合管理责任书》达2000余份。

房地产中介市场

中介企业 市房地产中介企业伴随着房地产交易市场的建立而逐步形成和发展。2000年，开始实施房改房、二手房上市交易，为房屋中介市场注入活力。房地产中介企业为房地产交易提供多元化中介服务。至2010年，全市共有5家房地产评估机构，50多家房地产经纪中介企业。主要评估企业有：

景德镇瓷都房地产评估有限公司。2001年4月，由市房地产评估事务所脱钩改制成立，为全省第三家脱钩改制成立的综合性房地产评估机构，注册房地产估价师9名，注册房地产经纪人4名，注册会计师、注册造价工程师等中、高级专业人才多名，注册资金100万元。经省建设厅批准，建设部备案的二级房地产评估资质专业房地产评估公司，经省高级人民法院批准从事“房地产评估”司法鉴定机构和市拆迁管理部门认定的拆迁评估机构。主要承担全市房地产交易、房屋拆迁的评估业务。

江西景洲房地产估价咨询有限公司。2010年9月成立，是专业性的房地产估价咨询机构，有注册房地产估价师6人、房地产经纪人2人、高级工程师2人、金融经济师2人等。经省建设厅批准，获得房地产价格评估资格证书，主要承担全市房地产评估、经纪及咨询业务。

市房地产交易市场。2005年9月成立，经省建设厅备案，在编管理人员9人，从事房改房、二手房交易，其二手房交易量每年占到全市二手房交易量的1/3。

二手房交易 2000年，市区开始实施二手房上市交易，是房地产市场交易的重要组成部分，当年通过房屋中介市场交易536套，面积4.66万平方米。2002年，市民卖旧房购新房，成为二手房交易的热点，上市交易1063套，面积9.82万平方米。2003—2006年，二手房交易10508套，面积75.43万平方米。2007年，二手房交易1267套，面积13.58万平方米。2008年，二手房交易1503套，面积12万平方米。2009年，二手房交易1160套，面积7万平方米。2010年，二手房交易3912套，面积33.24万平方米。至2010年，市城区二手房累计上市交易量达18789套，面积155.73万平方米。

房改房交易 1997年，市政府颁发《景德镇市深化城镇住房制度改革实施方案》，规定职工以成本价购

买的住房，产权归个人所有，一般住用5年后可依法进入市场；职工以原标准价购买的住房，拥有部分产权（占有权、使用权、有限的收益权和处分权）可以继承。一般住用5年后可依法进入市场出售。2000年，市城区开始实施房改房上市交易，当年通过房屋中介市场房改房上市交易116套，面积0.93万平方米。2001—2003年，市城区房改房上市交易922套，面积8.01万平方米。2005年，随着房地产市场发展，房改房上市交易也趋于活跃，交易量达到660套，面积5.68万平方米。2008年，房改房上市交易686套，面积5.37万平方米。至2010年，市城区房改房累计上市交易量达6068套，面积49.60万平方米。

表6－5－3　**1997—2010年景德镇市城区房改房交易一览表**　单位：万平方米

年份	房改房审批发证		房改房上市交易	
	套数	面积	套数	面积
1997	6175	30.87	—	—
1998	11231	51.66	—	—
1999	6759	33.11	—	—
2000	7853	43.94	116	0.93
2001	4864	24.32	185	1.52
2002	3241	17.17	304	2.62
2003	4408	24.68	433	3.87
2004	973	5.64	581	4.79
2005	961	5.76	660	5.68
2006	464	2.92	598	5.33
2007	967	5.99	663	4.96
2008	541	3.51	686	5.37
2009	587	3.99	847	6.96
2010	462	3.23	995	7.57
合计	49486	256.79	6068	49.60

房地产评估　1996年，市房地产估价事务所成立，隶属市房地产管理局，从事住房制度改革中公有住宅出售的挂牌估价、房地产贷款估价、二手房交易估价。2000年，经济鉴证类社会中介机构与政府机关脱钩。2006年，市政府制定市城区房屋拆迁评估基准价，当年开展房地产价格评估业务总量1472件。2009年，评估金额1227万元。2010年，办理房产价格评估业务2951件，评估面积40.72万平方米，评估金额1466万元。

房地产抵押　1999年，市房地产抵押业务起步，抵押总额1200万元。2001年，房地产抵押数量持续平稳增长，全年抵押768宗，抵押金额达5902万元。2002年，市城区办理抵押业务1116宗，抵押面积15.08万平方米，抵押金额1.2亿元。2003—2006年，市城区共办理房地产抵押10662宗，抵押面积175.5万平方米。2010年，办理房地产抵押5815宗，抵押面积170.6万平方米，抵押金额5.11亿元。

表6－5－4　**2007—2010年景德镇市房屋评估、抵押情况表**

年份	评估件数	评估面积（万平方米）	抵押数	抵押面积（万平方米）	抵押金额（亿元）
2007	1533	19.43	3848	70.13	1.75
2008	1357	21.46	4080	84.05	2.37
2009	2338	18.43	5270	115	3.34
2010	2951	40.72	5815	170.6	5.11

第二节　房产管理

产权产籍管理

1993 年 9 月 24 日,印发《房地产产权产籍收集整理工作方案》,规定收集整理档案的范围。并抽调 6 人组成整理档案工作小组,将分散在交易处、工程科等处的房屋档案立卷移交。年底接管原私房档案 7000 余份。按所辖房管所、地点门牌及产权分卷立案建卡编号的要求,完成东郊房管所地区的私房建档任务。1997 年,市房产管理局将市建筑房屋开发公司 4 楼 200 平方米,作为房地产档案室,添置档案微机管理设备,按照规范标准、微机检索要求,重新整理档案资料,被评为省二级档案管理单位。

2000 年,市房产管理局规范房屋产权产籍管理,库房硬件设备、图卡档册完善,产权验证达标,被评为全国先进达标单位。2002 年,市房产管理局办理各类房屋登记发证 5918 宗,面积 72.15 万平方米。2004 年,完成房屋测绘 3268 户,面积 56.36 万平方米,全市办理各类房屋登记 9905 宗,登记面积 128.86 万平方米。2007 年,完成测绘房屋 200 栋,面积 57.6 万平方米。全市办理各类房屋登记发证 10889 宗,面积 172.26 万平方米,其中商品房登记发 5730 宗,面积 75.52 万平方米;二手房及房改房登记发证 1267 宗,面积 13.58 万平方米;个人、单位自建房发证 44 宗,面积 13.03 万平方米;抵押登记发证 3848 宗,面积 70.13 万平方米。

2009 年,市房产档案馆晋升为省一级档案馆,新增档案 2.08 万卷,房产档案归集和利用全部实现电子化。2010 年,新增档案 2.56 万卷,总馆藏达 23.41 万卷,接待社会各界档案利用 1.85 万人次。办理各类房屋登记发证 17515 宗,面积 374.2 万平方米,其中商品房登记发证 7080 宗,面积 143.7 万平方米;二手房及房改房登记发证 3912 宗,面积 33.24 万平方米;个人、单位自建房发证 708 宗,面积 26.63 万平方米;抵押登记发证 5818 宗,面积 170.63 万平方米。

表 6-5-5　　2002—2010 年景德镇市房产管理局办理各类登记发证情况表　　单位:万平方米

年份	商品房		二手房及房改房		个人、单位自建房		抵押登记		合计	
	宗数	面积	宗数	面积	宗数	面积	宗数	面积	宗数	面积
2002	3083	33.47	1063	9.82	656	13.78	1116	15.08	5918	72.15
2003	3450	40.27	4490	28.79	270	31.28	1641	38.79	9851	139.13
2004	4976	61	1325	9	281	10.8	3323	48.06	9905	128.86
2005	4590	50.86	2010	13.85	170	25.1	2705	36.9	9475	126.71
2006	5480	62.16	2683	23.79	152	10.8	2993	51.75	11308	148.5
2007	5730	75.52	1267	13.58	44	13.03	3848	70.13	10889	172.26
2008	6452	77.54	1503	12	198	6.13	4080	84.05	12233	179.72
2009	8601	98.1	1160	7	1021	29.4	5270	115.0	16052	249.5
2010	7080	143.7	3912	33.24	708	26.63	5815	170.63	17515	374.2

公有房产管理

市区直管公房　1986 年,市城区直管公房按地段划分由珠山房管所、昌江房管所、太白园房管所、石狮埠房管所、东郊房管所、公房管理中心(企业房管所)进行管理。1992 年,市区共有直管公房 4556 栋,建筑面积 91.53 万平方米,其中已登记产权核发产权证的有 4374 栋,建筑面积 70.45 万平方米。同时对 166 个企事业单位 4649 栋自管公房登记产权,建筑面积 271.61 万平方米,并核发产权证,改变市区公房无房契的历史。6 月 25 日,建设部授予市房产管理局"全国房地产管理先进单位"称号。1996 年,市房产管理局对城区抚州弄160户砖木结构房屋，建筑面积1万平方米进行改造，新建7层砖混结构楼房，建筑面积5.86万平方米。市区直管公房有4344栋，建筑面积81.83万平方米，共有居住户1369户，年租金收入368.58万元，主要用于公房的维修和管理。1998年，对城区十八桥地段破旧房屋，建筑面积3万平方米进行改造，建成的17栋楼房十八桥商城，面积7万平方米。建成直管公房共有9栋，总建筑面积4万平方米，其中住宅建筑面积3.2万平方米，非住宅面积1.8万平方米。2000年，对市新村中路10栋砖木结构房屋，建筑面积1万平方米进行改造，建成7层砖混结构楼房，建筑面积5.47万平方米；将胜利路2栋危房、蔡家岭等6处砖木结构危房，面积1.12万平方米，改造为10栋砖混结构楼房，建筑面积4.39万平方米。2004年，对广场南路地段危旧房屋，面积0.36万平方米进行改造，建成多层商住楼0.8万平方米。2005年，市房产管理局创新直管公房经租管理模式，围绕"管、收、修"三大环节，开展非住宅房屋拍租、议租，提高公房租金收益。2006年，市房管局直管公房3634栋，建筑面积60.01万平方米，年租金收入736.67万元，维修房屋34.7万平方米，维修费用221.98万元。2010年，城区直管公房有3746栋，总建筑面积83.4万平方米，其中住宅建筑面积71.79万平方米，非住宅建筑面积11.61万平方米，年租金收入801.61万元，维修房屋33.95万平方米，维修费支出259.07万元。

表6-5-6　　1986—2010年景德镇市城区直管公房情况表

年份	栋数	房屋面积（万平方米）	租金收入（万元）	维修面积（万平方米）	维修金额（万元）
1986	4676	90.88	186.71	11.02	60.9
1987	4676	90.87	186.83	11.02	71.21
1988	4901	95.5	454.9	10.93	61.72
1989	4817	95.22	418.51	10.91	66.59
1990	4653	92.92	401.31	13.22	77.94
1991	4614	91.82	422.41	11.34	113.35
1992	4556	91.53	431.4	11.6	105.75
1993	4485	86.63	397.06	11.55	116.66
1994	4465	83.78	408.35	18.96	93.78
1995	4349	83.1	404.82	20.6	107.8
1996	4344	81.83	368.58	20.61	119.28
1997	4264	79.17	401.31	21.62	127.14
1998	4228	78.7	396.58	22.73	134.02
1999	4214	78.22	519.57	25.02	154.54
2000	3994	73.23	543.98	22.96	453.05
2001	3959	72.77	520.96	31.57	153.64
2002	3897	70.54	741.18	22.66	193.39
2003	3905	67.63	762.13	28.96	212.93
2004	3733	65.05	838.86	29.48	222.39
2005	3567	61.63	749.83	29.15	214.61
2006	3634	60.01	736.67	34.7	221.98

续表6-5-6

年份	栋数	房屋面积(万平方米)	租金收入(万元)	维修面积(万平方米)	维修金额(万元)
2007	3288	56.92	706.78	32.5	233.31
2008	3300	57.01	737.59	35.35	235.71
2009	3172	59.71	795.91	32.76	245.45
2010	3746	83.4	801.61	33.95	259.07

表6-5-7　**2010年景德镇市城区房屋基本情况表**　单位:万平方米

按建筑结构划分	钢、钢混结构		框架结构		砖混结构		砖木结构		简易及其他结构		总计
	建筑面积	占房屋总量	建筑面积	占房屋总量	建筑面积	占房屋总量	建筑面积	占房屋总量	建筑面积	占房屋总量	
	189.71	9%	13.8	0.7%	1590.75	76%	281.48	13.5%	17.02	0.8%	2092.76
按建设年代划分	60年代前建成		70年代建成		80年代建成		90年代建成		2000年至2010年建成		总计
	建筑面积	所占房屋总量	建筑面积	所占房屋总量	建筑面积	所占房屋总量	建筑面积	所占房屋总量	建筑面积	所占房屋总量	
	201.78	9.6%	329.84	15.8%	428.22	20.4%	284.23	13.6%	848.69	40.6%	2092.76

乐平市直管公房　乐平市直管公房主要分布在老城区,其主要来源为新中国成立初期依法接收、接管、没收、征收等方式收归国有,以及土地改革中保留作为公用或机动的房屋;按照政策对私人出租房屋进行社会主义改造的出租房屋;房地产管理机构自建及收购的房屋以及其他按照国家政策规定,由房地产管理机构管理及沿袭使用的房屋等。以乐平市房管部门统一代为管理的直管公房为主,具体由乐平市房产管理局下属的房产经营管理所经营管理。2008年8月,房管所更名为乐平市房地产经营有限公司。至2010年,乐平市直管公房共有652栋2044户,总建筑面积10.2万平方米。

浮梁县直管公房　1989年浮梁复县后新建县城,新县城是在国家住房改革后建成,基本没有直管公房。

经济适用房管理　2005年1月,市政府颁发《景德镇市经济适用住房管理办法》,规定经济适用住房面积标准、价格标准、住房销售审批,公示准入制,促使经济适用住房管理规范化。市房地产管理局是市区经济适用住房的主管部门,具体负责经济适用住房建设的管理工作。2007年,市政府在城东湖田地段建设经济适用住房小区,建筑面积10万平方米,6月14日在市财富大厦演播厅举行第一批经济适用住房摇号仪式,在800个符合条件的申报户中200户获得购买资格。12月29日,在市电视台直播厅举行第二批经济适用房摇号仪式,在市公证部门、监察机关、人大代表、政协委员和群众代表共同监督下,通过公开摇号方式,确定二批共810多户中低收入家庭获得优先选购经济适用住房资格。

2008年,建设经济适用住房10万平方米,套型建筑面积以60平方米为主。12月29日,在市财富大厦演播厅举办第三批经济适用住房摇号仪式,确定1670户中低收入家庭购房。是年,新开工建设湖田小区(二期)经济适用房,建筑面积8.05万平方米,年内926套住房交付使用。南河小区建设用地11.33公顷,总建筑面积15万平方米,住房约2059套。2009年,在市中心城区新建经济适用房1140套,建筑面积8万平方米。12月29日,在市财富大厦演播厅举行第四批经济适用住房摇号仪式,确定1248户中低收入家庭获优先认购资格。购买经济适用房实行优惠政策,住房公积金贷款优先向购买经济适用住房的个人发放,经济适用住房户在取得房屋所有权证和土地使用证3年之后,可按市场价上市出售。至2010年,市区经济适用住房有湖田小区、石岭小区、历尧小区、南河小区、昌明方家山小区等,共有经济适用住房49188套,总建筑面积110万平方米。

廉租住房管理　2005年3月1日，市政府颁发《景德镇市最低收入家庭廉租住房管理办法》，采取"补贴一批、收购一批、核减一批、新建一批"的办法，推进廉租房建设，缓解特困户家庭住房困难。廉租住房保障对象为孤、老、病、残、军烈属家庭，享受城镇最低生活保障（特殊困难）家庭，家庭成员属于重点优抚对象以及获得省级以上见义勇为表彰、特殊贡献奖励、劳动模范称号的家庭。办理廉租住房由社区、街道办事处、市住房保障部门3级对申请材料进行审查、公示，无异议的作为廉租住房保障对象予以登记，并向社会公开登记结果。市住房保障部门根据每年的申请时间和房源数量采取摇号的方式确定分配廉租住房家庭。

2006年1月8日，在市房地产管理局会议室举行第一批廉租住房摇号仪式，确定最低收入家庭10户入住。2007年6月7日，在市房地产交易管理处二楼举行第二批廉租住房摇号仪式，确定50户最低收入特困家庭入住。2008年12月28日，在珠山区政府大礼堂举行第三批廉租住房摇号仪式，确定130户最低收入家庭入住。2009年，新建廉租住房2820套，建筑面积14.1万平方米。2010年，市廉租住房安居苑小区、历尧小区、南河小区主体工程全部完工，石岭小区开工楼房23栋，施工面积4.73万平方米，3078套廉租住房进入实物配租，有6599户城市低收入家庭参与摇号，全市共有廉租住房4420栋，建筑面积25万平方米，年租金收入168万元。是年，廉租房列入政府直管房产，由分管部门负责承租，养护和物业管理。廉租房的租金采取政府贴租的办法，实行低租廉租制度，同时对廉租房实行动态管理。确定为廉租住房的家庭与市廉租办签订《景德镇市中心城区廉租住房租赁合同》。

小区物业管理

物业管理企业　随着住宅小区建设的发展，物业管理服务行业也随之兴起。1992年，市怡园、海慧等3个住宅小区成立物业管理公司。1999年，组建瓷都、阳光、安居住宅小区3个二级物业管理企业。2004年，全市资质登记的物业管理企业有38家，从业人员4000余人，市房地产管理局对物业管理企业资质进行管理。2005年，市城区物业管理企业发展至51家，其中二级资质11家，三级资质11家，从业人员5000余人。2010年，市城区的物业管理企业有62家，涌现一批规模较大、服务良好的物业管理企业。

表6-5-8　**1992—2010年景德镇市城区物业管理企业一览表**　单位：万元

企业名称	法人代表	批准经营时间	注册资本	资质等级
市昌顺物业管理有限公司	占景旺	1999.6	40	二级
市阳光物业管理有限公司	陈建龙	1999.9	50	三级
市怡园物业管理有限公司	王涌清	1999.12	42	三级
市海华物业服务有限公司	鄢菊花	1999.12	60	三级
市新诚物业管理有限公司	查建成	2000.5	50	三级
市莲花新村物业管理有限公司	万仁国	2000.5	30	—
市启发物业管理有限公司	杨军	2000.7	80	三级
市新枫园房地产开发有限公司	宋沅	2001.11	3000	三级
市家和物业管理公司	李金平	2003.1	100	三级
景德镇豪德贸易广场物业管理有限公司	王德禄	2003.3	150	三级
市天翊红信息产业服务有限公司	杨柏林	2003.4	50	三级
市房佳诚物业管理有限公司	余海	2003.8	50	三级
市锦都物业管理有限公司	王高乡	2003.9	50	三级
市开门子房地产物业管理有限公司	周敏建	2003.11	50	三级
景德镇康泰物业管理有限公司	柏佳娜	2004.1	50	三级

续表6-5-8

企业名称	法人代表	批准经营时间	注册资本	资质等级
市锦宫物业管理有限公司	江新跃	2004.4	50	三级
市福地物业有限公司	钟文蒙	2004.7	50	三级
南昌远东物业管理有限公司怡景花园管理处	鄢建华	2004.12	40	三级
景德镇恒业物业经营管理公司	邢建业	2005.4	100	三级
市东方物业管理有限公司	熊冬梁	2005.11	50	三级
市宏顺物业管理有限公司	程冬水	2005.12	50	三级
市良厦物业管理有限公司	杨卓纯	2005.5	50	三级
市华信物业管理有限公司	朱栋良	2005.8	50	三级
江西汇宇物业服务有限公司	彭美燕	2006.6	100	三级
市瓷都房地产物业管理中心	余剑勇	2007.4	50	三级
市春天物业管理有限公司	曹艳霞	2005.11	60	三级
市开门子景东招商场有限公司	于秀锦	2005.8	180	三级
市锦龙物业服务有限公司	万莉	2005.8	300	三级
市民生物业管理有限公司	庞良志	2006.1	50	三级
加州印象物业管理有限公司	蒋萍	2006.1	50	三级
景德镇国贸广场物业管理有限公司	薛影	2006.4	50	三级
市嘉晟物业服务有限公司	万冬兰	2006.4	50	三级
市诚迅物业管理有限公司	钱胜英	2006.4	30	临时
市华阳物业管理有限公司	巢遵勋	2006.6	50	三级
景德镇正源物业管理有限公司	刘俊义	2006.7	50	三级
市恒欣物业管理有限公司	朱启欣	2006.8	50	三级
景德镇圣罗物业管理有限公司	陶春洪	2006.8	50	三级
市浮红物业管理有限公司	方天勇	2006.8	50	三级
市金地物业有限公司	李建明	2006.12	50	三级
浮梁县金地阳光物业管理有限公司	吴锦花	2007.4	53	临时
市城建物业管理有限公司	罗贤包	2007.4	63	三级
市广瑞物业服务有限公司	黄有根	2007.12	50	三级
景德镇详丽物业管理有限公司	刘丽君	2008.1	50	—
市丽景物业管理有限公司	赵传峰	2008.3	50	三级
景德镇豪欣物业管理有限公司	胡升茂	2008.4	50	
景德镇兴隆物业服务有限公司	童武兴	2008.4	50	临时
市东华物业服务有限公司	张微	2008.5	50	临时

续表 6－5－8

企业名称	法人代表	批准经营时间	注册资本	资质等级
市宏远物业服务有限公司	冯平萍	2008. 9	50	三级
市威泰物业服务有限公司	苏国良	2008. 11	50	临时
市嘉晟物业服务有限公司	万冬兰	2006. 4	50	三级
景德镇鸿运物业服务限公司	王彤	2009. 4	50	临时
市长厚物业服务有限公司	李长侯	2009. 4	50	三级
市华昌物业服务有限公司	江玲琴	2009. 4	50	临时
四川长虹物业服务有限公司景德镇分公司	潘静	2009. 1	100	三级
市广俊物业服务有限公司	徐广胜	2009. 6	50	三级
景德镇民生物业管理有限公司	庞良志	2005. 9	50	三级
市民心物业服务有限公司	邢焱	2009. 7	50	临时
市博成物业服务有限公司	袁建柏	2009. 8	50	三级
市天骏物业服务有限公司	陈国庆	2008. 1	50	临时
市嘉尔顿物业服务有限公司	郑峰	2009. 1	50	三级
景德镇群英物业管理有限公司	李玮	2009. 12	50	三级
江西益伍物业服务有限公司	朱宏	2010. 3	200	三级

物业管理服务　1992 年，市房地产物业管理服务业开始出现。最初以保洁、保安、环境保护，为业主提供水、电、气维修为主，管理粗放。

1999 年，市城区物业管理依托梨树园小区、瓷器街、抚州弄等居住区开展，并从新建楼房辐射到周边老居住区。2004 年 8 月 17 日，市政府颁发《景德镇市居住区物业管理办法》，明确新建住宅小区、原有住宅小区应当实行物业管理。9 月，市瓷都房地产开发公司与景德镇高等专科学校通过校企合作，建成一栋 6 层 9200 平方米，有 218 间寝室的学生公寓，每个寝室配有卫生间、洗漱间、电话，并为每位学生配备一台微型电脑，公寓建设资金由市瓷都房地产开发公司全额垫付，学校将公寓 30 年物业经营管理权交给该公司，对公寓实行安全保卫、内部卫生、环境绿化、公用设施实行管理，以经营收入还贷付息。2004 年，市房产管理局指导 8 个小区成立业主委员会，引导物业管理企业用社会化服务、专业化管理、企业化运作搞好管理。2005 年，物业管理行业呈现全面推进、快速发展的良好势头，全市实施物业管理的住宅小区有 32 个，物业管理面积 289 万平方米。2010 年，物业管理的领域逐步扩大到住宅小区、商业大厦、专业市场、机关办公楼和工矿企业等领域，实施物业管理面积达 686 万平方米，全市新建小区的物业管理覆盖率达到 100%，涌现一批规划设计好、建设规模大、服务规范的物业管理精品小区，为业主营造安全、优美、和谐的宜居生活环境。

房屋维修基金管理　2005 年 1 月 31 日，市政府颁发《景德镇市住宅共用部位、共用设施设备维修基金管理实施办法》。11 月，市房屋维修基金管理中心成立，负责全市房屋维修基金的归集缴存、管理核拨。是年，成立市房屋维修基金管理委员会，会员由市房产相关管理部门、市房地产开发企业代表，市物业管理企业和业主代表组成。当年归集房屋维修基金总额达 1383. 80 万元，共有 113 个小区 4640 户业主缴存。市房屋维修基金管理中心实行“市、小区、栋、单元和业主”五级台账管理制度，专户、专款储存，为房屋保修期满后共用部位、共用设施设备的大修、更新、改造提供资金保障。

2006 年，在市政府办证大厅开设维修基金办理窗口。新建的多层商品住宅房屋维修基金为该商品房售房款的 2%;高层商品住宅房屋维修基金为该商品房售房款的 3%;非住宅商品房为售房款的 2%;经济适用房(含集资、合作建房)视同新建商品房缴存,全市归集房屋维修基金 4000 万元。2007 年,调整完善非住宅维修基金归集标准,非住宅价格不高于每平方米 2500 元的,按房价的 2% 归集维修基金;非住宅价格高于每平方米 2500 元的,均按每平方米 50 元归集维修基金。当年归集房屋维修基金 1360 万元。

2008 年,市房屋维修基金管理中心全年完成维修基金归集 5700 万元,维修房屋使用资金 290 万元。2009 年,完成房屋维修基金归集 3000 万元,累计归集维修基金额达 9000 万元。2010 年,市房屋维修基金管理中心制定《景德镇市房屋维修基金使用规程》,指导各小区合理使用房屋维修基金。至年底,累计归集维修基金 1.6 亿元,累计使用维修基金 268 万元。

白蚁防治管理

市区白蚁防治　1986 年,景德镇白蚁防治由市白蚁防治所实施。1991 年 6 月,市计委、市建设局、市建行、市房管局联合制定《景德镇市新建房屋白蚁预防实施办法》,规定全市所有新建、改建、扩建、装饰装修的房屋,必须实施白蚁防治处理,市白蚁防治所指导全市白蚁预防和灭治工作。9 月,对市委保育院、商业保育院新建教育大楼进行白蚁预防,面积 5400 平方米。1993 年 3 月,建设部提出白蚁防治"预防为主、综合防治"措施,做好新建房屋白蚁预防工作。1994 年 4 月,省物价局、省财政厅联合发出《关于制定房屋建筑白蚁防治收费标准的通知》,规定白蚁防治费为事业性收费,凡新建(包括翻建、改建、扩建)各类房屋建筑,必须采取白蚁预防处理,白蚁预防费按实际施工的建筑面积收取。即钢混结构 1.5 元/平方米,砖混结构 2 元/平方米,砖木结构 2.5 元/平方米,白蚁灭治费依据灭治的难易程度,按每平方米 4~5 元收取。1996 年,全年新建房屋开展白蚁预防 15 万平方米,灭治蚁害 1.80 万平方米。1999 年 10 月,建设部规定白蚁预防保质期不得低于 15 年。2000 年,市白蚁防治工作进入市政府办证大厅,全年新建房屋白蚁预防面积 24 万平方米。8 月,省建设厅印发《江西省房屋白蚁防治管理规定》,对白蚁防治机构的设立,白蚁防治范围、防治质量、药剂使用管理、法律责任等作出规定。2003 年,市白蚁防治所获省建设厅颁发的资质证书。2005 年 8 月,省建设厅修改印发《江西省房屋白蚁防治管理规定》,明确建设单位与白蚁防治单位签订白蚁预防合同,白蚁预防保质期不得低于 15 年,灭治期不得低于 3 年,房地产开发企业在进行商品房销(预)售时,应当向购房人出具该项目的《白蚁预防合同》等。同时,白蚁防治单位按白蚁防治收费的 20%,提取白蚁防治保治专项资金,在保质期内复查和防治蚁害。2008 年 8 月,市白蚁防治管理所对市陶瓷博物馆进行白蚁危害灭治,并与该馆签订白蚁灭治长期合同。2010 年,完成新建房屋白蚁预防面积 105 万平方米,白蚁预防收费 210 万元,白蚁灭治收费 38 万元。

表 6-5-9　**1991—2010 景德镇市城区白蚁防治情况表**

年份	预防面积(万平方米)	预防收费(万元)	灭治面积(万平方米)	灭治收入(万元)	年份	预防面积(万平方米)	预防收费(万元)	灭治面积(万平方米)	灭治收入(万元)
1991	3	6	0.5	1	2001	13.5	27	1	2
1992	13.5	17	0.73	1.5	2002	19	38	2	4
1993	13.5	17	0.5	1	2003	31.5	63	4.5	9
1994	11	22	1	2	2004	32	64	5	10
1995	8	16	1	2	2005	23	46	5	10
1996	12.5	15	0.75	1.5	2006	25	50	5	10
1997	5	10	1.5	3	2007	33.5	67	7.5	15
1998	5.5	11	8	16	2008	50	100	13.5	27
1999	11.5	23	1.5	3	2009	31	62	33.5	67
2000	14	28	0.73	1.5	2010	105	210	19	38

县(市)白蚁防治　1990年,乐平市白蚁防治所成立,隶属于乐平市房管局,是乐平市唯一专业从事白蚁防治管理单位。1992年,乐平市白蚁防治所开展新建房屋白蚁预防工作。1995年4月,乐平市政府出台《乐平市白蚁防治暂行规定》,当年共完成新建房屋白蚁预防面积9万平方米,房屋白蚁灭治6万平方米。2001年,完成新建房屋白蚁预防面积12万平方米。

2007年10月,浮梁县白蚁防治所成立,隶属于浮梁县房产管理局。

2009年,乐平市白蚁防治所对乐平市登高山公园进行白蚁危害普查灭治,并与乐平市园林绿化处签订白蚁灭治长期合同。2004—2009年,乐平市白蚁防治所被全国白蚁防治中心及中国物业管理协会白蚁防治专委会授予"全国白蚁防治工作先进单位"称号。

至2010年,乐平市白蚁防治所累计对乐平市300多万平方米的新建房屋进行白蚁预防处理,减少白蚁危害造成的经济损失。

第三节　住房制度改革

公有房出售

1988年2月25日,国务院颁发《全国城镇分期分批推行住房制度改革实施方案》,省政府在各地(市)有关县(市)进行住房制度改革试点,探索推进住房制度改革。6月,景德镇市住房制度改革领导小组成立,市城区开始向职工优惠出售公房部分产权,不再收取租金。出售公有住房的标准价为每平方米220元,不同结构、不同地段、不同年代的房屋有相应标准调差,一次付清房款的,给予20%的利差补偿,职工购买的公有住房拥有部分产权,5年后允许上市出售。1991年,对全市职工(含离退休人员)公有住房进行清查确权,确权后公房住户以市场价购买公有住房,职工所住公房可享受折扣优惠和一次性付款优惠。

1993年3月,出台《景德镇市公有住房优惠出售暂行办法》,当年还出台《景德镇市住房资金管理办法》《景德镇市关于违反住房改革政策的处罚暂行规定》,加强住房资金管理。至1996年年底,累计出售公有住房部分产权41516套,建筑面积21.65万平方米,占可售住房的92%,归集住房资金2.87亿元。

1997年开始,对公有住房出售一律实行成本价,取消标准价。市城区出售公有住房成本价为570元每平方米,不同结构、不同地段、不同年代的房屋有相应标准调差,同时给予4.77元每平方米工龄折扣、5%现有住房折扣和20%一次性付款折扣。按成本价出售的公有住房,职工拥有全部产权。至2010年年底,全市共有464家机关行政和企事业单位公有住房实行房改售房,共出售公有住房45371套,面积226.86万平方米,累计归集住房资金3.23亿元。

在住房制度改革的推动下,市城镇居民的住房理念发生变化,住房私有率提高,居民的人均住房建筑面积从1985年的8.6平方米提高至2010年30.14平方米,住房条件和居住环境有很大改善。

住房租金改革

1991年6月10日,市政府颁发《景德镇市贯彻省政府〈关于提高全省城镇公有住宅租金标准的暂行办法〉的实施细则》《景德镇市贯彻省政府〈关于实行住公房超标准加收房租的暂行办法〉的实施细则》《景德镇市贯彻省政府〈关于实行新房新制度的暂行办法〉的实施细则》。9月21日,市住房制度改革办公室成立,将全市公有住房租金标准统一为使用面积每平方米0.05元。1993年3月24日,市政府颁发《景德镇市城镇住房制度改革实施方案》,全市实行统一城镇住房租金标准,超标加租和新房新租制度改革,市城区公房租金由原来的每平方米0.05元,提高至0.1~0.6元。2001年11月14日,市政府颁发《景德镇市关于进一步深化城镇住房制度改革加快住房建设实施方案》,继续推行住房租金改革,逐年提高住房租金幅度,向成本租金和市场租金过渡,将全市公有住房租金标准统一为砖混结构一类地区每平方米1.5元,二类地区每平方米1.37元,三类地区每平方米1.17元;砖木结构一类地区每平方米1.18元,二类地区每平方米1.06元,三类地区每平方米0.86元;简易结构一类地区每平方米0.86元,二类地区每平方米0.71元,三类地区每平方米0.50元。2002年、2003年,分别调整公有住房租金标准。2010年,公有住房租金标准使用面积每平方米砖混结构1.5元,砖木结构1.18元。

集资合作建房

2001年11月14日,市政府颁发《景德镇市关于进一步深化城镇住房改革加快住房建设实施方案》,明确规定以政府扶持、单位资助和个人集资的形式实行集资合作建房,按出资比例相应确定各方所占房屋产权的份额,并规定集资房5年内不能进入市场交易。当年,市城区集资建房1236套,面积45.87万平方米。2003年,集资建房752套,面积5.13万平方米。2006年,集资建房798套,面积9.85万平方米。2009年,集资建房706套,面积7.32万平方米。至2010年,市城区集资合作建房6919套,建筑面积131.53万平方米。

表6-5-10　**2001—2010年景德镇市城区集资合作建房一览表**　单位:万平方米

年份	套数	面积	年份	套数	面积
2001	1236	45.87	2006	798	9.85
2002	638	4.58	2007	326	4.32
2003	752	5.13	2008	566	5.93
2004	390	4.95	2009	706	7.32
2005	1051	38.75	2010	456	4.83

第四节　住房公积金管理

住房公积金缴存

缴存对象　2002年,景德镇建立住房公积金制度,根据国务院《住房公积金管理条例》和市政府《关于全面落实住房公积金制度的通知》文件精神,确定住房公积金缴存对象为国家机关、国有企业、城镇集体企业、外商投资企业、城镇私营企业及其他城镇企业、事业单位、民办非企业单位、社会团体及其在职职工。

缴存比例　2003年,根据市住房公积金管理委员会《关于规范住房公积金缴交比例和工资基数计算的通知》规定,在职职工个人及所在单位各按职工个人工资总额的5%逐月交纳,合计10%归职工个人所有,作为职工个人住房基金专户储存。有条件的单位,在单位和职工各按5%交纳的基础上,可适当提高1~3个百分点。全额拨款行政事业单位,经市财政局和市住房公积金管理中心批准,可适当提高比例。差额拨款和自收自支事业单位以及企业单位,在有自筹资金补贴前提下,经市住房公积金管理中心批准,可适当提高比例,原则上不高于12%。2003年以后,部分实际缴费基数高于当地平均工资的条管单位,也按此规定执行。

查询服务　2003年,市住房公积金管理中心开通"16828020"公积金电话查询热线,方便群众了解公积金政策、业务;建立"瓷都公积金"网站,让群众上网了解公积金法规、政策;为简化办事程序,缩短办事时间,管理中心设立专门窗口,从申请贷款登记、审查、审核、批准实行一个窗口服务;实行电算化管理,将职工公积金缴存和提取情况全部进入微机,随时可以提供查询。每年为公积金储户邮寄对账单。并根据《住房公积金管理条例》,管理中心向社会公开办事承诺,每年通过报纸、网站向社会发布住房公积金执行情况公报。

住房公积金使用

公积金提取　2003年10月16日,景德镇市发布《职工住房公积金提取管理暂行办法》,职工申请提取住房公积金账户内的缴存余额须符合以下条件:购买、建造、翻建、大修自住住房;离休、退休;完全丧失劳动能力,并与单位终止劳动关系;调离本市或出境定居;偿还购房贷款本息;被纳入本市城镇居民最低生活保障范围并支付房租。职工在职期间死亡或者被宣告死亡,其继承人或者受遗赠人可以申请提取职工住房公积金账户内的缴存余额;职工依照规定提取住房公积金,可同时提取配偶住房公积金账户内的缴存余额。

公积金贷款　2002年,实施住房公积金贷款政策,正常缴存住房公积金1年以上即可申请住房公积金贷款，住房公积金贷款最高限额为每户10万元。2006年1月1日，最高限额由原每户10万元调整为双职工参加公积金制度每户15万元、单职工参加公积金制度每户10万元，住房公积金贷款最长期限由15年调整为20年。2008年4月1日，夫妻双方职工正常缴存住房公积金的贷款额由原1万~5万元调至1万~20万元，单方职工正常缴存住房公积金的贷款额由原1万~10万元调至1万~15万元，以满足职工购房贷款需求，住房公积金贷款最长期限延长至25年。2009年4月1日，由原规定正常缴存住房公积金1年以上放宽为半年以上。夫妻两方正常缴存住房公积金购建房申请贷款最高额度上调至1万~30万元、一方上调至1万~20万元，住房公积金贷款最长期限延长至30年。贷款由景德镇市担保中心实施担保。

表6-5-11　　2002—2010年景德镇住房公积金贷款情况一览表

年份	贷款金额（万元）	贷款户数	贷款购房面积（万平方米）	年份	贷款金额（万元）	贷款户数	贷款购房面积（万平方米）
2002	162.6	78	2.64	2007	17600.19	1929	24.12
2003	1848.7	315	2.23	2008	17467.91	1678	19.57
2004	7792.4	1205	15.01	2009	27770.06	2013	19.89
2005	8389.9	1137	16.81	2010	35809	2265	26.63
2006	11183.3	1332	17.29				

公积金监管

2003年始，归集的住房公积金除贷出资金外，余额存入工商银行、建设银行、中国银行、交通银行，其存款利息和贷款利息收益，按人民银行规定的同期利率，每年返还个人，以及支付住房公积金管理中心的运行费用。每年编制住房公积金年度预算、决算，报市财政局审核后，提交住房公积金管理委员会审议。住房公积金管理委员会每年召开一次住房公积金管理委员会全体会议，审议住房公积金归集、使用计划和计划执行情况的报告。每年定期向财政部门和住房公积金管理委员会报告，并向社会公布。市审计局每年对住房公积金管理中心进行一次审计，出具审计报告。住房公积金管理中心对审计出来的问题进行整改。

第六章　管理机构

1986年，市城建局承担城市规划、管理、建设职能，建筑施工由市建工建材局承担。2000年城市规划职能析出，成立市规划局。2001年，组建市城市管理监察支队，不断加强队伍建设，依法管理市容环境。2002年，市建工建材局机构、职能并入市建设局。市房管局在履行公房管理职能的同时，不断加强房地产开发及房地产交易市场的管理。是年，成立公积金管理中心，支持干部职工购房需求。

第一节　城市规划机构

1986年，成立城市规划委员会，由市长或者分管的副市长任主任，在市城建局设规划委员会办公室，履行城市规划行政管理职能。1990年2月，更名市规划管理处。

2000年4月10日，市规划管理处更名为市城市规划局，为副县级事业单位，并作为市城市规划委员会的办事机构和市政府城市规划行政主管部门，依照国家公务员制度管理，人员编制30人，内设办公室、规划设计科（总工室）、用地规划科、建设工程管理科、市政管线规划科、勘察设计管理科6个科室。2002年9月3日，市城市规划局升格为市政府直属正县级事业单位，编制27人，内设办公室、技术科、用地规划科、建设工程管理科、市政管线规划科、勘察设计管理科。2003 年 2 月 26 日,内设市规划测绘队。9 月 4 日,成立市规划设计研究所。2006 年 3 月 30 日,市环景建筑设计审查所从市建设局转隶市城市规划局管理。2007 年 7 月,为加强高新区城市规划工作,设立市城市规划局高新分局(正科级),为市城市规划局的派出机构。

2010 年 12 月 8 日,调整市城市规划局内设机构和人员编制,内设办公室(行政审批服务科)、技术科、用地规划科、建设工程管理科、市政管线规划科、勘察设计和建筑节能科、高新区规划分局(派出机构)、抗震办,另设纪检组(派驻机构),编制 27 人。

第二节 城乡建设机构

市建设局

1986 年 10 月,市城乡建设局内设 11 个职能部门,党群部门 4 个。1996 年,绿化委员会并入市城乡建设局。1998 年更名市建设局。2002 年 6 月 17 日,市建设管理办公室和城市建设投资开发公司,实行两块牌子、一套人马。10 月,市政府实施机构改革,调整部分管理职能,市建设局燃气用具的生产管理以及产品许可证管理职能分别划入市经济贸易委员会和市质量技术监督站。城市防洪、城市规划区地下水资源的管理职能划入水务局;市建工建材局并入市建设局,随职能划入人员 43 人(在职 20 人,离退休 23 人)。其下属单位市一建公司、市二建公司、市四建公司、市建筑工程质量监督站(含市建筑安全生产监督管理站)、市建筑工程招投标办公室(含市建设工程交易管理中心)、市建设工程造价管理站、市建筑工业科学研究所(含市建筑工程质量检测中心)、市建工建材培训中心一同划归市建设局。市轻化工业局(装饰装修管理)随职能划入市建设局人员 3 人。

2010 年,市建设局内设行政科室 9 个,党群机构 4 个。编制 49 人,其中行政编制 43 人,工勤编制 6 人。

表 6-6-1 1990—2010 年市建设局部门构成变化一览表

年份	内设科室												
1990	规划管理处	城建科	乡建科	规划测量科	法制科	劳动人事科	秘书科	计划财务科	监察室	党委组织科	武装部	纪委	保卫科
2000	行政办公室	劳动人事科	市政设施建设科	公用事业管理科	村镇建设科	法制科	保卫科	财务科	党委办公室(老干部科)	—	—	纪检委(监察室)	人武部
2002	行政办公室	市政设施建设科	建设管理科	公用事业管理科	装饰装修行业管理科	村镇建设科	市容环境监察管理科	计划财务科	人事教育科	党委办公室	老干部科	纪委(监察室)	人武部
2010	行政办公室	城市建设科	建筑监管科	村镇建设科	工程项目管理办	监督站	行政审批服务科	计划财务审计科	人事教育科	党委办公室	老干部科	纪委(监察室)	人武部

建设系统事业单位

市政工程处 1986 年,市政工程处隶属市城乡建设局,内设党委办公室、行政办公室、财务科、工会、团委、管理科、工程一队、工程二队、材料设备科、工程技术科、保卫科。实行两级核算管理,对工程队、养护队、渡桥管理所、市政管理科、材料设备科、预制场等单位进行目标管理、指标考核,形成新建大修、养护维修、设施管理三位一体的格局。1987 年 9 月,浮桥管理所划入市政工程处管辖。

2002 年,成立市政工程总公司,与市政工程处两块牌子、一套人马管理。6 月,市政工程处取得市政公用工程施工总承包 2 级证书。2003 年,市建设局依照《景德镇市市政工程设施管理办法》,委托市政工程处负责市区内市政工程基础设施的监督、检查和管理工作。市政工程处成立市政第一工程公司、市政第二工程公司、市政设施养护公司，市政沥青混凝土公司、市政机械公司5个分公司，实行经济单独核算。2004年年底分公司撤销。2005年，市渡桥管理所从市政工程处划出。2008年，市政工程处大集体单位开始改制。2009年3月，建鑫公司取得市中心城区临时占道停车收费经营权，市政工程处实行行业管理。

景德镇市政工程处

市环境卫生管理局　1986年，称市环境卫生管理处，隶属市城建局。内设党委办公室、秘书科、财务科、保卫科、材料科、医务所、卫生科、基建队、清洁队、清粪队、车队、劳动工资科。有1座粪库和1座垃圾堆放场。环卫专业人员有578人。1989年8月，升格为副县级单位。环卫工人598人，其中正式职工有563人、临时人员35人。

1993年，市环境卫生管理处共有干部职工417名。1994年，市城乡建设局调整环卫处机构，设石狮埠环卫所、新村环卫所、周路口环卫所、太白园环卫所、东郊环卫所、西郊环卫所、公厕管理所、汽车队、汽车修理厂（含材料供应），其他机构不变。取消一所、二所、三所，全市主次干道的清扫保洁、垃圾收集工作由各辖区环卫所承担，全市粪便收集、清运由公厕管理所承担。1998年，市环境卫生管理处更名为市市容环境卫生管理局，隶属珠山区政府，保留副县级机构。1999年，珠山区政府批复市市容环境卫生管理局下设市容环境监察大队（正科级）、环境监督站、公厕管理所（副科级）及石狮埠、珠山、新村、周路口、昌江、里村、新厂、西郊、太白园环卫所，均为副科级。

2002年3月，市市容环境卫生管理局更名为市环境卫生管理局，改为隶属于市建设局，原副县级别不变。珠山区、昌江区、高新区政府分别成立环境卫生管理局，为区政府管理。市环境卫生管理局原有的正式职工460人，临时工201人，离退休人员224人，分别分流到珠山区、昌江区环卫局和调入市城管支队，市环境卫生管理局分配326人（含离退休人员224人）。2003年，市环境卫生管理局机关及下属单位核定事业编制116人。内设党委办公室、行政办公室、计划财务科、市容管理科、卫生管理科、规划设施科、渣土管理科（挂景德镇市渣土办牌子），均为副科级。

2008年5月14日，市编委将市环境卫生管理局15人全额拨款事业编制人员带编制划入市城市管理监察支队。2010年5月，市环境卫生管理局列入参照公务员法管理。内设党委办公室、行政办公室、计划财务科、市容管理科、卫生管理科、规划设施科、废弃物管理科、垃圾处理中心，均为副科级。全额拨款事业编制为101人。环卫工人1162，其中正式职工有281人、临时人员881人。

市园林管理局　2005年9月，市园林管理处更名为市园林管理局，隶属市建设局，为副县级差额拨款事业单位。辖市人民公园管理所、莲花塘风景区管理所、市花木繁殖场、梅苑公园管理所、三龙苗圃、绿化养护管理一所、绿化养护管理二所、园林绿化监察队、市诸仙洞风景区管理所、绿怡园林绿化有限责任公司。

市城建档案馆　1986年5月，市城乡建设局撤销科技教育科，成立城建档案室，配备管理干部3人。1987年2月14日，市城建档案馆成立，承接市建设局档案室职能，隶属市城乡建设局，业务上接受市档案局的监督、指导，为正科级全额拨款事业单位。1997年3月，获得国家二级科技档案管理单位称号。2000年9月11日经市编委批准，在市城建档案馆增挂市城建档案管理处的牌子，增设城建档案工作执法监督、培训职能，实行馆处合一的工作体制。馆内设办公室、业务科、声像科、城建科技档案咨询服务中心。

市城市管理监察支队　1985年6月，成立市城市管理大队，隶属于市城乡建设局，为正科级事业单位，下设市政管理分队、规划管理分队、绿化管理分队、环卫管理分队。1991年4月18日，市城市管理大队更名为市城市建设管理监察大队。1994年7月18日，市城市建设管理监察大队重新组建，定编80人，下设行政办公室、监察科以及一、二、三中队和规划中队，对全市进行规划监察、市政工程监察、公用事业监察、园林绿化监察、市容环境卫生监察。

2001年11月,市城市建设管理监察大队、市容环境卫生管理局的市容管理监察大队和市房产管理局的市房屋管理监察大队合并,成立市城市管理监察支队,为副县级事业单位,下设直属大队、珠山大队、昌江大队,隶属市建设局。2004年3月1日开始,市城市规划局委托市城市管理监察支队实施行政处罚。6月,市城市管理监察支队列入参照公务员法管理的单位。

市建筑工程质量监督站　1986年,隶属于市建工建材局,为自收自支正科级事业单位。2002年改隶属市建设局。内设工程监督科、质量管理科、执法科、档案资料科、综合办公室。2009年5月,改为全额拨款事业单位。有正式职工29人,其中高级工程师5人,工程师7人,助理工程师8人。

市建筑安全生产监督管理站　2000年8月成立与市建筑工程质量监督站合署办公,隶属市建工建材局,为自收自支事业单位。2005年6月8日单列,内设行政办公室、监督一科、监督二科。2010年,员工26人,其中高级职称1人,中级职称4人。

市勘察测绘院　1986年称市测量队,为自收自支事业单位。1987年更名为市测绘队,对外行使测量管理权。2003年更名为市勘察测绘院。具有独立法人资格和国家乙级测绘资质,主要承担全市城乡规划、市政工程、工业与民用建筑、道路工程测绘,同时承接外地的测绘业务。规划定桩测量和建筑物放线二项主要业务析出至市规划局。2006年9月启动城市绿线测量,10月启动对房屋建设的轴线和变形测量。2008年,全市地形图测量业务由市土地局成立的测绘单位承担。2010年,主要业务包括大地测量、地理信息系统工程、地理信息数据采集、工程测量、不动产测绘。

市园林规划设计院　1993年11月,成立市村镇建设服务中心。2005年6月,市村镇建设服务中心和市绿坪园林规划设计所合并更名为市园林规划设计院,隶属市建设局,为正科级单位,从事园林绿化、环境景观(乙级)设计。2007年3月28日成立市创苑园林景观有限公司,两块牌子、一套人马,园林施工四级资质。

市建设工程造价管理站　1986年4月30日成立,原名为市建设工程定额管理站。1997年12月更名为市建设工程造价管理站。有职工21名,其中高级工程师2人、工程师4人(其中造价工程师3人)、经济师2人、助理工程师4人、造价员9人。内设综合科、管理科、信息科和办公室。

市建设科学研究所　1987年成立。有职工24人,其中高级工程师1人、工程师5人、助理工程师3人。1991年,与市建设工程质量检测中心合署办公,两块牌子、一套人马。

市建筑培训中心　1990年4月成立,隶属市建筑工程建筑材料工业局。2003年1月,市建工建材培训中心更名为市建设培训中心,隶属市建设局。2004年,设市建设行业职业技能鉴定站。2008年1月,培训中心首办市农民工业余学校,设在沿江西路"景江华庭"工地。2009年2月,中心成立市建设局干部职工业余党校。

市招标投标办公室　1999年8月成立。隶属市城乡建设局。2003年2月改为全额拨款事业单位,2008年参照公务员法管理,为建设工程招投标管理监督机构,在职人员5人。2004年有中级工程师1人,2007年有中级工程师3人。

市建设市场督察站　2004年10月成立市建设工程管理处。2008年4月,更名为市建设市场督察站。

市城市综合管理办公室　2004年成立,隶属市建设局,为正科级全额拨款事业单位,事业编制3人。主要负责城市管理服务热线"12319"和"局长流动办公车"。"12319"热线电话每天24小时受理市民反映的有关市政设施(市基础设施及供水、路灯等)、园林绿化、规划监察、市容环卫、公共交通(包括城市客运和城市公交)、建筑管理等方面服务、管理和执法情况的投诉。"局长流动办公车"采取"车线联动"的管理模式,每天由1名建设局领导在车上值班、现场办公,指挥与协调系统内一切突发事件或与群众投诉相关事件的处理。

市建设工程质量检测中心　1991年,在原建设科学研究所建材实验室的基础上组建,与市建设科学研究所合署办公,两块牌子、一套人马,隶属市建设局。1995年,市建设工程质量检测中心首批通过省技术监督局的计量认证,通过省建设厅工程质量检测以及技术资质认可。2006年,市建设工程质量检测中心改为具有独立法人资格的国有企业,注册资金180万元,获得省建设厅"见证取样、主体结构、设备安装、地基基础、室内环境检测钢结构、建筑节能”等新颁检测资质证书。

市建设工程装饰装修管理站　2004 年 10 月,市装饰装修管理办公室从市建设局划出,更名为市建设工程装饰装修管理站。2005 年 6 月 18 日挂牌成立。

市城市广场管理处　2002 年 9 月成立,隶属市建设局,为正科级事业单位。

市桥梁管理处　1986 年称浮桥管理所,隶属市城乡建设局,为副科级全额拨款事业单位,编制 54 人。1987 年更名为市渡桥管理所,划归市政工程处管理,调整为副科级全额拨款事业单位,编制 54 人。2005 年更名为景德镇市城市桥梁管理处,从市政工程处划出,隶属市建设局直接管理,调整为正科级全额拨款事业单位,编制 44 人。

县(市、区)机构

乐平市建设局　1986 年,乐平县城乡建设局内设秘书股、综合股、规划股、审计股、农房建材配套供应公司、劳动服务公司、建筑工程设计室、园林管理处。下辖县第一建筑工程公司、房地产管理公司、自来水筹建指挥部。

1996 年 3 月更名为乐平县建设局。1997 年内设机构有人事秘书股、财务审计股、城乡建设股(亦名市政工程股)、建筑业管理股、规划管理股、保卫股。下辖建筑工程设计院、建筑工程管理站、建筑工程质量监督站、建筑工程造价管理站、建筑材料检测中心、城管中心、市政工程管理处、洎阳大桥管理站、村镇建设管理站、第一建筑公司、自来水公司。至 2000 年年底,共有工作人员 1088 名,其中局机关 55 名。2002 年 2 月成立乐平宏大建设监理公司。9 月成立乐平市城市管理监察大队,综合行使城市规划、建筑市场、市政管理、市容环境卫生管理等行政处罚监察职能。2003 年 1 月,市路灯管理所由原乐平市供电局划归乐平市建设局管理。2003 年成立建筑市场稽查中队,打击城市规划区内“三违”建房。2005 年通过公开拍卖经营权组建城市出租车公司,首批投入运营 50 辆出租车。

浮梁县建设局　1986 年,蛟潭、鹅湖两区设区城建局。1989 年,浮梁县恢复建制,成立县城乡建设局,内设人事秘书股、城乡建设股、环境保护股、土地管理办、房地产管理股等股室。2010 年,浮梁县建设局内设党政办公室、建筑业管理股、公共事业管理股、村镇建设管理股、计划财务审计股等股室,下设 11 个事业单位。编制 77 人。

昌江区建设局　1985 年成立区城市管理中队,隶属区城市建设局。竟成乡设立 5 个城市管理分队、太白园街道成立市容治理中队。是年,各乡(镇)场设村镇建设办公室,配备村镇建设助理员 1 名,行政上隶属乡(镇)场,业务上接受区城市建设局指导。1990 年,区城市建设局设环境监理站。1991 年,区城市建设局与区人民防空办公室分设。1996 年,区城市建设局改名区城市建设环境保护局。区人民防空办公室再次与区城市建设局合并,区人民防空办公室为区城市建设环境保护局内设股室,对外保留区人民防空办公室名称。2000 年,区环境监理站改名为区环境监理大队,隶属关系不变。

高新区建设局环保局　2000 年 12 月,高新区管委会内设规划建设部。2002 年 9 月,规划建设部改为规划建设局。2007 年 7 月改为高新区建设环保局。

第三节　房地产机构

市房产管理局

1986 年 11 月恢复市房产管理局,撤销市房地产公司。1991 年,管理局下辖珠山房管所、昌江房管所、太白园房管所、石狮埠房管所、东郊房管所、企业用房房管所、房地产交易处、拆迁办公室、住宅建设公司、房屋修建公、房屋开发公司、住宅设计研究所、白蚁防治所、窑炉工程公司、私房材料供应站等 15 单位。

1997 年,市房产管理局内设办公室、计划统计科、住宅建设科、房政科、房产经营管理科、财务科、劳动人事科、保卫科、市住房改革领导小组办公室以及党委办公室、宣传教育科、纪检委、人武部,定编 59 人。下辖房产交易管理处等事业单位。

2010 年，市房产管理局内设党委办公室、行政办公室、纪委监察室、财务科、住宅建设科、房改科、物业管理科、征收办、劳动人事科、保卫科等 10 个职能科室，编制 47 人。下辖市房地产交易管理处、市白蚁防治管理所、市公房管理中心、珠山房管所等 18 个正科级单位。

下属单位

市房地产交易管理处　1986 年称市房地产管理交易所。1992 年，市房地产管理交易所与市房地产市场管理办公室合并，组建市房地产交易管理处，定编 20 人。1999 年 8 月成立市房地产价格评估所，与市房地产交易管理处实行两块牌子、一套人马合署办公，负责全市房地产交易及房产价格评估等工作。

市白蚁防治管理所　1986 年称市白蚁防治所，负责全市白蚁预防和灭治工作。2004 年 10 月更名为市白蚁防治管理所，在编人数 20 人，其中有高级职称的专业技术人员 1 人、中级职称的专业技术人员 2 人、初级职称的专业技术人员 8 人。

市住房改革管理办公室　1991 年 9 月成立，隶属市房产管理局。1993 年为副县级事业单位。

市经济适用住房和廉租住房管理中心办公室　1997 年 6 月成立，负责城市经济适用住房的建设和管理工作。2007 年，经济适用住房建设管理处更名为经济适用住房和廉租住房管理中心办公室（简称两房办）。

市房屋维修基金管理中心　2005 年 11 月成立，定编 19 人。隶属市房产管理局，为正科级事业单位。受市房屋维修基金委员会的领导，负责全市房屋维修基金的归集缴存、建账管理、使用核拨以及法规咨询工作。

市房地产开发协会　1997 年成立，经市民政局批准，由市从事房地产开发建设经营的企事业单位自愿组成的行业性群众团体。主管部门为市房产管理局，具体业务指导联系部门为市房地产开发管理办公室，有会员单位 171 个，协会理事单位 23 家，常务理事单位 15 家。协会按照章程开展活动。

市瓷都房产测绘中心　2005 年在市房产管理局房产测绘科基础上组建成立，经省测绘局批准为丙级测绘资质单位。由市房地产开发管理办公室管理，两块牌子、一套人马。

市公房管理中心　隶属市房产管理局的正科级事业单位，原称市企业房管所，2003 年更名为市公房管理中心，下辖企业用房管理所、启发物业管理有限公司，内设行政办公室、财务室、综合科、房屋管理办公室。2010 年在职人员 31 人。

珠山房管所　1986 年隶属市房产管理局，为正科级事业单位，在职人员 31 人，下辖国有控股新业拆迁有限公司、创新维修有限责任公司。管辖地段东至广场北路西面，南至珠山中路北面，西至中华北路东面，北至风景路南面。2010 年 7 月接管市三蕾瓷用化工厂、雕塑瓷厂、建筑材料厂、建国瓷厂、艺术瓷厂等国有企业改制职工公有住房，范围扩大至市新厂、李家坳、马鞍山、茶叶坞、河西兴华路麻布袋一带。年底，直管公房 640 栋，总建筑面积 172333.06 平方米，其中砖混建筑 66685.70 平方米、砖木建筑 105647.36 平方米，共有居住户 2971 户，年租金收入 104.15 万元。

昌江房管所　1986 年，隶属市房产管理局，为正科级事业单位。管辖地段东起中华南路，西至吕蒙乡接壤，南起戴家弄，北至珠山中路。2010 年接管部分改制国有企业的职工公有住房 1897 户，建筑面积 62551.24 平方米。年底，有在职人员 41 人，直管公房 776 栋，总建筑面积 81872.55 平方米，共有居住户 2239 户，年租金收入 213.16 万元。

太白园房管所　1986 年隶属市房产管理局，为正科级事业单位。管辖地段东至樊家井，南至天宝桥，西至新枫路，北至抚州弄、十八桥。2010 年接管部分改制国有企业的职工公有住房，建筑面积 50013.22 平方米。年底，在职人员 34 人，直管公房 617 栋，总建筑面积 147670.18 平方米，共有居住户 3231 户，年租金收入 126.88 万元。

石狮埠房管所　隶属市房产管理局，为正科级事业单位。管辖地段东至中华北路，南至珠山中路，西至沿江西路，北至观音阁。2010 年接管部分改制国有企业的职工公有住房。年底，在职人员 35 人，直管公房 1130 栋，总建筑面积 121554 平方米，居住 4500 户，年租金收入 142.58 万元。

东郊房管所　隶属市房产管理局，为正科级事业单位。管辖地段东至耐火材料厂，南至解放路，西至广场北路，北至茶叶坞。2010 年 6 月接管部分改制国有企业的职工公有住房 1650 户，建筑面积 29017.83 平方米。年底，在职人员21人，直管公房148栋，总建筑面积43679.58平方米，共有居住户1586户，年租金收入75.09万元。

县（市）机构

乐平市房产管理局　1992年12月成立。2010年有干部职工298人（其中退休78人）。内设人秘股、计审股、房政股（发证办）、住宅建设股（开发办、信息中心、房屋维修基金管理中心）、房地产监察队、“两房”股、物业办等7个股室，下辖房地产交易所、征收办、房改办3个二级单位，另设白蚁防治所、房屋安全鉴定站、房地产经营公司、房地产开发总公司、房产测绘队、乡镇房管一所、乡镇房管二所、乡镇房管三所等单位。

浮梁县房产管理局　1991年6月，浮梁县房地产管理科和浮梁县住房制度改革办公室成立，两块牌子、一套人马。2002年12月更名为浮梁县房产管理局，为县政府正科级单位，在编人员46人，内设秘书计财股、住宅建设与物业管理股、档案室（房政股）、房屋征收管理办公室、住房保障股，下辖房地产交易所、住房资金管理所、白蚁所、测绘队。

市住房公积金管理中心

1993年成立市住房公积金管理处，为市房产管理局下属事业单位。2002年4月16日更名市住房公积金管理中心，隶属市房产管理局，为正科级事业单位。10月21日调整为市政府直属副县级自收自支事业单位，编制16人。下设乐平办事处和浮梁办事处，为副科级办事机构，核定乐平办事处自收自支事业单位编制7人，浮梁办事处自收自支事业编制3人。2006年5月16日，乐平市、浮梁县分别正式设立办事处，负责乐平、浮梁的住房公积金管理工作。

第七篇　交通运输

第一章　公　路

80年代,景德镇公路建设加快,改建二级公路10.48千米,新建油路110.88千米;国道206线吕蒙至河西段改建成水泥路,成为全市首条高等级公路。1991—1995年,各级政府与公路部门联合建设,改建二级公路57千米,三级公路77.62千米。1996—2000年,新建、改建县乡公路415.18千米,高速公路、一级公路从无到有连接成线,建成九景高速公路、石洪公路,结束全市无高速公路、一级公路的历史。2001—2005年,新建、改建县、乡、村公路1271.97千米,改建一级公路5.09千米、二级公路169.37千米、三级公路110.46千米,国道206线二级公路新建或改建完成,景德镇境内国道全线完成高等级改造。2006—2010年,全市公路建设转入新的发展时期,改建农村公路1526.2千米,成为全省首批实现100%行政村通水泥(油)路的设区市。景婺、景鹰高速公路建成通车,改建二级公路159.23千米,三级公路29.88千米。公路的建设发展,为交通运输提供快捷、舒适、畅通的公路交通环境。

第一节　公路建设

高速公路

1997年,景德镇至九江高速公路开工,为景德镇境内第一条高速公路。此后,高速公路建设逐年增多,至2010年境内有九景、景婺黄、景鹰、德昌、祁浮5条高速公路,总里程196.53千米。

九景高速公路　是杭州至瑞丽高速公路的一段,起于九江木家垄,经庐山、湖口、都昌、鄱阳、浮梁,止于景德镇市罗家滩,全长133.64千米,其中境内长11.02千米,设有收费站1个,互通立交桥1座,路基宽24.5米,全封闭、全立交、双向4车道、沥青混凝土路面,设计行车速度为每小时100千米。1997年11月13日开工,2000年11月8日通车,项目总投资30.2亿元。

景婺黄(常)高速公路　是杭州至瑞丽高速公路的一段,起于皖赣两省交界处塔岭,经婺源,止于景德镇市西郊鲤鱼洲,与九景高速公路连接,全长116.14千米;地方加密德兴至婺源,称景婺常高速公路,起于赣浙两省交界处白沙关,在婺源与景婺黄高速公路相接,全长35.16千米。这条公路呈"Y"字形结构总长151.304千米,其中境内长38.06千米,建有蛟岭隧道1座,路基宽24.5米,全封闭、全立交、双向4车道、沥青混凝土路面,设计行车速度为每小时100千米。其中,景婺段为120千米。2004年11月1日开工,2006年11月19日建成通车,工程总投资66.9亿元,其中境内路段投资13.2亿元。

景鹰高速公路　是济南至广州高速公路的一段,起于浮梁县桃墅岭,经景德镇、浮梁、鄱阳、昌江、乐平、万年、余干、余江,止于鹰潭市下屋周,全长202.6千米,其中境内长84.42千米,建有高架桥5座、大桥1座、隧道12座,路基宽24.5米,全封闭、全立交、双向4车道、沥青混凝土路面,设计行车速度为每小时100千米。2005年11月22日开工,2008年11月28日通车,工程总投资76.87亿元,其中境内路段投资32亿元。

2003 年，景德镇高速公路罗家收费站

德昌高速公路　是杭州至瑞丽和上海至昆明高速公路之间的横向地方加密高速公路。起于德兴市新岗山镇，连接德兴至婺源高速公路，往东与浙江省境内的杭(州)、千(岛湖)至景(德镇)高速公路相连。往西途径德兴、乐平，在万年县境内跨皖赣铁路及景鹰高速公路，至鄱阳、余干、进贤进入南昌县境内，终点位于南昌市高新区麻丘镇的昌东枢纽互通收费广场终点处。全长 204.596 千米，境内长 47.43 千米，路基宽 26 米，全封闭、全立交、双向 4 车道、沥青混凝土路面，设计行车速度为每小时 100 千米。2009 年 7 月 16 日开工，2011 年 8 月 16 日通车，总投资 98.88 亿元。

祁浮高速公路　是皖赣高速公路网中的重要连接通道，连通黄山至婺源、济宁至祁门、九江至东至、景德镇至鹰潭高速公路，形成比较完善的高速公路网。起于赣皖两省交界处祁门县良禾口，经浮梁县西湖乡与安徽省黄山至祁门高速公路相连，全长 15.65 千米，路基宽 24.5 米，全封闭、全立交、双向四车道、沥青混凝土路面，设计行车速度为每小时 80 千米。2010 年 6 月开工，至 2012 年 8 月 22 日通车，工程总投资 6.32 亿元。

南环高速公路　南环高速建设项目是江西省重点工程，由交通部立项，东起湘湖与景婺黄(常)高速公路相连，西止于丽阳，与景德镇至鹰潭高速公路联结，形成一条完整的景德镇市环城高速公路。总长 30.056 千米，路基宽 24.5 米，设计时速 100 千米。项目概算 10.5 亿，采用 BOT 模式建设，工期 3 年，由景德镇鑫桥公路开发公司承建。2005 年 4 月开工，因资金及严重的管理问题，2006 年 12 月停工。

国道

国道 206 线，起于山东烟台止于广东汕头。境内国道 206 线是由南(昌)张(王庙)和经(公桥)白(泥塘)2 条公路连接而成。起于浮梁县白泥塘，经浮梁县经公桥、储田、曲阿里、蛟潭、三龙、洪源，昌江区鱼山，乐平市塔前、后港、洎阳、接渡、塔山、镇桥，止于竹窠村入万年县界。纵贯景德镇南北，全长 132.023 千米。在景德镇境内的路段，采用不同模式的改造。

景德镇市吕蒙至河西段。1986 年，实施拓宽改造，市政府承担征地、拆迁和路基土石方工程。省公路局承担桥涵、防护工程及水泥路面。是年 11 月开工，至 1989 年 8 月 31 日通车，全长 9.38 千米，路基宽 20～40 米，路面宽 12～20 米，投资 843 万元。2000 年 4 月 18 日，该段公路移交给市建设局管养，被列为城市道路，划为市瓷都大道和迎宾路。

乐平市李家岭段。1992—1993 年，新建乐平李家岭立交桥和配套连接线公路 1.62 千米，总投资 1294.8 万元。其中乐平李家岭跨铁路立交桥投资 884 万元，立交桥连接线公路投资 410.8 万元。

浮梁县白泥塘至罗家滩段。2000 年纳入九(江)景(德镇)高速公路支线道路进行改造。2000 年 6 月 15 日开工，2002 年 7 月 10 日通车，全长 62.114 千米，总投资 2.67 亿元。在储田建收费站，实行收费管理，2019 年 2 月，国家统一取消收费。

浮梁县洪源至乐平市杨家岭段。2002 年由市政府授权山东三箭置业集团有限公司和北京新大都置业公司投资、建设和经营。起于九景高速公路罗家滩立交桥南支匝道，止于乐平市杨家岭，全长 42 千米，按一级公路标准建设，路基宽 15 米，路面宽 12 米，沥青混凝土结构。2002 年 7 月 28 日开工，2004 年 8 月 22 日竣工，总投资 2.78 亿元，实行收费管理。

乐平市杨家岭至竹窠段。2000 年 3 月分别采用经营公路和发挥地方政府与公路部门两个积极性模式进行修建,工程全长26千米(含乐平大桥),总投资1.36亿元,其中乐平大桥及引道和连接线7.102千米,采取经营性公路模式,由乐平市交通经营管理有限责任公司建设,投资1.06亿元。2004年7月竣工,实施收费管理。全长132.023千米(含城市道路5.284千米),其中一级公路12.48千米、二级公路119.543千米,沥青混凝土路面57.172千米,水泥混凝土路面74.851千米。

省道

至2010年年底,通过境内的省道公路有汪—乌、白—经、婺—桃、德—三4条,总里程258.887千米。

汪胡至乌石(编号S205)　起于浮梁县瑶里镇汪胡村虎头岗,经鹅湖、王港、何家桥、黄泥头、仙槎、乐平市涌山、接渡、众埠,止于乐平市与弋阳县交界处邵家坂,景德镇辖段145.66千米。汪乌线南北横穿乐平市、景德镇和浮梁县,是由虎(头岗)景(德镇)公路(县道087线)、黄(泥头)乐(平)公路(县道102线)和乐(平)江(村)公路(省道204线)3条公路连接而成。

浮梁县虎头岗至景德镇市何家桥段,原称虎景线。路基宽6.5米,原称"景德镇三矿区"公路。1996—1998年,改建三级沥青路面33.15千米,投资1160.25万元。1994—1998年,由市交通局组织新建砂石公路18.18千米,投资1400万元,从瑶里修通至赣皖公路交界虎头岗,与安徽修宁县公路贯通,改称虎头岗景德镇公路。2001—2002年,改建三级沥青路面18.18千米,投资1135.29万元。虎景公路全线改建成沥青路面。2007—2009年,由浮梁县政府实施改造65.1千米,其中何家桥至瑶里段按二级公路标准,路面宽9米,瑶里至虎头岗路段按三级公路标准,路面宽7米,工程分二期实施,于2007年1月16日开工,至2009年7月31日建成,总投资2.18亿元。

景德镇市黄泥头至乐平市后港菱田段,称黄乐公路。1987—1995年,涌山至乐平段,按照发挥地方政府和公路部门两个积极性模式,实施二级公路拓宽改造,乐平市政府承担征地、拆迁、路基土石方工程,公路部门负责沥青路面和防护工程。1987年动工。1991—1992年,黄泥头至涌山段由公路部门投资437.5万元,在砂石路面的基础上,改建三级沥青路面20千米。1991年10月完成大田至市区改线工程,新建公路5.67千米(原大田至终点菱田3.28千米砂石路面仍保留,成为太后线),至1995年9月22日建成二级沥青路35.507千米,投资2262.5万元。2009年6月15日,对黄涌段公路13.927千米实施三级公路改造,10月16日竣工,投资1205.17万元。2010年10月19日,对黄乐线48.84千米实施二级公路改造,路基宽8.5~12米,路面宽7~9米。至2012年9月底竣工,投资5306万元。

乐平至江村段,原称乐江线。1994—1996年,在原砂石路面的基础上,改建三级沥青路面26.61千米,路面宽7米,投资755.25万元。2000—2003年,对城区路段7.1千米按二级公路标准进行拓宽改造,路面宽9米,铺设沥青混凝土路面,投资540万元。2007—2009年,乐江公路纳入吴乐秧二级公路改造项目,全长28.01千米,路面宽8~9米,由乐平市政府组织实施,2007年11月25日开工,2009年6月8日通车。至2010年,汪乌线全程145.664千米,其中一级公路0.772千米、二级公路93.631千米、三级公路51.261千米。

白茅至经公桥(编号S302)　起于浮梁县白茅村其山下,经勒功、九龙山、查村,止于经公桥,全长16.954千米。该线原是南(昌)张(王庙)公路的最后一段,三级沥青路面,1986年,称张(王庙)经(公桥)公路。2000年作为连接线与国道206线罗家滩至白泥塘路段同时纳入九景高速公路建设配套项目,按二级公路标准建设,6月开工,2002年6月建成,投资7643万元。2006年全省国省道公路网进行调整,该条公路被调整为省道302线,改称白茅经公桥公路。至2010年,白经线全程16.954千米均达到二级公路标准。

婺源至桃树(编号S304)　起于浮梁县湘湖镇界首村,经东流、双凤桥、湘湖、白虎湾、古田、黄泥头、景德镇、陶金岭、洪源、善仁桥、石家岭、肖公庙,止于浮梁县分水岭入鄱阳县境,景德镇辖段43.194千米。由白景公路(省道S308)和景湖公路(省道S306)2条公路连接而成。

浮梁县界首至景德镇段,原称白景线。为砂石路面,黄泥头至双凤桥8千米渣油路面。1992—1995年,白景线分段进行二级路面拓宽改造,浮梁县担负征地、拆迁和路基土石方工程。公路部门承担路面、桥涵和防护工程的施工。1992年10月开工,1995年12月6日竣工,新建二级公路18.71千米,其中沥青路13千米,水泥混凝土路5.71千米,投资1520.9万元。2004年,市建设局将白景线K107~K111段3.71千米划为市玉源大道,改建为一级公路,路面宽18米,并列入城市道路。

景德镇市淘金岭至浮梁县分水岭段，原称景湖线。1986 年为渣油路面。2000 年石岭至洪源路段 1.5 千米，纳入石洪一级公路建设项目进行拓宽改造，划归石岭至洪源大桥公路，列为乡道 358 线。2006 年，省国省道公路路网进行调整，原白（沙关）景（德镇）公路（省道 S308）与景（德镇）湖（口）公路（省道 S306）连接并线，被调整为省道 S304 线，改称婺源桃树公路。2009 年对景湖线石岭至分水岭路段 9.785 千米实施三级沥青路面改造，6 月 16 日开工，8 月 21 日竣工，投资 561.78 万元。

至 2010 年，婺桃线市公路管理局管养的部分全程 43.194 千米，其中一级公路 16.418 千米、二级公路 16.975 千米、三级公路 9.801 千米。

德兴至三庙前（编号 S307）　起于乐平市吴家与德兴交界处，经高家、吾口、金鹅山、乐平、鸣山，止于乐平市与鄱阳县交界处，景德镇辖段 53.075 千米。是在原上乐公路（省道 S317）和田乐公路（省道 S209）两条公路连接而成。

德兴至乐平段，原称上乐线。1986 年为沥青路面。2007 年，乐平市政府按“贷款修路，收费还贷”的模式，将上乐线连接乐新涌公路古田至新店段与国道 206 线连通，纳入吴乐秧二级公路改造，全长 43.84 千米，其中乐上线 34.6 千米。是年 3 月 5 日开工，2009 年 6 月 8 日通车，总投资 1.27 亿元。

乐平张家桥至鄱阳回源段，原称田乐线。1993 年开始改建沥青路面，至 1995 年 8 月建成三级沥青路面 12.48 千米，投资 497.63 万元。2003 年 5 月，田乐线升级改造，由乐平市政府承担征地、拆迁、路基土石方工程，至 12 月形成砂石路通车。2004—2005 年，由乐平公路分局负责桥涵、沥青路施工，建成二级沥青路 12.48 千米，投资 818.5 万元。2006 年，省国省道公路路网进行调整，原上饶乐平公路（省道 S317）与田畈街乐平公路（省道 S209）连接并线，被调整为省道 S307 德兴三庙前公路，全程 53.075 千米，为二级公路。2009 年，按二级公路标准，对田乐线进行沥青路面改造，全长 11.018 千米，路基宽 12 米，路面宽 9 米。7 月 15 日开工，9 月 22 日竣工，投资 859.16 万元。

表 7－1－1　**2010 年部分市公路局管养国省道公路一览表**　单位：千米

	路线编号	路线名称	起讫地点	所在县	长度	技术等级
国道	G206	烟台至汕头	白泥塘—竹窠	浮梁县 昌江区 乐平市	132.023	1～2
省道	S205	汪胡至乌石	汪胡—邵家坂	浮梁县 乐平市	145.664	2～3
	S302	白茅至经公桥	白茅—经公桥	浮梁县	16.954	2
	S304	婺源至桃树	界首—分水岭	浮梁县 昌江区	43.194	1～3
	S307	德兴至三庙前	吴家—德兴交界	乐平市	53.075	2

县道

1986 年，全市县级公路通车里程 581 千米，其中省管 386 千米，市管 195 千米。至 2010 年，全市有县道公路 40 条，总长 972 千米。分别由市公路局（以下简称省养）、市交通局及县（市区）交通局（以下简称市管）管理和养护，其中省养线路 14 条，计 349.908 千米；市养线路 26 条，计 622.092 千米。

省养县道　旧城至御史亭（编号 X081）。起于浮梁县旧城，经桂坑、宝石、徐家桥，止于洪源镇御史亭，全长 13.302 千米。1986 年，为砂石路，路基宽 6 米。是浮梁县通往景德镇市区的一条主干道公路。1993 年

1月,实施二级公路改造,浮梁县政府负责征地、拆迁和路基土石方工程,公路部门承担路面、桥涵工程。至1998年9月20日建成二级沥青路8.6千米,三级沥青路4千米,投资786.98万元。旧御线浮梁县城路段2.754千米改建成一级公路,路面宽24米。至2010年,旧御线全程13.302千米,其中一级公路2.754千米,二级公路10.548千米。

严台至储田(编号X083)。起于浮梁县严台,经柏川、诰峰、曹家、江村、沽演、柏林、花庙、柳溪,止于储田与国道206线相交处,全长28.672千米。1986年,为砂石路面,路基宽5.5米。2003年,实施三级公路改造,浮梁县政府承担征地、拆迁和路基土石方工程,公路部门担负路面、桥涵和防护工程。4月18日动工。2004年6月10日,路面、桥涵和防护工程开工,至2005年年底建成三级沥青路面29.3千米,路面宽7米,投资2781.77万元。2010年,严储线全程28.672千米均达到三级公路标准。

陈村至曲阿里(编号X085)。起于浮梁县兴田乡陈村,经兴田、锦里、程家山、峙滩、梅湖、引山,止于曲阿里,全长40.995千米(其中市公路局管养37.807千米,浮梁县交通局管养3.188千米)。1986年,为砂石路面,路基宽6.5米。2001年,实施三级公路改造,县政府承担征地、拆造和路基土石方工程。公路部门负责路面桥涵及防护工程。2004年建成三级沥青路面38.6千米,路面宽7米,投资1019.89万元。2010年,陈曲线全程40.995千米(县交通局管养3.188千米),其中三级路为35.425千米、四级路为5.57千米。

锦里至潘村(编号X086)。起于浮梁县锦里,经双河口、潘村、桃岭、小源,止于鹅湖,全长25.57千米。1986年,为砂石路面,路基宽6.5米。1996年,对鹅湖镇内7千米进行拓宽改善,由鹅湖镇组织施工,改建成三级水泥混凝土路面,公路部门按每千米25万元给予补助,投资175万元。1998年,对金竹山乡段5千米进行改造,由金竹山乡政府组织施工,改建水泥混凝土路面,路面宽6米,省公路局投资125万元。2001年,对金竹山至锦里13.45千米进行三级公路改造,由浮梁县承担征地、拆迁和路基土石方工程,公路部门负责路面、桥涵及防护工程施工。2004年11月改建成三级沥青路,投资338.63万元。2010年,锦潘线全程25.57千米均为三级公路标准。

东流至董家山(编号X090)。起于浮梁县湘湖镇东流,经江村、内横塘,止于董家山,全长8.944千米。1986年,为砂石路,路基宽6.5米。1999年,对东董线(K0~K3)路段实施三级公路改造。2000年,建成三级水泥混凝土路面3.5千米,路面宽6米,投资122万元。2004年,按地方与公路部门联合建设模式,由湘湖镇政府组织施工,10月底改建成四级沥青路面5千米,路面宽4.5千米,投资50万元。2010年,东董线全程8.944千米,其中三级公路3.5千米,四级公路5.444千米。

罗家桥至竹窠(编号X092)。起于浮梁县罗家桥,经道士桥、吕蒙、鲇鱼山、塔前、桃林、后港、韩家渡、镇桥,止于乐平市竹窠,全长68.59千米(其中市公路局管养58.608千米,重复线路9.982千米)。是在原国道206线的基础上形成的,2004年8月国道206线(景德镇段)新线建成通车,原国道206线老线浮梁县罗家桥至乐平市竹窠路段全长68.5千米(其中城市道路13.5千米)划为县道公路,改称罗竹公路。2007年11月30日,罗竹线吕蒙桥至茶山路段1.2千米实施二级公路改造竣工,路基宽12米,路面宽9米,投资400万元。

2010年9月26日完成吕蒙至景德镇新发电厂路段5.9千米油路大中修,路面宽7米,投资388万元。10月3日完成乐平市韩家渡大桥至镇桥路段6千米柏油路大中修,投资182万元。至2010年,罗竹线包括一级公路10.474千米,二级公路11.182千米,三级公路46.934千米。

洪源至玉田(编号X093)。起于浮梁县洪源,经洗马桥、何家,止于与鄱阳县交界处,全长8.053千米。1986年,为砂石路,路基宽6.5米,初称"洪枧公路"。2001年,实施三级公路改造,浮梁县政府承担征地、拆迁、路基土石方工程。公路部门负责路面、桥涵及防护工程。10月改建成沥青路8千米,投资199万元。2010年11月,按三级公路标准,完成洪玉公路油路大中修,路面宽6~7米,投资377万元。至2010年,全线均达到三级公路标准。

东港至三龙(编号X095)。起于浮梁县黄坛乡东港,经港口、大洲、黄坛、福风、南溪桥、历山、芦田、石溪渡,止于三龙,全长35.43千米。1986年,为砂石路,路基宽6.5米。1999年实施三级公路改造,浮梁县政府承担征地、拆迁、路基土石方工程,公路部门负责沥青路面、桥涵、防护工程施工。2001年改建成三级沥青路18千米,水泥混凝土路面2千米,投资796.17万元。2008—2009年,对东三线实施油路大中修,完成二级油路大中修3千米，三级油路大中修17千米，四级油路大中修13千米，水泥路大中修2千米，投资1365万元。至2010年，东三线全程35.432千米，其中二级公路为1.92千米、三级公路为19.57千米、四级公路为13.942千米。

坑头至青塘（编号X096）。起于浮梁县坑头村，经胡宅、蛟潭、福港、洋湖，止于景德镇市青塘，全长54.436千米（其中市公路局管养36.47千米，市交通局公路所管养17.966千米）。景德镇市至蛟潭段，初建时为砂石路，路基宽6.5米，原称“景蛟公路”。1991年8月30日，公路部门与897厂联合建成沥青路13.5千米，其中897厂出资80万元，省公路局投资93.12万元。

1997年，对景蛟线市洋湖至浮梁县段实施二级公路改造，浮梁县政府承担征地、拆迁、路基土石方工程，投入资金140万元。公路部门负责沥青路面，桥涵及防护工程，2月22日开工，至1998年4月建成二级沥青路4.58千米，投资267.01万元。2007年，对蛟潭至福港段公路进行改造，建成三级沥青路7.75千米，投资441万元。2004年，对景蛟线市广场北路至浮梁大桥段3.94千米实施二级公路改造，路宽12米，投资650万元。

蛟潭至坑头段，全长17.6千米，初建时为砂石路，路基宽6.5米，由市交通局公路所管养。2010年，坑青线全程54.436千米（市交通局公路所管养17.966千米），其中二级公路4.7千米、三级公路16.791千米、四级公路33.045千米。

经公桥至桃树（编号X099）。起于浮梁县经公桥，经大港、高滩、西湖、陈家坂、古楼，止于桃树，全长29.549千米。1986年为砂石路面，路基宽6.5米，称“经（公桥）桃（树）公路”。2004年，实施三级公路改造，浮梁县政府承担征地、拆迁、路基土石方工程。公路部门负责沥青路面、桥涵、防护工程施工，7月1日动工，至2005年11月改建成三级沥青路29千米，投资1162.17万元。2010年，经桃线全程为三级公路。

双坑至杨湾（编号X103）。起于昌江区竟成镇双坑，经湖田、天宝桥、渡峰坑、历尧，止于杨湾，全长21.393千米（其中市公路局管养12.108千米，市交通局公路所管养9.285千米）。初建时为砂石路，路基宽8.5米。1995年，昌江公路段投资40万元，竟成镇银坑村出资37万元，改建水泥路2千米。2002年10月动工，采取联合建设方式实施二级公路改造，昌江区政府承担征地、拆迁，市交通局承担路基土石方工程施工，由602所出资400万元，公路部门承担沥青路面、桥涵和防护工程，至2003年建成二级沥青路6千米。2003年6月1日起，由于原通往602所路段进行改线，吕湖公路2.1千米列为602所区内道路。2008年9月，公路部门采取与企业联动的方式，对吕蒙至焦化煤气厂路段4千米，按二级公路标准实施油路大中修工程竣工，投资227万元，其中市焦化煤气总厂出资100万元。至2010年，双杨线有二级公路7.538千米，三级公路13.855千米。

涌山至新店（编号X107）。起于乐平市涌山，经余家、安公源，止于临港镇新店，全长12.297千米。涌新公路是在乐平市乡道新（店）涌（山）公路的基础上形成。2001年，省养公路官铭、后太线12.88千米公路与乐平市新涌线实行换养，并纳入新（店）涌（山）战备公路实施改造。3月19日，按二级公路标准修建新店至涌山公路，乐平市政府承担征地、拆迁，省公路局按每千米5万元标准给予补助。公路部门负责路基土石方、桥涵、防护工程和沥青路面工程。至2002年12月，建成二级沥青路14.67千米，路基宽12米，路面宽9米，投资1399万元。2010年，涌新线全程12.297千米均达到二级公路标准。

吴家至古田（编号X110）。起于乐平市洪岩镇吴家村，经洪岩、乐河、临港，止于古田，全长28.956千米。初称古（田）官（庄）公路，为砂石路，路基宽5~8米，乐平公路段管养。1992年，改建三级砂石路8.36千米，省公路局投资50万元，乐平市政府投资46万元。1994年，改建为三级沥青路7千米，投资162.7万元。1996—1998年，改建为沥青路24.33千米，投资912.39万元。2004—2008年，对沥青路面进行翻修，改建水泥混凝土路面17.154千米。2010年，吴古线全程28.956千米均达到三级公路标准。

渡头至白土峰（编号X118）。起于乐平市镇桥乡渡头村，经礼林，止于白土峰，全长14.637千米。原称渡（头）洄（田）公路，为砂石路，路基宽5~8米，乐平公路段管养。1999年，实施三级公路改造，乐平市政府承担征地、拆迁、路基土石方工程。公路部门负责沥青路面工程。2002年10月开工，至2004年8月改建三级沥青路12.437千米，水泥混凝土路面2.2千米，投资1176万元。2010年，渡白线全程14.637千米均达到三级公路标准。

市养县道　荞麦岭至北安(编号X089)。起于浮梁县湘湖镇荞麦岭,经兰田、玉田湖,止于北安村,全长16.903千米,原为砂石路面。1996年5月10日,浮梁县湘湖镇北安村委会按照"民办公助"修公路政策实施改建,至10月27日改建成沥青路面6.3千米,路面宽5米,投资80.1万元,其中北安村投资50.85万元,省交通厅补贴26万元、市交通局补贴3.25万元。为全市第一条市养县道油路。

江村至塔前(编号X091)。起于浮梁县寿安镇江村,止于乐平市塔前镇,全长41.25千米。1997年年初建,为砂石路面。2003年8月10日,对浮梁县境内14.38千米实施四级油路改造,至11月20日竣工,总投资934.7万元。

新桥至凰岗(编号X104)。起于昌江区新桥,止于鄱阳县凰岗,全长7.58千米,原为砂石路面,路基宽6.5米。1987年4月,公路实施四级水泥路面改造,建成水泥路面7.9千米,路基宽6米,路面宽5米,共投资158万元,其中昌江区政府补贴88万元,鄱阳县补贴70万元。

浯口至徐家(编号X114)。起于乐平市浯口,止于乐平市塔前镇,全长41.254千米,原为砂石路面。2003年8月10日,对浮梁县境内14.38千米实施四级油路改造,11月20日竣工,总投资934.7万元。

西门至渡头(编号X115)。起于乐平市西门街,经黄板畈、塘西汪家、蔡永村,止于镇桥镇渡头,全长14.051千米,原为砂石路面。2010年对黄板畈、蔡永村路段7千米进行三级油路改造,路基宽7.5米,路面宽6.5米,总投资1128万元。

乡村公路

景德镇市乡村公路是在原乡村人行通道的基础上修筑成的简易公路,更多的是劈山开路、遇水搭桥修成。1986年,乡公路通车里程509千米,其中省管20千米、市管489千米。随着公路村村通政策的实施,公路建设不断向农村延伸,农村公路状况有较大改善。至2010年,全市有乡道公路211条,总长1105千米。

坳上至双田(编号Y110)　起于浮梁县新平乡坳上村,经大岭垦殖场,止于王港乡双田村,全长2.541千米。1986年为砂石路,由景德镇市交通局管养。1997年1月,坳双公路与省养景三公路(现省道汪乌公路)景瑶段2.5千米进行换养,并按三级公路标准改建沥青路。10月,浮梁县政府按三级公路标准改造形成砂石路通车。1998年经省公路局同意换养双坳段2.57千米作为景蛟线(现坑青公路)的延长路段,由公路部门改建三级沥青路2.57千米,路面宽7米,投资150万元。2010年,坳双线全程2.541千米均为三级公路。

道士桥至罗家滩(编号Y111)　起于浮梁县洪源镇道士桥,止于浮梁县洪源镇罗家滩,全长2千米,列为乡道公路。1996年,按三级公路标准进行改造,改建沥青路2千米,路面宽7米,投资140.8万元。2008年改建水泥混凝土路面1千米。2010年,道罗线2千米均达到三级公路标准。

石岭至洪源(编号Y358)　起于昌江区吕蒙乡石岭,止于洪源大桥与九景高速公路贯通,是九景高速公路进入景德镇市区的连接线,全长2.577千米。石洪公路是在景(德镇)湖(口)公路陶金岭至洪源路段基础上形成的。1996年,景湖公路石岭至洪源3.4千米列为一级公路改造,与九景高速公路连接,市政府承担征地、拆迁、路基土石方工程,2000年6月形成砂石路,投资954.6万元。省交通厅承担路面、桥涵、防护工程,至9月建成一级水泥混凝土公路2.7千米,路基宽40米,路面宽18米,省公路局投资1079.7万元。1998年建成洪源大桥及防护工程。石洪公路建成后,与九景高速公路连通,原景湖公路陶金岭至洪源段1.5千米,划为石(岭)洪(源)公路,列为乡道公路。2004年,石洪公路进行水泥混凝土路面改造,路面拓宽为24米。至2010年,石洪线全程2.577千米均为一级公路。

杨山岗至项家庄(编号Y554)　起于乐平市洪岩镇杨山岗,经小坑、段家村,止于乐平洪岩镇项家庄,全长10.2千米。1986年为砂石路,路基宽4~6米,由乐平公路段管养。1996—1997年,当地政府对项杨公路进行拓宽改造,改弯降坡,线型达到三级公路标准。1997年改建沥青路7千米,路面宽7米,投资239.35万元。2010年改建水泥混凝土路面6.2千米,路面宽7米,投资305万元。杨项线全程10.2千米均达到三级公路标准。

表 7-1-2　　**2010 年部分市公路局管养县乡道公路一览表**　　单位:千米

	路线编号	路线名称	所在县(市)	长度	技术等级
县道	X081	旧城至御史亭公路	浮梁县	13.302	1~2
	X083	严台至储田	浮梁县	28.672	3
	X085	陈村至曲阿里	浮梁县	40.995	3~4
	X086	锦里至潘村	浮梁县	25.57	3
	X090	东流至董家山	浮梁县	8.944	3~4
	X092	先锋至竹窠	乐平市、浮梁县昌江区	68.59	1~3
	X093	洪源至玉田	浮梁县	8.053	3
	X095	东港至三龙	浮梁县	35.432	2~4
	X096	坑头至青塘	浮梁县	54.436	2~4
	X099	经公桥至桃树	浮梁县	29.549	3
	X103	双坑至杨湾	浮梁县	12.108	2~3
	X107	涌山至新店	乐平市	12.297	2
	X110	吴家至古田	乐平市	28.956	3
	X118	渡头至白土峰	乐平市	14.637	3
乡道	Y110	坳上至双田	浮梁县	2.541	3
	Y111	道士桥至罗家滩	昌江区 浮梁县	2	3
	Y358	石岭至洪源	昌江区 浮梁县	2.577	1
	Y554	杨山岗至项家庄	乐平市	10.2	3

第二节　路桥渡口

公路桥梁

1986 年,全市公路桥梁有 294 座,总长 8048 米。至 2010 年,全市公路桥梁有 358 座,总长 12398 米。其中市公路局管养的公路桥梁有 221 座 11035 延米,大桥 22 座 4435.18 延米,中桥 78 座 4033.16 延米,小桥 121 座 2566.75 延米。

乐平大桥　位于乐平市境内国道 206 线与省道汪湖至乌石、德兴至三庙前公路交会处,跨越乐安河。1999 年 3 月,乐平大桥建设立项,由省交通设计院承担设计,乐平市交通经营管理有限责任公司投资建设。2000 年 9 月开工新建,至 2003 年 7 月建成通车。乐平大桥全长 567.23 米,桥孔跨径为 3.5 米 +14×40+3.5 米,采用简支箱梁结构,桥面宽 21 米(18 米 +2×1.5 米),设计荷载汽 - 超 20、挂 -120,航道等级为 V(3)级。大桥引道及连接线全长 7.10 千米,按二级公路标准建设,路面宽 18 米,水泥混凝土结构,由中国第十九冶金建设公司施工,2002 年 1 月建成,主大桥、引道及连接线总造价 1.06 亿元。

龙溪河大桥　位于乐平市境内国道 206 线上,跨越龙溪河。属国道 206 线浮梁县洪源至乐平市杨家岭段二级公路新建工程项目,按 BOT 模式运作,由江西赣皖公路开发有限公司投资,省交通设计院承担设计,中铁十一局第四工程公司施工。2002 年 7 月 28 日开工,2004 年 7 月通车,大桥为 8 孔净跨 20 米的空心板梁桥,全长 165 米,桥面净宽 12 米,桥高 8 米,荷载为汽 -20、挂 -100。

沙嘴头大桥　位于昌江区鲇鱼山镇境内国道 206 线上,跨越昌江河。属国道 206 线浮梁县洪源至乐平市杨家岭段二级公路新建工程项目,按 BOT 模式运作,由江西赣皖公路开发有限公司投资,省交通设计院设计,中铁大桥局第五工程公司施工。2002 年 7 月 28 日开工,2004 年 7 月通车,大桥为 12 孔净跨 30 ~ 50 米的 T 型梁桥,全长 447 米,桥面净宽 12 米,桥高 23.5 米,荷载为汽 -20、挂 -100。

查家西河大桥　位于浮梁县洪源镇境内国道 206 线上,跨越西河,1994 年 7 月 28 日开工新建,由景德镇公路分局工程队施工,1995 年 11 月 28 日通车,造价 527.86 万元。大桥为 5 孔净跨 20 米的简支 T 梁桥,全长 120.55 米,桥面宽 12 米,桥高 8.4 米,荷载为汽 -20、挂 -100。

蛟潭高架桥　位于浮梁县蛟潭镇境内国道 206 线上,跨越蛟潭河。属九景高速公路支线工程项目,由省交通设计院承担设计,铁道部十一工程局第三工程处施工,2000 年 6 月开工新建,2002 年 5 月通车。大桥为 6 孔净跨 30 米的简支 T 型梁桥,全长 180 米,桥面宽 9 米,桥高 18 米,荷载为汽 -20、挂 -100。

白茅港大桥　位于浮梁县经公桥镇境内省道白茅至经公桥公路上,跨越白茅河。属九景高速公路支线工程项目,由交通部第二勘察设计院承担设计,铁道部四局第四工程处施工,2000 年 6 月开工,2002 年 5 月通车。大桥为 7 孔净跨 16 米空心板梁桥,全长 128.88 米,桥面净宽 9 米,桥高 6 米,荷载为汽 -20、挂 -100。

九龙大桥　位于浮梁县经公桥镇境内省道白茅经公桥公路上,跨越杨村河。属九景高速公路支线工程项目,由交通部第二勘察设计院承担设计,中国港口第二航务工程局施工,2000 年 6 月开工,2002 年 5 月通车。大桥为 6 孔净跨 30 米简支 T 型梁桥,全长 194.16 米,桥面净宽 9 米,桥高 11 米,荷载为汽 -20、挂 -100。

石家碑大桥　位于浮梁县瑶里镇境内省道汪胡至乌石公路上,跨越南河。大桥由市交通局公路所承担设计,1998 年 12 月通车,为 4 孔净跨 25 米的板拱桥,桥长 137 米,桥面宽 8.5 米,桥高 12.6 米,荷载为汽 -20、挂 -100。

高沙大桥　位于浮梁县王港乡境内省道汪胡至乌石公路上,跨越东河。1986 年前建成,为 3 孔净跨 25 米的乱石拱桥,桥长 100 米,宽 7 米,两侧各设人行道 0.40 米,桥面宽 7.80 米,荷载为汽 -13、挂 -60。

黄泥头大桥　位于浮梁县湘湖镇境内省道汪胡至乌石公路上,跨越景德镇南河。1986 年前建成,为 3 孔净跨 25 米空腹式石拱桥,桥长 104 米,宽 7 米,两侧各设 0.75 米的人行道,桥面宽 8.50 米,荷载为汽 -20、挂 -100。

秧畈桥　位于乐平市众埠镇境内省道汪胡至乌石公路上,由乐平市交通局承担建设,2007 年 12 月通车,为 6 孔跨径 20 米的简支梁桥,全长 125 米,桥面净宽 10 米,荷载为汽 -20、挂 -100。

接渡大桥　位于乐平市接渡镇境内省道汪胡至乌石公路上,1986 年前建成,为 10 孔净跨 35 米的空腹式双曲孔桥,桥长 392.77 米,宽 7 米,两侧各设人行道 1 米,桥面宽共 9 米,荷载为汽 -15、挂 -80。

小皮桥　位于乐平市乐港镇境内省道德兴至三庙前公路上。1986 年前建成,为 5 孔跨径 20 米的简支梁桥,全长 100.40 米,桥面净宽 8 米,荷载为汽 -20、挂 -100。

古田大桥　位于乐平市临港镇境内省道德兴至三庙前公路上,由乐平市交通局承担建设,2008 年 10 月通车,为 5 孔跨径 20 米的简支梁桥,全长 105.08 米,桥面净宽 12 米,荷载为汽 -20、挂 -100。

罗家滩大桥　位于浮梁县洪源镇境内省道婺源至桃树公路上,跨越西河。1986 年前建成,为 3 孔净跨 30 米的双曲孔桥,桥长 114.23 米,宽 7 米,两侧各设 0.75 米的人行道,荷载为汽 -20、挂 -100。

清风大桥　位于乐平市涌山镇境内县道涌山至新店公路,属涌山新店战备公路新建工程项目,由省公路局科研所承担设计,省公路交通工程公司施工,2001 年 7 月开工,2002 年 12 月 31 日通车,大桥为 6 孔净跨 20 米的空心板梁桥,全长 125.6 米,桥面净宽 12 米,桥高 11.3 米,荷载为汽 -20、挂 -100。

洪源大桥　位于景德镇市昌江区竟成镇境内石岭至洪源公路上,跨越西河。是市区连接九景高速公路的独立大桥,属石岭洪源一级公路改建工程项目,1996 年 11 月开工,由省交通设计院承担设计,景德镇公路分局工程队施工,省公路工程监理公司监理。洪源大桥为 8 孔净跨 20 米的简支 T 型梁桥,桥长 163.86 米,桥面宽 24.5 米,由省公路局投资 670.734 万元。1998 年 11 月竣工,被省公路局评为当年全省唯一的公路桥梁优质工程。2000 年 9 月石洪公路建成,洪源大桥与石洪公路、九景高速公路连接线正式通车。

杨村大桥　位于浮梁县峙滩乡境内县道陈村至曲阿里公路上,跨越杨村河。1997 年 3 月 3 日,浮梁县政府开始筹建。1997年4月6日，由省公路局拨款210.09万元，由景德镇公路分局科研设计室承担设计，分局工程队施工，1998年11月通车。大桥为4孔跨径为25米的简支T型梁桥，桥长105.5米，桥面净宽为7米，两侧各设1米人行道，荷载为汽－20、挂－100。

清溪大桥　位于浮梁县峙滩乡境内县道陈村至曲阿里公路上，1987年12月开工，1990年1月10日通车，造价198.5万元，清溪大桥为4孔净跨45米的钢架拱桥，桥长206米，桥面净宽7米，两侧各设1米的人行道，荷载为汽－20、挂－100。

福港大桥　位于浮梁县福港乡境内县道坑头至青塘公路上，跨越东河。由市公路勘察设计院承担设计，市路桥工程局施工，2007年7月通车，为8孔跨径30米的T型钢构桥，全长246米，桥面净宽12米，荷载为汽－20、挂－100。

吕蒙大桥

吕蒙大桥　位于昌江区吕蒙乡境内207省道（后调整为县道先锋竹窠公路）上，跨越昌江河。1986年前建成，为6孔净跨36米的双曲孔桥，桥长241米，桥面净宽7米，两侧各1米宽人行道，桥高23.6米，设计荷载汽－13、挂－60。由于历年受洪水冲刷，造成大桥南岸桥台冲刷淘空，桥台下沉，拱圈开裂，八字墙开裂倾斜14厘米，桥面碎裂17米。2001年4月，经省通达桥梁加固技术研究中心对吕蒙大桥进行检测，并编制加固方案。2004年10月28日开工对吕蒙大桥实施维修加固，2005年5月1日竣工通车，投资292万元。吕蒙大桥维修加固后荷载为汽－20、挂－100。

韩家渡大桥　位于乐平市乐港镇境内441省道（后调整的县道先锋竹窠公路）上，跨越乐安江。1986年前建成，长436.3米，桥面净宽7米，两侧各设0.75米的人行道，桥高16.3米，为9孔净跨42米的双曲孔桥。由于该桥结构存在安全隐患，经专家鉴定属于危桥，2009年9月15日开工维修加固，由江西政通有限公司施工，2010年5月20日修复通车，维修加固费用为326.16万元。荷载为汽－13。

乐平李家岭立交桥　位于乐平市区李家岭国道206线（由于国道206线改线绕开城区而改称先锋县道竹窠公路）与皖赣铁路平交处，是跨越皖赣铁路的立交桥。1989年，为解决赣皖铁路与国道206线乐平李家岭平交道口交通阻塞问题，保障公路交通与铁路行车安全，乐平县政府、省公路局、南昌铁路分局共同投资新建乐平李家岭立交桥。主桥由铁道部四工程局五处施工，引桥部分由赣江路桥建设工程队承建，1990年6月2日开工，至1992年6月通车。该桥全长371米，主桥长120米，高6.55米，为3孔预应力连续钢架结构，引桥长251米，为16孔简支箱梁结构，桥面宽14.5米，引道长584米，荷载为汽－20、挂－100，总投资884万元，其中省公路局投资453万元，南昌铁路分局投资290万元，乐平县筹资141万元。

表7－1－3　　2010年市公路局管养公路大桥一览表

桥梁名称	路线名称	所在县（市）	桥型结构	桥长		设计荷载
				全长（米）	孔数跨径（孔×米）	
乐平大桥	国道206线	乐平市	简支箱梁	567.23	3.5米＋14×40＋3.5米	汽－超20、挂－120
龙溪河大桥	国道206线	乐平市	空心板梁	165	8×20	汽－20、挂－100
沙嘴头大桥	国道206线	昌江区	T型梁	447	12×30～50	汽－20、挂－100
查家西河大桥	国道206线	昌江区	简支T型梁	120.55	5×20	汽－20、挂－100
蛟潭高架桥	国道206线	浮梁县	简支T型梁	180	6×30	汽－20、挂－100
白茅港大桥	白茅至经公桥	浮梁县	空心板梁	128.88	7×16	汽－20、挂－100
九龙大桥	白茅至经公桥	浮梁县	简支T型梁	194.16	6×30	汽－20、挂－100
石家碑大桥	汪胡至乌石	浮梁县	板拱	137	4×25	汽－20、挂－100
高沙大桥	汪胡至乌石	浮梁县	乱石拱	100	3×25	汽－13、挂－60

续表 7-1-3

桥梁名称	路线名称	所在县(市)	桥型结构	桥长		设计荷载
				全长(米)	孔数跨径(孔×米)	
黄泥头大桥	汪胡至乌石	浮梁县	空腹式石拱	104	3×25	汽-20、挂-100
秧畈桥	汪胡至乌石	乐平市	简支梁	125	6×20	汽-20、挂-100
接渡大桥	汪胡至乌石	乐平市	空腹式双曲孔桥	392.77	10×35	汽-15、挂-80
小皮桥	德兴至三庙前	乐平市	简支梁	100.40	5×20	汽-20、挂-100
古田大桥	德兴至三庙前	乐平市	简支梁	105.08	5×20	汽-20、挂-100
罗家滩大桥	婺源至桃树	浮梁县	双曲孔	114.23	3×30	汽-20、挂-80
清风大桥	涌山至新店	乐平市	空心板梁	125.6	6×20	汽-20、挂-100
洪源大桥	石岭至洪源	昌江区	简支T型梁	163.86	8×20	—
杨村大桥	陈村至曲阿里	浮梁县	简支T型梁	105.5	4×25	汽-20、挂-100
清溪大桥	陈村至曲阿里	浮梁县	钢架拱	206	4×45	汽-20、挂-100
福港大桥	坑头至青塘	浮梁县	T型钢构	246	8×30	汽-20、挂-100
吕蒙大桥	国道206线	昌江区	双曲孔	241	6×36	汽-20、挂-100
韩家渡大桥	国道206线	乐平市	双曲孔	436.3	9×42	汽-13
乐平李家岭立交桥	国道206线	乐平市	预应力钢架	371	3孔	汽-20、挂-100

渡口

农村渡口 1986年,市交通局成立渡口管理所,各县(市、区)设渡口管理站,承担全市公路渡口和村镇渡口的管理工作。1988年,全市有清溪(1)、清溪(2)、福港(建溪)、樟树坑、郑坑(张培山)公路渡口5处,其中3处钢质渡船载运汽车。1990年,境内有渡口132处,其中浮梁县渡口55处(汽车渡3处,交通渡15处,农业生产用渡37处);乐平市渡口58处(农业生产用渡44个,重点交通渡口14个),有渡船80艘,包括木质渡船51艘,钢质渡船29艘;昌江区渡口19处,有木质渡船16艘、钢质渡船3艘。1991年,全市有农村渡口148个,渡船154艘,其中钢质渡船42艘、木质渡船112艘。2004年,全市有农村渡口96个,渡船93艘,其中钢质渡船71艘、木质渡船22艘。2008年8月18日,市政府下发《关于加快景德镇市农村渡口建桥的实施意见》,加快改渡建桥工作。11月,乐平市鸬鹚大桥、张家畈大桥建成通车,鸬鹚渡口和张家畈渡口撤销。2009年,乐平照银山桥、丁家山桥竣工通车,照银山渡口、丁家桥渡口撤销。随着渡改桥建设推进,部分公路渡口、民间渡口被桥梁取代,渡口逐渐减少。2010年,全市渡口总数为98处,村镇渡口85个,渡船85艘,均为钢质渡船。

80年代的浮梁县兴田轮渡

90年代的昌江区鱼山码头

杨溪渡。位于乐平市浯口乡境内涌山河与乐安河交界

景德镇里市渡轮渡

景德镇十八渡轮渡

处，是浯口乡南北交通主要渡口，也是杨溪、桃园、钟家山通往杨家山、西湖、金鹅山的必经之渡，是常年性村民交通渡口。

鱼山渡。位于昌江区鱼山境内，跨昌江两岸，有水上通道25千米，河面平均宽度为380米，设有渡口8处，其中两处是钢质机渡船载运，尤其是坐落在鱼山镇驻地的鱼山渡口，日均渡运达4000人次。

南门渡。位于浮梁县浮梁镇境内，跨昌江两岸，河西宽350米，汛期有500米，是浮梁镇通往新平、市区镇的必经之渡，每日平均渡运达2000余人次。

市区渡口　有里市渡、十八渡、桂坑渡等。

里市渡。在昌江三间庙段，古时主要是运粮码头。瓷都大桥建成后停运。

十八渡。在昌江戴家弄段，古时为瓷器外运码头。2009年建浮桥后停运。

桂坑渡。在昌江浮梁县城段，两岸村民交通用，2010年仍在营运。

第三节　公路养护

养护方式

1986年，市公路管理所为境内公路专业管理机构，各县（市、区）设公路所、公路站、养护道班，负责部分县乡道管理和养护。全年公路养护里程1363千米，其中省管672千米，市管691千米。

1991年，市公路局完成油路重建3.2千米，油路罩面21千米，重建油面10.2千米，砂石路面大中修13千米。1993年，推行公路养护经济承包责任制，按照经费包干、责任到人、按劳分配的原则，实行养护小修保养经费、生产任务指标、养护效益全承包。严格“包、保、核、挂”四个环节管理，实行工资全浮、联路联产，以分计酬。1995年，在国道省道上组建集养护、小修工程和文明建设于一体的6个养护大道班。养护大道班为独立经济核算单位，实行企业化管理，自负盈亏。随着改革的不断深入，推行以道班为主体养护经济承包责任制，实行“五定”“四包”管理，定养护里程、定公路养护等级、定养护任务和质量、定养护人员、定养护经费。包生产任务完成、包经费自负盈亏、包养护质量良好、包路产和文明道班建设。

1996年，浮梁县政府、市公路局决定撤销西湖、经公桥、储田、江村、峙滩、兴田、鹅湖、黄坛8个乡镇公路站。成立西湖、江村、黄坛、峙滩、兴田、金竹山6个养路队。1997年，在各公路段，组建自主经营、独立核算、自负盈亏的养护公司，公司内部实行企业化管理，实行经理负责制。

2001年，市公路局继续深化养护运行机制改革，按照“四脱离”原则，公路分局与养护公司在领导、人员、资金和机具上脱离分开，养护公司实行企业运作，推行公路分线路、分路段与养护道班（养路队）实行责任承包、定额管理、计量支付，推行内部跨区域、异地养护招投标，将公路养护推向市场。是年，组建九景高速公路管理处,下设公路养护中心,承担九景高速公路养护管理工作。

2003 年,全省实施公路管理体制改革,市公路局及其所辖县(市、区)公路分局成建制下放到市政府管理。2005 年,各养护单位积极申办养护资质,直属公路分局、乐平公路分局获得二类甲、乙,三类甲、乙公路养护施工资质。浮梁公路分局获得二类甲、乙,三类甲、乙公路养护资质。

2006 年,市公路局加大沥青路大中修投入,投资 1124 万元,重建油路 16.121 千米,公路养护好路率达 73.7%,养护质量综合值为 74.3。2007 年,市公路局重点加强国道 206 线、张经线、白景线、石洪线 4 条城市进出口公路养护。投资 317.5 万元,重建油路 7.75 千米,危桥改造 2 座;整修沥青路面 368 千米,清理水沟 568 千米,整修路肩 526 千米,年平均好路率达 73.9%,养护质量综合值为 74.3。九景高速公路管理处制定《九景高速公路养护工作管理办法》《九景高速公路日常养护经费管理办法》,全面开展养护工作。是年,成立景婺黄高速公路管理处、景鹰高速公路公司,下设养护中心、养护维修队,分别承担两条高速公路养护管理工作。

2008 年,市公路局采取市、县、乡、企业"四方联动"的方式,拓展资金筹措渠道,共投资 2349.72 万元,完成东三线、双杨线、涌新线等 12 条 43.19 千米公路大中修,改造危桥 4 座。9 月,景鹰高速公路公司组织振荡减速标线施工,在全线增设 73 处 788 平方米振荡减速标线。12 月,景鹰高速公路标志牌改造工程完工,新增标志 18 处,新增标志牌 143 块,更换标志牌 31 块,拆除标志 138 处,粘贴反光膜 7071 平方米。

2008 年 1 月 29 日,市公路局路政人员在突击除雪作业

2009 年,市公路局投资 4473 万元,实施县道东三线重建油路 20.1 千米,重建油面 91.4 千米,危桥改造 3 座。通过深化公路养护改革,落实养护管理办法,实行一年三检制,全年完成整修路面 20.158 千米,整修路肩 443.45 千米,清理边沟 1024.9 千米,公路优良路率达 74.2%,公路路况得到明显改善。

2010 年,九景高速公路管理处制定《公路大中修专项工程施工作业操作规程》《沥青路面坑槽修补作业流程》等制度,推进修建养护规范化管理。实现养护数据存储、统计分析、路况评价、可视化查询、养护计划制定等信息化管理。市公路局管养公路里程 766.088 千米,专业养护机构有公路分局 3 个、养护公司 3 个、养护道班 28 个。投资 6600 万元完成公路大中修 44.51 千米,危桥改造 2 座。公路养护完成路面整修 121 千米,路肩整修 392.8 千米,边沟清理 644 千米,公路优良路率达 83.7%,其中国省道优良路率为 96.9%,提升公路通行能力。

农村水泥(油)路改造

1991—1995 年,新建改建县乡公路 161.24 千米,其中省养 35.5 千米。1996—2000 年,新建、改建县乡公路 415.18 千米,其中省养 58.68 千米,市县养 356.5 千米。

2003 年,市政府批转市交通局《关于加快农村公路建设的实施意见》,提出全市农村公路发展目标,全市掀起修建农村公路的热潮。至 2005 年,全市改造县乡农村公路达 697.97 千米。

2006 年,全市开展"村村通水泥(油)路"攻坚战,市交通局把修建农村移民安置点公路作为重点,修建 8 条安置点通村水泥路 40.57 千米。昌江区政府实施农村公路水泥(油)路改造,全区实现 55 个行政村 100% 通水泥路,50% 的自然村通水泥(油)路,通达里程 23849 千米。浮梁县江村乡中洲村通过争取交通部门补贴、信用社贷款、村民捐款,多方筹资 200 万元用于修路,建成通达 11 个自然村,全长 15.5 千米的水泥(油)路,成为全市第一个实现自然村全部通水泥路的行政村。

2007 年,市交通局改建农村公路 440 千米,全市行政村通水泥(油)路达 90%。2008 年,全市实施 129

个农村公路改造项目，完成农村公路273千米，新增53个行政村通水泥（油）路。昌江区政府实施农村公路建设项目26个，建设路程43.94千米，全区290个自然村均通水泥（油）路。至2010年，全市改建改造农村公路1526.2千米，实现县县通、乡乡通水泥（油）路，成为全省首批实现村村通水泥（油）路的设区市之一。

养护机械

1988年，景德镇公路分局筑路、养路机械有推土机1台、装载机2台、震动式轻型压路机（8吨以下）2台、中型双轮压路机（8～10吨）7台（其中养护1台）、重型三轮压路机（12～15吨）12台（其中养护2台）、水泥混凝土拌和机6台、空压机7台（其中养护3台）、240×160碎石机18台（其中养护15台）、电焊机3台（其中养护2台）、发电机6台（其中养护20千瓦2台）、沥青洒布机9台、养护车58辆、油路养护车18辆、丰收27型拖拉机3台（其中养护2台）、载重汽车43辆（其中养护17辆）、大小客车18辆（其中养护7辆）、碎石机10台、抽水机3台。

1995年，市公路局拥有推土机3台、装载机11台、平地机1台、挖掘机1台、拌和机7台、压路机24台、空压机3台、抽水机2台、沥青砼拌和楼4台、碎石机40台、电焊机4台、发电机组11台、养路车28辆、农运车5辆、载重汽车27辆、自卸车26辆、特种汽车13辆（其中洒水车6辆、沥青洒布车6辆、半挂车1辆）。

2004年，市公路局加大养路机械的投入，投资440万元购置养（筑）路机械设备，购置“黑站”设备1套，9月投入运行。2005年，有推土机1台、装载机6台、挖掘机1台、夯实机1台、压路机11台、沥青拌和机3台、沥青拌和楼3台、沥青摊铺机2台、碎石机24台、发电机组20台、电焊机2台、特种汽车16辆（其中洒水车2辆、沥青洒布车1辆、其他13辆）、养护车44辆，基本实现养护生产机械化作业。

2010年，市公路局继续加大公路养护机械的投入，公路机械设备达到182台，设备总原值达2060.42万元，有推土机2台、装载机1台、挖掘机4台、平地机1台、夯实机1台、压路机3台、拌和机3台、沥青砼拌和楼2台、沥青摊铺机2台、碎石机7台、发电机组16台、混凝土切缝机1台、维修机床8台、洒水车1辆、沥青洒布车1辆、养护车40辆、黑站1台（套），养路机械化作业程度有较大提高。

文明路创建

1994年，市政府决定在全市开展建设文明路活动，提高公路养护质量，改善公路环境。全市建设文明路总里程110千米，其中国道206线65千米，黄乐线33千米，景湖线12千米。景湖线12.87千米作为警民共建文明路段，由市公路局和市武警支队联合共建。

1997年4月，市政府办印发《景德镇市深化开展建设文明路活动实施方案》，决定从1997年开始，用3年时间，在全市范围内深入开展建设文明路活动，以县（市、区）为单位，由各县（市、区）政府组织开展文明路建设。把国道206线鱼山镇路段车辆乱停乱放作为重点进行整治，先后3次组织交通、公路、建设、城管等部门联合上路，对车辆在公路上乱停乱放进行专项治理，清理乱停乱放车辆45辆，占路摊点30处，拆除非公路标志牌61块，通过整治该路段交通秩序有明显好转。

1998年，市政府将建设文明路责任目标下达到各县（市、区）政府，实行县（市、区）长负责制，由县（市、区）政府组织，交通、公路部门主办，各职能部门配合。通过管住公路两侧边沟外（国道20米、省道15米）的控制区，解决占路为市问题，制止和清除在公路上乱堆乱放的材料，改善公路交通环境。

2002年，全市建设文明线路为境内国道206线62.094千米，九景高速公路连接线石洪公路作为景德镇市标志性建设项目，达到路、景、物协调，路面环境流畅、整洁、优美。2003年，各级公路部门继续加大文明路创建力度，至2005年，将境内国道206线、张经线、景白线、田乐线建成文明路。全市文明路里程达179.89千米。

公路标准化工程

公路标准化、美化简称CBM工程，适用于二级和二级以上的国省干线公路和旅游公路的新建、改建和养护工程及管理，通过实施CBM工程实现从主要抓路面养护质量到加强公路全面养护的转变。1991年7月，市公路局首次在国道206线（乐平段）实施CBM工程，由乐平公路分局组织施工，投入资金3万元，完成CBM工程1千米，公路中心标线显现瓷都特色，采用瓷砖标线。是年在浮梁境内御旧线扩大实施CBM工程

500 米,提高抗灾能力、通行能力、规范化管理水平。1995 年,在景湖线 K7 ~ K12 实施简易 CBM 工程 5 千米。1998 年,在御旧线实施 CBM 工程 8 千米,白景线实施 CBM 工程 18.71 千米。

公路绿化

市公路局将罗家滩绿化苗圃作为省养公路绿化育苗基地,占地总面积 7566.67 平方米。1991—1995 年,公路绿化植树 77.7 千米。1996—2000 年,市公路局创建畅、洁、绿、美的公路环境,公路绿化植树 102.21 千米。2001—2005 年,市公路局实施公路绿化里程 322.764 千米,植树 61100 株。省养公路总里程 767.111 千米,可绿化里程 631.596 千米,完成绿化 511.29 千米,绿化率达 80.93%。2007—2008 年,市养农村公路新增绿化里程 184 千米。

2009 年,九景高速公路管理处以挂上"一面绿色窗帘"、打造"一所一个亮点"、建设"四个区域景观"为绿化目标,实施九景高速公路绿化工程。通过用树、藤类植物进行绿化覆盖,达到九景高速公路全线石质护坡上挂绿色窗帘的绿化效果。各收费所在管养路段内,采用不同的树木、植绿造景模式,打造出八个特色不同、造型各异的绿化亮点。共砌铸种植池 460 米、植树 30000 余棵,实现"一所一个亮点"。是年,景婺黄高速公路管理处,对景婺黄高速公路 K244 ~ K309 和德婺黄高速公路 K0 ~ K35 路段的中央分隔带、2 个停车区、1 个服务区、6 个收费所、14 个隧道口和 7 个互通的绿化进行绿化改造,以乔木与灌木、针叶与阔叶、木本与草木花卉相结合。栽植蜀木、海桐球、冬青、樟树、雪松、果树等达 90000 余株,各种花卉近万丛,对公路用地实施绿化覆盖。景鹰高速公路公司实施景鹰高速公路服务区、隧道洞口、中央分隔带、浅碟式边沟、上边坂、互通、院区等部位的绿化完善工程,以"四季常青、三季有花、绿色覆盖、形式各样、尽量利用"为原则,种植乔木 2 万余株,灌木 23 万余株,使管养路段的中央分隔带、隧道口成为景鹰高速公路上的一道亮丽风景线。市公路局以国省道主干线为重点,实施公路绿化里程 172.126 千米,植树 92010 株,实施"一路一景、四季常青",打造绿色、生态、优美的公路环境,农村公路新增绿化里程 84 千米。

2010 年,省养公路总里程 766.088 千米,可绿化里程 756.221 千米,完成绿化 599.943 千米,绿化率达 79.334%。

第四节　公路管理

路政管理

管理规章　1988 年 1 月 1 日始,执行《中华人民共和国公路管理条例》。《条例》规定在公路两侧修建永久性建筑物,其建筑物离公路边界的间距,国道不少于 20 米,省道不少于 15 米,县道不少于 10 米,乡道不少于 5 米。

1992 年,市物价局、市财政局制定《景德镇市损坏及挖掘公路和公路设施修复赔偿收费标准》,要求公路部门所收路产损失赔偿款纳入财政"专户储存"管理。

1993 年 11 月起,实施《江西省公路路政管理办法》,景德镇公路分局与市法院在乐平公路段设立路政执行室。1994 年,省物局、省财政厅印发《关于公路路产损失赔偿收费标准的复函》,规定所征收费用主要用于公路路产损失的赔偿补偿,实行财政部门印制的收费专用票据。各地、市所下达的有关路产损失补偿的文件,凡与此《复函》规定不相符的,一律按《复函》规定执行。是年 12 月 31 日,市政府发布《景德镇市公路路政管理实施细则》。1995 年景德镇公路分局成立路政管理处,下辖路政巡查大队和乐平路政巡查中队、景德镇路政巡查中队。1997 年 7 月 3 日,《中华人民共和国公路法》颁布,市公路分局依法加强公路管理。

2003 年,景德镇公路路政管理处更名为景德镇市路政管理处,下辖浮梁、乐平、直属 3 个路政管理大队,开展联合执法、集中整治。2005 年,市公路局行政许可的 9 个审批项目保留,并作为窗口单位入驻市办证大厅。2008 年 9 月,《江西省公路路政管理条例》施行。2010 年,市政府办公室发布《关于加强我市公路路政管理的通知》,划定景德镇市公路两侧建筑控制区,严禁在公路两侧建筑控制区内修建建筑物和地面构筑物。

违规查处　1998 年，公路交通综合治理行动中，清理侵占公路及公路用地的违章建筑 76 处 1255 平方米，公路上各种堆积物 626 处 6537 立方米。2003 年，全市共查处占路违章建筑 86 处 3376 平方米，违规埋设杆管 288 根、光缆 6100 米，清除占路堆积物 938 处 16785 立方米。2007 年，市公路局实行"路政员分线包干，中队长分片负责，大队长总负责，路政处督查"的路政巡查机制，共查处占路违章建筑 30 处 564.5 平方米，拆除非公路标志牌 99 块、埋设杆管 33 根，清理路障堆积物 59 处 2412.8 立方米，维护路产路权，保障公路畅通。2008 年，市公路局组织开展创建"标准化路政大队"活动，乐平公路分局路政大队被省公路局授予"标准化路政大队"称号。

2009 年 3 月，经乐平市政府批准同意，成立乐平市交通路政大队，为全市第一个农村公路路政大队，开展农村公路路产路权保护，保障农村公路完好畅通。是年，市公路局在全省公路系统首创路政协管模式，在乐平、浮梁公路分局成立路政协管大队，择优选聘协管员 25 名，充实到路政执法一线。全年共查处和制止占路违章建筑 37 处 1598.31 平方米，保障公路安全畅通。浮梁、直属公路分局路政大队被省公路局授予"标准化路政大队"称号。

2010 年，共查处占路违章建筑 130 处 2002 平方米，清除占路堆积物 2342 处 8611.5 立方米，拆除非公路标志牌 538 块，清理占路经营点 62 处，办理路政赔(补)偿案件 18 起，处罚案件 4 起。

治理车辆超限超载　90 年代，车辆超限超载违法运输现象日趋严重，造成公路基础设施严重损坏。2001 年，经省政府批准在景德镇市三龙设置超限运输检测站，景德镇公路分局投资 820 万元，征用土地 2.19 公顷，新建治超办公房 1 幢，建筑面积 1260 平方米。2004 年 6 月，市交通局、公安局、发改委等 8 部门联合下发《关于在我市开展车辆超限超载治理工作实施方案》，成立车辆超限超载治理工作领导小组，开展全市车辆超限超载治理工作。6 月 20 日，景德镇市三龙超限超载车辆检查站成立，由交通运管、公安交警、公路路政抽调 19 名执法人员，进驻三龙治超检查站，启动集中治理车辆超限超载工作。治超工作取得阶段性成果，车辆超限超载势头得到遏制，超限超载车辆从 78% 下降到 10%。景德镇三龙超限超载车辆检查站被省交通厅、公安厅、治超办列为全省治超样板站。

2005 年 8 月，市政府办印发《关于加强治理车辆超限超载工作的意见》，继续加大治超工作力度。当年共查处超限超载车辆 3233 辆，卸载货物 2480 余吨，车辆超限超载比例从治理前的 78%，下降到 6% 左右。2008 年 6 月，共青团中央授予市三龙超限超载车辆检查站"全国青年文明号"称号。10 月 30 日，交通运输部授予市三龙超限超载车辆检查站"交通行政执法责任制示范单位"称号。

2009 年 1 月 4 日，全省治理车辆超限超载工作电视电话会议确定治超工作由全面集中治理向局部重点治理，由集中打击向长效治理防范转变。当年共检查车辆 2656 辆次，处理违法超限车辆 1358 辆次，卸载货物 1779 余吨，站点路段车辆超限率控制在 6% 左右。2010 年，全市共检查车辆 1875 辆次，处理违法超载车辆 1268 辆次，卸载货物 1337 吨，市三龙治超站点路段车辆超限率控制在 5% 左右，保障公路安全畅通。

县乡公路管理

1999 年 3 月，市交通局下发《景德镇市县乡公路工程管理暂行规定》《景德镇市县乡公路油路(混凝土)路面工程建设管理实施办法》，规范县乡公路工程建设与管理。

2004 年 3 月，市农村公路建设工作领导小组制定《景德镇市农村公路建设管理办法》，规定农村公路设计、建设标准按《公路工程技术标准》(JTJ001-97)执行；县至乡(镇)公路路面改建项目一次实施里程不得少于 3 千米，乡至行政村公路路面改建项目一次实施里程不得少于 1 千米；农村公路建设实行项目法人责任制、招投标制、工程监理制和合同管理制。

2005 年 10 月，市交通局编制完成《景德镇市"十一五"国家农村公路改造工程实施计划》。"十一五"期间，全市对 240 个建制村 1080 千米农村公路实施改造，总投资为 3.24 亿元，其中国家补贴 1.08 亿元，地方配套 2.16 亿元。

2009 年起，市交通运输局、发改委、财政局、监察局联合建立和实行《全市农村公路项目建设监察巡查制度》，成立市农村公路巡查领导小组及办公室，对农村公路建设各环节和各项制度落实情况实施检查，监督工程建设资金安全、合理、有效使用和规范运作。

稽查征费管理

景德镇车辆监理所采取平时上路检查,机动车年审时严格养路费征收,做到“应征不漏,应免不征”,对漏缴养路费的车辆,除补征外并处5% ~10%的罚金。1985年,征收养路费1280余万元。1987年,景德镇交通稽查征费所成立,养路费征收职能划入景德镇交通稽查征费所。1988年10月,称江西省交通稽查征费局景德镇分局。

1990年,市公路管理所共征收养路费、交通重点建设基金110余万元。1995年7月施行《江西省公路养路费征收管理办法》,景德镇市“客运厢式新货简易汽车养路费、重点建设费”征收管理工作由交通运管部门移交给稽征部门。

1997年2月,市交通局决定对拖拉机、简易机动车养路费、重点建设费和附加费征管体制进行调整。征管工作由市公路管理所全面负责,各县(市、区)的“三费”征管工作,由运管所、站代征。2月26日起直接向市公路管理所解缴。

2005年4月,市政府颁发《关于进一步加强公路规费稽查征收工作的意见》,加强公路养路费、交通重点建设费、客货运附加费和车辆通行费的稽查征收工作。12月,省交通稽查征费局委托市交通局负责摩托车养路费的征收工作。

2006年6月,市政府办公室批转市交通局《关于加强我市摩托车养路费征收管理工作实施意见的通知》,加强和规范摩托车养路费征收管理工作。至2008年,全市共征收摩托车养路费3210万元。

2009年1月,国务院实施成品油税费改革,取消成品油价外征收的公路养路费。

工程质量监督

1999年8月,市交通局成立市交通工程质量监督站,对交通工程建设质量行为和工程实体质量进行监督,对交通建设工程施工安全、环境保护进行监督。

2005年12月,经市交通局同意,市交通工程质量监督站对中国特色金属工业第十四冶金建设公司、江西昌南建设工程集团公司、市通途公路工程有限公司等9个交通建设施工单位,江西省赣建工程建设监理有限公司、景德镇通达路桥工程监理有限公司2个交通基建监理单位,市公路勘察设计院1个交通基建设计单位进行准入登记。

2008年,市交通工程质量监督站承担7个交通工程项目的质量监督工作,建设里程159.729千米,项目总投资4亿元。采用综合检查、专项检查、巡视检查等多种形式开展质量检查,共下达公路工程抽查意见通知书20份、工程质量检查情况通报8份。

2009年,市交通工程质量监督工作重点是农村改渡建桥项目,按照《景德镇市农村渡口改渡建桥项目质量监督工作要点》,对在建工程项目的质量管理行为、施工工艺、工程实体质量三个方面进行监督检查,采取现场查看、查阅资料、工程实体及原材料质量抽样检测等办法。全年下发公路工程抽查意见通知书8份、工程质量检查情况的通报3份、停工通知书3份、复工通知书2份。

2010年3月,市交通工程质量监督站下发《景德镇市农村公路质量监督实施细则》和《景德镇市农村渡口改渡建桥项目质量监督实施细则》。全年监督农村改渡建桥项目共26个(4281.62延米),通乡三级油路改造项目7个109.648千米,公路交通工程项目87个135千米。下发公路工程抽查意见通知书8份、工程质量检查情况的通报4份,对问题较严重的项目下发停工通知书。开展全市公路水运工程“平安工地”建设活动,会同市安全生产监督局对在建项目进行专项检查,没有发生重大、特大交通工程安全事故。

第五节　管理机构

市公路管理局

1986年,景德镇公路分局归口省公路局垂直条管,为正县级事业单位。1988年9月,省机构编制委员会核定编制数927人，承担景德镇市域省养公路规划、建设、养护和管理职责。2003年更名为景德镇市公路管理局，局机关内设行政办公室、工程管理科、养护管理科、行政审批服务科、综合规划科、安全生产科、财务审计科、人事劳资科、党委办公室、纪检监察室。直属单位有浮梁公路分局、乐平公路分局、直属公路分局、路桥工程局、机械工程局、公路勘察设计院、公路监理站、路政管理处、公路超限运输管理站、局职工教育培训中心、公路信息中心、后勤服务中心。承担市域内国省道和部分县乡道公路的规划建设和养护管理。2010年定编926人。

景德镇稽查征费分局

1987年成立景德镇交通稽查征费所，隶属省交通厅稽查征费局，为副处级机构。下辖乐平、昌江、鹅湖、蛟潭、涌山5个稽征站，担负景德镇地区公路养路费、重点建设费、客货运附加费的征收任务。1988年10月改称江西省交通稽查征费局景德镇分局。

1995年2月，景德镇稽查征费分局升格为处级，局机关内设行政科室、党委办公室、征收科、稽查科、车购费科、监察。下辖昌江、浮梁、珠山、乐平稽征所和储田征收站，负责全市公路养路费、重点建设费、客货运附加费和储田征收站通行费的征收管理。

2008年12月，全国实施成品油价格和税费改革。2009年1月，全国统一取消公路养路费。12月，在完成资产清算、移交等各项工作后，景德镇稽查征费分局撤销。

景德镇高速公路路政管理支队

2009年6月，江西省公路路政管理总队景德镇高速公路路政管理支队成立，为副处级全额拨款事业单位，下辖3个路政大队，支队机关内设综合科、业务科和财务科，负责杭（州）瑞（丽）高速公路赋春至景西枢纽（含景德镇罗家滩连接线）、济（南）广（州）高速公路桃墅岭至乐平、祁（门）浮（梁）高速公路、景德镇绕城公路湘湖至丽阳段共199千米的高速公路路政管理工作。

第二章　道路运输

1986—1990年，景德镇市区内公路短途客运工具有三轮运输车（俗称“三马”车）、四轮农用车、小型中巴客车；区外客运工具有三凌空调车、大型东风普通客车、45座东风普通客车、东风60座软座客车、东风客靠、东风中靠。1991—2010年，公路客运工具由低档向高中档方向发展，尤其2000年高速直达客运班线的开通，“奔腾”高客的投入运营，迅速提升景德镇市的道路客运水平。

1986—1996年，景德镇市的瓷器、茶叶、木材以及药品等地方产品运出，东达杭州、福建，西抵九江，南通南昌，北联南京、上海。瓷器、茶叶除运销全国各地外，还远销100多个国家和地区。运进的大宗物资主要是从江苏、浙江、上海、南昌等地购进的金属材料、机械设备、机电产品、日用百货等。1991—1993年，全国货运市场放开，景德镇市的货运线路由定点定线逐渐改为根据货主需要，自由选择线路。2005年启动现代物流业，取代传统的运输组织方式，引入先进的物流理念、科学的运输方式。全市货运物流业的货物运输量占到全社会各种运输方式货运总量的70%以上，成为国民经济和社会发展中起支撑作用的重要行业之一。

至2010年年底，全市民用客、货汽车70350辆，其中客车52102辆、货车14705辆，完成客运量1702万人次、货运量1495万吨。

第一节　公路客运

客运站点

景德镇汽车站　位于市城区迎宾路，隶属于江西景德镇长运有限公司，为国家一级汽车客运站。原车站位于市新风路,占地面积9905平方米,建筑面积3150平方米。1998年11月,经省计委批准兴建新站,位于昌江区三间庙村北面,占地面积29970平方米,建筑面积19417平方米,总投资2500万元,驻站客车150辆,日旅客容量最高可达12300人次。2001年3月18日建成开业营运,是集吃、住、行、停车、修理、加油、购物为一体的综合性车站。是全市的公路客运中心。

市汽车东站　位于城区通站路,火车站对面。1991年3月,市第一汽车运输公司新建景德镇汽车东站。1992年8月竣工,方便旅客铁路、公路转乘。1995年10月16日竣工,正式投入营运,投资200万元。该站占地面积5310平方米,建筑面积3510平方米,候车室500平方米。

沿河汽车站　1994年10月8日,市第一汽车运输公司在戴家弄设沿河汽车站,将从河西景德镇汽车站发往上海、抚州、都昌、周溪、三汉港、西源、多宝、苏山、南丰、芗溪、万户等地客运班车移至该站发车,实行统一、规范化管理,提供行李托运和小件寄存等项服务,方便旅客乘车。1995年10月停运,搬至汽车东站。

80年代的景德镇长途汽车站

2010年的景德镇长运公司西客站

市短途汽车西站　1997年10月28日,设在珠山西路竟西旅社院内的短途客运西站搬迁至西河桥北竟成汽车修理厂内,属西客站经营管理的浮梁西线和毗邻波阳田坂街等地的客运车辆进入新址。2001年3月,市客运中心站建成后,短途汽车客运西站又搬迁至三间庙北的客运中心站内。

市短途汽车东站　位于里村公交停车场内。2001年由市公共交通公司经营。主要停放和管理发往浮梁东线和婺源方向的短途客车。

市短途汽车南站　2003年8月6日,江西景德镇长运公司将其所属短途南站整体搬迁至豪德贸易广场并开业运营,除继续始发景德镇至乐平、余干、古南、万年、黄金埠、芦田、饶埠、阳家湾、大黄、中州、三庙前、饶丰、珠湖等班线外,发往上饶、广丰、丰城、新余、东乡、鹰潭、唱凯、崇仁、石狮、深圳、永康、江山、抚州、义乌等长途班线同时进入该站始发。

乐平汽车站　位于乐平市安平中路。1994年8月18日动工建设,1995年9月竣工投入营运,总建筑面积2400平方米,投资135万元。

乐平客运中心站　位于乐平市大连路与东风路交会处。2008年11月18日乐平客运中心站竣工。占地面积49106平方米,按国家一级汽车客运站标准建设,由景德镇长运有限公司全额投资2600万元建设,可满足最高日发送旅客14000人次的需求。

浮梁县汽车站　位于浮梁县城新昌路与高岭路之间。1996年12月8日动工新建,1998年6月18日投入营业。占地面积2140平方米,建筑面积2060平方米,建成后结束浮梁县城无长途汽车客运的历史。

乡镇汽车站　1986年,景德镇市较大的乡镇汽车站有乐平众埠汽车站、浮梁经公桥汽车站。2003—2004年投资150万元,在浮梁县先后建成柳家湾、勒功、峙滩、黄坛汽车站,改造鹅湖汽车站。2006年12月18日,景德镇市昌江区荷塘汽车客运站建成投入运营,占地面积1198平方米,总投资28万元。

客运线路

1986年1—7月,景德镇至南昌投运60座大型客车每天对开1班,38座三凌空调车每天对开1班;乐平至南昌40座大型客车每天对开1班;涌山至广丰东风客车每天对开1班;涌山至波阳东风大客车对等开车,每天对开 1 班；景德镇至婺源每天对开 1 班；金华至乐平 45 座东风客车每天对开 1 班；乐平至九江每天 2 班对开往返；景德镇至湖口每日往返 4 班；景德镇至都昌每日对开 8 班；景德镇至庐山每日往返 2 班；景德镇至三汊港每日往返 4 班；景德镇至周溪每日往返 4 班。共 16 条客运线路。

1988 年开通广丰至景德镇 45 座东风客车班线。景德镇至温州每日对开 1 班，安庆至景德镇客班改为当日往返。开通景德镇至贵溪、上饶、婺源、波阳，每日对开 2 班；景德镇至余干、黄埠、石门街、谢家滩、凰岗、枫田、中云、古南、饶宝湖、饶埠、珠湖、周家坂，大黄、樟埠、齐埠，波阳至鱼山等 23 条线路。每日 1 班。

1989 年开通景德镇至广州班线，每日对开 1 班；景德镇至汉口客运恢复通班，逢单日开；黄山至景德镇由每日对开 1 班，改为每日轮值双开；景德镇至江山市客运班线双方对开，景德镇至无锡客班、贵池至景德镇等 7 条客运线路。年底，全市共有公路客运线路 290 条，其中跨省 15 条、跨区 89 条、跨市县 40 条，市（县、区）146 条。

1990 年开通景德镇至德安班线，杭州至景德镇每日对开 3 班，开通黄梅至景德镇，景德镇至庐山等客运线路。1991—1993 年，开通景德镇至福建省石狮夜行直达班车，全程 927 千米；景德镇至安徽淮南、景德镇至长沙、景德镇至九华山客运班车，双方对开，每周 1 班，景德镇周六发车，全程 275 千米；景德镇至深圳宝安，每周 1 班，全程 1300 千米。

1994 年开通景德镇直达北京卧铺客车班线，为全省第一条直通首都的公路客运班线，全程 1650 千米；景德镇直达武汉客运班线，全程 450 千米；景德镇至浙江诸暨客运班线，全程 490 千米；景德镇至宁波客运班线，全程 657 千米。1996—1998 年开通景德镇至广东珠海、浙江温岭、浙江乐清、浙江柯桥、浙江温岭直达客运班线，用 38 座大型豪华卧铺客车运行，全程 622 千米。1999 年，全市共有公路客运线路 189 条，其中跨省 39 条、跨区 73 条、跨市县 7 条，市县区 61 条。

2000 年 12 月 1 日开通景德镇至南昌的首班高速客车。是日开通的还有景德镇至九江、景德镇至武汉的高客班线。2003 年 1 月 6 日开通景德镇至上海、杭州、宁波、慈溪 4 条高速客运线路。2006—2009 年开通景德镇至珠海、赣州（吉安）、新余、长沙、婺源、苏州高速直达客运班线。

2010 年 11 月 5 日，景德镇火车站至浮梁县樟树坑客运班线开通运营。农村客运按公交化模式运营，实行统一车型、统一票价、统一调度、统一经营、统一管理。

表 7－2－1　　**2010 年景德镇发往各地客运班线一览表**

时间	站名	里程（千米）	票价（元）	时间	站名	里程（千米）	票价（元）
3:00	桂中	126	20	7:45	南丰	87	16
6:10	西源	113	21	8:00	星子	195	35
6:20、13:21	安庆	212	38	8:20	江山	443	45
6:50	合肥	401	68	8:30（隔日）	深圳	1340	260
6:50、13:00	黄山	195	35	8:50	化民	94	18
6:30	周溪	120	21	8:50	衢州	237	42
6:50	阳丰	106	19	8:55	和合	118	20
7:15	永康	443	75	9:40	石狮	927	134
7:25	万户	92	17	10:05	化民	94	18
7:30—14:55，每隔 15 或 20 分钟一班	都昌	126	20	10:15	柯桥	531	90
				10:20	九江	156	30
7:35	芗溪	91	17	10:50	西源	120	21
7:40	多宝	131	24	11:00	周溪	120	21

续表 7-2-1

时间	站名	里程(千米)	票价(元)	时间	站名	里程(千米)	票价(元)
11:40	上饶	207	35	13:00	古县渡	76	—
11:45	万户	92	17	13:00	石头街	85	—
11:50	芗溪	91	12	13:00	马湖	81	—
11:50	九江	156	35	13:00	嘉善	548	110
11:50	乐清	643	100	13:00	临沂	964	160
11:38	温岭	627	110	13:00	莲山	68	—
12:00	莲花山	—	—	13:00	谢家滩	68	—
12:05	多宝	131	24	13:05	平阳	636	94
12:16	慈溪	586	105	14:30	温州	589	85
12:20	码头	204	36	15:00(隔日)	嘉兴	527	107
12:20	南丰	81	16	15:00	武汉	430	69
12:20	舟山	678	140	15:50	杭州	435	85
12:30	婺源	85	18	10:00	谢家滩	68	—
12:35	九江	156	30	16:00	义乌	400	79
12:40	广丰	232	40	14:00	谢家滩	68	—
12:40	鸦鹊湖	68	—	14:30	谢家滩	68	—
12:41	东至	153	32	17:30	南京	483	94

载客车辆

1986 年,全市有载客汽车 1147 辆,其中大客车 503 辆,小客车 644 辆。1991 年有载客汽车 2376 辆,主要车型为东风、解放牌普通客车,其中大客车 505 辆,小客车 1871 辆。

2002 年 6 月,市交通局会同市公安局在全市范围内开展取缔农用运输车、机动三轮车载客运输的集中整治,结束农用运输车、三轮车载客的历史。至年底,全市有客运汽车 7066 辆。2010 年,公路客运汽车由低档向高档方向发展,高速直达客运班线开通,“奔腾”高客车投入营运,客运运速得到提升。是年,全市有客运汽车 52102 辆。

客运量

1986 年,全市公路客运量达到 626.14 万人,周转量 26776 万人千米。1990 年,客运量 774 万人,周转量 35919.89 万人千米,其中交通系统 475 万人次,周转量 23914.89 万人千米;非公交系统 299 万人次,周转量 12005 万人千米。1996 年,客运量 797 万人次,周转量 50270 万人千米,其中交通系统 427 万人,周转量 31659 万人千米;非交通系统 370 万人次,周转量 18611 万人千米。2000 年,客运量 1579 万人,周转量 99155 万人千米,其中交通系统 939 万人次,周转量 63768 万人千米;非交通系统 640 万人次,周转量 35387 万人千米。2006 年,客运量 876 万人,周转量 90480 万人千米;2010 年,客运量 1702 万人次,旅客周转量 80792 万人千米。

表 7－2－2　　1986—2010 年景德镇市载客汽车、公路客运量情况表

年份	车辆（辆）	客运量（万人）	客运周转量（万人千米）	年份	车辆（辆）	客运量（万人）	客运周转量（万人千米）
1986	1147	626.14	26776	1999	5213	1432	89587
1987	1349	746.57	32732.3	2000	5249	1579	99155
1988	1712	659.21	31590.43	2001	6935	1716	108108
1989	1884	696.99	35734.21	2002	7066	1850	113400
1990	2022	774.00	35919.89	2003	8829	1714	107772
1991	2376	769.46	38350	2004	9237	1798	113702
1992	2817	780	41418	2005	15422	845	79000
1993	3289	786	42246	2006	19205	876	81906
1994	3745	780	43128	2007	23707	927	89265
1995	4038	786	46362	2008	30587	1008	97065
1996	4430	797	50270	2009	40760	2205	103057
1997	4818	1203	75076	2010	52102	1702	80792
1998	5255	1400	87291				

第二节　公路货运

货运站点

市零担货运站　位于市区枫树山的市第一汽车运输公司内。1986 年，市区没有正规货运站，仅有货车停车场。1989 年，市第一汽车运输公司组建零担货运站，购置东风牌箱式货车，承担全国各地零担货物运输，办理通往全国各地县以上的零担中转业务，货物月均吞吐量为 2 万件左右，周转量为 255 万吨千米。

市整车货运站　位于市第一汽车运输公司内。1989 年，市第一汽车运输公司组建整车货运站，购置东风牌货车及东风平板车，配有 5 吨、9 吨、10 吨货车及吊车，承运合同货物运输。

市集装箱中转站　位于市新风路。2000 年 6 月 12 日，市集装箱中转站建成投入营运，投资 1494.48 万元，为用户提供集装箱运输、仓储、代办运输业务和事故施救等服务，并将陆续开展代办用户报关、商检手续和联合运输业务。年总运量 14.2 万吨。

江西金三角物流中心　位于市洪源镇平阳山段国道 206 线与景九高速公路起点（立交桥）结合处，占地面积 5.5 万平方米。2001 年 7 月 1 日，景德镇汽车运输集团和江西吉尔福实业有限公司联合组建江西金三角物流中心，投资 1800 万元，主营业务为零散、大宗货物配载、配送，年货物吞吐量 100 万吨，仓储库房近万平方米。

市曙光物流中心　2009 年 8 月，市曙光物流中心建成投入运营，占地近 2 公顷，设有 100 多条省内外物流专线，备有各型货运车辆 100 多辆，仓储面积近万平方米，在全国设有 2000 多个营销网点，能承运国内县以上地区的物流业务，其中江、浙、沪境内的所有县（市）及地区全部覆盖，40 个小时内即可运达；广东、深圳、香港等地货物，可在 60 个小时内运抵。

货运线路

1986 年，开通景德镇至金华零担货运线路，全程 337 千米。景德镇至九江零担货运线路，全程 156 千

米。1987年,开通景德镇至湖北黄石市零担货运线路,全程365千米。1988年,开通景德镇至鹰潭的零担货运线路,全程160千米。1989年,开通景德镇至蚌埠零担货运线路,全程575千米。1990年,开通景德镇至扬州的零担货运线路,全程599千米;开通景德镇至常州零担直达线路,全程549千米。

1991—1993年,全国货运市场放开,使货运线路根据货主需要,自由选择线路,定点定线的货运线路开辟较少。

2002年,开通景德镇至杭州的快速货运线路,发车站点为枫树山货运零担站。2003年,开通景德镇—苏州—上海快速货运线路,发车站点为枫树山货运零担站。2005年,开通至上海、杭州、苏州、宁波、南昌、武汉的快速货运通道。随着高速便捷的交通线路网络形成,景德镇市的货物运输能快速通达全国各地。

2006年,景德镇汽运集团开通景德镇至郑州、太原、济南、沧州、徐州等商品车运输专线。景德镇至青岛、杭州、东莞等冰箱(冰柜)压缩机运输专线。一批民营道路货物运输企业纷纷开辟货运专线以满足不同生产(商贸)企业的运输需求,以陶瓷产品运输为主的道路货运线路几乎覆盖全国所有设区市以上城市,县级城市的覆盖面也近80%,景德镇市的道路货物运输进入专线专货运输时代。同时,道路货物运输专业企业以"零担班车"为主要形式的货物运输则逐渐萎缩。

货运车辆

1986年,全市有货运车辆2726辆,其中大货车2501辆、小货车225辆,拖拉机2781辆,汽车挂车291辆。1991年,全市有货运汽车3935辆,其中大货车2908辆、小货车1027辆,专用载货汽车120辆,载货挂车506辆,大、中型拖拉机233辆,手扶拖拉机397辆,机动三轮车167辆。

1996年,全市有普通载货汽车4964辆,拖拉机266辆,载货挂车200辆。2000年,全市共有普通载货汽车9249辆,轮胎式拖拉机89辆,载货挂车153辆。

2006—2010年,随着"专线专货"运输方式的兴起和发展,专业道路运输的"零担"班车逐渐退出市场,道路货物运输装备中大型集装箱车辆、半挂笼式车辆(商品车运输专用车辆)数量急剧增长,中、小型集装箱车辆(大都用于陶瓷产品运输)数量逐年递增,而大、中型普通厢板货车(用于普通货物运输)数量则呈逐年减少之势。2010年,全市有货运汽车7621辆,集装箱车辆、半挂笼式车辆1779辆。

货物运量

1986年,全市公路货运量547.3万吨,货物周转量27143.8万吨千米,其中交通系统67万吨,周转量5688万吨千米;非交通系统480.3万吨,周转量21455.8万吨千米。1990年,货运量676.08万吨,货物周转量38312.2万吨千米,其中交通系统48.308万吨,周转量3958.2万吨千米;非交通系统625万吨,周转量34354万吨千米。2000年,货运量1227万吨,货物周转量68654万吨千米。2010年货运量1495万吨,货物周转量191299万吨千米。

表7-2-3　**1986—2010年景德镇市货运车辆、公路货运量情况表**

年度	载货汽车(辆)	载货挂车(万吨)	拖拉机(辆)	货运量(万吨)	货运周转量(万吨千米)
1986	2726	291	2781	547.3	27143.8
1987	3491	503	2387	402.18	28920.68
1988	4261	504	2200	490.91	38335.17
1989	4213	486	1964	570.53	34642.02
1990	4019	342	1956	676.08	38312.2
1991	3935	506	881	780.49	39933
1992	4240	513	316	850	44326

续表7-2-3

年度	载货汽车（辆）	载货挂车（万吨）	拖拉机（辆）	货运量（万吨）	货运周转量（万吨千米）
1993	4971	486	320	880	47872
1994	5499	307	524	882	48012
1995	5546	213	299	886	48278
1996	4964	266	200	888	48361
1997	6040	200	277	969	54778
1998	7144	243	139	1118	62978
1999	8026	161	92	1144	64298
2000	9249	153	89	1227	68654
2001	9209	262	208	1626	92682
2002	9250	262	213	1959	99019
2003	6036	256	218	1991	100306
2004	5969	105	223	2090	105270
2005	7435	213	2	2142.5	87500
2006	8479	429	2	454	90480
2007	9530	562	2	488	98800
2008	10719	805	2	1008	97065
2009	12792	1090	2	1386	127350
2010	14705	1417	2	1495	191299

第三节　公共交通运输

公交线路

1986年，市区开辟第一条小公共汽车线路11路（火车站—第一人民医院），全市公交线路25条。1987年8月，开通5路公交线（广场—602所），全程6千米，日运行20个班次。1989年，开通4路公交线（盐业公司—枫树山），全程8千米，设15个站点，日运行90个班次。1991年1月，开辟新村西路小公交线。1994年，新开通16路公交线（广场—浮梁县城），全程8千米。

1996年开通15路（广场—602所）、17路（广场—999厂）小公共汽车线路，形成以广场和火车站为中心，分布市区的小公共汽车线路和大公共汽车线路横贯东西的公交线路网络。1997年，开通新德园—太白园—新村西路18路小公共汽车线路，结束新村西路、中华南路无公交车的历史。1998年，开通里村—发电厂公交线路。当年，市公交公司有78辆公交车，10条营运线。

2002年10月，K35路旅游观光专线开通。2003年开通1路区间车（昌江广场—吕蒙）公交路线。2005年，开通中国瓷园—吕蒙9路公交线路，火车站—焦化总厂6路公交线路，火车站—陶院新区108路支线公交线路,火车站—海法兰瓷5路支线公交线路,黄泥塘—吕蒙101路公交线路,999厂—新都民营陶瓷园203路公交线路。2007年开通市区—二亭下昌南专线公交线路。

2009年开通新枫园—珠山中路—昌江大桥—新都民营陶瓷园方向的17路公交线路,浮梁县—602所的36路公交线路、五中专线、303路外线等公交线路,豪德—丽阳乡公交线路。

2010年1月10日,景德镇市公共交通公司收购冷水尖—市区客运班线及4辆班车,开通由里村—冷水尖的201路公交线路。年底,全市共有公交线路35条,营运里程730千米。

表7-2-4 **2010年景德镇市公共交通线路一览表**

线路	首末班时间	线路站点设置
1路	5:50—22:10	吕蒙—昌江一中—华风瓷厂—第一塑料厂—华意—办证大厅—豪德广场—高专—教育小区—枫树山—交警支队—建设局—鹏程宾馆—邮电大楼(市人大)—南门头—医药公司(景德商厦)—人民广场—马鞍山—里村—陶机—樟树下—陶瓷工艺美院—新厂—曹家岭—茅家畈—何家桥—999厂—黄泥头
1路区间	6:00—20:00	昌江广场—一中—盐业公司—宇宙瓷厂—公交公司—六中—里村—马鞍山—人民广场—医药公司(景德商厦)—南门头—邮电大楼(市人大)—鹏程宾馆—建设局—交警支队—枫树山—教育小区—高专—豪德广场—办证大厅—华意—第一塑料厂—华风瓷厂—昌江一中—吕蒙—吕蒙桥西—卡地克陶瓷
2路内环	6:30—19:30	华意—办证大厅—豪德广场—高专—教育小区—枫树山—交警支队—建设局—鹏程宾馆—梅苑—十一小学—地税局—人民公园—西客站—第四水厂—市皮肤病医院(六院)—审计局—昌江大道新村西路口—珠山区法院—梨树园—港逸豪庭—市政协—新德园—九中—二院—新桥—里村—汽车东站—铁路中学—铁路医院—曙光路古玩市场—二汽—中华南路口—二中—桥西—老汽车站—交警二大队—枫树山—教育小区—高专—豪德广场—办证大厅—华意
2路外环	6:30—19:30	华意—办证大厅—豪德广场—高专—教育小区—枫树山—交警二大队—老汽车站—桥西—二中—二汽—通站南路口—曙光路古玩市场—铁路医院—铁路中学—汽车东站—里村—新桥—二院—新德园—市政协—港逸豪庭—梨树园—珠山区法院—昌江大道新村西路口—审计局—市皮肤病医院(六院)—第四水厂—西客站—人民公园—地税局—十一小学—梅苑—鹏程宾馆—建设局—交警支队—枫树山—教育小区—高专—豪德广场—办证大厅—华意
4路	昌江广场 6:00—20:00 金三角 6:20—20:00	昌江广场—市三院—新厂—陶瓷工艺美院—樟树下—陶机—里村—马鞍山—人民广场—医药公司(景德商厦)—南门头—邮电大楼(市人大)—梅苑—十一小学—地税局—人民公园—西客站—中国陶瓷城—迎宾大道—神火—象山—石岭村—罗家滩—新村—洪源镇—公交站点—洪源派出所—金三角
5路外环	6:00—18:30	火车站—浙江商城—广场南路—人民广场—医药公司—南门头—邮电大楼—梅苑—十一小学—地税局—人民公园—西客站—中国陶瓷城—迎宾路—神火—石岭—800库—玉字亭—金岭大道—莹盘山—查家坂—罗家—罗家A站—车辆检测中心—枫林湖—六村—高墩庙—法蓝瓷—宁家坞—陶瓷工业园E站—陶瓷工业园D站—陶瓷工业园C站—陶瓷工业园B站—下鼓墩—宝石小学—机场路口—徐家桥—陶瓷工业园A站—玉字亭—800库—石岭—神火—迎宾大道—中国陶瓷城—西客站—人民公园—地税局—十一小学—市人大—南门头—医药公司—人民广场—广场南路—浙江商城—火车站
5路内环	6:00—18:30	火车站—浙江商城—广场南路—人民广场—医药公司—南门头—邮电大楼(市人大)—梅苑—十一小学—地税局—人民公园—西客站—中国陶瓷城—迎宾大道—神火—石岭—800库—玉字亭—陶瓷工业园A站—徐家桥—机场路口—宝石小学—下鼓墩—陶瓷工业园B站—陶瓷工业园C站—陶瓷工业园D站—陶瓷工业园E站—宁家坞—法蓝瓷—高墩庙—六村—枫林湖—车辆检测中心—罗家A站—罗家—查家坂—莹盘山—金岭大道—玉字亭—800库—石岭—神火—迎宾路—中国陶瓷城—西客站—人民公园—地税局—十一小学—市人大—南门头—医药公司—人民广场—广场南路—浙江商城—火车站

续表 7－2－4

线路	首末班时间	线 路 站 点 设 置
6路	5:50—18:30	公交浙江商城车站—火车站—汽车长途东站—马鞍山—人民广场—医药公司(景德商厦)—南门头—邮电大楼(市人大)—鹏程宾馆—建设局—交警支队—枫树山—教育小区—高专—豪德广场—办证大厅—华意—第一塑料厂—华风瓷厂—昌江一中—吕蒙—吕蒙桥西—卡地克陶瓷—古老山—焦化生活区—历尧B站—历尧A站—焦化总厂
8路	6:40—18:00	人民广场—马鞍山—里村—陶机—樟树下—陶瓷工艺美院—新厂—曹家岭—茅家畈—何家桥—999厂—黄泥头—地铁—耐火器材厂—古田—浮梁县正骨医院—古田小学—塘下A站—塘下B站—白虎湾A站—白虎湾B站—下街—中街—陶院新区—乔麦岭—辽源—740厂
8路支线	7:50—16:00	人民广场—马鞍山—里村—陶机—樟树下—陶瓷工艺美院—新厂—曹家岭—茅家畈—何家桥—999厂—黄泥头—地铁—耐火器材厂—古田—浮梁县正骨医院—古田小学—塘下A站—塘下B站—白虎湾A站—白虎湾B站—下街—中街—陶院新区—乔麦岭—辽源—740厂—玉田水库
12路	6:00—20:00	木材厂—西郊垦殖厂—养老院—黎明路—昌江征费局—交警二大队—老汽车站—桥西—船舶检验局—十八渡—少年宫—建设局服务大楼—移动公司—联通公司—邮电大楼—南门头—景德商厦—人民广场—二院—九中—新德园—市政协—港逸豪庭—梨树园—药品监督管理局—梨树园小学
15路	6:30—19:30	西客站—第四水厂—市皮肤病医院(六院)—审计局—昌江大道新村西路口—珠山区法院—梨树园—港逸豪庭—市政协—新德园—九中—二院—人民广场—广场南路—浙江商城—火车站—汽车长途东站—站前路口—里村—陶机—樟树下—陶瓷工艺美院—二百商场—瓷用化工厂—下窑
5路支线	7:00—15:30 仅供参考	公交浙江商城车站—浙江商城—广场南路—人民广场—马鞍山—里村—陶机—樟树下—陶瓷工艺美院—二百商场—陶瓷学院—印机—三宝
16路	6:00—19:30 (22:00二院末班)	华意—办证大厅—豪德广场—高专—教育小区—枫树山—交警支队—建设局—鹏程宾馆—市人大(邮电大楼)—南门头—景德商厦(医药公司)—人民广场—二院—九中—新德园—市政协—港逸豪庭—梨树园—海峰花园—景北大桥—浮梁南苑广场—滨江小区—房产管理局—大石口—浮梁县土地局—浮梁县武装部—浮梁县烟草公司—浮梁县政府—浮梁县粮食局
16路支线	6:40—16:20 7:20—17:10	公交浙江商城车站—浙江商城—广场南路—人民广场—二院—九中—新德园—市政协—港逸豪庭—梨树园—海峰花园—景北大桥—浮梁南苑广场—移动公司—汽车站—浮梁县烟草公司—浮梁县武装部—浮梁县土地局—大石口—浮梁古县衙—旧城
16路支线区间	7:00—17:45	火车站—浙江商城—广场南路—人民广场—二院—九中—新德园—市政协—港逸豪庭—梨树园—海峰花园—景北大桥—浮梁南苑广场—移动公司—汽车站—浮梁县政府—浮梁县粮食局
17路	6:30—18:30	公交新枫园车站—审计局—昌江大道新村西路口—珠山区法院—梨树园—港逸豪庭—市政协—新德园—九中—二院—人民广场—医药公司(景德商厦)—南门头—麻石弄—戴家弄—光明瓷厂—二中—桥西—汽车站—交警二大队—枫树山—教育小区—高专—豪德广场—办证大厅—新都民营陶瓷园
18路	6:00—20:00	往:市一院—市皮肤病医院(六院)—审计局—昌江大道新村西路口—莲花山庄—凉山树—中招办—师范—工商局—实验小学—医药公司—南门头—麻石弄—戴家弄—光明瓷厂—二中—桥西—青花路—电瓷电器公司—青花文具厂 返:青花文具厂—电瓷电器公司—青花路—桥西—二中—光明瓷厂—戴家弄—麻石弄—南门头—景德商厦—人民广场—二院—九中—新德园—财校—凉山树—莲花山庄—昌江大道新村西路口—审计局—市皮肤病医院(六院)—市一院

续表 7－2－4

线路	首末班时间	线路站点设置
K26 路	6:00—20:00	602 所—印机—陶瓷学院—二百商场—新厂—陶瓷工艺美院—樟树下—陶机—里村—里村菜市场—马鞍山—人民广场—医药公司（景德商厦）—御窑长廊—风景路—人民瓷厂—市一院—公交站点—中华北路口—半边街—第三中学—水厂—观音阁—景德镇发电厂
K35 路	6:20—20:00	602 所—印机—陶瓷学院—二百商场—市三院—一中—盐业公司—宇宙瓷厂—公交公司—六中—新桥—人民广场—医药公司（景德商厦）—南门头—邮电大楼—梅苑—十一小学—地税局—人民公园—西客站
36 路	6:20—19:30	浮梁县粮食局—浮梁县政府—浮梁县烟草公司—浮梁县武装部—浮梁县土地局—大石口—浮梁大桥—洋湖村—美信电子—莲花彩印厂—真空电器有限公司—桥建瓷厂—特警支队—东三路路口—药品监督管理局—梨树园—港逸豪庭—市政协—新德园—九中—二院—新桥—里村—翠云路路口—陶机—樟树下—陶瓷工艺美院—新厂—曹家岭—茅家畈—何家桥—999 厂—黄泥头
101 路	6:00—18:20	黄泥头—999 厂—何家桥—茅家畈—曹家岭—新厂—陶瓷工艺美院—樟树下—陶机—里村—汽车东站—铁路中学—铁路医院—曙光路古玩市场—二汽—中华南路口—二中—桥西—老汽车站—交警二大队—枫树山—教育小区—高专—豪德广场—办证大厅—华意—第一塑料厂—华风瓷厂—昌江一中—吕蒙—吕蒙桥西—卡地克陶瓷
103 路	5:50—21:30	999 厂—昌河广场—雕塑瓷厂—长虹金域—昌江广场—一中—盐业公司—宇宙瓷厂—公交公司—六中—新桥—人民广场—医药公司（景德商厦）—南门头—麻石弄—戴家弄—光明瓷厂—二中—桥西—老汽车站—交警二大队—枫树山—教育小区—高专—豪德广场
K106 路	7:00—18:00	999 厂—昌河广场—雕塑瓷厂—长虹金域—昌江广场—一中—盐业公司—宇宙瓷厂—公交公司—食品厂—新桥—人民广场—医药公司（景德商厦）—南门头—邮电大楼（市人大）—鹏程宾馆—建设局—交警支队—枫树山—教育小区—高专—豪德广场—办证大厅—新都民营陶瓷园
108 路	6:30—18:30 （21:00 人民广场末班）	中国陶瓷城—西客站—人民公园—地税局—十一小学—市人大（邮电大楼）—南门头—景德商厦（医药公司）—人民广场—广场南路—浙江商城—火车站—汽车长途东站—站前路路口—里村—陶机—樟树下—陶瓷工艺美院—新厂—曹家岭—茅家畈—何家桥—999 厂—黄泥头—地铁—耐火器材厂—古田—浮梁正骨医院—古田小学—塘下 A 站—塘下 B 站—白虎湾 A 站—白虎湾 B 站—下街—中街—陶院新区
108 支线	冬令时 6:20—18:00 夏令时 6:00—18:00	公交浙江商城车站—浙江商城—广场南路—人民广场—新桥—六中—公交公司—宇宙瓷厂—盐业公司—一中—市三院—新厂—曹家岭—毛家畈—何家桥—999 厂—黄泥头—地铁—耐火器材厂—古田—浮梁正骨医院—古田小学—塘下 A 站—塘下 B 站—白虎湾 A 站—白虎湾 B 站—下街—中街—陶院新区—乔麦岭—化肥厂—陈家坂—丰村—双凤桥—洛田 A 站—洛田 B 站—双凤村委会—椰树 A 站—椰树 B 站—椰树 C 站—东安加油站—李家岭—东流
123 路	冬令时 6:20—18:45 夏令时 6:20—19:30	新都民营陶瓷园—办证大厅—豪德广场—高专—教育小区—枫树山—交警二支队—老汽车站—桥西—二中—中华南路口—市商业银行—浙江商城—广场南路—人民广场—新桥—六中—公交公司—宇宙瓷厂—盐业公司—一中—昌江广场—雕塑瓷厂—昌河广场—999 厂
201 路	6:30—17:00	里村—新桥—人民广场—广场南路—浙江商城—市商业银行—中华南路口—二中—桥西—老汽车站—交警二大队—枫树山—教育小区—高专—豪德广场—办证大厅—华意—第一塑料厂—华风瓷厂—昌江一中—吕蒙—吕蒙桥西—卡地克陶瓷—吕蒙茶叶山—渔山罗家山山村—渔山严家村 A 站—渔山严家村 B 站—礼城居委会

续表 7-2-4

线路	首末班时间	线路站点设置
303 路	5:50—21:30	999 厂—昌河广场—雕塑瓷厂—长虹金域—昌江广场—一中—盐业公司—宇宙瓷厂—公交公司—六中—里村—站前路路口—汽车长途东站—火车站—浙江商城—广场南路—人民广场—医药公司(景德商厦)—南门头—邮电大楼(市人大)—鹏程宾馆—建设局—交警支队—枫树山—教育小区—高专—豪德广场
303 路进五中	早晚高峰时段(节假日除外)	999 厂—昌河广场—雕塑瓷厂—长虹金域—昌江广场—一中—盐业公司—宇宙瓷厂—公交公司—六中—里村—站前路口—汽车长途东站—火车站—浙江商城—广场南路—人民广场—医药公司(景德商厦)—南门头—邮电大楼(市人大)—联通公司—新平路路口—五中—新平路路口—财富大厦—移动公司—鹏程宾馆—建设局—交警支队—枫树山—教育小区—高专—豪德广场
303 外线	6:20—17:30	999 厂—昌河广场—雕塑瓷厂—长虹金域—昌江广场—一中—盐业公司—宇宙瓷厂—公交公司—六中—里村—站前路口—汽车长途东站—火车站—浙江商城—广场南路—人民广场—医药公司(景德商厦)—南门头—邮电大楼(市人大)—联通公司—新平路路口—五中—昌南湖—里冲村—交警支队—国税局—豪德广场
昌南专线		公交浙江商城车站—广场南路—人民广场—医药公司(景德商厦)—南门头—邮电大楼(市人大)—联通公司—新平路路口—五中—昌南湖—南山下—植物园—二亭小学—龙腾山庄—龙塘村—龙塘山
丽阳专线		豪德广场—办证大厅—梧桐大道—华意—朱家坞—马家坞—赵家坞—月亮湖—塑料厂—丽阳派出所—黄牛山—希望小学—石口

公交车辆

1986 年,市公交公司新增各类大、小公交车辆 17 辆。1995 年筹集资金 90 余万元购置 9 辆长江 CJ640B 型公共汽车。1998 年投入资金 120 万元,新增公交车辆 35 辆,其中大客车 10 辆,中巴车 25 辆。

2001 年投资近 600 万元,购进无人售票公交车 23 辆,市区所有公交线路全面实行无人或准无人售票。2003 年购进公交车辆 57 辆,数量为历史之最。

2004 年 1 月购进公交车辆 65 辆。2005 年购进公交车辆 26 辆。2006 年购进 24 辆新型空调公交车。2007—2008 年新增公交车 70 辆。至 2010 年,市区共有公交车 282 辆。

公交票价

1986 年,市区 1、3 路公共汽车票价为上车 0.05 元(可乘 3 站),11 路小公共汽车票价为上车 0.2 元。

1990 年 4 月,公共汽车票价调整,市区 1、3、4 路公共汽车票价实行统一票价,以角进制,上车 0.1 元(可乘 3 站);5 路车一票制,上车 0.4 元。同时推行公交月票,分为专线月票和通用月票。专线月票只限一路,每张 12 元;通用月票可乘 1 路、3 路、4 路、5 路,每张 15 元。

1994 年 3 月 5 日,市区公共汽车开始实行新票价,市区 1、3、4、5 路大公交车改为 0.3 元起价乘 3 站,0.2 元进制乘 3 站;11 路、12 路、13 路小公交车实行 1 人次 1 元票制。

2001 年 4 月 28 日,市区 1 路公交线路上试行无人售票,每人次 1 元。5 月 26 日,市区 3 路公交车试行无人售票,每人次 1 元。6 月开始为 70 周岁以上老年人办理免费乘车证。

2003 年 12 月,市区公交线路全面实施 IC 卡乘车,向市民发行 A 卡(普通卡)、B 卡(学生卡),不再设公交车售票员岗位。2004 年 9 月,全市低保特困户家庭免费办理 IC 卡,优惠乘坐公交车。

2010 年年底,全市共发放公交 A 卡(普通卡)39805 张、B 卡(学生卡)46337 张。

公交客运量

1986 年,全市公交客运量达到 4232 万人次,营运里程 314.98 万千米,营运收入 296.2 万元。2010 年,客运量 8720 万人次,营运里程 1797 万千米,营运收入 5672 万元。

表7-2-5　　1986—2010年景德镇市公共交通运输情况表　　单位:万元、万千米

年份	营运收入	营运里程	年份	营运收入	营运里程	年份	营运收入	营运里程
1986	296.2	314.98	1995	687.1	370	2004	3795	1215
1987	342.3	352.5	1996	759	299.1	2005	4078	1365
1988	368.9	360.3	1997	944	309.5	2006	4746	1573.9
1989	373.6	380.47	1998	1166	316.4	2007	5036	1610
1990	439.5	343	1999	1233	340	2008	5342	1683
1991	471.6	355.06	2000	1262	389.3	2009	5535	1749
1992	486.7	309.9	2001	1593	443.5	2010	5672	1797
1993	506.5	350.2	2002	2350	604.7			
1994	649.8	356.3	2003	3208	841.8			

出租汽车

90年代,景德镇市开始出现汽车出租服务,车型多为微型厢式客、货两用汽车,车上无计价装置,乘客上车后与驾驶员面议价钱,一般情况下,市区范围内(北至里市渡、南至太白园、东至新厂、西至服装一厂)单程5元。市政府对这一新兴的道路客运方式未进行管理,出租车的车型、运价、服务都不规范。

1996年1月,市出租车管理办公室成立,全市出租车以公司的模式经营,营运的近350辆出租分别挂靠"大成""珠山""通发""永安""顺达"等出租汽车公司,在每辆出租汽车上喷印监督电话和公司标记,安装计价器,实行统一的运价,出租车行业开始规范管理。1997年6月1日起,全市实施出租汽车计价收费,昌河微型面包车起步价5元/2千米,夏利车起步价8元/3千米,大众桑塔纳、捷达车起步价10元/3千米。

2001年10月,景德镇市城市客运管理处成立,为市建设局下属正科级事业单位,编制10名,负责城市公共客运交通管理。2002年7月,市政府发布《景德镇市出租汽车管理暂行办法》,进一步规范出租汽车行业管理;制定《出租汽车经营权有偿出让方案》,有偿出让两年一期,出让费8000元/2年。8月15日,实施出租汽车经营权首轮有偿出让,规定到达报废期的出租车不准投入营运。鼓励未到报废期的出租车业主更新车辆,对登记期内自愿更换昌河北斗星车型给予一次性补贴2000元,生产厂家按出厂价优惠2000元。全市593辆出租车全部更换成昌河北斗星车型,实现出租汽车"五个统一",即统一颜色、统一车型、统一使用专用牌照、统一服务标志和统一计价标准,出租汽车焕然一新。

2003年3月,景德镇市出租汽车行业开展以"助考、扶残、互助、遵章、守法"为主题的"爱心车"活动,有30辆出租汽车组建成爱心车队。此后,每年都有出租汽车参与"爱心送考"等系列公益活动。9月,全市出租汽车安装税控计价装置和语音服务系统,并在全省首个实现出租汽车自动打印乘车票据。

2006年5月,因国内成品油价上涨,景德镇市首次通过听证会程序对出租汽车运价进行调整。8月10日起,全市出租汽车起步价5元/3千米保持不变,运价由1元/千米调整为1.4元/千米,夜行价(23:00至次日5:00)由1.2元/千米调整为1.7元/千米。

2008年6月10日,全市595辆出租汽车开始由昌河北斗星车型更换成为昌河利亚纳、北京现代伊兰特及大众捷达,更换比例分别为北京现代伊兰特178辆,占30%;昌河利亚纳占297辆,占50%;大众捷达(柴油)120辆,占20%。更换方式采取自愿选型、自愿确定更换时间原则。北京现代伊兰特列为第一批次更换车型,给予选择该车型的车主3000元的一次性补贴(昌河利亚纳、大众捷达两款车型补贴分别为2000元和1000元)。9月,全市出租汽车更新换型工作结束。11月,全市出租汽车起步价通过听证会及市政府批准,由5元/2千米调整为6元/2千米,并从2009年1月1日起施行。

2009年7月,市区火车站、沃尔玛购物广场、南门头华达超市等大型场站设置10个出租汽车候车点。至2010年年底,全市共有出租汽车595辆,分属永安、通达、大成、德发、红塔、顺达、国企出租汽车公司、市珠

山出租汽车公司。10 年累计运送乘客 2.03 亿人次，上交地方税收 1900 万元，上交出租汽车经营权有偿出让费 2000 余万元。

第四节　运输管理

运输企业

江西景德镇长运有限公司　位于浮梁县洪源镇金三角。2002 年 9 月 28 日，由江西长途运输股份有限公司与景德镇汽车运输集团公司共同组建。2004 年 10 月 1 日，公司投资 256 万元，收购新世纪客运公司。2005 年并购乐平长运公司，控股组建乐平长运客运有限公司。2006 年组建成立长运物流公司、长运货运公司和长运旅游公司。2007 年 6 月，经中国道路运输协会评定为二级资质，公司注册资金 1.6 亿元，拥有各类客运营运车辆 400 余辆，主要经营道路客运、旅游客运、客运站务、货运物流、汽车维修等业务。

景德镇汽车运输集团有限公司　位于浮梁县洪源镇金三角。1997 年 6 月，在市第一汽车运输公司的基础上组建。2000 年 9 月，组建上海大众汽车景德镇销售股份有限公司。2003 年 10 月，公司出资 500 万元，收购江西金三角物流中心有限公司的 49% 股份，设为下属子公司，主要从事货物运输、货物配载服务、出租车服务、汽车维修、仓储物流等业务，拥有占地 53360 平方米的物流基地，总资产达 8000 万元，为国有三类企业。

市公共交通公司　位于市城区东二路，承担全市公共交通运输管理。至 2010 年年底，设有机关科室及厂队、直属部门 32 个，6 个营运分公司及 3 个修理厂、5 个停车场，有职工 1531 人，资产 9287 万元。

市联运公司　位于昌江区一心桥，为国有企业，主要从事货物联运及货运代理业务。

市搬运公司　位于市东站路，为集体所有制企业，主要从事铁路货运站的搬运装卸业务。

运政管理

1987 年，市交通局对全市新开辟线路，新开业营运班次实行三级审批，省际和省内跨地区客运线路上报省级交通部门审批；市内跨县（区）客运线路由市交通部门审批；县内短途线路由县交通局审批。所有公路客运实行“四定、三统”管理，即定线路（起讫站点）、定车辆、定班次、定发车时间和统一进站、统一票价、统一票据，当年发放公路运输经营许可证 1306 本，公路营运证 3256 本，将漏管的 78 户 163 辆车纳入管理范围。

1988 年 9 月 10 日，市政府决定，整顿全市公路客运停车场，实行统一票据、统一运价、统一售票、统一营运管理。1990 年，市运管处开展运政稽查，共查处各种违章车辆 374 辆（次），追补规费 3700 元，补缴税费 3254 元。

1995 年 7 月，市政府颁布《景德镇市道路货运配载信息服务管理实施办法》，凡组织提供车货信息、场地，代理车主租赁、代理贷主配车，接受承托双方委托代办各项运输服务，实行一城一中心，货运配载信息场地服务部（站）均接受市货运配载信息服务中心业务指导，实行公平竞争、先后有序、等价有偿原则。货运配载信息服务中心接受市运输管理部门监督管理。11 月 1 日，实施《景德镇市公路营运客车进站管理规定》，市区所有营运客车分别在长途西站、短途西站、长途东站和短途东站始发；农用客车在市第二汽车运输公司停车场始发、停靠，浮梁县大石口方向客车在广场北路、游泳场以北始发、停靠，实行“三定”（定线、定班、定时或流水发车）“四统一”（统一调度、统一票证、统一运价、统一售票）管理。营运客车在市区乱停、乱发，阻碍交通和乱收费、乱定票价，拖客拉客的现象得到解决。

1997 年 3 月 28 日，乐平市对社会营运车辆实行服务公司集中归口管理，由乐平市运输服务公司为车主代办驾驶证年检、车辆年审、新车挂牌、旧车过户手续，代办保险、客运线路审批及包车线路牌等业务。10 月 1 日起，市运管处实行商品汽车发送驾驶员上岗证、商品汽车发送证和货物运单制，无证无单人员不得经营商品汽车发送业务。

2001 年，全市推行“一线一公司”模式，采取“同一线路统一车型、统一服务标准、统一票价、统一循环发班、统一调度、统一保险”的六统一办法，对区内客运班线逐条进行改造，用中型客车取代农用车，农用车逐渐退出客运市场。

2002年7月,市交通局、公安局联合开展为期一个月的全面取缔农用运输车载客运输行动,强制拆除176辆农用运输车车厢内的乘坐装置,固封这些车辆的乘客车门和车厢内的车窗玻璃,并将驾驶室与车厢隔离,使其成为货运车辆。此后,农用运输车一律禁止从事载客运输。是年,市运管处对小型出租货车运输市场进行为期一个月的集中整治,采取"统一企业化管理,统一服务标志,统一进场(站)经营,统一运价标准,统一调度,统一信息配载,统一保险"的措施,新增或更新实行"先审批,后购置"规定。同时,加强对市区货物运输企业收费标准、运输服务质量进行监督检查。

2003年4月,浮梁县被国家交通部列为全国农村客运网络化示范工程13个试点市(县)之一。8月6日,浮梁县正式启动农村客运网络化示范工程试点工作,改善农村客源布点分散、乘车时间分散、客运站场设施不全状况,用一年时间实现"村村通班车"。对运行线路较长、客流相对稳定的客运班线,实行定点、定时、定线方式运营;对客源分散、客流量小的通村班线,实行以小城镇为中心,开行定区域、不定线路、不定时的叫车客运服务,新建17个区间站和数十个村庄招呼站,引导农村客运经营者实行公司化管理、集约化经营。

2004年6月,市运管处组建运政服务大厅,将道路运输行业管理业务统一集中到大厅受理,实行政务公开、承诺服务、规范管理。

2005年春运期间,经省政府批准,在国道206线三龙、省道湘湖设置春运客运临时检查服务站,24小时对过往客车进行检查。1月25日至3月5日,共检查过往客运11566辆次,其中查处各种问题客车3366辆次,分流旅客665人,查处"黑的"363辆次。

2006年5月,全市启动清理整顿道路营运客车挂靠经营,重点解决经营户"私挂公""公挂私"等性质不明的问题,全市444辆营运客车完成产权界定。2007年2月,交警、运政两部门开始实行联动执法,每年运输高峰和重点时期,由市运政管理部门牵头联合对相关企业进行安全检查,且每年不少于3次。由交警部门牵头联合进行道路违法行为的专项打击行动,每月不少于1次。

2009年,市运管处加强对机动车综合性能检测站、车辆维修企业作业现场的监控,规定全市各机动车综检站及车辆维修一类企业、部分重要车辆维修二类企业须在检测和维修作业现场安装视频监控系统,建立监控平台,并通过有线或无线方式接入到市运管处监控主平台。监控车辆检测、维修作业现场,确保检测、维修质量,防止出现营运车辆漏保、漏检或只收费不保养、只收费不检测的问题。

2010年6月,市交通运输局联合市公安、建设、工商、交警、城管、城市客运管理等部门,开展为期60天的全市道路运输市场专项整治工作。采取流动与固定相结合,联防严守的方式,查处取缔无证营运车辆,打击扰乱道路运输市场、阻碍执法人员执行公务以及暴力抗法的非法经营者。

人力板车管理

1987年,市交通局、税务局、工商局联合发布《关于加强对外来车辆　搬运装卸民工管理的通知》,对外来运输车辆、搬运装卸民工发放全国统一的"搬运装卸经营许可证",对全市注册的106户搬运装卸企业进行审验清理,注销12户有名无实的企业。全年共审批外来驻市运输队伍(含搬运装卸)81户,货运汽车5辆,简易机动车99辆,板车1249部,装卸民工1099人。吕西公路32户未办审批的外来营运车辆、搬运装卸民工,全部补办审批手续。

1990—1993年,市交通局对市区街道的零散营运板车进行整顿,制订市区零散营运板车管理办法,凭城市居民身份证登记注册,发给营运证和搬运证,并按地段划分9个停车点,凡经批准营运的零散板车一律进行管理实行挂牌亮证服务,对非城市居民的零散营运板车一律进行清理。

1997年11月,市运管处对全市营运人力板车重新核发新的"营运证",无营运资格的予以清理。所有营运板车,按车主居住地点,就近进入停放点,亮证经营。制定《营运板车须知》,对经营行为、职业道德、运行线路做出具体规定。

1998年4月,市运管处对市区载客人力三轮车实行"一限四统一"管理,限制城区载客三轮车营运数量,统一出租服务标志、统一定点停放、统一运价标准、统一票证。

第五节　管理机构

市交通运输局

1986 年，市交通局为市政府主管交通建设和运输管理的行政机构。2002 年，增加水路交通管理职能，内设行政办公室、财务审计科、综合管理科、科技教育科、监察室 6 个职能科室，另设交通战备办公室，为市国防动员员委员会派出机构，机关行政编制 20 人，事业编制 3 人。

2010 年 11 月，更名市交通运输局，内设党委办公室、行政办公室、财务审计科、安全监督科、行政审批服务科（运输管理科）、规划基建科，另设交通战备办公室、纪委（监察室），行政机关编制 22 人。下辖市拖养费稽征所、市公路管理所、市渡口管理所、市公路运输管理处、市港航管理处 5 个事业单位；江西景德镇长运有限公司、景德镇汽车运输（集团）有限公司、市联运公司、市航运公司 4 个企业单位。

下属事业单位

市公路管理所　1986 年，为正科级事业单位，隶属市交通运输局，承担域内市养县养公路建设、管理和养护。

市渡口管理所　1986 年 5 月成立，为正科级事业单位，隶属市交通运输局，负责水路和民间渡口管理工作。

市公路运输管理处　1989 年 12 月，市陆地运输管理所与市汽车维修管理所合并，组建市公路运输管理处，为正科级事业单位，隶属市交通运输局，负责对全市公路运输实施管理。

市交通工程质量监督站　1999 年 8 月成立，为正科级事业单位，定编 5 人，与市公路管理所合署办公。2005 年 5 月单设，隶属市交通运输局，对全市交通工程质量、施工安全、环境保护进行监督。

县（市、区）交通管理机构

乐平市交通局　1986 年 12 月，乐平县交通系统受乐平县和市交通局双重领导。1987 年，乐平县交通局设立人事秘书股、安全生产股、财政统计股，下辖乐平县公路管理所、公路管理站、渡口管理站、航运管理所 4 个站所，负责全县公路水路交通管理工作。

1989 年由双重领导改为乐平县交通局人事、行政归乐平县管辖，市交通局主要是对其业务指导和监督。1992 年 9 月，乐平县交通局改名乐平市交通局，下辖乐平市公路运输管理所、公路管理站、渡口管理站、航运管理处、运输公司、汽车运输公司。2010 年 12 月组建乐平市交通运输局，为乐平市政府工作部门，同时撤销乐平市交通局。内设人秘股（行政审批股）、财务审计股、安全监督股（综治办）、交通运输股、计划基建股。行政编制 8 人。

浮梁县交通局　1989 年 4 月成立，下设秘书股、财务股、综合股，下辖浮梁县公路运输管理所、公路管理站、渡口管理站、航运管理所，负责全县公路水路交通管理工作。

1995 年 12 月撤销原各乡（镇）设立的交通运输管理所，成立三龙、鹅湖、黄泥头 3 个交通运输管理中心站。2010 年 10 月组建浮梁县交通运输局，为县政府工作部门，同时撤销浮梁县交通局。内设秘书股、财务审计股、综合管理股（县交通战备办公室）、规划基建股。行政编制 8 人，工勤事业编制 1 人。

昌江区交通局　1991 年 7 月成立，负责管理昌江区公路、交通、航运、渡口等工作。下辖昌江区公路运输管理所，为副科级事业单位；昌江区航运管理所，为副科级事业单位；昌江区公路管理站，为股级事业单位；昌江区渡口管理站，为股级事业单位。航运管理所、公路管理站、渡口管理站，三块牌子、一套人马。2005 年 9 月成立昌江区公路工程质量监督站。

2010 年 4 月，组建昌江区交通运输局，不再保留区交通局。昌江区交通战备办公室为内设机构，对外保留牌子。行政编制 3 人。

第三章　铁　路

景德镇境内有2条干线铁路,3条专用线铁路和1条地方铁路。干线铁路为皖赣铁路,由北向南纵贯景德镇市区,北通芜湖、南京,与津浦、沪宁铁路相接;南抵贵溪、鹰潭,与赣浙、鹰夏铁路相连,是华东地区的一条重要铁路干线,境内长99千米。另一条是规划中的九景衢铁路,从九江经景德镇到浙江衢州与浙赣线相连,境内长51.24千米。地方铁路有景德镇至涌山铁路,总长55千米。

第一节　铁路线路

干线铁路

皖赣铁路　北起安徽省芜湖至铜陵铁路上的火龙岗站,经宣城、宁国、绩溪、歙县、屯溪、休宁、祁门至倒湖进入江西省景德镇,通过乐平、万年至贵溪与浙赣铁路连接,全长549千米,其中景德镇境内长99千米。民国时期始建,抗日战争时期废弃。80年代重建,1985年6月1日,境内段正式投入营运。从景德镇可直达上海、福州、南昌等城市。2010年2月26日,皖赣铁路电气化改造工程可行性研究报告通过专家评估。皖赣铁路复线及电气化改造工程项目,境内建设里程约173千米,投资估算约32亿元。

东江口建于民国时期的皖赣铁路桥墩

九景衢铁路　九景衢铁路是浙赣铁路的一段支线,规划建设的九(江)景(德镇)衢(州)铁路起自九江,经湖口、都昌、鄱阳、景德镇、婺源,止于浙江省的衢州市,全长333.264千米,境内长51.24千米。铁路技术标准为I级双线,设计行车速度200千米/小时,九景衢铁路作为一条连通赣北和浙西的铁路,定位为以客运为主、兼顾货运的旅游线路,将混合普通列车、和谐号动车组开行,每天输送客车将达到70对,每年货运4500万吨。

2008年8月8日,市九景衢铁路建设、皖赣线复线改造工程被列为"十一五"时期全国铁路开工建设工程。12月25日,在市紫晶宾馆召开皖赣、九景衢铁路建设项目方案研讨会,专家们对皖赣、九景衢铁路在景德镇如何交会,皖赣线景德镇段如何绕城通过和九景衢景德镇段的线路走向以及新客运站的站址设置等进行讨论和研究,推动皖赣、九景衢铁路项目落实。2009年5月,省发改委原则通过九景衢铁路建设及皖赣铁路复线电气化改造项目可行性报告。

2010年3月26日,铁道部、水利部有关领导和专家对九景衢铁路沿线进行现场勘察,评审通过新建九景衢铁路水土保持方案。3月,中铁第四勘察设计院对九景衢铁路在景德镇中心城区的线路走向进行现场踏勘,提出设计意见。4月9日通过《新建九景衢铁路环境影响报告书》。5月29日,《新建九景衢铁路项目可行性研究报告》通过评估并上报国家发改委审批。7月,中铁第四勘察设计院完成九景衢铁路景德镇市区段外界初设勘探工作,按照景德镇城市总体规划,基本确定新建九景衢铁路、皖赣新双线铁路向北出既有景德镇火车站后向东北行走,沿景东大道南侧在离尚东国际西侧公路跨铁路立交桥约2.2千米处穿越景东大道。11月1日,铁道部与省政府就加快推进九景衢铁路、皖赣复线改造等项目前期工作,纳入国家"十二五"

规划铁路项目，景德镇铁路枢纽方案及上饶站等车站站房建设规模等问题进行会谈，形成《关于加快江西铁路建设发展的会议纪要》。

地方铁路

景（德镇）涌（山）铁路位于市东部，是市区太白园至乐平涌山、黄泥头至青塘（景德镇电厂）两段铁路线的总称，为762毫米轨距的窄轨铁路，跨越乐平市涌山和浮梁县寿安、湘湖及昌江区竟成等乡镇，总长55千米（市区49千米），其中正线44千米，专用线及站线11千米。全线桥梁36座，共长444.2延米，其中洋湖至黄泥头15座、黄泥头至柳家湾8座、柳家湾至仙槎5座、沿沟至涌山4座、黄泥头至樟树下3座、樟树下至太白园1座。隧道5座，总长1143.3米，其中亭子岭隧道578米、唐岭隧道142.6米、洋湖隧道197.2米、镇德隧道100.2米、乐涌隧道125.3米。全线设10个车站，太白园、青塘和涌山3个终点站，樟树下、李家坳、下冲坞、柳家湾、沿沟等5个中间站，以及黄泥头区段站、仙槎编组站。

1986年，承担仙槎、涌山、沿沟3个矿井的原煤运输任务，保障市区生活用煤、景德镇电厂和各瓷厂生产用煤。实现地方铁路与皖赣铁路煤炭联合外运。

1991年，景涌地方铁路增设黄泥头始发站色灯信号机和站管道贫连锁设置，编组站增设站线并延伸原站线有效长度，在沿沟车站新建机车转向设备三角线，并相应增设音频式调度总机及部分机车、车辆检修、测试设备。是年，对部分地段上下线路坡度进行调整改造，全线限制坡度由原重车方向18‰降坡为13‰，空车方向12‰调坡为17‰，曲线最小半径改造后为180米、困难地段曲线半径为130米、最大曲线半径为1500米，补充线路砼轨枕至每千米不少于1600根，对南河桥东、下冲坞南、仙槎车站东地段进行公路改道，减少公路与铁路平交道口6处，对原有5座铁路小桥改造成永久性钢筋混凝土板梁桥。年运输能力由建路初期的30万吨上升到80多万吨。

1995年，景涌地方铁路洋湖站开工重建，洋湖车站至景德镇发电厂新卸煤楼的站线开工改造，工程共耗资373.47万元。改建后的洋湖站有2条送车线、1条备用线、1个列车调头三角线和信号房色灯信号控制台、路签机，预埋电缆、信号电缆等设备，景德镇电厂新建3#、4#卸煤楼，扩大存煤场，保证电厂10万千瓦增至35万千瓦发电量的需要。景涌铁路沿线有6条专用线，共长5976.7米，即市东风瓷厂运煤专线，长3373米；市红星瓷厂运煤专线，长350米；市里村电厂运煤专线，长1607米；市水泥厂运煤专线，长237.70米；市柳家湾采石专线，长326米；仙槎站采石专线，长83米。由于国有企业改制，上述专用线均于90年代末停止使用后逐步废弃。2002年，太白园站、樟树下站、李家坳站停用。

铁路专用线

历尧油站专用线　系卸储成品油、煤炭专用铁路。自历尧货场分股与皖赣铁路接轨，经历尧油站至市石油公司仓库门前止。

江西省陶瓷出口公司专用线　北起省陶瓷出口公司太白园仓库，南至天宝桥接皖赣铁路，长1.2千米。设有290平方米的月台1座和空中轨道、转车等设施。专用线使用后，减少出口瓷器运输的环节，降低陶瓷的破损率。

景德镇发电厂专用线　1993年4月，景德镇火力发电厂铁路专用线动工兴建，8月完成与浮梁火车站接轨。专用线全长3.5千米，站线2.3千米，工程投资约2800万元。1995年10月，景德镇发电厂运煤铁路专用线开通。

第二节　铁路桥涵

铁路桥梁

1986—2010年，皖赣铁路景德镇市域全线共有铁路桥梁39座，共长2610.5米。其中城门下、杨春（村）河、峙滩、南河等处4座大型桥梁，共长1033米；彭家沟等处16座中型桥梁，共长1032.4米；伏牛岭等9座小型桥梁,共长279.7米;峙滩等处4座跨线桥,共长114.7米;印墩下等处5座立交桥,共长98.5米;马鞍山框架桥,长52.2米。

表7-3-1　**皖赣铁路景德镇市境内桥梁一览表**　单位:米

坐落位置	桥名	桥梁全长	桥孔总长	桥梁结构	建桥年份
K344+351	城门下昌江大桥	181.98	150.0	预应力钢筋混凝土丁梁	1979
K357+918	杨春(村)江大桥	176.67	145.8	预应力钢筋混凝土丁梁	1978
K361+864	峙滩昌江大桥	483.35	387.8	预应力钢筋混凝土丁梁	1977
K404+878	南河大桥	191.0	149.3	预应力钢筋混凝土丁梁	1980
K347+125	彭家沟中桥	91.5	70.7	钢筋混凝土丁梁	1978
K350+860	潭口中桥	46.1	21.8	预应力钢筋混凝土丁梁	1978
K366+471	下明溪中桥	49.5	21.4	钢筋混凝土低高度梁	1978
K367+992	小沂港中桥	114.5	63.0	—	1979
K374+418	浯溪口中桥	99.8	—	—	1980
K380+365	洪家坞中桥	82.9	44.1	—	1979
K392+122	东河中桥	110.4	78.0	钢筋混凝土梁	1981
K397+640	洋湖街中桥	65.4	22.0	预应力钢筋混凝土丁梁	1978
K405+239	天宝中桥	48.6	—	钢筋混凝土梁	1975
K407+101	渡峰坑中桥	41.4	—	钢筋混凝土梁	1974
K423+901	罗家山中桥	42.9	29.8	钢筋混凝土梁	1973
K428+609	鲁檀中桥	36.6	19.6	钢筋混凝土π梁	1973
K433+770	荫墩下中桥	62.6	35.3	钢筋混凝土π梁	1973
K434+813	塘埠中桥	47.2	18.8	钢筋混凝土π梁	1973
K435+405	阮家湾1#中桥	50.9	21.8	钢筋混凝土π梁	1973
K435+760	阮家湾2#中桥	42.1	22.0	钢筋混凝土π梁	1973
K370+540	伏牛岭小桥	35.0	—	—	1980
K390+875	春峰岭小桥	40.1	6.8	钢筋混凝土梁	1980
K392+814	鹭鸶小桥	50.3	8.8	钢筋混凝土梁	1982
K422+022	烧柴坞小桥	15.3	7.2	钢筋混凝土π梁	1973

续表 7－3－1

坐落位置	桥名	桥梁全长	桥孔总长	桥梁结构	建桥时间
K427＋551	鲇鱼山小桥	15.8	7.4	钢筋混凝土 π 梁	1973
K430＋797	下花小桥	26.6	7.1	钢筋混凝土 π 梁	1973
K436＋719	阮家湾 3#小桥	38.6	15.1	钢筋混凝土 π 梁	1973
K437＋866	北慈义小桥	38.6	14.4	钢筋混凝土 π 梁	1973
K441＋376	墩头小桥	19.4	7.1	钢筋混凝土 π 梁	1972
K361＋461	峙滩跨线桥	26.3	—	钢筋混凝土梁	1974
K391＋962	春峰岭跨线桥	25.7	—	钢筋混凝土梁	1979
K404＋117	曙光路跨线桥	41.1	21.1	钢筋混凝土梁	1978
K405＋309	天宝跨线桥	21.6	—	钢筋混凝土梁	1978
K394＋938	印墩下立交桥	19.3	—	钢筋混凝土低高度梁	1978
K397＋594	洋湖街立交桥	17.7	—	钢筋混凝土低高度梁	1975
K434＋638	新桥立交桥	19.6	7.4	钢筋混凝土低高度梁	1973
K435＋953	八公立交桥	19.6	7.4	钢筋混凝土梁	1973
K437＋854	北慈义立交桥	22.3	6.2	—	1973
K402＋896	马鞍山框架桥	52.2	—	钢筋混凝土梁	1978

铁路隧道

皖赣铁路境内沿线有城门下、童家埠、曲滩、伏牛岭、石鼓 1 号、石鼓 2 号、新岭等 7 座隧道，共长 1762.66 米。

表 7－3－2　**皖赣铁路景德镇市境内隧道一览表**　单位：米

坐落位置	隧道名称	孔跨式样	隧道全长	建造年份
K343＋451	城门下隧道	直墙侧沟	334	1978
K345＋909	童家埠隧道	直墙	465	1981
K355＋125	曲滩隧道	直墙	194	1979
K371＋094	伏牛岭隧道	直墙	182.66	1979
K378＋872	石鼓 1 号隧道	直墙	334	1974
K379＋181	石鼓 2 号隧道	曲直墙	123	1978
K387＋866	新岭隧道	曲直墙	130	1976

第三节　站点建设

1986 年，皖赣铁路景德镇市境内有景德镇、景德镇南（历尧）、乐平县、塔前、库前、甘棠、浮梁、营里、峙滩、韩坑、福港、鲇鱼山、慈义 13 个站。至 2010 年，境内有景德镇、景德镇南、乐平市、塔前、库前、甘棠、浮梁、营里、峙滩、下明、韩坑、福港、鲇鱼山、慈义 14 个车站，其中二等站 1 个、三等站 2 个、四等站 9 个、五等站 2 个。

二等站

景德镇站。位于市城区浙江路东端,有轨道16股,为二等区段站,1985年建成,占地面积787414平方米,建筑面积30718平方米,其中主体建筑面积4976平方米,年货物运送量96万吨。站前广场1.3万平方米,建有2座反映景德镇陶瓷艺术特色的大型雕塑。1993年3月27日,景德镇火车站新增的六股道工程竣工使用,股道全长883米。2002年,新建软席候车室及站房、广场。

80年代的景德镇火车站

三等站

景德镇南站　位于昌江区吕蒙乡历尧村,站中心处皖赣线K418+520(景德镇站至景德镇南站8658.3米)。设有色灯电锁器联锁和64D型半自动闭塞,站内有到发线3股、正线1股、调车线2股、货物线3股,为三等站。北端衔接省陶瓷工业公司专用线、市燃料公司专用线、焦化煤气厂专用线各1条,车站配调车机一台。客运设施有候车室125平方米、售票房13.5平方米、行包房27平方米、旅客站台350米×4米,货运设施有货物站台468平方米,货运楼建筑面积580平方米。

乐平市站　位于乐平市城区,站中心处皖赣线K460+207。设有6502型大站电气集中联锁和64D型半自动闭塞,系办理客货运业务的三等区段站。站内有正线1股、到发线5股、货物线2股。北端衔接德兴铜矿转运站专用线和乐平机务折返段,南端衔接鸣山煤矿专用线。皖赣线上行方向与塔前站相邻;乐德线上与接渡站相邻,下行方向与万年站相邻。车站配有调度机车2台,货物配有10吨门吊1台。客运设施有候车室237平方米、售票室116平方米、行包房244平方米、接待室25平方米、广播室13平方米、问讯室11.3平方米,旅客一站台430米×9.6米、二站台312米×4米,货运设施有零担货物仓库和整车货物仓库各462平方米、货物站台790平方米、货物雨棚640平方米、露天堆场8058平方米、货运室120平方米、篷布仓库100平方米。北端站内道口2处。

四等站

塔前站　位于乐平市塔前乡,站中心皖赣线K450+418。设有色灯电锁器联锁和64D型半自动闭塞,系办理客运业务的四等中间站。站内有正线1股、到发线2股。

库前站　位于乐平市镇桥乡库前三合源村,站中心皖赣线K469+126。设有色灯电锁器联锁和64D型半自动闭塞,系办理客货运业务的四等中间站。站内有正线1股、到发线2股。北端衔接乐平油库专用线和江西维尼纶厂专用线各1条,均由铁路机车取送车辆。

甘棠站　位于乐平县礼林乡境内,站中心皖赣线K474+664。设有色灯电锁器联锁和64D型半自动闭塞,为四等站。站内有正线1股、到发线2股、货物线1股,站内北端衔接桥头丘煤矿专用线1条。

浮梁站　位于浮梁县城,站中心皖赣线K395+798。设有色灯电锁器联锁和64D型半自动闭塞,为四等中间站。站内有正线1股、到发线3股。

营里站　位于浮梁县兴田乡潭口村,站中心皖赣线K351+851。设有8505型色灯电锁器联锁和64D型半自动闭塞,为四等中间站。站内有正线1股、到发线2股。

峙滩站　位于浮梁县峙滩乡境内,站中心皖赣线K359+820。设有8505型色灯电锁器联锁和64D型半自动闭塞,为四等中间站。站内有正线1股、到发线2股、货物线1股。

福港站　位于浮梁县福港乡,站中心皖赣线K375+878。设有8505色灯电锁器联锁和64D型半自动闭塞,为四等中间站。站内有正线1股、到发线2股、货物线1股。

鲇鱼山站　位于昌江区鲇鱼山镇境内,站中心皖赣线K426+912。设有色灯电锁器联锁和64D型半自动闭塞,为四等中间站。站内有正线1股、到发线2股、货物线1股,南端站内道口一处。

慈义站　位于昌江区鲇鱼山镇慈义村，站中心皖赣线 K439 +200。设有电动臂板电锁器联锁和64D型半自动闭塞，为四等中间站。站内有正线1股、到发线2股。

五等站

下明溪站　位于浮梁县境内的峙滩站与福港站之间 K365 +540 处。1994年1月18日建成启用，设有到发线2条，站台1座，装设6502型电气集中操纵设备，两端均为64D型半自动闭塞设备，为五等会让站。

韩坑站　位于浮梁县新平乡韩坑村，站中心皖赣线 K383 +823。1987年5月，由南京分局屯溪车务段开站，1988年1月上海铁路局决定划归景德镇车务段管理。是普通旅客列车停车点，便于旅客和职工上下车。设有8505色灯电锁器联锁和64D型半自动闭塞，系办理列车会让的五等中间站，不办理客货运业务。站内有正线1股、到发线1股。

第四节　客货运输

列车时刻

1986年，景德镇火车站每天接发旅客列车5对，其中始发2对，景德镇至南京西的492/491次普快，景德镇至南昌的495/496次普快；途经3对，即南京西至南昌的313/314次直快，南京西至厦门的315/316次直快，绩溪至鹰潭的493/494次普快。

1996年，景德镇机务段承担皖赣铁路南端4对旅客列车牵引任务，缓解“大京九”线机车运力不足的矛盾，改变景德镇车务段只牵引货物列车，不牵引旅客列车的状况。

1997年，景德镇火车站增开南昌至景德镇旅客直快列车688/687次，途经3市4县，行程500多千米。687次首趟开行时有旅客1561人次，上座率达146%。

2009年，景德镇至上海L501/4次旅客列车开始试运行，18:01由景德镇火车站始发，途经金华、义乌、杭州，次日13:44到达上海南站，全程运行时间为19小时43分，硬座票价为53元/票。

2010年5月23日凌晨2时许，由上海开往桂林的K859次旅客列车运行至江西省境内沪昆铁路余江至东乡间(699千米+700米处)时，遇山体滑坡脱轨。致当日途经景德镇的5205/6次、K8730/29次旅客列车停运，K25次、K221次、K155次旅客列车途经景德镇行驶至鹰潭附近后折返始发车站。5月25日18时，上述停运的旅客列车恢复开行。6月中、下旬，受连续暴雨影响，江西省境内多条铁路沿线出现滑坡、塌方等险情，其中与景德镇铁路运输关系密切的沪昆铁路、鹰厦铁路多处路段被阻，造成除K784/3次旅客列车之外的其他12对经景德镇往返鹰潭方向的列车于6月20日起停运。7月7日，境内的铁路运输逐步恢复正常，5210/09次、2025/26次、2521/22次旅客列车恢复开行，K68/9次旅客列车从7月11日起恢复开行。9月1日起，由南昌客运段值乘的2240/39次南昌至南京西旅客列车改由上饶车务段景德镇乘务室值乘。这是景德镇乘务室继值乘N630/29次南昌至景德镇旅客列车后值乘的第二趟旅客列车。

表7-3-3　　2010年景德镇火车站列车时刻一览表

车次	起讫站名	到点	开点
K46	福州至北京	7:03	7:17
K45	北京至福州	8:20	8:26
K156	昆明至南京西	22:04	22:10
K155	南京西至昆明	19:50	19:56

续表 7-3-3

车次	起讫站名	到点	开点
K68	福州至青岛	3:36	3:42
K67	青岛至福州	20:21	20:29
K26	东莞东至南京西	12:00	12:06
K25	南京西至东莞东	19:20	19:26
K222	广州至扬州	2:57	3:03
K221	扬州至广州	4:04	4:10
N630	南昌至景德镇	12:44	—
N629	景德镇至南昌	13:42	—
2522	厦门至南京西	5:41	5:47
2521	南京西至厦门	9:45	9:53
2026	厦门至蚌阜	17:21	17:27
2025	蚌阜至厦门	23:59	0:05
2184	鹰潭至上海	17:51	17:59
2183	上海至鹰潭	4:46	4:52
2240	南昌至南京西	19:22	19:28
2239	南京西至南昌	0:52	0:58
2050	厦门至景德镇	11:23	—
2049	景德镇至厦门	11:41	—
5206	南昌至景德镇	23:14	—
5205	景德镇至南昌	7:52	—
8312	鹰潭至景德镇	10:58	—
8311	景德镇至鹰潭	14:21	—
6092	景德镇至绩溪县	14:20	—
6091	绩溪县至景德镇	13:12	—
6094	景德镇至绩溪县	7:13	—
6093	绩溪县至景德镇	22:31	—

旅客发送量

1986 年,景德镇境内火车站完成旅客运送量 110.1 万人次。1991 年运送旅客 86.15 万人次,2000 年旅客运送量 168 万人次,2010 年旅客运送量 132 万人次。

货物发送量

1986 年,景德镇境内火车站完成货物运送量 108 万吨。1991 年货物运送量 142.80 万吨,2000 年货物运送量 199 万吨,2010 年货物发送量 228 万吨。

表 7-3-4　1986—2002 年景德镇市火车站客货运量一览表　单位：万人、万吨

年份	旅客运送量	货物运送量	年份	旅客运送量	货物运送量
1986	110.1	108	1999	148	127
1987	117.46	127.78	2000	168	199
1988	131.28	139.93	2001	161	157
1989	114.4	131.47	2002	222	138
1990	84.67	142.74	2003	166	155
1991	86.15	142.80	2004	179.75	174
1992	97.53	158.57	2005	112.92	179
1993	122.45	177.05	2006	122.41	196.36
1994	121.19	197.74	2007	125.31	201
1995	124.72	206.56	2008	126.76	211
1996	116.39	200.01	2009	128	219
1997	124	186	2010	132	228
1998	109	153			

地方铁路运输

1986 年，市地方铁路货运量达 79 万吨，货物周转量达 2577 万吨千米。1991 年煤运量 63.13 万吨。1996 年煤运量 87.39 万吨。2005 年货运量 61 万吨，货物周转量 2186 万吨千米。2010 年货运量 41 万吨，货物周转量 1691 万吨千米。

表 7-3-5　1986—2010 年景德镇市地方铁路货运量统计表

年份	机车（台）	货车（辆）	运营里程（千米）	货物运量（万吨）	货运周转量（万吨千米）	运输收入（万元）
1986	15	184	43.9	79	2577	335.53
1987	11	184	43.9	73.24	2458.96	349.08
1988	12	184	43.9	68.09	2397.31	366.65
1989	13	189	55	58.67	1951.3	371.90
1990	13	189	60	59.30	2038.51	404.07
1991	13	189	60	60.13	2064.45	450.24
1992	13	189	60	62.37	2105.13	498.89
1993	13	174	60	55.57	1867.5	535.27
1994	11	178	60	62.89	2124.47	826.2
1995	11	178	60	70.82	2433.7	827.44
1996	10	185	60	87.39	3058.27	1290.2
1997	6	134	45	91	3193	1053
1998	9	134	41	80.16	2843	1158

续表 7-3-5

年份	机车(台)	货车(辆)	运营里程(千米)	货物运量(万吨)	货运周转量(万吨千米)	运输收入(万元)
1999	8	134	41	75.37	2728	1151.5
2000	8	134	37	77	2801	1214.5
2001	8	134	35	68	2424	1075.6
2002	8	134	35	54	1942	868
2003	8	134	35	55	1850	971.8
2004	8	134	35	63	2070	1090.1
2005	10	184	41	61.14	2186.4	1103
2006	10	184	41	63.1	2270.79	1126
2007	10	184	41	65	2358	1223
2008	10	184	41	66	2396	1311
2009	10	184	41	45	1708	829
2010	10	184	41	41	1691	798

表 7-3-6 **1991—1996 年景涌地方铁路煤炭运输量一览表** 单位:万吨

年份	运煤量	年份	运煤量
1991	63.13	1994	70
1992	62.37	1996	87.39
1993	55.57		

第五节　管理机构

南昌铁路局景德镇车务段

1986 年,称上海铁路局南昌分局景德镇铁路地区办事处,内设车务段、工务段、机务段、电务段、景德镇车站、医院、铁路中学、小学等单位。车务段下辖营里、峙滩、福港、浮梁、景德镇南(历尧)、鲇鱼山、慈义等 7 个车站。还有鹰潭铁路办事处的列检所、生活站,公安派出所亦驻景德镇。10 月 4 日,浮梁、福港、峙滩、营里站划归南京分局屯溪车务段管辖。

1988 年 1 月 15 日,上海铁路局决定中间站以地界区划分,安徽省界内的车站属南京铁路分局管辖,江西省界内的浮梁、韩坑、福港、峙滩、营里车站属南昌铁路分局管辖。景德镇辖区设南昌铁路分局景德镇车务段,内设办公室、人事股、财务股、技术股、货装股、安全股、职教股、值班室、行政股、路风室、多种经营股、基建股、企管股、保卫股 14 个股室。实行段、车站、班组三级管理。1996 年 8 月,南昌分局从上海铁路局划出,升格为南昌铁路局,景德镇车务段隶属南昌铁路局,辖景德镇市、乐平市、德兴市、贵溪市、余江县、万年县、浮梁县以及邻近县的旅客、货物运输工作。下设 1 个二等站(景德镇车站),3 个三等站(万年、乐平、景南),19 个四、五等站。设有 2 个职能科室,4 个公司。

2006 年 3 月,南昌铁路局撤销景德镇车务段,并入上饶车务段。

景德镇地方铁路管理处

1986 年，称江西省乐平矿务局景涌地方铁路管理处。位于市东郊黄泥头，占地面积 6590.34 平方米，建筑面积 4724.93 平方米，内设 11 个科室、7 个车间，共有职工 686 人，其中干部 80 人，技术人员 11 人，主要承担地方煤矿的煤炭运输。1992 年 2 月，更名为江西省乐平矿务局交通运输公司，除经营铁路运输外，还管理 40 余辆汽车货运。其生产经营归乐平矿务局管理，安全监管归南昌铁路局管理。2007 年，改称为景德镇地方铁路管理处。

第四章　航　空

景德镇境内有罗家民航机场。1986 年，旅客吞吐量 1355 人次，货邮吞吐量 36.247 吨。1992—1996 年，景德镇罗家机场经过扩建改造，提高运送能力。1996—2010 年，经过重组、扩建，航线、航班逐步增加。2010 年，旅客吞吐量 30.79 万人次，货邮吞吐量 466.9 吨，成为全市立体大交通体系中的重要组成部分。

第一节　机场建设

1986 年，景德镇罗家机场位于市城区西北的罗家垦殖场，距老城区的公路距离 5 千米。跑道长 300 米，停机坪面积 200 平方米，机场占地面积 16.67 公顷。供安 2 型民航客机与省会南昌通航营运，候机室等房屋建筑面积 2763 平方米，发报台占地面积约 0.33 公顷，平面通讯为中型通讯电台，导航机 500 瓦 3 台，通讯距离 500 千米。设气象观察组，保持与省民航局联系，掌握航路天气预报。1987 年 1 月 15 日，罗家机场停航。是年 5 月，《中华人民共和国民用航空器适航管理条例》公布，规定运 5 型客机起降跑道长度不得少于 500 米，罗家机场跑道不符合标准。当年开工扩建机场，1988 年 4 月竣工。机场跑道延长为 500 米，停机坪面积扩大为 250 平方米，1989 年，机场内房屋总面积达 3963 平方米。

1991 年 12 月 5 日，经国家计委批准，对罗家民用机场进行扩建。1992 年 2 月 10 日，市政府成立景德镇罗家机场扩建工程领导小组和景德镇罗家机场扩建工程指挥部。4 月 28 日，经市政府批准，由市人民银行和市财政局发行机场第一期债券 600 万元。8 月 6 日，领导小组决定航空港建设二总队为机场扩建工程起降区施工单位、铁道部科学研究所西北研究所为工程监理单位。9 月 2 日，经国家计委批复，确定景德镇罗家机场扩建后为 CCCC 级民用机场，总投资控制在 8000 万元以内。9 月 30 日，景德镇罗家机场扩建工程动工。1994 年 11 月 1 日工程竣工。跑道全长 2400 米、宽 45 米、厚 34 厘米。12 月，机场飞行区、航站区、通讯导航、油库及配套工程等 5 大部分的主跑道、预埋管线、讯号电台、供电网络、灯光设备等 10 项工程，通过预验。

1996 年 3 月 7—8 日，国家民航总局校验中心派出“空中国王”305 型 B3581 号飞机，对扩建后的景德镇罗家机场进行历时 13 个小时的空中校验，认定校飞合格。5 月 23—24 日，省民航局、省计委、华东民航设计所组成的专家初验组对景德镇罗家民用机场扩建工程进行竣工初验，认为机场各项工程质量指标达到设计要求和验收标准。6 月 16 日，民航华东民航局、东方航空公司的专家，乘坐航班为 B－2131 的“MD－82”民航客机到景德镇罗家机场试飞，经过昼夜飞行，试飞成功。7 月 18 日，景德镇民航机场扩建竣工通过验收。扩建后的机场跑道长 2400 米，为 CCCC 级民用机场，可供波音 737－200/300 和麦道－82 型飞机起降使用。19 日，民航华东民航总局代表国家民航局向景德镇民航站颁发民航机场营运许可证，景德镇民航机场停航 9 年后恢复通航。

2003 年 12 月 17 日，首都机场集团公司与市政府就重组景德镇机场达成协议。2006 年 7 月 24 日，首都机场集团公司与市政府就景德镇机场移交协议举行签字仪式。11 月 29 日，景德镇机场移交并入首都机场集团公司,由省机场集团公司管理。

2008 年 2 月 27 日,《景德镇机场改扩建工程可行性研究报告》通过专家评估,机场改扩建工程主要包括新建一座 7500 平方米航站楼及配套保障设施,新建 5100 平方米停车场及更新改造现有飞行区、航管设施,场内供电供水、污水处理、消防救援等配套设施。工程概算总投资 1.47 亿元。3 月 18 日,民航华东民航局会同市政府在南昌评审通过《景德镇机场总体规划》。专家认为景德镇机场对周边"六山二湖"具有辐射作用,建议按照适度超前的原则进行改扩建。12 月 7 日,景德镇机场新航站楼开工建设,项目总投资 1.41 亿元,按照年旅客吞吐量 60 万人次,货邮吞吐量 20 万吨,飞机起降 6593 架次的要求,新建一座 6200 平方米、两座登机廊桥、航站楼及配套的停机坪。同时,新建旅客停车场 3200 平方米,平整飞行区场地,更新改造围场路、围界及排洪沟,更新部分空管设施、配套公用设施等。

1997 年的景德镇机场候机大楼

2010 年 10 月 16 日,景德镇机场新航站楼建成投入试运营。

第二节　航线航班运量

航线

1986 年,有景德镇至南昌航线。1987 年 1 月 15 日停航。

1996 年后,相继开通景德镇至上海、深圳、广州、北京、郑州、武汉、厦门等地航线,逐步形成景德镇地区"一政二经"型(北京、上海、广州航线)3 条干线。是年 9 月 10 日,景德镇至上海航线开通。10 月 21 日,深圳至景德镇航线开通。10 月 28 日,广州至景德镇航线开通。

1997 年 1 月 6 日,景德镇至北京航线开通,4 月 11 日停航,深圳至景德镇航线同时停航。9 月 11 日,景德镇至北京航班恢复营运。1998 年 12 月 8 日,景德镇至郑州、武汉、厦门航线开通。

2003 年 10 月 1 日,景德镇至深圳、上海航线恢复通航。2004 年 5 月 13 日,广州至景德镇航线恢复通航。2008 年 9 月 2 日,景德镇至温州航线开通。2009 年 7 月 10 日,景德镇至广州航线恢复通航。

2010 年,有景德镇至上海、深圳、北京、广州等地 4 条直达航线,景德镇经停深圳至成都、昆明、西安、海口、三亚、南宁等地 6 条航线。

航班

1986 年,景德镇只有至南昌的省内航线,长 195 千米,由省民用航空局安 2 型民航客机承运。1987 年 1 月 15 日停航。

1996 年 9 月 10 日,扩建后的景德镇罗家机场举行首航式,正式开通景德镇至上海航线,由东方航空公司福克 100 型飞机承运,每周 2 班。10 月 21 日,中国南方航空集团波音 737 - 300 型民航客机从深圳机场首飞景德镇。10 月 28 日开通景德镇至广州航线,由国航内蒙古分公司 BAe146 - 100 型飞机承运,每周 2 班。

1997 年 1 月 6 日,景德镇至北京航线由新华航空公司波音 737 - 300 型飞机承运,每周 1 班。由于客源不足,4 月 1 日停航,深圳至景德镇同时停航。9 月 11 日,景德镇至北京航班复航,由国航内蒙古分公司 BAe146 型飞机执飞,每周 2 班。

1998 年 12 月 8 日,开通景德镇至郑州、武汉、厦门航线,由中原航空公司运 7 型飞机承运,每周各 2 班。由于客源不足,1999 年 4 月 1 日停航。

1999 年 2 月 8 日,贵州航空公司对景德镇至厦门航班进行加密,每周 2 班,运 7 型飞机承运。由于客源不足,于5月5日停航。4月1日,景德镇至上海航班由国航内蒙古分公司BAe146-100型飞机承运,每周2班。4月12日,景德镇至上海航班的机型,由原来的福克100型105座(东航江西分公司)变换为BAe146型飞机85座(国航内蒙古分公司)。至此,景德镇市至上海、北京、广州3条干线均由国航内蒙古分公司独家承运。

2000年4月21日,新疆航空公司加密景德镇至上海航班,由ATR72型飞机执飞,每周1班。11月1日,国航内蒙古分公司将上海至景德镇航班调整为每周3班;景德镇至广州调整为每周3班;景德镇至北京调整为每周3班,由87座BAe146型飞机承运。

2001年12月1日,景德镇至北京调整为每周4班;12月23日,海航山西分公司首飞北京至景德镇,每周2班,由多尼尔328型飞机承运。

2002年3月26日,景德镇至上海、北京航班停飞。是日,执飞上海至景德镇航班,每周4班,由ATR72型飞机营运。4月1日,执飞北京至景德镇航班,每周3班。7月8日,广州至景德镇航班停飞。8月13日,深圳至景德镇航班复航,由山东航CRJ2000型飞机营运,每周2班;是日,景德镇至厦门复航,由海航山西分公司多尼尔328型飞机承运,每周2班。8月15日,开通景德镇至安庆航班。由多尼尔328型飞机承运,每周2班。

2003年2月13日,景德镇至厦门、安庆航班停飞。3月28日,景德镇至上海航班停飞。4月10日,景德镇至上海航班复航。10月17日,开通深圳至景德镇至上海航班,由B737型飞机营运,每周2班。11月17日,引进深圳B737-700型飞机首航深圳至景德镇至上海航班,首次引进经停深圳中转成都、西安等8大城市的“无缝转机”新模式,实现历史性的突破。11月25日,深圳至景德镇至上海航班停飞。12月31日,上海至景德镇航班停飞。

2004年4月1日,北京至景德镇航班调整为每周4班;深圳至景德镇至上海航班调整为每周4班。5月13日,景德镇至广州航班复航,由MD82型飞机承运,每周2班。

2008年9月14日,深圳航空公司从美国波音公司新引进1架波音737-800型客机,从美国西雅图飞抵深圳宝安国际机场。深圳航空公司将该架波音客机取名为“景德镇号”。11月21日,深圳航空公司景德镇号737-800波音客机抵达景德镇机场,市政府举行客机冠名及接机仪式,景德镇有了第一张“空中名片”。

2009年3月29日,景德镇至北京航班调整为每周6班,即每周一、二、三、四、五、日各飞一班,景德镇机场起飞时间为19:55分,到达北京首都机场时间为22:05,票价为1250元/票(不含机场建设费及燃油税)。12月19日,景德镇至北京航班再次调整为每周7班,即每天都有航班,同时对执行时间作出调整,北京起飞时间为16:55,到达景德镇时间为18:45;景德镇起飞时间为19:35,到达北京时间为21:40,票价保持不变。

表7-4-1　**2005年景德镇机场航班时刻表**

航　程	航班号	班次	起飞时间	到达时间	票价	机型
景德镇—上海	ZH9721	每周二、四、五、日	22:00	23:00	500.00	B737
景德镇—深圳	ZH9722	每周一、三、五、六	10:20	11:55	850.00	B737
景德镇—北京	KN2294	每周一、三、五、日	22:00	23:50	1250.00	B737
景德镇—赣州	KN2293	每周一、三、五、日	19:20	20:10	560.00	B737
深圳—景德镇	ZH9721	每周二、四、五、日	20:00	21:20	850.00	B737
上海—景德镇	ZH9722	每周一、三、五、六	08:45	09:40	500.00	B737
北京—景德镇	KN2293	每周一、三、五、日	17:10	18:50	1250.00	B737
赣州—景德镇	KN2294	每周一、三、五、日	20:40	21:30	560.00	B737

表7－4－2　　2010年景德镇机场航班时刻表

航程	航班号	班次	起飞时间	到达时间	票价	机型
景德镇—上海	ZH9721	每天	21:20	22:20	690.00	B738
景德镇—深圳	ZH9722	每天	10:40	12:20	850.00	B738
景德镇—北京	CA1888	每天	19:35	21:40	1250.00	B733
景德镇—广州	ZH9606	每周一、三、五、日	21:40	23:20	900.00	B733
上海—景德镇	ZH9722	每天	08:45	09:45	690.00	B738
深圳—景德镇	ZH9721	每天	18:50	20:30	850.00	B738
北京—景德镇	CA1887	每天	17:05	18:55	1250.00	B733
广州—景德镇	ZH9605	每周一、三、五、日	19:25	20:50	900.00	B733

航空客货邮吞吐量

1986年，景德镇飞往南昌旅客吞吐量1355人次；货邮吞吐量36.247吨，营运收入45849.72元，其中外汇收入3451元，货运价格为每千克0.12元；起降144架次。1987年停航。1996年，景德镇机场完成旅客吞吐量7751人次。2006年，旅客吞吐量首超10万人次，完成10.54万人次吞吐量，货邮吞吐量72.1吨，起降航班1638架次。2010年，完成旅客吞吐量30.79万人次，货邮吞吐量466.9吨，起降航班2666架次。

表7－4－3　　1996—2010年景德镇市民航客货邮吞吐量一览表

年份	旅客吞吐量(人次)	货邮吞吐量(吨)	起降(架次)	年份	旅客吞吐量(人次)	货邮吞吐量(吨)	起降(架次)
1996	7751	—	144	2004	96938	67	1456
1997	25226	—	488	2005	86386	35.5	1485
1998	29710	—	626	2006	10.54万	72.1	1638
1999	29473	—	730	2007	15.54万	139.7	2368
2000	31137	—	722	2008	18.93万	119.7	2424
2001	30477	—	904	2009	24.28万	307.7	2308
2002	30303	—	1070	2010	30.79万	466.9	2666
2003	30799	—	996				

第三节　运行保障

机场净空保护

景德镇机场净空保护区为机场跑道两端各20千米、机场跑道两侧各10千米内的区域。自北向东：起自彭车畈，经金家、先锋尖、猪屎尖、小坑坞；自东向南：起自岐源坞，经中喉咙、岭脚下、陶瓷学院、下街、花儿滩、画眉楼、马咀坞、内柏叶坞、南源坞、大徐岭、高家山；自南向西：起自源头坞，经青山湾收费站、严家新村、刘家村、港下、古田、湾头、木林坞、峡源；自西向北：起自余家村，经上兰村、路下村、蔡家村、索梓源、狗卯尖、竹窠里、英花尖、芦田村、沙帽尖、蛟潭火柴厂、蒋家坞。

机场净空保护区域内禁止修建可能在空中排放大量烟雾、粉尘而影响飞行安全的建(构)筑物或者设施，以及其他影响飞行安全的建(构)筑物、影响机场目视助航设施使用的灯光，升放无人驾驶自由气球、系留气球等升空物体等。

航油供应

1994 年 1 月，景德镇机场指挥部租用历尧石油库 3 个油罐，共 1500 立方米储油量，租用期为 5 年，并合作改造一条航空用油专用装卸设备，保障机场通航用油。

2007 年 1 月 16 日，省机场集团公司与中航油华东分公司签署航油供应协议，保障景德镇机场航油正常供应。

2007—2010 年，景德镇机场航油供应系统设立，由中国航油江西分公司景德镇供应站承担景德镇机场航空用油的供应保障。

第四节　民航机构

1986 年，称景德镇民航站，设罗家飞机场，下辖景德镇机场，在市区设有售票处、招待所、车库等。

2000 年 9 月，景德镇市民航局成立，与景德镇机场合署办公。内设办公室、综合业务科 2 个职能科室，全额拨款事业编制 5 人。

2006 年 11 月，市政府将原景德镇机场人、财物分别移交首都机场集团公司、中国航空油料集团公司经营管理后，原景德镇罗家机场、景德镇机场公司机构撤销，分别成立"江西机场集团公司景德镇机场分公司""中国航油景德镇供应站"，实行企业化管理，具体负责机场日常运营、航空运输安全保障以及航油储运安全、飞机加注燃油等工作。经市委、市政府研究决定，保留市民航局作为市政府直属协调部门。

第五章　港　航

1988 年，为缓解国道 206 线景德镇至乐平段运输压力，景德镇航务分局在昌江河的市区至鲇鱼山枢纽 19 千米河道上，开辟景德镇市第一条航运班线。1992 年，昌江河景德镇至鄱阳段 90 千米航道由原来平均水深 0.6 米上升到 1.5 米，成为可常年通行 300 吨级船舶的五级航道，年水运通过能力可达 70 万～150 万吨。90 年代后，由于受公路运输迅速发展，尤其是高速公路发展的影响，水路运输开始萎缩，水路航线不断缩短，客运、货运量逐年减少。

第一节　航　道

干流航道

昌江航道　昌江上游航道长 90 千米，属山区河段，为石质 V 形河床，水流湍急，倒湖至旧城河段，地形陡峭，落差较大，水浅多滩，水面宽 85～100 米；旧城至市区河段，为丘陵区，水流平缓，河面宽 180 余米。下流航道通鄱阳湖，长 22 千米，属丘陵区河段，河床呈 U 形，河面宽 200～300 米。昌江支流入口呈网状分布，主要有北港、东港、东河、南河、西河。除北港河外，其余诸支流入口都接近城市，形成四水环城之势，流域面积达 6220 多平方千米。

1992 年，昌江成为能通航 300 吨级轮船的 V 级航道。1996 年 8 月，景德镇航务分局对昌江航道旧城至姚公渡 104 千米评定等级。其中景德镇以下 89 千米定为 V－(3)级航道，旧城至景德镇 15 千米定为 VII 级航道。

2010 年年底，昌江航道水上建筑物有昌江大桥、珠山大桥、瓷都大桥、吕蒙大桥、沙嘴头大桥、景北大桥、浮梁大桥。

乐安河航道　古脑张家至乐平县城为常年通航河道，有秤钩滩、扁担滩、蔡家滩、柿滩、邹家滩，枯水期水深1米,航道宽20米。1994年,由于淘金船在乐安河挖沙淘金,航道造成严重破坏,后经专项整治,在河道中挖沙淘金现象得到遏制,保障了航道畅通。1998年,航道部门对乐安河疏浚治理,改善通航条件。

支流航道

东河航道　起自三墩,经东埠、鹅湖、臧湾、渭水至旧城的凤凰咀入昌江。东河年平均天然径流量569440万立方米,河床蜿蜒曲折,鹅湖以上航道水面宽一般小于50米。鹅湖以下河槽逐渐开阔,洪水期水面宽100~200米,水深7米以上,枯水期水面宽60米,水深0.28~0.3米。

西河航道　起自大洲,经黄坛、三龙,至市城区三间庙南侧西港口入昌江,全长66千米。西河大洲至三龙段36千米,其中杨坞港以上至大洲坡度陡峻,水深1~7米;枯水期水深0.3~0.1米;三龙至西港口20千米,河床较平缓,水深平均2米,枯水期水深平均0.6米。

南河航道　起自东流,经湘湖、黄泥头、里村等地。南河最深河段金坑坞水深达5米,最浅河段白虎湾水深0.4米。

杨村河航道　杨村河勒功街至神坛航道,航道宽一般小于40米。勒功街至杨村口航道宽40~70米,最深河段梁滩脑,水深20米,枯水期水深17米,水面宽100米;最浅河段查村门口,洪水期水深0.7米,水面宽70米,枯水期水深0.07米。

建溪河航道　建溪河通航里程25千米。建溪河常水位0.13~0.66米,水面宽3~14米;洪水位水深3.3~4米,水面宽14米以上;枯水位水深0.03~0.13米,水面宽1.5~3米。需作坝蓄水通航。

明溪河航道　航道起自储田,经曲河里、引山、梅湖至明溪河口入昌江,洪水期水深4.5~6米,水面宽4~13米,枯水期水深0.7~0.9米,河面宽4~10米。

林村河航道　航道起自金家滩,经江村、中湖至林村口入杨村航道,洪水期水面宽3.4~27米,水深0.13~10米,枯水期水面宽2.2~20米,水深0.07~0.9米。

洎水航道　全长72.4千米,乐平市境内长4.4千米,河面平均宽55米,常年可通航小型船只。

官庄水航道　全长32千米,乐平境内,河面宽度为15~40米,汛期可通航小船至官庄。

长乐水航道　全长50千米,乐平市境内长14.3千米,河面宽度为50~70米,航道深约1米,长乐水口至德兴饶二常年可通竹筏,汛期可通小船。

建节水航道　乐平市境内25.7千米,河面宽70米,汛期小船可通德兴黄柏塘,枯水期通湾头。

车溪水航道　乐平市境内长42千米,河面宽约40米,曾是乐平东北部的主要航道,后因拦河筑坝,剩古田以下可行驶小船。

安殷水航道　乐平市境内长26.4千米,河面宽45米,汛期木帆船可通航至礼林,枯水期只通航竹筏。

磻溪水航道　乐平市境内长45千米,河面宽30米。

航道治理

渠化工程　昌江航道治理工程是省“七五”期间水运建设的重点项目,工程治理按五级航道标准,包括上段景德镇至凰岗38千米的两级渠化及下段凰岗至波阳的52千米的疏浚整治。概算投资4515万元,其中凰岗枢纽2081万元,鲇鱼山枢纽1960万元,凰岗至波阳段的疏浚整治工程474万元。

鲇鱼山枢纽。位于昌江区鲇鱼山镇,市区至鱼山航道长19千米,河面宽230米,昌江渠化第一期工程。由船闸、泄水闸、电站和公路桥组成,船闸为五级航道标准,闸室尺度为135米×12米×311米,上下闸首均为分离式钢筋混凝土结构,采用人字形钢闸门短廊道输水。泄水闸长153.9米,共13孔,每孔净宽10米,供泄水、排沙及施工导流、施工通航之用。1987年建成,总投资1960万元。建成后市区至鱼山19千米航道由原来水深为0.6米,仅能通航木帆船的航道,成为水深达1.5米,常年通行300吨级船舶的五级航道,改善昌江航道的运输条件。

1998年6月,昌江遭遇特大洪水侵袭,造成鲇鱼山枢纽右岸防洪堤多处决口,电站上下游围墙及船闸围墙严重毁损。10月,省航务局实施水毁修复工程,至1999年1月竣工。完成填筑黏土26300立方米,铺筑砂卵石混合料1270立方米,干浆砌块石护坡700平方米,投资219万元。

凰岗枢纽。位于景德镇下游38千米,地处丘陵地带与平原河段衔接点的响水滩尾部,河面宽310米,昌江渠化第二期工程。1987 年 10 月动工兴建，工程由船闸、泄水闸、溢流坝和公路桥组成。船闸为五级航道标准，闸室尺度为 135 米 ×12 米 ×2.8 米，年通过能力 156 万吨，上下闸首为钢筋混凝土结构，采用人字钢闸门短廊道输水。泄水闸长 138.87 米，共 12 孔，每孔净宽 10 米，供泄水、排沙之用，为钢筋混凝土整体式结构。溢流坝长 120 米，坝顶标高 17.30 米，最大坝高 8.3 米，为混凝土重力坝。公路桥长 319.54 米，按三级公路桥设计，净宽 7 米，两侧设 0.75 米人行道。桥墩支承在上闸首、泄水闸闸墩和溢流坝上。最高通航水位时桥下净空 5.6 米。

鱼山航运枢纽

1992 年 2 月建成，总投资 2081 万元。凰岗以下 51 千米航道整治疏浚同期完成。使景德镇至波阳 90 千米航道由过去只能通航 10 吨级船舶成为常年通航 300 吨级船队的Ⅴ级航道，年水运通过能力达 70 万 ~150 万吨。

1999 年 5 月 29 日，景德镇港一艘 450 吨级趸船顺利通过凰岗船闸，是凰岗船闸建成以后通过的最大吨位船舶。

航道疏浚　1987 年 6 月，在洪水前清理景德镇段航道，对昌江桥河段、鹅颈滩、三涧滩等处进行清障施工。至 9 月 2 日，共拆除堆石坝 5 条，计 2627.94 立方米，清除卵石堆 9 处，计 4822.9 立方米，使景德镇至鱼山段航道在鱼山枢纽正常挡水位 22.20 米（黄海高程）时水深不少于 1.8 米，宽度不小于 70 米。是年，整治与疏浚昌江凰岗至波阳 52 千米航道，整治线宽度取 130 ~150 米，整治水位取高出设计水位 1.5 ~2.0 米，采取疏浚主汊道，堵塞支汊的方法治理碍航汊道浅滩。12 月 10 日，对昌江鲇鱼山至姚公渡航道进行全面扫床清障，清除烂泥滩和当地农民抗旱堵江的土坝，清出航道 30 米。

1988 年 3 月，组织进行扫床，打捞沉树、块石等 33.88 立方米，疏浚沙面 247.5 立方米，使昌江烂泥滩航道枯水期宽度达 30 米，深 1.2 米。

1991 年 7 月 6 日至 9 月 16 日，省航务局疏浚处赣 04#、06#两艘疏浚船，对昌江河青龙滩航道进行疏浚，耗资 35 万元，疏除沙、泥 70 万平方米，疏浚后航道宽达 30 米，深 1.5 米。1992 年，完成昌江航道凰岗以下 51 千米疏浚工程，投入资金 474 万元，通航条件得到改善。

1998 年 3 ~5 月，省航务局航道疏浚队 2 艘全连斗式、抓斗式挖沙船对乐安河进行疏浚，清理砂石 100 余万立方米，疏通乐平市区至镇桥张家滩河段长 8 千米航道，耗资 100 万元。疏浚后的航道，在枯水位时水面宽度达 20 米，水深 1.5 米，保障乐安河航道畅通。

2005 年 9 月，乐平市航道部门启动乐安河疏浚工程，疏浚河段为乐平洎阳大桥以下至万年石镇街，全长 23 千米，疏浚后航道宽 30 米，枯水期航道最低深 2.3 米。

表 7 -5 -1　　**1986—1990 年昌江航道维护情况统计表**

年份	所属河段	里程（千米）	维护尺度	未达到计划维护尺度天数		航道尺度维护保证率（%）
			水深（米）	最小水深（米）	天数（天）	
1986	朝阳—苏家庄	26	0.7	0.5	5	98.6
1987	景德镇—姚公渡	89	景—凰 0.6、凰—姚 0.9	—	—	100
1988	景德镇—姚公渡	89	景—凰 0.6、凰—姚 0.9	0.5　1.0	—	98.6
1989	景德镇—姚公渡	89	景—凰 0.6、凰—姚 0.9	—	37	90
1990	景德镇—姚公渡	89	景—凰 0.6、凰—姚 0.9	0.4	35	90.7

表 7-5-2　　1986—1990 年景德镇市航道维护船舶统计表

年份	船舶类别						
	合计	扒沙船(边扒船)		航标船		交通船	
		艘	马力	艘	马力	艘	吨位
1986	4	2	34	1	10	1	6
1987	4	1	12	2	124	1	6
1988	4	1	12	2	124	1	6
1989	5	1	12	3	172	1	6
1990	5	1	12	3	172	1	6

说明:1 马力 =0.735 千瓦

整治挖沙淘金　1989 年,当地村民的船舶在鱼山闸至昌江桥水域挖沙淘金,破坏河道,影响船舶正常航行。9 月 29 日,市政府组织市交通、公安、航道管理及黄金管理部门,对在港区泊位附近和昌江河主航道上挖沙淘金进行制止,因缺乏长效管理机制,挖沙淘金屡禁不止。90 年代初,在利益的驱使下,乐安河采砂、淘金泛滥,航道遭受严重毁损。1994 年始,上饶航务分局在乐平市政府支持配合下,对采砂、淘金进行清理与整治,乱采滥挖现象得到遏制。

1994 年 5 月,市政府决定将昌江渠化工程鲇鱼山枢纽以上昌江河道划为航道保护区,严禁任何船采砂、淘金作业。6 月至 8 月 15 日,景德镇市、乐平市由公、检、法、工商、税务、航务、地矿、水利、土管、砂石、黄金部门组成联合执法队伍,取缔非法淘金船 1100 余艘,其中昌江市境内清理机械淘金船 187 艘、木帆船 600 艘;乐安河乐平境内清理淘金船 400 余艘,拘留 6 人。12 月,昌江苏家庄(鱼山上游)的航道中又有 38 艘船从事挖砂淘金作业,昌江公安分局水上派出所治安联防队先后出动 23 次、220 人次进行整治,强制实行船机分离 25 台(艘),零部件分离 104 件,治安拘留 4 人,刑事拘留 4 人,逮捕 3 人。

1995 年 3 月 11 日至 8 月 24 日,鄱阳县政府配合景德镇市清理昌江挖沙淘金船,组织 10 余名政法干部和武警、50 名防暴队员,对在昌江航道上的挖沙淘金船进行清理,对拒不接受清理的 169 艘船当场实行强制解体,炸毁 13 艘、烧毁 3 艘、拍卖 48 艘,昌江鄱阳境内的 233 艘挖沙淘金船清理完毕。10 月 18 日,市交通局、景德镇航务分局、昌江区政府深入开展清理工作,昌江市区 35 千米水域的 124 艘挖沙淘金船全部靠岸拆机。

1999 年,昌江水域非法采砂、淘金渐多,景德镇航道段、港航监理站在当地公安、水利、新闻单位联系的协助配合下,对辖区内的所有采砂、淘金船舶进行整顿,收缴非法采金设备 14 件,5 名破坏航道的个体船主受到公安部门的处罚。

2003 年,昌江、乐安河非法挖沙淘金卷土重来,致使昌江、乐安河道瘫痪,船舶停航。仅昌江鲇鱼山船闸下游约 1.5 千米左右河段,河面上拥挤着近 50 艘采砂淘金船,采砂船、淘金船及砂堆占据河面的 3/4,使原本清澈的河水变成黄土色。6 月,景德镇地方海事处又开展整顿采砂船,规范采砂秩序,保障航道通航安全。

2007 年 1 月 22 日,市政府发布《关于昌江河道全民禁止采砂的通告》,规定自 1 月 22 日至 3 月 21 日,昌江鲇鱼山船闸以下河道禁止采砂,所有采砂船舶不准开机作业,停靠指定地点,自行拆除动力设备。同时,建立河道采砂规范及管理机制。

2009 年 6 月,浮梁县政府组织国土、公安、交通、水务等部门对县境内河道非法采砂淘金进行集中整治,出动 180 人次,配备爆破器材,对非法采砂淘金设备实施炸毁,共炸毁非法采金船 20 余艘。

航标设置

1986 年,昌江倒湖至苏家庄河段,全长 83 千米,景德镇以下航道维护水深均超过 0.6 米,设置洪水重点航标 31 座,完成标识 2204 个,航标维护正常率达到 97.8%。

1987 年,昌江航道设置航标 47 座,其中岸标 8 座、浮标 39 座。景德镇至姚公渡,航标维护正常率为 99.2%,景德镇至凰岗航道维护水深为 0.6 米以上,凰岗至姚公渡超过 0.9 米。

1988年，昌江航道设置航标44座，其中岸标8座、浮标36座。景德镇至鄱阳航标维护正常率为96%，景德镇至凰岗航道维护水深为0.9米，凰岗至波阳为1.1米，两艘航标船共出动维护航道173航次。1989年，昌江航道设置航标41座，其中岸标8座、浮标33座。1990年，昌江航道设置航标28座，其中岸标8座、浮标20座。

1999年4月，上饶航务分局在乐安河乐平至鄱阳河段设置重点航标42座，为船舶安全航行提供导航。

表7-5-3　**1986—1990年昌江航标设置情况表**

年份	所属河段	航标等级	里程（千米）	设置标座（洪、中、枯）							正常率（%）	
				合计（个）	岸标（个）			浮标（个）		标天数	维护	保证
					岸标	泛滥标	桥涵桥	浮鼓0.9米以下	棒标			
1986	景德镇—苏家庄	重点	10	24	1	0	0	0	23	—	100	98.1
1987	景德镇—神仙桥	重点	28	14	0	0		11	3	8096	99.8	99.2
	神仙桥—姚公渡		61	33		8	0	24	1	11591		
1988	景德镇—神仙桥	重点	28	14	0	0	0	11	3	434	98.8	98.4
	神仙桥—姚公渡		61	30		6	2	21	1	930	99.8	99.6
1989	景德镇—神仙桥	重点	28	13	0	0	0	10	3	4777	99.6	99.3
	神仙桥—姚公渡		61	28		6	2	19	1	10028		
1990	景德镇—凰岗	重点	38	7	0	0	0	4	3	2515	99.5	99.1
	凰岗—姚公渡		51	21		6	2	12	1	7481	99.8	99.4

第二节　港口码头

景德镇港

景德镇港位于市区观音阁至太白园昌江沿岸，港岸线长6.5千米，建有客运和货运2座码头，码头岸线长800米，拥有5个泊位，可通航300吨级轮船，属五级航道。1996年货运量40万吨，货物周转量3508万吨千米。2010年，货运量19.3万吨，货物周转量3608万吨千米。昌江河岸还有成品油、沙石专用码头2座。

客运码头　位于市城区沿江东路戴家弄，客运码头岸线长200米，占地面积9325平方米。1989年10月15日开工兴建，1992年5月10日竣工交付使用，总投资248万元。设有站房、候船室、办公楼等附属建筑，泊位1个，年旅客吞吐量为15万人次。2004年3月，市城区一江两岸防洪堤改造中，景德镇港客运码头被拆除。

货运码头　位于市区沿江东路西瓜洲，货运码头岸线长600米，占地面积5.13万平方米。1987年9月动工兴建，1990年12月竣工交付使用，设有4个泊位，其中300吨级3个、100吨级1个，配有固定吊，3~16吨集装箱高架桥吊1台，及装载机、叉车等机械设备，可同时对4艘300吨级的船舶运行机械化作业，年货物吞吐量为45万吨，总投资749万元。2004年3月，市城区一江两岸防洪堤改造中，景德镇港货运码头被拆除。

油品码头　位于昌江下游吕蒙乡历尧村，1990年4月4日动工兴建，系景德镇第一座石油专用码头。1992年5月15日竣工启用，投资65万元。岸线长60米，占地面积2098平方米，建筑面积209.8平方米，可停靠300吨级的船舶装卸石油，年石油吞吐量5万吨。解决景德镇石油调、运、储问题，是赣东北石油油品转运地。

砂石码头　位于昌江河西岸，上游距昌江大桥80米处，1992年5月，由景德镇航务分局建成航务码头。1993年5月，在航务码头基础上，扩建成砂石码头，总面积1200平方米，投资15万元。

乐平港

乐平港地处乐平市,位于乐安河中游,由乐平镇港区和鸣山港区组成,水域面积12.5平方千米,陆域面积8.3平方千米,最大靠泊能力500吨级,内河航道通航等级六级。1985年,乐平港完成货物吞吐量25.2万吨。1995年,完成货物吞吐量26.1万吨。2005年,完成货物吞吐量21万吨。主要货物为化工产品、煤炭、建材、水泥等。乐平港建有坝口、洺口、接渡、鸣山码头4座。

90年代位于市西瓜洲的货运码头

坝口码头　位于乐平市乐安河上游邹家,码头岸线长60米,设有2个泊位,可容纳100吨级驳船停泊,为货运码头,年货物吞吐量为12万吨。1992年11月25日动工新建坝口货运码头,1995年8月9日建成投入使用,总投资150万元。

洺口码头　位于乐平市乐安河北岸,距乐平城区43千米,为乐平、德兴、婺源3县来往船舶停靠码头,物资集散中心之一,码头用麻石条砌成梯级台阶伸向水面,宽3余米,长约20米,货运物资以粮食、竹木、瓷土为主。

接渡码头　位于乐平市乐安河北岸,距乐平城区7千米,码头岸线成100余米,货运以乐平发电厂用的煤炭为主。

鸣山码头　位于乐平市乐安河北岸,距乐平城区12千米,是鸣山煤矿水运中转站,建有货物和通往鸣山矿区的小火车路轨,年吞吐量最高20万吨,鸣山至电厂通火车后,货运量减少,仅有少量煤炭由此水运。

港口管理

1986年,景德镇港口依照《江西省港口管理办法》管理。

1991年6月,市港航管理处购置20HP专用艇1艘,用于港口水上管理。1992年11月,市政府发布《景德镇市港口管理办法》,共6章31条,对加强景德镇港口建设和管理,维护港口秩序作出具体规定。1993年8月,市港航管理处成立水上稽查分队,对运输船舶和商户进行规费征收和运输稽查。1994年11月,市政府划定景德镇港区范围,起于景德镇发电厂水泵房至丽阳乡关山村渡口止,市港航管理处对在景德镇港区从事营业性短途砂石运输的单位和个体户颁发运输证,实行定线、定点、定量运输管理。1996年11月,市交通局依据《交通行政处罚秩序规定》,委托市港航管理处行使水运、港口管理的行政处罚权。

2002年3—4月,市港航管理处对景德镇港、昌江河两岸自然滩地的砂场,开展专项整治,采取查堵与疏导相结合,禁止砂场运输船舶在南河口以上河道内靠岸卸砂,关闭景德镇发电厂至吕蒙桥沿河自然滩地砂场10余处。2008年1—4月,市交通局会同昌江区政府、市公安局、市水务局,联合开展非法使用港口岸线经营专项整治行动,取缔非法采砂经营点共8处,封存砂石传送机等设备23台(套),处罚违法经营业主共51人,扭转了景德镇港区岸线使用混乱状况。

第三节　客货运输

运输企业

景德镇市航(搬)运公司　1987年,市航运公司在职员工983人。1989年7月,市航运公司下设水运公司，市船舶修造厂、船队，市交通旅社。主要承担水路运行和船舶维修建造业务。

乐平市航运公司　1986年，乐平市航运公司拥有各种船舶319艘，共计5823吨位2580马力(1马力=0.735千瓦，下同)，属大中型集体企事业单位。1987年11月23日，乐平市航运公司与乐平市航运站合并组建成乐平市航运管理处。1988年2月12日，乐平市航运公司改制成立乐平市振乐公司、乐平市景乐航运公司、乐平市长江航运公司、乐平市景平航运公司、乐平市航运服务公司、乐平市造船厂6个独立核算单位。

乐平市第二航运公司　1993年3月16日，经乐平市政府批准，在观峰乡成立乐平市第二航运公司。至2010年，公司有船舶180艘，共4000吨位。

水上旅游服务部　1993年9月10日，景德镇航务分局水上旅游服务部成立开业，为国有企业，个人承包经营，开展水上旅游服务。

石油航运联营公司　1993年，景德镇市石油公司和市航运公司组建成立石油航运联营公司。公司拥有石油运输专用船5艘，其中自航机动油轮2艘，分节油驳2艘，88千瓦拖轮1艘。主要航线为赣、苏、皖、鄂、浙等省内河及长江中下游航区，承担全市水上石油运输任务和对外承运石油业务。10月12日，2艘150吨机驳油轮启运首航，年石油运量2万余吨。

市航运运贸有限公司　1997年3月，市航运公司分别组建成立市搬运装卸有限公司、市航运运贸有限公司、市交通服务有限公司，3个公司自主经营、自负盈亏，经营范围为船舶运输、水运配载、砂石销售，兼营代购代销代运及提供劳务服务。

市昌晖实业有限公司　1997年5月，景德镇市港航管理处在下属的经营部基础上，组建成立景德镇市昌晖有限公司，主营水路、公路运输、商品车发送、小汽车出租及陶瓷、百货的销售等。

航运船舶

船舶管理　1986年，市航道管理部门对所有船舶进出进行检验，办理登记。证照不全或有超载记录的船舶不予登记。全市共有水上船舶共1036艘，其中客、货轮46艘，渡运船140艘，乡镇船舶832艘，工程船14艘，专用船舶4艘。1987年，全市水上运输船舶有轮驳船257艘，载重量5528吨，载客位70座，拖轮80马力；木帆船253艘，载重量1417吨。

1990年，对砂石运输船舶实施发证管理和从业资格审查制度。2000年8月31日，开展全市水上“三无”(无船名船号、无船舶证书、无船籍)船舶专项整治行动，2天共查处“三无”船舶65艘，停航26艘。2001年6月，市港航管理处开展水运市场专项整治行动，共检查船舶120艘，查处“三无”船舶29艘。2002年12月，市港航管理处开展“百日安全无事故”活动，查“三无”，反“三违”(违规作业、违章指挥、违反劳动纪律)，严禁无证无照船舶参与春运。2003年11月19～30日，市交通局、景德镇航务分局组织进行水上运输安全大检查，对全市渡口所有渡船进行监察，责令存在安全隐患的船舶进行停航整改，到期整改不到位的，拆除其动力设备，确保水上运输安全。

2004年，市交通局、安监局开展为期1个月的全市水上交通安全秩序专项整治行动。重点检查客货运输船舶，危险品运输船舶，渡船及渡游船舶的营业证书，检验合格证，船员证书是否合格有效，船舶经营资质是否按核定经营范围经营，是否在核定航线运输，是否超载运输。禁止“三无”船舶，无证经营的危险品运输船舶，被淘汰及强制报废船舶继续航行。共查扣违章船舶79艘，拆除船舶动力设备35台(套)，卸载货物50余吨。是年，市地方海事局开展打击水上运输超载统一执法行动，印

80年代的昌江船队

发宣传资料200余份,张贴宣传标语20余份,同时出动海巡艇进行现场宣传20余次。共检查船舶791艘,纠正超载违章船舶134艘。其中主动卸载98艘,强制卸载36艘,处理"三无"船舶9艘。出动海巡艇134航次637航行小时,出动海事监督人员474人次、其他人员377人次。

2006年,市港航管理处开展船舶年检及核证工作,共有62艘长途运输船舶,48艘短途砂石运输船舶通过年审,审核率达90%。2008年5—8月,市交通局、景德镇地方海事局联合开展水上交通安全百日监察,取缔"三无"船舶73艘,纠正船舶超载103起,责令2家危险品运输企业停航整改。至2010年,全市有货运船舶170艘,与1991年相比减少63.1%。

表7-5-4　**1991—2010年景德镇市水路运输工具一览表**

年份	船只数(艘)	载重量(吨)	功率(千瓦)	年份	船只数(艘)	载重量(吨)	功率(千瓦)
1991	374	7548	7480	2001	122	7873	3660
1992	564	7411	8460	2002	231	18952	6930
1993	361	7899	7220	2003	109	8994	3270
1994	435	11667	10875	2004	131	18469	3930
1995	636	11417	15900	2005	124	16477	3720
1996	265	10800	6625	2006	216	11844	5848
1997	322	10418	8050	2007	202	11164	5678
1998	271	—	6775	2008	216	11844	5848
1999	192	—	5760	2009	170	14500	5290
2000	133	8584	3990	2010	170	14500	5290

船舶修造　1986年,市船舶修造厂完成制造船舶2艘,修理2艘。1987年5月,承制2艘钢质挖沙采金两用船,大船长19米、宽6米,于6月中旬建造完工,总造价15.2万元。更新改造60吨机驳船3艘,造价18万元。1988年,完成制造船舶7艘,1989年完成制造船舶1艘。

1990年6月,在波阳江波造船厂,扩修景机70067号钢质船,由50吨级改为80吨级。

1996年1月,景德镇市港航管理处自行设计,将1艘165吨普通甲板机驳船送交波阳振兴造船厂改造,建成上下两层可拆运活动甲板的200吨级新型驳船(船号景货1008号),造价40万元,改造后该船一次可装运昌河微型汽车40辆。

1998年1月,景德镇市渡桥所投资近20万元,购置一条豪华型新渡船投入营运。该船长16米、宽5米,满载排水量44吨,船上各种防护救生设备齐全,一次可容纳上百人乘渡。9月26日,景德镇航务分局研制的市第一艘内河清障疏浚船通过省交通厅鉴定验收,该船船体总长32.8米,排水量34.45吨,采用链斗挖掘,最大挖掘深度12米,最大挖量每小时24立方米,适用于山区小型河流作业,是可自航的小型复合型航道疏浚船。该船的研制成功,填补省内50立方米以下复合型内河疏浚船的空白。

旅客运输

1986年,全市内河常年通航客班船的航线有景德镇至南昌、波阳、凰岗,乐平至波阳、凰岗。1988年8月10日,开通市区至鱼山渠化枢纽19千米河道的客运航班。1992年7月19日,省内客轮滕王阁35号(客位150,时速35千米)经波阳首航景德镇港客运码头。1995年8月1日,景德镇至波阳县客运班船开通,每天上午7时两地同时对开班船,每船可乘100多人,在昌江沿岸的吕蒙、鲇鱼山、丽阳、皇岗、古县渡等港站停靠。9月,景德镇航务分局与景德镇国际旅行社将2艘简易旅游船改建成组合的豪华型旅游船,开通景德镇至鲇鱼山段旅游客运班轮,每周六、日开航。游船由1艘40马力顶推船推动行驶,载客量100人,船内座椅豪华舒适，装备影碟机、卡拉OK、音响、彩电等设施。游客乘船可欣赏昌江沿岸风光和参观鱼山渠化工程。

1998年4月8日，开通景德镇至南昌水上快客运输，途经凰岗、波阳等地，全程航行约6个半小时，隔日一班。投入营运的豪华旅游快轮，可载客28人。

货物运输

景德镇港货运航线主要是通过鄱阳湖连接长江进行货物运输。1986年，全市水路运输货运量17万吨，周转量2709万吨千米。1990年，全市水路运输完成货运量48.6万吨，货物周转量8989万吨千米。

1992年6月25日，上饶地区航运公司船队1艘浅水拖轮，拖带5艘200吨级轮驳船驶抵景德镇港货运码头，装运发往九江的煤炭，成为进景德镇港的首支大型轮驳船队。6月29日，4艘装载500吨柴油的油驳轮由九江首航景德镇，停靠景德镇港石油专用码头。1993年5月，江西省陶瓷公司供应处组织300吨级船队装载烧制瓷器用的重油600吨，由江苏南通港经长江和鄱阳湖，首次驶抵景德镇港，开创景德镇港通航300吨级货船的历史。1994年7月26日，市石油公司船队从九江港将1280吨柴油运抵昌江石油码头，确保景德镇发电厂2台12.5万千瓦发电机组点火试车用油。1995年2月17日，一艘装载140吨健力宝的货轮，首次从上海崇明岛驶抵景德镇港。7月16日，一支300吨级船队装载5600辆摩托车计重1400吨，从重庆经长江、鄱阳湖景德镇港。

1996年5月3日，市港航管理处200吨级新型机驳船（船号景货1008号）首次装载昌河微型汽车40辆，从景德镇启运，驶往武汉市，开创景德镇市水路"商品车零千米运输"之先河。是年，完成货运量55万吨，货物周转量9821万吨千米。

1998年，水上运送昌河汽车车1152辆，完成货运量51万吨，货物周转量8716万吨。2000年，运送昌河商品车3701辆，完成货运量39万吨，货物周转量6805万吨千米。2001年，运送商品汽车5149辆，完成货运量31万吨，货物周转量4991万吨千米。2002年，运送昌河微型车11064辆，比2001年增长114.9%。2010年，完成货运量19万吨，货物周转量3698万吨千米。

表7－5－5　**1986—2010年景德镇市水路货运输统计表**　单位：万吨、万吨千米

年份	货运量	货物周转量	年份	货运量	货物周转量
1986	17	2709	1999	44	7718
1987	26	5720	2000	39	6805
1988	30	6150	2001	31	4991
1989	47.5	9294	2002	24	4541
1990	48.6	8989	2003	21	4430
1991	48	9109	2004	25	4450
1992	50	10000	2005	22	4300
1993	52	9846	2006	23	3916
1994	54	9932	2007	21	3555
1995	52	9002	2008	20	3586
1996	55	9821	2009	20	3600
1997	64	11200	2010	19	3698
1998	51	8716			

第四节 管理机构

江西省港航管理局景德镇分局

1989 年,景德镇航道段和景德镇船舶监理所合并,组成景德镇航务分局,隶属省航务管理局。主要负责管理昌江至波阳县城 174 千米航道;管理鱼山、凰岗 2 座航运枢纽(渠化工程)和装机容量为 3000 千瓦的鱼山电站;维护景德镇地区水上交通秩序,对船舶、港口实行安全监督。2010 年 5 月,更名为省港航管理局景德镇分局,内设行政办公室、党委办公室、财务、航道管理、安全监督、船检、装备、稽查、组织人事、工会、纪检等 11 个科室。编制 203 人。

地方海事局

2002 年 9 月 28 日,成立景德镇地方海事局,隶属省地方海事局,负责景德镇地区海事管理。

船舶检验局

2002 年 9 月 28 日,成立景德镇船舶检验局,隶属于省船舶检验局,负责景德镇地区船舶检验。景德镇航务分局、市地方海事局和市船舶检验局实行 3 块牌子一套人马的机构模式。

市港航管理处

1986 年,市航运管理所下辖市航运管理站,负责港口码头和航运企业管理。1998 年 1 月,市航运管理所与市航运分局合并,组建市航运管理处。市航运分局机构保留,为事业单位,1990 年 4 月更名为市港航管理处,隶属市交通局,为副县级事业单位,下辖水上稽查分队、景德镇港客运站、景德镇港货运站。编制50 人。

第八篇　水　利

第一章　防洪排涝工程

80年代,景德镇市水旱灾害发生频率高、范围广、强度大、灾情重。城市防洪工程薄弱,基本属于不设防城市。90年代,景德镇市总结经验教训,加强防汛抗旱工程建设,完善非工程措施,提高防汛抗旱能力。至2010年,城市堤防工程建设取得初步成效,围绕市区形成一个包围圈,防洪堤内约80多万人口。全市建成各类水利工程6800座(处),形成集蓄、引、提、排和堤防等兴利防洪工程综合体系,提高了全市抗御水旱灾害的能力。

第一节　防洪工程

市区防洪堤　1986年,景德镇城市防洪工程只有西瓜洲、老鸭滩、三河3座小圩堤,保护部分低洼地区,防洪标准为5—7年一遇。

1996年12月,《景德镇市城市防洪工程规划》编制完成,城市防洪工程分为城东区、城西区和青塘区,堤线总长35.466千米。城东区对市中心区和东市区的防洪工程建一个大的防护圈,从观音阁水厂,沿昌江东岸而下,经瓷都大桥、珠山大桥、昌江大桥至南河出口处,再沿南河右岸而上,止于黄泥头卫生洁具厂,全长15.39千米,其中防洪墙长7.86千米,并在南河湖田畈弯段截弯取直,增加新河开挖长约2千米。城西区由官庄、古城畈、河西、鸡公山、三河5段独立的防洪堤(墙)分片保护。官庄堤起于石油仓库,沿昌江右岸而下,经渡峰坑水文站、官庄村、黎明制药厂,止于石灰窑,堤长3.50千米;古城畈堤起于华风瓷厂,沿昌江右岸而下,经859厂、板鸡厂、吕蒙桥至杨家港村,止于下落坑附近的高地,堤长3.33千米;河西堤起于磁性材料厂,沿西河右岸而下,经西河,绕人民公园至昌江边,再沿昌江右岸而下,经珠山大桥,止于税务局附近的高地,堤长4.16千米;鸡公山堤起于罗家滩山坡,沿西河左岸而下,经洪源桥,九景公路桥,止于石岭村公路边,堤长3.88千米;三河堤起于九景公路边,沿西河左岸老堤而下,经西河桥,绕三间庙村沿昌江右岸而上,止于三间庙村附近的高地,堤长1.89千米,其中防洪墙长0.89千米。青塘堤起于刘家村龙排提灌站附近高地的铁路端部,沿昌江左岸而下,止于电厂汽车修配厂门口的山坡上,形成电厂防护圈,堤长3.29千米。

1998年5月完成《景德镇市防洪工程》项目建议书。11月8日,城防工程城东堤南河湖田桥至南河口5.1千米堤段开工兴建,主要工程有湖田坂1#、2#交通桥,新厂、西瓜洲、老鸭滩排涝站,湖田畈进口闸,石渣堤及新开河道工程。2001年10月21日,湖田至南河口5.1千米石渣堤工程完工并通过验收。

2002年6月,省发展计划委员会下发《关于江西省鄱阳湖区重点城市(景德镇市)防洪工程利用外资项目初步设计的批复》,明确景德镇城市防洪工程项目的主要建设内容:防洪标准20年一遇;治涝标准市中心区为20年一遇,非中心区为10年一遇;建设规模为新建、加高加固堤防20.19千米,工程总投资3.43亿元。

2003年12月,城东堤珠山大桥至昌江大桥1.5千米开工建设。2005年8月完工,部分工程通过验收。

2005年7月,河西堤浮桥至昌江大桥段(含建人民公园排涝站、十八渡排涝站)、城东堤浮桥至珠山大桥段开工建设。2009年12月竣工。

2010年,完成城东堤湖田桥至南河口、中渡口至昌江大桥堤段,城西堤浮桥至昌江大桥堤段的建设。建成城防堤9.6千米,完成土方234万立方米、石方15万立方米、混凝土13万立方米,完成投资2.6亿元,形成市区防洪工程基本合围,市中心城区的防洪标准提高到20年一遇。

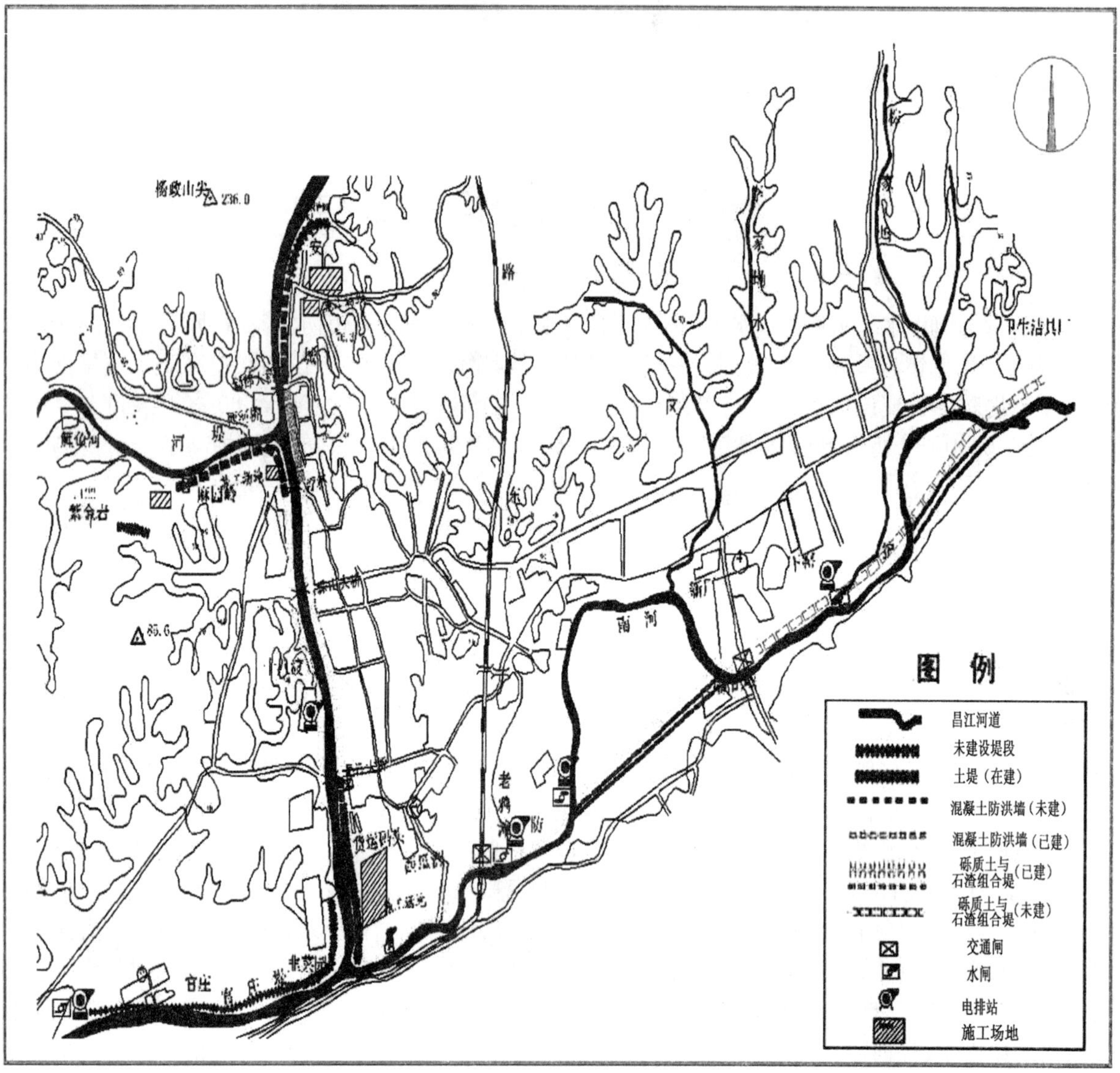

景德镇市城市防洪工程总体布置图

乐北联圩

位于饶河干流乐安河中下游右岸,起于接渡镇的严洲山下,止于后港镇的磻溪村后山,全长42.7千米。保护4153.3公顷耕地,人口17.5万人,以及铁路、国道206线、厂矿企业、村镇等一大批重要设施。

乐北联圩始建于1965—1969年,堤身矮小,只能抵御4～8年一遇的洪水,险工险段多,圩区内涝严重。1995年发生特大洪水,乐北联圩有3处漫堤决堤,圩内一片汪洋,交通中断一个多月,给圩区造成巨大损失。

1995年,乐北联圩加固配套工程开工建设,设计标准为防御20年一遇洪水。2004年11月,整个乐北联圩工程竣工,通过省级初步验收。累计完成堤身土方填筑391.88万立方米,土方开挖9.5万立方米,填塘固基11.24万立方米,建筑物土方开挖、回填65.45万立方米,砼及钢筋砼5.1万立方米,浆砌石2.3407万立方米,干砌石4.23万立方米,抛石9.3559万立方米,砂卵石垫层16.055万立方米,堤基防渗5.03万平方米,护岸固脚9.42千米,房屋拆迁12.365万平方米,迁移人口5464人,拆迁25.84千米,排涝装机3670千瓦。共完成投资 15047.72 万元，其中完成国投资金 13271.72 万元，自筹资金 1776 万元。

镇桥联圩

位于饶河支流乐安河中游南岸，由镇桥段和塔山段组成，堤线全长 28.32 千米，其中镇桥段长 15.54 千米，塔山段长 12.78 千米，圩堤保护面积 4900 公顷，保护耕地 2466.67 公顷，人口 6.65 万人。内有皖赣铁路、国道 206 线、江西化纤化工有限责任公司、江西电化有限责任公司、国家西电东送 500 千伏输变电站及国家 1330 公顷无公害蔬菜生产基地。

镇桥联圩始建于 50 年代，以后逐年维修加高，堤防堤身质量差、断面小，土质差，堤顶高程不足，穿堤建筑物老化严重，只能防御 8～10 年一遇的洪水。1993 年，塔山老湾里、天济因堤基管涌溃决。1995 年，镇桥联圩镇桥段孙家因堤身单薄、塔山段天济因建筑物渗漏溃决。1998 年 7 月 24 日，镇桥段因塘湖排涝站水箱底板渗漏溃决，后受鄱阳湖高水位顶托，圩区受淹 62 天，国道交通中断 40 余天，受淹耕地面积 1733 公顷，受灾人口 43000 人，直接经济损失达 1.21 亿元。

2006 年 9 月镇桥联圩除险加固工程开工建设，为鄱阳湖区二期防洪工程第五个单项镇桥联圩除险加固工程，总概算达 2 亿元。至 2010 年年底完成投资 5357 万元，工程分 8 个标。镇 1 标于 2006 年 9 月开工，2007 年 7 月完工，2009 年 11 月工程验收，完成合同投资 629.25 万元；镇 2 标于 2006 年 12 月开工，2008 年 1 月完工，2009 年 11 月工程验收，完成合同投资 1558.66 万元；镇 3 标于 2007 年 10 月开工，2008 年 9 月完工，完成合同投资 765.84 万元；镇 4 标于 2008 年 10 月开工，2009 年 7 月完工，2011 年 8 月工程验收，完成合同投资 1054.5 万元；镇 5 标于 2009 年 1 月开工，2010 年 2 月完工，完成合同投资 1348.75 万元。加固后的镇桥联圩可防御 20 年一遇的洪水，堤顶宽 6 米，内外边坡为 1∶3。

续湖联圩

位于乐平市接渡镇境内、饶河干流乐安河南岸，距乐平市区约 5 千米。由罗渡圩和续湖圩组成，罗渡圩起始于潘村，终止于钟家山煤矿厂旁填方灌溉渠道南侧，堤线长 2.74 千米。续湖圩起始于灌溉渠道北侧，终止于孙家附近山头，全长 20.15 千米。其上游起始于钟家山村以上约 3 千米潘村附近高地，沿乐安河岸而下，经过潘村、叶家、钟家山、坑口、李家、接渡大桥以下约 1 千米，再向乐安河支流安殷水右岸延伸，又经过咀上、方家滩、大塘洲等村，直至孙家附近山头终止，全长 17.8 千米。

该圩始建于 1959 年，1967 年后扩建，但仍多次出险，其中发生较大洪灾的有 3 次：1993 年汛期，小港嘴排水闸发生管涌，部分堤段洪水漫顶。1995 年汛期，嘴上段渗漏造成溃堤。1998 年汛期，部分堤段洪水漫顶溃决，圩区农业和群众生产生活受到重大损失。

2007—2009 年，省级补助续湖联圩除险加固工程资金 900 万元，分三个阶段实施下达。2007 年，省补应急Ⅰ标工程 7～35 平方千米圩堤除险加固项目，项目总投资 600 万元（其中配套 300 万元），桩号 7+900～9+600 圩段堤身土方开挖、土方填筑、填塘、草皮护坡、压浸干砌石护坡和嘴上自排闸、嘴上灌溉涵等建筑物的拆除和重建，全长 1700 米，完成投资 256 万元。2008 年，省补Ⅱ标 7～35 平方千米圩堤除险加固项目，总投资 600 万元（其中配套 300 万元），桩号 9+600～11+350 圩段土方填筑、草皮护坡、小港嘴土地庙自排闸及小港嘴灌涵 2 座建筑物拆除和重建等，全长约 1610 米，完成投资 251 万元。2009 年，省补Ⅲ标 7～35 平方千米圩堤除险加固项目，总投资 300 万元，桩号 2+850～4+500 圩段堤身土方开挖、土方填筑、填塘、草皮护坡、陈家泄水涵、杨家埠提灌涵、坑口提灌站、坑口泄水涵建筑物的拆除重建，全长 1650 米，完成投资 255 万元。

牌楼圩

起于乐平市罗山附近，沿安殷水而下，经围渡、牌楼村、许家埠，至翥山黄家附近高地，全长 5.9 千米，圩堤内面积 9.8 平方千米，保护面积 980 公顷，保护耕地 710 公顷，人口 1.03 万人，是乐平市主要堤防之一。

圩堤建于 1969 年，主要问题是部分堤段的堤身单薄，堤身土质较差，出现渗水塌坡，堤基渗漏、泡泉等险情。原有穿堤建筑物闸室短，涵管材料及设备老化，闸门漏水严重，不能正常运行。

2010 年 12 月，乐平市牌楼圩农田防护工程开工建设，在乐平市礼林镇乐安河支流安殷水下游、北接乐安河,东与续湖联圩隔河相望,其设计防洪标准为 10 年一遇,迎水、背水面坡比 1∶2.5。加固加高堤防 5.9 千米,迎水坡砼护坡堤段长 0.5 千米,抛石固脚堤段长 0.26 千米,填塘堤段 1.1 千米,拆除重建围渡自排闸、杨家自排闸、洪家自排闸、黄家自排闸。完成土方 27 万立方米,砼 1250 立方米,草皮护坡 25.15 万平方米。

表 8-1-1　**景德镇市 1000~10000 亩圩堤基本情况表**

圩堤名称	地点		水系	圩堤构成					警戒水位(米)	防洪标准		效益			排涝设施		
	县区	乡镇		堤长(米)	堤顶高(米)	堤顶宽(米)	堤坡			设计	达到	保护面积(万亩)		保护农业人口(万人)	电力排涝		涵闸
							迎水	背水				总面积	其中耕地		座	容量(千瓦)	
中洲圩	乐平	乐港	乐安河	6.867	8	4~6	1∶2	1∶1.5	20	10%	30%~20%	0.9	0.27	0.81	1	330	4
牌楼圩	乐平	礼林	安殷水	5.6	3.5	3~4	1∶2	1∶1.5	24	10%	30%~20%	0.99	0.9	0.7	1	780	8
魁堡圩	乐平	乐港	乐安河	5.1	8	3~4	1∶2.5	1∶2	20	10%	30%~20%	2.25	0.68	0.42	1	1240	3
高桥圩	乐平	后港	潘溪水	7.5	6	1	1∶1	1∶1.7	—	10%	30%~20%	0.5	0.25	0.35	1	260	2
河南圩	乐平	众埠	建节水	8.7	3.5	1.5	1∶1	1∶1	—	10%	30%~20%	0.67	0.52	0.32	—	—	—
杨家山圩	乐平	乐港	乐安河	1.2	4.8	1~3	1∶1	1∶1	—	10%	30%~20%	0.4	0.36	0.25	1	620	—
杨家圩	乐平	乐港	乐安河	3.1	12	3~5	1∶2	1∶1.5	24.5	10%	30%~20%	0.4	0.18	0.23	1	235	—
邵家圩	乐平	乐港	乐安河	4.6	10	2.5~4	1∶2	1∶1.5	—	10%	30%~20%	0.21	0.16	0.72	1	150	—
江村圩	乐平	浯口	车溪水	3	5	1~3	1∶1	1∶1	—	10%	30%~20%	0.25	0.21	0.11	—	—	—
雷公山圩	乐平	洺口	乐安河	5	6	1~2	1∶1.5	1∶1.5	—	10%	30%~20%	0.5	0.37	0.7	—	—	—
兰坑圩	乐平	洺口	乐安河	1	5	1~1.5	1∶1	1∶1	—	10%	30%~20%	0.12	0.1	0.05	—	—	—

第二节　水利枢纽

浯溪口水利枢纽位于昌江干流中游，浮梁县蛟潭镇境内，距景德镇40千米，以防洪为主，兼顾供水、发电等综合效益。1991年，省水利规划设计院编制的《江西省饶河流域规划报告》，对昌江干流河段提出景德镇以上3组梯级开发方案，经比较，选定并推荐浯溪口为近期建设工程。1992年4月，水利部受国家计委委托，批准《饶河流域规划报告》，并在审查意见的第七条指出，为减少对皖赣铁路和安徽省祁门县的淹没影响，浯溪口水库正常蓄水位应控制不超过70米。

1998年5月，省水利规划设计院完成《江西省浯溪口水利枢纽工程项目建议书》编制。2000年8月通过水规总院审查。2002年8月和12月，受国家发改委委托，中国国际咨询公司两次组织对《项目建议书》进行评估。

2008年10月29日，国家发改委下发《关于江西省浯溪口水利枢纽工程项目建议书的批复》。12月，省水利规划设计院编制完成《江西省浯溪口水利枢纽工程可行性研究报告》，浯溪口枢纽控制流域面积2915平方千米，占渡峰坑水文站控制面积5013平方千米的58.1%，水库按100年一遇设计，按1000年一遇校核，浯溪口水库初拟正常蓄水位56米（黄海高程）方案；防洪限制水位50米（黄海高程），防洪高水位62.3米（黄海高程）。水库总库容为4.27亿立方米，防洪库容为2.96亿立方米，调节库容1.33亿立方米，最大坝高45.6米。根据对昌江中下游整体防洪洪水的分析计算，浯溪口水利枢纽有条件将景德镇市的防洪标准从20年一遇提高到50年一遇。

2009年1月水规总院组织审查。2010年1月，国家发改委委托国家项目投资评审中心进行评估。4月，省水利规划设计院完成《江西省浯溪口水利枢纽工程初步设计报告》工程部分设计。

第三节　涵　闸

樟树坑翻板闸坝

地处昌江干流中游，为樟树坑水电站的枢纽建筑，布置于东岸和中部河床，右侧紧邻泄洪冲砂闸，堰顶长165米，最大坝高12.5米。溢流堰为折线型实用堰，堰顶高程28.5米，堰顶共设17扇10米×5.5米（宽×高）翻板闸门，闸门顶高程34米，闸后设护堤。

石溪翻板闸坝

地处昌江支流杨村河下游，为石溪水电站的枢纽建筑，拦河闸坝为水力自控翻板坝，闸坝门顶高程68米（黄海高程），翻板闸门高6米，单孔宽度9米，共设11孔。

东港桥翻板闸坝

地处昌江支流下游，为东港桥水电站的枢纽建筑，布置于主河道段，固定堰坝上装有6孔宽10米的水力自控翻板闸门，堰顶高程27.5米，翻板闸门顶高程33米。固定堰坝为硬壳坝，采用C20埋石砼结构，下游设置长15米、厚0.3米的C15素砼护底。

表 8－1－2　　**2010 年景德镇市大中型水闸统计情况表**　　单位:立方米/小时

水闸名称	管理单位名称	管理单位权属	主管部门	建成年月	所在地点	所在河流	主要功能	工程规模	设计标准	设计过闸流量	校核标准	校核过闸流量	水闸孔数	闸孔净宽	闸门形式	启闭机台数	启闭机形式
鱼山水闸	省景德镇航务分局鱼山船闸管理站	全民	景德镇航务分局	1987.9	景德镇市	昌江	防洪、发电、航运	大(1)型	50	9931	—	—	13	10	平板门	13	卷扬式
渭水水闸	王港乡农业服务中心	全民	浮梁县水务局	1972.3	浮梁县王港乡	昌江流域东河支流	灌溉	中型	20	120	50	140	4	3	平板门	0	—
涌山防洪闸	涌山镇政府	集体	乐平市水务局	2008.12	乐平市涌山镇	车溪水	防洪	中型	20	124	30	—	29	—	平板门	—	螺杆式
碧湾拦河闸	众埠镇政府	集体	乐平市水务局	1958.4	乐平市众埠镇乌珠塘	建节水	灌溉	大型	30	1405	200	2376	6	20.5	平板门	1	螺杆式
礼林坝首水闸	礼林镇政府	集体	乐平市水务局	1958.1	乐平市礼林镇	—	灌溉	中型	10	108	20	—	1	3	平板门	1	螺杆式
百花峰水闸	勤俭水库工程管理局	集体	乐平市水务局	1958.10	乐平市礼林镇程家村	—	灌溉	中型	10	115	20	—	7	2	平板门	0	—
官口泄水闸	共库灌区服务总站	全民	共库管理局	1961.1	乐平市共库总干渠	—	防洪	中型	10	131	20	—	3	3	其他	3	螺杆式

第四节　排涝泵站

大型泵站

2008 年 11 月,乐平市南河站、东湖站、方马羊站、孙家站、草珊瑚站、续湖站、魁堡站、西湖桥站等 8 座排涝泵站合并为乐北大型排涝总站更新改造项目,列入《全国大型灌溉排水泵站更新改造规划》。

2009 年 1 月,委托中国灌溉排水发展中心山西水机现场检测站编制《泵站安全鉴定书》。2 月,委托九江市水利规划设计院编制《可行性研究报告》并通过审查;是月,省发改委批复乐北泵站工程总投资 5011 万元。11 月,省发改委批复乐北排涝总站更新改造工程初步设计,核定概算为 5359 万元。12 月 7 日,市发改委批复《乐北排涝总站更新改造工程实施方案》,总工期 20 个月,排涝总面积 139.33 平方千米,保护耕地 5200 公顷、人口 24.71 万人。泵站改造前总装机 43 台容量 8380 千瓦,设计排涝流量 99.54 立方米/秒,改造后总装机 41 台容量 8470 千瓦,设计排涝流量 103.5 立方米/秒。2010 年 3 月开工,部分项目年内完成。

中小型排涝站

南河排涝站　位于乐安河北岸的坝口,属更新改造项目,装机 8 台共 2000 千瓦。设计排涝流量 23.93 立方米/秒,排涝标准 10 年一遇,能一日暴雨当日排至最高限制水位,承担排涝面积 13.65 平方千米。2010

年3月8日开工,年底主体完工。工程总投资480万元。

东湖电排站 位于乐安河北岸的坝口,属更新改造项目,装机4台共1120千瓦。设计排涝流量12.93立方米/秒,排涝标准10年一遇,一日暴雨当日排至最高限制水位,承担排涝面积24.25平方千米。2010年11月15日开工,2011年竣工。工程总投资275万元。

方马羊排涝站 位于乐安河支流磻溪水东岸的后港镇方马羊村,属更新改造项目,装机5台共1050千瓦。设计排涝流量13.55立方米/秒,排涝标准10年一遇,能三日暴雨三日排至作物耐淹水深,承担排涝面积19.89平方千米。2010年3月18日开工,2010年6月25日竣工,工程总投资390万元。

孙家电排站 位于乐安河北岸的乐港镇孙家村,属更新改造项目,装机4台共720千瓦。设计排涝流量9.91立方米/秒,排涝标准10年一遇,能三日暴雨三日排至作物耐淹水深,承担排涝面积9.08平方千米。2010年3月25日开工,2010年4月11日竣工,工程总投资305万元。

草珊瑚电排站 位于乐安河北岸的韩家渡村下游与潘溪水交汇处,属更新改造项目,装机4台共620千瓦。设计排涝流量7.94立方米/秒,排涝标准10年一遇,能三日暴雨三日排至作物耐淹水深,承担排涝面积8.05平方千米。2010年3月18日开工,工程总投资280万元。

续湖电排站 位于乐安河支流安殷水东岸的接渡镇小港背村,属更新改造项目,装机6台共930千瓦。设计排涝流量10.23立方米/秒,排涝标准10年一遇,能三日暴雨三日排至作物耐淹水深,承担排涝面积20.24平方千米。2010年9月1日开工,工程总投资688万元。

魁堡排涝站 位于乐安河北岸的乐港镇魁堡村,属更新改造项目,装机6台共1500千瓦。设计排涝流量15.41立方米/秒,排涝标准10年一遇,能三日暴雨三日排至作物耐淹水深,承担排涝面积48.8平方千米。2010年9月1日开工,工程总投资626万元。

西湖桥排涝站 位于乐安河北岸的浯口镇西湖桥村,属更新改造项目,装机4台共720千瓦。设计排涝流量9.63立方米/秒,排涝标准10年一遇,能三日暴雨三日排至作物耐淹水深,承担排涝面积18平方千米。2010年9月1日开工,工程总投资534万元。

新厂排涝站 位于昌江支流南河,属新建项目,1999年3月开工,2001年6月竣工,装机7台共2170千瓦,设计排涝流量18.1立方米/秒,承担排涝面积10.6平方千米。工程总投资2100万元。

西瓜洲排涝站 位于昌江支流南河,属新建项目,1999年3月开工,2001年7月竣工,装机6台共1530千瓦,设计排涝流量12.3立方米/秒,承担排涝面积7.8平方千米。工程总投资1890万元。

老鸦滩排涝站 位于昌江支流南河,属新建项目,1999年3月开工,2001年6月竣工,装机4台共620千瓦,设计排涝流量3.7立方米/秒,承担排涝面积3.2平方千米。工程总投资1340万元。

至2010年,全市共有小(2)型以上机电排灌泵站78座,其中大型排涝泵站1座,装机41台,装机容量8470千瓦,设计流量103.5立方米/秒;中型排灌泵站8座,装机38台,装机容量10810千瓦,设计流量118.21立方米/秒;小(1)型排灌泵站23座,装机76台,装机容量9300千瓦,设计流量109.57立方米/秒;小(2)型排灌泵站46座,装机53台,装机容量2767千瓦,设计流量14.43立方米/秒。

第二章 蓄水工程

景德镇地位丘陵山,区以灌溉为主要目的中小型水库较多,2000年前后国家投资对病危进行维修。至2010年,景德镇市建有大(2)型水库1座,总库容14370万立方米,兴利库容6850万立方米,有效灌溉面积8060公顷。中型水库6座,总库容9967.6万立方米,兴利库容4486万立方米,有效灌溉面积3790公顷。小(1)型水库54座,总库容14904.3万立方米,兴利库容10310万立方米,有效灌溉面积7900公顷。小(2)型水库403座,总库容10856万立方米,兴利库容8216万立方米,有效灌溉面积8500公顷。塘坝工程3433座,总蓄水量6299.82万立方米,有效灌溉面积9486.67公顷。

第一节　大、中型水库

共产主义水库

位于乐平市涌山镇车溪村上游3千米处的蛤蟆墩,距乐平市城区约40千米。坝址位于乐安河支流车溪水中游,属鄱阳湖水系饶河流域。是一座以灌溉为主,兼顾防洪、发电、养殖等综合功能的大(2)型水库。水库下游有乐平市区和9个乡镇,耕地14000公顷,人口35万人,乐德铁路和公路各40千米,省部属厂矿企业6家,乐平市属企业16家等。水库正常蓄水位64.4米,设计洪水位67.62米,校核洪水位69.28米,死水位53.6米,总库容14730万立方米,灌溉面积10619公顷,坝顶长库507米,坝顶宽库10米,坝顶高程71.1米。

2002年,水利部、国家计委下达加固计划,分二期实施。其中国家投资2460万元,地方自筹2481万元。建设项目包括主副坝坝体、坝基防渗,主副坝内坡护坡、外坡排水沟,坝顶公路,正常溢洪道加固;放空隧洞加固,防汛公路,房屋工程,放水涵管加固,坝区美化工程;大坝安全监测及库区雨量站,启闭设备更换,其他工程。2007年,枢纽工程加固完工,实际完成投资2707万元。

玉田水库

位于浮梁县湘湖镇玉田湖村,距离景德镇市区12千米。处昌江支流南河中游,集雨面积146平方千米,总库容2480.6万立方米,设计灌溉面积667公顷,设计年平均发电量140万千瓦时,正常蓄水位58.17米,死水位51.2米,设计洪水位62.7米,校核洪水位64.57米,坝顶高程66.4米,坝顶长库为297米,坝顶宽库4米。是以防洪为主,兼有灌溉、发电、养殖、旅游、供水等综合功能的中型水库。水库下游防护区有景德镇东市区及景婺公路、皖赣铁路等设施,保护人口39.6万人,耕地面积1420公顷。

2001年,被水利部列为全国重要大中型病险水库。国家计委、水利部批复投资2524万元除险加固,其中国家补助1300万元,省补助61万元,地方配套资金1163万元。2002年,开工建设除险加固。工程内容包括大坝坝身防渗处理,坝下老涵管回填灌浆处理,坝内砼预制块护坡、外侧草皮护坡,大坝白蚁防治,输水隧洞固结灌浆、回填灌浆、洞身(壁)补强加固处理,更换进水闸门及启闭设备,重建进水渠八字墙,更换拦污栅;溢洪道进口翼墙加高加固,溢流堰、陡槽底板拆除重建,新建下游消能设施及泄洪渠衬砌等。其他工程主要包括新建溢洪道至坝顶、管理处至坝顶的公路,新建水库调度中心,新建防汛抢险物资储备仓库,坝区绿化美化,排水、照明系统,大坝安全监测系统和库区水雨情测报系统等。2004年4月除险工程完工,实际完成投资1361万元。

玉田水库

山田水库

位于昌江区昌江支流上,距离景德镇市20千米,集雨面积76.8平方千米,水库总库容1955万立方米,设计灌溉面积867公顷,实际灌溉面积533公顷,是以灌溉为主,兼顾养殖等综合功能的中型水库,下游有景德镇高新区、丽阳乡、鲇鱼山镇及国道206线、景鹰高速等,人口3.6万人,耕地面积5333公顷。水库主要建筑物有均质土坝、开敞式溢洪道、2座灌溉输水涵(高、低涵)。

2007 年,国家批复山田水库除险加固资金 2690.95 万元,对水库大坝溢洪道、输水设施进行除险加固。2010 年 12 月完成合同工程,筑砌土石方 4.65 万立方米,混凝土 0.85 万立方米,完成投资为 1426 万元。

幸福水库

位于乐平市东部高家镇内,坝址在乐安河中游官庄水支流,距乐平市 28 千米。是以灌溉为主,兼顾防洪、养殖等功能的中型水利枢纽工程。集雨面积 14.5 平方千米,总库容 1267 万立方米,正常水位 69.46 米,设计灌溉面积 1333 公顷。枢纽工程主要由大坝、溢洪道、灌溉输水涵管等建筑物组成。水库下游有高家等 3 个乡镇 7 万人口,1666.67 公顷耕地以及乐德公路、乐德铁路等重要基础设施。

2004 年 7 月,省发改委批复工程总投资为 2712.7 万元,实际到位资金 2595 万元,其中中央补助资金 1357 万元、省级补助资金 542 万元、市县级配套资金 696 万元。2010 年 11 月,工程实际完成总投资 2175.26 万元,其中建筑安装工程投资 1758.19 万元。

大口坞水库

位于乐平市临港镇李家村,坝址在饶河水系乐安河北岸的支流河,距乐平市 28 千米。是以灌溉为主,兼顾防洪、养殖等综合利用的中型水利枢纽工程。坝址控制流域面积 21.3 平方千米,总库容 1498 万立方米,正常高水位 42 米,设计灌溉面积 1333 公顷。枢纽工程主要由大坝、溢洪道、灌溉输水隧洞等建筑物组成。水库下游有临港镇和浯口镇 8 个村委会 20 多个村庄,110 千伏乐河变电站,乐平至乐河镇的县级公路,乐平至德兴的省道,共有 2 万人口和 1666.7 公顷耕地。

2009 年 1 月 21 日,省发改委批复大口坞水库除险加固工程初步设计,建设内容包括大坝加固,溢洪道加固,封堵坝下涵管,输水隧洞加固,完善大坝安全监测设施及水雨情观测设施,改善工程管理设施及防汛公路等,批复总投资为 2053.19 万元,实际到位资金 1840 万元,其中中央预算内投资 1635 万元,地方债券资金 205 万元。2010 年 12 月,除险加固工程完工,工程实际完成总投资 1376.85 万元,其中建筑工程 1182.99 万元,机电设备及安装工程投资 24.38 万元,待摊投资 169.48 万元。

东方红水库

位于乐平市鸬鹚乡杨湖村,坝址在乐安河上游支流河,距乐平市 40 千米。以灌溉为主,兼顾防洪、养殖等功能的中型水利枢纽工程。集雨面积 11.5 平方千米,总库容 1381 万立方米,正常高水位 56.7 米,设计灌溉面积 873 公顷。枢纽工程主要由大坝、溢洪道、灌溉输水隧洞等建筑物组成。1987 年续建加固。水库下游有鸬鹚乡约 1.2 万人口 1133.3 公顷耕地,以及战备公路、浯口至鸬鹚公路等交通设施。

2009 年 1 月,省发改委批复东方红水库除险加固,主要建设内容包括大坝加固,溢洪道加固,封堵坝下涵管、输水隧洞加固,完善大坝安全监测设施及水雨情观测设施,改善工程管理设施及防汛公路等,工程总投资为 2062.47 万元,工程实际到位资金 1980 万元,其中国家投资 1595 万元,省级配套资金 184 万元,市级债券资金 201 万元。

2010 年 12 月,除险加固工程完工,实际完成投资 1613.85 万元,其中建筑工程 1406.72 万元,机电设备及安装工程投资 37.65 万元,待摊投资 169.48 万元。

勤俭水库

位于乐平市礼林镇贯前坂村,距乐平市 33 千米,坝址在乐安河支流安殷水上游。主要建筑物由 1 座主坝、3 座副坝、溢洪道、灌溉涵管等组成,是以灌溉为主,兼顾防洪、养殖等综合利用的中型水利工程,集雨面积 12.4 平方千米,最大坝高 23.8 米,坝顶高程 71.50 米,校核洪水位 67.25 米,总库容 1386 万立方米,设计洪水位 66.51 米,相应库容 1235 万立方米,正常蓄水位 65.3 米,相应库容 1024 万立方米,死水位 51 米,相应库容 8 万立方米,为多年调节水库,设计灌溉面积 800 公顷。水库下游有省道渡涸公路、战备公路,礼林镇的 1.5 万人口 2933 公顷农田。水库投入运行后一直限制水位运行。

2006 年,省发改委、水利厅批复建设内容为主、副坝加固,溢洪道加固,坝下涵管加固,新建灌溉输水隧洞,完善大坝安全监测和水雨情观测设施,改善工程管理设施。核定工程总概算 1282.62 万元。2010 年年底竣工,完成合同投资 648 万元。

第二节　小型水库

小(1)型水库

2008年,景德镇市列入国家专项规划内病险水库除险加固项目重点小(1)型水库17座(乐平市12座、浮梁县4座、昌江区1座),除险加固计划分两年实施。是年,开工建设14座;2009年开工建设3座。

2010年,景德镇市列入省国家专项规划内病险水库除险加固项目小(1)型水库34座,其中中央专项资金项目26座,含乐平市长山坞水库等19座、浮梁县程家山水库等6座和高新区猪皮滩水库;省财政专项资金项目4座,为戴坞水库、东源坞水库、马路口水库和白菜园水库;市县财政专项资金项目4座,为军山水库、共青水库、大背坞水库和锦溪水库。项目获批复资金13041.26万元,其中中央项目批复总投资10472.24万元、省批复总投资1533.45万元、市县批复总投资1035.57万元。实际落实投资12563.6万元,其中中央项目落实投资10471万元、省落实投资1534万元、景德镇市县落实投资558.6万元。

表8-2-1　　2010年景德镇市小(1)型水库情况表

县区市	水库名称	所在地点	主坝坝型	最大坝高(米)	总库容(万立方米)	集雨面积(平方千米)
高新区(1座)	猪皮滩	高新区古城村	心墙坝	12.00	150.0	4.1
昌江区(4座)	横溪桥	昌江区鱼山镇金桥村	均质坝	10.16	100.0	4.4
	杨湾	昌江区鱼山镇杨湾村	浆砌石重力坝	25.00	198.9	14.0
	郭璞峰	昌江区鱼山镇新柳村	均质坝	23.20	190.0	2.4
浮梁县(13座)	程家山	浮梁县新田村	心墙坝	14.20	120.0	4.6
	方坑	浮梁县梅园村	心墙坝	20.30	120.0	4.6
	占冲	浮梁县杨家村	斜墙坝	13.80	108.0	2.3
	盘溪	浮梁县双蓬村	心墙坝	11.10	120.0	6.8
	西冲	浮梁县洗马村	斜墙坝	23.20	667.0	6.0
	山田坞	浮梁县宁场村	均质坝	25.80	497.0	5.3
	白菜园	浮梁县柳溪村	均质坝	14.20	115.0	1.5
	大坞	浮梁县九英山林场	斜墙坝	16.50	139.0	1.8
	马源坞	浮梁县马源坞林场	心墙坝	18.10	143.0	1.4
	大背坞	浮梁县马家村	斜墙坝	27.80	563.8	10.8
	小麦坞	浮梁县潘村村	均质坝	32.50	177.0	3.9

续表 8－2－1

县区市	水库名称	所在地点	主坝坝型	最大坝高（米）	总库容（万立方米）	集雨面积（平方千米）
浮梁县（13座）	锦溪	浮梁县朱锦村	斜墙坝	25.90	361.0	14.5
	虎形	浮梁县京山村	均质坝	14.50	272.2	23.8
乐平市（38座）	喇叭坞	乐平市高家镇庄泉村	心墙坝	25.00	103.0	2.6
	长培坞	乐平市高家镇乌树村	心墙坝	16.00	150.0	2.2
	大坑口	乐平市洪岩镇大坑村	心墙坝	16.50	277.0	11.2
	万福亭	乐平市洪岩镇新村	心墙坝	12.50	205.0	2.4
	军峰	乐平市名口镇流芳村	心墙坝	13.00	314.0	2.5
	虎山	乐平市十里岗乡包下村	心墙坝	16.50	158.0	4.7
	三八	乐平市十里岗乡丰源村	心墙坝	13.00	243.0	2.9
	南山	乐平市众埠镇南山	心墙坝	14.50	330.0	3.0
	新峰	乐平市众埠镇湾头	心墙坝	22.00	255.0	2.7
	军山	乐平市众埠镇魏家	心墙坝	10.49	712.0	5.2
	千群	乐平市众埠镇共树	心墙坝	14.30	126.0	2.4
	虎口	乐平市众埠镇松柏	心墙坝	16.00	216.0	1.8
	罗源	乐平市众埠镇童家	心墙坝	20.50	200.0	4.2
	东源坞	乐平市众埠镇界首村	均质坝	11.00	135.0	3.0
	红领巾	乐平市众埠镇无丘	心墙坝	15.30	340.0	9.0
	下湾	乐平市众埠镇孟桥	心墙坝	18.00	370.0	3.7
	童家湾	乐平市众埠镇铜山	心墙坝	17.60	348.0	2.8
	石鸡	乐平市鸬鹚乡墩上	心墙坝	18.50	183.0	2.3
	牛型	乐平市鸬鹚乡樟木里	心墙坝	17.00	143.5	1.7
	横塘	乐平市共库局横塘	均质坝	12.80	230.0	4.7
	官口	乐平市共库局官口	斜墙坝	19.50	902.0	21.5
	大坞庙	乐平市临港镇中堡	心墙坝	14.50	164.0	1.8
	朱田坞	乐平市临港镇鹊山村	心墙坝	17.00	146.0	1.5
	上塘	乐平市临港镇百桥	心墙坝	9.50	153.3	1.1
	戴坞	乐平市礼林镇新城	心墙坝	5.40	131.0	2.1
	民兵	乐平市接渡镇姜家	心墙坝	15.60	785.0	7.5
	大小塘源	乐平市接渡镇姜家	心墙坝	13.00	258.0	1.8
	跃进	乐平市接渡镇朱家	心墙坝	13.20	130.0	1.5
	马路口	乐平市双田镇华丰村	心墙坝	12.00	118.0	1.8

续表 8－2－1

县区市	水库名称	所在地点	主坝坝型	最大坝高（米）	总库容（万立方米）	集雨面积（平方千米）
乐平市（38 座）	上冲坞	乐平市双田镇店上	心墙坝	23. 50	164. 0	2. 5
	廖家坞	乐平市后港镇高桥	心墙坝	10. 06	108. 0	1. 8
	长山坞	乐平市后港镇湖塘	心墙坝	11. 29	140. 0	1. 4
	龙塘	乐平市乐港镇程家	心墙坝	12. 00	330. 0	2. 5
	潘家塘	乐平市乐港镇鸣山	心墙坝	8. 00	255. 0	4. 4
	栽禾峰	乐平市镇桥镇库前	均质坝	13. 30	805. 0	7. 5
	共青	乐平市镇桥镇坑畔	均质坝	16. 00	958. 0	12. 0
	桥亭	乐平市浯口镇枧头	心墙坝	15. 00	157. 4	2. 5
	来龙埂	乐平市众埠镇来龙埂	心墙坝	22. 36	119. 2	2. 75

表 8－2－2　　2008—2009 年景德镇市 17 座重点小型病险水库除险加固情况表　　单位：万立方米、万元

项目名称	县（市、区）	总库容	省水利厅批复文号	批复时间	批复总投资	主体工程批复投资		
						大坝等挡水工程	溢洪道等泄洪工程	输水涵管、隧洞等引水工程
郭璞峰	昌江区	176	赣水建管字〔2008〕171 号	2008. 6. 5	410. 68	115. 66	59. 13	46. 24
虎形	浮梁县	272	赣水建管字〔2008〕187 号	2008. 6. 2	523	231. 96	166. 47	—
民兵	乐平市	730	赣发改设审字〔2007〕1551 号	2007. 11. 19	658	386. 62	109. 27	49. 99
栽禾峰		805	赣发改设审字〔2008〕344 号	2008. 3. 25	611	188. 96	118. 1	121. 27
大坑口		317	赣水建管字〔2008〕120 号	2008. 4. 23	635	220. 29	184. 58	80. 38
大坞庙		162	赣水建管字〔2008〕186 号	2008. 6. 5	438	173. 51	142. 28	—
上冲坞		164	赣水建管字〔2008〕266 号	2008. 7. 11	400	122. 52	145. 29	—
长培坞		149	赣水建管字〔2008〕301 号	2008. 7. 16	356	166. 48	36. 04	57. 83
童家湾		343	赣水建管字〔2008〕298 号	2008. 7. 17	345	117. 66	64. 12	81. 13
横塘		214	赣水建管字〔2008〕300 号	2008. 7. 17	420	184. 7	72. 46	20. 81
罗源		365	赣水建管字〔2008〕439 号	2008. 8. 26	409	146. 38	89. 93	79. 41

续表 8－2－2

项目名称	县（市、区）	总库容	省水利厅批复文号	批复时间	批复总投资	主体工程批复投资		
						大坝等挡水工程	溢洪道等泄洪工程	输水涵管、隧洞等引水工程
喇叭坞	乐平市	263	赣水建管字〔2008〕288 号	2008. 7. 16	415	257. 7	42. 35	7. 12
牛型	乐平市	132	赣水建管字〔2008〕271 号	2008. 7. 11	416	193. 13	106. 1	—
官口	乐平市	874	赣水建管字〔2008〕299 号	2008. 7. 16	402	146. 1	145. 73	—
山田坞	浮梁县	477	赣水建管字〔2008〕269 号	2008. 7. 7	341	159. 09	61. 06	—
西冲	浮梁县	399	赣水建管字〔2008〕818 号	2008. 12. 31	376	113. 63	146. 91	—
大坞	浮梁县	125	赣水建管字〔2008〕426 号	2008. 8. 6	360	150. 64	42. 97	58. 46

小(2)型水库

2008 年，小(2)型水库有 403 座，经安全鉴定及评估，90% 以上为三类病险水库。是年，347 座病险水库列入专项规划，其中列入中央重点病险水库 129 座，省级重点病险水库 8 座，一般病险水库 210 座。至 2010 年，已开工建设 27 座。工程主要建设大坝防渗加固及坝体培厚处理，上游采用砼预制块护坡，下游设反滤体并铺设草皮护坡，坝顶采用砼硬化路面；溢洪道加固处理；灌溉涵管采用 C25 砼拆除重建，并采用钢闸门启闭机放水。安装水雨情监控系统，新建管理房等其他附属工程。

表 8－2－3　　**1986—2010 年景德镇市库容 50 万立方米以上小(2)型水库一览表**　　单位：万立方米

县(市、区)	所在乡(镇)	水库名称	总库容
昌江区	鲇鱼山镇	汪家坞水库	59. 36
浮梁县	寿安镇	对家坞水库	59. 1
浮梁县	三龙镇	凰峰水库	69. 57
浮梁县	黄坛乡	大坑水库	86. 61
浮梁县	江村乡	左家水库	63. 3
浮梁县	蛟潭镇	西坑坞水库	56. 93
浮梁县	峙滩镇	大茅山水库	55. 6
浮梁县	经公桥镇	北辰坑水库	58. 68
浮梁县	西湖乡	黄坑水库	54. 26
浮梁县	湘湖镇	考家坞水库	51. 36
浮梁县	湘湖镇	长丰水库	65
乐平市	双田镇	下冲坞水库	53
乐平市	众埠镇	大柴坞水库	50. 46
乐平市	众埠镇	大岭背水库	88. 78

续表 8-2-3

县(市、区)	所在乡(镇)	水库名称	总库容
乐平市	众埠镇	何家源水库	63.76
		花园水库	67.93
		老虎洞水库	50.2
		矮竹坞水库	67.75
		梅源坞水库	84.87
		上马坞水库	66.04
		下马坞水库	50.94
		洋源坞水库	60.52
	镇桥镇	涵岭水库	53.41
		西草坞水库	88.39
	礼林镇	兔仂桥水库	51.8
		封门里水库	62.18
		徐家水库	64
	乐港镇	茅家塘水库	51.55
		莲塘水库	53.3
		凤凰窝水库	81.05
	浯口镇	浯口镇庙前水库	61.12
		里冲坞水库	58.3
	后港镇	大胡冲水库	78.3
		姜家坞水库	63.6
		小胡冲水库	67.26
	高家镇	大皮坞水库	73.38
	接渡镇	庙前水库	75.9
	塔前镇	郑坞水库	97.57
		西源坞水库	88.39
		乐园水库	80.42
		陈家院水库	62.4
	洪岩镇	长青水库	54.93
		青年水库	77.36
	名口镇	船丘水库	66.57
		戴家寨水库	51.2
		老鸦坞水库	60

续表8－2－3

县(市、区)	所在乡(镇)	水库名称	总库容
乐平市	名口镇	青龙山水库	95.22
		上家培水库	56.4
		峡口水库	64.1
	十里岗镇	付家坞水库	65.4
		大坝水库	51.76
		七一水库	67.98

第三章　水利设施

80年代，农村分田到户后，集体的水利设施普遍失修。至90年代，由国家农田水利建设逐步由点到面，由专项工程建设转向集中连片整体推进建设，由末级渠系建设转向干支渠骨干工程建设，由小型灌区改造转向大中型灌区建设，不断适应水利发展需求。先后开展中央小农水重点县建设、部分中型灌区节水灌溉改造、大型排涝泵站更新改造等农田水利基础设施建设工作，农田灌溉效益得到明显发挥，农田水利设施在农业生产中发挥积极作用。

第一节　农田水利设施

灌区建设

1986—2010年，每年汛后，市县政府两级即部署冬春农田水利基本建设。其内容主要包括水毁工程修复，原有水利工程的维修、加固、配套和部分工程特别小型水利工程的新建等，提高灌溉、防洪、除涝、改造低产田、水土流失治理和解决人畜饮水。

1994年，成立景德镇市农田水利基本建设指挥部及其办公室，市政府分管副市长任指挥长，办公室设在市水务局。县(市、区)分别成立相应机构，每年冬春农建前，制定本地农田水利建设计划，逐级上报，经省农田水利建设总指挥部审核批准下达执行。冬春农田水利基本建设期间，市政府与县、县与乡(镇)层层签订责任状，明确完成冬修任务的进度、质量和时限，落实责任，并纳入考核。

2009年，浮梁县列入全省第一批全国小农水重点县建设项目，建设周期3年，总体任务为5座中型灌区末级渠系与田间工程的配套改造和174座13万平方米以上小型灌区水利工程设施配套改造，设计灌溉面积13073公顷。渠道达标长度1586.4千米，防渗衬砌长度609.75千米，新建或改造渠系建筑物3348处。项目总投资7789.7万元，其中国家财政资金2050万元，省级财政资金1850万元。是年，浮梁县完成渠道改造总长度524千米，其中渠道衬砌252千米，新建或改造渠系建筑物1746处。使用国家财政资金750万元，省级财政资金650万元。2010年，浮梁县完成渠道改造总长度638.2千米，其中渠道衬砌166.5千米，新建或改造渠系建筑物936处。使用国家财政资金650万元，省级财政资金650万元。

2010年，乐平市列入小农水重点县，建设周期3年，总体任务为11座中型灌区末级渠系与田间工程的配套改造以及4座200亩以上小型灌区水利工程设施配套改造。渠道达标长度1244.15千米，防渗衬砌长度672.56千米，新建或改造渠系建筑物2308处。项目总投资10614.18万元，其中国家财政资金2800万元，省级财政资金2800万元。是年，乐平市完成渠道改造总长度485.6千米，其中渠道衬砌137.63千米，新建或改造渠系建筑物688处。使用国家财政资金900万元,省级财政资金900万元。

至2010年,全市中小型灌区共959座,总灌溉面积5.53万公顷。1万亩以上中型灌区共有17座,设计灌溉面积3.62万公顷,有效灌溉面积2.12万公顷。其中5万~30万亩以上重点中型灌区有2座,1万~5万亩一般中型灌区有15座,1万亩以下小型灌区共有942座。

表8-3-1　2010年景德镇市5万~30万亩重点中型灌区基本情况表

县(市)名称	灌区名称	主要水源名称	取水方式	取水能力(立方米/秒)		灌溉面积(万亩)		干支渠沟长度(千米)		干支渠沟建筑物(座)	
				流量	水量	设计	有效	设计	实有	设计	实有
乐平市	共库灌区	共产主义水库	蓄	22.5	15602	21.95	13.17	1093	877.3	1248	667
	碧湾灌区	建节水、红领巾水库	蓄引	8.2	4257	7.66	4.30	230	203	1230	1023

表8-3-2　2010年景德镇市1万~5万亩一般中型灌区基本情况表

县(市)名称	灌区名称	主要水源名称	取水方式	取水能力(立方米/秒)		灌溉面积(万亩)		干支渠沟长度(千米)		干支渠沟建筑物(座)	
				流量	水量	设计	有效	设计	实有	设计	实有
乐平市	共青灌区	共青水库	蓄	1.9	1445	1.7	0.9	149.9	142.4	420	420
	幸福灌区	幸福水库	蓄	5.0	2344	4.4	2.5	200.9	190.9	107	97
	民兵灌区	民兵水库	蓄	2.5	1318	2.2	1.1	130.1	118.3	79	72
	东方红灌区	东方红水库	蓄	2.3	2110	2.0	1.0	256.6	243.8	393	393
	礼林渠灌区	安股水	引	2.2	1019	1.9	1.0	293.3	278.6	141	128
	勤俭灌区	勤俭水库	蓄	1.2	1269	1.1	0.7	76.9	76.9	63	63
	南港渠灌区	长乐水	引	1.8	864	1.6	0.8	409.2	409.2	478	478
	大口坞灌区	大口坞水库	蓄	2.0	1697	1.9	0.9	242.8	242.8	264	264
	载禾峰灌区	载禾峰水库	蓄	1.3	852	1.2	0.6	69.2	69.2	202	202
浮梁县	寿安山田坞灌区	山田坞水库	蓄	1.0	783	1.0	0.8	146	138.7	416	378
	鹅湖虎鹅灌区	虎型水库	蓄	1.2	871	1.2	0.9	164.6	156.8	443	403
	庄湾大背坞灌区	大背坞水库	蓄	1.1	699	1.1	0.7	129.7	123.5	352	320
	湘湖玉田灌区	玉田水库	蓄	1.1	637	1.1	0.7	125.1	125.1	748	353
	洪源西冲灌区	西冲水库	蓄	1.0	890	1.0	0.9	137.9	137.9	711	334
昌江区	山田灌区	山田水库	蓄	1.3	831	1.3	0.8	56	40.4	98	77

节水改造项目

2005年,玉田灌区节水配套改造工程,改善灌溉面积273.33公顷,国家投资100万元,地方自筹100万元。2007年,乐平市共库灌区节水配套改造项目列入农业综合开发中型灌区建设,项目分2期实施,项目总投资1987.62万元,国家财政资金980万元,省级财政资金500万元。2009年,昌江区山田水库灌区实施节水配套改造,由国家财政补助资金180万元,省级财政补助资金20万元。

2008—2009 年,国家分别安排景德镇节水灌溉增效示范项目 3 个,共下达投资计划 2789.46 万元,其中国家投资 1260 万元,累计计划建设节水灌溉总面积 2093 公顷,实际完成投资 2011.93 万元,其中国家投资 1260 万元,省级投资 520 万元。2010 年年底,乐平市共库灌区节水配套改造项目完成全部主体工程,完成投资 1711.93 万元。

表 8-3-3　　**2005—2009 年景德镇市节水增效示范项目一览表**　　单位:万元

年份	县名	项目名称	实施内容	工程投资			
				合计	国家补助	省级资金	地方自筹
2005	浮梁县	玉田灌区节水配套改造	改善灌溉面积 273.33 公顷	200	100	—	100
2008	乐平市	共库灌区节水配套改造	渠道防渗 12.33 千米,改善灌溉面积 1820 公顷	1987.62	980	500	507.62
2008	乐平市	乐平市无公害蔬菜基地水利节水灌溉示范项目	喷灌 6.67 公顷	400	100	—	300
2009	昌江区	山田水库灌区节水改造项目	渠道防渗 12 千米,改善灌溉面积 266.66 公顷	401.84	180	20	201.84

第二节　农村饮水工程

2000 年始,景德镇市农村供水经历农饮解困到农村饮水安全再到城乡供水一体化建设 3 个阶段,工程建设投资国家补助方式逐步向正规基建投资模式转变。全市先后开展农村饮水解困工程建设,小规模农村饮水安全集中供水工程建设,百吨千人、千吨万人农村饮水安全工程及城乡供水一体化建设。

2000—2004 年,全市饮水解困工程累计投资 1658 万元,其中中央国债资金 780 万元,地方配套和群众自筹 878 万元。共解决 8.58 万农村人口的饮水困难。重点解决水量不足、供水保证率不高和取水不方便的问题。2000—2003 年,中央饮水工程补助标准人均(规划内)为 100 元,2004 年为 120 元。饮水解困以分散个体建设为主,资金的补助方式主要是直接补助给农户,由农户打压水井解决饮水困难。少部分地方通过引山泉方式,利用供水管网接入农户家中。2004 年,调查核定全市农村饮水不安全人数 34.6 万人,其中乐平市 22.6 万人、浮梁县 9.69 万人、昌江区 2.27 万人、高新区 0.04 万人。2005—2010 年,实施农村饮水安全工程,完成投资 16806.02 万元,其中国家资金 10941.64 万元、省级资金 202 万元、市县配套资金 5662.38 万元,新建农村饮水安全集中供水工程 811 座、分散供水工程 5244 座,解决规划内农村饮水不安全人口 36.57 万人,其中农村居民 35.19 万人、农村学校师生 1.38 万人。

2009 年,乐平市提出在全省率先完成农村自来水工程规划、率先实现城乡自来水全覆盖目标。乐平市政府与省水利投资集团有限公司签订《江西省乐平润泉供水工程协议》,乐平市润泉水厂设计为规模日供水 10 万吨规模,一期建成日供水 5 万吨规模。2009 年 9 月开工建设,2010 年 10 月竣工并通水,接入城市供水管网,并逐步向农村延伸。

第四章　水土保持

1986 年,景德镇市实施以自然修复为主的大面积水土流失生态修复工程,开展水土流失治理、水保监督执法、水保宣传、水保科研。1998 年以后,先后投入水土流失治理资金 1588.6 万元,开展鄱阳湖一期工程,

10条小流域得到全面治理;冷水坞、山田2条小流域列入全国“十百千”示范小流域行列。浮梁县水保自我修复试点工作取得成效。项目区水土流失综合治理和水土保持监督执法工作的有效开展,将人为不合理活动造成的水土流失减少到最低限度。景德镇市水土保持委员会办公室分别于1997年、1998年、1999年、2001年被省人事厅、省水利厅评为全省水土保持工作先进单位。

第一节 水土流失治理

水土流失

1986年,景德镇市水土流失面积38200公顷,占总面积12.5%,占山地面积15.9%。其中轻度流失面积约15666.67公顷,占山地面积6.5%;中度流失面积20000公顷,占山地面积0.01%。按侵蚀类型划分:面蚀36666.67公顷,占流失面积9.59%;沟蚀1000公顷,占流失面积2.61%;崩岗533.33公顷,占流失面积1.39%。由于水土流失的逐年增加,致使生态平衡直接或者间接的受到破坏。水土流失较严重的地区主要集中在西河流域,东河流域、南河流域也有轻度和中度流失。

大洲瓷土矿尾砂冲入河道形成的沙堆

2010年,景德镇市轻度以上水土流失总面积84586公顷,占土地总面积16.07%。其中轻度流失面积58555公顷,占土地总面积11.13%;中度流失面积15322公顷,占土地总面积2.91%;强烈流失面积7931公顷,占土地总面积1.51%;极强烈流失面积2473公顷,占土地总面积0.47%;剧烈流失面积305公顷,占土地总面积0.06%。

治理工程

冷水坞小流域示范工程　冷水坞小流域地处浮梁镇,属昌江水系支流,流域总面积5.68平方千米,其中耕地138公顷、水田105公顷、占耕地76%同地丘陵面积332.5公顷、林地32公顷、稀疏林地灌林地101.5公顷、其他用地85.5公顷、水域12公顷。据1997年调查,全流域水土流失面积300公顷,占总土地面积52.8%。按水土流失程度,强度水土流失27公顷,占流失总面积9%;中度水土流失195公顷,占流失总面积65%;轻度水土流失78公顷,占流失面积26%。1999年,冷水坞被列入国家“十百千”示范小流域。至2002年,完成治理260公顷,其中筑梯田10公顷、植水保林68公顷、经济林与果园43.5公顷、草地5公顷、封禁133.5公顷。建控截水沟741.36米、谷坊20座、拦沙坝1座、蓄水鱼塘4公顷,封禁181公顷。流域内群众对部分梯田进行整治,对河道塌方段进行衬护,对冷水坞水库进行除险加固,对流域内灌溉水渠进行防渗,国家及地方对流域内公路进行改、扩建。冷水坞小流域山水田林路治理程度已达80%以上。总投资204万元,其中梯田改造投资15万元、种植水保林60万元、改造经济林和果园52.2万元、种草2万元、封禁1.6万元、挖截水沟28.27万元、修拦沙坝35万元、蓄水鱼塘8万元。在总投资中,国家扶助60万元,地方配套50万元,群众投劳折资94万元。冷水坞小流域通过治理,年平均含沙量由1998年的每立方米0.251千克减至0.126千克,减沙率达498%;水质明显变清,土壤侵蚀量减少率达74.27%;林草面积占宜林宜草面积的百分比为87.8%;流域内调整种植结构,粮食种植面积有所减少,1999年人均产粮为658千克,比1997年减少65千克,经济作物种植比例上升。至2002年年底,人均纯收入达3163元,冷水坞水保基地建成较有规模的集休闲、垂钓、娱乐为一体的休闲山庄。

山田小流域示范工程　山田示范小流域是昌江区西南部强流失区内的一条小流域。1997年,作为水保重点治理区陆续进行治理,1999年列入全国水土保持生态环境建设“十百千”工程。2004年,山田小流域水土保持国债项目启动。治理水土流失面积490公顷，其中水保林20公顷、经济林与果园15公顷、封禁治理455公顷、塘坝1座，总土石方2.8万立方米，投工2.9万个，总投资49万元。其中国家财政预算内专项资金20万元，地方配套及招商引资29万元。通过治理，流域内植被覆盖率由治理前的52%上升到85%。2005年1月，通过长江委的验收。已被水利部、财政部命名“水土保持生态环境建设示范小流域”。

玉田小流域治理工程　2006年，玉田湖小流域面积为1079平方千米，距离景德镇市区12千米。项目区境内水土无明显侵蚀面积8.27万公顷，轻度流失面积1.75万公顷，中度侵蚀面积4500公顷，强度流失面积3000公顷，极强度流失面积200公顷，无剧烈侵蚀。玉田清洁小流域平均侵蚀模数为411吨/平方千米·年，水土流失的类型多为面蚀，少量演变为沟蚀，年水土流失量为4434.69吨，水土流失以水力侵蚀为主。是年，开展实施小流域治理工程、生态修复工程、河道综合整治工程、人居环境综合整治工程、生态农业建设工程和面源污染治理工程。项目总投资100万元，治理水土流失面积250公顷，其中工程措施23.75万元，植物措施54.64万元，封育措施4.91万元，基本预备费2.91万元。开展生态清洁型小流域建设工程，布设合理的水保措施，净化污水。在库周及昌江南河上游两岸栽植水土保持林草，建立生物过滤带，控制水土流失，严格控制高残留、难降解的化肥及农药的使用量，禁将生活固体废弃物倒入南河，建立1处水土流失动态监测点。

2008年12月，启动新增中央投资浮梁县玉田小流域水土流失综合治理工程(含水保生态示范园区建设)。综合治理一期工程实施面积750公顷，工程总投资200万元。主要实施项目有水保林217公顷、经济林和果园31公顷、苗圃15.5公顷、种草46.5公顷，封禁保护面积440公顷，其中疏林补植26公顷，封禁标牌4处，坡面水系工程包括蓄水池6口、沉沙池12个、竹节水平沟0.5千米，沟道治理包括塘坝1座、谷坊15座，田间小路3.5千米，径流场1座。至2010年，玉田清洁小流域的水质由Ⅲ类提高到Ⅱ类。

生态修复工程

2006年，浮梁县被列为全国生态试点县，建设工程分布在瑶里镇、鹅湖镇及臧湾乡的12个村委会，项目区面积为21321公顷，其中耕地面积2196公顷，山地面积17200公顷(含林地16000公顷)。区内为昌江支流东河流域，东河全长67.7千米，总落差450米，平均坡降2.07%。通过生态修复试点，达到控制人为水土流失，降低侵蚀模数的目的。至2010年，项目区年土壤侵蚀量由原来的28万吨减至18万吨；通过河流连续性的恢复，包括纵向连通和河道与河漫滩区的横向连通，河流蜿蜒多样性的恢复，亲水设施的建设等，改善河流自然生态系统的结构和功能，提高河流生物群落的多样性，项目区生态环境得到明显改善。

第二节　水土保持监督

1986年，景德镇市水土保持委员会有成员单位14家，下设办事机构市水土保持委员会办公室，挂靠市水务局。1997年，市级建立水土保持监督总站，县级建立监督站，重点乡镇建立监督分站，村级配备管护员，形成四级水土保持监督网络。

2005年9月，《景德镇市水土保持暂行规定》实施，加大违法案件查处力度，通过执法，使“三权一方案”(“审批、监督、收费”三权和水土保持方案)和“三同时”(同时设计、同时施工、同时验收)制度得到有效的贯彻落实。全市共申报水保方案630个；查出违法案件95起，其中立案查处39起，申请法院强制执法26起；收缴水保“两费”(水土保持设施补偿费、水土流失防治费)260.1万元。

2010年，景德镇市有乙级水保方案编制单位2家，丙级资质3家。实现水土保持生态建设工程在规模上、机制上、内容上与经济建设、城乡建设同步规划、同步实施、同步发展，构筑起“大水保城市生态水利”框架。是年，水流保持监督分站由7个增加到14个，水保监督员由626人增加到872人。

1991年6月至2010年，市水务局共审批水保方案819个，督促生产建设单位投入水土流失防治费13432万元，全市修建“三同时”示范工程及返还治理工程516座(处)，控制人为水土流失面积7269公顷。

第五章　水务管理

1988年,随着《中华人民共和国水法》颁布实施,景德镇水利工作进入依法治水的阶段。景德镇市加强节水型社会建设,推进水资源可持续利用,推动传统水利向现代水利、可持续发展水利转变,保障和谐社会建设和经济社会发展。实施"科教兴水"和可持续发展战略,成功引进一批保障民生、促进水环境建设的水利科技试验、推广项目。从以往传统水产养殖经营逐步转向以水生态环境保护为主的水利科技项目发展新领域,充分发挥水利对经济社会发展的支持和引领作用。

第一节　建设规划与工程设计

建设规划

《景德镇城市水土保持生态建设规划(2006—2020年)》　2006年12月编制完成。规划主要包括防洪、治涝、水资源开发利用、节水灌溉、水土保持与水环境保护、农村水电、管理设施及水利基础工作等方面。分为近期和远期2个阶段。近期为2006—2010年,规划期5年;远期为2011—2020年10年规划。针对景德镇市城市水土保持面临的突出矛盾和问题,遵循自然规律和经济规律,发挥水土保持在城市社会经济可持续发展中的基础作用和城市生态环境建设中的主体地位,建立良好的城市生态系统,促进城市社会、经济与环境的可持续发展。

近期目标任务至2010年,在采用拦渣、防护、排水、绿化等综合防治措施体系,全面治理现有水土流失;建立水土流失预防监督机构和水土保持法规体系,规范水土保持监督执法,保证预防监督措施的顺利实施,完成水土保持检测站点建设,基本建成水土流失监测预报系统,基本预防和控制新发生的人为水土流失,逐步建立水土保持示范工程,推广水土保持科技;对已造成永久性破坏的山体缺口进行综合整治覆绿;通过项目实施,初步展示瓷都园林城市、生态城市、山水城市特色魅力。

《中小河流治理规划》　2009年,编制完成实施项目2个,总投资4074万元。南河湘湖街段治理建设工程,整治河道长约6千米,工程防护面积3.59平方千米,保护2.1万人口,333.33公顷农田,工程总投资约为2210万元。乐平市牌楼圩农田防护工程,整治河道长约5.9千米,除险加固圩堤5.9千米,保护面积9.8平方千米,保护人口1.03万人,农田713.33公顷,工程总投资1863万元。浮梁县瑶里镇防洪工程,整治河道11.15千米(其中,疏浚河道9.9千米),护岸、自嵌式植生挡墙各2.15千米,自锁式生态护坡5.34千米,恢复原挡墙0.18千米,两岸坡面修整4.81千米,恢复改造月亮湾、寺前等5座滚水坝。工程预计总投资为2746万元。

《景德镇市地表水功能区划》　2006年编制。近期为2015年,远期为2030年。景德镇市水功能区划的范围为全市面积大于50平方千米的所有干支流。水功能区化共划分一级功能区36个,其中19个保留区、1个缓冲区、15个开发利用区。二级功能区在15个开发利用区进行,划分为16个二级功能区,包括6个饮用水源保护区、4个工业用水区、4个农业用水区。全市河流保留区占河流总长度的54.2%。

《景德镇市节水型社会建设规划》　2008年编制。建设试点工作包括建立健全节水型社会水资源管理制度体系、建设与市水资源承载能力相协调的经济结构体系、完善水资源合理配置和高效利用的工程技术体系、提高全社会节水意识的行为规范体系。

《景德镇市农田灌溉规划》　2006年编制,按县(市、区)行政区划为单位编制农田灌溉工程规划。现状水平年为2006年,规划水平年为2020年。主要任务是通过资料收集和调查研究,摸清行政区域内的农田灌溉工程现状及存在的主要问题,按照全面协调、可持续发展和新时期经济社会发展对农田灌溉的要求,明确农田灌溉工程建设的主要任务，研究并提出农田灌溉工程建设的总体布局与实施意见，规划全行政区域已有中小型灌区的续建配套与节水改造。同时，提出实现农田灌溉工程良性运行和发展的主要措施与改革方案，提出确保规划执行的保障机制与具体措施，为各级政府研究部署农田灌溉工程提供决策依据。

《江西省饶河流域规划报告》 1993 年，由江西省水利规划设计院主编，景德镇市参与修编景德镇境内饶河流域部分的规划。2007 年 12 月启动修编，2008 年 3 月开始修编饶河流域景德镇市部分。

《中小河流规划》 2008 年启动，规划内的中小河流包括乐平市官庄水、洎水、车溪水、安股水、长乐水、磻溪水；浮梁县建溪水、小北港、东河、南河、西河、北河。通过开源和节流，形成水资源合理配置的格局，提高水资源利用效率和效益，提高抗旱能力。加强水污染治理和水资源保护，按照水功能区划要求初步实施水域排污总量控制，中小河流域水质达标率达到 65% 以上，生活供水水源地水质达到国家规定的标准，加强对水土流失严重地区的综合治理，水土流失重点防治区治理程度得到提高。至 2010 年，基本建成中小河流域及县(市)城的水文信息采集系统、水利自动化调度系统和信息化管理系统，推进水利信息共享，水利信息化水平与全省信息化水平相适应。

《重点水利水电工程规划》 2010 年，重点水利水电工程规划包含中小河流治理、农村自来水工程、城防工程、水资源保护等 4 大方面，共 10 个具体建设项目，并开展项目前期准备工作。

表 8-5-1 **2010 年景德镇市重点水利水电工程规划情况表** 单位：万元

项目名称	建设规模	建设内容	建设性质	总投资
乐平市农村重点污染区域饮水安全工程	解决 13.0546 万农村人口饮水安全问题	新建水厂及管网延伸	新建、改建	13054.6
景德镇市农村自来水规划工程	解决城乡 79.5651 万人口饮水问题	建设每天 200 立方米及以上水规模工程 7 处，每天 100 立方米水规模以下工程 224 座	新建、改扩建	91144.3
景德镇市城市防洪工程	市级防洪工程共 20.19 千米及 9 座排涝站	市级防洪工程共 20.19 千米及 9 座排涝站	新建	64300
昌江区西河段防洪治理工程	中小河流治理	疏浚河道、岸坡治理	改建	1709
浮梁县蛟潭镇防洪治理工程	中小河流治理	疏浚河道、岸坡治理	改建	2682
浮梁县东河鹅湖至庄湾防洪治理工程	中小河流治理	疏浚河道、岸坡治理	改建	2982
浮梁县小北港经公桥至勒功防洪治理工程	中小河流治理	疏浚河道、岸坡治理	改建	1607
浮梁县北河江村段防洪治理工程	中小河流治理	疏浚河道、岸坡治理	改建	2303
景德镇市城市(应急)水源地玉田水库项目	—	—	扩建	51509
景德镇市城市饮用水源地保护工程	—	昌江饮用水源地安全达标建设	新建	10000

工程设计

1986 年，市水利工程设计工作程序分上级下达设计任务、编制可研报告、审批、初步设计、复审、施工图设计 6 个步骤。2002 年开始，市水利规划设计院开展系统外水利设计工作，并对外承接设计业务。

表8-5-2　　1987—2010年景德镇市重点水利(电力)工程设计项目一览表

设计年月	项目名称	设计年月	项目名称
1987.2	饶河流域规划	2002.5	景德镇城市水资源规划报告
1987.4	乐平县众埠35千伏输变电工程设计	2003.5	中央专项规划内大中型病险水库玉田水库除险加固工程初步设计
1987.6	景德镇市鹅湖10千伏输变电工程设计	2003.5	中央专项规划内大中型病险水库山田水库除险加固工程初步设计
1987.7	景德镇市乐平县众埠35千伏输变电工程设计	2004.12	景德镇市抗旱预案
1989.12	昌江、乐安河两河支流流域水利规划	2005.1	景德镇市城市洪水风险图
1990.4	浮梁县35千伏变电站工程设计任务书	2005.8	浮梁县樟树坑水电站工程初步设计报告
1991.5	浮梁县鹅湖—梅岭35千伏输变电工程设计任务书	2005.11	景德镇市城市水土保持生态建设规划报告(2006—2020)
1992.6	景德镇市四十年水利水电工程历史资料汇编(技术汇编)	2005.12	景德镇市水利"十一五"规划
1992.12	大洲瓷土矿尾砂坝设计任务	2005.12	景德镇市2006—2015年小型农田水利工程建设规划报告
1992.12	景德镇市农田水利规划1991—2000年	2006.3	国家中部四省大型排涝泵站更新改造规划(乐北泵站)(涉及景德镇市)
1992.12	景德镇市水利"八五"计划	2006.5	"鄱阳湖二期第五个单项乐平镇桥联圩""丁家圩""坎上圩"应急项目初设
1995.8	浮南矿供水工程设计	2006.11	鄱阳湖流域水土保持重点治理工程建设实施方案(2006—2010年)
1995.11	乐平市乐北联圩工程防洪排涝整治加固	2007.1	景德镇市第三期病险水库除险加固规划报告
1996.12	景德镇市城市防洪工程规划	2007.6	中央专项规划内大中型病险水库幸福水库除险加固工程初步设计
1997.8	景德镇市水土保持"九五"计划2010年远景规划	2007.8	中央专项规划内大中型病险水库东方红水库除险加固工程初步设计
1998.5	景德镇市城市防洪工程项目建议书	2007.12	中央专项规划内大中型病险水库大口坞水库除险加固工程初步设计
1999.2	江西省浯溪口水利枢纽工程项目建议书	2008.3	全国病险水库除险加固专项规划项目的小(1)型水库除险加固初步设计报告
1999.3	景德镇市城市防洪工程可行性研究报告	2008.10	景德镇市节水型社会建设试点工作大纲
1999.10	鄱阳湖流域水土保持重点治理一期工程可行性研究报告	2009.3	江西省五河重点防洪应急整治工程可行性研究报告(涉及景德镇市)
1999.12	景德镇市防洪预案	2009.8	景德镇市节水型社会建设规划
1999.12	景德镇市病险水库、水闸除险加固综合报告	2009.10	景德镇市五河项目昌江大桥—南河口段单项工程的初步设计报告
1999.12	景德镇市昌江河道整治规划	2010.10	江西省5万~30万亩重点中型灌区共库灌区续建配套与节水改造规划报告
1999.12	景德镇市农村饮水、乡镇供水"十五"发展计划纲要(草案)	2010.12	江西省5万~30万亩重点中型灌区碧湾灌区续建配套与节水改造规划报告
1999.12	景德镇市水利发展"十五"计划纲要(草案)	2010.12	景德镇市陶瓷行业重点企业水平衡测试与管理
2002.5	中央专项规划内大中型病险水库共产主义水库除险加固工程初步设计		

第二节　水利勘测与科研

水利勘测

1991 年，市测量设备主要有经纬仪和全站仪，勘察用钻机设备为给把式钻进，合金钻头或钢粒钻头，压水试验止水方式采用双层管，岩芯采取率低，钻进速度慢，工艺烦琐，工期较长。1998 年，市测量逐步采用全站仪、GPS 全球定位测量设备；钻机设备采用液压行程钻孔，使用金刚石钻头、复合片钻头，岩芯采取率上升；压水试验止水方式采用钻杠给水纯压式，工艺简化，工程项目进度大幅度提高。

表 8－5－3　　2001—2010 年景德镇市水利项目勘测工程一览表

年份	水利项目勘测工程
2001	景德镇市城市防洪工程日元贷款项目
	浮梁县城市防洪工程朱家港至桂坑段堤防单项工程（三贤湖主坝）
2002	玉田水库除险加固工程
	浮梁县樟树坑水电站新建工程
	浮梁县三贤湖规划
2004	昌江区山田水库除险加固工程
2005	景德镇市橡胶坝工程可行性研究报告
	昌江区杨湾水库除险加固工程设计
	浮梁县水利发展“十一五”规划报告
2006	乐平市军山、南山小（1）型水库除险加固工程、
	2007—2015 年农村饮水安全可行性研究报告
2007	浮梁县西冲、盘溪、小麦坞、山田坞、程家山等 5 座小（1）型水库安全鉴定
	乐平市红领巾、长山坞、罗源、塘源、桥亭、童家湾、廖家坞、上冲坞、上塘等小（1）型水库安全鉴定
	乐平市共库水电站更新改造工程可行性研究报告
2008	乐平市大坞庙、官口、长培坞、栽禾峰、上冲坞、大坑口、横塘水库除险加固工程
	共库灌区节水配套改造工程
	昌江区郭璞峰水库除险加固工程设计
	江西省浮梁县农村饮水安全工程十一五规划
2008	臧湾乡寒溪、仓下新佳茶园节水灌溉项目可行性研究报告
	鹅湖镇创业村灌区改造工程实施方案
	浮梁县 2008 年农饮工程设计方案
2009	乐平市乐北排涝总站更新改造工程
	乐平市城北新区排水工程
	乐平市下湾、新峰、千群、跃进、马路口、朱田坞、三八、虎口、虎山、东源坞等小（1）型水库安全鉴定
	乐平市乐安河坝口至镇桥张家河段河道疏浚可行性研究研报告
	乐平市新东湖排涝站改造工程
	浮梁县农田灌溉工程规划报告
	浮梁县小型农田水利重点县建设方案与实施方案
	浮梁县湘湖蔬菜基地节水灌溉工程可行性研究报告
	浮梁县农村饮水安全专项工程实施方案
2010	浮梁县虎形、西冲、山田坞、大坞等 4 座小（1）型水库除险加固工程
	浮梁县中小河流治理南河湘湖街段治理建设工程
	浮梁县水利发展“十二五”规划报告
	浮梁县小型农田水利重点县建设方案与实施方案
	浮梁县 2010 年农饮工程设计方案的勘测工程

水利科研

80 年代，成立市水利学会，会员由市水利电力局和蛟潭区水电局、鹅湖区水电局以及市水文局的技术干部组成。2002 年 8 月起，科技队伍以市水利规划设计院为骨干力量，主要涉及水工、水文、测量和地质等专业，具备水资源论证资质。

“十一五”期间,基本形成较为完善的水利科技工作技术支撑体系。至2010年,全市对各级水利干部的岗位培训4577人次,对工人岗位培训1270人次,水利专业技术人员继续教育647人次,全市有105人参加水利部和国家考试委员会组织的中专自学考试。建成1300平方米的市水利职工培训基地。

1986—2010年,全市共实施水利科技项目7项,项目总投资133万元,获省级以上补助资金89万元。通过项目实施,取得明显的生态效益、社会效益。

表8-5-4　**1986—2010年景德镇市水利科研课题一览表**

项目名称	起止时间	实验内容	协作单位及人员	主要成果
电脉冲拦鱼试验	1984年至1986年	在跃进水库开展电脉冲拦鱼试验	市水利电力局、跃进水库管理处	取得较好效果
家鱼孵化基地	1986年	设计、建造年孵化能力3000万尾的家鱼孵化基地	市水利电力局、跃进水库管理处	取得较好经济效果
网箱养鱼试验	1990年	网箱养鱼试验	中国淡水养殖中心王振声教授	养殖实验成功,经济效益良好
淡水无核珍珠	1994年7月至1998年6月	人工接种及大水面养殖	江苏省江阴市个体养殖户金华柏	人工接种及大水面养殖成功,收到一定经济效益
美国匙吻鲟大水面养殖实验	1994年5月至2004年6月	夏花苗种鱼塘培育到大水面养殖实验	中科院水利部水库渔业研究所、江西省水利厅、景德镇市水务局	实验经部所、省厅等专家验收获得成功,荣获省水利厅科技进步三等奖
高密度流水养鱼	1995年2月至今	苗种培育到高密度流水养殖实验	水利部中科院水库渔业研究所、市水利厅、市水利局	养殖实验成功,获得良好的经济效益,荣获省水利厅、市政府科技应用三等奖
淡水白鲳养殖	1995年7月至1998年10月	苗种培育、高密度流水养殖	景德镇市水产站	实验养殖成功,经济效益明显
淡水有核控形珍珠	1996年3月至1998年6月	人工制模控形接种、大水面人工养殖	江西省水利厅、湖南省湘阴张培元教授	人工制模接种养殖成功,有一定经济效益
薄露灌溉项目	1999年	薄露灌溉项目	省排灌中心、市科委、市农业局、众埠水管站	先后荣获景德镇市科委科技进步一等奖、农业部技术推广项目一等奖
美国大口胭脂鱼	1999年5月至2000年3月	夏花苗种培育、成鱼养殖	省水利厅实验项目	养殖实验基本成功
美国斑点叉尾鮰	2000年6月至2004年12月	池塘高密度流水养殖	省水利厅推广实验项目	养殖实验成功,经济效益良好
成都麻羊特种养殖	2009年	成都麻羊特种养殖	市水务局、乐平市东方红水库	养殖实验成功,经济效益良好
农村饮水安全技术示范推广	2009年	农村饮水安全技术示范推广	—	取得较好效果
水库水环境保护生态农业技术推广应用	2010年	水库水环境保护生态农业技术推广应用	—	取得较好效果

第三节 水资源管理

水费征收

80 年代末,经济体制改革后,实行分田到户的家庭联产承包责任制。为保证水利工程正常运行,可以实物市场价计征水费粮,充抵灌区农户交纳的水费,属供水单位所有,不属定购粮和公粮范围。按亩计收实物,即收大米或黄谷等进行结算。一般参照每亩田征收大米 10 千克的标准征收,由各县财政部门或当地村委会代征,以水养水,专款专用。所征收的费用全部用于当地的水利建设和维护。2006 年取消征收水费粮。

取水许可

1986 年以后,加强取水许可管理,规范取水申请、审批和监督,发放取水许可证。全市共有 47 户取水户,其中市辖区 2 户、昌江区 9 户、浮梁县 22 户、乐平 14 户,包括工业、生活、发电等行业。2001 年,对全市所有取水大户进行核查、年审,查处越权发证、无证取水、超量取水等违规行为,核发取水许可证 145 户,批准水量 8.583 亿立方米。对取水、用水大户加强节水考核和水质检验管理,年节水 9 万多立方米,征收水资源费近 50 余万元。

污水处理费

2010 年 3 月 20 日,市政府下发《景德镇市城市污水处理费征收和使用管理暂行办法》和《景德镇市计划与节约用水管理办法》。规定污水处理费征收标准为居民生活用水的污水处理费为 0.8 ~1 元/吨, 每户用水 40 吨以下(含 40 吨)的,按 0.8 元/吨收取,每户用水 40 吨以上的,超过 40 吨部分按 1 元/吨收取;工业企业未自建污水处理设施的,污水处理费征收标准为 0.8 元/吨,已自建污水处理设施且污水达标排放,并进入城市排污管网的,按上述标准的 15% 收取管网运行维护费,工业企业虽已自建污水处理设施,但其污水未进入城市排污管网的,免收污水处理费;行政事业单位、经营基建用水污水处理费为 0.9 元/吨,特种行业污水处理费为 1 元/吨,使用自备水源的用水户的污水处理费按照上述规定办理,污水处理费征收范围、标准的调整,由价格主管部门按规定权限审批,城市低保户采取减免优惠政策,低保户月用水量在 4 吨(含 4 吨)以下的,免除自来水费及污水处理费,4 吨/月至 8 吨/月(含 8 吨),收自来水费,免污水处理费;8 吨/月以上部分,自来水费及污水处理费照章征收。

水务一体化

2010 年,景德镇市实行水务一体化管理,所有涉水事务都集中到水务部门。逐渐完善县域内流域(区域)水利站"条块结合、以条为主"的管理体制。防汛防台抗旱任务较重乡镇设置的防汛防台抗旱办事机构,与乡镇水利服务机构实行综合设置;推广农民群众自我管理、合作用水等组织形式,依托村级农业服务站点,选配或采取政府购买服务的方式,组建稳定的村级水利(水务)员队伍,协助基层水利服务机构做好涉水的相关服务工作。积极推进饶河流域综合管理改革,推进城乡水务一体化和涉水事务一体化管理。在水价改革试点基础上,全面推进农业水价综合改革,建立农民用水户自建、自管的水价形成机制,探索公共财政水价补贴机制。

河道整治

景德镇市河道整治对象主要有昌江、乐安河及东河、车溪水等中小支流,流域面积在 10 平方千米以上河流 276 条,其中流域面积 1000 平方千米以上河流有昌江、乐安河及建节水 3 条;流域面积在 300 ~1000 平方千米的河流有杨青河、东河、南河、西河、泊水、长乐水、安股水等 11 条;流域面积在 100 ~300 平方千米的河流有梅湖水等 38 条。河流蜿蜒曲折,部分河段水流紊乱,行洪不畅,加上占用河道、缩窄行洪断面等影响,造成行洪困难。

1992 年 1 月,市水利电力局、市财政局、市物价局联合转发《江西省实施〈河道采砂收费管理办法〉细则》,制定河道采砂管理费的收费标准为采挖砂、石、土料、贝壳,按采挖产地第一次成交额的 9% 计收;淘金按收购主管部门规定收购价的3%计收。

1996年以后,各地结合防洪排涝设施建设,开展河道裁弯取直和岸堤疏浚加固整治。1996年7月至1998年11月,根据景德镇市城市防洪规划,先期实施城东片南河湖田桥至西瓜洲段5.1千米城防堤建设,规划建设内容为湖田坂1#、2#交通桥,新建新厂(装机7×400千瓦)、老鸭滩(装机4×155千瓦)、西瓜洲(装机5×315千瓦)等电力排涝站,裁弯取直南河段2千米,新建石渣堤5.1千米。

2000年6月7日,召开市砂石管理处机构人员处置协调会。撤销昌江河市内中渡口至太白园砂石市场。8月,市编委将河道采砂管理工作正式列为水利部门职能,加强对河道安全环境的管理。

2003年10月,昌江河道疏浚工程开工,为昌江观音阁至鱼山闸段,全长19.96千米。总工期2年,总投资4640万元。采取以"砂养疏"公司化运作模式。

2005—2009年,开展昌江河道疏浚,疏浚长度7.47千米,疏浚河道砂石近100万立方米;乐平市治理河道长度85.63千米,清理疏浚河道砂石、淤泥500万立方米,改善河道行洪能力。

2007年3月,实施昌江河道(珠山大桥至吕蒙大桥)疏浚工程,公开向社会招标该地段的采砂权,"以砂养疏"。7月29日,昌江河道鱼山采区采砂权拍卖会在市建设工程交易管理中心举行,可采区范围上界为景波机械厂取水口下游500米,下界为沙嘴头大桥上游500米,采区长3000米,年控采量40万吨,通过竞拍145万元拍卖成交。

2010年8月,浮梁县湘湖镇防洪工程南河湘湖段治理工程疏浚整治河段8.04千米。12月,乐平市牌楼圩农田防护工程疏浚整治河道长度5.9千米。

第四节　管理机构

市防汛指挥部

1986年,市防汛抗旱指挥部,指挥长由分管水利的副市长兼任,副指挥与成员由政府对口副秘书长、有关部门主要领导或分管领导兼任,指挥部下设办公室。指挥部成员由市发改委、水电局、城建局、交通局、农业局、林业局、国土资源局、卫生局、气象局、公安局等30多个部门主要领导组成。下设办公室作为常设机构,负责指挥部日常工作,办公室机构设在水利电力局。1986年至1987年2月,由市水利电力局主要领导兼办公室主任,办公室与市水利电力局工管科合署办公。1987年2月分开,设专职副县级防汛办主任。1997年,市防汛办设为市水务局的职能科室。

市水务局

1986年,称市水利电力局,内设党组办公室、人事秘书科、计划财务物资科、水利水电科、工程管理科、水土保持委员会办公室、水利水电工程设计室,下属单位有玉田水库管理处、水利水电建设公司、劳动服务公司。1987年2月,水电局工程管理科与市防汛抗旱指挥部办公室分设。2000年8月,河道采砂管理职能列入水电局。

2002年10月,市水利水电局更名为市水务局,内设办公室、计划财务科科技科、水政水资源科、水利建设科、水利管理科、市水土保持委员会办公室、市防汛抗旱指挥部办公室等7个职能科室。机关行政编制28人(其中纪检监察专项编制2人),事业编制6人(含市防汛抗旱指挥部办公室2人)。

2006年12月,成立市堤防管理处,隶属市水务局,为正科级全额拨款事业单位。2008年12月,成立市节约用水办公室,办公地点设在市水务局,具体负责城乡节水工作。

2010年10月,市建设局所属的计划与节约用水办公室划入市水务局管理,其5名人员及编制一同划入,为市水务局下属正科级全额拨款事业单位。11月,景德镇市实行涉水事务一体化管理,由市水务局统一管理城乡供水、排水、污水处理及大回用工作,对相关城乡供、排水企业进行行业管理和指导。内设办公室,计划财务科、水政安全监督科(水政审批服务科)、水资源科、农村水利科、建设与管理科、市水土保持委员会办公室(水土保持监督站)、市防汛抗旱指挥部办公室、纪检组(监察室)为市纪委(市监察局)派驻机构。市水务局机关行政编制28人，机关事业编制4人。

县（市、区）机构

县（市、区）防汛抗旱指挥部　1986年，指挥部指挥长由分管水利的副县（市、区）长兼任，副指挥长及成员由县（市、区）政府有关部门主要领导或分管领导兼任，下设防汛抗旱指挥部办公室。汛期，各乡、各重点水利工程均成立防汛指挥所或指挥组，由党委书记或分管农业书记任指挥长，村、组分别成立防洪抢险大队、中队，在危险地段派出巡逻队、突击队和材料运输队。2007年3月，各乡（镇）建立健全防汛抗旱指挥部，由乡（镇）主要领导担任指挥长，指挥部下设办公室，分管领导兼任办公室主任，水利员任常务副主任，并在汛期配备1～2名工作人员；全市各乡镇防汛抗旱办公室相继挂牌为常设机构。至2010年，全市共有53个乡（镇）、街道办成立防汛指挥机构，其中乐平市20个（含共库管理局）、浮梁县17个、昌江区6个、珠山区10个、陶瓷工业园区1个，配备工作人158人。

乐平市水务局　2001年10月，乐平市水利电力局更名为乐平市水务局，位于乐平坎口街9号。机关在职干部职工120名，其中副科级以上干部18名，工程师12名，助理工程师、会计师23名。2010年12月，乐平市水务局主要职责、内设机构和人员编制进行调整，内设人事秘书股、行政审批股、计划财务股、水利建设管理股、水政水资源股、供水排水股、农村水利股、防汛办、水保办等职能股室，下设河道堤防管理局、勤俭水库管理局、水利规划设计室、水政监察大队、幸福水库管理所、东方红水库管理所、大口坞水库管理所等事业单位。

浮梁县水务局　1986年为鹅湖区、蛟潭区水电局。1989年成立县水电局，下设水政水资源股、水利水电建设管理股、水土保持办和人力股，在职行政干部13人，事业工人1人。2010年，下设防汛抗旱指挥部办公室、水政监察大队、气象站、抗旱服务部、水利工程质量监督站、水利水电勘察设计院，事业单位编制21人。

昌江区水务局　2001年6月21日成立，内设秘书财务股、水政监察股、水保办、机电排灌站、防汛办、设计室；下设山田水库工程管理处（中型水库）、江河开发公司、水利水电建筑公司、玻纤拉丝厂、物资供应站等企事业单位。2010年，调整为保留计财股、水政水资源股、水保办、防汛办、综合办公室、设计室、水政大队等股室，下设山田水库工程管理处。

珠山区未单独设立水行政主管部门。

直属机构

市水利水电工程勘测设计院　2002年8月成立，属全民所有制事业单位。1987年12月取得丁级水利水电勘测设计资质，1998年10月升级为丙级，实行“一业为主”（水利工程规划设计）、多种项目（水文、勘察、咨询等）业务。可承担水土保持方案编制乙级、水资源论证乙级、水利行业（城市防洪、灌溉排涝、水库枢纽）专业丙级范围内项目规划设计。2010年有专业技术人员73人（包含县市区设计室），其中高级职称7人，中级职称17人，初级职称45人，其他4人。注册资本300万元。

水利水电水保监察机构　1989年11月，县（市、区）水电局成立水利、水土保持管理服务站，为自收自支股级事业单位，作为县（市、区）水利电力局（水保办）的派出机构，工人实行劳动合同制。全市机构设置计33个，其中分站29个，乡联合站4个，设专职水利员的点16个，编制155人。1990年6月，在市水保办内设立水保监察站。1998年6月，成立市水政监察支队。各县（市、区）也相继成立水政监察大队。2008年12月，水政监察支队调整为参照公务员法管理单位。

水管机构

水库管理处　1986年，全市大中型水库有管理人员393人（乐平大中型5座340人、昌江区山田水库20人、市玉田水库33人）；小（1）型水库（含樟树坑、石溪、东港桥电站）管理人员67人；小（2）型水库管理人员379人；国家管理的工程管理单位8个（大型1座、中型水库6座、乐平市河道堤防管理局1个）。

2005年，全市8家国有水管单位实施水管体制改革。2006年，改革后全市共有大型水库1座、中型水库6座，由市、县（市、区）编办进行定员定岗，共定编116名，其中乐平共库45名、景德镇市玉田水库20名、昌江区山田水库7名、乐平市勤俭水库10名、幸福水库8名、东方红水库8名、大口坞水库8名、乐平市河道堤防管理局10名;小(1)型水库管理人员67名;小(2)型水库管理人员381名。

是年3月,新增市城市防洪工程管理处,正科级,编制数10人。2008年4月,更名为河道堤防管理处。2010年,全市9家水管单位在编134人,共有专职管理人员310名,其中乐平共库179人、市玉田水库35人、昌江区山田水库8人、乐平市勤俭水库28人、幸福水库11人、东方红水库10人、大口坞水库11人、乐平市河道堤防管理局18人、市城市防洪工程管理处10人。

乡镇水管站　1986—2001年,全市共有乡镇水管站68个,其中乐平市25个,浮梁县23个,昌江区6个,珠山区未设水管站。2001年12月乡镇合并后至2010年12月,全市共有乡镇水管站42个,其中乐平市19个、浮梁县17个、昌江区5个。

第九篇　电　力

第一章　发　电

90 年代，景德镇电厂（青塘）几经扩容改造，至 2004 年总装机容量达 525 兆瓦。2010 年，按照国家电力“上大压小”的要求，景德镇先后新建投运鱼山发电厂 2 台 660 兆瓦发电机组，与三峡入赣电网一起构成区内强大的电源支撑点。同时，关停青塘电厂的 5 台发电机组。

80—90 年代，景德镇山区农村小水电发展良好，承担边远农村的电力供应。进入 21 世纪，随着农网改造和实行城乡供电“同网同价”，农村小水电逐步衰落，但规模较大的水电站依然发展良好。

第一节　火力发电

机组建设

景德镇电厂（青塘）　位于市北郊青塘村。1986 年，有 2 台 50 兆瓦高温高压机组。1992 年 7 月，国家经贸委批准景德镇电厂建设二期工程，实施“以大代小”技术改造，建设规模为 2×125 兆瓦火力发电机组，1994 年 7 月和 1995 年 1 月，先后并网发电，实现省政府提出的“一年时间投两台机组”的目标。技改后，景德镇发电厂装机总容量为 350 兆瓦，每年可增加发电量 9.84 亿千瓦时，总发电量达 12 亿千瓦时，跻身国家大（2）型电力企业行列。

2001 年 11 月，国家经贸委将 400 吨/小时级循环流化床机组技改工程列入第二批国家重点技术改造项目“双高一优”导向性计划。2004 年年底三期工程建成投运，装机为 1 台 170 兆瓦循环流化床机组。项目总概算批复为 45332.86 万元，实际完成投资 44790.41 万元，单位投资概算 0.3022 万元/千瓦，实际 0.2986 万元/千瓦。

2010 年 7 月至 2011 年 9 月，第一、二、三期工程 5 台老发电机组先后全部关停，退出运行。

表 9－1－1　　**景德镇电厂（青塘）发电主设备情况表**

机组	主设备	概况	参数	数量（台）
50 兆瓦	汽轮机	采用上海汽轮机厂制造的汽轮机，共有 22 级叶轮，由一个单列调节级和 21 个压力级组成	单缸冲动式凝汽式；N50－90－1 型；转速 3000 转/分；热耗 2300 大卡/千瓦时；给水温度 225℃；主蒸汽压力 8.83 兆帕；主蒸汽温度 535℃	2
	锅炉	采用上海锅炉厂制造的高温高压锅炉，金属总重 764 吨，π 型悬吊，全露天布置	SG－220－100/540 型；额定蒸发量 220 吨/小时；过热蒸汽温度 540℃；效率 86.78%；过热蒸汽压力 9.81 兆帕；给水压力 13.7 兆帕；给水温度 215℃；排烟温度 145.2℃	2
	发电机	采用上海电机厂制造的三相发电机，转子重 18 吨，定子重 52 吨	AFS－50－2 型；相线星形；容量 62500 千伏安；出线电压 10.5 千伏；出线电流 3440 安；转子电压 196 伏特；转子电流 1140 安	2

续表9-1-1

机组	主设备	概况	参数	数量(台)
125兆瓦	汽轮机	采用上海汽轮机厂中间再热式汽轮机,主要包括高中压内、外缸、低压内、外缸	N125-13.24/535/535型;主蒸汽压力13.24兆帕;主蒸汽温度535℃;排汽压力0.0049兆帕;汽耗3.06千克/千瓦时;效率41.87%	2
	锅炉	采用上海锅炉厂制造设备,π型悬吊,全露天布置	SG-420/13.7-M416B型;过热蒸汽温度540℃;过热蒸汽压力13.7兆帕;再热蒸汽温度342/540℃;效率86.5%;再热蒸汽压力2.62/2.44兆帕;给水压力13.7兆帕;给水温度242℃;排烟温度146℃	2
	发电机	采用上海电机厂双水内冷汽轮发电机	QFS-125-2型;定子额定电压13.8千伏;定子额定电流6150安;功率因素0.85;接线方式Y形;效率98.6%	2
150兆瓦	汽轮机	采用了哈尔滨汽轮机厂生产的150兆瓦汽轮机,与400吨/小时级循环流化床锅炉相匹配	N150-13.2/535/535型;超高压、一次中间再热、双缸双排汽、单轴凝汽式;额定功率150兆瓦;额定主蒸汽432.31吨/小时;主汽门前13.24兆帕(a);主汽门前535℃;高压缸排汽2.483兆帕(a);再热汽门前535℃;再热蒸汽367.38吨/小时;背压4.9千帕(a)(平均)	1
	锅炉	采用上海锅炉厂有限公司制造的超高压自然循环流化床汽包炉,单炉膛、一次中间再热、悬吊结构、固态排渣、全钢构架、露天布置	型号SG-440/13.7-M562;过热蒸汽流量475吨/小时(BMCR);过热蒸汽出口压力13.73兆帕;过热蒸汽出口温度540℃;再热蒸汽流量407.57吨/小时;再热蒸汽进口压力2.674兆帕;再热蒸汽出口压力2.538兆帕;再热蒸汽进口315℃;再热蒸汽出口540℃;给水247.4℃	1
	发电机	上海汽轮发电机有限公司生产的150兆瓦发电机组	双水内冷、静止励磁式;QFS-150-2型;额定容量175兆伏安;额定功率150兆瓦;额定电压15.75千伏;额定电流6470安;额定功率因数0.85(滞后);频率50赫兹;额定转速3000转/分钟。	1

景德镇发电厂(鱼山) 位于昌江区鲇鱼山镇义城村。2006年3月,刘洪亮任景德镇发电有限公司总经理。2007年,企业实现扭亏为盈。同年,将景德镇发电厂(鱼山)项目补入江西省“十一五”电力规划,并上报国家发改委。2009年,国家发改委批准景德镇电厂“上大压小、节能减排”扩建工程。通过关停5台小型机组,异地建设2台60万千瓦级超超临界燃煤发电机组,创国内首个“先建后关”模式。工程由中电投集团公司全资建设,中电投工程管理有限公司受托管理,广东天安电力监理有限公司负责主标工程监理,江西电力设计院为主设计单位,江西电科院负责调试。2009年10月26日开工。2010年12月31日,1#机组顺利通过168小时试运行后,交付商用。

2010年,建设中的景德镇2×60万千瓦火力发电机组

景德镇发电厂(鱼山)扩建工程,同步建设安装高效静电除尘器及脱硫、脱硝和烟气在线监测装置,1#机组是全国第一台取消烟气脱硫脱硝旁路的大型机组。工程配置3座混煤筒仓,可以掺配当地劣质煤炭。采用等离子节油点火系统,用油量可减少80%以上。灰渣、脱硫石膏综合利用率均达到100%,基本实现零排放。工业废水经处理后全部回收利用,年减少用水量近1000万立方米。项目安全设施做到与主体工程同时设计、同时施工、同时投入生产和使用。

表 9－1－2　　景德镇电厂(鱼山)发电主设备情况表

机组	主设备	概况	参数	数量
660 兆瓦	汽轮机	为东方汽轮机厂引进日立技术生产制造的超超临界压力汽轮机,型号为 N660－25/600/600,是典型的超超临界、一次中间再热、单轴、三缸四排汽、双背压、纯凝汽式汽轮机	N660－25/600/600 型超超临界、一次中间再热、单轴、四排汽、凝汽式汽轮机;额定功率 660 兆瓦;额定转速 3000 转/分钟;主蒸汽 25 兆帕;主蒸汽 600℃;再热蒸汽 600℃;给水温度 287.7℃	2
	锅炉	采用哈尔滨锅炉厂有限责任公司制造、日本三菱重工业株式会社技术超超临界参数变压运行直流锅炉;采用 π 型布置、单炉膛、低氮氧化物 PM 主燃烧器和 MACT 燃烧技术、四墙切圆燃烧方式;采用内螺纹管垂直上升膜式水冷壁炉膛,循环泵启动系统,一次中间再热;采用水煤比、烟气出口调节挡板、燃烧器摆动、喷水等调温方式;采用平衡通风、露天布置、固态排渣、全钢构架、全悬吊结构;采用中速磨煤机直吹式正压冷一次风机制粉系统	超超临界直流锅炉 HG2035/26.15－YM3 型;额定蒸发量 1938.43 吨/小时;出口压 26.15 兆帕;出口温度 603℃;再热蒸汽流量 1564.8 吨/小时;进口压力 5.29 兆帕;出口压力 5.10 兆帕;进口温度 355℃;出口温度 603℃;给水温度 297℃;排烟温度 122℃(修正后);锅炉效率(以低位发热量计)93.5%	2
	发电机	为东方电气股份有限公司生产的 QFSN－660－2－22 型发电机,水—氢—氢冷却,采用密闭循环通风冷却,机座内部的氢气由装于转子两端的轴流式风扇驱动。集电环和电刷空气冷却,两集电环间设有离心式风扇。轴承为强迫润滑(由汽机润滑油系统供油)。发电机配有氢油水控制系统,以提供和控制发电机冷却用氢气,密封用油和定子线圈冷却用水,采用静止可控硅,机端变(励磁变)自励方式励磁	额定功率 620 兆瓦 ;定子电压 22 千伏;定子电流 19245 安;功率因数 0.9 ;转速 3000 转/分钟;频率 50 赫兹;励磁电压 426 伏特;励磁电流 4673 安;冷却方式水、氢、氢冷;绝缘等级 F;效率 98.95% ;相数 3 ;接线方式 YY 形	2

乐平发电厂　位于乐平市城东接渡镇。1986 年,共有 4 号机组,其中 1、2 号机组为 12 兆瓦发电机,3、4 号机组为 25 兆瓦发电机,总装机容量 74 兆瓦。90 年代中后期,机组基本停运。1999 年全面关停。

接入设施

景德镇电厂(青塘)　循环流化床机组为单元接线方式,通过 5#主变接入 220 千伏升压站。2004 年 9 月,在原两回 220 千伏线路基础上新增蛇龙至电厂 220 千伏线路,与原蛇龙至电厂 220 千伏线路同杆架设。

景德镇发电厂(鱼山)　1#机组为单元接线方式,通过 1#主变接入 220 千伏升压站,新建两回 220 千伏线路至严坞变(景严Ⅰ、Ⅱ线),规划留有两回 220 千伏线路间隔至南山变。2#机组为单元接线方式,通过 2#主变接入 500 千伏升压站,新建景乐线和景洪线两回 500 千伏线路,一回至乐平变,一回至洪源变。

储灰坝建设

青塘煤灰场　位于青塘村旁边,建有 3 个贮灰场,均为灰浆泵湿排贮灰。1#、2#贮灰场位于电厂东面山谷中,贮灰最大高程(黄海标高)为 68 米,总库容达到 380 万立方米。1998 年在旸府滩建设 3#贮灰场,2000 年竣工投运,最大贮灰高程(黄海标高)为 80 米。于 2005 年、2007 年、2009 年、2010 年 3#贮灰场分次实施子坝加高工程,贮灰高程达到 71 米,总库容为 510 万立方米,可使用 20 年(不考虑煤灰利用)。

鱼山贮灰场　位于电厂南面 1.4 千米山谷中,塘埠上灰场为干式贮灰场,最大高程 244.5 米,最低高程 40 米。工程分期建设,初期堆灰至 125 米高程,灰场库容 336.0×104 立方米,可满足 2×660 兆瓦机组 3.01

年的贮灰渣量(含石膏,未考虑综合利用,下同)。近期堆灰至175米高程,灰场库容为1093.6×104立方米,可满足2×660兆瓦机组9.8年的贮灰渣量。

经营指标

1986—2010年,景德镇发电厂(青塘、鱼山)共完成发电量340.19亿千瓦时。1986—2005年,青塘131#机组共完成发电量43.57亿千瓦时,132#机组共完成发电量43.79亿千瓦时,2005—2007年131#、132#机组关停前没有发电,其发电计划由135#机组代发。1995年133#、134#机组投运,至关停前分别完成发电量110.09亿千瓦时和104.50亿千瓦时。鱼山1#机组2010年年底投产发电,完成发电量1.36亿千瓦时。

表9-1-3 **1986—2010年景德镇电厂机组电量电价一览表**

年份	青塘厂发电量(万千瓦时)					鱼山厂发电量(万千瓦时)	总发电量(万千瓦时)	销售收入(元)	电价(元/千瓦时)
	131#	132#	133#	134#	135#	1#、2#			
1986	28210.5	36950.9	—	—	—	—	65161.40	—	—
1987	36232.1	31549.8	—	—	—	—	67781.90	—	—
1988	32360.9	32582.7	—	—	—	—	64943.60	—	—
1989	27591.5	24327	—	—	—	—	51918.50	—	—
1990	29135.7	38730.6	—	—	—	—	67866.30	—	—
1991	35839	30885.3	—	—	—	—	66724.30	—	—
1992	30128.9	34176.8	—	—	—	—	64305.70	—	—
1993	31118.8	26717.5	—	—	—	—	57836.30	—	—
1994	24143.4	30435.8	—	—	—	—	54579.20	—	—
1995	22200.8	24172.6	31768.1	20233	—	—	98374.50	—	—
1996	16838.9	20312.8	64269.4	66512.2	—	—	167933.30	—	—
1997	19842.9	11715.4	46893.9	59910.1	—	—	138362.30	—	—
1998	15911.7	13812.8	47349.8	50285.3	—	—	127359.60	—	—
1999	12034.3	10149.8	61495.1	52655.5	—	—	136334.70	—	—
2000	8177.4	6227.9	70310.5	65479.2	—	—	150195	—	—
2001	6422.9	11444	59865.4	65405.5	—	—	143137.80	—	—
2002	2944.1	9603.1	77506.3	67265.8	—	—	157319.30	—	—
2003	6204.6	6444.9	86796.2	87556.7	—	—	187002.40	47789	0.2556
2004	11656.7	3758.8	87816.8	84135.4	6657.3	—	194025	50239	0.2589
2005	4032.3	2221	76629.5	72917.9	62905	—	218705.70	60993	0.2789
2006	—	—	75140.3	79384.6	83082.9	—	237607.80	71249	0.2999
2007	—	—	81184.9	66822.7	87372.4	—	235380	71072	0.3019
2008	—	—	62009.3	70393.0	73379.9	—	205782.20	64207	0.3120

续表 9－1－3

年份	青塘厂发电量(万千瓦时)					鱼山厂发电量(万千瓦时)	总发电量	销售收入	电价
	131#	132#	133#	134#	135#	1#、2#			
2009	—	—	81148.3	68478.0	84038.5	—	233664.78	78862	0.3375
2010	—	—	60577.6	59401.6	76056.6	13574.97	209610.77	71653	0.3418

表 9－1－4　　2003—2010 年景德镇电厂(青塘)技术经济指标一览表

年份	装机容量(兆瓦)	发电量(亿千瓦时)	利用小时(小时)	发电煤耗(克/千瓦时)	供电煤耗(克/千瓦时)	发电厂用电率(%)	综合厂用电率(%)
2003	350	18.7183	5348.09	357.79	392.73	8.78	9.06
2004	350	19.1248	5311.31	362.18	397.47	8.88	8.78
2005	500	21.8706	5467.64	360.59	393.47	9.35	9.15
2006	400	23.7608	5940.20	354.75	387.98	8.56	8.9
2007	400	23.5380	5884.50	353.06	386.3	8.61	9.01
2008	400	20.5782	5144.55	357.53	392.88	9	9.44
2009	400	23.3665	5841.62	356.67	390.98	8.77	8.93
2010	400	19.6036	4900.90	353.03	388.96	9.24	9.66

安全管理

反违章管理　1988 年 5 月,景德镇电厂制定《反习惯性违章管理规定》,成立由各部门安监人员参加的反违章检查小组,定期或不定期进行反违章检查,对违章行为采取“通报、处罚、教育、整改”方式。对违章人员进行经济处罚。

表 9－1－5　　1986—2010 年景德镇电厂电力反违章情况统计表

年份	纠正违章作业、指挥(人次)	纠正装置性违章(项)	考核扣发金额(万元)	年份	纠正违章作业、指挥(人次)	纠正装置性违章(项)	考核扣发金额(万元)
1986	56	88	0.98	1996	83	93	1.87
1987	67	87	1.11	1997	91	83	1.20
1988	77	69	0.97	1998	96	81	1.16
1989	73	89	0.89	1999	116	99	1.46
1990	69	112	0.81	2000	85	90	1.15
1991	81	114	1.34	2001	102	82	1.31
1992	69	109	1.45	2002	110	91	1.45
1993	80	98	1.34	2003	112	97	1.65
1994	76	79	1.67	2004	97	82	1.46
1995	88	89	1.34	2005	89	79	1.35

续表 9－1－5

年份	纠正违章作业、指挥(人次)	纠正装置性违章(项)	考核扣发金额(万元)	年份	纠正违章作业、指挥(人次)	纠正装置性违章(项)	考核扣发金额(万元)
2006	102	88	1.56	2009	87	92	1.36
2007	99	102	1.87	2010	135	210	1.86
2008	79	97	1.58	合计	2219	2400	1.367

隐患排查　1986—2010 年，实施重大危险源监控机制和重大隐患排查治理机制，按照“谁审批、谁负责”“谁受益、谁负责”原则，实行分级管理，开展定期排查、专项排查和重点排查，对重大隐患整改进行跟踪督办，闭环管理。

表 9－1－6　**1986—2010 年景德镇电厂安全生产隐患排查治理情况表**　单位：项、%

年份	重点隐患	一般隐患	整改完成率	年份	重点隐患	一般隐患	整改完成率
1986	0	145	100	1999	0	114	99
1987	—	105	99	2000	0	103	99
1988	0	120	98.5	2001	0	87	100
1989	0	112	100	2002	0	96	100
1990	0	103	99	2003	0	119	96.63
1991	0	95	99.5	2004	0	134	99.25
1992	0	87	100	2005	0	123	100
1993	0	95	98	2006	0	109	98.17
1994	0	98	99	2007	0	98	100
1995	0	102	100	2008	0	87	100
1996	0	118	100	2009	0	167	98.80
1997	0	96	100	2010	0	189	99.47
1998	0	79	100				

应急管理　1986 年，电厂安全生产实施“统一领导、分级负责、快速反应、协同应对”方针，实行单位、部门、班组第一负责人制。1993 年 10 月，成立厂长为主任的区域应急管理委员会和办公室，制订培训、演练计划，开展各种形式的应急演练。1986—2010 年，开展演练 217 次，达 2548 人次，实现连续安全运行 2702 天。

表 9－1－7　**1986—2010 年景德镇电厂电力安全情况表**　单位：次、天

年份	事故	一类障碍	二类障碍	异常	安全天数	年份	事故	一类障碍	二类障碍	异常	安全天数
1986	0	7	11	9	97	1991	0	7	13	9	1270
1987	1	8	13	11	141	1992	1	6	10	12	35
1988	1	6	10	13	174	1993	0	3	9	10	167
1989	0	3	12	11	540	1994	1	4	8	11	220
1990	0	5	11	10	905	1995	1	7	11	9	54

续表9－1－8

年份	事故	一类障碍	二类障碍	异常	安全天数	年份	事故	一类障碍	二类障碍	异常	安全天数
1996	1	8	7	10	195	2004	0	10	6	9	511
1997	0	5	13	11	560	2005	0	07	15	5	876
1998	1	9	17	3	925	2006	0	14	11	10	1241
1999	0	8	9	6	1290	2007	0	02	4	12	1606
2000	1	8	5	7	232	2008	0	09	7	3	1972
2001	0	6	6	9	597	2009	0	14	4	8	2337
2002	2	13	7	7	360	2010	0	11	8	17	2702
2003	1	12	13	32	145						

技术改造

1986年，景德镇发电厂建立三级节能网络，制定《节能管理办法》《节能技术监督实施细则》和《生产运营管理考核办法》等制度。定期召开月度经济运行分析暨生产指标对标分析会，开展生产指标区域对标、与设计值对标工作，开展节能攻关、运行优化调整试验，落实江西电力公司节能诊断与评估报告的要求。

表9－1－8　**1986—2009年景德镇电厂节能改造基本情况表**　单位：万元

年份	改造项目名称	改造投入	节能效益描述
1986年11月至1989年9月	带温带压强制捻堵技术应用	—	向华中电网22家火电厂推广应用，江西省内应用22次，避免停机14次，为电网增发电量4379万千瓦时，总价值达11048万元
1990	新型多功能直流煤粉燃烧器	—	在负荷65%～70%运行时可不投油稳定燃烧，平均节约燃油14吨
1996	炉顶密封改造	—	提高锅炉热效率，煤耗下降
2003	2#灰浆泵加装液力偶合器	30	改造后泵的实际运行电流降低5～10安，每年节约电能50万千瓦时左右，降低厂用电率0.03%；阀门等磨损明显减轻，使用寿命大幅度提高，节约维护费用和减少维护工作量
2004	32#凝泵改造	22.53	降低厂用电量15000千瓦时/年
2004	42#给煤机及热风门改型	23	减少漏风，厂用电率约降低0.3%
2005	5#炉冷渣器改造	160	提高机组的安全经济性，全年厂用电降低约235万千瓦时
2005	原煤斗改造	38	全年可以减少堵塞30次以上，减少电量损失至少150万千瓦时
2006	133#炉Ⅰ级上层空预器管箱整组（10组）更换	71	更换后预期将降低漏风率10%以上，可降低煤耗2克/千瓦时左右
2006	133#炉吹灰器改造	61	提高再热器温和降低排烟温度，可降低煤耗0.76克/千瓦时以上
2006	5#机凝泵、低加疏水泵、射水泵变频改造	200	采用变频控制后，泵的电动机用电量节省39%左右，同时还减少机组热能的损失
2006	5#循环水泵改造	80	降低厂用电量40000千瓦时/年

续表 9-1-8

年份	改造项目名称	改造投入	节能效益描述
2006	41#凝结水泵改造	28	降低厂用电量 15000 千瓦时/年
2006	134#炉细粉分离器改造	36	减少三次风带粉量,降低飞灰可燃物,降低煤耗 0.5 克/千瓦时以上
2007	134#汽轮机通流改造	4000	降低煤耗 19 克/千瓦时
2007	134#炉Ⅰ级上层空预器管箱整组改造更换	70.75	更换后预期将降低漏风率 10%以上,可降低煤耗 2 克/千瓦时左右
2007	134#炉吹灰器改造	60.01	声波吹灰器改造安装后,排烟温度降低 3℃左右,提高锅炉效率约 0.28%,降低供电煤耗 1.2 克/千瓦时;再热气温可提高 3℃左右,可降低供电煤耗 0.21 克/千瓦时。总计可降低煤耗 1.41 克/千瓦时
2007	134#炉喷燃器改造	60.73	成功解决由于煤种多变、低负荷而出现燃烧不稳定问题,特别在升停炉及投油助燃时节约燃油效果显著,每次平均节油 5 吨
2007	循泵出口加装二次滤网	114.53	雨水季节未发生过带负荷清洗凝汽器的现象,机组真空同比平均提高约 0.15 千帕
2007	134#机组热风道、主、再热蒸汽管道保温更换	—	改造后主、再热蒸汽管道等部位保温表面温度基本上均低于 50℃,与改造前比较,提高锅炉效率约 0.25%
2007	134#炉Ⅰ级上层空预器管箱整组改造更换	70.75	更换改造后,甲侧空预器漏风率为 9.33%,乙侧空预器漏风率为 9.2%。漏风率有较大改善,漏风率下降约 15%,可降低供电煤耗 3.64 克/千瓦时
2008	133#炉微油点火燃烧器改造	60.73	成功解决由于煤种多变、低负荷而出现燃烧不稳定问题,特别在升停炉及投油助燃时节约燃油效果显著,每次平均节油 5 吨
2009	133#炉燃烧器改造	29.8	锅炉在燃用无烟煤及劣质煤、调峰、升炉投用小油枪时,节油效果明显,投入小油枪后可立即投粉,以煤粉燃烧为主进行冷炉点火。一次冷态升炉可节油 6~7 吨

环境保护

环保设施　1998 年始,分别对 3#、4#机组电除尘器进行改造,使电除尘投入率由 70%左右提高至 99%以上;2001 年投资建设干灰综合利用站,每年处置利用粉煤灰 10 万吨。2004 年,建设 150 兆瓦机组循环流化床锅炉配套采用分级送风低氧燃烧技术,建设高效静电除尘装置。2008 年投资 750 万元改造废水排放口,避免对市自来水取水口的污染。2010 年新建 660 兆瓦机组同步建设高效静电除尘、烟气湿法脱硫、SCR 脱硝装置,脱硫、脱硝均无烟气旁路,并配套建设专用储煤场、储灰场、干灰库、渣仓、高效浓缩池,建设配套污水处理池及污水处理系统。至 2010 年,环保设施建设与升级改造投入资金达 8946.7 万元。

表 9-1-9　**1988—2010 年景德镇电厂环保设施建设与升级改造情况表**

年份	改造项目名称	改造投入(万元)	减排效果简述
1988	1#灰场 1#灰坝加高工程	500	增加灰场库容

续表 9－1－9

年份	改造项目名称	改造投入（万元）	减排效果简述
1990	1#灰场 2#灰坝加高工程	500	增加灰场库容
1994	3#灰场 1 级子坝加高工程	730	增加灰场库容
1995	建设干灰收集库	2936	干灰收集处置，综合利用
1996	建设生活污水处理站	1560	生活水达标排放
1997	3#灰场 2 级子坝加高工程	670	增加灰场库容
1998	133#电除尘器本体改造	297	电除尘器投入率 >99.2%
1999	134#电除尘器部分改造	30.33	电除尘器投入率 >99.1%
	1#灰场 1#灰坝整治工程（逸园池塘治理）	100	环境亮化、美化、建造休闲乐园
2000	生污水处理 4 站污水泵改造	1.5	处理污水站投入率提高
2001	3#、4#电除尘器干灰输送工程	550	处置干灰 10 万吨/年
2002	4#电除尘器改造	300	电除尘器投入率 >99.2%（原来平均 70%）
2008	废水排放口改造	750	避免对市自来水取水口的污染
2010	5#炉一、二电场气力除灰改造	21.87	提高除灰出力

灰渣利用　从建厂到 1998 年前，（青塘）老厂灰渣均环保储放到 1#、2#、3#储灰场地。1998 年建成粉煤灰综合利用设施和灰库并成立相应管理机构。

2003—2010 年，青塘电厂通过做灰砖、卖干灰、卖灰渣等方式共计利用灰渣 522.97 万吨，节省 500 多万立方米的库容，减缓征地建库压力，并创造一定的经济效益。

表 9－1－10　**1998—2010 年景德镇灰渣利用情况表**　单位：万吨

年份	灰渣	年份	灰渣	年份	灰渣
1998	3.57	2003	13.95	2008	15.16
1999	3.45	2004	13.82	2009	72.87
2000	3.26	2005	14.73	2010	64.22
2001	9.28	2006	14.77		
2002	12.33	2007	15.42		

节能减排　2004 年，新建 1 台 150 兆瓦循环流化床机组，采用低氧分级燃烧、炉内石灰石脱硫技术，有效地减少烟气中氮氧化物与二氧化硫的生成，使全厂氮氧化物 、二氧化硫单位排放量由之前的 4.0 克/千瓦时、6.2 克/千瓦时以上降至 1.9 克/千瓦时、4.8 克/千瓦时左右。

2007 年，关停 2 台 50 兆瓦发电机组，共减少二氧化硫排放量 0.16 万吨/年。2010 年，景电“上大压小”工程所建的 2 台 660 兆瓦机组采用低氮氧化物直流 PM 型燃烧器，从源头上降低氮氧化物的生成，烟气进行脱硫脱硝处理。该脱硫系统为国内首台无烟气旁路脱硫系统。新机组设计工业废水、生活污水经处理后可重复利用，基本废水实现零排放。电厂从景德镇市区昌江河上游搬到远离市区的下游，减少对昌江河的污染。

表 9-1-11　　1986—2010 年景德镇电厂污染物排放减排指标表　　单位:克/千瓦时

年份	烟尘排放	二氧化硫排放	氮氧化物排放	年份	烟尘排放	二氧化硫排放	氮氧化物排放
1986	1.885	5.662	2.330	1999	1.905	6.338	4.503
1987	1.665	4.232	2.214	2000	1.825	6.384	4.226
1988	1.564	4.327	2.420	2001	1.838	6.306	4.165
1989	1.356	4.364	2.536	2002	1.819	6.175	4.251
1990	1.956	4.522	2.365	2003	1.811	6.225	4.036
1991	1.856	3.978	2.752	2004	4.083	5.888	3.978
1992	1.324	4.663	1.932	2005	2.213	4.833	1.946
1993	1.332	4.566	3.365	2006	1.468	4.823	1.900
1994	1.254	3.893	4.553	2007	1.113	5.026	1.789
1995	1.374	5.645	4.235	2008	1.898	5.061	1.655
1996	1.354	6.535	4.365	2009	1.374	4.739	1.964
1997	1.574	6.532	4.258	2010	1.233	4.452	2.082
1998	1.996	6.503	4.395				

第二节　水力发电

小水电建设

昌江流域水电站建设主要集中于浮梁县境域。1986 年,浮梁县水电形成 35 千伏为主干,10 千伏为骨架的电网,承担浮梁东部乡镇的电力供应。1990 年,浮梁县建成投运的 100 千瓦以上水电站 11 座,装机容量为 3340 千瓦,加上其他微型电站,全县水电总装机容量为 4120 千瓦,年发电量 700 万千瓦时,水能开发利用率 4.75%,电量利用率为 2.15%。

2000 年,全县小水电站共计 113 座 135 台,单机 75 千瓦以上的 14 座 21 台,总装机 4240 千瓦,年均发电量 1050 万千瓦时,装机最大的三墩电站为 950 千瓦。昌江流域 10 千伏及以上入网水力发电站 2 座,即航务分局鱼山水电站和三墩水电站。

表 9-1-12　　2004 年浮梁县小水电站运行情况表

电站名称	总装机(千瓦)	装机数(台)	运行装机(千瓦)	上网电量(万千瓦时)
梅岭一级	520	2	520	2471461
梅岭二级	500	2	500	
三墩	750	2	750	1320763
锦溪	80	2	95	180540
长潭	80	2	停止运行	0

续表 9－1－12

电站名称	总装机(千瓦)	装机数(台)	运行装机(千瓦)	上网电量(万千瓦时)
蛇形	110	2	停止运行	0
大背坞	95	2	停止运行	0
玉田	325	2	325	206750
大洲	395	3	235	476493
潘村	—	1	—	30608
大港	180	2	180	143805
港口	150	2	150	242286
中洲	275	2	200	405327
象湖	67	1	55	—
长征	75	0	停止运行	0
西湾	110	0	停止运行	0
查村	80	0	停止运行	0
其他微型电站	448	0	停止运行	0

2005 年，浮梁渭水水电站投运。全县小水电机组共计 58 台，总装机容量 10.9 兆瓦。

至 2010 年年底，浮梁县境内的昌江流域共有 13 座水电站运行，昌江区有鱼山水电站 1 座在运行。总装机 39 台，容量 20.485 兆伏安，入网电压均为 10 千伏以上。

表 9－1－13　　**2010 年景德镇入网水电机机组一览表**

发电厂名称	装机容量(兆伏安)	最大可调出力(兆伏安)	单机组合(台)	投产年月	接入系统电压等级(千伏)	调度关系
樟树坑水电站	10	9	4	2008.4	35	地调
航务分局鱼山水电站	2.6	2.34	4	1989.4	35	地调
东港桥水电站	1.89	1.7	3	2010.2	35	地调
渭水水电站	0.375	0.34	3	2005.5	35	地调
三墩水电站	0.75	0.68	3	1999.4	35	地调
港口水电站	0.195	0.18	2	2009.7	10	浮梁县调
石溪水电站	1.95	1.76	3	2007.8	10	浮梁县调
李家坝水电站(江村)	0.225	0.2	2	1984.4	10	浮梁县调
黄坛水电站	0.395	0.36	3	1978.1	10	浮梁县调
梅岭水电站	1.02	0.92	4	1999.4	10	浮梁县调
长潭水电站	0.25	0.23	2	2005.5	10	浮梁县调
玉田水电站	0.325	0.29	2	1980.5	10	浮梁县调
锦溪水电站	0.205	0.18	2	2001.6	10	浮梁县调
大港水电站	0.305	0.27	2	2010.7	10	浮梁县调

小水电站选介

李家坝(中洲)水电站 位于浮梁县江村乡,地处昌江支流江村河中游,水坝控制流域面积227平方千米。装机200千瓦,年发电量83.1万千瓦时。作为"十二五"农村电气化项目,扩建后装机容量450千瓦,年平均发电量199.98万千瓦时,保证出力96.6千瓦,总投资180.71万元。

玉田水电站 位于浮梁县湘湖镇玉田湖村,地处昌江支流南河中游,玉田水库坝后,坝址以上河长46.5千米,工程控制流域面积146平方千米,装机容量325千瓦。有750万立方米调蓄库容的坝后式电站,利用水库水头发电,发电涵管为钢筋混凝土结构,内径2米,出口分3个叉管,1个用于灌溉,2个用于发电。装机2台,1台125千瓦,1台200千瓦。

锦溪水电站 位于浮梁县鹅湖镇朱锦村,地处昌江支流东河,锦溪水库大坝外坡坝脚左侧,属于坝后式水电站,装机容量110千瓦,属于堤坝式水电站,总库容361万立方米,扩建后装机容量达到200千瓦,增加装机容量90千瓦,年平均发电量80万千瓦时,保证出力45千瓦,总投资130万元。

大港水电站 位于浮梁县经公桥镇大港村,地处小北港中上游,为镇办电站。属于小北港流域梯级开发的第三级电站,坝址以上控制流域面积300.38平方千米。拦西湖、桃墅、坑口3条河水,集雨面积272.24平方千米,总装机430千瓦,引用流量9.65立方米/秒,设计水头4.6米,为径流式电站,年发电154.8万千瓦时,年利用3600小时。

港口水电站 位于浮梁县经公桥镇港口村,地处小北港中上游,为村办电站。属于小北港流域梯级开发的第二级电站,控制流域面积213.9平方千米,引用西湖、源港2条河水,集雨面积209.99平方千米。建有浆砌块石滚水坝2座,坝顶长66米,坝高4米,引水渠1条,长75米,利用发电水头5.5米,总装机2台150千瓦,引用流量7.65立方米/秒,投资34万元,供全村350多户用电。年发电量50万千瓦时,年利用3300小时。

梅岭水电站 位于浮梁县瑶里镇汪湖村境内,地处东河源头,为乡办电站,坝址以上控制流域面积9.86平方千米,集雨面积10.5平方千米,调蓄库容10万立方米,设计装机容量1020千瓦。分两级开发,一级站属坝后式电站,利用水库135米水头落差,从隧洞出口到厂房压力涵管为钢板焊接结构,全长320米,内径450毫米,出口分2个叉管。装机200千瓦和320千瓦各1台,年发电量191万千瓦时。二级站在梅岭村附近,距一级电站南1千米的下游,引用一级站发电后的尾水。工作水头107米,置有2台机组,总装机500千瓦,引用流量0.57立方米/秒,年发电量174万千瓦时。

黄坛(大洲)水电站 位于浮梁县黄坛乡大洲村上游1千米处,地处西河上游,属于西河流域水电梯级开发的第一级电站,坝址以上控制流域面积115.6平方千米,多年平均流量3.5立方米/秒,可蓄水5.8万立方。黄坛(大洲)水电站总装机容量395千瓦,年发电量150万千瓦时。

三墩水电站 位于浮梁县瑶里镇的三墩村。电站设计装机4台,总容量1000千瓦,年发电量580多万千瓦时。引梅岭、白石塔、罗源3条支流水,集雨面积96.3平方千米,引水流量3.5立方米/秒;支渠1.98千米,引长明支流水,集雨面积23.15平方千米,引用流量0.9立方米/秒,总集雨面积119.45平方千米,超引用流量4立方米/秒。建有渡槽3座,最大的为瑶河飞渡,槽身全长240米,其次是双河渡槽,槽身全长90米。厂房设有4台机组,水头落差30米。

鱼山水电站 位于昌江区鲇鱼山镇上游,距景德镇市19千米,为昌江航运鲇鱼山水利枢纽的综合配套工程。1989年4月建成投运。装有4台发电机组,总容量2530千瓦,接入电压35千伏。2009年,省港航管理局投资529.11万元对机电设备进行改造,由原来的650千瓦×3+580千瓦扩容到750千瓦×4,设备操作由人工转为自动化操作。

渭水水电站 位于浮梁县王港乡,地处东河中游,坝址以上控制流域面积550平方千米,总库容60万立方米,属于东河流域水电梯级开发第八级电站。总装机345千瓦,工作水头2.5米,引用流量4.5立方米/秒,年发电量120万千瓦时。

长潭水电站 位于浮梁县鹅湖镇,地处东河中游,坝址以上控制流域面积225平方千米,属东河流域水电站梯级开发的第七级电站。总库容60万立方米,电站总装机2台250千瓦,工作水头2.5米,引用流量

4.5 立方米/秒，年发电量 122 万千瓦时。

樟树坑水电站　位于浮梁县上游 10 千米浮梁镇周家港村境内，地处昌江干流中游，集雨面积 3113 平方千米，多年平均流量 96.7 立方米/秒。坝顶正常水位 34 米（黄海高程），平均利用水头 5.9 米，装机容量 10000 千瓦，年发电量 2200 万千瓦时，多年平均发电量 3311 万千瓦时，总投资 6400 万元，为“十一五”农村电气化新建项目。电站建设方式为堤坝式，总库容 697 万立方米，属河床径流式电站。项目实施主体为江西昌江水电发展有限公司。2005 年 12 月 18 日开工建设，2008 年 4 月投产试运，装机 4 台。

石溪水电站　位于浮梁县勒功乡石溪村境内，地处昌江支流杨村河下游，积雨面积 567.2 平方千米，装机容量 0.15 万千瓦，多年平均发电量 500 万千瓦时，电站建设方式为堤坝式，总库容 200 万立方米，属河床径流式电站。2007 年 7 月开工建设，2008 年 4 月建成投产试运营。总投资 960 万元，年发电 450 万千瓦时。

东港桥水电站　位于浮梁镇新平村境内，地处昌江支流下游，昌江入口处，集雨面积 591 平方千米，总装机 3 台 630 千瓦，多年平均发电量 635 万千瓦时。电站建设方式为堤坝式，总库容 90 万立方米，属河床径流式电站，为“十一五”农村电气化新建项目。2008 年 8 月开工建设，2009 年 10 月建成投产试运营。总投资 1680 万元，每年发电 920 万千瓦时。

第三节　机　构

江西景德镇发电有限公司

1986 年，称江西景德镇发电厂，下设办公室、计划科、财务科、审计科、劳动人事科、物资供应科、基建科、保卫科安全监察科、生产技术科、总务科、工会、团委、组织科、宣传科、纪检委等 24 个科室、部门，员工 1112 人。辖厂劳动服务公司、燃煤装卸队 2 家集体企业。1992 年，2 家企业合并组建市电力实业开发总公司。

1995 年 9 月，成立江西景德镇发电有限责任公司，注册资本 7800 万元，为省电力公司首家转换经营机制、建立现代企业制度的试点单位，新建的 2 台 125 兆瓦机组（属技改工程）实行股份制经营，形成“一厂两制”管理模式。

1998 年 5 月，景德镇发电厂并入景德镇发电有限责任公司，注册资本 8828 万元，拥有 2 台 50 兆瓦和 2 台 125 兆瓦火力发电机组，员工 1600 余人。2002 年，国家将发电和电网两类业务划分管理。江西景德镇发电厂集体资产经营中心出资 1490 万元，景德镇新源投资有限公司（职工集资）出资 542 万元，将景德镇市电力实业开发总公司改制为江西昌源实业有限公司（简称昌源公司）。12 月，中国电力投资集团公司组建，景德镇发电厂成为中电投集团的成员企业、三级单位，由江西电力分公司直接管理。

2004 年，景德镇发电公司启动体制改革，实施主辅分离、运检分离、运管合一，提升辅业参与市场能力。2005 年 1 月，划分为 3 个独立法人单位，保留江西景德镇发电有限责任公司，原各检修车间新组建成立景电区域检修分公司，分离辅业资产组建辅业公司。成建制划入江西景德镇发电有限责任公司 887 人、景电区域检修公司 376 人、辅业公司 226 人。4 月，成立江西中电电力工程有限责任公司景德镇分公司，主营火电机组等级检修、维护，为区域性专业化电力检修企业，在服务电力内部市场时，以关联交易的形式运作。5 月，辅业公司成立江西正源电力实业有限公司，主要业务是服务电力内部市场，以关联交易的形式运作，其他对外业务还有物业管理、粉煤灰生产销售等。2009 年，辅业回归主业，撤销江西正源电力实业有限公司。

江西乐平火力发电厂

隶属省电力工业局，全民所有制企业。1986 年 12 月 20 日，乐平发电厂在全省火电厂中首批实行厂长负责制。生产经营实行厂、车间和班组 3 级管理体制，其中车间级管理体制曾进行 8 次较大规模的改革。

1987 年年底，乐平发电厂设厂长 1 人，生产、行政副厂长各 1 人，工会主席 1 人，总工程师 1 人；党委设书记 1 人。二级管理机构有生产技术科、安全监察科、教育科、计划科、财务科、劳动人事科、物资供应科、燃料科、基建科、保卫科、行政管理科、企业管理办公室、企业管理协会、厂办公室、厂志办公室、党委办公室、工会、团委、武装部、组织科、宣传科、纪检办公室、离退休管理办公室、职工子弟学校、劳动服务公司、锅炉车间、汽机车间、电气车间、燃化车间、修配车间、汽车队。

80年代末期,因火力发电厂12.5万千瓦至30万千瓦的机组成为发电主力机组,乐平发电厂逐步成为调峰电厂。从1999年开始,根据省电力公司决定,乐平发电厂进行关停工作,对员工实施逐步分流。

2000年4月24日,赣东北供电局设立乐电基地管理委员会,作为局二级机构开展工作。2002年5月1日,乐平发电厂摘牌。员工主要由赣东北供电局、景德镇供电公司分流安置。

浮梁县水电公司

1989年,浮梁县水电公司成立,隶属县水利局,辖梅岭水电站、三墩水电站、锦溪水电站、长潭水电站、蛇形水电站。供电范围包括瑶里镇、鹅湖镇、臧湾乡、王港乡。建有35千伏变电站1座,变电容量2×2000千伏安,有35千伏线路22千米,与市电网联通,承担浮梁东部小水电丰水期上网及枯水期由市网返供的任务。1998年12月,水电公司并入县供电公司。是年,国家实行农电体制改革,小水电站不再拥有供电区,而上网电价偏低,大多数水电站难以为继,小水电逐步走向萎缩。2000年12月28日,三墩电站拍卖,原三墩电站租赁人以120万元中标,电站由国有民营转为民有民营。是年,梅岭电站也由私人购买。港口、大港、大洲、中洲等电站陆继由县供电公司收购。

第二章　电　网

景德镇电网处于江西电网末端,电源支撑弱,电网可靠性不足。特别是农村地区电网,基于小水电供电的布局,在供电线路延伸后,供电能力严重不足,很多边远地区尚未通电。进入90年代,电网虽然经过建设改造,仍不能满足日益增长的电力需求。2000年后,景德镇地区用电负荷迅速增长,在国家政策支持下,市供电公司(局)和赣东北供电公司(局)开展多轮次、大规模农网、城网建设改造,景德镇电网形成220千伏双环网。至2010年,基本实现坚强电网的目标,供电可靠率大为提高。

赣东北电网与景德镇电网属各自供电公司管理,是江西电网的组成部分,通过500千伏与220千伏线路连接。赣东北电网经过多次新建、改造,至2000年形成贵挡线、挡德线、挡梅线、景兴线、挡蛇线组成的"8"字主网架,地区供电能力加强。

景德镇、赣东北电网地调在省电力中调统一调度下,对电网运行实行安全、经济、科学调度管理,有效应对灾害性天气和突发事故,切实降低输电损耗。并通过通信技术进步和对变电站技术改造,实现远程监控、无人值守和远程调度操作;通过对输电线路技术改造,更新运维规程,强化巡线制度,加强继电保护,有效降低线路故障及损失。

第一节　电网建设

500千伏电网

2004年,乐平500千伏变电站开工建设,是江西省第四座500千伏变电站,属三峡输变电配套工程之一,也是三峡水电站向江西电网赣东北输送电力的一个重要枢纽站,负责向南昌、上饶、鹰潭、景德镇地区输送三峡电力,2006年5月投入使用。赣东北电网通过500千伏南乐线加强与江西主网联系。

2005年11月7日,景德镇完成500千伏变电站的可行性论证及规划选址的前期工作。变电站设在浮梁县洪源镇江家村,距景德镇市直线距离15千米,占地约5.13公顷。当期建设750兆伏安主变1组,远期3组;分别至乐平、景德镇电厂(鱼山)。220千伏出线当期8回,分别至鄱北、三龙、蛇龙、李家各2回,远期共12回。

2008年6月22日,景德镇500千伏输变电工程开工,由国家电网公司投资、江西省电力设计院设计、江西省送变电建设公司施工。工程包括新建500千伏洪源变电站、乐平—洪源500千伏线路、景德镇电厂（鱼山）—洪源—乐平500千伏线路和配套220千伏输电线路工程。500千伏线路长度为2×57.5千米，双回路架设，沿线经过乐平市、鄱阳县、景德镇市和浮梁县。

2010年3月，国家发改委核准该工程总投资5.8亿元，为景德镇地区一次性投资最大的输变电工程。

220千伏电网

景德镇电网220千伏输电线路　景（德镇电厂）蛇（龙变）线和蛇垱线为景德镇电厂（青塘）扩建的外送配套工程，1993年10月动工建设，1994年4月完工，8月13日一次投运成功，工程累计投资2258万元。到2001年年初，景德镇220千伏输电线路有景兴线、景蛇线、垱蛇线3条，共计106.4897千米。

2004年2月，220千伏景蛇Ⅱ线工程开工，全长16.6087千米，10月8日投运。至2010年，景德镇电网220千伏网架线路增至15条，线路总长262.6841千米。

表9-2-1　**1994—2010年景德镇电网220千伏输电线路情况表**　单位：千米

年份	线路名称	导线型号	线路长度	投产时间	连接变电站	说　明
1994	220千伏景李线（原景兴）	LGJQ-400	5.9	2004.6.29（1994.5.23）	景电（青塘）、李家	该线原是景兴线属赣东北供电局维护，2005年6月15日破口改造为景李线（1#、20#杆）归景德镇公司维护
1996	220千伏景蛇Ⅰ线	LGJQ-400	13.27	1996.11.3	景电（青塘）、蛇龙	2004年10月2日1#—6#改为双回路塔与景蛇Ⅱ线1#—6#共塔，1#—6#双回路塔段导线改为LGJ—400/35（原LGJQ—400）；景蛇Ⅰ线33#与景蛇Ⅱ线46#共塔
2004	220千伏景蛇Ⅱ线	LGJ-400/35	12.32	2004.9.30	景电（青塘）、蛇龙	—
2009	220千伏洪蛇Ⅰ线	2×LGJ-300/40	16.61	2009.6.18	洪源、蛇龙	洪源550千伏变电站建成后，2011年4月原220千伏蛇鄱线、浮鄱线、蛇浮线破口为220千伏洪蛇Ⅰ、Ⅱ线，洪浮Ⅰ、Ⅱ线，洪鄱Ⅰ、Ⅱ线
2009	220千伏洪鄱Ⅰ线	2×LGJ-300/40	28.05	2009.6.18	洪源、鄱北	洪源550千伏变电站建成后，2011年4月原220千伏蛇鄱线、浮鄱线、蛇浮线破口为220千伏洪蛇Ⅰ、Ⅱ线，洪浮Ⅰ、Ⅱ线，洪鄱Ⅰ、Ⅱ线
2009	220千伏洪鄱Ⅱ线	2×LGJ-300/40	28.05	2009.6.18	洪源、鄱北	洪源550千伏变电站建成后，2011年4月原220千伏蛇鄱线、浮鄱线、蛇浮线破口为220千伏洪蛇Ⅰ、Ⅱ线，洪浮Ⅰ、Ⅱ线，洪鄱Ⅰ、Ⅱ线
2009	220千伏洪蛇Ⅱ线	2×LGJ-300/40	16.61	2009.6.18	洪源、蛇龙	洪源550千伏变电站建成后，2011年4月原220千伏蛇鄱线、浮鄱线、蛇浮线破口为220千伏洪蛇Ⅰ、Ⅱ线，洪浮Ⅰ、Ⅱ线，洪鄱Ⅰ、Ⅱ线
2009	220千伏洪浮Ⅱ线	2×LGJ-300/25	11.55	2009.6.18	洪源、浮梁	洪源550千伏变电站建成后，2011年4月原220千伏蛇鄱线、浮鄱线、蛇浮线破口为220千伏洪蛇Ⅰ、Ⅱ线，洪浮Ⅰ、Ⅱ线，洪鄱Ⅰ、Ⅱ线
2010	220千伏蛇严Ⅱ线	2×LGJ-300/40	10.57	2010.6.16	蛇龙、严坞	2008年，严坞220千伏开关站建成，原乐蛇线破口改造为乐严线及蛇严Ⅱ线，蛇严Ⅱ线1#、33#为原乐蛇线139#、171#、34#、38#为新增杆塔

续表 9-2-1

年份	线路名称	导线型号	线路长度	投产时间	连接变电站	说明
2010	220 千伏垱严线	LGJQ-400	42.87	2010.7.31	垱岭、严坞	2008 年,严坞 220 千伏开关站建成,原垱蛇线破口改造为垱严线及蛇严Ⅰ线,垱严线#1.#125 为原垱蛇线#1.#125,#126.#128 为新增杆塔
2010	220 千伏景严Ⅱ线	2×LGJ-630/45	5.27	2010.8.21	景电(鱼山)、严坞	—
2010	220 千伏景严Ⅰ线	2×LGJ-630/55	5.05	2010.8.21	景电(鱼山)、严坞	—
2010	220 千伏蛇严Ⅰ线	2×LGJ-300/25	10.57	2010.8.21	蛇龙、严坞	2008 年,严坞 220 千伏开关站建成,原垱蛇线破口改造为垱严线及蛇严Ⅰ线,蛇严Ⅰ线 1#、33#为原垱蛇线 139#、171#、34#、36#为新增杆塔
2010	220 千伏乐严线	2×LGJ-300/25	44.48	2010.9.27	乐平、严坞	2008 年,严坞 220 千伏开关站建成,原乐蛇线破口改造为乐严线及蛇严Ⅱ线,乐严线 1#、138#为原垱蛇线 1#、138#、139#为新增杆塔

赣东北电网 220 千伏线路　1988 年 10 月,220 千伏德兴变电站和贵德线投运,赣东北供电区结束没有 220 千伏电网的历史。1994 年 7 月,由贵德线破口接入新建 220 千伏垱岭变电站,贵德线分成 220 千伏贵垱线和 220 千伏垱德线。1996 年,景德镇电厂扩建 2×12.5 万千瓦机组配套建设 220 千伏景兴线。1998 年建设 220 千伏梅垱线,加强与主网联系。

2006 年,新增 220 千伏乐垱Ⅰ线 8.023 千米。2007 年,新增 220 千伏乐德线 67.91 千米,220 千伏乐阳Ⅰ线 25.946 千米,220 千伏乐阳Ⅱ线 25.946 千米。2009 年新增 220 千伏乐高Ⅰ线 23.547 千米,220 千伏乐高Ⅱ线 23.547 千米。

表 9-2-2　**2000 年赣东北供电局 220 千伏输电线路一览表**　单位:千米

线路名称	起止地点		导线型号	线路长度	投运时间
	起点	终点			
贵垱线	贵溪电厂	垱岭变	LGJQ-400	91.14	1988.10.9
垱德线	垱岭变	德兴变	LGJQ-400	61.31	1988.10.9
景兴线	景德镇电厂	德兴变	LGJQ-400	72	1996.10.28
梅垱线	梅庄变	垱岭变	LGJ400-35	89.03	1998.4.13

表 9-2-3　**2010 年赣东北供电局 220 千伏输电线路一览表**　单位:千米

线路名称	导线型号	线路长度	投产年月	说明
乐平—垱岭Ⅱ	LGJQ-400/35	8.17	1998.5 2006.12	原垱余线破口
乐平—垱岭Ⅰ	2×LGJ-300	8.023	2003.12 2006.12	原南垱线破口

续表 9-2-3

线路名称	导线型号	线路长度	投产年月	说明
乐平—余干	2×LGJ-300+JRLX/T-413/52	53.513	1998.5 2006.12	原垱余线破口
梅庄—余干	LGJ-400/35	32.143	1998.5 2005.12	原梅垱线破口
乐平—德兴	2×LGJ-300	67.91	2007.11	—
乐平—鄱阳Ⅰ	2×LGJ-300	25.946	2007.12	—
乐平—鄱阳Ⅱ	2×LGJ-300	25.946	2007.12	—
乐平—高新Ⅰ	2×LGJ-240	23.547	2009.1	—
乐平—高新Ⅱ	2×LGJ-240	23.547	2009.1	—

景德镇电网220千伏变电站　蛇龙220千伏变电站。位于市西郊蛇垄里，面积为24000平方米。1995年3月10日动工建设，1996年11月2日投运，属景德镇电厂扩建工程的外送配套工程，投资3764万元；二期工程于2004年6月投运，增加主变1台。2台主变容量为2×120兆伏安。属景德镇地区枢纽变电站，承担城市西南部地区的供电任务。

李家220千伏变电站。位于昌江区黄泥头新村，面积40580平方米。一期工程2004年10月开工，2005年6月15日投运；2007年12月22日二期工程投运，增加主变1台。主变容量2×120兆伏安，承担城市东北部地区的供电任务。

竟成220千伏变电站。位于昌江区竟成镇，占地面积8666.64平方米，2010年开工建设。工程总投资约1.84亿元。主变容量180兆伏安。是景德镇电厂(鱼山)输送电能至景德镇市的枢纽变电站，承担城市东南部的供电任务。建成投运后，景德镇成为继省会南昌之后实现全省第二个220千伏“双环网”的城市。

浮梁(三龙)220千伏变电站。位于浮梁县三龙镇，面积16400平方米。2008年3月一期工程开工，2009年1月16日投运，主变1台，容量为150兆伏安，该站提高了浮梁县及陶瓷工业园区供电能力。

严坞220千伏开关站。位于昌江区鱼山镇留阳村，占地面积12693.33平方米。总投资5687万元，2010年3月26日动工，2010年7月30日正式投入运行。是景德镇市发电厂(鱼山)电力外送配套项目，投运后将景德镇电厂(鱼山)电力通过蛇严Ⅰ线、蛇严Ⅱ线注入景德镇电网，通过垱严线、乐严线注入赣东北电网。

鄱北220千伏变电站。位于鄱阳县田畈街镇西北方向约5千米处，面积6400平方米。2008年10月开工，2009年7月竣工投运，总投资为1亿元，主变容量为150兆伏安，承担鄱阳县北部的供电任务。

至2010年年底，景德镇电网共有220千伏变电站4座及开关站1座，220千伏主变压器6台，总容量为780兆伏安。

表9-2-4　　**2003—2010年景德镇电网220千伏输电线路新增改建扩建项目一览表**

年份	工程项目
2003	蛇龙变扩建新增120兆伏安主变1台
2005	2005年6月15日，李家220千伏变电站投运。原属赣东北供电公司维护的220千伏景兴线1#~18#杆划归景德镇供电公司维护，新增19#、20#两基耐张塔，更名为220千伏景李线，全线共20基杆塔，5.729千米
2006	李家变扩建1#主变、110千伏Ⅰ段母线。输电线路：李马Ⅰ线，线路参数：1.5千米LGJ-240导线；李马Ⅱ线，线路参数15.5千米LGJ-240导线
2007	龙石线、蛇龙变、石岭变、李大线、李家变、大石口变

续表 9-2-4

年份	伏输变电工程项目
2008	浮梁变新增一台1#主变,容量为150兆伏安;鄱北变新增一台1#主变,容量为180兆伏安。线路:鄱北变至田变110千伏线路,6.8千米LGJ-240/30导线;鄱北变至田变110千伏线路,6.6千米LGJ-240/30导线
2009	500千伏洪源变至220千伏蛇龙变2回,线路参数:LGJQ-300×2(15.00千米);严坞开关站至220千伏蛇龙变2回,线路参数:LGJQ-300×2(12.00千米);新建自220千伏李家变110千伏出线构架双回路共塔架设至马鞍山变,线路长度17.971千米,其中架空段17.169千米、电缆段0.802千米,导线型号为LGJ-300/40,电缆为YJLW03-Z型电缆,截面积500平方毫米的交流电力电缆;新建蛇龙至梧桐110千伏同杆双回线路长度约2×3.71千米,采用LGJ-240型导线
2010	从浮梁变110千伏构架出线至宝石变110千伏进线构架止,线路长约2×5.5千米。导、地线选型及防震措施:导线选用LGJ-240/30型钢芯铝绞线,地线采用一根OPGW复合光缆(24芯),一根95铝包钢绞线,采用防震锤

赣东北电网220千伏变电站　1988年10月9日,德兴变电站建成投运,一期工程总投资1019.22万元。首期工程安装1台容量为9万千伏安主变,220千伏出线近期3回,110千伏出线近期5回,10千伏不建出线。1994年10月,扩建220千伏德兴变电站2号主变投运,主变容量12万千伏安。

1995年7月,垱岭变电站建成投运,一期工程安装12万千伏安主变1台,220千伏出线近期出线2回,110千伏出线近期5回,10千伏所用变2台。1999年2月扩建1台12万千伏安2号主变,形成以垱岭变电站为中间点的"8"字环网,成为赣东北地区220千伏枢纽变电站。

2005年,新建220千伏余干变电站,主变1台,容量为12万千伏安。2007年,新建220千伏鄱阳变电站,主变1台,容量为15万千伏安。2008年,新建220千伏香屯变电站,主变1台,容量为15万千伏安。2009年,新建220千伏高新变电站,主变1台,容量为15万千伏安。

表 9-2-5　　**1988—2009年赣东北电网220千伏变电站一览表**

变电站名称	变电站容量(台×万千伏安)	主接线方式	出线电压等级(千伏)	出线回路数	投产年月
德兴	1×9、1×12	—	—	—	1988.10、1994.10
垱岭	2×12	—	—	—	1995.7、1999.2
余干	—	单母线	220/110/10	2	2005.12
鄱阳	1×15	单母线	220/110/10	2	2007.12
香屯	1×15	单母线	220/110/10	2	2008.10
高新	1×15	单母线	220/110/10	2	2009.1

110千伏电网

景德镇电网110千伏输电线路　2001年年初,景德镇电网110千伏线路有景北黄线、龙银西景线、景田线、景北线、银黄线5条,共计54.62千米。至2010年,增加到21条,总长219.27千米。110千伏电网由220千伏蛇龙变、竟成变、李家变及景德镇电厂共同支撑。除110千伏石岭变由220千伏蛇龙变单侧电源放射供电外,其余均为链式接线。

银风线。为景德镇市第一条110千伏输电线路,由银坑坞变电站至赣东北供电局的东风变电站,市供电局实际管辖为银坑坞变电站至涌山河段,全长14.18千米。1995年7月停止运行。

景银线。由景德镇电厂至银坑坞变电站,线路总长11.78千米。

景德线。原名景泗线,1985 年 12 月开始投运,由景德镇电厂至德兴泗洲庙,线路总长 35.09 千米。1991 年退出运行。

景黄线。1990 年 2 月投运,由景德镇电厂至黄泥头变电站,全长 11.8 千米。

景田线。1991 年 2 月投运,由景德镇电厂至田畈街变电站,全长 37.1 千米。

银黄线。1993 年 5 月投运,由银坑坞变电站至黄泥头电站,全长 6.885 千米。

景龙线。1996 年 11 月投运,由景德镇电厂至蛇龙变电站,由原景银线破口接至蛇龙变电站。全长 9.4 千米。

龙银Ⅰ线。1996 年 11 月投运,由蛇龙变电站经南山至银坑坞变电站,是原景银线破口接入蛇龙变电站的一段,全长 11.88 千米。

龙银Ⅱ线。1996 年 11 月投运,由蛇龙变电站经枫树山至银坑坞变电站,在将景银线破口改造为景龙线和龙银Ⅰ回的同时,为使银坑坞变电站具备双电源,新建龙银Ⅱ回,线路全长 12.32 千米。

景北线。1999 年 5 月 19 日投运,由景德镇电厂至城北变电站,全长 3.31 千米。

景北黄线。1999 年 5 月 19 日投运,从景黄线 T 接至城北变电站,线路全长 3.23 千米。

表 9-2-6　　1994—2010 年景德镇电网 110 千伏输电线路一览表　　单位:千米

年份	线路名称	导线型号	线路长度	投运日期	连接变电站	说明
1994	梁田线	LGJ-120	31.178	1994.12.1	浮梁、田畈街	—
1996	银梧线	LGJ-240/30	15.475	1996.11.8	银坑坞、梧桐	1#、48#为龙银Ⅱ回老线路
1999	李北线	LGJ-185、LGJ.240	7.985	1999.5.19	李家、城北	—
1999	景北线	LGJ-185/30、LGJ.240/30	5.9851	1999.5.19	景电(青塘)、城北	景北线 1#、7#与电李线 1#、7#共(塔)杆;1#、7#为 LGJ-185 导线,8#、19#为 LGJ-240 导线;1#、7#为 1984 年 12 月投运的景德线,8#、20#杆为 1995 年 5 月、1999 年 5 月投运的景北线
2001	景李线	LGJ-185	5.895	2001.12.8	景电(青塘)、李家	1#、23#杆段为 1984 年 12 月投运的景德线 24#、26#杆段为 2005 年 6 月 15 日投运的
2002	景大线	LGJ-185	4.4853	2002.1.15	景电(青塘)、大石口	—
2005	李涌源线	LGJ-185	34.6173	2005.6.21	李家、涌山、景源水泥厂	—
2005	李黄Ⅱ线	LGJ-240、LGJ-185/30	7.695	2005.11.2	李家、黄泥头	2005 年 6 月李家变投运,原景黄线 25#、48#改为李黄Ⅱ线 4#、27#;1#为 2005 年 6 月投运的线路,4#、12#杆 1984 年 2 月建成,13#、27#是 1990 年 9 月运行
2006	李黄Ⅰ线	LGJ-240、LGJ-185/30	5.4188	2006.4.30	李家、黄泥头	—
2006	龙银Ⅰ线	LGJ-240	10.7212	2006.9.30	蛇龙、银坑坞	16#、36#为 1973 年投运线路

续表 9-2-6

年份	线路名称	导线型号	线路长度	投运日期	连接变电站	说明
2006	景西线	LGJ-240	7.178	2006.9.30	景电(青塘)、西苑	1#、18#为1973年投运线路
2007	龙石线	LGJ-240/30	6.366	2007.7.15	蛇龙、大石口	—
2007	龙西线	LGJ-240	5.4288	2007.8.23	蛇龙、西苑	启用1996年11月投运的景龙线
2007	李大线	LGJ-185	7.941	2007.10.23	李家、大石口	—
2009	李马Ⅱ线	LGJ-240/30	17.169	2009.8.31	李家、马鞍山	—
2009	梁景线	LGJ-120/20	11.1628	2009.3.12	浮梁、景电(青塘)	—
2009	鄱田Ⅰ线	LGJ-185	6.49	2009.9.2	鄱北、田畈街	—
2009	龙梧线	LGJ-240/30	4.376	2009.9.15	蛇龙、梧桐	1#、4#为龙银Ⅱ回老线路
2010	梁宝Ⅰ线	LGJ-240/30	5.853	2010.6.30	浮梁、宝石	—
2010	梁宝Ⅱ线	LGJ-240/30	5.784	2010.6.30	浮梁、宝石	—
2010	梧丽线	LGJ-240/30	12.07	2010.7.25	梧桐、丽阳	—

赣东北电网110千伏线路　至1986年,110千伏弋永线、贵永线、贵泉线、接风线均相继竣工投运,110千伏电网延伸到供电区东南。110千伏景泗线、婺泗线竣工投运,结束德兴铜矿长期单回路供电的局面。至此,整个赣东北110千伏电网兼有景德镇、乐平、贵溪3电源,形成多重环型网架。

1988—1989年,110千伏线路新增德叶、德景、德泗、芝珠、风塔线5条共102.16千米。1991年新增梅华、梅瑞、瑞康线3条共78.23千米。1994—1995年,新增垱塔、垱珠、垱万、风垱线4条共73.74千米。2000年,新增垱接、风接、垱芦线3条共33.41千米。

表9-2-7　**1988—2000年赣东北供电局新建110千伏输电线路一览表**　单位:千米

线路名称	起止地点		线路长度	导线型号	投运年份
	起点	终点			
德叶线	德兴变	叶家变	17.45	LGJ-150	1988
德景线	德兴变	景德镇电厂	46.3	LGJ-185	1988
德泗线	德兴变	泗洲庙变	2.19	LGJ-185	1988
芝珠线	芝田变	珠湖变	26.72	LGJ-120	1988
风塔线	东风变	塔山变	9.5	LGJ-185	1989
梅华线	梅庄变	华林岗变	33.73	LGJ-185	1991
梅瑞线	梅庄变	瑞洪变	21	LGJ-95	1991
瑞康线	瑞洪变	康山变	23.5	LGJ-95	1991
垱塔线	垱岭变	塔山变	2.2	LGJ-185	1994
垱珠线	垱岭变	珠湖变	37.31	LGJ-185	1994(破口)

续表 9-2-7

线路名称	起止地点		线路长度	导线型号	投运年份
	起点	终点			
垱万线	垱岭变	万年变	21.74	LGJ-185	1995
风垱线	东风变	垱岭变	12.49	LGJ-120	1994
垱接线	垱岭变	乐电基地升压站	6.5	LGJ-185	2000
风接线	东风变	乐电基地升压站	5.42	LGJ-185	2000
垱芦线	垱岭变	芦田变	21.49	LGJ-150	2000

2001年,110千伏线路新增珠华线16.15千米、芦芝线26.877千米、万桥线11.351千米、桥余线41.859千米,共计22条,线路长度为492.218千米;2004年线路增加3条线路,长度共计555.448千米;2006年增加4条线路,长度共计650.503千米;2010年增加3条线路,长度共计793.13千米。

景德镇电网110千伏变电站　至2010年年底,景德镇电网有110千伏变电站12座,主变压器19台,总容量为654.3兆伏安;110千伏用户变电站3座(锦源110千伏变电站、光伏110千伏变电站、焦化110千伏变电站),主变压器6台,总容量为189.5兆伏安。

银坑坞110千伏变电站。位于昌江区银坑坞村,占地面积3666.67平方米,2008年,全站进行增容改造,主变容量为80兆伏安,110千伏三线圈有载调压变压器2台。110千伏母线采用单母分段接线方式,35千伏、10千伏均采用单母分段接线方式。该站接带城南地区用电负荷,其部分线路与220千伏竟成变、110千伏马鞍山变、110千伏城北变联络。最大负荷38.9兆瓦,负载率51.18%,共有12个10千伏出线间隔,已建12回10千伏出线。

黄泥头110千伏变电站。位于昌江区黄泥头村,占地面积约7913.33平方米,是连接景德镇电厂、乐平电厂的枢纽变电站。1988年、1989年、2010年经3次升压增容改造,容量达2×31.5兆伏安,承担景德镇城东地区供电任务。

田畈街110千伏变电站。位于鄱阳县田畈街镇,面积1173.33平方米。1991年2月8日投入运行,主要为鄱北地区供电,主变容量为16兆伏安。2008年进行全站改造,建有SSZ11.31500/110主变两台,变电容量63兆伏安;有110千伏、35千伏、10千伏三级电压。

城北110千伏变电站。位于景德镇广场北路港逸豪庭北侧,占地4466.67平方米,1996年9月兴建,1号主变1999年5月投运,2号主变2000年6月投运,2台主变总容量为63兆伏安;是市供电局室内式综合自动化变电站,解决景德镇城网110千伏变电容量严重不足的问题。

西苑110千伏变电站。位于昌江区昌南大道时代奥园东侧,占地2000平方米。是供电公司智能综合自动化变电站,两台ZBYQ.SZ9.31500/110主变并列运行,容量为2×31.5兆伏安,有110千伏、10千伏二级电压输出主要接带城西地区用电负荷。

涌山110千伏变电站。位于乐平市涌山镇,占地面积10122平方米。2001年12月31日投运主变1台。2003年12月10日新增投运主变1台。总容量2×31.5兆伏安。承担乐平市涌山镇、乐平矿务局、锦溪和涌龙水泥厂、乐平沿沟等地区供电任务。

大石口110千伏变电站。位于浮梁县城北部,2002年1月25日投运,主变容量为20兆伏安。是浮梁县中心枢纽综合自动化变电站。2006年9月6日新增31.5兆伏安主变1台。承担浮梁县城及以北地区的供电任务。

石岭110千伏变电站。位于昌江区石岭村,2004年2月1日兴建,2007年7月13日正式投运。一期安装31.5兆伏安主变1台。承担金铃大道、迎宾路、紫晶路等地区供电任务。

梧桐110千伏变电站。位于市梧桐大道,全站占地面积4466.76平方米。一期工程2009年9月27日投运,总投资1763万元。建有50兆伏安主变1台。承担梧桐大道两侧、梧桐工业园等地区供电任务。

马鞍山110千伏变电站。位于市广场南路东侧，全站占地面积约2600平方米，2009年8月30日，该站一期投运，主变容量40兆伏安，总投资为5723万元。承担广场南路、珠山中路、浙江路、莲社南路、解放路等地区供电任务。

宝石110千伏变电站。位于市陶瓷工业园区，全站占地面积6500平方米，2010年6月30日投运，主变容量40兆伏安，总投资为1969万元。承担浮梁宝石工业园、陶瓷科技园等地区供电任务。

丽阳110千伏变电站。位于国道206线昌江区丽阳乡段黄牛山，占地约4266.67平方米，2010年7月25日运行，投资为1179万元。主变1台，容量40兆伏安。承担鱼丽工业园以及鱼山、丽阳、荷塘等乡镇地区供电任务。

用户侧110千伏变电站。锦溪110变电站，位于乐平市涌山镇叶家村，占地面积5250平方米，2005年建成投运，总投资700万元，主变容量31.5兆伏安；焦化110千伏变电站，2009年5月投运，主变2台，容量25+20兆伏安；光伏110千伏变电站，2009年10月投运，主变2台，容量63+40兆伏安。

赣东北电网110千伏变电站　2001年，赣东北电网110千伏变电站13座，主变总容量为54.48千伏安；2003年110千伏变电站14座，主变总容量为59.48万千伏安；2005年110千伏变电站15座，主变总容量为72.78万千伏安；2007年110千伏变电站18座，主变总容量为80.23万千伏安；2010年110千伏变电站19座，主变总容量为102.68万千伏安。

表9-2-8　**1988—2000年赣东北电网新增110千伏主变压器一览表**

安装地点	主变编号	主变型号	投运年月	说明
芝田变	1号	SFSL1-10000/110	1988.7	—
芝田变	2号	SFSL1-20000/110	1988.7	—
弋阳变	1号	SFSL7-25000/110	1988.7	—
永平变	2号	SFSZL7-25000/110	1988.6	—
叶家变	2号	SFSL7-25000/110	1989.9	—
华林岗变	1号	SFSL7-20000/110	1991.5	—
瑞洪变	1号	SFL7-10000/110	1991.11	—
塔山变	2号	SFSZ7-40000/110	1993.10	更换
东风变	2号	SFZ-31500/110	1993.12	—
万年变	2号	SFSZ9-31500/110	1999.8	更换
叶家变	2号	SFSL7-25000/110	1999.11	—
万年变	1号	SFSZ9-31500/110	1999.12	更换

35千伏电网

景德镇电网35千伏输电线路　35千伏线路在浮梁县、昌江区农村地区。90年代以后，35千伏电网发展比较缓慢，主要以改造为主，部分35千伏变电站和35千伏线路因运行时间长相继被淘汰或转移地方管理。2000年以后，随着电力体制改革，35千伏农网线路新建、改造加快。至2010年，景德镇电网有35千伏配电线路23条，总长度为243.54千米。

表9－2－9　**2010年景德镇电网35千伏输电线路一览表**　单位：千米

名称	起止终点		导线型号	长度	说明
	起点	终点			
黄港线	黄泥头	东港桥水电站	LGJ－120	8.765	—
黄兰线	黄泥头	兰田	LGJ－120	9.568	—
黄浮线	黄泥头	浮南矿	LGJ－50	14.2	—
黄柳线	黄泥头	柳家湾	LGJ－120	12.183	—
黄三线	黄泥头	三七二	LGJ—120	0.8	—
田油线	田畈街	油墩街	LGJ－70	22	—
田谢线	田畈街	谢家滩	LGJ－70	26	—
田侯线	田畈街	侯家岗	LGJ－70	18.3	—
沿沟线	涌山	沿沟	LGJ－120	1.26	—
涌东一线	涌山	东方红	LGJ－120	2.0	—
涌东二线	涌山	东方红	LGJ－120	2.0	—
锦溪线	涌山	锦源	LGJ－120	8.3	停运
大罗线	大石口	罗家	LGJ－150	7.803	—
大蛟线	大石口	蛟潭	LGJ－70	22.063	—
大樟线	大石口	樟树坑	LGJ－70	7.24	—
大鹅线	大石口	鹅湖	LGJ－70	14.2285	—
银双线	银坑坞	双马石	LGJ－95	14.63	—
银鱼线	银坑坞	鱼山	LGJ－150	14.61	—
银肥线	银坑坞	化肥厂	LGJ－50	3.5	停运
银三线	银坑坞	三七二	LGJ－120、LGJ－95	7.146	—
银焦线	银坑坞	焦化	LGJ－150	5.5	—
银黎线	银坑坞	黎明制药厂	LGJ－150	5.45	—
银东线	银坑坞	东方红	LGJ－185	15.994	—

景德镇电网35千伏变电站　1986年，35千伏变电站有柳家湾、涌山、七黎、樟树坑、河西、兰田等变电

站。1992年8月,浮梁县35千伏大石口变电站建成投运。1993年9月,35千伏浮梁县三墩升压站建成投运。2000—2002年,景德镇农网改造工程中,新建35千伏变电站4座(柳家湾、经公桥、蛟潭、峙滩),改造35千伏变电站2座(瑶里、大石口)。

2008年,新建35千伏樟树坑变电站1座,主变容量为6.3兆伏安1台、4兆伏安1台。

2009年,新建35千伏瑶里变电站1座,主变容量为4兆伏安、2兆伏安各1台;新建35千伏黄坛变电站1座,主变容量6.3兆伏安1台。

表9-2-10　　1987—2010景德镇电网35千伏变电站主变投运状况及容量一览表

名称	容量(千伏安)	投运日期	说明
蛟潭变电站	1#主变2000	2003.8.25	—
	2#主变8000	2006.4.1	
涌山变电站	1#主变6300	1987	1994年,移交乐平供电局管理
	2#主变3200		
鹅湖变电站	1#主变6300	2008.9.9	—
	2#主变6300	2009.12.1	
七黎变电站			1988年停止运行,人员全部调往兰田变电站
经公桥变电站	1#主变2000	2003.8.25	—
	2#主变8000	2006.4.1	
河西变电站	1#主变10000	1980.4	35千伏出线3回,10千伏出线16条。2001年改为110千伏西苑变电站
	2#主变10000		
瑶里变电站(老)	1#主变1000	2003.5.10	已停运
三龙变电站		2008.2.29	已停运
	2#主变4000	2008.8.23	
柳家湾变电站	1#主变6300	2004.6.1	1986年主变容量为3600,35千伏出线为柳黄线、柳涌线,6.3千伏出线3回,主结构均采用单母线
	2#主变6300	2009.8.10	
樟树坑变电站	1#主变4000	2009.12.1	1987年增容改造,主变为2000+4000,35千伏出线2回,10千伏出线5回,景德镇电厂直供
	2#主变4000	2009.12.1	
黄坛变电站	1#主变6300	2010.12.5	—
瑶里变电站(新)	1#主变2000	2010.8.13	—
	2#主变4000	2010.8.13	
鱼山变电站	1#主变6300	2010.10.1	1998年建站,2010年改造
	2#主变6300	2010.10.1	
兰田变电站	1#主变10000	1988.1	35千伏出线3回,10千伏出线6回。2012年退出运行,负荷转荞麦岭变电站
	2#主变4000		

说明:不含用户侧35千伏变电站

赣东北电网35千伏线路　1986年,赣东北地区有3个独立的35千伏网络,分别对景德镇市、乐平、波阳和余干县供电。其中以波阳电厂的2台1500千瓦机组为电源，以波三线连接牛岗嘴变电站和三庙前变电站而组成的1个小网，供波阳县部分农排用电和县城照明；以乐平电厂和里村电厂电源，以接柳线连接景德镇地区和柳家湾、黄泥头、樟树坑和涌山变电站，主要用户是景德镇地区三线厂矿、陶瓷工业用电和市政照明；南昌供电局所辖的珠梅线降压至35千伏运行，北连横岗变电站和李家渡变电站，主要用户系农业排灌用电。3个网络总负荷为20000千瓦。

赣东北电网35千伏变电站　1991—2000年，建造和改建皇岗、饶丰、黄金埠3座35千伏变电站，部分35千伏的变电站和线路因运行时间长且供电能力受限，相继被淘汰或移交地方管理。

表9-2-11　　2001—2010年赣东北电网35千伏输变电设备统计表

年份	线路条数(条)	线路长度(千米)	变电站(座)	主变压器总容量（万千伏安）
2001	6	136.517	4	2.25
2002	5	132.893	3	2.07
2003	5	133.492	3	2.25
2004	4	121.166	3	2.07
2005	4	121.166	3	2.25
2006	4	121.166	1	0.495
2007	6	139.064	2	1.58
2008	9	167.798	2	1.895
2009	9	167.798	2	2.51
2010	10	188.722	2	2.51

10千伏电网

景德镇10千伏配电线路　市区一线。由银坑坞变电站至莲花塘，经多次改造和分截，至2000年，全长5.58千米，导线型号为LGJ-120，杆塔80基，主要支线有西路支线、莲社路支线、中华路支线、风景路支线。承载公用变压器19台，变电容量为5805千伏安。

市区二线。由银坑坞变电站至市电机厂。1986年，线路总长7.35千米，导线型号前段为LGJ-120，后段为LGJ-70，杆塔130基，主要支线有中山南路支线、中华南路支线、戴家上弄支线、解放路支线。2000年，承载公用变压器4台，变电容量为1195千伏安。

市区三线。由银坑坞变电站至枫树山。1986年，线路总长2.7千米，杆塔50基，导线型号为LGJ-150和LGJ-70，主要支线有茶厂支线、汽车站支线、枫树山支线、昌江彩绘支线、技校支线。2000年，承载公用变压器7台，变电容量为1655千伏安。

市区四线。由河西变电站至洋湖滩，1987年11月投运。始建时线路总长4.37千米，后经改造和延伸，至2000年主线总长12.44千米，主要支线有中山北路支线、中华北路支线、风景路支线、制酱厂支线。2000年，承载公变9台，变电容量为2520千伏安。

动力Ⅰ线。由太白园开闭所至市陶瓷开发公司，1991年2月投运。主线长1.6千米，主要支线有周路口支线、燃料支线、樊家井支线、波建支线、护仓支线。2000年，承载公变4台，变电容量为980千伏安。

西一线。由河西变电站至丽阳乡。1986年，主线长度21千米，主要支线有历尧支线、铁四局支线、丽阳支线、机砖厂支线。

西二线。由河西变电站至三河乡。1986年，主线长2.2千米，主要支线有中医院支线、凤凰山支线、幸福院支线、三河支线。2000年,承载公变3台,变电容量为880千伏安。

东郊一线。由黄泥头变电站至景德镇日报社。1986年,线路总长5.05千米,主要支线有广场北路支线、新村中路和莲花山支线。2000年,承载公变10台,变电容量为2575千伏安。

东郊二线。由黄泥头变电站至制酱厂。1986年,线路总长4.18千米,主要支线有面砖厂支线、景山公路支线、童街支线。2000年,承载公变1台,变电容量为320千伏安。

东郊三线。由黄泥头变电站至满坑坞村。1986年投运,线路总长5.46千米,主要支线有童街支线、无线电厂支线、景陶煤厂支线。2000年,承载公变4台,变电容量为875千伏安。

东郊四线。由黄泥头变电站至地质队。1986年投运,线路总长1.95千米,主要支线有酒厂支线。2000年,承载公变1台,变电容量为250千伏安。

供电局专线。由河西变电站至市供电局,1986年投运,线路总长2.25千米,主要支线有烟草支线和金融支线。2000年,承载公变7台,变电容量为1410千伏安。

邮电专线。由河西变电站至西郊工商所,1987年投运。线路总长1.8千米,主要支线有桥西路支线、人大支线、金鱼山支线。2000年,承载公变2台,变电容量为420千伏安。

胜昌线。由银坑坞变电站至800库。1986年,线路总长4.43千米,主要支线有859厂支线。

城南照明线。由太白园开闭所至市第十一中学,1992年投运。线路总长3.25千米,主要支线有中山南路支线、戴家弄支线、沿河东路支线。2000年,承载公变16台,变电容量为4800千伏安。

城北Ⅰ线。由城北变电站向南至五金公司门口,1994年4月投运。线路总长2.47千米,主要支线有昌虹支线、茶叶坞支线。

2000年,景德镇配网仅在市中心城区形成“手拉手”环网供电结构,无电缆线路,只有少量架空绝缘导线。至2006年年底,景德镇城区范围内共有10千伏公用线路36回,线路总长度为168.1千米,装接公用配变总台数为253台,总容量为79.865兆伏安。装接专变总台数为521台,总容量为133.035兆伏安。2010年,通过110千伏西苑、马鞍山两座变电站建设,基本实现城北供区与马鞍山供区所有线路互供互倒,实现沿河东西侧线路互供。

10千伏开闭所。10千伏太白园开闭所位于第二中学东面,1990年始建,1991年投运。2001年,景德镇电网根据城东和市中区域的负荷增长情况,完成新桥开闭所、南门头开闭所建设,提高城东片区和市中片区供电能力。2005年,景德镇电网随着西苑变10千伏配电网线路间互导能力增强,河西开闭所退出运行。

表9-2-12　**2006年景德镇电网10千伏城市配电网公用线路统计表**

变电站名称	中压线路名	线路类型	线路总长度(千米)	公用变总台数	公用变总容量(千伏)	专用变总台数	专用变总容量(千伏)	无功补偿总台数	无功补偿总容量(千伏)	最大电流(安)
110千伏西苑变	城西一线	架空	4	11	3465	25	8255	5	300	380
	城西二线	架空	3.8	9	2835	26	6410	3	180	230
	城西三线	架空	4.5	6	1890	18	5645	2	90	208
	城西五线	架空	4.6	接带开闭所						230
	城西六线	架空	4	0	0	9	1975	2	120	220
	城西七线	架空	3.9	11	3465	31	5870	3	135	300
	城西八线	架空	4	3	945	4	1500	1	60	100
	城西九线	电缆	0	5	1575	3	945	2	90	0
	城西十一线	电缆	0	3	945	2	630	0	0	0
	局专线	电缆	0	0	0	12	3425	0	0	160

续表9－2－12

变电站名称	中压线路名	线路类型	线路总长度（千米）	公用变总台数	公用变总容量（千伏）	专用变总台数	专用变总容量（千伏）	无功补偿总台数	无功补偿总容量（千伏）	最大电流（安）
220千伏蛇龙变	昌南一线	架空	4.5	2	630	12	3985	1	60	125
	昌南二线	架空	4.5	0	0	25	5370	0	0	230
	昌南三线	架空	3.6	3	945	11	3210	0	0	188
	微波线	架空	30	0	0	2	200	0	0	16
110千伏银坑坞变	城南一线	架空	4.8	6	1890	26	6515	3	180	305
	城南二线	架空	5	20	6300	9	2000	2	120	340
	城南三线	架空	4.5	11	3465	7	3315	2	90	200
	城南四线	架空	4.6	10	3150	14	2885	3	180	200
	城南五线	架空	5	5	1575	10	2000	2	90	120
	太白园线	架空	4.5	4	1430	9	1400	1	45	106
110千伏黄泥头变	东一线	电缆	6	10	3150	25	4275	10	600	280
	东二线	电缆	6	10	3150	25	4275	10	600	280
	东三线	电缆	5	7	2205	15	5030	8	460	300
	东四线	电缆	5	8	2520	14	2830	6	360	260
	东五线	架空	3	2	630	17	2275	3	180	124
	东七线	电缆	5.5	11	3465	32	6675	15	675	332
110千伏城北变	城北一线	电缆	2.8	10	3150	18	5640	5	300	330
	城北二线	架空	6	18	5670	17	2265	6	360	340
	城北三线	架空	3.5	9	2835	9	1945	2	120	210
	城北四线	架空	4.5	20	6300	10	2080	5	225	310
	城北五线	架空	4	9	2835	16	5580	3	180	320
	城北六线	架空	3.8	1	315	12	6460	2	90	300
	城北七线	架空	4	11	3465	11	4295	3	135	310
	城北八线	架空	4.2	13	4095	21	8125	5	300	260
	城北九线	架空	5	5	1575	24	5750	2	120	130
	城北十一线	架空	0	0	0	0	0	0	0	190

赣东北10千伏电网　1986年，乐平县接乐线和接观Ⅰ、Ⅱ线，线径120平方毫米。主变出线电压为10千伏。经多次升压改造后，至1987年6千伏电压等级的线路仅剩1条，高压配电线路总长为34.054千米。

1988—2000年，乐平万年供电所陆续实施线路改造，对乐平市区配电变压器改造16台，增容3325千伏安。至2000年，赣东北局管辖的10千伏配电线路总长度有70.05千米，配电变压器58台，容量为1.59万千伏安。

表9－2－13　　1986—1988年乐平县配电线路建设情况表　　单位:千伏、千米

线路名称	电压等级	起止地点	线路长度	投运年份	管辖单位
接乐线	6	接渡—县城	4.7	1964	乐万供电所
县线Ⅰ线	10	东风变—县城	4.22	1980	乐万供电所
东风Ⅰ线	10	东风变—东风厂	0.493	1981	乐万供电所
东风Ⅱ线	10	东风变—东风厂	0.51	1981	乐万供电所
气门厂线	10	东风变—气门厂	1.343	1981	乐万供电所
为民线	10	东风变—为民厂	1.838	1981	乐万供电所

表9－2－14　　1988—2000年乐平市配电线路建设情况表　　单位:千伏、千米

线路名称	电压等级	起止地点	导线型号	线路长度	投运年月	管辖单位
市区Ⅰ线	10	东风变—后港	LGJ－120	8.21	1988.4	乐平分局
市区Ⅱ线	10	东风变—登高山	LGJ－120	1.17	1988.4	乐平分局
为民厂线	10	东风变—登高山	LGJ－70	1.95	1988.4	乐平分局
气门厂线	10	东风变—气门厂	LGJ－120	1.42	1997.2	乐平分局
垱岭变线	6	塔山变—垱岭变	LGJ－35	1.01	1994.7	乐平分局
局专线	10	东风变—总公司	LGJ－120	1.39	1997.2	乐平分局
斋笼山线	6	万年变—斋笼山	LGJ－35	9.45	1999.2	乐平分局

第二节　电网改造

城网改造

1991年12月19日,景德镇城区电网改造一期工程实施,主要是改造城区城南片生活和生产用电线路,架设10千伏双回路线路1条(沿中华南路全程),线路总长3.5千米,改造低压铁板线路47.3千米。1992年11月18日开始二期工程,架设10千伏双回路线路1.20千米(由十八桥铁塔沿解放路至马鞍山),新装315型配电变压器2台,对沿线低压铁板线路进行改造,7个居委会的2449户居民受益。

2002年,省电力公司投资1.87亿元进行城网改造(城北变电站投资列入该项目)。经过3年施工,景德镇城网形成以220千伏蛇龙变为中心,以4个110千伏变电站(银坑坞变、黄泥头变、城北变、西苑变)为电源点,5个相对独立配电供区(城南、城东、城北、城西和蛇龙供区)的城市供电网络。新增主变容量14.9万千伏安,城区110千伏变电站全部实现综合自动化,建立电量管理、图像监控、光纤通信系统,35千伏及以上开关全部更换为SF6开关,电网元件满足N.1SV FIY要求,220千伏变电站的容载比为1.8,110千伏变电站的容载比平均为2.0。10千伏配电线路用低压电网全部实现绝缘化、电缆化,供电半径平均为3千米左右,最大供电半径不超过4.5千米。综合电压合格率为97.32%,综合线损率为8.14%,市区低压网络供电能力提高到4千瓦/居民户。

2005—2010年,累计投资12129.12万元,进行城网改造。中压配电网规划方案实施后,对网架结构水平起到明显提升作用。至2010年,景德镇电网新增10千伏线路48回及形成新联络线路,环网化率达到69.12%。过载配变比例由2004年的10.35%降低为0.3%。城区低电压台区比例降为0.11%。解决123

台高损耗配变,比例由 19.72% 降为 0.02% 。

市水泥厂宿舍区改造前后的户表箱

农网改造

景德镇农网建设 景德镇农村地区电网输配电线路供电范围广,但架构基础差,尤其是 10 千伏线路供电半径超长,电源布局因用电负荷变化而显得不合理。

1986 年,鹅湖区、蛟潭区、昌江区开展一次规模较大的农电建设,至 1987 年,全市农村共有高低压送配电线路 3627 千米,配电变压器 1188 台,总容量 78232 千伏安,电力排灌农田 15680 公顷,全市 55 个乡全部通电。建成峙滩、双田、鸣山 4 个由电网直供的农村 35 千伏变电站,农村自备发电设备总容量为 10939.2 千瓦,发电量 1116.17 万千瓦时。

1988 年 1 月,35 千伏浮梁县鹅湖变电站建成投运,蛟潭、鹅湖两地结束仅靠小水电零星供电的历史。

1990—1992 年,市供电局与波阳县政府共同争取资金,建成 110 千伏田畈街变电站、35 千伏鸦鹊湖变电站、35 千伏油墩街变电站以及与之配套的 110 千伏景田线、35 千伏田油线、35 千伏田鸦线等工程,解决了鄱阳县北部地区 7 个乡镇无大网供电问题。

1992 年 8 月,浮梁县 35 千伏大石口变电站建成投运,为新建的浮梁县城及周边地区发展提供电力支持。1993 年 9 月,35 千伏浮梁县三墩升压站建成投运,实现与大电网联网输电,浮梁东部得到可靠供电。1998 年 4 月,35 千伏鱼山变电站投入运行,保障鱼山镇、荷塘乡、丽阳乡的供电。

2006 年 8 月,市供电公司组织一支 30 余人的工程队,用 2 个多月的时间架设 10 千伏线路 2.3 千米、400 伏线路 0.62 千米、220 伏线路 1.3 千米,为景德镇市最后一个无电村西湖乡合源村东边组通电。10 月 27 日,市政府、人大、政协领导及浮梁县委领导、市供电公司领导到西湖乡合源村东边组参加最后一家无电户的通电仪式。

升级改造 2001 年,落实国务院“两改一同价”政策,昌江区、浮梁县开展大规模农村电网改造,分别投入改造资金 1750.63 万元和 6344.64 万元,为实现城乡“同网同价”打下基础。

2003 年始,国家对 35 千伏及以下工程进行大规模的改造建设,包括无电区、冰灾完善化、改造升级、扩增等工程项目及低电压治理。

2006 年,县级城网改造工程累计完成投资 1095 万元。2007 年,公司农网改造升级工程主要是对瑶里和湘湖的边远无电村通电,累计完成投资 629 万元。2008 年,新建 35 千伏三龙变电站等,累计完成投资 1000 万元。2009 年,改造 35 千伏鱼山变电站,新建 35 千伏黄坛、瑶里变电站等,累计完成投资 6250 万元。

2003—2010 年,昌江区农村电网投入 6733 万元进行新建改造,浮梁县农村电网投入 19315 万元进行新建改造,基本实现国网公司“城乡一体化供电和同质量服务”要求,兑现“城市 45 分钟,农村 90 分钟,特殊边远山区 2 小时”抢修到位的承诺;计划检修停电,做到提前 7 天向社会公布停电区域、线路及停电和恢复供电时间。

表 9 - 2 - 15　　2003—2010 年浮梁县农村电网建设与改造投资一览表

项目批次	投资（万元）	35 千伏变电站（个）	35 千伏线路（千米）	10 千伏线路（千米）	配变台区（台）	低压线路（千米）	改造用电户	其他
2003 年二期农网	1693.06	4	38.65	188.51	66	—	3353	调度通信、用电营销工程
2004 年农网扫尾	274.14	2	—	10.98	4	40.86	3755	—
2005 年农网二期	1940.8	2	22.4	387.38	127	468.42	17625	—
2005 年农网一、二、三期	6720.61	6	88	1279.42	671	1007.58	51049	—
2006 年县城网工程	1095.12	—	1.93	59.82	104	101.27	262	—
2007 年无电地区电力建设	461.61	2	—	10.96	50	34.77	450	—
2008 年第一批农网完善工程	300	2	2.5	34.01	31	—	3000	—
2008 年第二批农网完善工程	300	—	—	2.84	51	3.74	2985	—
2009 年农网第一批扩增	600	1	2.1	5.7	—	—	—	—
2009 年农网第二批扩增	900	1	0.3	15.7	39	13.96	6690	—
2009 年农网第三批扩增	1000	1	8.77	—	—	—	—	—
2009 年农网无电地区	300	1	10.32	—	—	—	—	—
2009 年农网冰灾完善化工程	850	1	7.57	54.07	—	—	—	—
2010 年农网改造升级工程	2880	2	—	16.08	333	11.88		调度自动化系统工程，光纤通信线路 189.1 千米；光端站 19 个
合计	19315.34	25	182.54	2065.47	1476	1682.48	89169	—

表 9 - 2 - 16　　2005—2010 年昌江区农村电网建设与改造投资一览表

项目批次	投资（万元）	110 千伏变电站（个）	110 千伏线路（千米）	35 千伏变电站（个）	35 千伏线路（千米）	10 千伏线路（千米）	配变台区（台）	低压线路（千米）	改造用电户数	其他
2005 年农网一、二、三期	2765	—	—	1	14.5	240	273	292.5	19740	1
2006 年县城网工程	168	—	—	—	—	1.87	4	2.30	200	—
2008 年第一批农网完善工程	200	—	—	1	—	3.38	85	—	—	—
2008 年第二批农网完善工程	200	—	—	—	—	—	—	15.90	5743	—
2009 年农网第一批扩增	500	—	—	1	—	11.18	55	0	3688	—
2009 年农网第二批扩增	900	1	—	—	—	—	—	—	—	—
2009 年农网第三批扩增	1200	—	12.05	—	—	—	—	—	—	光纤通信和 PMS 系统
2010 年农网改造升级工程	1000	—	—	—	—	21.8	18	42.35	—	—
合计	6933	1	12.05	3	14.5	278.23	435	353.02	29374	—

赣东北农网改造　至1987年，赣东北供电区266个乡通电246个乡；4484个村通电2935个村。共有8.31万公顷农田使用电力排灌，装机总容量为115654千瓦。当年，供电区农业用电量达15154万千瓦时，其中乡镇工业用电和农村加工用电为5555万千瓦时，是1972年的14.25倍。农村生活用电3296万千瓦时，是1972年的11.56倍。

表9－2－17　　**赣东北供电区农村用电结构变化一览表**　　单位：万千瓦时

年　份	总用电量	乡镇工业	农村加工	电力排灌	生活用电
1972	3647.82	—	389.82	2973	285
1977	4570	—	671	3606	293
1981	6040	—	843	4877	321
1985	10991	2141	1544	3619	3687
1987	15154	3593	1962	6303	3296

1999年，赣东北供电公司实施“两改一同价”股份制改造，原乐平县水电公司改制为县供电公司。2001年3月开始农网改造，至年底新建和改造35千伏变电站16座，35千伏线路156千米，新建和改造10千伏线路4913千米，配电台区4761台，容量167684千伏安，共计完成投资33284万元。其中乐平竣工率达70%，完成改造的农村到户平均电价为0.87元/千瓦时，共减轻农民负担约2000余万元。

至2003年11月底，赣东北供电公司35千伏及以下农网改造工程累计完成投资57481万元，其中一、二期农改35千伏变电站新建与改造完成32座，完成投资3786万元；35千伏线路新建与改造完成314千米，完成投资2238万元；10千伏线路新建与改造完成8298千米，完成17961万元；配电台区新建与改造完成8423台（337754千伏安），完成投资10952万元；低压整改完成投资773945户，完成投资20810万元；三期县城电网改造完成投资1734万元。

2005年，乐平市10千伏线路新建和改造完成151条；配电变压器完成708台；0.4千伏及以下线路（低压台区）完成318个，公路沿线和乡镇所在地的改造全部完成。

至2010年11月底，乐平市新建及改造110千伏变电站2座，变电容量80兆伏安；110千伏输电线路31千米；35千伏变电站44座，变电容量184兆伏安；35千伏输电线路325千米；10千伏输电线路1532千米；低压线路2420千米；配电台区1565台，变电容量132.45兆伏安；10千伏开关站12座；户表改造6.3万余户。

表9－2－18　　**赣东北“两改一同价”期间乐平市农网工程投资一览表**　　单位：万元

农网一期	农网二期	农网三期	2006年无电	2007年无电	2008年一批	2008年二批	扩需一批	扩需二批	扩需三批	2009年无电	小计
6885	3707	1556	—	300	319	287	570	935	702	299	15560

第三节　电网调度

调度区域

景德镇地调区域　1986年，景德镇地调范围包括景德镇电厂35千伏所有出线，乐平电厂35千伏接涌线，各变电站的刀闸、开关、接地刀闸、互感器等设备。属景德镇地调管辖但需经中调许可范围包括银坑坞变电站110千伏母线、中性点刀闸、互感器等设备。

1995年8月，省电力局调整景德镇地调管辖范围为景德镇发电厂1号、2号主变压器35千伏侧开关和母线及所有设备,220 千伏蛇龙变电站主要变压器的 110 千伏及以下开关和母线,110 千伏及以下变电站,景德镇地区供电范围内省电力中调管辖范围以外的所有 110 千伏及以下线路。

2001 年 12 月,结合景德镇市城网、农网改造,调整景德镇供电局供电营业区。柳家湾变电站出线工业柜、农业柜上的所有用户,河西变电站出线的洪源线、罗家垦殖场线、部队线(三龙区域)所有用户,按行政区划归浮梁县供电公司。

2003 年 2 月 19 日,调整吕蒙桥至焦中大楼地段供电营业区,昌江区供电公司在海慧花园内新建 10 千伏开闭所,承担 2 场(西郊垦殖场、枫树山林场)2 乡(官庄、吕蒙)及海慧游乐园负荷,并就近向海慧花园小区及豪德商城供电。吕蒙至焦中大楼(以瓷都大道为界),焦中大楼至昌江大桥(以新风路为界)以及昌江河包围的区域划归昌江区供电公司。

2004 年 6 月 10 日,浮梁县境内的 35 千伏兰田、樟树坑、柳家湾变电站供电用户移交给浮梁县供电公司。2006 年 12 月 19 日,上述 3 个变电站及其 10 千伏系统的调度权移交给浮梁县调。

2010 年,市供电公司推进“地县调度一体化”,提高省地县 3 级调度技术支撑水平。7 月 1 日零点,省调、市调完成调度管辖关系变更,220 千伏蛇鄱线、蛇浮线、浮鄱线以及 220 千伏鄱北变、浮梁变,220 千伏蛇龙变、李家变主变及主变中性点刀闸变更为景德镇地调调度管辖设备。

赣东北地调区域　1986 年,赣东北供电局负责赣东北地区供电网络的调度管理。除并入省网的联络线路、开关、继电保护及自动化装置根据中调的命令进行操作和管理外,属本地区电网的 6～10 千伏、35 千伏、110 千伏电压等级的变电站及输电线路设备,以及先后并入电网的厂(站)置本电网变电站的开关、刀闸、调相机、电力电容器及以上设备的继电保护和自动装置,乐平发电厂所有的馈线均属地调管辖。

1995 年 8 月,赣东北地调的管辖范围为乐平发电厂升压站,220 千伏德兴、垱岭变电站的 110 千伏旁母和专用旁路开关,主变 35 千伏(或 10 千伏)侧开关和母线及以下设备,220 千伏大山村变电站,110 千伏及以下变电站,220 千伏德大Ⅰ、Ⅱ线,该地区供电范围内省调管辖范围以外的所有 110 千伏及以下线路。

运行方式

景德镇电网运行方式　2004 年 7 月 10 日,景德镇供电公司对城北变电站供电区域负荷进行大规模调整,均衡 12 条 10 千伏线路的负荷。2006 年 12 月 6 日,大石口变电站 2#主变投运,结束该变电单台主变运行历史。

2007 年,景德镇地区电网与江西主网经蛇龙变 220 千伏垱蛇线、李家变 220 千伏兴李线与江西主网相连,地区电网按负荷需求实行全结线、双主变运行。110 千伏系统均采取网络开环结线方式。

2009 年 1 月 11 日,市供电公司 220 千伏垱蛇线启动投运,景德镇电网与江西主网联络加强。至 11 月底,景德镇电网增加浮梁、鄱北 2 个 220 千伏变电站,马鞍山、梧桐、锦源、焦化 4 个 110 千伏变电站,110 千伏景田线、田新线破口,田变的运行方式也发生变化,形成梁田线、鄱田线一主一备的供电模式。

2010 年 7 月,220 千伏严坞开关站投运。12 月 31 日,新建景德镇发电厂二期 66 万千瓦 1#发电机经 220 千伏严坞站与江西主网并网,景德镇电网有了可靠的电源支点。

赣东北电网运行方式　1987 年,由景德镇电厂、乐平电厂及连接的变电站组成的乐景系统经万年变、余江变、泉塘变与贵溪电厂并网,乐景系统的南侧经东风变、珠湖变与南昌电网并网。

1988 年,赣东北电网以 110 千伏电网为主,随着德兴变、垱岭变的投运,景兴线、梅垱线的架通,形成 220 千伏电网结构。

1999 年,赣东北电网的运行方式为:乐平电厂、垱岭变电站、德兴变电站与贵溪电厂、梅庄变电站的 220 千伏—110 千伏电磁环网,分别在万余线余江侧、梅珠线珠湖侧,接叶线乐电侧解环。景德镇电厂、蛇龙变、垱岭变、德兴变间的 220 千伏环网合环运行。220 千伏大山村变由德大Ⅰ线或德大Ⅱ线单回供电,另一回线由德兴变充电空载备用。

2003 年,赣东北电网经 220 千伏垱贵线、垱梅线、垱南线与江西电网相连,网内 220 千伏网架构成一个“8”字形网,形成多回路、多电源的供电网络。

2005 年,随着南垱线的降压运行,赣东北地区与主网通过 220 千伏垱岭变的南垱线、贵垱线、梅垱线共 3

回220千伏线路相连。年底,220千伏余干变投运,赣东北电网的网络结构加强。

2006年,赣东北电网通过220千伏垱南线、垱贵线、梅余线与江西主网联网,通过220千伏兴李线、垱蛇线与景德镇地区电网联网。乐平500千伏变电站投运后,与江西主网的联系得到加强。2010年12月景德镇电厂(鱼山)第一台660兆瓦机组投运,赣东北电网通过乐平变主变220千伏侧受入电力。

经济调度

景德镇电网经济调度 1986年,景德镇供电局根据《全省线损管理会议纪要》要求,开展调压和线损理论计算工作。是年,对主供电源景德镇发电厂的各机组出力、厂用电和关口点计量装置进行调查和完善工作,开展负荷实测,对分线、分压考核,母线电量平衡进行计算。1987年,对线损进行综合管理,线损率较前两年仍略有升高,为4.8%。

1991年,景德镇供电局制定《线损管理考核及奖励办法》,将输变电网损和配电网损分别划归调度所及用电分局进行管理与承包,输变电网损大幅度下降,但配电网损率超指标较多。

1995年,景德镇用电负荷迅速增长,但电网结构没有得到有效改善,线损率出现大幅度上升。1996年8月,对景德镇电网进行一次负荷实测,并根据负荷结果进行线损理论计算。通过对变电站各级母线电量不平衡的分析,发现几起重大的计量装置故障,追回电量损失累计达800万千瓦时。是年12月,省电力公司调整景德镇供电局一、二次关口计量点,重新明确线损管辖范围。

1999年,对用户计量装置进行重点检查,对公用线路上的大、中高压用户采用高压计量箱计量(全年安装42台),对专线用户做到专线专用,并将计量点收缩到变电站。

1999—2000年,先后完成48条里弄低压线路改造工程,增强配电网供电能力,改善电能质量,降低线损。

表9-2-19　　1986—2000年景德镇供电局线损指标完成情况表　　单位:万千瓦时、%

年份	线损电量	线损率	年份	线损电量	线损率	年份	线损电量	线损率
1986	1321	4.63	1991	2215	5.56	1996	7307	11.16
1987	1540	4.806	1992	2742	6.1	1997	6570	11.15
1988	1788	5.03	1993	2887	6.07	1998	5308	8.93
1989	1977	5.38	1994	3439	5.56	1999	5243	8.53
1990	2101	5.59	1995	7199	11.91	2000	5299	8.05

2001—2008年,景德镇电网负荷逐渐加重,峰谷差较大。调度中心开展电网经济调度,利用无功补偿设备和调压手段,选择主变分接头开关挡位,根据天气、负荷潮流的变化、电力设备的技术状况,及时调整运行方式,停运空载变压器,避免双主变的轻载运行,线损率逐年下降,全网降损明显。但随着电网供电量逐年增长,年线损总量也呈上升趋势。

2009年6月,景德镇供电公司制定《新设备并网投运管理流程》,各部门严格执行此流程,完成相应的工作后启动新设备投运工作。1—11月,利用合环操作增供电量81.6万千瓦时。

赣东北电网经济调度 1988年,220千伏德兴变投运,德兴片的供电网络得到改善。根据系统潮流分布选择地区网,降低线损。1989年,先后对乐平、弋阳两县城负荷重、线损大的线路进行改造,使用节能配电变压器。

1994年,110千伏线损归调度所负责,通过分线分片线损分析、电线电量平衡计算分析,线损降低系数K值为0.00795,大于部颁0.007要求。

1996年,对乐平发电厂110千伏、35千伏、6千伏3个电压等级21条出线共54块关口表进行校验和更换。1998 年,全局安装 PT 二次压降补偿仪 50 台,装设中间电流互感器 9 台,宽负荷电能表 209 块,有效降低配电网线损。

表 9-2-20　　1986—2010 年乐平供电公司(局)供电量、售电量及线损率一览表　　单位:亿千瓦时、%

年　份	供电量	售电量	线损率	年　份	供电量	售电量	线损率	年　份	供电量	售电量	线损率
1986	8.7989	8.5833	2.45	1995	22.9788	22.0891	3.87	2004	24.1313	23.1533	3.99
1987	10.6717	10.3784	2.75	1996	17.7520	17.0708	3.84	2005	26.2950	25.3057	3.72
1988	12.1876	11.8339	2.9	1997	16.8942	16.2371	3.89	2006	24.5911	23.7139	3.57
1989	13.2146	12.8502	2.76	1998	16.9555	16.3112	3.8	2007	27.5189	26.5652	3.47
1990	14.2560	13.8589	2.78	1999	17.7051	17.0327	3.8	2008	29.7141	28.8546	2.89
1991	16.4870	13.8589	2.78	2000	19.59	18.30	3.85	2009	31.9546	31.2376	2.24
1992	18.4702	17.9503	2.8	2001	20.5773	19.7629	3.96	2010	35.7691	35.0333	2.06
1993	18.8146	18.2480	3.02	2002	21.5473	20.7076	3.9				
1994	23.1044	22.1667	4.06	2003	24.12	23.16	3.98				

安全调度

1986 年,电力负荷控制工作由景德镇市“三电”(计划用电、节约用电、安全用电)领导小组办公室负责。由“三电”办公室指定负荷控制装置的安装单位,实施负荷控制。1988 年始,实施分散型负荷控制管理,安装定量器 16 台,定时开关 18 台,后逐步淘汰退出运行。1990 年始,安装无线电电力负荷集中控制管理系统,共安装双向终端 4 台,单向终端 4 台。1998 年 5 月,电力负荷控制归口供电局电力调度所管理。1993—1999 年,安装无线电力负荷控制双向终端 47 台,控制地区负荷 75%,监测地区负荷 90%(不含不可控负荷)。景德镇供电局改为供电公司后三电管理工作弱化为计划管理。

2001—2004 年,景德镇地区夏季供电缺口扩大,供电公司加强迎峰度夏安全调度工作。2005 年 4 月,景德镇地区清明期间祭扫引发多起山火。220 千伏蛇景Ⅰ线、110 千伏龙银西景线、景北涌线、景黄线因山火造成线路跳闸,西苑、蛇龙、银坑坞、城北、涌山、黄泥头等多处变电站险些造成失压。景蛇Ⅱ线、景兴线、蛇挡线下也多处发生山火,调度中心保证各站设备安全运行。5 月,市经贸委与供电公司联合下发景德镇地区《电网迎峰度夏电力有序供应预案》《错峰(轮休)方案》《避峰方案》《负荷指标情况分配表》《企业“停三开四”拉闸限电序位表》和《事故拉闸限电序位表》等文件,与各大中电力用户密切沟通,严格遵守调度纪律。

2008 年 7 月 17 日,景德镇电网最高负荷达到 30.254 万千瓦,首破 30 万大关。是年冬,景德镇地区遭遇百年不遇冰灾,调控中心统筹考虑地区电网局势,协调指挥电网抢修,合理调度电网资源,地区电网未发生与主网解裂事故,完成抗冰保电工作。

2009 年 8 月 27 日最高负荷达到 36.388 万千瓦,调度中心经受住大负荷考验。

2010 年 7 月 14—18 日,景德镇市区及浮梁、昌江部分地区受洪水侵袭,10 千伏、35 千伏线路受到破坏性冲击。调度中心人员全部值班待岗,保障电网安全运行。8 月 4 日,景德镇电网负荷首破 40 万千瓦大关。8 月 13 日达 41.279 万千瓦。调度中心实行“先错、后避、再限、最后拉路”保电顺序,努力以限电不拉闸方式保证电网在用电高峰期的安全稳定运行。

继电保护

景德镇电网继电保护　1986 年,110 伏线路保护装置类型主要有距离、零序、无压同期重合保护等;35 千伏线路有距离、零序、重合闸、电流闭锁、电压速断、过流保护等;110 千伏主变有差动、复合电闭锁过流保护。

1987 年,建立景德镇电网继电保护定值图表以及设备后台账、消缺记录等,在银坑坞变电站 110 千伏母线上安装一套带记忆的故障录波器,安装并投入运行7套保证系统安全运行的低频减载装置,4套自动重合闸装置,1套备用电源自动投入装置,使自动装置投入率提高到92.2%,保证正确动作率为90%。

1993年11月,首套35千伏微机保护装置在银坑坞变电站投入运行,继电保护由晶体管型保护向微机继电保护转变。1994年9月,省电力公司淘汰电磁型继电保护设备。11月,220千伏蛇龙变电站建成投运,景德镇开始有220千伏级继电保护装置。

1999年5月23日,景德镇第一座综合自动化城北变电站投入运行。5—6月,完成110千伏(蛇变—银变—黄变—景电—蛇变)环网工程保护的安装调试,保护装置投运后情况良好。

2001年,景德镇电网由电磁型和晶体型保护为主逐步转为晶体管和微机保护并行发展。2007年年底,随着110千伏黄泥头变最后一套晶体管保护装置的退役,景德镇电网全面进入综合自动化时代。2010年,景德镇电网继电保护及安全自动装置正确动作率均达100%。

赣东北电网继电保护　1986年,赣东北电网感应型和整流距离保护全部被JJ－12、JL－11A、JC－11A型保护器取代。11月,泉圹变电站安装第一台故障录波装置。1990年,完成德兴变110千伏母差保护JMC－4型改进,在江西电网中唯一投入跳闸运行。6月,SBJ－1A失步解列低周小电流联切负荷装置投入跳闸运行。

1994年,垱岭变220千伏系统投运,二次设备投运率100%,首次采用WXB－11系列微机保护、微机故障录波器,220千伏母差保护采用中阻抗比率制动快速出口原理,在江西电网第一次编写母差保护运行规程,第一次投入跳闸运行。

1998年,梅垱线投运,首次运用LPF－901B微机保护。8月,垱贵Ⅰ线保护换型成功。12月,德大Ⅰ线两侧保护同时换CSL－101A四方公司的微机保护。2001年,德兴、垱岭变母差保护换型,故障录波器更新,垱岭变无功电压装置安装调试。

2006年,110千伏芦田变电站、泗州庙变电站、华林岗变电站110千伏备自投装置安装投入运行,110千伏芦田变电站低周减载装置投入运行。

2009年,东风变电站综合自动化改造,220千伏德大Ⅰ、Ⅱ线保护换型及继电保护定值整定。110千伏芝田变电站、桥头变电站、牛头岭变电站自投装置新安装投入运行。

调度通信

载波通信　80年代,景德镇供电局通讯载波中心站设河西变电站,通过电缆连接至局调度室,各变电站之间采用载波机进行通信联系。1991年,赣东北供电局新建、扩建的变电站均安装载波设备,全局除黄岗变电站外,其他变电站均实行载波通话。110千伏变电站配有双通道通信设施,调度室可通至省局、各变电站、有关电厂、供电局及联网单位,构成完整的通信网络。1992年,电子管载波机全部更换为晶体管载波机。

2004年,开通110千伏田坂街变至110千伏城北变的数字载波通信。2005年,其他110千伏变和35千伏电站陆续开通数字载波通信网,逐步取代模拟载波通信。2009年,随着光纤网络覆盖,电力通信网的载波通信所承载的电路全部转移至光纤通信网,载波通信退出使用。

微波通信　1994年,赣东北供电局建成垱岭变电站至赣东北地调的微波通信路径,将调度电话、运动信息传输至地调的通信网络。1995年3月,景德镇供电局开通的银坑坞至地调数字微波,容量为30路。1998年,南景微波工程在赣东北供电地区设立万年斋笼山和乐平2微波站。1999年2月,南—景微波投入运行,景德镇设有市供电局、狗卯尖2个站,容量分别为90路、120路,开通地调至中调2条热线、蛇龙变至中调热线。蛇龙至中调自动化信息传输也移至该通道。是年,赣东北供电局行政交换机利用南—景微波传输2MB的数字中继,在鹰潭供电局哈里斯交换机上作汇接后,接入省供电局的行政交换机,实现与大系统专网的联网。2005年,地调、斋龙山,分别安装型号为DMR—2500桂林NEC生产的微波信道机各1套,最大容量为34M。2010年,原34M南—景微波、九—景微波通道所承载的省干线微波线路,逐步转移至干线光纤通信网,微波通道转为备用通信手段。

光纤通信　1997年,景德镇供电局建成运行第一条光纤(蛇龙至地调),主设备采用法国赛特公司的34MSAT光端机和BMX264交叉连接设备,容量34M480路,供电局的枢纽通信站从银坑坞转移到蛇龙变电站。1998年,赣东北供电局与乐平市邮电局达成协议,2局间建设光纤通信,传输2MB数字中继,通信专网通过DOD1方式与邮电局公用网联网,实现等位拨号,第一期配号1000个。2000年以后,共组建由深圳华为公司为主的54套设备,以地调站为中心点,分别对应各变电站。承载远动信号的传输、Z口延伸、热线电话、数据业务、局域网传输等。2001年,景德镇供电局光纤通信覆盖地调、蛇龙变、银坑坞变、黄泥头变、城北变及南门头、新桥、太白园3个开闭所,建成光纤通信环网,传输容量为155M。

2003年后,赣东北供电局新建220千伏变电站OPGW光缆347.2千米,110千伏变电站的OPGW光缆425.7千米。架设110千伏及以下ADSS光缆161.3千米、普通光缆154千米。9月,景德镇供电局新建浮梁县调至景德镇地调光纤通信线路,同时建设35千伏蛟谭变、35千伏鹅湖变、35千伏樟树坑变至浮梁县调8MPDH光纤电路,实现通信自动化系统接入。2004年5月,昌江区供电公司至市供电公司大楼架设1条12芯普通光缆,实现与MIS系统组网。至2005年,市供电公司光纤通信环网陆续增加大石口变、石岭变、李家变,形成较完善的城域光纤通信网。

2006年,景德镇220千伏垱蛇线OPGW光缆建成,与省电力公司实现光纤干线通信。2008年,在赣东北地调和220千伏垱岭变各配置1套调度数据网服务器,互为备用,各站点调度数据网通道均由地调和垱岭变提供,保证调度数据网运行需要。建成通信数据网,配置2套路由器(NE80)和2套信息交换机(S7506E),与省电力公司进行组网,传输信息、办公OA、图像监控、生产管理系统等业务。12月,景德镇电网建设2.5G核心光纤通信网,由景德镇地调、220千伏李家变2个站组成,设备分别安装在李家变控制室、景德镇地调14楼通信机房。

2009年9月,建成景德镇电网城域622M光缆骨干通信网,由景德镇地调、西苑变、银坑坞变、黄泥头变、城北变、大石口变及昌江公司7个站组成。10月,城网光纤通信传输容量升级2.5G,景德镇实现110千伏及以上变电站全部光缆连接。

至2010年,赣东北供电公司电力通信网由光纤通信、程控交换机、微波通信及PCM终端、电力光缆等设备设施组成,形成以“光纤电力专用通信电路为主,微波、电信程控为辅”的电力专用通信网络,光缆通信形成核心环网、城域骨干网、东部环网,均为自愈环网。

调度自动化

景德镇电网　1987年,景德镇供电局安装2套远动装置,景德镇电厂1套SSC-3B,银坑坞变电站1套YDX-2,地调装有YDZ-2、JSC-3B各1套收端机和1套∑p-84数字式总加装置,当年基本实现供电地区负荷总加和地区间联络线潮流监视。

1991年,建立YDDY-90电网频率负荷监测系统,实现景德镇地区复核总加、报表自动化打印。1999年5月19日,城北变电站投入运行,成为景德镇第一所综合自动化变电站。2001年12月,烟台东方电子的DF8002调度自动化系统投入试运行,该系统集SCADA/PAS系统为一体,保证实时信息的高速传输。是月,由省电力公司组织建设的景德镇地区电网电能量采集(TMR)系统投入运行,对所辖110千伏及以上变电站主变及各电压等级线路的电能表信息进行采集、处理和实时监控,接入7个站的106块电表信号,系统运行稳定。2002年10月,系统通过省电力公司组织的实用化达标验收,各项性能达到或优于部颁实用化要求。

2003年10月,景德镇电网与SCADA系统一体化设计的高级应用(PAS)包括网络拓扑、状态估计、调度潮流、负荷预测投入运行。

2009年6月1日,景德镇供电公司蛇龙集控中心投入试运行,以调度主站东方DF8002系统延伸出的工作站为平台,通过2M通信传输方式,实现蛇龙、李家、浮梁等14座变电站的集中控制。是年,220千伏鄱北变、110千伏马鞍山变、110千伏梧桐变相继投入综合自动化运行。2010年,完成220千伏严坞开关站,110千伏丽阳变、宝石变自动化接入调试工作。6月,景德镇地调选用国电南瑞OPEN3000系统,更换运行时间已超过其设计年限的DF8002系统,满足景德镇供电公司和县(区)公司调度运行指挥和变电站集中监控需求,实现市县调控一体化。

赣东北电网　至1987年,赣东北电网完成4台YDZ-2型16路遥测、遥信和3台JSC-3B三点遥测装置的安装调试任务,使主要线路负荷及110千伏母线通过遥测显示,实现赣东北地区电网和外界联网点均装置远动设备。

1994 年，垱岭变安装 N4F－10 型 RTU，常规远动装置逐步被微机远动所淘汰。1995 年对 11 个变电站安装 RTU，投运以南京自动化研究所研制的 R1SC 工程工作站为基础的 RD－800 监控系统，其主系统是以 2 台 SUNSPARC5 及 4 台 SUNSPARC2 工作站为远动主机及调度工作站的多机分布系统，且互为热备用。

1999 年，德兴变电站远动设备改造，更换变送器屏、遥信屏、美国 RTU，系统升级解决 Y2K 问题。2003 年，地调自动化使用由国家电网电力科学研究院和清华大学开发的 OPEN－2000 系统，采用 2 台型号为 ALPHA ES40 的主机，2 套通信服务器结构前置机，每套 48 路，实现数据采集和监视控制、网络分析的功能。

第四节 电网运维

输电运维

1986 年，完成景泗线降阻、市区三线改造、东郊二线导线更换，以及黄涌线和接涌线部分已锈腐架空地线与拉线的更换。

1988 年，对市区及农村线路的重要支线加装油断路器或跌落式保险，对用户自备电源及闭锁情况进行检查，避免因支线故障而造成全线停电。对 110 千伏银凤线 156 号～158 号杆采取架设耦合地线的防雷措施，对 35 千伏接涌线的所有拉线进行防盗（将法兰螺丝杆头打扁涂漆）处理，添置试验拉力器。

1991 年，完成市区一线风景路支线高压绝缘导线改造。1992 年，对 10 千伏市区三线西瓜洲段 22 基电杆进行移杆，导线型号由原 LGJ－70 更换为 LGJ－240。

1994 年，对 110 千伏景银线、银黄线、景田线按线路达标要求进行改造，完成 10 千伏东二线、市区二线、市区三线、冷冻线的导线更换。

1997 年，制定《城市配电网管理标准（试行）》《送电线路运行管理标准》《送电线路考核管理制度》《公变和配电线路运行管理有关规定》等制度。当年，35 千伏及以上线路跳闸 12 次，其中 220 千伏线路 2 次，110 千伏线路 1 次，35 千伏线路 9 次，跳闸次数明显减少。

1999 年，市供电局对 110 千伏以上线路安装智能巡视检信息螺栓，使巡视到位难的问题得到解决。是年，对 220 千伏垱蛇线绝缘子泄漏比距不够的绝缘子进行更换，更换棒式合成绝缘子共 30 串。

2000 年，对 110 千伏景北线、景北黄线进行降阻大修。同时，对线路设备进行定级，35 千伏线路 7 条共 77.04 千米，其中 4 条线路为一类设备、3 条线路为二类设备。110 千伏线路 9 条，共 122.60 千米，其中 7 条线路为一类设备、2 条线路为二类设备。220 千伏线路 2 条，共 62.76 千米，均为一类设备。

2001 年，景德镇电网 220 千伏垱蛇线架空地线存在大量锈蚀及断股、散股现象，及时对架空地线进行更换。

2007 年，景德镇电网 220 千伏景李线，220 千伏景蛇Ⅰ、Ⅱ线，220 千伏垱蛇线实施由单架空地线变为双架空地线改造，提高线路抗雷水平。

2008 年 8 月，景德镇电网对 220 千伏垱蛇线、景李线、景蛇Ⅰ线、景蛇Ⅱ线所有杆塔上安装负角保护针各 2 支（共 256 基）；对所有杆塔型号 Z∏杆（共 164 基）中相和 ZM（ZMD）（共 25 基）边相各安装防鸟挡板 2 块；对部分杆塔上掉落、残破的防鸟盒、防鸟刺进行更换。11 月 29 日至 12 月 20 日，对 110 千伏景田线、电李线、银涌钱、李黄Ⅰ线杆塔进行防腐改造。对 110 千伏李涌源线、110 千伏龙石线、110 千伏电李线全线安装杆号牌、警示牌、相序牌。

2010 年，景德镇电网对 110 千伏李涌源线、220 千伏垱蛇线、220 千伏景蛇Ⅰ线全线进行调爬，增加线路绝缘子片数。110 千伏李涌源线架空地线存在大量锈蚀及断股、散股现象，且该线路处于重雷区，对该线架空地线全部更换；对景德镇电网运行年限最长的 220 千伏景蛇Ⅰ、Ⅱ线及 220 千伏垱蛇线全线进行防腐处理。

赣东北供电公司　1993 年，乐平分局送电三班按计划进行接叶线架空地线更换工作中，严格按照《电力安全工作规程》在乐平电厂、叶家变电站做好安全措施后，又在工作地段122#至168#杆处安置2组接地线，虽然乐平电厂值长误听地调调度员的送电命令，误送接叶线，由于现场安全措施可靠，9名职工和10名民工安然无恙，避免一起特大群伤群亡事故。

2008年1—2月，百年一遇的冰灾造成赣东北公司所辖线路倒杆断线，受损严重。其中220千伏梅余线59#、63#杆倒塌，220千伏乐余线99#～100#杆A相导线断落，110千伏余珠一线、余珠二线、瑞康线、梅瑞线、华梅线、干梅线、芝珠线、余华线、干铜线及35千伏万黄线均出现不同程度的导地线断落情况，经全体线路员工奋力抢修，所有线路均及时恢复运行。同年9月，作为省电力公司试点线路，220千伏乐垱Ⅱ线8#～26#杆更换碳纤维导线工程竣工投运。

1996年，110千伏接叶线27#～28#杆塔之间导线对树木放电，造成德叶线跳闸，使东风、叶家、塔山变电站全站失压近30分钟，中断全局安全运行432天的安全记录。

1999年，110千伏垱珠线76#～77#杆B相导线对树木放电，导线严重烧伤，造成事故停电。为严肃劳动纪律，对波阳分局扣发1个月综合奖、扣安全分，对承包线路的责任人给予处分，全局线路维护人员责任心得到加强。

2005年清明前后，220千伏景兴线因线路山火引起跳闸3次，为减少山火对线路的威胁，赣东北供电公司决定从2005年开始，每年"清明""冬至"期间安排人员对所有220千伏线路重点地段进行蹲守，并形成常态机制。

线路巡视

2001—2006年，景德镇供电公司输电线路员工对110千伏和220千伏线路每月至少全线巡视一次，在气候剧烈变化、自然灾害、外力影响、运行异常和其他特殊情况时，对线路全线或部分进行特殊巡视。

2001年3月16日，巡视人员发现110千伏梁田线13#杆大、小号侧左右拉线严重松弛，属严重缺陷。次日输电检修人员对该杆拉线进行调整紧固。

2003年7月13日，巡视人员发现220千伏乐蛇线129#A相第6及第9片绝缘子自爆缺损，属严重缺陷。输电工区申请停电更换。

2006年7月22日，巡视人员发现110千伏李大线#021塔旁有约20棵树超高，与导线间水平距离约1米，属危急缺陷。当日对树障进行砍伐消缺。2007年，在全省电力系统率先开展输电线路数码影像巡检管理，通过巡检人员每次将巡检时拍摄的影像导入电脑，使巡线管理、缺陷上报、检修管理和设备台账变得规范、直观，有效提高输电线路巡视和检修到位率。

2010年，开始推广状态巡视方式。Ⅰ类线路巡视周期一般为1个月，主要包括状态评价结果为"注意""异常""严重"状态的线路区段；外力破坏易发区、盗窃多发区、重要跨越、大跨越等特殊区段；城市(城镇)及近郊区的线路区段。Ⅱ类线路巡视周期一般为2个月，主要包括远郊、平原、山地、丘陵等一般区域的线路区段；状态评价为正常状态的线路区段。Ⅲ类线路巡视周期一般为3至6个月；高山大岭一般为3个月，对于车辆、人员难以到达的区域在每年空中巡视的基础上可延长为6个月；退运、退役线路一般为3个月。

变电检修

1986年，景德镇供电局对变电站110千伏油断路器加装防雨帽，对110千伏互感器进行密封改造。1989年，完成银坑坞2号主变大修、涌山48伏整流器更换为硅整流器、各变电站防误锁的安装、各站耦合电容器加装带电测试盒等工程。

1992年，完成兰田变电站2号主变更换，柳家湾变电站主变更换、田畈待变电站110千伏油断路器大修等工程，对各变电站的盐密进行测试，并绘制防污图。1993年，完成河西1号主变、3台110千伏油断路器、15台35千伏油断路器的大修。

1995年，对110千伏银坑坞变电站直流系统进行更改，对田畈街变电站1号主变、101号断路器进行大修。对田畈街变电站10千伏进线铝排加装绝缘封闭，改造35千伏柳家湾变电站变电设备，对各变电站的变电设备进行除锈刷漆处理。

1996年，对部分10千伏公用线路避雷器进行换型，在公用配电网加装低压无功自动补偿装置，在市区一线增设短路寻址器。

1999 年，完成对各变电站区 17 台 10 千伏、35 千伏电压互感器消谐装置、河西变电站 10 千伏电缆、部分 10 千伏配电变压器等大修任务，对银坑坞变电站、田畈街变电站、河西变电站 43 台 10 千伏油断路器进行无油化改造。

2000 年，对 220 千伏蛇垱线断路器、110 千伏龙景线断路器、田畈街变电站 101 断路器，银坑坞变电站 1 号、2 号主变，兰田电站 35 千伏断路器进行大修。蛇龙变电站加装 2 组 3000 千伏密集型电容器，田畈街变电站增设 2 万千伏安主变 1 台，加装 1500 千伏柜式电容器 2 组，改造 35 千伏出线保护 3 套。

带电作业

景德镇供电公司　1987 年，供电局带电作业工具有等电位服、云梯等，可进行的作业项目有：更换 35 千伏—110 千伏直线杆、耐张线杆瓷瓶，火花间隙测量零值瓷瓶，处理导线缺陷，进行导线补强、调整防震锤、更换载波器、拆装耦合电容器引线及母线搭头等。

2001 年，带电更换 110 千伏—220 千伏线路直线串及耐张串绝缘子；带电复紧线路线夹螺栓；带电更换导线附件及修补导线；绝缘子盐密、灰密测试等工作。

2003 年 7—9 月，在供电形势最为紧张的时期，供电公司利用带电作业、“零点”检修等各种技术和管理手段，实现景德镇地区无一条线路拉闸限电。

2007 年 10 月 27 日下午，供电公司首次运用带电作业技术，对 10 千伏配网线路实施不停电检修，保障供电的可靠性，也避免停电带来的约 10000 千瓦时电量损失。

赣东北供电公司　1988 年，带电作业班首次在 220 千伏变电设备上进行等电位带电作业，获得成功。

1991 年，赣东北供电局与江西电力修造厂共同研制出 360 度旋转变电带电作业检修硬梯，1992 年在南昌通过华中网局技术鉴定，并获能源部 1992 年度电力科学进步四等奖，在全省推广使用。

表 9 - 2 - 21　　2001—2010 年景德镇电网带电作业情况表　　单位：小时、万千瓦时

年份	作业次数	累计减少停电时间	累计多供电量	年份	作业次数	累计减少停电时间	累计多供电量
2001	13	23.5	136	2006	180	374	964
2002	28	67	234	2007	150	237	1064
2003	44	108	301	2008	51	294	630
2004	51	135	376	2009	35	170.4	4181
2005	—	—	—	2010	197	273.6	912

事故抢修

2002 年 6 月 17 日，景德镇电网 220 千伏蛇严 I 线 16# 塔因施工堆土，导致杆塔基础被掩埋，塔材弯曲松脱，随时可能发生倒塔断线事故。供电公司立即打拉线固定，2 天内完成所有弯曲塔材的更换。

2007 年 7 月 17 日，景德镇电网 110 千伏李涌源线 89# 杆的杆顶接地引下线上端头松脱，与导线间净空距离仅 2 米，若有大风则无法保证其安全距离。供电公司立即组织抢修，当天对松脱的引下线重新安装。

支援抚州电网抗冰抢修

2008 年 1 月 30 日，110 千伏银涌线 10# 塔因覆冰发生倒杆塔事件，供电公司迅速组织抢修，共计出动 210 次，车辆 120 次，2 月 1—5 日完成对 110 千伏银涌线 10# 旧塔的移除以及新塔（临时抢修塔）的组立投运。2 月 6 日，应省

电力公司要求,由总工程师带队,驰援抚州电网灾后重建,经过连续两天的奋战,完成110千伏东余线39#、40#、42#立杆及一个耐张段的放紧线工作。2月9日,组织人员驰援吉安供电公司灾后重建,完成110千伏新夏线87#、88#、89#杆倒杆、40#、45#架空地线断线和96#、97#C相断线的故障修复。

2009年7月13日,景德镇电网110千伏李涌源线005#塔旁发生地质塌陷,出现一深约5米、长宽约3米的深坑,随时可能导致倒塔断线事故。供电公司立即对该塔打临时拉线进行固定,勘测确认该深坑为地下溶洞塌陷所形成,进行填埋处理。

2010年7月15—17日,景德镇地区发生严重洪涝灾害,供电公司共计投入抢险人员1267人次、抢修车辆193台次,用短短3天时间,恢复受损35千伏变电站1座、35千伏线路3条、10千伏线路107条(其中主网35条,农网72条),配电台区1618个,154127用户在第一时间恢复供电。

第三章　供　电

80年代以后,景德镇、赣东北供电公司(局)经理管理体制改革,实行政企分开、公司制治理;各部门通过计算机软件管理系统,实现无纸化办公,集约化、科学化管理,构建"统一标准、统一平台、统一采购、统一监造、统一配送、统一结算"的物资采购平台。先后开展多轮次的农网、城网改造,实现了城乡用电"同网同价";通过计量装置的技术改造,实现了智能化计费;通过"三集五大"改革,实现扁平化管理,市、县一体化管理;通过建立应急管理体系,提高事故预防、处置的速度与能力;通过辅业改革,实现"主辅分离""民营与集体分离""主多分开",确保国有资产的安全。

第一节　经营体制改革

农电、主网管理一体化

1997年,省供电局将景德镇列为农电体制改革试点单位,由瓷都电力开发总公司和供电局职工出资入股组建"三为农电公司",将由市供电局直供直抄的鱼山镇、荷塘乡、丽阳乡划归为农电分局管理。1998年11月12日,省供电局委托市供电局与地方政府签订县(市)供电企业改制协议。

1999年1月6日,县级管电机构和供电企业实行政企分开,由县经贸委(经委、计经委)行使政府管理职能;供电企业成为独立核算的实体,行使企业经营职能。将乡(镇)电管站改为县级供电企业统一管理的供电所或营业所。4月,浮梁县供电有限责任公司挂牌成立,省电力公司控股60%,县政府参股40%。2001年11月,昌江供电有限责任公司成立,为省电力公司全资子公司。2公司实行法人治理结构,由市供电局代管。

2005年3月,市供电公司向1县1区公司委派财务总监。2010年8月,向县区供电公司分别委派安全总监。9月25日,市供电公司对县(区)供电公司全面实施农电分专业统一管理,将规划、人力资源、财务、物资供应、安全监察、生产、调度、电网建设、营销等专业管理延伸至县供电公司,实现县(区)供电公司管理与主网全面接轨。

辅业改革

20世纪90年代末,供电系统鼓励支持多种经营企业发展。景德镇供电公司成立后,按照省电力公司关于"公司化运营"要求,供电公司多种经营企业实行公司化改造,逐步实施"主辅分离""民营与集体分离""主多分开"及将集体企业作为公司"下属单位"进行管理的发展历程。

1991年,为适应电力工程业务发展的需求,统一对外业务管理,景德镇供电局成立电力承装公司,独立法人单位,属集体企业性质。1993年,成立瓷都电力实业开发总公司,为独立法人单位。同时设立电力物资、汽车运输等专业公司。1997年,赋予实业开发总公司经营和管理多种经营企业的职能。为支持多种经营发展,经国家7部委批准,供电局主业与全省同步将300万元资产划拨给多种经营企业经营。1999年,多种经营企业实行股份合作制改造,引进职工个人股,并将所有多种经营资产集中在景德镇瓷都电力实业开发总公司,撤销其他各专业公司的独立法人资格。7月2日,景德镇市新电力发展有限公司成立,为景德镇瓷都电力实业开发总公司控股的子公司。

2004年5月10日,设立景德镇供电集体资产经营中心,职工个人股经扩股后设立明源公司。2006年7月17日,明源公司增资扩股,形成一个拥有6家子公司,注册资金4000万元的民营企业集团。景德镇供电集体资产经营中心更名为"景德镇欣源资产经营中心",成为地方政府主管的集体企业,实现集体资产与主业的分离。7月26日,按照省电力公司"主多分离"的要求,明源公司机构改革,景德镇供电公司班子成员全部从董事会、监事会中撤出,实现供电主业和多种经营企业管理分开,主业和多种经营的人事分开。

2008年3月,在供电公司多种经营企业工作的全民职工陆续回归供电主业。至年底,供电公司员工退出全部股份,由明源公司收购。汽运公司、物资采购和物业公司相继回归主业。2009年,民营资本退出电力建安业,集体企业成为建安专营企业。2010年,多种经营企业改革完成。

两改一同价

1998年9月2日,国家计委要求统筹制定农村电网建设与改造及农电管理体制方案,将改造农电体制、改造农村电网、实现城乡用电同网同价(即"两改一同价")相结合,3年内分步实施到位。

1999年4月12日,浮梁县供电公司、昌江区农电局整合乡镇供电所,改革管理体制,开始实施电网改造。至2002年,昌江区、浮梁县公司通过农网改造,农村供电可靠性和电压合格率有较大提高,线路损耗和台区变损逐年明显下降。在用电管理上,实行收费公开,抄表到户,价格统一的管理制度,全面取消乡村电费承包的做法。浮梁县、昌江区用户平均电价分别由"两改一同价"前的1.26元/千瓦时和1.20元/千瓦时降至0.80元/千瓦时以下。

2003年7月1日,浮梁县、昌江区公司农村居民用电价格开始执行全省城乡居民统一电价0.56元/千瓦时,景德镇供电公司"两改一同价"工作实施到位。

第二节　安全管理

应急管理

1986年,景德镇供电局成立事故应急临时处理小组,应对紧急情况下的突发事件。2004年,制定《重特大生产安全事故预防与应急处理预案》,各生产单位采用每日24小时值班的方式,负责电网安全运行、事故处理及抢修。为保证市"瓷博会"、市千年华诞庆典期间各项重要活动的安全供电,成立保电工作指挥部和工作小组,组织应急服务队和突击队进行保电,铺设专用低压电缆线3000余米,完成各项保电任务。是年,赣东北供电公司制定《重特大事故应急预案》,成立以总经理为首的生产安全事故应急处理指挥部,各生产单位成立事故应急抢修小分队。2008年,景德镇供电公司下发《应急管理工作规定》,成立由公司总经理担任总指挥,公司其他领导担任副总指挥,各部门(单位)行政正值担任成员的应急领导小组,下设安全应急办公室和稳定应急办公室,及时处置供电突发事故。2009年,赣东北供电公司修订《突发事件及预警应急处置机制》,修订、完善各类应急预案30个,成立应急指挥中心,实行24小时值班制度,统一指挥处置公司系统各类突发性事件。

2010年,景德镇供电公司制定《景德镇地区电网大面积停电事件应急处理预案》《电力设施大范围受损抢修应急预案》等15项专项应急预案。年底,供电公司应急指挥中心正式投入运行,设置指挥大厅、设备间、值班室,配置视频会议系统、变电站监控视频图像系统、应急指挥电话系统、传真通信,组建应急系统平台,满足应急指挥功能需求。

安全检查与监督

1986年以后,市供电公司(局)、赣东北供电公司(局)按上级统一部署,不定期开展安全监督与检查活动,每年定期组织开展春、秋季安全大检查活动。开展迎峰度夏、迎峰度冬安全专项检查,采取红外测温、线路特巡等方式进行负荷检测和分析,优化电网运行方式,保障电网在高峰期间正常运行。春季安全大检查重点对员工安全教育培训(特别是对新进、转岗人员的培训、“三种人”的考核上岗等,保证员工不经过培训不得上岗、考试不合格不得上岗、不满足条件不得上岗)、安全活动、两票三制、设备隐患、防雷、防污闪、防风偏、防汛、防地质灾害、防人身事故等工作进行排查和整改;秋季安全大检查重点对班组日常安全管理、规章制度以及设备与现场管理、保护自动装置、安全工器具、防火防爆、输变电设备的防外力破坏、防山火、防雨雪冰冻、防鸟害、防风偏、防小动物、防污垢等方面进行排查和整改。

2005年,市供电公司加强对新、改、扩建工程安全监督管理,对分包工程的安全监管,安全资质审查不过关的企业不允许承揽业务,安全协议未签订的不准许开工,“三措一案”审查未通过不发施工许可证,现场危险点分析和安全措施不到位的不允许进场作业。分级建立安全隐患数据库与档案,做到隐患一患一档,按照“(排查)发现—评估—报告—治理(控制)—验收—销号”的流程进行闭环管理,将梳理排查内容及要求分解到各职能部门或单位,落实整治措施。2007年,开展“反违章”自纠自查、安全性评价和“百问百查”活动,查处各类安全隐患164项。采用短信预警方式,每月通报安全稽查情况,公布违章者、现场负责人姓名以及处罚意见、违章现象图片等资料。5月,景德镇供电公司下发继电保护专项监督自查工作方案,对电网二次系统状况进行全面监督检查。

2009年,市供电公司制定《领导干部和管理人员到岗到位管理实施办法》《领导干部和管理人员下生产现场工作规定》,规定各生产性单位、县级供电公司行政正职每月深入生产现场不少于2次,累计跟班时间不少于6小时;每季度至少参加班组安全活动1次,累计时间不少于2小时。7月下旬,景德镇供电公司“反违章”稽查采取不打招呼、不定时间、不预设内容,相关联专业交叉稽查方式进行。对违章者、现场负责人和单位(企业)安全第一责任人姓名、处罚意见和违章现象图片等资料在公司内网公布,违章人员自行到财务部缴纳罚款。公司各级领导和管理人员全年深入施工作业现场共计4202次,查处违章35次,2人违章被处分下岗,缴纳罚款15280元。是年,赣东北供电公司制订《安全生产“反违章”活动工作方案》,加强现场安全纠查,坚持“谁主管、谁负责”“谁实施、谁负责”原则。1—11月,赣东北供电公司各级现场开展反违章5091次,查处违章102起,处罚违章下岗46人次,违章罚款47580元。

2010年,赣东北供电公司制定《安全生产现场领导干部和管理人员到岗到位实施细则》和《县公司生产现场领导干部和管理人员到岗到位工作标准(试行)》,1—11月,公司(含县公司)共查处违章86起,处罚违章下岗28人次,违章罚款32510元。是年11月20日至12月10日,市供电公司开展“三查四防”(查责任到位、查隐患整治、查措施落实、防大面积停电事故、防重特大火灾事故、防群伤群亡事故、防重要用户停电事故)安全大检查活动,共查处各类问题64项,当年落实整改36项。

安全纪录

1987年,赣东北供电局全局安全运行达256天,创建局以来最高纪录。1992年11月10日,市供电局送电线路连续安全运行3000天,创全省送电线路安全运行最高纪录。至2000年年底,市供电局10座变电站中有7座变电站创造千日无中断安全运行记录事故的好成绩。蛇龙变电站实现安全运行1520天,银坑坞变电站实现安全运行4715天,樟树坑变电站实现安全运行4942天,柳家湾变电站实现安全运行12786天,河西变电站实现安全运行1180天。2001年,赣东北供电局创造安全运行679天的历史最高安全纪录,被国家电力公司评为“九五”期间安全生产先进单位。

2008年年底,景德镇供电公司连续安全生产2032天,为成立31年来的最长周期。至2010年年底,景德镇供电公司实现220千伏线路连续4年零跳闸和连续3年零障碍的省电力公司安全纪录。

事故选录

景德镇电网　电网事故。1991年4月17日,35千伏银黎线架空地线断落,形成电弧接地,造成油开关烧损,引起停电事故,少送电量6.4万千瓦时。1995年7月22日,110千伏黄泥头变电站因多条10千伏出线遭雷击引起10千伏母线过压,造成开关柜烧毁的重大设备事故,少送电量26万千瓦时。2000年6月26日,检修公司检修班在查找10千伏城北Ⅰ线接地故障中,因停送电联系工作混乱,违章指挥,造成两名检修人员在城北Ⅰ线广场电缆分支箱触电灼伤。

2001年7月12日，110千伏龙银Ⅱ线113开关遭雷击跳闸，造成110千伏银坑坞变电站全站失压；10月10日，运行检修工区带电班对银坑坞变电站110千伏工段电压互感器151刀闸引线母线侧带电搭头时，由于互感器1510接地刀闸未拉开，造成110千伏龙银Ⅱ线跳闸，银变全站失压。2002年2月11日，220千伏蛇景线因山火造成两侧高闭保护动作跳三相；110千伏龙银Ⅱ线因森林火灾开关跳闸，造成110千伏银坑坞变电站全站失压。

2004年8月25日，景德镇电厂110千伏母联131开关无保护动作，110千伏Ⅰ段母线失压，造成黄泥头、田畈街、大石口三座变电站失压1小时零5分钟。2007年7月22日，110K银涌线因雷雨大风刮倒大树造成短路跳闸故障。2010年10月30日，110千伏大石口变电站1#、2#主变因继电保护人员误接线导致高后备保护动作，1#、2#主变跳闸，全站失压。

设备事故。1989年景德镇电网，110千伏银坑坞变电站10千伏母联柜因设备绝缘水平下降，检修人员维护不当，引起10千伏母线停电，少送电量3.6万千瓦时。2003年2月26日，110千伏田畈街变电站因10千伏设备绝缘下降导致901、9012、PT三块10千伏开关柜烧损。2007年9月7日，110千伏景田线因盗伐树木砸断导线，造成零序Ⅳ段保护动作跳闸，重合不成功。2010年12月29日，110千伏田畈街变电站35千伏田油线312开关弹簧导向杆变形，重合闸时未能跳闸切除故障，导致1#主变、2#主变中压侧后备保护动作，301、302开关跳闸。至2010年，设备事故总次数45次，其中送电事故11次，变电事故34次。

1996年，110千伏接叶线27#～28#杆塔之间导线对树木放电，造成德叶线跳闸，使东风、叶家、塔山变电站全站失压近30分钟，中断全局安全运行432天的纪录。1999年2月22日，220千伏景兴线、档德线因山林火灾引起跳闸。是年，110千伏垱珠线76#～77#杆B相导线对树木放电，导线严重烧伤，造成事故停电。

2003年3月22日，220千伏景兴线201#～202#杆因山火引起跳闸。2005年清明前后，220千伏景兴线因线路山火引起跳闸3次，为减少山火对线路的威胁，赣东北公司决定从2005年开始，每年清明、冬至前后安排人员对所有220千伏线路重点地段进行蹲守，并形成常态机制。

2008年1—2月，冰灾造成赣东北公司所辖线路倒杆断线，受损严重。其中220千伏梅余线59#、63#杆倒塌，220千伏乐余线99#～100#杆A相导线断落，110千伏余珠一线、余珠二线、瑞康线、梅瑞线、华梅线、干梅线、芝珠线、余华线、干铜线及35千伏万黄线均出现不同程度的导地线断落情况，经抢修所有线路均及时恢复运行。

第四章　用电监管

90年代始，江西电网经历从缺电、控电到供需基本平衡，部分时段供过于求和高峰时段供电不足的变化，景德镇、赣东北供电局通过计划用电管理到建立电力模拟市场，加强用电形势预测，保证稳定供电。同时，加强抄表考核管理，实现电费当年结零，并逐步收回陈欠电费；通过对用户及内部计量电表的智能化更新改造，实现抄核、统计、汇总自动化，同时开发出窃电报警功能，有效降低电量流失；通过设立用电服务大厅、公布抢修电话，规范业扩报装流程和监督，规定故障抢修时限，兑现国网公司的服务承诺，改善服务质量。

第一节　抄核收管理

抄表核算

1987年，景德镇供电局营业区运行中的电度表总数为7595块。1997年11月，居民用电计量装置逐步推广使用IC卡电能表。1998年，关口点电表改换为全电子表，对大宗用户安装预付费电表。1999年9月，安装部分红外线遥控预付费电能表。至2000年6月,安装预付费电能表1万块。

2001年,供电局从降低网损入手,采取降损技术措施和管理措施,调整抄表周期,改进抄表方法,提高校表质量,开展营业检查,对变电站主变按负荷实施经济调度。

2003年8月4日,首次抽调机关18名管理人员、用电分局3名营销人员,进行为期两个月的抄表跟踪监督,防止抄核过程中的跑、冒、滴、漏。

2004年1月2日,景德镇供电公司IES电能量采集计费系统正式投入运行,通过该系统对各变电站、发电厂、大中型用户的关口电量进行采集处理、分时计费。4月1日,制定《台区考核及电费回收风险责任承包管理办法(试行)》,对用电管理所实施台区考核及电费回收风险责任承包。8月,开展"降损增效"活动,由公司领导和20名机关干部采取抽查跟抄和跟班跟抄两种方式,挂点到各个用电承包组去帮助抓好抄核收和反窃电工作,在9个月的时间内,避免近万千瓦时的电量流失。

2007年12月,景德镇供电公司成立抄表公司,负责城区范围内的低压用户抄表工作,实行抄表专业化管理。

2009年11月,通过加大客户用电情况普查,了解用电性质变化,及时调整电价结构,用户均价比2008年提高136.5元/万千瓦时。

电费回收

景德镇供电公司　1986年,城市居民用户实行委托银行信用社代收电费。至1989年,电费回收率连续9年均达100%。1998—1990年,电费收取有专人专收、银行代收、银行托收等方式。1990年以后,陶瓷行业经济效益逐年滑坡,欠电费数额逐年累加,景德镇供电局遭遇企业效益和社会稳定的两难选择。

1993年,农业银行派专人到营业所办理托收和坐收电费业务。1997年,对部分专线用户安装三相预付费电度表,实行"先购电、后用电"。1999年,推广使用预付费电度表,预付电费占总电费的50%。当年电费回收率达1992年以来最好水平,电费实现结零并收回部分陈欠电费。

表9-4-1　**1986—2000年景德镇用电营业情况表**

年份	售电量(万千瓦时)	平均电价(元/万千瓦时)	应收电费(万元)	实收电费(万元)	电费回收率(%)	装表户数	线损率(%)
1986	27178	949.8	2570.2	2570.2	100	6464	4.63
1987	30503	951.2	2901.4	2901.4	100	—	4.81
1988	33749	967.3	3221.4	3221.4	100	—	5.03
1989	34747	955.2	3357.0	3357.0	100	—	5.38
1990	35471	993	6357.3	6087.8	95.76	—	5.59
1991	37648	1672.7	7301.4	7109.8	97.38	—	5.56
1992	42330	—	8859.8	8795.6	99.30	—	6.10
1993	44694	—	12476.8	12476.8	100	—	6.07
1994	46572	2174	16271.0	15490.0	95.20	6119	5.65
1995	48963	2332.8	17829.0	16964.0	95.14	6511	11.91
1996	50246	2672.6	19772.0	18630.0	94.22	7664	11.16
1997	52351	3162.9	22850.0	21952.0	96.07	8054	11.15
1998	54129	3260.2	24133.0	22617.0	3.72	8790	8.93
1999	56161	3522.7	24669.0	25028.0	101.45	16488	8.53
2000	60656	3554.8	27474.9	26977.6	98.18	36845	8.05

2001 年，景德镇供电局完成供电量 68518 万千瓦时，售电量 62693 万千瓦时，电费回收率为 100%，回收电费资金 28791.6 万元。其中回收陈欠电费 133 万元，占往年陈欠电费总额的 5%。2002 年 11 月 18 日，对宇宙瓷厂、市水泥厂等破产转制企业的电费用城市附加费抵扣，对拖欠当年电费的用电客户，按照规定程序停止供电。当年回收电费资金 31643 万元，综合电费回收率为 100.41%，其中回收陈欠电费 129 万元，占往年陈欠费总额的 5.03%。

2004 年，景德镇供电公司综合电费回收率为 100.27%，回收电费达 41129 万元，其中陈欠电费 110 万元，提前两天完成年度各项经营指标。2005 年 12 月 26 日零时，景德镇公司售电量 10.1670 亿千瓦时，突破“10 亿”大关，以增长 16.44% 排名全省第三。

2007 年，景德镇供电公司实现当年电费和陈欠电费的“双结零”。2009 年 4 月，与市财政局、路灯管理所多次协商后签订三方协议，明确每月收取的城市附加费剔除相关税费后全额上交市财政，而路灯电费也将按正常手续足额按月缴纳，改变以往互抵的做法。

表 9-4-2　　**2002—2010 年景德镇供电公司（局）各项指标完成情况表**

项目	年份	2002 年	2003 年	2004 年	2005 年	2006 年	2007 年	2008 年	2009 年	2010 年
供电量（万千瓦时）	计划值	72405	81175	92542	99968	117028	—	158947	165013	205341
	完成值	74954	88160	95098	110622	131809	144658	158168	183478	212877
线损率（%）	计划值	8.2	8.1	8.15	7.99	7.29	—	7.52	6.98	6.5
	完成值	7.94	8.09	8.12	7.88	7.29	7.42	6.68	6.71	4.94
售电量（万千瓦时）	计划值	66468	74600	85000	92000	108500	—	147000	153500	192000
	完成值	69005	80700	87315	101690	122202	133923	147602	171175	202369
售电收入（万元）	计划值	23657	26898	31610	37305	46261	—	65244	69414	89975
	完成值	24725	28865	32474	40732	51451	58169	65460	77752	96536
平均电价（元/万千瓦时）	计划值	355.91	360.56	371.88	405.49	426.37	—	—	454.02	468.62
	完成值	358.3	357.68	371.93	400.54	421.03	433.22	443.33	454.23	477.03
电力成本（万元）	计划值	—	—	—	—	—	—	—	—	—
	完成值	46366	52628	57113	68082	78892	81352	78039	93164	22464
利润总额（万元）	计划值	—	—	—	—	—	—	—	—	72627
	完成值	-20505	-23111	-24509	-27372	-27381	-23235	-12559	-15307	74033
内部市场利润（万元）	计划值	-1344	-912	-3577	-759	-1909	—	-4921	-7481	—
	完成值	-523	-834	-3341	-625	-1282	—	-4319	-5555	—
上缴税款（万元）	应交	5116.9	5965.8	6669.7	8356	2303.62	2810	3139.58	2561	4324
	实交 省公司	4580	5377.6	5218	6470	—	—	—	—	—
	实交 地方	564	508.2	1390.7	1787	2283.55	2676	3173.31	2527	4096

赣东北供电公司　1983 年，赣东北供电局修订《赣东北供电地区农村用户买票用电办法》，电费回收年年结零，陈欠电费逐年降低。

1992 年，赣东北供电局制定《电费回收考核办法》，对大宗工业用电坚持每月分次划拨电费，确保电费回收率达到 100%。

表9-4-3　　1977—2000年赣东北供电局电费回收率一览表　　单位:%

年份	电费回收率	年份	电费回收率	年份	电费回收率	年份	电费收回率
1977	95	1983	110.66	1989	100	1995	100
1978	93.55	1984	102.82	1990	99.99	1996	100
1979	99.9	1985	104.6	1991	99.58	1997	100
1980	103.26	1986	100	1992	99.89	1998	98.02
1981	100	1987	100	1993	100	1999	99.23
1982	99.67	1988	100	1994	100	2000	99.77

2001年,对公用变压器上的居民用户增容免征增容贴费;对直供并实行"一户一表、抄表到户"的城市居民生活用电,每户每月用电量超过200千瓦时的部分,实行用电价格优惠0.10元/千瓦时。

2009年,赣东北供电公司制定《台线绩效考核办法》,将台线抄表、线损、均价、售电量、电费回收、优质服务等一并纳入考核,电费回收率均达100%。

第二节　电价与计量管理

电价管理

1987年,省供电局下发《关于多种电价实施办法的通知》,电价有"指令性发电量的售电价格""指导性发电量的售电价格""带料加工费""非生产用电收费""超计划用电加价"等标准。

2001年,景德镇供电公司平均电价完成3593.4元/万千瓦时,比2000年提高35.3元/万千瓦时,与计划比每万千瓦时净增31元。

2002年,对景德镇陶瓷学院等26个大中用户电价进行合理调整,平均电价完成3583.2元/万千瓦时,每万千瓦时与调整后的财务均价指标比净增24.1元。

2003年7月1日起,实行农村居民用电与城市同网同价,其中农村生活用电电价由原来的0.972元/千瓦时降到0.56元/千瓦时。

2004年6月17日,省发改委下发《关于疏导江西电网电价矛盾,规范电价管理有关问题的通知》,对全省电网销售电价作适度调整。

2006年,国务院批准适当调整全国电价水平,景德镇平均电价4210.3元/万千瓦时,同比增长204.9元/万千瓦时。

表9-4-4　　2006年景德镇市电网销售电价一览　　单位:元/千瓦时

居民生活用电	非居民照明、商业用电		非工业、普通工业用电		大工业用电	排灌用电	农业生产用电
	不满1千伏	1千伏及以上	不满1千伏	1千伏及以上			
0.60	0.98	0.95	0.73	0.70	0.59	0.55	0.66
0.60	0.98	0.95	0.77	0.74	0.61	0.55	0.66
0.60	0.98	0.95	0.79	0.76	0.66	0.55	0.66

计量管理

景德镇供电公司　2001—2006年,景德镇供电公司新增改造台区585个,完成一户一表改造7.2841万户。2007 年,对专变大用户安装多功能电子表,其模块和 GPRS 能够对用户用电量、电流电压等进行实时在线监控。2008—2009 年,将台线清理和用户资料整理录入 SG186 信息系统。

2010 年,建设用电采集系统,通过以负荷控制系统为基础,与变电站远抄系统、GPRS 抄收系统、低压客户集中抄表等外围系统无缝链接,实现统一采集、汇总、分析、整合。

赣东北供电公司　1988 年,电能表检验台全是电工台,为 0.2 级。1994 年,添置省电力试验研究所开发研制的全省第一台三相电能表全电子校验台,使赣东北供电局的电能计量标准提高到 0.1 级。1995 年中心计量室又购进 1 台南京自动化研究所生产的 SJJ－05 型 0.05 级三相电能表全电子校验台,使赣东北供电局能够开展对所属各县、市供电局计量标准的量值传递工作。1999 年,全局有三相电能表全电子校验台 4 台,建立 0.01 级电流电压互感器检定装置,检定电压互感器最高电压等级可达 35 千伏。

1998 年 11 月,赣东北供电局与福建力之源公司合作,开发研制远程抄表系统,1999 年 2 月开始在德兴变电站安装远程自动抄表系统,3 个月试运行正常。

第三节　用电管理

计划用电

景德镇供电公司　1987 年,国务院转批国家经委、国家计委《关于进一步加强节约用电的若干规定》,按照“保证重点、兼顾一般”的电力分配原则,对全市大宗工业用户按月进行电力计划分配,并按早晚两个高峰进行考核。

1990 年,景德镇供电局利用气象预报系统向用户传送停限电信息,方便用户安排生产。1991 年,对全市非生产用空调设备进行登记造册,核准使用。要求各宾馆、饭店、商场的空调器避高峰用电。全市 26 家大中型宾馆、饭店、商场实行用电量考核,做到按月下达计划,按季考核。

1992 年年底,对昌河飞机制造工业公司、740 厂等 8 家大用户安装电力负荷遥控装置。1994—1996 年增加至 54 台,控制负荷达 3.7 万千瓦,监控负荷占 74.1%。1995 年,提出“优化用电”,分配上向效益好的企业倾斜,即“统筹兼顾,择优供电”。

1997 年,景德镇电力显现出供大于求趋势,用电管理的职责由电力计划分配转变为市场预测、市场调查,及时将市场信息反馈到省电力局,方便安排发电计划。1998 年 1 月,供电局电力模拟市场开始运转,对市场预测要求更加严密,更加迅速。计划用电职能逐渐淡化、取消。2001 年,随着三电(计划用电、节约用电、安全用电)工作逐渐淡化,三电办公室等机构被取消。

2004 年 12 月至 2005 年 3 月,电力供应从高峰缺电转为既缺电力又缺电量的严峻局面,景德镇地区日电力缺口最大达到 4.5 万千瓦,电力供需矛盾非常突出。供电公司配合有关部门认定、清理高耗能企业,运用错峰、避峰措施,实施有序供电。至 2005 年夏,电力供需基本平衡。

2008 年 1 月,受冰灾影响,景德镇电网 3 次与江西省主网解裂,景德镇发电厂也因缺煤和机组故障而出现停机,地区电力最大缺口达 18 万千瓦,为历年之最。1 月 21 日,景德镇供电公司启动《迎峰度冬有序用电预案》,并与市经贸委联合下发《应对恶劣气候有序用电应急预案》,先后下达 1 号、2 号紧急调度令。通过实施错峰、避峰措施,保障城市居民生活及重要用户供电。7 月,与全市主要大工业用户签订保电责任书,编制企业内部应急预案,落实景德镇电网在 1.5 万千瓦和 3 万千瓦调控负荷等级下各单位错峰避峰措施。

赣东北供电公司　1985 年始,赣东北供电局对部分大宗工业用户实行“超计划用电加价办法”。1987 年,实施农业和乡镇工业定时、定量、定价供电,农村和乡镇生活照明轮流供电办法,计划用电效果明显。

1998 年,电力模拟市场开始运转,对市场预测要求更加严密,更加迅速,计划用电职能逐渐淡化、取消。2001 年,三电办公室等机构被取消。

2004 年 12 月至 2005 年 3 月,电力供应从高峰缺电转为既缺电力又缺电量的严峻局面,供公司配合有关部门认定、清理高耗能企业,运用错峰、避峰措施,实施有序供电。至 2007 年夏,电力供需基本平衡。

2008 年 1 月 21 日起,赣东北电网因冰灾受到严重考验,供电缺口从 3 万千瓦增加到 30 日的 32.4 万千瓦,最大电力缺口为 35.9 万千瓦。出现大面积的限电、拉闸。限电影响电量 1856 万千瓦时,拉闸影响电量 267.5 万千瓦时。

节约用电

1987 年,景德镇供电局对全市参加考核的所有用电企业重新进行产品耗电定额核定,并按定额考核。1990 年,对全市各企业的电平衡进行测试,对配套不合理的电器设备进行整改,提高电能利用率。青花文具厂率先进行电平衡测试,此后各大企业均开展测试。1990 年后,节约用电职能被其他经济手段所代替。

1992 年,在市经贸委支持下,开展改造淘汰老式传统烤花电阻炉行动。1993 年,市三电办会同技术监督局制定 Q/JZH01－93《景德镇市间接式陶瓷烤花炉产品标准》。1995 年,加速淘汰老式传统电阻炉,推广节能烤花电阻炉 600 多台,节约电量达 500 万千瓦时。1997 年,景德镇宾馆、景德镇饭店推广使用新型节能灯。1998 年,对全市大宗工业用户进行综合电耗统计、考核,协助企业分析电耗高的原因,提出降耗措施。2001 年,随着三电工作逐渐淡化,三电办公室等机构撤销,节约用电工作由市发改委环资科承担。

2010 年 8 月,市第二人民医院安装一套集冰蓄冷空调、热泵及蓄热式电锅炉为一体的蓄能设备,总容量达到 1130 千瓦,使用空气源热泵全年可节约电量 12.8 万千瓦时。为落实国家节能减排发展战略,供电公司开展节约用电及节电技术推广工作,通过改造或引进新的生产工艺,使用高效设备,实现年节约用电 272 万千瓦时。

表 9－4－5　**1986—2000 年景德镇供电公司用电结构一览表**　单位:万千瓦时、元

年份	售电量	工业用电	其中:煤炭工业用电	交通运输	农业用电	其中:排灌用电	市政生活用电	其中:照明用电	每千瓦时电产值
1986	27178	22364	3887	397	1093	921	3324	2103	5.1
1987	30503	23683	3921	555	1962	1582	4303	3288	5.5
1988	33749	27808	3771	—	1967	1380	5079	4170	3.2
1989	35747	27322	3803	—	2654	2546	5994	5101	5.2
1990	35471	26764	3729	400	3006	2441	7102	6103	7.1
1991	37648	27942	4272	522	2580	2222	8042	6651	7.9
1992	42330	31719	5202	1022	2145	1600	9157	7074	8.9
1993	44334	33223	5258	1086	2174	2174	9764	6547	11.7
1994	46572	34060	4213	1182	2312	1929	10800	7401	16.6
1995	48963	39606	4148	1172	2577	1318	11210	8258	16.7
1996	50416	37610	4238	2912	2442	1430	13962	9722	14.5
1997	50426	38072	3802	751	2515	1057	16265	12496	17.8
1998	54129	35004	5565	915	5530	1158	17343	12451	15.2
1999	56161	32823	6605	1190	9094	1059	18161	13607	15.3
2000	60656	39220	5227	1332	10790	1479	15029	12487	15.7

说明:自 1988 年起,“交通运输”用电改为“邮电通信”用电

表9-4-6 2001—2010年景德镇市用电结构及比重一览 单位：万千瓦时、%

年份	全社会用电量	城乡居民生活用电量	农牧渔水利业用电量	工业用电量	建筑业用电量	交通运输邮电业	商业用电用电量	其他事业用电量
2001	8426.31	1456.25	20.69	55601.12	177.94	1095.84	1410.38	2930.78
	比重	2.32	0.03	88.69	0.28	1.75	2.25	4.67
2002	11359.83	1052.25	20.69	4782.1	257.25	1025.84	1436.2	2785.5
	比重	9.26	0.18	42.10	2.26	9.03	12.64	24.52
2003	72664.00	1635.00	7861.00	56721.00	299.00	1259.00	1672.00	3217.00
	比重	2.25	10.82	78.06	0.41	1.73	2.30	4.43
2004	63992.00	11408.00	34.00	46840.00	254.00	842.00	2181.00	2433.00
	比重	17.83	0.05	73.20	0.40	1.32	3.41	3.80
2005	73182.00	13152.00	30.00	52849.00	272.00	192.00	3158.00	3529.00
	比重	17.97	0.04	72.22	0.37	0.26	4.32	4.82
2006	89745	16066.00	36.00	65768.00	342.00	204.00	3341.00	3988.00
	比重	17.90	0.04	73.28	0.38	0.23	3.72	4.44
2007	98162	15652.00	15.00	71264.00	2049.00	1011.00	3155.00	5016.00
	比重	15.95	0.02	72.60	2.09	1.03	3.21	5.11
2008	102253	17468.00	16.00	70120.00	3055.00	1362.00	3843.00	6389.00
	比重	17.08	0.02	68.58	2.99	1.33	3.76	6.25
2009	122796	21580.00	23.00	84429.00	3539.00	1387.00	4597.00	7241.00
	比重	17.57	0.02	68.76	2.88	1.13	3.74	5.90
2010	121696	23932.00	11.00	102785.00	3533.00	1069.00	6175.00	8123.00
	比重	19.67	0.01	84.46	2.90	0.88	5.07	6.67

用电稽查

2001年，景德镇供电局开展以商业用电为主的用电普查，分析用户的电量、结构、电价、电费，堵住营销中的漏洞。在市政府支持下，按全省统一取缔高能耗企业的要求，全面取缔玻璃拉丝厂之类高耗能企业，平均电价明显上升。景德镇供电局成立窃电稽查支队，共追回电费63.18万元。2002年，共查处窃电户57户，查处违章户18户，追补电费和违约使用电费62.32万元；配合地方公安部门破获3起社会影响恶劣的盗窃电力电缆案件，抓获犯罪嫌疑人2人。

2003年8月1日，市公安局、供电公司联合发布《关于严厉打击窃电行为的通告》，启动打击破坏、盗窃电力设施和盗窃电能专项行动，抓获破坏、盗窃电力设施犯罪嫌疑人3名。7月14日，反窃电稽查支队抓获1名专为窃电户配制电力计量表箱锁钥匙的“开锁高手”，移交司法机关处理。通过电视曝光2名窃电性质恶劣的私营企业主。

2004年，景德镇供电公司制定《集中整治窃电和破坏、盗窃电力设施工作方案》，规范对窃电户的处罚标准，加大处罚力度。全体员工签订反窃电责任书，联合公安机关严厉查处盗窃电能和破坏电力设施的违法犯罪行为。

2005年1月17日，联合市公安特警支队对窃电较为严重的珠山区小港咀地区进行全面清查。稽查人员对窃电现场进行摄像取证,并将私接的电线全部清除,对部分供电线路进行整改,特警对窃电嫌疑人进行传唤处理。9月3日,市政府主持召开"打击破坏盗窃电力设施和盗窃电能专项行动"动员大会,部署长效治理机制。

2007年5月25日,供电公司反窃电工作组进驻三河村,对安置小区居民、村民破坏电表箱入口电缆进行窃电的行为进行整治。9月1日,经市政府研究决定,在全市范围内开展打击破坏盗窃电力设施和盗窃电能专项行动,规范用电秩序。11月1日,开展"百日反窃电专项整治行动"大型宣传活动。2008年4月19日,联合市特警支队对三河新村拒绝接受供电公司处罚的8户窃电户进行联合执法,5户接受处理,对3户拒不接受处理的用户拆除供电设备。《景德镇日报》、景德镇电视台进行报道。是年,市供电公司与市公安局组建联合行动队,从现场反窃电到后期处置均联合行动,成功破获和依法处理多起窃电大案,其中1名违法窃电分子被景德镇市中院判处有期徒刑,反窃电工作实现常态化、规范化。

2009年6月,景德镇供电公司成立7个反窃电工作队,开展以"反窃电、强管理、保效益"为主题的专项活动。反窃电稽查支队根据窃电的规律和特点,做到每两周最少开展一次统一行动。11月16日至12月15日,反窃电稽查支队与上饶供电公司互派稽查小组进行交叉检查,加强反窃电工作。

2010年,景德镇供电公司与市公安局达成警电联手反窃电工作协议,特警支队长期派员驻供电公司,在大型联合行动时,增派警力协助。反窃电支队对使用技术手段窃电的嫌疑用户进行蹲守,每天定时拍照,查获一批盗码窃电用户。全年共查实窃电户462户、违章户63户,其中接"12345"热线、"95598"客服热线转交窃电举报案件73起,全部查处到位,处罚金额243.36万元,其中追补电费75.71万元、违约电费167.65万元。反窃电稽查支队处罚到账金额为106.84万元,其中追补电费33.26万元,违约电费73.58万元。至12月,供电公司的台区线损率为12.78%,通过省电力公司B级达标验收。

第四节 客户服务

服务举措

1986年,景德镇供电公司制定营业报装流程图,缩短报装时限。1991年6月,成立报装办公室,制定报装制度,规定各个工作环节工作时限,城区3天内、郊区7天内答复用户。1993年,印发《居民一户一表装表用电管理办法》,用户可单独装表,直收直抄。2001年1月21日,供电局成立"电力市场整顿和优质服务年"活动领导小组,制定活动实施细则,加大部门之间的协调和配合,杜绝同一设备重复停电检查现象,扩大"零点"检修范围,扩大带电作业范围,减少停电时间。将供电设施停电检修计划提前7天向社会公布,设立抢修电话"8523061",推行24小时不间断的故障抢修服务,兑现国网公司"城市45分钟,农村90分钟,特殊边远山区2小时"抢修到位的承诺。在营业大厅公开电价和收费标准,公开用电报装流程。借助《景德镇日报》、景德镇电视台及"16899110"电话(自动查询计划检修停电系统),发布电网调度信息。

2002年,实施"诚信工程",做好报装接电、事故抢修、停电预告和便民服务等工作。对全市的亮化工程和园区建设做到特事特办,上门服务,增设新厂、新桥、太白园、西路、公园5个营业网点,推行城区无周休日营业制度,实行限时报装、限时抢修服务,在浮梁县供电公司推行预约服务试点。12月,公司语音催缴电费服务系统投入使用。

2003年,景德镇供电公司成立专项负责中低压维护和抢修的配电工区,解决高压与低压故障市民难以区分,延误抢修时间的问题。在全省窗口单位创建评比中,公司有17个窗口单位规范化达标合格,有1个城市营业窗口和3个农村营业窗口获得国家级服务示范窗口称号,在省电力系统中名列前茅。

2004年,景德镇供电公司推行首问负责制,在供电营业厅设立首问接待人,第一时间帮助客户解决困难。通过发放"客户服务跟踪卡"听取意见和建议,实施"综合检修"和"零点检修",在供电设施停电维修时,提前公告停电区域,严控抢修时限。

2005年9月19日,制定并执行督办工作制,提高工作效能。9月20日,景德镇供电公司下发《业扩工程及日常服务客户经理管理办法》,推出“客户经理制度”,将全市9万多个用电户按电量大小全部分解落实到个人,公司上至经理下至抄核收人员,分别担任不同客户的经理,缩短企业与客户之间的距离。

2007年年初,实行业扩报装早会制度,及时研究处理报装业务,缩短业扩报装周期。坚持业扩报装“一口对外、便捷高效、三不指定、办事公开”的管理原则,提高服务质量。8月1日,公司在万客隆超市设立的电费代收点,这是全省第一个在超市设立的电费代收点。同时,创新拓展邮政代收、超市售电、网点POS机刷卡等缴费方式。

2010年,景德镇供电公司主动服务重大工程、重点项目和全民创业,满足市政府重点工程和招商引资企业用电要求;配合企业改制,完成999厂、华意压缩机厂职工户表改造;对45家高危及重要客户进行检查,发现问题66项,督促指导用户进行整改;开展“创业服务年”“塑文化、强队伍、铸品质”供电服务提升工程活动,组织“服务之星”评选竞赛和营业窗口服务技能考试,提高服务人员的业务技能和服务水平。

营销信息化

2001年,由于计算机普及率偏低,营销信息处理仅局限于抄、核、收业务,所有业务工作由人工通过纸质工单进行转接。

2004年9月,供电公司完成小型机的更换及电力营销管理信息系统的全面升级,实现省级集中,避免以前使用单机运行的数据风险。

2005年8月,电力营销查询分析系统投入使用,开通短信免费查询系统和公司对外网站,完善银、电联网代收电费管理系统。12月,公司“95598”客服系统正式投入使用。

2007年,景德镇供电公司配合省公司完成台线绩效管理系统、网上营业厅、视频监控、排队叫号、营销系统完善、网络改造等项目的建设与运行。2008年,完成营销供用电合同管理系统、网点续建监控系统、UPS系统、营销系统完善等项目的建设与运行。2009年3月9日,景德镇供电公司SG186营销业务应用系统在江西省地市公司中率先上线应用。

第五节　机　构

景德镇供电公司(局)

内设机构　1986年,景德镇供电局内设生技计划科、财务科、保卫科、调度通信科、安全教育科、总务科、设计室、待业青年劳动科。隶属省电力局。

1998年3月,供电局实行局长负责制。5月15日,科室制改为部室制,由16个科室精简为6个部、3个室、1个大队和1个中心。即由党委办公室、宣传科、团委改组成立党委工作部(武装部归入党委工作部);由计划科、城北工程指挥部改组成立人力资源部;财务科更名为财务部;安全教育科的安全生产和保卫科改组成立安全保卫部;由生产技术科、计划科改组成立生产科技部;保留局长办公室;由纪检监察办公室、审计室组建成立纪监审计室;保留工会办公室,退管办划归工会办公室;由用电稽查科更名组建用电检查大队;组建信息中心,综合档案室划归信息中心;撤销送配电工区、变电工区、修试所、汽车队、送配电检修分公司、修试分公司、物资供应科、总务科,成立送变电运行工区。

2003年3月31日,省经济贸易委员会、省电力公司联合下发《关于做好市县电力行政管理职能移交工作的通知》,要求按照“转移职能,政企分开,协调一致,政出一门”的电力政企分开改革原则,将政府管电职能划入市、县经贸委,省公司负责电力建设、运营。5月10日,江西景德镇供电局更名为江西景德镇供电公司,成为独立法人企业。

2004年3月1日,对部分二级机构进行调整,设立用电管理所,撤销用电分局;设立变电工区、输电工区,撤销运行检修工区;设立工程建设管理部、计划规划部,撤销计划发展部;市场营销部从原用电分局划出,为机关职能部门;设立信息中心,为单独基层部门,稽查审计部更名为审计稽查部。

2007年11月26日,成立“一部三中心”,即撤销市场营销部、市区分公司、送配电工区、大客户分公司、电能计量检测中心和业扩报装中心,成立营销部、客户服务中心、电费管理中心、电能计量中心。

农电机构 景德镇农电分局。1987年,根据省电力局关于"加强农电行业管理,整顿乡镇电管站"要求,在全市开展乡镇电管站的建设和整顿工作,乡镇电管站归口县级供电局管理。景德镇供电局区域内21个乡镇设立乡镇电管站。

1992年,省农电管理局景德镇分局成立,负责景德镇供电区域内的农电管理工作。成立景德镇供电公司后改为农电工作部,职能未变。

乐平供电局。隶属于赣东北供电局。1999年6月5日,乐平市供电有限责任公司挂牌成立。由省电力公司控股60%,逐步进行农网改造。

浮梁县供电局。1989年成立浮梁县供电局,管理蛟潭区水电公司经营的浮北电网和县城电网。逐步整合鹅湖水电公司经营的浮东电网,接管市供电局直供的其他乡镇电网。1999年4月12日,浮梁县供电有限责任公司成立,由省电力公司控股,委托市供电局代管。

昌江供电局。1999年5月25日,昌江区农电局(昌江区农村供电公司)成立,行使昌江区政府管电职能,承接原来由市供电局直供直抄的企业经营职能,负责昌江区农电"两改一同价"工作和农电管理工作。2001年11月,昌江供电有限责任公司成立,昌江区农电局撤销。

多种经营机构 2004年5月10日,经市经济贸易委员会批准,设立景德镇供电集体资产经营中心,为独立法人资格的集体企业,主要经营电力设施的设计、施工,主管单位为市供电公司。5月28日,成立景德镇明源投资有限公司、景德镇供电集体资产经营中心。11月25日,景德镇瓷都电力实业开发总公司改制更名为景德镇瓷都电力实业开发有限公司。

赣东北供电公司(局)

1988年之前,赣东北供电局内设局长办公室、生产技术科、安全检查科、基建科、劳动人事科、计划科、审计科、教育科、保卫科、物资科、调查研究办公室、企业管理办公室、总务科14个职能科室。乐万供电所、用电管理所、弋横供电所、波阳供电所、调度所、修试所、送电工区、服务公司、汽车队9个基层单位;党委下设办公室、宣传科、组织科、纪委、工会、团委、武装部7个部门。

1993年9月,赣东北供电局机构改革,行政职能科室分为局长办公室、生产技术科、安全检查科、工程科、用电管理科、计划科、财务科、审计科、劳动工资科、教育科、保卫科(与武装部合署办公),综合档案室挂靠局长办公室。党群机构包括党委办公室、组织干部科、宣传科、共青团委员会、工会、纪检委(与监察室合署办公)。二级机构有乐平分局、弋阳分局、波阳分局、江西省农电管理局赣东北分局、调度所。多种经营机构有赣东北供电局新星实业总公司,所辖检修承装公司、汽车运输修理公司、物资公司、装潢公司、生活服务公司、设计室、乐平分公司、弋阳分公司、波阳分局。

1996年1月1日,弋阳分局划归新成立的上饶供电局。4月,成立赣东北供电局实业开发总公司。1998年1月,开发实业总公司合并到新星实业总公司。

2003年3月,江西赣东北供电局更名为江西赣东北供电公司。2004年10月,公司本部按职能设置15个部门:总经理工作部、党委工作部、纪律检查委员会办公室(监察部)、工会委员会办公室、离退休人员管理部、人力资源部、生产技术部、安全监察部、规划经营管理部、市场营销部、财务部、审计稽查部、工程建设管理部、保卫部、农电工作部。

2010年,内设机构有:办公室、发展策划部、人力资源部、财务资产部、安全监察部、生产技术部、基建部、营销部、审计部、监察部(与纪委办公室合署办公)、思想政治工作部(与党委办公室合署办公)、工会办公室、农电工作部、离退休工作部。本部直属机构有:新闻中心、物流服务分中心、车辆管理服务中心、后勤管理服务中心、培训中心、治保中心、乐电基地。二级机构有:赣东北电力调度中心、变电运行分公司、输电线路分公司、变电检修试验分公司、信息通讯分公司、电费管理中心、电能计量中心、乐平客户服务中心、鄱阳客户服务中心、抄表公司、反窃电支队、配网工程建设服务公司、赣东北电力勘察设计院。

第十篇　信息产业

第一章　邮　政

1986年，市邮电局经营管理邮政与电话业务，城市、农村、乡镇设邮电支局(所)，通过汽车转运，邮递员骑自行车或徒步收、递邮件。1998年，邮政与电信分业经营，成立市邮政局，浮梁县、乐平市也成立邮政局，乡镇设邮政支局或邮政所，边远乡镇设委托代办所，保证邮政网络的畅通。逐步改善邮递交通工具，优化邮路设置，不断缩短邮件送达时间。同时，开发邮政新业务，先后推出明信片、贺年卡、快件、专递、物流配送、邮购、邮政储蓄等新业务，满足市场的需要。在激烈的市场竞争中，市邮政局不断改善经营机制，创新经营方式，提高经济效益。

第一节　邮政设施

邮政设备

1986年，市邮政业务有汽车8辆、装卸用牵引车1辆，摩托车8辆，自行车131辆，包裹收寄机3台。1988年，购置昌河面包车1辆，用于特快专递。报废3辆邮车、3辆摩托车、2台包裹收寄机；新增机要摩托车1辆、转运挂车2辆、包裹收寄机1台。1989年9月，为加快邮件内部处理时间，购置邮件登单机代替手工登单作业，初步实现邮件处理的机械化。购置微机2台，管理报刊发行。

1991年，邮政设备增添捆扎机2台，计价电子秤1台，电子包裹计费收寄机1台和后三轮摩托车1辆。1993年，新增邮政通信、投递用汽车5辆。1994年2月，配备特快专递昌河面包微型车2辆、三轮摩托车1辆。1995年年末，有邮政汽车17辆，微机18台。

2007年，有邮政汽车71辆，微机190台。2009年，为全市两县一市51名投递人员配发投递用电动车。2010年，有邮政车辆38辆，计算机196台，终端145台，邮资机7台。

邮政网点

城市网点　1986年，全市县城以上网点8个。2002年9月3日，市邮政局与景德镇陶瓷学院合办景德镇陶瓷学院邮政代办所。市内邮政营业网点14个。2005年，全市邮政支局所58个，其中支局22个、自办支局所15个、代办所21个。2009—2010年，全市共有县城以上邮政服务网点13个。

农村网点　1986年，全市农村邮政网点30个。2000年，乐平设邮政支局(所)23个，代办所3个。浮梁设邮政支局(所)23个。2004年1月10日，乐平“服务三农村级代办点”挂牌，256户农户代办点承担农资分销配送，形成县、乡、村三级网络，覆盖74%的行政村委会。2009年，农村分支机构41个。2010年年底，乐平市农村邮政网点17个，浮梁县农村邮政网点21个，农村分支机构40个。

表 10-1-1　　2010 年景德镇市邮政网点一览表

市区	浮梁县		乐平市	
珠山西路邮政支局	寿安邮政所	储田邮政所	观峰邮政所	双田邮政支局
曙光路邮政支局	仙槎邮政所	西湖邮政所	镇桥邮政支局	塔前邮政支局
东一路邮政支局	湘湖邮政支局	九龙邮政所	塔山邮政所	鸣山邮政所
广场邮政支局	东流邮政所	洪源邮政所	礼林邮政支局	涌山邮政支局
火车站邮政所	臧湾邮政所	王港邮政所	众埠邮政支局	沿沟邮政所
昌河邮政所	鹅湖邮政支局	黄潭邮政所	接渡邮政支局	
豪德贸易广场邮政所	瑶里邮政所	鱼山邮政支局 *	浯口邮政所	
邮政大楼邮政支局	三龙邮政所	景波邮政所 *	临港邮政支局	
朝阳中大道邮政支局	蛟潭邮政支局		南港邮政代办所	
洎阳中路邮政支局	峙滩邮政所		洪岩邮政代办所	
城西邮政支局	兴田邮政所		高家邮政代办所	
赣东北大市场邮政支局	江村邮政所		名口邮政代办所	
日东花园邮政所	经公桥邮政支局			

说明：* 位于昌江区

邮政便民服务站　2010 年 4 月 8 日，全省首家邮政便民服务站工程试点在景德镇启动，全市建立邮政便民服务站 252 个，一期开通电信、移动、联通、电力缴费业务。至 12 月 31 日，邮政便民服务站代收各类费用 963 万元。

邮政综合楼

市邮电综合楼　1986 年，位于珠山西路 3 号，设分拣、投递 2 种操作台及分拣格眼等邮用设施。1990 年 12 月 15 日，位于通站路的市邮电局火车站进出邮件转运大楼工程竣工。大楼内部 18 米高的螺旋滑梯为省内首创，经检验被评为省优工程。1991 年 10 月 15 日，大楼正式投入使用。

2003 年 8 月 18 日，位于迎宾大道的市邮政综合楼奠基，占地 1653 平方米，面积 11087 平方米，高度 86 米。2005 年 10 月 12 日，主体工程完工。2007 年 9 月启用。

县(市)邮政综合楼　乐平市邮政综合楼。1996 年，位于乐平市洎阳中路 29 号邮电综合楼开工，占地面积 4937.48 平方米，1998 年投入使用。邮政办公楼占地面积 625.8 平方米，属邮电分营前办公格局，集营业厅、员工办公、机房为一体。

浮梁县邮政综合楼。1986 年，蛟潭、鹅湖两区设邮电支局，各有综合楼。2001 年 6 月，位于浮梁县朝阳中大道的邮政综合楼开工，2002 年 10 月投入使用。2003 年，蛟潭、经公桥、鹅湖、鱼山、湘湖、东流 6 个支局(所)相继完成改造。

第二节　邮政业务

邮政编码

1989 年 5 月 5 日，全市开始实行邮政编码制度。机关、团体、部队及个人邮寄信件需填写邮政编码，非标准信封可加盖邮政编码方格后使用。1989 年 10 月 31 日起，不再出售非标准信封。1990 年 1 月 1 日起，用户邮寄信件在书写寄信人邮政编码的同时，要书写收信人邮政编码（即双码）。

景德镇市区邮政编码为333000，乐平城区邮政编码为333300，浮梁县城邮政编码为333400。

邮政信函

1986年7月1日起，市邮电局所根据邮电部邮政总局、国家物价局文件，调整部分业务种类，原按印刷品邮寄的各种通知、请柬、稿件、提货单、合同、票据、照片、入场券、报表等，一律按函件邮寄；印刷品邮寄范围调整为经出版行政机关批准，印有统一书号证号的书籍、报纸、期刊和教材。1987年7月15日，市邮政局开办有声信函业务，满足群众利用录音磁带交流信息的需要。

1992年7月，开办国内邮政电子信函业务，是邮政寄递通信服务与电信快速传输结合、互补的通信方式。1995年5月，开办中国邮政礼仪邮资信函业务，首批推出的礼仪信函业务有生日、婚庆、敬师、邀请、致哀5种。

2002年7月，开办邮政混合信函业务。10月，市邮政局广告公司为市二中建校50周年策划制作校庆纪念邮册平装本6000份，精装本1500份。2004年6月16日，市邮政局与景德镇陶瓷学院签订首批15000份成绩单商函业务合同，通过商函方式为学生邮寄成绩单。是年，为景德镇高等专科学校邮寄5000份成绩单。

2007年7月，与昌河汽车有限公司签订两个新车“商标榜幸运卡”套装广告，成为全国邮政首个C类商标套装项目，创收62.4万元。至年底邮政信函业务收入657.6万元，同比增长26.5%。2008年，全市函件业务收入完成804万元，占省公司计划的108.65%。

2009年，总收入769.1万元，制作账单24.99万件、商业信函67.78万枚、邮资封片52.58万枚、企业金卡76.01万枚、邮送广告231万份。2010年中旬，成功开发昌河汽车股份公司、富玉牌陶瓷等幸运邮天下项目。12月底实现信函总收入923.87万元，制作账单36.98万件、商业信函76.25万枚、邮资封片10.46万枚、企业金卡53.39万枚、邮送广告111万份。

表10-1-2　**1986—2010年景德镇市函件量统计表**　单位：万件

年份	件数	年份	件数	年份	件数
1986	538.05	1995	522.16	2004	692
1987	555.12	1996	476.67	2005	540
1988	540.75	1997	386.70	2006	548
1989	509.11	1998	261.40	2007	555
1990	434.93	1999	253.40	2008	567
1991	383.60	2000	228.10	2009	510
1992	417.28	2001	540.30	2010	526
1993	496	2002	599.70		
1994	494.5	2003	612		

邮政包裹

1986年7月1日起，市邮电局根据邮政总局、国家物价局联合文件通知，收寄包裹分为民用包裹和商品包裹，商品包裹比民用包裹加收50%的邮资。1987年9月26日，对农村分支机构收寄包裹实行不贴邮票，改用集中市局资费审核后加盖“包件邮资已付”戳记办法。1988年8月停用。

1990年7月31日，对邮政国内包裹全部实行保价，取消普通包裹和保价包裹类别，对价值在300元以上的手表、怀表、金银饰品、外国铸币、珠宝玉器、照相机、贵重药材等按贵重包裹处理。同时，撤销快递小包业务，包件统称包裹。1993年6月1日，开办台湾包裹快件业务。是年，组织专门营销人员推广商包业务，全年业务量达44225件，比上年增加24.06%，占整个包件业务量53.15%。

1999年,引入发泡包装技术到各支局,包裹业务收入比上年增长66.82%。2000年6月底至7月上旬,为方便景德镇陶瓷学院毕业生邮寄包裹,市邮政局组织人员上门搬运、加固包裹,寄递包裹达1200多件。2001年10月,实行包裹投递到户,全市从投递网投送的包裹(大件平常印刷品和挂号印刷品)达3万多件。

2008年,发展"瓷都情"家乡包裹业务。乐平、浮梁、市局分别推出乐平桃酥、浮梁茶叶、景德镇瓷器等20多种土特产品,采取柜台展示代销、市场上门营销等方式。全年共收寄家乡包裹35043件,实现收入62.76万元。2009年,市邮政局率先在全省邮政系统举办捐赠"爱心包裹"启动仪式,同时组织邮政志愿者至市、县各单位集中劝捐。全年共受理"爱心包裹"3081件,归集资金34.93万元。2010年,与移动公司签订包裹配送合作协议,全年实现移动配送物品10万余元。国内包裹实现收入92万元,同比增长56%。

表10-1-3　**1986—2010年景德镇市包裹量统计表**　单位:万件

年份	件数	年份	件数	年份	件数
1986	8.57	1995	7.08	2004	6.7
1987	9.26	1996	6.25	2005	6.7
1988	9.13	1997	5.60	2006	7.1
1989	9.26	1998	5.20	2007	7.5
1990	7.79	1999	5.70	2008	7.9
1991	6.24	2000	5.70	2009	4.8
1992	6.14	2001	5.80	2010	5.1
1993	9.54	2002	6.50		
1994	8.57	2003	6.80		

邮政快件

1987年11月10日,市邮电局设珠山西路邮电大楼支局、珠山邮电支局、新厂邮电支局3个点,在全省首批开办国内邮政快件业务。凡符合邮件准寄范围的各类书信、文件、资料和物品等,均可作邮政快件邮寄,照相机、手表、怀表、金银饰品、外国铸币、珠宝玉器、贵重药材等价值在300元及以上的,必须作保价快件邮寄。100克以内每20克或其零数收费0.50元,100克以上续重100克或其零数收费0.80元。

1988年3月1日,开办国际快递函件业务。1989年1月1日,三联快件收据改为单联,使用快件标准信封粘贴邮票,并在封面右上角粘贴快件号码标签。2月1日起,市邮电局对银行交寄的联行信件,一律按邮政快件收寄。

1990年7月31日,快件邮寄调整为100克以内每20克或其零数0.80元,续重101~500克或其零数加收1.00元。保价快件每保价1.00元或其零数,另加收保价费0.01元,每件最低保价费0.30元。1992年7月1日,快件资费起价调整为20克1.00元。1993年11月1日,根据用户要求,适当放宽邮寄快件重量和尺寸,最大重量以10千克为限,最大尺寸以长度不超过90厘米,长度以外最大横围不超过120厘米为限。

1996年12月1日,快件资费起价每件调整为20克2.00元。1998年,因邮政快件业务的服务功能逐渐淡化,用户对快件业务的需求降低,邮政总局决定6月30日起停办快件业务。

特快专递

1988年12月1日,在邮电大楼开办特快专递业务。邮件在200克以内每件收费8.00元,每续重200克或其零数加收2.00元。1990年4月,市邮政局配置微型面包车1辆,专供特快专递使用。

1991年2月1日,凡物品类的国内特快专递邮件按保价邮件交寄,保价费按寄件人所申报金额的1%收取,每件收取保价费最低为0.30元。全年共收寄国内特快专递邮件4892件、国际402件。1993年5月15日,邮政总局对国际及港澳特快专递邮件资费标准和资费区域进行调整。7月30日,特快专递调整资费,邮件在200克以内收费12.00元，每续重200克或其零数加收3.00元。

1994年2月，省邮电管理局与省人民银行、农业银行、中国银行、建设银行联合下发《关于银行结算凭证推广使用“国际、国内特快专递”寄发的联合通知》。4月，特快专递收寄量猛增1倍。全年收寄国内特快专递邮件达23934件、国际邮件1035件，收入达78.85万元。1995年，特快专递业务邮件达42386件、国际835件。1996年，特快专递跟踪查询系统开通使用，全年收入113万元。1997年，特快专递完成收入222万元。

2001年6月，市邮政局与珠山公安分局户证科合作，推出“特快寄递身份证”业务，在珠山公安分局户证大厅设立特快寄递身份证业务受理台席。7—8月，市邮政局开展“为考生献爱心”营销活动，与景德镇陶瓷学院、市高等专科学校、陶瓷学校、机械中专等学校达成速递录取通知书协议，揽收录取通知书400多份，与景德镇陶瓷学院、市一中、二中、七中等学校合作发放“大学生版绿卡”2500多张。2002年8月1日起，南昌与景德镇之间开办特快邮件当日递送业务。

2003年8月，市邮政局在车管所以及城乡邮政网点设立邮政特快代理驾驶证年审业务，为驾驶证年审用户提供代办服务。2004年3月22日，全市银行同城票据速递业务正式启动，由邮政专人专车直接至各家银行、城乡信用社收寄银行交换票据交给人民银行，清算后按规定时间投交各家银行、城乡信用社。

2005年7月1日开始，武汉“全夜航”开通，景德镇市特快邮件出口增加上午11时出品频次，解决出口邮件只有一个频次的局面。2007年年底，速递业务收入达到681万元，同比增长达17.07%。2008年，全市速递业务实现收入818万元，同比增长20%。2009年1月1日开始，市、县速递物流一体化经营。

2010年，通过对昌河实行无缝隙服务，同比增长60%；同时，推行省内次日递承诺服务。EMS标准类商务件完成业务量7.9万件，实现收入199.2万元，同比增长40%。

物流配送

1999年7月，开办同城物流配送业务，配送商品有鲜奶、桶装水等。2001年3月1日，推出英雄鲜奶配送业务。12月，开办陶瓷物流配送业务。2002年，市邮政局开通“185”号台订购高客汽车票和纯净水配送业务，物流业务同比增长286.96%。

2003年2月，为市二院提供医疗器械物流配送服务。8月9日，景德镇—九江—南昌邮政物流专线在市邮区中心局首发，专线每日组开，当日往返，市邮政局配套物流仓储、追踪查询、窗口受理等功能。11月6日，正式签订《昌河铃木汽车售后零配件配送服务协议》，填补中邮物流公司与汽配厂商深层合作的一体化物流项目和江西邮政物流开发的全国性上网项目2项空白。全年实现物流收入177万元。

2004年5月3日，市邮政局与景光电子有限公司签订《景光电子产品全国配送协议》，由邮政物流为景光公司配送电子管等产品。2005年2月，市邮政局共实现2005年春运铁路客票邮政订送31137张，超省局下达目标计划207%。是年，市邮政物流公司试运行开通北方物流网络物流专线，打通景德镇直通北方物流网的发运渠道。配送范围涉及北京、天津、河北、山西、内蒙古、东北三省、新疆等9个省市区。北方网运行2个月，发货达24吨。

2008年，成功开发昌河汽车股份公司供应链上线物流业务。全年物流专业实现收入615万元，同比增长41.06%。年底顺利完成市、县速递物流专业一体化经营改革，成立景德镇市邮政速递物流公司。2009年起，景德镇市邮政速递物流公司按新的省、市、县速递物流一体化经营体制运营，全年完成业务收入1536万元，完成省公司计划的87.27%。

2010年，与市新闻出版局合作启动“农家书屋”工程，与55个“农家书屋”配送业务点签订31种报刊订单，实现流转额12.3万元，单个书屋配送额达2240元。全年速递物流实现收入1573万元。

邮政购物

1999年6月13日，景德镇市邮政邮购服务中心在珠山西路邮政营业厅开张营业。2000年2月，市邮政局和市种子公司达成协议，联合推出种子代购代送业务。农民只需在全市范围内的任何一个农村邮政支局（所），按照市种子公司的零售价格预订所需的种子，邮政部门就会按农民指定的地点及时将代购的种子送达。浮梁县邮政局在鹅湖、臧湾、湘湖等少数乡镇开始推广邮购水稻良种业务，全县邮购种子达5620千克。是年，市邮政局采取与全国各地邮政联合开连锁店的形式发展批量代购瓷器业务。7月，市邮政局与北京邮电疗养院达成合作协议,设立景德镇瓷器专卖店。8月1日,首批为其配发的120个品种价值6.8万元的瓷器由邮政直运车辆从景德镇起运。2001年,与各地分销商合作做大公关礼品陶瓷的销售,全年销售陶瓷34.7万元。

2003年,浮梁县邮政局与鹅湖老曹土特产店合作,在县城开设土特产销售店,代理销售香菇、木耳、竹笋、百合等绿色产品,扩大浮梁土特产外销渠道。2004年,共办理邮购种子20050千克;分销迪种宝13048包、利果美7800包、正帮除草剂5000包、催猪神6640包,完成邮购业务收入20244元。

2005年8月中旬,与长运公司签订高客汽车票代售业务协议,在邮政网点安装售票终端。9月27日,"11185"呼叫中心营正式对外售长运高客汽车票,专售南昌、九江、武汉、上海、杭州、宁波、慈溪方向的高客班车,每张收服务费2元,需送票上门的服务费为1千米以内首张5元、续张每张3元;1千米以外首张10元、续张每张3元。2006年4月8日,新增代售鹰潭、抚州、义乌、上饶、合肥、安庆、金华、温州8条省内、省际汽车班线。4月12日开始,与电信合作通过"114"百事通便民热线电话转接至"11185"呼叫中心,受理预订汽车票业务。5月1日起,新增代售婺源、瑶里、浮梁、牯牛降4条旅游专线。

2007年,取得白俄罗复合肥、昌河汽车2个本地名牌产品的经销代理权,白俄罗复合肥共代销596吨,昌河汽车共代销121辆。另外代销太阳能热水器、临川贡、徽商酒、赣森油、陶瓷等业务,共实现分销收入111万元。2008年,开展"端午·邮之情""喜庆金秋""万户阳光屋顶计划"3项专项营销活动中,完成粽子销售额123万元、月饼销售额92.3万元、销售太阳能热水器192台,分别占省邮政公司计划的430%、288.5%、106.67%,均名列全省第一位。

报刊发行

1986年,全年订阅报刊种类为3272种,其中报纸423种、杂志2849种,报纸累计发行2325.93万份,杂志累计发行229.70万份,报刊发行流转额570.6万元;订销报刊1092万份,收入466.9万元。1987年4月1日起,按新调整的报刊发行费率计收报刊发行费。全年发行报刊累计2366.89万份,订销报刊1105万份,收入472.46万元。1988年,全市报刊发行量累计达413.57万份,城乡报刊发行密度为1.8人一份报刊。订销报刊1137万份,收入486.14万元。1989年,由于报刊纸张提价,加上《景德镇日报》自7月1日起自办发行,城乡报刊发行量下降,发行密度降为3.29人1份报刊。订销报刊1123万份,收入480.15万元。

1992年7月1日,《景德镇日报》恢复邮电局发行,全年订销报刊1171万份,收入500.57万元。1996年,报刊发行业务处理实现微机联网。1999年共发行各类报刊1226万份,收入524.08万元。

2003年,全市报刊收订实现报刊流转额1201.5万元。2004年,订销报刊1315万份,收入562.13万元。2008年,营销《企业形象期刊》1.4万册;销售《中国共产党章程》影像版资料200余套,实现销售额10万元;全年完成报刊业务收入459万元。

2009年,与市委组织部合作代投递《当代江西》杂志3296份,实现流转额近20万元。与《求是》杂志社合作,开展《专家深层解读科学发展观》影像版资料营销活动,销售资料99套,实现流转额5.9万元。

2010年,开展教辅类、幼儿类、企业形象期刊、农家书屋报刊、日常补续订等营销工作,年底报刊专业完成收入516万元。

邮品经营

邮品发行 1985年至1988年12月,市邮电局印制并分辑发行《瓷都艺苑》陶瓷美术系列明信片,有瓷雕艺术、青花艺术、色釉艺术、古彩艺术、青花玲珑艺术、薄胎艺术、彩盘艺术等,全套共7辑,共发行36万套明信片。

1991年10月11日,发行T166《景德镇瓷器》特种邮票,全套6枚,由景德镇瓷用化工厂高级工艺美术师陈荣明和中央工艺美院装潢系教师张磊协同设计。"景德镇瓷器"邮票展示景德镇宋、元、明、清和现代几个时期的代表作品。同时,省邮票公司与市邮票公司联合发行600套《景德镇瓷器邮票纪念册》,纪念册由景德镇瓷器邮票、首日封、丝织封、极限明信片组成。是年12月1日,发行1992年中国邮政贺年(有奖)明信片。至1992年年底,《景德镇瓷器》邮票和首发式封、邮折、嵌瓷封、纪念册等7种邮品,共销售23万套计107万枚,销售额1.6万元。

1993 年 8 月,市邮电局向市场推出两套直径 15 厘米的邮票艺术瓷盘,一套是 T166《景德镇瓷器》邮票艺术瓷盘,全套 6 块,其图案分别对应 T166《景德镇瓷器》的 6 枚邮票;另一套是第二轮生肖邮票艺术瓷盘,先出《猴》《鸡》2 种,其图案采用每年发行的生肖票第一枚。1994 年 11 月 29 日,发行景德镇置镇 990 周年、市集邮协会成立十周年纪念封 2 枚,并启用首批风景日戳《莲花塘》《陶瓷历史博物馆》2 枚(不在营业窗口使用)。1997 年集邮收入 630.3 万元,比上年增长 122.3%。

2000 年,乐平邮政局为乐平洪岩仙境制作 50000 枚邮资明信片门票,属全省首枚。2002 年 12 月底,市邮政局与 26 位陶瓷名家签订协议,策划制作《中国·景德镇陶瓷名人风采》本册式邮资明信片 5000 册。2003 年 7 月 22 日,由市邮政局揽制的《刘远长瓷雕艺术》个性化邮票正式交付用户,是全市第一套个性化邮票,也是全省第一套个人题材的个性化邮票。个性化邮票设计成横、竖 2 个版式,收录 32 个不同形式的雕塑作品,首批制作 1000 册。

2004 年 3 月上旬,市邮政局与市电信公司合作开发 1 万套"201"电话卡邮资明信片,在全市各营业网点上柜销售。"201"卡集电话卡和明信片功能于一体,用户在开启密码使用"201"卡之后,还可将明信片交付邮寄使用。是年,乐平邮局发行 1 万套 10 万枚旅游贺年有奖明信片。7 月 31 日,景德镇专用邮资图案极限邮资封、纪念邮资封和普通邮资封首发。10 月 11 日,《中国瓷都·景德镇千年华诞暨首届景德镇国际陶瓷博览会邮票专题册》首发,被首届景德镇国际陶瓷博览会指定为大会礼品。

2005 年 11 月下旬,市邮政局与市旅游质量监督管理所联合制作一批以邮政明信片为宣传载体的旅游质量监督卡,即导游服务质量跟踪卡。卡的正面印制的是景德镇的各大风景名胜,反面可剪裁部位是由游客填写的对导游员的意见调查问卷,由旅行社发给每位到景德镇旅游的游客填写留念。

2006 年 6 月 10 日,在全市发行世界杯有奖竞猜明信片 2 万枚,明信片不设邮资,每枚售价 1 元,设置一等奖 1 名、二等奖 5 名、三等奖 50 名。10 月 16 日,公开发行 2006 中国景德镇国际陶瓷博览会《百瓷图》百枚版个性化邮票暨参观(纪念)邮资明信片,是由景德镇市国家级、省级百名工艺美术大师、专家的百件代表作品图案和邮票构成,在江西省属首创。12 月 21 日,举行"利在千秋"希望工程邮资明信片首发仪式,共发行 10000 套,明信片以景德镇标志性特色景点或建筑为图片内容,反映经济建设、文化旅游、特色陶瓷等方面发展新貌。

2007 年 10 月,经中国邮政集团公司批准,2007 年景德镇国际陶瓷博览会纪念明信片、纪念册首发式在景德镇市邮政局举行,发行量分别为 2888 套和 12 万枚。纪念明信片正片为陶瓷产品及其制造者简历、制作工艺等介绍,可单独使用,附片为瓷博会纪念联,纪念册由瓷博会纪念套票和明信片组成。

2008 年,主推迎新春系列邮品、奥运邮品、陶瓷邮品、形象年册四大产品。全年累计实现收入 671 万元,同比增幅为 48.78%。其中销售《第 29 届奥运会大全册》42 套,创收 125 万元。

2010 年,中国景德镇国际陶瓷博览会期间发行《世博国瓷珍邮》纪念册,纪念册是集邮文化和陶瓷文化的结合,以陶瓷材质邮票与纸质邮票相对应,限量发行 6000 套,创收 659.35 万元。是年,集邮业务完成收入 1354 万元。

表 10－1－4　　**1986—1995 年市邮票公司发行自制邮品情况表**

年份	邮品名称	定价(元)	发行数量	设计者
1986	青花艺术明信片	1.30	20000 套	饶克勤
1986	色釉艺术明信片	1.30	20000 套	饶克勤
1987	古彩艺术明信片	1.30	50000 套	饶克勤
1987	薄胎艺术明信片	1.30	50000 套	饶克勤
1988	彩盘艺术明信片	1.70	50000 套	饶克勤

续表 10-1-4

年份	邮品名称	定价(元)	发行数量	设计者
1988	青花玲珑艺术明信片	1.70	50000 套	饶克勤
1990	亚运会瓷币封	4.20	10000 套	陈荣明
	陶瓷节纪念封	0.60	1000 套	潘可明
1991	江西省集邮成果展纪念封	0.80	4900 枚	潘　军
	景德镇瓷器邮票首发式纪念封	0.80	17710 枚	陈荣明
	景德镇瓷器邮票首日封	5.50	23900 套	陈荣明
	景德镇瓷器邮票极限片	6.60	31000 套	张　磊
	景德镇瓷器邮票丝织封	15.00	2900 套	张　磊
	景德镇瓷器邮票邮折	6.50	2700 枚	张　磊
	景德镇瓷器邮票瓷币封	16.00	14774 套	陈荣明
	景德镇瓷器邮票纪念册	48.00	6000 册	琥　鸣
1992	第四届邮展纪念封	0.80	1000 枚	陈荣明
1993	壬申年(猴)邮票瓷盘	22.80	1964 块	陈荣明
	癸酉年(鸡)邮票瓷盘	22.80	1881 块	陈荣明
	景德镇瓷器邮票艺术瓷盘	138.00	1191 套	陈荣明
1994	申戌年(狗)邮票瓷盘	22.80	980 块	胡光振
	景德镇置镇 990 周年纪念封	1.00	19000 枚	乐　穹
1995	世乒赛邮票艺术瓷盘(一套二块)	33.00	6000 套	集　体
	京剧脸谱邮票艺术瓷盘 A(一套八块)	26.00	2000 套	集　体
	京剧脸谱邮票艺术皮灯(一套二只)	40.00	200 套	集　体
	京剧脸谱邮票艺术瓷盘 B(一套八块)	128.00	1000 套	集　体
	景德镇瓷器风景极限封、风景邮戳	12.00	5000 套	冯建安　吴国林

集邮活动　1986 年 5 月 27 日,景德镇、九江、庐山邮票联展在市工人文化宫举行,全市有 14 部专题邮票参展。10 月,市集邮协会、市广播电视局联合举办首届瓷都集邮知识电视大奖赛。

1987 年 10 月 24—30 日,市邮电局、市集邮协会等 7 单位联合举办全市"祖国颂"集邮展览,展览分成年组和少年组两部分。1988 年 3 月 20 日,市集邮协会在工人文化宫举行邮票拍卖交换会。1989 年 12 月 25 日,设立全市首届迎春集邮活动日,举行集邮联谊会。

1990 年 5 月 1 日,昌河邮协、市职工邮协参加省红 5 月职工集邮邀请赛,分别获二、三等奖。5—6 月,市集邮协会、市广播电视局联合举办"瓷都杯"集邮知识百题竞赛。

1992 年 9 月 24 日,瓷都第四届集邮展览开展,邮展共设 39 个专题 1500 张贴片,"长城——民族的象征""华东火车邮路""锦绣中华"及"景德镇 40 年邮戳演变"等 4 个专题获奖,并赴省参加邮展。

1993 年 11—12 月,市集邮协会组织"纪念毛泽东同志诞辰一百周年"集邮学术研讨活动,市职工邮协组织"纪念毛泽东同志诞辰一百周年及邮票上的毛泽东"集邮知识竞赛。1994 年 11 月 27 ~ 29 日,市集邮协会纪念成立十周年与有关单位联合举办全市青少年集邮知识通信赛、首届妇女邮展、集邮与成长演讲赛等活动。1995 年 9 月 8—10 日,市集邮协会举办全市集邮展览,纪念抗日战争暨世界反法西斯战争胜利五十周年。

2001 年 6 月 30 日，由市集邮协会组织编纂的全省第一部地市级集邮史《中国景德镇集邮史》，在市邮政局庆祝建党 80 周年集邮展览上首发，全书记载景德镇 1370—1930 年的邮驿、邮政发展历程，记叙舒天保、李仁山等景德镇集邮开创者 20 世纪 30 年代的集邮情况。9 月 21—25 日在南京举办的 2001 年中华全国集邮展览中获得银奖。

2004 年 7 月 31 日至 8 月 5 日，中国"四大名镇"集邮展览在景德镇市举行，是全国首次展览，规模为 100 个标准框。展品是在国际、国内获奖的邮集和反映地域风情、文化底蕴的邮品。

2005 年 5 月 18 日，浮梁县邮政局举办第四届集邮展览活动，共展出 19 部邮集，计 40 个标准展框 640 个贴片。类别有传统、邮政史、专题、税票、极限以及开放类集邮。

2006 年 10 月 16—17 日，市电信公司和市邮政局联合主办，市通信学会和市集邮协会联合承办的"景德镇首届邮卡展览"在市邮电大楼一楼大厅内举行。2007 年 3 月，众多老年集邮爱好者集中在莲花塘社区居委会举行集邮巡回展，邮品有共 20 部 42 框包括专题、传统、极限、生肖等类别。

2008 年 10 月 17—20 日，景德镇国际陶瓷博览会组委会、江西省集邮协会联合主办，景德镇市邮政局、景德镇市集邮协会承办的"2008 景德镇国际陶瓷博览会集邮展览"在市邮政综合大楼举行。邮展邀请陶瓷产地广东佛山、山东淄博、江苏宜兴、江西高安等市县集邮协会组集参展，共展出邮政史和邮政用品、传统、专题等 8 大类别邮集 50 部 120 框。

汇兑储蓄

邮政汇兑　1986 年，汇票业务量达 27.1 万张。1988 年 5 月 1 日，开办快件汇款业务，在汇款通知单左上角加贴"邮政快件"标志，除收取普通汇款汇费外，每笔加收快件费 0.50 元，以贴票方式将邮票贴在汇款通知单上，用日戳盖销。全程时限比普通汇款快 2—4 天，全年汇票业务量达 25.5 万张。1992 年，开办国际邮政汇兑业务，在珠山西路邮政支局设立专门的办理台席。1995 年 7 月 25 日，开办高额汇票特快专递业务，每笔业务收取费用 8 元。

1999 年 1 月 20 日，开办国内邮政入账汇款业务（仅受理普通入账汇款业务），8 月 1 日开办电报入账汇款业务，8 月 10 日开办国内特快汇款业务。2001 年 7 月 1 日开办国内电子汇款业务。2002 年 5 月开办 2 小时电子汇款加急业务，12 月 15 日开办国内 2 小时加急汇款业务。

2004 年，国际汇兑和西联汇款整合进电子汇兑系统，为传统的汇兑业务建立技术平台，全年汇兑业务收入 120 万元。2010 年，汇票业务量达 16.6 万张。

表 10－1－5　　**1986—2010 年景德镇市汇票情况表**　　单位：万张

年份	张数	年份	张数	年份	张数
1986	27.10	1995	16.84	2004	10.90
1987	26.63	1996	16.52	2005	11.00
1988	25.50	1997	14.90	2006	11.50
1989	21.26	1998	14.30	2007	12.10
1990	19.30	1999	14.90	2008	12.6
1991	18.21	2000	14.51	2009	16.5
1992	17.89	2001	14.63	2010	16.6
1993	17.09	2002	11.81		
1994	17.59	2003	10.50		

邮政储蓄　1986 年 6 月 19 日，经中国人民银行批准，恢复办理邮政储蓄业务，储蓄种类有定期、保值储

蓄、定期定额、零存整取、存本取息、活期储蓄、定活两便。共设网点4个,年末邮政余额12.23万元。1987年11月10日、15日,12月1日,邮电大楼支局、戴家弄邮电所、人民公园邮电所相继开办邮政储蓄业务。

1994年3月20日,珠山、新厂、大楼三个储蓄点在全省率先使用微机办理储蓄业务。10月11日,广场北路邮电支局邮储开业,使用微机办理业务。10月18日,农村首家邮政储蓄代办所在浮梁县大石口成立。至10月31日,鹅湖、鱼山、蛟潭、经公桥、湘湖、兰田6个农村邮政储蓄代办所相继开业。

1999年7月6日,全市邮政储蓄在市邮电大楼、珠山中路、广场、新厂、昌河5个储蓄专柜和乐平的城北、城西2个储蓄专柜实现活期储蓄全国通存通兑。7月14日,市邮电大楼、广场、新厂3个储蓄专柜和乐平的城北、城西2个储蓄专柜开通自动取款机。

2002年2月8日,全市各邮政储蓄网点推出跨省异地无折(卡)续存业务。7月1日,市各邮储网点开办代收保险续保费业务,全年代理保险累计760万元;代发工资、养老金达2.3万户,累计代发金额1.13亿元,比全省同类市局高出2~3倍。代收电信话费127万元,代收移动话费326万元,代收联通话费25万元,代收煤气费8万元,销售国债250万元。

2003年1月1日,市邮政局正式开办邮政银联卡业务,持邮政银联卡可跨行办理业务。4月,与市国税局签订《代收纳税储备金业务协议》,国税局规定每个个体工商户纳税人必须到指定金融机构,以现金形式存入一笔相当于纳税人3个月应纳税款的活期存款作为纳税储备金。全市有纳税户约3000户,固定资金沉淀达200多万元。11月6日,全市邮政代理保险业务达到3002.93万元,获全省邮政季度赛小组第一。2007年5月,邮政储蓄正式开办小额存单质押贷款业务。

2008年2月2日,邮储银行有限责任公司景德镇市分行挂牌成立。4月2日,中国邮政储蓄银行乐平市支行成立。6月,邮储蓄银行景德镇市分行辖内部分支行相继开业。7月26日,邮储银行景德镇珠山西路支行开办公司业务。8月13日乐平支行开办公司业务。邮储银行组建后,新开办人民币理财业务、固话支付业务(商易通)。

2009年5月,邮储市分行成立"降逾催欠"工作领导小组,负责逾期贷款的催收工作。7月,邮储总行关闭景德镇市分行珠山西路支行小额贷款系统,暂停该支行小额贷款发放的权限。通过对逾期贷款的催收以及责任认定,12月恢复珠山西路支行发放小额贷款的权限。是年,新开办POS机收单业务。

2010年,新开办信用卡业务,7月9日全市邮储银行开办个人网银业务。

表10-1-6　**1986—2010年景德镇市邮政储蓄收款余额情况表**　单位:万元

年份	收款余额	年份	收款余额	年份	收款余额
1986	12.23	1995	12998	2004	120980
1987	235.59	1996	13000	2005	166937
1988	637.74	1997	13015	2006	185463
1989	471.2	1998	20989	2007	206143
1990	1223.12	1999	31352	2008	235129
1991	3043	2000	45233	2009	236453
1992	4785.97	2001	72695	2010	250457
1993	3974.97	2002	73715		
1994	5990.69	2003	104660		

第三节　递送管理

分拣封发

1986年，市邮电局分拣房设挂号台、平信台、包裹台，分类分拣操作。1987年11月10日，市邮电局开办快件业务后，邮政快件分拣封发由挂号分拣台兼办。1988年1月，分拣房增设快件分拣台，配备快件分拣封发员1人，全过程处理邮政快件；8月，邮件处理中心由邮电大楼搬迁至火车站处理中心场地，一楼为邮件转运接发和包件分拣封发作业场地，二楼为函件分拣封发作业场地。1989年9月，购置邮件登单机代替手工登单作业，初步实现邮件处理的机械化，加快给据邮件内部处理速度。

1995年，分拣封发人员20人，其中脱产组长1人、质检员1人，分拣封发工作台11席，包括平信台3席、挂号台3席、平挂刷台1席、快件台2席、包件台2席。直封格眼236个，其中平信72个、挂号72个、平挂刷3个、快件87个、包件2个。出口邮件较多的有北京、上海、广州、南京、杭州、深圳、福州、厦门、武汉、泉州、宁波、长沙、温州、上饶、抚州、鹰潭、赣州、南昌。每天封发邮件1次（快件2次）。全年分拣封发邮件2202.27万件。

2003年10月开始，分拣封发作业实行邮件信息电子化处理，方便客户网上追踪。

2008年，市邮政局邮件处理中心营业收寄系统和邮区中心局生产作业系统互通，实现邮件收寄信息全网共享。2009年，在省内二级干级邮路、区内邮路试行集装箱化运输模式，减少交接时间。

邮政投递

1986年，市区邮政投递服务区域为珠山区、昌江区及罗家、洪源乡、洗马桥、旧城、洋湖村、大岭乡，服务面积约115平方千米，市区投递范围为东至黄泥头耐火器材设备厂，东南至枫树山林场浮南分场；南至岚山路全段，西至洪源洗马桥，北至大岭。投递人员23人（含替班及内部操作人员），服务人口39.55万人，设信箱（筒）42个，摩托车投递线路2条，自行车投递线路16条，窗口投递1个。投递员平均负荷30～50千克的投递段道11条，51～80千克的投递段道2条，81～150千克的投递段道3条。全年投递业务量平常邮件268.14万件，给据邮件89.67万件，报纸2350万份，杂志214万份。1989年上半年，城市投递线路进行调整，原新平段、洪源段、枫树山林场浮南分场划浮梁县管理。全市新增投递线路11条，年底设置投递线路24条。

1991年起，为缩短报刊投递时限，市邮政局采取两项措施：凡在当日6:00前交足数量本埠发行的报纸，对全市党政军机关、大专院校及重点单位实行早报早投；对窗口投递的报刊，实行7:30前配送到位。12月10日，由于邮电内设机构的调整和城市服务范围扩大，投递组，改设投递1组（邮电大楼）、投递2组（火车站邮件转运大楼），投递一组负责1～14段道，投递二组负责15～30段道。年底，根据邮电部、建设部《关于在城市住宅楼房设置信报箱、信报箱群、信报间（或信报收发室）的联合通知》，规定在城市住宅楼房设置信报箱，实行插箱投递。1992年4月，加强农村乡邮管理，促进农村报刊发行，制定《农村承包邮路三挂钩考核实施办法》，对农民承包邮路的乡邮人员实行全额工资与报刊流转额、投递路程、工作质量三挂钩，按月进行考核。1994年，开办邮政广告业务，分发处理由发行投递局报刊分发组负责，投递员配送。

1995年年末，城区投递人员47人（含临时工27人），其中脱产组长2人，质量检查员2人，平信、挂号台3人，窗口投交1人，替班9人，城市投递段道30条，除大户段使用摩托车外，均为自行车班，投递频次除郊班外每天上午、下午各1次。农村投递员有28人，其中农民承包邮路21人，除山区地段步班外，均系自行车班，投递班次为周三班和周六班。1999年7月，开办同城物流配送业务，投递局采取投递员专、兼职的运送模式，新增投递人员12人，全年配送业务收入约60万元。

2000年，市邮政局根据国家邮政局《关于调整邮件传递时限规定的通知》，重新制定分拣封发作业计划、趟车计划和景德镇市局进出邮件综合计划。从9月1日起，国内普通邮件传递时限比以前缩短2～3天。2001年10月20日，市邮政局在大型厂矿较集中的东郊区域成立投递三组，改日投递一个频次为两个频次。

2002年8月1日起,邮政与客运站、客运公司合作,南昌城区11:00前收寄至景德镇城区、景德镇城区11:00前收寄至南昌城区的特快专递邮件实现当日投递到户。

2004年11月起,市邮政局开办景德镇至南昌邮件的"次晨达"业务,即在下午5时前寄递的邮件在次日上午10时前保证送交到收件人手中。是年,市邮政局先后在新厂片(原东二路、东一路)组建6个投递服务社区,由外包人员负责投递所承包辖区内的报刊、邮件并负责商品配送等。2005年,城市投递线路增至50条。2006年3月底,单设投递中心,下设机动车大户投递组1个和自行车投递组3个,负责市区函件(含商函)、包裹、汇票、报刊等邮件投递、报刊揽收和地址库采集、维护等工作。

邮政线路

1986年,全市邮路投递单程长度为1182千米,农村投递路线单程长度为4233千米。1988年6月13日,因景德镇至婺源公路修建,景德镇至婺源委办汽车邮路停开。1991年9月1日,开办景德镇至蛟潭、景德镇至大石口2条农村委办汽车邮路。

1992年,邮路54条,单程总长度820千米。1993年5月1日,景德镇至江村的自办汽车邮路开通。是景德镇市首条自办汽车邮路,沿途交接点有罗家、高墩庙、三龙、兴溪桥、蛟潭、福港(卸蛟潭)、储田、经公桥、九龙、西湖邮电支局(所),单程116千米。实行每周六班运邮,星期日休息。

1994年1月1日起,增开景德镇至东流、景德镇至峙滩2条自办汽车邮路。至此,城区至农村支局(所)邮路全部自办,实行周六班运邮,星期天休息,星期一按邮件发运次序装发邮件。市至东流自办邮路沿途交换点有大石口、新平、旧城(卸新平)、樟树坑、湘湖、兰田、寿安、仙槎、东流邮电支局(所)。市至峙滩自办邮路沿途交换点有渭水、臧湾、鹅湖、瑶里、兴田、峙滩邮电支局(所)。市至江村自办邮路增加运递丁家州、鱼山、荷塘(卸鱼山)、景波邮电支局(所)。2月,对农村自办汽车邮路进行调整,由3条调整为2条自办汽车邮路。即景德镇至渭水邮路,途经罗家、高墩庙、三龙、兴溪桥、蛟潭、储田、经公桥、九龙、峙滩、兴田、鹅湖、臧湾、渭水,全程188千米;景德镇至鱼山邮路,途经大石口、新平、樟树坑、寿安、仙槎、鱼山、景波,全程120千米。此外,在景德镇至渭水邮路中,将黄潭邮件带至三龙、福港邮件带至蛟潭、江村邮件带至储田、西湖邮件带至经公桥、瑶里邮件带至鹅湖镇,另雇用当地农民5人分别用自行车送往黄潭、福港、江村、西湖、瑶里等地,减少邮车来回的路程,节约邮运经费。自行车运送邮件里程为:三龙—黄潭20千米、蛟潭—福港15千米、储田—江村23千米、经公桥—西湖18千米、鹅湖—瑶里17千米。

1995年1月20日,开办景德镇至婺源自办汽车邮路,逐日班,单程102千米,沿途交换邮件的局所有湘湖、兰田、东流、赋春、中云。是年,农村投递邮路28条,其中农民承包邮路21条,单程1943千米。

2003年,根据省邮政局网络结构调整要求,从7月1日起组开景德镇至乐平干线自办汽车运输邮路。为逐日班,单程66千米,沿途交接点有浮梁寿安、仙槎邮政所、乐平沿沟、涌山、双田邮政所。8月,停开景德镇至鄱阳自办汽车邮路,改由南昌邮政局运输。2005年3月,将浮梁邮路东、西线运输改为一条环形线路运输,节省运输车辆1辆,减员1人。至年底,邮路17条,单程总长900千米。

2007年1月,开通景德镇至南昌夜班特快专线邮路。专线发车时间为每晚8点,途经乐平、万年、余干等邮局,负责将各局营业特快邮件带到南昌集中处理,约凌晨1点整到达南昌局,返程时途经九江,于早晨8点到达市局。新邮路的开通,将特快邮件的处理时间提前5小时以上。2008年,组开景德镇市至北京、广州、上海、成都、西安、山东等6条虚拟邮路。2010年,市邮政有景德镇至婺源、景德镇至乐平、景德镇至浮梁、景德镇市内趟班4条邮路,总长度647千米。

表10-1-7 **1986—2010年景德镇市邮政投递单程路线长度情况表** 单位:千米

年份	邮政单程路线长度	农村投递路线单程长度	年份	邮政单程路线长度	农村投递路线单程长度	年份	邮政单程路线长度	农村投递路线单程长度
1986	1182	4233	1988	1086	3958	1990	1091	4002
1987	1228	4025	1989	1086	4006	1991	1228	4036

续表 10－1－7

年份	邮政单程路线长度	农村投递路线单程长度	年份	邮政单程路线长度	农村投递路线单程长度	年份	邮政单程路线长度	农村投递路线单程长度
1992	1160	3830	1999	1037	1061	2006	1023	1469
1993	938	3830	2000	1036	1233	2007	1023	1469
1994	1124.5	3810	2001	1023	1233	2008	1023	1469
1995	1051	1943	2002	1023	1233	2009	1023	1469
1996	1064	1943	2003	1023	1469	2010	1023	1469
1997	1054	1067	2004	1023	1469			
1998	1162	1061	2005	1023	1469			

第四节　机　构

市邮电局

1986 年，景德镇市邮电局内设办公室、人事教育科、保卫科、审计监察科、财务供应科、总务科、基建科、政治处、邮政科、长途电信科、市内电话科、农村电话科、长途线务站、邮票公司、劳动服务公司，职工总数为 577 人。1988 年 12 月，邮政科划出发行、投递两项管理职能，设立发行投递科、报刊零售公司，两块牌子、一套人马。发行投递科下设发行组、投递组、报刊零售组。

1993 年 12 月，市邮电局进行机构调整，设办公室、史志办公室、行政科、计划财务科、保卫科、审计科、总工程师办公室、战备办（挂靠总工办）、程控工程办公室（挂靠总工办）、基建科、人事教育科、政治处、纪检监察室、邮政营业储蓄科、邮政发行投递科、邮政视察室、电报长话业务科、电信设备维护科、网管中心、市内电话线路科、电信经营科、农村邮电科、长途线务站、邮票公司、邮电科技开发总公司，员工 666 人。

市邮政局

1998 年 11 月 5 日，市邮政局从邮电局拆出单设，内设综合办公室、监察审计室、党群办公室、人事教育部、计划财务部、经营服务部、运行维护部及工会等 8 个职能部门，生产经营有营业储汇中心、商函广告中心、集邮公司、发行投递局、邮购公司、报刊销售公司、速递公司、邮件处理中心、浮梁分局等 9 个单位，管辖乐平市邮政局，在岗员工 235 人。

2004 年，景德镇市邮政局内设综合办公室、人事教育部、计划财务部、监察审计室、经营服务部、工会、运行维护部、基建办公室、行管保卫部等 9 个职能部室门；生产经营部门有储汇局、城市营业局、函件局、速递局、物流分公司、报刊发行局、集邮公司、电信业务部、大客户中心、邮区中心局等 10 个；多种经营部门有邮通科贸发展有限公司。员工 668 人，其中市本级员工 405 人。管辖乐平、浮梁 2 个县（市）局。

2007 年，内设综合部、人力资源部、计划财务部、监督保障部、市场经营部、网络运行部、工会、信息技术中心 8 个部门；经营生产部门有储汇局、营业中心、函件局、报刊发行局、书报刊销售中心、集邮公司、集邮协会、客户服务中心、“11185”中心、广告公司、邮区中心局、调度室、投递中心、机要通信局、速递局、物流局 16 个。

2010 年，内设综合办公室、人力资源部、计划财务部、监督检查与安全保障部、市场经营部、工会等 6 个部门；生产及支撑部门有邮区中心局、投递局、函件广告局、报刊发行局、集邮公司、电子商务局、代理业务局、分销业务局 8 个。员工 537 人。下辖乐平、浮梁 2 个县（市）局。

县(市)机构

乐平市邮政局　1986年,乐平县设邮电局,每个乡镇都设有邮电支局(所)。1998年9月11日,乐平市邮政局从邮电局分设析出,内设经营部、集邮公司、报刊零售公司、营投中心、储汇中心,下设23个自办邮政支局,3个代办所。员工111人。2010年,乐平市邮政局内设综合办公室、市场经营部、大客户中心、营业和代理业务中心、发行投递中心和挂靠部门分销业务中心。下设17个自办支局(所)、4个委托代办机构、21个邮政分支机构,员工103人。每个乡镇都设有邮政机构。

浮梁县邮政局　1986年,鹅湖、蛟潭两区设有邮电局,每个乡镇都设有邮电支局(所)。1998年10月18日,市邮政局将农村邮电科的邮政业务管理机构改组,成立浮梁县邮政分局。2000年10月,更名浮梁县邮政局。2001年开始独立运营,内设综合办公室、财务室、经营中心、储汇中心。下设9个自办支局(所)、14个委派代办机构。2005年,内设综合办公室、储汇中心、市场业务部、大客户中心,下设24个邮政分支机构,员工113人。2010年,内设综合办公室、财务室、市场经营部(含客户中心)、储汇中心、营投中心、速递物流中心。下设8个自办支局(所)、14个委托代办机构,每个乡镇都设有邮政分支机构,员工122人。

第二章　电　信

80年代,景德镇使用千门程控电话,农村电话采用人工转接。进入90年代,开通万门程控电话,全市电话号码升至6位。无线寻呼服务开通,农村电话实现程控交换,模拟移动电话开通,电话通讯得到长足发展。

1995年进行企业法人登记,从此逐步实行政企分开。1998年12月,邮电分营,中国电信专营电信。1999年中国电信的寻呼、卫星和移动业务被剥离出去。2001年,中国电信被再次重组,进行南北分拆,产生北网通、南电信。2002年5月,新的中国电信集团公司重新挂牌成立。2003年12月,中国电信股份有限公司景德镇分公司挂牌成立。2008年5月24日,中国电信以1100亿收购中国联通CDMA网(包括资产和用户),中国卫通的基础电信业务并入中国电信 。2009年1月7日,取得3G(CDMA2000)牌照,经营无线通讯业务。

第一节　通信设施

传输设备

载波机　1986年4月11日,景德镇邮电局开通景德镇—南昌12路载波终端机。1988年,新增EM303型12路载波端机1部,通达鹅湖邮电支局,新增EM206IV型环3路载波终端机2部,通达旧城、无线电厂。1989年8月24日,新增EM206IV型环3路载波终端机2部,通达大石口(浮梁县城)。

1990年,新增EM206IY型12路载波终端机2部,通达鱼山支局;新增EM206IV型环3路载波终端1部,通达先锋总机;3J224A型特高频收发信机2部,通达浮梁开关厂。1991年,新增ZM206-V型环6路载波终端机1部,通达第二水泥厂;新增3JDD4A特高频收发信机3套,通达昌江中学、897厂、浮梁县。新平乡磁石交换机改换自动式交换机,增加容量4门,新增EM303-V型12路载波终端机1部,通达大石口。1993年,新增EJ-12V型12路载波终端机3部,通达740厂、鹅湖镇、无线电二厂、无线电一厂、蛟潭镇、713厂,万德福公司EM206IV型环3路载波机主机停用。

微波电路　1990年12月17—18日,浔—景—饶数字微波工程完成初步设计会审。1991年8月26日,景德镇市数字微波通信系统480路微波电路开通运行。1992年3月13日,景德镇微波站交由省微波总站直接管理,市邮电局与省微波通信局办理微波站的人、财、物交接手续。5月23日,景德镇—乐平120路数字微波电路开通,乐平电话与景德镇市联网,乐平长途区号07033改为0798。

程控交换机 1984年1月15日零时，洛阳电话设备厂生产的3000门HJ－921型纵横制市内自动交换机割接开通，提供4位自动拨号服务，实装容量2600门。同时，长话改制长途台新装上海产JT－2A型共电制长途电话交换机120门。

1987年9月12日，乐平邮电局2000门HJ921纵横制自动交换机割接开通。10月25日，市话扩容至4000门。1988年1月12日，景德镇市万门程控电话交换系统工程初步设计会审会在市局召开，该项目利用加拿大政府贷款，引进加拿大北方电信公司生产的DMS－100/200，DMS－10型数字程控电话交换系统，由省局、市政府共同投资建设。1990年1月13日23时33分，景德镇市万门数字程控电话开通，全市电话号码由4位升6位。1992年9月26日，举办景德镇市移动电话系统开通典礼。1992年11月17日零时，浮梁县大石口邮电支局STO－200型程控电话割接开通，启用62字头号码。

1993年6月8日，开通农村第一个程控端局蛟潭邮电支局512门HJ10D－11型程控电话；7月28日零时，广场市话分局扩容，割接开通2000门STO－200型程控电话；10月6日，开通鱼山邮电支局程控电话端局256门JK－1000型程控电话；11月8日，开通鹅湖邮电支局程控电话端局512门HJ10D－11型程控电话；12月8日，开通经公桥邮电支局程控端局512门JK－1000型程控电话。1994年4月14日，118农村电话交换台撤销，结束农村电话36年人工拨号历史。

1994年4月，引进加拿大北方电讯公司DMS－200长途程控交换设备2000路端割接开通，在全省设区市中第三个开通独立长途局；5月21日零时，广场分局割接开通引进加拿大北方通讯公司DMS－100型20000门程控交换设备；9月16日，割接开通景德镇至浮梁1000门程控电话扩容工程。

1995年9月26日，景德镇陶瓷学院拆除HJ－901型400门电话交换机，改装程控电话进入邮电公众网，为市首家拆点入网单位。后陆续拆除陶瓷机械厂、雕塑瓷厂、为民瓷厂、水泥厂、曙光瓷厂、木材厂、800库、枫树出林场、景陶瓷厂、干休所10个单位小交换机，并入公众网。1997年，拆除最后1台昌河小交换机。

1997年7月12日零时，景德镇第一个国产机交换独立局在官庄割接开通，采用深圳华为公司生产的5000门C&08型程控交换机。13日，官庄分局局号由853改为833。

1998年，景德镇在珠山局和广场局分别新建本地信令转接点设备（LSTP）各1套，每台设备最大信令链路数64条，负责本地网所有交换设备的信令转接功能。

1999年，开通景德镇珠山局CC08网关局，装机总容量8640线，实装率30%，实现本地网第一个互联互通出口节点的建设。11月，为应对“千年虫”问题，景德镇长途程控交换机采用阿尔卡特S1240替换原加拿大北方电讯生产的DMS200，新设备总容量11000线，实装率58%，负责景德镇全区所有长途来去话语音业务的汇接和转发功能。

2001年，景德镇在官庄分局新建1套18万门CC08市话程控交换机，除下挂本局用户外，还负责接入市区内所有接入网机房的电话用户，实际装机达到13万户。2002年和2003年分别在浮梁大石口和在乐平洎阳中路机房新建32模CC08程控交换机，负责浮梁和乐平两县农村地区的所有电话交换业务。

2003年6月，景德镇珠山局西门子EWSD程控交换机正式开通，替换原有珠山DMS100程控交换机。

2005年，景德镇电信陆续开展交换网络的固网智能化工作，分别在景德镇珠山局和广场局开通ZXJ10纯汇接局，SHLR智能归属位置寄存器，TG/SG软交换中继和信令网关等一批新型交换设备，实现彩铃、移机不改号、IAD、SIP电话等一大批新功能、新业务。

2009年，在广场分局新建一套基于软交换网络架构的第二关口局设备UMG8900，保障景德镇电信互联互通双出口。

2010年6月，配合中兴厂家对中兴软交换TG4G和B200设备进行扩容，推进语音接入和承载的IP化。是年，“光（缆）进铜（芯缆）退”、老端局退网和软终端推广，完成广场DMS100交换机、珠山、官庄EWSD等制式老、能耗高、实装率低的设备退网。

传输线路

电缆线路 农村线路。1986年，杆路总长度877.2千米、明线总长度2359对千米、电缆长度19.1皮长千米。1990年，杆路总长度344千米、明线总长度1057对千米、电缆长度33皮长千米。1993年，完成304

千米一级干线景德镇至徐家埠91杆路的换线工程、景德镇至鱼山长途杆路附挂中继电缆工程和万年县城关至城容长途杆线的大修。1994年6月,实施光电缆全面替代明线。至年底杆路总长度675千米、电缆长度680皮长千米。2010年,杆路总长度5780千米,电缆长度6980皮长千米。

表10-2-1　　**1996—2010年景德镇市农村电信电缆线路一览表**　　单位:千米、皮长千米

年份	杆路总长度	电缆长度	年份	杆路总长度	电缆长度
1996	780	880	2004	3798	4210
1997	1420	1020	2005	4265	4550
1998	1770	1230	2006	4687	4860
1999	2180	1750	2007	4265	4550
2000	2586	2180	2008	5210	5980
2001	2830	2910	2009	5540	6520
2002	3166	3650	2010	5780	6980
2003	3460	3970			

城区线路。1986年,市邮电局出局电缆规模4800对,采用HQ/600×2×0.5铅包纸绝缘电缆,有25760线对千米。1990年,珠山万门程控交换机投入使用后,开始使用加拿大全塑充油电缆,规模118000线对千米。1991—1995年,电缆建设进入高峰期,以“大容量、少局所”的模式进行,全市以4大端局为中心辐射大对数电缆的方式为主,出局电缆规模在1000对以上的电缆有珠山局39条、新厂局28条、广场局45条、官庄局8条,其中8条为2000对电缆。2000年,启动百万大放号,城区电缆数急剧增长,1000对以上的电缆有珠山局43条、新厂局36条、广场局47条、官庄局12条,其中12条为2000对电缆。2006年年底,全市启动“光进铜退”建设,电缆规模呈逐年下降趋势。

至2010年8月,景德镇电信电缆规模1060729线对千米,其中主干电缆535863线对千米,配线电缆524866线对千米。景德镇城区主干电缆259623线对千米,配线320624电缆线对千米;乐平主干电缆182966线对千米,配线电缆143032线对千米;浮梁主干电缆93274线对千米,配线电缆61210线对千米。

光缆线路　1991年,景德镇开始光缆线路建设。1994年9月16日,市邮电局开通景德镇至浮梁光缆。1995年5月26日,开通景德镇至乐平34MB/S光缆传输系统,采用GYSTA-53铠装4芯光缆,光缆长度47千米,容量780路。

1995年末,采用GYTA构建完成珠山—广场—官庄—新厂—乐平—大石口6大端局中继光纤通信网络(市区12芯、浮梁12芯、乐平4芯)。1997年年初,采用GYSTA-53铠装光缆建成景德镇至九江(20芯)、景德镇至南昌长途干线光缆网(22芯)。

1998年,市电信公司启动光纤接入网建设,年底太白园局率先开通。1999年,全市启动光纤接入网建设,年末完成CDMA无线通信光纤网络建设。2000年年底,构建完成IP城域网。

2009年6月,在海峰美庐开通第一个采用光纤到户接入方式的FTTH用户,至年底光缆到户规模达到69702户,实际使用光纤接入互联网用户数达到21071户,其中景德镇光缆到户规模达到53241户,实际使用光纤接入互联网用户数达到17399户;乐平光缆到户规模达到9433户,实际使用光纤接入互联网用户数达到2351户;浮梁光缆到户规模达到7028户,实际使用光纤接入互联网用户数达到1321户。

电信大楼

2010 年,开始大规模 FTTH 网络(光纤到户)建设。10 月,全市光缆规模达到 246943 纤芯千米,其中长途光纤 8921 纤芯千米(景德镇至九江 1035.74 纤芯千米、景德镇至鹰潭 1320.55 纤芯千米、景德镇至上饶 6565.46 纤芯千米)、中继光纤 1837 纤芯千米、主干光缆 38746 纤芯千米、配线光缆 157439 纤芯千米。

通信综合楼

市电信通信综合楼　1986 年,位于珠山西路 3 号邮电大楼。1993 年珠山西路邮电综合大楼筹建,1994 年 3 月动工,1997 年大楼主体竣工,1998 年 5 月 16 日正式开张营业,全市通信枢纽机房陆续搬入。大楼高 116 米 26 层,建筑面积 21769 平方米,营业面积 1806 平方米,投资 2643.43 万元,全部采用框架剪力墙结构。

表 10 - 2 - 2　**景德镇电信支局建设情况表**　单位:平方米、万元

名称	竣工年月	楼层	建筑面积	投资
珠山支局	1958.1	三层	1549	31.68
新厂支局	1990.1	五层	1523	133.91
广场支局	1994.6	七层	4301	417.06
官庄支局	1990.1	四层	1880	168.16
长线局办公室	1985.12	五层	1148	28.756
大石口邮电所	1992.7	三层	828.6	12.8

县(市)电信综合楼　乐平分公司综合楼。1986 年,位于洎阳中路。2001 年 6 月,乐平市电信楼在洎阳北路 286 号动工新建,2003 年 12 月全面竣工,建筑面积 3500 平方米,投资 350 万元。

浮梁分公司综合楼。1998 年 9 月,浮梁电信分局在景德镇市河西邮电大楼办公。2004 年 3 月,位于浮梁县民福北路的电信综合楼破土动工;2005 年 11 月全面竣工,三层框架结构,一层为电信服务营业厅,二层为机房和可视电话会议厅,三层为生产、管理场所,总建筑面积达 1551 平方米。

第二节　数据通信

数据网

1993 年,景德镇市邮电局开始引入分组交换网,为全市金融客户提供 9.6K 数据通信服务,中国建设银行率先使用分组交换业务。1996 年开始所有银行都使用 64K - 128K 数字数据 DDN 网。1998 年开始,建设帧中继/ATM 网并投入使用,为用户提供 2M 数字数据电路。

传输网

2004 年,市电信公司新建以景德镇珠山、广场、官庄、新厂、大石口、乐平为核心的 SDH 2.5G 传输骨干环网。2005—2007 年,开展全区接入网 155M 传输环网升级 622M 的传输扩容升级改造,并同时割接到新建的传输 2.5G 骨干环网上。2008 年,开通华为 SDH 10G 本地传输骨干环网。2009 年,开通中兴本地网 SDH 10G 传输骨干环网。2010 年 10 月,正式启用广场局第二套 OTN 波分长途二级干线传输系统的新建工程,通过将电信公司广场分局的 IP 核心网和 CN2 核心网出口链路陆续割接到新系统上,实现景德镇 IP 城域网和 CN2 核心网出口业务网络安全的双路由保障。

CDMA 网

2008 年 10 月 1 日,电信公司正式接手联通 CDMA 业务,景德镇电信 CDMA 网络一期工程开始建设,拥有基站 95 个。2009 年 1 月 25 日,全部投入运营,新增基站 51 个,无线容量 4 万户,市区覆盖率从 83.5% 提

升到92.7%。

2009年2—3月,景德镇电信对原网络设备进行全面迁移和网络结构改造,并以华为公司设备替换陈旧老化的摩托罗拉设备,完成1套MGW核心网、1套BSC无线网、146套基站的替换割接。5月31日,景德镇天翼网络一期工程,即景德镇电信CDMA二期工程,全部完成投入运营,新增115个室外基站,34套室分系统,改造室分系统8套,无线容量8.9万户,同时完成99套3G基站的建设工作。12月31日,景德镇电信三期工程全部投入运营,新增室外基站29套,新建室分系统11套,改造室分系统17个,新建27套3G基站。县城城区及以上覆盖率提升为96.9%,乡镇所在地覆盖率达到100%,覆盖67%的行政村,济广高速景德镇段覆盖率达到86.5%,杭瑞高速景德镇段覆盖率90.7%,同时为全市县城及以上地区用户提供3G上网服务,3G城区覆盖率达到86.8%。

2010年4月,景德镇电信CDMA网络四期工程开始建设。9月30日,全部投入运营,新增室外基站59套,室分系统20套,新建3G基站32套,行政村覆盖率达到91%,国道覆盖率达到95.6%,铁路覆盖率达到92.8%,所有乡镇所在地3G网络全部覆盖。至2010年年底,共建室外基站351个,室分系统36套,拥有站点387个。

互联网

互联网建设 1997年3月25日,景德镇接入国际互联网,为窄带接入,主要是采用电话Modem拨号和ISDN方式,为用户提供128K接入速率。用户到邮电局申请一个账号,通过节点进入因特网。至年底,市邮电局开通16个端口,入网用户70户。

2001年,景德镇市电信分公司启动宽带建设工程,宽带接入共采取ADSL和LAN两种方式。5月17日,珠山、602所开通ADSL和昌河开通LAN方式接入(为用户提供8M和100M接入速率),景德镇市开始进入宽带互联网时代。

2007年4月之前,景德镇IP城域网出口一直保持2个2.5G的总出口带宽。2007年5月,全面开展数据网优化工作,每个分局新建一套华为MA5200G,将原先分布在珠山、新厂、春天花园、昌河、广场、信义、浮梁、高专等接入网机房的老5200宽接设备的陆续割接下线。

2008年,IP城域网出口扩容至20G,实现景德镇口字型IP城域网核心网扁平化,两台核心设备的互联中由2×2.5G扩容至2×10G,同时将所有ATM上行方式的DSLAM设备进行IP上行方式改造,淘汰宽带接入服务器SHASTA5000和5200F。

2009年12月18日,景德镇市首家网吧在昌河开业。网吧投资20多万元,设有20个台席,提供FTP、E-mail等网上服务方式,并兼具网上炒股、话费查询、114查号等多项特色服务。是年,出口带宽扩容到40G。

网址网站 1998年1月中旬,中国公用计算机互联网江西接入网景德镇市节点站主页“中国瓷都”信息港建成开通,设有标题新闻、陶瓷文化、交通旅游、企业之窗、软件园地、在线服务、网络导航等栏目。

1999年7月6日,在全省率先开通市政府上网工程,市电信局提供主页制作、域名申请(可代为办理)、网站建设以及免费开通一条64KDDN专线和代管服务器等服务。10月12日上午,市电信局通过(http://www. icf. china-home . net)网站成功直播第十届景德镇国际陶瓷节开幕式。

2003年11月28日,市电信分公司与上海亿万数码有限公司合作建设瓷都企业在线网站(www. jdzeol. com)。瓷都企业在线是集网站创建、维护和应用的企业信息化软件平台,由于市场效应的削弱,于2012年关闭运营。

2005年7月,市电信分公司在全市中小学中启动阳光网平台,为各中小学实现学校教学管理自动化、网站建立、学校邮箱、远程教育、BBS、同学录、信息短信、网校建立等功能;学校通知、学生表现、考试成绩、家庭作业、家长问讯等各类信息的适时互动;在线适时收看或点播省内优秀教师开放式视频授课等教学方式。

2006年10月6日,开通中瓷网站(www. chinaciqi. com),集陶瓷制作、商贸、展览、旅游居住、休闲物流集散等方面内容,开设综合资讯、瓷城风采、陶瓷名家园、陶瓷商城、企业名片、收藏鉴赏、高岭论坛7大栏目。

第三节 业务经营

电报业务

公众电报 1986年,市邮电局电报业务种类有天气、水情、公益、政务、新闻、普通、汇款、公电8种。1988年10月1日,开办婚庆、节日、生日、寿辰、通用5种礼仪电报。1993年5月17日,景德镇、南昌、九江、赣州互办鲜花、礼金、蛋糕等礼品电报业务。2000年起,电报业务逐年下降。2006年3月底,电信部门停办电报业务。

用户电报 1984年,江西陶瓷进出口公司开通全市第一家用户电报。至1986年1月,4321厂、电瓷电器公司、740厂、陶瓷工业公司、昌河、897厂、999厂等16家企业开通用户电报。1997年后用户电报渐少。

传真电报 1986年8月1日,开办专用用户电报业务、国内国际真迹传真业务,引进美国生产的PAD分组交换数据通信业务,网络全部试通运行。至年底发展用户传真120户,办理3523份公众用户电报传真业务。2000年后,用户电报传真业务逐年下降,至2003年,公众用户数为零。

寻呼业务

1990年8月10日,市政府与邮电局联合投资购进YCF－121型5000户人工数字无线寻呼系统。9月30日,126人工寻呼台开通,市话营业窗口开办无线寻呼业务,由用户申请办理登记,即可开通使用,至年末用户73户。

1992年11月18日,邮电局与拍卖行联合举办BP机吉祥、奇特号拍卖活动,出售BP机吉祥、奇特号5个,年末寻呼用户达1073户。1993年,5000户人工寻呼系统开通。1994年,更新SFII－60000无线寻呼设备,可使数字、汉字兼容。5月8日,市邮电局投资71万元引进深圳大学的SFI无线127自动寻呼系统开通。1995年,更新引进美国MOTOROLA公司VNIPAGE无线寻呼联网系统。开通168全自动声讯信息服务台和127无线自动寻呼系统。2月28日,寻呼机号码升位,即127＋22＋BP机(不足5位机号前面加0补足)。5月1日,127无线寻呼自动系统全省联网,年末用户达14175户。1996年10月21日,市邮电局向工薪阶层推出BP机出租业务。租机人只需以在用电话作担保,凭身份证办理租机手续,每租一台BP机一次性交纳开户费100元,每月收取月租费15元,使用费25元,租满两年后所租BP机产权归承租人所有,不再收取月租费,业务推出两批共出租2500台。1998年6月,根据国家有关政策,无线寻呼业务从邮电系统剥离。

固话业务

市内电话 1986年,景德镇市内特种业务有市内电话故障申告“112”、市内电话号码查询“114”、国内人工长途挂号“113”、国内长途电话立接“173”、火警“119”、盗警“110”。

1990年1月13日,全市电话号码由4位拨号升为6位拨号,即在原号码前加22(邮电大楼用户)、44(新厂支局用户)、55(官庄支局用户)。1月15日,市邮电局向用户提供呼出限制、热线、转移呼叫、遇忙转移呼叫、遇忙回叫、缩位拨号、改号截接、三方通话、闹钟、呼叫等待、免打扰、缺席等12项程控服务新功能。

1992年,市邮电局在邮电大楼、珠山支局、广场支局、新厂支局及合资宾馆安装磁卡电话机30部。

1993年9月28日,开通“160”人工信息咨询服务台。12月,首批19个公用电话亭正式对外营业,国内长途电话和国际长途电话服务全部采用电脑自动计费器计费。

1994年5月8日,开通“166”语音信箱新功能、“168”全自动声讯信息咨询服务、“117”报时服务。5月16日,121天气预报台开通。5月28日零时,新厂44局的600门电话割入,其用户话号前2位由44改为21。6月4日零时,邮电大楼3400门电话顺利割入,割入的用户话号不变,邮电大楼所有用户话号前两位则由22改为52。

1995年3月1日,“196”“555198”电话查询系统开通,系统根据欠费数据库,利用语音合成进行循环自动催缴。是年,市邮电局在市区电信营业厅、主要街道、宾馆、学校等公共场所安装IC卡电话300部,逐步取代磁卡电话。

1996年7月13日零时,景德镇市电话号码由6位升为7位,市内首位前加8,浮梁首位前加2,乐平首位前加6。

1997年,市电信局在市区人口密集地段投放30个无人值守IC卡公用电话亭。

1998年11月,市电信局推出多功能秘书台新业务,用户拨打电话无人接听或正在通话时,小秘书台会自动转接至BP机、手机以及另外的固定电话或留言服务,俗称"一号通"。

2002年5月上旬,推出固定电话装机预受理业务,改变原来固定电话装机中的经营运作模式。客户可通过采取189电话、各电信营业厅前台、社会代办等多种方式进行电话装机预登记。2006年,固定电话用户数达到239612户。2007—2010年,固定电话用户数逐年递减。

表10-2-3 **1986—2010年市内固定电话用户数统计表** 单位:户

年份	合计	年份	合计	年份	合计
1986	2069	1995	23250	2004	226841
1987	2499	1996	32562	2005	235473
1988	3167	1997	55997	2006	239612
1989	3473	1998	75842	2007	216548
1990	4767	1999	104586	2008	186572
1991	5718	2000	126355	2009	168462
1992	7485	2001	145624	2010	135486
1993	9979	2002	168453		
1994	15178	2003	186421		

长途电话 1986年,景德镇长途电话业务种类分为代号电话、特种电话、紧急调度电话、政务电话、普通电话、公务业务电话6类。1988年3月1日,市邮电局开通通信DD16长途全自动直拨业务。

1990年1月14日,设立"113"人工台,办理国内人工长话业务,同时设立"173"立即接续台,开办国内、国际长途半自动电话业务,开办国内、国际长途自动直拨业务。4月8日,市邮电局在景德镇饭店开通DMS交换系统长途直拨,立即计费打印设备,属全省首家在电信代办点使用。1990年,数字程控电话开通,长途电话增加到84条。

1991年,景德镇微波站开通,新增长途线路99条。1992年,新增长途线路171条。1994年4月,成立景德镇长途局。9日22时,市邮电局从加拿大北方电讯公司引进的DMS-200长途程控交换机顺利割接开通,设备容量2000线,实占容量1438线。

1995年,共有长途线路726条,其中省际60条、省内666条,自动706条、人工20条,微波电路占电路数96.14%。

1998年,DMS-200长途程控交换机退网,同时新上上海贝尔S1240长途电话交换机,为3000线,后多次扩容后至10000线(至2012年退网)。是年,新建固网关口局,采用华为公司的128模CC08设备,V610R5008PACK1版本 。固网关口局承担着与其他运营商互联的任务,还作为第二长途汇接局备用路由。

2002年,构建景德镇本地LSTP信令网,珠山局、广场局机房作为景德镇信令网两大主要枢纽机房,采用华为公司C&C08 STP等设备构成信令交换系统,用来完成本地端局、业务平台、汇接局、长途局、NGN、关口局等各种信令网元之间的信令转接。

2005年,在珠山局、广场局各新上1台中兴ZXJ10纯汇设备,配置容量120万户,负荷分担本地网所有话务,实现固网智能化改造,本地网原网状结构优化至树形结构,节省端机间直连电路。景德镇本地网由两个纯汇局、两个网关局和8个端局组成,此外还有1个本地智能网,1个小灵通核心设备。

2006 年,新上 1 台中兴 SHLR 设备。在珠山局新建 1 套 SG/TG,在广场局新建 1 套 TG,各作为景德镇本地网软交换与现有固网互联节点,将 40% 省内长途话务通过 TG 分流到 NGN 网络。并分别在香江接入网和乐平接入网各新建 1 套 AG(MSG7200),在珠山局新建 1 套 MSG5200 设备,作为软交换在景德镇本地网的商用试点。

农村电话　1986 年,农村电话用户 504 户。1988 年年末,用户 548 户。1992 年 11 月 17 日,浮梁大石口邮电支局开通程控电话。1993 年,农村程控电话 5 个端局开通,蛟潭、鹅湖为 H110D－Ⅱ 型 500 门机型,鱼山、经公桥、湘湖采用 JK－1000 型 256 门机型。

1994 年 4 月 14 日 19 时,撤销农村电话人工交换台“118”台,农村电话实现程控直拨,少数偏远乡村电话由就近的程控端局接转,结束农村电话人工拨号历史。

1995 年 5 月 20 日,乐平完成农话甩掉摇把子工程,乡镇电话实现交换程控化,乐平建成开通临港、洛江、方家、镇桥、塔前 5 个端局。6 月 18 日,景德镇完成农话甩掉摇把子工程,开通黄坛、三龙、寿安、西湖、兴田、罗家桥、新平 7 个程控端局,农村电话实现交换程控化,与市话一致。2010 年,农村电话用户 6771 户。

表 10－2－4　**1986—2010 年景德镇市农村电话用户统计表**　单位:户

年份	年末用户数	年份	年末用户数	年份	年末用户数
1986	504	1995	1139	2004	11342
1987	548	1996	1543	2005	11721
1988	548	1997	2783	2006	11983
1989	261	1998	3792	2007	10821
1990	267	1999	5221	2008	9321
1991	379	2000	6318	2009	8401
1992	461	2001	7264	2010	6771
1993	591	2002	8432		
1994	700	2003	9321		

电话卡　1992 年 5 月 17 日,市邮电局首次发行电话磁卡,当年达 3000 张。1995 年,推出 IC 电话卡,逐步取代电话磁卡,至年底全国推出 5 万套。

1997 年 1 月 10 日,首次发行一套以景德镇陶瓷艺术为题材的全国通用电话磁卡“景德镇古制瓷图”。磁卡图案再现清代从淘泥、成型、烧成到彩绘的制瓷全过程,共 4 枚,编号为 CNT－23。设计者为景德镇陶瓷学院青年教师李磊。1998 年以后,陆续发行“201”卡、“301”卡、“17900”等密码卡,密码卡可在 IC 卡电话和普通电话上使用,还发行充值付费卡、宽带上网卡等。

2004 年 10 月 9 日,景德镇市电信分公司发行“中国瓷都”千年华诞“201”珍藏系列卡,分为瓷都赞歌、千年陶瓷、陶瓷古迹、御窑古韵、千年窑火、多元文化、瓷都瓷韵和园林城市 8 个系列。2007 年 10 月底,景德镇电信与省陶研所合作研制开发陶瓷电话卡,将画面印制在瓷器上,采用双面釉、骨质瓷,晶莹透亮、不易破损,属国内首创。

2008 年 4 月,市电信分公司与南昌市台海商务策划有限公司签订陶瓷卡合作协议,制作发行“海峡两岸陶瓷艺术家交流笔会”陶瓷电话卡。12 月 3 日,正式推出第一批“海峡两岸”陶瓷电话卡投向市场,共发行 500 套,全套共 10 枚,每枚面值 100 元,全国通用。电话卡大小与普通电话卡相同,厚度仅 1 毫米,具有一定的抗碎性,画面精选海峡两岸艺术大师交流创作的作品,并配有精美的卡册,卡册内容为海峡两岸艺术大师笔会交流创作的全过程,及大师的作品介绍。陶瓷电话卡可通过景德镇电信中瓷网进行防伪查询,由于陶瓷电话卡画面不易褪色,可永久珍藏保留。

移动通信

小灵通　2001 年 5 月,景德镇市启动小灵通网络建设。9 月 26 日,被列为市重点工程项目,总投资近 6000 万元,建设规模为 3.5 万线,覆盖面积达 42 平方千米。其中,景德镇市区 32 平方千米,东边覆盖黄泥头,西边覆盖景湖公路、陶瓷历史博物馆,北边覆盖发电厂,南边覆盖焦化煤气厂及南山公路沿线市郊区域;乐平市区覆盖 10 平方千米,西到火车客运站,北至三中,南至沿河巷,东至农业开发办,西北至矿务局,东南至东方红水闸,西南至安平南路蔬菜大市场,东北至苗圃。12 月 20 日,正式投入使用。

2002 年 1 月 1 日,开始面向全市放号,最大网络能力达到 106356 线,实际放号用户数达到 98957 户。是年,相继在浮梁县城、洪源、湘湖、东流、寿安、鱼山、三龙、蛟潭、鹅湖、瑶里、臧湾、经公桥、740 厂、仙槎开通小灵通通信基站建设及通信业务。

2003 年,小灵通网络结构由 CCM 组网方式改造为 IGW 单模块组网方式,用户总容量扩大到 6 万户,ANU 模块增加 3 个,使 ANU 数目达到 7 个。12 月底,随着小灵通用户的持续增长,核心网和无线容量不能满足用户的再增长,为此增加 1 个 MPM 模块和 ICSC 网元,将核心网容量增加至 12 万,无线侧容量为 10 万。同时,加大乐平乡镇的小灵通覆盖,完成乐平镇桥、接渡、礼林、众埠、涌山、高家、后港的信号覆盖。

2004 年开始,对部分高容量站点开展扩容工作,由 3、4 信道站点扩容成 7、15 信道。对 2003 年前所覆盖区域进行信号补盲即信号覆盖不足的局部区域进行增补站点,改善覆盖。2005 年,通过优化扩容,无线侧容量达到 13 万。2007 年,发展用户超过 10 万户。

2008 年,景德镇开始经营 CDMA 移动手机业务,根据小灵通业务的发展和网络变化需要,小灵通网络开始逐步拆除,直至 2014 年小灵通全部退网。

移动电话　1992 年 1 月,市邮电局引进美国托罗拉公司 EMX250 移动电话 LD 基站设备。9 月 26 日,市移动电话系统正式开通,投资 260 万元,配置 18 个信道,容量可达 360 户,至年底有用户 76 户。

1994 年 12 月 1 日,邮电手机资费下调,年末用户达到 399 户。1995 年 1 月 1 日,邮电手机实现全国漫游。10 月,设备首次扩容 200 信道,年底用户达到 1159 户。1999 年,移动电信业务分营,景德镇电信公司不再经营漫游移动电话业务。

2008 年 7 月,国家电信重组基站产权转交中国电信景德镇分公司。10 月 1 日,电信公司正式接手联通 CDMA 业务,用户数 2 万户。2010 年,电信公司移动电话用户 15.2 万,手机上网流量月均 29584GB。

第四节　通信服务

营业网点

1986 年,市区有珠山西路、里村、珠山中路、人民公园、新厂、戴家弄等 6 处邮电所。1998 年 9 月,浮梁电信分公司在王港、储田、兴田、福港、740 厂、仙槎设电信代办所 6 处。乐平电信分公司有后港、高家、礼林、塔前、众埠等 18 处电信代办所。

2000 年,推出居委会电话代办点,由居委会代办各类电话业务。2003 年 8 月 1 日,新德园电信合作营业厅开业。2004—2009 年,设有珠山西路、珠山中路、新厂、广场、官庄 5 个自有综合营业厅、20 个合作营业厅、50 个电脑代理店。

2010 年,景德镇电信分公司设有 27 个卖场、40 个专营店、47 个合作营业厅、39 个农村自有厅,并与 5 个校园、89 个代理店、55 个电脑代理店以及其他 18 个开放渠道合作,方便市民办理电信业务,缴纳资费。

客户服务

2000 年,市电信公司为配合全省“双百万电话大行动”,推出“瓷都电信尽心尽力让每个家庭拥有一部电话”为主题的电话预放号活动,共完成电话放号 36093 户,开通来电显示业务 47005 户。

2001 年 7 月,成立服务督查部,并设客户接待室。2003 年 1 月,成立客户响应中心,作为连接前后端的枢纽,实现BBR流程再造,提升客户服务满意度。推出商务领航业务,为服务于企业信息化的全新客户品牌,面向所有企业客户,是中国电信战略转型的重要业务。推出装维“五个一”上门服务(一张名片、一张宣传单、一个鞋套、一块抹布、一张反馈单)。2004年5月,获信息产业部授予的全国用户满意服务明星班组称号。是年,获共青团中央、信息产业部授予的全国青年文明号称号。

2005年,景德镇电信开启由传统基础网络运营商向现代综合信息服务提供商转型的进程。下半年推出号码百事通,是基于中国电信“114”台的增值业务,在挖掘和整合用户号码信息的基础上,延伸和拓展传统的查号业务,满足用户现实和潜在的各类信息查询需求,将“114”台打造成一个综合类信息服务平台。6月,珠山西路营业厅获全国巾帼文明岗称号。2006年12月10日,推出“我的e家”服务,是中国电信为满足家庭日益多元化和个性化的通信及信息应用需求而量身打造的客户品牌,是中国通信市场第一个面向家庭的综合信息服务,设不同档套餐。

2008年,推出首问负责制,负责处理或督促相关部门解决客户在使用中国电信业务时提出的各类问题,分客户咨询、查询、投诉和业务受理4种类型。10月,中国电信收购CDMA移动网,步入全业务运营时代,推出天翼品牌,以CDMA2000为标准的个人移动通信品牌,弥补中国电信在个人业务方面的不足,与天翼飞Young、天翼e家、天翼领航共同成为中国电信融合通信业务,分别面向个人、家庭、企业三大用户群体的客户品牌。天翼的号段延续联通的133、153号段。12月,增加189号段。是年,景德镇电信分公司获全国文明单位称号。

2009年,珠山西路获由中国质量协会、中华全国总工会、中华全国妇女联合会、全国用户满意工程联合推进办公室颁发的全国用户满意服务明星班组称号。珠山西路营业厅获全国工人先锋号称号。

第五节　机　构

市电信局

1986年,市邮电局经营邮政、电信业务。1998年12月,景德镇邮政、电信分营,成立市电信局,设综合办公室、党群工作办公室、监察审计室、计划财务部、市场经营部、运行维护部、通信建设部、人力资源部、电信经营中心、数据通信中心、移动通信中心、市话线路中心、网管交换中心、计费稽核中心、长途线路局、浮梁电信分局共16个部门,全局职工732人。

1999年9月,移动电话业务拆出,市电信公司设综合办公室、党群工作办公室、监察审计室、计划财务部、市场经营部、运行维护部、通信建设部、人力资源部、电信经营中心、数据通信中心、市话线路中心、网管交换中心、计费稽核中心、长途线路局、浮梁电信分局共15个部门,职工687人。

2003年12月,中国电信股份有限公司景德镇分公司挂牌成立,设综合管理部、人力资源部、党群部、财务部、纪检审计室、市场经营部、“10000”号客服中心、大客户服务部、商业客户部、公众客户服务部、公话中心、增值业务中心、计费中心、网络建设部、网络维护部、政企客户支撑中心、长线局、客户响应中心、无线中心、乐平分公司、浮梁分公司21个部门,职工679人。

2008年10月,中国联通CDMA网络及业务并入电信,景德镇电信分公司开始全面运营移动通讯业务,设有乐平分公司、浮梁分公司、综合管理部、党群工作部、纪检监察室、审计室、人力部、财务部、工会、市场经营部、政企客户部、个人客户部、农客中心、“10000”号客服中心、信息运营中心、网络部、设备中心、客户响应中心、政企客户支撑中心、无线接入中心20个部门,职工745人。

2010年年底,设有乐平分公司、浮梁分公司、综合管理部(党群)、纪检监察室、审计部、人力部、工会、财务部、市场部、政企客户部、公众客户部、信息运营中心、客户服务部、信息运营中心、网络部、接入中心、网操中心、政企客户支撑中心、线路中心、无线维护中心20个部门,职工768人。

县(市)机构

乐平市电信分公司　1986年,乐平邮电局经营邮政、电讯业务。1998年9月11日,乐平市电信分公司邮电分营,机构分设。乐平市电信局内设综合办公室、市场经营部、城市营销中心、农村营销中心、设备维护中心,共有职工151人;下设众埠、浯口等乡镇邮电所自办分支机构。1999年6月5日,移动通信正式从电信局分出。分离后的电信局内设综合办公室、市场经营部、城市营销中心、农村营销中心、设备维护中心,有职工135人。2003年12月,中国电信股份有限公司乐平分公司挂牌成立,设市场经营部、网络维护部、综合办公室、政企客户中心、公众客户中心、信息运营中心、农营中心等7个部门,员工138人。2010年年底,乐平分公司内设办公室、销售部、政企部、渠道中心、网络部等部门,农村设涌山、镇桥、众埠、塔前、礼林、高家、洺口、浯口等营业部,员工143人。

浮梁县电信分公司　1998年9月,景德镇市农村邮电科分设浮梁邮政分局、浮梁电信分局。电信分局内设行政办公室、设备维护中心、线路维护中心;在大石口、瑶里、鹅湖、臧湾、湘湖、东流、寿安、洪源、三龙、黄坛、蛟潭、峙滩、江村、经公桥、勒功、西湖、樟树坑及景德镇市昌江区的鱼山设自办分支机构18个,在职员工77人。2003年,按照市电信公司要求,设备、线路维护划归市公司统一维护,浮梁分局设行政办公室、计费业务支撑组,自办分支机构仍然为18个,在职职工81人。2006年5月18日,成立江西省电信有限公司浮梁县分公司,内设网络部、市场经营部、综合办公室,市场部下设业务支撑组、政企客户中心、客户服务班组。2009年7月,浮梁县分公司内设调整为综合办公室、市场经营部、政企客户部、客户服务资源管理中心,农村设经公桥、洪源、鹅湖、鱼山、鹅湖、大石口、湘湖、蛟潭等8个营业部,员工为56人。

第三章　移动通信

1999年7月8日,景德镇市移动通信业务从市电信局分离出来,组建市移动通信公司,隶属江西移动通信公司。2002年7月22日随中国移动公司在美国纽约和香港上市,是景德镇市通信业第一家在境外整体上市的企业。2008年5月23日,中国铁通集团有限公司正式并入中国移动通信集团公司,成为其全资子公司,保持相对独立运营,景德镇移动成为具有全业务经营资格的运营商。

1999—2010年,景德镇移动以累计10亿资金的网络投资,建成融话音、智能、数据通信、CMNET、传输以及多种增值业务平台为一体的网络体系,各项主要网络指标全部达到全国优秀网络指标。与237个国家和地区的381个运营公司开通GSM国际漫游业务,并与179个国家和地区的252个运营商开通GPRS国际漫游,国际短信通达110个国家和地区的262家运营商,彩信通达44个国家和地区的74家运营商。2010年,营业总收入4.4亿元。

第一节　通信设施

移动通信综合楼

2000年5月8日,景德镇移动通讯公司单设,迁入租用的中国银行办公楼办公。12月16日,位于昌南大道32号的移动通信枢纽楼开工,建筑面积9280平方米,主体8层,地下室1层,投资总额为2143万元。2002年3月17日,移动附属楼动工。12月26日投入使用,建筑共4层,面积约1600平方米。2007年,扩建移动附属楼,每层扩建面积208平方米,共5层,合计1040平方米,年底完工,投资约77万元。移动附属楼后更名为移动行政办公楼。

移动大楼

县(市)移动综合楼

移动乐平分公司综合楼　公司成立初期租用乐平市珠海中路民房

办公。2001 年 3 月，位于乐平老市区中心的枢纽楼开工建设，共 7 层计 2038.77 平方米，营业场所面积为 620.35 平方米，办公场所面积 1418.42 平方米。2004 年 9 月 26 日投入使用。

移动浮梁县分公司综合楼　公司成立初期租用浮梁县人武部房屋办公。2003 年，位于浮梁县新昌南路的综合办公楼开工建设，占地 8128.50 平方米，建筑面积 1602.81 平方米，集营业厅、办公室、中心机房于一体，投资总额约为 186 万元，2005 年 1 月 25 日投入使用。

铁通通信机房

1986 年建成，位于市马鞍山路 138 号，属原南昌铁路局景德镇电务段。办公楼建筑面积 850 平方米，楼层为 2 层；通信机房楼在办公楼后面，楼高 3 层，建筑面积 1289 平方米。

第二节　网络建设

GSM 网络

1999 年，移动通讯从中国电信公司析出分营，景德镇移动通信公司分得移动基站 38 个，移动交换机（MSC）容量 6 万门，家区位置寄存储器（HLR）容量 7.5 万，基站控制器（BSC）可带 100 基站、384 载频，拥有二台码型变换器（XCDR），295 个载频，微蜂窝 1 台。租用电信 2M 电路 17 条、光缆 53.011 千米。至年底，完成 GSM 四期工程，39 个移动通信基站分布全市，移动交换机容量达 6 万门，基本建成覆盖景德镇、乐平、浮梁及经济活跃乡镇的移动通信网络。

2000 年，实施网络覆盖工程，增加城区及经济较发达乡镇、公路、铁路尤其是旅游风景点的网络覆盖范围，新建 15 座基站及直放站。3 月，开始移动通信管道建设，年底建成通信管道 130 千米，管孔长度 325 千米。9 月，开始通信杆路建设，年底建成通信杆路 845.8 杆程千米，本地网光缆 1101.32 皮长千米，省二级干线光缆 129.32 皮长千米；安装 SDH 传输设备 1 台节点 115 端，安装 PDH 传输设备 1 台节点 32 对，可提供 2M 电路 760 条，开通使用 357 条。是年，市政府确定农村新建站实行当地政府负责立杆，老站则实行立杆费用“三三制”原则，至年底农村杆路立杆 200 千米。

2001 年，完成 GSM 五期扩容工程，新增 1 台 MSC10 万门，HLR2 12 万，新增网关交换机 274（E1）端口，扩容 G1 至 12 万门，扩容 HLR1 至 15 万，新增 1 台 BSC（可带 384 个载频，100 基站），新增 2 台 XCDR，新增基站 27 个，新增载频 255 个。本地传输网工程新建 2 个 SDH 环路、80 个传输节点，建设杆路 300 余千米，管道 50 多千米，光缆 600 多千米，基本解决景德镇城区及至浮梁传输电路的接入，新建县至乡光缆 980 余千米，解决部分 GMS 五期和“乡乡通”工程传输电路，基本实现乡乡通光缆，并且完成省二干线路 100 多千米光缆建设。11 月 3 日完成乡乡通光缆工程建设，新增基站 42 个，新增载频 106 个。至年底累计新增基站 70 个，扩容基站 20 个，增加载频 340 个，新建关口局和 10 万门交换机各 1 个，使重要公共场所、景九高速公路、国道 206 线、景婺公路、皖赣铁路沿线覆盖率提高。

2002 年，景德镇移动公司完成金网工程 5 万门交换机扩容，新建 26 个基站，扩容 45 个基站，增加载频 308 个，新建管道 30 千米，新增光缆 60 皮长千米。是年，开展网络会战，新增基站 2 个，直放站 6 套，塔顶放大器 40 套，基站站型调整 4 个；市域铁路沿线安装太阳能直放站 13 套，室内分布系统 6 套。至年底，全市交换网容量达到 22 万、基站 146 个、载频 981 个、光缆线路总长 1101.32 皮长千米。

2003 年，完成 GSM 七期扩容工程，扩容 HLR2 24 万，扩容移动关口局，新建 BSC 1 个，新建 XCDR 2 个，新建 PCU 1 个，新建 BTS 15 个，网络容量达到交换 22 万，基站达到 165 个，载频达到 1140 个。

2004 年，首次启动“拆闲补点”工程，新建 6 个基站，12 套直放站。完成 GSM 八期工程，新建基站 10 个，新增载频 40 块，新建 1 台 XCDR68，扩容交换机 VLR2 10 万，全市 VLR 达 37 万，HLR 达到 63 万；对网关交换机中继容量进行扩容，达到 540 条 2M 容量，完成 12 个直放站和 3 个室内分布系统的建设工作，完善乡村覆盖及市区高楼室内覆盖和电梯覆盖。全市自建的电路数达到 742 条 2M，杆路 1263 余千米（省二干线路光缆 130 千米，本地网光缆 1046 千米，数据用接入光缆 87 千米）。至年底，新建基站 16 个、直放站 17 个，

XCDR68 一台,室内分布系统 3 个。

2005 年 6 月,实施 GSM 九期工程,MSC2 i 系列交换机容量扩容 15 万户,VLR 扩容 15 万用户,新增基站 14 个,载频 128 个。9 月,移动公司与电信、联通公司合作,组建全省第一个互联互通 SDH 传输网,3 家公司互连建成第二条无重叠的光纤路由 SDH 环,解决 3 家通信运营商的互联互通电路安全问题。

2006 年,移动公司通过春节 GSM 扩容工程、GSM10 期工程、信息化新农村一阶段工程、自然村通宽带工程等网络建设,新增基站 48 个、直放站 53 套、传输设备 55 端、架空线路 283.8274 千米、自建电路 188 条,并率先在全市实现行政村网络 100% 覆盖。全市移动交换机总容量达到 50 万,HLR 容量达 72 万,VLR 容量达 50 万;BSC 6 个,基站 246 个,载频 1876 个,忙时 TCH 话务承载能力超过 8851ERL。SDH 光传输设备 215 端,PDH 光传输设备 19 端,管道 196.8 千米,管道光缆 365.21 千米,杆路 1221.71 千米,架空光缆 1794.62 千米,实现浮梁、乐平乡乡通光缆。

2007 年 1 月底,完成 2007 年春节扩容工程,新建 BSC 1 个,新建基站 6 个,扩容基站 18 个,新增无线载频 130 个,新建管道 3 千米,杆路 9 千米,新增 24 芯光缆 13.2 千米;4 月底,完成信息化新农村二阶段工程,新建基站 36 个,扩容基站 6 个,新增无线载频 151 个,新建 12 芯光缆 185 千米,架空杆路 168 千米。是年,完成 GSM 十一期及信息化新农村三阶段工程,扩建 MGW1,容量为 20 万;扩建 HLR2,容量扩增 24 万容量,到达 96 万;新增基站 67 个,新增载频 560 个,新建直放站 10 个;敷设 24 芯管道光缆 52 千米,新建传输杆路 324 千米,敷设架空 12 芯光缆 378 千米。年内,实现行政村移动通信信号覆盖率达 100%,自然村移动通信信号覆盖率达 90% 以上;实现对瑶里风景区、洪岩仙境风景区、古窑风景区、古县衙风景区重要风景点,景九高速、景婺黄高速、国道 206 线、皖赣铁路、景鹰高速重要交通道路的网络覆盖。至年底,新增 BSC 3 个、基站 109 个、载频 841 个、SDH 传输设备 112 套。

2008 年,新增交换机 1 台、BSC3 台、基站 200 个、载频 1862 个、SDH 设备 203 套,开通 EDGE 网络小区数 249 个,新建管道 40 千米,基站总数达到 570 个,20 户以上的自然村网络覆盖率达到 98.4%。网络质量持续保持良好,网络投诉下降 37%。

2009 年,新建基站 180 个、直放站 63 个,基站总数达到 782 个,实现 20 户以上的自然村网络 100% 覆盖;完成城区深度覆盖一期和二期工程,提升城区网络质量;完成 2009 年春扩工程 70 个站点、十三期五阶段 150 个站点、十三期后续 80 个直放站点的传输接入建设。2010 年,新建基站 100 个、直放站 36 个。GSM 基站总数达到 852 个。

TD－SCDMA 网络

2005 年,景德镇移动公司配合省公司 3G 建设,完成 3G 网络一期规划。2006 年 9 月 6 日,景德镇市 3G 建设准备工作项目组成立,明确无线网、配套设施、核心网、传输专业等方面的工作方向。

2009 年 3 月 3 日,市政府成立景德镇市扶持 TD－SCDMA 建设与发展推进工作领导小组,明确落实 9 项扶持政策。3 月 5 日,景德镇移动正式开通 TD－SDMA 网络,副市长打通第一个 TD 视频电话。3 月 6 日,全面完成首批 3 个 TD 演示站的开通工作。年底完成 TD 三期建设工程,增加 17 个宏站、25 个室内覆盖站点,实现密集城区的 TD 网络覆盖。

2010 年,新增 TD 宏站 184 个、室分 75 个。3 月 26 日,景德镇移动在昌南大道营业厅建成景德镇市第一个 3G 业务客户体验区。4 月 3 日,景德镇移动与景德镇高等专科学校签订第一份 TD 校园网建设协议。至年底,景德镇移动共建设 TD 基站 201 个,实现 TD－SCDMA 网络覆盖到市区、县城和主要乡镇区域。

城域网

2000—2010 年,铁通景德镇分公司先后建有景德镇中心、梨树园、阳光、陶阳、黄泥头、中华南路、中华北路、公路局、豪德、金鱼山、铁四局、乐平中心、乐平翥山、乐平袁家、方家坞 15 个城域网机房;皖赣线铁路沿线共建有营里、下明溪、福港、浮梁、塔前、景南、鲇鱼山 7 个机房;共享移动基站先后拓宽景德镇老鸦滩、999 厂、九中、三中、信航花园、红星瓷厂宿舍、药监所、4321 厂、昌江桥头、乐平程家、乐平矿务局宿舍、乐平北门工商局宿舍 12 个区域业务。

第三节　业务经营

移动通信

1999年7月，景德镇移动公司划分到资产总额为4776万，移动用户1.4万户。是年，通过开展庆祝公司正式营业抽奖、千禧年套装、对带"4"号码进行优惠、模拟本地通和迎新千年有奖大赠送等活动扩大放号，下半年新增移动电话用户7754户，全年放号15265户，完成年计划的103.1%，移动用户达2.15万户，收入完成6123万元，完成年计划的92%，业务收入增长率在全省排第一。

2000年，景德镇移动公司全面启动机制再造和发展加速2大系统工程，推进企业改革和发展，至年底共发展移动用户46289户，移动用户数累计达6.80万户，提前4个月完成放号任务，是景德镇移动电话开通7年来发展总和的1.65倍；业务收入9207万元，量收任务、完成进度全省均排第一。

2001年，移动公司净增用户50454户，同比增长140%，移动用户数累计达到12万户；业务收入首次突破亿元大关，达到1.15亿元，同比增长24.25%。2002年，移动用户数累计18万户。2003年，移动公司业务收入达1.33亿元。

2004年，景德镇移动公司业务收入实现1.74亿元，为年奋斗目标的100.2%，挑战目标的106%；有效用户净增5.75万户，为年奋斗目标的117.3%，挑战目标的159.6%；收入和利润增长超地方GDP十多个百分点；移动公司绩效考核实现重大突破，顺利实现从"优良企业到优秀企业"的跨越。提前2个月完成新业务和新增客户目标。

2005年，移动公司业务收入首次突破2亿元大关，完成预算目标的104.27%；利润完成预算目标的117.92%；有效用户净增完成争创目标的127.39%，全面完成年底700万元冲刺目标。2006年12月底，有效用户数38.31万户，全年净增用户98342户，比2005年同期增长60.8%，增幅超过全省平均水平27.3个百分点；全年完成收入2.42亿元，比2005年同期增长19.11%，市场份额达到47.90%。

2007年，业务收入完成2.83亿元，完成全年目标的101.09%，同比增长17.20%，完成利润总额8857万元，上缴利税2973万元；净增用户12万户，完成全年基本目标的143%，完成挑战目标的122%，同比增长70%，客户总数突破50万户。2008年，业务收入累计完成3.39亿元，同比增幅20.6%，收入增幅列全省第四；有价值客户净增98313户，两比占有率达到79.37%，比2007年年底提升4.73%，超挑战目标3.11%。

2009年，业务收入累计达到3.86亿元，收入增幅从年初全省最后一名跃居全省前列，达到13.94%，客户数突破70万元。三季度业务收入首次突破亿元大关。2010年1—6月，收入连续增幅保持全省第一，全年收入增幅达到14.43%。10月，月度运营收入首次突破4000万大关，达到4074.55万元。收入份额呈逐年上升态势，较2009年年底提升3.26个百分点，业务收入达到4.43亿元，收入份额增幅度位居全省前列。

铁通通信

铁通公司前身的铁路电务段，承担铁路信号、调度指挥通信。2000年组建铁通公司。对铁路站点周边发展固话业务。12月，铁通景德镇分公司固定电话月新增400台左右，全年固话号码放号在5000户，固话大客户月新增3个，全年新增36个，IP卡月销售面值10万元。2001年，净增固话2000户，固话累计到达7000户，IP卡年销售面值10万元，其他收入10万元。年收入达到200万元。2003年，铁通公司面向市场开拓宽带业务。至年底，宽带到达6000户，固话月新增在100户以上，固话集团客户每月新增2个，固话累计达10000户，集团语音客户有26个，月收入突破30万元。

2006年年底，固话用户达到1.6万户，宽带用户达到1.9万户，集团语音客户有30个，数据专线用户有38条，月收入突破80万元，年收入近1000万元。2008年，铁通公司整体并入移动公司。至年底，固话用户累计达到2.6万户，宽带用户2.1万户，集团语音客户45个，数据专线用户48条，月收入超过100万元，年收入达1300万元。2009年，铁通公司面向市场拓展无线固话业务，月新增在300户以上，至年底无线固话新增4000户，普通固话业务受移动电话替代影响，开始萎缩，宽带业务也受市场竞争影响，没有增长。铁通公司开始代理维护移动宽带业务,月收入在10万元以上。整体收入保持增长趋势,年收入为1500万元。

2010年,继续与移动开展融合工作,代理维护业务不断扩大,月收入在20万元以上,无线固话业务继续保持增长,有效弥补普通固话业务的衰减,年底无线固话累计到达4560户。宽带业务保持零增长,年收入达到1650万元。

第四节　通信服务

营业网点

移动公司网点　1999年,景德镇移动公司与手机经销商合作开办移动业务代办点,共发展9个代办点和1个代销商;与市人行签订代收话费协议,增设移动话费代收点,共开通11个收费点。

2000年11月8日,景德镇移动公司珠山中路营业厅正式开业,按照CI标准新建,是景德镇移动公司第一个多功能标准营业厅。2001年7月18日,成立浮梁县移动公司营业部。12月28日,第一家东郊移动合作营业厅开业。年底,全市设收费网点(含自办、银行代办)19个,业务受理网点(含代办)70个。2002年年底,景德镇移动公司在全市设有97家代办机构,其中33家指定专营店、32家特约代理店、32家农村乡镇代办点。

2004年,新建4个自营标准化营业厅,改造38个自建营业网点形象。7月8日,景德镇移动大型自办营业厅——昌南营业厅开业。2005年,移动通过开展“343工程”劳动竞赛活动,新增村级服务店119个,乡镇自有营业厅达27个。2006年,新建区域营销中心9个,提前完成“一镇一店、一村一点”工程,实现村级渠道100%覆盖。2007年,新增4个手机卖场,新建110个社区网点,整合14家区域营销中心,新增252村级网点,拓宽农村市场辐射面。年底,全市营业网点数达792家。

2008年,针对社区及农村建设小型业务渠道,贴近客户,以客户生活区为辐射提供服务;通过实施积分池奖励计划,使渠道规模得到扩张,全市社会代办点达1088家。2009年,市移动公司启动社会渠道深度维系方案,开展渠道成长奖励计划活动,营业网点达1186家。7月8日,景德镇移动第四代体验式营业厅—景德营业厅开业。2010年,对农村区域服务中心实施机构优化,对农村渠道实施区域化管理。开展巡店督导活动,帮扶渠道发展业务。3月18日,景德营业厅被中华全国妇女联合会授予全国三八红旗集体称号。8月18日,景德镇移动全业务一站式珠山西路营业厅开业。至年底,景德镇移动营业网点数量共计1087家。

铁通公司网点　2000—2010年,在网络覆盖区域先后开设通站路、梨树园、为宇路、中华北路、十八桥、豪德、乐平安平中路、乐平翥山路8个自办营业厅。

2004—2010年,铁通景德镇分公司拓展城区及铁路沿线电信业务,在用户集中区域与手机销售店面合作开办新村西路、十八桥、黄泥头、东二路、里村、枫树山、太白园、铁四局、八中路口、人民公园、浮梁、福港、鲇鱼山、塔前14个业务代办点。

客户服务

移动公司　1999年,景德镇移动公司启动首席客户代表制,实行首次回访集团活动,建立大用户俱乐部,聘请各界知名人士20余人为移动通信社会督察员,在各营业网点摆放用户意见簿,开展上门走访活动。在营业厅内配备微机查询系统、计费打印机等其他方便用户的设施。对营业人员进行业务培训,健全有关服务工作的责任制,实现后台为前台服务、机关为一线服务、窗口为用户服务的工作格局。挂牌服务后共受到用户口头表扬500余次,书面表扬16次,用户到消费者协会投诉基本为零。

2000年,1860客服热线开通,全天候为客户提供话费查询、业务咨询、投诉建议等多项服务功能。2001年,制定营业人员服务规定,组织技能鉴定考试和新业务培训,在全市范围内开展星级服务评选和考核;启动金色工程之金卡服务计划,为全市金、银卡大客户提供特约商户消费打折。开展定期上门走访、服务、宣传。

2004年,移动公司打造全球通、神州行和动感地带3个品牌,满足客户多层次需求。6月,启动品牌整合工程,进行全面资费整合,推出全球通套餐、神州行移通卡、灵通卡等低端资费标准,下调动感地带语音资费,实施短信优惠，突出3大品牌在资费上的区隔，把13X0798号段整理为全球通号段。8月，启动服务区隔工程，设立服务专席，进一步深化和细化VIP客户的服务。与市医院、宾馆、美容院建立特约商户关系，拓展VIP客户绿色通道服务项目。11月，在全市各移动营业厅、客户组开展景德镇服务创优评比活动。

2005年，移动公司开展百店达标工程，设置沟通卡、挽留卡、爱婴车、叫号牌、短信反馈等服务项目，增强客户在厅店办理业务的满意度和舒适度；创新特色服务，完善机场、火车站、超市、酒店等快捷通道建设，从营造客户高品质生活方式入手做好VIP客户服务，开展健康讲座、健康体检、体育竞技和积分兑换活动，提高全球通客户对品牌服务的感知，全市渠道服务初步实现由建设向品质提升方向转变。

2006年，圆满完成BOSS1.5系统升级，对全市170多个网点进行提速，所有网点传输速率超过512K。4月28日，在全市营业厅开展千店创优工程，合理区隔各渠道服务职能、营销信息职能，实现渠道形象重塑、业务功能拓展、服务水平提升、管理能力加强。4月30日，成立手机俱乐部，帮助客户解决手机使用问题。6月16日，围绕全面推进实施"一个中国移动"卓越工程，在全市开展"满意100"客户满意度和忠诚度整体提升活动。以"满意100"为主题，在全市开展3大活动、9项举措(3大活动：总经理接待日活动、"三星"互动评选活动、"金三台"联盟计划；9项举措：热线100、厅店100、梦网100、手机100、交流100、回馈100、流程100、质量100)。6月28日，为推进千店创优工程实施，开展"我最喜爱的服务厅服务"、客户意见大征询和有奖"挑刺"体验活动，从服务、业务、体验、管理、形象等5方面开展客户短信和现场投票活动，以客户满意率和参与率进行评估。11月29日，开展大客户体检活动，移动大客户俱乐部健康会所提供大客户常规体检服务。

2007年3月27日，开展网络质量客户意见大征询有奖参与活动，客户通过短信提出网络质量方面问题及建议。4月6日，开展"满意牵千万"系列活动之满意100"三个一"活动(参与一次一线的流程穿越活动、主动回访一次客户、为客户服务提供一个金点子)。是日，开展新业务客户意见大征询有奖参与活动。9月25日，移动大客户俱乐部健康会所开展"和谐移动情—关爱您的健康"免费体检服务。12月，开展"和谐移动情—游览神州大地"活动，对集团大客户提供增值服务。

2008年5月13日，全市营业厅开展金牌厅店服务迎奥运及营业员即时评活动。5月28日，针对广大移动客户、考生及全球通VIP俱乐部会员开展景德镇移动"金牌服务 满意100——高考关爱"活动。6月3日，开展厅店服务百日提升活动，征询客户意见。

2010年，移动公司实施服务前移，完善支撑人员配备，组建产品经理、社区经理、电话经理、数据维护员队伍，满足客户新的业务需求和服务需求。搭建民生邮箱综合信息服务平台，建立信息服务体系。

铁通公司 2000年12月至2010年，铁通景德镇分公司开展上门走访活动，建立10050服务热线，为用户提供全天候各类服务工作。进行3次提速活动，加强网络覆盖，全面实现光缆改造工作，改善用户上网体验。对外公布总经理邮箱、电话，客户投诉监督电话，宽带专家坐席服务电话，为用户提供故障报修和业务申诉渠道。

第五节 机 构

移动通信景德镇分公司

1999年7月8日，市移动通信业务从电信局中分离出来，组建市移动通信公司，归省移动通信公司领导，负责景德镇市移动通信的网络建设、运行维护及经营服务工作，财务不实行独立核算。内设综合办公室、党群工作部、计划财务部、人力资源部、网络部、市场经营部，为正科级建制。下设维护中心和经营中心2个生产机构，为副科级建制。在职职工72人、离退休人员25人。8月19日，筹集资金101万元，成立景德镇泰达移动通信开发有限公司，安置分流人员27名。2000年10月，公司更名为中国移动通信集团江西省移动通信公司景德镇分公司。

2001年7月31日，景德镇移动完成改革，机构设置为综合部、计划财务部、人力资源部、网络部、市场经营部、营销中心、维护中心、乐平营业部、浮梁营业部。

2002 年 5 月,完成江西通信服务公司人员、资产的剥离和交接。7 月 9 日,设立江西移动通信有限责任公司景德镇分公司。7 月 22 日,正式揭牌成立,并随着省移动通信公司顺利实现在美国和香港的整体上市,年底企业职工 145 人。

2006 年 6 月 15 日,启动 1860 话务人员分流工作,6 月 26 日安置分流人员 36 名。7 月 4 日,成立客户服务中心、计费结算中心、设备维护中心、传输维护中心;撤销客服计费中心,其职责分别划入客户服务中心和计费结算中心。8 月 15 日,在乐平市、浮梁县建设 9 个区域营销中心。9 月 27 日,设置业务口、支撑口、直属单位 3 个机构。业务口包括市场经营部(营销中心、客户服务中心、计费结算中心、数据中心)、网络部(设备维护中心、传输维护中心);支撑口包括综合部(物流中心)、计划财务部、人力资源部、党群工作部。企业职工 276 人。

2008 年 2 月 29 日,成立渠道中心、城东营销中心、城西营销中心、网络维护中心、网络优化中心。撤销营销中心,其职责分别归口划入城东营销中心和城西营销中心。撤销物流中心,其职责暂划入综合部。撤销党群工作部,审计职责划入计划财务部、其余职责划入综合部。撤销数据中心,其职责划入市场经营部。撤销设备维护中心和传输维护中心,职责划入网络维护中心和网络优化中心。计费支撑中心更名为业务支撑中心,其稽核职责划入计划财务部。8 月 11 日,成立数据业务及集团客户部。企业职工 316 人。

2009 年 3 月 9 日,成立客户响应中心、物流中心,原数据业务及集团客户部撤销,更名为集团客户部,数据业务划入市场部。企业员工 361 人。

2010 年 6 月 25 日,成立基建办公室(临时),挂靠综合部。6 月 28 日,成立离退休人员服务中心,挂靠工会。公司有 15 个农村区域中心,11 月优化后布局后增至 17 个。企业员工 393 人。

移动县(市)移动机构

乐平市分公司　1999 年 6 月 5 日,乐平移动通信从电信局拆离单设。初期在职员工 28 人,退休员工 9 人,设立综合办、经营部、网络部及泰达乐平分公司 4 个部门。2001 年 7 月,三项制度改革精减人员机构,有在职员工 13 人,聘用工 21 人,同时只设立 1 个综合办,2 个班组。2006 年 9 月,成立涌山区域营销中心、众埠区域营销中心、礼林区域营销中心、浯口区域营销中心,挂牌运行。2007 年 7 月 1 日,按照市公司统一部署,乐平区域营销中心由原来的 4 个调整为 9 个,新增接渡、洺口、乐港、后港、临港 5 个区域中心,人员不再纳入公司聘用工管理,改为“以酬代薪”模式管理。至 2010 年年底,乐平分公司职工 95 人,其中正式员工 13 人,派遣员工 44 人,区域中心员工 28 人,保安及门卫 5 人,保洁员 3 人。

浮梁县分公司　2001 年 7 月,移动浮梁县分公司成立挂牌营业,下设综合部、经营中心、客服中心、设备维护中心 4 个机构,员工 9 人。县乡各地通过自建、合作、专营等方式共设 30 多个代办点、特许营业厅、普通专营店和合作营业厅。2006 年 9 月,成立鹅湖、湘湖、丽阳、高墩庙、经公桥 5 个农村区域中心,承担移动通信业务,与邮政储蓄签订各乡村代办点的资金收缴协议。2007 年,增设蛟潭、城区区域中心,区域中心达到 7 个。2010 年员工 58 人,合作渠道 100 多个,便利店 200 多个,实现村村有移动服务网点。

移动铁通景德镇分公司

2000 年 12 月 20 日,铁道通信信息有限责任公司景德镇分公司从铁路剥离,成立景德镇铁通分公司,归江西省铁通分公司领导,负责景德镇主城区与及铁路沿线的通信网络建设、运行维护及经营服务工作,财务独立核算。内设综合办公室、财务部、市场营销部、网络运行部;下设网络维护中心和经营部 2 个生产机构。在职员工 56 人。2004 年 1 月 20 日,铁道通信信息有限责任公司由铁道部移交国资委管理,铁通景德镇分公司更名为中国铁通集团有限公司景德镇分公司。2008 年 5 月 23 日,景德镇分公司随同总公司并入中国移动通信集团公司,成为其全资子公司的下属分公司,独立运营。2009 年 12 月 15 日,铁路通信业务、人员划归铁道部,在职员工减少至 48 人。

2010 年,机关部门进行整合,撤销财务部,合并到综合办公室,内设机构调整为综合部、网络运行部、市场营销部,网络运行部下设网络维护中心、装维项目部;市场营销部下设城东经营部、城西经营部、乐平经营部、集团客户中心、固话营销中心。企业员工 49 人。

第四章　联合通信

联通景德镇市分公司是中国联合网络通信有限公司在景德镇地区设立的分支机构,2000 年 10 月正式挂牌成立。主要经营移动通信业务(GSM 和 CDMA)、国内国际长途电话业务、批准范围的本地电话业务、数据通信业务、互联网业务、IP 电话业务、卫星通信业务、电信增值业务以及与主营业务有关的其他电信业务。

2000 年,中国联合通信有限公司融合中国电信剥离出来的寻呼业务。2008 年 10 月 15 日,在中国网通和中国联通的基础上合并组建中国联合网络通信有限公司(简称中国联通)。2009 年 1 月 7 日,工业和信息化部发放第三代移动通信(3G)牌照,中国联通获基于 WCDMA 技术制式的 3G 牌照。2009 年 9 月 28 日,中国联通召开以"3G 精彩,精彩在沃"为主题的沃 3G 业务正式商用新闻发布会,宣布 10 月 1 日起在全国 285 个城市同步实现沃 3G 业务的正式商用,正式推出中国联通通信业务"沃"品牌。

第一节　网络建设

基础设施

传输设备　2000 年,景德镇联通主要采用 SDH/PDH 设备开展业务。9 月,景德镇联通开通第一个 SDH 基站传输设备,当年共计开通 29 套 SDH 传输设备。2007—2009 年,分别开通 SDH 设备 94 端、103 端、140 端。至 2010 年年底共计开通 SDH 设备 551 端,微波 76 跳。

通讯综合楼　2000 年 5 月,位于莲社北路的联通公司机房建成,总面积 2000 平方米。2006 年 6 月,位于广场南路机房建成,总面积 295 平方米。2008 年 12 月 28 日,位于昌南大道新综合办公楼竣工落成,总投资 2860 万元,建筑面积 9000 平方米,机房总面积 4000 平方米。2009 年 11 月,景德镇联通核心机房由莲社北路搬迁至昌南大道联通新大楼。2010 年 10 月,位于浮梁县生态公园东侧机房建成,总面积 69 平方米,至年底,乐平市未建机房。

联通大楼

GSM 网络

2000 年 3 月,景德镇联通 GSM 网络一期工程(省三期工程)开始准备工作,4 月 1 日工程建设进入实施阶段,9 月打通第一个电话,10 月 18 日开始试运行,网络建成 1 台 BSC、24 个基站,无线容量 2.5 万户。主要覆盖景德镇市及县(市、区)中心城区人口密集区域。

2001 年 3 月,开始建设 GSM 网络三期工程(景德镇二期),新建基站 36 个,无线容量 2 万户,覆盖范围主要为重点乡镇及交通要道。11 月完成 GSM 网络四期工程(景德镇三期)、建成 1 台 MSC 交换机,容量为 5 万户,新建基站 24 个,主要覆盖以乡镇为主。全市共有 84 个基站,覆盖 70% 以上乡镇。

2002 年,景德镇 GSM 五期工程以扩容工作为主,通过对现有网络的优化,根据市场需要对城区网络无线容量进行扩容。2003 年 6 月,新开五期增补 14 个基站,无线容量达到 9 万户。全市共有 98 个基站,交换机扩容 1 万用户,交换容量达到 6 万户。至 2010 年,GSM 新建物理基站 438 个,实现城区 100% 覆盖,乡镇 95% 覆盖。

表 10－4－1　　**2000—2010 年景德镇联通基站建设情况表**

年份	新增数	总数	年份	新增数	总数
2000	—	24	2006	60	188
2001	60	84	2007	95	283
2002	0	84	2008	110	393
2003	14	98	2009	40	433
2004	11	109	2010	5	438
2005	19	128			

CDMA 网络

2002 年 6 月，联通新时空 CDMA 一期工程开始建设。10 月 1 日，第一个 CDMA 移动通信基站开通。年底建设完成 CDMA 移动通信基站 15 个，无线容量为 1.5 万户，覆盖全市 2 县 2 区中心城区。

2003 年 3 月，联通新时空 CDMA 二期工程开始建设，12 月 25 日完成建设并投入运营，新增 1 台 CBSC，新建基站 32 个，光纤直放站 21 个，无线容量为 2.5 万户。至年底，共建基站 47 个，其中 20 个基站升级为 CDMAIX 基站，网上运行载频 175 个，覆盖全市 87% 以上乡镇。

至 2008 年 6 月，共建 CDMA 基站 85 个。2008 年 7 月，国家电信公司重组，基站产权转交给中国电信景德镇分公司。

WCDMA 网络

2009 年 3 月，景德镇联通重组融合后，WCDMA 二期(景德镇一期)工程开始建设。9 月 1 日，开通第一个 WCDMA 移动通信基站。年底，完成建设 WCDMA 移动通信基站 132 个，无线容量为 3 万户，覆盖市、县中心城区与市郊区及经济发达的乡镇。是年，村村通信息化下乡工程景德镇新建基站 3 个。2010 年，WCDMA 四期(景德镇二期)工程开始建设，新建基站 40 个。12 月底，景德镇 WCDMA 基站总计 175 个，城区覆盖率达 100%，乡镇覆盖率达 60%。

宽带网络

2009 年 3 月，景德镇联通与网通融合重组后，景德镇联通宽带共建成 11 个宽带接入网机房，形成宽带装机能力 1 万户，覆盖全市及 2 区中心城区、东流乡镇及乐平赣东北大市场等区域，在网用户 0.36 万户。

第二节　业务经营

寻呼业务

1990 年，景德镇邮电局开通无线寻呼业务。至 1995 年年末，用户达到 14175 户。1998 年 6 月，根据国家有关政策，无线寻呼业务从邮电系统剥离出来，成立国信寻呼有限公司，独立运营。1999 年 6 月，开通国信寻呼景德镇分公司蛟潭寻呼机站，办理寻呼业务。2000 年 3 月，开通国信寻呼通信浮北经公桥寻呼站，可覆盖经公桥、西湖、储田、江村、峙滩等乡镇，推出寻呼加移动电话。9 月，国信寻呼有限公司并入中国联通公司。联通国信寻呼建有“126”人工台、“127”自动台省域寻呼网和“198”人工台、“199”自动台全国高速寻呼网。“126/127”寻呼网在全市建有 12 座寻呼基站，网络覆盖景德镇市(含乐平、浮梁)95% 的区域，采用美国摩托罗拉 unipage 技术，系统容量 14 万户，缴费用户达 52000 户。2001 年开始，随着手机业务的发展，寻呼业务快速萎缩。2003 年 5 月，根据《电信业务经营许可证管理办法》第二十八条规定，申请停止经营全网“198/199”“126/127”“128/129”无线寻呼服务，期间向社会公示并征求用户关于其善后处理和权益保障方案的意见。6 月，基本完成在网用户的清理和转网等善后处理工作。8 月，全市关闭寻呼业务。

移动通信

2000 年 10 月,中国联通景德镇分公司开通 GSM130/131 移动通信业务,后陆续经营 CDMA133 移动通信和 17910 电话、17911 电话、IP 电话、193 长途、165 宽带互联网数据专线接入等综合业务。至 2005 年,用户数 56641 户,业务收入 5108.98 万元。

2008 年 5 月 23 日开始分拆 GSM 网和 CDMA 网,10 月 1 日正式分开,其中 CDMA 网络 133 和 153 号段业务并入景德镇电信,保留 GSM 网络 130、131、132、155、156 号段业务与景德镇网通组成新的联通景德镇分公司。是日,景德镇联通停止 CDMA 业务。

2009 年 1 月,获得 WCDMA 制式的 3G 牌照,拥有"沃 3G/沃 4G""沃派""沃家庭"等客户品牌。

表 10-4-2　**2006—2010 年景德镇联通用户数和收入一览表**　单位:万元

年份	用户数	业务收入	年份	用户数	业务收入
2006	84227	5497.78	2009	154904	6799.31
2007	115486	6866.78	2010	115493	7076.21
2008	149651	6321.9			

第三节　通信服务

营业网点

2000 年,景德镇联通分公司在莲社北路建立营业网点。随着业务的发展,联通公司营业场所逐步向市内及县区的各个地段延伸,与邮政、工行、农行等单位开展全面合作,代理入网、缴费、宽带等业务。是年开始,按照中国联通通信企业 SI 营业厅标准,建设莲社北路、乐平珠海路、浮梁朝阳大道 3 处标准自有营业厅。9 月 1 日,成立浮梁县联通公司营业部;12 月 28 日,成立新厂合作营业厅。年底,全市设收费网点(含自办、银行代办)15 个,业务受理网点(含代办)30 个。2002 年年底,景德镇联通公司在全市设有 50 家代办机构,其中 5 家指定专营店、18 家特约代理店、20 家农村乡镇代办点。

2004 年,共建 60 家代办机构,其中 3 家为自有营业厅,20 家特约代理点,25 家农村乡镇代办点。2006 年,新增村级服务店 50 个,乡镇合作厅达 18 个。划分 4 个区域营销中心,提前完成"一镇一店、一村一点"工程,实现村级渠道 100% 覆盖。2007 年,新增 1 个大型营业厅和 1 个手机卖场,新建 80 个社区网点,新增 50 村级网点,拓宽农村市场覆盖面。年底,全市营业网点数达 200 家。

2008 年开始,联通公司终端业务营销实行社会化,实行代办代销,对代办代销商实行规范化管理,使业务营销全面走向市场。12 月底,景德镇联通公司搬迁至昌南大道,景德镇联通公司昌南大道自有厅正式开业,按照 CI 标准新建,是第一个多功能标准营业厅。2010 年年底,共建设自有营业厅 5 家、合作厅 211 家,便利点 226 家。

客户服务

2000 年,联通公司成立客户服务部,有投诉处理人员、VIP 客户经理、电话回访人员等 20 余人,其中 VIP 客户经理的维系会员数量达到 1:800 左右。2006—2007 年,成立营业服务提升工程领导小组,重点解决 3G、宽带、融合等复杂业务办理时间问题,从现场运营、自助分流、规则流程、营业支撑、机制体制 5 个方面,分阶段、逐步解决营业渠道的营业服务问题。

2008 年 10 月起,推行星期二总经理接待日活动,市联通分公司领导现场解决客户投诉的热点难点问题。开展针对重点业务(3G、宽带)、重点窗口(营业厅、客服热线、网上营业厅)、重点感知(网络质量)和 VIP 客户的专项整治提升活动。采用面授、座谈、互动及送培训下基层形式帮扶基层,全面落实优质服务;12 月,通过各项服务全力打造 VIP 客户 10018 专属服务,塑造 VIP 客户服务专享的尊贵形象。统一服务维系规范,通过开展特色俱乐部活动、沃课堂活动,提高 VIP 客户参与体验,提升客户的 3G 业务应用。

2009 年 1 月,联通公司完善"首问负责,限时办结"的投诉处理保障机制,控制重大投申诉数量,避免企责事件发生。建立客户流失预警监控体系,做活政策、服务、积分 3 类维系策略,降低客户流失率。10 月,中国联通与中国乒乓球协会联合组织首届"乒临城下"乒乓球挑战赛(景德镇赛区),草根选手与乒乓国手对决,推广民间乒乓球运动,回馈中国联通的广大用户。

2010 年 1 月,中国联通升级完善"标准 + 等级 + 特色"的积木叠加式服务体系。完善推进面向客户的销售队伍标准化服务:建立营业厅标准化服务体系、建立客户经理标准化服务体系、建立装修移机服务工作标准化服务体系、建立社会服务渠道的标准化服务体系、建立"大服务"标准化服务体系、打造重点业务的标准化服务体系、建立 VIP 客户标准化服务体系。联通公司打造 3GVIP 客户经理专属服务,对 3GVIP 客户由 3GVIP 客户维系经理提供专家式、体验式、保姆式的一对一专属服务,进一步细化客户经理工作职责与服务内容,完善业绩考核与激励机制,建立一支专业高效的 3GVIP 客户经理团队,体现联通 3G 服务特色。3GVIP 客户经理可采用上门服务或电话服务、短信服务、即时通信等多种方式,为用户提供有关 3G 业务使用辅导、产品推介、资讯提供、投诉受理解决、客户维系关怀等"一对一"专属服务。

第四节　机　构

联通景德镇分公司

2000 年,联通景德镇分公司成立,内设综合部、市场销售部、寻呼事业部、数据与固定业务部、移动通信事业部、计财部 6 个职能部门,共有员工 86 人。

2008 年 11 月,根据国资委决定,景德镇联通进行资源整合,完成通信行业二次重组,与中国网通景德镇市分公司进行融合,成立新的中国联合网络通信有限公司景德镇市分公司。内设综合部、党群部、人力资源部、计划财务部、市场部、个人客户部、家庭客户部、集体客户部、客户服务部、信息化支撑中心、网络建设部、运行维护部、城区经营部、移动网络公司网建部、移动网络公司运维部等部门,员工 218 人。

2010 年年底,联通景德镇分公司内设总经理室、副总经理室、综合人力资源部、计划财务部、市场销售部、集团客户部、信息化支撑中心、客户服务部、运行维护部、网络建设部 10 个职能科室(部门),下设城东、城西、新厂 3 个经营部,员工人数 205 人。

县(市)机构

联通乐平市分公司　2001 年 8 月,联通景德镇分公司乐平经营部成立,有员工 7 人。2003 年 5 月,乐平经营部升格为中国联通乐平市分公司,设立大寺上自有营业厅,有员工 11 人。2007 年,乐平分公司自有营业厅迁回至珠海路营业,有员工 28 人。2010 年年底,设综合部、渠道中心、集客部、运行维护部等部门,有员工 35 人。

联通浮梁县分公司　2002 年 8 月,联通景德镇分公司浮梁县经营部成立,设立朝阳大道自有营业厅,有员工 8 人。2005 年 8 月,经省分公司批准改为中国联通浮梁县分公司,设综合部、销售部、大客户部等部门,有员工 12 人。2010 年年底,设综合部、销售部等部门,员工 29 人。

第十一篇　工业园区

第一章　高新技术开发区

景德镇高新技术开发区(以下简称高新区),位于景德镇西城区城郊接合部,属昌江区境内的丘陵地带,国道206线穿区境而过,景鹰高速公路在区内设有月亮湖入口,距景德镇机场约3千米。景德镇市区有多路公交车通往园区,每天共达90班次。

高新区是首批省级开发区之一,按一区多园的模式由三部分组成。1994—2006年,为起步阶段,主要是营造硬件环境,制定管理制度。2006年以后,进入快速发展时期,园区以平台建设为重点,以项目建设为依托,实现持续全面健康发展。至2010年,高新区投产企业累计达到110家,其中规模以上企业达到93家。形成以医药化工产业、家电产业、新能源产业、机械加工产业为主导的支柱产业,各项经济指标在全省工业园区综合排名从2007年的33位前移至16位,跻身全省一个生态工业园和四个特色园区示范区之列,被省政府授予2010年度先进工业园区奖。

第一节　园区设置

园区范围

1994年10月13日,省政府批复设立景德镇高新技术产业开发区,为首批省级开发区。范围为东起白虎湾、西至省陶瓷研究所、南至南河602所、北至东二路,面积约500公顷,依托景德镇陶瓷学院、昌河集团公司、602直升机研究所等单位优势,先期开发50公顷作为起步区。2000年12月7日,市政府第32次常务会议决定,在昌江区石岭及洪源地区726公顷范围内建设高新区新区。2001年12月18日,景德镇市高科技园、景德镇陶瓷工业园并入景德镇高新技术产业开发区。调整后的景德镇高新区分东城区和西城区南北片,规划面积3100公顷,按一区多园的模式由三部分组成,为承接沿海产业转移和景德镇市区企业退城进郊、产业升级提供空间。

2002年4月19日,市政府第十一次常委会议重新规划景德镇高新区规划控制用地。确定高新区位于西城区的三个区域,即石岭洪源区域726公顷,石岭区域东起迎宾路西端、机场路,西南为西河环绕,北至原景湖公路。二期控制区起步区面积约为309公顷的景德镇西北侧,南起景湖公路,北至罗家桥乡铁炉里村新村,东为西河环绕,西至金坑坞;官庄吕蒙区域1388公顷,东起韭菜园,西至舒家庄、杨家港、吕蒙桥,北起蛇垄里、五里岗水库,南过昌江河至南山脚下;吕蒙桥以西区域约1000公顷。

2004年1月12日,市政府再次对高新区规划范围进行调整。调整后高新区分南片和北片,南片四至范围(区域)为东至瓷都大道许家岭,西至湾头坞,南至瓷都大道昌江河,北至国道206线龙塘山东;北片区域范围为东至金岭大道,西至国道206线,南至罗家机场和造纸厂,北至景婺黄高速公路。规划面积为2000公顷,其中南片为1574公顷,北片为426公顷。

2005年4月,经市委第八十六次常委会、市政府第三十八次常务会研究,5月30日市政府专题协调会上确定,将昌江区吕蒙乡成建制划拨给高新区。7月1日,高新区正式接管吕蒙乡,辖区面积增至5000公顷,其中工业规划面积1500公顷。12月,高新区通过国家发展改革委、国土资源部和建设部联合开展的开发区清理整顿。2006年3月28日,省政府批复景德镇高新技术产业开发区为省级开发区,更名为江西景德镇高新技术产业园区。7月20日,国土资源部确定高新区四至(区域)范围为东至官庄石灰窑,南至瓷都大道、昌江河,西至童家山,北至国道206线、龙塘山,建设用地规模1500公顷。

2010年11月29日,高新区晋升为国家级高新区,园区由建成区和新区两部分组成,新区位于景德镇西城区城乡接合部,辖区总面积5000公顷,其中工业区规划1500公顷,扩园后面积达到2300公顷。

管理体制

2002年8月29日,市委市政府下发《关于理顺高新技术产业开发区管理体制和运行机制的若干意见》,明确高新区是一个相对独立的经济开发区、城市管理区,实行党、政、经一体化的管理体制。高新区享有市级项目审批管理、规划建设管理、土地管理、工程建设管理、房产管理、工商行政管理权限,高新区实行统一领导、统一管理。是年,高新区建立一级财政,设立金库。2005年10月,吕蒙乡划入高新区后,吕蒙乡依然按照乡镇模式管理,其财政上解纳入高新区财政预算。2010年11月29日,景德镇高新区实行国家高新技术产业开发区政策。

第二节 园区建设

园区规划

1994年,景德镇高新区成立规划建设环保局,为内设机构。2003年,景德镇高新区编制完成《景德镇高新开发区陶瓷工业园控制性详细规划》,规划控制面积拓宽为3100公顷。2004年,根据国土部清理整顿工业园区精神和土地利用总体规划,调整高新区规划红线图范围为2000公顷。

2007年,市城市规划局成立高新区分局,为市规划局派出机构,受市规划局和市高新区双重领导。高新区规划分局根据市规划局的授权,承担高新区内工业及配套设施项目、基础设施项目、经济发展总体项目涉及规划方面的具体工作。高新区实行规划审批会议制度,由管委会主要领导主持,邀请有关专家及有关部门的专业人员参加,对高新区内的建设项目逐个审批,重大项目从技术上提出初审意见后报市规划局审定,严格执行“一书两证”(规划设计条件通知书、建设用地规划许可证、建设工程规划许可证)制度。3月,编纂《〈景德镇高新技术产业园区总体规划〉纲要(2007—2020)》,规划范围为北至龙塘山城市生态公园,南至昌江河,东至瓷都大道,西至国道206线,规划区总面积为1537公顷;10月,形成多个专项规划、100余张规划图纸、总计400余万字的规划成果。2008年3月,经市规划委员会、市政府审查通过。

2008年10月,完成《景德镇高新技术产业园区三期控制性详细规划(2008—2020)》,三期园区位于高新技术产业园区的西部,生态路以东、昌江以西、景德镇规划南环高速以北、横溪桥水库以南,总面积为1131.9公顷。至2010年,先后编制《景德镇高新技术产业开发区二期工业园控制性详细规划》《排涝排污管网规划设计》《江西景德镇高新技术产业园区生态工业园建设规划》等多项规划,建成集电子、机械、高科技产业为一体的综合产业园区。

基础建设

土地开发 景德镇高新区采取分期规划滚动发展的方式建设园区。2002年开发200公顷,2003年累计开发403公顷,至2006年累计开发面积584公顷。2007年之前,园区开发总共完成土石方100万立方米,平整土地33.33公顷。2007—2009年完成土石方1400万立方米,报批土地114公顷,征用土地37.33公顷,平整土地66.67公顷。至2009年,累计开发872公顷,累计完成基础设施投资20.34亿元。至2010年,累计征用土地9280公顷,拆迁房屋113栋104户,拆迁面积约29475平方米,建村民安置房108栋12745万平方米,共计支付拆迁安置补偿及建设费20939.12万元。

公用设施 1996年11月,高新区220千伏蛇垄变电站建成投运,2004年6月二期投运。2002年,建成

12000平方米，造价600多万的高新广场。2007—2010年，配套铺设给水管道21千米，排水管道27千米，10千伏高压电缆沟2.1千米，通信管网22.1千米，建成液化气、天然气、煤气管线25千米，陆续完成园区主干道自来水主管网铺设，日供水能力3万立方米，实现有线电视和通信光纤网络全覆盖。2008年，建成万门程控电话的电信分局。2009年，天然气管网建成使用。2009—2010年，分别新建投运110千伏梧桐、光伏变电站，总装机容量为33万千伏安。

园区道路　2002年，建成道路3千米、非机动车道4千米、涵管2千米。2003年，投入2923万元建成40米宽水泥路9.4千米，各类管线22千米，形成"二横四纵"的路网体系。2004年开始，先后建设龙井路、兴园路、古城路、梧桐大道4条园区主干道。2007—2010年，新建长城创域路、瓷苑路、长虹路、正佳路、丰源路、嘉和路、威富尔路、华烨路、和泰路、创元路10条园区主干道，总长17550米。主干道宽30～40米，次干道宽20米。2010年，完成致远路、华烨路的路基硬化4千米，总计安装路灯122盏，道路亮化5千米。

供排水　高新区由景德镇第四水厂供水，水源取自昌江河，保证园区用水需求。2008年11月，位于昌江区鱼山镇上徐村的景德镇市第二城市污水处理厂开工，总占地面积7.58公顷，项目设计规模为日处理污水8万吨，分期实施。一期总投资8900万元，2009年11月建成，日处理工业污水2万吨。

园林绿化　区内公共绿地的养护及绿化管理工作由高新区开发公司承担。从建区至2010年，高新区累计完成绿化面积81万平方米，绿化率30%。其中公共绿化面积为75658平方米，占总绿化面积的10%，区内有树木45个品种9600株，包括棕树18株、樟树2788株、梧桐树1449株、桂花树930株、银杏树282株、铁树22株、松柏树83株、含笑346株，其他乔木3683株、灌木43542株。

工程管理

高新区建筑市场管理、安全管理、质量监督管理工作由市建设局负责，区建设环保局负责日常监管和督办各项手续。至2010年，市建设局核发施工许可证27宗。高新区房产管理由市房管局承担，区建设环保局负责园区保障性住房等项目的指导和实施工作，2009—2010年共完成150套公共租赁房建设任务。

园区投资项目由区建设环保局负责指导实施，业务上接受市重点办指导，按照有关规定实施招标。2003年5月30日，蛇垄里段土方平整工程，中标价为135.57万；2005年9月22日景德镇高新区二期园区A1、B2道路工程，中标价为817.75万元。2008年3月31日，高新区多晶硅项目场地平整工程，中标价为1672.46万元。2009年10月29日高新开发区C1路道路工程，中标价为287.26万元。2009年11月16日高新区滨江路道路工程，中标价为2646.16万元。至2010年，项目总投资达3亿元以上。

第三节　招商引资

优惠政策

2002年6月20日，市委市政府印发《景德镇高新技术产业开发区优惠政策》，对入驻高新区的企业，在税收、土地等方面实行优惠政策。8月，市委市政府印发《关于进一步优化投资环境的若干意见》。9月25日，再次下发《关于印发鼓励和保护外来投资者来我市投资合作优惠办法的通知》，对在景德镇高新技术开发区投资的外来投资者，除享有景德镇市的优惠政策外，同时享有财税优惠政策、土地优惠政策、引进人才优惠政策等，优惠措施共计31条。

2003年，市委市政府下发《关于进一步优化投资环境的若干意见》，规定到高新区落户的企业除享有市委、市政府已出台的优惠政策外，还进一步提供优惠条件。

2005年10月28日，市政府印发《关于开展外向型经济的优惠政策和若干规定》，对投资达到一定数额的企业实行一定的税收优惠，鼓励外来投资和资金流通。以约3万元/亩的优惠价格提供土地（含"三通一平"），对外来投资者进一步提供优惠政策。

2003—2010年，累计为入园企业兑现优惠政策，返还征地费、税款达9732万元，用于企业扩大再生产、技术改造或节能减排等项目。

表 11-1-1 2003—2010 年景德镇高新区优惠政策兑现情况表 单位:万元

年份	金额	年度	金额	年度	金额
2003	1106	2006	457	2009	1311
2004	2406	2007	661	2010	1968
2005	1135	2008	688	合计	9732

招商项目

高新区围绕“基础设施、招商引资、产业集聚、高效服务”四个方面,开展招商活动,注重重点产业、大项目的引进和产业配套工作。吸引意大利阿古斯特、香港华润燃气集团、香港万裕国际集团、深圳华烨新科技实业有限公司、南京中电集团等一批知名企业入驻区内。同时鼓励园区企业利用自身资源吸引更多的合作伙伴来园区投资,形成以商招商、产业聚集的良性循环。

至 2002 年年底,进入园区企业 40 多家,其中昌河汽在园区聚集汽车座椅、安全带、全车电缆、钢索、消音器、暖风机等 10 余家配套企业,形成产业链。至 2003 年,入园各类企业 67 家,其中总投资超千万的企业有 50 多家、三资企业 14 家。当年入园工业企业 18 家,招商签约资金 18.87 亿元,实际到位资金 8.45 亿元,其中外资 3202 万美元。相继投产的企业有富祥医药化工、江西斯达尔钢结构、江西中景集团、景德镇电机等有限公司。2004 年,招商签约 12.45 亿元,实际到位资金 6.84 亿元,已投产企业 29 家。

2005—2010 年,先后有日本、美国等国家和中国香港、台湾地区的客商以及其他省市的企业家在高新区投资,招商签约资金 326.9 亿元,实际到位资金 199.57 亿元,其中外资 7664.04 万美元。

表 11-1-2 2005—2010 年景德镇高新区招商项目统计表

年份	招商签约资金(亿元)	招商实际到位资金(亿元)	境外资金(万美元)	投产工业企业(个)
2005	12.83	10.48	1290.4	62
2006	17.01	13.6	1022	79
2007	94.58	18.25	411	85
2008	102.06	48.71	80.26	93
2009	48.67	49.91	2300.38	107
2010	51.75	58.62	2560	110

规模企业

中电电气(南京)光伏有限公司 2007 年 5 月 18 日,在景德镇投资建立江西景德半导体新材料有限公司,2010 年 5 月 15 日正式投产。

华润燃气(集团)有限公司 2007 年 9 月,在景德镇投资设立景德镇华润燃气有限公司,经营焦化管道煤气和天然气。

香港万裕国际集团 2008 年 10 月,在景德镇投资设立江西德乐信电子有限公司,主要生产铝电解电容器等电子元器件及其相关联配套产品。

华意压缩机股份有限公司 1996 年 5 月成立,1996 年 6 月 19 日在深交所挂牌上市,是江西省第二家、景德镇市第一家上市公司。

表 11－1－3　　**2010 年景德镇高新区规模以上工业企业情况表**　　单位:万元、人

行业类型	企业名称	总产值	销售产值	主营业务收入	利润	主营业务税金及附加	增值税	出口交货值	从业人员
家用制冷电器具制造	景德镇华意压缩机股份有限公司	414614	433779	430000	15002	1219	3308	102823	4710
汽车零部件及配件制造	市航翔汽车配件有限公司	5131	5009	5371	197	173	176	0	46
复混肥料制造	景德镇开门子农用化工有限公司	140045	138644	137654	7057	2035	3125	0	570
汽车零部件及配件制造	昌河汽车配件制造十二厂	6205	6008	6047	175	158	166	0	67
有机化学原料制造	景德镇开门子药用化工有限公司	26123	25841	27687	1403	806	993	52	359
电子真空器件制造	景德镇真空电器有限公司	15641	15484	15328	515	145	405	0	105
特种陶瓷制品制造	市海飞瓷业有限公司	2632	2549	2575	50	63	39	0	40
特种陶瓷制品制造	市瓷都电瓷电器有限公司	4039	4039	4039	172	173	156	0	40
通信终端设备制造	市佳递士邮电通讯设备有限公司	4882	4768	4768	222	141	187	0	40
特种陶瓷制品制造	市高新东风陶瓷包装有限公司	5948	5948	5948	188	158	177	0	110
特种陶瓷制品制造	市景东陶瓷有限公司	5231	5231	5231	188	163	163	0	105
日用陶瓷制品制造	景德镇南光陶瓷有限公司	3482	34468	3412	295	90	182	0	52
广播电视接收设备及器材制造	景德镇金域电子实业有限公司	6996	6996	6996	183	164	197	0	110
日用陶瓷制品制造	景德镇戴娜丝缇陶瓷制品有限公司	2380	2356	2346	52	53	51	0	117
燃气生产和供应业	市华润燃气有限公司	50190	49688	42188	3608	1608	1696	0	624
家用制冷电器具制造	江西美菱制冷有限公司	37760	37383	37021	1866	533	1034	0	615
其他塑料制品制造	江西鼎天机械设备有限公司	4476	4392	4383	173	135	139	0	48
塑料板、管、型材的制造	市新辉塑料制品有限公司	1614	1598	1592	50	200	50	0	53
金属结构制造	江西嘉鸿重工钢构有限公司	2514	2488	2463	166	99	120	0	52
汽车零部件及配件制造	景德镇罗邦汽车有限公司	2490	2465	2454	153	0	111	0	59
汽车零部件及配件制造	江西创元汽车零部件有限公司	10055	9955	9877	256	163	177	0	123

续表11－1－3

行业类型	企业名称	总产值	销售产值	主营业务收入	利润	主营业务税金及附加	增值税	出口交货值	从业人员
家用制冷电器具制造	景德镇大诚机械有限公司	14519	14374	14324	603	167	582	0	76
汽车零部件及配件制造	景德镇万群实业有限公司	3230	3198	3184	73	87	62	0	58
汽车零部件及配件制造	江西佳森机械有限公司	7421	7347	6591	1	64	162	11	200
汽车零部件及配件制造	景德镇宏源达机械有限公司	14514	14369	14323	744	151	424	0	58
汽车零部件及配件制造	景德镇正德制动系统有限公司	9253	9160	9088	74	150	213	0	128
信息化学品制造	江西景德半导体新材料有限公司	77332	76559	55766	2223	700	2135	0	347
照明灯具制造	江西华烨节能照明股份有限公司	19340	19115	21543	525	405	843	0	88
日用陶瓷制品制造	景德镇红叶陶瓷股份有限公司	2046	2026	1595	40	28	40	0	219
日用陶瓷制品制造	市东进瓷业有限公司	3966	3926	3887	384	124	302	0	35
照明灯具制造	江西瑞丰电气有限公司	2460	2435	2322	103	55	83	0	90
日用陶瓷制品制造	景德镇布鲁瓷业有限公司	1675	1658	1641	84	64	80	0	216
汽车零部件及配件制造	景德镇纽威锻造有限公司	11977	11857	11766	396	219	353	966	184
炼焦	新昌南炼焦化工有限责任公司	141525	139945	145668	10282	3349	6117	0	350
食品及饲料添加剂制造	景德镇隆政食品有限公司	2171	2149	2128	176	89	113	0	55
电子元件及组件制造	江西德乐信电子有限公司	8563	8477	8392	0.4	132	227	11	483
水泥制品制造	市城建混凝土有限公司	7162	7162	6738	－56	32	224	0	95
信息化学品制造	江西威富尔新能源科技有限公司	39322	38889	42322	3483	1862	1306	0	210
家用制冷电器具制造	景德镇晶焱电器有限公司	11258	11145	8129	28	0	173	1474	200
电动机制造	景德电机有限公司	5665	5608	5577	182	181	174	0	83
汽车零部件及配件制造	江西昌河远翅塑料有限公司	11180	11068	10988	443	343	327	0	224

续表 11－1－3

行业类型	企业名称	总产值	销售产值	主营业务收入	利润	主营业务税金及附加	增值税	出口交货值	从业人员
园林、陈设艺术及其他陶瓷制品制造	景德镇环球陶瓷有限公司	5203	5151	5099	197	137	377	0	678
电线电缆制造	江西昌河天海电装有限公司	21321	21108	20968	1828	640	883	0	417
日用玻璃制品及玻璃包装容器制造	市开门子药用玻璃有限公司	39076	38685	30765	772	512	753	0	521
汽车零部件及配件制造	江西昌靖汽车内饰件有限公司	9255	9162	9088	1203	181	424	0	83
园林、陈设艺术及其他陶瓷制品制造	景德镇常青家园工艺品有限公司	7783	7705	7659	352	171	289	1979	290
汽车零部件及配件制造	江西昌河景渝汽车拉索有限责任公司	8703	8616	8529	511	143	323	0	46
化学药品制剂制造	市富祥药业有限公司	75446	74440	74440	1814	365	1583	6710	366
园林、陈设艺术及其他陶瓷制品制造	景德镇梦特香陶瓷有限公司	6777	6709	6655	364	165	299	0	204
钢压延加工	江西斯达尔钢结构有限公司	6393	6329	6265	92	143	272	0	38
日用陶瓷制品制造	市云华陶瓷精品厂	2017	1996	1806	36	41	34	0	40
通信交换设备制造	安达通信科技有限公司	4461	4461	4461	107	129	99	0	36
金属家具制造	江西昌兴汽车配件有限公司	18050	17869	17655	491	305	413	0	374
建筑陶瓷制品制造	市恩冠陶瓷有限公司	4159	4159	4159	124	114	96	0	110
汽车零部件及配件制造	江西万向昌河汽车底盘系统有限公司	14810	14662	13566	743	330	553	0	57
日用陶瓷制品制造	华创酒店用品有限公司（河南内联）	3384	3384	3384	87	118	75	0	28
特种陶瓷制品制造	景德镇南瓷绝缘子有限公司	16745	15989	13397	749	47	153	0	192
泡沫塑料制造	市安达泡沫塑料包装有限公司	4786	4786	4786	123	137	96	0	50
砼结构构件制造	浙江景厦水泥构件有限公司	6029	5969	5908	146	79	175	0	31
日用陶瓷制品制造	美德陶瓷科技有限公司	2101	2080	1988	102	34	43	0	62
印刷专用设备制造	江西中景印刷机械设备有限公司	31281	26854	28779	409	147	406	0	143

续表 11-1-3

行业类型	企业名称	总产值	销售产值	主营业务收入	利润	主营业务税金及附加	增值税	出口交货值	从业人员
塑料零件制造	景德镇新宏健塑业有限公司	18046	17959	17959	413	142	878	0	89
黏土及其他土砂石开采	市台达陶瓷原料有限公司	2099	2079	2070	54	66	76	0	47
特种陶瓷制品制造	景德镇景华高压开关有限公司	2691	2664	2654	38	73	40	0	119
日用陶瓷制品制造	市飞鹰陶瓷有限公司	2304	2281	2272	52	88	71	0	39
特种陶瓷制品制造	景德镇荣安电子陶瓷有限公司	6010	5835	5835	143	172	123	0	100
中成药制造	江西金钥药业有限公司	2419	2395	2373	40	66	99	0	70
特种陶瓷制品制造	市华电高压电瓷有限公司	3592	3556	3346	77	61	75	0	137
汽车零部件及配件制造	昌河汽车配件制造一厂	5529	5529	5529	126	138	99	0	95
特种陶瓷制品制造	市开门子电瓷电器有限公司	656	605	605	-31	5	50	0	74
其他水泥制品制造	景磐混凝土搅拌有限公司	9998	9898	9798	51	86	502	0	92
化学药品制剂制造	江西立信药业有限公司	25060	24776	24458	78	152	411	0	447
光学仪器制造	江西中航光学设备有限公司	7914	7914	7149	32	11	47	0	71
日用陶瓷制品制造	景德镇远景瓷业有限公司	11436	11321	11234	755	240	505	1910	422
日用陶瓷制品制造	景德镇嘉加陶瓷有限公司	13436	13302	13213	160	156	804	2357	471
有机化学原料制造	景德镇台景化工有限公司	4195	4140	3537	-113	5	44	0	101
日用陶瓷制品制造	景德镇金焰瓷业有限公司	2023	2003	2438	102	65	87	0	60
燃气生产和供应业	景德镇深燃天然气有限公司	9872	9773	9675	202	235	373	0	38
建筑陶瓷制品制造	景德镇思域陶瓷有限公司	5078	5027	4976	81	88	111	0	68
飞机制造及修理	昌河阿古斯特直升机有限公司	13776	13638	9766	10	24	243	3482	68
电子真空器件制造	景德镇天力真空电器公司	6040	5979	5919	280	117	276	0	62
其他未列明的制造业	景德镇历尧包装材料厂	2040	2020	2032	43	22	25	0	69
原油加工及石油制品制造	景德镇景禹新能源开发有限公司	2660	2623	2606	5	120	49	0	80
汽车零部件及配件制造	景德镇景程汽车部件有限公司	10998	10888	10778	466	332	442	0	51

续表 11－1－3

行业类型	企业名称	总产值	销售产值	主营业务收入	利润	主营业务税金及附加	增值税	出口交货值	从业人员
特种陶瓷制品制造	市正宜陶瓷原料有限公司	2191	2169	2145	85	64	99	0	25
特种陶瓷制品制造	市园嘉陶瓷工贸有限公司	4505	4415	4415	107	134	96	0	51
特种陶瓷制品制造	景德镇大川陶瓷材料有限公司	2822	2793	2765	57	81	68	0	140
日用陶瓷制品制造	景德镇平春陶瓷有限公司	3096	3065	3034	156	71	175	0	65
特种陶瓷制品制造	景德镇西马克电瓷有限公司	18520	18310	19988	1914	193	1143	0	224

第四节　产业结构与效益

产业结构

2010年，高新区各产业所占比重为医药化工36.7%，家电产业38.3%，光伏产业4.8%，汽车配套产业5.8%，陶瓷产业4%，电子产业1.2%，其他产业9.2%。

机械产业　至2006年年底，形成以TCL、昌河汽车配套企业为代表的28家机械加工企业。2007年10月，景德镇嘉和工业投资有限公司集合浙江汽车零部件制造及配套企业，投资50亿元，共同建设打造汽车零部件产业基地。项目总用地333.33公顷，其中一期占地85.33公顷，引进汽摩配相关企业，建成一个以生产汽车底盘系统、转动系统、制动系统、动力系统、减震减噪系统等汽车零部件的重要产业基地。

家电产业　华意压缩机股份有限公司前身为景德镇华意压缩机有限公司，由四川长虹电器股份有限公司控股组建，项目投资14亿元，专业生产冰箱、冷柜、饮水机、制冰机及除湿机等制冷电器的各类压缩机。2009年11月建成投产。2010年产量为602万台，销售收入达14.4亿元。

新能源产业　2008年4月，江西景德半导体新材料有限公司成立，是中电电气集团在景德镇投资建造的新能源类高科技产业，主要从事光伏半导体材料的研发、制造、销售及提供相关技术服务，公司注册资本5亿元（实收资本）。2009年2月，江西威富尔新能源科技有限公司成立，注册的资本为3500万元，专业从事太阳能级单晶硅棒、片和多晶铸造硅锭、片的制造。公司一期形成100兆瓦的生产能力。2010年5月，江西景德半导体新材料有限公司投资近13亿元的一期年产1500吨多晶硅生产线顺利投产建成，首炉产品品质一次性达到太阳能二级，形成年产1500吨多晶硅的生产能力。6月起，江西威富尔新能源科技有限公司启动二期建设，将形成200兆瓦的产能。

化工医药产业　2000年，市焦化总厂成立市开门子陶瓷化工（集团）有限公司、市开门子药用化工有限公司成为其旗下的子公司。公司注册资本为1250万元，固定资产达8000万元，以生产原料药、医药中间体、有机溶剂和化工原料为主的综合性精细医药型化工企业，年销售收入达亿元。2005年，富祥医药化工、金钥药业和立信药业成为园区医药龙头企业，并继续扩建产能。

2008年7月，中节能新昌南炼焦公司成立，是国有大型煤化工企业，注册资本3.06亿元人民币，员工658人。公司年产特级或一级冶金焦炭110万吨、外供焦炉煤气2.5亿立方、煤焦油4.6万吨及相关若干煤化工产品。

经济社会效益

经济效益　高新区不断完善区内软硬投资环境,发展成为功能完善、配套齐全、布局合理、高新技术产业聚集的国家级高新技术产业开发区。1995 年完成生产总产值 22.45 亿元,实现利税 2.47 亿元。2003 年,工业总产值 6.1 亿元,固定资产投资 5.4 亿元,基础设施投入 0.41 亿元。2004 年,工业总产值 10.87 亿元,工业从业人员 1380 人,基础设施投入 6.16 亿元。2010 年,实现工业增加值 40.48 亿元,占全市工业增加值总量的 16.61%。完成生产总产值 170.61 亿元,比 1995 年增长 660%;实现利税 14.12 亿元,比 1995 年增长 471.66%,为全市经济主要增长点。

表 11-1-4　　2005—2010 年景德镇高新区主要经济指标表　　单位:亿元、人

年度	生产总值	工业总产值	工业从业人员	固定资产投资	主营业务收入	万元 GDP 能耗(吨标准煤)	园区基础设施投入
2005	22.45	20.29	10068	4.87	20.06	1.3084	0.79
2006	25.63	25.63	12691	5.62	24.18	1.243	0.76
2007	35.55	35.99	13411	20.21	34.65	1.1746	1.52
2008	54.91	—	14077	48.19	51.68	1.1083	8.47
2009	101.65	102	17012	69.77	98.58	1.0053	9.48
2010	170.61	170.61	22135	76.3	167.23	0.955	9.5

传统产业辐射　高新区把企业改制重组与招商引资相结合,引进四川长虹及合肥美菱公司对景德镇华意冰箱公司、华意压缩股份有限公司进行重组,在园区内拓展家电产业链,引进包括江西美菱制冷有限公司(冰箱制造)和江西长虹电子科技发展有限公司(压缩机制造)及相关配套件企业。2007 年,江西美菱制冷有限公司投产并在园区内扩产建设年产 200 万台冰箱生产基地。11 月 18 日,长虹景德镇机电产业基地开工,2009 年 11 月 28 日竣工投产,华意压缩机有限公司一并迁入基地内,同时引进市迪贝电机有限公司和市天诚机械有限公司 2 家压缩机配套企业。

劳动力吸纳　高新区内企业的入驻和发展为社会提供就业机会,缓解全市下岗职工的分流和待业人员的就业难问题。随着经济的快速发展,员工劳动报酬也逐年增长。2010 年,全区从业人员 26226 人,支付劳动工资 53255.1 万元,其中企业从业人员 25954 人,支付劳动工资 52276 万元。是年,被省人力资源与社会保障厅、省总工会、省企业联合会、省企业家协会评为江西省模范劳动关系和谐工业园区奖。

第五节　技术创新

科技项目

2010 年,华意压缩超轻型、高效制冷技术在 HYE60MTU 压缩机中的应用获省级科技进步奖三等奖;景德镇大川陶瓷材料有限公司的氧化锆陶瓷插芯精密麦地那型用颗粒项目被列入国家创新基金项目;华意压缩机股份有限公司的 HYE50/55/81MXU 超轻型、超高效制冷压缩机,华锦蓝天玻璃制品有限责任公司微晶板材和电光源玻璃管获省优秀新产品一等奖;华意压缩机股份有限公司 HYE69MSU/HYE55MSU 超高效制冷压缩机获省优秀新产品二等奖;华意压缩机股份有限公司的 HYE81MXU 超轻型、超高效制冷压缩机和江西环球陶瓷有限公司镁质强化瓷获省优秀新产品三等奖。

表 11 -1 -5　　1996—2010 年景德镇高新区企业获省科学技术进步奖名单表

项目名称	主要完成单位	获奖年份	等级
AE1370Y 型制冷压缩机	景德镇华意电器总公司华意压缩机厂	1996	2
BCD -210C 冷藏冷冻箱	华意电冰箱厂	1996	3
BGP20 -6 隔爆型高压真空配电装置	景德镇真空开关厂	1996	3
Y10W1 -100260 型(110 千伏) Y10W1 -200520 型(220 千伏)交流无间隙金属氧化物避雷器	景德镇电瓷电器工业公司	1999	3
新型纳米抗菌粉体材料及其推广应用研究	市良昆纳米工程技术中心、市东风陶瓷包装厂、华意电冰箱厂、江西省卫生防疫站	2001	3
JN43 -80 型顶装焦炉改为捣固焦炉新技术开发	市开门子陶瓷化工集团有限公司	2006	2
AE1350SHU、AE1360SHU 深冷压缩机	华意压缩机股份有限公司	2009	2
超轻型、高效制冷技术在 HYE60MTU 压缩机中的应用	华意压缩机股份有限公司	2010	3

科技示范

高新区不断开展创新体系的构建、创新活动,逐渐成为景德镇技术创新的核心区域,成为推动全市经济快速发展的助推器和经济发展的主要增长点。2010 年,全区列入国家创新基金项目 1 项,获省级科技进步奖 1 项,企业研发投入 1.41 亿元,比 2009 年增长 14.63%。景德镇华意压缩机股份公司、江西德乐信电子有限公司、景德镇环球实业有限公司、江西立信药业有限公司 4 家企业成立省级技术中心。

是年 7 月 16 日,高新区与上海市科委合作成立上海—景德镇技术转移服务中心,并开通两地视频会议系统。该系统依托上海研发公共服务平台(www.sgst.cn)运行,企业可以发布技术攻关项目需求,高校和科研院所可以公布科研成果供给、委托研发及技术成果交易等功能。高新区通过多形式开展经贸座谈,吸收现代工业园区发展的经验,促进园区企业发展。

第六节　财政及社会事业管理

财政管理

财政体制　2003 年,景德镇高新区财政局成立,隶属景德镇高新区管委会,业务上由市财政局负责指导。并设立区(县)级国库,成为独立编制预决算的一级财政。同时园区相继成立国税、地税、工商等征管机构,实行税收封闭式管理,所有辖区内企业、门店、个体户的税收纳入高新区国库统一管理。

2005 年 7 月,昌江区吕蒙乡成建制划入高新区,吕蒙乡所涉上级财政转移支付如数并入高新区预决算,两区相关财力划转(补偿)由高新区以体制上解通过市财政局划拨给昌江区。2007 年 5 月,市委市政府制定《促进市高新区跨越式发展的若干意见》,确立将高新区作为市招商引资主平台、工业发动机和财税增长极的发展方向,强化高新区财税的封闭式管理,以及在上级转移支付、项目资金的申报下拨过程中享受与县(市、区)同等待遇。

资金管理　2003 年,园区财政总收入 2086 万元。2007 年起,高新区财政总收入连续 3 年实现翻番增长,年均增幅全市第一,全省同类开发区中排名前列。

2009 年 3 月,高新区财政局成立会计集中核算中心。4 月,制定《景德镇高新区财政财务管理暂行办法》,园区直各单位账务实行独立核算,各单位所需人员经费、公用经费按统一标准编入年初预算,每季由园区财政按计划进度核准拨付。

2010 年,制定《高新开发区财政票据电子化管理改革实施方案》,园区 9 个开票单位实现电子化票据管理,通过"以票管费""以票促缴"的方式从源头上杜绝收费"三乱"现象,促进财政财务管理信息化。

表 11 - 1 - 6　　2003—2010 年景德镇高新区财政收支情况表　　单位:万元

年份	财政总收入	一般预算收入	一般预算支出	年份	财政总收入	一般预算收入	一般预算支出
2003	2086	1642	1351	2008	13511	9148	19706
2004	4912	3199	2950	2009	24505	20200	21989
2005	3208	2169	2336	2010	62580	47114	47166
2006	5671	3024	3089	合计	123187	90599	104560
2007	6714	4103	5973				

社会事业管理

高新区随着经济社会的发展进步,开展救灾救济、城乡居民最低生活保障、五保供养、拥军优属等活动,不断加强对困难群众生活的社会保障,维护社会稳定。

表 11 - 1 - 7　　2006—2010 年景德镇高新区困难群众救助情况表　　单位:万元

年份	城市居民最低生活保障资金	农村居民最低生活保障资金	城市和农村医疗救助资金	农村五保供养资金	自然灾害生活救助资金	合计
2006	5. 38	3. 06	2. 57	0. 32	6. 19	17. 52
2007	3. 7	2. 17	3. 58	1. 9	5. 4	16. 75
2008	7. 27	11. 57	3. 71	2. 53	16. 41	41. 49
2009	9. 56	21. 09	2. 71	1. 3	12. 46	47. 12
2010	21. 21	23. 74	12. 91	5. 15	18. 53	81. 54

第七节　机　构

景德镇高新区管委会

1994 年 12 月 5 日,建立景德镇高新技术产业开发区建设管理委员会,暂定为正县级。为市政府派出机构,对开发区实行统一领导、统一管理,享有市级管理权限。暂定行政编制 5 人,下设办公室(正科)。2000 年 12 月 11 日,内设机构调整为党政办公室、经济发展部、规划建设部,暂定全额拨款事业编制 13 人(含原下达的 5 名事业编制)。2002 年 9 月 17 日,内设机构调整为党政办公室、经济发展招商局、规划建设局、财政局、土地管理局、社会事业局,均为正科级,财政全额拨款事业编制 30 人。2007 年 7 月,内设机构调整为党政办公室、监察室、组织部、经济发展局、招商局、财政局、农林水利局、安全生产监督局、建设环保局、社会事业局、城建综合执法大队,均为正科级,重新核定高新区事业编制 50 人。2010 年 12 月,管委会内设科室调整为党政办公室、组织部、财政局、招商局、经济发展局、建设环保局、人力资源和社会保障局、社会事业局、科教文卫体局、农林水利局、安全生产监督管理局、市高新区城建综合执法大队12个职能科室,全额拨款事业编制50人(含纪检监察编制2人)。另外机关党委(人武部)、纪(工)委(监察室)单列,纪工委为市纪委的派出机构,监察室为市监察局的派驻机构。

中共景德镇高新区工作委员会

2000年11月9日,成立中共景德镇高新技术产业开发区工作委员会,由市长兼任书记,市长助理任副书记。11月13日,市长助理兼任景德镇高新技术产业开发区管理委员会主任,市政府副秘书长兼任管委会副主任。

第二章　陶瓷工业园区

景德镇陶瓷工业园区位于景德镇市西北郊,主要区域坐落于罗家垦殖场、罗家桥乡,与浮梁县洪源镇、三龙镇接壤。皖赣铁路紧邻园区,杭瑞高速、济广高速、国道206线连接横穿园区,景德镇机场坐落于园区。2004年,市政府在浮梁县工业园区的基础上组建景德镇陶瓷工业园区(以下简称陶瓷园区)。2006年3月,省政府将景德镇陶瓷科技园更名为江西景德镇陶瓷工业园区,为省级开发区,实施省级开发区的政策。12月,省发改委授予省级特色工业园区称号。2008年5月,陶瓷园区被科技部批准为国家火炬计划陶瓷新材料及制品产业基地。2010年9月,省中小企业局批准园区陶瓷产业为省特色产业重点扶持项目。陶瓷园区经过6年建设,逐步形成以传统日用瓷、陈设艺术瓷、陶瓷文化创意产业为主体,以结构陶瓷、功能陶瓷、电子陶瓷等高新技术陶瓷为核心,以建筑卫浴陶瓷及相关的陶瓷配套产业为重要补充的陶瓷特色工业园区,成为景德镇市陶瓷产业退城进郊、改造升级的重要平台和经济发展的重要引擎。

至2010年年底,陶瓷园区有耕地面积354.54公顷,其中水田238.87公顷,旱地115.67公顷;林业用地852.81公顷;水域面积95.6公顷。昌江支流西河流经园区,区内有瑶家坞水库、月兰坞水库、枫林坞水库3座小(2)型水库和17座山塘,水库山塘水域面积约26.67公顷。农作物主要以优质稻、茶叶、蔬菜、草莓、西瓜为主。有养猪专业户50多家,年出栏生猪近万头。

第一节　园区设置

园区范围

2002年9月,浮梁县委、县政府决定在洪源镇宝石村、罗家垦殖场一带设立浮梁县工业园,作为浮梁县工业招商引资的平台,规划面积820公顷。2004年年初,市政府决定在原浮梁工业园区的基础上组建陶瓷科技园,作为省部共建景德镇陶瓷科技城产业化基地,面积调整为2456公顷。2009年11月,经省政府批准,陶瓷工业园区设立罗家桥乡,下辖宝石村、程家村、高墩庙村、铁炉村、康乐山村(农业分场)、茶垅村(茶叶分场)、石新村(石岭分场)7个行政村,面积达到2740公顷。

管理体制

2002年年底,浮梁县对浮梁工业园实行乡镇财政管理体制。2004年,市政府将陶瓷科技园列为相对独立的经济开发区和城市管理区,行使县级管理权限,对园区内的行政、经济及社会事业实行统一领导、规划、建设和管理,财税实行“封闭管理,独立运作”。2008年1月,市委、市政府为打造“兴瓷富县”工业平台,对陶瓷园区实行“市县共建、以县为主,条块结合、以块为主”的管理体制。

第二节　园区建设

园区规划

2003年11月15日,由南京市规划设计研究院编制的《景德镇市陶瓷高新技术开发区概念性规划设计方案》通过专家评审。2004年9月,委托市城市规划设计院编制完成陶瓷园区总体规划和控制性详规,11月,由市规划局批准。总体规划面积820公顷,分为工业、商业金融、行政科研3个功能区。陶瓷园区分为北区和南区,北区位于景婺黄高速公路以北,总用地约48公顷,用地主要为一类无污染的工业。南区以唐英大道和环城路为界,总用地87.2公顷,以二类工业用地为主。商业金融区位于唐英大道以北,海畅路以西,总面积25公顷,用地主要布置与园区配套的公共服务设施和医疗卫生用地。行政科研区位于唐英大道以北,海畅路以东,总用地面积17.8公顷,主要布置园区行政办公大楼和为园区配套的科研设计单位用地。陶瓷园区以陶瓷产业为主导,规划4个重点产业园,即位于园区东北部(海畅路)的高新技术陶瓷产业园,位于园区中部(唐英大道两侧)高档日用陶瓷园,位于园区西部(安华片区)的艺术瓷产业园、LED产业园,位于园区北部(国道206线)的建筑卫生陶瓷产业园。

基础设施

唐英大道及其路网　2004年10月开工建设,项目总投资2.9亿元,包括4.3千米主干道和20千米支线,项目累计投资1亿多元。2009年年底,4.3千米主干道(路宽50米)——唐英大道全线贯通。同时,6千米支线(外环路、海畅支线、枫林路、景航路、清华路、圣泰路等)均完成沥青路面敷设,并投入使用,相关配套的排污等管道设施建设同步推进。

标准化厂房　2005年2月开始,在陶瓷园区内建设标准化厂房,采取租赁或按揭的方式吸引高新技术陶瓷企业及传统特色陶瓷企业入园,并迅速产业化、规模化、效益化。至2010年12月,标准化厂房建设项目共有15个,已完工项目14个,项目总投资达5000万元,建筑面积8万平方米,有景德镇同惠电子有限公司、景德镇新纪元精密陶瓷有限公司、景德镇佳奕新材料有限公司等10多户企业入驻生产。

生产力促进中心综合楼　2008年10月,位于唐英大道与杭瑞(景婺黄)高速公路景北出口、金岭大道交接处的生产力促进中心综合楼开工建设,总建筑面积5060平方米,总投资1980多万元。2010年8月,项目主楼、附楼及附属设施建成,并投入使用。

供电　2008年,开工建设110千伏宝石变电站工程,总投资2085万元,由省电力公司贷款建设,陶瓷工业园区负责银行3年贷款贴息489万元。2009年建成投入使用。

供排水　2004年,从浮梁县自来水厂铺设自来水管网到陶瓷园区内。2008年8月,日处理污水1万吨污水处理前期项目开工建设,项目位于陶瓷园区的西南角国道206线查家大桥东北侧,一期设计规模为日处理污水2万吨,占地2.4公顷,项目总投资2521.80万元。同时,建设总长19.31千米管网和2个提升泵站,工程建设总投资为2031.68万元。一期工程于2009年9月底竣工投入使用。

燃气　2004年,陶瓷园区引进海能燃气公司,布设主干线燃气管道,为入园企业提供管道天然气。2010年,"川气东输"入景工程开始在园区铺设管道,与原有的燃气管网联通,保证园区陶瓷企业都能使用可靠、清洁的能源。

绿化美化亮化　2004年,陶瓷园区开始对主干道、各支线及过境的国道、省道逐步实施绿化,对工业生产区和拆迁安置点进行绿化,要求企业绿化率达到20%。对园区建设中不宜用作工业开发的山体,保留其原有的地势和植被景观。景德镇海畅法蓝瓷有限公司位于枫林湖畔,依据周边山势而建,同时保留了原生态树林,并对原枫林湖进行美化绿化,形成人文与自然相结合的公园式厂区。至2010年年底,完成园区主干道中心和两侧各10米绿化带建设。是年起,开始建设区内道路网络路灯照明设施。

环境保护

陶瓷园区严格项目管理,按照国家产业政策和园区规划,引进大型骨干项目、高新技术项目、主导产业带动项目以及产业配套项目，入园企业环保设施建设与企业建设做到“三同时”，鼓励有条件的企业和龙头企业建立污水深度处理和循环利用装备。

2009 年 3 月，陶瓷园区制定《生态园区规划方案》，并按照生态园区的建设目标，结合总体规划编制生态工业园区建设规划。

第三节 招商引资

优惠政策

2004 年，陶瓷园区建设初期，根据景德镇市吸引外商投资优惠政策，园区制定相应的优惠政策，规定凡在园区投资的工业项目，其地价按 3.5 万元/亩出让；项目建成后前 5 年税收地方留成部分全免，正式投产达产达标后 5 年税收地方留成部分减半征收；项目建设中及建成投产后各项行政事业性规费，除上缴中央及省、市外，一律减免。

2009 年，对优惠政策进行调整：项目用地按照国家工业用地出让的要求，依法依规取得。新增用地项目准入标准原则上总投资不少于 2000 万元，单亩投资不得少于 100 万元，开工 1 年内完成基本建设，两年内必须达产达标。按照全国工业用地出让最低标准，陶瓷园区位处十四等，工业用地最低价为 5.6 万元/亩。土地出让价格以挂牌为准；通过园区财政奖励的形式（即为项目建设基础设施、企业员工培训、贴补贷款利息、技术改造、新产品研发等），土地出让价格以优惠价（即成本价）提供；对于投资在 5000 万元以上的项目，可按照“一事一议、特事特办”的原则，为项目落户提供更加优惠的政策；投资项目除享受国家规定的减免、退税等相关政策外，还可以享受自项目建成投产之日起连续 5 年的财政优惠政策；企业建成投产后前 2 年，由园区财政按企业当年实际缴纳税收地方留成部分的 50% 奖励给企业（实行先征后奖），用于支持企业发展；企业建成投产后第 3～5 年由园区财政按企业当年实际缴纳税收地方留成部分的 30% 奖励给企业（实行先征后奖），用于支持企业发展。

2010 年 10 月，根据园区市县共建的原则，陶瓷园区土地政策相应参照浮梁县土地政策，即工业土地出让按投资亿元以上为每亩 5.6 万元，亿元以下为每亩 8 万元计价。其他投资优惠政策为：固定资产投资 2000 万元以上且在投产后年纳税额达到 5 万/亩的工业企业，自企业建成投产后第 1～3 年，由受益财政按企业当年实际缴纳税收地方留成部分的 30% 奖励给企业（实行先征后奖），用于支持企业发展；新办的工业企业从企业立项到项目建设期间所发生的县级行政事业收费（除工本费外），按最低标准的 20% 收取，服务性收费按最低标准的 50% 收取。

其他奖励

2009 年，项目建设中及建成投产后各项行政事业性规费，除上缴中央及省、市外，一律按最低标准的 10% 收取；鼓励企业争创品牌，获国家级品牌产品或驰名商标的，由陶瓷园区给予企业 10 万元奖励，并为创建企业向省政府申请 30 万元奖励；对获得省著名商标的，由园区给予企业 3 万元奖励，并为企业向市政府申请 10 万元奖励。企业研发开发新产品、新技术、新工艺而新发生的开发研究费用，准予税前扣除；当年发生的技术开发费比上年增长 10% 以上的，除按规定据实扣除外，允许再按当年技术开发费实际发生额的 50% 抵扣当年度的应纳所得税税额；企业为技术开发购置的必须设备，可一次或分次摊入成本，并准予税前扣除；鼓励企业开展质量认证和环保达标活动，对通过 ISO－9000 系列质量认证和 ISO－14000 环保认证的企业，陶瓷园区给予 5 万元奖励；在项目建成投产并达产达标后，积极推荐企业法定代表人为各级人大代表或政协委员候选人，推荐企业法定代表人为省、市优秀企业家或为劳动模范参评对象，并聘请为园区经济顾问；鼓励企业扩大产品出口，根据企业完成出口任务情况或扩大产品出口比率给予相应的奖励。

招商项目

2003 年，陶瓷园区建设正式起步，招商入园企业 24 家，其中 10 家企业项目开工建设。2005 年，园区抓住部省共建国家陶瓷科技城产业化基地重要契机,利用经贸洽谈和国内外相关会展,实施工业项目带动战略,承接国内沿海城市及国外陶瓷产业的梯度转移,其间有景德镇乐华陶瓷洁具有限公司、景德镇金意陶陶瓷有限公司、景德镇市博大精工艺术陶瓷有限公司等规模陶瓷企业入园。2010 年,有景德镇海畅法蓝瓷有限公司、景德镇特地陶瓷有限公司、江西景航航空锻铸有限公司、景德镇东富盈瓷业有限公司、景德镇市隆祥陶瓷有限公司、景德镇市三雄陶瓷有限公司等规模企业入园,累计招商实际到位资金 49.61 亿元,外资 13025 万美元。

表 11-2-1　　2005—2010 年景德镇陶瓷工业园区招商项目情况表

年份	招商签约资金（亿元）	实际到位资金（亿元）	境外资金（万美金）	投产工业企业（个）
2005	3.2	1.9	1640	24
2006	3.91	2.01	900	20
2007	18.3	3.01	220	11
2008	30	8.59	1545	14
2009	20	16.5	6220	21
2010	20.42	17.6	2500	14
合计	95.83	49.61	13025	104

表 11-2-2　　2010 年景德镇陶瓷工业园区企业一览表　　单位:万元

单位名称	单位地址	注册类型含义	工业总产值(当年价格)	主营业务收入	全部从业人员平均人数
市罗家垦殖场石岭综合厂	浮梁县石岭分场	国有	6826.8	6671.6	104
国营罗家纸箱厂	浮梁县农业分场	国有	3577.6	3526.3	139
市罗家彩色印刷厂	浮梁县农业分场	国有	2650.4	2618.7	55
市万泉天然香料厂	浮梁县城北	私营独资	10034.7	9972.8	85
市罗家造纸厂	浮梁县农业分场	国有	4301.1	4248.0	144
景德镇特地陶瓷有限公司	浮梁县宝石	其他有限公司	42966.4	42610.2	263
景德镇和川粉体技术有限公司	浮梁县宝石	其他有限公司	14590.1	14517.0	158
景德镇圣泰陶瓷有限公司	浮梁县宝石	其他有限公司	35969.1	35668.5	291
景德镇法柏陶瓷有限公司	浮梁县宝石	港澳台商独资	10021.7	9950.8	103
浮梁县博艺翔陶瓷花纸厂	浮梁县宝石	私营独资	9272.4	9214.7	188
市佳宝防震材料包装有限公司	浮梁县农业分场	其他有限公司	12472.1	12333.1	186

续表 11－2－2

单位名称	单位地址	注册类型含义	工业总产值（当年价格）	主营业务收入	全部从业人员平均人数
景德镇同惠电子有限公司	浮梁县宝石	其他有限公司	17241.2	17019.6	252
市天明五金配件厂	浮梁县高墩庙	私营独资	17663.5	17423.6	76
江西高岭天然食品有限公司	浮梁县工业园	其他有限公司	5741.3	5683.9	217
市望龙陶瓷有限公司	浮梁县宝石	其他有限公司	15027.7	14850.6	160
市天润精细陶瓷有限公司	浮梁县宝石	其他有限公司	8628.6	8584.5	96
市景光工模具制造有限公司	浮梁县兰田	其他有限公司	7609.5	7485.3	293
浮梁县官庄大米厂	浮梁县高墩庙	私营独资	11270.2	11046.9	89
市景德镇家具有限公司	浮梁县工业园	其他有限公司	13680.6	13368.3	160
市隆祥陶瓷有限公司	浮梁县陶瓷科技园	其他有限公司	7444.2	7198.7	230
景德镇海畅法兰瓷有限公司	浮梁县陶瓷科技园	港澳台商独资	10889.5	10879.5	794
市志远汽车零部件有限公司	浮梁县罗家	其他有限公司	14322.7	14158.3	90
市昌隆陶瓷原料厂	浮梁县宝石	私营独资	10790.8	10658.7	89
市永德胜彩印包装有限公司	浮梁县宝石	其他有限公司	12540.7	12298.6	186
市通福实业有限公司	浮梁县方家	其他有限公司	13402.0	13099.8	248
景德镇佳奕新材料有限公司	浮梁县宝石	其他有限公司	13353.7	13198.3	178
景德镇神飞特陶有限公司	浮梁县宝石	其他有限公司	12303.9	12189.2	216
市新纪元精密陶瓷有限公司	浮梁县宝石	其他有限公司	10481.7	10398.4	66
景德镇勤飞高档陶瓷包装公司	浮梁县高墩庙	其他有限公司	8121.7	8044.4	85
景德镇东富盈瓷业有限公司	浮梁县宝石	其他有限公司	13222.2	13019.6	240

续表 11－2－2

单位名称	单位地址	注册类型含义	工业总产值（当年价格）	主营业务收入	全部从业人员平均人数
市瑞燃陶瓷工艺制作有限公司	浮梁县宝石	其他有限公司	8386.1	8296.7	158
市金岭水泥制品有限公司	浮梁县宝石	其他有限公司	7567.6	7449.6	115
景德镇天力特陶有限公司	浮梁县宝石	其他有限公司	12412.9	11936.9	178
景德镇立元陶瓷科技有限公司	浮梁县宝石	其他有限公司	10906.7	10712.2	102
市三雄陶瓷有限公司	浮梁县宝石	其他有限公司	12621.8	12411.8	230
市博大精工艺术陶瓷有限公司	浮梁县宝石	其他有限公司	12788.0	12441.8	199
景德镇瑞普陶瓷有限公司	浮梁县宝石	其他有限公司	10886.4	10713.5	58
浮梁县瑜佳陶瓷厂	浮梁县宝石	私营独资	10117.6	10117.5	75
景德镇协和花纸有限公司	浮梁县宝石	私营独资	10790.2	10619.9	109
景德镇景航炙诚精密锻铸有限公司	浮梁县宝石	国有	37639.7	36988.6	148
浮梁县远方粮油仓储有限公司	浮梁县宝石	其他有限公司	7822.9	7661.1	122
江西景德镇景尚瓷业有限公司	浮梁县宝石	其他有限公司	14967.8	14771.0	92

第四节　园区管理

财政与经济效益

财政收支　2002 年，浮梁县以洪源镇财政所部分人员设立浮梁工业园财政所。2004 年 2 月 6 日，市政府下发《市陶瓷科技园财税管理工作专题会议纪要》，明确对市陶瓷科技园实行“封闭运行、保留基数、增量分成”的管理体制，成立市陶瓷科技园财政局，设立独立国库，成为独立预决算的一级财政。核定财税基数为 230 万元，增量部分由市陶瓷科技园、浮梁县财政 7:3 分成。同时相继成立国、地税征管机构，办理辖区内税收征缴工作。

2008 年 2 月，市政府调整市陶瓷工业园区财政体制，将陶瓷园区的相关经济指标数据并入浮梁县，陶瓷园区经济指标在浮梁县指标中单独列出，园区收入增量部分按 7:3 分成，即陶瓷园区分成 70%、市本级分成 30%。陶瓷园区国库撤并入浮梁县国库，所有财税收支往来均通过浮梁县国库运行，上级转移支付含在浮梁县下达，财政预决算在浮梁县财政预决算中单列，报浮梁县人大批准后自行组织实施。2010 年，设罗家桥乡财政所,由乡政府直接管理,业务上接受园区财政局指导。乡财政原则上执行“乡财区代管”,乡财政资金由园区财政统筹拨付,年末区乡两级进行指标往来结算。

表 11 -2 -3　　**2004—2010 年景德镇陶瓷工业园区财政收支一览表**　　单位:万元

年份	财政总收入	一般预算收入	一般预算支出
2004	499	244	413
2005	668	520	1231
2006	1044	770	901
2007	1705	1033	1481
2008	6833	4801	5439
2009	11483	9584	10536
2010	15735	12431	13744
合计	37967	29383	33745

经济指标　2005 年,陶瓷园区建省部共建国家陶瓷科技城产业化基地,争取省财政基础设施专项补助 500 万元。2008 年 5 月,陶瓷园区被科技部批准为国家火炬计划陶瓷新材料及制品产业基地,园区多数经济指标达到甚至超过 200% 的增长速度。2009 年,陶瓷园区争取国债转贷项目 1 个,到位资金 300 万元;争取农村饮用水安全工程等社会事业性项目 4 个,到位资金 96. 2 万元。园区克服全球金融危机的影响,经济指标均实现 60% 以上的增幅。2010 年 9 月,省政府批准陶瓷园区陶瓷产业为省特色产业重点扶持项目,获得 180 万元专项资金支持。全年工业总产值 69. 2 亿元(其中陶瓷工业总产值 52 亿元),财政总收入 2. 01 亿元,经济总量排名位于全省园区中游,属全省二类园区。

表 11 -2 -4　　**2005—2010 年景德镇陶瓷工业园区主要经济指标表**

年份	工业企业个数	工业总产值		规模以上工业营业务收入		规模以上工业增加值		固定资产投资		从业人数	GDP(亿元)
		完成(亿元)	同比增长(%)	完成(亿元)	同比增长(%)	完成(亿元)	同比增长(%)	完成(亿元)	同比增长(%)		
2005	10	0. 6	—	0. 55	—	0. 25	—	0. 83	—	973	0. 95
2006	16	2. 2	282	2. 09	282	0. 81	282	1. 7	105	1704	2. 6
2007	27	7. 62	217	7. 3	219	2. 7	218	3. 6	117	2922	4. 4
2008	42	23	205	22. 01	203	8. 2	198	8. 9	147	4748	9. 1
2009	45	37. 2	54	35. 4	52	12. 6	53	13. 9	56	6831	13. 7
2010	49	69. 2	75	68. 5	88	18. 6	54	20. 6	48	9869	19. 19

科技服务与技术创新

陶瓷园区实施以科技创新为驱动力,从科技、资金、文化、人才等方面大力营造创新环境,鼓励企业作为创新主体加大技术研发投入,把产学研用合作的基点放在企业技术创新的需求上,发挥企业自主创新能动作用,吸收大学、科研机构通过技术投资、入股、联合协作等形式合作,加快科研成果转化,推进传统陶瓷产业的技术改造和技术升级。景德镇陶瓷学院在陶瓷园区兴建“产学研用”实验中心,与上海硅酸盐科学研究所等国内顶尖科研机构建立协作关系。

2008 年 5 月,景德镇新纪元精密陶瓷有限公司的纳米环保陶瓷发明制作、高性能复相陶瓷外螺旋轴套分别获国家发明专利,精密注射成型制备高性能结构陶瓷产业化项目获省科技发明进步奖;景德镇同惠电子有限公司剪切模高频谐振器用压电陶瓷材料及元件产业化项目获省科技厅200万元的配套资金支持。

2009年,景德镇特地陶瓷有限公司大规格超薄建筑陶瓷项目经省发改委审批,获420万元项目资金支持;市望龙陶瓷有限公司青花玲珑传统特色陶瓷生产线改造项目获国家工信部、发改委审批,获中央投资重点产业振兴和技术改造专项资金432万元资金支持;景德镇同惠电子有限公司剪切模高频谐振器用压电陶瓷材料及元件中试项目与景德镇和川粉体技术有限公司的低温常压水解法制备光通信材纳米氧化锆粉体项目,获科技部2009年度第一批中小企业创新基金支持。

表11-2-5　**至2010年景德镇陶瓷工业园区产学研项目企业一览表**

企业名称	合作院(所)	合作项目
景德镇安华博智瓷业有限公司	景德镇陶瓷学院	纳米远红外线功能陶瓷粉体
景德镇隆基光电(和川粉体)技术有限公司	景德镇陶瓷学院、华南理工大学	精密陶瓷纳米氧化粉体
景德镇诺耐技术陶瓷有限公司	景德镇陶瓷学院、武汉理工大学	陶瓷辊棒
景德镇特地陶瓷有限公司	景德镇陶瓷学院	高强炻质陶瓷薄砖
景德镇海畅法蓝瓷有限公司	景德镇陶瓷学院、美国Texas Armoring公司、台湾海太科技发展股份有限公司	防弹玻璃、艺术陶瓷
景德镇佳奕新材料有限公司	江西省陶研究所	陶瓷新材料
市望龙陶瓷有限公司	景德镇陶瓷学院	高档青花玲珑关键生产及装备技术研究
景德镇东富盈陶瓷有限公司	潮州市陶瓷研究所	日用瓷、陶瓷材料
景德镇和川粉体技术有限公司	北京航空航天大学	凝胶注模工艺成型
景德镇同惠电子有限公司	天津大学	压电陶瓷
景德镇景航炙诚精密锻铸有限公司	西北工业大学	航空金属锻铸件
景德镇神飞特陶有限公司	中国科学院、景德镇陶瓷学院、中国科技大学、上海硅酸盐研究所、西安交通大学、中国电力科学研究院、国家电网电力科学研究院	大功率陶瓷电阻取热器、微槽群复合冷却装置、真空陶瓷管壳、大工业余热回收装置、全太阳能制热样板房
景德镇新纪元精密陶瓷有限公司	清华大学	纳米陶瓷刀
景德镇永鑫真空电器有限公司	武汉大学、西安高压电器研究所	真空陶瓷电器

国土管理

土地出让　2005—2007年,陶瓷园区协议出让国有建设用地88.25公顷。2008—2010年挂牌出让国有建设用地约178.76公顷。2005年9月至2010年12月,共申请并获省政府批准出让17个批次建设用地,批准用地面积约350公顷。通过协议和挂牌出让工业用地53宗,出让总面积约267.01公顷,为园区经济发展提供保障。

土地利用　2009年8月,《江西景德镇陶瓷工业园区土地集约利用评价》成果通过省内有关专家组验收,项目实施中应用GIS技术,对土地利用现状和社会经济基础数据进行组合,建立土地利用基础数据库,为园区土地利用动态监管奠定基础。开展打击违法用地和违章建筑、低税负企业清理整治、盘活闲置用地等,提高土地使用效率。2010年,陶瓷园区每平方千米投资强度达到15亿元(每亩100万元),高出国家规定每平方千米12亿元的投资强度,土地利用程度达到81%,建筑密度在35%以上,容积率不低于0.8。

劳动与社会保障

2007年，陶瓷园区城镇新增就业人数2109人，城镇净增就业1012人，城镇就业率达97%，“4050”人员再就业41人，城镇职业培训人数710人，农村劳动力转移培训696人；新增农村劳动力转移1068人，跨省劳务输出352人；再就业小额贷款发放100万元，失业保险费征缴20.12万元，园区就业形势稳定。

2008年，城镇新增就业人数2719人，城镇净增就业1417人，城镇就业率达96%，“4050”人员再就业243人，城镇职业培训人数806人，农村劳动力转移培训（金蓝领工程）1244人；新增农村劳动力转移1483人，其中省内转移1024人；再就业小额贷款发放451万元，失业保险费征缴20万元。

2009年，城镇新增就业2108人，城镇净增就业1096人；“4050”人员再就业142人，零就业家庭就业安置率100%，新增转移农村劳动力1126人，其中省内转移799人；城镇职业培训1078人，农村劳动力转移培训1284人（金蓝领工程），省内工业园区培训1284人；失业保险基金征缴20万元；小额贷款发放400万元；推荐返乡农民工在园区企业就业63人，扶持返乡农民工创业3人，发放《就业失业登记证》124本。

2010年，成立景德镇陶瓷工业园区创业指导中心，设立创业服务“绿色通道”窗口，建立24家企业基本台账，为劳动密集型小企业贴息2.8万元，为困难企业落实岗位补贴6万元。城镇新增就业1860人，城镇净增就业647人；“4050”人员再就业103人，零就业家庭就业安置率100%；城镇职业培训103人，省内工业园区培训608人；新增转移农村劳动力882人，其中省内转移543人；失业保险基金征缴20万元，小额贷款发放778万元；购买公益性岗位30个，征集创业项目5个。

表11-2-6　　2005—2010年景德镇陶瓷工业园区民政资金发放情况表

年份	项目	人数	资金（万元）	合计（万元）
2005	自然灾害救助	—	0.51	0.51
2006	城镇低保	101	9.84	13.77
	自然灾害救助	—	2.85	
	城乡医疗救助	—	1.08	
2007	城镇低保	120	12.22	27.85
	农村低保	132	7.63	
	自然灾害救助	—	3.10	
	城乡医疗救助	—	4.90	
2008	城镇低保	126	19.15	86.68
	农村低保	249	39.53	
	自然灾害救助	—	21.60	
	城乡医疗救助	—	6.40	
2009	城镇低保	164	32.97	79.41
	农村低保	260	29.23	
	自然灾害救助	—	4.10	
	城乡医疗救助	—	13.11	

续表 11 -2 -6

年份	项目	人数	资金(万元)	合计(万元)
2010	城镇低保	175	32.87	78.58
	农村低保	289	30.42	
	自然灾害救助	—	4.36	
	城乡医疗救助	—	10.93	

第五节　机　构

浮梁县工业园区管理委员会

2002 年 8 月 12 日,成立浮梁县工业园区管理委员会,下设综合事务办公室、规划建设土地部、财务资产部、招商部、社会事务工作部,编制 26 人。10 月 18 日,浮梁县工业园区正式揭牌成立,园区边规划建设、边招商引资,实行滚动发展。2004 年 1 月,浮梁工业园区整体上划,组建景德镇市陶瓷科技园。

江西景德镇陶瓷工业园区管理委员会

2004 年 6 月 20 日,成立市陶瓷科技园管理委员会,为市政府正县级派出机构,内设党政办公室、经济发展招商局、规划建设局、财政局、土地管理局、科技及社会事业局(增挂计划生育办公室、社会治安综合治理办公室牌子)、纪委(监察室)。2006 年 3 月,更名为江西景德镇陶瓷工业园区管理委员会。

2010 年 12 月 8 日,确定江西景德镇陶瓷工业园区管理委员会为市政府正县级派出机构,参照公务员法管理。内设党政办公室、组宣部、建设环保局、科技及社会事业局、财政局、经济发展局、安全生产监督管理局、农林水利局 8 个职能科室;招商服务中心、人力资源和社会保障服务中心、生产力促进中心 3 个直属事业部门。编制 27 人。

中共江西景德镇陶瓷工业园区工作委员会

2005 年 3 月 2 日,成立中共景德镇市陶瓷科技园工作委员会和中共景德镇市陶瓷科技园纪律检查委员会。2006 年 3 月,更名为中共江西景德镇陶瓷工业园区工作委员会和中共景德镇陶瓷工业园区纪律检查委员会。

第三章　乐平市工业园区

乐平市工业园主要有江西乐平工业园区和金山工业区。江西乐平工业园区是省级开发区之一,由乐平市童家山工业园和塔山工业园合并而成。距乐平市中心 5 千米,背靠翥山,面向乐安河,国道 206 线南、北贯通,环境条件优越。是省级精细化工产业基地,省级重点工业园区和江西省省级民营科技园,是江西省生态工业园区创建试点单位之一。至 2010 年,园区投产企业累计 90 家,其中规模以上企业 45 家。连续 5 年被省政府授予先进工业园区。

金山工业区距乐平市区 1.5 千米,景鹰高速出口 8 千米,皖赣铁路货运站 5 千米,距乐安河 600 吨水运码头 7 千米,可经鄱阳湖进入长江,交通便利,区位优势明显。主要以新兴机械电子制造业以及食品加工业为主导产业。至 2010 年,金山工业区进园项目 17 个,在谈项目 15 个,其中机械制造类项目 10 个、电子项目 2 个、服装类项目 2 个、建陶类项目 6 个、光伏高新技术项目 6 个、其他类 6 个。产业集群初步形成。

第一节　乐平工业园区

园区设置

园区范围　2003年，经省政府核准，国土资源部审批，在乐平市区东、南郊建乐平工业园区，总规划面积1000公顷，一期用地面积400公顷。至2006年年底，开发建成面积2.19平方千米，基础设施投入44100万元，水、电、路、气等各种基础设施基本到位。2007年7月，新征土地94.6公顷，当年平整完毕。主要以精细化工、医药化工产业、机械加工产业为主导产业。

管理体制　2003年5月，景德镇市政府批准设立江西乐平工业园区（原乐平市乐安江工业园）。2006年3月8日，经省政府批准为省级开发区，是全省30家重点工业园区之一、21家省级民营科技园之一。是年，被评为全省先进工业园区和全省6项经济指标综合考评先进园区。2007年9月7日，被授予江西省省级精细化工产业基地。园区采取“政府扶持、政策引导、市场运作”模式，按照“谁投资、谁受益”原则，以民营为主体，科技为支柱，用市场化方式进行运作管理。

园区建设

园区规划　2003年，乐平工业园区先后编制完成《江西乐平工业园区控制性详细规划》。2006年3月，开始编纂《乐平工业园区总体规划》纲要和文本（2007—2020），2009年10月完成。形成多个专项规划，总计100余张规划图纸，200余万字的规划成果。2010年，完成《江西乐平工业园区二期工业园控制性详细规划》等多项规划。

基础设施　至2010年，累计完成基础设施投入5亿元，开发土地面积430公顷，完成主干道30千米，建成供水管网20千米，蒸汽管道20千米，排污、排水管网20千米。建设110千伏、220千伏园区专用变电站各1座，架设供电线路50千米。建设日处理2万吨污水处理厂1座，建设日供3万立方米自来水厂1座，电信、移动、联通、有线电视等通信传媒网络设施完善。区内公共绿地的养护及绿化相关管理工作主要由园区管委会承担，园区累计完成绿化面积20平方米，绿化率36%。

招商引资

2003年6月20日，乐平市委、市政府印发《关于工业园区优惠政策》，对入驻园区的企业，在税收、土地等方面实行优惠政策。2006年，再次印发《关于印发鼓励和保护外来投资者来我市投资合作优惠办法的通知》，对在乐平工业园区投资的外来投资者，除享有乐平市的优惠政策外，还同时享有财税、土地、引进人才优惠政策等。园区内的土地，由市政府实现统一规划、统一征用、统一供地、统一管理。对进园区10年以上的一般性工业项目，按每亩2.6万元的标准交纳土地使用费，即可取得该土地50年的使用权，综合配套费免收（含办证费用）。租用工业园土地办厂，建设期间免租金，投产后土地租金按基本地价加综合配套费（每年40元/平方米）乘以同期国有商业银行贷款利率计算，五年不变。工业园提供优质服务，投资者在园区管委会签订投资办厂合同后，提交项目建议书、可行性报告、初步设计及审查报告等资料，由管委会代为办理审批手续，享受“一条龙”服务，在所需资料到位的前提下，确保6个工作日内办理完全部审批手续；凡在工业园区内投资办厂的客商及其家属，免费在乐平市区落户，其子女在入托、入学、就业等方面享受乐平市民待遇，免收园区内企业外籍员工暂住人口管理费。

至2010年，园区共引进深圳招商集团、香港新世界集团、衢州化工等20家企业入驻园区，招商签约资金22亿元，招商实际到位资金13亿元。

表11-3-1　**2010年乐平工业园区主要企业经济指标表**　单位：亿元、人

企业名称	入园年份	产值	利税	安置就业	法人代表
江西天新药业有限公司	2005	5	1.2	480	许江南

续表 11－3－1

企业名称	入园年份	产值	利税	安置就业	法人代表
江西世龙实业有限公司	2001	2.5	0.2	1100	汪国清
江西金龙化工有限公司	2008	1.5	0.1	520	潘力勇
景德镇宏柏化学科技有限公司	2005	1.8	0.12	410	纪金树
江西吉翔医药化工有限公司	2003	1	0.08	180	王相地
江西晨航灯头有限公司	2005	0.7	0.05	530	何文健

产业结构与效益

产业结构　2006 年,乐平工业园区重点推进 4 个“经济板块”。一是以精细化工、医药化工为主体的化工板块经济,重点发展 AC 发泡剂、氯化亚砜、氯碱、液氯、三氯化磷、三氯氧磷、甘氨酸、维生素系列、阿托维他汀等产品,产品销售收入达到 20 亿元;二是塑料装饰建材板块,重点发展塑料扣板及其他装饰材料,销售收入达到 1 亿元;三是食品、饮料板块,重点发展桃酥、果蔬糕、豆奶制品和酒、饮用水系列产品,销售收入达到 2 亿元;四是服装、家具板块,以发展服装加工、家具生产为重点,销售收入达到 3.6 亿元。

2010 年,江西乐平工业园区各产业所占比重,精细化工占 65%,医药化工占 20%,电子产业占 5%,其他产业占 10%。园区有精细化工、生物医药企业 50 家,其中与氯碱基础化工及衍生产品形成循环承接的达 50 家,企业之间相互补充、相互发展,形成精细化工特色产业体系,以氯碱、盐酸、AC 发泡剂、氯化亚砜、三氯化磷、三氯氧磷、五氯化磷、甘氨酸、草甘膦、正丁基硫代磷酰三胺、硅烷偶联剂、依非韦伦中间体、替诺福韦中间体、维生素 B_6、B_1、青霉素钠(钾)原料药、普鲁卡因青霉素原料药、苄星青霉素原料药、舒巴坦钠原料药、头孢类粉针剂等精细化工产品为主体,上下游相关配套,基本形成紧密相关联的产业链。化工产品达 10 大类、200 余种,产业链延伸到第五代至第六代,年生产能力达到 200 万吨。天新药业的维生素 B_6、B_1 产量稳占全球份额 80% 和 60%,居全球第一;世龙实业是国内最大的 AC 发泡剂和氯化亚砜生产商,同时世龙实业为中国氯碱工业协会 ADC 发泡剂专业委员会主任单位和工业氯化亚砜、AC 发泡剂行业标准的起草单位;金龙化工的草甘膦产品,占国内份额的 12%,在国内处于主导地位;宏柏化学的硅烷偶联剂产品,占国内外主要份额。

经济社会效益　2006 年,乐平工业园区完成工业产值 31.32 亿元,工业增加值 10.37 亿元,销售收入 30.7 亿元,税收 12000 万元,利润 18100 万元。安置就业人员 8132 人,固定资产投入 7.8 亿元。进园企业 94 家中,有浙江龙盛集团、浙江申华拜克公司、深圳中大集团等全国 500 强企业在园区落户兴办企业。江西晨航灯头有限公司为亚洲最大的灯头生产企业,江西天新药业有限公司为亚洲最大的维生素 B_6 生产企业。

2007—2010 年,承担国家火炬计划产业化示范项目 1 项,国家科技型中小企业技术创新基金项目 3 项,实施国家产业振兴和技术改造专项 6 项,省级重点新产品、省级新产品 30 余项。申请发明专利 30 项,获国家发明专利授权 12 项。园区内省级创新型试点企业 5 家,市级工程技术研究中心 2 个。建有 4 家科技服务机构,为企业开展咨询、担保、培训等专业技术服务。

2010 年,园区实现工业产值 205 亿元,工业增加值 43 亿元,主营业务收入 200 亿元,出口交货 1 亿美元,实现利润 11 亿元,上缴税款 6 亿元,安置就业人员 14200 人。

第二节　金山工业区

基础设施

基地范围　2008 年 7 月,经乐平市编委下发《关于成立乐平市陶瓷(机械)产业基地管理委员会的批复》,基地位于乐平市东北郊,由农业高新科技示范园、后港镇、接渡镇 3 个乡(镇)部分区域组成,规划面积

1300 公顷,主要以新兴机械电子制造业及食品加工业为主导产业。

管理体制　2009 年 10 月 13 日,乐平市政府下发《乐平市人民政府关于促进陶瓷(机械)产业基地发展的若干意见》,明确履行基地内行使区域性管理权限,对基地内经济及社会事务实施统一领导、统一规划、统一管理。基地管理委员会对基地实施全封闭管理,实行特区特管、特事特办,赋予管委会税费征管权,建立一级财政;同时,赋予管委会相应的规划建设管理权,管委会建立投融资平台,按市场经济规律营造建设和发展的良好环境。

基地规划　2008 年 7 月,由乐平市国土资源局测绘队对 1000 公顷规划区进行测绘,制作 1∶1000 电子版地形图,完成 2000 公顷地质勘探和灾害性评估工作,按照重生态、可持性发展的原则,6 易其稿。2009 年 10 月由景德镇陶瓷工业设计研究院与规划测绘、主干道设计等单位部门衔接协作,确定区控制性详细规划。2010 年,乐平陶瓷(机械)工业基地更名为乐平金山工业园区。

基础设施　至 2010 年,整个园区公共基础设施投入达 0.6 亿元,完成一、二期 113.33 公顷征地,可用面积达 100 公顷以上,能容纳企业 30 余家。主干道面积 1600×48 米,东西主干道水泥路面已完工,人行道、绿化亮化工程正在施工。南北主干道、支线金二路、金六路建设已经启动。全面铺设水电管网,部分管线已基本完工。

招商引资

2008—2010 年,累计为入园企业兑现优惠政策,返还土地款、契税达 1000 万元,用于企业扩大再生产、技术改造或节能减排等项目。2010 年 4 月 20 日,乐平市政府印发《乐平市金山工业基地鼓励客商投资优惠办法》,对入驻金山工业区的企业,在税收、土地等方面实行优惠政策。优惠措施共计 7 章 20 条。

2010 年 12 月 1 日,乐平市金山工业区制定鼓励客商投资优惠办法,土地价格实际执行最低奖励后的 3.6 万元/亩为标准,以固定资产投资 2000 万元为起点,对固定资产投资不满亿元以下的工业项目,每增加 1000 万投资,土地价格下调 2000 元/亩;固定资产投资在 2000 万元以上的一般性工业企业,从缴纳税收第一年度起,以年缴纳税收地方所得部分为标准,第一、二年由受益财政奖励 60%,第三至第五年奖励 40%;高新科技项目(江西省级以上)及境外投资企业,从缴纳税收第一年度起,以年缴纳税收地方所得部分为标准,第一、二年由受益财政奖励 70%,第三至第五年奖励 50%;产品出口企业,在享受国家的优惠政策及上述奖励期满后,当年出口创汇 1000 万美元以上,继续享受受益财政给予的年缴纳税收地方所得部分 10% 奖励。至 2010 年共引进金盾门业、绿乐食品、腾跃五金、顺科机械等企业 17 家入驻园区,招商资金 7.34 亿元。

产业结构与效益

产业结构　2010 年,工业结构以机械制造、建陶为主。有江西金盾门业有限公司投资 6000 万元,占地面积 3.84 公顷,年产值 1.6 亿元的标准、非标准门及专用机械设备生产项目;江西为民机械有限公司投资 2 亿元,占地面积 6.67 公顷,年产值 4 亿元,生产 55 马力和 15 马力新型舷外机各 20000 台及主机产值 20% 配件的机械项目;乐平市宏振机械科技有限公司投资 5000 万元,占地 3.33 公顷,年产值 1.2 亿元,产品为全自动真空砖机生产线;乐平市海达陶瓷建材有限公司投资 6000 万元,占地 2.67 公顷,年产值 1.2 亿元,产品为 800 万平方米陶瓷建材生产线。

经济社会效益　2010 年,实现工业总产值 1 亿元,固定资产投资 2 亿元,税收 200 万元,解决劳动就业 500 人。江西为民机械有限公司和乐平市绿乐食品有限公司共安置 200 人就业。

第三节　机　构

江西乐平工业园区

1998 年 10 月,成立乐平市童家山工业园区,编制数 8 人。2001 年 10 月,成立乐平市塔山工业园区,编制数 10 人。2005 年 7 月,乐平市童家山工业园区与乐平市塔山工业园区合并为乐安江工业园区,编制数 18 人。2006 年 3 月,改名为江西乐平工业园区,下设党政办公室、招商部、经济发展部、规划建设部、财务部、安全环保部、劳动保障所、物业管理中心8个职能部室,编制数18人。

乐平市金山工业区

2008年6月,正式启动筹建,8月,成立景德镇陶瓷产业乐平基地党工委、管委会和乐平市陶瓷(机械)产业基地党工委、管委会,实行两块牌子一套人马,隶属乐平市政府正科级派出行政机构,行使基地范围内的产业规划、发展、服务和行政管理职能,下设基地建设部、招商部、财务部、党政办,核定编制13人。2010年3月,乐平市委、市政府对景德镇陶瓷产业乐平基地和陶瓷(机械)产业基地进行重新定位,确定以五金机械、电子信息、陶瓷新材料、光伏产业和高新技术产业为新的主攻方向,经乐平市委68次常委(扩大)会议研究,乐平市陶瓷(机械)产业基地管委会更名为乐平市金山工业基地管委会。6月,金山工业基地更名为乐平市金山工业区。

景德镇市志

（中）

1986—2010

景德镇市地方志编纂委员会 编

方志出版社
Publishing House of Local Records

中册目录

第十二篇　经济运行管理

第十三篇　对外开放

第十四篇　瓷　业

第十五篇　直升机与汽车制造

第十六篇　工　业

第十七篇　农牧渔业

第十八篇 林 业

第十九篇　商贸　供销

第二十篇　旅游业

第二十一篇　金　融

第二十二篇　税务　财政　审计

第二十三篇　体制改革

第十二篇　经济运行管理

第一章　计划管理

1986—2010年，随着经济改革发展，计划管理经历从计划经济、有计划的商品经济到市场经济的改革，传统的计划经济逐渐弱化，计划工作从具体、微观、指令性计划逐步转向战略性、政策性、指导性计划。计划管理增添利用外资计划、招商引资计划、安居工程计划等内容。这一时期，计划管理部门结合景德镇地区的实际，确定全市经济发展的速度和规模，制订国民经济和社会发展的中长期计划、五年计划和年度计划，加强对计划执行的调研、监督和检查。全市经济规模不断增长，陶瓷、旅游、汽车、机械家电、电子信息、生物技术和中医药产业等逐步发展成为特色产业集群和经济发展支柱。1986年，全市国内生产总值10.57亿元。至2010年达到461.5亿元，增长43.6倍，年均增长13%。全市人均地区生产总值由1986年的865元发展到2010年的29155元，增长33.7倍。地区生产总值人均超过24000元的小康目标值。

第一节　计划编制与执行

"七五"计划(1986—1990)

计划编制　主要目标。1986年4月，《景德镇市国民经济和社会发展第七个五年计划》确定经济发展的主要目标是：基本上奠定新的经济体制基础，在不断提高经济效益的前提下，以1980年为基数，至1990年实现国民收入和财政收入翻一番半，工农业总产值增长一番半，出口创汇翻一番，建成以陶瓷为主的外贸出口基地，并为90年代经济和社会的继续发展积蓄力量，人民生活开始由温饱型向小康型过渡。

具体完成20件大事。主要包括市区新建70万平方米住宅，乐平新建15万平方米住宅；高压输电线路通到各乡，小水电年发电量达到1000万千瓦时；安排6万城镇新增劳动力就业；新建1个电视演播厅和6座卫星地面接收站，增加3个频道电视节目；新建2个年吞吐量为40万吨的货运码头和1个中心客运码头等。

主要经济指标。到1990年，国民生产总值17亿元，年均增长15.4%；工业生产总值年均增长8.58%；农业生产总值年均增长10.49%；国民收入15亿元；市县工农业总值15.4亿元；第三产业生产总值4.7亿元；财政收入2.11亿元，年均增长7.3%；出口创汇7000万美元；社会商品零售总额9亿元；人口自然增长率7.5‰；粮食产量5亿千克，年平均增长3.14%；棉花产量35万担；高压电瓷105万吨；釉面砖800万平方米；合成氧1万吨；配混合饲料9万吨；棉纱2万吨；电动机30万千瓦。

执行结果　"七五"期间，各项主要计划指标基本符合景德镇市实际，执行情况总体良好，经济结构有明显的改善，外资、外贸工作取得满意成果，经济得到增长。但也存在经济体制改革存在急于求成，有些计划指标偏高的问题，出口创汇指标没能完成，20件实事也有一部分未能实现。物价上涨幅度较大，农业综合能力薄弱、基础差，抗御自然灾害功能不全。企业亏损多，经济效益下降，一些企业停工半停工，产品结构急需调整。陶瓷出口创汇十年徘徊，低于1982年3202万美元。财政调控能力弱，缺乏有效的宏观调控手段，全市治理整顿的任务艰巨。

“八五”计划(1991—1995)

计划编制　主要目标。1991年3月,《景德镇市国民经济和社会发展十年规划和“八五”计划纲要草案》确立“八五”期间的战略目标是:在努力提高国民经济整体素质的前提下,按照国民生产总值比1980年翻两番、“振瓷都声誉、创一流水平”的要求,基本实现人民生活达到小康水平。并确定实现上述目标的5个重点是继续实施农业开发总体战,促进农村内部的产业结构调整,加速农村劳动力的转移,发展农村商品经济;围绕调整结构,提高效益这一中心,加快工业的改组、改造和联合,发挥群体优势,增长发展后劲;突出抓好陶瓷工业,着力发展一批高技术、高效益新兴产业;加速科技进步,加快人才培养,促进生产力的不断进步;大抓基础设施的改善,为扩大对外开放创造良好的条件。

主要经济指标。到1995年,实现社会总产值50亿元,平均年增长率8%;国民收入21亿元,年均增长率8%;全市工农业总产值33亿元,年均增长率8.12%;财政收入3.6亿元,年均增长率8.4%,陶瓷出口创汇4000万美元,年均增长率8.4%;社会商品零售总额14.47亿元,年均增长率12%;农民人均纯收入968元,年均增长率10%,国民生产总值24亿元,年均增长率8.2%。1995年年末人口139万人,人均国民生产总值1727元。

1993年5月29日,市十届人大常委会第六次会议通过《关于调整景德镇市“八五”计划若干指标的建议》,即国民生产总值、工农业总产值、外贸出口总值、乡镇工业产值、社会劳动生产率等主要指标提前两年实现原定“八五”计划目标。

执行结果　主要经济指标提前一年完成。农村经济结构大幅调整,工业快速发展,城乡市场繁荣,人民生活水平逐步提高,改革开放成效显著,总体经济水平跃上新台阶,科技、教育和各项社会事业得到发展。全市经济体制改革取得重大进展,经济体制格局和运行机制发生深刻变化。建立现代企业制度。通过“一厂两制”“一厂多制”、嫁接外资,改造老企业。通过租赁经营、责任承包和改组改造等措施,对国合商业小型企业及国有工业中小型企业,特别是陶瓷工业企业国有民营,对集体及乡镇企业股份合作等改革试点,推进企业改革深层次发展。财税、金融、投资、外汇、价格和流通等宏观体制改革进展顺利,生活保障、城镇住房等一系列配套改革不断完善和健全。

“八五”时期,第三产业比重上升,主要行业繁荣兴旺。第三产业增加值完成20.11亿元,占国民生产总值比重由1990年的31%上升到1995年的37%。流通领域日益活跃,市场供应充裕,消费水平提高。全市社会消费品零售总额由1990年的6.42亿元增加到1995年的16.71亿元,平均递增21.08%。人民生活水平有新的提高。1995年,全市农民人均纯收入1655元,比1990年增加996元,平均增长20.22%;城镇居民人均生活费收入2950元,比1990年增加1890元,平均增长22.72%。与此同时,城乡居民储蓄大幅度增长,由1990年的6.98亿元增加到1995年的23.21亿元,城乡居民的居住条件逐年改善,1995年,城镇居民人均居住面积8.64平方米,农民人均居住面积20平方米,全市人民生活质量和生活环境日益改善。

“九五”计划(1996—2000)

计划编制　主要目标。全面完成现代化建设的第二步战略部署,实现国民生产总值比1994年再翻一番,即比1980年翻三番。人民生活从总体上达到小康水平,初步建立社会主义市场经济体制,进一步巩固和扩大具有瓷都特色的外向型经济。基本实现“振瓷都声誉,创一流水平”的宏伟目标,为迈向第三步战略目标奠定良好基础。远景目标:到2010年实现人均国民生产总值比2000年翻一番,社会生产力、综合实力、人民生活水平再上一个大台阶。基本形成比较完善的社会主义市场经济体制,社会主义精神文明和民主法制建设取得明显进展,实现经济和生活的可持续发展,使景德镇成为沿长江带和环鄱阳湖经济带率先崛起的中心城市和现代化瓷都。

主要经济指标。到2000年,实现国民生产总值80亿元(按1990年价格计算),年平均递增14.5%,考虑物价涨幅为135亿元;财政收入11亿元(按当年价格计算),年递增17%;消费品零售总额43亿元,年平均增长20%;外贸出口总值2亿美元,其中陶瓷出口1亿美元;农民人均纯收入3000元,年均增长13%,城镇居民人均生活费收入6000元,年均增长16%;城镇居民人均居住面积9平方米,农村居住钢筋砖木结构住房面积25平方米;商品零售价格总指数上涨幅度年均控制在7%左右。人口自然增长率控制在8‰左右。

执行结果　2000年，国内生产总值达到93.8亿元，比“八五”时期末的54.11亿元增加39.7亿元，比1995年增长73.4%。其中第一产业增加值12.5亿元，比1995年增长45.31%。第二产业增加值48.7亿元，比1995年增长88.2%。第三产业增加值32.6亿元，比1995年增长80.1%。主要农产品在种植面积调减8000公顷的情况下，粮食产量仍达43.8万吨，保持正常年份的产量。油料、肉禽蛋、水产品、水果等都有不同程度的增产。其他经济作物特别是蔬菜、茶叶的产值在农业产值中比重进一步增大。主要工业产品产量完成和超额完成年度计划，其中日用瓷4.4亿件，无氟压缩机96万台，印刷机械3000吨，汽车10万辆，得雨活茶45万千克。社会固定资产投资完成14.2亿元。基础设施建设完成较好，城市框架逐步拉开，九景高速公路顺利通车，提升景市的区位优势。外贸采取国外、境外、市外“三外”并举的方针，加大招商引资和外向经济联系的力度，全年出口总额(海关口径)3642万美元，其中陶瓷出口1763万美元。旅游业全年接待旅游人数2万人次。乡镇企业总产值33.67亿元，增长18.1%。财政总收入8.35亿元，其中地方财政收入4.36亿元。年末，金融机构各项存款余额85.23亿元，各项贷款余额84.78亿元，存贷保持良好的比例。农民人均纯收入2380元。城镇居民人均年可支配收入5100元。居民消费价格总指数升幅平衡，全社会消费品零售总额28亿元，城乡居民消费结构不断优化。

“十五”计划(2001—2005)

计划编制　主要目标。推进“重振瓷都雄风，建设经济实力较强的经济重镇，建设历史文化与现代化文明融为一体的江南旅游都市”的总体构想，经济实现持续较快增长，经济结构继续改善，城市面貌发生显著变化，初步形成“山水、生态、文化”的城市特色。经济增长速度预期为年均10%左右。到2005年，国内生产总值(按2000年价格计算)150亿元左右，人均国内生产总值9600元。财政总收入平均增长9%，至2005年达到12亿元。外贸出口总值到2005年突破5500万美元。全社会固定资产投资平均增长12%。

三次产业结构比重调整为8∶48∶44。陶瓷工业优化升级，新兴产业快速发展，旅游业形成新的重要产业，国民经济和社会发展信息化程度明显提高。基础设施进一步改善，农业产业化、市场化、城镇化进程不断加快，大城市框架基本形成。

科技、教育发展的主要预期目标为：科技创新能力增强，技术进步加快，高新技术产业化明显推进，信息化产业逐步形成。各级各类教育加速发展，全市统一实行“六三”学制，初中教育毛入学率为98%左右，高中阶段教育毛入学率超过60%以上，高等教育阶段入学率为20%左右。

可持续发展的主要预期目标为：人口自然增长率控制在年均9.5‰左右，总人口控制在150万左右(统计口径)。全市森林覆盖提高到63%，城市建成区绿化覆盖率达到36%。城市垃圾处理和城市污水集中处理得到明显改善。全市防灾、减灾能力不断增强。

提高人民生活水平的主要预期目标为：城镇居民人均可支配收入和农民人均纯收入年均分别增长8%和7%。城镇居民人均住宅建筑面积增加到25平方米以上，农村住宅基本实行砖混结构。有线电视入户率提高到90%，电话普及率提高到50%，城乡医疗卫生设施、文化设施和体育设施增加。社会风气和社会秩序明显好转。

重点工程项目。实施十大工程，即①景德镇高新技术产业开发区；②景德镇陶瓷旅游购物商城，包括景德镇中国陶瓷城、景德镇国际陶瓷旅游城等；③防洪工程，包括城市防洪二期、乐北联圩、镇桥联圩等；④市政工程，包括煤气扩改、第四水厂、宋家山垃圾处理场及下水道主干网络改造等；⑤城乡电网工程，包括西苑、大石口、洪岩110千伏输变电工程等；⑥城市内外道路建设，包括国道G206线改造、珠山西路延伸、广场南路、建设路、通站路、为宇路、站前路、景浮路、新涌乐战备公路、南山战备路、瑶里战备路等；⑦居民住宅小区建设，包括新枫小区、滨江小区等；⑧乐平金鹅山国家粮库扩建工程；⑨洪源小城镇建设；⑩湘湖示范村建设。积极争取五大项目，即①九景衢铁路；②高速公路(景黄和景常高速公路)；③中国景德镇陶瓷博物馆；④景德镇古窑址世界文化遗产；⑤浯溪口水利枢纽。

执行结果　2005年，主要经济指标完成为全市生产总值上升到193.1亿元，年均增长率达到13.8%，人均生产总值突破1500美元。国民经济三次产业结构比重调整为10.0∶52.7∶37.3。旅游业有较快发展，旅游总收入占全市生产总值的比重上升到10.9%。利用国外境外资金2.11亿美元，外贸出口稳步增长。

中心城区框架拉开,市区面积扩大到43平方千米,改造老城区里弄巷道69条,新建和改建城市道路81.4千米,建设5个大型市民活动广场。五年城镇居民人均可支配收入年均增长72%,农民人均纯收入年均增长51%,超过"十五"计划目标。十大重要工程进展顺利,大部分建设完成。

"十一五"计划(2006—2010)

计划编制　到2010年,全市生产总值(按2005年价格计算)390亿元,比2005年翻一番,年均增长13%。人均国内生产总值突破2800亿美元。财政总收入30亿元,年均增长13.5%。规上工业增加值122亿元,年均增长20%。城镇以上固定资产投资220亿元,年均增长20%。

经济结构调整目标为:到2010年,三次产业结构比重调整为6∶55∶39。农业现代化水平进一步提高,非农就业比重达到55%左右,工业增加值占全市生产总值的比重达到53%,服务业水平大幅提升,所有制结构、企业组织结构、技术结构和产品结构进一步改善。

统筹城乡发展的主要预期目标为:到2010年,景德镇市城区人口达到60万人,城镇化率达到56%以上,城镇布局更加合理,城镇功能全面提升,中心城市综合竞争力和辐射带动能力增强,建设社会主义新农村取得明显成效。

经济增长质量目标为:到2010年,资源利用效率显著提高,单位生产总值能耗比"十五"期末降低20%,单位工业增加值用水量降低30%,主要污染物排放总量降低10%,全社会研究与开发经费占全市生产总值的比重达到1.2%,科研成果向现实生产力转化步伐加快,科技进步对经济增长的贡献率达到50%以上,财政总收入占生产总值的比重稳步提高。

可持续发展能力目标为:到2010年,森林覆盖率62%,景德镇市城区绿化覆盖率达到45%以上,城市空气质量稳定在国家Ⅱ级标准,市县集中式饮用水源地水质达标率达到100%,重点工业污染源排放达标率达到100%,城市污水集中处理率达到80%,城市垃圾无害化处理率达到90%,工业固定废物处置利用率达到98%以上,人口自然增长率控制在8%以内。

提高人民生活水平目标为:到2010年,城镇居民人均可支配收入和农民人均纯收入年均分别达到14138元和5081元。城镇居民人均住宅建筑面积增加到30平方米,城镇居民人均绿地面积不少于9平方米,城镇登记失业率控制在4.5%以内,五年内城镇新增就业人数10万人。

公共服务体系建设目标为:确立"教育强市"发展目标,到2010年,全面实现义务教育普及提高目标,高中阶段毛入学率达到75%,力争80%,城镇居民平均受教育年限8.5年,食品安全监测抽检合格率达到95%,每千人口医院和卫生院床位数达到2.5张,社会保障体系比较健全,城镇职工基本养老保险、基本医疗保险和失业保险率分别达到91%、75%、90%。

执行结果　"十一五"期间,完成规划确定的各项主要目标和任务。主要经济指标增速高于全国、全省水平,生产总值、实际利用外资五年翻一番。财政总收入、规划以上工业增加值三年翻一番。固定资产投资、地方财政收入五年翻了两番多。陶瓷产业实现解困和重建。八大战略性新兴产业(太阳能光伏产业,LED半导体照明产业、航空制造产业、高新技术陶瓷及创意产业、生物和新医药产业、清洁汽车和动力电池产业、现代农业和有机食品、文化及创意产业)现雏形。城市面貌发生显著变化,中心城区面积扩大一倍多,城市功能不断完善,空气、水质和森林覆盖率等生态指标居全省前列,基本建成一个集山水、生态、文化为一体、具有特色的宜居城市。全市城镇化率由53%提高到58.6%。国企改革成果显著,医药卫生体制、投资、财税、金融、价格、林权制度、政府机构等改革步伐加快。出口总额比"十五"末期增长5倍多。新型农村合作医药制度全面实施。城镇居民人均可支配收入和农村人均纯收入比"十五"期末分别增长89.7%和81.7%。

第二节　综合经济指标

国内生产总值与财政收入

"七五"时期(1986—1990)　1990年,实现国内生产总值19.9亿元,比1985年增长209.57%,年均增长

15.9%。工农业总产值32.4亿元(按当年价格计算),比1985年增长49%,年均增长8.3%,其中工业总产值25.2亿元,年均增长10.2%。农业总产值7.2亿元,年均增长2.9%。轻工业发展较快,1990年总产值13.2亿元,年均增长14.6%。1990年,实现财政收入2.1亿元,比1985年增长90.9%,年均增长13.8%。

“八五”时期　生产总值由1990年的19.9亿元上升到1995年的52.1亿元,按可比价格计算平均每年增长21.2%。工农业总产值由32.5亿元上升到91.4亿元,按可比价年均增长23%。社会消费品零售总额由6.4亿元上升到18.3亿元,年均增长23.4%。财政总收入由2.1亿元上升到2.5亿元,年均增长3.5%。“八五”期间,县市财政实现当年收支平衡。农业总产值由1990年的7.2亿元上升到1995年9.7亿元,年均增长6.1%。全市粮食总产量由1990年的46.39万吨下降为1995年的45.6万吨,棉花由1099吨下降为716吨,油料由1.5万吨上升到2.7万吨,增加1.2万吨。猪类总产量由2.3万吨上升到5万吨,增加2.8万吨。

“九五”时期　生产总值在提前五年实现比1980年翻两番的基础上,2000年达93.8亿元,比1995年净增41.7亿元,按可比价计算,年均增长12.5%,超出全省平均水平近两个百分点。财政总收入达4.4亿元,比1995年净增1.9亿元,年均增长12%。社会消费品零售总额达30.7亿元,年均增长10.9%。2000年,辖区内工业总产值130.2亿元,其中地方工业产值47.56亿元,工业增加值达到3亿元。第三产业由传统的商饮服务业扩展到旅游、金融、保险、信息和社区服务等行业,当年第三产业增加值达到32.6亿元,按可比价计算,年均增长12.5%。

“十五”时期　生产总值平均增长率达到13.8%,比“九五”时期的年平均增长率提高2.7个百分点,由95.3亿元上升到193.1亿元。人均生产总值突破1500美元。第二产业由54.3亿元上升到101.7亿元,工业园区的聚集效应开始显现。2005年,财政收入达到8.4亿元。第三产业中旅游业有较快发展,旅游总收入占全市生产总值的比重上升到10.9%。

“十一五”时期　全市地区生产总值年均增长14.9%,2010年全市实现地区生产总值461.5亿元,人均生产总值达到4270美元,比2005年净增2713美元。财政总收入38.8亿元。全市旅游接待总人数由2005年的585.6万人次上升到1324.6万人次;旅游总收入由21亿元上升到66.6亿元。

固定资产投资

“七五”时期(1986—1990)　以国有投资为主,民间投资尚未形成规模。全社会固定资产投资完成额达到11亿元,超过计划指标,比“六五”时期增加5.2亿元。投资结构调整有一定进展,基础产业、基础设施建设和更新改造投资增加,比重上升。其中1990年比1985年第一产业增加2.1亿元,第二产业增加4.1亿元,第三产业增加4.2亿元。

“八五”时期　启动招商引资,基础设施和企业技改等重点建设力度加大,全社会固定资产投资由“七五”时期的11亿元上升到“八五”时期的42亿元,其中国有经济投资由2.2亿元上升到6.9亿元,集体和个体投资由0.14亿元上升到0.17亿元。五年累计完成投资相当于“六五”和“七五”总和的2.5倍。

“九五”时期　交通、水利、电力、通信、城建等基础设施建设快速发展。“九五”期间,抓住国家实施积极财政政权机遇,实施一批国债项目,全社会固定资产投资累计完成52.8亿元,比“八五”累计新增10.8亿元,增长26%,其中国有经济完成投资11.3亿元,集体经济完成投资0.6亿元。城市框架逐步拉开,路网工程、旧城改造、市场建设成效显著。城市防洪体系一期工作竣工,提高抵御自然灾害的能力。凤凰山国家粮库扩建工程初步验收,浮梁以工代赈水毁耕地修复项目近收尾。与此同时,宋家山垃圾处理场、第四水厂、国道G206线改造等项目开工,全市基础设施的“瓶颈”制约逐步得到缓解。

“十五”时期　以招商引资、项目推进为主线,投资总额保持高速增长态势。2005年,完成全社会投资88.4亿元,比2000年增长6.2倍,年均增长44%。5年累计完成投资276.107亿元,是“九五”完成额的5.2倍。新建1个22万伏,2个11万伏变电站和1个日供10万吨自来水厂,建设5个大型市民活动广场,人居环境明显改观。获得中国优秀旅游城市和江西省园林城市、江西省卫生城市等称号,国家园林城市通过国家建设部考核验收,城市面貌发生显著变化。

“十一五”时期　坚持新型工业化和城镇化“双轮”驱动,大力招商引资,实施项目推进。2010年,完成全社会固定资产投资424亿元,比2005年增长4.8倍,年均增长37%。民营投资成为全市投资的主体,当年实际完成投资314.5亿元,占全社会投资额的74.2%,比2005年增长128%。基础设施和房地产开发投资得到强化,全年完成房地产开发投资29.3亿元,占全部投资的7%,比2005年增长183%。景德镇纳入鄱阳湖生态经济区范围,成功争取比照东北老工业基地和西部大开发、国家资源型城市、创新型城市、服务业综合改革配套试点城市等一批重要政策,景德镇电厂、机场和高速公路等一批重大项目顺利实施,铁路、大型水利枢纽工程等重大基础设施项目前期工作顺利推进,为全市经济社会发展提供有力支撑。

对外开放

“七五”时期(1986—1990)　全市批准利用外资项目3个,合同外资金额3230万美元,实际使用外资814万美元,引进大量的技术、设备、人才和先进的管理方法。陶瓷出口总值持续增长,1990年2520万美元比1985年增长40%,年均增长7.1%。

“八五”时期　对外开放取得新进展。外贸出口和利用外资增长,累计利用外资15亿美元,平均每年增长30%。出口商品由过去的2~3类发展到13大类上千个品种,出口商品累计创汇3亿元,比“七五”期间增长50%,出口到亚洲、欧洲、非洲等100多个国家和地区。1995年全市接待境外旅游者1.28万人,为1990年的2倍多,旅游创汇315万美元,为1990年的10倍。

“九五”时期　外商投资领域进一步拓宽,对外经济技术交流更为广泛,2000年实际利用外资1160万美元,合同外资金额1130万美元。出口商品结构进一步调整优化,实现由主要出口粗加工产品向主要出口精加工、深加工产品转换,陶瓷、茶叶、农副产品出口进一步巩固,一批机电等工业制成品及深加工和高技术产品出口得到开发。全市外贸出口总值2000年达到2亿美元,比1995年增长8倍,年平均递增55%。

“十五”时期　开放型经济发展加快,5年共利用境外资金2.11亿美元,外贸出口稳步增长,“三外”资金成为支撑经济发展的重要力量。2005年,全市外贸出口8152万美元,同比增长23.1%。巩固了陶瓷、医药、花工、家电等商品出口,拓展了汽车、民用直升机、印刷机械、电子、碳黑、茶叶出口。

“十一五”时期　对外开放继续扩大,招商引资成效显著,2010年实际利用外资77599万美元,“十一”时期年增速达到18.9%,增速高于全省水平。外贸出口5年累计出口17.6亿美元,比“十五”期末增长五倍多,2010年达7.8亿美元。引进3000万元以上项目145个,实际引资239.7亿元,比“十五”期末增长458.6%。

城乡居民收入

“七五”时期(1986—1990)　1990年城镇居民人均可支配收入1170.69元,比1985年增长107.5%,年均增长15.7%。农民人均纯收入878.4元,比1985年增长93%。城乡居民储蓄余额7亿元,比1985年增加5.2亿元。

“八五”时期　1995年全市农民人均纯收入2179元,比1990年增加1301元。城镇居民人均生活费收入3160元,比1990年增加1990元,扣除价格因素,城乡居民收入平均每年分别增长19.9%和22%。城乡居民储蓄存款33.4亿元,比1990年翻了两番多。随着居民收入的大幅度增加和实行每周5天的新工作制,居民的消费结构正在发生变化。景德镇罗家机场的建设和电话机的增加,改善了市民出行和通信条件。

“九五”时期　2000年,城镇居民人均可支配收入和农民人均纯收入分别为5097元和2942元,分别比1995年增加1937元和763元。城乡居民储蓄存款余额85.2亿元,年均增长20.6%。随着城乡居民生活水平提高,消费结构开始发生变化,人均粮食、肉、蛋、奶类消费量大幅提高,城镇、农村居民人均居住面积分别达到16.06平方米和27.88平方米。

“十五”时期　社会消费品零售总额由58.3亿元增加到140.4亿元,年均增长19.5%;城镇居民人均可支配收入由8779元增加到16657元;农民人均纯收入由3589元增加到6521元,超过“十五”计划目标;社会保障工作进一步加强,居民最低生活保障标准提高到170元/月,其中“三无”(城镇“三无”人员是指城镇居民中无劳动能力、无生活来源、无赡养人和扶养人,或者其赡养人和扶养人确无赡养能力或者扶养能力的老年人、残疾人)人员提高到190元/月。各项储蓄存款达175.02亿元,同比增长11.3%。各项储蓄贷款余额达122.18亿元,同比增长5.86%。

“十一五”时期 人民生活显著改善,民生工程扎实推进,住房建设进展顺利。城镇人均住宅建筑面积达到30以上平方米,社会保障标准不断提高,城镇登记失业率达到时3.2%,比“十五”下降0.2个百分点。城乡居民收入大幅度提高,城镇居民人均可支配收入2010年达到16657元,在“十一”时期年增长13.7%。农民人均纯收入2010年达到6521元,在“十一”时期年增长12.7%。

科教文卫

“七五”时期(1986—1990) 全市拥有中国直升机设计研究所、轻工业部陶瓷工业科学研究所、江西省陶瓷研究所等独立科研机构11个,获科技成果421项。全市拥有高等院校6所、中等专业学校10所,普通中学107所,小学602所,教学点691个。全市有文化站、文化中心63个,遍布城乡;文博机构较为健全,市属单位4个,县属单位2个,文物管理体系较为完备。卫生事业稳步发展,拥有278个卫生机构,4000余张病床,5000余名卫生工作者,市一级医疗卫生单位发展到14个,综合医院3个。

“八五”时期 全市基本普及初等义务教育,城镇和经济较为发达的乡村普及初中教育,高等教育和成人教育得到长足发展,1995年大中专生达到6962人。卫生事业有新的发展,人民的健康水平进一步提高。人口增长与1990年相比,人口出生率下降了近6个千分点。

“九五”时期 九年义务教育基本普及,非义务教育快速发展。2000年,小学适龄儿童入学率达到99%,小学毕业生升入初中的比例达到95%,初中阶段适龄儿童少年入学率达到95%;全市城镇基本满足幼儿接受教育的要求,农村大多数地区实施一年学前教育。大中专生在校人员达1.1561万人,广播、电视覆盖率分别达到86.2%和92%,丰富人民的精神文化生活。

“十五”时期 “十五”期末,全市各级各类学校在校学生数达到27.66万人。景德镇陶瓷学校新校区首期工程基本建成。全市统一实行“六三”学制,小学适龄儿童入学率达到100%,初中阶段教育毛入学率达到98%,高中阶段教育毛入学率超过60%,高等教育阶段入学率达到20%。科技创新能力增强,高新技术产业化明显推进,信息产业化逐步形成。

“十一五”时期 社会事业全面进步,教育事业快速发展,城乡医疗卫生服务体系不断完善,计划生育、文化广电、体育、民主法治和精神文明建设不断加强,社会和谐稳定。“十一”时期电视覆盖率分别达到99%,高中阶段教学毛入学率达到75.2%,人口增长率达到7.73‰,全市城镇化率由53%提高到58.6%。

表12-1-1 **1986—2010年景德镇市国民经济主要指标统计表** 单位:亿元、元

年份	国内生产总值	第一产业	第二产业	第三产业	全社会固定资产投资	财政收入	财政支出	银行存款余额	银行贷款余额	居民消费价格指数	农民人均纯收入	城镇居民人均可支配收入
1986	10.6	2.4	5.7	2.5	1.9	1.45	1.41	5.92	8.12	107	382.00	704.16
1987	12.4	2.5	6.4	3.4	2	1.65	1.38	6.96	10.19	108.2	421.00	778.66
1988	14.7	2.6	8.2	4	2.6	2.02	1.73	7.89	11.96	123.8	504.00	990.97
1989	17	3.1	9	4.9	2.1	2.27	1.84	8.57	13.72	118	556.80	1065.77
1990	19.9	4.4	9.2	6.3	2.3	2.13	1.82	10.5	17	104.1	659.02	1170.69
1991	21.9	4.6	10.2	7.1	3.2	2.2	1.8	13.3	21.5	105.3	685.71	1372.63
1992	27.4	4.7	13.2	9.5	5.3	2.4	1.9	17.4	28.9	107.1	792.20	1510.45
1993	33.5	5.1	16.8	11.6	12.7	3.0	2.1	20.6	33.2	117.2	938.46	1815.64
1994	42.7	6.9	20.5	15.2	13.3	2.0	2.6	25.7	39.8	125.9	1315.24	2442.09
1995	52.1	8.6	25.4	18.1	7.6	2.5	3.4	33.4	47.2	117.9	1655.28	3159.73
1996	61.7	9.8	30.7	21.2	8.9	3	4.0	41.5	58.7	107.6	1989.57	3796.11

续表 12-1-1

年份	国内生产总值	第一产业	第二产业	第三产业	全社会固定资产投资	财政收入	财政支出	银行存款余额	银行贷款余额	居民消费价格指数	农民人均纯收入	城镇居民人均可支配收入
1997	70.3	10.5	35.9	23.8	9.3	3.5	4.9	52.8	68.5	102.4	2218.89	4045.85
1998	77.7	10.3	41.4	26	9.2	3.8	5.0	59.3	77.6	101.5	2199.38	4202.93
1999	82.8	10.9	42.5	29.3	11.1	4.1	6.1	80.1	96.4	99.7	2330.55	4537.45
2000	93.8	12.5	48.7	32.6	14.2	4.4	7.1	85.2	84.8	102.3	2379.44	5096.61
2001	104.5	13.2	54.3	37	17.7	4.8	8.4	101.1	95	99.4	2427.79	5535.99
2002	118.8	14.7	61.9	42.2	28.7	5.3	10.1	117	108.2	100.4	2513.17	6351.36
2003	143.4	16	76.1	51.3	53.6	6.6	12.2	136.9	120.2	101.9	2665.63	6992.76
2004	166.7	17.9	86.3	62.5	87.8	7.7	14.4	157.2	137	103.2	3226.98	7693.38
2005	193.1	19.3	101.7	72.1	88.4	8.4	18.3	175	122.2	101.2	3589.43	8779.38
2006	224.8	20.8	121.6	82.4	88.9	9.7	21.6	204.3	135.1	101.7	3954.19	9961.87
2007	261.9	24.3	147.1	90.4	108	11.9	28.4	218.5	131.6	103.9	4472.36	11640.16
2008	322.4	30.4	188.2	103.8	222.3	18.5	40	249.7	137.2	105.8	5253.89	13583.19
2009	364	33.6	212	118.4	315.7	24.3	57.7	319.1	179.1	100	5705.28	14996.39
2010	461.5	38.1	280.5	142.9	424	38.8	77.9	400.9	227	103	6520.60	16657.04

说明:①1986—1990 年,财政收入与支出为预算内。②1994 年,开始实行分税制的税制改革,以后的“财政收入”与其中的“工商税收”不含中央收入,与历史资料不可比。③2001—2010 年,财政收入不含中央两税收入。④产值为统计口径

主要年份市民经济活动

1986—2010 年中每隔 5 年的相关资料中,分别选其 1 天和 1 年的社会经济数据对比,记录全市经济运行变化发展脉络。

表 12-1-2　　1985—2010 若干年份景德镇市每天主要社会经济活动统计表

项目	单位	1985 年	1990 年	1995 年	2000 年	2005 年	2010 年
生产总值	万元	260	544	1482	2610	5304	12645
工业总产值	万元	425	691	2669	3567	5742	18760
农业总产值	万元	171	198	265	281	839	1578
财政总收入	万元	30	58	69	119	231	1062
原煤	吨	5659	6000	10689	4455	4062	6600
水泥	吨	368	287	684	2219	5030	14723
发电量	万千瓦/小时	301	245	264	418	673	609
自来水	万吨	7	12	13	10	9	14
日用瓷	万件	82	100	94	125	167	737
粮食	吨	1174	1271	1249	1197	1348	1576

续表 12－1－2

项目		单位	1985	1990	1995	2000	2005	2010
油料(含油茶籽)		吨	23	41	71	61	14	81
肉类产量		吨	39	65	151	115	126	156
水产品		吨	10	14	30	39	47	76
全市每天消费量	最终消费	万元	176.24	345.36	809.41	1258.59	2440.35	5706.16
	居民消费	万元	143.35	292.97	776.57	1113.58	2099.23	4696.17
	农村居民消费	万元	71.08	148.16	346.10	449.26	621.34	1516.86
	城镇居民消费	万元	72.27	144.81	430.47	664.32	1477.89	3179.31
	政府消费	万元	32.89	52.40	32.84	145.02	341.12	1009.99
	能源消费	万吨标煤	—	—	—	—	—	0.79
	社会消费品零售总额	万元	112.20	175.80	457.87	769.58	1597.30	3845.90

表 12－1－3　　**1985—2010 年若干年份景德镇市主要经济指标统计表**

项目		单位	1985 年	1990 年	1995 年	2000 年	2005 年	2010 年
地区生产总值		元	786	1521	3946	6365	12596	29155
财政总收入		元	91	163	394	567	959	3287
地方一般预算收入		元	91	163	185	305	550	2397
年末居民储蓄存款		元	148	534	2071	3920	8019	15375
主要农产品产量	粮食	千克	356	355	333	306	321	356
	棉花	千克	1.27	0.84	0.52	0.40	0.30	0.90
	油料	千克	6.85	11.51	19.86	15.50	10.60	18.30
	茶叶	千克	1.43	2.09	1.65	1.60	1.38	2.51
	水果	千克	0.81	1.45	2.20	2.80	4.20	6.10
	肉类	千克	11.93	18.27	40.10	28.50	29.90	35.10
	水产品	千克	3.08	3.89	7.85	9.90	11.30	17.30
主要工业产品产量	发电量	千瓦时	912	684	704	1066	1603	1375
	原煤	千克	1714	1678	2845	1137	967	1490
	水泥	千克	111	80	182	566	1198	—
	自来水	吨	21.89	0	36	25.3	27.33	31.58

说明:每人年平均水平

第三节　主要建设项目计划

工业类项目

“七五”期间(1986—1990)　工业项目有景德镇市陶瓷技术改造、特种陶瓷开发、氧化铝纺织瓷、无烟煤矿改造、光明瓷厂煤气隧道窑、陶瓷窑具厂人工合成莫来石制作窑具、景德镇焦化煤气厂工程、乐平化肥厂技术改造、卫生洁具厂建设、市电瓷电器公司高强度绝缘棒工程、景德镇陶瓷厂改扩建工程、景波机械厂高低铬铸钢磨球生产线、市陶瓷装饰材料厂年产80万平方米釉面砖技术改造。

“八五”期间　工业建设项目有高效液体复合肥生产线、市焦化煤气厂基建工程、市焦化煤气厂民用煤气工程、“4369”工程、景德镇华意电器总公司无氟缩机生产线、景澳陶瓷厂建设、九九九厂的微波介质器件技术改造工程、红旗瓷厂还原焰燃焦炉煤气隧道窑、景华无线电器材厂压电送授话器换能片生产线、中美安得生蓄电池有限公司、陶瓷“八五”第一期技改、江西化纤厂涤纶长丝技改、黎明制药厂技改、华峰瓷业有限公司磨光砖生产线、景德板鸡技改工程、昌河飞机工业公司引进新车型技改工程、蛇垄22万伏变电所工程。

“九五”期间　工业项目有罗家机场扩建、蛇垄22万伏变电所、国营897厂“双加”工程薄膜介质可变电容器生产线、国营999厂电子陶瓷生产线、电力调度中心、彩板门窗生产线、昌河年产7万辆微型车技改工程、一塑汽车配件生产线、雕塑瓷厂特艺陶瓷生产线、昌河汽车涂装生产线、德宇板鸡生产线、江西电化厂氯化亚砜及其配套设施、无氟压缩机200万台扩改、中国瓷都洁具厂、华意冰箱第三期改造。

“十五”期间　工业建设工程有华意年产第200万台无氟压缩机、400吨/小时级循环流化床锅炉技改工程、昌河602所先期保障条件建设、昌河飞机技改及配套建设、昌河汽车防撞设备和新车型、昌河汽车零部件项目、中景胶印机厂房、宇宙瓷业有限公司60米轻体隧道窑、焦化煤气管道工程、江维微晶玻璃。

“十一五”期间　工业建设工程有昌河直升机生产线扩改、602所直升机研发、富祥药业生产线、阿古斯特直升机生产线、江西锦溪水泥日产4500吨熟料生产线、景航锻铸高新技术及机械项目、开门子集团干熄焦生产线、海畅法蓝瓷公司三期建设、神飞特陶氧化铝陶瓷生产线、特地陶瓷、景德镇乐华建陶、景德镇金意陶建陶、光伏多晶硅、金龙化工、乐平矿务局沿沟和涌山矿矿井机械化改造、长虹机电。

基础设施项目

“七五”期间(1986—1990),被列入主要基础设施建设的项目有室外游泳场工程、珠山中路西段拓宽改造、景德镇市吕西公路改造、洋湖水厂建设、珠山钟塔工程、观音阁水厂扩建工程、洎阳大桥、凰岗梯级枢纽工程、昌江渠化工程、鲇鱼山枢纽电站工程、观音阁水厂5000吨清水库扩建工程、瓷都大道(国道G206线市区段)工程、新村北路建设工程、清溪大桥、广场北路建设工程、新村北横路立交桥、乐平李家岭立交桥、沿江东路货运码头通道混凝土路面改造工程、珠山中路钢结构人行立交桥项目。

“八五”期间,有乐平李家岭立交桥工程、景德镇市罗家机场扩建工程、景德镇电厂技改扩建工程、瓷都大桥及连通道路、国道G206线罗家段改线、昌江两岸改造、珠山西路延伸、九景高速公路、景德镇火力发电厂铁路专用线、白景线改造、洋湖水厂二期扩建工程。

“九五”期间,有珠山西路延伸100米、瓷都大桥、石岭至洪源一级汽车公路暨洪源大桥、九景高速公路、110千伏城北变电站、瑶里公路、城市防洪工程、市第四水厂、汽车客运中心、站前路珠山中路建设、宋家山垃圾处理场、城防工程第一期、乐平马家水厂扩建工程。

“十五”期间,有宋家山垃圾处理场、中国联通景德镇基站建设、移动通信枢纽大楼、小灵通电信工程、第四水厂(省重点工程)、珠山西路延伸工程、国道G206线洪源至扬家岭公路改造、广场南路改造、珠山西路延伸、浙江路、站前路、迎宾路、一江两岸绿化改造、白鹭大桥、景德大道、南河路网工程、市区排水管网改造及污水处理、景德镇污水处理厂、城市防洪工程、景德镇环城公路南环段工程、景婺黄高速公路、金岭大道、玉源大道、昌江大桥大修加固工程、昌江河道综合整治。

“十一五”期间,有景婺黄(常)高速公路、景鹰高速、乐平至上饶(乐平段)一级公路、景德镇市湘湖—涌山—官庄一级公路、陶瓷工业园主干道、景德大道东段、景德镇绕城高速公路湘湖至丽阳段、中华北路延伸、市城市防洪与一江两岸改造、浮梁县樟树坑水电站、景德镇污水处理厂、景德镇城区供水管网改造、景东大道、白鹭大桥、吴乐秧二级公路改造工程、三龙220千伏变电站工程、中华北路延伸、景德镇高新园区基础设施建设、景德镇电厂“上大压小”项目、景德镇机场改扩建工程。

商贸旅游项目

“七五”期间，被列入主要商贸旅游的项目，有人民公园“烟波楼”、物资贸易中心大楼、合资宾馆、陶瓷历史博览区“明闾”和“博雅园”工程、祥集弄3号明代建筑维修工程、广场小商品市场、人民广场。“八五”期间，有林荫大道及景东招商场、瓷贸大厦建设工程、雕塑瓷厂“明青园”。“九五”期间，有景德镇宾馆3号楼改造、太阳岛开发、金昌利广场、瓷贸大厦、商业大厦、陶瓷大市场、高新开发区一条街、一汽集装箱中转站、市房产交易综合楼、南门头商贸城、陶瓷一条街。

“十五”期间，有陶瓷工业园、锦绣昌南中国瓷园、中国陶瓷馆、海慧花园、国贸广场、高新技术开发区工程、财富大厦、紫晶宾馆、豪德贸易广场、浮梁古城门楼修复工程、现代物流园区。“十一五”期间，有御窑遗址博物馆、景德镇中国陶瓷博物馆、瑶里虎头岗至景德镇公路改造、市农贸城批发大市场、德宇龙山国家城市森林公园、瑶里国家级历史文化名镇保护及开发建设、瓷都国际华城、乐平工业园区、高岭遗址保护、植物园、生态园。

社会民生项目

“七五”期间（1986—1990），被列入主要社会民生的项目有新建和改造市区23座公共厕所、市老干部活动中心工程、市第四人民医院工程、市保健院综合楼、凤凰山粮油中转储备库工程、云门公园、光明电影院立体声多功能电影院、第一医院手术中心。“八五”期间，有百花宾馆、市聋哑学校教学大楼、广播电视中心建设、南山公墓、市按摩院门诊大楼、中小学危房改造。“九五”期间，有南门头旧城改造、沿江东路旧城改造、公路分局综合楼、曙光苑住宅区、三河示范楼、梨树园小区、广播电视中心、劳动卫生职业病防治所、陈家街两侧旧城改造、滨江小区扩建、信华商贸城、珠山中路旧城改造、小黄家弄旧城改造。“十五”期间，有第十二中学综合楼、安居工程新枫园小区、安居工程梨树园小区、体育中心、富春花苑小区、海慧花园工程经济适用住宅小区、中山北路旧城改造、人民广场改造工程。

“十一五”期间，有体育中心、植物园、斗富弄街区改造、戴家弄街区改造、广场南路开发工程、梨树园小区、市妇幼保健院综合大楼，市一中和二中综合教学楼、乐平矿务局采煤沉陷区综合治理、安居苑工程（廉租住房）、市二院手术住院综合楼、湖田小区经济适用房建设、市妇幼保健院综合大楼、市光明电影院改造、新五中整体搬迁、煤矿棚户区改造。

第四节　管理机构

市发展和改革委员会

1986—1995年，称景德镇市计划委员会。2002年10月，更名为景德镇市发展计划委员会。2005年4月，改组为景德镇市发展和改革委员会。内设办公室、综合计划科、固定资产投资科、工业计划科、交通和能源科、社会事业科、农村经济科、利用外资科、设计审查科、市重点工程建设办公室、市农业区划委员会办公室、市场调控科、商品价格管理科、收费管理科、驻京联络办公室、产业政策科、经济体制改革科、重大项目稽察办公室。行政编制45人，事业编制7人。

2010年11月，市政府机构调整，市发展和改革委员会内设办公室、国民经济综合科、固定资产投资科、资源节约和环境保护科、交通运输协调科、社会发展科、农村经济科、地区经济科、利用外资科、产业协调科、经济体制综合改革科、设计审查科、价格调整管理科、收费管理科、重大项目稽查办公室、市能源局、市重点工程建设办公室。行政编制49人，后勤服务编制7人。领导职数设1正4副。

县区机构

乐平市发改委　1984 年 2 月,乐平县计划委员会成立,1992 年更名为乐平市计划委员会。内设基建管理股、人事秘书股、综合股、农业区划股,行政编制 11 人,事业编制 2 人。

2002 年 10 月,乐平市计划委员会更名为乐平市发展计划委员会,乐平市物价局并入市发展计划委员会,为内设机构,对外保留乐平市物价局牌子。内设人事秘书股、综合股、固定资产投资股、农村经济股(市农业区划委员会办公室)、市场调控股。物价局价格管理股、收费管理股也并入发计委机关办公。机关共有行政编制 19 人、事业编 3 人。下属事业单位有物价检查所、价格认证中心、农产品成本调查队、乐平市信息中心。

2005 年 4 月,乐平市发展计划委员会更名为乐平市发展和改革委员会,内设人事秘书股、综合股、投资股。7 月,市物价局升格为正科级,为市政府直属机构,归口市发展和改革委员会管理。

2010 年 9 月,乐平市发展和改革委员会增挂乐平市粮食局、乐平市物价局牌子,为市政府工作部门,行政编制 9 名。内设机构有人事秘书股(行政审批股)、综合规划股、产业发展股、固定资产投资股。粮食局内设机构有人事秘书股、规划统计股、行业管理股、监督检查股(行政审批股)、财务审计股,机关行政编制 8 人。物价局内设机构有人事秘书股(行政审批股)、收费管理股、价格管理股、价格监测调控股、价格成本调查监审队。机关行政编制 20 人。

浮梁县发改委　1989 年,浮梁恢复县治,原两区计划委员会合并为县计划委员会。1994 年,县计划委员会与县经济贸易委员会合并为县计划与经济贸易局,1996 年分设,县农业利用外资办公室并入县计划委员会,下设农业利用外资办公室、经济技术合作办、经济信息中心 3 个事业单位。2000 年,经济技术合作办职能划归县经济贸易委员会。

2002 年,县计划委员会改称县发展计划委员会。同年年底,县物价局并入县发展计划委员会,其下属价格监督检查局(原称物价所)、价格认证中心 3 个事业单位整建制划归县发展计划委员会。2004 年 8 月,设立县政务信息网络管理中心。2005 年 4 月,县发展计划委员会改组为县发展和改革委员会,下设办公室、综合股、工农业发展股、投资管理股、产业政策股、经济体制综合改革股、收费股、价格股 9 个职能股室,行政编制 18 人(含机关工勤编制 2 人)、事业编制 21 人(其中自收自支事业编制 2 人)。

2010 年 10 月,县政府机构改革,县发展和改革委员会为县政府工作部门,县粮食流通行政管理、行业指导和县级储备粮油管理工作职责、能源管理的职责划入县发展和改革委员会。内设办公室、综合股、固定资产投资股、环境保护和资源节约股(浮梁县以工代赈办公室)、工农业股、经济体制综合改革股、重点工程办公室、价格调控股(副食品价格基金调节办公室)、价格管理股(价格成本调查队)、收费管理股、粮食局(副科级)等 11 个职能股室,行政编制 28 人(含粮食局 13 人),机关工勤事业编制 4 人,事业编制 12 人。

昌江区发改委　1984 年 4 月,区政府调整工作机构,工业交通局与计划统计局合并为区经济计划委员会。1996 年,区对外协作办公室并入区经济计划委员会,为内设机构。区物价局归口区经济计划委员会。撤销区二轻局,职能并入区经济计划委员。

2002 年,区经济计划委员分拆设立区发展计划委员会、区经贸委。区物价局归口发展计划委员会。2004 年 4 月,成立昌江区政务信息管理中心,核定事业编制 5 人,归属区发展计划委员会。2005 年,区发展计划委员会改组为区发展和改革委员会。

2010 年 10 月,区发展和改革委员会为区政府工作部门,能源管理的职责划入区发展和改革委员会。区物价局改为区发展和改革委员会内设机构(副科级、对外保留区物价局牌子)。机关行政编制 4 人。

珠山区发改委　1986 年,称区经济计划委员会。1987 年 8 月,设立区对外经济技术协作办公室(与区经济计划委员会合署办公)。1988 年 2 月,设区经济体制改革委员会。1994 年 5 月,区经济体制改革委员会从区经济计划委员会折出,实行单列。1996 年 8 月,区经济体制改革委员会与区政府办公室合署办公,区计划委员会与经济贸易委员会合署办公,区物价局归口区计划委员会,设立区经济贸易委员会。2010 年,内设国民经济和社会发展办公室、经济贸易综合管理办公室、物价局、信息中心、党政办公室,机关行政编制 6 人,机关后勤服务编制 1 人。

第二章　经济结构

1986—2010年，景德镇市注重不断调整，优化经济结构，增强经济发展的活力和整体实力，促进经济健康、协调、快速发展。在产业结构上，第一产业比重逐步下降，内部结构不断优化，第二、第三产业比重逐步上升，第二产业优势产业地位更趋明显，内部结构日趋合理，生产规模日益扩大，支柱产业逐步形成，社会生产力、综合力、人民生活水平再上一个台阶。进入21世纪，农业现代化水平进一步提高，非农比重达到55%，服务业水平大幅度提升，所有制结构、企业组织结构、技术结构和产品结构进一步改善。基本形成比较完善的社会主义市场经济体制，实现经济的可持续发展。

第一节　产业结构

"三产"结构

"七五"时期（1986—1990）　景德镇市三大产业结构由1986年的24∶57∶25变化为1990年的22.5∶46.2∶31.5，第三产业比重提高10.48个百分点。1986年，全市社会总产值19.63亿元，工农业总产值14.91亿元。1990年，全市社会总产值达到37.1亿元，比1985年增长56.55%，年均递增9.38%。国内生产总值18.87亿元，增长58.79%，年均递增9.69%。

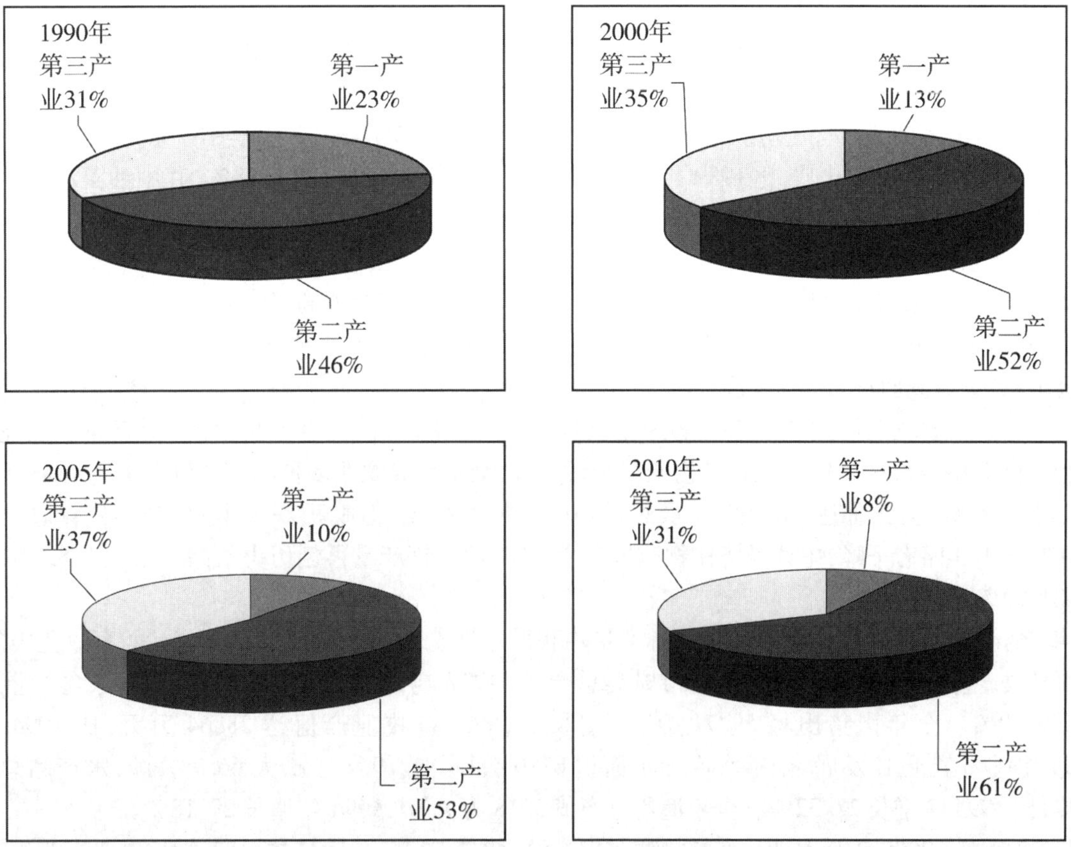

图12-2-1　景德镇市三次产业构成示意图

“八五”时期　三大产业结构由1990年的22.5∶46.2∶31.5变化为1995年的16.6∶48.7∶34.8。第一产业比重逐步下降,第二产业比重一步提高,工业增加值比重由1990年的37%提高到1995年的39%。全市国内生产总值达54.11亿元。农村经济结构调整迈出较大步伐,畜牧、水产和林业快速增长。

1995年全市多种经营产值占农业总产值的四分之三,农村非农产值占农村社会总产值的三分之二。工业结构调整取得明显进展。工业总产值由1990年的25.4亿元上升到1995年的81.8亿元,平均每年递增26.4%。

“九五”时期　提出“突出主攻工业主旋律,强化农业基础地位,进一步繁荣以商业为主的第三产业”,优化产业结构。三大产业比例由1995年的16.6∶48.7∶34.8变化为2000年13.3∶51.9∶34.8,第二产业比重提高3.2百分点。2000年,全市完成国内生产总值95.3亿元,增长10.1%。其中第一产业实现增加值10.6亿元,增长3.4%。第二产业完成增加值48.7亿元,增长12.1%。第三产业完成增加值36亿元,增长8.4%。

“十五”时期　三大产业结构由2000年的13.3∶51.9∶34.8调整为2005年的10.0∶52.7∶37.3,第三产业比重继续提高,2005年比2000年提高2.5个百分点。

“十一五”时期　三大产业结构由2005年的10.0∶52.7∶37.3调整为2010年的8.3∶60.8∶31.0,第二产业比重继续提高,2010年比2005年提高8.1个百分点。

农业结构

“七五”时期(1986—1990)　在国民收入的部门构成中比重超过20%,农业人口为87.47万人,占全市人口的66.52%,全市耕地面积64280公顷,其中水田53680公顷,农村劳动力39.87万人。“七五”期间农业投入明显增加,1985—1990年用于农林水气的基本建设投资累计达2160万元,比“六五”期间增长1.68倍,水利设施相继配套。全市有效灌溉面积52947公顷,其中旱涝保收面积42129公顷,分别占耕地面积的82.37%和65.54%。1990年,全市农业机械总动力达23.55万千瓦,农村全年用电量4627万千瓦时,化肥施用量65193吨。

同年,农业基础地位加强,科技兴农取得新的成效。全市农业总产值30112万元,首次突破3亿元大关,比1986年增长4.63%,比1985年增长15.62%。粮棉油全面增产,粮食创历史最高水平,总产量达46.38万吨,比1989年增长8.27%,比历史最高年份的1984年还增长5.04%,其中早稻产量达19.42万吨,增长20.54%。油料总产达15026吨,比1989年增长39.25%,比1985年增长81.98%,其中油菜籽比上年增产81.62%,达10605吨,比1985年增长1.29倍,年递增17.98%。

“八五”时期　1995年年末,全市共有乡、镇(场)63个,农业人口89.99万人,农村劳动力44.34万人,耕地面积63813公顷,其中水田53153公顷。年末全市拥有农业机械总动力25.82万千瓦,大中型拖拉机399台,农村全年用电6952万千瓦小时。化肥施用量8.65万吨,农用汽车1005辆,农田旱涝保收面积43820公顷,有效灌溉面积52773公顷。

同年,全市完成农业增加值8.54亿元,比上年增长7.7%,占国内生产总值的15.78%。农业总产值9.66亿元,比上年增长6.67%。农业结构调整步伐加快,全年完成农业多种经营产值6.9亿元,比上年增长9.56%,占农业总产值比重达71.46%。虽然早稻受灾损失严重,但晚稻获得丰收,全年粮食总产量仍达45.6万吨,比上年略有下降,主要经济作物产量有增有减,油菜籽产量再创历史最高纪录达1.82万吨,比上年增长21.25%。

同年,全市造林面积7173公顷。主要林产量均获得好收成,全年林业产值1.1亿元。畜牧业中“板鸡工程”继续显效,生猪饲养有较大发展。全市肉类总产量54927吨,比1994年增长26.4%,家禽产蛋量9185吨,增长9.99%。全年肉猪出栏59.71万头,增长32.9%,畜牧业产值达28864万元,比1994年增长21.36%。渔业生产迅速发展,全市水产养殖面积6180公顷,比1994年扩大66.7公顷,水产品总产量达10763吨,比1994年增长22.32%。全年渔业总产值5118万元,比1994年增长29.18%。

“九五”时期　2000年是农业生产结构调整年。深化农村改革、加大科技力度,加快农业产业进程,大力调整农业生产结构,农业领域产业结构日益优化,产值增长。农业总产值15.36亿元,比1999年增长1.4%。粮食产量在面积大幅度调减的情况下小幅减产,全年粮食播种面积89043公顷,比1999年调减8.1%,其中调减幅度较大的是早稻面积和二晚面积，分别调减16.5%和12.8%。粮食产量43.7万吨，比1999年减少1.9万吨、下降4.2%。林业产值1.28亿元，比上年下降2.7%。畜牧业产值4.14亿元，比1999年下降2.3%。肉类总产量4.19万吨，下降2.9%，生猪年末存栏43.7万头，下降0.9%。渔业产值达0.96亿元，比1999年增长6.4%，水产品达1.42万吨，比1999年增长6.4%。

“十五”时期　农业产业化步伐加快。全市新增省级龙头企业4家，2005年省级龙头企业实现销售收入13亿元，同比增长52%。农业产业结构进一步优化，蔬菜、茶叶、养殖三大主导产业规模不断壮大。乐平高效经济作物实现11.03亿元，占种植业的产值比重达到70.5%，比上年提高15.8个百分点。浮梁茶叶突破亿元大关，全年完成茶叶总产量3.36万担，总产值达1.03亿元。

2005年，全市完成农业总产值30.64亿元，在上年较高基础上增长6.0%。粮食生产在继上年创下单产历史新高、总产历史次高的基础上，克服严重旱灾影响，实现早稻增长4.4%，总产基本持平。当年全市粮食播种面积89367公顷，比2004年增加3000公顷，增长3.47%，粮食总产达4.92亿千克。

同年，林业产值1.76亿元，比2004年增长15.5%。畜牧业产值7.73亿元，比2004年增长3.48%，主要畜产品生产好转，全年肉类总产量4.58万吨，比2004年增长7.02%，生猪年末存栏39.07万头，比2004年下降0.95%，家禽存笼286万羽，比2004年增长5.54%。渔业产值1.91亿元，比上年增长9.82%。

“十一五”时期　2010年，全市完成农业总产值57.58亿元，与上年可比增长5.1%。全年粮食种植面积93370公顷，粮食总产量达57.53万吨，比2009年增长0.73万吨，增长1.3%。生产稳步发展，全市林业产值4.01亿元，可比增长6.5%，畜牧业产值14.89亿元，可比增长5.2%，渔业产值3.99亿元，农牧渔业服务业产值2.05亿元。

工业结构

“七五”时期（1986—1990）　瓷都工业改变传统单一陶瓷生产结构，逐步建成具有一定规模、门类比较齐全、包括陶瓷、机械、电子、建材、轻化等34个行业的工业体系。1990年在692个工业企业中，有大中型企业39个，全民所有制企业201个，集体及其他所有制企业491个，中央、省属企业24个，市属企业668个，拥有职工15.77万人。陶瓷工业是景德镇的传统工业的主体，国营陶瓷生产企业从生产由机械化向连动化和自动化方向发展。

“八五”时期　全市工业在继承和发扬瓷业生产这一传统优势产业的同时，发展与瓷业生产配套的基础工业和原材料工业，开拓机械、电子、建材、轻化、医药、航空等新兴产业。1995年，全市有乡及以上工业企业846个，其中大中型企业57个，国有企业271个，集体及其他所有制企业575个。轻工业企业467个，重工业企业379个，全市工业企业拥有职工16.15万人。新兴产业发展壮大，汽车、机械、电子、化工等新兴产业迅速崛起，成为瓷都经济的主要支柱。1995年，昌河牌汽车产量达2.54万辆，华意牌家用冰箱20万台、无氟压缩机40万台、空调器2.5万台，达到一定规模。在全国实施适度从紧宏观调控的大环境下，保持全市国民经济继续快速稳定增长。

“九五”时期　工业产业结构逐步优化，支柱产业壮大。2000年，在国有企业改革推动下，工业经济效益明显回升，资产贡献率进一步提高。昌河飞机工业公司以及部省属电子工业企业以市场为导向，积极调整产品结构，产销两旺，部省属工业企业完成产值53.35亿元，增长15.2%，产销率达96.78%。全市市县工业企业实现产值34.35亿元，增长12.3%。民营工业的迅速崛起，生产方式灵活，生产效益较高。

“十五”时期　华意公司与TCL成功合作；昌河直升机制造与汽车制造分离，军民品分业经营，昌河汽车独立执业；宇宙瓷厂实施政策性破产，景德镇瓷厂和华风瓷厂政策性破产项目列入国家计划。国有资产管理、监督、营运体系进一步完善，主攻工业初见成效。地方工业保持较快发展，呈现焦化、华意、中景、德宇、陶瓷股份等“五朵金花”以及高新开发区、乐安江工业园、浮梁工业园“三匹骏马”。

“十一五”时期　工业经济发展加快，效益逐年提高，企业数量增长。工业企业向园区聚集、乐平工业园以化工企业为主、景德镇陶瓷工业园以陶瓷企业为主，景德镇高新区以医药、光伏、电子、机械、航空、建材为主。园区工业发展势头强劲，工业产值占全市规模工业总产值的一半左右。

商贸服务业结构

“七五”时期(1986—1990)　1986年,国营商业和供销合作商品纯购进总额32.711万元,比1985年增长29.88%。其中工业品购进25.819万元,平均每年增长8.02%。商品销售大幅度上升,全市社会商品零售总额达49.277万元,比1985年增长11.81%,剔除物价上涨因素,实际增长4.98%。其中农民对非农业居民零售额达6.740万元,占社会商品零售总额比重由1985年的9.64%升到11.65%,为繁荣经济发挥积极作用。

1990年,国营和集体商业发挥主渠道作用,零售额50980万元,占社会商品零售额的71.48%,个体商业比重则保持在20%以上。全市外贸商品收购总额达21871万元,年均递增24.33%。陶瓷仍是景德镇出口的大宗商品,全年陶瓷实际出口2800万美元。

“八五”时期　1995年年末,全市拥有各种经济类型的零售商业、饮食、服务业机构网点15550个,从业服务人员41486人,平均每万人口拥有服务网点113个,服务人员301.4人,均比1994年增加。全市实现社会消费品零售总额16.71亿元,比1994年增长15.68%。农村市场增长幅度明显高于城市,县及县以下消费品零售额达4.13亿元,增长48.16%。

在多种经济类型的商业经营中,国有商业积极发挥主渠道作用,全年累计实现零售额5.94亿元,增长16.28%,高于全市总体增幅。非国有商业日趋活跃,零售额达10.77亿元,增长15.34%。农产品市场持续旺销,全年农民对非农业居民零售3.43亿元,增长50.14%。

1995年城镇居民人均生活费支出1376.3元,增长21.3%,城乡居民家庭耐用消费品拥有量继续增加,消费档次逐渐提高。城乡居民储蓄继续大幅度上升,城乡居民储蓄存款余额27.35亿元,比1994年增长33.09%,其中城镇居民储蓄23.2亿元,增长32.2%。农民储蓄4.15亿元,增长37.9%。储蓄居民居住条件进一步改善,1995年城镇居民人均房屋居住面积由1994年的7.94平方米增加到8.64平方米,农民人均住房面积由1994年的20.09平方米增加到23.5平方米。

1995年消费品零售价格总指数为114.7%,比上年回落5.7个百分点,实现物价涨幅控制在15%以内的调控目标。

“九五”时期　2000年,全市城镇居民人均可支配收入5097元,农村居民人均现金收入2379元,全社会消费的零售总额28.1亿元,比1995年增长68.2%。城乡集市交易额23.3亿元,比1995年增长46.5%。

“十五”时期　2005年,全市实现社会消费品零售总额58.3亿元,比上年增长19.5%,比2004年加快3.7个百分点,增速创1995年来新高。城市的零售额达47.34亿元,增长20.9%。县及县以下零售额为10.96亿元,比2004年增长13.46%,低于城市市场增幅7.44个百分点。饮食业增幅最高,达44.05%,增幅比批发零售高25.44个百分点。

消费拉动效应增强。城乡居民在住房、汽车、旅游、消费类电子通信产品、教育和文化体育休闲等方面消费成为热点,推动城市居民消费结构进一步升级。在全市生产总值增长中,消费增长的贡献率达56.8%,拉动GDP增长8.5个百分点。外贸出口总值为8152万元,比2004年增长23.1%。在出口产品结构方面,陶瓷出口总值达2184万美元,比2004年增长30.5%,占全部出口的比重达26.79%,比2004年提高1.5个百分点。

“十一五”时期　2010年,全市实现社会消费品零售总额140.37亿元,比2009年增长19.7%。城市消费品零售额119.51亿元,增长20.3%。县及县以下消费品零售额20.86亿元,增长16.3%。分行业看,批发业55.52亿元,增长21.5%;零售业56.94亿元,增长17.5%;住宿业1.1亿元,增长7.6%;餐饮业16.81亿元,增长21.6%。

全市外贸出口总产值达7.76亿美元,比2009年增长61.2%,总量再创历史新高。在出口产品中,陶瓷出口总值达3.08亿美元,比上年增长1.8倍,占全部出口总值的39.7%。利用外资快速增长,全市新审批外资项目23个,实际利用外资12136万美元,增长20.5%。全年引进3000万元以上项目145个,实际进资239.7亿元,同比增长45.2%。

表 12－2－1　　1985—2010 年若干年份景德镇市国民经济主要比例关系统计表　　单位:%

项目	年度	1985	1990	1995	2000	2005	2010
生产总值中三次产业比例	第一产业	25	22.35	15.98	11.13	9.8	8.25
	第二产业	53.38	46.16	46.86	51.11	52.5	60.78
	第三产业	21.62	31.49	37.16	37.76	37.7	30.97
社会从业人员	第一产业	29.78	33.13	29.89	27.32	27	28.04
	第二产业	19.33	20.37	23.41	26.77	28.3	32.98
	第三产业	9.33	13.03	17.51	24	29.7	35.96
农业总产值中农林牧渔比例	种植业	67.03	64.03	53.44	55.79	59.2	56.7
	林业	14.59	12.8	11.37	11.29	5.7	6.96
	牧业	15.9	20.22	29.89	25.46	25.2	25.85
	渔业	2.48	2.95	5.3	7.46	3.6	6.93
	农林牧渔业服务业	—	—	—	—	6.3	3.56
工业总产值中轻重工业比例	轻工业	41.82	52.38	45.32	30.24	24	30
	重工业	58.18	47.62	54.68	69.76	76	70
固定资产投资中三次产业比例	第一产业	2.16	2.6	0.1	0.09	1.6	1.81
	第二产业	73.23	80.64	43.4	42.48	32.8	78.48
	第三产业	13.27	6	36.81	41.78	65.6	19.71

表 12－2－2　　1990—2010 年景德镇市社会从业人员分布与构成统计表

年度	产业分布(万人)				构成(%)		
	小计	第一产业	第二产业	第三产业	第一产业	第二产业	第三产业
1990	66.53	33.13	20.37	13.03	49.80	30.62	19.58
1991	66.35	33.08	20.87	12.40	49.86	31.45	18.69
1992	66.16	32.36	21.82	12.52	48.91	32.16	18.93
1993	66.48	32.76	22.15	11.57	49.28	33.32	17.40
1994	68.47	30.11	22.99	15.37	43.98	33.58	22.44
1995	70.81	29.89	23.41	17.51	42.21	33.06	24.73
1996	71.23	30.82	23.74	16.67	43.27	33.33	23.40
1997	75.23	31.27	24.88	19.08	41.56	33.07	25.37
1998	74.93	29.37	25.61	19.95	39.20	34.18	26.62
1999	77.78	29.88	26.52	21.38	38.42	34.10	27.48
2000	78.09	27.32	26.77	24.00	34.99	34.28	30.73

续表 12-2-2

年度	产业分布(万人)				构成(%)		
	小计	第一产业	第二产业	第三产业	第一产业	第二产业	第三产业
2001	78.33	28.12	25.48	24.73	35.90	32.53	31.57
2002	78.50	26.70	25.98	25.82	34.01	33.10	32.89
2003	79.88	26.61	26.68	26.59	33.31	33.40	33.29
2004	84.09	27.11	27.77	29.21	32.24	33.02	34.74
2005	85.00	27.00	28.30	29.70	31.76	33.29	34.95
2006	87.28	27.40	29.0	30.88	31.39	33.23	35.38
2007	89.78	27.84	30.05	31.89	31.01	33.47	35.52
2008	92.37	28.17	31.21	32.99	30.50	33.79	35.71
2009	94.97	28.22	31.91	34.84	29.71	33.60	36.69
2010	96.98	28.04	32.98	35.96	28.91	34.01	37.08

第二节　工业经济结构

所有制结构

全民所有制　“七五”期间,全民所有制工业占主导地位。1986年,全市全民所有制企业184家,占全市乡及乡以上工业企业总数的25.48%,完成工业总产值(1980年不变价)9.02亿元,占全市乡及乡以上工业总产值的78.16%。1990年,全市全民所有制企业201家,比1986年增加17家,占全市工业企业总数29.05%,完成工业总产值(1980年不变价)13.42亿元,占全市乡及乡以上工业总产值78.3%,比1986年增加0.14个百分点。

“八五”期间,全民所有制工业仍然占主导地位。1991年,全市全民所有制企业190家,比1990年减少11家,占全市乡及乡以上工业总产值(1990年不变价)的79.58%。1995年,全市国有工业企业271家,比1990年增加70家,占全市乡及乡以上工业企业总数的32.03%,完成工业总产值44.49亿元,占全市乡及乡以上工业总产值的80.02%。同年,全市独立核算国有工业企业213家,比1990年增加45家,占全市独立核算工业企业总数的28.55%,完成工业产值(1990年不变价)42.35亿元,占全市独立核算工业总产值的83.65%。

“九五”期间,各类经济结构发生较大变化,国有企业数量逐步减少,但其主导地位依旧稳定。1996年,全市共有国有企业269家,占全市工业企业总数的31.46%;乡及乡以上国有工业完成产值(1990年不变价)44.48亿元,占全市乡及乡以上工业总产值的71.11%。2000年,全市独立核算工业共有国有企业121家,比1995年减少150家,占全部独立核算工业企业总数的24.25%;完成工业产值(1990年不变价)68.28亿元,占全部独立核算工业总产值的72.87%。

“十五”期间,国有企业数量比重变化不大,总量比重进一步下降。2001年,全市共有独立核算工业企业506家,完成产值(1990年不变价)146.86亿元;其中国有及国有控股企业126家,占全市总数的24.90%;完成产值93.30亿元,占全市总量的63.52%。2005年,全市共有规模以上工业企业249家,完成产值(现价)159.18亿元;其中国有及国有控股企业59个,占全市总数的23.69%;完成产值104.14亿元,占全市总量的65.42%。

"十一五"期间,国有企业改制进一步深化,国有企业数量减少,比重进一步下降。2006 年,全市共有规模以上工业企业 260 家,完成产值(现价)202. 91 亿元;其中国有及国有控股企业 76 家,占全市总数的 29. 23%;完成产值 137. 16 亿元,占全市总量的 67. 60%。2010 年,全市共有规模以上工业企业 413 家,完成产值(现价)684. 72 亿元;其中国有及国有控股企业 52 家,占全市总数的 12. 59%;完成产值 250. 22 亿元,占全市总量的 36. 54%。

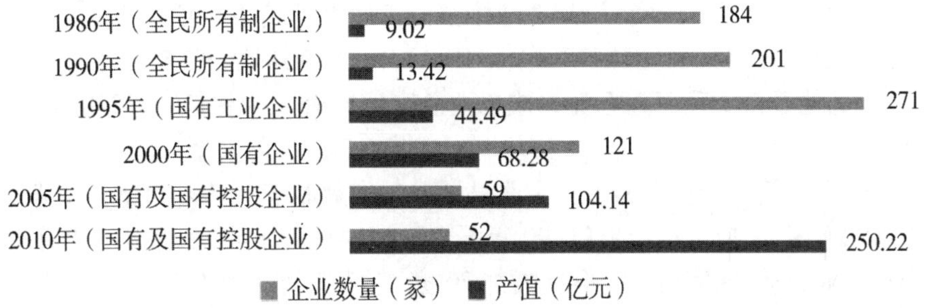

图 12－2－2　1986—2010 年景德镇市全民所有制企业及产值示意图

集体所有制　"七五"期间,集体所有制工业企业所占比重加大。1986 年,全市集体所有制工业企业 537 家,比 1985 年增加 45 家,占全市乡及乡以上工业企业总数 74. 38%,完成工业总产值(1980 年不变价)2. 51 亿元,占全市乡及乡以上工业总产值 21. 75%。1990 年,全市集体所有制工业企业 487 家,比 1986 年减少 50 家,占全市工业企业总数 70. 38%,完成工业总产值(1980 年不变价)5. 38 亿元,占全市乡及乡以上工业总产值 31. 39%。

"八五"期间,集体所有制工业企业所占比重下降。1991 年,全市集体所有制工业企业 494 家,比 1990 年增加 7 家,占全市乡及乡以上工业企业总数 71. 7%,完成工业产值(1990 年不变价)5. 28 亿元,占全市乡及乡以上工业总产值 19. 7%。1995 年,全市集体所有制工业企业 550 家,比 1990 年增加 63 家,占全市乡及乡以上工业企业总数 65. 01%,完成工业产值(1990 年不变价)7. 01 亿元,占全市乡及乡以上工业总产值 13. 64%。同年,全市独立核算集体所有制工业企业 509 家,比 1990 年增加 120 家,占全市独立核算工业企业总数的 68. 23%,完成工业产值(1990 年不变价)6. 78 亿元,占全市独立核算工业总产值的 13. 41%。

"九五"期间,集体所有制工业企业数量减少,工业总产值所占比重下降。1996 年,全市共有集体所有制工业企业 553 家,占全市工业企业总数的 64. 68%;乡及乡以上集体所有制工业企业完成产值(1990 年不变价)8. 21 亿元,占全市乡及乡以上工业总产值的 13. 12%。2000 年,全市独立核算工业共有集体所有制企业 314 家,比 1995 年减少 236 家,占全部独立核算工业企业总数的 62. 93%;完成工业产值(1990 年不变价)6. 70 亿元,占全部独立核算工业总产值的 7. 15%。

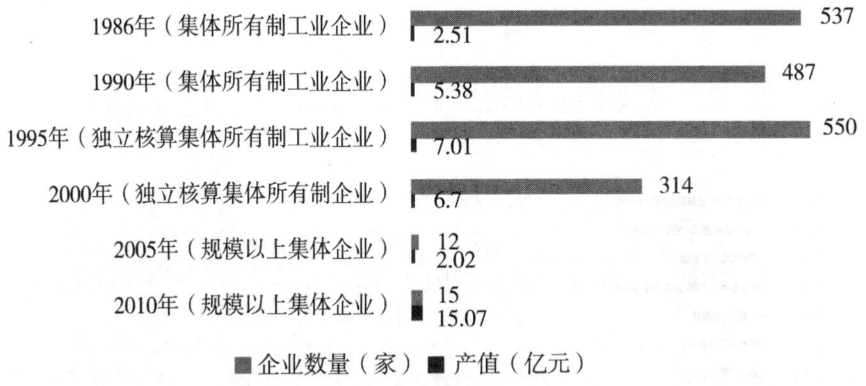

图 12－2－3　1986—2010 年景德镇市集体所有制企业及产值示意图

"十五"期间,集体所有制企业数量急剧减少,总量比重进一步下降。2001 年,全市独立核算工业共有集体所有制企业 311 家,占全市总数的 61. 46%;完成产值(1990 年不变价)5. 28 亿元,占全市总量的 5. 18%。

2005 年,全市规模以上工业共有集体企业 12 家,占全市总数的 4. 82% ;完成产值 2. 02 亿元,占全市总量的 1. 27% 。

“十一五”期间,集体规模以上工业企业平稳发展,产值占比略有上升。2006 年,全市规模以上工业共有集体企业 13 家,占全市总数的 5% ;完成产值 1. 41 亿元,占全市总量的 0. 69% 。2010 年,全市规模以上工业共有集体企业 15 家,占全市总数的 3. 63% ;完成产值 15. 07 亿元,占全市总量的 2. 20% 。

其他经济类型 “七五”期间,“三资”等其他经济类型工业企业萌生。1988 年,全市其他经济类型工业企业 2 家,完成工业产值(1980 年不变价)427 万元。1990 年,全市其他经济类型工业企业 4 家,比 1988 年增加 2 家,乡及乡以上其他经济类型工业企业完成工业总产值(1980 年不变价)1348. 5 万元,占全市乡及乡以上工业总产值 0. 79% 。

“八五”期间,“三资”等其他经济类型工业企业呈现蓬勃发展状态。1991 年,全市其他经济类型工业企业 5 家,比 1990 年增加 1 家,完成工业产值(1990 年不变价)1941. 1 万元,占全市工业总产值 0. 65% 。1995 年全市其他经济类型工业企业 24 家,比 1990 年增加 20 家,完成工业产值 1. 5 亿元,占全市乡及乡以上工业总产值 2. 92% ,比 1990 年增加 2. 13 个百分点。

“九五”期间,“三资”等其他经济类型工业企业数量上升,占全市工业比重进一步加大。1996 年,全市共有其他经济类型工业企业 33 家,占全市工业企业总数的 3. 86% ,乡及乡以上其他经济工业企业完成产值(1990 年不变价)9. 86 亿元,占全市乡及乡以上工业总产值的 15. 77% 。2000 年,全市独立核算工业共有其他经济类型工业企业 64 家,是 1995 年的 2. 67 倍,占全部独立核算工业企业总数的 12. 83% ;完成工业产值(1990 年不变价)18. 72 亿元,占全部独立核算工业总产值的 19. 98% ,比 1995 年增加 17. 06 个百分点。

“十五”期间,非公有制经济发展迅速,成为全市工业增长亮点,形成以股份制、私营为主导的所有制结构。2001 年,全市独立核算工业共有非公企业 89 家,占全市总数的 17. 59% ;完成产值(1990 年不变价)76. 93 亿元,占全市总量的 75. 44% 。2005 年,全市规上工业共有非公企业 190 家,占全市总数的 76. 31% ;完成产值(现价)111. 84 亿元,占全市总量的 70. 26% 。

“十一五”期间,非公有制经济发展提速,工业呈现多种经济成分竞相发展格局。2006 年,全市规模以上工业共有其他经济类型企业 171 家,占全市总数的 65. 77% ;完成产值(现价)64. 34 亿元,占全市总量的 31. 71% 。2010 年,全市规模以上工业共有其他经济类型企业 346 家,占全市总数的 83. 78% ;完成产值(现价)419. 43 亿元,占全市总量的 61. 26% 。

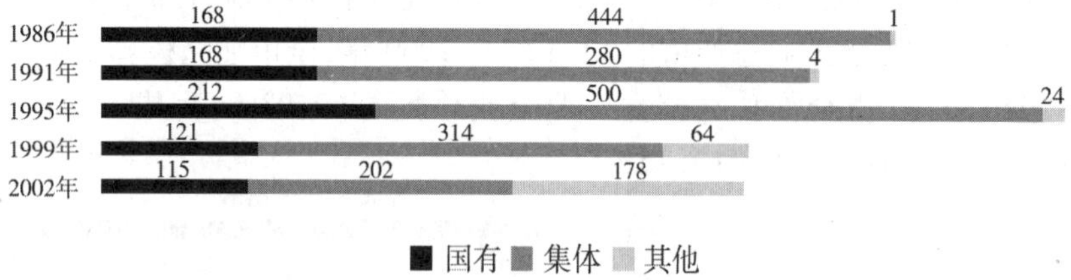

图 12-2-4 1986—2002 年景德镇市多种所有制独立核算工业企业构成示意图

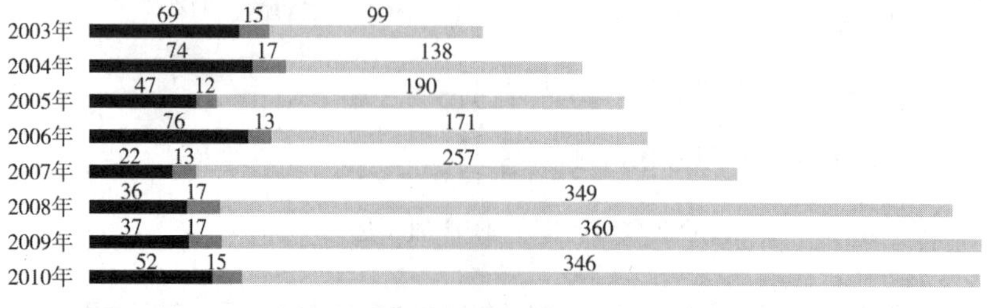

图 12-2-5 2003—2010 年景德镇市多种所有制规模以上工业企业构成示意图

轻重工业结构

轻工业　“七五”期间，全市轻重工业结构较为均衡。1988—1990 年，轻工业在全市乡及乡以上工业产值中的比重略高于重工业。1986 年全市轻工企业 408 家，占全市工业企业 56.51%，完成工业总产值（1980 年不变价）5.37 亿元，占全市乡及乡以上工业总产值 46.53%。其中，以农产品为原料工业企业 181 家，完成工业产值 1.33 亿元；以非农产品为原料工业企业 227 家，完成工业产值 4.04 亿元。1990 年，全市轻工企业 385 家，比 1986 年减少 23 家，占全市工业企业 55.64%，完成工业总产值（1980 年不变价）9.18 亿元，占全市乡及乡以上工业总产值 53.54%。其中，以农产品为原料工业企业 175 家，完成工业产值 1.78 亿元；以非农产品为原料工业企业 210 家，完成工业产值 7.4 亿元。

“八五”期间，轻工业在工业经济中的比重不断下降。1991 年，全市轻工企业 379 家，占全市工业企业 55.01%，完成工业产值（1990 年不变价）13.03 亿元，占全市乡及乡以上工业总产值 48.63%。其中以农产品为原料工业企业 169 家，完成工业产值 2.62 亿元；以非农产品为原料工业企业 210 家，完成工业产值 10.41 亿元。1995 年，全市轻工企业 467 家，比 1990 年增加 82 家，占全市工业企业 55.2%，完成工业产值（1990 年不变价）19.98 亿元，占全市乡及乡以上工业总产值 38.88%。其中，以农产品为原料工业企业 244 家，完成工业产值 3.93 亿元；以非农产品为原料工业企业 223 家，完成工业产值 16.05 亿元。

“九五”期间，轻工业比重进一步下降。1996 年，全市轻工企业 411 家，占全市工业企业 48.07%，完成工业产值（1990 年不变价）18.89 亿元，占全市乡及乡以上工业总产值 30.21%。其中以农产品为原料工业企业 221 家，完成工业产值 4.96 亿元；以非农产品为原料工业企业 190 家，完成工业产值 13.94 亿元。2000 年，全市轻工企业 237 家，比 1995 年减少 230 家，占全市工业企业 47.49%，完成工业产值（1990 年不变价）18.55 亿元，占全部独立核算工业总产值 19.79%。其中，以农产品为原料工业企业 116 家，完成工业产值 5.21 亿元；以非农产品为原料工业企业 121 家，完成工业产值 13.33 亿元。

“十五”期间，轻工业稳步发展，比重有所提升。2001 年，全市独立核算轻工业企业 238 家，完成工业产值（1990 年不变价）17.95 亿元，占全市独立核算工业企业总产值 17.6%。2005 年，全市规模以上轻工业企业 99 家，占全市规上工业企业数 39.76%；完成工业产值（现价）40.23 亿元，占全市规模以上工业总产值 25.27%。

“十一五”期间，轻工业稳步增长。2006 年，全市规模以上轻工业企业 100 家，占全市总数的 38.46%；完成产值（现价）54.52 亿元，占全市总量的 26.87%。2010 年，全市规模以上轻工业企业 166 家，占全市总数的 40.19%；完成产值（现价）205.12 亿元，占全市总量的 29.96%。

重工业　“七五”期间，1986 年，全市重工业企业 314 家，占全市工业企业 43.49%，完成工业总产值（1980 年不变价）6.16 亿元，占全市乡及乡以上工业总产值 53.37%。其中采掘工业企业 50 家，完成工业总产值 0.54 亿元；原料工业企业 45 家，完成工业产值 1.22 亿元；制造工业 219 家，完成工业产值 4.4 亿元。1990 年，全市重工业企业 307 家，比 1986 年减少 7 家，占全市工业企业 44.36%，完成工业总产值（1980 年不变价）7.96 亿元，占全市乡及乡以上工业总产值 46.46%。其中，采掘工业企业 54 家，完成工业总产值 0.76 亿元；原料工业企业 47 家，完成工业产值 1.62 亿元；制造工业 206 家，完成工业产值 5.59 亿元。

“八五”期间，重工业迅速发展。1991 年，全市重工业企业 310 家，占全市工业企业 44.99%，完成工业总产值（1990 年不变价）13.76 亿元，占全市乡及乡以上工业总产值 51.37%。其中采掘工业企业 55 家，完成工业总产值 1.3 亿元；原料工业企业 51 家，完成工业产值 3.21 亿元；制造工业 204 家，完成工业产值 9.25 亿元。1995 年，全市重工业企业 379 家，比 1990 年增加 72 家，占全市工业企业 44.8%，完成工业总产值（1990 年不变价）31.41 亿元，占全市乡及乡以上工业总产值 61.12%。其中，采掘工业企业 67 家，完成工业总产值 2.08 亿元；原料工业企业 72 家，完成工业产值 5.64 亿元；制造工业 240 家，完成工业产值 23.69 亿元。

“九五”期间，重工业企业数量减少，但占全市工业比重从 1996 年的七成提升到 2000 年的八成，全市进入重工业时代。1996 年，全市重工业企业 444 家，占全市工业企业 51.93%，完成工业总产值（1990 年不变价）43.65 亿元，占全市乡及乡以上工业总产值 69.79%。其中采掘工业企业 94 家，完成工业总产值 2.50 亿元；原料工业企业 103 家，完成工业产值 8.94 亿元；加工工业 247 家，完成工业产值 32.21 亿元。2000 年，全市重工业企业 262 家，比 1995 年减少 117 家，占全市工业企业 52.51%，完成工业总产值（1990 年不变价）

75.16亿元,占全部独立核算工业总产值80.21%。其中采掘工业企业63家,完成工业总产值2.71亿元;原料工业企业53家,完成工业产值12.62亿元;加工工业146家,完成工业产值59.83亿元。

“十五”期间,重工业仍为全市工业经济的主导。2001年,全市独立核算重工业企业268家,完成工业产值(1990年不变价)84.02亿元,占全市独立核算工业总产值82.4%。2005年,全市规模以上重工业企业150家,占全市规上工业企业数60.24%;完成工业产值118.95亿元,占全市规上工业总产值74.73%。全市轻重工业产值结构比25.27∶74.73。

“十一五”期间,重工业发展平稳,依然主导全市工业经济。2006年,全市规模以上重工业企业160家,占全市总数的61.54%;完成产值(现价)148.39亿元,占全市总量的73.13%。2010年,全市规模以上重工业企业247家,占全市总数的59.81%;完成产值(现价)479.61亿元,占全市总量的70.04%。

表12-2-3　　1986—2010年景德镇市轻重工业结构变化统计表

年份	轻工业产值(亿元)	重工业产值(亿元)	比重(%)		年份	轻工业产值(亿元)	重工业产值(亿元)	比重(%)	
			轻工业	重工业				轻工业	重工业
1986	5.37	6.16	46.57	53.43	1999	16.54	67.52	19.68	80.32
1987	6.55	7.03	48.23	51.77	2000	18.55	75.16	19.80	80.20
1988	8.21	8.02	50.59	49.41	2001	17.95	17.6	50.5	49.5
1989	8.73	7.93	52.40	47.60	2002	18.46	88.65	17.24	82.76
1990	9.18	7.96	53.56	46.44	2003	23.66	89.1	20.98	79.02
1991	13.03	13.76	48.64	51.36	2004	26.31	102.55	20.42	79.58
1992	15.85	16.75	48.62	51.38	2005	40.23	118.95	25.27	74.73
1993	17.67	22.96	43.49	56.51	2006	54.52	148.39	26.87	73.13
1994	20.99	29.21	41.81	58.19	2007	83.47	187.18	30.84	69.16
1995	19.98	31.41	38.88	61.12	2008	119.77	274.14	30.41	69.59
1996	18.89	43.65	30.20	69.80	2009	143.04	349.56	29.04	70.96
1997	22.03	53.98	28.98	71.02	2010	205.12	479.61	30	70
1998	21.18	74.24	22.2	77.8					

说明:1. 1986—1990年工业产值按1980年不变价计算,1991—2001年按1990年不变价计算,2002年以后按现价计算。
2. 1986—1998年为乡及乡以上工业产值,1999—2001年为独立核算工业产值,2002年以后为规模以上工业产值

行业结构

“七五”期间,全市初步建成具有一定规模、门类比较齐全的工业体系,共分布在36个子行业中。“七五”时期末,全市采掘、食品、机械、电子、含陶瓷在内的建材、医药化工等六个较大规模的行业,实现乡及乡以上工业总产值18.76亿元,占全市乡及乡以上工业总产值的83.12%。

“八五”期间,全市机械、电子、建材、医药化工、航空等新兴产业迅速崛起,成为全市经济的主要支柱。采掘、食品、机械、电子、含陶瓷在内的建材、医药化工等六大行业,在工业经济中比重逐年提高,1995年实现乡及乡以上工业产值50.52亿元,占全市乡及乡以上工业企业的92.29%。

“九五”期间,全市进入国有企业改革攻坚期。行业结构进一步调整优化,特别是陶瓷行业,在“九五”后期逐步走出谷底,呈现恢复性增长势头。2000年,全市食品、陶瓷、机械制造、电子、医药化工等五大行业,实现独立核算工业产值72.46亿元,占全市独立核算工业总产值82.62%。

“十五”期间,随着全市国有企业改革推进,宇宙瓷厂等陶瓷企业实施政策性破产,4321厂、859厂、602厂、713厂等大批部省属国有企业改制,行业结构不断调整,陶瓷产业、电子行业在工业经济中比重逐渐下

降。2004 年,直升机制造与汽车制造分离,昌河军民品分业经营,昌河汽车开始独立执业。以昌飞公司为代表的航空行业和以昌河汽车为代表的汽车行业逐步成为全市的支柱产业。2005 年,全市陶瓷、电子、机械制造、医药化工、食品等五大行业,实现规模以上工业产值 131.21 亿元,占全市规模以上工业总产值的 82.43%;完成工业增加值 38.03 亿元,占全市规模以上工业增加值的 77.61%。其中,医药化工行业完成工业增加值 17.4 亿元,航空汽车行业完成工业增加值 8.52 亿元,陶瓷行业完成工业增加值 2 亿元,食品行业完成工业增加值 2.4 亿元,电子行业完成工业增加值 1.72 亿元。

"十一五"期间,化工医药、航空汽车、机械家电三大行业,分别保持全市第一、第二、第三大行业地位;陶瓷行业迅速发展。2006 年,全市机械家电、航空汽车、化工医药、电子信息、陶瓷、食品、电力能源等七大支柱行业蓬勃发展,全年完成工业产值 173.19 亿元,同比增长 16.19%,占全市规模以上工业产值的 89.11%。在七大支柱行业中,化工医药产业完成工业产值 58.31 亿元,同比增长 25.07%,成为比重最大的行业;航空汽车行业完成工业产值 55.99 亿元,同比增长 10.16%,排第二大行业;机械家电产业完成工业产值 25.7 亿元,同比增长 23.42%,排第三大行业;陶瓷工业完成工业产值 8.11 亿元,同比增长 25.8%;电子信息行业完成产值 4.44 亿元,同比下降 24.7%。2007 年,全年完成工业产值 228.76 亿元,同比增长 23.66%,占全市规模以上工业总产值的 85.16%。其中,陶瓷、电力能源、食品等三大行业产值保持 30% 以上的增长速度。2008 年,七大支柱行业完成工业产值 342.68 亿元,占全市规模以上工业产值比重近 9 成,为 89.96%。其中,陶瓷工业实现工业产值翻番,完成 39.48 亿元,同比增长 102.52%;航空汽车行业发展相对缓慢,实现产值 67.8 亿元,同比增长 4.12%;其他五大行业工业产值均保持两位数增长。2009 年,全市促进主导产业集聚发展,工业生产态势趋好。至 2010 年,陶瓷工业实现产值赶超机械家电行业,完成 92.44 亿元,同比增长 34.55%,成为全市第三大行业。全年七大支柱行业完成工业产值 589.88 亿元,占全市规模以上工业产值的 86.04%。除电力能源行业增长缓慢外,其他六大行业产值均保持两位数增长,特别是陶瓷、化工医药、电子信息三大行业,产值增速均超过 25%。

表 12-2-4　**2010 年景德镇市七大支柱行业规模以上工业企业主要经济指标统计表**　单位:个、万元

指标	企业单位数	工业总产值	主营业务收入	利税总额
机械家电业	31	707330	705590	42752
航空汽车业	33	1070202	1175304	65618
化工医药业	81	2413510	2356410	174683
电子信息业	23	153628	149138	12678
陶瓷工业	112	924364	906151	82268
食品工业	41	303546	290293	19580
电力能源业	22	326224	297080	44411
总　计	343	5898804	5879966	441990

表 12-2-5　**2010 年景德镇市规模以上工业企业分行业主要经济指标统计表**　单位:个、万元

指标	企业单位数	工业总产值	工业增加值	主营业务收入	利税总额
煤炭开采和洗选业	11	113484.4	39620.4	95314.5	14015.3
黑色金属矿采选业	3	25987.7	7017.1	23065.3	3005.8
有色金属矿采选业	6	56651.3	17686.1	56042.5	3277.2
非金属矿采选业	7	41832.7	7937.5	41184.5	2472.2
农副食品加工业	16	129048	22983.3	122649.2	9813

续表 12－2－5

指标	企业单位数	工业总产值	工业增加值	主营业务收入	利税总额
食品制造业	6	53143.3	10636.2	51001.3	2636.5
饮料制造业	15	123224.1	37413.8	119488.6	9322.2
纺织业	4	35833.9	6867.8	30917.8	3370.1
纺织服装、鞋、帽制造业	4	28439.3	4861.5	27562.7	1626.7
皮革、毛皮、羽毛(绒)及其制品业	1	6011.3	1783.7	5817.6	570.1
木材加工及木、竹、藤、棕、草制品业	5	37810.4	7614.6	37431.8	4062.1
家具制造业	4	68394.5	11373.1	65392.7	5364.2
造纸及纸制品业	11	79038.4	16529	76453.5	6569
印刷业和记录媒介的复制	3	17385.1	4421	17178.7	2063
石油加工炼焦及核燃料加工业	3	809283.1	125013.3	810665.9	46873.6
化学原料及化学制品制造业	53	1274083	275241.2	1214971.5	109707.1
医药制造业	18	400199.9	84458.1	384570.4	39585.3
化学纤维制造业	1	19373.5	3313.4	18002.5	769.6
橡胶制品业	2	14463.1	2190.9	13297.2	893.3
塑料制品业	5	47716.9	9935.2	47331.5	4522.3
非金属矿物制品业	128	1150089.8	244341	1119597.4	113843.6
#陶瓷制品业	56	582720.9	121377.6	572562	55097.9
黑色金属冶炼及压延加工业	3	74755.3	11267.9	75214.1	7926.4
有色金属冶炼及压延加工业	1	8270	1182.6	7532.9	655.4
金属制品业	6	42380.3	7826.4	41258.7	3411.1
通用设备制造业	5	33683.7	6862	33736	2326.4
专用设备制造业	5	78502.9	17207.2	67319	9263.5
交通运输设备制造业	32	1069705.8	207686.8	1153958.3	52962
电气机械及器材制造业	14	590641.9	105389	586489	47859
通信设备、计算机及其他电子设备制造业	26	178037.3	36714	173011.3	14957.4
仪器仪表及文化、办公用机械制造业	1	7913.6	1961	7149	437
电力、热力的生产和供应业	8	159543	39111.2	156740.9	24934.4
燃气生产和供应业	3	63051.9	16437.7	54852.1	9096
水的生产和供应业	3	9241.3	3617.7	8484.3	682.1
总计	469	7429941.6	1517879.3	7316244.7	613970.8

第三章　统计管理

80年代后期,全省各地政府统计按“条块结合”的行政管理体制,实行按县(区)属、市属、省属和中央属的“条块结合”统计管理模式。随着经济社会的快速发展,不断扩大统计范围、统计指标,体系不断完善,统计队伍不断健全。统计手段不断丰富,形成统计与调查、普查相结合的体制。1994年,国家建立全国周期性的普查制度,普查项目有人口、工业、农业、第三产业和基本单位普查。其中普查制度为人口、第三产业、工业和农业普查每隔10年,分别逢0、3、5、7年进行,基本单位普查每隔5年逢1、6年进行。1986—2010年,全市相继组织开展了11次普查。1982年第三次人口普查和1985年第二次工业普查开始,利用电子计算机处理普查数据,普查质量获得提高。原定于2003年进行的第二次全国第三产业普查推迟,与原计划在2005年开展的第四次全国工业普查和2006年开展的第三次全国基本单位普查合并,在2004年开展第一次全国经济普查,将建筑业纳入普查范围。

2000年以后,按照《中华人民共和国统计法》的规定,开展执法检查,至2010年共处罚18起,罚款41万元。市统计局依法开展各项常规统计、专项普查、抽样调查等工作,统计机构、队伍建设、信息化建设取得明显成效,统计工作多次受到省、市政府肯定和褒奖。

第一节　统计报表

工业、交通运输和邮电统计

工业统计　1986年,市统计局上报的工业年报有:全部工业总产值、主要工业产品产量、全民所有制独立核算工业企业净产值和主要财务成本指标、集体所有制独立核算工业企业净产值和主要财务指标、外资和华侨港澳台投资经营工业企业基本情况(卡片)7种;工业定报有:工业总产值及主要产品产量、工业净产值、主要工业产品出厂价格、主要原材料燃料动力购进价格、重点工业企业生产效益情况、重点工业企业主要产品质量及消耗情况6种。1987年,全市工业统计实行计算机超级汇总。1988年,工业综合统计年报分为计算机汇总报表和手工汇总报表2类。

1992年,依企业生产规模或生产用固定资产原值划分特大型、大型、中型、小型4个类型。1993年起,企业经济类型划分为国有经济、集体经济、私营经济、个体经济、联营经济、股份制经济、外商投资经济、港澳台经济、其他经济9种类型。1998年,工业定期报表的统计范围,由按隶属关系划分改为按企业规模划分,工业月度统计口径也由原来乡及乡以上全部工业企业改为辖区内全部国有工业企业和年产品销售收入500万元以上的非国有企业,并对总量指标的分组进行调整。1999年,工业企业主要经济指标(月报)开始实行超级汇总。

2000年,对工业产销总值及主要产品产量(月报)实行超级汇总,并按季上报辖区内年销售收入500万元以下非国有工业企业工业总产值(当年价格)。2001年,工业年报统计口径由原来的全部乡及乡以上独立核算工业企业和年销售收入500万元及以上村及村以下工业企业,改为全部国有和年产品销售收入500万元以上的非国有工业企业,主要工业产品销售量与库存量统计口径,由全社会统计口径改为由国有和年产品销售收入500万元以上的非国有工业企业,取消部分产品全社会统计口径。同时,全市49家工业企业被列为全国5000家联网直报企业。2002年4月,市统计局开始进行按价格指数缩减法计算工业发展速度的试算,并按月增加上报大中型工业企业总产值调查表、工业总产值和增加值汇总表,按季对试算结果进行评估。

2003年,开始执行2002年国家颁发的《国民经济行业分类》标准(GB/T 4754—2002)。5月,建立县及县以上工业园区统计报表制度,新增工业园区主要经济指标(月报),并将园区工业企业主要经济指标纳入

2003年工业统计年报制度,实行超级汇总。增加工业企业主要能源消费量与库存(季报表)和主要产品产量和生产能力(年报表)。2004年,从月报开始,正式采用价格缩减法计算工业发展速度。省联网直报企业范围扩大到辖区内全部大中型工业企业,国家联网直报制度增加工业生产与经营预计完成情况表(月报)、主要工业技术经济指标(半年报)2张报表。

从2007年开始,国家统计局调整规模以上工业界定,将年主营业务收入不足500万元的国有工业法人企业不再作为规模以上工业统计范围,规模以下工业统计范围为年主营业务收入(产品销售收入)500万元以下的工业企业和全部个体经营工业单位。

2010年,年报、定报统计范围均为年主营业务收入500万元及以上的工业法人企业,上报的2009年工业年报有法人单位基本情况、产业活动单位基本情况、规模以下工业主要产品产量、规模以上工业增减变动原因一览表、工业企业财务状况、信息化情况主要指标、工业企业主要产品生产能力、园区工业企业主要经济指标8种;定报有工业增加值、规模以下工业主要能源产品产量、工业园区主要经济指标、工业园区主要经济指标附表、工业产销总值及主要产品产量、工业企业主要经济指标、主要产品销售库存订货、工业生产与经营预计完成情况、重点工业企业生产效益情况及分析资料9种。

交通运输和邮电统计　1986年,社会运输迅速发展,公路运输统计范围扩大到各种合营、独营运输企业和自有车辆10辆以上的非运输企业。当年开展交通运输横向经济联合组织调查,内容有投入资金总数、营业收入、利润总额等。1987年,交通运输邮电综合统计报表有民用车辆拥有量、民用船舶拥有量、全社会客货运输(吞吐量)、独立核算运输邮电单位产值、独立运输企业主要运输工具及设备、非交通系统独立核算运输单位基层表、非交通系统民用载货汽车运输抽样调查表7种。

1996年,交通年报有民用车辆拥有量、民用运输船舶拥有量、全社会客货运输(吞吐量)、独立核算运输企业财务状况4种;定报有独立核算交通运输企业生产情况和邮电事业情况(一)、邮电事业情况(二)、交通运输企业生产情况、运输企业主要财务指标报表4种。2004—2010年,交通运输邮电年报有民用车辆拥有量、邮电事业情况(一)、邮电事业情况(二)、交通运输企业生产情况、运输企业主要财务指标5种。

能源统计　2006年,国家"十一五"规划提出2010年单位GDP能耗比2005年下降20%的目标,市统计局开展统计监测,首次编制2005年全市实物量能源平衡表,为"十一五"测算年单位GDP能源下降率提供了基数。2008年8月,国家统计局建立能源统计制度,能源统计报表有能源购进消费与库存、能源购进消费与库存附表、能源平衡表(实物量)、分行业能源消费量(实物量)、分行业能源终端消费量(实物量)、能源平衡表(标准量)、分行业能源终端消费量(标准量)、地区能源消费与单位GDP能耗、工业企业用水情况、重点耗能工业企业能源生产购进销售与库存量、主要耗能工业企业单位产品能源消耗情况、非工业重点耗能单位水消费情况12种。

2010年,市统计局上报的2009年能源年报有能源平衡表(实物量)、能源平衡表(标准量)、主要能源消费与库存、重点能耗工业企业能源生产销售与库存量、工业企业能源购进消费与库存、工业企业能源购进消费与库存附表6种;定报有单位GDP和工业增加值能耗、工业企业能源购进消费与库存、工业企业能源购进消费与库存附表、主要耗能工业企业单位产品能源消耗情况、工业企业水消费5种。

农业统计、农村住户抽样调查

农业统计　1986年,农村经济统计实行"分季核产,各季相加"的粮食产量统计方法。1990年,恢复早稻预计产量季节报、全年农产量预计。取消夏收作物实际产量季节报、全年农业多种经营产量预计。将农业总产值和农村经济收入中农民自产自用农副产品按国家统购价格计算,改为按农民向国家出售农副产品的合同定购价计算;改进农业总产值和农业净产值统计;对农机、水利、林业和水产报表,统一表号,共同布置,分别上报;乡镇经济综合半年报正式列入农村定期报表。

1991年,江西省正式推行农村统计一套表制度,内容包括:乡(镇、场)调查统计报表制度32种年度报表;农村统计定期报表制度15种季节报;地(市)县计算统计综合报表制度13种年报表。另附参考表式年报表5种。1992年,省统计局对农村统计一套表方法、制度再作充实和修改,将9种乡镇企业统计年报和1种季节报表纳入农村统计一套表。1993年,取消13种发至农村的村、组全面调查报表和文化、卫生、教育等参考表。农、林、牧、副、渔五业划分改为农、林、牧、渔四业划分，农业分为种植业和其他农业，取消农村社会总产值和现价农业总产值指标。1997 年，取消乡村（国营挂钩集体）基础建设情况、农村固定资产结构、农村社会总产值、现价农村非农行业总产值 4 种报表。2003 年，农业发展速度计算方法，由按 1990 年不变价计算改为按价格指数缩减法计算。

2004—2010 年，农村经济统计年报共有 18 种：非农户畜牧业生产情况，规模饲养农户畜牧业生产情况，农村基本情况的乡村户数人口及从业人员、耕地面积变化情况，农村电气化和燃料使用情况，农作物面积和产量、茶叶水果生产情况，林业生产情况，畜牧业生产情况，渔业生产情况，蔬菜及特种作物生产情况，农业机械化情况，农林牧渔业总产值和商品产值，农林牧渔业中间消耗，农林牧渔业总产值和中间消耗计算表，乡镇抽样调查情况，乡镇社会经济基本情况，县市社会经济基本情况。农村统计定期报表共有 7 种：畜牧业生产情况、农林牧渔业总产值和增加值、春收作物产量和春播作物面积、早稻产量预计、全年农作物播种面积、全年农作物产量预计、冬播作物面积。

农村住户抽样调查　1986 年，全市抽样调查的农村家庭户数为 70 户。1998 年增至 180 户，并相对固定，每户都设有账本，进行经常性的经济收支登记，由农户或辅助调查员按日记账，按季按年结算并填写报表。对农村住户调查网点实行样本轮换制度，每 5 年为一周期。抽样调查统计报表主要有 2 类 29 种。农村住户抽样调查报表 17 种：农村住户所在村基本情况表（年报）；农村居民家庭基本情况表（年报）；农村住户农业生产和出售商品情况（年报）；农村居民家庭实物收支情况（季报、年报）；农村居民家庭收入与支出和消费情况（年报、季报）；农村住户购买商品及对主要商品需求量情况（年报）；农村住户食品消费和营养调查情况（年报）；农民家庭粮食收支情况（年报）；农村住户人口与劳动力就业情况（年报、季报）；农村居民家庭农业生产结构及技术应用情况（年报）；农村居民家庭现金收支情况（季报、年报）；农村小康体系监测调查（年报）；农村贫困监测抽样住房社区调查表（年报）；农村贫困监测抽样住户基本情况调查（年报）；农村贫困监测抽样个人调查表（年报）；农村贫困监测抽样住户收支调查表（年报）；农村贫困监测住户现金收支调查（半年报、年报）。农产量调查（季节性报表）12 种：农户全年农作物种植安排调查表；农户春耕农用生产资料及资金需求情况调查表；村以上生产经营单位早稻播种面积调查表；调查县早稻生产情况；早稻实测产量调查表；村以上生产经营单位一晚播种面种调查表；村以上生产经营单位二晚播种面积调查表；村以上生产经营单位全年农作物总播种面积调查表；调查县秋收粮食生产情况调查表；秋收粮食实测产量调查表；全年实测粮食产量调查表；非农户畜牧生产情况调查表（季报、年报）。

固定资产投资统计

基本建设投资统计　1986 年，全市基本建设统计实行计算机汇总，由建设单位填报标准表，市统计局向省统计局报送基层数据库和综合数据库。1990 年，开始建立单独的商品房建设统计。1991 年起，将投资方向调节税计入投资完成额。1998 年，固定资产投资定报统计范围由过去的计划总投资 5 万元以上提高到计划总投资 50 万元以上。2001 年，将除国有、城镇集体、城镇私营个体以外未被列入计划的其他登记注册类型企业、事业单位 50 万元以上的固定资产投资完成情况，纳入地市投资月报统计范围。2004 年报表中增加经济适用房指标。

2005 年，将农村非农户 50 万元及以上建设项目纳入固定资产投资统计范围。2007 年，计划总投资 3000 万元以上新增入库项目须上报四项必备材料（项目建设主要内容、主要施工合同、主管部门审批、核准或备案文件、项目开工照片）电子文档，新增亿元以上新开工项目报告（月报），统计范围为各种登记注册类型计划总投资亿元以上新开工投资建设项目。2009 年，建立固定资产投资项目管理信息报送制度，每月报送发改委和建设部门办理的项目文件相关信息。2010 年，年报、定报统计范围没有变化。

更新改造投资统计　1986 年，商品房投资统计作为基本建设投资统计的一部分，由建房单位基本建设投资报表中反映。1987 年，商品房投资统计由建房单位统计改为由买房单位统计。1990 年，商品房屋建设年报执行统一固定资产统计年报基层标准表，由房屋开发公司按企业填报，实行计算机超级汇总。1993 年，商品房屋建设投资统计扩大到房地产开发统计，土地开发投资列入房地产开发投资。1999 年，国家决定建立全国重点房地产开发企业统计月报主要指标联网上报制度，上报内容有：企业基本情况、房地产开发基本

情况、房地产开发销售空置情况、房地产企业主要经济效益情况、问卷调查。2005年年报开始,凡是委托房地产开发企业(单位)代建的项目单位由房地产开发企业(单位)统一上报。2006—2010年,将重点房地产开发企业扩大至具备直报条件,资质为“三级暂定”的房地产开发企业(单位)。

其他固定资产投资统计　1986年,取消5万元以下零星固定资产投资年报表,并将城镇集体固定资产投资统计起点由2万元以上提高到5万元以上。1987年,城镇集体固定资产投资采用计算机超级汇总,向国家报送基层数据库和综合数据库。1992年,全民其他投资统计由季报改为月报,建立农村集体固定资产投资统计年报制度,统计范围为5万元以上农村建造和购置固定资产的项目。1995年,将计划外联营经济、股份制经济、外商投资经济及其他经济类型的固定资产投资,纳入统计范围。2001年,其他投资统计定期报表由原来报送综合库(表)改为报送基层数据库。2004年,城镇集体投资、城镇私营个体和城镇工矿区私人建房报表由季报改为月报。2005年取消城镇工矿区私人建房、国债项目半年报等报表。

建筑业统计　1986年,建筑业统计范围由过去主要统计全民所有制施工企业,扩大到城镇集体所有制施工企业。1989年,建筑业统计由原来的“条块”结合转变为“块块”统计,实行计算机汇总。1991年,试行建筑业增加值统计,完善企业总产值和财务资金统计。1993年,建筑业统计年报制度实施建筑企业一套表,共5种主营表和4种附营表。2002年,建筑业企业实行资质管理双轨过渡,统计范围由原资质等级四级及以上独立核算的建筑业企业,改为已经取得新的建筑业资质等级,包括新资质的申报资料已上报待批的企业。2003年,建筑业年报的统计范围改为辖区内具有建筑业资质的所有独立核算建筑业企业。2004—2010年,统计范围统一为具有建筑业资质的所有独立核算建筑业企业,包括施工总承包、专业承包和劳务分包建筑业企业。

贸易、外经、旅游统计

国内商业、饮食业统计　1986年,国内商业、饮食业统计报表共有定报7种、年报14种。1993年,根据全国统计方法制度改革部署,制定新的批发零售贸易业、餐饮业统计报表制度。新制度将国内商业、对外贸易、物资供销合并为一套表统计,分为国内商业、对外贸易业、物资供销业3套表分开实施。指标体系以商品销售(含批发、零售)、商品库存为中心内容。随着新国民经济核算体系的建立,从1993年年报开始,对外贸易统计一并归入批发、零售贸易业统计。从1998年开始,把大中型批发零售贸易业改为限额以上企业。2002年,增加亿元以上商品交易市场成交情况(季报)。2003年,全市批发零售贸易业、餐饮业统计报表制度年报有11种,2004年定报有13种。2006年,增加非公有制批发零售和住宿餐饮业销售额(营业额)和增加值报表,2007年增加成品油购进销售和库存季报,2010年增加鄱阳湖生态经济区季报和年报。

对外贸易、利用外资统计　对外贸易统计。1986年,对外贸易主要统计报表有进出口贸易(年、季报)。1989年,省对外经贸厅、省统计局联合下发《江西省对外贸易业务统计制度》。1990年,对此制度作相应的补充,并对《对外贸易机构商品购、销、存总额月(年)报》的指标进行解释。1993年年报始,对外贸易统计一并归入批发、零售贸易业统计。

利用外资统计。1986年,利用外资统计有4种报表:借用国外资金统计年(季)报表、商品信贷统计年(季)报表、外国和港澳台地区在华直接投资统计年(季)报表、中国在外国和港澳地区直接投资统计年(季)报表。1988年3月,改为6种报表:三资企业统计报表、对外借款项目单位统计报表、补偿贸易项目单位统计报表、加工装配单位统计报表、接受国外援款赠款单位统计报表、地市经贸局统计报表。1993年,年报有3种:外国和港澳台地区在华直接投资、三资企业机构人员及劳动报酬、三资企业财务状况。1994年年报增加三资企业投资机构和人员情况。1995年,定期报表有外国和港澳台地区在华直接投资(季报)和三资企业经营情况(季报)。1998年起,市统计局取消外国和港澳台地区在华直接投资(季报)和三资企业经营情况(季报),改由外经贸部门统计。

旅游业统计　1985年,省统计局第一次把旅游统计纳入统计制度,明确景德镇、南昌和九江为省级重点旅游城市。1986年,省统计局规定重点旅游城市国际旅游的统计范围,包括市区、市郊区、市辖县。报表有重点城市接待旅游人数(年、月报),重点城市接待外国人数分国别、地区(年、月报),重点城市旅游外汇收入(年、月报)3种。1987年,旅游统计报表制度进行补充、修订。明确规定前两表的统计范围是重点城市的旅游、外事、侨务和涉外饭店等单位,后一表的统计范围是重点城市旅游、外事、侨务和商业、饮食、服务业、交通、邮电等单位。1989 年 10 月起,实行由市旅游局负责搜集本地旅游统计数据,进行汇总上报省旅游局,并抄报当地统计部门。1990 年,全市国际旅游统计由旅游部门和统计部门划分范围,分工协作,交换数据,同时汇总的办法。1993 年 9 月,省统计局制定国际旅游统计报表,其统计范围是:到省内进行参观、游览、娱乐、体育、公务、商务、探亲、会议、宗教、就医、学习、考察、学术等项活动的外国人、华侨、港澳同胞和台湾同胞。1999 年,增加国内旅游抽样调查问卷,由市旅游局统计并抄报市统计局。2001 年,由市统计局和旅游局联合进行国内旅游抽样调查问卷统计。2003 年,年报增加星级以外住宿业抽样调查 3 种表格。

劳动统计

1986 年,劳动统计年报有:全民所有制单位全部职工人数和工资、全民所有制工业全部职工人数和工资、全民所有制工业企业和建筑业全部职工分类情况、全民单位固定职工和合同制职工增加来源和减少去向变动情况、全民所有制单位全部职工工资总额构成情况、其他各种所有制单位职工人数和工资、城镇集体所有制单位全部职工人数和工资及个体劳动者人数、城镇集体职工增加来源和减少去向变动情况、城镇(区)及以上集体所有制工业企业全部职工人数、租赁企业职工人数和工资、全民所有制优化组合富余人员情况、全民所有制单位合同制职工人数、国营企业奖励基金提取和使用情况、全民所有制单位在职职工保险福利费用构成情况、全民所有制单位非在职职工保险福利费用构成情况、城镇集体所有制和其他单位所有制单位职工保险福利费用构成情况、城乡劳动力资源平衡表等 17 套报表。

1993 年,报表的种类和指标开始按照劳动用工的形式和用工期限进行调整设置,有全部职工人数和工资,工业、建筑业企业职工人数和工资,职工人数变动情况,其他从业人员人数和劳动报酬,副业经营活动从业人员及报酬等 5 套报表,在指标上,“从业人员”开始出现在报表中,这是计划经济向市场经济转变在劳动统计方面的反映。1994 年,减为 4 套报表,指标名称“固定职工”改为“正式职工”。1996 年,根据劳动用工的实际情况,增设“下岗职工”指标。1998 年,报表种类进一步精减统一,调整为单位从业人员和劳动报酬情况、单位从业人员变动情况、城乡劳动力资源配置等 3 套表。在指标上,单位从业人员统计口径扩大,原职工称谓改为在岗职工,兼职人员、借用人员、第二职业者纳入其他从业人员范围。

1999 年,新增专业技术人员、国有控股两项指标。2007 年,增加私营企业工资水平调查和非公有制就业人员情况两种报表。私营企业工资水平调查对象为:从业人员 100 人及以上的私营企业,20 ~ 99 人的私营企业按 10% 的比例进行等距抽样调查。调查指标有从业人员年末人数、年平均人数、工资总额、年平均工资等,报表种类为年报。非公有制就业人员根据经济普查、工商局、工信委等部门宏观数据推算,报表种类为半年报、年报。

科技及服务业统计

1990 年开始,开展大中型工业企业科技统计,报表种类有大中型工业企业科技活动情况、大中型工业企业科技项目一览表。2008—2010 年,年统计范围扩大到全部规模以上工业企业。

2009 年开始,江西省建立服务业统计报表制度。调查范围包括全部第三产业以及第一产业中的农林牧渔服务业,共有 15 个行业门类、48 个行业大类、184 个行业中类。调查对象为全市行政区域内所有从事服务业活动的法人单位(含视同法人的产业活动单位)和个体工商户。不包括附属于第一、二产业法人单位的第三产业活动单位。调查内容主要是反映服务业单位及个体工商户的财务状况,包括资产、负债、收入、支出、利润、税收、从业人员等主要经济指标。统计报表有年报和定期报表,均为法人单位基本情况和限额以上服务业企业财务状况两种。

国民经济核算

国内生产总值　1986 年,国民生产总值综合表主要指标有:增加值、劳动者收入、福利基金(公益金)、利润(提留)、税金、利息、其他、固定资产折旧。按三次产业分组,第一产业:农业;第二产业:工业、建筑业;第三产业:交通运输业、邮电通讯业、商业饮食业、服务业、生产服务业、公用事业房地产业、卫生体育和社会福利业、教育、文化艺术和广播电视业、科学研究和综合技术服务事业、金融保险业、国家机关和社会团体、其他。国内生产总值一般都采用收入法计算。1990年起,市、县执行国民经济综合平衡账户(报表)制度,实行以国民收入为中心内容的老体系为主,以国民生产总值为中心内容的新体系结合,逐步由老体系向新体系转轨的原则,向新核算体系过渡。市、县报送国民生产总值综合平衡账户。乐平市、浮梁县按照新体系填报年报表。1992年10月,执行江西省国民经济核算年报制度,包括9种报表,新增国内生产总值及其使用表。1993—2010年,报表按新国民经济核算体系的标准设置,由10种表组成,主要内容是围绕国民生产总值及其账户计算。

资金流量表　1995年始,年报填报资金流量表。主栏是资金流量的交易项目,有部门增加值、劳动者报酬、上缴财政、财政拨款、财产收入、可支配总收入、总消费、总储蓄、资本转移、总投资等指标。宾栏为资金流量的交易主体,有居民、企业、行政事业、财政、金融机构和国外部门等指标。

国民经济季度核算　国内生产总值自建立统计制度开始,均按年度计算。1993年2月,省统计局制定季度国内生产总值报表制度。1995年年末,该季报布置至县。2005—2010年,省统计局对地区生产总值核算实施下管一级,制定江西省季度地区生产总值核算方案,每个季度召开一次全省地区生产总值联审会,统一评估、核算、反馈地区生产总值数据。

第二节　统计调研

统计汇编

1986—2010年,市统计局针对不同层次人员对统计资料的需求,通过深加工和精加工,适时开发、整理出多种统计料,主要有5大类:统计书籍类,每年编印《景德镇统计年鉴》《景德镇市国民经济和社会发展统计资料(内部资料)》《景德镇市情简介》《景德镇统计提要》《景德镇市社会发展资料(概要)》年度资料;成就宣传类,《瓷都奋进四十年》《历经沧桑创辉煌——建国五十年景德镇市国民经济和社会发展回眸》《改革开放十八年国民经济和社会发展统计资料》和《改革开放二十年,瓷都走向辉煌》大型统计资料图书;普查资料类,加工、整理、编印的普查资料有《景德镇市首次第三产业普查资料》《景德镇市第一次全国农业普查资料》《景德镇市1995年第三次全国工业普查资料》《景德镇市1990年人口普查资料(上、下册)》《景德镇市2000年人口普查资料》和《景德镇市第一次经济普查资料(上、下册)》《景德镇市第二次经济普查资料(上、下册)》等;资料汇编类,每月编印的《景德镇市统计监测月报》和《景德镇市工业经济运行快讯》,2003年增编《景德镇市乡镇综合实力测评》;区域经济类,每年编印《全国大中城市经济横向比较资料》《闽浙皖赣四省九市主要经济指标(2010年增加为十市)》和《江西省十一设区市横向比较资料》3个层次对比资料。

调研分析

1986—2010年,市统计局针对经济社会发展的新情况、新问题,开展调查研究和深入进行统计分析,及时形成反映宏观经济发展战略、经济结构调整进程、县域经济发展状况、民生工程改善程度等一大批统计调研分析报告,年均在50篇以上,累计达到1453篇。这些报告剖析经济社会问题、追踪时代发展趋势、反映社会进步成果,成为市委、市政府掌握全市经济社会发展动态,指导全市经济社会发展的主要依据之一,发挥了统计功能,提高了统计决策和咨询水平。

在地统计

在地统计是指现行行政区域范围内的各类单位和个体工商户(除少数不宜按区域划分其经营活动的单位外),不论其行政隶属关系、所有制性质、经营方式,均由其所在县、区政府统计机构依法行使统计职能。由于历史原因,珠山、昌江两区尚未建立在地统计。2008年5月,市统计局按照统计制度要求,提出从2009年开始,全市条块结合的现行统计方式维持不变,珠山、昌江两区新的统计报表实行在地统计。老的统计报表由两区政府支持,创造条件向在地统计转移。到2010年年底,两区实行在地统计的有投资统计和服务业统计两个专业。

第三节　普查工作

第三产业普查

1993 年 8 月,全市首次第三产业普查开始,1995 年 3 月全面结束。第一期公报主要数据为:1992 年年末,全市第三产业单位 21539 个,其中国有经济单位 2392 个,占 11.11%;集体经济单位 2321 个,占 10.78%。1992 年年末,全市第三产业从业人员 131047 人。其中国有经济单位从业人数 69559 人,占 53.08%,集体经济单位从业人数 32880 人,占 25.09%。1992 年,全市第三产业增加值为 93297 万元,其中国有经济增加值为 66292.1 万元,占 71.75%,集体经济增加值为 10130.3 万元,占 10.96%。(公报数据不含解放军、武警和铁路系统)

第二期公报主要数据为:1992 年,全市第三产业单位(包括执行企业会计制度的企业、事业行政单位)营业收入 116213.9 万元,其中国有经济单位营业收入 97039.1 万元,占 83.35%;集体经济单位营业收入 15383.5 万元,占 13.23%。1992 年,全市事业行政单位(包括执行事业行政会计制度事业单位)收入 50198.1万元,其中拨款收入 21434.9 万元,业务费收入 15974.0 万元,预算外收入 6462.1 万元。支出 48836.7 万元,其中经费支出 17951.8 万元,业务(事业)支出 14517.7 万元,预算外支出 5921.2 万元。1992 年,全市第三产业个体经济营业收入 27548.5 万元,营业成本或费用 15016.5 万元,营业利润 10492.0 万元。1992 年,全市第三产业固定资产原值 47591.3 万元,固定资产净值 34200.4 万元;库存总值 58411.0 万元。事业行政单位固定资产原值 53539.2 万元,年底库存材料 1373.5 万元,个体经济固定资产原值 4143.8 万元。

工业普查

1995 年 1 月至 1997 年 1 月,全市进行第三次工业普查。普查目的主要是查清工业资产的底数,特别是国有企业、乡镇企业和外商投资企业资产状况,同时调查工业所有制结构、主要产品结构和行业结构状况,主要工业产品生产能力及其利用状况,主要生产设备数量及其技术状况。普查对象为全部工业企业和附营工业单位。普查方法为对乡及乡以上独立核算工业企业和附营工业单位及年产品销售收入(营业收入)在 100 万元以上的村办工业、私营工业、合作经营工业、个体工业和生产单位,采取直接发表调查的方式。对年产品销售收入(营业收入)不足 100 万元的村办工业、私营工业、合作经营工业、个体工业和生产单位,采取简易卡片或列一览表的形式,由县级工业普查机构按统一要求上报综合表式。调查年度除财务状况表调查 1994 年、1995 年的资料外,其余均填报 1995 年资料。

普查采用条块结合的方式。驻市中央、省属工业企业及附营工业单位和市直工业企业及附营工业单位由主管部门按“条条”组织普查,市普查办进行数据汇总;其余工业企业及附营工业单位由县及县以下各级工业普查机构按“块块”组织普查和数据汇总。普查结果为:1995 年年底,全市工业企业和工业生产单位为 9359 个,从业人员 25.27 万人,资产总额 102.77 亿元。1995 年工业产品销售收入 48.55 亿元,上缴利税金额 4.42 亿元,工业增加值为 22.93 亿元,工业总产值为 87.10 亿元。每百元固定资产原价创税 8.53 元,每百元流动资产创税 9.85 元,工业增值率 26.33%,资产负债率 72.61%,全员劳动生产率(按增加值计算)8825 元/人·年。

农业普查

第一次全国农业普查　1996 年开始准备。1997 年 1 月 1 日展开,通过普查的前期准备、入户登记、质量抽查、数据评估、录入汇总等阶段工作,取得第一手资料。普查结果:1996 年年末,全市从事生产经营活动的农村住户数 19.75 万户,占全省农村住户总数的 2.97%。全市非农乡镇企业(8 人以上)总个数达 1325 个,占全省总个数的 3.29%。其中乡镇办和村办的企业所占比重较大,为全市总数的 63.32%。乡镇企业从业人员 4.12 万人。在全市非农乡镇企业中,工业企业最多,批零贸易餐饮业、建筑业也占有一定的比重,交通运输业、社会服务业和其他第三产业较少。

1996年年末,全市乡村从业人员53.96万人,其中从事农业人员41.73万人,非农业人员12.22万人。在本乡内劳动的从业人员47.12万人,占从业人员总数的87.34%;在本乡以外的从业人员6.83万人,占12.68%。全市乡村拥有四种主要农业机械(大型拖拉机、小型拖拉机、机动脱粒机、农用运输车)总量3879台(辆)。

全市农村镇(不含城关镇)13个,占乡镇总数26.00%。镇区非农业人口占总人口的比重38.63%。平均每个镇区的企业13.3个,企业从业人数466人,占镇区非农业人口的比重41.68%。1996年,由镇直接管理经工商部门批准,具有固定场所的集贸市场52个,其中综合市场32个,专业市场20个。

第二次全国农业普查　2006年至2008年7月,开展第二次全国农业普查。普查的标准时点为2006年12月31日,时期资料为2006年度。全市普查对象为市境内的农村住户、城镇农业生产经营户、农业生产经营单位、村民委员会和乡镇人民政府。普查主要内容包括:农业生产条件、农业生产经营活动、农业土地利用、农村劳动力及就业、农村基础设施、农村社会服务、农村居民生活以及乡镇、村民委员会和社区环境等方面的情况。采用全面调查的方法,由普查员对所有普查对象进行逐个查点和填报。全市共组织动员普查员、普查指导员和各级普查机构的工作人员近5000多人,填报普查表近50万张。

全市共调查54个乡级行政单位,其中乡14个,镇24个;546个村级组织,其中505个村,235851个住户,在农村居住1年以上的家庭户235241个。普查结果:2006年年末,全市共有农业生产经营户210368个,农业生产经营单位411个。全市50.0%的乡镇地域内有二级以上公路通过,92.1%的乡镇有邮电所,92.1%的乡镇有储蓄所,7.9%的乡镇有公园,55.3%的乡镇有综合市场,29.6%的乡镇有农产品专业市场。全市41.7%的镇实施集中供水,20.8%的镇有垃圾处理站。全市99.4%的村通公路,100.0%的村通电通电话,99.3%的村能接收电视节目。6.9%的村饮用水经过集中净化处理,14.5%的村实施垃圾集中处理,33.2%的村有沼气池,15.3%的村完成改厕。57.4%的村地域内有50平方米以上的综合商店或超市。

2006年年末,全市5.3%的乡镇有职业技术学校,63.2%的乡镇有广播、电视站,100.0%的乡镇有医院、卫生院,100.0%的乡镇有敬老院。97.0%的村在3千米范围内有小学,75.6%的村在5千米范围内有中学。54.6%的村有幼儿园、托儿所,7.6%的村有体育健身场所,9.5%的村有图书室、文化站,14.5%的村有农民业余文化组织。81.2%的村有卫生室(站、所),90.5%的村有具有行医资格证书的医生,32.0%的村有具有行医资格证书的接生员。

2006年末,农村劳动力资源总量500609人,其中男劳动力占50.5%。农村从业人员449035人,占农村劳动力资源总量的89.7%。农村外出从业劳动力235840人,其中男劳动力占60.8%。2006年年末,农村居民平均每户拥有住宅面积147.1平方米。98.9%的住户拥有自己的住宅。16.7%的住户使用管道水。平均每百户拥有彩电91.6台,固定电话33.2部,手机82.4部,电脑1.1台,摩托车34.1辆,生活用汽车3.0辆。

基本单位普查

第一次全国基本单位普查　1996年,全市进行第一次全国基本单位普查,普查的标准时点为1996年12月31日,普查对象为境内除农户和个体经济以外的所有法人单位和产业活动单位。普查主要数据:1996年年末,全市共有法人单位4562个,其中乡及乡以上法人单位2898个。在乡及乡以上法人单位中,按机构类型分:企业法人1863个,占64.29%;事业法人427个,占14.73%;机关法人288个,占9.93%;社会团体法人42个,占1.45%;其他法人278个,占9.59%。按行业大类分:农、林、牧、渔业159个,占5.49%;工业786个,占27.12%;交通运输、仓储及邮电通讯业68个,占2.35%;批发零售贸易业477个,占16.46%;餐饮业23个,占0.79%;金融、保险业89个,占3.07%;建筑业100个,占3.45%;房地产业41个,占1.41%;社会服务业107个,占3.69%;其他企业1048个,占36.16%。1996年年末,全市共有产业活动单位5857个,其中乡及乡以上产业活动单位4193个,占71.59%。

第二次全国基本单位普查　2001年,全市进行第二次全国基本单位普查。标准时点为2001年12月31日,普查增加了“民办非企业”普查指标。普查结果:2001年年末,全市共有法人单位5778个,比1996年增加1216个,增长26.65%。其中企业法人3179个,占55.02%;机关事业法人1451个,占25.11%;社会团体法人270个,占4.67%;其他法人878个,占15.20%。2001年年末,全市共有产业活动单位8293个,比1996年增加2436个,增长41.59%。在全部法人单位中,第一产业119个,占2.06%,第二产业1790个,占30.98%,第三产业3869个,占66.96%。全市法人单位从业人员26.46万人,其中第一产业从业人员0.76万人,占2.87%,第二产业从业人员15.76万人,占59.56%,第三产业从业人员9.94万人,占37.57%。2001年年末,全市年营业收入在50万元以下的企业法人2201个,占全部企业法人单位数的38.09%;年营业收入在1000万元以上的企业660个,占2.77%。全市实收资本在50万元以下的企业法人2002个,占全部企业法人单位数的34.65%;固定资产原值在1000万元以上的企业111个,占1.92%。

经济普查

第一次全国经济普查　2004年,第一次全国经济普查全面展开,普查的标准时点为2004年12月31日,时期资料为2004年度。普查的对象是从事第二产业、第三产业的全部法人单位、产业活动单位和个体经营户。普查主要内容包括单位基本属性、就业人员、财务状况、生产经营情况、生产能力、原材料和能源消耗、科技活动情况等。

普查主要数据:2004年年末,全市共有从事第二、三产业的法人单位3998个。其中,企业法人单位2012个,机关、事业法人单位1022个,社会团体法人单位205个,其他法人单位759个。产业活动单位5958个,其中第二产业1324个,第三产业4634个。个体经营户45183个,其中第二产业7525个,第三产业37658个。2004年年末,全市第二、第三产业的就业人员数为29.99万人,其中第二产业的就业人员为15.14万人,占50.48%;第三产业的就业人员为14.85万人,占49.52%。在全部就业人员中,单位就业人员20.24万人,占67.49%;个体经营人员9.75万人,占32.51%。2004年,全市共完成地区生产总值166.73亿元,其中第一产业完成17.91亿元,占10.75%;第二产业完成86.29亿元,占51.75%;第三产业完成62.53亿元,占37.5%。2004年,全市个体经营户有固定资产12.18亿元;营业收入为98.03亿元;营业支出为74.19亿元,其中雇员报酬4.08亿元,缴纳税费1.19亿元。

第二次全国经济普查　普查的标准时点为2008年12月31日,时期资料为2008年度。普查对象为在市境内从事第二产业和第三产业的全部法人单位、产业活动单位和个体经营户。普查主要内容包括单位基本属性、从业人员、财务状况、生产经营情况、生产能力、能源消耗、科技活动情况等。

普查主要数据:2008年年末,全市共有从事第二、三产业的法人单位5899个,与2004年第一次全国经济普查相比,增加1901个,增长47.5%;产业活动单位7703个,增加1713个,增长28.6%;有证照的个体经营户27526户,增长6.6%。2008年年末,全市有企业法人单位3426个,比2004年增加1414个,增长70.3%。其中国有企业298个,减少41个,下降12.1%;集体企业164个,减少231个,下降58.5%;股份合作企业45个,减少9个,下降16.7%;联营企业、有限责任公司和股份有限公司共482个,增加189个,增长64.5%;私营企业2077个,增加1249个,增长1.5倍;其他内资企业198个,增加153个,增长3.4倍;港、澳、台商投资企业30个,增加3个,增长11.1%;外商投资企业32个,增加1个,增长3.2%。

2008年年末,全市第二、三产业单位和有证照的个体经营户从业人员为28.5万人。与2004年第一次全国经济普查相比,增加8.3万人,增长41.1 %。其中第二产业的从业人员为17.07万人,增加5.07万人,增长42.2%;第三产业的从业人员为11.43万人,增加3.23万人,增长39.4%。在单位从业人员中,制造业12.07万人,占42.34%;建筑业3.04万人,占10.66%;公共管理和社会组织2.64万人,占9.26%;教育培训1.96万人,占6.88%;批发和零售业1.38万人,占4.83%。

2008年年末,全市第二、三产业企业法人单位资产总额为967.4亿元,比2004年年末增加470.8亿元,增长94.8%。其中国有企业资产总额471.6亿元,比2004年末增加310.8亿元,增长1.9倍;集体企业资产总额20.9亿元,减少8.5亿元,下降28.9%;股份合作企业资产总额9.0亿元,减少5.3亿元,下降37.0%;私营企业资产总额128.2亿元,增加93.8亿元,增长2.7倍;港、澳、台商投资企业资产总额15.5亿元,增加11.5亿元,增长2.8倍;外商投资企业资产总额18.6亿元,增加15.3亿元,增长4.6倍。

人口普查

第四次全国人口普查　按照国务院规定,景德镇市以1990年7月1日零时为标准时间进行第四次人口普查。普查以“本县、市”为空间标准,采用按常住人口登记的原则。被登记的人包括常住市内,在市内登记常住户口的人;在市内常住十年以上,常住户口在外市的人;在市内居住不满十年,但已离开常住户口登记地十年以上的人;普查时住在市内,常住户口待定的人;单位在市内普查时在国外工作或学习,暂时无常住户口的人。普查登记项目共21项,其中按人填报的项目15项:姓名、与户主关系、性别、年龄、民族、户口状况和性质、1985年7月1日常住地状况、迁来本地的原因、文化程度、在业人口的行业、在业人口的职业、不在业人口状况、婚姻状况、妇女生育存活子女数、1989年1月1日以来的生育状况;按户填报项目6项:本户编号、户别、本户人数、本户出生人数、本户死亡人数、本户户籍人口中离开本县市1年以上的人数。另设死亡人口登记表,共9个项目:调查小区代码和本户编号、姓名、性别、民族、出生年月、死亡时间、文化程度、死亡时间的婚姻状况、死者生前从事的主要职业。

经过普查员入户查点询问,当场填报、登记,全市总户数313123户,总人口1343463人,其中男性人口703069人,女性人口640394人。

第五次全国人口普查　景德镇市第五次人口普查工作从1999年1月开始至2002年5月止。普查的标准时间为2000年10月1日零时,普查登记的对象是具有中华人民共和国国籍并在中华人民共和国境内常住的人,每个人都在常住地进行登记,所登记的人口中包括外来人口但不包括外出人口和中国人民解放军现役军人。根据机器汇总结果,全市人口1453367人,其中男性人口754573人,女性人口698794人。

第六次全国人口普查　2010年11月,景德镇市进行第六次全国人口普查,普查的标准时间为2010年11月1日零时。根据机器汇总结果,全市常住人口1587477人,其中男性826128人,占总人口的52.04%;女性761349人,占总人口的47.96%。人口性别比(以女性为100,男性对女性的比例)由2000年第五次全国人口普查的107.98上升为108.51。

第四节　管理机构

市统计局

1986年,市统计局内设综合统计科、工交基建科、农贸统计科、秘书科4个行政科室和农村抽样调查队(简称农调队)、城市社会经济抽样调查队(简称城调队)2个事业单位。全局共有编制48人。1987年10月,内设秘书科、经济统计一科、经济统计二科、人事教育科、平衡统计科、法规制度科、社会统计科、综合统计科8个行政科室和统计咨询服务站、统计科学研究室、电子计算站及农村抽样调查队、城市社会经济调查队5个事业单位。全局共有编制51人。1997年9月,机构改革,内设办公室、人事教育科、综合统计科、工交统计科、贸易统计科、社会统计科、普查办公室、法规制度科8个行政科室和电子计算站、统计咨询服务站、统计科学研究室、城市社会经济调查队、农村社会经济调查队5个事业单位。编制75人,其中行政编制37人。2002年8月,人事教育科与法规制度科合并为人事法规科,增设投资统计科和监察室,编制71人,其中行政编制33人。2003年9月,增设国家统计局景德镇市企业调查队。2007年3月,国家统计局景德镇调查队从市统计局析出分设,市统计局内设办公室、人事法规科、综合统计科、投资统计科、工交统计科、贸易统计科、社会统计科、普查办公室、监察室9个行政科室和电子计算站、统计咨询服务站、统计科学研究室、企业调查队、农村社会经济调查队5个事业单位。编制59人,其中行政编制31人,领导职数1正4副。

国家统计局景德镇调查队

2007年3月16日成立,为参照国家公务员法管理的正处级事业单位,是国家统计局派出机构,隶属江西调查总队。内设办公室、综合科、住户调查科、价格调查科、工业调查科、农商调查科。共有编制20人,其中领导职数4名,正科级职数6名,副科级职数2名。

县(市、区)统计局

乐平市统计局　1986年,内设人秘股、社会股、综合股、农村经济调查队(以下简称农调队),共有编制

15人。1997年1月,内设人秘股、社会股、农调队,增设法规股、城市经济调查队(以下简称城调队),共有编制27人。2003年1月,内设人秘股、社会股、综合股、法规股、农调队、城调队,增设企业调查队(以下简称企调队),共有编制30人。2004年,内设人秘股、社会股、综合股、法规股、城调队、企调队,共有编制24人。

浮梁县统计局　1989年,浮梁复县,设置县统计局,编制5人。1990年6月,增设农村抽样调查队,共有编制7人。1994年5月,农村抽样调查队升格为副科级事业单位。2002年9月,内设秘书股、统计业务股,农村抽样调查队更名为城乡经济社会与企业调查队,共有编制10人。2006年12月,内设秘书股、统计业务股、城乡经济社会与企业调查队,增设普查中心,共有编制12人。

昌江区统计局　1986年,区经济计划委员会内设统计科,编制1人。1989年10月,区统计局单设,编制3人。1991年5月,增设农村社会经济调查队(编制3人)。2003年,编制9人。

珠山区统计局　1986年,区经济计划委员会内设统计科,编制1人。1990年3月,区统计局单设,编制3人。2003年2月,增设城市调查队,编制3人。

第四章　工商行政管理

20世纪80年代后期,市工商行政管理系统主要职能由着重打击投机倒把向支持生产、促进流通、协调关系、服务群众转移。90年代初,工商行政管理手段由单纯的行政管理手段逐步转变为行政管理手段与法律手段相结合,开展市场管理、企业登记管理、广告管理、个体私营经济管理、外商投资企业登记管理、经济合同管理、商标管理、经济检查等“七管一打”工作。1998年年底,全省工商行政管理系统实施垂直管理,市工商局由市政府组成部门变更为省工商局派出机构,县(市、区)工商分局由市工商局垂直管理。至2010年,工商行政管理系统开展规范化、制度化建设,市场监管效能和水平不断提高,服务经济发展的能力增强。

第一节　企业登记年检

登记内容

1986年,全市企业登记范围包括工业、交通运输业、建筑业、商业、外贸、饮食业、服务业、旅游业、手工业、修理业等10个行业。1988年5月,国务院发布《企业法人登记管理条例》,企业法人登记事项有企业法人名称、住所、经营场所、法定代表人、经济性质、经营范围、经营方式、注册资金、从业人数、经营期限、分支机构。营业登记事项有名称、地址、负责人、经营范围、经营方式、经济性质、隶属关系、资金数额。首次将实行企业化经营的事业单位纳入登记范围,同时取消筹建登记,将歇业注销手续改为注销登记。1989年1月,全市具备法人条件的企业统一换发营业执照,企业登记管理由单纯营业性登记转变为企业法人登记和营业性登记相结合,登记范围延伸到所有从事商品生产和经营的单位。1993—1994年,《中华人民共和国公司法》《中华人民共和国公司登记管理条例》相继颁布实施,公司登记事项有名称、住所、法定代表人、注册资本、企业类型、经营范围、营业期限、公司股东或发起人姓名或名称。企业及公司登记有开业(或设立)登记、变更登记和注销登记。登记审批程序包括受理、审查、核准、发照或缴照、公告。将开业登记改为设立登记,增加名称预先核准登记程序。

登记数量

1986年,全市工业、交通运输等10个行业企业登记总数为4783户,注册资金5.04亿元。1993年,全市企业登记数达9719户,注册资金38.59亿元。开展外资企业登记,企业数30户,注册资金0.30亿元。2005年后,全市内资企业保持稳定,私营企业、外资企业登记逐年增长。2010年,登记内资企业数3670户,注册资金146.67亿元。外资企业249户,注册资金10.41亿元。

表 12－4－1　　1986—2010 年景德镇市企业注册登记统计表

年份	内资企业				外资企业			
	企业总数（户）	注册资金（万元）	本年度新开业(户)	本年度新增资金（万元）	企业总数（户）	注册资金（万元）	本年度新开业（户）	本年度新增资金（万元）
1986	4783	50356	350	—	—	—	—	—
1987	5145	—	367	—	—	—	—	—
1988	5537	—	485	—	—	—	—	—
1989	5803	—	849	—	—	—	—	—
1990	6172	—	328	—	—	—	—	—
1991	6831	—	707	—	—	—	—	—
1992	7938	—	1400	—	—	—	—	—
1993	9719	385933	1898	61592	30	2956	—	—
1994	10766	394749	1171	69334	98	12340	10	12131
1995	11198	427348	932	29176	89	10082	10	5710
1996	11285	461495	578	11790	110	90740	11	417
1997	11427	479680	401	45828	95	16657	6	1054
1998	11125	815743	366	82083	89	14085	14	1753
1999	5663	495255	527	113254	82	13175	5	334
2000	5092	511504	481	110412	85	12953	13	664
2001	4480	557000	362	26000	77	113717	14	3463
2002	4581	721235	319	163731	92	14835	17	2382
2003	4396	769402	298	60859	113	19673	20	4842
2004	3368	766330	208	32145	95	42401	26	6326
2005	3370	772684	192	13033	130	38514	36	8552
2006	3389	802978	237	22291	148	47134	23	9609
2007	3344	816793	101	19395	163	61214	22	16273
2008	3442	948316	168	100085	167	84503	10	6836
2009	3787	1191904	245	96458	245	96458	11	7287
2010	3670	1466729	275	124238	249	104111	11	7870

登记制度改革

1986—1993 年，市工商局按照企业登记制度原则，对企业的经营范围、注册资金、经营方式、企业组织和经营形式实行“四个放开”，弱化部门审批权。1993 年年底，《中华人民共和国公司法》颁布后，全市企业登记工作从审批设立制度逐步过渡为依法核准登记注册制度。2001 年，市工商局改革工商登记注册制度，下放管理权限，降低市场主体的准入门槛。对原有的 31 项行政审批进行清理，经省工商局批准后取消 23 项，所占比重达 74.5%。同时制定《关于改革企业注册登记管理制度的意见》，明确首办负责制，规定企业登记注册必须实施"一站式服务、一条龙审批"。2003年,对高危行业登记实行上报一级登记备案制。2004年2月,增设市外商投资企业注册监督管理局为直属机构,强化外商企业登记注册管理。7月1日,行政许可法的实施推动企业登记管理制度改革。2004—2010年,将企业登记、变更、注销等相关审批职能纳入市行政服务中心,市本级注册登记的企业包括私营企业年检集中到市行政服务中心工商窗口办理。企业登记管理上进一步放宽市场准入、变更条件,放宽经营范围、投资人资格、企业名称核准条件、注册资本限额等,改进企业年检方式,优化投资环境。2006年1月1日,新修订的公司法和公司登记管理条例施行,进一步降低公司设立门槛,承认一人公司的合法地位,取消股份公司的审批制。2007年,将"二审一核制"改为"一审一核制",缩短办证时间。同年,对食品行业实行特别标准,严把食品行业准入关。2008年,开通远程企业名称核准登记,当事人可通过市工商局网站提供的电子信箱申报企业名称,市工商局通过互联网反馈核准情况。同年开展股权出质登记,帮助中小企业解决融资难的问题。2010年,开通企业信息公开查询和市场主体登记信息发布平台,全面完善企业(个体工商户)名称网上申报核准。

企业年检

1993年12月,国家工商局发布《企业年度检验办法》,市工商局开始按年度对企业进行检查,确认企业继续经营资格。当年设立登记的企业,自下一年起参加年检。年检的起止时间为每年1月1日至4月30日。企业应当于3月15日前向登记主管机关报送年检材料,年检由企业申请、报送年检报告书和其他有关材料并交纳年检费。登记主管机关审核年检材料,加贴年检标识或加盖年检戳记,发还企业营业执照。1999年,省工商局规定对符合条件的国有企业试行免检制度。2000—2006年,全市免检企业分别为12户、18户、28户、34户、20户、26户、20户。2006年3月1日,施行新的《企业年度检验办法》,规定企业年度检验只是一种对与企业登记事项有关的情况进行定期检查的监督管理制度,并将年检时间修改为每年3月1日至6月30日。2007—2009年,免检企业分别为9户、7户、7户。2009年对首次参加年检企业,且逾期超过三个月,原则上不罚款,有82户企业得到免予罚款的处理。2010年,免检制度不再执行。

注册监督管理

清理整顿公司　1989年,根据国务院《关于进一步清理整顿公司的决定》,对各类公司,特别是流通领域的公司开展进一步清理整顿。通过清理整顿,全市撤并各类公司116户,占总数的26.6%,其中对景德镇市爱国服务公司、景德镇市红十字会陶瓷经销部、景德镇市联沪贸易公司等10户公司办理注销登记手续。

1989年10月9日,市政府批转市工商局《关于对公司重新登记注册和清理假集体企业有关问题处理意见的报告》,要求各级政府和各有关部门按工商部门的统一部署和要求,抓紧抓实抓好。全市开展对"假集体"企业的清理整顿,共清理出"假集体"企业878户,占全市集体企业总数12%。

1993年,先后两次对党政机关经商办企业进行清理整顿。党政机关注册登记的152户企业中,办理转出、脱钩手续的有36户,包括市政府接待处的景德镇市经纪人公司,市军分区的军民建材经销部,市政协联谊会的市振兴贸易商行。同时配合房地产开发公司进行全面清理整顿,在9户无资质证书的房地产开发公司中,对8户办理注销登记手续。

企业前置审批管理　1999年,强化年检前置审批证件的审查,对安全生产企业(含个体工商户)从严核对前置审批条件,对前置审批条件不全或失效的一律吊销其营业执照。在拉网式检查中,向生产经营烟花爆竹的企业发出整改通知书538份,责令5户企业办理变更或注销登记,督促154户企业补办有关前置审批手续,取缔无照经营烟花爆竹545户,对212户超越经营范围的企业进行纠正。彻底查封乐平市环城西路上的烟花爆竹一条街,对17户煤矿进行整顿和规范,对16户不符合条件的煤矿吊销其营业执照,对18户无前置审批条件的企业责令其限期整改。

企业信用监管　2002年,开始实行企业信用分类监管,共分A、B、C、D四级。2004年,工商所(分局)建立企业巡查制度,巡查发现问题及时下达整改通知书,督促企业及时办理变更登记。同年,加大"两虚一逃"(虚假出资、虚报注册资本、抽逃资金)的查处力度,重点查处作为登记出资的固定资产或不动产不到位情况。2005年,市工商局开展企业信用公示平台,对信誉良好企业、诚信单位在网上进行公示。2006年,实施新公司法,对未缴足注册资金的公司,年检时对财务报表实行审计制。2007年,基层工商分局对辖区实行网格化管理,片长负责制。2009年,对受到国际经济危机影响造成缴资期内不能按时出资的56户企业,允许其出资期限延长至年底。对成立6个月未开业的企业,按规定可吊销其营业执照,市工商局允许48户企业延续至年底开业。同年,开展市场中介组织服务和收费的整顿,共注销6户企业,责令2户退出中介业务,15名公务员和事业单位工作人员退出中介组织。2010年,接收省工商局下放管理企业,并进行登记与管理。

第二节　个私经济管理

注册登记管理

1986年,《中共中央关于经济体制改革的决定》发布,加快发展个体工商业。个体工商户、私营企业申请开业登记事项由属地工商行政管理部门受理。个体工商户开业登记程序包括名称预先核准、前置审批(持预先核准通知书前往有关部门办理前置审批手续)、实质审查和发照。市工商行政管理部门采取放宽政策、简化发证手续等措施,支持城乡居民进入流通领域从事个体经营。1987年8月,国务院发布《城乡个体工商户管理暂行条例》,市工商行政管理部门对具有经营能力和经营条件的申请从事个体经营者,只需户籍证明、居委会或村委会证明,就可登记核发营业执照。1990年,全国治理经济秩序,市场出现暂时疲软,全市个体私营从业人员一度报停、歇业增多。工商行政管理部门加强监管的同时,采取引导行业结构调整,鼓励从事工业和服务业,取缔无证户,保护有证户经营,及时查处违章违法经营行为等措施。1991—1994年,市工商行政管理部门推出"政策上优惠,舆论上引导,范围上放宽,手续上简化"等措施,引导扶持个体私营经济发展。对下岗失业人员从事个体经营实行一系列优惠政策,凭再就业优惠证,从发照之日起3年内免收登记费、管理费等;下岗失业人员从事一次性或季节性个体经营的,核发3~6个月期限的临时营业执照,对转入长期经营的,及时变更为长期执照;下岗失业人员新办连锁店、分店,吸纳下岗失业人员占职工总数30%以上的,享受新办服务型企业的优惠政策。

1997—2000年,全市把发展个体私营作为振兴经济的抓手。1998年3月,市政府颁布《关于加快发展非公有制经济的决定》,放宽条件,放手发展非公有制经济,非公有制经济发展产生巨大效力。全年新发展个体工商户5358户,从业人员7932人,新发展私营企业192户,雇工人数2278人。至1998年年底,个体工商户达到25287户,从业人员47537人,私营企业428户,雇工人数7845人。对下岗职工从事个体经营和兴办私营企业,实行"先发展后规范,先放开后完善"的办法,在证照办理、场地选择、技能培训、介绍就业等方面提供帮助和支持。2001年,全市个体工商户,私营企业全面建立"经济户口"管理制度。

2003年,市工商局制定《支持个体私营经济发展三十条》,降低市场准入门槛,放宽注册登记限制,允许注册资本分期注入,允许个私经济自主选择经营范围和经营方式,支持个私企业参与国有企业改组、改制。对50户改制企业进行定期回访。同时,配合实施国务院《无照经营查处取缔办法》,开展取缔无照经营活动,全市共排查出无照经营户3268户。通过整治,补办营业执照2367户,取缔528户。

2004年,推行并联审批制,实行政务公开。通过制定守法提醒制、警示制、公示制措施,建立守信激励机制和失信惩戒机制,规范个私企业经济行为。同时建立企业工商联络员制度,对10户重点私营企业进行挂牌服务。并通过开展工商服务进社区活动,为个体私营企业主提供服务,对下岗职工创办个体和私营企业提供"申请优先,审批优先"的一站式服务,及时准确提供全市5万户个体工商户的登记注册材料,帮助劳动部门快速办理再就业优惠证。全市4715名下岗失业人员凭再就业优惠证办理个体工商户营业执照,减免相关规费436万元,换发再就业优惠证56117本。2008年8月,市工商局停止征收个体工商户管理费和集贸市场管理费。2010年,开展"五个结合"(查处无证经营、开展行政指导、开展送法上门、创建商标品牌、开展监察督查)活动,助推个私经济发展。

个私经济发展扶持

1986年,全市个体私营经济得到恢复发展。1987年,全市个体工商户达1.08万户,从业人员1.61万人,生产经营资本9727万元,生产经营额达到1.1亿元,实现历史性的大突破。农村个体经济发展尤为迅速,个体工商户达5970户,占全市总数的56%,首次超过城市个体工商户数。1991年开始进入快速发展阶段。发展个私经济由工商行政管理的“部门行为”上升为“政府行为”。1992年年底,全市共有个体工商户13826户,从业人员25011人,自有资金3003万元,总产值4439万元,商品零售额21156万元,均比上年有所增加;共有私营企业88户,从业人员1318人,自有资金765万元,总产值1195万元,户数、人数分别比上年增长33.3%和55.8%。全市个体工商户、私营企业向国家交纳税金2791.6万元,比上年增长28%。2001—2010年,市委、市政府相继出台鼓励和加快非公有制经济的决定和办法,市工商局全面简化办事程序,个私登记下放工商分局,开通信息公开查询平台,多方协调资金为困难企业搭建融资渠道。鹏飞陶瓷有限公司、昌大饲料有限公司等民营企业得到较快发展,成为全市利税大户、知名品牌。

表12－4－2　**1986—2010年景德镇市个体私营经济情况统计表**　单位:户、万元

年份	个体户数	私企户数	注册资金	年度新增户数	年度新增资金
1986	2318	—	813	—	—
1987	4569	15	1047	3015	—
1988	1015	51	2235	4136	—
1989	12092	70	2336	2326	—
1990	13058	70	2324.8	4281	—
1991	13567	66	3605	5231	—
1992	13826	88	7650	340	3003
1993	15128	123	6740	5971	2241
1994	17396	267	5529	4335	331.8
1995	27400	267	5971	1607	—
1996	22657	333	8268	5134	—
1997	23408	348	1563	5013	—
1998	25135	413	3807	5125	—
1999	26687	466	55411	5488	—
2000	14909	602	57848	4467	—
2001	15445	690	5730	4041	—
2002	16873	1054	27195	4819	41802
2003	19430	1416	64577	5120	50072
2004	21581	1456	213083	6136	72562
2005	25626	1943	35973	5010	83867
2006	27474	2371	354710	4090	93469
2007	21090	2816	382844	1018	75405
2008	35908	3341	531872	9789	102942
2009	38299	3731	609921	400	81807
2010	51029	4725	760451	1006	40330

第三节　市场建设与交易管理

市场建设

1990年2月,由市工商局自筹资金120万元建设的人民市场投入使用,总面积5100平方米,四层钢混结构,是全市第一家大型室内综合农贸市场。1992年4月,瓷贸大厦工程由市政府批准兴建,位于原市一建办公地。1995年8月28日,由市工商局筹资250万元兴建的曙光路蔬菜批发市场启用,占地1万平方米,钢架顶棚结构。1997年1月8日,曙光路水果批发市场正式营业,占地面积7000平方米,交易场地内拥有65间库房,可停放49辆10吨大货车,日平均成交水果近百吨,年成交额上亿元,是赣东北地区最大的水果集散地。2004年,全市城乡共有商品交易市场64个,年成交额7.15亿元。至2010年,全市各类市场共50家。

表12-4-3　　1985—2003年景德镇市主要市场建设情况统计表　　单位:平方米、个

市场名称	地址	开业年度	占地面积	商户数
市昌河农贸市场	昌河宿舍一区	1985	4000	230
市里村综合市场	里村	1987	3793	340
市李家坳屠宰场	李家坳	1989	600	22
市河西肉类市场	河西庄田	1989	2002	18
乐平市北门农贸市场	乐平向北大道	1989	2700	98
乐平市人民市场	乐平十八桥	1990	5100	—
乐平市鸣山农贸市场	鸣山煤矿生活区	1990	1500	300
市河西再就业市场	河西浮桥头	1991	2520	180
市古城农贸市场	丁家洲	1991	2800	140
市昌江肉类市场	竟成镇昌江村	1992	600	8
市历尧农贸市场	吕蒙乡历尧村	1992	1180	50
市新风路农贸市场	新枫路	1992	1500	105
浮梁县蛟潭农贸市场	浮梁县蛟潭镇	1992	2000	110
市里市渡农贸市场	中山北路526号	1993	1100	60
乐平市东街口农贸市场	乐平东街口	1993	2700	134
浮梁县仙槎农贸市场	仙槎	1993	2000	169
浮梁县鹅湖农贸市场	浮梁县鹅湖镇	1993	4150	200
市斗富弄服装市场	斗富弄	1994	1520	116
市景东招商场	林荫路	1994	2680	200
市鱼山农资市场	鱼山	1994	2700	100
市旧机动车交易市场	瓷都大道	1994	990	15
市黄泥头农贸市场	黄泥头	1994	2660	200
乐平市涌山煤矿农贸市场	乐平市涌山煤矿生活区	1994	2400	110

续表 12－4－3

市场名称	地址	开业年度	占地面积	商户数
乐平市江西化纤厂商业街	乐平塔山	1994	1160	80
乐平市众埠农贸市场	乐平众埠镇	1994	1502	152
乐平市西门集贸市场	乐平建新西路	1994	27000	560
乐平市赣东北大市场	乐平邹家畈	1994	34050	566
乐平市镇桥农贸市场	乐平镇桥	1994	1500	100
浮梁县新昌农贸市场	浮梁县城新昌路	1994	8282	120
市消费品综合市场	太白园路 4 号	1995	2500	138
市官庄农贸市场	官庄	1995	2000	22
市蔬菜批发市场	曙光路 135 号	1996	9658	229
市方家山集贸市场	竟成镇方家山村	1996	500	43
市新德园集贸市场	广场北路	1996	6666	110
乐平市沿沟农贸市场	乐平沿沟煤矿生活区	1996	6500	110
市湖田农贸市场	竟成镇湖田村	1997	700	78
市茶山农贸市场	河西茶山路	1997	700	50
乐平市钟家山煤矿集贸市场	钟家山煤矿	1997	260	30
市河西集贸市场	竟西饭店停车场	1998	3097	200
市粮油交易市场	太白园路 4 号	1998	100	20
市金昌利陶瓷大市场	珠山中路 2 号	1998	8000	110
乐平市接渡镇农贸市场	接渡镇	1998	2400	88
浮梁县粮食批发市场	浮梁县城粮食局	1998	680	15
乐平市蔬菜批发市场	乐平程家畈	1999	33300	560
乐平市水果批发市场	乐平迎宾西路	1999	5573	62
市枞横电脑市场	广场南路 14 号	2000	200	9
市翠云建材市场	翠云路 58 号	2000	10000	56
市朝阳路农贸市场	朝阳路	2000	1400	50
市花鸟市场	朝阳路 18 号	2001	616	52
市为宇路集贸市场	为宇路	2001	2800	146
市中华北路集贸市场	中华北路	2003	13320	460

市场管理

商品交易市场管理　1986 年，市工商行政管理部门在集贸市场设立管理机构，依照国务院《城乡集市贸易管理办法》对市场经营活动进行管理。1986 年 1 月，根据国务院《城乡集市贸易管理办法》规定，由市工商、公安、税务、物价、卫生防疫和畜医检疫 6 家单位联合组成市集贸市场综合治理小组，进驻市区各集贸市场联合办公，对集贸市场实行综合治理。10 月 14 日，市工商局发文，决定实行生猪定点宰杀。规定从 1986

年11月1日起,凡外来屠宰人员及市区个体屠户宰杀生猪,一律进入河西屠宰场营业,实行生猪定点宰杀、集中检疫、收税和统一管理。此举对搞好城市环境卫生,防止病猪肉、猪婆肉上市,城市创"三优"竞赛活动,均有积极作用。省工商局对此予以肯定并在全省推广。1990年4月,市工商局在全市主要农贸市场实行划行归市、亮照经营,同时开展创建文明市场、文明摊位活动。1992年,沿河东路集贸市场被命名为全国文明市场。该市场于1991年投资180多万元兴建,为棚顶市场,面积约5200平方米,内设固定摊位500多个,临时摊位600多个。是全市肉类、水产、蔬菜最为集中、品种最为齐全的集贸市场,每日人流量达1.5万人次,年成交额为8000多万元。被国家工商总局授予"全国文明市场"称号。1993年7月,市工商局开始对全市商品交易市场进行登记,包括市场名称、市场地址、市场面积、上市商品种类、开办单位负责人,并实行常态管理和统计汇总制度。市场开办单位按季度、年度向工商部门报送各类商品的交易量、成交额及进场设点的摊位个数等资料,大型市场内设有市场管理所,如水果批发市场设有水果批发市场管理所,十八桥人民市场内设有人民市场管理所,负责日常市场监管,及时查处违法违章行为,受理消费者投诉等。1994年,全市最大的集贸市场——斗富弄市场,通过加强市场规范化管理,扩增摊位,吸引外地商品,鼓励个体长途贩运等有效措施,使集市交易异常活跃,年成交额1.18亿元,成为全市首个年成交额突破亿元的集贸市场。至1999年7月,全市城乡共有商品交易市场62个,年成交额6.92亿元。2002年10月23日,金昌利陶瓷大市场、昌河农贸市场被评为"江西省文明市场"。

2002年12月,市工商局在全市商品交易市场实行"三到位一加强"(亮照到位、投诉站到位、现行赔偿制度到位、全面加强市场监管),设立投诉站(台),加强市场日常巡查。2003年,抗击"非典"期间,共出动执法人员477人次,车辆73台次,检查各类市场5个,检查市场主体3179户,查处违反市场管理案件15起。2004年3月,市工商局制定《景德镇市工商局防控高致病性禽流感应急预案》,对农贸市场禽类经营加强巡查,督促市场开办单位每日做好市场消毒工作。2008年6月,国家实行塑料购物袋有偿使用制度,禁用不合格塑料袋。市工商局加强塑料袋市场监管,共出动执法人员220人次,检查集贸市场25个、超市52家、经营户1830户,收缴不合格塑料购物袋2.7万个,立案5起,罚没款1.2万元。

生产资料市场管理　1985年9月,市工商局根据国家工商总局《关于汽车交易市场管理暂行规定》,对入市成交的汽车实行验证盖章监管制度。1988年9月,将石油包括原油、商品油、润滑油等重要生产资料和摩托车一并纳入市场监管范围。1993年12月,市工商局将肥料、农药、种子纳入市场监管范围。1998年6月,国务院发布《粮食收购条例》,市工商局全面加强对粮食市场的监管。2000年6月,省工商局和省粮食局下发《关于做好我省早籼稻退出保护价收购范围后企业收购资格审批有关工作的通知》,市工商局审核收购主体,执行粮食运输凭证检查制度、市场巡查制度,共发放资格证72份。全年共出动检查车30多台次,人员400余人,清理个体、私营粮食加工企业6户,查处粮食案件19起,没收粮食17023千克,罚款1.6万元。2006年7月,市工商局印发《农资经营诚信评定办法》,对农资经营户实行信用分类监管。2010年,市工商局对全市种子、化肥、农药3种重点农资商品进行检查,共抽查农资商品67批次,查处涉农案件14起,案值13万元,罚没款8.4万元。

生产要素市场管理　1991年,根据省工商局通知精神,市工商局加强生产资料和生产要素市场的培养、建设和管理,加强对新旧机动车辆、交通运输、房屋租赁等生产资料和生产要素市场的监管。1993年4月,市工商局对各类消费品市场生产资料、生产要素市场进行登记管理,核发市场登记证。1996年,根据《江西省房地产交易市场管理暂行办法》,依法对房屋交易双方的资格和房地产交易活动的合法性进行审查,对确认合格的房屋交易和租赁经营实行验证管理。1999年6月,市工商局对全市中介机构开展经纪资格证书、营业执照检查,举办经纪人培训班,颁发资格证书34份。2000年,开展农资市场专项整治,共检查生产单位15户,经营单位150余户,查缴劣质化肥50吨,假包装袋3000余条,变质农药500余瓶,劣质种子100千克,"三无"农机配件150余件,不合格饲料4000千克。在开展"红盾打假护农"行动中,乐平市工商局查获汪某倒卖劣质化肥5吨,全部收缴,并处5000元罚款。2004年9月,根据省工商局《经纪人管理办法》,市工商局对辖区内经纪人从业情况进行全面调查,监督经纪人做好从业明示和申领营业执照。2010年,全市登记注册城市经纪人367户、农村经纪人235户,执业人员1450人,农村经纪人经纪业务量1.58亿元。

市场“办管脱钩”　1986年开始，全市工商行政管理部门对集贸市场实行办管一体。1999年9月，市工商局制定《景德镇市工商系统市场办管脱钩和移交工作实施方案》，全市工商系统正式与市、县（区）政府办理市场办管脱钩和移交，市场物业管理将机构、人员、财务、职责从工商管理部门分离出去，移交给地方政府管理。全市共移交市场16个，移交市场总面积36553平方米，总造价1335.9万元。办管脱钩后，市工商行政管理机关在市场设立的管理机构只对市场的经营主体和经营活动依法进行管理。

交易管理

打击投机倒把　1986—1991年，国家实施有计划的市场经济，生产资料及生活资料实行计划价格、市场价格“双轨制”，打击投机倒把违法行为成为维护社会经济秩序的主要任务。1987年，查处859厂倒卖钢材案，案值5万元，罚款3万元。1988年，安徽亳州市物资贸易中心等3家公司在景德镇倒卖“上海”牌轿车3辆，案值23万元，非法所得17万元全部收缴国库，并罚款3万元。1988年，查处蛟潭化工厂倒卖松香、树脂案，案值5万元，没收非法所得5万元。1990年，广东江门市经济开发联合总公司在景德镇走私贩私进口彩电案件，案值9.5万元，罚款1.7万元，没收非法所得6万元。至1992年，全市共查处投机倒把案件143件，罚没款205万元。

1992年，国家实行改革开放政策，实行社会主义市场经济，这一期间走私贩私、假冒伪劣、不正当竞争、非法组织传销成为主要违法现象。1993年9月，在国道G206线吕蒙地段查获安徽顾某等人走私“红塔山”香烟1000条、“希尔顿”香烟400条，企图运至安徽倒卖，案值10万元。根据《投机倒把行政处罚暂行条例》规定，没收全部香烟，并处1万元罚款。1994年，查处李某等人贩卖走私手表、布匹案，案值20万元，获利10余万元，没收非法所得10万元，罚款5万元。1997年，刑法修订取消投机倒把罪。1998年9月，林某等5人在未办理营业执照、未取得粮食批发准入资格情况下，直接向洪源村农民收购早籼稻5000千克，在准备送往加工途中被查获，违反《粮食收购条例》，被处没收所收早籼稻5000千克，全部上缴国库。2008年1月23日，《投机倒把行政处罚暂行条例》废止。

打击假冒伪劣　1987年6月，市政府召开紧急会议，成立以工商局牵头，有纪检、公安、司法、税务、标准计量等部门组成的专案组，打击销售废品瓷的违法活动。经过近两个月的工作，查获销售废品瓷团伙7个，无证商贩40多人，查封废品瓷仓库11个、倒卖瓷器批条1个、缴获废品瓷5万余件，没收非法所得3.87万元，对58名参与违法活动的不法分子分别给予经济处罚，对涉嫌犯罪的移送司法机关处理。1990年起，市工商局采取宣传教育、办学习班等一系列办法，培训“打假”专业人员。1998年，查处刘某销售假冒面粉案，案值15万元，牟利6万元，被罚款3万元。2000年，按照国家工商总局等部门的部署，创建“百城万店无假货示范街”——珠山中路一条街。2003年抗击“非典”期间，全市工商系统出动执法人员5324人次，检查市场248个（次），检查医院、门诊部、药品经销店184个，对假冒伪劣防非典药品、医疗器械、广告内容等进行全面排查，销毁各类无效药品、夸大宣传疗效、假冒医疗器械445件。2006年，查处叶某假冒他人名瓷、伪造产地、虚假宣传案，案值5万元，牟利5万元，被没收青花瓷万件瓶一对，罚款5000元。2008年，查处中国石化石洪加油站销售不合格零号柴油案，案值1万元，罚款8000元。2010年，查处王某假冒防火排气管道器材案，案值2万余元，处以收缴不合格器材、吊销营业执照，罚款2万元。1990—2010年，共出动执法人员2.6万人次，查获各类假冒伪劣商品312个品种，价值2亿元，立案3061件，捣毁制假窝点103个，罚款603万元，移送公安司法机关处理14人。

反不正当竞争　1993年9月，《中华人民共和国反不正当竞争法》实施，全市反不正当竞争行动全面展开。1996—1999年，全市出动执法人员850人次，开展打击药品购销过程中收受回扣等违法行为的专项整治，全市150余家药品生产经营企业和医疗机构进行自查，查出市三院等17家药品生产、经销企业和医疗机构违规折扣让利634万元，罚款140万元。2000年，查处市昌顺糖酒贸易公司采用排挤竞争手段限制他人竞争垄断行业案，案件涉及1000余户经销商，处以罚款2万元，通过报纸向消费者道歉。2001年12月，浮梁县电信局在为用户安装电话时，强行搭售IC卡。经调查核实，浮梁县工商局责令浮梁县电信局停止侵权，退回300多用户款11000余元，根据反不正当竞争法处以1万元罚款。2001—2007年，市工商局按照国家《关于开展治理商业贿赂专项工作的意见》，查处景德镇高等专科学校等55件商业贿赂案件，案值846.5万元，罚没款117.1万元。2006年,查处景德镇碧优诗服装鞋帽公司虚假宣传案,案值73万元,罚款3万元。2008年,查处欺骗性有奖销售案2件,各处罚款1万元。2007—2010年,在全市范围内开展打击“傍名牌”行为专项行动,重点打击仿冒“景德镇”注册商标等知名商标行为。共出动执法人员200人次,执法车辆40余台次,对涉嫌仿冒“景德镇”“法蓝瓷”注册商标等现象进行重点检查。

打击传销活动　2006年8月,市工商局大力宣传《禁止传销条例》《直销管理条例》,在公共场所张贴公告300余份,通过签订一份责任书、派发一张联系卡、建立一个信息资料库、印发一批宣传资料、构建一个监管网等措施,做到打防结合、综合治理传销活动。出动执法人员200余人次,捣毁传销窝点704处,遣散传销人员8724名,解救被骗群众1230人次,移送公安传销头目54人。

2009年,昌江区工商局联合公安部门成功解救被骗加入传销组织的四川籍少女的事迹在中央电视台一套《今日说法》栏目播出。至2010年,全市传销蔓延的势头得到遏制,但一些藏在隐蔽场所的小规模传销活动仍有发生。

表12-4-4　　1986—2010年景德镇市公平交易执法统计表

年份	案件总数(件)	案件总值(万元)	制售假冒案(件)	诈骗案(件)	罚没总额(万元)	为受害人追回金额(万元)	移送司法机关案件(件)
1986	68	268	—	—	198	70	8
1987	73	21	—	—	21	—	—
1988	76	170	—	—	170	—	1
1989	54	223	—	—	163	60	2
1990	18	28	18	—	28	—	—
1991	21	77	21	—	57	20	—
1992	46	205	11	—	38.2	8	1
1993	20	10	20	—	10	—	—
1994	12	11	10	—	11	—	2
1995	142	110	142	—	70	40	—
1996	33	15	17	—	15	—	—
1997	17	15	17	—	15	—	—
1998	29	25	29	—	25	—	1
1999	4	4	4	—	4	—	—
2000	50	213	40	10	83	130	—
2001	239	26	—	—	26	—	—
2002	370	55	—	—	55	—	—
2003	11	12	11	—	4	8	—
2004	43	50	—	3	40	10	—
2005	225	9	200	25	90	—	—
2006	366	226	360	6	226	366	—
2007	283	199	282	1	199	253	—
2008	252	152	252	—	152	378	—
2009	1082	279	1082	2	279	536	—
2010	1256	317	1256	—	317	234	—

消费者保护

投诉处理　1986—1996年，消费者投诉由工商局有关业务科室随机受理。1997年12月，围绕“讲诚信、反欺诈”主题，开展维护公平交易秩序和保护消费者合法权益系列活动中，市工商局建立“3·15”消费者投诉中心，作为工商行政管理机关保护消费者合法权益、化解各类经济纠纷的窗口。1999年7月，开通“12315”投诉举报电话，并成立市工商局“12315”投诉举报中心。各县(市、区)建立消费者协会5个，投诉站和“12315”举报联络站73个，聘请义务维权人员146名。全市5个县(市、区)局设立“12315”申诉举报中心，32个工商分局设立申诉举报站，配备“12315”执法车辆32辆。形成市、县(区)、工商所三级网络，建立相关的打假程序和处理制度。至2010年年底，中心受理各类投诉12712件，处结率99%。

政策法规宣传　1987年9月，国务院颁布《投机倒把行政处罚暂行条例》。1990年8月，国务院颁布《投机倒把行政处罚暂行条例实施细则》，市工商局制定相关实施意见。1996年，国家工商总局提出开展“公平交易执法年”工作要求，市工商局出台“公平交易执法年”系列活动实施办法，开展整治无照经营、打击粮食非法买卖、打击非法传销、商业贿赂、食品安全整治等活动。1997年，制定“12315”申诉举报服务网络建设方案，推进阳光执法，保护合法经营，维护市场经济秩序。1998年，《江西省反不正当条例》颁布，市工商局开展反不正当竞争宣传和执法。2001年5月，省委、省政府下发《整顿和规范市场经济秩序工作总体实施方案》，市工商局按照“依法整治、把握长远、抓紧当前、全面推进、突出重点、标本兼治”原则，整顿和规范市场经济秩序。2006年，组织开展“制止欺诈月”宣传活动。2010年，市工商局按照《打击传销专项执法行动方案》要求，加大打击传销的宣传力度，专门组织执法人员和宣传车深入高校开展“反传销、进校园”的现场宣传咨询，并通过采取召开现场会的形式推广流动人口及出租屋管理工作经验，提高居民对传销的识别能力。

第四节　商标与广告管理

商标注册与认定

核转注册　1979年11月，国家工商局商标局恢复商标注册制度。全市范围内的企业办理商标注册，均向市工商局提出申请，经初步审核转国家工商局商标局审查注册。1986年，全市经国家商标局核准注册商标有135件，随着经济体制改革的深入，企业不断关、停、并、转，有效注册商标数量呈下降趋势。1990年，全市注册商标有268件，1994年注册商标有219件。2004年，注册商标增至277件，2010年为579件。

驰名商标　1996年8月，国家工商总局开始将市场上享有较高声誉并为公众所熟悉的注册商标界定为驰名商标。2000年9月，江西昌河汽车有限公司注册的“昌河”商标，被国家工商总局认定为中国驰名商标，结束景德镇无驰名商标的历史。2002年2月景德镇陶瓷协会的“景德镇”商标。2005年景德镇华意电器总公司的“HUAYI”商标先后被认定为中国驰名商标。2009年，景德镇华意电器总公司破产，其商标转让给华意压缩机股份有限公司。

表12-4-5　　2000—2005年景德镇市获得中国驰名商标一览表

商标名称	核定使用范围	企业名称	核定有效期	首次认定年份
昌河	旅游、客货两用车	江西昌河汽车有限责任公司	续展至2015.1.6	2000
景德镇	瓷器	景德镇陶瓷协会	续展至2019.7.29	2002
HUAYI	压缩机	华章压缩机股份有限公司	续展至2017.3.20	2005

著名商标　1993年，省工商局开始认定江西省著名商标。至2010年年底，全市有52件注册商标被认定为江西著名商标，有效期3年，期满后可续任。

表 12－4－6　　1994—2010 年景德镇市获得省著名商标一览表

商标名称	核定使用范围	企业名称	核定有效期	首次认定年份
龙珠阁及图形	白酒	江西省景德酒业食品有限公司	—	1994
浮瑶仙芝	日用瓷器、瓷器装饰品、瓷艺术品	浮梁县浮瑶仙芝茶业有限公司	续展至 2014. 9. 27	1994
昌河	旅游、客货两用车	江西昌河汽车有限公司	续展至 2015. 1. 6	—
安	糕点、饼干、糖果	江西食品厂	续展至 2017. 3. 19	1995
万年青	瓷器、日用陶瓷	市人民瓷厂	—	1995
三角及图形	瓷砖	景德镇陶瓷厂	续展至 2013. 2. 28	1995
三及图形	空调风扇、电暖器	中国直升机设计研究所、景德镇三燕电器总厂	1997. 10. 4（商标注册）	1996
三蕾	装饰用花纸、金水、颜料	景德镇市三蕾瓷用化工有限公司	1986. 10. 20（商标注册）	1996
玉风	瓷器	江西省玉风瓷业有限公司	续展至 2019. 11. 27	1997
德宇	板鸡、板鸭、扒鸡、扒鸭、盐水鸭	江西景德板鸡实业公司	续展至 2014. 8. 13	1997
景光	激光管、微波管、发射管、返波管、电子管	江西景光电子有限公司	续展至 2013. 2. 28	1997
江维	聚乙烯醇、电石醋酸乙烯、乙烯一醋酸乙烯	江西化纤化工有限公司	续展至 2020. 4. 19	1997
华意	电冰箱、压缩机	华意压缩机股份有限公司	续展至 2017. 3. 20	1997
TL	电容器	江西胜利器材厂	—	1997
水晶	电表	江西昌明无线电器厂（2004 年 9 月 13 日注销）	—	1997
CJD	印刷机、胶印机，烫金机	江西中景集团有限公司	续展至 2018. 1. 20	1999
景德镇及图形	瓷器	市陶瓷协会	续展至 2019. 7. 27	2000
崖玉	茶	浮梁县瑶里茶叶有限公司	至 2016. 4. 6	2000
乌金	水泥	江西乐矿水泥有限责任公司	至 2010. 6. 9	2001
红叶	咖啡具、茶具、餐具等	景德镇陶瓷股份有限公司	续展至 2016. 9. 6	2001
绿乐	新鲜蔬菜、鲜水果、植物种子	乐平市蔬菜开发总公司	至 2011. 10. 27	2001
鑫森森	混合肥料、化学肥料、氮肥、农业肥料	市开门子农用化工有限公司	续展至 2020. 8. 27	2003
青溪峰	水泥	江西锦溪水泥有限公司	续展至 2020. 9. 27	2003
珍宝	瓷器	景德镇珍宝特陶有限公司	续展至 2017. 8. 20	2003
江东	西药	江西东风药业有限公司	续展至 2013. 2. 29	2003
柳溪及图形	水泥	市重阳水泥实业有限公司	续展至 2012. 4. 9	2003
电化	笨二甲酸二辛酯	江西电化有限公司	2011. 3. 20 注销	2003

续表 12－4－6

商标名称	核定使用范围	企业名称	核定有效期	首次认定年份
龙珠阁及图形	瓷器	江西省陶瓷工业公司	续展至 2015. 11. 20	2003
西湖珍芝	茶叶、米、面	市西湖珍芝天然食品有限公司	续展至 2021. 8. 20	2005
百花	彩瓷	江西省陶瓷进出口公司	续展至 2013. 2. 28	2006
瓷都	咖啡、茶、食用糖蜜、糕点	江西彩云食品有限公司	续展至 2013. 5. 27	2006
赣森	干蔬菜、腌制蔬菜、干食用菌、食用油	江西赣森绿色食品有限公司	续展至 2015. 3. 27	2006
峰谷	糕点用粉、谷类制品、人食用去壳谷物、生糯粉、食用面粉、汤圆粉、玉米粉	景德镇市峰谷米业有限公司	续展至 2013. 1. 6	2006
得雨	茶	江西德宇集团有限公司	续展至 2018. 10. 6	2006
浮红	茶	浮梁县浮瑶仙芝茶业有限公司	续展至 2017. 10. 20	2007
瑶河	茶、茶叶代用品、食用王浆、茶汤面、泡粑、米果	浮梁瑶河茶叶有限公司	续展至 2013. 7. 13	2008
景赐坊	建筑陶瓷、瓷板	市鹏飞建陶有限公司	续展至 2016. 4. 27	2008
昌南	日用瓷器、日用陶器、瓷器装饰品、赤陶或玻璃塑像、玻璃艺术品	江西省陶瓷进出口公司	续展至 2014. 11. 6	2009
白俄罗	混合肥料、化学肥料、氮肥、农业肥料、肥料	市开门子农用化工有限公司	续展至 2017. 10. 13	2009
玉柏	家庭用陶瓷制品、瓷器、酒具、瓷器装饰品、用瓷器、盥洗室器具	市玉柏瓷业有限公司	续展至 2019. 2. 20	2009
能典	细颈坛、家庭用陶瓷制品、瓷器、仿瓷器、日用瓷器	市望龙陶瓷有限公司	续展至 2013. 10. 13	2009
赣森	茶、茶叶代用品、蜂蜜、食用王浆	江西赣森绿色食品有限公司	续展至 2015. 2. 6	2009
谷御	茶、茶叶代用品、蜂蜜、食用王浆、营养胶囊	江西赣森绿色食品有限公司	续展至 2016. 1. 13	2009
浮梁茶	茶	梁梁县茶叶协会	续展至 2016. 12. 13	2009
金鹊	西瓜、植物种子、坚果	乐平市金鹊生态农业园	续展至 2018. 3. 6	2009
精誉	日用瓷器、啤酒杯、非酒具（托盘）、非贵金属茶具	市博大精工艺术陶瓷有限公司	续展至 2021. 8. 6	2009
FRANZ	瓷器、日用玻璃器皿、陶器、玻璃壁饰、浮雕玻璃	景德镇法蓝瓷实业有限公司	续展至 2015. 3. 27	2009
西湖珍芝	食用油、干食用菌、干蔬菜	市西湖珍芝天然食品有限公司	续展至 2013. 1. 6	2010
昌南雨针	茶、茶叶代用品、茶饮料	浮梁县昌南茶叶有限公司	续展至 2020. 2. 27	2010
思红	食用王浆（非医用）、花粉健身膏、非医用营养液	乐平市思红蜂业专合作社	续展至 2018. 3. 20	2010
盘圣	烧酒、鸡尾酒、葡萄酒	江西盘圣食品酿造有限公司	续展至 2012. 7. 29	2010

知名商标　2010 年 10 月 8 日，市政府决定由市工商局负责全市知名商标的认定保护。至年底，认定知

名商标为27件,有效期3年。

表12-4-7　　2009—2010年景德镇市知名商标认定一览表

商标名称	核定使用范围	企业名称	核定有效期	首次认定时间
祺祥	室内外广告、室内装饰、装修	乐平市祺祥广告装饰有限公司	至2014.12.15	2009.12
华达	推销(替他人):组织商业和广告交易会	市华达糖酒副食品有限公司	至2014.7.27	2009.12
冷水尖	水(饮料)、乳清饮料、果汁	市冷水尖纯水有限公司	至2020.11.13	2009.12
红鑫	陶瓷	市红鑫陶瓷有限公司	至2015.4.13	2009.12
凤崖	笋干、冬菇	市三星绿色食品有限公司	至2015.7.27	2009.12
盘圣	烧酒、鸡尾酒、葡萄酒	江西盘圣食品酿造有限公司	至2013.7.29	2009.12
洎阳	糕点	乐平市洎阳食品厂	至2011.9.20	2009.12
景德	陶瓷	景德镇环球实业有限公司	至2017.9.6	2009.12
永和春	陶瓷	市永和春陶瓷店	至2017.4.13	2009.12
西湖珍芝	食用油	市西湖珍芝天然食品有限公司	至2013.1.06	2009.12
望龙	瓷器、仿瓷器、日用瓷器、瓷器装饰	市望龙陶瓷有限公司	至2020.7.13	2010.12
瑶里	茶、茶叶代用品、米糕、年糕、泡粑、南瓜粉	浮梁县瑶里茶叶有限公司	至2013.8.27	2010.12
嘉龙霸	大米	市嘉龙米业有限公司	至2016.6.06	2010.12
古镇	陶瓷	市古镇陶瓷集团有限公司	至2020.5.26	2010.12
图形	陶瓷	景德镇景东陶瓷集团有限公司	至2014.9.27	2010.12
皇窑	瓷器	景德镇佳洋陶瓷有限公司	至2019.8.13	2010.12
峄峰	鲜水果、新鲜蔬菜、活动物、植物,种子饲料、谷	乐平市峄峰果业发展专业合作社	至2019.4.27	2010.12
景德镇玲珑	瓷器	市陶瓷协会	至2020.2.20	2010.12
景德镇青花	瓷器	市陶瓷协会	至2020.2.20	2010.12
景德镇粉彩	瓷器	市陶瓷协会	至2020.2.20	2010.12
景德镇色釉	瓷器	市陶瓷协会	至2020.2.20	2010.12
贝玉	瓷器	市贝玉瓷厂	至2017.8.20	2010.12
振中派	瓷器	市中振陶瓷经销部	至2020.4.13	2010.12
金焰陶瓷	瓷器	市金焰瓷业有限公司	至2017.12	2010.12
景德大成	瓷器	市景德大成陶瓷有限公司	至2020.7.6	2010.12
大象(图)	户外广告	市大象广告有限公司	至2020.9.13	2010.12
CYPRESS	瓷器	市常青家园工艺品有限公司	至2020.6.20	2010.12

商标管理

商标印制　1987年，市工商局规定承接商标印制业务的单位，须经市工商局审查批准，发给商标印制许可证，方可承接商标印制业务。印制商标，必须具有县级以上工商行政管理机关开具的注册商标印制证明或未注册商标印制委托书，方可印制。1991年，市工商局向22家印制单位颁发《指定商标印制单位证书》。1996年9月，根据国家工商局发布《商标印制管理办法》规定，依法登记从事印刷、制版、刻字、织字、印铁、铸模、冲压、贴花事项业务的企业和个体工商户，需要承接商标印制业务的应当申请国家工商局统一印制的印制商标单位证书，证书由地（市）级工商行政管理机关核发。至2002年，市工商局先后审查确定商标印制单位75家。在全市商标印制单位建立商标印制业务审查制度和商标印制业务登记制度以及商标标识建档等制度，规定印制企业必须签订印制合同，连同其证明材料建立商标印制业务档案。2003年2月，国务院取消工商行政管理部门的审批商标印制项目，工商行政管理部门不再核发印制商标单位证书。

专用权保护　1989年7月3日，市经委、市工商局联合发出《关于出口陶瓷商标使用管理的通知》，规定出口陶瓷商标由省陶瓷出口公司统一申请注册和管理，实行统一计划、统一政策、集中管理，联合对外贸易的原则；省陶瓷工业公司注册的"龙珠阁牌"注册商标享有专用权，商家使用应签订商标使用许可合同，经批准后方可使用；"景德镇"作为一个地理名称，不能作为商标注册使用，陶瓷产品一律标明景德镇XX瓷厂字样，否则产品不准出厂。1990年年初，市工商局重新修订《关于加强陶瓷产品商标使用和管理的意见》，为陶瓷生产经营单位提高产品质量、维护景瓷声誉提供依据。

1995年，立案查处制售假冒伪劣商品案25起，商标侵权案3起，捣毁制假商店8个，罚没款20余万元，共查获销售假冒伪劣商品22大类112个品种，价值64.73万元，主要品种有假冒香烟2426条、酒20395瓶、味精350千克、陈醋9070瓶、卫生巾1.1万包、商标标识27万张、彩电15台、面砖10万块、拼装昌河汽车1辆、重庆80摩托车3辆等物品。

2001年，针对市陶瓷市场仿冒名牌陶瓷现象严重，各工商所对辖区内的陶瓷销售企业进行调查摸底，并在市陶瓷协会的支持下，组织力量对重点地区和重点企业进行突击检查，对14户陶瓷经营户下达责令改正通知书，收缴仿冒名牌陶瓷300多件（套），对3万多件（套）价值20多万元的假冒"景德镇"商标陶瓷进行查封，打击了陶瓷市场的侵权行为。

2004年，当事人应某在未办理营业执照和未经景德镇陶瓷协会许可情况下，将自己设计带有"景德镇"注册商标的陶瓷包装盒及礼品袋样稿送深圳印刷，共印包装盒装潢1000份、礼品袋2000余只，在试销中被查扣封存。根据《商标法》规定，罚款2000元，被封存的包装盒袋待办理商标使用许可后启封使用。

2005年，湖田纯净水站使用未注册商标冒充注册商标，经营者被罚款4200元。2007年，当事人梁某在金昌利陶瓷市场内销售陶瓷时，未经海畅实业有限公司许可，称其销售的市蓝鹰瓷厂生产的陶瓷茶具为法蓝瓷，并在收款收据上注明。当事人被责令立即停止侵权行为，并处3000元罚款。至2010年，还处理刘某侵犯注册商标（红叶）专用权案，黄某箭牌卫浴商标侵权案，张某涉嫌生产侵犯"世纪金徽"商标专用权的酒瓶案等。

广告管理

资质审查　1986年，全市广告业发展迅速，工商部门对申请广告设计、制作、发布者进行依法审查，对合格者核发广告经营许可证。1992年8月，景德镇市第一家广告公司——景德镇市广告公司开始发布户外广告。《景德镇日报》、景德镇电视台、景德镇广播电台相继发布媒体广告。工商部门对广告从业人员定期开班进行广告专业技术和广告法律、法规培训，颁发广告专业技术岗位资格证书。1993年，全市广告经营单位发展到21户。同年7月，国家工商局、国家计委联合颁布《关于加快广告发展的规划纲要》，全市广告业加快发展。1997年开始，市工商局每年开展一次全市性广告经营单位资格检查，确定是否具有继续经营广告的资格。2004年，全市广告经营单位81户，从业人员740人，广告经营额2712万元。2010年，全市广告经营单位399户，从业人员1593人，广告经营额5488万元。

户外广告管理　1995年8月，市工商局集中力量，对全市所有快餐、行医的户外张贴广告进行全面整治，清除非法快餐、行医广告4000多条，取缔设在瓷城旅社、华光饭店、翠云饭店、石油招待所的4个非法行

医点。12月,根据国家工商总局《户外广告登记管理办法》,市工商局规定在市辖区范围内设置、张贴户外广告,必须办理登记手续。市工商局在城区设置11块钢架结构户外广告牌。2000年,全市设置160块公共广告信息服务中心栏,市工商局加强对招贴广告管理的宣传监管,规定广告经营者经批准登记后,方可发布广告,违规发布广告的,责令发布者自行清理。截至2010年年底,全市共备案户外广告1032条(次)。

大众传媒广告管理　1990年,根据国家工商局、新闻出版署联合发布的《关于报刊、期刊和出版社刊登、经营广告的几项规定》,加强对报社、期刊社经营广告业务的管理。经申请批准后,允许其利用正式出版物、年鉴类工具书经营广告业务。其他公共发行的图书,只准用来经营书刊的出版、发行广告。标有"内部发行"字样的图书或在指定范围内发行的其他媒介,不得经营广告。1993年10月,经国家工商总局广告司同意,对广告发布实行事前审查管理制度,规定兼营广告业的报社、广播电台、电视台发布广告,必须通过有相应经营资格的广告公司代理,广告客户不得直接通过报社、广播电台、电视台发布广告。对大众传播媒介广告采取事前审查、事中监督、事后查处的全过程监管。

1994年10月,加强对利用专题报道、经济信息等形式收取高额费用行为的监督管理,对属于商业广告性质的专题报道、经济信息无论以何种形式出现,均不得发布。1998年10月,国家工商局发出《关于停办广告审查机构的通知》,明确市工商局对广告业的监督责任。市工商局购置录像机、录音机、收音机、电视机,建立广告监测机构,对每日大众传媒广告进行监测。2002年4月,市工商局在全市范围内对大众传媒广告实行"分类管理、分工负责、层层落实"的网络化监管。授权乐平、浮梁、珠山、昌江工商局具体监督媒介单位广告,上下联动,降低广告违法率。截至2010年年底,共监测各类广告(含广播、电视、报纸)92566条。

虚假违法广告查处　1986年,市工商局开展虚假广告专项整治活动,查获案件5起。1989年2—5月,市工商局清理整顿资质不具备、有章不循的广告公司,查禁无证经营、新闻单位内部非广告经营部门、记者承接广告及以新闻形式发布广告的行为。1995年,市烟草公司利用《景德镇日报》以新闻的形式整版变相刊登"金圣"香烟广告,严重违反《广告法》的有关规定。市工商局分别对《景德镇日报》广告经理部、市烟草公司各处3万元的罚款。

2004年,社会人员董某利用聘用人员经销"金水鲜"药品,在没有药品广告审批证照的情况下,擅自在市一、二、三医院内及周边散发"金水鲜"药品印刷品广告6000余份,被处以3000元罚款。

2005年,全市开展"打虚假树威信"广告专项整治,加大对虚假违法广告的监测和查处,全年共监测广告8213条,查处广告虚假违法案件99起,收缴虚假违法印刷品广告1万余份,处罚6.23万元。

2006年,《瓷都晚报》为美清肝病专科门诊(另案处理)以每期500元的价格,发布两期广告,误导消费者,被处以3000元罚款。2007年,市协和综合门诊部在未取得《医疗广告审查证明》的情况下,擅自在《瓷都晚报》、景德镇市电视台发布医疗广告,被处1万元罚款。

2008年,景德镇市广播电视台广告中心利用自有广播电视台,发布"OJO"包间食品广告含有"彻底解决男性性功能障碍"及"优帮胶囊"保健食品广告含有"迅速增强性功能,安全壮阳"等虚假夸大内容广告。被责令立即停止发布违法广告,并以等额广告费用在相应范围内公开更正,消除影响,没收广告费3000元,并处3000元罚款。至2010年,全市共查处广告违法案722件,罚没款共计135.21万元。

表12-4-8　　1986—2010年景德镇市广告登记管理统计表

年度	广告经营			查处违章违法案件	
	户数(户)	从业人员(人)	经营额(万元)	总件数	罚款(万元)
1986	4	43	14.3	5	0.3
1987	5	47	18.66	10	0.41
1988—1991	10	—	—	—	—
1992	15	—	—	—	—
1993	21	—	235.7	9	—

续表 12－4－8

年度	广告经营			查处违章违法案件	
	户数(户)	从业人员(人)	经营额(万元)	总件数	罚款(万元)
1994	34	—	350	5	—
1995	40	—	—	—	—
1996	55	325	—	8	—
1997	41	214	—	—	—
1998	40	210	—	—	8.2
1999	47	320	—	5	0.84
2000	54	348	—	20	—
2001	63	416	1880	14	3.6
2002	70	450	2331	12	0.53
2003	80	599	2706	49	3.6
2004	81	740	2712	59	9.828
2005	105	963	3076	113	15.47
2006	149	954	3349	112	12.47
2007	167	1088	3487	91	20.60
2008	247	1176	4522	79	12.82
2009	319	1480	4747	61	16.41
2010	399	1593	5488	70	30.13

第五节　经济合同管理

合同监管

合同监督　20 世纪 80 年代，市工商行政管理部门对合同监督检查，主要是通过合同鉴证和仲裁诉讼中发现查处违法合同、无效合同。1990 年，随着城乡经济的迅猛发展，合同监管由鉴证仲裁到重点查处违法无效合同。1992 年，按照国家工商总局《关于整顿商品交易秩序加强市场运行合同管理的意见》，全市经济管理部门配合工商行政管理机关，组织企业清理三角债 127 件，案值 3046 万元。1995 年 11 月，国家工商局公布《关于查处利用合同进行的违法行为的暂行规定》，全市重点对“三无”企业（无资金、无场地、无机构）开展查处工作，共查处合同违法案 3 件，案值 600 万元，涉嫌合同诈骗移送公安机关处理 1 件，案值 70 万元。1986—2010 年，全市工商行政管理机关参与拟修订各类合同文本（建筑工程施工、安装、粮食买卖、工矿产品、广告等）的审查、宣传、印刷、发行工作，推行法人委托书、合同协管员制度。全市聘请合同协管员 67 人，培训合同管理人员 400 余人。

合同鉴证　1985 年 7—8 月，国家工商局先后发布《关于确认和处理无效经济合同的暂行规定》和《关于经济合同鉴证的暂行规定》，全市开始合同鉴证。1986 年，对购销、建设工程承包加承揽、货物运输、供电仓储保管、财产租赁、借款、财产保险、科技协作、联合经营等合同的实行鉴证工作。1997 年 11 月，国家工商总局发布《合同鉴证管理办法》，规范合同鉴证行为。1999 年 3 月，《中华人民共和国合同法》出台，经济合同的鉴证由过去的强制原则转变为自愿原则。2001年,国家工商总局公布《拍卖监督管理暂行办法》,对拍卖企业举行拍卖活动实行备案和监督拍卖全过程制度,实施拍卖现场监管。截至2010年年底,全市共办理拍卖合同备案63件,现场监督拍卖活动43次。1986—2010年,全市共鉴证经济合同3万份,金额103亿元。

合同仲裁调解

1984年,市工商局经济合同仲裁委员会成立,开始办理经济合同纠纷案。截至1994年,全市共受理仲裁经济合同纠纷案135件,涉及争议金额700万元。同年8月,《中华人民共和国仲裁法》颁布,规定仲裁委员会独立于行政机关。12月,市工商局经济合同仲裁委员会终止活动。

1997年11月,国家工商总局公布《合同争议行政调解办法》,合同争议行政调解一般包括申请、受理、调解、终结四个环节,调解不成的,当事人可以在诉讼时效内申请仲裁或向人民法院起诉,合同争议行政调解原则是双方自愿,不具强制力。1998—2010年,全市共调解合同争议案30件,金额100余万元。

企业动产抵押登记

1996年,依据《中华人民共和国担保法》规定,市工商局履行动产抵押登记职能,在全市启动动产抵押物登记工作。全年共办理企业动产抵押登记40件,抵押物抵资金1.45亿元,为企业贷流动资金贷款10.1亿元。1999年8月,全市动产抵押登记工作操作进一步细化,设立动产抵押登记档案,登记制度实现程序化,明确工商部门责任和义务。凡资料齐全、产权明确的,一般当天受理、当天审查,三天内发证。1996—2010年,全市共办理动产抵押登记1034件。

表12-4-9　　**1996—2010年景德镇市企业动产抵押统计表**

年份	抵押合同(份)	抵押物价值(亿元)	借贷金额(亿元)	年份	抵押合同(份)	抵押物价值(亿元)	借贷金额(亿元)
1996	36	14.5	10	2004	37	5.2	3.8
1997	79	29.9	8.4	2005	34	10.9	2.8
1998	108	13.1	6.3	2006	46	4.5	1.1
1999	96	17	8.6	2007	42	13	3.7
2000	73	8.7	8.3	2008	72	8.8	—
2001	50	7.2	3.8	2009	120	7.1	4.6
2002	61	7.2	5.5	2010	127	7	6.3
2003	53	6.9	4.4				

重合同守信用活动

1986年,重合同守信用评选活动启动,全国统一标准评选。企业每年对照标准经推荐、申请、认定及严格的考核验收,以市(县、区)政府或工商机关的名义命名其为"重合同守信用"单位,并授予重合同守信用证书或牌匾。至2010年,全市获AAA级重合同守信用企业41家,AA级重合同守信用企业97家,A级重合同守信用企业207家。

第六节　管理机构

市工商行政管理局

1986年,市工商局设人事秘书科、财务统计科、经济检查科、企业管理科、市场管理科、个体经济管理科、商标广告科、经济合同管理科8个职能科室,编制152人(行政编制25人,事业编制127人)。1989年7月,浮梁复县,将直辖的鹅湖工商所、蛟潭工商所、经公桥工商所、三龙工商所的人、财、物移交给浮梁县工商局,移交人数30人。编制划减后,市工商局编制154人,其中市局机关编制60人(行政编25人、事业编35人)。

1997年4月,市工商局内设组织人事科、办公室、政研法规科、财务审计科、企业注册监督管理科、外资企业注册监督管理科、市场监督管理科、公平交易科(挂公平交易局牌子)、个体私营经济监督管理科(对外称个体私营经济监督管理局)、商标广告监督管理科、经济合同监督管理科。另设纪检委(监察室)。下辖珠山分局、昌江分局、直属分局(正科级)3个派出机构。编制184人,其中行政编制42人,事业编制142人。

1999年2月,省以下工商行政管理机关实行垂直管理。编制122人(其中行政编69人、事业编42人、工勤编11人)。2001年12月,市工商局市场经营服务中心整建制划归市政府管理。

2002年7月,市工商局为省工商局直属机构。内设办公室、计划财务科、人事教育科、政研法规科、市场规范监督管理科、商标广告监督管理科、个体私营经济监督管理科和机关党委、监察室。辖企业注册局、公平交易局、直属局3个直属机构;后勤服务中心、个体协会办公室、消费者协会办公室、广告协会办公室、培训中心、信息中心6个直属事业单位。行政编制392人,事业编制117人。2004年2月,增设外商投资企业注册监督管理局。2005年11月,增设消费者权益保护局。2006年9月,增设市高新技术产业开发区工商分局、陶瓷科技园分局。2010年12月,市工商局内设办公室、计划财务科、人事教育科、法规科、市场规范监督管理科、广告监督管理科、个体私营经济监督管理科、食品流通监督管理科8个职能科室和监察室(与党组纪检组合署)、机关党委。辖企业注册监督管理局、公平交易局、外商投资企业注册监督管理局、消费者权益保护局、商标监督管理局5个直属机构。全市工商系统行政编制419人,事业编制126人。

县区机构

乐平市工商局　1986年,乐平工商局设人秘、审计、工商、个体、商标广告合同、市管、经检7个股室,辖10个工商所,119人。1998年对7个工商所(队)直辖,到2000年共285人。1989年,成立县工商局。1994年组建工商物价局。1996年县工商局单设,保留技术监督职能,下设10个工商所(队)共82人。1998年由市工商局先进工作垂管。2002年始,乐平市工商局转为市工商局直属机构,行政编制166人,事业编制31人,内设办公室、纪检组、企业注册局、公平交易局、后勤服务中心,下辖太平桥、乐涌、南河、乐港等13个分局。2005年5月,增设政研法规股。同年12月,成立消费者权益保护局。至2010年,机构、人员无变化。

浮梁县工商局　2002年始,浮梁县工商局转为市工商局直属机构,行政编制62人,事业编制12人,内设办公室、纪检组、企业注册局、公平交易局、后勤服务中心,下辖新平、城关、洪源、蛟潭、湘湖、鹅湖、经公桥7个分局。2005年5月,增设政研法规股。同年12月,成立消费者权益保护局。至2010年,机构、人员无变化。

昌江区工商局　1986年,昌江区工商局由市工商局垂管,2002年始,昌江区工商局转为市工商局直属机构,核定行政编制50人,事业编制9人,内设办公室、纪检组、企业注册局、公平交易局、后勤服务中心,下辖新厂、里村、西郊、河西、黄泥头、鱼山6个分局。2005年5月,增设政研法规股。同年12月成立消费者权益保护局。至2010年,机构、人员无变化。

珠山区工商局　1986年,是景北区工商局并入市工商局珠山分局,2002年,改称市珠山区工商局转为市工商局直属机构,行政编制51人,事业编制9人,内设办公室、纪检组、企业注册局、公平交易局、后勤服务中心,下辖新村、斗富弄、戴家弄、太白园、里市渡、曙光6个分局。2005年5月,增设政研法规股。同年12月,成立消费者权益保护局。至2010年,机构、人员无变化。

高新区工商局　2002年,景德镇高新技术产业开发区工商行政管理分局成立,编制10人,内设办公室、综合业务股。2006年,增设景德镇高新区工商分局、陶瓷科技园分局(副科级),编制6人。2010年,更名为景德镇高新技术产业开发区工商行政管理局。

基层工商分局(所)

1986年,全市有昌江、黄泥头、鹅湖、蛟潭、经公桥、三龙等6个副科级工商所,事业编制94人。1997年,有斗富弄、新村、新厂、水果批发市场、里市渡、鱼山、太白园、河西、戴家弄、黄泥头、昌江、西郊等12个副科级工商所,事业编制128人。1999年,重新核定全市工商所(队)45个。2002年3月,全市基层工商所全部改设为工商分局(副科级),基层派出机构调整撤并为32个工商分局。至2010年,机构、人员无变化。

协会学会

市个私协会　1983年5月,市个体劳动者协会成立,代表100余人,代表全市1136户个体工商户。1990年12月,市私营企业协会成立,理事37人,常务理事14人,副会长3人,会长1人。至2010年,共召开5次代表会,会员1万人。

市消费者协会　1985年7月10日,市消费者协会成立,是省内成立最早的消协组织。1990年8月,召开第二届理事会。1995年2月召开第三届理事会,产生理事52人,常务理事28人。2005年10月,召开第四届理事会,产生理事61人,常务理事30人。下设市消费者协会办公室、投诉部、产品质量监督检查部、卫生监督检查部、物价监督检查部、食品药品监督检查部、法律事务部等1室6部。至2010年,机构无变化。

市广告协会　1984年成立,会员单位61户。2003年1月换届。2010年,会员单位75户。

第五章　价格管理

20世纪80年代,国家高度集中统一的物价管理体制进入改革时期。1985年,放开生猪、禽蛋、蔬菜价格,放开部分工业品价格。取消计划外工业生产资料限制,国家定价和市场调节并存。1989—1991年,“治理经济环境,整顿经济秩序”,实行物价控制目标责任制,在治理乱涨价的同时,对已经影响生产和流通的不合理价格作适当调整。1992年以后,进入社会主义市场经济时期,粮食国家定购和市场购销并存,其他农副产品由市场定价,绝大多数工业品和多数服务价格由市场定价,生产资料“双轨制”向市场“一轨制”转变。2002年,中国加入WTO后,国家除控制极少数重要商品和服务价格外,市场定价已成为主体,融入世界经济一体化的价格体系。价格管理的重心,由执行物价指令并严格监督实施,向市场监测、成本调查、监督检查等转变,进行宏观调控和依法管理。

第一节　价格调控

物价调控

粮油棉价格　1986年,按全省部署,调整工商行业用粮和粮食议购价格。1987年,按照国家的统一部署,全省合同定购早籼稻价格每50千克由15.59元调为17.09元,每50千克油料收购价格调整为50.4元。棉花收购价格每50千克提高13.12元,达到176.42元。1988年,全市提高行业用粮、食油议购价格,对合同定购任务内收购的食油实行价外补贴。

1989年,按照国家统一部署,有计划地调整粮食、油料、棉花、茶叶和黄麻、红麻的收购价格,总体上涨30%左右。1993年,全面放开粮食购销和棉花收购价格。

农副产品价格　在价格改革中,农副产品价格调整较大。1987年,省物价局规定对松香、苎麻等农副产品实行指导价格,下放甘蔗价格管理权限,每吨甘蔗实行8元的价格补贴,全省农副产品收购价格总指数同比上升12.8%。至1988年,省管农产品收购、销售价格的品种分别为58种、51种,其余均实行市场调节,全省农副产品收购价格总指数同比上升28.6%。1990年,按国家统一部署,先后提高油脂油料、烤烟、棉花等农副产品收购价格,其中每50千克菜籽油、茶生油、毛棉油、精棉油、大麻油、茶油的合同定购价格,分别由158.4元、183.9元、125元、145.5元、191.9元、188.7元调为207.4元、231元、163元、190元、239元、235元。

工业品价格　1986年,放开自行车、电冰箱、黑白电视机、收录机、洗衣机、中长纤维和80支以上棉纱及其制品的价格,并按省里布置,扩大食盐的城乡差价。1987年,将毛巾、袜子列为小商品,放开价格,提高酒类、奶粉、搪瓷制品价格，调整百货、五金、交电、工业副食品的城区差价和轻纺产品的质量差价。1988 年，放开名酒、名烟价格，提高纸张、铁锅、铝制品、肥皂、洗衣粉、火柴、保湿瓶、面盆、口杯、灯泡、啤酒、奶粉及部分纺织品价格。价格由市场决定。

生产资料价格　1986 年，全市按国家规定提高水泥、铝锭、电解铜、烧碱等商品价格，对优质钢材实行加价。1987 年，全市提高小化肥价格，扭转生产亏损状况。1988 年，提高部分化工、机电产品价格，对电力实行加价。全市生产资料价格水平有较大幅度的提高。1986—1988 年，国家先后对部分重要生产资料自销价格实行限制，推行价格协调制度，实行挂牌指导价及最高限价。

1990—1991 年，根据国家规定，全市对电力、水泥包装、煤炭、胶鞋、棉浆粘、粘胶短纤、铁锅、碳酸钙、硫酸钙、砂光铁锅、高压锅、纸张、钢铁等工业品价格，铁路客运、公路运输、和水路运输等价格实施监管。

公用事业和公益性服务价格　1985—1988 年，先后调整水利工程费、旅店住宿费、医院门诊挂号费、输血费、市内电话月租、邮政资费、报刊发行费及部分报刊价格等。1990—1991 年，对医疗挂号费、住院费、中小学学杂费、邮政资费等进行调整。保持服务收费与整体物价水平相适应。

价格并轨

2002 年 5 月，《江西省定价目录》发布，其中省定价的涉及 8 类，分别是重要的储备物资（省储备粮、救灾储备化肥等）、重要的农产品（被列入定购和保护价收购的中、晚籼稻收购价、蚕茧收购基准价及浮动价格）、国家专营的烟叶、食盐和民爆器材（国家定点厂以外企业生产的食盐价格、民爆器材流动企业流动费用、烤烟及晒烟收购价格）、部分能源（中央定价以外电力价格、热力出厂价格）、重要交通运输（公路客运、地方铁路及单位铁路收费、收费路、桥及部分交通运输服务收费）、部分房地产（全省房地产交易服务）、教育（教材印张单价及零售价、各类学校学历教育收费）、医疗服务（公民临床用血供应价格）。其中省、市或省、市、县定价的物品涉及 8 类，分别是部分重要药品（国家基本医疗保险药品目录中的乙类药品、民族药品、麻醉药品、一类精神药品、医院制剂、中药饮片的零售价）、水利工程供水（到户价格）、部分房地产（土地基准地价、核定地价，经济适用房销售价，公有住房及廉租房租金）、教育（竞争不充分的经营性培训收费）、医疗服务（非常利性医疗服务价格）、部分公用事业（供气、游览参观点门票、公交价格）、部分重要的公益性服务（环卫、殡葬、公路清障施救、公共设施及附属物破损补偿、有线电视初装及基本节目收费）、重要专业服务（中央管理以外的部分中介服务收费）。其余的物品和服务项目，一概由企、事业单位自行定价。截至 2004 年年底，景德镇市仍按此目录执行 8 类物品的政府定价或政府指导价。2003 年 8 月，省物价局将自来水价格、污水处理费、管道燃气价格及相关收费、公有住房公租金、廉价住房租金管理权限下放景德镇市管理，景德镇市即对上述项目制定价格标准和监督检查其执行情况，至 2010 年年底，此项工作仍在继续进行。

市管商品及服务价格

粮油产品　1989 年，按照国家统一部署，有计划地调整粮食、油料、棉花、茶叶和黄、红麻的收购价格。全市每 50 千克早稻定购价格由 17.09 元调为 22.1 元，每 50 千克早籼稻议购价格由 31 元调整为 40 元，每 50 千克油料收购价格由 50.4 元调为 53.8 元，每 50 千克棉花收购价格由 176.42 元调整为 236.42 元，毛茶收购价格平均提高 34%。

1990 年，先后提高油脂油料，其中每 50 千克菜籽油由 158.4 元调为 207.4 元。

1992 年 4 月 1 日，粮食定购价和统销价格进行上调。定购价格的调整为早籼谷由每 50 千克 22.10 元提高到 24.50 元。统销价格实行购销同价的原则，按早籼米、晚米、粳米、面粉四种粮食中等质量标准品计算，每 500 克平均提高 0.111 元。9 月 1 日，鉴于粮食市价与统销价基本持平，粮源充裕，经市政府研究决定全部放开统销价格，放开后不再给城镇居民增加新补贴，但对现役军人的粮油仍按平价供应。由于市场调研和配套措施到位，粮价放开后，市场平稳。1992 年，价格改革步伐加快。放开糯稻、植物油、黄红麻、粮油副产品等农副产品购销价格和定量口粮销售价格。1994 年 6 月 10 日，市粮食购销价格出台，订购价为晚米每 50 千克 51 元，早米 44 元。市内居民定量供应粮销价为每 500 克晚米 0.95 元，早米 0.85 元。1995 年 9 月 1 日，全市国营定量供应大米价格进一步上调，规定每 500 克晚米为 1.12 元，早米为 1.01 元。1997 年 7 月 1 日，全省统一上调国营粮价，每 500 克早米由 1.01 元调为 1.24 元，晚米由 1.13 元调为 1.35 元。由于夏粮丰收,货源充足,集市价低,国营粮价相继降低,到年底降为每500克早米0.90元,晚米1.00元,低于调价前的价格水平。

农副产品 1985年,全市一、二类农副产品价格放开,各县(市)实施指导性价格,采取浮动价、共同协商、议价等多种方式进行积极引导和管理,把价格变动控制在一定幅度之内。1987年,对已放开的农副产品生猪、柑桔、白莲和粮食自销价格实行指导性管理。1994年7月23日,市政府对持续几个月上涨的猪肉价格实行限价管理,制定分部位限价为每500克猪肉统货5.50元,瘦肉7.00元,前夹5.60元,肋条5.30元,后腿5.80元。市食品公司分布10个固定供应点进行调剂供应,市物价检查所组织市场检查,遏制不断上涨的价格势头。1997年9月10日,经景府字〔1996〕113号文批准,调控农贸市场主要副食品的价格水平,对大宗蔬菜、猪肉、鲜鱼价格实行差率管理,其中蔬菜差率根茎类、瓜果类批零差率为30%,叶子类批零差率为40%,平均批发成交价每500克在2.00元以上的蔬菜品种,加0.40元的批零差额。猪肉毛白差率控制在40%以内,鲜鱼的进销差率控制在30%以内。每星期一、五早晨赴蔬菜批发市场采价,通过新闻媒介和农贸市行情牌,公布蔬菜零售最高牌价,洪灾时期一天一采一制订。

表12-5-1　　**1995—2010年景德镇市主要农产品价格变化情况统计表**

年份	粮食								棉花(皮棉)(50千克/元)	生猪	
	国家收购元/50千克		议购价元/50千克		零售价(500克/元)					收购价(500克/元)	猪肉零售价(统货)(500克/元)
					统销价		议销价				
	早谷	晚谷	早谷	晚谷	早米	晚米	早米	晚米			
1995	46.06	53.36	47	55	0.85	0.95	1.25	1.35	630	4.80	6.70
1996	67	75	68	76	1.10	1.20	1.20	1.30	685	4.50	6.20
1997	放开	放开	68	77	放开	放开	1.10	1.25	652	4.90	6.80
1998	—	—	62	68	—	—	1.00	1.30	612	4.50	6.30
1999	—	—	48	58	—	—	0.92	1.25	645	3.90	5.50
2000	—	—	40	56	—	—	0.90	1.20	691	4.00	5.80
2001	—	—	49.7	54	—	—	0.90	1.10	700	3.80	5.30
2002	—	—	46	51	—	—	0.90	1.15	703	4.20	5.80
2003	—	—	47	54	—	—	0.95	1.20	711	4.60	6.40
2004	70	72	70	72	—	—	1.25	1.30	730	4.80	6.50
2005	70	72	70	72	—	—	1.25	1.35	732	5.40	7.00
2006	70	72	70	72	—	—	1.30	1.40	762	6.50	8.00
2007	70	72	77	82	—	—	1.26	1.35	798	7.50	10.30
2008	77	79	97	93	—	—	1.45	1.50	835	8.20	11.30
2009	94	95	93	94	—	—	1.50	1.60	860	5.40	8.20
2010	95	104	94	103	—	—	1.60	1.80	900	6.50	10.60

说明:1995年后价格放开

工业产品 1987年,市物价局管理丝绸品、啤酒、薄膜、东北碳铵、煤炭、圆钉、铁丝等品种,中成药价格由市医药公司管理,瓷板、瓷砖、高压电瓷、毛巾等产品价格由省陶瓷公司管理。1992年8月1日,蜂窝煤价格由每个0.052元调整为0.072元,并于同年12月1日放开价格,同时给予职工每人每月3元补贴。11月

16日，经市政府批准，进一步放开内销日用瓷、红砖、普通灯泡等21个品类的市管地方工业品的厂、销价格。放宽流通环节的差率控制，规定属指导价的商品综合差率偏紧的，可在现行基础上扩大2%。对陶瓷销售，市物价局不再控制进销差率，企业可自主决定批发、零售价格。放开重要轻工产品和工业生产资料价格，国家统配水泥价格实行并轨，取消钢材、生铁、木材等计划生产资料最高限价。对农村生活照明用电实行限价管理，原国家定价的平板玻璃等工业生产资料改为国家指导价。放开彩色电视机、花布、色织布、维棉布、粘纤布、帆布、帘子布、卫生衫裤、苎麻纺织品，合纤长丝织物、长毛绒、驼绒、各种毛绒、各种鞋、省产名优白酒、酒精、肥皂、火柴、麻袋等出厂销售价格。至年底，除国家、省及省委托管理的少数重要商品价格和劳务收费外，其余全部放开，基本形成以市场价格为主的价格形成机制。1993年，国家继续放开钢铁产品、部分统配煤炭、部分统配水泥等价格。

2001年5月起，先后7次调整全市成品油价格，90#无铅汽油中准价由2960元/吨调为3770元/吨，涨幅为27.4%；0#柴油中准价为2540元/吨调为3835元/吨，涨幅51.0%；灯用煤油由2880元/吨调为3819元/吨，涨幅为32.6%。7月1日，经省物价局批准，调整全市煤气价格，解决价格与成本倒挂造成生产企业亏损的矛盾，民用煤气价格由0.70元/立方米调为0.90元/立方米，涨幅为28.6%；陶瓷隧道窑用煤气价格由0.60元/立方米调为0.7元/立方米，涨幅为16.7%；其他工业用煤气价格由0.80元/立方米调为1.00元/立方米，涨幅为25.0%。2002年，市计委转发国家计委下达的69种化学药品，13种中药等政府定价药品最高零售价，下发《江西省改革药品价格的意见》，控制药品涨幅。2004年，制定全市第二批集中招标采购药品最高临时零售价，遏制药品价格“虚高”现象，让利消费者800多万元。2006年，市发改委加强对电力、供水、医疗、药品、教育等有关系国计民生的价格收费管理，推行以涉农价格、药品价格、医疗收费、教育收费公示标志的“阳光工程”，保护群众的切身利益。

表12-5-2　**1986—1998年若干年份景德镇54头中餐具国内销售价统计表**　单位：元

年份	批发	零售	年份	批发	零售
1986	16	18	1994	26	28
1990	21	23	1996	28	32
1992	23	26	1998	18	20

说明：为价格放开前的数据

表12-5-3　**1986—2010年若干年份景德镇市煤气销售价格变化统计表**　单位：元/立方米

年份	居民	非居民	工业	年份	居民	非居民	工业
1986	0.6	0.6	—	2009	0.9	0.9	1
2008	0.9	0.9	1	2010	0.9	0.9	1

表12-5-4　**1993—2009年若干年份景德镇市电力价格变化统计表**　单位：元/千瓦时

年份	居民	非居民	商业	年份	居民	非居民	商业
1993	0.33	0.427	—	2008	0.6	0.99	0.99
1998	0.424	0.615	—	2009	0.6	0.995	0.995
2007	0.6	0.98	0.98				

表 12-5-5　　1986—2010 年景德镇市区自来水价格统计表　　单位:元/吨

年份	居民	非居民	工商业	年份	居民	非居民	工商业
1986	0.14	0.14	地方附加费 6%	1999	1	0.75	0.75(地方附加费 6%)
1987	0.14	0.14	地方附加费 6%	2000	1	0.75	0.75(地方附加费 6%)
1988	0.14	0.14	地方附加费 6%	2001	1.5	1.0	1.0(特种行业用水 4,行政事业 0.9)
1989	0.14	0.14	地方附加费 6%	2002	1.5	1.0	1.0(特种行业用水 4,行政事业 0.9)
1990	0.21	0.22	地方附加费 6%	2003	1.5	1.0	1.0(特种行业用水 4,行政事业 0.9)
1991	0.21	0.22	地方附加费 6%	2004	1.5	1.0	1.0(特种行业用水 4,行政事业 0.9)
1992	0.24	0.28	地方附加费 6%(基建用水 0.32)	2005	1.6	1.1	1.1(特种行业用水 4.4,行政事业 1.1)
1993	0.3	0.4	地方附加费 6%	2006	1.6	1.1	1.1(特种行业用水 4.4,行政事业 1.1)
1994	0.3	0.4	地方附加费 6%	2007	1.6	1.1	1.1(特种行业用水 4.4,行政事业 1.1)
1995	0.35	0.5	地方附加费 6%(基建用水 0.55)	2008	1.6	1.1	1.1(特种行业用水 4.4,行政事业 1.1)
1996	0.35	0.5	地方附加费 6% (基建用水 0.55)	2009	1.6	1.1	1.1(特种行业用水 4.4,行政事业 1.1)
1997	0.45	0.7	0.6(地方附加费 6%)	2010	1.6	1.6	1.6(特种行业用水 5.5,行政事业 1.6)
1998	0.55	1	0.65(地方附加费 6%)				

商贸、服务、旅游　1992 年,为促进第三产业的发展,对博览区门票等 6 个品类的营业性收费放开。对宾馆、饭店、招待所收费,允许经营单位在规定中准价的基础上,根据季节变化,客流量大小在 20% 的浮动幅度内自主决定收费标准。理发、洗染、修理、浴池行业收费标准全部放开。放开文艺演出、体育比赛、表演门票、电影录像带租价等价格。调整文印、停车、殡葬、公园、旅店等各项收费标准。2002 年 5 月《江西省定价目录》公布后,对竞争不充分的经营性教育和培训收费、非盈利性医疗服务价格、部分公用事业、部分重要的公益性服务实行政府定价和政府指导价,按照管理权限制定和调整有线电视入网视听费、公园门票、公交无人售票票价等收费标准。其余的物品和服务项目,一概由企、事业单位自行定价,对市场化的经营服务性收费如宾馆、旅店住宿费、文印收费等进一步放开。

交通运营　1998 年 3 月 1 日,市区公交汽车票价实行调整,即市区 1、2、4 路公共汽车票价由原每人次 0.3 元起价乘 3 站,超过后按 0.2 元进制,调整为每人次 0.50 元起价乘 4 站,超过后按 0.50 元进制至终点,全程票价每人次一元。专线普通月票,由原每月每人 22 元/张,调整为 25 元/张,学生通用月票 12 元/张。2002 年,核定市汽车春运价格,允许在春运期间上浮。

副食品价格调节基金

基金征集　1995 年 12 月 3 日,《景德镇市副食品价格调节基金征集管理办法》(以下称"副调基金")发布。1996 年施行,共征收副调基金 129.73 万元,其中平抑物价使用 49.6 万元。1997 年 1 月 1 日,全市正式实行新的副调基金制度。3 月 15 日,市政府印发《景德镇市副食品价格调节基金征集管理办法实施细则》,全年共征收副调基金 153.08 万元,比上年增长 18%。2005 年 10 月 1 日,实施《景德镇市副食品价格调节基金征集管理办法》(修改稿),增强政府对市场物价的调控能力,保持生活必需品价格的基本稳定。1996—2010 年,共征收副食品调节基金 5213.73 万元。

基金使用　1996—2010 年,共使用副食品调节基金 5011 万元,主要用于支付国税和地税代征手续费以及企业、民生中的菜篮子基地建设、市场建设和平抑市场价格、城市低保户春节补贴等。1998 年,在用于节日副食品价格补贴、"菜篮子"基地建设及平抑价格等方面,共投放副食品价格副调基金 120.4 万元,高于历年。取得的成效包括"菜篮子"基地建设加强,全年新建蔬菜大棚 6.67 公顷,改造部分老菜地。平抑市场价格,保证节日副食品供应和蔬菜生产淡季的平稳过渡。全年抢种渡淡叶子菜 160 公顷,全年蔬菜价格比上年回落3.2个百分点。蜂窝煤实行定点粉碎，统一调拨，提高煤饼质量，使用副调基金24万元用于生产补贴，让市民烧放心煤。1999年，征收副调基金202万元，用于平抑物价50万元，建设花菜基地30万元。2000年，动用98.4万元副调基金作春节物资供应补贴，以优惠价格供应市民和免费供应3000多户特供户，保持春节期间社会和价格稳定。在洪灾期间，动用4.2万元副调基金进行市场价格补贴，组织国有商业部门调进生活急需物资投放市场，供应蔬菜5万斤，猪肉1万斤，有效平抑灾期市场物价。投放14.4万元，用于蔬菜大棚建设和购买救灾种子，帮助农民恢复蔬菜生产。

2001年，补贴城镇居民、老干部、特困户春节物资差价127万元。扶持蔬菜基地建设47.62万元。2002年，春节期间动用副调基金127万元，开展春节特困职工家庭、离退休干部、少数民族和城镇居民物资供应工作和“送温暖”活动，共组织供应鲜鱼23万千克，鲜鸡蛋28万千克，猪、牛肉1万千克。2003年和2004年，春节期间动用副调基金70万元、90余万元。2008年，从副调基金中拨出120万元，对城镇低保人员、大中专学校在校特困大学生，给予一次性猪肉价格补贴30元/人。2009年，全年使用副调基金341万元，平抑市场价格，其中在春节期间对全市14329家低保户，优惠供应3.83万千克鲜鱼、3.88万千克鸡蛋、3.86万千克猪肉、300吨优质无烟煤。2010年，全年征收副调基金814万，使用副调基金706万元，其中在春节期间针对全市17581户低保户补贴200.2万元。支付代征手续费141万元、市场建设200万元、公交车补贴税100万元，返还焦化总厂55万元。

收费管理

收费许可　1986年，许可收费有市(区)直机关保育院、幼儿园收费；市(区)行政机关所属招待所、宾馆收费；市(区)馆场体育设施收费；市(区)直物资综合费实施收费管理。1987年，省物价局发布《江西省收费许可证暂行管理办法》，开始对全市收费单位实施收费许可管理，陆续制定和调整中小学收费标准、期刊、宾馆招待所等收费标准；1993年，制定市区房屋拆迁试行收费标准和浮梁县自来水销售价格；1994年，制定污水排污费征收标准每吨0.05元；制定市区商品房销售价格，并开始清理整顿乱收费，对行政事业性收费单位实行年审制度。1995年，市邮电局、市物价局制定《景德镇市共用电话收费管理办法》。1996年，市物价局发布《关于制定我市出租车收费标准及收费管理办法的通知》。1997年，调整全市程控电话初装费收费标准，与市房管局制定公布景德镇市市区房屋重置价格。1998年，市物价局印发《景德镇市宾馆、饭店、招待所收费管理办法》，调整市直管公房非住宅租金收费标准。

2000年，市财政局、市教委、物价局联合下发《关于1999—2000年度上学期中小学收费项目的标准》，制定全市幼儿园、学前班收费标准和交通收费标准。清理整顿建筑收费项目，审核涉及房地产价格的收费项目和收费标准，共审核商品房20栋，面积8.7万平方米。规范全市物业管理收费行为，对4家有物业管理资质的物业管理企业核定具体收费标准。2001年，根据《景德镇市城市居住区物业管理办法》，先后审批瓷都房地产物业管理中心、阳光物业管理有限公司、昌顺物业管理有限公司、安居物业管理有限公司、信华物业有限公司、怡园物业管理有限公司、海慧物业有限公司等6家的服务项目和收费标准。2002年，核定和调整学生公寓、人防工程易地建设、公共场所停车费、有线电视数据业务收费标准。调整景德镇陶瓷历史博览区、梅苑公园门票价格。核定物业管理公司二、三级供水收费标准及部分物业管理收费标准。核查市763项行政审批事项，取消其中的491项，清理取消9个住房建设收费项目，取消公共客运场所厕所收费。2004年，制定公交车IC卡乘车收费、污水处理收费标准。调整机动车停车收费、工程建设监理收费、招标代理费、人防收费和市直公房住宅租金标准等。2005年，在省定原则范围内，市物价局按择校生人数和分数确定择校费标准，具体分为高中低三个档，高档占5%，中档占15%，低档占85%。2008年，对全市私房审批办证收费依据和收费标准进行审核。2009年，落实义务教育阶段免收学杂费和进城务工的农民工子女接受义务教育免收借读费的规定，重新审核全市各类景点门票等价格。

证件年审　1989年3月，根据《江西省企业定价许可证制度暂行办法》，对发证机关、发证范围、企业定价范围和条件等作出明确规定，发证机关每年检查1次，企业定价许可证每3年换发新证。2002—2010年，市物价局每年对全市200多家行政事业性收费单位进行年审，并按期进行“收费许可证”的换证工作。同时，对全市收费单位的收费人员进行上岗培训，经考试合格，颁发“收费员证”，收费人员持证上岗。

第二节 价格监管

价格管理权限调整

价格监管 1988年1月,省政府将省管理部分商品价格、差价(率)和部分收费项目下放给地区(市)管理。1991年,价格管理权限进一步下放,放开部分国家定价和指导价的产品食糖、卷烟、肥皂等省管商品,允许在国家定价基础上上下浮动。景德镇市出台的项目有制定砂石、玻璃装大曲酒、小铁路换装费、石膏粉、耐酸水泥、华意冰柜、空调器、新规格冰箱、防盗报警网、汽车安全带等价格。调整石膏粉、水泥煤渣瓦、部分化工颜料、部分内销日用瓷及陶瓷彩笔、计划外尿素、面条、米粉、鲜奶、粮油副产品等价格。2000年年底,全市社会消费品零售总额、农副产品收购总额和生产资料销售总额中,市场调节所占比重分别为97.3%、97.2%、92.8%以上,政府定价范围不断缩小。2002年,市物价局执行国家计委最近公布的《中央定价目录》,彻底放开107种商品和服务价格,预计在社会零售商品、农产品和生产资料购销环节中,市场调节比重将超过90%,政府定价的商品和服务项目由原来的141种减少为13种,基本形成以市场调节为主的价格机制。2009年1月,市政府出台关于对部分重要商品及服务实行临时价格干预措施的实施方案,并向社会公告提价申报的4大类商品共20家生产企业和商场,建立24小时值班制度和临时价格干预实施情况报告制度。

1986—2010年,市价格监督检查局(原市物价检查所)重点开展行政事业单位收费、医疗收费、教育收费、电力价格、自来水价格、粮食价格、交通运输价格、民爆器材价格、农资价格、涉企收费、涉农收费、宾馆服务收费、中介服务收费、银行服务收费、通信服务收费、旅游行业价格等专项检查。开展价格公共服务进社区、商品房明码标价、大型零售企业向供应商违规收费巡查,规范市场明码标价行为,维护价格秩序。

价格成本监审 1986年,市政府对民生产品制定政府指导价、政府定价,通过开展价格、成本调查,听取消费者、经营者和有关方面的意见而确定。2000年,全市逐步开展煤气、天然气、供水、污水处理、经济适用性住房、教育医疗、光纤网络电视、物业管理等民生定价成本调查、监审。至2010年,开展成本调查、监审18项(类),成本监审总额53248万元,审减不符合成本范围金额2636万元,核减幅度为5.0%。

农产品成本调查

1986年,由市农产品成本调查队实施,2003年2月更名为市价格成本调查队。调查的品种包括粮食、油料、棉花、生猪以及蔬菜种植等68种主要农产品生产成本和收益情况。调查的主要内容是农产品生产过程中的种子、化肥、农药、农机、灌溉、燃料动力、工具材料、折旧、修理等各项物耗和资金支出,税金、保险、管理费等费用支出以及劳动力成本等。常规调查为早、晚籼稻成本、副食品(油料、猪肉、蔬菜等)成本;专项调查为农户存粮、农资购买情况、农民种植意向等调查。1986—2010年,景德镇地区共设农产品成本调查点39户,其中乐平调查点28户,浮梁调查点11户。由调查户逐笔登记农业支出,每年进行核算。

表12-5-6 **1991—2010年部分年份景德镇市早、晚稻种植成本收益数据统计表** 单位:千克/亩、元

年份	早稻			晚稻		
	产量	产值	种植成本	产量	产值	种植成本
1991	346	172	156	368.3	213.3	137.5
1992	336	191.94	158	377.74	236.3	143.94
1997	345.6	382.5	373.85	381.2	540.76	341.18
2005	354.7	496.58	438.2	391.4	613.5	448.6
2006	387	581.93	488.61	399.6	652.34	489.63
2007	400	648.36	522.29	405	731.46	519.22
2008	401.2	775.38	619.92	415	822.2	620.49

续表 12－5－6

年份	早稻			晚稻		
	产量	产值	种植成本	产量	产值	种植成本
2009	414.8	769.52	641.93	418.67	830.95	637.11
2010	384.47	787.45	702.17	399.95	959.45	717.35

价格违法案件查处

1986年1月，对市东风瓷厂擅自提高高汤瓷碗等瓷器价格一案，按国务院《物价管理暂行条例》和国家物价局《对违反物价纪律实行经济制裁的暂行规定》，收缴非法收入12898.50元。1991年11月，对市宇宙瓷厂擅自提高单耳品锅及14寸鱼盘出厂价，按国家物价局《关于价格违法行为的处罚规定》，没收非法所得6353.30元。

1996年，查处市劳动局下属三个单位乱收费行为，并收缴其违法所得0.9万元。1999年，深入各中小学校进行监督检查，除退还多收费用外，收缴违法所得4万余元。2004年，针对市出租车计价器安装价格过高一事进行成本调查，敦促安装单位退还多收价款30余万元。同年，先后对所辖县（市）2家石油公司突破最高零售价销售0#柴油价格和销售90#、93#汽油价格的行为进行调查，共查出价格违纪金额2.1万元。2009年5月，落实《国家发改委关于严厉打击注射甲流疫苗乱收费行为的紧急通知》精神，重点监测药品经营企业的达非（奥司他韦）进货价格以及口罩、消毒液等防护用品的市场价格变化，重点检查在疫苗注射过程中是否存在乱收费行为，并对省疾病预防控制中心发放至全市的流感疫苗的使用情况进行跟踪检查，保障流感防护用品及疫苗市场价格稳定。

2009年6月中旬，受浙江、福建部分地区谣言影响，乐平个别乡镇出现较为集中的食盐抢购现象。市物价局立即抽调各县（市）、区价格监督检查人员，分成若干个检查小组对全市范围内的各大食盐配送点、经销点、零售点进行检查，责成乐平市价格监督检查局与乐平市盐业公司进行辟谣宣传，及时平息抢购事件。6月20日，乐平矿务局北景苑上百位购房户联名反映乐平矿务局在北景苑经济适用房房价外收取1500元电表立户费和400元/户的办证费。市物价局及时调查处理，乐平矿务局10天内退还920户购房户的多收价款120万元。

市物价局借助“12358”全国价格举报平台，打击各类价格违法行为。1986—2010年，全市共查处价格违法案件20229件，退还用户1879.83万元，收缴1491.68万元。其中1986—1990年，共查处价格违法案件14561件，收缴343.88万元，退还金额48.13万元。1991—1995年，共查处价格违法案件2681件，收缴181.00万元，退还金额50.97万元。1996—2000年，共查处价格违法案件1652件，收缴164.95万元，退还金额1100万元。2001—2005年，共查处价格违法案件1004件，收缴342.05万元，退还金额155.06万元。2006—2010年，共查处价格违法案件331件，收缴459.8万元，退还金额525.67万元。

价格认证评估

1986—1991年，价格认证工作由市物价局信息科负责。价格认证由取得价格认证人员执业资格证书，并经注册登记人员实施。承办估价作业，每个项目不得少于两名价格评估人员；对数额较大、情况复杂的价格项目，组成三人以上的估价小组进行估价。1992年2月，撤销市物价局信息科，组建价格事务所，承担司法机关办理涉案物品价格的监证评估服务。1994年4月，市物价管理部门设立价格事务所开展赃物估价工作。1997年，市价格事务所受执法机关委托开展扣押、追缴、没收物品价格鉴证。1999年，景德镇对价格鉴证行业关键岗位的专业人员实行执业资格制度。2000年，市价格认证中心有4人成为全国首批价格鉴证师。同年9月，市价格事务所改组为市价格认证中心。同年11月，省物价局、省高级人民法院、省人民检察院、省公安厅4部门对市价格认证工作执行进行检查。至2010年，市价格认证中心共有10人获得价格鉴证师职业资格证书。

1986—2010年，市价格认证中心共开展各种价格认证业务5740件。其中公安刑事案件、交通事故定损评估4380件，标的金额为4330.02万元；法院民商事案件认证240件，标的金额为930.9万元；旧车交易评估、行政拍卖、价格纠纷调解鉴定等1120起，标的金额为1320.32万元。此外，重点对各类一次性、临时性收费和调、定价成本进行价格认证，取得一定的社会效益。

物价监测

1986年,全市价格监测工作由市物价局价格认证中心负责采集,对全市重要商品和服务项目价格等各类市场价格进行监测,为政府宏观调控、行政决策、价格管理及正确引导生产、消费和流通服务。2006年3月24日,与市价格认证中心实行一个机构,两块牌子。至2010年,主要监控与居民生活密切相关的商品和服务收费,实行统一监控,其中粮油、肉禽蛋、蔬菜水果等消费品价格,被列为监控重点。

表12-5-7　　**2006年景德镇市居民生活必需品价格监测日报表(6月15日)**

品种	项目	规格等级	计量单位	本期价
粮食类	早籼米	标一	元/500克	1.3
	晚籼米	标一	元/500克	1.4
	面粉	富强粉	元/500克	1.44
		标准粉	元/500克	1.55
油脂类	菜籽油	散装	元/500克	4.8
	食用调和油	桶装(金龙鱼牌)	元/5升	55
生猪	毛猪	收购价	元/500克	7
	仔猪	10千克左右	元/500克	8
肉类	鲜猪肉	统装肉	元/500克	9.6~10
		精瘦肉	元/500克	15~15.5
		排骨	元/500克	14
	牛肉	新鲜去骨	元/500克	11~13
	鸡肉	白条鸡	元/500克	—
禽类	活母鸡	土鸡	元/500克	7.8
		饲料鸡	元/500克	4.7
	活母鸭	老鸭	元/500克	—
		新鸭	元/500克	5
蛋类	鸡蛋	新鲜完整(个)	元/个	0.45
	鸭蛋	新鲜完整(个)	元/个	0.7
鱼类	草鱼	活750克左右	元/500克	4.2~4.5
	鲢鱼	活500克左右	元/500克	3.5
	鲫鱼	活250克左右	元/500克	6
豆类	黄豆	三等	元/500克	2.2
	绿豆	一等	元/500克	3.8
	白豆腐	块装	元/500克	1.2
蔬菜类	青椒	新鲜一级	元/500克	1
	尖椒	新鲜一级	元/500克	1.2
	西红柿	新鲜一级	元/500克	1.6
	黄瓜	新鲜一级	元/500克	0.8
	土豆	新鲜一级	元/500克	0.9
	萝卜	新鲜一级	元/500克	0.85
	胡萝卜	新鲜一级	元/500克	0.88

续表 12－5－7

品种	项目	规格等级	计量单位	本期价
蔬菜类	青菜	新鲜一级	元/500 克	1. 1
	茄子	新鲜一级	元/500 克	0. 95
	包菜	新鲜一级	元/500 克	0. 89
	冬瓜	新鲜一级	元/500 克	0. 5
	长豆角	新鲜一级	元/500 克	1. 2
	苦瓜	新鲜一级	元/500 克	0. 8
水果类	苹果	红富士一级	元/500 克	2. 8
	香蕉	国产一级	元/500 克	1. 8
	西瓜	地产主销一级	元/500 克	0. 6
其他	液化气	15 千克瓶装	元/瓶	88

表 12－5－8　　2007 年景德镇市居民生活必需品价格监测日报表(4 月 9 日)

品种	项目	规格等级	计量单位	本期价
粮食类	早籼米	标一	元/500 克	1. 26
	晚籼米	标一	元/500 克	1. 35
	面粉	富强粉	元/500 克	1. 40
		标准粉	元/500 克	1. 50
油脂类	菜籽油	散装	元/500 克	5
	食用调和油	桶装(金龙鱼牌)	元/5 升	56. 6
生猪	毛猪	收购价	元/500 克	7. 5
	仔猪	10 千克左右	元/500 克	8. 5
肉类	鲜猪肉	统装肉	元/500 克	10 ~ 10. 6
		精瘦肉	元/500 克	15 ~ 16
		排骨	元/500 克	14
	牛肉	新鲜去骨	元/500 克	11 ~ 13
	鸡肉	白条鸡	元/500 克	—
禽类	活母鸡	土鸡	元/500 克	8
		饲料鸡	元/500 克	5
	活母鸭	老鸭	元/500 克	—
		新鸭	元/500 克	5
蛋类	鸡蛋	新鲜完整(个)	元/个	0. 45
	鸭蛋	新鲜完整(个)	元/个	0. 7

续表 12－5－8

品种	项目	规格等级	计量单位	本期价
鱼类	草鱼	活750克左右	元/500克	4.2～4.5
	鲢鱼	活500克左右	元/500克	3.5
	鲫鱼	活250克左右	元/500克	6
豆类	黄豆	三等	元/500克	2.2
	绿豆	一等	元/500克	3.8
	白豆腐	块装	元/500克	1.2
蔬菜类	青椒	新鲜一级	元/500克	1
	尖椒	新鲜一级	元/500克	1.2
	西红柿	新鲜一级	元/500克	1.6
	黄瓜	新鲜一级	元/500克	0.8
	土豆	新鲜一级	元/500克	1
	萝卜	新鲜一级	元/500克	1
	胡萝卜	新鲜一级	元/500克	1
	青菜	新鲜一级	元/500克	1.2
	茄子	新鲜一级	元/500克	1
	包菜	新鲜一级	元/500克	19
	冬瓜	新鲜一级	元/500克	0.5
	长豆角	新鲜一级	元/500克	1.2
	苦瓜	新鲜一级	元/500克	0.8
水果类	苹果	红富士一级	元/500克	2.8
	香蕉	国产一级	元/500克	1.8
	西瓜	地产主销一级	元/500克	0.6
其他	液化气	15千克瓶装	元/瓶	89

表 12－5－9 **2008年景德镇市居民生活必需品价格监测日报表(8月25日)**

品种	项目	规格等级	计量单位	本期价
粮	早籼米	标一	元/500克	1.45
	晚籼米	标一	元/500克	1.5
	面粉	富强粉	元/500克	1.5
		标准粉	元/500克	1.4

续表 12－5－9

品种	项目	规格等级	计量单位	本期价
方便面	康师傅系列	面饼 90 克	元/桶	3.5
		面饼 85 克	元/袋	1.8
	统一系列	面饼 90 克	元/桶	3
		面饼 85 克	元/袋	1.7
油	纯菜籽油	散装	元/500 克	7
	大豆油	散装	元/500 克	6
	花生油	桶装	元/5 升	113～114
	食用调和油	金龙鱼牌桶装	元/5 升	73
猪	毛猪	收购价格	元/500 克	8.2
	仔猪	收购价格	元/500 克	14
肉类	鲜猪肉	统装肉	元/500 克	11.3
		精瘦肉	元/500 克	14.5～15
		排骨	元/500 克	14
	牛肉	新鲜去骨	元/500 克	18～20
肉制品	火腿肠	双汇王中王 50 克	元/根	1.5
		双汇王中王 90 克	元/根	2.2
牛奶	蒙牛纯牛奶	纸盒装 250 毫升	元/盒	2.6
	伊利纯牛奶	纸盒装 250 毫升	元/盒	2.6
糖	红糖	一级	元/500 克	3.0
	白砂糖	一级	元/500 克	2.8
禽类	活母鸡	土鸡	元/500 克	10
		饲料鸡	元/500 克	6～8
	活母鸭	老鸭	元/500 克	7～9
		新鸭	元/500 克	6.0
蛋类	鸡蛋	新鲜完整	元/个	0.42～0.45
	鸭蛋	新鲜完整	元/个	0.5～0.6
鱼类	草鱼	活 750 克左右	元/500 克	5.5～6
	鲢鱼	活 500 克左右	元/500 克	4
	鲫鱼	活 250 克左右	元/500 克	5.5
豆类	黄豆	三等	元/500 克	3.0
	绿豆	一等	元/500 克	3.80
	白豆腐	块装	元/500 克	1.5

续表 12－5－9

品种	项目	规格等级	计量单位	本期价
蔬菜类	青椒	新鲜一级	元/500 克	2
	尖椒	新鲜一级	元/500 克	3
	西红柿	新鲜一级	元/500 克	2.5
	黄瓜	新鲜一级	元/500 克	1
	土豆	新鲜一级	元/500 克	1
	萝卜	新鲜一级	元/500 克	1
	胡萝卜	新鲜一级	元/500 克	1.8
	青菜	新鲜一级	元/500 克	1
	茄子	新鲜一级	元/500 克	2.5
	包菜	新鲜一级	元/500 克	0.8
	冬瓜	新鲜一级	元/500 克	1.5
	长豆角	新鲜一级	元/500 克	2.5
	苦瓜	新鲜一级	元/500 克	3.5
	黄芽白	新鲜一级	元/500 克	1
水果类	苹果	红富士一级	元/500 克	4～4.5
	香蕉	国产一级	元/500 克	2.8～3.5
	西瓜	本地产主销一级	元/500 克	—
其他	液化气	15 千克瓶装	元/瓶	108

表 12－5－10　　**2009 年景德镇市居民生活必需品价格监测日报表(10 月 19 日)**

品种	项目	规格等级	计量单位	本期价
粮	早籼稻	国家标准品收购价	元/50 千克	94
		非国家标准品收购价	元/50 千克	93
	晚籼稻	国家标准品收购价	元/50 千克	95
		非国家标准品收购价	元/50 千克	94
	早籼米	国标收购价	元/500 克	1.50
	晚籼米	国标收购价	元/500 克	1.60
	面粉	富强粉	元/500 克	1.50
		标准粉	元/500 克	1.40
方便面	康师傅系列	面饼 90 克	元/桶	3.50
		面饼 85 克	元/袋	1.80
	统一系列	面饼 90 克	元/桶	3.50
		面饼 85 克	元/袋	1.50

续表 12-5-10

品种	项目	规格等级	计量单位	本期价
食用油	菜籽油	散装	元/500 克	5.00
	大豆油	散装	元/500 克	5.00
	食用调和油	金龙鱼牌桶装	元/5 升	59.80
	花生油	金龙鱼牌桶装	元 5/升	90.00
	大豆调和油	金龙鱼牌桶装	元 5/升	49.90
猪	毛猪	收购价格	元/500 克	5.4 0
	仔猪	收购价格	元/500 克	8.00
肉类	鲜猪肉	统装肉	元/500 克	8.2 0
		精瘦肉	元/500 克	12.00
		排骨	元/500 克	12.00
	牛肉	新鲜去骨	元/500 克	18.00
	羊肉	新鲜去骨	元/500 克	16.00
	鸡肉	鸡腿(冰冻)	元/500 克	7.30
肉制品	火腿肠	双汇王中王 50 克	元/根	1.00
		双汇王中王 90 克	元/根	2.00
		金锣王中王 50 克	元/根	2.00
		金锣王中王 50 克	元/根	2.00
牛奶	蒙牛纯牛奶	纸盒装 250 毫升	元/盒	2.30
	伊利纯牛奶	纸盒装 250 毫升	元/盒	2.30
糖	红糖	一级	元/500 克	3.00
	白砂糖	一级	元/500 克	2.20
禽类	活母鸡	土鸡	元/500 克	10.00
		饲料鸡	元/500 克	6.50
	活母鸭	老鸭	元/500 克	10.00
		新鸭	元/500 克	6.00
蛋类	鸡蛋	新鲜完整	元/500 克	4.00
	鸭蛋	新鲜完整	元/500 克	4.80
鱼类	草鱼	活 1000 克左右一条	元/500 克	6.00
	带鱼	冰冻	元/500 克	6.50
	鲫鱼	活 250 克左右一条	元/500 克	6.50

续表 12－5－10

品种	项目	规格等级	计量单位	本期价
豆类	黄豆	标准品	元/500 克	2.50
	绿豆	一级	元/500 克	3.80
	白豆腐	无包装	元/500 克	1.50
蔬菜类	青椒	新鲜一级	元/500 克	2.00
	青尖椒	新鲜一级	元/500 克	2.40
	西红柿	新鲜一级	元/500 克	2.00
	黄瓜	新鲜一级	元/500 克	1.80
	土豆	新鲜一级	元/500 克	1.40
	萝卜	新鲜一级	元/500 克	0.80
	胡萝卜	新鲜一级	元/500 克	1.80
	青菜(小白菜)	新鲜一级	元/500 克	1.60
	茄子	新鲜一级	元/500 克	2.00
	包菜	新鲜一级	元/500 克	1.00
	冬瓜	新鲜一级	元/500 克	1.40
	长豆角	新鲜一级	元/500 克	2.40
	苦瓜	新鲜一级	元/500 克	3.00
	黄芽白	新鲜一级	元/500 克	1.20
水果类	苹果	红富士一级	元/500 克	3.20
	香蕉	国产一级	元/500 克	2.00
	西瓜	有籽西瓜	元/500 克	2.00
		无籽西瓜	元/500 克	2.50
其他	液化气	居民用气	元/千克	68.00

表 12－5－11　　**2010 年景德镇市居民生活必需品价格监测日报表(3 月 18 日)**

品种	项目	规格等级	计量单位	本期价
粮	早籼稻	国家标准品收购价	元/50 千克	95
		非国家标准品收购价	元/50 千克	94
	晚籼稻	国家标准品收购价	元/50 千克	104
		非国家标准品收购价	元/50 千克	103
	早籼米	标一	元/500 克	1.6
	晚籼米	标一	元/500 克	1.8
	面粉	富强粉	元/500 克	1.8
		标准粉	元/500 克	1.7

续表 12－5－11

品种	项目	规格等级	计量单位	本期价
方便面	康师傅系列	面饼 90 克	元/桶	4
		面饼 85 克	元/袋	2. 2
	统一系列	面饼 90 克	元/桶	3. 5
		面饼 85 克	元/袋	2
油	菜籽油	散装(纯)	元/500 克	5
	大豆油	散装(纯)	元/500 克	4. 8
	食用调和油	金龙鱼牌一级桶装	元/5 升	63. 9
	花生油	金龙鱼牌一级桶装	元/5 升	—
	大豆调和油	金龙鱼牌一级桶装	元/5 升	—
猪	毛猪	收购价格	元/500 克	6. 5
	仔猪	收购价格	元/500 克	12. 5
肉类	鲜猪肉	统装肉(一刀切)	元/500 克	10. 6
		精瘦肉	元/500 克	15
		排骨	元/500 克	15
	牛肉	新鲜去骨	元/500 克	22
	羊肉	新鲜去骨	元/500 克	18
	鸡肉	鸡腿(冰冻)	元/500 克	7. 5
肉制品	火腿肠	双汇王中王 50 克	元/根	1. 3
		双汇王中王 90 克	元/根	2. 4
		金锣王中王 50 克	元/根	1
		金锣王中王 90 克	元/根	2
牛奶	蒙牛纯牛奶	纸盒装 250 毫升	元/盒	2. 5
	伊利纯牛奶	纸盒装 250 毫升	元/盒	2. 5
糖	红糖	一级	元/500 克	4. 2
	白砂糖	一级	元/500 克	3. 5
禽类	活母鸡	土鸡	元/500 克	12
		饲料鸡	元/500 克	7
	活母鸭	老鸭	元/500 克	11
		新鸭	元/500 克	6. 5
蛋类	鸡蛋	新鲜完整(8 个折)	元/500 克	4. 8
	鸭蛋	新鲜完整(7 个折)	元/500 克	5. 6

续表 12-5-11

品种	项目	规格等级	计量单位	本期价
鱼类	草鱼	活 1000 克左右一条	元/500 克	6
	带鱼	冰冻 500 克左右一条	元/500 克	6.5
	鲫鱼	活 250 克左右一条	元/500 克	7.5
豆类	黄豆	标准品(当年)	元/500 克	4
	绿豆	一级(当年)	元/500 克	6.8
	白豆腐	无包装	元/500 克	1.5
蔬菜类	青椒	新鲜一级	元/500 克	2
	青尖椒	新鲜一级	元/500 克	2.5
	西红柿	新鲜一级	元/500 克	2.5
	黄瓜	新鲜一级	元/500 克	1.6
	土豆	新鲜一级	元/500 克	1.6
	萝卜	新鲜一级	元/500 克	1.1
	胡萝卜	新鲜一级	元/500 克	1.5
	青菜(小白菜)	新鲜一级	元/500 克	2
	茄子	新鲜一级	元/500 克	2.5
	包菜	新鲜一级	元/500 克	1.5
	冬瓜	新鲜一级	元/500 克	1.2
	长豆角	新鲜一级	元/500 克	2.5
	苦瓜	新鲜一级	元/500 克	3
	黄芽白	新鲜一级	元/500 克	1.5
水果类	苹果	红富士一级	元/500 克	4.8
	香蕉	国产一级	元/500 克	2.5
	西瓜	有籽西瓜	元/500 克	1
		无籽西瓜	元/500 克	1.8
其他	液化气	居民用气	元/千克	97

第三节 管理机构

市物价局

1986 年,市物价局内设人秘科、价格科和检查科。编制 11 人,为正处级单位。2002 年 10 月,市物价局并入市发展计划委员会,为内设机构,对外保留景德镇市物价局牌子,编制 18 人,为副处级单位。2010 年,对外保留景德镇市物价局牌子,价格管理科、市场调控科和收费管理科 3 个职能科室全部并入发改委。

下属单位

市价格成本调查队　1986 年称市农产品成本调查队,编制 1 人。2003 年 2 月,更名为市价格成本调查队。2010 年,编制 3 人。

市价格认证中心　1994 年,市价格事务所成立,编制 2 人。2000 年 9 月,成立市价格认证中心,为独立法人事业单位。2010 年,编制 2 人。

市价格监督检查局　1986 年称市物价检查所,编制 11 人。2004 年 3 月,更名为景德镇市价格监督检查局,编制 29 人。2005 年,市价格监督检查局参照执行公务员法。2010 年,编制 16 人。

县区机构

乐平市物价局　1986 年,下辖物价检查所、农产品成本调查队两个事业单位。2002 年,下辖物价检查所、农产品成本调查队、价格事务所 3 个事业单位。2002 年 10 月,乐平市物价局并入乐平市计划委员会,升格为正科级。下辖市价格监督检查局、价格成本调查队、价格认证中心 3 个事业单位。

浮梁县物价局　1986 年 1 月,蛟潭区和鹅湖区分别设有物价检查所。1989 年 3 月,合并组建浮梁县物价局。1993 年 8 月,改为浮梁县工商物价局。1993 年 7 月,单设为浮梁县物价局。2002 年 3 月,隶属浮梁县发改委。

昌江区物价局(价格监督检查局)　1986 年称昌江区物价检查所。1992 年 4 月,昌江区物价局成立,下辖昌江区物价检查所。2002 年 4 月,区物价局并入昌江区发展计划委员会,对外保留昌江区物价局牌子。区物价检查所转为区发展计划委员会下属事业单位。2005 年 9 月,昌江区物价检查所更名为区价格监督检查局。2008 年 11 月至 2010 年 12 月,区价格监督检查局转为昌江区发改委二级行政机构。

珠山区物价局(价格监督检查局)　1986 年称珠山区物价检查所。1992 年 4 月,珠山区物价局成立,与珠山区物价检查所合署办公,实行两块牌子一套人马。2001 年 3 月,珠山区价格事务所更名为区价格认证中心,为下属事业单位。2005 年 11 月,珠山区物价检查所更名为区价格监督检查局。2010 年,珠山区物价局、价格监督检查局归口于珠山区发改委,属珠山区发改委内设机构。

第六章　质量技术监督

1986 年,质量监督工作不断加强,其管理体制和方法也发生巨大改变。1989 年,市标准计量局改称为市技术监督局,质量监督管理职能强化。进入 20 世纪 90 年代初期,“质量第一”作为全市经济建设的长期战略方针,全市各级技术监督部门陆续成立专职行政执法队伍,“打假”列为质量技术监督工作的一项重点内容。行政执法范围由流通领域逐步扩展到生产经营各领域及质量、标准和计量各专业范围。随着市场经济的发展,质量监督工作从事后监督为主发展到事前把关预防和事后监督并重,推行市场准入制度。2000 年以后,实行工业产品生产许可证制度,市质监部门加强食品等产品质量监督管理,逐步建立统一的生产许可证受理、审查和管理机构,强化行政许可制度。2001 年,全省质监系统实行垂直管理,市技术监督局更名为市质量技术监督局,负责统一管理全市标准、计量、质量工作。划入宏观质量管理职能、锅炉压力容器特种设备安全监察职能。至 2010 年,全市技术监督体系进一步完善,管理工作稳步推进。

第一节　计量管理

宣传培训

1986 年后,市标准计量局会同有关单位利用宣传橱窗、发放、张贴宣传资料,计量法宣传月和宣传咨询日活动。1993 年 2 月 22 日,《中华人民共和国产品质量法》颁布。5—8 月组织宣传贯彻活动,市技术监督局先后分 3 批组织 350 家企业 400 多名主管厂长(经理)和质检科长学习培训,对 22 家企业 5000 多人次的干部职工进行宣讲,翻印各种宣传材料 8000 份。质量法实施前夕,出动宣传车上路宣传,组织 60 多人分 6

路对全市国营、集体、个体经销点送“法”讲“法”,同时查处假冒伪劣商品384件。2005年,市质量技术监督局先后对景德镇供电公司、昌江供电公司、赣东北供电公司、市自来水公司及市各大医院等单位1500余人进行培训,宣传计量法律法规,增强企业计量从业人员的计量法制意识。全市85%的企业单位都设有专门的计量管理机构,配备专职计量人员,为生产和贸易领域的计量检测和计量器具管理奠定基础。各企业用于贸易结算的计量器具实行定期检定制度。至2010年年底,全市共开展大型计量法律法规宣传活动25次,接受企业及市民咨询达6000余次。

考核评级

计量授权考核　1986—2010年,市标准计量局先后对市自来水公司、市量溯水表检测中心、市压力表厂和华意压缩机股份有限公司等12家单位进行计量标准考核,确认11家单位的检定项目在规划区域范围内,其检定的计量器具具有法律效力,发给计量授权证书或社会公用计量标准证书。按照法定的有效期对计量标准、计量授权和社会公用计量标准进行复查考核。1991—1992年,市标准计量局会同市卫生局在市二院进行全省医疗卫生单位计量达标试点,并通过省计量局、省卫生厅的联合验收。

企业计量定级、升级　1986年,全市开展工业企业计量定级、升级考核验收工作。至1992年,通过计量定级验收考核的工业企业43个,包括陶瓷系统21个、机械系统10个、电子系统6个、县属企业6个,其中定位三级的21户、定为二级5户。1993年3月,国家废止《企业计量工作定级升级管理办法》,此项工作停止。

企业双信评比　1986年年初,市标准计量局会同市物价局在全市开展评价“物价、计量信得过”活动,百货商场、工人新村百货店、四新百货商店等25户企业获全市“双信”单位。1992年二季度,共评出物价、计量信得过单位74家,双信标兵20名,双信个体户13户。对连续5年获双信称号的27家单位,颁发匾牌。1992年以后,此项工作不再开展。2010年,在集贸市场、加油站、餐饮业、商店、医院和眼镜店等行业建立以经营者自我承诺为基础的诚信计量体系。全市25家经营单位在显目位置统一张贴、悬挂“诚信计量自我承诺书”,同时按要求公布投诉电话,接受社会的监督。

计量监管

检查监督　1986—2010年,全市共检修各类计量器具45余万台(件),检测的门类包括长度、力学、电学等28种计量器具,占全国推行检测55种计量器具的51%。强制检定的重点范围为电表、水表和燃气表等与民生息息相关的计量器具,占到所有检定器具80%。

1992—1996年,查处计量违法行为3327起。1996年,对计量产品抽检36批,合格33批,合格率92%。收缴不合格计量器具184台(件),其中设有机关的秤具3台(件),淘汰杆秤476把。建立完善市场商贸计量器具档案,完成全市400多辆出租车计价器的安装、检定工作,为5个企事业单位完成计量标准考核6项,复核8项。1998年,对全市26家销售计量产品的企业和门店开展监督检查,检查产品196台(件),合格率90%,对不合格的经销企业进行处罚教育。帮助6家企业完善计量标准,开展计量仲裁2起,保护消费者权益。

2000年,按照分类指导的原则,引导全市大中型企业建立适合自身发展的计量检测体系,投资4万元,建立差式流量变送器检定装置,解决困扰市供气部门和用户之间日益尖锐的计量矛盾。2002年,开展定量包装的监督,检查定量包装企业70多家,各类商店、超市378家800余批次。2003年,加强对液化气计量的管理力度,全市液化气钢瓶实行灌装塑封,全年塑封钢瓶35万只,出站塑封率达到100%。1986—2010年,组织完成强检计量器具约40余万台,受检率逐步提高到100%。

专项整治　定量包装商品计量监督。1993年10月,国家《零售商品称重计量监督规定》发布,市法制计量监督执法人员深入各大集贸市场、商场超市开展商品定量包装专项检查,查处一批净含量不达标的商品。1995年12月,国家技术监督局发布《定量包装商品计量监督规定》,对预先包装的商品重量(质量)、体积、长度规定不得超过允许的偏差。1996年开始,每年组织开展计量专项抽查,2001年全市组织两次统一行动,对定量包装,用于贸易结算的计量器具进行专项检查,共检查企业32家,各类商店、商场、超市、批发市场、粮站、酒店共248家368批次,其中合格320批次,批次合格率84%。经过检查,定量包装产品生产企业、超市、商场自包装商品计量短少较为普遍,非正规生产厂家生产的定量包装商品的净含量短少严重,执法人员对违法行为进行查处。2004年,全市开展大米、面粉、食用油、干货食品等定量包装商品净含量专项抽查,共抽查市十八桥农贸市场、日新超市和景客隆超市等15家单位36批次的商品,抽样合格率为89%。2006年,对大米、粉丝、冷冻食品开展定量包装商品抽查,共抽查11家企业228批次商品,合格率为80.23%。2008年,对沃尔玛、万客隆等5家超市进行抽查,合格率为88.43%。

2010年,组织抽样、检测的执法人员共计106人次,检查企业单位32家,商场超市12家,共抽样检查商品10大类64批次。检查发现2批次不合格,对经销单位和生产企业,进行处罚并责令整改。

集贸市场、加油站计量专项整治。20世纪90年代初,全市兴建大量的集贸市场和加油站,一些不法商家在计量器具上作弊,"黑心秤"和含水柴油事件时有发生。1992年起,市技术监督局加强集贸市场、加油站的计量器具巡回检查。2003年1—10月,共检查各类超市、商店、批发市场128家388批次,对计量器具进行检定,对不合格的进行计量处罚。2010年,全年共抽查3家生产企业(4个品种)、33家农贸市场门点的计量器具(衡器)21台件,查处未申请检定的计量器具13台件,并协助省计量院抽检流通领域样品9个批次,对其中不合格3批次责令整改。全市集贸市场计量器具合格率提升到86.3%,全市加油站全部加装防作弊装置,保证加油量在允差范围之内。

瓶装液化气计量整治。2000年以后,针对老百姓反映比较多的液化气充装"短斤少两"问题,市技术监督局每年开展液化气充装单位资格认定。2002年,液化气钢瓶灌装后实行加封,全年共塑封钢瓶20万多只。2003年10月,成立液化气钢瓶塑封工作组,与公安部门配合,派出保安人员驻站监督,采取塑封材料一站一色的办法,全年塑封钢瓶35万只,出站气瓶塑封率达到100%。至2010年,全系统查处违规充气供应点液化气钢瓶60多批次,维护消费者的权益。

眼镜店计量专项整治。针对眼镜市场中良莠不齐,镜片屈光度、散光度计量不准,造成消费者眼睛伤害。2002年5月开始,市质监局开展"光明工程"放心眼镜店活动,抽调执法人员和技术人员到各大、中、小学,开展眼镜质量宣传咨询活动50场,现场检查学生配镜质量。经抽查,1200名学生配镜合格率仅为68.2%。市质监局对全市10余家眼镜店进行检查,对眼镜店计量仪器实施检测检定,责令淘汰不合格器具。至2010年,全系统共开办各类免费讲座200余场次,全市眼镜配镜行业市场得到规范。

"关注民生计量惠民"行动。2008年,全市组织开展诚信计量进市场、健康计量进医院、光明计量进镜店、服务计量进社区专项活动,共检查集贸市场在用衡器351台(件),受检率83%,公平秤37台,受检率100%。查处计量违法案件2起,配备公平秤,督促集贸市场建立衡器计量监管长效机制。2009年,共检查集贸市场衡器425台(件),受检率87%,公平秤39台,受检率100%。查处计量违法案件数1起。

第二节 标准化管理

工业企业标准化

整顿验收 1986年,按照国务院颁发的《关于加强工业企业管理若干问题的决定》,指导全市28户骨干工业企业率先建立企业标准体系。1987年始,对全市陶瓷、机械、轻化、食品、乡镇等8个行业所属的210余家企业在自查基础上,进行逐一验收。至1994年,全市185家工业企业标准化整顿验收合格,其中市电瓷电器公司、制冷设备总厂、电机厂的3个产品采用国际标准情况进行省级验收,并获得合格证书。1997年年初,国家技术监督局通知取消企业标准化整顿验收。

宣传培训 1987年,国家标准局发布GB1.1-87《标准化工作导则——标准编写的基本规定》和GB1.3-87《标准化工作导则——产品标准编写规定》后,市标准计量局组织全市工业主管局及下属各企业分期分批学习这两项标准,开办2期共有90多人参加的学习班。1989年4月下旬,市政府召开宣传贯彻《中华人民共和国标准化法》动员大会,市标准计量局先后举办2期培训班,各县区标准计量局(所)、各主管局、企业、各检测检验机构从业人员150人参加。同年,全市标准化工作人员参加全国企业标准化函授培训,并设立景德镇学区,第一届学员73人;1990年第二届学员107人,培训合格率达95%。1995年和1996年,市技术监督局和各县技术监督局共举办各类标准化工作培训班3期,培训企业厂长(经理)和其他管理人员120余人。1997年10月,市技术监督局组织学习《江西省标准化管理条例》,对各企业产品执行标准进行登记备案管理,审定市级标准和企业标准。2005年6月初,市质监局开通网上购买产品标准的服务,发布标准化最新动态。2005年和2006年,分别有40家和70多家企业通过网上直接查询、购买所需产品标准,提高工作效率。1986—2010年,共开展标准化培训班8期。

企业标准实施　1985年4月,市标准计量局制订《纸箱、纸盒包装瓷器工艺技术规程》(DB/3602Y08001-86)和《内销瓷器纸箱规格、包装》(DB/3602Y08002-86)地方标准。

1987年,全市企业生产加工产品采用国家标准、部标准的有25个,经市标准计量局制订和发布的地方标准、企业标准有67个。1988年达到98个。1993年,市技术监督局帮助企业降耗节能,与市"三电办"一起,对全市18家企业安装使用的1255台烤花炉进行测试,按国家有关标准,修订《节能烤花炉标准》,经对按新标准安装的450台烤花炉进行技术指标考核,节电率达30%。至1994年,全市经市技术监督局制订和发布的产品标准达127个,产品标准覆盖率达到82.5%。1995年始,市技术监督局对全市各类企业采用标准情况进行检查,全部实现按标准生产,初步建成标准化体系。2000年,全市登记备案的企业标准达127个,经省质检局验收,乐平市被授予"消灭无标生产县(区)"称号。2004年始,全市先后对具有地方特色的农产品浮梁茶、得雨活茶、板鸡、板鱼制订省级地方标准,为农产品申报质量保护产品提供依据。2009年,得雨活茶获得江西省标准化科学技术进步二等奖。至2010年,在市质监局登记备案的标准累计为382个。

农业标准化

2000年之前,全市农业标准化工作尚未开展。2001年3月,经省质监局批准,浮梁县有机茶标准化示范区成为全省第二批农业标准化示范区项目。2005年2月,乐平市无公害蔬菜标准化示范区成为全省第三批农业标准化示范区项目。2010年,乐平金园牧业有限责任公司的生猪养殖标准化示范区申报第五批省级农业标准化示范区项目,2011年5月年获批。

原产地保护

2003年年初,开展"景德镇瓷器"原产地域产品保护工作,市技术监督局陶瓷质量监督科负责起草景德镇瓷器生产地域范围及地理特征的说明、景德镇瓷器质量特色与生产地域地理之间关系的说明、景德镇瓷器生产的历史渊源及销售情况、景德镇瓷器生产工艺技术规程、景德镇瓷器原产地产品保护陈述报告、景德镇瓷器质量技术要求等一系列文件。全市申报的青花瓷、玲珑瓷、高温颜色釉瓷、粉彩瓷、新彩瓷基本涵盖全部景德镇生产的品种。2005年4月15日,经国家质量监督检验检疫总局批准,实施原产地域保护。至2010年,全市依据公告规定的地域保护范围、质量技术要求、专用标志使用等内容,开展1次专题培训和6次专项整治行动。

标签与代码管理

食品标签管理　1987年前,全市对预包装食品标签管理还比较混乱,存在不标明生产日期、保质期或保存期、原料成分含量,无生产厂址、无厂名现象。1988年始,依据国家《食品标签通用标准编号》,市技术监督局开始对市场上销售的预包装食品标签进行监督检查,针对标签标注不规范、冒用他人备案编号等问题食品,一律停止销售。至1993年,累计查处各种食品标签不合格案件134件。2010年,全市加强市场销售的预包装食品标签规范化管理,举办食品生产加工企业的学习班3期,宣传贯彻食品包装标准,170余人参加。

机构代码标识　1993年5月,市政府办公室转发《关于建立我市企业、事业单位和社会团体统一代码标识制度实施意见的报告》,用一年半的时间在全市范围内全面建立统一代码标识制度。至1995年年底,全市完成代码证书367家,为政府有关部门加强行政管理、监督企事业单位和社会团体的经济行为提供技术保障。1998年3月,省政府颁布《江西省组织机构代码管理办法》,规定组织机构代码证书每年进行1次年检,有效期4年,并纳入微机实行动态管理。2000年,全市代码办证、换证2213家,代码数据库实现零差错。2004年,代码办证进度加快,5700多个单位办理机构代码证,换证率达到80%。2010年,全市代码办证换证共15610家。

商品条码标识　1998年12月,按照国家《商品条码管理办法》,有规则包装的食品、饮料、烟草加工品、日用化学品等25大类商品适用条码,全市申办商品条码7个。1999年,全市申办商品条码增至34个。2000年起,全市加大对商品条码的监管力度,每年都对超市、大型商场销售的商品进行监督抽查,对仿冒他人商品条码、不规范标注商品条码和已被注销的条码和商品重码现象进行查处,责令超市、商场将商品撤柜整改。至2010年,全市累计申办各类条码87个。

第三节　质量监督管理

产品质量监测

检验资质　1987年,市质检所成立,主要开展家用电器,轻工、机械、建材、食品、化工等产品的部分参数的检验工作。1988年,市质检所和市陶检站合署办公。1995年10月,市质检所(站)首次通过省级计量认证,获得日用瓷器、建材、食品及化工类等26项产品的检验资质。1996年1月,首次通过省质量技术监督局质量审查验收,获得日用瓷器、建材、食品及化工类等36项产品的检验资质验收。1999年,通过省质量技术监督局质量审查验收复评审。2001年,通过省级计量认证复评审,获得日用瓷器、建材、食品及化工类等58项产品的检验资质。2004年3月,市食品药品检验所增加食品抽检和检测职能。至2010年,抽检食品1292批次,检测农产品2100批次。2005年,市质检所通过"二合一"(实验室认可和计量认证)评审,获得5大类167项产品检验资质。同年8月,P1级微生物实验室通过验收。2010年2月,市质检所通过"二合一"复评审,获得6类132种产品及6类180个参数的检测能力资质。

检验检测　1991—1992年,对生产领域和流通领域的产品质量监督检验。在生产领域重点对陶瓷产品和其他工业产品抽检1115批次,批次合格率为83.59%;其他工业产品质量监督检验1263批次,批次合格率81.61%。在流通领域,共抽查553批次,其中抽样检验300批次,批次合格率42.34%,为企业培训在岗质量监督人员共214人。先后两次组织质检人员,成立日用瓷"三率"(产品器型规格合格率、产品缺陷率,出厂产品不合格率)质监考核组,对38家国营、集体日用瓷生产企业陶瓷产品质量进行为期16天的监督抽查。1992年,抽查表明产品5项缺陷率为29.88%,产品器型规格合格率19.61%,出厂产品不合格率5.17%。1993年,全市完成国家和省下达的碳酸饮料、水泥的统检任务,合格率分别为33.33%、80%。对有关涉及安全、人体健康和社会普遍反映质量问题较多的20多种商品抽查510批次,其中抽样检验90批次,批次合格率45.56%。同年8月、9月、12月,分别在19家瓷厂烧炼现场进行日用瓷5项主要缺陷(斑点、落渣、变形、裂纹、阴黄)抽查,共抽查338批次3.15万件,督促企业整改落实。同年,与市"三电办"(安全、计划、节约用电办公室)一起,在对全市18家陶瓷企业安装使用的1255台烤花炉进行测试的基础上,根据国家有关标准,新制订《节能烤花炉标准》,经对按新标准安装的450台烤花炉进行技术指标考核,节约用电达30%。

1995年,对陶瓷产品及其原辅材料开展多种形式的监督,对全市16家生产、经销、陶瓷原辅材料的企业开展抽查22批,对6家建筑陶瓷生产企业开展抽查16批,对市场上40余家建筑陶瓷经销门点开展专项检查25批,陶瓷质量监督由以往重生产领域向生产、流通领域并重转变。同时,对化肥、农药、粮油制品、饮料、啤酒、食品、建材、机电产品、家用电器、化妆品、洗化用品、通信器材等10多类20余种重要商品开展经常性的执法检查。累计检查各类经销企业和门点200余家,抽样检验商品119批,查出不合格企业和门点100多家,对不符合要求的220批商品现场进行处罚。

1997年,完成陶瓷产品质量抽查检验595批次,18家重点陶瓷企业受到监督抽查,检验结果按月进行通报,对主要企业的检验结果按季在《景德镇日报》公告。全年累计完成电瓷、化肥、水泥、红砖、预制构件、粮油制品、食品、农资、家用电器、食品、建材、眼镜、化妆品、柴油、润滑油等商品进行抽样检验328批,合格率67.4%。同年,市政府实行煤粉定点生产,市产品质量监督检验所派出专业技术人员驻市煤饼一厂、二厂,对每天配制的煤粉进行质量检验,确保煤饼质量达标。1999年4月,开展对猪肉监督检查,派人员参与猪肉质量的监控,让老百姓吃上放心肉。

2001 年,市质量技术监督局成立,质量监督职能明显增强。重点监督检查与市民生活密切相关的生活用品及影响国计民生的重要产品,对肉制品、食用油、大米、面粉、定量包装食品、家用电器、纺织用品、水泥、钢材、建筑装饰材料、汽车配件、农资产品等重点产品进行质量监督抽查,引导消费者谨慎购买商品。同年,组织开展“2001 年全市质量月”活动,集中销毁 13 类伪劣商品,标值 41 余万元。2002 年,组织开展农资、地条钢、集贸市场、雕白块豆腐、加油站等专项市场整顿。2003 年,对全市 20 家重点企业进行质量跟踪督查,提高产品等级品率、工业产品销售率、质量稳定提高率。对大米、面粉、食油等 10 多类食品开展质保条件专项检查,分别建立质量档案。

2005 年,全市查处一批不合格纯净水、冷粉作坊,假冒“四特酒”和无证生产食品的违法案件。“十一黄金周”和“瓷博会”期间,加大对食品生产企业的巡查。

2007 年,对全市生产及市场的 8 个品牌的大桶纯净水进行抽样,合格率 87.5%,查处 1 家不合格生产企业。对 1 家化肥生产企业和市场上的 8 个品牌的化肥进行抽样,合格率 80%。开展啤酒市场专项抽查,对全市生产厂家和市场上 10 个批次的啤酒进行抽样,合格率 70%。

2008 年,全市开展婴幼儿配方奶粉及相关产品的专项检查,稳妥处理好三鹿婴幼儿奶粉相关工作,检查第一炉面包房、民泰糖糕厂等食品生产企业原辅料进货是否索证索票、是否掺杂使假、食品添加剂使用是否符合规定,责令乳制品批发、经销单位,将有问题的乳制品及时下架并进行召回。同年 8 月,开展保奥运食品安全专项检查行动,与进京食品生产企业签订质量承诺书。全年共查办各类案件 263 起。

2010 年,加强对化肥、农药、农膜和建筑工地产品的监督检查力度。同年,为保障救灾物资和灾区群众生活用品的质量安全,全市重点开展对桶装水、瓶装水、牛奶、面包、饼干、香肠、方便面、八宝粥、米面粮食产品、食用油、酱油等食品生产企业的监管,开展地沟油专项整治。全年共检查建筑工地、经销企业、生产企业 600 余家,共查处案件 344 起。

专项打假活动

1986—1991 年,打假工作主要由市经贸委牵头开展。1992 年 7—11 月,市技术监督局组织 40 人的“打假”队伍,两次开展打假活动,查获各种假冒酒 1 万瓶,价值 23 万,假冒伪劣腐竹价值 1.8 万元,伪劣塑料电线 224 卷价值 5.4 万元。1996 年,查获一起四川省绵竹县供销社为抵还市陶销储运公司陶瓷欠款的 200 箱剑南春重大假酒案,货标值达 20.5 万元。

1997 年,查获 3 起假冒名优陶瓷案:竟成岭南区短运公司一陶瓷加工作坊假冒玉风瓷厂生产的宝玉茶杯 100 箱计 3186 只的案件;个体经销户余某等人假冒光明瓷厂 100 套 102 头西餐具;某厂承包工程人王某用玉风瓷厂的底款花纸,生产假冒玉风茶杯 897 只。1998 年春节期间,开展酒类打假,查获标注为山西省汾阳市杏花酒村酒厂生产销售的 7 个品牌的 40 余瓶劣质酒,查获收缴假冒五粮液、剑南春、泸州老窖等酒 600 余瓶。同年,开展专项打击假冒景德酒的活动,查获假冒伪劣景德大曲 3000 余瓶、景德老窖近 200 瓶并进行销毁。

1999 年,全市共查处假冒伪劣商品总标值 72 万元,违法案件 74 件,端掉制假窝点 4 个。2000 年,按照省质监局部署开展 3 次跨地区的联合执法打假行动,对邦迪创可贴、钢材、大米进行检查,查获假冒螺纹钢 80 余吨。查处假冒广东、香港产地席梦思 320 床(标值 9 万元),假冒俞兆林内衣 200 套(标值 4 万元)。同年,抽查农资产品样品 65 批次,其中查处伪劣和不合格化肥 700 吨,标值 72 万元;伪劣不合格农用运输车 19 台,标值 67 万元。开展燃气用具专项打假,共查获假冒灶具 900 余台(件),不合格液化气钢瓶 1000 个。同年,对全市 5 家小型轧钢厂和 15 家经销钢材门店进行全面突击检查,在景德镇市电视台、景德镇日报社、乐平市公安局的支持下,查处无生产许可证和用废旧钢材做原料生产超规格的热轧再生螺纹钢 214 吨,标值 41 万元。其中不合格再生螺纹钢 29 吨,查封轧机、钢炉、毛坯机等生产设备 17 台(套),钢锭 251 吨。全年累计查处假冒伪劣商品 103 批,标值 240 万元,处罚制假售假企业及个人 85 人次。

2001 年 2 月,查获市石油公司违法经销 400 吨劣质柴油案件。7 月,又查获市石油公司销售不合格柴油 2100 吨,不合格汽油 800 余吨,并进行处罚。同年 3—5 月,共出动执法人员 500 余人次,抽查农资产品样品 62 批次,其中化肥不合格产品 7 个,查获河西塑料厂生产假冒湖南某农药厂“杀虫脒”,标值近万元。查获乐平市农资公司五七仓库利用湖北荆州包装袋灌装的钙镁磷肥 13 吨案，并配合上海农药厂对假冒违法行为进行处罚。同年 6 月中旬，与市出入境检验检疫局联手，开展进口商品打假。对进口的冷冻食品、洋酒、DVD、随身听、剃须刀、食品加工机等商品进行全面检查和抽样检验，查获未经备案和手续不全的进口商品标值达 11.61 万元。全年共组织开展 10 余次集中统一打假行动，共检查企业 400 余家，检查市场 30 余家次，查获假冒伪劣及不合格产品 3000 余万元，捣毁制假窝点 21 个。

2002 年 3 月，针对外地瓷假冒景德镇产地及假冒"景德镇"品牌的违法行为，市质量技术监督局对全市陶瓷经销店进行突击检查，查处 18 家制售假冒景德镇陶瓷的商店。下半年，开展陶瓷专项整治，共出动执法人员 700 多人次，查获假冒"景德镇"陶瓷案件 48 起，标值达 130 余万元，维护景德镇陶瓷品牌。全年共出动执法人员 2000 多人次，共检查企业（商店）340 余家，查获假冒伪劣和不合格产品标值 520 多万元，移送司法机关处理案件 3 起，捣毁制假较大窝点 3 个。2004 年，共查处并捣毁生产、加工地条钢及其制品企业 2 家，查处经销"地条钢"及其制品企业 1 家、建筑工地 16 家，查获"地条钢"及其制品 76.9 吨，货值金额 30 万余元。2004 年，开展打假治劣工作，重点监督检查钢材、水泥、铝合金、食品和金银首饰等行业 3C、QS 标识，对计量短少等危害消费者行为重点查处。全年共立案查处案件 332 起，查获假冒伪劣商品标值 900 万元，罚没款 280 万元。

2005 年，集中和日常打假共出动执法人员 700 余人次，整顿重点区域 12 个，超市及商场 24 个，特别是将危及生命财产安全的含"苏丹红"食品及无证生产、质量低劣的特种设备作为打假的重中之重来查处。开展对载重汽车、防盗门、乙炔气的质量监管，共检查建筑工地、经销企业、生产企业 160 余家。2006 年，联合名优企业查处经销假名酒案件 4 起。

2009 年，对全市大、中院校集体食堂的食品安全进行为期 10 天的专项检查，查处使用无证白糖、调味品等案件。对市场上电动车存在的无生产许可证、超重、超限速等现象，进行专项检查。开展眼镜市场专项检查，查处销售无证产品眼镜店 2 家。2010 年，对液化气行业二甲醚及钢瓶开展专项整治，先后 3 次对液化气站进行抽样，确保液化气的充装油量和质量。

质量管理

产品质量免检　2004—2007 年，依据国家质量技术监督局《产品免于质量监督检查管理办法》，市技术监督局开展免检产品审定工作。共审定 6 家企业的主要产品免检。2008 年 9 月 18 日，乳业三聚氰胺事件发生后，国家质检总局发布公告废止《产品免于质量监督检查管理办法》。

表 12－6－1　　**2004—2007 年景德镇市国家免检产品及生产企业一览表**

年份	企业名称	产品名称
2004	景德镇华意电器总公司	华意牌 BCD、BC 系列无氟冷藏冷冻箱电冰箱
2006	市鹏飞建陶有限公司	景赐坊牌陶瓷墙地砖
2006	景德镇陶瓷股份有限公司	红叶牌日用陶瓷（高档日用细瓷）
2006	江西省玉风瓷厂	玉风牌日用陶瓷（高档日用细瓷）
2007	江西锦溪水泥有限公司	水泥
2007	景德镇开门子农用化工有限公司	化肥

食品质量安全市场准入　2002 年 7 月，全国对生产加工小麦粉等 5 类食品、乳制品等 10 类食品和糖果等 13 类食品的企业实施食品质量安全市场准入制度。市质监局从源头上抓好食品质量，强化食品质量安全监管。2009 年，省质监局将大米、小麦、可可制品、焙炒咖啡食品的生产许可证受理、审查、审批、发证工作，调整为由市级质监局组织实施，凡获生产许可证企业的产品，允许加贴"QS"食品安全标志。至 2010 年年底，全市共办理大米生产许可证 18 家，185 家食品企业生产的 17 类食品获得食品生产许可证，食品生产加工企业获证率达到 100%。

市属省重点保护产品 2001年起,省质监局制定"江西省重点保护产品"推荐申报管理办法,由设区市质监部门推荐,省质监局确认评审。2004年,景德镇市鑫森淼农用化工厂生产的"白俄罗"化肥、江西锦溪水泥有限公司生产的"青溪峰"水泥获得江西省重点保护产品称号。2005年,景德镇市鹏飞建陶有限公司的"卡地克"建筑陶瓷获得省重点保护产品称号。2006年,浮梁县瑶里茶叶有限公司的"崖玉"茶叶获得省重点保护产品称号。

名牌战略工程 2002年年底,景德镇市制定《景德镇市名牌战略推进工作方案(2003—2005)》,并成立以副市长为主任、市政府有关部门负责人为成员的市名牌战略推进委员会,出台《名牌战略规划》《名牌产品管理暂行办法》和《名牌产品评价和确认评分细则》。鼓励和帮助企业制定符合企业实际的名牌战略计划。2003年2月,按照企业自愿、政府推动、中介机构参与、社会确认的原则,全市共有18家企业申请江西名牌。按照企业规模、销售额、质量保证能力等主要指标,经市质量技术监督局初步筛选,省名牌战略推进委员会评价,全市9家企业的9个产品获得江西名牌产品称号,占全省名牌产品总数的8.6%。市华意电器总公司生产的无氟压缩机获2003年中国名牌,实现国家实施名牌战略工程以来江西省中国名牌零突破。市华意电器总公司被授予全省质量管理先进企业称号。2006年,景德镇陶瓷股份有限公司红叶牌日用陶瓷、省陶瓷工业公司"景德镇"牌工艺陶瓷,荣获中国名牌产品称号。2009—2010年,江西名牌产品评选活动未开展。2004—2010年,全市共有13家企业先后荣获江西省质量管理先进企业称号。

表12-6-2 **2003—2008年景德镇市获江西名牌产品一览表**

年份	商标	产品名称	企业名称
2003	昌铃、北斗星	轿车	江西昌河铃木汽车有限公司
2003	华意	无氟制冷压缩机	景德镇华意电器总公司
2003	景德	单张纸平版胶印机	江西中景集团有限公司
2003	TL	铝电解电容器	江西信达电子有限公司
2003	江维	聚乙烯醇、电石	江西江维高科股份有限公司
2003	红叶	日用陶瓷	景德镇陶瓷股份有限公司
2003	江东	青霉素	江西东风药业股份有限公司
2003	得雨	得雨活茶	江西得雨活茶股份有限公司
2003	浮瑶仙芝	茶叶	浮梁县浮瑶仙芝茶业有限公司
2004	万平	陶瓷真空电容器	江西万平电子有限公司
2004	景光	金属陶瓷发射管	江西景光电子有限公司
2005	卡地克	建筑陶瓷	景德镇市鹏飞建陶有限公司
2005	电化	AC发泡剂	江西电化精细化工有限公司
2005	电化高科	氯化亚砜	江西电化高科有限公司
2005	玉风	高档日用瓷	江西省玉风瓷厂
2006	昌铃、北斗星	轿车	江西昌河铃木汽车有限公司
2006	华意	无氟制冷压缩机	景德镇华意电器总公司
2006	景德	单张纸平版胶印机	江西中景集团有限公司
2006	TL	铝电解电容器	江西信达电子有限公司
2006	江维	聚乙烯醇、电石	江西江维高科股份有限公司

续表 12－6－2

年份	商标	产品名称	企业名称
2006	红叶	日用陶瓷	景德镇陶瓷股份有限公司
2006	江东	青霉素	江西东风药业股份有限公司
2006	得雨	得雨活茶	江西得雨活茶股份有限公司
2006	浮瑶仙芝	茶叶	浮梁县浮瑶仙芝茶业有限公司
2006	鑫森淼	复混肥	市开门子农用化工有限公司
2006	黑猫	炭黑	江西黑猫炭黑股份有限公司
2006	青溪峰	水泥	江西锦溪水泥有限公司
2006	景赐坊	建筑陶瓷	市鹏飞建陶有限公司
2006	法蓝瓷	工艺陶瓷	景德镇海畅法蓝瓷有限公司
2007	崖玉	茶叶	浮梁县瑶里茶叶有限公司
2007	赣森	茶油	江西赣森绿色食品有限公司
2007	一见喜	家具	乐平一见喜有限公司
2007	瓷都	桃酥	江西彩云食品有限公司
2008	卡地克	建筑陶瓷	市鹏飞建陶有限公司
2008	电化	AC 发泡剂	江西电化精细化工有限公司
2008	电化高科	氯化亚砜	江西电化高科有限公司
2008	玉风	高档日用瓷	江西省玉风瓷厂
2008	鹤云	日用陶瓷	市鹤云陶瓷有限公司
2008	精誉	日用陶瓷	市博大陶瓷艺术有限公司

质量兴市活动　1986 年开始，每年“3·15”和 9 月“质量月”活动期间，全市开展大型宣传咨询，组织专项打假，统一销毁假冒伪劣商品，举办大型专题文艺晚会，邀请知名企业家、劳模及老百姓畅谈质量等多种形式，发动社会各界关注质量。1993 年 5—8 月，市技术监督局组织《中华人民共和国产品质量法》宣传贯彻活动，先后分 3 批组织 350 家企业 400 多名主管厂长（经理）和质检科长学习培训，对 22 家企业 5000 多人次的干部职工进行宣讲，结合查处假冒伪劣商品 381 件，增强全民质量意识。2002 年 1 月，组织昌飞、华意、中景等 10 家国有重点企业分管质量工作领导赴上海参加高级质量管理人员培训班。对从事移动、固定电话机维修及其配件产品经营单位人员共 170 人进行“三包”（包修、包换、包退）培训。同年市政府印发《景德镇市开展“质量兴市”活动实施意见》，7 月召开全市质量工作会议，并成立以副市长为组长，市直有关单位负责人为成员的市质量振兴领导小组，确定乐平市为质量兴市（县、区）试点市（县、区）。通过开展“质量兴市”活动，推进全市经济发展和调整优化产业结构。至 2010 年，完成全市强制性管理产品和销售额在 500 万元以上的 156 家企业建档工作。

认证认可　2002 年 11 月，市质监局开始对被列入国家认监委《第一批实施强制性产品认证目录》的 35 家企业开展调查。2003 年，组织全市白酒、复合（混）肥、水泥等产品生产企业参加江西省质量技术监督局举办的生产许可证管理学习，贯彻落实国家质检总局颁布的《工业产品生产许可证试行条例》。同年 4 月，市质监局召开全市强制性产品认证制度实施工作会议，贯彻落实《强制性产品认证管理规定》，全面执行“中国强制认证”制度（英文缩写为“CCC”，又称“3C”认证）。实施强制性认证制度的产品包括电线电缆、电路开关或连接用电器装置、低压电器、小功率电动机、电动工具、电焊机、家用和类似用途设备等 19 大类 132 种产

品。同年11月1日,《中华人民共和国认证认可条例》施行,全市加大质量管理体系有效性监督检查和“强制性管理产品”无证查处力度,维护广大消费者权益。2003—2010年,全市每年利用“3·15”“质量月”活动,开展“认证认可”咨询服务宣传“3C”认证知识。

特种设备检测管理

规范化建设　1984年,市锅炉压力容器检验所成立,机构改革后由劳动部门划入质监部门。2003年3月,国务院公布《特种设备安全监察条例》,市质监局组织全系统特种设备安全监察人员和特种设备使用单位及业主进行学习宣传。2006年,市锅炉压力容器检验所和市特种设备检验所合并,组建市特种设备监督检验中心。2008年6月15日,在人民公园举办《特种设备安全监察条例》颁布实施5周年宣传活动。2009年4—5月,先后在景德镇市区、乐平市和浮梁县举办3场《特种设备安全监察条例》(修订)的宣传活动,210家特种设备使用单位的230人参加学习。

2006年,开展特种设备安全监察机构规范化建设,制定特种设备安全工作例会等29项工作制度和特种设备安装、改造、维修告知受理工作等10项程序。2006年9月,形成《特种设备安全监察管理制度工作程序及办法汇编》。2006—2010年,对全市263家特种设备企业安全规范化管理进行指导验收。

2008年9月20日,检验中心通过国家核准,开展锅炉、压力容器、压力管道、电梯、起重机械、场内车辆的安装监督检验和定期检验,持续排查各类特种设备隐患,提高特种设备使用单位安全管理水平。1986—2010年,全市共检验各类锅炉1200台、压力容器19000台、压力管道10万余米、电梯12000台起、重机械2000台、场内车辆1500台。

特种设备安全整治　2005年12月至2006年9月,市质量技术监督局联合市安全生产监督管理局、公安局、交通局、建设局,在全市开展为期9个月的液化气钢瓶运输市场综合整治,共查处违规异地充装车辆30余车次,扣押超期未检钢瓶30余车600只,端掉非法液化气倒罐窝点10余个。通过检测,强制报废小钢瓶700余只,50千克大钢瓶200只。2006年8月,全市开展冷粉和豆腐作坊锅炉专项整治活动。至2007年8月,共捣毁“土制锅炉”和其他违法违规锅炉13台。2008年5—8月,全市开展特种设备安全百日督查专项行动,检查企业89家,发出监察指令书13份,报停冶金起重机2台,查获1个液化气倒灌窝点,封存37只15千克和19只50千克的液化气钢瓶。

2010年2月份,全市紧急对液化石油气充装站进行为期3个月专项安全整治。同年,开展德昌高速公路乐平段特种设备专项整治行动,查处违法起重机械9台,发出监察指令书5份。至2010年,全市共有特种设备4400台套,其中电梯873台、起重机械895台、场(厂)内专用机动车辆266台、大型游乐设施41台套、锅炉369台、压力容器1956台套,气瓶充装单位25家,气瓶检验检测单位4家,电梯维保单位2家,工作站点9家。

第四节　管理机构

市质量技术监督局

1989年5月26日,市标准计量局更名为景德镇市技术监督局,为正县级机构。2001年10月,由省垂直管理,更名为市质量技术监督局,内设办公室、人事科、监察室、机关党委、质量科、监督科、食品科、标准化科、计量科、特种设备科、法规科、认证认可科、计划财务科和机关服务中心,行政编制33人,后勤服务编制5人。2010年,在编35人。

下属单位

市质量技术监督稽查支队　2005年3月成立,正科级全额拨款事业单位,编制13人,下设3个稽查大队。2010年,实有11人。

市产品质量监督检验所(市陶瓷产品质量监督检验站)　1986年成立,两块牌子一套人马,正科级全额拨款事业单位,编制29人。承担全市工农业产品检验检测职能。2010年,实有23人。

市计量测试研究所(市法制计量监督管理所)　1981年10月成立,正科级事业单位,编制34人。承担全市计量器具的检定职能。2010年,实有25人。

市特种设备监督检验中心　前身是市锅炉压力容器检验所和市劳动安全卫生检验站。2002年3月,市劳动局锅炉压力容器安全监察科划转至市质量技术监督局管理。2006年9月,两家机构合并成立市特种设备监督检验中心,正科级,编制29人。承担全市检定锅炉、压力容器、压力管道、厂内车辆、行车、游乐设施、电梯等检测职能。2010年,实有人员23人。

县级机构

乐平市质量技术监督局　1986年称乐平县计量站,1987年4月改称乐平县标准计量所。1989年1月,成立乐平县标准计量局。1993年5月12日,更名为乐平市技术监督局。1999年2月,省以下垂直管理后更名为乐平市质量技术监督局。内设办公室、业务股、特种设备安全监察股3个职能股室,下辖计量测试所,为直属管理事业单位。机关行政编制16人,实有24人。计量测试所事业编制10人,实有9人。

浮梁县质量技术监督局　1995年前,与浮梁县工商行政管理局合署办公,两块牌子一套人马。1999年分设,成立浮梁县技术监督局。2001年垂直管理后,内设办公室、综合股、特种设备安全监察股,行政编制14人。下属计量测试所,事业编制7人。

第七章　食品药品监管

食品安全关系人民群众日常生活和切身利益,市政府历来重视对食品药品生产、经营的监管。1986年,市医药总公司专营药业,并兼有药品市场监督管理责任。批发企业有国营景德镇市医药公司,下辖乐平市医药公司、浮梁县医药公司以及70余家药品零售企业(含农村药店)。90年代,由康泰药店、康达药店、健民药店经营药品零售。2002年3月,市药监局成立,由省药监局垂管,下设乐平、浮梁药监局两个派出机构。

食品安全管理先后经历分散监管、综合监管、分段监管等阶段。市政府成立食品安全工作协调领导小组,成员单位有工商、质监、卫生、防疫、商务、农业等单位,对食品种植、生产加工、市场流通全过程监管,努力提高食品质量、保障食品安全。

2004年3月,成立景德镇市食药监局,辖2个直属机构及市食药检所,全市食品药品监管体系进一步健全。2005年以后,食品药品安全监管初步构建"地方政府负总责、监管部门各司其责、企业是第一责任人"责任体系。2007年12月,组建珠山区、昌江区两个县区直属机构,全市食品药品监管进一步细化。2010年5月,市食品药品机构由省以下垂直管理下划为地方政府管理。

第一节　食品安全监管

食品安全管理

管理机制　2004年8月,市政府成立由分管副市长任组长,23个市直有关部门为成员的景德镇市食品安全工作协调领导小组,食品安全作为民生工程列入政府工作内容。制定出台《全市2004年食品安全放心工程实施方案》,启动食品安全放心工程三年规划编制工作。2005年,市政府出台《关于进一步加强食品安全工作的决定》,形成"地方政府负总责、部门协调指导、各方联合行动"的食品安全工作体系。2006年,全市1500余户食品生产企业(含小作坊)签订食品安全承诺书。全市大型卖场、食品超市和食品批发单位全部实行食品市场准入制度,实行量化分级管理餐饮单位达105家,大中型餐饮单位和县城以上学校食堂实施食品卫生监督量化分级管理率达85%。5月,制定《景德镇市食品安全事故应急预案》及其操作手册,及时应对和有效处置各种可能发生的食品安全突发事件。2005—2010年,全市每年召开食品安全工作会议,部署全年食品安全工作,市政府与有关部门签订《景德镇市食品安全工作目标管理责任书》。

2004年3月,市食品药品检验所增加食品抽检和检测职能。至2010年,共抽检食品1292批次,检测农产品2100批次。

宣传活动 2004年5月,市食品安全协调领导小组办公室(市食品药品监管局)牵头组织农业、卫生、工商、质监、粮食等职能部门,在市人民广场联合举办"食品安全关系你和我"主题宣传月活动,现场展示食品安全科普知识宣传版20块和部分真假对照食品样品,分发宣传资料3000余份,接待市民咨询千余次。2005年,景德镇食品药品安全博客开通,设置食品安全、药品安全、食品安全预警、用药咨询、休闲娱乐、他山之石等板块。

2007年10月上旬,市食品安全协调领导小组主办"华达杯"食品安全知识有奖竞赛活动。全年共印制食品药品安全知识手册2万本,发放宣传画(册、单、条幅)30余万份(条),举办现场咨询和投诉活动20余次,制作展板和永久性公益广告120余幅,发送手机短信10余万条,在电视台滚动播放字幕1个多月。2008年3月15日上午,市食品药品监管局在人民广场举办"消费与责任"主题食品药品安全维权咨询活动,发放宣传资料,接受咨询,受理并落实举报投诉7起。5月,以"关注食品安全、珍爱健康人生"为主题,开展全市食品宣传月活动。

2009年5月,市食药监局对餐饮、保健食品、食品药品、化妆品监管人员进行食品安全、行政许可与行政处罚等法律法规培训。7月,对全市各药品生产企业、药品零售企业和医疗机构相关工作人员进行培训。2010年7月,全市在街道醒目位置增设固定法制宣传栏。

市场整治

1986—2001年,药品市场主要由市医药公司和市卫生局药检所监督管理。2002年,市药品监督管理局成立,承担药械市场监管职责。

2004年,按照省食品药品监管局部署,市食药监局牵头组织协调相关部门和4个县(市、区)针对媒体通报的45种劣质奶粉,对辖区进行拉网式检查。全市共出动执法人员872人次,检查奶粉经营单位2344户。查控阳光贝贝、心甜、兴凯湖、依依等不合格及逾保质期劣质奶粉13040包(袋),货值67999元,抽样送检奶粉51批次。2005年6月29日至7月1日,全市食品放心工程接受省食品放心工程综合评价检查组对新世纪食品有限公司、凤凰山肉联有限公司、华达购物广场和开门子大酒店等单位进行现场检查,均为合格。

2006年,全市开展食品冒充药品销售专项检查工作,共检查保健食品经营企业217家,查封扣押与药品同名的食品30余种。收缴假冒"黄金搭档"32盒,不合格、过期变质保健品1000多千克。立案查处保健食品违法案件22起,涉案品种75个,标示金额2.45万元。查处"蜜炼川贝枇杷膏""减肥胶囊"等32个品种普通食品冒充药品,货值金额3.43万元。查处违法保健食品广告8起。

2007年,市食品安全协调领导小组组织开展无公害农产品、绿色食品、有机农产品专项检查。全年检查食品生产企业2258家,捣毁制假售假窝点和无证小作坊26个。检查集贸市场200余个次、市场(超市)150余个次、食品经营户7000余户次,收缴各类假冒伪劣食品2000余千克。打击私屠滥宰行为,处罚不法肉商100余人次。查处餐饮单位违法案件163起,下达整改卫生监督意见书325份,处罚38家违反卫生法律法规单位,查封2家米粉厂和1家餐具消毒公司。

2008年,组织各县(市、区)和市食品安全监管部门对辖区13家使用乳粉生产食品的企业、2630家乳制品经营单位和655家使用乳及乳制品餐饮服务单位进行全面清查。未发现使用、销售含三聚氰胺的乳粉。12月中旬,开展为期4个月的打击违法添加非食用物质和滥用食品添加剂专项整治行动,整治重点企业510家、整治重点食品品种与地方特色食品147个,抽样检测食品206批次,组织完成省下达的6个品种110批次的食品统一抽样送检任务。查处1起违法销售硫磺熏制的笋干案(二氧化硫超标)。2010年8—10月,将"中秋""国庆"食品安全专项检查与地沟油及餐厨废弃物专项整治相结合。重点检查月饼加工点、餐馆饭店等食品生产经营环节,检查学校周边、工地食堂、城乡接合部小食品市场和食堂饭店、农村集贸市场食品摊位。同时,协调指导做好全市废弃油脂和餐厨废弃物无害化处理。

第二节　药械安全监管

生产监管

药品生产企业　1986 年,全市共有黎明制药厂和东风制药厂等 5 家药品生产企业。2002 年,市药品监督管理局组建时,全市有江西黎明制药总厂、江西东风药业股份有限公司(简称东风药业)、景德镇市生化制药厂、江西景荣制药有限公司(江西景德镇制药厂)、江西乐平制药厂、市开门子药用化工有限公司(简称开门子药化)6 家药品生产企业。2004 年,随着企业改制、资产重组及第一轮 GMP(药品生产质量管理规范)强制认证实行。江西景荣制药有限公司、江西乐平制药厂相继被收购,并搬迁至宜春市异地建厂。

2005 年,江西黎明制药总厂被浙江立信药业有限公司收购,更名为江西立信药业有限公司,产品以磺胺类原料药、中间体及制剂为主。市生化制药厂被收购后搬迁至高新区古城路,创办市金钥药业有限公司,产品以中成药为主。2 月,以市医药公司饮片加工厂为基础组建江西乐康中药饮片有限公司,搬至乐平市双田镇横路村,专门从事中药饮片加工炮制。12 月,国家将医用氧纳入药品管理,以昌飞集团气体站为基础组建市昌圣气体有限公司(简称昌圣气体)。2006 年,市富祥药业有限公司迁至昌江区鱼丽工业园 2 号,主要生产他唑巴坦原料药。2007 年 9 月,江西天新医药化工有限公司(简称天新医化)落户乐平市乐安江工业园,主要生产维生素 B1、B6 原料药。至 2010 年,全市共有医药生产企业 8 家,药包材生产企业 3 家,企业总资产 13.5 亿元,从业人员 3000 余人。

药品生产监督　1986 年,全市制药企业均为国营,内控监督较为完善。进入 2000 年,制药企业先后股份制改造或为私营,监管的重心转移到政府机构。

2002 年 4 月 11 日,全市开始药品监管执法,市药品监管局对市生化制药厂进行检查。同年,指导东风药业进行 GMP 认证,东风药业启动原料药新精制大楼的建设。2003 年,东风药业取得片剂(青霉素类)GMP 证书。2004 年 7 月,市开门子药化获 GMP 认证。2005 年,向昌圣气体发放药品生产许可证,指导东风药业获胶囊剂的药品 GMP 证书。同年 9 月,对开门子药化生产线进行专门的监督检查,对天新医化试生产维生素 B6 中间体进行跟踪指导。

2006 年,核准换发东风药业药品生产许可证和市皮肤医院医疗机构制剂许可证。3 月,对开门子化工的非无菌原料药吡拉西坦生产线进行专项检查。6 月,对东风药业的原料药、粉针剂、片剂、胶囊剂生产线进行药品 GMP 认证跟踪检查,未发现严重缺陷。12 月 20 日,对昌圣气体医用氧(气态)生产线 GMP 认证现场检查,评定结果符合认证标准。

2007 年,全市加大对药品生产环节监督检查力度,抽调市药品检验所专业技术人员组成检查组,进行突击检查,覆盖率 100%。推进驻厂监督,向辖区内的药品生产企业增派监督员,实行指导员、监督员"两员"并举,重点环节实行靶向性重点监控,QA 人员定期自查等制度。3 月 30 日,向东风药业等企业派驻驻厂监督员,监督药品生产质量。9 月,核发天新药化药品生产许可证。

2008 年 2 月 25—27 日,市药监局委派检查组到东风药业,对粉针剂(青霉素类、头孢菌素类)生产线执行 GMP 情况,进行初期的跟踪检查和生产工艺、处方核查,未发现重要缺陷。4 月 28 日,指导东风药业通过粉针剂(头孢菌素类)GMP 认证。6 月 15—16 日,省药品认证管理中心检查组对东风药业的粉针剂(青霉素类、头孢素类)生产线,进行 GMP 跟踪认证检查和 6 个品种的生产工艺及处方核查,发现 5 项一般缺陷问题并整改到位。12 月,全市核发新版药品生产许可证,全面推行质量受权人制度,加强企业内部药品质量责任体系建设。12 月 29 日,东风药业按规定委任质量受权人。

2009 年 6 月,全市监督实施 GMP,指导开门子药化通过 GMP 再认证。12 月 14—15 日,指导东风药业改建无菌舒巴坦钠原料药车间,并对粉针剂(头孢菌素类)生产线进行 GMP 认证跟踪检查,改进缺陷 7 项。2010 年,全市全面推行质量受权人制度,开展中药制剂、原料药、医用氧、医疗机构制剂、委托生产与委托检验等专项检查,高风险生产企业"飞行检查"覆盖率 100%。

流通监管

20世纪90年代初,全市药品由市医药总公司专营,并兼管药品市场,实行“人、财、物、产、供、销”六统一的计划经济管理体制。2002年,在市药品监督管理局成立之初,全市药品经营企业以国营医药系统为主,仅有极少数非国营药品零售企业,其中批发企业有国营景德镇市医药公司,下辖乐平县医药公司、浮梁县医药公司以及70余家药品零售企业(含农村药店)。另外,还有康泰药店、康达药店、健民药店3家非医药系统的药店。同年3月,市药品监督管理局确定药品分类管理试点企业,推进药品GSP(药品经营质量管理规范)认证。增设药品流通监管科,负责全市药品批发零售等流通环节监管。5月初,开展药品零售企业“药品经营许可证”换发证和医疗器械经营企业资格认可工作。当年全市79家零售药店换发新证,新开办6家农村药店。2003年,全市放开药品零售企业审批,推进药品流通领域改革,制定药品零售企业(单体)设置方案,形成多种投资主体有序竞争的格局。9月,全市推行农村药品“两网”建设,规范农村药品销售渠道,方便农民购药。全市共聘请85名药品监督员、468名药品监督信息员,初步构建县、乡、村三级药品监督网络。同时,择优确定江西创立医药有限公司、江西诚志医药股份有限公司为建站企业,建立57家药品服务点、乐平中心配送站、浮梁洪源配送站,形成全市药品供应、配送网络。

2006年,针对部分药店存在执业药师不在岗或兼职现象,市药监局强化药品技术人员监管,重新审查其资质,并建立数据库。2007年,全市药品经营企业进行药品经营许可证换证和GSP再认证工作。2008年,国营医药企业体制改革,市医药公司更名为景德镇国信医药股份有限公司,后改为景德镇瓷都医药股份有限公司。同时注销乐平市医药公司、浮梁县医药公司。6月,由50余家药品零售企业组成的市药品零售企业行业协会挂牌成立,自主规范药品经营行为。

2009年,全市实施药品销售人员备案管理制度,进行诚信等级评定,实施药品经营许可证分级管理,其工作经验在全省转发学习,并在国家食药监局组织的会议上作经验交流发言。加强基本药物配送企业的进货、验收、储存、出库、运输等环节监督检查,建立基本药物配送企业信用档案,落实基本药物不良反应监测制度,完善基本药物安全预警和应急处理机制。同时加强与卫生部门的沟通协作。2010年,全市共有2家药品批发企业,180余家药品零售企业。所有正常经营的药品经营企业,均通过药品GSP认证。

表12-7-1　　**2005—2010年景德镇市主要药品批发零售企业一览表**

企业名称	成立时间	地址	经营范围	备注
江西庆隆医药有限公司	2005年11月	乐平市童家山工业园	批发。生物制品、中药材、中药饮片、中成药、化学药制剂、抗生素制剂、抗生素原料药、生化药品,二类精神药品(2010年增加蛋白同化制剂、肽类激素经营范围)	2010年地址由乐平市昌平北路19号变更为乐平市童家山工业园
景德镇国信医药股份有限公司	2009年3月	景德镇瓷都大道1109号	批发。生物制品、中药饮片、中成药、化学药制剂、抗生素制剂、抗生素原料药、生化药品	2013年变更为景德镇瓷都医药有限公司
景德镇健民大药房连锁有限公司	2009年4月	景德镇市朝阳路	零售连锁。中药饮片、中成药、化学药制剂、抗生素制剂、生化药品、生物制品	2011年11月份名称变更为江西省健民大药房连锁有限公司

市场稽查

20世纪90年代初,医药行政管理职能主要体现在监督和维护医药专营,贯彻实施国家和省医药管理局及卫生厅等有关部门规定。1997年,市医药管理局(公司)把开拓市场与整顿治理市场相结合,以查处无证经营和假冒伪劣药品为重点,开展医药市场检查,对无证非法经营进行整治,对依法经营零售药店悬挂国家医药管理局统一规定核发的“绿十字”标志。1998年,市医药管理部门按照国家药监局“关于严禁开办或变相开办各种药品集贸市场的紧急通知”,协同工商部门关闭兽药市场。

2002年,市药品监管局设稽查科,负责假劣药品、医疗器械的查处。先后查处樟树陈某私刻公章伪造证件销售药品案,涉案金额6万元;查处安徽涡阳孙某无证销售药品案,涉案金额58万元;查处进贤熊某非法销售医疗器械案，涉案金额11万元。至11月底，共检查药品经营、使用单位（含个体诊所、社会医疗机构、农村卫生所室、超市等）658家，查处违法案件97件，案值112万元，全市药品市场秩序好转。2004年3月15日，开展打假治劣专项行动，查出藏鞭虫草王、壮腰补肾丸、前列先锋等3种假药。同年，查处拨云退翳丸等4起非法广告，停止抗骨增生片等9起非法广告发布。2005年，查出前列倍喜胶囊、同仁骨风丸等违法药品广告25起，及时移送工商部门查处。2006年，查处乐平某医院使用无产品注册证书的Drystar 3000型干式成像装置案，罚款29万元。2007年，查获某医院使用无产品注册证书、无合格证明的全数字X射线摄影，罚没75万元。同年，启用电子监控设施整治违法药品广告，安排专职人员每日监看电视台发布的药品广告，共向工商部门移送28起违法药品、医疗器械广告案件。2008年，先后开展对假冒人血白蛋白、假冒狂犬疫苗、假冒万通筋骨片以及益肺寒喘胶囊、万通活骨胶囊、彝族秘方等假药的排查，对医疗机构使用的胃镜润滑胶浆中非法添加"盐酸利多卡因"进行核查，对四川科伦药业股份有限公司生产的脂肪乳注射液（C14－24）、黑龙江省完达山药业股份有限公司生产的刺五加注射液、江西博雅生物制药股份有限公司生产的静注人免疫球蛋白等药品销售、使用情况进行拉网式排查，查获某医院从非法渠道购进甲砜霉素片药品案，罚没8万元。2009年，查处某医院使用未经注册、无合格证明的DR太空摄影系统案，罚没30万元。查处某医院使用无注册证的CT球管案，罚没6万元。

2010年，按省食药监局要求开展以利用补充检验方法为重点的中药饮片专项检查，以骨板、骨钉等植（介）入类器械等为重点品种的医疗器械专项检查、体外诊断试剂专项检查、隐形眼镜专项检查等活动。查办一批典型案例，如某院使用无产品注册证书的数字X射线系统案、某院使用无产品注册证书的一次性使用麻醉穿刺包案、某院使用无产品注册证书的颅锥案。开展药品生产流通领域集中整治，查处某药品生产企业生产、销售劣药注射用头孢曲松钠案。全年共出动监督检查3944人次，立案278起，结案277起，其中实施听证程序案件12起、一般程序案件135件、假冒伪劣药品案件89件。

检测检验

1986年，市卫生局药品检验所承担药品质量督查、检查工作。检测设备有超高速液相与质谱联用、紫外分光光度计、红外分光光度计等。2010年7月，市食品药品检验所的检验检测项目增加至药品120项、食品20项、化妆品26项、药包材17项，共计183项。

1990—2000年，市卫生局组织全市抽验药品批次逐年增加。抽检类别为化学药品、中成药、中药饮品，抽检项目为理化指标、含量测定、检查。2001年起，由市药监局组织检查。2003年，全市抗击"非典"期间，共抽验药品11个品种。2007年7月5日，启用药品快速检测车，提高药品抽验率。2010年，全市药品监督抽验达850批次。

表12－7－2　　**1990—2010年景德镇市药品抽检统计表**

年份	抽检批次	合格批次	年份	抽检批次	合格批次	年份	抽检批次	合格批次
1990	275	263	1997	665	609	2004	398	335
1991	346	329	1998	666	642	2005	431	390
1992	352	337	1999	682	650	2006	449	395
1993	357	330	2000	716	647	2007	535	428
1994	477	438	2001	648	605	2008	575	419
1995	648	586	2002	173	160	2009	494	412
1996	650	592	2003	316	284	2010	850	690

特殊药品监管与药品不良反应监测

特殊药品监管　2002年，逐步加强特殊药品（麻醉药品和一类精神药品）管理。2003年，对学校周边和城乡接合部不具备经营、使用资格的药店、个体诊所以及村卫生所存有的二类精神药品一律予以收缴、销毁，共收缴、销毁安定、苯巴比妥针剂102支,片剂1080粒。共检查涉药单位136家,遍及18个乡镇,限期整改单位12家。对全市6家医院制剂室进行年检,要求全市各医院制剂品种进行审核,取消20个不符合要求的品种,确定54个基本符合要求的品种上报省食药监局审批。2004年,全市加强特殊药品监管,防止流弊事件发生。规定医疗机构采购特殊药品要定期申报、集中增补年度特殊药品购买计划,对有购买使用资格的医疗机构,应以“少量、勤进”为原则,每季度供应的数量不得超过全年核准计划的25%,严禁向无“印鉴卡”单位供应特殊药品。2005年,对1家特殊药品经营企业、39家特殊药品使用单位进行全面检查,配合公安部门开展易制毒化学品专项检查。至2010年,全市未发生特殊药品流失、盗窃等事件。

不良反应监测　2002—2006年,全市每年上报药品不良反应监测的报告数量逐年增加,从几例到几百例。2007年,市食药监局食品药品检验所负责监测报告工作。2010年7月,市药品不良反应、医疗器械不良事件监测中心成立,举办药品不良反应报告和医疗器械不良事件业务培训班。

医疗器械监管

全市没有医疗器械生产企业。2002年始,医疗器械的监督管理由市药监局承担,药品流通监督管理科负责医疗器械生产、经营、使用的日常监管,负责医疗器械经营企业的许可备案。2004年,市食药监局受托对一类医疗器械经营单位进行备案,对二类、三类医疗器械审查批准并发放医疗器械经营企业许可证(加盖省局许可公章)。至2010年,先后对83家医疗器械经营企业予以许可,其中药品零售企业兼营医疗器械的65家,医疗器械专营企业13家,隐形眼镜专营企业5家。全市医疗器械经营企业总体呈现多、散、小,大多属于个体经营。全市医疗器械使用单位有市第一人民医院、第二人民医院、第三人民医院、中医院、妇幼保健院等综合性医疗机构以及取得医疗机构执业许可证的个体诊所、社区服务中心共计200余家。综合性医疗机构基本配备CT机、核磁共振机、B超、心电图机等大型医疗器械,市第一、第二、第三人民医院等医疗机构开展骨科钢板植入等手术。

第三节　管理机构

市食品药品监督管理局

2002年3月,市药品监督管理局成立,为省药品监督管理局直属机构。人员主要来自市医药管理局、市卫生局药政部门和市卫生局所属的药品检验所。内设办公室、药品流通监管科、药品注册安监科、稽查科等职能科室。行政编制24人,机关后勤编制4人。下辖浮梁县药品监督管理所、乐平市药品监督管理所和景德镇市药品检验所。2004年3月,更名为市食品药品监督管理局,新增食品安全监察科和人事教育科。2007年年底,编制25人。2010年,市食品药品监督管理局由省垂管单位调整为市政府工作部门,增加餐饮服务环节食品安全监管职能。食品安全综合监督、组织协调和依法组织开展对重大食品安全事故查处工作职能移交至市卫生局。

下属单位

市食品药品检验所　位于昌江区紫薇路45号。1986年,称市药品检验所,为全市药品质量监督、检验和技术仲裁的专业机构。编制、人员和经费归属市卫生局。2010年,在编26人,卫生专业技术人员21人,其中主任药师1人、副主任(中)药师4人。内设办公室、业务科2个职能科室,1个中心实验室。

乐平市食品药品监督管理局　2002年12月,乐平药品监督管理所成立,为市药监局派出副科级机构。编制7人,后勤编制1人。2004年4月,乐平市食药监局成立,隶属市食药监局,为正科级机构,增加行政编制2人。2010年6月,调整为乐平市政府工作部门。内设办公室、药品稽查股、食品监管股、药品流通股,下辖食品药品稽查大队1个事业单位。编制24人。

浮梁县食品药品监督管理局　2003年1月,浮梁县药品监督管理所成立,为市药品监督管理局副科级派出机构。编制5人,后勤编制1人。2004年4月,浮梁县食药监局组建,为正科级机构,隶属市食药监局,增加行政编制2人。2010年6月，下划地方管辖，为县政府工作部门。内设办公室（行政服务科）、食品安全监管科（保健食品化妆品监管科）和药品安全监管科（医疗器械监管科）等职能股室。行政编制7人，事业编制1人。

昌江区食品药品监督管理局　2008年1月，昌江区食药监局成立，为市食药监局垂管正科级单位。内设综合办公室、市场监管科2个职能科室。行政编制3人，事业编制1人。

珠山区食品药品监督管理局　2008年1月，珠山区食药监局成立，为市食药监局垂管正科级单位。内设综合办公室、市场监管科2个职能科室。行政编制3人，事业编制1人。

第八章　安全生产监督管理

1986年，市安全生产委员会指导全市安全生产工作，市劳动局履行企业安全生产监管职能。随着改革开放的深入，多种经济成分得到发展，国营企业内部的安全监管职能逐渐弱化，安全生产形势面临新的挑战。2002年3月，安全生产监管职能划转市经贸委。同年9月，市安全生产监督管理局（以下称市安监局）成立，作为政府工作部门，履行安全生产综合监管职能。21世纪初，由于小煤窑、爆竹、危险化学品等行业利润高，违法生产现象屡禁不绝，市安监局不断强化监管手段，关闭非法小煤窑，查处违规运输、经营烟花爆竹、危险化学品行为。至2010年，全市安全生产形势稳定，小煤窑实现零开采、零事故，危险化学品、爆竹、非煤矿山等领域生产事故处低发状态。

第一节　监督管理体制

体制建设

1986年，全市安全生产领导机构是市安全生产委员会（简称市安委会），属非常设机构；市劳动局职业安全卫生监察科和锅炉压力容器安全监察科为市政府专司安全生产的职能机构。1990年，市政府强化市安委会职能，强化国家监察、行政管理、群众监督的作用。1993年，国务院发出关于加强安全生产工作的通知，提出实行企业负责、行业管理、国家监察、行政管理、群众监督、劳动者遵章守纪管理体制。

2002年3月，市劳动局的安全生产管理职能划入市经贸委。9月，市安监局成立，接管市经贸委的安全生产管理职能，强化政府对安全生产的监管。同年，全市安全生产形势严峻，乐平发生重大安全生产事故。2004年1月，国务院发出《关于进一步加强安全生产工作的决定》，明确提出构建政府统一领导，部门依法监管，企业全面负责，群众参与监督，全社会广泛支持的安全生产长效监督管理机制。7月，市政府印发《关于进一步加强安全生产工作的决定》，明确全市安全生产奋斗目标、工作重点、主体责任、监管体系和共管责任。随着全市安全生产预警机制、创新机制、奖励机制的建立和完善，安全生产监管基本实现由人治到法治，一般管理到源头管理，事后查处到强化基础，集中整治到经常化、制度化、规范化监管的转变。

同月，烟花爆竹监管部分职能由公安部门向安监部门移交。市安监局负责监督烟花爆竹经营单位贯彻执行有关法律法规情况，负责烟花爆竹经营单位安全条件审查和销售许可证发放工作，组织查处不具备安全基本条件的烟花爆竹经营单位，组织查处烟花爆竹安全事故；市公安局负责烟花爆竹运输通行证发放和烟花爆竹运输路线设定，管理烟花爆竹禁放，实施烟花爆竹仓库四邻安全距离等公共安全管理工作，侦查非法生产、买卖、储存、运输、邮寄烟花爆竹的刑事案件。

制度建设

制度修订　2005年6月，市委、市政府推进安全生产监管体制建设、法制建设和安全生产执法队伍建设，转发市安委会《关于加强安全生产工作的十一项制度》的通知，即市级领导月巡查安全生产工作制度、市政府安全生产工作例会制度、市安全生产委员会全体会议制度、市安全生产工作调度交账制度、市安全生产工作督查制度、重大安全隐患督办令制度、市安监局例会制度、市安全生产目标管理考核制度、党政干部入股高危企业的责任从严追究制度、安全生产预警制度、企业安全生产风险抵押金制度,形成安全生产防范监管体系和长效机制。

2007年4月,市安委会下发《关于实行建设工程安全生产许可证和安全管理资料备案制度的通知》,实行安全生产许可证定期通报制度、建设项目施工安全资料备案制度、建设工程安全动态监管制度、建设工程安全管理通报制度。

2008年3月,市安委会制定实施《景德镇市安全生产综合监管工作制度》,其中规定联席会议、工作通报、监督检查、报告备案、综合分析、建设项目"三同时"等6项制度,完善安全生产综合监管工作机制。

2009年5月,市政府颁布实施《安全生产事故隐患排查治理监督管理办法》,分总则、安全生产事故隐患排查和报告、安全生产事故隐患整改、安全生产事故隐患整改验收和反馈、安全生产事故隐患整改责任追究、附则等五章16条。对全市安全生产事故隐患排查、报告、整改和责任追究作了明确规定。12月,市安委会制定安委会成员会议制度、安全生产工作督查制度、安全生产联络员工作例会制度、安全生产目标管理责任制度,进一步完善安全生产管理制度体系。

目标管理　2003年,全市各县(市、区)政府与其所辖乡镇(街道)及直属有关部门签订《安全生产目标管理责任书》,对安全生产实行目标管理。县(市、区)、各乡镇(街道)和各有关部门又将目标责任具体量化、细化,与所属的行政村和企事业单位签订责任书。浮梁县把煤矿安全监管任务落实到有关责任单位和监管责任人,各乡(镇)实施包片、包矿制度;各县(市、区)政府与乡镇、乡镇与村委会、村委会与村民小组层层签订烟花爆竹安全责任书,做到各级主要领导负总责,分管领导具体抓。

2004年,市、县(市、区)两级政府及各有关部门,对检查和督查中发现的各类事故隐患分级登记建档,督促责任单位健全隐患整改责任制,做到整改内容、整改标准、整改措施、整改时间和整改责任人"五落实"。同时,按时做好验收消项工作,实行"谁验收、谁签字、谁负责"制度。

2005年,市安委会将省安委会下达景德镇市全年控制指标分解落实到各县(市、区)、市直各有关部门、单位,并由市政府分管领导与各县(市、区)、市直各有关部门、单位负责人签订安全生产目标管理责任状。将安全生产管理纳入年度考核重要内容。

2006—2008年,市安委会在下达安全生产年度控制指标的同时,与各县(市、区)、市直各有关部门、单位签订安全生产目标管理责任书,安全生产控制性指标,包括事故次数、等级,伤亡人数,财产损失等。各县(市、区)、各单位也以多种形式落实安全生产责任。

2009年3月,《景德镇市安全生产一票否决实施办法》实施,各安全生产责任单位在安全生产工作中出现发生一次重大安全生产责任事故;发生一般和较大事故以后整改不力,导致同类事故再次或多次发生;发生事故后处置不力,造成恶劣社会影响;因谎报、瞒报、迟报、漏报,引发次生事故或造成事故等级升级;突破年度安全生产事故控制指标等问题,取消该单位当年度综合性评先评奖和安全生产单项评先评奖资格;取消其主要负责人、分管负责人、有关管理人员和直接责任人当年度综合性评先评奖和安全生产单项评先评奖资格,并由市安委会建议取消有关人员提拔重用和年度考核评为优秀等次的资格。同年,市财政拨付安全生产专项经费100万元。乐平市政府投入安全生产经费350万元,其中用于打击非法小煤窑经费280万元,用于乐平市安监局装备建设、安全监管等方面经费70万元,其他县(区)政府、两个园区和各有关单位也安排专项资金用于安全生产工作。

领导述职　2005年9月,市委、市政府制定《县(市、区)党政主要领导安全生产工作述职实施办法》,明确各级党政主要领导作为安全生产工作第一责任人,要书面向市委常委会述职,并指定2~4名党政主要领导在市委常委会或市政府常务会上进行口头述职。每年1月15日前将述职材料报市委、市政府,同时抄送市安委会办公室,在一季度对上一年度的安全生产工作进行述职。述职内容为贯彻落实中共中央、国务院,省委、省政府,市委、市政府和市安委会部署安全生产工作的情况;安全生产控制指标执行情况;健全安全法制、依法规范全社会的安全行为情况;强化安全责任、建立严格的安全生产责任制和问责制情况;加大安全投入,建立国家、地方和企业共同投入的机制情况;安全隐患整改情况;加强安全文化建设,强化全民的安全意识,提高全民的安全素质情况。

挂牌督办　2010 年年底,市安委会草拟《一般事故查处挂牌督办办法》,督办程序为市安委会办公室提出挂牌督办建议,报市安委会审定同意后,以市安委会名义向县(市、区)政府下达挂牌督办通知书;在市主流媒体或市政府网站、市安监局门户网站上公布挂牌督办信息。2011 年 9 月正式实施,挂牌督办内容为:事故名称、督办事项、办理期限、督办解除方式程序。县(市、区)政府应当自接到挂牌督办事项通知之日起 60 日内完成。一般事故调查报告形成初稿后,县(市、区)安委会应当及时向市安委会办公室作出书面报告,经审核同意后,由县(市、区)政府作出批复决定。市安委会办公室应将一般事故挂牌督办情况和事故查处结案情况予以公告,接受社会监督。

第二节　安全隐患整治

煤矿安全整治

乐平矿务局安全生产管理　瓦斯治理。乐平矿务局北部矿区为煤与瓦斯突出矿井,随着开采深度的增加,瓦斯综合治理工作难度加大,矿井通过合理优化开采解放层,选择无突出或突出强度较弱的上煤层作为保护层,通过优先开采保护层,对突出强度较大的煤层进行卸压,实现安全生产。

20 世纪 90 年代,在 -270 米标高以上石门揭煤前一直采用密集群孔排放卸压,孔径 Φ75 ~ 90 毫米,排放半径 0.5 米,一般在巷道腰线以上布置钻孔,终孔控制范围一般为巷道轮廓上部及两帮 4 ~ 5 米,排放时间为 15 ~ 30 天。但进入 -270 米标高以下的深部水平,这种排放已不能满足要求。2007 年 10 月 29 日,涌山煤业公司在 32 采区 -330 石门揭煤时发生煤与瓦斯突出事故。因此,在石门揭煤前必须进行预抽煤层瓦斯。2009 年 1 月,涌山煤业 32 采区 -475 米石门揭煤采用预抽与排放卸压方式,实现了安全揭煤。东方红、沿沟、仙槎 、涌山三矿采煤方法由非正规斜切爆破改为柔性掩护支架采煤方法,工作面采用全负压通风,解决工作面瓦斯超限问题。

2000 年之后,沿沟矿、涌山矿建立地面瓦斯抽放系统,仙槎煤业公司和东方红矿井下抽放管路与沿沟地面抽放泵站进行联通,完善全局瓦斯抽放系统。沿沟、涌山、仙槎、东方红四矿均建立矿井安全监控系统,完善井下"三专两闭锁"及电煤钻综合保护装置;鸣山矿业公司井下采掘工作面安装瓦斯断电报警仪,并实现风电、瓦斯电闭锁,做到采掘供电分开。

"三防"管理,即防火、防尘、防水。乐平矿务局南部矿区鸣山煤矿开采二叠纪乐平煤系煤层,为缓倾斜煤层,煤层发火期有 1 ~ 3 个月,历史上曾出现过多次自燃发火现象。煤矿通过建立井下移动式注浆站,采取凝胶阻化剂注浆防灭火技术,随采、随注、随洒。凡采区或工作面回采结束,都必须在一个月内封闭空帮空顶,减少漏风,防范采空区自燃。

2002 年,乐平矿务局利用国债资金,全局各矿均建立防尘系统,做到所有采掘面、转载点都有防尘喷雾装置,工作面进风巷都有洒水喷雾点,对煤尘大的回风巷由通风科定期清扫。岩巷掘进工作面全部采用湿式打眼,装岩前进行喷雾洒水。

乐平矿区井下水患严重,在全国都排名前列。《乐平矿区水患调查报告》调查面积 8.36 平方千米,排查出相互联通的积水体 10 处,初步估算积水空间约有 353.6 万立方米。20 世纪 80 年代初,沿沟煤矿、仙槎煤矿、涌山煤矿采取在塌陷区以外垂直来水方向挖砌数十千米的排水沟,把水引入涌山河或排水站,消除洪水的威胁。

1988 年 9 月,乐平矿务局向省地矿厅呈送"关于鸣山煤矿北二、北五采区水文地质勘探报告及施工问题的报告"。

1989 年 7 月 5 日,沿沟煤矿淹井后,第一次租用 KSG - W - 725 - 630 潜泵在斜井进行强排,恢复生产。90 年代初,沿沟煤矿结合小煤窑整顿,对废弃的小煤窑用黏土填平夯实并使之高出地面,对于面积较大的塌陷区(汇水区),分别在王家桥、深坑、董家坞修筑围堤,建立3个浅排站,安装低扬程大流量的排水设备。90年代末,乐平矿区及沿沟、涌山、仙槎煤矿投入大量人力、物力、财力进行涌山河、仙槎河治理,砌筑引水渡槽,加固河床,河床两岸打钻帷幕注浆,地方政府关停小煤窑,这一重大溃水隐患得到治理。之后,乐平矿务局沿沟煤矿、涌山煤矿一直在涌山河两岸打钻帷幕注浆,起到很好的防水成效。

1992年10月,由淮南矿业学院疏开生教授带领课题组与乐平矿务局以鸣山煤矿为基点,开展近距离底板岩溶水防治与安全采煤研究,并提交了可行性研究报告。1997年2月,鸣山煤矿与合肥煤研所共同研究,实施主井井筒壁后注浆堵水工程,并获得成功。

1995年5月,乐平矿务局购置并在沿沟矿-120米水平安装第一台大潜泵,型号为QKG-W-1450-1200,扬程212米,为当时全国第一台最大排量潜泵,7月成功投入使用。2003年-270米水平也安装一台潜泵,型号为QKSG-W-785-630。1998年、2003年涌山矿分别在-120米、-270米水平安装QKSG-W-725-630和QKSG-W785-1000的潜泵各1台。2003年,仙槎煤矿在-270米水平安装1台QKSG-W785-1000潜泵,配合防水闸门(墙)抗住高峰流量,保证矿井安全。同年,乐平矿务局编制《乐平矿区水患排除方案》,坚持有疑必探、先探后掘。针对水患严重矿井设置水闸墙,使矿井形成分翼、分水平或分采区隔离开采,当水患发生时,能缩小灾情影响范围、控制水势危害。而沿沟矿、仙槎矿在大巷中、采区石门内设置若干道水闸门、水闸墙,减轻雨季中央泵房排水压力。

表12-8-1　**1991—2010年乐平矿务局煤矿涌水量统计表**　单位:立方米/小时

年份	沿沟煤矿		仙槎煤矿		涌山煤矿	
	最大涌水量	正常涌水量	最大涌水量	正常涌水量	最大涌水量	正常涌水量
1991	1536.7	540	688	310	631	200
1992	3085	600	1440	360	708	221
1993	5230	800	3705	320	388	195
1994	5086	736	2378	300	2289	250
1995	5680	848	1658	300	2195	255
1996	2459	556	1026	285	904	235
1997	2478	432	774	226	2600	260
1998	7196	520	3030	459	2275	285
1999	4163	440	2420	351	1536	287
2000	2370	450	780	272	983	290
2001	2456	461	890	291	734	285
2002	2677.1	478	962	310	1560	305
2003	4111.9	450	1190	286	2398	325
2004	1647	630	838	258	1552	315
2005	840	640	487	215	508	372
2006	1712	853	607	123	884	310
2007	674	483	423	94	468	300
2008	4392	650	1230	280	1703	320
2009	2207	640	586	290	645	300
2010	6870	660	1873	310	2450	330

地方煤矿安全检查整治　安全检查。20世纪90年代末,景德镇市涌山、仙槎、东安、北安等产煤地区,

煤矿规模小,安全隐患较多。主要原因是煤炭开采利润大,非法小煤窑(包括板车井、扁担井)开采问题未得到彻底解决,已炸封的小煤窑在短期内就能修复生产;证照齐全的合法煤矿安全投入不到位,安全生产事故易发。市政府多次组织劳动、国土、公安、煤炭等部门开展执法检查。市安监局成立以后,每年都要单独或者联合赣东北煤监局开展多次监管行动,努力防范事故发生。

1991—1992 年,全市矿山安全监察工作以乡镇煤矿为重点,以防瓦斯、防冒顶事故为中心,实行乡镇煤矿矿长安全资格证制度和乡镇矿山安全生产条件合格证制度、标准化预防性安全监察制度、"三同时"(安全设施与煤矿同设计、同施工、同使用)审查验收制度、矿山事故调查处理结案制度,有效抑制事故的发生。全年深入工厂矿山进行安全监察 939 次,发出安全隐患通知书 89 份。对 57 个工程项目进行"三同时"审查、验收。全市职工伤亡事故得到一定程度的控制,因工伤亡事故发生 128 起,重伤 55 人,死亡 103 人。

1993 年,深入工厂矿山开展安全监察 681 次,下达事故隐患整改通知书 297 份。全市发生工伤事故 53 起,死亡 54 人,重伤 18 人。同比分别下降 24.3%、11.5% 和 47.1%,伤亡事故均在省政府下达的控制目标之内。

2003 年,市安监局下发《关于进一步做好煤矿安全程度评估工作的通知》,市煤行办采取针对性的检查和开展互查、节假日及重大活动期间突击检查等措施,对重大隐患进行跟踪督查。全年下达停产整顿通知书 18 份、整改通知书 934 份,其中有 765 条得到整改,非法煤矿全部关闭。

2005 年,开展安全检查 52 次,发出整改通知书 36 份,责令整改隐患 153 条,先后有 5 座矿井被责令停产整顿。年底,市委办公室、市政府办公室下发《关于严厉打击小煤窑非法开采的意见》。市煤行办下发《景德镇市县属国有煤矿、乡镇煤矿领导干部下井管理规定》,要求每月矿长(法人)下井不少于 10 次,生产矿长下井不少于 20 次,安全矿长不少于 24 次,技术负责人不少于 15 次。

2007 年 4 月,市委书记到涌山地区专题考察打击非法小煤窑工作,分管副市长带领有关人员对非法小煤窑开采情况进行明察暗访,督查整治。4 月 10 日,市安委会加强对已关闭矿区的管理,禁止车辆进入关闭矿区装运存煤、煤矸石。7 月,市煤炭行业办组织开展煤矿领域安全生产隐患排查治理专项行动,查出各类事故隐患 134 条,整改率达 100%。2008 年,在开展煤矿百日安全督查专项行动中,市安监局 2 次与赣东北煤矿安全监察分局开展联合督查执法。2009 年,煤行办加强技改工程管理,禁止技改矿井边改造边生产出煤的行为。

2010 年 11 月,市煤行办联合赣东北煤监分局对预核准矿井进行联合大检查,对东安煤矿、钱广煤矿的两处违规作业矿井进行经济处罚。至年底,实现非法小煤窑连续 4 年"零开采、零死亡",无安全生产事故的目标。

秩序整顿。1998 年始,全市开展煤矿安全生产秩序整治工作。市政府严格实行推倒煤矿井架、炸毁井筒、填平场地、撤走设备、遣散人员、发布公告、恢复地貌等措施,打击非法煤矿。至 2003 年,全市共炸毁、关闭非法煤矿(窑)1000 多座(次),保留合法煤矿 17 座。其中浮梁县 5 座,乐平市 12 座。

2004 年,继续开展非法小煤矿的整治。全市共投入 2000 余人次,使用炸药 8288 千克,整治井口场地 167 处,拆毁茅棚 6 个,拆毁砖木结构房子 101 处(幢),总计面积 3060 平方米。拆除矿井生产设备、机电设备 152 处。乐平市加强整治力量,将非法小煤矿综合执法大队从 40 人扩编至 85 人,安排专项经费 60 万元。

2005 年,乐平涌山地区 2 座非法小煤窑(无矿名)发生"3·26"和"6·18"事故后,市打击小煤窑非法生产联合执法检查组每月至少组织一次执法检查。全市累计炸封非法矿井 600 多座(次),收缴用于非法生产的机械设备 40 多台,收缴非法生产的煤炭 1 万多吨;先后逮捕、刑拘、拘留非法私开小煤窑业主 117 人,遏制非法小煤窑乱挖滥采的局面。

同年,开展清查清理国家机关工作人员和国有企业负责人投资入股煤矿问题,调查核实持证煤矿股东构成,保证国家机关工作人员和国有企业负责人不参股煤矿。

2006 年 4 月,乐平市政府决定关闭乐平市凤山煤矿、前山煤矿、乐山煤矿等一批矿井,全市保留证照齐全的煤矿 14 座,已完成技改正在办证的煤矿 3 座,全年煤炭总产量 42 万吨。

2008 年,经省煤行办、省经贸委等 6 家单位联合批准,全市 14 座煤矿列为"煤矿规划能力由 3 万吨及以下改造提升至3万吨以上预核准矿井”进行改扩建工作,3座煤矿煤炭生产许可证通过年检。至2010年,全市保留合法煤矿17座,其中浮梁县有东安煤矿、窑坞煤矿、仙林煤矿、仙红煤矿、仙涌煤矿;乐平市有五一煤矿、同春煤矿、下涌山煤矿、科山煤矿、上冲坞煤矿、宝山煤矿、红山煤矿、双鸡煤矿、马鞍山煤矿、钱广煤矿、西沙煤矿、赵家山煤矿。

粉尘、瓦斯专项整治。景德镇市煤矿贯彻瓦斯治理工作贯彻“先抽后采、监测监控、以风定产”的十二字方针。2005年,由县(市)煤行办向高瓦斯矿井指派督导员,组织专业人员对煤矿开展矿井通风能力的测定工作,以风定人定产。

2007年5月,市煤行办委托江西煤矿设计院对小煤矿瓦斯危险源进行调查建档。8月7日,全市所有煤矿停产整改,严查瓦斯隐患。10月,市煤行办下发《景德镇市煤矿瓦斯治理专项督查工作方案的通知》,成立煤矿瓦斯治理工作小组,开展治理工作。2008年,加强瓦斯防控现场的管理,防超限、超员、超能力开采。组织专家对瓦斯量较大的乐平市五一煤矿、赵家山煤矿、科山煤矿进行安全会诊。加快监测监控系统的建设和改造,建设瓦斯发电厂。

乐平矿务局瓦斯发电厂

2010年5月,市煤炭行业办成立煤矿作业场所粉尘危害治理工作小组,监测煤矿作业面粉尘浓度,检查防护措施,提出改进意见。

水患专项整治。1986年之后,市煤炭行业管理部门每年汛期都要开展煤矿水患专项检查。2004年5月,开展市县属国有煤矿和乡镇煤矿水患专项整治和煤矿顶板整治工作。

2008年5月,对全市煤矿水患开展拉网式的检查,查处各类事故隐患87处,下达执法文书17份,复查整改率达90%以上。2009年5月,市煤行办制定《景德镇市小煤矿水害防治工作方案》,指导、监督各煤矿的防水工作。

2010年4月17—20日,开展“煤矿防治水患”专项检查,对各煤矿的井上井下防洪设备和应急物资配备进行核实,责令消除各类水害隐患82条。

危险化学品监管

1986—2002年,危险化学品安全监管主要由行业主管部门负责,如市物资局、经贸委、工商局、供销社、公安局等。市安监局成立后,加强危化品综合监管。

2003年11月,开展全市危险化学品安全专项整治督查工作,对全市危险化学品生产、经营、使用、储存单位进行检查,共检查32家企业,督促整改事故隐患58条。

2004年1月18日,市安监局、市公安局、市工商局联合制定《进一步深化危险化学品安全专项整治方案》,明确各自监管重点。对全市4家危险化学品生产企业、271家经营企业、24家使用企业、2家运输企业进行检查,下发安全隐患整改通知书59份,对169家经营企业、4家生产企业进行安全评价。对江西电化有限责任公司,重点检查氯气生产和销售等方面的进出库台账,明确其销售数量和流向,从源头抓危险化学品的安全监管。同年,市安监局成立危险化学品应急救援办公室,编制危险化学品事故应急救援预案,指导全市各危化从业单位编制救援预案,组织开展应急救援培训。

2005年8月,市安监局下发《关于做好道路运输危险化学品安全专项整治工作的通知》和《关于开展道路运输危险化学品安全检查的通知》,在全市开展道路运输危险化学品安全专项检查。9月28日开始,市安监局联合公安等部门检查昌河飞机工业(集团)有限公司、江西电化高科有限责任公司等危险化学品生产、使用企业15家，排查危险化学品和烟花爆竹经营点43家，下发监察意见书2份，查处安全隐患44处。

2006年4月，全市开展医药行业危险化学品从业单位安全督查工作，组织检查组对市医药行业危险化学品企业安全监管工作进行检查，重点是危险化学品行政许可、安全管理措施、危险化学品登记、“三同时”验收等。危化品项目建设按照《危化品生产储存建设项目安全审查办法》，对项目的设计图纸、评价报告、消防验收、防雷检测等材料进行审查，并到现场核实后，上报省安监局审批。10月以后，新建危化品项目按国家安监总局第8号令进行审查，确保“三同时”的落实。当年，有14家企业开展“三同时”工作。

2008年上半年，开展危险化学品隐患排查治理工作和百日督查专项行动。通过企业自查自改、县级安监局全面检查、市安监局重点督查相结合的方法，检查企业23家，查处隐患74条，下达责令改正指令书15份。

2009年6月，市安监、公安、交通、质监4部门联合下发《关于印发景德镇市危险化学品道路运输专项整治方案的通知》，通过联合执法检查8家企业，发现隐患13条，并全部整改13条。8月，市安委会下发《景德镇市进一步推进危险化学品安全生产执法、治理和宣传教育“三项行动”实施方案》，企业累计自查各类隐患问题323条，整改率达到95.67%。8月，市安监局指导被省安监局挂牌督办的江西江维高科股份有限公司整改安全隐患，逐步进行设备更新和技术改造，使该公司隐患整改销项。

2010年6—7月，全市开展加油站安全专项整治行动，共检查加油站97家次，下达执法文书36份，查处隐患217条。

非煤矿山监管

2003年5月26—28日，市安监局非煤矿山安全专项督查组分别对乐平市、浮梁县和乐矿水泥厂的8座采石场、5座瓷石矿及黄坛乡大洲矿尾砂坝进行安全检查。9月，检查浮梁县湘湖镇洞口村门顶山采石场、印堂坞采石场和东安村焦岭采石场。11月，检查浮梁县寿安镇龙安山采石场、船山采石场、丰旺采石场、市原料总厂画眉珑瓷石矿及乐平市高家镇第一石灰厂、高岩石灰有限公司、洪岩镇幸福石灰厂。全年查处事故隐患358项，落实整改的332项，其中被列为全省重特大事故隐患的黄坛瓷土矿尾砂坝整治，完成固坝防洪工程，消除了隐患。

2004年7月，由分管安全生产的副市长带领市政府办、安监局、公安局、国土资源局等部门领导对非煤矿山安全生产工作进行督查。9月，责令无安全合格证的浮梁县蛟岭采石场停产整顿。12月，寿安镇龙安山采石场实行停供火工产品，责令停产整改。

2005年8月，市安监局对浮梁县大舟金矿尾矿库、大背坞金矿尾矿库进行现场检查，提出安全整改措施。10月，由市安监局、国土资源局、公安局组成的督查组对全市非煤矿山安全生产工作进行督查。2006年3月，国家安监总局督查组到景德镇市进行非煤矿山检查。2008年1月，省发改委对景德镇市尾矿库安全进行督查。同年7月，市安监局对乐平市第二水泥厂石灰矿、江西锦溪水泥有限公司坞家山石灰岩矿做出停产整顿决定，确保矿山尾库安全。2009年7月，督促江西锦溪水泥有限公司做好下属矿山资源整治整合工作，将3家露天采石场整合成2家。2010年7月开始，对资源整合矿山安全设施设计方案进行评审验收。同时，推进地下矿山企业通风系统隐患排查治理和完善机械通风系统和“三条生命线”建设专项整治工作。

烟花爆竹监管

20世纪90年代，浮梁县旧城、三龙等处有民间爆竹加工作坊，但规模小，后被关闭。2000年，投产1年的三龙花爆厂停业，景德镇市退出烟花爆竹生产行业。2003年，市安监局对全市3家烟花爆竹仓库，460余家烟花爆竹零售网点多次拉网式检查，共下发《安全生产隐患整改通知书》45份，提出整改意见114条，取缔无证经营网点25家，停业整顿7家，责令搬迁2家，并收缴、销毁烟花爆竹1276万响。

2004年，市安委会组织13个检查组，围绕烟花爆竹等重点行业和领域5次进行安全生产大检查，同时还成立6个督查组进行督查，取缔无证经营网点3家，停业整改20家。2005年1月，牵头组织市供销社、昌江区安监局、珠山区安监局参加对珠山区十八桥地区、昌江区鱼山镇的烟花爆竹经营点进行集中、重点安全检查。7月，下发《关于切实做好夏季烟花爆竹安全生产工作的通知》，进一步整顿和规范烟花爆竹市场的安全秩序。

2006年3月,“两会”期间,对全市烟花爆竹经营企业尤其是批发企业及其仓库进行检查,发现市日杂烟花爆竹公司批发部位于市区太白园,责成该公司将批发部迁出市区。6月29日,确定批发部选址昌江区历尧。2007年2月16日上午,由分管副市长带队,市公安、安监、工商、供销等部门领导到曙光路、十八桥等地段烟花爆竹市场检查调研。下午,市公安、安监、工商、供销等部门联合对非法烟花爆竹经营网点进行查处和打击。

2008年上半年,开展烟花爆竹隐患排查治理工作和百日督查专项行动,对市日杂烟花鞭炮有限责任公司和浮梁县土产公司烟花爆竹储存仓库抽查督查,发现隐患13条,当场整改8条,限期整改5条。

2010年4—5月,全市开展烟花爆竹安全生产大检查,各烟花爆竹经营单位累计自查各类隐患问题63条,治理61条,整改率达95.24%。

“三线”交越监管

2003年11月,市安监局下发《关于开展电力线、通信线、广播电视线交越和搭挂安全整治工作的通知》,成立“三线”交越整治领导小组,查清全市违章交越、搭挂线路共计3367处、192.55千米。

2004年,市安监局制定《深化全市“三线”交越安全专项整治工作方案》。按照“尊重历史、面对现实、相互支持、确保安全”和“谁家的孩子谁抱走,危险的孩子先抱走”的原则,对其中未经杆线产权单位同意的违章交越、搭挂,由交越、搭挂单位自行撤除,对其中强电与弱电的交越、搭挂,特别是昌江区鱼山镇、丽阳乡等地在供电高压线上的违章搭挂隐患,要求相关部门立即进行撤除和整改,全市共整改违章交越点2114处,整改违章搭挂线路125.5千米。有10.2千米无法撤除搭挂问题的杆线通过协调,搭挂双方签订安全协议书,明确安全责任。

2005年,重点整治市磁性材料厂宿舍区、4321厂宿舍区、梅家岭、洪源镇、鸣山灾民新村、东流等区域的“三线”交越、搭挂问题。整治工作领导小组对签订协议中产生纠纷进行裁定解决。至年底,全市共计355处,52.58千米的违章交越、搭挂的线路进行整改或签订协议,整改率达84.1%。同时,完善建设规划,将“三线”铺设入地,从根本上解决“三线”交越的问题。至2007年,“三线”交越专项整治工作基本完成。

交通安全监管

1986年以后,市交警大队每年开展交通安全专项整治。2003年,市交警支队开展摩托车专项整治、取缔非客运车辆非法载客、无牌无证无主车辆上路行驶专项整治活动和公路交通安全专项整治活动。共查处各类违章139624起,暂扣违章车14840辆,扣证38272本。

2009年,市安监、交通、公安交警部门联合对全市的19家道路客运企业、货运企业(含危货运输企业)进行重点检查,落实运输企业的主体责任。7月29日,副省长洪礼和就皖赣铁路浮梁至景德镇区间路旁有两幢危房,间距只有3.5米左右,影响列车运行安全问题作出批示。7月31日,省安监局局长到景德镇市召开消除安全隐患工作协调会。8月13—20日,市政府对这两幢违章建筑实施拆除。

2010年7月,市安监局、市公安局、市交通运输局联合下发《开展以落实运输企业主体责任为主要内容的道路交通安全集中整治工作方案》,各县(市、区)组织检查。9月中旬,联合市交警支队对市重点运输企业进行安全检查,10家运输企业中排查出一般隐患23条,落实整改22条。

其他领域安全整治

特种设备　1990年年底,全市有各类锅炉560台,锅炉房240座,锅炉使用单位228个。1991年4月,市锅炉房综合治理领导小组指导锅炉使用单位对锅炉房进行综合治理,审定合格的发给“景德镇市安全合格锅炉房”标志牌。1992年11月,根据《劳动部门锅炉压力容器检验机构资格认可规则》,市锅炉压力容器检验所取得检验资格(劳动部注册号为L92120715),承担锅炉压力容器的制造、安装、修理、改造、使用、监督检验工作。到1992年年末,全市锅炉房综合治理达到96%,合格锅炉房占78%。

1991年,对全市的电梯、厂内运输车辆、起重机械等特种设备,实行“使用证”制度。1992年,对全市特种设备进行全面普查登记,并建立台账。全市共有电梯109台、厂内运输车辆91台、行车106台、吊车23台、电动葫芦83台、升降机73台。1993年,全年检测电梯50台、起重设备60台、锅炉181台、钢瓶570只。

1994 年,加强特种设备的检测检验。全年共检验电梯 43 台,厂内运输车辆 92 辆、起重设备 102 台、各类容器 235 台、锅炉 116 台、液化气钢瓶 1783 个。

2003 年,开展锅容管特安全大检查 11 次,重点对锅炉、压力容器、压力管道和特种设备进行普查整治。2005 年 9 月,协调市建设局对全市 21 个液化气灌装销售点进行检查验收,全年查处违规企业 26 家、查封设备 3 台,销毁土制锅炉 14 台。

2005 年 11 月至 2007 年,多次开展梭式窑安全专项整治,由市安监局、质监局、环保局、消防支队联合向 312 户 363 座存在安全隐患的梭式窑下达执法文书,责成窑户整改安全隐患。市梭式窑整治办公室组织市安监局、公安局、消防支队、城管支队等 10 部门 240 多人的执法队伍,6 次进行联合执法,关停或强制拆除居民区内的梭式窑 176 座。此后,梭式窑安全专项整治工作转为日常监管。

2009 年 5 月,市安委会下发《景德镇市机械制造企业安全生产百日督查专项行动工作方案》,开展安全生产百日督查行动,至 2010 年,共检查机械、轻工(重点是陶瓷和电子)、建材等行业企业 84 家次,发现一般安全隐患 103 项,其中督促整改到位 97 项,整改率达 94.17%,累计投入整改资金 890 万元。

2010 年,煤气梭式窑爆炸现场钢瓶残骸

职业病预防　1993 年,针对全市陶瓷企业多、接尘工人多、尘肺疾病多的情况,开展以陶瓷为主的尘毒噪声监测工作。对 14 个单位 84 个粉尘作业场所,按照国家标准进行分级测定;对 4 个单位 86 个噪声位进行测定;对 1 个单位 10 个高温点和 2 个单位 59 个工种的有毒有害生产场所进行分级,为职业安全卫生提供准确的监管数据和科学的定量分析。

1994 年 3 月 14 日,全市首次召开外资企业安全生产工作会议,用 15 天时间抽检 22 家外资企业,提高外资企业的安全生产水平。

2010 年 12 月,全市开展职业危害调查,154 家企业完成网上申报,其中陶瓷企业 14 家,化工企业 22 家,非煤矿山 74 家,机械、电子等 13 家,水泥、石棉、建材等 10 家。景德镇市的职业病危害因素主要为粉尘和化学毒物,其中粉尘以矽尘和陶瓷尘为主,主要分布在非煤矿山、水泥和陶瓷等生产企业,化学毒物包括铅、氰化物、苯等种类,主要分布在化工、金矿、陶瓷生产企业。各企业开展职业危害自查自改,监管部门检测复查 98 家,发现隐患 195 项,责令当场整改 146 项,责令限期整改 49 项。

2000 年,乐平矿务局锚喷作业防尘保护

建筑施工安全　2003 年,市安监局联合市建设局安监站对全市 123 个建筑施工项目进行 4 次安全监督大检查,共发出隐患整改通知书 285 份。2004 年,对 170 个建筑项目进行安全监督检查和整治,检查整治面 100%,全年共申报省级文明施工安全达标样板工程 6 项,市级样板工程 10 项。

2005 年 9 月,市安监局会同市建设局安监站对市区 18 个重点建筑工程进行现场检查,对事故隐患特别严重的昌厦建筑公司东方明珠 10 号楼建筑工程,现场下达限期整改意见书。全年对 142 个建筑项目施工现场进行安全检查和整治,检查整治面达 100%。

第三节　安全生产许可

行政许可

非煤矿山　2003年,全市有非煤矿山227座,通过安全整治,关闭不符合基本安全生产条件的77座,2004年关闭在整治中未达标的41座非煤矿山。2005年关闭在整治中不具备安全生产条件的10座非煤矿山。至2010年保留非煤矿山60座。

烟花爆竹　2003年8月,烟花爆竹安全监管主要职能由市公安局移交市安监局,市安监局对全市3个储存仓库,515个经营网点重新审查经营(储存)单位的安全条件,核发"烟花爆竹销售许可证"和"烟花爆竹储存许可证",两证发放率达70%以上。

2005年,全市有烟花爆竹批发单位3家(由省安监局发证),即市日杂烟花鞭炮有限责任公司、乐平市烟花爆竹专营有限公司、浮梁县土产公司。持证烟花爆竹经营单位市区102家、乐平市292家、浮梁149家。2007年,"烟花爆竹经营(零售)许可证"的颁发管理工作改由县安监局负责。

危化乙证　2004年8月,市安监局贯彻落实《危险化学品安全管理条例》,对114家危险化学品从业单位开展评估评价。2005年,发放危化许可乙证112家。2007年,发放生产企业危化许可乙证23家,经营单位许可证249家,对昌江农药和浮梁活性炭厂提请当地政府予以关闭。

2009年,全市共有危险化学品生产使用企业52家,已取得危险化学品生产许可证的企业有28家(其中乐平工业园区20家、浮梁县3家、其他地区5家),正在办理手续的企业24家(其中乐平工业园区23家,市高新区1家)。同年,危化经营许可中除乙种经营许可证的气体经营单位、有仓库的经营单位由市安监局许可外,其余门面、店面的许可权下放县级安监部门。市安监局直接核发危化经营许可发证23家。

2010年,市安监局核发危化经营许可发证16家,县(市)发放146家。全市32家企业取得危化品生产许可,其中乐平市工业园区企业23家。

表12-8-2　　2003—2010年景德镇市安全生产许可(合格)发放情况统计表　　单位:个

年份	非煤矿矿山许可	危化品许可		烟花爆竹许可		煤炭生产许可
		生产	经营	批发	零售	
2003	150	—	—	3	515	22
2004	113	5	61	3	535	18
2005	80	13	80	3	543	—
2006	83	17	93	3	381	14
2007	99	23	122	3	422	14
2008	80	28	126	3	487	—
2009	61	29	141	3	495	—
2010	60	32	162	4	553	17

"三同时"审查

2003年,省发改委、省安监局先后发出"关于加强建设项目安全设施'三同时'工作的通知",明确所有新建、改建、扩建项目的安全设施,都必须与主体工程同时设计、同时施工、同时投入生产和使用的要求进行建设与管理。市安监部门对"三同时"实行综合监管、审查,未进行"三同时"审查的建设项目,不予办理审批许可。

2004 年,市安监局在部分高危行业开展安全质量标准化活动。严格执行安全生产许可、安全生产风险抵押、基建技改项目安全设施“三同时”和提取安全费用等制度。以乐平市涌山五一煤矿、上冲坞煤矿作为改造试点,从矿井改造、设备设施的更新完善,到各工种、各岗位的安全责任制,操作规程的具体化、规范化等逐项依照标准化落实。为落实企业主体责任,强制推行二项规定:各煤矿都按吨煤 10 元标准提取安全费用,全年共提取费用 728 万元;实行安全程度评估,凡是评定为 D 类的企业必须停产整顿。同年 8 月,结合对企业新建、改建、扩建工程“三同时”审核验收工作,督促危险化学品从业单位加大安全投入,推动企业开展技术改造,淘汰落后工艺及设备,改善安全条件。全市危险化学品从业单位用于安全设施建设投入超过 1500 万元。

2005—2006 年,共对 25 家危险化学品新建、改建、扩建项目进行“三同时”安全审查,对 1 家不符合条件的企业建设项目不予通过。2007 年 11 月,国家安监督查组对乐平化工园区建设项目“三同时”情况进行检查督导。至 12 月底,全市有 23 家危险化学品生产企业通过省安监局审查,并取得安全生产许可证。

2009 年,市安监局、水务局、发改委联合对在建水利工程进行安全检查,责成市昌江水利公司做好樟树坑水电站建设工程的“三同时”工作,督促景航炙诚锻铸有限公司、江西长虹电子有限公司等 10 家企业开展安全生产“三同时”工作。开展化工企业建设项目安全专项整治,共检查企业 50 余次,下达执法文书 17 份。责成全市 17 家未进行申报的企业,立即停止违法违规建设或生产行为,按照“三同时”要求进行申报。至 8 月底,40 家企业在省安监局办理相关手续。

2010 年 7 月,开展机械、建材、轻工、烟草、商贸等行业建设项目安全设施“三同时”专项检查。对于新建项目严格把关,提前介入,先后开展江西长虹电子有限公司 600 万压缩机生产线项目、市自来水公司第四水厂项目、昌河汽车景德镇工厂产品结构调整技术改造项目、昌河飞机工业集团公司基础设施项目等一批重点项目的“三同时”工作。同时,对县(市、区、园区)安监部门开展“三同时”工作情况进行督促指导。

事故选录

瓦斯事故　1985 年 12 月 1 日,仙槎煤矿上西二采区 -120 水平溜子道因排放瓦斯不当,遇火花发生爆炸事故,死亡 8 人。

1989 年 10 月 20 日,鸣山煤矿二水平北翼 26405 残采面,因第二次放炮未进行瓦斯检查,打穿采空区引起瓦斯爆炸,爆炸波及 679 正规采面,灾害扩大,造成 36 人死亡。

1997 年 7 月 12 日,桥头丘煤矿南翼 11 采区,因采空区局部顶板突然垮塌,将高浓度瓦斯压出,进入 -230运输顺槽,遇溜子道信号电缆火花引起瓦斯爆炸,死亡 40 人,伤 6 人。

1999 年 4 月 16 日,沿沟煤矿 21801 采面准备过程中,因迎头支护质量差,漏塘垮冒高度超过释放范围,诱发煤与瓦斯突出事故,死亡 11 人。

2001 年 6 月 30 日,沿沟煤矿 23 采区 -260 水平石门掘进放炮误揭八 1 煤层,发生煤与瓦斯突出,突出煤量 2100 吨,突出瓦斯量 15.6 万立方米。造成 6 人死亡。

2003 年 8 月 25 日,仙槎煤矿复采二区 -170 十三煤掘进头,因恢复通风排放瓦斯期间,十三大巷放炮线短路产生火花,发生瓦斯爆炸事故,造成 7 人死亡。

水灾事故　1989 年 7 月 5 日,沿沟煤矿正常涌水量 500 吨/小时,水泵最大排水能力为 1480 吨/小时,因连降暴雨,井下涌水量突然增加到 2400 吨/小时。此时景德镇电厂停电,导致矿井被淹。

1992 年 7 月 4 日,降雨量达 160 毫米,加之小煤窑乱采滥挖,致使沿沟煤矿涌水量达 3085 立方米/时,超过矿井综合排水能力,被迫向二水平放水达 2.5 万立方米。

1993 年 7 月 3 日,沿沟煤矿因小煤窑滥采乱掘,地面防洪排水沟多处遭破坏,又遭到连天暴雨,井下最大涌水量达到 5230 吨/小时,大大超过矿井排水能力,致矿井第二次被淹。

1994 年 6 月 13 日,沿沟煤矿井下涌水量达 5086 立方米/时、致使 -270 米至 -190 米阶段被淹。

1995 年 5 月 5 日,由于浮梁县寿安镇窑坞煤矿乱采滥挖,破坏了仙槎河安全煤柱,致使仙槎河床多处垮塌,河水直灌仙槎煤矿窜入井筒,涌水量达 7500 立方米/时,致 -270 米水平被淹,全矿停产一个半月。

1997 年 9 月,由于小煤窑滥采,破坏涌山河床二煤煤柱,致使涌山河水透过小煤窑直灌涌山煤矿井下;

1998 年,河床内五煤露头又被采塌,数万立方米河水通过小煤窑直灌涌山矿井下,乐平矿务局举全局之力抢险救灾,未造成淹井。

2001 年 4 月 14 日,五路岭煤矿(已关闭)因对周边小煤窑采掘活动和小井积水情况掌握不清楚,没有采取有效的探放水措施,-180 米水平在掘进过程中发生透水事故,导致 19 名作业人员全部死亡。

2003 年 4 月 22 日,仙槎煤矿调节防水密闭内蓄水量,放水时未掌握水压与出水量关系,造成矿井被淹,2 个放水工死亡。

乐平矿务局生产事故　顶板事故。2001 年 6 月 25 日,涌山煤矿 16 采区因小煤窑超深越界开采,打通 16 采区 -120 石门六煤破碎带未支护,该隐患修理过程中处置不当,引起垮塌冒顶事故,死亡 3 人。

其他事故。2003 年 9 月 21 日,东方红煤矿主井因工人违章搭乘下放矿车和料车,信号挂钩违章操作,下放过程中提升老钩插销脱落,发生跑车事故,造成 10 人死亡。

地方煤矿生产事故　2002 年 8 月 14 日,乐平市涌山镇发达一矿发生煤与瓦斯突出事故,死亡 13 人,事故责任人 6 人移送司法机关追究刑事责任,7 人受党纪政纪处分,矿井关闭。

2006 年 3 月 29 日,乐平市凤山煤矿发生透水事故,死亡 5 人,矿井关闭。

2007 年 9 月 9 日,乐平市涌山镇五一煤矿发生顶板事故、死亡 4 人,煤矿被责令停产整顿。

烟花爆竹事故　2001 年 7 月 7 日,乐港镇后坂孙家村村民孙某私自将制作花炮的低筒、硝、磺、引线等材料转移到里汪村其妻舅汪某家藏匿。汪某之幼子在玩耍时,不慎踩燃引线,引发恶性燃烧事故,当场将前来串门的汪某家亲戚多人烧成重伤,其中 3 人经抢救无效死亡。

2003 年 3 月 9 日 16 时 10 分,浮梁县三龙乡盘溪村新安村小组发生非法生产爆竹引发爆炸事故,当场炸死 3 人,重伤 2 人,轻伤 2 人。

非煤矿山事故　2001 年 7 月 30 日,乐平市塔前镇山下村座山采石场 4 个采石工作面发生特大岩体崩塌事故,造成 28 人死亡。调查认定是一起违章采用下部爆破掏空,上部崩落开采造成特大岩体坍塌的重大责任事故。采石场股东朱某 2 人因无证非法办矿被追究刑事责任。

危险化学品事故　2003 年 1 月 16 日,市开门子公司黑猫炭黑股份有限公司发生热交换器爆炸事故,造成死亡 1 人,重伤 2 人。

2004 年 5 月 29 日 10 时,市自来水公司黄泥头水厂发生一起加氯机前氯气管道破裂,氯气泄漏,造成当班职工和附近群众共 48 人急性中毒,事故直接经济损失 169292 元。

2005 年 1 月 11 日,江西黑猫炭黑股份有限公司三分厂大检修期间,车间工艺员程某、炉前操作工叶某在清理除尘袋滤器沉积炭黑。16 时 30 分,被箱内燃爆气浪灼伤,叶某被气浪冲击,翻过护栏,坠至一楼水泥地面,经抢救无效死亡。事故为安全生产责任事故。

2008 年 7 月 15 日上午 8 时,江西黑猫炭黑股份有限公司油品部酸碱油库在卸酸过程中,硫酸槽车盖飞出导致该公司油品部酸碱油库操作工赵某当场死亡。

8 月 30 日 15 时,江西宏舟实业有限公司下属江西进贤石油化工设备厂检修队伍在江西电化乐丰化工有限公司三氯化磷检修黄磷计量槽,其间计量槽垫床着火燃烧,导致一位检修人员死亡。

综合监管事故　2003 年 6 月 30 日 8 时,玉源大道浮梁县湘湖镇白虎湾地段拓宽工地,发生电线杆倒塌死亡 1 人、重伤 1 人的事故。

2005 年 3 月 19 日 12 时,景婺黄(常)B12 标龙湖高架桥 11 号墩 2 号桩基建设工地发生一起爆炸事故,爆破员赵某当场死亡,在现场的家属受伤。

12 月 27 日 18 时,景德镇梦特香陶瓷有限公司发生一起机械伤害死亡事故。公司外请的一名机修辅助工黄某,在原料车间制釉组 6 号球磨机旁观察 7 号球磨机维修情况时,衣物被运转中的球磨机挂住,人被卷入底部挤压致死。

2007 年 5 月 21 日 6 时,青岛建设集团景德镇市人防应急救援指挥中心建设工地发生一起坠落死亡事故。该公司职工赵某,在九楼抹灰作业时跌落送往医院死亡。

11 月 12 日 9 时,吕蒙建筑公司瓷都大道德宇段改造工程发生一起高处坠落事故。辅助工黄某,在二楼推空翻斗车到升降机吊篮上时失足跌落，经抢救无效死亡。

2008年5月4日，市宏兴家电服务部空调安装人员黄某，在市丝织厂宿舍四楼安装空调时，单人未系安全带冒险作业，不慎从空调支架上跌落死亡。

8月26日14时，都昌县建筑总公司景德镇市金桂园小区建设工地发生一起机械伤害事故，升降机操作工赵某还没有上班，在泥工班做小工的冯某，开动升降机，右脚被钢丝绳挂到并卷入卷扬机中，拉扯挤压致死。为责任事故。

2010年8月19日8时，乐平赣东北新星实业总公司变电工程分公司3人在江西赣东北供电公司220KV垱岭变电站改造工程消缺工作中发生触电事故，徐某、石某死亡，何某重伤。

事故统计

1994年，全市非矿山企业发生工伤事故22起，因工死亡5人，重伤18人。同比上升29.4%，死亡人数下降16.7%，伤亡事故均控制在省政府下达的目标之内。全市矿山事故死亡34人，重伤2人，同比下降25%，死亡人数下降29.16%，重伤人数持平。1996年，全年共发生工伤事故70起，死亡120人，较上年事故起数下降41.2%，死亡人数下降38.1%。事故结案率达100%。1999年，全市共发生工伤事故39起，死亡58人，同比事故起数下降45.8%，死亡人数下降48.7%。2000年，全市工矿企业共发生工伤事故28起，死亡58人，同比下降34.8%，死亡人数下降9.4%。

表12－8－3　　**2003—2010年景德镇市安全生产事故统计表**

年份	事故起数(起)					死亡人数(人)					控制目标	
	总数	工矿商贸	道路交通	农机	其他	总数	工矿商贸	道路交通	农机	其他	人数(人)	比例(%)
2003	284	15	269	—	—	103	21	75	7	—	138	74.64%
2004	264	7	257	—	—	90	9	81	—	—	116	77.59%
2005	246	11	235	—	—	96	23	73	—	—	98	97.96%
2006	304	10	294	—	—	89	26	63	—	—	84	106%
2007	243	7	234	2	—	65	10	53	2	—	83	78.31%
2008	238	11	225	2	—	59	11	46	2	—	74	79.73%
2009	94	7	87	—	—	52	7	45	—	—	56	92.86%
2010	85	4	81	—	—	51	7	44	—	—	55	92.73%

说明：不含乐平矿务局

表12－8－4　　**1961—2010年乐平矿务局煤炭生产事故统计表**

年份	死亡人数(人)	百万吨死亡率(%)	死亡人数分类									全局产量(万吨)
			顶板	瓦斯	机电	运输	水害	火灾	放炮	坠落	其他	
1961	4	—	2	—	—	1	—	—	1	—	—	—
1962	7	—	5	1	1	—	—	—	—	—	—	—
1963	5	—	3	—	1	—	1	—	—	—	—	—
1964	—	—	—	—	—	—	—	—	—	—	—	—
1965	3	—	—	—	—	3	—	—	—	—	—	—
1966	2	—	2	—	—	—	—	—	—	—	—	—

续表 12 - 8 - 4

年份	死亡人数(人)	百万吨死亡率(%)	死亡人数分类									全局产量(万吨)
			顶板	瓦斯	机电	运输	水害	火灾	放炮	坠落	其他	
1967	5	—	1	1	—	—	3	—	—	—	—	—
1968	—	—	—	—	—	—	—	—	—	—	—	—
1969	3	—	1	—	—	1	1	—	—	—	—	—
1970	10	—	2	3	2	—	3	—	—	—	—	—
1971	9	—	5	1	1	1	—	—	1	—	—	—
1972	12	—	—	—	—	—	—	—	—	—	—	—
1973	7	—	—	—	—	—	—	—	—	—	—	—
1974	3	—	1	—	1	1	—	—	—	—	—	—
1975	10	—	1	5	—	2	1	—	1	—	—	—
1976	6	—	2	2	1	—	1	—	—	—	—	—
1977	7	—	2	4	—	—	1	—	—	—	—	—
1978	12	—	6	—	1	5	—	—	—	—	—	—
1979	19	—	3	14	—	1	—	—	—	1	—	—
1980	15	—	3	—	—	2	10	—	—	—	—	—
1981	12	9. 44	4	4	—	1	1	—	1	—	1	127. 1
1982	5	3. 73	2	1	—	1	—	—	—	1	—	134. 2
1983	25	17. 96	7	12	—	3	—	—	—	—	3	139. 2
1984	21	14. 79	5	3	—	1	12	—	—	—	—	142. 0
1985	26	18. 06	9	12	—	1	3	—	—	—	1	144. 0
1986	14	9. 69	8	1	1	1	2	—	—	—	1	144. 5
1987	10	7. 04	5	—	3	2	—	—	—	—	—	142. 0
1988	13	9. 40	3	3	1	6	—	—	—	—	—	138. 3
1989	48	40. 54	4	36	—	1	5	1	—	—	1	118. 4
1990	7	5. 56	3	1	—	2	—	—	1	—	—	126. 0
1991	13	10. 28	2	4	—	4	2	—	—	—	1	126. 5
1992	12	10. 71	3	7	—	1	—	—	—	—	1	112. 0
1993	17	21. 07	8	6	—	1	—	—	—	—	2	80. 7
1994	13	14. 33	8	1	—	2	—	1	—	—	1	90. 7
1995	18	15. 12	13	2	—	2	—	—	—	—	1	118. 98
1996	27	20. 96	10	6	—	2	8	—	—	—	1	128. 8
1997	62	57. 88	7	43	2	3	4	—	1	—	2	107. 12
1998	11	11. 38	1	5	1	1	3	—	—	—	—	96. 69

续表 12－8－4

年份	死亡人数（人）	百万吨死亡率（%）	死亡人数分类									全局产量（万吨）
			顶板	瓦斯	机电	运输	水害	火灾	放炮	坠落	其他	
1999	23	24.86	6	15	—	1	—	—	1	—	—	92.52
2000	11	11.52	1	4	—	1	4	—	1	—	—	95.51
2001	11	12.73	4	6	—	1	—	—	—	—	—	86.39
2002	7	8.08	3	2	—	—	1	—	—	—	1	86.63
2003	22	30.15	3	7	—	10	2	—	—	—	—	72.96
2004	3	3.40	—	—	—	—	3	—	—	—	—	88.28
2005	7	6.93	3	4	—	—	—	—	—	—	—	101
2006	2	1.88	1	—	—	1	—	—	—	—	—	106.5
2007	5	3.79	2	1	—	2	—	—	—	—	—	132
2008	6	4.38	1	5	—	—	—	—	—	—	—	136.9748
2009	3	2.28	2	—	—	—	—	—	—	1	—	131.3091
2010	0	0	0	—	—	—	—	—	—	—	—	134.905

说明:1961—1985 年前志未记,本志前溯记载

第四节　安全培训与应急救援

教育培训

1987 年 6 月 20 日,市政府举行全体会议,学习国务院关于大兴安岭特大火灾事故处理决定,从火灾事故中吸取教训,克服官僚主义,不断改进工作作风。

1991—1992 年,安全监察工作贯彻“安全第一、预防为主”的方针,举办厂矿长安全培训班和锅炉工、绞车上等特种作业人员培训班 52 期 1992 人次。开展形式多样的“安全生产周”活动,举办全市安全生产书画摄影展,7 件作品在省级获奖,摄制两集安全生产电视小品。

1993 年 5 月,举办全市矿山安全法知识大奖赛,组织安全生产法规知识有奖征答,开展“安全生产周”活动,全年开办特种作业人员安全技术培训班 13 期,培训 689 人。1994 年,全年举办企业安全管理和特种作业人员培训班 19 期,培训、考核学员 1254 人。

2003 年,市安监局举办生产经营单位主要负责人、安全管理人员和特种作业人员参加的培训班,共培训 8760 人,为特殊工种人员培训复审换证 486 人次。组织 106 名市、县、乡三级安监干部参加全省安全生产监察员培训,并取得“安全生产监察员证”。

2004—2005 年,加强对危化品生产经营企业法人、特种作业人员和关键岗位人员持证上岗的检查,督促企业对相关岗位人员进行培训,两年累计培训企业负责人、安全管理人员 450 余人。2006 年 4 月,举办全市非煤矿山企业负责人及安全管理人员培训班。11 月中旬,对全市烟花爆竹经营网点主要负责人及安全管理人员进行培训,保证安全岗位管理人员持证上岗。

2007 年,对“三项岗位”及煤矿特殊工种作业人员开展安全技术培训,完成煤炭三级培训中心资质达标整改任务。2008 年,全年共办培训班 4 期,培训爆破工 62 人,安全专管员 85 人,电钳工、瓦斯检查员 44 人,绞车工 34 人,按期完成培训计划。

2009 年,组织开展粉尘和高毒物品专项治理行动,在全市范围内举办 7 次职业卫生法律法规宣贯班,共培训 322 人,重点组织道路交通运输企业的负责人培训 104 人。

表 12－8－5　　2007—2010 年景德镇市获省部级以上表彰的先进单位一览表

获奖单位	荣誉名称	授誉年份	授誉单位
昌江区安监局	全国安全生产监管先进单位	2007	国家安全生产监督管理总局
乐平市安监局	全省安全生产工作先进单位	2007	江西省安监局
赣东北煤监局	全国安全生产监管监察系统先进集体	2007	国家人事部、安监总局
乐平市安监局	全国安全生产监督管理工作	2009	国家安全生产监管总局

信息化管理

2004 年 3 月,省安委会要求开展安全生产基本情况及重大危险源普查,市安委会制定普查方案,共查出安全隐患 815 起,并逐一登记,建立台账,落实责任主体,进行销项管理。

同年,景德镇安全生产信息网(www. jdzsaftey. gov. cn)开通。设有安全新闻、政务公开、政府发文、法律法规、标准规范、下载中心、安全教育、网上咨询等栏目,网站及时更新全市安全生产动态,发布安监工作新闻、政策、通知等。10 月,景德镇市制定《安全生产信息化建设规划》,确定全市安全生产信息化建设的总体目标是基本形成涵盖市安监局职能的安全生产信息体系;制定《全市安全生产信息管理办法》,规范各级政府部门和有关企业的安全生产信息作业流程。全市安监部门和安全生产重点企业基本实现安全生产信息管理数字化、信息传输网络化、信息处理自动化。软硬件投资概算 400 万元,到 2006 年全部完成。

2009 年,继续在全市范围内开展生产经营单位职业危害摸底登记和网上申报,共完成 149 家企业的网上申报工作。

同年 5 月,市煤炭行业办在开展小煤矿瓦斯专项整治中,要求煤矿企业建立健全煤矿井下瓦斯远程监控系统,督促煤矿企业落实瓦斯"一炮三检"、瓦斯报表审批等制度。7 月,市煤炭行业办开展全市小煤矿瓦斯远程监控系统专项检查,督促煤矿尽快安装到位。

2010 年,按照《江西省安全监管装备配备实施方案》要求,各县(市、区)配备 60 万元安全监管装备,其中省财政补助 30%,县(市、区)分两年需投入 42 万元,并将这项工作列入安全生产工作考核。

应急救援

救援演练　2004 年,珠山区消防大队和昌河小学开展了消防演练,提高小学生的消防意识。2009 年 6 月 21 日,乐平市救护大队开展矿山应急救援演习。

救援预案　2004 年,市安监局分别发布《非煤矿山重特大生产安全事故应急救援预案》和《危险化学品事故应急救援预案》。2006 年,市政府办发布《景德镇市安全生产事故灾难应急预案》,市煤炭工业管理办公室发布《煤矿安全事故应急预案》。各县(市、区)安监局、市政府相关部门和各有关企事业单位分别编制安全生产应急救援预案。

2008 年,市安委办发布《非煤矿山较大生产安全事故应急救援预案》和《尾矿库事故灾难应急预案》,指导应急救援工作。

救援队伍　乐平矿务局救护大队。1986 年,乐平矿务局救护大队下设直属中队,编制为 4 个小队。乐平矿务局所属的鸣山矿、桥头丘煤矿、钟家山煤矿设立驻矿中队,业务归救护大队统一管理。

1996 年 5 月,按照煤炭工业部关于矿山救护队实行区域划分管理的要求,省煤炭工业厅在乐平矿务局救护大队的基础上增挂"赣东北区域救护大队"牌子。赣东北区域救护大队对区域内的九江市、景德镇市、上饶市地方救护队业务工作实行统一管理,统一调度指挥。

2000 年以后,乐平矿务局按国家政策,先后关闭桥头丘煤矿、钟家山煤矿、鸣山煤矿,其驻矿救护中队同时撤销。2005 年,省政府按照统筹规划、合理布局、整合救护资源的原则,并经国家安监总局批准,依托乐平矿务局救护大队成立国家级矿山救援基地——江西铜业矿山救援基地暨江西省非煤矿山救援基地。同年

12 月，乐平矿务局组建直属一中队、直属二中队。并经省安监局批准，对上饶市救护中队、赣州市救护中队的救援业务实行统一管理指挥。乐平矿务局被国家确定为首批 14 个国家区域矿山救援基地之一。2007 年，经国家安全生产应急救援指挥中心考核评定，乐平救护大队取得国家矿山救援二级资质。2010 年，乐平救护大队再次被确定为 14 个国家区域矿山救援队之一。

乐平救护大队有高级工程师 1 人、助理工程师 5 人、助理政工师 2 人、技术员 2 人，其中 5 人取得相关教师资格证书。2001 年 11 月在河南省平顶山市举行的第四届全国矿山救护技术比武，乐平救护大队获得优秀奖。2003 年，在第五届全国比武中，乐平救护大队获得团体第八名，荣获集体三等奖。

地方事故救护组织。景德镇市范围内煤矿、非煤矿山、尾矿库等安全生产事故应急救援，主要是依托乐平矿务局救护大队。危险化学品、火灾、爆炸等安全生产事故应急救援，主要是依托公安消防部队和全市大中型企业的应急救援队，如景德镇市焦化工业集团公司救援队、乐平电化厂救援队、昌河飞机工业（集团）公司救援队、江西景德半导体新材料有限公司消防队。应急救援装备和救援物资主要由各企事业单位配备。

2006 年，江西电化集团、江西江维高科、焦化煤气总厂应急救援队伍，总共配备消防车 6 辆，各类应急救援队员 200 多人。

救护案例　五路岭煤矿“4·14”穿水事故。2001 年 4 月 14 日，乐平矿务局多经公司五路岭煤矿发生 1 起特大透水事故。乐平救护大队赶到五路岭煤矿，并成立事故抢救指挥部。救护队员到达事故矿井向矿方了解事故情况后，派 1 个小分队下井侦察。当侦察到 –108 至 –180 上山时，发现水已满至 –120，三水平全部淹没，不见一人。救护队分三班每天 24 小时负责监测水位、气体情况。根据水位下降情况下移水泵、加接水管等。抢排历时 22 天，将水位降至 –170 水平，水齐腰深以下后进入灾区侦察，将全部遇难人员找到并运出，抢救工作结束。

沿沟煤矿“6·30”煤与瓦斯突出事故。2001 年 6 月 30 日 13:45，乐平矿务局沿沟煤矿 23 采区 –260 石门掘进放炮时误揭八 1 煤层，发生煤与瓦斯突出。救护大队立即出动 2 个小队到事故矿井全面侦察。灾区路线长达 1500 米，瓦斯涌出量大，煤尘大，能见度不足 1 米，当侦察到 23 采区变电所进口处发现 2 名遇难者，接着在出口处又发现 1 名遇难者，再向前 10 米处发现 2 名遇难者，当侦察到 –270 至 –260 上山口 5 米处发现最后 1 名遇难者。3 个小时把 6 名遇难人员全部运到地面。

灭火救援　2002 年 10 月 4 日，参加沿沟矿区加油站对面家属房灭火。2004 年 3 月 29 日，参加乐平矿务局干校仓库灭火；12 月 4 日参加涌山村周坑村民房灭火。2009 年 5 月 8 日，参加乐平矿务局林场张家店林区灭火；10 月 1 日，参加仙槎社区东二区居委会灭火。

第五节　机　构

市安全生产委员会

1986 年，市安全生产委员会（下称安委会）为市政府非常设机构。1990 年 12 月，市政府办下发《关于景德镇市安全生产委员会组成、职责和工作制度的通知》，规定市安委会由市政府分管公交系统的副市长任主任，市政府副秘书长和市劳动局、经委、总工会负责人任副主任，市计委、二轻局、建管局、乡镇企业局、林业局等单位负责人为成员。市安委会下设办公室，为市安委会常设办事机构，由市劳动局负责人兼任办公室主任。市安委会每年定期召开全体成员会议，研究、布置、检查、总结全市安全生产工作，县区安委会主任参加。2002 年 10 月，市安监局增挂市安全生产委员会办公室牌子。

2004 年 2 月，市政府调整市安委会组成人员，主任由副市长担任，副主任由市政府副秘书长、市安监局局长、市监察局和市公安局副局长、市总工会副主席担任，成员单位有市委宣传部、发改委、经贸委等 45 家单位。市安委会办公室主任由市安监局局长兼任。

市安全生产监督管理局

1994 年 11 月，市劳动局设立劳动监察科，承担劳动安全监察工作。此前，各县、区已建立劳动监察机构,初步形成劳动监察组织体系。2002年3月,市劳动局矿山安全卫生监察科、职业安全卫生监察科、安全生产管理科(市安委会办公室),随安全生产监管职能整建制划转到市经贸委。市劳动保护教育中心和安全监测站一同划转。

2002年9月15日,市安全生产监督管理局成立,同时增挂市安委会办公室牌子,综合管理全市安全生产工作,为市政府直属单位,参照执行国家公务员管理制度。内设办公室、综合科、非煤矿山安全监督管理科、职业安全监督管理科、安全生产监察大队。编制20人,领导职数为1正2副。下设市煤炭工业管理办公室,市劳动保护教育中心整建制划入。

2005年,市安监局内设办公室、综合科(信息与技术装备科)、非煤矿山安全监督管理科、职业安全监督管理科、安全监督管理科、安全生产监察大队等科室,并设纪检组和监察室,下辖劳动教育保护中心、煤炭行业管理办公室。

2010年11月,市政府调整安监局职责,划入工矿商贸作业场所职业卫生监督检查,颁发、管理职业卫生许可证,职业危害事故的救援查处职能;增加对市政府有关部门及市辖各级政府安全生产工作进行监督检查的职能。内设办公室、综合科、监督管理一科、监督管理二科、监督管理三科(职业安全健康监督管理科)、煤矿安全监督管理局(安全生产监察大队),保留纪检组和监察室。机关行政编制17人,后勤服务编制3人。领导职数为1正4副。另设纪检组长和煤矿安全监督管理局长各1人。

赣东北煤监局

2000年12月,江西煤矿安全监察局景德镇煤矿安全监察办事处挂牌成立,属江西煤矿安全监察局的直属机构,负责景德镇、上饶、九江等3个设区市内各类煤矿的安全监察和行政执法。监察区域面积约7万平方千米,有13个产煤县(市、区),各类煤矿172处(其中国有重点煤矿5处、地方国有煤矿23处、乡镇煤矿144处)。下设监察一科、监察二科和综合室。办公地点设景德镇市黄泥头,2003年迁至景德镇市昌江大道。2005年2月,办事处更名为江西煤矿安全监察局赣东北监察分局。下设综合办公室、安全监察一室、安全监察二室、上饶监察站,共有工作人员28人(其中煤矿安全监察员20人、聘用工勤人员8人)。

市安监局直属单位

市煤炭工业管理办公室 2002年8月,市煤炭工业管理办公室成立,为正科级事业单位,编制4名,列财政全额拨款,业务归口市经济贸易委员会管理。主要职能是:对全市地方国有煤矿、乡镇煤矿安全进行日常性的监督检查,对煤矿违法违规行为依法作出现场处理或实施行政处罚。2004年,煤炭工业管理办公室划归市安监局管理,为市安监局下属事业单位。煤炭工业管理办公室内设行政、安全管理、行业管理、安全技术培训4个业务部门。

安全生产应急救援指挥中心 2010年筹备。2011年1月设立,属市安监局下属正科级全额拨款事业单位,财务独立核算,核定编制5人,配备正、副科级职数各1人,办公地点在市曙光路400号5楼,是安全生产应急救援指挥协调机构。

安全生产培训中心 1984年3月,市劳动保护教育中心成立,为安全生产教育培训为主的正科级全额拨款事业单位,隶属市劳动局。2003年,整建制划转市安监局。是全市唯一获得省安监局三级培训资质机构,办公地点曙光路400号。中心在编职工10人,兼职教师20多人。单位有5层办公教学楼一栋,面积约1000平方米。内设办公室、培训一科、培训二科、职业技能鉴定站等科室。

基层管理机构

行业监管机构 1986年,市经委、各工业主管局都有安全生产管理科,工厂企业都有安全生产委员会。员工1000人以上的企业设安全技术科,300人以上的企业设安全生产管理机构或配专职安全生产管理人员,一般企业有1~2名专职安全技术干部。2002年,县(市、区)政府都分别成立安监局,做到机构、编制、人员和经费“四落实”,工业园区、大型厂矿都成立安全生产监督管理机构,各乡(镇、场、街道)也成立相应的安全生产监督管理站,配备1~2名安全生产监管员,村(居)委会有一名兼职安全生产信息员。

乐平市安监局 1986年,县劳动局设劳动保护股,开展职业安全卫生监察。1994年8月,乐平安全生产

工作由市劳动局和卫生局等部门负责。2002 年 9 月，组建乐平市安监局，为乐平市政府直属单位，同时加挂市安委办牌子。

2004 年 5 月，改为乐平市政府工作部门，乐平市安监局、安委办、煤管局合署办公。年底，乐平市 20 个乡镇相继设立安全生产监督管理站，配备专（兼）职人员 2 ~ 3 人，重点乡（镇）3 ~ 5 人，村委会也配备安全监督信息员，形成安全生产三级监督管理网络。2006 年 8 月，成立乐平市安全生产监察执法大队，为局属副科级事业单位。2007 年 6 月，加挂乐平市煤矿安全监督管理局牌子。

2010 年，乐平市安监局内设监察执法大队、人秘股、安监一股、安监二股、安监三股、煤监股，编制数为 19 人，其中行政编 10 人、事业编 6 人、工勤编 3 人，均为全额拨款。

浮梁县安监局　1986 年，鹅湖、蛟潭两区劳动局负责职业卫生安全监察。1994 年 8 月，浮梁县安全生产工作由县人事劳动局负责。2002 年 9 月，组建浮梁县安监局，为县政府直属单位，同时加挂县安委办牌子。2003 年 2 月，设县煤炭行业管理办公室（正科级），与县安监局合署办公。6 月，全县 17 个乡镇相继设立安全生产监督管理站，由县安监局统一授牌，配备专（兼）职人员 2 ~ 3 人，重点乡（镇）3 ~ 5 人，村委会也配备安全监督信息员，基本形成安全生产三级监督管理网络。

2004 年 3 月，县安监局列为县政府工作部门，实行县安监局、安委办、煤行办合署办公，内设办公室、矿安股、职安股、安全生产培训中心，全额拨款，编制数为 11 人。10 月，安全生产培训中心改为副科级全额拨款事业单位，定编 1 人。2006 年，浮梁县安监局定编 11 人，实有 13 人。2009 年 12 月，成立股级安全生产监察大队，全额拨款事业编制 2 人。县安监局对全县安全生产工作实施综合监督管理，县煤炭行业管理办公室负责煤矿行业管理和煤矿安全监管。

昌江区安监局　1989 年 8 月 12 日，区劳动人事局内设安全监察股，负责全区日常性安全生产监管工作。区经济计划委员会负责企业安全生产监管工作。2004 年 3 月 22 日，昌江区安监局成立，与区安委会办公室合署办公，定编 7 人。

珠山区安监局　2003 年，区发改委设立安监科。5 月，珠山区安监局成立，内设办公室 、综合管理科，编制 4 人。2004 年 9 月，各街道办事处成立安全生产监督管理站，与街道办事处维稳办公室合署办公，实行两块牌子一套人马，人员配备 2 ~ 3 人。2006 年，珠山区安监局定编 8 人。

2010 年，珠山区政府机构改革，保留珠山区安监局（挂区安委会办公室牌子），为区政府工作部门，正科级建制，机关行政编制 3 人，领导职数为 1 正 2 副，在职人员 11 人。内设办公室、综合管理办 2 个职能股室。

高新技术开发区安监局　1994 年，景德镇高新技术产业开发区成立，安全生产工作由区社会事业局承担。2007 年 7 月，高新区安全生产监督管理局成立，编制 4 人，设正、副局长各 1 人，工作人员 2 人。

陶瓷工业园区安监局　景德镇陶瓷工业园区成立后，安全生产监管工作由科技及社会事业局负责。2010 年 12 月 8 日，园区安监局成立，为正科级单位。

第十三篇　对外开放

第一章　招商引资

20世纪80年代,市委、市政府将“对外开放、对内搞活”作为振兴瓷都的战略举措,加快对外经济技术协作。1985年10月,引进第一家外资项目景德镇宾馆,总投资120万美元。1991年6月,市委、市政府提出《景德镇市外向型经济发展战略的基本构想》,全方位扩大开放,把招商引资作为突破口。2004年,确定“对接长(长江三角洲)珠(珠江三角洲)闽(闽东南三角洲),实现新跨越”的发展战略,加速承接沿海产业和资金的梯度转移。通过创新招商方式,强化招商队伍,优化投资环境,努力营造“安商、亲商、扶商、富商”投资环境。2007年,市委、市政府进一步要求“招大引强”,提高引入企业的规模和技术水平。1986—2010年,境内(市外)客商在景德镇投资共计1778.50亿元,项目6451个。境外(外商客商)投资406个项目26.41亿美元。

第一节　政策措施

投资优惠政策

1992年6—7月,市政府先后颁发《关于鼓励外商投资的暂行办法》和《景德镇市枫林经济技术开发区关于鼓励外商投资的暂行办法》,分别规定优惠奖励办法各24条。1996年6月27日,出台《关于加快发展三大支柱产业的意见》。1997年6月,印发《景市招商引资责任目标考核奖惩办法》。1997年8月,发布《景市关于鼓励外来投资进一步改善投资环境若干规定》,对在景德镇实际投入外资500万美元以上的投资企业高管人员由市商务局和市公安局免费办理绿卡,对实际投资1亿美元或10亿人民币以上或年纳税额1亿元人民币以上的,以及在海内外有重要影响并对景德镇经济建设和公益性事业做出贡献的客商,由市政府授予荣誉市民称号,并对企业员工落户、子女就学等方面放宽条件。争取重大项目进入全省重点调度计划,使用省级重大项目用地计划指标。对投资项目大、市场前景好、符合国家产业政策和供地政策的项目,优先安排用地计划指标;另外在劳动用工、税收优惠、规费减免、奖励措施等方面给予全方位的优惠政策,积极为客商营造一流的服务环境。进入21世纪,全市对外改革开放的步伐进一步加大,投资领域逐渐拓宽,外地投资客商和投资项目不断增多,投资规模越来越大。2000年,市政府先后出台《景德镇市鼓励外来投资者来我市投资合作优惠办法》《景德镇市保护外来投资者若干办法》《景德镇市外来投资中介人奖惩办法》。2003年,制定《景德镇招商引资优惠政策》102条,招商引资工作得到加强。

2005年,市政府成立市整治投资环境工作领导小组,集中整治投资环境。建立外商投诉处理机制,由市纪委、市监察局、市招商局联合设立景德镇市外商投诉受理服务处,受理、督办外来投资企业的投诉,实行投诉责任追究制度。同年10月28日,出台《发展开放型经济的优惠政策和若干规定》,其中关于财税优惠政策9条,主要对外来投资规模以上工业项目,首期投资额在100万美元或1000万元以上,经营期在10年以上的先进技术型的外来投资企业;首期投资额在50万美元或500万元以上,经营期在10年以上的外来投资农业、林业、水利业和以农产品为原料的加工业,以及直接为农业服务的生产企业。由受益财政同级政府奖还前5年企业所得税地方留成部分,第6年至第10年由受益财政同级政府奖还企业所得税地方留成部分的50%。鼓励和吸引国外、省外金融机构到景德镇设立分支机构。对分支机构3年内缴纳的所得税地方留成部分,由受益财政同级政府等额奖励给纳税分支机构。关于用地优惠政策7条,主要对投资100万美元和1000万元以上工业项目用地、省级确认的高新技术项目用地,扣除征地成本和偿债准备金后返还土地出让金的地方财政收入部分;对投资200万美元和2000万元以上的能源、交通、水利等基础设施建设、"三高"农业、文化教育事业项目,扣除征地成本和偿债准备金后返还土地出让金50%的地方财政收入部分。

同年,严格规范对外来投资企业的审批办证和收费行为,实行并联审批收费"一单清"。设立外商投资绿色通道,为外商提供无偿咨询代理服务、无偿专业代理服务和审批集中办理服务,综合审批、服务、协调、推进外来投资项目,外来投资企业在设立和建设期间的行政审批事项均由绿色通道服务体系无偿代理。对一次性投资100万美元或1000万元以上的工业企业,建设期内地方性规费予以免交,投产运营后,地方性规费免交3年。同时,对赴景投资的外商投资企业发放保护卡、牌。至2010年,累计发放企业保护牌100家,对在景投资500万元之上的外商投资企业主管人员,累计发放外来投资企业家保护卡1000个。

工作制度

奖惩制度　1997年6月,市委、市政府印发《景市招商引资责任目标考核奖惩办法》,此后每年末下达年度招商引资任务分解额及考核奖励办法。考核范围包括乐平市、浮梁县、昌江区、珠山区、市高新区。2001年9月,加强对招商引资工作的管理,开始实行招商引资工作5项管理制度,即首问负责制、重大项目信息报告制、外商投资企业意见征询会制度、重大项目领导推进责任制、项目谈判一条龙管理责任制。2004年以后,增加市陶瓷工业园区、市直招商责任主体单位、市政府驻外办事处(联络处)。根据上年度下达的实际利用外资、实际引进境内资金2项指标,考核当年度完成情况。被考核单位全面完成招商引资考核指标者,可获"招商引资先进单位奖"。被考核单位全面超额完成招商引资考核年度目标,且引进外资、引进境内资金达到一定额度的,可获"招商引资突出贡献奖"。招商引资服务协调工作,贡献较大的部门和单位,可获"招商引资服务奖"。2005年开始,依据市政府发展开放型经济的鼓励措施,实行现金奖励政策,奖金由市财政安排的对外开放资金中支出,每年报批下拨一次,奖金分配方案每年制定。

审批制度　1985年8月,省外经贸厅发出《关于下放利用外资审批和签约权限试行办法》,授权市外经贸局负责中外合资经营、中外合作经营企业的合同、章程审查工作。1987年12月,省外经贸厅授权市外经贸局审批总投资在500万美元以下(含500万美元)的中外合资、合作经营项目。1991年12月,省外经贸厅授权市外经贸局行使市外资企业主管部门职能,对外资企业进行指导、帮助、监督。1992年3月1日起,省外经贸厅授权市外经贸局直接审批投资总额在500万美元(含500万美元)以下外资企业,省外经贸厅根据市外经贸局的批文发给批准证书。

1997年1月,按照《江西省外商投资企业合同、章程审批管理办法》,市外经贸局审批景德镇地区总投资在3000万美元以下的,符合国家《指导外商投资方向暂行规定》和《外商投资产业指导目录》的中外合资、合作企业的合同、章程,外资企业的可行性研究报告、企业章程。2007年7月,按照《外商投资企业合同、章程审批权限的通知》,市外经贸局审批景德镇地区投资总额(包括单次增资)5000万美元以下(不含5000万美元)的国家鼓励类、允许类外商投资企业和台港澳侨投资企业合同、章程。2008年9月,按照《关于进一步下放外商投资企业合同、章程审批权限的通知》,将投资总额(包括单次增资)3000万美元以下(不含3000万美元)的国家鼓励类、允许类外商投资企业和台港澳侨投资企业合同、章程的审批权分期分批下放到符合条件的县(市、区)和省级开发(工业园)区管委会外经贸主管部门负责审批。

2009年2月,按照省外经贸厅"关于进一步下放外商投资企业合同、章程审批权限的通知",市外经贸局审批景德镇地区投资总额(包括单次增资)1亿美元以下(不含1亿美元)的国家鼓励类、允许类外商投资企业和台港澳侨投资企业合同、章程。2010年10月,按照"关于进一步下放外商投资企业合同、章程审批权限的通知",市招商协作局审批景德镇地区投资总额3亿美元以下及单次增资3亿美元以下(不含3亿美元)的国家鼓励类、允许类外商和台港澳侨投资企业的设立和变更事项。12月13日,增加审核外商投资企业的设立及其变更事宜、重大外商投资项目合同章程及法律特别规定的重大变更等职能。

第二节 招商活动

区域合作

景德镇是闽浙赣皖九方经济协作区、闽浙赣皖福州经济协作区、南京区域经济协作区、武汉经济协作区成员，并积极参加泛珠三角经济协作区活动。1986年9月，市政府发布《关于进一步推动横向经济联合的实施细则》，明确提出横向经济联合的原则、目标和重点，对计划管理和统计方法、征税办法、资金横向融通、物资横向流通、经济联合组织的登记管理、生产和科技的联合等事项作了适当调整和补充。是年起，每年参加各协作区召开的党政联席会议和市长联席会议。1987年起，景德镇市参加每两年召开的武汉经济协作区市长联席会。1994年，景德镇主办闽浙赣皖九方经济区一届八次党政联席会议。1996年起，参加每年一次的闽浙赣皖福州经济协作区市长联席会。2003年，景德镇主办闽浙赣皖九方经济区三届八次党政联席会议。同年，主办闽浙赣皖福州经济协作区十三次市长联席会议，签署《闽浙赣皖福州经济协作区加强文化产业合作框架协议》。

至2010年，景德镇参加与其他城市共同举行的项目推介会16次，接待赴景德镇参观考察的党政及企业领导达67批次，去外地参观考察航空、陶瓷、汽车、物流、电商等项目达48次，参加海交会、南京重大项目洽谈会、青洽会、赣台会等展会46次。先后签署《南京区域现代物流联盟合作协议》《九方经济区工业经济协作与发展协议》《关于建立闽浙赣皖九方重大基础设施项目协作机制协议》《闽浙赣皖九方协作区加强旅游协作联盟协议书》《闽浙赣皖区域教育持续发展合作项目》《九方经济区人力资源协作协议》《闽浙赣皖电商合作金华宣言》《闽浙赣皖福州经济协作区区域口岸合作战略协议》《闽浙赣皖福州经济协作区旅游合作协议》《闽浙赣皖福州经济协作区加强文化产业合作框架协议》等。1986—2010年，通过经济协作区域间合作，达成投资项目460个，总投资额260亿元，建立旅游精品线路12条，其他重大项目合作24个。

招商方式

招商协作　1986年，景德镇市组团参加全国物资协作会、东北地区首届技术协作交流交易会、浙江省协作洽谈会，以及京赣、闽赣、沪赣、苏赣经济技术协作洽谈会等。参加由闽浙赣皖4省9市组成的九方经济区，由苏赣皖3省19市组成的南京经济协作区。1987年参加由湘鄂赣豫4省31市组成的武汉经济协作区。1990年，参加厦门外商投资洽谈会。1992年，参加南京、武汉协作区横向经济联合恳谈会、香港江西省出口商品展销会暨对外经济技术合作洽谈会，在深圳和厦门举办发展外向型经济新闻发布会。1993年，大连招商引资洽谈会。1995年，组团参加南京高新技术博览会、在深圳举办的江西省招商引资洽谈会。1996年，组团参加江西省加强横向经济联合暨利用非公有制企业资金洽谈会、与沈阳市共同举办经贸洽谈会。同年，组团参加福州国际招商月活动、江西对外贸易暨招商引资洽谈会，参加由闽浙赣皖4省14市组成的福州经济协作区。1997年，组团参加江西(深圳)招商引资新闻发布会、厦门第一届中国国际投资贸易洽谈会。1998年，组团参加江西(上海)横向经济联合协作洽谈会、江西招商引资(深圳)新闻发布会、福州招商活动月、厦门第二届中国国际投资贸易洽谈会、泉州商交会，并在广州举办招商引资新闻发布会。1999年，参加厦门第三届中国国际投资贸易洽谈会、江西(南昌)招商引资项目洽谈会。

进入21世纪，全市加快“走出去”招商步伐，提出吸引内资重点面向沿海发展，承接沿海产业、资金、技术的梯度转移。在南方对接长珠闽，强化与长江三角洲、珠江三角洲、闽东南三角洲的横向联系与经济合作。2000年以后，景德镇在省外单独举办的各类招商引资活动次数逐年增多，规模逐步扩大。2000年9月，在泉州召开景德镇市横向经济联合与协作(泉州)项目发布会。2004年，举办景德镇(温州)经济合作恳谈会，并在景德镇市举办首届景德镇国际陶瓷博览会经贸洽谈会。组团参加江西省与北京地区民营企业家合作恳谈会、广州第一届泛珠三角区域合作与发展论坛暨经贸合作洽谈会、厦门第八届中国国际投资贸易洽谈会、九江庐山“2004赣台经贸合作研讨会”。赴广东佛山开展陶瓷专项招商，组团到浙江五地市(金华、永康、台州、义乌、温州)招商。2004年5月18日，参加在福州市举办的闽浙赣皖福州经济协作区“5·18”海交会暨商交会”。7月，参加广州泛珠江三角洲经贸洽谈会。11月22—24日，参加在福建南平武夷山市举行的闽浙赣皖福州经济协作区联席会议，签署《闽浙赣皖福州经济协作区旅游客运协议》《闽浙赣皖福州经济协作区旅游协议》。

2005年，组团参加中国“五会”（南昌）经贸恳谈会，并举办中国景德镇国际陶瓷博览会经贸洽谈会、景德镇市·上海（台商）投资说明会。2006年，组团参加北京日资企业投资江西说明会，参加第八届海峡两岸经贸交易会、云南昆明第三届“泛珠三角”区域经贸合作洽谈会与第十四届“昆交会”、厦门第十届中国国际投资贸易洽谈会、江西庐山“2006赣台经贸合作研讨会”。成功举办中国景德镇国际陶瓷博览会经贸洽谈会。2007年，组团参加西安第十一届中国东西部合作与投资贸易洽谈会、第九届海峡两岸经贸交易会、第四届泛珠三角区域合作与发展论坛暨经贸洽谈会、赣台（南昌）经贸合作研讨会、厦门第十一届中国国际投资贸易洽谈会、第三届中国“五会”（南昌）经贸恳谈会。

2008年，参加江西（北京）重大产业招商座谈会、厦门第十二届中国国际投资贸易洽谈会、江西省第二届赣商大会。举办景德镇（苏州）重大产业重大项目对接座谈会、中国景德镇国际陶瓷博览会经贸洽谈会、全省合作办主任座谈会暨重大项目调度会。2009年，参加合肥第四届中国中部投资贸易博览会、第五届泛珠三角区域合作与发展论坛暨经贸洽谈会、厦门第十三届中国国际投资贸易洽谈会、中国“五会”（南昌）经贸恳谈会、南昌第二届世界低碳与生态经济大会暨技术博览会，举办景德镇（香港）经贸合作恳谈会、中国景德镇国际陶瓷博览会经贸洽谈会。2010年，参加第六届泛珠三角区域合作与发展论坛暨经贸洽谈会、厦门第十四届中国国际投资贸易洽谈会、南昌第五届中国中部投资贸易博览会。举办中国景德镇国际陶瓷博览会经贸洽谈会、全省开放型经济流动现场会。至2010年年底，景德镇市在省外举办、参与重大招商活动，累计105场次，主要招商地为北京、上海、福建、广东。

1986—2000年，以港、澳、台侨资中小企业为主要对象开展招商活动。组团参加省主办的香港投资及贸易洽谈会、新加坡投资洽谈会、台资企业产品展销会。2001年开始，招商活动拓展到日本、韩国、美国、加拿大等国及东南亚、大洋洲地区。2002—2010年，参加江西（香港）招商引资推介会，并举办景德镇（香港）招商引资项目推介会，景台电机电子产业项目对接洽谈会，组团参加景德镇—香港招商引资项目推介会，集中展示景德镇的招商项目。2003—2010年，每年市政府组团参加赣台经贸合作研讨会。

项目引资　1987年，首次将全市58个对外招商项目印制成册，借助在国内举办的各种项目新闻发布会、招商推介会对外推介招商项目，便于客商对景德镇投资考察。2002年起，每年编印《景德镇市招商项目册》，对重点招商项目作专题介绍，除平面招商材料外，还利用电子媒体推介招商项目，制作光盘1800余张，拍摄市情宣传推介影片8部。2003年，市招商协作局网站开通。网站与国内外各大门户网站链接，通过互联网宣传介绍景德镇，对外发布招商引资信息，收集招商引资政策、信息和资料。2007年6月，景德镇招商网开通，设投资指南、项目库、招商动态等栏目。至2010年，通过网站发布招商动态276条、对外招商项目365个。

招商队伍

专业队伍　1986年，市经济技术协作办公室工作人员承担招商工作。1992年6月，市招商局成立，配有专业招商人员负责对外招商，并承担枫林经济技术开发区的规划建设。1994年，景德镇高新区技术产业开发区建立，配备专业招商人员10余名。2003年，市利用外资办公室并入市对外经济技术合作办公室，组建市招商协作局，配有专职招商人员22人。

2005年年初，市政府下发《关于组织小分队开展招商引资工作的通知》。5月，市招商协作局出台《关于组建招商引资小分队的实施方案》，成立以局党组副书记、副局长带队的小分队，以江苏省昆山市为中心，辐射周边地区，采取登门招商、驻点招商、定点招商的形式外出招商。2007年，市委、市政府决定开展全民招商活动，全市各机关、单位建立101支招商小分队，参加招商活动的人员近500人。由于参加招商活动的人员众多，业务素质参差不齐，招商效果不明显。2009年，景德镇市在全市组建百支招商小分队，深入开展“123”（组建100支小分队，拜访2000名客商，邀请300批次客商）小分队招商活动，探索小分队招商的经验。8月20日，召开全市百支招商小分队暨百人服务团再动员大会，推动政府机关全员招商。2010年2月，全市抽调一批熟业务、善沟通、人脉关系广、事业责任心强的专业招商人员，重新组建22支专业招商小分队，其中市直专业招商小分队15支，各县(市、区)、工业园专业招商小分队7支。全市各级各部门共外出招商296批次、1206人次，到达城市96个，拜访企业586家。以专业招商队伍，推动招商引资工作。

业务培训　1986年3月，市对外贸易经济合作局举办全市利用外资学习班，邀请省有关部门负责人和专家教授讲授利用外资的意义、形式、程序、方法等专题，开启招商人员集中培训。2009年3月，举办全市招商小分队人员培训班，采取脱产集中培训的方式进行。7月，市招商协作局组织对全市各县(市、区)、工业园区关于项目统计新系统操作的培训。2010年2月，举办全市22支招商小分队专业培训，120多人参加培训。1990—2010年，举办或参加省招商协作厅外资审批培训班20次，各县(市、区)工业园区及有关部门700多人次参加学习。

第三节　外商投资

境外投资

投资规模　1986年，景德镇新批外商投资企业1个，投资总额120万美元。至1997年，全市共引进外资企业137个，投资总额7.49亿美元，实际利用外资总数2.01亿美元。包括江西昌河铃木汽车有限公司等世界500强企业落户景德镇。1998—2001年，引进外资发展势头开始放缓，批准外商投资项目43个，投资总额7322万美元，实际利用外资6660万美元。2002—2010年，全市批准外商投资项目226个，投资总额18.19亿美元，占25年累计外商直接投资总额的68.84%。实际利用外资6.02亿美元，占25年累计实际利用外资总数的69.20%。至2010年，外商在景德镇市设立企业406家，全市外资企业实现销售收入122.70亿元，进出口总额2.03亿美元，纳税总额4.80亿元，从业人数1.30万人。

表13-1-1　**1986—2010年景德镇市吸收国(境)外资金统计表**　单位:万美元

年份	投资总额	实际进资	年份	投资总额	实际进资
1986	120	0	1999	941.6	271
1987	1591.5	7	2000	1971.5070	3921.99
1988	198.82	193	2001	1469.58	1255
1989	43	73	2002	6918.1647	7037
1990	2487.2	178	2003	18134.9031	4112.6289
1991	1963.82	184	2004	11729.9118	1853.6549
1992	7996.19	1087	2005	26732.1838	6424.3385
1993	6722.4837	923	2006	30818.2621	7362.7774
1994	44736.32	16526.02	2007	20801.9603	5235.0042
1995	4485.9	252	2008	26643.5772	8803.609
1996	1363.43	127	2009	14889.3098	8303.4146
1997	3245.4912	565	2010	25182.8519	11093.3565
1998	2939.5	1213			

外资来源　1986—2010年，全市接收外商直接投资来源前5位的地区和国家分别是中国香港25750万美元，占比60.86%；新加坡2126万美元，占比5.02%；日本1749万美元，占比4.13%；英属维尔京群岛1587万美元，占比3.75%。至2010年，共有来自中国港、澳、台地区和美国、新加坡、日本、英国、澳大利亚、巴西、

自由群岛等五大洲29个国家(地区)到景德镇投资兴业。亚洲国家最多,其次是欧洲,再次是北美洲、南美洲、大洋洲。另外,世界银行和江西驻境外机构对景德镇的投资也占一定比重。吸收外商投资的主要形式有中外合资、中外合作、外商独资、外商投资股份制。

投资项目　1986—2010年,景德镇市外商投资企业406个,投资总额26.41亿美元。投向广泛,包括工业、建筑业、农林水牧渔业以及交通航运邮电、房地产、商业、仓储、酒店、科技文教卫生等行业,其中第二产业始终居主导地位。20世纪90年代,外资投入工业、服务业的项目占优势,一批高科技、高技术、高附加值的企业进入景德镇。进入21世纪,工业项目的规模明显加大,数量也逐步增多。农业、工业、服务业占这一时期投资总额比重分别为0.85%、79.9%、19.25%。其中房地产业占这一时期投资总额比重为8.46%。

工业项目　1986—1997年,景德镇市外商企业一般投资规模较小,只有116个,投资总额为6.98亿美元,多数是加工生产性项目。1988年10月,第一家中外合资企业江西水上动力有限公司成立。随着对外开放的不断扩大和投资环境的逐步改善,外商到景德镇投资的数量日益增多。1998—2001年,工业行业利用外资进一步发展,与外商签订合同的工业项目27个,投资总额3398万美元。借助地方的物资和人才优势,外商直接投资中以中外合资方式居多。21世纪初,全市重视和发展利用外资工作,2002—2010年与外商签订合同的工业项目160个,投资总额13.78亿美元。高科技制造业也随之发展。至2010年,由外商投资的通信设备、计算机及其他电子设备制造企业共39个,其中包括江西兴勤电子有限公司、景德镇金域电子实业有限公司、景德镇东静电子有限公司等大项目。

农业项目　1986—2010年,全市共引进外资农业项目7个,投资总额2252万美元。其中知名外商投资农业项目有江西森发林业有限公司、江西百稷农业生态有限公司、景德镇乐园中联实业有限公司。

服业项目　1986—2010年,全市共引进服务业项目96个,投资总额5.08亿美元。1992年开始,以房地产、娱乐、饮食等为代表的服务业项目加快发展,景德镇的外资产业结构改善,推动全市经济的发展。至2010年,安利直销公司设立景德镇安利有限公司,国际联销企业沃尔玛、肯德基进入景德镇开设分店。

境内(市外)投资

投资来源　1986—2000年,境内(市外)客商在景德镇投资共计1778.50亿元,投资企业(项目)6451个。境内(市外)到景德镇市投资以浙江、江苏为主,实际进资累计为100.24亿元。2001—2010年,境内(市外)到景德镇投资来源扩大到长三角地区、珠三角地区(广东)、闽东南地区(福建)等地,北京、上海、安徽等地也成为境内投资的主要来源地。其中长三角地区(浙江、江苏、上海)实际进资累计为393.73亿元;珠三角地区(广东)实际进资累计为197.49亿元;闽东南地区(福建)实际进资为131.66亿元。

投资项目　1986—2010年,全市实际利用境内(市外)资金,投向由最初的农业、商贸等行业逐渐扩大到工业、建筑业、农林水牧渔业以及交通航运邮电、房地产、旅游、商业、仓储、酒店、文化创意、科技文教卫生等行业,其中第二产业为主。2001—2010年,市外的实际资金投向主要集中在工业项目,并呈逐年上升趋势,工业项目实际进资比重达到市外实际进资的70%。

表13-1-2　**1986—2010年境内客商在景德镇市投资情况统计表**　单位:亿元、个

年份	投资额	实际进资额	投资企业个数	年份	投资额	实际进资额	投资企业个数
1986	12.8	5.6	139	1993	28.39	8.13	225
1987	13.67	5.85	157	1994	30.89	8.84	227
1988	23.25	6.2	150	1995	35.35	9.01	235
1989	24.61	6.48	160	1996	46.75	9.73	246
1990	24.52	7.1	180	1997	48.57	13.64	253
1991	26.73	7.66	165	1998	53.61	14.16	260
1992	35.85	7.92	180	1999	57.75	15.34	280

续表 13 - 1 - 2

年份	投资额	实际进资额	投资企业个数	年份	投资额	实际进资额	投资企业个数
2000	60.76	16.18	332	2006	61.08	48.8	106
2001	75.61	19.25	365	2007	182.46	48.2	46
2002	56.65	23.8	391	2008	137.75	96.83	115
2003	123.93	50.6	769	2009	237.13	165.08	153
2004	79.66	60.76	579	2010	206.24	239.65	145
2005	94.49	69.91	593	合计	1778.5	964.72	6451

说明:1986—2005 年,以全口径统计。2006 年,统计引进市外 2000 万元工业和 5000 万元以上综合项目。2007 年,统计引进市外 5000 万元以上工业和亿元以上综合项目。2008 年,统计引进市外 5000 万元以上项目。2009—2010 年,统计引进市外 3000 万元以上项目

第四节　招商机构

市对外经济技术协作办公室

1986 年,市经济技术协作办公室为市政府直属正处级事业单位,负责经济技术协作工作。内设秘书科、业务科、物资协作科、经济信息科,编制 15 人。2002 年,改组为市对外经济技术合作办公室,负责全市横向经济联合协作、区域合作等工作。内设秘书科、综合科、协作科、区域经济联络科,编制 16 人。

市招商协作局

1992 年 6 月,市招商局成立,为市政府直属正处级事业单位,负责全市招商引资和招商项目立项、审批工作。内设秘书科、综合科、协作科、区域经济联络科,编制 16 人。

2003 年,市利用外资办公室并入市对外经济技术合作办公室,组建市招商协作局,为市政府直属正处级事业单位,负责全市招商引资工作及区域经济技术协作工作,内设办公室、内资管理科、利用外资科、区域协作科、综合统计科、投诉法规科,编制 22 人。2010 年,参照公务员法管理,增加审核外商投资企业的设立及其变更事宜、重大外商投资项目合同章程及法律特别规定的重大变更等职能。

第二章　对外贸易与经济技术合作

20 世纪 80 年代中期,随着改革开放的不断深入,全市主导产业逐步向以外向型为主,骨干企业以出口创汇为主,重点产品以面向国际市场为主,配套改革以对外经济交往为主的方向发展。20 世纪 90 年代初,国家外贸权下放,部分企业获得自营外贸权。市外经贸局下属有市进出口公司、市国际经济贸易公司、市对外贸易经济发展公司 3 家企业。市委、市政府提出《景德镇市外向型经济发展战略的基本构想》,经省委、省政府批准后,制定《实施外向型经济发展战略基本构想的总体方案》,指出景德镇"一瓷二茶"是传统的出口产品,发展外向型经济是近千年的明显特征。从 1992 年年初开始,景德镇加快出口商品基地建设、基础设施建设步伐,扩大利用外资,初步形成一批外向型经济的支柱产业,涌现出一批以大中型企业为主的出口创汇企业,推出一批以外销为主的产品,外向型经济呈现蓬勃发展的势态。进入 21 世纪,中国加入世贸组织,外向型经济进一步发展。市委、市政府出台《关于加快开放型经济发展的决定》,支持开放型经济发展。2006 年,景德镇市完成外贸出口首次突破 1 亿美元大关。至 2010 年,加快陶瓷产业招商引资、园区建设、科技进

步步伐。引进增量,做大总量,陶瓷产业结构、产品结构进一步优化,总量迅速做大。全市陶瓷产品出口额达3.08亿美元,超过"十五"期间全市的出口总额,占当年全市出口总额的42%。全市外贸出口额从2003年的5630美元猛增到2010年的7.76亿美元,年均递增45.50%。

第一节　商品出口

陶瓷出口

市场开拓　20世纪80年代,景德镇建成瓷器生产与外贸体系,瓷器在外贸产品中一枝独秀。大宗出口产品主要有日用瓷和艺术陈设瓷,每年出口1亿多件,占总产量的35%,产品行销世界130多个国家和地区。1986年,景德镇各大出口瓷生产厂和省陶瓷进出口公司坚持以"出口为主,保传统、抓配套、上高档"的生产方针,积极参与国际市场竞争,开拓国外市场特别是美国市场。到1988年出口瓷合格率提高到62.30%。除增加青花、青花玲珑、古彩、粉彩、颜色釉、薄胎等传统名瓷的生产外,还根据西方特点开发国外消费者爱好的人物、动植物造型雕塑、陈设摆件等新产品。先后与美国多家公司建立产销关系,多次签订贸易协议,扩大外销。

到90年代初,随着市场经济的发展,景瓷出口由省陶瓷出口公司独家经营发展到多渠道流通,陶瓷工业企业中有省工艺进出口公司、省轻工产品进出口公司、省陶瓷进出口公司等7家企业自产陶瓷产品出口,省陶瓷工业公司和景德镇瓷厂外贸出口快速发展,部分外贸企业收购景瓷出口;各陶瓷厂家和个体、私营企业也与沿海其他口岸公司联系,扩大景瓷出口。

1991—1992年,省陶瓷工业公司和各瓷厂组织12批27人到美国、法国、新加坡、马来西亚、印度尼西亚、约旦、摩洛哥和澳大利亚等国举办和参加展览、展销或进行批销;组织8批17人到中国香港、澳门地区展览、展销或进行批销。1993年,省陶瓷进出口公司在智利与外商合资成立"智力华宝公司"联营公司。收购中国香港、美国两家陶瓷经营公司,创建"香港景珍瓷业有限公司"和"美国三泰有限公司"独资公司。

2000年后,省陶瓷进出口公司先后在英国、迪拜、印度尼西亚与外商合作设立陶瓷销售点。2001年,中国加入世贸组织后,政府除对企业实行出口退税政策外,不再对企业有出口补贴政策。2003年,市委、市政府加快国有外贸企业产权制度改革,优化商品结构,加快出口退税进度,加大金融支持力度。设立市外贸发展基金,加大对重点出口企业的服务与帮助,大力发展出口加工贸易。2008年,市外经贸局3家直属的企业"走出去"开拓国际市场,先后在美国洛杉矶、夏威夷、西雅图、泰国清迈省等地建立联营网点。2010年,组织企业参加有实效的境内外展览会,多接新单,对企业境外参展项目给予重点支持,全年共争取到国家和省里对外贸企业出国参展补贴资金228万元,增强企业走出国门开拓市场的能力。

出口规模　景德镇日用瓷出口主要企业有光明瓷厂、红光瓷厂、宇宙瓷厂、为民瓷厂、红星瓷厂、人民瓷厂、景德镇瓷厂。1986年,随着外贸政策的调整,景瓷外销不断回升和发展。1988年,出口交货数达8588万件,出口创汇3003万美元,单件换汇35美分,景瓷出口达124个国家和地区。到90年代,陶瓷出口起伏较大。1991年,景德镇出口瓷生产高达14900万件,出口交货数10083万件,创汇3104万美元。1993年,景德镇陶瓷出口创汇4000万美元(含由外省转口数),出口瓷产值占全市陶瓷工业总产值的50%。1996年后,景德镇陶瓷出口一度下降到1107万美元,之后又慢慢回升。至1999年,全市出口总额回到3007万美元。2002年,陶瓷产品出口2306万美元。

2004年开始,陶瓷产品出口2324万美元,出口排名被市机电产品超越。全市新增有出口业绩的企业39家(含陶瓷及其他产品出口企业),形成国营、三资、民营齐头并进的外贸出口格局。

2006年,全市轻工陶瓷产品出口3000多万美元。2007年增长到5030万美元。其中景市陶瓷产品出口4300万美元,其他为代理出口。2008年,陶瓷出口完成7050万美元,其中景市陶瓷出口5276万美元,占全部陶瓷出口额的74.83%。代理陶瓷出口1774万美元。2009年,全市陶瓷产品出口突破1亿美元大关,达1.08亿美元,同比增长53.19%。其中景市陶瓷产品出口6122万美元,同比增长16.03%,占全部陶瓷产品出口额的56.70%。代理外地货源陶瓷产品出口4678万美元,同比增长1.6倍。2010年,全市陶瓷产品出口3.08亿美元,同比增长185%。其中景市陶瓷产品出口6366万美元,同比增长4%,在全市陶瓷产品出口额中所占的比重为20.70%。代理外地货源陶瓷产品出口2.44亿美元,同比增长422%,在全市陶瓷产品出口额中所占的比重跃升至79.30%。5年累计实现出口16.86亿美元,较十五期间增长467.68%,年平均增长达93.54%。

陶瓷出口基地　2003年,江西省与科技部共建景德镇国家陶瓷科技城,发展高技术新材料陶瓷、专利技术项目,推动传统陶瓷创新发展。形成高档艺术陶瓷、高档日用陶瓷、高技术新材料陶瓷、精品建筑卫生陶瓷、创意陶瓷相融合的大陶瓷产业新格局。2010年,全市实现陶瓷工业总产值160.50亿元(其中陶瓷工业园区基地73.25亿元),同比增长59.72%;陶瓷出口3.32亿美元(其中园区基地3.08亿美元),同比增长184.30%;陶瓷上缴税收2.66亿元,同比增长约160.78%,固定资产投资50.05亿元,同比增长149%。陶瓷从业人员总数由2002年的8万人增加到2010年的10.54万人,增幅达31.75%。其中园区从业人员总数2.64万人。2008—2010年陶瓷产业税收稳步增长,2010年陶瓷总税收2.66亿元。

2010年,引进内资3.82亿元,外资2000多万美元,比2002年增长近10倍,实现一年固定资产投入总额50.05亿元,相当于20世纪80年代14家国营大中型企业固定资产总额50多倍。全市规模以上陶瓷企业由2002年的18户增加至2010年的112户。至2010年,新建设的陶瓷工业园区基地落户企业(项目)近160家,仅规模以上的企业就有80多家,其中50余家规模企业建成投产。此外,高新区陶瓷基地有入户企业(项目)近60家,其中30余家规模企业建成投产。

陶瓷园区基地和高新区陶瓷基地建成后,实现工业总产值90多亿元。初步形成陶瓷生产园区化、专业化的新型陶瓷产业集群。一批拥有自主知识产权和创新能力强的高技术陶瓷、高创意陶瓷企业(项目)入驻基地园区,其中以高强度陶瓷、高韧性陶瓷、铁电陶瓷、低膨胀陶瓷、压电陶瓷、半导体陶瓷、电介质陶瓷、耐酸陶瓷和纳米粉体等高技术产品为主。形成以结构陶瓷、功能陶瓷、远红外陶瓷和纳米粉体制造等陶瓷新材料和创意陶瓷企业为核心的新兴战略性产业集群发展格局,为陶瓷产品出口奠定了基础。

其他出口商品

20世纪80年代末,景德镇外销的主要出口产品有粮油食品类、饲料类、土畜产品类、中药材类、纺织品类、轻工业品类、工艺品类、黑色金属类、非金属矿产品类、化工品类、医药保健品类、机械及设备类、仪器仪表等13个大类100多个品种。出口产品占全市国民生产总值的1/5。“十五”期间,景德镇对外贸易进入较快的发展时期。5年累计出口2.97亿美元,较“九五”期间增长115.93%,年平均增长达23.19%。其间新增出口企业41家,出口企业结构进一步优化。

电子产品　20世纪80年代,景德镇的电子工业产量、品种、质量在全国同行中占有一定优势,在国际上也具有竞争力。主要创汇企业有897、999、740、4321、859等5个国有大中型军供企业。景德镇无线电元器件主要产品均按国际标准生产,是全国机电产品出口基地之一。军工企业产品主要出口美国、西欧、东南亚等国家和香港地区。897厂生产的可变薄膜电容器,基本上占领中国香港市场,年创汇超过1000万美元。740厂的4CX系列产品,长期由美国瓦里查奇公司包销,并在美国包建的一条生产线,是中国电子行业首家向外输出硬件技术项目。999厂的蜂鸣片主要市场在中国港澳地区和国外,还有微调、滤波器、铝钮电解电容器、电表、金属陶瓷发射管等均出口美国、西欧及东南亚,是景德镇市主要的创汇产品。1990年,景德镇市电子工业产品创汇1000万美元,占电子工业总产值的26%。1991—1992年共创汇2973万美元。到90年代中期,景德镇的电子行业开始搬迁、改制,到2010年,只有897厂和740厂还在生产,企业规模已大幅萎缩。

茶叶酒类　茶叶历来是景德镇的大宗出口产品。1991年9月,由日本今泉茶叶贸易株式会社与中国土产畜产进出口公司茶叶分公司合作举办的江西洪源茶叶有限公司成立,为全市首家中外合作经营,投资总额400万元,中外方各占50%,产品全部销往日本,年产蒸青茶75吨,创汇20多万美元。1993年,全市有茶园面积7200公顷,茶叶产量2510吨,浮梁县精制的“浮瑶仙芝”绿茶在1991年中国杭州国际茶文化节上获“文化名茶”奖。以茶为主的食品工业年创汇1000万美元。

绍洪老酒是浮梁县洪源镇绍洪酒厂利用当地优质米以传统工作酿制的出口产品,获部优质产品奖和国际博览会银质奖，销往广东深圳及日本、马来西亚和中国香港等地。

机电产品　1996年，以电冰箱、压缩机、电子元器件为主体的机电产品在全市出口总值中所占份额，由5.56%升至1997年的17.57%。1998年达到25%。1999年，华意公司出口1062万美元，首次突破千万美元大关，高技术、高附加值机电产品开始占据全市出口的重要地位。2000年，机电产品出口占出口总额的42.80%。

2001—2005年，景德镇对外贸易进入较快的发展时期，出口企业结构进一步优化。昌河、华意、电化等机电、化工企业，先后成为新的出口增长点和出口骨干。在出口企业中，年出口500万美元以上的有6家，1000万美元以上的有2家，机电产品出口呈现高成长态势。据景德镇海关统计，2004年机电产品出口2370万美元，占全市当年出口总额的36%，与2003年相比增长30%。机电产品出口超越陶瓷、医药化工产品，成为出口产品的龙头，其出口增长主要来源于昌河汽车、华意压缩机和小冰箱的出口。

2006年，全市机电产品出口仅3524万美元，到2007年，全市机电产品出口为5261万美元，同比增长49%，主要由昌河汽车、华意压缩、金诚电子等机电出口企业出口。2008年，由于金融危机的影响，世界市场趋于疲软，汽车等行业遭受重创，当年机电产品出口下降到3902万美元，同比下降26%。2009年，市外经贸局通过协调将昌河飞机、景航锻铸等在外省出口的公司，将产品通过景德镇出口，当年全市实现机电产品出口9718万美元，同比增长149.04%。2010年，随着高新区一批新落户的企业，如创元汽车、佳森机械、宏威机械等生产企业的竣工生产。同时，引进流通企业代理出口外地货源产品，当年机电产品出口达1.42亿美元，同比增长46.20%，创历史新高。

医药化工产品　主要出口企业有乐平市新引进的天新药业和宏柏化学等公司以及江西黑猫炭黑、富祥药业、立信药业等几家企业。

2002年，医药化工产品出口478万美元。2006年，全市医药化工产品出口3467万美元。2007年，出口额增长到5809万美元，同比增长67.60%。2008年，由于受金融危机和美国轮胎特保案的影响，医药化工产品出口大户开门子集团的黑猫炭黑出口下滑，但乐平市的天新药业和宏柏化学等企业出口增长较大，当年全市医药化工产品出口仍完成7436万美元，同比增长28.50%。2009年，全市医药化工产品出口1.22亿美元，同比增长64%。2010年，全市医药化工产品出口1.75美元，同比增长43.4%。

表13-2-1　　1986—2010年景德镇市进出口公司收购调拨及出口创汇金额统计表

年份	收购调拨金额（万元）	年份	出口创汇金额（万美元）	年份	出口创汇金额（万美元）
1986	1000	1995	80	2004	129
1987	1200	1996	100	2005	201
1988	3000	1997	120	2006	166
1989	3200	1998	140	2007	123
1990	4000	1999	150	2008	2180
1991	4200	2000	150	2009	2912
1992	4200	2001	160	2010	5522
1993	50	2002	180		
1994	60	2003	180		

第二节　对外技术和劳务合作

对外劳务合作

1988年6月29日,市建工建材技术咨询服务部受江西国际技术合作公司委托,执行中国成套设备出口公司与伊拉克制砖总公司签订的中国工程师、技术工人聘请合同,派出207人赴伊拉克纳贾夫加气混凝土厂、灰砂砖厂执行技术劳动服务,这是景德镇市第一个开拓国际技术劳务输出项目,也是江西省较大的项目之一。

1988年9月21日,市建工建材技术咨询服务部受江西国际技术合作公司委托,执行中国成套设备出口公司与利比亚加西国营预制建筑公司签定的"珠山住房工程"劳务合同,派出由市二建公司、一建公司为主组成的项目组103人,抵达利比亚顺利施工。

1990年11月,由市建工建材对外经济技术合作公司与江西省国际经济技术合作公司签约,派出赴利比亚建筑施工项目组24人,先后在利比亚的拜达、班加西、德尔纳等地承接度假村等50幢民房建筑工程,3项工业厂房楼顶处理工程以及4.50万平方米道路建设工程,至1992年5月,创外汇收入61.87万美元。受到外国业主好评,也为市建筑企业参与国际竞争积累了经验。

1995年11月,市国际经济技术合作公司成立,是国家外经贸部批准,具有对外经济合作经营资质的企业,注册资本506.50万元。主要经营业务为陶瓷和建材,内设海上船员、陆上劳务、综合贸易、旅游开发、畜产进出口、房地产开发等6个分公司。至2000年,景计外派劳务1000人,首开海员项目。同时向北上广地区劳务输出5000人。2008年,劳务输出人员新增21人,年末在境外人数达353人。2009年,境外劳务输出近400人次。至2010年,共计向东南亚、中东、非洲、中国港澳等地劳务输出1772人。

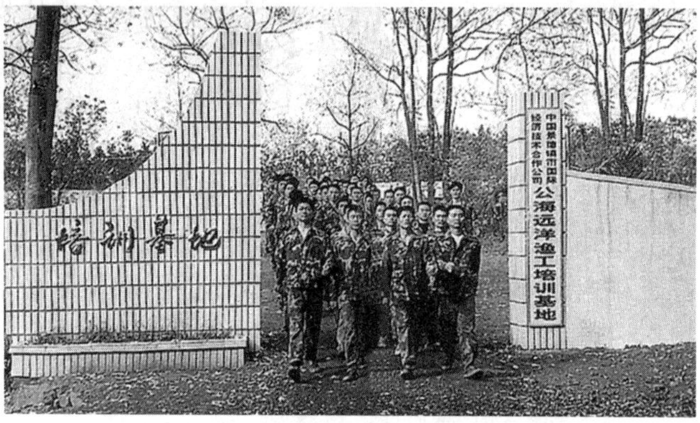

市国际经济技术合作公司公海远洋渔工培训基地

1997年,市建工建材对外经济技术合作公司,积极开展涉外劳务活动,全年共派往新加坡、津巴布韦等国家的电子、机械、服务领班及各类工程技术人员12人,组织参加涉外培训及考核60余人次。

1998年4月6日,市建工建材对外经济技术合作公司经市政府批准,更名为景德镇市对外经济技术合作公司。

1999年4月,建工建材经济技术合作公司受中国成套设备进出口(集团)总公司派遣,组织市陶瓷技术专家组前往哥伦比亚,为其提供陶瓷技术援助。专家组在哥伦比亚工作两年,为当地的原料精制工艺、成型工艺和烧成工艺提供技术援助。至2008年,先后向约旦、日本、美国、新加坡、阿联酋、津巴布韦等10多个国家和地区输送电子、机械、医疗、服务、餐饮、缝纫、注塑、彩色胶印及远洋捕捞等方面技术人才近900人次。

对外承包工程

2002年3月,江西华景建设集团有限公司成立,是市对外承包工程企业。至2010年,尚未开展对外承包工程业务。

第三节　机　构

市对外经济贸易局

1986年,市对外经济贸易局设人事秘书科、对外经济综合计统科、财会科,在编23人。下辖全民所有制独立核算企业7个,共有员工148人。代管省属全民所有制企业4家(畜产厂、工矿产品进出口公司、粮油公司、外贸运输车队),共有员工256人。主要职能是对外贸易、招商引资、对外经济技术合作。1995年,市对外经济贸易局与市利用外资办公室、招商局合并,组建景德镇市对外贸易经济合作局。内设办公室、对外贸易管理科、对外经济管理科、市利用外资办公室、财务基建管理科。

2002年,市对外贸易经济合作局为市政府工作部门,主管对外贸易与经济合作。内设办公室、外商投资管理科、对外贸易管理发展科、对外经济联络科、计划财务科等科室,行政编制29人,事业编制5人。对外保留景德镇市利用外资办公室牌子,与外商投资管理科合署办公。外国政府贷款的职能划归市财政局;划入省外经贸厅出口贴息申请的审核、出口退税有关单据的审核、原市经贸委机电产品进出口管理职能。2010年4月,市外经贸局与市商业管理办公室合并,组建市商务局。市商业管理办公室机关从市十二小学旁全部迁入位于瓷都大道的外经贸大楼。

外贸企业

市进出口公司　1990年9月,市工矿产品进出口公司成立,为全民所有制企业,位于瓷都大道571号。主要业务是帮助省各进出口公司在景德镇市收购调拨工矿产品。1992年,改称景德镇市进出口公司。

1993年3月,获自营进出口经营权,注册资金50万元,是国家外经贸部批准的综合性外贸公司,主要业务由收购调拨逐步转向代理当地产品直接出口。主要经销轻工工艺品、机械电子设备、五金矿产、粮油土畜产等产品。

市国际经济贸易公司　1989年,市对外经济合作公司成立,主要业务是帮助省内各进出口公司在景德镇市收购调拨产品,年业务量在3000万元人民币左右。1996年年底,更名为市国际经济贸易公司。1997年上半年,国家外经贸部授予进出口经营权,主要经营轻工、电子、化工、服装、陶瓷等产品的进出口业务。至2010年,公司自营进出口总额约2000万美元,其中2007年最高自营进出口额为235万美元。产品主要销往日本、美国、澳大利亚、中东、欧洲及东南亚等国家和地区。

市对外贸易经济发展公司　1994年成立,前身为外贸局下属的外运车队,职工33人(其中退休职工11人)。1994—2000年,年出口额一直在50万美元左右。2000年,公司与其他局属企业一起进行改制,除公司正副经理外,职工则全部买断身份。

2001年,公司在原有职工的基础上,返聘一批有专业知识的年轻职工组建景德镇市瓷都外贸有限公司。主要经营陶瓷、家具、建材、纺织品,主要出口美国、日本、新加坡、加拿大等国及中国香港地区。2007年,公司通过ISO9001:2000质量管理体系标准认证。公司年出口额由成立初的不足40万美元增长到439万美元。至2010年达到707万美元,进入稳定发展时期。

其他陶瓷外贸企业　20世纪80年代,景德镇陶瓷进出口由江西省陶瓷进出口公司独家经营。90年代,省陶瓷工业公司及各陶瓷生产企业开展自营出口。

2000年以后,在鸿和、明雷、瓷都外贸等流通企业保持快速增长的同时,涌现出啸祥、金宁、捷迅等一批陶瓷外贸流通企业,推动陶瓷出口。到2010年,金意陶、法蓝瓷、远景等一批生产型企业自营出口同比实现大幅增长。

第三章　外事　侨务

20世纪80年代,景德镇市外事和侨务工作采取“走出去”和“引进来”的办法,加强宣传服务与接待工作,推动经贸交流与合作,全市对外友好关系不断发展。至2010年,全市共接待来自世界100多个国家和地区的官员、专家、学者、企业家和各界人士、旅游者2.6万人,华人、华侨、港澳同胞6.4万人。为外国元首、政府官员、驻华使节、专家学者、新闻记者等各界人士,提供翻译、讲解、引导等服务。全市先后进行3次侨务普查,侨务服务基础不断夯实。1986—2010年,共缔结正式国际友好城市6对。

第一节　外事工作

外宾接待

来访考察　1986年6月2—3日,南斯拉夫马其顿共和国科普里大学农学院教授彼宝尔、耐舍夫斯基和奥夫切菠莱农工联合公司经理艾克耐夫,考察和参观乐平县梅岩三品种杂交生产育肥猪示范场和县种猪场。1987年4月13日,该国对外文化联络委员会副主席斯维坦·斯坦诺耶夫斯基到景德镇艺术瓷厂、古窑瓷厂、陶瓷馆、湖田古窑址等单位参观访问。

1987年6月9—11日,美前任驻华大使恒安石夫妇到景德镇艺术瓷厂、雕塑瓷厂、光明瓷厂、古窑瓷厂参观。6月17日,南非非洲国民大会妇女代表团一行3人在妇女部书记恩乔贝率领下,到景德镇光明瓷厂、艺术瓷厂、古窑瓷厂、陶瓷馆和市委保育院参观访问。8月20日,澳大利亚驻上海领馆商务领事彼德·佛尔迪一行2人到景德镇参观。11月24—25日,巴基斯坦驻华使馆信任参赞夫妇一行4人,到景德镇陶瓷馆、古窑瓷厂参观考察。

1988年6月23—25日,日中友好艺术协会顾问永石初秀,日本友好艺术协会会长、日本陶瓷世家佐藤走波率协会访中团23人,到景德镇参观访问。10月22—24日,以日本岐阜县名誉县民,日中友好议员联盟会长古田好为团长的岐阜江西缔结友城关系暨江西省文物展览答谢团一行9人,对景德镇市进行友好访问。参观历史博物馆、古窑瓷厂、陶瓷馆、艺术瓷厂、雕塑瓷厂。10月28日至11月1日,波兰驻华大使邓鲍夫斯基一行6人到乐平矿务局考察。

1990年4月10—12日,美国驻华大使馆一等秘书莫健到景德镇访问,参观陶瓷馆、艺术瓷厂、古窑瓷厂等单位。7月12—13日,由澳中友好协会全国主席、塔斯尼亚大学教授布鲁斯·约翰逊为团长的澳中友协11人(各地分会主席)到景德镇陶瓷馆、艺术瓷厂、雕塑瓷厂和古窑瓷厂参观访问。12月4—16日,联合国儿童基金会教育官员K·拉马及联合国儿童基金会驻京办事处官员邵伯伦一行5人,考察景德镇浮梁县湘湖小学放像点、蛟潭中学单收站、县教育电视台和浮梁镇小学放像点的电化教育设备受援点。

1991年9月5—6日,澳大利亚国际发展援助局副局长阿斯匹诺率领的政府商务代表团一行6人到景德镇访问,考察华意电器总公司从澳大利亚科比公司引进的无氟压缩机生产线二期工程。

1993年5月7—8日,以色列拿撒勒市市长梅纳汉·阿里亚夫率代表团一行10人到景德镇访问。6月7—8日,伊朗、美国、波兰、加拿大、德国、韩国、印度、意大利等10国驻上海总领事馆总领事一行15人到景德镇考察。1996年4月18日,日本佐贺县武雄市长石井义彦率16人到景德镇考察。2000年9月17日,越南共产党中央委员、中央办公厅主任陈庭欢率领8人代表团,到景德镇参观访问。2001年4月29—30日,瑞典驻华大使凌希乐率欧盟各国驻华使节访赣团20人访问景德镇。5月13—14日,法国驻武汉总领事尚多礼一行到景德镇市参观访问。

2002年3月14—15日,美国青年政治领袖理事会代表团团长、阿肯色州众议院议员麦克·哈松等10人,到景德镇参观访问。6月5日,缅甸第一工业部部长吴昂当一行8人到景德镇考察。2003年8月20—21日,泰国公主诗琳通一行26人,从北京专程到景德镇访问,参观古窑瓷厂、陶瓷股份公司、陶瓷馆、陶瓷大世界等。9月14日,泰国、芬兰、丹麦、菲律宾、奥地利、日本、委内瑞拉、斯洛文尼亚等国驻华使节、驻沪总领事和多国媒体记者共40人,应邀参加省外侨办、景德镇市政府联合举办的“投资的热土、旅游的胜地——千年瓷都行”系列活动。

2004年8月25日,美国前众议院院长纽特·金里奇率美国对外政策理事会代表团一行6人访问景德镇。10月11—13日,世界知名产瓷城市11位市长、议长,参加世界知名产瓷区市长(景德镇)峰会,并签署《景德镇宣言》。

2005年4月5—6日,世界轮椅基金会主席、美国知名慈善家肯尼斯·尤金·贝林率访赣团一行15人,到景德镇参观访问。2006年5月14日,法国驻武汉总领事费勇一行到景德镇访问。2007年6月8日,泰国巴吞他尼府办公厅主任汶仁一行20人到景德镇考察访问。11月20日，毛里求斯工党和塞舌尔人民进步阵线党务干部联合考察团一行10人，到景德镇参观访问。2008年3月31日，塞拉利昂全国人民大会党主席博尔齐·莫莫杜·康特一行6人到景德镇参观。考察景德镇新农村建设项目，交流和学习解决就业问题等经验做法并参观陶瓷企业。

2009年4月6—7日，奥地利联邦议会议长、奥中友协监事哈拉德·莱森贝格一行16人，到景德镇进行友好访问。9月23日，芬兰公使泉溪、瑞典公使雷默恩、挪威公使裴杰和冰岛参赞阿克塞·尼古拉一行4人到景德镇考察参观。2010年9月15—16日，汤加王国公主、汤中友好协会会长皮洛莱乌·图伊塔率美国、加拿大、澳大利亚、新西兰、汤加、圭亚那等国的10个友协组织79人到景德镇访问考察。

经贸文化交流　1986年10月27日，日本佐贺县有田町町长青木类次率有田町政府代表团一行10人，到景德镇进行为期3天的访问，商定景德镇出土永乐、宣德陶瓷文物赴日展览。景德镇派中医、针灸方面的医务人员和体育代表团访问有田町，双方陶瓷历史学者和陶瓷科技工作者进行学术交流。1989年3月14—15日，澳大利亚新任驻沪总领事麦墨瑞一行2人考察华意电冰箱厂，就有关协助引进现代制冷技术设备进行洽谈。10月9日，利比亚工业投资公司总经理阿利瓦·雅赫雅一行2人到景德镇访问，就利比亚建设陶瓷炻器厂进行洽谈。

1990年4月10—12日，日本《工商新闻》记者木村重信随日本恩巴株式会社景德镇陶瓷美术名作展览人员到景德镇采访。5月2日，日本《工商新闻》发表文章，称景德镇是世界第一陶瓷产地。1993年3月14—16日，韩国中小企业育成政策评价委员实业代表、理事文范撰，交易代表金衍相，中国支社文永范到景德镇商谈有关薄胎瓷在韩国展销事宜，与华侨工艺美术厂达成购买10万美元薄胎瓷的意向。9月7—18日，日本株式会社社长铃木修率海外企划部长山内启司、第二海外技术部长小山隆等12人到景德镇参观考察，洽谈技术合作事宜，达成技术合作协议。1994年9月3日，日本三洋电机株式会社社会事业部业务部长竹岗友胜、技术部长关和良彦、营业部中国课主任中岛秀夫，公司上海事务所史翼德一行4人到景德镇与华意电器总公司，双方签署技术合作协议书。

1995年7月6日，日本电机株式会社社会事务部副部长大西唯夫与华意电器集团董事长签订合作生产微电脑无氟冰箱协议书。1996年4月18日，以挪威《陶瓷绘画》杂志编辑海伦娜、瑞士陶艺家英格丽特为正副团长的北欧陶艺家24人到景德镇考察研修。1998年4月15—16日，日本王奥国际有限公司董事长王欣率编导大木琢身一行6人在景德镇市拍摄《陶瓷与饮食文化》专题片。

1999年1月26日，由中英联合拍摄的大型纪录片《龙腾》导演麦启安（英）到景德镇做一周采访。3月24—28日，率拍摄组一行5人实地拍摄古陶瓷文化风光。同年，韩国文化体育部前副部长金钟民一行4人到景德镇考察陶瓷历史文化。

2000年4月22日，由中国工艺美术大师张松茂和冈山县著名陶艺家浦上善次共同创作的瓷壁画《庐山骏马图》在景德镇火车站完成安装并剪彩。6月9—10日，爱沙尼亚共和国国家电视台高级新闻编辑，新闻顾问英德列克·特莱费尔德一行3人，在景德镇拍摄陶瓷文化专题新闻片。2001年5月8日，由林哲善率领的韩国利川市友好访问团一行8人，到景德镇协商并签署两市首次公务员交流协议。2004年9月9—11日，由联合国教科文组织陶艺家协会主席托尼·弗兰克，副主席雷士·曼宁率领的世界各国陶艺家64人在景德镇市参观考察，交流陶艺。2006年3月22日，日本东京电视台上海支局在景德镇拍摄专题片《景德镇瓷器走向世界》。8月10日，美联社北京分社一行2人采访昌江区竟成镇农民新拍摄的电视连续剧《智取山峰镇》。

2008年3月6日，市政府举行仪式，授予美国友人卡拉·卡奇为景德镇市“荣誉市民”称号。2009年3月3日，意大利扶轮社成员、知名企业家Giuseppe Berardo（吉赛贝·贝拉多）一行2人在景德镇考察，商谈“和平之路”友好城市项目，达成“意大利瓷都”拉维纳市和威尼斯市与景德镇结为友好城市意向，并商谈赠予100件陶瓷浮雕系列作品“神曲”等相关事宜。2010年3月6—12日，日本陶艺家中村元风先生的“2010景德镇中村元风陶瓷艺术作品展”在景德镇陶瓷学院国际交流中心举办。

2008—2010年，全市邀请外国人到景德镇分别有17批、6批、17批，人数分别是33人、8人、51人。

表13-3-1 1986—2010年景德镇市接待外宾人数与类别统计表 单位:批、人

年份	批数	人数	年份	批数	人数	年份	批数	人数
1986	—	443	1995	66	908	2004	35	350
1987	—	568	1996	—	612	2005	32	332
1988	—	595	1997	42	639	2006	31	560
1989	—	376	1998	24	206	2007	36	346
1990	—	663	1999	28	360	2008	50	900
1991	63	332	2000	26	325	2009	27	262
1992	56	214	2001	38	322	2010	16	197
1993	103	870	2002	25	244			
1994	47	744	2003	40	352			

因公出国(境)管理

管理审批 1986—2008年,成立以市委书记为组长、市长和市委常委为副组长,各主要部门负责人为成员的市委外事工作领导小组,编印"出访人员须知"手册,对因公出国人员的行前教育,加强外事归口管理和因公出国(境)的规范管理。2008年6月,景德镇市向省政府申请派遣县处级及以下因公临时出国(境)人员和邀请外国相关人员到华事项的审批权。12月获外交部授予派遣因公临时出国(境)人员和邀请外国相关人员到华事项的审批权,为全省第4个。2009年,景德镇市因公出国(境)管理中心成立,明确因公出国(境)审批流程和审批人员,2010年下发《因公出国(境)经费管理及若干实施意见》。

重要出访 1986年11月28日,省计委副主任姜萍、景德镇代市长舒圣佑率中国卫生洁具生产技术考察团一行6人,赴联邦德国考察卫生洁具生产技术。

1987年3月,副市长喻长林率市香菇生产考察组一行4人赴日考察。1989年8月,市长舒圣佑率考察组一行4人赴美、加拿大考察,洽谈贸易。11月,副市长王伟科率市考察组赴日考察。

1993年9月13—19日,副市长柯尔荣率市代表团一行6人,赴日本濑户市参加景德镇陶瓷展,先后参观陶瓷馆、陶瓷历史博物馆、陶瓷高等学校、名古屋大学和余语陶瓷厂等陶瓷企业,与濑户市政府就进一步发展友好合作关系进行洽谈。

1995年1月13日,副市长柯尔荣一行2人参加江西省友好访问团赴法国塞夫尔市、上塞纳省进行访问。参观法国陶瓷博物馆,考察法国国家陶瓷厂、马丁·布依格公司和农贸市场。1996年9月6—10日,市政府代表团一行3人访问韩国利川市,参加利川国际陶瓷节。1999年10月1—4日,市政府代表团一行4人,到日本濑户市进行友好访问,参加建市70周年大庆。

2003年8月31至9月3日,市政府代表团一行6人,访问韩国利川,参加世界陶瓷双年展。同年,市政府代表团一行7人,市国际商会50余户会员单位赴泰国清迈省,参加中、泰、缅、老四邻国文商博览会,举办景德镇工艺陶瓷展示推介活动。泰国副总理坤·达布朗斯,博览会执行主席,泰国清迈府尹(省长)素瓦·旦地潘会见并宴请代表团全体成员。副市长汪天行应泰国副总理邀请,参加"四邻国四角区域经济发展论坛"。

2005年5月4日,市政府代表团一行8人,赴韩国利川市参加国际陶瓷双年展。10月26—28日,市政府代表团一行5人,对美国门县市进行友好访问。美国威斯康星州州长派代表赠送州旗,门县市议长查理、行政长官裘德女士等接待市代表团,签署推动友好城市发展协议书。

2007年9月17日,市政府代表团一行5人,应邀赴法国利摩日市考察访问。11月至12月3日,市政府考察团一行6人对英国斯托克市、法国利摩日市等产瓷区进行考察。2009年8月初,市文化创意产业考察团一行赴日本,学习如何推进景德镇陶瓷创意产业园建设以及陶瓷生产与管理模式。9月下旬,市政府代表团赴法国利摩日市和荷兰代尔夫特市访问。

表 13-3-2　　1991—2010 年景德镇市因公出国(境)人数统计表　　单位:批、人

年份	批数	人数	年份	批数	人数
1991	—	88	2001	51	153
1992	—	92	2002	85	218
1993	—	120	2003	67	140
1994	—	160	2004	86	214
1995	33	102	2005	116	213
1996	45	106	2006	109	170
1997	37	94	2007	133	242
1998	43	126	2008	101	233
1999	58	147	2009	48	169
2000	92	247	2010	57	231

外事服务

商务旅行卡　2008 年,市外侨办支持民营企业参与国际商务,为企业人员申办 APEC 商务旅行卡,推动全市民营企业走出国门开展国际商务活动。至 2010 年,共为 14 批次 46 人办理 APEC 商务旅行卡。

涉外事件处理　1995 年 5 月 27 日,日本丸中物产株式会社社长窪田实在浮梁县蛟潭镇遇车祸,市二医院立即组织抢救。28 日窪田实脱险。

2007 年 6 月 4 日,韩国商人金义王在景德镇市因经济纠纷欲自杀,市外侨办及时对双方当事人进行调解,妥善解决此次突发事件。

同年 11 月 13 日晚,因经济纠纷,市民袁某纠集王某、余某等人闯入开门子大酒店一楼咖啡厅,与正在洽谈生意的韩国商人李汉雨、金义王等人发生口角,并殴打李某致脸部等处受伤。市外侨办立即派人赶到现场指导处置,对伤者进行慰问。公安机关依法处理袁某、王某、余某等人。

2008 年 3 月 27 日,法国游客巴拉·赫内一家 3 人在景德镇发生严重交通事故。市外侨办立即协助有关部门和单位进行抢救工作,了解和慰问伤员,办理有关手续。

第二节　友好城市缔结

友城缔结

1993 年 10 月,景德镇市与摩洛哥萨菲市签订第一个友好城市协议书。1996 年 8 月,与日本有田町缔结为友好城市。2007 年 3 月、10 月分别与日本濑户市和韩国利川市签订友好关系协议书。

2010 年 6 月和 10 月,景德镇市分别与美国门县市、荷兰代尔夫特市缔结国际友好城市。与英国红桥市、巴斯市、斯托克市,墨西哥赫雷夸罗市,澳大利亚奥本市,匈牙利佩奇市,法国利摩日市,菲律宾碧瑶市,意大利拉维纳市和俄罗斯维亚基马市,泰国南邦府,柬埔寨磅清扬省,斯里兰卡马塔拉市签订友好关系意向书,建立准友好城市关系。

友城交往

景德镇市—萨非市　1992 年 9 月,景德镇市应摩洛哥文化部邀请举办"中国景德镇陶瓷艺术展",受到首都拉巴特和萨菲市民的欢迎,摩洛哥首相拉姆拉尼和文化大臣参加开幕式。1993 年 10 月,萨非市政委员会主席(市长)埃勒·芒达尼·巴希尔率友好代表团 12 人访问景德镇,签署缔结友好城市协议书。1995 年

10 月,景德镇市代表团应邀回访,萨非省长和摩洛哥王国合作部长会见市代表团,达成进一步开展交流合作的协议。

景德镇市—佐贺县有田町　1986 年 10 月下旬,日本有田町町长青木类次、议长川口武彦率团到景德镇市参观访问。1988 年 7 月,佐藤走波给副市长殷国光写信,建议景德镇市与有田町早日缔结友好城市。1990 年 10 月,日本有田窑业大学代表团访问景德镇,参加第一届国际陶瓷节,与景德镇陶瓷学院师生座谈联欢,邀请陶瓷学院 1992 年 5 月访问有田町,商谈建立校际友好关系。1992 年 1 月,日本有田町町长川口武彦率政府代表团到景德镇市访问,签订友好交往经济合作协议书。12 月,川口武彦再次率有田町政府代表团一行 5 人到景德镇访问交流。

1996 年 4 月 4 日,市政府代表团赴上海与以川口武彦为团长的日本有田町政府代表团会晤,正式签署《缔结友好城市关系与加强合作交流意向书》。同年 8 月 28 日,市代表团参加佐贺县举办的国际陶艺博览会,并在主会场举行景市与有田缔结友好市(町)协议仪式,各国陶瓷界人士和 1400 名町民代表参加仪式。1997 年 3 月以后,日本 NHK 佐贺放送局 3 次派记者到景德镇拍摄《有田—景德镇》《亚洲新发现》等纪录片。同时,市广播电视局同佐贺放送局签订协议,开创省内地市级广播电视局同国外交流合作的先例。

1999 年 5 月,经省政府批准,授予有田町町长川口武彦为景德镇市荣誉市民称号。2004 年 10 月,以副町长江崎斡夫为团长的有田町访问团一行 4 人,参加景德镇市千年华诞、首届景德镇国际陶瓷博览会、国际知名陶瓷产瓷区市长(景德镇)峰会。12 月 3—11 日,市政府友好访问团访问日本有田町,参观考察博物馆。2005 年 10 月 11—13 日,有田町町长篠原啓一郎一行 2 人到访并参加中国景德镇国际陶瓷博览会。

景德镇市—濑户市　1992 年 4 月 7 日,以濑户市商工会议所会长木山内作为团长,爱知县陶瓷工业协同组合理事长梅木村晴峰为副团长的陶艺家代表团 25 人到景德镇考察,梅木村晴峰递交市长井上博通的亲笔信,表示愿意加强两市友好关系,代表濑户与景德镇市签署发展友好关系意向书。1996 年 9 月 1—3 日,市代表团一行 5 人,应邀访问日本爱知县濑户市,双方签署缔结友城和加强合作意向书。10 月 11—20 日,景德镇市和濑户市共同举办的《濑户陶瓷展》在景德镇市隆重展出,展出日本知名陶艺家加藤唐九郎等陶瓷作品 56 件、日用陶瓷 4 套(件)。

1997 年 2 月 22—24 日,濑户市友城筹委会委员、市商工会议所副会长、企业家增冈锦也率领濑户市民友好访问团一行 27 人到景德镇访问,开展陶艺交流,与 4 户市民家庭进行联欢。2004 年 10 月,以市长增冈锦也为团长的濑户市政府访问团一行 5 人赴景德镇参加千年华诞、首届中国景德镇国际陶瓷博览会、国际知名陶瓷产瓷区市长(景德镇)峰会。2005 年 5 月 2 日,市政府访问团一行 9 人,参加爱知世博会"景德镇月"开幕式。2007 年 3 月 28 日,景德镇市与日本濑户市正式缔结为友好城市。

景德镇市—利川市　20 世纪 90 年代,景德镇市民间与韩国利川市陶瓷界、陶艺家开始友好往来。利川市陶瓷界、陶艺家每年应邀参加陶瓷节。利川市广州窑株式会社董事长赵太极多次访景,进行陶瓷文化交流。1997 年 7 月,韩国利川市市长柳胜优为团长的代表团一行 10 人到景德镇市访问,签署两市友好关系议定书,开展经贸、科技、农业、文化、旅游的合作交流。

1999 年 7 月 17 日,景德镇市代表团一行 4 人应邀回访韩国利川市。19 日,利川市市长柳胜优、议长李在赫、副市长朴亨植与代表团全体成员进行会谈,协商两市公务员交流。2001 年 5 月,利川市友好访问团团长林哲善一行 8 人访问景德镇,协商和签署首次公务员交流协议。8 月 9—12 日,景德镇市代表团一行 6 人参加利川世界瓷博会,参观中、日、韩陶瓷交流展,世界民俗陶瓷、生活陶瓷展,高科技陶瓷展。11 月 14—16 日,韩国利川市市长柳胜优、议长姜基弼率代表团访问景德镇,了解景德镇陶瓷高等教育情况,双方就大学教育、成人教育合作进行磋商。

2004 年 10 月 11—13 日,利川市市长柳胜优、议长柳俊烈率友好代表团一行 30 人参加景德镇举办的世界知名产瓷地区市长峰会和首届国际陶瓷博览会,签署《景德镇宣言》。2007 年 4 月 28 日至 5 月 27 日,第四届世界陶瓷(韩国)双年展和韩、中、日陶瓷交流展在利川举行。市外侨办组织选送中国工艺美术大师及省、市工艺美术大师 8 人的优秀作品参展。10 月 17—18 日,利川市议长金泰日、副市长金贤哲一行 6 人应邀参加景德镇国际陶瓷博览会,签署《中国景德镇市和韩国利川市建立友好城市关系协议书》。2008 年 5 月

8—12 日，市老年大学瓷乐团 18 人，应邀参加第 22 届利川陶瓷节开幕式庆典演出活动。

2010 年 4 月，市政府代表团赴利川市参加第 24 届陶瓷节，派出 2 名陶艺家进行陶瓷展览和现场制作表演。同年 10 月 17—19 日，韩国利川市市长赵炳敦、议长金仁荣应邀参加景德镇瓷博会，市政府向多年来为景德镇市和利川市的友好发展作出贡献的利川市市民李宣和颁发“景德镇市荣誉市民”证书，并举行了颁奖仪式。

景德镇市—门县市　2004 年 10 月，美国门县议会主席查尔斯·莫斯特率团到景德镇市访问，参加景德镇国际陶瓷博览会。12 日，两市签署友好合作关系意向书。2005 年 10 月 28 日，市政府代表团一行 5 人访问门县，双方签署友好合作协议书。2010 年 6 月 1 日，市政府代表团与门县市行政长官迈克尔·瑟普，共同签署景德镇市和门县市建立友好城市关系协议书。

景德镇市—代尔夫特市　2007 年 10 月，市领导随江西友城工作组一行 6 人访问荷兰代尔夫特市，与副市长里昂·J·默尔克兹就两市结为友好城市进行交流，并达成共识。2008 年 9 月 20—21 日，代尔夫特市市长方盖克率访问团一行 4 人到景德镇访问，签署建立友城意向书。2010 年 10 月 17—19 日，代尔夫特市市长方盖克率团参加 2010 年瓷博会，市长李放与方盖克签订建立友好城市协议书。

市长李放与荷兰代尔夫特市长
共同签名的青花瓷板

景德镇市—斯托克市　20 世纪 80 年代，景德镇市与英国斯托克市开始友好交往。斯托克市的陶瓷机械和窑炉设备专家先后 3 次到景考察访问，推介陶瓷机械窑炉设备。1987 年，窑具厂为引进斯托克市窑具生产技术，派遣工程技术人员到斯托克市学习培训 3 个月，之后两市交往不断。

2004 年 5 月，市代表团赴斯托克市考察。同年 10 月，市长迈克·沃尔夫率团访问景德镇市，参加景德镇首届国际陶瓷博览会和国际知名陶瓷产瓷区市长（景德镇）峰会。13 日，两市共同签署友好关系议定书。

景德镇市—碧瑶市　2007 年 1 月 23 日，菲律宾碧瑶市访问团一行 8 人在总统府 6 省 1 市首席行政长官兼碧瑶大学校长维吉利克·鲍堤斯塔和菲律宾信山公司董事长、厦门市荣誉市民张庭瑞的率领下，对景德镇市进行友好访问。24 日下午，两市领导签署友好城市意向书，开展全方位交流与合作。

景德镇市—奥本市　2007 年 6 月，市政府代表团一行 5 人，应邀赴澳大利亚奥本市考察访问。6 月 25 日，双方签署两市建立友好关系意向书。同年 10 月 18—22 日，奥本市市长林丽华应邀率团回访景德镇市，参加国际陶瓷博览会和江西省首届国际友好城市大会。双方就两市的友好交往交换意见，并磋商友好合作项目。2009 年 11 月，经全国友协批准，同意景德镇市与奥本市正式签署建立友好城市关系协议书。

景德镇市—利摩日市　2004 年，景德镇市与法国利摩日市开始友好交往。利摩日市派政府代表团参加景德镇市千年庆典和国际知名陶瓷产区市长峰会，并签署宣言，表达加强交往的意愿。2007 年 9 月，市政府代表团一行 5 人赴利摩日市访问考察。双方初步达成建立友好城市关系的意向，并提出加强文化交流合作关系的设想，推动利摩日市的学校与景德镇市陶瓷学院建立姐妹学校。

2010 年 6 月 16—26 日，市政府代表团一行 6 人访问利摩日市，参加利摩日国际陶瓷展并签署“成立世界陶瓷之路利摩日的意向宣言”，加强景德镇与世界陶瓷产区的交流与合作。同年 10 月 17—19 日，利摩日市副市长伯那德·瓦海伊率团参加景德镇瓷博会。18 日下午，利摩日市政府代表在景德镇开门子大酒店举行法国“利摩日世界陶瓷之路”新闻发布会，推介利摩日这座欧洲制瓷城市。

景德镇市—巴斯市　2008 年 10 月 17—20 日，英国巴斯市及萨默塞特郡东南区议会副议长马尔科姆·汉尼为团长、英国华夏文化协会负责人等 6 人到景德镇市参加瓷博会。英国华夏文化协会代表团与市教育局就两市在文化教育方面的交流合作进行商谈。2009 年 10 月 17—20 日，巴斯—东北萨默塞特郡议会主席琼·弗郎辛·海博林率团参加瓷博会。19 日下午，在圣山大酒店签定景德镇市与巴斯市友好城市结好意向书。

景德镇市—维亚基马市　2009年9月,景德镇市政府代表团访问俄罗斯斯摩棱斯克州维亚基马市,并与维亚基马地区行政长官耿纳吉也维奇签订景德镇市与维亚基马市建立友好关系备忘录,为两市的后续交流与合作奠定基础。

第三节　侨务工作

侨情侨务

侨情普查　1993年侨情普查统计,全市共有国内外侨务对象2204户9625人。其中,国内侨务对象846户3153人,国外侨务对象1358户6472人,主要分布在美国、印度尼西亚、新加坡、缅甸等29个国家和地区。国内侨务对象中有人大代表(1985—1993)省级10人,地(市)级27人,县级16人;政协委员(1985—1993)地(市)级114人,县级46人。高级职称80人,中级职称135人;大学本科134人,大专131人。中共党员200人。农村户口39户195人,城镇户口807户2958人。

1990年以后,景德镇市大批归侨获准出国出境定居。归侨侨眷中有不少是景德镇科技、医疗卫生、工程建筑、陶瓷美术等领域的杰出人士。2008年,景德镇市开展侨情普查,全市共有国内外侨务对象338户1167人(华人华侨447人、眷属720人)。学历层次大部分为大中专学历,其中博士6人、博士后2人,获得中、高级职称21人。中共党员121人、农工党员1人。主要分布在美国、英国、加拿大、日本、澳大利亚、新加坡、印度尼西亚、意大利、德国、马来西亚等28个国家和地区。

表13-3-3　**1993年景德镇市侨情普查统计表**

对象	户数	人数	对象	户数	人数
归国华侨	—	61	华侨眷属	86	306
归侨眷属	63	199	外籍华人眷属	388	1455
港澳回归人员	—	15	港澳同胞眷属	296	1009
港澳回归眷属	13	108	合计	846	3153

表13-3-4　**1993年景德镇市境外华侨华人情况统计表**

类别	户数	人数	类别	户数	人数
国外华侨	144	699	港澳同胞	504	2299
外籍华人	710	3474	其中台转侨	93	413

说明:台转侨指表中三种人中原为台胞身份,后因为定居海外(入籍为华人,不入籍为华侨)或港澳而取得华侨身份的人

表13-3-5　**1993年景德镇市华侨华人在外分布一览表**

国家(地区)	人数	国家(地区)	人数	国家(地区)	人数	国家(地区)	人数
新加坡	354人/80户	日　本	147人/31户	缅　甸	210人/49户	英　国	53人/11户
泰　国	210人/59户	菲律宾	225人/42户	印　尼	424人/81户	越　南	5人/1户
荷　兰	10人/2户	意大利	5人/1户	加拿大	146人/34户	新西兰	5人/1户
巴　西	10人/2户	马来西亚	478人/93户	澳大利亚	74人/16户	瑞　典	9人/2户

续表 13－3－5

国家(地区)	人数	国家(地区)	人数	国家(地区)	人数	国家(地区)	人数
朝　鲜	19 人/4 户	西班牙	5 人/1 户	奥地利	5 人/1 户	巴舒马	5 人/1 户
挪　威	10 人/2 户	南　非	5 人/1 户	比利时	5 人/1 户	瑞　士	5 人/1 户
古　巴	10 人/2 户	丹　麦	5 人/1 户	德　国	5 人/1 户		
哥斯达黎加	5 人/1 户	中国香港	2298 人/503 户	美　国	1644 人/332 户		

表 13－3－6　**2008 年景德镇市华人华侨人数统计表**

类别	户数	人数	眷属人数
外国人士	11	11	31(台转侨 1 人)
港澳同胞	59	86	313
华人	186	242	189
归侨	20	22	29
华侨	62	86	158
总计	338	447	720

侨界活动　参见归国华侨联合会部分内容。

侨务接待　1986 年以后，景德镇以民间对外交流促进对外开放，与海外近百名重点人士以及与美国纽约江西协进会、美国洛杉矶华中校友会、欧中友好协会等 30 多家海外社团建立联系。先后接待美国国际合作委员会主席、知名华人陈香梅，联合国开发总署陶艺顾问、国际陶艺金奖获得者美籍华人李茂宗，知名科学家、诺贝尔物理学奖获得者美籍华人李政道，爱国港胞邵逸夫等一大批知名人士、陶艺家、企业家。

2004 年，首届中国景德镇国际陶瓷博览会举办后，全市每年邀请一批海外侨领组团参加瓷博会。2006 年 10 月 22—24 日，第四届世界马氏恳亲大会在乐平市举行，1000 余位海内外来宾参与盛会，扩大景德镇与海外联络和交流。

2008 年瓷博会期间，成功举办“百名侨领看瓷都”活动。2009 年 7 月初，国务院侨办批准由省侨联与景德镇市政府共同承办 2011 年第六届世界缅华同侨联谊大会，10 月 19 日上午，举办权交接仪式在景德镇圣山大酒店举行。

至 2010 年，全市共接待来自美国、日本、德国、法国、韩国和中国港澳台等 60 多个国家和地区的海外华侨、华人、港澳台同胞 190 余批 3900 多人次。

侨资企业　2000 年，美国纽约裕隆国际有限公司总经理俞小林到景德镇考察，出资 160 万成立保健食品有限公司。2003 年“十一”黄金周期间，美籍华人、知名企业家贾泊到景德镇考察，投资 1000 万美元，在陶瓷工业园兴建贾泊陶瓷有限公司，产品销往美国。

2006 年，第四届马氏恳亲大会在乐平市召开，在经贸洽谈活动中，马氏企业家签约项目 19 个，签约资金 4.39 亿元。2010 年，全市共有侨资企业近 100 家，占全市外商投资企业总数的 60%，侨资企业成为全市经济的重要组成部分。

侨界捐赠　1986 年以后，景德镇市加强海外联络，同世界各国华人华侨社团和知名人士进行联系，鼓励他们赴景观光考察，投资办学，支持景德镇各项建设。

至 2010 年，共争取来自香港沈炳麟、台湾慈心慈善教育基金会、香港雁心幼教基金会、日本华侨林其根、法国华人程超辉、泰国马氏宗亲总会、世界各马氏宗亲社团、菲律宾华人张庭瑞和加拿大华人范垂琳等的捐赠和捐建。捐资建设的学校有浮梁一中、浮梁一小，乐平市众埠镇廷鸾小学、临港小学，昌江区鲇鱼山镇关山小学等14所中学、小学,改善当地办学环境。海外侨胞捐赠用于文教卫生、公益福利、救灾扶贫的钱物,折合人民币约600万元。

华文教育　2007年1月,组织全市中小学生参加由中华全国归国华侨联合会、《人民日报》(海外版)、中华全国台湾同胞联谊会、中国国际广播电台、中央电视台等机构主办的世界华人学生作文大赛,多位同学获奖,市侨联多次获得优秀组织奖。2008年6月19日,组织"迎奥运、颂改革"全市归侨侨眷书法大赛,并选送优秀书法作品参加省人大、省外侨办、省政协、省侨联、省书法家协会联合举办的归侨侨眷书法大赛,作品获得多个奖项,市外侨办获得优秀组织奖。同年8月,由中国侨联、全国台联等6家单位共同主办的第九届世界华人学生作文大赛揭晓,乐平市选送的65篇作文中有5篇获奖。其中塔山中心小学五年级余舒琴《书,我爱读你》获一等奖。

第四节　机　构

市外事侨务办公室

1986年,市外事侨务办公室内设秘书科、宣传科、接待科、侨务科4个职能科室以及中国国际旅行社景德镇分社,编制20人。2010年,内设秘书科、外事科、侨务科、友城(外宣)科和纪检组(监察室),机关行政编制12人,后勤服务编制3人。

直属单位

市因公出国(境)管理中心　2009年成立,为全额拨款正科级事业单位,编制7人。承担因公出国(境)办照(证)材料的受理、制作、翻译和发放等服务工作。

市国际交流服务中心　1993年3月成立。1998年更名为国际交流服务中心,工作人员2人。

中国旅行社景德镇市支社　1986年,中国国际旅行社景德镇支社与景德镇市中国旅行社合署办公。1991年,中国国际旅行社景德镇分社划归市旅游局管理,景德镇市中国旅行社划归市外侨办管理。2005年,景德镇市中国旅行社进行市场化改制,经营性职能剥离,原有人员逐步分流。

第四章　海关及出入境检验检疫

1986年,景德镇商品出口由九江、南昌通关。2005年6月,景德镇设立海关。在景德镇海关的支持下,景德镇陶瓷、汽车、直升机、医药化工、机电设备、光伏等地方工业进出口业务快速发展,企业节约成本上亿元。至2010年,全市在海关注册登记企业196家,其中AA类企业1家,A类企业23家,有实际进出口记录企业106家。

1986—2010年,景德镇检验检疫局共检验检疫出入境货物17.6万批,货值19.2亿美元,货值年平均增长率达16.6%。检验的主要出口商品有陶瓷、维生素B、压缩机、过碳酸钠、硅烷偶联剂等,进口商品主要有成套设备。产品涉及160多个国家和地区,注册备案的外贸公司及企业有270多家。

第一节　进出境监管

通关监管

2005年9月30日,景德镇海关组建后,办理进出口通关监管业务,同时不断改进通关作业。2006年,共审核进出口报关单280份，其中进口111份，出口报关单169份；进出口货值2303万美元，其中进口2107万美元，出口196万美元。2007年10月10日，首次试行跨关区“属地报关、口岸验放”通关模式。11日，景德镇昌河飞机工业（集团）公司报关进口一批设备，顺利通关。全年共受理进出口报关单869份，同比增长291.44%；货值2657.96万美元，同比增长22.15%。进口申报当日放行率88%；出口申报当日放行率为97.67%。2008年，继续扩大“多点报关，口岸验放”和“属地申报，口岸验放”通关模式适用范围，新增华意压缩等3家A类企业开通“属地申报、口岸验放”通关模式，实现一次申报、一次查验、一次放行，通关效率提高。2009年，监管进出口货物总值6669万美元，同比增长92.6%，其中进口总值3919万美元，同比增加449.2%，出口总值2750万美元，同比增长0.04%；全年24小时通关率96.80%，同比提高0.8%。加工贸易发展迅猛，当年备案金额4548万美元，同比增加469%，其中直升机备案金额为4437万美元，占备案手册总数金额的97%。2010年，景德镇市设首家保税仓库，为江西昌河阿古斯特直升机公司的自用型保税仓库，海关指导和监管其运营，当年监管进出口货物总值23.67亿美元，其中出口18.52亿美元，进口5.15亿美元。

关税征管

2005年以后，景德镇海关围绕重点税源商品和税源大户深入调研，拓引税源。强化审价、归类、原产地等基础性工作，及时办理加工贸易、减免税及后续管理。综合运用征税、退税、缓税、减免税和保税政策手段，支持地方经济发展。2008年，办理直机所、黑猫股份、中景集团、景德镇陶瓷学院、浮瑶仙芝等企业进口设备免税业务共49票，免税金额1154万元。为景德镇鹏鹞水务公司审批办理首票污水处理设备外资项目减免税手续，减免华意压缩机股份有限公司加工贸易风险担保金近160万元。至2010年，税收实际入库5185万元，其中关税875万元，代征环节税4310万元。

表13－4－1　　**2005—2010年景德镇市海关进出境监管、关税征收统计表**

项目	单位	2005年	2006年	2007年	2008年	2009年	2010年
进出口总量	吨	1.67	4225	18776	24103	22763	25306
进口	吨	1.67	1791	331	383	614	544
出口	吨	0	2434	18445	23720	22149	24762
运输工具	艘/节/辆	2	16	0	0	0	0
船舶	艘次	0	12	0	0	0	0
火车	节	0	2	0	0	0	0
汽车	辆次	2	2	0	0	0	0
税收（净入库）	万元	42	1001	568	214	2462	898
关税	万元	17	309	163	57	106	223
环节税	万元	25	692	405	157	2356	675

走私查缉

2005年起，景德镇海关对全市重点行业、敏感商品进行数据监控和动态分析，重点打击减免税设备低报价格、免税设备违规处置、利用加工贸易渠道走私行为。景德镇海关与九江海关制定《反走私综合治理工作联系配合办法》《风险分析共同参与工作机制》《缉私案件通报制度》，配合九江海关缉私分局开展辖区企业违规案件的调查取证。处理好“把关”与“服务”的关系，引导规范企业经营行为。至2010年，景德镇海关共办理行政违规案件5起，涉及货值合计862.6万元，补缴税款12.2万元，罚没收入6.4万元。同时，协助配合南昌海关缉私局办理花瓶走私毒品案1起、办理案件协查3起，其中检查发现减免税设备擅自移作他用违规案件1起，涉及货值52.6万元，补交税款12.2万元，为首例反走私案件。检查发现企业注册信息未及时办理变更手续案件2起。

第二节 进出口商品检验

进口商品检验

1986—2010年,景德镇检验检疫局承担全市大型陶瓷企业技术改造、昌飞公司技术改造、602所高新工程、景德镇第四水厂、医疗单位进口设备、航空系统飞机材料及零件、工业企业用仪器仪表、汽车整车及零件、钢材及其他金属材料、化工产品及陶瓷原料的检验检疫工作。同时,加强与口岸检验检疫局的协调,为部分进口商品提供直接放行运达各进口单位的服务。

进口机电产品检验 检验的进口商品以机电产品为主,占整个景德镇进口商品检验的90%以上。主要进口国家和地区有德国、日本、美国、波兰、瑞士、法国、韩国、意大利、印度尼西亚和中国香港、台湾,主要有汽车生产线、电冰箱生产线、压缩机生产线、炭黑生产线、微晶玻璃生产线等重点项目进口成套设备、航空器及其零件、汽车、医疗器械和信息产品等,检验中发现多批存在质量问题的进口机电产品。2003—2006年,昌河飞机工业公司技术改造项目中进口的多台成套设备检验发现有残损情况,从加拿大进口的直升机发动机存在品质缺陷。2005年,景德镇二院进口的VIV7彩超到货后严重受损,经检验设备无法正常运行。2001—2010年,为各进口单位提供商检证明,挽回经济损失上亿元。

进口钢材检验 检验的进口钢材主要品种有矽钢片、热轧钢板等,用于压缩机、汽车、直升机的加工和制造。主要进口国家和地区有日本、韩国、中国台湾等。至2010年,经检验的进口钢材没有发现质量问题。

进口金属制品检验 检验的进口金属制品主要是汽车零部件、航空器零部件、冰箱和压缩机配件等,主要进口国家为日本、意大利、英国、捷克、美国等。2004年,华意电冰箱厂从韩国进口的一批彩板出现严重变形,出具检验证书后成功索赔。至2010年,全市进口汽车零部件大部分由日本铃木公司提供,航空器零部件均由国外客户指定厂家提供,经检验,产品质量稳定。

表13-4-2 **2001—2010年景德镇市检验进口商品统计统计表** 单位:万美元

年份	批次	货值	不合格金额	索赔金额	年份	批次	货值	不合格金额	索赔金额
2001	213	3979	91	35	2006	268	4771	63	10
2002	292	6047	161	161	2007	302	6093	104	92
2003	202	3799	514	75	2008	276	6968	55	42
2004	253	4815	145	100	2009	376	8734	276	86
2005	102	1919	20	20	2010	426	5919	262	128

出口商品检验

出口陶瓷产品检验 1985年12月,市政府颁布《景德镇市出口陶瓷检验管理办法》,景德镇商检局开始对出口单件瓷实施检验,初期主要是进行外观质量检验。出口陶瓷检验主要依据国家标准和进口国的特殊要求,例如对输美出口陶瓷按照美国FDA规定的检验标准和方法检验。1987年,建立景德镇商检局出口陶瓷实验室(1997年成为国家商检局首次通过CCIBLAC认可实验室之一)后,开始对涉及陶瓷安全卫生的铅、镉溶出量和陶瓷吸水率、热稳定性、白度、釉面硬度等项目进行检验。1988年7月5日,景德镇召开江西省出口陶瓷质量许可证考核工作会,当年对76家出口日用瓷厂进行质量许可证考核,促进出口陶瓷质量水平的提高。10月,国家正式将出口日用单件瓷列入法定检验。1989年8月,依据国家商检局公布的《商检机构实施检验的进出口商品种类表》,开始对出口艺术陈设陶瓷、建筑卫生陶瓷实施检验。1993年2月,按照国家商检局印发《出口陶瓷检验管理规定》,开展质量检验。2009年1月,根据国家质检总局关于调整《出入境检验检疫机构实施检验检疫的进出境商品目录(2009年)》的公告,不再对出口装饰用瓷、建筑用陶瓷制品实施检验。

至2010年，先后共有近百家日用陶瓷企业取得《出口日用陶瓷质量许可证》，20多家企业获得美国FDA注册。经景德镇局检验出口的陶瓷产品，质量总体稳定，检验合格率平均为97.6%。输美陶瓷的铅、镉溶出量检验合格率为100%，国外客户无不良反映。

出口动物及动物产品检验　景德镇检验出口的动物及动物产品主要有活螃蟹、冷冻蚬子、冷冻螺蛳肉等水产品。螃蟹主要销往中国台湾，2006—2008年，共出口20批61吨30万美元；冷冻蚬子、冷冻螺蛳肉全部出口韩国。至2010年，累计出口冷冻螺蛳产品134批1239吨313万美元。检验依据主要是输入国或地区法规和标准要求、中国与其签订的双边贸易协定、国家法规标准等技术要求。检验要求主要包括兽药残留、重金属、微生物等有毒有害物质的限量和控制。经检验检疫，出口动物及动物产品均符合输入国或地区法规和标准，未发生退运和索赔情况。

出口植物产品检验　出口植物产品主要种类有茶籽饼（粕）、大米、木制品等。至2010年，茶籽饼（粕）主要出口菲律宾、泰国等东南亚国家，累计出口32批2737吨22万美元；大米主要出口古巴和非洲，累计出口40批58140吨808万美元；木制品主要出口日本、美国及沙特阿拉伯等中东国家，累计出口294批362万美元。经检验检疫，出口植物产品均符合输入国或地区法规和标准要求，未发生国外退运和索赔情况。

出口食品检验　景德镇出口食品主要种类有黄酒、茶叶等。黄酒主要出口美国、德国、西班牙和奥地利等国家，1998—2010年，累计出口29批842升34万美元；茶叶主要出口英国、德国、法国等欧盟国家，出口前按欧盟法规要求进行农药残留限量检测，合格后准予出口。2000—2007年，主要以样品形式出口，数量较少，累计出口15批15吨3万美元，每年不到2000千克。2009年，以“浮瑶仙芝”为代表的浮梁红茶，与外商签订出口欧盟的千吨合同，至2010年，实现出口1131吨272万美元，茶叶出口迈上新台阶。

出境食品添加剂、饲料添加剂产品检验　景德镇出口食品添加剂和饲料添加剂主要有维生素B1、B6。2008年开始，出口美国、日本等国家和欧洲地区，货值突破1000万美元，2009年突破4000万美元，2010年达到5000万美元。经检验检疫，上述产品均符合输入国或地区法规和标准要求，未发生国外退运和索赔情况。

出口机电产品检验　景德镇出口机电产品是传统产品，种类不多。2000年前检验的出口机电产品主要有电冰箱和部分电平表，2000年以后检验的出口机电产品有汽车及汽车零件、压缩机、断路器、扬声器、变压器、电瓷。电冰箱和汽车出口量曾经排在江西前列，但其他产品出口量很小，出口国家和地区有美国、中东国家、南美国家和非洲国家，欧盟国家较少。至2010年，全市各出口企业的产品质量稳定，出口机电产品技术含量高，没有发生大的质量事故和国外客户投诉。但在检验过程中发现有标识不合格、包装不良等问题。

出口化工产品检验　2005年，开始对出口化工商品实施检验，产品为甘氨酸、AC发泡剂等。至2010年年底，全市有景德镇宏柏化学科技有限公司和江西乐安江化工有限公司等近10家化工产品出口企业，出口批数达730多批，货值近3500万美元，出口36个国家和地区。化工商品检验标准均采用行业标准或进口国的要求。检测标准依次为进口国特殊要求标准—国际标准—国家标准—行业标准，所有出口商品经检验产品质量稳定。

出口纺织服装检验　纺织服装出口占景德镇产品出口比例很小，出口企业主要有市服装一厂、市景美服装厂、市华丽服装厂等。出口国家有美国、日本、新加坡等。

出口商品包装检验

出口危险货物运输包装检验　检验鉴定分为性能鉴定和使用鉴定两种形式。1991年，景德镇开始实施出口危险货物包装使用鉴定。至2010年，全市有生产出口危险化学品企业14家20个品种，年出口量大约为64.5万件。主要出口危险品包装有塑料编织袋、纸塑复合袋、纸箱、纤维圆桶、塑料集装袋、闭口钢桶、开口钢桶和闭口塑料桶等。所有出口危险品包装均经过出入境检验检疫部门检验后方可使用。到2010年，景德镇地区出口的危险货物包装质量稳定，未发生因包装质量问题出现的危险品安全事故。

出口普通货物运输包装检验　1989年，景德镇检验包装主要有出口瓦楞纸箱和木箱，用于陶瓷外包装，附加值低，出口量受陶瓷出口制约，规模不大。1993年，国家进出口商品检验局制订《出口商品运输包装瓦楞纸箱检验规程》（SN/T0262－93），包装质量大幅度提高。木箱主要用于大件陈设瓷和艺术瓷包装，出口规模不大，出境木质包装检疫只对木质包装进行熏蒸，出具熏蒸消毒证书。

第三节 出入境检疫

出入境卫生检疫

出入境人员卫生检疫 1986—1998年,随着对外交流扩大,出入境人员逐年增加。出入境人员因出国留学、商务和公务出国,须在南昌的江西出入境检验检疫局国际旅行卫生保健中心或九江分中心进行体检。1999年起,景德镇开展出入境人员卫生检疫工作,景德镇出入境检验检疫局负责咨询协调辖区内出入境人员前往中心体检。2004年前后,多次组织辖区内企业聘请的来华专家和出国研修学习的技术人员200多人到九江分中心进行体检。

2008年和2010年,协调江西检验检疫国际旅行保健中心派出人员和健康体检专车到景德镇,为在景投资的台商50人开展"入境人员就地健康体检"专项活动。2004—2010年,景德镇检验检疫局共协调辖区出入境人员体检监测约600多人,其中艾滋病监测近100人,预防接种约200多人。

出入境集装箱卫生检疫 2009年,景德镇辖区开展出入境集装箱卫生检疫工作,主要查验箱内是否携带媒介生物和动植物疫病,并进行检疫除害处理。入境集装箱主要是装载来自欧美等发达国家货物的重箱。2009—2010年,共检疫查验出入境集装箱2127标箱,经检疫符合相关要求。

进出境动物检疫

进境动物产品检疫 检疫的进境动物产品主要有甲鱼卵和种猪等。进境前,需按规定办理进境检疫审批手续,并对其检疫隔离场进行考核,符合条件的签发《进出境动物临时隔离检疫场许可证》后,方允许进境。2006年,景德镇乐平一家特种水产养殖场从中国台湾进口15批次44.5吨甲鱼卵,作孵化甲鱼种苗用。所有甲鱼卵入境后,进入指定隔离场,并按规定对其监督隔离检疫。

出境动物及产品检疫 出境水生动物为螃蟹。主要出口中国台湾,依据国家质检总局99号令《出境水生动物管理办法》对出境水生动物养殖场实施检疫注册,实施药物残留监测和疫病监测。2006—2008年,出境螃蟹检疫监测19批次,所有出境的螃蟹均符合相关要求。

出境动物产品主要有冷冻蚬子、冷冻螺蛳肉等。主要依据输入国检疫要求和国家的相关法规实施检疫,对出境动物产品加工厂实施注册登记制度,输往韩国的水产品需获得国外的注册。2000—2010年,共检疫153批1300吨343万美元,经检疫所有出口产品均符合输入国检疫要求和国家相关法规要求。

进出境植物检疫

进境植物产品检疫 进境植物产品主要是小麦。2005年,国家粮食储备库景德镇直属库接受储备2万吨澳大利亚小麦的计划,该批小麦从上海入境,经口岸和景德镇现场检疫后入景德镇直属库储备。存储期间,景德镇检验检疫局保持后续日常监管,直至2010年出库。

出境植物产品检疫 出境植物产品检疫业务有大米、茶叶、茶籽饼(粕)、木制品等。大米是主要出境植物产品之一,检验检疫依据为《出境粮谷检疫程序》和合同、信用证等,检疫方式为产地检疫与口岸查验相结合。2000—2010年,共检疫产品451批1467万美元,其中大米40批58140吨807万美元、茶叶74批1146吨276万美元、茶籽饼(粕)32批2737吨22万美元、木制品305批362万美元。

木质包装检疫 1998年9月,美国对中国出口货物木质包装提出严格检疫要求,其他国家纷纷效仿。为保证国家出口货物顺利通关,1999年,出入境检验检疫机构开始对出口货物木质包装实行临时出口商品质量许可证管理,同时依据国际植物保护公约组织的相关规定,加强对进境木质包装的检疫监管。

2005年3月,国家质检总局颁布《出境货物木质包装检疫处理管理办法》后,江西对出境木质包装除害处理,生产厂实施注册登记,所有的出境木质包装必须加施IPPC标识。2008年之前,景德镇辖区只有1家木质包装厂获得IPPC加施资质,检疫处理方式采用药物熏蒸。

2008年,陆续批准营盘山、周氏木业、和源木业3家木质包装厂IPPC加施资质,并淘汰药物熏蒸,全部采用更为安全有效的热处理检疫除害处理方式。

2008—2010 年,在实施进境木质包装检疫查验中,在来自日本、美国、法国、德国、意大利等国家和地区的进境木质包装中,截获有害生物 17 批 22 种次,包括滑刃线虫、小杆线虫、黑条木小蠹、白蚁等。2010 年 10 月,景德镇检验检疫局首次在江西口岸发现黑条木小蠹,对截获外来有害生物的所有进境木质包装采取销毁处理。

第四节　服务地方经济

便利服务

2005 年陶瓷博览会期间,景德镇海关共监管来自 7 个国家 11 家参展商的总价值约 16 万欧元的 22 件(组)展览品,提供通关咨询服务,施行 24 小时验放进境参展品等通关措施,保证展品的快速验放。2008 年 7 月,帮助浮梁县瑶里茶叶有限公司的“瑶里嫩蕊”产品通过国家质检总局审查,并被批准使用首批地理标志产品专用标志。

2009 年,景德镇海关针对海峡两岸陶瓷精品展览会制定《展览会海关通关服务指南》,现场监装 711 件陶瓷展品和 4840 件小瓷塑礼品,确保陶瓷展品安全通关。同年,推行企业分类管理,根据企业资信度适用差别化监管措施,支持引导管理规范、资信良好的生产型企业适用 AA 类及 A 类管理。1 月,海关总署向江西昌河铃木汽车有限责任公司颁发景德镇市唯一一家 AA 类管理企业证书。2 月,为昌飞集团 S92 国际转包项目办理首个直升机加工贸易电子化手册。5 月,批准辖区昌飞集团等 3 家直升机制造企业全部适用飞机行业保税加工新型监管模式,实行“电子底账 + 企业自核”风险监管模式。9 月,景德镇市首家保税仓库昌河阿古斯特直升机有限公司自用型保税仓库验收通过,正式开展保税仓储业务。缩短了售后维修零部件供给时间,企业加工航材保税进口免征加工贸易风险担保金。推广“多点(属地)报关、口岸验放”便捷区域通关,增进与口岸海关的协作配合,为辖区重点进出口企业开通便捷区域通关模式,提供进出口通关便利。11 月,指导浮梁县浮瑶仙芝茶业有限公司安全生产,实现红茶首次出口英国,并实现批量出口德国、英国、荷兰等国市场。同年,强化外来有害生物监测,在瑶里国家风景区、陶瓷历史博览区、市水果批发市场、乐平蔬菜基地等地建立实蝇监测点。

2010 年 5 月,办理首票网上银行支付税款业务,推广税费网上支付,方便企业办理税费缴纳手续。同年 10 月,正式启动出口分类通关改革,通关作业方式由“纸面人工为主、逐票审核”向“电子自动为主、重点审核”转变,对诚信企业的低风险货物实施快速验放作业。落实担保验放、下厂验放、“24 小时全天候预约通关”及符合条件的企业实行先放后征等服务举措。至 2010 年底,市外贸进出口 5 年总值 23. 67 亿美元,其中陶瓷产品出口 3. 2 亿美元。先后为 6 届中国景德镇国际陶瓷博览会、中美陶瓷文化展、陶瓷精品台湾展提供量身定做展馆直通验放、现场驻点监管、免征保证金等套餐通关服务。通过发放宣传手册、网上申请辅导等方式,指导企业成功向海关总署申请 24 项艺术陶瓷产品著作权备案保护。同时,利用海关信息数据优势、技术资源优势,专题分析航空、汽车、光伏等产业发展焦点,跟踪分析陶瓷、炭黑等重点商品进出口变化,发挥统计监测预警服务作用。

风险管控

2007 年 5 月,日本多家传媒相继报道“中国制土锅有害物质铅溶出”,渲染炒作中国“土锅”产品不符合日本食品卫生法规要求,造成较大的负面影响。6 月下旬,国家质检总局和江西检验检疫局组成专门调查组对此事件进行调查。深入企业生产现场,详细了解企业出口日本“土锅”的生产和质量管理情况,了解日本检测机构的检测情况,查看景德镇检验检疫局的检验监管记录和档案,查阅景德镇陶瓷检测中心(国家级重点实验室)原始检测记录和检测报告。现场抽取企业生产的出口日本“土锅”样品,封样送景德镇陶瓷检测中心,严格依照国家相关标准和规定程序进行检测。调查结果显示景德镇出口日本“土锅”不仅完全符合国家技术规范的强制性要求,而且完全符合日本国家食品卫生法规标准,产品质量合格。同年 7 月底,嘉宝“土锅”重返日本市场。

第五节 机 构

景德镇海关

2005年6月19日,景德镇海关正式开关,位于景德镇市瓷都大道930号,隶属于南昌海关,为正处级机构,负责管理景德镇市行政区内所有海关业务。内设办公室、综合业务科、业务一科、业务二科,编制25人。2006年6月,内设机构调整为综合科和业务科。至2010年年底,景德镇海关内设综合科、业务科,编制13人。

景德镇出入境检验检疫局

1986年,江西进出口商品检验局景德镇处在东一路樟树下办公,为正处级办事处。1987年2月,更名为景德镇进出口商品检验局,内设办公室、检验科。负责对景德镇辖区内的进出口商品实施检验、鉴定和监督管理工作。8月1日,搬迁至新厂一中路检测大楼办公,1999年11月正式挂牌成立。2003年11月,搬至瓷都大道910号新检测大楼办公。2010年,内设办公室、综合业务科、动植卫检验检疫科、轻纺机电检验监管科、陶瓷检验科,负责景德镇辖区内出入境卫生检疫,进出境动植物检疫,进出口商品检验、鉴定、认证以及监督管理等工作。

第十四篇　瓷　业

第一章　陶瓷生产

景德镇因瓷而兴，单一陶瓷手工业支撑了景德镇经济1000多年。20世纪50年代，景德镇瓷业实施社会主义改造，实行计划经济管理体制，以机械化代替手工制瓷。到80年代中后期，景德镇瓷业发展到阶段性高峰，形成全国唯一集陶瓷生产、贸易、科研、教育、文化、旅游为一体的，规模最大、配套最完整的现代陶瓷产业体系。陶瓷行业生产企业达140余户，从事陶瓷及相关配套行业人员达10余万人，占市区（含浮梁）总人口20%，上缴利税占地方财政收入的1/6。可谓“瓷业兴、百业兴”。进入90年代，在国家由计划经济向市场经济转轨的改革过程中，景德镇陶瓷工业沿袭国营体制机制，企业负担过重、效益下降、人才流失、负债率高，在市场竞争激烈的环境中普遍亏损。尽管通过扩大企业自主权、加强企业三项制度改革、推行经济责任制、实行利改税及新税制等改革措施，陶瓷产业依然没有摆脱历史形成的深层次矛盾，普遍出现生产经营困难，国营和集体企业先后出现停产和半停产现象。进入21世纪，景德镇陶瓷工业通过推进国企改制，调整产业结构，招商引资，建设陶瓷工业园区，引进多家股份制大型陶瓷企业，鼓励发展个体及民营经济等举措，日用陶瓷生产恢复增长，艺术陶瓷蓬勃发展，建筑陶瓷突破性发展。至2010年，全市陶瓷工业总产值160.2亿元，是1986年约3.6亿元的44倍。一个以陶瓷生产为核心，陈设艺术瓷为特色的辐射陶瓷物流、科研、教育、馆藏、文化多领域发展的大陶瓷格局初步形成。

第一节　生产规模

所有制结构

80年代初期，景德镇陶瓷工业所有制结构，基本保持1958年形成时的体制特色，即全民所有制和集体所有制两种公有制经济成分，其中全民所有制占绝大部分比例，产、销分离，实行计划管理。

80年代中期，景德镇陶瓷行业先后建立一大批公有制性质的“大集体”“小集体”所有制经济组织。城市区、街道开办集体陶瓷企业，在发展陶瓷生产力，丰富陶瓷产品的花色品种以及安排待业青年就业等方面发挥积极作用，形成“五大块十六个条条管辖”体制特色。“五大块”即省陶瓷工业公司所属陶瓷工业企业；城市区、街道办集体陶瓷工业企业；农村区、乡办集体陶瓷工业企业；各行业办陶瓷工业企业；个体、私营陶瓷工业企业。“十六个条条”即市林业局、机械局、建工建材局、民政局、教育局、文化局等16个主管部门，都分别办有陶瓷工业企业。但受到投资、原材料供应、技术改造等方面的限制，生产发展的潜力未能充分发挥。

1984年后，城市改革步伐加快，国内陶瓷市场转旺，陶瓷企业所有制结构出现新格局。以省陶瓷工业公司所属国营企业为主体，包括集体、个体、私营、三资企业等多种经济成分协同发展。乡镇企业和个体户发展迅速，打破国营陶瓷企业大而全的单一经济结构，出现国营、集体、私营、三资企业经济并存、相互竞争的局面。

景德镇十大瓷厂各有专长，产品各具特色，产业链配套完整，成为全国最具规模的陶瓷生产基地，景德镇的陶瓷生产规模与效益达到高峰。

1986年,全市从事日用陶瓷生产人员4.10万人,省陶瓷工业公司所属企业拥有固定资产(原值)15845万元。1992年,省陶瓷工业公司所属企业拥有固定资产(原值)为28216万元;比1986年增加近1.80倍(不包括县区和乡村办陶瓷企业、三资企业及私营个体陶瓷企业)。在职职工4.69余万人,其中全民所有制职工近3万人;日用瓷生产能力达4.20亿件,其中出口瓷1.40亿件;瓷土加工能力达8.50万吨;瓷用花纸生产能力达2100万张、瓷用金水11万瓶;陶瓷机械产能5500吨。此外,电力用瓷、建筑卫生瓷生产能力均有较大增长,其中釉面砖产量442万平方米,卫生瓷产量16万件,电瓷产量6500吨。这一时期,在国家改革开放的大背景下,陶瓷市场需求快速释放,景德镇以国营陶瓷企业为主体的陶瓷生产进入快速发展阶段,国营陶瓷企业以及几十家集体企业分工合作,形成各自的产品特色,生产规模不断扩大,瓷业工人不断增加,其规模、利润、出口创汇均在国内各产瓷区之首。但在快速发展的表象下,掩盖了计划体制下的冗员低效、粗放经营、质量下降、负债率高等问题。从90年代初开始,企业拖欠水电费和原料、燃料款,拖欠银行到期贷款现象蔓延并且日趋严重。

1986年,景德镇直接从事陶瓷生产的个体户为42户。1987年,市政府颁发鼓励个体经济发展的"十条措施",个体陶瓷经济开始有较大的发展,增加到60多户。到1988年6月,增加到152户。一些起步早一些的个体陶瓷专业户,成长为私营企业。到1990年年底,纳入工商登记的个体陶瓷有726户,从业人员2826人,其中工业414户,从业人员2356人。纳入工商登记的私营陶瓷企业29户,其中工业24户,商业5户,从业人员676人。

1993年,景德镇陶瓷经营个体达1000户以上,陶瓷私营工业企业达56户,注册资金621万元,年产值约5500万元。产品通过广州、上海、天津等口岸出口,占全市出口的1/4以上。

进入90年代,景德镇瓷业在探寻经营体制改革之际,全国其他产瓷区已经先行经营体制改革,特别是佛山、潮州、德化地区的瓷业借助外资和国际市场、技术的优势,发展个体、民营和外资企业,率先做大做强,在激烈的市场竞争中抢得先机。到1994年,景德镇部分国营陶瓷企业已不能维持正常的生产,并影响到社会稳定。

1995年,陶瓷系统职工有4.60万余人,其中1.60万人退休、2万多人下岗或待岗,就业压力巨大。经市政府同意,部分国营陶瓷企业试行经营体制改革,通过租赁和承包,划小生产单位的经营模式,维持企业生产,解决部分职工就业。通过出租厂房、设备,筹集社保资金,维持退休金的发放。

2002年,因缺乏生产规模,全市日用瓷总产量占全国总产量的5.22%,远远落后于其他产瓷区。陶瓷生产主要依靠民营陶瓷企业、个体陶瓷作坊。通过划小经营单位进行承包经营和出租厂房、设备的方式经营,在当时陶瓷企业停工、停产的情况下,保留部分生产能力,避免全面停产;解决企业善后的管理开支;安置部分下岗工人,对当时社会稳定起到积极的作用。同时,培育了一批陶瓷个体经营企业主,很多个体作坊之后成长为私营企业。

这一时期,景德镇瓷业从大型机械化流水线生产转为小而散的个体手工生产,重同质低价竞争,轻研发创新投入的经营方式,造成陶瓷生产和市场销售持续下滑,尤其是日用瓷在国内外市场的占有份额逐年下降,全市陶瓷生产企业除陶瓷股份有限公司日用瓷年产值在千万元以上外,百万元以上产值的企业仅剩几家。是年8月,景德镇市瓷局成立,统筹陶瓷产业规划、发展、管理,具体负责陶瓷招商引资、陶瓷工业园建设,引导个私陶瓷企业发展。省陶瓷工业公司在继续负责原有陶瓷企业的改制、脱困和破产改造的同时,还承担原建工建材系统的14户企业近万人的发展、改制和稳定工作。

2004年年初,在浮梁工业园区的基础上组建景德镇陶瓷工业园区,作为部、省共建景德镇陶瓷科技城产业化基地,隶属市政府。是年10月,景德镇陶瓷工业园区全面开工建设。2005年,招商落户投产企业10家,当年工业总产值为4000万元,开始形成有产值、有税收的园区框架。经过几年的招商发展,园区陶瓷产业门类逐步增加。由原单一的传统日用瓷、陈设瓷企业,发展成为以高档日用瓷、艺术瓷、陶瓷文化创意产业为主体,以结构陶瓷、功能陶瓷、电子陶瓷等高新技术陶瓷产业为核心,以建卫陶瓷及陶瓷相关配套产业为重要补充的生产基地。园区企业涵盖陶瓷制造行业各个领域,形成较完整的产业链。

2006年,全市有陶瓷工业企业2846家(含个体民营企业),包括规模以上企业46家,规模以下企业400

家，个体作坊2400家，其中新引进陶瓷及配套企业75家(内资57家，外资18家)，从业人员8万多人。2007年，全年实现陶瓷工业总产值42亿元，占年目标的105%，陶瓷出口创汇5030万美元，上缴税收达4324万元，创历史最好水平。

2010年，陶瓷工业园区引进大批国内外优势企业。来自广东、福建、河北、江苏、山东、浙江、湖南、河南、上海、北京等地多家企业落户园区。同时，境外企业也先后入驻，累计签约合同外资1.20亿美元，成为景德镇陶瓷产业集聚地。至年底，全市共有陶瓷企业2979家(工商注册登记)，从事陶瓷生产人员10.54万余人，陶瓷产业进入恢复发展期。工业园落户投产企业达到49家，工业总产值达到69.20亿元，其中陶瓷工业总产值52亿元，带动全市陶瓷产业结构不断优化，陶瓷的总产值、税收、销售收入、出口、固定资产投资等都逐年增长。

至2010年年底，景德镇市新增工商注册陶瓷企业1416户。其中集体所有制企业594户、非法人的集体制分支机构118户、有限责任公司678户、个人独资企业75户、合伙企业15户、外商独资或中外合资企业32户。形成以公有制为主体，多种经济成分共存的新局面。个体陶瓷企业在恢复和发扬传统技艺方面优势互补，技术、人才和社会闲散资金得到有效利用。省陶瓷工业公司所属企业以传统日用瓷为主，区(街)办、乡镇企业以雕塑瓷、旅游瓷、粉彩加工和单件日用瓷为主，个体户则以手工特艺瓷和仿古瓷为主，全市瓷器生产呈现门类齐全、品种繁多的特点。

行业产值

1986年，陶瓷工业总产值3.60亿元，其中日用瓷利税总额4295万元。1993年，陶瓷工业总产值5.50亿元，利税2465万元。1993年，经省陶瓷进出口公司直接出口创汇2022万美元，出口瓷合格率67.3%，经上海、天津、广东口岸公司出口1000多万美元。2000年，陶瓷工业总产值12.90亿元，陶瓷税收1233万元。

2007年，市陶瓷行业实现陶瓷工业总产值42亿元，比上年增长31%，占年目标的105%；陶瓷出口创汇5030万美元，比上年增长31%。陶瓷行业上缴税收达4324万元，创历史最好水平。2008年，陶瓷工业总产值达70.20亿元，陶瓷行业上缴税收8390万元。上缴税金前三名的企业是景德镇法蓝瓷、环球陶瓷、鹏飞陶瓷，其中景德镇法蓝瓷上缴税收972万元，占全市陶瓷税收1/10。

2009年，全市实现陶瓷工业总产值100.30亿元，首次跨越百亿大关。陶瓷出口总额为10833.50万美元。陶瓷上缴税收10200万元。陶瓷规模企业数量达102家，比上年增加25家。2010年，全市实现陶瓷工业总产值160.20亿元，陶瓷出口3.08亿美元，陶瓷上缴税收完成2.66亿元，固定资产投资完成50.05亿元。

表14-1-1　　**1986—2007年省陶瓷工业公司主要经济数据统计表**

年份	产值(亿元)	销售值(亿元)	产量(亿件)	出口(亿件)
1986	3.5960	3.4950	3.1964	1.0320
1987	3.8867	3.7580	3.4197	1.0226
1988	4.3055	4.2155	3.1511	0.8588
1989	4.2589	4.1672	3.1505	0.8555
1990	4.3367	4.2563	3.2612	0.9080
1991	4.6416	4.3251	3.4701	1.0083
1992	5.2144	4.9876	3.3335	0.9055
1993	5.5043	4.7253	3.0119	0.6313
1994	5.2064	4.6289	2.7589	0.7012
1995	4.4283	4.0776	2.0358	—
1996	3.2841	2.9660	1.8471	—

续表 14－1－1

年份	产值(亿元)	销售值(亿元)	产量(亿件)	出口(亿件)
1997	3.3031	1.9489	—	—
1998	2.7876	2.1785	2.7900	—
1999	3.0	2.2028	2.3672	—
2000	3.2	2.5	2.61	—
2001	3.35	2.3	2.55	—
2002	3.084	1.8	2.037	—
2003	3.2	3.0	—	—
2004	2.95	2.9	1.79	—
2005	3.12	3.01	1.52	—
2006	3.2	3.0	—	—
2007	3.71	3.3	1.71	—

表 14－1－2　　1986—1993 年景德镇日用陶瓷工业经济指标完成情况统计表

年份	工业总产值(万元)	日用瓷产量(万件)	出口瓷生产数(万件)	日用细瓷一级品率(%)	出口瓷合格率(%)	万件瓷耗标准煤(吨)	全员劳动生产率(元/人)
1986	23610	33537	12818	53.30	61.80	6.33	5755
1987	26079	36390	13227	55.10	61.60	6.27	5802
1988	29055	34283	11262	55.90	62.30	6.27	6416
1989	29110	35264	12474	53.80	61.00	7.07	6453
1990	29568	36529	13637	53.10	62.10	5.85	6602
1991	46130	40069	14900	57.30	65.20	5.71	10391
1992	52167	40807	15004	58.60	66.70	5.70	11122
1993	55301	41866	13458	60.70	67.30	5.90	11096

表 14－1－3　　1986—1992 年景德镇日用陶瓷工业经济指标完成情况统计表　　单位:万元

年份	销售收入	利税总额	销售税金	利润总额	流动资金平均占用	固定资产原值	职工人数(人)	基本建设投资	技术改造投资
1986	23383	4295	1681	2820	5706	15845	41028	548.20	1894
1987	28777	5591	2123	3468	6579	17089	44938	383	3413
1988	34234	6158	2300	3858	8121	19817	45286	774	3214
1989	33225	5284	2169	3115	10915	22022	45110	116	1755
1990	31928	3892	2394	1498	12742	22687	44784	205	1554
1991	37098	4547	2722	1825	15359	26088	44396	394	3771
1992	44412	4282	2699	1583	18227	28216	46904	469	10604

表 14－1－4　　2000—2010 年景德镇市陶瓷产业基本情况表

指标名称＼年份	2000	2001	2002	2003	2004	2005	2006	2007	2008	2009	2010
①陶瓷工业总产值(亿元)	12.9	14.2	16.8	17.2	20.5	24.6	32	42	70.15	100.3	160.2
其中日用瓷(亿元)	—	—	—	8.27	9.76	11.15	13.51	17.9	23.15	32.1	48.88
陈设艺术瓷(亿元)	—	—	—	5.45	6.76	8.57	11.96	15.6	22.06	31.19	50.93
建筑卫生瓷(亿元)	—	—	—	0.85	0.95	1.15	1.82	2.50	16.74	23.27	35.54
工业陶瓷含电子、特种(亿元)	—	—	—	2.63	3.03	3.73	4.70	6	8.20	11.13	20.36
陶瓷辅助材料(亿元)	—	—	—	—	—	—	—	—	—	2.61	4.49
②陶瓷税收(万元)	1233	1521	1568	1265	1387	1620	2907	4324	8399	10200	26600
其中：国税(万元)	1145	1431	1476	1171	1290	1478	2670	3787	7100	8511	24840
地税(万元)	88	90	92	94	97	142	237	537	1299	1689	1760
③固定资产投资(万元)	—	—	—	—	17000	18164	18480	22200	157900	201000	500500
④陶瓷出口(万美元)	1762	1640	2306	2030	1674	2184	3605	5030	7050	10833.50	30800
⑤陶瓷产业销售收入(亿元)	9.70	10.80	13.60	14.50	21	25	30	40.2	65.94	94.28	150.59
⑥陶瓷企业(户)	569	856	1000	1500	2873	2838	2856	2863	2884	2909	2979
其中规模以上企业(户)	—	—	—	30	23	38	41	56	77	102	112
⑦从业人数(万)	7.80	7.90	8	8.10	8.14	8.34	8.54	8.90	9.20	9.30	10.54

说明："陶辅"材料从 2009 年统计

原料生产

陶瓷生产主要原料有瓷石和高岭土。1986—1990 年，景德镇从事开采加工供应陶瓷原料行业的企业主要有省陶瓷工业公司原料总厂、省陶瓷工业公司余干瓷石矿、抚州瓷土矿、景德镇陈湾瓷石矿、景德镇大洲瓷土矿。其中原料总厂拥有三宝蓬、浮东、宁村、新矿等 4 座矿山，年生产加工能力可达 5 万吨，产值达 2900 多万元；余干矿年产矿石可达 8800 余吨，瓷土 7900 余吨；抚州瓷土矿年产高岭土 3000 余吨；陈湾矿年生产加工能力可达 2 万吨；大洲矿年生产高岭土 8000 余吨。1991 年，原料总厂承担国家"八五"重点科技攻关项目"陶瓷原料精选中试及设备研究"，1996 年 3 月顺利完成，并经专家审定考核。建成的国内第一条陶瓷原料精选中试线，工艺先进，为生产高档优质原料提供了中试基地。对解决陶瓷原料精加工问题，提高原料档次，实现陶瓷原料生产的高档化、系列化具有重要意义。

从 90 年代中期开始，国有陶瓷原料采掘企业经营进入困境，逐步停产、停采。一些私营企业介入陶瓷原料生产加工行业，如台达、鑫源等 20 余户，保障了国有矿山企业退出后，景德镇陶瓷企业对原料的需求。

柳家湾瓷石　产于浮梁县寿安乡柳家湾何家蓬，瓷石系微晶花岗岩风化而成，呈灰白色，隐晶质致密结

构,块状构造,由石英、云母和长石等组成。70年代,由省陶瓷工业公司投入230万元新建矿区,年产矿石3.10万吨。1986年,矿体东段已采尽,集中在西段开采,年产量在2万吨左右,为景德镇陶瓷生产主要原料基地。1996年,柳家湾瓷石矿关矿停采。

宁村瓷石 产于浮梁县寿安乡宁村,矿体微晶花岗岩,呈脉状分布。80年代初,经地质部门探明宁村矿地质储量为330万吨,由省陶瓷工业公司投入260万元开发建矿,至1985年建成投产,年产量3万吨。1989年,开始研制高白泥新产品,它是生产高档日用瓷、陈设瓷、纺织瓷的制作原料。1991年10月,试产高白泥70余吨,其中60吨销往广东深圳。成为景德镇陶瓷生产主要原料基地之一。

余干瓷石 产于江西省余干县梅港乡,瓷石产地有马岭、阳坊、谬坊、渗汤、梅港、塞上、大岭背等处,瓷石呈灰白色,断面贝壳状,表面可见大块石英,少见绢云母矿体。瓷土呈黄色,坚韧,浸水后不易崩解。余干瓷石矿隶属省陶瓷工业公司。80年代初,经地质部门探明,余干瓷石矿地质储量达220万吨。1987年,年产矿石1.2万吨。成为景德镇陶瓷生产主要原料基地之一。

大洲高岭土 产于浮梁县黄潭乡龙潭,外观呈白、浅灰等色,夹有细云母片,水浸后易崩解,无膨胀性,含杂质时呈黄、灰色。80年代,经地质部门探明,大洲瓷土矿地质储量约520万吨,全矿区除省陶瓷工业公司所属大洲瓷土矿外,还有龙潭、力岭、茅山、杭坑、幸福等5个矿区,年产高岭土8000吨,成为景德镇陶瓷生产主要原料基地。

抚州砂子岭高岭土 产于江西省抚州市临川县云山乡和进贤县李家渡乡交界处的砂子岭,高岭土外观呈白、灰色,受铁质渲染者为黄色或黄白色。60年代,省陶瓷工业公司根据陶瓷生产对高岭土的需要,在抚州砂子岭组建经营抚州瓷土矿,经地质部门探明抚州瓷土矿地质储量达223.50万吨。80年代,达到年产1万吨高岭土的规模,成为景德镇陶瓷生产主要原料基地之一。

厂房设备

陶瓷机械 按陶瓷生产工艺过程,原料机械设备分为原料破碎、原料细磨、超细磨、筛分、磁选、浆料输送、浆料搅拌、脱水、压滤、真空练泥等成套机械设备,主要有球磨机、搅拌机、旋浆机、除铁机、振动筛、压滤机和真空练泥机等。成型机械设备,由于陶瓷产品种类繁多,胚体性能各异,形状大小不同,造成机械设备的种类也随之多样化,主要有滚压机、刀压机、烫釉机、射内釉机、机动辘车、双头自动剐坯机和生产作业工作线等。市陶瓷机械厂是从事专业制造陶瓷机械设备的厂家。80年代,所生产的机械产品从矿石粉碎、原料精制、成型干燥到贴花装饰、窑炉等60余个品种。1985年,景德镇市日用瓷生产主要机械有球磨机190台、搅拌机257台、振动筛218台、磁选机203台、双缸泵173台、压滤机133台、真空练泥机103台、滚压机231台、刀压机78台、机压作业线167条、注浆作业线24条。1990年,景德镇陶瓷机械厂生产各类陶瓷机械506台,售往全国各地。1997年,景德镇陶瓷机械厂开发的新产品TC3360全自动液压压砖机试产成功,并通过国家鉴定。该压砖机是建筑陶瓷墙地砖压制成型的专用设备,它集主机、电气控制系统为一体,采用电脑控制,实现全自动循环工作,代表90年代先进水平。

生产厂房 景德镇陶瓷生产厂房是由许多手工业作房(俗称坯房)合并组成的。80年代,改造旧厂房37万平方米,使市区的光明、红星、东风、红旗、建国、新华、人民等瓷厂,由原来分散矮小的坯房,逐步改造成为宽大的新厂房。重点改造景兴、人民、建国、宇宙等瓷厂,共建厂房面积9万平方米。在改造厂房同时共投资1亿多元,先后新建为民、宇宙、景德镇、华风等瓷厂,随着改建和新建,大批瓷厂的生产厂房有了很大改善,基本形成以原料、成型、烧炼工序连为一体的综合性厂房,其中有多层楼的厂房,底层建隧道窑,二楼以上为成型车间,也有大面积顶采光的平房。

90年代,市建国、人民、艺术、东风、景兴、光明、红星、红旗、为民、宇宙等16家国有瓷厂共有生产厂房75.55万平方米。市红光、雕塑、新风、曙光、勤俭、玉华、卫华、建新、昌州、风光等23家集体瓷厂共有生产厂房25.02万平方米。景德镇景东陶瓷集团有限公司、浮梁县嘉华工业陶瓷厂2家民营企业共有生产厂房11.50万平方米。

2000年,民营企业鹏飞建陶有限公司有生产厂房3.28万平方米。2001年,市东风瓷厂全面改制,退城进郊,在景德镇西郊组建景德镇蓝博瓷业有限公司,厂房建筑面积2万平方米。是年,民营企业市望龙陶瓷有限公司成立，厂房建筑面积2万平方米。2003年，市艺术瓷厂实行退城进园，在景德镇西郊工业园区新建陶瓷生产基地，厂房建筑面积1.50万平方米。2004—2007年，景德镇嘉加陶瓷有限公司、东富盈瓷业有限公司、远景瓷业有限公司、神飞特种陶瓷有限公司、特地陶瓷有限公司等8家民营企业共有生产厂房47.53万平方米，其中景德镇特地陶瓷有限公司厂房面积达33.33万平方米。至2010年，金意陶、乐华、莱特等建筑陶瓷企业投产，厂房按照生产流程设计，采用大跨度钢架长型结构，原料从一端送入，成品从另一端运走。

窑炉　1986年，景德镇各瓷厂采用烧煤的圆窑和隧道窑烧瓷加上燃煤烘房和烤花炉，燃煤窑炉达千座。百余座大型烟囱日夜冒着黑烟，严重污染城市环境。窑房规模扩大，设有专门的烧炼车间，车间内含各类瓷窑和坯匣储存，装坯开窑场所。为了降低烧煤造成的粉尘污染，各大瓷厂先后推广油烧隧道窑，至1983年，共建油烧隧道窑16条。80年代中期，市焦化煤气厂建成投产后，市光明瓷厂、红星瓷厂、新华瓷厂先后建成煤气隧道窑烧瓷。1991年，红光瓷厂、红星瓷厂、景德镇瓷厂建成煤气隧道窑4条，并投入使用。1992年，建国瓷厂、东风瓷厂、艺术瓷厂、景兴瓷厂相继建成煤气隧道窑4条，并投入生产，全市共有煤气隧道窑11条。1999年，全市各瓷厂共拆改煤烧圆窑108座，新建煤气梭式窑71座，液化气梭式窑21座。至此，各瓷厂煤烧圆窑全部拆改。至2002年，全部燃煤隧道窑全部完成拆改。

窑具模具　陶瓷窑具。窑具是一种用耐火泥烧成的钵状容器、圈状物或饼状物，还有一种无底脚碗状钵体。1986年，景德镇陶瓷窑具厂年产匣钵约29335吨，其中大器匣钵10829吨，小器匣钵18405吨，碳化硅100吨。1991年1月，从英国引进莫来石匣钵生产线，所生产匣钵强度高，光洁度好，使用次数为一般高铝匣钵的5倍。

石膏模具。1980年6月，景德镇陶瓷石膏模具厂从景德镇陶瓷机械修配厂分出单独成立，年生产能力为6000吨模用石膏粉。

90年代停产的市石膏模具厂

1987年11月，投资150万元进行技改，引进西德尧脑夫公司的技术设备，年产能达2万吨。1988年竣工投产，由生产单β石膏到生产高强度a石膏。1993年，成功试制K石膏，具有强度高、可塑性好的特点，可用于代替硫磺制作母模、种模、主模。

1995年，石膏模具逐渐停产，景德镇制瓷模具所需石膏粉由湖北荆州、应城、孝感和湖南常德、山东平邑等产地输入。

第二节　生产工艺

坯釉生产工艺

坯料配制是陶瓷生产过程中第一道工序。坯料配置是[illegible]投[illegible]拌成含水量70%左右的泥浆，经过筛滤、除铁，存入储浆池，再由双缸隔膜泵抽送到榨泥机，压滤成含水率22%~26%的泥饼，又经真空练泥机练成泥条放入泥库中陈腐，使用时取出再经1~2次真空练泥机精练成所需直径的泥条，供压坯用。

双头滚压成型机和厢式烘房

釉料配置是将长石、石英、釉果、滑石粉、石灰石等，按重量配比投入球磨机碾碎，经过筛、吸铁，存入釉池备用。

成型加工工艺

注浆成型　将泥浆注入石膏模型内，由旋浆机带动模子旋转，泥浆沿着模体作切线运动，使泥浆颗粒能够均匀致密地吸附于石膏模型壁上，形成坯体制品，经刮坯、磨坯、剐坯、沾釉、喷釉、装坯、捧坯、烘坯，完成成型工序。

机压成型　将泥团放在石膏模型内，由电动机带动模子旋转，使泥料均匀地布满模子表层，而形成坯体制品，经脱模、捧坯、磨坯、利坯、烫釉、蘸釉、纳水、促釉、检坯、烧坯。

陶瓷装饰工艺

色釉粉彩　80年代，市艺术瓷厂研制的新产品色釉粉彩，它在高温色釉瓷胎上加绘粉彩，既保持了颜色釉的特有风格，又拓宽了粉彩瓷的艺术表现。继续恢复和创新了70多个品种。其中的钧红、郎窑红、窑变花釉、三阳开泰、玫瑰紫、宝石红等传统名贵铜红釉，都超过历史最好水平。颜色釉品种达130多个。

釉中彩　1992年，市瓷用化工厂研制"釉中彩"贴花纸成功，填补了省内一项空白。釉中彩装饰经高温快烧后，使釉中彩颜料沉浸在釉层中，兼具釉上彩及釉下彩的优点。1994年，成功开发出釉中彩颜料和釉中彩贴花纸，填补省内空白。成功试制14个釉下彩颜料品种，并基本形成系列，同时试制成功釉中彩花纸7个品种，为生产高档瓷、出口瓷创造良好的条件。釉中彩装饰是一项具有国际先进水平的陶瓷工艺，经高温快烧后，使釉中彩颜料沉浸在釉层中，兼具釉上彩及釉下彩的许多优点。

其他装饰工艺　80年代中期，应用稀土元素研制成功高温彩虹釉。1989年12月16日，雕塑瓷厂研制的系列瓷雕奖杯和瓷质砂金釉在瓷雕上应用等科研项目，通过省级鉴定。1995年，瓷用化工厂新开发"玻璃花纸""玻璃电光水"，又研制成功用于不锈钢器皿的"不锈钢颜料"和"不锈钢花纸"，并在福州举办的全国日用百货商品秋季订货会上首批订货5000件。年底，生产不锈钢颜料13个品种，基本形成系列；不锈钢花纸10种，其中7个花面已批量生产。

90年代中期，景德镇从事花纸生产的私营企业逐渐兴起，其中较具规模的有中艺、大方、景丰源、佳艺、大成云祥、翼龙、协和、长晖、三雄花纸厂等十家企业，这些厂家一般拥有2～3条全自动印刷作业线和2～3部半自动机械设备，年销售收入约800万～1000万元。1999年，市三蕾瓷用化工有限公司开发出"十二金钗·宝钗扑蝶"等高档花纸。其造型、网线、色彩等方面可与国外同类产品媲美。在此基础上，还研制出高档艺术瓷盘小膜花纸"洛神"，并在中国丝网印刷及制像协会举办的第8届金网奖大赛中获得银奖。是年，市三蕾瓷用化工有限公司应用电脑拼图等新技术，成功制作出色彩靓丽的"国庆50周年"和"喜迎澳门回归祖国"纪念瓷花纸。两套纪念瓷花纸投入市场后，受到用户喜爱。

2000年1月26日，三蕾瓷用化工有限公司完成国家重点科技攻关项目"釉中彩陶瓷颜料、花纸生产工艺技术的研究"，填补了国内空白。经小批量试产，19个品种的釉中彩颜料和40多个釉中彩花面经景德镇数家瓷厂使用，装饰效果良好，并申报"釉中彩颜料、花纸科技攻关成果产业化"技改项目。

传统工艺创新

青花装饰工艺创新　80年代，为提高青花瓷的产量，在继承和发扬传统绘画操作手法的基础上，采用贴花结合操作，以贴花为主。青花彩饰方法大部分采用贴花分水法，小部分产品采用印花分水法，极少的不配套产品采用带水贴花法。常用的花面有荷花洋莲、梧桐山水，多用于成套餐具，其他常用的花面有双梨花、川枝莲、缠枝牡、鲤鱼等，为青花瓷大量生产开辟了广阔的途径。

1983年，人民瓷厂成功研制集传统青花、影青、刻花为一体的青花影青餐具、茶具、咖啡具及陈设瓷，属国内首创，是传统青花瓷继承与创新相结合的又一新成果。生产的"青花梧桐"餐具，造型端庄、轮廓明晰，画面通过点、线、面的组合，细腻地描绘出花鸟树木园林风光，清秀雅致，明丽不俗，被誉为"瓷中瑰宝"，畅销世界60多个国家和京津沪穗各大宾馆饭店。

1986年，利润达百万，跨入省先进行列。80年代后期，景德镇青花艺术有新的突破，青花装饰从日用瓷发展到高档艺术陈设瓷，青花原料改用高档原料，由使用单一青釉到亚光、无光等新釉，在工艺技法上除保持原有的青花特点外，还吸收彩陶、敦煌壁画、汉画石、抽象画和写意图画的表现形式，绘制自然生动、潇洒活泼，既富有浓厚乡土气息又有时代特色的青花瓷器。

玲珑装饰工艺创新　80年代，在传统青花玲珑的基础上，对青花玲珑装饰进行创新，青花与玲珑的部位发生了变化，如"青花玲珑蝴蝶花瓶"根据造型特征，采用以青花为主，玲珑为辅的手法，在器型腹部最突出的部位饰以缠枝牡丹、蝴蝶的青花纹样，口沿、肩、足部以直的青花图案相呼应，在瓶体的颈部和上腹部排列了用玲珑眼组合的牡丹花形，翠蓝的青花牡丹与微泛绿光的玲珑牡丹相映成趣，穿插自然。在艺术处理上，力求玲珑的晶透，衬托出青花的明丽，光亮洁白的瓷质又烘托玲珑与青花，构成丰富的层次，产生柔和的美感。

"玲珑"由过去单一的米粒形，发展成能制作水形、浪花形、花瓣形、菱形等多种形状，而且能将玲珑组合成牡丹、凤凰、蝴蝶等多种图案。同时还创新与半刀泥玲珑相结合的产品，由过去单一碧绿色的玲珑，发展到红、黄、绿、蓝多种彩色玲珑，玲珑瓷品种、装饰题材、色彩更加丰富。

雕塑工艺创新　瓷雕种类多达2000多种，制作技法日益新颖，常常在作品上现综合运用堆、塑、捏、刻、镂等多种技法，在三维空间上充分展现景德镇陶瓷质感和人文思想。雕塑作品的装饰也不断创新，除新创釉下五彩、金彩、综合装饰外，又将各种名贵色釉经艺术处理，运用到瓷雕作品上，大大丰富瓷雕的艺术语言。雕塑瓷厂开发的大型陶瓷群雕"水浒一百零八将"在新加坡及东南亚引起轰动。

薄胎瓷工艺创新　品种从原来的40多种发展到150多种，规格也不断刷新，薄胎碗最大口径达到1.1米，薄胎瓶、薄胎皮灯尺寸分别达到300件、500件以上，薄胎双面彩绘的创制成功，为名瓷锦上添花。

烧造生产工艺

"一满二烧三歇火"是景德镇窑工们在长久的生产实践中总结出来的技术要点。只有把好满窑、烧窑、歇火（达到瓷器烧热即停火）三关，才能烧出好的陶瓷制品。

装坯　先将坯件运到窑场，在装坯前除去坯件灰尘杂物，做到"验坯入匣"，碗、碟、盘等坯件可用吸坯器装坯，盅类产品可用手取坯入匣；坯件入匣前在匣钵底均匀撒上一层氧化铝粉或石英粉，装盅类产品应先垫上糠灰，然后放平稳垫饼，并在垫饼上撒上一层薄薄的氧化铝粉或石英粉，然后再将坯件平稳地放在垫饼中心。盘、碗类产品一般是一钵一件，而杯类产品通常是一匣多件制品，如遇制品大小不一时，也可以在一个大匣钵内大小搭装，既要充分利用窑位，又要防止变形与黏结。

满窑　满窑是第一关，根据坯件的大小及烧成温度等要求，利用窑的不同空间，合理安排窑位，控制火焰的流向，俗称"错拉"。先从窑的后部装起，在窑后部装大器匣钵，窑前部装小匣钵，或在大小匣钵之间装2～3排七、八、九寸中等匣钵。根据每个窑的长度及所装烧产品的品种不同，各个窑所装的匣柱排总数及大小器钵柱排数的搭配也稍有不同，一般全窑的总装44～46排，窑前端装35厘米口径较大的小器17～22排，窑后端装19.5厘米口径较小的大器匣钵柱（5寸灰可器匣）10余排，再装21厘米口径匣（6寸蓝边三大匣）10余排，两者共计22～28排。

装车　装车适用于隧道窑。80年代，采用松紧装车法，即在装车密度上采用一紧一松。紧的一种其有效断面占窑道断面33.90%，松的一种为41.40%。在窑车运行中两种方法搭配进行，规定进1车紧的，进2车松的，习惯上称为2∶1。选匣打脚时，把新的、好的匣钵装下面，旧的、稍差一些的匣钵装在上面，防止倒车事故。

出车　每次只准拉出1部车，严禁2车一道拉，不得提前出车，窑尾可空一个车位。出车后，用拖车将窑车转运至与隧道窑并列的转道冷却、出匣。

烧炼　80年代初，景德镇瓷器烘烧全面实现以煤代柴。为了减轻烟尘污染，景德镇市焦化煤气厂建成投产，瓷器焙烧逐步以油、气代煤。

圆形煤窑烧炼　景德镇制瓷原料含铁量较高，在烧成中均采用还原焰操作，烧还原焰的倒焰窑，一般烧成操作分6个阶段。

蒸发阶段。温度在300℃左右，主要排出坯体中的残余水分，故升温要求慢些不宜过快。

氧化阶段。温度在300℃～1000℃左右，主要排出坯体中的结构水，有机物的氧化，碳酸盐类的分解，石英晶型的转变，升温速度较快。在氧化阶段后期进行中火保温（1000℃～1040℃），主要缩小窑内上下水平温差，并使坯釉中的碳酸盐及其杂质继续分解，为进入还原期打好基础。

还原阶段。由于空气供给不充足，升温不宜过快，窑内保持明亮的火焰，温度保持在1300℃维持一定的一氧化碳含量，使坯体得到充分还原，增强质感。

保温阶段。使窑内上下、左右的温度保持一致,以利于完全瓷化,防止铁的再度氧化,一般采用中性火焰或弱还原烧成。

止火阶段。止火时,用光学高温计测量,并结合三角锥和照子(用坯料制成)或凭经验用肉眼观察决定止火温度。

冷却阶段。先将窑顶的冷却孔(天眼)打开,再将燃烧室的炉条抽出,使炉内的余炭灰渣等落入大坑,然后再把封窑炉的砖打开,并将总闸门全提,让制品先是快速冷却,然后在窑内自然冷却至可以人工搬运的温度。

油烧隧道窑烧炼 油烧隧道窑的压力控制,在烧还原焰时,一般窑的预热带呈负压(3 毫米水),烧成带呈正压(2~3 毫米水),冷却带呈正压(0~2 毫米水)。常压控制在预热带和烧成带之间的区域内,隧道窑操作中不宜采用过大压力烧成。重油温度的控制,各种重油的自身加热温度其范围大致为20#重油 60℃~80℃,60#重油 80℃~100℃,100#重油 90℃~105℃,200#重油 100℃~115℃,残渣油的加热温度可稍偏高些。严格控制重油的加热温度,一般采用蒸汽伴管与电加热相结合的方法。如重油温度过高,易引起重油中水分的汽化,在输送管道中形成气栓而产生气阻现象,表现为喷油产生断续或喷嘴吐沫等现象,重油的预热温度不宜高于 125℃,否则会使重油碳化,致使供油中断或燃油设备堵塞。若重油温度过低,则重油的黏度增大,不仅会降低油泵及喷咀的工作效率,增加动力消耗,而且会造成雾化不良,燃烧中结焦,油耗增大等现象。

景德镇油烧隧道窑

煤气隧道窑烧炼 烘窑调试,当窑内最高温度点达 1100℃时,开始推入装有少量瓷坯的窑车到氧化段位置,注意该点的气分(指气体成分,主要是一氧化碳、二氧化碳、氧气的含量)要求,通过煤气压力,流量的调节,空气压力及空气量的变化,调整喷咀燃烧室内燃料与空气之比,掌握窑内煤气燃烧情况配合支闸的开启度及有关风机调节来达到窑内压力,气分和温度与烧炼工艺曲线一致。

窑炉调试,通过调整煤气压力和空气压力,确保窑内的压力。在窑内最高温度达到烧成温度时,应尽量减小该点的上下温度差,总之不大于 30℃。在确保瓷器不生烧的情况下,再逐步调节气分,用之改善瓷器面色。当煤气压力 14~20 毫米水银柱时:一氧化碳含量 27% 以上;窑最高温度点为 25 车位处温度为 1300℃,17.50 车位为 1020℃,此时可调低温部位烧咀来调节,使 16~17 车位温度达 900℃~950℃之间直接观察情况;18~20 车位处观察孔有 5~8 厘米长的蓝色火苗,高火保温区冒出火苗呈蓝黄色火焰。预热带的温度调控是通过排烟孔支闸来调整,并通过循环轴流风机的相互配合来改善预热带截面上下温度差,烟囱抽力的变化对预热整体的温度影响较大。窑尾直冷风机与抽热风机相互配合,确保窑二次助燃空气,稳定窑常压位冷却制品达到所要求出窑温度。窑的压力调节,采用煤气压自动调节煤气量的显示调节,以及空气量的跟踪显示,确保操作稳定。气分调节,由于用发生炉煤气作原料,一氧化碳含量大,调解气分较直观方便,只要控制燃气孔即可。

表 14-1-5 **景德镇市人民瓷厂烧炼气分一览表**

车位	测定点	氧气(%)	二氧化碳(%)	一氧化碳(%)
6#	自然通孔顶部	1.30~5.60	12.70~14.80	0.20~0.90
11#	侧墙上孔	17~20.60	0.40~5.80	0~0.20
12#	顶部	0.80~1	14.80~15	1.50~2.50
14#	侧墙上孔	0.40~1.30	12.80~17.40	1.50~5.50

表 14－1－6　　**景德镇市人民瓷厂烧炼压力一览表**

编号	部位	压力值(毫米、水)
1	总烟道闸板前	－8～－12　　－25～－27
2	顶热带	－5～－0.50
3	烧成带	+0.10～+0.50
4	冷却带	+0.20～+0.40

说明:1 号窑自然通风,烟囱 35 米,上 1.20 米,下 1.80 米,强制通风

开窑　煤、油窑开窑坚持三车循环冷却开一车。开窑时,做到手脚要轻,开湿口瓷须小心敲击使其脱开渣饼。开大器,不准用匣屑刀横打匣钵,只许用刀往上顶,使匣钵不受损坏。开窑瓷器须按品种、数量下竹篮,打好码子。发现毛病要按车号、班组、所患部位详细记录。下篮堆码高度不能超过篮口,盖子要垫蔑扎,渣饼要集中堆放在另一瓷篮中。盘碟类必须每块垫纸隔开,防止擦伤釉面。垒放时每摞用马粪纸隔栏,减少毛坯破损。

选瓷包装工艺

选瓷　选瓷是陶瓷生产过程中一项重要的工序。80 年代开始,依据《中华人民共和国日用细瓷标准》,对陶瓷产品分等分级。选瓷方法采取“一看、二听、三量”。一看:以目测为主,正看瓷器顶端和内部,翻看瓷器的底部,精看瓷器的外部四周,再看瓷器顶端和内部,翻看瓷器的底部,精看瓷器的外部四周,再看瓷器的釉面是否光润,经彩烤的看装饰彩绘是否鲜艳绚丽等。成套器皿还要看各件产品的釉色、画面、白度、光泽等是否一致。还要看产品表面有无缺陷及其缺陷种类的范围。二听:将陶瓷产品放在桌面上或手上,用棍棒轻轻敲击瓷器的口沿,注意听声音。如声音清脆,表明瓷器瓷胎致密,瓷化完全,质量良好,声音沙哑,表明瓷器有破损或没有烧熟,质量低劣。对中、小型口径的碗类制品,可重叠成筒(10 个成 1 筒)听测,将碗摞好筒口,即大小口面一致,花面对正,然后拿在手中抖动旋转,这一操作要快而准。手中瓷器若发出清脆之声,表明这筒瓷器质量良好,如杂有暗哑之声,表明有破损。三量:采用测量工具对陶瓷成品的规格和表明缺陷大小进行测量。测量产品的内外口径,内径不包括沿壳。测量带盖产品全高时,在产品口沿上置一平方木尺,从平木尺垂直量至产品内底面中心处。测量产品底径(足径)时,一般不测其内径,而以其外径为检验标准,产品腹径用游标尺直接测量。

包装　80 年代中期,景德镇实行“以纸代草”的包装改革,采用纸箱、彩印包装,减少瓷器的破损,提高产品的档次,一般提高售价 5%～10%。1986 年,景德镇在日用内销瓷中选择 136 个品种试行以纸代草,对陶瓷包装全面进行改革。对茶具、咖啡具、餐具等以套为单位的产品,实行一套一个纸箱,内销瓷器基本实现纸盒和以塑料为主要材料的包装和装饰。薄胎瓷和艺术陈设瓷实行优质瓷器优质包装,分别采用礼品式锦盒,内用海绵或发泡塑料作铺垫。有的高档精致细瓷采用塑料发泡定型包装,内配收藏证书。精细瓷器和国家礼品瓷改用锦盒包装。1999 年,市泰风包装公司从北京引进高档装帧纸礼品包装盒,并成功与玉风瓷厂合作生产十二生肖瓷盘礼盒,景德镇陶瓷包装向精品发展。

2000 年,市春涛包装设计研究所成立,装帧纸包装、彩印礼品包装、木制包装、竹制包装及各类创新创意的品牌包装、个性包装、系列包装等发展迅速。景德镇设计研制出蜂窝纸板生产机械设备,并生产蜂窝纸板、纸箱、托盘及瓦楞纸板集装化托盘式包装。此类包装产品,抗压强度高,包装时劳动强度低,运输装卸标准规范。2002 年,景德镇设计的国礼包装箱在外交部礼宾司众多包装样品中一举夺魁。

2008 年,在全国首创手推式陶瓷餐具礼品包装箱,并获国家发明专利。21 世纪初,景德镇一些高档陈设瓷、茶具开始采用实木木盒包装,一套(件)一个木盒,内置发泡塑料定型置放。瓷板类产品在实木装框的基础上,高档产品采用红木制框,雕饰花纹,大型瓷板还配置饰以各种刻花纹样的木座,至 2010 年,景德镇陶瓷包装向多样化、系列化、高端化发展。陶瓷包装行业不再满足于保护与美观的作用,开始探寻创新创意文化

品位。材质方面,综合运用,木、竹、金属、布等,包装呈现多元化。设计方面,将传统与时代审美相融合,使陶瓷包装呈现艺术化、个性化,实现跨界融合。

第三节 陶瓷产品

产品结构

景德镇传统瓷器生产以日用瓷和陈设艺术瓷为主,以瓷艺精湛而闻名于世。从20世纪80年代末至90年代初,传统名瓷生产稳步发展,所占比例均在30%以上,高时达到40%;四大传统瓷年出口创汇均在1000万美元以上,占陶瓷创汇总额1/3以上,且出口换汇成本低,出口综合效益好,名列全国各产瓷区日用瓷之首。

表14-1-7　　1986—1994年江西省陶瓷工业公司产品结构统计表

年份	日用瓷(万件)	工业瓷(吨)	年份	日用瓷(万件)	工业瓷(吨)
1986	30694	1270	1991	32230	2471
1987	32834	1363	1992	32230	1006
1988	28878	2633	1993	29543	576
1989	30208	1297	1994	27226	363
1990	31568	1044			

表14-1-8　　2007—2010年景德镇陶瓷产品结构统计表

年份	产品类型	产值(亿元)	所占比重(%)	年份	产品类型	产值(亿元)	所占比重(%)
2007	日用瓷	17.90	42.62	2009	日用瓷	30.60	30.51
	陈设瓷	15.60	37.14		陈设瓷	32.69	32.59
	建卫瓷	2.50	5.96		建卫瓷	23.26	23.19
	工业陶瓷	6	14.28		工业陶瓷	13.75	13.71
	合计	42	100		合计	100.30	100
2008	日用瓷	23.15	33	2010	日用瓷	48.88	31.39
	陈设瓷	22.06	31.45		陈设瓷	50.93	32.71
	建卫瓷	16.74	23.86		建卫瓷	35.54	22.82
	工业陶瓷	8.20	11.69		工业陶瓷	20.36	13.08
	合计	70.15	100		合计	155.71	100

90年代,景德镇陶瓷工业在发展传统日用瓷、陈设艺术瓷的基础上,开拓建筑卫生用瓷、纺织工业用瓷、无线电工业用瓷、电力工业用瓷及国防工业用瓷等新领域,开发生产瓷质内墙砖、卫生洁具、各式避雷器、压电陶瓷、介质陶瓷、真空开关瓷、陶瓷滤波器等新产品,研发新型陶瓷材料,取得一定的成效。但以墙地砖和卫生洁具为主体的建筑陶瓷起步晚,景德镇错过首轮发展的市场机遇。进入21世纪,景德镇通过招商引进

广东建筑陶瓷及卫生洁具生产企业,形成日用陶瓷为主体,以建筑卫生陶瓷和工业电子陶瓷为两翼,以陈设艺术瓷为特色,门类齐全的“大陶瓷”格局。

表 14-1-9　　1985—2010 年部分年份陶瓷工业经济指标统计表

年份	产品类型		年份	产品类型	
	日用瓷(件)	其中出口瓷(件)		日用瓷(件)	其中出口瓷(件)
1985	30024	10021	2005	61000	2800
1990	36529	13637	2009	157644	78600
1995	34340	4487	2010	268948	136434
2000	45669	5890			

产品类型

日用陶瓷　景德镇的日用陶瓷主要是餐具、茶具、咖啡具、酒具、文具、烟具等配套瓷和碗、盘、杯、壶、盅、碟等单件瓷。

80 年代末,东风瓷厂研制的“景德系列壶”月产量 1 万多只,单件售价 60 元,是其他壶类单价的十几倍,填补了景德镇系列功夫小茶壶的空白。宇宙瓷厂为美国“米卡沙”公司批量生产 45 头西餐具,取得良好的效益。

90 年代初,全市从事日用陶瓷生产的国有和集体企业近 200 家(不含私营企业和合资企业),其中省陶瓷工业公司所属的 12 家大、中型国有瓷厂年产量均在 1000 万件以上,是景德镇日用陶瓷生产的骨干企业。1991 年,为办好第二届国际陶瓷节,以日用陶瓷为重点,设计创作新产品 396 件(套)。新产品项目中有省级 25 项,其中 10 项分别获省优秀新产品二、三等奖。是年 12 月,市光明瓷厂研制的强化瓷获得成功,并通过省级鉴定。1992 年,设计创作新产品 636 件(套),新产品项目中有省级 9 项,其中 7 项分别获省优秀新产品一、二、三等奖。是年 6 月,市光明瓷厂强化瓷批量生产,品种有碗、盘、针匙、壶等 100 余个,并有配成茶具、咖啡具等套具。这种强化瓷的热稳定性及抗折、击强度均优于一般日用瓷。1993 年,景德镇全部陶瓷工业总产值(按 90 年不变价计算)达 8.94 亿元,其中日用陶瓷产值达 5.53 亿元,比上年增长 6.65%,占全部陶瓷工业产值的 61.80%。是年,全市日用陶瓷产量达 4.19 亿件,比上年增长 2.60%,其中省陶瓷工业公司总产量为 3.01 亿件。1994 年 8 月,市宇宙瓷厂开发出以西餐具配套为主的“澳棱”新产品,并逐步形成系列,年产量 380 万件,产值 790 万元。产品采取阴模滚压成型工艺,器型新颖美观、棱角突出,并进行立体条纹装饰,形成 78 头西餐具等配套能力,产品销往澳大利亚。是年,市光明瓷厂新开发出 96 个强化瓷品种和青花玲珑 9 头咖啡具,青花玲珑强化瓷新产品获得省科技进步三等奖。市东风瓷厂开发出“水点桃花”15 头咖啡具,俄罗斯客商 1 次订货 1.03 万套。

90 年代后期,景德镇国营陶瓷企业主要有景德镇陶瓷股份有限公司和江西省玉风瓷业有限公司,陶瓷股份有限公司主要有高档釉上、釉中彩瓷,包括西餐具、咖啡具、茶具,宾馆酒店用瓷、办公用瓷、礼品纪念瓷、国宴国礼瓷及抗菌瓷、新骨瓷、中温玻化瓷、白釉炻瓷等。2010 年产量 700 万件,产值 9900 万元,销售收入 9290 万元,利税 955 万元,“红叶”品牌为江西省著名商标。玉风瓷业有限公司主要产品有“玉风”牌高档骨质瓷手绘餐具、茶具、咖啡具、办公用品;传统高白釉茶杯、茶具、咖啡具;高档陶瓷酒瓶、保健品器皿容器等。2010 年完成产值 5000 万元,上缴税收 364 万元。

陈设陶瓷　陈设陶瓷主要是瓶、缸、罐、瓷雕、壁画、灯具等工艺美术品。按其装饰方法,则可分为青花、玲珑、粉彩、新花、颜色釉、综合装饰等几大类。按其原料成分,又可分为普通瓷、滑石瓷、稀土瓷、高白泥瓷及骨灰瓷等。艺术瓷生产主要厂家有市雕塑瓷厂、市艺术瓷厂、市建国瓷厂。1986 年,市宇宙瓷厂生产的“红楼梦金陵十二钗”系列艺术瓷盘第一集“宝钗”首批运抵美国芝加哥,为中国首次进入美国彩盘中心的瓷器。获得第六届美国消费者满意奖,平均离岸价 2.5 美元/块。到 90 年代,乡镇企业发展迅速,吸纳国营企业的技术、人才,艺术陈设瓷生产快速发展。艺术瓷厂为西欧及美国市场提供艺术瓷 10 余批,其中“蝶恋花”黑地系列冬瓜坛、西瓜坛、莲子缸、花钵、花瓶以及油画系列瓷板等万余件(套)。1997 年,为北京人民大会堂设计制作特大型综合装饰《映山红》宝灵尊,被专家称为“世纪之作”,陈列在北京人民大会堂江西厅。是年,为迎接香港回归祖国,张松茂等 8 位工艺美术大师联袂绘成大型瓷板画“紫归牡怀”作为江西省政府的贺礼,赠送香港特别行政区政府。同时,还完成中南海紫光阁和外交部驻香港特派员公署陈设瓷的创作设计任务。1999 年,由市陶瓷研究所制作的超万件青花斗彩“百荷图”瓷瓶,作为江西省政府的贺礼,赠送澳门特别行政区政府。

1986 年,红楼梦十二金钗瓷盘获美国布莱福特彩盘交换中心奖杯。图为创作者、企业领导和省进出口公司领导合影

2000 年以后,随着群众生活水平的提高,市场需求不断扩大,以法蓝瓷及部、省、市陶研所为代表的高档艺术瓷生产单位快速发展,以个体作坊为生产单位的樊家井、筲箕坞的仿古艺术瓷市场迅速崛起,以名字命名的大师工作室也在全市星罗棋布。以法蓝瓷、陶瓷股份公司为代表的规模企业,推动了艺术陶瓷生产工业化,日用陶瓷设计艺术化发展,瓷器也成为国家外事活动中具有中国特色的礼品。2004 年,陶瓷股份公司制作的“奥运腰鼓杯”被北京奥组委选定为雅典奥运会的礼品瓷,8 月运至雅典奥运会“中国之家”使用,为省级新产品。在景德镇市千年华诞庆典前夕,向市场推出采用景德镇四大传统名瓷装饰的千年华诞系列纪念瓷,包括 39 头青花餐具、9 头青花玲珑茶具、15 头粉彩荷口咖啡具、6 头颜色釉文具,为省级新产品。省陶瓷研究所开发陶冶图、陶序图、景德风情、北京风情、龙珠阁、情悠悠、古风等系列彩盘,系列青花瓷盘,体现了景德镇陶瓷的艺术特点。2005 年 4 月,市陶瓷研究所赖德全、何叔水制作的 500 件小口梅瓶《源》《脉》作品赠送中国国民党中央委员会、亲民党中央党部。12 月,赖德全创作的“天阔云作岸,山高人为峰”瓷板山水画由省政府赠送给神舟六号航天先进事迹报告团。是年,省陶瓷研究所新开发礼品瓷、旅游纪念瓷 30 多个品种,如“故宫”系列彩盘、“老北京民居风情”四方瓶、“红楼梦”“三国演义”等彩盘以及生肖纪念瓷、高档茶具系列日用瓷等,投入市场达 60 多个品种。

红楼梦十二金钗瓷盘 · 探春

红楼梦十二金钗瓷盘 · 黛玉

2006 年,省陶瓷研究所新开发礼品瓷、旅游纪念瓷 30 多个品种,如“春晓”“牡丹”“指画”“北京老房子”等系列瓷瓶,“双骏图”彩盘,“奋进”瓷板、笔筒以及各种瓷瓶、瓷盘、生肖瓷雕、夜光盘、挂历等。10 月,市陶瓷研究所赖德全创作的釉上装饰“秋歌”圆形瓷板,作为省政府礼品,赠送菲律宾总统阿罗约;釉上装饰圆形瓷板作为中国社会科学院礼品,赠送俄罗斯科学院。2007 年,法蓝瓷公司开发欧洲市场的高档艺术瓷、日用陶瓷,打造由故宫博物院监制、法蓝瓷设计、法国工艺制作的顶级精品餐具组,全套 6 份,计 206 件作品,全球限量 200 套,每套定价 25 万元。4 月,市政府接受法蓝瓷公司赠送的“福海腾达”顶级精品餐具组。轻工业陶瓷研究所先后开发 3 个生肖“鼠”瓷雕、2 块瓷盘、6 块瓷板画共 10 多件艺术礼品瓷,生肖“鼠”煲向省知识产权局申报版权。省陶研所新开发礼品瓷、旅游纪念瓷 40 多个品种,如大吉图、多寿图、平安图、松鹤图等瓷板;推出八一起义 80 周年纪念彩盘、奥运系列纪念瓷等,共 100 多个品种。2008 年,省陶瓷研究所共推出 40 多个新的礼品瓷品种(其中奥运纪念瓷有 14 种),如 150 件花瓶系列:红裳素羽、三顾茅庐、西厢记等,生肖瓷有:拓荒牛、拼搏、鸿运当头等,为国家体育总局设计生产 29 届奥运会中国冠军纪念花瓶等。

2009 年,全市共研发出新产品 430 套(件),主要产品有建国 60 周年庆典专用瓷、上海世博会用瓷、国家大剧院礼品瓷、“千人旅游团”礼品瓷、鸭鸭集团订单瓷等。年初，中共中央办公厅向全国7大产瓷区征集国庆60周年庆典专用瓷设计样稿，陶瓷股份公司赶制生产出22套国庆庆典瓷完整样品送中共中央办公厅评审，4月再次推出13套样品赴京竞标，“国泰民安”餐具最终被确定成为国庆庆典专用瓷。按照中共中央办公厅的建议，设计生产镂雕笔筒、水果拼盘、双层茶杯、双子口茶壶等一系列工艺复杂的新品种。2010年，中国轻工陶研所研发新产品六种：“兔迎盛世”和“玉兔祝福”生肖礼品瓷、“蝶飞玉兔翠杨风”生肖瓷板画、生肖兔系列耐热煲、陶瓷炒菜锅、陶瓷烧水壶、“生肖兔板”。

工业陶瓷　工业陶瓷包括电瓷和其他工业陶瓷，主要是高低压电瓷。景德镇生产电力用瓷的历史比较长，主要是低压绝缘子和隔离开关等。1986年工业陶瓷产量为1270吨，1988年为2633吨。1991年为32230吨。至1993年，景德镇生产电瓷的企业有电瓷电器公司等9家，职工近5000人。

电力用瓷主要有悬式、针式、棒型、套管绝缘子、避雷器、高低压隔离开关等3大类6大系列，包括全国最高电压等级90万伏高强度棒型支柱绝缘子和50万伏高强度耐污棒型支柱绝缘子。110千伏和220千伏氧化锌避雷器，质量和性能超过国家标准。1993年，全市电瓷产值近5000万元，占全部陶瓷工业产值的5.60%，电瓷产量6485吨，其中高压电瓷6200吨，比上年增长22.02%。至2010年，电瓷生产逐渐淡出市场。

其他工业陶瓷产品主要有多孔过滤瓷、纺织工业用瓷、乳胶手套瓷模、球磨坛、瓷球、标准色板以及食品、医药工业配套的包装瓷容器等。1993年，生产工业瓷的企业有20个，产值920.60万元，占全部陶瓷工业产值1.10%。2010年，工业陶瓷（含电子、特种陶瓷）产值20.36亿元，占全市陶瓷工业总产值的19.84%。

建筑卫浴陶瓷　90年代，景德镇建筑、卫生陶瓷生产厂家主要是景德镇陶瓷厂和中国瓷都卫生洁具厂。1993年，全市建筑卫生陶瓷产值1.94亿元，占全部陶瓷产值的21.70%。釉面砖产量达442万平方米，墙地砖产量达441.60万平方米，实现产品由单一品种的白釉面砖发展到“三砖”（釉面砖、内外墙砖、地砖），从低中档到高档次的过渡。至1995年，建筑、卫生陶瓷企业发展到12家，职工8000多人。能生产低中档的各色釉面砖，立体釉面砖、无光釉面砖、内外墙砖、地砖地毯砖、琉璃瓦等，还能生产豪华高档次的卫生洁具、磨光地砖等，到90年代末国营、集体生产企业基本停产。2000年后，鹏飞陶瓷等本土私营企业开始生产大规格地面砖。2005年后，引进广东乐华、金意陶等建筑卫浴陶瓷规模企业16家，景德镇建筑陶瓷爆发性增长。至2010年，建筑卫浴陶瓷产值35.54亿元，占全市陶瓷工业总产值的22.18%。

优质产品

1986年，市光明瓷厂生产的玩玉牌青花玲珑45头清香西餐具获德国莱比锡国际博览会金奖，艺术瓷厂生产的景德镇牌瓷板画获百花金杯奖。1987年，市雕塑瓷厂生产的散花牌传统人物雕塑获国家金奖。1989年，市人民瓷厂生产的青花瓷获国家优质产品金奖，长青牌青花梧桐餐茶具获国家金奖，宇宙瓷厂生产的高岭牌45头西餐具获国家银奖。是年，市人民瓷厂生产的长青牌青花梧桐45头西餐具、青花影青58头中餐具，光明瓷厂生产的玩玉牌青花玲珑餐茶具，建国瓷厂生产的珠光牌高温色釉陈设瓷，艺术瓷厂生产的景德镇牌薄胎人物陈设瓷，红光瓷厂生产的玩玉牌青花玲珑餐茶具，雕塑瓷厂生产的散花牌传统人物瓷雕，为民瓷厂生产的高美牌新彩45头西餐具，曙光瓷厂生产的玉乐牌仿古粉彩莲子缸获首届北京国际博览会金奖。

1990年，市青花文具厂生产的青龙牌青花6头文具获百花金杯奖，740厂生产的金属陶瓷发射管获国家质量奖金奖，建国瓷厂生产的陶瓷彩虹釉艺术瓷盘获比利时布鲁塞尔第三十九届尤里卡世界发明博览会金奖。1991年，人民瓷厂生产的长青牌青花梧桐餐具、万年青牌青花影青餐具，曙光瓷厂生产的玉乐牌凉墩、箭筒、金钟系列花钵、特艺系列圆盘，东风瓷厂生产的远航牌系列景德壶，光明瓷厂生产的玩玉牌青花玲珑瓷，为民瓷厂生产的高美牌45头西餐具、15头咖啡具获第二届北京国际博览会金奖。是年，市新华瓷厂研制的细炻瓷、20头西餐具、咖啡杯碟填补了景德镇市瓷器的一项空白，在第二届国际陶瓷节展出中获新材料二等奖。1995年9月，景德镇的陶瓷产品长青牌青花梧桐餐具、茶具，玩玉牌青花玲珑中、西餐具、茶具、咖啡具，红叶牌高档强化日用瓷，高岭牌系列餐具、茶具获省轻工名牌产品。1996年4月，中国名牌商品介绍活动委员会授予市雕塑瓷厂散花牌传统人物瓷雕，景德镇瓷厂红叶牌日用瓷，光明瓷厂玩玉牌青花玲珑瓷为全国名牌产品。1999年，经云南省园艺博览局批准，“红叶”牌陶瓷产品为’99世博会唯一指定产品，并准许使用’99 世博会专用标志、会徽、吉祥物(含有关图案)及文字说明。4 月 1 日,省技术监督局确定“红叶”牌餐、茶、咖啡具为省重点保护产品。

2000 年 11 月,轻工业陶瓷研究所制作的紫气东来、琼楼飞鹤综合装饰瓶获上海第二届中国工艺美术大师精品展览会金奖和铜奖。2005 年 9 月 1 日,景德镇陶瓷股份有限公司生产的红叶牌日用陶瓷餐具、茶具获中国名牌产品。2006 年,景德镇牌工艺陶瓷(包括青花玲珑工艺陶瓷、粉彩工艺陶瓷、高温颜色釉工艺陶瓷、薄胎工艺陶瓷、综合装饰工艺陶瓷)获中国名牌产品。2010 年,景德镇陶瓷股份有限公司开发的新产品《莺鸣燕语》《流金岁月》《大唐》3 项产品获全国餐具设计创新大赛金、银、铜奖。

表 14-1-10　**1986—1991 年景德镇日用陶瓷优质产品获奖情况表**

获奖年份	获奖单位	获奖产品	奖项
1986	光明瓷厂	玩玉牌青花玲珑 45 头西餐具	德国莱比锡国际博览会金奖
1986	艺术瓷厂	景德镇牌瓷板画	百花金杯奖
1987	雕塑瓷厂	散花牌传统人物雕塑	国家金奖
1988	艺术瓷厂	福寿牌古墨彩陈瓷	百花银杯奖
1989	人民瓷厂	长青牌青花梧桐餐茶具	国家金奖(复评)
1989	光明瓷厂	玩玉牌青花玲珑餐具	国家金奖(复评)
1989	宇宙瓷厂	高岭牌 45 头西餐具	银质奖(复评)
1989	人民瓷厂	长青牌青花梧桐 45 头西餐具	首届北京国际博览会金奖
1989	人民瓷厂	长青牌青花影青 58 头中餐具	
1989	光明瓷厂	玩玉牌青花玲珑瓷	
1989	建国瓷厂	珠光牌高温色釉陈设瓷	
1989	艺术瓷厂	景德镇牌薄胎人物陈设瓷	
1989	红光瓷厂	玩玉牌青花玲珑瓷	
1989	雕塑瓷厂	散花牌传统人物雕瓷	
1989	为民瓷厂	高美牌新彩 45 头西餐具	
1989	曙光瓷厂	玉乐牌仿古粉彩莲子缸	
1990	人民瓷厂	万年青牌 58 头影青中餐具	国家银奖(复评)
1990	艺术瓷厂	福寿牌工艺美术瓷	百花金杯奖
1990	青花文具厂	青龙牌青花六头文具	
1990	雕塑瓷厂	散花牌瓷雕	
1991	建国瓷厂	珠光牌瓷器	
1991	曙光瓷厂	玉乐牌重工粉彩莲子缸	
1991	人民瓷厂	长青牌青花梧桐餐具	第二届北京国际博览会金奖
1991	人民瓷厂	万年青牌青花影青餐具	
1991	雕塑瓷厂	散花牌紫罗兰变色釉瓷雕	

续表 14－1－10

获奖年份	获奖单位	获奖产品	奖项
1991	艺术瓷厂	福寿牌粉彩陈设瓷	第二届北京国际博览会金奖
1991	曙光瓷厂	玉乐牌凉墩、箭筒	
1991	曙光瓷厂	玉乐牌金钟系列花钵，特艺系列圆盘	
1991	东风瓷厂	远航牌系列景德壶	
1991	光明瓷厂	玩玉牌青花玲珑瓷	
1991	红光瓷厂	玩玉牌青花玲珑瓷	
1991	雕塑瓷厂	散花牌捏缕瓷雕	
1991	艺术瓷厂	福寿牌粉彩瓷板画	第二届北京国际博览会银奖
1991	为民瓷厂	高美牌 45 头西餐具，15 头咖啡具	
1991	青花文具厂	青龙牌青花文具	
1991	人民瓷厂	万年青牌满莲餐具、青花陈设瓷	
1991	新华瓷厂	彩云牌 53 头青花新疆民族餐具	
1991	东风瓷厂	远航牌系列英碗	
1991	红旗瓷厂	玉花牌釉下彩中餐具、稀土釉下彩系列产品	
1991	立新瓷厂	锦绣牌粉彩 92 头中餐具	
1991	青花文具厂	青龙牌青花 8 头酒具	
1991	东风瓷厂	远航牌系列气球壶、荷莲碗	第二届北京国际博览会铜奖
1991	人民瓷厂	万年青牌枫叶青花斗彩影青餐茶具	
1991	春光瓷厂	彩云牌石榴饭碗	

说明：上表资料引自《现代景德镇陶瓷经济史》

表 14－1－11 **1986—1991 年景德镇日用陶瓷优质产品获奖汇总表** 单位：个

获奖类别	1986 年	1987 年	1988 年	1989 年	1990 年	1991 年	合计
国外国际金奖	1	—	—	—	—	—	1
北京国际金奖	—	—	—	9	—	13	22
北京国际银奖	—	—	—	—	—	6	6
北京国际铜奖	—	—	—	—	—	3	3
国家金奖	—	1	—	3	—	—	4
国家银奖	—	—	—	1	1	—	2
工艺美术金杯奖	1	—	1	—	2	—	4
工艺美术银杯奖	—	—	2	—	3	—	5
部优产品奖	3	12	10	3	3	22	53
省优产品奖	16	8	16	17	15	18	90
合计	21	21	29	33	24	62	190

表 14－1－12　　1990—2002 年景德镇工业、陈设陶瓷优质产品获奖情况表

获奖年份	获奖单位	获奖产品	奖项
1990	艺术瓷厂	墨彩陈设瓷	国家质量奖金奖
1990	青花文具厂	文具瓷	
1990	740 厂	金属陶瓷发射管	
1990	曙光瓷厂	莲子缸	国家质量奖银奖
1990	雕塑瓷厂	瓷雕	
1990	建国瓷厂	颜色釉陈设瓷	
1990	建国瓷厂	陶瓷彩虹釉艺术瓷盘	比利时布鲁塞尔第 39 届尤里卡世界发明博览会金奖
1995	省陶瓷研究所	节能燃气间歇多用套式窑	1992 年获国家实用新型专利;1993 年获第七届全国发明展览会金牌奖;江西省科技进步奖;1995 年获中国轻工业优秀新产品一等奖
1999	中国轻工陶瓷研究所	电磁灶陶瓷面板	国家轻工局科技进步三等奖;轻工业优秀新产品一等奖
2000		综合装饰瓶《紫气东来》《琼楼飞鹤》	中国工艺美术学会在上海举办第二届中国工艺美术大师精品展览会金奖和铜奖
2002	省陶瓷研究所	生肖纪念瓷雕系列、金奖日用瓷系列、彩盘系列	“2002 年全国首届旅游纪念品设计大赛”获金奖 1 项,优秀奖 1 项;“江西省第四届(瓷都金融杯)工艺美术大奖赛暨第六届景德镇市陶瓷美术百花奖展评会”获金奖 4 项、银奖 4 项、铜奖 9 项、优秀奖 13 项
2002	省陶瓷研究所	《满江红》陶艺盘。《秋风拂扇》300 件粉彩瓶	浙江龙泉举办的第七届全国陶瓷艺术设计创新评比优秀奖;江西省第四届(瓷都金融杯)工艺美术大奖赛获银奖
2002	中国轻工业陶瓷研究所	四幅瓷板画	江西省首届花卉园艺博览交易会特别贡献奖

国家用瓷

国家用瓷办公室　负责“三瓷”(国家用瓷、礼展品瓷、旅游瓷)的生产计划和销售。服务对象为中共中央办公厅、外交部、驻外使馆、钓鱼台国宾馆、人民大会堂、文化部、中央军委、中南海和驻外使领馆及全国各大城市外事服务的宾馆、饭店等。由中央办公厅或国务院办公厅直接下达生产任务或由需要单位直接到景德镇定制。1984 年,国家用瓷办公室与景德镇市陶瓷加工服务部及省陶瓷工业公司销售科联合组成省陶瓷工业公司经销部(1989 年 3 月,更名为经销公司)。“国家用瓷办公室”职能由“礼展品科”和“订瓷科”承担。1992 年 2 月,国家用瓷办公室从经销公司划出,成立省陶瓷工业公司国家用瓷办公室。

戈氏西餐具

国家用瓷生产　1986 年,国家领导人把《郎红釉美人肩瓷瓶》作为国礼赠送给朝鲜国家领导人金日成。1987 年,江西省陶瓷工业公司从各大瓷厂调集设计人员和青花生产技艺人员,在宇宙瓷厂设计制作,于 1989 年和 1992 年成功生产两批青花装饰的国徽瓷。由 13 个品种、118 件瓷组成。画面素雅,釉面温润,瓷质细腻,器型优美,其质量达到全国青花瓷餐具的最高水平。1987 年和 1989 年,外交部、国务院,分别把青花玲珑餐具作为国礼,赠送给泰国外交部部长西提沙卫西拉和巴基斯坦总统伊沙克·汗。1989 年,国家领导人把《青花满牡瓷瓶》作为国礼,赠送给阿联酋外长拉西德·阿卜杜拉。同

青花国徽瓷餐具

年，把《青花玲珑花瓶》作为国礼赠送给加拿大总督。为迎接苏联总统戈尔巴乔夫访华，由为民瓷厂美研室美术设计人员设计生产了西餐具，称戈氏西餐具。1990 年，国家领导人把青花梧桐餐具送巴基斯坦外长雅格布·汉。

1992 年 8 月，红旗瓷厂制作完成中共十四大用瓷，品种有釉下彩高白釉金中茶杯、茶杯托、烟缸，花面由 14 个寿桃组成。

1995 年 1 月 6 日，中国对外友协将陶瓷股份公司开发生产的西餐具作为国家礼品，送给美国前总统布什的钻石婚纪念，该 300 套件“福、寿、喜”西餐具由美国白宫收藏。8 月，国家用瓷办公室承办在北京召开的第四届世界妇女大会礼品瓷任务，礼品由两块 8.5 英寸高白釉细瓷圆盘和两支高白釉薄胎瓶组成，共计 2000 件，赢得与会代表的好评。

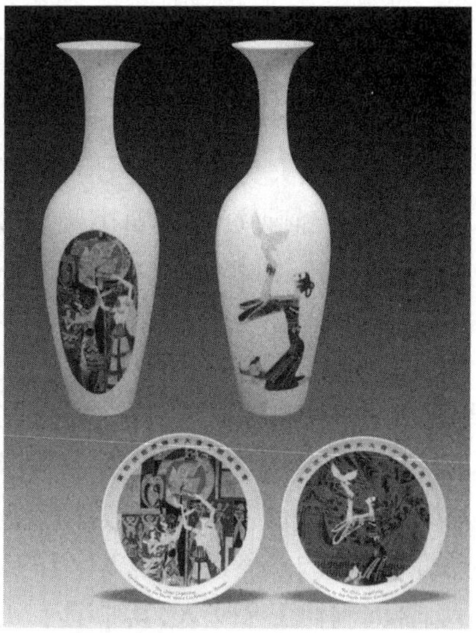
第四届世界妇女代表大会纪念瓷

国家用瓷选介　中南海用瓷的“古典园林”餐具，以中国传统青花瓷的色调为基础，运用江南园林建筑的表现手法，使“亭台楼阁、小桥流水、鸟语花香”的意境跃然瓷上；“吉祥如意”餐具 2002 年作为国家领导人访美礼品，赠送美国总统布什，同年由国家友谊博物馆收藏。2001 上海 APEC 会议专用瓷，画面由两个天使和爱犬驾车嬉戏，中部黑金两色完美融合在一起，圆心正中留出一束白色，像一块宝玉镶嵌中；“国宴牡丹”餐具以釉中彩工艺技术制作，主体花面嵌以不易脱落的无毒害的高温金装饰，花面正中上方红色国徽熠熠生辉，在人民大会堂众多用瓷中首次被命名为“国宴瓷”；“国泰民安”餐茶具运用寓意吉祥的回纹和龙纹作为边饰，中心画面为国花牡丹纹样，与国庆“60”徽标交相辉映，为新中国成立 60 周年大庆庆典专用瓷。

第四节　生产企业及商标

国有企业

市建国瓷厂　国家生产传统高温颜色釉陈设瓷定点企业。位于市胜利路 63 号，生产车间分布在胜利路、迎祥弄、彭家弄、龙缸弄等地，隶属省陶瓷工业公司。主要产品有高低温色釉瓷、青花、影青瓷以及仿制中国五大名窑瓷。1985 年 2 月，为发展传统特色陶瓷，专门成立颜色釉科技研究所和车间，研究生产颜色釉、仿古瓷。年产瓷达 1200 万件，其标志性产品为“三阳开泰”瓷瓶。名贵色釉瓷多次作为国家礼品瓷，行销 120 多个国家和地区。1994 年，全厂有固定职工及合同制职工 1258 人，大小集体职工 614 人，其中工程技术人员 19 人，厂区占地面积 5.34 公顷，生产用房建筑面积 55732 平方米，固定资产原值 1229.70 万元。年产量 1933 万件，产值 1549.52 万元，销售收入 1536.86 万元。1995 年，企业生产经营始入困境，1996 年下半年，全面停产，工厂以分块承包经营、租赁经营等措施维持生产。2009 年 8 月，进行改制，由政府出资兜底，化解企业债务。通过为职工购买 5 年医保、10 年社保等措施，全厂职工（包括厂属大集体）置换身份，与企业解除劳动关系，企业资产收归市国资委，由省陶瓷工业公司代管（下面的国企改制政策相同）。2010 年 11 月，破产清算。

珠光牌商标

市人民瓷厂　80 年代，是全国唯一生产传统青花瓷的专业厂。位于市斗富弄 22 号，生产厂区分布在薛家坞、沟沿上弄一带。隶属省陶瓷工业公司。主要产品有青花中西餐具、茶具、咖啡具、酒具、文具、饭具等，以及青花斗彩陈设瓷、仿古瓷，其中青花大件瓶、大件缸独树一帜。1989 年和 1991 年青花梧桐、青花影青餐具连续两届获北京国际博览会金奖。1994 年，有固定职工及合同制职工 1765 人，其中工程技术人员 21 人。生产分厂 8 家、研究所 1 个。占地面积 5.38 公顷，生产用房建筑面积 52795 平方米，固定资产原值 2319.83

万元。年产日用瓷1400万件,产值2117.30万元,销售收入2033.94万元。90年代中期,企业步入亏损困境,工厂以分块承包经营、租赁经营等方式维持。2009年9月,由政府出资兜底,化解债务实行改制,包括厂属大集体宏图瓷厂在内的全部职工置换身份,与企业解除劳动关系。企业资产收归市国资委,由省陶瓷工业公司代管。2010年11月,破产清算。

长青牌商标　万年青牌商标

市艺术瓷厂　全市最大的粉彩瓷生产厂家。位于市莲社北路24号,成型生产厂区在夜叉坞一带。隶属省陶瓷工业公司。全厂占地面积7.5公顷,生产用房建筑面积33408平方米。固定资产原值860万元。年产量2416.82万件、产值1598.37万元、销售收入1808.78万元。主要产品有粉彩各类瓷板、花瓶、高白釉薄胎瓷、碗及仿古瓷、日用瓷等。1993年,在编固定职工1032人,合同制职工719人,其中具有美术家、高、中、初级职称173人。生产分厂12家,研究所5个,包装经营部1个,大小集体企业各1个。90年代中期,企业步入亏损困境。1995年年底,被列为8户特困企业推行两权分离改革试点,由风险承包向产权租赁转变。2003年,通过莲社北路土地置换,实行退城进园,在西郊工业园区兴建占地3.47公顷,建筑面积15000平方米的新型陶瓷生产基地,创办新艺瓷业有限公司,实行租赁经营,安置职工1751人。原厂房土地开发建设商住楼,7层彩绘大楼折价给市社保局抵扣企业应交职工养老保险金。2009年9月,由政府出资兜底,化解债务改制,剩余职工全部置换身份,与企业解除劳动关系,企业资产收归市国资委,由省陶瓷工业公司代管。2010年,利用老旧厂房地处市中心的优势转型发展,打造集旅游观光、赏瓷购物、瓷艺展示为一体的陶瓷文化粉彩城市工场,取名“红店街”。

红店牌商标　双喜牌商标

市东风瓷厂　优质壶类产品专业系列生产厂。位于市人民广场南侧方井头、青峰岭、金家弄、万年街一带(现国贸陶瓷大市场)。隶属省陶瓷工业公司。全厂占地面积7.06公顷,生产用房建筑面积53000平方米,固定资产原值2000万元,年产量2869.35万件,产值2919.18万元,销售收入2849.07万元。主要产品有壶、碗、坛、针匙、青花瓷、仿古瓷、薄胎瓷等,尤以生产各系列优质壶类产品蜚声国内外市场,其主要品种有金钟、异丰、鹰嘴、东风、锦翎、昌南、气球、桥梁、元壶等10多个系列产品。1993年,有固定职工及合同制职工2045人,其中工程技术人员20人,有分厂9家,工艺美研室1个,陶瓷美术创作室1个,新产品开发试制组1个。1995年,东风瓷厂率先在陶瓷企业中进行经营机制改革,按照两权分离模式,实行租赁承包,自负盈亏。2001年,全面改制,厂房土地整体出让,职工全员置换身份,与企业解除劳动关系。厂房土地开发建设国际贸易陶瓷广场,企业退城进郊,以内部股份制重组方式,在西郊组建景德镇蓝博瓷业有限公司,占地面积2.6万平方米,建筑面积2万平方米,实行对外租赁经营。

市景兴瓷厂　传统日用瓷正德器专业制造厂。位于市中华南路155号周路口地段(现“china”印象商居楼及戴家弄通往广场南路的通道)。隶属省陶瓷工业公司。全厂占地面积4.72公顷,生产用房建筑面积30576平方米,固定资产原值723.5万元。年产瓷器2200万件,产值1817.27万元,销售收入1655.17万元。主要产品有传统正德餐具、饭具以及庆兴五寸半碗、正德汤碗、大碗、八寸平盘汤盘,还有卫生、保温为特点的和合器,青花配套日用瓷、陈设瓷、礼品瓷。1994年,有固定职工及合同制职工1320人,其中工程技术人员26人。90年代中期,企业步入困境。1997年上半年,推行厂房设备租赁经营。2002年,全面改制,1100名职工置换身份,与企业解除劳动关系。厂房土地整体出让,企业退城进园,组建凯兴陶瓷有限公司,实行租赁经营。2009年,企业资产收归市国资委,由省陶瓷工业

磬声牌商标

公司代管。

市光明瓷厂 青花玲珑出口瓷生产专业厂。位于市沿江东路166号，隶属江西省陶瓷工业公司。厂区占地面积5.09公顷，生产用房建筑面积40372平方米，固定资产2358.41万元。年产日用瓷2917.07万件，其中出口瓷873万件，产值3117.24万元，销售收入3068.07万元，实现利税403.73万元。主要产品有“玩玉”牌青花玲珑各式中西餐具、茶具、咖啡具、酒具，兼顾生产各种皮灯、花瓶、薄胎瓷之类的高档艺术瓷、陈设瓷和礼品瓷共160多个品种，被客户誉为“青花玲珑之家”。1992年，有固定职工及合同职工1869人、大小集体职工896人，其中工程技术人员17人。90年代中期，企业步入困境。1997年，实行厂房设备租赁经营。2009年9月，由政府出资兜底，化解债务改制，包括厂属大集体创业瓷厂在内的全部职工置换身份，与企业解除劳动关系。企业资产收归市国资委，由省陶瓷工业公司代管。

玩玉牌青花玲珑瓷商标

市红星瓷厂 釉上新花出口瓷专业厂。位于市曙光路22号及落马桥中华南路一带，隶属省陶瓷工业公司。占地面积3.33公顷，厂房建筑面积19695平方米，固定资产原值1480万元。年产瓷2100万件，产值2495.43万元，实现销售收入2366.86万元。主要生产新彩日用中西餐具、茶具、咖啡具、茶杯、水晶刻花等系列陶瓷产品。1994年，有固定职工及合同职工1402人，其中工程技术人员4人。90年代中期，企业步入困境。1997年，实行厂房设备租赁经营产权制度改革。2009年9月，由政府出资化解债务，启动改制，937名职工连同厂属大集体建新瓷厂职工置换身份，与企业解除劳动关系。企业资产收归市国资委，由省陶瓷工业公司代管。2010年11月，进行破产清算。

市红旗瓷厂 釉下彩系列瓷专业生产厂。位于市沿河东路156号及戴家弄一带，隶属省陶瓷工业公司。占地面积7.14公顷，生产用房建筑面积43021平方米，固定资产原值1400万元。年产瓷1797万件，产值2836万元，实现销售收入2533万元，利税127万元。主要产品有釉下彩和釉上彩各种中西餐具、茶具、酒具、咖啡具和各类单件碗、盘、杯、碟等日用瓷，精制各式花碗、薄胎碗、薄胎皮灯、挂盘等陈设瓷和展览瓷。1993年，有固定职工、合同职工1717人，其中工程技术人员60人。全厂设科室16个，生产车间9个，釉下彩科研所1个，管理人员100人。90年代中期，企业步入困境，1996年，实行承包经营和租赁经营。2003年，利用玉路弄、钟家弄生产厂区拆建站前路的资金，置换548名合同制职工身份。2010年1月，由政府出资兜底，化解债务改制，剩余的937名职工置换身份，与企业解除劳动关系。资产收归市国资委，由省陶瓷工业公司代管。11月，破产清算。

玉花牌商标

市为民瓷厂 釉上彩出口瓷生产企业。位于市东郊樟树下新厂西路118号，隶属省陶瓷工业公司。主要产品有金瓜茶杯、正德汤碗、正德3寸、8寸汤盘、异风杯碟及少量异风咖啡具。彩绘有粉彩、新彩和贴花三大类。“七五”期间，国家投资4369万元在为民瓷厂建立出口样板厂，从联邦德国内奇公司引进一套以等静压成型为主体，素烧、本烧燃气隧道窑相配套的高档瓷生产线（简称“4369”工程）。1991年10月25日，点火投产，投产后从为民瓷厂划出，定名中国景德镇瓷厂。“八五”期间，投资6828万元，用外汇498万元，从德国内奇公司和雷特哈姆公司引进技术设备，新增高档釉中彩瓷改造项目。1995年，竣工投产后又从厂部划出，与景德镇瓷厂等组成景德镇陶瓷股份有限公司。1994年，市为民瓷厂固定职工及合同制职工1674人，其中工程技术人员3人，分厂9家。占地面积606公顷，生产用房建筑面积31000平方米，固定资产原值4738万元。年日用瓷产量3100万件，产值2545.20万元，实现销售收入2520万元。1995年，企业步入困境，为民瓷厂作为全市先行先试的改制企业，厂房设备全面实行租赁制改革。企业以收取房屋设备租金维持。2009年9月，由政府出

高美牌商标

资兜底,化解债务改制,包括厂属大集体长征瓷厂在内的2028名职工置换身份,与企业解除劳动关系。企业资产收归市国资委,由省陶瓷工业公司代管。

宇宙瓷厂　日用瓷生产企业。位于市东郊里村童街新厂西路150号。隶属省陶瓷工业公司。主要生产杯、盘、碟类,陈设瓷及各式中西餐具。1994年,有固定职工及合同制职工1705人,其中工程技术人员38人,分厂5家,中试车间1个,陶瓷测试中心1个。占地面积13.2公顷,生产用房建筑面积7万平方米,拥有固定资产(原值)2615万元,年生产瓷器3200万件,产值3034.58万元,实现销售收入3203.04万元。7月,改制为宇宙瓷业有限公司。90年代中期,企业步入困境。2002年9月,全面停产,厂房设备实行租赁经营。2004年,申请依法破产。2009年9月,由政府出资兜底,化解债务改制,1269名职工置换身份,与企业解除劳动关系,资产收归市国资委。2010年,依法破产清算。

高岭牌商标

市新华瓷厂　国家民族用瓷专业生产企业。位于市莲社北路7号(现为陶瓷大世界),隶属省陶瓷工业公司。主要生产民族用瓷、日用陶瓷、旅游瓷、陶瓷容器和仿古瓷、工业用瓷等。产品造型优美、瓷细坝高而薄、白度高、亮度好、色彩艳、古朴雅致,畅销西藏、宁夏、甘肃、青海等地,被国家民委列为民族用瓷生产专厂。1994年,有固定职工及合同制职工1584人,集体所有制职工416人,其中工程技术人员19人,全厂设生产车间7个,科研所1个。全厂占地面积5.04公顷,生产用房建筑面积37176.31平方米,固定资产1860万元。年产日用瓷2965万件,产值1746.83万元,销售收入1652.88万元。1990年产值1157万元,利税73.79万元。进入90年代,企业步入困境。因独家生产少数民族用瓷,率先转产出口中东、东欧的4.50寸荷口碟、圆口碟以及适销对路的瓷器酒瓶,维持企业正常运转。1997年年初,被列入陶瓷系统21户企业产权制度改革,厂房设备实行租赁承包。新华瓷厂因地处莲花塘风景点,1998年被整体出让,开发建设商住一体的陶瓷大世界。包括厂属集体企业春光瓷厂在内的全部职工置换身份,与企业解除劳动关系。是年11月,新华瓷厂与市原料总厂签订10年厂房租赁协议,将拆迁设备、窑炉搬入原料总厂厂区,改扩建厂房5000平方米,新建4台梭式窑以及4条成型作业线,形成日产泥釉料22吨、8个成型班组的生产能力。成功研发出桔红、草绿、辣椒红等30多种色釉和6头西餐具、熟食面具等40多个品种的精炻器色釉系列产品。2003年,因城市规划和企业改制,原料总厂土地使用权整体转让,新华瓷厂的设备就地处理,返聘人员全部下岗。

灵鸟牌商标

彩云牌商标

市华风瓷厂　釉下带水贴花装饰工艺的现代化陶瓷企业。位于市西郊丁家洲,隶属江西省陶瓷工业公司。主要生产成套中西餐具、茶具和以青花装饰为主的高、中档成套日用瓷,高档礼品瓷、展览瓷、陈设瓷等,其中茶具占80%。在全国日用陶瓷行业中率先使用冷净混合发生炉煤气烧瓷。企业占地面积22公顷,建筑面积约8.63万平方米,设计年生产能力1600万件。1986年8月试产,1987年8月,完成青花瓷产量1789万件,达设计能力的111.86%,创产值1037.40万元。1991年,与香港兆峰集团合资创建华峰瓷业有限公司,总投资734万美元,从德国和意大利引进两条玻化砖生产线。1992年4月动工建设,1993年6月30日竣工投产,年生产能力156.68万平方米。1994年,有固定职工及合同制职工1631人,其中工程技术人员90人。成型生产作业线14条,高压注浆作业线9条,62.50米素烧隧道窑2条,32米烤花窑1条,22米间歇隧道窑1条,固定资产原值3000多万元。1995年兆峰公司撤股后停产,工厂实行整体租赁。企业步入困境,以厂房设备出租资金维持。2009年9月,由政府出资兜底,化解债务改制,1365名职工身份置换,与企业解除劳动合同。资产收归市国资委,由省陶瓷工业公司代管。2010年11月,破产清算。

市彩绘瓷厂　隶属省陶瓷工业公司经销公司。位于市戴家弄。有彩绘、开发两个工段,职工124人。1985年,在外交部驻外机构供应处支持下,生产锦盒、纸盒,用于日用瓷、礼品瓷、旅游瓷、陈设瓷等包装。1995年,年生产能力为5万件。陶瓷彩绘加工能力为500万件,产品有中西餐具、茶具、文具、咖啡具、碗、盘、杯、碟、缸、坛、瓶、钵等系列产品，各类粉彩大型壁画、挂盘、座盘及婚嫁、寿诞产品，并获得外销生产许可证。2007 年，城市改造，戴家弄厂房拆迁，企业改制，以土地出让金补偿职工。

散花牌商标

景德镇陶瓷厂　全国最早生产建筑陶瓷企业之一。位于市东郊毛家坂。隶属市建工建材局。具有从矿山采掘、原料加工、釉料精制、成瓷检包配套的生产线。1986 年，釉面砖产量 201.79 万平方米，卫生瓷 159 万件，总产值 1971.23 万元，利税 751.77 万元。90 年代，景陶瓷厂开发出组合式洗涤槽、高档台式洗面具、中档挂式全圆形洗面具、挂式回角方形洗面具、改型和半蹲便器和改型平口蹲便器，4 大系列 6 个品种的卫生瓷新产品和列入省新产品开发项目的 200×150×5 毫米白色釉面砖，通过省级鉴定，获省新产品奖。1992 年，经国家经贸委、国家计委等六部门批准为大二型企业。1995 年，有固定职工 1259 人，合同制职工 655 人。有分厂 10 家，矿山 1 座，子公司 5 家。占地总面积 31 公顷，厂房建筑面积 1.152 万平方米，固定资产 10127.13 万元（其中卫生瓷生产线租赁给上海太平洋公司）。年产釉面砖 173.19 万平方米，外墙砖 103.94 万平方米，实现销售收入 5495.61 万元。主要产品为“三角”牌釉面砖和“景德镇”牌卫生瓷。1997 年，企业步入困境而停产，实行对外租赁经营。2002 年，市建工建材局撤销，企业划归省陶瓷工业公司管辖。2009 年 9 月，实行全面改制，1654 名职工身份置换。2010 年 3 月，厂区土地 11.40 万平方米划拨昌河汽车有限公司。6 月，实施政策性破产。

市装饰材料厂　前身为市砖瓦厂，属建材系统，位于市吕蒙丁家州。1985 年，因厂区周围取土资源逐步枯竭，市政府决定转产建陶产品。1986 年 1 月，省计委、省建材工业局同意改产釉面砖，总投资 553 万元，建成一条年产 80 万平方米的釉面砖生产线。1990 年，与意大利娜赛提公司合资 300 万美元，兴建比较先进的外墙砖生产线。从意大利进口自动液压机、辊道窑、施釉线等主要设备，年设计生产能力 100 万平方米。当年完成产量 76 万平方米，实现产值 2109 万元，利税 104 万元。1996 年，引进一条年产 150 万平方米的生产线，整体生产能力达到 300 万平方米。1997 年，有国营职工 658 人，大集体职工 127 人，其中工程技术人员 11 人。企业占地面积 22 万平方米，建筑面积 3.1 万平方米，固定资产净值 1762.9 万元。2000 年，企业停产。2002 年市建工建材局撤销，企业划归省陶瓷工业公司管辖。2009 年 9 月全面改制，职工身份置换，资产收归市国资委，由省陶瓷工业公司代管。

中国瓷都卫生洁具厂（中国瓷都九州洁具厂）　位于市黄泥头莲花山，是利用法国政府贷款 450 万美元和国内配套资金 7000 万元兴建的江西省十大重点工程建设项目，全套引进法国和德国卫生瓷生产技术和原料制备、组套式注浆成型、宽截面隧道窑及微机控制梭式窑等关键设备，生产高、中档卫生陶瓷的现代化企业。1990 年 8 月，破土动工，1993 年 3 月，原料车间投料试产，4 月 10 日成型车间投入生产，6 月 30 日点火全面投产，年底生产高档卫生洁具 4.6 万件，合格率达 65%。1997 年 6 月，福建九州综合商社有限公司兼并中国瓷都卫生洁具厂，成立中国瓷都九州洁具厂。12 月 16 日，新建的梭式窑炉点火成功，出炉的卫生洁具器型新、釉面光。1998 年 1 月 19 日，中国瓷都九州洁具厂首批出口产品正式发运中东，至 12 月底共发运产品 2500 件到欧美、中东 10 个国家和地区，并取得 ISO9001 质量体系认证证书。1999 年，研制彩绘洁具，恢复梭式窑炉的批量生产。九州洁具厂占地面积 20 万平方米，建筑面积 4 万平方米，职工 419 人。年产高中档卫生洁具 36 万件，注册商标为“九州”。主要产品有虹吸式连体坐便器、虹吸式低水箱坐便器、台式和立式洗面器、妇洗器、小便器等各类陶瓷卫生洁具。

市电瓷电器工业公司　位于市中华南路 329 号。占地面积 32 万平方米，建筑面积 12 万平方米，在职职工 2073 人，为市工业局所属电瓷电器生产企业。主要产品有高压电瓷、高压电器、氧化锌避雷器。1997 年，企业停产。2001 年 1 月，因建设市站前路，企业进行拆迁改制，退城进郊，在市高新区建成华电开关和华电高压电瓷 2 家民营股份企业。2008 年后停产。

市蓝天工业陶瓷有限公司　1997 年 11 月，由市昌江电瓷厂、市陶瓷窑具厂和市焦化棚板厂合并，在市解放路 106 号（现金鼎国际）组建成立。车间位于市昌江区吕蒙乡历尧，隶属景德镇市焦化煤气总厂。主要产品有高压电瓷、高压电器、碳化硅棚板与棚架、陶瓷专用匣钵、平面瓷板、钢玉高铝质特种工业陶瓷、试火材料、砂轮磨具等八大系列。拥有81米隧道窑、英德两国技术建造的梭式窑等生产设备以及完整的高压电瓷电器检测设备。员工1800余人,占地21公顷,固定资产近亿元。2003年7月,停产改制。

国资控股陶瓷企业

景德镇陶瓷股份有限公司　位于朝阳路558号,隶属市国资委。1996年1月,经省政府批准,由中国景德镇瓷厂为主体,"红叶"品牌作为无形资产,整合市为民瓷厂、光明瓷厂、红星瓷厂、陶瓷窑具厂等"七五""八五"技改项目组建而成。注册资本14935万元,有员工720人,占地面积9.60公顷,厂房面积8万平方米。年设计生产高档日用陶瓷2160万件,碳化硅窑具720吨。10月28日,省政府批准正式成立,11月22日,在景德镇瓷厂召开景德镇陶瓷股份有限公司创立大会暨第一次股东大会。选举产生董事会、监事会、选举刘明寿为董事长,并聘任舒诗成为总经理。11月28日,正式挂牌成立,是一家集产品研发、设计、生产、销售为一体的高档日用陶瓷旗舰企业。1999年以后,王耀先后任公司党委委员、总经理,党委书记、董事长,带领景德镇陶瓷股份公司走出亏损停产状态,实现持续稳定发展,主持开发高档星级酒店用瓷,产品先后进入中南海、人民大会堂、上海APEC国际会议。公司拥有"红叶""家好""金品陶""金牌陶瓷"4个品牌,其中"红叶"品牌为江西省著名商标,2002年获国家质检总局授予原产地标识认证证书,是国内日用陶瓷唯一获此证企业。2003年获国家免检产品称号。2005年9月获评中国名牌称号,获评中国轻工业500强企业,国家产业技术创新战略联盟单位(当年江西省仅3家)。2010年,公司产量700万件,产值9900万元,销售收入9290万元,利税955万元,居全省同行业之首。公司下属中国景德镇瓷厂、公司二厂、公司三厂、高档窑具厂和金品陶礼品瓷股份有限公司。

江西省玉风瓷业有限公司　位于市新厂西路389号。1980年创建,原为中国高档瓷指挥部、国家轻工部直属企业玉风瓷厂。1996年,改为省轻工行业管理办公室直属企业,易名江西省玉风瓷厂。2008年5月,改制转换重组为公司,注册资金500万元。占地面积1.25公顷,厂房面积7272平方米。员工259人,其中高级技术人员9人,中、初级技术人员53人。拥有原料、成型、烧炼、彩绘、检选、包装等全套制瓷技术和较先进装备。年生产能力500万件。2010年,完成产值5000万元,上缴税收364万元。主要产品有"玉风"牌高档骨质瓷手绘餐具、茶具、咖啡具、办公用品;传统高白釉茶杯、茶具、咖啡具;高档陶瓷酒瓶、保健品器皿容器以及高档精品艺术瓷、礼品瓷、陈设瓷等4大系列、数百个花色品种。合成骨质高档日用瓷在景德镇属首创,填补江西省空白。连续12年研发生产的十二生肖夜光纪念盘由国家级艺术大师设计、监制,是全国民族用瓷定点企业、人民大会堂用瓷和中央办公厅指定专用瓷生产企业。

集体陶瓷企业

市红光瓷厂　青花玲珑瓷专业生产企业,位于市中华南路404号,隶属省陶瓷工业公司。企业占地面积4.13公顷,生产用房建筑面积35000平方米,固定资产原值1700万元。年产青花玲珑日用瓷3000万件,产值2794.79万元,实现销售收入2680.02万元,利税260万元。主要生产品种为195头以下青花玲珑中西餐具、各式饭具、茶具、咖啡具、烟具、酒具、文具、灯具、贡具等9大类100多种。1994年,有职工2576人,其中工程技术人员86人。90年代中期,企业经营困难。1995年11月,推行体制改革,企业资产分别由56个经营实体实行承包经营、租赁经营。企业以收取租金维持。2009年10月,由政府出资改制,即化解债务,职工身份置换和安置,企业资产收归市国资委,由省陶瓷工业公司代管。1873名职工置换身份,与企业解除劳动关系。

玩玉牌青花玲珑瓷商标

市雕塑瓷厂　传统瓷雕出口生产企业,位于市新厂东路139号,隶属省陶瓷工业公司。厂区占地面积11公顷,建筑面积38756平方米,固定资产原值1600万元。年生产能力130万件,年产值1253.30万元,销售收入1220万元,利税104万元。主要产品有传统人物、珍禽异兽、草虫花卉、亭台楼阁等陈设瓷雕和旅游瓷雕、仿古瓷雕。1990年,首家引进澳大利亚波特欧肯公司液化石油气梭式窑,实现陶瓷无匣烧成工艺的技术革命。1992年,厂区内开发工业旅游,创建以创作、生产、陈列、观光、购物、餐饮于一体的"明青园"古建筑群,成为景德镇陶瓷文化特色的旅游基地,全国工业旅游示范点、国家AAA级旅游景区、江西省服务业基地。

1994年,有职工1397人,其中工程技术人员105人,分厂7家。1997年后,推行产权改革,实行租赁经营,各种经济实体达110个。2009年8月,作为全市资产、人员置换全面改制试点单位之一,992名职工身份得到置换。由工厂代管企业资产,继续打造雕塑国际陶艺村,发展陶瓷文化创意产业。

市新风瓷厂　原名市陶瓷彩绘工厂。1979年,改名新光瓷厂。1989年,与东风瓷厂大集体企业风光瓷厂合并,取名新风瓷厂。位于市中华南路2号(现新跃广场),隶属省陶瓷工业公司。主要产品有普通粉彩、中级粉彩日用细瓷、中西餐具、各式茶具、咖啡具、碗盘杯碟;花篮瓶、各式仿古异型瓶、高档薄胎陈设瓷;长条瓷板、陶瓷壁画、莲子缸等;产品以广彩为主要装饰形式。1991年,有职工1128人,其中工程技术人员28人,分厂10家。企业占地面积4000平方米,生产用房建筑面积11000平方米。固定资产原值49.40万元,彩绘年产量100万只大碗。同年8月,厂部实行划小核算、分块承包。2000年,以厂房出让金为改制资金,为职工置换身份。

市曙光瓷厂　生产传统仿古瓷、大件陈设瓷为主的骨干生产企业。位于市太白园路43号,隶属省陶瓷工业公司。企业占地面积4.6公顷,生产用房建筑面积2.25万平方米,固定资产原值360万元。年产日用瓷610万件,产值921.60万元,销售收入640.90万元。主要产品有陈设瓷类莲子缸、凉墩、箭筒、花钵、水浅。仿古瓷类釉上粉彩、古彩、釉下青花、青花斗彩,计有54种120个花面。1993年,有职工1389人,其中工程技术人员36人,分厂11家。90年代中期,企业步入困境。1995年,企业实行资产承包、租赁经营,企业靠收取租金维持。2009年10月,由政府出资改制改制后,企业在市中小企业管理局等部门的扶持下,建成市陶瓷就业创业孵化基地,发展陶瓷文化创意产业。

玉乐牌商标

市勤俭瓷厂　位于市新厂东路(原料总厂内),隶属省陶瓷工业公司。厂区占地面积1公顷,生产用房建筑面积8379平方米,固定资产原值110万元。主要生产制造日用陶瓷、雕塑瓷、匣钵及瓷料装卸运输服务。1993年,有职工536人,技术人员8人。年产匣钵2.10万担,日用陶瓷、雕塑瓷136.90万件,产值139.20万元,销售收入179.30万元。1993年始,企业生产经营困难,以租赁厂房和设备维持。2009年9月,由政府出资改制。

市玉华瓷厂　位于市吕蒙(陈湾矿内),隶属省陶瓷工业公司。主要生产制造加工日用陶瓷、雕塑瓷、匣钵、陶瓷原料等,匣钵、鱼缸为畅销产品。1995年,有正式职工65人,占地面积9900平方米,年产值101万元。1996年后,企业经营困难,厂房设备对外租赁。2009年9月,由政府出资改制。

市卫华瓷厂　高中档粉彩加工专业厂。位于市郊老鸦滩,隶属省陶瓷工业公司。主要产品有各式花瓶、花钵、箭筒、凉墩、莲子缸等陈设瓷以及汤碗、茶具、饮具等日用瓷。在广东地区占有相当市场,并远销国外。1992年,有职工254人,占地面积1公顷,生产用房建筑面积5743平方米,有动力机械444千瓦,固定资产原值52.50万元。年生产能力为陶瓷粉彩加工2万筒大碗,年产值85.70万元,销售收入90.50万元。1993年,实行划小核算,分块承包经营。1996年,企业经营困难,厂房设备对外租赁,均以收取租金维持,后改制。

市建新瓷厂　位于市中华南路298号,原为红星瓷厂大集体,1985年隶属省陶瓷工业公司。主要生产54头餐具配件、出口月心碟等。占地面积1.10公顷,生产用房建筑面积1万平方米。有动力机械总能量120千瓦。固定资产原值60万元。1992年,有职工1216人,年产日用瓷1100万件,年产值1300万元。1993年5月全面停产,1997年,厂房设备实行租赁经营。2003年,以土地厂房整体出让,为职工购买10年社保,为5年内退休职工购买5年医保。2009年由政府出资改制,全厂906名职工置换身份。

市昌州瓷厂　位于市董家上弄,原隶属陶瓷加工服务部。1984年,改名为陶瓷公司经营部昌州瓷厂。1985年,隶属省陶瓷工业公司,厂区占地面积980平方米,生产用房建筑面积2061平方米,动力机械210千瓦,固定资产5.90万元。主要进行彩绘加工,产品有广彩白玉茶杯、粉彩山水高白釉茶杯、金边贴花54头中餐具等。1994年,有职工224人。1997年,全面停产,厂房设备对外租赁。2009年9月,由政府出资改制。

市建筑瓷厂　位于市瓷都大道。1984年,划归市建工建材局管理,易名市建筑瓷厂。2002年11月,市建工建材局撤销,重归省陶瓷工业公司管理。主要生产鲤鱼牌白色釉面砖,是江西省规模较大的建材厂之一,全市生产釉面砖的骨干厂家。1994 年,有正式职工 780 人、合同工 300 人,其中工程技术人员 36 人。企业占地面积 12.40 公顷,生产用房建筑面积 25575 平方米,固定资产原值 444.80 万元。年产量 90 万平方米,产值 1900 万元,销售收入超过产值达 2000 万元,利税 200 万元。1997 年,生产经营困难而停产。2000 年,厂房设备实行对外租赁经营,留守人员均靠收取租金维持。

市面砖厂　原建筑园艺厂、地砖厂,地处市东郊茅家坂。1981 年 8 月,更名为市面砖厂,隶属市建工建材局,主要生产小花牌面砖。80 年代,企业最高年产值达 1300 万元,职工达 1400 余人。90 年代后期,生产经营逐步下滑。1997 年 9 月 28 日全面停产。2002 年,面砖厂 6.87 公顷土地被划拨昌河铃木公司,企业改制,为在职职工缴付 10 年个人养老保险。

市景光釉面砖厂　隶属省陶瓷工业公司。主要生产 152 釉面砖。企业占地面积 1.32 公顷,生产用房建筑面积 6821 平方米,固定资产原值 200 万元。1988 年,有职工 500 余人,年产釉面砖 30 万平方米。1989 年,企业全面停产,在职职工和退休职工分流到市耐火器材厂安置,厂房设备等对外出租,以租金收入维护企业的日常管理。

市红艺瓷厂　隶属艺术瓷厂。建厂初期以贴花生产为主,后转向釉上彩绘加工。厂区占地面积 2980 平方米,生产用房建筑面积 8323 平方米。80 米的辊道窑炉一条,动力机械 5 千瓦,固定资产原值 7.90 万元。主要产品有“海棠”牌、“福星”牌中级粉彩、洋金、广彩、黄电光日用瓷、高档礼品瓷、仿古瓷和艺术陈设瓷等 10 多个种类,产品行销全国及出口国外。1994 年,有职工 373 人,年产值 360 万元,年利润 20 万元。90 年代,企业经营困难,厂房设备对外租赁,靠收取租金维持。2009 年 9 月,随艺术瓷厂进行改制。

市风光瓷厂　隶属市东风瓷厂。1985 年,与东风瓷厂划开,实行经济独立核算。占地面积 1.60 公顷,生产用房建筑面积 1.10 万平方米。有动力机械 200 千瓦,固定资产原值 37.70 万元,年产日用瓷 600 余万件。1989 年,与新光瓷厂合并。主要产品有东风壶、四合壶、新玉壶、金菊碗、罗汉汤碗、正德汤碗、茶具、针匙、正德元托等。1988 年,有职工 700 人,分厂 2 家。1991 年,新光瓷厂改制后,原风光瓷厂职工、厂房设备整体划回东风瓷厂,厂名天益瓷厂。2001 年,与东风瓷厂一并改制,全厂职工身份置换和安置。

市宏图瓷厂　隶属市人民瓷厂。1993 年,有职工 735 人,占地面积 2500 平方米,生产用房建筑面积 3900 平方米,有动力机械总能量 17 千瓦,固定资产原值 10.30 万元。主要产品有青花茶杯、针匙、彩花日用瓷等。1991 年,实行承包经营。1995 年,全面停产。1998 年,土地厂房出让珠山区社保局。2009 年,随人民瓷厂进行改制。

市长征瓷厂　位于市陶玉路 21 号。属市为民瓷厂的综合加工厂,占地面积 1.88 公顷,生产用房建筑面积 8336 平方米,固定资产原值 295 万元。主要产品有日用陶瓷灯、各类餐具、陈设瓷。1995 年,有职工 916 人,年产日用瓷 210 万件。1995 年年底,停产。1996 年 3 月,实行租赁承包。2009 年,与为民瓷厂一并改制,513 名职工置换身份和安置。

市光华瓷厂　位于市戴家上弄 24 号。原为红旗综合加工厂,1978 年 8 月更名为光华瓷厂,隶属国营红旗瓷厂,厂区面积 3500 平方米,生产用房建筑面积 4190 平方米。主要产品有碗、盘、杯、碟、壶、针匙 6 类日用瓷和雕塑瓷、纺织瓷、旅游瓷。新产品电镀仿古铜雕塑陈设瓷。1986 年,获省经委颁发的优秀产品奖。1995 年,有职工 810 余人,固定资产原值 15.60 万元。1998 年,全面停产。1999 年,厂房设备对外租赁经营。2003 年,利用工厂拆迁变现资金,为退休职工办理 5 年医保,为 19 名因土地征用进厂职工办理身份置换。2009 年 11 月,随红旗瓷厂一并改制。

市创业瓷厂　隶属光明瓷厂。办公地和直管成型班组分布在市油盐巷。主要产品为具有民族风格的青花玲珑瓷,品种有罗汉碗、饭匙、正德元托、牙签筒、胡椒筒、50 件乔良壶、白胎正德罗汉汤碗,7 寸以上盘等。1993 年,有职工 821 人,厂区占地面积 5102 平方米,生产用房建筑面积 5810 平方米。1996 年后,厂房设备实行对外租赁经营。1997 年 12 月,企业划小经营单位,办公楼和生产场地由光明瓷厂统一收回,管理部门和光明瓷厂劳动人事部门合并。2009 年随光明瓷厂一并改制,442 名职工身份置换。

市春光瓷厂　隶属国营新华瓷厂。主要生产法口饭碗、双龙戏珠法口盅、粉彩八乐民族乐器等民族用瓷。1995 年,有职工 416 人,厂区占地面积 981 平方米,生产用房建筑面积 1042 平方米,固定资产原值 30 万元。1998年，新华瓷厂整体出让，春光瓷厂停止生产。通过为职工购买10年社保，为5年内退休职工购买5年医保等措施解除职工劳动关系。

市永兴瓷厂　隶属市景兴瓷厂。主要产品有杯、盘、碟、针匙等日用陶瓷。1995年，有职工660人，厂区占地面积1.02公顷，生产用房建筑面积8000平方米，有动力机械总能量554千瓦，固定资产原值4.40万元。1995年，全面停产，厂房设备实行租赁经营。2002年，站前路改造，永兴瓷厂被拆迁，同时实行企业改制。

市建中瓷厂　隶属市建国瓷厂。主要产品有各式宝珠坛、天字坛，各式青花、色釉、釉下彩茶杯，青花针匙、文具等。1987年，有职工216人，厂区占地面积3998平方米，生产用房建筑面积2797平方米。具有成型、彩绘、包装等生产能力。1988年1月，与陶瓷供应处大集体振兴瓷厂合并组建中兴瓷厂。

市振兴瓷厂　原名陶瓷原料加工厂。主要产品有日用瓷和雕塑瓷。隶属省陶瓷工业公司原燃材料供应处。1987年，有职工56人。厂区占地面积9139平方米，生产用房建筑面积9239平方米。1988年1月，与建中瓷厂合并组建中兴瓷厂。

市中兴瓷厂　1988年1月，由建中瓷厂和振兴瓷厂合并设立，位于市河西刘家岗，隶属省陶瓷工业公司。主要产品有各式宝珠坛、天字坛、罗汉汤碗、鱼盘、茶杯、针匙、文具等。1995年，有职工463人。生产区占地面积2公顷，建筑面积5000平方米，固定资产原值132.90万元，年产量168.60万件，产值180.34万元，销售收入139.73万元。1996年起实行租赁经营。企业待改制。

市美雕瓷厂　由市前进耐火材料厂改为美雕瓷厂，位于市解放路60号，隶属市窑具厂。主要产品有陈设瓷、日用瓷，兼营耐火材料。1993年，有职工390人，厂区占地面积2600平方米，生产用房建筑面积1800平方米。动力机械200千瓦，固定资产原值300万元。年产量20万件，产值130万元，销售收入150万元。1996年，停产。1997年，临街店面和部分厂房对外出租，大部分厂房闲置。2004年，厂区整体出让开发建设金鼎国际商贸楼，变现资金540万元用于企业改制，补偿职工。厂房设备搬迁至瓷都大道119号建筑瓷厂内，建简易厂房4000平方米，实行租赁经营，由企业留守管理人员处理改制遗留问题。

市万能达瓷厂　生产高档出口瓷企业，位于朝阳路200号。1987年9月，由中国工艺品进出口公司省陶瓷分公司同市工业瓷厂合资联营兴办。总投资600万元。主要产品为鱼盘、品锅、鸡斗、鸭碗等高档异型陶瓷产品。1994年，有职工1334人，生产区占地面积5.60公顷，建筑面积1.50万平方米。固定资产原值720万元，年产量360万件，产值595.73万元，销售收入499.38万元。1996年，厂房设备实行分块承包租赁，以租金维持企业运转。2009年9月，由政府出资改制。

景德镇洪源瓷厂　创办于1984年10月，位于浮梁县罗家滩，占地面积4公顷，固定资产1300万元，建有81米隧道窑1座，倒焰圆窑2座，机械设备421台(套)，有职工1050人，专业技术人员160人，年产陶瓷1300万件，是景德镇市最大的乡镇企业。洪源瓷厂运用景德镇传统制瓷工艺生产的青花玲珑系列产品达到并超过同行业水平，新开发的高白釉花插获江西省旅游商品“滕王阁杯”优秀奖。

民营陶瓷企业

景德镇景东陶瓷集团有限公司　1993年12月成立，位于高新区古城路经支二路陶瓷工业园区内，是集陶瓷生产、展览销售和陶瓷艺术培训、陶瓷文化传播为一体的企业。注册资本3000万元，占地面积1.53公顷，厂房面积16073.97平方米，公司员工160人。下设景东程运陶瓷有限公司、景东瑞达陶瓷有限公司、景东龙情陶瓷有限公司3家子公司和磬源瓷厂、信强陶瓷等生产企业。主要生产“JD”牌艺术陶瓷、装饰陶瓷、日用陶瓷。2010年，生产日用瓷100万件、艺术瓷6000件，产值16558万元，利税3560万元。“JD”牌商标为江西省著名商标。

市博大精工艺术陶瓷有限公司　1996年创建，位于陶瓷工业园区，是集研发设计、原料精制、成型烧炼、彩绘等为一体的陶瓷企业，注册资金300万元。占地面积3公顷，员工600多人。2010年，产量899万件，产值21587万元，利润965万元，纳税1130万元。主要生产中、日、韩式餐具、酒具和欧美风格的西式餐具、咖啡具及陈设艺术瓷等系列陶瓷产品，畅销全国各地。2008年，通过ISO9001:2008质量体系认证。公司有“千年博大”“精誉”“白如玉”“贵人缘”等4个品牌，其中“精誉”“千年博大”2008年被评为江西名牌，是国家用瓷指定生产单位。2009年,获江西省著名商标。

景德镇高新东风陶瓷有限公司　1997年3月成立,原名景德镇市东风陶瓷包装厂,药品包装瓷瓶容器生产企业。位于景德镇高新开发区珠山工业园A区,注册资本300万元。2002年,投资1100万元在高新开发区购置1.73公顷土地兴建厂房。2005年3月建成试运行。主要生产"天津速效救心丸"瓷瓶、"永和堂银杏滴丸"瓷瓶、"云南大理熊胆珍丸"瓷瓶等。员工100多人。2010年,产值1500万元,利税70万元。

市福万利陶瓷有限公司　2000年8月成立,位于市珠山区中华北路,为市人民瓷厂改制创建的股份制民营企业。注册资金86万元,厂房面积1公顷,员工150人,年生产能力800余万件。主要生产"福万利""青之韵"牌青花、青花玲珑餐具、茶具、陶瓷酒瓶、颜色釉等高中档日用瓷和花插、花钵、花瓶等高档艺术瓷。其中自主开发和设计的"高档玲珑装饰系列瓷"获评江西省重点新产品。

市望龙陶瓷有限公司　2001年成立,位于景德镇陶瓷工业园区金岭大道6号,是集陶瓷鉴赏、陶瓷贸易、陶瓷研究与文化交流于一体的陶瓷生产企业和工业旅游基地。占地面积9.73公顷,建筑面积2万平方米,注册资本1000万元。公司有员工380人,其中陶瓷设计人员70余名。主要生产青花玲珑日用瓷、陈设艺术瓷和瓷灯柱景观装饰瓷,烧制超常规大件陶瓷。年产量400万件,年产值5800万元,年利税800万元。"望龙""龙兴"商标获江西省著名商标。

市隆祥陶瓷有限公司　2003年6月成立,位于景德镇市陶瓷科技园唐英大道1号。占地面积6.67公顷,建筑面积3.30万平方米,固定资产4600万元,年生产量1800万件,产值1.20亿元。有员工585人,大中专以上学历80余人。2010年,完成产值6000万元,利税480万元。主要生产"骨子里"和"瓶老大"牌中高档酒具、茶具、咖啡具。

景德镇东富盈瓷业有限公司　2005年9月成立,位于陶瓷工业园区唐英大道,注册资本1027万元,总投资1018万美元。占地面积9.52公顷,建筑面积54004平方米,有职工260人。2010年,产量为2000万件,产值8000万元。是集产品研发生产、对外贸易、原料、烧炼、彩绘、模具、花纸生产和加工为一体,年生产能力8000万件的中型综合性高档日用陶瓷企业。主要产品有"家香"牌中西餐具、咖啡具、茶具、酒具、文具、宾馆酒店用瓷等日用瓷系列,礼品瓷、陶瓷酒瓶、环保艺术瓷等陶瓷产品。

景德镇远景瓷业有限公司　2005年3月成立,位于高新开发区古城路1号和景德镇红旗瓷厂内,占地3.33公顷,建筑总面积为25000平方米。有员工520人。注册资本440万元,资产3000万元。主要产品有餐具、茶具、花盆、碗、盘等日用陶瓷。2008年,获输美国、日本陶瓷生产认证,少数民族用瓷和民族特需用品定点生产厂家。2010年,生产日用瓷2300万件,销售额2678万元,外销额302万元美金,税收248万元。

景德镇神飞特种陶瓷有限公司　生产电真空陶瓷(金属化陶瓷管壳)民营股份制高科技企业,位于陶瓷工业园。注册资金1200万元。占地总面积3.90公顷,建筑面积18000平方米,项目总投资1.20亿元。2010年,年产量10万件,产值1000万,利税23万。有员工120余人,拥有中国科学院"百人计划"国家级科技人员30余人,高技术陶瓷理事5人。主要产品为高性能微槽群复合相变冷却装置,高性能微槽群复合相变冷却一体化取热器——超大功率陶瓷电阻,电真空陶瓷(金属化陶瓷管壳)三类。应用于真空灭弧室、工业高频加热管、超高频电子管、行波管、调速管闸流管等军民用各类电子管。

景德镇景光特种陶瓷有限公司　位于浮梁县湘湖镇江西景光电子有限公司(740厂)内。2002年11月,由江西景光电子有限公司电子陶瓷制造厂改制为有限公司。2007年7月,由外地私营资金收购,投资2500万元。标准厂房8000平方米,有员工130余人,其中工程技术人员15人。主要生产"景光牌"95%氧化铝陶瓷、超高频电子管绝缘装置陶瓷件、微波输出窗陶瓷片、工业高频加热管陶瓷管壳、中高压真空灭弧室陶瓷管壳、陶瓷金属化等产品。产品广泛应用于广播电视、通信导航、电力、冶金、化工、工业高频加热等领域。

浮梁县嘉华工业陶瓷厂　1994年创建,位于陶瓷工业园和湘湖镇辽源村两地,总占地面积3.77公顷,标准化厂房99000多平方米。是研发生产电子、结构、工程陶瓷的高科技民营企业,有职工近百人。有静压陶瓷、陶瓷金属化生产线2条。生产各种规格的温控器用瓷座,各种保险丝用挡针管,陶瓷真空管外壳、放电管外壳、加热管外壳等,产品应用于军民电子工业、电子机械、仪表、冶金等领域。

景德镇同惠电子有限公司 2000年12月25日成立，位于陶瓷工业园内，注册资金254万元，是研发生产压电陶瓷材料的民营科技型企业。主要产品有倒车防撞雷达、压电传感元件、压电频率元件、大功率超声元件、压电换能元件、高压点火元件、超声雾化压电等产品。产品涉及传感技术、电声换能、功率超声以及相关电子整机制造。

景德镇华讯特种陶瓷有限公司 2000年成立，位于昌江区鱼山镇凤岗茶山市特种陶瓷研究所内。专业从事防弹陶瓷材料研究与生产的高新技术企业，以生产A_1O防弹陶瓷片和B_4C防弹陶瓷片为主，产品具有高强度、耐高温、比重轻、耐酸碱、防弹能力突出等特点，广泛应用于直升机、战斗机飞行员防护和重点部位防护、人体防护，运兵车的装甲防护等领域。年产A_1O防弹陶瓷片40万片，B_4C防弹陶瓷片1.50万片。

市嘉园特种陶瓷厂 2004年1月成立，位于陶瓷工业园孙家山国道线旁，占地面积6667平方米，厂房面积5000平方米。下设研究开发中心和活性炭雕、蜂窝状活性炭、蜂窝状陶瓷3个专业生产分厂。是特种环保产品研究与制造专业厂，主要生产各种规格的表面多孔、多种吸附、净化、过滤特种环保蜂窝陶瓷。

市科宏特种陶瓷有限公司 2007年4月，由中国轻工陶瓷研究所创办，注册资本100万元，位于市新厂西路556号。有员工40人，科技人员10人。主营业务为陶瓷新材料的应用研究和推广，耐热陶瓷、高纯坩埚等特种陶瓷的生产，新技术转让、产品试验等技术服务。生产的莱斯特牌高纯坩埚、耐热瓷煲、生肖艺术瓷煲、高耐热陶瓷保健炒锅等，产品耐干烧、耐急冷急热，广泛应用在日用、电子、冶金等领域。

景德镇海川特种陶瓷有限公司 国内真空器件用瓷壳重点专业生产厂，位于市何家桥。2009年7月，由市诚明特种陶瓷厂重组成立，注册资本200万元，总资产1000余万元，占地面积近万平方米，员工140人，科技人员21人。主要生产95%氧化铝电真空陶瓷管壳、耐磨耐高温结构陶瓷。应用于电力、军工、机械、冶金仪表、航空航天等领域，并通过第三方进入韩国、美国等市场。开发的大功率继电器用陶瓷元件获国家科技部新产品立项，被授予江西省重点新产品证书。

市鹏飞建陶有限公司 2000年7月，市华风瓷厂改制而组建，民营企业，注册资金300万元，总资产2405万元。位于市瓷都大道47号，占地面积9.50公顷，厂房总面积3.28万平方米。有职工230人，其中各类专业技术人员35余人。主要生产建陶产品，“景赐坊”牌和“卡地克”牌外墙砖、墙地砖、陶瓷瓦。年生产墙地砖700万平方米、陶瓷瓦5600万片。2003年，“景赐坊”牌地砖和“卡地克”牌外墙砖获江西名牌和江西著名商标。2010年实现销售收入2230万元，利税110万元。

景德镇梦特香陶瓷有限公司 2003年成立，位于市丁家洲(陶瓷装饰材料厂内)，注册资本120万元，在职员工87人。主要生产高级陶瓷彩釉瓦、彩码外墙砖、水晶釉地砖、耐磨地砖、内墙砖等。

景德镇思域陶瓷有限公司 2005年8月，由北京思域工贸有限公司组建的民营企业，位于景德镇高新区长城创域路1号。总投资1200万元，占地约1.47公顷。主要生产装饰和建筑陶瓷。主营产品有手工砖、浴花饰砖、艺术瓷砖、瓷质建筑挂板、新型瓷质石材、景观装饰、景观砖、墙面砖、广场砖等。

景德镇瑞普陶瓷有限公司 2006年3月成立，位于景德镇陶瓷工业园外环路7号，注册资本50万元。生产高品质、窑变马赛克，各种规格的圆形和异形马赛克。结晶釉陶瓷马赛克先后获评江西省2006年、2007年江西省优秀新产品。

景德镇乐华陶瓷洁具有限公司 2007年成立，广东佛山乐华陶瓷洁具有限公司下属全资子公司。总投资16亿元。位于浮梁县三龙陶瓷工业园，占地面积142.46公顷。员工2400人，其中技术管理人员138人。投资计划分五期完成，2008年，完成一期建设，年产箭牌瓷砖300万平方米。主要生产箭牌陶瓷卫生洁具及瓷质饰釉砖、抛光砖、釉面砖、瓷片、外墙砖、广场砖等系列产品。2010年，年产瓷砖460万平方米、洁具80余万件，产值3亿多元，销售收入2.80亿元。

景德镇金意陶陶瓷有限公司 2007年成立，位于浮梁县三龙陶瓷工业园，由广东金意陶陶瓷有限公司投资建设，是专业生产高档瓷质饰釉砖(仿古砖)的大型陶瓷企业。占地约66.67公顷，总投资8亿元，建设12条高档墙地砖生产线。2008年3月，完成一期建设并投产，建成两条年产400万平方米高档仿古砖生产线。2008年后，公司每年纳税超过1000万元。

景德镇特地陶瓷有限公司 2007年9月，由佛山欧瑞特集团公司投资兴建的高档建筑陶瓷生产企业。

位于景德镇陶瓷工业园区,总投资11.80亿元。占地120公顷,厂房面积33.33万平方米。有员工2000多人,大学学历以上管理人员占75%,拥有R&D(研发)中心及博士后科研工作站。一期工程建设两组高档仿古砖、内墙砖、抛光砖生产线和建筑陶瓷生产线,形成年产1000万平方米内墙砖的生产能力。2009年,超大规格陶瓷超薄板的开发与生产项目通过省级验证。2010年产值2.50亿元,利税2500万元。

景德镇金翔建陶有限公司 2007年11月成立,位于乐平市金鹅山农科园。占地面积8公顷,厂房面积约2万平方米,注册资本1000万元,固定资产4000万元。员工150余人,技术人员40余人。2008年投产,主要产品为金山红牌高级陶瓷彩瓦,设计生产能力200万平方米/年。2010年,产量达202万平方米,产值2521万元。

景德镇莱特陶瓷有限公司 2008年4月,由广东佛山罗宾汉陶瓷有限公司投资成立,位于浮梁三龙陶瓷工业园。占地20.53公顷,注册资金3500万元,总投资3.07亿元。有员工700人,其中大专以上学历278人,有高中级职称80人。2009年3月,一期项目投产,建筑面积12.80万平方米。年产各种规格的高档内墙砖、仿古砖2130万平方米。主要生产莱特牌内墙砖、仿古砖、抛光砖等系列产品。

景德镇圣泰陶瓷有限公司 2008年成立,位于陶瓷工业园区。总投资3亿元,占地15.47万平方米,员工670人。主要生产建筑用高档陶瓷琉璃瓦及配件,年生产高档琉璃瓦180万平方米。

市卡地克陶瓷有限公司 2008年12月成立,位于昌江区吕蒙炮台山。主要生产卡迪克牌双拱连锁瓦,产品器型独特,热稳定性及抗冻性能好,各项理化指标均达到国家标准。

景德镇汉索夫陶瓷实业有限公司 2009年2月成立,位于浮梁县三龙工业园。2009年8月,开工建设,总投资5亿元,规划建设6条建陶生产线。主要产品有仿古砖、通体外墙砖、连锁瓦、陶瓷配件等全瓷抗冻系列产品。2010年8月,第一条生产线投产。

景德镇赛德陶瓷有限公司 2009年11月成立,位于景德镇市陶瓷工业园内,由广东赛德装饰材料有限公司投资兴建,总投资1.20亿元。占地9公顷。生产高档陶瓷手工砖为主,主要产品有冰花、青花、沙金、豹纹、色彩流云、流星等系列。

市汉景达陶瓷有限公司 2010年5月成立,位于浮梁县三龙陶瓷基地,专业生产建筑陶瓷的陶瓷企业。占地约33.33公顷,总投资预计5亿元,主要生产各种规格内墙砖、抛光砖、仿古砖。

景德镇景华特种陶瓷有限公司 前身为军工重点配套国营999厂特种陶瓷分厂,具有40多年生产特种陶瓷的历史。2003年5月,改制组建为民营股份制公司。2009年3月,搬迁至浮梁县湘湖工业园区。

外资及港台企业

景德镇常青家园工艺品有限公司 1995年,由美国常青实业集团(EVERGREEN ENTERPRISES INC)独资创办,注册资本143万美元。2004年年底迁至高新区。厂区占地3.33公顷,建筑面积3万余平方米,在职员工220人。主要生产和出口陶瓷、玻璃、旗帜工艺礼品及家居餐厨用品,产品90%以上返销美国、加拿大和欧洲市场。2010年,产量350万件,产值3000万元,年缴税50余万元,出口销售额达3500万元。

景德镇法蓝瓷实业有限公司 2003年10月成立。位于景德镇陶瓷工业园区枫林坞水库边。注册1800万美元。占地面积27.80公顷,厂房面积44771平方米,总投资3000万美元。2005年10月,正式投产,有员工1030人,年产值近亿。2007年10月,注册资金102万欧元,与法国利摩日市的柏图瓷器厂合资成立景德镇法柏陶瓷公司。公司产品独具艺术化风格,在2002年纽约礼品展中,自上万件参展作品脱颖而出,荣获“纽约礼品展首奖”。

2006年,法蓝瓷的“蝶舞系列”以及“写意人生”系列荣获联合国教科文组织颁发的“世界杰出手工艺品徽章”。是年,FRANZ和法蓝瓷被评为江西名牌产品。2008年,被评为国家文化产业示范基地。2009年,FRANZ和法蓝瓷商标被授为江西省著名商标、江西名牌旅游商品。2010年,公司年产量56.50万件,实现销售收入1.21亿元,出口创汇430万美元,利税5219万元。全球设有6000家销售点,国内设立直销店点80余家。

景德镇珍宝特陶有限公司 1993年7月成立,外资独资企业,位于市黄泥头耐火器材厂内,员工120人。主要生产珍宝牌新型超耐热耐高温陶瓷磁化锅系列产品。2001年通过ISO9001:2000国际质量体系认证。

2003年,珍宝牌被评为省著名商标,获得输美国、日本用陶瓷生产厂资格认证和出口产品质量许可证书。

景德镇嘉加陶瓷有限公司　2005年4月成立,注册资本1.4亿日元。位于市瓷都大道47-1号,占地面积1.80公顷,厂房面积12000平方米,员工320余人。产品全部出口,主要销往日本市场,部分产品销往美国。2010年,生产总量800万件,出口总量650万件,出口货值409万美元。主要生产"嘉加"牌高档日用中温新骨瓷、中温色釉瓷、高温高白硬质瓷等600余个陶瓷品种。陶瓷生产设备先进,具有模具开发、成型、烧炼、彩绘、烤花、包装等配套生产能力。

江西兴勤电子有限公司　2009年11月20日,由台湾兴勤电子有限公司总投资2500万美元兴建。位于景德镇陶瓷工业园,占地约13.33公顷,有员工130余人。主要生产电阻器、真空器、传感器系列产品及模具材料、小五金、工量刃具、陶瓷发射管、高频加热管、磁控管等系列电子管的制造与销售。

景德镇爱和陶乐华陶瓷有限公司　2010年,由日本爱和陶乐华株式会社、佛山市乐华陶瓷有限公司合资设立,位于陶瓷工业园。占地面积22公顷,注册资金500万美元。主要产品为高档外墙砖和卫生洁具。

第五节　陶瓷配套企业

国有配套企业

市陶瓷机械厂　隶属省陶瓷工业公司,位于东郊樟树下新厂西路。主要产品有球磨机、隔膜泵、磁选机、压滤机、真空练泥机、摩擦压砖机、刀压成型机、滚压成型机、窑炉推进器、等静压成型机等。适用于日用陶瓷工业、污水处理、食品等行业。1986年,产量902台。1994年,企业经营正常,效益良好。1995年,企业改制为私营。2000年12月,企业以资产变现安置职工。2002年,厂区土地整体出让,所属大集体轻机厂、防尘机械厂也一并改制。

景德镇瓷用化工厂　隶属省陶瓷工业公司。是日用陶瓷、艺术陶瓷、玻璃器皿、不锈钢器皿加工用化工颜料、金水、花纸等装饰材料配套产业,全国主要日用陶瓷等化工装饰材料基地。位于市陶阳南路,占地面积7.13公顷,建筑面积22155平方米。主要产品有陶瓷颜料,包括釉上平印、丝印、粉彩、釉中彩、釉下彩等5大系列近200个品种。金水类包括黄金水、白金水、电光水、金粉、金膏等5大系列数十个品种。花纸类包括瓷用、日用玻璃器皿、日用不锈钢器皿等装饰用各类贴花纸上千个品种。三蕾牌商标为江西省著名商标。1995—1996年,企业的年总产值达6000多万元,利税均达600万元。1998年2月,进行股份制改制,更名为三蕾瓷用化工有限公司。2007年,企业停产,实行租赁式经营。2009年9月,由政府出资化解债务改制,职工与企业解除劳动关系,企业资产收归市国资委。

景德镇瓷用化工厂

市窑炉建筑安装公司　全国陶瓷窑炉建造安装国有企业,位于市广场北路莲花山,隶属省陶瓷工业公司。生产区土地面积6666平方米,建筑面积2450平方米,专业技术施工人员120人。20世纪末,实施业务挂靠和承包租赁经营多种形式的改革。2009年9月,由政府出资兜底,化解债务改制,职工与企业解除劳动关系,企业资产收归市国资委。

市石膏模具厂　隶属省陶瓷工业公司。1980年6月,从市陶瓷机械修配厂划出成立,以生产β半水石膏、α二水石膏为主要产品,应用于陶瓷、建材、精密模具及农业土壤改良等领域。1986年产量11103吨。1995年,企业步入困境停产。2001年,整体出让土地给昌河集团公司,以资产变现改制,安置包括所属集体企业石膏制品厂在内的职工。

市耐火器材厂　隶属省陶瓷工业公司,位于市东郊黄泥头。主要生产黏土质、高铝质耐火砖、轻质黏土、高铝砖、铬渣砖、耐火泥等耐火材料,运用于陶瓷、冶金、石油、化工、玻璃等工业。1986年产量18204吨。1995年停产。2009年9月,由政府出资化解债务改制,职工与企业解除劳动关系,企业资产收归市国资委。

省陶瓷工业公司原燃材料供应处　隶属省陶瓷工业公司,位于市沿江东路188号。计划经济时期,供应处根据省陶瓷工业公司年产瓷计划需要,负责瓷土、窑柴、煤炭、重油、化工原料以及包装材料的采购订货、计划分配、运输储存和保障供应,是景德镇瓷业生产后勤物资供应的主要基地。1994年6月,供应处进行股份制改革,以企业资产和职工出资入股形式,组建成立省陶瓷工业物资供应有限公司,注册资金419万元。1996年后,因材料供应市场化且陶瓷企业赊欠货款过多,企业步入困境,职工分流下岗,仓储对外租赁经营。2005年,因旧城改造,搬迁至太白园路陶瓷汽车队。2009年9月,由政府出资化解债务改制,职工与企业解除劳动关系,企业资产收归市国资委。

省陶瓷工业公司原料总厂　隶属省陶瓷工业公司国有企业。1985年7月,由市瓷石矿为主体,并入省陶瓷工业公司矿管处、省陶瓷工业公司原燃材料供应处原料科组建成立。1990年,工业总产值累计完成2965.30万元,瓷土产量累计完成28.74万吨,瓷土质量合格率达99.50%。1991年后,生产陷入困境。1996年,所属柳家湾瓷石矿、瑶里矿、陈湾矿关矿停采,职工下岗分流。宁村矿、三宝矿实行租赁承包。1997年,被列入景德镇市特困企业。2009年9月,由政府出资化解债务改制,职工与企业解除劳动关系,企业资产收归市国资委。

省陶瓷进出口公司纸箱厂　70年代末期,省陶瓷进出口公司在市小港咀征地6.67公顷建仓库(包括铁路专线和出货站台),为解决被征地农民的生活问题,公司组建纸箱厂,当年安置154名农民工作(后增加到208人),主要为公司的出口货物提供纸箱。90年代初,随着出口业务下滑,纸箱厂处于停产状态,公司先后支付208名工人生活费300多万元。2007年,公司筹集资金近400万元一次性支付154人的生活费,并与后进厂的54人签订安置协议,解除与公司的劳动关系。

市瓷用毛笔厂　位于市马鞍山路36号,员工84人,注册资本24万元。主要制造、销售瓷用毛笔。90年代,瓷用毛笔厂改制解体,瓷用毛笔的制作社会化分散发展。

民营配套企业

景德镇佳奕新材料有限公司　2004年成立,位于市陶瓷工业园区外环南路1号。注册资金260万元,厂房面积6000平方米。主要从事开发、生产环保工程用新材料——蜂窝活性炭系列、蜂窝陶瓷系列、泡沫陶瓷系列及蜂窝状催化剂、氧敏传感器、柴油车壁流式蜂窝陶瓷、吸附剂筛等产品。年产蜂窝系列产品150万件以上,蜂窝催化剂10万升。

市新纪元精密陶瓷有限公司　2004年12月成立,位于陶瓷科技园内。研发和生产高科技陶瓷产品高新技术企业。注册资金500万元,占地面积2公顷,员工70人,其中工程技术人员24人。主要产品有陶瓷螺旋轴套、陶瓷气体悬浮轴承、陶瓷柱塞体、陶瓷模具、工业陶瓷刀具等系列产品。同时生产民用环保菜刀、水果刀、陶瓷牙齿、牙齿矫正托槽等生物陶瓷。产品具有高强度、耐高温磨损、耐腐蚀和生物相容性等特点,应用于机械、化工、环保、航天航空、电子信息、医用生物等工业领域,可替代硬质合金钢、碳素钢、铬钼和钼钢等稀有金属产品。2006年,纳米环保陶瓷刀获江西省新产品证书。2007年,获国家发明专利证书、高新技术产品证书、第五届陶瓷艺术百花奖三等奖。2008年,获准成为2008北京奥运会特许商品。2010年,产值1400万元,利税130万元。

景德镇和川粉体技术有限公司　新兴高科技陶瓷材料企业。2007年4月,落户景德镇陶瓷工业园区。占地8000平方米,标准生产厂房面积2200平方米,总投资1000万元,建成后年产光通信器件用纳米氧化锆陶瓷粉体120吨。

江西辰道纳米科技有限公司　2007年成立,位于陶瓷工业园区高墩庙,项目总投资3.96亿元,占地16.73公顷,主要生产纳米碳酸钙粉体。2010年2月,公司窑炉落成并点火开工。

市影青机械制造有限公司　1996年,市影青陶瓷设备制造厂成立。2003年9月,组建力工陶瓷设备制造有限公司,销售部位于市新厂西路海宏花园8号。厂房位于浮梁老机场路8号,面积4000平方米,员工约

100人，其中高级工程师4人、工程师12人。主要生产“影青”牌陶瓷设备与陶艺设备两大系列陶艺机、球磨机、压滤机、施釉机、变速拉坯机、练泥机、制模机、振动筛、利坯机、双头成型机、精坯机、搅拌机、陶瓷窑炉等上百种产品。2006年3月，组建市韬艺陶瓷设备制造厂，实行陶瓷、陶艺两大类产品分别研发与制造。2011年7月，变更为市影青机械制造有限公司。“影青”商标为江西省著名商标。

市协和陶瓷花纸有限公司　2006年成立，位于陶瓷工业园。员工60多人，总投资1200万，占地面积1.10公顷，厂房面积1万多平方米，年生产能力600万张。主要生产陶瓷低铅花纸、浮雕金花纸、陶瓷无铅无镉花纸、骨质瓷花纸、玻璃低铅无铅花纸、白云陶花纸、高档酒瓶花纸、poly花纸、釉中花纸，低温水贴花纸，木器花花纸、陶瓷吸水杯垫花纸、珐琅花纸、釉下花纸、搪瓷花纸。2010年，实现销售收入230余万元，纳税20余万元。

外资及台资配套企业

景德镇正宇奈米科技有限公司　2010年3月18日成立，中外合资企业，位于陶瓷工业园内。注册资金1000万美元，项目总投资2500万美元，总占地面积约10公顷。主要产品为无机纳米薄膜陶瓷（远红外线）。具有低碳、节能、高科技含量之特点，广泛应用于健康保健、家用电器、公共照明、LED等领域。

景德镇台达陶瓷原料有限公司　专业生产绿色新型陶瓷原料的台资企业。2003年10月成立，位于高新开发区陶瓷工业园兴园路。工厂占地3.33公顷，投资300万美元，厂房面积8600平方米。主要生产透白全瓷、特白半瓷、镁质瓷、重质白云、釉料、色釉。采用先进高铝研磨技术，混合系统及精密的高磁选过筛处理，经反复精密压缩练制成延展性强的泥料。适用于各种日用瓷、艺术瓷、电子用瓷。2010年，产值1500万元，利税120万元。

第二章　陶瓷贸易

80年代，陶瓷国内贸易主要由省陶瓷工业公司承担，各生产企业按计划生产、调拨。到90年代初，随着国内经济的发展，景德镇瓷器由滞转旺，供不应求。到90年代后期，市场竞争激烈，内销形式发展为省陶瓷销售公司、省陶瓷工业公司陶瓷经销部和各陶瓷生产企业、陶瓷商业企业多家经销；由过去的国营商业公司垄断经营发展为国营、集体、个体一起经营；由过去的“工业管生产、商业管销售”发展为工业企业面对市场，自销产品，接受订单。省陶瓷工业公司在上海、厦门及内蒙古等10多个省市设独资和联营销售公司，组织生产企业到国内外举办、参加展会。各经营企业加强品牌建设，创立了一批知名品牌、商标。这一时期民间贸易异军突起，以展销形式将景德镇瓷器销往国内外。2000年以后，陶瓷贸易主要以私营企业经营为主，网上贸易也逐渐兴起。

第一节　国内贸易

计划调拨

计划经济时期，景德镇陶瓷国内贸易由省陶瓷销售公司独家经营。省陶瓷销售公司销售网络遍及全国各省、市、自治区的175个二级批发站、427个三级批发站、50个批发部、3个专营商建立长期供销关系。在北京、沈阳、重庆、武汉、襄樊、蚌埠、镇江、南通、苏州9个大中城市建立联合经销点。1986年，景德镇保持每年举办景德镇陶瓷全国订货会。至1992年，连续14年合同有效率均在80%以上，为生产、经销部门发挥纽带作用。年销售量为1亿件左右，占景德镇日用瓷总产量的1/3，占全市日用瓷总销量的1/2，年创利润100万元左右。同时利用区位优势，联合北京、天津、上海等16个大中城市的18个经营单位建立景德镇陶瓷市场信息网。景德镇编《陶瓷市场信息》，国内发行，为330个陶瓷生产、经营单位反馈全国各地对景瓷的需求变化情况和消费者意见,沟通生产与市场之间的信息。1993 年,内销瓷器为 23265 万件。

自产自销

1980 年,生产企业开始销售产品。1982 年开始,省陶瓷销售公司在国内大中城市设立独立及联营公司,取得较好效益,并恢复中断十多年之久的年度景瓷全国订货会。1988 年,省陶销公司和各企业自销的瓷器达 22363 万件,比 1976 年增长 2 倍多。企业自销量达 13482 万件,超过省陶瓷销售公司销售量 8881 万件;至 1992 年,连续 14 年销售量为 1 亿件左右,年创利润 100 万元左右。1993 年,自销量达 21030 万件,占当年陶瓷工业公司内销日用瓷年产量的 69.8%,自销金额 21437 万元。不少企业都在外地设立经销网点。随着国内其他产瓷区崛起,陶瓷贸易格局发生变化,景德镇陶瓷生产企业也逐步提高自销比例,省陶瓷销售公司主导的销售量逐渐下降。1991—1995 年,省陶瓷销售公司在市内和外地每年召开一次各种类型的陶瓷订货会,推销现货 662 万元,订货金额 7470 多万元,产品 8600 多万件。1993 年 9 月,省陶工业公司与西安铁路分局开发总公司合资组建西安景德镇陶瓷联营公司,开拓西北市场。1996 年年初,由于陶瓷企业普遍实施停产改制,省陶瓷销售公司内销主渠道失去作用,依靠空余仓库、场地进行多种经营的,同时开展自营进出口贸易。1996 年 5 月,市光明瓷厂在全国陶瓷行业中首家推出强化瓷破损包换服务,承诺直接用户 1 年之内如有破损,可凭销售发票由厂方包换,年内强化瓷年销售额比上年增长 34.43%。2000 年后,陶瓷贸易出现多元化,机构贸易和民间贸易并行的态势,各生产企业以销定产,自主营销。其中民间的自由贸易尤为活跃,自发性的结伴组团在全国各地巡回式展销(俗称"跑会"),成为一种新的贸易方式,陶瓷市场进一步得到拓展。

境内展销

80 年代开始,景德镇陶瓷贸易除全国或区域订货会外,由省陶瓷销售公司以及各陶瓷生产企业每年到全国大城市举办展销会,进行现场直销和订货销售,成为开拓市场的一种方式。1990 年 8 月 25 日,景德镇参加十一届亚运会商品展销会的瓷器发往北京,展销产品有 30 多个品种 500 余件,同时还有 300 吨亚运纪念瓷和礼品瓷,启运北京市场。1991—1992 年,景德镇陶瓷系统同时在北京、武汉、南昌等地主办或参加展览展销 13 次,其中 1991 年 4 月在厦门举办的景德镇陶瓷展览,所有展品全部被台湾商人买走,价值近 100 万元。1993 年,省陶瓷工业公司组织精品瓷器上海华东出口商品交易会、广州春季交易会和北京第三届国际博览会、江西省工艺美术展、纪念毛泽东诞辰 100 周年陶瓷精品展和江西省工人技师成果展等,展品达 2000 余件。各生产瓷厂还根据市场情况开发出一批新造型、新花面、新材质和新釉面的产品。如红旗瓷厂开发的 SL-828 宾馆用瓷、光明瓷厂开发的青花玲珑 15 头橄榄咖啡具和青花玲珑葡萄玲珑汤碗等受到市场的青睐,咖啡具在京、沪、宁、穗大量行销。1993 年以后,随着国营陶瓷企业的改制、停产半停产,个体、私营瓷器作坊迅速增加,个人组团到外省、市参加或举办展会逐渐增多。其中,艺术陈设瓷的展览交易日趋活跃。

1995 年 5 月中旬、6 月下旬和 9 月初,省陶瓷工业公司分别在深圳、上海、北京等地举办陶瓷技改新产品展销会,深圳展销会上景德镇瓷厂、为民、红星、宇宙、光明、艺术、雕塑等瓷厂参加,展品有 20 多个品种 30 多个新花面 1000 多套件,共接待日本、阿联酋、黎巴嫩和中东地区以及全国各地客户 500 多人次,成交 1364 万元,意向成交额 800 万元;上海展销会上景德镇瓷厂的高档釉上彩中西餐具、咖啡具,红星瓷厂的高档釉上彩强化瓷,为民瓷厂高档中、西餐具和"维美斯"系列彩花瓷,受到各大宾馆、酒店等国内外客户的青睐。北京展销会上,除技改新产品外,还展出高档日用瓷、陈设艺术瓷,《人民日报》、新华社、中央电视台等 20 多家新闻单位应邀采访报道,10 月 5 日新华社还发出通稿,以《瞄准国际标准,再创瓷都辉煌,景德镇瓷业从传统走向现代》为题介绍景德镇陶瓷工业。

1997 年 2 月,中国景德镇陶瓷精品博览会在北京中国历史博物馆开幕,共展出 600 多件(套)高水平的陶瓷精品。同年 4 月 10—20 日,在上海南京西路上唯一专营景瓷的名特商店——景德镇艺术瓷服务部,举办省陶瓷研究所第三届陶艺展,展出 100 余件收藏级陶瓷精品,展会期间销售额达 40 多万元。10 月 12 日,省陶瓷工业公司和市陶瓷研究所联合举办"陶瓷之最"作品展,配合市'97 景德镇陶瓷文化旅游月活动,共展出瓶、碗、盘、缸、雕塑、镶器、陶艺和平烧大瓷板 292 套(件)。作品绘制精巧、造型巨大,为景德镇市陶瓷展览之最。10 月 12—31 日,由景德镇市政府主办,省陶瓷研究所承办的景德镇市第五届陶瓷美术百花奖展评会上 270 件(套)作品参展,其中艺术陈设瓷 221 件(套),日用瓷 4949 件(套),共有 43 件(套)作品分别获

一、二、三等奖及创作奖和荣誉奖。

1998年5月，景德镇陶瓷馆举办“珠山八友”陶瓷展和馆藏名人书画展，展出8位画师作品54件，王琦的“寿考图”“钓鱼翁”瓷板画均为首次展出。邓碧珊的作品有尺四“鱼跃生趣”瓷板画和“双鱼戏月”水盂。同时展出的有明代大书法家祝枝山、董其昌的书法作品，当代中国著名画家林风眠的泼墨山水画和王个簃、朱屺瞻、唐云的花鸟画以及近代景德镇陶瓷美术界知名画师的作品共90多幅。5月30日至6月8日，省陶瓷研究所第四届陶艺精品展在上海开展，展出艺术家们的300余件陶瓷精品，其中有国家级工艺美术大师徐庆庚的新作“香山九老”，省陶瓷研究所刘翩天的影青刻花“湖田遗韵”等。9月，景德镇陶瓷协会在杭州国际旅游品市场举办为期1个月的首届景德镇名瓷展示展销会，展出品种有青花、青花玲珑、薄胎瓷等一系列高档陈设艺术瓷和日用瓷。9月29日至10月20日，景德镇陶瓷协会、江西日报社赣北分社、景德镇陶瓷馆联合在陶瓷馆举办景德镇“交行杯”首届现代民窑名品汇展，展示景德镇非公有制陶瓷企业发展情况，展出的698件精品瓷来自全市126家个体、私营、中外合资、乡镇企业和民间艺人之手。如南光陶瓷有限公司研制的象牙黄瓷，填补景德镇市这一瓷种的空白；珍宝特瓷公司生产的耐热瓷，是景德镇市个私企业应用高技术的典范。10月8—12日，景德镇陶瓷协会参加由中国陶瓷工业协会，中国贸易促进委员会、河北省政府联合在唐山举办的首届中国陶瓷博览会，参展产品销售一空。11月15—30日，举办“’98盐城首届景德镇名瓷展销会”，取得良好的效果。

1999年下半年，景德镇陶瓷协会组织会员单位参加在浙江宁波轻纺城举办的景德镇名瓷展销会，河北唐山第二届国际陶瓷博览会，宁波首届国际礼品、玩具博览会，浙江台州举办的景德镇陶瓷展销会，并将北京、上海、广州等地有关博览会、展销会、订货洽谈会信息通知会员，组织产品参加展销订货。

2000年下半年，市陶协先后6次组织480多户陶瓷企业和厂商赴大连、长春、唐山、成都、温岭等地举办各种陶瓷展销活动。2001年5月22—29日，中国（淄博）国际陶瓷博览会开幕，270个展位中景德镇艺术陶瓷占有80余个，并以品种多、品位高而彰显特色。2005年，省陶瓷进出口公司与上海第一百货公司合作，成功举办景德镇千年华诞陶瓷精品回顾展，并建立长期合作关系，扩大景瓷在上海的影响。

2009年11月，深圳第十一届中国国际高新技术成果交易会，组织高性能、低膨胀陶瓷材料及其产业化、基板及多层式陶瓷元器件的水系流延制备技术、陶瓷产品CAD集成系统等项目参加技术交流与展示。11月30日，市委、市政府在北京国家大剧院举办陶瓷主题展览“辉煌60年——景德镇陶瓷成就成果展”，600件陶瓷精品展示景德镇陶瓷艺术的成就。2010年5月10日，市委、市政府在上海展览中心举办中国瓷都景德镇——首届上海陶瓷成就展，展出陶瓷作品900件（套）。9月26—28日，在南昌国际展览中心举办的第五届中部博览会上，景德镇现场推介陶瓷燃气窑炉热能综合利用技术、高效节能照明用透明陶瓷新型放电管的制备技术等陶瓷科技成果。11月16日，深圳第十二届中国国际高新技术成果交易会上，景德镇组织剪切模高频谐振器用压电陶瓷材料及元件产业化、纳米环保陶瓷刀等陶瓷高新技术项目参展。

第二节　国际贸易

外贸体制

1986年，景德镇瓷业延续计划经济模式。1988年，全国外贸体制进行改革，江西省陶瓷分公司与中国工艺进出口公司脱钩，更名为江西省陶瓷进出口公司，统一经营陶瓷进出口，自负盈亏，自主经营。1992年8月17日，经国家对外经贸部批准，省陶瓷工业公司经营本企业自产各类陶瓷和陶瓷机械设备等商品以及相关技术的出口业务，经营本企业生产所需要的材料、机械设备、零配件和相关技术的进口业务，还可承办中外合资经营、合作生产及“三来一补”业务。外贸业务归口江西省经贸厅管理，结束景德镇陶瓷不能自主出口的历史。9月21日，省陶瓷工业公司设立进出口部，承办外贸业务。1993年1月，国家外经贸部批准增加市外贸局开发公司、省陶瓷工业公司进出口部、省陶瓷科学研究所、市瓷器友谊商店4个单位享有出口权。

1994年，国家对外贸实行出口权登记制，逐步放开出口权，省陶瓷工业公司加快转型。1995年11月，成立对外贸易发展公司,与公司进出口部分开经营,强化自营进出口业务。1997年,陶瓷由二类商品变三类商品,陶瓷进出口经营权全面放开。至2010年,陶瓷经营体制不断改革,省陶瓷进出口公司货源由景德镇陶瓷扩展到全国各地的陶瓷货源,实行多渠道贸易,多元化经营。景德镇市陶瓷贸易伙伴有127个国家和地区。

外贸及港澳台贸易

自营出口　1986年,宇宙瓷厂生产的"金陵十二钗"艺术彩盘由江西省陶瓷进出口公司出口,成为美国彩盘市场销售量最大的产品,获得第六届美国消费满意奖,仅此一项每年为国家创汇200多万美元,成为全国陶瓷行业中单件瓷创汇值最高的产品。1989年11月18日,市红旗瓷厂首批发运台湾的54头釉下彩川枝莲餐具200套,由广东汕头口岸转出。90年代,省陶瓷进出口公司自营进出口,建立市场和客户档案,与客户建立贸易关系。利用广州交易会和景德镇国际陶瓷博览会把客户请进来,参加国家在国外组织的各种展会和其他国际展会,自行组织出国展销,货源从收购各陶瓷生产厂家产品到与厂家合作生产。建立全国陶瓷生产厂家的货源档案,组建产、销、研三结合的经济实体,拓展货源市场。

1993年,省陶瓷工业公司成交合同31份,成交金额171万美元,运出商品13批,履约率39.08%,年底实际创汇30万美元。4月,与捷克卡拉斯公司洽谈合作意向,成交并运出瓷器2批,创汇5.60万美元。9月,与澳大利亚墨尔本市斯维达股份有限公司签订合资经营景德镇瓷器的合同,并在澳注册筹建景德镇(澳大利亚)陶瓷有限公司,第一批约10万美元瓷器在奥地利一家公司试销成功。同月,省陶瓷工业深圳公司开业,由省陶瓷工业公司及其所属宇宙、为民、红光、红星、东风、景德镇6家瓷厂按股份形式组成,以深圳为基地,拓展国内外市场。1994年,省陶瓷进出口公司全年进出口额180万美元,比上年增长179.3%,完成销售2000万元,其中外贸1500万元。发挥在外设立的窗口公司作用,澳大利亚景德镇陶瓷有限公司接受订单200余万美元。在香港注册的合资公司景德镇(国际)陶瓷艺术有限公司运转良好。在印度尼西亚设立的景德镇第一陶瓷艺术有限公司为景瓷宣传及市场开拓发挥重要作用。另外,在无锡、昆明、深圳、上海设立分公司及工作处,实行内、外贸相结合,取得良好的效果,被国家轻工总会授予1994年度出口创汇金奖。

1999年6月,由美国佛莰公司订购3000套高白金嵌玉47头西餐具,并顺利交货。接着又被订购高级乳白中温日用瓷20头西餐具及相关单件13个品种,11月开始交货。全年对美交货200万件,创汇65万美元,实现利税100万元,初步打开欧美中温日用瓷市场。

2000年,市宇宙瓷业有限公司同景德镇陶瓷学院、省陶瓷研究所共同开发釉中彩中温瓷,其中包括中温光洁釉瓷、中温亚光釉瓷、中温无光釉瓷。当年16头釉中彩中温瓷出口到美国市场,创汇200多万美元,客户要求每年交货达3840万件。公司申报"出口欧美釉中彩中温成套瓷生产线"技改项目。

代理出口　随着外贸体制的改革,外贸领域由传统收购制转向代理制,代理出口成为专业外贸公司的主要经营方式之一。1993年,省陶瓷进出口公司驻境外的3个机构,发挥窗口作用,与所在国家和地区保持长期合作,形成全球陶瓷销售网络。其中在美国销售创汇5191.06万美元,智利销售创汇955.41万美元,日本销售创汇1419万美元。1997年,省陶瓷进出口公司代理分公司成立,主营代理业务。至2001年,3个驻外机构累计带动出口约5000万美元。1993—2010年,陶瓷进出口公司代理分公司代理业务得到不断的发展,共创汇9582.78万美元。

广州进出口商品交易会　1986年起,景德镇开始参加国家每年举办的春秋两季广州进出口商交易会,并作为景德镇陶瓷产品出口贸易的主要平台。至1992年,江西陶瓷出口权归属江西省陶瓷进出口公司,每季交易会签订陶瓷意向合约均达1000万美元以上。在上海华东出口交易会和广州春季交易会上,共接订单27份,成交额155万美元。1997年,省陶瓷进出口公司组织适销展品,参加春秋两季广交会及上海华东出口交易会,成交金额1210多万美元,同比增长2.28%,超额完成省外经贸厅下达任务。在春交会上,业务员程尉成功向外商推介青花鲤鱼日用瓷,一次成交18000多箱,并如期履约,创汇56.80万美元。

2006年,第100届广州秋季交易会上,景德镇陶瓷在展区1720个展位中占据16个展位,共接待外商1891人次,对外直接成交362.83万美元,意向合约557.46万美元。省陶瓷进出口公司的"百花牌"日用陶瓷被商务部指定在第一期综合馆参展,产品出口名列前19名。至2010年,共参加50期广州交易会,景德镇陶瓷签约都名列前茅。

国外及港澳台展销　80年代,境外陶瓷展销一般由省陶瓷进出口公司组织或省陶瓷工业公司及生产厂家组织。1986年1月,应中国香港中艺有限公司邀请,省陶瓷工业公司、景德镇陶瓷学院、轻工业部陶瓷研究所联合在香港举办景德镇陶瓷艺术名家作品展,参展作品400件(套),并进行现场拍卖。同月,在日本高岛屋举办景德镇陶瓷展,5万件(套)产品以艺术瓷和日用瓷为主。3月,在德国莱比锡春季博览会上,光明瓷厂"玩玉牌"青花玲珑清香45头西餐具荣获国际金质奖章一枚。5月,省陶瓷工业公司组织50件(套)艺术瓷,首次参加在苏联举办的国际博览会。7月,参加在澳门举办的中国陶瓷精品展览会。8月,由新加坡比龙工艺品贸易公司在新加坡克华兰大厦举办的江西和福建精华仿古瓷器展销会上,景瓷洽购成交额达100余万新元。同月,在美国德克萨斯州世界博览会上,120件(套)价值1.90万美元的展品全部售罄。

1987年1月,在香港举办第二届景德镇陶瓷艺术名家作品展览,景瓷参展作品400多件(套)。2—3月,由中国工艺品进出口公司在日本高岛屋株式会社所属各大百货商场举办的第六届大中国展和景德镇陶瓷展,送展景瓷11000件(套),当场销售40余万人民币,其余展品全部由日方买断。9月,香港油麻地商场、市雕塑瓷厂与中国香港中艺有限公司合作,举办景德镇雕塑瓷厂名家作品展销会,参展作品500余件(套),销售收入31.60万港元,余下作品由中艺有限公司全部收购。1989年1月12日,景德镇陶瓷展销会在新加坡举行,为江西首次在新加坡举行的陶瓷展会。6月2—11日,由中国国际贸易促进会和中国国际商会主办的中国出口商品展览会在美国俄亥俄州克利夫兰市国际博览中心举行,景德镇参展瓷器有艺术、人民、建国、红旗等瓷厂生产的名优精品4810件。

1991年1月中旬,省陶瓷进出口公司与印度尼西亚展览公司在雅加达成功举办中国景德镇陶瓷展销。1月下旬,轻工业部陶研所与香港中艺有限公司在香港举办陶瓷艺术珍藏品展,参展作品300余件。6月,应日本SOGO株式会社和植野陶瓷株式会社的邀请,省陶研所在日本横滨举办景德镇陶瓷名作展,在高知市举办省陶瓷研究所名家名作展。江西省陶瓷出口公司和省陶瓷工业公司还分别在新加坡、美国、马来西亚等国及中国香港、澳门地区举办景德镇陶瓷展销会。

1992年,省陶瓷工业公司、省陶瓷进出口公司联合在中国香港、俄罗斯举办景瓷展销会和景德镇陶瓷展;省陶瓷工业公司、市政府驻京联络处联合在约旦举办景德镇瓷器展销会;省陶瓷工业公司分别在马来西亚、法国和美国、中国澳门等地举办景德镇陶瓷展销;省陶瓷出口公司在印度尼西亚举办景德镇瓷器展销。

1993年,省陶瓷工业公司组织创作、试制一批陶瓷新产品开拓国际国内市场,先后在加拿大、白俄罗斯、沙特阿拉伯、西班牙等7国和中国港澳地区展销,召开订货会。组织景德镇—日本恩巴陶瓷精品展,红旗瓷厂开发的SL-828宾馆用瓷、光明瓷厂开发的青花玲珑15头橄榄咖啡具和青花玲珑葡萄汤碗等受到市场的青睐,行销日本和中国香港地区,青花玲珑葡萄汤碗销往中国台湾地区。省陶瓷出口公司分别在沙特阿拉伯、意大利和印度尼西亚举办中国景德镇瓷器展销会,均获成功。1993年以后,省陶瓷进出口公司的销售主渠道作用弱化,各陶瓷生产企业、个人单独或组团出国(境)展销瓷器,拓展市场。1995年4月,省陶瓷工业公司在印度尼西亚首都雅加达举办大型景德镇陶瓷展,展销釉上、釉下、综合装饰艺术瓷和日用瓷,4天销售12万美元。

1997年,在外经贸部、贸促会组织下,省陶瓷进出口公司先后参加在埃及、伊拉克(巴格达)、古巴(哈瓦那)、科特迪瓦等国举办的国际博览会和展销会。1998年8月28日至9月11日,在德国法兰克福秋季交易会上,景德镇陶瓷股份公司首次将高温硬质瓷釉中彩高档餐具推向欧洲市场,拿到40万美元订单。同年,市宇宙瓷业有限公司共组织生产31个品种,包括荷口系列15个、圆口系列13个;试制新品种44个,其中奶油盒新品种订货达100万元以上;拳头产品"霁蓝釉中彩1028"按配套大批量投入生产。开发"路标瓷""色釉瓷""刻花瓷"等对美国销售瓷器,产品出口由10余个国家与地区增加到20多个,出口欧盟的产品同比增加100%以上,出口南美、西亚的产品同比增加200%~300%。1999年7月2—31日,省陶研所与泰国金利实业投资集团有限公司在曼谷联合举办中国江西省陶瓷研究所陶瓷精品展。90年代末,部、省、市陶研所、市陶瓷协会及一些民间机构也组织开展出国展销活动,展示、宣传景德镇陶瓷,拓展销售市场。

2000年12月1—5日,景德镇陶瓷协会和澳门(专业)集团有限公司联合在澳门举办"景德镇陶瓷名人名作展",行政长官何厚铧、中央人民政府驻澳门联络办公室副主任宗光耀和景德镇市市长、陶瓷学院院长为开幕式剪彩,参展的365件作品,门类齐全,风格迥异,集中体现景瓷特色和水平。2001年1月中旬,由新加坡私人有限公司、飞达高(景德镇)瓷业有限公司等4家企业联办的景德镇名家名瓷展在新加坡牛车水联络所展馆举行,展出景德镇市国家级工艺美术大师、教授、省级高级工艺美术师的作品300多件,陶艺家还现场表演绘瓷技艺。9月6日,由市精益斋精益贸易公司和香港裕华国货公司共同主办的精益斋名人百家精英瓷展在香港九龙佐敦总店五楼展厅举行。10月25—28日,中国景德镇名瓷世纪行(首站)澳门陶瓷文化周活动,在澳门置地广场会展中心举行,澳门特首何厚铧出席开幕式。

2005年,在萨拉热窝举办景德镇陶瓷精品展,获得波黑及东欧国家、中国驻波黑大使馆的好评。同时,举办马其顿、保加利亚陶瓷巡回展以及埃及、土耳其陶瓷精品展。2007年12月,由省陶瓷进出口公司牵头景德镇陶瓷企业,在韩国仁川广域文化艺术会馆举办中国景德镇市当代陶瓷精品展,销售陶瓷额30多万美元。2009年9月,中国景德镇—台北海峡两岸陶瓷精品展在台湾省台北新光三越百货隆重开幕,展示瓷都景德镇的陶瓷文化和制瓷技艺。

表14-2-1　**1986—2010年景瓷出口创汇国家和地区市场统计表**　金额单位:万美元

国家或地区	金额	国家或地区	金额	国家或地区	金额	国家或地区	金额
一、亚洲	25161.73	马来西亚	581.04	象牙海岸	0.29	乌克兰	30.21
中国香港	14846.61	以色列	62.20	加蓬	0.24	塞马维亚和黑	19.79
伊朗	1758.77	伊拉克	421.33	埃及	820.58	阿尔巴尼亚	15.08
日本	1419	阿富汗	29.16	利比亚	3.24	爱尔兰	13.51
黎巴嫩	511.63	巴基斯坦	200.20	苏丹	113.37	莫桑比克	11.47
新加坡	551.35	尼泊尔	18.48	刚果(金)	2.98	斯洛文尼亚	8.82
沙特阿拉伯	398.96	叙利亚	101.30	坦桑尼亚	52.11	克罗地亚	4.07
约旦	133.51	越南	13.14	梅利利亚(属西班牙)	0.36	东德	3.65
菲律宾	167.01	科威特	93.58	肯尼亚	26.56	波黑	1.72
土耳其	99.09	孟加拉	1.92	突尼斯	0.05	安道尔	1.33
韩国	100.89	二、非洲	4823.73	加纳	8.05	摩纳哥	0.54
中国台湾	88.20	南非	2856.35	其他国家	3.95	西德	2618.73
迪拜	91.30	摩洛哥	495.36	三、欧洲	14138.40	挪威	35.94
阿曼	66.66	阿尔及利亚	134.56	俄罗斯	2764.41	意大利	991.57
泰国	67.08	休达	92.62	荷兰	1777.85	罗马尼亚	18.18
澳门	41.27	尼日利亚	66.49	法国	1339.74	比利时	671.85
巴林	53.33	留泥旺	50.52	英国	807.27	南斯拉夫	12.44
塞浦路斯	18.56	喀麦隆	34.05	波兰	758.06	葡萄牙	254.73
斯里兰卡	24.89	毛里求斯	25.63	匈牙利	593.73	拉脱维亚	4.11
卡塔尔	13.13	安哥拉	14.60	西班牙	558.68	瑞士	124.08
印度尼西亚	229.29	埃塞俄比亚	7.70	瑞典	216.61	保加利亚	2.00
也门	7	博茨瓦纳	6.08	奥地利	133.97	芬兰	70.66
加那和群岛	8.26	乌干达	3.12	丹麦	108.21	冰岛	1.00
柬埔寨	0.82	贝宁	3.00	希腊	74.93	四、拉丁美洲	1847.27
阿联酋	5895.08	卢旺达	1.42	捷克	44.75	智利	955.41
印度	67.69	塞内加尔	0.45	马耳他	44.71	巴西	229.77

续表 14－2－1

国家或地区	金额	国家或地区	金额	国家或地区	金额	国家或地区	金额
阿根廷	85.57	圭亚那	4.11	多米尼加	0.99	塔布堤	1.57
墨西哥	39.73	波多黎各	2.62	玻利维亚	8.72	瓦努阿图	1.22
危地马拉	27.90	哥斯达黎加	1.60	五、北美洲	5578.85	斐济	13.01
古巴	19.17	巴拉马	361.24	加拿大	387.79	其他零售	3.78
哥伦比亚	9.83	巴拉圭	5.19	美国	5191.06	合　计	51946.7
洪都拉斯	8.00	秘鲁	49.98	六、大洋洲	393.09		
牙买加	6.74	委内瑞拉	3.96	澳大利亚	346.63		
乌拉圭	4.78	厄瓜多尔	21.96	新西兰	30.66		

出口创汇

非洲地区：1986—1999 年创汇 1321.10 万美元，2000—2010 年创汇 3502.63 万美元。其中 1986—1999 年在南非创汇 30.01 万美元，2000—2010 年达 2826.34 万美元；北美洲地区：1986—1999 年创汇 1045.06 万美元，2000—2010 年达 4533.79 万美元。

2006—2010 年，省陶瓷进出口公司出口创汇分别为 1971 万美元、2003 万美元、2507 万美元、3277 万美元（其中陶瓷类 2118 万美元）、4600 万美元。

表 14－2－2　**1986—2010 年省陶瓷工业公司陶瓷创汇统计表**　单位：万美元

年份	金额	年份	金额	年份	金额	年份	金额
1986	2505.37	1993	2021.83	2000	1229	2007	2003.26
1987	2605.57	1994	2208.16	2001	902.83	2008	2507.92
1988	3002.97	1995	1200.21	2002	1483	2009	3277.74
1989	2701.55	1996	1107.17	2003	1937.46	2010	4984.96
1990	2819.72	1997	1157	2004	1079.94	合计	51946.75
1991	3103.99	1998	1207.03	2005	1553.85		
1992	2349.22	1999	1226	2006	1971.31		

说明：以上均含非陶瓷类产品

第三节　其他贸易

民间贸易

80 年代后期，景德镇陶瓷贸易以计划调拨为主，由国营单位组织实施。90 年代，景德镇陶瓷民间贸易开始兴起，以抚州人表现最为典型，从开始的用背包装瓷器，周末到各大城市摆地摊，后发展到租用固定摊位、开瓷器店，成为景德镇民间瓷器销售的一支重要力量。经销瓷器以陈设艺术瓷、仿古瓷为主。到 90 年代中期，随着景德镇国营陶瓷企业先后改制，计划经济时期陶瓷统购统销体系基本解体，一种以自发结帮到外地摆摊展销的销售形式应运而生，一些有业务经验的下岗工人结伴而行，将景德镇各大瓷厂滞销积压的瓷器运到外地，选择人流量大的场所设点摊摆销售，这种自由松散的巡回展销形式，景德镇俗称为“跑会”。

“跑会”陶瓷产品大多以成本较低的中低档为主，借助景德镇陶瓷声誉使“跑会”者获益颇丰。巨大的市场需求，也促使原本冷清的樊家井、筲箕坞、老厂一带的陶瓷作坊迅速红火，“跑会”队伍也随之壮大。同时也产生一批“会头”(跑会组织者),他们负责联系展销地点,然后发布展销信息,参加者向“会头”缴纳一定的管理费用即成为当次展销成员,各自组织货源,统一运输到展销目的地。一次一批,循环往复,经营风险自担。在中国境内,这种“跑会”展销遍及大江南北。这一时期,景德镇个体瓷业产销两旺。2002 年 6 月起,随着国家对公民申请因私出国手续的简化,鼓励出口、放宽普通货物出口限制政策的实行,陶瓷异地展销开始向国际市场扩展。全市先后有 300 多批团组,计 15000 余人前往国(境)外进行陶瓷展销,涉及 33 个国家和地区。大多数批次挣到了钱,也有少数团组的瓷器卖不出去造成亏损。

网络贸易

2000 年 10 月,第 11 届景德镇国际陶瓷节期间景德镇互联网贸易兴起。全市 20 家陶瓷企业打破以往通过布置展馆进行陶瓷交易的模式,首次利用互联网举办陶瓷产品网上交易会,陶瓷节开幕第一天就有 700 多人登录网页,列前 5 位的分别为江西、北京、广东、浙江及美国。2002 年 9 月 30 日,由景德镇陶瓷协会、江西省工艺美术职业学院、景德镇电信局合作创建的大型综合性陶瓷垂直门户网站“陶瓷世界信息网”正式开通。网站设置一系列具有鲜明陶瓷特色的栏目,同时设有英文版,免费为 50 多家陶瓷企事业单位和个人工作室制作网页,并链接多家陶瓷企业。此后,景德镇陶瓷电子商务发展迅猛,贸易网站成为各生产企业对外销售的重要窗口之一。

2009 年,探索网上陶瓷销售平台建设,与省移动通信公司签订战略合作协议,建立景德镇陶瓷网上销售平台。是年 11 月,江西省陶瓷进出口公司建立的营销网站,宣传景德镇陶瓷特色、工艺以及陶瓷艺术大师,利用网络向客户推介景德镇和陶瓷。2010 年,在天猫、淘宝网、京东商城、拍拍网等国内知名电子商务交易平台上注册的陶瓷销售类商铺约有 3000 户,其中淘宝 C_2C 个人商铺 2307 户,天猫 B2C 企业商铺 219 户。在阿里巴巴上注册的景德镇陶瓷企业有 1782 户。

第四节　市场与品牌

陶瓷市场

市场建设　80 年代初期,景德镇市陶瓷销售设有专业市场,主要有国营瓷器友谊商店、中山南路第二瓷器门市部、东郊瓷器门市部、火车站瓷器门市部。除上述国营陶瓷零售门市部外,还有许多集体性质的瓷器零售网点,有景玉瓷器总店,戴家弄、小黄家弄、十八桥、中渡口等 17 个瓷器门市部和合作商店,省陶瓷工业公司所属各瓷厂在厂区附近设有瓷器经销部或门市部。90 年代,景德镇陶瓷民间贸易开始兴起,在莲社路、火车站、汽车站附近和三河街等几处形成瓷器专业市场。1998 年 8 月,金昌利陶瓷大市场开业,营业店面 200 间,入驻陶瓷厂家和商家 200 户,从业人员 400 人。1999 年 10 月 18 日,省陶瓷工业公司、景德镇陶瓷协会与江苏南通狼山旅游区合作创办的狼山景德镇陶瓷大市场开业,营业店面 50 间,面积约 1000 平方米,景德镇市陶瓷企业在此设点销售陶瓷。2001 年 10 月 11 日,景德镇陶瓷大世界开业,面积 6 万平方米,营业店面 268 间,内设名人名作精品艺术瓷、日用瓷等 14 个专卖区,陶瓷经营户 335 户。2004 年,中国陶瓷城开业,营业店面 1447 间,内设名人名作、雕塑、陈设、仿古、综合、日用、旅游瓷 7 大经营区域,陶瓷经营户 1150 户,从业人员 2300 户。

至 2010 年,景德镇市建成开业的陶瓷市场有 8 处,约有店面 5130 间,其中经营陶瓷 3390 户,从业人员 7000 余人。以艺术瓷、日用瓷、礼品瓷为主的专业市场有金昌利陶瓷大市场、陶瓷大世界、景德镇中国陶瓷城、锦绣昌南·中国瓷园、国际商贸广场、瓷器街、莲社北路陶瓷市场、新都民营陶瓷园、曙光瓷厂街区、景德商城红店街、景瀚商城、方兴陶瓷市场等。以仿古瓷为特色的专业市场主要包括樊家井仿古瓷村、筲箕坞、华阳古陶瓷市场等。以创意陶瓷和现代艺术陶瓷为主的专业市场主要包括景德镇陶瓷学院老校区陶瓷文化创意街、景德镇市雕塑瓷厂、建国瓷厂陶瓷创意市场等。陶瓷专业市场除传统的坐商形式外,订单销售、展厅销售、网络销售也逐渐成为主流趋势。

表 14－2－3　**2010 年景德镇市陶瓷市场统计表**

市场名称	投资经营公司	建设年份	开业年份	店面间数	经营户数	陶瓷经营户数	从业人数
金昌利陶瓷大市场	南昌金昌利集团	1997	1998	200	200	200	400
陶瓷大世界	信义房地产开发公司	2000	2001	523	523	335	670
中国陶瓷城	广东香江集团	2002	2004	1447	1447	1150	2300
豪德贸易广场	香港豪德集团	2002	2003	1200	1200	68	136
国贸广场一期	江西丰物房地产开发有限公司	2002	2003	760	760	745	1490
国贸广场二期		2003	2004				
中国瓷园	昌南置业有限公司	2003	2004	450	400	360	720
华阳陶瓷市场	华阳房地产开发公司	2004	2005	400	400	382	764
景瀚商城	江西景翰投资公司	2010	2012	150	150	150	525

市场选介　金昌利陶瓷大市场。位于市珠山中路与莲社南路交会点，5 层交易大楼中 1 楼至 4 楼开行双向自动扶梯。1998 年 8 月开业，入驻陶瓷厂家和商家 200 家。展示的陶瓷商品涵盖 12 大门类，3000 多种器型，1 万多个花面。既有国内陶瓷行业的老牌国营大厂产品，也有新兴个体私营企业的产品。4 楼设有以王锡良、周国桢等老一辈艺术家建立的股份制陶瓷文化艺术传播团体“景德镇珠山画院”，珍藏有千余件陶瓷艺术精品。

陶瓷大世界。位于市莲社北路，2000 年在原新华瓷厂旧址上新建的艺术陶瓷市场。2001 年 10 月 11 日正式启用，占地 3 公顷，建筑面积 6 万平方米，店面 268 间，内设名人名作、精品艺术瓷、日用瓷等 14 个专卖区，集陶瓷观赏、技艺交流、旅游观光为一体。多名国家级大师、省级大师、高级工艺美术师设立艺术创作室或工作室，以前店后坊的方式经营。

中国陶瓷城。位于市迎宾大道旁。2002 年始建，共有商铺 1447 套，分名人名作、雕塑、陈设、仿古、综合、日用、旅游瓷七大经营区域。设有旅游接待中心、物流配送中心、休闲文化广场、大型停车场、宾馆、餐饮、商业及旅游服务等配套设施。是市旅游局指定陶瓷经营及旅游购物专业市场。

国际贸易广场。位于市区中心，临近市人民广场，是以陶瓷旅游购物为特色的专业市场。2002 年始建，分两期建成。2～3 层建筑，1 层店面，2～3 层仓储或居住，设有陶瓷文化交流展示中心、名人工作室、陶瓷古玩等区域，进驻商家 760 户，形成高中低档陶瓷综合批发零售市场。古玩跳蚤市场吸引全国各地的古玩爱好者和淘宝人士，是景德镇古陶瓷文化交流平台。

锦绣昌南·中国瓷园。2003 年，由景德镇昌南置业有限公司开发，位于迎宾大道旁。是集旅游休闲、博览展示、创作交流、商务贸易为一体，综合展示陶瓷文化艺术的特色园区。占地面积 21 公顷，总投资 4.60 亿，建有商铺 450 余间（套），数百位具有各类高级职称的工艺美术大师及“景漂”人员相继落户园区。各类陶瓷展示厅、创作室以及大型游客购物中心展示的名人名作、古玩珍品、旅游陶瓷等作品琳琅满目。锦绣昌南·中国瓷园融入传统徽派建筑风格，建有祈福殿及锦绣湖、湖心亭、九曲桥与占地 4000 余平方米的中央绿地、古樟树等，形成景德镇市传统陶瓷文化与现代旅游商贸有机结合的城市建筑景观群，系江西省“十佳楼盘”之一。2009 年被国家旅游局评为国家 AAAA 级旅游景区。

豪德贸易广场。2002 年始建，位于市瓷都大道吕蒙乡官庄高新开发区内。占地面积约 23.33 公顷，建有店铺 1200 间。市政府批建的大型建陶、商品综合批零市场重点工程项目。设有客运、货运汽车站和公交车始发站。广场内道路宽阔、纵横交错，大型车辆可直达各个商铺门前，是建筑墙、地砖、装修材料的主要市场。赣、浙、皖周边地区大型商品集散地。

新都民营陶瓷园。2002 年，由美国新都兴业公司在华注册的独资企业江西盛都置业有限公司（注册资金800万美元)开发运营,总投资1.80亿元,占地约为32公顷,位于高新技术开发区龙井路,园区总体建筑风格为徽派建筑,采取前店、后厂、中庭院模式,是首个大规模梭式窑生产陶瓷的基地,集陶瓷生产、陶瓷直销、名人作坊、外贸出口、特色旅游为一体,融原料、成型、彩绘、包装、物流等多种业态于一园的超大型综合陶瓷园。园区内有大小陶瓷企业200多家,一批陶艺大师在园区内设有陶瓷艺术创作室。

新华陶瓷大市场。2001年3月18日建成开业,位于市莲社南路"瓷器街"中段,占地面积6000平方米,专营陶瓷产品,是市政府"再就业示范基地"。

景德镇商贸批发大市场。2001年10月11日,省陶瓷进出口公司和市三桥房地产公司共同开发,占地6公顷,首批建成400间,面积达8000多平方米,分为陈设、艺术、日用、建筑陶瓷等区域。2003年,根据市政府规划,迁往中国陶瓷城,市场关闭。

南通狼山景德镇陶瓷大市场。1999年10月18日,省陶瓷工业公司、市陶瓷协会与江苏南通狼山旅游区合作创办。首期开放营业店面50间,面积约1000平方米,景德镇市18家的陶瓷企业在此设点销售,其经营规模属景德镇在外地设点之最。

武汉、天津景德镇陶瓷市场。2000年6月,市陶瓷协会在武汉建起"景德镇陶瓷一条街";10月中旬在天津塘沽区合作创办"景德镇陶瓷艺术城"。

品牌创建

标准制定　1993年年初,省陶瓷工业公司组织各有关单位起草陈设艺术瓷器的4个国家级、1个行业级产品质量标准,先后经国家技术监督局、轻工业部批准实施。其标准代号、顺序号、年份号、名称开始实施时间分别为:GB/T 13523-92"铜红釉瓷器"(8月1日);GB/T 13524.1-92"陈设艺术瓷器雕塑瓷"(8月1日);GB/T 13524.2-93"陈设艺术瓷器器皿瓷"(8月1日);GB/T 13524.93-93"陈设艺术瓷器文化用瓷"(10月1日);QB/464-92"薄胎瓷器"(8月1日)。这些标准均根据国家有关规定制定,将产品质量分为优等品、一等品和合格品。优等品为国际先进水平,一等品为国际一般水平,合格品为国内一般水平。1995年5月2日,国家技术监督局发布的GB/T 3532-95国家标准划分瓷器质量等级,规定日用瓷器质量,分优等品、一等品、合格品3个等级。简化原一、二、三、四级品标准划分,突出优质优价,便于与国际接轨。按新标准对日用瓷器只有一个统一的规定,生产、销售部门便于掌握执行。

1997年2月,轻工陶研所检测标准中心承担的GB/T 13524.3"陈设艺术瓷器、文化用瓷"标准制定,GB14147"陶瓷包装容器Pb、Cu溶出量允许极限"标准制定和QB/T 1990"黏土结合碳化硅匣钵"标准制定项目,分别获1996年度国家科技进步四等奖和1996年、1997年度中国轻工总会科技进步三等奖。1998年6月,全国日用陶瓷标准化中心委托省陶瓷工业公司牵头,组织修订"青花日用细瓷器""玲珑日用瓷器"国家标准,修订后的国标由原来的一、二、三、四级4个级别修改为优等品、一等品、合格品3个等级,与国际市场接轨。由原来的单一青花装饰扩大到釉下彩,由玲珑日用瓷扩大到玲珑瓷,扭转国内釉下彩瓷、玲珑陈设艺术瓷一直无生产标准的局面。

2002年,轻工陶研所"釉下(中)彩日用瓷器"和"玲珑日用瓷器"两项国标被批准,从12月1日起实施。2006年,轻工陶研所标准化中心经上级主管部门批准,组建全国日用陶瓷标准化委员会,国标委批准日用陶瓷标准化委员会秘书处设在标准化中心。制订和修订建白高级日用细瓷器、紫砂陶器2项国家标准和陶瓷颜料、印刷金膏2项行业标准。2009年,标准化中心承担全国日用陶瓷标准化技术委员会秘书处职能,完成4项国标、2项行业标准的制订、修订任务,完成52项行业标准复审,指导起草12项地方企业标准;检测中心投资近40万添置原子吸收、白度计等仪器设备。2010年,标准化中心完成8项国家标准和5项行业标准的制修订工作,43项日用陶瓷国家标准复审工作,并提出12项国家标准和行业标准计划。

品牌评选　1994年10月,在景德镇置镇990周年活动中,青花梧桐餐具被评为景德镇陶瓷十大名牌产品。1995年9月,省轻工业厅、省技术监督局、省消费者协会公布25项产品为省轻工名牌产品,其中景德镇的陶瓷产品"长青"牌青花梧桐餐、茶具;"玩玉"牌青花玲珑餐具、茶具、咖啡具;"红叶"牌高档强化日用瓷;"高岭"牌系列餐、茶具等上榜。

1996年4月,由中国名牌商品介绍活动委员会授予市雕塑瓷厂"散花牌"传统人物瓷雕、景德镇瓷厂"红叶"牌日用瓷、光明瓷厂"玩玉"牌青花玲珑瓷为名牌产品，并颁发证书和奖牌。是年，经中国公共关系协会、中国社会科学院社会研究所、中国商报社、世界信息报社、消费时报社、轻工购物导报社、公共关系导报社等单位联合组成的中国企业形象认定委员会评定，中国景德镇瓷厂为中国企业最佳形象 AAA 级单位，为全国陶瓷行业获此荣誉的唯一一家企业。同时，历时 4 年的中国质量万里行活动中，中国景德镇瓷厂、景德镇市光明瓷厂上《中国质量报》光荣榜，全省受此荣誉的企业仅为 6 家。1997 年 12 月，中国消费者协会评选中国消费者满意奖，经多种项目的调查、审评，市三蕾瓷用化工有限公司获中国消费者满意奖，在全国陶瓷行业中仅此一家。1998 年年初，江西省轻工业厅认定 30 种产品为 1998—2000 年江西轻工名牌产品，"红叶"牌日用瓷名列第二批江西轻工名牌产品榜首。从 1 月 1 日开始，景德镇陶瓷股份公司从国家贴息金划拨 250 万元用于企业形象和产品广告宣传，"红叶"牌陶瓷产品广告首先在中央电视台第一套节目"榜上有名"专栏播发(每次 5 秒)。在春节期间套装广告时段，中央电视台播发股份公司企业形象广告宣传片(每次 15 秒)。

2002 年 2 月，"景德镇"品牌商标获得中国驰名商标。2003 年 1 月，景德镇陶瓷股份有限公司生产的"红叶牌"高档日用细瓷，被国家质量监督检验检疫总局授予"国家免检产品"，9 月被省名牌战略推进委员会评为江西省名牌产品。2005 年，"百花"品牌商标获得江西省出口优秀名牌，被列为江西省重点培育和发展的出口品牌。是年，省陶瓷工业公司"景德镇"牌工艺陶瓷，获"中国名牌产品"称号。"景德镇"牌工艺陶瓷，包括青花玲珑工艺陶瓷、粉彩工艺陶瓷、高温颜色釉工艺陶瓷、薄胎工艺陶瓷、综合装饰工艺陶瓷等系列品种。

2006 年，景德镇陶瓷股份公司的"红叶"牌高档日用强化陶瓷、省陶瓷工业公司的"景德镇"牌工艺陶瓷获得中国名牌产品。鹏飞建陶公司"景赐坊"外墙砖评为国家免检产品。省陶瓷工业公司的"龙珠阁"牌陶瓷，景德镇陶瓷股份公司的"红叶"牌陶瓷，省玉风瓷厂的"玉风"牌陶瓷，省陶瓷进出口公司"百花"牌陶瓷，市三蕾瓷有化工公司的"三蕾"牌瓷用化工颜料、花纸、金水，市珍宝特陶公司的"珍宝"牌陶瓷等产品获得江西省著名商标和江西省名牌产品。景德镇陶瓷协会推出新版景德镇陶瓷艺术作品证书，该证书印有"景德镇"牌驰名商标标识及免费电话防伪标识。是年，"百花"牌商标入选国家商务部举行的"商务新长征，品牌万里行"活动，为江西 4 个入选品牌之一。6 月 11 日，公司应邀参加在北京举行的"品牌万里行"的启征仪式，使"百花"品牌与全国驰名商标海尔、长虹等站在同一展示平台，跻身全国名牌行列，被认定为江西省著名商标。在广州秋交会上，"百花"牌日用陶瓷被商务部指定在第一期综合馆参展，产品出口名列全国第 19 名，是整个综合馆 137 家出口品牌中，唯一代表江西省参展的品牌。2007 年，陶瓷进出口公司的"百花"牌被评为江西省著名品牌。

2009 年，景德镇出台《陶瓷品牌发展战略实施意见》，组织陶瓷企业参加首届景德镇知名商标评选活动，有 3 家陶瓷企业被认定为景德镇市知名商标。2010 年 10 月，联合国国际信息发展组织为景德镇市博大精工艺术陶瓷有限公司颁发陶瓷界唯一的世博会"千年金奖"及证书。"百花"牌日用瓷被中国景德镇国际陶瓷博览会执委会、景德镇市政府、江西日报社评为"年度十大最受欢迎品牌"；被省商务厅列为"省重点培育和发展的出口品牌"。

商标注册　1979 年 10 月 31 日，省陶瓷工业公司经国家工商行政管理局商标局批准注册"龙珠阁"商标，注册有效期 10 年，核定使用商品第 21 类，内容为"新彩贴花瓷器"，商标号 1239119，后续展至 2003 年 2 月 28 日。1986 年，景德镇产瓷器都贴有"景德镇""景德镇制""中国景德镇"字样的底款，为原产地标志，"景德镇"三字就是瓷器的品牌，但没有注册原产地商标。1989 年 7 月 3 日，市经委、市工商局联合下发《关于出口陶瓷商标使用管理的通知》，规定出口陶瓷商标由省陶瓷出口公司统一申请注册和管理，实行统一计划，统一政策，集中管理，联合对外贸易的原则。省陶瓷工业公司享有注册"龙珠阁牌"的专用权，其他企业使用需获得授权。"景德镇"作为一个地理名称，不作为商标使用，陶瓷产品一律标明景德镇××瓷厂字样。

1996 年 7 月，省陶瓷工业公司向国家工商局商标局申请注册"景德"产品商标。1997 年 2 月，经国家工商局商标局核准，注册号为 10937560。"景德"商标图样为方形子母线框，框内有篆体"景德"字样。商标颜色，根据产品种类区分：青花瓷、青花玲珑瓷用蓝色；釉上彩、釉中彩日用瓷，用黑色或蓝色；陈设艺术瓷、特种工艺美术瓷用红色。1998 年 4 月，市政府下发《景德镇市陶瓷产品宏观管理办法》，确定"景德镇"是历史形成的陶瓷品牌,是景德镇市的无形资产,市政府委托市陶瓷协会进行管理。“四大名瓷”商标在国家商标局注册后,市陶瓷协会为规范管理和使用,制定相应的管理办法,并召开推广使用会,组织全市具备条件的陶瓷企业优先免费使用四大名瓷商标。1999 年 7 月 28 日,景德镇陶瓷协会申请注册的“景德镇”牌商标,由国家商标局批准,注册证号为 1299950,有效期 10 年。属证明商标,服务项目包括所有瓷器制品,商标主要是以文字形式组成,无固定统一图案或字体。不论是印刷、盖印或手写,不论何种字体模式,只要在瓷器制品上标注有“景德镇”或“中国景德镇”“景德镇制”等字样以及使用景德镇陶瓷协会会标图案等都属“景德镇”牌商标范畴。

2008 年,景德镇在国家商标局注册陶瓷商标 56 件,申报等待批复 52 件。2009 年,向国家商标局申报“景德镇御窑厂”和四大传统名瓷(景德镇青花、景德镇玲珑、景德镇粉彩、景德镇色釉)的商标注册工作。全年共有 30 个陶瓷商标在国家商标局成功注册,6 个陶瓷商标被认定为江西省著名商标,3 个陶瓷商标获景德镇名牌。在 2009 中国商标节上,“景德镇瓷器”商标获“2009 消费者最喜爱的绿色商标”称号。7 月 2 日,“卡地克”牌建筑陶瓷、“精誉”牌陶瓷、“龙兴”牌陶瓷、“玉柏”牌陶瓷、“FRANZ”牌陶瓷装饰品、“昌南”牌陶瓷被认定为江西省著名商标。同时,“玉风”牌日用陶瓷、“百花”牌彩瓷、“景德镇”牌陶瓷、“龙珠阁”牌陶瓷、“珍宝”牌家用陶瓷制品延续认定为江西著名商标。2010 年 2 月,市工商局、市瓷局向国家工商总局申报陶瓷商标,景德镇青花、玲珑、粉彩、颜色釉四大名瓷商标在国家商标局成功注册。11 月 30 日,市陶瓷协会组织和推荐市陶瓷协会、佳洋陶瓷、莱特陶瓷等 14 家单位企业,17 个商标申报市知名商标。

表 14-2-4　　**2010 年景德镇陶瓷品牌注册商标一览表**

类　别	权属单位	注册商标	类　别	权属单位	注册商标
中国名牌	景德镇陶瓷股份公司	红叶	江西名牌	江西景光电子有限公司	景光
	省陶瓷工业公司	景德		市云鹤陶瓷公司	鹤云
	景德镇陶瓷协会	景德镇	市知名商标	市环球陶瓷有限公司	景德
	省陶瓷工业公司	龙珠阁		市红鑫陶瓷公司	红鑫
	省玉风瓷业公司	玉风		市永和春陶瓷厂	永和春
江西省著名商标	省陶瓷进出口公司	百花		景德镇景东陶瓷集团有限公司	JD
	市鹏飞建陶有限公司	景赐坊		市贝玉瓷厂	贝玉
	景德镇珍宝特陶瓷公司	珍宝		市振中陶瓷经销部	振中派
	市博大精工陶瓷公司	精誉		市金焰瓷业有限公司	金焰
	市望龙陶瓷有限公司	龙兴		市佳洋陶瓷有限公司	皇窑
	市玉柏瓷厂	玉柏		市景德大成陶瓷有限公司	景德大成
	市法蓝瓷实业公司	FRANZ		市古镇陶瓷有限公司	古镇
	省陶瓷进出口公司	昌南		市望龙陶瓷有限公司	望龙
	市鹏飞建陶有限公司	卡地克		市常青家园工艺品有限公司	CYPRESS
江西名牌	市鹏飞建陶有限公司	景赐坊		景德镇陶瓷协会	景德镇玲珑
	景德镇陶瓷股份公司	红叶			景德镇青花
	市博大精工陶瓷公司	精誉			景德镇粉彩
	景德镇海畅法蓝瓷公司	法蓝瓷			景德镇色釉
	江西万平电子有限公司	万平			

品牌保护

管理机构 1985 年 10 月,市科委成立专利事务所,为正科级事业单位。2002 年 8 月,市知识产权局成立,为副县级事业单位,定编 3 人。对内称专利管理科,专利代理和专利管理为主,调研知识产权保护工作,处理解决专利纠纷案件。2005 年 11 月 28 日,国家知识产权局和市政府合作共建中国陶瓷知识产权信息中心,加强陶瓷知识产权保护与利用。2006 年后,景德镇加强品牌建设,在每年举办的景德镇国际陶瓷博览会上,由市商务局、科技局、工商局、版权局等成保护知识产权投诉中心,开展保护陶瓷知识产权宣传,依法处理侵权纠纷,查处假冒违法行为。

商标保护 "龙珠阁"标示图案被誉为景德镇的城徵,70 年代广泛用于景德镇产各种瓷器的底款。"龙珠阁"陶瓷商标代表景德镇的陶瓷产品。1995 年 4 月 5 日,省陶瓷工业公司作出规定,凡需使用"龙珠阁"商标的单位,必须与省陶瓷工业公司签订商标有偿使用许可合同,建立商标花纸的购买、验收、保管、发放、使用和废品处理等管理制度。1998 年,陶瓷市场上存在严重侵犯"龙珠阁"注册商标的知识产权现象,主要有违法印刷使用"龙珠阁"花纸底款和未经许可,盗印"龙珠阁"花纸。9 月 17—18 日,江西省电视台"社会传真"专栏对陶瓷工业公司"龙珠阁"商标管理及商标的违规生产、使用、销售等情况进行采访调查,报道播出后引起市政府的重视。市瓷局、工商局、质监局、陶瓷协会等有关部门联合开展执法行动。此后,对全市的陶瓷市场不定期地进行检查和整治。

2001 年 4 月中旬,市陶瓷协会同市工商、公安、法院等执法部门,先后到珠山区杨家坞、里村方家山、东二路凤凰山等陶瓷生产集散地,对违法使用"景德镇"注册证明商标的部分企业和个体私营业主进行查处。对重点陶瓷市场和重点企业进行突出检查,对 14 户陶瓷经营户下达责令改正通知书,收缴仿冒名牌陶瓷 300 多件(套),对 3 万多件(套)价值 20 多万元的假冒"景德镇"商标陶瓷进行查封。2008 年 12 月,景德镇颁布实施《陶瓷知识产权保护办法》(市政府第 49 号令),建立陶瓷知识产权联席会议制度和联合执法办公室以及执法办公室联络员例会,市瓷局、工商局、质监局、知识产权局、公安局、法院等 18 个有关部门参加。每年的世界知识产权保护日,在市人民广场举办陶瓷知识产权保护宣传咨询活动。各陶瓷知识产权保护相关部门,利用多种形式举办培训教育。2009 年年初,市政府制定《景德镇陶瓷品牌发展战略实施意见》。8 月,市瓷局协调市工商、质监、公安部门对市场假冒伪劣和侵犯"景德镇"注册商标的行为进行集中整治。是年,市工商局制定《景德镇市知名商标认定和保护办法》,提出市知名商标的申请、认定及保护管理等具体管理办法。2010 年 3 月,联合执法办公室以纪念世界知识产权日为契机,牵头举办陶瓷知识产权保护活动,由市瓷局、工商、知识产权、版权、质监以及全市品牌企业选送 30 多块"陶瓷知识产权保护画板"在中国陶瓷城、锦绣昌南和国贸广场等陶瓷市场进行巡回展出,普及识别景德镇"中国驰名商标""江西著名商标""景德镇知名商标""中国名牌""江西名牌"等品牌的基本知识及办理使用程序,提高保护"景德镇"牌证明商标、四大传统名瓷商标的认识。

原产地域产品保护 2004 年 7 月,市质量技术监督局向国家质监总局递交景德镇市瓷器申报原产地域产品保护报告,保护景德镇瓷器这一具有悠久历史文化底蕴的品牌,确保景德镇瓷器独特品质。2005 年 3 月 15 日,市政府新闻办在景德镇陶瓷股份有限公司展厅召开保护"红叶"陶瓷品牌新闻发布会,旨在将新器型、新花面、新工艺、新包装推向市场,提升"红叶"品牌知名度。是年 4 月 15 日,国家质监总局发布第 63 号公告,批准自即日起对景德镇瓷器实施原产地域产品保护,并就地域保护范围、质量技术要求、专用标志使用作明确规定,确定地域保护范围为景德镇市珠山区、昌江区、乐平市、浮梁县所辖行政区域。品种为青花瓷、玲珑瓷、粉彩瓷、高温颜色釉瓷、新彩瓷。7 月 15 日,原产地域产品更名为地理标志产品。2008 年 4 月 29 日,市瓷局与北京市商业联合会选择北京景德镇艺术瓷器服务部、北京中兴佳联商贸有限公司、北京东方好友景德镇陶瓷城等 4 家陶瓷经营店,授牌为景德镇陶瓷特约经销单位。7 月发起倡议书,承诺加强行业自律,不以外地瓷冒充景瓷销售,不仿冒陶瓷名人名作以次充优,确保将精美、正宗的景德镇陶瓷产品推介给世界各地的国际友人,得到北京京华景源陶瓷等 30 多家陶瓷经营店响应。

知识产权保护 2000 年 6 月,市陶瓷协会加强行业管理,出版《景德镇陶瓷行业管理办法汇编》,收录陶协制订的《景德镇陶瓷行业管理办法》《"景德镇"牌证明商标办法》及《〈"景德镇"牌证明商标办法〉实施细则》《景德镇陶瓷艺术名人证书管理办法》《陶瓷专有产品证书管理办法暨实施细则》等，并分发至全市各陶瓷企业及陶瓷个体工商户。2002年，针对市场上假冒景德镇陶瓷品牌，违规进行国内外市场陶瓷展销，甚至以外地瓷冒充景德镇名瓷欺骗消费者的现象，市委、市政府多次组织有关部门联合对全市陶瓷市场进行整治。2004年起，每年"瓷博会"期间，在全市陶瓷经营户中开展"打击假冒伪劣，维护消费者利益"的专项整治活动，规范市场秩序。2007年5月，开展打击假冒伪劣、商标侵权的陶瓷市场秩序专项整治，主要对象是国贸陶瓷广场及其周边、曙光路陶瓷市场、中国陶瓷城、豪德贸易广场。

2008年4月，推进陶瓷知识产权保护，市政府相继出台《景德镇市陶瓷知识产权暂行管理办法》和《景德镇市陶瓷知识产权发展战略规划》。2009年，市政府出台《景德镇陶瓷知识产权保护管理办法》，启动联席会议制度、联络员例会制度。11月5日，召开全市陶瓷知识产权保护第一次联席会议，副市长沈薇和市质监局、公安局、科技局、工商局、版权局、陶瓷协会等11个部门负责人参加会议。是年，市瓷局与市工商局、质监局、版权局、科技局、公安局、陶瓷协会等部门组建陶瓷知识产权联合执法办公室。2010年1月，市陶瓷知识产权联合执法办公室组织有关部门对国贸广场、中国陶瓷城、瓷园等陶瓷市场开展联合巡查。进市场、入店铺，宣传市政府49号令精神，就外地瓷冒充景德镇瓷销售，"景德镇"商标、陶瓷专利、陶瓷著作权、陶瓷产品质量等方面进行检查，对违规使用"景德镇"商标的经营户进行教育。

整顿"跑会"　90年代，景德镇民间自发组团到异地销售景德镇陶瓷，拓展了景德镇陶瓷销售市场，带动生产、包装、物流等行业发展和劳动就业。90年代后期，"跑会"现象十分火爆，带动了瓷器产销两旺，一批参与跑会的经营者挣到了钱。但这种"跑会"展销方式大多随机自发组合，缺乏必要的营销策划和风险管理，存在盲目性。且参展商之间无序竞争、以次充优，前期漫天叫价、后期甩卖抛售的营销方式引发购买者不满，破坏当地市场秩序，损害景德镇陶瓷声誉。2000年前后，发展到非法组织国(境)外展销，由于对当地法律、地情、风俗、贸易等知识缺乏了解，有的展销活动造成当地治安事件。特别是瓷器销售不出去造成巨亏时，参展商户聚众求助中国驻外领事机构，严重影响国家和省、市的对外形象。据景德镇市瓷局统计，有56个展销团组在19个国家不同程度出现问题。

2002年11月，市委、市政府采取措施，成立整治领导小组和办公室，治理和规范出国陶瓷展销秩序，对出国(境)外陶瓷展销者的护照进行严格管理，对全年办理的8000余本因私护照由公安机关收缴保管。成立陶瓷市场稽查大队，依法惩治非法出国展销的组织者，16名非法组织出国展销，造成恶劣影响的"会头"先后被判处有期徒刑。配合省外贸厅、省贸促会制订实施《江西省关于景德镇陶瓷出国展销管理办法》，经过整治，大规模非法出国陶瓷展销得到遏制。2003年3月25日，景德镇陶瓷协会出台《景德镇陶瓷出国(境)展销管理办法(试行)》，规定景德镇陶瓷出国(境)展销实行许可证制度，由政府授权景德镇陶瓷协会审查核发"景德镇陶瓷出国(境)展销许可证"。同时，对申办陶瓷出国(境)展销必须具备的资质，经济承担能力、批文、认可文书和展销招商、商品报检、护照管理、依法纳税等事项制订出具体的管理办法。4月，市政府及有关部门制订《景德镇陶瓷国内展销管理办法》，严格规范国内展销行为，对冠名"景德镇"陶瓷国内展销实行许可证制度，经过展出当地工商部门认可并交纳风险保证金，方可领取"外出展销许可证"。加大对非法陶瓷展销的稽查，建立招商、装车待检制度，惩处非法陶瓷展销招商组织者。加强与各地工商部门的联系，建立监控网络，加强展销过程的管理。至2010年，一度混乱的国内陶瓷展销得到有效管理。

专利保护

专利申请　专利数量。景德镇拥有部、省、市属科研机构，拥有高等、中等陶瓷专业教育机构，是全国陶瓷科研高地，陶瓷科研人员密度为全国最大，研发体系也最完整。1986年，全市陶瓷专利申请量为6件。1990年以前每年不超过10件。2001年为20件。2006年，增加到81件。至2010年，增加到130件。1986—2010年，全市陶瓷专利申请量659件，其中发明专利109件，实用新型专利80件，外观设计专利470件，占全市专利总申请量的23%。

专利项目。1987年，轻工陶研所微机控制间歇式节能烤花窑设备专利实施后，至1990年年底累计新增产值50多万元，1988年获轻工业部金龙腾飞奖，1989年又获江西省优秀专利产品奖。1988年，市鹅湖机械厂的槽式振动筛和半自动除铁器两项专利实施后，累计产值120多万元，利税23万元。当年，槽式振动筛专利成果获江西省优秀新产品奖;景德镇陶瓷学院的高频电容式水分快速测定仪、连续式料浆磁选机、低膨胀陶瓷及其制造方法专利成果,均获轻工业部颁发的金龙腾飞奖。1989 年,非职务发明专利七头扇形拼盘被评为江西省优秀产品。1994 年 7 月,省陶瓷工业公司制订《关于加强陶瓷行业专利工作的几点意见》,建立健全行业专利管理机构,维护企业和个人的合法权益,每年 10 月定为陶瓷专利活动月。1998 年 8 月 22 日,景德镇陶瓷股份公司申请使用外观设计的产品——釉中彩多头古典园林餐具(设计人舒诗诚)通过国家专利局审查,被授予外观设计专利证书(专利号为 97330309.3)。2009 年,省陶研所申报"陶瓷窑炉烟气净化及余热综合利用装置""适应快烧工艺的磷石膏陶瓷配方"和"一次成型通体中空陶瓷产品"3 项国家专利,前 2 项已被国家知识产权局受理。2010 年 12 月 1 日,省陶研所两项省级新产品"双层隔热保温餐具研制""低碳抗菌活化水陶瓷杯研制"通过省级鉴定。"陶瓷窑炉烟气净化及余热综合利用装置"获实用新型专利(专利号:ZL200920184965.5)。年内又申报 3 项国家发明专利,获得国家知识产权局的受理。

表 14-2-5　　**1986—2010 年景德镇市陶瓷专利申请选介表**

年份	名称	申请人	专利类型
1986	陶瓷坯体的干燥方法	市陶瓷窑具厂	发明专利
	仿陶瓷粉彩颜料色素的发光装饰工艺方法	市新艺彩绘瓷厂	发明授权
	用煤球灰渣制造的普通陶瓷制品	汪祥麟、汪杰	发明专利
1987	连续式陶瓷料浆磁选机	景德镇陶瓷学院	实用新型
	微机控制间歇式节能烤花设备	轻工部陶瓷工业科学研究所	实用新型
	瓷瓯	市歌舞团	外观专利
1988	陶瓷嵌丝装饰方法及其制品	轻工业部陶瓷研究所	发明专利
	低膨胀陶瓷及其制造方法	景德镇陶瓷学院	发明专利
	一种液化气瓷用烤花烧成炉	吴莹、李文隆	实用新型
	适用于注浆工艺中的耐压石膏模	市工业瓷厂	实用新型
	槽式振动筛	市鹅湖机械厂	实用新型
	连续式陶瓷料浆磁选机	景德镇陶瓷学院	实用新型
1989	日用陶瓷坯体干燥强度测定仪	省陶瓷研究所	实用新型
	七头扇形拼盘	市景江瓷厂	外观专利
1990	成套保温菜具	市人民瓷厂	外观专利
1991	特大型高白釉薄胎瓷碗制造方法	市艺术瓷厂	发明专利
	一种异形瓷的成型方法及装置	喻木荣	发明专利
	固定化细胞用陶瓷载体制备方法	景德镇陶瓷学院	发明专利
	一种瓷质大件花瓶成型工艺方法	市艺术瓷厂	发明专利
	陶瓷泥料软度测定表	陈远涵、胡建军	实用新型
	工业陶瓷点火件	国营第九九九厂	实用新型
	瓷匙吊烧装置	市艺术瓷厂 市昌江区石英匣钵厂	实用新型
	装烧特高大件瓷花瓶的燃气台车式专用窑	江西省陶瓷研究所 景德镇望华工艺陶瓷厂	实用新型

续表 14－2－5

年份	名称	申请人	专利类型
1994	多孔陶瓷滤芯全陶瓷净化饮水器	市特种陶瓷研究所	发明专利
1995	全封闭工频瓷介电力电容器	夏天三	实用新型
1996	陶瓷颜料渐变一次丝印法	景德镇陶瓷学院科技开发中心	发明专利
	高温霁蓝釉中彩陶瓷及其制作方法	市宇宙瓷业有限公司	发明专利
	陶瓷茶具(九龙公道壶)	朱红安	外观专利
	日用陶瓷等静压成型软模	市三角机械公司	外观专利
2001	陶瓷棒芯硅橡胶合成绝缘子	市蓝天工业陶瓷有限公司	实用新型
2002	五彩无刀痕艺术陶瓷雕刻方法	刘夏石	发明专利
	镶嵌邮品瓷盘瓷盒瓷板制作方法	刘夏石	发明专利
	自喷式陶瓷酒、茶具	吴胜利	实用新型
	釉中彩宝石蓝陶瓷制造方法	陈齐象、陈九英	发明专利
	水冷式陶瓷真空电容器	国营第八九七厂	实用新型
	陶瓷密封盖及其制作方法	市云华陶瓷精品厂	发明专利
2003	一种改性的陶瓷微滤膜	景德镇陶瓷学院	发明专利
	一种高孔隙率多孔陶瓷的制备方法	景德镇陶瓷学院	发明授权
	中低温细瓷及其制备方法	景德镇环球陶瓷有限公司	发明授权
	轻质高强瓷基复合材料防弹头盔	郑新华	实用新型
2004	大规格陶瓷薄板(砖)的压制成型设备	景德镇陶瓷学院	发明专利
	防褪色绿色环保瓷器生产工艺	金宇铭	发明授权
	内防伪瓷质酒瓶	江西省陶瓷研究所	实用新型
	用于印制邮票的超薄陶瓷	徐国华	外观专利
2005	固定化微生物悬浮陶瓷载体及其制备方法	景德镇陶瓷学院	发明专利
	低膨胀陶瓷材料表面制备薄膜涂层的方法	景德镇陶瓷学院	发明专利
	固定化微生物悬浮陶瓷载体及其制备方法	景德镇陶瓷学院	发明授权
	组合壁流式蜂窝陶瓷过滤除尘装置	景德镇陶瓷学院	实用新型
2006	一种把相纸脱膜移贴到陶瓷上组合的工艺品	杨卫康	发明专利
	陶瓷注射成型专用颗粒及其制备方法	詹智诚	发明专利
	陶瓷外螺旋轴套材料制备工艺	市新纪元精密陶瓷有限公司	发明专利
	环保型纳米陶瓷刀制造方法	市新纪元精密陶瓷有限公司	发明专利
	高温透明连接晶体彩绘陶瓷	游金发	发明专利
	一种高光泽、无公害陶瓷装饰材料用熔剂的制备方法	景德镇陶瓷学院	发明授权
	环保型纳米陶瓷刀的制造方法	市新纪元精密陶瓷有限公司	发明授权

续表 14－2－5

年份	名称	申请人	专利类型
2006	陶瓷注射成型专用颗粒制备方法	詹智诚	发明授权
	成套瓷器(法蓝瓷器组)	景德镇法蓝瓷实业有限公司	外观专利
	瓷餐具套件(天鹅系列之一)	景德镇法蓝瓷实业有限公司	外观专利
	自然飨宴香豌豆水壶系列	景德镇法蓝瓷实业有限公司	外观专利
	瓷茶壶(玫瑰套式茶具型)	阮礼祥	外观专利
	瓷笛(春月艇)	李焜刚	外观专利
	陶瓷水龙头	江香保、吴景华	外观专利
2007	一种多孔炭基——陶瓷复合材料的制备方法	何姗、夏仲力、齐逸梅	发明专利
	数控陶瓷堆砌成型机	徐晗	发明专利
	一次性烧成陶瓷釉中彩缩丁醛反贴花纸	宗海燕	发明专利
	透锂长石/堇青石复相低膨胀陶瓷及其制备方法	景德镇陶瓷学院	发明专利
	一种炻瓷制品的制备方法	董克勤	发明专利
	一种红外陶瓷玻化砖的制备方法	景德镇陶瓷学院	发明专利
	影视胶片造型的陶瓷景观结构	祝正茂	实用新型
	陶瓷隧道窑预热带的改进结构	江西省陶研所海泰窑炉开发中心	实用新型
2008	一次性烧成陶瓷釉中彩聚乙烯醇缩丁醛膜制反贴花纸	宗海燕	发明专利
	一种复合粘接剂体系水基流延制备陶瓷薄片材料的方法	景德镇陶瓷学院	发明专利
	一种高纯氧化铌氧化钽陶瓷坩埚的制造方法及所制得的产品	市科宏特种陶瓷有限公司	发明专利
	一种磷酸锆钾型高温紫色陶瓷色料及其制备方法	景德镇陶瓷学院	发明专利
	一种高纯氧化铌氧化钽陶瓷坩埚的制造方法及所制得的产品	市科宏特种陶瓷有限公司	发明授权
	一次性烧成陶瓷釉中彩聚乙烯醇缩丁醛膜制反贴花纸	宗海燕	发明授权
	一种复合粘接剂体系水基流延制备陶瓷薄片材料的方法	景德镇陶瓷学院	发明授权
	一种用于铁道线路和输变电设备中的棒型悬式瓷绝缘子	景德镇南瓷绝缘子有限公司	实用新型
	陶瓷电话卡	余亚洲	实用新型
	一种用于高速铁道电气化接触网中的棒型瓷绝缘子	景德镇南瓷绝缘子有限公司	实用新型
2009	利用铜矿尾砂制备无钴黑色陶瓷色料方法及其所制的产品	景德镇陶瓷学院	发明专利
	氧化焰高温玲珑釉及其应用于骨质瓷装饰方法	曾庆春	发明专利
	一种莹玉瓷及其生产方法	中国轻工业陶瓷研究所	发明专利

续表 14－2－5

年份	名称	申请人	专利类型
2009	青花玲珑瓷生产工艺技术	景德镇陶瓷协会	发明专利
	真空隔热节能陶瓷窑炉	江忠全	发明专利
	一种复合陶瓷磨盘制造方法	市新纪元精密陶瓷有限公司	发明专利
	一种辊压成型大规格陶瓷泥板的设备	景德镇陶瓷学院	发明专利
	适应快烧工艺的磷石膏陶瓷制备方法	江西省陶瓷研究所	发明授权
	一种中低温烧结日用滑石瓷及其生产方法	景德镇陶瓷学院	发明授权
	利用铜矿尾砂制备无钴黑色陶瓷色料方法及其所制得的产品	景德镇陶瓷学院	发明授权
	一种玻质瓷及其制备方法	市焦化工业集团有限公司	发明授权
	陶瓷窑炉烟气净化及余热综合利用装置	江西省陶瓷研究所	实用新型
	调速式大规格陶瓷泥板辊压成型机	景德镇陶瓷学院	实用新型
	一种蜂窝状亲水性陶瓷过滤膜	景德镇陶瓷学院	实用新型
	采用高温空气燃烧技术的陶瓷梭式窑	中国轻工业陶瓷研究所	实用新型
	一种双层镂空陶瓷茶具	陈爱军	实用新型
	陶瓷太阳能草坪灯	江辉	实用新型
	陶瓷耳机	江辉	实用新型
	一种膨胀系数小的透明无铅熔块釉及其制备方法	景德镇陶瓷学院	发明授权
2010	不脱纸一次性烧成陶瓷釉中彩花纸	宗海燕	发明专利
	中温龙泉粉青瓷的制造方法	景德镇陶瓷学院	发明授权
	一种利用色度与密度鉴定景德镇历代官窑青花瓷真伪的方法	景德镇陶瓷学院	发明专利
	水处理用磁性多孔环境协调型陶瓷滤料及其制备方法	景德镇陶瓷学院	发明专利
	低温烧结铌酸钾钠无铅压电陶瓷及其制备方法	景德镇陶瓷学院	发明专利
	发热管由陶瓷材料包裹的陶瓷饮水机内胆	陈少忠	发明专利
	瓷瓶防伪口及防伪瓷瓶	程杰	发明专利
	氧化铝/石墨复合陶瓷材料制备方法	江西华烨节能照明股份有限公司	发明授权
	一种中低温烧结精骨瓷生产方法	景德镇陶瓷学院	发明授权
	宝石红瓷土红新瓷	危用之、陈剑	发明授权
	一种无铅、无镉低温熔块和电气石——堇青石质保健陶瓷材料制备方法	景德镇陶瓷学院	发明授权
	陶瓷装饰用钴蓝色料的制备方法	景德镇陶瓷学院	发明授权
	用于煅烧高纯和粉体的陶瓷坩埚	景德镇陶瓷学院	发明授权
	耐高温白色纳米远红外陶瓷粉及其制备方法	景德镇博智陶瓷有限公司	发明授权
	一种压电陶瓷雾化片用白色乳浊釉及其制备方法	景德镇陶瓷学院	发明授权

续表 14－2－5

年份	名称	申请人	专利类型
2010	法兰盘与定位圈一体化陶瓷真空开关管	江西万平真空电器有限公司	实用新型
	瓷印刷电路板结构	景德镇正宇奈米科技有限公司	实用新型
	陶瓷辐射散热结构	景德镇正宇奈米科技有限公司	实用新型
	陶瓷石膏模具数控加工系统	王义明	实用新型
	嵌接黄金的陶瓷	周景纬	实用新型
	陶瓷真空继电器陶瓷孔与无氧铜胀孔封接结构	江西万平真空电器有限公司	实用新型

案件处理　何叔水著作权案。2006 年 11 月中旬，景德镇某大酒店总经理×××及其丈夫在原告何叔水处购买了 100 件花瓶二支，并达成口头协议对其中的一支“国色香远”花瓶的画面进行复制，制成“国色香远”100 件贴花花瓶用作省政府礼品瓷，但后来以破损为由将“国色香远”100 件花瓶及另外一支花瓶全部退还原告，并称未制作礼品瓷。2007 年 6 月初，原告发现被告酒店在其小卖部出售原告享有著作权的“国色香远”贴花 100 花瓶，售价每支 2600 元。经查，被告某花纸有限公司未经原告许可，擅自接受被告×××大酒店的委托为其制作花纸，其行为也侵犯了原告的著作权。包装公司未得到著作权人的书面授权，制作了 298 个包装盒和 1000 本证书。原告向市中级人民法院提起诉讼。经审理，法院支持原告的诉讼请求，判令被告某大酒店公开向原告何叔水赔礼道歉，并赔偿原告经济损失及其他费用共计 30 余万元；被告景德镇市某花纸有限公司赔偿原告经济损失 5000 元；被告景德镇市某包装有限公司赔偿原告经济损失 3000 元。

假冒张松茂“春江花月夜”瓷板画案。2001 年 8 月 30 日下午，张松茂之子张晓杰在京城蕴玉宝桢“景德镇名瓷专卖店”大厅内发现 1 幅 2.60 尺宽的“春江花月夜”瓷板画和 1 只“茶梅”花瓶，均署有张松茂的名字，收藏证书上盖有景德镇市××瓷厂公章。此画张松茂享有版权，张晓杰认出是赝品。张晓杰向北京市工商局朝阳分局朝外工商所投诉后，副所长陈××带 2 名工作人员到场询问调查店堂老板李××，并制作笔录。第二天上午，张松茂委托京天律师事务所金鹏光律师向市中级人民法院递交起诉状，状告蕴××和景德镇市××瓷厂共同侵权。市中级人民法院受理案件后，赴北京进行调查，后追加北京工艺进出口有限公司（以下简称北京工艺）为该案被告。2002 年 4 月 28 日作出一审判决：被告蕴××在《北京日报》上以书面形式公开向原告道歉，文字不能少于 100 字，内容须经市中级人民法院审核；被告蕴××赔偿原告经济损失 20 万元，商业声誉损失 30 万元，合理开支 19146 元，共计 519146 元，其中蕴××承担 70%，北京工艺承担 30%，并承担连带清偿责任；驳回原告对市某瓷厂的诉讼请求；扣押的假冒“春江花月夜”瓷板画一块、“茶梅”花瓶一只予以收缴销毁；本案诉讼费由被告承担。

其他案件。1999 年，江西省玉风瓷厂的外观设计专利产品——玉风二号杯被大肆仿冒，并以低廉的价格在景德镇和外地市场上销售。市中级人民法院判决属于专利侵权案，依法对主要侵权者进行处理。2000 年，市中级人民法院在全省率先组建知识产权保护庭。是年 3 月下旬至 4 月中旬，市陶瓷协会会同市中院知识产权审判庭连续开展 4 次商标维权打假行动，查处市永光花纸厂、市中原彩绘瓷厂、市桂园彩绘瓷厂及陶瓷个体户等 10 余家盗印、盗用“龙珠阁”商标的侵权行为，查封和扣押侵权产品。5 月 19 日，被称为景德镇市商标侵权第一案的“龙珠阁”商标侵权案，在市中级人民法院开庭公开审理判决，在全市陶瓷行业中产生强烈反响。

2001 年 12 月 26 日，省陶瓷工业公司起诉汇泉瓷厂商标侵权一案在中院开庭，经审理判处被告汇泉瓷厂败诉，承担停止侵权，赔偿商标、商誉损失，书面形式赔礼道歉和全部诉讼费。2004 年，查处侵权当事人应某，其在未办理营业执照和未经景德镇商标注册人陶瓷协会许可，将自己设计带有景德镇注册商标的陶瓷包装盒及礼品袋样稿送深圳印刷，共印包装盒 1000 份、礼品袋 2000 余个，在试销中被查扣封存。

2007 年，查处当事人梁某某，未经法蓝瓷商标注册人海畅实业有限公司许可，在金昌利陶瓷市场擅自称其销售的陶瓷茶具为法蓝瓷，并在收款收据上注明。依据商标法实施条例规定，责令当事人立即停止侵权，并处3000元罚款。2000—2010年,市知识产权局(专利局),共处理陶瓷专利侵权投诉案件7件,陶瓷假冒专利案件6件。其中2000年,市科委与市中级人民法院知识产权庭、市工商局等执法单位,依法查处日用陶瓷软模技术成果归属纠纷、古典园林釉中彩陶瓷餐具专利侵权案。至2010年,共审理陶瓷商标、名人名作侵权案件200多起。

第五节　贸易企业

江西省陶瓷进出口公司

专营江西陶瓷出口业务的国有外贸企业,位于市瓷都大道567号。1980年1月1日,获得自营出口权。1988年1月1日起,全国外贸体制进行改革,与原隶单位中国工艺品进出口公司脱钩,实行自负盈亏、自主经营。1989年2月17日,更名为江西省陶瓷进出口公司。1990年年底,公司职工人数333人,其中大专以上文化程度52人,高级经济师4人。1993年1月1日,归口到市经贸局,纳入地方财政预算管理。2002年4月,公司通过产权制度改革,公司进行股份制改造、对国外驻点实行合作经营制改造。12月底,职工的国有身份置换和安置的改制工作基本完成。

2003年1月,公司改制后聘用员工42人,拓宽经营渠道,改变单一收购出口经营形式,大力发展代理出口业务,利用公司的人才资源、经营渠道及无形资产优势为陶瓷生产企业提供服务,接受其委托,办理进出口业务。2006年,被评为省外贸出口企业50强之一。2010年,公司设有陶瓷展示中心、景德镇五洲瓷业有限公司、景德镇中国旅行社、景德镇昌南陶瓷研究所、景德镇市德润堂瓷艺坊有限公司等陶瓷研发、陶瓷文化传播和业务经营实体。1986—2010年,累计创汇51946.75万美元。

江西省陶瓷销售总公司

1973年3月,从市商业局划出部分机构,成立省陶瓷销售公司,由省商业厅(省供销社)管理,专营陶瓷内销业务,是景德镇瓷器内销的主要渠道。位于市中山南路37号。在计划经济时期,销售网络遍及全国,与全国175个二级批发站、427个三级批发站、50个批发部、3个专营商建立长期供销关系。年销售量为1亿件左右,占景德镇日用瓷总产量的1/3,占全市日用瓷总销量的1/2。实行经济体制改革以后,陶销公司的内销主渠道作用削弱。1994年3月,更名为江西省陶瓷销售总公司,原下属经营部门均改称分公司,实行承包经营。储运公司仓库对外实行租赁。1995年9月,公司将瓷器商店——友谊商场与江西华联合作,成立江西华联母子商场经营百货。1998年,公司收回友谊商场,恢复友谊商场名称,自主经营。2003年12月,公司改制,除7位留守人员外270名员工购买社保,置换身份。2006年,下属大集体企业改制。

江西省陶瓷工业公司经销公司

1984年7月,由江西省陶瓷工业公司国家用瓷办公室、销售科和陶瓷加工服务部合并组成,名为省陶瓷工业公司经销部,属全民所有制供销企业。1989年,更名省陶瓷工业公司经销公司,隶属省陶瓷工业公司。位于珠山中路40号。以经销陶瓷为主,兼营陶瓷彩绘加工和陶瓷包装装饰材料,实行独立核算。负责联络各地客户及省陶瓷工业公司所属产瓷厂家,发展国内外各大中城镇、通商口岸的多渠道的联营、展销贸易。承接国家宾馆、饭店用瓷和建筑、卫生陶瓷生产。有干部职工472人,设有一个门市部及一个彩绘加工厂,货备储运仓库7000平方米,流动资金500万元,年销售额2600万元。90年代,企业经营困难,1996年,逐步停止经营,生产区、仓储等实行租赁经营。2009年9月,由政府出资化解债务,职工置换身份与企业解除劳动关系,企业资产收归市国资委。

各企业经销部

90年代开始,各国营、集体陶瓷生产企业均成立销售部门,逐渐改变计划经济时期陶瓷统购统销体系。通过外贸企业和广州春秋两季出口商品交易会,开展对外贸易。至2000年,各生产企业基本是产销一体化经营。

第三章　经营管理

80 年代,景德镇瓷业在国家和省政府支持下,对传统生产模式进行改组改造,引技术、上质量、提档次,探索陶瓷改革发展的路子。相继开展扩大企业自主权、实行利改税及新税制、企业领导制度改革、推行企业内部承包经营经济责任制、探索建立现代企业制等一系列改革,提高企业效益。90 年代,对陶瓷国企开展工资分配制度和干部人事制度改革,推行全员合同制和聘任制,实行计件工资、租赁承包经营,努力打破“大锅饭”的状况。90 年代中期,省陶瓷公司下属的企业即处于停产半停产状态,16 户陶瓷工业企业职工 40527 人,占市直未完成改制国有工业企业职工总数的 87.2%;职工身份复杂,改制成本高达 24.28 亿元,占市直未完成改制工业企业的 78.11%,但拥有可变现资产估值仅 6.54 亿元;历史问题最复杂,企业负债重,债务纠纷多,存量资产少,资产变现难,很多企业都与承包租赁经营者签订了长期合同。2000 年以后,先后推行国有资本退出,国企职工身份解除为主要内容的改制以及将企业资产变现,为职工缴纳社保医保费和安置补助为主要内容的破产改革。同时,加强陶瓷行业管理,实施陶瓷质量、技术标准;培养选拔陶瓷技术、管理人才。加强对外开放,建设陶瓷工业园区,引进域外陶瓷企业入驻,改善景德镇传统陶瓷产品结构,提高技术水平,扩大销售渠道。大力发展民营及个体陶器企业,努力振兴景德镇陶瓷。实现了日用陶瓷生产稳步增长,艺术陶瓷、建筑陶瓷突破性发展,高新技术陶瓷、创新创意陶瓷快速发展。

第一节　生产管理

政策扶持

1986 年 7 月 25 日,省政府第 76 次省长办公会议,研究关于给予发展景德镇陶瓷工业特殊化优惠政策问题,会议决定:同意从 1986 年 1 月 1 日起,瓷厂上缴的 55% 的所得税中由财政返回 20% 给企业(即企业实际上缴所得税的比例为 35%)用于归还技改贷款和发展生产。上述返回金额按现行财政体制,由省财政和景德镇市财政分别负担;同意从 1986 年 1 月 1 日起,提高固定资产折旧率,具体按国家经委下发的固定资产分类折旧办法实行,折旧基金全部留给企业,用于瓷厂的技术改造,不得挪作他用;关于艺术瓷厂产品税率从 12% 降至 5% 的问题,税务部门仍按规定税率征收产品税,由财政返回 7%,从 1986 年 1 月 1 日起,省税务局继续向国家税务总局催报,争取批准降低产品税率;要不断提高艺术瓷质量,搞活出口渠道,实行自营出口或委托出口,多创外汇,凡符合出口质量的艺术瓷,由外贸部门(省陶瓷出口公司)销售。如省陶瓷出口公司销售不了的,允许企业和省陶瓷工业公司自营出口或委托其他口岸出口;同意从 1986 年起,技改资金贴息贷款的还款期由 3 ~5 年延长为 5 ~7 年,对企业 30% 的自筹资金可以允许不少于 10% 等 8 项措施,会议决定由钱家铭担任景德镇陶瓷工业技术改造领导小组组长。是年 9 月 20 日,全省轻工厅陶瓷工业会议上提出:首先抓好景德镇的技术改造,围绕上技术、上质量、上高档,以生产名优和配套产品的出口企业为主,改造一批瓷厂,引进一批国外先进技术设备,使骨干瓷厂达到国际 70 年代末、80 年代初水平。同时,抓好瓷土矿山、瓷用化工、耐火材料、石膏模具、包装材料、陶瓷机械等配套手段和技术力量,使景德镇成为在国外具有较强竞争力的出口瓷基地。加强以景德镇为中心的全省陶瓷系统的横向经济联合,从信息、产品、人才、技术、供销等 5 个方面辐射,全面振兴景瓷。1988 年 2 月 21—22 日,省政府以“怎样才能景德镇得发展,尤其是瓷业的发展,使景德镇早日成为名副其实的瓷都”为中心议题,到景德镇现场办公。研究决定将 1986 年给景德镇陶瓷的优惠政策继续实行 3 年,以扶持景德镇陶瓷工业。

1990 年 12 月,轻工业部在北京召开全国厅局长会议,提出对陶瓷行业改组改造的战略设想及一系列技术政策。国务院生产办公室安排 2 亿元的专项贷款,在以后三年内对景德镇陶瓷工业进行技术改造。在国家领导人、国家经贸委、轻工总会、中国工商银行等有关部门的关怀和支持下,省陶瓷工业公司编制《景德镇陶瓷基地技术改造可行性研究报告(1992—2000年)》,提出用"八五""九五"两个五年计划的时间,实现轻工总会提出的"五化"目标,赶上和接近国际同行业先进水平。

"八五"计划期间,国家共总投资8.5亿元,改造景德镇陶瓷工业。1993年3月25日,在轻工业部组织的《景瓷技术二、三期改造报告》论证会上,轻工业部副部长徐荣凯强调景德镇陶瓷的发展,不仅是景德镇、江西的事情,它关系到中国陶瓷的振兴,是大家的事情,要大力支持。到1994年,景德镇9项陶瓷技改项目总投资3.5亿元,有2项建成投产,年内竣工6项。1994年1月11—13日,省长吴官正在景德镇考察陶瓷企业和重点工程时指出必须进一步解放思想,真正把思想搅动起来,转变观念,增强市场经济意识,有所创新,有所作为,重振瓷都雄风。

2000年以后,国家通过项目资金,支持陶瓷企业技术研发、节能降耗。2007年新纪元精密陶瓷的"注射成型高技术陶瓷"项目,2008年同惠电子的"剪切模高频谐振器件及元件产业化"项目,2009年望龙陶瓷"青花玲珑及青花传统特色陶瓷产业技术创新"、特地陶瓷的"大规格超薄建筑材料"等项目获江西省重大产业化项目资金支持。2009年,全市陶瓷企业向国家、省直有关部门申报陶瓷项目60余项,20个项目共获得5244万元资金支持。

2010年,陶瓷股份公司的"节水技改项目"获国家发改委420万元资金支持;振兴陶瓷园公司、鹏飞建陶的"陶瓷窑炉节能技术改造"项目第二批资金下达,分别为301万元、202万元;特地陶瓷的"高档日用陶瓷及高温硬质陶瓷材料产业化项目"获国家发改委480万元资金支持;神飞特陶的"冷等静压低温烧结新型电真空氧化铝陶瓷元件产业化"项目获国家发改委372万元资金支持,全市陶瓷项目共争取国家资金2973万元。荣安陶瓷、远景瓷业、西马克电瓷、福万利陶瓷等企业申报2010年陶瓷窑炉节能技术改造项目通过国家发改委初评。6月30日,远景、西马克两个窑改项目通过国家发改委、国家财政部组织的专家组考核。

核算管理

内部银行　80年代中期,省陶瓷工业公司所属企业改变一直实行的三级(厂部、车间、班组)管理,两级(厂部、车间)核算制度。逐步建立企业"内部银行",开展经济核算,即将企业对国家承担的经济指标分解落实到各科室、部门,形成车间、班组和个人的指标完成保证体系,增强企业的成本核算和职工节约意识。

企业内部银行的特点是有专职核算人员,有厂内计划价格,有合理的消耗、费用资金定额,有规定的会计科目、会计账簿和会计报表,有适合企业实际的会计结算方法,有基层的核算队伍,有检查、考核、奖罚的具体办法。

成本核算　60年代,陶瓷作为微利行业,产品成本结构是原料16%、燃料25%、工资19%、窑具和石膏10%,各项费用30%。80年代中期以后,成本大致以3%~10%的速度上升,其中原燃材料多次调价,大部分价格上涨2~3倍,成本结构随之发生变化。如燃料(煤气)开支占总成本40%以上,原料开支也接近总成本20%;企业非生产人员增加,造成行政管理费用上涨;废品率增高,分摊到合格品的成本提高。

各陶瓷国企生产成本按生产费用要素分为外购材料、燃料、动力、工资、提取的职工福利基金、折旧费、大修理基金、利息支出、其他支出9个项目。企业财务科按年度编制财务成本计划,将有关指标分解到车间、部门,实行二级管理核算。科内设成本管理员,负责全厂成本计划管理。各车间(分厂)有关科室设成本管理员,负责单位成本计划管理。

陶瓷国企的成本计划包括主要产品单位成本计划、可比产品成本降低计划、全部商品产品成本计划、生产费用预算计划、车间(分厂)经费和企业管理费计划等。为降低产品成本,防止损失与浪费,成本计划编制后,由厂长组织有关部门讨论制定降低成本的具体措施,层层分解到车间(科室)、班组,结合内部核算,作为经济责任制的一项主要内容,成为职工开展增产节约的行动目标。财务科按月检查成本计划执行情况,按季考核执行结果,并与经济责任挂钩,实行奖罚。

各企业制定成本控制制度。对直接材料、直接人工和变动费用通过制定标准成本进行控制。对少量的固定成本,如新产品开发费、培训费等分项目制定一个总金额,作为成本控制的依据。对折旧费、保险费、水电费等固定成本,则根据专门决策的预算数据来预定。陶瓷国企按照厂内计划价格,实行厂级和车间(分厂)两级成本核算。材料、产品的价格差异由厂部承担,以剔除价格变动对内部核算单位经营成果的影响。生产原料及主要材料、辅助材料、包装材料、燃料及动力等各种材料,分别在原材料、燃料、辅助材料项目中汇集,凡能直接计入某种产品成本的材料费用则直接计入。由几种产品共同耗用的材料,按消耗定额、产品质量、窑体体积等比例分别核算。生产工人的工资、奖金及附加费,按项目汇集,能直接计入产品成本的直接计入,不能直接计入的,则按产量定额计算工资比例分别计入成本。其他费用,如车间经费、企业管理费等按材料、工资两大成本额比例分别核算。

经济效益

上缴利润　1980—1983年,市政府与省陶瓷工业公司签订利润包干、超额分成的承包合同,连续3年完成承包合同,企业得到实惠。1984—1987年,由于实行利改税,计划上缴数即利润包干数。4年分别上缴693.6万元、1236.8万元、1203.4万元、1362.7万元。1988年开始,陶瓷国企推行企业经营承包责任制。根据"基数招标,厂长招聘""包死基数,确保上缴,超收多留,歉收自补"的原则和陶瓷公司对市政府上缴包干的总数,确定企业的承包基数和招标企业的标底值。当年完成上缴任务1880.50万元。1989年为1599.90万元。同时,税前还贷也有增加。1990年以后,陶瓷生产遇到困难,当年仍上缴851万元。1991年上缴947.50万元。1992年上缴1002.70万元。1993年上缴365.60万元。1994年以后,各国营瓷厂划小经营实体,独立经营。

企业留利　利润包干后,省陶瓷工业公司除上缴财政外,企业还有部分留利。1980—1986年累计为4185万元。1987年为665万元。1988年为2062万元。1989年为1316.50万元。1990年为608.70万元,全系统人均年工资1684元。另有粮食、副食品等多种津贴以及超质超产、联利联质、质量攻关、合理化建议等各种奖金以及医疗、病残老死等各种福利。1991年为753.03万元。1992年为747.90万元。1993年为134.11万元。1994年,国营陶瓷企业先后停产或改变经营体制。

企业纳税　按国家规定,陶瓷生产企业原有产品税率为12%。1984年10月,第二步利改税后,日用瓷税率减为5%,但陈设瓷仍维持12%。16户日用陶瓷骨干企业实际产品销售税率为8.94%,至1987年降为5.8%。此后进一步有所下降。1988年,11户国营瓷厂产品销售税率为5.35%,1991年又下降为5.09%。调节税按销售收入的1%市场调节基金,按利润的10%和提取折旧专项基金的10%上缴。所得税按利润的55%即承包计划数上缴。1990年以后改为按利润的33%缴纳所得税。1992年国家统一税率,所有陶瓷产品征收增值税,税率为14%,可按销售成本抵扣。次年又一律按17%征收,以增值税发票抵扣联作为抵扣依据。所得税仍为利润的33%。省、市政府为减轻陶瓷企业税收负担,决定从1994年起,5年内企业所得税实行先征后返还的政策。同时,为调动企业开发新产品的积极性,省、市税务部门对陶瓷企业开发出的省级以上新产品,在试销期间给予1~2年的减免照顾。从1994年,税务部门停征国有陶瓷生产企业的市场调节基金。1986—1995年,江西省陶瓷工业公司企业累计缴税18805万元。1996年以后,由于国有陶瓷企业普遍实行租赁承包的改革,统一经营的计划经济模式彻底改变,企业不再统一缴纳利税,改由各承包实体自主经营,照章纳税。

全面质量管理

1987年,省陶瓷公司下发《1987年质量工作十条意见》,重申按企业人数配备专职质量管理人员,建立全面质量管理办公室,全面质量管理办公室主任享受企业副厂级待遇,副主任享受企业正科级待遇。人民瓷厂获得省全面质量管理基本知识电视讲座先进企业奖。至1991年,有27家企业获省级标准化合格证书,有18家企业获计量二级合格证书,有36家企业获计量三级合格证书,有1家企业计量通过三级验收。瓷用化工厂、人民瓷厂、雕塑瓷厂获省全面质量管理质量教育先进企业奖。

1994年,景德镇置镇999周年暨第五届景德镇国际陶瓷节期间,评选景德镇陶瓷十大名牌产品。建国瓷厂、人民瓷厂、景德镇瓷厂、光明瓷厂、新华瓷厂、宇宙瓷厂、雕塑瓷厂等榜上有名。1997年,景德镇瓷厂和光明瓷厂获中国质量万里行活动委员会授予的中国质量万里行活动(1992—1997年)上榜企业。

第二节 体制改革

管理体制改革

80年代,景德镇陶瓷工业的管理体制,基本上是以省陶瓷工业公司为主体,实行计划管理,省陶瓷工业公司属行政管理机构,主要在生产计划的统一安排和下属企业干部配备方面实行行政管理,没有真正成为经济实体,这种管理体制显现出条块分割、产销脱节、科工脱节等弊端。

1984年8月30日,市委、市政府下发《试行厂长(经理)负责制的通知》,将全市7户企业作为全市第一批领导制度改革试点企业。1985年4月,省陶瓷工业公司对所属企业实行以效益为中心、以质量为重点的经济承包制。宇宙瓷厂在这一年推行"联质计酬经济承包责任制",出口瓷一级品率达72.4%,实现利润和上缴产品税239万元,质量和效益指标都居全行业日用陶瓷企业之首,在全国陶瓷行业引起反响。为民瓷厂对彩绘分厂实行局部承包责任制,分厂把责任制指标落实到工段、班组直至个人。当年分厂完成利润71万元,超过承包合同规定66万元的要求,厂部按合同奖给分厂厂长和管理人员年终奖2900多元。省陶瓷工业公司系统实行各种经济责任制,涉及职工3.5万人,占当时全系统职工总数的90%。下属预算内31家企业,产销两旺,户户增盈。

1986年8月和1987年2月,市政府修订和重新制订颁发《厂长任期目标责任制》和《推行多种形式经营责任制,落实企业内部经济责任制的若干规定》。对1985年11月所订的厂长(经理)任期目标进行修改,由原定预算内国营企业"由经委会同主管部门同企业厂长签订任期目标责任书",改为"根据上级新的有关精神,决定各国营工交企业厂长任期责任目标,经工厂管理委员会决定后报企业主管部门批准,市经委备案即可组织实施",要求"各企业在确定厂长任期目标后,层层分解落实,确保目标的实现"。

1987年10月开始,省陶瓷工业公司所属部分企业开始采取措施,实施内引外联、开放式承包经营责任制。艺术瓷厂通过采取开放式承包形式,在厂内厂外形成80多个承包单位。厂内每个承包单位在完成厂部下达计划前提下,都可以直接对外承接业务,销售产品;厂外承包单位主要承接厂内完成不了的品种计划和加工任务。

1988年,省陶瓷工业公司选择7户全民所有制企业实行基数指标和厂长招聘,引进竞争机制和风险机制,公开、民主、竞争、择优选择企业经营者。中标厂长具有更大的生产经营管理权,具有聘用厂级行政副职权,而非招标企业的厂长对行政副职只有提名权。

1991年3月,经市政府批准,省陶瓷工业公司成建制地转为全民所有制经济实体,作为一级法人,在国家计划统一指导下,对所属企业实行统一管理,承担经济责任。由公司与市政府签订3年承包合同。是年,经国务院经贸办公室等6个部门审定,省陶瓷工业公司为国家首批公布的大型一类企业,享有自营进出口权。8月20日,市委、市政府尝试组建陶瓷企业集团,推进陶瓷企业组织结构的调整和优化,改变条块分割、产销脱节、科工脱节等问题,成立中国瓷都景德镇陶瓷企业集团。集团是以公有制为主体,采取股份制形式,以资产为联结纽带,实行集权与分权相适应的陶瓷科工贸、人财物、供产销"九统一"的多层次、多功能的经济联合体。其组成单位136家,职工7万余人。集团组建三年多,群体作用发挥并不理想。

1992年,省陶瓷工业公司按精简机构、转变职能的要求,转换企业经营机制,进行企业内部改革试点,加快实体化进程。从3月起,先后选择人民瓷厂、光明瓷厂、华风瓷厂进行用工制度、岗位技能工资分配制度和干部人事制度的改革。并在景兴瓷厂、红旗瓷厂进行经营机制综合改革试点和以成型为主体,向多边开展结算、实行买卖关系的企业内部模拟市场机制的改革,摸索经验,从传统的经验管理向现代化的科学管理转变。

1993年,省陶瓷工业公司普遍推行干部聘任(用)和工人合同制管理的人事制度。1994上半年,省陶瓷工业公司分类推进管理改革,对光明瓷厂、景德镇瓷厂、瓷用化工厂、陶瓷机械厂等效益较好的企业推行以计件工资为主要形式的改革,推行全员劳动合同制和聘任制度。对困难企业实行一厂一策,推行"两权分离"改革,以东风、人民、艺术、建国、红光、红旗、为民、曙光瓷厂作为试点,实行"两权分离、国有民营、风险抵押、承包到人”的改革。至年底，共划出实体 234 个，各试点企业生产逐步恢复。1994 年，省陶瓷工业公司原燃材料供应处在科室股份合作经营的基础上，实施全员股份合作制改组。成立江西省陶瓷工业物资供应有限公司，为景德镇首家国有企业改组为股份合作制公司。同年 12 月，宇宙瓷厂率先建立现代企业制度，成立景德镇市宇宙瓷业有限公司，成为陶瓷行业首家国有独资公司。至 1996 年，全行业生产规模得到扩大，部分停产或半停产企业恢复生产，284 个承包租赁实体安排 1.10 万余名职工在岗生产，月增工资 50 元。承包实体产量增长 10%，消耗降低 5%。通过精简管理机构，优化组合，8 户企业分离出富余人员 6000 多人，企业实现减亏。

1996 年，省陶瓷工业公司成立技改投产企业达产达标工作领导小组，总经理刘明寿为组长，组成红星、为民技改工程蹲点组。对窑具厂、景德镇瓷厂、光明瓷厂、华峰瓷业有限公司实行公司领导挂点。经过一年努力，各企业产品质量和经济效益均有一定进步，在非常困难的情况下维持正常运转。至 1997 年年初，8 户企业共划出 297 个实体，实行风险承包，各实体经营者共自筹 130 余万元资金投入设备维修和填平补齐生产要素，筹集流动资金 200 多万元启动生产。8 户企业共计 17987 名职工，11080 人实现上岗，自谋职业或组织再就业的职工有 1613 人。上岗职工的人均收入增长 20% 以上，退休职工的退休金按时发放。生产经营状况逐步好转，成品合格率平均提高 6 个百分点，生产成本平均下降 12 个百分点，比改革前月平均减少 43.70%。行政机构及二、三线部门比改革前减少 2/3，人员减少 3/4。8 户企业的后勤服务部门都成为自负盈亏的实体。

1997 年，景德镇陶瓷协会成立，主要职能是传递信息、规范市场、维权打假、技术服务、行业管理。1998 年 7 月 1 日，轻工业陶瓷研究所与国家轻工业局脱钩，并入景德镇陶瓷学院，实行属地化管理。成立集科研、生产、销售为一体的科研经济实体，并按企业化管理的原则建立一级法人制度。1999 年，景兴瓷厂积极探索出厂部与承包实体双层经营的体制，年初成立厂销售公司，统一对外促销，争取订单后，再组织指导各实体生产，使厂部和实体两个积极性得到充分发挥。至年底，厂销售公司实现销售额 560 万元，出口 120 万元。是年 5 月，景德镇陶瓷协会开始运作，履行行业管理职责。先后制定“景德镇”商标、陶瓷名人证书、陶瓷纸箱包装、日用瓷原料等 10 项管理办法；对陶瓷市场的商品质量和包装进行联合执法抽查；创办《景瓷信息》月刊，组织陶瓷节期间多项产品展评、展销活动；组织景德镇市陶瓷产品赴宁波、唐山等地的展销；在南通市建立“狼山景德镇陶瓷大市场”，吸收景德镇市 20 余户企业和实体参加。

2002 年，市瓷局成立，履行市政府管理陶瓷产业行政管理职能。至 2010 年，全市瓷业管理基本形成陶瓷产业行政管理由市瓷局承担、行业管理职能由市陶瓷协会承担、陶瓷企业改制后国有资产经营和职工安置遗留问题的处理工作由省陶瓷工业公司承担的管理体制。

产权制度改革

1992 年 3 月，推行企业内部改革，市政府选择在市人民瓷厂、华风瓷厂分别进行用工制度、岗位技能工资分配和干部人事制度改革试点；在市景兴瓷厂、红旗瓷厂分别进行经营机制综合改革试点和以成型为主体，实行买卖关系的企业内部模拟市场机制改革试点，促进企业生产和经营效益的提高。1993 年，省陶瓷工业公司开发第三产业，实行多种经营，并将保育院、食堂、理发室等服务部门社会化经营。通过招商引资，雕塑瓷厂、陶机厂和陶瓷设计院引进港台和德商创办合资企业。对抚州矿等 4 家特困企业，公司采取“转、租、联、划”等形式进行扶持、帮助。1995 年 5 月，市政府将东风瓷厂作为全市陶瓷企业两权（所有权与经营权）分离改革的试点单位，提出“搞活主体、开发周边、分流富余、增效增收”的改革思路，省陶瓷公司派出工作组进行指导。10 月，市东风瓷厂借鉴广东潮州第三瓷厂的改革经验，变产品经营为资产经营，采取国有民营的形式，将生产主体切块划小为 38 个经营实体租赁承包给职工，有偿、有期、有风险抵押。承包者为二级法人，自主经营，上交租赁费和保证国有资产保值增值。职工与承包者商定上岗合同，各实体之间，相互执行买卖关系，每 10 天进行结算。厂部作为一级法人，实行宏观监控、协调、服务，对企业资产负责。当年产值增长 30.38%，达 238.52 万元；日用瓷增长 35.76%，达 227.69 万件；质量一级品率达 32%，提高 18.50%；销售收入（除税）达 194.01 万元，增长 68.12%。职工工资均有较大幅度的增长，企业还清改革前所欠职工的工资，改革初见成效。1996 年 3 月，按照“抓大放小”的改革思路，省陶瓷工业公司选择东风、红旗、艺术、人民、建国、为民、红光、曙光8家瓷厂为试点,推行两权分离,划小核算单位,实行风险承包的改革。共划出297个租赁实体,并先后恢复了生产,1万多名职工重新上岗。占总数的64%。市六套班子领导在陶瓷企业挂点,60名副县级干部到陶瓷企业蹲点指导改革。

1996年11月28日,整合景德镇瓷厂、为民瓷厂、红星瓷厂、光明瓷厂、陶瓷窑具厂技改资金组建的景德镇陶瓷股份有限公司成立,标志着景德镇陶瓷企业改革进入一个新阶段。1997年3月,省陶瓷工业公司在8家企业改革试点基础上,先后分2批在20家陶瓷企业中全面推行“卖、股、租、包、并、破”为主要内容的企业产权改制。在改制形式上实现由风险承包向租赁产权转变;由短期租赁向中长期租赁转变;由厂内招标向社会招标转变;由单个租赁向股份合作租赁转变。20户产权改制企业共划出生产性实体406个,启动运作381个,占实体总数的93.80%。其中实行风险租赁的318个,占实体总数的77%,买断和长期租赁46个,股份合作16个。是年,因厂制宜推进企业改革,陶瓷系统31家企业进行全面改制,改制面达100%。1998年,省陶瓷工业公司产权改制企业共划出498个实体,其中实行长期租赁的48个、股份合作制的26个、中期租赁32个、风险租赁承包的392个。2月21日,市瓷用化工厂进行股份合作制改组,成立景德镇三蕾瓷用化工股份有限公司,采取“买断经营,分期付款”的办法,即全厂职工以认购股份形式分期买断经剥离后的净资产。首期付款为所认购股份的32%,第一年底至第三年底付款比例为20%、20%和28%。股权设置为基本股、岗位股和自愿股三种,每股分别为2000元。全厂职工入股股金总额约800万元,基本股每位员工必须购买;岗位股则视岗位分成2股、3股、4股、6股、8股5个等级购买;自愿股则为自愿购买。同年,按照“靓女先嫁”原则,市委、市政府选择的新华瓷厂土地资产整体出让,推动新华瓷厂及其厂属大集体一并改制。在此后实际操作中,景德镇陶瓷行业的企业改制,基本上采取这一模式,即以一次性为职工买10年社保、5年医保的方式了断身份,解除劳动关系。当年,市红旗瓷厂、艺术瓷厂、景兴瓷厂、建国瓷厂、东风瓷厂5家企业首批下岗职工497人,并同时进入“市再就业服务中心”。9月22日上午,在红旗瓷厂举行下岗职工代表发证仪式,向首批下岗职工代表发放“下岗职工证”。至1999年,省陶瓷公司系统划出的生产性实体中,实行股份合作制的实体18个,已买断产权和长期租赁的实体51个,中长期租赁资产达3107.60万元。改制企业中出现一批实力较强的实体,如景兴瓷厂的刘敏志实体,扩大租赁3条成型生产线,1条81米长的隧道窑,还有彩烤作业线,年产量达240万件,并在乌鲁木齐等地设立经销点,出口产品占总产量的60%以上;东风瓷厂的黄缪全实体,从租赁1条隧道窑扩大到3条成型生产线和彩烤生产线。

2000年5月,景德镇市学习绵阳经验,推行以国有资本全面退出,职工身份全部了断为目标的产权制度改革。提出“国有资产从一般竞争行业中退出、国有职工身份也从企业退出”的“两退”思路。省陶瓷工业公司所属企业全面实施以“资产租赁、资产承包、资产兼并、资产出售、股份制改造、企业破产”等多种形式为内容的改革,核心要点是通过资产退出(出让),将职工安置后解除劳动关系。省陶瓷公司所属企业相继有12户国有企业及15户集体企业实施以“两退”为主要形式的企业改制,这些企业分别是新华瓷厂、东风瓷厂、景兴瓷厂、艺术瓷厂、红旗瓷厂、红星瓷厂、瓷用化工厂、陶机厂、石膏模具厂、原料总厂、经销公司彩绘瓷厂、新风瓷厂、建材厂、建材供销公司、市水泥厂、大集体面砖厂、集体企业美雕瓷厂等。通过以实施土地出让、资产变现安置职工为主要形式的改制,共安置职工19108人。但由于资金不足,部分企业安置未完全到位。

2001年,市三蕾瓷用化工有限公司实行股份制改造,国有资产部分产权转让签字仪式在市政府会议厅举行,挂牌后按新机制运作;东风瓷厂改制,退出城区进陶瓷工业园,退出国有资产5100万元;石膏模具厂支持昌河飞机公司扩建,安置职工和搬迁,退出国有资产310万元;陶瓷机械厂的改制取得较大突破,解决土地、债务、职工安置等问题;华风瓷厂盘活资产,外引内联,初步形成以鹏飞、南光等民营企业为主体的集建陶、日用瓷、陈设艺术瓷、工业瓷为一体的陶瓷生产区,共有32家民营企业或外资企业到该厂落户。2002年6月,市政府确定市宇宙瓷业有限公司、景兴瓷厂、艺术瓷厂、建国瓷厂、红旗瓷厂为企业改制的重点企业。7月,市委、市政府从市有关部门抽调15名干部组成5个工作组,深入重点企业指导督促企业改制。按照市政府的部署,景兴瓷厂和艺术瓷厂的改制方案由职工代表大会审议通过,1100多职工签订协议,解除劳动合同;艺术瓷厂莲社北路厂房开始拆迁;建国瓷厂、红旗瓷厂的改制方案,也由市政府联审通过;景兴、建国、艺术瓷厂结合城市改造,改制后整体搬迁进入陶瓷工业园,兴办股份合作制新厂;红旗瓷厂结合站前路开发,部分搬迁，部分改制；宇宙瓷业有限公司实行政策性破产，方案获国家经贸部的批准。2003年，市原料总厂、建材厂的改制方案获市政府联审批复，改制工作启动；景兴瓷厂改革工作基本完成，安置职工2281人，并实施退城进园；艺术瓷厂安置工作基本到位，莲社北路厂房拆迁工作结束；红旗瓷厂完成部分改制。

2006年，陶瓷企业改革稳步推进，国有和集体企业全面实施以"租、包、售、股、并、破"等多种形式为内容的改革，相继有市东风瓷厂、艺术瓷厂、景兴瓷厂、原料总厂、建材厂等27家国有和集体企业实施改制，部分企业改制后实施退城进园。进入陶瓷工业园后，新建蓝博、新艺、凯兴等一批股份制或股份合作制的现代陶瓷企业。是年，市宇宙瓷厂政策性破产启动，景陶瓷厂、华风瓷厂正在申报破产。

2009年6月，方霞云任省陶瓷工业公司党委书记、经理，按照市委、市政府"统一资源，全员置换，债务化解，严格程序，分步实施，产业发展"的24字指导思想，具体组织实施改革攻坚，按照"债务剥离、资产打捞、财政兜底、安置职工"的原则，全面推进产权制度改革。8月，启动建国瓷厂、雕塑瓷厂改制试点，市委、市政府组成"市建国瓷厂企业改制督导组"和"市雕塑瓷厂企业改制督导组"，职代会通过《企业改制方案及职工安置办法》，职工得到妥善安置并签订《解除劳动关系协议》。对改制过程中做了大量工作的企业领导，省陶瓷工业公司也做了安置，解除他们的后顾之忧。从8月下旬开始，省陶瓷公司所属的人民瓷厂、光明瓷厂、红光瓷厂、红星瓷厂、曙光瓷厂、物资供应公司、陶瓷经销公司、窑建公司、耐火器材厂、景陶瓷厂、为民瓷厂、三蕾化工公司、宇宙瓷业公司、华风瓷厂、装饰材料厂、机砖厂、抚州矿、大洲矿、余干矿、红旗瓷厂、原料总厂等企业的改革工作先后铺开，到9月下旬基本完成企业改制，完成陶瓷企业改制23家，安置职工41818人。同年，陶瓷企业改制沿用景府发〔2003〕29号文件，社保缴费基数以上年度社会平均工资1554元的七折1088元计算，对职工实施以"双保七清"为主要内容的安置政策，即为每位职工买十年养老保险和五年医疗保险；"七清"即一次性发清职工改制生活费并还清此前企业欠发的工资、医疗费、抚恤费、丧葬费、集资款和退休职工垫付的养老金。在操作上，各改制企业制订"符合法律法规，符合企业实际"的职代会筹备方案，破解困难企业难以按生产时期成建制管理模式召开职代会的难题，所有改制企业的《企业改制及职工安置方案》均获职工代表高票通过。

2010年5月31日，市建国瓷厂、人民瓷厂、光明瓷厂、红星瓷厂、红旗瓷厂、华风瓷厂、景陶瓷厂等7家企业的政策性破产，向市中级人民法院递送"政策性破产申请"。9月20—26日，由市中级人民法院主持召开7家企业的债权人会议，经市中级法院审理裁定宣告破产。同年，陶瓷企业改制全面完成，国企职工置换了身份，改制企业属地管理、社区移交工作到位，向相关单位或部门移交"五类人员"2400人，拨付3年预提费用720余万元；移交社区办公用房和活动场所及经营资产1.80万平方米；移交未参与房改职工宿舍和直管公房8834套，30万平方米；移交生活区道路3.30万平方米。市国资公司收购银行、金融资产公司以及外资、民营资产公司对全市企业的债权等方式处置改制企业债务54.67亿元，占全部改制企业债务的91.12%，企业资产得到有效监管，为全市国企改制奠定了基础。

用工制度改革

1984年前后，陶瓷企业招工制度开始改变过去"内招"模式，实行指标公开、条件公开、统一考试、择优录取、集中培训的办法。1986年，对用工制度的改革以及与之配套的招工制度的改革、辞退违纪职工，建立社会保险制等都作出了明确具体的规定。当年，全系统招录首批合同工1500名，其中350名全民合同工，均为在企业苦、脏、累工种插班生产的非正式工。1987年，以同样办法招录全民合同工2677名。此后，全民合同工每年都有增补。

1991年开始，先后在为民瓷厂的"4369工程"、人民瓷厂、陶瓷装饰材料厂、景陶瓷厂等企业，比照中外合资企业管理办法，划出部分分厂，试行"一厂两制"的改革试点。实行双向选择，择优录用、自愿上岗，全员合同制。

1992年3月，省陶瓷工业公司在人民瓷厂试行用工制度改革，全厂实行全员岗位劳动合同制，并在14个班组实行班组长招标承包、产值含量工资、质量计件工资。把职工收入同劳动强度、技术高低和贡献大小紧密地挂起钩来。当年在原燃材料大幅度涨价的条件下，产量、产位、利润和上缴利税分别比1991年提高6.98%、14.60%、11.80%、11.70%，超额完成全年经济任务。是年5月，人民瓷厂试行全员劳动合同管理改革,在全厂职工中实行岗位合同,明确企业与职工双方的责、权、利,引进竞争机制,增强职工竞争上岗的压力和动力。瓷用化工厂破除各种身份界限,实行固定工、合同制工、长短期临时工都是企业职工,享有同等的权利和义务,并按照合同制工人的规定同厂部签订劳动用工合同。1995 年 5 月,市政府决定在陶瓷企业进行用工制度改革试点。10 月,光明瓷厂首先实行全员劳动合同制,厂长与劳动者签订劳动合同,确立劳动关系,明确责、权、利,理顺用工制度,并经市劳动行政部门鉴证。之后,市景兴、东风、红旗、新华、宇宙、春光、红艺等瓷厂和陶机、窑具、轻机、防尘等企业也实行劳动合同制。至年底,全系统签订劳动合同企业 22 家,人数达 14708 人。

1996 年 5 月和 8 月,省陶瓷工业公司两次组织人员会同市劳动部门对陶瓷系统的企业下岗职工进行调查。通过对全系统 47 家企业(包括 21 家厂办大集体企业)的调查,全民企业(包括插班生产的大集体职工)和 4 家市属大集体企业的下岗人数为 10313 人,占职工总数的 28. 94%;全民办集体企业下岗人数为 3081 人,占职工总数的 51. 35%。企业富余人员下岗以后的状况是:已与企业办理手续在外自谋职业的有 2517 人,占下岗人数的 18. 79%;兴办第三产业的有 220 人,占下岗人数的 1. 64%;领取退养金及疾病救济金的有 1929 人,占下岗人员数的 14. 40%;等待安排的人员有 8728 人,占下岗人员数的 65%。调查报告提出对富余职工分流工作的意见和建议,为市政府制定《关于陶瓷系统分流安置富余人员意见》提供依据。1997 年 8 月,省陶瓷工业公司成立再就业服务中心,与市国际经济技术合作公司、市压力容器检验所、市城管大队等单位配合,先后 8 次向外系统及外地输出 108 名下岗职工。市劳动部门落实支持下岗职工自谋职业的优惠政策,为 31 户企业 9579 名下岗职工办理待岗证。12 月 8 日,省陶瓷工业公司成立市陶瓷劳务交流中心,为下岗职工和待业青年开展对外劳务输出服务。至 12 月底,全系统下岗职工 23090 人,比 1996 年同期增加 40. 10%,占职工总数的 51. 97%。

分配制度改革

1985 年,省陶瓷工业公司发放的各种奖金及计件超额工资 941 万元,占当年全部工资总额 3511 万元的 26. 8%,其中计件工资 585. 4 万元,占当年全部工资的 16. 67%,职工收入明显提高,计件工资的分量大大增加。公司 23 家全民所有制企业中局部实行计件工资制的有 15 家,占 65. 22%,28 家集体所有制企业中,则有 27 家实行计件工资制。

1990 年以后,国家对企业的宏观调控,逐步采取“工效挂钩”形式,即通过工资总额与企业经济效益挂钩,来确定企业工资总量,从而调控社会消费基金的增长。

1990 年 11 月 30 日,继市政府 1988 年全市工业、交通企业首次推行集体承包之后,市政府再次对市机械、建材行业的 10 家企业推行集体承包,其中陶瓷企业有电瓷电器公司、景陶瓷厂、陶瓷装饰材料厂。1991 年 8 月,人民瓷厂开始先行试点,租赁河西村的一处厂房,组建河西分厂,作为分配制度改革的“厂内特区”。选择 3 个班组实行质量计件工资和质量、产值含量工资,即按照生产和产品的质量高低,作为计算工资的依据,彻底打破原有的 8 级工资制度,把职工的收入同劳动强度、技术高低和贡献大小紧密挂钩。同时,实行班组长招标承包,按照班组的盈亏对承包人实行奖罚。调动职工的生产积极性,分厂产品质量逐月提高。光明瓷厂是全省 41 家岗位技能工资试点单位,通过以改革分配制度为突破口,厂内车间之间推行“模拟市场”,实行买卖制。工人、干部按岗位、技能、实绩获取报酬,实行苦累技术工种收入高于一般工种,工资、奖金向产品合格者倾斜的办法,调动职工积极性。1992 年下半年,红旗瓷厂启动“划小核算单位,以成型为主体,多边开展结算,实行企业内部买卖关系”的运行机制,在 14 个班组实行后,取得明显效果。

1993 年,省陶瓷工业公司深化“三项制度”的改革,在企业内部划小核算单位,企业内部模拟市场运行。各企业推行“一定三包,超额分成”的销售政策,开展销售竞赛,调动销售人员的积极性。市属大集体企业新风瓷厂严重亏损,负债 600 余万元,濒于破产。6 月,通过分片承包的办法,将 1060 职工的企业划分成 9 个小瓷厂、1 个颜料经营部。当年盈利 8. 2 万元,上缴税收 3 万余元。东风瓷厂工艺美术研究所亏损 35 万元,189 名职工人均月收入仅 149 元。1994 年年初,新上任所长与厂部签订为期 3 年的二级法人经济责任承包合同。通过改革用工制度,压缩非生产人员 20 人,组成新的生产班组,实行联质联效的计件工资制,每月多创产值 2 万多元。开发出口俄罗斯咖啡具等新产品,年产值达 348. 34 万元,为上年的 2. 47 倍,实现利润

105.04 万元，人均月收入达 350 元。

1994 年，光明瓷厂 21 个机压成型班组实行岗位技能工资制，品种生产周期平均缩短 20%，人均收入增长 30% ~50%；宇宙瓷厂推行以质量为中心的岗位全额计件工资制；瓷用化工厂推行计件工资制和岗位结构工资制，对 100 多个岗位分劳动技能、劳动责任、劳动强度、劳动条件 4 方面 29 个项目进行测评，将 22 个科室精简为 14 个；陶瓷石膏模具厂对一线工人实行以质计件工资制，对二、三线人员实行岗位工资 10 个百分考评制；红旗瓷厂将一线生产岗位分为 4 类，分配向苦脏累、技术要求高、责任重的岗位倾斜；景德镇瓷厂实行厂内员工制、用工招聘制、干部聘任制。

1997 年，省陶瓷进出口公司推行"一级管理、二级承包、三级核算"的经营机制。在统一对外、归口管理的原则下，赋予二级法人的经济相对独立地位，出口贸易实行"批次管理、跟单核算、盈亏到组、责任到人"的约束机制，出口陶瓷销往 47 个国家和地区。1998 年，省陶瓷研究所实施分配制度改革，综合设计室、日用陶瓷室、工业陶瓷室、经销部以室主任为代表，与所部签订全员责任承包合同，独立核算，自负盈亏。2001 年，中国轻工业陶瓷研究所改革内部分配制度，所属各经济实体打破"大锅饭""档案工资"的分配形式，推行计件工资制或效益工资制。2005 年，省陶研所对艺术室运行机制进行改革，由作者自愿出资成立艺术瓷股份公司，由作者自主创作，拿浮动工资。陶瓷股份公司也建立和完善计件工资与效益工资为基础的分配制度，基本解决陶瓷企业一线工人干多干少、干好干坏一个样的问题。

对外开放

1985 年以后，随着国家对横向经济联合鼓励措施和政策的出台，景德镇瓷业对外的合作日益活跃，除贸易合作、参展参评、学习考察和文化交流外，增加技术和劳务输出，在国外设销售网点以及旨在宣传和联络销售的办事处、商务代理等以及在全国大中城市创办联合销售陶瓷的实体等。

1990 年 8 月，市政府确定重点对外开放的 47 家企业、10 个项目，其中陶瓷企业有华风瓷厂、石膏模具厂、陶瓷机械厂、陶瓷原料开发项目、景陶瓷厂、卫生洁具厂、卫生洁具五金配件厂、面砖厂、陶瓷装饰材料厂、建筑瓷厂、锦地砖厂、建筑材料厂、工艺美术公司。1993 年，市雕塑瓷厂和台湾商人汤庆智合资创办的全富艺品有限公司，建筑面积约 500 平方米，职工 40 余人，产品全部销往日本。8 月投产，采用封闭式管理，实行职工聘用合同制，分配制度按一级品计算工资。一级品率高达 90% 以上，非一级品作报废处理。陶瓷设计院与德国 ENERGO 公司、香港创晖投资公司合资、创办景德镇工业窑炉有限公司，主要业务为窑炉（梭式窑）设计、制造、安装、调试，设在景德镇陶瓷设计院。

1991 年景德镇有中外合资陶瓷企业 7 家。1992 年为 12 家。1993 年为 16 家。同年 12 月，景德镇华风瓷厂与香港兆峰有限公司合资成立华峰瓷业有限公司，项目总投资 734 万美元，公司注册资本 367 万美元。从德国和意大利引进两条先进生产线，生产高级瓷质磨光地面砖，年生产规模 150 万平方米。当年一次试产成功。

2001 年，引进内资 1800 万元，其中为宇路引资 800 万元进行改造，陶瓷机械厂引资 1000 万元。2003 年后，陶瓷产业开展对外开放和招商引资工作。2005 年，省陶瓷工业公司实施开放型经济主战略，利用企业改制后入园的新企业开展招商引资引企，蓝博公司成功引进嘉加陶瓷有限公司，新艺公司引进环球陶瓷有限公司入驻，凯兴公司引进上海康德公司。2004 年年初，在浮梁工业园区的基础上组建景德镇陶瓷工业园区，作为省部共建景德镇陶瓷科技城产业化基地，当年全面开工建设。2005 年，招商落户投产企业 10 家，当年工业总产值为 4000 万元。2006 年，市陶瓷产业招商引资引企取得新进展，相继有神飞特陶、三雄陶瓷、科源电子、立源特陶、康得、环球陶瓷公司等 20 家内外资企业投资陶瓷及配套项目，全年引入外资 900 万美元，内资 2 亿元。2007 年，先后引进佛山金意陶、乐华、特地等大型建陶项目，浙江辰道公司纳米碳酸钙项目、广东和川粉体项目、江苏宜兴圣象陶瓷项目也相继落户景德镇市。景德镇法蓝瓷与法国企业合资成立景德镇法柏陶瓷公司，景德镇陶瓷学院与杭州民生陶瓷签定合作项目，并取得项目用地。

2008 年，抓住佛山、福建、江苏等沿海地区陶瓷产业转型的机遇，组织乐平市、浮梁县、珠山区和陶瓷工业园区与佛山、福建等产瓷区对接，开展引资引企工作，相继有金翔、莱特、欧文莱、环江花纸等多家陶瓷项目落户景德镇陶瓷工业园、乐平陶瓷工业基地，其中亿元以上项目 7 个。当年引进外资 1545 万美元，引进内资

8.58 亿元。2009 年,先后有汉索夫陶瓷、正翰远红外陶瓷、爱和陶乐华元和瓷业、仕龙骨质瓷等 20 家项目签约落地,全市陶瓷招商引资实际引进外资 2203 万美元,引进内资 20.55 亿元。新引进 3000 万元以上内资陶瓷项目 19 个,总投资额 17.20 亿元,新引进外资陶瓷项目 7 项,总投资额 8419.50 万美元。其中,高技术陶瓷项目 5 项,占新引进项目的 20%;日用陶瓷项目 13 项,占新引进项目的 50%;建卫陶瓷项目、陶瓷配套项目各 4 项,分别占新引进项目的 15%。年内,乐华公司 1 条洁具线、4 条墙地砖线投产,还有 1 条洁具线 1 条瓷片线正在建设中;特地 2 条瓷片线、金意陶 4 条仿古砖生产线、莱特 2 条仿古砖生产线投产。

2010 年,相继有景德镇国韵青瓷股份有限公司高档日用瓷项目、景德镇诺耐技术陶瓷有限公司陶瓷辊棒项目、陶瓷静电口喷涂技术项目、唐山华庭陶瓷有限公司等 4 家陶瓷项目落户景德镇市,引进外资 200 万美元,引进内资 3.82 亿元。陶瓷企业积极开拓国外市场,金意陶、法蓝瓷、远景等一批生产型企业出口同比实现大幅增长;流通型外贸企业异军突起,在鸿和、明雷、瓷都外贸流通企业保持快速增长的同时,新涌现出啸祥、金宁、捷迅等一批外贸流通企业,成为全市陶瓷出口主力军,是陶瓷出口新的增长点。工业园落户投产企业达到 49 家,工业总产值 69.20 亿元,其中陶瓷工业总产值 52 亿元,园区陶瓷产业由原单一的传统日用瓷、陈设瓷企业,发展成为以高档日用瓷、艺术瓷、陶瓷文化创意产业为主体,以结构陶瓷、功能陶瓷、电子陶瓷等高新技术陶瓷产业为核心,以建卫陶瓷及陶瓷相关配套产业为重要补充的生产基地,带动全市陶瓷产业结构不断优化,形成较完整的产业链。

2003—2010 年,全市陶瓷招商引资共引进企业 180 家,利用外资 1.06 万美元,引进内资 115.36 亿元,投产企业超过 120 家。招商工作不仅引进资金项目,同时引进新理念、新技术、新机制、新市场,促进产业结构的调整和振兴。

表 14-3-1　　**2003—2010 年景德镇陶瓷产业招商引资统计表**

名称 / 年份	内资(亿元)		外资(万美元)	
	合同投资额	实际进资	合同投资额	实际进资
2003	0.56	0.25	3323	57
2004	0.80	0.31	1380	407
2005	2.52	2.09	1668	842
2006	5.24	2.01	27.50	828
2007	42.52	4.50	212	764
2008	24.16	8.59	0	1540
2009	17.25	16.47	6220	2203
2010	20.42	21.42	2500	2200.82

表 14-3-2　　**2010 年陶瓷重点招商引资企业基本统计表**　　单位:亿元

企业名称	总投资	主要产品	年产值
瓷实业有限公司(台资)	0.5(美元)	礼品瓷陈设艺术瓷日用瓷	3
乐华陶瓷洁具有限公司	16	卫生洁具、墙地砖	6
金意陶陶瓷有限公司	8	墙地砖	5
特地陶瓷有限公司	11.80	墙地砖	3

续表 14－3－2

企业名称	总投资	主要产品	年产值
莱特陶瓷有限公司	5	墙地砖	3
东璟实业有限公司(台资)	0.70	礼品瓷陈设艺术瓷	0.50
台达陶瓷原料有限公司(台资)	0.03(美元)	高档陶瓷原料	0.30
东富盈瓷业有限公司(澳资)	0.108(美元)	高档日用瓷	0.50
三雄陶瓷有限公司	0.50	高档陶瓷酒瓶	0.80
辰道纳米科技有限公司	3.96	纳米碳酸钙	1
正宇奈米科技有限公司(台资)	0.25(美元)	远红外陶瓷	1
嘉加陶瓷有限公司(日资)	0.30	高档日用瓷	0.50
常青家园工艺品有限公司(美资)	0.30	陶瓷工艺品家居用品	0.30
圣泰陶瓷有限公司	3	陶瓷琉璃瓦	1
神飞特陶有限公司	1.80	真空陶瓷	0.50
赛德陶瓷有限公司	1.20	陶瓷马赛克	0.80
国韵青瓷股份有限公司	1.20	高档日用瓷	0.50

发展民营陶瓷

1986年,景德镇直接从事陶瓷生产的个体户有42户,至1988年6月增加到152户。1993年,陶瓷个体(含无照经营户)达1000户以上,民营陶瓷工业企业3户,注册资金621万元,拥有近千名员工,年产值达5000多万元。通过广州、上海、天津等口岸出口,约占全市出口的四分之一以上。2000年以后,随着当地民营企业的成长和外来民营企业的进驻,民营经济成为景德镇陶瓷经济的主体。

至2010年,以艺术大师瓷器为代表的景德镇艺术瓷快速发展,并吸引国内部分陶瓷艺术家以及其他门类的书画艺术家聚集景德镇,从事艺术陶瓷创作,景德镇成为全国最大的艺术陶瓷生产基地和交易市场。是年,全市共有陶瓷企业2979家(工商注册登记),从事陶瓷生产人员10.54万余人,民营陶瓷经济总量占全市陶瓷经济总量的90%以上。

第三节　行业管理

行业行政管理

80年代,景德镇陶瓷产销两旺,陶瓷企业经营管理按照国营企业模式进行。

1986年,陶瓷产品的价格由生产部门报物价管理部门审批后定价,采取按质定价,优质优价。日用瓷大路货,薄利多销;名特传统产品,厚利销售;新开发并达国际先进水平的高档次产品卖价为普通产品的数倍;陈设瓷中精品,量少价高。进入90年代后,陶瓷价格完全放开,物价部门和陶瓷公司财务核算部只进行协调管理、指导和向企业提供价格信息,开展价格咨询等工作。

1991年,省陶瓷工业公司加强企业班组建设,实施《陶瓷系统企业班组省级达标细则》并进行定期考核,共评出合格班组140余个,在此基础上再评出二级班组38个。是年,市人民瓷厂烧炼车间装坯1组被国家轻工业部授予先进班组称号,并出席全国轻工系统班组管理杭州现场会议。1993年以后,随着市场竞争日趋激烈,省陶瓷工业公司指导、推进陶瓷企业不断改革管理模式,降低国营体制造成的弊端,内引外联,扩大市场,增收节支,降损减亏。1994年,陶瓷工业形势严峻,省陶瓷工业公司先后组织部室6批干部100多人次,组成工作组、督查调研组和服务组,深入企业挂点或蹲点,40余次深入困难企业进行现场办公,提出“一厂一策”的指导性意见和措施。发动职工开展“为企业深化改革、强化管理、开拓市场提3条合理化建议;围绕提高质量,降低消耗、开发新产品办3件实事”活动,取得一定的成效。10月10日,在市雕塑瓷厂明青园成立景德镇国际陶瓷艺术中心。11月,制定《陈设艺术瓷内部管理办法》,分总则、产权管理、人才管理、产品管理、奖惩等6章35条,为技术人员提供平台,提高创作积极性。是年,落实企业目标责任,省陶瓷工业公司与企业签订目标责任状。制定具体目标责任考核,对按期实现目标企业,领导班子成员上浮二级工资,对达不到目标的企业,领导班子成员就地免职。1995年3月,在陶瓷企业开展企业管理整顿,围绕开发新产品、提高产品质量、降低消耗,从基层基础抓起,形成一套适应市场经济的企业管理制度。通过整顿,加强企业劳动纪律、工艺标准,健全规章制度,推进企业管理现代化,逐步建立适应市场经济需求的管理方式。

1997年,景德镇市陶瓷行业协会成立,陶瓷行业管理工作纳入正常轨道。1999年,陶瓷协会先后制订出《景德镇陶瓷行业管理办法》《景德镇牌证明商标管理办法》《景德镇陶瓷艺术名人作品证书管理办法》《景德镇陶瓷艺术作品证书管理办法》《景德镇陶瓷纸箱包装暂行规定》《关于对日用陶瓷常规品种制定和实施行业自律价的工作意见》《日用陶瓷原料生产管理办法》《关于加强对冠以“景德镇”名称各项陶瓷展销、展评活动的管理办法》《关于建立和健全陶瓷协会各专业分会的办法》《关于陶瓷名牌产品、名人名作的发布规定》,并先后发布实施。是年,省陶瓷工业公司对下属36个企事业单位实行目标管理,签订“1999年度目标管理责任状”,并按季度进行跟踪考核,市三蕾瓷用化工有限公司、艺术瓷厂、景兴瓷厂、东风瓷厂、红旗瓷厂、建国瓷厂、窑建公司、市地质队、国家用瓷办公室、省陶瓷进出口公司二部获目标管理先进单位。

2000年6月,市陶瓷协会编印《景德镇陶瓷行业管理办法汇编》。是年,省陶瓷工业公司改进目标管理办法,与所属39个企业单位签订《2000年目标管理责任状》,目标管理增加安全稳定和精神文明建设的考核内容;突出刚性收支平衡是最重要的考核指标;对技术创新考核进行量化和细化;在奖励办法上增设安全稳定奖;坚持平时跟踪考核,月末小结,季度和半年度重点考核,年度全面考核的制度。经考核,市艺术瓷厂、陶瓷石膏模具厂、陶瓷工业设计研究院获目标管理先进单位,市宇宙瓷业有限公司、三蕾瓷用化工有限公司等31家单位获安全稳定奖。

2002年,开展以维权打假为主要内容的市场整顿活动,配合市执法部门整顿和规范国内外陶瓷展销活动,打击扰乱市场秩序的行为,规范陶瓷展销活动,维护景德镇市对外形象,保护景德镇陶瓷产权。2003年3月25日,景德镇陶瓷协会出台《景德镇陶瓷出国(境)展销管理办法(试行)》规定,对所有景德镇陶瓷出国(境)展销实行许可证制度,核发“景德镇陶瓷出国(境)展销许可证”。同时,规定申办陶瓷出国(境)展销必须具备的资质、经济承担能力、批文、认可文书和展销招商、商品报检、护照管理、依法纳税等事项,并制定出具体管理办法。在此基础上,出台《景德镇陶瓷国内展销管理办法》,规范景德镇陶瓷展销活动。

2006年,继续整顿和规范陶瓷展销活动,加强护照管理,打击非法陶瓷展销,疏通正规渠道,组织景德镇陶瓷有序走出国门,先后组织展团通过正规渠道出国办展;对陶瓷市场的经营秩序进行整治,对市场的假冒伪劣产品、侵权行为进行打击;开展燃气梭式窑的安全整治,拆、封燃气梭式窑203座,131户迁入新都民营陶瓷园,40户在陶瓷工业园民营陶瓷苑购地建窑设厂。2007年,规范行业管理,开展陶瓷市场集中整治,对国贸、陶瓷城、曙光路、新都、豪德等5个陶瓷市场的占道经营、出店经营现象进行集中整治,规范陶瓷市场的经营秩序。是年,继续推进梭式窑整治,先后下达复查通知书55份,查处安全隐患220处,捣毁“老虎灶”15个,劝止复烧窑2座,制止违规新建11座,拆除复烧窑5座,有50户梭式窑业主退城进园。

2008年,规范行业秩序,推进梭式窑安全整治工作,组织拆除梭式窑82座,落实安全领导责任制和属地监管责任制;规范陶瓷市场,对北京景德镇艺术陶瓷市场进行整治,并对在北京的4家陶瓷经营企业授予“景德镇陶瓷专营”牌子。2009年,继续推进梭式窑安全整治,落实安监领导责任制,与珠山区、昌江区、省陶瓷工业公司、高新区、陶瓷工业园区、陶瓷股份公司签订梭式窑安全责任书。健全属地监管制、梭式窑安全例会制、定期巡查制、重大节假日督查值班制。会同市安监、质监、消防、建设等部门开展每月1次燃气梭式窑安全生产巡查督查,对存在安全隐患的复烧、新建窑进行现场联合督办,发现一起,查处一起,至11月底,共督查巡查1594窑次,发现安全隐患484处,下达整改通知书110份,检查记录30份,捣毁“老虎灶”11个,退城进园或就地拆除梭式窑50座。2010年,开展燃气梭式窑安全整治工作,对重点地区、重点企业定期进行安全巡查,共巡查2140窑次,查出安全隐患540条,下达整改意见书17份,检查记录9份,捣毁“老虎灶”10个,退城进园梭式窑30座。

2009年,省陶瓷工业公司结合国有陶瓷企业全面改制的实际,根据《景德镇陶瓷产业2009—2012年发展规划》和市发改委《关于景德镇陶瓷文化创意产业基地发展规划》,制订以陶瓷文化创意产业为突破口,实施项目带动战略,推进企业转型发展规划,即建设“一个中心”,打造“六个基地”,培育“五个园区”,同时立足老厂区提出“一轴四片六厂”发展文化创意产业的构想。至2010年,省陶瓷公司逐步施行职能转变,行政职能划入瓷局,创意产业经营职能剥离出来,成立新的经营实体,公司继续管理陶瓷系统的遗留问题。

行业人才管理

工人技师　1989年4月27日,经省政府批准,人民瓷厂刘书阁、万木佑,建国瓷厂张小凡,红旗瓷厂刘显明、吴新荣,瓷用化工厂姚三友、余华,陶瓷机械厂王海清,雕塑瓷厂蔡敬标,红光瓷厂万华新等为省级有突出贡献的工人,给予每人晋升一个工资等级的奖励。1991年,省陶瓷工业公司党委首次评聘高级政工师29人,政工师190人,助理政工师309人,政工员75人。至1992年,评聘高级工程师和高级美术师28人,高级经济师和副教授各1人,并在工人中通过考试、考核,首批评聘技师232人。1993年3月,省陶瓷工业公司组织市陶瓷设计院、公司出口部、公司行业管理办公室参加全省人才技术交流活动,接待咨询20余人,引进2人。10月,组织景德镇瓷厂、华峰瓷业有限公司、光明瓷厂、人民瓷厂、宇宙瓷厂、红旗瓷厂等单位参加全国人才、技术交流活动。接待洽谈56人,办理交流手续6人。10月26—29日,省劳动厅在景德镇举办首届工人技师成果展览,市人民、建国、新华等13家瓷厂的工人技师和部分中青年技术工人制作的1000余件精品参展,其中13件(套)获三等奖。其间,5名技师进行现场技艺表演。景德镇陶瓷系统有6名获1等奖的作者(原是工人技师)晋升为高级工人技师,有30名获一、二、三等奖的作者(原不是技师的)晋升为工人技师。

干部管理　1987年下半年,省陶瓷工业公司将景光釉面砖厂和地质队的厂长(队长)面向全系统进行公开招聘,拓宽企业经营者选择面。1992年3月,在华风瓷厂开展企业干部人事制度改革试点,通过调查研究、考核干部、设置机构、定员定编、聘任聘用5个阶段,将原有33个科室合并为22个。考核干部的办法是:先由中层干部和一般干部按照德、能、勤、绩四个方面写出书面述职报告,在职代会上述职,接受职工群众评议。由厂部先聘任中层干部,再由科室第一责任人聘用科室干部。全厂有72名中层和116名一般干部被聘任聘用,其中5名一般干部提拔为中层干部,并从群众推荐的42名优秀工人中聘用5人为一般干部。同时,免去6位中层干部职务,2位中层干部降职使用,一般干部中36人落聘。

宇宙瓷厂从企业实际出发,以职能归口定科室,以工作量满负荷为标准定责任,科室职能定岗位。将全厂原有的27个科室部门精简为18个。然后,按岗位定员、择优选拔,对科室干部实行层层聘用制。即由厂长聘任科长,科长挑选科员,使科室定员由原来的175人减至140人。由此,在企业内部逐步形成了能上能下、能工能干的激励机制。

1994年2月,省陶瓷工业公司强化对企业的目标考核,签订目标责任状,对按期实现三大平衡(收支、产销、投入产出)的企业,领导班子成员上浮2级工资,对达不到三大平衡的企业,领导班子成员就地免职。公司机关全体党员领导下浮2级工资,机关部室干部下浮半级工资。3月26日,市委下放陶瓷企业领导干部管理权限,省陶瓷工业公司党委直接任免三类、四类企业的行政正职领导干部和党组织负责人,事后报市委和市委组织部备案,在征求市总工会意见的基础上直接任免工会主席,企业厂长(经理)可以直接任免、聘任或解聘行政副职领导,事后报公司党委备案。当年,14个企业的厂长(经理)直接提任本企业行政副职领导干部共34人。1995年6月19—21日,陶瓷工业公司2次在《江西日报》刊登招聘启事,招聘一批日用陶瓷厂厂长,有12名外地、21名市内应聘者报名。市委组织部、市人事局以及陶瓷公司领导组成专家考评小组。应聘人员通过调查研究,写出可行性报告,经初评、政审、复试、集中评议和投票记分,有3名人选符合应聘条件。但由于招聘厂长的企业都需要解决一定的流动资金,最后只有建国瓷厂聘用1位厂长。1999年,省陶瓷工业公司先后对人民、建国、新华、艺术、东风、红旗、红星、光明、为民、华风、红光、雕塑、曙光瓷厂,陶机、耐火、石膏厂、三蕾化工、供应、窑建、经销公司等20户三类企业的领导班子进行调整和充实。调整的42人中,党政正职19人,副职(含工会主席)23人。11月,省陶瓷工业公司党委在市陶瓷石膏模具厂和市窑炉建筑安装公司两户三类企业进行民主选择厂长(经理)工作,根据职工代表投票确认和考评小组考评意见,石膏模具厂原副厂长王树国,窑建公司原副经理冯上选分别被定为民主选择的人选。

2000年,在市委组织部的组织下,市陶瓷销售公司向社会公开招聘一位副总经理。2001年11月16日,省陶瓷工业公司制定《关于引进和激励陶瓷各类专业人才的规定》,提出10条重大措施和优惠政策:允许各类人才以自身的技术、管理等要素作价入股,金额可以超过创办公司注册资本的35%;凡引进人才带入科研成果或专利以及市属企事业单位科技人员取得重大科研成果使单位产生明显效益的,可由单位按项目利润的10%~30%计提奖金奖励其本人,并允许将奖金列入单位技术开发费用;对新引进的急需特殊人才为企业作出贡献者,每年企业可用1%股份,且逐年递增至5%~10%进行奖励;对经市级和公司主管部门审批认定的重大攻关项目,企业以固定资产和资金支持;企业为引进的急需高级人才配备住房和家住较远的配备交通工具,五年后为企业年创利税超过100万元做出重大贡献的,可将住房和交通工具奖励其本人;允许专业技术人员经本单位同意到系统内其他单位兼职或挂编,原单位到系统内其他单位聘用,企业急需的高级专业技术人才也可以聘用退休人员,享受以上人员同等待遇;从大、中专院校选调进陶瓷系统的大、中专毕业生,也可实行人事代理。凡个人已与企业签订聘用合同的,其人事档案可存放在市人才交流中心或陶瓷工业公司人事部门;凡已在困难企业生产科研专业第一线(不含企业私人承包体)从事专业技术工作的普通高等院校毕业生,按照本科、专科学历每月分别补贴工资200元、100元。今后凡经双向选择到陶瓷企业生产科研急需专业第一线工作的本科生、硕士生、博士生以及经市人事部门认定为急需特殊人才的工资补贴标准,按照市相关文件执行。

荣誉称号　中国工艺美术大师。1979年,轻工业部授予王锡良中国工艺美术大师称号,为景德镇首位。1988年4月,中国轻工业协会(总会)授予秦锡麟、张松茂中国工艺美术大师称号;1993年12月,授予王恩怀、李进、王隆夫、唐自强中国工艺美术大师称号;1997年9月9日,授予戴荣华、张育贤、熊钢如、刘远长、徐庆庚中国工艺美术大师称号;2003年12月,授予汪桂英、刘平、戚培才、舒惠娟、熊汉中、陆军、陆如、涂金水、曾维中国工艺美术大师称号;2006年12月和2010年10月分别授予王怀俊、杨苏明、徐亚凤等29人中国工艺美术大师称号。

中国陶瓷艺术大师。2003年5月,中国陶瓷工业协会授予刘平、熊汉中、陆如、曾维开、汪桂英、舒惠娟、戚培才、陆军、涂金水为首届中国陶瓷艺术大师。2010年,中国陶瓷工业协会授予戴玉梅、范敏琪、蓝国华、刘升辉、聂乐春、宁钢、彭竞强、沈盛生、舒立洪、涂序生、涂翼报、徐江云、袁世文、曾亚林、张正海、赵紫云、朱正荣,程爵旺等为第二届中国陶瓷艺术大师。

至2010年,景德镇获评中国工艺美术大师五批23人,中国陶瓷艺术大师两批27人,江西省工艺美术大师五批116人,景德镇市工艺美术大师26人,江西省高级工艺美术师491人,江西省高级技师40人。

非物质文化遗产代表性传承人。2008年9月,市政府通过《景德镇市传统制瓷技艺代表性传承人认定与管理暂行办法》,规定景德镇传统制瓷技艺代表性传承人由市政府颁发荣誉证书并授牌,对代表性传承人创建的非物质文化遗产保护传承基地、传习所等给予宣传、奖励、优先参加市里重大陶瓷文化艺术活动等支持,代表性传承人及其学徒,可以根据技艺传承情况推荐进入市属相关企业单位,对列入国家、省、市级的代表性传承人,政府按月份分别给予特殊技艺补贴。

2008年,第一批省级非物质文化遗产代表性传承人12人:余云山、曹开永、王炎生、陈圣发、何国平、孙同鑫、王华民、江海南、余和柱、冯宗淼、冯上论、江 汉。第一批市级非物质文化遗产代表性传承人10人。2009年,第三批国家级非物质文化遗产代表性传承人4人:余云山、曹开永、王炎生、陈圣发。第二批市级非物质文化遗产代表性传承人105人。

陶瓷世家。1994年10月11日,在"景德镇置镇990周年暨第五届国际陶瓷节"开幕式上,市委、市政府向24户"陶瓷世家"颁发荣誉证书,他们是张松茂、王锡良、谢胜旺、王怀俊、王恩怀、王隆夫、邓爱英、牛水龙、孙同鑫、刘平、刘烟林、毕德芳、余子富、余希鹏、张正海、汪桂英、陆如、余惠光、洪国忠、徐亚风、游艺、曾山东、蔡忠顺、潘文锦。

艺术名人。1999年9月，景德镇陶瓷协会确认84名中国工艺美术大师、省工艺美术大师和市陶瓷美术家为首批陶瓷艺术名人。中国工艺美术大师：王锡良、秦锡麟、张松茂、李进、戴荣华、张育贤、王隆夫、王恩怀、刘远长、熊钢如、唐自强、徐庆庚。江西省工艺美术大师：王怀俊、杨苏明、徐亚凤、刘平、何叔水、余仰贤、舒惠娟、戚倍才、彭竞强、侯一波、裴足喜、黄卖九、李恭伸、熊汉中、曾维开、章文超、田慧娣。

景德镇市政府历年命名的"陶瓷美术家"：王大凡、王步、王雪如、王锡良、毛龙汲、叶震嘉、刘雨岑、毕渊明、汪以俊、余文襄、余翰青、吴成仁、吴康、张志汤、张松茂、张景寿、杨秦川、杨海生、李盛春、周国祯、周湘甫、段茂发、赵惠民、徐天梅、龚耀庭、黄海云、章滥、曾龙升、程兆鑫、蔡寿生、蔡金台、潘庸秉、魏荣生、王云泉、王晓帆、刘仲卿、李永兴、张松涛、胡献雅、章仁保、曾山东、王隆夫、叶冬青、汪桂英、康家钟、秦锡麟、章文超、傅尧笙、潘文复、戴荣华、王恩怀、邓肖禹、李进、何叔水、熊汉中。

2003年6月16日，景德镇陶瓷协会联合技术监督、瓷局、工商等部门，在市陶瓷大世界设置首块"景德镇陶瓷艺术名人录"，专栏汇录景德镇陶瓷艺术界的中国工艺美术大师12人、省工艺美术大师36人、市政府历年命名的陶瓷美术家55人、景德镇陶瓷工艺美术专业教授19人、副教授29人，经省评定的高级工艺美术师106人，经市评定的非公有制企业高级工艺美术师237人。

行业标准实施

检测机构　1996年，陶瓷职大物理、化学实验室，开展陶瓷产品内在质量如吸水率、热稳定性、铅、镉溶出量、白度、光泽度等指标和陶瓷原料、陶瓷产品的化学分析检测。9月，在实验室基础上，省陶瓷工业公司组建质量检测中心，为陶瓷厂矿服务。

1999年4月，轻工研究所国家日用陶瓷质量监督检测中心实验室通过国家认可（授予实验室认可证书），国家计量认证和国家级质检中心审查认可三合一的复查，并对该中心授权增加建筑陶瓷项目。8月27日，陶瓷职大由省陶瓷工业公司移交给市教委管理。2002年12月5日，由国家科技部高新技术发展及产业化组织专家对景德镇陶瓷学院、省陶瓷研究所等4家单位组建的"国家日用及建筑陶瓷工程技术研究中心"项目进行可行性论证，并给予通过。2003年，以财政部专项基金为契机，国家日用及建筑陶瓷工程技术研究中心投资100多万元对陶瓷标准化中心和检验测试中心检测标准大楼进行改造，并首次完成国家质监总局下达的卫生洁具检测任务。2004年2月，通过国家质检总局的三合一复查验收，5月获国家质检总局授权室内装饰材料3C论证资质，对全国53项陶瓷行业标准进行复审及5项国家标准的制（修）订。2005年2月，检测标准中心通过国家质检总局对实验室的复评审和扩项评审，质量体系运行得到评审专家肯定。9月，建筑陶瓷放射性核素检测项目通过国家认监委实验室能力验证。2006年，国家工程中心投入15万，轻工陶研所配套投入20万，为检测中心添置8台卫生洁具仪器设备，完善测试条件。12月，顺利通过国家质检总局认监委专家组对国家陶瓷质检中心"三合一"的评审验收。2007年，配合陶瓷学院完成财政部高校特色专业实验室专家组对实验室的评审和科技部国家工程中心验收专家组的验收，国家陶瓷产品质量监督检验中心（江西）正式取得认可授权。

质量检测监督　1995—1996年，江西省技术监督局与国家日用陶瓷质量监督检测中心对景德镇瓷厂产品的内在质量进行多项检测，并经全国同行业统检，产品吸水率为0.10%，白度为78.40度，铅溶出量小于0.10毫克/升，镉溶出量小于0.60毫克/升，热稳定性200/20度不裂，达到国际高档瓷水平，评定该厂为产品质量免检单位。

2000年，中国轻工业陶瓷研究所国家日用陶瓷质量监督检验中心受国家质量技术监督局委托，一季度对全国79家企业的陶瓷产品进行抽查和检验。抽查生产企业49家、经销企业30家，抽查的79组产品中，合格产品43组，合格率为54.40%，其中生产企业抽查合格率为61.10%，市场抽查合格率为43.30%。抽查结果表明釉上彩陶瓷饮食器具铅溶出量超标问题较为严重，不容忽视。2004年6月和9月，国家质检总局分别授权轻工陶研所检测标准中心日用陶瓷和卫生洁具检测任务，对6个省、市、自治区42个企业42组日用陶瓷饮食器具产品进行抽查检验，8个省、市、自治区86家企业87组卫生洁具的抽查检验，完成20个日用陶瓷和建筑陶瓷企业的定检任务，日常委托测试930余组。2005年，与全国19家日用陶瓷企业和2家建筑陶瓷企业签订长期委托检验服务协议，完成58组日用陶瓷产品的抽查和11组日用陶瓷样品的定检任务以及 1260 余组的日常委托检测。

2006 年二季度,首次承担国家技术监督总局下达的 30 家陶瓷烹调器专项抽检任务。2007 年,先后完成国家质检总局下达的 60 组日用陶瓷,40 组卫生陶瓷样品抽查任务,完成 1200 组日常委托测试样品检测,与全国 28 家日用陶瓷企业、3 家建筑陶瓷企业及 2 家陶瓷烹调器生产企业签订长期委托检验服务协议。

2009 年 2 月 14—16 日,中国建筑卫生陶瓷协会琉璃制品分会秘书长徐波到景德镇,指导成立"江西琉璃制品分会"和由卡地克、圣泰、梦特香、金翔建陶 4 家企业发起的"瓷质琉璃瓦行业标准"的草拟工作。7 月,制定景德镇高技术陶瓷产业发展规划。11 月,筹建景德镇建卫陶瓷协会,完成"瓷质琉璃瓦国家标准"制定并报国家有关部门。在省科技厅指导下,与市科技局等部门共同推进"江西省陶瓷产业产学研技术创新战略联盟"工作。是年,完成国家质检总局下达的日用瓷 60 组样品抽查任务,完成日常委托检验分析样本 1380 组,与全国 16 家陶瓷企业签订长期委托检验服务协议。2010 年,轻工陶研所检测标准中心完成国家质检总局下达的卫生洁具抽检任务 30 组,日常委托检测任务 3900 组。上半年,圆满解决宜兴紫砂内胆质量事件,为国家质检总局和家电协会提供相关参考依据和技术参数。

第四节　管理机构

景德镇市瓷局

2002 年 10 月成立,为市政府主管规划、组织、指导、协调管理全市硅酸盐工业及陶瓷产业改革与发展的工作机构。负责拟定行业法规及实施细则,代表政府管理陶瓷行业的经济实体。指导、协调行业生产、经营、市场秩序、知识产权保护、陶瓷品牌建设、梭式窑安全生产,实施行业人才开发、市场建设等工作。

2010 年,市瓷局内设办公室、经贸科、行业管理科、技术人才开发科、招商办公室。编制 30 人,其中行政编 26 人,事业编 4 人。下属事业单位有景德镇陶瓷协会、市陶瓷研究所、陶瓷杂志社、市特种陶瓷研究所、市墙体材料革新办公室、市散装水泥办公室、国际陶瓷博览会组委会办公室。下属企业有市振兴陶瓷开发有限公司、市特种陶瓷公司。

江西省陶瓷工业公司

1956 年 2 月,省陶瓷工业公司领导与管理陶瓷行业各种经济类型企业的产、供、销,承担经济和行政管理的双重任务。1986 年,市编制委员会核定职能部门设置,党委系统设办公室、组织部、宣传部;行政系统设生产经营部、技术改造部、技术开发部、人才开发部、财务核算部、情报信息部、经理办公室、质量管理办公室、企业管理办公室、地县陶瓷办公室和保卫科。1994 年,新设机构有:计划统计处、人事劳动处、财务处、审计处、质量管理处、技术处、企业管理处,技术改造处、保卫处、监察处(与纪检委员会办公室合署办公)、调研室、老干部处(与退休职工管理办合署办公)。保留机构有:党委办公室、组织部、宣传部、纪检办公室、经理办公室、退休职工管理办公室、进出口部、劳动服务公司、物资供应站、技术经济协作部。撤销的部门有:生产经营部、劳动人事科、财务核算部、审计室、质量管理办公室、技术开发部、企业管理办公室、技术改造部、保卫部、监察科、政策研究室、老干部科、总工程师室、陶瓷美术开发部、情报信息部,人才培训部、物价科、行政科、行业管理办公室、档案室。1995 年,下辖 78 个企事业单位,其中全民企事业单位 43 个(瓷厂 14 个、非瓷厂 11 个、非工业企业 5 个、事业单位 13 个);大集体企业 35 个(其中瓷厂 25 个)。全公司有干部 4245 人,在职员工 48484 人,其中全民所有制员工 33515 人,集体所有制员工 14969 人,退休职工 14300 人。专业技术人员 2404 人,其中高级职称 182 人,中级职称 701 人,初级职称 1474 人。

2007 年 1 月 18 日,市委决定,省陶瓷工业公司为市政府直属正县级差额拨款事业单位,重新核定编制。2010 年,省陶瓷工业公司内设计划统计处、人事劳动处、财务处、审计处、质量管理处、技术处、企业管理处、技术改造处、新产品开发处、总工程师室、保卫处、监察处(与纪委合署)、经理办公室、工会、退休职工管理办公室、进出口部、劳动服务公司、物资供应站、技术协作部、信访办公室、进出口二部、技术经济协作服务部。2009 年 9 月,实施企业改制时,有企业职工 62986 人。机关工作人员 108 人(未明确编制性质)。领导职数设 1 正 3 副。

景德镇陶瓷协会

1997年12月，景德镇陶瓷协会成立，挂靠省陶瓷工业公司。景德镇陶瓷协会是景德镇地区陶瓷企业、事业单位和从事陶瓷的个体劳动者自愿组成的社会团体，是跨部门、跨所有制的全行业组织。主要任务是传递信息、规范市场、维权打假、技术服务，开展行业管理，做好陶瓷商标的申报、使用和管理；开展技术交流、组织陶瓷企业国内外陶瓷产区学习考察。1999年5月，景德镇陶瓷协会由省陶瓷工业公司机关调入干部，各项职能开始运行。至年底，发展会员单位185个。

2001年，景德镇陶瓷协会加入中国陶瓷工业协会。4月9日，景德镇陶瓷协会原料专业委员会成立，5月21日，出口专业委员会成立。6月6日，窑业专业委员会成立。2003年8月，景德镇陶瓷协会划归市瓷局管理，为财政预算拨款事业单位。9月3日，景德镇陶瓷协会召开第二届理事会第一次会议，选举理事长、副理事长、常务理事和理事。12月6日，陶瓷协会迁往市西客站旁的中国陶瓷城新址办公。2007年，景德镇陶瓷协会被选举为中国陶瓷工业协会副理事长单位，中国陶瓷工业协会授予景德镇陶协为中国陶瓷行业优秀协会。2010年，协会内设办公室、秘书处、技术部、信息部、市场部、知识产权部以及日用瓷、艺术瓷、陶瓷原料、陶瓷出口、窑炉等5个专业委员会。

景德镇陶瓷工业园区管理委员会

2004年6月20日，在原浮梁工业园区的基础上组建景德镇陶瓷科技园，成立陶瓷科技园管理委员会，为市政府正县级派出机构。2006年3月批准为省级开发区。景德镇陶瓷科技园管理委员会更名为江西景德镇陶瓷工业园区管理委员会。（详见第十一篇第二章）

第四章 陶瓷科技

景德镇市设有轻工部、省轻工厅、市政府隶属的三级陶瓷科研机构和景德镇陶瓷学院，是陶瓷产、学、研基地，为景德镇瓷业发展提供了技术支撑。1985年以后，景德镇陶瓷技改以国家拨款为主转为以贷款为主，在国家的支持下，景德镇陶瓷工业实施大规模的改造，逐渐发展成为全国装备最大规模和配套体系最完整、专业化分工最明细、具有现代化技术的大型陶瓷工业。90年代，随着国际陶瓷学术交往频繁和国内陶瓷技术交流活跃，促进了景德镇陶瓷科技的发展。特别是“八五”技改后，景德镇初步实现原料标准化、辅材专业化、燃料煤气化、工艺现代化、装饰系列化、最终产品高档化的目标。进入21世纪，部、省陶研所改革科研体制，推进科研项目产业化，陶瓷科技不断进步，新产品、新工艺、新花面推陈出新，景德镇瓷业进入新的发展时期。

第一节 陶瓷技改

“七五”技改（1986—1990年）

投资规模　1986年，全国计划会议上，景德镇陶瓷列为全国“七五”计划技术改造的重点，通过国家经委、计委贷款17531万元、自筹2298万元，其中美元1375万元，实际完成改造投资15270万元。省陶瓷工业公司编制《景德镇出口基地技术改造工程项目建议书》，1989年经国家计委批准，总投资1.06亿元，用汇1260万美元。把矿山、石膏、瓷用化工列入重点改造。同时，重点引进高档成套的关键设备和技术，创建一个样板厂，即原名为“4369”工程的中国景德镇瓷厂。

技改项目　原料矿山项目。市原料总厂重点改造3个瓷土矿，建立优质原料基地及精加工中心。宁村瓷石矿改造共投资250万元，1982年开始施工，1988年建成投产；柳家湾瓷石矿改造，先后投资93万元；陈湾瓷土矿改造，1981—1983 年投资 181 万元用于增加掘进和粉碎设备。

生产加工项目。市建国瓷厂烧炼成型综合大楼，改造后生产高温颜色釉瓷；人民瓷厂青花瓷生产综合车间，引进关键设备；新华瓷厂民族用瓷生产线改造；艺术瓷厂 7 层高档粉彩瓷综合大楼改造；光明瓷厂青花玲珑瓷生产综合大楼改造，引进煤气隧道窑一条；红旗瓷厂釉下蓝瓷生产厂房改造；东风瓷厂壶类产品生产厂房设备改造；红星瓷厂对美出口新花瓷联合厂房改造；景兴瓷厂原料车间、成型车间更新生产设备；红光瓷厂青花玲珑瓷综合厂房改造；曙光瓷厂仿古瓷生产厂房设备改造；为民瓷厂对美出口瓷生产厂房设备改造，建设高档瓷生产厂房、引进全套高档瓷生产线，创建样板厂；雕塑瓷厂现代雕塑瓷生产车间改造。其间，省陶瓷工业公司还采取贷款和自筹方式，共投入 733 万元对市区有关陶瓷生产企业的 7 条煤（油）烧隧道窑炉进行煤气窑炉同步改造，改建 7 条辊道烤花窑、建成 4 座台车（梭式）窑。

4369 工程建设工地

教研科技项目。瓷校新建实验室及图书馆；陶瓷职工大学扩建校舍，添置理化仪器；省陶瓷研究所兴建实验大楼及配备仪器设备；陶瓷设计研究院新建电子计算机工作室。

辅助配套项目。陶瓷供应处新建东郊煤气站；市瓷用化工厂引进高档小膜花纸技术与设备；窑具厂引进莫来石制匣技术与设备；石膏模具厂引进石膏粉生产关键设备；陶瓷机械厂研发仿制引进的陶瓷设备；包装材料厂建设生产车间及配置设备；耐火材料厂高铝车间改造升级。

技改效果　1991 年年初，省陶瓷工业公司“七五”期间后期完工的 6 项技术改造项目竣工投产，并通过轻工业部和省、市各有关部门全面验收。项目包括市光明瓷厂高档青花玲珑瓷技改工程、新华瓷厂民族用瓷技改工程、宇宙瓷厂对美高档出口瓷技改工程、原料总厂宁村瓷石矿改造工程、石膏模具厂引进的 β 石膏模生产线、窑具厂引进的合成莫来石制匣技术和关键设备。尤其是前 3 项引进技术和设备的技改工程达到 80 年代末的国际先进水平。1991 年 2 月，浮梁县寿安乡宁村瓷石矿进行技术改造验收合格，总投资 260 万元，年产量 3 万吨。“七五”后期动工的“4369”工程（定名为中国景德镇瓷厂）建成调试成功，为全市乃至全国陶瓷行业树立现代化生产的样板。

技改后的宇宙瓷厂炼泥车间

“八五”技改

规划编制　1992 年年初，省陶瓷工业公司编制的《1992—2000 年景德镇陶瓷基地技术改造总体规划和实施方案》经国家有关部、委批准分 3 期实施，总投资 8.50 亿元。第一期（1992—1994 年），投资为 2.50 亿元。重点改造 9 大工程：市为民瓷厂高温釉中彩瓷技改工程、光明瓷厂高档青花玲珑瓷技改工程、红星瓷厂釉上彩釉中彩强化瓷技改工程、原料总厂原料标准化技改工程、焦化煤气厂煤气净化技改工程、窑具厂优质窑具技改工程、石膏模具厂优质模具技改工程、陶瓷机械厂消化翻版陶机设备技改工程、窑炉煤气化技改工程。是年 11 月 4—7 日，国家轻工业部轻工行业改组改造工作现场会在景德镇召开。会议期间，组织考察景德镇瓷厂和市宇宙、光明、人民、艺术等瓷厂，还参观焦化煤气厂、瓷用化工厂、窑具厂、石膏模具厂、陶瓷机械厂等辅助企业。参加会议的有轻工业部副部长徐荣凯、江西省副省长张云川，有全国各省、市、自治区的轻工业厅厅长、十大产瓷区负责人以及轻工系统重点企业经理或厂长共 360 人。通过实地考察景德镇陶瓷行业的技改工作，推进全国轻工行业改组改造和科技工作。

1993年3月25—26日，轻工业部委托中国陶瓷工业协会在北京市召开专家会议，对《景德镇陶瓷基地(1992—2000年)技术改造工程项目初步可行性研究报告》(即景瓷技术第二、三期的改造报告)进行论证。参加会议的有由轻工业部有关部门和单位及河北省、山东省陶瓷产区的有关专家组成的论证小组成员，还有轻工业部有关司、省轻工业厅、市政府、省陶瓷工业公司及所属企业的领导共20余人。专家们对景瓷第二、三期技改项目的指导思想和内容给予肯定，并提出意见建议。会议希望景德镇抓紧修改使之完善，尽快向有关领导和主管部门汇报，争取尽快立项，使一、二、三期工程保持连续性，确保顺利实施。6月25—27日，省经委和轻工业厅在景德镇宾馆召开景德镇陶瓷“八五”技改工程初步设计审查会。省、市有关部门和设计单位以及被审查的9个项目建设单位的领导、专家、代表40余人参会，听取省陶瓷工业公司汇报的基本情况和陶瓷设计院介绍的为民瓷厂等7个项目的初步设计，并按专业分组审议，一致认为各项目的初步设计和选用的工艺路线合理、工艺方法先进。10月上旬，技改项目获省经委、省轻工业厅批准。

投资规模　1991—1995年，陶瓷系统投资46449.40万元，用汇2664万美元。其中技改投资44759.40万元，基建投资1690万元。资金来源为国家经贸委对景德镇陶瓷工业的国家专项技改资金、国家计委1991年下达的新增技改项目资金、轻工总会技改专项资金。1993年，为陶瓷“八五”技术改造的关键年，是景德镇陶瓷历史上规模最大的一次技术改造，全年完成技改投资2.25亿元。7项土建工程基本完成，有关设备亦与国外、国内有关单位签订引进或自制合同。是年6月底，华峰瓷业有限公司墙地砖生产线正式投产，景德镇瓷厂达产达标工作初见成效。

“八五”技改项目平卧式快速干燥器

生产线项目。为民瓷厂高档釉中彩瓷生产线：投资7434万元，用汇542万美元，1992年8月破土动工，1994年12月全面竣工。从德国引进生产设备和技术，原料加工采用配比容器配料和喷雾干燥技术，为成型制备粉料，成型采用等静压作业线，坯体制成后直接入窑素烧，不须干燥，烧后采用旋转施釉机上釉入窑高温烧成，再由人工贴上花纸，进入釉中彩高温快速烤花窑，设计年产高档釉中彩瓷600万件。红星瓷厂高档釉中彩强化瓷生产线，投资7843万元，用汇550美元，1992年10月动工，1994年12月工程全面竣工。工程建筑面积达1.90万平方米，集成型、烧炼、彩绘等多种功能于一体的联合厂房，从德国引进主要设备，主要产品为中、西餐具，设计年产高档釉中彩强化瓷800万件。光明瓷厂高档玲珑瓷生产线，投资5060万元，用汇348万美元，生产高档玲珑瓷600万件。华风瓷厂磨光瓷板生产线，投资5911万元，用汇650万美元，年产瓷板150万平方米。

瓷厂改造项目。雕塑瓷厂明青园技改工程，投资240万元。宇宙瓷厂对美高档瓷改造工程，投资2247万元。

基础工程项目。原料标准化改造工程投资2956万元，用汇29.40万美元，年产标准化原料5万吨。高档SiC窑具改造工程投资4137万元，用汇380万美元，年产高档SiC窑具4000吨。优质石膏粉改造工程投资886万吨，用汇20.90万美元，形成年产6000吨a石膏生产能力。陶瓷机械厂改造工程投资755万元，年增产陶瓷机械设备1500万吨。高档花纸改造工程投资1838万元，用汇94.77万美元，年产高档花纸500万张。

技术引进项目。光明瓷厂从德国引进雷德哈默煤气隧道窑技术，投资1582万元。

窑炉煤气化改造项目。投资2371万元，分别用于新华瓷厂、红旗瓷厂、窑具厂、景兴瓷厂、艺术瓷厂、红光瓷厂等6条隧道窑煤气化改造。宇宙瓷厂、曙光瓷厂新建煤气隧道窑。红星瓷厂、景兴瓷厂等5条烤花窑改烧焦化煤气。

技改效果　提高景德镇高档瓷生产能力和竞争力。“八五”技改使景瓷生产技术从原料配制、成型施釉到釉面装饰和烧成各重要环节都实现重大突破,产品质量达到国际市场标准。通过引进国外先进主要设备49台套,形成3条具有当代世界先进水平的高档瓷生产线,初步实现陶瓷工业原辅材料专业化、标准化生产及烧瓷煤气化。为民、红星、光明瓷厂利用仿制的4座釉烧窑和2座素烧窑,通过对引进设备的消化吸收,主要工艺指标达到国外同类产品的技术水平,节省资金约2500万元,对引进的高温快速烤花窑技术,也具备消化吸收能力。

日用瓷生产工艺实现技术突破。采用原料喷雾造粒、等静压,热滚头阴、阳膜滚压,高压注浆成型,全自动施釉,二次烧成,釉中彩烤花等现代化制瓷工艺,使景德镇陶瓷各生产环节都实现重大突破:原料和辅助材料标准化、专业化,陶瓷生产服务的基础辅助企业,满足各种档次、不同品种瓷器生产对原料、辅助材料的需求,丝网印刷机的引进,使陶瓷装饰花面层次更加丰富;初步实现烧瓷煤气化,通过窑炉煤气化的同步改造,省陶瓷工业公司所属各主要企业普遍采用煤气烧瓷(少数企业用液化气烧瓷),淘汰能耗高、污染严重的落后窑炉,自古以来陶瓷生产中浓烟排放污染景德镇城市环境的问题得以消除。

曙光瓷厂技改后的原料车间炼泥机

景德镇高档瓷比重大幅度提高。增加高档化陶瓷生产,创烧高温釉中彩瓷、高档釉中彩强化瓷、高档玲珑瓷、豪华瓷质墙地砖等各具特色的高附加值新瓷种,具备高档瓷生产能力2600万件,产品质量可达到国际市场的标准。提高现代化装备水平,共引进消化吸收国外先进主要设备62台(套),形成新的技术产能,如在等静压成型工艺基础上,对特异品种引进最先进的高压注浆新工艺,对大件品种引进大型万能滚压机,解决景德镇日用瓷因异性大件品种质量不高、难以配套的问题。全自动施釉线彻底克服不同品种施釉不均的缺陷,提高制品的釉面质量。高温釉中彩快速烤花窑,解决了长期困扰景德镇釉上彩陶瓷产品的铅镉溶出问题等。这些先进成套技术设备的引进,使企业技术装备水平跨越20~30年,在国内同行处于领先水平。

技改后瓷用化工厂的花纸生产

"九五"技改

1995年,省陶瓷工业公司编制《"九五"陶瓷技改方案》,并通过轻工总会专家论证,编成《景德镇陶瓷基地技术改造工程(1995—2000年)初步可行性研究报告》,规划"九五"期间技改共10个项目,总投资为9.69亿元。主要工程有:改造3个出口创汇骨干瓷厂,发展骨质瓷、滑石瓷、玻化瓷;发展高技术含量的电子、工业特种陶瓷;与瓷都洁具厂配套发展高档卫生洁具;发展现代化艺术陶瓷、特艺雕塑瓷和特艺日用瓷,建设国际陶艺交流中心;消化、吸收和仿制国外陶瓷先进技术设备;改造原料矿山的薄弱环节;全面实现烧瓷煤气化,推进无匣裸烧和坯体干燥煤气化;引进、改造高档金水、颜料、花纸等陶瓷装饰材料生产工艺和设备。是年,随着国家投资管理体制改革,国家和省经贸委按择优扶强精神,先行批准景德镇"九五"技改中的部分项目实施。其中,雕塑瓷厂特艺瓷工程,1996年5月破土动工,用汇32.65万美元,国家专项贷款1540万元;宇宙瓷厂骨质瓷工程;瓷用化工厂高档瓷用贴花纸项目(由轻工总会列为下年度国家专项工程);景德镇花岗岩生产技改工程,投资559万元,建成后可年产4万平方米花岗岩磨光板。1996年以后,省陶瓷工业公司所属陶瓷企业全面停产,技改终止实施。

窑炉技改

1982 年 4 月，国家计委正式批准建设景德镇焦化煤气厂，以实现景德镇烧瓷煤气化，总投资 1.03 亿元。1983 年破土动工，占地面积 51.1 万平方米，建筑厂房 10 万平方米，一座 42 孔 80 型焦化炉，7 台煤气发生炉、2.42 千米的铁路专用线，于 1986 年 12 月 27 日竣工试产，一次产焦出气成功。年生产能力：日产热值 3400 大卡的混合煤气 40 万标准立方米、焦炭 28 万吨、回收化工产品 2 万余吨。

1986 年以前，景德镇陶瓷企业共建成烧煤隧道窑 20 座，陶瓷产品质量大为提高。为解决市区烟尘污染问题，部分隧道窑改烧重油。1986 年，华风瓷厂建成的发生炉煤气隧道窑试产成功。

1988 年 3 月，由景德镇陶瓷工业设计院自行设计的第一条 81 米焦化煤气隧道窑在红星瓷厂试产，经 4 个月的连续运行，窑青率达到 91.68%。随后，红光、景兴、新华、艺术、红旗等瓷厂也相继建成焦化煤气隧道窑，提高热用率，能耗大幅下降，实现从烧柴—烧煤—烧油—烧气的四代能源烧制瓷器的技术变革。10 月，光明瓷厂从德国引进的 82 米焦化煤气隧道窑顺利投产。这条窑的技术先进，温差小于 5℃，每千克瓷耗能由过去烧油时 1 万大卡，下降到 6800 大卡。此后，新华、红光、红旗、艺术、建国、景兴瓷厂和新建的景德镇瓷厂广泛推广焦化煤气烧瓷。

1990 年 3 月 16 日，市红星瓷厂将重油掺水乳化燃烧工艺试用于陶瓷烧炼获得成功，红旗瓷厂开始使用计算机自动控制烧气隧道窑，使陶瓷烧造技术更加成熟。1992 年，建国、东风、艺术和景兴瓷厂又建成 4 条隧道窑，全市共有煤气隧道窑 11 条。使用煤气烧瓷，耗能由每千克瓷 1 万大卡降低到 7000 大卡。1993 年 5 月，市新华瓷厂在市焦化煤气厂支持下，采用棚板装烧综合品种进行试验成功，烧成合格率达 95% 以上，外观质量均优于同窑匣装烧成的同类品种。9 月 1 日，景德镇陶瓷设计院成功研制全部采用国产材料的梭式窑，具有能耗低、烧成质量高、使用寿命长、工艺操作简便的特点。1994 年 3 月，景德镇陶瓷工业设计研究院承担的为民瓷厂和红星瓷厂 4 条煤气隧道窑的总承包工程正式开工，工程采用引进技术，并进行创新设计，4 条窑炉比进口同类窑炉节约外汇折人民币 3000 余万元。11 月和 12 月先后一次性点火投产成功。

表 14－4－1　　**1988—1995 年景德镇陶瓷气烧隧道窑统计表**

企业名称	气烧隧道窑 长×宽(米)	数量 (个)	燃气类型	煤气热值 (*4.18 千焦)	备注
股份有限公司 (一厂为民)	82×1.30	1	焦化煤气	3200～3400	釉烧窑
	50×1.10	1	焦化煤气	3200～3400	素烧窑
	36×0.84	1	焦化煤气	3200～3400	烤花窑
股份有限公司 (二厂红星)	82×1.30	1	焦化煤气	3200～3400	—
	50×1.10	1	焦化煤气	3200～3400	素烧窑
	36×0.84	1	焦化煤气	3200～3400	烤花窑
股份有限公司(4369)	82×1.15	1	焦化煤气	3200～3400	引进
股份有限公司 (三厂创新)	50×1.00	1	焦化煤气	3200～3400	—
为民瓷厂	90×1.30	1	焦化煤气	3200～3400	—
宇宙瓷厂	70×1.30	1	焦化煤气	3200～3400	—
	87×1.30	2			—
人民瓷厂	93×1.30	1	焦化煤气	3200～3400	—
新华瓷厂	81×1.30	2	焦化煤气	3200～3400	—
东风瓷厂	81×1.30	2	焦化煤气	3200～3400	—

续表 14－4－1

企业名称	气烧隧道窑 长×宽(米)	数量 (个)	燃气类型	煤气热值 (＊4.18 千焦)	备注
窑具厂	81×1.64	1	焦化煤气	3200～3400	—
建国瓷厂	81×1.30	2	焦化煤气	3200～3400	—
景兴瓷厂	81×1.30	2	焦化煤气	3200～3400	—
红光瓷厂	81×1.30	1	焦化煤气	3200～3400	—
红星瓷厂	81×1.30	2	焦化煤气	3200～3400	—
光明瓷厂	82×1.15	1	焦化煤气	3200～3400	引进
	82×1.15	2			—
红旗瓷厂	81×1.30	2	焦化煤气	3200～3400	—
中兴瓷厂	81×1.30	1	焦化煤气	3200～3400	—
荣光瓷业有限公司	72×1.25	1	焦化煤气	3200～3400	—
华风瓷厂	93×1.30	2	冷净发生炉煤气	1380～1540	—
	62.5×1.15	2			—
卫生洁具厂	80×2.1	1	焦炉煤气	1150～1250	引进
建筑瓷厂	88×1.3	1	焦炉煤气	3200～3400	—
景德镇陶瓷厂	97×1.30	3	冷净发生炉煤气	1380～1540	引进
	40×1.00	3			
青花文具瓷厂	81×1.3	2	焦化煤气	3200～3400	—
艺术瓷厂	93×1.3	1	焦化煤气	3200～3400	—

1999 年 2 月，省陶瓷工业公司下发《关于拆改企业煤烧圆窑计划安排的通知》，并实行厂长负责制。3 月，与企业签订拆改煤烧圆窑保证书。有困难的企业新建燃气梭式窑来满足生产。至年底，全系统先后新建焦化煤气梭式窑 71 座，液化气梭式窑 21 座。对原有的 108 座倒焰圆形煤窑，除耐火材料厂保留 2 座、玉风瓷厂保留 1 座以外，全部拆改。

2002 年，景德镇各瓷厂烧煤隧道窑停烧后的狼藉景象

2002 年，根据市人大《关于拆改煤烧隧道窑议案》和市政府《关于加快市区煤烧隧道窑拆改工作步伐的通告》精

神,12 月 31 日前完成全市 21 条煤烧隧道窑的拆改任务,一批选用焦化煤气和石油液化气作燃料的新型窑炉相继在华风、红旗、青花文具厂、红光、为民瓷厂等企业建成,部分投入生产,效果良好。2005 年,陶瓷工业公司全系统共有煤烧烤花窑 14 座,其中光明 2 座、红星 3 座、红光 1 座、曙光 2 座、为民 2 座、万能达 1 座、美雕 1 座、彩绘 1 座、红旗 1 座。由于煤烧烤花窑的拆改资金没有落实,改造工作进展缓慢,只有红旗、光明瓷厂各 1 座进行改造。2006 年,全市 1000 余座燃气梭式窑分布在市区各个角落,大都存在严重的安全隐患。市安监、消防等部门联合开展安全整治工作,拆、封燃气梭式窑 203 座,131 座迁入新都民营陶瓷园,40 余户签定合同在陶瓷工业园民营陶瓷园购地建窑设厂。2010 年,省陶研所设计建设该市兴达瓷厂 78 米日用瓷隧道窑,成为景德镇市窑炉样板工程。

其他技改项目

1991 年,瓷用化工厂与航空部 602 研究所共同研究开发的微机应用管理项目投入使用,雕塑、为民、光明瓷厂等企业亦引进该设备,运用现代管理手段,提高管理水平。至 1993 年,先后完成 999 厂压电送受话器陶瓷换能片生产线、声表面滤波器技术引进改造,897 厂真空陶瓷继电器生产线、740 厂金属陶瓷管一期技改工程、999 厂与台湾尹 PTC 热敏陶瓷组装线等重大技改项目。1998 年 10 月 17 日上午,陶瓷股份公司举行“高档窑具厂引进项目移交生产”签字仪式,中国机械进出口总公司、法国圣戈班集团和高档窑具厂三方代表在“引进合同终结、移交工厂投入生产使用”协议书上签字。高档窑具厂引进项目合同是 1993 年与法国“圣戈班”集团签订的引进碳化硅窑具生产线项目。该项目经过 4 年建设和调试,按合同要求在 1998 年 9 月顺利实现达产达标。

2004 年之后,全市每年都组织实施高新技术陶瓷材料的科技创新项目申报国家立项,其中创新基金陶瓷新材料项目获国家及省立项 30 余项。陶瓷技术创新获得国家级项目超过 25 项,省部级 170 多项。其中国家自然科学基金 13 项、国家科技部重大项目 3 项、创新基金 5 项。国家工程技术研究中心再建项目《国家日用及建筑陶瓷工程技术开发》获得 300 万元,环保高量溶体材料研究及应用获得 112 万元。

2008 年,新纪元纳米环保陶瓷发明制作、高性能复相陶瓷外螺旋轴套获得两项国家发明专利,精密注射成型制备高性能结构陶瓷产业化项目获得省科技发明进步奖;景德镇法蓝瓷实业有限公司被文化部命名为第三批国家文化产业示范基地。2009 年,同惠电子“剪切模高频谐振器用压电陶瓷材料及元件中试”项目与和川粉体技术有限公司的“低温常压水解法制备光通信材纳米氧化锆粉体”项目获得科技部 2009 年度第一批中小企业创新基金支持,望龙陶瓷“青花玲珑及青花传统特色陶瓷产业技术创新”、特地陶瓷的“大规格超薄建筑材料”等 15 个项目共获得 5094 万元资金支持。特别是望龙陶瓷的“青花玲珑及青花传统特色陶瓷产业技术创新”项目是继“八五”技改后获得国家批准的又一个传统陶瓷技术改造项目。景德镇法蓝瓷实业有限公司成功创建为省工业旅游示范点。

2010 年,争取国家陶瓷项目资金 2973 万元,其中景德镇陶瓷股份公司的节水技改项目,获国家发改委 422 万元资金支持。景德镇振兴陶瓷园开发有限公司、鹏飞建陶有限公司的陶瓷窑炉节能技术改造项目,分别获资金 301 万元、202 万元。特地陶瓷的高档日用陶瓷及高温硬质陶瓷材料产业化项目,获国家发改委 480 万元资金支持。神飞特陶的冷等静压低温烧结新型电真空氧化铝陶瓷元件产业化项目,获国家发改委 372 万元资金支持。景德镇大川陶瓷有限公司氧化钙陶瓷插芯精密注射成型用颗粒、景德镇新纪元精密陶瓷有限公司新型透明陶瓷发光管的制备与中试两个项目获科技部中小企业创新基金,分别获得 70 万元和 90 万元资金支持。

表 14-4-2　**1979—1995 年基本建设、技术改造投资额统计表**　单位:万元

年份	基本建设	技术改造	年份	基本建设	技术改造
1979	236.9	616	1982	1311.6	1392
1980	688.7	1334.8	1983	1353.6	863
1981	485.9	1324.1	1984	625.1	784.1

续表 14-4-2

年份	基本建设	技术改造	年份	基本建设	技术改造
1985	245.8	980	1991	394	3771
1986	548.2	1894	1992	469	10603.5
1987	383	3413	1993	392	22109.9
1988	774	3214	1994	272	4320
1989	116	1755	1995	163	3955
1990	205	1554			

第二节　陶瓷科研

原料配制

1988 年,市陶瓷原料总厂承担的国家星火计划项目“瓷土废尘、废渣在陶瓷原料中的应用”,也是在全国陶瓷行业中首个对废尘、废渣综合利用的项目,实施后年新增产值 120 万元、利税 40 万元,每年减少 3000 吨废尘、废渣。成果获 1992 年国家星火计划三等奖、省星火计划一等奖。是年,景德镇陶瓷学院等单位研制开发的耐热陶瓷炊餐具,是省重点科技计划项目,具有抗震性强、强度高、无毒耐蚀、卫生易洁等特点,可直接在各种热源下炸、炒、炖、煮食品。市光明瓷厂承担的省重点新产品开发项目青花玲珑强化瓷,具有高强度、热稳定性好的特性,能适应洗碗机、微波炉及电冰箱的使用要求,并分别获 1994 年江西省科技进步二、三等奖。1989 年,市人民瓷厂研制的提高青花日用细瓷耐热冷急变性能项目,以适应餐馆饭店高温消毒、机械洗涤。通过在瓷釉中加入适量的硅灰石($CaO \cdot Si_2$)作助熔剂,成功研制硅灰石青花釉。成瓷的热稳定性、光泽度、吸水率、维氏硬度等指标分别为 200℃ ~20℃ 热交换一次不裂、87.80%、0.19%、593.80(HV),超过“GB 10811—89 青花日用细瓷器”的技术要求,属国内日用瓷工业生产首例,成果获 1991 年度省科技进步三等奖。

1989 年 10 月,市原料总厂研制成功制瓷原料“高白泥”,试产 70 多吨,是生产高档日用瓷、陈设瓷以及纺织瓷的理想原料。

1991 年,市原料总厂的陶瓷原料精选中试及设备研究纳入国家“八五”重点科研攻关项目,建立陶瓷原料中试线。经陶瓷原料水旋分离、超细粉碎、高梯度去铁的中试,效果良好。项目于 1996 年 3 月完成。

1992 年,市新华瓷厂研制炻器成功,炻器是介于陶器与瓷器之间的具有完全烧结而不透明的陶瓷制品。具有变形小、釉面光润、机械强度和热稳定性好的优点,主要产品有 20 头西餐具和咖啡杯碟。10 月,省陶瓷工业公司原料总厂研制成功制瓷原料“高白泥”,试产 70 多吨,其中 60 吨销往广东深圳,是生产高档日用瓷、陈设瓷以及纺织瓷的理想原料。

1996 年 4 月 16 日,由中国轻工总会陶瓷研究所主研,全国科研院所、大专院校和厂矿企业 16 个单位协办的国家重点科技攻关项目“陶瓷原料精选、坯料精制技术的研究”顺利通过国家验收。该项目从原料精选到坯料精制以及尾砂综合利用等一整套工艺技术和设备分 4 大研究课题 16 个专题进行技术攻关,项目的高梯度磁选、超细粉碎、离心分级、微机配料、涡流混和以及检测监控技术等全部采用国产设备,取得成果 37 项。其中陶瓷原料干法精选为国际领先水平,整个项目达到 90 年代初国际先进水平,使陶瓷原料生产由手工操作向机械化、自动化生产跨越。8 月,中国轻工总会科技发展部在景德镇主持召开技术鉴定会,认为达到国际同行业先进水平。所建成的中国第一条陶瓷原料精选中试线,为生产高档次的优质原料提供中试基地。11 月 12 日,中国轻工总会陶瓷研究所完成国家“八五”重点科技攻关项目“原料制备工艺与设备的研究”。高级工程师朱素琴荣获先进个人称号。

1997年,“日用陶瓷坯料制备工艺与设备”及“陶瓷原料精选中试检测监控系统的选型研究”两个专题获轻工总会科技进步三等奖。是年7月,由国家计委批准立项,部陶研所陶瓷新材料研究开发中心承担的《复相耐热陶瓷的研究开发与应用示范》项目,总投资300万元,为同种陶瓷材料实现多种功能,适应在其他领域尤其是高科技行业中推广使用。这一时期,陶瓷原料在降低坯、釉料烧成温度;运用腐植酸钠改进工艺性能;稀土应用推广和尾砂治理等方面都有所创新和提高。

1998年10月,省陶瓷工业公司托管的陶瓷股份公司三厂,研制开发出高级乳白釉中温日用瓷并出口美国。同年,市特种陶瓷研究所研制的防弹陶瓷装甲项目,被省科委列入省级科技攻关计划。防弹陶瓷及复合装甲是防弹材料的更新换代产品,1999年11月和2000年1月,分别通过江西省科委主持的技术鉴定,填补国内空白。

2000年,与北京航空航天大学材料系联合研制成功中国第一把具有复合陶瓷装甲防弹能力的飞行员座椅,性能达到国际先进水平,防弹陶瓷装甲项目分别被列为国家经贸委技术创新项目、国家科技部中小企业技术创新基金项目、国家计委示范工程项目。2月24日,中国轻工业陶瓷研究所下属莱斯特公司承担的电饭煲耐热陶瓷内胆(1999年江西省重点新产品试制项目),高抗热抗震、高抗腐蚀坩埚试制成功,通过省科委技术鉴定验收。2002年,科技部《骨料合成生产工艺及生产线研究》项目通过网上申报验收。2003年10月8日,高级乳白中温瓷通过省级鉴定,产品具有釉面光润、乳白、无斑点、无落渣,产品变形小等特点。由其组合的各式西餐具和茶具、咖啡具等日用瓷,适用于洗碗机、电冰箱、微波炉等。2005年,轻工陶研所承担国家科技部项目“高性能镁铝尖晶石基复合陶瓷材料的研究”结题并申报验收。“微孔陶瓷精过滤及稀土激活复合抗菌过滤管中试”项目获得国家中小企业技术创新基金资助75万元。2006年,“包覆合成高强低膨胀陶瓷材料及产品的研究”达到低膨胀性能指标,轻工陶研所与陶瓷学院合作的省重点攻关项目“大规格陶瓷臭氧发生器基板的研究”试制成功,其介电性能高于国内同类产品。

2007年3月,市瓷局完成建卫陶瓷原料矿山的调研,样品的抽取、检测、小试等工作,建成景德镇市周边陶瓷原料实物样品及小试配方档案。先后编制《江西省景德镇市及周边地区建筑陶瓷原料工业化生产适用性及资源储量评估报告》《景德镇及周边地区高档抛光砖(玻化砖)陶瓷原料资源及工业化适用性情况报告》《景德镇及周边地区卫生洁具陶瓷原料资源及工业化适用性情况报告》《景德镇市陶瓷矿产资源开发利用现状的报告》《景德镇市大力发展陶瓷产业的可行性报告》《关于景德镇市铁路运输情况的报告》等基础性资料以及《景德镇市电子陶瓷产品发展状况调研报告》《景德镇市电瓷产业发展状况调研报告》。5月,在国家日用及建筑陶瓷工程技术研究中心、市国土资源局的配合下,进一步完善景德镇市周边陶瓷原料实物样品档案,完善《景德镇市及周边地区建筑陶瓷原料工业化生产适用性及资源储量评估报告》,编制《景德镇陶瓷产业投资市场分析报告》(中、英文版)。11月,开展氧化锆微粉对微晶陶瓷强度影响试验,完成科技部重点项目“高强度微晶陶瓷材料的开发研究”,并网上申报验收。2008年,景德镇陶瓷学院研究开发的高性能低膨胀陶瓷材料,克服低膨胀陶瓷材料在产品开发过程中存在的缺陷,具有工艺简便易行,产品性能优良,成本低、附加值高等优点,生产出大量高耐热陶瓷炊餐具、大规格蜂窝陶瓷、轻质筑炉耐火材料和高级低膨胀耐酸砖等,形成一批完整的低膨胀陶瓷产品生产技术。在国防安全、国民经济建设领域中有广泛的应用,获国家科学技术进步二等奖。

工艺革新

1987年8月,市宇宙瓷厂承担的“阳模滚压成型工艺中试”通过专家鉴定,全省第一条阳模滚压成型生产线正式投入生产。

1990年12月,市电瓷电器公司研制Z5W6－220/8高强度耐污加强型棒式支柱绝缘子成功,获省科技进步二等奖。同年,GW7－220千伏高压隔离开关试制成功,棒式支柱绝缘子系列产品研制完成,成为全国生产品种最多的厂家。500千伏耐污棒式支柱绝缘子产品得到国家科委、计委、冶金部、财政部的联合表彰和国务院重大技术装备领导小组的嘉奖。1991年9月,景德镇瓷厂从德国引进的等静压成型设备安装调试成功并投入生产,整个成型过程在密闭装置内进行。加压、定压、超压时间均可自由调节和控制,坯体不需干燥,适应性、应变性强,适用于盘类等各种形状扁平产品的规模生产。1993 年 8 月,市华峰瓷业有限公司开发的高强度瓷质地面砖,经国家建筑卫生陶瓷质量监督检验中心检测,其尺寸、表面质量、吸水率、抗弯曲强度以及耐急冷急热性、抗冻性、莫氏硬度、耐磨性 8 项达到并超过标准。1994 年 8 月,市宇宙瓷厂开发出以西餐具配套为主的"澳棱"新产品,并逐步形成系列,年产量达 380 万件。产品采取阴模滚压成型,器型新颖美观,棱角突出,装饰立体条纹。年底,形成 78 头西餐具的配套能力,产品销往澳大利亚。10 月,在省陶瓷工业公司国瓷办、景德镇瓷厂、宇宙瓷厂、红旗瓷厂、瓷用化工厂等单位的通力合作下,仅用 26 天时间就完成人民大会堂第二代国徽瓷的制作任务,为新中国成立 45 周年献礼。1997 年,景德镇陶瓷机械厂试产 TC3360 全自动建筑陶瓷墙地砖压制成型设备,并通过国家鉴定,产品采用电脑控制全自动循环工作,具有 90 年代先进水平,是江西省 1996 年第一批重点新产品开发项目。

2000 年,景德镇陶瓷股份公司三厂采用传统的注浆法为美国佛茨公司生产糖缸,一个班用 2 个月仅出产 26 件优等品,无法满足交货要求。陶瓷工艺高级工程师李年初改革工艺,应用滚压法生产,班产达到 1500 件,优等品率第一次就达到 76%,使交货率大大提高,被美方追加订单。2006 年,轻工陶研所开发新产品电磁灶面板和工业坩埚进入广东、九江市场,开发的蒸发皿、蒸发盘、堇青石质低收缩耐热陶瓷饭煲内胆,象形耐热煲和生肖耐热煲产销两旺,受到市场欢迎。

2010 年,中国轻工陶研所借用传统工艺、运用装饰新技法制作黑地描金龙凤梅瓶,利用一种新型材料研究制作"料胎珐琅彩瓷"。

烧造技术

80 年代,景德镇延续以煤烧瓷、烤花、烘坯的工艺,尽管部分隧道窑改为烧重油,但烟尘污染依然是城市不可承受之重,清洁烧瓷势在必行。1984 年,华风瓷厂建成烧发生炉煤气的隧道窑 4 条。1988 年 2 月,光明瓷厂首次建成条长 22.5 米的电热辊道烤花窑。同年 3 月,红星瓷厂兴建的第一条 81 米焦炉煤气隧道窑建成投产。7 月,宇宙瓷厂与航空航天部 602 研究所共同研制出"32 米燃油辊道烤花窑微机控制系统",在国内陶瓷工业中居领先地位。9 月,光明瓷厂从联邦德国引进的 82 米焦化煤气隧道窑点火投产,节能 50%。同期,江西省陶瓷工业公司与焦化煤气厂筹建处开展煤气烧瓷坯釉配方研制、试验,为第四代能源的应用做好技术准备。

市华风瓷厂煤气发生炉

1989 年,景德镇市被国务院电子信息办公室列为微电子技术改造传统产业项目试点城市。1990 年,红旗瓷厂研制成功的微电子技术控制还原焰煤气隧道窑,属国内同行业首创。1991 年 8 月 21 日,市雕塑瓷厂率先引进的澳大利亚波特欧肯公司液化气石油气梭式窑顺利点火。

1991 年 2 月,省陶瓷公司烤花炉改造项目通过国家级验收,项目采用微机控制的电热烤花炉,缩短烤花时间 30% ~60%,节电 30% ~50%,烤花质量提高 2% 以上,每月节电 20 万度,增收近 10 万元。1992 年,改造完成微机控制辊道烤花窑 3 条,微机控制冷净混合发生炉煤气生产装置 1 套,至年底陶瓷行业的烤花炉全部使用微机控制。同年 6 月,中国瓷都洁具厂从法国雷特哈默公司引进技术建造一条明焰、宽体、裸烧煤气隧道窑,窑长 80 米、宽 2.10 米、高 0.75 米,具有载面大、产量高、温差小、燃耗低等特点。烧成时间 18 小时,日产 1130 件,能耗 1786 千卡/千克瓷。由市窑炉建筑工程公司承建,法国雷特哈默公司专家调试,达到 80 年代末世界先进水平,是生产高、中档卫生洁具的专业化窑炉。1995 年 6 月,景德镇瓷厂研制的"日用高档瓷原料配方、等静压成型、二次烧成等工艺技术"三大技术课题,通过中国轻工总会、中国陶瓷工业协会及高等院校、科研院所和国内主要产瓷区专家学者组织的国家级鉴定。在国内硬质瓷生产中首次全面应用低温素烧、高温釉烧的 2 次烧成新工艺,其技术属国内领先。

1996 年 1 月,由省陶研所承担的国家"八五"重点科技攻关项目"氮化硅粉末及其产品的开发研究"通过省科委、省计委组织的鉴定验收。采用"碳还原氮化"合成的 $\alpha-Si_3N_4$ 细粉,粉料强度高、粒径小、性能好,制造成本低廉。省陶研所采用“再烧结”工艺研制的氮化硅陶瓷烧嘴克服铁质烧嘴对陶瓷、玻璃产品的污染，为推广无匣烧成解决一大关键部件。是年5月24日，由省科学院、省陶瓷研究所、龙南县稀土矿共同承担的国家“八五”科技攻关课题“离子型稀土尾矿综合利用”，在南昌通过省计委验收。加入稀土尾矿的强化瓷具有较高的机械性能、化学稳定性及热稳定性能，而且烧成温度低、产品釉面光泽柔和。7月31日，国家计委批准国家重点科技攻关项目“高档日用陶瓷烧成及装饰工艺技术的研究”立项，轻工业陶瓷研究所承担其中的6个专题，并受托撰写可行性研究报告。10月，市建筑陶瓷窑炉安装公司承担的江西省第一条81.50米普遍熔块釉面砖辊道窑，在上饶市振山陶瓷有限公司一次试产成功，出窑成品合格率达98%以上。经专家认定，窑炉达到进口窑炉水平，且工程造价和生产成本均低于国外同类窑炉一半以上。该窑以轻质柴油为燃料，分箱体组装式结构，为省内首条既可烧制釉面砖，又可烧制瓷质外墙砖、陶质地面砖的先进窑炉。造价200多万元，每吨低温熔块只需3000元。

1996年5月，由省陶研所研制的节能燃气间歇多用梭式窑，能烧制不同工艺曲线的产品，如本烧、烤花、素烧等。烧成最高温度1350℃，烧成稳定，产品合格率均在98%以上，1997年5月获国家实用新型专利，9月荣获’97全国发明展览会铜牌奖。

1998年3月，由省陶研所承担的省重点科研项目“高温节能间歇窑”“直接生成碳化硅微粉的工艺研究”“高温快烧(釉中彩)颜料及花纸的研制”“陶瓷精细物料储罐”“无级变速拉坯机”5项科技成果通过省级鉴定，5月获省重点新产品证书。研制海泰2.80立方米新型中温燃气节能间歇窑(最高烧成温度1400℃)，并开发0.10～9立方米的两种窑型10个系列的中温窑。采用洁净的液化石油气为燃料，具有能源消耗低、烧成周期短、质量稳定、无烟尘污染等优点，其性能达到国内先进水平，逐步取代进口窑炉。1999年5月，省陶研所研制的海泰牌高温燃气节能间歇窑，获省优秀新产品二等奖。该窑采用高档轻质复合材料，以液化石油气、天然气为燃料，具有升温高、稳定性好、易于操作、窑内上下温差小、占地面积小、安装灵活的优点，并获国家实用型新型专利和全国发明展览会铜奖。

2001年4月，由省陶研所承担的国家“九五”重点科技攻关项目——釉中彩烤花窑消化、吸收的子课题“釉中彩窑炉烧嘴的开发研制”通过验收，通过对陶瓷烧嘴结构和火焰性能，氮化硅结合碳化硅套筒、自动点火及火眼监控等关键技术的攻关，各项性能达到国际水平，实现烧嘴的系列化生产。2002年11月，国家专利局向海泰窑炉开发中心研制的双窑道燃气节能隧道窑颁发国家实用新型专利证书。12月，为江西江淮高科股份有限公司微晶玉石工程设计制作的25立方米全自控燃气梭式窑点火成功，各项指标达到规定要求，为江西省第一条全自动燃气节能梭式窑，设计年产量20万平方米。

2007年，轻工陶研所完成部项目“轻烃燃料在工业窑炉上应用的开发研究”试验，完成部项目“陶瓷窑炉能耗评价标准体系的研究与建立”和市项目“0.50立方米气、电两用梭式窑”。实施“采用文丘里喷嘴的梭式燃气窑热能循环利用”推广和九江氧化铌钽公司“高纯氧化铌、钽坩埚”的技术服务项目。12月，通过省经贸厅组织的新产品鉴定会，获得省创新基金项目，并列入国家中小企业创新基金项目。是年，省陶瓷研究所共开展纵向课题研究8项。包括“精细陶瓷连续式燃气烧结炉”项目通过省级鉴定；“陶瓷隧道窑预热带的改进结构”“烟气净化及余热利用两用装置”“多功能双层保温杯”获国家发明专利，并获中国国际专利与名牌博览会金奖。

2008年，中国轻工陶研所“机械排烟式热能综合利用节能梭式窑”获国家实用新型专利。省陶研所“陶瓷隧道窑预热带的改进结构”和“烟气净化及余热利用两用装置”，获得国家知识产权局实用新型专利授权。2009年，轻工陶研所承担的国家级项目“陶瓷窑炉能耗评价标准体系的研究与建立”和“轻烃燃料在工业窑炉上应用的研究”结题。

2010年，海泰窑炉走向全国，为江苏宜兴王子制陶有限公司和北京创导奥福(临邑)精细陶瓷有限公司分别设计建设60米和74米蜂窝瓷轻体隧道窑，为福建沙县恒升碳化有限公司、江苏宜兴王子制陶有限公司先后建设50立方米和8立方米燃气间歇窑等共9座。是年，轻工陶研所省级项目“采用文丘里喷咀的梭式燃气窑热能循环利用的研究”通过科技厅专家组鉴定，认为属国内首创。12月9日，省陶研所国家科技部创新基金项目“精细陶瓷连续式烧结炉中试”，通过省级验收。

表 14-4-3　1986—2000 年景德镇烧造技术科技成果项目一览表

年份	成果名称	项目来源	成果完成单位
1986	燃油辊道烤花窑微机控制系统	省经委	市宇宙瓷厂、602 所
1986	SG5 烘房(余热干燥烘房)	陶瓷技改指挥部	市窑具厂
1986	宁村瓷石生产应用、高白度瓷小试	省科委	省陶瓷公司宁村瓷石应用攻关组
1986	低蓄热窑车	省轻工厅	省陶研所
1987	微机套式节能烤花炉的应用	市经委	市雕塑瓷厂
1989	“试验窑”验收	轻工部	省陶研所
1990	JDG—22.5 米电热辊底烤花隧道窑	省陶瓷公司	市陶瓷建筑工程处
1990	陶瓷颜料复烧电热自动链板窑研制	轻工业科技局	部陶研所
1991	棚架结构窑具	—	市窑具厂
1991	青花瓷两次烧成	轻工部	部陶研所
1991	素烧窑具	省经委	市窑具厂
1991	棚架结构窑具	省经委	市窑具厂
1992	微机控制电辊道窑(22.5 米)	省经委	市光明瓷厂、陶瓷工业设计院
1993	滚压成型细颗粒大器匣钵	省经委	市陶瓷窑具厂
1996	熔融石英及装大器系列匣钵	市经委	市窑具厂
1996	C 型液化气烤花炉熔烧陶瓷产品试验	省/市科委	市技术市场中心
1998	降低日用瓷烧成温度工厂试验	省/市科委	景德镇陶瓷职大
1999	特高型陶瓷节能环保型窑炉	省科委	602 所
2000	优质复合相结合 sic 窑具三合一配套高档窑具	市经贸委	高档窑具厂
2000	精细陶瓷连续式燃气烧结炉研制	省/市科委	省陶研所海泰窑炉开发中心

表 14-4-4　2000—2010 年陶瓷烧造技术市级项目一览表　单位:万元

时　间	项目名称	承担单位	管理部门	经费
2000	采用文丘里喷咀的梭式燃气窑的自动控制装置	轻工业陶研所	市科委	5.5
2003.1—2004.9	梭式窑全工况仿真系统的开发及微波陶瓷烤花窑研制	景德镇陶瓷学院	市科技局	1
2003.3—12	可变操作方式多用燃气窑炉研制	景德镇陶瓷学院	市科技局	—
2003.1—2004.4	颜料专用梭式窑的研究	江西陶瓷工艺美学院	市科技局	—
2005.5—2007.6	网络化辊道窑控制系统及液化气梭式窑自控装置与安全系统研制	景德镇陶瓷学院	市科技局	1.5
2005.7—2006.12	高稳定性氧化锆窑具	江西玉风瓷厂	市科技局	1
2005.6—2006.2	气烧祭红瓷工艺研究	市建国陶瓷厂	市科技局	1
2005.5—2006.2	高温窑变结晶釉马赛克中试研究	市申达陶瓷厂	市科技局	1.5
2006—2008	B4C 防弹陶瓷无压烧结技术研究	景德镇陶瓷工业园区	市科技局	1.5
2007.6—2008.6	青花玲珑瓷中温烧成研究	市东辉瓷厂	市科技局	1.5

续表 14－4－4

时 间	项目名称	承担单位	管理部门	经费
2007	热循环低排节能梭式窑的研究及产业化	中国轻工业研究所	市科技局	20
2008	陶瓷产品连续式燃气烧结炉中试	江西省陶瓷研究所	市科技局	—
	热循环低排放技术在燃气梭式窑中的应用研究	中国轻工业陶瓷研究所窑炉开发中心	市科技局	5
2009	陶瓷燃气窑炉热能综合利用的研究	市国艺瓷业有限公司	市科技局	12
	采用蓄热式燃烧技术的节能梭式窑的研究	轻工业陶瓷研究所窑炉开发中心	市科技局	10
	梭式窑富氧燃烧与节能减排技术的应用研究	市华电高压电瓷有限公司	市科技局	1
	专家系统在陶瓷窑炉烧成中的应用研究	景德镇陶瓷学院	市科技局	1
	基于故障树的陶瓷窑炉故障诊断专家系统	景德镇陶瓷学院	市科技局	1
2010	嵌入式系统在窑炉多点温度控制中的研究与应用	景德镇市瓷局、江西陶瓷工艺美院	市科技局	4
	精细陶瓷连续式烧结炉研制	市金鹰陶瓷有限公司	市科技局	2

装饰材料技术

青花、玲珑、粉彩、颜色釉是景德镇传统的瓷器装饰。市瓷用化工厂、中国轻工业陶瓷研究所一直致力于研究和创新,以适应工业化生产和环保要求。1986 年,市艺术瓷厂推广新产品色釉粉彩,保持颜色釉的特有风格的同时,拓宽了粉彩瓷的艺术表现范围。1989 年 12 月,雕塑瓷厂研制的系列瓷雕奖杯和瓷质砂金釉在瓷雕上的应用等科研项目,通过省级鉴定。

1990 年 11 月 14 日,市建国瓷厂研制的陶瓷彩虹釉艺术瓷盘,在比利时布鲁塞尔第 39 届尤里卡世界发明博览会上获发明金奖。副厂长、高级工程师邓希平获"骑士勋章"。

1991 年 10 月,省陶瓷工业公司组织市瓷用化工厂和中国科学院地球化学研究所实施"粉彩瓷降铅机理及工艺研究"课题攻关获得成功,实现铅溶出量均在 7PPM 以下,比原产品下降 20 倍以上,达到彩瓷各项质量标准。该课题经过 4 年研究,先后配制 1100 多个配方,测试分析 1700 个样品,对 10 种主要粉彩颜料的降铅工艺进行彩饰加工批量中试。

1992 年,市瓷用化工厂研制釉中彩贴花纸成功。1994 年,成功开发出釉中彩颜料和釉中彩贴花纸,填补省内空白。成功试制 14 个釉下彩颜料品种,并基本形成系列,同时试制成功釉中彩花纸 7 个品种,为生产高档瓷、出口瓷创造良好的条件。釉中彩装饰是一项具有国际先进水平的陶瓷工艺,经高温快烧后,使釉中彩颜料沉浸在釉层中,兼具釉上彩及釉下彩的许多优点。

1995 年,市瓷用化工厂新开发"玻璃花纸""玻璃电光水",又研制成功用于不锈钢器皿的"不锈钢颜料"和"不锈钢花纸"。年底,生产不锈钢颜料 13 个品种,基本形成系列;不锈钢花纸 10 个,其中 7 个花面批量生产。

1996 年 6 月,在轻工总会的 QC 成果发布会上,市瓷用化工厂的"丝印黄色素烧成工艺的改进",获得轻工总会颁发的优秀 QC 成果奖。1997 年 12 月 8 日,由市瓷用化工厂承担的"釉中彩颜料花纸及高档小膜花纸生产工艺技术的研究"和景德镇陶瓷工业设计研究院承担的"釉中彩烤花窑的消化吸收"两项"九五"国家重点科技攻关项目,通过由省计委主持的中期评估。

1999 年,三蕾瓷用化工有限公司开发出《十二金钗・宝钗扑蝶》等高档花纸。研制的高档艺术瓷盘小膜花纸《洛神》,在中国丝网印刷及制像协会举办的第 8 届金网奖大赛中获得银奖。是年,应用电脑拼图等新技术,成功制作出色彩靓丽的"国庆 50 周年"和"喜迎澳门回归祖国"纪念瓷花纸。

2002年5月,景德镇陶瓷学院与省火炬高新技术发展总公司合作,共同开发陶瓷产品CAD集成系统,在国内率先研发出陶瓷坯釉料配方CAD系统、陶瓷产品缺陷分析多媒体咨询系统等多项陶瓷设计软件,被列入国家863/CIMS单元目标产品项目,列入国家科技型中小企业创新基金项目。是年,中国轻工业陶瓷研究所国家"九五"重点科技攻关项目"高档日用陶瓷烧成及装饰工艺技术的研究""96-614"的5个专题均通过专家评估和验收。"三基色荧光粉坩涡的研制"顺利试制出一种新材质,"凝胶注模成型工艺在多种陶瓷材料中应用研究"成功应用在各种特种陶瓷及耐热陶瓷成型上,MA材质的坩涡已推向社会试用和小批量生产,市场前景良好。2003年11月,省陶瓷研究所釉中彩中温瓷通过省级鉴定,其特点是花纸颜料经烤烧后熔入釉中,无铅、镉溶出,抗机械磨擦,耐微波炉烤烧,能保色泽晶莹艳丽;12月中温玻化瓷通过省级鉴定,产品坯料成型性能好,烧成温度低,符合国际高档日用细瓷标准。

2005年,江西玉风瓷厂、陶瓷股份公司运用陶瓷产品CAD集成软件设计新产品和新画面,新产品增加率60%,产品及花面质量大为提高,"玉风牌"产品获国家免检产品称号。

2006年,中国轻工业陶瓷研究所开发出"宝蓝、钴蓝、孔雀绿"3种颜料,为新建琉璃瓦企业提供了工艺支持。2009年,景德镇陶瓷学院科研团队经过10年的科技攻关,研发出拥有自主知识产权的高性能纳米抗菌粉体、纳米远红外线粉体、纳米光催化粉体,建立相关的应用基础理论。产品具有抑菌、自洁和氧化降解有害物质以及活化水等功能,耐热温度达1300℃,用于陶瓷釉的红外线法向辐射率0.90,抗菌率99.90%,解决影响全国环保功能纳米陶瓷材料制造的技术瓶颈。产品先后在景德镇市、兴国县、山东淄博、河北唐山、广东等产瓷区的8家企业实施工业化生产,出口美国、日本和欧洲。累计销售收入达20亿元,实现利税3.80亿元,创汇2070万美元。成果获省科技进步三等奖。

综合技术

1986年10月,市歌舞团研制成功的瓷瓯,经文化部推荐参加在武汉举办的全国第二届发明展览会,获国家发明银质奖。瓷瓯造型独特、音色优美,是一种国内首创的新型旋律性打击乐器。它用40个大小不等、厚薄不一的瓷盘排列组合而成,按中国古代六律六吕律制排列音位,音色清脆明亮,具有金石之声、钟磬之韵味。1989年1月,陶瓷窑具厂引进英国莫来石窑具生产线,使用寿命是一般高铝匣钵的5倍。

1990年4月,市光明瓷厂试制高铝质全封闭匣钵涂料成功,首次在陶瓷行业应用,可以降低落渣率,解决瓷器的红疤、粘疤等缺陷。12月成功研制碳化硅棚板,以人工合成晶体为原料制成,具有热传导性能好,耐高温、机械强度高的特点。1991年1月,石膏模具厂从德国引进的α石膏生产线投产,折强度为每平方厘米46千克,比原石膏产品提高1.25倍,产品在全市各瓷厂推广使用,并销往广东佛山。1993年,陶瓷石膏模具厂试制成功K型石膏,比原来的β石膏强度高2~3倍,用于制作母模、种模、主模,成坯合格率达95%,塑压成型每套模具能成瓷800件,相当于20套注浆模的成瓷量,产品远销广东、福建、云南等地。1992年,景德镇陶瓷学院的吸振式系列振动筛项目,利用减振吸振力学原理振动筛结构,节省能源30%,成果获省优秀专利奖和1993年国家发明四等奖。1996年6月,在全国轻工总会的QC成果发布会上,市陶瓷机械厂二车间攻克大型筒体与端轴同轴度难关,获得优秀QC成果奖。

2006年,省陶瓷研究所与国家日用建筑陶瓷工程中心联合申报省科技支持重大、重点项目"景德镇日用陶瓷标准化坯釉料产业化技术开发""吸收CO_2新型陶瓷材料的研究和开发",利用"微孔陶瓷精过滤及稀土激活复合抗菌过滤管"技术,完成家用净水器的设计、样品试制,成功研制家庭直接饮用水净化装置,每分钟可过滤饮用水3升左右,并申报实用新型专利和"源头"注册商标。2007年,开展国家创新基金项目"微孔陶瓷精过滤及稀土激活复合抗菌过滤管中试",完成陶瓷滤芯成型工艺试验,建成过滤管中试线,次年通过省级验收并正常生产。2008年,中国轻工业陶瓷研究所"高纯氧化铌钽坩埚"获省优秀新产品一等奖、省科技进步三等奖、市科技进步一等奖。3月,新产品"双层隔热保温餐具"面市,并申请发明专利,获中国国际专利与名牌博览会金奖。2009年,"景德镇高技术陶瓷产业发展规划"在中科院上海硅酸盐研究所的大力支持下,经过市场调研、大纲编制、初稿、论证、修改、定稿等六阶段,历时9个月,并经研究所和市内专家的反复研讨、论证,五易其稿,7月正式定稿,呈市委、市政府领导审阅。同年,中国轻工业陶瓷研究所省级项目"高技术莹玉瓷研制与开发"和"增硬高强氧化铝陶瓷材料的研究与应用"通过省科技厅组织鉴定验收。"高纯氧化铌钽坩埚”和“高温空气燃烧技术在陶瓷梭式窑上的研究”分别获得中轻联科技进步二、三等奖，“高纯氧化铌钽坩埚”和“高耐热陶瓷炒锅”入选《江西省自主创新产品目录》。2010 年，依托国家陶瓷工程中心和陶瓷工业园区，大力发展新材料和高技术陶瓷产业，重点扶持远红外陶瓷、辰道纳米碳酸钙、兴勤电子、神飞特陶等高技术陶瓷项目和低膨胀陶瓷、陶瓷薄板等新材料项目的发展。海川特陶有限公司开发“纯电动/混合动力汽车高电压、大电流、大功率直流继电器用陶瓷”新产品，经江西省科技厅鉴定为国内领先水平，并投入批量生产，产品应用于纯电动或混合动力汽车。

表 14-4-5　　1986—2003 年景德镇市陶瓷加工工艺成果项目统计表

年份	成果名称	项目来源	成果完成单位
1986	不锈钢器皿贴花装饰工艺	市经委	上海不锈钢器厂 市瓷用化工厂
	仿大理石纹瓷	自选	部陶研所
	丝网小膜花纸贴花新工艺的研究	省科委	市宇宙瓷厂
	真空脱沧压力注渠成型新工艺	省陶瓷公司	市宇宙瓷厂
	纹片釉应用新工艺研究	省轻工厅	省陶研所
1987	千件莲子缸	市经委	市曙光瓷厂
	冷净混合发生炉轧气焙烧日用青花细瓷工艺	轻工部 省轻工厅	市华风瓷厂
	福建高岭土工艺性能及应用研究	轻工部科研院	轻工部陶研所
	技大型盘类机压(阳模)成型工艺的研究	省科委	市宇宙瓷厂
	低温色釉—鱼子绿、腊梅黄	市科委	市新华瓷厂
1988	MJC(莫来石—堇青石质)陶瓷颜料过滤技术的研究	市科委	市陶瓷职大
	微机应用于出口瓷画面及器型设计;特大薄胎碗制作工艺技术鉴定	省经委	市雕塑瓷厂
	熔块釉应用于珐翠	省经委	市雕塑瓷厂
	“结晶釉”在瓷雕产品上的应用	省经委	市红旗瓷厂
	稀土釉下彩仿粉彩瓷	省经委	—
1989	“提高青花玲珑高档瓷配套率的研究”投产应用	市科委	市光明瓷厂
	TCGA-270 型阳模键干机的研制	市科委	市宇宙瓷厂
	陶瓷装饰转移印花技术研究	市科委	市勤工俭学办公室
	青花釉的研究和开发	轻工部	省陶研所
	133 线丝印挂网贴花纸及 * 印刷工艺	省科委	市瓷用化工厂
	砂金釉在瓷雕上应用	省经委	市雕塑瓷厂
1990	瓷土废尘废渣在陶瓷原料中的应用	市科委	原料总厂
1991	稀土陶瓷废料的研究	省一级	景德镇陶瓷学院
	粉彩瓷降铅机理及工艺研究	省科委	市瓷用化工厂
	陶瓷载体固定化酵母细胞在啤酒发酵中应用研究	市科委	景德镇陶瓷学院
	高纯超细活性优质陶瓷原料制备新技术及工艺装备的研究	省科委	景德镇陶瓷学院

续表 14-4-5

年份	成果名称	项目来源	成果完成单位
1991	品锅成形新工艺	自选	市红旗瓷厂
	微电子技术在电烤花炉的应用	省经委	市艺术瓷厂
1992	卫生瓷生锆乳油应用研究	省科委二级	景德镇陶瓷厂
	精细陶瓷热压铸成型模具设计参数研究	市科委	陶瓷学院、九九九厂
	地开石在日用细瓷中应用的试验研究	省二级	景德镇陶瓷学院
	TC2B1400 摩投砖机	省科委	市陶机厂、陶瓷学院
1993	喷釉改淋釉(生产线)	省经委	景德镇陶瓷厂
	低温日用细瓷坯釉配方	轻工部	部陶研所
1994	陶瓷引进线 JA 系列添加剂应用研究	轻工部新技术组织开发中心	景德镇陶瓷学院
1995	日用高档瓷原料配方、等静压成型、二次烧成等工艺技术研究	自选	中国景德镇瓷厂(4369 工程)
	J67-260T 陶瓷压砖机	省经委	市专用设备厂
1996	降低日用瓷烧成温度	市科委	陶瓷职工大学
1997	利用废匣钵及劣质原料制造耐热陶瓷	省科委	景德镇陶瓷学院
2000	合成骨粉在陶瓷中的应用研究	省科委	江西省玉风瓷厂
2003	釉中彩高档日用瓷规模化生产工艺	市科技局	市陶瓷股份公司
	高档日用瓷传统色釉装饰	市经贸委	市陶瓷股份公司

表 14-4-6　　**2000—2010 年陶瓷加工工艺类市级项目统计表**　　单位:万元

起止时间	项目名称	承担单位	管理部门	经费
2000	陶瓷原料物理分析快速检测技术研究	市原料总厂	景德镇八达陶瓷技术研究所	8
2002—2003	釉中彩高档日用瓷规模化生产工艺研究	中国景德镇瓷厂	市科技局	1
2002.11—2004.5	基于 WEB 的陶瓷全自动液压压砖机 CAD/CAE 信息集成系统	景德镇陶瓷学院	市科技局	1
2003.3—12	高岭石石山盆景工业化生产工艺研究	市生产力促进中心	市科技局	5.5
2004.9—2005.7	日用高档陶瓷釉中彩技术推广	景德镇陶瓷股份公司	市科技局	1
2005—2007	废水处理用陶瓷膜生物反应器的研究	市技术开发服务公司	市科技局	4
2006—2007	全生料制备微晶玻璃陶瓷复合板材	江西陶瓷工艺美术职业技术学院	市科技局	2
2006—2008	水热法分解锆英砂制备纳米锆系陶瓷颜料	市高等专科学校	市教育局	1
2006—2007	凝胶注模成形制备氧化锆陶瓷	市高等专科学校	市教育局	1
2006—2007	紫外和红外区高反射率陶瓷材料的制备	市和兴陶瓷研究所	市科技局	1
2006—2008	新型热膨胀连续可调 NZP 族陶瓷材料的合成	景德镇陶瓷学院	市科技局	

续表 14－4－6

起止时间	项目名称	承担单位	管理部门	经费
2007.8—2008.10	注射成型技术的产业化应用	景德镇新纪元精细陶瓷有限公司	市科技局	3
2007.8—2008.12	元宋陶瓷研究及仿制技术的开发应用	市佳洋陶瓷有限公司	市科技局	1
2008	大规模陶瓷产品干燥过程热传质的研究	景德镇陶瓷学院	市科技局	1
2008	陶瓷模具快速成型开发与制造集成系统的研究	景德镇陶瓷学院	市科技局	1
2008	基于贝斯网络的陶瓷产品缺陷分析研究	市瓷局、江西陶瓷工艺美术职业技术学院	市科技局	2
2008	微孔陶瓷精过滤及稀土激活复合抗菌过滤管产业化	市瑞祥创新陶瓷有限公司	市科技局	5
2008	日用陶瓷装饰艺术化与现代制作工艺结合研究	市陶瓷研究所	市科技局	5.5
2009	玲珑眼打孔填釉一体制备青花玲珑特色陶瓷	景德镇望龙陶瓷有限公司	市科技局	5
2009	磷石膏在建筑陶瓷生产中的应用研究	省陶瓷研究所	市科技局	7
2009	流延法制备织构化钛酸铋基无铅压电陶瓷	景德镇陶瓷学院	市科技局	1
2009	玻璃丝废料在陶瓷釉料中的应用研究	中国轻工业陶瓷研究所	市科技局	1
2009	天然硼硅钙制备无铅低温生料釉的研究及应用	市科宏特种陶瓷	市科技局	3
2009	大规格超薄建筑陶瓷板材产业化	景德镇特地陶瓷有限公司	市科技局	1
2009	稀土辅助成孔制备多孔陶瓷产业化	景德镇环球永隆特种陶瓷有限公司	市科技局	2
2009	溶胶——共沉淀法制备包裹性硅铁红陶瓷颜料	景德镇陶瓷学院	市科技局	
2010	氧化锆陶瓷插芯精密注射成型用颗粒	景德镇大川陶瓷材料有限公司	市科技局	1
2010	莫来石晶须增强超高温精细陶瓷辊	景德镇诺耐技术陶瓷有限公司	市科技局	1
2010	陶瓷碳化钛晶须增强渣冶金复合轧辊	景德镇金太冶金有限公司	市科技局	2
2010	金属陶瓷与梯度陶瓷改进工艺研究	市艺峰特陶工贸有限公司	市科技局	4
2010	基于AL的陶瓷产品缺陷分析方法研究	景德镇陶瓷学院	市科技局	1
2010	中温玲珑瓷用釉料研究	景德镇陶瓷学院	市科技局	1
2010	冷等静压低温烧结新型电真空陶瓷元件产业化	景德镇神非特种陶瓷有限公司	市科技局	2
2010	陶瓷液压机的计算机辅助设计	景德镇陶瓷学院	市科技局	3
2010	氧化铝陶瓷等静压成型生产机应用	景德镇景华特陶	市科技局	3
2010	陶瓷CAD技术推广应用	市陶瓷设计研究中心	市科技局	5

表 14－4－7　　1986—2010 年陶瓷新品开发科技成果项目选录

年份	成果名称	项目来源	成果完成单位
1986	ccw122 型微调瓷介电容器	电子工业厅	999 厂
	釉上低温丝印颜料	省经委	市瓷用化工厂
	堇青石茨蜂窝陶瓷	市科委	市新型陶瓷材料实验所
	高铝轻质砖	省陶瓷公司	市耐火材料厂
	电镀仿古铜雕塑陈设瓷	市经委	市光华瓷厂
	GW4－110(DW)/630 1250 高压隔离开关	省经委省机械厂	市电瓷电器公司开关厂
	稀土系列建筑装饰陶瓷	市经委 省瓷业公司	景光釉石砖厂
	艺术瓷、塑壳石英电子钟	省经委电子公司	859 厂(昌明)
	色泥堆花艺术瓷	省轻工厅	市建国瓷厂
	夜光釉瓷雕	市经委	市雕塑瓷厂
	锆钛全乳浊釉	市经委	景德镇陶瓷厂
1987	陶瓷色釉浮雕地毯砖	省经委	市地毯砖厂
	高岭土尾砂玻动马赛克	省经委	抚州瓷土矿造材厂
	乌金釉瓷瓷雕(系列产品)	省经委	浮南陶瓷厂(浮南矿)
	LT10.7MA5－2 型陶瓷滤波器等四项产品	省经委	国营 999 厂
	稀土铁红系列颜料	省经委	市瓷用化工厂
	稀土宝石绿玲珑日用瓷	省经委	市光明瓷厂
	460(18 英寸)特大型宴宾盘	市经委	市宇宙瓷厂
1987	新疆地区民族餐具	市经委	市新华瓷厂
	陶瓷炼石艺术假山盆景	市经委	市原料总厂
1988	多功能组合餐具	市经委	市建国瓷厂
1989	MSGL 系列陶瓷湿敏电阻传感器工业化试验	省经委	市粮食局陶瓷湿敏传感器研究所
	GW4－110(DW)/2000 高压隔离开关	市机械局	市电瓷电器公司
	瓷质胸花	省经委	市雕塑瓷厂
1990	6 头青花保温茶具	省经委	市人民瓷厂
	稀土玻用高档贴花纸	省科委	市瓷用化工厂
	陶瓷录影	市科委	市电影公司
	明清景德镇仿古瓷釉的研究	轻工业科技局	轻工部陶研所
	LTT962MHZ 介质滤波器	省科委	国营 999 厂
	LBN3830 声表 B 波彩电中频滤波器	省科委	国营 999 厂
	LJT904MHZ 介质滤波器	省科委	国营 999 厂
	强化日用瓷	自选	轻工部陶研所

续表 14－4－7

年份	成果名称	项目来源	成果完成单位
1990	滑石瓷瓷雕	省经委	省经委
	艺术魔灯	省经委	省经委
	瓷质兵马俑	省经委	市景江瓷厂
	稀土釉上粉彩花纸	省经委	市艺术瓷厂
	硅灰石釉青花瓷系列产品	省经委	市人民瓷厂
	机压填具系列产品	省经委	市人民瓷厂
1991	秋纹兰彩描金瓷	市经委	市卫华瓷厂
	氧化锆高纯超细微粉	省经委	市西航特陶公司
	稀土搪瓷贴花纸	市经委	市瓷用化工厂
	青花玲珑内刻花皮灯	省经委	市光明瓷厂
	釉上丝印钒颜料	省经委	市瓷用化工厂
	机压特大件花并	省经委	市艺术瓷厂
	特大型高白釉釉口薄胎碗	省经委	市艺术瓷厂
	青花玲珑强化瓷	省经委	市光明瓷厂
	GW5A－35.110(DW)/630 1250 交流高压隔离开关	省经委	市电瓷电器公司
1992	陶瓷电热壶具	省经委	市东风瓷厂
	利用广丰黑滑石研制高档镁质日用瓷	省经委	市华风瓷厂
	机压 56 厘米珍珠釉彩盘	省经委	市曙光瓷厂
	粉煤灰墙地砖	省经委	市造筑厂
	耐热陶瓷炊餐具(中试)	省科委	景德镇陶瓷学院
	高档三头螺式旋西餐具	省经委	市红旗瓷厂
	单双色立体釉面砖	省经委	鹅湖面砖厂
	青花牡丹 118 头高级餐具“国徽瓷”	省经委	市宇宙瓷厂
	陶瓷色度板	自选	部陶所/中国计量科学研究院
	氧化钴粉	省经委	市陶瓷化工厂
	铜红釉瓷雕	市经委	市雕塑瓷厂
1993	“仿金”陶瓷釉上颜料的研究	轻工部	景德镇陶瓷学院
	稀土尾砂瓷质外墙砖	省经委	市景德镇陶瓷厂
	无光釉彩水墨画艺术瓷研制	轻工总会	轻工部陶研所
	无金白金水(A－401 型)	省经委	市瓷用化工厂

续表 14-4-7

年份	成果名称	项目来源	成果完成单位
1994	陶瓷造纸刀片开发研究	市科级	轻工部陶所
	SF6 断路器用支柱瓷套	省经委	电瓷电器公司
	XWP-70 防污型瓷质绝缘子	省二级	电瓷电器公司
1995	瓷土尾砂外墙砖	省经委	景德镇陶瓷厂
	MJC 陶瓷滤芯	市科委	市特陶所
	生物陶瓷膜的研究	省科委	景德镇陶瓷学院
1996	ZrO_2 陶瓷柱塞体	省经委	市特种陶瓷公司
	高铝研磨瓷球	市科委	市技术开发公司
	化学液相沉淀法制备镉红陶瓷颜料的研究	省科委	景德镇陶瓷学院
	复合活性羟茎磷灰石生物陶瓷开发研究	省计委	景德镇陶瓷学院
1997	低温系列高档瓷泥的开发	省经委	市原料总厂技术开发公司
	电感应加热炉体研究	省二级	市特种陶瓷所
	锂质长石高档细瓷	省经贸委	市陶瓷原料开发中心
1998	钛酸铝陶瓷研制	省科委	景德镇陶瓷学院
	抗菌性陶瓷材料的研究	省科委	景德镇陶瓷学院
1999	新技术陶瓷	省科委	602 所
	高性能复相 AL2O3 防弹陶瓷石板	省科委	市特陶所北航材料系
	高性能 B4C 防弹陶瓷石板	自选	市特陶所北航材料系
2000	高抗热震·高抗腐蚀钳锅	省科委	景德镇莱斯特种陶瓷有限公司
	日用象牙瓷	省经委	市南光陶瓷有限公司
2001	薄壁型高孔密度堇青石蜂窝陶瓷	自选	市特种陶瓷研究所
	瓷芯棒硅橡胶铁道棒型复合绝缘子	省经委	市蓝天公司
2002	介电常数 21 微波陶瓷材料	市科委	陶瓷材料学院
	SMD 陶瓷滤波器(455KHZ/450KHZ)压电元件	市经贸委	同惠电子有限公司
2003	多功能陶艺机	市科技局	景德镇陶瓷学院
2004	微孔陶瓷精过滤及稀土激活复合抗菌家用纯净饮用水装置	自选	江西省陶瓷研究所
	彩色釉中彩中温瓷/色釉釉中彩中温日用瓷/化妆土釉中彩中温日用瓷	市经贸委	环球陶瓷工程中心
2005	微孔陶瓷精过滤及稀土激活复合抗菌过滤管	自选	江西省陶研所
	注射成型制备性能氧化锆基结构陶瓷制品	自选	新纪元精密陶瓷有限公司
	污水处理高活性孔梯度悬浮陶瓷制品研究	市级发展	景德镇陶瓷学院
	2CG-20 微波陶瓷介质材料	省经贸委	景华通达微波器件有限公司
	钛酸铝堇复相高温耐热陶瓷材料	市级	江西工艺美院

续表 14-4-7

年份	成果名称	项目来源	成果完成单位
2006	氧化锆复相陶瓷外螺旋轴套	自选	景德镇新纪元陶瓷
	氧化锆荃陶瓷内螺旋轴衬	自选	景德镇新纪元陶瓷
	纳米环保陶瓷刀	自选	景德镇新纪元陶瓷
	具有隔水功能全闭孔泡沫陶瓷绝热材料研制	自选	景德镇新纪元陶瓷
	环境友好型固定化微生物悬浮陶瓷载体研制	自选	景德镇陶瓷学院
	光催化透明陶瓷膜在照明灯上的应用研究	自选	景德镇陶瓷学院
	广播发射机用 CKTB 型陶瓷真空电容器	自选	省科研所
	瑞雪瓷	自选	景德镇陶瓷股份公司
	12KN 铁道棒形瓷绝缘子	省经贸委	市南瓷绝缘子有限公司
	交流牵引线路用棒形悬式瓷新品绝缘子	省经贸委	市南瓷绝缘子有限公司
	8KN 铁道棒形瓷绝缘子	省经贸委	市南瓷绝缘子有限公司
	高温废气净化装置的开发	省科技厅	景德镇陶瓷学院
	低温日用细瓷	省科技厅	国家工程中心
	中低温烧结高档日用细瓷产业化开发研究	省教育厅	国家工程中心
	环境友好型陶瓷透水砖的研制与开发	省教育厅	国家工程中心
	陶瓷墙地砖四色粉体彩印机及配套技术研制	市级发展	国家工程中心
2007	大规格高性能钛酸锶钙复相陶瓷荃板的研究	自选	景德镇陶瓷学院
	高纯氧化铌钽陶瓷坩埚	自选	市科宏特种陶瓷股份有限公司
	中温裂纹釉系列花瓶文具	省级	环球陶瓷集团有限公司
2007	大规格高性能钛酸锶钙复相陶瓷荃板的研究	自选	景德镇陶瓷学院
	高纯氧化铌钽陶瓷坩埚	自选	市科宏特种陶瓷股份有限公司
	中温裂纹釉系列花瓶文具	省级	环球陶瓷集团有限公司
	中温金属釉陈设瓷	省级	环球陶瓷集团有限公司
	高温窑变结晶釉马赛克	省市级	市申达陶瓷瓷厂
	高居里温度压电陶瓷材料研究	市科技局	景德镇陶瓷学院
2008	电力载波式智能陶艺瓷	市级	景德镇陶瓷学院机电系
	加水分解注光通信器件用纳米氧化锆粉体	省科技厅	景德镇和川粉体技术有限公司
	工业窑炉新型耐火材料热物理性能研究	省科技厅	景德镇陶瓷学院
	网服碳化硅多孔陶瓷的制备及性能研究	市科技局	国家工程中心
2009	无铅无毒害粉彩颜料的研制	市科技局	景德镇陶瓷学院
	粉彩颜料用无铅熔剂的研究	市科技局	景德镇陶瓷学院
	无机富集氧发泡技术制备真空孔特种陶瓷	省科技厅	市环球陶瓷

续表 14－4－7

年份	成果名称	项目来源	成果完成单位
2009	R32 微波陶瓷介质材料	自选	市伟信电子科技有限公司
	高技术莹玉瓷的研制与开发	省科技厅	轻工部陶研所
	增硬高强氧化铝陶瓷材料的研究与应用	省科技厅	轻工部陶研所
2009	新圣透明陶瓷发光管	自选	市新纪元精密陶瓷有限公司
	氧化锆陶瓷插芯精密注射成型用颗粒	省科技厅	景德镇大川陶瓷材料有限公司
	低温共烧 Ca－Li－Sm－Ti 系高介电常数微波介质陶瓷的研制	市科技局	景德镇陶瓷学院
2010	低温烧结新型电真空氧化铝陶瓷元件工业化大生产的研究	市科技局	神飞陶瓷有限公司
	氧化铝陶瓷基片水系流延制备技术研究	省科技厅	景德镇陶瓷学院
	无铅压电陶瓷材料的器件应用研究	市科技局	景德镇陶瓷学院
	高性能纳米陶瓷材料开发及制备技术	省科技厅	市新纪元精密陶瓷有限公司
	高技术陶瓷产品的注射成型制备新技术	省科技厅	市新纪元精密陶瓷有限公司
	低温快烧硅质系列园林瓷	省工信委	市曙光瓷厂
	纳米环保低温釉	省工信委	翼龙陶瓷有限公司
	辊道窑网络控制系统的研发	市科技局	景德镇陶瓷学院

表 14－4－8　　1986—2010 年景德镇市获国家发明奖项目一览表

项目名称	获奖单位及完成者	获奖等级	获奖年份
氧化坦坩锅	市红星瓷厂王应民、江民德	四等奖	1987
陶瓷传感器	市陶瓷传感器研究所	四等奖	1988
陶瓷彩虹釉	市建国瓷厂邓希平	四等奖	1989
天然瓷石(土)制作湿敏电阻元件	景德镇市陶瓷传感器研究所陈建国	四等奖	1991
吸振式系列振动筛	景德镇陶瓷学院包忠有、汪达	四等奖	1993

表 14－4－9　　1992—2010 年景德镇市获国家、省级奖项目一览表

项目名称	获奖单位	获奖名称	获奖年份	主要完成者
陶瓷废尘、废渣在陶瓷原料中的应用	市原料总厂	国家星火计划奖三等奖	1992	汤烫、刘政、郭帮明、龚建华、何庆明、徐平康、曹吉华
高性能低膨胀陶瓷材料的研制及其应用	景德镇陶瓷学院	国家科技进步奖三等奖	2008	周健儿
钙钛矿型铁电铁磁材料研究	景德镇陶瓷学院	省级自然科学三等奖	2009	江向平、李月明、曾敏、朱志刚
环境友好型陶瓷透水砖的研制和开发	景德镇陶瓷学院	省级发明三等奖	2010	江伟辉、缪松兰、周健儿、顾幸勇、刘健敏

表 14-4-10 1986—2010 年景德镇市获省科技进步奖项目一览表

项目名称	完成单位	奖项	主要完成者	获奖年份
国家标准日用陶瓷名词术语 GB5000-85	景德镇陶瓷学院等	二等奖	缪松兰	1986
隧道窑节能窑车研制	省陶瓷研究所	三等奖	喻吉民、缪小浪	1986
YSHF-2000 喷釉净化回收工作台	市防尘机械厂	三等奖	陆金德	1986
丝网小膜花纸贴花新工艺的研究	市宇宙瓷厂	三等奖	黄明阳	1986
纹片釉应用新工艺研究	省陶瓷研究所	三等奖	毛冬田	1986
32 米燃油辊道烤花窑微机控制系统	市宇宙瓷厂、602 所	三等奖	潘义忠、于火根	1986
HC-1 型数字式红外测温仪	市无线电厂	三等奖	刁增显、向胜利	1986
冷净混合发生炉煤气焙烧日用青花细瓷工艺	市华风瓷厂 市陶瓷工业设计院	二等奖	吴莹、虞雪琴、李钢平	1987
景德镇古陶瓷博览区设计与营造	市建筑设计院 市陶瓷工业设计院	二等奖	黄浩、周松、熊善根	1987
景德镇华风瓷厂工程设计	市陶瓷工业设计院 省轻工业设计院	三等奖	段心栽、朱理章	1987
各式陶瓷灯具	省陶瓷研究所	二等奖	秦锡麟	1988
热风循环电炉	昌河飞机制造厂	三等奖	周志发	1988
稀土青釉白花瓷	市艺术瓷厂	三等奖	田慧棣	1988
FC-620 型金属陶瓷发射管	国营 740 厂	三等奖	赵玉廷	1988
4CX1000A 型金属陶瓷发射管	国营 740 厂	二等奖	胡寿生	1989
ZSW6-220/8 耐污加强型棒式支柱绝缘子	电瓷电器工业公司	三等奖	付茂福	1989
茶色光致变色玻璃	省建筑材料工业科研所 市光学器材厂	三等奖	邱晨	1989
LT4.5、5.5、6.0MB 压电陶瓷滤波器	国营 999 厂	三等奖	杨荐田	1989
硅灰石釉青花瓷	市人民瓷厂	三等奖	李志华	1990
稀土玻用高档帖花纸	市瓷用化工厂	三等奖	焦盛珊	1990
强化日用瓷	部陶研所	三等奖	袁勇	1990
TCGA-270 型陶瓷链式干燥机	市宇宙瓷厂	三等奖	张庭端	1990
LT10.7MA5-2 压电陶瓷滤波器	国营 999 厂	三等奖	程东	1990
CKTI 型系列固定陶瓷真空电容器	国营 897 厂	三等奖	徐茂华	1990
ZR4-1800、ZB4-1700 耐高低损耗陶瓷材料	国营 999 厂	三等奖	韩盛龙	1990
稀土釉下仿粉彩瓷研制	市红旗瓷厂	二等奖	李文钟、徐煜坤、江恒山、徐瑞坤、江国孟、朱士荣	1992
耐热陶瓷炊餐具(中试)	景德镇陶瓷学院	二等奖	周健儿、马光华、顾幸勇、晏清、李月明、朱小平	1994

续表 14－4－10

项目名称	完成单位	奖项	主要完成者	获奖年份
青花玲珑强化瓷	市光明瓷厂	三等奖	—	1994
ZrO2 陶瓷研究及在啤酒过滤机泵中的应用研究	景德镇陶瓷学院	三等奖	—	1996
人造玛瑙卫生洁具	景德镇美明新玛瑙制品有限公司	三等奖	—	1996
国产 ER 系列添加剂在等静压成型中的应用研究	景德镇陶瓷学院	三等奖	—	1997
CKTB1000/10/80 型可变陶瓷真空电容器	第 897 厂	三等奖	—	1997
陶瓷工业热力学系统动态变化的研究	景德镇陶瓷学院	二等奖	胡国林、章义来、钟瑞、蒋鉴华、罗民华	1998
化学液相沉淀法制备镉红陶瓷颜料研究	景德镇陶瓷学院	三等奖	—	1999
利用废匣钵及劣质原料制造耐热陶瓷	景德镇陶瓷学院	三等奖	—	1999
高白釉玉风 2 号杯研制	江西玉风瓷厂	三等奖	—	1999
微孔碳化硅过滤管、过滤板	市兰天工业陶瓷有限公司	三等奖	谢争、黄兴明、夏天三、黄国强、余平	2001
釉中彩“黄万寿”	景德镇陶瓷股份有限公司	三等奖	邵徽刚、胡谋浪、孙飞、谭宝铭、余水林	2002
钛酸铝—堇青石质大规格蜂窝陶瓷	景德镇陶瓷学院	二等奖	周健儿、汪永清、陈虎、王德林、冯青、顾幸勇、马光华	2004
陶瓷产品 CAD 集成软件的研发	景德镇陶瓷学院、江西省火炬高新技术发展总公司	三等奖	章义来、周玖成、彭永康、黄如春、张战成、陈树芳	2004
陶瓷工业窑炉施工及验收规程(CECS166:2004)	国家工程技术研究中心	三等奖	冯青、汪如平、陈功备、郭立、李猛、蒋鉴华	2005
JN43—80 型顶装焦炉改为捣固焦炉新技术开发	市开门子陶瓷化工集团有限公司	二等奖	郝来春、黎景平、吴小平、汪卫华、吴克建、刘松清、陈文星、朱健崖	2006
低膨胀陶瓷材料的研制及其应用	景德镇陶瓷学院、修水康顺瓷业公司、萍乡市美景环保陶瓷有限公司、江西拓扑工程有限公司	一等奖	周健儿、马光华、顾幸勇、李月明、朱小平、汪永清、陈虎、王德林、冯青、刘阳、江伟辉	2007
注射成型制备高性能氧化锆基结构陶瓷制品	市新纪元精密陶瓷有限公司	三等奖	谢志鹏、曾中华、罗杰昌、吴波、胡俊	2007
精细陶瓷连续式燃气烧结炉研制	陶研所海泰窑炉开发中心	三等奖	李猛、尹霞、余耀民、吴永开、洪亮、江国良	2008
高纯氧化铌钽陶瓷坩埚研制	市科宏特种陶瓷有限公司	三等奖	袁勇、匡国珍、戴和平、朱俊、任立琴、占启安	2008
环保型纳米陶瓷粉体产业化及其推广应用	景德镇陶瓷学院、市鹏飞建陶有限公司、兴国纳米科技有限公司、市良昆纳米工程技术中心	三等奖	刘维良、李月明、陈建华、刘属兴、陈云霞、陈学文	2009

成果选介

氧化坦坩锅　1987年，市红星瓷厂研制氧化坦坩锅，以单一熟料为原料，着重解决粘结剂、成型、装烧以及克服产品开裂变形等关键技术，制作的坩埚用于煅烧光学级氧化钽，产品可替代铂金坩埚使用。工艺属国内首创，获1987年度国家发明四等奖。

陶制传感器　1988年，市陶瓷传感器研究所利用天然湿敏陶土研制的传感器受到国内外关注，处国际领先地位，获国家发明四等奖。

陶瓷彩虹釉　1989年，市建国瓷厂研制完成的一次高温烧成陶瓷彩虹釉，可在盘类产品上自然产生奇异的红、橙、黄、蓝、白、紫、粉等七色彩环，色调清新淡雅，色彩转化柔和，釉面光泽度极高，在阳光或强光照射下可折射金属光彩，好似天上的彩虹。1989年获国家发明奖。1990年获第39届尤里卡国际发明博览会金奖。

微机检索系统　1991年3月研制，是以陶瓷文献为主的科技期刊、图书和档案的微机检索和数据库管理计算机单机软件产品。采用内码词典的信息压缩技术和二级检索（逆波兰表达式处理）方式，有利于处理大量信息，提高信息检索的速度及查准率、查全率。数据库采用标准著录格式，文献标引符合国家标准。

微波炉用瓷　1991年11月研制，结合微波炉的特点，研制出介质损耗低、导热系数小、机械强度高、热稳定性好的高级微波炉用瓷，其抗折及抗冲击强度较普通陶瓷提高近一倍，热稳定性提高20℃。由于制品石英含量高、均匀，减小其变形倾向及生产中碰损、毛口等缺陷，提高产品一级品率。

8立方米新型节能间歇窑　1992年8月研制，经过对窑炉窑体结构、耐火材料、焰气流动方式、燃烧器、快速烧成工艺曲线、窑体结构与工艺参数的匹配关系及余热利用方式的研究，形成新型节能间歇窑。与传统间歇窑比较，每万件日用瓷可节省标准煤7140千克左右，并改善工人工作环境，缩短烧成周期，为“八五”期间陶瓷企业的技改提供替代进口的新型节能烧造设备。1992年，获国家专利。1993年，获全国发明展览会金奖、省科技进步三等奖。1995年，获全国轻工业优秀新产品一等奖。

稀土变色陶瓷系列灯罩　1992年9月研制，将稀土原料和景德镇的瓷艺相结合，利用稀土氧化物对不同光源具有选择性吸收反射或投射的独特性能，在制瓷坯料和釉料里加入稀土，制成系列薄胎灯罩。产品在不同光源照射投射下，分别得到紫红、天蓝或其他颜色的变色效果，具有艺术效果和实用价值。

系列台阶低光泽度标准板　1992年9月研制，以陶瓷材料为载体，研制锡、锆系微结晶系列低光泽板，试验内容包括锡、锆系微结晶体生产规律，阶梯光泽表面生产工艺条件、载体表面的抛光、低光泽均匀性实现，使高精度光泽度测量仪在低光泽值范围内得到使用，测量误差由1.50%降低到0.50%以下。通过组成一个传递系统，起到光泽标准系列完整化的作用，使中国的光泽度测量仪领先于国际同行水平。

现代高档民间青花瓷技术　1992年10月研制，应用现代陶瓷新工艺新材质，改革简化传统工艺，创作出高档民间青花艺术瓷。新型青花色料选用较高纯度的着色金属氧化物由人工合成，选用氧化钴、氧化铝、氧化铁、氧化铬、氧化铜等化工原料，部分优质瓷用原料和少量的钴土矿作为添加剂成分，色料制作工艺技术简单易行，绘制方便。呈色沉着而鲜丽、色泽安静明快，青釉和青料的发色协调柔和，有极好的艺术表现力，满足高档民间青花瓷的艺术创作需要。

黑滑石应用　1992年11月研制，在陶瓷生产中以黑滑石为主要原料，利用率达70%以上，研究出高级日用黑滑石质细瓷，不仅填补省内空白，增添新瓷种、新材料，且为开发利用省内丰富的黑滑石资源带来广阔前景。

粉石英在强化瓷中的应用研究　1995年7月研制，粉石英强化瓷以粉石英为主要原料，泥料工艺性能好，适合于各种成型方法。生产工艺简单，不需粉碎、煅烧，采用高温一次烧成，具有较高的机械强度和良好的热稳定性，为高档日用陶瓷生产开辟新的途径。

氮化硅粉末及产品开发研究　1996年1月研制，以天然粉石英为原料，在1380℃～1400℃温度下保温15～20小时，然后在600℃（氧化气氛）进行脱碳处理，即可获得用途广泛的高纯$\alpha-Si_3N_4$细粉（样品含氮化硅总量>95%，平均颗粒度0.50～0.80毫米）。成型后采用再烧结技术制成氮化硅陶瓷烧嘴，其耐高温、抗氧化性强、抗热震性好，使用寿命较普通金属烧嘴高20倍以上，克服金属烧嘴对陶瓷产品的污染，适用于无

匣快速烧瓷。

节能燃气间歇多用套式窑　1996 年 5 月研制的新窑型。以液化石油气为燃料，窑体为全纤维结构，有效容积为 0.50 立方米；窑体轻，可灵活移动，窑底板固定不动，适应装烧重心高、易倒产品。能烧制不同工艺的产品，如本烧、烤花、素烧等，且升温快，温度均匀，窑体蓄热少，操作灵活，烧成稳定，产品合格率均在 98% 以上。烧成最高温度 1350℃，窑内上下温差 ≤10℃，千克瓷能耗 24513.08 千焦，并且装窑方便，劳动强度低。

陶瓷精细物料储罐　1998 年 3 月研制。是一种较具独立性设备，在生产当中可作为稳压供浆源，输送均质料浆至柱塞泵、榨泥机、干燥器、压注机、施釉线等设备，也可作为色(釉)等的混料设备使用。罐体为不锈钢质，隔绝污染，罐内配置立式搅拌机使料浆组分均匀，防止颗粒沉淀，新产品整机可吊装，工艺衔接方便。

釉中彩烤花窑的消化吸收　2001 年 1 月研制，通过对国外窑炉的研究，研制一条窑长 50 米、一窑两用的釉中彩烤花窑，采用变频器、可编程序控制器、无纸记录仪等技术，提高窑炉的自动化水平，实现主要部件国产化。与辊道窑相比造价低，填补国内釉中彩烤花窑的空白。通过对烧嘴结构和火焰性能、氮化硅结合碳化硅套筒、自动点火和火焰监控等关键技术的攻关，研制的烧嘴各项性能达到德国烧嘴水平。

自控燃气节能间歇窑　2002 年 2 月研制，采用国内轻质耐火材料砌筑炉墙，新型高速等温烧嘴，以液化石油气为燃料，明焰裸烧产品。窑内火焰流动属倒焰式，安装在窑体两侧立体交错的高速烧嘴将燃气喷入窑内，使炉气运动形成循环气流，将热量传给物料(产品)后由中心烟道排出。具有能耗低、窑内温度均匀等优点。烧成质量稳定在 97% ~98%，无烟尘污染，可代替进口产品。

废弃断棚板制备新棚板　2004 年 7 月，制备出标准统一的、有一定颗粒级配的，经特殊处理的旧 SiC 颗粒料，研制出常温粘接和高温烧结剂。试验的废弃 SiC 断棚板经过粘接翻新，由陶瓷股份有限公司整窑烧造，寿命超过 100 次，质量和性能优于国内优质新料 SiC 棚板。推广应用后减少环境污染，是一项绿色环保产品。

微孔过滤及稀土激活抗菌过滤管中试　2008 年 1 月研制，在微孔陶瓷滤芯中通体加入复合型激活抗菌剂，过滤管微孔孔隙率高，分布均匀，化学稳定性好，自身洁净状态好，无毒无味，无异物脱落，不造成二次污染，可应用于污水净化达标处理排放。

多功能双层保温杯　2008 年 12 月研制，产品标准严格，规整度、洁白度、透明度、热稳定性等诸项理化指标高，通过双层隔温，在同等温度下比普通瓷杯保温效果提高 30%。隔层放活性球，起到活化水的作用。产品国内首创，获得国家发明专利和实用新型专利。

双层隔热保温餐具　2009 年 12 月研制，产品采用一次性注浆成型(即隔层保温陶瓷器皿制造方法，获发明专利)，原材料环保，无铅无镉。在釉料中添加耐高温抗菌剂，可分解有机污染物，提高陶瓷表面的抗污能力，同时具有隔热保温功能。

陶瓷燃气窑炉热能综合利用　2009 年 12 月研制，装备含有烟气净化及余热利用装置、高低水位热能调节器、高效喷射热风盒等装置，窑炉热能利用率可提高到 70% 以上，可满足烘房供热和厂房室内冬季取暖需求。一台 5 立方米动力式燃气间歇窑炉，可年节约标煤约 40 吨。

第三节　科研机构与交流平台

科研机构

中国轻工业陶瓷研究所　位于市新厂，占地面积 9.60 公顷，建筑面积 5.40 万平方米。1986 年，称中国轻工业部陶瓷研究所，是全国陶瓷行业唯一集技术与艺术为一体的部属专业研究所。1999 年 7 月，全国科技体制改革后，研究所与国家轻工局脱钩，实行属地化管理，并入景德镇陶瓷学院，但保留法人资格，是独立对外交往的科技开发型研究机构。11 月，更名为中国轻工业陶瓷研究所。

2010 年，拥有固定资产 3000 多万元，各类仪器设备 400 多台，其中现代高精仪器设备 40 多台。在职员工169人，其中高级职称人员97人，中级职称人员37人，包括中国工艺美术大师10人、中国陶瓷艺术大师4人、省级工艺美术大师6人，享受国务院津贴5人，市专业技术拔尖人才7人。中国轻工业陶瓷研究所以应用研究为主，基础研究为辅，设有艺术陶瓷、传统陶瓷、机电热工、特种陶瓷、装饰材料等5个研发中心，设有承担国家陶瓷行业基础性公益技术工作的“国家日用陶瓷产品质量监督检测中心”“全国日用陶瓷标准化中心”以及《中国陶瓷》杂志社。其中，“国家日用陶瓷质量监督检验中心”承担国家监督抽查、国部优产品评选、产品质量分等分级的检测；开展产品质量仲裁、新产品鉴定等分析测试工作。

1986—2010年，中国轻工业陶瓷研究所先后共承担国家、部、省、市各类科研项目587项，其中完成国家“八五”和“九五”等重点科技攻关项目12项。完成部、省级重点项目100多项，获各类科技成果奖励120余项。

江西省陶瓷研究所　1985年5月成立，由市陶瓷工业科学技术中心实验所、市陶瓷工艺美术研究所和市玉风瓷厂合并组建，隶属省轻工业厅。整合和培植艺术瓷、窑炉和工业陶瓷三大支柱产业。先后研制开发出“现代民间青花艺术瓷”“色釉综合装饰瓷”“亚光和无光釉艺术瓷”“釉下水墨绿色料”及“彩色珍珠釉”等多品种艺术瓷。1991年，成立工业陶瓷研究室，专门从事工业陶瓷的研究与开发。1992年，完成国家“八五”重点科技攻关项目“高温结构陶瓷的开发和研究”，完成氮化硅陶瓷粉末研究的小试，进行碳化硅微粉的新工艺研究开发，建立“高温结构陶瓷材料重点实验室”。

同年，开发海泰新型中温燃气节能间歇窑，均取得国家实用新型专利。1995年，该所承担国家“九五”重点攻关项目“釉中彩窑烧嘴的研制”，顺利通过国家鉴定验收。

2000年，业务归口省经贸委，为省属应用型陶瓷科研机构，正处级差额拨款事业单位。是国家日用及建筑陶瓷工程中心副主任成员单位，市窑炉学会、省陶瓷企业技术服务中心依托单位，主办《陶瓷研究》杂志。2001年9月，省陶瓷研究所与省经委、市经贸委联合成立景德镇市企业技术创新服务有限公司，挂靠省陶瓷研究所。同时，省陶瓷研究所与景德镇陶瓷学院、中国轻工业陶瓷研究所、市特陶所共同建立陶瓷工程中心；组建以省陶瓷研究所为主体的省级陶瓷技术中心，为陶瓷企业，尤其是中小企业的建设和发展提供技术转让、技术服务、技术培训。2010年，内设综合办公室、总工室、技术室、艺术室、综合设计室、江西省海泰窑炉开发中心、经销部等。编制数147人。

景德镇市陶瓷研究所　1993年5月成立，为市政府直属差额拨款事业单位，从事陈设艺术陶瓷和实用艺术陶瓷创作设计及工艺研究。有正式职工49人，聘用人员18人。专业技术人员中有中国工艺美术大师6人，中国陶瓷艺术大师6人，中国陶瓷设计大师1人，省工艺美术大师13人，省陶瓷艺术大师3人，享受国务院特殊津贴专家7名、省政府特殊津贴专家3人，在职副高职称以上专业技术人员31人。创作设计的艺术陶瓷作品在国家、省、市陶瓷艺术创作设计评比中，获金、银、铜奖或一、二、三等奖近200项，1997年，为北京人民大会堂设计制作特大型综合装饰《映山红》宝灵尊，陈列在北京人民大会堂江西厅。该所还出色地完成了中南海“紫光阁”和外交部驻香港特派员公署陈设瓷的创作设计任务。主办的《景德镇陶瓷》为陶瓷综合性科技期刊、省级重点期刊。2007年，经国家发改委立项，组建市陶瓷艺术产业创新基地。

国家日用及建筑陶瓷工程技术研究中心　2003年12月，科技部批准以景德镇陶瓷学院为依托单位组建。2008年3月，经科技部验收后命名。以研究开发日用及建筑陶瓷行业基础性、关键共性技术为重点，通过自主创新和产学研结合，开展先进实用的工程化技术研究，为行业提供新材料、新技术、新工艺、新产品和新装备。中心有167人，其中高级职称83人、中级职称29人，博士26人、硕士21人。拥有世界一流水平的材料分析测试仪器100多台套，软硬件等固定资产1.20亿元。设有日用陶瓷、建筑卫生陶瓷、热工及设备、工业陶瓷、陶瓷艺术设计以及信息技术等6个研究室。建有日用陶瓷、建筑陶瓷、陶瓷机械装备和热工设备等4个中试基地。8月，被科技部列为首批76个国家技术转移示范机构之一，火炬计划景德镇陶瓷新材料及产品基地。至2010年，承担研究项目190多项，包括国家级项目20项、省部级项目62项，取得成果142项，其中8项为国际领先水平、66项为国际先进水平，4项成果获省部级以上奖励。申报专利59项，获得授权43项。

景德镇陶瓷工业设计研究院　1982年2月成立，前身是江西省陶瓷工业公司设计室，1994年更名为景德镇陶瓷工业设计研究院。设有陶瓷工艺科、陶瓷设备科、陶瓷窑炉科、土建科、电气自控科、生产管理科、总工程师室、办公室、地质勘查队等10个科室。主要业务范围:承担日用陶瓷、建筑卫生陶瓷等硅酸盐行业的新建、扩建、改造工程项目的全套设计以及调试生产等技术咨询服务项目。先后获国家优秀工程设计银质奖的有景德镇华风瓷厂的设计;获轻工业部优秀工程奖的有艺术瓷厂隧道窑的设计。获江西省优秀工程设计奖52项,江西省科技进步奖2项。

景德镇市地质队　1976年12月成立,业务归口江西省地质矿业局,由江西省陶瓷工业公司代管。主要负责勘探景德镇陶瓷原料矿藏资源,为发展景德镇陶瓷工业生产服务。全队有专业技术人员和工人54人,有专用设备27台,具有地质勘查、设计、施工和地质化验分析的能力。至1985年年底,累计完成钻探进深13173米,槽探731.5立方米,总共提出可采瓷石矿储量C+D级434.83万吨,并分别于1980年和1982年完成提交了余干瓷石矿老虎口矿段的地质初勘成果报告。

交流平台

省部共建景德镇国家陶瓷科技城　2003年12月29日,科技部批准实施《省部共建景德镇国家陶瓷科技城试点方案》,作为国家区域科技创新试点,在全省属首次。2004年5月,省政府成立"省市共建景德镇国家陶瓷科技城协调领导小组",指导景德镇国家陶瓷城的工作,制定目标责任制。10月10日上午,部省共建景德镇国家陶瓷科技城暨陶瓷材料与工程国际研讨会在景德镇陶瓷学院开幕,主题为"迈进中国陶瓷材料与工程的新千年",来自欧洲、美国、日本、韩国及国内的知名陶瓷专家近200人参加研讨。当年,省部共建景德镇国家陶瓷科技城正式启动,国家日用及建筑陶瓷工程研究中心开始运转,首批6项研发成果进入产业化生产。

2006年3月8日,景德镇国家陶瓷科技城产业化核心基地——景德镇陶瓷工业园区,被省政府列为省级开发区。2008年5月,建立国家火炬计划景德镇陶瓷新材料及制品产业基地。2010年9月,省政府批准园区陶瓷产业为省特色产业重点扶持项目。景德镇国家陶瓷科技城以省部共建为平台,高标准建设4个基地,即国家陶瓷高新技术研发基地、国家陶瓷教育和人才培养基地、陶瓷产业基地、陶瓷技术和艺术交流中心基地。

国家火炬计划景德镇陶瓷材料及制品产业基地　2008年5月6日,科技部将景德镇陶瓷材料及制品产业基地列为国家火炬计划产业基地,同时将景德镇陶瓷股份有限公司、景德镇南瓷缘子有限公司、景德镇鹏飞建陶有限公司列为产业基地首批骨干企业。

市陶瓷产品设计中心　2008年,景德镇市陶瓷产品设计中心成立,与市科技情报研究所合署办公,隶属于市科技局。中心依托景德镇陶瓷学院设计艺术学院、艺术设计系组建产品设计联盟,并建立陶瓷产品设计资源库和专业人才库,与陶瓷股份公司联合成立生产转化基地。是工信部第二批国家中小企业公共服务示范平台,并承担国家科技部创新基金陶瓷产品创新设计公共服务平台、江西省科技厅陶瓷产品协同创新设计公共服务平台、陶瓷CAD技术应用推广等重大项目的研究。与全国30多家大学和科研机构、10多家企业以及各地生产力促进中心建立合作关系。

江西省陶瓷产业公共服务平台　2008年申报立项,服务内容有传统陶瓷产业保护和发展,计算机辅助设计的运用,陶瓷现代化烧成装备的研制,陶瓷原料坯、釉配方试验,理化分析和检测,陶瓷信息服务和技术人员培训等。

现代彩绘装饰设计服务平台　2008年申报立项,服务对象是适用于高档日用瓷、艺术瓷的装饰。产品无铅镉溶出,耐酸、耐碱性强,且装饰的陶瓷制品外观色彩艳丽丰富,晶莹剔透,光彩夺目。具有替代进口、节约外汇,降低生产成本、提高产品质量等。

ASP应用服务平台　2006年,由景德镇陶瓷学院承担的省重大科技招标项目。2007年8月开放,为企业提供行业资讯、企业门户网站、企业管理系统、产品设计系统、电子商务等应用服务。有注册企业800余家,为市企业特别是特色产业、陶瓷行业及其制造业企业提供信息化整体解决方案和专业化的技术支持,建立制造业信息化技术应用的咨询服务体系。2008年,申报国家火炬计划项目,获得80万元的资金支持。

院地科技合作平台　2010年,市政府、省科技厅和科技部政体司建立每年一次的工作协商机制,共同推进若干重大科技项目的实施。与中科院南京分院的科技合作从单一的陶瓷领域，拓展到飞机、汽车、机电一体化等多个领域。中科院工程热物理研究所传热传质研究中心与景德镇神飞特陶有限公司的高性能毛细微槽冷却装置项目开展合作。景德镇同惠电子有限公司与上海硅酸盐研究所合作开展的三次谐波 SMD 高频谐振器用钛酸铅压电陶瓷材料的研究列入 2010 年省、院双向合作研究计划。

江西陶瓷产业产学研技术创新战略联盟　2010 年 4 月 14 日，江西首个陶瓷产业产学研技术创新战略联盟在景德镇陶瓷学院成立。联盟由景德镇、新余、萍乡、井冈山等重要产瓷区的陶瓷企业，南昌大学、江西师范大学以及省陶瓷研究所、国家日用及建筑陶瓷工程技术研究中心等科研院所共 42 家单位组建而成。景德镇陶瓷学院当选首届理事会理事长单位，周健儿当选为首届理事长。联盟致力于全省陶瓷产业技术创新与技术进步，优势互补和协同创新的机制，解决陶瓷产业发展中的重大关键技术及共性问题，提升联盟成员技术创新能力。

中国陶瓷产学研联盟　2010 年 3 月 28 日创立，是具有陶瓷产业推动力的高校及相关科研机构自愿加入的业务合作组织，有景德镇陶瓷学院、武汉理工大学、咸阳陶瓷研究设计院、中山大学（岭南学院）、广东纺织学校以及广东省陶瓷职业技术学校等多所知名高校及科研机构。联盟旨在联合国内陶瓷学术力量，为各研究机构学术成果产业化和各高校相关专业学生提供实习、实践机会。

高技术陶瓷国际论坛　是江西省与科技部共建景德镇国家陶瓷科技城的一项主要内容，景德镇国际陶瓷博览会的一项内容。论坛旨在把握国内外先进陶瓷最新热点动态，探讨有市场前景的研究开发项目和课题，促进国家先进陶瓷新材料的研究与产业的国际化合作。2005—2010 年，论坛均由科技部和省政府共同主办，每届参加的国内外专家学者都在 200 人以上，发表和出版大量的专业学术论文，其中 2006 年、2007 年发表的 100 多篇论文集被 EI（美国《工程索引》）收录。

第五章　陶瓷教育

景德镇的陶瓷文化教育具有鲜明的地域特色，拥有中国唯一陶瓷高等学府和各层次专业陶瓷技术学校。随着陶瓷工业的发展，陶瓷教育体系不断完善，形成以陶瓷专业技术教育为主，涵盖陶瓷高等、中等、职业教育体系，相关的职工高等学校、职业学校以及专业设置应运而生，学校体系逐渐升格，教育科研成果不断显现，为景德镇乃至全国的陶瓷产业发展提供人才支持。

第一节　陶瓷高等学校

景德镇陶瓷学院

1986 年，景德镇陶瓷学院（以下简称陶院）隶属于轻工业部。1998 年，转为中央与地方共建、以江西省管理为主，是教育部确定的独立设置本科艺术院校、政府奖学金攻读硕士、学士学位留学生的高校之一，全国唯一一所中国陶瓷高等院校，面向全国招生。1999 年 7 月，中国轻工业陶瓷研究所并入陶院，2001 年，在东郊湘湖建成新校区，占地面积 106.70 公顷，建筑面积 56 余万平方米，老校区位于景德镇市东郊陶阳南路，占地面积 18 公顷，建筑面积 8 万平方米。陶院有湘湖新校区、新厂校区、中国轻工业陶瓷研究所 3 个部分，总面积 140 公顷，总建筑面积 45.40 万平方米。图书馆馆藏纸质书 122.20 万册。完成校园网络化建设，建立办公自动化系统，电子图书馆、多媒体教室等数字化教学设施。办有《陶瓷学院报》《中国陶瓷》《中国陶瓷工业》核心期刊。2005 年，陶院有 9 个院系，22 个本科专业，7 个硕士研究生专业，2 个专业硕士学位点。2007 年，建有设计艺术与陶瓷文化、陶瓷材料工程与机械、陶瓷经济与管理等三大学科群。2009 年启动博士点建设工作，2011 年通过中期验收。

景德镇陶瓷学院科技艺术学院

2001年8月成立,由景德镇陶瓷学院申办,按新机制运行的全日制本科独立学院。2002年,开始独立招生。位于景德镇市新厂。学院占地面积33.73公顷,教学行政用房10.30万平方米。2006年起,设美术系、工程系、法商系、外语系、体育教学部和思想政治理论课教学科研部。专业设置涵盖艺术学、工学、文学、管理学、法学、经济学和教育学等7个学科门类的22个全日制本科专业。2007年,在中国环艺设计学年奖中获得艺术与空间金奖和概念创意奖。是年,在全国大学生数学建模竞赛中获国家级二等奖2项,省级一、二等奖3项。在第三届全国ITAT就业技能大赛中获全国二等奖1项、三等奖4项。2008年,学院总资产1.62亿元,招生3780人。

江西陶瓷工艺美术职业技术学院

位于市新厂。学校占地面积33.33公顷,建筑面积27万平方米。1986年,为江西省景德镇陶瓷学校。2002年,江西省景德镇陶瓷学校和江西省工艺美术学校合并,组建成立江西省工艺美术职业技术学院。升格为高等职业院校,是一所以陶瓷工程类、艺术设计类专业为主,涉及文学、理学、工学、商学、管理学等多门类学科的高等职业院校。设有材料工程系、艺术设计系、数字艺术系、工商管理系、信息工程系、公共基础部和成教学院等30个全日制大专学历教育专业。教职工450人(专职教师380人),其中教授29人,副高以上专业技术职称75人。2010年,省教育厅、财政厅批准学院为省示范性高等职业院校。

景德镇高等专科学校

位于市瓷都大道。占地面积67.10公顷,其中校舍建筑面积28.20万平方米。1993年4月28日,由景德镇市教育学院改建成立,是景德镇市唯一一所地方全日制多学科的普通高校。2003年,新增陶瓷美术、电脑艺术设计等12个专业。2004年5月28日,景德镇陶瓷职工大学、电大景德镇分校、景德镇师范学校、市教师进修学校等4所学校并入高专,形成师范与非师范,文、理、工、经、管、法、艺、体等多学科的综合办学格局,涵盖全日制本专科教育、成人教育、中等教育和在职培训职能,由单一培养师资的学院向多学科、综合性高校发展。

景德镇陶瓷职工大学

位于市莲花山。校园占地面积2.40公顷,总建筑面积1.21万平方米。1978年创办,原称"七·二一"大学,隶属于省陶瓷工业公司。1980年,更名为景德镇陶瓷职工大学,是全国唯一一所陶瓷职工高等学校,面向全国招生。学校设有陶瓷工艺、陶瓷工程、陶瓷美术设计、装潢设计、陶瓷机械、环境管理、企业管理、财务会计、经济贸易、文秘、审计、党政干部专修等10多个专业。1999年8月27日,陶瓷职大由省陶瓷工业公司移交市教育委员会管理。2004年5月28日,陶瓷职工大学成建制并入景德镇高等专科学校。

陶瓷职工大学大门

第二节　陶瓷中等学校

景德镇陶瓷学校

位于市新厂。校园占地面积2.40公顷,建筑面积20.32万平方米。1980年9月,从景德镇陶瓷学院析出单设,隶属省轻工业厅,面向全省、兼顾全国招生。1986年,景德镇陶瓷学校为正县级建制,办学规模800

人,设省陶瓷装饰材料、特种陶瓷、陶瓷美术3个专业。1996年,增挂江西省工艺美术学院校牌,按“一校两牌”模式办学,为正处级建制。为陶瓷工程、艺术设计类专业为主,涉及文学、理学、工学、商学、管理等学科的高等职业院校。2000年,通过省重点普通中专学校办学水平评估,达到A级标准,被省政府列为省级重点普通中专学校。2002年,升格为全日制普通高等职业学校,更名为江西省陶瓷工艺美术职业技术学院。主要培养材料工程技术和工艺美术类的高等技术技能型人才。

陶瓷技工学校

位于市瓷都大道东侧兴华路地段。占地面积2.90公顷,建筑面积2.31万平方米,1978年成立,为正科级建制。1988年,学校升格为正县级建制,内设办公室、总务、财务、保卫、学生管理、教务、实习、培训科、招生办、就业办。至2010年,学校先后开设陶瓷美术、电子技术应用、计算机应用与维修、汽车维修、模具制造、数控加工、幼儿教育、电子商务、财会、酒店服务等27个专业,共培养各类技能人才3万余人。

景德镇第一中等专业学校

位于珠山区朝阳路222号。校园占地面积2.13公顷,建筑面积1.86万平方米。新校区位于市西郊二亭村,占地面积13.30公顷。1987年8月,在市第六中学基础上成立景德镇陶瓷职业技术高级中学。1991年,被国家教委审定为省级重点职业中学。1994年,被省教委批准为职业中等专业学校。2000年5月,被教育部认定为首批国家级重点中等职业学校。2007年4月,改称景德镇第一中等专业学校。2009年,与市机电工程学校整合。2010年,筹建景德镇市陶瓷工程技术学校,校园占地总面积23.40公顷。分为三大块,其中新校区13.33公顷(市西郊二亭村);老校区一部2.13公顷(市朝阳路222号),以陶瓷专业为主;老校区二部8公顷(市珠山区西面),以机电专业为主。至2010年,先后开设陶瓷工艺、美术绘画、数控技术、机械加工、计算机应用、旅游服务与管理等8个专业。其中陶瓷工艺、数控技术专业是省精品专业,旅游服务与管理是省重点建设专业。新校区在陶瓷和机电专业的基础上,开拓LED电子、汽修、物业管理、营销、茶艺等新专业,建立教学、培训、实习为一体的实训基地。

第三节 陶瓷培训

职业培训

1986—1992年,省陶瓷工业公司对陶瓷企业关键岗位和班组长进行重点培训,在陶瓷职工大学开办质检员、选瓷员培训班和高级班组长培训班,培训人数达2500余人。其中1960名班组长接受培训,占企业班组长总数的86%。通过培训314人获评工人技师资格。1986—1995年,省陶瓷工业公司陆续组织所属企业的各类管理人员3000余人次,参加部、省有关部门和自行举办的各类培训班,学习企业管理、市场经济理论等,轮训陶瓷企业财务、统计、劳动工资、质量管理等方面的干部1034人次。1987年2月后,省陶瓷工业公司编写《日用陶瓷工人生产技术丛书》,作为景德镇陶瓷系统第一套培训中级技工的教材。教材分《陶瓷原料开采与加工》《坯釉料的配制》《陶瓷成型》《陶瓷烧成》、《陶瓷生产工艺规程》《日用陶瓷工艺》《耐火材料》《石膏与模具》《窑具》《陶瓷机械设备管理和使用维修》《陶瓷装饰》《陶瓷颜料、金水、贴花纸》《陶瓷雕塑》《景德镇瓷艺纵观》等15册,共计265万字。至1993年全部出版。

艺术瓷厂老艺人向青年工人传授技艺

1995年5月8日至7月31日,省陶瓷工业公司举办企业高级管理人员培训班,从各企业选拔出37名年龄不超过45周岁、中专(高中)以上文化程度、具有3年以上基层领导工作经历的副厂长和中层管理干部中的优秀人员参加培训。并分3批分别到湖南等产瓷区的先进企业考察、赴黎川各乡镇瓷厂进行跟班学习,到市陶瓷困难企业蹲点调查。有5名毕业学员由副厂长提升为厂长或主持行政工作,2名学员由企业中层干部提升为企业副厂长。1998年11月2—13日,省科技交流中心和省陶瓷研究所在举办1993年、1996年两期国际培训班的基础上,再次联合举办'98国际陶瓷培训班,讲授陶瓷工艺学、中国陶瓷科学与历史发展、陶瓷造型设计、绘画装饰等课程,9位新加坡、马来西亚学员通过理论学习和实践操作,完成学业。

2000年6—12月,省陶瓷研究所和省陶瓷学校、省工艺美术学校联合向教育部申报"建立全国中小学陶艺教育实践基地"项目,7月由省教委转呈教育部。基地教材设施教员均全部到位,先后为全国各地设计陶艺中心和陶艺作坊40多家,并承办4期"国际陶瓷培训班"。2001年9月22日,获教育部批准,全国首家"全国中小学陶艺培训基地"正式挂牌运作。2002年5—6月,省陶瓷工业公司与市经贸委、市安全生产委员会联合举办三期陶瓷企业梭式窑操作员培训班,组织梭式窑操作理论知识考核,讲授必备的安全操作基本理论知识和技能,对经考核合格者颁发梭式窑操作证。2003年以后,随着国营陶瓷企业改制停产,职工培训也相继停滞,转而由劳动就业部门组织开展就业技能培训,下岗再就业培训。但景德镇陶瓷股份公司等企业,按照企业发展需要,组织开展职工培训,至2010年举办各类工种员工应知应会讲座10场,参加人数达700多人次,并进行实际操作考核和笔试考试。开办财会人员专业知识培训班1期。

第四届全国中小学陶艺夏令营上,来自全国各地的小朋友在学习学习陶艺

第四届全国中小学陶艺夏令营开营仪式上,教育部原副部长周远清授营旗

陶艺交流

1989年9月26日至11月2日景德镇举办首届职工技术操作比武活动。全市10万余名职工参加预赛,有213名男女选手先后参加珠算、商品包装、自行车装修、烹调等7项技术表演赛。23人分别获得7个比赛项目前三名,其中获第一名的7人均晋升一级工资。市政府授予新华瓷厂赵裕宏(压坯)、东风瓷厂刘小琴(施釉)、红旗瓷厂余纯朗(装坯)、红星瓷厂黄育林(选瓷)、宇宙瓷厂彭丽珍(釉上贴花)、人民瓷厂皮文秀(釉下贴花)等6人为景德镇市技术操作比武状元称号。

1991年,景德镇市组织开展第二届全市职工操作技术比武活动,全省开展第四届青工操作技术大赛技术培训。各瓷厂分期分批对职工进行系统的技术理论教育,把业余学习、脱产学习与现场培训结合起来,在培训的基础上,再组织岗位练兵,进行操作技术比武。公司质量管理办公室对各厂各工种前10名选手进行应知应会重点强化培训,参加省、市的操作技术比武决赛。

1995年7月下旬至8月上旬,由景德镇高岭陶艺学会发起,景德镇陶瓷学院、省陶瓷工业公司等7家单位举办的高岭国际陶艺夏令营和高岭国际陶艺研讨会先后在景德镇举行,主题是"友谊、求知、展望",参加活动的有中外师生130人,其中中国36人、韩国69人、日本25人。主要内容为专家讲学、示范操作、作品展示、参观考察,中、韩、日专家教授在夏令营讲课,放映陶艺作品幻灯片,景德镇和台湾陶艺工作者为学生进行圆器、薄胎拉坯和利坯,民间青花、釉上彩绘示范表演。江苏、宜兴专家还现场表演紫砂壶制作,中外学生也进行陶艺表演,或绘画瓷坯。1996年10月15—30日,受国家科委国际科技合作司的委托,省陶瓷研究所在'93国际陶瓷美术培训班的基础上,再次举办'96国际陶瓷培训班。10余位学员分别来自新加坡、马来西亚、泰国等东南亚国家,完成学业后,国家科委国际科技合作司和省陶研所联合向全体学员颁发结业证书。

2000年5月8—9日,市陶瓷研究所为24名挪威游客举办"首届国际游客陶艺培训班",由所长熊钢如主讲,高级工艺美术师现场绘画指导,为景德镇陶瓷旅游开辟一条新路。9月,省陶瓷研究所首次与省陶瓷学校联合开办工艺美术班（中专），教学班的管理人员和教员都由省陶瓷研究所科技及工艺美术人员担任，教学班创造可观的经济效益，也提高科技人员和艺术人员的业务素质。2001 年 10 月，省陶瓷研究所和省科技厅联合举办国际陶瓷培训班（第 4 期），参加该期培训班的学员分别来自新加坡、马来西亚等东南亚国家，省科技厅和省陶研所联合向学员颁发结业证书。2007 年 10 月，省陶瓷研究所举办第 7 期国际陶瓷培训班，来自新加坡的 7 位学员参加学习。

第六章　陶瓷会展与评奖

1990 年开始，中国轻工业联合总会、省政府联合举办中国瓷都——景德镇国际陶瓷节（简称陶瓷节），此后每年 10 月 11—14 日在景德镇举办。1994 年 11 月 2 日，市人大常委会决定把每年的 10 月 12 日正式定为中国瓷都——景德镇国际陶瓷节，原则确定每两年举办一次较大规模的陶瓷节活动。第四、七、八、九届没有举办。2004 年开始，商务部、中国轻工业联合会、中国国际贸易促进委员会、省政府共同主办中国景德镇国际陶瓷博览会（简称瓷博会），每年 10 月 18—22 日在景德镇市举办，这是集陶瓷精品展示、陶瓷文化交流、陶瓷产品交易为一体，规格最高、规模最大的国际化陶瓷专业博览会。至 2010 年，每年都吸引来自世界各产瓷区的国家或地区的企业参展。瓷博会成为世界陶瓷商贸、文化、技艺交流与合作的平台。历届景德镇国际陶瓷节、景德镇国际陶瓷博览会均举办陶瓷展和陶瓷精品大奖赛。景德镇陶瓷特别是艺术陶瓷在国际、国内陶瓷艺术精品大赛中，展示了雄厚的实力，并获得好评。

第一节　景德镇国际陶瓷节

第一届国际陶瓷节

1990 年 10 月 11—14 日，景德镇举办首届中国瓷都——景德镇国际陶瓷节，来自日本、英国、法国、意大利、印度尼西亚等 18 个国家和地区的 515 名外宾及近 3000 名内宾参加。节日期间，举行开幕式和闭幕式、火的艺术晚会、陶瓷节花灯会、国内外陶瓷精品大奖赛和陶瓷珍品系列展、国际陶瓷技艺表演、国际陶瓷学术交流，景德镇陶瓷考古学术交流，景德镇陶瓷产品展销、综合产品展销、省名优特新产品展销，对外经济技术合作项目洽谈，旅游观光等活动。活动期间，内外贸成交额达 2.15 亿元，其中外贸成交额达 535.02 万美元，陶瓷出口销售额占外贸成交额的 60% 以上；内贸成交 1.90 亿元，陶瓷销售额占内贸成交额的 53.90%。与外商洽谈签定对外合作项目 18 项，引进资金 6680 万元。引进台资、港资等经济技术项目 5 项，吸收资金 1720 万美元。

首届陶瓷节开幕式全景

第二届国际陶瓷节

1991 年 10 月 11—14 日，举办第二届中国瓷都——景德镇国际陶瓷节。节日期间，举行开幕式暨“景德镇瓷器”邮票首发式和陶瓷文艺晚会，举办“景德镇杯”日用瓷陶瓷精品大奖赛、江西省集邮成果汇报展、江西陶瓷技艺表演、景德镇陶瓷产品展销、景德镇名特优新产品展销、对外经济技术合作项目洽谈，经贸成交额 2.53 亿元，引进资金 2893 万元。

第三届国际陶瓷节

1992年10月11—14日,举办第三届中国瓷都——景德镇国际陶瓷节。节日活动以陶瓷文化旅游为基础,以招商引资为重点,融陶瓷文化与经贸于一体。经贸洽谈引进"三资"企业9家,合同外资额636万美元;签订利用外资项目5个,利用外资额314万美元,陶瓷出口成交200万美元;内销成交额1020万元,总成交额6.50亿元。

第五届国际陶瓷节

1994年10月11日,在景德镇置镇990周年暨第五届国际陶瓷节开幕式上,市委、市政府领导向24户"陶瓷世家"颁发荣誉证书,举办改革开放十六年成果展览。举办精品大奖赛,陶瓷工业系统有203套(件)作品参赛,其中有47套(件)作品获奖。陶瓷工业公司组织力量对历届陶瓷节获奖日用瓷样品进行试产,年底前开发出16个系列31个品种53个花面,生产733套(件)造型别致、花面新颖的新产品。

景德镇第五届国际陶瓷节开幕式

第六届国际陶瓷节

1995年10月12日,举办第六届中国瓷都——景德镇国际陶瓷节。这届陶瓷节主要以基层、小型、分散的形式开展活动,没有举办较大规模的活动。

第十届国际陶瓷节

1999年10月12日,举办第十届中国瓷都——景德镇国际陶瓷节。由陶瓷节组委会负责,景德镇陶瓷协会协办,在景德镇陶瓷馆举办陶瓷新品新作大奖赛展览评比活动。参赛作品中,艺术陶瓷177件(套),日用陶瓷51件(套),主要来自省陶瓷工业公司下属瓷厂,陶瓷大专院校师生,轻工、省、市陶研所,个协等单位。经过评委会投票评出获奖作品29件(套)。

第十一届国际陶瓷节

2000年10月12日,景德镇举办第十一届国际陶瓷节,开展首届中国民窑艺术国际研讨会、陶瓷文化旅游活动、地方产品展销会、景德镇市支柱产业订货会、陶瓷产品网上交易会、陶瓷绝活表演、四地市老年书画联展。参加陶瓷节的国内外来宾共36000人。其中来自美国、新加坡、日本、韩国、英国、越南等国家和中国香港、台湾地区来宾1500人。

第二节　景德镇国际陶瓷博览会

第一届国际陶瓷博览会

2004年是景德镇千年华诞。由商务部、中国国际贸易促进委员会、中国轻工业联合会和省政府共同主办,景德镇市承办的首届中国景德镇国际陶瓷博览会在新落成的中国陶瓷城举办,时间确定为每年10月18—22日。来自日本、美国、意大利等23个国家和地区的2000多名外宾、知名企业、采购商到会参展、洽谈。展会设国家陶瓷精品馆、陶瓷产品交易馆、名人名作馆共800多个展位,实际使用面积3万多平方米。精品馆展示来自8个国家、13个国际知名陶艺家的艺术作品;交易馆250多个标准摊位,为国内200多家陶瓷企业提供展示和交易的平台;7个名人名作馆为200多位陶艺家提供展示空间。

瓷博会期间开展多种文化活动,有开幕式及游行,闭幕式的文艺演出"景德镇风情""火的艺术"晚会以及花灯会、陶瓷知识大赛、美术书法、摄影作品展览;国际陶瓷精品大奖赛及展览;电影专场、电视周和省杂技团专场演出等。共有5.6万人进馆参加贸易洽谈、文化交流等各种活动。展会内容丰富,涉及经济、科技、文化、贸易、旅游等各个领域，取得良好的经济效益，现货和期货交易达2亿多元人民币，其中经济贸易洽谈会签约2600多万美元、招商引资8000多万美元。

第二届国际陶瓷博览会

2005年，省委、省政府确定办会主题是"博览世界陶瓷精品，弘扬千年瓷都文明"，提出"建好平台，扩大贸易，打响品牌，做大产业"的总体要求。组委会先后在景德镇、南昌、北京举行新闻发布会，邀请中外媒体160多名记者参加瓷博会。在《人民日报》、中央电视台、《经济日报》和国外、境外等几十家主流媒体发稿宣传。在南昌、机场、昌九高速公路沿线等设置多块大型宣传广告牌。

瓷博会在中国陶瓷城设3个展馆，主馆设景德镇中国陶瓷博物馆、分馆设陶瓷城和瓷园，1096个标准展位总面积3万多平方米。有9个国家和地区的24家知名企业和客商、国内九大产瓷区、十大名窑以及各界朋友12000多人参加。展示的陶瓷产品特色鲜明、门类齐全，涵盖日用陶瓷、艺术陶瓷、建筑陶瓷等。招商引资签约项目28个，超额完成预定目标。直接增加游客10万余人次，其中境外3000人次，旅游业净增收入5000多万元。日均60万人次点击瓷博会官方网站。

第三届国际陶瓷博览会

2006年，景德镇国际陶瓷博览会在景德镇市财富大厦举办，省委、省政府将瓷博会列入省内两个重要博览会之一。国家旅游局把此届瓷博会作为中国海内外推介的重要旅游项目，中国旅游协会还将当年全国旅行社理事会安排在瓷博会期间召开。建设部所属中国建筑与装饰协会在瓷博会期间，开展全国"百名侨领看景德镇"活动，组织国外侨领经销商参加瓷博会。在中国瓷园设3个展馆，1200个展位，展出面积3万多平方米。12个国家和地区、国内十大产瓷区618家品牌企业参展。涵盖日用陶瓷、艺术陶瓷、建筑陶瓷、卫生洁具陶瓷、工业陶瓷、高科技陶瓷、陶瓷辅助材料等产品。

主办单位开通瓷博会专题网站，与门户网站合作宣传瓷博会。摄制系列传播陶瓷文化的电视专题节目，制作大型宣传画册等一批瓷博会宣传品。瓷博会采购商达3200人，招商引资签约项目43个，展馆内贸交易5.21亿元人民币，其中购物交易609.83万元人民币，外贸订单交易额8179.52万美元，均比前两届有较大增长。

第四届国际陶瓷博览会

2007年，景德镇国际陶瓷博览会在中国陶瓷博物馆举办，此后均在此举办。设三大展区1200个展位，来自16个国家和地区的30余家品牌陶瓷企业和国内50余家品牌企业共476家企业参展。邀请中国大陆与台湾地区及日本、韩国80位瓷笛演奏家作现场演奏，举办联合国陶艺协会200位会员的210件作品联展、上海稻房艺术品公司的中国近百年收藏瓷专展。共有35个国家和中国香港地区的426家采购商到会洽谈贸易，其中不乏知名的陶瓷采购商，高科技陶瓷成果展出比重上升，共有62家高校和高科技企业参展。瓷博会期间，内贸成交总额6.17亿，外贸成交总额1亿余美元，现场交易总额818.20万元，同比增长34.17%。

第五届国际陶瓷博览会

2008年，景德镇国际陶瓷博览会参展知名品牌陶瓷企业达到610家，涵盖世界各主要产瓷国家，来自荷兰、日本、韩国、澳大利亚、波兰、美国、法国、罗马尼亚以及中东地区37个主要产瓷国家的专业陶瓷采购商，全国侨联组织的侨领商务团、澳大利亚代表团、新加坡工艺品协会商务团、瑞典商务团等采购商团共计2000余人参与洽谈和贸易。内贸成交总额8.06亿人民币，外贸成交总额1.54亿美元，涉及陶瓷、航空、能源等多个领域，其中陶瓷类项目占32%，签约数量和质量比历届均有较大幅度提高。

第六届国际陶瓷博览会

2009年，景德镇国际陶瓷博览会展馆面积1.60万平方米，设标准展位1126个。来自世界19个国家和地区及国内的600多家参展企业（其中海外陶瓷企业19家）、22个采购团组和1000多名陶瓷专业采购商参加展会。展出品种涵盖日用瓷、艺术瓷、高技术陶瓷、工业陶瓷、电子陶瓷、建筑卫浴瓷以及陶瓷机械、原料、包装等辅助材料。场馆分设高技术陶瓷成果展区、国际陶瓷展区、国内产瓷区品牌陶瓷展区、陶瓷精品展区、综合展区以及当代国际陶艺、陶瓷茶具、陶瓷包装、大师作品和中青年创意陶瓷、中国历代十大名窑、建筑洁具、大赛获奖作品等7个主题展区。

展会先后举行中国景德镇高新技术陶瓷国际论坛、招商引资经贸洽谈会、国际陶瓷文化创意高峰论坛、首届"唐英杯"陶瓷创意设计大赛、全国古玩艺术品交流大会、2009景德镇国际陶瓷博览奖评选、全国青花玲珑暨青花日用陶瓷型与装饰设计大赛、第二届景德镇近现代国际艺术陶瓷拍卖会、千年窑火传递暨"瓷业三圣"公祭、陶瓷文化旅游节和大型文艺晚会共11项相关配套活动,一大批涉及陶瓷粉体技术、结构陶瓷、陶瓷复合材料和功能陶瓷等高技术陶瓷成果在会展上亮相。其间共签约39个项目,其中内资28个项目,合同引资逾42亿元;外资5个项目,合同引资1.88亿美元。签约贸易合同6个,包括内资合同3个,合同交易金额8615万元;外贸出口合同3个,合同交易金额2836万美元。

第七届国际陶瓷博览会

2010年,景德镇国际陶瓷博览会设1249个标准展位,分成国内产瓷区品牌陶瓷展区、高技术陶瓷成果展区、国际精品陶瓷展区、当代国际陶艺展区、评比大赛展区、综合展区、十大名窑主题展区及陶瓷包装展区。突出展示与贸易两大主题,分别举办2010景德镇高技术陶瓷国际论坛暨第十六届全国高技术陶瓷学术年会、经贸洽谈会、第四届当代国际陶艺展、景德镇国际艺术陶瓷拍卖会以及2010景德镇陶瓷餐具创新设计大赛5项配套活动。

参展商和采购商达620余家计3500余人,涵盖世界各主要产瓷国和国内各主要产瓷区知名陶瓷企业。日本的京瓷、九谷陶瓷,法国的利摩日代表团,韩国的利川代表团,德国的麦森,荷兰的皇家代尔夫特,法国的柏图等一批国际知名品牌企业和代表团参展,马来西亚、越南的陶瓷企业也首次参会。产品分别有日用瓷、艺术瓷、高技术陶瓷、工业陶瓷、电子陶瓷、建筑卫浴瓷以及陶瓷机械、原料、包装等辅助材料。观光、购物、采购者平均每天进馆达到几万人次。瓷博会内贸成交总额7.02亿元,外贸成交总额1.16亿美元,现场交易达2273.15万元;签约投资项目43个,吸引国内外投资超过80亿元。

第三节　设计评奖

展会评奖

1986年3月,光明瓷厂"玩玉牌"青花玲珑清香45头西餐具,参加德国莱比锡春季博览会,获国际金质奖章1枚。

1990年,首届陶瓷节期间,在景德镇陶瓷馆举办"瓷都景德镇杯"国际陶瓷精品大奖赛,分日用陶瓷、陈设瓷、现代陶艺三大类,来自海峡两岸和日本的1157件(套)作品参加评比。新器型、装饰、题材、工艺为总体特色,代表了当代陶瓷创作发展的新趋势。大奖赛共评出金杯奖3个,银杯奖8个,二、三等奖221个,荣誉创作奖114个。

景德镇市首届陶瓷美术"百花奖"授奖大会

1991年,第二届景德镇国际陶瓷节期间举办精品大奖赛,参赛品种有十大门类396件(套)新产品。经评选,红星瓷厂制作、瓷用化工厂装饰的"瑞琮"30头独枝秀西餐具获金杯奖;宇宙瓷厂制作、瓷用化工厂装饰的"宇锦"45头西餐具获银杯奖;省陶研所制作的"春芽"6头日式"思敏"茶具,景德镇陶瓷学院、红旗瓷厂制作的"春絮"15头咖啡具,为民瓷厂制作、瓷用化工厂装饰的"雅文"16头咖啡具分别获铜杯奖。此外,第二届大奖赛还评出一等奖7件(套);二等奖10件(套);三等奖15件(套);设计奖42件(套)。同时,还评出制作奖一等奖1件(套);二等奖2件(套);三等奖3件(套);新材质奖一等奖1件(套);二等奖2件(套);三等奖3件(套);先进单位和先进组织工作者各10名。

1993年10月，市陶瓷研究所参加第四届国际陶瓷节精品大奖赛，获一等奖3个，二等奖8个，三等奖13个，创作奖10个。此外，还参加第二届"中国杯"大奖赛，获一等奖1个、二等奖2个、三等奖5个；参加江西省工艺美术展，获一等奖2个、二等奖5个、三等奖4个、大师奖3个。12月26日，陶瓷工业公司在市陶瓷馆举办"纪念毛泽东诞辰100周年陶瓷艺术珍品展"，参展作品共100件，题材大都源自毛主席诗词。熊钢如的"斑竹一枝千滴泪"圆盘，熊汉中的"长空雁叫霜晨月"瓷瓶，王恩怀的"风华正茂"圆盘等12件获创作特别奖。

1995年5月13日，在市陶瓷馆举办陶瓷世家作品展销会，展出的75件作品中，有张松茂的300件双耳红地白梅瓶，王锡良的青花釉里红秋艳图瓷板画，"珠山八友"后代邓夏英、王怀俊、刘平、汪桂英、徐亚凤等家族的代表作以及陆如祖孙三代作品。

1996年9月23—27日，由省工艺美术协会、省工艺美术学会主办的江西省第二届工艺美术大奖赛在景德镇举行，展出美术陶瓷、金银珠宝首饰、雕刻工艺、编织工艺、特种工艺、民间工艺、刺绣等13大类800余件工艺品，54件作品分别获一、二、三等奖。是年10月10—18日，由省陶瓷工业公司和市经委主办的日用瓷新产品展评会在市雕塑瓷厂明青园举行，省陶瓷工业公司所属瓷厂和部、省、市陶瓷研究所、景德镇陶瓷学院、陶瓷职工大学、陶瓷学校以及县、区、个协等单位的89件(套)作品参展。瓷用化工厂的515753调色板花面、景德镇陶瓷学院的15头旋纹咖啡具、轻工陶瓷研究所的耐热瓷煲分别为新花面、新器型、新材质一等奖；省陶瓷研究所的釉上彩5头茶具香情花面、红星瓷厂技改指挥部的釉中47头西餐具、玉风瓷厂的高白釉旋纹水具和高级水杯、光明瓷厂的高白强化瓷餐具被评为二等奖；红旗瓷厂的高白釉釉下五彩92头中餐具、省陶瓷研究所的青花釉里红幽香和式3头酒具、个协正大陶瓷有限公司的17头金扇子小茶具(咖啡具)、景德镇陶瓷学院的小动物16头儿童用具、省工艺美术学校的色釉装饰茶具、玉风瓷 厂的高白釉玉风2号茶杯、陶瓷职工大学的9头天青釉茶具、景德镇瓷厂的8头釉中彩早餐具为三等奖。

1997年10月12日，省陶瓷工业公司与省陶瓷研究所举办全市第五届陶瓷美术百花奖，送展作品共269套(件)，其中艺术陈设瓷221套(件)，日用瓷48套(件)。艺术陈设瓷一改以画为主，采用刻与画、釉上与釉下多种装饰手段相结合的方法，日用瓷也突破圆器造型款式，朝日用瓷艺术化，艺术瓷实用化方向发展。1998年10月6—30日，由市陶瓷节组委会、省陶瓷工业公司牵头在中国轻工总会陶瓷研究所展厅举办'98景德镇"瓷兴杯"陶瓷新品大奖赛评比展览。参展作品248件(套)，教授、大师级19件(套)。通过审评共评出获奖作品41件(套)，其中日用陶瓷11件(套)，艺术陶瓷30件(套)。是年12月3—10日，国家轻工业局在景德镇陶瓷上海艺术中心举行第六届全国陶瓷艺术创新评比。来自江西、福建等8省3市及台湾地区的参评作品共732套件，分为艺术陶瓷和日用陶瓷两大类，其中艺术陶瓷532套件，日用陶瓷类200套件，共评出获奖作品116件，其中艺术陶瓷作品80件。除陶瓷学院外，景德镇市共获奖22件，其中省陶瓷工业公司所属单位获奖9件。

1999年6月25日，由市政府、陶瓷学院、轻工陶研所与深圳古今来陶瓷世界有限公司、深圳商报等联合举办"古今来"景德镇陶瓷艺术大奖赛，136件作品中轻工所有22件作品分获一、二、三等奖。第十届国际陶瓷节期间，举办陶瓷新品新作大奖赛。来着各大瓷厂、陶瓷大专院校师生，轻工、省、市陶瓷研究所，个协等单位的177件(套)艺术陶瓷，51件(套)日用陶瓷参赛。经无记名投票方法评出获奖作品29件(套)，其中艺术陶瓷21件(套)，日用陶瓷8件(套)，由市陶瓷节组委会颁发证书和奖金。是年，陶瓷艺术人员在建国50周年、澳门回归祖国和迎接新世纪期间，开展创作活动。中国工艺美术大师熊钢如创作出1套由5只花瓶组成的"祖国万岁——牡丹颂"纪念瓷，在中国艺术研究院举办的"共和国社会主义文学艺术50年研究会"上获一等奖。陶瓷工业公司高级工程师傅平研制由99件浮雕全金瓷器组成的"九九归一"中餐具纪念瓷，限产100套，由中国历史博物馆收藏。12月25日，由广东省陶瓷协会、广东粤广陶瓷工艺品有限公司与景德镇陶瓷协会、陶瓷馆共同举办的景德镇陶瓷艺术"百年集萃"展，在广州市陶瓷大厦举行。展品包含近百年来景德镇不同时期的精品佳作1000余件，其中有清末民初以王少维、金品卿、程门为代表的浅绛彩瓷"金叶题诗"等瓷板画；有袁世凯派人到景德镇监制的"洪宪"瓷；有民国中晚期的以潘陶宇、汪晓棠为代表的"四皓图"花瓶以及"珠山八友"中的王琦、王大凡、汪野亭、徐仲南等人的代表作。展出的现代陶瓷精品有陶瓷美术家王步、毕渊明、余文襄、段茂发、周湘甫、余翰青、张景寿、邓肖禹、傅尧笙的优秀作品；有毛主席画像、样板戏人物、工农兵形象等人物瓷雕，以及国家级大师王锡良、王恩怀、熊钢如、徐庆庚、张育贤等人的新作；有周国祯、李菊生、程曲流等教授作品；有熊汉中、占维开、戚培才等省级工艺美术大师的作品，还有一大批高级工艺美术师和中青年陶瓷美术工作者的作品。

2000年10月20—23日，杭州市政府和中国工艺美术协会、中国玩具协会联合主办首届中国工艺美术大师作品暨工艺美术精品博览会，来自全国23个省、市、自治区的200多家工艺美术企业的工艺品参评，省陶瓷研究所的22件参评作品有半数获奖，夺得两金、两银、两铜和5个优秀创作奖；市陶瓷研究所创作设计的艺术陶瓷作品分别获金奖1项、银奖3项、铜奖3项。

2001年，在杭州举行的第二届中国工艺美术大师作品暨工艺美术精品博览会上，王怀俊的作品《魏五观海图》获金奖，黄勇的作品《镇邪图》《松荫高士图》分别获银奖和铜奖，王秋霞的作品《岁月》获铜奖，程永安的作品《归》获铜奖。在上海举办的第三届中国工艺美术大师精品展会上，余磁的作品《蕨草》《林下静趣》《陆羽煮茶图》分别获金、银、铜奖，王秋霞的作品《桃花源记》《山水风光》《花荫寂寂春》分别获银、铜、铜奖。2002年10月，中国陶瓷协会在浙江省龙泉市举办全国第七届陶瓷艺术设计创新评比活动，近4000件作品参评。市陶瓷行业协会组织90多套件作品参评，其中景德镇市日用陶瓷类获一等奖1项、二等奖1项、优秀奖3项；传统艺术陶瓷类获一等奖1项、二等奖4项、三等奖5项、优秀奖7项，特别奖1项；现代陶艺类获三等奖2项、优秀奖2项。

2007年，省陶研所瓷协组织参加庆香港回归10周年"紫荆杯"江西省陶瓷艺术大赛，景德镇获金奖4项、银奖2项；参加庆祝建军80周年陶瓷艺术大奖赛，获金奖2项、银奖1项。2008年，省陶瓷研究所共完成高档艺术陈设瓷设计创作400多件。4月，参加全省工艺美术大奖赛评比，获金奖4项、银奖4项、铜奖1项；11月，参加杭州西博会"中国工艺美术大师精品展评"，获金、银、铜奖各1项。2009年3月，市昌南窑礼品瓷有限公司高档艺术陈设瓷参加由中国艺术研究院、中国工艺美术馆、中国工艺美术学会联合举办的北京中国传统工艺美术精品展，获金奖1项、银奖3项、铜奖2项；10月，参加第六届景德镇国际陶瓷博览会青花原创设计评比，获银、铜奖及优秀奖各1项；参加第十一届西湖博览会，获金、银奖各1项，铜奖3项，优秀奖4项。

2010年，景德镇国际陶瓷博览会期间举办陶瓷餐具创新设计大赛，共收到全国各地产瓷区及高校参赛作品408套，共评出金奖3项、银奖6项、铜奖9项，获奖作品在博览会上展示。陶瓷股份公司共开发出新产品460套(件)，"莺鸣燕语""流金岁月""大唐"三项产品获全国餐具设计创新大赛金、银、铜奖。是年，中国轻工业陶瓷研究所共研发新产品六种："兔迎盛世""玉兔祝福"生肖礼品瓷、"蝶飞玉兔翠杨风"生肖瓷板画、生肖兔系列耐热煲、陶瓷炒菜锅、"陶瓷烧水壶""兔板"；省陶瓷研究所共完成高档艺术陈设瓷设计创作400余件，在各种陶瓷评比共获奖34项，其中6月在福建莆田由中国轻工业联合会、中国工艺美术学会联合举办的2010中国工艺美术百花奖评比中，获金奖3项、最佳创意和工艺奖1项、银奖2项、铜奖2项；10月在中国工艺美术学会、安徽省政府联合举办的合肥第五届文博会上，获金奖4项、银奖3项、铜奖5项。

陶瓷美术"百花奖"

1982年，市文联、景德镇陶瓷学院、省陶瓷工业公司、部陶研所联合举办首届陶瓷美术"百花奖"活动，调动广大职工、特别是陶瓷美术工作者的积极性。1983年举办第二届。

景德镇陶瓷艺术百花奖授奖大会

1985年，第三届"百花奖"参展作品978件(套)，包括日用瓷214件(套)，陈设瓷694件(套)，其中雕塑瓷7件(套)、包装装潢70件(套)。通过对参展作品的认真细致的民主评选，反复比较评出获奖作品172个。其中，一等奖14个(日用瓷4个、陈设瓷10个)，二等奖32个(日用瓷11个，陈设瓷21个)，三等奖117个(日用瓷

41 个,陈设瓷 76 个),包装装潢奖 9 个,鼓励奖 2 个,优胜集体奖的单位 4 个。参展作品采用新工艺、新材质、新技术,创作出新产品 491 件(套),单新产品 437 件(套),品种丰富齐全,造型装饰新颖,产品增加壁灯、壁画、啤酒具、旅游瓷新婚瓷、厨房用具、瓶式台灯等。装饰高档瓷取得良好的艺术效果,成功把民间青花进行提炼升华。台灯具采用多种装饰手法,在造型、纹样装饰以及整体效果上都开拓了陶瓷艺术的新风,如民间青花几何图案 200 件明珠台灯,在各地市场受到好评。宇宙瓷厂 S5256 花面的餐、茶具订货 140 多万件。

1989 年 9 月,举办第四届"百花奖",26 家单位的 485 人的 868 件(套)作品参加评展,其中陈设瓷有 742 件(套),占送评作品的 87%;日用瓷有 126 件(套),占送评作品的 13%。送评作品在内容、题材和表现形式与手法方面,都较前三届"百花奖"有明显的拓新。共计评出日用瓷一等奖 5 件(套)、二等奖 8 件(套)、三等奖 10 件(套);陈设瓷一等奖 1 件(套)、二等奖 29 件(套)、三等奖 66 件(套);新包装装潢奖 1 件(套)。

1997 年 10 月 12 日,第五届陶瓷美术百花奖评选活动开幕,由市政府主办,省陶研所承办,省陶瓷工业公司参与,送展作品共 269 套(件),其中艺术陈设瓷 221 套(件),日用瓷 48 套(件)。艺术陈设瓷被评为一等奖 2 件、二等奖 4 件、三等奖 6 件、创作奖 21 件;日用瓷被评为一等奖 1 套(件)、二等奖 1 套(件)、三等奖 2 套(件)。参展作品材质新,器型新,工艺新,花面新,日用瓷艺术化,艺术瓷实用化有了新成就。

第七章 陶瓷文化

景德镇陶瓷文化源远流长,改革开放以后,传统陶瓷文化有新的内涵。陶瓷文化交流日益增多,陶瓷文化创意产业不断兴起,考古研究有了新的发现,陶瓷文学作品、影视、舞蹈丰富多彩。进入 2000 年,景德镇开辟陶瓷文化旅游线路,建设陶瓷文化旅游景点,开展陶瓷文化研究,传承和弘扬陶瓷文化,促进景德镇经济文化事业不断发展。

第一节 陶瓷文化交流

国外景瓷藏馆、藏品

国外藏馆 英国达维德基金会。位于英国伦敦,是一家小型博物馆,收藏 1671 件中国陶瓷,主要为中国宋代至清代各地名窑生产的瓷器,不少带有可辨别的铭文款识,其中不乏一些故宫散失的文物珍品。50 年代,馆主将藏品赠予伦敦大学,成为伦敦大学的一部分。

英国维多利亚与艾尔伯特博物馆。位于伦敦南肯辛顿区,专门收藏美术品和工艺品,馆藏中国瓷器约 7000 余件。

大英博物馆。位于英国伦敦新牛津大街北面的大罗素广场,共有 100 多个陈列室,藏品 1300 多万件。是收藏中国流失文物最多的一家,多达 2.30 万件,长期陈列有 2000 件。33 号展厅为专门陈列中国文物的永久性展厅,收藏的中国文物囊括中国整个艺术类别,包括刻本、书画、玉器、青铜器、陶瓷、饰品。2008 年和 2009 年开放 4 个新的永久展馆,其中包括中国陶器馆。

伊朗国家博物馆。是世界重要博物馆之一,文物古迹多达 30 万件。收藏的元青花来自阿迪比尔陵清真寺。明万历三十九年(1611),伊朗国王阿巴斯·萨菲将宫廷珍藏的 1162 件中国陶瓷奉献给阿迪比尔陵清真寺,包括伊朗国家博物馆收藏的 32 件元青花器。

土耳其托普卡比宫。在土耳其古都伊斯坦布尔的欧洲部分、金角湾南岸一个叫"皇宫鼻"的山顶上。馆内收藏有 2 万余件来自中国宋、元、明、清时代的瓷器,有元末明初的大碟、大钵,也有南宋到元明时代出产的各种类型的青瓷。

葡萄牙里斯本桑托斯宫。位于葡萄牙首都里斯本。17 世纪中期,开始收藏中国青花瓷器,其中 263 件青花瓷器精品镶嵌在桑托斯宫的金字塔形屋顶上,大多数为明代瓷器,时间跨度为明代弘治、正德至清代康熙、乾隆年间。1909 年,法国政府出资购买桑托斯宫作为法国驻葡萄牙大使馆,馆藏瓷器归法国所有。

韩国国立中央博物馆。韩国国立中央博物馆藏有韩国的历史文化遗物,还收藏有中国、蒙古等东北亚地区的文物 15 万多件。经常展出的有 4500 多件,内容涵盖考古、历史、美术等领域。

印度尼西亚国立博物馆。是一家综合性博物馆,以当地艺术品、佛像为主要陈列品。二楼为古陶瓷馆,陈列有高古瓷、陶器,明清时期外销瓷、克拉克瓷等中国古陶瓷。陈列室中央安放 3 件青花大盘,每件直径均达到 40 多厘米,分别为蓝地白花云肩凤纹花口盘、花果飞凤纹菱口折沿盘、鳜鱼水藻纹大盘,属于“至正型”标准器。

国外藏品　唐代,景瓷通过丝绸之路远销西域诸国。自宋至清,景德镇瓷器通过海运销往欧洲、中东、西亚以及日本及南亚。鸦片战争后,清宫廷藏瓷大量流失海外,在西方各大博物馆中藏有的景德镇陶瓷,是博物馆里的馆藏珍品。

表 14－7－1　　**国外馆藏景德镇经典瓷器选录表**

藏馆	作品	年代
美国波士顿博物馆	青花人物故事图罐	元
美国纳尔逊阿特金斯艺术博物馆	褐蓝釉刻印云龙纹高足杯	明洪武
美国大都会美术馆	素三彩鼎形香炉	明正德
	豇豆红釉器	清康熙
英国大英博物馆和达维德基金会	青花釉里红透雕花纹罐	元
	青花云龙纹象耳瓶	元
	五彩莲池水禽纹盘	明成化
	青花龙纹碗	明成化
	白地红彩花果纹盘	明正德
英国维多利亚和艾伯特博物馆	青花人物图瓶	元
	青瓷釉里红莲花纹钵	
	釉里红鱼纹高足杯	明宣德
	五彩花鸟纹盘	明正德
	素三彩花鸟纹双耳瓶	清康熙
	黄釉划花鹿纹凤首壶	清雍正
	粉彩桃果蝙蝠图大盘	
	五彩纹章纹盘	清雍正、乾隆

藏馆	作品	年代
印度尼西亚国立博物馆	青花如意纹棱花盘	元
	青花八仙图罐	明嘉靖
	素三彩鲤鱼形水注	明
东京国立博物馆	青花鱼藻纹罐	元
	五彩花鸟纹方壶	明隆庆
东京国立博物馆	青花木莲纹瓶	清康熙
日本永清文库	粉彩三果盘	清乾隆
伊朗考古博物馆	青花缠枝花卉玉壶春瓶	元
	青花蔷薇花纹扁壶	明永乐、宣德
	青花龙纹天球瓶	
瑞典斯德哥尔摩远东遗物博物馆	釉里红三鱼纹碗	明成化
	黄釉大碗	明弘治
	青花如意头纹器台	明正德
土耳其伊斯坦布尔托普卡比·萨拉伊博物馆	青花胡人乐舞图扁壶	明
巴黎居美博物馆	青花回文折枝花长方砚盒	明正德
	紫地绿彩龙纹盘	明万历
	青花花鸟纹尊形瓶	清康熙
	青花龙涛纹双耳瓶治	明弘治

国内景瓷藏馆、藏品

国内藏馆　故宫博物院。故宫博物院藏景德镇清代官窑瓷器 29 万多件,民窑 1 万余件。各朝代瓷器品种齐全,典型器、标准器多,囊括了清代历朝的主要品种。

上海博物馆。中国古代陶瓷是上海博物馆的收藏特色之一。在 1300 平方米的中国古代陶瓷馆中陈列陶瓷精品 500 余件。其中景德镇元、明、清三代所烧制的釉下彩、釉上彩和颜色釉瓷器是馆中的重要藏品。

景德镇陶瓷馆。1986 年,位于市莲社北路 21 号,占地面积 7000 多平方米,展厅面积 528 平方米。是国内第一家大型陶瓷专题艺术博物馆,由省陶瓷公司管理。2002 年 8 月,重新划归文化部门。收藏着自新石器时代陶器和汉唐以来不同历史时期的陶瓷名品 2 万余件,其中国家珍贵文物 500 余件,涵括景德镇千年制瓷历史中的代表品种。从装饰上分有影青、卵白、青花、五彩、粉彩、色釉瓷等;从造型上分有碗、盘、杯、碟、壶、瓶、罐、雕塑等;从工艺上分有拉坯、印坯、镶坯、注浆、机压等。此外还收藏不少外国瓷和外地瓷以及金石玉器、书画等。近现代和当代景德镇陶瓷精品为景德镇陶瓷馆独有。

景德镇中国陶瓷博物馆。位于市区昌南大道与紫荆路口,占地面积 8 公顷,建筑面积 2 万余平方米,设计收藏陈列瓷器可达 40 万件。2005 年年初,土建工程完工,总投资 2.50 亿元。博物馆由常设展厅、临时展厅、学术交流区、公共活动空间、休闲商务区、多功能区、库房区、办公室等组成,是集陶瓷精品展示、陶瓷学术研究、陶瓷文化传播、陶瓷知识教育于一体的公共服务平台。常设展厅按历史年代划分为五个展厅:第一展厅内展出五代、宋、元时期的陶瓷作品;第二展厅内展出以青花瓷、青花斗彩瓷、五彩瓷、红绿彩瓷为主的明代官窑作品;第三展厅内展出以郎窑红、钧红、裂纹釉、彩粉装饰、青花装饰为主的清代官窑作品;第四和第五展厅分别展示民国时期和新中国成立后景德镇的瓷器作品。

景德镇湖田民窑博物馆。位于全国重点文物保护单位湖田古窑遗址保护区内,前身为景德镇陶瓷历史博物馆所属的湖田古窑遗址陈列馆。2003 年,更名为景德镇民窑博物馆,是一家收藏、研究、陈列与宣传景德镇民窑陶瓷历史文物,并兼管景德镇民窑遗址保护的专题性遗址类博物馆。博物馆 40 余万平方米的地下保留五代至明朝制瓷历史文化遗存,反映这 700 年间陶瓷工艺变化和制瓷历史发展全过程。民窑博物馆不仅收藏陈列湖田窑各个历史阶段产生的各类典型标准器物和考古发掘出来的珍贵文物及考古标本等,还保护宋、元、明各个重要历史时期弥足珍贵的窑炉、制瓷作坊等 20 余处遗迹,真实展示古代制瓷的场景。民窑博物馆周围 12 处 26 万平方米古陶瓷遗存尚未发掘。

景德镇"十大瓷厂"博物馆。位于珠山区凤景路 55 号,建筑面积 1000 平方米。2010 年 12 月建成,博物馆以展示"十大瓷厂"中的颜色釉、青花、青花玲珑、粉彩、釉中彩、雕塑瓷、薄胎瓷以及民族用瓷、国礼瓷、出口瓷等产品及文史资料为主。

景德镇精益斋陶瓷博物馆。位于浮梁县旧县衙景区内,占地面积约 1.30 公顷。2010 年建成,是景德镇市首家省批民营博物馆。藏品数千件,其中以民国近代"建国瓷"、"文革瓷"及现代名家名作瓷器作品为主,如程门浅绛花鸟瓷板、珠山八友瓷、7501 毛主席用瓷等。藏品具有很高的观赏和收藏价值。是集文化、旅游、陶艺研修、学术交流及餐饮住宿为一体的多功能文化产业创意基地。

景德镇御窑文化艺术博物馆。位于御窑厂遗址西侧,面积约为 1320 平方米。2010 年建成,是一家民营博物馆。博物馆通过观摩影像资料,触摸生产原料、颜料、生产工具等展品,展示御窑制瓷工艺的历史和传承,以及这些珍品的原料和窑具,还有拉坯、成型、上釉、彩绘、填色的制瓷过程,以及历代帝王管理御窑、官员监督工匠生产的历史等。通过 150 多件元、明、清三代瓷珍的原件和高仿精品展示,为研究中国陶瓷史、科技史、手工艺史、艺术史和文化史提供了珍贵的资料。

景德镇三宝国际陶艺村博物馆。位于景德镇三宝村,1998 年由国际著名陶艺家李见深创建,通过民居、庭院、土墙、瓷片、园林、山水展示,在自然与高低错落中呈现景德镇陶瓷文化历史、自然与人文资源。是国内首个接纳国外艺术家驻村驻场项目的机构,国际知名的陶艺交流中心。每年接待数以千计的艺术爱好者及各种门类的艺术家进驻三宝工作室潜心创作,举办各种艺术交流活动及展览。

景德镇御窑遗址博物馆。位于原御窑厂遗址内,御窑厂是明清时期专为宫廷生产御用瓷器的所在地,是中国历史上烧造时间最长、规模最大、工艺最为精湛的官办瓷厂,海内外拍卖价格最高的瓷器大多出于此。2004 年,考古发掘出土一批珍贵文物和窑炉遗迹,被评为"2003 年度全国十大考古新发现",并获田野考古二等奖。

景德镇陶瓷工业遗产博物馆。位于陶溪川创意园区内,占地面积 1.12 公顷。是由省陶瓷工业公司创办的国有行业性博物馆。2010 年筹建,利用宇宙瓷厂留存的大型旧厂房,通过创新建筑设计,建设"文化脊柱""文化拱廊"等标志性文化景观建筑,打造出独特、新颖的文化体验空间和展示景德镇近现代陶瓷工业变迁的平台。整个博物馆采用“以物展史”的方式,以时间为序,充分运用现代新材料、新造型以及声、光、电等辅助手法,以场景再现、珍贵实物、图片资料等多种形式,展示自1909年至2010年,景德镇陶瓷工业所经历的沧桑变革和曾经的辉煌历史。

景德镇景东艺术陶瓷珍品博物馆。位于迎宾大道锦绣昌南千禧瓷坛,占地面积8435.98平方米,建筑面积3065.40平方米,展厅面积1600平方米。馆藏作品313件,主要是民国时期珠山八友和中国工艺美术大师张松茂、徐亚凤等陶瓷世家的作品。是陶瓷爱好者参观、鉴定、交流的平台。

景德镇皇窑陶瓷艺术博物馆。位于市陶阳北路118号,占地面积4068平方米。2010年11月建成,是省文化厅批准的民办博物馆,隶属于景德镇佳洋陶瓷有限公司旗下的国际陶瓷文化交流中心,是一个集“收藏、保护、展示、研究、教育、传统技艺再现”为一体的陶瓷艺术博物馆。

景德镇厚森青花瓷博物馆。位于珠山区昌江大道。2010年,由洪润保、洪丹父子筹建,是以青花瓷为主题的民办博物馆。展品按朝代顺序排列,由元代至新中国成立初,基本展示了景德镇窑青花瓷的发展历程。同时,陈列洪润保多年创作的青花瓷藏品。

景德镇宁钢艺术博物馆。位于景德镇市湖田村杨梅亭163号,2008年开始筹备,2010年完成基础设施的建设。

国内藏品　国内各博物馆藏有不少景德镇古代瓷器,其中以北京故宫、上海博物馆、景德镇中国陶瓷博物馆、江西高安市博物馆、台北故宫博物院等为多。

表14-7-2　**1986—2010年国内馆藏景德镇窑瓷器一览表**

藏馆	作品	年代
故宫博物院	青花釉里红盖罐、蓝釉金彩匜	元代
	青花缠枝莲纹压手杯	明永乐
	青花枇杷绶带纹盘、青花海水龙纹扁瓶、青花蓝查体梵文罐	明宣德
	青花花卉纹碗、斗彩海水龙纹“天”字罐	明成化
	青花孔雀凤牡纹碗	明弘治
	素三彩海纹洗、孔雀绿鱼藻纹盘、青花红绿彩云龙纹碗、素三彩海蟾纹洗	明正德
	黄釉红彩缠枝莲纹葫芦瓶、青花缠枝大碗	明嘉靖
	青花团龙纹提梁壶	明隆庆
	青花花卉海马军持、彩镂空去风纹瓶	明万历
	青釉菊瓣纹瓶、康熙红釉尊、珐琅彩花卉纹瓶、青花松竹梅纹壶、粉彩花卉盘、五彩钟馗像	清康熙
	斗彩花卉纹尊、珊瑚地粉彩花鸟纹瓶、青釉鱼篓尊	清雍正
	粉彩山水转颈瓶、珐琅彩花卉纹瓶、仿古铜牺耳尊	清乾隆
北京定陵博物馆	黄釉紫彩双耳三足炉	明万历
上海博物馆	青白釉观音像	南宋
	青花蕉石瓜果纹菱口盘、青花莲瓣形盘	元代
	釉里红云龙纹环耳瓶	明洪武
	白釉暗花双龙碗、青花折枝花果纹瓶	明永乐
	青花狮球罐、青花抹红海兽鱼涛高足杯、釉里红三里鱼纹高足杯、青地白龙纹尊	明宣德
	斗彩蔓草纹瓶、仿哥碗、青花飞龙碗	明成化

续表 14－7－2

藏馆	作品	年代
上海博物馆	白地刻填酱釉花果盘	明弘治
	青花松竹梅三羊碗、五彩鱼藻纹大罐	明嘉靖
	青花五彩莲龙盖盒、青花骑兽吹螺人像	明万历
	洒蓝描金开光五彩花鸟图瓶、釉里红花卉纹水盂	清康熙
	青釉刻花云龙纹缸、青花釉里红折枝花果纹瓶	清雍正
	青花缠莲花觚、粉彩百鹿图尊、胭脂红彩缠枝螭龙纹瓶、矾红缠枝莲纹瓶、绿地粉彩缠枝花卉八宝纹瓶、粉彩八仙过海图八角瓶	清乾隆
台北故宫博物院	青花花卉扁壶	明永乐
	青花龙纹僧帽壶	明宣德
	斗彩鸡缸杯	明成化
	珐琅彩五伦图碗 、仿哥釉牺耳尊	清雍正
	茶叶末六联瓶、粉彩百蝶瓶	清乾隆
景德镇陶瓷馆	白釉瓷小蝶	五代
	影青葵口小碟、影青褐釉乳钉茶杯	北宋
	涩胎堆塑四灵盖罐	南宋
	青花牡丹纹梅瓶、青花兽纽盖三足香炉、影青堆塑四灵十二生肖魂瓶	元代
	青花缠枝折边盘	明永乐
	青花葡萄纹菱口折边盘、青花花果纹葵口碗	明宣德
	珐翠釉彩童子拜观音	明正德
	青花石榴鸟纹大盘、青花云龙纹大缸	明嘉靖
	青花荷花鹭鸶纹大碗、青花山水凤尾尊、五彩花卉六方荷口花觚、五彩麻姑献寿图折边盘、豇豆红太白尊	清康熙
	白釉填祭红三鱼碗、仿汝窑粉青釉海棠瓶、粉彩孔雀牡丹纹盘、粉彩群仙图笔筒、青花斗彩莲池鱼纹盘	清雍正
	茶叶末釉双耳大吉瓶、炉均釉双耳灯笼瓶、粉彩百鹿双耳尊、青花百芦葫芦瓶、青花缠枝莲六方贯耳瓶	清乾隆
	美人醉釉柳叶瓶、青花制瓷图纹盘	近代
江西省博物馆	青花釉里红四灵塔式盖罐	元代
九江市博物馆	青花塔式盖瓶	
南京市博物馆	青花人物故事图梅瓶	
大同市博物馆	青白釉广寒宫枕	
蚌埠市博物馆	青花缠枝牡丹纹兽耳盖罐	
扬州博物馆	蓝釉白龙纹瓶	
铜川耀州窑博物馆	酱釉描金孔雀牡丹纹执壶	明嘉靖

续表 14-7-2

藏馆	作品	年代
苏州市吴县文管会	釉里红地白龙纹盖罐	元代
高安县博物馆	青花云龙纹兽耳盖罐、青花云龙纹荷叶盖罐、青花云龙纹带盖梅瓶、青花缠枝牡丹纹带盖梅瓶、青花蕉叶纹觚、釉里红开光花鸟纹罐、釉里红彩斑高足转杯、釉里红折枝菊纹高足转杯、釉呈红芦雁纹匜、卵白釉贴金行龙纹玉壶春瓶、卵白釉印花五爪龙纹高足杯、卵白釉印花折腰碗、青花釉印花荔枝纹高足杯	元代
香港天民楼	青花藏文杯	明成化
	黄地绿彩刻双龙戏珠纹渣斗	明正德
	青花婴戏纹罐	明嘉靖
	青花梵文莲瓣形盘	明万历
	青花梵文盘、素三彩刻龙纹花果盘、乌金釉油槌瓶	清康熙
	青花海潮纹方口小瓶(一对)、胭脂红釉大碗	清雍正
	青花红彩龙纹赍巴壶、青花番莲八宝纹四足、紫金釉碗(一对)、苹果绿仿哥釉花瓶	清乾隆
西藏萨迦寺	青花五彩莲池鸳鸯图碗	明宣德

景瓷拍卖

清雍正粉彩蝠桃橄榄瓶　2002年,香港苏富比拍卖会上清雍正粉彩蝠桃橄榄瓶以4150万港元拍出,收藏家张玉珍拍得后捐给上海博物馆。

元青花鬼谷子下山罐　2005年7月12日,伦敦佳士得拍卖行以2.30亿元人民币拍出,创下中国瓷器的世界最高纪录,将青花瓷的价值推上新高。该罐高27.50厘米,径宽33厘米,肩丰圆,素底厚圈足,短直颈,唇口稍厚。主体纹饰为“鬼谷子下山图”,描述孙膑的师傅鬼谷子下山搭救被燕国围困的齐国名将孙膑和独孤陈的故事。在罐体上,以鲜活青料绘一清癯道者乘坐辔以虎、豹之双轮车,尾随两个步行兵卒。

清乾隆珐琅彩古月轩锦鸡图双耳瓶　2005年10月23日,由香港苏富比拍卖行以1.15亿港元拍出,为乾隆时期的代表作品。器高16.5厘米,造型小巧秀丽,颈部饰以卷草形双耳,垂肩处的如意纹雅致婉丽。瓶身腹部绘“花石锦鸡图”,寓意锦上添花。另一面空白处墨彩题诗:“新枝含浅绿,晓萼散轻红”。瓶底足内书双方栏“乾隆年制”四字蓝料彩款识。

元青花鬼谷子下山罐

清乾隆粉彩镂空“吉庆有余”转心瓶

清乾隆御制珐琅彩杏林春燕图碗

清乾隆青花海水红彩龙纹八吉祥如意耳葫芦瓶

清乾隆御制珐琅彩杏林春燕图碗　2006 年 11 月 28 日,由香港佳士得拍卖行以 1.50 亿港元拍出,创下清代瓷器拍卖的世界纪录。该碗绘有杏花盛开、春风吹绿柳、双燕比翼飞图。侧面有乾隆御笔行楷题诗:“玉剪穿花过,霓裳带月归”,碗底有蓝楷书款“乾隆年制”,为乾隆珐琅彩瓷器杰作。

清乾隆青花海水红彩龙纹八吉祥如意耳葫芦瓶　2009 年 11 月 11 日,北京翰海拍卖公司以 8344 万元人民币拍出。该“葫芦”瓶上部呈圆形,下部为扁圆形,长方形足,颈肩两清乾隆青花海水红彩龙纹八吉祥如意耳葫芦瓶侧各置一绶带耳。该器青花红彩为饰,青花绘海水纹,红彩绘龙纹、藏传佛教吉祥图案八宝纹中的宝伞纹、金鱼纹。汹涌澎湃的海水,红彩蛟龙闹海,辅以青花绘缠枝花卉纹、回纹等。外底青花书“大清乾隆年制”六字三行篆书款。

清乾隆粉彩“万寿连延”葫芦瓶　2010 年 10 月 7 日,香港苏富比拍卖行拍出 2.07 亿元,由著名的收藏家张永珍收藏。

清乾隆粉彩镂空吉庆有余转心瓶　2010 年 11 月 12 日,在英国伦敦 Bainbridges 以 5.54 亿元创中国艺术品拍卖纪录。青花梅瓶纹饰宜人漂亮,青花用料浓淡相宜,发色明丽,富有层次感,绘有象征“身份尊贵、帝王之气”宝莲纹,堪称元末明初青花瓷中的绝品佳作。全世界只有 3 件,1 件收藏于江苏省南京市博物馆,系该馆的镇馆之宝,1 件仍在海外。

青花洞石花卉出戟觚　2010 年 12 月 5 日,香港收藏家徐展堂“在望山庄”旧藏的“天启年米石隐制”款青花洞石花卉出戟觚,在上海拍卖公司拍到 1232 万元,创造明清时期景德镇民窑瓷器交易纪录。

青花洞石花卉出戟觚

陶瓷友城

尼德兰王国代尔夫特市　18 世纪以产陶器闻名,是欧洲著名的瓷城。皇家代尔夫特蓝瓷创建于 1653 年,特色产品包括瓷盘、瓷砖和瓷瓶,为著名的荷兰特产。2010 年 10 月 17 日,与景德镇市签订友好城市协议。

日本佐贺县有田町　日本佐贺县有田町(镇)生产瓷器有近 400 年的历史。生产大量富有特色的工艺美术瓷,日式和西式餐具、茶具、咖啡具以及各种建筑墙地砖、耐酸瓷、高压电瓷和特种陶瓷。

摩洛哥萨菲市　萨非市号称非洲陶瓷之都。1920 年,开始烧制陶瓷。有陶瓷工厂和作坊 100 多家,瓷业工人 1 万多人,生产陶瓷品种有日用、建设和艺术陶瓷。

法国利摩日市　在法国以生产陶瓷而闻名,是欧洲的制瓷中心,设有国立陶瓷博物馆。

英国斯托克市　18 世纪,斯托克市开始仿制景德镇青花瓷,著名的瓷厂有威基伍德陶瓷公司、皇家多顿公司、敏顿陶瓷公司和史彼特陶瓷公司。创烧世界知名的骨灰瓷,发展成为英国制瓷中心。

韩国利川市　号称韩国的景德镇,生产工艺瓷、日用瓷,是韩国陶瓷出口基地之一。有小型陶瓷企业近 200 家,规模企业有广州窑、恒山窑、青坡窑等。

日本濑户市　日本著名的古陶瓷产地,是日本四大产瓷区之一,爱知县生产陶瓷的主要基地。1904 年烧造出青花瓷,并进入国际市场。

景瓷交流展览

当代景瓷展览　景德镇陶瓷艺术名家作品展览。1986 年 2 月 27 日,由省陶瓷工业公司、景德镇出口公司、景德镇陶瓷学院、中国轻工业部陶瓷研究所联合举办,在香港尖沙咀新港中心三楼中艺展览厅开幕。展品有青花、雕塑、粉彩、颜色釉等艺术陶瓷 400 余件(套),由胡献雅、毕渊明、余文襄、王锡良等 68 位景德镇陶瓷艺术名家创作。王锡良等 8 位应邀赴港作现场表演。展览历时 10 天,展品销售达 60%。

中韩现代陶瓷交流展。1996 年 2 月 24 日至 3 月 24 日,在省陶瓷研究所二楼展览厅开展。参展的 58 件作品均出自于景德镇陶瓷学院、省陶瓷研究所、景德镇市陶研所和韩国园光大学及韩国陶艺的艺术家之手,展示两国民族文化特色,体现古代陶瓷艺术与现代制瓷技术的完美结合。

'96 景德镇中日陶艺展。1996 年 9 月 15 日至 10 月 25 日,在省陶瓷研究所艺术楼开展。由省陶瓷研究所和日本陶光会联合主办、日本虹华株式会协办。共展出中日陶艺家创作的陶瓷艺术精品 200 件,是近年中、日两国举办的档次最高、规模最大的一次陶瓷作品展评。经中、日双方专家严格评审,共有 18 件作品分别获得中方或日方授予的一、二、三、四等奖。省陶瓷研究所获一等奖 2 项(日本陶光会会长奖、东京都知事奖);三等奖 2 项(中日友好特别奖)。

中国'99 昆明世界园艺博览会展。1999 年,景德镇陶瓷研究所完成的江西省展区《瓷园》方案设计,并完成 100 余件历代名瓷的复制陈列,整套成型、施釉、窑炉等陶瓷工艺设备的制造、安装和调试一系列布展工作。5 月 1 日至 10 月 31 日进行陶瓷工艺演示和陶瓷艺术家现场绘画表演,展示景德镇精湛的制瓷工艺和技术,被省政府授予特别贡献奖。

中国教育展(越南)。2005 年 5 月 19—31 日,景德镇陶瓷学院组团参加教育部在河内和胡志明市组织的中国教育展。景德镇陶瓷学院的展台引起关注,咨询的学生、家长、企业和公司代表超过 200 多人,索取材料人数达 300 多人,填写入学申请的人数达 50 人。中国驻越南大使、胡志明市总领事、越南教育培训部主任、胡志明市教育厅厅长等到现场参观。

景德镇陶瓷学院香港艺术作品展。2006 年 2 月 17 日,在香港城市大学举行。由香港城市大学主办、香港理工大学和香港大学协办。展出 1981 年以来学院教师的 50 件风格各异的陶艺代表作。陈雨前向郑培凯赠送《中国景德镇陶瓷研究丛书》,并在香港大学美术博物馆作题为"景德镇陶瓷的传承与创新"的学术报告。秦锡麟与何炳钦、孙清华、詹伟在香港理工大学作陶瓷彩绘表演。

景德镇陶瓷学院赴法陶瓷艺术作品展。2008 年夏季,景德镇陶瓷学院在法国巴黎联合国教科文组织总部大楼举办为期 10 天的师生陶瓷艺术作品展。展品凸显"景德镇风格",展现景德镇传统陶瓷及创新作品的风采与成就。

中美联合创作"行碗"。2008 年,美国驻华使馆的展览区内,陈列着新馆落成纪念瓷"行碗",其中一款"行碗"由景德镇陶瓷学院与美国西弗吉尼亚大学共同创作。工艺人员将美国驻华新使馆的外貌再现于瓷碗之上,还绘制出 50 朵艳丽的花朵,分别代表美国的 50 个州,作品极具古时外销瓷的异域风情。另外一款"行碗"是复制 18 世纪中国外销瓷当中的著名品种,碗面的图案是当时第一批美国商人到中国后所居住的商行,原件和另外一些珍贵的中国外销瓷收藏在华盛顿的美国国务院外交接待室。

伊斯兰文化古陶瓷艺术复制品展。2008 年 8—10 月,应埃及邀请,景德镇组织多家企业在开罗举办为期 3 个月的景德镇市伊斯兰文化古陶瓷艺术复制品展,受到埃及各界参观者的好评。

中美陶瓷艺术教育陶艺作品交流展。2008 年 10 月 27 日,2008 共同的旅程——中美陶瓷艺术教育陶艺作品交流展在景德镇陶瓷学院校陶艺中心举行,美国西弗吉尼亚大学创维艺术学院院长 Jbernard. Schultz,美国陶艺教育委员会主席 Thomas,清华大学美术学院教授张守智,法国利摩日国立艺术学院院长 Benoit Bavouset 共同为陶艺作品交流展剪彩。

巴黎联合国教科文组织总部陶瓷艺术作品展。2009 年 5 月 11 日上午,由景德镇陶瓷学院承办。联合国教科文组织 189 名成员国的文化部部长、体育部部长及有关人员参观陶艺作品展。展览汇集陶院 69 位师生的 78 件作品,展品造型涵盖瓶、板、盘、镶器、现代陶艺等,工艺涵盖青花、古彩、粉彩、新彩、斗彩、颜色釉、捏雕和镂空等。

其他展览。2009 年上半年,中国轻工业陶瓷研究所组织 10 多件陶瓷艺术作品参加国台办在台湾举办的海峡两岸陶艺作品联展。下半年组织 10 多件陶瓷艺术作品和"7501"瓷参加在北京国家大剧院举办的辉煌六十年——景德镇陶瓷成就成果展。

景德镇古陶瓷展　景德镇珠山出土永乐、宣德官窑瓷器展。1989 年 4 月 7 日,首次应邀在香港大会堂艺术馆展出,展期 108 天,展品 98 件,接待 8.90 万多观众。

五代至清初瓷器展。1992 年 4—6 月,景德镇出土五代至清初瓷器展在香港举行。

大明王朝极盛期官窑展。2001 年 2 月初,经省文物局推荐,景德镇首次参加 2000 年度(第 4 届)全国十大陈列展览精品奖评选，获提名奖。

陶瓷考古成就展。2001 年 5 月底，在市陶瓷历史博物馆“玉华堂”举办，展出稀世珍品、孤品百余件。

“成窑聚粹”瓷器展。2001 年 10 月 1 日，市陶瓷考古研究所、官窑博物馆联合在龙珠阁举办景德镇珠山出土成化官窑瓷器展。180 余件展品是 1987—1995 年市陶瓷考古研究所在御窑遗址发掘的碎瓷片，经修复的千余件器物中精选出来。是文物鉴定的可靠依据。

“祥集弄民宅”主题瓷器展。2002 年 5 月 1 日，市陶瓷考古研究所把全国重点文物保护单位“祥集弄民宅”对外开放，以明初至清末古陶瓷标本和郑小卿摄影作品为展览内容。展示的古陶瓷标本书有明、清各代底款，是鉴别古陶瓷的断代标尺。展出的摄影作品与景德镇陶瓷相关的古街、古码头、高岭土矿、古建筑以及窑砖墙体与路面。

“永乐集珍”官窑展。2002 年 10 月 1 日，在景德镇官窑博物馆展出，为国内外首个永乐官窑瓷器专题展。展品有永乐白釉、红釉、黑釉、釉里红、青花和罕见的红、绿彩与绿地酱彩瓷。器物有瓶、罐、碗、盘、碟、壶、祭器等 140 件。反映了永乐年间宫廷优雅生活、发达的海外贸易以及永乐大帝特有的审美情趣。

“朱明遗宝”文物展。2003 年 2 月 1 日，在龙珠阁展出，展示景德镇市 2002 年 10 月以后珠山御窑遗址考古发掘中取得的考古成果。永乐青花釉里红龙纹梅瓶、黑釉刻花三足炉、白釉印花盘口弧壁碗、红釉印花盖盒、宣德白釉卧足碗和各种仿哥瓜棱小罐等均为海内外孤品，首次同观众见面，此考古发掘入围 2003 年度“中国重要考古新发现”。

“大明成化遗珍”展。2003 年 4 月 10 日，市陶瓷考古研究所、官窑博物馆赴浙江省博物馆举办，展期 3 个月。是 2003 年度浙江省博物馆的文物、艺术系列展之一。

“珠山藏珍”文物展。2004 年 10 月，景德镇考古所将近年考古发掘出土的修复官窑器中最有代表性的 135 件官窑瓷在龙珠阁展出，同时承办中国古陶瓷学会 2004 年景德镇年会。

“皇帝的瓷器”——景德镇历年出土明代官窑瓷器精品展。2005 年 1—4 月，在东莞市博物馆联合举办，展品 199 件。应深圳市拍卖行有限公司、深圳市博物馆、深圳市文物考古鉴定研究所要求，4 月 26 日在深圳市博物馆延展 2 个月。

“黄金、丝绸、青花瓷”——马可波罗时代的时尚艺术展。2005 年 9 月 23 日，市官窑博物馆与中国丝绸博物馆举办，参展文物有元青花五爪龙纹围棋罐、元青花菊纹荷叶盖罐、元青花莲池鸳鸯纹碗、元青花莲池窝盘等 16 件。

景德镇出土明代御窑瓷器珍品展。2006 年 5—8 月，在北京大学赛克勒考古与艺术博物馆举办，展品 120 件，是 2002—2004 年景德镇明清御窑遗址考古发掘成果。

首都博物馆文物展。2007 年 5 月 1 日，市陶瓷考古研究所在首都博物馆举办，展期一个半月，从御窑遗址出土的数百件永乐瓷当中精选出 118 件展品。其中釉里红龙纹高足碗、白釉三壶连通器、白釉瓷镈、青花海浪仙山双耳三足炉等稀世珍宝首次在首都与观众见面。首都博物馆外聘 15 位国内著名古陶瓷专家开展系列讲座。

御窑遗址考古发掘成果展。2007 年 10 月 11 日，在龙珠阁一至三楼展厅展出 2002 年 10 月至 2004 年 12 月出土的官窑器，包括碗、盘、瓶、壶、盏等稀世珍品 137 件，并配备考古现场图片。

景德镇珠山出土明代官窑精品展。2008 年 6 月 9 日，市陶瓷考古研究所在慈溪市博物馆展厅举办。展期 3 个月，展品 120 件，其中元代青花龙纹围棋罐、元代青花龙纹小罐；明洪武青花蕉叶竹石纹执壶、青花 6 出开光湖石芝竹纹折沿盘；明宣德青花蟾形五毒鸟食罐等稀世珍品都是首次在浙江省亮相。

景德镇明初百年御窑出土瓷器展。2008 年 9 月 16 日，中国科学技术大学 50 华诞之际，在科大博物馆展厅举办，展期 1 个月。精选出明初百年的洪武、永乐、宣德、成化时期御窑出土精品瓷 80 件。其中有洪武青花锦地垂云莲纹折沿盘、青花折枝纹盖罐，永乐青花海水仙山双耳三足炉，宣德海怪纹大盘(直径 66 厘米，是当时世界上最大瓷盘)，成化素三彩鸭熏等稀世珍品。

青花的记忆——元青花瓷器珍品大汇展。2009 年 3 月，市陶瓷考古研究所应北京市文物局邀请在北京市艺术博物馆举办，展期 6 个月，展品 7 件。其间还举办“元青花与中华文化国际学术研讨会”，出版《元青花》图录和《元青花与中华文化国际学术论坛论文集》。

新世纪江西考古成果展。2009 年 5 月,考古研究所在省博物馆举办,展示景德镇御窑遗址出土的官窑瓷器共 23 件,展期 6 个月。

景德镇珠山出土永乐、宣德、成化官窑瓷器展。2010 年 4 月 24 日,市陶瓷考古研究所在上海世华艺术馆举办,同时出版《皇帝的瓷器——景德镇出土“明三代”官窑瓷器精品集萃》。12 月 15 日,市陶瓷考古研究所在澳门民政总署举办《景德镇出土明宣德官窑瓷器珍品展》,展期 3 个月,展出 81 件(套)宣德官窑精品。

考察与交流

1986 年 10 月 10 日,省陶瓷工业公司情报信息部长、工程师颜石麟去法国里摩日市参加国际陶瓷学术会议,并作“中国景德镇的陶瓷工业”报告,放映《中国瓷都风貌与传统艺术》录像带,受到与会代表的热烈欢迎。是年 10 月 27—31 日,应市长欧阳志凤的邀请,日本佐贺县有田町町长青木类次率代表团一行 10 人到访。双方陶瓷历史学者和陶瓷科技工作者进行学术交流,商定景德镇出土的永乐、宣德陶瓷文物赴日展览;委派中医、针灸方面的医务人员和体育代表团访问有田町。1987 年 2 月 19 日,由中国工艺品进出口总公司举办的第六届大中国展和景德镇陶瓷展,在日本高岛屋株式会社所属各大百货商场开幕。

景德镇考古专家刘新园赴日本开展古陶瓷学术交流

1990 年 6 月,应中国硅酸盐学会的邀请,美国陶瓷学会代表团一行 17 人到景德镇,参观陶瓷生产工艺流程,开展陶瓷美术设计、餐具制造、白瓷制造等方面的技术交流。1992 年 2 月,轻工业部陶研所高级工艺美术师戴荣华应邀赴日本“大中国展”进行现场技艺表演。

1994 年 5 月,省陶瓷工业公司组织各瓷厂厂长,分赴湖南、广东、福建等陶瓷产区学习考察,针对景德镇陶瓷工业与兄弟产瓷区的差距,写出专题调查报告。1995 年 8 月 1—4 日,高岭国际陶艺研讨会在高岭古矿遗址公园开展,研讨主题是“传统陶艺与现代陶艺”,内容为学术交流、作品展示、制作表演、参观考察。研讨会得到联合国开发计划署驻京办事处和中国国际经济技术交流中心支持,开发计划署陶艺顾问李茂宗和美国、加拿大、荷兰、澳大利亚、韩国及日本等 7 个国家陶艺家、教授,还有广东、上海、北京、浙江、湖北、四川和景德镇等省市代表 143 人出席研讨会。是年 9 月 25 日,省陶瓷工业公司副经理徐志军参加 95 世界妇女大会非政府组织论坛会议,并提交《浅谈妇女参与企业管理》的论文。同时精选 30 多个品种 200 多件小礼品瓷,在会议期间举行小型展览,向世界妇女介绍景德镇。10 月 25 日,由省陶瓷工业公司副总经理熊钢如、高级工艺美术师朱正荣,景德镇陶瓷学院讲师金银珍(兼翻译)3 人组团,赴韩国广州窑株式会社进行为期 10 天的陶瓷文化技术交流,并对韩国广州窑的陶瓷生产、管理、销售情况作详细的考察。

2000 年 8 月 17—25 日,应埃塞俄比亚国有企业管理局的邀请,省陶瓷研究所 2 名陶瓷专家赴该国阿瓦萨市塔博瓷厂进行 8 天的技术考察,并提交经营管理报告,双方签订技术服务意向书。2005 年 11 日,高技术陶瓷论坛的开幕式在陶院陶艺中心举行。省政府副秘书长郑克强、省科技厅厅长李国强、中国工程院院士、清华大学教授、景德镇市政府陶瓷顾问李龙土、中科院上海硅酸盐研究所教授江东亮、日本东芝陶瓷公司董事长若山忠、中材高新材料股份有限公司董事长余明清、日本东芝陶瓷公司董事、开发研究所所长相庭吉郎、《人工晶体学报》等刊物执行主编李云飞以及秦锡麟、周健儿、江伟辉等出席。来自全国 50 多家陶瓷领域高校及科研院所,其中包括清华大学新型陶瓷与精细工艺国家重点实验室,中科院上海硅酸盐研究所高性能结构陶瓷国家重点实验室等著名研究机构的代表共 220 多人参加。

2007 年 4 月 4 日,陶瓷学院设计艺术学院和《美术观察》杂志社联合在景德镇陶瓷学院举办名为“瓷绘与绘画”的学术研讨会。6 月 13 日,企业家、陶瓷学院客座教授、佛山“金意陶”陶瓷有限公司董事长兼总经理何乾作题为“学校·社会·成功”的讲座,各院系300余名师生听取。6月14日,在中国美术馆主办大型师生陶瓷作品展,展出陶瓷艺术精品近260余件,展期为7天。7月23日,景德镇陶瓷学院副院长兼工程中心主任江伟辉与醴陵市政府签订战略合作协议。8月26日,法国远东学院院士、法国高等实验学院博导、国际著名汉学家劳格文教授,台湾东吴大学人文社会学院教授、历史人类学家王秋桂,中国艺术人类学会会长、博导方李莉教授等5人到陶瓷学院访问。9月28日,国家日用及建筑陶瓷工程技术研究中心与杭州民生陶瓷有限公司签署合作协议。10月17日,2007高技术陶瓷(景德镇)国际论坛在景德镇陶瓷学院开幕。论坛由国家科技部、省政府共同主办,中国新材料产业发展促进委员会、景德镇瓷博会组委会办公室、中材高新、《人工晶体学报》《硅酸盐通报》《现代技术陶瓷》、中国粉体网、景德镇陶瓷学院、江西省科技厅、市政府共同承办。10月22日,台湾《艺术家》杂志陶艺专栏撰稿人、台湾《陶艺》杂志策展人黎翠玉举办《从陶艺策展到创意产业——谈台湾当代陶艺现象》的专题讲座。

2008年6月6日上午,《陶城报》驻景德镇工作站揭牌,站址在景德镇日报社,旨在加强景德镇与全国其他陶瓷产区交流及宣传推广景德镇陶瓷。10月3日,景德镇陶瓷学院设计艺术学院教授曹建文和研究生邱新倩在东南亚陶瓷学会马来西亚分会的年会上,作“景德镇与娘惹瓷的关系”和“景德镇青花瓷器鉴定方法”的报告。是年10月17日,由国家科技部、省政府共同主办的“2008景德镇高技术陶瓷国际论坛”在陶院陶艺中心开幕,中国工程院院士、清华大学教授李龙土,中国科学院院士、北京科技大学教授葛昌纯,中国工程院院士、中国建筑材料科学研究院教授顾真安,中国工程院院士、中科院物构所教授洪茂椿,来自美国、日本、葡萄牙等海外专家与国内清华大学、中科院上海硅酸盐研究所等50多所大学研究院所,日本科发伦材料株式会社、中材高新等的国内外大型企业集团在内的100多名代表以及部分师生代表参加开幕式。

2009年4月20—22日,法国国立瓷器制造局局长,法国国立瓷器博物馆馆长大卫·卡梅欧、中法学院法国教育顾问李安娜到景德镇市,与景德镇陶瓷艺术家和政府有关部门交流陶瓷艺术方面的新技术、新成果。4月7日,美国陶艺家保罗·夏勒夫(FPAUL CHALEF)在陶瓷学院举办“雕塑家与陶艺家的合作”讲座,并进行互动交流。4月23日,日本陶艺家、陶瓷学院客座教授二十步文雄在设计艺术学院举办“论日本陶艺家”讲座。5月13日,美籍华人陶艺家周光真应邀作题为《主流美术与美国当代陶艺》的报告。

2010年3月17—19日,常州市政府决定将“天宁宝塔”第二层瓷工殿的设计制作项目交由景德镇陶院设计艺术学院承担,6月9日双方签订“天宁宝塔”瓷工殿项目合作协议书。是年5月21日,由辽宁省博物馆和景德镇陶瓷学院陶瓷美术学院联合举办的“皇室典藏清宫散佚书画作品展”在学院图书馆拉开序幕。共展出100多幅作品,包括《清明上河图》《姑苏繁华图》《簪花仕女图》等。11月14日,景德镇陶瓷学院陶瓷美术学院与芬兰赫尔辛基艺术与设计大学设计系合作协议签约暨塔比奥·尤里-维卡里教授受聘仪式在陶瓷美术学院会议室举行。

表14-7-3　　**2005—2010年景德镇陶瓷学院外来专家学术讲座选录表**

时间	主题	主讲
2005.11	釉的定义、釉的颜色和釉式、相土、份相	中科院院士、博士生导师姜中宏
2006.3.8	设计教育研究与实践	香港理工大学教授辛向阳
2006.4.6	中国古陶瓷科学研究与鉴定	复旦大学博士生导师承焕生
2006.11.23	陶瓷与雕塑艺术	中央美术学院雕塑系副主任、中国雕塑协会副秘书长吕品昌
2006.11.28	抓住机遇、发挥优势、大力推进企业知识产权工作	国家知识产权局副局长邢胜才
2007.4.13	China is China	法蓝瓷实业有限公司总裁陈立恒
2007.10.11	美学与文化研究	陶瓷学院客座教授、复旦大学博士生导师、博士陆扬
2007.12.9	江西景德镇古代制瓷手工业概说	陶瓷考古专家、北京大学陶瓷研究所所长、博士生导师、教授权奎山

续表 14－7－3

时间	主题	主讲
2008.10.29	能源科技中若干陶瓷问题	中国科学院上海硅酸盐研究所所长,教育部无机材料科学与工程教学指导委员会委员,博士生导师罗宏杰
2008.11.13	西学东渐与中国近现代科技的起步	科学技术史研究专家、清华大学人文学院科学技术与社会研究所教授鲍欧
2009.6.23	陶瓷考古研究的现状与趋势	中国科学院研究生院王昌燧
2010.4.16	现代绘画创作基础漫谈——视觉形态、材质与空间感受	中央美术学院副教授刘斌
2010.10.3	两端深入的研究策略	中央美术学院院长、教授潘公凯
2010.11.14	芬兰艺术	芬兰赫尔辛基艺术与设计大学教授塔比奥·尤里－维卡里
2010.12.25	创建工科背景下的艺术硕士专业学位教育新模式	武汉理工大学教授陈汗青

表 14－7－4　　**2005—2010 年景德镇陶瓷学院交流访问活动一览表**

时间	参加人员及交流内容
2005.7.6	周健儿率陶瓷学院代表团赴英国斯坦福德厦大学访问,签署两校合作与交流协议
2005.9.15	美国西弗吉尼亚州立大学资深教授、景德镇陶瓷学院名誉教授鲍博·安德森一行 20 余人到陶瓷学院访问
2005.9.28	荷兰国际著名瓷器贸易史专家克里斯汀·凯特(Christine Ketel)到陶瓷学院讲学交流,作关于 17 世纪初荷兰东印度公司与中国瓷器贸易的学术报告
2006.2.14	韩国圆光大学美术学院教学副院长与该院雕塑系郑教授带队的韩国圆光大学 5 名留学生,访问陶瓷学院,首次进行友好学校学生交换项目
2006.2.24	法蓝瓷总公司艺术顾问、美国最大的礼品进口商 enesco 创办人兼前总裁 Freedman 和法蓝瓷总公司驻美副总裁 Shonnie、法蓝瓷公司董事长陈立恒一行访问景德镇陶瓷学院
2006.2.26	越南胡志明市孙德胜大学副校长 Le Vinh Danh 率团访问景德镇陶瓷学院,双方签订越南学期班项目合作协议书
2006.5.29	美国西弗吉尼亚大学教授鲍博·安德森一行 18 人抵达陶瓷学院,启动 2006 年度国际陶艺夏季进修学院项目
2007.4.16	周健儿率领由陶瓷学院设计艺术学院、材料学院、机电学院、科技艺术学院、国际合作与交流处代表团,赴美国西弗吉尼亚和阿尔弗雷德大访问交流
2007.7.6	景德镇日本京瓷株式会社稻盛和夫研究会在陶瓷学院新厂校区陶艺中心举行成立大会
2008.3.22	新加坡国立大学东南亚研究系博士生导师 John N. Miksic 教授在作题为“十至十七世纪中国与东南亚陶瓷贸易与移民”的讲座
2008.3.24	美国乔治·福克斯大学丹尼斯·哈根博士及其夫人到景德镇陶瓷学院访问
2008.4.11	台北故宫博物院研究员廖宝秀在陶瓷学院科艺楼举行“传统青花器的造型与赏析”的讲座
2008.4.27	陶瓷学院名誉院长秦锡麟、院长周健儿等一行赴韩国访问交流,并与韩国财团法人世界陶瓷博览会、韩国窑业技术院、京畿大学、檀国大学签订合作交流协议
2008.5.24	香港理工大学应用物理系学生一行 24 人到景德镇陶瓷学院材料工程学院考察,并签订 3 年合约,每年 5—8 月两校互派学生交流学习
2008.9.18	美国阿尔弗雷德大学陶艺系主任温·黑格比,校董事会主席 Marlin Miller 等一行 4 人到访,与周健儿讨论互派学生事宜

续表 14－7－4

时间	参加人员及交流内容
2008.10.27	陶瓷学院与美国陶瓷艺术教育委员会(NCECA)、西弗吉尼亚大学共同举办 2008“共同的旅程——中美陶瓷艺术教育”国际研讨会,美国、法国、韩国等 61 所大学的校长及陶艺教授和国内十余所大学的陶瓷艺术专家学者近 200 人参会
2009.4.2	法国利摩日国立高等艺术学校校长 O. Lerch,设计教师 Antoine Desjard,利摩日国立高等工业陶瓷学校高科科技委员会主席 Pierre Abelard 访问景德镇陶瓷学院
2009.4.20	法国国立瓷器制造局局长、国立陶瓷博物馆馆长大卫·卡美欧到访。就陶瓷文化、传统陶瓷技艺以及陶瓷技术、陶瓷工程、陶瓷原材料等方面进行交流
2009.5.11	“中国景德镇陶瓷艺术作品展”在法国巴黎联合国教科文组织总部大楼开幕。秦锡麟、周健儿以及联合国教科文组织总干事、副总干事及其他官员代表,法国有关部门政要出席开幕仪式。联合国教科文组织 189 名成员国的文化部部长、体育部部长及有关人员参观陶瓷学院 69 位师生的 78 件作品
2009.5.22	香港理工大学师生一行 20 余人到陶瓷学院访问
2009.6.12	第二届中国三宝国际当代版画艺术作品展在景德镇陶瓷学院国际陶艺中心开幕。由陶瓷学院主办,学院中国陶瓷文化研究所、三宝艺术研究院承办,中国、美国、澳大利亚、埃及、南非、加拿大、德国等 37 所高校协办
2009.6.13	法国欧洲膜研究所 André LARBOT 教授和 Sophie CERNEAUX 博士到访。就加强无机陶瓷膜重点实验室与法国欧洲膜研究所在改性陶瓷微滤膜水处理应用技术研究领域合作研究,开展青年科技人才交流与合作培养等达成多项合作意向
2009.9.11	英国贝德福特大学创意与科技学院院长、高级教授詹姆斯·克雷布访问陶瓷学院,并作“一种文化·创意和中国的创意产业”专场学术报告。陶艺家李见深等陪同
2009.10.19	英国巴斯东北萨摩赛特郡议会代表团一行 12 人在议会主席琼·弗朗辛·海博林的率领下访问陶瓷学院,双方座谈商讨校际交流合作事宜
2010.4.12	法国利摩日国立艺术学院校长代表团 B·Bavouset 访问陶瓷学院,就法国利摩日国立艺术学院在陶瓷学院建立法国国际陶艺工作室事宜进行洽谈
2009.10.19	荷兰代尔夫特市副市长莲·梅尔克斯与皇家代尔夫特陶瓷工厂副总裁理查德·兰诺叶到陶瓷学院访问
2010.5.21	荷兰莱登大学博士甘淑美(TEKESA CANEPA)举办“克拉克瓷器——十六世纪和十七世纪初全球贸易的兴起”讲座,陶瓷美术学院 200 余师生聆听
2010.10.17	韩国窑业技术研究院院长金璟会访问陶瓷学院,双方就共同开发新陶瓷材料合作研究项目、学者交换交流等方面达成一致
2010.10.22	陶瓷学院图书馆举行日本陶艺家中村元风个人陶瓷作品捐赠仪式,并发证书
2010.11.14	陶瓷学院陶瓷美术学院举行芬兰赫尔辛基艺术与设计大学设计系合作协议签约暨塔比奥·尤里－维卡里教授受聘仪式
2010.11.10	陶瓷美术学院教授张亚林赴日本岗山参加日中女性陶艺家论坛并举办陶艺作品展。围绕“陶艺家的过去、现在、将来”主题作发言,并展示近作“悠然”系列

第二节　陶瓷文化创意产业

创意基地

景德镇陶瓷学院　景德镇是全国乃至世界陶瓷文化创意产业高地,景德镇陶瓷学院作为全国唯一一所以陶瓷为特色的多科性高等院校,为陶瓷创意产业发展提供了便利条件,为大学生实践和创业提供了良好的环境。

三宝国际陶艺村　位于景德镇市城区南面约 5000 米的三宝蓬,2005 年,由旅加陶艺家李见深教授创建,是一个集陶瓷艺术研讨、交流和休闲旅游的场所,也是景德镇国陶瓷文化国际交流的窗口之一,内设景德镇三宝陶艺研修院。陶艺村创立以来,先后接待来自全世界的艺术家陶艺家和各界专家、学者友人和重要机构人员数千人。陶艺村代表中国的陶瓷文化交流出席、参与和组织了一系列重大的国际陶艺盛事,包括2004年景德镇瓷都千年庆典、澳洲国际陶艺大师创作交流展、挪威奥赛罗国际陶瓷艺术研讨会、欧洲陶艺中心、意大利帕克桑文化中心创作交流,为东西方的陶瓷文化交流提供平台。2002年,陶艺村被国际陶艺协会接纳为正式成员组织。

明清园　1992年,在雕塑瓷厂原有园林式工厂的基础上,把散落在当地农村的明清时期的残旧古建筑、古木雕和旧房架收集起来,经过修复和重新组合,构筑成一组集生产、创作、陈列、接待、购物、休闲娱乐于一体的古建筑群,称"明青园",打造雕塑国际陶艺村,发展陶瓷文化创意产业,后更名"明青园"。2009年10月,"景德镇陶瓷文化创意基地"在此揭牌,近百个陶瓷文化创意实体入驻,多位国家级工艺美术大师在此开设工作室。景德镇国际陶艺中心在此入驻,并形成陶瓷市场。明清园先后被评为全国旅游商品定点生产企业、全国环保先进企业、全国工业旅游示范点、国家AAA级旅游景区、全国版权示范单位、省服务业基地及市陶瓷文化创意基地、市大学生创业孵化基地、景德镇非物质文化遗产生产性保护示范基地。

乐天陶社　1985年,创办于香港中环,是香港最大的陶艺中心。2002年,乐天陶社在上海泰康路艺术街创立新的工作室和展示厅。2005年,在景德镇雕塑瓷厂成立景德镇乐天陶社。景德镇乐天陶社为年轻人提供驻场艺术家工作室、教育中心、画廊及商店、创意市集,并有设计工作室提供陶艺作品的限量定制。"乐天陶社创意集市"鼓励创意、倡导原创、拒绝仿冒的定位,激发年轻大学生的创新精神。

法蓝瓷公司　2004年年初,台湾企业家陈立恒率旗下企业海畅实业,从东部沿海入驻千年瓷都,自创的陶瓷品牌。法蓝瓷首选景德镇为发展基地,把创意文化品牌根植瓷都景德镇,融入现代企业的生产体系。实现"日用陶瓷艺术化、艺术陶瓷产业化",2005年10月,海畅法蓝瓷正式投产,2007年总体营业收入788万美元。2010年,实现营业收入2000万美元目标。

其他陶瓷文化创意基地　2009年,省陶瓷工业公司启动曙光瓷厂"景德镇市陶瓷就业创业示范基地"建设;建国瓷厂大力招商引资,引入景德镇市浩瀚创意文化产业发展有限公司进驻投资,由国家一级注册建筑师黄浩领衔打造"建国陶瓷创意园";艺术瓷厂建成集旅游、购物、休闲、制瓷体验为一体的传统粉彩瓷生产、前店后坊式建设群,称"红店一条街"。2010年,市工管办推进陶瓷中小企业创业孵化基地建设,首期1.50万平方米标准化厂房在建,完工后将吸引3~5家中小民营陶瓷企业进入基地发展,提供就业岗位约1500个。并通过省级考评,成为"江西省小企业创业基地";国际雕塑创意园成为"江西省服务业基地",并被评为"全省非公经济小企业创业基地先进单位"。

陶瓷文化社团

景德镇高岭陶艺学会　1994年10月6日成立,由联合国计划开发署陶艺顾问、旅美陶艺家李茂宗和景德镇资深陶艺家周国桢提议,由景德镇陶瓷学院、景德镇雕塑瓷厂、广州美术学院、湖北美术学院等单位及陶艺界知名人士共同筹办。是年,首次举办陶艺展,以提高陶瓷艺术创作水平,促进现代陶艺发展,增进国际文化交流为方向。1995—2010年,多次举办国际性陶艺研讨会以及现代陶艺展,在国内外产生良好的影响。

景德镇瓷都画院　2004年成立。发展和弘扬景德镇艺术陶瓷文化,加强艺术家与收藏爱好者之间的交流,提高陶瓷文化创造水平和特色。先后在北京、上海、深圳、武汉、福建、汕头、香港、新加坡等地进行文化交流。

中国陶瓷文化研究所　2006年9月成立,隶属景德镇陶瓷学院,是江西省高校人文社会科学重点研究基地。以陶瓷文化研究、陶瓷考古、文物鉴定、陶瓷文化交流、陶瓷人才培养等为主要目的的学术研究平台。研究所下设紫砂文化研究中心、三宝陶瓷文化创意研究中心、酒器设计研发中心、万粹楼文化遗产研究中心、当代官窑研究中心等子机构。研究所有专职研究人员及工作人员15人,兼职研究人员8人。2006年12月,承担《中华大典·艺术典·陶瓷艺术分典》编纂项目。2010年7月,承担的《构建景德镇陶瓷产业技术创新战略联盟研究》结题,系国家科技部软科学项目。

景德镇陶瓷大学古陶瓷研究所　2007年5月成立。研究所主要从事古陶瓷与传统陶瓷的物理化学基础、陶瓷科技史、古陶瓷科技鉴定、古陶瓷工艺再现、陶瓷类文物保护与修复等方面的研究和探索,以及科学技术史和考古学硕士点的教学和学科建设工作。

景德镇市女陶艺家协会　2008 年 8 月 26 日成立，设在景德镇陶瓷学院国际陶艺交流中心，协会有会员 70 余人。

陶瓷文化现象

陶院现象　中央美术学院教授钱绍武首先提出“陶院现象”。“陶院”是景德镇陶瓷大学前身景德镇陶瓷学院的简称，“陶院现象”指的是景德镇陶瓷学院培养的历届毕业生中人才辈出，成为国内外陶瓷企业的管理、科研团队的主要力量，自然形成了一种“陶院现象”。在 21 世纪初，很多陶院的学生毕业前后就在学校周边开设工作室，进行学习交流，成为草根创业一族，并成家立业扎根景德镇。无论在陶瓷学院周边，还是在陶瓷产业界，景德镇陶院人才无处不在，形成“陶院现象”，引起国内外的关注。

大学生集市　2007 年瓷博会期间，“乐天陶社创意集市”在景德镇市雕塑瓷厂内试行，这个以瓷为主题的创意集市，逐步形成“陶瓷创意一条街”，陶瓷艺术专业大学生以此为创业基地，展示的作品创意新颖、造型独特，有别于大市场的主流产品，受到市场欢迎。随着市场影响力的扩大，许多外来艺术院校的学生和景德镇当地从事陶艺创作的艺人也加入到这个群体。周日是“乐天陶社创意集市”固定开市的日子，大学生们在临时搭建简易展台，展示交易自己的作品。

景漂现象　21 世纪初，一大批国内外艺术创作者聚集景德镇，进行陶瓷艺术的学习、交流、研究、创作，这一现象被学者称为“景漂”现象。他们中很多是陶瓷艺术专业的大学生，也有相当一部分是非陶瓷业的知名画家、艺术大师，这些来自全国各个艺术院校的毕业生、陶瓷爱好者、国外陶瓷专家学者，到景德镇开办工作室，静心研究，创作交流。以乐天陶社、三宝陶艺村、陶院周边、雕塑瓷厂、新都民营陶瓷园等地为中心，逐步形成人数逾万，其中外籍人士 1000 余人的“景漂”一族聚居群落。2010 年，经过调查，在景德镇从事艺术陶瓷创作的外来二级画师（中级）有 3200 人。景德镇深厚的陶瓷文化底蕴、繁荣的陶瓷艺术品市场和完善的配套产业，为景漂一族提供实现其自身价值的平台。

工作室现象　景德镇的陶瓷工作室一般指陶瓷艺术创作、交流、研究场所。景德镇的陶瓷艺术工作室类型有高等院校中用于教学的工作室、艺术家个人的从事艺术创作的陶瓷工作室、高校毕业生创业陶瓷工作室、私人对外开放营业的陶艺体验工作室。2000 年以后，景德镇陶艺大师工作室和高校毕业生陶瓷工作室迅速兴起，外来陶艺专家也在景德镇开办工作室，创作展示自己的作品。随着高等院校扩招人数的逐年增长，接受过高等院校陶瓷艺术和设计教育的大学生们，个人或者合作创办面向市场的陶瓷“作坊”，并冠以工作室的雅称，因规模小、成本低，成为大学毕业生自主创业之所。

陶艺研修产业　是景德镇特色创意产业之一。21 世纪初，景德镇城市旅游业结合陶艺培训，在雕塑瓷厂、古窑、三宝国际陶艺村等地设立陶艺研修夏令营、培训工场，每年接待外宾和游客，也为中外学生提供夏令营活动场所。

陶瓷文化旅游

瓷业遗址　高岭遗址。位于浮梁县瑶里镇，是全国重点文物保护单位和江西省级风景名胜区，面积 1968 公顷，是高岭土采矿遗址园区的核心区。2001 年 7 月，高岭古矿区被列为国家重点文物保护单位。是年，被江西省政府评为省级风景名胜区，成为国际瓷业研究人士的朝圣之地。

绕南陶瓷主题园区。位于浮梁县瑶里镇，绕南村因东河从其南面环绕村庄而名，村前栗木滩遗存有古水碓、古釉果作坊、古陶瓷作坊、南宋龙窑遗址等古陶瓷遗迹，经开发修整，展示古陶瓷制作过程。

南市街古瓷窑址。位于浮梁县寿安镇南市街村。遗物分布范围较大，堆积层丰富，有 4 处较大的遗存，主要生产青瓷、白瓷、影青瓷和少量白瓷等，尤以影青瓷为大宗，窑址兴烧于五代，终烧于元代。

兰田古瓷窑址。位于浮梁县湘湖镇兰田村金星自然村西北的万窑坞山坡上，出土的青釉器为早于五代的晚唐遗物，对研究景德镇早期制瓷有非常重要的意义。

进坑古窑遗址。位于浮梁县湘湖镇西南面，是景德镇优良的瓷土产地，南河流域重要的瓷窑聚集地，保存五代至宋代的制瓷遗址，展示了一个完整的瓷业体系，是古陶瓷文化研究、休闲旅游的基地。

御窑遗址公园。景德镇御窑厂是明清时期专为宫廷生产瓷器的皇家窑场。明洪武二年设御器厂，清设御窑厂,清末烧造制度终结,前后延续600年。是全国重点文物保护单位,国家考古遗址公园。

古窑民俗博览区。位于景德镇西市区枫树山蟠龙岗,是集文化博览、陶瓷体验、娱乐休闲为一体的国家AAAAA级旅游景区。景区有古代制瓷作坊、宋代龙窑、元代馒头窑、明代葫芦窑、清代镇窑、风火仙师庙、唐英纪念馆等,全面展示古代手工制瓷的生产过程。

湖田古窑遗址。位于景德镇市区东南的竟成镇湖田村,是宋元时期瓷器生产规模最大、时间最长、产品最精美的瓷窑。如五代时期生产的是灰胎青瓷和白胎白瓷,宋代生产的品种繁多的白胎影青瓷。保护区内还有宋元制瓷作坊、明代葫芦窑和马蹄窑遗址。1982年列为全国重点文物保护单位。

丽阳古窑。位于昌江区丽阳乡彭家村和丽阳村之间的瓷器山西坡和碓臼山南坡。2005年7月中旬,经考古发掘,出土明代早期偏晚的葫芦形窑一座,元代龙窑一座,出土瓷器有元代青瓷、宋元青白瓷等器物。

传统作坊　斗富弄古街。斗富弄从西至东,两旁有各种陶瓷艺术作品创展室与各种店铺,还有沿江弄口大众文化剧场,每到黄昏后都有群众文化团体演出。在斗富弄东与风景路接壤处,建有仿古建筑“龙凤阁”,为一家私人陶瓷博物馆,旁边还有一家景德镇十大瓷厂厂瓷的展览馆。

三宝陶艺村。三宝陶艺村毗邻湖田古窑遗址,陶艺村建有陶瓷艺术研修院,为中外游客以及大、中专学生提供实践的基地,多间传统的制瓷作坊里可以操作练泥、拉坯、利坯、施釉、彩绘等手工制瓷工序。

三宝陶艺坊

红店街。位于莲社北路。以明清青砖灰瓦“窑派建筑”风格为主,从拉坯、手绘、填色、烧炉到包装销售一应俱全,形成“前店后厂”老招牌、老字号的红店作坊。“红店”是景德镇解放前画瓷和售瓷场所,“红店”文化源于元代,盛于清代,是景德镇独有的陶瓷文化,画瓷工称之为“红店佬”,画瓷称之为“画红”。

老厂陶瓷街。“老厂”是景德镇一个地名,主要由一条几百米街道形成,过去老厂作坊以手工生产陶瓷为主,形成前店后厂的陶瓷集散地也是典型的釉料一条街。这里瓷器生产分工非常详细,有专业制泥作坊、专业拉坯作坊等,一个厂专做一个品种,形成特色。

樊家井仿古街。樊家井位马鞍山南麓与广场南路的结合部,是个城中自然村,人口不足3000人。此处拥有500余家以仿制历代瓷器为主的陶瓷作坊及店铺,经营这些瓷器的商户们诚实地卖着“假货”,游客可以自娱娱人。

老鸦瓷板作坊群。地处东郊里村花园毗邻东一路的深港处,是景德镇现代瓷板和胎瓶生产的集散地,有几十家作坊。设施简陋的作坊里生产出长度3米以上的瓷板,让人震撼。各个瓷板作坊里压坯、踩坯、刨坯、吹釉、满窑、烧成、包装一气呵成,这里还有一些专门制作特艺陶瓷的作坊,陶瓷大师、艺术院校的学生常到这里搞创作。

考古演示　2007年10月11日,市陶瓷考古研究所在市御窑遗址景区内设立一个“明正统龙缸”修复技艺表演场所,为游客进行现场演示。

陶瓷工业旅游示范点　景德镇雕塑瓷厂。是生产陶瓷雕塑为主的企业,产品造型生动,装饰绮丽,风格多样,辅之以园艺瓷,先后有200余件陶瓷雕塑珍品被选作国礼,赠送给国外元首。先后投资1100多万元,把散落在当地农村的明清时期的古建筑残件收集起来,按照修旧如旧、恢复原貌的原则,建起了一个具有明清时期江南徽派建筑风格的“明青园”,构筑起一组集创作、生产、接待、陈列和观光、购物于一体的古建筑群。国际陶艺中心、艺术陶瓷展示中心、名人作坊入驻,形成陶瓷购物街,实现参观、鉴赏、研修、购物、餐饮、娱乐、休闲一条龙服务。2004年,被国家旅游局公布为全国工业旅游示范点。

景德镇法蓝瓷实业有限公司。2003年10月成立,位于景德镇陶瓷工业园区。产品独具风格,艺术化的日用瓷提高了消费者的品位。2006年,法蓝瓷的“蝶舞系列”以及“写意人生”系列荣获联合国教科文组织

“世界杰出手工艺品徽章”。2008 年，获选为国家文化产业示范基地。2009 年，FRANZ 和法蓝瓷商标被授为江西省著名标、江西名牌旅游商品。2009 年 9 月，被省旅游局评为江西省旅游示范基地。

景德镇陶瓷股份公司。是一家生产高档中西餐具、咖啡具、茶具、宾馆、酒店系列用瓷以及高档彩盘、高档炻器及高档窑具制品的企业，装备有国际先进的自动化陶瓷生产线，先后完成中南海用瓷、人民大会堂用瓷、上海 APEC 会议专用瓷、钓鱼台国宾馆、国礼瓷、第二代中南海用瓷产品的设计工作。是参观考察现代陶瓷生产过程的旅游示范点。2009 年 9 月，经省旅游局评定，为江西省工业旅游示范点。

游客在雕塑瓷厂参观制瓷过程

第三节　陶瓷文化研究与传承

陶瓷文化研究

“景德镇学”　是以景德镇的陶瓷文化和地域文化为主要研究对象，以哲学和艺术、历史、经济、科技思想为背景和依托，综合运用现代科技手段与方法，研究景德镇陶瓷泥做火烧与销售、消费的过程，以及各个环节中所反映的材质文化、工艺文化、装饰文化、器物文化、制度文化、传播文化、历史文化等，反映所积淀的哲学思想、器物思想、科技思想、经济思想、艺术思想，并进而拓宽至研究生活方式与文明史、文化史等内容，并由此提升至研究和挖掘景德镇陶瓷在人类文化生活中的地位、作用，乃至揭示出人类文化生活方式和审美情趣。2004 年 10 月，景德镇陶瓷文化研究专家陈雨前首先在《中国景德镇陶瓷文化研究丛书》（国家“十五”规划重点图书）中提出构建“景德镇学”的观点。2006 年 9 月初，省社科院完成对“景德镇学”研究课题的论证报告，把“景德镇学”打造成一门具有江西地方特色和中国文化特色的独立学科，成为与红学、敦煌学、藏学并列的国际性“显学”。同月，景德镇陶瓷文化研究所暨“景德镇学”研究中心在陶瓷学院挂牌成立。

中华大典·艺术典·陶瓷艺术分典　是国家文化发展纲要的重点出版工程项目、新闻出版总署“十一五”国家重大工程出版规划之首的《中华大典》组成部分。1987 年，国务院批准立项。2007 年，经《中华大典》工作委员会和编撰委员会批准，景德镇陶瓷学院成立中华大典·艺术典·陶瓷分典编撰委员会，承担《中华大典·艺术典·陶瓷分典》的编辑出版任务。陈雨前被聘为《陶瓷分典》主编，邀请数位全国知名的陶瓷专家和学者参加编撰。2010 年，全面完成《中华大典》编撰工作。

《中国陶瓷》杂志　是中国轻工陶研所主办的国家级综合性陶瓷科技期刊。原名《瓷器》。主要报道国内外陶瓷行业的发展动态、方向，刊登陶瓷行业研究开发、生产应用等方面的重要科技论文。栏目有“综述与评述”“陶瓷文化”“研究与开发”“探索与交流”“生产与应用”“陶瓷艺术”“古陶瓷研究”“信息集锦”等。被列为“中国轻工业局科技期刊”“中国科技论文统计用期刊”“中国学术期刊综合评价数据库来源期刊”“中国引文数据米源期刊”“中文核心期刊”。2004 年 3 月，杂志入选“中国科技核心”期刊，并恢复“国家中文核心期刊”。12 月，获第二届（2002—2003 年度）江西省优秀期刊奖。2006 年 1 月，《中国陶瓷》改双月刊为月刊。2009 年，获华东地区六省一市优秀期刊奖和全省“优秀”期刊称号。2010 年，与景德镇乐华锦川公司签订合作协议，创办《中国陶瓷》艺术版期刊。

《陶瓷研究》杂志　1985 年创刊。江西省陶瓷研究所、江西省陶瓷科技情报站主办的陶瓷专业综合性刊物，国内外公开发行。季刊。主要刊登学术论文、陶瓷美术、技术总结、科研成果、企业管理、古陶瓷研究等文章，并介绍中国国内外陶瓷新产品和艺术作品。是了解国内外陶瓷科技成果、生产动态、经营管理、市场行情及传递各企业产、供、销的信息窗口，是国家新闻出版总署中国期刊网收录期刊之一。《陶瓷研究》侧重于陶瓷艺术,先后设置"明星在线""瓷海萍踪""名家风采""人物写真""瓷苑画风""瓷路花雨""佳作点评""古瓷品鉴""盛世藏瓷""名域陶录""陶瓷时讯""拍场褪音""话说陶瓷""陶史风韵"及"陶瓷论坛"等栏目。

《景德镇陶瓷》杂志　1973年创刊。由江西省陶瓷工业公司主办、公司科技情报站和景德镇陶瓷馆编辑,是国内外公开发行的季刊。《景德镇陶瓷》被列为全国中文核心期刊、华东地区优秀期刊、江西省优秀期刊、中国科技核心期刊、中国学术期刊综合评价数据库统计源期刊、中国期刊全文数据库来源期刊、中国科技期刊精品数据收录期刊、中国科学引文数据库来源期刊、《中国学术期刊(光盘版)》期刊。景德镇瓷局主办。双月刊。重点介绍宣传景德镇悠久的制瓷历史、制瓷工艺及其名优新产品、当代最新发展情况等。设陶瓷工业技术、陶瓷文化、古陶瓷研究、陶瓷收藏、陶瓷教育、作品赏析、研究与探讨、商情信息等栏目。

陶瓷世界信息网　2002年9月,由景德镇陶瓷协会、省工艺美院、景德镇电信局3家合作创建的陶瓷世界信息网正式开通。以瓷都历史、陶瓷文化、制瓷技术等为主要内容,设置一系列具有鲜明陶瓷特色的栏目,为50多家陶瓷企事业单位和个人工作室制作网页,链接20多家陶瓷企业,并设有英文版。是一个大型综合性陶瓷门户网站。

《景瓷信息》报　1999年8月,景德镇陶瓷协会创办,以"立足企业,传递信息,推介成果,服务陶瓷"为宗旨,传递陶瓷行业生产、技术、市场、管理等各方面的信息,总结交流陶瓷行业管理经验。信息报为月刊,四开四版,分别为陶瓷要闻、行业纵横、信息广场、专版专栏,并设有众多与陶瓷相关的栏目。

《瓷器》杂志　2008年10月创刊,是一份陶瓷类生活杂志,是在《瓷周刊》基础上发展成为独立装订的读本。

表14-7-5　　**1985—2010年景德镇陶瓷出版物一览表**

名称	编著	出版社	出版年份
《景德镇陶瓷工业年鉴》	省陶瓷工业公司	景德镇陶瓷杂志社	1985、1986、1987
《第二次全国工业普查资料》	省陶瓷工业公司工业普查领导小组	—	1986
《景德镇的颜色釉》	潘文锦、潘兆鸿	江西教育出版社	1986
《瓷都及其高峰》	吴海云	人民日报出版社	1986
《景德镇史话》	周銮书	上海人民出版社	1989
《景德镇瓷艺纵观》	郑鹏	江西科技出版社	1990
《瓷都明珠》	刘汉文	景德镇陶瓷杂志社	1990
《中国瓷都景德镇陶瓷》	徐希祉	香港中国文化发展公司	1990
《景德镇陶瓷古今谈》	杨永峰	中国文史出版社	1991
《原燃料供应处处志》	省陶瓷工业公司原燃料供应处	—	1992
《现代景德镇陶瓷经济史》	汪宗达、尹承国	中国书籍出版社	1994
《景德镇瓷俗》	邱国珍	江西高校出版社	1994
《景德镇历代诗选》	龚农民、谢景星、童光侠	中州古籍出版社	1994
《景德镇陶瓷美术百家》	景德镇日报社	浙江美术学院出版社	1993
《景德镇陶瓷艺术名人录》	景德镇陶瓷馆	香港昊文化公司承印	1985
《陶瓷美术》	—	陶瓷美术杂志社编印出版	1958、1959
《陶瓷研究》	—	江西省陶瓷研究所主办	1986
《景德镇陶瓷学院学报》	景德镇陶瓷学院校刊	—	1980

续表 14－7－5

名称	编著	出版社	出版时间
《江西省陶瓷工业公司科学技术成果选编》	江西省陶瓷工业公司	—	1984
《高岭土史考——兼论瓷石、高岭与景德镇十至十九世纪的制瓷业》	刘新园、白焜	—	—
《全国百家大中型企业调查——江西省陶瓷工业公司》	尹世洪、孙本礼	当代中国出版社	1998
《景德镇陶瓷艺术家辞典》	邹继艺	中国文联出版社	2003
《千年瓷都》	钟景轩	江西教育出版社	2003
《千年瓷韵——景德镇陶瓷历史文化博览》	周荣林	江西人民出版社	2004
《景德镇市瓷业志》	景德镇市地方志办公室	方志出版社	2004
《景德镇粉彩瓷绘艺术》	李文跃	江西高校出版社	2004
《景德镇陶瓷古彩装饰》	方复	江西高校出版社	2004
《景德镇陶瓷文化概论》	陈雨前、郑乃章、李兴华	江西高校出版社	2004
《景德镇陶瓷传统工艺》	祝桂洪	江西高校出版社	2004
《景德镇传统陶瓷雕塑》	余祖球、梁爱莲	江西高校出版社	2004
《景德镇陶瓷习俗》	周荣林	江西高校出版社	2004
《景德镇陶瓷馆——民国瓷艺精品》	曹淦源	吉林美术出版社	2005
《江西省陶瓷工业志》	省陶瓷工业公司	方志出版	2005
《景德镇——千年窑火不熄的陶瓷之城》	冯国平、胡银姣、邵继梅	五洲传播出版社	2006
《元青花研究》	黄云鹏、周荣林	上海辞书出版社	2006
《景德镇现代艺术陶瓷投资与鉴藏》	汪耕	江西美术出版社	2007
《督陶官唐英》	张德山	中国出版社	2007
《景德镇民间故事——老城区部分文物古迹的传说》	江华	内部刊物	2007
《景德镇民间故事集》	徐新华	内部刊物	2009
《景德镇瓷业习俗图解》	王莲花	陕西旅游出版社	2009
《景德镇市名人、名产、名胜》	景德镇市档案馆	中国档案出版社	2009
《张松茂瓷画集》	邵继梅	江西美术出版社	2009
《瓷苑絮语》	邵继梅	国际炎黄文化出版社	2009
《景德镇十大瓷厂》	李胜利	景德镇陶瓷杂志社	2010

非物质文化遗产

传统手工制瓷技艺　80年代，景德镇市古窑瓷厂复建一批古作坊和一座明式瓷窑（镇窑），从各瓷厂抽调一批熟悉传统手工制瓷技艺的老工人、老艺人到此传艺。2000年10月，“景德镇传统手工制瓷技艺”通过评审，正式申报联合国2010年非物质文化遗产代表作名录。2003年10月17日，联合国教科文组织通过《保护非物质文化遗产公约》（以下简称《公约》），正式命名并公布“非物质文化遗产”保护的五项基本内容,“传统手工艺”位列89项传统手工艺制作之首,而“景德镇手工制瓷技艺”又位列瓷器类榜首。2005年3月,景德镇民族民间文化保护工程市级中心成立,是各设区市文化系统中首个单独成立的“非遗”机构,并下发《景德镇市民族民间文化保护工程实施方案》。

2006年,制定《景德镇市非物质文化遗产普查工作计划(方案)》,全面展开非物质文化遗产普查、登记、申报、评选工作,包括“国家级非物质文化遗项目”两个:“手工制瓷技艺”(编号:Ⅷ—7)和“传统瓷窑作坊营造技艺”(编号:Ⅷ—29);“省级”项目22个,其中有15项与陶瓷手工技艺相关;“市级”非物质文化遗产25个项目中与陶瓷手工技艺及文化相关的有8个,分别是景德镇传统瓷业语言词汇、传统珐琅彩瓷、特种工艺瓷、釉里红瓷制作技艺、制瓷工具制作技艺、制瓷原料加工配制技艺、瓷业祭拜习俗、中秋烧太平窑习俗。

古窑瓷厂的非物质文化传承老艺人拉坯表演

同年,“景德镇手工制瓷技艺”被文化部列为第一批国家非物质文化遗产保护项目。2008年,景德镇古窑瓷厂和景德镇佳洋陶瓷有限公司被列入国家级非物质文化遗产传统技艺及景德镇手工制瓷技艺项目生产性保护示范基地。2009年,王炎生、陈圣发、曹开永、余云山等4人被认定为国家级非物质文化遗产(景德镇手工制瓷技艺)代表性传承人。王炎生等93人被认定为景德镇市市级非物质文化遗产(景德镇手工制瓷技艺)代表性传承人。景德镇传统手工制瓷技艺得以保护和传承。

建窑技艺 景德镇传统瓷窑作坊营造技艺是一种以通过砌窑、修窑、抹泥等步骤最终建成瓷窑的传统技艺,是景德镇市地方传统瓷业建筑及营造技艺。景德镇历代瓷窑以各自不同的形制特点和烧成技艺,构筑了景德镇灿烂的陶瓷艺术,但是由于自然原因和烧窑生产的特点,明代以前的瓷窑没有完整的窑体遗存。位于景德镇古窑民俗博览区内的明式镇窑,是1980年通过迁建再次组合而成。迁建时以景德镇天后宫窑为主,配以历史上的福兴窑(位于景德镇老东门)的部分建筑材料,重新组合的镇窑,按天后宫窑型式布局,占地面积648平方米。天后宫窑以及福兴窑的瓷器烧造史,可上溯到明成化年间(1465—1487),其建筑主体构架亦属明代民窑窑房建筑遗存。2000年7月,公布为江西省文物保护单位。

景德镇镇窑属穿斗式木构架建筑,除窑炉所在位置之外,余均采用双层结构,底层高近3米,为窑工装坯、开窑及选瓷的工作场所。窑炉位于窑房的一侧,占地面积约为240平方米,占整个窑房面积的1/3。

窑炉膛呈长锥状,前宽后窄,进深约16米,最大宽度约5米。窑门高2.40米,拱形,外沿呈八字状,面阔3米。窑炉炉顶呈拱形,采用0.80×1.80×0.25米窑砖作无模砌筑的蛋壳结构,与全砖结构的无梁殿收顶工艺有同工异曲之处。窑炉尾端,直接连通高出屋顶的烟囱。烟囱顶高21米。窑炉拱顶下端另砌窑墙,成双层侧壁结构,通风性能良好。整个窑炉,每年翻修1次。

窑房的主柱及架梁,多选用质地坚硬的松槠等杂木。梁柱构件的制作,仅仅只是切去枝丫树皮,凿制榫卯,对躯干的自然弯曲却不作任何技术处理。梁架二层,按一窑次700担松柴计算,长年保持贮存3~4窑次的燃料,每平方米的日常负荷达1吨以上。

景德镇明式镇窑的建筑结构体现经济、合理和实用三大特征。窑门前的楼面设有闸口,贮存在楼层的松柴可通过闸口直接滑落到窑炉门前,减少搬运燃料的时间和劳力。中部屋顶局部升高约1米,有利于散热和通风。窑房外围砌以2.40米的围墙,并砌有外部直通楼层的台阶。窑炉附近设置洗浴间、账房、休息间,方便窑炉工人及管理人员使用。

2006年,“景德镇传统瓷业营造技艺”国家文化部列为第一批国家非物质文化遗产保护项目。2009年开始,在古窑民俗博览区进行景德镇历代典型瓷窑的系列复建复烧。是年,清代镇窑修复后成功复烧,获世界上“最大的柴烧瓷窑”吉尼斯世界纪录,央视《正大综艺》栏目全程录播。2010年,景德镇明代葫芦窑点火复烧。

示范基地　2008年,在开展非物质文化遗产代表性传承人的推荐、确认和公布的同时,开展非物质文化遗产项目生产性示范基地的保护。全市有景德镇佳洋陶瓷有限公司、景德镇古窑瓷厂列入国家级非物质文化遗产传统技艺及景德镇手工制瓷技艺项目生产性保护示范基地。

陶瓷考古

1989年6月,市陶瓷考古研究所成立,是研究景德镇陶瓷遗迹和遗物及景德镇陶瓷发展史的专门研究机构。考古所对1982年以来在珠山官窑遗址中发现埋藏落选贡品的遗物,进行精细的发掘和修复,获得数千件瓷器珍品成为收藏家、鉴赏家最权威的断代标尺,为文化史学家提供了最可靠的实物史料。先后9次应邀赴英国、日本等国和中国香港、台湾等地举办展览,并出版《景德镇珠山出土永乐宣德官窑瓷》《景德镇出土陶瓷》《成窑遗珍》《皇帝的瓷器》《成化官窑》《景德镇出土明初官窑瓷器》《景德镇出土宣德官窑瓷器》《景德镇出土元明官窑瓷器》等大型学术图录。1997年,该所还选送展品参加国家文物局在北京举办的"全国近年来重大考古发现汇报展"。1999年,该所考古成果被选入《中华人民共和国重大考古发现》大型图录。

1995年7月6日,中国民主促进会中央委员会副主席楚庄委托该会宣传部副部长张志正带"洪宪瓷"1件捐赠给陶瓷馆收藏。这是1件口径为6.20厘米,画有翠兰如意边脚、矾红描金双龙戏珠的印泥盒,底款为"洪宪用瓷"。这件印泥盒填补了陶瓷馆这一年代藏品的空白。

2000年2月12日,因旧城改造,陶瓷考古研究所在原建国瓷厂仓库与市法院老宿舍地段进行抢救性发掘,获得明代官窑瓷片2.50吨,其中弘治青花龙纹、折带云纹碗盘等为珍贵标本,填补了景德镇这一时期的考古空白。是年,景德镇对城区陶瓷手工业作坊遗构展开全面调查,在彭家上弄、葡萄架、观音岭、千佛楼等地发现古窑坊、古作坊11处。发现古代景德镇陶瓷成型、烧炼生产场所,具有重要保护价值。是年,经考古人员精心修复永乐鸡心壶1件,白釉瓷编钟1件,青花云龙纹爵歇脚山盘4件,白釉浮雕莲瓣纹束腰三足座6件,宣德青花龙凤纹、青花兰地白龙纹梅瓶4件,弘治青花折带云纹碗盘30余件。这批器物中青花鸡心壶,瓷编钟为罕见绝品。这批明代官窑器物的特征、纹饰为研究明代宫廷用瓷提供可靠实物标识。

2001年2月,中央电视台《东方时空》专栏到景德镇市现场直播"中国瓷都——景德镇"。11日上午,央视主持人敬一丹在博览区内采访,现场直播刘新园介绍景德镇持续6个世纪陶瓷生产的辉煌成就和市陶瓷考古成就。9月25日,市考古所研究员刘新园荣获国家文物局1999—2001年度"郑振铎、王冶秋文物保护奖"个人奖。该奖由香港敏求学会钟华倍等人捐款设立的,每年用10万港币奖励为中国的文物、博物馆事业作出优异成绩的基层文博单位和文博工作者。

2002—2004年,经国家文物局批准,由北京大学考古文博院、省考古所、市考古所联合对御窑厂遗址进行考古发掘取得一批研究成果。

2005年7月中旬至11月,故宫博物院、省文物考古研究所、市陶瓷考古研究所联合考古队,对昌江区丽阳乡民窑遗址进行考古,发掘面积770平方米。在丽阳村碓臼山南坡发掘出元代龙窑遗址1处,窑长24.20米,窑室最大宽度4米,室内匣钵摞叠成柱状,排列整齐,处于原始装烧状态;在彭家村瓷器山西坡发掘出明代早期葫芦窑遗址1处,窑长11米,出土瓷器有碗、盘、高足杯、罐、盏等。是年,联合考古队在御窑厂遗址(原政府食堂下)进行考古发掘,获得明宣德至万历时期馒头形窑炉14座。形制基本一致,窑门呈八字形,弧线外撇,火膛呈半圆形低于窑床。这14座馒头窑迹是一个整体,其中有3座窑炉遗址互相叠压的现象,说明其延续的时间较长。

2007年9月25日,由北京大学文博学院、省文物考古研究所、市陶瓷考古研究所组成联合考古队,对市观音阁民窑遗址进行为期3个多月的考古发掘,发掘面积600余平方米。发现一批明代晚期作坊遗址、制瓷工具和明代中后期重要标本数万件。2008年6月,市陶瓷考古研究所清理出清初窑炉遗迹一处,为蛋形窑炉,此蛋形窑炉在老城区尚属首次发现。

第十五篇　直升机与汽车制造

景德镇市航空工业起始于20世纪60年代末。根据国家发展战略布局,一批直升机研发、生产企业和单位陆续从外地迁入景德镇市郊、山区,组建国营昌河机械厂(昌飞公司和昌河汽车的前身)、中国直升机设计研究所(简称直升机所)、江西锻铸厂(景航锻铸公司前身)、乐河机械厂等,形成“三厂一所”的研发制造体系。经过40多年的发展,航空产业以直升机所为技术依托,昌河飞机工业公司为生产龙头,相关企业配套协作,经历从初期的试制、引进开发,到自主研究和具有自主知识产权的发展历程,实现厂所技术融合,形成直升机自主研发和批量制造的能力。

汽车制造工业始于20世纪70年代,源于国营昌河机械厂“军民结合、以民养军”发展战略,利用航空企业的技术和设备,先后研发生产昌河牌大客车、昌河牌微型车,是国内第一个自主生产微型车的军工企业。21世纪初,又先后开发北斗星、爱尔迪、利亚纳等轿车以及福瑞达、浪迪多用途车和K14B汽车发动机等系列产品。2004年,航空制造与汽车制造分离,昌河汽车独立执业。昌河汽车通过自主开发、技术引进及兼并等途径,形成配套齐全、产业链条完整的产业体系,产品覆盖微型客(货)车、经济型轿车、小型商务车和发动机等领域,成为汽车、发动机一体化的整车制造企业。

第一章　直升机研发

中国直升机设计研究所主要承担直升机研发。创建于1969年,隶属于中国航空工业集团公司,是中国唯一以直升机型号研制和直升机技术预先研究为使命的大型综合性科研机构,是中国直8、直9和直11军用直升机以及多种型号民用直升机的主要研究机构,具有“中国直升机摇篮”之称。90年代中期,开始研发航天、无人机、舰艇、汽车等配套产品。至2010年,航空产品形成从直8到直11系列23种机型的大、中、小型直升机以及AC313等民用直升机的系列产品,基本覆盖军、民用直升机市场的主流需求,构筑起军机、民机和国际合作项目产业化协调发展的格局,成为国家南方重要的直升机研发和生产基地。设计研制的航天超重训练设备、航天员座椅等产品,获得国家有关部门表彰。

第一节　军用直升机研发

直8系列直升机

直8运输型直升机　简称直8型机,是直升机所和昌飞公司为海军研制的多用途大型战术运输直升机。1985年12月11日在景德镇吕蒙机场首飞,1989年4月通过国家技术鉴定,1994年11月设计定型。1989年8月开始交付部队。在直8型机设计过程中,直升机所从原型机技术入手,研究消化有关资料,确定设计、试验技术攻关项目15个,包括主桨叶设计,双腔缓冲起落架设计,尾桨叶设计,全机静力试验,主桨叶静、动平衡计算,动部件疲劳试验和适应性试验,新型操纵系统拉杆设计,总距杆故障分析与排除,尾桨毂设计,交、直流电源系统设计,操纵系统动刚度试验等。

直8型机是单旋翼带尾桨式重型直升机,机身为水密铆接半硬壳式结构,机身上部是安装发动机、主减速器和传动轴的传动平台,机身下部是水动流线型水密铆接结构,内装3组8个燃油箱。机身后部是半硬壳式和具有折叠功能，右侧安装水平安定面尾斜梁，装有前三点式两栖和配置双腔气体油液缓冲器的不可收放起落架。机身两侧各装用以保证直升机在水面漂浮和稳定性能的短浮筒，正面是有大面积电加温防冰挡风玻璃的驾驶舱，可容纳2～3名驾驶员，视界良好。配有带四通道自动驾驶仪的复式操纵系统和全套通讯、导航、飞行仪表装置。机舱宽敞，设有滑门、货舱门、应急门和吊挂舱口。

直8型机是以机动兵力、后勤支援为主要任务的多用途大型战术战役运输直升机，最大起飞重量13000千克，标准空机重量6980千克，正常有效载重4000千克，最大吊运重量5000千克。全高（空重时）6.66米，全宽（旋翼动时）18.90米，机身长18.985米，机身宽5.20米（不带浮筒时2.24米），货舱总容积28.9立方米，有效容积23.5立方米。1997年，直8运输型直升机研制获得国家级科学技术进步二等奖，2002年，获部级科学技术进步一等奖；直8型机薄壁软油箱研制和应用研究，直8型机交、直流电源系统等获二等奖；直8型机起落架研制、变频交流电源系统、主桨毂制造技术应用研究获三等奖。

直8陆军运输型直升机　简称直8A型机，是直升机所和昌飞公司在直8型直升机基础上改型研制的多用途中型战术运输直升机。可在海拔3000米以下的一般场地实施机降，并执行武器装备、人员、物资运输和救护及营救等任务，满足陆军机动兵力和后勤支援的需要。1993年起研制，1995年首飞，1999年通过技术鉴定，2002年交付部队使用。该型机主旋翼桨叶的桨尖改为带尖削梯形，以构架式起落架替代浮筒短翼起落架，浮筒改为选装件，对机体结构、系统和设备实现减重，具有较强的内装和外吊运输武器装备的能力。货舱内有效载重为4000千克，方便执行兵员、武器装备、作战物资和给养运输，外吊运输、战场救护和紧急救援等任务。2001年11月15日，获国防科工委武器装备研制银奖。2002年，获国防科工委科学技术进步一等奖。

直8改进改型系列直升机　进入21世纪，面对国际形势和军事变革的要求，直升机所运用直8型机平台和技术储备，与昌飞公司一起按照部队装备建设需要进行改进改型，研制直8系列直升机，并列装海军、空军、陆军、武警部队，参与多国部队联合军演、抢险救灾、索马里护航、海军60周年海上阅兵、国庆60周年阅兵等重大活动。

直9系列直升机

直9武装直升机　简称直9B型机，是直升机所设计并进行改装、哈飞公司制造，以反坦克为主的多用途攻击型直升机。1985年研制，1988年首飞成功。1995年12月，总参陆航局装备技术部、航定委分别召开定型审查会。1996年5月，国务院、中央军委军工产品定型委员会批准直9武装直升机设计定型，并交付部队使用。该型机在研制中取得机弹结构相容性试验及技术、机弹系统相容性技术、无控武器系统技术的重大突破，为后续型号研制打下坚实的基础。该型机可用于攻击，也可用于物资运输、机动兵力、通讯联络、救护等任务；可在高度10米以下，长时间贴地飞行，利用地形地物隐蔽接近目标，突然跃升实施攻击。它以反坦克导弹为主攻武器，也可使用火箭、航炮、机枪等武器。武器系统具有在悬停、平飞、下滑、俯冲状态下实施攻击的能力。1997年，获国防科工委科学技术进步一等奖，1998年，获国家科学技术进步二等奖。先后在国庆50周年、国庆60周年庆典上接受检阅，并参与多国部队联合军事演习。

直9改进改型系列直升机　进入21世纪，直升机所运用直9型机平台和技术储备，与哈飞公司一起改进改型研制直9系列直升机，列装海军、空军、陆军、武警部队使用，参与多国部队联合军演、抢险救灾、索马里护航、国庆60周年阅兵等重大活动，展示直9型机的优越性能。

直11系列直升机

直11直升机　中国第一个遵循国家军用标准和民机适航要求的两吨级直升机。由直升机所设计、昌飞公司制造。1989年研制，1994年首飞，1996年通过技术鉴定，2000年12月通过设计定型。2001年4月，民用型取得中国民航总局颁发的型号合格证。2002年12月，取得中国民航总局颁发的生产许可证。该型机是单旋翼带尾桨式2吨级轻型直升机，旋翼系统由星形柔性桨毂和3片复合材料桨叶组成，尾桨为两叶跷跷板式复合材料桨叶。机体为框桁铝合金结构，起落架为带有阻尼器的滑橇式起落架，驾驶舱为双驾驶横向布局，两侧均有进出舱门。最大起飞重量2200千克，最大任务载重577千克，不可逾越速度278千米/小时，航程560千米，续航时间3小时42分钟，动升限5240米，无地效悬停升限3369米，主要用于部队直升机基本驾驶技术和武装直升机模拟战术飞行训练，改装后可用于攻击侦察和通讯指挥，以及执行运输和救护等任务。民用机型可执行勘探、护林、高压线路检修、施肥、灭虫、治安和交通管理等方面的任务。1998 年开始装备陆航训练团，培养了大批飞行员。参加了香港航展、珠海航展及南京消防特种装备表演。2001 年 11 月 15 日，研制获国防科工委武器装备型号研制银奖。2003 年，获国防科技进步一等奖。2004 年，获国家科技进步二等奖。

1994 年 12 月 22 日，昌飞公司直 11 机在吕蒙机场首飞

直 11 高原型直升机　在直 11 型机的基础上，由直升机所、昌飞公司共同研制直 11 高原型直升机。2002 年起研制，2003 年首飞，获中国民航总局颁发的型号合格证。2004 年获中国民航总局颁发的生产许可证。该型机换装发动机、6 千瓦起动发电机、综合显示系统，改进电气控制和信号告警系统，选装氧气系统设备、高橇起落架、1 部短波电台和 GPS 卫星导航系统，增装航管应答机、尾梁高温防护板、滑动舱门，重新设计了乘员座椅、组合安全装备等。起飞重量为 2250 千克，悬停升限提高 1500 米，可在海拔 4500 米以下区域使用，提高高原使用性能，拓宽直 11 系列直升机的使用领域，满足西部地区对直升机的需求，为各种军民用改型机的研制提供了改装平台。

直 11 中继航拍直升机　中继航拍直升机由直升机所、昌飞公司在直 11 民用型机基础上改型研制。2001 年起研制，2002 年试飞。同年 8 月，获得中国民航总局颁发的单机适航证，并交付给中央电视台使用，内地新闻媒体首次拥有新闻采访专用直升机。该型机加装航拍设备、微波中继设备、摩托罗拉电台、航管应答机等任务设备和航空管制设备；增装豪华内饰，提高乘用舒适性，降低机内噪音；配备高/低滑橇起落架和铰链/滑动客舱门，满足不同用户的需求。该型机起飞重量 2200 千克，有效载重增加 200 千克。航拍时，最佳飞行高度为 50～100 米，飞行速度为 100 千米/小时，空中作业时间大于 3 小时。主要用于航空拍摄、新闻采访、空中指挥、抗洪救灾等，可作为空中指挥系统平台。2002 年 10 月 28 日至 11 月 5 日，顺利完成“长江三峡工程大江截流”航拍任务。2003 年 7 月至 2006 年 6 月，累计安全飞行 874 小时 1128 个起落，飞行区域达全国 24 个省、市、区的 60 多个军、民用机场，完成 40 多项航拍及现场直播任务。

直 11 警用直升机　由直升机所、昌飞公司在直 11 高原型直升机基础上改型研制。2004 年起研制，2005 年首飞，同年 12 月完成技术审查。该型机增装航空机枪、电动绞车、扬声器、搜索灯、红外望远镜、后视镜、速降吊具和担架等 8 项设备，并可选装观瞄装置、电缆切割器、应急浮筒和外吊挂装置等 4 项设备。可用于边防巡逻、公安执法、抢险救灾、紧急救护、打捞救生等，特别适合地形复杂、地势险峻、环境恶劣的西部地区使用。

直 11 武装直升机　由直升机所、昌飞公司在直 11 基本型基础上共同改型研制。2004 年起研制，2005 年 12 月 27 日首飞。该型机属轻型武装直升机，能挂载导弹、火箭弹和机枪等武器。具有搜索、识别、跟踪目标及对地攻击能力。可在昼夜实施对地火力支援，攻击地面固定和移动目标，同时可作为教练型机使用。

第二节　民用直升机研发

AC310 直升机

AC310 直升机由直升机所设计、昌飞公司制造。2010 年研制，2011 年实现首飞。是具有自主知识产权的 1 吨级单驾驶、双座位民用直升机，用于飞行员培训、人员运输、空中侦察、巡逻和摄影、森林监督以及警务监督、巡逻，空中、海上救援，农业生产等，是民用航空和通用航空需求最广泛的机型之一，填补国家直升机谱系的空白。

AC311 直升机

AC311 直升机是直升机所和昌飞公司自主研制的 2 吨级轻型多用途直升机。2009 年研制，2010 年首飞。该型机取得与国际接轨的适航标准(CCAR－27 R1《正常类旋翼航空器》)，具有高安全性和高可靠性。机身大玻璃设计，驾驶员视野开阔，机头为气泡形，飞行阻力小，座椅舒适，机内和机外噪声满足适航标准要求。

2010 年 11 月 8 日，昌飞公司首架轻型民用直升机 AC311 首飞

AC311 是 2 吨级单发轻型通用直升机，可乘坐 6 人，有效载荷 900 千克，最大起飞重量 2200 千克，最大巡航速度 242 千米/小时，最大航程 620 千米，最大续航时间 4 小时，被誉为"空中小精灵"。具有自主知识产权，在同类机型中达到国际先进水平。采用长寿命星形柔性复合材料旋翼系统，配置高度集成化综合航空电子系统，机头采用以驾驶员为原点视野开阔大玻璃设计，配置可供多种选择的精致内饰和座椅。AC311 直升机采用全数字化设计和制造技术，飞行稳定，姿态优雅，操控灵活。

AC313 直升机

从 2000 年开始，按照"一机多型，系列发展"的思路，AC313 直升机是在直 8 系列运输直升机研制成果的基础上，换装先进的发动机和新构型的复合材料新旋翼系统，升级航空电子系统，并对机上设备、系统以及机体结构等进行改进的大型民用运输型直升机。2002 年 8 月立项。2007 年 12 月，中国民航局适航司受理 TC 取证申请。2010 年 3 月实现首飞。2010—2011 年，该型机先后两次进入青藏高原开展科研试飞和适航取证试飞工作，以其优越的性能、稳定可靠的工作状态、优良的操控性创造中国直升机的多项飞行记录，填补国内航空史上多个空白，成为世界上首款取得 4500 米海拔地区 A 类适航证的大型民用直升机。

该型机具有优化的机体气动外形、采用先进的旋翼桨叶翼型及配置，旋翼悬停效率高、尾桨抗侧风能力强，突破中国大型运输直升机飞行性能限制瓶颈技术，具备高原飞行能力，满足复杂山区对直升机飞行性能的要求。最大巡航速度 255 千米/小时，最大飞行高度 6 千米，机内油箱满油最大航程 900 千米，携带辅助油箱时，航程可增加到 1400 千米以上。同时，依据 CCAR－29R1《运输类旋翼航空器适航规定》的适航要求，进行客货两用的基本型研制，可按照昼夜目视飞行规则(VFR)和仪表飞行规则(IFR)飞行。首次自主解决大型民用直升机抗坠毁、鸟撞、雷击、干运转及损伤容限等适航重大关键技术。国产综合航空电子系统首次完成适航取证，结束长期依赖国外进口的历史，达到国际第三代直升机技术水平。是中国第一款完全按照适航条例规定的要求和程序进行研制的大型民用直升机，也是在欧、美、俄之外研制生产的唯一一款大型直升机。

AC313 首飞仪式

S－92 直升机

是美国西科斯基公司在 90 年代初开研发的中型通用民用直升机。由美国西科斯基公司、日本三菱重工公司(MHI)、中国景德镇直升机集团(直升机所和昌飞集团公司)、西班牙 GAMASA 公司、巴西航空工业公司 (Embraer)以及中国台湾航太发展中心(AIDC)等五国六方国际合作团队进行研制。

1997 年 5 月 3 日，中方负责设计、制造的首架份 S－92 尾斜梁经美方检查合格。1998 年 12 月，S－92 型直升机成功首飞。1999 年 5 月,获 Robert L. Pinckney 奖。1999 年 6 月,在巴黎航展首次公开亮相。2001 年 9 月,中方 JHG 通过美国 FAA 适航当局的审查。2002 年,S－92 直升机获得美国 FAA 适航当局颁发的型号合格证。该型机是在“黑鹰”的基础上,以新的宽机身和改进的机动部件优化设计的一种 10 吨级中型直升机。旋翼系统采用 4 片全复合材料桨尖后掠桨叶、叉臂形带弹性轴承无限寿命钛合金桨毂和 4 片全铰式尾桨,传动系统是在“黑鹰”三级传动系统基础上发展起来的新型的四级传动系统,其升力系统和传动系统都在 UH－60 直升机上通过试验。动力装置选用两台通用电器公司 CT7－8 涡轮发动机或罗·罗/特博梅卡公司的 RTM322－01 发动机,并装有汉密尔顿标准公司的全权数字式发动机控制系统。

该项目是国内航空界首个以平等伙伴身份,共担风险、共享市场、共享利润的方式开展的国际合作项目。中国直升机设计研究所负责机尾斜梁和平尾的设计、试验及适航取证等工作。经飞行验证达到与美国西科斯基合同规定的技术指标,符合产品设计规范,投入批量生产。

直 15 直升机(AC352 直升机)

是中航工业集团公司与法国欧洲直升机公司对等投资、共同研制、共享市场、共享收益,按照最新适航标准合作研制的 6～7 吨级先进中型多用途直升机(中方代号为 AC352,法方代号为 EC175),双方各自取得本国适航证。中方参与研制单位是直升机所和哈尔滨飞机制造公司。2005 年 12 月 5 日,在中法两国总理见证下双方签订合作合同。2009 年 12 月首飞。AC352/EC175 按客户的要求定制,满足 CCAR29 和 CS29 的要求,主要执行旅客运输、海上作业和搜索救援、医疗救护、森林防火、城市消防、旅游观光等任务。

第三节　技术研发与成果

信息化设计

设计软件开发　1995—1996 年,先后开发出直升机性能计算、直升机载荷计算、直升机气动特性预测、复合材料层板结构设计,以及直升机桨叶挥舞—摆振—扭转耦合运动的气动弹性稳定性分析等专门软件,资料管理信息系统等通用管理软件。1995 年,首次以三维方式设计 S－92 直升机尾斜梁和平尾,开展总体、气动、结构、旋翼等系统的数字化设计。数字样机技术在其他型号研制中全面推广应用。

CHRDI－CIMS 应用示范工程　2000 年 5 月,建立 CHRDI－CIMS 应用示范工程,提高直升机产品设计研制的效率和质量,缩短研制周期。2001 年 3 月 25 日,通过国家验收。2002 年,“中国直升机设计研究所 CIMS 应用示范工程”获航空工业科学技术进步奖一等奖。

数字样机视景系统　2001 年,完成直升机数字样机视景系统,实现可视化、总体与集成,打通直升机数字化生产线,实现产品数据管理系统(CHRDILCA)、项目管理系统、办公自动化系统、3C 集成系统、试验管理系统(TDM)、人力资源管理系统、邮件系统及企业门户(Portal)等系统之间的数据交互和业务连通,并实现对 AC313、AC311、AC310 等型号的设计、试制、试验和项目综合的全过程管理。

试验设备研制

旋翼机身组合模型风洞试验台　试验台由台体、旋翼操纵控制系统、传输系统,数据采、传输及处理系统,显示报警系统以及中央控制台等组成。具有调试旋翼模型、打锥体、测定动平衡、旋转桨叶动态特性,进行有地效和无地效试验、风洞试验,测量旋翼的气动特性、桨叶稳定性、下洗流量、动载荷、旋翼与机身及升力面间的气动干扰,测量操纵导数等功能。1990 年 12 月 14 日,直升机旋翼机身组合模型风洞试验台通过部科技研究院技术鉴定。1990 年,“直升机旋翼机身组合模型风洞试验台研制”获航空部科学技术进步一等奖。1992 年,获国家科学技术进步一等奖。

直升机工程模拟器　2005 年 8 月研制完成,通过国防科工委的项目验收。直升机工程模拟器,是模拟直升机飞行的大型高技术地面试验设备,由计算机实时控制多个系统协调工作,是航空领域中一项多学科的综合工程,它涉及直升机空气动力学、飞行力学、发动机特性、飞行控制、计算机技术、计算机图形学、机械、电

气、液压等学科和专业，是综合应用多种现代先进技术的产物，是现代直升机设计研究中不可缺少的重要设施。模拟器在直升机型号研制和课题预先研究中可以发挥应用基础科学研究、飞行品质研究与评定、机动性研究、飞行控制律开发与验证、空中试验飞行的配合、试飞故障复现与分析和危险科目试验飞行等作用。

各系统研制

旋翼系统研制　2003 年至 2010 年 8 月，旋翼系统研制从材料研制开始，走完系统研制的全过程，经历论证阶段、方案设计阶段、工程研制阶段和设计定型阶段。旋翼系统共使用 56 个牌号的材料，其中金属材料 26 项、复合材料 6 项、非金属材料 24 项。2007 年，直升机所制订的标准规范《直升机旋翼动力学设计要求(GJB5446－2005)》获国防科学技术进步奖二等奖。

旋翼机身组合模型试验台

大开口大模块整体复合材料壁板研制　2000 年开始研制。项目研制确定大开口、大模块复合材料构件的基本型式和铺层方法；确定大模块复合材料构件的建模技术和应力分析方法；确定大模块复合材料构件的制造和检测方法；为后续型号使用大模块复合材料构件提供设计依据，确保直升机机身结构减重 15%（相对金属构件）。2004 年，“直××型机大面积复合材料全机静强度计算分析与试验技术”获国防科学技术进步奖三等奖。2006 年 12 月，完成并通过全部两个状态的静力试验。

直升机工程模拟器

座舱骨架　座舱结构位于前机身下构件上部，斜梁以上，覆盖前后座舱。对座舱结构进行优化设计，采用碳纤维复合材料结构，将拼接结构改为几大块整体结构，加大驾驶舱门处骨架的截面尺寸，提高刚度。改进密封型式，在设计上采用一体化设计与固化，减少零件和连接件的数量，简化座舱骨架的装配协调。改变了以往型号座舱较重、装配变形较大、骨架容易出现与外形贴合度差等问题。2004 年，大型全复合材料座舱骨架一体化设计技术获航空科学技术进步奖二等奖。

旋翼系统试验全景

尾部结构　主要分为尾梁、上垂尾、下垂尾，采用全复合材料，将上、下壁板合二为一，更改为整体蜂窝夹层结构。首次实现大型大曲率碳纤维面板蜂窝夹层结构在直升机主承力件上的应用，满足传动系统的刚度要求，避开尾桨频率，提高结构疲劳性能，减轻结构重量，在国内尚属首创。

抗坠毁结构设计　1999 年，国内开始研制复合材料底部结构耐坠毁设计技术，解决机身底部结构耐坠毁吸能要求。2004 年，大型复合材料蜂窝夹层结构成型变形控制设计获国防科工委科学技术进步奖三等奖。同年，“直升机机身下部复合材料典型结构耐坠毁特性研究”获航空科学技术进步奖三等奖。

直升机疲劳定寿　1991 年，进行直 8 型机疲劳定寿研究。1999 年 7 月，完成直 8 型机体结构的疲劳定寿。2002 年，获国家科学技术进步二等奖。

动部件定寿技术。直 8 型机动部件定寿是在充分总结和消化国外先进技术的基础上，结合中国国情完成的定寿方案，载荷实测编制、构件的疲劳特性研究、标准 S－N 曲线的确定、疲劳寿命评定等均达到国际先进水平，在国内具有独创性。

两个状态的静力试验全景

机体结构定寿技术。由于直升机的特点，即有低频高幅的飞—续—飞低周载荷，还具有不同于定翼机的高频低幅振动载荷。在直升机初步发展阶段，国内还未开展过直升机机体结构的疲劳定寿研究。其试验方案在充分借鉴定翼机方法的基础上，提出一套全新的在高周载荷环境下进行低周疲劳试验的方案，这些技术方案在国内还未进行过研究与型号应用。直升机所在吸收国外先进技术基础上，建立一套达到国际先进水平的、适合中国国情的直升机定寿方法。

直升机总体设计并行工程应用技术研究　2000年10月，由国防科工委批准立项。2004年10月，通过国防科工委的验收评审。2005年，获国防科工委科学技术进步二等奖。直升机研究所为该项目总负责单位，参研单位有昌飞公司、西北工业大学、北京航空航天大学、南京航空航天大学。研究项目包括直升机设计的工程数据（几何模型、属性定义）、建立起机身中段的完整的数字样机、零件的结构设计等。这一研究改变了直升机传统的设计、生产方式，生产制造、产品数据管理以及形成直升机并行设计和制造的集成团队（IPT）等方面，达到研究所、院校、工厂在技术上的最佳结合。

昌飞制造系统研发　1999年，昌飞公司成立项目团队，自主开发第一个大型PDM软件——CHPM系统，支持新型直升机研制全过程。2001年，昌飞公司成功在复杂产品上全面应用PDM。系统采用多层结构，分布式服务器，具有文档管理、构型配置管理、技术状态控制、流程管理等功能。运行稳定、快捷，文档操作速度提高，实施难度降低。

至2010年，昌飞公司数字化建设围绕型号开发、研制、生产、销售服务等所产生的数据及其过程，将数据管理系统、计算机辅助工艺计划系统、条码生产系统、电子看板系统和项目集成管理门户五大系统集成，自主开发并搭建昌飞制造系统（CPS）。昌飞制造系统（CPS）涵盖生产资料采购、技术工程、生产组织、制造加工、质量控制、总装试飞、售后服务等各个阶段，实现信息系统自动管理替代人工管理。

科技成果

直升机所研究成果　1986—2010年，直升机所获国家级科学技术进步奖9项，其中一等奖1项、二等奖6项、三等奖2项。获省部级奖（含集团奖）共170项，其中一等奖28项、二等奖86项、三等奖56项。直8陆军运输型直升机研制等5项科研项目获国防科工委科学技术一等奖；直11民用型机适航符合性验证等17项科研项目获国防科工委科学技术奖二等奖；旋翼动载荷试验测试方法研制等23项科研项目获国防科工委科学技术奖三等奖。直9舰载反潜直升机研制等19项科研项目获省部级科技奖一等奖。直升机研制“三大规范”编制和应用等37项科研项目获省部级科技奖二等奖。悬停状态地面效应对旋翼和机身气动特性的影响等56项科研项目获省部级科技奖三等奖。这些科技成果在直升机新型号设计、直升机技术基础研究、民用技术开发中都得到广泛应用，促进中国直升机事业的快速发展。其间，还编著、翻译出版多部科技著作。承担国家直升机重点型号设计、直升机关键技术研究等科研任务，取得重大经济效益和社会效益。

表15－1－1　　**1990—2004年直升机所获国家级科学技术进步奖一览表**

获奖年份	等级	成果名称	完成单位
1990	三等	鱼叉系统及其直九鱼叉着舰训练机研制	直升机所
1992	一等	直升机旋翼机身组合模型风洞试验台	直升机所、中国空气动力研究与发展中心低速动力研究所
1992	二等	某型直升机加装反潜系统	海军特飞所、中国人民解放军工4724厂、直升机所、中船总动员715所

续表 15-1-1

获奖年份	等级	成果名称	完成单位
1997	二等	直八运输型直升机研制	直升机所、372 厂、370 厂
1998	二等	直九武装直升机研制	直升机所
1999	三等	HFS-2000 型数字三轴电动飞行模拟转台	北京航空航天大学、直升机所
2002	二等	直 8 型直升机疲劳定寿	直升机所、北京航空航天大学
2003	二等	直九海军改进型直升机研制	直升机所、123 厂、618 所、中国飞行试验研究院
2004	二等	直 11 直升机研制	直升机所、372 厂、123 厂、中国人民解放军驻 372 厂军事代表室、中国飞行试验研究院

昌飞公司科研成果　1988—2010 年,昌飞公司获得省部级以上科技成果 137 项,其中一等奖 17 项、二等奖 22 项、三等奖 98 项。公司承担的"直 8 运输型直升机研制"获国家科技进步奖二等奖,"磷酸阳极化耐久铝蜂窝芯研制"获国家科委二等奖,"直 11 直升机研制"项目获国家科技进步二等奖、国防科工委一等奖、中航二集团一等奖等多个奖项,"直 8 陆军运输型直升机研制""旋翼系统原理样机研制"等获国防科工委一等奖、中航二集团一等奖,"直 11 高原型(Z11MB1)直升机研制""直 11 民用型机适航性验证""直升机设计并行工程""基于切削过程仿真的数控加工工艺优化技术应用研究"等获国防科工委二等奖、中航二集团一等奖。另有多项成果获国防科工委、江西省、中航二集团科技进步奖。特别是对飞机零部件中进口成品附件的国产化研究,解决长期困扰型号研制与批量生产的质量问题,降低飞机的附件成本,实现一些关键零部件的国产化。1997 年,昌飞公司被列为中航总公司知识产权保护试点单位。1999 年,昌飞公司通过中航总公司知识产权试点工作验收小组验收,被授予知识产权保护示范单位。2000—2002 年,昌飞公司共自行研制出并通过航空产品定型,用于直 8、直 11 型机上国产化件替代进口附件 18 项。其中直 8 型机的旋翼转速信号放大器以及直 11 型机上的旋翼转速告警器等几项进口替代件研究成功,解决了长期困扰直 8 和直 11 型飞机的两大难题,不仅质量比国外同类产品好,而价格仅为国外进口件的一半。

至 2010 年,共申请专利 90 项,其中国防专利 15 项,实用新型专利 56 项。

专利申请

1990 年 7 月,国务院和中央军委颁布实施《国防专利条例》。1992 年,直升机所关于直升机着舰鱼叉装置研制和汽车安全带研制两个项目申请并取得国家专利。

2004 年 9 月,国务院和中央军委颁布新的《国防专利条例》。2005 年 5 月,直升机所制定《直升机所知识产权推进工程实施计划》。至 2006 年,先后制定《直升机所知识产权管理规定》《直升机所专利管理办法》《直升机所商标管理办法》《直升机所著作权管理办法》《直升机所商业(技术)秘密管理办法》和《直升机所计算机软件管理办法》等 18 项知识产权管理制度。建立以集中与分散管理相结合的三级管理模式,构建一支近 50 人的知识产权管理工作队伍。当年,知识产权推进工程通过国防科工委验收。2008—2010 年,实施中国航空工业集团公司知识产权工程("专利工程"一期)并通过集团公司验收。完成集团公司指令性研究课题《直升机旋翼系统专利战略研究》;承担国防科工委"十一五"技术基础重点课题《直升机关键技术专利战略研究》,研究成果达到国内同行业的先进水平。2008 年,通过国防科工委验收。同时开展《直 11 型机知识产权战略研究》和《直升机所专利预警应急机制与体系建设研究》等课题研究,为直升机旋翼技术预先研究的项目立项、技术引进、技术评估和合作交流等提供支撑。

2006—2010 年,专利申请共计 132 项。其中普通发明 6 项、国防专利 89 项、实用新型 36 项、外观设计 1 项。授权专利 40 项(不含国防专利),其中普通发明 3 项、实用新型 36 项、外观设计 1 项。

表 15－1－2　　**2006—2010 年直升机所获专利授权一览表**

专利名称	专利授权号	种类
一种液压阻尼吸能装置	ZL 200610167351. 7	普通发明
一种鱼钩式变距摇臂	ZL 200910250111. 7	
橇式直升机地面拖机轮	ZL 200910249824. 1	
用于千分尺示值超差研磨夹具	ZL 200720181597. X	实用新型
直升机桨叶标定装置	ZL 200720181598. 4	
飞去来侦察器	ZL 200820180828. X	
一种用于直升机地面试验的尾桨拉力平衡装置	ZL 200820181026. 0	
直升机旋翼桨距角动态标定系统	ZL 200820181025. 6	
一种新型慢速驱动桨叶的装置	ZL 200820180827. 5	
一种新型深孔加工刀杆	ZL 200820180826. 0	
直升机牵引杆的牵引钩	ZL 200920270304. 4	
直升机牵引杆的牵引头	ZL 200920270305. 9	
一种集成框梁连接的直升机驾驶舱地板	ZL 200920271143. 0	
碳纤维加热毯	ZL 200920270300. 6	
一种基于物体自重夹紧的吊架	ZL 200920270299. 7	
高速轨道弹射滑车的滑块结构	ZL 200920270303. X	
一种测力传感器校准夹具	ZL 200920270301. 0	
一种表面测温皿	ZL 200920270302. 5	
一种八维六自由度测力机构	ZL 200920276180. 0	
一种立柱式三维测力传感器	ZL 200920276179. 8	
一种新型扭矩加载标定装置	ZL 200920271142. 6	
一种直升机桨叶弦线绘制工具	ZL 200920271141. 1	
直升机桨叶触发报警系统	ZL 200920271145. X	
一种深孔研磨装置	ZL 200920271140. 7	
一种安全带集中控制解锁装置	ZL 200920271144. 5	
直升机尾门手动/液压双模式驱动插销锁	ZL 201020701267. 0	
直升机尾门随动盖板	ZL 201020701268. 5	
一种直升机平尾工字型圆管梁	ZL 201020701295. 2	
一种直升机滑动门密封结构	ZL 201020701243. 5	
一种直升机旋翼桨叶前缘配重	ZL 201020701245. 4	
一种无人机发射车及其承力拉杆结构	ZL 201020701247. 3	
用于直升机桨叶疲劳试验的激振头限位装置	ZL 201020701291. 4	

续表 15－1－2

专利名称	专利授权号	种类
一种关节轴承耐久性试验装置	ZL 201020701241. 6	实用新型
一种液压吸能活塞杆	ZL 201020701264. 7	
一种液压驱动的滑橇式直升机拖机轮	ZL 201020701266. 6	
用于直升机模型桨叶标定的加载夹具	ZL 201020701293. 3	
一种安全带未系提醒装置	ZL 201020701252. 4	
一种汽车安全带未系提醒装置	ZL 201020701249. 2	
一种气动装订机	ZL 201020701254. 3	
一种轻型通用直升机	ZL 201030576426. 4	外观设计

第四节　配套产品研发

地面（舰面）保障设备

鱼叉装置　鱼叉装置是直升机着舰时的一种快速系留装置，同时为直升机在舰上起飞和进机库方位调整提供一个垂直转轴。它由鱼叉收入作动筒、旋转机构、锁钩及导向机构和两根撑杆组成，用于舰载型直升机。1987 年，研制成功并完成首架鱼叉机改装。

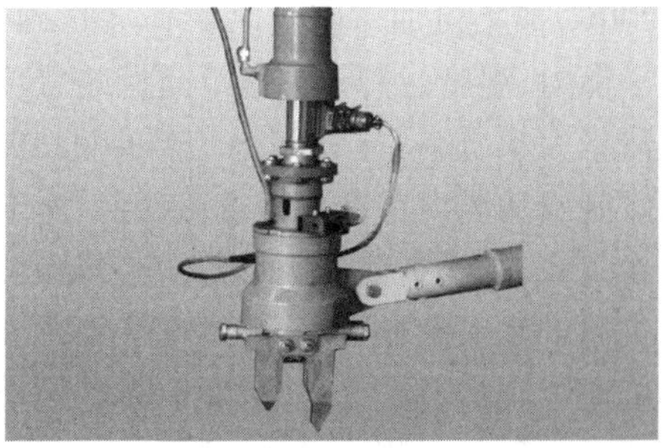

鱼叉装置

直升机着舰格栅　着舰格栅安装于舰艇直升机平台上，与直升机的鱼叉组成“鱼叉—格栅”快速系留装置，以保证直升机在舰船摇摆状态下起飞和着舰时的安全。着舰格栅可供装有鱼叉装置的中小型舰载直升机着舰系留使用，也可供起飞重量在 16.5 吨以下的大型直升机着舰。

着舰格栅

飞机电源车　飞机电源车是把地面三相 380V 50HZ 交流电源转换为飞机用 28.5V 直流电和三相四线 115V 中频电的装置，还可提供 36V、26V 400HZ 中频电。该装置用于起动直 8、卡 28 等直升机，并为机载设备及飞机电网检修提供用电。2000 年 10 月研制成功。2006 年 11 月，通过海装舰艇部组织的设计鉴定审查。

非航空产品

超重训练设备　1995 年 10 月，HYG08 超重训练设备（载人离心机）批准立项，直升机所经国内有限招标确定为总承包研制单位。研制工作以大型载人离心机为主体，采取无级调速，固有特性控制和防振、减振、隔振技术以及微电采集及传输技术，实现大惯性系统高品质动态特性、高精度控制及生理信号测控，突破载人离心机和相关试验技术。超重训练设备有效旋转半径 8 米，最大使用过载 16G、最大过载增长率 6G/秒、最大过载下降率 2G/秒，吊舱（单人单轴舱）有效负载 165 千克，有生理测试参数（心电、脑电、血压等）和物理参数（G 值、G 值增长率、气压等）测量、采集、分析、记录和打印系统，可用于航天员、高性能战斗机飞行员训练和航空航天医学研究以及工程产品超重试验、超重生理学、超重工效学研究。1998 年，该设备研制完成并交付解放军总装备部航天医学研究所使用。2000 年，项目获国防科工委科技进步二等奖。2004 年，研究所因研制成功超重训练设备和航天员座椅被人事部、总装备部、国防科工委授予“中国载人航天工程突出贡献集体”称号。

航天员座椅 1997 年 12 月,由直升机所和北京卫星制造厂联合研制。1998 年 7 月 15 日,首件航天员座椅制造成功。同年 11 月通过 1900 米高空弹射试验、模态试验、振动试验和静力试验。1999 年 11 月 21 日,携带正样航天员座椅的神舟号宇宙飞船成功发射。座椅模拟人体复杂外形结构,满足人体最佳受力状态,通过滑动块与缓冲吸能机构相连,以调节航天员仰卧姿态及减振功能,保证高速运动中航天员始终处于舒适状态。座椅具备体积小、质量轻、舒适安全等特点。2008 年,直升机所采用人机工效优化设计,从设计要求、重量控制、装配精度和制造质量等方面进行改进,使宇航员乘坐更加舒适。

土工离心机 1987 年 8 月,直升机所为南京水利科学研究院(简称南京水科院)研制 NS-50gt 土工离心机。1989 年研制完成并交付用户。研制采用离心力场、电测和计算机技术,实现与原型自重力相等的岩土工程小比例尺物理模拟试验,以观察巨型岩土工程在静力(包括自重)及载荷作用下的工况全过程,代替费用昂贵且费时的传统现场试验,并把试验结果与数值模拟计算相结合,评估岩土工程设计的合理性、安全性和经济性。有效旋转半径 2 米,有效负载 200 千克,最大离心加速度 250G,离心加速度变化率不大于 ±2%。1992 年,获江西省科技进步二等奖。1991 年 12 月,为南京水科院研制成功 NS-400gt 土工离心机,其有效旋转半径 5 米、有效负载 2000 千克、最大离心加速度 200G,离心机加速度变化率不大于 ±1%,最大调平能力 2 万千克,有自动调平、刹车止动和保护装置以及不平衡力、温度、过流、欠压等监控装置,可全自动化操作。1992 年,获航空航天部科技进步一等奖。同年,为清华大学研制 QS-50gt 土工离心机,1993 年获江西省科学技术进步奖二等奖。2003 年 1 月,为清华大学又研制成功国内首台离心机振动台,用于开展地震模拟试验研究。振动台离心加速度 50gt、振动水平最大加速度 20G、模型质量 100 千克、最大振幅 ±10 毫米、最大振动频率 250Hz,控制精度高于国外同类产品。

矿用圆环链生产线

矿用圆环链生产线 2003 年,完成首条 KRL-3 型生产线制造和销售。其性能特点是全新的编环设备,新式成型机理及伺服定位系统确保高精度的编环要求;全自动闪光对焊伺服控制技术,良好的参数操作界面,为高强度合金钢材料的冷热态焊接以及克服杂质对焊接质量的影响提供保障;各工序有机衔接,操作友好,确保较高的生产效率。其用途是 φ18 ~ φ42 矿用圆环链生产。2003—2006 年,共生产和销售 5 条生产线,在一定程度上填补国内市场空白。

锚链生产线 1998—1999 年,由直升机所研制。1999—2006 年,完成系列改型改进设计。其性能特点是:机组式配置,操作简单,劳动强度低;全自动闪光对焊伺服控制技术,良好的参数操作界面,焊接质量稳定可靠;各工序有机衔接,操作友好,确保较高的生产效率。其用途是 φ30 ~ φ122 锚链生产,系列机组包括 3#、4#、5#、6#、7#、8#、9#、10#。1998—2006 年,共生产和销售 30 多套机组,部分填补国内市场空白。

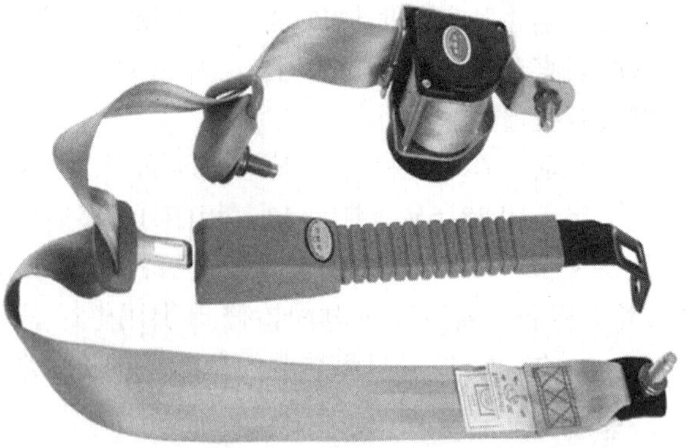

A1 型汽车安全带(紧急锁止三点式)

PVC 宽幅防水卷材生产线 1997—1998 年,由直升机所研制成功,并于 2001 年为上海鲁航防水材料有限公司研制一条生产线。1998 年,获江西省级科技进步三等奖。PVC 宽幅防水卷材是国家科委和建设部重点推广的产品,是《国家化学建材推广应用“九五”计划和 2010 年发展规划纲要》重点推广的新型防水材料,被列入“江西省科委 1997 年度工业重点科技项目计划”。该生产线研制成功,完全可以替代进口设备,推进中国合成高分子卷材的发展和应用,改变中国 PVC 生产线依赖进口的历史,降低了成本。

2002 年 3 月 18 日上海鲁航防水材料有限公司 PVC 生产线

汽车安全带　1987 年，由直升机所自主开发。1989 年通过国家级技术鉴定，1990 年获国家专利（专利号 90216745.6），1991 年注册航空牌商标，1995 年，荣获"'95 江西新专利、新发明、新产品博览会"金奖。

2004 年，获商务部电子商务中心授予中国汽车零部件企业"信用指数样本"企业。成为中国直升机设计研究所支柱民品，具有年产 300 万条各种型号安全带的能力，形成以紧急锁止式安全带、儿童自锁功能的紧急锁止式安全带、与气囊联动的预紧式安全带等为主导的十大系列近百种型号，确立"航空牌"汽车安全带产品品牌。

无人直升机　20 世纪 90 年代后，微电子技术、传感技术、数字通信技术、虚拟现实技术、全球精确导航等技术的进步，无人垂直起降飞行器得到快速的发展。2006 年，直升机所依托在直升机设计、试验、研究等方面的优势，自主投入研制 U－8 无人直升机，完成工程设计和第一架 U－8 无人直升机制造。2007 年，通过系留试飞，完成控制、初步调参及操作手培训。在遥控飞行的基础上，实现高度保持、位置保持、悬停机动、悬停迴转四项自动功能。2008 年，实现二点自动航线试飞，突破从悬停小速度飞行到中速飞行的技术难题。2010 年，完成抗风能力试飞、任务载荷试飞和电喷发动机控制试验等科研试飞。

第二章　直升机制造

昌河飞机工业（集团）有限责任公司（以下简称昌飞公司）隶属中国航空工业集团公司，是中国直升机科研生产基地和航空工业骨干企业，具备研制和批量生产多品种、多系列、多型号直升机和航空零部件生产的能力。1970 年，在国防"三线"建设中由哈尔滨迁入景德镇，经过 40 多年的建设发展，昌飞公司拥有 9 个平台 20 多种机型，基本覆盖 1 吨级到 13 吨级直升机型号，主要产品有直 8、AC313、直 11、AC311 等系列的军机与民机直升机。

第一节　军用直升机

直 8 系列直升机（直 8 运输型直升机）

主要用途　直 8 运输型直升机是大型军民通用多用途直升机，可运送 27 名全副武装士兵，密集型可载 39 名全副武装士兵。巡航速度为 240 千米/小时，最大航程 800 千米，能在野外一般场地起降。最大载重为 5000 千克的货物，内部装卸可利用尾舱门作跳板、借助手动绞车将货物装进舱内。右侧舱门上方安装有承载 275 千克的液压救生绞车，舱内可安装 15 副担架和 1 名医务人员的座椅及工作台，广泛应用于人员物质运输、救护营救、森林防火、搜索救援、地理测绘、建筑吊装、旅游观光等领域。

直 8 型机采用单旋翼带尾桨常规气动布局，装有 3 台涡轴发动机，机身为水密铆接半硬壳式结构，底部呈船形，装有前三点轮式两栖起落架和短翼浮筒，应急时可在水上起降漂浮。直 8 型机配有自动驾驶仪和全套飞行仪表，机舱宽敞舒适，装有通风、加温、隔音、隔震装置，对机场和跑道设施要求极低。经必要的改型改装，可以满足不同的使用要求，是一个可靠的直升机平台。

生产过程　1985 年 8 月，直 8 列入国务院、中央军委颁布的直升机系列发展规划，12 月实现首飞。1986

年,完成调整试飞。1987 年,用于鉴定试飞的 03 架机进入调整试飞。1988 年,完成鉴定试飞和 WZ6 发动机技术鉴定。1989 年 4 月,通过混装技术鉴定。

1989 年,直 8 型机完成国家技术鉴定并开始交付使用。同年 1 月 23 日,直 8 第 03 架机在阎良参加“两七(歼轰七和运七)直 8”飞行汇报表演,9 月 14 日,该机由景德镇飞抵北京沙河机场,参加总参组织的新中国成立 40 周年新武器装备展览。10 月 16 日,在海军良乡机场进行载人飞行表演。1994 年 6 月完成全机设计定型试飞。11 月,直 8 运输型直升机通过设计定型审查。

1989 年 8 月 5 日至 1996 年 6 月 29 日,陆续交付一批直 8 运输型直升机到部队服役。

直 11 系列直升机

结构性能　直 11 型机是中国第一个军民同步启动、联合批准立项的直升机型号,也是中国第一个引进全过程适航管理和取证的机型。“十五”时期,直 11 型机在军民两个市场开拓遇阻,生产线停产。昌飞公司以直 11 平台,采取商业模式改进改型,由直升机所和配套厂家共同投资,共担风险,成功研制生产直 11 警用直升机和直 11 武装直升机。

直 11 直升机为军民通用型单发单桨带尾桨式直升机,主旋翼由星形柔性桨毂和 3 片复合材料桨叶构成,尾桨 2 片,为跷跷板式结构,滑橇式起落架。机体主要采用轻合金结构:机身为吊篮式,尾桨为硬壳式,平尾为单梁双闭式金属结构。属 6 座位的轻型机,采用单旋翼带尾桨式气动构型,单台涡轴发动机,铝合金机体结构。具有可靠性高、维修简便、适用性好、使用成本低等特点,具有优越的机动性和良好的起降性以及应急使用特性,在国际同类机型中性价比优良。

生产过程　1989 年,直 11 型机获准立项研制。1991 年,研制任务书获得批准,进入研制程序。1993 年 11 月,直 11 型 01 架机开始总装。1994 年,首飞成功。1996 年 12 月,直 11 型机混装技术鉴定评审会在景德镇召开,直 11 型直升机通过国家技术鉴定。1997 年,进入小批量生产。

1998 年 9 月,首批军用教练型直升机交付。2000 年 12 月,完成军用教练型设计定型。2001 年 4 月,取得中国民航总局颁发的型号合格证书。2002 年 12 月,通过生产过程质保体系评审,取得中国民航总局颁发的生产合格证。

1998 年 8 月,直 11 型机首批多架混装机交付部队。并先后参加 1997 年香港祖国航空工业成就展,1996—2008 年先后参加 7 届珠海国际航展,2001 年、2003 年、2005 年、2007 年参加北京国际航展。2002 年 8 月,昌飞公司向中央电视台交付直 11 中继航拍直升机,成为第一个进入民用航空领域的国产直升机。2007 年,直 11 赴阿根廷作为期 4 个月的巡回飞行表演。

第二节　民用直升机

AC313 直升机

主要用途　AC313 直升机是由直升机所和昌飞公司联合研制生产的大型民用直升机,最大起飞重量为 13.8 吨,可一次性搭载 27 名乘客或运送 15 名伤员,最大航程为 900 千米,具有吨位适中、航程远等优势,采用与国际接轨的适航标准,具有自主知识产权,能够满足高温、高寒气候和高原等复杂地区对直升机的使用要求,使用范围可覆盖中国全疆域。

生产过程　2002 年 8 月 18 日,国防科工委批复同意立项研制。2004 年 8 月 28 日,在景德镇吕蒙机场换装发动机。2004—2005 年,直升机先后在景德镇及高原地区进行试飞,检查发动机主要性能及相关系统与直升机的匹配、协调性以及在试飞期间的可靠性、维修性。2009 年 12 月,取得适航特许飞行证。2010 年 3 月 18 日, AC313 直升机在江西景德镇成功举办首飞仪式。

AC313 直升机是在直 8 系列运输直升机基础上,换装先进的发动机,升级航空电子系统,对机上设备、系统以及机体结构进行改装和改进的运输型直升机。旋翼系统采用先进复合材料桨叶和钛合金球柔式桨毂,机体为金属加复合材料混合结构,复合材料使用面积占全机 50%,航空电子系统采用数字化综合显示控制,发动机采用电子调节控制，并注重使用维护细节设计、寿命可靠性设计、保障性设计和全寿命周期使用经济性设计，防盐雾、防湿热、防霉菌，全面遵守适航安全性设计标准，全机安全性分析及系统安全性设计和验证与国际标准接轨。试制过程中，昌飞公司依托先进数字化、集成化和专业化生产平台，实施先进的 PDM 和科研计划管理系统以及条码决策系统，对适航、质量及计划进行有效控制，提高了产品研制效率。

直 11MB1 直升机

主要用途　是直 11 型机基础上改进的一款民用机。2002 年 8 月，直 11 单发型直升机换装大功率发动机，并正式命名为直 11MB1 型机。通过改善发动机的高温高原性能，飞行升限提高，并增加有效商载。发动机性能的改善不仅能有效延长直升机的生命周期，还可进一步拓宽直 11 系列直升机的销售渠道，更好地适应和满足市场的需求。

生产过程　2003 年 3 月 18 日，直 11MB1 直升机地实现首飞。8 月，在海拔 3000 米的青藏高原西宁、共和两地机场进行高原试飞。完成 1 ~3 千米功率损失试飞、近地面机动试飞、机载电池启动试飞等 2 个飞行任务单，共飞行 20 小时 41 分，62 个起落架次，验证了直 11MB1 单发改型直升机表现出的优越性能。2003 年 12 月 24 日，直 11MB1 直升机获得型号合格证，成为航空高科技产品领域中军转民的又一重大成果。

直 11 中继航拍机

主要用途　直 11 中继航拍机是在直 11 民用型机基础上，由直升机所、昌飞公司共同改型研制生产。该机主要用于航空拍摄、新闻采访、空中指挥等，紧急状态下也可用于抗洪救灾，救援时作为空中平台建立空中指挥系统。

生产过程　2001 年开始研制生产。2002 年 7 月完成试飞。同年 8 月，获得由中国民航总局颁发的单机适航证，并交付中央电视台使用。它标志着中国内地新闻媒体首次拥有自己的新闻采访专用直升机。至 2006 年 6 月，直 11 中继航拍机累计安全飞行 874 小时 1128 个起落，飞行区域达全国 24 个省、市、自治区，转场经过 60 多个军民用机场，完成 40 多项航拍及现场直播任务。

AC311 直升机

主要用途　AC311 由直升机所和昌飞公司联合研制生产的中国第一型通过 AEG 审查的民机。适用于民用和准军事用途，可满足高原、高寒气候的使用条件，广泛用于飞行训练、通信指挥、抢险救灾、医疗救护、护林防火等各种通用航空领域。

生产过程　研发生产中采用先进三维数字化设计和制造技术，加快了研制进度。2009 年 8 月，完成预发阶段总体方案和初步设计。2010 年 3 月，完成工程发展阶段详细设计。同年 11 月 8 日，首架机在直升机所天津直升机产业基地成功首飞，11 月 16 日，参加第八届珠海国际航展。

第三节　国际合作项目

S－92 直升机项目

主要性能　S－92 直升机由西科斯基飞机公司与昌飞公司等共同开发研制生产，昌飞公司主要负责 S－92 斜梁和水平尾面的产品制造，是昌飞公司直升机领域的第一个国际合作项目。S－92 型机旋翼系统采用 4 片全复合材料桨尖后掠桨叶、叉臂形带弹性轴承无限寿命钛合金桨毂和 4 片全铰式尾桨，传动系统是在"黑鹰"三级传动系统基础上发展起来的新型的四级传动系统，其升力系统和传动系统都在 S－70 和 UH－60 直升机上通过试验，技术成熟。正常起飞总重 10930 千克，最大航程为 945 千米，有地效升限为 3000 米，实用升限为 4600 米，民用型可载 19 名乘客。

斜梁和水平安定面是直升机的两个重要部件，按照西科斯基公司的制图标准和英制单位进行，采用美军标准或西科斯基公司技术标准，生产所需的原材料和标准件从国外进口。

生产过程　1995 年 6 月，法国巴黎航展期间，昌飞公司与西科斯基公司草签合作协议，1995 年 12 月签订正式合作文本。1996 年 12 月 30 日,首件复合材料产品试验件发运美国。1997 年 5 月,美国联合技术公司来函,称中方为第一架原型机提供的部件达到世界水平。

1998 年 12 月 23 日,由中国昌飞公司等五国六方直升机公司参与联合研制的 S－92 直升机,在美国佛罗里达州西科斯基公司试飞中心首飞成功,该机装有昌飞公司 1997 年交付的 02 架斜梁。

1999 年 6 月,S－92 型 05 架机在巴黎航展上作静展示,首次向世界亮相。2001 年 9 月 10—13 日,美国联邦航空局(FAA)代表首次对 S－92 合作项目进行全面质量适航检查,并顺利通过。2001 年 11 月,昌飞公司将设计更改后的首架尾斜梁整流罩按期装箱发往美国。

2003 年 8 月 12 日,第 1 架 S－92 尾斜梁(06 架)装箱运往上海。一周后以空运方式发送至美国西科斯基公司的布里奇工厂。12 月 25 日,08 架份再次装箱发往美国。至 2010 年,昌飞公司向美方交付 S－92 项目部件达到 100 多架份。

CA109 直升机

主要性能　CA109 直升机是以意大利 A109E 直升机为原型机,由昌飞公司与意大利阿古斯特公司合作生产组建合资公司(江西昌河阿古斯特直升机有限公司),采用转包方式生产。该机为 A109E 加大功率型,最大起飞重量 2850 千克,不可逾越速度 311 千米/小时,动升限 5974 米,最大航程 965 千米,最大续航时间 5 小时。CA109 是飞行速度最快,抗风能力最强的轻型双发直升机之一。有 4 片复合材料主桨叶,2 片半刚性跷跷板式尾桨叶。传动系统有 30 分钟干运转能力。机身大面积采用铝合金蜂窝夹心板结构。起落架为前三点可收方式起落架,可以在地面上滑跑降落或滑跑起飞。

CA109 直升机具有优良的高温高原性能,可覆盖全国广大区域,是一种用途广、市场潜力大的机型。CA109 直升机取得欧共体、美国等大部分国家和地区的适航证,具有多用途、全天候飞行能力,适应能力强、安全可靠、优良的飞行性能、较佳的舒适性和较好的经济性等特点。通过 CA109 轻型双发直升机的合作生产,可填补中国轻型双发直升机的空白。

销售情况　截至 2010 年,该型机向北京公安交付 2 架,成功完成北京奥运会期间的安保任务。向中央电视台交付 1 架,作为中继航拍机承担中央电视台的航空拍摄、电视信号中断、传送及大型节目的电视转播等作业任务。

第三章　汽车制造

从昌河机械厂生产出第一批"昌河"牌客车开始,到组建昌河汽车有限公司(简称昌河汽车),昌河汽车先后通过自主开发、技术引进等途径,开发生产微型客(货)车、经济型轿车、小型商务车和发动机系列汽车产品。经过 20 多年的发展,形成集研发、生产、销售为一体的较为完整的整车制造企业,汽车工业成为景德镇市工业的支柱产业。

至 2010 年年底,景德镇地区汽车行业有独立核算企业 9 家。从事整车制造的企业有江西昌河汽车股份有限公司和江西昌河铃木汽车有限责任公司,企业职工 5493 人,其中工程技术人员 726 人。从事零部件制造的企业 7 家:昌河汽车配件制造公司、江西昌河远翅塑料有限责任公司、江西昌靖汽车内饰件有限责任公司、江西昌河天海电装有限责任公司、江西昌河景渝汽车拉索有限责任公司、江西昌兴汽车配件有限公司、江西万向昌河汽车底盘系统有限公司。其中集体所有制企业 1 家,合资企业 6 家。区外企业有合肥昌河汽车有限责任公司(员工 1667 人)、九江昌河汽车有限责任公司(员工 1420 人)、陕西东风昌河车桥公司。至 2010 年年底,昌河汽车资产总值达到 49.41 亿元,其中固定资产净值 19.81 亿元。

第一节　汽车生产

整车产能产量

1999年,昌河汽车自行设计建成国内规模最大的年产10万辆微型车生产线,整车生产能力提高到16万辆,其中景德镇工厂为10万辆,合肥工厂为6万辆。2001年,九江工厂建成,当年生产各式汽车超过12万辆。2005年,昌河汽车整车生产能力达到26万辆、发动机7.5万台。2006年,昌河汽车出口首次突破1万辆大关。2010年,整车年生产能力达到30万辆、发动机15万台。同年,启动景德镇工厂新增年产7万辆汽车扩能改造工程,2012年完成。

1986—2010年,昌河汽车整车生产179.42万辆,销售179.48万辆。2001—2010年,昌河汽车出口52282辆。

发动机生产

2002年,引进日本铃木公司排气量为1372cc的DOHC16V车用发动机与量产车型配套。2003年1月,与日本铃木公司签订发动机技术转让合同。2005年3月,发动机量试下线,定型为K14B。9月,正式投产。2006年1月,K14B发动机通过省级新产品技术鉴定,12月通过技术改造,推出K14B-A发动机。2007年,引进日本铃木公司开发的K14B VVT发动机。2010年11月,K14B—A通过省级新产品技术鉴定。

昌河铃木发动机生产线

生产的发动机型号有K12B、K14B、K14B-A、K14B-C、K14B-D、K14B-G等系列产品。K14B发动机型式为双顶置凸轮轴、四缸16气门,排量为1372毫升,功率为70千瓦,压缩比为9.5:1。

表15-3-1　　2000—2010年昌河汽车独立核算后经营情况统计表　　单位:亿元

年份	工业增加值	工业总产值	销售收入	利润总额	税收	汽车(辆)		发动机生产(台)
						生产	销售	
2000	7.36	32.00	28.27	1.21	1.17	100305	100186	—
2001	9.24	35.52	33.28	0.85	1.10	121288	121018	—
2002	11.73	46.93	43.73	1.21	1.87	154785	150198	—
2003	9.60	41.74	41.51	0.86	1.80	118721	130681	—
2004	7.74	33.66	31.39	-0.33	1.15	104289	104560	—
2005	6.14	37.63	33.95	-0.23	1.57	115652	120208	—
2006	8.88	51.21	43.75	-3.93	1.06	136739	135068	25222
2007	3.59	42.62	33.27	-10.06	1.17	112083	107699	49955
2008	2.11	40.84	37.55	-6.46	0.86	107422	111476	55176
2009	11.12	59.00	51.84	-5.56	1.30	160191	158041	69431
2010	11.06	60.96	59.81	-2.90	1.15	172630	175508	68960

说明:1. 1986—1999年昌河汽车经营指标纳入昌河航空合并报表。2.税收为上缴江西省,不含上缴安徽省的部分

第二节 汽车型号

微型车系列

CH1010 微型车 1980 年,为填补国内微型车制造空白,航空工业部确定由昌河机械厂按日本产 ST－90V 型车实测试制轻型客货两用车,型号为 CH730 型,1982 年研制成功。1985 年 8 月, CH730 微型车更改名 CH110X 厢式货车。10 月,通过国家级技术鉴定。1989 年,推出 CH1011 双排座货车、CH1012 单排座货车和 CH1010QC 微型囚车。1990 年, CH110X 车型更改为 CH1010,通过改进改型,相继开发出微型工商车、税务车、空调车、玻璃钢车、加长型货车、救护车、警车等系列微型车。2000 年 5 月,因车型款式老化,CH1010 系列微型车停产。

CH1010(基本型)功率为 27.2 千瓦,乘员数 6 人。长、宽、高分别为 3195 毫米、1395 毫米、1660 毫米。其他型号有 CH1010、CH1011、CH1012、CH1014 以及各类专用车。

CH1018 微型车 1989 年,昌河汽车在引进日本铃木公司 SK410VT 微型车的基础上,开发 CH1018 微型车。1990 年立项研发。1992 年 3 月研制成功推向市场,4 月通过省级新产品技术鉴定。1995 年,在 CH1018 基本型基础上,通过改进改型,相继开发出经济型车、大功率型车、平头型车、单排座货车以及公安车、邮政车、电力计量车、双燃料客车等系列微型车。2009 年,因产品升级,CH1018 微型车停产。

CH1018(基本型)功率为 38.5 千瓦,乘员数 4 人。上述车型同一尺寸,长、宽、高分别为 3430 毫米、1395 毫米、1925 毫米。型号有 CH1018、CH1018A、CH1018B、CH1018D、CH1018E、CH1018G CH1018H、CH1018AEi 以及各类专用车。

福瑞达微型车 2003 年,昌河汽车自主研发福瑞达微型车。2004 年 9 月立项,型名为 CH6390。2006 年 5 月投放市场,并先后开发出福瑞达国Ⅲ车、福瑞达国Ⅳ车、高平地板车、单(双)排车等多种专用车、低平地板车、加长车、低平地板加长车。2008 年 12 月,福瑞达国Ⅲ和国Ⅳ车通过省级新产品技术鉴定。

昌河利亚纳与昌河福瑞达

CH6390(基本型)功率为 38.5 千瓦,乘员数 5～8 人。长、宽、高分别为 3868 毫米、1528 毫米、1848 毫米。其他型号有 CH6390、CH1020、CH1021 以及厢式运输车、救护车、电力车、消防车、售后服务车等。

旅行车系列

1986 年,昌河机械厂在 CH630 旅行车的基础上推出缩短型 CH635 旅行车,并先后推出高检车、工具车、缩短型旅行车和邮电车。1988 年 9 月,完成 CH6600、CH6600N 豪华型旅行车研制,并通过国家级新产品技术鉴定。1990 年 1 月,开发 CH6591 旅行车。1992 年 4 月,CH630(长、短)型、CH630A 后开门旅行车停止生产。1994 年,相继推出 CH6591B、CH6591C、CH6531A 等改型车。1996 年 4 月,因车型老化,旅行车全面停产。CH630(基本型)功率为 55 千瓦,乘员数 15 人。长、宽、高分别为 5915 毫米、1980 毫米、2150 毫米。

轿车系列

北斗星轿车 1999 年,根据汽车安全的正面碰撞规定,昌河汽车引进日本铃木公司 WagonR + 车型,定型为 CH6350 北斗星。2000 年 9 月,通过国家级新产品技术鉴定并推向市场。2001 年,相继开发出减配置型和豪华型北斗星车。2002 年 10 月，推出“7”字头 CH7100 和 CH7120 北斗星轿车，并完成出租车、囚车等车型开发。2003 年，推出 CH7110、CH7110A、CH6350 家庭版北斗星车以及专用运输车、经济型车。2005 年 7 月，推出搭载 14B 发动机的 CH7140 北斗星轿车。2006 年 1 月，CH7140 北斗星轿车通过省级新产品技术鉴定。2009 年 7 月，开发出手自一体北斗星轿车。2010 年 4 月，在对整车外形、内饰改进和提升安全性的基础上，推出北斗星 e + 轿车。5 月启动北斗星加长版轿车研制。

CH6350（基本型）功率为 33.5 千瓦，乘员数 5 人。各车型同一尺寸，长、宽、高为 3400 毫米、1575 毫米、1670 毫米。

爱迪尔轿车　2002 年，与意大利博通设计公司联合开发拥有完全自主知识产权的爱迪尔轿车，型号为 CH6351 型（后按轿车系列改为“7”字头）。2003 年 9 月在合肥工厂下线。同年，相继立项研发搭载 1.3 升和 1.4 升发动机爱迪尔轿车。2005 年 1 月，开发出 CH7111、CH7111A、CH7131A 爱迪尔轿车。2006 年 3 月，根据出口需要，开发 CH7111BR 爱迪尔Ⅱ右舵车，5 月上市。9 月，完成爱迪尔/爱迪尔Ⅱ系列车换装 K14B 发动机开发项目。2007 年 3 月，CH7141 爱迪尔轿车上市。2008 年 7 月，与南昌大学联合启动爱迪尔Ⅱ纯电动车的开发，12 月，爱迪尔Ⅱ轿车通过省级新产品技术鉴定。

CH7101（基本型）功率为 33.5 千瓦，乘员数 5 人。上述车型同一尺寸，长、宽、高为 3650、1600、1670 毫米。其他型号有 CH7101、CH7111、CH7111A、CH7121、CH7131、CH7131A、CH7141 等系列产品。

利亚纳轿车　2003 年 10 月，引进日本铃木公司开发的 1.6 升三厢利亚纳轿车。2004 年 3 月立项。2005 年 11 月三厢利亚纳轿车下线，同时研制两厢利亚纳轿车。2006 年 1 月，CH7160/7160A 型三厢利亚纳轿车、CH7161/CH7161A 两厢利亚纳轿车通过省级技术鉴定并先后开发三厢利亚纳“出租版”轿车、两厢利亚纳轿车、VVT 新利亚纳轿车、IV 车。2008 年 1 月，利亚纳轿车通过 A 类乘用车四星安全评定。9 月，相继研发利亚纳天窗版和双燃料轿车、1.8 升两厢利亚纳运动版和三厢手动挡天然气车，并通过省级新产品技术鉴定。2009 年，两厢利亚纳运动款上市。2010 年 10 月，1.4 升利亚纳轿车上市，同年推出利亚纳 a + 轿车。

外形尺寸：长、宽、高为 4350、1690、1545 毫米。其他型号有 CH7160、CH7161、CH7181 等系列产品。排量为 1.6 升的功率均为 80 千瓦，乘员数 5 人。

多用途车系列

2004 年，引进日本铃木公司开发的新一代小型 MPV，12 月立项开发。2005 年 12 月，完成设计试制，型号为浪迪 CH6391。2007 年 5 月正式上市，并推出 3 种车型 9 种配置的浪迪多用途车。同年，开发邮政车、囚车、警车、国Ⅲ无 OBD 车。2008 年，开发出国Ⅱ、国Ⅲ + OBD 车和国Ⅳ电喷系统车型。12 月通过省级科技成果鉴定。

浪迪 CH6391 的排量有 1.2L ~ 1.4L 3 种，有 2 驱和 4 驱，功率均为 70 千瓦，乘员数 5 ~ 8 人。外形尺寸：长、宽、高为 3850、1510、1910 毫米。

表 15 - 3 - 2　　**1986—2000 年昌河汽车各系列车型销售量统计表**　　单位：辆

年份	微型车	旅行车	年份	微型车	旅行车
1986	1706	574	1994	19253	552
1987	2630	727	1995	25067	303
1988	3017	1012	1996	40590	202
1989	1612	560	1997	70024	—
1990	1788	602	1998	90098	—
1991	4246	766	1999	92198	—
1992	7952	952	2000	100186	—
1993	13001	675	合计	473368	6925

表 15-3-3　**2001—2010 年昌河汽车各系列车型销售量统计表**　单位:辆

年份	微型车	北斗星	爱迪尔	利亚纳	浪迪
2001	118384	2634	—	—	—
2002	129177	21021	—	—	—
2003	77023	36429	2078	—	—
2004	60759	21101	6228	—	—
2005	50945	26740	19191	604	—
2006	53726	33951	18400	11738	—
2007	41099	43151	7295	9468	6510
2008	43068	50895	8294	3835	5384
2009	67228	76138	3137	3848	7690
2010	87638	71339	1334	3984	1168
合计	729047	383399	65957	33477	20752

表 15-3-4　**1986—2010 年昌河系列汽车产品获奖情况一览表**

年份	名称	奖项	颁奖单位
1987	CH110X 厢式货车	江西省科学技术进步三等奖	江西省政府
1988	CH110X 微型厢式货车	江西省优质产品	江西省机械厅
1989	CH110X 微型厢式货车	江西省优质产品	江西省机械厅
	CH6600 轻型客车	江西省优秀产品	江西省机械厅
1991	厢式货车弹性气压撑杆 CH-1 陶瓷泥料水分速测仪	军转民高技术出口产品 展览交易会银奖	国防科工委、国家计委 国家科委和对外经贸部
1994	昌河牌微型车	全国用户满意产品	中国质量管理协会
2000	北斗星 CH6350 型和 CH6350A 型微型客车	江西省优秀新产品一等奖	江西省经贸委
	CH1011A 微型双排座货车	江西省优秀新产品二等奖	江西省经贸委
2001	CH6350B 北斗星客车	江西省优秀新产品一等奖	江西省经贸委
	CH6321Ei、CH6328Ei、CH6328Aei 微型客车	江西省优秀新产品二等奖	江西省经贸委
2002	CH6350B 型北斗星客车	江西省优秀新产品一等奖	江西省经贸委
2004	爱迪尔轿车	“十五”技术创新优秀项目奖	江西省经贸委
	爱迪尔轿车 CH6353 微型客车	江西省优秀新产品一等奖	江西省经贸委
	CH7120 北斗星系列轿车	江西省优秀新产品三等奖	江西省经贸委
	CH6370 系列微型客车	江西省优秀新产品二等奖	江西省经贸委

续表 15－3－4

年份	名称	奖项	颁奖单位
2005	爱迪尔轿车	安徽名牌产品	安徽省质量技术监督局 安徽省名牌战略推进委员会
	利亚纳轿车燃油箱	江西省优秀新产品三等奖	江西省经贸委
	K14B 发动机	江西省优秀新产品一等奖	江西省经贸委
2006	北斗星轿车	江西名牌产品	江西省名牌战略推进委员会
	爱迪尔系列轿车	“十五”技术创新优秀项目奖	江西省经贸委
	昌河客货两用车	江西省著名商标	江西省工商行政管理局 江西省著名商标认定委员
	福瑞达系列乘用车	江西省优秀新产品一等奖	江西省经贸委
	CH6390 福瑞达系列乘用车	江西省优秀新产品一等奖	江西省科学技术厅
	1. 4L 北斗星车	中国紧凑型车亚军	国际著名权威查机构 J. D. Power
2007	福瑞达微型客车	中国顾客最满意的微型车大奖	国资委研究中心 中国环保产业协会
	CH7140 北斗星轿车开发	江西省科学技术进步三等奖	江西省政府
	利亚纳、北斗星、浪迪、爱迪尔车	消费者认可的优质信誉品牌	中国保护消费者基金会
	浪迪背门撑杆组件研制与开发	江西省优秀科技新产品	江西省科学技术厅
	浪迪燃油箱研制与开发	江西省优秀科技新产品	江西省科学技术厅
2008	福瑞达乘用车开发	江西省科学技术进步三等奖	江西省政府
2009	K14B－A 发动机	江西省优秀新产品一等奖	江西省科学技术厅
	浪迪系列车	江西省优秀新产品一等奖	江西省科学技术厅
	北斗星手自一体车	江西省优秀新产品二等奖	江西省科学技术厅
2010	K12B－A 发动机	江西省优秀新产品一等奖	江西省科学技术厅
	北斗星 e＋车	江西省优秀新产品二等奖	江西省科学技术厅
	车身焊接群控技术应用	江西省优秀新产品二等奖	江西省科学技术厅
	激光拼接焊钢板	江西省优秀新产品二等奖	江西省科学技术厅
	CH6392C、CH6392C1 微型车	江西省优秀新产品三等奖	江西省科学技术厅
	汽车涂装废水处理工艺	江西省优秀新产品三等奖	江西省科学技术厅

说明：2004 年 11 月昌河汽车正式与昌河航空分业运营，此前为昌河航空分公司

第四章　机　构

景德镇的航空企事业单位，在 90 年代以前为“三厂一所”格局，即昌河飞机工业（集团）有限责任公司，江西锻铸厂（景航锻铸公司）、乐河机械厂、中国直升机设计研究所。90 年代后，随着国家政策调整和企业的变迁，航空企事业单位形成“二厂一所”。2004 年，昌河飞机工业（集团）民用汽车生产部分析出，成立昌河汽车有限责任公司，通过兼并重组参股，布局九江、铜川、合肥，生产汽车发动机、车桥和整车，形成企业集团。

第一节 航空机构

航空研发机构

中国直升机设计研究所创建于1969年12月,先后隶属于中国人民解放军第六研究院、第三机械工业部、航空工业部、航空航天工业部、中国航空工业总公司、中国航空工业第二集团公司、中国航空工业集团公司。是中国唯一的以直升机型号研制和直升机技术预先研究为使命的大型综合性科研机构。直升机所拥有工程设计中心、地面联合试验台、工程模拟器、旋翼塔等研制先进直升机所需现代化科研设施和手段,先后研制大、中、小型军用、民用直升机,是全国所有新研或改型直升机总设计师单位,直升机预研和发展规划抓总单位,承担多个国家重点工程和多项各军种专项计划武器装备研制任务。

航空制造企业

昌河飞机工业(集团)有限公司　隶属中国航空工业集团公司,是中国直升机科研生产基地和航空工业骨干企业,具备研制和批量生产多品种、多系列、多型号直升机和航空零部件生产的能力。始建于1969年,原名为国营昌河机械厂,1985年10月,改为昌河飞机制造厂,1993年1月1日,更名为昌河飞机工业公司,1999年2月26日,更名为昌河飞机工业(集团)有限责任公司。公司资产总额90亿元,占地面积272万平方米,建筑面积42万平方米,职工6000余名,其中工程技术人员1800余名,具有中高级技术职称的有900余名。企业数字化集成制造、复合材料加工、直升机动部件生产等处于国内先进水平,生产管理实现信息化网络指挥管理,是国家国防科技高效数控工程中心,是国内首家使用完全自主研发的产品数据管理系统的航空企业。公司拥有完善的质量保证体系,先后通过军工质保体系认证、美国FAA检查认证、阿古斯特公司的供应商质量体系评审,多个专业通过NADCAP认证;是国家认定的企业技术中心。通过国际合作与技术引进,部分制造技术已达到国际先进水平,获得A109、AW139维修资质。其中亚洲最大吨位的多用途直升机——直8型机、全国第一个拥有自主知识产权的军民通用型直升机——直11型机,均诞生在这里。至2010年,公司的直升机工业拥有9个平台20多种机型,基本覆盖1吨级到13吨级直升机型号,主要产品有直8、AC313、直11、AC311等系列的军机与民机直升机。

1992年,昌飞公司成立专业厂和专业分公司,转换企业经营机制。1993年1月26日,成立昌河销售公司、昌河生产资料供销公司、昌河生活服务公司和组建昌河微型车制造厂、昌河轻型客车制造厂、昌河直升机旋翼制造厂。1999年,以昌飞公司为核心企业,形成母子公司体制的现代化企业经营管理模式。2001年1月,成立直升机制造公司,3月成立机械公司,9月成立三产实业总公司。

2003年10月,昌飞公司成立技术中心,将技术中心定性为公司高新技术产品研究开发机构和技术创新体系的核心,下设技术委员会、专家委员会、综合技术管理部、直升机产品开发部、制造技术中心、汽车产品开发中心、计量及理化检验、科技信息、国合办、高新技术研究所等机构。总人数610人,占昌飞公司工程技术人员总数的41%。其中直接从事产品开发的有248人,研究员级高工35人,高级工程师98人,“511”工程等省部级以上学科带头人7人,具有国家、省部级“有突出贡献专家”称号的6人。

2005年,昌飞公司撤销昌河航空公司直升机制造公司建制,将原昌河集团公司、昌河航空公司、直升机制造公司的组织机构进行调整。昌河公安局、街道、中学、小学等组织机构移交地方政府。

江西景航航空锻铸有限公司(下称景航公司)　前身为景波机械厂,即国营3347厂,始建于1970年,是景德镇航空工业重要的配套企业,位于景德镇市鱼山镇,隶属于中国航空工业集团公司中航重机股份有限公司。公司总占地面积68万余平方米,建筑面积24万平方米,职工600余人,资产总额6亿元人民币。主要从事航空飞行器结构部件、发动机零部件、民用机械零部件的锻造、铸造及其深度加工业务,是全国航空工业中、小型锻铸件生产基地,占有全国中小型锻铸件市场的17%左右。到2010年,景航公司形成集锻造、铸造、模具、精密锻铸、汽配、机加、外贸于一体的企业集团。拥有800余台设备,其中6300t摩擦压力机(相当于20吨模锻锤)、10t模锻锤是江南地区最大的模锻设备,具有年产锻件5万吨以上的生产能力。主要产品有航空航天系列的尾桨股壳体，钛合金、高温合金、铝合金等产品以及民用系列的汽车、矿山、铁路等产品，是国内机械加工行业骨干企业，华东地区最大的锻铸专业化企业，中国锻造协会成员及常务理事单位。公司在完成军品任务的同时，开发和生产民用机械所需的锻铸件产品。2010 年，景航公司实现营业收入 2.20 亿元。

乐河机械厂　航空工业部所属企业，是景德镇航空工业的"三厂一所"之一。生产直升机发动机、减速器的专业生产厂家，具有较强的产品设计、研制加工和制造能力。1987 年，乐河机械厂从乐平临港汪家岩迁往江苏常州，易名蓝翔机械厂。

第二节　汽车生产企业

昌河控股企业

江西昌河汽车有限公司　1983 年 4 月，国家计委，国家经贸委确定昌河机械厂为微型车定点厂。1989 年 12 月，从昌河机械厂析出组建江西昌河微型汽车工业联合公司。1993 年 1 月，分别成立昌河轻型客车制造厂和昌河微型车制造厂，实行军民品分线生产。1994 年 11 月，昌飞公司与日本铃木公司、冈谷钢机公司签署合资组建江西昌河铃木汽车有限责任公司，成为江西省最大一家中外合资企业，并跻身全国汽车制造十强企业。1995 年，引进"铃木"国际品牌进军乘用车领域。1997 年，成立合肥昌河汽车有限责任公司。1998 年 4 月，组建陕西东风昌河车桥股份有限公司。同年 12 月，与全国 49 个汽车零部件厂家共同出资，组建九江昌河汽车有限责任公司。

1999 年 11 月，昌河集团实行军民品分线，完成股份制改造，成立江西昌河汽车股份有限公司。2001 年 7 月 6 日，"昌河股份"A 股在上海证交所上市发行，进入资本市场。2000—2007 年，通过合资合作，先后开发了北斗星轿车、昌河福瑞达车、爱尔迪轿车、利亚纳轿车、浪迪多用途车和 K14B 发动机等系列产品。2003 年，推出第一款自主品牌乘用车产品。2008 年 12 月，在中航工业的主导下，昌河汽车完成资产重组，退出上市公司，启用江西昌河汽车有限责任公司新名称。2009 年 11 月，经中国航空工业集团公司、中国兵器装备集团公司重组，昌河汽车整体进入中国长安汽车集团股份有限公司。2010 年 4 月，昌河汽车启动景德镇工厂新增年产 7 万台扩能改造工程，景德镇工厂的整车产能由 10 万辆提高到 17 万辆。同年，昌河汽车年产销量超过 17 万辆，销售收入 59.81 亿元，年生产能力达到 30 万辆整车和 15 万台汽车发动机，成为全国汽车、发动机一体化的整车制造企业。

江西昌河铃木汽车有限公司　1995 年 6 月 1 日，昌飞公司与日本铃木株式公社、冈谷钢机株式会社合资组建江西昌河铃木汽车有限责任公司正式挂牌，中日股比为 51∶49，合营期限为 30 年，成为江西省最大一家中外合资企业。

合肥昌河汽车有限公司　位于安徽省合肥市。1994 年 5 月，以安徽省淮海机械厂为核心，成立安徽飞虎汽车集团公司，并发展成由 81 个生产配套协作、经营销售和科研单位组成的经济联合体。主要产品包括 HH1012 系列单、双排微型载货车、HH6340 微型客车及各类专用厢式车。1996 年 11 月，昌河飞机工业公司采取承担债务的方式，兼并安徽省淮海机械厂（即国营 9356 厂），成立合肥昌河汽车有限责任公司，为昌飞公司所属全资子公司，具有企业法人资格。经过技术改造，生产微型载货车、微型客车及各类厢式车。

九江昌河汽车有限公司　位于九江市。1997 年 4 月，由昌河飞机工业公司整体接收原九江微型电机厂，重组后成立昌河飞机工业公司九江电器厂（简称九电厂）。先后开发生产 CH1010 和 CH1018 汽车的备胎架、各种工位器具、刮水器总成、斜拉杆总成、横直拉杆总成、转向摇臂总成、转向轴管组件、塑料件等零部件。1997 年开始，进行微型车生产线技术改造，按年产 10 万辆一次规划，一期工程先按年产 5 万辆建设。1998 年年底，九江公司冲压厂房 C 线设备安装，焊装厂房立柱开始吊装，进入网架安装阶段。12 月，由昌飞公司、陕西华兴航空机轮公司等 50 家企业和社团法人共同出资 64500 万元，成立九江昌河汽车有限公司，其中昌飞公司出资 38752 万元，占股比 60.0775%，公司实行投资主体多元化，实现从单一的生产经营型向资本经营相结合型转变。2005 年,九江昌河汽车建成投产,总投资 21.16 亿元,总体规划为年产汽车 30 万辆,发动机 60 万台,其中一期投资按年产汽车 10 万辆、发动机 15 万台设计。2006 年,公司顺利通过 ISO14001 环保体系、ISO28001 职业健康安全体系、ISO19001 质保体系的认证,并获得国家电动车生产资质。至 2010 年,公司主要生产 LIANA 轿车(两厢、三厢),福瑞达单双排座,发动机主要产品 K14B、K14B - A 系列发动机。当年,九江昌河全年生产汽车 36835 辆,发动机 70400 台,全年实现工业总产值 20 亿元。

其他配套企业

陕西东风昌河车桥公司　位于陕西铜川市。东风机械厂原是军工企业,军转民以后,先后开发生产微型车后桥和农用运输车前、后桥产品,是汽车后桥主要配套厂家。1998 年,昌河飞机工业公司通过资产参股方式,与陕西省东风机械厂共同组建东风昌河车桥股份有限公司。为国内汽车配套零部件行业的国有大 W 型企业,具备年产前后桥 15 万套能力。

1997 年 10 月,与昌飞公司联合江苏飞船齿轮厂等 7 家单位,共同发起设立陕西东风昌河车桥股份有限公司。11 月,陕西省国防科工办同意陕西省东风机械厂与中国航空工业总公司昌河飞机工业公司合并。1998 年 4 月,双方签订资产转让及共同发起组建股份公司的协议。

江西昌靖汽车内饰件公司　位于景德镇市昌河汽车零部件工业园内。2000 年 10 月成立。2002 年 4 月正式投产,是隶属于"华通集团"靖江华通机电设备制造有限公司的专业性汽车内饰件生产企业。具有技术研发、品质监控、现场服务、成本控制等优势。2005 年,实现产值 2088.47 万元,实现产品销售收入 1718.81 万元,实现利润总额 117.85 万元,同比增加 74.2%,缴纳税金 41.69 万元。2008 年,在九江汽车零部件工业园投入一条占地 2.67 公顷汽车内饰件生产线,设计年销售产值超过 1.5 亿元。公司拥有先进的顶棚内护面(地毯)模压成型生产线 3 条(配有进口水切割机),消声板生产线、隔热垫生产线各 2 条,注塑门内护板自动化生产流水线 8 条,各种高、中、低档汽车遮阳板生产流水线 3 条。生产能力年均达到 40 万台套/年。公司配套服务昌河汽车全系列车型、奇瑞微车多个商用车型。2010 年,公司实现产值 6284.78 万元,实现产品销售收入 5926.97 万元,实现利润总额 453.94 万元,同比增加 62.6%,缴纳税金 134.59 万元。

江西昌河景渝汽车部件拉索公司　位于景德镇市昌河零部件工业园。2002 年成立。前身为江西昌河景渝汽车拉索公司,是一家以生产汽车钢索为主的企业。主营汽车全车钢索及汽车配件,年生产能力 1000 万根,一直是昌河汽车公司(包括九江昌河和合肥昌河)、众泰公司的优先供应商。2005 年,实现产值 1101 万元,实现产品销售收入 839 万元,利润总额 -46 万元,缴纳税金 35 万元。2006 年,企业股东发生变化,更名江西昌河景渝汽车部件有限责任公司。2010 年,公司实现产值 1840 万元,产品销售收入 1575 万元,实现利润总额 10 万元,缴纳税金 40 万元。

江西万向昌河汽车底盘系统公司　位于景德镇昌河汽车工业园。2003 年 1 月成立。由万向钱潮股份有限公司、昌河汽车配件制造公司、昌河飞机工业集团有限责任公司三方共同出资,万向钱潮公司控股,占地面积为 21000 平方米。为昌河汽车的底盘系统模块供应商与服务基地,是昌河汽车核心供应商及战略合作伙伴。产品有前后制动器、叉型节、中间连接轴、后轮芯轴。2005 年,实现营业收入 3394 万,实现利润总额 -75.8 万元,缴纳税金 92.71 万元。2008 年,通过 ISO/TS16949 的质量体系认证。2010 年,公司实现营业收入 10714 万,实现利润总额 581.69 万元,缴纳税金 459.05 万元。

第十六篇　工　业

第一章　机械工业

1986年,全市机械工业产值近2亿元,机械工业是全市三大经济支柱之一。90年代,一批新兴机械工业异军突起,家用冰箱、冰箱压缩机的生产,填补景德镇市工业产品的空白。机械制造成为景德镇市工业的支柱产业,主要有直升机、汽车、家用电冰箱、无氟压缩机、胶印机、电动机、操舟机、减速机、陶瓷机械、电瓷电器以及仪器仪表制造等。市属独立核算企业有32家,固定资产原值2.19亿元,固定资产净值1.60亿元,设备新度系数0.73。在职职工10400人,工程技术人员1420人,占职工总数的13.65%。但由于老企业多,企业包袱沉重,全市机械行业的整体经济效益严重下滑。但无氟压缩机及电冰箱产业持续快速发展,发展成为市属机械工业的支柱。除胶印机、操舟机等少数设备制造业维持稳定发展外,其他企业实行改革改制后多数经营不善,生产规模缩小或停产倒闭。2002年,开始逐步推进机械系统的企业改制工作。2008年,全面完成国有企业改制任务,机械工业逐步走出困境。到2010年,产值达到178亿元,占全市工业产值的比重由1986年的16.3%,提高到2010年的21.7%。以直升机和汽车为核心的航空汽车产业是机械工业的龙头,1986年其产值占机械工业的43.3%,到2010年,航空汽车产业有规模以上企业34家,产值达到107亿元,占机械工业的60%。

第一节　行业规模

主要产品及产量

制冷家电　1986年,全市机械家电制造产值占机械工业的56.7%。市制冷设备厂引进意大利年产20万台家用电冰箱生产线试产成功,当年生产家用电冰箱5000台。1988年7月,市制冷设备厂与景德镇666无线电厂合并成立华意电器总公司,无氟压缩机及电冰箱制造进入了快速发展期。90年代,华意电器总公司先后实施家用电冰箱二期、三期扩改和年产10万台出口小冰箱生产线改造,建成全国第一条无氟压缩机生产线并实施二期扩改,成为可年产无氟压缩机200万台、家用冰箱50万台的国家大一型企业。1996年,先后与浙江嘉兴加西贝拉压缩机有限公司和湖北荆州南光机械厂合资合作,市场占有

华意冰箱生产线

率近全国四分之一。1998 年 12 月,总投资 1.73 亿元的冰箱三期技改项目顺利通过省级验收,华意电冰箱厂形成年产 50 万台无氟冰箱的生产能力。2007 年,华意电器总公司与四川长虹集团实施资产重组,华意压缩机股份公司进入长虹集团,先后实施景德镇本部 600 万台新工厂建设以及加西贝拉子公司的二期扩建,企业进入新的发展阶段。11 月,华意电冰箱进入合肥美菱股份公司,成立江西美菱制冷有限公司。到 2010 年,华意无氟压缩机年产销量突破 2000 万台,完成产值 41.5 亿元,进入全球行业三甲。江西美菱制冷有限公司产能为 60 万台,完成产值 37760 万元。全市机械家电产业有规模以上企业 31 家,产值为 71 亿元,占机械工业比重为 40%。

航空制造　主要有国营昌河机械厂(昌飞公司和昌河汽车)、江西锻铸厂(景航锻铸公司)、乐河机械厂、602 研究所等单位。80 年代后期,昌飞公司成功研发亚洲最大吨位的直 8 多用途直升机和全国第一个拥有自主知识产权的直 11 系列军民通用型直升机。进入 21 世纪,成功自主研发 AC313、AC311 直升机。其中 AC313 直升机填补国内航空史上多个空白,成为取得 4500 米海拔地区 A 类适航证的大型民用直升机。

汽车制造　80 年代,昌河机械厂通过自主研发和引进日本铃木技术,开始旅行车、微型车生产。1989 年 12 月,组建江西昌河微型汽车工业联合公司。1994 年 11 月,昌飞公司与日本铃木公司、冈谷钢机公司签署合资组建江西昌河铃木汽车有限责任公司,成为江西省最大一家中外合资企业,并跻身全国汽车制造十强企业,"昌河牌"微型车连续多年保持全国产销第一。通过合资合作,先后开发北斗星轿车、昌河福瑞达车、爱尔迪轿车、利亚纳轿车、浪迪多用途车和 K14B 发动机等系列产品。到 2010 年,昌河汽车年生产能力为整车 30 万辆(其中景德镇地区工厂的整车产能 17 万辆)和汽车发动机 15 万台,产品覆盖微型客(货)车、经济型轿车、小型商务车和发动机等领域。景德镇地区汽车行业独立核算企业共 9 家,其中从事零部件制造的企业 7 家。

2008 年 6 月 22 日,长虹机电产业基地及汽车零部件基地项目奠基仪式

其他机械制造　市机械工业系统产品为电工电器,石化通用、基础件,胶印机,内燃机、拖拉机内配件及仪器仪表等。"七五"期间,机械工业累计完成技改投资 9010 万元,开发新产品 93 项。1991—1992 年,生产 90 多种产品,规格品种上千个。

1993 年,市高压紧固件厂开发的高塔吊螺栓通过省级技术鉴定,达到 10.9 级,新产品为全省首创,广泛用于国家重点建设工程高塔吊上,产品质量、性能、强度均达到国家标准,优于用户单位的技术质量要求。市电机厂生产的 rvp 变频调速电机,TYFJ80－6 电机,TYFJ80－6 永磁同步电机分别获江西省优秀新产品二等奖、三等奖。市电瓷电器公司研制的 GW6－220GCDW/1250 高压隔离开关和 JW2－220CW/31.5 高压接地开关,通过电力部和能源部技术鉴定。1994 年,市电瓷电器专用设备制造厂与景德镇陶瓷学院共同研制的三菱牌 NCT－162 全自动湿式泥浆除铁器,成为陶瓷、电瓷生产制泥过程中滤除铁质的国内先进设备。其平均磁通密度可达 12000 高斯,氧化铁的吸除率达 96% 以上。适用于玻璃、砂轮、医药等需滤除含有铁质物料的行业。获市科技进步三等奖。

1995 年,市电机厂先后开发研制出 YVP100L－4 变频调速电机和 YGW132M1－6 高环境用三相异步电动机以及稀土电机等一批新产品,较好地解决调速、耐高温、防潮等一系列问题,新产品及出口电机的产值达到 1000 万元。1997 年,华意总公司的无氟压缩机、无氟彩版电冰箱和印机公司的 J4104 胶印机获江西省名牌产品称号;印机公司的 J4104 胶印机获机械部名牌产品称号;"华意"牌压缩机产品商标被评定为"江西省著名商标”。

同年 12 月，市印刷机械有限公司成功研制 PZ1740 四开单色平版胶印机，并通过省级鉴定。同月，华意电器总公司 AE－1370Y 型无氟压缩机获国家科委颁发的国家科技进步三等奖。1998 年，电瓷电器专用设备制造厂先后研制开发 1000 型双层振动筛，800 型双、单层振动筛，K－100 型双缸泵，全自动除铁器、槽式除铁器，加强、加高除铁器等产品。减速机厂不断调整产品结构，开发出气泵、竹编机、烫金机、齿轮减速机等一批技术含量高、附加值高的新产品，实行扭亏为盈；电瓷公司研究开发的 Ylowl－100/260、YlOWl－220/520U 交流无间隙氧化锌避雷器系列产品先后获江西省优秀新产品三等奖及市科技进步三等奖，并中标四川二滩电站 220KV 送出配套工程，标值达 654 万元。

产品产量　1994 年，市属机械行业完成主要产品产量：家用电冰箱 15.01 万台，无氟压缩机 13.5 万台，空调器 5.01 万台，印刷机械 369 万台，高压电瓷 6905 吨，电动机 14.05 万千瓦，进排气门 11.48 万件，高压紧固件 110.86 万件。在全省机械行业中，实现完成全年计划第一，增长幅度第一，产品质量名列第一，在国家产品质量监督抽查中，合格率高达 100%。规模经济效益在全省同行业中位置排列前移为第二位，仅次于南昌市。

2010 年，全市机械行业生产交流电动机 2.8 万千瓦，比 2005 年增长 86.67%。印刷机械 645 色组，年平均下降 7.49%，比 2005 年下降 35.05%。高压隔离开关 1200 组，比 2005 年增长 33.33%。高压熔断器 2120 只，比 2005 年增长 17.78%。家用冰箱 36.19 万台，年平均增长 14.90%，比 2005 年增长 1 倍。无氟压缩机 2086.65 万台，比 2005 年增长 1.94 倍。电扇 12500 台，比 2005 年下降 19.35%。汽车 13.64 万辆，比 2005 年增长 17.89%。陶瓷设备 41 台，比 2005 年增长 86.36%。电瓷 3830 吨，比 2005 年增长 36.79%。

表 16－1－1　**“七五”时期景德镇市机械行业主要产品产量统计表(一)**

年份	交流电动机（万千瓦）	变压器（千伏安）	压力表（万只）	印刷机械（台）	高压隔离开关（组）	高压熔断器（具、只）	闸刀开关（万只）	氧化锌避雷器（只）	减速机（台）
1986	17.5	24200	4.29	595	6142	11806	14.94	1290	3290
1987	17.47	31300	4.63	579	11024	26916	0.98	752	3248
1988	16.43	14200	4.94	618	4568	7200	10.8	500	3573
1989	10.17	—	6.70	375	6414	9535	4	1200	3401
1990	10.03	8900	3.94	222	5260	11727	2.26	20	2037

说明：1986—1989 年，高压熔断器以具为计量单位；1990 年开始高压熔断器以只为计量单位

表 16－1－2　**“七五”时期景德镇市机械行业主要产品产量表统计(二)**

年份	高压螺丝及螺帽(万件)	家用冰箱（万台）	操舟机（台）	气门（万件）	电扇（台）	陶瓷设备（台）	高频插头座（万件）	电瓷(吨)		
								小计	高压	低压
1986	237.35	0.50	300	123.4	9211	902	56.98	8993.4	6942.4	2051
1987	85.06	4.04	389	112.37	12359	1189	52.98	6472.1	5243.3	1228.8
1988	30	10.51	608	103	12500	1266	89.09	4636	3693	943
1989	39.49	10.68	400	257	15570	866	66.16	4797	4165	632
1990	58.32	12.01	10	139.4	15475	932	58.7	6277	5521	756

表16－1－3　“八五”时期景德镇市机械行业主要产品产量统计表(一)

年份	交流电动机(万千瓦)	变压器(千伏安)	压力表(万只)	印刷机械(台)	高压隔离开关(组)	高压熔断器(只)	闸刀开关(万只)	减速机(台)	高压螺丝及螺帽(万件)	家用冰箱(万台)
1991	10.25	7200	3.86	269	6098	12500	4.37	2187	73.97	12.02
1992	14.73	8100	5.59	471	8183	9500	4.59	2457	84.77	12.20
1993	16.95	4000	4.68	774	6200	4380	3.17	3152	188.81	12.31
1994	14.05	—	3.08	369	4217	2754	3.41	1814	110.86	15.01
1995	9.66	—	2.3	478	1878	2407	3.07	1819	134	20

表16－1－4　“八五”时期景德镇市机械行业主要产品产量统计表(二)

年份	空调器(台)	无氟压缩机(万台)	气门(万件)	电扇(台)	汽车(万辆)	陶瓷设备(台)	高频插头座(万件)	电瓷(吨)		
								小计	高压	低压
1991	10200	—	136.44	13387	—	1113	46.1	5749	4874	875
1992	23400	—	161	9185	—	1244	57	5858	5080	778
1993	23565	0.54	176	5742	1.39	1587	81.9	6485	6200	285
1994	50130	13.5	11.48	14112	2.05	1304	47.26	7012	6905	107
1995	25100	40	272.7	17166	2.54	924	48.15	5133	5049	84

表16－1－5　“九五”时期景德镇市机械行业主要产品产量统计表(一)

年份	交流电动机(万千瓦)	压力表(万只)	印刷机械(台)	高压隔离开关(组)	高压熔断器(只)	闸刀开关(万只)	减速机(台)	高压螺丝及螺帽(万件)	家用冰箱(万台)
1996	7.81	3.66	469	816	2100	2.82	2012	106	21.06
1997	6.26	3.01	804	807	1995	2.73	1524	110	22.17
1998	0.18	2.55	795	801	1805	2.5	746	90	22.11
1999	—	—	817	800	1800	2.15	710	100	22.29
2000	—	—	881	750	1700	2.1	650	85	27.00

表16－1－6　“九五”时期景德镇市机械行业主要产品产量统计表(二)

年份	空调器(台)	无氟压缩机(万台)	气门(万件)	电扇(台)	汽车(万辆)	陶瓷设备(台)	高频插头座(万件)	电瓷(吨)		
								小计	高压	低压
1996	4400	62.51	238	19664	4.23	440	56.05	3502	3366	136
1997	6800	80.13	251	17786	6.25	401	50.81	2835	2531	304
1998	1800	76.07	255	19333	10	361	45.41	2259	1973	286
1999	45684	80.70	260	18000	9	380	—	2300	2010	290
2000	45687	95.87	270	16500	10.32	45	—	2306	2000	306

表 16－1－7　　“十五”时期景德镇市机械行业主要产品产量统计表(一)

年份	交流电动机（万千瓦）	印刷机械（台、色组）	高压隔离开关（组）	高压熔断器（只）	闸刀开关（万只）	家用冰箱（万台）	空调器（台）	无氟压缩机（万台）
2001	—	909	780	1650	1.98	30.13	32538	102.37
2002	—	932	795	1710	1.4	31.91	16520	179.11
2003	—	1021	810	1750	1.5	24.17	7840	438.41
2004	1.2	958	850	1780	—	20.16	2800	592.29
2005	1.5	993	900	1800	—	18.07	—	709.23

说明:2004 年开始印刷机械以色组为计量单位

表 16－1－8　　“十五”时期景德镇市机械行业主要产品产量统计表(二)

年份	气门（万件）	电扇（台）	汽车（万辆）	陶瓷设备（台）	高频插头座（万件）	电瓷(吨)		
						小计	高压	低压
2001	260	15800	12.13	18	159.4	2347.5	2037.5	310
2002	265	16000	15.49	16	150	2582.4	2262.4	320
2003	250	15000	11.87	18	—	2620.6	2290.6	330
2004	255	16000	10.43	20	—	2690	2340	350
2005	210	15500	11.57	22	—	2800	2400	400

表 16－1－9　　“十一五”时期景德镇市机械行业主要产品产量统计表(一)

年份	交流电动机（万千瓦）	印刷机械（色组）	高压隔离开关（组）	高压熔断器（只）	家用冰箱（万台）	无氟压缩机（万台）
2006	1.8	989	950	1960	20.01	895.72
2007	2.1	1020	1000	2000	4.11	1245.06
2008	2.4	738	1080	2100	32.32	1296.19
2009	2.5	641	1100	2110	44.17	1675.31
2010	2.8	645	1200	2120	36.19	2086.65

表 16－1－10　　“十一五”时期景德镇市机械行业主要产品产量统计表(二)

年份	气门（万件）	电扇（台）	汽车（万辆）	陶瓷设备（台）	电瓷(吨)		
					小计	高压	低压
2006	—	15000	12.32	25	3400	2950	450
2007	1.61	14000	10.35	31	3610	3100	510
2008	1.58	12000	10.47	35	3800	3250	550
2009	—	—	—	37	3950	3300	650
2010	1.85	12500	13.64	41	3830	3200	630

行业主要指标

1986年,全市独立核算机械工业企业47家,工业总产值(1980年不变价)4985.8万元,销售收入4733.4万元。其中全民所有制企业15家,工业总产值(1980年不变价)4108万元,销售收入3834.1万元;集体所有制企业32家,工业总产值(1980年不变价)877.8万元,销售收入899.3万元。

1991年和1992年,市机械系统累计产值6.53亿元,平均每年比上年增长13.43%,两年累计实现销售收入为4.8亿元,平均每年比上年增长26.60%,实现利润2163万元,平均每年比上年增长27.36%,实现产值、销售、利润"三同步"增长。1997年,市机械工业系统完成工业总产值7.58亿元,比上年同期增长6.9%,完成销售收入4.13亿元,比上年增长3.3%,上缴利润880万元,比上年增长9%,产品出口创汇410万美元,比上年创汇251.6万美元、增长63%。2000年,工业总产值完成8.00亿元(当年价),与上年相比增长8.47%(按可比价计算);销售收入完成5.66亿元,比上年增长9.32%,实现利润(盈亏扎差后)4260万元,比同期增长15.86%,上缴利税4112.5万元,较上年增长42.5%;出口创汇1449万美元,较上年增长36.38%。2001年,全系统完成工业总产值(当年价)84.92亿元,工业增加值2.09亿元,实现销售收入7.72亿元,实现利润5338万元。

2010年,机械工业实现工业总产值、主营业务收入分别为200亿元和206.3亿元。

交通运输设备制造业 1986年,市交通运输设备制造业独立核算企业19家,工业总产值(1980年不变价)8650.7万元,销售收入7371.9万元。其中全民所有制企业4家,总产值(1980年不变价)7754万元,销售收入6714.7万元;集体所有制企业15家,总产值(1980年不变价)896.7万元,销售收入657.2万元。1996年,独立核算企业21家,工业总产值(1990年不变价)19.09亿元,销售收入18.93亿元,利税总额2.38亿元。其中国有企业8家,工业总产值(1990年不变价)18.57亿元;集体企业13家,工业总产值(1990年不变价)5215.2万元,销售收入1.05亿元,利税总额53.5万元。

2010年,规模以上企业32家,工业总产值(当年价)106.97亿元,主营业务收入115.40亿元,比2005年增长1.62倍;利税总额5.30亿元,比2005年增长2.02倍。其中国有控股企业4家,工业总产值(当年价)83.85亿元,主营业务收入93.24亿元,比2005年增长1.15倍;利税总额3.17亿元,比2005年增长82.25%。

表16-1-11 **1986—2010年景德镇市交通运输设备制造业独立核算企业情况表** 单位:家、万元、人

年份	企业单位	工业总产值	工业增加值	销售收入	利税总额	职工平均人数
1986	19	8650.7	3060.5	7371.9	—	12477
1987	12	9942.1	3758	11920	—	11682
1988	11	12249.3	5989.8	14990.4	—	7919
1989	11	10311.4	6376.3	9482.4	—	7876
1990	9	14687.6	7797.3	10584	—	7876
1991	11	23487	—	21906.2	—	8941
1992	10	36525.8	14612.4	40728.5	4357.5	8858
1993	12	57714.4	23994.8	71654.7	7902.7	8995
1994	15	82379.6	20209.3	93799.3	10893.7	9488
1995	21	104257	25969.5	120712.5	9617	11487
1996	21	190892.1	68804.9	189273.2	23761.8	11201
1997	20	270517	88439.3	277666.2	35211.6	11800

续表 16－1－11

年份	企业单位	工业总产值	工业增加值	销售收入	利税总额	职工平均人数
1998	11	415277.2	114799.5	348879.2	36486.3	13616
1999	9	389224.5	100611.6	315805.5	26461.3	13171
2000	9	452102.7	91284.8	302933.4	25065	13506
2001	9	412793.1	106938.9	358109.2	25366.5	13018
2002	8	574997.8	138611.9	467778.7	34796.1	13103
2003	11	515250	117692	467996	39394	12951
2004	9	421400	96864	413635.9	10673.7	12540
2005	14	482027	85225	439995	17516	11323
2006	17	595975	98362	592454	－9716	11095
2007	22	605800	101780	605731	－61684	11523
2008	29	671921.2	128277	622585.8	20500.5	12514
2009	30	872337	146072	833665	－2040	11741
2010	32	1069705.8	207686.8	1153958.3	52962	13839

说明：1. 1986—1989 年工业总产值按 1980 年不变价计数，1990 年按 1990 年不变价计数，2001 年后为当年价计数。2. 1988—1989 年全员劳动生产率按 1980 年不变价计，1990 年后按 1990 年不变价计。3. 工业增加值按当年价计数。4. 2001—2003 年为独立核算企业情况，2004—2005 年为规模以上企业情况。5. 2001—2004 年为销售收入，2005 年为主营业务收入。本篇工业企业经济指标统计口径同此

通用设备制造业　1991 年，通用设备制造独立核算企业 48 家，工业总产值（1990 年不变价）8068.8 万元。其中全民所有制企业 14 家，工业总产值（1990 年不变价）5546.7 万元，销售收入 5141.9 万元；集体所有制企业 34 家，工业总产值（1990 年不变价）2422.1 万元，销售收入 1417.3 万元。

1993 年开始，按主要行业分为普通机械制造业和专用设备制造业。同年，独立核算工业企业普通机械制造业 25 家，工业总产值（1990 年不变价）8015.5 万元，销售收入 9359 万元，利税总额 542 万元。其中国有企业 5 家，工业总产值（1990 年不变价）4577.7 万元，销售收入 6383.2 万元，利税总额 271.7 万元；集体企业 19 家，工业总产值（1990 年不变价）2897.3 万元，销售收入 2491.9 万元，利税总额 189.3 万元。

2010 年，规模以上通用设备制造业企业 5 家，工业总产值（当年价）33683.7 万元，主营业务收入 33736 万元，比 2005 年增长 1.33 倍；利税总额 2236.4 万元，比 2005 年增长 3.02 倍。其中国有控股企业 1 家，工业总产值（当年价）11508.4 万元，主营业务收入 12296.1 万元，比 2005 年下降 3.26%，利税总额 308.6 万元。

表 16－1－12　　**1986—2010 年景德镇市通用设备制造业独立核算企业情况统计表**　　单位：家、万元、人

年份	企业单位数	工业总产值	工业增加值	销售收入	利税总额	职工平均人数
1986	47	4985.8	2088	4733.4	—	8048
1987	53	4429.4	1980	5155	—	7764
1988	55	5301.3	2417.7	—	—	7780
1989	53	5792.6	3220.1	—	—	7418
1991	48	8068.8	—	6559.2	—	7192
1992	49	11708.7	3902.6	—	—	7353

续表 16 - 1 - 12

年份	企业单位数	工业总产值	工业增加值	销售收入	利税总额	职工平均人数
1993	25	8015.5	3305.8	9359	542	4258
1994	28	9367	3741.9	8885.1	-143.3	4663
1995	27	4281.6	1791.8	3953	233.9	2974
1990	49	6706.7	2671.6	—	—	7026
1996	28	3774.7	1463.2	2570.2	-99.5	2300
1997	26	4083.7	1434.9	3047.7	-232.3	2123
1998	19	4050.4	1757.2	3040.8	-51.3	1355
1999	17	5365.7	1844.4	2768.3	-65.1	1953
2000	17	5669.3	4165.2	3234.8	-195	1831
2001	15	3137	2089.1	3137	-43.2	1588
2002	11	2747.6	1139.2	1858.2	98.5	1249
2003	9	8296	3304	8279	-5	2294
2004	3	11505.4	2553	10603.5	-567.8	1780
2005	5	13999	5312	14490	556	1132
2006	3	4359	2569	4198	343	351
2007	2	3407	1611	3277	285	131
2008	4	14256.3	6677	13787	1242.4	783
2009	5	25399	10435	24265	1278	604
2010	5	33683.7	6862	33736	2236.4	609

说明:统计口径参照本篇第一章第一节交通运输设备制造业独立核算企业情况的统计口径

专用设备制造业 1993 年,独立核算企业 14 家,工业总产值(1990 年不变价)8270.4 万元,销售收入 9028.1 万元,利税总额 863.1 万元。其中国有工业企业 5 家,工业总产值(1990 年不变价)6909.6 万元,销售收入 7598.5 万元,利税总额 762.6 万元;集体工业企业 9 家,工业总产值(1990 年不变价)1360.8 万元,销售收入 1429.6 万元,利税总额 100.5 万元。

2001 年,独立核算企业 12 家,工业总产值(当年价)20239.1 万元,销售收入 14944.4 万元,利税总额 3398.3 万元。国有及国有控股企业 7 家,工业总产值(当年价)19193.8 万元,销售收入 14409.2 万元,利税总额 3435.3 万元;集体工业企业 5 家,工业总产值(当年价)1045.3 万元,销售收入 535.2 万元,利税总额 -37 万元。

2010 年,规模以上企业 5 家,工业总产值(当年价)78502.9 万元,主营业务收入 67319 万元,比 2005 年增长 2.43 倍;利税总额 9263.5 万元,比 2005 年增长 43.6%。其中国有控股企业 1 家,工业总产值(当年价)6497.4 万元,主营业务收入 6401.3 万元,比 2005 年增长 16.78 倍;利税总额 624.2 万元,比 2005 年增长 2.98 倍。

表 16-1-13　　1993—2010 年景德镇市专用设备制造业独立核算企业统计表　　单位:家、万元、人

年份	企业单位数	工业总产值	工业增加值	销售收入	利税总额	职工平均人数
1993	14	8270.4	3365.5	9028.1	863.1	3337
1994	14	7703.8	3710.5	5883.2	842	2931
1995	19	9321.5	3532.8	6976.1	973.7	3063
1996	19	10422.5	4490.2	7307.9	900.2	2775
1997	20	13721.9	7383.2	11266.7	1360.4	2666
1998	12	13101.3	7348	10985.7	2151.1	2319
1999	12	15460.7	14183.7	13103.9	2648	2266
2000	12	17965.8	6625.1	14717.6	2990.6	2342
2001	12	20239.1	7545	14944.4	3398.3	2010
2002	16	21885.1	8058.3	17701.2	4020.5	2182
2003	14	24079	8651	20550	4778	1885
2004	6	27376.9	11740.4	24639.6	6652.6	1159
2005	4	26999	12185	19641	6451	1041
2006	3	35890	11551	333000	7535	999
2007	6	48780	17855	40739	7758.5	1150
2008	6	59525.8	21573	52638.8	9319.9	1545
2009	6	60183	19132	52065	9224	1117
2010	5	78502.9	17207.2	67319	9263.5	1126

说明:统计口径参照本篇第一章第一节交通运输设备制造业独立核算企业的情况统计口径

仪器仪表制造业　1986 年,独立核算企业有 523 厂等 6 家,工业总产值(1980 年不变价)959.7 万元,销售收入 716.4 万元。其中全民所有制企业 3 家,工业总产值(1980 年不变价)791.3 万元,销售收入 563.5 万元;集体所有制企业 3 家,工业总产值(1980 年不变价)168.4 万元,销售收入 152.9 万元。

1996 年,独立核算企业 8 家,工业总产值(1990 年不变价)3786.8 万元,销售收入 2358.4 万元,利税总额 -91.6 万元。其中国有企业 3 家,工业总产值(1990 年不变价)3515 万元,销售收入 2297.2 万元,利税总额 -70.2 万元;集体企业 5 家,工业总产值(1990 年不变价)271.8 万元,销售收入 61.2 万元,利税总额 -21.4 万元。

2010 年,规模以上企业 1 家,工业总产值(当年价)7913.6 万元,主营业务收入 7149 万元,比 2005 年增长 11.18 倍;利税总额 437 万元,比 2005 年增长 32.62 倍。

表 16-1-14　　1991—2010 年景德镇市仪器仪表制造业独立核算企业统计表　　单位:家、万元、人

年份	企业单位数	工业总产值	工业增加值	销售收入	利税总额	职工平均人数
1986	6	959.7	511	716.4	—	2083
1987	6	1312.2	548	848	—	2095
1988	6	1628.9	599.8	1191.3	—	1944
1989	7	1830.6	378.5	1140.4	—	2057

续表 16－1－14

年份	企业单位数	工业总产值	工业增加值	销售收入	利税总额	职工平均人数
1990	7	2407.4	942.2	1503.8	—	2091
1991	6	2443.6	—	1463.1	—	2098
1992	5	1930.7	113.5	1510.1	－734.6	2347
1993	6	1935	1013.3	1968.6	－442	2526
1994	7	2650.5	563.9	1606	－444.4	2253
1995	8	2988.9	367.2	2250.4	－160.6	2093
1996	8	3786.8	1126.6	2358.4	－91.6	2177
1997	8	4029.1	795.8	2330.2	—	1765
1998	3	4019.6	793.6	1377.3	－59.6	1847
1999	3	4258.8	1054.9	2428.4	－24.8	1494
2000	3	4057	3307.8	3255.5	－490.2	—
2001	3	2660.9	480.6	2135.2	－450.2	785
2002	3	1851.9	621.5	677.8	－780.9	1278
2003	8	909	220	594	－180	1747
2004	—	—	—	—	—	—
2005	1	600	280	587	13	87
2006	1	1804	1237	1542	103	134
2007	1	3859	1695	3685	394.9	150
2008	1	3956.8	1678	3908.6	527.9	95
2009	1	4496	1673	4406	672	152
2010	1	7913.6	1916	7149	437	145

说明:统计口径参照本篇第一章第一节交通运输设备制造业独立核算企业情况的统计口径

电气机械及器材制造业　1986年,独立核算企业16家,工业总产值(1980年不变价)5427.1万元,销售收入5315.4万元。其中全民所有制企业6家,工业总产值(1980年不变价)5040.3万元,销售收入4992.5万元;集体所有制企业10家,工业总产值(1980年不变价)386.8万元,销售收入322.9万元。

1996年,独立核算企业18家,工业总产值(1990年不变价)6.36亿元,销售收入4.04亿元,利税总额4245.8万元。其中国有企业8家,工业总产值(1990年不变价)3998.5万元,销售收入3655万元,利税总额－374.4万元;集体企业9家,工业总产值(1990年不变价)1331.1万元,销售收入781万元,利税总额66.1万元。

2010年,规模以上企业14家,工业总产值(当年价)59.06亿元,主营业务收入58.65亿元,比2005年增长2.41倍;利税总额4.79亿元,比2005年增长29.52倍。其中国有控股企业1家,工业总产值(当年价)41.46亿元,主营业务收入41.48亿元,比2005年增长1.79倍;利税总额3.26亿元,比2005年增长13倍。

表 16－1－15　　1986—2010 年景德镇市电气机械及器材制造业独立核算企业统计表　单位：家、万元、人

年份	企业单位数	工业总产值	工业增加值	销售收入	利税总额	职工平均人数
1986	16	5427.1	1848	5315.4	—	5201
1987	18	9375.5	3691	9408	—	5108
1988	17	18166.3	7086.6	—	—	5273
1989	18	20487	9257	—	—	5726
1990	15	24142.6	7304.9	14121.1	—	5654
1991	16	27579.3	—	19227.1	—	5992
1992	17	31462.1	7658.3	19009.2	1592.7	6283
1993	17	34037.7	15504	22324.2	1506.9	5289
1994	19	43335.6	14331.3	27332.1	2489.7	4565
1995	19	48516.9	12672.3	31883.7	3726.6	5604
1996	18	63629.6	17778.3	40361.6	4245.8	4708
1997	18	65120.5	17753.8	43830.7	—	3958
1998	13	60290.8	18724.5	45411.1	6063.1	4666
1999	13	58085.1	17374.9	38582.7	3854.1	3864
2000	13	62801.1	34956.3	43092.9	4419.1	3910
2001	13	65472.6	14971	62131.5	5794.8	4067
2002	14	76500.3	35124.3	74019.1	4843.1	3801
2003	11	115250	40614	108135	－1973	3034
2004	9	118790.4	32128.7	116264.7	3324.4	3082
2005	7	171160	41860	172018	1568	4023
2006	7	229760	60199	226642	14772	4143
2007	8	321277	51682	328336	12887	4173
2008	13	40389.2	89777	374084.1	31433.1	7186
2009	13	473237	91700	445898	56446	7376
2010	14	590641.9	105389	586489	47859	7781

说明：统计口径参照本篇第一章第一节交通运输设备制造业独立核算企业情况的统计口径

第二节　企业选介

制冷家电

华意集团　是以公有制为主体，以资产为主要联结纽带，其有多层次结构的法人联合经济组织。华意电器总公司及其所属华意电冰箱厂、华意空调器厂、华意冷柜厂、华意压缩机厂、华意经销公司组成，集团核心企业和集团其他成员单位，均具有法人资格。1994 年 6 月 6 日，经省政府批准，江西华意电器集团正式对外挂牌营运。

华意电器股份有限公司　1983 年，市工业局决定市第一机床厂改产制冷系列产品，并更名为景德镇市

制冷设备厂。生产产品有商用冰箱系列产品、厨房冰箱、冰棒机等。1985 年,从意大利引进年产 20 万台家用冰箱生产线。1986 年开始试产,总产值达 870.8 万元,销售收入 1307.3 万元,利润总额 116 万元,职工 502 人。1988 年 7 月,制冷设备厂与景德镇 666 无线电厂实行企业联合,成立华意电器总公司,隶属市工业局。华意电器总公司的下属企业分别有华意电冰箱厂、华意空调器厂(与 666 厂同为一家企业)、华意冷柜厂、华意压缩机厂。同年,产值、利税在市县属预算内工业企业中居首位,成为江西省主要利税大户之一,晋升为国家二级企业。

1992 年 10 月 3 日,经省股份制改革联审小组批准,华意电器股份有限公司改组为华意电器股份有限公司。1993 年 9 月 24 日,华意电器股份有限公司生产出全国第一台无氟压缩机,并获第 001 号“中国环境标志”。无氟制冷技术和生产步入 90 年代国际先进技术行列,华意电器股份有限公司成为全国第一家拥有该技术的企业。9 月 28 日,华意电器股份有限公司进入“中国 500 家最大电器机械及器材制造企业”行列。按利税总额指标排序,位居第 112 位。10 月 22 日,“华意”注册商标荣获江西省消费者协会、江西省工商行政管理局颁发的“江西省著名商标”称号。

1994 年 12 月 27 日,华意电器股份有限公司晋升为国家大型一档企业,列江西省国家大型企业榜首。同年,华意牌 BCD－180C、210C、220C“双绿色”电冰箱,经中国环境标志产品认证委员会审查批准,授予百分之百双无氟、高效、节能型环境标志认证证书。1995 年 12 月 20 日,华意牌电箱被《中国消费者报》评为’95 年中国消费者报推荐产品。1996 年“华意牌”电冰箱为国家“双绿色”环境标志认证产品。

2000 年 5 月 29 日,华意总公司在南昌与华融资产管理公司、东方资产管理公司、景德镇国有资产管理局签署债转股协议,债转股金额为 41651 万元,其中华融 37200 万元、东方 4451 万元。实施债转股后,华意电器股份有限公司资产负债率由 82% 下降到 55%,每年节约财务费用 3000 万元。2008 年 8 月,华意电器股份有限公司进入破产程序,2010 年 3 月破产终结。

华意压缩机股份有限公司　1996 年 6 月 12 日,华意压缩机股份有限公司经国家证券委批准,“华意压缩”A 种股票在深圳证券交易所正式挂牌上市交易,开盘价每股为 6.52 元。是景德镇市第一家上市公司。“华意牌”无氟压缩机为国家驰名商标产品。

1999 年 6 月 1 日,华意电器股份有限公司与广东科龙电器股份有限公司在深圳亚洲国际宾馆签署股权转让协议。科龙成为华意压缩第二大股东(占总股本的 24.986%),华意电器股份有限公司为第一大股东,同时也成为科龙下属两公司的第二大股东。

2000 年 11 月 28 日,与湖北荆州南光机械厂合资,组建“华意压缩机(荆州)有限公司”,华意控股 69.9%,南光股份为 30.1%。同年,华意电器股份有限公司生产的无氟电冰箱,无氟压缩机、空调等产品,先后通过“中国节能中心”能耗检测认证和美国 UL 能耗标准检测及欧洲共同体的质量认证。

2002 年 5 月 12 日,华意压缩与浙江加西贝拉合作。2007 年 12 月 24 日,四川长虹公司通过竞拍获华意压缩机股份公司 9710 万股,拥有华意压缩机股份公司 29.92% 的股份,成为第一大股东,华意电器股份有限公司持 898.78 万股,占 2.77%,为华意压缩第三大股东。

华意制冷空调有限公司　1997 年 9 月 15 日,经市政府(景府字〔1997〕101 号)同意华意电器股份有限公司撤销华意空调器厂和华意冷柜厂,成立华意制冷空调有限公司,级别为三类企业,隶属华意电器股份有限公司。

表 16－1－16　　1996—2010 年华意压缩股份公司压缩机产量产值利润统计表

年份	销售收入(亿元)	净利润(万元)	年份	销售收入(亿元)	净利润(万元)
1996	2.93	3914	2000	1.99	3349
1997	3.02	4153	2001	1.88	92.18
1998	1.29	4589	2002	4.31	111.22
1999	1.75	3399	2003	6.69	－11988.91

续表 16－1－16

年份	销售收入(亿元)	净利润(万元)	年份	销售收入(亿元)	净利润(万元)
2004	9.77	773	2008	27.67	2623.12
2005	12.69	－14274.27	2009	29.33	8724
2006	17.42	700.72	2010	41.29	1907.69
2007	26.63	789.68			

说明:上述为公司上市后的年报数据

印刷设备

市印刷包装机械有限公司　位于景德镇东郊。1958 年建厂,1971 年更名为市印刷机械总厂,隶属市工业局。主要产品有四开胶印机和四开平压、烫金、横切机。1983 年,市印刷机械总厂自行研制成功国内第一台四开双色平版胶印机,替代进口产品。1986 年,总产值 665.4 万元,销售收入 784.3 万元,利润总额 91.6 万元,职工 1075 人。1989 年,采用国外先进技术,成功研制四开四色胶印机,被授予国家级高新技术企业、国内四开胶印机唯一推荐产品。1994 年 8 月 18 日,更名为景德镇印刷包装机械有限公司,改制为国营独资公司。1996 年,公司托管市减速机厂和市压力表厂。1998 年,印机公司在全国机械工业 500 强中排列 196 位,其中四开系列胶印机全国销量第一(占 60%)。2000 年,实行企业体制改革,以国企改制为由,企业经营者及职工联合出资购买而成为合作股份有限公司(民营)。

江西中景集团有限公司　2002 年 2 月,江西中景集团有限公司组建。公司拥有年产四开系列胶印机 3000 个色组的规模,具备生产国内先进的高新技术多色胶印机能力。通过 ISO9001 国际质量体系认证,主要出口产品通过 CE 安全认证。业务拓展至各类机械生产加工、连锁酒店、旅游文化、生活培训等多个行业。下设 3 个部门,拥有 6 家成员企业(景德镇中景制造有限公司、景德镇市中景印机有限公司、九江尔达酒店管理有限公司、景德镇市捷特自动化有限公司、景德镇嘉瑞置业有限公司、景德镇梵品合器有限公司),其中全资企业 4 家、控股企业 2 家。公司资产总额 3.1 亿元。拥有国内先进的高精度镗、铣加工中心,配备精密滚筒外圆磨床、大型数控铣床、数控加工中心、数控蜗杆砂轮磨齿机、高精度数控凸轮曲线磨床、数控塔式冲床等加工设备和三座标测量机、齿轮综合检测仪、五大元素分析检测仪器。2005 年,江西中景集团有限公司研制的第一台 PZ 系列对开胶印机成功面市。至 2010 年,主要产品为单张纸四开 660 和 740 系列单色、双色、多色胶印机和 1040 对开四色胶印机等 24 个品种。属技术密集型高附加值产品。

表 16－1－17　　**1995—2010 年景德镇市印刷设备制造企业主要经济指标统计表**　　单位:万元

年份	工业总产值	销售收入	实现利税	上缴利税	资产总值
1995	4504	3905	754	486	6407
1996	6022	4776	1005	703	10530
1997	10268	8032	1518	762	11937
1998	12269	10076	2151	1375	13664
1999	14385	12012	2761	1662	15744
2000	16400	13228	3184	2007	16611
2001	18128	13911	3570	2313	16702
2002	20362	15568	4549	1956	20362
2003	20493	18128	4779	2677	20773
2004	22126	19703	5300	2818	27347

续表 16－1－17

年份	工业总产值	销售收入	实现利税	上缴利税	资产总值
2005	24139	16873	5639	2820	24662
2006	26697	21944	6427	3407	25586
2007	28058	22327	6840	3335	25134
2008	21027	15044	3740	2225	28311
2009	20045	13633	4146	1489	30346
2010	21639	13652	4007	1508	30875

说明:统计口径参照本篇第一章第一节交通运输设备制造业独立核算企业情况的统计口径

电瓷电器

市电瓷电器工业公司　位于景德镇市中华南路329号(现陶瓷弄商居楼)占地32万平方米,建筑面积12万平方米。主要生产高压电瓷、高压电器、氧化锌避雷器,产品有10千伏～500千伏高压电站电器类、绝缘子,高压线路电瓷10千伏～220千伏内、外高压隔离开关,3千伏～220千伏氧化锌避雷器等4大类58个品种,出口电瓷20余个品种。其中,GW－35高压隔离开关、DWS－11008瓷套获机械工业部优质产品称号。35千瓦全瓷式横旦绝缘子、20千伏出口针式绝缘子、500千伏棒型支柱绝缘子、GW－110高压隔离开关等4个产品获江西省优质产品称号。1985年获得2个省优和1个部优。产品还远销加拿大、伊拉克、伊朗、泰国等22个国家和地区。是国家机械电子工业部机电产品出口扩权企业,经贸部、物资部、建设部、机电部机电出口产品定点生产单位。

1986年,生产产值3200万元,销售额2400万元,利润总额376万元,全公司现有职工4000人。1994年6月23日,市电瓷电器工业公司生产的Y5WZ－100/260、Y5WZ1－200/520型氧化锌避雷器通过机械部和电力部联合鉴定,可投入批量生产。1997年,因资金短缺以及产品质量问题影响而停产。2001年1月,因市建设站前路的需要,企业拆迁改制,退城进郊。时有职工3038人,其中在职职工2073人,退休职工965人,投入改制资金4500万元。企业改制后,根据市政府要求,职工自筹900万元,在市高新区购地100亩,分别建成华电高压开关和华电高压电瓷两家民营股份有限公司。2004年,这两家公司产值3000万元。2008年后经营困难停产。

市变压器(昌化电瓷)厂　位于官庄勒马山。主要生产变压器、电瓷电器闸刀开关。1986年,职工359人,年产值300.8万元,销售收入276.1万元。1993年经营困难停产。至2010年年底,全厂职工338人,靠厂房租金维持运转,待改制。

市电瓷电器专用设备制造厂　位于景德镇市曙光路126号。主要生产系列磁选机、系列振动筛、系列搅拌机等电瓷电器专用设备。1986年,职工276人,其中在职职工69人。年创产值46万元,销售额38万元。曾先后获省机械工业厅、省机械工业管理协会优秀企业称号。后因企业效益下滑,长期亏损,2004年9月停产。至2010年,职工208人,靠厂房租金维持运转,待改制。

动力设备

市电机厂　位于景德镇市区马鞍山西南,主要生产各种类型的电动机。1986年,工业总产值(1980年不变价)1273万元,产品销售收入1307.3万元,利润总额116万元,职工676人。其产品木工电机曾获部优产品奖。1997年11月,因经营困难停产,2002年12月,企业改制时共有职工1058人。企业以整体出让厂土地所有权的方式筹措改制资金,将职工全部纳入社保、医保。

市减速机厂　位于景德镇瓷都大道1167号,主要生产减速机。1986年,职工人数483人,在职职工441人。年产值375.4万元,销售额404.78万元。后因经营困难,无力开发新产品,于2001年停产。2002年6月,企业开始改制,改制时职工529人,其中在职职工343人。企业以整体出让土地使用权的方式筹措资金1574.3万元,将职工全部纳入社保、医保。

市高压紧固件厂　位于景德镇市河西人民公园之侧，主要生产双头螺栓、圆头螺栓、六角螺栓、六角螺母四大类产品，是全省唯一生产高压高强度紧固件的专业厂。1986 年，总产值为 190.3 万元，销售收入 181.6 万元，利润总额 22.1 万元，全厂职工 289 人。1988 年后，企业经营困难，2001 年全面停产。2007 年企业改制，改制时职工 447 人。企业通过整体出让土地使用权的方式，筹措改制资金 1163 万元，将职工全部纳入社保、医保。

江西为民机械厂（江西水上动力有限公司）　位于乐平市城东。1986 年，主要生产"67"式操舟机，年产值 400.5 万元，销售额 220.4 万元，利润总额 8.27 万元，职工 848 人，是全国操舟机唯一的定点生产厂。1988 年，与美国布朗斯威克水星海事分部合资创办中国唯一生产舷外机企业，更名江西水上动力有限公司，也是中国人民解放军舷外机装备定点生产企业。1991 年，公司利税增长率为 43.23%，在江西省 20 户重点三资企业中，利税增长率居首，在全国 250 家产值利税率最佳企业中，居机械工业第五名。1993 年，公司将停产多年的国产军品 33 马力舷外机复产。

1994 年 9 月，成功试制江西五十铃汽车发动机摇臂总成。1997 年 7 月，市政府将江西为民机械厂划归乐平市管理，市机械局实行行业管理。1999 年，开发研制新一代 WM55 舷外机。2002 年 7 月，WM55 型舷外机在北京通过国家级技术鉴定，投入批量生产，成为军工舷外机的唯一定点生产企业。2005 年 6 月，经国家发展和改革委员会批复，作为"国家舷外机动员中心"项目建设。2007 年，开发出 15 马力小型舷外机，填补国内空白。同年，舷外机产品编入《军工配套产品目录》。2009 年，乐平市政府决定进行企业整体改制。

景德镇气门厂　位于乐平观音泉路 12 号。主要生产各种内燃机进排气门，是机械工业部和江西机械工业厅定点生产各种汽车、摩托车、拖拉机及其他内燃机进排气门的全民所有制企业。1986 年，年产值 345.1 万元，销售额 303.6 万元，利润总额 27 万元，职工 558 人。1987 年，生产的 S195 排气门被评为全国机械行业优质产品。1994 年，列入"八五"国家重点新技术推广项目的 LTC－1 氮碳共渗化学热处理新工艺试验成功，1995 年 1 月底通过鉴定，填补江西省内技术空白。同年，新开发春兰空调集团公司配套的 244FM 摩托车进排气门。1997 年 7 月，市政府将景德镇气门厂划归乐平市管理，市机械局实行行业管理。1998 年 1 月，气门厂投资 1350 万元新建的一条年产 320 万件气门生产线和 160 吨铸件技改项目竣工投产。2000 年企业改制。2002 年 1 月 18 日，景德镇气门厂国有资产完成转让。

第二章　电子工业

景德镇电子工业始建于 20 世纪 70 年代，国家实施"三线建设"战略布局，包括 999 厂、713 厂、859 厂、897 厂、602 厂、740 厂、4321 厂、523 厂、800 库等一批部省属电子企业相继迁入，加上以市 666 无线电厂、市无线电磁性材料厂、市无线电厂、市半导体器件厂等一批地方国营企业，景德镇成为江西省重要的电子工业生产基地。

进入 90 年代，随着国家市场经济的发展，一批电子企业为谋求更好的发展环境，向产品需求地区迁移，713 厂外迁九江，602 厂外迁嘉兴，景德镇的电子工业开始萎缩。市 666 无线电厂、市无线电磁性材料厂、市无线电厂、市半导体器件厂效益滑坡，电子工业增长缓慢。到 1996 年，电子工业产值占全市工业产值的 10.3%。2002 年前后，省属电子企业生产经营困难，债务沉重，江西省电子集团安排景华电子有限公司（999 厂）、万平电子有限公司（897 厂）、景光电子有限公司（740 厂）实施债转股，企业改制，职工下岗分流。国营昌明无线电器材厂（859 厂）实施破产，电子工业生产规模大幅萎缩。到 2006 年，电子工业有规模以上企业 16 家，产值 3.96 亿元，占全市工业的比重为 1.4%。2008 年以后，景德镇电子工业恢复增长。2010 年电子工业规模以上企业 26 家，完成产值 17.8 亿元，占全市工业的比重为 2.2%。

第一节 行业规模

企业与产品

1986年,全市军民通用电子产品有60余类共1500多个品种。电子工业通过引进国外先进技术设备,开展合资合作,生产技术达到国内领先或国际先进水平,"金三角牌"元器件、"天乐牌"铝电解电容器、"景光牌"金属陶瓷发射管、超高频电子管、工业高频加热管等电真空器件。1987年11月27日,市无线电厂JW121W、JW1225W精密扫频仪通过轻工部鉴定,以及大容量通信配线设备等一大批产品享誉国内外市场,江西信达电子有限公司(4321厂)为全国电子元件百强企业。

1991—1992年,景德镇电子工业创国优产品3项、部优产品2项、省优产品11项,产品主要出口美国、西欧、东南亚和销往中国香港,两年共创汇2913万美元。其中,薄膜电容器2104万美元,蜂鸣片,微调电容、滤波器216万美元,铝、钽电解电容器246万美元,电表173万美元,金属陶瓷发射管224万美元。6.5M压电陶瓷系列产品、小型陶瓷微调电容器、金属陶瓷发射管等产品,在国内市场占有率达40%~80%。

1991年,999厂生产的6.5M压电陶瓷系列产品,产量、质量均居国内同行业之首,获同行业唯一国家金奖,总产1092.34万件,同比增产10.13%,1992年,总产1874.19万件,在国内市场占有率达40%。4321厂生产的天乐牌"TL"电解电容器为通信卫星、运载火箭、银河计算机和"歼八"等数十项国家重点工程配套,多次受到国务院、中央军委、国防科工委、电子部、航天部的表彰。同年8月8日,产品参与配套"长二捆"火箭成功将"澳赛特B1"通信卫星送入预定轨道,中国电子工业总公司给4321厂发来贺信。

1994年10月8—19日,景华电子有限公司(999厂)的"压电陶瓷滤波器国产化示范生产线设备",通过电子部45所组织的鉴定。这是国家"六五"期间550项重点改造项目之一,1985年从日本引进生产线,通过消化吸收,国产化达90%以上,原材料国产化达95.73%,每年为国家节约外汇100多万元。景华电子有限公司高频器件厂月产量由年初的250万件上升至360万件,提前两个月突破年产3000万件大关。公司压电高频器件、声表面波滤波器、陶瓷电容器三大类产品的质量保证体系通过评审,先后获得"赛宝质量体系认证中心中国认证机构国家认可证书""国际电工委员会电子元器件质量评定体系制造厂认可证书""电子行业质量体系认证委员会质量体系认证合格证书",拥有国际电子市场的通行证。

1995年,4321厂CD272X型铝电解电容器获省级优秀产品一等奖,CD110X产品通过国家级火炬计划省级验收;740厂生产的大功率金属陶瓷发射管,稳定可靠,寿命1万小时以上,采用美国军用W标准生产,用于大功率调频广播电视发射机并大量出口,12月被国家科委评为国家级重点新产品。

1997年,523厂投资641万法郎,与法国阿尔卡特公司签订卡接式总配线架技术与关键设备引进合同,开发的43型卡接式总配线架及压卡式电缆交接箱通过部级鉴定;东风制药厂兼并黎明制药和上饶制药厂;523厂与南京518厂洽谈强强联合,4321厂与厦门信达公司实行合资经营,999厂与港商合资成立景隆电子有限公司。897厂、4321厂、999厂组建江西飞虹电子科技股份有限公司。1998年,897厂替代美国进口的600KW广播发射机用的6种电容器全部上机试用,其中4,650,030可复陶瓷真空电容器填补国内空白,达到国际先进水平,被列为国家重点新产品。

1999年,859厂开发新一代产品IC卡预付费电表并批量生产,成功开发远红外遥控智能型电能表。4321厂产品CDC03型高频调速器用高压大容量。铝电解电容器,被国家科技部评为年度国家级重点产品。

2005年,完成配线分线设备460.13万回线,比2000年下降37%。电子束管23552只,电真空器54400只。2010年,完成配线分线设备550万回线,比2005年增长19.53%。电子束管25000只,比2005年增长6.15%。电真空器26000只,比2005年下降52.21%。

表 16-2-1　　“七五”时期景德镇市电子工业主要产品产量统计表

年份	晶体管(万只)	磁性材料(万件)	无线电整机(台)	录音机(台)	电子计算器(万只)	石英电子钟(只)
1986	115.5	196.4	1800	169079	31.49	11141
1987	191.8	165.3	1760	75169	27.29	66800
1988	176	263	3481	146578	22.48	30003
1989	150	274	315	212357	20.72	30190
1990	247	119	664	—	23.59	31357

表 16-2-2　　“八五”时期景德镇市电子工业主要产品产量统计表

年份	晶体管(万只)	磁性材料(万件)	无线电整机(台)	石英电子钟(只)
1991	232	126	1512	35509
1992	299	228	548	12749
1993	—	—	212	35900
1994	—	—	600	17637
1995	—	—	146	8360

表 16-2-3　　“十五”“十一五”时期景德镇市电子工业主要产品产量统计表

年份	配线分线设备(万回线)	电子束管(只)	电真空器(只)	年份	配线分线设备(万回线)	电子束管(只)	电真空器(只)
2001	773.77	—	—	2006	663.26	24100	55000
2002	623.07	—	—	2007	614	25000	26000
2003	754.03	—	—	2008	608	24000	25000
2004	449.07	20800	50629	2009	605	23000	25500
2005	460.13	23552	54400	2010	550	25000	26000

主要经济指标

1986 年,景德镇电子工业企业有 15 家,职工 1.2 万人,产值达到 2 亿元,占全市工业产值的 15%。

1991 年,电子工业总产值 3.49 亿元,销售收入 2.00 亿元,实现利税 2828.4 万元,同比增长 36.7%、32.3%和 23.4%。1992 年,电子工业总产值 3.97 亿元,销售收入 2.44 亿元,实现利税 1811.7 万元。销售收入、实现利税比上年同期下降 4.7%和 36%。1991—1992 年,景德镇电子工业经过部、省级验收引进的重大技改项目有:999 厂技改引进的压电送受话器陶瓷换能片生产线、声表面波滤波器;897 厂的真空继电器生产线关键技术和设备;740 厂的出口金属陶瓷管二期技改工程;4321 厂的钽电解电容器生产线技改引进;小型铝电解电容器设备改造,总投资 9227 万元。1992 年,999 厂与台湾久尹股份有限公司共同投资 180 万美元,引进 PTC 热敏陶瓷组件生产线;740 厂与香港辉兄弟进出口有限公司合资 390 万美元兴建 3.5 寸软盘生产线,这些项目增强了企业后劲。

1991 年,景德镇通信设备厂完成工业总产值 3717.6 万元,创利税 533.36 万元,全员劳动生产率达 36447 元。1992 年完成工业总产值 7640.8 万元,创利税 1164.9 万元,全员劳动生产率达 71376 元/人,被市政府列为“景德镇市创利税千万元大户”之一。1993 年,景德镇通信设备厂全年完成工业总产值 1.5 亿元,比上年增长 96.33%;销售收入 1.3 亿元,比上年增长 111.92%;实现利润 2178 万元,比上年增长 173.16%;实现利税 3061 万元,比上年增长 162.84%,人均利税 26763 元/人,其他各项经济技术指标均创历史最好水平。

同年,国营 4321 厂在国家体改委研究所中国企业活力中心组织的全国 500 家企业大样本抽样调查及活力定量评价中,排序在 302 位,按利税总额指标排序居第 152 位。

景德镇元件五厂完成工业总产值 802 万元,销售收入 710 万元,利润 78 万元,税金 49 万元,全员劳动生产率 12.21 万元,同比分别增长 93%、69%、71% 和 83%,创历史最高水平。1994 年,全年完成工业总产值 2.05 亿元,当年价商品产值 1.06 亿元,销售收入 9434 万元,出口创汇 1010 万美元,比上年同期分别增长 27%、17%、22.7% 和 33%,实现利税 706 万元,创历史同期最好水平,获国家经贸委和外经贸部授予的全国机电产品出口先进单位,江西省质量效益型先进企业等称号。

1994 年,国防电子工业总产值 21.66 亿元,比上年同期增长 26.97%,销售收入 19.62 亿元,比上年同期增长 16%,利税总额 2.26 亿元,比上年同期增长 11.1%,出口创汇 1560 万美元。897 厂系列 PVC 产品的投放市场,产量占全国总产量的近 1/4,并获全国电子行业优秀企业称号。

1995 年,897 厂实现利税 1019.3 万元,出口创汇 1203 万美元;740 厂完成工业总产值 8143 万元,利税总额 410 万元,出口创汇 105 万美元;999 厂年内出口交货值达 2376 万元,创汇达 286 万美元。

1997 年,景德镇部省属电子企业完成工业总产值 39.49 亿元,比上年增长 17.28%;地方电子工业完成总产值 0.78 亿元,比上年增长 34.96%。销售收入:部、省属企业完成 36.17 亿元,比上年增长 31.06%;地方电子工业完成 1.31 亿元,完成销售收入 308 万元。部、省属企业实现利税 3.46 亿元,比上年同期增长 22.2%,创汇 1661 万美金;地方电子工业税收完成 429.7 万元,比上年增长 169.4%。

2001 年,国防电子系统完成工业总产值 72.77 亿元,比上年增长 20.25%,产品销售收入 48.44 亿元,比去年增长 22.44%,利润总额 7274.7 万元,比上年增长 57.12%,税金总额 28146.4 万元,比上年增长 3.17%。

2006 年,通信设备、计算机及其他电子设备规模以上企业 16 家,工业总产值(当年价)3.96 亿元,主营业务收入 36149 万元,利税总额 -357 万元。其中国有及国有控股企业 9 家,工业总产值(当年价)3.17 亿元,主营业务收入 2.94 亿元,利税总额 -1110 万元。

2010 年,通信设备、计算机及其他电子设备规模以上企业 26 家,工业总产值(当年价)17.80 亿元,主营业务收入 17.30 亿元,比 2005 年增长 3.27 倍;利税总额 1.50 亿元,比 2005 年增长 38.78 倍。其中国有及国有控股企业 3 家,工业总产值(当年价)1.40 亿元,主营业务收入 1.33 亿元,利税总额 1176.1 万元。

表 16-2-4　　**1986—2010 年景德镇市电子工业独立核算企业情况统计表**　　单位:个、万元、人

年份	企业单位数	工业总产值	工业增加值	销售收入	利税总额	职工平均人数
1986	15	18317.9	5956.2	11864.1	—	12305
1987	17	22491.2	7860	15891	—	12626
1988	15	27027.9	9073.8	19976.3	—	13089
1989	14	27259.3	10948.6	19132.7	—	13045
1990	14	27084.7	10814.2	17765.1	—	10527
1991	12	34912.2	—	22243	—	9791
1992	12	39695.6	10938.4	24433.8	3631.3	10051
1993	13	56711.5	18897.8	38815.1	6109.7	9873
1994	16	72421.9	18499.3	39941.2	3968.6	10610
1995	18	71892.7	15187.4	38276.4	4064.5	10402

续表 16－2－4

年份	企业单位数	工业总产值	工业增加值	销售收入	利税总额	职工平均人数
1996	21	73603.9	16812.7	39238.4	3832.7	10054
1997	19	93634	22464.3	45181.9	4415.9	9417
1998	15	96755.5	16521.1	43141.3	1455.4	9510
1999	14	89736.5	16848.5	33910.1	889.3	8594
2000	16	96992.5	13799.4	37212.3	2310.2	9194
2001	16	49909.2	17909.9	40063.6	2740.9	7057
2002	18	48015.4	17091	40549.2	1697.5	7072
2003	23	54790	20004	41777	549	3034
2004	12	43000.4	17663.5	37806.9	103.6	6506
2005	16	46479	17204	40480	376	5897
2006	16	39637	14757	36149	－357	4841
2007	16	49026	14376	45473	2789.9	4005
2008	22	88012.7	34442	84164.8	11570	4407
2009	26	116853	40116	113156	5542	4255
2010	26	178037.3	36714	173011.3	14957.4	4478

说明:统计口径参照本篇第一章第一节交通运输设备制造业独立核算企业情况统计。2001—2002 年按电子及通信设备制造业计企业数,2003 年以后按通信设备、计算机及其他电子设备行业计企业数

第二节　企业选介

部、省属企业

江西景华电子有限公司(国营第 999 厂)位于景德镇市朝阳东路。原名国营景华无线电器材厂,是国内最早生产电子陶瓷的专业厂。1985 年,有固定职工和合同制职工 1586 人,其中工程技术人员 207 人。占地面积 39.8 万平方米,固定资产原值 2120.8 万元。

主要产品有高、中、低频压电陶瓷滤波器系列产品,压电换能器件、监频器、陷波器、声表面滤波器件、小型微调瓷介电容器、厚膜混合集成电路、衰减器、压电蜂鸣片和各种高铝瓷、滑石瓷等,品种规格达 520 个。产品先后获多项国家、省、市级名优产品奖项。产品销售至全国,远销至欧美市场。

1986 年,先后参加以南京无线电厂为主体的熊猫集团、以重庆无线电厂为主体

999 厂大门

的重庆电子集团、以绵阳长虹机械厂为主体的长虹集团、以杭州电机厂为主体的西湖集团以及以天津无线电厂为主体的华夏电子产品出口集团等横向经济联合体组织。1992 年,与台湾地区久伊股份有限公司共同投资 180 万美元,引进并建成 PTC 热敏陶瓷组件生产线。

1993 年,与台湾地区久伊公司合资兴办江西景华九伊电子有限公司,主要生产 PTC 热敏陶瓷组件。

1994 年 8 月 26 日,省政府批准成立江西景华电子有限公司,试点实施现代企业管理制度。公司不断完善分厂制,原单纯生产型车间转化为 15 个生产经营型直属制造厂,生产和销售同步快速发展。2000 年 9 月 6 日,与广东风华高新科技集团有限公司合资组建江西风华电子有限公司,生产经营各种电子材料和电子元件及相关产品。2001 年,实施债转股改制。2002 年,999 厂实行改制,企业原有的特种陶瓷分厂改制成为民营景德镇景华特种陶瓷有限公司。

江西万平电子有限责任公司(国营第 897 厂)　1966 年 8 月,由南京 714 厂第九车间整迁搬至浮梁县樟树坑。称 897 厂,主要生产军民用各种型号电容器。1986—1996 年,企业有职工 1800 多人,其中大、中专生 320 多人,年产值 8000 万元,出口创汇 600 万美元。1987 年,获国家二级企业。1991 年,企业在职职工人数 2200 多人,临时合同工 3000 多人,大、中专生 700 多人,企业年产值 1.5 亿元,出口创汇 960 万美元。企业规模为国家大型二类企业,上缴税金 900 多万元。

1992 年 5 月,经省政府批准,由 62 家企事业单位组成的万平电子集团正式成立,是江西省电子行业第一家跨地区、跨行业、跨所有制企业集团。以万平电容器进出口公司(897 厂)为核心,“万平(WP)”牌产品为龙头创办的 6 个内联合资企业、5 个中外合资企业和一个工贸公司组成,是研发、生产、进出口贸易、投资、服务等综合性、外向型的企业集团。至 1997 年,企业稳步发展,企业职工人数达 2300 多人,合同工 5000 多人,年产值 1.9 亿元,出口创汇 1100 万美元,上缴利税 1100 多万元。自 1997 年开始企业效益下滑。至 2001 年,企业严重亏损,贷款累计达 2 亿元。7 月,经债转股更名为江西万平电子有限责任公司。2003 年,企业自筹资金进行分块改制,下岗分流 1200 多名职工。2009 年,企业全部改制为生产服务型单位,在岗留守人员 38 人。

邮电部景德镇通信设备厂(国营第 523 厂)　位于景德镇市东郊黄泥头。由原邮电部电讯瓷厂改建。1973 年,为邮电部 523 厂。1979 年,更名邮电部景德镇通信设备厂。1985 年,有固定职工合同制职工 830 余人,其中工程技术人员 98 人。企业占地面积 15.55 万平方米,生产用房建筑面积 2.25 万平方米。企业从生产镉电子改为半导体器件、陶瓷滤波器、继电器等电子元器件,进入电子工业行列。主要产品有 HPX 系列配件、架箱陶瓷滤波器。有固定资产原值 761 万元。是国内邮电通信配件设备的主要厂家之一。1993 年 6 月,与香港光信实业有限公司合资经营景德镇捷信通信有限公司,生产通信终端产品、通信器材和电器产品。企业年生产配线产品 1000 余万线,产值上亿元,产品行销全国 30 个省市,基本覆盖每个电信局。企业每年产值保持在 7000 万~9000 万元,每年利润保持在 500 万~1000 万元。2001 年,产值达到峰值 1.3 亿元,上缴利税超千万。

进入 21 世纪,由于通信产品更新换代频繁,市场竞争越发激烈,投入资本越发巨大,人才流动加快,光通信占据主导后,企业渐渐失去竞争优势。2014—2015 年进行改制,部分员工参股,由景德镇普天通信设备厂改制为景德镇普天科技有限公司。

国营胜利器材厂(国营 4321 厂)　位于景德镇市西郊胜利岭,前身为江西无线电工业学校。1979 年 2 月,四机部将学校改为国营 4321 厂,成为生产铝、钽电解电容器的专业厂,是全国第一家全系列质量认证合格厂家。1985 年 11 月,由电子工业部下放到江西省,归口景德镇市电子工业局(公司)。1991 年 11 月,投资 2108 万美元,从德国路德斯坦公司引进 CA42 型钽电解电容器生产线,年生产 2000 万只 CA42 泵固体钽电解电容器。

1993 年 1 月 8 日,与香港大利公司合资创办江西大利电子有限公司。主要生产单相马达启动的电解电容器,年产量 50 万只。同年,进入中国 500 家最大电子及通信设备企业行列,列为全国电子元件百强企业之一。1997 年,生产的“高频低阻抗小型化铝电解电容器”列入国家级“八五”计划新产品。

1999 年,产品 CDC03 型高频调速器用高压大容量、铝电解电容器,被国家科技部评为年度国家重点产品。同年,江西省电子集团公司将4321厂铝电解电容器有效资产与厦门信达股份有限公司合资组建江西信达电子有限公司。2009年6月,江西省电子集团公司将江西信达电子有限公司军品剥离,组建江西联晟电子有限公司。

国营昌明无线器材电厂(国营859厂)　位于景德镇市西郊丁家洲。1966年4月成立,隶属江西省电子集团公司,是生产无线电电测仪表和石英电子钟表的专业企业。电测仪表有40多个品种,景德镇艺术瓷石英钟和塑料壳钟等14个品种。其中有全国独家生产的微型系列电表和双指针系列驻波功率表、水晶牌电表、程控交换2次电源、电磁电器、单机电镀、DDK红外表等产品。是原电子工业部专业生产安装式电测仪表、电能表、发电机组的国家中二型企业,是全国被国防科工委指定为军用电子器件型谱系列精密仪表研发生产厂家,也是总参谋部小型发电机组定点研制企业之一。企业下属子公司有景德镇市昌明表业有限公司、昆山昌明电子有限公司。1994年,859厂深化企业改革,原8个生产型分厂变型为生产经营型的经济实体,成为企业法人。2000年,改制为江西昌明仪电有限公司。

江西景光电子有限公司(国营740厂)　位于在景德镇市湘湖街。前身为国营第740厂(江西景光电工厂)。原隶属省电子集团公司(省电子工业局),为国家电子工业部部属企业,1985年,下放江西省管辖。2001年7月,工厂实施债转股改制后变更为江西景光电子有限公司,注册资本2.81亿元。2008年9月,根据省政府统一部署企业划转至浮梁县管辖。占地58万平方米,建筑总面积27.59万平方米。职工415人,其中中高级管理、工程技术人员69人。

主要生产金属陶瓷发射管、超高频电子管、微波小陶瓷管、工业高频加热管等电真空器件产品,广泛用于广播、电视、通信、导航、电力、冶金、矿山、化工、工业加热等领域,远销国内及欧美、东南亚市场。公司有25个产品获省、部级以上优质产品称号。1990年,电子管产品获国家质量金奖。1997年开始,景光牌商标一直被评为江西省著名商标,金属陶瓷发射管被评为江西省名牌产品。1998年,被江西省科委评定为江西省区外高新技术企业。

公司为军工三级保密单位,具有武器装备科研生产许可资格,获总装备部通用装备器材保障部颁发的通用装备维修器材设备承制单位注册,承担军品科研生产任务,产品品种达20多个,为国家卫星导弹发射、北京正负电子对撞机等尖端工程配套并获表彰。"十一五"期间,开发新品35个,为国防重点工程配套而开发的军用电子元器件新品12个,全部按照总装备部的节点要求完成。2010年,实现产值5164万元,完成产品产量27519只,上缴税收380万元,实现利润65万元。

江西无线电厂(国营第713厂)　1965年6月,第四机械工业部要求将国营第714厂(南京无线电厂)56型短波一级接收机车间全迁江西,利用景德镇市政治学校校址(浮梁县兴溪桥),建立国营第713厂,并于1966年年初正式破土建设。厂房建筑面积8232平方米,生活区建筑面积16311平方米,固定资产278万元。全厂设有5科1室,4个生产车间,正式职工570名,具有年产1000部56型短波一级接收机的生产能力。

70年代,生产的QJS－89、QJS－90气象接收机先后获省级优秀产品奖、优秀新产品奖,广泛应用于全国各地气象(台)站。收录机、电子琴具有年产30万台的生产能力,在全国23个省、市、自治区建立销售网点。1980年4月,四机部批准在九江市建设业务部。1987年1月,江西省电子工业公司批准在九江设立分厂。同年,908收音机,31键、61键电子琴开始在九江生产。1988年年初,工厂全迁九江。至1992年年底,工厂全部搬迁完毕。

工厂具有军、民用整机生产线5条,军、民品组件生产线7条,具备年产1000部微机控制单边带接收机系列通信装备和50万台收录机的生产能力,为国家研制、生产高级通信装备和民用电子产品40个品种、50多个型号,共计150万台(套)。

602厂　位于浮梁蛟潭村东北。1966年筹建。1969年正式投产,有职工人数1000余人。主要生产精密测量器具等军工产品,后生产电风扇等民用电器。1985年,实现利润1000万元。1986年开始,向浙江嘉兴搬迁。1990年,工厂全部搬迁完毕,搬迁后更名为浙江建阳工具厂。

闽赣物资供应仓库(八〇〇库)　1986年以后,主要承担闽赣两省部属和地方电子工业企业计划物资供应管理工作。为全市电子工业企业生产、基建、科研物资供应管理服务,多次被部、省、市评为先进单位。

2001 年,破产关闭。

地方电子企业

666 无线电厂　位于景德镇市东郊曹家岭。地方国营电子企业,是专业化生产硅半导体材料晶体管器件的中型企业。1986 年,职工 810 余人,其中大专以上工程技术人员 60 余人,中专以上文化 170 余人。具有从硅矿石提炼到晶体管产出的全套生产体系,生产各种中、小功率高频三极管、集成电路,能够年产晶体管 1000 万只,是电子工业部半导体器件定点生产厂家之一。产品多次与国家通信卫星、运载火箭等重点工程项目配套并获奖。在经济改革中,产品和经营机制不能适应市场的变化,企业陷入困境。1988 年 7 月,经市政府 168 文件批复,并入市华意电器股份有限公司,企业级别不变,为二级法人,此后停止器件生产。

无线电磁性材料厂　位于景德镇市河西茅墩桥。地方国营电子企业,以生产磁性材料、电感器件为主要产品。1986 年,职工 193 人,年创产值 199.12 万元,实现销售收入 120.5 万元。由于生产设备和制造工艺落后及原材料价格上涨严重等因素,1992 年企业开始停产,2009 年 11 月开始改制。改制时有职工 209 人,由市政府安排改制资金 1896.24 万元,将职工纳入社保、医保,予以妥善安置。

无线电厂　位于景德镇市东郊荞麦岭,地方国营电子企业。1986 年,职工 595 人,主要生产 E312B 数字频率计、E312C 数字频率计、PB2－2C 计数器、BT－19 双线频率特性显示仪、XD7－S 低频信号发生器及 JW1022 低频信号发生器。年产值 357 万元,销售 321 万元。1988 年,无线电厂贷款 1300 万元引进彩色电视机生产线,因彩电限价,售价低于成本,加之军工产品停产,自 1994 年起处于半停产状态。1997 年,开始全面停产。2009 年 11 月,开始改制,改制时有职工 620 人,全部职工纳入社保、医保。

半导体器件厂　位于景德镇市观音阁。地方国营电子企业,主要生产锗、硅低频大功率晶体三极管及电子应用产品。1986 年,职工 217 人,年创产值 120 万元,实现销售收入 115 万元。3AD 系列(锗低频大功率晶体三极管)曾获部优产品奖,3AD 产品属 QC 成果发表获省先进。由于企业资金匮乏,产品开发落后,从 1994 年开始停产。2009 年 11 月,实行企业改制,改制时共有职工 390 人,由市政府安排 1737 万元(含电感器件厂)将职工全部纳入社保、医保。

三七无线电厂　位于景德镇市曹家岭 666 无线电厂内。1978 年 3 月,666 无线电厂创办的大集体企业。以配套生产 666 厂的晶体管外壳等配件为主,职工 120 余人。1990 年,随 666 厂并入市华意电器股份有限公司。

无线电二厂　位于景德镇市河西茅桥墩。1977 年无线电厂创办的大集体企业,以生产频率器、数字电压表为主要产品。1986 年,职工 120 人,年创产值 100 万元,销售额 90 万元左右。1995 年开始停产。2004 年,整体出让 20 亩土地用于修建景婺黄高速公路,变现资金用于职工购买 1989—2004 年的社保,完成改制。

通用电器厂　位于浮梁县湘湖镇荞麦岭。1988 年,无线电厂创办的大集体企业,主要为无线电厂配套生产变压器、电容器等产品。成立时职工 182 人,年创产值 200 万元左右,销售额 190 万元。1994 年,无线电厂停产,通用电器厂等随之停产。2009 年 11 月,厂里 139 名职工与无线电厂一起进行企业改制。

电感器件厂　位于景德镇市晏公庙。原名半导体器件二厂,是半导体器件厂创办的大集体企业,以生产系列落地收音机为主。1986 年,职工 120 人,年产值近 100 万元,销售额 95 万元。1993 年,改产电感器件,厂名也因随之改名为电感器件厂。1996 年,创产值达 300 万元。1999 年开始停产。2000 年 8 月,全面停产。2009 年 11 月,与半导体器件厂同时实施改制,改制时有职工 284 人。

第三章　轻化工业

轻化工业是景德镇市的传统工业,早期主要有纺织、服装、皮革、木材加工、家具制造、造纸和纸制品、印刷、文体用品、金属制品制造等行业,企业小而散,效益低。1986 年,行业总产值 7088 万元,户均产值 62.7 万元,为全市工业平均水平的 1/3。80 年代后期,景德镇轻化工业产品主要是民生用品和陶瓷企业配套服务用品，以棉纱、服装、塑料制品、毛笔、纸张、纸盒、纸箱、灯泡、灯头、剪刀为主。90年代，市轻化工业局纳入考核的产品为五金取暖配件、塑料配件、机制纸、纸箱、纸盒、日用仿古瓷等，质量保持稳定。

到2000年，轻化工业共有企业91户，职工8546人，产值2.99亿元，户均产值329万元，高于全市工业平均水平26%。21世纪初，轻化工业一批老企业由于人员、债务等包袱沉重，经济效益下滑严重，相继关停并转，企业数量和职工人数大幅减少，其中文体用品生产没有规模以上企业，皮革生产企业仅剩1户。到2010年，轻化工业规模以上企业数量只有38户，职工5460人，产值31.53亿元，户均产值8297万元，只有全市工业平均水平的一半。

第一节　行业规模

企业与产品

90年代，木材加工、造纸和纸制品、印刷、金属制品、纺织等行业发展较快，带动轻化工业的增长，1991年，市轻化系统开发新产品15个，新增花色品种140个。1992年，开发新产品10个，新增花色品种151个。

1991年，市轻化工业局组建市丝织总厂，为全市唯一集丝织、棉针、针织和印刷于一体的综合性企业。1992年12月，由省、市投入技改资金900万元，新增丝织机112台，生产仿毛、仿麻、仿真丝绸等高档织物。1993年2月2日，市丝织总厂生产出首批合纤绸坯布——中秋呢，结束景市无丝织产品的历史。至年底，共生产出合纤绸60万米，产品供不应求，年销售收入达400万元。

1992年，市申江五金总厂生产的马利牌折剪总产量650万把，外销达540万把，两年共创外汇100万美元；市造纸厂生产的四方牌陶瓷餐具系列彩印纸箱获中国包装总公司优秀产品奖，出口瓦楞纸箱、内销家电系列瓦楞纸箱连续保持江西省优质产品称号；瓷用画笔年产量800多万支，产品有100多种，远销国内324个瓷业生产单位，并出口东南亚国家及地区，4月，在第二届北京国际博览会上获铜奖。市纸箱厂生产的包装产品及造纸厂生产的瓦楞纸先后获全国包装一博览会金牌3块、银牌1块；第一塑料厂生产的农用薄膜两次获省优产品。

1993年，轻化系统开发彩色包装纸盒、纸制卫生用品、人造新玛玛瑙用品等新产品4个，新增花色品种20个。市第一塑料厂农、地膜年产量380吨，产值240万元，生产的LDPE农膜被评为全省“A级”产品，LDPE地膜被评定为“B级”产品；生产的冰箱抽斗能防止储藏品串味，被省经委评为省级新产品。

1995年5月，市新华印刷厂印制的三年制初中英语教材(一)被评为国家新闻出版署优质产品奖；9月，印制的初中地理(三)、小学地理课堂练习册(四上)被评为省新闻出版总局优质产品奖，省95教材印制质量优胜单位第二名。12月，市纸业有限公司生产的高强瓦楞纸，经省商检局验检许可，可以代替进口纸。

1996年，市塑料一厂生产的SK410汽车中间杂物箱、SK汽车前后保险杆总成；市造纸厂生产的防震纤维板、婴儿保健尿布，全部通过鉴定，投入批量生产，填补了省内空白，有的达到全国先进水平。市美术瓷厂的人造玛瑙卫生洁具获省级科技进步三等奖，同时被省轻工业厅列入江西省名牌产品后备产品名单。塑料一厂生产的昌河汽车仪表板的前后保险杆总成，通过航空部汽车工业总公司的鉴定，在全国推广应用。

1997年，市第一塑料厂购进专利产品XFWJ－11型蜂窝纸板生产设备，开发纸板包装纸箱，年产值达500万元；市纸业有限公司投资1150万元建成PE夹链自封包装袋生产线，获市科技成果进步三等奖，年产1000吨PE夹链袋产品全部出口美国。

1998年，市纸业有限公司软质纤维板获1997—1998年度市科技成果进步三等奖。5月，市康海实业有限公司研制的XHZSC型消防生氧自救呼吸器，通过省消防总队主持的省级新产品鉴定，填补国内空白。

2001年，江西富祥机械设备有限公司研制的FBJD－12/1600A型蜂窝纸板生产线获省优秀新产品“三等奖”。该生产线采用国际上新流行的PLC＋彩色触摸屏＋变频器＋电视监控等新技术结构，可应用光电、液压、气动、微波、变频调速等技术自动连续作业，被列为江西高新技术示范工程。

至2010年，景德镇的轻化产品主要有塑料制品、民用家具、棉纱、纸箱纸盒等，产量都有下降。

表 16－3－1 1986—2010 年景德镇市轻工主要产品产量统计表(一)

年份	棉纱(吨)	棉布(万米)	服装(万件)	皮鞋(万双)	机制纸(吨)	纸盒(万平方米)	纸箱(万平方米)
1986	1560	327.1	60.35	7.63	6756	887.2(万只)	133.3(万只)
1987	1845	456	44.34	7.13	7672	735.74(万只)	138.37(万只)
1988	1951	535	67.44	8.88	7910	632(万只)	230(万只)
1989	1649	533	89.62	4.86	8123	1245(万只)	349(万只)
1990	1615	518	74.4	4.95	7236	1213	864
1991	1617	605	48.1	3.89	8714	433	449
1992	2559	469	61.81	2.35	8624	411	666
1993	2127	468.5	51.13	1.25	7400	427	890
1994	1848	486.4	67.38	0.6	8486	435	945
1995	1620	280	64.74	23.12	7086	234.54	611.23
1996	1404	168	57.39	1.9	13148	216	603
1997	117	154.11	12.25	0.11	13143	221	615
1998	400	8	7.87	0.1	15443	225	620
1999	623	54	4.5	0.09	17245	220	600
2000	118	30	4.2	0.07	17750	217	555
2001	946	12	4.2	—	14233	200	480
2002	1656	11	4.3	—	14107	190	420
2003	1661	8.56	3.96	—	—	185	400
2004	1930	7.85	3.5	—	—	190	420
2005	1500	7.2	3.3	—	—	195	450
2006	1450	7.1	3.1	—	—	200	460
2007	1470	6.8	2.9	—	—	215	540
2008	1450	—	2.8	—	—	220	550
2009	1380	—	2.5	—	—	210	560
2010	1280	—	2.6	—	—	214	570

说明:1986—1990 年,纸盒、纸箱以万只为计量单位。1991—2010 年,纸盒、纸箱以万平方米为计量单位

表 16－3－2 1986—2010 年景德镇市轻工主要产品产量统计表(二)

年份	民用家具(万件)	毛笔(万支)	塑料制品(吨)	民用剪(万把)	灯泡(万只)	灯头(万只)
1986	8.31	56.89	1565	429.72	1240	1858
1987	5.7	65.14	1284	551.92	1109	1343
1988	6.65	74.88	1971	581	924	2361
1989	7.63	63.9	1282	623	1148	2927

续表 16－3－2

年份	民用家具(万件)	毛笔(万支)	塑料制品(吨)	民用剪(万把)	灯泡(万只)	灯头(万只)
1990	9.24	61.1	1745	457	1553	3260
1991	7.64	48.83	1754	633.71	2001	3500
1992	9.71	53.61	1919	535	2111	3356
1993	10.92	31	1682	415	1852	2990
1994	35.59	34.83	1854	438.37	3270	1123
1995	64.27	70	2982	390	3210	3496
1996	52.57	13.7	4026	90.36	3012	3552
1997	39.74	20	8583	—	2821	2850
1998	35.6	19	3028	—	3015	3132
1999	33.5	18	3202.78	—	1628	3200
2000	33.2	15	2258.83	—	330	3100
2001	32	14	2733.78	—	337	315
2002	30	11	2251.8	—	39	32
2003	31	10.5	416.86	—	35	30
2004	25	10.6	235.12	—	31	32
2005	22	10.8	576.6	—	35	34
2006	20	11	580	—	36	41
2007	22	12	550	—	38	45
2008	25	12.6	510	—	41	50
2009	23	12	550	—	45	55
2010	25	13	560	—	52	61

主要经济指标

1986 年，市轻化工业共有企业 113 户，职工 9987 人，产值 7088 万元，户均产值 62.7 万元，为全市工业平均水平的 1/3。1991 年，轻化系统共有企业 29 个、公司 2 个，职工总数 6590 人。完成工业产值 8746.45 万元，同比增长 22%。当年，企业利税完成 374 万元，比上年增长 5.95%，其中利润完成 134 万元，比上年增长 13.58%；产品销售收入完成 7435 万元，比上年增长 5.97%。1992 年，工业产值完成 10025 万元。年产值超千万元的企业有市第一塑料厂、市纸箱厂、市造纸厂和市第三塑料厂。当年，税利完成 430 万元，其中利润完成 140 万元，产品销售收入完成 6625 万元。

1993 年，全轻化工业总产值完成 1.1 亿元，利税完成 341 万元，销售收入完成 6932 万元。其中第一塑料厂、纸箱厂、造纸厂和第三塑料厂产值超千万元，省政府审核确认为江西省中型企业。1994 年，轻化工业系统完成工业总产值 12404 万元，工业产品销售率完成 98.9%，销售收入完成 5235 万元，利税总额完成 306 万元。1996 年，轻化系统工业产值完成 1.2 亿元，比上年增长 15.8%，销售收入实现 5058 万元，比上年增长 11.98%，利税总额 350 万元，比上年增长 19.67%。1997 年，轻化工业总产值完成 12200 万元；销售收入比上年增长 7.4%；实现利润 15.39 万元，增长近 7 倍。

1998 年,轻化系统工业总产值(当年价)完成 12200 万元。其中新口径完成 9800 万元,同比增长 6.5%;产品销售收入同比增长 4.25%,其中新口径实现 3860 万元,同比增长 4.72%。1999 年,轻化系统工业总产值(当年价)完成 11054 万元,同比下降 9.45%,其中新口径完成 9848 万元,同比下降 5.87%;产品销售收入实现 4753 万元,同比增长 14.5%,其中新口径实现 4210 万元,同比增长 19.3%;产销率达 95.92%,质量稳定率达 97%。2000 年,市轻化工业全年完成工业总值 10945.03 万元,其中新口径完成 9892 万元,产品销售收入完成 4124 万元,工业产品销售率达 98% 以上。

建材与塑料制品业　1992 年 7 月,市第三塑料厂与香港明源贸易公司合资兴办的昌源新型建材有限公司成立,投资总额为 350 万美元,生产红泥耐候塑料建材。市美术瓷厂出资 33.6 万美元,香港明源贸易有限公司出资 14.4 万美元合资兴办美明新玛瑙制品有限公司,生产人造玛瑙卫生洁具系列产品、人造玛瑙板材系列产品。

1994 年,市轻化系统合资企业进一步发展。美明新玛瑙有限公司第二期工程投资 280 万美元,生产家具与墙地板;昌源新型建材有限公司联合投资 151 万美元,增加生产建筑板材生产线;与市丝织总厂合作,投资 371 万美元,组建毛绒布合资企业。台湾他山石有限公司与景美出口服装厂合资 1500 万元人民币开发花岗岩产品;香港德韵公司与第一塑料厂合资 30 万美元,生产 PVC 透明包装制品,EPS 泡沫包装制品。

同年 1 月,市政府批准市手工业联社、市窑炉学会、市广兴建筑工程公司、萍乡市湘东油咀厂、浙江桐庐横材硅酸铝纤维制品厂合股成立景德镇市窑业股份有限公司,开拓窑业设备、建筑安装业务,开发窑业技术。3 月,乐平化肥厂分流一部分人员成立景德镇市化工原料厂,主要生产轻质碳酸钙。8 月,市第一塑料厂进行企业股份制改造试点,职工个人投资入股 38 万多元,实行公司制管理。

1995 年 5 月,工业美术公司、工艺美术厂、景美出口服装厂、丝织总厂、美术瓷厂、申江五金厂、服装一厂,皮革厂 8 家企业成立市工艺美术联合(集团)总公司。

1996 年,实行股份合作制的企业,如一塑厂职工股份分红均达到 20% 以上。3 月,经外贸部(政审函字 163 号)批准市工艺美术公司经营成员企业自产产品及相关技术的出口业务。

纺织业　1986 年,按主要行业分全市独立核算企业 11 家,工业总产值(1980 年不变价)679 万元,职工平均 1417 人。1990 年,按主要行业分全市独立核算企业 14 家,工业总产值(1990 年不变价)3342.4 万元,职工平均 2948 人。

2001 年,独立核算企业 10 家,工业总产值(当年价)2139 万元,从业人员平均数 2353 人。2005 年,规模以上企业 3 家,工业总产值(当年价)4044 万元,从业人员平均 308 人。

2010 年,规模以上企业 4 家,工业总产值(当年价)35833.9 万元,从业人员平均 1282 人。

缝纫业、服装制造业　1986 年,全市独立核算缝纫业企业 7 家,工业总产值(1980 年不变价)1052.1 万元,职工平均 950 人。1996 年,独立核算服装及其他纤维制品制造业企业 6 家,工业总产值(1990 年不变价)761.3 万元,职工平均 333 人。2001 年,有 4 家,工业总产值(当年价)148.7 万元,从业人员平均数 143 人。

2006 年,规模以上纺织服装、鞋、帽制造业企业 1 家,工业总产值(当年价)534 万元,从业人员平均 210 人。2010 年,有 4 家,工业总产值(当年价)28439.3 万元,从业人员平均 775 人。

皮革、毛皮、羽毛(绒)及其制品业　1986 年,全市有独立核算皮革、毛皮及其制品业企业 5 家,工业总产值(1980 年不变价)508.9 万元,职工平均 672 人。1991 年,按主要行业分全市独立核算皮革、毛皮及其制品业企业 3 家,工业总产值(1990 年不变价)847.9 万元,职工平均 635 人。1996 年,独立核算皮革及其制品业企业 2 家,工业总产值(1990 年不变价)21 万元,职工平均 115 人。2001 年,独立核算皮革、毛皮、羽绒及其制品业企业 2 家,工业总产值(当年价)208 万元,从业人员平均数 60 人。2006 年,工业总产值(当年价)516 万元,从业人员平均 300 人。2010 年,规模以上工业总产值(当年价)6011.3 万元,从业人员平均 220 人。

木材加工及竹、藤、棕、草制品业　1986 年,全市有独立核算企业 33 家,工业总产值(1980 年不变价)747 万元,职工平均 1935 人。1991 年,全市独立核算企业 36 家,工业总产值(1990 年不变价)1962.1 万元,职工平均 1796 人。1993 年 3 月,市家具厂与阿联酋东华贸易公司木制家具厂合资兴办的远东家具有限公司,总投资 50 万美元,其中外商投资 85%,中方投资 15%,主要生产木制家具。1996 年,独立核算企业 53

家，工业总产值（1990年不变价）3999.7万元，职工平均1529人。2001年，独立核算企业23家，工业总产值（当年价）3439.2万元，从业人员平均数873人。2006年，全行业规模缩小，主要的木材加工业大幅萎缩。全市规模以上企业9家，工业总产值（当年价）11211万元，从业人员平均840人。2010年，规模以上企业有5家，工业总产值（当年价）37810.4万元，从业人员平均502人。

家具制造业　1986年，全市有独立核算企业10家，工业总产值（1980年不变价）337.9万元，职工平均818人。1996年，独立核算企业19家，工业总产值（1990年不变价）1481万元，职工平均793人。2001年，独立核算企业11家，工业总产值（当年价）1072.3万元，从业人员平均数340人。2006年，规模以上企业4家，工业总产值（当年价）19861万元，从业人员平均604人。2010年，规模以上企业4家，工业总产值（当年价）68394.5万元，从业人员平均727人。

造纸及纸制品业　1986年，全市有独立核算企业11家，工业总产值（1980年不变价）1986.3万元，职工平均1785人。1991年，全市独立核算企业13家，工业总产值（1990年不变价）4049.5万元，职工平均2204人。1996年，独立核算企业19家，工业总产值（1990年不变价）6155.1万元，职工平均2255人。

1991年，市造纸厂引进一条1600纸机生产线，1992年产量达1260.88吨，产值达187万元，实现利润9.9万元。同年5月4日，市造纸厂出资93.8万美元，美国泛太集团有限公司出资39万美元，合资创办美景保健用品有限公司，生产一次性保健卫生巾、婴儿保健尿片和餐巾纸。1993年，市造纸厂拥有固定资产1920万元，净值1250万元，年工业总产值1800万元，销售收入1302万元，利税102万元，其中利润34万元，列入全国500家最大造纸及纸制品企业之一。

1992年3月3日，中国包装总公司批复景德镇市纸箱厂瓦楞彩盒生产线技改项目，总投资1395万元（外汇175万美元），主要设备从德国、日本、中国台湾购进，填补江西省瓦楞纸盒包装的空白。2000年8月，市纸箱厂出资1500万元，香港帝东实业（香港）公司出资500万元兴办江西德东彩印包装公司，生产各种彩印包装产品和彩印产品。

1992年7月，市第一塑料厂用236万元从香港华大机械设备有限公司购进一台12000克大型电脑注塑机，填补省内空白，10月开始生产汽车保险杠、格栅仪表罩壳、仪表板及各类大件塑料制品。

1996年，纸业有限公司实行股份合作后，股份分红达20%以上。

2001年，独立核算企业17家，工业总产值（当年价）9689.7万元，从业人员平均数2451人。2006年，规模以上企业5家，工业总产值（当年价）12416万元，从业人员平均505人。2010年，规模以上企业11家，工业总产值（当年价）79038.4万元，从业人员平均1222人。

印刷业和记录媒介的复制业　1986年，全市独立核算印刷业企业有11家，工业总产值（1980年不变价）456.1万元，职工平均980人。1991年，全市独立核算印刷业企业9家，工业总产值（1990年不变价）654.6万元，职工平均969人。1996年，独立核算印刷业企业18家，工业总产值（1990年不变价）1127.3万元，职工平均938人。2001年，独立核算印刷业企业11家，工业总产值（当年价）2445.1万元，从业人员平均数692人。2006年，规模以上印刷业和记录媒介的复制企业2家，工业总产值（当年价）1304万元，从业人员平均150人。2010年，规模以上印刷业和记录媒介的复制企业3家，工业总产值（当年价）17385.1万元，从业人员平均234人。

文教体育用品制造业　1986年，全市独立核算企业有8家，工业总产值（1980年不变价）274.5万元，职工平均342人。1991年，全市独立核算企业5家，工业总产值（1990年不变价）197.9万元，职工平均446人。1996年，独立核算企业8家，工业总产值（1990年不变价）442.9万元，职工平均245人。2001年，独立核算企业5家，工业总产值（当年价）230.2万元，从业人员平均数102人。2006年，规模以上企业1家，工业总产值（当年价）1648万元，从业人员平均70人。2007年后，没有规模以上文教体育用品制造企业。

金属制品业　1986年，全市独立核算企业有17家，工业总产值（1980年不变价）1046.5万元，职工平均1079人。1991年，全市独立核算企业15家，工业总产值（1990年不变价）2270.4万元，职工平均1448人。1996年，独立核算企业20家，工业总产值（1990年不变价）2516.8万元，职工平均1071人。2001年，独立核算企业10家，工业总产值（当年价）7319.2万元，从业人员平均数918人。2006年，规模以上企业4家，工业总产值(当年价)20107 万元,从业人员平均 360 人。2010 年,规模以上企业 6 家,工业总产值(当年价)42380.3 万元,从业人员平均 498 人。

表 16-3-3　　1986—2010 年轻化工业独立核算企业总产值统计表　　单位:万元

年份	纺织业	服装、鞋、帽制造业	皮革、毛皮、羽毛(绒)及其制品业	木材加工及竹、藤、棕、草制品业	家具制造业	造纸及纸制品业	印刷业和记录媒介的复制	文教体育用品制造业	金属制品业
1986	679	1052.1	508.9	747	337.9	1986.3	456.1	274.5	1046.5
1987	1813.1	1032.3	479.8	956.4	421.2	2365.3	537.2	343.4	1126
1988	1942.9	954.3	377.8	1264.9	491.3	2529.6	460.8	269.3	1272.5
1989	1896.2	1098.1	455.7	1411.2	451.3	3248.4	475.1	163.2	1402.9
1990	3422.4	1110.5	585.5	1923	391.8	3987.3	590.9	158.9	2040
1991	3737.7	803.8	847.9	1962.1	430.8	4049.5	654.6	197.9	2270.4
1992	4405.8	1153.2	567.2	2080.2	517	4631.8	751.3	307.7	2672.8
1993	4292.3	1685.4	120.9	4209.4	839.4	5274.9	1039.4	325.2	3214.6
1994	6706.7	1857.1	142.6	5069.5	1092.6	6849.1	1478.3	582.7	4814.6
1995	3922.4	1204.7	87.2	2529.2	1168.3	4952.6	1382.3	237.1	3143.2
1996	3326.2	761.3	21	3999.7	1481	6155.1	1127.3	442.9	2516.8
1997	3661	917.6	60	5415.4	1673.9	6426.1	3256.3	599.5	3651.1
1998	2084	475	50	3401.9	936.3	7022.8	3235.9	209	4924.7
1999	2354.5	107.5	158	4500.8	1185.6	6026.2	3392.5	363.2	6205.8
2000	2395.5	148.5	54	7442.7	1298.3	7915.3	4686.1	241.2	5748.9
2001	2139	148.7	208	3439.2	1072.3	9689.7	2445.1	230.2	7319.2
2002	4723.9	346.9	164.6	5978.5	1475.5	11037.6	2752.2	54	5476.8
2003	4966	517	7	944	1401	5182	3279	6	3821
2004	4965	720	1408	8315	5701	3563	2830	—	2684
2005	4044	513	1369	9631	11578	6322	1752	510	9189
2006	4230	534	516	11211	19861	12416	1304	1648	20107
2007	7561	2427	1492	15445	31031	24218	1744	—	34891
2008	12807.5	6011.8	3280.9	19871.7	51982.7	40007.2	6765	—	21042.1
2009	19796	10575	4156	27234	60182	51905	10255	—	37345
2010	35833.9	28439.3	6011.3	37810.4	68394.5	79038.4	17385.1	—	42380.3

说明:统计口径按照本篇第一章第一节交通运输设备制造业独立核算企业情况的统计口径

第二节　企业选介

纺织、服装、皮革

市服装一厂　主要以对外服装加工为主业。1986年，职工320人，固定资产170万元，年产值867.7万元，实现利税12万元。至1991年，多次被评为江西省进出口公司产品质量信得过先进单位。1995年，全年生产出口服装15.25万件，合格率达100%。1998年，开始部分停产，通过出售设备的方式筹措资金将职工纳入社保。2003年后，企业完全停产，依靠厂房整体出租，租金缴纳职工社保金和维持留守人员工资。至2010年年底，全厂共有职工406人。

景美出口服装厂　原名服装二厂。1985年，自筹资金48万元，贷款60万元，在市火车站南侧购地建造6层服装生产大楼一幢，建筑面积4500平方米。1986年，共有职工388人，以服装来料加工为主，年产值242.2万元，利税18.86万元。1987年，生产大楼竣工，企业更名为景德镇市景美出口服装厂。新厂房大楼建成后，生产设备配套成龙，被定为江西省出口服装定点企业。1995年，开始停产。1997年由新华印刷厂托管。1998年，通过出售设备的方式筹措资金，将职工纳入社保。2000年完全停产，所有设备陆续出售，用以续交社保金和各项有关开支。至2010年年底，职工325人。

市丝织总厂　前身是棉针织厂，以生产各类色织布、袜类等产品为主，位于中山北路371号。1986年，职工210人，固定资产51.5万元。进入90年代后，棉针织厂生产开始滑坡。1991年，棉针织厂与新华外贸纸箱厂合并，成立丝织总厂。新华外贸纸箱厂位于瓷都大道549号，占地面积1.33万平方米，职工310余人，是新华印刷厂知青年农场为基础大集体企业。丝织总厂成立后，职工528人，年产值300万元，销售180万元。1992年12月，由省市投入技改资金900万元，建成涤纶长丝为原料的仿真丝绸等高档织物面料生产线。1996年8月，市丝织总厂托管珠山针织厂。2003年9月，企业实施改制，以整体转让土地使用权方式筹措改制资金560万元，将818名职工(其中退休300人)纳入社保、医保。

市皮革厂　生产各种男女皮鞋、工业用明胶、皮革、皮件等，位于里村老鸦滩。1986年，职工488人，固定资产200万元，年产值400万元，利税60万元。进入80年代后期，国家取消对猪皮、牛皮工业的补贴，原材料涨价，企业资金严重缺乏。1994年2月23日，市革制品厂并入市皮革厂，实现人、财、物的统一管理。1998年，开始停产。2002年企业实施改制，以整体出售的方式筹措改制资金637.98万元，将502名职工(其中退休233人)纳入社保、医保。

家具木器

市家具厂　以生产各种型号的木制家具为主。位于中华北路547号。1985年7月，全国家具评比中，参赛产品82－6型板式家具以造型美观、结构合理、工艺精巧等特点名列前三名，在上海市场一度成热销货。1986年，职工420人。1992年，家具厂与阿联酋东华贸易公司合资创办市远东家具有限公司，阿方出资42.5万美元占75%，市家具厂以厂房、设备等固定资产形式出资占25%，产品以出口中东地区为主。1993年，出口额达200万元人民币。至1995年，外资方不再过问合资企业的生产和经营，由市家具厂单独经营。1997年，仍有少量出口。2004年，因建路需要，由市政府整体收购市家具厂并实施改制，政府出资720万元，将380名职工全部纳入社保、医保。

乐平市家具厂　位于迎宾路与安平路交叉口二轻大楼内。家具厂原为手工作坊式工厂，主要生产民用家具、教学和办公用具。进入90年代后，抓住撤县设市、国道206线改造扩建的机会，拆除旧厂房，兴建一座占地面积1000平方米，建筑面积4500平方米，集生产、销售为一体的二轻大楼，同时添置多台家具专用制作设备，形成实木、板式两条家具生产线，生产家用、办公、宾馆3大系列100余种高档家具，销往南昌、上海、武汉、南京等地，销售额每年都在260万元以上。至2000年，有厂房5200平方米，固定资产800余万元，企业员工146人，拥有从制作、干燥、加工、油漆到装配的各类设备80多台。曾多次获省、地、县技术革新、产品更新换代先进单位奖，聚酯家具产品获“1994年江西省优秀新产品二等奖”称号。2002年，企业进行改制。

印刷包装纸

市新华印刷厂　景德镇市印刷包装业的主体企业,国家书刊定点印刷企业。位于市区解放路口。1986年,职工322人,年产值400万元,销售额380万元。1995年5月16日,印制的义务教材三年制初中英语(一)被评为国家新闻出版署优质产品奖。9月,印制的初中地理(三)、小学地理课堂练习册(四上)被评为省新闻出版总局优质产品奖。同月又获全省教材印制质量优胜单位第二名。1996年,产值800万元。1999年,将位于商业闹市的老厂区整体出售,再贷款1800万元,在浮梁县御宝工业开发区购地30亩,建设一幢三层建筑面积3300平方米的印刷大楼。由于印刷业政策放开,各种私营小印刷厂不断涌现,市场竞争激烈,仅依靠省里定点任务印刷教科书为主业,生产难以为继。2001年,企业实行改制,改制时有职工541人。企业将市区的剩余厂房出售,筹资810万元,解决职工的社保、医保,只保留一个印刷车间及印刷设备出租,维持留守人员开支。2009年1月,市工业管理办公室以新华印刷厂闲置土地和闲置厂房为基础,打造下岗职工创业就业培训孵化基地。

市纸业有限公司　原名景德镇市造纸厂,以生产机制纸、纸箱包装盒、纤维纸板为主要产品。1986年,职工724人,年产值600万元,销售收入486万元。1991年,总投资497.93万元引进一条1600纸机生产线,新建厂房一幢,建筑面积1776平方米,其中双层布置为672平方米,单层布置1104米。1992年,产量1260.88吨,产值187万元,实现利润9.9万元。同年,与美国泛太公司合资成立美景保健用品有限公司,开发卫生保健系列产品。

1993年6月,美景保健用品有限公司生产的"康雅"卫生系列产品投入市场。产品高度消毒、安全卫生,采用的原材料系美国进口优质绒毛浆和国内中外合资企业生产的产品。质量达到国家A级产品标准,被中国妇联、中国卫生保健材料协会列为特别推荐产品。1994年,进行股份制改造,更名为景德镇市纸业有限公司,成为全市第一个挂牌成立股份有限公司的企业。1995年12月,市纸业有限公司生产的高强瓦楞纸,经省商检局验检许可,可以代替进口纸。

1997年,开发塑料夹链自封包装袋,公司与美国胶袋集团公司合资570万元人民币合作生产,其中美方投资26万美元,公司以设备、厂房投资,当年投产30多万吨,销往美国市场。同年兼并二轻机械厂。1998年,塑料夹链自封包装袋出口美国490吨,出口总额达100多万美元。1998年9月,自筹8000万元资金,将职工纳入社保,其中80名职工因长期不在岗且无法联系而未纳入社保。2002年,因资金短缺、市场变化等多种原因停产。2010年年底,企业职工724人,依靠厂房租金维持企业的运转。

市纸箱厂　以生产瓦楞纸(板)箱、高档工艺礼品锦盒为主。1986年,职工539人,专业技术人员47人,厂占地5.1万平方米,年产值460万元,销售额420万元。1992年3月13日,市纸箱厂瓦楞彩盒生产线技改项目可行性研究报告得到中国包装总公司批复。项目总投资1395万元(外汇175万美元),主要设备从德国、日本引进,项目提高出口商品包装的档次,填补江西省瓦楞纸盒包装的空白。8月5日,市纸箱厂与香港帝东实业(香港)公司合资兴办江西德东彩印包装公司,投资总额为2500万元,注册资金为2000万元,其中中方出资1500万元,港方出资500万元。以生产各种彩印包装产品和彩印产品为主,年生产能力350万~600万平方米。1994年,企业贷款投资4000余万元引进德国海得堡五色包装生产线,陶瓷包装由搬运纸箱提高到礼品纸箱水平。2002年,企业停产。以整体出售土地使用权方式,筹措改制资金800万元,将670名职工(其中退休职工172人)纳入社保、医保。

乐平市造纸厂　原名乐平县造纸综合厂,位于新北街昌蒲塘。1984年有职工99人,生产机制纸、纸板425吨。厂房面积5000平方米,固定资产净值19万元。2000年生产达最好水平,生产成品纸4200吨,完成产值1020万元,利税36万元,后企业改制。

文教用品

市工艺雕刻厂　以雕刻公章、名章,生产工业用刷、瓷用花纸为业。1986年,职工49人,租用公房进行生产,年产值40万元,销售收入40万元。90年代,仅保留雕刻公章名章。1992年,引进电脑照排机生产原子印章,成为全国雕刻行业率先使用电脑照排制章厂家之一,年产值提高到50万元,创利税4万余元,并获省经贸委颁发的电脑印章照排新科技推广应用三等奖。1998年,在全省同行业中率先引进电脑激光印章雕刻机，雕刻的印章具有字体变化多、清晰、雕刻时间短、防伪等特点。2001年，实行股份制改革，职工34人，其中退休9人，由内部职工出资12万元买断产权，将职工纳入社保、医保。至2010年，职工24人，年产值和销售额近40万元。

市瓷用毛笔厂　为生产瓷用画笔的老企业，主要生产各类瓷用毛笔，有粉彩、新彩、油彩、贴花、刷花、青花、成型、机制等9个系列124个品种。1986年，职工114人，年产值35万元，销售额20万元，产品除供省内外300余家瓷厂外，还出口东南亚各国。1992年，瓷用画笔年产量800多万支，产品有100多种，远销24个省、市、自治区的324个瓷业生产单位，并出口东南亚、日本以及销往中国台湾、香港等地区。4月，瓷用画笔在第二届北京国际博览会上获铜奖。1995年3月，生产的ST系列瓷用毛笔出口马来西亚等国，深受外商客户好评。

五金制品

市申江五金厂　主要生产系列剪刀。是国内剪刀主要产地之一。先后获得省政府六好企业、省轻工厅优质产品奖、省政府优秀新产品奖、轻工业部出口创汇先进企业等荣誉，有“江西剪刀王”之称。1986年，职工326人，年产值243.5万元，销售额241.7万元。1991—1992年，创外汇100万美元。马利牌折剪主要由上海文体出口公司出口。在国内沪、鄂、陕、桂、滇、川等省市享有较高声誉，畅销浙江义乌批发市场。1992年，市申江五金总厂的车、刨、磨、割、冲压、模具制作、热处理电镀等工艺均达国内先进水平，马利牌折剪获轻工业部颁发的“出口产品”金龙腾飞奖，产品远销美国、日本、加拿大、东南亚等32个国家及中国香港地区。同年，市申江五金总厂、香港科美公司、上海文体进出口公司共同投资174万元进行技改，实现自动化生产。

90年代中期，企业经营陷入困境。1996年6月开始停产，依靠出售设备、出租厂房、向主管部门支借等方式维持，等待改制。至2010年，职工374人。

市金属结构总厂　主要以生产一、二类压力容器、白铁制品为主。1986年，职工123人，年产值91万元，销售额62万元，利润7.2万元。1995年6月，位于马鞍山路24号的弹簧厂并入金属结构厂，该厂有职工120人，有生产厂房一幢，负债1800万元，资不抵债。合并后，更名景德镇市金属结构总厂。1996年，总厂停产。2000年12月，企业改制，由九江华新公司以负债方式整体收购金属结构总厂，同时支付264名职工劳动补偿金和医疗包干费共300万元，职工纳入社保、医保。

市鑫海五金电器厂　原名市制伞厂，主要生产尼龙伞、手开折伞、自动折伞、海滩旅游遮阳伞等。1986年，职工140人，固定资产60万元，年产值81.8万元，销售额76.79万元，利税5.85万元。1993年，由于产品单一，大量积压，企业停产。1997年5月，更名为鑫海五金电器厂，主要为华意电器、昌河汽车生产五金配件。并与市康利防护用品公司合作，成立康海实业有限公司，开发火灾中救援逃生的新式生氧防毒面具XHZSC型消防氧自救呼吸具，作为省经贸委科技开发项目。

1998年5月8日，省消防总队主持通过的省级新产品鉴定。1999年6月，被国家经贸委列为国家重点高新技术创新项目。2000年7月，获准批量生产，上半年试产3000套。同年，实施改制，由内部职工个人买断企业产权。2001年1月13日，由竞购人梁新润获得收购权，联合其他人员出资53.60万元成功收购，职工全部纳入社保、医保。

乐平市铝材厂　位于洎阳北路人民大道，有6个生产车间及1420平方米的5层办公大楼。主要生产药用包装铝盖制品，为乐平镇政府下属企业。至90年代初，职工发展到近400人，拥有各种大型机械生产设备30多台，产品畅销全国各地，年缴纳税金100万元左右。1994年产值超1000万元。2002年后改制。

乐平市灯泡厂　位于人民西路李家岭，厂区占地28000平方米，资产总额3290万元。主要生产白炽灯泡和彩色灯泡。1985年产灯泡1228万只，1994年增至3069万只，创历史最高水平。1997年企业改制，成立“三阳电光源有限责任公司”，各车间实行切块承包、减员增效，职工由1100余人减至800人，但因市场竞争激烈，产量产值还是每况愈下，工厂濒临倒闭。1999年，市昌顺玻璃制品有限公司、振兴电光源厂、米兰电子配件厂、乐康电光源厂等私营企业分租该厂各生产车间，生产多种异型玻壳和白炽、彩色、异型灯泡。

乐平市灯头厂　位于乐平市殿下，厂区占地14000平方米，主要生产螺纹灯头，年产量4000万只，产值400万元。1997年进行股份制改造，易名中意光源器材有限责任公司。1998年，福建林良寿租赁该公司，改名乐平市佳顺灯头有限公司。

第四章 建材矿产业

景德镇拥有丰富的矿产资源,其中海泡石黏土、锰、饰面用大理石、膨润土、陶瓷土储量均居全省第一位,具有区位优势的矿产有玻璃用石英砂砾岩、煤炭、水泥用灰岩、金等四种,探明的资源储量分别占全省的25.05%、17.48%、8.62%、7.84%,是江西省三大煤炭生产基地之一。利用资源优势,景德镇市建立了煤炭、陶瓷、建材等矿产工业。

1986年,全市建材产品有砖瓦、砂石、石灰、水泥及水泥制品、建筑卫生陶瓷、钢门窗、大理石板材、新型装饰涂料等九大类共44个品种。同年,景德镇市推广散装水泥,成立散装水泥管理机构,是全省最早推广和使用散装水泥地市之一。90年代中期,市墙体材料革新机构成立,全市拉开墙体材料革新序幕。进入21世纪,预拌混凝土企业陆续成立,通过规范配料和搅拌,保证混凝土质量,提高施工效率。至2010年,全市进一步强化散装水泥推广和预拌混凝土管理,加强行政执法监督力度,大力推广新型墙体材料的使用。

2008年,全市有持证矿山企业77家,其中中型矿山企业4家,小型矿山企业73家,拥有乐平矿务局、江西锦溪水泥有限公司、江西省陶瓷工业公司原料总厂、景德镇市天宝大理石工业公司、江西乐华锰矿、浮梁县大背坞金矿等一批骨干企业。中型矿山主要是水泥原料矿山,小型矿山主要是煤、金、砂金、锡、高岭土、陶瓷土(瓷石、瓷土)、普通萤石、砂石、高岭土、大理石和砖瓦用粘土等矿山。陶瓷原料矿山17个(包括瓷石、瓷土矿山14个,高岭土矿山1个,石英矿山1个,萤石矿山1个),企业从业人员10006人。

第一节 建材工业

行业规模

产值与职工数 1986年,全市独立核算建材工业企业有水泥厂、建材厂、面砖厂等92家,工业总产值(1980年不变价)8600.4万元,职工平均人数17445人。1991年,建材工业完成工业总产值1.00亿元,同比增长4.33%;市建工建材局下属预算内企业销售收入0.66亿元,与上年持平。主要产品釉面砖比上年增长0.22%,水泥增长12.03%,石棉瓦增长5.48%;预算内企业产成品资金年末占用821万元,比上年下降79万元;预算内局直属建材企业实现利税862.9万元。

1992年,完成工业总产值1.12亿元。市建工建材局直属预算内企业销售收入0.69亿元,比上年增长4.49%;局直属企业墙地砖产量完成477.64万平方米,比上年增长3.97%;水泥产量为年计划的79%,比上年增长21.64%;石棉瓦与年计划持平。主要产品质量均有提高,景陶瓷厂面砖一级品率比上年提高3.89%,建筑瓷厂面砖一级品率比上年提高36.2%,水泥出厂合格率达到100%。预算内建材企业实现利税649.7万元,实现利润盈亏抵负亏118.9万元。

1993年,完成工业总产值(按1990年变价)完成1.4亿元,比上年增长27.03%;销售产值实际完成1.4亿元,产销率达90.41%,比上年扩销3274.94万元。其中建材工业局属预算内企业全年实现销售收入8611万元,比上年增长26%,实现销售税金884.6万元,比上年增长16.1%;实现利润156.2万元,比上年增加276.2万元;全员劳动生产率1.49万元/人,年末建材职工总人数达7541人。

1994年,全年完成工业总产值(按1990年不变价)16555.60万元。主要产品产量:墙地砖(含釉面砖)425.11万平方米、水泥10.66万吨、卫生瓷29.11万件,分别比上年增长4.46%、15.28%、83.08%;预算内企业销售收入(不含税)9530.6万元。实现利润172.6万元,完成销售税金及增值税922.7万元。

1995年,建材行业全年完成工业总产值(1990年不变价)18541.91万元,比上年增长12%;主要产品产量墙地砖完成593.66万平方米,比上年增长15%;普通硅酸盐水泥9.32万吨,卫生瓷13.03万件,分别比上年下降13%和55%;石棉瓦35.05万标张,轻质碳酸钙6240吨,分别为年计划的116%和113%,均比上年增长25%。预算内企业销售收入9562.4万元(不含景意陶瓷有限公司1100万元),比上年增长0.34%,实现利润176.3万元,比上年增长2.14%,推广使用散装水泥2.8万吨,为年计划的108.39%,比上年增长23.18%,散装率11.22%。

1996年,全市建材工业总产值(90年不变价)1.31亿元,预算内企业销售收入6146.6万元。

2000年,全市独立核算建材工业企业77家,工业总产值(当年价)2.78亿元,职工平均人数11194人。2001年,全市独立核算建材工业企业79家,工业总产值(当年价)2.48亿元,职工平均人数10671人。2006年,规模以上建材工业企业53家,工业总产值(当年价)13.15亿元,职工平均人数9487人。2010年,规模以上建材工业企业72家,工业总产值(当年价)75.42亿元,职工平均人数12628人。

主要产品

水泥　1986年,全市水泥生产厂家主要有市水泥厂和市柳家湾水泥厂,主要产品为425 #和325 #普通水泥,水泥产量15.37万吨。1991年12月8日,由市水泥厂赭红、墨绿两种彩色水泥获得成功,为省内首创。经北京建材研究院物理检测,其强度、色差度均达到上海彩色水泥标准(国家尚无彩色水泥标准)。1994年,市水泥厂完成5.6万吨,比上年增长20.79%。到21世纪初,全市水泥生产呈现飞速发展状态,尤其是乐平市民营水泥生产厂家增多,工厂规模扩大,水泥产量大幅提高。至2010年,全市水泥产量达到537.38万吨,25年间增长35倍。

表16-4-1　**1986—2010年景德镇市水泥产量统计表**　单位:万吨

年份	产量	年份	产量	年份	产量
1986	15.37	1995	24.96	2004	168.47
1987	14.16	1996	22.67	2005	183.58
1988	15.5	1997	29.31	2006	217.76
1989	14.41	1998	35.65	2007	320.6
1990	10.46	1999	58.27	2008	413.62
1991	11.73	2000	80.79	2009	545.68
1992	15.41	2001	92.8	2010	537.38
1993	19.35	2002	136.9		
1994	21.82	2003	144.24		

建筑装饰材料　1987年,市建筑材料厂生产的“珠山”牌石棉瓦水泥小波瓦,在中国建材工业协会石棉水泥制品分会组织的当年度全国建材产品质量检查中,通过部颁标准,为省内首次。生产的瓷城牌轻质碳酸钙,出口日本、泰国和香港地区。花鹿牌内墙涂料填补江西省高档内墙装饰涂料的空白,获1992年省优秀新产品奖。1992年10月,市建筑材料厂研制的多彩涂料获得成功,11月7日通过省级鉴定。其质量参数符合日本JIS-5667标准,并获1992年度江西省优秀新产品三等奖。产品投资32万元,生产能力达360吨,工业净产值达251.9万元。产品色彩丰富,光泽典雅,立体感强,并耐水、耐油、耐化学品,只需一次喷涂即可得到多彩立体花纹效果,适用于混凝土、砂浆、灰浆、岩石板、木材、石膏板及金属等基材表面喷涂,适用于宾馆、舞厅、商店及民宅内墙装饰。1995年8月,市建筑材料厂研制出“珠山”牌高强度加筋石棉水泥小波瓦,填补市内技术空白。加筋石棉瓦除保证原石棉瓦的理化优点外,抗折强度、横向抗折力等指标均符合国家标准,并经强力破坏试验,呈细片状,未出现大块瓦片脱落,确保高层屋面建筑施工的安全性。1996年4月8日,市建筑材料厂开发研制的纸管专用胶,黏度达3500~4500厘泊,初黏性能强、干燥快,主要用于各类纸管,纸桶粘结,还适用于木材、纤维粘结。2001—2010年,受广东建材产品的冲击,全市建材企业多处于停产、半停产

状态,产量大幅减少。

1991年5月,市面砖厂研制成功小花牌200×150×6毫米的彩色釉面砖,6月参加全国建材产品暨装饰装潢材料展评博览会获金质奖,其色彩有象牙黄、果绿、粉红、广泛用于宾馆、商场及民宅墙体装饰。8月,省建材局举办"江西省釉面砖行检行评"活动,景德镇陶瓷厂生产的"三角"牌面砖152×152×5毫米,经专家对实物分析论证评定为第一名。

1991年10月8日,省内第一条油烧辊道窑在市锦地砖厂建成,以重油为燃料一次快速烧成。工程及配套总投资400万元,由市建筑陶瓷窑炉安装公司设计和安装,年产各种规格花而颜色墙地砖30万平方米,产值600万元。12月27日,景德镇陶瓷厂和中美合资上海太平洋陶瓷有限公司签订卫生洁具生产线租赁期10年的合同。1992年4月1日,成立中美合资上海太平洋陶瓷有限公司景德镇分公司,接管固定资产1150万元,年设计能力36万件的生产线,成为江西省第一家跨省份的合资企业租赁国有大中型企业的生产线。6月18日,窑点火投产,年底创产值640万元。

1992年1月,市陶瓷装饰材料厂改建一条年产35万平方米的墙地砖生产线,工程投资240万元。9月,景德镇陶瓷厂一条年产45万平方米墙地砖生产线,资金投入200万元。两条生产线均采用柴油辊道窑一次快烧新工艺,全市墙地砖年产能力新增80万平方米,年增产值1650万元。11月,市陶瓷装饰材料厂与意大利娜塞堤集团公司合资组建景意陶瓷有限公司,市陶瓷装饰材料厂出资222万美元,意大利娜塞堤集团公司出资78万美元。生产瓷质外墙砖,年产能力为100万平方米,产品由意方负责返销,经营期限为10年。

1992年4月28日,市建筑瓷厂研制的粉煤灰墙地砖,通过江西省建筑材料工业局鉴定。其物化性能均达到GB 11947-89国家标准。粉煤灰及废匣钵均属工业"三废",是景德镇主要环境污染物之一。市建筑瓷厂利用粉煤灰、废匣钵、红黏土和长石为主料配制,经成型烧结而成。

1993年11月,景德镇陶瓷厂开发生产的铌钽矿尾砂瓷质外墙砖,通过省级技术鉴定,并投入批量生产。产品属江西省1993年首批新产品试制项目,具有内外材质好,釉面光滑,整体效果美观,吸水率低,不易变形,易施工、不易脱落、烧成温度低等特点,是中高档建筑理想的外墙装饰材料。同年,建筑瓷厂生产的"鲤鱼"牌釉面砖成品合格率达93%,在江西省同行业中名列第一。1994年5月,景陶瓷厂生产的稀土尾砂瓷质外墙砖、三角机械公司生产的建筑陶瓷橡胶模仁、市建筑材料厂生产的多彩花纹内墙涂料均获市科技进步三等奖。9—11月,景陶瓷厂新研制开发的200×150毫米花色釉面砖,市面砖厂和市建筑瓷厂生产的152×152毫米白釉面砖,经国家建筑卫生陶瓷质量监督检验中心按照GB/T4100~92《釉面内墙砖》国家标准检验,全部指标符合标准,分别获全国行检行评质量A级产品证书。其中景陶瓷厂生产的200×150毫米花釉面砖,在全省同类产品中唯一获A级产品证书。

1995年6月,景意陶瓷有限公司开发出高档大规格280×200毫米彩釉花内墙砖,形成年产100万平方米能力,填补省建筑陶瓷生产技术空白。12月,景陶瓷厂"三角"牌釉面砖商标,被评为江西省著名商标。1999年2月,景意公司研发生产200×400毫米的仿石砖,55×235毫米、100×200毫米的凹凸砖等新产品,填补景市的空白。

耐火材料制品　主要有耐火骨料、耐火砖、耐火泥等。1986年,耐火骨料产量84.63吨,耐火砖产量17071吨,耐火泥产量1133.3吨。至1993年,耐火骨料和耐火泥逐渐停产,耐火砖产量10330吨。2010年,耐火砖产量5200吨。

预拌混凝土　2005年,景德镇市建设第一家预拌混凝土搅拌站。2007年,全市预拌砼使用量达3万立方米。2008年达12万立方米。2009年,《江西省促进散装水泥和预拌混凝土发展条例》颁布实施,全市预拌混凝土出现井喷式发展,全年预拌砼使用量达36万立方米。至2010年,全年使用量达42万立方米。

传统墙体屋面材料　主要指黏土砖瓦。1986—2000年,黏土砖瓦是全市建材行业生产企业生产最多的传统建筑材料,产品品种及规格都比较单一,产品质量参差不齐。20世纪90年代至2010年,大多实现机械化半机械化生产,但生产技术相对落后,企业规模较小,年产量都在1000万块标准砖以下。

新型墙体屋面材料　2010年,全市新型墙体材料产业形成砖、板、块三大类,有混凝土多孔砖、混凝土实心砖、混凝土砌块、粉煤灰蒸养砖、煤矸石多孔砖、煤矸石空心砖、加气混凝土砌块、镁化轻质墙板等。

混凝土多孔砖和混凝土实心砖生产由于设备要求简单，资金需求不多，在推广墙材革新、禁止使用实心黏土砖的初期发展阶段，起过重要的作用。全市各地迅速涌现出一批混凝土砖生产企业，高峰时期达到近百家。由于产品质量不够稳定、产品比重较大、产能较小，同时加上市场上生产企业之间互相低价竞争，导致产品质量大幅下滑。至2010年年底，全市仍然维持生产的混凝土砖生产企业萎缩到十几家。

蒸压加气混凝土砌块是以粉煤灰、石灰、水泥、石膏等为原料，加入适量发气剂，经蒸压养护等工艺而制成的一种轻质多孔墙体材料。具有容重轻、保温、吸音效果好和良好的可加工性等特点。可用于多层及高层建筑的分户墙、分隔墙和框架结构的填充墙以及三层以下的房屋承重墙。

煤矸石烧结多孔砖是以煤矸石为主要原料，经坯料制备，挤出成型，干燥和焙烧而成，由于煤矸石具备200大卡以下的热值，焙烧时无需另外添加燃料。煤矸石烧结多孔砖与普通实心黏土砖一样有较高的抗压强度、耐腐蚀及耐久性，还具有容重较轻，保温隔热性能好的特点。可用于一般工业和民用建筑承重、非承重墙体。

表16－4－2　　**1986—2010年景德镇市墙体屋面材料主要产品产量统计表**　　单位：万块、万片

年份	砖	瓦	年份	砖	瓦
1986	21885	5868	1999	17540	14000
1987	19477	6608	2000	18000	13900
1988	26412	6737	2001	29685	14050
1989	24806	7918	2002	36568	15060
1990	20861	6733	2003	37290	14850
1991	30596	7440	2004	38100	12550
1992	27438	10878	2005	40500	12000
1993	48403	20337	2006	42566	11616
1994	75303	13833	2007	44226	11662
1995	91135	7059	2008	44000	11000
1996	73686	13777	2009	45000	11500
1997	15741.68	13876	2010	45630	11630
1998	15744	13990			

散装水泥推广

1986年，景德镇市推广使用散装水泥2839吨。拥有散装水泥专用车6辆，36个吨位，年运载能力2万~3万吨。建立一些固定储存库和20座只移动式钢板库。12月，市建筑材料厂建成2座容量为200吨的散装水泥库，购进2台8吨散装水泥车，为景德镇市首家推广使用散装水泥的企业。1988年，全市散装水泥车3辆，散装水泥流动储存罐17个，储存能力200多吨。

到90年代，贯彻国务院《进一步加快发展散装水泥的意见》和省政府《江西省散装水泥发展和管理办法》，全市推广和使用散装水泥事业得到较快发展。1991年，推广散装水泥11260吨，比上年增长11.7%。1992年，景德镇新增3座散装水泥发放库和4个活动钢板罐。全市拥有散装水泥发放库9座（总容量为1500吨），散装水泥运输车7辆（总吨位为41吨），活动钢板罐51尺，固定使用库2座，形成年散装水泥发放3万吨的能力。推广使用散装水泥18874吨，完成省下达推广任务1.1万吨的122.78%，完成省考核推广使用目标1.3万吨的145.18%，比上年同期增长19.89%。

1994年，推广使用散装水泥2.29万吨（含乐平市），为年度计划的103.99%，比上年增长33.26%，散装率为10.53%，使用江西水泥厂散装水泥1.25万吨，比上年增长1.62个百分点，市建工建材局获省建材局目

标管理先进单位。1996年,推广使用散装水泥3.02万吨,为年度计划的100.8%,同比增长7.09%,散装率为12.38%。墙体材料改革工作全面启动。

2006年,全市推广散装水泥29.04万吨,比上年增长124.45%,完成省计划的161.32%,折合减少木材消耗9583.2立方米,节约包装用纸1742.4吨,创综合经济效益813.12万元。

2009年,推广使用散装水泥60.6万吨,同比增长42%(使用预拌混凝土29万立方),节约包装用纸3636吨,折合减少木材消耗19998立方米,减少对大气粉尘排放2727吨,减少二氧化硫排放1090.8吨,创综合经济效益1696.8万元。

2010年,全市推广使用散装水泥69万吨,折合节约包装用纸4140吨,减少木材消耗22770立方米,减少对大气粉尘排放3105吨,减少二氧化硫排放1244.8吨,创综合经济效益1932万元;推广使用商品混凝土35万立方米。实施行政执法监督检查63次,责令停止违法行为48起,实施行政处罚6起,收缴罚金13万元;征收专项资金147万元,全面完成市财政下达60万元的征收指标。

表16-4-3　**1986—2010年景德镇市散装水泥推广情况统计表**　单位:万吨

年份	散装水泥使用量	年份	散装水泥使用量	年份	散装水泥使用量
1986	0.28	1995	2.6	2004	6.8
1987	0.8	1996	3.0	2005	12.6
1988	1.4	1997	3.3	2006	29.04
1989	0.8	1998	4.3	2007	32.1
1990	1.1	1999	4.3	2008	42.6
1991	1.13	2000	4.7	2009	60.6
1992	1.4	2001	5.2	2010	69.0
1993	1.7	2002	5.6		
1994	2.29	2003	6.3		

墙体材料革新

90年代开始,砖瓦生产快速发展,乡镇(集体)砖瓦企业占领市场,毁田烧砖现象屡禁不止。1993年12月26日,省政府颁发《江西省鼓励发展新型墙体材料暂行办法》,支持利用粉煤灰等工业废渣取代黏土制砖。同时规定在城市规划区内的新建、扩建、改建工程及规划区外总投资300万元以上的工程,建设单位必须按每平方米6元的标准,向开户银行存入专项费用,用于新型墙体材料的开发。1994年,景德镇市墙体材料革新领导小组成立,下设办公室。

1995年10月16日,市墙体材料革新领导小组发布《景德镇市鼓励发展新型墙体材料实施意见》。实施意见主要分为机构设置及职责范围;制定新型墙体材料发展规划;鼓励发展新型墙体材料,限制生产和使用实心黏土砖;专项用费的征收、管理和使用等5部分,共24条款。12月,市墙革办和市计划委员会要求全市各建设、施工单位(含部省属驻市单位),推广应用煤矸石砖、灰砂砖、粉煤灰砖三种结构性砖体砌筑墙体材料。同时,重申各建设项目,使用黏土实心烧结砖,将依据国家规定缴交专项用费,尤其是破坏耕地良田生产黏土实心烧结砖的厂家,由土地管理部门和地矿部门予以罚征资源费。

1996年11月底,各县(市、区)相继成立墙体材料革新改造领导小组和办事机构。市墙革办联合市计委确定首批推广应用的新型墙材是煤矸石砖、灰砂砖和粉煤灰砖,正式编入市建筑工程材料预算价格内。当年全市促销新墙材500万块,仅999厂和一塑建设工地就使用灰砂砖100万块。1999年4月22日,全省"墙革办"主任会议在景召开,会议明确实施保护耕地、保护环境、节约能源,促进经济可持续发展战略,限制实心黏土砖的生产,大力发展应用新型墙体材料。要求新墙材应用比率要由上年16.6%提升到19%。2000年6

月,全市加大“墙革”工作力度。推出鼓励发展新型墙体材料优惠办法,编制发展新型墙体材料整体规划,以发展砌块,尤其是承重砌块为主攻方向。各县(市、区)不得新建、扩建、易地重建实心黏土砖生产线,对原有实心黏土砖企业实行限产。加快研发实心黏土砖的替代产品。

2004 年 5 月 27 日,《江西省促进发展新型墙体材料条例》颁布实施,规范全省墙体材料的研究、开发、生产、销售、使用和管理及相关活动。2006 年 5 月 22 日,《景德镇市促进发展新型墙体材料管理办法》发布,规定禁止占用耕地建砖瓦窑生产黏土砖。鼓励企业利用煤矸石、粉煤灰、炉渣等工业固体废物生产墙体材料。凡建设工程的建设单位,应当在办理开工手续之前,按省政府规定每平方米 8 元的标准,向当地墙体材料革新办公室预缴新型墙体材料专项基金。

同年,全市新型墙体材料产量达 3. 61 亿标砖,占全市新墙材总量的 46. 7% ,新型墙材在城市工程建设的使用比例首次超出 50% ,达到 64. 35% ,新型墙体材料厂家增至 62 家,生产能力超过 10. 05 亿块标砖。

2007 年,全市新型墙体材料产量达到 3. 27 亿标砖,占全市墙体总量的 48. 8% ,比上年同期提高 2. 1% ,新型墙体在城市建筑中的应用比例达到 76. 7% ,比上年同期提高 12. 75% ,新型墙体材料专项基金的征收首次突破 200 万元。散装水泥专项基金入库 78. 6 万元,同比增长 48. 30% ,为历年最高。

2009 年,全市新型墙体材料产量达到 3. 46 亿块标砖,占全市墙材总量的 58. 73% ,比上年同期提高 1. 5 个百分点;新型墙体材料在城市建筑中的应用比例达到 86. 23% ,比上年提高 4. 5 个百分点。当年,综合利用工业废渣 28. 4 万吨,节约能源 2. 15 万吨标煤,节约耕地 571 亩,减少二氧化硫排放 536 吨,减少二氧化碳排放 12. 9 万吨。同时,县(市、区)“禁实”工作取得进展,乐平市墙材革新工作走在全省前列,被列为全国第三批“禁实”城市。

2010 年,新型墙体材料的产量达 3. 21 亿块标砖,占全市墙材总量的 63% ,新墙材在城市建筑应用比例达 89% ,新型墙体材料专项基金的征收额突破 700 万元,较上年同期翻了一番多,超过历史最好水平。全市综合利用工业废渣 36. 46 万吨,节约能源 3460 吨标煤,节约耕地 921 亩。减少二氧化碳排放 9065 吨,减少二氧化硫的排放 2. 9 吨。其中市宏祥新型建材有限公司是以粉煤灰为原料,市新世纪墙材有限公司是以煤矸石为原料生产新型墙材的企业。

第二节　矿产采选

煤炭采选业主要指标

1986 年,煤炭采选业独立核算企业有 15 家,工业总产值(1980 年不变价)4499 万元,销售收入 7910. 9 万元。其中全民所有制企业 2 家,工业总产值(1980 年不变价)3863. 6 万元,销售收入 6753 万元;集体所有制企业 13 家,工业总产值(1980 年不变价)635. 4 万元,销售收入 1157. 9 万元。

1991 年,独立核算企业 25 家,工业总产值(1990 年不变价)9746 万元,销售收入 10824. 5 万元。其中全民所有制企业 1 家,工业总产值(1990 年不变价)8088. 8 万元,销售收入 8861. 5 万元;集体所有制企业 24 家,工业总产值(1990 年不变价)1657. 2 万元,销售收入 1963 万元。

1996 年,独立核算企业 39 家,工业总产值(1990 年不变价)19393. 8 万元,销售收入 21611. 4 万元,利税总额 2331. 8 万元。其中国工业企业 8 家,工业总产值(1990 年不变价)12137. 4 万元,销售收入 15692. 2 万元,利税总额 1595. 4 万元;集体工业企业 31 家,工业总产值(1990 年不变价)7256. 4 万元,销售收入 5919. 2 万元,利税总额 736. 4 万元。

2001 年,独立核算企业 48 家,工业总产值(当年价)17612. 8 万元,销售收入 18547. 7 万元,利税总额 -1716. 9万元。其中国有及国有控股企业 4 家,工业总产值(当年价)13223. 2 万元,销售收入 12870 万元,利税总额 -3170. 1 万元;集体工业企业 39 家,工业总产值(当年价)2631. 7 万元,销售收入 3499. 9 万元,利税总额 1313. 1 万元。

2006 年,规模以上企业 12 家,工业总产值(当年价)42488 万元,主营业务收入 36179 万元,利税总额

5999万元。其中国有及国有控股企业3家,工业总产值(当年价)27825万元,主营业务收入21001万元,利税总额4555万元。

2010年,规模以上企业11家,工业总产值(当年价)113484.4万元,主营业务收入95314.5万元,比2005年1.87倍;利税总额14015.3万元,比2005年1.26倍。其中国有及控股企业2家,工业总产值(当年价)53450.7万元,主营业务收入38831.6万元,比2005年增长89.37%;利税总额8008.5万元,比2005年增长97.79%。

表16-4-4　　1986—2010年全市煤炭采选业独立核算企业情况统计表

年份	企业单位数(个)	工业总产值(万元)	工业增加值(万元)	销售收入(万元)	利税总额(万元)	职工平均人数(人)
1986	15	4499	—	7910.9	—	19397
1987	20	4641	4444	9185	—	21982
1988	19	6273	6434.4	13942.4	—	24636
1989	24	5722.9	6974.2	16078.9	—	23539
1990	20	9296.4	5867.4	9599.7	—	21915
1991	25	9746	—	10824.5	—	21979
1992	24	8802.4	3173.4	12136.5	-2184	21284
1993	33	14004.7	7914.6	14696.6	-2703.4	22907
1994	37	15072.9	11036.3	16917.3	-215.3	17855
1995	34	16939.1	19420	21952	3171	16081
1996	39	19393.8	7915	21611.4	2331.8	14979
1997	41	18694.2	13230.8	21536	2946.8	15476
1998	43	19338.2	10042.2	21762	-4143.6	13554
1999	42	18051.2	9087.3	22682	-2537.8	12350
2000	46	19849.5	8843.1	24016.6	-2529.1	11872
2001	48	17612.8	8702.4	18547.7	-1716.9	10878
2002	26	23489	6434.2	15234.9	3465.7	6655
2003	11	21304	8090	16309	2827	6721
2004	11	25608.7	12061.8	23422.9	3716.1	4838
2005	8	38183	18116	33211	6189	7026
2006	12	42488	18842	36179	5999	7687
2007	12	56291	35156	51402	9928.2	9598
2008	12	89440.1	39579	73784.9	15340	9536
2009	11	92742	36001	67741	9068	7803
2010	11	113484.4	39620.4	95314.5	14015.3	8302

说明:统计口径参照本篇第一章第一节交通运输设备制造业独立核算企业的情况统计口径

黑色金属矿采选业主要指标

1986 年，全民所有制独立核算企业 1 家，工业总产值（1980 年不变价）26.5 万元，工业增加值（当年价）26.4 万元，销售收入 39 万元，职工平均人数为 210 人。1995 年，独立核算企业家，有国有、集体工业企业各 1 家。

2000 年，独立核算集体工业企业 1 家，工业总产值（1990 年不变价）248 万元，销售收入 148 万元，利税总额 29.9 万元。

2005 年，规模以上企业 2 家，工业总产值（当年价）1502 万元，主营业务收入 1497 万元，利税总额 80 万元。

2010 年，规模以上企业 3 家，工业总产值（当年价）25987.7 万元，主营业务收入 23065.3 万元，比 2005 年增长 14.41 倍；利税总额 3005.8 万元，比 2005 年增长 36.57 倍。

表 16－4－5　　**1994—2010 年全市黑色金属采选业独立核算企业情况统计表**　　单位：个、万元、人

年份	企业单位数	工业总产值	工业增加值	销售收入	利税总额	职工平均人数
1994	1	59	27	27.7	15	50
1995	2	94.6	51.9	97.8	30	22
1996	1	113	62.4	177.2	18	15
1997	2	191.2	51.3	148.4	40.4	50
1998	1	147.7	67.5	230	8.6	55
1999	1	182	138	101	15.3	50
2000	1	248	58.7	148	29.9	36
2001	1	41.4	45.9	47.1	5.7	90
2002	1	41.4	45.9	47.4	5.7	90
2003	1	60	—	—	—	—
2004	—	—	—	—	—	—
2005	2	1502	658	1497	80	136
2006	—	—	—	—	—	—
2007	1	1205	590	1156	107	26
2008	3	8780.7	4260	8675.1	1609.2	214
2009	3	11837	5039	11719	780	234
2010	3	25987.7	7017.1	23065.3	3005.8	234

说明：统计口径参照本篇第一章第一节交通运输设备制造业独立核算企业情况的统计口径

有色金属矿采选业主要指标

1986 年，集体所有制独立核算企业 2 家，工业总产值（1980 年不变价）13.4 万元，销售收入 13.5 万元。1996 年，独立核算企业 5 家，工业总产值（1990 年不变价）862.9 万元，销售收入 826.3 万元，利税总额 22.9 万元。其中国工业企业 1 家，工业总产值（1990 年不变价）632.9 万元，销售收入 675 万元，利税总额 5 万元；集体工业企业 4 家，工业总产值（1990 年不变价）230 万元，销售收入 151.3 万元，利税总额 17.9 万元。

2001 年，独立核算企业 3 家，工业总产值（当年价）665.4 万元，销售收入 1337.4 万元，利税总额 67.4 万元。其中国有及国有控股企业 1 家，工业总产值（当年价）330 万元，销售收入 320.3 万元，利税总额 25.1 万

元;集体工业企业1家,工业总产值(当年价)5.4万元,销售收入5.5万元。

2006年,规模以上企业4家,工业总产值(当年价)9082万元,主营业务收入8847万元,利税总额528万元。2010年,规模以上企业6家,工业总产值(当年价)56651.3万元,主营业务收入56042.5万元,比2005年增长11倍;利税总额3277.2万元,比2005年8.64倍。

表16-4-6　　1986—2010年景德镇市有色金属采选业独立核算企业情况统计表　　单位:个、万元、人

年份	企业单位数	工业总产值	工业增加值	销售收入	利税总额	职工平均人数
1986	2	13.4	13.6	13.5	—	73
1987	2	18	13	17	—	77
1988	3	21.5	7.7	23.9	—	79
1989	4	148.2	56	151.6	—	178
1990	4	144.5	73.4	111.7	—	186
1991	2	163.5	—	54.8	—	130
1992	4	237.6	128.4	51	3.2	226
1993	3	512.7	207.6	422.7	18.5	220
1994	3	729	556	820.8	30.2	205
1995	4	394.6	228.2	744.4	-40.9	235
1996	5	862.9	303.9	826.3	22.9	430
1997	4	441.2	136.2	408.9	-219.1	1134
1998	2	1312.7	361.7	1152.8	-721.9	172
1999	2	1312.7	361.7	1152.8	-206.5	172
2000	2	1491.9	787.9	1564.7	10.9	172
2001	3	665.4	179.2	1337.4	67.4	392
2002	4	2970.8	1040.8	2926.8	125	364
2003	4	2109	—	—	—	—
2004	2	3287.3	1146.6	3140.1	179.3	268
2005	4	4916	2445	4669	340	708
2006	4	9082	4501	8847	528	490
2007	5	12330	5886	12068	1207	460
2008	7	24690.9	11672	24435.8	2846.8	726
2009	6	29636	12290	29308	0	553
2010	6	56651.3	17686.1	56042.5	3277.2	626

说明:统计口径参照本篇第一章第一节交通运输设备制造业独立核算企业情况的统计口径

非金属矿采选业规模

1986年,全市独立核算企业有20家,工业总产值(1980年不变价)976.2万元,销售收入850.1万元。其中全民所有制企业9家,工业总产值(1980年不变价)821.1万元,销售收入706万元;集体所有制企业11

家，工业总产值（1980 年不变价）155.1 万元，销售收入 144.1 万元。

1991 年，独立核算企业 17 家，工业总产值（1990 年不变价）1762.2 万元，销售收入 1455.3 万元。其中全民所有制企业 7 家，工业总产值（1990 年不变价）1519.8 万元，销售收入 1267.9 万元；集体所有制企业 10 家，工业总产值（1990 年不变价）242.4 万元，销售收入 187.4 万元。

1996 年，独立核算企业 23 家，工业总产值（1990 年不变价）4005 万元，销售收入 3630.7 万元，利税总额 -55.9 万元。其中国工业企业 8 家，工业总产值（1990 年不变价）2784.6 万元，销售收入 2474.6 万元，利税总额 -111.5 万元；集体工业企业 14 家，工业总产值（1990 年不变价）1134.2 万元，销售收入 1068.9 万元，利税总额 48.8 万元。

2001 年，独立核算企业 12 家，工业总产值（当年价）5938.4 万元，销售收入 3083.4 万元，利税总额 263.2 万元。其中国有及国有控股企业 4 家，工业总产值（当年价）5253.8 万元，销售收入 2878.1 万元，利税总额 241.8 万元；集体工业企业 8 家，工业总产值（当年价）684.6 万元，销售收入 205.3 万元，利税总额 21.4 万元。

2006 年，全市规模以上企业 4 家，工业总产值（当年价）5630 万元，主营业务收入 5622 万元，利税总额 289 万元。其中国有及国有控股企业 1 家，工业总产值（当年价）605 万元，主营业务收入 598 万元，利税总额 -77 万元。

2010 年，规模以上企业 7 家，工业总产值（当年价）41832.7 万元，主营业务收入 41184.5 万元，比 2005 年增长 9.48 倍；利税总额 2472.2 万元，比 2005 年增长 2.83 倍。其中国有及控股企业 1 家，工业总产值（当年价）6211.2 万元，主营业务收入 6206 万元，比 2005 年增长 9.54 倍；利税总额 -63.6 万元。

表 16-4-7　　1986—2010 年景德镇市非金属矿采选业独立核算企业情况统计表

年份	企业单位数（个）	工业总产值（万元）	工业增加值（万元）	销售收入（万元）	利税总额（万元）	职工平均人数（人）
1986	20	976.2	660.6	850.1	—	2733
1987	20	1016.5	768	1112	—	2728
1988	20	1098.6	777.9	1463.1	—	2705
1989	16	1152.7	956.9	1735.8	—	2812
1990	16	1772.7	849.1	1359.6	—	2562
1991	17	1762.2	—	1455.3	—	2241
1992	16	1648.8	762.6	1541.5	128.9	1870
1993	19	2760.8	1590.8	1902.2	11.2	2293
1994	17	5065	1035.8	3469.3	139.5	2166
1995	19	3101.7	502.7	2317.8	-309.1	1753
1996	23	4005	713.5	3630.7	-55.9	10919
1997	21	4397.3	2373.9	4414.6	253.5	5937
1998	12	4531.8	1670	4639.7	285.8	5716
1999	12	4759.1	2073.9	4665.8	271.6	5642
2000	11	4846.3	2453.7	4360.2	60.6	5544
2001	12	5938.4	3512.9	3083.4	263.2	5559
2002	13	7506	3495.6	4771.2	331.8	5312

续表 16-4-7

年份	企业单位数（个）	工业总产值（万元）	工业增加值（万元）	销售收入（万元）	利税总额（万元）	职工平均人数（人）
2003	15	8342	4299	5731	877	5753
2004	3	1335	648.2	1323	114.3	206
2005	5	3961	1847	3928	645	601
2006	4	5630	2940	5622	289	553
2007	6	8895	4030	8763	593.9	731
2008	7	22184.9	9951	21925.3	2808.8	978
2009	7	18937	7451	18645	0	804
2010	7	41832.7	7937.5	41184.5	2472.2	783

说明:统计口径同本篇第一章第一节交通运输设备制造业独立核算企业情况统计

表 16-4-8　**1986—2010 年景德镇市原煤和瓷土产量统计表**　单位:万吨

年份	原煤			矿石（瓷土）	年份	原煤			矿石（瓷土）
	总计	省属企业	市县属企业			总计	省属企业	市县属企业	
1986	224.48	146.01	78.47	9.24	1999	190.5	145	45.5	0.76
1987	225.4	150	75.4	8.74	2000	162.61	117.61	45	0.76
1988	241.08	148.62	92.46	8.56	2001	105.29	80.29	25	0.72
1989	228.87	138	90.87	7.27	2002	83.87	80.59	3.28	0.65
1990	219	126	93	7.08	2003	72.96	69.46	3.5	0.68
1991	238.5	130	108.5	6.20	2004	97.95	93.95	4	0.72
1992	218	116	102	4.96	2005	158.25	148.25	10	0.71
1993	148.48	61.08	87.4	4.51	2006	159.89	89.8	70.09	0.69
1994	373.56	40.32	333.24	2.04	2007	176.64	117.18	59.46	0.68
1995	390.14	118.99	271.15	2.01	2008	176.4	176.4	—	1
1996	327	96	231	1.73	2009	243.09	243.09	—	0.98
1997	199.17	144.89	54.28	1.70	2010	240.89	240.89	—	0.95
1998	207	153	54	1.62					

说明:1991 年后没有瓷土

第三节　企业选介

主要墙材企业

市建筑材料厂　位于景德镇市朝阳路翠云路东南,1984 年改造石棉水泥瓦生产线,1989 年跨入省级先进企业行列,1991 年投资 30 余万元研制开发多彩花纹内墙装饰涂料,是江西省生产石棉水泥瓦、轻质碳酸钙、涂料系列产品的重点厂,市属预算内国有三类企业。职工 374 人,其中各类专业技术人员 50 人,企业占地面积4.2万平方米，建筑面积1.7万平方米。拥有固定资产原值385.7万元，净值204.1万元。同年，产石棉瓦38.9万标张，轻质碳酸钙5189吨，涂料480吨；1992年，产石棉瓦48.94万标张，轻质碳酸钙5605.9吨，涂料502.16吨。同年工业总产值888.9万元，销售收入770.9万元，实现利税71.3万元，全员劳动生产率22654元/人年，分别比上年增长20%、18%、20.24%和7.6%。

珠山牌石棉水泥小波瓦自1981年以后保持省优产品称号，1989年全国行检获国标一等品，销往京、津等20个大中城市；瓷城牌轻质碳酸钙合格率达98.2%，还出口日本、泰国等国和销往中国香港等地；花鹿牌内墙涂料填补江西省高档内墙装饰涂料的空白，获江西省1992年优秀新产品奖。

乐平锦溪商品混凝土有限公司　位于乐平市塔前工业园区。是江西锦溪有限公司全资子公司。2010年7月开工建设，12月投产，总投资6031万元。公司拥有2条180型生产线，年产80万立方米商品混凝土，可生产C60及以下商品混凝土，配有38米、46米、56米泵车各一辆，车载泵2台，搅拌运输车32辆。2011年8月，取得预拌混凝土专业企业三级资质。

市景磐城建混凝土有限公司　2004年成立，是全市首家经市政府批准成立的专业商品混凝土生产企业，总投资逾2亿。公司拥有搅拌站4个，其中景德镇市本级3个、乐平市1个。总公司位于景德镇市高新工业园区，占地3.33万平方米，另有洪源镇东鑫搅拌站，占地4万平方米；城竟搅拌站，位于602所工业园区，占地2.33万平方米。使用全自动电脑控制HZS180搅拌生产线4条，设计年生产能力达240万方混凝土，拥有混凝土搅拌车、水泥罐车等各种专用运输车辆60余辆，拥有各种规格汽车泵、车载泵、拖泵等输送设备及专用车辆20余台。

公司设有专业试验室2个，同时投资成立磐泰砼材检测公司，配备有各种混凝土专业试验仪器、砼材检测设备。拥有工程师以上技术人员5名，技师及各类专业技术人员10余人。生产C60及以下常规的混凝土，以及抗折、抗渗、耐高温、耐酸、水下、免振、抗冻等各类各级混凝土，能满足现代建筑和大型基础设施工程项目的需要。

表16-4-9　**2010年景德镇市预拌混凝土企业一览表**　单位：万元、万立方米

企业名称	地址	注册资本	生产线数量	搅拌主机型号	年设计产量	投产时间	搅拌车数量	泵车数量
市景磐城建混凝土有限公司	高新区龙井路	1200	1	180型	45	2005	45	8
市城竟混凝土有限公司	景德镇市湖田	1000	1	180型	45	2007	—	—
市东鑫混凝土有限公司	浮梁县洪源镇	1000	2	180型	90	2010	—	—
乐平锦溪商品混凝土有限公司	乐平市塔前工业园区	1000	2	180型	90	2011	26	4

市宏祥新型建材有限公司　位于旸府滩，是依托青塘发电厂产生的粉煤灰资源兴建的一家新型墙材企业。2002年筹建，批量生产加气混凝土砌块，广泛应用在框架结构填充墙及低层建筑分隔墙等部位。至2010年年底，年产加气混凝土砌块10万立方米。

市新世纪墙材有限公司　2001年3月成立，位于乐平市涌山镇。16名小煤矿主关闭自己的小煤矿，共同集资779万元与国投高科技投资有限公司(出资333万元)合资成立。是一家利用煤矸石生产新型墙材的企业，注册资金1112万元。2006年公司重组，研发新型墙材产品。2008年，完成对国投高科技有限公司的股权收购。至2010年，产能达6000万标砖/年。

市春晓墙材有限公司　公司前身为乐平矿务局沿沟煤矸石砖厂。2003年，因资金投入不足停产。2005年，矿务局决定对砖厂进行重组，成立春晓墙材有限公司公司，对下岗职工进行安置。公司经过技术改进，产品经国家检测均达到优等，产能达4000万标砖/年。

瓷都机砖厂　1992年5月，经市政府批准成立，隶属市建工建材局，属全民所有制企业。位于瓷都大道吕蒙桥南泉水岭国道206线国边，占地面积3.73万平方米。是由国家建筑材料工业局专项贷款，总投资

502万元的瓷都机砖厂技改工程,是国家墙体改造样板工程。建成后,主要生产轻质承重空心砖和标准红砖,其规格是240×115×9毫米,240×180×115毫米及190×190×90毫米的空心砖和标准砖,适合高层建筑使用。为江西省新型墙体材料试点生产企业。

1994年8月,瓷都机砖厂年产1500万块空心砖生产线的轮窑、机房建成投料试产。12月18日一次点火成功。

1995年12月,瓷都机砖厂自筹资金30万元,建成一条免烧砖生产线,并一次试产成功。免烧砖以劣质山土、工业废渣为主原料,加入适量胶凝材料压制成型,自然养护而成,台时产量可达800~1200块,具有投资少、见效快、标号高、质量好等特点。

主要水泥生产企业

市水泥厂　位于景德镇里村。1986年,市水泥厂工业总产值371.5万元(80年不变价),水泥产量67306吨,实现利润131.9万元,职工625人。1991年12月,由市水泥厂研制的彩色水泥获得成功。1994年,市水泥厂完善烘干技改工程和1号窑的改造,全年完成水泥产量5.6万吨。1995年6月,市水泥厂投资20万元资金改造机立窑竣工。水泥熟料平均标号提高50号,台时产量增加0.5~10吨,标准煤耗生产每吨水泥下降2千克,粉尘浓度降60%。12月,市水泥厂和第二水泥厂合并,成立市水泥总厂。1997年11月,市水泥厂因粉尘污染严重而关停,1998年依法破产,进行公开拍卖和协议转让,落实债权债务,对529名在职职工和179名退休职工,通过一次性缴纳社保金、发给生活补助等措施后,解除与企业关系。1999年2月12日,市水泥厂对1.9万平方米生产建筑实行拆迁竞拍,市三建公司中标。2001年,水泥厂破产终结,完成厂房、圆库的爆破拆除,土地整平,交付浙江开发商建设住宅小区。

市第二水泥厂　位于浮梁县寿安乡柳溪村东侧,占地面积8.4万平方米,职工289人,固定资产493万元,主要生产"柳溪"牌普通硅酸盐水泥,年设计能力4.4万吨。1986年,柳家湾水泥厂工业总产值196.7万元(80年不变价),水泥产量29405吨,实现利润25万元,职工363人。1991年5月20日,经市政府批准,柳家湾水泥厂更名为第二水泥厂。3月,该厂425#水泥参加全省1990年度水泥质量行检行评活动,产品质量名列全市各水泥厂之首。1993年,生产水泥4.605万吨,首次突破设计能力年产水泥4.2万吨大关。1994年,提高生料系统的台时产量和产成品质量,对生料微机配料包装机及环保除尘进行技术改造,年产水泥5.02万吨。7月28日,市第二水泥厂在全市水泥行业中,首次采用高压静电除尘设备,使水泥球磨机生产时磨尾降低粉尘浓度。12月,投资45万元更新一台水泥磨机,磨机直径由过去的1.5×5.7米增大到1.83×7米,产量由3.5吨增加到7吨。1998年6月19日,第二水泥厂整体出售给市锦华工贸有限公司,改名为重阳水泥有限责任公司,为市建材行业第一家国有转民营的企业。1999年10月28日,重阳水泥公司年产10万吨技改生产线正式投产,水泥生产能力由过去不到5万吨上升到年产18万吨。全年产水泥5.72万吨,完成产值1200万元,销售收入1190万元,取得建厂以来最好水平。2010年,年产量达15万吨。

乐平市水泥厂　位于涌山镇境内。原为年产万吨小型水泥厂,1986年和1992年,先后扩建两套4.4万吨生产线,1997年,新增5万吨熟料生产线,形成年产15万吨规模。2000年,拥有固定资产3800万元。当年,水泥厂改制,厂长熊冬根为首的几名管理人员以300万元买断产权,改名"洎阳水泥有限责任公司",退出预算内企业行列,改属乡镇企业局管辖。

市浮南矿水泥厂　位于浮梁县东流村,由国家司法部和江西省司法厅共同投资兴建,总投资300万元。1994年7月开工兴建,设计年生产水泥8.8万吨。1995年12月26日,浮南矿水泥厂点火投产。

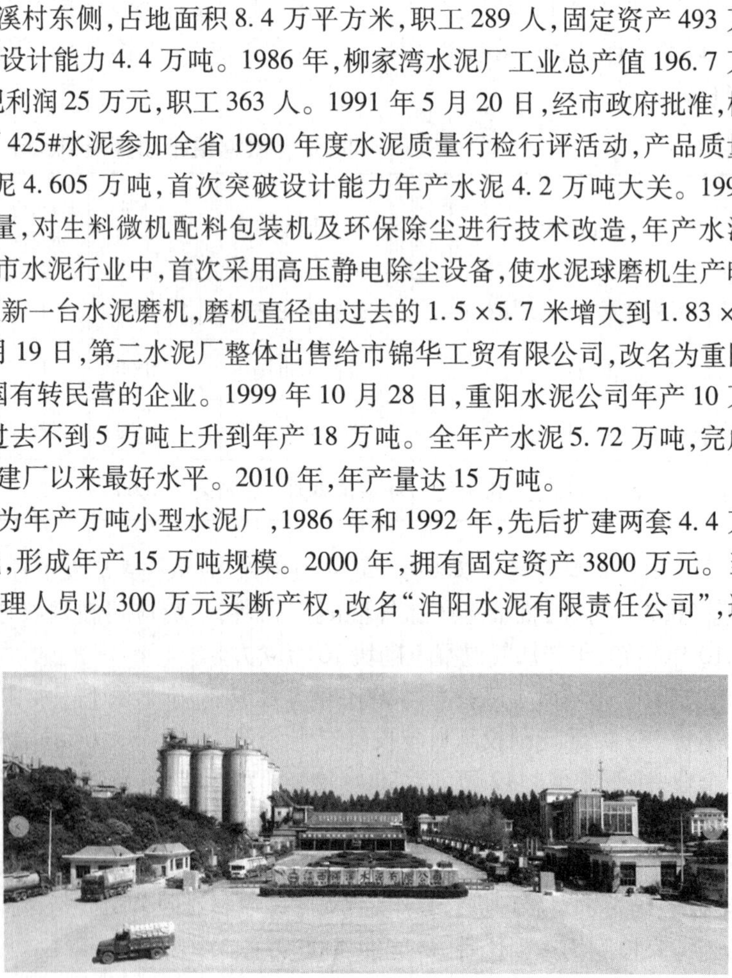

锦溪水泥有限公司

江西锦溪水泥有限公司　1999年,涌山个体煤窑主叶青等人与浙江金华科华集团合作,投资3600万元创办江西锦溪水泥有限公司。1月破土动工，9月28日点火生产，建成一条年产20万吨普通硅酸盐水泥生产线，当年生产水泥4.6万吨，销售水泥4万吨，实现产值800万元。厂区占地65000平方米，有职工236人，其中总工程师1名、工程师3名。2000年，公司实现产值3139万元。

江西涌龙水泥有限公司　1995年，程日龙等几位私营企业主投资180余万元在涌山镇创办，年产能力2.2万吨。1998年，投资800万元增加一条年产6.6万吨水泥生产线。2000年9月，又投资2600万元新建一条年产20万吨水泥生产线，2001年6月竣工投产。当年公司固定资产达1200万元，在职员工226人，完成生产总值1023万元。生产的“固全”牌水泥获“江西省乡镇企业名牌产品”称号，并在1996年获得国家技术监督局颁发的采用国际标准产品标志证书。

刚强水泥厂　位于乐平后港镇杨家坞，是一家独资私营水泥厂，1996年，由私营企业主吴志刚创办，有职工140多人。1999年，形成年产水泥4.4万吨能力。2000年，投资540万元兴建一条6.6万吨水泥生产线，8月中旬点火成功，年生产能力达到11万吨，年销售收入达到980多万元。

表16－4－10　**2010年景德镇市普通硅酸盐水泥企业情况统计表**　单位：万吨

企业名称	年产量	其中散装水泥产量	企业名称	年产量	其中散装水泥产量
江西锦溪水泥有限公司	300	50	乐平市塔山水泥有限公司	8	1
江西涌龙水泥有限公司	10	1	乐平市刚强水泥厂	8	1
乐平市金鼎水泥有限公司	15	2	乐平市金鹏水泥有限公司	6	1
乐矿水泥有限公司	30	3	江西龙腾水泥有限公司	20	2
景德镇市重阳水泥有限公司	15	1			

第五章　食品工业

20世纪80年代中期，景德镇市食品工业主要有屠宰、大米和茶叶加工，食品精细加工程度较低，年产值5000多万元。到90年代，食品行业以改革为契机，发展当地传统名优产品，开发创优新产品，引进技术和生产设备，发展食品龙头企业，实现从粗加工向精深加工转变。到1992年，全市有食品加工厂93家，职工4628人，可以批量生产糖果、糕点、酒类、调味品、果脯、粮油制品、肉类和禽蛋加工、茶叶、食用菌等18类52个品种320多个产品，形成门类比较齐全的食品工业体系，并拥有一批骨干企业。市食品协会每年举办2—3次食品工业展览、展销和工贸洽谈会。进入21世纪，随着食品企业的产权制度改革，民营食品工业快速发展，食品行业资源进一步整合，成为全市工业支柱产业之一。

第一节　行业规模

企业与产品

1991年，乐平酒厂投入600多万元，新建一座建筑面积15000平方米的加工厂，1992年谷酒产量966.7吨，产值692万多元，销售额638.4万元，税利251万元，各项指标均是1986年的十余倍，跨入全市税利大户的行列。浮梁湘湖乡新建一座以出口为主的年产800吨生产能力的清水笋罐头厂，建厂5年产品80%外销；洪源乡利用当地优质糯米，新办绍洪老酒厂，到1992年生产能力达3500吨，产品获部优和国际博览会银奖。竟成乡新建一座四川风味的泡菜厂,1992年投产后深受消费者喜爱。1991—1992年,市酒厂投入240万元,对新老厂进行挖潜改造,大曲酒产量达1800多吨,年产值822万元,实现税利330多万元,成为全市税利大户。

1993年,在春季广交会上,市食品工业协会组织企业参加名优产品展评,选送16个产品,10项产品获名优奖。完成新产品开发16项、猕猴桃、杨梅、莲子、冬瓜条、生姜片等蜜饯、果仁豆沙酥、肉松酥、清酒、红豆汁、菠萝汁、奥森果粒等新产品投放市场。陶瓷节期间组织32个产品展销评比,安牌桃酥、乐平南酒、景德大曲、景岛啤酒、绍洪老酒、奥森果粒、清酒、"景德雨峰"绿茶、麦茶、泡菜等18个品种评为地方名优产品,展销期间成交额100余万元。乐平"南酒"参加香港国际食品博览会获得金奖;浮梁罐头食品厂争取农业开发项目资金100多万元,建成一座现代化食品加工厂,研制出"甘蔗汁"新产品,开发出"菊花茶""柠檬茶"系列饮料产品;市绍洪酒厂产品销往港澳台地区及日本、美国等国家,实现国内销售收入446.80万元,出口创汇119.50万美元;市板鸡实业公司技改当年见效,完成"景德板鸡"60万只,创产值1200万元,销售收入1200万元,利税161.00万元;湘湖罐头厂清水竹笋出口创汇保持增长。市沪枫食品厂增长38%。

同年3月,青塘饮料厂自筹资金70多万元进行技改,新建生产大楼一幢,购置一条全自动饮料灌装线,开发出芒果汁、红豆汁、粒粒橙、清酒等新产品投放市场,产品销往浮梁县、乐平市、波阳、都昌、德兴、安徽祁门等地,受到消费者青睐。

1995年,市酒厂实现总产值1308.51万元,同比增长34.94%,销售收入1027.19万元,同比增长61.23%,利润25.12万元,同比增长13.51%,实现税金343.13万元,同比增长48.3%。1996年,景德板鸡公司板鸡生产线改造后,完成板鸡1000万只,完成产值2亿元,完成利润700万元,税金700万元。先后获江西省新产品、新专利技术博览会金奖、全国食品及加工技术博览会金奖、第二届中国农业博览会金质奖、首批江西省36个名牌产品之一奖、全国食品行业名牌产品,'95江西省星火一等奖。

1999年,"得雨活茶"被指定为人民大会堂特供茶,为期5年。这是食品行业首次与人民大会堂签订的冠名协议。市食品工业协会推荐申报的"天然栀子黄色素"获全国食品工业科技进步优秀新产品奖。"景德板鸡"与"得雨活茶"列为全省名牌产品。德宇集团"景德板鸡""得雨活茶",景德酒业公司"龙珠阁牌景德老窖",江西食品厂"安牌桃酥",江西顺畅酒业有限公司"顺畅老窖",乐平"兴乐牌狗肉",鹅湖"鹅湖大米"7个产品在江西食品展销洽谈会上被评为优秀产品。

2005年,全市有机食品3个、绿色食品6个、2个无公害食品示范县(市),瑶里崖玉、得雨活茶、浮瑶仙芝、盘圣杨梅酒、峰谷大米、赣森山茶油分别获得绿色食品标志,全市茶叶、优质大米、景黄鸡、山茶油、蔬菜资源都有深加工的主导产品。

表16-5-1 **1986—2010年景德镇市食品主要产品产量统计表** 单位:吨

年份	大米(万吨)	面条	食用油	板鸡	猪肉	糕点	饮料	啤酒	酱油	酱菜	茶叶
1986	9.9	2431	2368	—	2747.6	1346.7	4216	1947	1980.5	1908.1	609.2
1987	8.3	2809	2367	—	3509	1395.7	4442	2968	2409.5	1221.7	535.9
1988	21.9	2954	2138	—	3346	935	5929	3074	1963	1848	675
1989	11.52	1914	1769	—	2117	897	4754	2198	2309	771	2623
1990	14.22	2728	2325	—	3936	630	2842	622	1657	819	1581
1991	9.3	2290	1654	—	3383	299	3995	880	2091	1086	1832
1992	27.6	1300	2566	—	3532	145	6702	1938	1993	391	2346
1993	14.46	1500	2500	—	3413	425	8100	3000	882	636	1450
1994	27.56	1116	2721	315	3668	761	9598	5300	1273	991	3156

续表 16－5－1

年份	大米（万吨）	面条	食用油	板鸡	猪肉	糕点	饮料	啤酒	酱油	酱菜	茶叶
1995	44.11	1464	10579	431	3878	1239	13845	11246	1482	340	1816
1996	14.9	1098	7754	500	7183	412	8011	2660	658	372	2428
1997	1.22	1080	443	591	8630	345	10446	5000	691	56	2418
1998	2.2	1108	901	534	8147	288	8904	5600	420	49	2420
1999	14.14	1100	975	370	8390	300	16898	14280	450	50	2450
2000	12.32	1000	890	273	8220	320	19851	18270	460	52	2500
2001	12	850	887	294	8269	330	16629	13900	408	50	1848
2002	12.5	830	900	200	3900	345	25789	21800	405	45	1640
2003	13.2	740	851	220	1581.26	298	30534.08	26640	359	40	1720
2004	14	710	850	228	1600	254	29518	27285	350	30	1830
2005	15	680	860	256	1580	260	46198	40649	310	28	2121
2006	17	650	880	66.3	1550	250	20181	14731	295	25	2219
2007	18	640	870	65	1450	220	20548	7083	280	24	2260
2008	19	610	850	60	1440	250	21927	3796	250	20	1986
2009	22	600	810	51	1480	220	65145	549	240	18	1998
2010	23	580	789	38	1500	210	66100	450	230	17	1820

说明：2004 年以后，饮料酒以千升计量

主要经济指标

食品制造业　包括焙烤食品制造、糖果巧克力及蜜饯制造、方便食品制造、液体乳及乳制品制造，罐头制造，调味品、发酵食品及其他食品制造。1986 年，独立核算企业 56 家，主要企业有乐平食品厂、曙光泡菜厂、湘湖罐头厂、绍洪酒厂、市酒厂等单位。工业总产值（1980 年不变价）5197.9 万元，销售收入 5439.1 万元。其中全民所有制企业 24 家，工业总产值（1980 年不变价）4849.2 万元，销售收入 5066 万元；集体所有制企业 32 家，工业总产值（1980 年不变价）348.7 万元，销售收入 373.1 万元。

1991 年，食品制造业独立核算企业 43 家，工业总产值（1990 年不变价）7685.2 万元，销售收入 6887.9 万元。其中全民所有制企业 19 家，工业总产值（1990 年不变价）6817.9 万元，销售收入 6269.7 万元；集体所有制企业 24 家，工业总产值（1990 年不变价）867.3 万元，销售收入 618.2 万元。

1993 年开始，按工业行业大类分为食品加工业、食品制造业、饮料制造业。食品制造独立核算企业 13 家，主要是市板鸡厂、市酒厂、曙光泡菜厂、湘湖罐头厂、绍洪酒厂、市啤酒厂、江西食品厂、乐平酒厂等，通过两年中投入 3000 多万元的技术改造，一批食品生产企业规模壮大，效益提高。1993 年，全市食品工业总产值完成 1.97 亿元当年价，比上年增长 24.37%。其中乐平市总产值完成 7427 万元，商业系统完成 4502 万元，粮食系统完成 3753 万元，浮梁县完成 3163 万元，珠山区完成 289 万元，昌江区完成 96 万元，林业局完成 60 万元，农牧渔业局等完成 370 万元。

1995 年，完成食品工业总产值 5.12 亿元（当年价），比上年度增长 32.89%，高于全市工业增长 15.81%。其中非工口完成 10324 万元，比上年度增长 171%，乐平市完成 15566 万元，比上年度增长 114%，浮梁县完成 8397 万元，比上年度增长 40%，昌江区完成 303 万元，比上年同期增长 23%，商业系统完成 9139

万元,比上年同期增长72%,粮食系统完成7370万元。1996年,食品制造业独立核算企业17家,工业总产值(1990年不变价)4933.9万元,销售收入439.6万元,利税总额-23.1万元。其中国有及国有控股企业9家,工业总产值(1990年不变价)355.1万元,销售收入143万元,利税总额-24.1万元;集体工业企业8家,工业总产值(1990年不变价)644.7万元,销售收入296.6万元,利税总额1万元。

2001年,食品制造业独立核算企业8家,工业总产值(当年价)638万元,销售收入288.4万元,利税总额16万元。其中国有及国有控股企业2家,工业总产值(当年价)78.4万元,销售收入30.4万元,利税总额-2.3万元;集体工业企业5家,工业总产值(当年价)39.6万元,销售收入38万元,利税总额1.3万元。

2005年,全市实现食品工业产值5亿元,食品产业成为市六大支柱产业之一。有机食品、绿色食品和无公害食品占全行业"半壁江山",茶叶、山茶油、优质大米、板鸡、饮料酒成为食品工业主导产品。食品工业发展带动原料基地建设,乐平蔬菜,浮梁茶叶、山茶油和昌江区养殖业发展较快,乐平被批准为"全国无公害蔬菜生产基地县",蔬菜面积60万亩,总产量75万吨,产值达6亿元;浮梁县被批准为"全国无公害茶叶生产基地示范县",茶叶产值超过5000万元,昌江区养殖业产值接近亿元。全市骨干企业21家。2006年,规模以上企业4家,工业总产值(当年价)5577万元,主营业务收入5377万元,利税总额93万元。其中国有及国有控股企业1家,工业总产值(当年价)606万元,主营业务收入500万元,利税总额112万元。

2010年,规模以上企业6家,工业总产值(当年价)53143.3万元,主营业务收入51001.3万元,比2005年增长13.43倍;利税总额2636.5万元,比2005年15.27倍。其中国有及控股企业1家,工业总产值(当年价)2121.3万元,主营业务收入2098.4万元,比2005年增长2.87倍;利税总额276.5万元,比2005年增长91.17倍。

表16-5-2　　1986—2010年景德镇市食品制造独立核算企业情况统计表　　单位:个、万元、人

年份	企业单位数	工业总产值	工业增加值	销售收入	利税总额	职工平均人数
1986	56	5197.9	688.8	5439.1	—	2680
1987	47	4536.2	882	5750	—	2534
1988	49	5190.9	1100.2	7038.1	—	2698
1989	47	3904.8	1157.4	6218.2	—	2558
1990	43	6952.4	841.1	6009	—	2672
1991	43	7685.2	—	6887.9	—	2748
1992	47	7649.9	1788.8	6923.4	81.6	2828
1993	13	1726	957.3	1354.4	51.4	1043
1994	13	2441.3	793.1	1937.5	36.7	764
1995	18	1576.9	520.6	1525.7	39.9	1257
1996	17	4933.9	335.2	439.6	-23.1	544
1997	14	372.4	182.6	380.2	-11.3	244
1998	9	773.8	483.8	807	65.9	299
1999	7	653.8	415.3	710.6	98.6	246
2000	7	480	136	319.3	26.7	243
2001	8	638	280.3	588.4	16	460
2002	9	613.5	226.6	674.8	60.6	506

续表 16－5－2

年份	企业单位数	工业总产值	工业增加值	销售收入	利税总额	职工平均人数
2003	9	1947	736	1874	132	555
2004	6	3822.2	1511	3715.4	1480	523
2005	5	3740	2048	3535	162	530
2006	4	5577	2354	5377	93	531
2007	6	14956	6000	14228	695.8	660
2008	9	33060.9	13134	31226.1	4768.9	945
2009	8	34328	11964	33772	1601	1320
2010	6	53143.3	10636.2	51001.3	2636.5	1246

说明:统计口径参照本篇第一章第一节交通运输设备制造业独立核算企业情况的统计口径

食品加工　是指直接以农林牧渔常产品为原料进行的谷物磨制、饲料加工,植物油和制糖加工,屠宰及肉类、水产品加工,蔬菜、水果和坚果等食品的加工活动。1993 年,食品加工业独立核算企业 36 家,主要企业有市粮油综合加工厂,市肉联厂,市第一、二制米厂等。工业总产值(1990 年不变价)7885 万元,销售收入 5705.3 万元,利税总额 8.1 万元。其中国有工业企业 15 家,工业总产值(1990 年不变价)6606.4 万元,销售收入 5130.4 万元,利税总额－27.6 万元;集体工业企业 21 家,工业总产值(1990 年不变价)1278.6 万元,销售收入 574.9 万元,利税总额 35.7 万元。

1996 年,副食品加工独立核算企业 33 家,工业总产值(1990 年不变价)22922.9 万元,销售收入 24674.7 万元,利税总额 1088.9 万元。其中国有工业企业 15 家,工业总产值(1990 年不变价)20866.3 万元,销售收入 24173.8 万元,利税总额 1044.4 万元;集体工业企业 18 家,工业总产值(1990 年不变价)2056.6 万元,销售收入 500.9 万元,利税总额 44.5 万元。

2001 年,副食品加工业独立核算食品加工业企业 22 家,工业总产值(当年价)32543.8 万元,销售收入 22444.6 万元,利税总额 844 万元。其中国有工业企业 14 家,工业总产值(当年价)32037.2 万元,销售收入 22403.7 万元,利税总额 893.4 万元;集体工业企业 7 家,工业总产值(当年价)47.6 万元,销售收入 38 万元,利税总额 1.3 万元。

2006 年,规模以上企业 13 家,工业总产值(当年价)47150 万元,主营业务收入 46300 万元,利税总额 2179 万元。其中国有工业企业 2 家,工业总产值(当年价)24753 万元,主营业务收入 24112 万元,利税总额 919 万元。赣森食品油公司是新发展的以加工食用油为主的企业,投资 1490 万元,生产能力 12000 吨,产值 8000 万元;高岭食品公司是新建的以生产优质大米、面条等产品的企业。一批老国有企业改制、转轨、转型基本完成。

2010 年,规模以上企业 16 家,工业总产值(当年价)12.9 亿元,工业增加值 2.2 亿元,销售收入 12.2 亿元,利税总额 9322.2 万元。

表 16－5－3　　**1986—2010 年景德镇市食品加工独立核算企业情况统计表**　　单位:个、万元、人

年份	企业单位数	工业总产值	工业增加值	销售收入	利税总额	职工平均人数
1993	36	7885	5765.8	5705.3	8.1	2214
1994	39	12857.4	6066.9	9761.8	1006.8	2033
1995	32	16983.8	9060.1	14708	980.2	1859
1996	33	22922.9	4298.7	24674.7	1088.9	1960

续表16-5-3

年份	企业单位数	工业总产值	工业增加值	销售收入	利税总额	职工平均人数
1997	32	28525.3	10601.1	27422.1	373.1	1413
1998	27	30768.5	12599.2	27254	1332.6	2358
1999	23	23931.3	9823.4	20484.5	1283.3	2212
2000	22	27386.6	8583.4	22756.2	879.9	2232
2001	22	32543.8	15511	22444.6	844	1839
2002	24	29996.3	9985.7	27073.5	1044.7	1816
2003	23	34000	—	—	—	—
2004	9	32341	—	—	—	—
2005	11	40128	13891	38455	1347	1433
2006	13	47150	19889	46300	2179	1456
2007	16	59948	21668	59475	2680.6	1402
2008	19	64187.5	29332	62496	10059.9	1164
2009	19	84998	34075	82781	0	1110
2010	16	129048	22983.3	122649.2	9322.2	1093

说明:统计口径参照本篇第一章第一节交通运输设备制造业独立核算企业情况的统计口径

饮料制造业　1986年,全市饮料制造工业总产值(1980年不变价)1384.4万元,销售收入1683.1万元。其中全民所有制企业7家,工业总产值(1980年不变价)1071.4万元,销售收入1271万元;集体所有制企业10家,工业总产值(1980年不变价)313.4万元,销售收入412.1万元。

1991年,独立核算企业14家,工业总产值(1990年不变价)2349.7万元,销售收入2041.5万元。其中全民所有制企业8家,工业总产值(1990年不变价)1836.9万元,销售收入1724.6万元;集体所有制企业6家,工业总产值(1990年不变价)512.8万元,销售收入316.9万元。

1996年,独立核算企业28家,工业总产值(1990年不变价)4933.9万元,销售收入4896.2万元,利税总额669.9万元。其中国有及国有控股企业13家,工业总产值(1990年不变价)3615.3万元,销售收入3933.1万元,利税总额790.2万元;集体工业企业14家,工业总产值(1990年不变价)1088.6万元,销售收入733.1万元,利税总额-131.9万元。

2001年,独立核算企业19家,工业总产值(当年价)6254.8万元,销售收入2415.3万元,利税总额283.2万元。国有及国有控股企业5家,工业总产值(当年价)1773.5万元,销售收入861.1万元,利税总额52.2万元;集体工业企业7家,工业总产值(当年价)1190.6万元,销售收入1008.8万元,利税总额89.6万元。

2006年,规模以上企业12家,工业总产值(当年价)24200万元,主营业务收入23799万元,利税总额1342万元。其中国有及国有控股企业3家,工业总产值(当年价)1649万元,主营业务收入1620万元,利税总额111万元。

2010年,规模以上企业15家,工业总产值(当年价)123224.1万元,主营业务收入119488.6万元,比2005年增长6.36倍;利税总额9322.2万元,比2005年增长12.61倍。其中国有及控股企业4家,工业总产值(当年价)41531.4万元,主营业务收入40878.1万元,比2005年增长57.9倍;利税总额3323.3万元,比2005年增长34.35倍。

表 16－5－4　　1986—2010 年景德镇市饮料业独立核算企业情况统计表　　单位:个、万元、人

年份	企业单位数	工业总产值	工业增加值	销售收入	利税总额	职工平均人数
1986	17	1384.8	506.6	1683.1	—	1479
1987	15	1405.6	865	2469	—	1666
1988	14	1753	1206.9	3709.4	—	1694
1989	19	2050.2	843.1	3424.8	—	1935
1990	16	2146.5	824	1960.8	—	1902
1991	14	2349.7	—	2041.5	—	1300
1992	16	3185.2	999.1	3033.5	387.1	1628
1993	17	3339	1753.4	3448.3	352.7	1379
1994	19	5317.1	2584.3	4332.3	402.5	1586
1995	25	4217.9	982.2	3920.2	321.6	1791
1996	28	4933.9	1296	4896.2	669.9	1541
1997	18	8456.6	3040	5419.1	628.1	2045
1998	19	4720.9	2491	4338.4	681.2	1289
1999	19	6116.6	2873.3	7539.2	831.3	1398
2000	19	7931.4	3501.1	7786.7	592.4	1820
2001	19	6254.8	2502.3	2415.3	283.2	956
2002	17	8276	2576.6	5863.2	313.3	1250
2003	22	10826	2206	8770	505	1655
2004	10	10977.4	3537.8	10305.3	542.2	1021
2005	10	17666	8014	16242	685	846
2006	12	24200	10502	23799	1342	1294
2007	12	55529	21013	54167	2874.7	1571
2008	14	91438.1	34261	87625.9	18154	2024
2009	15	110359	36273	106258	10448	2049
2010	15	123224.1	37413.8	119488.6	9322.2	2053

说明:统计口径参照本篇第一章第一节交通运输设备制造业独立核算企业情况的统计口径

第二节　企业选介

食品企业

江西德宇集团　1996 年 4 月组建,位于景德镇市西南郊区,总占地面积 506.67 万平方米,固定资产 5.5 亿元;有职工 428 人。是集科研、开发、生产加工、销售服务于一体的产业集团。其中科技和工程技术人员 96 人,具有高、中级职称的 87 人。1999 年 1 月,成立江西德宇集团有限公司。2001 年,成立江西得雨活茶

股份有限公司。2005年创建景德镇得雨旅游服务有限公司,将得雨生态园打造成以白花檵木为主题的生态园,2007年设立景德镇市中国檵树博览园,当年,销售收入3.3亿元,创7项国家发明专利、10项外观设计专利、获国家及省部级科技奖励20余项。12月,以公司加农户、基地建设为方式,带动27万余户农户3.5万亩基地从事茶叶和景黄鸡养殖生产。活茶系列中有得雨活茶,南瓜、胡萝卜、草莓等纯天然饮料和得雨速溶茶(茶晶及浓缩料)共40余个品种。2008年,获批国家AAAA级旅游景区。2010年,德宇集团完成工业总产值32052万元,同比增长2.4%。2009年9月,改制为私营企业。

先后开发景黄鸡品种、景德板鸡、景德板鱼、得雨活茶、得雨纯天然营养素、得雨紫杉醇、白花檵木链式黄酮等多项产品和技术,其中景德板鸡制作方法、绿茶生物保鲜技术连获国家和省市科技进步奖以及技术发明奖。1999年12月被省科委认定为江西省区外高新技术企业,2000年被农业部、国家计划委员会等八部委列入全国151家农业产业化重点龙头企业之一,2002年被科技部评为科技创新型星火龙头企业。2006年“得雨”“德宇”商标获省著名商标认证。

江西食品厂　前身为乐平县食品厂。1958年建厂,1990年,生产的“安牌”桃酥被冠名中国桃酥王。1991年,搬迁到人民路的新厂。1992年建成中国最大桃酥生产线。1993年2月,更名为江西食品厂,是江西食品生产重点企业。拥有固定资产2400万元,员工近百人,年产桃酥能力达万吨。生产的“安牌”中国桃酥王销往全国10多个省市,是当地百姓走亲访友的地方特色礼品。先后获“省级先进企业”“中国食品安全诚信品牌”“赣鄱十宝”及“全国食品工业优秀龙头食品企业”等荣誉。2009年10月,实施企业改制,职工身份全部置换。2010年,实现产值2061万元,销售额1608万元,税利225万元,均创历史最高水平。

景德镇食品厂　位于景德镇市朝阳路,生产月饼及各种饼干、糖果等食品。1992年12月,由市环保科研所兼并,市商业局和环保局以及兼并双方进行人财物全交接,1993年4月14日完成兼并。

市制酱厂酱油酿造场雪景

市制酱厂　1986年,完成工业总产值202.69万元,利税9.05万元,利润10.16万元。1992年2月,与镇江恒大酱醋厂实行产品技术联营,开发“镇江陈醋”“镇江香醋”,产品远销省内外。1994年,生产的川味花生酱通过省级新产品鉴定。1995年11月24日,市制酱厂和市台联科工贸发展公司签约组建商办工业第一家合资企业景德镇市隆大酿造有限公司。合资联营期为10年,以制酱厂生产设施为基础,注入生产资金,恢复恒大牌镇江普香陈醋生产,计划年产优质醋100万瓶,并逐年开发新产品。1996—2001年,市制酱厂全面停产,厂房等资产长期闲置。2001年4月,为盘活资产,与法资企业江西亚金纺织有限公司签订主体厂房租赁合同,引进外资15万美元,共同创建外贸皮革制品加工企业。至2009年,市制酱厂全面停产15年,被列入全市48个改制工业企业范围。9月30日,市制酱厂办理好资产清算、职工补偿金发放改制等工作,完成改制。

市隆政食品有限公司　2008年8月成立,是专业从事餐饮快餐连锁需要的标准化调味料、肉制品、深加工水产品生产、开发的外资企业。位于市高新开发区内,总投资金额1000万元,员工95人,其中管理人员25人,生产技术人员全部来自景德镇当地职业学校。公司厂区8000平方米,依靠与中国知名高校合作的平台,公司研发生产了针对国际国内中式快餐市场的标准化调味料、酱卤肉产品,注册商标为“海派HAPA”,其中“中华菜标准化调味高汤系列产品”获得省新产品称号。

乐平市酱菜厂　前身为乐平镇“民兵蔬菜加工组”。1986年10月,由蔬菜加工厂更名为乐平县酱菜厂,为县商业局直属企业。产品主要以酱油、酱菜为主。1988年，生产的红方豆乳、如皋萝卜条被评为江西省优秀新产品。2000年，有65名职工，产值31万元。2009年后停产改制。

乐平市肉联厂　位于城郊后港岭。厂区占地4.9万平方米，建筑面积2.13万平方米。主要从事屠宰生猪、冷藏冷冻、肉类综合经营等。1988年12月，乐平县肉联厂为商业局直管，增加生产香肠、咸肉、蛋品加工，代冷藏商品。90年代末，研制出"蝴蝶"牌猪头和五香腊肉，为乐平地方特色食品。2009年实行企业改制后停产歇业。

酒及饮料企业

市酒厂　1991年，市酒厂强化企业管理和技术改造，扩大产品销售，全年实行利税总额164.67万元，首次突破百万元大关，进入市税利大户行列。1992年，实现工业总产值822万元，销售收入849万元，利税333.5万元，创历史最好水平。4月10日，1000毫升四头青花景德大曲瓷瓶、250毫升六头青花大曲酒具、250升青花大曲瓷瓶获省商业厅优质包装奖。1994年，市酒厂生产的50度和38度景德大曲获金奖。1995年8月8日，市酒厂成功开发出龙珠阁牌纯粮大曲酒。同年，白酒日灌装创历史最高水平，由过去日灌装8000瓶猛增到1.5万瓶，最高达到1.67万瓶。四季度销售总额突破600万元，景德老窖酒进入上海市场。1996年2月16日，江西省食品协会批准，龙珠阁牌景德大曲获"江西名酒"称号，跨入省产名酒行列。5月6日，市酒厂开发出适合平民工薪阶层的优质46度调香型"御窑春酒"。9月8日，开发出50度浓香型"老窖王"高档白酒，结束景德镇不产高档酒的历史。1997年，老窖酒生产线技改投资271万元，生产老窖酒300吨，新增产值804万元。1998年，由市酒厂与市百货纺织品总公司、糖酒副食品总公司和南北糖酒公司合股组建江西省景德酒业食品有限公司。全年完成工业总产值3195万元，实现利税501万元。2000年9月，市酒厂国有资产整体出让，成为全市首家被民营企业整体收购的国有企业。

景德镇市酒厂

乐平酒厂　是乐平市酿酒老企业，职工200多名。以稻谷为原料，酿造小曲米香型白酒、饮料酒，主要品种有"乐平谷酒""乐平特曲""南酒""乐平老窖"，年产4000吨。1991—1992年，投入840余万元对新老厂进行挖潜改造，在童家山建成15000平方米的花园式新厂。1992年，大曲酒产量达1800多吨，年产值822万元，谷酒产量达966.7吨，产值692万多元，销售额638.4万元。实现税利330多万元，成为税利大户。"乐平谷酒"在全国食品博览会上获得铜牌，被评为省优和江西名酒。"南酒"参加香港国际食品博览会获得国际金奖。自1995年起酒厂一度陷入经营困境，2000年开始好转，完成产值1056万元，创税利90万元。

天然饮料厂　1986年，市豆制品厂由于豆制品市场放开，原材料和辅料价格调整，以及国家财政补贴取消，豆制品厂出现产销困难。1988年，国家取消平价用粮，豆制品价格全面放开，企业亏损额增大，经营呈半瘫痪状态。1991年7月，进行大规模技术协作，开发豆奶、黑米汁两个系列产品。1992年3月9日，与上海沪新饮料食品厂合作生产的豆奶、250毫升瓶装鲜豆奶同时投放市场，填补市内饮料行业的空白。1993年11月18日，市豆制品厂更名为天然饮料厂。1994年，天然饮料厂黑米汁、八珍奶味豆、罗汉什锦3项产品通过省级新产品鉴定。

第六章　医药工业

20世纪70年代，根据国家"三线建设"布局，江西黎明制药厂迁入景德镇。1986年，景德镇市拥有江西东风制药厂、江西黎明制药厂等6家医药、医疗器械企业,主要有化学原药、中成药及医疗器械等制造,是中国抗生素原料药和制剂的主要生产基地之一。当年,工业产值比重占全市工业产值的7.2%。90年代后,景德镇把发展医药工业作为国民经济传统支柱产业、民生产业和参与国际竞争的产业。进入21世纪后,景德镇市实施开放型经济战略,把生物和新医药产业作为战略性新兴产业加快推进,江西天新药业、江西富祥药业、江西立信药业、江西金钥药业、江西乐康中药饮片等一批企业快速发展,青霉素、头孢菌素类产品,维生素B6、B1,吡拉西坦(脑复康),他座巴坦,美罗培南等产品畅销国内、国际市场。至2010年,景德镇形成有10余家规模以上企业的医药产业集群,医药工业产值40.02亿元,占全市工业产值的4.87%,成为全市的支柱型产业之一。

第一节　行业规模

主要经济指标

1986年,全市独立核算医药工业企业有江西东风制药厂、江西黎明制药厂、景德镇制药厂、乐平制药厂等生产厂家等6家,工业总产值(1980年不变价)8917.2万元,销售收入7796万元。其中全民所有制企业(省属)4家,工业总产值(1980年不变价)8820.5万元,销售收入7753.3万元;集体所有制企业2家,工业总产值(1980年不变价)96.7万元,销售收入42.7万元。

1992年,江西东风制药厂完成工业总产值16155.47万元,比上年提高46.71%,全员劳动生产率突破7万元/人,销售收入10843万元,实现利税888万元。江西黎明制药厂工业总产值1.5亿元,比上年增长124.8%;由上年亏损500多万元到实现利税210万元。

1993年,全市完成医药工业总产值3.72亿元,实现销售收入3.54亿元,上缴利税3482万元。其中,江西东风制药厂完成工业总产值1.81亿元,销售收入2.16亿元,上缴利税2982.36万元;江西黎明制药厂完成工业总值1.32亿元,占年计划53%,完成原料药总量646.98吨,制剂21681.26万吨,实现销售收入7749.02万元,利税273.67万元(销售收入、利税不包括单独核算部门);景德镇市制药厂完成工业产值484万元,比上年增长23.8%,完成销售产值305.27万元,比上年下降15.2%,产销率为63.1%,实现利润9.8万元,利税总额54.5万元,上缴利税27万元;乐平制药厂完成工业产值82.6万元,比上年下降33.3%,完成销售产值76.5万元,比上年下降54.2%,产销率为92.6%,实现利润亏损28.4万元,实现税金14.3万元,上缴利税8.7万元。

1994年,江西东风制药厂完成工业总产值2.2亿,销售收入2.3亿,实现利税3410.35万元,实现了产值、销售收入、利税同步增长。

1996年,江西东风制药有限责任公司完成工业总产值21879.70万元,销售收入23214.90万元,实现利税4194.23万元,经济效益连续3年荣登省同行业榜首。2000年,完成工业总产值12754.02万元,比上年增长33.98%,销售收入完成9802.46万元,同比上升10.93%。自营出口实现零的突破,创汇80万美元。2003年,完成工业总产值2.81亿元(不变价),比2002年增长9%,实现利税1800万元,实现销售收入2.64亿元(含税),同比增长22.36%,其中原料药销售完成1.91亿元,药品销售0.71亿元,自营出口1136万美元,名列全省生产企业第10位,占江西药品出口总量的40%。

2006年,全市规模以上医药制造业企业10家,工业总产值(当年价)81673万元,主营业务收入79451万元,利税总额8633万元。其中国有及国有控股企业1家,工业总产值(当年价)18783万元,主营业务收入18482万元,利税总额-1370万元。

2010年,规模以上医药制造业企业18家,工业总产值(当年价)400199.9万元,主营业务收入384570.4万元,比2005年增长7.49倍;利税总额39585.3万元。其中国有及国有控股企业1家,工业总产值(当年价)22600.7万元,主营业务收入22250.4万元,比2005年增长34.27%;利税总额2363.8万元。

表 16-6-1　　1986—2010 年景德镇市药品独立核算企业情况统计表

年份	企业单位数（个）	工业总产值（万元）	工业增加值（万元）	销售收入（万元）	利税总额（万元）	职工平均人数（人）
1986	6	8917.2	2521.3	7796	—	3690
1987	6	10987.1	2951	9254	—	3665
1988	6	12916.7	4924.5	12105.8	—	4111
1989	6	13053.5	3062.7	11956.7	—	4300
1990	6	15346.6	2010.4	10194.4	—	4334
1991	6	18294.4	—	13927.2	—	4244
1992	7	31882.7	3723.7	—	—	4211
1993	7	34492.6	6661.9	33314	3309.4	4407
1994	8	35921.6	13537.4	31543.4	3823.1	4697
1995	11	35996.6	7447.7	37959.7	4092.2	5143
1996	12	29395.1	9506.1	25877.7	3719.2	4834
1997	9	35899.7	6858.3	24291.5	4338.5	3027
1998	6	32202	7817.6	20130.1	3483.5	2869
1999	6	14086.4	4345.1	10225.9	6231.4	2987
2000	6	17094.2	3554.9	12658.3	2614.9	3195
2001	6	17869.2	9980.5	11938.7	3652.6	3259
2002	6	22696.1	8273.7	17984.7	1359	3779
2003	6	25409	5340	25329	598	3661
2004	4	27821.1	9379.3	26772	-4.4	2483
2005	6	50468	22335	45281	-595	3092
2006	10	81673	43151	79451	8633	3519
2007	12	153337	46262	152137	22924.3	3002
2008	13	212004.1	83866	196004.8	42399.3	4099
2009	11	223710	77639	212597	47252	3936
2010	18	400199.9	84458.1	384570.4	39585.3	4974

说明：统计口径参照本篇第一章第一节交通运输设备制造业独立核算企业情况的统计口径

企业与产品

1993 年，江西黎明制药厂主要产品生产：磺胺甲基异恶唑 313.84 吨，磺胺二甲基嘧啶 448 吨，双氯灭痛 48.54 吨，片剂总产量 26.11 亿片。1 月，乐平制药厂筹集资金 46 万元，新建冲剂、胶囊车间各 1 条，当年竣工并通过省、市卫生部门和医药管理部门的验收，生产感冒敏、雷尼替丁、先锋 4 号胶囊、小儿速效伤风冲剂等 4 个品种，结束 20 多年的单一生产糖浆制剂的历史。1994 年 5 月，景德镇制药厂将冲剂生产线的场地、设备提供给景荣药业有限公司，主要生产维丁钙片、四季润喉片、氯霉素片、爱索尔感冒片、维 C 片、甲硝唑片、多种钙糖片、复方抗宫颈炎冲剂 8 个品种。同年，江西东风制药有限责任公司青霉素发酵单位再登新台阶，11 月份平均发酵单位达 45272n/ml，单缶发酵单位突破 6 万大关，创业历史最高纪录，跨入全国先进水平行列。

1996 年，江西东风制药公司开发新产品"苄星青霉素"生产工艺，成为国内独家生产和出口"苄星青霉素”的企业。全年共出口青霉素原料药377吨,出口产值10134.82万元,占公司工业总产值的46.32%。主要技术经济指标均创历史最好水平,发酵单位年均48643μ/ml,比上年增长6.61%,单罐最高发酵单位62755μ/ml,位居国内先进行列。1998年,原料药普鲁卡因青霉素、青霉素G钾和青霉素G钾粗品通过美国FDA的现场检查验收,成为国内青霉素首家出口到美国的企业。在1998年度江西省科技进步奖评审中,青霉素G结晶、“热动冷”联产工程、阿司匹林缓释胶囊和废水处理项目获江西省科技进步三等奖。东风公司十大科技攻关项目之一的抗癌新药“金复康”口服液,获国家中药三类新药证书。

2000年,东风药业股份有限公司共生产青霉素原料药361.39吨,与上年相比增长27.56%,其中普卡169.249吨,青钠124.951吨,分别比上年增长41.72%和55.52%;苄星青霉素45.859吨,同比增长137.18%,苄星实现销售量5.16万支,是上年全年销售量的1.9倍。青霉素粉针17469.6万支,同比增长16.14%,西林瓶完成25586.35万只,其中外销西林瓶5279.28万只。2001年,研制开发的“注射用氨苄西林钠舒巴坦钠”和“舒巴坦钠”原料药取得生产批文,“混合煤气熔制高硼碳玻璃棒”成果获江西省优秀新产品奖,与南昌振华医药研究所合作报批的国家四类新药“注射用阿莫西林钠舒巴坦钠”取得新药证书及生产批文。2003年,江西东风药业股份有限公司共生产青霉素工业盐165万/十亿,比2002年增长2%,普卡24.6万/十亿,增长18.3%,青钠27.2万/十亿,同比增长41.6%,钾盐3.21万/十亿,增长45.9%,苄星4.43万/十亿,下降26%,青霉胺1328千克,增长11%,粉针剂1.96亿支,增长9.5%,胶囊、片剂1544万粒(片),同比增长70.8%。

1986—2010年,景德镇医药工业主要产品有青霉素针剂、头孢菌素类制剂、磺胺甲基异恶唑、磺胺二甲基嘧啶、吡啦西坦(脑复康)原料药、N-已酰胺吡咯烷酮、甲醇钠、美罗培南原料药、注射用美罗培南、美罗培南制剂和非诺贝特酸、β-内酰胺酶抑制剂原料药、维生素 B_1 和维生素 B_6、维 D_2 磷酸氢钙片、薄荷桉油含片(Ⅱ)、度米芬含片、磷酸苯丙哌林胶囊、利福平胶囊、小儿氨酚黄那敏颗粒等。

至2010年年底,景德镇地区规模以上的中成药制造企业主要有2家,分别为江西乐康中药饮片有限公司和江西金钥药业有限公司。

兽用药品包括动物用化学药品、动物用抗生素、畜禽疫苗、中草药以及饲料药物、水产养殖用药物等。2010年,产品有青霉素钾盐、青霉素钠盐、氨苄青霉素、硫酸链霉素、乐东肠乐、饲料土霉素等兽用药品43种。主要企业为金康佳生化药业有限公司。

表16-6-2　**1986—2010年景德镇省属药品企业主要产品产量统计表**　单位:吨

年份	磺胺药	抗菌药	中成药	年份	磺胺药	抗菌药	中成药
1986	924	87.21	142.88	1999	15.42	28.33	67.09
1987	847.57	85.39	122.19	2000	16	36.14	89.02
1988	832.5	111.9	93.45	2001	21	44.36	32.95
1989	600	121	63	2002	18	56.69	30
1990	679	106	76	2003	18.5	61	31
1991	908.33	144.77	77.7	2004	19	60.55	30
1992	1018	238.75	28	2005	18.5	61	28
1993	879.56	348.46	222.37	2006	17.8	58	25
1994	646.98	610.42	202	2007	16.5	51	24
1995	222	596	55.3	2008	15	55	25
1996	29.86	442	21	2009	13	61	26
1997	21.79	403	37	2010	15	65	25
1998	19.98	411	30				

说明:统计口径参照本篇第一章第一节交通运输设备制造业独立核算企业情况的统计口径

第二节　企业选介

化学药品制造

包括化学原料药制造和化学药品制剂生产。1986年，景德镇地区主要的化学药品制造企业是江西东风制药厂、江西黎明制药厂（江西立信药业前身）。2002年以后，化学药品制造企业数量逐步增多。至2010年，规模以上化学药品制造企业共有8家。

江西东风药业股份有限公司　始创于1965年，位于乐平市，前身为江西东风制药厂。是中国最早生产抗生素的企业之一，也是中国南方抗生素原料药和制剂的主要生产基地之一。厂房占地总面积约35万平方米，拥有员工700余人，其中各类技术人员200多名。1991年，东风制药厂采用国际首创的中空纤维膜反应器技术，进行工业性6－APA生产获得成功，工艺控制条件更加成熟，成品效价、透光度、平均克分子量等指标处于国内领先水平。青霉素发酵由于引进高单位菌种和采用微机控制发酵新工艺，月平均单位达到40689u/ml，被国家科委授予“火炬计划”优秀项目。

1994年，经省政府确定为全省32家建立现代企业制度的试点单位，8月，正式挂牌改制为江西东风制药有限公司，经国务院发展研究中心等部门评定为1994年度中国500家最大工业企业及行业50家企业，列中国医药制造业最大企业第34位；中国医药制造业最佳经济效益企业第62位；中国江西最大工业企业第21位；中国江西最佳经济效益工业企业第18位。

1996年9月23日“东风药业”股票在上交所正式挂牌交易。2160万股社会公众股上市交易，成为江西省第四家、医药行业第一家上市的股份公司。1997年，东风药业整体兼并上饶制药厂，成为中成药和“东青”药的生产基地。

1998年7月，与江中制药厂共同组建江中制药集团公司。2003年，东风向V钾原料药生产转型，通过攻关，生化分厂青霉素V钾发酵工艺优化工作取得重大突破。发酵单位从4万提高到平均6万多，直接降耗达15%。同时，投资2800万元进行原料药精制生产线技改项目，并通过国家GMP认证。青霉素粉针剂车间、头孢粉针车间、口服制剂车间、原药精制车间等均通过国家GMP认证；相继完成多个青霉素、头孢系列新产品的研发工作。

2008年10月，公司下放乐平市属地化管理。2009年9月，加盟沈阳同联集团。主营青霉素系列原料药、青霉胺、舒巴坦纳原料药及青霉素类制剂、头孢菌素类制剂和固体制剂等。拥有抗生素原料药、粉针剂、固体制剂以及合成等生产线。2010年，东风药业完成工业总产值22600.7万元，共生产化学药品原药493.9吨，主营业务收入36900.6万元。

江西黎明制药总厂　20世纪60年代，由上海迁入景德镇市组建黎明制药厂，位于浮梁县东安村，主要生产青霉素类药品。1991年，黎明制药厂开发新品种4个。同年，成立中外合资精明制药有限公司。1992年4月，黎明制药厂扩建工程竣工并通过验收。工程于1987年5月开工，累计总投资3239.3万元，先后建成锅炉房、仓库、办公大楼等公用设施以及病毒唑、甲硝唑、制剂间、脑复康、茶普酮等生产车间，安装设备768台套。同年，投产原料药新品种3个，开发制剂品种9个，其中4个投入生产。当年，黎明制药厂实现全年工业总产值1.5亿元，比上年增长124.8%，实现扭亏为赢。2005年，江西黎明制药总厂被浙江立信药业有限公司收购。

江西立信药业有限公司　2004年8月成立，是集医药化学品研发、生产和销售于一体的中外合资企业。位于景德镇市高新开发区，占地14万平方米。2005年、2006年销售额、利税大幅增长。至2006年12月，公司技改投入资金1亿元。2009年12月，江西立信药业有限公司与百奥维达公司、恩颐公司重组，主要产品有美罗培南中间体、美罗培南原料药、注射用美罗培南、美罗培南制剂和非诺贝特酸等。2010年，完成工业总产值25059.5万元，共生产化学药品制剂1124.62吨，主营业务收入21430.2万元。

市富祥药业有限公司　2002年成立，前身为富祥药业化工有限公司。公司位于昌江区鱼丽工业园区，有员工300余人。是专业从事抗生素类、心血管类和中枢神经类药物研发、生产和销售的国家高新技术企业,是国内β-内酰胺酶抑制剂原料药主要生产基地。主要产品有托西酸舒他西林、他唑巴坦、舒巴坦等,其中舒巴坦、托西酸舒他西林、他唑巴坦产销量居全国前列;β-内酰胺酶抑制剂抗生素类、碳青霉烯抗生素类、心血管类和中枢神经类的大部分产品,纳入江西省科技创新"六个一"工程和江西省新兴产业"生物和新医药"研发引导计划。2010年年底,公司全年完成工业总产值75446万元,同比增长49%;主营业务收入50000万元,同比增长74.4%;利税总额3762万元;上缴税金1949万元。

江西天新药业有限公司 2004年10月成立,位于乐平市塔山工业园,公司总占地约28万平方米,有员工800多人,累计投资达4.6亿元。产品有维生素B1和维生素B6,用于原料药、食品添加剂、饲料添加剂,是国内维生素主要生产商之一。至2010年,公司获得出口货物检验检疫"绿色通道"企业、检验检疫二类出口企业、江西省外贸出口先进企业等多项荣誉称号。公司通过药品GMP、ISO22000、HACCP、FAMI-QS、环境管理体系ISO14001、职业健康安全管理体系OHSAS18001等多项认证。2010年,公司完成工业总产值81681万元,同比增长2.01%;主营业务收入9亿元;利税总额18043万元;上缴税金6117万元。

江西药用化工制品有限公司 隶属于景焦集团,本部位于昌江西岸西路,厂区面积7.33万平方米。1985年,国家要求逐步关停小氮肥厂,景德镇市化肥厂改为景德镇市第一化工厂,从生产氮酸氢氨农用化肥转产硬脂酸、甘油等化工产品。但企业处在停工停产状态。1988年,企业被市焦化煤气总厂兼并,利用焦化的粗苯进行精加工,生产纯苯、甲苯、二甲苯等精苯系列产品,更名为市焦化煤气总厂第一化工厂。1992年,与江西黎明制药厂合作开发原料药吡啦西坦(脑复康),获得成功。并逐步向精细化工和医药化工过渡。同年,开发N-已酰胺吡咯烷酮产品;1993年,开发甲醇钠产品;1997年,取得药品生产许可证和吡拉西坦药品生产批文;2001年,开发他唑巴坦酸产品;2002年,开发原甲酸乙酯产品;2003年,开发左旋樟脑磺酸、左旋苯甘氨酸产品。2004年,获得国家食品药品监督管理局颁发的GMP证书。

1996年,增挂景德镇市药用化工厂厂名,并完成注册。1997年,收购一墙之隔的景德镇航运公司油库,兼并市牛羊加工厂,吸纳员工35名,增地2.67万平方米。2000年,市药用化工厂改名市开门子药用化工有限公司。至2010年,公司主要生产制造吡啦西坦原料药、化工产品,自营进出口业务,注册资本1253万元。其中,市开门子陶瓷化工(集团)有限公司出资1203万元,占股权的96%;市焦化工业集团有限责任公司出资50万元,占股权的4%。2010年,生产总值1.8亿,利税1000万元。

表16-6-3 **1992—2003年化学药品企业产品获奖情况一览表**

获奖年份	成果名称	获奖等级	获奖时企业名称	授予单位
1992	N-乙酰胺吡咯烷酮	新产品	景德镇焦化煤气厂第一化工厂	江西经济委员会
1993	甲醇钠	新产品	景德镇焦化煤气厂第一化工厂	江西经济委员会
2001	他唑巴坦酸	省优秀新产品三等奖	景德镇开门子药用化工有限公司	江西经济贸易委员会
2002	他唑巴坦酸	国家重点新产品	景德镇开门子药用化工有限公司	国家经济贸易委员会
	原甲酸乙酯	省优秀新产品三等奖	景德镇开门子药用化工有限公司	江西省经济贸易委员会
2003	左旋樟脑磺酸	省优秀新产品三等奖	景德镇开门子药用化工有限公司	江西省经济贸易委员会
	左旋苯甘氨酸	省优秀新产品三等奖	景德镇开门子药用化工有限公司	江西省经济贸易委员会

江西吉翔医药化工有限公司 2005年成立,位于江西乐平工业园区,是一家以磷产品研发、生产、销售为主的精细化工企业。注册资金2000万元,占地4万余平方米,员工120人,其中具有大专或初级职称以上专业技术人员35人。公司的主要产品有二氯苯甲酰氯、五氯化磷、藜芦醛、藜芦酮、藜芦酸等。

公司通过ISO9001:2008质量管理体系认证,产品出口欧美、东南亚、日本等国家和地区,获评"江西省创新型试点企业""景德镇市重点建设工程先进单位""景德镇市技术创新先进企业"。2009年和2010年,承担10项江西省省级新产品项目的试制工作。2010年,通过省级企业技术中心认定。同年,"降血压药关键中间体藜芦酮技改项目”列入国家工业中小企业技术改造项目的资金支持。全年实现工业总产值5729.22万元,销售收入5174.12万元,利税370.89万元。

表16-6-4　　　　2009—2010年全市药品行业承担的国家、省部级项目情况表

鉴定年度	项目名称	项目类型	技术水平	立项部门
2009	六甲基磷酰三胺	江西省新产品	国内先进	江西省工信委
	3,5-二氯苯甲酰氯	江西省新产品	国内领先	江西省工信委
	6-氯-1,3-二甲基脲嘧啶	江西省新产品	国内先进	江西省工信委
	3-环己烯-1-甲醛	江西省新产品	国内先进	江西省工信委
	藜芦醛	江西省新产品	国内领先	江西省工信委
2010	2,6-二氯苯并噁唑	江西省重点新产品、江西省新产品	国内先进	江西省科技厅、江西省工信委
	对叔丁基苯乙腈	江西省重点新产品、江西省新产品	国内领先	江西省科技厅、江西省工信委
	藜芦酸	江西省重点新产品、江西省新产品	国内先进	江西省科技厅、江西省工信委
	藜芦酮	江西省重点新产品、江西省新产品	国内领先	江西省科技厅、江西省工信委
	电子级五氯化磷	江西省新产品	国内先进	江西省工信委
	降血压药关键中间体藜芦酮技改项目	国家工业中小企业技术改造项目	国内领先	国家工信部

乐平市赛复乐医药化工有限公司　2006年成立,是浙江山峪染料化工有限公司在江西的分公司,注册资金1000万元,位于乐平工业园,厂区占地4万余平方米,建有7个生产车间,配套功能齐全。公司拥有先进的生产设备、生产工艺及检测手段,有完善的“三废”处理系统及绿化式生产厂区,是集医药中间体研发、生产、销售于一体的综合性医药化工原料产品企业,主要生产抗病毒类(抗乙肝,抗艾滋病)药物中间体。

2010年,完成工业总产值4984.4万元,主营业务收入5972.9万元,纳税总额700多万元。生产阿德福韦酯1吨、2-氨基-3-氰基噻吩3吨、喹哪啶340吨。

景德镇景荣制药实业有限公司　1993年1月,景德镇制药厂与香港荣昌贸易公司、荣昌建造装饰公司联合成立景德镇景荣制药实业有限公司,合作生产药品。8月20日正式成立,总投资300万元。其中,港方投资200万元人民币,中方以厂房、设备、技术、工艺等折合投资100万元人民币,合作期限为15年,年产值300万元。

中成药制造

江西金钥药业有限公司　2003年成立,位于市高新技术开发区内,占地13万平方米,总投资8000万元,是集科研、生产、营销、服务为一体的医药高科技民营企业。主要生产线有片剂、胶囊剂、颗粒剂等,生产能力分别达到50亿片、3亿粒、10亿包,并可生产薄膜包衣片、糖衣片、异型片、口崩片、泡腾片、缓释或控释剂、分散片、干混悬剂以及铝铝包装、铝塑包装等。产品主要有维D_2磷酸氢钙片、薄荷桉油含片(Ⅱ)、度米芬含片、磷酸苯丙哌林胶囊、利福平胶囊、小儿氨酚黄那敏颗粒、复方磺胺甲噁唑片、三合钙咀嚼片等60种。2010年,公司工业总产值2418.8万元,主营业务收入2020.6万元。

江西乐康中药饮片有限公司　2005年2月成立,6月开工建设。位于乐平市双田镇工业园88号,厂区面积为12000平方米,建设面积为3600平方米。主要生产null等产品,其中GMP车间为3200米,年生产加工能力为3000吨。2006年4月,通过产品生产许可证验收。2006年5月,申请GMP认证检查,是拥有该项证书的重要中药饮片生产厂家之一。

兽用药品制造

兽用药品制造企业为江西金康佳生化药业有限公司。公司原名乐东兽药厂,位于乐平人民中路108-1号,厂区占地2万平方米,建筑面积16000平方米,1989年1月由乐平中学开办,主要产品有青霉素钾盐、青霉素钠盐、氨苄青霉素、硫酸链霉素、乐东肠乐、饲料土霉素等兽用药品。其产品畅销全国24个省、区(包括台湾地区),并出口中东与东南亚各国。1997年,投资1000万元建成GMP无菌分装、水针、散剂生产线,年产值可达5000万元。2000年,易名乐东兽药有限公司,与乐平中学脱离隶属关系。2001年,与广州金康佳动物保健品有限公司和深圳市捷思迈实业有限公司重组,更名江西金康佳生化药业有限公司,是一家集兽药科学研究、产品开发、生产、技术服务、经营于一体的企业。拥有9000平方米生产厂房,3个生产车间,4个产品剂型生产线,3条全自动粉针剂分装线,2条自动水针剂生产线,1条粉/散/预混剂生产线。2005年10月,投入1500多万元对厂房进行改造扩建,通过农业部兽药GMP验收。2010年,实现销售收入2390万元,工业总产值2280万元,利税总额290万元。

第七章　化学工业

20世纪80年代,省属企业江西电化厂落户乐平,创建了烧碱、液氯等基础化工工业。同时,为配套陶瓷工业规模化生产升级改造,以炼焦制煤气为主的景德镇市焦化煤气厂建成投产,化工工业初具规模。1986年,全市化工工业产值3974万元,占全市工业比重3.25%。到2010年,化工工业先后经历了两轮快速发展期。第一轮是在90年代中后期,重点骨干企业实施更新改造,产能扩大,带动行业经济发展提速。市焦化煤气总厂焦炭、煤气生产持续扩大,同时实施煤化工相关多元化战略,形成炭黑、复合肥、药用玻璃规模化生产,成为国家520户重点企业和江西省工业十强企业之一;江西电化厂在扩大氯碱生产的同时,建成AC发泡剂、氯化亚砜规模化生产线,产销居国内前茅;省属企业江西化纤化工厂对原江西维尼纶厂实施转型改造,形成电石、聚乙烯醇、POY丝、发电等系列规模生产,成为江西省重点利税十强企业。到2000年,化工工业产值6.69亿元,占全市工业比重7.14%。第二轮是2005年以后,化工工业在开放型经济浪潮推动下,外来投资剧增,产业规模持续壮大。江西电化厂通过企业改制和引进外资战略重组,成立江西世龙实业股份有限公司,技术创新成果不断,氯碱、AC发泡剂、氯化亚砜、水合肼、甘氨酸等一批产品享誉市场,2009年,被评为“中国化工行业技术创新示范企业”。景德镇市焦化煤气总厂组建以焦炭、炭黑、复合肥三大板块为核心的景德镇市焦化工业集团,逐步发展成为大型煤化工综合利用企业,旗下景德镇开门子陶瓷化工(集团)有限公司焦炭产量突破200万吨,成为中国南方大型商品焦生产出口基地;江西黑猫炭黑股份公司成功上市,拥有江西景德镇、陕西韩城、辽宁朝阳、内蒙古乌海、河北邯郸五大生产基地,炭黑产量突破50万吨,居全国第一;江西开门子肥业拥有江西景德镇、湖南湘乡、河南兰考三大生产基地,复合肥产量突破100万吨,为中国化肥500强企业。“十一五”时期,景德镇市利用沿海地区化工产业梯度转移契机,招商引资承接一批企业落户乐平工业园,形成以AC发泡剂、氯化亚砜、氯碱、液氯、三氯化磷、三氯氧磷、甘氨酸、草甘膦、硅烷系列等产品为主体的产业集群效应,被列为江西省精细化工产业基地。到2010年,全市化工工业产值127.41亿元,占全市工业比重15.54%。

第一节　行业规模

化学原料及化学制品制造业

1986年,独立核算化学工业企业16家,主要企业工业总产值(1980年不变价)3974.1万元,销售收入5026万元。其中全民所有制企业有江西电化厂、市化工厂等5家,工业总产值(1980年不变价)3684.6万元,销售收入4732.2万元;集体所有制企业11家,工业总产值(1980年不变价)289.5万元,销售收入293.8万元。

1988年,景焦化工厂成立,年产复合肥1万吨。在"十一五"期间,开门子肥业公司产值年平均增长率33.68%,营业收入年平均增长率27.02%,跨入全国化肥企业100强,江西省化肥行业5强行列。拥有3个复合肥生产基地,总资产132813万元,净资产10936万元,各种复合肥产能达到100万吨,销售收入91529万元。2010年,景德镇本部年产复合肥近50万吨,年营收8.47亿元,复合肥产量达48.4万吨,销量完成48.52万吨。

1993年,江西化纤化工有限责任公司实现工业总产值(90年不变价)14387.79万元,超年计划13.29%,比1992年增加产值9839.01万元,增长93.82%。全年实现销售收入16232.60万元,为年总目标的101.45%,比上年增收3426.46万元,增幅达36.33%;实现利税3160.85万元,首次突破3000万元,比1992年增加利税1060.97万元,增长50.53%,人均利税13630元,居全国同行业前列。1997年,实现销售产值22909.3万元,工业产品销售率达101.09%,年实现销售收入24967.71万元,实现利税1456万元,连续第9年保持江西省利税大户地位。2001年,江西化纤化工有限责任公司工业总产值、销售收入、利税同比大幅增长,其中销售收入增加5000万元以上,利税增加1100万元以上。连续13年保持全省利税大户地位。

1994年,江西电化厂拥有资产总额1.07亿元,完成工业总产值6719.5万元,比上年增长21.7%;实现销售产值6588.6万元,比1993年增长22.4%,实现税利474.5万元,比1993年增长12.8%。同年,实施2万吨烧碱技改,2万吨硫酸、氯磺酸装置扩建,3000吨年产规模AC发泡剂扩建,4000吨年产规模45%浓碱,2500吨/年片碱装置相继投产,AC发泡剂产品供不应求,成功打入国际市场。1994年度中国大型工业企业排序中,位于江西省地区100家最大经营规模工业企业第97位。1996年,江西电化厂全年生产液碱19767吨,比上年增长10.8%;AC发3剂4177吨,增长37.7%;硫酸14622吨,增长35.6%;盐酸6631吨,增长31.9%;液氯5750吨,氯磺酸80吨。实现工业总产值12460.179万元,较上年增长23.4%;产品销售收入10656.012万元,较上年增长4.4%;实现利税705.6万元。1999年,完成工业总产值(90不变价)26041.82万元,较上年增长49.92%;销售收入19093.3万元,同比增长42.35%;上缴税金1166.5元,增长57.13%。2002年,完成工业总产值5.2亿元,同比增长10.2%,实现销售收入3.1亿元,上缴税金1200万元,产销率达104.07%。2010年,实现产值65764万元,销售收入63254万元,利润5966万元。

2010年,景德镇规模以上化工企业53家,工业总产值(当年价)1274083万元,主营业务收入1214971.5万元,比2005年增长8.12倍;利税总额109707.1万元,比2005年增长7.42倍。其中国有控股企业2家,工业总产值(当年价)145950.2万元,主营业务收入143384.7万元,比2005年增长2.39倍;利税总额17943.6万元,比2005年增长2.83倍。

表16-7-1　　1986—2010年景德镇市化学工业企业情况统计表

年份	企业单位数(个)	工业总产值(万元)	工业增加值(万元)	销售收入(万元)	利税总额(万元)	职工平均人数(人)
1986	16	3974.1	990.2	5026	—	3524
1987	18	5002	1887	7408	—	3528
1988	17	5275.2	2704.7	9086.7	—	3402
1989	18	4570.2	2352.6	—	—	3632
1990	17	9794	2832.8	—	—	3734
1991	21	10938.9	—	—	—	4285
1992	17	12018.9	2534.8	10582.7	1542.6	3343
1993	19	15403.9	3475.8	14967.1	1691.8	3611

续表16-7-1

年份	企业单位数(个)	工业总产值(万元)	工业增加值(万元)	销售收入(万元)	利税总额(万元)	职工平均人数(人)
1994	22	17603.8	5424.6	14894.7	1377.2	3848
1995	31	20654.7	3437.6	19284.4	1876.8	4823
1996	29	18023.3	5923.5	16350.6	941.2	4057
1997	28	44893.7	12667.5	42564.7	2745.4	6580
1998	18	47189.3	7907.3	39584.3	1764.8	6124
1999	16	56178.1	9613.2	47726.8	2367.3	6156
2000	16	66905.3	11733.3	59172	4163.8	6176
2001	16	76883.6	20874.4	71793.7	5326.8	6509
2002	24	73038.6	19453.4	71652.9	1177.4	6581
2003	33	94047	25547	89186	3641	7203
2004	21	146653.7	40515	139946.6	11914.1	5260
2005	27	137894	61036	133166	13030	3487
2006	29	207014	102646	200006	17292	4994
2007	39	342008	167876	332256	24112	6124
2008	53	639164.1	256072	618631.2	111491.7	11172
2009	58	924346	324853	874253	90469	12750
2010	53	1274083	275241.2	1214971.5	109707.1	11302

说明:统计口径参照本篇第一章第一节交通运输设备制造业独立核算企业情况的统计口径

化学纤维制造业

1986年,全市独立核算化学纤维工业企业2家,工业总产值(1980年不变价)1465.4万元,销售收入2212.7万元。其中全民所有制企业为江西维尼纶厂,工业总产值(1980年不变价)1449.9万元,销售收入1918.9万元;集体所有制企业1家,工业总产值(1980年不变价)15.5万元,销售收入293.8万元。

1997年,江西化纤化工有限公司完成工业总产值22997.08万元(不变价),超年计划4.53%,比上年增长11.31%,创历史最高纪录。全年实现销售产值22909.3万元,工业产品销售率达101.09%,年实现销售收入24967.71万元,实现利税1456万元,连续第9年保持江西省利税大户地位。2000年,江西化纤公司2955名职工共创产值27906万元(不变价),销售30254万元,实现税利1969万元。2010年,实现产值39309万元,销售收入33746万元。

表16-7-2　　**1986—1995年景德镇市化学纤维制造独立核算企业情况统计表**　　单位:个、万元、人

年份	企业单位数	工业总产值	工业增加值	销售收入	利税总额	职工平均人数
1986	2	1465.4	534.3	2212.7	—	2091
1987	2	2185.4	672	2532	—	2162
1988	2	1613.5	477.1	3864.3	—	2211
1989	2	2838.8	3019.6	7315.4	—	2155

续表 16－7－2

年份	企业单位数	工业总产值	工业增加值	销售收入	利税总额	职工平均人数
1990	2	7128.3	2983.4	7306.6	—	2080
1991	2	8347	—	8585.3	—	2099
1992	2	10053.8	3793.9	11927.2	2124.4	2152
1993	1	14387.8	4811	16232.6	3193.9	2372
1994	1	19354.9	5734	23909.3	3132.5	2644
1995	1	20077.4	11877.3	32538.1	6076.4	2585

说明:统计口径参照本篇第一章第一节交通运输设备制造业独立核算企业情况的统计口径

1996 年,江西化纤工司总产值(1990 年不变价)20661.3 万元,工业增加值(当年价)7291.7 万元,销售收入 27261.4 万元,利税总额 2125.7 万元,职工平均人数 2998 人。

2005 年,规模以上企业 2 家,工业总产值(当年价)42684 万元,主营业务收入 38185 万元,利税总额 805 万元。其中国有及国有控股企业 1 家,工业总产值(当年价)39764 万元,主营业务收入 35842 万元,利税总额 496 万元。

2003—2010 年景德镇市化学纤维制造独立核算企业和规模以上企业情况统计表

表 16－7－3　　单位:个、万元、人

年份	企业单位数	工业总产值	工业增加值	销售收入	利税总额	职工平均人数
2003	1	834	289	603	78	47
2004	2	7876	—	—	—	
2005	2	42684	21859	38185	805	2753
2006	3	48610	20468	79451	3474	2788
2007	2	61195	25771	61514	8800.9	2530
2008	1	8881.1	3703	8703.5	1206.1	125
2009	1	11506	4209	10214	836	125
2010	1	19373.5	3313.4	18002.5	769.6	125

说明:统计口径参照本篇第一章第一节交通运输设备制造业独立核算企业情况的统计口径

炼焦业

1986 年,市焦化煤气厂焦炉投产初期资产总值约 3230 万元。1989 年 6 月,市焦化煤气总厂焦炉煤气后续工段净化脱硫装置开工,煤气外供品质得到进一步提升。1991 年,焦化煤气厂启动一期技改,先后扩建完成系列 2 号受煤坑、煤场、焦炉、气柜、焦仓 5 大配套工程,产能提高 50%。

1993 年 4 月,第二座焦炉实现投产,生产效益逐步显现,资产总值跃升为 2.21 亿元,2003 年和 2005 年,3 号、4 号焦炉先后投产,企业规模不断扩大,经济效益跳跃式增长。至 2010 年第五座焦炉投产,公司生产总值达 32.3 亿元。

当年,全市规模以上企业 3 家,工业总产值(当年价)80.93 亿元,主营业务收入 81.07 亿元,比 2005 年增长 2.96 倍;利税总额 4.69 亿元,比 2005 年增长 2.21 倍。其中国有控股企业 1 家,工业总产值(当年价)66.51 亿元,主营业务收入 66.24 亿元,比 2005 年增长 2.28 倍;利税总额 2.58 亿元,比 2005 年增长 71.35%。

表 16-7-4　　1993—2010 年景德镇市炼焦业独立核算企业情况统计表　　单位:个、万元、人

年份	企业数	工业总产值	工业增加值	销售收入	利税总额	职工平均人数
1993	1	11120.8	1892	25814.3	1283.6	1502
1994	1	15787.6	8349.7	23602.8	1720.1	2771
1995	1	20700.8	6260.6	26529.5	1982.5	1857
1996	1	20657.5	11783.1	29206.3	2313.3	1797
1997	2	21465	14802.3	40420.5	6870.7	1815
1998	1	22778.5	15831.1	42205.1	5018	1857
1999	1	24880	16151.2	50068.6	2180.2	1870
2000	1	27705.6	10407	55167.3	5716.9	4048
2001	2	61159.3	61070	60695.7	7807.9	4645
2002	1	65998.7	20536.4	58364	7680.5	3622
2003	1	85604	28407	83903	8619	3313
2004	1	178260.4	57903.2	176640.2	19600.4	3531
2005	2	222532	66799	204861	14596	3873
2006	2	269195	75181	253352	18390	3846
2007	2	331338	92077	336075	26206.3	3842
2008	2	467783	128723	442644.2	26471	4132
2009	3	487722	117733	477593	39742	5591
2010	3	809283.1	125013.3	810665.9	46873.6	5641

说明:统计口径参照本篇第一章第一节交通运输设备制造业独立核算企业情况的统计口径

第二节　主要产品产量

1990 年,全市化工产品生产保持增长势头,其中合成氨 3185 吨,比 1985 年下降 44.31%。碳酸氢铵(实物量)13663 吨,比 1985 年下降 37.69%。碳酸氢铵(折 100%)2309 吨,比 1985 年下降 37.56%。烧碱(折 100%)8314 吨,比 1985 年增长 2.04 倍。电石(标量)19182 吨,比 1985 年增长 1.17 倍。涂料 538 吨,比 1985 年增长 33.83%。轻质碳酸钙 4549 吨,比 1985 年下降 32.35%。花纸 2347 万张,比 1985 年增长 16.11%。黄金水 51468 瓶,比 1985 年下降 21.03%。白金水 12453 瓶,比 1985 年增长 1.9 倍。电光水 21580 瓶,比 1985 年增长 15.71%。瓷用颜料 95 吨,比 1985 年增长 28.38%。

表 16-7-5　　1986—1990 年景德镇市主要化工产品产量统计表(一)　　单位:吨

年份	合成氨	碳酸氢铵(实物量)	碳酸氢铵(折 100%)	烧碱(折 100%)	电石(标量)	涂料
1986	4155	15619	2640	4202	15065.5	284.5
1987	5923	22330	3776	6243	18846	350.2
1988	6464	28261	4771	6464	21690	522.3
1989	5197	22608	3818	7807	25309	353
1990	3185	13663	2309	8314	19182	538

表 16－7－6　　1986—1990 年景德镇市主要化工产品产量统计表(二)

年份	轻质碳酸钙(吨)	花纸(万张)	黄金水(瓶)	白金水(瓶)	电光水(瓶)	瓷用颜料(吨)
1986	5698.3	2052.1	66013	23520	18950	79.8
1987	6892	2258	71558	24985	20195	98
1988	5776.5	2541	67077	35124	21865	118
1989	7128	2326	35871	17778	18950	87
1990	4549	2347	51468	12453	21580	95

1992 年 1 月 23 日,景德镇焦化集团脑复康粗制品投产;1994 年 12 月 16 日,药用玻璃厂投产。并衍生复合肥、炭黑等。1999 年 3 月,建成国内首套 1 万平方米／小时国产气化炉,之后 7 年相继又建三套,形成 10 万平方米／小时总产能,缓解煤气外供不足。2002 年 8 月,125 吨／小时干熄焦项目申报成功,被列入国债技改专项(2007 年开工建设,2011 年投产)。2003 年 1 月 9 日,3 号焦炉技改工程动工,11 月 28 日顺利投产,焦炭产量由年产 50 万吨增至 85 万吨,跻身全国大型焦化厂行列。

2004 年 7 月 7 日,20 万吨焦油精制加工项目正式破土动工,2005 年 5 月 26 日,顺利投产成功。8 月 1 日,全国首家大型焦炉顶装改捣固成功,大幅降低炼焦成本。2006 年 7 月,兴建 4 号单热式捣固焦炉,2007 年 7 月 28 日顺利出焦供气。2006 年 9 月,设计蓄煤量 6 万吨煤场大棚建成。2008 年 2 月 22 日,5 号 6 米焦炉破土动工,2009 年 9 月 26 日投产,由此形成年产焦炭 155 万吨、年产煤气 4.55 亿立方米、年产煤焦油 7.2 万吨、年产粗苯 1.8 万吨、年产硫铵 1.5 万吨的生产规模。

1993 年,江西化纤化工有限公司生产电石 30329.23 吨,聚乙烯醇 14588.37 吨,均为历史最高纪录。新建的涤纶长丝工程于 6 月 18 日投产,生产各种规格的涤纶长丝 1522.56 吨。

2001 年,江西化纤化工公司主导产品电石、聚乙烯醇、涤纶长丝、自发电分别完成 4.3 万吨、2.3 万吨、0.49 万吨、1.247 千瓦时的目标,皆创历史最高纪录。其中电石分厂用 1.65 万千伏安电炉变压器生产出 4.4 万吨电石,创造全国同行业最好水平。

1994 年,江西电化厂主要产品产量增长明显:烧碱 1.4 万吨,比 1993 年(下同)增长 13.74%,液氯 6132 吨,增长 5%;AC 发泡剂 2264 吨,增长 101.78%;硫酸 8058 吨,增长 27.9%;氯磺酸 2007 吨,增长 15.6%;电缆料 452 吨,增长 21.8%;盐酸、溶解乙炔气体、增塑剂、聚苯乙烯的产量根据市场需求生产。1996 年,省经贸委认定江西电化厂 AC 发泡剂为"省 1996 年新产品"(证号:29)。11 月 26 日,《经济日报》《江西日报》分别公告省工业实施名牌战略领导小组向国内外推荐 26 个名牌产品之一。

1999 年,江西电化公司主要产品产量为:烧碱 42166.46 吨,较上年增长 42.29%;液氯 13249 吨,增长 69.42%;盐酸 11176.55 吨,增长 63.69%;AC 发泡剂 729.23 吨,增长 39.38%;氯乙酸 4392.25 吨,增长 37.15%;甘氨酸 2859.85 吨,增长 115.1%。2002 年,江西电化有限公司主要产品 AC 发泡剂 16767.27 吨;烧碱(100%)77539.167 吨;液氯 34482.5 吨;氯化亚砜 3454.39 吨;甘氨酸 3718.93 吨;十水碳酸钠 32792.24 吨。

1994 年 6 月,景德镇焦化集团炭黑分厂成立,炭黑年产能 8000 吨。1999 年 12 月炭黑二分厂成立,新增年产能 2 万吨。组建江西黑猫炭黑股份有限公司后,先后于 2001 年、2004 年和 2007 年在景德镇基地新增炭黑年产能 2 万吨、3 万吨和 4 万吨。到 2010 年,公司炭黑产能跃升至 63 万吨。

2010 年,全市化工行业生产焦炭 204.49 万吨,比 2005 年增长 13.26 倍;炭黑 35.6 万吨;烧碱(折 100%)13467 吨,比 2005 年下降 83.08%;电石(标量)21402 吨,比 2005 年下降 57.18%;涂料 1100 吨,比 2005 年增长 46.67%;轻质碳酸钙 2400 吨,比 2005 年增长 26.32%;花纸 1650 万张,比 2005 年增长 1.24 倍;黄金水 15000 瓶,比 2005 年增长 54.64%;白金水 4000 瓶,比 2005 年增长 1.67 倍;电光水 79000 瓶,比 2005 年增长 11.42%;瓷用颜料 160 吨,比 2005 年增长 56.86%。

表 16-7-7　　1991—2010 年景德镇市主要化工产品产量统计表

年份	焦炭（万吨）	烧碱（折 100%）（吨）	电石（标量）（吨）	涂料（吨）	轻质碳酸钙（吨）	花纸（万张）	黄金水（瓶）	白金水（瓶）	电光水（瓶）	瓷用颜料（吨）
1991	—	9207	23304	667	5189	2427	55867	12782	26730	70
1992	—	10533	26155	698	5605	2518	63176	12989	21246	100
1993	39.14	12400	30100	508	5664	2092	69700	10900	14400	88.66
1994	48.15	14100	34101	498	5000	1966	60300	11800	13800	90.3
1995	48.27	17836	34130	470	6240	2406	42900	10700	21000	260
1996	43.71	19767	36475	510	7000	1937	39500	10800	19300	310
1997	50.70	23189	38564	502	5911	2108.37	31500	8900	19800	451
1998	51.10	29510	37084	505	5000	1908.6	28600	5700	11700	112.12
1999	55	37930	37201	528	3720	1408.93	28100	6800	38300	106.2
2000	57.53	60453	43708	615	1620	1243.29	24000	3700	23300	106.58
2001	51.12	79308	43355	700	1680	1377.12	28200	2500	27400	93.78
2002	49.01	77539	38115	710	1490	1427.64	20400	2600	32500	99.74
2003	55.51	78311	45124	750	1520	1377.99	13900	2100	60300	95.15
2004	101.46	101336	55312	800	1800	1154.14	11100	1600	73500	101.68
2005	14.34	79581	49987	750	1900	736	9700	1500	70900	102
2006	85.32	26000	14341	810	1990	910	10100	1700	72500	105
2007	102	67420	92910	850	1980	1100	11200	1800	73000	111
2008	88.7	85836	82637	910	2200	1300	12200	2000	75000	120
2009	90.47	9246	21700	998	2300	1500	13000	3000	78000	151
2010	204.49	13467	21402	1100	2400	1650	15000	4000	79000	160

第三节　企业选介

炼焦与炭黑生产

景德镇市焦化工业集团有限公司　1986 年 12 月 27 日,景德镇市焦化煤气厂 1 号焦炉出焦供应煤气,景德镇市第一座焦炉建成投产。1992 年 9 月 11 日,市政府批准焦化煤气厂更名为“景德镇市焦化煤气总厂”。2001 年 4 月 18 日,以焦化资产为核心,组建“景德镇市开门子陶瓷化工集团有限公司”,注册资本 10960 万元。2008 年 6 月 26 日,焦化煤气总厂实行公司制改造,以焦炉煤气产业为基础,集中优势资源成立“景德镇市焦化工业集团有限责任公司”(简称景焦集团),而母公司景德镇市开门子陶瓷化工集团有限公司,成为景焦集团最核心的全资控股子公司。

1986—2010 年,焦化煤气总厂先后建成 6 座焦炉(2011 年 2 月份投产第 6 座),共生产焦炭 1426.74 万吨,生产焦炉煤气 297115.9 万立方米。同时提炼生产煤焦油、硫酸铵和粗苯,是南方大型商品焦生产和出口基地，煤气输送量居国内同行业前茅。通过兼并重组、资源综合利用，走出一条煤化工相关多元化道路，逐渐发展成为集炼焦、煤气加工、焦油加工等为一体的大型煤化工综合利用企业。25 年间，以煤焦油为原料发展橡胶化工，组建成立黑猫炭黑股份有限公司；以硫酸铵为原料发展农用化工；以粗苯为原料，开发出脑复康，以煤气为燃料，开发出药用安瓿，均产生显著的经济效益，产品种类不断丰富，产业规模不断增长。

1986 年，焦化煤气厂焦炉投产时期，在岗职工 1215 人，其中技术人员 22 人，大专以上学历 62 人；到 1992 年更名为焦化煤气总厂后，在岗职工为 1548 人，其中技术人员 70 人，大专以上学历 147 人；2001 年组建集团公司后，在岗职工为 1155 人，其中技术人员 152 人，大专以上学历 315 人。2008 年成为景焦集团子公司，在岗职工 1544 人，其中技术人员 249 人，大专以上学历 422 人。2010 年，公司在岗职工 1520 人，技术人员 282 人，大专以上学历 456 人。1986—2010 年，从事该产业在岗人数变化不大，但技术人员和高学历人员人数逐年递增，适应了焦炉煤气产业的发展需要。

1988 年 4 月，兼并市第一化工厂。1991 年 9 月，兼并安徽省林业厅驻景办事处。1993 年 9 月，兼并市昌江电瓷厂。1998 年 9 月 18 日，兼并市陶瓷窑具厂。2008 年 8 月，成立“新昌南炼焦化工有限责任公司”，新余钢铁、方大特钢和菏泽中泰参股。2010 年 1 月 7 日，中节能公司入资控股新昌南公司。

表 16－7－8　**1987—2010 年部分年份焦化集团资产税利统计一览表**　单位：万元

时间	营业收入	税利	时间	营业收入	税利
1987	3229.09	173.79	2006	123268.38	4813.75
1992	10544.96	302.65	2007	175172.67	25749.87
1993	22063.50	1283.60	2008	235899.15	28315.10
1997	37854.84	7377.99	2009	182561.50	13804.29
2000	42131.03	5592.49	2010	196608.02	2783.44

1992 年 7 月 29 日，国务院 6 部委“国经贸企〔1992〕176 号”文批准焦化煤气总厂为国家大（二）型企业。1999 年 10 月 15 日，“国经贸产业〔1999〕966 号”批准为 520 户国家重点企业。在多年的发展过程中，集化集团荣获多项称号。

表 16－7－9　**1998—2010 年焦化集团荣誉一览表**

获奖年份	荣誉名称	授奖单位	获奖年份	荣誉名称	授奖单位
1998	1997 年度江西工业十强企业	省经济贸易委员会	2006	2005 年度江西省优秀企业	省经济贸易委员会
1999	1998 年度江西工业优强企业	省经济贸易委员会		“十五”技术改造优秀项目	省经济贸易委员会
2000	1999 年度江西优秀企业	省经济贸易委员会		2004 年度优秀技术项目	省经济贸易委员会
	江西省省级企业技术中心	省经济贸易委员会	2007	2006 年度江西工业崛起十强企业	省人民政府
2001	2000 年度江西优秀企业	省经济贸易委员会		江西省科学技术进步奖	省人民政府
	1 号焦炉被评定为一级焦炉	—		2006 年度江西省优秀企业	省经济贸易委员会
	2 号焦炉被评定为一级焦炉	—	2008	2007 年度江西省优秀企业	省经济贸易委员会
2002	2001 年度江西优秀企业	省经济贸易委员会	2009	2007 年度江西工业优强企业	省人民政府
2005	2004 年度省优秀企业	省经济贸易委员会		2008 年度江西工业“四率”先进企业	省人民政府
2006	2004 年度江西工业崛起十强企业	省人民政府	2010	2008 年度江西工业优强企业	省人民政府
	2005 年度江西工业崛起十强企业	省人民政府			

江西黑猫炭黑股份有限公司　1994 年 6 月,在景焦集团相关多元化发展过程中,炭黑作为焦炉煤气资源综合利用,组建炭黑分厂,当年,炭黑厂在岗职工仅 55 人,其中技术人员 3 人,大专以上学历 5 人。2001 年组建公司以后,在岗人数跃升为 241 人,其中技术人员 8 人,大专以上学历 15 人。在全国设立五大基地后,黑猫公司在岗人员总人数为 727 人,其中技术人员 24 人,大专以上学历人数 87 人。同年 7 月,以焦化煤气总厂为主发起人,组建江西黑猫炭黑股份有限公司(简称黑猫股份)。2002 年 12 月,黑猫股份投资陕西省韩城市昝村煤化工业园的韩城黑猫炭黑有限责任公司投产,注册资本 1 亿元人民币,年产能 12 万吨,是西北地区最大的炭黑生产企业。2005 年 5 月,黑猫股份在辽宁朝阳市龙城区长江路成立朝阳黑猫炭黑有限责任公司,注册资本 1 亿元人民币,年产能 6 万吨,配套建设 6MW 炭黑尾气发电机组,2008 年 4 月全部建成投产。

景焦集团韩城黑猫公司生产区

2006 年 9 月,黑猫股份在深圳证券交易所上市,成为国内第一家由国有资产控股、通过市场运作单以炭黑产品上市的公司。2008 年 4 月,黑猫股份在内蒙古新兴工业城市乌海成立乌海黑猫炭黑有限责任公司,年产能 16 万吨。2010 年 4 月,黑猫股份在河北邯郸设立的邯郸黑猫炭黑有限责任公司投产,年产能 16 万吨,打造了黑猫股份第五个炭黑生产基地。

2006 年上市期间,公司资产总额跃升约为 12.82 亿元。至 2010 年年底,资产总值逾 29.82 亿元。

表 16 - 7 - 10　　**2001—2010 年黑猫股份资产利税统计表**　　单位:万元

时间	资产总额	流动资产	有形资产	无形资产	利润总额	已缴税金
2001	16837.29	6733.65	9750.67	352.97	2133.86	1059.62
2002	28920.94	17841.89	10733.20	345.85	3711.47	1157.72
2003	39155.86	22215.07	16602.05	338.74	2651.45	1592.47
2004	52309.70	32069.35	19908.73	331.62	3120.53	1285.95
2005	87477.51	53194.83	33190.70	1091.98	3634.33	3528.23
2006	128206.28	86428.94	39304.10	2473.24	7424.83	4145.82
2007	153881.11	98512.00	53023.25	2345.86	9204.77	4790.57
2008	175657.36	89653.46	80901.93	5101.97	-62.61	8641.16
2009	226959.12	114007.99	107877.45	5073.68	10525.17	8672.22
2010	298234.76	141723.15	149707.01	6804.60	6080.65	9484.24

至 2010 年年底,黑猫股份景德镇基地年产能 9 万吨硬质炭黑、年产能 1 万吨的特种炭黑、年产能 3 万吨的软质炭黑。组建韩城黑猫公司后,新增 4 条年产能 2.5 万吨硬质炭黑生产线和 1 条年产能 2 万吨软质炭黑生产线。组建朝阳黑猫公司后,新增 2 条年产能 2 万吨硬质炭黑生产线和 1 条年产能 2 万吨软质炭黑生产线。组建乌海黑猫公司后,新增 3 条年产能 4 万吨硬质炭黑生产线和 1 条年产能 4 万吨软质炭黑生产线。组建邯郸黑猫公司后,新增 3 条年产能 4 万吨硬质炭黑生产线和 1 条年产能 4 万吨软质炭黑生产线。公司总共有 16 条湿法硬质炭黑生产线,年产能 47 万吨;5 条湿法软质炭黑生产线,年产能 15 万吨;1 条特种炭黑生产线,年产能 1 万吨;1 条 15 万吨/年、1 条 20 万吨/年、2 条 30 万吨/年煤焦油精制生产线,2 条 1000 吨/

年气相法白炭黑生产线。2004—2010 年,炭黑产销量连续 7 年居全国同行业首位,是中国最大的炭黑生产企业。

黑猫股份每年将销售收入的 3% 用于新技术、新产品研发。至 2010 年,先后通过 ISO9001 标准质量管理体系认证、ISO14001 标准环境管理体系认证、GB/T 18001 标准职业健康安全管理体系认证、国际汽车行业 ISO/TS16949 质量管理体系认证。"黑猫炭黑"2003 年、2006 年两次获"江西省名牌产品"称号,多种新产品应用获得重大突破,科技成果屡获国家、省、市殊荣。

化肥生产

江西开门子肥业集团有限公司　是景德镇市焦化工业集团有限公司的全资子公司(简称"开门子肥业"),其产品为复合肥。

1988 年 1 月 28 日,市计委下发《关于成立景焦化工厂的批复》,注册资金 20 万元。1997 年 1 月 18 日,更名为景德镇市复混肥料厂,1998 年 4 月 8 日,更名为江西蓝天复合肥料厂,注册资金 300 万元。2000 年 8 月 9 日,与江西岚山农药厂、景瑜塑料制品有限公司资产重组,设立景德镇市开门子农用化工有限公司,注册资本 900 万元(其中固定资产 450 万元,流动资金 450 万元以存货体现),员工 98 人,其中技术人员 3 人,大专以上学历 4 人,3 家公司合并销售收入 1200 余万元,年亏损数百万元。

2007 年 9 月 24 日,在湖南设立景湘肥业有限公司,注册资本 2000 万元,员工 21 人。2008 年 3 月 5 日和 2010 年 2 月 21 日,分别投产两条生产线,产能达到 25 万吨。7 月 16 日,第二家子公司河南景兰肥业有限公司成立,注册资本 2000 万元,员工 6 人。2009 年 3 月 2 日和 2010 年 6 月 23 日两条生产线分别投产,产能达 35 万吨。

2008 年 7 月 24 日,开门子农资公司成立,位于景德镇市昌江区历尧。主要经营化肥、农资产品销售,注册资本 1000 万元,开门子农资大市场占地 15000 平方米,有仓库 1 万平方米,店面 1000 平方米。2009 年 6 月 4 日,更名为江西开门子肥业有限公司,7 月 13 日更名为江西开门子肥业集团有限公司,注册资本 5000 万元,员工 214 人,其中技术人员 8 人。

2009 年 8 月 6 日,成立贵州双兴矿业有限公司,贵州磷矿拥有含 P2O5 大于 30%、含 MgO 小于 1.5% 的优质磷矿山 2.82 平方公里,已探明储量大于 500 万吨,按年开采 20 万吨可开采 25 年,公司将优质磷矿就地转化为磷酸一铵、磷酸二铵,满足复合肥生产所需的磷肥原料。

开门子肥业依托景焦集团资金、人才、技术等优势迅速崛起。至 2010 年,拥有江西景德镇、湖南湘乡、河南兰考三个复合肥生产基地,贵州贵阳磷矿,景德镇农资公司。开门子肥业主要生产和销售通用型复合肥;专用型的复合肥,包括水稻、小麦、水果等经济作物施用的复合肥;用于销售海外地区的高氮高磷的高效复合肥等。采用喷浆、高塔、氨化造粒等技术,产品配方近 300 种,基本能满足各地区农业生产对各种复合肥的需求。2001 年,通过 ISO9000 质量体系认证,多次被评为全国质量管理先进企业、全国优秀农资企业。其主导产品"鑫森淼""白俄罗"在 2007 年获国家免检资格,"鑫森淼""白俄罗"以及"美佛罗"复合肥连续获得"江西名牌""江西著名商标""江西重点保护产品""江西、河南测土配方指定产品"等称号。在全国建有多个实验示范点、农化服务点。

洎东复合肥厂　位于乐平市后港岭,1995 年由市农资公司开办,以生产复合肥为主。初期几年经济效益一般,1999 年,与中科院南京土壤研究所共同研制开发新型优质高效"施大丰"系列复合肥,当年获利 8 万余元。2000 年,全厂 32 名职工,共产复合肥 1750 吨,完成工业产值 180 万元,亏损 77941 元。2006 年 3 月企业改制后停产,公司注销。

乐平化肥厂　位于乐平市接渡镇邱家山,厂区占地 19.6 万平方米,主产碳酸氢铵,年产能力 4 万吨。80 年代中期生产不景气,到 90 年代初因亏损严重而停产。1993 年,转产皮革、纯碱、凉席。1994 年,购进年产万吨轻质碳酸钙和 5000 吨活性钙设备,并一度将工厂易名景德镇化工原料厂,仍未见起色。1997 年,由景德镇市轻化工业局划归乐平市,企业处于停产状态,500 余名职工均外出自谋职业。

化工化纤原料

江西世龙实业股份有限公司　前身为江西电化精细化工有限责任公司,2003 年 12 月成立。位于乐平市乐安江工业园。是由新世界精细化工投资有限公司、江西大龙实业有限公司、江西电化高科有限责任公司、深圳市致远信息咨询有限公司共同出资组建的中外合资企业,总投资1.45亿元,资产总额3亿元,注册资本7500万元。

2008年2月2日,经商务部批准同意整体改制为外商投资股份有限公司,拥有自营进出口权。主要从事氯碱、氯化亚砜、AC发泡剂、十水碳酸钠等化工产品的生产、销售、研究和开发,形成以氯碱为基础,氯化亚砜、AC发泡剂等精细化工产品为主线的产业链。产品广泛应用于食品、医药、农药、染料、合成树脂、橡胶等领域。氯化亚砜、AC发泡剂均为“江西省高新技术产品”“江西省名牌产品”。2010年,实现销售收入66316万元,工业总产值66115.2万元、利税总额10996.2万元。

华锦蓝天玻璃制品有限公司　是景焦集团控股全资子公司,注册资本6600万元。总占地面积近32万平方米。在九江湖口县设有玻璃输液瓶制造基地,占地面积约7万平方米,在九江设有自己的货运码头,主要产品有低硼硅玻璃药用管、低硼硅玻璃安瓿、低硼硅玻璃管制注射瓶、钠钙玻璃输液瓶等传统药用玻璃包装产品。

组建之前,景德镇市开门子药用玻璃有限公司(曾用名景德镇昌江玻璃厂、景德镇江南玻璃管厂、江西蓝天药用玻璃厂),1991年11月投产安瓿项目,1994年10月玻管炉点火投产,2010年4月电光源1号低铅炉投产。江西蓝天玻璃制品有限公司位于九江湖口地区,前身为江西湖口蓝天药用玻璃厂,2001年12月,通过产权制度改革,买断原湖口钟山玻璃厂全部产权而组建,总资产1.47亿元,同年被推选为中国医药包装协会理事。2009年12月18日,两个公司整合组建华锦蓝天玻璃制品有限责任公司。

江西化纤化工有限公司　原名江西维尼纶厂,位于乐平市塔山,占地122万平方米。初期生产效益不佳,1991年更名江西化纤化工厂,隶属于江西省纺织工业局。主要产品有电石、聚乙烯醇、POY丝、发电;下辖电石、有机、涤纶、热电、水泥等生产分厂。1993年6月8日,总投资1.2亿元,年产4000吨涤纶长丝工程建成投产。1994年1月8日改制为国有独资公司。2001年10月31日,以实物净资产出资,连同其他5位发起人筹建江维高科股份有限公司。

1990年实现利税1949万元,为全省35家重点利税企业第10位;1993年实现利税3070万元,人均创税居全国同行业首位,跻身“全国化纤工业百强企业”行列。“江维”牌聚乙烯醇为省技术监督局重点保护产品,1999年开始向南亚国家出口。2000年7月,公司“江维”牌商标再度评为第四届“江西省著名商标”。2001年1月18日,投资近千万元的涤纶前纺POY扩产工程试运行。8月公司“江维牌”电石、涤纶长丝获“江西名牌产品”称号。

江西电化有限公司　原名江西电化厂,位于乐平市塔山,厂区占地50万平方米。隶属于江西省石油化学工业总公司。主要产品有烧碱、盐酸、液氯、硫酸、AC发泡剂等化工产品。电化公司除塔山本部外,1993年以前还在外地设有两家联营公司和一家中外合资公司,即深圳银珠(新会)塑料制品有限公司、江东塑料公司、江西荣生化学有限公司。

1994年8月,企业推行管理体制改革,分厂向总厂供产销一体化风险抵押承包,企业效益进入省石化厅直属企业前列。企业先后制定32个工作标准、93个管理标准、77个技术标准,形成全面质量管理网络。1998年10月8日,改制为江西电化有限公司。

2000年7月,江西电化有限公司投资100万元,与287名自然人股东组建乐安江化工有限公司。同月,收购乐平发电厂,组建江西华景化工有限公司。

江西电化高科有限公司　2003年5月注册成立,由深圳市中大投资管理有限公司、深圳市招商局科技集团公司、洋浦远景实业有限公司及江西电化有限责任公司等股东公司发起设立的股份制企业,注册资本6970万元,资本总额2.4亿元,电化公司以9万吨烧碱、5000吨氯化亚砜、在建热电厂等资产带负债入股,股本1700万股,占股权比例24%,其他股东现金入股,组建后的公司经营状况良好,当年实现产值14424万元,销售收入13176万元,利税3256万元;热电一期工程顺利完成,两台机组发电正常,热电二期工程按计划开工。

景德镇宏柏化学科技有限公司　1995年,始建于广东省东莞市,是国内首家完成硅新材料循环生产的集团公司,主要产品是硅烷偶联剂,属江西省高新技术企业。基地位于乐平市塔山工业园区内,注册资金2400万美元,占地约20万平方米。公司拥有年产2万吨有机硅产品的生产能力,为全球主要的硅烷系列产品供应商。2010年,实现产值50601万元,主营业务收入48126万元,利税2314万元,上缴税金1646万元。

江西电化精细化工有限公司　2003年2月,江西电化公司与深圳市招商局科技集团公司、上海安盛华实业有限公司等企业合资组建。公司注册资金3700万元,电化公司以2万吨AC发泡剂、5万吨闲置烧碱生产装置等资产带负债入股,股本额为700万元,占股本总额的18%。

第八章　煤炭工业

清同治八年(1869),德国地质学家李希霍芬到鄱阳、乐平等地进行地质考察时,在鸣山矿区采集大量煤炭化石,并著《江西鄱阳湖地带地质》等,论述鸣山矿区含煤时代属晚石炭世,命名为"乐平煤系"。民国2年(1913)至民国5年(1916),沪商谢天锡相继请日本矿师田村、渡边、立川等到鸣山进行井田勘查。民国5年,国民政府资源委员会翁文灏调来钻机勘探。民国14年(1925)至民国22年(1933),刘季辰、王锡藩、黄汲清亦先后到鸣山勘查。分别估计储量为3000万吨左右。民国29年编的《中国矿地产一览表》载,鸣山煤炭埋藏量为3000万吨,可采储量1600万吨。

乐平所属的矿区,位于江西省中北部之萍(乡)—乐(平)拗陷带之东北端,区域出露的地层有:震旦系双桥山群、泥盆系、石炭系壶天群、二叠系阳新组乐平组和长兴组、三叠系大冶组和安源组、侏罗系下统门口山组、白垩系下统以及第四系等。主要含煤岩系有乐平煤系和安源煤系,前者分布于乐平矿区,含B和C两个煤组,均具工业开采价值,后者分布于涌山矿区,其特点是煤系厚度大(最大厚度1074米)含煤层多(多达16层),且大部分具工业开采价值。

根据含煤岩系分布,分为乐平南矿区和乐平北矿区。①乐平南矿区:包括鸣山矿区、桥头丘矿区、钟家山矿区、竹山里矿区、官木岭矿区等5个矿区9个井田。即省属国有鸣山矿、钟家山矿、桥头丘一井、二井;地方国有赵家山矿、叶家源矿、陈家矿和乐港、礼林、后港、接渡、浯口等镇办集体及个体矿。②乐平北矿区:包括涌山桥矿区、兰桥矿区等2个矿区3个井田。即省属国有沿沟矿、仙槎矿、涌山矿、东方红矿;地方国有科山矿和涌山、双田、塔前等镇办集体及个体矿。

1949年以后,国家对乐平煤炭又进行多次勘探。1955年4月,江西乐平地质勘探队(四六五队),在鸣山、桥头丘、官木岭煤区进行普查。1961年,省煤炭工业管理局二二三地质队在鸣山矿区进行补充勘查,并在竹山里普查。之后,湘赣煤田地质会战指挥部江西钻探指挥部在红兴井田(万山)进行勘查;省煤炭局一九五队在涌山桥矿区普查;华东勘探公司第五勘探队在涌山桥矿区进行精查。

1967年,湘赣煤田地质会战指挥部江西钻探指挥部第四工区在涌山桥矿区进行补充精查。1969年,省煤炭工业管理局二二三地质队在涌山桥矿区进行深部补充勘查。1971年和1981年,省煤炭局勘探大队电法队又在鸣山矿区、涌山桥矿区进行普查。

1972年,江西省地矿局915大队在鸣山矿区鸣西井田进行石油普查,探明储量为13641.01万吨,可采储量3875.66万吨。煤炭矿井建设会战全面展开,煤炭开采与矿井生产管理的大型企业——省属乐平矿务局随之成立。80年代,地方国矿和乡镇煤矿不断壮大,景德镇地区的煤矿建设和煤炭开采规模迅速增大。

1985年,江西省矿区地质勘探公司223队在官木岭矿区进行补充地质勘探。经过一系列的勘探,初步探明乐平整个矿区煤炭储量在2亿吨以上,为矿井建设提供了科学依据。2000年11月,江西省矿区地质勘查研究院经过近10年的打钻勘探,编制出《江西省乐平市鸣山矿区西部普查总结》,共获得资源量为3418.91万吨。当年,乐平鸣山矿区灰山井田尚未进行开发,地质储量在100万吨左右。

1985年、1990年、1995年、2000年、2005年、2010年,全市原煤产量分别为:207万吨、219万吨、390万吨、163万吨、158万吨、240万吨。

第一节　煤炭资源

井田地质

地质年代　第四纪(Q)为红土层及冲积砂砾层,厚0~20米,不整合地覆盖各地层之上;侏罗系下统门口山组(J1M)为浅灰色砂岩和灰白、紫红色粉砂岩,平均厚340米左右,在南安煤田、东安煤田有出露。上三迭统安源煤系(T3a):为涌山桥煤田、兰桥煤田、南安煤田和东安煤田主要含煤地层,分别不整合于大冶组(T1d)、长兴组(P2C)、乐平组(P2L)之上。在涌山桥煤田,含煤16层,地层厚600~800米,分四个段。主要可采煤层为五煤、八1煤层,局部可采有一、二、三、四、六、七、八2、十一、十二、十三、十四、十五等煤层,不可采煤层有九、十煤层,每层开采范围及厚度变化很大。在兰桥煤田,局部可采的有二、三1、三2、五等煤层、煤系地层厚度200米左右,在南安煤田4层,只有二煤层可采,煤系地层厚度300米左右。

三迭纪大治灰岩(T1D);分布于涌山桥煤田、兰桥煤田、南安煤田和东安煤田。

上二迭纪长兴组(P2C)灰岩:本层分布很广,一般厚度120~140米,与乐平煤系整合接触;上二迭纪乐平煤系(P2L):主要分布于鸣山区。总厚度200~570米不等。自上而下依次为王潘里段(P2L5)厚20~40米、狮子山段(P2L4)、老山段(P2L3)含煤B组(B3、B4、B5)地层厚度100~150米(涌山桥矿区沿沟井田含有B4煤层)、官山段(P2L1—2)地层厚60~120米,局部地层厚不到20米,离灰岩很近。

二迭纪下统鸣山灰岩(P1M)。石炭纪出露于涌山桥区,厚度30~50米;前震旦纪本系为变质岩,厚度不详。

地质构造　乐平矿区地处萍乐坳陷的东北部,为浮东褶皱带,区域构造为向背斜相连,褶皱呈长条状,相互平行,构造线方向为N400—600E,向斜部分为含煤系分布地带,此特点对普查找炭具有重要意义。矿区地质构造:皱褶自南向北有横路—涌山向斜、兰桥—柳家湾单斜、龙塘—景德镇单斜;断层走向北东,倾向北西,叠瓦式逆冲断层、断裂带附近常有燕山期岩分布,对煤层的变质程度有很大的影响。区内各煤田地质构造自西南而东北,主要发育有:

涌山桥煤田。为一不完整的向斜构造,轴走向N450~500E。自西向东逐渐向北偏转,略呈弧形,西北翌被F8逆冲断层组切割破坏,南翼保持较完整,地层走向N500~750E,倾角由西向东变缓为850~450,西部局部倒转。东部1~5煤层缺失。主要断层有F8、F1、F3、F4、F24-25等近走向逆断层。

兰桥煤田。为一狭长的单斜构造,即兰桥—柳家湾单斜,地层走向为N450~500E、倾向NW。断裂构造以走向青瓦式逆冲断层为主。

南安煤田:总体构选为一走向NE,倾向NW的单斜构造,地层产状较陡,催角在450以上、被走向逆冲断层F1、F2切割破坏,为一较复杂的单科构造。

东安煤田。受断裂构造破坏,为单斜构造,岩层走向NE,倾向NW。地层产状较陡,倾角在500以上。区内有4条断层,其中逆断层2条(F1、F2),平移断层2条(F3、F4)。矿区内各煤田有火成岩分布、局部见有燕山期的中酸性侵入岩。多呈岩脉、岩墙、岩株产出。对大部分煤层开采无影响。

煤层特征　浮某县煤炭矿区含煤地层为安源组。为过渡相、陆相含煤碎屑沉积,下段厚0~164米,中段厚30.5~300米,上段厚175.7~609.7米。安源组以涌山桥煤田含煤最好、煤层较多,但煤层结构复杂。

涌山桥煤田的开采对象主要为安源煤球煤层。含煤16层,其中主要可采煤层为五、八1煤层,大部或局部可采12层,九、十煤层不可采、煤层平均总厚度18.5~25米,地层总厚度350~720米。还有乐平煤系B煤组的B4煤层,煤层较稳定,煤厚1.3米左右。

兰桥煤田开采安源煤系煤层,共含煤8层。其中局部可采煤层4层(二、三1、三2、五等煤层),煤层不稳定,可采煤层平均总厚度4.2米。

南安煤田开采安源煤系煤层,含煤4层,只有1层可采,即D2煤层,煤层较稳定,煤厚1.5米左右。

东安煤田开采安源煤系煤层,含煤7层,只有1层可采,即三煤,煤层不稳定,煤厚1.3米左右。

矿藏储备

煤炭储量　乐平矿区储量。1986年，乐平矿务局辖区探明储量2899.4万吨，可采储量768.4万吨。经过25年的开采和勘探，至2010年，累计探明储量为13641.01万吨，其中可采储量为3795.6万吨。

表16－8－1　　**2010年景德镇市煤炭资源储量统计表**　　单位：万吨

单位	储量级别及类型	保有储量	合计	累计探明储量	可采储量
乐平矿务局	122b	2527.51	8401.82	13641.01	3795.6
	331	213.7			
	332	202.92			
	333	5457.69			
沿沟煤矿	122b	928.79	3076.6	4764.32	1590.46
	332	—			
	333	2147.81			
涌山煤矿	122b	781.52	2420.13	3717.55	802.43
	332	5.1			
	333	1633.51			
仙槎煤业	122b	79.4	194.3	1363.84	121.68
	332	5.3			
	333	109.6			
东方红煤矿	122b	17	64.6	92.2	50.1
	332	—			
	333	47.6			
鸣山矿业	122b	720.8	720.8	1777.7	229.4
	332	—			
	333	—			
新鸣煤业	331	213.7	1925.39	1925.39	1001.53
	332	192.52			
	333	1519.17			

浮梁矿区储量。2004年5月11日，浮梁县政府发布《浮梁县矿产资源总体规划(2001—2010)》确定优势矿产有煤炭、陶土等6种。其中煤炭保有储量为4627.6万吨，生产能为62.3万吨，实际产量22.94万吨，经济储量598.5万吨，资源回采率80%。

表 16－8－2 **2007 年浮梁县矿区煤炭储量/资源量情况统计表**

矿区名称	勘探区名称	地质资源量(百万吨)		
		地质资源量(A＋B＋C＋D)	找煤、预测资源量(含表外)	合计
涌山桥矿区	金家山矿区	0.96	1.0	1.96
	洪冲坞矿区(B4 煤)	0.29	1.80	2.09
兰桥矿区	塘坞矿区	0.5	1.0	1.5
	朱溪矿区	—	2.0	2.0
南安矿区	北安矿区	2.3489	—	2.3489
东安矿区	东安矿区	0.14	0.95	1.09
总计	—	4.2389	6.75	10.9889

表 16－8－3 **2007 年浮梁县矿区煤炭资源开发利用情况统计表**

煤矿名称	乡镇	矿区面积(平方千米)	主要煤层	开拓方式	生产水平(米)	保有储量(千吨)	产能(千吨/年)	服务年限(年)
仙涌煤矿	寿安镇	0.0313	B4	斜井	－150	194.9	30	3.5
仙红煤矿		0.0227	B4	斜井	－80	186	30	3.2
窑坞煤矿		0.0586	13#	斜井	＋18	201	30	3.2
仙林煤矿		0.1208	十三十四上、十五	斜井	＋8	156	30	2.6
东安煤矿	湘湖镇	0.1906	B4	斜井－平硐	＋60	134.67	30	2.3
合计	—	0.424	—	—	—	872.57	150	—

表 16－8－4 **2007 年浮梁县乡镇合法煤矿开采情况统计表**

乡镇名称	煤矿名称	生产规模(千吨/年)	矿区采点坐标、可采标高	矿区面积(平方千米)	保有储量(千吨)	开拓方式
寿安镇	仙涌煤矿	30	1:3231823,39534872;2:3231708,39534759;3:3231521,39534884;4:3231602,39534961;5:3231771,39534906;开采标高－73—－200 米。	0.0313	194.9	斜井
	仙红煤矿	30	1:3231874,39535035;2:3231796,39534905;3:3231668,39534985;4:3231774,39535120;开采标高＋50—－200 米。	0.0227	186	斜井
	窑坞煤矿	30	1:3231986,39534282;2:3232090,39534440;3:3232346,39534630;4:3232488,39534488;5:3232096,39534098;6:3232024,39534162;开采标高＋50—－100 米。	0.0586	201	斜井
	仙林煤矿	30	1:3232650,39535200;2:3232818,39535060;3:3232515,39534500;4:3232397,39534667;开采标高＋55—－80 米。	0.1208	156	斜井
湘湖镇	东安煤矿	30	1:3239800,39542610;2:3240000,39541450;3:3239775,39541455;4:3239695,39542605;开采标高＋97—－40 米。	0.1906	134.67	斜井
合计	—	150	—	0.424	872.57	—

煤岩类型与煤质　乐平煤质分南北两大煤系，南部煤系（鸣山井田、鸣西井田、桥头丘井田、万山井田、钟家山井田）不论 B、C 煤组都属暗淡至半亮型。B 组煤成块率较 C 组煤为大，硬度一般较大。B3 煤一般为中灰、高硫、低磷、中高—高发热量的气肥煤，具有较强的黏结性，焦油率很高，可作为动力用煤，新工艺炼油、炼焦配煤。C 组煤一般为高灰、高硫、特低磷、中发热量的长焰煤，有害成分中砷含量较高，不宜用作食品工业燃烧用煤，可作民用燃料、动力用煤、炼油等。

其指标特征是：灰分低（10% ~25%），挥发份高（40% ~65%），发热量高（6000 ~ 7800 大卡/kg），具有较强的黏结性，焦油率很高，适于新工艺炼油、炼焦配煤、发电或可作为其他工业动力用煤。

鸣山煤矿的煤用刀可以劈开，可劈成很薄的一片，用一根火柴可以点燃。

北部煤系（仙槎井田、沿沟井田、涌山井田）各煤层以光亮至半亮型煤为主，具玻璃光泽，容重 1.32 ~ 1.86，性脆易碎呈粉末状。中低硫，特低磷煤。煤的变质程度沿走向自东而西逐渐加深，沿倾向由浅入深逐渐升高，呈规律分布。为焦煤、贫瘦煤、无烟煤，适合工业和生活等多种用途。

在兰桥、东安煤田。煤质为高灰、低发热量的无烟煤，可供矸石电厂发电，或经洗选加工供民用。

南安煤田。D2 煤层为低硫、中灰、中高发热量的无烟煤（01 号），煤层视密度 1.72 ~ 1.98，平均 1.86。

表 16 -8 -5　　**景德镇矿区主要可采煤层煤质特征一览表**

煤田名称	煤层名称	煤种	水分 Mt(%)	灰分 Ad(%)	挥发分 Vdaf(%)	硫分 Std(%)	磷分 Pd(%)	发热量 Qnet. ar (MJ/kg)	胶质层厚度 Y(毫米)
涌山桥区	十五	SM	1.09	24.8	24.8	0.3	0.11	26.70	12
	十四	SM	0.97	27.5	—	—	—	23.20	11.5
	十三	PS	1.1	23.1	13.5	0.53	0.02	27.80	—
	十二	PS	1.15	25.4	15.7	0.61	—	25.80	—
	十一	PS	1.2	26.9	15.8	0.8	0.05	27.38	—
涌山桥区	十	PM	1.18	29.5	15.2	0.94	0.02	22.44	—
	九	PM	1.16	25.5	16.2	0.84	0.04	26.35	—
	八2	PM	1.37	24.2	17.9	0.84	0.02	25.16	—
	八1	PM	1.57	17.3	14.6	0.55	0.02	28.20	—
	七	PM	1.3	25.7	14.5	0.91	0.03	24.83	—
	六	PM	1.02	28.9	23.4	1.19	0.03	23.56	—
	五	WY	2.21	28.9	8.67	0.43	0.05	23.86	—
	四	WY	2.25	23.3	7.57	0.67	0.09	27.23	—
	三	WY	3.49	25.8	7.59	0.5	0.07	24.32	—
	二	WY	1.45	18.5	6.99	0.8	0.01	27.82	—
	一	WY	1.2	28.8	8.4	0.65	0.07	23.88	
鸣山区	C9	CY	1.76	31.4	40.8	6.22	0.01	20.67	12
	B3	QF	1.10	16.3	53.6	2.37	0.02	27.98	32
南安	D2	WY	5.05	21.2	2.63	0.4	—	25.9	—
东安	三	WY	0.58	47.96	10.40	—	—	14.6	—

煤层气　乐平煤田内瓦斯含量较高,瓦斯资源为25.171亿立方米。1980年起,乐平矿区在涌山、沿沟、仙槎煤矿抽放瓦斯,年最大抽放量107.67万立方米,甲烷浓度为15%~20%。

第二节　国有矿井建设与生产

矿井建设

鸣山煤矿　1986年,鸣山立井改扩建,立井—暗斜井开拓,延深立井至三水平(二水平-300米,三水平-450米)。2002年,鸣山煤矿破产,2003年,改制重组为鸣山矿业有限公司。

钟家山煤矿　1986年,钟家山煤矿河东井尚正常生产,并保持连年超产。1988年12月,因资源枯竭,省煤炭厅批复钟家山河东立井报废。

桥头丘煤矿　1986年,桥头丘煤矿生产能力为15万吨。1989年,产量最高达19.13万吨。2000年5月12日,由于矿井资源枯竭停产,9月底闭井。

万山煤矿(又称桥头丘二井)　生产能力为9万吨。1991年4月,乐平矿务局核销桥头丘二井生产能力。随桥头丘煤矿破产而停止采掘。

2010年,乐平矿务局控股的新鸣煤业办大楼及广场

沿沟煤矿(原称涌山一号井)　1986年,为平硐—暗斜井开拓,华东煤矿设计院设计,设计年生产能力30万吨。2003年,进行沿涌深部机械化技术改造,由武汉煤矿设计院设计,设计能力年产90万吨,2006年10月投产。2009年破产重组。

仙槎煤矿(原称涌山二号井)　1986年,年生产能力为30吨,1990年,核定年生产能力为25万吨。2002年8月,破产改制重组为"仙槎煤业有限公司"。

涌山煤矿(原称涌山三号井)　1986年,年生产能力为30万吨。1990年,核定年生产能力为25万吨。2002年8月,破产改制重组。

东方红煤矿　1986年2月,省煤炭厅将乐平县东方红煤矿合并,划给乐平矿务局沿沟煤矿管理。1987年,乐平矿务局正式下文决定将沿沟煤矿托管的东方红煤矿分离由乐平矿务局直属管理。2002年,矿井进行技术改造,年生产能力达15万吨。2009年6月,矿井破产重组。

鸣西煤业有限公司　由武汉煤矿设计院设计。2006年,省国土资源厅作划定矿区范围批复,开采深度由56米至-1000米标高。矿区面积16.1037平方千米,地质储量合计1925.4万吨,可采储量1001万吨。规划年生产能力30万吨,预计服务年限30年。2007年7月,省煤炭集团公司分别作"关于乐平矿务局投资开发鸣西井田的立项批复"和"关于成立江西新鸣煤业有限责任公司有关问题的批复"。2008年9月开工建设。

采区巷道布置

缓倾煤层开采　1989年,桥头丘煤矿在倾斜煤层中采用走向长壁采煤法,并使用单体液压支柱支护。1990—1994年,仙槎煤矿在十五煤靠向斜轴部也采用走向长壁全部陷落采煤法,工作面斜长20~35米,使用单体液压支柱支护。

厚煤层走向长壁倾斜分层开采。鸣山煤矿在相当长一段时间里对3.5米以上,煤层开采大多采取采2.2米放顶煤开采。20世纪80年代中期,乐平矿务局严格规定煤厚3.5米以上必须进行分层开采,第一分层采高2.2米,随采随铺荆笆或竹笆和地梁(半圆木,以作下分层顶梁),采空区灌注黄泥浆以形成再生顶板。一般半年以后方可采第二分层。

急倾斜煤层开采　1986年,乐平仙槎煤矿、沿沟煤矿为急倾斜煤层群,涌山煤矿则将急倾斜煤层天眼改为伪倾斜集中底板上山布置,有利于巷道维护。1996 年,沿沟煤矿转入 -270 米水平生产时,唐根友、毕润生等设计,对 21、22 采区均采取分组底板岩巷联合集中布置方式,采区走向长度加长到 1200 ~ 1600 米,采区阶段高为 55 ~ 60 米分煤组联合开采。该集中联合开采布置方式获得省煤炭厅煤炭科技革新成果二等奖。

矿井技术改造

合并生产　1986 年 2 月,为妥善处理涌山地区大小井安全生产问题,省煤炭厅根据景德镇市政府意见,同意将乐平县东方红煤矿合并给乐平矿务局沿沟煤矿管理。1987 年 6 月 29 日,乐平矿务局将沿沟煤矿托管的东方红煤矿纳入矿务局直属管理,对东方红煤矿进行技术改造。1991 年,生产能力由 3 万吨提高到 6 万吨。1997 年,先后多次调整沿沟矿和东方红矿各煤层开采界限,2003 年又对东方红矿进行改扩建。2 月,组建"沿沟和涌山煤矿机械化改造工程项目部"。4 月,乐平矿务局考虑在深部将沿沟和涌山 2 矿合并开采,形成规模效益。由江西煤矿设计院与北京煤科院编制可行性报告,由武汉设计院编制设计文件,列入国家重点技改项目,在沿沟另凿一对深井。5 月 8 日,沿涌隧道项目正式开工,8 月 5 日贯通,全长 282.8 米。12 月 29 日,项目主体工程开工,主、副立井分别由湖南涟邵建工集团和江西矿建公司承建(主井筒直径 5 米,副井筒直径 6 米),建井时采用大抓、伞抓、整体滑模等较先进工艺,并分别取得月成井 120.4 米、102.8 米的好成绩。其中 58 米井架重 356 吨一次安装定位,成功采取整体吊装。

2004 年 9 月,原东方红煤矿西风井关停(此前既为东方红煤矿生产井又为通风井,以确保沿沟机械化改造工程顺利进行。2005 年 4 月 20 日改作东方红煤矿西风井),完成东方红煤矿工业广场和主提升移位工程(迁至东方红煤矿技改井)。2006 年 10 月 9 日,沿沟煤矿 58 米井投产。

挖潜改造　至 1986 年,矿井开拓延深和挖潜改造,主要矿井累计进行 13 次水平延深。各矿井生产水平分别是沿沟煤矿 -475 米(-120 -270 -475 即三水平)、仙槎煤业 -500 米(-120 -270 -400/ -500 即四水平)、涌山矿 -475 米(-120 -270 -475 即三水平)、东方红矿 -210 米(±0 -120 -160/ -250 即四水平)。

1988 年,鸣山煤矿回采工作面首次使用单体液压支柱。1989 年,桥头丘煤矿在倾斜煤层中也成功使用单体液压支柱。

1990 年 7 月 21 日,乐平矿务局向省煤炭厅呈报"鸣山煤矿矿井技术改造及四水平(-150 米 ~ -600 米)延深初步设计",以解决鸣山暗斜井维护难和解放井筒压煤问题。9 月 7 日获同意批复,技改总费用 884.61 万元。1993 年 10 月,项目获省煤炭科技进步二等奖。1996 年,沿沟矿转入 -270 米水平生产时,21、22 采区设计均采取分组底板岩巷联合集中布置方式,采区走向长度加长到 1200 ~ 1600 米,采区阶段高为 55 ~ 60 米分煤组联合开采。

1997 年 12 月,在省煤炭厅确定沿沟煤矿与仙槎煤矿矿界后,乐平矿务局将省煤炭厅确定的下煤组七 2、八 1、八 2、九 1、十 5 层煤深部边界定为 -400 米煤层底板等高线,延长仙槎煤矿矿井寿命。

2001 年 10 月,沿沟煤矿原西风井通过国债资金,改造淘汰原轴流风机,改为对旋 BDK -8 - NO23 风机,抽风量达 4200 ~ 6500 立方米/分,满足矿井深部通风需要,其他各矿也陆续进行改造。

采煤方法

落煤　1990 年 12 月,鸣山煤矿长壁采煤工作面使用毫秒雷管分段爆破落煤,采取 MFB -2 型发爆器(50 发)放炮、单体液压支柱、三采三准作业(即一日三班,各班都有采煤和放顶准备的工序),提高了工作面生产效率。

2001 年 11 月,乐平矿务局在涌山煤矿召开采煤方法研讨会,推行柔性掩护支架采煤法。2002 年 4 月,涌山煤矿率先在 22602 采面试验"八字型"柔性掩护支架采煤法,这是乐平矿务局改革延续 30 年的斜切爆破采煤方法后第一个正规采煤方法。10 月,沿沟煤矿引进四川南桐矿务局四边形俯伪斜钢梁柔性掩护支架采煤方法,开采 45 度倾角以上的厚、薄煤层,并全面推广到急倾斜煤层开采中。是年,乐平矿务局制定《伪倾斜柔性掩护支架采煤法实施技术规定(试行)》,规范采煤方法。

装煤与运煤　斜毛峒(采煤毛峒)按溜煤坡度掘进,一般为 25 度,经过铺设搪瓷溜槽,煤溜至顺槽,通过刮板运输机运至煤眼到大巷装车。

1986年,各矿井使用GS-11型刮板运输机,采区顺槽运输。1988年12月,逐步更换为SGB-20B型刮板运输机,1996年8月起开始使用SGB-30型刮板运输机。1995年10月,沿沟煤矿率先在采区阶段运输石门和运输顺槽逐步使用胶带运输机,之后各矿推广使用。

支架与放顶　1987年6月,鸣山煤矿首次推广单体液压支柱,以后全面铺开并使用拔柱器;桥头丘煤矿在倾斜煤层中也成功使用单体支柱液压支柱。1990年7月至1994年4月,仙槎煤矿在接近矿井向斜轴部平均倾角15~22度的15#煤层使用单体液压支柱,在顶板管理技术上由传统的密集支柱(单排)、对柱、丛柱等切顶支柱发展到无密集切顶,在端头支护上采用9#、11#工字钢梁、型梁等支护,此方法在倾斜、缓倾斜煤层中得到广泛使用。

第三节　煤矿装备

矿山供电

地面供电　1986年,乐平矿务局各矿均由乐平发电厂以35千伏电压供电。是年,沿沟煤矿在35千伏沿沟变电站上方新建一座6千伏变电所。

1989年,由于涌山地区矿井的规模扩大,加之沿沟、涌山、仙槎等矿井井下水量很大,造成用电负荷急剧增长,乐平矿务局以国家拨改贷资金在东方红煤矿附近兴建一座由银坑坞至涌山35千伏变电站。主供电源线“银东线”全长17千米,导线LGJ-185;备用电源线路为黄涌线。主变容量1×8000+1×12500千伏安。1990年投运,1993年雨季Pmax为12000千瓦。1994年雨季Pmax达到13000千瓦。

1995年,乐平矿务局将原沿沟矿6千伏变电所改扩建为35千伏变电站(沿沟分站),分担东方红变电站雨季负荷,并从东方红变电站架设35千伏专线“东沿线”,长1.68千米,主变容量6300千伏安,仅在雨季供仙槎煤矿和沿沟煤矿潜泵使用。1998年,从乐平市供电局沿沟变电站馈出一回路至沿沟分站,在沿沟分站主变停运时给乐矿水泥厂供电,雨季用电高峰时可保沿沟矿大潜泵用电。2002年,市供电局在涌山建造1座110千伏的变电站,从根本上解决东方红变电站一条半电源线路的弊端,2002年和2003年架设涌东Ⅰ线和涌东Ⅱ线,保证乐平矿务局北部供电的可靠性。

2004年,结合沿涌深部井供电系统的改造,将东方红变电站更换下来的12500千伏安变压器安装到沿沟分站,并将黄涌线从东方红变电站改接沿沟分站,形成沿沟分站双电源、双变压器、二段母线供电。

2005年,乐平矿务局将东方红变电站常规继保护改造为微机综合自动化保护,同时将东方红变电站油断路器改造为真空断路器,提高供电的稳定性和可靠性。

2006年,沿沟分站6300千伏安变压器更换为8000千伏安有载调压变压器。乐平矿务局北部基本形成两个独立、可靠的35千伏变电站,并可互为备用,2008年2月,遭遇罕见的冰雪灾害,景涌线出现倒塔断线事故,北部矿区仍然正常供电。

井下供电　1986年,乐平矿务局各矿井生产水平,均设有中央变电所。新水平生产时,新水平中央变电所一般替代上一水平中央变电所。井下6千伏双电源供电,由中央变电所馈出6千伏电源(双回路)向采区变电所供电。各采区变电所均配备有两台以上矿用变压器。降至660伏后向各配电点、局部扇风机供电。

1990年始,试用BGP系列高压真空防爆配电装置,1995年,逐步采用高压交联铜芯电缆,至2006年共更换一万多米。

2002年开始,对井下低压供电设备逐步采用真空防爆开关。2003年,建立完善的高压漏电选择性保护装置。2005年开始,全局井下逐步采用干式防爆变压器替换原油浸式矿用一般型变压器。2006年1月,涌山煤业将-270米中央变电所内所有PB2-6型高压隔爆开关全部更新为KGSI型系列高压真空隔爆开关。

至2007年年底共更换高压真空防爆配电装置100多台。干式防爆变压器共更换50多台,KGSI型系列高压真空隔爆开关共更换400多台,供电设备全部实现真空化。采区变电所全部实现无油化。

提升与运输

井下提升　1991年,乐平矿务局对各矿副井提升绞车全部进行控制系统改造,增加动力制动系统。2004年,逐步将各矿主提升绞车角移式制动闸改造成为液压弹簧制动装置。沿沟矿业公司立井采用先进的摩擦轮绞车及PLC电控系统。是年,各矿斜井(下山)防跑车装置安装由连云港市双星科技研究所生产的SRC－102型跑车捕捉器(雷达捕捉器),替换自制的阻车器和挡车栏。当矿车运行速度达到3.6米/秒时雷达捕捉器立即动作,直径24毫米的钢丝绳网立即动作捕捉住矿车。

1994年,鸣山矿技改完成后－150米水平暗斜井主绞型号为KJ2×3×1.5D(洛阳矿山机械厂制造、由桥头丘煤矿地面绞车房拆装),串车提升。

沿沟煤矿＋76主副井绞车均为KJ2×2.5×1.2D－20,主井专提煤,一吨矿车双钩串车提升。副井为双钩串车,提人、提矸,人车型号为XRC－10。2006年改扩建,为立井提升。主井装备有钢丝绳罐9吨双箕斗,地面及－505米。自动装卸载系统,橹式钢构58米高井架及与副井筒同型号绞车。其中58米高井架(重356吨)安装时采取整体吊装一次定位,创江南第一高井架一次安装定位的成绩。副井主要装备有方钢罐道、玻璃钢梯子间,4趟直径377毫米排水管,4趟3×185毫米电缆,一宽一窄两罐笼,井上下液压自动进罐系统,橹式钢构29米高井架,4绳摩擦轮绞车JKMD－2.8x4(I)E。

仙槎煤矿改扩建以后,地面主井绞车型号为XKT2×2×2.5×1.2B－20(洛阳矿山机械厂制造),一吨矿车双钩混合提升。平峒副井绞车为俄式2000/1020。人车型号为XRB8－6/4(3节24人)。仙槎矿延深到－400米水平后在32采区下山第一次使用无极绳运送人员(即猴子车)。

涌山煤矿建成投产时,地面主井绞车型号为2JK2.5×1.2A－20(洛阳矿山机械厂制造)双钩串车专提煤。副井绞车为俄式2500/1220－2A,双钩混合提升,人车型号为XRC－10(2节20人)。涌山煤矿三水平暗斜井副井为混合提升,为单钩提升,主井为双钩提升。副井绞车型号为JKB－2型,主井绞车型号为JKB－2×1。2部绞车都是变频绞车,采用的是日本三菱公司研制的PLC控制系统。2004年9月,东方红煤矿技改井在地面安装1台JY2.0/1.8液压绞车。

表16－8－6　**2007年乐平矿务局主要提升装备情况表**　单位:千瓦、米、万吨/年

矿井及井筒名称		提升设备型号	制造厂家	电机型号	功率	提升容器	提升内容	斜井倾角	提升长度(或垂深)	年提升能力	说明
沿沟煤矿	主立井	JKMD2.8×4	洛阳	—	700	箕斗	9吨	—	600	90	—
	副立井	JKMD2.8×4	洛阳	—	800	罐笼	—	—	600	—	—
	主斜井	JK2×2.5×1.2D－20	—	JRQ148－8	240	3KC－1.1	双钩串车	250	818.7	38.4	基本不用
	副斜井	JK2×2.5×1.2D－20	—	JRQ147－8	200	XRC12－6/6	斜井人车	250	818.7	25	基本不用
仙槎煤矿	主井	XKT2×2.5×1.2B－20	洛阳	高压	—	—	—	—	810	—	—
	副井	2BM2000/1020	洛阳	低压	185	3KC－1.1	双钩串车	250	810	—	—
	地面主井	JK2×2.5×1.2D－20	洛阳机械厂	JRQ1410－10	200	3KC－1.1	双钩串车	250	757.2	33.6	—
	地面副井	2Б2.500/1200－2A	洛阳机械厂	JRQ1410－10	200	XRC12－6/6	斜井人车	250	757.2	33.76	—
涌山煤矿	三水平主井	2JDK－2×1	株洲力达	—	185	3KC－1.1	双钩串车	250	205(垂)	30	660伏
	三水平副井	JKD－2	竟州	—	185	XRC12－6/6	斜井人车	250	205(垂)	—	660伏

续表 16－8－6

矿井及井筒名称		提升设备型号	制造厂家	电机型号	功率	提升容器	提升内容	斜井倾角	提升长度(或垂深)	年提升能力	说明
东方红煤矿	地面技改井	JKY2.0/1.8	株洲力达	NJM－E12.5	220	3KC－1.1	单钩串车	25—300	675	—	液压马达二台上 25，下 30
	地面主井	JST1200/1030	贵阳矿山	JR115－6	75	3KC－1.1	单钩串车	300	417.2	6.58	—

井下运输　1986 年，乐平矿务局各采区掘进工作面及部分开拓面运输使用 8 千克/米轻轨，采区运料轨道上下山一律采用 15 千克/米(或 11 千克/米)轨道绞车提升。从 90 年代起，逐步改为使用 SGB－30B 型刮板运输机。1995 年 10 月，沿沟煤矿在 22 采区－170 米运输石门和运输平巷首次采用胶带运输机运输。此后，仙槎煤矿、鸣山煤矿运输顺槽或运煤上山也先后用胶带运输机，沿沟煤矿在运输顺槽还安装使用单轨吊运送材料。2005 年，逐步以 JTB 型绞车更换 JD 调度绞车。

1986 年，除沿沟煤矿改扩建以后，生产水平采用 3 吨底卸式矿车，将煤卸到箕斗煤仓然后提升到地面，3 吨底卸式矿车不出井口以外，其他各矿均采用 1 吨矿车(东方红煤矿尚有部分 0.75 吨矿车)。

通风压风

矿井通风　1986 年，沿沟煤矿矿井采用两翼对角式抽出式通风，2 个进风井，2 个回风井，其中主、副立井为主要进风井，五路岭风井和西风井为回风井，五路岭风井主要担负 25 采区回风，西风井主要担负 30、31、32、36 采区回风。年矿井通风能力核定产量为 60 万吨/年。

涌山煤矿矿井采用中央分列式通风，主、副斜井进风，中风井回风。矿井通风能力核定为 32.6 万吨/年。

仙槎煤业采用两翼对角式通风，2 个风井(即东风井和西风井)各安装 2 台主要通风机。采区有专用回风巷，通风能力能满足矿井生产要求。矿井通风能力核定为 25 万吨/年。

东方红矿矿井为两翼对角式通风，西风井担负－210、－250 米水平各工作面的通风；中央风井担负－100 米水平各工作面的通风。西风井总回风量 1852 立方米/分，负压 1150 帕斯卡，等积孔 1.04 平方米。

2001 年 10 月，沿沟煤矿利用国债资金对原西风井进行改造，淘汰原轴流风机，改为旋 BDK－8－№23 风机，抽风量达 4200～6500 立方米/分。

局部通风　1986 年，乐平矿区煤矿尚用 JBT－51 系列局部通风机，局扇容量大多在 4 千瓦、5.5 千瓦、11 千瓦、28 千瓦。90 年代，开始更新为高效节能的对旋式风机。2000 年后大量使用 BDJ60、BKY60 系列对旋式局部通风机。

表 16－8－7　**2007 年乐平矿务局局部通风扇使用情况表**

矿井名称	型号	功率(千瓦)	额定风量(立方米/分钟)	数量(台)	生产厂家
沿沟煤矿	BDJ60－5.6	11×2	343～171	5	山东岳尔风机公司
	BKY60　2×7.5D	7.5×2	235～170	10	萍乡南方煤机厂
	2BKJ－№5.0	7.5×2	300～180	10	萍乡南方煤机厂
	BDJ60－5	5.5×2	200～115	12	山东岳尔风机公司
	BKY60－5	5	135～90	10	湖南湘潭防爆电器厂

续表 16－8－7

矿井名称	型号	功率（千瓦）	额定风量（立方米/分钟）	数量（台）	生产厂家
涌山煤矿	BDJ60－5.6	11×2	343～171	3	山东岳尔风机公司 萍乡南方煤机厂 湖南湘潭防爆电器厂
	BKY60　2×7.5D	7.5×2	235～170	6	
	2BKJ－№5.0	7.5×2	300～180	6	
	BDJ60－5	5.5×2	200～115	8	
	BKY60－5	5	135～90	5	
仙槎煤矿	BDJ60－5.6	11×2	343～171	1	山东岳尔风机公司 萍乡南方煤机厂 湖南湘潭防爆电器厂
	BKY60　2×7.5D	7.5×2	235～171	7	
	2BKJ－№5.0	7.5×2	300～180	9	
	BDJ60－5	5.5×2	200～115	9	
	BKY60－5	5	135～90	2	
东方红煤矿	BKY60　2×7.5D	2×7.5	235～170	3	山东岳尔风机公司 萍乡南方煤机厂 湖南湘潭防爆电器厂
	BDJ60－5	2×5.5	200～115	4	
	BKY60－5	5	135～90	8	

压风设备　1986 年，乐平矿务局压风设备均使用国产各种规格 L 型新式空气压缩机。

2003 年后，乐平矿务局率先将螺杆式空气压机引入到矿井压气系统，随后，这种运行平稳、噪音低，结构简单、高效节能空气压缩机再逐步推广。

鸣山煤矿共有 5 台空气压缩机，其中 2 台型号为 3L－10/8，排气量 10 立方米/分；3 台型号为 4l－20/8，排气量为 21.5 立方米/分。移交生产时共有 6 台空气压缩机，其型号均为 4L－20/8，排气量为 21.5 立方米/分。

仙槎煤矿共有 5 台空气压缩机，型号均为 4L－20/8，排气量为 21.5 立方米/分。2004 年，购进 2 台螺杆式压风机，更换 2 台活塞机；涌山煤矿共有 4 台气体压缩机，其型号均为 4L－20/8，排气量均为 21.5 立方米/分。2003 年 11 月，新装 L－20/8－X 型压风机起动装置为自藕式起动，电动机也由绕线式改为鼠笼式。

东方红煤矿均为小型移动式空气压缩机，排气量为 2 立方米/分。1989 年，从关闭的钟家山煤矿调来 1 台型号为 3L－10/8，排气量为 10 立方米/分的空气压缩机。2005 年 5 月，在原主井地面建立压风机房，增加空气压缩机 LGFD110/015J11D 千瓦 2 台。

表 16－8－8　**2007 年乐平矿务局主要压风设备装备情况表**

矿井名称	安装时间	型号	数量（台）	风量（立方米/分）	压力（千克/平方米）	电机型号	功率（千瓦）	厂家
沿沟煤矿老井	—	L42/7	1	40	7	TKD2－99/30－10	250	南京压缩机厂
沿沟煤矿老井	—	L22/7	1	22	7	JR127－8	130	江西空气压缩机公司
沿沟煤矿老井	1967	L22/7	1	20.5	8	JR127－8	130	江西空气压缩机公司
沿沟煤矿老井	1990	L22/7	1	20.5	8	JR127－8	130	江西空气压缩机公司
沿沟煤矿老井	1990	L22/7	1	20.5	8	JR127－8	130	江西空气压缩机公司

续表 16-8-8

矿井名称	安装时间	型号	数量(台)	风量(立方米/分)	压力(千克/平方米)	电机型号	功率(千瓦)	厂家
沿沟煤矿新井	2005	LGFD-37/7	3	40	7	—	250	无锡压缩机公司
仙槎煤矿	1973—1985	4L-20/8	3	21.5	8	JR127-8	130	江西空气压缩机公司
仙槎煤矿	2004	LGFD-15/8-X	2	20	8	配套	110	无锡压缩机公司
涌山煤矿	1967—1971	4L-20/8	3	21.5	8	JR127-8	130	江空
涌山煤矿	2004	4L-20/8-X	3	22	7	Y315M2-8	132	无锡压缩机公司
东方红煤矿	2004	LGFD-15/8-X	1	20	8	配套	110	无锡压缩机公司
东方红煤矿	2005	4L-20/8-X	1	22	7	Y315M2-8	132	无锡压缩机公司

排水设备

东方红煤矿 1992年,为改善偏酸性水的排水能力,东方红煤矿安装2趟直径125毫米玻璃钢排水管,为乐平矿务局第一次使用固定式玻璃钢排水管。此后,在仙槎煤矿、沿沟煤矿矿井抢排中多次使用玻璃钢管,较好抵御酸性水腐蚀。

沿沟煤矿 1989年,沿沟煤矿把-120水平原系统4台8DA×8水泵更换为4台200D43×8水泵;随之全部更换为D450-60×4型水泵,同时增加2台D450-60×4型水泵,并改造水泵房和水仓。1990年、1991年、1992年、1993年分期增加4台D450-60×4和1台200D43×8水泵,配置相应的排水管。1996—2002年,-270水平逐步完善排水系统,安装D450-60×6型1台、D450-60×7型5台、D450-60×3型2台150D30×7型2台;2006年-450水平安装MD500-57×10型3台,MD500-57×4型2台,并配套安装相应的管排系统。

1995年,-120水平安装1台QKSG-W-1450-1200潜泵;2003年,-270水平安装1台QKSG-W-785-630型潜泵。

沿沟煤矿技改井主排水设备直排部分选用3台D500-57×10型矿用离心式排水泵,1120千瓦增安型电动机,正常涌水1台工作,1台备用,1台检修。最大涌水量时2台工作,1台检修。转排部分选用4台D500-57×4型矿用离心式排水泵,450千瓦增安型电动机,转排部分设备只在最大涌水量时全部投入运行。排水管直排部分选用1趟D377×14无缝钢管(分段选择壁厚)转排部分选用2趟D377×8无缝钢管。

涌山煤矿 建成移交生产时,主排水泵为200TSW-6型,1990—1995年,原4台200TSW×6型水泵和1台150D30×9的水泵更换为D450-60×4型的水泵,并改造管路系统。

1996—2003年,-270水平分期安装D450-60×6型水泵6台;1998年,-120水平安装1台QKSG-W-725-630型潜水泵;2003年,-270水平安装1台QKSG-W-785-1000型潜泵。同时配套改造管路系统。2007年,-450水平安装2台D450-60×4,排水能力达2053立方米/小时。

仙槎煤矿 1989年以前,-120水平安装有150D30×9型水泵3台,200D43×8型水泵1台,200D65×4型1台,排量共1026立方米/小时。1995年,增加1台D450-60×4水泵和1台200D43×8型水泵及相应的管排能力,排水能力达1764立方米/小时。-270水平安装有200D43×9型水泵5台,排量为1440立方米/小时。

1998年,1台更换成D450-60×6型的水泵,增加1台D450-60×6型和1台D450-60×3型水泵,排量达2052立方米/小时。

2003年,安装1台QKSG-W-785-1000型潜泵,扬程372米,排量725立方米/小时,电机功率1000千瓦。2006年,-400水平安装2台D450-60×3型水泵和3台DA1125×7型水泵。

表 16－8－9　　2007 年乐平矿务局主要排水设备装备情况一览表

矿井及泵房名称	泵型号	流量（吨/分钟）	扬程（米）	台数	电机型号	功率（千瓦）	管路（直径）
沿沟煤矿－120泵房	D450－60×4	450	240	8	JSQ148－4 四台 JR148－4 二台	—	Φ245－517×2 Φ273－516×1 Φ325－466×2 Φ325－210×2 Φ426－256×1 Φ219－543×1 DN350－478×1
	D500－57×4	500	228	1	JSQ1410－4	500	
	200D43×8	288	300	1	JR148－4	440	—
	QKSG－WD－1200/1450	1450	212	1	—	1200	
沿沟煤矿－270泵房	D450－60×7	450	420	6	YR450－46－4	800	Φ325－540×2 Φ426－256×1 Φ325－796×1 Φ325－350×1 Φ219－350×1 DN300－450
	150D30×7	155	210	2	JS115－4	155	
	D450－60×3	450	180	2	JSQ－147－4	360	
	QKSG－W－630－725/212	725	212	1	—	630	
仙槎煤业－120泵房	200D65×4	288	240	1	JRQ147－4	360	—
	150D30×8	155	240	3	JS117－4	180	
	200D43×6	288	246.9	2	JSQ147－4	360	
	D450－60×4	450	240	1	JSQ148－4	440	
仙槎煤业－270泵房	D450－60×6	450	360	2	JS158－4	680	—
	200D43×6	288	367.2	4	JR148－4 一台 JSQ148－4 二台 JRQ148－4 一台	440	
	D450－60×3	450	180	1	JRQ147－4	360	
	QKSG－W－1000－725/371	725	371	1	—	1000	
涌山煤矿－120泵房	D450－60×4	450	240	4	JRQ1410－4 一台 JSQ148－4 二台 JR148－4 一台		Φ273－490×1 Φ245－450×2 Φ219－450×2 DN300 Φ273－220×1
	200D43×6	288	244.5	1	JR147－4	360	
	200D43×7	288	285.6	1	JR147－4	360	
	QKSG－W－630－725/212	725	212	1	—	630	
涌山煤矿－270泵房	D450－60×6	450	360	6	JS158－4	680	—
	QKSG－W－1000－725/371	725	371	1	—	1000	
东方红矿－120泵房	100D45×6	86	270	3	JB315－31－2	110	—
	80DF30×9	43	270	1	YB250M－2	55	
东方红矿－210泵房	DA1－125×6	108	120	5	YB250M－2	55	—
	150D30×4	154	116	1	YB280M－4	90	

通信设备

1986年,数字程控机在煤矿开始应用。电话机为安全型的拨号话机,既可与调度室通话,还可与其他用户通话。

1987年,涌山35千伏变电所在全省煤炭系统首次采用电力线载波电话进行电力调度。

1988年11月,乐平矿务局地铁处首先将共电式总机更换成程控交换机,实现内部拨号呼叫,采用半自动直拨(DOD2+BID)进入景德镇当地公用网。矿区进入公用网的电话主要由局机关总机连接到乐平市当地公用网,呼出和呼入电话由话务员转接。

1993年,乐平矿务局机关安装第一台BH-01Ⅱ型程控交换机之后,地铁处、鸣山、沿沟、桥头丘煤矿都先后安装该型号程控交换机。1995年,矿区内部全部实现等位拨号,并全部采用半自动直拨方式进入当地公用网。

2000年5月,矿区通信系统全部并入中国电信当地公用网,形成矿区电话虚拟网,网内电话内部通话免收通话费。2001年10月,矿区内各单位和家庭计算机可以通过PSTN、ADSL、LAN和光纤接入等方式接入互联网。

第四节　煤炭洗选与销运

煤炭销售

乐平矿务局的煤炭销售主要用户集中在省内,其次是浙江、福建、安徽等地。国家从计划经济到市场经济转型,煤炭销售也经历计划供应、国家定价,到市场销售、随行就市,煤炭的市场、质量、价格影响着煤矿的生产与效益。

营销体制　1986—1991年,煤炭销售由国家统配统销。1992年始,计划订货向市场交易过渡,煤炭销售既有计划分配又有市场调节,既有指令性价格又有指导性价格。是年,国家放开除电煤以外的其他煤炭价格。年底,乐平矿务局煤炭销售运输公司成立,负责乐平矿务局所属煤矿的煤炭销售。

2008年年初,省煤炭集团公司成立江西煤炭销售运输有限责任公司。江西煤炭集团公司授权该公司负责集团权属煤矿企业的煤炭产品,实行统一订货、统一定价、统一运输、统一结算、统一商务纠纷处理。改变和预防多主体销售恶性竞争,企业整体利益得到维护。同年10月,乐平矿务局煤炭销售运输公司注销。

乐平矿务局外销煤炭分国家分配计划范围内的工业用煤(主要是发电用煤)和市场商品煤(含生活用煤)两大类,销售经营方式也变成两种,国家分配计划工业用煤,由国家或省政府有关部门组织全国或全省订货会,乐平矿务局按照国家分配计划供煤指标和指令性价格与用户直接签订合同。市场商品煤则由购销双方根据市场行情洽谈商量品种、数量、质量、供货时限及付款方式等有关条款后按合同要求执行。

销售业绩　1986年,乐平矿务局7个煤矿销售总量131万吨。1994年,尽管已经关闭钟家山矿,全矿务局销售量仍达到111万吨高位。至2003年,继续关闭桥头丘矿、鸣山矿后,销售总量为71万吨。2010年,销售量达到102万吨。

煤炭洗选

沿沟矿煤种属贫瘦煤,商品煤质量平均收到基低位发热量在3600卡/克,全硫<1%;仙槎矿煤种属焦煤到贫瘦煤,商品煤质量洗混煤平均收到基低位发热量在4500卡/克,全硫<1%,热值在3800卡/克;涌山矿煤种属无烟煤,商品煤质量平均收到基低位发热量在4000卡/克,全硫<1%;鸣山矿煤种属气肥煤,商品煤质量筛混煤平均收到基低位发热量在5000卡/克,块煤平均收到基低位发热量在6500卡/克,全硫>2%;桥头丘矿煤种属气煤,1个洗煤厂洗能力21万吨/年,商品煤质量洗混煤平均收到基低位发热量在6000卡/克以上,全硫>2.5%,1999年后因资源枯竭破产;东方红矿煤种属贫瘦煤,商品煤质量平均收到基低位发热量在3000卡/克,全硫<1%。

表 16 - 8 - 10　　1986—2002 年乐平矿务局洗煤产量统计表　　单位:万吨

年份	入洗原煤	其中		年份	入洗原煤	其中	
		洗精煤	洗混煤			洗精煤	洗混煤
1986	14.62	5.11	4.95	1995	44.5	4.28	28.85
1987	44.80	8.05	24.85	1996	30.71	3.11	19.73
1988	49.58	8.13	33.08	1997	29.26	3.08	18.77
1989	46.06	9.20	24.82	1998	24.97	1.74	16.88
1990	39.55	7.95	21.06	1999	17.27	—	12.97
1991	39.55	5.55	22.45	2000	16.16	—	12.12
1992	32.2	4.01	23.01	2001	17.4	—	13.05
1993	31.29	3.56	19.69	2002	15.97	—	11.98
1994	37.92	3.89	24.38				

桥头丘矿选煤厂　1986 年 3 月建成,属矿井选煤厂,其设计能力为 21 万吨,采用跳汰工艺,洗后产品为动力精煤和洗混煤,动力精煤灰分在 12% ~16%,洗混煤灰分在 23% ~36%,主机跳汰机型号为 LTX - 8。选煤厂的动力精煤的回收率在 35% ~38%,洗混煤的回收率在 35%,综合回收率在 73%;2002 年选煤厂停止洗选。

仙槎煤矿选煤厂　1987 年 3 月建成,属矿井选煤厂,其设计能力为 30 万吨,采用跳汰浮选联合工艺,洗后产品为冶炼精煤和洗混煤。但投产后,发现洗后精煤质量(胶质层厚度)达不到用户要求,煤种有所改变(焦煤向瘦煤转变)而停洗,改成全部洗混煤,其产品洗混煤灰分在 30% ~38%,主机跳汰机型号为 LTX - 8。仙槎煤矿选煤厂的洗混煤回收率在 72% ~78%。2002 年选煤厂停止洗选。

沿沟煤矿选煤厂　1985 年建设,当年实现投产。矿井选煤厂,其设计能力为 15 万吨,采用斜槽工艺,主要产品为动力煤。

涌山煤矿选煤厂　1986 年,实行斜槽洗煤,主要回收 25 ~ 50 毫米块煤,产品主要有块煤和末精煤。1990 年改造扩建,实行跳汰洗煤,1 台跳汰机,产品有块煤、末精煤、中煤,入洗 13 ~50 毫米原煤,后在该矿材料场旁又建 1 个洗煤厂,入洗部分原煤,设备有 1 台跳汰机、1 台水泵、2 台提升机。

煤炭运输

铁路运输　1986 年,乐平矿务局南部矿区鸣山煤矿有铁路支线 8.9 千米通皖赣线乐平市站,桥头丘铁路专用线 3.7 千米通皖赣线甘棠站。煤炭运往江西各地市县以及浙江、福建等外省。北部矿区有窄轨铁路专用线,窄轨铁路专用线由乐平矿务局地铁处统一管理,年设计运输能力为 80 万吨。乐平矿务局的涌山、沿沟、东方红、仙槎等矿的商品煤均通过窄轨铁路专用线发往洋湖站(景德镇发电厂)、樟树下站(景德镇水泥厂)、太白园站(景德镇煤炭公司、景德镇市有关瓷厂等)。1997 年 5 月,因铁路安全问题,樟树下站、太白园站停止运输,运往江西其他县市以及福建、浙江、安徽的煤炭则通过李家坳换装站煤专线(景德镇东站)。

汽车运输　1995 年前,乐平矿务局各矿都有汽车队,有 50 多辆汽车组织煤炭外销运输。同时,一般由用户自备汽车运输,运费也是用户自理。采用汽车运输形式的外销煤用户,大多数是当地或邻近的没通小火车的单位和企业。由于不需要中转,汽车运输煤炭比用火车运输更便捷。

水路运输　南部矿区主要水路为乐安江由东往西船运入鄱阳湖,经此入赣江可达南昌或由鄱阳湖经湖口至长江沿线。

第五节　国有煤矿经营管理

乐平矿务局

乐平矿务局为国家大二型企业。1958 年 8 月,乐平煤矿筹备处成立。1960 年 7 月正式成立乐平矿务局,设乐平市后港镇,隶属江西省煤炭工业管理局,1962 年 8 月撤销建制。1973 年 8 月再度组建乐平矿务局,隶属省煤炭工业局(厅)。1986 年 2 月,乐平矿务局机关内设党委办公室、行政办公室、组织部、干部处、安监局、生产处、机电处、科研处等处(室)32 个,共计 481 人。1991 年 1 月划归中国统配煤矿总公司(后改煤炭工业部)管理。1998 年 7 月,由煤炭部下放到江西省政府管理。1999 年改制前,乐平矿务局有包括沿沟煤矿、仙槎煤矿、涌山煤矿、东方红煤矿、鸣山煤矿、桥头丘煤矿、钟家山煤矿、万山煤矿 8 队生产矿井,以及矿山机械制造厂、水泥厂、超细钙厂、塑编厂、建筑安装公司、地方窄轨铁路运输公司、供应公司、水电公司、生活服务公司、职工中专学校、公安分局、10 所子弟中小学、两所医院、多种经营总公司等 26 个独立核算生产经营单位,职工总人数 14983 人。改制后,职工为 6187 人。改制后,成立省煤炭集团后,对机关工作机构也作了较大调整。2000 年 6 月,局机关内设处(室)降至 27 个,人员降至 210 人。2001 年 1 月归属江西省煤炭集团公司管理。经江西煤炭集团公司授权,江西煤业景德镇区域 7 个公司的安全、生产、经营由江西煤业景德镇分公司管理,分别为江西仙槎煤业有限公司和江西煤业景德镇分公司,江西煤业沿沟煤矿,江西煤业涌山煤矿,江西煤业东方红煤矿,江西煤业景德镇供应分公司,江西煤业景德镇电力分公司。2006 年 5 月,乐平矿务局机关从乐平市后港镇迁入景德镇市新厂东路 289 号。经营范围是煤炭开采、煤炭洗选、矿山机械、建筑材料制造、矿山救援、安全培训、技工教育、矿山机械维修、职工培训、再就业培训等。

2010 年 5 月,矿务局机关经历几次企业破产改革改制后,内设部门处(室)精减至 19 个,人员为 147 人。下属单位有沿沟煤矿、涌山煤矿、仙槎煤业、东方红煤矿、电力分公司、供应分公司、景能煤层气发电有限公司、洗煤厂、新鸣煤业、地方铁路管理处、干校、社区管理委员会、矿务局医院、第一职工医院、乐矿实业公司、景虹能源公司等 16 个单位。

表 16－8－11　　**1986—2010 年乐平矿务局职工人数统计表**　　单位:人

年份	职工人数	年份	职工人数	年份	职工人数
1986	16105	1995	16030	2004	5261
1987	18679	1996	16054	2005	7136
1988	19898	1997	13182	2006	6802
1989	20212	1998	12790	2007	7437
1990	19500	1999	14983	2008	7303
1991	19542	2000	14679	2009	6508
1992	18367	2001	12709	2010	6187
1993	16702	2002	12549		
1994	16097	2003	7724		

企业改制

1986 年始,乐平矿务局相继建立瓷厂、砖厂、塑胶厂、风筒厂等多种经营矿、厂,安置待业富余人员,多种经营总公司下设各矿点多种经营公司负责管理。1997 年,后勤服务从煤矿剥离出来,乐平矿务局对煤炭生产、多种经营、后勤服务“三条线”实行分线管理,分线核算,分线统计,分灶吃饭,有序竞争,自负盈亏,自我发展。1992—1995 年,乐平矿务局先后设立企业内部银行、内部劳动力市场、内部会计事务所、内部审计事务所、内部社会保险事务所等中介机构。各单位实行资本金制度，并把生产经营权直接下放到各单位，成为“四自一独立”的经济实体，模拟法人运作。1995 年 1 月，职工基本养老保险实行煤炭部行业统筹。1995—1997 年，乐平矿务局先后对“三项制度”进行改革。在用工上，完善和推行全员劳动合同制，全面实行管理人员聘任制，坚持农民轮换工和协议工制。1998 年，养老保险从行业统筹下放到省本级统筹。

自 2000 年起，根据中央办公厅、国务院办公厅《关于进一步做好资源枯竭矿山关闭破产工作的通知》，乐平矿务局桥头丘煤矿、仙槎煤矿、涌山煤矿、沿沟煤矿实施政策性关闭破产，共涉及人员 24164 人，其中在职职工 16008 人，离退休人员 5065 人，抚恤人员 3091 人。涉及破产资产 13057.19 万元。

2002 年，乐平矿务局所有单位职工参加景德镇市本级失业保险。2005 年，乐平矿务局建立住房公积金制度，按企业 5%、个人 5% 比例，参加景德镇市住房公积金统筹。2006 年 6 月，乐平矿务局参加景德镇市本级职工工伤保险，老工伤仍由乐平矿务局管理。2008 年 1 月 1 日起，停止使用农民轮换工和协议工，全面实行劳动合同制；在劳动分配上，对各单位职工实行岗位技能工资，把个人收入与单位效益、岗位责任和贡献挂钩。在社会保障上，实行社会统筹和个人账户相结合的养老、医疗保障制度和内部失业保险统筹；建立职工扶贫基金会，完善职工扶贫解困机制，实行救济式与开发式扶贫相结合、扶贫与下岗职工再就业相结合、企业扶贫与城镇居民最低生活保障相结合。同月，乐平矿务局机关本部、地铁处等户口在景德镇市的人员移交市本级统筹，其他全部移交乐平市统筹。2010 年 11 月，乐平矿务局职工工伤保险和老工伤保险均移交江西省本级统筹。

1986—2010 年，乐平矿务局经历经济效益“六年总承包”、“减人提效、扭亏增盈”、破产重组、主业资产剥离重组上市。

破产项目

桥头丘煤矿政策性破产项目 2000 年 11 月 20 日，全国企业兼并破产和职工再就业领导小组办公室批准启动。11 月 24 日，景德镇市中级人民法院下达裁定书，宣告破产清算还债。2001 年 2 月 15 日，召开第一次债权人会议。6 月 8 日，景德镇市中级人民法院下达裁定书，宣告破产清算终结。

仙槎煤矿政策性破产项目 2002 年 8 月 9 日，经全国企业兼并破产和职工再就业工作领导小组批准立项。2002 年 10 月 26 日向法院申请破产。11 月 1 日，景德镇市中级人民法院以民事裁定书宣告乐平矿务局仙槎煤矿破产还债，12 月 3 日在《人民法院报》公告。2003 年 4 月 16 日，召开第一次债权人会议。5 月 23 日景德镇市中级人民法院下达裁定书，宣告破产清算终结。

涌山煤矿政策性破产项目 2003 年 10 月 20 日，经全国企业兼并破产和职工再就业工作领导小组批准立项。12 月 24 日，景德镇市中级人民法院以民事裁定书宣告乐平矿务局涌山煤矿破产还债。2004 年 6 月 30 日，召开第一次债权人会议。9 月 17 日景德镇市中级人民法院下达裁定书，宣告破产清算终结。

沿沟煤矿政策性破产项目 经省政府批准，沿沟煤矿政策性关闭破产项目包括沿沟煤矿、地铁处、东方红煤矿、林场、多经总公司等单位。2007 年 2 月 2 日，经全国企业兼并破产和职工再就业工作领导小组批准立项。2009 年 6 月 3 日，景德镇市中级人民法院以民事裁定书宣告乐平矿务局沿沟煤矿破产还债。8 月 12 日，召开第一次债权人会议。

社会职能移交

2001 年 5 月，乐平矿务局在全省煤炭系统成立首个矿区社区——桥头丘矿区社区管理办事处。2003 年 4 月，组建乐平矿区社区管理委员会，下设社保财务部、党群工作部、综合办公室、离退休管理办公室。至 2008 年，按照精简高效原则相继成立仙槎、鸣山、涌山、钟家山、高家山、沿沟社区第一办事处、沿沟社区第二办事处等共 8 个社区管理机构，下设 26 个居委会，85 个居民小组，管理居民 16000 多户近 5 万人口。

2010 年后，乐平矿务局按照《关于省属国有企业改制和关闭破产企业社区移交属地管理的实施意见》和《关于做好列入改制范围中央、省属及省属下放企业社区移交属地管理工作的通知》精神，与乐平市、浮梁县、珠山区、昌江区政府签订《省属国有改制和关闭破产企业社区移交属地管理协议》。移交所属 19 个社区居委会，企业离退休人员 9541 人（含大集体退休人员），退职、退养人员 543 人，抚恤人员 2491 人，解除劳动关系人员 5868 人，居民户数 16570 户 45754 人，党团关系 1932 人。将 8 个社区办事处所属 19 个居委会管理职能移交至8个乡镇(街道)管理。其中浮梁县寿安镇4个、珠山区新厂街道1个、昌江区竟成镇1个、乐平市涌山镇5个、乐平市乐港镇3个、乐平市礼林镇2个、乐平市接渡镇1个、乐平市后港镇2个。

资产重组

2003年仙槎煤矿破产后,利用有效资产,组建江西仙槎煤业有限公司、江西鸣山矿业有限公司、江西乐矿水泥有限公司。江西仙槎煤业有限公司国有股权占52.7%,自然人股东占47.3%。江西鸣山矿业有限公司国有股权占30%,民营股东占70%。鸣山煤矿、仙槎煤矿原职工,可自愿在重组后公司工作,重组后公司由原煤矿各2000余人,减少到各600余人。江西乐矿水泥有限公司国有股权占30%,自然人股东占70%,2010年7月矿务局转让全部股权,成立纯私立公司。矿机厂、塑胶厂、景涌瓷厂彻底关闭,超细钙厂由私人收购。

2004年涌山煤矿破产后,利用有效资产,组建国有独资企业江西涌山煤业有限公司;沿沟煤矿破产后,有效资产纳入国有独资企业江西沿沟矿业有限公司;桥头丘煤矿破产后,因资源枯竭而彻底关闭。

2009年7月31日,乐平矿务局对评估后资产进行分割,将优质资产剥离至江西煤炭集团公司新设立的江西煤业集团有限公司,剩余资产继续保留在乐平矿务局。

第六节　地方煤矿经营管理

景德镇市浮梁县共有煤炭产区6个,分别是寿安的金家山矿区、仙槎洪冲坞区、朱溪矿区、塘坞矿区和湘湖的南安矿区、东安矿区。乐平主要有涌山矿区和乐港矿区、科山矿区、礼林矿区。

行业管理

清理整顿　1995年11月21日,乐平市委、市政府批转《乡镇煤矿清理整顿分类及处理意见》,规定二类矿井限期整顿,三类矿井停产整顿,四类矿井一律炸封。1996年5月29日,浮梁县政府印发《浮梁县矿业秩序治理整顿工作实施分案》,治理非法探矿、采矿、转让矿产,经营矿产品和违反环境保护和安全生产等法律法规,整顿非法采煤乱象,并建立管理责任制,6月底进行验收。受市场需求驱动,整治效果无法保持,非法小煤窑依然增长。6月3日,国务院《煤矿生产许可证管理方法》《乡镇煤矿管理条例》实施,浮梁县镇府批准《贯彻煤炭"两个法规"实施意见》,明确矿井生产需凭《矿业资格证书》《操作资格证书》上岗,企业必须取得煤炭生产许可证、采矿许可证、安全生产许可证、工商营业执照、税务登记证方可生产,违法开采企业,公安部门不得提供雷管、炸药,供电部门不得供电。同月,浮梁县政府明确县煤炭局为县政府煤炭工业主管部门。1997年8月14日,县政府同意县煤炭局为实施《煤炭法》的执法部门。同年,实施《煤炭法》,乐平第一批取得"煤炭生产许可证"的煤矿有3家,即涌山镇的五一煤矿、乐港镇的风山煤矿两个乡镇体办的煤矿和涌山镇的个人办的二六煤矿。在乐平市煤炭工业局召开的全市煤矿主要负责人会议上,乐平市政府市长王光秋授证。此后,取得"采矿许可证"和"煤炭生产许可证"的煤矿叫合法煤矿,未取得该两证的煤矿叫非法煤矿。2000年前后,除省属国有煤矿外,乐平市大小矿井(包括做半年、停半年的季节性矿井)最多时期1000多家煤矿,其中涌山镇有580家、乐港镇有230家、礼林镇有80家、浯口镇有60家、双田镇有40家、塔前镇有40家、接渡镇10家、后港镇有3家。

表16-8-12　**2000年乐平市乡镇煤矿分类情况统计表**　单位:家

乡镇名称	一类		二类		三类		四类		合计
	集体	个体	集体	个体	集体	个体	集体	个体	
涌山	3	—	26	121	1	111	—	11	273
乐港	—	—	3	6	11	31	—	12	63

续表 16－8－12

乡镇名称	一类		二类		三类		四类		合计
	集体	个体	集体	个体	集体	个体	集体	个体	
浯口	—	—	1	—	—	25	—	2	28
金鹅山	—	—	1	—	—	13	—	—	14
礼林	—	—	—	—	—	28	—	2	30
后港	—	—	2	2	—	3	—	—	7
双田	—	—	3	—	—	17	—	—	20
科山	—	—	2	—	—	53	—	—	55
接渡	—	—	1	—	—	4	—	—	5
小计	3	—	39	129	12	285	—	27	495

说明：一、二、三类矿井分类详见市乡镇煤矿清理整顿领导小组调查表

2000 年，根据国家煤炭产业政策要求，开始实行关井压产，理顺大小井关系。在大矿范围内压茬、楼上楼下开采的小井无论乡镇集体、个人合伙、合资小井和其他地区对达不到安全生产条件的矿井一律关闭退出，到 2002 年后煤矿数量、原煤年产量聚减。

2001 年 9 月 27 日，市政府下发《关于认真做好保留乡镇煤矿整顿验收工作的通知》，同意乐平 25 座、浮梁 18 座国有井田外整改矿井，由煤炭管理部门派员监管指导整改，按省复产验收程序，通过验收后复产，并派驻安全副矿长。

表 16－8－13　　**2001 年景德镇市国有井田外整改矿井名单一览表**

县(市)	乡镇名称	双证矿井	单证矿井
乐平市	涌山镇	五一煤矿	下涌山煤矿
	乐港镇	新河煤矿、南河煤矿、镇鸣煤矿、五星煤矿、茶籽山煤矿、潘利煤矿、兴茂煤矿、凤山煤矿	高安煤矿、熊家山煤矿
	礼林镇	福林煤矿、西沙煤矿	钱广煤矿
	浯口镇	联营煤矿	永乐煤矿
	双田镇	宝山煤矿、新荣煤矿	马鞍山煤矿、红山煤矿、双鸡煤矿、上冲坞煤矿
	金鹅山乡	—	凤凰山煤矿、鑫星煤矿
浮梁县	寿安镇	仙红煤矿、仙涌煤矿、318 煤矿、前山煤矿、仙林煤矿、窑坞煤矿	盘龙煤矿、朱溪煤矿、四合一煤矿、桃树坞、梨树二矿
	湘湖镇	南安一分矿、南安二分矿、北安一分矿、北安二分矿、横塘煤矿	东安煤矿、西安煤矿、南安四分矿、北安四分矿

1996 年 11 月至 2002 年 8 月，乐平市颁发“煤炭生产许可证”的煤矿共有 104 家。其中地方国有矿 2 家：赵家山煤矿、科山煤矿。乐平市煤炭局联营 2 家：乐枫煤矿、乐发煤矿。

涌山镇 63 家：五一煤矿、同春煤矿、下涌山煤矿、二六煤矿、涌山村煤矿、五星煤矿、永红煤矿、海根煤矿、桃园煤矿、泉水煤矿、顺策煤矿、东北煤矿、六八煤矿、兴旺煤矿、九四煤矿、合股煤矿、大坞煤矿、王家桥二矿、六井煤矿、长发煤矿、丛湾煤矿、枫涌煤矿、致富煤矿、复兴煤矿、石洼煤矿、大洼煤矿、涌镇煤矿、高平煤矿、压风煤矿、六八八新井、涌兴煤矿、王家桥立井、深坑一井、欣欣煤矿、集金煤矿、董家坞煤矿、高峰煤矿、四通煤矿、运达煤矿、发达一矿、开发煤矿、南山岭煤矿、沿广煤矿、双沿煤矿、新村煤矿、新光明煤矿、大坞口煤矿、上

升煤矿、长松岗煤矿、六顺煤矿、星发煤矿;新建煤矿、齐心煤矿、景枫煤矿、八一煤矿、麻姑路煤矿、六八煤矿、前进煤矿、柳树坞煤矿、三友煤矿、新城煤矿、狮子山煤矿、枫树坞煤矿。双田镇6家:上冲坞煤矿、宝山煤矿、红山煤矿、马鞍山煤矿、双鸡煤矿、新荣煤矿。礼林镇5家:钱广煤矿、西沙煤矿、福林煤矿、陈家煤矿、铜桥煤矿。乐港镇18家:新河煤矿、凤山煤矿、茶籽山煤矿、高家二井、五星煤矿、镇鸣煤矿、新建煤矿、新井煤矿、吉昌煤矿、乐鸣煤矿、双港煤矿、南河煤矿、狮子口煤矿、兴茂煤矿、潘利煤矿、勤俭四井、鸣兴煤矿、强武煤矿。接渡镇3家:大团煤矿、六合煤矿、胜利煤矿。浯口镇5家:仙发煤矿、联营煤矿、茂盛煤矿、永生煤矿、劳武煤矿。

关井限产　1998年12月18日,浮梁县政府批转县煤炭局《关于全县煤炭行业实行关井压产工作的实施意见》,规定1997年1月1日前全市国有煤矿矿区范围内开办的各类小煤矿且证照齐全的煤矿先关闭后补偿。之后开办的一律关闭。5月25日,浮梁县制定《乡镇煤矿重点整治实施办法》,分组开展整顿,对一类矿井意外的煤矿,一律实行停产、停电、插手爆破物品,查封井口进行整改,一类矿进行炸封。整改矿交纳保证金(2千吨以下保证金2000元;2千吨以上每千吨增1000元)整顿合格的予以退还。至1999年5月底,浮梁县关闭非法和不合理生产的矿井26处,压产22万吨。取缔无采矿许可证、煤炭生产许可证的各煤矿。

1999年3月16日,省煤炭关井压产领导小组下达第一批关闭乐平矿务局井田范围内小煤矿名单共40处,其中沿沟煤区16处,涌山矿区23处,仙槎矿区1处。需进一步调查核实25处,要求在月底完成调查上报。5月7日,省煤矿工业厅调整原煤生产目标,景德镇为54万吨。其中一季度完成23.7万吨。至2000年3月22日,浮梁县取缔关闭矿井33处,压产17万吨。

表16-8-14　**2002年浮梁县乡镇煤矿年产量分配表**　单位:万吨

乡镇名称	矿名	采矿证	有无生产许可证	产量分配数	备注
寿安	桃树煤矿	有	有	2	乡办
	窑坞煤矿	有	有	1.5	乡办
	梨树煤矿	有	申请中	1	乡办
	七八煤矿	有	申请中	1	乡办
	仙林煤矿	有	有	0.5	村办
	前山煤矿	有	有	0.5	个体
	318煤矿	有	有	0.5	个体
	仙涌煤矿	有	有	0.5	村办联营
湘湖	南安一分矿	有	有	1	乡办
	南安二分矿	有	有	1	乡办
	北安煤矿一分矿	有	有	1	村办
	北安煤矿二分矿	有	有	1	村办
	洞口煤矿	有	有	0.5	村办

说明:其中寿安镇8.5万吨,湘湖镇4.5万吨

同年7月26日,省煤炭工业厅通知开展煤炭生产许可证年检换证工作。至9月底,未通过年检的吊销生产许可证。12月30日,省矿炭关井压产班批复同意景德镇浮梁县寿安朱溪煤矿、盘龙煤矿、四合一煤矿,湘湖镇东安煤矿、西安煤矿、南安四分矿、北安四分矿暂时保留,进行整改。

2001年7月30日,省煤行办通知关闭景德镇国有煤矿矿区范围内有证小煤矿42处。其中乐平39处,浮梁3处。关闭非法煤矿64处,关闭国有煤矿矿区外非法矿井4处,均在乐平。

景德镇第一批关闭的国有煤矿矿区范围外独眼井2处,有乐平市仙发煤矿、茂盛煤矿,非法矿井2处有

乐平市河下煤矿、凤凰煤矿。关闭有证42处小煤矿为：乐平市涌山矿区有达一矿、六八煤矿、运达新矿、星发煤矿、高峰煤矿5处；乐平市沿沟矿区有家坞煤矿、高平煤矿、新建煤矿、欣欣煤矿、集金煤、大坞口煤矿、深坑一井、上升煤矿、合股煤矿、王家桥矿、王家桥煤矿（立井）、东北煤矿、涌镇煤矿、涌兴煤矿、大井煤矿、齐心煤矿、乐发煤矿、新光明煤矿、二六煤矿、八一煤矿、回春煤矿、致富煤矿、六八八煤矿、二六煤矿、沿广煤矿、双沿煤矿、海根煤矿、长发煤矿、涌山村煤矿29处；乐平市仙槎矿区有三友煤矿、麻姑路煤矿、六八煤矿、金玉煤矿4处；鸣山矿区域外有新建煤矿。浮梁县（仙槎矿区）有汪村煤矿、友谊煤矿、朱溪七八二矿。

关闭64处非法煤矿均在乐平市：狮子山烧矿、里脑三井、里脑一井、合资斜井、吉利煤矿、新建煤矿、长桂煤矿、金发煤矿、金华煤矿、新屋二工区、沿新煤矿、柳树坞二矿、东涌煤矿、闵涌煤矿、林头村煤矿、五红矿、涌兴矿、六荣矿、九六一矿、八六矿、开发二矿、南山矿、景溪矿、友谊矿、安兴矿、八八矿、涌镇珠矿、和友矿、光明矿、王路岭矿、涌枫矿、同心矿、兴旺矿、兄弟矿、金子路矿、高峰矿、兴升矿、王家桥矿、长乐矿、昌盛矿、长松矿、涌镇长、长安矿、梅树坞矿、梅树坞三井矿、六顺矿、新建矿、新华矿、焦玉矿、闵兴矿、高峰矿、双发矿、烂家坞矿、石洼联营矿、三二一矿、石坞矿、鸿运矿、深坑二矿、七井矿、七星矿、新井矿（涌山镇）、新井矿（乐港镇）、三井矿、二井矿。

2002年1月8日，市煤矿安全生产秩序整治领导小组下发紧急通知，小煤矿未经省级验收和省政府有关部门换证，一律不准恢复生产。《乐平市煤炭准销准运监督管理办法》和《浮梁关于实施煤炭产品凭票运销管理的通知》暂停执行。从即日起彻底摧毁"扁担井""板车井"，整顿矿井在1月31日完成验收，不合格的坚决关闭。因煤矿进水，浮梁县政府请示延长验收时间至4月中旬和9月底。

同年3月18日，市政府颁发《关于继续抓紧做好小煤矿安全生产秩序整治工作的通知》，要求做好保留煤矿的整改和验收工作。规定位于国矿范围内，开采上煤组未关闭的25座小煤矿，在省政府有关部门未批准保留之前，一律不得进行整改作业。其中乐平23座：永红煤矿、九四煤矿、兴旺煤矿、大坞煤矿、桃园煤矿、顺策煤矿、乐枫煤矿、丛湾煤矿、柳树坞煤矿、大洼煤矿、泉水煤矿、新城煤矿、复兴煤矿、长松岗煤矿、狮子山煤矿、开发煤矿、枫涌煤炭矿、前进煤矿、压风煤矿、景枫煤矿、勤俭三井、新建煤矿、狮子口煤矿；浮梁2座：桃树坞煤矿、梨树二矿。同日，市煤矿安全生产秩序整治工作领导小组同意保留浮梁县南安二分矿。8月30日，省煤矿安全生产整治工作领导小组办公室批复景德镇申报验收的27处乡镇煤矿情况，其中21处通过证照审核。

表16－8－15　　**2002年景德镇市通过四级验收的乡镇煤矿证照审核、批准情况表**

矿井名称		证照换发情况		
		采矿许可证	煤炭生产许可证	工商营业执照
乐平	四部门审核同意，省政府已批准（共14处）	已换发13处	已换发13处	已换发5处
	乐平市乐港镇凤山煤矿（原乐平市凤山煤矿）	已换发	已换发	尚已换发
	乐平市乐港镇新河煤矿	已换发	已换发	已换发
	乐平市涌山镇五一煤矿	已换发	已换发	已换发
	乐平市涌山镇下涌山煤矿	已换发	已换发	已换发
	乐平市礼林镇福林煤矿	已换发	已换发	已换发
	乐平市礼林镇西沙煤矿	已换发	已换发	已换发
	乐平市钱广煤矿	已换发	已换发	尚未换发
	乐平市马鞍山煤矿	已换发	已换发	尚未换发
	乐平市双田镇家山煤矿（原双田乡宝山煤矿）	已换发	已换发	尚未换发

续表 16－8－15

矿井名称		证照换发情况		
		采矿许可证	煤炭生产许可证	工商营业执照
乐平	乐平市双田双鸡煤矿	已换发	已换发	尚未换发
	乐平市双田镇上冲坞煤矿	已换发	已换发	尚未换发
	乐平市双田镇长红山煤矿	已换发	已换发	尚未换发
	乐平市涌山镇长同春煤矿	已换发	已换发	尚未换发
	乐平市双田新荣煤矿	尚未换发	尚未换发	尚未换发
	四部门审核不同意(共3处):乐平市乐港镇镇鸣煤矿、乐平市乐港镇兴茂煤矿、乐平市乐港镇强武煤矿			
浮梁县	四部门审核同意,省政府已批准(共7处)	已换发5处	已换发5处	已换发5处
	浮梁县仙涌煤矿(原浮梁县涛安镇仙涌煤矿)	已换发	已换发	已换发
	浮梁县窑坞煤矿(原浮梁县寿安镇窑坞煤矿)	已换发	已换发	已换发
	浮梁县仙红煤矿(原浮梁县寿安镇窑坞煤矿)	已换发	已换发	已换发
	浮梁县前山煤矿(原浮梁县寿安镇前山煤矿)	已换发	已换发	已换发
	浮梁县仙林煤矿(原浮梁县寿安镇仙林煤矿)	已换发	已换发	已换发
	浮梁县湘湖镇长横塘煤矿	尚未换发	尚未换发	尚未换发
	浮梁县湘湖东安煤矿	尚未换发	尚未换发	尚未换发
	四部门审核不同意(共3处):浮梁县寿安镇盘龙煤矿、浮梁县寿安镇长朱溪煤矿、浮梁县寿安镇四合一煤矿			

地方煤矿整合 1985年,市政府批转《关于涌山地区国营煤矿和乡镇煤矿资源划分会议纪要》,将原乐平县办“东方红煤矿”划规乐平矿务局,由省煤炭厅报国家煤炭工业部同意,赵家山煤矿为新兴建的地方国有煤矿。乐平市煤炭局办和联营办煤矿有:通顺煤矿局办、双港煤矿三井局办、双港煤矿与乐港镇联营、乐鸣煤矿与乐港镇联营、乐园煤矿与涪口镇桃园村联营、陈家煤矿与礼林、洄田乡联营、乐发煤矿与涌山镇杨三明联营、乐枫煤矿与涌山镇叶青联营。

2000年以后,随着非法小煤窑彻底关闭,地方合法煤矿分布与煤炭资源分布不协调的矛盾也凸显出来,乡镇煤矿与国有重点矿争夺资源,尤其是涌山桥煤田,该区为急倾斜煤层,在同一井田内的深、浅部进行大、小井同时开采,在安全上存在着极大的隐患。2007年,全市开展地方煤炭资源整合,解决矿山布局不合理、生产规模小、大小井并存等问题,消除国有重点煤矿井田范围内的乡镇煤矿开采,使国有重点煤矿、地方煤矿和乡镇煤矿都能达到安全生产,并使乡镇煤矿达到规定的最低开采规模。通过省煤矿设计院进行规划,省国土资源厅以公开方式出让新设置的南安煤矿、朱溪煤矿、塘坞煤矿采矿权。

南安煤矿新设置矿权。位于浮梁县湘湖镇南安村境内,面积1.0184平方千米。地质资源量－150米以上167.3万吨;－150米以下67.5万吨,开采深度±0～－300米。采用斜井开拓方式,规划生产能力9万吨/年,矿井服务年限10年。

朱溪煤矿新设置矿权。位于浮梁县寿安镇朱溪村境内,面积1.8169平方千米,可获地质资源量约200万吨。采用斜井开拓方式,规划生产能力9万吨/年,矿井服务年限11年。

塘坞煤矿新设置矿权。位于浮梁县寿安镇鸿兴村境内,1979年10月原省煤田地质勘探公司223队提交的《乐平县兰桥矿区普查地质报告》,可采煤层4～5层,面积1.8950平方千米,推测可获得地质资源量150万吨。采用斜并开拓方式,规划生产能力9万吨/年,矿井服务年限9年。

2007年以前,乐平市煤矿共有17家。其中礼林镇福林煤矿2004年因发生瓦斯爆炸、乐港镇凤山煤矿

2006年因发生透水事故两矿井被关闭和新河煤矿2007年因被水淹无法恢复生产被关闭。双田镇新荣煤矿2005年因资源问题并并入到宝山煤矿，礼林镇陈家煤矿并入到钱广煤矿。

同年，按照国家煤炭产业政策要求，年生产能力在3万吨及以下能力矿井要关闭。根据赣煤行办《关于对煤矿规划能力由3万吨及以下改造提升至3万吨以上预核准的通知》精神，乐平市地方国有和乡镇煤矿共保留12家。其中地方国有煤矿2家，即乐平市赵家山煤矿、乐平市科山煤矿；乡镇煤矿10家，即乐平市涌山镇锦宏煤业（五一煤矿）、涌山镇同春煤矿、涌山镇下涌山煤矿、双田镇上冲坞煤矿、双田镇宝山煤矿、双田镇红山煤矿、乐平市马鞍山煤矿、双田双鸡煤矿、乐平市钱广煤矿、礼林镇西沙煤矿。当年，乐平市原煤年产量核定能力为30万吨。

2010年，按照省煤炭行业办等省直6部门《关于矿井由3万吨及以下改造提升至6万吨及以上的要求》，乐平市9座预核准煤矿向省工信委申报立项并获得批准。2012年，矿井改扩建项目初步设计上报省煤炭行业办审批通过。其中涌山镇同春煤矿、下涌山煤矿、双田镇宝山煤矿、红山煤矿、礼林镇钱广煤矿、西沙煤矿6座获准开工扩建；上冲坞煤矿、马鞍山煤矿、双鸡煤矿3家未批准开工。

安全管理

2001年4月5日，仙涌煤矿发生昌顶事故，2名违规作业矿工死亡，主要责任者遇难，矿主被罚2万元。景德镇煤矿安全检查办事处立即组织处理，并对涌山镇、寿安镇、湘湖镇煤矿进行调查，涌山镇有煤矿井125对，其中两证齐全61对，无证矿井64对，独眼井9个，湘湖镇无证井6个。6月8日，根据全省煤矿安全生产秩序整治工作要求，全市所有煤矿停产整顿。浮梁县制定整治方案，确定3个月遏制重特大事故，一年内乡镇煤矿死亡控制数4人和3年百万吨煤死亡率每年分别下降10%，至2003年下降到8%以下的目标。6月30日和7月1日，景德镇煤矿安全监察办事处对乐平市乐港镇、涌山镇、浮梁县寿安镇59处煤矿进行检查，其中有双证44处，无证15处。在规定的停产整顿期间，有证矿中依然有31个矿井出煤，无证矿中有5个井口出煤，并通报地方政府整改。7月22日，市公安局配合煤矿安全整治，停供民爆器材。

是年8月7日，由宜春煤矿安全监察办对浮梁县乡镇煤矿明察暗访，共检查矿井59个，主要问题是非法独眼井多，关闭矿井重新生产，南安村有18个，发现15个新开非法井，停产整改矿井都在等待，该关的未关，该整改的未整改。9月4日，将检查结果通报浮梁县政府。8月18日，针对省煤矿安全生产秩序整治工作督导明察暗访后的反馈意见，浮梁县制定整顿措施，对全县无证开采的52个矿井具体位置、开采业主、煤产量情况全部登记造册。除保留的煤矿外，其他小煤矿全部彻底炸封，井口设施拆除，场地平整，并要求在7天内完成。10月10—12日再次检查涌山镇、寿安镇、湘湖镇煤矿129处，其中有证矿37处，关闭矿25处、无证矿井67处。发现新开或关而不停的“板车井”“扁担井”27处，非法矿井71处，涌山镇31处矿井自购发电机应对电力控制，组织突击生产。市政府转发检查通报，乐平市、浮梁县采取强力措施在10月底前完成关闭任务，12月通过省级验收。

2002年1月18日，市委市政府召开紧急会议，针对各乡（镇）关井整治检查发现的问题。责令乐平市、浮梁县对失职、失责乡镇领导进行组织处理，整治工作由相关单位一把手签字后，每日报市委书记、市长和分管市领导。1月21日，省煤矿安全生产秩序整治工作领导小组通报，景德镇乐平市涌山镇三友、双沿、二六、海根等属于关闭矿井，不但启封，而且在出煤。浮梁县的桃树煤矿及挂靠风井、梨树煤矿及挂靠风井，乐平市乐港镇的狮子口煤矿，涌山镇柳树坞、压风、泉水、桃源、顺策等煤矿都在借整改之机出煤。检查中还发现，景德镇市有大量的新开无证非法井（板车井、扁担井），主要在寿安镇的梨树坞、乐平市的闵口村，乐平市的松树坞和塔前镇的科山一带数量更多，乐平市涌山镇从浮坑到王家桥粗略统计超过30处。为了保证两会期间煤矿安全，市政府决定3月20日前，所有乡镇有证煤矿一律停产，整改煤矿停止整改工作，建立驻矿员制度，停止乡镇煤矿的煤炭运输。对擅自恢复生产的，矿井关闭、矿主刑拘、罚款5万~10万元，乡（镇）分管领导撤职。

是年6月26日，市政府颁发《关于认真开展杜绝煤矿重特大事故活动的通知》，用半年时间保证煤矿安全生产，对无证煤矿坚决关闭到位，落实《国家煤矿安全监察局小煤矿安全生产基本条件》的要求，所有经省政府批准保留的煤矿，必须交纳4万元安全风险抵押金至市政府煤炭行业管理办公室，发生1~2人死亡事故的,当年押金没收。死亡3人以上的另外处罚。9月12日,景德镇煤矿安全监察办通报浮梁县寿安镇、湘湖镇和乐平涌山镇、双田镇、浯口镇、乐港镇、塔前镇、礼林镇等8个产煤乡镇无证矿井生产情况的,共检查123处无证井,发现非法生产的87处,半停产状态13处,停产23处。现场下达《煤矿安全监察现场处理决定书》22份,建议书1份,对乐平市、浮梁县政府提出整治建议。

2003年,浮梁县对未获取重新核发“四证”的11座保留煤矿进行炸封(国矿范围内2座),对重新生产的非法“板车井”“扁担井”发现一处摧毁一处,3月、7月、9月分别炸封36处、26处、22处。全县保留7座煤矿重新核发“四证”。

2004年8月27日,浮梁县非法小煤窑整治领导小组调查全县有证煤矿(未达到生产出煤条件)和非法小煤窑,寿安镇窑坞、仙林、仙涌、仙红、前山5座,湘湖有东安、横塘2座,湘湖2处已产,横塘因煤尽停产,其余4座安全达到B级。还有3座评估未合格,不得生产。仙林矿明停暗采。寿安县桃术坞矿区小煤窑偷采现象较为严重。随即部署整治工作。

2005年12月28日,市煤行办批准浮梁县煤矿井下人员控制人数,规定单班下井作业人员限额:仙涌煤矿18人,窑坞煤矿27人,仙红煤矿9人,仙林煤矿18人,东安煤矿16人。矿长每月下井不少于6次,分管矿长不少于10次。

煤矿简介

乐平市赵家山煤矿 位于浯口镇赵家村境内,隶属于乐平市煤炭行业办管理。位于乐平市城东北12千米处,为官木岭矿区,乐平至德兴的公路北侧。区内交通以公路为主。1992年投产。矿井面积1.4344平方千米,开采标高+100~-400米,可采煤层B_4,煤层厚度为0.08~4.05米,平均厚度为1.28米。

2006年矿井核定生产能力为4万吨/年,属于正常生产矿井。

2010年,矿井保有资源量100万吨,剩余服务年限18年。职工人数120人。

乐平市科山煤矿 位于塔前镇陈家村境内,隶属于乐平市国营科山综合垦殖场管辖。离乐平城区直线距离约17千米。所在矿区为兰桥矿区,矿区有简易公路与国道206线乐平段相连。1965年投产。矿井面积0.4588平方千米,开采标高+163~-350米,开采二、三1、三2、五煤层,煤层厚度依次为0.68~1.69米、0.55~0.85米、0.57~1.75米、0.6~1.18米。

2006年,矿井核定生产能力为4万吨/年,属于正常生产矿井。2010年矿井保有资源量100万吨,剩余服务年限20年。职工人数135人。

锦宏煤业公司(原五一矿) 位于涌山镇长松岗村境内,隶属于涌山镇,为涌山桥矿区涌山井田西北部,有5公里简易公路接景德镇—涌山—乐平正规公路和景—涌轻轨铁路。1970年5月1日投产。矿井面积0.2402平方米,开采标高±0~-400米。主采二、$三_1$、$三_2$、四煤,$三_1$、$三_2$煤层间距约50~60米(水平距),三1煤层平均厚度2.5米,三2煤层平均厚度1.31米。

2006年,矿井核定生产能力为4万吨/年,属于正常生产矿井。2010年,矿井保有资源量150万吨,剩余服务年限28年。职工人数151人。

乐平市涌山镇同春煤矿 位于涌山镇涌山村境内,隶属于涌山镇管辖。为涌山桥矿区沿沟井田西部。有2千米简易公路与景(德镇)—涌(山)—乐(平)公路和景—涌轻轨铁路连接。1998年投产。矿井面积0.0586平方千米,开采标高-100~-300米,开采煤层B_4。

2006年,矿井核定生产能力为3万吨/年,属3改6技改通过验收,属正常生产矿井。2010年,矿井保有资源量100万吨,剩余服务年限10年。职工人数85人。

乐平市涌山镇下涌山煤矿 位于涌山镇下涌山村境内,隶属于涌山镇管辖。位于涌山桥勘探区三井田西南方向约2千米处,属涌山桥矿区西南边缘范围。矿区距景—涌公路仅1千米,有简易公路连接。1989年8月投产。矿井面积0.1498平方千米,开采标高+100~-50米。主采B_4煤层,煤层平均厚度2米,煤种为无烟煤。

2006年,矿井核定生产能力为3万吨/年,属3改6技改矿井。2010年,矿井保有资源量100万吨,剩余服务年限10年。职工人数108人。

乐平市双田镇上冲坞煤矿　位于双田镇横路村境内，隶属于双田镇管辖。属涌山桥矿区横路井田。矿区南侧1千米处有乐平—涌山公路通过。1979年投产，矿井面积1.3537平方千米，开采标高+50～-200米，主采六、七煤层，六煤层厚0.65～3.5米，七煤层厚0.56～7.0米。

2006年，矿井核定生产能力为3万吨/年，属3改6技改矿井。2010年，矿井保有资源量120万吨，剩余服务年限12年。职工人数116人。

乐平市双田镇宝山煤矿　位于双田镇横路村境内，隶属于属双田镇管辖。与相毗邻的矿井仅有东北面的双鸡煤矿和马鞍山煤矿，相距有600～650米。属涌山桥矿区横路井田，矿区南内侧约有1.5千米简易公路与乐平—沿沟公路相通。1986年8月投产。矿井面积1.1594平方千米，开采标高+150～-100米，主采八1、八2煤层，八1煤层平均厚度3.02米，八2煤层平均厚度2.26米。

2006年，矿井核定生产能力为3万吨/年，属3改6技改矿井。2010年，矿井保有资源量，120万吨剩余服务年限12年。职工人数86人。

乐平市马鞍山煤矿　位于双田镇横路村境内，隶属于乐平市双田镇管辖。属涌山桥矿区横路井田，矿区南侧约1千米处有乐平—涌山公路通过。1998年投产。矿井面积0.1173平方千米，开采标高+40～-150米，开采五、六、七、八煤层，七煤层厚度0～3.58米，平均0.96米，较稳定，六煤层厚度0.3～1.5米，平均0.9米。

2006年，矿井核定生产能力为3万吨/年，属3改6技改矿井。2010年，矿井保有资源量100万吨，剩余服务年限12年。职工人数86人。

乐平市双田镇红山煤矿　位于双田镇横路村境内，隶属于双田镇管辖。属涌山桥矿区横路井田，有3千米简易公路接乐平—涌山公路。1986年投产。矿井面积0.0729平方千米，开采标高+80米～-150米，开采三、四煤层，三、四煤层厚度在1.73～5.8米之间，平均4.35米，

2006年，矿井核定生产能力为3万吨/年，属3改6技改矿井。2010年，矿井保有资源量105万吨，剩余服务年限10年。职工人数160人。

乐平市双田双鸡煤矿　位于双田镇横路村境内，隶属于双田镇管辖。属涌山桥矿区横路井田，矿区南侧1千米有涌山—乐平公路通过。1994年建成投产。矿井面积0.0743平方千米，开采深度从+50～-150米。主采$6^{\#}$、$7^{\#}$、$8^{\#}$、$9^{\#}$煤层。

2006年，矿井核定生产能力为3万吨/年，属3改6技改矿井。2010年，矿井保有资源量100万吨，剩余服务年限10年。职工人数79人。

乐平市钱广煤矿　位于礼林镇甘棠村境内，隶属于礼林镇管辖，属桥头丘矿区红卫井田。皖赣铁路从矿区西北角1.5千米通过，并设有甘棠火车站。有2.5千米公路与国道206线衔接，矿区北距乐安江8000～9000米。1999年8月投产。矿井面积0.6787平方千米，开采标高-150～-350米。开采煤层B_3煤层，煤层厚0.61～2.44米，平均1.7米。

2006年，矿井核定生产能力为3万吨/年，属3改6技改矿井。2010年，矿井保有资源量80万吨，剩余服务年限12年。职工人数90人。

乐平市礼林镇西沙煤矿　位于礼林镇戴家村境内，隶属于礼林镇管辖。属桥头丘矿区红兴井田，煤矿周边无矿井。矿区距国道206线约9千米，距乐平火车站12千米。1999年投产。矿井面积为0.1463平方千米，开采深度±0～-300米，主采为B_2、B_3，B_4局部可采，煤层厚度B_2为0.85米，B_3为2.50～2.83米，B_4为1.78米。

2006年，矿井核定生产能力为3万吨/年，属3改6技改矿井。2010年，矿井保有资源量110万吨，剩余服务年限10年。职工人数150人。

南安矿区　位于景德镇市北东约26千米处，浮梁县湘湖镇南安村境内，该矿区煤炭资源为1号无烟煤，平均灰分21.15%，平均硫分0.40%，低位发热量平均为25.91兆焦耳/千克，省煤田地质勘探公司223队于1991年提交的《浮梁县南安矿区南安小井勘探地质报告》，探明煤炭储量C+D级±0以下2348.9千吨，南安矿区2002年以前有南安煤矿一、二分矿，南安煤矿一、二分矿4个(镇)村集体矿生产，属于低瓦斯矿井，

当年剩余保有地质储量尚有234.9万吨,由于没有通过煤炭安全生产检查验收,于2002年全部关停。

朱溪矿区 位于景德镇市东南20千米处,浮梁县寿安镇朱溪村和宁厂村境内,区内资源属萍乐陷北缘安源煤系,为无烟煤,灰分19%～30%,挥发分13%～25%,硫分<1%,发热量12.54～25.08兆焦耳/千克,赣西北地勘院于1998年12月提交《江西省浮梁县寿安镇朱溪煤矿地质勘查报告》,圈出13个含煤体(层),推测煤炭资源量200万吨,1998年年底赣西北大队对该报告进行审查,认为报告成果达到初步地质勘查的要求。朱溪矿区2002年以前有朱溪煤矿、盘龙煤矿、四合一煤矿3个乡村个体煤矿开采,主要开采混合煤,属于低瓦斯矿并,由于几个煤矿证照不全,于2002年全部关停。

东安煤矿 2002年始建,2005年投产,属镇办集体企业,矿井距景德镇市直距15千米,保有资源储量13.4万吨,服务年限2.3年,矿井采用斜井—平硐联合开拓方式,水平开采运输水平+60米,回风水平+90米,开采范围+90～+60米,生产规模为3万吨/年,矿井开采技术条件;低瓦斯、煤尘无爆炸性、煤炭不易自燃、矿井水文地质条件简单—中等类型,矿区煤炭资源为高灰、低发热量烟煤,含硫极低,发热量14.63兆焦耳/千克以上,煤层顶底板以粉砂岩为主。

金家山矿区 位于浮梁县寿安镇仙槎村境内,为乐平市涌山桥矿区东北延伸部分。东南距离景德镇市约20千米,区内资源为萍乐坳陷带安源煤系,中灰瘦煤—焦煤,挥发分24.09%,灰分为14.18%、含硫0.94%,发热量26.13兆焦耳/千克。江西省重工业局一一九勘探队于1972年提交《波、乐煤田涌山矿区二井扩区补充勘探说明》,查明煤炭资源96.3万吨。金家山矿区寿安镇窑坞煤矿和寿安镇仙槎村仙林煤矿2座有证乡镇煤矿正常生产,均为集体煤矿。

窑坞煤矿 1986年5月开工建设,1987年8月投产,属镇办集体企业。矿井位于景德镇市东面,距景德镇市直距约15千米,属浮梁县湘湖镇管辖,矿井保有地质资源量201千米,服务年限3.2年。矿井采用斜井开拓方式,一个水平开采,运输水平+18米,由于“三量”中开拓煤量不足,采用下山开采+18～+0米标高段煤层,生产规模为3万吨/年。开采技术条件;高瓦斯、煤尘有爆炸性、煤炭自燃、矿井水文地质条件中等类型,煤炭资源为富灰低硫中高发热量焦瘦煤,顶板为泥岩、炭质、砂质泥岩、底板为炭质、泥质泥岩。

仙灵煤矿 1988年8月开工建设,1990年8月投产,属镇办集体企业。矿井保有地质资源量156千吨,服务年限2.6年。矿井采用斜井开拓方式、矿井运输一水平+35米,二水平+8米,西翼回风水平+45米,东翼回风水平+58米,生产规模为3万吨/年,矿井开采技术条件高瓦斯、煤尘有爆炸性、煤炭自燃、矿井水文地质条件中等类型,矿区煤炭资源为高灰低硫中等发热量瘦焦煤,各煤层直接顶板多以粉砂岩为主,次为泥岩,底板以泥岩、炭质泥岩为主,局部为粉砂岩。

仙槎洪冲坞矿区 位于浮某县寿安镇仙槎村境内,为乐平市涌山桥矿区东北延伸部分。距离景德镇市南东25千米,矿区处于萍乐坳陷乐平复式向斜中的南东翼,煤炭资源为B4,煤层,挥发分28%～34%,灰分20%～23.8%,硫分0.76%,发热量20.90～29.26兆焦耳/千克,属优质动力用煤。矿区包括个人合伙仙涌煤矿和股份制仙红煤矿以及个体前山煤矿3个生产矿山,生产规模均为3万吨/年。由于前山煤矿2003年年底井下发生火灾,停产后未及时办理生产许可证等延续手续,以致使采矿许可证、煤炭生产许可证等被主管部门注销。正常的矿山只有仙红煤矿、仙涌煤矿。

仙红煤矿 1997年建井,1998年投产,属个人独资企业。仙红煤矿位于浮梁县寿安镇仙槎洪冲坞,保有地质资源量18.6万吨服务年限3.2年。矿井采用斜井开拓方式,运输水平高-80米,回风水平标高+26.8米,生产规模为3万吨/年,矿井开采技术条件高瓦斯、煤尘有爆炸性、煤炭自燃、矿井水文地质条件中等类型,矿区煤炭资源为低灰分、低硫、高发热量烟煤,煤层顶板为含动物化石泥灰岩,底板为鳞状黏土岩。

仙涌煤矿 1997年建井,1999年投产,属镇办集体企业。仙涌煤矿位于评梁县寿安镇仙搓洪冲坞,矿井保有地质资源量195万吨,服务年限3.5年。矿井采用斜井开拓方式,目前矿井运输一水平土0米,二水平-73米,三水平-150米,生产规模为3万吨/年,矿井开采技术条件高瓦斯、煤尘有爆炸性、煤炭自燃、矿井水文地质条件中等类型,矿区煤炭资源为低灰分、低硫、高发热量烟煤,煤层顶板为粉砂岩,底板为石英细砂岩。

塘坞矿区 位于浮梁县寿安镇鸿兴村境内,直距景德镇南22千米,矿区毗都乐平兰桥矿区,煤系地层为

安源组。1979 年 10 月,华东煤田 223 地质队提交《乐平县兰桥矿区普查地质报告》,其中浮梁辖区内施工钻孔 13 个,钻探进尺 4926 米,获煤炭资源储量 150 万吨以上。矿区内曾有个体无证非法煤矿开采过,无生产煤矿。

第九章 工业经济管理

“七五”至“十一五”时期,景德镇工业在改革开放中,完成从经营机制到产权制度的全面改革,通过“关、停、并、转”、股份制改造等措施,逐步建立现代企业制度。市委、市政府坚持工业强市战略和开放型经济战略,先后建成直升机、汽车、无氟压缩机、电冰箱、电子元器件、焦炭、炭黑、氯碱、医药、磷化工、日用瓷、建筑卫生陶瓷、水泥、煤炭、发电、饮料酒、茶叶加工等一批支撑长远发展的工业项目,形成一批新产能,发展了一批“专、精、特、新”的工业企业集群,形成以陶瓷、机械、电子、化工、建材、食品、能源为支柱产业的生产门类较为齐全的工业体系。建成景德镇高新技术开发区、景德镇陶瓷工业园、乐平市工业园,拥有焦化工业集团公司、昌河汽车股份公司、华意压缩机有限公司、昌河飞机工业集团、景德镇中景集团、富祥药业有限公司等一批大型骨干企业。形成了工业体系较完善、企业布局集中、产业集聚发展的工业新格局。

陶瓷工业作为景德镇市的传统主体工业,在国民经济中占据重要地位,90 年代受经营体制的束缚,在激烈的市场竞争中陷入发展困局。进入 21 世纪,通过招商引资、改革经营体制、做大建筑陶瓷而得到新的发展。2010 年,陶瓷产业总产值完成 100.3 亿元(规模以上数据),是 1986 年的 27.2 倍,实现税收 0.95 亿元。

1986 年,全部工业增加值 5.1 亿元,占全市 GDP 的比重为 48.2%。2010 年,全市规模以上工业企业完成工业总产值 684.72 亿元,工业增加值 160.03 亿元,实现主营业务收入 674.37 亿元,利税总额 55.88 亿元,分别是 1986 年的 60 倍、34 倍、60 倍、34 倍。25 年中,工业经济持续稳定增长,在全市经济发展中始终发挥着主导作用,贡献逐步提高。

第一节 工业经济运行

工业经济规模

1986 年,全市共有工业企业 722 家,其中全民企业 184 家,集体及其他企业 538 家,职工近 16 万人。全年完成工业总产值 12.24 亿元,比 1978 年和 1985 年分别增长 1.25 倍和 3.99%,在国民收入的部门构成中占 53.39%,对国民经济的发展起着主导作用。同年,全市预算内工业总产值 3.2 亿元,同比增长 9.64%;产品销售收入 3.4 亿元,同比增长 11.62%;实现利税 0.62 亿元,同比增长 10.73%。经济效益的增长幅度高于产值的增长幅度。特别是作为全市支柱行业的陶瓷工业,其总产值、日用瓷产量、劳动生产率、销售收入、实现利税等主要指标均超历史最好水平,10 家企业盈利超百万元。

1987 年,全市共有工业企业 698 家,其中全民企业 204 家,集体企业 494 家。职工近 16 万人,其中全民企业职工 11 万人,城镇集体企业职工 4.85 万人。同年,全市共完成工业总产值 14.24 亿元,同比增长 17.88%,比 1978 年增长 1.6 倍。在全部工业总产值中,市县属工业总产值 8.37 亿元,占 58.78%。市县属预算内工业企业总产值 3.71 亿元,同比增长 16.04%;产品销售收入 4.46 亿元,同比增长 31.93%;实现利税总额 0.88 亿元,同比增长 46.51%;亏损企业亏损额同比减少 44.07%;全员劳动生产率 7869 元,比 1986 年提高 14.52%。

1988 年,全市共有工业企业 678 家,其中大中型企业 38 家,职工近 16 万人。全市共完成工业总产值 17.27 亿元,其中陶瓷工业产值 3.33 亿元,机械工业产值 3.68 亿元,电子工业产值 2.84 亿元,分别占总产值的 19.3%、21.3% 和 16.4%。市县属工业完成产值 10.57 亿元,比 1978 年增长 1.9 倍,平均每年递增

11.37%。在国民收入的部门构成中,工业占56.01%,对景德镇国民经济的发展起着主导作用。市县属预算内工业企业实现利税总额1.38亿元,比上年增长57.71%;定额流动资金周转天数由1987年的118天缩短到100天,全员劳动生产率9750元,比上年提高23.98%。华意电器股份有限公司成为全市机电行业的一枝新秀,家用电冰箱产量连年翻番,全年生产冰箱10万余台,产值、利税在市县属预算内工业企业中居首位,分别占31.2%和49.93%,成为江西省重要利税大户之一,晋升为国家二级企业。

1989年,全市共有工业企业690家,其中大中型企业40家;全民企业197家,集体及其他企业493家;有职工16万余人。全市工业总产值(1980年不变价)18.14亿元,其中市县属工业产值11.45亿元,分别比1978年增长2.33倍和2.18倍。在工业总产值中,陶瓷工业产值3.47亿元,同比增长4.08%;机械工业产值3.73亿元,同比增长1.27%;电子工业产值2.87亿元,同比增长1.04%。产品销售收入18.99亿元,同比下降3.27%;利税总额1.91亿元,同比下降33.6%。在国民收入部门构成中,工业占比57.57%,成为景德镇国民经济的主体。市县属预算内工业企业产品销售收入5.95亿元,实现利税0.91亿元,仍处于历史上的较好水平。作为全市工业主体的陶瓷工业共有企业121家,职工7.03万人,形成从生产到销售,包括科研、教育在内的较为完整的工业体系。同年,日用陶瓷产量达3.53亿件,其中出口瓷1.25亿件,为国家创外汇2701万美元。

1990年,全市共有工业企业692家,其中大中型企业39家;全民所有制企业201家,集体及其他所有制企业491家;中央、省属企业24家,市属企业668家。拥有职工15.77万人。全市共完成工业总产值(1980年不变价)18.93亿元,其中全民所有制工业产值13.42亿元占70.89%,集体及其他所有制工业产值5.51亿元占29.11%;轻工业产值10.17亿元占53.72%,重工业产值8.76亿元占46.28%。市县属预算内工业企业产品销售收入5.5亿元,同比下降8.04%;实现利税0.56亿元,同比下降38.77%;亏损企业亏损额同比增加93.51%。

1991年,全市共有乡及乡以上工业企业689家,其中大中型企业37家;全民所有制企业190家,集体及其他所有制企业499家;中央、省属企业24家,市县属企业665家。有职工16.09万人。全年完成工业总产值(1990年不变价)29.82亿元,比1990增长18.13%,其中,市县属工业总产值18.67亿元,比1990年增长13.72%。全民及大中型企业在工业增长中发挥主导作用,新增产值分别占全市工业新增产值的62.8%和60.6%;在全部工业总产值中,全民所有制工业产值21.31亿元,占全部工业总产值71.48%;集体及其他所有制工业产值8.51亿元,占全部工业总产值28.52%;轻工业产值14.6亿元,占48.95%;重工业产值15.22亿元,占51.05%。企业经济效益明显好转,预算内工业企业工业总产值比1990年增长6.87%,产品销售收入增长19.46%,实现利税增长17.38%。大中型企业活力增强,效益上升。37户大中型企业工业总产值比1990年增长22.8%,产品销售收入增长30.4%,实现利税增长8%。

1992年,全市共有工业企业723家,其中国有企业195家,集体及其他所有制企业528家;轻工业企业406家,重工业企业317家;主要工业行业扩展到34个。生产速度明显加快,全年全市完成工业总产值37.61亿元,比上年增长26.14%,增速较1991年提高8个百分点,其中乡及乡以上工业总产值32.6亿元,增长21.69%。各种经济类型工业全面增长,在全部工业总产值中,国有工业产值25.79亿元,占68.57%,比上年增长21.01%;集体及其他所有制工业产值11.82亿元,占31.43%,比上年增长38.99%。工业在国民经济中起主导作用,全市工业增加值占国内生产总值的40%以上。企业经济效益有所回升,全市乡及乡以上独立核算工业企业完成总产值、产品销售收入和利税总额分别比上年增长34%、23%和26.17%。资金利税率、成本利润率、全员劳动生产率和流动资金周转次数等四项指标均比上年有所提高,但综合经济效益指数低于全国、全省的平均水平。同年年底,一批新兴支柱产业迅速崛起,全市有机械、电子、电气、仪器仪表、医药、化工企业134个,完成工业总产值(1990年不变价)13.06亿元,占全市乡及乡以上工业总产值比重达40%。

1993年,全市有乡及乡以上工业企业639家,其中大中型企业46家;国有企业180家,集体及其他所有制企业459家;轻工业企业351家,重工业企业288家;主要行业已扩展到38个。全市完成工业总产值51.96亿元,比上年增长38.44%,增速比上年提高12.3个百分点。其中,乡及乡以上工业产值40.63亿元,增长25.12%。各种经济类型工业全面增长,国有工业企业活力增强,在乡及乡以上工业总产值中,国有工业产值31.81亿元,增长23.33%,占比61.22%。全市完成工业增加值14.35亿元,比上年增长21.6%,占国内生产总值46.39%。对375户乡及乡以上独立核算工业企业统计,全年经济效益综合指数比1992年提高7.99个百分点,工业资金利税率、全员劳动生产率、流动资产周转率等三项指标比1992年提高,但整体经济效益水平仍然偏低,一些企业处境艰难。新兴工业迅速崛起,全年全市汽车产量达1.39万辆,家用冰箱12.31万台,空调器2.36万台,交流电动机16.51万千瓦。

1994年,全市工业系统落实企业各项经营管理自主权,推进现代企业制度改革试点工作,探索优化资源配置的具体途径。全市共有乡及乡以上工业企业673家,其中大中型企业55家;国有企业189家,集体及其他所有制企业484家;轻工业企业364家,重工业企业309家;全市工业企业共有职工15.31万人。全年全市完成工业总产值77.55亿元,比上年增长49.22%,增速较上年提高10.8个百分点。乡及乡以上工业产值50.2亿元,增长23.56%。

1995年,全市共有乡及乡以上工业企业846家,其中大中型企业57家;国有企业271家,集体及其他所有制企业575家;轻工业企业467家,重工业企业379家;全市工业企业拥有职工16.15万人。全年全市共完成工业总产值(1990年不变价)97.44亿元,其中乡及乡以上工业总产值55.6亿元,增长10.75%;国有企业完成产值44.49亿元,增长14.99%;集体及其他工业企业完成产值52.95亿元,增长36.25%。大中型企业继续发挥骨干作用,全年完成产值40.56亿元,增长10.7%,占乡及乡以上工业产值的72.95%。全市完成工业增加值22.93亿元,比上年增长20.8%,占国内生产总值42.37%。主要工业产品质量提高率90.6%,工业产品销售率96.91%,比上年提高0.4个百分点。全市371户独立核算工业企业综合经济效益指数为72.49%,比上年提高1.09个百分点,其中产品销售收入、实现利税分别增长20.2%和18.6%。汽车、机械、电子、化工等新兴产业已成为全市经济主要支柱。全年昌河汽车产量达2.54万辆,华意家用冰箱20万台,无氟压缩机40万台,空调器2.5万台。

1996年,全市共有乡及乡以上工业企业855家,其中大中型企业58家;国有企业269家,集体及其他所有制企业586家;轻工业企业411家,重工业企业444家;全市工业企业拥有职工15万人。全年完成乡及乡以上工业总产值(当年价格)71.17亿元,比上年增长21.72%,其中国有企业完成产值59亿元,增长22.41%;集体及其他工业企业完成产值12.16亿元,增长18.28%,大中型企业全年完成工业产值55.5亿元,增长24.3%,占乡及乡以上工业总产值的77.9%;全年轻工业完成产值19.97亿元,重工业完成产值51.2亿元。全市完成工业增加值28.23亿元,比上年增长21.5%,占国内生产总值的43.61%。工业经济效益有所回升,全市371家独立核算工业企业综合经济效益指数为68.79%,产品销售收入、利税总额分别增长16.87%和2.23%。汽车、机械、食品等支柱产业正向规模经济迈进。昌河汽车产量达4.22万辆,增长66.2%;华意家用冰箱21.1万台,增长5.3%;无氟压缩机62.51万台,增长56.3%;景德板鸡1亿只,增长1.1倍。

1997年,全市共有工业企业782家,其中大中型企业58家;国有企业235家,集体及其他所有制企业547家;轻工业企业394家,重工业企业388家;全市工业企业拥有职工14.62万人。全年全市完成乡及乡以上工业总产值(1990年不变价)76亿元,比上年增长21.5%,其中国有及国有控股企业完成产值61.3亿元,增长37.9%;集体及其他工业企业完成产值14.66亿元,下降18.9%;大中型企业全年完成产值59.82亿元,增长22.2%,占乡及乡以上工业产值的78.7%;全年轻工业完成产值22.03亿元,重工业完成产值53.97亿元。工业经济效益呈现恢复性上升,全市728户独立核算工业企业完成产值74.22亿元,比上年增长21.27%;产品销售收入72.91亿元,增长31.4%;实现利税(含增值税)9.3亿元,增长1.5倍。

1998年,是全市国有企业改革的攻坚年。部省属企业完成产值55.49亿元,比上年增长31%;重工业完成产值68.43亿元,比上年增长27.8%,轻工业生产出现下滑。行业、产品结构改善,支柱产业、重点支持的工业品生产发展势头良好,陶瓷生产逐步恢复增长,市县属工业企业经济效益好转。全市拥有乡及乡以上独立核算工业企业547家,其中大中型企业55家;国有企业131家,改制后,比上年减少约45%;集体及其他所有制企业416家;轻工业企业271家,重工业企业276家;全市工业企业拥有职工8.83万人。全市乡及乡以上独立核算工业企业完成工业总产值87.9亿元,比上年增长18.4%,大中型企业继续保持为工业经济增长的主导力量,全年完成产值84.05亿元,增长22.9%,占工业总产值比重的81.3%,较上年提高6.5个百分点。

1999年,全市规模以上工业企业(注:国有工业企业、年产销收入500万元以上的非国有工业企业,下同)生产下滑,工业经济在改革调整中总体保持小幅增长。全市乡及乡以上独立核算工业企业500家,其中大中型企业52家;国有及国有控股企业134家,集体及其他所有制企业366家;轻工业企业240家,重工业企业260家。全市工业从业人员达23.62万人。全年全部工业企业完成工业总产值113亿元,比上年增长3%。规模以上工业实现产值74.4亿元,比上年下降3.52%,占全部工业总产值比重65.84%。其中,部省属企业实现产值48.02亿元,下降4.8%;市县属企业实现产值26.38亿元,增长0.02%。国有企业产值64.49亿元,下降3.85%;非国有企业产值9.91亿元,增长0.37%。轻工业产值19.18亿元,下降0.21%;重工业产值55.22亿元,下降4.62%。机械电子工业产值44.42亿元,下降5.7%;陶瓷工业产值4.73亿元,增长1.8%。全市规模以上企业工业产品销售率达100.16%,比上年提高7.29个百分点。全市独立核算工业企业完成产值84.05亿元,比上年下降4.38%;产品销售收入77.05亿元,下降4.77%;利润总额3.7亿元,上升1.08%。

2000年,全市工业总产值(1990年不变价)130.20亿元,增长12.82%。全市拥有独立核算工业企业499家,其中大中型企业51家;国有企业121家,集体及其他所有制企业378家;轻工业企业237家,重工业企业262家,拥有职工12.45万人。独立核算工业企业总产值93.71亿元,增长11.48%,占工业总产值比重为71.97%,较上年提高6.13个百分点;其中国有及国有控股企业完成产值68.29亿元,增长14.36%;集体及其他工业完成产值25.43亿元,增长4.45%。全部独立核算工业企业实现利润1.1亿元,增长2.3倍;亏损企业亏损额0.8亿元,减亏30%;总资产贡献率5.31%,提高0.4个百分点。

2001年,全年全部工业企业完成工业总产值137.5亿元,增长12.8%。全市规模以上工业企业实现产值91亿元,增长12.9%,其中部省属企业实现产值60.22亿元,增长15.0%,市县属企业实现产值30.77亿元,增长7.4%。在规模以上工业总产值中,国有企业产值65.83亿元,增长13.7%,非国有企业产值25.16亿元,增长10.4%;轻工业产值29.25亿元,增长2.7%,重工业产值61.74亿元,增长16.1%。

2002年,全市工业企业完成工业总产值157亿元,增长15%。全市规模以上工业企业完成产值107.18亿元,增长21.9%,其中部省属企业完成产值74.45亿元,增长26.06%,市县属企业完成产值32.73亿元,增长8.3%。在规模以上工业总产值中,国有企业产值81.4亿元,增长25%,非国有企业产值25.78亿元,增长11.5%;轻工业产值31.08亿元,增长11.4%,重工业产值76.09亿元,增长24.7%。

2003年,全市工业企业完成工业总产值170.6亿元,增长10.4%,其中规模以上工业企业完成产值112.6亿元,增长5.70%。在规模以上工业总产值中,国有企业产值80.7亿元,下降6.3%,非国有企业产值31.9亿元,增长11.5%;轻工业产值37.9亿元,增长16.0%,重工业产值74.7亿元,下降2.1%。全年全市地方工业完成产值103.1亿元,首次突破百亿大关,增长25.8%,占全部产值的比重提高9.1个百分点。规模以上独立核算工业经济效益综合指数为85.2%,同比提高5.77个百分点;工业企业实现产品销售收入102.9亿元,增长16.1%;实现利润1.67亿元,增长14.9%。

2004年,全市工业企业完成工业总产值190.5亿元,增长12.0%,其中规模以上工业企业完成产值127.24亿元,增长6.1%。在规模以上工业总产值中,国有及国有控股企业产值95.92亿元,下降6.8%,非国有企业产值31.32亿元,增长70.2%;轻工业产值54.3亿元,增长28.4%,重工业产值72.94亿元,下降8.0%。全市有焦化、华意、中景、德宇、陶瓷股份等五大主要企业;高新开发区、乐安江工业园、浮梁县工业园三大工业园区。全年规模以上地方工业完成产值70.79亿元,增长47.0%,占规模以上工业比重达55.64%,对工业增长的贡献率达155.9%。

2005年,全市工业企业完成工业总产值207.5亿元,增长17.2%,其中规模以上工业企业完成产值157.04亿元,增长15.56%,增速比上年加快9.46个百分点。在规模以上工业总产值中,国有及国有控股企业产值110.98亿元,增长8.51%,非国有企业产值46.06亿元,增长32.67%;轻工业产值37.64亿元,增长

25.97%,重工业产值119.4亿元,增长10.11%。地方工业继续保持较快发展。全年规模以上地方工业完成产值94.53亿元,增长21.48%,占规模以上工业比重达60.2%,比上年提高4.6个百分点,对工业增长的贡献率达76.1%。

2006年,全市继续实施工业第一位发展战略,全年全部工业企业完成工业总产值272.9亿元,增长20%,其中规模以上工业企业完成产值202.91亿元,增长21.28%,增速比上年加快6个百分点。在规模以上工业总产值中,国有及国有控股企业产值132.83亿元,增长14.66%;轻工业产值54.52亿元,增长27.52%,重工业产值148.39亿元,增长19.17%。全市工业领域完成的固定资产投资为36亿元,比上年增长23.9%。工业总量不断提升,全市规模以上工业实现工业增加值、销售收入、利税总额分别达到63.3亿元、187.5亿元和6.3亿元。部省属工业生产止跌转升,全年完成总产值76.68亿元,增长7.2%,比上年加快4.7个百分点。全市共有规模以上民营工业企业174家,占全市规模以上工业企业的70%,完成工业产值62.98亿元,增长30.8%,对全市工业增长的贡献率达48.41%,拉动全市工业增长8.9个百分点。

2007年,全市工业企业完成工业总产值355.65亿元,增长26%。其中规模以上工业企业完成产值270.65亿元,增长25.18%,增速比上年加快3.9个百分点。在规模以上工业总产值中,国有及国有控股企业产值150.46亿元,增长7.3%;轻工业产值83.47亿元,增长39.8%,重工业产值187.18亿元,增长19.6%。全年规模以上工业完成增加值86.89亿元,增长25.18%;主营业务收入164.29亿元,增长34.4%;利税总额7.81亿元,增长58.74%。

2008年,全年全部工业企业完成工业总产值478.62亿元,增长23.3%;其中规模以上工业企业完成产值380.91亿元,增长22.19%。在规模以上工业总产值中,国有及国有控股企业产值175.6亿元,增长4.82%;轻工业产值124.54亿元,增长31.85%,重工业产值256.37亿元,增长20.24%。全年规模以上工业完成增加值131.25亿元,增长22.19%;销售收入360.02亿元,增长37.91%;利税总额23.15亿元,增长86.28%。

2009年,全市工业企业完成工业总产值610.4亿元,增长15.5%。其中规模以上工业企业完成产值497.01亿元,增长21.5%。在规模以上工业总产值中,国有及国有控股企业产值196.55亿元,增长10.64%,轻工业产值152.42亿元,增长26.9%,重工业产值344.59亿元,增长19.8%。全年规模以上工业完成增加值145.19亿元,增长21.5%;主营业务收入475.29亿元,增长25.97%;利税总额29.01亿元,增长21.28%。

2010年,全市工业企业完成工业总产值820.34亿元,增长15.6%。其中规模以上工业企业完成产值685.62亿元,增长22.49%。在规模以上工业总产值中,国有及国有控股企业产值253.99亿元,增长24.31%;轻工业产值202.67亿元,增长41.56%;重工业产值482.95亿元,增长19.77%。全年规模以上工业完成增加值160.03亿元,增长22.49%;主营业务收入678.56亿元,增长43.6%;利税总额52.69亿元,增长70%。

表16-9-1　　**1986—2010年景德镇市独立核算工业企业主要经济指标统计表**

年份	企业数(个)	工业总产值(亿元)	工业增加值(亿元)	销售收入(亿元)	利税总额(亿元)	职工年平均人数(人)	全员劳动生产率(元/人)
1986	612	11.28	4.61	11.27	1.64	157384	—
1987	622	13.33	5.74	14.84	2.25	167392	13277
1988	611	15.82	7.15	19.63	2.88	167178	9464
1989	601	16.08	7.74	18.99	1.91	165275	9731
1990	561	22.17	8.06	17.95	1.61	159096	13935
1991	583	25.65	—	21.94	1.75	158735	16160

续表 16－9－1

年份	企业数（个）	工业总产值（亿元）	工业增加值（亿元）	销售收入（亿元）	利税总额（亿元）	职工年平均人数(人)	全员劳动生产率（元/人）
1992	575	29.93	9.03	26.79	2.25	155681	5108
1993	601	39.59	14.79	38.81	2.83	165487	8950
1994	652	49.31	16.83	43.16	4.21	162327	10366
1995	746	50.63	15.5	47.48	3.71	161502	9767
1996	771	61.2	21.03	55.49	3.8	148665	14148
1997	728	74.22	26.71	72.91	9.3	139341	19169
1998	547	87.9	27.13	80.91	9.28	133468	20328
1999	500	84.05	27.28	77.05	8.66	125302	21770
2000	499	93.71	28.79	80.84	10.01	124464	23128
2001	506	94.94	38.73	88.12	10.78	117878	32856
2002	496	114.86	36.05	104.13	12.03	110759	32550
2003	490	120.6	36.37	119.56	12.81	109718	33153
2004	229	128.87	38.31	124.03	6.81	71091	53884
2005	249	159.18	49	147.79	6.94	75352	65030
2006	260	202.91	65.31	197.44	9.66	75155	86895
2007	302	270.65	86.89	267.14	10.75	78497	110696
2008	402	393.91	131.25	372.1	45.83	96328	136253
2009	414	492.61	145.19	472.59	37.99	94980	152866
2010	413	685.62	160.03	618.56	52.69	100420	159365

说明：1. 1986—1989 年工业总产值按 1980 年不变价计数，1990—1999 年按 1990 年不变价计数。2001 年以后按当年价计数。2. 1987—1989 年全员劳动生产率按 1980 年不变价计，1990—1991 年按 1990 年不变价计，1992—2000 年按增加值计。2001 年以后按当年价计。3. 2001—2002 年为独立核算工业企业经济指标，2003 年后为规模以上工业企业经济指标。2001—2004 年为产品销售收入，2005 年以后为主营业务收入

表 16－9－2　　**1986—2000 年景德镇市乡镇（集体所有）企业主要经济指标统计表**

年度	企业数(个)	工业总产值（万元）	增长率(%)	增加值（万元）	增长率（%）	销售收入（万元）	增长率（%）	税金（万元）	增长率（%）
1986	291	6561.5	30.1	3223.2	28.0	6879.2	27.5	449.2	41.0
1987	293	7453.0	13.6	3534.0	9.6	8261.0	20.1	511.0	13.8
1988	300	8864.1	18.9	4040.1	14.3	11619.2	40.7	737.4	44.3
1989	291	9422.7	6.3	4542.2	12.4	11519.8	0.9	808.7	9.7
1990	260	8211.9	12.8	4087.6	10.0	9627.8	16.4	690.6	14.6
1991	286	14264.4	24.0	—	—	12084.8	25.5	807.2	16.9
1992	284	17346.3	21.6	5708.5	—	13946.4	15.4	927.8	14.9

续表16－9－2

年度	企业数(个)	工业总产值(万元)	增长率(%)	增加值(万元)	增长率(%)	销售收入(万元)	增长率(%)	税金(万元)	增长率(%)
1993	277	29315.5	69.0	16334.4	186.1	25083.6	79.9	1401.3	51.0
1994	239	38563.5	31.5	13486.9	－17.4	32781.0	30.7	1121.9	－19.9
1995	266	22268.4	－42.3	9186.9	－31.9	22503.4	－31.4	695	－38.1
1996	528	79176.0	—	33030.1	—	57643.7	—	1261.2	—
1997	510	88363.5	11.6	36963.0	11.9	71937.6	24.8	1300.6	－3.1
1998	377	77518.7	－12.3	28738.1	－22.3	72381.7	0.6	1523.4	17.1
1999	327	66922.7	－13.7	24860.1	－13.5	57011.5	－21.2	1380.1	－9.4
2000	314	67009.1	0.1	23708.4	－4.6	53916.6	－5.4	1334.2	－3.3

说明:1986—1990年,据除工业增加值按现行价格计算外,其余均按1980年不变价计算。1990年后按不变价计算

表16－9－3　**2001—2010年景德镇市非公企业主要经济指标统计表**　单位:亿元

年份	非公总产值	占全市工业总产值(%)	非公经济增加值	占全市GDP(%)	年份	非公总产值	占全市工业总产值(%)	非公经济增加值	占全市GDP(%)
2001	20.15	16.47	10.4	9.8	2006	122.38	44.84	45.77	20.36
2002	28.76	18.31	14.7	10.7	2007	177.74	49.98	66.86	24.75
2003	39.45	23.13	18.2	12.93	2008	276.02	49.8	97.79	30.37
2004	42.8	22.47	22.1	13.4	2009	381.64	56.45	142.96	31.87
2005	93.78	44.74	33.03	17.06	2010	595.85	58.7	178.38	38.65

多种经济成分并存

1986年开始,由国有经济和集体经济两种形式逐渐转变为以国有经济为主体的多种经济成分并存的结构。从1987年始,对集体企业和国营企业推行两权分离、多种形式的经营承包制和落实企业内部经济责任制。对国营小型企业、微利和亏损企业,积极试行租赁等经营形式。1991年8月,成立景德镇陶瓷企业集团。1992年2月,成立万平电子集团和华意电器集团等,是90年代初期景德镇市的创汇大户。同年,在景德镇瓷厂、人民瓷厂、四三二一厂、陶瓷装饰材料厂比照中外合资企业的管理办法,进行"一厂两制"的改革试点,还选择市印刷机械总厂、市电机厂比照国家赋予中外合资企业有关政策进行转换企业经营机制的综合改革试点。1993年,全市批准三资企业项目43个,累计合同用外资1亿多美元,利用外国政府和世界银行贷款项目6个,外资金额6769万美元。

公司化改革

1994年,深入推进经济体制改革,先后制定印发《景德镇市一九九四年经济体制改革实施要点》和《关于在我市建立现代企业制度,加快"一试点两推开"意见的通知》,就进一步深化企业改革,确定公司制、国有民营、股份合作制改造试点的企业。市有关部门在选定23家公司制试点企业中,全面展开清产核资工作。根据企业申请将华意电器集团、景德镇瓷厂、瓷都百货大楼等5家符合产业政策、基础管理扎实、市场前景看好的国有大中型企业列入股份有限公司改造。全市有22家企业改组为有限责任公司,并先后正式挂牌运作,股本总额达2881.05万元。工交系统推出18家企业进行股份制改造,有16家企业改组为合作制企业,全市农村乡镇企业股份合作制企业共3007户,吸纳股金达1.2亿元,其中年内新增股份合作制企业1190户,新增股金1817万元。

1995年,推进各项配套改革,完善和扩大公司制试点。市体改委会同省陶瓷公司、市机械局等部门,对挂牌按国有独资公司运行的市宇宙瓷业有限公司,印刷包装机械有限责任公司进一步依据《公司法》的要求理顺企业领导体系,完善决策机构、执行机构、监督机构、促使其有效地各司其职。截至12月,全市累计有限责任公司87户,其中年内新增50户,累计股本总额2.1214亿元。股份合作制企业累计3731户,累计股本总额2.3亿元,新增916户,股本总额4110万元。

1996年,全市经济体制改革在"抓大放小""两权放开"等配套改革方面取得一定的实效。5月,华意压缩机股份有限公司成功上市募股,共发行3500万股,集资1.4亿元,大幅度减轻企业的资产负债率。11月,景德镇瓷厂为民、光明、红星、陶瓷窑具厂等技改线按发起方式,组建景德镇陶瓷股份有限公司。同时,市一批陶瓷、建材、商办等企业已经或正在进行有限责任公司改组改造,通过企业制度的创新,转变机制,降低负债,优化结构,加快企业向法人实体和市场竞争主体的转变。"两权放开"以陶瓷8户企业为重点,逐步展开。这8户企业共划分267个小核算承包租赁单位,促进广大职工、干部思想观念的转变,企业亏损得到有效遏制,8户企业比改革前平均月减亏29.48%。

1998年,出台《国有企业两权放开、兼并、出售、破产和招商引资等政策措施的实施办法》,推进资产运营、重组,形成多元投资主体和集团化经营,实现优化资本结构、化解历史包袱。年底,在市、县(区)直属229户公有制企业中,实行各种形式改革的企业达209户,其中股份公司3户,有限责任公司9户,股份合作制38户,出售6户,兼并11户,依法进入破产程序5户,托管7户,整体租赁20户,引资合作10户,划块租赁承包57户,承包经营43户,比1997年同期增加18户,累计改革面为91.26%,比1997年同期增长7个百分点。在市属113户国有工业生产企业中,进行各种形式改革的共106户,比1997年同期增加7户,累计改革面为93.8%,比1997年同期增长6.1个百分点。其中股份公司3户,有限公司6户,股份合作制11户,出售2户,兼并8户,依法进入破产程序5户,托管3户,租赁11户,引资合作4户,划块租赁承包33户,风险承包20户。

1999年,市、县(区)直属229户公有制企业实现各种形式改革改制的达210户,改革面为91.7%。在原市属113户国有工业企业中,进行各种形式改革的106户,改革面达93.8%。其中股份公司3户,有限责任公司6户(含国有独资公司2户),股份合作制17户,出售1户,兼并6户,托管3户,引资合作5户,整体或划块租赁经营42户,风险责任承包18户,依法进入破产程序5户。

2000年,全面展开国有企业产权制度改革攻坚战,本着试点先行、先易后难的原则,市委、市政府将竞争性行业效益好的重点骨干企业——市印刷机械包装有限责任公司列为全市国企产权改制的试点单位,经过5个月的努力,11月完成试点改制工作。与此同时,各县(市、区)、各系统相继列入一批试点改制企业进行率先突破。至12月底,市房地产开发公司、市华赣景种子公司、市酒业公司、乐平水泥厂、乐平汽配公司、乐东兽药厂等一批国有企业先后完成改制。通过改制,调整并优化国有资产的配置,国有资本从实物形态变为货币形态,由市财政收回变现资金,用于筹集改革成本或加强重点领域。至12月底,全市以股份制、股份合作制、出售等形式改革改制的281户国有、集体企业中(不含乡镇企业),完成改制94户,其中初步建立现代企业制度的改制企业68户。同时,改制企业全面建立适应市场经济条件下合同制员工身份,企业和职工实行双向选择。在全市改制企业中,转变和解除职工身份13227人,其中市属国有企业职工6500余人。

2001年,实施重点企业股份制,集团化战略。增强上市公司的再融资能力,增强发展后劲,华意压缩、东风药业两家上市公司,通过发行和配股等形式直接融资7.56亿元。积极培植上市后企业,在全市3户上市公司(含部、省属企业)的基础上,经市体改委等部门和企业的全力工作,6月,省股份制联审小组批准景市发起设立江西得雨活茶、江西黑猫炭黑两家股份有限公司,并于7—8月先后挂牌运作,作为上市后备企业进入上市辅导期。引导潜质较好的印机、特种陶瓷、陶瓷股份等优良企业加快股份制改造。引进外资,嫁接改造,引入一批战略投资者。

2003年,全市国企改革围绕"上市、核呆、退出、规范"进行政策指导,提出《国有企业改制政策调整意见》,规范全市国企改革工作。加强对黑猫股份、江维高科完成上市辅导企业的情况调研和指导,培育得雨活茶等一批后备上市企业,推动市大中型企业尽快建立现代企业制度。

2008年,申请省级综合配套自主创新改革试点城市工作,完成《关于我市2008年深化经济体制改革的工作意见》。发行企业债券取得明显成效,初步确定6家拟发行债券企业,其中焦化煤气集团做好前期所有准备工作。企业上市和股权分置改革取得重大进展,制定出台《关于上市公司股权分置的指导意见》以及《景德镇市加快推进企业上市的实施意见》,积极推进5家企业上市前期筹备工作。

国企破产改制

2001年,鼓励民营经济参与改革,加快"两退"步伐。全市出售和股份合租改组为民营的国有中小企业(含县、市、区属企业)达30户,由民营企业整体或部分租赁国有企业实行国有民营的数量更多,仅陶瓷企业由民营企业或个人租赁的大小经济实体就达495个。退城进郊,与旧城改造紧密结合,一批企业通过拍卖出让土地,通过土地变现资金安置职工,偿还部分债务,实现改制。

2002年,突出国企产权制度改革。确立29户企业作为全市国企改革的重点,把破产作为企业改革的重要内容来抓。组织制定宇宙瓷业有限公司破产项目、景德镇陶瓷股份公司为民、红星、窑具、光明和新厂兼并失败改为破产项目等3个企业破产项目预案,争取国家和省里的支持,市宇宙瓷业公司政策性破产项目被国家经贸委批复。

2003年,指导宇宙瓷厂实施政策性破产,帮助协调银行债务,申报景陶瓷厂。4家企业政策性破产计划。加快国有中小企业产权制度改革,对13户重点改制企业进行专项服务和督导。印机、市酒厂、乐平造纸厂等一批国有企业民营化后,发展快,效益好,成为全市企业中的重要力量。同时,正式启动市产权交易中心,当年,产权交易中心受理10笔,完成产权交割的有8笔,交易额1614万元。

2004年,全市以扶持中小企业发展为重点,推进经济结构的改善。各类型所有制企业,全面快速增长,销售收入超5000万元的企业达到12家,非国有经济累计完成工业总产值45亿元,比重达到35.5%,比2003年提高了7.18个百分点,经济总量迅速提高。2004年,市产权交易中心成功组织乐平第二水泥厂整体产权拍卖,最终以600万元成交,增值率为66.6%。这是全市首次以竞价方式公开拍卖国有企业整体产权,为全市国有企业产权转让开辟一条新路。

2005年1月,市委市政府出台《关于进一步加快全市民营经济发展若干意见》,就取消各种限制、降低准入门槛、提高服务效率等各方面提出明确要求,为加快民营经济发展消除体制性障碍。重点加大对陶瓷企业的中小企业支持力度,共为全市中小企业累计担保5362万元,同比增长12.4%。为增大担保总量,密切银保合作,与工行、农行、中行、建行、交行以及农信、城信等金融机构建立协作关系。启动欧盟再担保项目,7个再担保项目获批准,较好地缓解担保风险。

2006年,全市规模以上民营工业企业完成工业产值62.98亿元,比上年同期增长30.8%,高出全市平均增速10.26个百分点。民营工业对全市工业增长的贡献率为48.41%,拉动全市规模以上工业增长8.91个百分点。全市销售收入前10名工业企业中,民营工业企业占3家。利润总额前10名工业企业中,民营工业企业占8家。

2010年,全市着眼发展,创新举措,服务创业环境,认真贯彻落实国家、省相关扶持政策。截至年底,全市共有内资企业3670户,注册资本(金)1466729万元,同比增长12.4%和28.8%。共有外资企业249户,注册资本104111万美元,同比增长1.6%和8%;共有私营企业4725户,注册资本641205万元,吸纳从业人员73862人,同比增长25.9%、21%、14.5%;共有个体工商户51209户,注册资金119246万元,吸纳从业人员137450人,同比增长32.7%、44.4%、27.6%;共成立农民专业合作社311户,同比增长31.8%。办理股权出质登记23件,为企业融资1.9亿元;办理公司债权转股权登记13件,办理金额2000万元。

第二节 技改与创优

企业技改

陶瓷工业 1989年,宇宙瓷厂改造工程验收投产,一级品率平均达到72.6%,比全市当时平均水平高

12个百分点,连续3年被轻工部评为质量优胜企业。1990年2月,投资740万元的市石膏模具厂改造工程竣工,从德国克瑙夫公司引进了一条年产3000吨的a石膏生产线,质量优良,干燥抗折强度超过部颁标准。11月,投资1004万元的市窑具厂改造工程竣工,从英国阿克米玛乐斯公司引进一条莫来石匣钵生产线,匣钵强度高,使用次数为一般高铝匣钵的5倍。至1991年,景德镇不断进行的节能烧窑隧道化改造取得成果,全市拥有隧道窑42条,其中煤气窑18条,煤窑12条,油窑12条。同时,建有煤气台车窑6条、辊底烤花窑15条。1991年,光明瓷厂高档青花玲珑瓷技改工程、新华瓷厂民族用瓷技改工程、宇宙瓷厂对美高档出口瓷技改工程、原料总厂宁村瓷石矿改造工程、石膏模具厂引进的β石膏模生产线、窑具厂引进的合成莫来石制匣技术和关键设备等6项技术改造项目验收合格。1993年,全市围绕以陶瓷工业为主体,陶瓷工业全年完成技改投资2.25亿元,7项技改项目基本完成。1994年,陶瓷工业"八五"一期技改进展顺利,全年到位资金1.09亿元,技改投入资金1.45亿元,完成技改工作量8443万元。1995年,陶瓷工业由省陶瓷工业公司编制《"九五"陶瓷技改方案》,部分技改项目开始实施,完成技改资金600余万元。1996年,陶瓷工业"八五"技改全面完成,9个项目全部正式投入生产,实际到位技改资金38855万元,完成38855万元,用汇1920万元。1997年,总投资2213万元的景意陶瓷有限公司瓷质外墙砖扩改项目基本竣工。2008年,法蓝瓷实业有限公司高档工艺瓷三期工程项目竣工投产。

航空(汽车)工业　1992年,昌河飞机工业公司以实现年产7万台微型车为目标的技术改造第二期工程开始实施,总投资5600万元的年产1.5万辆微型厢式货车冲压、焊装、涂装、总装检测等主要生产线通过国家验收。1993年,完成14项生产线技术改造项目,总投资8100多万元。1994年,投入技术改造资金18120多万元,6项技术改造项目竣工。1996年,投入13000余万元实施微型汽车7万辆生产线技改等5个项目,开发微车后桥、半轴、汽车收放件等汽车配件新产品。1997年,372厂"1号工程"10万辆微型车生产线涂装厂房土建工程基本完工,生产线进入设备制造安装阶段;总装厂房开工;焊装线、冲压线改造方案确定;"2号工程"昌飞九江公司完成初步设计,冲压厂房开工;"3号工程"合肥昌河公司微型车生产线技术改造方案全面施行。1998年,372厂投入资金约1500万元进行军品线技改,全年有11项重大合理化建议和技改项目通过等级评审,创益3440.4万元。1999年2月,昌飞公司10万辆涂装生产线技改工程取得成功,达到年产16万辆微车能力。2000年,昌河铃木有限公司新建"北斗星"年产6万辆焊装生产线,自行编制新车型喷涂程序,并一次试生产成功。2001年,景德镇航空锻铸公司购置安装的数控模具加工中心调试成功投入生产。2002年,景德镇航空锻铸公司重大技改工程6300吨热模锻压力机开机调试,一举获得成功。昌河飞机工业集团(有限)责任公司投资1.2亿元对年产6万辆汽车的生产线进行技术改造,并新建CH6351、CH6352汽车生产线,引进焊装机器人,增建CH6370汽车焊装生产线。2003年,景德镇航空锻铸公司投资9.4万元对锻造一厂、热处理厂3台电炉进行改造。

机械工业　1991—1992年,累计完成技改投资9010万元。1991年1月8日,华意电器股份有限公司家用冰箱二期扩改工程引进10万台(双班)电冰箱生产线项目竣工验收。9月,华意电器股份有限公司通过由澳大利亚政府提供的低息贷款3636万美元,从美国泰康公司和澳大利亚可比公司,引进德国、日本、丹麦等国最新生产高效节能无氟冰箱压缩机技术及设备。1993年,机械工业5个重大技改项目竣工验收,新增产值1.12亿元。1994年,机械工业全年有无氟压缩机等13项新产品通过鉴定,华意压缩机生产线和铸造线等21个技改项目通过技改验收,完成技改资金7822.6万元。机械工业抓好"八五"技改工程的达产达标,华意无氟压缩机工程和印机公司多色胶印机工程正式竣工验收,无氟压缩机产量比上年同期增长1.96倍,胶印机产量比上年同期增长29.5%。1997年,总投资1.6623亿元的华意家冰厂三期扩改基本竣工。1998年,总投资2亿元的华意公司年产200万台无氟压缩机相继开工。1999年,华意公司的10万台出口小冰箱、印机公司的四开多色胶印机技改项目相继投产。华意引进的无氟压缩机清洗设备重点项目开工建设。2000年11月,华意压缩机股份有限公司年产100万台无氟压缩机技改(替代进口)项目通过国家经贸委的立项审批,项目总投资21058万元。

电子工业　1991年11月,国营4321厂投资2108万美元,从西德路德斯坦公司引进的CA42型钽电解电容器生产线通过省级验收投产,年生产2000万只CA42泵固体钽电解电容器。1991—1992年,999厂的压电送受话器陶瓷换能片生产线技改、声表面波滤波器技改、897厂的真空继电器生产线关键技术和设备引进、740厂的出口金属陶瓷管二期技改工程、4321厂的钽电解电容器生产线技改、小型铝电解电容器设备改造等6项重大技改项目经过部、省级验收完成。1993年,实施技术改造项目7项,总投资7325万元,开发新产品30项,新增产值2000万元。1994年,4321厂建成一条专门生产军用标准铝电解电容器的生产线(CDK11贯军标线)。1996年12月,999厂列为国家“双加”重点工程之一的压电陶瓷高频生产线技术改造项目顺利通过国家验收。1998年10月,4321厂列入国家九五期间的“双加”技改工程项目的铝电解电容器扩大生产能力改造项目竣工验收合格(省经贸委验收),总投资2900万元。2000年,999厂投资1950万元对手机国产化专项“微波介质及高频声表器件”生产线进行技术改造,投资2575万元对“二期双加”项目军民用微波介质及高频声表器件生产线进行技术改造。740厂大功率工业高频加热管出口三期技术改造项目通过省经贸委验收。

轻化工业 1986年12月,市建筑材料厂建造的2座容量为200吨的散装水泥库完工,为景德镇市首家推广使用散装水泥的企业。1993年12月,市第一塑料厂万克注射剂技改项目进行竣工验收。1994年,红泥耐候塑料管件生产线、人造玛瑙卫生洁具生产线、高档彩印包装生产线、铸钢生产线4个技改项目竣工投产。1997年,总投资2952万元的市第一塑料厂汽车塑料配件技改项目基本竣工。1999年,耐酸容器厂的PET包装瓶、景德镇木材厂的刨花板二次贴面技改项目相继投产。

食品工业 1990—1992年,全市共投入技术改造资金3500多万元,新建和扩建食品加工厂13座,引进比较先进的生产线29条,利用当地资源优势,发展食品工业。1991—1992年,全市技改投资500万元以上的食品工业企业有4家,投资200万元以上的有6家。1993年,食品工业先后完成江西食品厂、第二机米厂、板鸡实业公司等技改8项。1996年,市酒厂老窖酒生产线技改投资271万元,实现当年投资,当年生产老窖酒300吨,新增产值804万元,新增税利100万元。市第二制米厂自筹资金100万元及时进行大米车间技术改造,提高大米质量和产量,改善劳动强度和生产环境。青塘饮料厂自筹资金70多万元进行技术改造,新建生产大楼和一条全自动饮料灌装线,开发出芒果汁、红豆汁、粒粒橙、清酒等新产品投放市场。2008年,市板鸡实业公司应用高新技术技改当年见效,完成景德板鸡60万只,创产值1200万元,销售收入1200万元,利税161万元。

化纤工业 1994年11月,江西化纤化工厂总投资1.2亿元的江西省“八五”重点技改工程——年产4000吨涤纶长丝工程顺利通过验收。1998年,江西化纤化工有限责任公司投资1.2亿元被列为国家重点示范项目的公司锅炉更新改造热电联产工程通过国家竣工验收全面运行,全年完成1#循环水和热电循环水改造工程、3#乙炔发生器安装试车、电石渣清夜更新等技改项目。2001年,江西化纤化工有限责任公司投资近千万元的涤纶前纺POY扩产工程于1月竣工。2003年,江西化纤化工有限责任公司微晶玉石项目竣工投产,通过省专家组竣工验收。2004年,江西化纤化工有限责任公司年增1万吨高粘特种PVA生产线成功投产,PVA年产总量达到4万吨。

重化工业 1994年,实施技术改造项目20余项,完成技改资金4560万元,新增产值8000万元。1996年2月,焦化总厂投资80余万元的硫铵饱和器技术改造工程完工投入运行。5月,焦化总厂投资30万元的脱硫再生塔顶尾气回收技术改造工程竣工。年底,江西电化厂投资3000余万元的3万吨烧碱扩建改造工程竣工。1997年,焦化总厂为扩大炭黑规模生产,自筹资金将炭黑7000吨生产线扩建改造为15000吨,生产能力扩大一倍。江西电化厂“年产5000吨氯化亚砜及其配套设施”技改项目在化工部通过专家评审。1998年,总投资3000万元的焦化煤气总厂年产1.5万吨焦炭等一批国家级重点项目相继开工。江西电化厂完成2500吨/年甘氨酸扩建、蒸发循环水系统技改。1999年,焦化的1.5万吨炭黑技改项目投产。江西电化厂完成4000吨AC发泡剂扩建、5000吨甘氨酸扩建、1万吨氯乙酸改扩建等3个技改项目。2000年4月,江西电化公司2万吨氯乙酸扩建工程建成投产;2万吨AC扩建工程一次性试车成功投产。5月,1万吨甘氨酸扩建工程试车投产。9月,9万吨烧碱扩建工程建成投产。2001年,氯碱工业完成技改资金6000余万元,实施年产8000吨双氧水工程等3个项目。2002年,焦化煤气总厂下属湖口蓝天药用玻璃厂采用新技术、新工艺对1号生产线进行技术改造,生产输液瓶10635.42万只,实现销售收入4288.52万元,上缴税金283.96万元,实现利润373.45万元。江西电化有限责任公司重大技改新建热电厂工程项目主要设备1号锅炉水压试验一次成功,顺利通过省专家组验收。2003年,焦化煤气总厂3#焦炉竣工投产。全年投入技改资金2.57亿元,3号焦炉技改1月9日破土动工,11月28日推焦出气,年新增销售收入3.16亿元。江西电化厂电化高科项目建设先后竣工投产。2004年,焦化煤气总厂3#焦炉、4#炭黑线技改项目陆续建成投产。投资5000万元形成年加工煤焦油20万吨生产能力,年新增销售收入2.7亿元。投资5000万元新建年产炭黑2万吨的4号生产线,年新增销售收入8000万元。2005年8月1日,重化工业市焦化煤气总厂投资4500万元捣固焦改造工程试产成功,年降低成本达8000万元。投资4500万元建设国内最大的单套20万吨煤焦油精加工项目,同年5月3日试产,产品各项指标均达设计要求。2007年,焦化煤气总厂全年共投入技改资金3.25亿元,实施新建炭黑五、六号生产线等4个技改项目。2008年,景德镇开门子陶瓷化工集团有限公司干熄焦技改项目竣工投产。江西黑猫炭黑股份有限公司总投资1.05亿元的多晶硅配套项目白炭黑生产线于8月25日开工建设。2009年9月26日,新昌南炼焦化工有限责任公司一期工程5号焦炉开工投产。

医药工业　1992年,被列为国家高科技火炬项目东风制药厂6－APA,全部建成投产,并形成生产能力。12月,东风制药厂总投资4726万元的1000吨青霉素扩产项目一期工程发酵主体厂房建成并部分投产。1993年12月,被列为国家高科技火炬项目东风制药厂6－APA顺利通过验收和鉴定。1994年4月,黎明制药厂扩建工程竣工并通过验收。2002年,江西东风药业股份有限公司共投入720万元用于技术改造,完成60T大罐、优化选育青霉素菌种、废水处理站改造、150吨V钾生产线改造、新老冷冻改造、22吨锅炉大修、发酵无菌空气系统改造等10项技改工程。2003年,江西东风药业股份有限公司投资2800万元进行原料药精制生产线技改项目,于12月改造完毕。2008年年底,江西天新药业有限公司维生素B_6、B_1技改项目竣工投产。

新品创优

陶瓷工业　1996年,市原料总厂技术开发公司低温系列高档瓷泥、雕塑瓷厂的国家一类保护野生动物瓷雕获江西省优秀新产品二等奖。

1997年,玉风瓷厂高白釉玉风1#茶杯、高白釉玉风2#茶杯获江西省优秀新产品一等奖。陶瓷机械厂Tc3360全自动液压压砖机、陶瓷原料开发中心锂质长石高档细瓷、宇宙瓷业高温霁兰釉(中彩瓷中,西餐具)获江西省优秀新产品二等奖。

1998年,省陶瓷研究所高温燃气节能间歇窑获江西省优秀新产品二等奖。1999年,市电瓷电器工业公司Gw22,23/16002500高压隔离开关获江西省优秀新产品二等奖。2001年,陶瓷股份公司釉中彩"黄万寿"、精细陶瓷制造厂薄壁型高孔密度堇青石蜂窝陶瓷获江西省优秀新产品一等奖。

2003年,陶瓷股份公司高级乳白中温瓷和釉中彩中温瓷获江西省优秀新产品二等奖。2004年,环球陶瓷集团彩色釉中彩中温日用瓷(幻彩瓷)、陶瓷股份传统色釉装饰高档日用瓷获江西省优秀新产品二等奖。

2007年,市科宏特种陶瓷有限公司高纯氧化铌钽陶瓷坩埚获江西省优秀新产品一等奖。陶瓷股份有限公司高档窑具厂异型组装快烧窑具获江西省优秀新产品二等奖。2008年,陶瓷股份有限公司节能型强化瓷、市环球陶瓷集团有限公司绿色中低温日用炻瓷获江西省优秀新产品二等奖。

2010年,市曙光瓷厂低温快烧硅质园林瓷、江西省陶瓷研究所双层隔热保温陶瓷器皿获江西省优秀新产品二等奖。

航空(汽车)工业　2001年,昌河集团公司开发的昌河"北斗星"CH6350型和CH6350A型微型客车获省优秀新产品一等奖,昌河铃木汽车有限责任公司昌河牌CH6321Ei型微型客车、CH6328Ei型微型客车、CH6328Aei型微型客车、CH1011A型微型双排座货车获省优秀新产品二等奖。

2004年,昌河汽车股份有限公司爱迪尔轿车获江西省优秀新产品一等奖。昌河汽车股份有限公司CH6353系列和CH6370系列微型客车获江西省优秀新产品二等奖。2005年,昌河汽车K14B发动机获江西省优秀新产品一等奖。昌河汽车CH7140轿车获江西省优秀新产品二等奖。

2006年,汽车工业昌河汽车浪迪、福瑞达两个项目被列入江西省百项重点产品,福瑞达分别获得江西省优秀新产品一等奖和重点新产品奖。2008年,昌河飞机工业(集团)有限公司S－92直升机尾斜梁获江西省优秀新产品一等奖。昌河飞机工业(集团)有限公司 S－92 直升机水平安定面、昌河汽车股份有限公司 YS6MT 天然气汽车、YK5 国 IV 系列车、CH7160C/AC 轿车、CH7161C/AC 轿车获江西省优秀新产品二等奖。

2009 年,景航航空锻铸有限公司损伤容限型钛合金锻件、昌河汽车有限公司 K14B－A 发动机、CH6391 浪迪系列汽车获江西省优秀新产品一等奖。昌河汽车有限公司北斗星手自一体车获江西省优秀新产品二等奖。

2010 年,昌河汽车有限公司 K12B－A 发动机获江西省优秀新产品一等奖。景航航空锻铸有限公司 012 机型及大飞机项目锻件新产品开发、MW 级燃气轮机高温合金锻件、昌河汽车有限公司车身焊接群控技术应用、北斗星 e＋车、激光拼焊钢板获江西省优秀新产品二等奖。

机械工业　1986 年,为民机械厂生产的"67"式操舟机被评江西省优质产品。1987 年,景德镇气门厂生产的 S195 进排气门曾被评为全国机械行业优质产品。

1990 年,市电瓷电器工业公司生产的 PQ1－10 高压线路针式绝缘子在全国行业评比中为优等品,被机械工业部授予一等奖。1991 年,PQ1－10 高压线路针式绝缘子被机械工业部评定为优质产品。同年,华意家用电冰箱厂生产的 BCD－180 双门大冷冻室电冰箱在中国国货精品博览会上获金奖。

1996 年,华意压缩机厂生产的 AE1390Y 无氟制冷压缩机获江西省优秀新产品一等奖。乐平市燃气阀门厂 CK-830s 压电点火燃气阀获江西省优秀新产品二等奖。1997 年,市印刷包装机械有限公司 PZ1740 四开单色平版胶印机获江西省优秀新产品一等奖。2001 年,华意总公司 BO－40C 冷藏箱、KFB－482W/D 空调等五项通过新产品鉴定。2002 年,市中景集团 PZ4740D 四开四色胶印机和 PZ2740D 四开双色胶印机获江西省优秀新产品一等奖。

2004 年,华意压缩机股份有限公司 AE1370MTU 压缩机、获江西省优秀新产品一等奖。2005 年,华意压缩机股份有限公司 AE1380MTU、AE1345MTU 压缩机获江西省优秀新产品一等奖。

2006 年,华意压缩机股份有限公司"HY55MTU 压缩机"被科技部评为 2006 年度国家重点新产品;被省科技厅评为江西省 2005—2006 年度优秀重点新产品;被江西省经济贸易委员会评为江西省新产品;并获江西省优秀新产品一等奖。同年,市南瓷绝缘子有限公司 8KN、12KN、16KN 铁道棒形瓷绝缘子(斜腕臂、平腕臂、高原型腕臂、高原型平腕臂)获江西省优秀新产品二等奖。

2007 年,华意压缩机股份有限公司超轻型系列制冷压缩机(HYE81MHU、HYE81MGU、HYE90MGU、HYE90MKU)获江西省优秀新产品一等奖。2008 年,华意压缩机股份有限公司 AE1360SHU、AE1350SHU 制冷压缩机、市中景集团有限公司对开四色平版印刷机(PZ41040)获江西省优秀新产品一等奖。

2009 年,市中景集团有限公司 PZ4740E－IR/UV、PZ4660E－IR/UV 联线上光印刷机江西省优秀新产品一等奖。华意压缩机股份有限公司 HYE60MTU、HYE90MTU 超轻型系列高效制冷压缩机、市中景集团有限公司 PZ4740E－AI/UV、PZ4660E－AI/UV 油墨印刷机获江西省优秀新产品二等奖。

2010 年,华意压缩机股份有限公司 HYE50/55/81MXU 超轻型、超高效制冷压缩机获江西省优秀新产品一等奖。HYE69MSU/HYE55MSU 超高效制冷压缩机获江西省优秀新产品二等奖。

电子工业　1996 年,国营 897 厂可变陶瓷真空电容器 CKTB1000/10/80 型获江西省优秀新产品一等奖。国营 897 厂 CKJ5－80 型交流真空接触器、国营 4321 厂高压高频超小型铝电解电容器(CD)289. 450V、国营 999 厂 CATV 介质滤波器、国营 897 厂 CKTB750/28/220 可变陶瓷真空电容器和 CBM－643D2F4－lDF4 六联薄膜介质可变电容器,获江西省优秀新产品二等奖。

1997 年,国营 740 厂 PC－732F 型电子管获江西省优秀新产品一等奖。国营 740 厂 ZMDl4－10/1250－20 真空灭弧室、ZMDl4－10/1250－31. 5 真空灭弧室和 7T62R/E3062 电子管、国营 4321 厂 CD71C 超小型无极性铝电解电容器获江西省优秀新产品二等奖。

1998 年,国营 4321 厂 CDS 高温双极性铝电解电容器、999 厂 TCT40－12/16 压电超声传感器、897 厂 CKTBl000－2T/215 可变陶瓷真空电容器获江西省优秀新产品二等奖。1999 年,国营 999 厂 LBN38M (F1036)型声表面波滤波器获江西省优秀新产品一等奖。同年,市蓝天工业陶瓷有限公司 8KN 电气化铁道接触网用耐污棒型绝缘子、国营 897 厂 100KwPSM 型可变陶瓷真空电容器和 JPK－2/018 型高压真空继电器、100KWPSM 型可变陶瓷真空电容器获江西省优秀新产品二等奖。

2001 年,万平电子 CKT1000/35/350 型固定陶瓷真空电容荣获江西省优秀新产品一等奖。市蓝天工业陶瓷公司凯科绝缘子制造有限公司瓷芯棒硅橡胶复合绝缘子 HQBN2-25/8、HQBZ2-25/8、HQXV-25、HQXN-25、万平电子 JPK-2/034 型陶瓷真空继电器获二等奖。2002 年,景光电子 FD-9115 型电子管获江西省优秀新产品一等奖,万平电子 ZKTD400/6-10(Ⅳ)型真空开关管获江西省优秀新产品二等奖。

2006 年,江西万平真空电器有限公司 CKTBS1200/35/750 型水冷式陶瓷真空电容器获江西省优秀新产品一等奖。2007 年,万平真空电器有限公司 JPK-6/056 型真空继电器获江西省优秀新产品二等奖。2008 年,万平真空电器有限公司 ZKTJ450/3.6 型陶瓷真空开关管获江西省优秀新产品二等奖。

重化工业　1996 年,江西化纤厂消光粘胶纤维系列产品获江西省优秀新产品一等奖。1999 年,江西化纤化工有限责任公司聚乙烯醇(高黏度)获江西省优秀新产品一等奖。

2005 年,市开门子陶瓷化工集团有限公司捣固焦获江西省优秀新产品一等奖。2007 年,江西江维高科股份有限公司聚乙烯醇树脂 2699(L)获江西省优秀新产品二等奖。

2009 年,江西黑猫炭黑股份有限公司 N234、HM1107、HM130 高性能橡胶用炭黑获江西省优秀新产品一等奖。2010 年,市焦化工业集团有限责任公司焦炉炭化室压力与粗煤气传输系统综合控制获江西省优秀新产品一等奖。

医药工业　2006 年,市晶成药用化工有限公司 2-吡咯烷酮获江西省优秀新产品二等奖。

2007 年,江西天新药业有限公司维生素 B_1(硝酸硫胺)获江西省优秀新产品二等奖。

2009 年,江西吉翔医药化工有限公司藜芦醛,市中景集团有限公司 PZ4740E-AI/UV、PZ4660E-AI/UV 油墨印刷机获江西省优秀新产品二等奖。

2010 年,江西天新药业有限公司维生素 B_6 粉、细粉、特细粉、颗粒、细粒、特细粒、江西吉翔医药化工有限公司对叔丁基苯乙腈获江西省优秀新产品一等奖。

食品工业　1985 年和 1991 年,江西食品厂"安牌"桃酥均被评为国家商业部部优产品。1988 年被中国食品博览会授予银奖。1990 年,产品冠名中国桃酥王。1993 年,获全国星火计划科技成果金奖。1995 年被中国食品工业歇会授予全国食品行业名牌产品。1995 年,安牌商标获江西省著名商标。1990 年,市食品工业协会组织全市食品工业企业进行产品创优。同年,春季"广交会"期间,选送 16 个产品,10 项产品获名优奖。在景德镇陶瓷节期间组织 32 个产品展销评比,安牌桃酥、乐平南酒、景德镇大曲、景岛啤酒、绍洪老酒、奥森果粒、清酒、"景德雨峰"绿茶、麦茶、泡菜等 18 个品种评为地方名优产品。1991 年 11 月,市食品协会参加在北京举办的"中国食协十年'双新'成果展览会",市竹笋粗纤维软化技术、市酒厂灵芝白酒、市食品厂的草珊瑚糖等 7 项产品被评为"中国食协十年新产品奖"。1992 年,全年食品行业共开发 62 项省级新产品,其中 46 个获省级优秀新产品奖,5 项获国家级优秀新产品奖。绍洪老酒厂"绍洪酒"产品获部优和国际博览会银奖。乐平"南酒"参加香港国际食品博览会获国际金奖。市食品协会每年举办 2—3 次工业食品展览、展销和工贸洽谈会,宣传食品工业发展的状况。1997 年 11 月,在井冈山召开全国食品工业科技进步表彰会上,市德宇集团"德宇牌"景德板鸡、江西食品厂"安牌"桃酥、市望达食品厂"望达牌"景德扣肉,分别获优秀项目奖。同年,市得雨活茶有限公司得雨活茶获江西省优秀新产品一等奖,市望达食品加工厂景德扣肉获江西省优秀新产品二等奖。1999 年,德宇集团的"得雨活茶"品牌,被北京人民大会堂列为国宴用茶。2007 年,江西德宇集团"得雨"五色蔬菜晶获江西省优秀新产品二等奖。2009 年,德宇集团得雨红豆杉紫杉醇获江西省优秀新产品一等奖。

其他工业　1997 年,市耐酸容器厂功能性可降解 PE 农药包装容器获江西省优秀新产品二等奖。

第三节　管理机构

市工业和信息化委员会

1983 年,市经委、财办合并组建为市经济委员会。1997 年 1 月,市经济委员会更名为市经济贸易委员会。内设办公室、经济研究室(挂经济法规科牌子)、经济运行科、财贸流通科、对外经济贸易科、企业科、技术改造科、技术科、能源科、质量管理科、行业发展协调科、政治处、党委办公室等13个科室,另设纪检委(监察室),领导职数设6人;机关行政编制59人、事业编制3人。

2001年12月,安全生产综合管理、职业和矿山安全监察职能划入市经贸委。

2002年10月,经济体制改革委员会的国有企业改革职能、市国防科工办的规划发展职能划入市经贸委;市机械工业局、市电子工业局、市轻化工业局、市商业局的行业管理职能划入市经贸委;市工商局的参与市场体系培育发展及市场布局规划职能划入市经贸委;市乡镇企业管理局的全市乡镇企业行政管理职能划入市经贸委,更名为市中小企业服务局,为副县级行政单位。质量管理职能划入市质量技术监督局;机电产品进出口管理职能划入市对外贸易经济合作局;稀土管理职能划入市发展计划委员会;安全生产综合管理、职业和矿山安全监察职能划入市安全生产监督管理局。

2005年4月,市供电公司的电力行政管理职能划入市经贸委;市经贸委的工业行业规划和产业政策制定、经济体制改革、地方金融发展、市股份制改革和股票发行联审的有关职能划归市发展和改革委员会。

2010年4月,撤销市经贸委,成立市工业和信息化委员会(以下简称市工信委)。市经贸委的工业管理职责划入市工信委;市发改委的工业行业规划和产业政策制定职责及信息化(含电子政务方面)职责整合划入市工信委。市经贸委的商贸管理职责划入市商务局;市经贸委的能源管理职责划入市发改委。市中小企业局为市工信委的副县级内设机构。内设办公室、综合科(行政审批服务科)、产业政策科、经济运行科、工业园区科、投资规划科、科学技术科、节能和资源综合利用科、指导协调科(市减轻企业负担工作领导小组办公室)、行业管理科(市履行《禁止化学武器公约》事务办公室)、融资担保科、军事工业科(市国防科学技术工业办公室)、非公有制经济科、信息化推进科(市信息化工作领导小组办公室)、电子政务科、党委办公室、纪委(监察室)等17个科室,编制51人。领导职数1正4副。

市工业国有资产经营公司(工管办)

2002年,市轻化工业局、机械工业局、电子工业局三个工业企业主管部门合并组建市工业国有资产经营公司。9月,正式成立。市手工业合作联社恢复,挂靠国资公司。国有资产经营公司的性质为:联结市国有资产管理委员会与企业之间的中介和桥梁,是受市国有资产管理委员会授权,专门从事国有资产经营管理,具有独立法人资格的市政府直属正县级事业单位。编制50人。内设党委办公室、经理办公室、劳动人事科、综治办、资产处置科、招商引资科、规划发展科、企业管理科、财务统计科、政策法规科、宣传科、老干部科、人武部等职能科室。辖原机械工业系统、轻化工业系统全部企业,原电子工业系统中市属6户电子企业,共有企事业单位60户,其中国有企业19户,大集体企业39户,事业单位2户。2007年4月,工业国有资产经营公司增挂市工业管理办公室的牌子,实行两块牌子一套人马,合署办公。2007年9月,公司党组织关系调整归口市国资委党委管理。领导职数设1正2副。

市乡镇企业管理局

1984年9月7日,内设秘书科、经营管理科、计统财务科和科技教育科4个职能科室,行政编制10人,事业编制15人。1997年,行政编20人,事业编2人。2002年10月,不再保留乡镇企业管理局,其行政管理职能划入经济贸易委员会。

市机械工业局

原市机械工业公司,1987年改为机械工业局。1997年,编制49人,其中行政编14人,事业编35人。2002年,不再保留机械工业局,其行政管理职能划入经济贸易委员会,所属事业、企业单位划归工业国有资产经营公司。

市电子工业局

原市电子工业公司,1987年改为电子工业局,挂国防科学技术工业办公室的牌子。1997年,事业编制30人。2002年,国防科工办并入经济贸易委员会,为内设机构,对外保留国防科技工业办公室牌子;不再保留电子工业局,其行政管理职能划入经济贸易委员会,省属6户电子企业划归市经济贸易委员会管辖,市属

6户电子企业划归工业国资公司。

市轻化工业局(手工业生产合作联社)

1983年10月,第一轻工业局与第二轻工业局合并为市轻化工业局。1996年2月17日,市轻化局成立"景德镇市室内装修装饰行业管理办公室"。1997年,编制33人,其中行政编14人,事业编19人。2002年,不再保留轻化工业局,其室内装饰行业管理职能划入建设局,其他行政管理职能划入经济贸易委员会,所属事业、企业单位划归工业国资公司。

1984年11月,恢复手工业生产合作联社,与市轻化工业局合署办公。2002年9月,市手工业合作联社恢复成立,挂靠工业国有资产经营公司,手工业联社主任由工业国资公司一名副总经理兼任,对20多户大集体企业管理、改革及发展等方面工作进行指导、监督、管理。

市建工建材局

原市建筑材料工业公司,1987年更名建筑工程建筑材料工业局。1997年,事业编制46人。2002年,不再保留建设工程建筑材料工业局,其行政管理职能分别划入市建设局、瓷局。

下属事业单位

市食品工业协会　1983年成立,市经委下属正县级事业单位,编制5人。1984年,增挂食品工业办公室牌子。1997年1月,改为市经贸委下属正县级事业单位。2008年,划出编制1名给市节能监察中心。2010年4月,改为市工信委下属正县级事业单位。

市包装技术协会　1984年成立,市经委下属正县级事业单位,编制3人。1997年1月,改为市经贸委下属正县级事业单位。2010年4月,改为市工信委下属正县级事业单位。

市经济管理干部培训中心　1985年成立,市经委下属副县级事业单位。1986年,内设办公室、教务科、总务科,编制数24人。1997年1月,改为市经贸委下属副县级事业单位。2002年,划出编制5名进市企业产权交易中心。2003年,划出编制2名进市中小企业信用担保中心。2007年,划出编制1名进市企业产权交易中心。2008年,划出编制2名进市节能监察中心。2009年,划出编制1名进市人大机关后勤服务中心。2010年4月,改为市工信委下属副县级事业单位,编制9人。

市新技术推广站　1985年成立,编制7人,市经委下属正科级事业单位。1997年1月,改为市经贸委下属正科级事业单位。2000年,划出编制1名进市中小企业信用担保中心。2003年11月,增挂市中小企业服务中心牌子。2010年4月,为市工信委下属正科级事业单位,编制5人。

市乡镇企业培训中心　1990年成立,市乡镇企业局下属正科级事业单位。2002年10月,划入市经贸委。2009年,增挂市中小企业培训中心牌子。2010年4月,为市工信委下属正科级事业单位,编制1人。

市企业产权交易中心　2002年9月成立,为市经贸委下属正科级事业单位,编制5人。2007年,增编1人。同年,市企业产权交易中心划入市国资委。

市中小企业信用担保中心　2000年7月成立,专门为中小企业提供融资支持担保,为市经贸委下属正科级事业单位,编制2人。2003年、2009年各增编1人。2010年4月,为市工信委下属正科级事业单位。

市节能监察中心　2008年4月成立,市经贸委下属正科级事业单位,编制3人。2010年4月,为市工信委下属正科级事业单位。

第十七篇　农牧渔业

第一章　生产资料

农业生产资料包括耕地、种子、化肥、农药、农业机械等。景德镇的主要耕地类型有红壤和水稻土，1983年，景德镇第一次全面、系统地开展耕地土壤普查，出版《景德镇市土壤》。1995年，景德镇调查出版《景德镇市土地资源》，调查表明全市耕地土壤肥力状况为中等肥力的比重大，有机质丰富，氮素较充足，磷、钾含量中上，土壤酸碱性以酸性为主。1986—2010年，全市多次进行中低产田改造，累计面积59520公顷，改良土壤，增加耕地养分，不断提高耕地质量。主要作物种子主要有水稻、油菜、玉米、蔬菜，由过去常规种子自行留种，发展到优质、杂交化，并由专业公司育种、供种。农药使用主要有杀虫剂、杀菌剂、除草剂、杀鼠剂和植物生长调节剂等，品种由高效、高毒、高残留向高效、低毒、低残留方向发展。化肥施用品种由氮、磷、钾向测土施肥发展，综合使用微量元素化肥、复合肥、专用肥、配方肥、BB肥等。农机种类和拥有量由少渐多并小型化，农业机械化程度不断提高。农民生产资料的经营单位也由集体逐步转向个体为主，成为投资和经营农业机械的主体。

第一节　耕　地

耕地质量

土壤有机质　全市耕地土壤有机质属于中等(1.0%～2.0%)的，占耕地总面积的0.26%；土壤有机质属于中上(2.0%～3.0%)的，占耕地总面积的74.93%；土壤有机质属于丰富(3.0%～4.0%)的，占耕地总面积的16.95%；土壤有机质属于极丰富(≥4.0%)的，占耕地总面积的7.86%。全市土壤有机质总体水平处于丰富状态。

土壤全氮含量　全市耕地土壤全氮属于丰富(＞1.5‰)的，占耕地总面积的31.7%；土壤全氮属于中等(0.75‰～1.5‰)的，占耕地总面积的64.4%；土壤全氮属于缺失(＜0.75‰)的，占耕地总面积的3.9%。土壤全氮总体水平处于中等偏丰富水平。

土壤有效磷　全市耕地土壤有效磷含量属于中下(0.5%～1.0%)的，占耕地总面积的3.60%；耕地土壤有效磷含量属于中等(1.0%～2.0%)的，占耕地总面积的29.30%；耕地土壤有效磷含量属于中上(2.0%～4.0%)的，占耕地总面积的39.90%；耕地土壤有效磷含量属于丰富(4.0%～8.0%)的，占耕地总面积的27.20%。土壤有效磷总体水平处于中上水平。

土壤速效钾　全市耕地土壤速效钾含量属于中下(3.0%～5.0%)的，占耕地总面积的1.66%；耕地土壤速效钾含量属于中等(5.0%～10.0%)的占耕地总面积的76.12%；耕地土壤速效钾含量属于中上(10.0%～15.0%)的，占耕地总面积的21.30%；耕地土壤速效钾含量属于丰富(15.0%～20.0%)的占耕地总面积的0.92%。土壤速效钾总体水平处于中上水平。

土壤酸碱度　全市耕地土壤pH值属于中下(≤4.5)的占耕地总面积的8.63%；耕地土壤pH值属于中等(4.5～5.0)的，占耕地总面积的64.38%；耕地土壤pH值属于中上(5.0～5.5)的，占耕地总面积的

22.06%;耕地土壤pH值属于丰富(5.5~6.0)的,占耕地总面积的3.93%;耕地土壤pH值属于极丰富的(X>6.0)的,占耕地总面积的1.00%。土壤酸碱度总体水平处于中上水平。

土壤改良

1986年,全市中、低产耕地面积2.35万公顷,占总耕地面积19.59%,其中低产田1.83万公顷,占水田面积17.24%;低产地0.53万公顷,占旱地总面积17.05%。全市低产田主要类区潜育型水稻土3.58万公顷,占水田总面积的13.64%;粘重板结、干旱缺水耕地面积,占耕地总面积的29.23%。全市低产土壤主要问题是渍、粘、砂、瘦、浅等。

化肥应用　80年代初,全市农田化肥使用重视氮肥,轻视磷肥,忽视钾肥,氮、磷、钾比例严重失调,影响化肥的增产效率。1986年,全市土壤氮含量处于高、中水平的占95.2%,一部分磷、钾含量较少,速效磷低于5ppm的水田面积占42.5%,速效钾的低于50ppm占水田面积的62.3%。同年,全市推行优化配方施肥,大面积推广磷、钾肥,增加磷、钾用量,土壤缺磷少钾状况逐渐得到改善。全市水稻田平均每亩施用化肥17.1千克,其中氮肥9.8千克、磷肥4.5千克、钾肥2.8千克,含复合肥8.17千克。1990年,全市化肥使用总量3.65万吨,其中氮肥2.22万吨、磷肥0.73万吨、钾肥0.71万吨,含复合肥1.96万吨。化肥每亩施用量38千克,其中氮肥23.1千克、磷肥7.6千克、钾肥7.3千克,含复合肥20.43千克。1996年,全市使用化肥63881吨,其中氮肥3.52万吨、磷肥1.54万吨、钾肥0.32万吨,含复合肥1.01万吨。化肥每亩施用量69.34千克,其中氮肥37.1千克、磷肥22.95千克、钾肥5.67千克,含复合肥10.83千克。通过优化施肥、测土配方施肥、逆V型施肥技术的示范推广,发展有机肥、种植绿肥、稻草还田、塘泥人粪尿下田等农用技术,全市的施肥水平氮、磷、钾三要素肥料得到平衡发展。2010年,水田、旱地化肥施用量85925吨,其中氮肥25741吨,磷肥12149吨,钾肥8002吨,复合肥40033吨。

养分平衡　1986年之前,农民施肥凭经验,由于不合理施用化学肥料,导致部分耕地土壤酸化,土壤盐分明显增加,氮磷钾比例失调。1987年开始,在全市推广优化配方施肥,当年推广水稻面积5万亩,亩增产15千克以上。通过科学施肥,土壤养分保持平衡,耕地质量提高。至1997年,水稻优化配方施肥覆盖面积达到85%。2000年,市农业局土肥站研发出水稻逆"V"型施肥技术。2001年开始在全市推广,亩增产稻谷10%左右。至2005年,应用面积占水稻种植面积的40%。同年,全市开展测土配方施肥工作,乐平市获得国家测土配方施肥资金项目补贴。2006年,浮梁县获得国家测土配方施肥资金项目补贴。2007年,在全市范围内开展水稻测土配方施肥技术应用高产竞赛活动,昌江区鲇鱼山镇新柳村的徐银华等8位农民获得奖励。2010年,累计实施测土配方施肥面积800多万亩,肥料利用率提高3%~5%,为农民节本增效4亿多元,增产水稻2亿多千克。

增施有机肥　1986年起,在全市开展油菜"金花奖"和绿肥"红花奖"竞赛活动,鼓励广大农户种植绿肥,全市绿肥面积30多万亩。随着化肥施用量增加绿肥种植面积逐步降低。至2010年,绿肥面积仅有6.5万亩。1986年,稻草还田约占全部稻草产量25%~35%,占还田各种秸秆60%以上。浮梁、昌江早稻面积和亩用量达70%,30%用于瓷器包装,乐平平原地区出现燃烧现象较多,还田量约60%。1997年以后,稻草还田逐步提高。至2010年,还田量达90%以上,9%用于猪、牛栏垫草。稻草直接还田方式有两种,机械翻压和用牛耕翻压。全市早稻面积90%采用机械翻压,翻压深达20厘米以上,中晚稻采用机械翻压面积达95%。部分畜禽粪便等有机废弃物通过发酵除臭和无害化处理,加工成生物有机肥、精制有机肥和有机无机复混肥。

耕作改制　1996年始,全市推广BB肥(复混肥料);对冷浸田采取冬耕晒垡和适时晒田等方法,提高水土温度;水稻栽培推行薄露灌溉,干湿交替,调节土壤通透性,改善土壤微观环境;适时开展用地作物与养地作物轮作、水田作物与旱地作物轮作,改变土壤物理性状,保持地力,恶化病虫生存环境。

改造中、低产田　80年代,分不同情况采取不同的工程措施。浮梁、昌江山区对渍水严重的低产田和次生潜育化低产田,主要采取开好"一垅三沟",降低地下水位。调节土壤酸碱度,对酸性土施石灰中和酸性,改良土壤理化性质。90年代以后,全市加强水利设施建设,对土壤自身条件尚好、但易旱涝的耕地,改善其灌溉条件。通过实施农业开发项目,把坡耕地建成水平梯田,有效地保持水土,增强土壤蓄水保肥能力。平原地区统一规划，采取开挖新河、平整土地等措施，使耕地成方成片，沟、渠、路、林配套实行园田化。至2010年，全市采取工程措施、半旱式栽培等农业综合技术措施进行中低产田改造，累计面积89.28万亩次。

第二节　种子　化肥　农药

种　子

早稻品种　1986—1990年，全市种植的常规早稻品种有先锋1号、二九丰、二九丰305、73－07、浙辐802、红突27、辅8－1、8004、M113等品种；杂交早稻品种有威优49、威优48、威优35、威优64。1991—1995年，全市种植的常规早稻品种有泸红早1号、幅优六号、浙幅7号、浙幅9号、中协4号、浙733、88－293、四幅851、G87－73、84－11、垦校七号等；杂交早稻品种有协优49、威优华联二号、江优1126、协优华联二号、威优49、威优48、威优35、威优64、威优402等。1995—2000年，杂交早稻占主导地位，有金优402、优I402、中优402、金优974、中优974等品种，还有少量的常规早稻品种如浙733、嘉育948、中早1号、舟优903等。2000—2010年，全市推广的杂交早稻品种有先农3号、先农5号、金优213、金优463、金优555、先农29号、T优15、淦鑫203、金优458、株两优02、株两优112、隆平1号、隆平001、陆两优996、荣优9号、金优F6、荣优1506、两优287等品种。

中稻品种　1991—1995年，常规中稻饶龙8号、九云晚、七四晚梗等；杂交中稻汕优63、汕优2号、协优63、威优46、汕优46、协优46等。1996—2000年，推广中稻品种有金优63、两优培九、岗优22、Ⅱ优838、金优752等。2000年之后，有Y两优1号、两优培九、准两优527、D优527、II优明86、粤优938、红莲优6号、丰两优一号、II优86、川香优2号、T优5570、国稻1号、两优036、新两优6号、皖稻153号、C两优343、e福丰优11、益禾二号、两优6326、丰优大占、II优42、先农808、内香优2128、扬两优6号、丰两优4号等。至2010年，优质稻发展很快，中稻占有一定的面积，品种有外引七号、黄华占、赣晚籼30等品种。

晚稻品种　1991—1995年，推广晚稻品种有威优64、汕优10、汕优桂33、汕优桂32、协优64、协优46等。1996—2000年，有汕优10号、金优桂99、威优77、汕优晚3等。2000—2010年，推广晚稻有汕优10号、金优晚3、金优77、金优207、中9优288、金优284、金优968、荆楚优148、新两优106、五优308、先农2号、先农4号、先农20号、先农26号、隆平207、丰号、蓉优5号、T优608、T优968、湘丰优9号、中优272、欣荣优023、天丰优6418、蓉优7号、蓉优225等。

棉花　常规品种。1991—1995年，有泗棉2号、泗棉3号。1996—2000年，有苏棉12号、赣棉系列、鄂棉系列常规品种。

杂交品种。1996—2000年，开始引进推广杂交棉，品种为湘杂棉2号。2000—2002年，推广抗虫棉，品种有新棉33B、DP32B、中棉所29。2003—2010年，大面积种植杂交棉，品种有湘杂棉3号、南抗3号。相继引进推广湘杂棉8号、福棉2号、泗杂3号、泗杂2号、赣杂棉3号、赣杂106、赣杂108、赣棉杂109、先杂棉1号、中棉所38、中棉所47、中棉所48、中棉所53、中棉所55、中棉所62、中棉所66、南农6号等品种。

油菜　常规品种。1991—1995年主推品种为79601。1995年后，主要种植品种为中油821、湘油15等。

杂交品种。1995年后，加大杂交油菜引进推广，品种有秦油2号、德油5号、德油6号等。

双低品种。2000年后，全市开始引进双低油菜种植，其中主导品种为中双6号，中双8号、油研七号、油研九号、秦油7号、秦优9号、油研10号、赣油杂1号、中油杂11号、中油杂4号，华赣油1号，赣两优3号、浔油8号、浔油7号、沪油杂1号、中油杂14号。至2010年，双低油菜在市内占种植面积90%以上。

玉米　1986—2010年，全市种植的玉米品种有苏玉二号、苏玉四号、掖单13号、农大108、东单13、济单七号，济单94－2、农大3138、苏玉29等。

化肥

品种　全市农田所施用化肥以尿素、碳铵、氯化铵、硫酸铵、硝酸铵为主要品种的氮素化肥。以过磷酸钙、钙镁磷为主要磷素化肥。以氯化钾（进口红钾、国产白钾）、硫酸钾、硝酸钾为主要品种的钾素化肥。以硼砂、硅肥、硫酸铜、钼酸铵、硫酸铵、硫酸亚铁为主要品种的微量元素肥料。磷酸一铵、磷酸二铵、氮、磷、钾要素制作的复混肥、二元复合肥、三元复合肥、掺混肥。水稻、油菜、花生、棉花、果树、甘蔗、草莓、茶叶等多品种专用肥、配方肥、BB 肥。

用量　90 年代初期,氮素化肥每亩施肥 7.8 千克、磷肥每亩 4.7 千克、钾肥每亩 3.8 千克,其比例 1:0.60:0.49。90 年代末期,全市大力推广明星 BB 肥、加硅 BB 肥,施肥结构得到改善。2010 年,全市农用化肥使用量(折纯量)氮肥 9524 吨,磷肥 30370 吨,钾肥 3844 吨,复合肥 16013 吨。

配方施肥　2005—2010 年,市农业局土肥站大力开展测土配方施肥、优化配方施肥、水稻逆“V”型施肥技术推广、水稻“山”型配方施肥技术推广、水稻减量施用化肥、调理土壤酸性等多种土肥技术应用,提高化肥利用率。农田纯氮每亩施肥 9.45 千克、纯磷每亩 6.35 千克、纯钾每亩 6.55 千克,其比例 1:0.66:0.69。

农药

品种　杀虫/杀螨剂。主要有甲氨磷、对硫磷(1605)、甲基对硫磷(甲基 1605)、久效磷、磷胺、杀虫脒、杀虫双、克百威(呋喃丹)、乐果、杀虫单、敌百虫、敌敌畏、异丙威(叶蝉散)、三唑磷、毒死蜱、溴氰菊酯(敌杀死)、三氟氯氰菊酯(功夫)、氯氰菊酯等以及吡虫啉、噻虫嗪、噻嗪酮、啶虫脒、阿维菌素、甲氨基阿维菌素苯甲酸盐等。

杀菌剂。主要有稻瘟净、异稻瘟净、稻瘟灵(富士一号)、井冈霉素、多菌灵、甲基托布津、三环唑、三唑酮、波尔多液、石硫合剂、代森锰锌、强氯精、咪鲜胺、农用链霉素、春雷霉素等。

除草剂。80 年代以前,水田主要除草剂有五氯酚钠、2,4－D、二甲四氯等,均在试验阶段,没有大面积推广。90 年代初,经过试验示范,大面积推广乐草隆、丁草胺、乙草胺、丁·苄混剂等稻田除草剂以及以草甘膦为代表的旱地除草剂。

植物生长调节剂。主要有多效唑、矮壮素、赤霉素(920)、膨大素、萘乙酸、乙烯利、2,4－D 等。

杀鼠剂。主要有溴敌隆、敌鼠钠盐等。80 年代,市植保植检站大力推广以溴敌隆、敌鼠钠盐为主的环保型农田农舍灭鼠剂。历时两年开展对非法销售毒鼠强行为进行专项整治,毒鼠强在全市基本绝迹。

植保部门按照相关文件、公告以及试验示范效果等,禁用、淘汰部分农药品种,再经过试验示范、推荐使用新的农药品种,以保障农业生产需要。1991 年,按照化工部、农业部文件全面禁止使用毒鼠强。2002 年,按照农业部公告第 199 号全面禁止生产销售和使用六六六、滴滴涕、杀虫脒、除草醚、敌枯双等。同年,按照农业部公告第 194 号禁止氧乐果在甘蓝上使用,按照农业部公告第 199 号禁止甲拌磷(3911)、甲基异柳磷、内吸磷(1059)、克百威(呋喃丹)、涕灭威(神农丹、铁灭克)、灭线磷、硫环磷、氯唑磷在蔬菜、果树、茶树、中草药材上使用,禁止氧乐果在柑橘上使用,禁止三氯杀螨醇、氰戊菊酯在茶树上使用。2003 年,按照农业部公告第 2741 号禁止丁酰肼(比久)在花生上使用。2008 年,按照发改委、农业部等六部门公告第 1 号全面禁止生产销售和使用甲胺磷、对硫磷(1605)、甲基对硫磷(甲基 1605)、久效磷、磷胺。2009 年,按照农业部公告第 1157 号,禁止氟虫腈在除卫生用、玉米等部分旱田种子包衣剂外的其他方面使用。

用量　1986—2010 年,农业生产上使用的农药,剂型以单剂农药居多,复配制剂使用量逐步增加,种类以杀虫剂和除草剂居多,杀菌剂次之。全市农业生产年农药商品使用量达到 2000 余吨。1989—1990 年四代三化螟特大发生,2004 年一代二化螟特大发生,2006 年稻飞虱大发生,这三个时期全市农业生产上农药使用量较大。农药使用对有效控制或杀灭病虫草鼠害发挥了重要作用。

第三节　农业机械

农机数量

1986 年,全市农机总动力 20.94 万千瓦,其中柴油动力机 12.59 万千瓦、汽油动力机 3.88 万千瓦、电动机 4.47 万千瓦。主要类型有拖拉机 3084 台/1.8 万千瓦、农用汽车 682 辆/4.57 万千瓦、排灌动力机械 2667 台套/4.53 万千瓦、农副产品加工机械 4937 台套/6.1 万千瓦。

1987 年后，农业机械动力增长缓慢。1991 年，农机总动力 23.45 万千瓦，年均增长 2.3%。1992 年，农业机械化进入转型期，农机总动力 25.28 万千瓦。至 1996 年，农机总动力 27.97 万千瓦，年均递增率 3.4%，其中柴油动力机 17.78 万千瓦、汽油动力机 3.99 万千瓦、电动机 6.12 万千瓦。拥有大中型拖拉机 359 台、小型拖拉机 3100 台、农用载重汽车 1076 辆、农用运输车 1911 辆、排灌动力机械 3500 台套、农副产品加工机械 5200 台套。

1997 年，全市农机总动力 30.15 万千瓦。至 2003 年，农机总动力达 48.46 万千瓦，年均递增 9.71%，拥有大中型拖拉机 2749 台。其中变型拖拉机 2735 台，小型拖拉机 6238 台（小四轮 1636 台），耕整机 3855 台，农用排灌机械 7207 台，农用水泵 5644 部，联合收割机 219 台，机动脱粒机 248 台，谷物烘干机 150 台，农副产品加工机械 6653 台套，畜牧业机械 252 台，渔业机械 341 台，运输机械 8510 台以及推土机 71 台、挖掘机 42 台、装载机 16 台、开沟机 37 台。

2004 年，开始实施中央财政购机补贴政策，农业机械化步入快速发展阶段。省财政在乐平市投入 10 万元专项补贴资金，共补贴 25 台全喂入联合收割机。2005 年，全市农机总动力达到 71.36 万千瓦，是历年农机增长最快的一年。2006 年，农机总动力达到 85.92 万千瓦。2007 年，全市农机总动力突破 100 万千瓦大关，插秧机保有量也由 2003 年的 1 台增加至 59 台。

2010 年，全市农机总动力 155.44 万千瓦，其中柴油动力机 123.46 万千瓦、汽油动力机 1.43 万千瓦、电动机 30.55 万千瓦。拥有大中型拖拉机 204 台、小型拖拉机 15738 台、耕整机 8309 台、机耕船 54 艘、水稻插秧机 235 台、排灌动力机械 21478 台、农用水泵 12844 台、机动喷雾喷粉机 472 台、联合收割机 2189 台（其中半喂入式 45 台）、茶叶修剪机 73 台、茶叶采摘机 353 台、机动脱粒机 348 台、农副产品加工机械 18843 台套、畜牧业机械 587 台、渔业机械 1112 台、林果业机械 2733 台、运输机械 22409 台、农田基本建设机械 1350 台。机耕、机收、机插水平分别为 90%、80.5%、6.2%，全市综合机械化作业水平 58.9%。

农机种类

1986 年，农业机械种类主要有拖拉机、农用运输车、排灌动力机械和农副产品加工机械以及少量的农田基本建设机械和植保机械。半机械化农具所占比重较大，分别为人力禾斛、人力水车、手摇风车、人力脱粒机、人力喷雾喷粉机等。同年，开展动力脱粒机和机械化耕整地技术试验示范，利用手扶拖拉机配旋耕机、水田耙、铧式犁进行水田耕作，机械化耕地逐步替代耕牛作业。

1987 年起，农民逐步成为投资和经营农业机械的主体，农业机械化开始第一轮大规模结构调整。农业机械发展集中在小型农机具、手扶拖拉机、大中型拖拉机、农用汽车、农用小型运输车辆、农副产品加工机械等，半机械化农具逐年递减。当年首次提出发展水稻生产全程机械化，引进 1 台小型联合收割机(9 千瓦)进行试验示范，但由于技术问题而停滞。

1991—1992 年，开展耕整地机械化推广，主要是独轮耕作机械推广使用。1994 年，半机械化农具基本退出农业生产一线，只保留部分人力植保机械。1995 年，基本完成耕作机械化，畜类耕作成为山区的补充。1996 年，开始联合收割机试验示范推广工作。

1997—2004 年，农业机械化步入第二轮结构调整。新增收获机械、脱粒机械、挖掘机、装载机、开沟机和设施农业设备，农业机械化装备进一步优化。2001 年，种植业机械得到进一步完善，新增化肥深施机、秸秆粉碎机、机动割晒机、谷物烘干机。2002 年，引进 2 台水稻直播机械，开始实施水稻直播机械化技术试验示范。2003—2004 年，水稻机械化插秧技术成功示范，带动水稻插秧机的推广，水稻生产全程机械化技术取得突破。

2004 年，《中华人民共和国农业机械化促进法》颁布施行。2005 年，开始实施中央财政购机补贴政策，全市农机装备总量增长、装备结构优化，联合收割机快速发展。2006 年，实施茶叶机械化生产技术示范项目，茶叶机械纳入财政补贴，带动茶叶机械发展，推广使用茶叶采摘机、茶叶修剪机、茶叶揉捻机、茶叶烘干机和保鲜冷库等各类茶叶机械。2007—2009 年，国家政策补贴，新增田园管理机械、蔬菜大棚、油菜收获机械、畜牧饲养机械、果蔬加工机械、马铃薯种植机械等。

2010 年，农业机械种类基本覆盖农业生产各领域，具体种类有拖拉机，包括大中型拖拉机、轮式拖拉机、小型拖拉机、手扶拖拉机;种植机械包括耕整机、机耕船、机引犁、旋耕机、机引耙、水稻插秧机、机动喷雾喷粉机、种子加工机械、谷物烘干机、保鲜储藏设备;排灌机械包括柴油机、农用水泵、节水灌溉机械;收获机械包括联合收割机、油菜收割机、马铃薯收获机械、茶叶采摘机、机动脱粒机;农产品加工机械包括粮食、油料、棉花、果蔬、茶叶加工机械;畜牧养殖机械包括饲料加工机械、畜牧饲养机械;渔业机械包括增氧机、投饵机;林果业机械包括挖坑机、果树修剪机;运输机械包括农用运输车、三轮汽车、低速载货汽车、手扶变型运输机;农田基本建设机械包括推土机、挖掘机、装载机、开沟机;设施农业装备包括蔬菜大棚、联栋温室、微滴灌设施设备。

服务与监理

农机服务 1986年,开始实施农机节本增效服务工程,开展"东风12"手扶拖拉机节油减烟器实验推广。1986—1989年,执行农机平价柴油供应政策,乡镇农机推广服务机构稳定。1987年,对水稻机械化收获技术进行试验示范。1987—1989年,开展动力脱粒机推广服务。1989年,开展金属清洗剂推广、S195旧柴油机改造项目,改造旧柴油机100台次,金属清洗剂推广0.8吨。1989—1991年,农机平价柴油供应等优惠政策逐步取消,乡镇农机站逐步解散,基层农机推广服务体系逐年减弱。

1991—1992年,引进先进独轮耕整机进行试验示范推广。1993年,建立水稻全程机械化示范点,开展联合收割机示范推广服务。每年举办技术培训和现场演示会向农民群众推介。1994—1997年,农村劳动力大量转移,农业生产劳力短缺。全市发展农村农机专业服务组织,开展社会化服务。建立农机专业服务组织8个,其中机耕服务队6个、机收服务队2个。1998—2000年,开展化肥深施技术和秸秆粉碎还田技术推广,每年举办新技术培训1期,共培训技术人员200人次。

2001—2002年,开展水稻机械化种植技术推广,实施水稻直播技术项目。项目获2001—2002年度江西省农牧渔业技术改进奖三等奖、2005年度市科学技术奖三等奖。2003—2005年,引进东洋PF455s步进式插秧机,进行水稻育插秧技术试验示范,探索出南方双季育插秧技术,率先在全省推广应用。2004年,大力推广油菜机械开沟起垄技术。2005年,开展马铃薯种植机械化技术试验示范,实施"兴机富民"工程。市农机化管理站在2003—2004年度和2004—2005年度连续两年被中国农业机械科学普及工作委员会授予"全国农机科普先进集体"。2006—2008年,实施油菜、马铃薯收获机械化技术试验示范与推广工作。2009年,开展农机专业合作社示范点建设,全市有农机专业合作社4家,其中机插秧合作社1家、耕作服务合作社1家、综合性农机合作社2家。2010年,开展水稻工厂化育秧技术试验示范推广,建立省级示范点2个,育秧面积1.33公顷,插秧面积133.33公顷。

农机监督管理 1991年9月,市农机安全监理所成立,履行公安机关委托农业(农机)部门负责的拖拉机安全技术检验、驾驶员考核、核发牌证等项工作。1993年,农业部农机化管理司颁布实施《农机监理员管理办法》,明确农机监理人员的职业道德和岗位规范。1994年9月19日,《江西省农业机械安全监督管理办法》发布,进一步明确监理职权。1995年,《关于"九二"式拖拉机牌证收费标准的通知》发布实施,明确拖拉机牌证及相关收费标准。1996年,农机安全使用的国家标准首次发布实施。4月1日,《农业机械运行安全技术条件轮式拖拉机》等13项国家强制性标准实施。1997年,全市开展"文明监理、优质服务"示范窗口创建活动。

1999年,农机监理牌证管理行业标准发布实施,"农业机械号牌""农业机械驾驶证""农业机械行驶证"3个行业标准开始执行。2001—2002年,市农机安全监理所获省级、国家级"文明监理、优质服务"示范窗口。2004年,联合收割机及驾驶员牌照核发设定为行政许可。11月1日,《中华人民共和国农业机械化促进法》实施,农用运输车划归公安部门管理。2005年,农机驾驶员培训与农机监理业务脱钩,实行社会化办学。2006年,国家将农业机械安全纳入13个重点行业和领域,全市开展创建平安农机促进新农村建设活动。

2007年,农业部和中国保监会联合下发《关于切实做好拖拉机交强险实施工作的通知》,明确拖拉机交通事故责任强制保险的基础费率标准。2008年,执行《农业机械运行安全技术条件》(GB 16151—2008),取消变型拖拉机注册登记。2009年11月1日,《农业机械安全监督管理条例》出台施行,依法开展农业机械安全监督管理。2010年,国务院发布《关于促进农业机械化和农机工业又好又快发展的意见》,明确加强农机安全法规和制度建设。

表17-1-1　2004—2010年景德镇市农机购置补贴资金统计表　单位:万元、户

年份 来源	2004		2005		2006		2007		2008		2009		2010	
	资金	补贴机具	资金	补贴机具	资金	补贴机具	资金	补贴机具	资金	补贴机具	资金	补贴机具	资金	补贴机具
中央	—	69.25	105	113	155	278.95	830	669.77	1449	1264.4	3327	1216.83	5171	—
省级	10	25	—	—	19.7	33	47.86	214	44.96	43	63.89	158	75.05	109
市级	—	—	43.4	65	41.25	80	27.98	210	29.78	49	18.47	90	35.26	178
收益户	25		170		268		1254		1500		3430		4979	

第二章　种植业

景德镇的种植业主要生产粮食作物。全市水稻分布在乐平市、浮梁县、昌江区,乐平市和浮梁县面积较大,其中乐平市以双季稻为主,浮梁以单季中稻居多。水稻品种按季节可分早、中、晚稻,耕作模式有单季和双季,稻—油或稻—菜。常年水稻播种面积占粮食作物播种面积90%左右,总产占全市粮食总产量95%左右。旱粮有豆类、麦类、玉米、高粱、粟、红薯等,是粮食生产的重要组成部分,播种面积占粮食作物总面积10%左右,占总产量5%左右。经济作物主要有蚕桑、蔬菜、水果等。

第一节　粮油作物

水　稻

播种面积　1986年,全市水稻面积9.67万公顷。1986—1990年,全市水稻面积平均为9.33万公顷。1991年,开始调整作物结构,水稻播种面积下降到9.18万公顷。1993年,遭遇干旱等自然灾害,面积下降到8.42万公顷。1994—1999年,多数年份在8.60万公顷以上。2000—2003年,调整种植业结构,水稻播种面积从7.84万公顷降至6.80万公顷,为1986年以来最低。2004年,国家加强粮食生产,农业税降至43%,对粮种实行补贴,实行最低收购价等一系列政策。全年水稻播种面积呈恢复性增长至7.81万公顷。2010年水稻播种面积8.38万公顷。

2010年4月,景德镇水稻工厂化育秧

总产量　1986年,全市水稻总产40.87万吨。1987—1989年,全市水稻总产稳定在41万吨左右。1990年,全市水稻单产提高,总产增加到45.39万吨。1991年,推广杂交水稻配套高产栽培技术,单产增幅较大,总产保持稳定。至1999年,全市总产大多在43万~47万吨之间,仅1993年、1998年分别因干旱、特大洪涝造成总产降至40万吨以下。2000—2003年,调整种植业结构,总产降至36.44万吨,为1949年以来的总产最低值。2004年,全市水稻面积恢复性增长,单产大幅提高,总产达46.96万吨。2005—2010年,总产逐年增加,平均每年增产1.21万吨稻谷。至2010年全市水稻总产达54.09万吨,为历史最高水平。

播种类型　早稻。全市水稻播种面积为中稻少,早稻较多,晚稻最多。1986—1990年,早稻播种面积都

在4.53万公顷左右。1991年,起早稻面积持续下降,从4.30万公顷降到1993年的3.55万公顷。1994—1999年,稳定在3.67万公顷左右。2000—2003年,早稻面积从3.01万公顷降到2.05万公顷,为1949年以来最低水平。2004年,全市早稻面积恢复到2.67万公顷以上。2005—2010年,早稻面积逐年增长,2010年达到3.04万公顷。

中稻。1986—1992年,中稻面积均在0.6万公顷左右。1993—1999年,为0.67—0.87万公顷。2000—2005年逐年增加,由1.23万公顷增长至2.23万公顷。2005—2010年,保持在2万公顷以上。2010年,中稻面积为2.07万公顷。

晚稻。1986—1990年,多数年份晚稻播种面积在4.47万公顷左右。1991—1999年,稳定在4.07万公顷至4.53万公顷之间。2000—2003年,晚稻面积四连降。2004年开始晚稻面积逐步增长,由2.94万公顷增至2010年的3.27万公顷。

表17-2-1　　**1986—2010年景德镇市水稻生产情况统计表**　　单位:亩、千克、吨

年份	早、中、晚稻合计			早稻			中稻			晚稻		
	播面	单产	总产	播面	单产	总产	播面	单产	总产	播面	单产	总产
1986	1449966	282	408703	687198	298	204923	89078	294	26149	673690	264	177631
1987	1446871	293	424601	682593	274	187228	88697	316	28043	675581	310	209330
1988	1408422	291	410266	674172	273	183730	93885	304	28583	640365	309	197953
1989	1445556	290	418668	678198	238	161233	91375	324	29648	675983	337	227787
1990	1437522	316	453929	675494	288	194207	89365	338	30200	672663	341	229522
1991	1377720	317	436544	644295	279	180043	88710	353	31314	644715	349	225187
1992	1343280	326	437287	617775	272	167761	88560	378	33450	636945	371	236076
1993	1263600	307	388161	532710	191	101730	111975	407	45599	618915	389	240832
1994	1299420	347	450298	546195	274	149467	132435	413	54710	620790	396	246121
1995	1361265	318	432366	557865	182	101492	123885	414	51307	679515	411	279567
1996	1328025	350	465239	574620	263	151136	109650	448	49072	643755	412	265031
1997	1335885	357	477163	570405	305	174134	119070	431	51270	646410	389	251759
1998	1278315	301	385060	558780	233	130194	123645	424	52434	595890	340	202432
1999	1290090	333	430025	541485	271	146746	130200	414	53927	618405	371	229352
2000	1175385	350	410820	451935	303	137029	184050	391	72050	539400	374	201741
2001	1106295	358	396605	379035	296	112024	242490	416	100777	484770	379	183804
2002	1060215	365	386779	342990	297	101788	276465	429	118557	440760	378	166434
2003	1019880	357	364416	306900	299	91762	299955	417	125195	413025	357	147459
2004	1171155	401	469621	402150	350	140631	328425	444	145667	440580	416	183323
2005	1212675	386	468229	422610	351	148305	334590	422	141331	455475	392	178593
2006	1204785	394	474256	416085	364	151396	333840	424	141608	454860	398	181252
2007	1196400	407	487335	413895	367	151960	336135	431	144839	446370	427	190536
2008	1233615	420	518561	440835	371	163522	320445	455	145866	472335	443	209173
2009	1245735	434	540393	446460	381	170224	322545	476	153408	476730	455	216761
2010	1257435	430	540865	456090	363	165685	310875	479	148870	490470	461	226310

旱 粮

1986年,全市旱粮作物面积为5163公顷,其中大豆为2014.5公顷,占旱粮作物总面积39%。旱粮总产量为6481.4吨,其中大豆总产量为1765吨,占旱粮总产量27.2%。1998年旱粮作物播种面积最大,达到11032公顷。其中大豆面积为2966公顷,占旱粮作物面积26.9%。2007年总产量最多,达到27811吨,其中大豆产量为4818吨,占旱粮总产量17.3%。

2010年,全市旱粮作物面积为9541公顷,其中大豆面积3133公顷,占旱粮总面积32.8%。旱粮总产量为24455吨,其中大豆总产量为6225吨,占旱粮总产量25.5%。大豆播种面积和总产量在旱粮占比中基本保持稳定。其他旱粮有玉米、薯类、豆类、麦类,其中马铃薯、甘薯最多,面积仅次于豆类,但产量接近豆类的2倍多,而甘薯又多于马铃薯,再次是玉米,面积接近豆类的1/3,产量接近豆类的1/4。其他旱粮都比较少。

油 料

1986—1997年,全市油菜种植面积呈波浪式增长,产量保持稳定增长。1986年为7575.6公顷,油菜籽单产为544.9千克/公顷,总产达4127.8吨。1996年油菜种植面积最大,达26079公顷。1997年,油菜种植面积达22509公顷,油菜籽单产为823.4千克/公顷,总产达18535吨。1998—2006年,由于相对效益低、劳动繁重以及不利天气等多重因素影响,全市油菜种植面积呈波纹式下降,油菜籽总产整体下降。1998年,全市油菜种植面积18650公顷,油菜籽单产453.8千克/公顷,总产8464吨。2006年,种植面积为11450公顷,单产为965千克/公顷,总产为11050吨。

2007年,《国务院办公厅关于促进油料生产发展的意见》出台,全市油菜播种面积和总产量得到恢复性增长,油菜播种面积持续增加。2007年,“双低(低芥酸、低硫甙)”油菜得到大力推广,覆盖率达90%以上。受政策、资金、购机补贴等措施激励,全市油菜生产全程机械化水平提高,油菜机播得到大面积推广,试点推广油菜籽机收,但整体机械化水平仍偏低。

其他油料作物。主要是花生和芝麻,花生面积大约占油料作物的11%,产量大约占油料作物产量的25%,芝麻面积大约占油料作物面积的9%,产量大约占7.9%。

表17-2-2 **1986—2010年景德镇市油料生产情况统计表** 单位:公顷、吨

年份	其他油料		油菜		年份	其他油料		油菜	
	面积	总产	面积	总产		面积	总产	面积	总产
1986	10516.9	5982	7575.6	4127.8	1999	24735	19154	19922	13369
1987	11441.6	7082	8488.2	4887	2000	23384	21041	18101	14887
1988	11263.1	7436	8208.3	5300	2001	20429	20224	15349	13581
1989	13112.6	8510	9843	5839	2002	—	—	14944	11450
1990	16402.1	13522	13099.9	10605	2003	13568	16561	9603	8830
1991	22416	18088	19445.3	15411	2004	13577	15852	9967	9135
1992	23037	19648	19674	16443	2005	15337	16298	11625	9343
1993	23889	22254	18959	16654	2006	15309	18756	11450	11050
1994	23268	22430	18409	14986	2007	15953	18916	12099	11236
1995	29386	26020	24430	18171	2008	19577	23314	15748	15583
1996	29171	23131	26079	16747	2009	22465	25757	18656	17944
1997	27310	26010	22509	18535	2010	24094	29521	19143	17886
1998	23133	13988	18650	8464					

第二节　其他作物

蚕　桑

1986年,全市蚕桑业规模较小,面积47公顷,产量0.73吨。至90年代,蚕桑业形成一定规模,种桑面积超过万亩。1991—1992年,浮梁县建立2个烘茧站(蛟潭、经公桥)和乡级蚕桑辅导站,22个小蚕共育站,小蚕共育量占总饲养量的30%。同时,推广小蚕共育技术,使小蚕发病率降低30%。1991—1994年,全市大面积推广种桑养蚕。至1994年年底,桑园面积达739公顷,蚕茧产量达391吨。此后,受市场价格下跌影响,蚕桑业再度下滑。1996年开始,全市蚕桑种植面积和产量逐步减少。1998年,桑园面积仅为43公顷,蚕茧产量仅为30吨,种植户主要为浙江新安江水库移民。之后因面积太少未纳入统计。

水　果

全市果类主栽品种主要是西瓜、柑橘、梨、桃、板栗、李子、杨梅、草莓。1986年,全市果树面积617.07公顷。1991—1992年,建立以市苗圃、东安马家、众埠为主的果苗生产基地13.33公顷。1993年,全市新增果园433公顷,总面积达到1239公顷,水果总产量1993吨。1994年,浮梁县湘湖镇东安村园艺场从省育种站引进"丰香"草莓良种2万株,在省道旁边种植,采用冬季塑料大棚保温栽培技术,共产草莓600多千克,大棚栽培草莓不仅色好味美,而且比普通露地生产的草莓提早2个月上市。1995年,全市新增果园6266.67公顷,建有6.7公顷以上集中连片果园96个,33.3公顷以上集中连片果园4个。水果总产量3050吨。进入21世纪,全市果树种植面积一直维持在3300~4000公顷,产量逐年增长。

浮梁湘湖大棚草莓种植

2000年,浮梁县三龙乡杨家村农民从安徽引进160株南方苹果巨森试种,亩产达1000千克。三龙乡杨家店开始在省道两旁种植大棚草莓1.3公顷。同年,在全省实施的"梨业工程"中,浮梁县被列入早熟梨基地县之一。当年从外地引进翠冠早熟梨优质梨苗500株,分别在县园艺场和湘湖镇东安村建立6.7公顷早熟梨生产基地。2001年,全市推广果树新品种5个,西瓜新品种4个,举办果树、西瓜培训班8期。至2010年,全市水果种植面积达4558公顷,产量达9706吨。

表17-2-3　**1986—1998年景德镇市蚕桑业情况统计表**　单位:亩、吨

年份	面积	产量	年份	面积	产量
1986	705	0.73	1993	13815	372
1987	463	5	1994	11085	391
1988	2183	11	1995	9420	185
1989	4100	12	1996	660	134
1990	8509	48	1997	945	27
1991	13511	99	1998	645	30
1992	20100	255			

表 17-2-4　　1986—2010 年景德镇市水果种植情况统计表　　单位：亩、吨

年份	面积	产量	年份	面积	产量
1986	9256.12	1167	1999	53190	4522
1987	12605	1444	2000	55620	3971
1988	13776	1228	2001	52935	4536
1989	14525	1685	2002	54705	4529
1990	14348	1893	2003	54870	4826
1991	18933	2320	2004	56055	5220
1992	18585	1403	2005	60975	6506
1993	18585	1993	2006	63195	7096
1994	29925	2541	2007	66405	8224
1995	63855	3050	2008	67290	9199
1996	66150	2865	2009	66030	9082
1997	69195	4750	2010	68370	9706
1998	54300	3990			

第三章　茶　叶

景德镇的茶园主要分布在浮梁县、昌江区，乐平县有少量种植。浮梁茶叶历史悠久，自唐代就有记述，是国内重要的出口商品。浮梁的高山茶园主要分布在西湖、瑶里、兴田、江村、经公桥、勒功等乡镇，历史上与安徽祁门县的祁红茶为同一产区。茶叶的品种有 40 余个，种植面积达 18 万多亩。在茶园的管理上，讲究中耕除草、科学施肥、适时修剪；在生产上，讲究良种茶苗繁育，无公害茶叶生产。1991—1995 年，浮梁县综合开发吉湖工程红茶出口基地建设项目，是江西省吉湖农业综合开发项目的子项目，包括茶园低改和标准茶园、茶叶初制厂、茶叶精制厂、茶叶纸箱彩印包装厂建设。至 2010 年，全市上规模的标准化茶园主要有浮梁县茶厂、福安茶叶有限公司、浮梁仙芝茶叶有限公司的茶园。茶叶经营体制也由集体、国营为主向个体私营为主发展，浮瑶仙芝、新迪、瑶里等一批茶业有限公司发展壮大。以“浮梁茶”为核心的一批地域茶叶品牌得到市场的认可。在经历 90 年代的低谷后，以浮梁茶为代表的景德镇茶叶重新在国内外市场中畅销。

第一节　茶叶种植

茶叶品种

景德镇传统茶园的品种以地方槠叶种为主。1984 年，茶树品种资源普查，全市有茶树品种 40 余种。按树型分类，有半乔木型、灌木型；按叶型分类，有中叶种和小叶种；按芽梢生育期分类，有早芽种（清明前开采）、中芽种（清明至谷雨开采）、迟芽种（立夏后开采）。浮梁大叶种，属灌木型，中芽种，叶片椭圆形，形似槠叶，长 9.8～14.3 厘米，宽 3.2～5.2 厘米，发芽期在三月中旬，育芽力强，发芽较密，为有性繁殖，是在当地自然条件影响下形成的主要内质优良品种。具有适应性广、抗逆性强、高产、优质、便于采摘等性状。单宁含量为 29.9%，水浸出物 44.28%。制成红茶，品质优良，滋味醇厚，气味芳香，种植面积约占茶园总面积的 65%

以上。还有粟漆种、桃叶种、枇杷种,龙源早、早茶、油菜茶、小叶迟、夏茶、紫芽种等。浮梁大叶种金竹谷雨早、高际大叶、瑶里2号、金山大叶均为家底谱系不清的茶树品种。严台大毛、早茶、龙沆早为单株品种资源。当地茶叶品种为群体种,群体内性状差异性大,加工的产品内质优良。

1987年,开始实施吉湖项目工程,引进福鼎大白、福安大白、福云大白、福云6号、槠叶齐、白毫早、安徽1号、安徽3号、安徽7号、安徽9号等大批国家级良种4388万株,种植茶园7313亩。其中广明茶场种植福鼎大毫20公顷,福安大白20公顷,福云6号13.33公顷,福云595号2.67公顷,槠叶齐、安徽3号24公顷,共计80公顷。新佳茶场种植槠叶齐24公顷,福云6号13.33公顷,白毫早9.33公顷,福安大白10公顷,福鼎大白4公顷,福鼎大毫5.33公顷,福云595号2.67公顷,共计68.67公顷。这两个茶场所种茶树全部采用引进优良品种。2003年,又从省外引进迎霜、乌牛早、仙寓早、丰阳特早等优良品牌。至2010年,名优茶品种有福丁大白、福丁大毫、福安大白、福云10号、宁州种、宁州2号、槠叶育、鸠坑种、祁门种、安徽1号、安徽3号、安徽7号、浮梁槠叶种、福云6号、迎霜、乌牛早、仙寓平阳特早等20余种。

茶园规模

1986年以后,全市茶园面积逐年扩大,大部分乡镇创办茶场,国营茶场也加速发展。到1988年,境内茶园面积发展到7423.73公顷。浮梁县茶叶基地建设列入省吉湖项目,利用世界银行贷款进行低产茶园改造,开辟新茶园。1992年茶叶普查统计,浮梁县18个乡、4个镇、4个垦殖场中,万亩以上茶园的有西湖乡;333.33公顷以上的茶园有江村乡、九龙垦殖场200公顷以上茶园的有兴田乡、瑶里乡、新平乡、鹅湖镇、经公桥镇;其他乡、镇、垦殖场均在66.67公顷以下。

1993年,由于吉湖项目的实施,茶园面积达7700公顷,产量2763吨。1994年后,受国际、国内市场的影响,产品滞销,出现茶园抛荒。1998年后,受欧盟“绿色壁垒”(即提高茶叶农残检测标准)的影响,浮梁茶厂积压红茶400吨,浮梁红茶生产走入低谷。2002年,随着山区名优绿茶的发展和扦插良种茶园面积的扩大,逐渐恢复和发展一批山区茶园。红茶区的茶场经过改制,大量荒芜茶园逐步被浙江、安徽茶商承包复垦。2003年,全市茶园面积下降到5918公顷,产量下滑到1849吨,而且基本都是绿茶。2004年,国营浮梁县茶厂改制为私营浮瑶仙芝茶业有限公司,收购加工红茶100吨,并销售顺利,浮梁红茶重新走向市场。至2005年,全市茶园面积有4939公顷。2010年,茶园面积发展到12266公顷,茶叶产量达到4211吨。茶叶产值突破1亿元。

表17-3-1　　**1986—2010年景德镇市茶园面积、产量情况统计表**

年份	面积(亩)	产量(吨)	年份	面积(亩)	产量(吨)
1986	113287	2205	1999	96210	2572
1987	116898	2432	2000	89265	2376
1988	111356	2612	2001	87885	2086
1989	111412	2740	2002	88530	1919
1990	112108	2884	2003	88770	1849
1991	111833	2198	2004	71685	1936
1992	113340	2563	2005	74085	2371
1993	115500	2660	2006	94380	2840
1994	115005	2765	2007	95580	2707
1995	115545	2411	2008	99960	2827
1996	111555	2467	2009	103020	3557
1997	118465	2526	2010	183990	4211
1998	96510	2572			

茶园管理

中耕除草　分浅耕除草和深耕秋挖两种。浅耕除草一般每年3次,3月中下旬春茶采摘前1次,5月下旬到6月初1次,7月底至8月初1次。每次浅耕10厘米左右,行间稍深,靠根部稍浅,拔净茶丛中的杂草,将表土培回兜下。深耕秋挖是茶农的传统耕作习惯,俗有"七挖金、八挖银"之说。至2010年,各茶场均采秋茶,故秋挖一般在10月中下旬进行。深度在20~30厘米,行间30厘米,根部20厘米,一年一次或二年一次。丰产茶园每隔2~3年还要进行一次大幅度的深挖,行间深耕达50厘米,靠根部20厘米。

浮梁北部老茶区的茶农每年5月初至6月初浅锄一次草,部分的茶园旷地上间种玉米、辣椒、西瓜、芦粟等农作物;也有的为省力而违规使用草甘膦杀草。进入伏季展开深锄茶山,用30厘米齿长的两齿爪锄进行深挖,锄松深度达25~30厘米,整个茶园露天部分土埌挖翻底朝天,留土块不破碎。一般茶农户茶园的锄园用工25~45个,也有用工量达120个的。

鹅湖、臧湾有的茶场使用牛耕,有的用机耕。规范化茶园的中耕模式较传统中耕模式有了创新。4~6月间,茶园行间杂草幼嫩时,用长杆除草机旋盘上系上打草绳,高速旋转甩动打荸绳切割草稍除草,控制杂草高度不超过20厘米。入伏时,用中耕机进行中耕。微型中耕机以两个主动爪轮高速旋轮,边走边爪土,后部带个犁头翻土,中耕深度可达5~10厘米。福安公司采用中型履带行走式中耕机中耕,模仿锄头深插土壤30厘米,深耕深施肥,伤根轻、效率高、效果好。

茶园施肥　成林茶园以氮肥为主,磷钾为辅,氮、磷、钾比例大致为5∶2∶1或3∶1∶1施肥量因地制宜,基本要求是每亩茶园基肥30担,追肥以1担干毛茶施1担氮肥为标准。80年代,施肥量最高纪录是九龙山茶科所,每亩高产茶园下菜枯饼或麻枯饼1000余斤,尿素300余斤,每亩年产干茶800多斤。追肥时间因茶树品种和肥料而异,根据茶树情况,在发芽前3~10天进行。常年是结合3次浅耕除草,下3次氮肥,依次施肥量比例为4∶3∶3或5∶3∶2,基肥一般在秋挖后施入茶树根部。

高山茶园因地形陡、茶株稀,一般不施肥。至2010年,大面积发展无公害茶园,化学肥料受到严格限制,有机肥匮乏。

茶树修剪　80年代,生产茶园的修剪分轻修剪和深修剪二种方式。轻修剪在惊蛰前进行,每年修剪一次,修剪深度1~2寸;经过采摘的茶树,逐年老化,树冠分枝细小,发芽能力减低,故采取深修剪,剪去鸡爪枝、病虫害枝、细弱枝、冻害枝等,使顶端和茶树周身不断更新复壮,深修剪一般深度3~5寸。

1991年开始,浮梁县发展一批新式密植速成茶园,一般进行二次或一次定型修剪。具体方法为两次定型修剪法,种植当年如树高平均达30厘米,则在次年早春(惊蛰至春分)进行第一次定型修剪,修剪高度离地15厘米。即掌握在植株平均高度的二分之一处平剪,剪后当年要求把树冠高度培养到45厘米;第三年早春进行第二次定型修剪,修剪高度高地30厘米,即在当年新梢的中部平剪,剪后当年要求把树冠培养到50厘米。以后每年早春进行轻修剪,每年提高树冠高度3~5厘米,最后使树冠高度控制在60~65厘米。一次定型修剪法,如种植当年茶苗生长较差,平均高度低于30厘米,则第二年春不剪不采,后期打头轻采,仍以养为主,使树高达40厘米以上。第三年早春离地20~30厘米进行一次定型修剪。剪后当年要求树冠高度达45~50厘米,以后每年早春按上述方法轻剪。

防虫抗冻　茶树常见病虫害有茶象甲、茶蚕、茶毛虫、避债虫(俗称吊铃虫)、小绿叶蝉、茶尺蠖、茶衰蛾、茶黑毒蛾、白蚁等,危害较大的是黑毒蛾。1985年,九龙山香菇厂河洲茶园发生黑毒蛾危害,受害面积2.7公顷,严重受害有0.7公顷。1987年7月底至8月初,九龙山发生黑毒蛾危害,发生面积9.33公顷,成灾4公顷。1988年8月下旬,洪源程村分场黑毒蛾危害面积达15.33公顷。1989年7月下旬、8月下旬和10月上旬,连续发生3次,成灾面积达30.67公顷。1990年4月初,发生面积达35.73公顷,成灾面积达11.33公顷。1991年,罗家垦殖场的低产茶园受到白蚁的危害。至1992年年初,受白蚁侵害的面积达26.67公顷。常用的防虫方法是在采茶前7~10天,打一次防虫药水,每年预防3次,个别虫情严重的则须清除卵蛹,根除枯枝,捕杀幼虫,点灯捕蛾,停采喷药。2002年开始,农业部组织实施无公害食品行动计划。至2010年,全市通过严控农药化肥施用,实行全程质量安全控制,茶叶产品达到无公害、无污染、纯天然的要求。

低温霜对茶树危害较大,茶树根深耐暖不耐寒,温度在零下8℃以下,顶端叶面会变黄。零下10℃以下,顶端叶面变黑，出现焦梢。低温时间长，茶树会冻死。1991年冬，久雪低温，瑶里汪家、胡家两村，大部分茶树冻伤，致使次年茶叶产量减产40%和65%。高山茶区在严寒前割草培土覆盖根部，以防冰冻，减轻霜冻的危害。

良种茶苗繁育　茶苗繁育始于80年代，以茶籽有性繁殖育茶苗为主，但育苗量少。90年代后开始扦插无性繁育茶苗，先后有西湖、臧湾、新平、市茶科所、黄坛、福港等地先后扦插茶苗。西湖茶苗生产高峰期年产量达500万株。福安公司投资60万元，建设苗圃基地1.33公顷、品种采穗圃0.67公顷；市茶科所建设温湿调控玻璃棚500平方米、苗圃2.67公顷。

2000年，市茶科所在浮梁瑶里镇选育当地优势槠叶种进行繁育。2001年，在茶科所租地进行繁育。2003年，建设良种繁育基地，被省列为省农业优势产业示范项目和市农业重点工程。2004年，被农业部列为国家级茶叶良种繁育基地。9月，农业部批准立项，项目总投资320万元。其中中央投资260万元，建设苗圃园、母本园、示范园。同时配套建设道路、沟渠、喷灌、温棚、绿化等配套设施，实际到位资金278万元。2006年11月通过竣工验收。2003—2010年，全部实行无性繁殖茶苗，穗条从安徽东至县良种场、浮梁广明茶场、新佳茶场购进。通过茶苗繁育，提高苗木纯度、质量，提高茶苗成活率、适应性，为当地及周边地市提供大量优质良种茶苗，优化茶园种植结构，提高良种茶园比例。

无公害茶叶生产　1998年，全市加强无公害茶叶基地县的创建，顺应国际市场对无公害农产品的需求。浮梁县茶叶公司开始无公害茶叶的生产，选择高山茶园为基地，指导群众建设有机茶园，申请欧盟有机茶叶认证。2004年，浮梁县成立以县长为组长的领导小组，对15个乡镇进行茶叶无公害生产指导，向茶农分发技术资料4500余份，培训1400多次。工商、质监部门加强对茶叶市场的监管，加大农业执法力度，加强对农药、化肥、植物激素、除草剂的销售、使用管理，对茶叶的生产、加工、运输、贮存、销售过程建档登记、跟踪管理，对连片茶园逐步实行统防统治，以降低污染，提高防治效果。2005年5月，浮梁县被农业部确定为全国无公害生产示范基地县达标单位。同时以生产企业为依托，在瑶里、金竹山、江村、西湖等高山茶区，建立1万多亩的绿色有机茶生产基地，并获欧盟有机食品认证。

浮梁园林化标准茶园

第二节　经营管理

承包责任制

1986年，全市茶业以多种形式承包，一般随茶园、面积、联产、定额承包到户到人等。

在没有专业茶场的茶叶生产单位，多以按劳动力和人口分配到户管理，按等级分别收取公共积累金，普遍为一户或一人承包一个茶场（厂）的形式。在有些较大的乡办茶场（厂）和国营茶（场）厂中，将茶园管理、鲜叶采摘、毛茶加工、精制等作业进行分面积、分产量（联产质量）、分技术工种进行定额承包。承包形式较广，持续时间较长。至1993年，茶叶专业户主要是承包茶园管理、初制、毛茶加工、初制加工等。浮梁县茶叶承包专业户中，瑶里乡队伍比较稳定，人员也比较多。共有12户茶叶专业户，其中较大的有4家。

进入21世纪，随着经济发展和城镇化进程的加快，农村劳动力向城市和经济发达地区转移，原来的单家独户进行生产的形式不适应发展的需求，新的茶叶合作社和茶叶大户出现。具有代表性的有浮梁县沙岭茶叶合作社、进来茶叶专业合作社、九龙山茶叶专业合作社、浙新茶叶专业合作社、浮梁县平天降茶叶专业合作社等，是集茶叶生产、加工、销售为一体的综合性农民专业合作组织。至2010年，合作社茶农户平均茶叶收入达到2万元，占每个农户收入的60%。

吉湖项目

浮梁县吉湖项目　项目概况。浮梁县吉湖工程红茶出口基地建设项目，是江西省吉湖农业综合开发项目的子项目，包括茶园低改、茶叶初制厂建设、茶叶精制厂建设、茶叶纸箱包装厂建设。建设期为 1991—1995 年，项目设计总投资为 7851.42 万元，其中世界银行贷款为 1058.14 万美元，计划投资建设内容为茶园低改 3833 公顷，投资 4365.6 万元；新建茶叶初制厂 37 座，投资 2393.43 万元；改扩建茶叶精制厂 5 座，投资 447.15 万元；新建茶叶纸箱包装厂 1 座，投资 268 万元。新建福港广明茶厂、臧湾新佳茶厂。

筹备阶段。1987 年，鹅湖、蛟潭区开始申请参加省吉湖农业综合开发项目，并积极配合省吉湖农业综合开发办公室和市计划委员会、市外资利用办公室，开展世界银行贷款的前期论证和项目准备工作。1988 年 8 月 30 日，获世行及国家计委的正式批准。1988—1989 年，茶叶开发项目全部通过世行专家组的选项、立项、考察、预评估、正式评估和项目谈判等 6 个阶段。

1989 年 6 月 12 日，浮梁县外资利用办公室、农业开发公司成立，地址在罗家中学。10 月，浮梁县开始进行该项目的前期建设工作。项目设计总投资为 7851.42 万元。其中世界银行贷款为 1058.14 万美元（按 1∶3.71 折算人民币为 3736.6 万元），国内配套资金为 3736.6 万元。计划投资内容为茶园低改 4365.6 万元，改造茶园 3833 公顷，稳产期新增鲜叶 1.725 万吨，茶叶初制厂 2393.43 万元，新建初制厂 37 座，年新增加能力 4440 吨，茶叶精制厂 447.15 万元，改扩建精制厂 5 座，年新增加工能力 4000 吨，新建茶叶纸箱包装厂 1 座，资金 268 万元，年产纸箱 120 万只。在项目实施过程中，浮梁县根据实际情况，将计划做局部调整，即增建 1 座县茶厂，增大纸箱包装厂的投资规模，适当发展一批优质速成的高产茶园，初制厂由原计划的 37 座增到 65 座。

当年，在市政府的支持下，通过贷款，市、县财政配套共筹得资金 68.26 万元，对 12 个浮红出口基地进行低产茶园改造，为浮梁县吉湖工程茶叶项目的全面实施奠定基础。

项目实施。1991 年 2 月 9 日，浮梁县政府将江村乡作为低产茶园改造试点。3 月 18 日，浮梁县政府在罗家垦殖场召开全县茶叶工作会议。提出几项优惠鼓励政策，在 1991 年茶叶亩产比 1990 年增产，产品扩销 25% 前提下，实行粮茶挂钩，税收返回。即以 500 吨粮食为基数，实行 1 担茶叶供应定购稻谷 10 千克，议价与定销价款分别由市财政负责 40%，县财政负责 30%，乡财政负责 30%，茶叶工商税按实收数返回 10%，由市、县财政各负担一半。其次，以 1990 年县内的茶叶工商税为基数，按县税收递增比例 70%，实行税收包干，超过部分只征收 30%。再次，以 1990 年任务数递增 12.5% 为依据，由县财政局核实茶叶农林特产税包干基数，实行茶叶农林特产税包干，超过部分金额返回。4 月 20 日，浮梁县外资办、财政局下达 1992 年“吉湖项目”茶叶低改（抚育）第三批资金，总额 183 万元，权属世行贷款。其中主要来源是复合肥和尿素，以物抵贷核算人民币 158.63 万元。其中货币资金 24.37 万元。

5 月 4 日，市财政局、市计划委员会受市政府委托，与浮梁县政府、林场签订《关于使用开发协会信贷实施“江西农业开发项目”的转贷协议》。5 月 7 日，省下达吉湖茶叶项目低改的第一批资金共计 192.7 万元，其中世界银行贷款为 77.3 万元，省、市、县财政周转金为 115.4 万元。资金主要用于低产茶园改造购肥、技术培训、茶园普查和等建茶叶纸箱厂。

10 月 16 日，浮梁县计委根据资金到位情况，下达茶园改造计划，总面积 704.8 公顷，其中重修剪 160.27 公顷，台割 31.87 公顷，深修剪 314.6 公顷，双行双株速成高产茶园 76 公顷，幼龄改造 122.07 公顷，下达低改资金为 421.79 万元。除商品肥一部分以物低贷未作安排外，实际下拨资金总额为 322.75 万元。其中世行贷款为 255.25 万元，占下拨资金的 79.09%，财政周转金为 67.50 万元，占下拨资金的 20.91%。

1992 年 1 月 3 日，浮梁县委、县政府作出“关于用好民界银行贷款、建设茶叶基地”的决定，明确“谁借谁用、谁偿还、认受益、谁承担风险”的原则，并制定优惠政策，鼓励各茶叶单位多产茶。同时，决定筹集茶叶生产发展和风险基金，按茶叶税收总额提取 10%，作为茶叶生产发展与风险基金。畅销时用于支持和扶持发展生产，滞销时用于保护茶叶生产单位和加工企业，防止茶叶生产的大起大落。2 月 28 日，浮梁县茶叶生产普查与规划领导小组成立。由浮梁县茶叶局、县土地管理局抽调 21 名技术人员开展此项工作。

5 月 24 日，江西省下达吉湖开发项目（茶叶加工建设）首批资金共计 89 万元。其中世行贷款 55 万元，财政配套周转金24万元,省计委农业投资公司的拨改贷10万元。6月9日,市计委下达1992年“吉湖项目”投资建设计划的通知,计划为3473.3万元。6月28日,浮梁县外资办根据《江西省吉湖农业综合开发项目办公室景德镇市项目检查备忘录》的精神,结合浮梁县的茶园改造,采取重修、台刈、深修、幼苗抚育、密植速成5种方式,按省项目办的要求提交《浮梁县茶园低改可行性补充报告》。10月20日,由于项目资金缺口大,特别是国内银行贷款和项目建设单位的配套以及自筹资金难以落实,浮梁县财政局及外资办启动项目的预借款,下达1992年度“吉湖项目”(茶叶改造)第四批资金。总金额560.4095万元。

1993年10月20日,浮梁县财政局、县外资办下达吉湖农业综合开发项目(茶叶低改)第五批资金,总额为490.975万元,权属世行贷款。其中低改278.6公顷,计币123.015万元,改植改种自然面积187.2公顷(复算为低改茶园面积561.6公顷),计币367.96万元。

1989—1993年,浮梁县九龙山垦殖场、万寿山垦殖场、罗家垦殖场、臧湾垦殖场、蛟潭镇、浮梁镇、经公桥镇、鹅湖镇、西湖乡、江村乡、储田乡、兴田乡、峙滩乡、福港乡、三龙乡、黄坛乡、洪源乡、新平乡、王港乡、臧湾乡、天保乡、金竹山乡、湘湖乡等23个茶叶外资项目建设单位,分别成立项目实施外资利用领导小组。浮梁县政府也成立茶叶基地建设领导小组。

项目验收。吉湖项目从1991年10月正式实施到1995年3~4月验收,实际完成总投资7003.2万元,其中世行贷款373.4美元,折合人民币3095.4万元。包括茶园建设投资2426.8万元,建成茶园1786.67公顷;新发展良种茶园439.27公顷,新建茶叶初制厂24座,投资708.9万元;改造茶叶精制厂5座,投资101.6万元;新建茶叶精制厂1座,完成投资723.2万元;新建彩印包装厂1座,完成投资3042.7万元。

项目效益。1993年,浮梁县由于吉湖项目的实施,茶园面积达6416公顷,产量2289吨。1994年后,受国际、国内市场的影响,产品滞销,茶园有所抛荒。1998年后,受欧盟“绿色壁垒”(即提高茶叶农残检测标准)的影响,当年浮梁茶厂积压红茶400吨,浮梁红茶生产几乎停顿。造成低改、新建茶园尚未投产就面临着荒芜,新建茶叶加工厂房、设备尚未配套或者质量问题而长期弃用,后被拆卸当废铁卖掉,投资损失巨大。如西湖乡的茶宝村茶厂、兴田乡的城门村茶厂。同时,吉湖项目贷款因人民币对美元大幅贬值,造成还款额大幅增加,浮梁县及使用项目贷款的乡镇财政因此背上巨大的包袱,带来长期的还债压力。

2002年,随着山区名优茶的发展和茶园扦插面积的扩大,逐渐恢复和发展了一批山区茶园。红茶区的茶场经过改制,荒芜茶园逐步被浙江、安徽茶商承包复垦。2003年,茶园面积为3533.33公顷,产量为1600吨,而且基本都是绿茶。2004年,县茶厂改制为浮瑶仙芝茶业有限公司,当年收购加工红茶100吨,并销售顺利,浮梁红茶重新走向市场。2005年,浮梁县茶厂、彩印包装厂改为民营。福港广明茶场、臧湾新佳茶场效益良好,其茶园为浮梁最好的标准化茶园。

至2010年,浮梁茶园面积为6666.67公顷,可采面积有5666.67公顷。其中良种茶园1333.33公顷,高山零星茶园2333.33公顷,丘陵和山地茶园2866.67公顷。茶叶初制加工厂126座,精制加工厂8座,精制、初制加工能力达5000吨,茶叶总产值由1991年的850万元(其中名优茶1.5万元)上升到2010年1.75亿元(其中名优茶1.23亿元)。

乐平市茶叶吉湖项目　1988年,乐平市申报由世界银行贷款的吉湖茶叶低产改造项目。1990年4月获世界银行执行董事会批准,当年实施第一个年度计划,至1995年6月全面完成。吉湖项目茶叶低改任务是改造低产茶园667公顷,投资759.70万元,进入稳产期年产鲜叶4002吨,新增鲜叶3205吨;新建茶叶初制厂12座,投资388万元,年新增初加工能力720吨;扩建茶叶精制厂1座,投资89.4万元,年产精茶771.2吨;科技培训(含培训中心土建500平方米)10万元。总投资1247.1万元,其中世界银行贷款623.55万元,占总投资的50%;省配套342.95万元,占总投资的27.5%;地方财政周转金42.4万元,占总投资的3.4%;县(市)财政周转金63.6万元,占总投资的5.1%;建设单位自筹(含劳务)174.59万元,占总投资的14%。1992年对项目计划进行适当调整,茶叶初制厂由原来12座调整为10座,每座年加工能力60吨,精制厂年加工能力由771吨调为375吨。

至1994年2月底,全市共完成茶园低改667公顷,占计划的100%。其中历岴山0.4公顷,松树岭茶场88公顷,鸬鹚乡67公顷,镇桥镇象山茶场53.6公顷,乐港镇52.2公顷,众埠镇40公顷,勤俭水库37.87公顷，礼林镇44公顷，十里岗乡20公顷，洺口镇20公顷，科山乡20公顷，洄田乡10公顷，观峰乡15公顷，塔前镇3.3公顷，金鹅山乡30.9公顷，礼林白土茶园22公顷。新建和改建加工能力60吨的初制加工厂10座，具体分布在金鹅山茶场、历居山茶场、鸬鹚乡茶场、松树岭茶场、镇桥象山茶场、乐港茶场、众埠“三八”园艺场。新建茶叶精制厂1座，坐落在乐平市童家山上，占地2.98公顷。培训中心完成土建1080平方米。吉湖项目茶园低改共到位资金1812.755万元，其中世界银行贷款1136.27万元，省计划拨改贷49万元，国内银行贷款5万元，县、市自筹622.48万元。

品牌创建

2001年，江西德宇集团创立“得雨活茶”。2004年5月18日，浮梁县茶叶协会向国家工商总局商标局递出品牌申请。2006年12月14日被正式核准。2007年3月起，浮梁县茶叶协会与县整合资金办公室出台实施整合资金项目，在茶园开发、扶持加工、品牌建设等方面提供服务，特别是为“浮梁茶”机制推广、品牌宣传和各项茶事活动提供优质服务。7月22日，“浮梁茶”被认定为江西省名牌产品。11月，“浮梁茶”展示宣传首次创意制作推出的“浮梁茶艺”表演，并在浮梁茶茶事活动中应用推广。2008年12月，“浮梁茶”被评为中国地理标志产品年度金奖。

2009年3月28日，“浮梁茶”南昌专营店在南昌茶叶市场开业。7月，“浮梁茶”被认定为江西省著名商标。10月，“浮梁茶”被评为“华东十大名茶”。2010年，浮梁茶批准为农业部地理标志产品，由协会进行核准使用。红茶执行GB/T 13738.2—2008，绿茶执行DB/T438—2012。浮梁茶区域公用品牌涵盖红茶、绿茶和区域特色名优绿茶等全部茶类。5月10—14日，“浮梁茶”参加首届上海陶瓷成就展。至年底，“浮梁茶”经中国茶叶区域公用品牌价值评估市值2.03亿元。全市共有100多家企业、合作社经授权使用“浮梁茶”区域公用品牌。

得雨活茶　2001年，江西得雨活茶股份有限公司成立，经营茶叶种植、加工、销售业务。创立“得雨活茶”“得雨速溶茶”品牌。

浮瑶仙芝　1994年9月，浮梁县国营茶厂创立。同月，经工商部门登记注册“浮梁仙芝”品牌，县茶厂2004年改制为民营浮梁县浮瑶仙芝茶叶有限公司时。“浮瑶仙芝”品牌经拍卖转给了浮梁县浮瑶仙芝茶叶有限公司。产品主要是浮瑶仙芝公司生产的中高档红茶、绿茶。1991年，“浮瑶仙芝”获得中国历史文化名茶。2005年，获中茶杯特等奖。2006年以，被评为江西省名牌产品。2008年，获江西十大名茶、江西省绿色有机十大品牌（江西省唯一）。2009年，认定为江西省著名商标。2010年，获江西省名牌农产品、赣鄱十宝（排名第一）等称号。持有人为吴水前。

浮红　浮梁县传统产品，在出口贸易和国际市场上被称为“高档红茶”，特别是英国伦敦市场上，被列为茶中“英豪”。2009年，“浮红”被评为江西省著名商标、中国十大红茶之一（排名第三），并被认定为首批江西老字号。

知云　2005年12月，浮梁新迪茶业有限公司创立并注册。“知云”品牌浮梁红茶有金胥、青花、福云、雅云等系列名优产品和传统工夫红茶、礼茶、特级、1～7级、红碎茶、片茶、末茶、袋泡茶等30多个系列品种。获得江西省著名商标称号。公司被评为景德镇市十佳民营企业，产品准入成为中绿华夏有机转换产品。持有人为朱国光。

崖玉　1996年4月，浮梁县瑶里茶叶有限公司创立并注册。1994年、1997年和2008年，“崖玉”绿茶先后获国际茶博会金奖，江西名茶称号。2003年，首批通过国家AA级绿色食品和有机食品认证。2008年，通过国家地理标志保护产品。企业和产品均通过QS、ISO9001和ISO22000质量管理体系认证。2000—2010年，“崖玉”商标被评为江西省著名商标。2007—2010年，被评为江西省名牌产品。持有人吴建芳。

瑶河　2003年7月，浮梁瑶河茶叶有限公司创立并注册。“瑶河”牌浮梁绿茶系列产品先后在第四届、第五届国际茶博会上蝉联金奖。2006年，获国际名茶银奖。“瑶河”牌被评为江西省著名商标。持有人徐长生。

昌南雨针　2010年2月，浮梁县昌南茶叶有限公司创立并注册。“昌南雨针”牌浮梁茶其红茶具有“紧细多锋，色泽乌润，汤色红亮，甜香醇爽”等品质特征；绿茶具有“形似松针，色如翠玉，香郁幽兰，味若甘泉”

的特色。2006年,获中国绿色食品博览会优秀产品奖。2007年,被评为江西省名牌农产品。2008年,获中国绿色食品博览会金奖。2009年12月,获中国绿色食品博览会优秀企业奖。2010年,获江西省著名商标、第三届江西省绿茶博览会“江西绿茶杯”优质茶评比银奖、并获赣鄱十宝称号。产品远销英美、中东、非洲、俄罗斯和国内北京、上海、江苏、福建及省内各地,并获江西省第二届“全民斗茶大赛”茶王称号。持有人为胡益清。

浮梁珍芝　2001年8月,景德镇市西湖珍芝天然食品有限公司创立并注册。公司有“浮梁珍芝”系列的绿茶绿金边、红金边、御贡茶品牌;“西湖珍芝”系列的西湖珍芝、三仙品牌和“浮梁红”系列的馥隆昌、益元祥等历史品牌。2000年,在江西省31个优质名茶样品评比中,“西湖珍芝”名列第一。2002年,获国际名茶称号。2003年,获江西省名牌产品称号。2004年,被农业部认定为无公害茶叶。2005年,获江西省著名商标。持有人为丁来宝。

赣森、谷御　2005年2月,江西赣森绿色食品有限公司创立并注册。“赣森”“谷御”“桃墅”系列绿茶和“赣森”“浮北礌溪”系列红茶中,“赣森”“谷御”品牌为江西省著名商标。

可得　2006年9月,景德镇桃源农业开发有限公司创立并注册。2009年,“可得”牌“浮梁茶”“金竹早春”等系列产品通过有机食品认证和ISO9001:2008质量体系认证。持有人为曹社华。

严台　2010年6月,江西浮梁贡茶叶有限公司创立并注册。“严台”牌浮梁贡茶获江西省名茶、江西省名优农产品称号,并获江西鄱阳湖绿色农产品、江西省著名商标、第三届中国农博会金奖、十一届中国国际农产品金奖,被认定为2010年上海世博会特许茶。持有人为计嫱荣。

广明银针　2007年11月,浮梁县福安茶叶有限公司创立并注册。“广明银针”获最佳新产品奖。持有人为朱明理。

企业选介

景德镇茶厂　前身为浮梁红茶机器制造厂。1950年2月建立,是国内第一批国家建设的19个重点茶厂之一。厂址设浮梁县经公桥镇。1954年,迁至景德镇市太白园,更名“景德镇茶厂”。隶属江西茶叶进出口公司,厂房面积9700平方米。集生产、收购、加工、销售为一体,有茶叶分场4个,茶园面积120公顷,年生产量2400担,最高年产量达3400担。收购鲜叶,加工成品,兼营外销与内销。生产多品种、多档次产品,包括红茶名牌产品“孚钉”和红茶、绿茶、乌龙茶等常规产品。2004年9月30日,企业改制完毕,留有洪源茶厂、日本蒸青茶生产线1条和红茶初制厂。

浮梁县茶厂　1991年,利用世行贷款新建,总投资970多万元,占地3.4万平方米,建筑面积1.1万平方米。制茶设备齐全,分设红茶、绿茶、小包装茶、机修等车间,年加工能力为红茶1000吨、绿茶500吨,小包装40吨,并具有拼配成品茶2500吨的能力。2003年2月,被批准为省出口食品生产企业。2004年,经改制成立浮瑶仙芝茶业有限公司。2005年,被评为江西省首批农业产业化龙头企业,主要品牌有“浮瑶仙芝”“浮红”。

浮梁县浮瑶仙芝茶业有限公司　2004年,由国营浮梁县茶厂、浮梁县茶叶集团总公司改制重组的一家集生产、加工、贸易、自营出口一体化的企业,属江西省首批农业产业化龙头企业。公司被授予中国茶业行业百强企业、全国工业食品优秀龙头食品企业、全国食品工业科技进步优秀企业、江西省一级诚信企业、江西省优秀龙头企业和全国重信用守合同企业等称号。公司有员工178人,带动农户3961户。巩固和发展臧湾、西湖、寒溪等茶叶基地9个,面积2333.33公顷,年加工出口功夫红茶、绿茶、名优茶、袋泡茶4000吨。

公司拥有海拔600米以上高山有机茶基地,茶园面积466.67公顷,协作茶园2333公顷。公司基地被授予“农业部园艺作物(茶叶)标准园”“全国农业综合开发产业化示范基地”“中国茶叶协会科技示范基地”“鄱阳湖生态农业示范基地”“江西省科技特派员创业基地”“江西省首批茶叶出口备案基地”等称号。公司技术设备、加工工艺、加工技术等均处国内先进水平,年产能达4000吨,占江西茶叶出口的“半壁江山”。

浮梁新迪茶业有限公司　2005年,由原国营九龙山茶厂改制重组的一家集生产、加工、贸易、自营出口一体化企业,是市级首批农业产业化龙头企业,注册资金200万元。以公司加农户形式建立茶园基地200公顷。至2010年年底,公司拥有固定员工20人,季节性临时工40人,其中茶叶工程师2人、中级评茶员1人,配备红茶和大宗茶初、精制茶生产线2条，红、绿名优茶生产线2条，年产红、绿茶可达580吨。公司的"知云"品牌浮梁红茶有金胥、青花、福云、雅云等系列名优产品和传统工夫红茶、礼茶、特级、1~7级、红碎茶、片茶、末茶、袋泡茶等30多个系列品种。公司的"知云"品牌获得"江西省著名商标"称号，为中绿华夏有机转换产品，公司实行茶叶线上线下批发、零售的一体化，开辟直营、代理、专营的实体销售渠道，逐步实现全省主要城市及全国重点城市的销售覆盖。

2007年、2009年连续获得"浮梁县农业产业化工作先进单位"。2008年、2010年获得浮梁县茶叶协会优秀企业称号，并获得"江西省茶叶协会先进单位"。

浮梁县瑶里茶叶有限公司　2000年，瑶里茶叶有限公司建立，位于浮梁县瑶里镇。公司是集茶叶种植、加工、销售和科研为一体的省级农业产业化龙头企业，年产高山名优红、绿茶1000担。采取"公司+基地+农户+农民专业合作社"的发展创业模式，公司建有有机茶园151.2公顷，协作农户茶园面积573.33公顷，总资产5000万元。

浮梁瑶河茶叶有限公司　2002年成立，位于浮梁县城，是一家集生产、加工、贸易为一体的茶叶龙头企业。公司以品牌带动产业，产业带动农户的发展模式发展。先后被评为景德镇市十佳民营企业，浮梁县优秀龙头企业，并成为江西省茶叶联合会、江西省茶叶协会理事单位。2006年，通过QS质量认证、国家有机茶认证、ISO9000质量体系安全认证。2006年，获国际名茶银奖，江西省著名商标。"瑶河"牌名优茶主要在国内销售，在上海设立经销商，在景德镇和浮梁县城建立专营店对外销售。2009年，入选全国产品质量稳定合格企业。

浮梁县昌南茶叶有限公司　2004年11月，浮梁县昌南茶叶有限公司设立，位于浮梁县城。是省级优势龙头企业，注册资金200万元。建有标准化茶园100公顷(储田66.67公顷，金家门33.33公顷)，与浮梁县内十多个茶叶专业合作社建立联盟关系，带动农户1500多户，辐射茶园面积300公顷，公司拥有厂房5000平方米，各种加工设备105台套，每年初精制加工能力达1500吨。与南昌林恩公司合作，新建2000吨绿茶拼配出口标准化加工厂。"昌南雨针"牌浮梁茶2007年获江西省名牌农产品称号，2008年获中国绿色食品博览会金奖，2010年获江西省著名商标和"赣鄱十宝"称号，产品远销至英、美、俄罗斯、中东、非洲和国内的北京、上海、江苏、福建及省内各地，在国内一线城市设专卖店30个，开办电子商务12处，年销售茶叶达到1500吨，销售收入3000万元。

市西湖乡珍芝天然食品有限公司　2002年成立，位于浮梁县西湖乡。是一家集茶叶生产、加工、包装和贸易经营为一体的省级农业产业化龙头企业，年加工能力600~800吨，资产总值4240万元。公司拥有优质茶叶基地33.8公顷，辐射和合作茶园近万亩，被江西省农业厅认定为无公害茶叶产品基地。公司推行有机食品生产管理，突出"浮梁茶"框架内的"浮梁珍芝"系列，"西湖珍芝"系列和"浮梁红"系列等历史品牌。"西湖珍芝"2003年获江西省名牌产品称号，2004年被农业部认定为无公害茶叶，2005年获江西省著名商标。"西湖珍芝"年销售产量156吨，产值2808万元，并在西湖乡建有茶叶产地交易市场，通过直销和网络平台为客户提供优质服务。

江西赣森绿色食品有限公司　2003年成立，注册资本1000万元，总投资5000多万元，资产总额达1亿元。是一家专业从事农副产品研发、生产、销售于一体的现代化私营企业，实行"公司+农村专业合作社+农户+基地"的经营模式，为江西省农业产业化经营龙头企业。

公司大面积开发种植高产油茶树和茶叶，形成大规模绿色油茶种植基地和茶叶基地，产品有赣森牌野茶油、茶叶、香菇、木耳等天然野生山珍系列，产品通过ISO9000和ISO22000认证，并陆续通过"绿色食品认证""有机食品认证"，取得"江西省著名商标""江西省名牌产品""江西省名牌农产品"等称号。先后被认定为"农业产业化经营省级龙头'双百企业'""省级林业龙头企业""全国食品工业优秀龙头食品企业""江西省十佳林业企业""江西省优秀农业龙头企业""景德镇市优秀龙头企业""重合同守信用AA级企业""民营科技企业"等。

景德镇桃源农业开发有限公司　2006年3月创建，是一家集茶叶、茶油、林木等加工为一体的农业产业化龙头企业，承担浮梁县鹅湖、金竹山一带农副产品的主渠道加工销售任务。公司拥有经营开发面积

466.67 公顷,其中山林有林地面积 438 公顷,占 94%;农田 5.33 公顷,水域面积 23.33 公顷。建成一座茶叶加工厂房,面积 410 平方米;建成油茶冷、热压榨加工生产车间,面积 810 平方米;建立生猪养殖基地,面积 3600 平方米。有员工 60 人,其中管理人员 18 人,各类专业技术人员 6 人。开发的茶叶主要有“可得”牌“浮梁茶”“金竹早春”等系列产品。2009 年,公司通过有机食品认证和 ISO9001 质量体系认证。2010 年,荣获“江西省优秀农业产业化龙头企业”“诚信单位”和“浮梁县优秀农业龙头企业”。

江西浮梁贡茶叶有限公司　2006 年成立,是一家集茶叶生产、加工、包装、贸易和科技示范为一体的农业产业化企业。公司有员工 112 人,带动农户 2390 户,茶叶基地面积 1000 公顷,年加工红茶、绿茶、名优茶等 780 吨。公司推进标准化生产、产业化经营、规范化管理,推行标准化生产技术、推进绿色有机、农牧结合、生态循环发展模式,全程实施质量安全管理,加强安全质量检测,统一建立生态档案和质量追溯制度。通过瑞士 IMO 有机认证、ISO22000 食品安全管理体系认证等保证产品质量安全。公司被评为江西省农业产业化龙头企业、全国食品工业科技进步优秀企业、江西“十佳”农业企业、江西省守合同重信用 AAA 公示单位、意大利米兰世博会中国企业联合馆合作伙伴。

浮梁县福安茶叶有限公司　前身是浮梁县广明茶场。1992 年始建,利用吉湖农业综合开发项目资金建设一批高标准良种茶园,建园面积 54 公顷。是浮梁县建设国家级茶叶标准化示范县“高投入、高产出、高效益”核心示范区之一。

福安茶叶有限公司是一家集茶叶生产、初加工、科技示范为一体的民营企业,租赁广明茶场经营,公司创优产品有“光明银针”和“福元”牌系列绿茶。主要销往浙江、江苏、上海等地。2010 年,茶叶总产 425 吨,其中名优茶产量 6.5 吨,达到亩产干茶超千斤的高产水平,实现产值 385.51 万元,亩均产值 4150 元,其中名优茶产值 65 万元,税利 56.5 万元。

广明茶场　1992 年 11 月,利用世行贷款(吉湖工程)项目,新建于蛟潭镇境内福港东涧潭。由安徽省祁门茶科所规划设计,茶园面积 132 公顷,其中接管原福港乡茶场茶园 740 亩,福安太白 20 公顷,福云 6 号 240 亩。广明茶场建立后,对原乡茶厂厂房进行了改造,新建厂房 1400 平方米,仓库 200 平方米,管理用房 400 平方米,配有红茶初制、绿茶初制和名优茶机械各一套以及 350 平方米的供水储水系统,全场配备干部职工 21 人(内有茶技人员 3 人,婺源茶校毕业生 2 人),该场投产后,成为一个优质茶生产、加工为一体的新型茶叶企业。2001 年改制广明茶场,改制后产权归浮梁县农业开发办,茶场、茶厂全部租赁给安徽宣城茶商朱明理经营,称福安茶叶有限公司。

臧湾茶场　80 年代为臧湾垦殖场企业,共有茶园面积 223 公顷,1993 年产红、绿毛茶 78 吨。1991 年,臧湾茶场利用世行贷款(吉湖工程)创建新佳茶场,是浮梁县名优茶生产基地之一。由湖南省茶科所规划设计,新建茶园 68.93 公顷,均为良种茶树,包括槠叶齐 24 公顷、福云 6 号 13.33 公顷、白毫早 9.33 公顷、福安大白 10 公顷、福丁大白 5.33 公顷、福云 595 约 2.66 公顷,茶厂面积 200 平方米,机器设备配套中,红茶初制年产能力 1000 担,绿茶初制年生产能力 800 担,名优绿茶日生产能力 500 千克。至 2004 年臧湾茶场改制,设备、厂房、茶园全部转由浮瑶仙芝茶业有限公司经营。

九龙茶场　位于浮梁县勒功乡境内。1956 年 4 月创建,原名国营浮梁县茶场,共有茶园 372.53 公顷,下设茶叶科学研究所和杨家坂、白茅、长滩 3 个分场种植和管理,各分场都设茶叶初制加工厂,总场办有精制厂和包装厂,全部机械化生产,年产红茶 7000 担,所产红茶直接对口上海口岸调拨,是浮梁县重点产茶基地。后来各个分场也创办红、绿茶精制厂,通过技术改造,年加工能力超过 1.5 万担,成为江西省第一家红茶“一条龙”生产的完整体系。九龙茶场 1985 年生产的二级“工夫”红茶获江西省优质产品奖,1988 年生产的一、二、三级“工夫”红茶获农业部颁发的金质奖。名牌产品有农业部优质浮(祁)红一级工夫茶,地方优质绿茶“嫩芯”,特种茶红花茶,常规产品有浮(祁)红工夫茶 1~7 级、碎茶、片茶和末茶,绿茶有炒青、烘青和优质绿茶。2005 年改制后转由浮梁新迪茶业有限公司经营。

万寿山茶场　位于浮梁县蛟潭镇境内。1957 年 12 月,由县属机关、企事业单位下放干部所组建,下辖湖里、万寿寺和金家门 3 个分茶场,共有茶园 243.13 公顷,年均产红、绿毛茶 180 吨。其中湖里分场茶园 43.93 公顷,年均产红毛茶 460 担,万寿寺分场茶园面积 73.6 公顷,年均产红毛茶 1130 担,金家门分场茶园面积78.93公顷，年均产红毛茶1100担。万寿山茶厂是万寿山垦殖场的骨干企业之一，建于1982年，厂房面积1900平方米，红茶加工设备齐全，年加工能力3000担。1989年，加工精红茶1716担，销售收入92万元。

西湖茶厂　西湖茶厂建于1980年，厂房面积5511平方米，隶属浮梁县西湖乡政府，是浮梁县骨干茶叶企业之一。西湖乡茶园面积666.67公顷，为浮梁茶园第一乡，均属高山优质茶园，常年茶叶产量达到4000担以上。西湖茶厂原料以收购当地红毛茶为主，产品有浮（祁）红工夫红茶1～7级和碎茶、片茶、末茶。1997年，经营不善而关闭。

江村茶场　江村茶场建于1975年，隶属浮梁县江村乡。有茶园151公顷，常年产量为1800～2000担。江村茶厂建于1983年，厂房面积2699平方米，年初制能力3000担，年精制加工能力7000～8000担，为浮梁县骨干茶叶加工企业之一。江村茶厂与江村茶场是两块牌子一套人马。江村茶厂所产名牌产品有农业部优质浮（祁）红二级工夫茶，三级工夫茶；地方优质绿茶"天祥甘露"。产品有浮红工夫红茶1～7级，碎茶、片茶、末茶以及其他优质绿茶。

第三节　茶叶加工

茶叶初制

绿茶初制　加工工艺是杀青（蒸青）—揉捻—干燥（烘干或炒干）。工艺流程步骤为鲜叶、杀青、揉捻、解块筛分、烘胚、初干（炒三青）、摊凉、分筛、再干和足干。

杀青。鲜叶质量要求达到嫩、匀、净、鲜。嫩的标准一般为一芽二叶，较嫩的可生产名优绿茶，较老的采单片生产低档茶；匀则老嫩大体一致，分批分级付制；净指不夹带老叶、老梗和杂物；鲜指保持新鲜有活力，气味清新。加工操作要做好分级分批分堆摊放和分别付制及保管。雨水叶、露水叶要摊干表面水分，可用脱水机进行表面水脱处理。红变叶、劣变叶、腐败叶应严格分出，作脚茶处理。

鲜叶杀青作业要领是掌握三条："高温适度，先高后低""抖闷结合，多抖少闷""嫩叶老杀，老叶嫩杀"。

揉捻。操作要领是掌握好冷揉与热揉、投叶量的确定、揉捻的加压和揉捻的程度。即高档鲜叶宜冷揉，以保持其黄绿明亮的汤色与嫩绿的叶底；中档鲜叶可冷揉，也可热揉；低档鲜叶用热揉，以利成条，减少碎末。投叶量可根据各种型号揉捻机以中等鲜叶作标准的投入量调节掌握。揉捻加压的原则是轻、重、轻，嫩叶轻压，老叶重压。具体操作掌握为空压、轻压、重压、松压。揉捻标准为高档鲜叶成条率80%以上，低档鲜叶成条率60%以上，细胞破碎率在45%～65%之间。茶叶粘附叶面，有粘手感觉。

干燥。干燥分3次进行，即二青、三青、烘干。因采用机种不同，方法多样。主要由"滚"与"炒"构成。"滚"，即在瓶式炒干机中滚炒；"炒"，即在锅式炒干机中炒，常用方法有烘、炒、滚法和滚、炒、滚等。

烘、炒、滚法：①烘二青（烘湿胚）：使用自动烘干机，采用高温、快速、薄摊，温度120℃～130℃，时间10分钟，烘干减重率20%左右，含水量40%，叶子摊凉，5厘米厚度，约20分钟。使用百叶烘干机，温度110℃～115℃，摊叶厚度1～1.5厘米，每3～5分钟拉一次百叶板，叶子摊凉，含水率40%。②炒三青：一般用锅式炒干机，主要是整形整条，锅温90℃～100℃，叶温45℃左右，时间30～40分钟，含水率20%～25%。③烘干（足干）：一般用瓶式烘干机，投半干茶30斤左右，温度80℃～90℃，不低于60℃，时间60～90分钟，含水率4%～6%。

这种方法制成毛茶，条索紧直，碎末茶少，品质较好。浮梁县采用较多。

滚、炒、滚法：滚二青，一般用瓶式炒茶机，俗称"以滚代烘"。每筒投叶量17～20千克，分2～3次投，在2～3分钟内投完，温度以筒内有轻微的爆声发出为适度，以8～10分钟打开炉门降温，至15分钟左右完成，含水率约40%。

红茶初制　工夫红茶是浮梁县特色的传统产品，其制作上经初制的茶叶习惯上叫红毛茶。红毛茶经精制后叫精茶，精茶才成为商品茶。机械加工初制工艺一般分为萎凋、揉捻、发酵、烘干四道工序。

表 17－3－2　　工夫红茶机械烘干工艺技术标准一览表

机具	烘次	摊叶厚度	温度(℃)	时间(分钟)	含水量(%)	摊晾时间(小时)
自动烘干机	毛火	1.5～2 厘米	120	12～18	18～25	1～2
	足火	2～3 厘米	95～100	12～18	4～9	0.5
手拉烘干机	毛火	2～2.5 斤/尺	120	12	18～20	1～2
	足火	3～4 斤/尺	95～100	12	4～9	0.5
烘干槽	毛火	2～3 厘米	100～120	20～30	20～29	1～2
	足火	3～4 厘米	90	40～60	4～9	0.5

表 17－3－3　　工夫红茶手工烘干工艺技术参考标准一览表

烘次	每次投叶量(斤)	温度(℃)	时间(分钟)
毛火	3～4	80～90	25～30
足火	4～5	70～80	50～60

烘干程度分“毛火”与“足火”。毛火茶适度特征是用于捏,感觉刺手,有沙响声,用手指捺茶叶,可成粉末,叶梗大部分折断,条索紧结,色泽乌润,茶香浓烈,测定水分应为94%。水分高于9%,表示烘干不足,不利贮藏,易于霉变;低于4%时茶叶就可能有焦味,二者均应防止。

精制加工

名优绿茶精制　名优绿茶的种类,按形状分为眉形茶(如茗眉、毛峰、浮瑶仙芝、瑶里崖玉、西湖珍芝)、卷曲形(帽形)茶(如新佳明毫)、针形茶(如松针、广明银针等)、扁形茶(如江村剑毫)。用大宗绿茶的设备,生产优质绿茶,工艺流程通过鲜叶、摊放、杀青、吹凉、揉捻、解块、烘毛火、滚炒、复炒、毛茶、筛分、整形、拼配成为商品茶。

筛分整形:

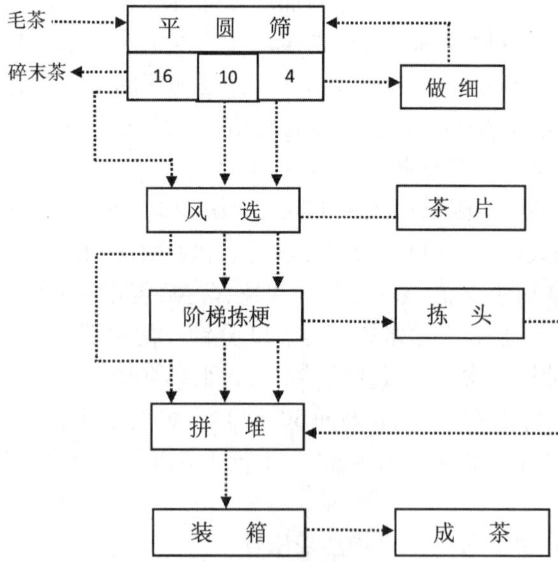

具体要求是绝对无烟焦、含水6%以下;不带老片、老梗、不含16孔以下碎末;嫩度接近特级杀青,色泽翠绿。

工夫红茶精制　工夫红茶加工工艺复杂而精密,景德镇茶厂在工夫红茶精制代表全市工夫红茶精制的技术水平,为工夫红茶精制积累丰富的经验。

精制的成品茶,叫精茶或商品茶。根据毛茶的特征,必须通过加工以后改进品质,加工的目的是提高纯度，整理形状、增加美观，大致有清除杂劣、划分级别、分类拼配以及包装运销四点要求。

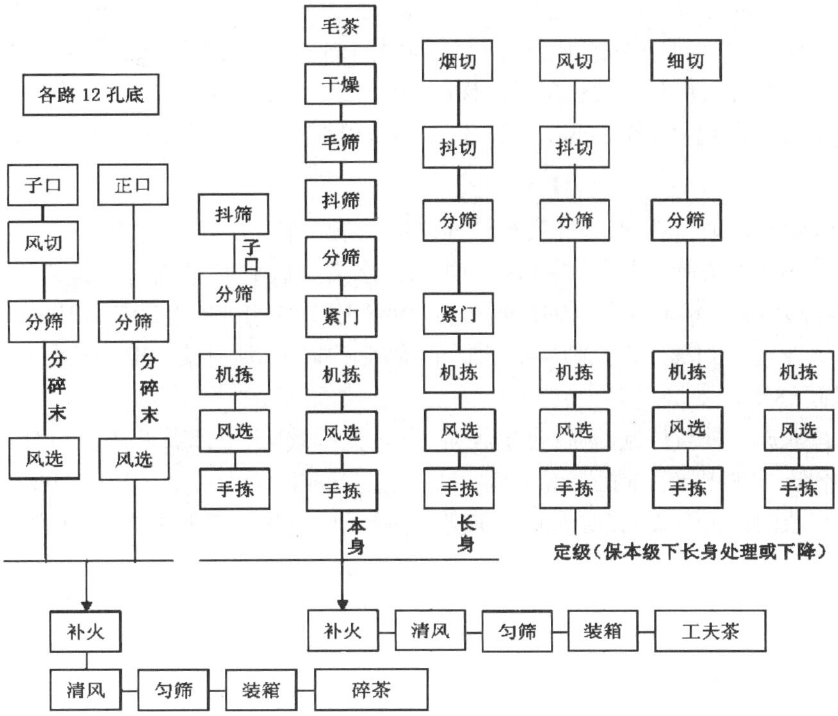

景德镇茶厂工夫茶碎茶混合加工工艺流程示意图

第四节　茶叶贸易

茶叶市场

1986年，茶叶市场放开后，景德镇茶厂在浮梁设站收购，收购点设经公桥、胡宅、东港、杨林、流口、兴田、曹村、东埠、瑶里、臧湾、洪村、童家埠、王港、鹅湖、桃墅、寺前、洪源等地区。1988年，浮梁恢复县制后，在浮梁镇大石口建设新县城，茶市也逐渐兴盛起来。1991年，浮梁恢复制作历史贡茶“浮瑶仙芝”并成功投产面市，其原料主产地在瑶里。同时自行开发创制“崖玉”“仙玉”“仙枝”和“毛尖”系列品牌，畅销国内外市场。随着瑶里旅游的开发和深化，瑶里多系列红、绿茶叶，包括精茶和粗茶在瑶里镇市场上成为游客青睐的主要产品，每年销售量以20%的速度增长。8月，江西省第一家中日合资茶叶企业江西洪源茶叶有限公司成立。公司生产蒸青绿茶全部销往日本。1992年6月23日，浮梁县茶叶公司在景德镇广场北路开设经营部，批发零售茶叶，扩展浮梁茶的销售。90年代初，浮梁县西湖茶厂收购红茶，加工后外销。到90年代末，茶厂倒闭，茶农初制加工的毛茶卖往安徽祁门县新安乡茶市或卖市德宇集团。西湖、瑶里的茶农是晚上加工，黎明时分便集中到镇里，由茶商收购，在当地形成茶叶早市。

浮梁县瑶里茶叶早市

2001年开始，浮梁新迪茶业有限公司生产的“知云”品牌红茶及其系列产品在全国发展品牌专营，还建立淘宝旺铺，进入新浪微博开展销售业务。

至2010年,全市各生产企业、厂家采取多种形式开辟国内外销售市场。全市茶叶主要经营商家集中在浮梁县,主要有县城拥军路的"红芳茶叶经营部",新昌路的"聚春茗商行""浮梁贡经营部""野兰芝经营部""昌南瓷名茶行",开源路的"山野土特产经营部",民福南路的"皖萍烟酒经贸部"和"老曹土特产经营部",千岛湖街的"瑶山茶叶百货经营部",怡馨苑商住楼的"雨针茶行",沿河路的"知云茶行",朝阳路的"天祥"茶行等20多家,经营着各种红、绿名茶和大宗茶,生意都做得红火,浮梁茶在消费者中的知名度也越来越高。

贸易数量

1985年茶叶市场放开,取消计划,茶叶实行议购议销。茶叶市场放开后,全国不少茶区出现抬价抢购原产(毛茶)的现象,被称为"茶叶大战"。1986—1990年,浮梁茶区共收进周边外地毛茶60539担,占总量25.65%,其中各年份为1986年13.6%、1987年29%、1988年31%、1989年29%。1990年全市茶叶产量为景德镇茶厂30%、九龙茶厂21%、罗家茶厂41.5%、西湖茶厂14%、江村茶厂10%、臧湾茶厂8.5%、万寿山茶厂4.7%、新平茶厂8%。

1988年以后,国家改革外贸体制,实行自主经营、自负盈亏政策,上海茶叶进出口公司对浮梁县茶叶收购要求质量高,价格低。以"浮红"成品三级为例,1989年上海收购价为812元/担,1990年收购价为653元/担。1991—1992年,收购价为663元,物价部门审定的指导价1990年降低179元,下降22.04%,比物价部门的指导价每担下调131元,下降17.1%。与此相反,茶叶加工企业和茶叶生产单位,由于农资、能源、交通运输、人工工资等的提价,成本费用上涨快,致使全市茶业企业1989年以后出现亏损。1989年,亏损额高达343.6万元。

80年代,国家向浮红茶区投放收购资金,年均投入收购资金1000万~1500万元,茶叶纳税约400万元。1988—1989年,浮梁茶叶创汇额占全市农副产品创汇额的33%,占全市茶叶创汇总额的90%。1996年,勒功乡茶场共出口红茶80490吨,上交国家财税累计达到1200万元。2010年,全市茶叶代表企业浮瑶仙芝茶叶有限公司年拼配加工茶叶4000吨,产值1.4亿元,出口额达到400万美元。

表17-3-4　**1986年浮梁县各茶厂红毛茶收购统计表**　单位:担

茶厂名称	本地收购	外地收购	合计	茶厂名称	本地收购	外地收购	合计
景德镇茶厂	9510	4936	14446	九龙山茶厂	7051	272	7323
罗家茶厂	7035	—	7035	西湖茶厂	2577	—	2577
江村茶厂	2069	—	2069	臧湾茶厂	2410	—	2410
万寿山茶厂	1885	—	1885	总计	33117	5208	38325
新平茶厂	580	—	580				

说明:1担为50千克

表17-3-5　**1992年浮梁县各茶厂红毛茶收购统计表**　单位:担

级别单位	一级	二级	三级	四级	五级	六级	级外	合计	收购总资金(万元)	平均单价(元/担)	农林特产税(万元)
九龙茶厂	24	171	199	656	616	316	3317	5299	150	283	5
罗家茶厂	300	430	700	1050	950	550	1600	5580	134	240	1.6
江村茶厂	15	142	504	409	742	741	572	3125	72	230	5.5
西湖茶厂	14	334	1134	1174	965	22	11	3654	119	326	9.2

续表 17－3－5

级别单位	一级	二级	三级	四级	五级	六级	级外	合计	收购总资金（万元）	平均单价（元/担）	农林特产税（万元）
万寿山茶厂	176	389	683	377	486	241	851	3203	101	315	2
王港茶厂	—	—	86	107	238	336	105	872	19	218	1.5
新平茶厂	—	64	97	139	258	135	103	796	18	226	1.3
臧湾茶厂	—	379	374	404	724	461	190	2532	54	213	4.2
合计	529	1909	3777	4316	4979	2802	6749	25061	667	266	30.3

表 17－3－6　**2010 年浮梁县各乡镇茶园面积和茶叶产量统计表**　单位：亩、吨

乡镇名称	采摘茶园面积	茶叶产量	乡镇名称	采摘茶园面积	茶叶产量
浮梁镇	4800	250	江村乡	8600	405
瑶里镇	9300	142	兴田乡	5200	130
鹅湖镇	7600	450	峙滩乡	4600	95
湘湖镇	2400	15	黄坛乡	2400	75
蛟潭镇	6200	410	臧湾乡	8000	501
经公桥镇	7200	215	王港乡	2900	190
西湖乡	11400	182	园　区	700	20
勒功乡	6800	340	合计	88100	3420

茶叶著述

2000 年 6 月，由项代法编著《有机茶开发入门》，共十个章节内容，分别为有机茶的基本概念、有机茶的发展意义、有机茶的发展优势与前景、有机茶的执行标准、有机颁证的最低要求、有机肥的开发利用、有机茶园的病虫防治、有机茶的颁证程序、有机茶基地建设实施步骤、江西省有机茶生产与加工的技术规程。由市农业局和浮梁县鹅湖镇政府共同编印。

2001 年，市农业开发办和浮梁县农业开办共同编著《有机茶生产技术》。全书十三章节，较为详尽地阐述有机茶生产的主要环节、关键性技术、优质高产措施以及生产和基础要求。

2002 年，由黄崇焘编著《论茶叶可持续发展问题》，包含关于全市茶叶可持续发展战略思考，改革创新发展新世纪茶叶——关于浮梁茶叶“十五”发展行动，计划的建议，科技创新、国富茶兴、知识经济与新世纪茶叶发展，加入 WTO 与浮梁茶发展，有机茶概论，发展有机茶的一些误区，有机茶园病虫害防治，利用好丰富绿肥资源、扩大茶园有机肥，无公害茶园可使用的肥料，园外茶叶农残标准，国家有机茶卫生指标，中国地名茶祁红产地考证，名优绿茶标准问题。

2004 年，由浮梁县茶业局编著《茶叶生产标准》一书出版，内容有无公害食品茶叶、无公害食品茶叶生产技术规程、无公害食品茶叶加工技术规程、无公害食品茶叶产地环境条件、浮梁茶内容。

2005 年，市中小学校茶叶科普教育基地在市茶叶科学研究所揭牌成立，由茶科所专技人员编著《茶叶科普知识手册》，共分十个章节，包括中国茶叶发展史、有机茶、茶叶的药用功效、中国四大茶区、茶叶的分类及

制作工艺、茶树良种繁育技术、中国十大名茶及鉴别方法、中国茶名集锦、景德镇市茶叶产销概况、茶礼趣话。同年12月,浮梁县老科技工作者协会组织黄崇焘主编、吴逢辰执行主编的《浮梁茶叶宝鉴》,由江西人民出版社正式出版。

2007年,由浮梁县茶业局编著《浮梁县茶叶标准化基地建设管理手册》,指导浮梁茶产业标准化和国家级茶叶标准化示范县建设工作。

第四章　蔬　菜

蔬菜是人们生活不可缺少的物资,景德镇的蔬菜种植面积不断扩大。1986年种植面积4354.2公顷,至2010年发展种植面积达26574公顷,蔬菜产量821753吨/年。全市设有市级蔬菜研究所和县级蔬菜研究所2个研究所、9大基地,40个产品被农业部认定为无公害农产品。2000年以后,乐平蔬菜种植面积迅速扩大,新品种增多,特别是大棚蔬菜发展迅速,成为赣东北地区重要的商品蔬菜基地。乐平蔬菜批发大市场被农业部批准和命名为全国第23个首批农业部定点批发市场、农业部鲜活农产品价格信息采集点。蔬菜业的发展提升了景德镇蔬菜的知名度。

第一节　产业规模

1986—1989年,全市蔬菜播种面积仅在4660公顷左右,其经营模式主要是市郊生产市内销售。乐平蔬菜主要供应当地和德兴等县市,远销数量不大。1993年起,全市蔬菜生产迅速发展,当年播种面积达15192公顷,为1989年播种面积的近3倍。其中,乐平全年蔬菜种植面积达到7666.70公顷,品种80余个,总产量达35万吨,产值1.50亿元。

1994年,市委、市政府把蔬菜翻番工程作为农村一大支柱产业来抓,在稳定近郊蔬菜面积的同时,新开标准菜地33.33公顷,改造低产菜地93.33公顷。乐平市由原计划6个乡镇种菜扩大到13个乡镇种菜,全市菜地面积扩大到1.63万公顷。1996年,乐平市蔬菜面积发展到1.53万公顷(其中常年性种植面积0.65万公顷),产量40.43万吨,实现产值3.50亿元,重点菜区人均蔬菜收入达1200元。1998年,乐平蔬菜种植面积达1.4万公顷(其中常年性种植面积0.65万公顷,季节性间套种0.75万公顷),总产量达48万吨,总产值3.8亿元,实现人均蔬菜收入590.20元。

至2000年,乐平蔬菜播种面积达1.52万公顷,占当年农作物总播种面积的15%,仅次于粮食而居第二位,但产值则居种植业第一位。播种面积中,常年种植面积0.67万公顷,比1985年增长3倍,季节性间作面积0.87万公顷,基本为1990年后新增面积。

进入21世纪,蔬菜生产持续稳定发展,播种面积逐年增加。各县区根据自身发展重点,相继出台配套措施和优惠政策,扶持蔬菜产业的发展。乐平市主要发展商品蔬菜,成为全省最大蔬菜生产基地。昌江区扩大蔬菜花色品种,发展无公害蔬菜、精细菜和营养蔬菜,丰富市民菜篮子。浮梁县发展食用菌生产、高山蔬菜、野生蔬菜、森林蔬菜和食用笋等。

2002年,乐平市蔬菜生产总面积达1.67万公顷,播面4.13万公顷,蔬菜总产量65万吨,总产值达6.3亿元。至2010年,全市蔬菜播种面积达2.66万公顷,产量达82.18万吨,仅次于水稻。其中,乐平市镇桥镇蔬菜面积达0.14万公顷,主要集中在快乐畈周边村护里、渡头、蔡家、百乐、浒崦,主要种植毛豆、茄果类、瓜类、莴笋、白菜类等。

表 17-4-1　　1986—2010 年景德镇市蔬菜业面积和产量统计表

年份	面积(亩)	产量(吨)	年份	面积(亩)	产量(吨)
1986	65313	137157	1999	298050	508924
1987	69569	146095	2000	355920	553427
1988	80311	168653	2001	365415	595659
1989	81123	170358	2002	369975	674776
1990	117218	246157	2003	370800	672200
1991	159949	326216	2004	376830	680175
1992	162488	317594	2005	373740	749123
1993	227880	348132	2006	374310	753148
1994	244665	378485	2007	382050	768278
1995	301680	379735	2008	388155	775005
1996	307950	545395	2009	383985	790278
1997	297135	542002	2010	398610	821753
1998	280290	476703			

第二节　种植技术

品种引进

1986 年，乐平蔬菜，以农家品种为主，依季节大批量上市的蔬菜主要有辣椒、青菜、萝卜、芹菜、莲藕、大白菜、地瓜等，引进品种不多。90 年代，乐平扩大蔬菜种植面积，品种更新速度加快。注重蔬菜信息收集，及时从国内国外引进新品种。先后引进的品种有结球生菜、钻石花菜、日本生菜、日本小黄瓜、荷兰甘蓝、樱桃番茄、槟榔芋、台韭、台蒜等，多达 250 余种，使栽培的蔬菜品种由农家品种为主转为杂交品种为主。1993 年，全市积极引进和推广新的优良品种，先后从外地引进即黄秋葵、西洋菜、日本早萝卜和红甘蓝、西粉 3 号、毛丰 802、桃太郎番茄、大叶韭菜 8 个品种进行试种试销。1994 年，全市引进新品种 20 多个。是年，乐平市蔬菜总公司引进软尾生菜、全能菠菜、青花菜、夏杭 40 天萝卜、心里美萝卜、荷兰豆等优良新品种。1995 年，全市引进洛椒 4 号、湘研 5 号、9 号、伏广 1 号辣椒。是年，乐平蔬菜总公司引进全能菠菜、钻石花菜、全能生菜、青花菜、紫甘蓝等 28 个新品种，为菜农提供优质蒜种 41 吨，马铃薯种 130 吨，中豌四号 8 吨，精细蔬菜种子 30 余种。1996 年，引进推广新品种 25 个、新农药 3 个、新激素 5 个。1997 年，乐平市蔬菜开发总公司引进樱桃萝卜、夏优一号大白菜等 14 个新优品种。1998 年，乐平市蔬菜办公室引进种植槟榔芋 26.67 公顷。1999 年，全年共引进新品种 66 个。

2001—2010 年，乐平先后引进红叶莴笋宏秋 3 号、日本青、毛豆等蔬菜品种 100 余种。2002 年，全年共引进蔬菜新品种 17 个，其中 8 个品种全市推广面积达 2333.33 公顷。2003 年，乐平市共引进红苏珊甜椒、春秋架豆王 SOD、爱吉果、日本鲜绿节小黄瓜等蔬菜新品种 60 余个。2005 年，乐平蔬菜基地引进新优品种 20 余个。2007 年，乐平市先后从广东、福建、浙江等沿海地区引进台湾春燕黄瓜、迷你小黄瓜、迷你番茄、广东野狼红茄、富贵菜、辽鲜、沈鲜系列毛豆、春健王大白菜、四九菜心等新优蔬菜品种 18 个，全市蔬菜花色品种更加丰富、产量和内在品质有一定提高。2010 年,全市引进蔬菜新品种 16 个,新技术 20 多项,推广蔬菜新品种 5 个,新技术 6 项。

丰产栽培

乐平蔬菜科技大棚

1991 年 4 月,市蔬菜科学研究所、西郊垦殖场蔬菜技术推广站、鲶鱼山镇农业科学研究所等单位,对软荚豌豆、青花菜、秋芸豆、浮面覆盖栽培、遮阳网育苗、大白菜、秋番茄、辣椒、番茄丰产栽培模式等 10 个项目进行攻关,除软荚豌豆外均达到省里规定标准。1993 年,在竟成、西郊两乡场实施农业部 80 公顷蔬菜丰收计划,以早辣椒、番茄、里村茄子为对象进行模式栽培、科学管理,每亩增产 500 千克。1994 年 9 月,乐平市坎上乡天济村彭天河用黑籽南瓜嫁接西葫芦成功,比常规品种提前 15 天上市,产量亦提高 30%。开创乐平市蔬菜嫁接的先河。1995 年,利用塑料大棚和寿光式大棚栽培 1 公顷,首次棚栽晚辣椒试种成功。1995 年 1 月至 1996 年 12 月,乐平市蔬菜生产办公室在坎上乡(塔山街办天济村委会)小学边上租赁 0.67 公顷菜地,全面开展春萝卜、夏芹菜、西兰花、西芹、紫甘蓝、生菜、小番茄、彩色南瓜等系列品比试验活动,开启乐平市一批名优新品种种植及消费的先河。是年,乐平市乐港中晚熟辣椒栽培获得成功,亩产 2 吨,填补了市场空白。2003 年 11 月,由乐平市蔬菜办投资 4 万元,将当地优质品种——乐平灯笼贡椒 400 克灯笼贡椒种子送上第十八颗返回式卫星,进行太空育种,获得成功,使该品种恢复原有品种,个头及品质得到复壮。2009 年,乐平市 40 个蔬菜品种获无公害蔬菜产品认证。

推广种植

1986 年,乐平蔬菜的种植模式,大多沿袭传统的轮茬耕作。为发展避洪农业,于 1994 年开始,推进"菜—稻""棉—菜""西红柿—晚稻""早稻—晚稻—豌豆"等耕作模式,扩大蔬菜间作面积近 1 万公顷。

1991 年,全市从江苏引进遮阳网(蔬菜栽培浮面覆盖材料)3010 平方米,用于夏、秋高温季节蔬菜育苗,渡淡蔬菜栽培,具有遮阳、降温、保湿、防暴雨、防蚜虫的作用。1993 年,选择适应市内种植的木耳菜、老来少菜豆、玉米笋、紫菜苔、青花菜、生菜 6 个品种进行推广,扩大种植面积,逐步投放市场。1994 年,全市调运良种 100 多吨,农地膜、农药、化肥、遮阳网等生产资料 100 多吨,自繁良种 0.50 吨。全年发展棚栽蔬菜 1666.67 公顷。是年,全市扩大遮阳网 18 万平方米,重点乡镇地膜覆盖率达 83.80%。其中,乐平市全年推广遮阳网 15 万平方米,提高蔬菜产值,发展反季节蔬菜,弥补市场的"春淡"和"秋淡"。1995 年,乐平市发展大中棚 1.60 万个,遮阳网覆盖达 30 万平方米。

1996 年,全年引进推广遮阳棚 30 万平方米,推广使用长寿无滴大棚膜 10 吨,营养钵育苗 15 万株。发展高山蔬菜 66.67 公顷。是年,乐平蔬菜种植使用薄膜,遮阳网等设施,扩大保护地栽培,大中棚发展至 16000 个,保护地栽培达 1533 公顷。乐平市蔬菜生产办公室被省农牧渔业厅授予发展大棚反季节蔬菜生产优胜单位称号。1997 年,乐平市蔬菜开发总公司在全市范围内推广"西红柿—晚稻""豌豆—早稻—晚稻"等粮、棉、菜套种模式,达到提高土地利用率,提高农民收入。1998 年,乐平市大力发展拳头产品,恢复种植乐平特色蔬菜——灯笼辣椒 20 公顷。1999 年,全市推广新技术 7 项,推广使用新材料 5 种。全市遮阳网使用面积 100 万平方米,大中型棚 5 万个。

2000 年,乐平市蔬菜农药残留检测中心成立,当年乐平市蔬菜完全停止使用毒性大、残留高的农药,对病虫害改以生物防治为主,兼用高效、低毒、低残留的新型农药,确保各类蔬菜符合国家绿色食品标准。是年,乐平大中棚面积增至 0.67 万公顷,遮阳网面积 0.13 万公顷,无论冬夏,均能大批生产反季节蔬菜应市。2001 年,市农技推广站在全省率先引进中科院上海有机化学研究所最新研制成功的 4 种"降解地膜",并根据其降解诱导期的长短应用于蔬菜等作物上。降解地膜不仅提高农作物的有效积温,而且对作物无毒害,在自然状态下 50~70 天能分裂、粉化降解,解决农田白色污染。2002 年年底,全市遮阳网使用面积达 105 万平方米，形成“冬天一片白，夏天一片黑”的保护地栽培新格局。2005年，乐平蔬菜基地建设冬暖式大棚75个，推广稻—菜—菜、菜—稻—菜种植模式。推广物理防虫技术，安装300盏频振式杀虫灯和应用防虫网，控制虫害发生，减少农药残留，经抽检蔬菜合格率达到99%。9月12日，乐平蔬菜基地非化学植物保护和综合栽培技术在无公害蔬菜生产中的应用与推广项目获农牧渔业丰收三等奖（部级），乐平市晓园蔬菜协会作为05完成单位，袁文清作为04完成人。2007年，乐平市着力推广应用南方日光温室一次性深挖、深埋施足基肥技术、综合防治病虫害技术、南方钢管大棚全程覆盖保护地栽培技术，高矮作物套种轮作技术等10项先进实用技术，提高菜农种植技术及提升蔬菜科技含量。

技术培训

1993年，利用《蔬菜简报》及时提供虫病情预测，指导菜农按时施药，大大降低虫病对蔬菜的危害。在竟成、西郊、乐平等地举办蔬菜生产技术培训班8期，参训者共有500多人次，下发各种技术资料2000余份。1994年，市、县（市）乡举办8期菜农骨干培训班，达2100余人次，组织6批菜农赴外地参观考察，达160人次。1995年7月，组织竟成镇青塘、前街等村菜农赴山东寿光市、江西萍乡市参观学习。全年举办各种蔬菜技术班20期达1000人次，发放科技资料3000份，蔬菜科技示范户发展到1500户。

1996年8月12日，市蔬菜专业技术协会成立，发展会员150多人。建立科技示范网络，举办技术骨干培训班12期400多人次，发放技术资料3000多份，两次请专家赴乐平调查处理春甘兰抽苔等技术难题。1997年，乐平市开展送科技下乡活动，组织专家下乡咨询20人次，送科技书籍100本、资料1000余份、蔬菜简报10期800余份。

1999年，市蔬菜办和市蔬菜专业技术协会组织送科技下乡活动，无偿发放科技书籍，提供咨询服务，先后3次组织基层农技人员、示范户赴山东寿光、安徽和县培训学习。是年，乐平市蔬菜集团公司举办各类技术培训班15期，受训菜农达760人次。浮梁县高薪聘请安徽和县的蔬菜技术人员指导菜农种植反季节蔬菜。2000年，乐平市科研所共举办种植技术培训班34期，培训基层科技人员、种植户近5000多人次。2007年，乐平市先后举行培训班2期，指导乡镇举办培训班8期，培训菜农2000余人次。2009年，乐平市在非重点菜区举办蔬菜实用技术培训班20余期，培训5000人次，重点菜区举办培训班18期，培训6300人次。

第三节　基地与市场

种植基地

1986—1990年，景德镇市重视蔬菜基地建设工作。1991年，竟成乡湖田坂成为全市最大的商品菜地保护区，整个基地133.33公顷，沟、渠、路配套。区内沟渠总长6028米，机耕道1200米，电灌站装机容量85千瓦，保护地栽培面积达50%以上，总投资142.70万元。形成旱涝保收，高产稳产商品菜基地。1992年，市水稻良种场经市政府研究批复用地200亩发展蔬菜生产，当年上市各种蔬菜26.22万千克，并引进繁殖一级豆角良种160千克。1994年，景德镇市先后下发《蔬菜基地保护办法》《贯彻农业部关于稳定城市郊区蔬菜基地的意见》以及《蔬菜资金管理办法》，稳定近郊蔬菜面积，保护蔬菜基地。是年7月8日，中央电视台播出《新兴的蔬菜基地——乐平》电视专题片，全面系统介绍了乐平发展蔬菜工程的过程，在全国产生较大影响，吸引广西、河北等院方客户。1996年1月，市蔬菜良种示范场建立，全年繁殖空心菜、豆角种1吨。1998年，全市建成21万亩蔬菜基地，种植蔬菜的重点乡镇有15个，常年种植农户有6万余户。1999年，乐平市蔬菜科学研究所先后投入近400万元建设基地沟、渠、路及抗旱设施。

2000年，乐平市种植的蔬菜品种有10大类140余个，几大主要蔬菜主产地分别为镇桥镇的蔡家、高埂、华家（主产“乐平辣椒”）；后港镇的西冲、礼林镇的新庄和接渡镇的李家（主产特色菜藠头、脚板薯）；城区东、北二郊（主产季节性大路菜——芹菜、莲藕）；临港、众埠（种植引进日本小黄瓜）；勘上、天济、邹家、张家桥、余家、谢家、龙会洲等地（主产常年大面积蔬菜）。2001年，全市无公害蔬菜基地达800公顷。2002年，乐平出现辣椒、毛豆、地瓜、高笋、莲藕五大主导产业万亩连片种植基地，大小棚面积达1333.33公顷，引进特种蔬菜品种20多个,无公害蔬菜基地面积达1333.33公顷。2003年,省农业厅授予乐平市2000公顷无公害农产品生产基地,分布于乐港、镇桥、后港、接渡、礼林、众埠等地。是年10月,乐平市和浮梁县被农业部确定为第二批全国创建无公害蔬菜基地县。

2003—2004年,乐平市分别有乐港、接渡、镇桥、浯口、后港、鸬鹚、礼林、临港40个产品,8个基地获农业部无公害农产品认定,无公害蔬菜基地认定面积8400公顷。2005年5月,乐平市被授予全国无公害农产品(蔬菜)生产示范基地县。2007年10月27日,中国园艺学会长江蔬菜协会理事长主持"乐平——江南菜乡"命名和授牌仪式,乐平成为长江流域16省市唯一获得这一称号的地区。

2008年,乐平莴笋、地瓜、黄瓜被农业部绿色食品办公室批准为全国绿色蔬菜原料(蔬菜)标准化生产基地,面积8533公顷。2008年,乐平市创建全国绿色食品(黄瓜、地瓜、莴笋)0.85万公顷,并获得农业部验收通过。2009年1月,乐平市委、市政府出台《关于加快新一轮蔬菜产业发展的意见》,提出实施"百千万"工程的思路,即百个科技示范户、千个冬暖式大棚、万亩出口蔬菜基地的新目标。6月,乐平市蔬菜科学研究所蔬菜集约化育苗建设项目由农业部投资475万元兴建,预防南方低温雨雪冰冻灾害影响蔬菜生产。11月27日,乐平市8000公顷全国绿色食品原料(蔬菜、莴笋、地瓜、黄瓜)标准化生产基地通过国家验收正式挂牌。至2010年,乐平市形成以城市郊区为中心,以国道206线为纽带,以乐安河及其支流两岸为基地的生产格局,成为全省最大的蔬菜生产供应基地之一。

市场开拓

1986年,全市蔬菜总产量的75%、外销量的80%都通过分布各蔬菜产地的零散贩户及贩运组织运销到附近县市及外省市场。1993年,全市先后组织调运甘蓝、大白菜、豆角、冬瓜等蔬菜100多吨运销广东、浙江、江苏、深圳等地,打开这些地区的销售市场。

1994年,全市新建农贸市场和蔬菜批发市场7个,占地面积4.67公顷。蔬菜销往广东、福建、江苏、上海等10多个省、市及省内20多个县(市),从事蔬菜运销人员1600多人,运销专业户400多户,外销达80%。5月起,对乐平市蔬菜流通实行免检,对农村民间流通组织进驻市场开展经营活动提供便利,并在办理证照、解决小城镇户口、子女就学等方面给予优先照顾,为乐平蔬菜的流通开辟"绿色通道"。一些贩销大户进驻市场,坐点经营或与外出销售相结合,销售队伍进一步扩大,与周边县市及外省的80多个县(市)建立起直接销售网络,旺季将乐平蔬菜贩运出去,淡季则从外地调入蔬菜,调剂蔬菜市场供应。

1995年1月至1997年6月,景德镇市引进浙江省龙游县外贸公司小黄瓜腌制厂在乐平发展小黄瓜生产,地点分别为乐港镇、临港乡、众埠镇及镇桥镇等地,发展订单基地233.33公顷,产量11000吨,开启景德镇市蔬菜外销日本、韩国及东南亚地区的先河。

1999年,乐平市蔬菜集团公司先后与厦门、新余、宁波、福建等地客商签订紫甘蓝、荷兰豆、胡萝卜、大板蚕豆、槟榔芋等品种的产销订单,种植面积达80公顷。2001年,蔬菜经销商达2680余人,乐平蔬菜销往安徽、浙江、江苏、湖南、湖北、河南、上海等地。

2003年9月,乐平绿色蔬菜配送公司成立,当年,每月对全市有关机关、厂矿、部队、学校、宾馆就近配送无公害蔬菜,每月蔬菜配送量达200余吨。2004年,乐平市乐港镇大路边蔬菜协会等各类蔬菜产销协会28个,协会会员总计2016人,推进无公害蔬菜生产,提高蔬菜生产组织化程度。2009年,乐平市蔬菜批发大市场批发量达69.07万吨,交易额达11.79亿元。是年,乐平市派出骨干人员先后到上海、广州、温州等地就建立直销窗口做好基础工作,分别建立蔬菜联络点。

信息网络

1994年,乐平市蔬菜批发市场价格等信息经省政府上报,列入全国大中城市价格信息网络。此后,乐平市蔬菜开总公司被指定为全国30个蔬菜批发市场信息采集点。1995年5月,成为江西省首家入网单位。《农民日报》周一至周五、《经济日报》周一、周五和中央电视台第七套节目定时定期播放乐平市的蔬菜价格信息。1996年,乐平市发展蔬菜生产情况及有关图片分别被选入《中国农业年鉴(1996)》及由农业部主编的《中国菜篮子工程画册》,乐平蔬菜开发总公司被国家农业部指定为农产品信息网信息采集点,这在江西省属于首家。

1997 年 10 月 22 日，农业部又批准乐平市蔬菜批发市场为全国第三批农业部定点鲜活农产品中心批发市场，蔬菜批发中心被定为全国 56 家定点市场之一。1998 年，乐平市蔬菜开发总公司再次被农业部定为全国大中城市菜篮子产品批发市场信息网采集点。1999 年，乐平蔬菜信息网与因特网联网，建立蔬菜产销信息库，信息渠道被进一步扩展。2002 年，乐平市成立市场信息中心，及时捕捉全国蔬菜市场信息，进行科学整理，每天、每月、每季均对该市和全国 18 个重点蔬菜市场进行行情分析，横纵向对比、季节对比、品种对比、销量对比。2005 年，中央电视台 4 次报道乐平无公害蔬菜生产，《农民日报》等媒体每天发布乐平蔬菜行情，蔬菜外销率达到70%。12 月，国家发改委投资 300 万元兴建乐平市蔬菜批发大市场信息系统建设项目，提高蔬菜批发大市场软件设施。

批发市场

1993 年 1 月，乐平市蔬菜开发总公司筹建蔬菜批发市场，共征地 3.33 公顷，投资 1100 万元，在城西南建成占地 3.30 万平方米的批发市场，包括交易大棚、砖混结构商品房、综合服务大楼、高杆照明灯和宽敞的水泥硬化地面 2.70 万平方米，形成集交易、过磅、卸车、通讯、营运、检疫、饮食与住宿于一体的蔬菜集散中心，于 1994 年 5 月正式启用，日接待江苏、安徽、南昌、波阳、贵溪、德兴等的贩运户 500～700 人，日成交蔬菜量达 100 余吨。1997 年，日交易量平均达 400 吨。

乐平赣东北大市场的蔬菜批发市场

1996 年 9 月 18 日，市蔬菜批发服务中心成立，集鲜菜批发交易，供应蔬菜种子和提供农资服务为一体，调节市场，服务菜农。全年调运种子、化肥、农药 250 余吨，调进调出鲜菜 200 余吨。1998 年，全市有蔬菜专业批发市场 4 个，交易市场 38 个，各类蔬菜营销组织 300 多个，从事蔬菜运销人员 2000 余人，市场带农户、公司加农户、协会加农户的服务体系初步形成。

1999 年，在乐平市安平南路西侧兴建乐平蔬菜批发大市场，于 2001 年 1 月 1 日投入使用。新建批发市场占地 9.6 公顷，总投资 1200 万元，共建成农产品批发街 2 条，蔬菜批发交易大棚 2 个计 4000 平方米。

2000 年，乐平市蔬菜露天交易场 2000 平方米，停车场 1 个 4000 平方米，中心广场 12000 平方米，办公管理楼 1 栋 2300 平方米，高杆照明灯 1 座，垃圾中转站及公厕，地磅房 1 座。进入市场从事蔬菜运销的人员 2000 多人，运销专业户 350 余户，其中年销量 50 万千克以上的专业户有 90 余家，日交易量达 450 吨，全年累计成交量 16 万吨，日均进入市场外地客商近 200 人。市场入口设有蔬菜检验、检疫中心，未达标蔬菜禁止入场交易。场内设有装卸队，为客户装卸车。

2002 年，乐平市蔬菜批发大市场先后投资 200 余万元，分别建成市场大门楼、大型公厕、钢架大棚 6000 平方米，钢架小棚 1800 平方米，并在全省率先建成“二大中心、一个系统”，即市场信息中心、蔬菜农药残留检测中心和电视监控系统，为当时省内规模最大、档次较高、设施较完备的蔬菜产地市场。是国家农业部在江西省定点最早的全国鲜活农产品中心产地批发市场和全国“菜篮子”工程信息采集点，获江西省亿元重点商品市场和江西省文明市场称号。2004 年 9 月 28 日，乐平市蔬菜批发大市场内设立无公害蔬菜专销区，面积 1000 余平方米，可容纳 200 余户入场经营。

2006 年 3 月，乐平市蔬菜批发大市场 1000 吨蔬菜冷藏保鲜库及市场大棚改造扩建项目由商务部“双百市场”总投资 290 万元兴建，健全农产品市场流通体系。2007 年 4 月，乐平市蔬菜批发大市场废弃物处理系统建设项目由商务部“双百市场”投资 150 万元兴建，实现农产品市场废弃物管理。

2008 年，引进乐平市中远现代农业发展有限公司投资 3.70 亿元，兴建占地 26 公顷的乐平市农产品（蔬菜）批发大市场。第一期 17.33 公顷，建筑面积 17 万平方米，分为蔬菜交易区、水果交易区、水产品交易区、粮油交易区、物流区五大功能区。并兴建 1 万吨农产品冷藏保鲜。2010 年，乐平蔬菜农产品批发市场成为赣东北地区规模最大的蔬菜农产品集散中心，销售市场进一步拓宽。

第四节 机 构

市蔬菜科学研究所

1986年5月,景德镇市蔬菜技术推广站设立,与景德镇市蔬菜科学研究所实行两块牌子一套人马。1989年9月,撤销推广站,保留市菜科所。

基层管理机构

乐平市蔬菜局 1986年,乐平县蔬菜生产由乐平县农业委员会负责。1992年12月23日,乐平市蔬菜生产办公室和乐平市蔬菜开发总公司成立,两块牌子一套人马,集产前、产中、产后全方位的蔬菜行业管理。1999年1月,蔬菜开发总公司改为蔬菜集团公司,仍与蔬菜生产办公室合署办公。蔬菜生产办公室下辖蔬菜科学研究所,共有事业编制10人,实有工作人员18人。蔬菜集团公司下辖蔬菜批发大市场,共有员工68人。两单位均设于蔬菜批发大市场办公管理大楼内。2001年12月,乐平市蔬菜集团公司和乐平市蔬菜生产办公室分家。乐平市蔬菜集团公司管理乐平市蔬菜批发大市场,乐平市蔬菜生产办公室下辖乐平市蔬菜科学研究所。2007年12月,乐平市蔬菜集团公司和乐平市蔬菜生产办公室重新组建乐平市蔬菜局,保留乐平市蔬菜集团公司牌子,内设人秘股、产业化指导股、市场信息股。下设蔬菜质量检测站(股级),下辖乐平市蔬菜科学研究所(副科级单位)及乐平市蔬菜批发大市场。

乐平市蔬菜科学研究所 1996年7月成立,位于镇桥镇高埂村国道206线东西两侧,占地6.67公顷,为副科级事业单位,归口蔬菜办,为全市蔬菜科研基地,新品种、新技术、新材料、新激素示范推广基地,良种繁育基地,蔬菜植保服务中心。为全省县级市第一个蔬菜专业研究所。

2000年年底,全所有工作人员5人,聘用蔬菜种植能手5人,拥有试验、示范基地6.67公顷。该所围绕蔬菜生产,进行蔬菜良种繁育、科技培训和喷灌、滴灌、无土栽培等科学技术试验,成为乐平引进、推广蔬菜新品种、新技术的中心。

第五章 养殖业

20世纪80年代初期,政府大力发展禽蛋生产,保障城市禽蛋供应,推广家禽优良品种和改进养殖技术,家禽规模养殖发展迅速。各级政府鼓励千家万户饲养,培植养殖大户,兴建生态养殖小区,推动畜牧业生产蓬勃发展。2010年,畜牧业产值达14.88亿元,占农业总产值的25.86%。景德镇域内水生生物资源种类繁多,共有88种经济鱼类,其中主要是鲤形目鲤科鱼类。全市水域资源面积24953.33公顷,其中可养水面7200公顷,占总水域面积的28.85%。可养水面按类型分池塘面积1320公顷,水库面积5200公顷,河沟面积680公顷,分别占可养水面的18.33%、72.22%和9.44%。至2010年,已利用养殖水域面积6946.33公顷,占可养水域面积96.48%。渔业产值3.99亿元,占农业总产值的6.93%。家禽年存栏量达372.1万羽,禽蛋产量9104吨。

第一节 畜禽养殖

家畜饲养

猪 1986年,国家逐渐取消对生猪的统派统购制度,农村家庭饲养生猪退出计划安排,养殖大户和规模养殖场发展迅速。城市郊区存在利用餐饮业泔水加热,加上米糠和玉米粉等喂养生猪,其他养猪场普遍采用全价配方饲料生食干喂,水、食分供的喂养方式。规模养殖场按照"畜禽良种化,养殖设施化,管理规范化,防疫制度化,粪污无害化"五化标准,进行栏舍改造和粪污综合利用。

乐平花猪作为景德镇优良地方猪种之一,具有体型较大、产仔多、生长快、耐粗饲及饲料利用率高、适应性强、肉质鲜嫩、杂交优势明显等特点。1989 年年底,乐平花猪基本完成种质测定和选育研究。1991 年,江西省发布乐平花猪省级标准。2000 年 6 月,种畜禽保护研究专家到乐平花猪原种场及接渡中心产区进行采血检验。由于保种经费逐年减少,乐平花猪由重点保护母猪逐步转移到重点保护公猪。2000 年年底,乐平花猪保护公猪 12 头,保护母猪 57 头。

2007 年,国家实施一系列扶持生猪生产政策,支持生猪标准化规模养殖场建设,全市生猪养殖场建设项目 21 个,争取中央资金 820 万元,对猪场进行栏舍改造和粪污无害化处理。2008 年,全市开展"爱我美好家园,实行畜禽清洁生产"活动,确定市良种猪繁育基地等 13 家猪场为首批粪污达标排放单位。采取加强栏舍改造,推行"三改"(改水冲式清粪为干式清粪;改无限用水为有限用水;改明沟排放为暗沟排放,猪粪堆放发酵,污水进入沼气池)、二分离(雨水分离,干湿分离)、一利用(污水进入沼气池发酵,产生沼气热源供猪场取暖和生活用气,发酵过的猪粪和沼液作为肥料用于种植业)。2009 年,浮梁县通过招商引资,从浙江宁波引进外企,在三龙芦田建成一家现代化智能控管大型养猪场。饲养的猪品种主要有大约克、长白、杜洛克等外来优良品种和乐平花猪以及杂交品种。至 2010 年,全市共 13 家养猪场基本达到粪污达标排放的标准。全市拥有年出栏 50～100 头的养殖户有 171 户,100～1000 头的养猪大户 230 户,1000 头以上的养殖场 59 个,其中万头以上的养殖场 10 个。

牛　按照用途不同,牛分为耕牛(役牛)、奶牛和改良后的肉牛。耕牛有水牛、黄牛两种,以役用为主。随着农林分田到户,耕牛由集体饲养转为农户饲养。1985 年,昌江区鱼山镇留阳村一个千头奶牛场投产,奶牛饲养量最高峰时达 469 头。1986—1988 年,全市进行牛的品种改良,变单纯役用为乳牛、肉牛并用,提高耕牛的利用率和经济效益。1995 年,全市存栏牛数量最多,存栏牛 72278 头。随着农业机械推广,耕牛数量不断减少。1996 年,由于奶牛品种质量、鲜奶的市场供应和加工等因素影响,奶牛场关闭。2005—2006 年,乐平市乐佳牛业公司通过民营运作,与农户签订养牛回收合同,开展牛的冻精冷配工作,收到良好效果。2010 年,全市仅有奶牛养殖户 4 家,存栏奶牛 47 头。牛存栏数 49316 头。

羊　1985 年,全市羊存栏数仅 103 头,养殖经验不足,成功的不多。1995 年 8 月,浮梁县金竹山乡从广丰县购进白山羊 198 头,分别落在原枫树山共大农场,浮梁县粮食局示范养殖场,昌江区竟成镇、鱼山镇等地饲养。乐平市科山、浮梁县三龙也先后购进一部分白山羊饲养。全市养羊数量从上年不足 500 头,猛涨到 1600 多头。1998 年,一养羊户引进小尾寒羊,通过一年试养,生长情况良好。2010 年,浮梁县利用新安江水库移民项目资金,采取借种还羊的办法,扩大羊群养殖,收到一定效果。年末羊的存栏数达到 12532 头。全市饲养的羊品种有黑山羊、白山羊和肉乳兼用的莎奶羊、新疆细毛羊、鲁西小尾寒羊、成都麻羊、江南黄羊及波尔山羊,主要以成都麻羊、江南黄羊及波尔山羊为主。

兔　家兔以食草为主,用精料少,对粗饲料转化率高。80 年代中期,乐平市塔山街道(原场上乡)发展肉兔生产。1991 年下半年起,市农科所引进新西兰兔,建立实验用兔基地,向省内医药、卫生、教育等部门提供质量较高的实验用兔。1997 年,市良种场筹措资金 48 万元,建成提繁育种兔 2 万只的肉兔养殖基地。8 月,分别从赣州、南京等地引进 680 只肉用型种兔,有共青紫蓝兔、比利时兔、日本大耳兔、新西兰兔、加利福尼亚兔 5 个品种。至 12 月底,共繁殖种兔 2000 余只,采取"公司 + 农户"形式签订肉兔饲养回收合同,向浮梁、昌江、鄱阳等地农民出售种兔 1100 只。1998 年,市良种场年繁肉型良种种兔 2000 只,并销售 1800 只种兔。2004 年,昌江区鱼山镇开办金帛源獭兔养殖场,带动周边农户发展肉兔和獭兔生产。2010 年,全市年末兔存栏数发展到 17285 只。

狗　景德镇农村有养狗看家的传统,也有冬季食狗肉的习俗,一般为当地体格较大的土狗。有的农户养殖商品肉狗,但规模不大。

家禽饲养

鸡　农户散养的主要家禽。本地鸡俗称土鸡,个体小,生长慢,抱窝时间长,产蛋少,但耐粗放、觅食力强、肉质纤细,适应农户散养。1986年之后,景德镇市引进白洛克、考尼斯、新浦东、红波罗、星波罗等长速快、体型大的肉用型鸡品种,同时引进来杭、星杂288、罗斯、罗曼、海兰等产蛋多的优良蛋鸡品种。引进的外来肉用鸡体型大、肉质欠佳,不太适合城市居民的消费要求。

1990年,市种禽场开展与地方品种鸡杂交试验,培育出"景黄鸡",受到消费者的欢迎。由德宇集团牵头带动周边农户大量饲养,德宇集团以"景黄鸡"为原料加工的"景德板鸡"被誉为"中国第一板鸡",解决了销售问题。

至2010年,市场供应的肉鸡品种多是杂交类型,养殖方式由室内圈养转变成野外围养,饲料从喂全价配合料改为以谷物类饲料为主。蛋鸡品种仍保留星杂、罗斯、海兰灰、海兰褐等引进品种,并利用这些品种扩大绿壳蛋鸡的饲养量。另外也进行野鸡、珍珠鸡的饲养尝试,但由于市场消费量不大,没有得到规模发展。

鸭 鸭分蛋鸭和肉鸭。蛋鸭品种多为麻鸭,主要有绍兴麻鸭、高邮鸭等老品种以及杂交品种,具有野外适应性强、觅食力强的优点,一般是放牧群养,300~500只一群,降低饲养成本。肉鸭饲养为樱桃谷蛋鸭、北京鸭等品种。全市饲养最多的为杂交大麻鸭。肉鸭除鲜活产品上市外,加工后的烤鸭、酱鸭等也进入消费市场。

鹅 景德镇有灰鹅和白鹅两个地方品种,抗病、觅食能力强,生长快。2004—2005年,乐平市组织过规模生产,但销售市场没有拓开,发展不快。2010年,全市存笼有4.03万羽。

鸽类 景德镇有肉鸽和信鸽两个品种,以昌江区西郊种鸽场为龙头。1994年,西郊种鸽场集资20万元开始办场,引进2000对美国王鸽,建立起全市最大的种鸽养殖基地,带动周边农户养殖肉鸽。2010年,拥有种鸽1.8万对,带动农户100多户,饲养肉鸽100多万羽。至2010年,市信鸽协会有会员107人,拥有飞行信鸽4000只,加上种鸽共7000只。

鹌鹑和鹧鸪 鹌鹑个体小,食量少,产蛋多。1986年,市农科所畜种、孵化,发展农户养殖,最高时年饲养100多万只。至2010年,全市规模化养殖只有1家,存栏15000羽。鹧鸪与鸽、鹌鹑被称为"三鸟",在景德镇也有农户进行养殖。

表17-5-1　　**1986—2010年景德镇市畜牧业生产情况统计表**

年份	牛年末存栏(头)	猪年末存栏(头)	兔年末存栏(头)	家禽年末存笼(万羽)	年末养蜂(箱)	肉猪出栏(头)	肉类总产量(吨)	肉猪产量(吨)	牛奶产量(吨)	禽蛋产量(吨)	蜂蜜产量(吨)	牧业产值(亿元)	农业总产值(亿元)	比重(%)
1986	53333	319075	1460	203	6971	200720	16717	16024	190	3854	70	0.5943	3.2435	18.32
1987	54595	328457	498	157.6	7317	211956	17603	16826	512	3773	81	0.6861	3.4954	19.63
1988	56490	346962	412	177.9	8047	232878	19605	18829	650	4223	126	0.8898	3.798	23.43
1989	58998	357676	453	183	7745	252836	22465	21341	620	4495	128	1.241	4.4137	28.12
1990	60680	371823	474	182	7841	269280	23850	22552	630	5281	88	1.46	6.4232	22.73
1991	63468	391995	301	188.4	6750	292634	27977	26884	600	5844	74	1.5485	6.7116	23.07
1992	66209	407887	968	282	6140	319866	30298	28969	430	6706	128	1.66	6.9753	23.8
1993	69290	450542	906	322	5832	383871	37937	34052	350	8026	122	2.14	7.807	27.41
1994	72008	416114	649	353	7202	449348	43454	39589	140	8351	78	2.38	10.6442	22.36
1995	72278	552208	1168	335	6151	597096	54927	50245	130	9185	109	2.89	13.4551	21.48
1996	71132	473714	1246	315	6076	527107	50666	45480	6	8980	109	2.62	15.1522	17.29

续表 17－5－1

年份	牛年末存栏（头）	猪年末存栏（头）	兔年末存栏（头）	家禽年末存笼（万羽）	年末养蜂（箱）	肉猪出栏（头）	肉类总产量（吨）	肉猪产量（吨）	牛奶产量（吨）	禽蛋产量（吨）	蜂蜜产量（吨）	牧业产值（亿元）	农业总产值（亿元）	比重（%）
1997	67311	473585	1535	322	7023	496266	47422	42602	10	9319	180	2.77	15.9517	17.36
1998	65536	463306	1308	317	7856	495974	46198	42279	66	7837	163	2.71	15.0067	18.06
1999	65783	441136	2271	319	9783	472833	43106	39018	73	8284	170	2.67	15.0132	17.78
2000	64726	436957	2530	319	9012	468673	41858	37834	108	8027	232	2.61	15.3577	16.99
2001	63467	432275	3205	311.2	8533	456750	41296	37168	56	7987	198	2.53	15.4932	16.33
2002	65016	348978	6310	365.3	10852	429200	41550	32806	138	8699	293	2.61	16.3608	15.95
2003	64794	345795	5188	368.7	11840	429682	44120	33102	96	8640	336	5.14	21.3663	24.06
2004	65394	359706	2770	310.1	12249	452071	44981	35705	98.1	7373	314	7.68	27.0184	28.43
2005	62715	363820	2899	306.6	12602	519384	49947	40396	133.1	7943	363	7.73	30.6416	25.23
2006	57753	381671	9730	289.8	9417	503068	46677	40004	161	7997	184	8.21	32.9766	24.9
2007	54720	361708	9985	293.4	8917	497597	46963	39733	162	7933	173	10.37	38.5483	26.9
2008	48632	368703	10880	302.7	6726	519656	49376	41573	269	8093	168	13.82	48.0258	28.78
2009	49509	368827	16135	356	11229	542831	57443	45385	210	8620	203	14.03	50.8692	27.58
2010	49316	379092	17285	372.1	12869	547008	56830	44339	214	9104	230	14.89	57.5807	25.86

第二节 渔业生产

养殖品种

全市鱼类品种主要有青鱼、草鱼、鳙鱼、鲢鱼、鲤鱼、鲫鱼、鳊鱼、团头鲂、鲴鱼、鳜鱼、马口鱼、黄颡鱼、鱼白鱼、刺鱼巴、忍子鱼、鱼感鱼、餐条、鲶鱼、乌鱼、泥鳅、黄鳝、鳗鲡等。其他水生经济动物有大鲵、甲鱼、蟹虾、棘胸蛙、螺蚌等。另外陆续从省内外引进三角帆蚌、褶纹蚌、福寿螺、东北银鲫、荷源鲤、尼罗罗非鱼、莫桑比克罗非鱼、吴郭鱼、湘云鲫、白鲫、散鳞镜鲤、淡水白鲳、三角帆蚌、彭泽鲫、百花鲫、兴国红鲤、荷包鲤、罗氏沼虾、克氏螯虾、欧鳗、美国大口胭脂鱼、斑点叉尾鱼回、云斑鱼回、池碟蚌、革胡子鲶、彩虹鲷、巴西鲷、加州鲈、七星花鲈、杂交太阳鲈、日本锦鲤、肉红鲫、欧洲丁鱼岁、匙吻鲟、古巴牛蛙、美国青蛙等几十个水产品种。

1986—2010 年，景德镇市水产养殖品种由养殖青鱼、草鱼、鲢鱼、鳙鱼“四大家鱼”，鲤鱼、鲫鱼、鳊鱼等常规品种，转为以常规为主，调整养殖品种结构，引进优质新品种，提高优质水产品的比重。在大宗常规品种稳步增长的同时，以“江西三红一鲫”为主的名特优水产品产量快速增长。主要品种有婺源荷包红鲤、兴国红鲤、万安红鲤、彭泽鲫、中华绒螯蟹、珍珠、鳜鱼、黄颡鱼、鲶鱼、乌鱼、鳗鲡、黄鳝、湘云鲫、池碟蚌、罗氏沼虾、克氏原螯虾、美国大口胭脂鱼、斑点叉尾鱼回、云斑鱼回、革胡子鲶、彩虹鲷、巴西鲷、加州鲈、七星花鲈、杂交太阳鲈、美国黄金鲈、日本锦鲤、甲鱼、肉红鲫、刺鱼巴、欧洲丁鱼岁、匙吻鲟、棘胸蛙、古巴牛蛙、美国青蛙等。

表 17-5-2　　2000 年景德镇市鱼类一览表

序号	中文名	序号	中文名	序号	中文名
1	短颌鲚	24	黄尾鲴	47	吻鮈
2	鲚	25	细鳞鲴	48	蛇鮈
3	青鱼	26	高体鳑鲏	79	光唇蛇鮈
4	草鱼	27	兴凯刺鳑鲏	50	似刺鳊鮈
5	鳤	28	彩副鱊	51	花鱼骨
6	赤眼鳟	29	无须鱊	52	唇鱼骨
7	鳡鱼	30	长身鱊	53	光唇鱼
8	鯮鱼	31	中华倒刺鲃	54	侧条光唇鱼
9	宽鳍鱲	32	光倒刺鲃	55	半刺光唇鱼
10	马口鱼	33	宜昌鳅鮀	56	带半刺光唇鱼
11	飘鱼	34	鳙	57	花鳅
12	寡鳞飘鱼	35	鲢	58	大斑鳅
13	三角鲂	36	鲤	59	花斑副沙鳅
14	鲂	37	鲫	60	点面副沙鳅
15	团头鲂	38	麦穗鱼	61	泥鳅
16	翘嘴鲌	39	华鳈	62	长吻鮠
17	蒙古红鲌	40	江西鳈	63	大鳍鳠
18	青梢红鲌	41	黑鳍鳈	64	黄颡鱼
19	红鳍原鲌	42	短须颌须鮈	65	江黄颡鱼
20	鳊	43	银鮈	66	岔尾黄颡鱼
21	大眼华鳊	44	铜鱼	67	鲇
22	银鲴	45	棒花鱼	68	胡子鲶
23	似鳊	46	福建棒花鱼	69	鳗鲡

经营管理

技术推广　1986—2010 年,市农业局不断普及科学养殖知识,提高养殖者技术水平,推广池塘高密度精养、水库立体综合养殖,单位面积产出增加,优质鱼所占的比重增长较快。

1986 年,全市水产专业科技人员 11 人,其中水产工程师 1 人、助理工程师 2 人、技术员 8 人。1992 年,从江苏、浙江引进资金 60 多万元,在乐平市众埠镇、乐平市水产场和浮梁县鹅湖镇开展河蟹、珍珠养殖。1995 年,乐平共产主义水库引进加拿大华人投资网箱养殖,单产达 14822 千克。1996 年,浮梁县寿安镇引进福建省福清一家鳗业公司联营共建养鳗场。至 2000 年,先后实施池塘养鱼丰产示范、淡水白鲳夏花养殖成鱼试验、百花鲫推广示范、罗氏沼虾养殖推广、美国大口胭脂鱼引进试养、引进彩虹鲷示范养殖、引进巴西鲷示范养殖、引进杂交太阳鲈示范养殖、引进日本锦鲤示范养殖、日本锦鲤养殖推广、循环水高密度养殖、引进肉红鲫示范养殖、肉红鲫养殖示范推广、黄鳝养殖技术探讨、鳜鱼水库套养等省市级课题项目。2001 年，浙江客商投资 80 余万元，在乐平镇桥镇古塘湖水产养殖场养殖珍珠。福建客商投资 30 万元在民兵水库 60 只网箱养殖七星花鲈、加州鲈。

2002 年，韩国客商在浮梁县浮梁镇投资成立浮梁天惠食品有限公司，注册资金 10 万美元。全年出口韩国螺蛳肉 120 吨，创汇 55.2 万美元。2003 年，追加注册资金 19 万美元，出口螺蛳肉 191 吨。2005 年，上海客商在浮梁县经公桥镇投资成立威龙特种养殖公司，利用河沟养殖螃蟹，养殖面积达 27.33 公顷。2006 年，江西夏石高科有限公司在市现代农业示范园的 4 口长 85 米、宽 4 米，总面积为 1360 平方米，平均水深 1.3 米水泥池中进行循环水高密度养殖，养殖品种有革胡子鲶、彩虹鲷、斑点叉尾鮰和奥尼罗非鱼 4 个品种。经过 7 个月左右饲养，共收获成鱼 63002 千克，其中奥尼罗非鱼 502 千克、彩虹鲷 4000 千克、革胡子鲶 49000 千克、斑点叉尾鮰 9500 千克，平均亩产 31501 千克。实现产值 75.6 万元，平均亩产值 37.06 万元，每平方米利润 136.76 元。至 2010 年，浙江客商在玉田水库、共青水库投资养殖，江西宜丰人投资月亮湖水产养殖。陆续出现许多当地企业、个人投资的以渔业为主，集采摘、垂钓、休闲、餐饮为一体的农庄，为水产业的发展提供资金保障。当年，全市有高级水产工程师 4 人、水产工程师 6 人、助理工程师 17 人、技术员 38 人。各级水产推广机构 36 个，编制 46 人。

喂养模式　1986—2000 年，主要是种草养鱼、肥水养鱼等传统养殖模式，草以苏丹草、黑麦草为主，还有少量的橡草、玉米草等。肥水主要是用农家肥、生活污水和屠宰场的下脚料及污水。有部分水面投喂菜籽饼、米糠、豆渣等。1986 年，水库平均单产只有 18 千克。90 年代中期，开始投喂人工配合饲料。2000 年，水库平均单产增加到 77 千克。2001 年之后，优质全价人工配合饲料的推广，养殖单产提高。尤其是小型水库实行精养，产量大幅增长，单产连续提高。至 2010 年，水库平均单产增加到 191 千克。池塘平均单产由 1986 年的 129 千克增加到 2010 年的 403 千克。全价人工配合饲料成为养殖户的首选饲料，全市投喂量在 5000 吨左右，并处在增长趋势。

管理与扶持　1986 年开始，实施家庭联产承包责任制、养殖水面经营权与所有权分离、渔业机械财政补助、燃油补助等一系列的优惠政策。2004 年，景德镇市发放养殖证 28 本，面积 1573.33 公顷。2006 年，首次发放燃油补助 19.944 万元，惠及渔民 206 人，渔船 217 艘（2604 马力），渔业企业 12 家（1810 马力）。同年，市政府下发《关于印发〈景德镇市 2005—2015 年养殖水域规划〉的通知》，总体规划水域面积 10866.67 公顷，分为已养区、临时养殖区和待开发养殖区，水产业管理制度得到加强和完善。

2007 年，共发 459 本养殖水面使用证，发证面积为 5197.8 公顷，占可发证水面的 93%。发放燃油补助 11.58 万元，惠及渔民 219 人，渔船 219 艘（1896 马力），渔业企业 4 家（1088 马力）。同年，成功申报景德镇昌江刺鱼巴、马口鱼等重要经济鱼类种质资源保护区成为省级保护区，保护昌江鱼类资源。2008 年，发放燃油补助 35.47 万元，惠及渔民 266 人，渔船 267 艘（2328 马力），渔业企业 7 家（1056 马力）。2009 年，发放燃油补助 55.35 万元，惠及渔船 239 艘（2692 千瓦），渔业企业 4 家。2010 年，发放燃油补助达 161.91 万元，惠及渔业企业 4 家，渔船 257 艘（2591 千瓦），其中捕捞渔船 161 艘（1730.54 千瓦）、养殖渔船 96 艘（860.71 千瓦）。调动养殖户的生产投入积极性。

面积与产量

1986—2010 年，全市水产业养殖水面扩大，养殖产量增长，养殖队伍壮大，养殖品种改善，名优特水产品在水产品总量中的比重提高，渔业经济总产值大幅增长。1992 年，乐平市水产品总产量破 5000 吨关，跨入全国渔业生产重点县（市）行列。1993 年，特种水产品产量统计单列，全年产量仅有 355 吨。1996 年，水产品总产量达 10001 吨。1997 年，特种水产品产量增长到 1079 吨。

2010 年，特种水产品产量为 6891 吨，平均年增幅为 102.48%。全市利用养殖水面 104195 亩，水产品总产量为 27910 吨，与 1986 年相较，养殖面积扩大 1332 公顷，水产品总产量增加了 23946 吨。可养水面利用率由 1986 年的 77.97% 提高到 2010 年的 96.48%，平均每年提高 0.74 个百分点。水产品总产量增幅达 604.09%，平均年增 24.16%。水产业成为农业增效、渔农增收的支柱产业。

表 17-5-3　　1986—2010 年景德镇市养殖面积及水产品产量情况统计表

年度	养殖面积(亩)				水产品产量(吨)		
	合计	池塘	水库	河沟	合计	养殖	捕捞
1986	84208	12780	67272	4156	3981	3325	656
1987	84245	13939	66852	3454	4250	3458	792
1988	83863	13677	66326	3860	4695	3881	814
1989	84986	13722	67416	3848	4711	3852	859
1990	85029	13954	67345	3730	5081	4158	923
1991	85549	14072	67607	3870	5556	4742	814
1992	86015	14318	67827	3870	6227	5321	906
1993	87352	15234	68313	3805	7390	6107	1283
1994	91740	17180	70620	3940	8799	7504	1295
1995	92748	17644	71156	3948	10763	8981	1782
1996	94058	18817	71283	3958	12681	10354	2327
1997	98597	18856	75683	4058	13318	10878	2440
1998	96554	19018	73492	4044	12773	9458	3315
1999	96714	19098	73572	4044	13291	10827	2464
2000	96681	19103	73573	4005	14147	11929	2218
2001	96842	19099	73573	4170	15011	12781	2230
2002	96974	19208	73573	4193	15602	13216	2386
2003	97646	19360	73573	4713	15294	13105	2189
2004	97760	19360	73573	4827	17119	14986	2133
2005	97767	19029	73773	4965	17312	15144	2168
2006	97520	19044	73322	5154	18409	16190	2219
2007	97573	19097	73322	5154	20551	17736	2815
2008	100343	19647	75422	5274	26548	23637	2911
2009	100553	20932	75422	4199	26600	23701	2899
2010	104195	20047	79949	4199	27910	24316	3594

鱼苗繁殖

1986 年,景德镇苗种繁殖场有市水产养殖场、玉田水库、乐平县水产场、乐平县马家良种场、乐平县共产主义水库 5 家国营和乐平县历崌山乡大坑水产场、乐平县洪岩乡夏家坞水产场、乐平县临港乡红旗水库水产场、乐平县镇桥共青水库水产场、浮梁县经公桥鱼种场、昌江区竟成镇良种场、昌江区青塘温流水繁殖场 7 家集体,共 12 家鱼苗繁殖场。至 2010 年,只留下规模大、基础设施好、技术力量强的乐平市水产良种养殖场、玉田水库和共产主义水库养殖公司 3 家国营人工繁殖场。

玉田水库具有年繁鱼苗 16000 万尾的能力,2006 年成功开展鳜鱼人工繁殖和开展匙吻鲟的人工繁殖试验。乐平市水产良种养殖场有池塘 8.67 公顷,建有较完善的孵化设施,有草、鲢、鳙等长江亲鱼种 300 余组,年可繁殖各类水花鱼苗28000万尾。2009年,乐平市共产主义水库养殖公司四大家鱼良种繁殖基地建设项目投入203.91万元进行改扩建,有池塘13.3公顷,有各种长江亲鱼种900组,年繁鱼苗能力可达8亿尾。另外,昌江区竟成镇青塘温流水繁殖场以越冬保种繁殖罗非鱼为主。2010年,全市生产淡水鱼苗11.1亿尾,其中罗非鱼0.08亿尾。生产各类淡水鱼种774吨,养殖投放鱼种3542吨。各繁殖场主要以人工繁殖白鲢、鳙鱼、草鱼为主。

表17-5-4　　**1989—2010年景德镇市水产苗种产量统计表**　　单位:万尾、吨

年份	鱼苗产量	鱼种产量	投放鱼种	年份	鱼苗产量	鱼种产量	投放鱼种
1989	12352	130	135	2000	10910	568	1506
1990	9775	143	138	2001	11600	452	1484
1991	9082	167	170	2002	14475	652	1488
1992	11805	186	192	2003	9800	517	1623
1993	11785	269	265	2004	11200	535	1932
1994	11109	291	336	2005	11600	580	1930
1995	12285	268	275	2006	17000	640	2098
1996	12692	698	822	2007	30000	639	2361
1997	14940	725	1436	2008	65500	790	3257
1998	10190	604	1258	2009	90000	777	3350
1999	11410	512	1383	2010	111000	774	3542

第三节　蜜蜂养殖

景德镇天然蜜源植物丰富,四季有花期供蜂采蜜,2—11月可供采蜜的植物依次有油菜花、紫云英花、乌桕花、柑橘花、枣花、荆条花、盐肤木花、荞麦花、野桂花等。景德镇市农村有养蜂的传统,多以山区农民家庭养殖为主。1985年,全市养蜂5075箱,蜂蜜产量79.2吨。1986年市养蜂协会成立,推动养蜂业发展。专业养蜂主要集中在乐平市镇桥镇、后港镇和塔山街道,蜜蜂的品种为中华蜂和意大利蜂,农户散养的多为中华蜂,专业和规模养殖的蜜蜂多为意大利蜂,群体大、留蜜多、经济效益高。每群200~400箱,采取追蜜源花期的方式养殖,早春由当地出发,追随油菜花期向北方移动,秋凉后逆方向返回当地越冬。

散养户多销往周边城市,专业和规模养殖合作社则大多与企业签订购销合同,销往其他省份。2007年,乐平市成立思红蜂业养殖合作社,集生产、加工、销售为一体,所产蜂蜜经加工后远销海外。2009年,合作社被省农业厅授予先进合作社称号。2010年,全市养蜂12869箱,蜂蜜产量230吨。

第四节　饲料与防疫

饲料草料生产

饲料、饲草是发展畜牧业的物质基础。景德镇有较多的草山草坡,可供牛、羊食用的牧草品种繁多,一年可放牧10个月。饲料的加工利用和农户养殖多以糠、蔬菜的下脚料及薯藤、南瓜及采集野草煮熟喂养。1986年以后,全市推广利用配合饲料养猪、养鸡,规模稍大的养猪场和粮食部门的饲料加工厂都备有饲料粉

碎机械。食用油制品加工的副产品——菜籽饼、棉籽饼、糠饼被用于养畜的蛋白类饲料。粉碎后的玉米、稻谷及饼类饲料加上微量元素等预混料,搅拌后直接喂养畜禽。同时,引进推广水浮莲、革命草和水葫芦等水生植物作饲料,引进种植白玉叶、聚合草、黑麦草和墨西哥玉米等优良牧草作为兔、羊的饲料。

同年,市饲料公司改造提升为万吨饲料加工厂投产,成为赣东北地区较早的配合饲料加工企业。1993年,全市推广宝丰牌"871"猪用浓缩料750多吨,推广面达到30%以上,缩短猪的育肥期,提高出栏率。该项目获江西省农业厅1992年度实施"星火计划"先进集体二等奖。猪浓缩料、预混料和添加剂的应用,促进各养猪场饲料的加工利用,降低养殖成本。1996年,福建客商在昌江区石岭村建起星洲饲料加工厂,年产5000～10000吨。2001年,市饲料公司改制,组建景德镇昌大饲料公司。2009年,投资2000万元建设新厂,拥有两条生产线,生产能力提升为年产12万吨。至2010年,全市两家饲料企业生产的饲料品种由原来以猪饲料为主到猪、鸡、鸭、鱼饲料一起生产。同时又根据牲畜不同的饲养阶段生产大、中、小猪(鸡)饲料和种畜(禽)饲料以及用于防疫的药物添加型饲料等,品种齐全。

疫病防治

动物疫病尤其是人畜共患病,是疫病防治的重点。1986—2004年,牛病日本血吸虫在景德镇呈点状分布,全市每年组织专业队深入流行区开展"两查治、一预防"工作,在春秋两季查治病、查灭螺,洪水期开展预防工作。1991—1992年,景德镇动物疫病如猪源传染性胃肠炎、弓形体病、仔猪副伤寒、喘气病等地方性散发流行。鸡流行疫病新城疫、禽霍乱流行;鸭瘟、鸡球虫病、雏鸡白痢、鸡腔上囊病时有发生。全市采取疫苗突击注射和常年补针相结合的方法,效果大为提高。猪瘟注射密度为95%,同时在疫点区、乡(镇)注射猪肺疫、猪丹毒、链球菌等。

1993年,全市发动畜牧兽医人员开展畜禽防疫注射工作,猪瘟疫苗注射率达99.2%,鸡新城疫苗接种率为88%。同时针对性地注射丹肺二联苗、仔猪副伤寒、牛出败、禽出败和鸭瘟等疫苗,危害畜禽生产的常见疫病基本得到控制。同时,畜牧兽医站执行《家畜家禽防疫条例》,开展畜禽及其产品的产地、屠宰、运输、市场四大环节的检疫检验工作。全年共检疫生猪31.5万头、牛0.7万头、家禽5万羽。检出和处理病畜1632头;检验肉类8527.3吨,检验出和处理病、死畜肉3吨;消毒猪、牛皮12.2万张,车辆1695辆。

1998年1月1日,《中华人民共和国动物防疫法》实施,全市采取多种形式进行宣传,加强预防和控制。2000年,全市开展乡镇农村散养鸡的综合防治站试点工作,共有60个试点9100户参与,定期进行防疫、治疗和技术咨询,通过注射Ⅰ、Ⅱ系疫苗、法氏囊疫苗和禽出败苗25万羽/次,综合防治密度达90%,家禽死亡率控制在10%以内。2002年,在家畜血吸虫病原流区域浮梁县湘湖镇、昌江区鱼山镇开展普查,普查16个村民小组农户饲养的耕牛,其中水牛170头、黄牛35头,采取血纸205张,未查出阳性牛。

2003年10月,宣传《江西省动物防疫条例》,发放条例单行本400本、宣传单2000多份,开展咨询活动6场。2004年上半年,全市爆发高致病性禽流感疫情,市农业局成立防治疫情指挥部办公室,组织100多人免疫家禽140万羽,设立22个消毒站,对外来和途经景市运送家禽车辆一律消毒,对到景德镇市出售的一律按规定留观。全市高致病性禽流感的扩散和蔓延得到控制。

2005年,景德镇发生一例人感染人—猪链球菌疫病病例,市农业局及时上报疫情、采样送检,并对病人从江苏海安调入的两批生猪共101头的去向进行分头跟踪,未发现新的人感染病例,也未造成猪的链球菌病流行。2006年,印发《景德镇市突发动物疫情应急预案》,成立以分管副市长为指挥长的突发动物疫情应急指挥部,建立市、县、乡、村四级动物疫病监测网络,对全市养殖户进行登记造册,按照养殖规模进行分级监测,落实专人监控和报告电话,实行24小时值班制。组织100多人的队伍到农村、进农户、入养殖场对所有畜禽进行强制免疫,共接种猪口蹄疫疫苗240万毫升、牛羊口蹄疫疫苗35万毫升、禽流感疫苗2000万毫升。落实专人实行定点检疫,对进入市内的外来动物,实行准入管理,控制疫情源头。

2007年,市畜牧兽医局成立,全市畜牧兽医管理体制进一步完善,整合畜牧兽医行政执法机构,将家畜检疫站更名为动物卫生监督所,初步建立健全畜牧兽医行政管理、行政执法和技术支撑体系。全年组织400多名畜牧兽医人员进村入场进行强制注射,共免疫生猪67万头次、家禽491.8万羽次、牛羊15.7万头次,免疫密度达到100%,确保全市未发生重大动物疫情。至2010年,全市零星发生的动物疾病,主要有猪病毒性腹泻、猪副伤寒、猪喘气病、猪伪狂犬病、禽霍乱、鸭瘟和鸭浆膜炎、鸡传染性支气管炎和喉气管炎等。全市动物免疫率达到100%，有效地控制住牲畜口蹄疫疫情，猪高致病性蓝耳病的发生和蔓延，未发生高致病性禽流感和人感染禽流感等重大疫情。

全市鱼病防治贯彻"以防为主，无病早防，有病早治"的方针。1986—1996年，鱼病主要为青鱼、草鱼烂鳃、肠炎、赤皮"老三病"和出血病。随着养殖密度加大，养殖单产提高，新品种的引进，养殖鱼类疾病种类增多、水质污染加重、鱼类病情加重。1996—2010年，鲢鳙鱼爆发性出血病、败血病、肝胆综合病、鱼类应激性出血病、竖鳞病等发生率增加。鱼病防治手段由外泼药液杀菌消毒，发展到接种疫苗、用微生物制剂调节水质、外泼消毒、内服消炎药。

兽药经营与管理

1986—1991年，景德镇没有专营的兽药店，兽药经营主要是乡镇兽医站兽医和畜禽养殖场兽医直接到市医药公司和兽药生产厂家购买，市畜牧兽医行政部门基本没有参与管理。1992年，浮梁县农业局在石岭开办第一家兽药店，之后陆续出现几家兽药经营店。2004年，市畜牧兽医站开始对兽药管理，由于全市没有检测兽药设备，加上检测手段落后，只针对兽药的外包装、批准文号、生产日期进行监管，再送至省兽药饲料监督所进行进一步的检测，对发现的假劣兽药进行立案处理。2005—2010年，省兽药饲料监察所对全市兽药进行四次抽检。2009—2010年，农业部连续两年部署对全市兽药进行抽检。至2010年，全市共出动执法人员270余人次，查获不合格兽药63千克，货值0.7万元，查处并结案案件5起，规范兽药经营行为。全市共有兽药经营店25家，生产经营兽药情况总体良好。

第六章　农　垦

景德镇市农垦企业多处山区，土地总面积27334.72公顷，其中耕地面积1167公顷，农作物播种面积2757.1公顷。全市共有14个垦殖场和2个农垦农工商公司，总户数11681户，人口38938人，其中在岗职工13561人，其他从业人员2867人。农垦干部职工努力克服诸多困难，推动垦区经济发展。1999—2002年，农垦企业先后改制为村委会体制，职工承包山场、田地，成为村民，同时享受社保。至2010年，农作物总产量23531.3吨，农业机械总动力1958千瓦，工农业总产值187550万元，其中农业产值14492万元，工业产值173058万元，全员劳动生产率144793元/人·年。

第一节　农垦企业

景德镇市大岭垦殖场

1986年，市国营大岭综合垦殖场为独立核算的国营农垦企业和市林科所两块牌子一套人马，归口市农垦局（市林业局）领导。下半年，与市林科所分开，单独成立市国营大岭垦殖场，下辖1个农业分场、3个生产队。1998年，垦殖场开办手工制砖制瓦厂、石灰厂及石灰膏厂，兴办硅酸盐制品厂（砂砖厂）、红砖厂。1999年，农垦系统改制，农垦企业陆续关停，设备出让后，场地出租。2009年迁址新建，办公地点在景瑶公路左侧原大岭石灰厂，占地约1公顷。

垦区内野生动物有119种，白颈长尾雉、穿山甲、白鹇、猫头鹰、勺鸡等属国家重点保护动物。2010年，全场居民316户1100人，职工265人。土地总面积约1000公顷，以林地居多，林地大部分被枫树山林场和林科所使用，大岭垦殖场林地使用面积约133.33公顷，水田46.67公顷，旱地6.67公顷，水面约6.67公顷。

乐平市文山垦殖场

位于乐平、弋阳、万县三县（市）交界处，垦殖场土地总面积2247公顷，其中人工杉木林1000公顷，毛竹林200公顷,油茶面积近33.33公顷,果业林40公顷,水田面积58.53公顷,石荒山近533.33公顷,自然林66.67公顷。二十世纪八九十年代,每年上缴国家农林特产税19.6万元,上缴总场管理费20万元。至90年代中期,农场体制改革,通过租赁、拍卖的形式,将山发包给职工管理。2001年12月,文山乡、文山垦殖场一同撤并到众埠镇,一块牌子两套人马。2010年,全场总户数4808户,人口18151人(人口户数含原垦殖场管辖的8个村委会在内),职工434人。

乐平市十里岗垦殖场

位于乐平市东南,处乐平、德兴、弋阳三地交会点。境域东西宽约12千米,南北长约17千米。赣东北革命根据地之一,境内篁坞方志敏旧居被列为全省第二批爱国主义教育基地。下辖8个村民委员会、1个居委会、5个农垦分场,共37个自然村。总场驻地南港居委会,总建筑面积为0.26平方千米,户数568户,人口1988人。境内水资源丰实,长乐水从德兴市张村乡入境,由东向西流往洺口镇,全程15.3千米,水面宽度20~110米不等。各类山塘水库达98座,其中小(二)型以上水库17座,水电站1座,主干渠2条。境内交通便利,自然村基本实现水泥路村村通,道路硬化率达100%以上。境内蕴藏丰富的瓷土、锰石等矿产资源。土壤以红壤、沙壤土为主,适宜种植水稻、玉米、蔬菜、豆类等粮食作物以及杨梅、桃李、柑橘等经济林果。农业以粮食、蔬菜、油茶、生猪生产为主;工业以水电、机砖、竹木加工、粮食加工为主;土特产品丰富,毛蔗糖、南瓜饯、谷酒、茶油等农副产品远近闻名。2006年,小城镇建设起步,建成计生服务大楼、司法所大楼、便民服务中心和中学、中心小学综合教学楼(已移交当地政府),完成南港商贸楼、农贸市场、东东大型超市、中心卫生院门诊大楼(已移交当地政府)、光荣敬老院、综合文化大楼以及南港自来水厂、南港垃圾处理场建设。个体工商户快速发展,集镇个体工商户发展到201户,从业人员500多人。是当地及邻边的政治、经济、文化中心。

2010年年底,全场居民4779户195025人(其中非农业人口2368人),农垦正式职工714人,职工人均纯收入10136元。有耕地面积1440.27公顷,其中水田1390公顷,旱地50.27公顷。山林面积5266.7公顷,森林覆盖率63.5%,其中公益林2939.4公顷、退耕还林142.67公顷。

乐平市梅岩垦殖场

位于乐平市城区东郊,东邻浯口、南靠接渡、西至后港、北连双田。下辖王家、岗头2个村委会,金鹅山分场、三百分分场、虎山下分场、茶场、老山队及农科所等6个农业单位,1个梅岩养猪场,8个工业企业单位(石灰厂、综合加工厂、农机厂、电管站、煤矿、建筑公司、机砖厂、手套厂)。1986—1998年,全场开展农田基本建设,兴修水利,改善生产条件,以营造经济林为主,发展粮食和经济作物以及畜牧业生产,形成杉木、油桐林、茶叶、水果生长基地,成为全县西瓜、花生的主要产地。生产的劳保手套出口泰国、新加坡等国家和销往中国香港地区。至2010年,有耕地面积354.13公顷,其中水田265.27公顷、旱地77.4公顷。除电管站移交政府外,其余7个工业企业因经营不善相继倒闭停产,部分厂房转由私人租赁经营。居民共2300户,总人口7100人。国民生产总值8.8亿元,财政总收入1731万元,工业总产值6.5亿元,固定资产投入13.7亿元,农业总产值1.98亿元,农民人均纯收入6893元。2011年11月,撤销金鹅山乡政府,成立乐平市农业高新科技示范园区,实行两块牌子一套人马。

乐平市科山垦殖场

位于乐平市东北部,与涌山镇、双田镇、塔前镇及浮梁县的寿安镇、昌江区的荷塘垦殖场接壤。面积37公顷,辖界首、吴乐、蓝桥、上徐、里冲、陈家等村委会及科山分场、月山分场、中篷农机厂、科山煤矿等。辖区内盛产木材、毛竹,有丰富的煤炭、石灰石、大理石、菊花石、陶粒岩、高岭土及温泉等天然矿藏。1986年,居民1757户7559人,职工730人。耕地面积278.27公顷、山林面积1868.93公顷、养殖水面24.27公顷。场办中学1所、中心小学3所、教学点5处。

2001年11月,垦殖场与塔前镇合并,一套人马、两块牌子,总场部在塔前村。合并后有102个自然村,9712户4.1万人,辖15个村委会、1个居委会、1个分场(科山分场与月山分场及中篷农机厂合并为科山分场)。耕地面积达1640公顷,养殖水面达158公顷,山林面积达7333.33公顷,森林覆盖率达75%。2009—

2010 年，开展招商引资工作，打造乐平市工业园塔前工业小区。

乐平市历崌山垦殖场

位于乐平市东北部，总场驻地小坑村，距乐平市城区 46 千米。东北角与婺源县交界，西南与临港、高家镇为邻，东南与洪岩镇接壤，西北与共库管理局毗连。属丘陵地区，境内有乐平市海拔最高山峰——历崌寺(789.2 米)。是乐平市重要的林业基地，有耕地面积 856.53 公顷，林地面积 7395.87 公顷，茶园和果园面积 333.33 公顷，水域面积 66.67 公顷。辖 5 个村委会和 6 个全民分场，有 65 个自然村。

垦殖场列为长江生态林建设保护区，拥有众多的红豆杉、古樟、千年银杏，罗汉松等古树名木。聚集项家庄古戏台、小庐山美称的避暑胜地——历居寺等旅游资源。场境内天然资源丰富，蕴藏大量的花岗岩、大理石、高岭土、温泉、矿泉水等天然资源，森林覆盖率达 76%。盛产优质大米、水果及毛竹、木材。阳山岗的毛竹、杉木、干笋，甘村的花卉苗木，林科所的杨梅、蓝莓，小坑村的椪柑，茶场的茶叶、油茶等，基本形成一村一品特色。1986 年，属乡场合一单位。2001 年 12 月，撤销历崌山乡，划归洪岩镇。2010 年共有 3862 户 13162 人，设 1 所初级中学和 3 所中心完小、3 个教学网点。

乐平市红岩垦殖场

位于乐平市东北部，以境内红岩村取名，总场驻地岩前村，距乐平市城区 38 千米，属丘陵地区，有耕地面积 292 公顷、林地面积 2133.33 公顷、果园面积 133.33 公顷、水域面积 33.33 公顷。红岩综合垦殖场境内自然资源丰富，蕴藏大量的石灰石、大理石、高岭土、温泉、矿泉水等，森林覆盖率达 75%。有景德镇市十佳景点、省级森林公园和省级地质公园、国家 AAAA 级旅游景区——洪源仙境。

1983 年称洪岩乡，1997 年撤乡建镇，属镇场合一单位。2010 年，总住户 1322 户，总人口 5265 人。下辖 29 个自然村，有 2 所完全小学和 1 所卫生院。

乐平市凤凰山垦殖场

位于乐平市境东南腹地，全场耕地 1266.67 公顷，山林面积 3733.33 公顷，森林覆盖率达65%，是省级生态乡。境内水系发达，乐安河自东向西穿境而过，省虎山水文站坐落在倪坞分场石里村。矿产资源丰富，主要为石英砂，地质储量近亿吨，可采量 6000 万吨。垦殖场有风景秀美的阳台山庄、宋元史学家马端临墓、明朝开国皇帝朱元璋避难的龙亭庵山庙及韩家古村落、倪坞石里村的黔宁王沐英(明太祖朱元璋义子)故里。土特产主要有鸬鹚埠、程新等村的萝卜丝、蔗糖等。粮食作物以水稻为主，主要经济作物有棉花、花生、蔬菜、芝麻，畜牧业以生猪、牛、家禽为主。

1986 年称鸬鹚乡，是乡场合一单位。2010 年下辖 10 个行政村和 2 个分场，共 62 个村民小组。辖区总人口 24068 人，非农业人口 3673 人。

浮梁县臧湾垦殖场

臧湾垦殖场位于浮梁县东北部，驻地臧湾村距市区 27 千米。土地总面积 2082 公顷，其中水田面积 139.13 公顷，林地面积 1858.47 公顷(其中果园 116 公顷、茶园 438.33 公顷)。1986 年称臧湾乡。1988 年 4 月，臧湾乡、臧湾垦殖场分设，1998 年 9 月合并，为正科级单位。臧湾垦殖场下设寒溪分场、茶叶分场、马墩口林场、胜利林场四个农林茶单位，茶叶精制厂、纺织器材厂、农建公司、农垦汽车修配厂、浮梁制药厂、化工厂、电器开关厂、竹木制品厂等 8 家工业企业。1999 年，臧湾垦殖场进行改制，农林茶单位部分过渡到集体所有制、国有集体两种体制并存，工业企业实行个人风险租赁制或拍卖改革。乡场机关实行合一运作管理体制，进行机关事业单位人员分流，竞争上岗。12 名企业聘干身份人员，机关留用 4 人。

2000 年 11 月，寒溪分场、胜利林场、茶叶分场和马墩口林场经村民分别选举改制成寒溪村委会、胜利村委会和狮子园村委会。2003 年 9 月，胜利村委会并入施家村村委会，狮子园村委会马墩口组并入古铜桥村委会，其余村小组并入寒溪村委会。2003—2004 年，垦殖场职工享受社保和垦殖场职工及家属“农转非”，564 户 1966 人办理“农转非”。2006 年，免除职工承担的土地承包管理费，实现职工合同内零负担。2007 年，3 个小学教学点的 10 名教师和财产整体移交地方政府教育部门。臧湾垦殖场职工医院和 3 个基层卫生所的 8 名职工(其中退休 4 人)，实行自负盈亏方式经营(移交给当地政府)。2010 年，总人口 3075 人，职工

1344 人,全场总资产 2037 万元。

浮梁县万寿山垦殖场

1984 年,由万寿山垦殖场分设成立蛟潭乡(后改为蛟潭镇)。1999 年,场镇合一,垦殖场并入蛟潭镇,实行党政企一套班子,两块牌子。总场下属有金家门分场、湖里分场、万寿寺林场、万寿山建筑公司、工业园区(由 5 家工业企业合并)、场部等 6 个运行单位。同年,景安火柴厂、万寿山木制厂、模具厂、纸箱厂、茶厂、农药厂、车木厂、香菇厂等工业企业相继停产,部分厂房转由私人租赁经营。

2010 年,全场总户数 1208 户,总人口 2918 人,其中职工 1201 人、机关干部 13 人、分场干部 20 人。土地总面积 1350. 87 公顷,其中耕地面积 190. 27 公顷(水田 47. 8 公顷、茶园 26. 8 公顷、荒坡荒地等 115. 67 公顷),山林面积 1160. 6 公顷(国家公益林)。全场资产总计 1957. 14 万元,其中固定资产净值 900. 17 万元(账面数);负债总计 2271. 66 万元,其中银行贷款 1649. 63 万元。

浮梁县九龙山垦殖场

九龙山垦殖场位于浮梁县北部山区,与安徽省祁门县接壤。是以上海知青为骨干力量,在浮梁县北部山区组建以茶叶为主,农、林、牧、渔综合发展的中型国营综合性农垦企业。与勒功乡合二为一的单位,下设 3 个分场,有新迪茶业有限公司、九龙水电有限公司和沧溪村。辖区山林面积 2640 公顷(其中国家公益林 1146. 67 公顷),水田面积 80 公顷,可摘茶园面积 346. 67 公顷,油茶面积 26. 67 公顷。九龙山垦殖场是景德镇地区红茶主要生产基地,尤其以工夫红茶为主,荣获农业部金质奖、江西省优质产品奖,是浮梁县出口创汇型企业。

2005 年,由原九龙山茶叶精制加工厂和初制厂改制重组为浮梁新迪茶业有限公司,公司厂房 1. 7 万平方米,年产量 1100 吨,产值 1000 万元。2007 年,垦殖场招商引资企业九龙水电有限公司建成发电,总投资 1600 万元,设计年发电量 486 万度。2010 年,全场总人口 2384 人,职工 1163 人。

浮梁县罗家垦殖场

位于景德镇市西北,距离市区和浮梁县城 4 千米。罗家垦殖场下设 3 个分场,17 个自然村,总人口 5989 人,辖区面积 1505 公顷。1987 年 2 月,罗家垦殖场与罗家桥乡合并,两块牌子一套人马。以种植茶叶稻谷为主,畜牧水产占有一定的比重。1996 年起,场办企业先后停产。2002 年 1 月,撤销罗家桥乡,合并到洪源镇,仍保留垦殖场的牌子,由洪源镇派出领导管理垦殖场。9 月,罗家垦殖场由洪源镇划到浮梁县工业园区。2004 年 1 月,划入景德镇陶瓷工业园区。2007 年 2 月,陶瓷工业园区决定恢复垦殖场机构,配备领导班子。

2009 年 11 月,设立罗家桥乡,管辖罗家桥乡和垦殖场的 3 个分场和 1 个工业单位。辖区内有村级小学 3 所、一贯制九年义务教育学校 1 所、卫生院 2 所、诊所 10 家及供电所、公安分局、交通运输队等均移交当地政府。

场辖区内有景德镇海畅法兰瓷有限公司、隆祥陶瓷有限公司、特地陶瓷有限公司等 47 家陶瓷企业,年产值 43 亿元。场内尚有部分农田、茶山,生产优质稻、茶叶、草莓、西瓜、蔬菜等。有“绿环”与“和谐”2 个养猪专业合作社,2010 年发展养猪专业户 67 家,每年出售 5000 多头肉猪。有养鸡场 1 个,每年出售 13 万多羽鸡鸭。

昌江区西郊垦殖场

位于昌江河西岸。1977 年,西郊垦殖场创建,是以种养业为主,工、商、贸服务业于一体的综合垦殖场。全场下属 3 个农业分场(园林分场、十八渡分场、旸府滩分场),土地面积 150 公顷,其中耕地 29. 28 公顷,水面 15. 33 公顷,林地 106. 13 公顷。总人口 2793 人,职工 1972 人(已全部参保)。场辖西郊中心小学、旸府滩小学,共有在校学生 216 人,教职工 27 人,均移交给当地政府。

2007 年 12 月 10 日,垦殖场改制,因驻地市新枫大道改称为新枫街道。2010 年,全场实现社会总产值 55000 万元,完成规模工业产值 7500 万元,完成固定投入 98500 万元,完成财政总收入 4200 万元,完成地方财政收入 3500 万元,完成招商引资 45600 万元,人均收入达 7587 万元。

昌江区荷塘垦殖场

位于景德镇市南郊，距市中心15千米，总面积6303公顷，耕地面积198.67公顷，其中基本农田面积177.47公顷。荷塘属乡场合一单位，两块牌子一套人马。

2000年，农垦企业改革，学校、医院由政府接管，全场基本农田承包给个人，发放土地承包经营权证书。2010年，垦殖场有村委会4个，山林面积4533.33公顷(其中2006年流转1133.33公顷，存在和邻乡有争议山林153.33公顷)，房产1200平方米，基本农田182公顷，总资产约760万元，总负债1626万元。总人口5066人，职工2593人。

市农垦农工商公司

1986年，隶属市林业局。1988年，因经营困难，由市林业公司托管，1991年，解除托管实行个人承包经营。1992年恢复集体经营，主业为招待所。2004年，因建设林业局办公大楼需要，招待所拆除。2010年，仅经营林业局办公大楼临街店面。

乐平市农垦农工商公司

1990年，乐平市农垦农工商公司成立。隶属乐平市林业局，成立之初有职工45人，下设林垦招待所、林垦舞厅、林垦酒店、东门门市部及林垦大楼临街店面。至2010年，仅经营自身临街办公大楼。

第二节　垦区建设

基础设施

1986—1991年，各垦区住户大部分自挖水井，解决饮水问题。1992年后，职工集中居住区建设自来水，分散户自掘水井，由总场资助其挖井费用。2005年以前，电网建设一直由各垦殖场负责管理、改造、维护。2005年农网改造以后，电网转由供电公司负责分户供电，场域企业用电得到保障。至2010年，各垦殖场邮政电信方便，城郊公共交通便利，排水、供电、供水等生活设施齐全，道路硬化，园林绿化率提升。

农业产业化

1986—2003年，垦区先后开发洪源仙境、铁井飞泉、文山石林、历崌寺避暑山庄等景点，完善交通住宿、餐饮等基础建设，旅游人数增加，旅游收入增长。2008年，垦区旅游收入达1500万元。2006—2010年，乐平市亨得利米业有限责任公司采取“公司+合作社+农户”，建立粮食标准化生产基地729.47公顷，与农户签订粮食收购合同1万多份，辐射带动9079户农民发展粮食生产，直接为农民增加收入3492万元。江西乐平绿健果业协会利用山区丰富的农业生产资源和生态旅游资源，通过实行“公司+合作社+农户”的生产经营管理模式，融合旅游观光和农产品生产、销售、加工等多项功能，打造集生态游、观光游、休闲度假于一体的现代农业示范园区，形成一批农业龙头企业。

梅岩养猪场　位于乐平梅岩垦殖场。2001年进行改制，实现承包制。2009年，通过产权置换，吸收民间资本，发展成为乐平市金园牧业有限公司。年出栏商品猪9万头，成为江西省龙头企业、国家生猪活体储备基地。2006年，成立乐平市畜禽养殖协会，公司董事长担任会长，吸纳全市620余户畜禽养殖户加入协会。

浮梁县新佳茶场　臧湾垦殖场的骨干企业。是浮瑶仙芝茶叶有限公司的茶叶生产加工基地，年生产能力达5500吨。为省级无公害茶叶示范基地、全国农垦首批农产品质量追溯企业之一。

景德镇市双龙湾生态园　位于浮梁县臧湾乡古铜桥，面积153.33公顷，由天然次生林，湿地松林、竹林、果园、茶园、花卉苗圃地、旱地、河滩组成，其中果树品种有樱桃、枇杷、杨梅、柿、桃、李、梨、枣等20几个品种。栽有南方红豆杉、银杏、竹柏、罗汉松、五针松等许多珍贵品种，具有自然山水风貌和秀美的田园风光，是集旅游、休闲、餐饮、养殖、农家乐为一体的现代农业综合开发项目。2006年规划，2010年基本建成开业。

景德镇市昊源牧业有限公司　位于浮梁县臧湾。2009年6月创建，12月建成投产，主营生猪养殖，占地面积9.73公顷。2010年出栏16000头，存栏5000头，是景德镇的龙头养殖企业。

垦区新农村建设

2007—2008年,市农垦单位以省农垦新农村建设试点村梅岩芦家为示范点,带动全市垦区各分场的新农村建设。2007年,省农垦办将万寿山场湖里分场林家坑组列入新农村建设点,投资7万元(含总场配套1万元),硬化村内道路1080米、种植绿化树木60株。2008年3月,省农垦办将大岭村大岭队列入新农村建设试点单位,投资13万元改造38户,进行村容村貌整治,安装路灯,道路硬化和绿化。2010年,全市农垦新农村建设点的村容村貌普遍得到改善。

工业园区建设

1992年,国营602厂搬迁,万寿山垦殖场有偿接管整个602厂的房屋及水电设施,经规划并投入150万元维修,大部分工业生产单位搬入原602厂厂区,形成垦殖场工业园区。2009年,梅岩垦殖场创建乐平市金山工业区,平整土地288.4公顷,兴建15千米的商业街道,引进56家工业企业。科山综合垦殖场,依托丰富的矿产资源,有以石灰石、高岭土、红壤土等为原材料的生产企业36家,有以家具制造、交通运输为主导的个体企业220家,其中规模以上的企业3家。2010年,罗家垦殖场场区成立浮梁县工业园区,共引进陶瓷生产企业57家,年生产总值达110亿元。

第七章　服务与管理

景德镇市农牧渔业局开展农业服务与管理,主要包括农技服务、农机服务、项目管理、经营管理、质量管理、市场体系建设和农业综合开发。农业技术示范推广紧紧围绕粮油增产、农民增收两大主题,实施农业新技术培训,实验试种,实现农业生产稳步增产。进入21世纪,着力培育壮大龙头企业,推进农业产业化经营。紧紧围绕以乐平蔬菜为重点的"江南菜乡"建设、以浮梁茶叶为重点的"绿色经济"建设和以昌江区发展养殖业为重点的主导产业,基本形成"南菜北茶郊特色"的农业发展格局。

第一节　种植业技术服务

服务体系改革

1986年,全市农村设有乡镇农技站、植保站、经营管理站、农机站、兽医站等农业管理服务机构。到90年代,逐渐弱化或撤销,农技人员转岗或流失。县一级保留有农技服务机构。

2009年,浮梁县作为国家级示范县启动基层农技推广体系改革与建设试点。2010年,按照"整合资源、综合建站,统一协调、分块运作,'三权'归县、财政保障,双重管理、以县为主"的32字方针,在全市各县(市、区)全面铺开。各地按照"统一规划、统一标志、统一服务窗口"的要求,以乡镇为单位,将原有的农技、畜牧兽医、农机、水产等站整合为乡镇农技推广综合站,合理配置农业技术推广资源,实行"五站合一"、集中办公、"一站式"服务。改革后,各县(市、区)建立乡(镇)、村、示范户三级服务网络和基层农技人员包村联户的工作责任制,逐步形成农技人员抓示范基地、示范基地联动示范户、示范户辐射带动其他农户的技术推广机制和"科技人员到户、技术要领到人、良种良法到田"服务机制。

农技示范与推广

多效唑试验示范推广　多效唑(代号PP333)药剂是新型植物生长延缓剂,市农业技术推广站参与省多效唑农业应用协作组。1987年初次引进,主要应用在水稻晚杂壮秧,经过试验示范逐步应用在茄果、油菜、辣椒等作物上。1991年9月,多效唑在水稻生产上应用获农业部颁发的二等奖(景德镇市为第8位完成单位)。

水稻抛秧示范推广　1991年,市农业技术推广站从安徽农学院引进化控大苗抛秧技术。1991—1992年,在中、晚稻进行小面积化控大苗抛栽试验。1993—1995年,抛栽育秧方式由化控大苗抛栽发展到旱床育秧和塑盘育秧的中、小苗抛栽。1996年,水稻抛秧大面积示范推广成为省农业厅下达的农业(种植业)"丰收计划"和科技成果重点示范推广项目,景德镇市进入推广阶段。1998年和1999年,市政府开展水稻抛秧高产竞赛活动。1999年11月,获得全国农牧渔业丰收奖一等奖(景德镇市为第18位完成单位)。12月,获市科技进步奖二等奖。

早稻旱育秧及配套增产技术推广　1992年,引进以日本水稻专家原正市水稻旱育稀植技术为基础的南方水稻旱育高产栽培技术。1995年,全省大面积推广早稻旱育秧及配套增产技术项目。至1996年,全市大面积推广。1997年11月,获国农业部颁发的全国农牧渔业丰收奖一等奖(景德镇市为第9位完成单位)。1998年,获景德镇市科技进步奖二等奖。

水稻薄露灌溉技术推广　是国家科技成果重点推广计划的增产节水技术推广项目。1997年,景德镇市实施示范推广。1999年12月,获市科技进步一等奖。2000年12月,获农业部颁发的全国农牧渔业丰收奖三等奖(市农业技术推广站为第1位完成单位)。

综合配套集成技术示范工程推广　2006年,省农业厅决定实施"多用一斤种增收百斤粮"示范推广工程,以适当多用种子、增加基本苗,保证种植密度,实行良种良法相配套。2007年7月,全省"多用一斤种增收百斤粮"示范推广工程现场观摩会在景德镇市召开。2006—2010年,该示范推广面积71458.67公顷(其中早稻27336.33公顷、中稻30415.87公顷、晚稻13706.47公顷),早、中、晚稻平均单产430.849千克,比非项目区平均亩增20.29千克,共增产稻谷2175.10万千克。

超级稻高产栽培集成技术推广　2007年列入省科技厅科技成果推广项目。2008年列入市科技局科技成果推广项目。"十一五"期间,全市推广超级稻面积74381.87公顷(其中早稻9003.07公顷、中稻53413.47公顷、晚稻11965.33公顷),占水稻种植面积407911.33公顷的18.23%,早、中、晚稻平均单产469.02千克,比普通稻平均亩增37.217千克,共增产稻谷4152.36万千克。

轻简栽培技术推广　全市推广以水稻抛秧和机插秧为重点的轻简栽培技术,不仅减轻劳动强度,而且省工节本、省秧田,有利于农村劳动力转移,有利于专业化育秧、集约化生产及科技成果的转化应用。"十一五"期间,全市推广轻简栽培技术37934.67公顷(其中水稻抛秧14540公顷、水稻直播9166.67公顷、水稻机插秧14228公顷)。推广轻简栽培技术省工节本增收共计8510.4万元。

此外,景德镇农业局还承担国家、省、市科技部门及省农业部门下达的地膜覆盖栽培技术、中低产田综合改造技术示范、菜籽饼体内解毒剂—6107示范推广、避洪抗灾高产高效农业综合技术推广、景德镇市种植业结构调整模式示范、早稻旱育床土配肥试验示范推广、水稻旱育稀植技术规程编制和推广应用、水稻优良品种配套增产技术大面积推广、水稻强化栽培体系(SRI)的引进试验研究、两系法配套技术开发、早稻优质米品种引进及开发利用、巴西旱稻试种、油莎豆试种示范、撒直播技术示范推广、稻鸭共作技术示范推广、水稻免(少)耕栽培技术示范推广、粮油作物轻简栽培综合配套技术示范推广等一批试验示范推广项目,取得一批成果。

病虫测报

主要病虫害　水稻主要病虫害有纹枯病、稻瘟病、稻曲病、稻恶苗病、白叶枯病、病毒病、三化螟、二化螟、稻飞虱、稻纵卷叶螟、稻叶蝉、稻蓟马、黏虫等。1986年,全市早稻稻飞虱大发生,发生面积2.33万公顷,以乐平县、鹅湖区为重,因虫害发生在7月上、中旬,防治困难,单季损失近4万吨。1989年,乐平县晚稻四代三化螟特大发生,发生面积占二晚面积的80%以上,乐安河两岸部分田块绝收,全县二晚因此实际损失5000万千克以上。2004年,全市早稻一代二化螟特大发生。2006年,早、中、晚稻稻飞虱大发生。2007年,中晚稻稻纵卷叶螟大发生。

油菜主要病虫害有菌核病、蚜虫等;茶叶主要病虫害有炭疽病、轮纹病、茶小绿叶禅、茶尺蠖等;蔬菜主要病虫害有病毒病、疫病、小菜蛾、夜蛾科害虫等。

测报与防治　景德镇市、县(区)两级植保植检站,乡镇农技站设有专职植保员,村有查虫员,形成市、县、乡、村四级植保服务体系。市、县植保部门每年发布《病虫情报》15～30期，为各级领导提供防治决策服务，为广大农户提供防治技术指导。全市最多时有150盏测报灯。2007年，全市共发布《病虫情报》54期，印发17.22万份。全市农作物主要病虫害发生面积累计31.55万公顷，防治面积5.52万公顷，通过防治，挽回粮食损失6650万千克，挽回各类经济作物损失达1亿元以上。

从20世纪90年代起，市植保植检站先后组织推广"以病虫综合防治为主的水稻增产技术""非化学植物保护和生态调控技术在蔬菜生产上的应用与推广""无公害蔬菜农药减残技术的研究与推广"等一批省、市重点科技项目(分别获得农业部丰收奖、省星火科技奖、省科技进步奖)，强化农业综合技术的应用。推行以农业防治为基础，物理防治、生物防治、化学防治相结合的综合防治技术，生态调控技术，高效低毒低残留农药使用以及统防统治，杀虫灯、防虫网等绿色防控技术等一批先进农业综合技术，减轻农业病虫害损失，保障农产品质量安全和农业生态环境。

第二节　养殖技术服务

技术推广

1987年2月11日，召开全市学习推广优化施肥、快速养猪先进技术会议。1991—1992年，市畜牧良种繁殖场繁殖约克、长白等优良种仔猪760头。在乐平县实施推广养猪改良品良、杂交化等"四化四改一旱二防"实用技术，生猪饲养业和出栏数分别增加21.77万头、6.70万头。良种公猪的覆盖面积达到80%以上，杂种肉猪达到70%。在市种禽场、市畜牧良种繁殖场、昌江区竟成乡水产畜牧繁殖场、乐平县塔前乡税务所养殖场、浮梁县三龙乡东山村推广法国伊莎、德国罗受、澳大利亚狄高、英国樱桃谷鸭和国内三黄白耳鸡、崇仁麻鸡等良种12.95万羽，通过推广良种，共增加鲜蛋52.32万千克。引进瑞士西门塔尔、澳大利亚抗旱王、巴基斯坦辛地红、法国夏洛来、英国海福特、印度摩拉等良种公牛的冷冻精液，与当地母牛进行人工配种，改过去单纯役用牛为肉、奶、役兼用牛，共开展人工冷配1700多头，产杂交小牛650余头。同期，市种禽场向农村推广良种鸡鸭苗300万羽，产值560万元。并编印《饲养手册》《品种的防疫》手册一万余本，免费进行不同形式的技术咨询服务和不定期上门提供技术服务，凡出售的鸡鸭苗均接种疫苗，提高成活率。

1993年，景德镇作为全省"丰收计划"项目实施单位之一。全年共推广良种蛋鸡12.95万羽，蛋鸡500日龄产蛋数256枚/只，总蛋量16.25千克。11月，从泰和县引进杂交牛26头，分给养牛专业户饲养，并向其推广种植黑麦草和稻草氨化、杂交牛育肥技术。1995年，市种禽场向农民推广景黄鸡苗800万只，推广农户5580户，90万农民仅养鸡一项人均增收30元以上。推广樱桃谷鸭苗120万羽。1996年8月15日，市家畜家禽良种示范繁殖场从江西共青种兔场引进当年繁殖的皮肉兼用型哈白种兔100只，经4个月饲养管理，成活率达到99%。哈白兔抗病性和适应性强，耐粗饲，繁殖性能强。1998年，德宇集团扩大板鸡规模，并在微波炉烤烘、灭菌工序管理上强化产品质量管理。扩大与夏中卫板鸡厂的合作，全年生产板鸡1049万羽，板鸡产量实现翻番。

1997年，全市共推广6种低成本高效益养猪模式，使80%养猪户受益。1999年1月至2000年10月，在乐平市种猪场、浮梁县供精站、市农科所万头猪场进行猪细小病毒病疫苗免疫技术示范推广工作，1999年接种配种前1～1.5个月后备母猪和初产母猪及青年种公猪300头。同年，全市向低成本养猪示范户2440户和立体养殖示范户48户推广良种母猪607头，良种公猪40头，良种家禽13万羽，良种山羊1000多只。2001年，更新良种公猪40头，良种母猪500头，推广良种家禽150万羽。2002年，继续推广低成本养猪技术。2003年，更新良种种猪430头，引进优质种牛、羊720头。至2010年，全市组织实施国家良种工程项目，加大引进和推广良种工作。

科研成果

1988年，猪瘟一次性免疫获市科技进步二等奖。1992年，家禽优良品种及饲养技术推广获市科学技术进步一等奖。1993年6月18日，市种禽场对从英国引进的樱桃谷鸭进行提纯复壮，通过定向选择，使商品代生产性能比引进时提高10%，节约大量的引种经费。课题经市科委组织的市内外有关专家鉴定，达省内先进水平。6月19日，市种禽场利用狄高AB与红波罗CD杂交繁殖后代，提高生产率6%；通过对鸡群抗体监测及法氏囊高黄卵液的制作应用，提高鸡的成活率，使种鸡的月死亡率控制在0.69%以内；研制开发及应用无鱼粉蛋鸡配合饲料，较好地解决动物蛋质贫乏的问题，课题经市科委组织的市内外有关专家鉴定，达省内先进水平。9月，推广优良家禽品种及配套技术获农业部全国农牧渔业丰收二等奖。家禽优良品种及饲养技术推广获得省星火计划三等奖。

1994年，大面积推广养猪生产适用技术获省畜牧兽医局“星火计划”科技一等奖。樱桃谷鸭品种的提纯复壮获市科学技术进步一等奖。1995年，板鸡制作方法获国家发明专利。1997年，板鸡制作方法发明专利获江西省专利金奖，获国家技术发明四等奖。1999年，景德板鸡获江西省用户首选品牌。2006年，景德板鸡获江西省著名商标。

第三节　农产品质量与品牌

质量与安全管理

90年代中后期，农产品日益丰富，人民生活水平提高，对农产品品质的要求也不断提高。至21世纪初，中国加入世贸组织，农产品质量标准体系逐步与国际接轨。

2001年，景德镇市启动无公害食品行动计划，对食用农产品实施从农田到餐桌的全程监管。2002年，与全省同步实施农产品质量安全行动计划，建立健全监管机制和完善保障体系。市农业局成立农产品质量安全工作领导小组，领导小组办公室设在市农业局市场与企业管理科（后改为市场信息科），负责全市农产品质量安全监管日常工作。组织开展种植业产品农药及农药残留、畜产品生产过程中违禁药物滥用、水产品药物残留及农资打假专项整治。2005年，市农产品质量安全检测中心成立运行。2008年9月，中心通过省级计量认证，取得以种植业农产品农药残留检测为主的38个产品参数检测资质。

至2010年，全市各级农业部门每年均按要求组织开展农产品质量安全专项整治和农资打假专项治理活动，共开展集中整治和治理行动100多次。市农产品质量安全检测中心共抽样检测蔬菜等农产品上万批次，发布《景德镇农产品检测信息》248期。全市范围内未发生重大农产品质量安全突发事件。

无公害农产品申报认证

2003年，启动无公害农产品申报认证，市农业局负责全市的无公害农产品申报及管理工作。通过对土壤、环境、栽培方式等的检查，认定乐平市蔬菜科学研究所、景德镇市粮油购销总公司、江西得雨活茶股份有限公司、景德镇市西湖珍芝天然食品有限公司、乐平镇桥蔡家灯笼贡椒产销协会、乐平市乐港镇大路边村蔬菜协会等10家单位的11个生产基地，为全市首批无公害农产品产地，面积为0.7万公顷。同时，乐平市、浮梁县被农业部种植业司评定为全国无公害（蔬菜）基地县和全国无公害（茶叶）基地县。至2010年年底，全市通过认定认证且在有效期内的无公害农产品产地共41个、产品56个（其中种植业产品52个、畜牧业产品1个、渔业产品3个）。

品牌与市场

地理标志农产品　2009年，全市启动农产品地理标志申报工作。11月，“乐平花猪”通过农业部的审核登记，成为全市首个通过登记保护的地理标志农产品，其地域保护范围为乐平市接渡、众埠、涪口、后港、礼林、农科园5个乡镇和一个园区，地理坐标为北纬28°42′14″～29°23′24″，东经116°53′36″～117°32′40″。2010年10月，“浮梁茶”通过农业部审核，为全市第二个通过登记保护的地理标志农产品，其地域保护范围为浮梁县瑶里镇、鹅湖镇、臧湾乡、王港乡、湘湖镇、西湖乡、勒功乡、江村乡、经公桥镇、峙滩乡、兴田乡、蛟潭镇、黄坛乡等13个乡镇，地理坐标为北纬29°09′00″～29°56′00″，东经117°01′00″～117°42′00″，保护面积为5500公顷。

品牌创建　2005年，“赣森牌”油茶籽果、油茶籽油被评为有机食品。2006年，“赣森”牌油茶籽油被评为“江西省名牌农产品”。2008年,“赣森”牌油茶籽油被认定为江西省著名商标。“赣森牌”油菜籽油、浓香型野茶调和油、清香型野茶调和油被评为绿色食品,“赣森牌”油茶籽油获得“华东十大绿色食品”称号。2010年,“赣森”牌油茶籽油获得“赣鄱十宝”称号,获得第5届江西鄱阳湖绿色农产品上海展销会畅销产品金奖。

1995年,景德板鸡制作方法获得国家发明专利。1997年,板鸡制作方法获得国家技术发明奖。2009年,“得雨红豆杉紫杉醇”被认定为江西省优秀新品一等奖。2010年,“得雨白檵链式黄酮”获得省级成果认定,“得雨红豆杉紫杉醇”初提物获江西省科学技术进步奖。

第四节　农业综合开发

蚕桑开发

80年代乐平恢复种桑叶。1988—1995年,乐平市重点推进果桑茶农业开发总体战。逐步形成规模,种植基地为十里岗乡。1991年,十里岗乡有桑园133公顷,设有小蚕共育室和烘茧站,专司蚕桑的干部职工有56人。1992年,养蚕1990张,产鲜茧57吨,完成产值44万元。1994年,蚕桑进一步发展,鲜茧产量达到96吨。此后,受市场价格下跌影响,乐平的蚕桑业下滑。至2000年,十里岗乡桑园面积仅保留80公顷。

1988年,国家设立农业综合开发重大专项。1996年和2001年经国家农业综合开发办批准,分别确定乐平市和浮梁县两个开发县(市)。通过果桑茶开发、吉湖项目开发和国家农业综合开发,促进新农村建设和农业现代化。昌江区未列,但在1988年至90年代中期实施果桑茶开发和吉湖项目茶叶低改工程,由昌江区农牧渔业局具体负责组织实施。至2010年年底,全市农业综合开发项目累计投入项目资金3.91亿元。包括中央财政资金1.16亿元,地方财政配套资金0.58亿元,银行贷款1.28亿元,自筹资金0.89亿元。

农业开发

1988—1994年,全市连续部署开展农业开发第一至七战役,主要开展“三冬”(冬种、冬修、冬造)工作,市农业局、水利局、林业局等多家农口部门参与布置和检查验收,通报完成情况。1994年,第七战役完成冬种油菜2.6万公顷,春油总产1.82吨。同时完成冬种绿肥1.55万公顷,大小麦0.15万公顷,冬季蔬菜1.41万公顷,冬闲田翻耕超过90%。全市水利冬修建设项目竣工2213座,完成土石方422.6万立方,新增有效灌溉面积420公顷,新增旱涝保收面积273公顷,改善灌溉面积0.18万公顷,改造中低产田0.3万公顷,治理水土流失面积0.32万公顷,解决人畜饮水1.74万人/0.84万头。全市果业开发实际完成0.65万公顷,其中干果、桃、李、桔等占80%,面积、苗木规格及栽插质量均好于往年。

1990年,乐平市重视果业生产,制定“在山上再造一个乐平”的目标,投入大量的人力和财力,进行果业开发。至2000年年底,全市有果树面积3836公顷(不包括庭院果树),其中柑橘、桃、李、梨、柿等水果面积1581公顷,板栗等干果面积5156公顷,挂果面积379公顷。年产鲜果自1995年起均超千吨,1999年产量最高达1884吨。

1995年,全市开展农业综合开发总体战,完成冬种油菜2.67万公顷、绿肥1.4万公顷、大小麦0.13万公顷、冬季蔬菜2.67万公顷。省下达农田水利建设项目全部竣工,完成土石方350万立方,新增有效灌溉面积467公顷,改善灌溉1000公顷,新增旱涝保收400公顷,治理水土流失266.7公顷,改造中低产田3000公顷,开垦耕地80公顷。完成果业开发4826.7公顷。

1997年,实施“赣中南”农业综合开发,是经国家立项的农业开发项目。共完成中低产田改造1267公顷,其中田园化507公顷,后港镇徐家畈田园化240公顷,众埠镇高桥田园化267公顷。新建装机310千瓦高桥排涝站1座,扩建5.8千米军山水库引水渠1条,三面衬砌渠系27条24.8千米。新建猪舍3幢,计60余间(套)3000多平方米,新建强化镁骨架大棚蔬菜基地1个,计13.3万平方米。累计完成投资600万元,投劳35.7万个工日,完成土石方20.61万立方米,浇灌混凝土2.33万立方米。年新增粮食380万千克,商品蔬菜80万千克,猪肉50万千克(毛猪)。年新增农业总产值1014万元(其中土地治理新增480万元,多种经营新增534万元)。

1998年,国家农业综合开发项目共完成中低产田改造1133公顷,其中田园化507公顷,乐平临港古田畈及高家神仙畈各253公顷。完成小型水库防漏加固2座,开挖疏浚沟渠26.3千米,三面衬砌渠系15.7千米,新建农田防护林467公顷,科技培训1.8万人次,新建猪舍4幢4000多平方米,新建精养鱼池2.67万平方米。累计完成投资717万元,投劳8.3万个工日,完成土石方6.07万立方米,浇灌混凝土2.33万立方米。

2001年,农业综合开发以农业主产区为重点,一县一业发展蔬菜和有机茶两大支柱产业。全年完成项目总投资994万元,其中中央财政资金500万元,地方配套244万元,自筹资金250万元。用于土地治理项目719万元,多种经营项目275万元。全年完成中低产田改造1767公顷,营造经济林133公顷,防护林80公顷,新增农业总产值1038.72万元,增加值237.22万元,人均纯收入新增152.81万元。2006—2009年,农业综合开发完成总投入18549.5万元。2010年,全市共修复水毁工程1278处,整治渠道604.1千米,完成国家规划内20座病险水库除险加固任务、47座小型水库市级应急项目。

土地治理

1996年,景德镇市土地治理项目主要在乐平市和浮梁县实施。2004年,国家农业综合开发项目完成总投资1563.88万元,项目区完成中低产田改造1200公顷,完成新建茶园1996公顷,低改转换茶园245公顷,新增沼气用户1000户,完成农村公路建设改造460千米,全市通油(水泥)路行政村的比例达46%。至2010年,全市土地治理项目共投入1.59亿元,包括中央财政资金0.75亿元,地方财政配套资金0.4亿元,农民自筹0.39亿元。累计完成中低产田改造1.59万公顷,新发展有机茶园533公顷,完成低改转换有机茶园400公顷。项目涉及乐平市乐港、镇桥、后港、接渡、农科园、涽口、临港、塔前、塔山办事处、礼林、众埠、鸬鹚、双田,浮梁县瑶里、鹅湖、江村、西湖、三龙、经公桥、勒功、王港、湘湖、峙滩、洪源、黄坛、浮梁镇、县茶叶科技示范园等27个乡镇场(园)。主要工程量完成各类型灌溉渠道364.1千米,开挖疏浚渠道384千米,维修和加固水库4座,新建和改造抗旱井25口,新建排涝站5座,修建小型提灌站16座,新建维修水堰52座,完成农田防护林0.14公顷,新建维修机耕路58.4千米,农民技术培训13.1万人次,良种良法示范推广1.07公顷,引进示范推广农业新技术12项,新品种24项。通过项目的实施,产生较大的综合效益,共新增灌溉面积0.23万公顷,改善灌溉面积0.37万公顷,新增除涝面积0.17万公顷,改善除涝面积0.32万公顷,改良土壤面积0.15万公顷,年新增粮食生产能力2398万千克,年可新增茶叶产量32万千克,项目区农民人均年新增纯收入520元。

农业综合开发自然灾害损毁工程共投入70万元,包括中央财政50万元,地方财政10万元,自筹资金10万元。累计修复完成损毁工程47公顷。

表17-7-1　**1996—2010年乐平市土地治理项目统计表**　单位:万元

年份	项目投资					项目地点	项目效益
	总投资	中央财政	地方财政	自筹	贷款		
1996	360	105(有偿30)	105	105	45	乐港镇和塔前镇	改造中底产田0.8万亩,营造防护林0.13万亩
1997	143.5	38.5(有偿15)	52.5	52.5	—	后港镇	改造中底产田0.36万亩,衬砌沟渠4884米,新建装机260千瓦高桥排涝站1座,衬砌600米顾家高排沟一条等
1998	402	108.5(有偿31.5)	112.5	125	56	高家镇和临港镇	改造中底产田1.7万亩,衬砌沟渠6532米,新打机电井2口,修建机耕路3500米等
1999	512	173(有偿33)	166	173		接渡镇和礼林镇	改造中底产田0.75万亩,营造防护林0.1万亩,衬砌排灌渠道5000米,机耕路6000米等
2000	415	143(有偿48)	139	72	61	鸬鹚乡和镇桥镇	改造中低产田1.1万亩,营造防护林0.2万亩,衬砌排灌渠道12500米,机耕路7500米等

续表 17-7-1

年份	项目投资					项目地点	项目效益
	总投资	中央财政	地方财政	自筹	贷款		
2001	602.1	219（有偿 101.7）	197.1	105	81	鸬鹚乡和镇桥镇	改造中低产田 1.2 万亩，营造防护林 0.2 万亩，衬砌排灌渠道 17500 米，机耕路 4000 米等
2002	694	289（有偿 41）	260	145	—	金鹅山乡和乐港镇	改造中低产田 2 万亩，营造防护林 0.1 万亩，衬砌排灌渠道 20446 米，“U”型槽铺设 7457 米，机耕路 1600 米等
2003	760	345（有偿 15）	242	173	—	乐港镇、农业高新科技示范园、塔山街道办事处	改造中低产田 1.8 万亩，衬砌排灌渠道 27000 米，开挖疏浚 20 千米，新打机电井 3 口等
2004	820	396	147	277	—	镇桥镇、塔山街道办事处、鸬鹚乡、礼林镇	改造中低产田 1.5 万亩，开挖疏浚 5.4 公里，衬砌排灌渠道 32000 米，修建机耕路 8700 米等
2005	841	400	161	280	—	塔前镇、众埠镇、礼林镇	改造中低产田 1.6 万亩，开挖疏浚 5.5 千米，衬砌排灌渠道 33000 米，修建机耕路 9700 米等
2006	852	425	214	213	—	塔前镇、乐港镇、后港镇	改造中低产田 1.5 万亩，开挖疏浚 12.5 千米，衬砌排灌渠道 8000 米，修建机耕路 6000 米等
2007	860	430	215	215	—	浯口镇、镇桥镇、接渡镇	改造中低产田 1.3 万亩，开挖疏浚 13 千米，衬砌排灌渠道 10000 米，修建机耕路 7000 米等
2008	960	480	240	240	—	浯口镇、后港镇、临港镇、众埠镇	改造中低产田 1.24 万亩，开挖疏浚 17 千米，衬砌排灌渠道 29500 米，修建机耕路 8000 米等
2009	988	520	260	208	—	临港镇、浯口镇、镇桥镇	改造中低产田 1.1 万亩，开挖疏浚 23.5 千米，衬砌排灌渠道 37000 米，修建机耕路 7500 米等
2010	1730	1030	500	200	—	塔前镇、乐港镇、后港镇	改造中低产田 1.28 万亩，开挖疏浚 29 千米，衬砌排灌渠道 74400 米，修建机耕路 16500 米等

表 17-7-2　**2001—2010 年浮梁县土地治理项目统计表**　单位：万元

年份	项目投资					项目地点	项目效益
	总投资	中央财政	地方财政	自筹	其他		
2001	404.17（完成 265.08）	124.08	68	73	—	瑶里镇、鹅湖镇	在瑶里镇建设 3 块有机茶园，面积 309.4 亩，低改转换有机茶园 115 亩，鹅湖镇中低产田改造完成渠系配套工程 5390 米
2002	393（完成 342.08）	无偿资金 136	48.38（县配套 21）	105.12	有偿资金 37.8，使用 2001 年结余资金 14.78	瑶里、鹅湖、江村、西湖 4 个乡镇及市茶科所和县茶叶科技示范园	完成有机茶园开发任务 4815.24 亩，其中新发展有机茶园 2652.2 亩，低改转换有机茶园 2163.04 亩，完成茶园机耕道建设 3527 米

续表 17－7－2

年份	项目投资					项目地点	项目效益
	总投资	中央财政	地方财政	自筹	其他		
2003	400（完成369.88）	无偿资金 167	47.08	138.8	有偿资金17，2002年结余项目无偿资金 29.2	勒功、经公桥、西湖、鹅湖、瑶里5个乡镇和市茶科所、县茶叶科技示范园	完成有机茶开发任务 6674.2 亩，其中新发展有机茶园 2994 亩，低改转换有机茶园 3680.2 亩，茶园机耕道建设 11516 米，茶叶母本园建设 51.2 亩，茶叶苗圃建设 104.5 亩
2004	399	181	91	127	—	三龙乡、经公桥镇、县茶叶科技示范园	新建东山拦河坝一座，衬砌渠道 4848 米，新发展有机茶园 0.2 万亩，中低产田改造 2300 亩，新建维修茶园机耕道 2104 米
2005	328	218	110	—	—	王港乡	全县完成中低产田改造 8500 亩，实施以园田化示范建设为主的各项渠系配套工程，改善项目区农业生产灌溉条件，提高旱涝保收面积
2006	448（完成投资 394.99）	223	59.99	112	—	瑶里镇、鹅湖镇	改造中低产田 8000 亩，新建衬砌渠道 14366 米，新建维修机耕路 10961.6 米，改良土壤 1200 亩
2007	476（完成投资 604.14）	238	98.89	121.41	使用历年结余资金145.84	经公桥镇、蛟潭镇、鹅湖镇	改造中低产田 7000 亩，新建衬砌渠道 10534.7 米，新建维修水堰 10 座，新建机耕路 1379 米，新发展良种茶园 821 亩，低改茶园 2820 亩
2008	586（完成投资 553.8）	293	114.8	146	—	三龙乡、峙滩乡、鹅湖镇、瑶里镇	改造中低产田 7000 亩，新建衬砌渠道 12135 米，新建维修水堰 9 座，新建维修机耕路 1434 米，新发展茶园 4756.99 亩
2009	689（完成投资 687.79）	363	179.79	145	—	湘湖镇、峙滩乡、洪源镇、鹅湖镇、瑶里镇	改造中低产田 7000 亩，新建衬砌渠道 12487 米，新建维修水堰 15 座，新建维修机耕路 10913 米。新发展良种茶园 3727.2 亩
2010	823（完成投资 823）	433	217	173	—	黄坛乡、勒功乡、浮梁镇、洪源镇、鹅湖镇	改造中低产田 7000 亩，衬砌渠道 24450 米，维修水堰 17 座，新建维修机耕路 13200 米，新发展茶园 3000 亩

农业产业化项目

1996 年，景德镇市开始启动农业产业化经营项目，重点在乐平市和浮梁县实施。至 2010 年，全市农业综合开发产业化经营项目共投入 2.14 亿元，包括中央财政 2823.6 万元，地方财政 1210 万元，银行贷款 1.28 亿元，自筹资金 4648 万元。建设产业化项目 42 个，扶持乐平市金鹅山万头养猪场等 12 家企业，浮梁县瑶里镇茶叶公司、浮梁县茶叶集团公司（浮梁县县茶厂）、浮梁县浮瑶仙芝茶业有限公司等 8 家企业的农业产业化项目，直接带动农户 2 万多户，解决农村剩余劳动力 1.46 万余人，引进带动社会流动资金 2.2 亿元。

1991—1995 年，浮梁县、乐平市实施茶叶吉湖外资项目，昌江区虽然制定利用外资计划，但未按计划执行,借贷外资不多。浮梁县吉湖工程红茶出口基地建设项目,是江西省吉湖农业综合开发项目的子项目,包括茶园低改、茶叶初制厂建设、茶叶精制厂建设、茶叶纸箱包装厂建设。建设期为项目设计总投资为7851.42万元,其中世界银行贷款为1058.14万美元。

表17-7-3　**1996—2010年乐平市农业产业化经营项目统计表**　单位:万元

年份	项目投资					项目地点	项目效益
	总投资	中央财政	地方财政	自筹	银行贷款		
1996	240	45	45	45	105	乐港镇和金鹅山乡	新建200亩大棚蔬菜,新建500亩珍珠养殖,扩建万头养猪场
1998	315	66.5	66.5	53	129	金鹅山乡金园养猪场	新建猪舍1500平方米,引进种猪60头,扩建万头养猪场
1999	335	67	67	67	134	金鹅山金园养猪场	完成饲料加工厂1座,母猪引进200头等
2000	304	57	57	57	133	金鹅山乡金园养猪场	完成饲料加工厂2座,母猪引进250头等
2001	498.9	81	81	69	267.9	金鹅山乡金园养猪场	完成饲料加工厂1座,年末出栏猪2000头等
2002	268	79	71	39	79	镇桥镇祥辉蔬果加工厂	新建加工厂房、仓库1868平方米,购置安装蔬菜加工设备8台(套)等
2003	294	92	64	46	92	童家山园区江西巢野食品有限公司	扩建生产厂房1200平方米,购置安装蔬菜加工设备12台(套)等
2005	360	100(有偿资金75)	50	110	100	乐港镇金福农业开发有限公司	新建猪舍11500平方米等
2006	370	100(有偿资金75)	50	120	100	乐港镇金福农业开发有限公司	扩建产房、怀孕舍、保育舍、预肥舍等
2007	250	100(有偿资金75)	50	100	—	后港镇金鹊生态农业园	新建冬暖式大棚、猪场、沼气等
2008	450	100(有偿资金75)	50(省级40)	300	—	金山园区江西彩云食品有限公司	新建厂房4750平方米蔬菜脱水加工线一条等
2009	1413	192	75	1146	—	乐平市蔬菜集团公司和江西乐康中药饮片有限公司	扩建交易店面21000平方米、交易大棚1万平方米,建设3000亩药膳种植基地、配套建设厂房、车间等。中央财政资金贴息42万元
2010	595	167	50	378	—	乐港镇金福农业开发有限公司、乐平金鹊生态农业园、江西彩云食品有限公司、嘉龙米业有限公司	新建蔬菜大棚50座、购置检测仪器、水泵。新建猪舍32幢、仓库和兽医室各一幢、配套道路。设施蔬菜600亩,中央财政资金贴息67万元

表 17-7-4　　2001—2010 年浮梁县农业产业化经营项目统计表　　单位:万元

年份	项目投资					项目地点	项目效益
	完成投资	中央财政	地方财政	自筹	银行贷款		
2001	181.1	8.1		27	146	瑶里镇茶叶公司	完成新建厂房 302.4 平方米,购置加工机械设备 8 台(套),冷库建设 1 座
2002	130	52		26	52	县茶叶集团公司(县茶厂)	维修厂房 3300 平方米,购置加工机械设备 6 台(套),冷库建设 1 座
2003	170	41	12	27	90	瑶里茶叶有限公司	维修厂房 630.3 平方米,购置加工机械设备 204 台(套),冷库建设 1 座,低改茶园 1030 亩
2004	277	60	15	52	150	瑶里茶叶有限公司	新建厂房 300 平方米,维修厂房 300 平方米,购置加工机械设备 202 台(套),新建综合楼 500 平方米,新建茶园 400 亩
2005	275	25	10	120	120	浮瑶仙芝茶业有限公司	新建厂房 200 平方米,维修厂房 200 平方米,购置加工机械设备 21 台(套),新建茶叶萎调槽 4 套
2006	1010	270	40	400	300	县粮油收储公司、浮瑶仙芝茶业有限公司	新建厂房 6000 平方米,购置加工机械设备 26 台(套),新建茶园道路 2000 米
2007	270	100	50	120	—	县昌南茶叶有限公司	新建厂房 1300 平方米,晒场 350 平方米,购置加工机械设备 26 台(套),新建综合楼 950 平方米,购进茶叶专用肥 72.22 吨
2008	1555(有偿 300)	455	200	550	350	浮瑶仙芝茶业有限公司、赣森绿色食品有限公司、县粮油收储公司	新建厂房 920 平方米,维修厂房 7373 平方米,新建晒场 3600 平方米,购置加工机械设备 5 台(套),新建综合楼 378 平方米
2009	332.5	110	32.5	190	—	瑶里茶叶有限公司、昌南茶叶有限公司	新建厂房 2270 平方米,购置加工机械设备 1 台(套)。中央财政资金贴息 45 万元
2010	682	222	65	395	—	沙岭茶叶专业合作社、浮瑶仙芝茶叶有限公司、县粮油收储公司、赣森绿色食品公司、桃源农业开发有限公司	购置加工机械设备 21 台(套),新建综合楼 750 平方米,低改茶园 2000 亩。中央财政资金贴息 92 万元

第五节　管理机构

市农业局

1983 年,市农业局、市畜牧水产局、市社队企业管理局、市农机局合并成立市农牧渔业局。1986 年,市农牧渔业局内设人事秘书科、粮食生产科、科教科、畜牧水产科、能源管理科、土地管理办公室。下设 13 个事业单位。干部132人,职工509人。1996年,市农牧渔业局更名为市农业局,内设人事秘书科、计划财务科、科技教育信息科、环保能源科、企业管理科、农业生产科、畜牧水产科、党委办公室。编制33人(其中事业编3人)。2010年,机关内设办公室、监察室、计划财务科、科教科、能源环保科、市场信息科、粮油作物科、市蔬菜办(经济作物科)、综合法规科、市畜牧兽医局(市饲料办)、行政审批服务科、市农垦事业管理办公室。编制35人(其中工勤编5人)。下设11个事业单位。

市农业综合开发办公室

1988年10月,成立市农业综合开发办公室,与市政府农村工作办公室生产科合署办公,编制5人。1996年和2001年,乐平市、浮梁县分别成立国家农业综合县级开发办以后,市农业综合开发办公室为市级管理机构,对县级农业开发进行指导。2002年10月,市政府机构改革,保留市农业综合开发办公室,从市政府农村工作办公室划出,为市政府直属全额拨款副处级事业单位和市农业综合开发领导小组常设办事机构,内设秘书科、综合科。事业编制6人,依照执行公务员制度。

下属单位

市农牧渔业科学研究所 1985年12月,市农业科学研究所更名为市农牧渔业科学研究所,隶属于市农牧渔业局。1993年5月15日,升为正县级机构。1996年3月15日,市农牧渔业科学研究所整合市种禽场、板鸡公司等5家企业,组建江西德宇集团,隶属于市农牧渔业科学研究所管理。2004年6月6日,设立景德镇市江西德宇生物食品研究中心,与市农牧渔业科学研究所实行一个机构两块牌子,隶属于江西德宇集团。2009年9月,江西德宇集团进行国企改制。2014年,市农牧渔业科学研究所不再隶属于江西德宇集团,变更为市农业局下属单位。

市茶叶科学研究所 1986年,市茶叶科学研究所事业编制27人,其中茶叶技工20人。1987年5月,增设市茶叶技术推广站,编制4人。1989年,市茶科所升为副县级事业单位,增加事业编制2人。2010年,编制34人(其中全额拨款事业编14人,自收自支农工编20人),为副县级全额拨款事业单位。

市种子管理局 1986年,市良种公司(市种子管理站)两块牌子一套人马,为市农牧渔业局下属正科级全额拨款事业单位,编制21人。1991年,升为副县级单位。2007年,市良种公司更名为市种子管理局,隶属于市农业局,为全额拨款副县级事业单位。

市畜牧兽医站 1985年家畜检疫站成立,与畜牧兽医站合署办公。1986年,全市有畜牧兽医师8人,助理畜牧兽医师7人,技术员2人,有乡(场)镇畜牧兽医站28个,畜牧兽医人员132人。2007年,市畜牧兽医局成立,为市农业局内设机构。市畜牧兽医站为正科级全额拨款事业单位,归口市畜牧兽医局管理,事业编制8人。同年,市家畜检疫站更名为市动物卫生监督所,与市畜牧兽医站合署办公,为正科级全额拨款事业单位,归口市畜牧兽医局管理,事业编制8人。2008年,市畜牧兽医站和市动物卫生监督所参照公务员法管理。2010年,市畜牧兽医站和市动物卫生监督所共有编制16人。

市土肥站 1986年编制4人。2010年,机构编制不变,为正科级全额拨款事业单位。

市农技推广站 1986年,与市农业局科教科合署办公,两块牌子一套人马,编制4人。1993年7月,与市农业局科教科分开,搬入农技推广服务中心大楼单独办公。1998年,编制5人。2010年,为正科级全额拨款事业单位,编制5人。

市农机化管理站(市农机安全监理所) 1986年,编制13人。1991年,市农机安全监理所成立,与市农机化管理站合署办公,实行两块牌子,一套人马。2008年,列入参照公务员法管理单位。2010年,为正科级全额拨款参公事业单位,编制13人。

市农产品质量安全检测中心 2004年6月,市农产品质量安全检测中心成立,编制13人,为副县级全额拨款事业单位。2005年12月,正式揭牌运行。2010年,编制13人。

市植保植检站 前身为市病虫测报站、江西省植物检疫站景德镇分站。1986年,市植保植检站事业编制5人。2000年事业编制6人。2003年,市植保站设立农药残留检测站。2010年,为正科级全额拨款事业单位,编制6人。

市水稻良种示范繁殖场 1986年,市水稻良种示范繁殖场场址设在印墩下。2010年,为正科级差额拨

款事业单位,编制 38 人。其中差额拨款事业编 11 人,自收自支农工编 27 人。

市家畜家禽良种繁殖场　前身为市群力木炭厂农场。1986 年,场址在印墩下。2010 年,为正科级差额拨款事业单位,编制 17 人(其中差额拨款事业编 7 人,自收自支农工编 10 人)。

研究单位

市茶叶科学研究所　位于浮梁县印墩下,隶属于市农业局。1986 年,事业编制 27 人,其中茶叶技工 20 人。1987 年 5 月,市茶叶科学研究所与市茶叶技术推广站合署办公,两块牌子一套人马。1989 年,市茶科所为副处级事业单位,内设秘书科、科研生产科和科普培训科。2010 年,编制 34 人(其中全额拨款事业编 14 人,自收自支农工编 20 人)。

市茶叶技术推广站　1987 年 5 月,市茶叶技术推广站成立,为正科级单位。2004 年,所内茶叶良种繁育基地被农业部列为国家级茶叶良种繁育基地。设有省级茶树良种引种园、地方资源保存园、良种对比园、母本园、苗圃园,拥有国内外茶树品种资源近百个,有设备齐全的红茶、绿茶、名特茶加工厂各 1 座。2005 年,成立全市中小学生茶叶科普教育基地。

县区机构

乐平市农业局　1986 年称乐平市农牧渔业局。1990 年 12 月,分为乐平市农业局和乐平市畜牧兽医局,1996 年 10 月,两局合并,成立乐平市农业局。下辖市农技推广中心、农业机械化管理局、农村经营管理局、种子公司等 4 个二级局及市畜牧兽医局、农业科研、示范、推广机构等单位。2010 年年底,编制 269 人,实有干部职工 326 人。

浮梁县农业局　1986 年,分为蛟潭区农牧渔业局和鹅湖区农牧渔业局。1989 年 4 月复县,两局合并,成立浮梁县农牧渔业局。1994 年 3 月,改为浮梁县农业局,下设浮梁县农业技术推广中心、浮梁县农村经营管理局、浮梁县畜牧水产局、浮梁县农业机械化管理局、浮梁县经济作物局、浮梁县种子管理局 6 个下属机构。2007 年,增设县农业执法大队,与县种子管理局合署办公。2009 年,增设县农产品质量安全检验检测中心。2010 年年底,实有干部职工 142 人。

昌江区农业局　1984 年,昌江区农牧渔业局单设,5 月成立蔬菜生产办公室,为政府工作机构,负责全区蔬菜生产管理、规划、业务指导工作。各乡(镇)场设农业生产办公室。1996 年,区农牧渔业局更名为区农业局,主管区域内农业、畜牧、水产等项业务。经区编制委员会审定行政编 5 人,事业编 7 人。2003 ~ 2010 年,区农业局作为区政府职能部门,内设畜牧兽医局、区蔬菜办公室、行政审批服务股、农产品安全监管股。下辖农技推广中心、动物卫生监督所、农业综合执法大队 3 个事业单位。

浮梁县农业综合开发办　1989 年 12 月,由蛟潭、鹅湖两区经作局合并组建县农业利用外资办和浮梁县茶叶局,两块牌子一套人马。1994 年,增设浮梁县茶业集团总公司,事业单位,下属企业有县茶厂、茶叶销售公司、县广明茶场、彩印包装厂。1996 年 11 月,外资办职能划归计划委员会。2002 年 3 月,撤销茶业局,行业管理职能并入县农业综合开发办公室。

2005 年,县农业综合开发办内设人秘股、茶叶股、计划财务股、项目股。2006 年 3 月,恢复浮梁县茶业局。浮梁县农业综合开发办与浮梁县茶业局合署办公,两块牌子一套人马,参公事业单位,编制 11 人。乐平市、昌江区的茶叶管理职能由农业局承担。

茶叶协会　景德镇市、浮梁县以及浮梁县西湖乡都成立了茶叶协会,市茶叶协会挂靠于景德镇市农业局,由农垦系统、农口茶叶系统、茶场茶厂茶叶公司的协会会员组成,出版茶叶期刊《景德镇市茶叶通讯》。

2000 年 10 月 14 日浮梁县西湖茶叶协会成立,由西湖茶区百余名茶农会员组成,主要任务是推广名优茶制作技艺、西湖茶区老茶园改造途径探研、本地茶叶品种生产性状改良途径探研、茶农科技素质提升。会长是乡党委委员王胜利。

2003 年浮梁县茶叶协会成立,挂靠县茶业局,由局长兼任会长。第一届会员主要由茶业相关联的管理部门、产茶乡镇村、茶企业会员组成,第二届起会员成分由茶企业、茶农、茶业局、乡镇茶办会员组成。主要职能是承担"浮梁茶"品牌建设任务,日常工作是会员管理、品牌宣传推介、品牌维护应用监管。

第十八篇　林　业

第一章　森林资源

景德镇市林地资源丰富,林地面积占土地总面积67.1%,市域森林资源主要是用材林、经济林、竹林、薪炭林、特种林5种。1986—2010年,全市坚持开展植树造林、封山育林、疏林补植和次生林改造等营林工作,同时加强源头管理,严格实行限额采伐制度,保障森林资源可持续增长。进入21世纪,各级林业主管部门严格控制天然林阔叶林采伐,保护动植物资源及生态环境,取得显著成效,天然林与人工林面积之比保持在2.53:1。

第一节　林　地

林地面积

20世纪80年代,随着中国经济的持续快速发展,建筑业对木材的需求量急剧增加,同时公路建设、村镇建设征用,林地面积有所下降。90年代开展人工造林,林场面积得到恢复性增长。至2010年,景德镇地区林业经历“消灭荒山”“在山上再造一个景德镇”和“实施跨世纪绿色工程”三个阶段,森林资源得到恢复和增长。其中1991—1994年在消灭荒山运动中,累计完成造林3.782万公顷,占荒山面积90%。2010年,全市森林覆盖率由1989年的45.08%增加至65.07%。

至2010年,全市土地总面积524790公顷,其中林地352386公顷,占总面积的67.1%。在林业用地中,有林地面积326234.9公顷,占林业用地的92.6%;其他林地包括疏林地3179.8公顷、灌木林7571.1公顷、未成林造林地11093.5公顷、无立木林地2416.4公顷、宜林地1778.8公顷、苗圃地91.8公顷、辅助生产林地20公顷。按经营权属划分,国有面积46336.8公顷,占林业用地的13.2%;集体面积62442.1公顷,占林业用地的17.7%;民营面积236353.4公顷,占林业用地的67.1%;外资造林2905公顷,占林业用地的0.8%;其他经营类型面积4349.1公顷,占林业用地的1.2%。

表18-1-1　1989—2009年若干年份景德镇市林地面积、有林地面积、森林覆盖率统计表　单位:公顷

调查年份	林地面积	有林地面积	森林覆盖率(%)
1989	354830	235011	45.08
1994	354667.5	268249	51.53
1999	350246	302075	60.90
2004	355579.4	295718.4	58.50
2009	352386.6	326234.9	65.07

公益林

公益林区划 根据生态环境建设、区域经济发展的需求以及森林资源现状、林业发展的长期规划，2001年全市区划界定公益林14.58万公顷，占林业用地面积41%，蓄积551.18万立方米，占活立木总蓄积43.3%。

表18-1-2 **2001年景德镇市公益林区划情况统计表** 单位：万公顷

单位	合计	国家公益林			地方公益林		
		小计	重点	一般	小计	重点	一般
全市	14.58	4.88	1.68	3.2	9.7	0.91	8.79
浮梁	6.71	3.19	0.87	2.32	3.52	0.27	3.25
乐平	5.27	0.76	0.29	0.47	4.51	0.03	4.48
昌江	0.99	0.22	0.21	0.01	0.77	0.28	0.49
枫树山林场	1.61	0.71	0.31	0.4	0.9	0.33	0.57

各级公益林面积及资金补偿 2001年起，全市列入国家生态公益林生态效益补偿试点面积2.2万公顷，分别为枫树山林场0.21万公顷，乐平市0.77万公顷，浮梁县1.08万公顷，昌江区0.14万公顷。当年中央森林生态效益补偿基金平均补助标准为每年每亩5元，其中4.5元用于补偿性支出，0.5元用于森林防火等公共管护支出。

从2005年起，启动市级生态公益林管护补助项目，由市财政每年安排100万元资金，按5元/年·亩标准，用于1.33万公顷市级生态公益林的保护和管理。其中重点防护林（护路林）0.78万公顷，分布区域为浮梁县0.38万公顷、乐平市0.25万公顷、昌江区0.15万公顷；重点特种用途林（城市周边风景林）0.55万公顷，分布区域为枫树山林场0.29万公顷、高新区（吕蒙乡）0.10万公顷、昌江区竟成镇0.16万公顷。补偿标准与国家级、省级同步逐年增加。

表18-1-3 **2005年景德镇市地方公益林补助资金试点任务安排统计表** 单位：万公顷

单位	合计	重点防护林	重点特种用途林
全市合计	1.33	0.78	0.55
浮梁县	0.38	0.38	—
乐平市	0.25	0.25	—
昌江区	0.31	0.15	0.16
枫树山林场	0.29	—	0.29
高新区	0.10	—	0.10

2005年，省财政建立省级生态公益林补助资金。2006年省林业厅、省财政厅下达景德镇市首批省级生态公益林补偿面积3.07万公顷，其中浮梁县2万公顷、昌江区0.4万公顷、枫树山林场0.67万公顷。省级生态公益林的补偿标准为每年每亩5元，其中补偿性支出4.5元/亩，森林防火、森林病虫害、资源监测等项目支出0.5元/亩。同年，乐平市新增列入中央森林生态效益补偿面积2527公顷，全市列入中央森林生态效益补偿资金的重点公益林面积为2.46万公顷。

2007年，省林业厅、省财政厅新增景德镇市省级公益林补偿面积6.56万公顷。分别是浮梁县3.84万公顷，乐平市2.72万公顷；按生态区位分：河流两岸102公顷，湖泊、水库周边81公顷，道路两侧1.13万公顷，自然保护区0.93万公顷，森林公园136公顷，其他4.47万公顷。中央和省级生态公益林补偿资金标准为6.5元/亩，其中管护支出6元/亩（国家管护支出标准为4.75元/亩，缺口部分由省财政补齐），项目支出

0.5 元/亩。同年,再增加乐平市省级公益林补偿面积 3333 公顷。

2008 年,市高新区吕蒙乡 222 公顷市级公益林调整至昌江区荷塘乡范围实施,昌江区市级公益林补偿面积增至 3333 公顷,市高新区市级公益林补偿面积为 728 公顷。同年,中央和省级生态公益林补偿资金标准为 8.5 元/亩,其中管护支出 8 元/亩(国家管护支出补偿标准为 4.75 元/亩,缺口部分由省财政补齐),项目支出 0.5 元/亩。市级生态公益林补偿面积标准为 8 元/亩,其中 7 元用于补偿及管护支出,1 元为项目支出,主要由林业主管部门用于市级生态公益林的森林防火、林业有害生物监测与防治、林区道路维修与改造、森林资源监测建档及检查验收等。

2009 年,省林业厅将浮梁县 5.67 万公顷省级公益林调整为重点公益林,但全县纳入中央和省财政补偿的生态公益林总面积仍维持不变。中央和省级生态公益林补偿资金标准为 10.5 元/亩,其中管护支出 10 元/亩(国家补助 4.75 元/亩,缺口部分由省财政补齐),项目支出 0.5 元/亩。市级生态公益林补偿面积标准为每亩 10 元,其中 9 元用于补偿及管护支出,1 元为项目支出。同年,国家林业局、财政部印发《国家级公益林区划界定办法》,重点公益林改称为国家级公益林。

2010 年,省林业厅新增市枫树山林场省级公益林补偿面积 200 公顷。中央和省级生态公益林平均补偿资金标准为 10.5 元/亩,其中管护支出 10 元/亩(国有的国家级公益林管护支出国家补偿标准为 4.75 元/亩,集体和个人所有的国家级公益林管护支出国家补偿标准为 9.75 元/亩,缺口部分由省财政补齐),项目支出 0.5 元/亩。同年,市级生态公益林补偿标准为每亩 11 元,其中 10 元用于补偿及管护支出,1 元为项目支出。

至 2010 年,全市共划定市级以上生态公益林 13.77 万公顷,其中国家级 8.13 万公顷、省级 4.31 万公顷,市级 1.33 万公顷。按行政区域划分为乐平市 4.33 万公顷,浮梁县 7.31 万公顷,昌江区 0.87 万公顷,枫树山林场 1.19 万公顷,高新区 727 公顷。

表 18-1-4　**2010 年景德镇市各级财政生态公益林补偿面积统计表**　单位:万公顷

单位	各级财政生态公益林补偿面积			
	合计	中央财政公益林	省财政公益林	市财政公益林
景德镇市	13.77	8.13	4.32	1.32
乐平市	4.33	1.03	3.05	0.25
浮梁县	7.31	6.75	0.18	0.38
昌江区	0.87	0.14	0.4	0.33
高新区	0.07	—	—	0.07
枫树山林场	1.19	0.21	0.69	0.29

第二节　结构与总量

林种结构

1986 年,全市主要分布有亚热带次生常绿阔叶林,次生常绿、落叶阔叶林和人工针叶林等典型森林群落,植被类型包括灌木及小山竹类型、蕨类禾本科类型、针叶林类型、常绿阔叶林类型、针阔混交林类型、常绿落叶混交林类型、竹阔针阔混交林类型和落叶阔叶林类型。

1996—2000 年,景德镇市实施"山上再造工程",发展毛竹丰产林基地 8680 公顷。2010 年,全市竹林面积 11113.7 公顷,活立竹总株数 2331.3 万株。与 1989 年毛竹面积 8229.3 公顷、总株数 1519.79 万株相比,分别增长 63.5% 和 53.3%。

2010 年,全市天然林与人工林面积之比约 2.53∶1,其中天然林面积 22.8 万公顷、蓄积 1222.7 万立方米,工人林面积9万公顷、人工林蓄积537.7万立方米。植树造林和封山育林两大工程的实施,全市天然林面积、蓄积分别比1989年增长1.32万公顷、439.9万立方米,人工林面积、蓄积分别增长5.16万公顷、371.4万立方米。全市乔木林面积315249.6公顷,比1989年增加100949.6公顷。各优势树种所占比例为松木面积75524公顷、占比23.5%,蓄积348万立方米、占19.8%;杉木面积53550公顷、占比16.8%,蓄积350.6万立方米、占19.9%;硬阔类面积136365.7公顷、占比42.9%,蓄积795.8万立方米、占45.2%;软阔类面积4374.7公顷、占比1.4%,蓄积11.3万立方米、占0.6%;混交林类面积48049公顷、占比15.1%,蓄积254.6万立方米、占14.5%。全市大力发展杉木、松类人工造林,与1989年所占松类面积19.3%(蓄积17.1%)相比均有较大幅度增加。但由于过度采伐,与1989年阔叶树所占面积45.9%(蓄积52.06%)相比,面积比例下降3个百分点,蓄积下降6.86个百分点。

林种分布

全市森林资源种类有用材林、经济林、竹林、薪炭林、特种林5种。

经济林主要分布在瑶里、金竹山、鹅湖、臧湾、兴田、西湖、峙滩、江村、储田、枫树山等乡(场)。其中油茶林面积7666公顷,主要产地有瑶里镇的长明、寺前、罗源、梅岭等村,鹅湖镇的曹村、集源、桃岭、高岭村,臧湾乡,王港乡,蛟潭镇福港乡,峙滩乡,兴田乡的潭下、港西村。油脂产量占全市产量的三分之一。

竹林面积11113.7公顷,活立竹总株数2331.3万根,主要分布在湘湖、瑶里、金竹山、鹅湖、天保、王港、兴田、峙滩、西湖、黄坛、荷塘等11个乡镇(场),其中湘湖镇的毛竹蓄积约占全市三分之一。

薪炭林主要分布在瑶里、鹅湖、金竹山、臧湾、王港、湘湖、寿安、鱼山等景德镇北部山区的11个乡镇(场),多为壳斗科的栎类及马尾松等,总面积673.2公顷,蓄积量5188立方米。其中有林地面积473.2公顷,蓄积5185立方米;灌木林178.9公顷;其他林地21.1公顷,蓄积3立方米。

特种用材林主要分布在西湖、九龙山、瑶里、金竹山、寿安、枫树山等乡(场),总面积19.9万公顷,蓄积量716万立方米,平均每公顷蓄积量36立方米。还有各乡(场)防护林总面积10.6万公顷,蓄积量345万立方米,平均每公顷蓄积量32.5立方米。

森林蓄积

1986—2010年,全市开展5次森林资源二类调查。25年中林地面积减少2443.4公顷,原因是城市扩建、建设单位征用办企业、修路及村民建房等。活立木总蓄积增加817.8万立方米,森林覆盖率提升19.99%。

至2010年,全市森林覆盖率65.07%,其中浮梁县为79.85%、乐平市为42.99%、昌江区为55.86%、枫树山林场为92.71%。活立木蓄积总量达到1788.9万立方米,其中浮梁1235.3万立方米占69.0%,乐平207.9万立方米占11.6%,昌江106.6万立方米占6%,枫树山林场239.1万立方米占13.4%。

按林种划分。乔木林蓄积1760.4万立方米占98.4%,毛竹1.11万公顷计2331.3万株,四旁植树蓄积量16万立方米,散生木11万立方米。

按优势树种划分。马尾松蓄积160.4万立方米占9.1%,外国松蓄积187.6万立方米占10.7%,杉木蓄积350.6万立方米占19.9%,硬阔类蓄积795.8万立方米占45.2%,软阔类蓄积11.3万立方米占0.6%,混交林类蓄积254.6万立方米占14.5%。

按龄组划分。幼龄林蓄积522.1万立方米占29.7%,中龄林蓄积911.6万立方米占51.8%,近熟林蓄积192.6万立方米占10.9%,成熟林蓄积99.2万立方米占5.6%,过熟林蓄积34.9万立方米占2%。

按经营权属类型划分。国有366.9万立方米占20.5%,集体397.6万立方米占22.2%,民营1004.5万立方米占56.2%,外资17.8万立方米占1%,其他2.1万立方米占比0.1%。

按林木起源划分。1989年,全市天然林面积21.4万公顷,蓄积量782万立方米,平均每公顷36.5立方米。人工林面积38417公顷,蓄积量166万立方米,平均每公顷43.2立方米。2009年,天然林面积22.8万公顷,蓄积量1222.7万立方米,平均每公顷53.6立方米。人工林面积90017.3公顷,蓄积量537万立方米,平均每公顷40.7立方米。

第二章　育　林

1986年始,全市育苗工作经历三个阶段,从多渠道引进外来林木良种到挖掘本土优良树种,从以国有苗圃和国营、集体林场育苗为基础到社会个人育苗专业户积极参与,从单一品种转为品种多元化。至2010年,全市成功培育37个品种,建成3处林木良种采种基地,良种良法得到大规模应用,促进了造林绿化工作。同时,通过造林育林,境内森林资源得到迅速恢复,全市贯彻“以封为主,封育结合”的原则,因地制宜对林区采取全封、半封或轮封等举措,累计封山育林面积18.9万公顷,抚育森林面积72.627万公顷。

第一节　育　苗

品种数量

1986—1995年,全市林木育苗主要以国营苗圃和国营、集体林场育苗为主,通过引进良种林木进行造林绿化,先后从省林业种苗站,广西、贵州调进杉木苗,从湖南江永和江西吉安调进马尾松,从广东佛山和美国南卡罗纳州调进湿地松、火炬松。1996—2000年,全市经营种苗的个体户规模渐大,本土树种培育得到重视,苗木品种增多。2001年,市林木种苗站成立,对林种基地建设项目和林木种苗市场进行监管,保障林木种苗供应,全市共发放林木种子生产经营许可40余张。

2002—2005年,市林科所投资68万元,建设采种基地255.8公顷,母树林4.2公顷,推广示范林14.9公顷,树种包括深山含笑、红花木莲、细叶栲、苦槠等。2003—2006年,市苗圃项目投资312万元,建设采穗区5.0公顷,种质资源收集区12.2公顷,推广示范区22.1公顷。繁育与推广树种有闽楠、豹皮樟、南方红豆杉、桂花。2009年,市枫树山林场投资184.2万元启动林木良种基地建设与繁育推广项目。至2010年,市优良树种主要有南方红豆杉、桂花、闽楠、红楠、小叶樟树、木荷、杜仲、鹅掌楸、火力楠、川楝、湿地松、火炬松、杉木等。引种育种成功有南方红豆杉、黎巴嫩雪松、日本冷杉、深山含笑、红花木莲、醉香含笑、木莲、巴东木莲、乳源木莲、乐昌含笑、白玉兰、紫玉兰等木兰科阔叶植物,还有红枝槭、香果树、兰果树、杂交马褂木,培育乡土树种小香樟、紫薇、檵木、杜英等37个品种。

表18-2-1　　1986—2010年景德镇市林木育苗面积统计表　　单位:公顷

年份	面积	年度	面积	年度	面积	年度	面积
1986	53.6	1993	55.06	2000	27.47	2007	76.33
1987	65.3	1994	49.89	2001	37.10	2008	80.67
1988	75.7	1995	42.5	2002	47.46	2009	65.67
1989	68.2	1996	61.33	2003	54.73	2010	55.06
1990	74.8	1997	53.33	2004	43.87	合计	1395.04
1991	84.6	1998	38.67	2005	36.6		
1992	75.9	1999	21	2006	50.20		

育苗基地

国营景德镇市苗圃　位于国道206线和昌南大道交汇处,面积100余公顷。1986年,实行“统一安排、定向育苗、市场调节”的办法统筹安排苗木生产,重点培育樟树、茶花、桂花、柚树、枇杷、柿树、花卉盆景等造林绿化苗木。1988—1996年,累计生产培育湿地松、杉木等造林苗木1100万株。1992年被确定为省重点育苗单位。1994年被省林业厅授予江西省无森林植物检疫对象苗圃。1997—2003年,苗圃调整育苗品种,培育雪松、广玉兰、茶花、山杜英、桂花、马褂木等67个绿化苗木及花卉苗木种类。

2004—2006年,启动林木良种基地建设项目,投资312万元,基地规模85公顷,主要品种为闽楠、豹皮樟、南方红豆杉等。2005年,苗圃承担实施国家林业局重点林业科技推广项目"观赏竹种竹营建技术推广",引种菲黄竹、菲白竹、翠竹、铺地竹、凤尾竹、茶杆竹、金镶玉、紫竹等珍贵观赏竹品种15个,提升生态观光效果。2007年,启动第二批省基建投资项目"景德镇市优良乡土阔叶树繁育技术示范基地"建设,面积63.4公顷,设计总投资280万元。2008年,苗圃投资40万元,实施珍稀乡土阔叶树闽楠的良种繁育。2009年,市植物园移交给市苗圃管理,实行一个机构两块牌子。至2010年,苗圃相继引入山茶花等观赏植物,丰富植物园观赏性和生态多样性。

枫树山林场森林苗圃　位于市东郊。1986年,可育苗面积63公顷,年产苗木500万余株,主要培育湿地松为主的造林绿化树苗,每年生产各类优质苗木,一级苗出圃率均在90%以上。1987—1999年,连续12次被省林业厅评为优质苗圃。2002年,被国家林业局授予全国特色苗木基地。2009年,苗圃启动林木良种基地建设与繁育推广项目,总投资184.2万元。营建火炬松实生种子园5.53公顷、无性系接穗嫁接火炬松种子园5.11公顷、杂交马褂木种子园7.43公顷、高产脂湿地松种子园6.67公顷,繁育与推广火炬松实生苗造林33.3公顷、火炬松嫁接品种造林33.3公顷、杂交马褂木品种造林33.3公顷、高产脂湿地松品种造林33.3公顷。至2010年,实现年产湿地松、香樟、桂花、杜英、杉木等1年生苗木200万株以上,绿化大苗100万~200万株。

昌江区苗圃　以企业为化经营,共有苗木花卉生产基地5个,总面积73.4公顷,主要培育造林苗木和绿化苗木,年均产苗量8.2万株。

市昌农苗圃。位于鱼山镇,经营树种为樟树、桂花等绿化苗木,基地面积12公顷。

市新春花木苗圃有限公司。位于竟成镇,经营树种为红枫,基地面积2公顷。

市景运苗圃。位于鱼山镇,经营树种为樟树、桂花、杜英、红叶石楠等绿化苗木,基地面积50公顷。

青山湾苗圃。位于鱼山镇和丽阳乡,经营树种为樟树、桂花等绿化苗木和湿地松等造林苗木,基地面积7.4公顷。

青原农林开发有限公司。位于丽阳乡,经营树种为油茶等造林苗木,基地面积2公顷。

乐平森林苗圃　隶属乐平市林业局,位于乐平市东风路24号,经营面积28公顷,其中育苗面积10公顷,有林地面积18公顷,年苗木生产能力200万株,拥有大棚面积480平方米。

浮梁县苗圃　浮梁县苗圃多数为个体独资,以农户分散经营为主,生产营销方式为自产自销,拥有苗圃46家,基地面积在6公顷以上有8家,总面积266.8公顷,主要培育罗汉松、紫薇、广玉兰、桂花、红豆杉、樟树、红叶石楠等绿化苗木。

表18-2-2　**1986—2010年浮梁县主要苗木基地建设情况一览表**　单位:公顷

育苗单位	基地	育苗面积	苗木品种
华美园林公司	三龙镇	66.74	红叶石楠、盛果树、桂花
三龙苗圃	三龙镇	14	罗汉松、樟树、茶花、广玉兰
金鑫杨梅专业合作社	浮梁镇	10.8	杨梅、桂花、罗汉松、塔柏、樟树
龙盈苗圃	湘湖镇	7.4	桂花、茶花、含笑、茶梅、石榴、樟树、红豆杉
千叶花卉苗木示范基地	臧湾乡	8.04	香樟、桂花
兄弟园艺场	王港乡	6.8	桂花、罗汉松、紫薇、广玉兰
文广苗木	王港乡	20	红豆杉
景兴农业开发有限公司	蛟潭镇	50.1	香樟、桂花、红叶石楠、栾树

育苗管理

1986年起,市林业局对国营苗圃、林科所以及个体苗圃的林木种子采收、调运、播种、育苗工作,实行"三证"(种子经营许可证、种子检疫证、种子质量检验证)管理制度。坚持使用良种,即优良种源区、良种基地生产的种子及省认定中心产区种子;坚持自育苗、育壮苗及"定点购种,定人承包、定量达标,定向供应"的原则,县域内实现苗木自给;坚持多树种育苗,多育阔叶树苗木;坚持推广育苗新技术,如舒根型软塑料容器苗、松类芽苗切根及分级播种育苗技术等。国营苗圃采取定计划、定树种、定质量、定价格,县内包销的办法,同职工工资挂钩,奖赔兑现。

育苗方法主要有播种、扦插、嫁接、压条等,其中播种育苗占75%左右。杉木、马尾松等用材林树种的育苗方法以人工大田播种为主。湿地松、木荷、枫香、南酸枣等树种育苗,采取先期苗床播种,待小苗生长到一定程度进行移栽培育大苗。油茶、油桐等经济林树种一般以条播为主,便于苗田除草、施肥等管理。

2000至2004年,全市连续4年开展"林木质量年"活动。市林业局和市工商局联合开展林木种苗行政执法专项检查,打击假种子、假苗木行为,其间共抽查50个育苗单位。2006年,对到期的许可证进行换证,举办一期林木种子质检员学习班。同时,按照全省统一部署,开展林木种子资源调查、材料汇总和成果编制工作。2010年,全市各级林业部门有8名质检员取得国家林业局颁发的质检员证书,占管理人员的75%。有10名生产经营户取得国家林业局颁发的种苗质量质检员证书。全市发证180份,有86户种苗生产、经营户领取许可证,生产经营单位和个人都能做到持证生产、持证经营。

第二节　封山育林

封育管理

20世纪80年代开始,全市实施封山育林,封山模式分为甲级封山和乙级封山。按照"五有"(有领导、有规划设计、有资金投入、有规章制度、有管护人员)要求,重点对国道206线和其他公路沿线封山。封育的山场禁止任何采伐活动,禁止火种入林并挂牌公示。如发现偷伐林木的,按乡规民约杀偷伐者养的猪,全村分肉,也有交森林公安处理。

1986年,全市层层建立护林组织和制定护林公约。封山育林责任落实到人头、山头,做到有封山育林牌、有四至界址、有护林人员名称、有护林公约,规定封育年限、封育方式。建立封山育林管护网络,对专职护林员的选配先由村、乡推荐,报县市总指挥部批准备案,再下委任,发给执照证件。每乡配2~4人,村委会山林在133.4公顷以上的,配专职护林员1~2人。

1995年10月,市政府第8号令发布实施《景德镇市封山育林管理办法》,提出坚持"以封为主,封育结合"和"谁封山、谁管护,谁投入、谁受益"的原则,做到有规划设计、有领导小组、有护林队伍、有封山公约、有封山标牌、有封山档案。提高封山护林质量,将国道206线、皖赣铁路两侧各不少于500米的山脊以内的封山区以及具有永久保留价值的风景林区、自然保护区等定为甲级封山育林区。景波、景婺、景瑶、乐德、乐戈、乐涌、乐波公路两侧不少于500米的山脊以内的封山区以及共产主义水库、民兵水库、玉田水库、山田水库集水区等区域定为乙级封山区。

2005年,据固定观测样地观测数据显示,全市封山区森林立木年平均生长量达到0.4立方米,占全市森林立木年平均生长量181.8%。1996—2010年,景德镇市分别在辖区乐平、浮梁、昌江、枫树山林场连续实施两期长江防护林工程项目,新增封山育林面积1.65万公顷。1991—2010年,全市累计封山育林面积12.3万公顷,其中甲级封山2.66万公顷,无限期封山面积4万公顷。

2010年,全市有乡村护林员2304人,其中专职乡村护林员474人,兼职乡村护林员1830人。林区乡镇设林业工作站28个,现有职工137人。

禁伐阔叶林

1996年5月,浮梁县作为省重点林区县之一,颁布实施《浮梁县封山育林管理办法》,重点对县境内阔叶

瑶里汪胡村原始森林春景

林以及针阔混交林实行封山，至2000年累计封山育林面积6.72万公顷。

1997年8月，市政府批转《关于切实加强阔叶林资源保护管理意见》，要求对古树、名木、母树、风景树进行调查摸底，登记造册、建立档案、珍贵的要挂牌保护，并严格落实管理责任。皖赣铁路和国道206线等重要交通沿线的风景林、自然保护区的阔叶林、各种古树名木、母树和珍稀树种等严禁采伐。1998年，根据国务院关于保护天然阔叶树、保护生态环境的要求，严格控制阔叶树采伐，严禁以针叶树计划调换阔叶树计划，并必须对所有阔叶林伐区更新实行封禁育林，杜绝更换树种重新造林的做法。

2001年7月，浮梁县启动生态公益林区划工作，将部分封山育林区、自然保护区及符合区划公益林条件的山林划为国家公益林和地方公益林，面积达6.71万公顷，其中封山育林区占63%。2004年8月，国家林业局授予浮梁县“全国封山育林先进县”称号。

第三节　育林技术和基金管理

育林科技

技术推广　1986—2003年，全市林业科技推广工作主要由枫树山林场和林业科学研究所承担，开展芽苗切根移栽、abt生根粉、容器育苗、pt菌根育苗、阔叶树条播等新技术的推广和应用，取得一定成效。累计实施推广项目40余宗，获国家、省、市科技进步奖和推广奖20余次。1992年1月，启动pt菌根化育苗造林试验，大大提高造林成活率和幼林生长量。同年，市枫树山苗圃将技术成功应用于培育湿地松育苗40公顷并荣获林业部科技进步二等奖。1994年，完成湿地松容器育苗900万株，为当年5月补植和补造备足苗木。1997年，枫树山林场良种马尾松采用pt菌根育苗，苗高平均增长17%，地径平均增长26.5%，长势良好。2007—2008年，重点推广竹腔施肥技术，累计实施竹林面积4800公顷，并分别在湘湖镇、鹅湖镇和王港乡建立竹腔施肥示范基地。

2009—2010年，市林业科技推广站成立由9名科技服务特派员和19名科技服务指导员组成的油茶科技服务队伍，开展“低产油茶林改造”项目，采取低产林分类改造、综合治理等方式，促进老油茶林增质增效。

2010年，全市有乡镇林业工作站28个，林业科技人员350余人，基本实现县、乡、村、组（示范户）的四级林业技术推广网络。累计完成省级以上林业科研项目（课题）13个，有14项科技研究成果获奖，其中获国家级2项、省级7项、市级5项。市、县、乡三级林业部门共签定科技服务协议50份，举办技术培训班14期，培训林农5600人次。开展送科技下乡22次，开展现场指导960人次，参加惠农直播节目2期，编印技术资料32册，印发技术资料2.5万份，受益企业（大户）16个。完成20公顷示范林建设，辐射推广300公顷。

科研项目　市林科所先后与美国北卡大学、南京林业大学、江西农业大学、省林业科学研究所等科研单位合作攻关技术难题，先后实施南方红豆杉、香榧、油茶、毛竹、湿地松等一批重大科技项目，多次获得国家、省级、市级的科技奖项。1986—2010年共完成林业科研项目（课题）13个（国家级5项、省级8项目），其中“薪炭林速生丰产结构和营造林技术的研究”“江西省低丘陵荒山林业生态经济模式研究”获江西省科技进步三等奖。“银杏良种繁育及其栽培技术推广”“南方红豆杉种质资源调查及苗木繁育推广”“杜仲良种繁育及其栽培技术研究”获省农业科教人员突出贡献奖三等奖，特别是南方红豆杉研究走在全省前列。

红豆杉研究。1997年3月，发现南方红豆杉天然种群。1999年4月，南方红豆杉人工繁育技术经专家鉴定达到省内领先水平。2004年5月,承担国家级星火计划项目"南方红豆杉种质资源开发利用",国家林业局、国家农发办"南方红豆杉优良苗木繁育基地建设"项目和省科技支撑计划项目"南方红豆杉种质资源调查及苗木繁育研究",其中"南方红豆杉种质资源调查及苗木繁育研究"经省科技厅组织专家鉴定为国内先进水平。同月,市林科所特色林种苗基地被国家林业局授为全国特色种苗基地。2008年11月,市林科所经过3年试验探索,成功掌握一套南方红豆杉幼树人工授粉简易方法,授粉试验结果成功率达97%,为风媒传粉(对照)7倍,该技术为国家南方地区大面积推广南方红豆杉种植提供了技术支持,2009年2月中央电视台《新闻联播》进行报道。2010年2月,央视《早间新闻》报道市林科所南方红豆杉雌雄同株的重大发现,新华社以图片形式进行报道,人民网等也相继进行转载。

表18-2-3　**1986—2002年景德镇市林业自主科研获奖情况表**

年份	科研课题	获奖情况
1989—1994	枯草芽孢杆菌防治竹蝗	省科技进步三等奖
1994	薪炭林速生丰产结构和营造技术研究	省科技进步三等奖、省农科教突出贡献三等奖
1996	竹类种质资源开发研究优良笋用竹丰产栽培推广	市政府农业实用技术推广二等奖
1996	笋用竹引种栽培	省厅农科教三等奖
1997	优良薪材树种引种选种及薪炭林栽培技术研究、推广	林业部科技进步二等奖市政府农业实用技术推广三等奖
2002	杜仲良种繁育及栽培技术研究	省农业科教人员突出贡献三等奖

湿地松芽苗截根试验研究。对湿地松芽苗进行截根处理是培育湿地松壮苗的技术措施。通过对芽苗主根不同程度的截除,各个性状指标明显优于未截根苗。芽苗通过截根可抑制出根伸长生长,促进侧须根生长,经测定截根苗的侧根总数和总长是未截根苗的1.8倍以上,可以提高生物量,地上部分提高鲜物质21%,干物质30.7%,地下部分提高鲜物质41.2%,干物质38.8%。1991年,获省林业厅科教兴林贡献二等奖。

松针褐斑病预测预报及防治试验研究。课题主要研究松针褐斑病预测预报及综合治理,探讨松针褐斑病发生发展规律及气象因子的关系,分生孢子在林分中垂直和水平扩散的有效距离以及分生孢子越冬萌发和低湿保存萌发试验,为病害的预测预报和营林防病提供可靠依据。通过综合治理,防治效果可达94.9%,每亩可增加材积0.11立方米,达到国内同类先进水平。1992年,获市科技进步三等奖。

杉木速生丰产组装配套技术研究。成果主要采取良种壮苗,合理施肥与及时抚育,把已有的科研成果组合配套,形成科学的生产管理措施,实现幼林期直径与树高高于部颁标准的10%,中林期直径、树高与每亩蓄积高于部颁标准的10%,15年主伐时生长总蓄积每亩15.5立方米。1993年,获省林业厅科教兴林贡献三等奖。

杉木萌发更新幼林施肥试验。成果应用施肥处理促进林木生长,其中以每亩混施40斤氯化钾加66斤尿素效果为好,五年生幼林高度及地径平均增长分别为50.3%和52.78%,促进林木提前1~1.5年进入郁闭。1994年,获省林业厅科教兴林三等奖。

pt菌根化育苗造林试验。1992年1月启动,项目应用菌根化苗木造林,使湿地松、火炬松苗木质量提高,湿地松苗高、地径和须根分别比对照组增21.4%~120%,37.5%~100%和216%。火炬松苗高、地径、须根总长度分别比对照组增长80%~243.8%、8.3%~66.7%和140.5%,造林成活率和幼林生长量提高。1994年5月,获林业部科技进步二等奖。

国外松芽苗移栽技术研究。成果可显著提高苗木的产量和质量,降低育苗成本。出苗最高达9228~9954株/斤种子,平均苗高由大田直播22厘米提高到32.3~35厘米,平均地径由0.7厘米提高到0.7~0.84厘米,一、二级苗由大田直播的67.5%提高到89%~95.6%。1995年,获市科技进步二等奖。

湿地松种源试验研究。研究成果为引进种子选择优良种源提供科学依据,为赣东北地区发展湿地松、火炬松这两个外来树种解决盲目调种问题。优育种源较一般种源增产28%,较最差种源增产54.7%,推广应用后,效益显著。1995年,获省科技进步二等奖。

湿地松、火炬松幼林施肥效应研究。通过5年的观测研究,定量和定性分析,为湿地松、火炬松合理施肥提供科学依据。投入产出比为1∶3.75,技术成果在国内同类研究中达先进水平。1996年,获市农业实用技术项目推广三等奖。

国外松枯梢病发病规律与综合防治研究。利用营林技术措施,喷施硼和清理病源的营林防治措施,其防治效果达91%以上,方便大面积应用和推广。1996年,获省农科教突出贡献三等奖,市农业实用技术推广二等奖。

湿地松优良家系选择研究。试验围绕种源—群体—家系—单株多层次遗传差异,层次分明,谱系关系清楚。从111个家系中,筛选出适合赣南、赣中、赣北推广的湿地松优良家系18个、18个和22个,其中广谱型家系9个,树高和胸径平均遗传增益比省优良家系高出10%以上,优育单株150株,平均遗传增益树高20%以上,胸径10%以上,增益显著。1997年,获省科技进步三等奖。1998年,市农业实用技术项目推广一等奖。

湿地松幼林主、侧枝弯曲成因研究及防治试验。项目采用喷施硼加硫酸铜溶液,防治效果年平均达80.56%～91.67%,防治方法简单易行。1998年,获市科技进步二等奖,市农业实用技术项目推广一等奖。

松树芽苗pt菌根菌化造林研究。课题选用湿地松芽苗直接上山造林新技术,用pt菌根菌接种的芽苗造林效果显著,其平均高、地径分别达到69.57厘米和1.85厘米,超出部颁标准39%和16%。1998年获市科技进步二等奖。

绿色植物生长调节剂研究开发与应用。2000年,承担绿色植物生长调节剂的研究开发与应用项目,与中国林科院等单位合作开展林木育苗、人工造林、园林绿化、水稻种植等方面的实验研究和应用推广,效果显著。6月,获国家林业局科学技术司推广一等奖。2002年7月,获中国林科院推广二等奖,国家科学技术进步二等奖。

高产脂湿地松、高世代南方松良种引进和关键技术研究。2006年11月,枫树山林场与江西农业学院协作的高世代南方松育种园、示范林营林营建和试验研究项目通过江西省科技厅鉴定,达到同类研究的国内领先、国外先进水平。2007年获省高等学校科技成果二等奖。2009年,获省农业科技人员突出贡献三等奖。项目在湿地松种源试验基础上,选择引进美国3个州种子园单亲子代112个。在江西省南部、中部和北部进行多点、多年份遗传测定并作跟踪调查,总面积40公顷。成果应用后全省累计新增产值为3337.59万元,累计新增利税为2666.66万元。

幼林抚育

1986年起,全市开展"消灭荒山"运动,新造林(幼林)面积逐年增多,幼林进行抚育成为林业生产的主要一环。市政府每年下达的林业生产计划中,幼林抚育是主要指标之一,也是对各县区负责人任期林业工作目标责任考核的主要指标之一。抚育管理采取的主要措施有松土除草、培土、除萌蘖、修枝、补植、以种代抚,幼林保护结合抚育,采取施肥和压青等措施。

1987—1999年,全市各林业生产单位根据不同树种、不同的林地条件采取合理的抚育方法,按计划要求进行幼林抚育,新造林前三年进行抚育的比抚育不及时的成活率、保存率明显提高。1990—1993年,全市承担世界银行贷款项目造林的各国营林场严格按要求进行抚育,共造林963.23公顷。进入21世纪,人工造林大多数是补植,且多采用高度2米以上的大苗造林,加上林业生产单位均能按需要进行幼林抚育。至2010年,全市累计抚育面积72.627万公顷。

表18-2-4　**1986—2010年景德镇市抚育面积情况统计表**　单位:公顷

年份	抚育面积	年份	抚育面积	年份	抚育面积	年份	抚育面积
1986	2.93	1993	2.94	2000	3.74	2007	1.88
1987	3.51	1994	3.72	2001	3.20	2008	2.12
1988	2.53	1995	3.93	2002	2.40	2009	3.06
1989	2.53	1996	2.77	2003	3.4	2010	2.67
1990	4.15	1997	3.507	2004	2.15	合计	72.627
1991	3.74	1998	2.64	2005	1.07		
1992	2.84	1999	4.02	2006	1.18		

育林基金

1988 年 5 月 13 日,省经济委员会、省林业厅等 5 部门联合下发《关于整顿和调整我省木材费用收取标准的通知》,对“两金”(育林基金和建设基金)的征收由按收购价征收,改为对产区木竹经营加工单位按其收购后的第一次销售价的 20%(育林基金 12%,更改资金 8%)向经营单位征收;集体和林农直接销往市场的木材、毛竹及其制品、半成品“两金”征收,按第一次成交价的 25% 计征。11 月 20 日,省财政厅、省林业厅联合发文将集体(个体)育林基金由省、地(市)、县(市、区)1∶2∶7 比例分成改为 3∶2∶5 比例分成;将集体(个体)更改资金由省、地(市)、县(市、区)2∶2∶6 比例分成改为 3∶2∶5 比例分成;国营营林林场、采育林场、垦殖场和其他国营林业事业单位的育林基金、更改资金由省、地(市)、县(市、区)、场 1∶1∶1∶7 比例分成改为 3∶1∶1∶5 比例分成。1990 年 1 月起,根据各地森林采伐限额、商品木竹数量和市场价格等综合因素,计算出应征收“两金”的基数。在此基础上,全省实行“定额上交,计划安排,超收留用,少收不减,一年一定”的管理办法并规定上交省林业厅的比例为 30%。

1998 年 8 月 30 日,《江西省育林基金和维简费征收使用管理办法》出台,进一步规范育林基金、维简费征收和使用管理,规定国有森工企业、林场、垦殖场等企事业单位经营的木竹以及经批准注册的木竹经营加工单位经销的木竹,分别按第一次的销售价或收购后第一次销售价的 20%(其中育林基金 12%,维简费 8%)计征。乡村集体林场、林农直接销售给用户或木竹市场的木竹,以及委托国有木竹经营单位代销的木竹均按第一次成交价的 25%(其中育林基金 15%,维简费 10%)计征。对各级使用分成比例作适当调整,集体林(包括个体)的育林基金、维简费,其省、地(市)、县(市、区)的使用分成比例为 2∶2∶6;国有林的育林基金、维简费,其省、地(市)、县(市、区)、场的使用分成比例为 2∶1∶1∶6。

1986—2010 年,全市征收的育林基金超过 1.5 亿元,是林业发展中的一个最重要的、稳定的资金来源,对促进全市各个时期的林业发展管理起到重要作用。

表 18-2-5　　**2004—2010 年景德镇市育林基金征收情况统计表**　　单位:万元

年份	合计	市本级	乐平市	浮梁县	昌江区
2004	1010.29	608.89	155.18	238.61	7.61
2005	1247.66	228.35	173.42	816.58	29.31
2006	1060	220	160	665	15
2007	1690.94	666.94	155.67	851.93	16.4
2008	1139.89	331.17	203.19	594.17	11.36
2009	1329.39	388.78	270.22	661.63	8.76
2010	1322.27	357.43	238.08	704.29	22.47

表 18-2-6　　**2003—2010 年景德镇市森林植被恢复费征收情况统计表**　　单位:万元

年份	合计	市本级	乐平市	浮梁县	昌江区
2003	578.68	111.03	382.66	4.86	80.13
2004	254.73	172.19	18.9	38.24	25.4
2005	468.75	148.04	15.07	201.58	104.06
2006	969.31	295.99	115.29	167.46	390.57
2007	1412.4	309.67	226.09	515.76	360.88
2008	1589.06	538.41	108.85	551.7	390.1
2009	664.9	391.66	131.48	109.85	31.91
2010	1251.28	681.33	156.17	229.06	184.72

第三章　植树造林

1986年起，景德镇市委、市政府先后作出“消灭宜林荒山”“在山上再造一个景德镇”“跨世纪绿色工程”、造林绿化工程、义务植树等战略决策，全市实施造林绿化、一般造林和重点工程造林并举，造林与管护并重。25年间，全市共新增造林面积116193.3公顷。全市工程造林占境内造林比重较大，造林资金一般由国家下拨为主，地方自筹配套，或由世界银行和农业银行贷款解决。根据林地情况和需要申报造林项目，经批准后实施。

第一节　绿化造林

义务植树活动

1986年起，市委、市政府每年春节后上班的第一天举办领导义务植树暨团拜活动，市四套班子领导带头，各机关事业单位积极参与，通过广播、电视、报刊等新闻媒体进行宣传动员，推动全民义务植树活动深入开展。

1990年2月初，市政府召开植树造林动员大会，要求全市人民集体行动起来，迅速掀起造林高潮。2月中旬，市四套班子及市直机关等单位领导到枫树山林场参加全民义务植树造林活动。3月12日，景德镇供电公司“国家电网江西电力共产党员服务队”与市枫树山林场浮南分场，联合开展“关爱自然、义务植树”学雷锋志愿义务植树活动，栽下友谊林2000株。当年全市参加义务植树70.2万人次，植树335万株，义务植树尽责率达91.23%。

2003年2月底，市四套班子、军分区及市区直属机关200余人，到市苗圃参加全民义务植树活动。同月，景德镇陶瓷学院组织近200余名青少年志愿者，在昌江河两岸进行植树造林。并将国道206线、生态路昌江段定为市委、市人大、市政府、市政协领导义务植树示范点，面积合计为61.2公顷，主要树种为香樟、山杜英、深山含笑等。每年春节后上班首日，把领导干部参加植树作为团拜活动。大岭垦殖场为全民义务植树基地，面积65.4公顷，主要树种为樟树、山杜英等。

2009年3月，市确定“建设生态城市、打造秀美瓷都”的城市定位，全市100多个单位的近万名干部职工在10多个不同义务植树点参加义务植树活动，共植树10万余株。至2010年，累计完成植树6691万株，植树成活率达90%，保存率达90%，尽责率达91.4%。

造林工程

1991年3月，市林业部门启动荒山踏查，走访乐平市、浮梁县、昌江区、枫树山林场等61个乡镇(场)所、圃，420个村委会，全面清查荒山面积。核实全市郁闭度0.1以下疏林和荒山面积50599.2公顷，其中荒山面积41940.5公顷，0.1疏林面积8658.7公顷。1992年4月，市政府启动消灭宜林荒山工程。至1994年累计完成造林面积37820公顷，占荒山面积90%，并通过省林业厅考核组验收。1995—1997年，启动“在山上再造一个景德镇”工程，累计完成造林面积17293.33公顷。

1999—2003年，全市大力推进生态环境建设与经济发展协调发展，全面实施“跨世纪绿色工程”，完成重点生态林建设工程18.53万公顷和重点商品林建设工程7.8万公顷。进入21世纪，植树造林由绿化造林转为生态林业建设，退耕还林、长防林等工程造林成为中心任务，山上造林逐步转为山下造林。2008年，全市重点对公路、铁路等交通干线两侧，沿城周边、沿河两岸进行选林绿化。至2010年累计投入资金3.66亿元，完成造林绿化建设面积2.80万公顷。

表 18-3-1　　1991—2010 年景德镇市造林面积统计表　　单位:公顷

年份	造林面积	年份	造林面积	年份	造林面积
1991	7686.67	1998	2400	2005	3866.66
1992	7933.33	1999	1233.33	2006	2800
1993	8733.33	2000	1506.67	2007	7013.33
1994	13466.67	2001	2880	2008	8600
1995	7873.33	2002	4213.33	2009	12966.66
1996	4086.67	2003	3840	2010	6413.3
1997	5333.33	2004	3346.66		

低产林改造

全市人工低产林主要是由于选地不当、树种不宜或管理粗放所致,改造工程主要集中在浮梁县域。1986 年,国营枫树山林场对浮南、浮西、塘坞及场部 4 个分区的人工杉木林启动改造,根据各改造林区土壤状态及林木生长现状,对部分不适宜第二代杉木萌芽的林地改栽湿地松、火炬松、马尾松、毛竹等其他用材林树种。1990 年,据固定样地观测,经过改造的低产林分年生长量提高 46%。2004—2009 年,市枫树山林场、浮梁县银坞林场、市绿达林场等单位累计完成低效林改造 2560 公顷。1986—2010 年,全市完成低产林改造面积达 6.68 万公顷。

第二节　造林项目

部省联营拨改贷速生丰产林基地

1982 年,枫树山林场承担营造部省联营速生丰产林基地建设,由林业部安排国家预算"拨改贷"林业基本建设投资,至 1991 年,完成第一、二期工程,累计造林 5166.3 公顷,完成投资 1225 万元。最早开始基地建设的樟树坑和磨刀港分场分别于 1990 年和 1991 年对 133.3 公顷面积进行抚育间伐,获得经济效益。10 年生湿地松平均树高 8.5 米,平均胸径 15.5 厘米,平均单株材积 0.0991 立方米,平均每公顷蓄积 110.73 立方米,林木生长超部颁标准。1989 年,磨刀港分场评为全省第一个火炬松优质小班开始,全场连续 3 年评出湿地松、火炬松优质小班 40 个,面积 392.86 公顷。

1988 年 3 月,实施湿地松采脂用材林基地建设,设计面积 1300 公顷。至 1992 年,完成造林 1433.33 公顷,营造防火林带 18.63 千米。经省林业厅验收,面积核实率和达标率 100%,造林成活率 95% 以上。

1990 年 5 月,世界银行贷款国家造林项目速生丰产林基地立项,面积 1800 公顷。1990—1995 年,完成造林 3780 公顷,为任务的 210%,营造防火林带 174 千米。经省林业厅检查验收,造林质量综合达标率为 102%。

表 18-3-2　　1986—1995 年枫树山林场湿地松速生丰产林基地各树种造林情况统计表　　单位:亩

年份	造林面积	杉木	湿地松	火炬松	湿杉混交	马尾松	木荷
1986	10241	4569	3597	2075	—	—	—
1987	10218	5928	2192	2098	—	—	—
1988	9857	4112	1247	2630	1868	—	—
1989	7592	2540	3580	1397	75	—	—

续表 18－3－2

年份	造林面积	杉木	湿地松	火炬松	湿杉混交	马尾松	木荷
1990	3851	2433	1221	197	—	—	—
1991	4292	2477	1669	146	—	—	—
1992	9856	6848	2600	260	148	—	—
1993	12094	4618	5508	1520	448	—	—
1994	15798	6174	6758	1890	249	687	40
1995	12325	3930	7449	871	75	—	—

长江防护林工程

景德镇市长江防护林工程以营造生态林为主，树种多为本土阔叶树，针阔叶树混交比例达到造林面积85%以上。1991 年，乐平入选为长江中下游防护林体系辐射县，投入资金 1084 万元，至 1993 年完成人工造林 18066.7 公顷、封山育林 9220 公顷、飞播造林 6660 公顷、"四旁"植树 240 万株。1996—2000 年，景德镇市启动长防林工程建设一期工程，主要围绕全市河流沿岸及生态脆弱地区实施，涉及乐平、浮梁、昌江区、枫树山林场等。累计完成造林面积 5047 公顷，新增封山育林面积 12933 公顷。

2001—2010 年，实施长防林二期工程，新增造林面积 4126 公顷，封山育林面积 4026 公顷。其中 2001 年造林 500 公顷，封山育林 967 公顷；2002 年造林 733 公顷，封山育林 1267 公顷；2003 年封山育林 333 公顷；2004 年造林 533 公顷；2006 年造林 333 公顷，封山育林 333 公顷；2008 年造林 1267 公顷；2009 年造林 427 公顷，封山育林 593 公顷；2010 年造林 333 公顷，封山育林 533 公顷。

退耕还林工程

2002 年，景德镇市在乐平、浮梁两地启动退耕还林工程，总投资约 6000 万元，完成面积 0.44 万公顷，其中坡耕地、山坞田、荒山造林各 0.22 万公顷，占计划任务的 100%。2003 年，实施退耕还林造林面积 0.53 万公顷，工程造林涉及乐平市、浮梁县所有乡（镇）。7 月，在全省退耕还林检查中位列全省第一，乐平市在全省县级排名第三。8 月，浮梁县代表全省接受国家林业局检查验收并排名第二名。

2002—2010 年，全市累计实施退耕还林工程面积 1.94 万公顷，累计投入资金 1.20 亿元。国家对退耕农户进行补助，补助标准为每亩退耕地每年补助现金 105 元。原每亩退耕地每年 20 元生活补助费，继续直接补助给退耕农户，并与管护任务挂钩。补助期为还生态林补助 8 年，还经济林补助 5 年。

退耕还林粮食和生活补助按照承包户和退耕户已签合同进行分配，对原补助期满后，国家继续对退耕农户的补助，直接补助给原退耕土地承包经营权人。每亩退耕地每年 20 元生活补助费与管护任务挂钩，退耕户自退自管的，由退耕户享受生活补助费。财政按退耕还林面积每年每亩 2 元的标准安排管护经费，其中省财政安排 1 元，市、县财政各安排 0.5 元。省级财政安排的工作经费主要用于县级退耕还林工作经费补助。省财政对退耕还林工作经费的补助与地方工作经费到位情况挂钩。

造林绿化工程

2008 年 10 月，全省实施造林绿化工程，要求确保至 2010 年全省森林覆盖率达到 63%，实现县城和市府所在地的绿化，乡镇政府所在地的绿化，农村自然村的绿化，基础设施、工业园区和矿山裸露地的绿化。全市完成造林绿化面积 1.29 万公顷，占省下达计划的 126%。2009 年，全市完成造林绿化 1.30 万公顷，占省下达计划的 121%。

2010 年，全市共完成造林绿化 6493.33 公顷。2008—2010 年，累计完成高速公路、国省道绿化 312.5 千米，其中高速公路绿化 74 千米、国道绿化 114.5 千米、省道绿化 124 千米。在提高道路两旁绿地覆盖率的同时，也占用了山区、林区本来就不多的耕地。工程快速推进，施工质量差，也造成苗木成活率低、资金浪费等问题。

世界银行贷款造林

项目以国有林场为主体实施,营造以湿地松、杉树为主的速生丰产林基地。1990年,省林业厅正式批准景德镇市利用世界银行贷款国家造林项目,建设周期为5年,分别由枫树山林场和浮梁县银坞林场实施,总投资1221.3万元。至1995年,营造国外松、杉木、马尾松速生丰产用材林5000公顷。同年,景德镇市启动世界银行贷款建设的森林资源发展与保护项目,利用世界银行贷款金额3057.6万元,由枫树山林场、浮梁县银坞林场、昌江区林场3个单位承担。1996—2001年,新增营造林面积12241公顷,其中市枫树山林场实施人工造林面积6140公顷,利用世界银行贷款金额1059.4万元;昌江区林场实施人工造林面积2012公顷,利用世界银行贷款金额380万元;浮梁县银坞林场实施人工造林面积4089公顷,利用世界银行贷款金额1618.2万元。

日本政府贷款造林

2004年10月,省林业厅批复景德镇市实施日本政府贷款江西造林项目,项目建设期为6年,前4年造林和后2年幼林抚育,主要由市枫树山林场、浮梁县银坞林场、市绿达林场3个单位实施。至2010年,共利用日本政府贷款3359.68万元,完成造林规模15386.67公顷,占计划任务100%。按林种分为防护林6887公顷、用材林7993公顷、经济林506.67公顷。按培育方式分为封山育林2206.67公顷、低效林改造2560公顷、毛竹低改613.33公顷、次生阔叶林改造993.67公顷、中幼林抚育6460公顷、新造各类林2553公顷。

第四章　森林保护

1986—2010年,全市森林资源保护工作以防范森林火灾、打击乱砍滥伐、禁止捕猎野生动物、保护名木古树为重点,通过落实森林防火各级领导责任制,健全基层防火、扑火队伍,完善林区基础设施建设,强化野外火源管理和重点地区森林火灾的防范,有效减少森林火灾发生。科学制订林木采伐计划,打击无证、超限额采伐。加强古树名木调查、保护管理,完善野生动植物保护网络,森林资源总量保持稳定增长的良好态势。全市各级森林公安每年秋季11月至翌年春季在林区开展森林资源保护专项严打行动,打击毁林犯罪活动。全市破坏森林案件立案13008起,破获查处12527起,为国家挽回直接经济损失数千万元。

第一节　护林行动

专项严打行动

“严打”斗争　1987年4月,市委、市政府发布《关于开展打击破坏森林违法犯罪分子专项斗争的通告》,组织市公安局、中级人民法院、市检察院、市林业局在全市范围内开展打击破坏森林资源违法犯罪行为的斗争。共查处森林刑事案件9起,治安案件13起,林政案件300多起,罚款、补交林业“两金”(育林基金、更改基金)19.9万元,收缴木材600多立方米,清理无证加工点151个、无证收购点17个,捣毁无证经营购销窝点158个,查扣车辆73辆,清拆锯台17座。同时,对林区木材加工企业进行清理整顿,共撤销木材加工单位190余家,保留120余家。乱砍滥伐森林,无证购运销木材歪风得到遏制。

百日整治　1998年9月,全市森林公安机关部署开展“百日整治”“保卫绿色整治行动”等专项行动,重点治乱砍滥伐、毁林开垦、乱征占林地、判卖青山、妨碍林业执法等违法犯罪活动。共查获各类森林案件240起,处罚各类违法人员243人次,收缴木材90立方米;受理查处非法猎捕、非法收购,贩卖野生动物案6起,收缴各类野生动物80头(条);取缔非法木材加工厂企业30余家,并关闭耗材量大的活性炭厂5家。挽回直接经济损失50.125万元,破坏森林和野生动物资源违法犯罪活动受到遏制。

猎鹰行动 2001年11月，按照省森林公安局的部署，市林业局、公安局、工商局联合开展严厉打击破坏野生动物违法犯罪的“猎鹰行动”。共出动人员155人次、车辆35辆，清理宾馆、饭店6家，农贸市场13家。查获刑事案件1起、林政案件2起，处理违法犯罪嫌疑人4人，其中刑拘2人、林政罚款2人，收缴林政罚款5060元。缴获国家二级重点保护动物57只，省级重点保护动物437只，加工品20千克。

破案攻坚 2002年3月，根据省林业厅、公安厅部署“破案攻坚战”的通知，全市开展为期2个月的严厉打击破坏森林和野生动植物的违法犯罪活动。查获由省森林公安局督办的乐平鸬鹚乡万西村滥伐林木案，依法刑拘主要犯罪嫌疑人。刑拘盗窃林业科学研究所红豆杉苗案的犯罪嫌疑人。

2003年，侦破枫树山林场浮东分场特大滥伐林木案件，该场超计划采伐815.66立方米，致使流失木材1251.07立方米，价值60余万元。依法追究分场场长滥伐林木罪、滥用职权罪、窝藏罪。

专项整治行动 2004年4—12月，开展打击破坏森林资源违法犯罪的“绿色旋风行动”。出动4134人次，破获查处各类森林案件330起，集中整治治安混乱林区8个、木材加工单位75家、木材市场5个，依法取缔非法木材加工窝点65家、摧毁木炭窑8座、调解山林纠纷事件5起、收缴木材690.2立方米，挽回直接经济损失68.98万元。10—11月，浮梁县蛟潭镇胡宅村二组滥伐活立木168.5立方米，胡宅村村小组长因组织和管理不力，构成滥伐林木罪，被追究刑事责任。

2005年7月，浮梁森林公安局破获省林业公安局督办的洪源镇洗马桥村4人滥伐林木案。2004年10月起，未经批准从洪源镇洗马桥村冷水坞山场，滥伐林木772.13立方米，4人分别被判处有期徒刑和罚金。

2006—2010年，全市范围内相继启动代号“绿色旋风行动”“绿剑行动”“绿箭二号行动”“飞鹰行动”“09护绿专项行动”等专项整治行动。共出动民警18369人次，破获查处各类森林案件1300多起，处理各类违法犯罪人员1500多人，集中整治治安混乱林区10个、木材加工单位75家、木材市场5个，依法取缔非法木材加工窝点65家、摧毁木炭窑8座，调解山林纠纷事件25起，收缴木材近4000立方米，挽回直接经济损失400多万元。市森林公安局获得省“绿色旋风行动”“绿剑行动”先进单位称号，29人受到表彰。

典型案例

2002年1月17日至3月23日，市林科所培育的红豆杉苗（高1米左右）接连被盗2301余株，价值46120元。市森林公安局成立专案组到现场勘察取证。经过半个月侦查，抓获犯罪嫌疑人李某，查获红豆杉树苗543株，挽回经济损失1.1万元。6月，浮梁县法院判处其有期徒刑7年。2004年11月，浮梁县王港乡墩口村发生特大系列放火案，过火面积54公顷，直接经济损失40余万元，抓获犯罪嫌疑人张某，浮梁县法院判处其无期徒刑。

表18-4-1　　**1986—2010年景德镇市查处各类森林案件统计表**

年份	查处案件				处理违法犯罪（人次）	收缴木材（立方米）	挽回经济损失（万元）
	总数（件）	刑事案件（件）	治安案件（件）	林政案件（件）			
1986	457	12	6	439	538	524	78.1256
1987	408	9	13	386	557	617.7	88.6975
1988	510	14	13	483	605	680.27	84.5621
1989	459	8	5	446	576	604	95.3647
1990	600	16	10	574	881	786	101.6598
1991	580	10	28	542	992	1112	72.1444
1992	137	5	1	131	160	328	92.9000
1993	937	13	89	835	1265	1026	140.3000
1994	1461	10	42	1409	2232	1529	186.2426

续表 18－4－1

年份	查处案件				处理违法犯罪（人次）	收缴木材（立方米）	挽回经济损失（万元）
	总数（件）	刑事案件（件）	治安案件（件）	林政案件（件）			
1995	1128	14	79	1035	1317	769	125.2223
1996	548	26	34	488	702	565	94.5274
1997	495	2	16	477	576	297.6	48.4425
1998	582	8	4	570	644	377.1	94.6217
1999	543	7	7	529	577	229.8	119.9100
2000	453	10	7	436	495	83	91.1046
2001	525	17	6	502	541	48.9	103.7007
2002	315	16	8	291	326	140.1	67.8650
2003	371	19	15	337	397	392.19	200.1212
2004	418	44	6	368	503	754.87	94.4395
2005	431	61	9	361	525	927	81.9565
2006	358	44	4	310	402	876	81.0604
2007	279	45	13	221	320	905	102.4278
2008	349	104	7	238	426	780	141.1708
2009	290	67	9	214	447	921	102.6212
2010	267	69	2	196	297	902.4	126.2273

护林乡规民约

景德镇市烧制瓷器要消耗大量木材，自古村民就注重森林保护。浮梁县有明清时代保留下来的 2 块护林碑，一块位于浮梁县蛟潭镇吴家村，立碑时间是道光十二年(1832)；另一块位于浮梁县兴田乡锦里村，立碑时间为嘉庆二十三年(1818)，碑石详细记载有关封山护林、严禁乱砍滥伐等相关事项。浮梁农村历来有农民自发护林的习俗，村委会民主讨论制定“禁山条例”“护林公约”，分发到每家每户张贴宣传，有谁违犯禁约，对照禁约条款处罚，逐渐衍生出杀猪封山、挂红布封山、摆酒封山等形式。部分村庄还沿袭由村民一起确定封山的具体日期，每年逢此日，各户村民一起出资买一头猪，宰杀后大家一起分食吃猪肉。此日过后，如果发现有违反禁令，盗伐封禁山场林木者，则按约定把他家的猪杀掉，全村一起分食猪肉，以示惩罚。市枫树林场每年都会在林区交通路口、醒目地段，修缮树立封山育林禁碑，书写山场名称、面积、界至、树种、封育年限、护林人姓名等，警示村民遵守封山育林禁约，保护森林资源。

林海山村

第二节　森林防火

机构队伍

森林防火指挥部　1986年,市政府设森林防火指挥部,由分管副市长担任总指挥,下设办公室,办公点设在市林业局。乐平县、鹅湖区、蛟潭区、昌江区政府,枫树山林场先后也设立森林防火指挥部,由分管林业的副县(区)长任指挥。1988年,市护林防火指挥部与市林业局林政科合署办公。1989年,设立专职森林防火指挥部办公室,核定事业编6人,由市长或分管农业口工作的副市长任指挥。1990年,浮梁县森林防火指挥部成立,每个乡(镇、场)均按照市政府统一部署成立森林防火指挥部,指挥长由乡长或分管农林的副乡长担任。

森林消防队　80年代初期,市枫树山林场建立第一支专业森林消防队,队员30人。1995—2005年,浮梁、乐平、昌江相继组建专业队伍。2006年7月,市枫树山组建首支半专业消防队。2008年10月,首支乡镇森林防火应急扑火分队在竟成镇里冲村挂牌成立。至2010年,全市建成森林消防专业队4支,共有队员82人。其中市枫树山林场20人、乐平市20人、浮梁县30人、昌江区12人,配备运输车6辆。半专业消防队57支,其中浮梁县19支、乐平市20支、昌江区6支、高新区1支、枫树山林场11支,队员都来自乡镇场的年轻干部和民兵。应急森林消防队158支,共2339人。

防火设施

1986年,全市森林防火设备较为简单,扑火工具只有砍刀和树枝。仅有市枫树山林场三宝分场建设瞭望台1处,海拔高度283米,建筑高度8.9米,砖混结构,1987年林业部部长杨钟到此视察。1987年,各级政府加大对森林防火设施的投入,从林区销售的木材收入中按照每立方米2元的标准附加征收护林防火费,建立护林防火专项基金。逐步实现"四网两化"(瞭望网、通信网、阻隔网、预测预报网;扑火队伍专业化、扑火工具机具化)。1988—1991年,逐步配备无线电通信设备和交通工具,建成基地台34个、超短波转信台5个、车载台14个、对讲机168个、专用森林防火指挥车3辆。1993—1994年,在乐平洪岩镇、众埠镇,浮梁瑶里镇、兴田乡等地区建设瞭望台6处,均是砖混两层结构。1996—2000年,全面实施森林防火带建设,防火线有生土带、防火林带、林区公路。生土带宽约10米,将带上杂草铲除,以隔离山火。防火林带选择抗火性能好的木荷、冬青树种栽成20米的林带,将林地隔成小块,阻止山火蔓延。

2007年9月,省林业厅批复景德镇地区实施重点火险区综合治理一期工程项目,项目投资规模537.9万元,建成林火视频监控系统6处,添置GPS定位仪49台,购置通信设备201套,购买车辆48台、风力灭火机543台,新建望台7座,维修森林消防队营房4处。重点在鹅湖镇楚岗村、蛟潭镇勤坑村、瑶里镇瑶里村、鱼山镇鱼山村、浯口镇浯口村、开门子酒店楼顶等处设立6个监控点,实现省、市、县三级指挥中心林火图像互联互通,对重点林区、重点地段实施24小时"千里眼"跟踪,可以为调度、处置、指挥防扑火工作提供直观场面。至2010年,全市设有森林防火林带1018千米、生土带防火线1149千米、林区公路2183千米,瞭望台8个;通信网络有基地台37个、车台4个、对讲机109个;扑火工具中有风力灭火机543台,二号工具1000把。

责任落实

1986年开始,全市各级政府每年在森林防火重点期发布《关于严防森林火灾的通告》,各地配齐巡山护林员,加强火情巡查和隐患排查。加强对特殊人群的监管,严格火源管控。高火险期间,县、乡政府及时发布禁火令,严禁一切野外用火。利用国家卫星热点、林火远程监控系统、瞭望台进行全天候、立体式监测,做到森林火灾早发现、早处置。1990年4月,市森林防火办公室出台护林联防制度,设立浮梁、乐平2个联防区域。2004年7月,市委、市政府出台《关于森林防火责任追究的暂行规定》,将防火责任具体落实到各级领导,一级对一级负责。同时要求各部门相互配合,通力合作。

2006年4月，市政府下发通知，再度明确各级政府和各有关部门，特别是乡（镇）党政领导在森林火灾预防和扑救工作中的职责，将防火责任落实到基层。7月，市森林防火指挥部设立森林防火严管区。森林防火严管区以市休闲广场为中心，直径7千米的城区及周边山林，范围包括昌江区竟成镇、市高新区、市陶瓷博览区、陶瓷科技园区、城区公园等。严管区严格执行《江西省野外用火管理实施办法》，加强野外用火管理。

2007年8月，市政府出台《关于进一步加强森林防火工作的实施意见》，要求各级政府加强森林防火宣传教育，采取多渠道、多形式广泛宣传森林防火法律法规，防火宣传教育进农村、进社区、进企业、进机关、进家庭，提高全社会的森林防火意识。在持续干旱等高火险天气和法定节假日，各级新闻媒体加大森林防火宣传，及时发布火险预报。林区各村组织人员鸣锣警示，提醒农户注意森林防火，坚持家火、山火一起防。

2008年9月，市政府森林防火指挥部联合市教育局在全省率先启动以全市10万名小学生为主要参加对象的红领巾森林防火宣传队活动，各中小学校将森林防火知识教育经常化，推动森林防火进社区（田头、村落），得到省政府森林防火总指挥部的充分肯定。2010年11月，市政府相继出台《景德镇市森林防火重点管理乡（镇、场）的实施办法》和《景德镇市政府领导分片包干森林防火工作制度》，市、县、乡政府以及村委会层层签定责任状，实行行政首长负责制，把防火责任落实到山头地块，齐抓共管。

火情灾情

1986—2010年，全市共发生森林火灾466起，平均每年近20起，过火面积3966.76公顷，受害森林面积2469.02公顷，主要为一般火灾和较大火灾。1993年2月6日，竟成镇一村民上坟烧纸引发山火，从石家坞林区烧至金鸡山林区，并延烧至枫树山林场三宝分场。市森林防火指挥部指派专业森林消防队第一时间赶赴火灾现场，组织5000多军民展开灭火，于7日早晨8时将火扑灭，历经20小时，过火面积213.33公顷，受害面积103.07公顷。1994年，全市仅发生山火2起，烧毁面积3.6公顷，是山火次数和林木损失最少的1年，被评为省级森林防火优胜单位二等奖。进入21世纪，各种森林防火措施不断完善，但火灾危害仍较严重。

2004年春，遭遇持续干旱天气，连续20多天没有出现有效降水，加上进入春耕季节，林区生产活动繁忙，森林火险等级极高。仅浮梁地区连发7起森林火灾，均由林区群众农事用火不当引起。2月2日，鹅湖镇届田村村民徐某因在荒地烧茅草不慎走火引发森林火灾，造成鹅湖镇林场人工杉木林重大损失，经浮梁县森林消防队1个多小时的扑救，将灾情控制。全市林火面积达769.97公顷。

2005年4月5日中午11:25，枫树山林场浮南分场发生较大火灾，火场面积36.53公顷，浮南分场党支部副书记詹良军身先士卒，带领扑火队伍连续奋战8小时，不幸英勇殉职，被追认为革命烈士。2009年2月，昌江区鲇鱼山镇新桥村和竟成镇银坑变电站附近山上高压线短路，引发2起森林大火，市专业扑火队、消防武警，林场职工、民兵和乡村干部、村民1000余人上山灭火。

表18-4-2　　**1986—2010年景德镇市森林火灾灾情统计表**

年份	森林火灾次数（次）					火场总面积（公顷）	受害森林面积（公顷）
	合计	一般	较大	重大	特大		
1986	6	4	2	0	0	45.21	23.54
1987	15	12	3	0	0	98.15	64.23
1988	5	3	2	0	0	66.37	21.78
1989	2	1	1	0	0	10.24	6.12
1990	22	9	13	0	0	103.26	54.39
1991	7	5	2	0	0	29.41	8.76
1992	12	7	5	0	0	95.56	40.44

续表 18－4－2

年份	森林火灾次数(次)					火场总面积(公顷)	受害森林面积(公顷)
	合计	一般	较大	重大	特大		
1993	10	3	7	0	0	325.63	39.5
1994	2	1	1	0	0	5.99	3.60
1995	9	2	7	0	0	53.25	25.01
1996	7	1	6	0	0	62.19	39.55
1997	5	4	1	0	0	59.00	29.97
1998	25	10	15	0	0	79.21	59.56
1999	38	22	16	0	0	120.54	68.14
2000	21	12	9	0	0	197.57	134.15
2001	64	31	33	0	0	197.90	138.53
2002	17	2	15	0	0	84.25	62.36
2003	61	13	48	0	0	408.33	237.69
2004	81	28	53	0	0	769.97	591.38
2005	28	2	26	0	0	830.43	597.31
2006	3	0	3	0	0	38.08	30.08
2007	2	1	1	0	0	8.33	4.86
2008	15	3	12	0	0	121.32	98.29
2009	8	2	6	0	0	151.67	85.26
2010	1	0	1	0	0	4.90	4.52
总计	466	178	288	—	—	3966.76	2469.02

第三节　古树名木保护

保护管理

景德镇市农村的村前屋后多有名木古树，村民都有保护的传统。1986 年，市园林监察分队配置专职工作人员负责监察巡视市区内的公共绿地、庭院与行道树木、花卉，尤其是古树名木、风景树等不准擅自砍伐，违者给予处罚。市税务干部包清旺捐资千元对家乡浮梁县蛟坛镇梅源村 8 棵古树名木进行垒墙培土保护。进入 21 世纪，各县市区相继成立野生动植物管理保护办公室，与林业局合署办公，负责国家级及省级重点保护野生动植物及其产品的管理和审核、报批工作。

2002 年 5 月，市政府发布《景德镇市古树名木保护办法》，对全市古树名木保护工作进行登记、挂牌，加强管理。同时，实行古树名木保护政府行政领导负责制，各级绿化委员会统一组织协调，林业、城市绿化行政主管部门分工负责。落实农村和城市规划区内古树名木的保护管理工作，实行统一管理、属地养护，禁止一切损害古树名木的行为。6 月，根据市林业局《关于开展古树名木普查建档工作的通知》要求，对全市范围内古树名木实施调查、签约、挂牌、建档、建立台账等一系列措施，规范古树名木管理。

2009年7月,实施《江西省古树古木保护条例》,规定因重点工程建设需要迁移古树名木,由建设单位和有关部门逐级上报审批。严禁从山上非法采挖野生植物,对因重点工程建设需要移植野生植物或对苗圃种植的野生植物销售、出圃,实行严格管理。同时,加强城区内树木特别是大树的保护管理,原则上不允许移植,对因重大基础设施建设、道路拓宽和旧城改造等特殊情况确需移植的,须经城市绿化行政主管部门审批。

名木古树种类

2000年6—9月,市林业局组织各县(市、区)林业局专业人员首次开展古树名木调查,共涉及树木25科36属42种,合计6300余株,超过200年以上树龄的有900余株。至2010年,全市共有古树名木15464株,各县区、乡镇均有分布,主要群生于村庄周边、房前屋后。尤以浮梁县最多,达14962株,占全市古树总量的96.7%,乐平市415株,昌江区87株。主要树种有银杏、马尾松、杉木、柏木、罗汉松、南方红豆杉、榧树、玉兰、赤皮青冈、白栎、苦槠、香樟、红楠、豹皮樟、檫木、黄檀、鹅掌楸、槐树、黄连木、南酸枣、桂花、女贞、四照花、野核桃、响叶杨、紫薇、枫香等42种。境内最具特色的古树是南方红豆杉,位于浮梁县储田乡新源村的红豆杉树群,树龄达1000余年,浮梁县王港乡坑口村的香樟为树龄最长。

香樟　景德镇市是樟树的分布中心之一。全市发现古樟树群数10处,以浮梁县瑶里镇梅岭村、兴田乡潭口村、湘湖乡北安村的古樟树群为代表。全市保存胸径1米以上的古樟树有数百处,其中最具代表性的是浮梁县王港乡坑口村古樟,胸径3.48米,树高16米,古老苍劲,据传为汉代遗物,树龄2000余年。鹅湖镇高岭村冯家亭村后小学背后古樟,胸径2.68米,树高23米,树冠面积达1050平方米,树干中空,可容纳数人。高岭村口古樟,胸径2.39米,树高28米,树冠面积1225平方米,两树年龄均在1200年以上。

昌江区旸府滩村古樟

臧湾乡午家巷村旁古樟,胸径2.23米,树高31米,树龄达1000余年。昌江区西郊旸府滩村旁古樟,胸径2.9米,树高25米,树冠面积1628平方米。当年为制作渡船,仅锯下一枝桠就解决造船用材。吕蒙乡古城村杨家港村古樟,胸径2.6米,树高16.5米,树冠面积786平方米,树龄1000余年。此树曾遭雷击,树干空心,可容2~3人。长出直径10厘米苦楝1株,形成"树中树"奇观。鱼山镇凤岗村委会兰田村古樟,胸径2.73米,树高18.7米,树冠面积1392平方米,树龄约有1000年,据墓铭志记载此村河南籍宋氏祖先于北宋末金兵入侵时南迁此地,建村前此处就有樟树林。乐平市乐河镇古樟,胸径2.5米,树高21米,树龄约1000年。此古樟从主干的空腹处长出另一株树的主干,但主杆无枝桠和叶,而古樟的枝桠间再长出另一株完整的树,从而形成"一株三树"的绝景。历岠山乡新村王冲坞古樟,胸径2.29米,树高19米,树冠面积1224平方米,树龄800余年。

浮梁锦里古银杏

银杏　全市银杏分布较广,保存古树数十处,以浮梁县兴田乡锦里村、峙滩乡龙滩村、昌江区荷塘乡童坊村的3株银杏古树为代表,树龄均约1000年。其中昌江区荷塘乡童坊村银杏胸径高1.18米,树高17.6米。浮梁县黄坛乡七甲村、三龙乡双蓬村、寿安乡宁厂村、湘湖镇北安村、西湖乡桃墅村、经公桥镇港口村、储田乡金家村、乐平市历岠山乡阳山岗分场等均有分布,树龄均在100年以上。

罗汉松　全市古罗汉松零星分布。以浮梁县蛟潭镇万寿寺和昌江区鱼山镇郭璞峰林场的古罗汉松树龄最长,树龄1000多年,胸径1.31米,树高9米。据传系万寿寺筹建时栽种,村中一块《奉宪禁碑》记:寺建唐宋。此树为唐代遗物,树龄1000余年;浮梁县兴田乡城门村1株,胸径1.11米,树高25米,树冠面积196平方米,树龄600余年;兴田乡兴田村、三龙乡双蓬村、市陶瓷历史博物馆各保存1株。

南方红豆杉 全市保护古树有数十处,还有数处半原始状的古树群分布。浮梁县金竹山一处南方红豆杉,占地约0.67公顷。储田乡新源村的南方红豆杉古树树龄最长约1000年,胸径1.4米,高25米,树冠面积150平方米。浮梁县兴田乡程家村、储田乡新源村、福港乡光明村、王港乡金山村、瑶里镇罗源村、乐平市历崌山均有群落分布。

浮梁罗源红豆杉

浮梁县白石塔林场的香榧

榧树 浮梁县瑶里镇榧树资源丰富,在汪胡村分布有榧树群落。古树以浮梁县瑶里镇白石塔村2株、汪胡村3株具有代表,最大的在汪胡村,胸径1.16米,树高18米,树冠面积225平方米,树龄500余年。

玉兰 全市乡村零星散落分布。浮梁县金竹山乡桃岭村山坡菜地中有1株,胸径1.11米,树高23米,树龄近300年。江村乡沽演村旁田边1株,胸径0.89米,树高25米,树龄有300余年。沽演村有8株古树被称为“八景树”,备受村民保护,在甲辰年发洪水时曾一树救30余人。

马尾松 全市分布较广。浮梁县金竹山乡桃岭1株,胸径1.15米,树高31米;瑶里镇汪胡村1株,胸径0.96米,树高28米;乐平市历崌山2株,生长在村旁毛竹林内,1株胸径1.15米,树高22.6米,1株胸径1.06米,树高25.7米。4株古树树龄均在300年以上,其中金竹山乡桃岭古松和历崌山乡阳山岗古松树龄约500年。

杉木 全市具有代表性的是浮梁县西湖乡桃墅村的8株古杉,其中两株树龄均在500年以上。

柏木 全市零星散落分布。乐平市科山乡月山村宋代古柏,胸径1.53米,树高18米,树冠面积52平方米,树龄约800年;浮梁县黄坛乡港口村1株,胸径1.15米,树高15米,据传为明代遗物,树龄600余年;洪源镇洗马村西冲村小组1株,胸径0.99米,树高22米,树龄约800年;寿安镇鸿兴村委邱家村小组2株;昌江区荷塘乡郑家村横柏山村小组1株,胸径1.04米,树高16米,树龄600余年。

赤皮青冈 浮梁县勒功乡查村楠木田的古赤皮青冈,树龄400余年,胸径0.82米,树高22米。

白栎 枫树山林场柏树下分场的古白栎,树龄120余年,胸径0.86米,树高25米。

苦槠 全市分布较广,具代表性的有5处9株。浮梁县兴田乡潭口村旁一古树群有苦储5株,蛟潭镇蛟潭村1株,黄坛乡东港村港口2株。其中生长在村旁河边1株,胸径2.52米,树高29米,树龄1000年左右。苦槠在3米处有空洞并分成5枝,从空洞中央生长出一株铁冬青,直径0.24米,树高约2米,光杆灰皮,色调鲜明。深秋时节红果挂满枝头,似“古树生花”。湘湖镇双凤村口路边1株,胸径2.45米,树高27米,树龄近千年。

红楠 浮梁县瑶里镇绕南村后天然阔叶林中保存数10株古红楠。其中树龄最长的约300年,胸径0.85米,树高21.7米。

豹皮樟 浮梁县瑶里镇自然保护区、乐平市历崌山乡天然阔叶林中都有分布。瑶里镇豹皮樟,树龄约

200 年,胸径 0.6 米,树高 13.5 米。

檫木　浮梁县瑶里镇自然保护区汪胡水口林中有 10 余株。其中树龄最长的约 300 年,胸径 0.92 米,树高 25 米。

黄檀　昌江区丽阳乡余家村石口村小组古黄檀 1 株,树龄约 500 年,胸径 0.81 米,树高 11 米。

鹅掌楸　浮梁县瑶里镇自然保护区鹅掌楸 1 株,树龄约 300 年,胸径 1.42 米,树冠面积 132 平方米。

槐树　全市现存古槐 2 株,浮梁县储田柳溪 1 株,树龄约 300 年,胸径 0.62 米,树高 10 米。乐平市文山乡文山分场场部附近小河边 1 株,树龄约 200 年,胸径 0.7 米,树高 15.6 米。

黄连木　浮梁县勒功乡查村楠木田古黄连木 1 株,树龄 200 年,胸径 0.99 米,树高 25 米。

南酸枣　浮梁县瑶里镇汪胡自然保护区古南酸枣 1 株,树龄约 200 年,胸径 0.8 米,树高 33 米。

桂花　浮梁县旧城、臧湾乡施家村、蛟潭镇蛟潭村、西湖乡柘坪、峙滩乡梅湖村各保存 1 株桂花古木。其中树龄最长的是梅湖村委会桑园村的桂花古木,树龄 300 余年。

女贞　现存 2 株古女贞。浮梁县兴田乡潭口村 1 株,树龄 300 余年,胸径 1.03 米,树高 18 米。福港乡光明村李库村口 1 株,树龄 200 余年,胸径 0.8 米,树高 16 米。

四照花　浮梁县瑶里镇汪胡村委会汪村村口 1 株,树龄 200 余年。

野核桃　省 3 级保护植物。乐平市历崌山乡历崌寺野核桃 1 株,树龄 100 余年,胸径 0.6 米,树高10 米。

响叶杨　乐平市文山乡文山分场响叶杨 1 株,树龄约 200 年,胸径 0.8 米,树高 15 米。

紫薇　市陶瓷历史博物馆古紫薇 1 株,树龄 200 余年,胸径 0.32 米,树高 3.9 米。

枫香　全市枫香古树较多,树龄最长的是浮梁县金竹山乡桃岭村的 1 株古枫香,树龄约 500 年,胸径 1.34 米,树高 39 米。浮梁县黄坛乡东港村 1 株,瑶里镇罗源村外石井村 1 株,兴田乡潭口村 5 株,树龄均在 300 年以上。

表 18－4－3　**1986—2010 年景德镇市古树名木调查情况统计表**　单位:株

单位	总计	古树名木类(级)别					生长区域分布			生长位置					生长状态		
		合计	一级	二级	三级	名木	合计	城市	农村	合计	单位庭院	个人宅院	寺院	其他	合计	散生	群状
合 计	15464	5338	425	1000	3912	1	15464	67	15397	15464	10	48	3	15403	15464	5292	10172
浮梁县	14962	4836	352	867	3617	0	14962	54	14908	14962	0	0	0	14962	14962	4821	10141
乐平市	415	415	52	113	250	0	415	11	404	415	10	38	0	367	415	384	31
昌江区	87	87	21	20	45	1	87	2	85	87	0	10	3	74	87	87	0

说明:生长位置栏的“其他”指路(街)旁(中心)、桥边、河边、村头宅地、荒野、农田等处

第四节　野生动植物保护

资源调查

1996 年 8 月,景德镇市首次启动野生动植物资源调查。2000 年 8 月结束,共发现 109 种调查对象中的 35 种野生动物,其中鸟类 12 种、兽类 9 种、两栖爬行类 14 种,6 种国家Ⅰ、Ⅱ级重点保护野生植物种类分别生长在 9 种类型的植物群落中。全市分布有昆虫 6000 多种,还有多足、软体、蜘蛛等动物。陆生脊椎动物 760 种,其中兽类 88 种、鸟类 320 种、两栖类 38 种、爬行类 65 种。列入国家级保护动物 20 余种,其中国家Ⅰ级保护动物有云豹、黑麂、白鹤、黑鹳、梅花鹿等,国家Ⅱ级保护动物有穿山甲、獐、黑熊、猕猴、白鹇、鹰等。“十一五”期间,通过森林资源二类调查显示,全市拥有脊椎动物 760 种,其中兽类 88 种、鸟类 320 种、爬行类 65 种、两栖类 38 种、昆虫 6000 种。国家一级保护动物主要有云豹、黑麂、白鹤、梅花鹿等,国家二级保护动

物有穿山甲、黑熊、猕猴等。国家一级、二级保护的植物有南方红豆杉、兰科、樟树等。2008年,首次在昌江河岸发现全球濒危物种中华秋沙鸭,种群不断繁衍。至2010年有80余只,中华秋沙鸭嬉戏昌江河畔成为全市一大特色景观。

宣传活动

1986年始,每年4月1—7日举行“爱鸟周”活动,全市进行爱鸟护鸟宣传。1991年11月,省政府启动首届野生动物保护宣传月活动,全市出动宣传车15辆,各乡镇张贴标语1300多条,播放专题电视节目6小时。1998年,《中华人民共和国野生动物保护法》颁布10周年,市林业局与市农办联合在《景德镇日报》刊登有关野生动物保护法律、法规的竞赛试题,共有1000余人参加答题竞赛,宣传野生动物保护法律、法规。

2000年,是全国野生动植物保护法律、法规执行年,在“爱鸟周”“野生动物保护宣传月”活动期间,市林业局在乐平、浮梁、昌江等地进行重点宣传,印制野生动物保护宣传册5000余册分发林区各地,张贴标语1万余张,制作永久性宣传牌30块。

2009年4月,市林业局同景德镇陶瓷学院环境保护协会35名会员在湘湖校区开展以“用心筑起爱的鸟巢”为主题的系列活动,现场500余名市民签订保护鸟类公约书。2010年4月,林业部门联合景德镇在线网站举办“爱鸟周”摄影展,网站摄影博客栏目登载近300多幅瓷都鸟类活动的作品。

专项整治

20世纪90年代开始,市野保局、市森林公安等部门每年都联合开展1~2次专项整治,集中治理非法捕猎、毒杀、贩卖珍稀动物的违法活动。

1998年5月,市政府出台《关于加强野生动物保护管理的通告》,严禁饮食业和其他单位、个人非法收购、加工、销售重点保护野生动物及其制品。市林业、工商、森林公安等部门加强保护野生动物的行政执法工作,加强对集贸市场、饮食业经营野生动物的检查监督。

1999年11月25日,中央电视台《焦点访谈》栏目播出《鸟类的哀鸣》后,市政府向各县市发出《关于严厉打击乱捕滥猎和非法收购销售野生动物的紧急通知》,加大野生动物违法案件查处力度,严格监管农贸市场。

2001年11月,全市开展严厉打击破坏野生动物违法犯罪的“猎鹰行动”,全年共出动人员155人次,清理宾馆、饭店6家,农贸市场13家。查出国家二级重点保护动物57只,省级重点保护动物437只,制品20千克。刑拘2人、林政罚款2人,收缴林政罚款5060元。

2003年4—7月,先后开展“春雷行动”“飓风行动”,实施专项整治,对全市范围内非法收购、经营野生动物的集贸市场、集散地及窝点进行整治。森林公安机关与野生动物保护部门共出动616人次,清查宾馆、饭店、酒楼160家,捣毁非法收购、经营野生动物窝点8个,清理市场88个、驯养场2个,收回经营许可证8张。侦破刑事案件1起,抓获批捕网上逃犯1名,处理林业行政案件9起,罚款9500元。收缴国家二级重点保护野生动物白鹇11只、虎纹蛙110只,省级重点保护动物松花蛇、尖嘴蛇、眼镜蛇等15700条,收缴各类野生动物制品66.25千克。7月7日,市洪源木材检查站对过往货车例行检查,发现一辆江淮货车内装有大量野生动物蟾蜍,当事人余某承认从安徽宿松县收购2.78万只大蟾蜍,分装成130箱,运往浙江龙游县贩卖。执法人员对余某进行依法处理,次日将2.78万只大蟾蜍分成6个点放生。

2008年年初,南方遭遇历史罕见的强降雪和低温凝冻天气过程,受灾害影响,野生动物资源和自然保护区遭受极大损失。市政府决定从2008年5月至2009年5月期间禁止一切猎捕野生动物的行为,其间市林业局、公安局、海关、工商行政管理局等部门在全市范围内联合组织开展集中打击破坏野生动物资源违法犯罪活动(代号“飞鹰行动”)。共出动人员378人次,其中森林公安民警291人次,出动车辆103台次;刑事立案1起,刑拘2人;清理野生动物驯养繁殖场所3处;清理野生动物加工经营场所31处;检查野生动物活动区域2处;收缴野生动物132只,其中国家二级保护动物2只。2010年10—12月,在重点林区开展严打整治行动,遏制和打击破坏森林资源和野生动物资源违法犯罪行为。

野生动物驯养繁殖

野生动物驯养繁殖是景德镇林业产业发展的一大特色,实行许可凭证驯养繁殖制度,并进行年检审核。

2000 年,景德镇市开始野生动物驯养繁殖。2001 年,共发展野生动植物驯养繁殖及产品加工经营和贸易单位 30 家,其中个体户 26 家,年销售额 50 余万。

2007 年,野生动物驯养进入快速发展阶段。景德镇市陈锋特种野生动物科技开发有限公司成立,位于丽阳乡芦源村,占地面积 1182 平方米,养殖成年蛇类达 1 万多条,以眼镜蛇、尖吻蝮蛇、王锦蛇为主。全年出售商品蛇 6000 条,年产值 300 多万元,是江西省规模最大的养蛇场。江盛特种动物繁养场位于乐平临港镇,占地面积约 10 公顷,以繁养豪猪、中华竹鼠为主。养殖场采用"公司 + 农户""市场 + 基地"模式经营,领养农户达 270 户,圈养豪猪种猪 80 组(每组一公三母)1200 多只,中华竹鼠 400 组(每组两公三母)2000 多只。

2008 年,浮梁县昌文畜牧养殖专业合作社成立,发展养殖基地 4 公顷,豪猪种猪存栏 860 头,带动周边 200 多非社员农户发展豪猪养殖。至 2010 年,全市有野生动物驯养繁殖、经营利用单位 30 家。驯养物种主要为蛇类及环颈雉、蓝孔雀、林蛙、豪猪等,年总产值达 5000 万元以上。

第五节　林业生态保护

自然保护区建设

全市设有省级自然保护区 2 个、县级自然保护区 6 个。其中森林生态类型的瑶里省级自然保护区 1 个;野生动物物种保护类型的黄字号省级黑鹿自然保护区 1 个,青龙尖云豹、黄牛信黑熊、大岭培白颈长尾雉、茶宝山猕猴、八字脑金钱豹县级自然保护区 5 个;湿地生态系统保护类型乐平共库自然保护区 1 个。自然保护小区 371 个。全市自然保护区面积共计 53613.9 公顷,占国土面积 10.21%,高出全省平均值约 4 个百分点。

浮梁县瑶里自然保护区　2001 年 4 月,经省政府批准为省级自然保护区。位于瑶里镇,保护区总面积 3627 公顷,其中核心区面积 1139 公顷,是一个保护人文景观的自然保护区。

浮梁黄字号黑鹿省级自然保护区　2010 年 11 月,经省政府批准为省级自然保护区。位于浮梁县中部,保护区东面与臧湾乡相接,南与寿安镇相邻,西与王港乡、蛟潭镇相接,北连峙滩乡,南北长约 29 千米,东西最宽为 14 千米,总面积 17356.2 公顷,核心区面积 4778.1 公顷。是一个以保护黑鹿等野生动植物资源为主的自然保护区。

浮梁茶宝山县级自然保护区　2001 年 4 月经县政府批准设立,位于浮梁西湖乡,面积 2533 公顷,是一个以保护猕猴、短尾猴、穿山甲、虎纹蛙等野生动物为主的自然保护区。

浮梁八字脑县级自然保护区　2001 年 4 月设立,位于浮梁蛟潭镇与黄坛乡交界处,面积 5784 公顷,是一个以保护金钱豹、黑鹿、猕猴、大鲵、穿山甲等野生动物为主的自然保护区。

浮梁黄牛信县级自然保护区　2001 年 4 月设立,位于浮梁兴田、金竹山、瑶里、鹅湖等地,面积 5334 公顷,主要保护对象为云豹、黑鹿、猕猴等野生动物。

浮梁大岭培县级自然保护区　2001 年 4 月设立,位于浮梁县峙滩、储田、江村、勒功等处,面积 5279 公顷,是以保护白颈长尾雉为主的自然保护区。

浮梁县青龙尖云豹自然保护区　2000 年 11 月,浮梁县王港乡发现国家一级保护动物云豹。2001 年 4 月设立县级自然保护区,总面积 7997 公顷,坐落在浮梁王港、湘湖、寿安等交界处,是以保护云豹、黑鹿、猕猴、穿山甲等野生动物为主的自然保护区。

乐平市共库自然保护区　1999 年 9 月,经乐平市政府批准为县级自然保护区,面积 5704 公顷,保护范围为乐平洪岩、涌山等地。是一个以保护枫栲樟等天然阔叶树为主的湿地生态系统自然保护区。

湿地资源保护

湿地调查　1997 年 2—10 月,全市启动首次湿地调查,分浮梁县、乐平市、昌江区 3 个单元,组织 4 个湿地资源调查小组,形成市、县两级调查网。市级小组主要负责指导、督促,质量检查和内业汇总等工作。全市湿地总面积为 78392.75 公顷,占总面积的 14.9%。其中水田面积 53100 公顷,河流面积为 7068.68 公顷,水库面积 3149.77 公顷,坑塘面积为 539.12 公顷,滩涂面积为 2961.26 公顷,沟渠面积为 5956.86 公顷,水上建筑物757.31公顷。

湿地分布　河流湿地共10453.43公顷，占湿地总面积63.9％，为主要湿地类型，其中有宽10米以上，长5千米以上河流湿地15条，包括饶河水系一级支流2条——昌江和乐安河；二级支流13条，昌江一级支流6条，乐安河一级支流7条；有面积8公顷以上人工湿地水库45座，其中100公顷以上的水库湿地3座；草本沼泽湿地共141.71公顷，占湿地总面积0.9％，主要是浮梁县兰田草本沼泽湿地1个；洪泛平原湿地1009.53公顷，占湿地总面积6.2%，主要斑块41个；库塘湿地共3760.73公顷，占湿地总面积23％，主要斑块139个；永久性淡水湖湿地共560.85公顷，占湿地总面积3.3%，主要斑块42个；运河输水河湿地共444.24公顷，占湿地总面积2.7％，主要斑块25个。

湿地植物和动物　景德镇处于中亚热带湿润气候区，植物区系为华区系—华中区系的过渡地带，区域内的湿地植被具有种类多，生物多样性丰富的特点。查明野生植物约有217科788种，其中木本植物内有银杏、香榧、马尾松、湿地松等95科350种；藤本植物类有冷饭团、南五味子等26科56种，竹类有棕、竹水竹等2科16种；草本植物类有马兰、野菊等70科311种；水生植物类22科35种；苔藓、菌及地衣类2科20种。湿地植物中，有挺水植物18种、浮水植物6种、沉水植物7种、湿生植物138种，分别占湿地植物总数的10.7%、3.6%、4.1%和81.6%。

湿地生物种类丰富，维管束湿地植物60科137属169种（包含种下分类单位），其中蕨类植物7科7属7种；裸子植物2科2属2种；被子植物51科128属169种。本地区共有鸟类11目30科320种；兽类8目18科88种；昆虫11目93科536种；两栖动物2目7科9属；爬行动物2目9科21属；鱼类7目37科72种。

湿地公园　全市设立国家级湿地公园1个、省级湿地公园2个，总面积554.36公顷。其中景德镇玉田湖国家级湿地公园，以保护野生鸳鸯种群为主，有野生鸳鸯种群1600余对，面积476.5公顷，属人工湿地类库塘型湿地。浮梁三贤湖省级湿地公园，面积41.36公顷，乐平东湖省级湿地公园，面积36.5公顷，乐平共库县级湿地类型自然保护区。

湿地管理　1986年开始，景德镇市加强湿地保护工作，市林业局开始调查登记，宣传保护湿地。1997年起，每年2月2日的“世界湿地日”，与景德镇陶瓷学院环保系的师生们合作开展湿地保护文化节、世界湿地日系列宣教活动，组织湿地书画、摄影文化采风。2010年，市林业局湿地保护管理中心成立，市财政每年预算安排8万元用于湿地保护、宣传及资源调查等。

森林公园建设

景德镇国家森林公园　1988年5月，林业部批复建立枫树山森林公园。位于市区昌江西侧。2005年，经国家林业局批准定名江西景德镇国家森林公园，面积3796.3公顷，从枫树山林场划出管理。园内森林植物资源有97科565种，森林植被覆盖率达95%。森林公园风景优美，有杉林倚影、枫林秋晚等森林景观；有莲花山、清山谷等地文景观；有狮山日出、芭草烟岚等天象景观；有昌江秀色、禅师幽泉等水体景观；还有三宝陶艺村、南云寺等人文景观。

浮梁瑶里国家森林公园　位于景德镇市浮梁县瑶里镇东北部，距市区55千米。1994年8月创建。2001年4月，被列为省级自然保护区。2005年，经国家林业局批准为国家森林公园，规划面积6220公顷，包括白石塔林场、汪胡村、梅岭村，其中森林面积5388公顷。常绿落叶混交林代表树种有青冈栎、木荷、枫香、檫树等；常绿阔叶林主要有栲槠、香樟等；落叶阔叶林代表树种有小叶栎、黄檀、化香树等；针叶林有马尾松、杉树等。境内木本植物95科256属648种，其中国家一级珍贵植物为南方红豆杉。国家二级珍贵植物有鹅掌楸、厚朴、杜仲、闽楠、野花树、花榈木6种。森林景观有二里翠屏、绕南古树群、梅岭古樟群、三银源古树群、汪胡高山茶园等。峰石景观有五股览胜、香油尖、虎脑岗、白石塔、芭蕉山、石幕、溶洞和多处水景等。古遗迹有绕南古瓷窑、瓷土作坊遗迹、高际禅林。古建筑有程氏宗祠、狮冈胜览及百座明清民宅和多处古桥。

乐平洪岩森林公园　位于乐平市东北38千米。1993年2月，被批准为省级森林公园，面积400公顷。属古生代的壶天灰岩溶洞风景区，拥有众多自然生态、人文景观，如洪岩仙境，丹桂飘香、怪石嶙峋、藤穿石、石抱树等石林峰谷。有建于明万历二十六年（1598），终年水花飞溅的“铁井飞泉”、雍正皇帝御赐“世德、流光”四字的项家庄古祠堂、“一门四进士，一相两尚书”的故梓，集旅游观光、休闲养生、商务度假等功能为一

体。2001年3月,市洪岩风景旅游有限公司投资开发。2008年4月,洪源仙境景区被评为国家AAAA级旅游景区。

郭璞峰省级森林公园　位于昌江区鲇鱼山镇境内,因郭璞(晋人,在此修行炼丹)而得名。2001年4月,被确定为省级森林公园,风景区内有原始森林面积800公顷,水域面积67公顷,分布200余种植物,其中国家级保护古树名木罗汉松树龄1100年,有樊梨花的挫马迹、马蹄痕、僧人沐浴池、炼丹炉、蒙古冢、悬棺、元元统二年(1334)的石刻等诸多人文景观。林区内山峦起伏,植被丰富,鸟语花香,空气清新。

浮梁省级森林公园　1993年6月,被确定为省级森林公园,位于浮梁县银坞林场办公楼背后。管理单位为浮梁县银坞林场,面积53.33公顷。

四亩里省级森林公园　2010年7月,被确定为省级森林公园,位于浮梁县北郊,浮梁镇查大村境内。经营单位为浮梁县林业局,面积75公顷。

万寿寺省级森林公园　2010年7月,被确定为省级森林公园,位于浮梁县蛟潭镇。管理单位为浮梁县万寿寺垦殖场,面积473.27公顷。

林业生态文化建设

文化活动　80年代,景德镇市瓷业生产,消耗大量木材,为强化市民森林资源保护的理念。以市国家森林公园和瑶里国家森林公园为载体,实现林业与陶瓷文化相互融合。2002年4月,市绿化委员会和市林业局在陶瓷大世界共同举办共建绿色家园摄影图片展,活动为期10天,展出图片150幅,吸引5000余人关注林业生态文化建设。2005年,国家林业局批准立项的全省首家国家生态文化教育基地落户市国家森林公园,项目总投资100万元,园内建成森林(自然)博物馆、植物昆虫等标本馆,为传播林业生态文化奠定基础。2008年,"名人名家生态文化江西行"采风组到瑶里自然风景区采风,考察高岭土矿遗址园区、汪胡生态游览区、红豆杉古树群等,瑶里生态文化建设得到好评。

2009年8月,市级林业科普基地在浮梁县落成,基地充分利用浮梁县林木景观资源,具有树木种类多且相对集中、环境相对闭合、资料相对齐全的特点。年接待参观人次近2万。2009年12月,浮梁县被授予首批省级生态县称号。2010年2月,乐平市洪岩镇、浯口镇,浮梁县江村乡获省环保厅颁发省级生态乡(镇)称号。昌江区丽阳乡枫林村,乐平市临港镇盛埠村,浮梁县蛟潭镇蛟潭村、梅源村和兴田乡兴田村被授予省级生态村称号。

古窑生态文化教育基地　位于市瓷都大道古窑路1号。2008年6月,国家投资100万元,建设为全省首批国家生态文化教育基地。在市国家森林公园基础上增建森林(自然)博物馆、植物昆虫等标本馆、科普教育基地、科普长廊、解说步道及宣传科普的标识、标牌、解说牌等生态文化基础设施。

景德镇市植物园　位于昌南大道与国道206线交汇处。2004年1月开工建设,占地面积93.33公顷,按公园性质划分为文化展览区、花卉盆景展览中心、竹文化展览区、生态野营基地、世界陶艺园等11个区域。按植物园性质划分为春花园区、秋色叶树种园区、水生植物展览区等7个区域。至2010年,园内栽培包括银杏、香樟树、红豆杉等珍贵植物在内的多种植物,园内建有塑石山、人工湖、露天剧场等景观场所,是市民游览休闲的好去处。

第六节　森林病虫害防治

病虫测报

1984年,景德镇市开始森林病虫害防治工作,由市林业有害生物防治检疫局负责林业有害生物的测报、防治、检疫和行业管理。市枫树山林场林业科学研究所为全市首个防治测报点。1986年,有乐平、浮梁、昌江、枫树山林场4处虫情调查点,主要对马尾松毛虫进行测报。1988年2月,省森防站和江西农大林学系、市森防站、枫树山林场等单位在枫树山林场磨刀港、樟树坑分场建立松针褐斑病测报点。至1991年,全市拥有林业有害生物监测点78个,并在乐平、昌江、枫树山林场设立5个马尾松毛虫专项测报点,在浮梁县天宝、湘湖设立2个竹蝗专项测报点。

2003年5月，浮梁县、枫树山林场设立2个国家级中心测报点，主测对象分别是萧氏松茎象和松褐天牛。2005年，经省森防站调整，乐平、昌江和浮梁、枫树山林场设立4个省级重点测报点，主测对象是马尾松毛虫和萧氏松茎象。2008年，全市开始实行乡镇林业工作站增挂林业有害生物监测站牌，将测报网延伸到村委会一级，并组建以森林消防专业队为基础的林业有害生物防治专业队。9月，市林业局与市气象局签订合作协议，为气象部门提供村级测报员手机号码，气象部门将根据气候变化及时为基层林农发布气象预报和病虫情发生趋势预报。这一做法作为“景德镇模式”在全省推广。

至2010年，全市建成以2个国家级中心测报点为核心，以4个省级重点测报点为重点，8个市级系统测报点为骨架，70个县级一般测报点为脉络的网络，设置固定样地观察点2116个，林业有害生物监测覆盖率达90%以上。

森林植物检疫

1986年开始，全市林业系统开展植物检疫，杜绝邻近地区的疫情传入，减少区域内的检疫对象分布。1998年，按照省森防站统一部署，启动森林植物检疫对象普查。至2000年，全市共发现2种国家检疫对象，包括松针褐斑病、柑橘溃疡病和1种省内补充检疫对象，国外松梢枯病。2003年，松材线虫病传入江西，全市将松科植物及其产品纳入检疫范围。6月，启动林业有害生物普查工作，至2005年4月完成确认林业有害生物341种，其中虫害284种、病害53种、有害植物4种。2007年开始，对涉木企业进行检疫登记，对各经营加工单位的松材严格进行复检，并建立档案。

2010年9月，实施江西省林业有害生物预防体系景德镇市松材线虫病重点预防区基础设施建设项目，项目资金1321万元。项目建设地点为市林业有害生物防治检疫局及浮梁县、乐平市、昌江区和枫树山林场。主要内容为新建1个市级测报站、4个县级测报站、34个测报点，新建1个市级检疫检验综合实验室、4个县级检疫检验室、4个检疫检查站、1个除害处理中心，新建1个市级、3个县级药剂药械库，营建健康示范林1500公顷，购置监测预警、检疫除害、防治除害设备设施及生产作业运输工具等。建设期为两年。

减灾控灾

全市林业有害生物重点防治对象为松毛虫、竹蝗、萧氏松茎象、松褐天牛、杨舟蛾、杨天牛、松毒蛾、竹毒蛾、松梢枯病、松材线虫病等。1986—2000年，全市森林病虫害扑灭主要以减灾控灾，开展综合防治，抑制病虫害发生、发展和蔓延。

1997年，省政府出台《江西省森林病虫害防治办法》，规定从木材销售收入中提取8‰、从育林基金中提取不低于5‰的经费，用于森防体系建设、森防专项调查、危险性病虫害监测、森防科研及一般性森林病虫害防治。在爆发性森林病虫害或危险性森林病虫害发生时期，要求各级地方财政安排专项经费，确保防治救灾及扑灭危险性病虫害能有效进行。

进入21世纪，提倡无公害防治理念，并将森防指标纳入各级政府，林业主管部门实行双线管理。对生态意义重大的防护林、特种用材林和经济价值高的用材林、经济林进行重点保护，实施工程治理，遏制林业有害生物上升势头。2010年2月，按省统一要求，开办国家网络森林医院，并配有6名专家在线解答，为林农及时答疑解惑。

松毛虫害　境内马尾松虫害威胁主要集中在乐平地区。1986年，马尾松毛虫在江西境内猖獗，全省成立鄱湖片森林病虫害联防组织，将乐平纳入成员之中，实施连片共同防治。同年，乐平4000公顷松林遭受虫害侵袭，在省森防站的协调下参加鄱阳湖片区飞机防治，投放灭幼脲、敌杀死等化学农药共1.6吨，将虫害迅速扑灭。

1987—1995年，全市普遍发生松毛虫危害，年均4200公顷。1996年是松毛虫大发生之年，全市发生越冬代松毛虫面积达7467.66公顷，市林业局紧急购买6万元农药、林机配件和油料等，实行群防群治。全市共有效防治面积5873.33公顷，其中化学防治5073.33公顷，生物防治800公顷，森林病虫害防治率达78.6%，被评为鄱湖片13个县(市)森防先进单位。

1997年2月，市政府决定开展马尾松毛虫发生类型区划工作，首次将森林病虫害防治“五率”指标(监测覆盖率、发生率、防治率、检疫率和成灾率)纳入目标管理考核,各地针对马尾松毛虫发生危害的具体情况,综合运用烟剂化学防治、人工防治(捕捉)、白僵菌仿生农药防治等办法,及时开展治理。1998—2000 年,马尾松虫害蔓延至昌江、枫树山林场等林区,危害面积呈下降趋势,3 年合计 5650 公顷。

2001 年夏季,乐平市部分林区相继发生大面积松毛虫灾害,林业部门与乡镇密切配合,采取生物防治、化学药物灭虫及手工摘茧的方法,开展大规模松毛虫防治工作,共防治 700.17 公顷山林,防治率达 95% 以上,有效控制虫情蔓延。9 月,被省林业厅列为森林病虫害重点防治工程县(市),国家无偿拨付 30 万元国债资金用于湿地松林松毛虫防治。此后全市马尾松、湿地松用材林没有出现严重的虫害。

萧氏松茎象虫害　1999 年 11 月,枫树山林场樟树坑、磨刀港等分场湿地松林内首次发现萧氏松茎象危害,发生面积 675 公顷。市枫树山林场发动全场 1000 余职工实施人工捕捉幼虫,虫情逐步得到控制。2002 年 3 月,萧氏松茎象再次爆发,并蔓延至浮梁县境内,危害面积达 2000 公顷。6 月,组织进行人工捕捉幼虫方式进行除治。9 月下旬进行第二次全面除治,捕捉幼虫 40 余千克,防治率达到 85%。2004—2005 年,浮梁县、枫树山林场实施萧氏松茎象防治体系基础设施建设工程。

其他病虫害　2007 年,浮梁县江村乡发生舞毒蛾危害,发生面积 134 公顷,为首次发现北方虫种在南方阔叶林区危害。特别是 2008 年全省开始实施造林绿化工程,杨树是通道绿化主推树种,全市杨树病虫害随寄主树种增加而持续上升。市林业有害生物防治检疫局与杨树造林大户景远园林工程有限公司联合成立林业有害生物防治服务公司,开展防治杨树病虫害和其它林业有害生物工作。2010 年,全市大面积爆发松茸毒蛾,从浮梁县三龙乡一直向北,发生面积逾 8000 公顷,造成一定范围的死树,几乎所有松林都不同程度危害,国外松稍轻。此外,油茶炭疽病、油茶软腐病和油茶煤污病、毛竹枯梢病、杉木缩颈病、湿地松流脂病等病害也有小面积或零星发生。

护林联防

森林公安　森林公安队伍担负保护森林资源、维护林区社会治安的双重任务,打击破坏森林资源违法犯罪。至 2010 年,市、县两级森林公安机关及民警受到国家、省、市各类表彰 200 余次,荣立集体二、三等功和表彰 74 次,记个人二、三等功和表彰 133 人次。

县、乡护林队伍　1986—2010 年,全市各级均成立护林组织,市、县(场)两级设立办公室,配备 3 ~ 5 人。专职护林员的选配由村、乡推荐,报县级指挥部批准备案,并颁发专职护林员证书。每个乡镇配 2 ~ 4 人,村委会按 33.33 ~ 66.67 公顷林地配备护林员 1 人。

护林联防组织　省际联防。境内浮梁与安徽等地毗邻。1964 年,加入赣鄂皖等省际第一、第二联防区组织以后,每年都在当班县召开联防会,传达上级有关会议精神,总结交流经验,表彰先进单位和个人。90 年代,浮梁县与安徽省毗邻乡镇都成立联调会,共同防范调处林业、治案纠纷,如西湖乡与祁门县新安乡成立"西新"调委会。通过开展联防活动,共同制止乱砍滥伐,调处山林纠纷,防范森林火灾,增强毗连地区群众团结,促进边境地区森林资源保护。

地市联防。市境南部与上饶毗连。1992 年,景德镇、南昌、上饶毗连地区成立护林联防区,乐平市参加护林联防活动。浮梁县天宝乡与婺源县赋春乡的"天赋"联调会,开展森林资源联合保护,调解矛盾纠纷。

第五章　林业企业

景德镇市利用林业资源优势,发展壮大林业产业,全市建成六大林业支柱产业体系。包括以速生丰产用材林为工业原料林基地、以毛竹为原料的加工业、以油茶林为主的经济林业、野生动植物驯养繁殖产业、苗木花卉业、森林旅游业等。至 2010 年,实现林业产业总产值 20.5 亿元,其中林业第一产业值 11.89 亿元、第二产业值 7.58 亿元、第三产业值 1.03 亿元,一、二、三产业比例为 58∶37∶5。

第一节　森工经营

木材加工

1986—1995年，全市木材(竹)加工业兴起，以个体经营为主，整体规模偏小、产品品种少，主要是家具、小型农具、生活用品等且加工停留在初级阶段。进入21世纪，调整木竹加工产业发展方向，侧重发展木竹家具、木竹工艺品、细木工板、指接板、木竹胶合板等市场容量大，发展前景广阔，易形成规模的产品，重点发展木竹加工新技术、新产品开发，提高木竹精深加工水平，使产品附加值提高到10%以上。2001—2005年，相继涌现出江西一见喜家具有限公司、江西森德木业有限公司等一批龙头企业。2006年，全市开展清理整顿和清理检查木材加工企业活动，取缔一批不规范、不符合要求的加工企业，合格的报省林业厅审批发证。全年经审批保留的木竹加工企业有182家。2007—2009年，淘汰8家。至2010年，全市共有木竹加工企业174家，木材年加工能力20万立方米。

江西一见喜家具有限公司　1995年创建，是从事围绕家居产业多元化经营的现代创新型企业。总部位于乐平市。在北京、广东、湖北、安徽等地设立分公司，并建立生产基地。全国分设360多个县级以上家具产品专卖店及旗舰店，商场总面积达15万平方米。为中国家具行业综合实力百强企业，连续多年获江西省省级林业龙头企业称号。2008年，获评江西名牌产品、江西省著名商标。

江西森德木业有限公司　位于市大岭垦殖场内。占地面积5公顷，厂房面积3000平方米，从事松木建筑模板、细木工板生产，年营业额超千万元，生产原料主要来源当地出产的优质马尾松和美国松。

林副产品

油茶加工　1991年，全市油茶面积7667公顷，其中老油茶林约占75%。主要加工方式为农民自产自(食)用，商品率低。1992—2000年为低潮期，特别是农村大量劳动力外出务工，部分油茶林出现荒芜现象，油茶面积减少562公顷。进入21世纪，油茶步入发展期。全市以退耕还林项目为契机，在浮梁县大力发展高产油茶林。2000—2005年，全县营造高产油茶350.42公顷。

2005年9月，市委、市政府发布《关于加快林业发展的实施意见》，实施油茶产业“1155”工程，培养年产值过亿元的油茶龙头企业2个，带动100个油茶专业大户，建成油茶丰产林基地1万公顷。2007年8月，浮梁县展开先行试点工作，市林业局以市青原农林开发有限公司133.33公顷油茶种植基地为依托，建成油茶亩种百株、亩产百斤油的“双百”科技推广示范基地，加快油茶科技成果转化，促进油茶产业发展，全年新建高产油茶林425.65公顷。

2008年1月，浮梁县鑫叶林场成立，林场承租寿安镇范围内的月山村、灵珠村荒山707公顷，投入资金200余万元引进省林业厅推广的“GLR长油1—18”油茶优良无性系品种，栽种油茶146.67公顷。2009年，投资2200万元建设400公顷优质高产新品种油茶林基地和一个现代化油茶精加工厂，为全市最大的个体油茶种植基地，计划4年建成。

2009年，浮梁县列入国家油茶产业发展试点县示范基地建设，争取资金300万元，全年营建高产油茶示范基地1000公顷。同时启动欧元投项目，投入资金390万元完成油茶造林400公顷。至2010年，全市油茶总面积8000公顷，油茶籽总产量680吨，油茶加工企业有江西赣森绿色食品有限公司和景德镇桃源农业开发公司，茶油年加工能力1000余吨。

松香、松脂加工　1986—2000年，全市松香总产2506吨，生产方式为简单的“土炉子”加工。进入21世纪，全市4.67万公顷湿地松林进入丰产期。至2005年，全市松香总产量13512吨，年均产量2700吨。按照江西省地方标准《松脂采集技术规程》，规范松脂采集行为，并按照企业规模、产品质量、加工设备等条件对加工企业进行整合。2006年，确定市枫树山木材化工厂等5家企业负责全市松脂加工和松香生产。2008年，受雨雪冰冻天气影响，湿地松受损严重，松脂产量下降，全年松脂产量3495吨。2009年为2903吨。2010年，采脂总面积5638.2公顷，松脂产量4017吨。

苗木花卉　1986—1990年,全市花卉苗木主要有国营森林苗圃、枫树山林场、乐平苗圃、林科所苗圃、浮梁县苗圃以及少量育苗专业户经营,每年提供绿化苗木和花木约23万株。进入21世纪,全市实施苗木质量提升示范点工程。2000年8月,投资2200万元在市苗圃启动市农业科技示范园建设项目。2001年,江西德宇生态园在城区西南郊动工建设,主要发展白花檵木、红豆杉、樟树等根雕产业。

2004年1月,市政府将市枫树山林场千亩特色苗木基地列入市农业产业化六项重点工程,培育出杂交马褂木母树这一世界公认绿化美化速生树种。以中国林科院为技术依托,从国内外引进黎巴嫩雪松、红豆杉、美国彩叶树等珍稀优良品种。2005年,乐平市招商引入一批外地苗木花卉企业入驻。同年,江西乐康中药饮片有限公司创办,占地200公顷,主要从事杜仲、厚朴、山茱萸等野生植物加工,是一家GMP认证的中药饮片生产企业,全年产值1000万元。2007年,浙江一苗木花卉公司在乐平市乐港镇鸣山茶场建成,发展以香樟、桂花为主的苗木花卉产业,基地规模67公顷。2010年7月,江西中绿城乡绿化有限公司在乐平市众埠镇高桥村建立,苗木基地253余公顷。全市初步形成以外地客商投资公司为龙头,林农专业合作社为基础的生产格局。至年底,全市苗木花卉基地面积810公顷。

香菇、木耳种植　香菇、木耳是景德镇林区传统特色产品。80年代初,边远山区的香菇种植沿用传统的生产方式,即将阔叶树成片砍倒,就地依山堆放,但保留少数遮阴的树。将砍倒的树再用刀砍成鳞状,让野生香菇的孢子掉入而自然接种,一年后长出香菇,可连续采收3~4年。种过香菇的山地土质肥沃,用来种玉米。这种粗放的经营方式毁林面积很大,到80年代中后期被禁止,代之是选用阔叶树木(如枫树)截成1米长,钻孔植入香菇、木耳菌种,集中在山下码放培育,这种方式生产的香菇、木耳产量高且稳定。

浮梁山区代料木耳种植

到90年代后期,推广代料种植香菇、木耳技术,即将阔叶树机械破碎后装入塑料薄膜袋,经高温蒸汽灭菌后,植入香菇种、木耳菌种,在遮阴蓬内培植成香菇、木耳,可充分利用林业采伐的枝丫或加工的边角料进行产业化经营,节约林木资源。

第二节　国有林场

枫树山林场

总场　位于昌江区枫树山,基地跨浮梁县和昌江区的17个乡、镇、场,南北长53千米,东西宽43千米。其东部林区与婺源县相望,南部林区与乐平市科山垦殖场、涌山镇紧邻,西部林区与鄱阳县金盘岭乡接壤,北部林区与安徽省祁门相毗连。是林业部和省林业厅重点投资营造的用材林基地之一。辖1个国家级森林公园、11个林业分场、6个场办企业和2个公益性服务单位。

林场经营管理山林土地面积28413公顷,其中国有面积占96%。区划生态公益林面积17040公顷,占国有林地面积的63%。全场人工林23733公顷,树种结构以针叶林为主。场内海拔最高1618.4米(五股尖山峰)。森林蓄积量259万立方米,森林覆盖率88.2%,林木绿化率87.0%。全场职工2221人,其中在职948人,专业技术人员171人(高级职称15人,中级职称71人)。

1986年后,林场开展林业科技研究,承担林业项目30余项,20余项林业成果通过鉴定,获得国家级荣誉1项、省级荣誉6项、市级荣誉11项。其中《pt菌剂生产及其松树育苗菌根化应用研究》获林业部科技进步二等奖。2005年,经评估机构认定,林场森林资源资产价值达4.9亿元,是国家投资和自筹资金投入的6.6倍。2009年,获全国首批经营性示范林场称号。

林业分场　浮东分场。位于浮梁县东北部,瑶里镇一带。经营面积 2661.3 公顷,活立木蓄积量 28.41 万立方米,森林覆盖率 81.9%。

浮西分场。位于浮梁县西南部,洪源镇一带。经营面积 4281.0 公顷,活立木蓄积量 13.34 万立方米,森林覆盖率 44.52%。

浮南分场。位于浮梁县东南部,湘湖镇一带。经营面积 3074.0 公顷,活立木蓄积量 14.22 万立方米,森林覆盖率 73.88%。

南山分场。位于昌江区,经营面积 2333.9 公顷,活立木蓄积量 16.81 万立方米,森林覆盖率 87.81%。

三宝分场。位于市区东郊,经营面积 1738.5 公顷,活立木蓄积量 14.91 万立方米,森林覆盖率 85.95%。

塘坞分场。位于市区西郊,经营面积 1216.1 公顷,活立木蓄积量 3.89 万立方米,森林覆盖率 59.51%。

柏树下分场。位于浮梁县,经营山林面积 2725.8 公顷,活立木蓄积量 6.22 万立方米,森林覆盖率 60.37%。

樟树坑分场。位于浮梁县,经营面积 1623.5 公顷,活立木蓄积量 8.74 万立方米,森林覆盖率 94.39%。

磨刀港分场。位于浮梁县新平乡周家港村。经营面积 2350.1 公顷,活立木蓄积量 7.58 万立方米,森林覆盖率 47.76%。

双桥分场。位于浮梁县,经营面积 1384.7 公顷,活立木蓄积量 1.06 万立方米,森林覆盖率 37.73%。

黄岭分场。位于浮梁县,经营面积 3434.2 公顷,活立木蓄积量 15.45 万立方米,森林覆盖率 60.99%。

场办企业　枫林电容器厂。创办于 1986 年 10 月,由总场和国营 4321 厂联营组建。

枫树山木材加工厂。创建于 1971 年 5 月,前身为塘坞分场综合队,只有 20 名职工,一台圆盘锯,一台木工车床,利用造林清山材和少量间伐小径材加工木箱、板材、屋角条、线槽板电圆木。

枫树山家具厂。成立于 1988 年 4 月,厂址与枫树山木材加工厂毗邻。建厂初期,属范天恩私营个体企业,租用本场场地,有临时工 8 人,主要靠手工制作一般家具。

沪枫食品厂。组建于 1985 年 4 月 20 日,由塘坞分场划拨二幢旧仓库作为厂房,从林茂公司,塘坞分场借贷 6 万元流动资金到上海购置生产设备及原材料,请来上海乐家福食品厂 3 位糕点名师来厂传授技术,主要生产上海风味食品。

枫树山瓷厂。生产各种陶瓷,厂址在黎明路 31 号,占地面积 23328 平方米,厂区面积 15992 平方米,建筑面积 7336 平方米。

林业建筑工程公司。成立于 1972 年 10 月,4 级建筑企业,原名景德镇市枫树山林场建筑工程队。

绿达林场

隶属市林业局,为国有林场。总场位于市沿江西路 115 号,下设英溪林场、程家山林场、其山下林场和红旗林场分场,分别在浮梁县峙滩乡、兴田乡、勒功乡、黄坛乡境内。

绿达林场在市林业区划中属东北山地杉木用材林区,是全市木材的主要产地,每年向国家提供商品材 2000 立方米。经营总面积 2266 公顷,活立木总蓄积量 12 万立方米。其中针叶林 6.7 万立方米(纯林杉木 6.2 万立方米)、阔叶林 4.8 万立方米、针阔混交林 0.5 万立方米。林场职工 108 人,在职职工 53 人。

1986—2010 年,共修建林区公路 37.6 千米,板车道 20 千米,修建房屋 2.5 万平方米,开设防火带 41 千米。累计为社会提供商品材 10 多万立方米,培育生态林 1200 公顷,人工营造杉木林 1466.67 公顷。林场在争取国家项目资金造林的同时,先后实施退耕还林、日元贷款、长防林、森林抚育等项目。

浮梁县银坞林场

属浮梁县国有林场,正科级事业单位。1987 年林场成立,主要职责是承担荒山造林。1990 年,由蛟潭区林业局与三龙乡政府合办。2001 年 4 月,浮梁县将银坞林场定为正科级自收自支事业单位,下设 5 个分场。场部位于浮梁县城,林地主要分布在鹅湖、三龙、东流、峙滩和蛟潭等 5 个乡镇。1990—2010 年,先后实施世界银行贷款国家造林项目、森林资源发展与保护项目、日本政府贷款江西造林项目以及林业科技示范和推广项目等,共营造各类林木面积 13333 公顷,分布全县 17 个乡镇,活立木蓄积量达到 90 万立方米,职工125 人。

昌江区林场

1990年成立,为区属副科级事业单位,山场主要分布在鱼山、丽阳2镇,森林覆盖率98%,经营森林面积2133.33公顷,林木总蓄积量12万立方米,全场职工16人。

乐平市国有林场

乐平国有林场共有6个,分别为白土峰林木良种场、鹄山林场、五峰山林场、洪岩林场、文山林场、历崌山林场。其中共库五峰山林场隶属于乐平市共库管理局,林场经营面积2133公顷,职工48人。鹄山林场隶属于乐平市林业局,副科级单位,1989年兴建,林场经营面积2133.33公顷,林场职工29人。白土峰林木良种场归属于乐平市礼林镇管理,经营林地总面积2340公顷,建成杉木初级种子园、湿地松母树林、油茶母本园等良种基地347公顷,营造杉木、湿地松等山林533公顷,林场职工202人。洪岩林场隶属乐平市洪岩镇,1985年创建,经营面积2113.33公顷,森林总蓄积5.81万立方米。文山林场隶属乐平市众埠镇,经营面积2046.67公顷,森林总蓄积5万立方米。历崌山林场隶属乐平市洪岩镇,经营面积3060公顷,森林总蓄积22.042万立方米。

林企改制

国有森工企业改制　市辖区有国有森工企业5家,其中市属有市林业工业公司、市木竹制品厂2家,县属有浮梁县林业工业公司、景德镇木材厂、乐平市林业工业公司3家,职工总数1448人。2001年2月,国有森工浮梁县林业工业公司启动企业改制试点,2004年5月改制基本结束,县政府筹措80万元资金妥善安置职工329名。2005年6月,市林业工业公司通过资产置换筹措800万元,一次性买断所有职工身份,同时将公司划拨市林产局托管,改制结束。2009年6月,浮梁县政府批准景德镇木材厂改制,累计投入资金1891万元,完成482名职工安置。至2010年,全市国有森工企业改制工作全部结束。

国有林场改制　1991年,景德镇市各国有林场、苗圃开始试点,按照劳动用工、分配、经营管理方式、体制等进行单项改革。1996年4月,市政府出台《关于深化国有场圃改革的意见》,按照"三个有利"的原则,坚持"一企一策""一场多制",实行国有私营、承包经营、租赁经营、股份合作经营新机制。2004年5月,市绿达林场启动改革,改制以盘活资产和安置职工为重点,置换职工国有身份,分别以离岗退养、协议保留社会保险关系、一次性经济补偿等方式进行安置,符合退休条件的职工全部进入社会养老保险。2005年12月,改制工作基本结束,共安置职工53人,退休职工24人,在职8人,林场经营负担明显减轻。2010年6月,浮梁县将银坞林场危旧房改造列入全县推进新型城镇化和城市建设重点项目,投资1200万元改造房屋96套。11月,市政府颁布实施《关于推进国有林场改革的指导意见》,启动新一轮国有林场改革。将市枫树山林场、浮梁县银坞林场、昌江区林场和乐平五峰山林场、白土峰林场、鹄山林场纳入改革,按生态公益型林场和商品经营型林场进行性质界定。乐平市文山林场、洪岩林场、历崌山林场参照农垦企业改制推进改革。市枫树山林场、昌江区林场、浮梁县银坞林场、乐平市五峰山林场和鹄山林场界定为生态公益林场,其人员结构和机构经费基本纳入同级财政预算,乐平市白土峰林场界定为商品性经营林场,实行企业化经营管理。

第三节　其他林场

集体林场

乡村集体林场主要从事保护、培育和发展森林资源等工作,分布在浮梁县。1986年,全县机构健全、人员固定的林场有78个。1991年,浮梁县政府启动"灭荒"工程,发展和壮大乡镇集体林场。1992年,全县发展乡村集体林场139个,经营总面积85526.67公顷,森林蓄积量226.77万立方米,是林业的基层组织和骨干力量。1993—2000年,乡村集体林场普遍面临经营面积小、资金技术短缺等发展瓶颈。2004年,浮梁县开展集体林权制度改革试点,实行分山到户政策,乡村集体林场进入整合期。2010年,全县保留集体林场18个,经营面积11866.66公顷。

表 18－5　　1986—2010 年景德镇市主要乡镇林场一览表　　单位：公顷

林场名称	建场时间	组织形式	经营面积
蛟潭镇早马湾林场	1958 年 9 月	集体	2006.8
瑶里镇白石塔林场	1958 年 10 月	集体	3786.8
经公桥镇东风林场	1958 年 9 月	集体	733.4
峙滩乡金竹林场	1966 年 1 月	集体	1200
鹅湖镇曹村前山场	1974 年 10 月	集体	266.8
鹅湖镇天保水口林场	1976 年 9 月	集体	133.33
洪源镇茶林场	1976 年 9 月	乡办	200
鹅湖镇桥溪村白石坞林场	1977 年 4 月	集体	113.4
王港乡歧源坞林场	1978 年 3 月	联营	440
蛟潭镇梅源方坑采育林场	1979 年 12 月	集体	426.8
蛟潭镇礼芳采育林场	1980 年 4 月	集体	400
瑶里镇瑶里林场	1980 年 4 月	集体	400
蛟潭镇联营林场	1982 年 9 月	集体	400
鹅湖镇新垦林场	1984 年 12 月	集体	133.33
蛟潭镇胡宅林联营林场	1985 年 9 月	集体	520
蛟潭镇石鼓叶村林场	1985 年 9 月	联户	38
臧湾乡新岭林场	1986 年 1 月	集体	268
经公桥镇西坑林场	1987 年 12 月	集体	400
合计	—	—	11866.66

林业个体户

1986—2010 年，全市通过股份经营、承包、租赁、拍卖、合作、联营等多种形式，发展个体林业经营，全市共有 460 户个体户，保持良好发展态势。

昌江区葛立新是浙江台州一家企业的管理者。2003 年年底回到家乡承包 20 公顷荒山种植油茶。2004 年，投资百万元注册成立景远园林工程有限公司，发展苗圃基地 5 公顷。

2008 年，全省启动道路两旁造林绿化工程，景远园林工程有限公司追加资金 500 余万，承包 120 公顷通道绿化项目，栽植杨树苗 20 多万株、樟树苗 8 万株，成活率达到 90% 以上。2008—2009 年，连续被昌江区委、区政府评为植树造林先进个人。

2008 年春天，浮梁个体户叶小妹成立浮梁县鑫叶林场，承租寿安镇月山村、灵珠村荒山 706.8 公顷，并聘请 10 多名技术人员，投入资金 198 万元引进省林业厅推广的“GLR 长油 1—18”油茶优良无性系品种，发展油茶 146.8 公顷，成活率达 95%。同时，指导 362 户农户进行油茶林改造近 200 公顷，吸收 210 余名农村剩余劳动力就业，叶小妹被评为 2008 年度市级造林工作先进个人。

第六章　林政管理

景德镇市是重点林区,各级政府十分重视林政管理工作,依法加强林地征占审批管理,对木林实行限额采伐,凭证运输,对野生动植物资源实行严格保护,有计划开展森林防火和法制宣传教育,保障森林资源的可持续性增长。

第一节　林地管理

1986—1998 年,林地征占用工作基本处于无序、不规范状态。1998 年 5 月,按照《国务院关于保护森林资源制止毁林开垦和乱占林地的通知》,市政府决定冻结各项征占用林地建设工程一年。1999 年 7 月,市政府颁布《关于开展清查占用、征用林地的通告》,开展清查违法占用、征用林地工作。全年全市征占林业用地面积 30.1907 公顷,其中 72.69% 经林业行政主管部门审查,非法侵占林地行为逐步得到遏制。2000—2010 年,全市贯彻执行国家有关林地保护管理法规、政策,多次启动跨部门联合整治无序征占用林地行为,加强林地征占用管理。如陶瓷学院扩建校舍、市森林公安局建办公大楼等均依法办理林地征占用手续,并按有关规定预交森林植被恢复费。

表 18－6－1　　1986—2010 年景德镇市征占用林地情况统计表　　单位:公顷

年份	林地征用面积	年份	林地征用面积	年份	林地征用面积	年份	林地征用面积
1986	35.65	1993	17.69	2000	33.9	2007	353.20
1987	64.56	1994	0.36	2001	53.63	2008	341.38
1988	45.90	1995	5.69	2002	158.06	2009	195.13
1989	31.21	1996	12.01	2003	124.65	2010	432.61
1990	28.97	1997	44.31	2004	99.99	合计	3277.92
1991	15.29	1998	冻结	2005	357.29		
1992	32.11	1999	30.19	2006	764.14		

第二节　采伐与运输管理

限额采伐

1986 年,景德镇市对辖区内的森林和林木采伐及消耗实行限额管理,林木采伐和木材消耗均实行年度指标控制,年度木材生产计划不得超过批准的年森林采伐限额。“八五”期间,全市年森林采伐限额(立木)为 382000 立方米,其中商品材(木材)限额为 81519 立方米,商品材年均计划为 70000 立方米,重点加强商品材采伐管理。1995 年,全市 60 年代人工营造的针叶用材林进入主伐期,可供采伐的森林资源增加。“九五”期间,全市森林采伐限额(立木)上调为 456812 立方米,占上个五年计划的 120%,其中商品材(木材)限额为 97300 立方米,年均采伐计划为 69500 立方米。

进入“十五”期间，林业改革全面深入，市枫树山林场为筹集改制资金，对部分国有森林资源进行流转。因流转面积较大，市政府决定将森林采伐限额编制管理单位增加到5个，即浮梁县、乐平市、昌江区、市枫树山林场和为峰公司。“十一五”期间，全市森林采伐限额（立木）为895013立方米，其中商品材（木材）限额为274404立方米，商品材年均采伐计划为200488立方米。至2010年，景德镇严格执行年森林采伐限额及其管理制度，认真执行凭林木采伐许可证进行林木采伐、凭木材运输证进行运输，生产单位均未突破年森林采伐限额和年商品材生产计划。

表18-6-2　　1986—2010年景德镇市限额采伐情况统计表　　单位：立方米

时间	内容	合计	浮梁	乐平	昌江	枫树山林场	为峰公司
1986—1991	年采伐限额（立木）	359000	289320	30250	10800	28630	—
	商品材（木材）限额	74800	48900	3840	2200	19860	—
	商品材（木材）年均计划	62300	40654	3520	1596	16530	—
1991—1995	年采伐限额（立木）	382000	297370	40600	12800	31230	—
	商品材（木材）限额	81519	51200	6400	3089	20830	—
	商品材（木材）年均计划	70000	42750	6400	2700	18150	—
1996—2000	年采伐限额（立木）	456812	338737	57886	12303	47886	—
	商品材（木材）限额	97300	57300	7600	3500	28900	—
	商品材（木材）年均计划	69500	41900	6600	2800	18200	—
2001—2005	年采伐限额（立木）	649742	492538	74783	17154	65267	—
	商品材（木材）限额	165549	116174	9182	4546	35647	—
	商品材（木材）年均计划	105860	63860	13600	4100	24300	—
2006—2010	年采伐限额（立木）	895013	622457	95281	32005	92875	52395
	商品材（木材）限额	274404	158105	17593	8278	57813	32615
	商品材（木材）年均计划	200488	97443	16516	6172	48676	31681

说明：1.“十一五”期间商品材计划总数大于各分项之和。原因：省林业厅另行下达设区市本级2188立方米处罚材计划指标，用于市木监局等执法单位查获无证木材列抵计划。2.“十一五”期间实际商品材实际采伐量（木材）：2006年184490立方米；2007年184548立方米；2008年142059立方米；2009年130395立方米；2010年146482立方米。年均实际采伐量157595立方米

凭证运输

1986年开始，市林业部门严格木材运输管理，实行统一进山收购制度。境内商品材的运输必须有统一印制的木材运输证才能放行。1987年12月，按照省委、省政府颁发的《关于贯彻中发〔1987〕20号文件，加强森林资源管理的通知》要求，全市调整和完善木材市场管理政策，规定“重点产材县生产的木材，由当地林业部门统一管理和进山收购”。1989年10月起，凡运输木材出省，必须统一使用林业部印制的出省木材运输证。1993年1月起，省内跨地（市）、县（市）的木材运输，必须使用江西省林业厅印制的运输证，县（市）内的木材运输，使用市林业局印制的运输证。木材运输证要凭借有效的林木采伐许可证、植物检疫证和税费交纳凭证才能办理。

1996年，市政府加强木竹经营加工单位和木材市场监督检查，各地木材检查站执行木、竹凭证运输，过境登记制度。铁路、公路等部门实行木竹凭证运输制度，对没有县级以上林业行政主管部门签发运输证的木竹，任何单位和个人不得承运。纳入凭证运输对象有：①原条、小径原条、原木、小径原木、短原木、短小原木、其他标准原木、原条，原竹（毛竹、篙竹）等原材料；②方材、板材、条材、线材、木制半成品、成品等木制半成

品、成品类;③竹筒、竹杠、竹片、竹篾、竹制半成品、成品等竹材类;④单板、胶合板(木胶板、竹胶板、竹木混胶板、胶合方木、弯曲木)、纤维板、刨花板、贴面板、细木工板、拼接板(集成材)、木地板、竹地板、复合地板等人造板类;⑤采挖移植的林木、胸径5厘米以上的绿化大苗等移植木类;⑥采伐、加工剩余物,商品柴、炭,木片、木粉、树兜、树桩、旧模板、旧木料、未包装商品的包装箱(板)、木竹造纸浆、物理活性炭等其他类;⑦属于国家一、二级和省级重点保护的野生植物及其产品;⑧进口木材;⑨个人随身携带或者零担、包裹托运的,折合原木0.2立方米、毛竹10根以下的自用木竹制成品,免予办理运输证。

2002年6月,市林业局办证人员入驻市行政服务中心,审核办理木材凭证运输业务。2008年10月,实行网上办理木材运输证。1986—2010年,全市共办理木材运输证13.5万件,年平均办理5000余件。

木材检查

1986年,市木材检查总站从森工企业中析出,更名为景德镇市木材检查站。1992年,省政府核定保留景德镇地区木材检查站11个,分别是浮梁县其山下、桃墅、石桥下、西溪、洪源、三龙、高沙检查站,乐平市涌山、接渡、韩家渡检查站,昌江区的新桥检查站。2010年,根据省政府《关于调整部分木材检查站布局的通知》,将市洪源木材检查站调整到济广高速公路省际出口赣皖收费站旁,更名为江西浮梁桃墅木材检查站,由省林业部门直接管理。同时,将市木材检查站更名为市木材流通监督管理局,检查站总数保持不变。木材检查站负责对运输的木竹进行检查监督。运输木竹的客商凭县(市、区)以上林业主管部门发放的林木采伐许可证,办理木材运输证后,携证运输木材,在经过木材检查站时停车受检。1986—2010年,全市木材检查站共查出违规运输案件5.86万件,违规运输木材6.34万立方米,毛竹610.98万根,处罚金额2386.7万元。共放行木材465.66万立方米,其中放行出省260.88万立方米。

自用材管理

薪炭林是专门为生活用柴经营的树种,也就是人们俗话所说的“柴山”,多年来在森林结构中所占比例较大。随着人们生活水平提高,燃气逐步取代了柴火。2000年以后自用材林基本封育,逐步纳入阔叶林保护和公益林保护范畴。

执法监督

1987年,市委、市政府发布《关于开展打击破坏森林违法犯罪分子专项斗争的通告》,开展打击破坏森林资源违法犯罪行为,成立市打击破坏森林资源违法犯罪行为专项斗争指挥部。共查处林业案件540起,收缴木材884.5立方米,清理无证加工点151个,无证收购点17个,捣毁无证经营购销窝点158项。同时,对林区木材加工企业进行清理整顿,共撤销木材加工单位190余家,保留120余家。通过林业“严打”斗争,乱砍滥伐森林、无证购运销木材歪风得到遏制。

1996年,根据《中华人民共和国森林法》《中华人民共和国行政处罚法》及有关法规规定,各县(市)林业主管部门做好辖区内林业行政处罚权的委托、授权工作,完善林业行政执法和监督体系,规范林业行政执法行为,巩固治理“三乱”(乱罚款、乱收费、乱摊派)成果。

2000年5月2—15日,对各县市1998年1月1日以来林业行政执法情况进行检查,发现少数执法单位或个人在执法中存在问题,个别县(市)林政资源管理松懈,源头管理混乱。1999年5月4—10日,国营枫树山林场盗伐严重,清出盗伐国有杉、松木2854根,卡获偷运木材8立方米。乐平市月山分场、青妇林场接连出现超计划采伐案。浮梁县也发现多起无证收购、无证加工、无证运输木材等经营木材案件。部分县市林业工作站、木材检查站、森林公安派出所等基层单位职责不明、执法范围不清,越权执法现象严重。还有林业行政执法程序不规范,木材流通登记不全、填写不规范。有些基层木材检查站在处罚无证运输案件时以罚代法,采用补交林业规费、收取木材变价款项的方式处理。

2005年年底,根据省人大《关于加强森林资源保护和林业生态建设的决议》,市林业局对全市木材加工企业进行清理整顿,依法关闭43家以阔叶树为主要原料的加工企业,取缔18家非法木材加工点,对合格木材加工企业管理进行整顿。2006年,全市开始实施保护发展森林资源任期目标责任制,将保护、抚育和发展森林资源,制止乱砍滥伐林木、非法侵占林地以及乱捕滥猎野生动物等各项指标完成情况,纳入各级政府年终考核内容，对工作不力，造成重大损失的，追究行政主要领导责任。对保护、抚育和发展森林资源成绩卓著的，给予表扬和奖励。2006—2010 年，没有发生重特大恶性毁林案件。

基层联防

1990 年，全市开始组建乡镇林业工作站，作为林业主管部门指导和组织农村集体、个人发展林业生产的基层事业单位，行使行政管理职能。1991 年，全市设置乡镇林业工作站 38 个，编制 172 人。至 1992 年年底，38 个站全部组建到位，聘用干部 44 人。

2004 年，全市启动林改工作，乡镇林业工作站完善管理制度，优化管理机制和队伍，落实日常工作经费。至 2010 年，全市共设市级林工站管理站 1 个，县级林工站管理站 3 个（珠山区无县级林工站），设置乡镇林工站 28 个，其中浮梁县基层站 17 个，乐平市基层站 6 个，昌江区基层站 4 个，珠山区基层站 1 个，职工总数 133 人。

2010 年，乡镇林业工作站协助村民组建“三防协会”“十户联防”组织 823 个，参加户数 31696 户。组织、指导全市农村新造林面积 1220 公顷，新增封山育林面积 1.2 万公顷，育苗面积 55.06 公顷，中幼林抚育面积 5639.2 公顷，打造 11 个森林乡镇，50 多个森林村庄。28 个乡镇林业工作站受委托行使林业行政执法权，共受理林政案件 265 起，其中破坏野生动植物案件 11 起。帮助用地单位做好征占用林地审核报批工作，共办理长期征占用林地审核项目 68 起，面积 432.6069 公顷。

第三节　管理机构

市林业局

1986 年，市林业局机关内设办公室、劳动人事科、林政科（挂市木竹检查站牌子）、营林科、森林病虫害防治站（挂森林植物检疫站牌子）、组宣科、企业管理科、纪检组、工会、林业治安科（下设万龙山、五峰二个林业派出所）、市政府护林防火指挥部办公室，干部职工 39 人。1996 年 11 月，机关内设人事秘书科、林政资源管理科、造林经营科、林业产业科、计划财务审计科、科技教育科、垦殖场管理科（挂市国营垦殖场管理局牌子）、市绿化委员会办公室、市政府森林防火指挥部办公室、党委办公室（挂老干部科牌子），另设纪检委（监察室）。行政编制 37 人，事业编制 3 人。

2002 年 10 月，机关内设人事秘书科、林政资源保护管理科、造林经营科、政策法规科、计划财务审计科、科技产业科（与国有垦殖场管理科合署办公）、市绿化委员会办公室、市政府森林防火指挥部办公室、党委办公室，另设纪委（监察室），为市监察局的派驻机构。行政编制 30 人（含纪检监察编制 2 人），事业编制 5 人。

2010 年 11 月，市林业局内设办公室、造林经营科、林政资源保护管理科（挂市政府调解处理山林权属争议办公室）、计划财务审计科、人事教育科、行政审批服务科（政策法规科）、科技与改革发展科、市绿化委员会办公室、市政府森林防火指挥部办公室、纪委（监察室）。行政编制 30 人（含纪检监察编制 2 人），工勤编制 5 人。下属单位 13 家。

市森林公安局

1989 年 4 月，市林业公安局成立。1998 年 9 月，更名为市森林公安局。乐平、浮梁、昌江 3 个县（市、区）先后成立森林公安分局，下设森林派出所 9 个，政法专项编制 107 人，在编在岗民警 104 人。1985—1993 年，先后设立蛟潭森林派出所、鹅湖森林派出所、文山森林派出所、鹄山森林派出所、经公桥森林派出所、三龙森林派出所、大岭森林派出所、枫树山森林派出所、道士桥森林派出所，均为副科级单位。

下属事业单位

市木材流通监督管理局　1986 年 1 月，市木材检查总站从市林业工业公司析出，由市林业局直接管理，为行政事业单位，更名为市木材检查站，自收自支事业编制 8 人。负责对罗家、洋湖、历尧、吕蒙等县、区结合部的木材运输流动检查。2001 年 10 月，列入财政预算，实行收支两条线管理。事业编制 30 人（其中洪源木

材检查站10人)。2008年10月,更名市木材流通监督管理局,列入参公单位管理。2010年,行政编制30人,为正科级单位。

市林业有害生物防治检疫局　1986年,市森林病虫害防治检疫站编制8人,为全额拨款事业单位。2003年6月财务单列。2008年,更名为市林业有害生物防治检疫局,内设办公室、测报科、防治科、检疫科,编制8人,为正科级参公事业单位。

市野生动植物保护管理局　2001年10月,市野生动植物保护管理站更名市野生动植局保护管理局。2008年8月,列入参公管理单位。2010年10月,更名为市野生动植物保护管理局,并增挂市林业局湿地保护管理中心,行政编制8人,为正科级单位。

市林业工作站　1991年成立,为自收自支副科级事业单位。2006年3月,改为正科级全额拨款事业单位,事业编制5人。2007年4月,增挂市生态公益林管理办公室牌子,负责全市林业工作站建设管理、生态公益林管理建设,承担全市林地征占用受理和审核工作以及负责全市森林保险工作。事业编制5人。

市林木种苗站　2001年成立,为正科级全额拨款事业单位,编制7人。2010年,事业编制3人。

市森林资源监测中心　2000年,市林业勘察设计队更名为市森林资源监测中心,为全额拨款事业单位,编制12人,其中管理岗位2人,专业技术岗位9人,工勤技术岗位1人。

研究推广机构

市林业科学研究所　位于浮梁县王港乡高沙村。为市林业局直属全额拨款副县级事业单位。辖有山林面积186.67公顷、苗圃地6.67公顷、联营试验基地1000公顷,编制35人,在职40人。2010年,林科所下设办公室(含人事财务室)、科研科管理、森林经营研究室(试验林林场)、林木种苗研究室(林业有害生物防治研究室)、园林绿化研究室。负责林业科学研究、成果推广以及负责林业科技情况收集整理和发布。

林业科技推广站　1991年10月成立,挂靠市林业局科技教育科,编制6人。2003年,与市林科所合署办公。主要职能是宣传、普及和推广林业技术。

县区机构

乐平市林业局　1984年,乐平县林业局成立。1997年,内设人事秘书股、林政资源管理股(负责山林权属调纠办公室工作)、造林经营股、审计股、财务统计股、垦殖场管理股(挂市国营垦殖场管理局牌子)、县政府森林防火指挥部办公室。行政编制12人,事业编制16人。县林业公安分局为市林业局下属副股级行政机构,事业编制25人。2002年,内设人事秘书股、林政资源管理股、造林经营股、计划财务股、审计股、垦殖场管理股、市政府森林防火指挥部办公室,行政编制9人,事业编制2人。森林公安分局为林业局行政派驻机构,为副科级全额拨款事业单位,编制25人。

2010年,内设人事秘书股、计划财务股、林政资源管理股、造林股(挂市绿化委员会办公室牌子)、林地林政管理股、政策法规股(行政审批股)、市政府森林防火指挥部办公室、乐平市森林公安局(挂公安局森林督查大队牌子)。行政编制9人,政法专项编制22人。下属单位9个,分别是乐平市鹄山林场、乐平市森林消防专业扑火队、乐平市木材检查站、乐平市林业工作站、乐平市林业有害生物检疫站、乐平市野生动植物保护管理站、乐平市林业产权交易中心、乐平市林业调查设计队、乐平市森林苗圃。

浮梁县林业局　1989年,浮梁县恢复县治,将鹅湖区林业局和蛟潭区林业局合并,成立浮梁县林业局。2005年,县林业局设党办、人秘股、营林股(退耕办、绿化办)、林政股、计财股、林地办、林业稽查队、监察室。行政、事业编制277人,职工90人。2010年,浮梁县林业局内设党政办公室、林政资源管理股、营林股以及野生动植物保护站等职能股室,为正科级单位,下辖森林公安、木材检查总站、银坞林场3个事业单位和17个林业工作站。

昌江区林业局　1984年,昌江区林业局成立。1988年,区林业局内设营林股、林政股、办公室和防火办公室。1989年3月9日,昌江区森林公安派出所成立。1990年6月2日,增设计财股、森林病虫害防疫站。1991年11月8日,昌江区垦殖场管理局成立,与区林业局合署,两块牌子一套人马。1992年8月6日,内设办公室、营林股、林政股、垦管股、财统股、设计队。2010年,区林业局设绿化委员会办公室、区政府森林防火指挥办公室,行政编制3人。区森林公安局为正科级,事业编制8人。

第十九篇　商贸　供销

第一章　商　业

1986年以后，国有商业企业先后经历经营机制和管理体制改革，从“四放开”、国有民营、承包租赁、兼并到整体改制、资产重组、股份制，改不断深入。1988年，计划经济向市场经济过渡的初期阶段，全市商业部门货源不足，引发市场3次“抢购风”。1989年，市供销商业从市商业局划出单列，明确划分城乡商业管理职能。90年代以后，市场商品供应丰富，货源充足，消费方式不断增多，如持币选购、持卡消费、网上购物、电视购物、按揭购房购车，消费水平不断提高，促进流通市场的日益繁荣。2003年起，国有商业企业先后改制为各类股份民营企业，参与市场竞争。2006年，引进世界商业巨头沃尔玛，建设广场南路商业街和浙江路餐饮一条街；以昌江广场为中心，新建周边商业网点，形成瓷都东郊新商圈。2010年，全市各类商业网点总数超过2万个，从业人员超过30万人，成为安置就业人数最多的行业。全市有单店经营面积超过万平方米的大型商场4家，大型综合超市16家，中小型超市和各类商店遍及城乡。市商业管理办公室与市外贸局合并组建成景德镇市商务局，实行内外贸管理一体化，形成新的大商务管理格局。

第一节　商业经营

集贸市场

1986年，全市取消蔬菜统购包销政策，所有蔬菜自由上市，交易活跃。1989年以后，为整治街头菜摊，规范市场秩序，市商业局、工商局配合有关部门，在全市建立农贸市场（起初称集市贸易）。1991年1月20日，广场菜市场经改造和扩建，营业总面积达1000平方米。经营范围扩大，新设百货、水产、肉禽蛋、蔬菜、酱杂、副食品6个经营大类，品种达5000余种，成为大型综合商场。

1996年，市曙光水果批发市场建成营业。市场占地面积5800平方米，建筑面积3090平方米，经营各类新鲜水果批发销售业务。2000年，营业收入1070万元。2007年7月8日，市农产品批发市场建成开始营业，市场建设面积2万多平方米，店铺220间。市场主要批发水产、蔬菜、水果、调味品等，曙光水果批发市场随后关闭，迁入曙光路农产品批发市场，经营水果批发销售业务。市场辐射范围景德镇城区、浮梁县等，日交易量100多万吨。

1996年4月22日，新德园农贸市场建成营业，由中外合资兴建，投资1170万元，面积4800平方米，营业摊位220个，属农副产品综合性集贸市场，主要经营家禽、水产、蔬菜、猪肉、调味品等，年交易额300多万元。2000年，营业收入1040万元。2010年，营业收入1520万元。

2000年，市食品公司投资近30万元，在原冷冻食品批发市场的基础上扩建农贸市场。2001年12月，太白园农贸市场建成，面积4000多平方米，拥有46个店面、230个摊位。农贸市场开业后，实行家禽、鲜鱼、猪肉、蔬菜、水果、豆制品、调味品、小百货、日杂等分类划市进行管理。2005年5月11日由于城市改造而关闭。

2001年12月28日，太白园农贸市场开场营业，是市食品公司在原冷冻食品批发市场的基础上，投资近

30万元扩建而成,面积4000多平方米,设有46个店面、230个摊位,实行家禽、鲜鱼、猪肉、蔬菜、水果、豆制品、调味品、小百货、日杂等分类划市管理。2007年7月8日,市农产品批发市场建成并开始营业。2009年,对戴家弄农贸市场、新德园集贸市场、十八桥农贸大市场、莲花山庄综合农贸市场、人民菜市场5个菜市场进行首批标准化城区示范菜市场建设,并通过审核验收。2010年,对省商务厅确定的昌江区黄泥头农贸市场、浮梁县浮东农贸市场、乐平市十里岗农贸市场完成升级改造,总改造营业面积6000平方米左右,总投资483万。主要改造的项目有顶棚改造、路面硬化、排水设施延伸及维修、照明设施改造、公厕和停车场建设、摊位美化等。同时争取20万元资金支持洪源农贸市场升级改造。至2010年,全市先后建成珠山、昌河、星荷湾、新德园、十八桥、中华北路、斗富弄、景东、西路新区、戴家弄、为宇路、里村、黄泥头、湖田、曙光路、河西、瓷都大道、一心桥、鱼山、茶山、新枫路、吕蒙、园林、余家坞、官庄、石岭等26个农贸市场。

表19-1-1　**2000年、2010年景德镇市主要集贸市场建设统计表**　单位:平方米、万元

市场名称	主营项目	占地面积	建筑面积	营业收入		上缴税金		固定资产	开业时间	备注
				2000年	2010年	2000年	2010年			
新德园市场	农副产品综合性	4800	6500	1040	1520	15	33	1176	1996	—
景东招商场	综合性批零	3000	3800	1050	1960	28	45	1954	1992	—
里村市场	农副产品综合性	7109	5032	31	480	1	11	516	1986	—
曙光水果批发市场	水果批发	5800	3096	1070	—	21	—	214	1996	2007年改为物流中心
河西市场	农副产品综合性	2400	2100	200	650	12	21	81	1989	—
湖田市场	农副产品综合性	1500	1700	136	360	10	10	215	1997	—

商场超市

1992年12月18日,瓷都百货大楼四楼超级市场开业,为全市第一家,主要经营百货、文化用品、五金交化、烟酒副食、水果等商品。1994年年初,广场菜市场扩建并更名为副食调料公司,以批发为主,设置副食品、调味品、水产品、酱杂、肉禽蛋、百货、五金、日杂等11个经营部,经营品种达6800个,由原来单一经营蔬菜酱杂的菜市场,改变成为大型综合商场。1995年8月19日,位于中山南路的裕丰商厦开业,面积1300平方米,属综合型商业零售网点。主要经营家用电器、百货、针棉织品、化妆洗涤、副食烟酒、文化用品、儿童玩具等商品。商厦二楼开设超级市场,专营上海商品,日营业额最高达6万元。9月16日,瓷都商业大厦开张营业,一期投入营业的一楼商场面积为280平方米,主要经营交电、家电、五金、化工、农机器械等5大类。1996年7月1日,蔬菜公司盛丰商厦综合性大型零售网店开业,经营面积达1500多平方米,两层大厅设置糖酒副食品、调味品、电器、电子、百货和自选超市等6个营业厅。1997年10月15日,位于中山北路的市华侨友谊有限公司旧货市场开业,营业面积800平方米。主要经营进口及国产家电、自行车、三轮车、小电器等旧货商品。12月28日,位于瓷都大道东侧的华侨友谊家电批发公司开业,是全市首家仓储式家电超市,经营面积380平方米。经营家电品种有彩电、家庭影院、电冰箱、冰柜、洗衣机、油汀电暖器、小电器8个系列,300多个规格品种。

2001年5月15日,南昌客商投资1160万元组建北京华联景德镇骏马购物广场开张营业,在一层和负一层实行超市自选经营。2002年5月18日,台商整体租赁瓷都百货大楼,投入资金1200万元,创建台商独资民营企业华达购物广场,9月1日开业经营。2003年,景德镇国贸广场建成,位于市人民广场南侧,主要经营各类中档陶瓷。总投资1.5亿元,商铺1000余个,营业面积10万平方米。2010年,交易额4.2亿元。

2006年,沃尔玛超市开业,地处浙江路。2010年,新建新天地购物广场,地处广场南路,经营面积3万平方米。同年,新建洪客隆超市,地处昌江广场中心,经营面积超5000平方米。至2010年,市区大型商场4家,综合超市16家。乐平市和浮梁县城设有多家大型超市。中小型商场和超市遍布城乡。

景德商厦　位于景德镇市珠山中路。1996 年,在原百货大楼、副食品商场基础上,由市百货纺织品公司与市糖酒副食品总公司合建,建筑面积 2.2 万平方米,其中市糖酒副食品总公司 3200 平方米。1998 年,景德商厦建成开业。2002 年,引进国际知名品牌肯德基入户景德商厦,创办全市首家肯德基景德镇分店,5 月 1 日正式开业。2003 年,由市民营企业景德百货有限公司整体租赁经营景德商厦,经营范围包括纺织、服装、日用品、文体用品、五金交化、通信器材、金银珠宝等。同年,在景德商厦三楼创办“海之星”娱乐城。至 2010 年,仍为租赁经营。

瓷都百货大楼　位于景德镇市珠山中路。始建于 1987 年 3 月,建筑面积 13500 平方米,主楼高 6 层(含地下商场),总投资 1100 万元。1991 年,瓷都百货大楼建成开业,营业面积 9000 平方米,经营商品有百货、文化用品、针纺织品、五金交化、服装鞋帽、熟食制品、烟酒副食、家具等 20 个大类,规格品种达 2 万个。1992 年 12 月 18 日,瓷都百货大楼四楼超级市场开业,成为全市首家自选超级市场。1994 年,瓷都百货大楼创办全市第一家连锁经营企业,实行连锁经营。1995 年,瓷都百货大楼获“全国商业信誉企业”称号,成为全市商业、服务企业中首家全国信誉企业。2001 年,瓷都百货大楼对外实行整体租赁,由南昌客商投资 1160 万元,组建北京华联景德镇骏马购物广场,5 月 15 日开张营业,在一层和负一层实行超市自选经营。2002 年,台湾客商整体租赁瓷都百货大楼,投资 1200 万元,创建台商独资民营企业华达购物广场,安置原瓷都百货大楼职工 350 人,9 月 1 日正式开业。至 2010 年,仍为租赁经营。

沃尔玛超市　位于景德镇市浙江路东侧,金鼎负一楼。2006 年,沃尔玛广场建成,引进沃尔玛国际连锁超市入驻,2007 年 9 月 3 日正式对外营业,经营面积达 1.8 万平方米,仓储面积 4500 平方米。主要经营烟酒、粮油、电器、化妆品、洗涤用品、玩具、蔬菜、水果等,是一家综合性大型超市。

锦龙家居城　位于景德镇市太白园。2000 年开工建设,2003 年建成开业。占地面积 2.45 万平方米,营业面积 3.4 万平方米。经营广东、福建等地生产的各种品牌新型家具、组合家具、办公家具,代理经销商 82 户,员工 376 人,形成全市规模最大的家具市场。2010 年,交易额 5500 万元。

豪德贸易广场　位于昌江区中心街。2004 年,由香港豪德集团有限公司建成开业,投资 1.2 亿元开发,占地面积 21 万平方米,首期开发店铺 1200 余套,建筑面积 13 万平方米。贸易广场整体风格以纵横排列式为主体,辅以开阔的中心广场。配有大型冷库、客运站、停车场、酒店、住宅、仓储等配套设施。是集建材、建筑陶瓷、装饰材料、家电、通信器材、机电、化工、五金交电、家具、灯饰、百货、摩托车及零配件等各类商品的综合性大型市场。2010 年,交易额 1.2 亿元。

景德镇陶瓷城　位于景德镇市城区迎宾大道。由香江商贸集团公司投资开发。2004 年 4 月,建成营业,占地 17 万平方米,建筑面积 20 多万平方米,店铺 1500 多个。市场分名人名作、雕塑、陈设、仿古、作品、综合、日用七大经营区域。2010 年,交易额 2.5 亿元。

浙江商城　位于景德镇浙江路、广场南路交汇处。2005 年,由浙江台州房地产公司开发建设,2007 年 5 月 1 日开业。商城建筑面积 2.5 万平方米,为 3 层框架结构。商城建设主大门 4 处,步行街环绕,内部 5 处立体互通,中央空调、保安系统配套齐全,并配备人行道式客梯 7 台。商城布局分为九大区域共计 1200 余个商铺。其中一层规划鞋革箱包、小商品、饰品、手机电子四大区域近 400 个商铺;二层规划服装服饰区域逾 400 个商铺;负一层规划副食品、日化用品、日杂百货、文体用品四大区域约 400 个商铺。

1996 年的乐平赣东北大市场

乐平赣东北大市场　90 年代成立的综合型服装批发市场,为江西第三大大众服装批发市场。

商业街

80年代,随着国家商品流通领域放开,景德镇个私商业迅速发展,形成一些特色商业街区,外地的生产企业也在其中设代理店。如中山北路形成服装、布匹、鞋帽、土特产一条街,南昌人肖寿反在南门头经营华赣昌布店,后带动家人开了华昌布店、圆之梦服装店、标的服装店,街坊称之南昌佬布店;中山南路形成餐饮、副食、小百货一条街,后形成十八桥小商品市场;东一路里村段形成五金、水电器材、电动工具一条街,南昌人姜良进在此开了江南电力物资供应站,经营高低压电力器材、线材,他儿子们又开了湖北钢丝绳发动机、开开电缆、上海人民水泵等店;翠云路形成装修建材、防盗门一条街;朝阳西路形成空调、冰箱、热水器及厨卫器材一条街;珠山中路主要经营高档服装、鞋帽。

零售网点

1985年1月,市百货土产、农资、果杂品公司撤销总店,按门店实行"国家所有、集体经营、照章纳税、自负盈亏"的经营体制。市百货公司有2个大型商场、2个中型商场、35个零售网点。1986年,全市市区商业网点共有160个。1991年7月10日,瓷都百货大楼落成开业,是景德镇零售龙头企业。

1992年,市政府投资20万元,对珠山路所有门店进行装潢改造,创建不夜街,10月10日正式开放。五彩缤纷的彩灯,高悬闪烁的霓虹灯大放异彩,"不夜街"65家商店投入经营活动。1992—1993年,商业系统共投资3673万元,先后建成18家大中型商业网点,新增营业面积3.57万平方米。1994年,瓷都百货大楼扩大地下商场营业面积1000平方米。1995—1996年,蔬菜公司裕丰商厦、瓷都商业大厦、盛丰商厦先后竣工开业,新增零售面积3000平方米。

1998年1月18日上午,市五交化总公司昌河商场开业,是商业系统首家进驻大型厂矿的国有商业专营网点,缓解五交化公司网点少的矛盾。11月1日,景德商厦竣工开业,是当年全市最大的综合性零售网点。2002年5月1日,南门头五交化商场开张营业,由五交化总公司干部职工筹资50万元自行组建,属股份合作性质。2010年,国有商业企业网点经多年商业改革后大都转制为民营,全市商业网点超过2万个。

商品贸易

销售总额　1989年,市商业局针对国营商业经营滑坡、营业下降的状况,提出"拓宽市场,强化销售,择优进货,狠抓'三压',优质服务的经营策略",开展"百日扩销竞赛",稳定物价,扩大销售。1991年,以零售"四放开"(经营放开、价格放开、分配放开、用工放开)为突破口,采取灵活的营销策略,批零合一、以批带零、以零促批,全年商品总销2.12亿元。1993年,市百货纺织品公司以瓷都百货大楼为龙头,扩大批零销售,商品销售额首次突破亿元大关,全年实现商品总销售额1.11亿元。1995年,全市商品总销突破3.66亿元,首次实现国有商业系统无亏损。超额完成省商业厅下达年度目标任务,市商业局、乐平市商业局、浮梁县商业局获"全省商业系统先进单位"称号。

1996年,市商业系统商品总销售完成3.42亿元。1998年,商品总销售实现3.28亿元,其中商品零售额1.63亿元。1999年,实现商品总销售3.3亿元。2000年,商品销售总额实现2.4亿元,其中零售额1.44亿元。2001年,商品销售总额1.62亿元。2007年,实现社会消费品零售总额80.03亿元。2008年,实现社会消费品零售总额99.28亿元。2009年,全市实现社会消费品零售总额119亿元,同比增长19.86%,首次突破100亿元大关。2010年,市社会消费品零售总额140.4亿元,市商业局获"全省商务工作先进单位"和"全省贸促工作先进单位"称号。

食品销售　1991年,市奶牛公司鲜奶年产量62.8万千克,销售消毒鲜奶37万千克(148万包),酸奶1.2万千克(4.8万瓶),甜奶0.5万千克(2.2万包)。1992年,鲜奶年总产量47.5万千克,销售消毒鲜奶28.7万千克(113.4万包),酸奶1.2万千克(4.6万瓶),甜奶0.5万千克(2万包)。由于乳制品配套加工设备不全,本地无法进行深化加工,鲜奶长途运输,亏本销售给南昌蛟桥英雄乳品厂、东乡红星奶粉厂、九江乳品厂、安庆乳品厂。1993年,市南北糖酒公司开展名优糖酒副食品地区总经销业务,益力牌味精、天车牌香辣酱、北京啤酒、景芝白酒的销售最好。

1994年,市第二食品公司国庆、中秋节日期间调入生猪2700头,鸡蛋8000千克,冷冻分割鸡、鸭、猪副产品，水海产品20余吨。并在全市各大农贸市场设立28个限价猪肉专供点，以低于集市价10%的零售价挂牌供应，限价期间猪肉日上市量同比增加25%。全年共收购和屠宰生猪1.3万头，购销鲜蛋3万千克，加工销售卤腊肉制品1.5万千克，批发冻鸡、鸭及其分割产品200吨。

1995年，市酒厂销售总额突破600万元，景德老窖酒进入上海市场。1996年6月，景德镇系列白酒产品广告登在鹰潭到上海旅客快车的每一节车厢，填补本地产品列车广告的空白，促进外销市场的开辟。1999年11月下旬，市商业系统投放市场商品总额为6630万元，其中肉蛋禽等食品占总额40%，主要品种有鲜猪1200头，猪肚、牛肉各5000千克，腊猪头280只，咸猪腿300只，香肠10吨，板鸭扒鸡各15000只，冻鸡、东鸭及分割产品20多吨，皮蛋3万枚，鲜鸡蛋7.5万千克，各类海产品20多吨。另外国家名酒1.6万箱，其他名酒9000箱，景德老窖15000箱，饮料2.5万箱，糖果和蜜饯15000箱，白糖80吨。确保元旦、春节市场供应。

商贸企业选介

市百货纺织品总公司　1986年，市百货公司商品销售总额5678万元。1991年6月，瓷都百货大楼建成，经营面积1.5万平方米，实行零售与批零一体化经营。1993年3月20日，市百货公司改称为百货纺织品公司。1994年，百货纺织品总公司放开小型零售企业，分支机构全部变更为独立核算法人营业单位，自行多渠道进货。1998年10月，新建的景德商厦投入营业，经营面积超过2万平方米。同年11月，百货纺织品总公司以景德商厦有限公司为基础，推行买断经营权的企业改革工作，企业经营出现亏损。1999年5月，景德镇百货纺织品总公司逐步推行买断库存、买断经营权、实行股份合作制改造。按商品品类行业或按经营品种、范围，组建“股份合作公司”或“股份合作商品经营部”，实行批零一体，自主经营。2001年8月，瓷都百货大楼对外实行整体租赁，由南昌人马某承租。2003年11月，改由台商租赁，更名为华达购物广场。2005年9月，景德商厦整体租赁给台商。2006年7月，由市百货纺织品总公司职工集资参股，创办都源贸易股份有限公司，以民营企业为平台，实现国有资产保值增值。至2010年，全公司在编全民所有制职工1420人，集体所有制职工266人，全部商业经营面积达3.3万多平方米，有17栋仓库(8800平方米)。

市糖酒副食品总公司　1986年，市副食品公司的经营网点共有87家，其中规模较大的有珠山路副食品商场、东郊商场，经营网点遍布城区、厂矿。主要经营品种有食糖、酒类、糕点、乳制品、罐头、饮料、小食品、百货等，承担全市城乡的副食品供应，以及邻县部分市场商品供应。1993年3月20日，市副食品公司改名为市糖酒副食品总公司。1996年7月，珠山路副食品商场拆除，与百货纺织品总公司所属的百货商场合建景德商厦，其中糖酒副食品总公司占有面积3200平方米。由于旧城改造和工矿企业整体搬迁等因素，工矿企业经营网点全部撤回，公司经营网点减少。

1997年起，市糖酒副食品总公司销售业绩下滑，至2003年年初经营业务全面停止。同年4月，市糖酒副食品总公司对酒类专业公司进行股份制改革，公司职工集资入股筹建市益民糖酒副食品有限公司，主要经营茅台、五粮液、剑南春三大品牌酒和其他品牌名酒、葡萄酒。股东人数不足50人，集资60万元。2003年5月，益民糖酒副食品有限公司设立名酒专卖店。2003年11月，在市区和乐平分别设立茅台酒专卖店。2004年销售额998.8万元。2010年5月，设立金桂园分公司，发展股东60多人，资金200多万元，全年销售额2265.1万元。至2010年年底，公司经营网点32家。其中集体所有制网点8家，固定资产707.3万元。职工1064人，其中全民所有制职工282人，集体所有制职工148人，退休职工634人。

市五交化总公司　前身为中国交通电工器材公司江西省景德镇市公司。1986年，为市商业局辖三类国营企业，更名为“江西省五金交电化工公司景德镇市公司”。1992年12月，组建市五交化五金分公司、交电分公司、家电分公司、化工分公司、综合开发分公司和劳动服务公司、家用电器维修中心，并将三小零售商场(店)分别划归各分公司管理，实行批零一体化经营。1993年，公司正式更名为江西省景德镇市五金交电化工总公司。2000年9月，公司原珠山中路五交化商场实行联合开发，新建“五交化商城”，全面竣工交付后，所获租金保障公司正常运营。2001年10月，十八桥南片进行旧城改造，市五交化总公司的正大商场，采取产权置换的方式，置换昌欣路74号一间45平方米的新店面，每月租金1000元。

2005年9月，在对第二五交化公司转换职工身份时，利用戴家弄旧城改造所获第二五交化公司戴家弄商场的拆迁补偿款为18名职工购买10年养老保险金和5年医疗保险。从2006年起，市五交化总公司对所有门店实行对外租赁,实现国有资产保值增值。至2010年,全公司在编职工总人数为555人(国有在编职工457人,大集体在编职工98人)。其中国有离休干部4人,退休职工142人,在岗职工35人,下岗职工276人;大集体退休职工41人,在岗职工2人,下岗职工55人。

市燃料总公司　市燃料总公司是经营生产用煤和市场生活用煤的专业公司,位于市新厂西路23号。1986年,市场优质煤需求量扩大,公司大量购进计划外和地方小煤窑的优质煤,供应市场。1988年,煤炭供应趋紧。1990年以后,市场煤炭质量、品种均优于计划内煤炭,煤炭交易活跃。1991年,煤炭价格放开,计划内煤价上涨,煤炭财政补贴减少,企业负担加重,欠账户增多,公司"三角债"增大。1992年1月,市煤炭公司更名为市燃料总公司。到8月,全市各用户欠公司煤款达300多万元。全年煤制品产量、产值、利润下降,年利润仅有5.4万元。1995年7月,公司成立市瓷都商业大厦,主要经营五金交电等商品。1998年10月,组建瓷都农业机械有限公司,主要经营农用机械等设备。2000年,公司工业用煤经营全部停滞,民用煤市场经营也逐渐萎缩。2002年,公司下属煤制品一、二厂相继进行改制,215名职工解除与企业的劳动关系。2009年7月,公司成立市商业服务培训学校,开展进城农民工和下岗职工再就业培训,2009—2010年,面向社会培训合格家政服务员1250人,并全部解决就业。2010年,公司下辖市瓷都商业大厦、燃料经营部2家独立核算单位,在编职工556人。

市食品公司　1986年,市食品公司下辖冷冻厂、肉类加工厂、生化制药厂以及食品贸易公司、第二食品公司,拥有屠宰、加工、冷藏、检测及运输等设施。公司主营肉食品,同时供应全市老干部、少数民族以及特困、低保人群在春节期间的猪肉、牛肉。80年代中后期,生猪购销价格全面放开,"统购包销"的经营方式被打破,肉食品产、供、销全面进入市场调节。国营食品企业猪肉销售量逐年下降,1988年降至4.3万头,仅占市场销售量的四分之一。1990年起,公司冷库对社会有偿开放,实行以库养库,冷库日吞吐货物量为10吨。2004年12月,市食品公司下属市肉类加工厂和竟成镇凤凰山屠宰厂2个生猪机械化屠宰厂定点运营,商业行政执法部门对私屠滥宰的手工屠宰场全部依法关闭。同时对肉品批发作出改革,将原来的80多个屠商组成15个批发点,实行集约化经营,肉商自由选购,全市市民吃上"放心肉"。至2010年年底,公司职工1049人,其中集体职工434人。公司占地面积8.6万平方米,建筑面积约为5.5万平方米,拥有固定资产754万元,建有全市规模最大的1500吨高低温冷库一座,其中高温库500吨、低温库1000吨、急冻能力20吨。

市蔬菜水产公司　1986年,蔬菜供应市场全面放开。同年,蔬菜水产公司分别组建南北糖酒公司、恒利批发部、食杂经营公司3家企业,以批发为主,经营酒类、调味品等。1997年,与余干县副食品公司联合创办余干县工农兵家电商场,专营彩电、冰箱、冷柜、空调、洗衣机等11个系列180多个品种,为市国有商业企业首家跨区域联营商场。2003年,与南昌李先生合作,引进"康华家电"入户盛丰商厦,开办康华家电连锁店。2004年,蔬菜水产公司设立春秋旅行社,员工5人,门市部1个,自筹申办押金60万元。2005年11月,经国家旅游局的批准,成为景德镇市第三家国际旅行社。2007年8月,经原商贸国有资产经营公司批准,春秋国际旅行社改为民营股份制企业,37名职工全部转换成旅行社股东。2010年,春秋国际旅行社发展到1个总部、5个分社、1个国际部,专业人员60余人,旅游收入突破1000万元。至2010年,蔬菜水产公司在编职工888人,其中国有在岗179人、集体在岗56人、国有离退休370人、集体退休283人。

市制酱厂　1986年,企业实现工业总产值202.69万元,利税9.05万元,利润10.16万元。90年代开发有"镇江陈醋""镇江香醋""川味花生酱"等产品。1996年停产,2009年完成改制。

市酒厂　1985年,为市商业局直属企业。1991年,市酒厂通过技术改造,扩大产品销售,企业经济效益好转,全年实行利税总额164.67万元,1998年完成工业总产值3195万元,实现利税501万元。2000年9月,市酒厂国有资产整体出让,成为全市首家被民营企业整体收购的国有企业,并搬迁至湘湖镇陈家坂,继续生产景德大曲和景德老窖酒。

市豆制品厂　1986年,由于豆制品市场放开,原材料和辅助材料价格调整,以及国家财政补贴取消,豆制品厂出现产销困难。1988年,国家取消平价用粮,豆制品价格全面放开,企业亏损额增大,经营呈半瘫痪状态。1991年7月,进行大规模技术协作,开发豆奶、黑米汁两个系列产品。1992年3月9日,与上海沪新饮料食品厂合作项目豆奶生产线建成,并开始试产豆奶,250毫升瓶装鲜豆奶同时投放市场,填补市内饮料行业的空白。1993 年 11 月 18 日，市豆制品厂更名为天然饮料厂。1994 年，天然饮料厂黑米汁、八珍奶味豆、罗汉什锦 3 项产品通过省级新产品鉴定。

第二节　餐饮服务业

餐饮业

1986 年，市饮食服务公司负责管理餐饮业经营活动，餐饮服务行业以国营、集体经营，以临街门店为主，以经营传统的饮食、服务、照相、理发为一体。1989 年，市国有餐饮酒店主要有国民食堂、迎宾楼、珠山酒家、景春馆、公和圃等。90 年代起，逐步转化为资产经营、物业管理，职工相继下岗。1992 年，台湾友利旅行社有限公司租赁迎宾楼，租赁期为 10 年，成立境外合资企业市迎宾商城有限公司，由迎宾商场、富丽门大酒店、迎宾豪华歌舞厅三部分组成，集购物、饮食、娱乐为一体，于 1 月 8 日正式开业。同年，集体企业迎新总店承包百年老店国营公和圃。1993 年 10 月 5 日，市公和第一圃许作良，经省饮食服务业技术考评委员会考核批准，晋升为特一级厨师，成为全市餐饮业唯一获此殊荣的红案厨师。11 月 2 日，在苏州举行的全国第三届烹饪技术大赛中，景德镇饭店特三级青年厨师古芳云，现场制作参赛热菜“兰花板栗凤翅”、冷菜“彩蝶争艳”，获大赛冷、热菜系两块银牌，成为全市烹饪业首位全国大赛奖的获得者。1994 年，饮食服务业推行经营体制改革，随着改革的不断深入，个体、民营、租赁、股份制多种餐饮经营规模逐步扩大，国营、集体餐饮业经营规模逐渐下降。

1998 年，台商投资拆除珠山中路的饮食服务总公司办公大楼，建成六层楼的金盛宾馆，台商与总公司实行四六分成，总公司分得一楼经营门店 4 间，经营面积 150 平方米。后来，三楼总公司办公室出售给金盛宾馆。1999 年，饮食服务总公司下属回民食堂、珠山酒家、景春馆等在旧城改造中相继拆除。2000 年，饮食服务总公司自筹资金（贷款）600 万元拆建珠山中路的原瓷城饭店和制冰厂，重新建成瓷都商贸城，占地面积 2000 平方米。一楼经营门店 12 家，经营面积 5000 平方米；二、三楼丽都宾馆租赁经营，四至六楼安排 86 户集资职工住户。瓷都商贸城月租金 18 万元，成为饮食服务总公司主要收入来源。

2002 年，坐落在古街中心的公和第一圃、受之照相馆改造重建，以古香古色的店容店貌，重新调整经营。景德镇照相馆、景雅理发厅拆迁，饮食服务总公司最后一批国营职工全部下岗。2003 年，饮食服务总公司将坐落在珠山中路、古街等地段的 32 家门店，全部实行租赁经营。2010 年年底，饮食服务总公司共有职工 1144 人，其中行管人员 34 人（含大集体 5 人），下岗人员 491 人（含大集体 172 人），离休人员 5 人，退休人员 614 人（含大集体 202 人）。国有产权房 7 处（栋），总建筑面积 10609.66 平方米，土地面积 5527.08 平方米；国有职工宿舍（未买断）职工住户 62 户，土地面积 2689 平方米，建筑面积 3035 平方米。公司主要出租经营店面 32 家，坐落在珠山中路、古街等地段，占地 4000 平方米；公司大集体实有产权房 6 栋，土地面积 253.08 平方米，房屋出租店面 22 间，坐落在二类地段。

餐饮企业选介　景春馆。始创于清乾隆时期，以专营特色小吃“清汤泡糕”闻名瓷都，一直延续至二十世纪六七十年代，历经百年不衰。1999 年，景春馆在旧城改造中停业。2009 年，景德镇市餐饮烹饪界恢复重建百年老店景春馆，合资组建成立景德镇市景春馆餐饮股份有限公司，总投资 500 余万元，位于景德镇市北环大道梨树园南苑东门对面。整体建筑以明清徽派建筑风格为主线，容纳苏州庭院迴廊、乡土风情诸多元素。在装饰风格上，突显陶瓷文化特色。

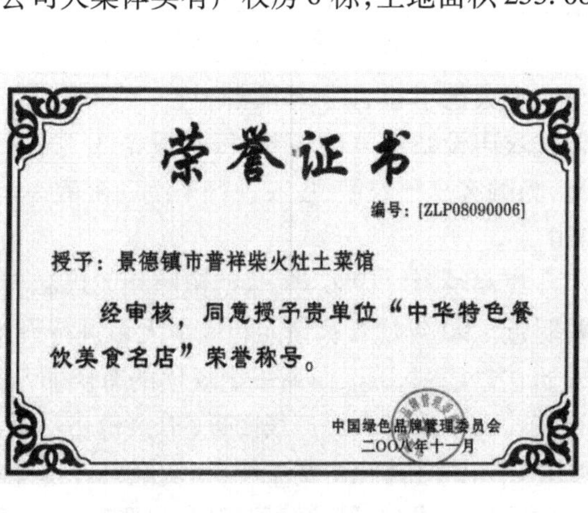

2008 年，柴火灶土菜馆获奖

景春馆在继承挖掘当地传统菜肴、名点，以赣菜为主打产品，先后于 2010 年、2011 年被评为市餐饮名优企业、市诚信单位、市旅游餐饮先进单位。2011年,获“中国赣菜特色店”称号。

市柴火灶土菜馆。位于景德镇市国道206线、高速公路出口交汇的二亭下村。2007年9月,江西省烹餐饭店行业协会副会长、景德镇市烹饪餐饮行业协会常务副会长,中国烹饪大师黄玖林等总投资300余万元创办,土菜馆以当地农家民居建筑风格修饰,汇乡村回廊、庭院、厅堂为一体,集农家八仙方桌、长板凳、手推磨风车、糍粑石臼、乡村戏台等用具和平台为硬件特色,并凭借景德镇陶瓷文化点缀其中。土菜馆乡土气息浓郁,陶瓷文化韵味彰显。

土菜馆菜肴以当地农家特色菜肴为主打菜品,具有典型的赣菜风味。先后获中华特色餐饮名店、中国赣菜名店、江西省餐饮名店、瓷都特色餐饮名店等称号,夺得全国农家菜擂台赛金奖、中华第五届乡土菜国际烹饪大赛团体金奖、中华金厨奖等奖项。

服务业

美容美发　20世纪80年代末,市饮食总公司设有白玫瑰、景雅、东方红、东郊等30多个大小理发厅,各厂矿企业设有理发室。90年代以后,理发业发展成为美容美发业,私营美容美发业应运而生,景德镇大小不同的发廊遍及大街小巷,面积一般在20～40平方米,服务项目有洗发、染发、焗油、烫发、理发,价格5～10元。国有理发厅逐步减少,各厂矿企业设有的理发室也关闭。2000年以后,由美容美发衍生出新型美容美发业,包括理发、饰发、护发、化妆、护理、美体、健康、休闲等在大街小巷蓬勃发展。2002年,国有景雅理发店拆迁,标志着全市国有理发业全部退出市场,厂矿企业理发室也先后关闭,由私营美容美发店取代。由于经营范围扩大,商家开始扩大经营面积,设连锁店,较有规模的有煌子美容美发、娟娟美容养生会所、玛莎理念养生会馆等。至2010年,全市大、中、小各类规模不等的美容美发店共有256家。

洗浴洗足　1986年,全市仅有沿江浴室等几处公共浴室,各企业都设有内部职工浴室,特别是瓷厂普遍利用窑炉余热锅炉设浴室。到90年代,瓷厂陆续停产改制,燃煤瓷窑改烧煤气后,瓷厂内职工浴室大多关闭。1992年,迎宾楼与台商合资在珠山中路创办迎宾商城,商城内设浴室和桑拿浴。20世纪末,城乡居民家庭基本普及热水器,在老城区、棚户区,小规模的公共浴室仍经营红火,单人价格在3～5元。21世纪初,较大的饭店、宾馆内增设桑拿浴,价格一般每位10～50元。城区各社区个体经营户利用路边住宿,陆续开办家庭式浴室,价格相对低廉,每位5元左右,方便市民洗浴。2009年以后,足浴、足道、足疗发展迅速,尤其是在浙江路、广场南路、昌江大道、新厂分别设有近30家有一定经营规模的足浴、足疗会所。仅昌江大道东段不到200米的距离,就设有易和足疗会所、君顶、天然居足道等3家足浴企业。至2010年,全市大、中、小规模不等的洗浴、洗足店61家。

古法足浴。位于昌江大道新枫园路口。2009年3月开业,营业面积1050平方米,以经脉养生为特色,在东郊、广场南路、浙江路设有3家分店,拥有专业技师50名。

文苑足道。位于通站路36号火车站旁边。2010年10月开业,营业面积1000平方米,以专业足疗、泰式按摩为特色,拥有专业技师60名。

洗染　1986年,全市洗染企业3家。90年代开始,市民对干洗服饰需求增加,私营干洗应运而生,网点分布在大街小巷的居民小区附近。2000年后,洁达、澳洁、赛达等加盟洗衣店先后开业,分布在主城区。加盟洗衣店设备由电脑控制,每台设备3万～5万元,全市营业面积1980平方米以上。洗衣价格为每件10元,为顾客高档衣服、皮衣进行干洗和熨烫。至2010年,全市大、中、小规模不等的洗衣店近57家,从业人员300人。

照相摄影　1986年,景德镇照相业以私营照相、扩印为主,点多面广。主要分布在珠山中路、大中专院校附近。90年代景德镇照相业主大多进行设施更新,购进先进的照相扩印设备。21世纪初,婚纱专业摄影开始在景德镇兴起,具有一定规模的有伊丽莎白婚纱摄影、巴黎米兰婚纱摄影、台北风情婚纱摄影等,主要分布在珠山中路和人民广场附近,拍摄价格由几百元到上万元不等。2002年,景德镇古街改造,公和第一圃、受之照相馆坐落在古街中心,租赁经营者选择转轨。公和第一圃、受之照相馆以古香古色的店容、店貌,经营新的项目。同时,景德镇照相馆、景雅理发厅拆迁,标志着饮食服务总公司最后一批在编职工全面下岗。照相业开始用数码相机照相,电脑成像立等可取,1套8张1寸照,价格在10～15元左右。2010年,市区各类照相馆 121 家。

家政服务　1986 年，全市家政服务主要是私人之间的雇用，专业机构基本空白。20 世纪 90 年代至 21 世纪初，随着生活水平的逐步提高以及家庭小型化、人口老龄化的加快，居民对家政服务需求日益增加。2006 年 7 月，景德镇市徐云家政服务有限公司成立。2009 年 7 月，市燃料总公司兴办商业服务培训学校，先后培训各类家政服务人员 1250 人，经考核合格颁证。2010 年，景德镇使用商务部家政服务员培训资金 73 万元，培训家政服务人员 450 名。全年共培训、审核通过中级职称考核 19 人（次），颁发家政服务工程培训合格证，并实现 95% 推荐上岗再就业。全市共有家政服务公司 59 个（含个体），从业人员 2000 人。

名店老店

申报保护　1991 年，在全行业的中华老字号认定中，全国有 1600 余家老牌企业被授牌。2006 年年底，商务部认定首批 430 家“中华老字号”品牌。2007 年 3 月，景德镇启动第二批“中华老字号”的申报工作，对符合条件的“公和第一圃”和“种德堂”进行认定和推荐。至 2010 年，景德镇市没有“中华老字号”企业，仅有 4 家“江西老字号”企业，分别为浮梁县浮瑶仙芝茶业有限公司（注册商标为浮红）、江西食品厂（注册商标为“安”牌）、景德镇市金桂园农业开发有限公司（注册商标为孚钉）、浮梁县恒德昌茶业有限公司（注册商标为恒德昌 / 恒德昌茶号）。

老店选介　景德镇饭店。位于景德镇市中心广场北侧的小山坡上，为俄式 7 层砖混建筑，是景德镇的地标，习惯称“七层楼”。1988 年 8 月，市政府批复同意景德镇饭店从饮食服务公司划出，升为市属饭店，由市商业局管理。12 月 26 日，景德镇饭店更新改造后投入营业，饭店拥有 200 多间套房及标准客房，床位 448 张。设有大酒楼、醉瓷苑、豪华贵宾餐厅、酒吧、音乐舞厅、桑拿中心、购物中心等。

1989 年 4 月，省旅游局批准景德镇饭店为全省首批涉外旅游定点单位。1992 年 1 月 6 日，景德镇饭店经省旅游局评审，获得“二星级”旅游饭店标牌和证书。因砖木结构的建筑消防隐患无法消除，不宜作为饭店经营。2001 年 7 月，景德镇饭店改制，土地使用权整体转让置换 302 名职工身份。11 月 8 日，景德镇饭店爆破拆除，原址新建景德镇商城。

公和第一圃。是享誉盛名的老字号餐菜馆。1989 年起连年亏损。1992 年 8 月 1 日，市饮食服务公司批准下属集体企业迎新总店承包国营公和第一圃。迎新总店投资 13 万元，进行较大规模改造，营业额大幅度上升。

种德堂药店。种德堂隶属于景德镇市医药公司。2002 年，由江西南华医药有限公司兼并，与江西省百年老字号黄庆仁药栈实行连锁经营。设乐平、浮梁总店，拥有近 30 家自营连锁药店。

瑞祥茶庄。1993 年 4 月在景德镇中山南路麻石弄 50 号开业，是当时景德镇市唯一一家私营茶叶专卖店。1997 年 11 月第二家分店在中华南路御窑长廊开业，经营范围由茶叶扩大至茶具、紫砂壶及茶叶包装，瑶里崖玉、浮瑶仙芝、西湖珍芝等浮梁茶由瑞祥茶楼进入景德镇市场，扩大了知名度。

2005 年 12 月，瑞祥茶庄第三家分店在珠山区莲社北路开业，同时经营茶楼、茶具，开展茶叶制作技艺、茶文化交流。

瑞祥茶庄

第三节　商品流通

流通方式

物流配货　20 世纪 80 年代，景德镇货物运输主要由景德镇运输公司和货主单位的自备车队，随着域内民营及个体运输车辆相应增加,市主要交通干道旁出现货运中介,在交通路口举牌标示配货信息,为南来北往的车辆提供配货服务。在城区,物流车辆在商贸批发市场旁待货,从事货物运载配送。随着货物流通的增加,出现专业的物流配送中心,设有信息部,通过电话、传真收集、发布货源信息和车辆信息,提供车辆、配送、货运、仓储、装卸、住宿等服务。90年代,市物流企业一般以私营为主,主要设在市新桥建材市场、曙光水果批发市场等大型市场周边。2000年后,物流业进入发展时期,先后组建大型物流企业,向城郊发展,应用互联网发布货源与车辆信息。2001年,江西金涌物流中心成立。2003年,市远佳物流有限公司成立。2006年,长运物流公司成立。到2007年,一批小型私营物流企业在市豪德建材贸易市场、曙光路农产品批发市场周边成立,其中豪德建材贸易广场入住物流企业达20余家。2010年年底,全市20家物流公司从豪德贸易广场陆续迁入金三角物流中心,标志着全市一个集货物配载、仓储、保管、餐饮住宿、停车维修等各种功能为一体的现代物流中心初具雏形。

小件速递　80年代,小型商品、货物流通,通过邮政局以邮寄包件的方式传递,包件类为包裹和快递小包两种,收件人凭包裹单到邮政部门指定的仓储库房领取物件。1987年,市邮电局在邮政大楼、珠山邮电子局、新厂邮电支局首批开办邮政快递业务。1988年,在市邮政大楼开办特快专递业务。1999年,开办同城物流配送业务。2001年,市邮政公司开办邮政速递业务,速递业务快速为用户传递国内紧急文件、资料及物品,并提供各种形式邮件跟踪查询服务,业务范围通达全国城镇、乡村,客户除在邮电局营业窗口交寄外,还可通过上门收寄服务,并选择最快速度的交通运输方式传递,由专人专车将邮件送到收件人手中。同步开展综合物流服务,办理订单处理,从运输、配送到库存管理、流通加工、代理报送、信息服务、退货处理、代收货款等业务,实行物流、信息、资金"三流合一"的物流服务。同年,开办专业陶瓷物流配送业务,提供包装,实行门对门送货服务。

2002年,通过邮政与客运公司合作,南昌城区11点前收寄至景德镇城区和景德镇城区在11点前收寄至南昌城区的特快专递邮件实现当日送达到户。2003年,开通景德镇至九江、南昌邮政物流专线。11月6日,中邮物流公司与昌河铃木汽车公司签订《昌河铃木汽车售后零配件配送服务协议》,结成货运联盟。2005年,市邮政物流公司与社会物流合作,开通北方网络物流代理服务,打通景德镇直通北方物流网的发运渠道,配送范围达到北京、天津、河北、山西、内蒙古、辽宁、吉林、黑龙江、新疆等9省(市、自治区),北方物流网运行2个月,发货达24吨。2008年,随着商品经济的发展和网上购物的兴起,域内快递企业应运而生,先后设立中通、申通、韵达、圆通、顺丰等快递公司经营分部,营业网点遍布全市社区和住宅小区,为方便市民网上购物提供快捷便利服务。

市场开发

进入21世纪,景德镇城区商品市场发展趋于稳定,农村消费市场潜力巨大,借助国家扩大内需政策,市商务局启动万村千乡市场工程和家电下乡活动、以旧换新活动,拉动城乡市场发展。

商品促销　1991年2月8日,国营商业8家企业,在珠山中路尚未竣工的瓷都百货大楼营业大厅举办迎春商品展销,6天实现销售额175万元,创历届展销活动的最高纪录。5月1日,商业系统开展"百日扩销"活动。至8月30日,实现销售额5664万元,改变市场淡季不旺的局面。

1993年10月10日,景德镇暨毗邻市县商品展销会在瓷都百货大楼四楼展厅举行。来自江苏、安徽以及江西省毗邻地区的46家工商企业参加商品展销,4天总成交额达526万元。

1995年1月21日,市商业局和市食品工业协会在第七小学操场联合举办一年一度的迎春商品展销会。展销历时9天,组织6家专业公司和8家商办工厂参加,共设置商品销售摊位43个,出动营业员100多人,共实现销售额106万元。1997年9月25日,市商业局开展促销活动,由市百货纺织品、糖酒副食品、五交化、商业储运公司组成首批大篷车队送货下乡,6辆大卡车把60万元商品送到厂矿、农村,繁华农村市场。

1998年,市商业系统开拓城乡市场,开展送货下乡、下厂,对106家厂300个名优新产品实行总经销、总代理,全年实现商品总销售额3.28亿元。1999年,市华侨友谊公司在市内首家采取与银行合作的方式,开展购大件商品实行分期付款活动。市百货纺织品总公司在元旦、春节期间采用购物让利、买一送一、购物有奖等促销活动,吸引众多顾客,全年实现商品总经销额3.3亿元。

2007年，市商务局下发《关于对全市大型零售企业促销活动进行规范的通知》，实行促销活动“事前申报、事后汇报”制度，严禁限时限量促销。对市区5家大型零售超市在开展促销活动中容易造成交通拥堵、人身伤害、秩序混乱的现象进行全面检查，规范促销活动。

2009年9月26日至10月26日，组织“万村千乡市场工程”6家承办企业、741家农家店和257个家电下乡指定销售网点，开展百企促销万店惠农——万村千乡农家店金秋联销活动和家电下乡金秋惠农便民大行动，企业销售收入增加。

2010年3月，市商务局组织全市6家食品、陶瓷、农副产品生产企业，参加省商务厅组织的北京—江西商品大集展销活动，乐平桶装“安牌”桃酥，受到北京市民抢购，市名优产品实现零售额20万元。上海世博会期间，组织20余户企业参加江西产品大集展示展销会，现场实现零售额120多万元，签订供货合同1000多万元。11月，组织企业参加绿色食品博览会，实现零售额60多万元，并签订供货合同1000多万元。同月，组织20家企业参加鄱阳湖生态节，实现零售额60多万元，并签订供货合同1500万元。在江西金秋购物消费月期间，市商务局组织大型零售、家电、餐饮企业、农家店开展促销活动，成绩显著。

万村千乡市场工程　2005年，国家商务部在全国农村推行“万村千乡市场工程”建设，景德镇市开展启动“万村千乡市场工程”试点工作，申报乐平市为试点县(市)，选定景客隆贸易有限公司等4家商业零售企业作为试点单位。当年乐平市建立乡级农家店12家，村级农家店34家，基本形成以城区商业为龙头、乡镇农家店为骨干、村级农家店为基础的农村市场网络。2006年，浮梁县和昌江区成为“万村千乡市场工程”试点县区，全市“万村千乡市场工程”县区级覆盖率达到100%。建设、改造农家店近300家，改善农村消费环境，保障农民方便消费。2007年，推进“万村千乡市场工程”建设，按照建设农家店标准，成熟一个、加盟一个，改造、新建农家店222家。2008年，以“万村千乡市场工程”建设为依托，开拓农村物流市场，扩大农村消费内需，在全市37个乡(镇)改造、新建农家店390家，营业面积6000平方米，农村商品流通网络初具规模。当年下拨商务部补助资金和省配套资金127.2万元。对加盟店店主进行商品结构、商品摆放、服务功能、卫生质量、商品保管、安全防火、一般事故处理和营业员服务要求等方面的培训，提高加盟店的管理水平。2009年，巩固“万村千乡市场工程”建设成果，改造、新建农家店320个，争取商务部专项资金235万元。累计建成农家店755个，覆盖3个县(市、区)的42个乡(镇)498个行政村，累计增加营业面积9437.5平方米，就业人员1132人，销售额7885.8万元，利税151万元。2010年，改造、新建农家店280家。至12月底，累计建成农家店798个，覆盖景德镇3个县(市、区)、37个乡(镇)、585个行政村，累计增加营业面积1.33万平方米，就业人员750人，销售额12163.72万元，利税494.93万元，共争取各项资金近1000万元。初步形成以城区店为龙头、乡镇店为骨干、村级店为基础的农村市场流通网络。

新建的浮梁县鹅湖镇农贸市场

家电汽车下乡　2009年3月30日，家电下乡工作启动，市商务局实施家电下乡网点建设、备案和监督管理。全市共建立并办理经商务部注册备案的家电下乡指定销售网点284个，累计销售下乡家电39570台(件)，实现销售总额8455.82万元，兑现农民专项财政补贴资金933.07万元，补贴率达83.04%。2010年，全市共建立经商务部注册备案的家电下乡指定销售网点339个，争取商务部家电下乡农村流通网络升级改造专项资金35.3万元。全市累计销售家电下乡产品14.52万台(件)，销售总额34992.39万元，各网点对农民实行现场补贴，财政与网点结算专项财政补贴资金4096万元，补贴率结算达93.53%。同时，对全市4个汽车摩托车下乡产品销售网点按标准进行改造，争取商务部技术改造资金28万元。通过改造，乐平市汽车下乡销售网点改造扩建展示大厅，增加试车、验车、商务洽谈等设施，并在浮梁县增设分公司，扩大汽车下乡销售网络。

2009年8月10日,景德镇市启动汽车以旧换新工作,设立汽车以旧换新联合(含商务、财政、环保)服务窗口,接受单位和个人汽车以旧换新财政补贴申报。全市回收报废汽车97辆,其中50辆汽车符合以旧换新政策条件,兑现补贴。2010年,全市备案家电以旧换新销售、回收网点150个,累计回收废旧家电11638台,售出新家电1.15万台,实现销售额3947.5万元。全市回收报废汽车526辆,其中402辆汽车符合以旧换新政策条件,兑现补贴585万元,补贴率达100%。客户购置新车402辆,拉动消费4599万元。

菜篮子工程

2003年,成立市“三绿工程”领导小组,出台《景德镇市食品放心工程实施方案》,启动“三绿工程”(开辟绿色通道,培育绿色市场,提倡绿色消费)试点工作,确定在市区和乐平市设立3个试点单位。实行农产品基地与超市对接,使特色农产品在超市和消费品见面。2005年,市政府作出《关于进一步加强食品安全工作的决定》,市商业管理办公室制定《食品放心工程三年规划》。

2010年,景德镇市建立由蔬菜生产管理办公室商品质量监测中心、蔬菜批发市场、大型超市和零售商场三级监测网络体系,配备大型检测设备4套,便携式检查设备30多套,专职检查人员40多人,对不合格蔬菜不准上市,全市蔬菜合格率达99%,广大市民基本吃上“放心菜”。全市建立经国家农业部认证的无公害蔬菜生产基地10万亩,产量达12万吨。在乐平市建立无公害蔬菜生产、科技示范及加工配送为一体的蔬菜种植示范园区,面积共25万亩,同时实施订单生产。经国家注册的“绿色牌”蔬菜品种有100多个,市、县(区)政府每年投入资金500万元推动绿色生产。乐平市蔬菜生产基地跨入全国大型生产基地的行列,年成交量在50万吨以上,蔬菜交易额5.5亿元。同时,对过辖区的所有运送绿色食品的车辆开辟绿色通道,免收各项费用。

第四节　市场管理

运行监测

1986年,景德镇商业以国营为主,市商业局开展市场监测。2004年12月,商务部成立市场运行调控专家库。2005年开始,市商务局对春节、五一、国庆3个黄金周的节日市场进行全面监测,及时向省内贸办上报节日市场的整体运行情况。同年,建立市场运行监测重点样本企业制度,选定和呈报商务部注册的市场运行监测重点样本企业7家。2006年,增选8家有代表性的零售、服务企业为商务部市场重点监测样本企业,样本企业信息报送率达到100%。同年,做好春节和五一、十一3个黄金周的市场监测运行分析。2007年,全市共有商务部批准注册的样本企业17家,涉及零售、批发、餐饮、拍卖、机电、彩印、旅游等7个行业。各企业按时上报年报、月报、周报,并在黄金周及时上报日报,各种数据报送率达到98%。

2008年,在元旦、春节、五一、十一等重大节日期间深入各农贸市场、生鲜超市进行调查,掌握主要商品价格变化和供求状况,及时向商务部、省内贸办报送节日市场粮、油、肉、菜、蛋、奶、糖等重点商品销售、价格波动、市场运行等详细分析资料。在雨雪冰冻灾害和奶粉“三聚氰胺”等突发事件期间,启动监测企业上报城市生活必需品和乳制品日报制度,发挥“商务天气预报”作用。市商业管理办公室“抗寒灾、平菜价”工作信息,首次被商务部网站登载。2009年,新增3家样本企业,全市共有商务部市场重点监测样本企业20家,百县监测点1个,涉及零售、批发、餐饮、拍卖、机电产品、彩印、旅行社、农业生产资料8个行业。

2006—2010年,市商务局共争取商务部专项工作经费41万元用于市场监测。2010年,新增1家样本企业,全市商务部重点样本企业总数达到21个。商务部百县监测点1个,市商务局加强重点监测企业的业务培训和指导,重点对新加入监测队伍的报表人员进行培训。加强日常市场调研和信息收集整理,做好各个重大节日的市场安排和运行分析工作并及时上报省商务厅。

应急管理

随着居民生活用品供应完全市场化,市场的突发情况管控问题开始显现。1995年,市商业系统开启应急管理机制。同年洪涝灾期间，市场蔬菜价格猛涨，市商业系统迅速组织蔬菜调运和加工生产，搞好市场供应。蔬菜水产公司组建外采组急赴波阳、九江、黄石、黄山等地调运耐储存大宗菜，就近组织鲜叶菜应市，以斗富弄蔬菜批发市场为基地，扩大批发业务，增加供给。同时，指定8家主要网点为蔬菜临时销售门店，实行限价挂牌供应。

1996年7月1日，市区遭受严重洪涝灾害。7月2日，市蔬菜公司从乐平蔬菜基地收购调运辣椒、冬瓜、豆角、茄子、苦瓜、黄瓜等12个品种的大宗蔬菜2万千克，在市区设立3个专供点，低价向市民供应，平抑灾后市场蔬菜暴涨的价格。1998年6月29日，蔬菜公司分别赶赴乐平及省外蔬菜基地调运辣椒、冬瓜、茄子、豆角、苦瓜、黄瓜等10个品种大宗蔬菜6万余千克，保证汛期蔬菜供应。1999年6月30日，商业系统赴邻县调运生猪150余头，组织6个品种2万千克鲜菜应市。早上7点，在新德园、西路、昌河、戴家弄、东门头、新村、麻石弄设立7个临时供应点，在各农贸市场设立5个供应点亮牌经营。市酒业公司下属调味品分公司组织职工加班生产榨菜、酱萝卜、辣酱、豆豉等8个品种8000千克，上街摆摊设点，确保灾后市场供应和物价稳定。

2005年7月，河西生猪批发市场出现疑似猪链球菌疫情，市商业系统及时启动应急机制，加强对生猪定点屠宰场和生猪批发市场的监管，有效控制住疫情。2007年5月，猪肉价格上涨，市商业系统启动市场应急机制，动用副食品调节基金，每天组织60头生猪，以低于市场价1～2元的价格投放到城区5个较大的菜市场，保证新鲜猪肉不断档、不脱销，让低收入市民吃得起猪肉。2008年雨雪冰冻灾害期间，从乐平调运20多个品种的蔬菜，在新德园等15个菜市场设立平价蔬菜供应点，以比市场价格低30%～50%的价格敞开销售50余万千克。在省内外确立10多个生猪养殖企业作为指定供应基地，生猪存栏数达到6000头，增加生猪调入量和猪肉上市量，在里村等8个集贸市场设立30个“放心肉”供应点，以低于市场价1～3元的价格向市场供应，确保全市蔬菜和猪肉市场稳定。2010年，江西省遭受历史罕见的洪涝灾害，市商务局在第一时间启动市场应急机制，迅速展开抗洪救灾工作，及时组织调运饮用水、方便面、饼干等1万余元的生活急需品紧急送达灾区，保障灾区应急需要。

特殊商品监管

酒类　90年代初，景德镇酒类批发经营主要由市商业局下属的公司经营。2006年1月1日，根据商务部《酒类流通管理办法》，市商务局印发《景德镇市酒类流通管理工作实施意见》，成立景德镇市酒类流通管理工作组织机构，启动酒类流通管理机制。对全市酒类企业和酒类市场进行调查摸底，办理酒类备案登记1300多户，规范酒类流通市场秩序，杜绝假冒伪劣酒的流通销售，确保消费者的饮酒安全。2007年，实行酒类流通备案登记工作，共办理备案登记2682户，其中酒类批发业主92户，零售业主2590户。推行酒类经营溯源制，凡批发零售的酒类商品，填制酒类流通随附单，做到单随货走、单货相符，使用随附单的批发、零售企业达80%以上。同年，加强酒类市场监管和打击假冒伪劣酒的执法，全年共出动行政执法人员1100余人次，查处酒类违法案件15起，收缴假冒酒400余瓶。2008年，办理酒类流通备案登记3567户，使用随附单的批发、零售企业达90%以上。全年出动稽查人员360人次，检查批发、零售经营户2560家，共查获假冒伪劣酒185瓶。2009年，共出动稽查人员380人次，检查批发、零售经营户1080家，共查获假冒伪劣酒152瓶，其中假冒剑南春56瓶、假冒五粮液54瓶、假冒水井坊42瓶。2010年，市商务局加大酒类市场监管和打击假冒伪劣酒的执法力度，共出动执法人员1500人次，检查批发、零售经营户3000余家，共查获假冒伪劣酒644瓶，价值25万余元，立案12起，处罚17人。

生猪　1986年，生猪购销价格逐步放开，出现国营、集体、个体竞争的形势，猪肉市场十分活跃，国营食品企业猪肉销售量逐年下降。全年销量降至5.6万头。3月，前夹肉提高到每500克1.44元，肋条肉提高到每500克1.26元，后腿肉提高到每500克1.60元，鲜冻差价调整为每500克0.16元。1988年国营食品企业猪肉销售量降至4.3万头，仅占市场销售量的四分之一。1989年3月，前夹每500克3.10元，肋条每500克2.30元，后腿每500克3.30元，鲜冻差价为每500克0.20元。1990年，猪肉价格变化不大，全年统装肉每500克平均在3.00元左右。

1991—1992年，全面放开猪肉销价，卖肉户可随行就市自行定价，市场猪肉销售价平均每500克3.20

元左右。1992 年,全市国营商业猪肉销售量为 1.3 万头,为市场猪肉总销量的 8.7%。市食品公司职工共有专职卫生检疫及兽牧医人员 18 人,共有批发、零售网点 90 多处,基本形成一个既有生产加工,又有购销经营的肉食品经营网络。1994 年 3 月上旬,市食品公司肉加工厂卫检人员,连续 4 天在宰杀从安徽调入的 7 头猪肉中,发现含有少量猪囊虫,及时采取措施,对病猪进行焚烧处理。1995 年,市商业系统在洪涝灾害期间,对市区几个重大集贸市场的 18 个国有猪肉砧点,实行按市场价下浮 0.20 元/500 克的零售价,以抑制市场肉价,集体猪肉砧点也参与平抑市场肉价工作。

1996 年 1 月 26 日,市政府成立生猪定点屠宰工作领导小组和办公室,加强对定点屠宰工作的领导,抓好屠宰市场的整顿工作。市肉联厂和第二食品公司屠宰场等 6 家专业屠宰场所被定点为全市生猪定点屠宰场,实行“定点屠宰,集中检验,统一纳税,分散经营”,保障猪肉安全。1999 年,市屠宰执法监督队伍成立,加强对市区 4 个定点屠宰场所管理。2000 年,市商业局与生猪屠宰定点办依法对市区 4 个定点屠宰场的设点条件进行整顿验收,各屠宰场的场容场貌和屠宰条件得到改善。同年,加大对猪肉市场的稽查力度,市食品公司在全市 48 家肉点肉砧推行“放心肉工程”,防止白条肉、病猪肉上市。2001 年 9—10 月,市生猪屠宰定点办连续两次组织开展猪婆肉专项整治活动,收缴并销毁病害、猪婆肉 600 多千克。11—12 月,开展打击私屠滥宰行动,端掉生猪私宰窝点 2 个。同年,开展全市餐馆用肉检查,对 43 家违规用肉的餐馆给予黄牌警告或经济处罚。12 月 30 日,市生猪定点屠宰办公室会同国税、地税、工商、公安、卫检、农检、物价、质监等部门,集中对戴家弄、十八桥两个农贸市场的 160 多个猪肉摊点进行稽查,收缴并焚毁病死、母猪肉 800 余千克。

2004 年,根据国务院《生猪屠杀管理条例》,全市开始推行生猪机械化屠宰。12 月 6 日,食品公司肉联厂和凤凰山 2 个机械化屠宰厂正式启用,原有的 5 家手工屠宰场取缔。同年,肉品批发实行集约化经营,将 80 多个屠商组成 26 个批发行,零售肉商自由选购,从源头上保证市民吃上“放心肉”。2006 年,市生猪定点屠宰稽查大队先后 10 次对私宰点进行检查,出动稽查人员 3324 人次,处罚不法屠商、肉商 579 人次,没收屠宰工具 25 件,收缴私宰肉 5000 多千克,销毁劣质猪肉 1960 千克,城区生猪定点屠宰率达到 96%。2007 年,共出动稽查人员 3324 人次,处罚不法肉商 579 人次,私宰肉 5000 千克、病死猪肉 1500 千克,取缔私宰生猪窝点 10 个,有效遏制病死猪肉、白条肉、注水肉流入市场。2008 年,全年共出动稽查人员 4867 人次,收缴并处理私宰肉、病死猪肉 3980 千克,处罚不法肉商 403 人次,查处违规案例 96 起,收缴刀具 71 把,取缔私宰生猪窝点 38 个,无害化处理病死猪 657 头。

2009 年,对全市定点屠宰厂逐一检查验收,核发生猪定点屠宰证书和标志牌,不符合条件的限期整改,整改后不符合条件的,取消定点屠宰资格,共有 3 家规模企业获发证书和标志牌。同年,共出动稽查人员 4870 人次,查处屠宰病死猪、出售病害猪肉等案例 30 起,收缴处理 3800 余千克病害猪肉、8000 余千克白条肉,取缔私宰窝点 40 个,处罚不法屠宰者和商贩 107 人次,收缴刀具 97 把,无害化处理问题猪肉 2780 千克。“十一五”期间,全市实现城区生猪 100% 定点屠宰,乡镇生猪 95% 定点屠宰,城区所有农贸市场、超市销售的猪肉和肉食品加工企业、集体食堂、餐饮单位使用的行业用肉 100% 来自定点屠宰企业。

2010 年,市商务局对 4 家生猪定点屠宰规模企业开展换证发牌工作,审核上报无害化处理的数据,下拨 2009 年度无害化处理资金 38.78 万元。同年,加强对肉类的监管,联合 7 个市直部门开展综合执法。共立案办结 10 起,行政处罚 49 起,罚没金额 2.10 万元。共出动稽查人员 4720 人次,查处屠宰病死猪、出售病害猪肉等案例 3 起,处罚不法肉商 307 人次,摧毁私宰窝点 19 个,确保市民放心消费。

原油和成品油 2010 年,原油和成品油管理职能由市经贸委转入市商务局。市商务局为全市 81 家加油站换证并对全市成品油流通的批发、零售企业进行调查摸底。成立市成品油市场经营秩序专项整顿和规范领导小组,市商务局负责牵头组织协调,重点检查批发、仓储、零售企业的经营资格和行为,理顺批发经营渠道,保障市场供应。同时,加强执法宣传,设置“12312”商务综合执法投诉举报热线,受理举报、咨询。(另见本篇第五章燃油)

诚信建设

市商业系统积极参与荣誉评比,组织诚信、质量达标活动。1986 年和 1988 年,市百货商场分别被省商业厅、省物价局及省政府授予“物价计量信得过单位”称号。1987年,市饮食服务公司被省商业厅评为“物价先进单位”。同年及1989年、1990年,市百货商场被市政府授予“物价计量信得过单位”称号。

1991年,市百货商场获省经委、省商业厅颁发的“物价计量信得过单位”称号。景德镇饭店被省消费者协会授予“消费者信得过单位”称号。同年,市制酱厂生产的玫瑰牌川味酱、恒大牌镇江陈醋;市食品厂生产的锦鸡牌四季润喉糖等3项产品,获江西省优秀新产品奖。1992年,市百货商场被市政府授予“物价信得过单位”称号。12月28日,市酒厂生产的龙珠阁牌景德大曲酒获江西省优质产品称号。同年,在广州交易会上被评为食品工业最受欢迎产品奖。1993年8月28日,省城市社会经济调查队在全省开展的省产名酒消费状况专项调查揭晓,市酒厂生产的景德大曲名列全省第三,以其优良的品质和适中的价格优势,被广大消费者选为“最喜爱的白酒”。省城市调查队向市酒厂颁发金杯。

1995年8月,瓷都百货大楼参与全国商业服务企业“质量与信誉承诺暨星级信誉企业”评估活动,在经营规模、经营品种、优质服务、企业信誉、经济效益、内部管理等6个方面的评估竞赛中,获内贸部颁发的“全国商业信誉企业”称号,为全市首家。12月1日,中宣部、内贸部在全国范围内开展“百城万店无假货”活动。市瓷都百货大楼、市五交化商场被指定为全省代表单位参加全国“诚实守信、不卖假货”大型活动。1996年1月16日,市瓷都百货大楼、市五交化商场、乐平市第一百货商场、浮梁县百货商场等22家商业经营企业,向全市商业服务企业发出公开信,带头参加“百城万店无假货”活动,保护消费者的合法权益。1月23日,市商业局聘请10位离退休老同志担任活动督察员。同年,省工商银行在全省选定25户商业优势企业,实施信贷重点扶持,市百货纺织品总公司被定为省重点信贷扶持企业。1997年6月10日,市瓷都百货大楼金银首饰钟表文具分公司被市技术监督局授予“无假冒伪劣商品柜台”,为全市第一家获此称号的商业企业。

2001年,商业系统继续开展“百城万店无假货”活动,倡导诚实守信和依法经营,加大从零售到批发、加工到储运、餐饮到服务等各经营环节的检查整顿力度,重点抽查259个门店、柜组的38大类食品和3大类农机设备共346个规模品种的商品,总货值达600多万元。销毁过期或变质商品5万多元,库存商品检查合格率为98.8%。2009年9月,全市开展“诚信兴商宣传月”活动,商业批零企业、餐饮服务企业、流通行业协会参与活动,杜绝和抵制欺诈行为。2010年,继续以弘扬诚信兴商、诚信经营、守法经营为重点,开展商业道德教育。市商务综合执法支队进社区、商场共发放宣传资料1000余份,弘扬诚信经营。

第五节　商业经营体制

传统批发体制改革

1986年,蔬菜供应市场放开后,蔬菜水产公司改革传统批发体制,农副产品采购供应站实行自主经营、自负盈亏,购进品种几千个,年销售额达600万元以上。当年,市五交化公司建立批发考核制度,考核的主要指标有商品销售、业务利润、费用水平、季均库存等4项。1987年年初,蔬菜水产公司遍布全市的几十个菜店和蔬菜收购站相继歇业。公司3家集体企业实行自主经营,分别组建南北糖酒公司、恒利批发部、食杂经营公司,以批发为主,经营酒类、调味品等,国光啤酒、莲花味精、雕牌洗衣粉等系列品牌的年销售额从数百万元跃升到数千万元。南北糖酒公司成为市知名企业。

同年始,对批发环节实行经营责任制,实施多种经济成分、多种流通渠道、多种经营方式、减少中间环节的流通体制改革。1988年,市五交化公司实行公司、科(或部门)、责任组(或个人)三级承包制,兼顾国家、企业、职工三者的利益。至1989年,生猪购销价格逐步放开,出现国营、集体、个体一起竞争的形势。市食品公司“统购包销”的经营方式被打破,肉食品产、供、销全面进入市场调节。1990年,市百货纺织品总公司实行批零一体化,划细经营,组建百货、纺织、文化用品、针棉织品、家电、交电、副食品、鞋帽、日用化工、建材等10个分公司,实施批零兼营经营方式。1991年,市百货纺织品总公司实行一套资金,一套人马做批零两套生意,首次实现批零销售总额超1亿元。1998年年底,市五交化公司全面退出市场经营,所有职工生活费的发放和公司日常工作的运转完全依靠店面及仓库出租来维持。

至90年代末,随着私营商业企业不断壮大,市十八桥一带形成食品、日用小商品批发市场,里村一带形成五金、机电批发零售市场,曙光路形成水果批发市场,豪德建成建材、装饰材料批发市场,国贸、陶瓷城建成陶瓷批发市场,经营以当地商户为主,也有外地厂家派驻销售点。同时,各大商场、超市由厂家直接供货,减少了批发环节。

2004年12月,个体、私营商业企业的兴起,满足了国营、集体商业企业退出后的市场需求。肉品批发也作相应改革,将原来的80多个屠商组成26个批发组,实行集约化经营。肉商购肉改看猪点杀为看肉选购,肉品批发改个体零散批发为批发行集约型批发。

2005年,市商业局完成首部《景德镇市城区商业网点十年规划》的编制任务。

放开小型零售经营

80年代中期,商业系统各公司面对市场开放的形势,对小型零售企业进行一系列的改革。市食品公司下属各单位、门点开展多种经营,先后建立开办景生饮料厂、交通器材公司、纸箱厂、卤味加工厂、太白园集贸市场、牛羊加工厂等。

1986年,市五交化公司对各小型零售门店的经理进行改选,为各小型零售门店培养一批财会人员,承担各自的核算工作。1987年,对小型零售门店试行"两权分离"后,正式确立小型零售门店的所有权与经营权分离的经营方式,达到"国家增收、企业增留、个人增资"的目的。1991年,与市政府签订第二轮承包合同,并在批零结合、批零挂钩等方面做出改革。1992年12月,与各相关批发部门结合,一同并入新成立的各专业分公司,实行批零一体化经营。

1994年,市百货纺织品总公司开始放开小型零售企业,促进商品流通和调动职工经营积极性。小型零售企业全部由分支机构变更为独立核算法人营业单位,多渠道自行进货的比例上升。瓷都百货商店作为全市最大的批零一体化经营单位,成为景德镇市商贸"窗口"。1995年,市五交化公司推行以批带零、以零促批、以仓辅助三位一体改革,实现零售门店无亏损。

推行经营责任制

1986年,商业系统经济体制改革,实行经营承包责任制。饮食服务总公司进行企业所有权与经营权分离,以新正义饮食店为试点,公开向社会招标进行规范化的个人租赁经营,市民胡清水中标,公司所属企业拉开店面租赁经营的序幕。

1988年,在城市国营商业企业、供销商业企业推行经理承包经营责任制。同年5月,市体改委、市商业局在市副食品公司进行招标承包试点,成为全市第一家由个人承包经营的大中型国有商业企业,原公司党委书记詹炳祥为中标经理。1991年8月,市饮食服务总公司"包"字进店,国营骨干企业实行"定死基数、确保上交",超利全留,欠额自补,按月算账,全面兑现的责任承包制。集体企业迎新总店承包国营"公和第一圃",投资13万元增设舞厅、录像室、饮食、娱乐等经营项目,日营业额达2000余元。同年,市食品公司制定"亏损定额包干,减亏全留,超亏自补"的承包形式,经考核上岗后,再对各厂长、经理签订承包经营责任状,各单位实行独立核算,自负盈亏,做到"谁主管、谁负责"。市煤炭公司推行联产联销计酬责任制,实现利润超50万元,获"全省改革先进企业"称号。

1992年,市副食品公司继续深化改革,引入承包经营机制,采取宜租则租、宜包则包的改革形式,由职工自主经营、自负盈亏、自我约束、自我发展。

企业"四放开"

1991年,市燃料公司开始实行经营放开、价格放开、分配放开、用工放开"四放开"政策。1992年年底,全市商业系统开始推行"四放开"改革,增强企业活力。在经营上,除专营、专卖商品外,打破行业、部门、区域界限,市场需要什么就经营什么,经营向全方位开拓。在价格上,除少数国家、省管商品外,全部放开,由企业自主灵活作价。在用工上,普遍引入竞争机制,推行全员劳动合同制、干部聘任制、职工内部待业制,企业内部优化劳动组合,双向选择上岗,打破干部和职工、固定工和合同工的界限,初步形成"能者上、平者让、优者胜、劣者汰"的局面。在分配上,普遍推行联销联利计酬、提成工资、计件工资、结构工资、岗位技能工资、工资费用包干等形式，把个人收入同企业效益、职工贡献大小挂钩，拉开分配档次，多劳多得。改革后企业经营范围扩大，效益提高。

国有民营

1993年，市新厂副食品商场引进个体经营机制，在全市商业系统率先进行“国有民营”改革试点，由3名职工合伙租赁，实行全员共担风险，扭转企业连续8年亏损的局面，实现国有资金逐步回收。通过改革试点，全市商业系统“国有民营”改革全面铺开，当年推行“国有民营”改革的企业有62家。1994年，市糖酒副食品总公司实行“国有民营”，分期收回公司所属零售门店占用的公司商品资金。公司业务批发分为4个专业公司，即糖业公司、酒类公司、副食品饮料公司、百货公司。下辖5家经营部进行职能转变，改为5家分公司，实行承包经营、国有民营等方式，全面参与市场竞争。1998年，台商独资拆建原饮食服务总公司办公大楼，新建商住楼两家分成，各自经营。

2000年，市饮食服务总公司自筹资金（贷款）600万元拆建原瓷城饭店、制冰厂，建成瓷都商贸城，一楼为经营门店12家，经营面积5000平方米左右，二、三楼为丽都宾馆租赁经营。2003年，饮食服务总公司位于珠山中路古街等地段的32家门店，全面实行租赁经营，总公司履行国有资产的经营管理和物业管理职责，逐步走出一条商业资产国有民营的新路子。

股份改造

1998年11月，市百货纺织品总公司以景德商厦有限公司为基础，探索推行买断经营权的企业改革，当年全市商业系统建立股份制企业6家。1999年5月，市百货纺织品总公司逐步推行买断库存、买断经营权、实行股份合作制改造。按商品品类行业或按经营品种、范围，宜条则条，宜块则块，条块结合，以条为主，根据范围大小分别，组建“股份合作公司”或“股份合作商品经营部”，坚持批零一体，成为权责明确、相对独立、充满活力、自主经营的经营主体，形成百货纺织品总公司改制的雏形。2003年4月，市糖酒副食品总公司对酒类专业公司进行股份制改革，公司职工集资入股筹建市益民糖酒副食品有限公司。制定以茅台、五粮液、剑南春三大全国名酒为经营主体，其他品牌名酒、葡萄酒为补充的经营策略，走特色经营、品牌化发展之路。2004年，市蔬菜水产公司创办成立春秋旅行社，2005年11月自筹60万元申办押金，获得国家旅游局的批准，成为全市第三家国际旅行社。2006年7月，市百货纺织品总公司职工集资参股，创办市都源贸易有限公司，以民营企业为平台，为国有企业分流人员，减轻老国有企业负担做出有益的尝试，实现“国家增收、企业增效、职工增益”的目的。

2006年10月，市燃料公司成立新型股份制公司——市金秋机电股份有限公司，从过去经营单一“沃特”牌收割机，转变成多元化、多品种的农业机械销售网络，并引进常州“东风”拖拉机等全国知名畅销品牌。争取到国家农用机械销售补贴政策，解决120余名下岗职工再就业。同年，市商业储运总公司进行股份制改造试点，在企业内部组建“商储股份合作公司”，选举产生经理、副经理、监事等人员，全体在岗人员都成为股东，并筹集股金新建部分库房。2007年下半年，注册成立中南商储有限责任公司，逐步将原股份制仓储业务纳入经营，规范运作。

2007年8月，市蔬菜水产公司报经市商贸国资公司批准，将春秋国际旅行社从国有体制退出，改为民营股份制企业，企业37名职工成为春秋国际旅行社的股东，实行民营运作。2009年，中南商储有限公司发展多种经营，以在职员工为募股对象进行扩股，每位股东都获得一份相应的收益，为企业改制打下基础。2010年年底，市春秋国际旅行社发展为1个总部、5个分社、1个国际部，专业人员达60余人，旅游收入突破1000余万元。

第六节　管理机构

市商务局

1986年10月，市商业局与市供销社合署办公，两块牌子一套人马。1990年，内设秘书、财会、保卫、劳动人事、物价、计划统计、基建储运加工、城市商业、预测综合、供销合作指导、党组办公室、纪检组、组织、宣传教育等职能科(室),编制34人。1991年4月,市商业局与供销社分设,市商业局下辖市百货公司、五交化公司、煤炭公司、副食品公司、食品公司、蔬菜水产公司、饮食服务公司、商业储运公司、景德镇饭店、市酒厂、制酱厂、食品厂、豆制品厂。2002年10月,撤销市商业局,组建市商贸国有资产经营公司,其行业管理职能划入市经济贸易委员会。受市国有资产管理委员会授权,从事国有资产经营管理,为市政府直属正县级事业单位。2004年3月,市政府明确市商贸国有资产经营公司为内贸行业主管部门,并增挂市商业管理办公室牌子。内设消费品流通科、餐饮服务科、综合业务科、财会统计科、党办、行办、监察室、保卫科、企业管理科等职能科室,编制15人。2010年4月,组建市商务局,为市政府直属正处级单位。整合市对外贸易经济合作局的职责、市经济贸易委员会的贸易管理职责、市商业管理办公室(市商贸国有资产经营公司)的职责。内设党委办公室、行政办公室、行政审批服务科(综合科)、市场秩序科、市场体系建设科、流通业发展科、市场运行和消费促进科、对外贸易科、服务贸易和商贸服务业科、电子商务科、对外经济合作科、口岸管理科、企业管理服务科等13个职能科室。另设监察室、人武部。行政编制24人。

1990年10月景德镇商业局与市供销社门牌

市直属机构

商务综合行政执法支队　前身为2004年3月成立的市生猪定点屠宰稽查大队。2005年2月,确定为正科级自收自支事业单位,编制9人,隶属市商业管理办公室。2007年7月,改为全额拨款事业单位,编制13人。2009年7月,更名为市商务综合行政执法支队(增挂市商务举报投诉服务中心牌子),编制13人。

商业局保育院　位于市中心广场北侧,占地面积4020平方米,建筑面积4250平方米,户外活动面积2557平方米。1986—1996年,为商业局下属的八大公司管理,教职工由各公司委派。1996年以后,教职工陆续回各大公司,幼儿园的教师采取聘用制,实行竞争上岗和末位淘汰制管理。2010年,教职员工70人,其中专职教师34人,大专以上学历占90%。

市场经营服务中心　2010年,由政府直属事业单位调整为市商务局管理的事业单位,编制42人。

县区机构

乐平市商业局　1986—1992年,称乐平县商业局,为乐平县商务主管部门,1992年更名为乐平市商业局。2002年机构改革,撤销乐平市商业局,成立乐平市商贸国有资产经营公司。2005年,增挂乐平市商业管理办公室牌子。2008年,列入参照公务员法管理单位。2010年,内设人事秘书科、财务审计科、综合经营科、消费品流通科和安全科。在职28人,其中行政编制18人。

浮梁县商管办　1986年,浮梁恢复县制之前,蛟潭区商业局与供销社为两块牌子一套人马,管辖全区11个供销社;鹅湖区未成立商业局(供销社),全区9个供销合作社由景德镇市商业局(供销社)直接管理。1989年3月,浮梁县筹建商业局(含供销社),实行两块牌子一套人马。行政编制3人,全额拨款事业编制10人,自收自支事业编制10人。内设人秘股、计财股、业务股、基建股、保卫股和商业工会。下辖农业生产资料公司、工业品贸易公司、再生资源公司、土产公司和20个基层供销合作社。1991年8月,县商业局和供销社机构分离,重新成立商业局。内设人秘股、财务股,下辖百货公司。1994年,县商业局转制为企业,成立商业贸易公司,保留商业局牌子并承担政府部门的行政职能。2000年4月,县商业局并入县供销合作社。2003年4月,撤销商业局机构,职能并入经贸委。2009年6月,县供销合作社增挂商业管理办公室牌子,实行两块牌子一套人马。2010年,编制6人。

昌江区商务局　位于景德镇市西郊区,城区商业一直是由市商业部门及其所属专业公司经营管理,农村商业由供销合作社经营管理。1991年1月,成立昌江区供销合作社,隶属市供销合作社。2006年,划归区政府管理。5月起，由区供销合作社行使全区内贸管理职能。2009年2月，增挂昌江区商业管理办公室牌子。2011年5月，区商业管理办公室更名为昌江区商务局，增加外贸管理职能。编制3人。

第二章　供　销

景德镇地区处于丘陵山区，农副土特产品资源丰富，有食用油、茶叶、棉花、木竹制品、木炭、香菇、蜂蜜、竹笋等。尤其是浮梁茶叶、乐平蔬菜、棉花以及林副产品畅销省内外。在计划经济时期，购销经营一直由市供销社直属的土产公司承担，是城市居民节日物资中农副产品供应的主渠道。90年代中后期，计划经济向市场经济转型，棉花等农副产品取消统购。供销合作社的传统优势业务受到市场的巨大冲击，经营体制、机制的掣肘，经营网点萎缩，服务功能落后等问题日益突出，基层供销社陷入冗员众多、经营萎缩、亏损严重的艰难境地。进入21世纪，市供销合作社实施改革，创新基层供销合作社运作新模式，实行开放办社，加强对基层社、村级服务社和农民合作社的“三社”建设，进一步密切与农民的经济联系，增强社会公益和为农服务功能，服务社会主义新农村建设。

第一节　供销业务

农副土特产经营

1986年，棉花是乐平供销社收购的重点，供销社人员深入植棉乡，逐村逐户落实播种面积，签订预购合同3.4万份，发放预购定金120万元。当年，收购棉花24300担，调出25400担。1990年，浮梁县土产公司成立，由县综合贸易公司经营的农副土特产品和日用杂品、部分副食品划归土产公司经营，解决农村农副产品“买难卖难”的问题。当年收购樟脑油55吨、苦樟油19吨、山茶籽油2吨。公司利用区位优势，先后在西湖乡、江村乡、三龙投资扶持农民种草本香料油原料，如留兰香、薄荷等，面积在40公顷，形成两省六县的香料油集散中心。1991年，全系统主要收购品种有所增加，全年棉花收购294.99万千克，茧收购41057千克，香料油收购79.6吨，香菇收购13.43吨，农副产品收购额达到2914.45万元。

1991—1995年，乐平市土产公司在乐港丁家亭与农民签订土靛收购合同，并预付每亩300元生产扶助金，共收购土靛1.6吨，收购黄麻230吨、蜂蜜258吨、桐油63吨。1994年，全市供销系统将农副产品收购作为重要产业，全年收购蚕桑1000张，经营粮食140.9吨，食油130.3吨、饲料1600吨、生猪203头，农副产品收购额达1692.51万元。

2002年，昌江区利用当地的地理条件与横峰县葛源镇技术协作，成立昌江区葛业合作中心社，进行葛根种植加工业务。由于缺乏资金和品牌，年购销总值在32万元左右。2006年，棉花市场全面放开后，供销社的棉花收购基本结束。同年，浮梁县农副产品有限公司成立，创立“景德山珍”系列品牌，主营有当地特色的农副产品。公司在浮梁县各资源丰富的乡镇设立收购代办点，在巩固上海等原有销售网点的基础上，向外县市拓展销售业务。“景德山珍”系列产品扩大到包括茶叶、茶油、食用菌等6大系列80多个品种。

2010年，各基层供销社继续发展农副土特产品购销业务。市供销社以农副产品营销企业和农民专业合作组织为载体，发展品牌化农副产品生产基地，形成“龙头企业+专业合作社+农户”的新型产业。全市发展较好的专业合作社有13个，其中浮梁县10个、乐平市1个、昌江区2个，经营项目包括苗木、蔬菜、果业及农资等。浮梁景瑶农副产品有限公司利用浮梁丰富的林业特产资源，帮助农民增产增收，产品远销上海、浙江、广东等地。

农业生产资料经营

直属经营　在计划经济时期，市农业生产资料总公司承担城乡的农业生产资料供应。1992年，全市供销社系统全年供应化肥8.09万吨、农药486吨、农地膜205.6吨。1993年,共供应各种化肥9.08万吨、农药550吨、农膜136吨、中小农具3.49万件。1995年,市供销合作社系统调进各种化肥11.41万吨、农药1147吨、农地膜185吨,供应各种化肥10.63万吨、农药1297吨、农地膜163吨。1996—1997年,实行农资经营质量承诺制服务,全系统经营的农资商品均经技术监督部门检查合格,强化农资市场管理。1999年,全系统共调进各种化肥65713吨、农药985吨,供应各种化肥7.42万吨、农药665吨,确保全市农业生产需要。

2001年,全系统供应各种化肥58045吨、农药263吨、农地膜130吨,价格保持稳定,市场占有率达到86.47%。2002年,全系统共调进各种化肥52850吨、农药158吨、农地膜56吨。2003年,供应各种化肥61279吨、农药172吨、农地膜84吨。2004年,全系统农资经营门点达485家。

2005年,鑫凯农资有限公司成立,承担市农资公司改制后的农资经营业务,是市政府唯一一家化肥淡季储备承储公司,先后在浮梁、乐平、鄱阳、婺源等地建立62个分布网点,在市郊的丽阳、浮梁、洪源、黄泥头建立4家分公司、10个直营店、116个乡、村级农资加盟店的连锁经营服务网络,销售范围遍及景德镇市周边市场。以基层供销社为基础,建立遍布各乡各村的农资经营网络。经销江苏、浙江、湖南、安徽、四川、江西等省份的20多家化工化肥企业的20多个品牌的化肥。销售量逐年增长,从几千吨增长到2万吨,销售额达3147万元。2010年,全系统实行统一采购、统一配送、统一价格、统一服务规范的"四统一"经营模式,确保农资的价格和质量,杜绝假冒伪劣农资,满足全市农业生产的需求。

基层经营 80年代,国家对化肥、农药、农膜实行专营,由各级农资公司和基层供销社销售,执行统一的零售价格,实行农资专营市场和价格的有效管理。1986年,乐平(县)市农资公司和基层社作为经营主体,负责化肥、农药、农膜的供应。农资产品实行专营,全县执行统一的零售价格。1992年,化肥除"三挂钩"尿素、氯化钾价格由省管外,其余由地方物价局管辖,核定全市统一零售价格,由农资公司调拨至基层社销售。1998年,随着市场的放开,允许个体经营,化肥供应随行就市。2008年,供销社通过新网工程建设,建立覆盖城、乡、村三级的农资经营网络,化肥销售量有所上升。尿素销售4280吨,氯化钾销售2270吨,复合肥销售19780吨,碳铵销售3764吨,磷肥销售8670吨。2010年,乐平市供销社设有农资销售网点162家,庄稼医院142家,全程为农民提供专业化的服务。

1989年,浮梁县组建农业生产资料公司,主营化肥、农药、药械及配件、农(地)膜、石膏、中小农具等,兼营小型农用机械(具)及零配件。1996年,国家对农资专营政策调整,市场逐步放开,供销社农资销售市场萎缩,经营状况逐年下滑。2010年,浮梁县依托景瑶农资有限公司,扩大农资销售,农资销售覆盖率逐年增多,全年销售额达2000万元。鹅湖供销社农资配送中心有庄稼医院1个,农资销售直营店10家,加盟店32家。

昌江区在供销社及区农业生产资料公司成立之前,主要由竟成、古城、鲇鱼山、荷塘等基层供销社承担农资购销职责,业务直接受市农业生产资料公司指导。1991年,区农资公司成立,负责全区农业生产资料的采购、储备、供应,经营化肥、农药等农资商品业务。随着国家对农资商品经营的逐步放开,市场竞争激烈。1995年,区农业生产资料公司分别成立第一、第二和第三分公司,开展承包经营,农资商品经营业务得到扩展。2004年6月,区农资公司进行改制。2005年,引进市红土地农资连锁有限公司,承接昌江区农资公司的经营业务。2010年,市红土地农资公司实现农资商品购进额2930万元,销售额3046万元。

表19-2-1 **1992—2000年若干年份景德镇市供销系统农药化肥销售统计表** 单位:吨

年份	化肥	农药	农地膜	年份	化肥	农药	农地膜
1992	80912	486	205.6	1999	74206	465	117
1993	90800	550	136	2000	60900	354	104
1994	91500	799	216				

再生资源经营

直属公司经营 景德镇市区的废旧物资一直由市土产公司废旧物资经营部经营。1989年,设有旧货委托社、商贸中心以及8个国营废品收购门市部、15个废品代购店、1个废旧物资调剂门市部、2个废品仓库、1

个稀贵金属加工厂。经营种类分为有色金属、黑色金属、稀有金属、废塑料、废纸类、破布棉麻、杂骨玻璃、废书刊报纸、橡胶轮胎。收购品种广数量大，所收购的品种经过精选加工、分类打包、销售全国各地。1993 年，全年废旧物资收购额达 1218 万元，首次突破千万元大关。废金属中杂铜收购 127 吨，废钢铁收购 1.05 万吨，首次突破万吨大关。

1994 年 6 月，市商业系统在经营废旧物资同时，拓展其他产业。成立委托社（典当行前身），经营旧家具、衣物、手表、家电等委托寄卖。成立调剂门市部，销售从废品中精选出来的物资。成立商品信托贸易中心，经营百货、五金等商品。成立稀贵金属加工厂，从回收资源中提取稀贵的金、银材料，生产硝酸银，扩大稀贵金属加工厂的品种和产量，所生产的硝酸银销往安徽、河南、广西，最高年销售额达上百万元。当年，废旧物资经营 10 万吨。

2003—2004 年，由市瓷都再生资源有限责任公司牵头，分别在黄泥头耐火材料厂内、吕蒙原料总厂内、八〇〇库厂区内建造 3 个废旧物资交易市场，总面积 1.65 万平方米，总投资 70 万元。引进 80 多家个体经营户，月交易额 30 万元，规范了市废旧物资交易。

2005 年，全市 60% 以上的生活小区（含农村集镇）设立规范的回收站点，80% 以上的再生资源进入专业市场进行规范交易和集中处理、加工、销售。2006 年，市瓷都再生资源有限责任公司在洪源、寿安、黄泥头等地设立多个废旧塑料、有色金属、纸板纸箱等废旧物资的回收网点，购销业务不断扩大。至 2007 年，全市范围内有再生资源加工企业 7 个、交易市场 5 个、回收门店 33 个。2010 年，瓷都再生资源有限公司以分购联销和代理等形式，整合再生资源回收网点 42 个，当年缴纳增值税 1.1 亿元。

基层公司经营　1986—1991 年，昌江区废旧物资收购主要由竟成、古城、鲇鱼山、荷塘等基层供销社承担，其业务直接受市再生资源公司指导。1993 年，成立区再生资源公司。2010 年，公司年购销额维持在 500 万元左右。

1989 年，乐平县土产公司购置电动液压压块机 1 台用于废钢铁料的压块，提高装载量，减少运输费用。1991 年，土产再生资源公司利用收购废钢铁，投资 28 万元兴办一家小型轧钢厂，年销售钢锭 356 万元，实现利税 35 万元。同年，成立再生塑料厂，年销售塑料制品 180 万元，实现利税 16 万元。1994 年以后，随着市场的放开，收购网点由职工承包，向市公司交纳承包费外，所有废旧物资收购、销售自行安排。

1990 年 3 月，浮梁县成立县废旧物资公司（再生资源公司），开展废旧物资回收销售。1991 年开始，在位于西郊八〇〇仓库内设立废旧物资经营部，当年收购总额达 25.86 万元，其中收购铜 8178 千克、铝 25.6 吨、锡 96 千克、铁 138 吨。2003 年，公司改制，保留牌子，开展委托经营业务。

2005 年，县供销社通过招商引资等方式，由浙江义乌福盾锁业有限公司合作经营废钢，销售总额首次突破 1000 万元大关。2010 年，通过招商引资的方式，由江西黄埔再生资源有限公司经营浮梁县再生资源公司。当年，实现销售收入 6000 万元。

烟花鞭炮经营

经销　销售烟花鞭炮是供销社的传统经营项目，作为安全类特殊商品实行专营。1986—2002 年，由市日杂果品公司经营城市烟花鞭炮。2002 年，市日杂果品公司执行市政府关闭烟花爆竹生产场所的决定，在抚州、进贤两地采取合作方式，开发新的生产、销售基地。2003 年，市日杂果品公司改制为市日杂烟花鞭炮有限责任公司，零售网点 16 家。2008—2010 年，在市区、浮梁县、乐平市各有一个 1000 平方米以上的烟花鞭炮连锁配送中心。

各县（市、区）的烟花鞭炮经营同属供销社系统的日杂果品公司经营。2010 年，乐平市烟花爆竹公司销售额达 596.5 万元，全市经营网点批发 8 个，零售网点 460 个。浮梁县烟花爆竹销售额达 900 万元，全县烟花爆竹经营网点 260 个。

生产　1992 年，景德镇市日杂果品总公司与广东东莞道滘花炮厂进行联营，在浮梁县旧城金寺岭共同投资创办景德镇市东莞联营花炮厂，年生产能力 400 万元。12 月 2 日，投入生产，改变景德镇市从广东进运销售满地红边爆的局面。联营花炮厂成立后，市日杂果品总公司实行产、供、销一条龙的经营模式。2001 年，景德镇地区全面退出烟花爆竹生产，联营爆竹厂停业。1993～2000 年的年均产值 200 万元。

表 19-2-2　　2003—2010 昌江区年烟花爆竹购销统计表　　单位:万元

年份	烟花	爆竹	购进	销售	年份	烟花	爆竹	购进	销售
2003	190	266	605	456	2007	390	499	800	889
2004	210	279	608	489	2008	407	485	1100	892
2005	260	307	678	567	2009	502	410	1180	920
2006	307	302	620	609	2010	505	462	1150	967

管理　1986—2005 年,市供销系统先后多次开展安全经营大检查活动,重点对烟花鞭炮仓库、厂房、经营网点以及超市、商场、仓库、宿舍区等场所进行地毯式检查,并对重大火险隐患进行整改。2006 年,市日杂烟花鞭炮公司投入 30 多万元,把位于市区的烟花爆竹批发部迁入郊区历尧仓库,消除事故隐患。全年组织突击检查 10 次,检查整改安全隐患 6 条,收缴销毁非法爆竹 2 万多元。11 月 6 日,市烟花爆竹经营管理协会成立,成员有市日杂烟花鞭炮有限公司、乐平市烟花爆竹专营公司、浮梁县土产公司。个人会员 163 名。

2007 年,加强与公安、安监部门的协作配合,要求经营网点一律设专柜销售,持证经营。执行仓库、经营部(门点)24 小时值班制度,规范烟花爆竹分类堆码制度,按标准留足通道,不超高堆放。全市零售点烟花爆竹配备统一送货,做到专人、专车运输。全年发放安全生产防范手册 60 份,增加仓库和经营户警示标语 20 多条,组织突击检查 8 次,查出安全隐患 3 条,收缴销毁非法产品百余件,并对直属公司 20 家烟花爆竹门店进行岗位安全培训。每年结合"安全生产月"活动,大力开展安全生产宣传,对烟花爆竹行业进行重点检查。至 2010 年,供销社系统未发生重大烟花爆竹事故。

第二节　经营网点

服务网点

"三社"建设　1986 年以后,市供销合作社不断进行经营体制改革,增强市场竞争力,拓展服务领域,围绕现代农业发展和当地特色传统产业,实行开放办社,加强对乡镇基层社、村级服务社和农民专业社的"三社"建设,吸纳各种为农服务组织、个体经营者、农村中的经营能人加盟供销社,建立健全基层经营网络,把买卖关系真正变成合作关系。

2010 年,根据省供销社部署,市供销社下发《关于推进基层社标准化建设的通知》,至年底,全市按标准化创建的乡镇基层供销合作社有 4 个。市供销系统村级综合服务社共 281 个,其中乐平 130 个、浮梁 120 个、昌江区社 31 个。农民专业合作社 29 个,其中浮梁县 19 个、昌江区 2 个、乐平市 8 个。专业合作社涵盖种植、养殖、加工、销售等多个领域。

市供销合作社系统共设有经营企业 12 个,市级 3 个、浮梁县 4 个、乐平市 3 个、昌江区 2 个,有直营店 388 个,有加盟店 734 个,配送中心 8 个。2010 年共完成商品购进额 6.64 亿元,其中农副产品购进额 7165 万元,再生资源类收购额 4739 万元。完成商品销售额 7.44 亿元,其中消费品零售额 3.36 亿元、农业生产资料销售额 2.81 亿元。实现利润 170 万元。

为农服务　1992 年,全系统建立庄稼医院 64 个,农资咨询服务站 49 个,村级服务综合服务站 194 个,专业合作社 54 个。1993 年,为农民提供技术资料 6401 份、信息 606 条,举办科技兴农培训班 46 期,培训农技人员 982 人次,扶持农户 1.07 万户,扶持商品基地 2440 公顷。

1994 年,新增 50 个庄稼医院、110 个村级综合服务站、30 个农资咨询站。1995 年,供销社系统抓好"三产"服务,乐平市供销合作社帮助棉农贴息贷款 17.2 万元;浮梁三龙供销合作社建立红莲示范基地,鹅湖供销社成立茶果专业组织。

1996 年,开发一批林果园、牲禽畜、水产等种植、养殖业基地。全系统有村级综合服务站 188 个、庄稼医院126所、机防站158个、科技示范试验田54.4公顷。举办科技培训班20期,培训科技人员1774人次,提供技术咨询服务16850人次,新科技成果推广应用640项,扶持商品基地5867公顷。1997年,开展农村社会化综合服务,乐平后港供销社建立百亩蔬菜专业生产基地;浮梁县南安供销社建立500亩茶叶商品基地,鹅湖供销社建立100公顷蚕桑、10.67公顷茶叶和柑橘生产基地;昌江区鱼山、丽阳供销社建立2.67公顷水产养殖基地。1998年,推进农业产业化经营,累计组建各种类型专业合作社16个,联系农户1000余户,建立商品基地近266.7公顷。

2007年,江西景瑶农副产品有限公司相继成立景瑶茶叶专业合作社、景瑶食用菌专业合作社、景瑶水稻专业合作社、石材厂。通过以"公司+农户+专业合作社"的形式带动当地4110户农户,每年为农户增收4600多万元。

2010年,市供销系统购销部门主动延长营业时间,扩大预约服务,实行优惠供应,方便农民购买农资。同时配合工商、质监部门参与农资打假。"7·15"严重洪涝期间,加快各种化肥、农药的调运工作,受灾严重的农户予以赊销农资商品,对购货困难的农户采取送货下乡,送到田间地头。无偿支援浮梁蛟潭、三龙各种化肥约8吨,帮助农民搞好灾后恢复生产。

直属经营企业

市日杂烟花鞭炮有限公司　前身为市供销社直属日杂果品公司。2003年6月,由市供销社直属的日杂果品总公司改制重组成立,为股份制民营企业,享有原市日杂果品总公司经营权、烟花鞭炮专营权和安全设施。2006年,组织成立市烟花爆竹经营管理协会。至2010年,公司运营平稳。

市瓷都再生资源公司　1986—1989年,隶属市土产公司,全称为废旧物资经营部。1996年,更名为市再生资源公司。2004年5月,改制成立市瓷都再生资源有限公司,为股份制民营企业,从事废旧物资经营。在东郊耐火器材厂和西郊陈湾矿分别设立再生资源回收利用交易市场。7月,景德镇市再生资源回收利用协会成立,市瓷都再生资源公司担任会长单位。2007年,西郊陈湾矿市场停业。至2010年,东郊耐火器材厂交易市场正常经营。8月,公司被全省再生资源协会任命为常务理事单位。

市瓷都农资有限公司　前身为市农业生产资料总公司。2004年年初改制。3月,组建瓷都农资有限公司。公司成立时间不长即终止经营。至2010年,由职工选出代表对公司剩余资产进行留守管理。

市土产棉麻总公司　1986年,为市供销社直属经营单位。2004年,市土产棉麻总公司实行改制,至2010年,新公司没有组建成功,由管理人员和职工留守原土产公司,处理日常事务。

鑫凯农资有限公司　2005年6月成立,由原农业生产资料总公司改制后的下岗职工创办,从事农业生产资料经营业务,是市供销社开放办社的一个经营实体,主营农药、化肥等各种农业生产资料。公司职工30人。

市信誉典当有限公司　1996年6月,由原旧货委托行重组变更为典当拍卖行,是全省第二家,全市唯一一家经营抵押借款、物资拍卖业务的机构。2003年6月,典当行改制为市信誉典当有限公司,扩大典当行的经营范围和规模,经营效益逐年提高。2010年8月,当选江西省典当行业协会副会长单位。

市吉祥烟花燃放有限公司　2010年12月,经省公安厅批准,成立市吉祥烟花燃放有限公司,具有单位燃放资质,有多名高、中、初级燃放师和专业操作人员,专门从事晚会大型焰火燃放。成功实施昌飞公司春节焰火晚会、江西景航元宵焰火晚会、中航工业(昌飞)建业40周年焰火晚会、中国直升机设计研究所所庆40周年焰火晚会等燃放作业。

基层供销社选介

鹅湖供销合作社　位于浮梁县东部鹅湖镇。1991年,鹅湖供销合作社有管理人员8名,职工108名,设有分店18个,是浮梁县供销系统当年经济效益最好的基层社。2001年,完成改制。2004年3月,浮梁县供销社成立鹅湖中心供销社,托管原金竹山供销社,员工6人。2007年,以股份制形式组建江西景瑶农副产品有限公司。景瑶农副产品有限公司被评为农业产业化省级龙头企业和全国总社农业产业化重点龙头企业,"景瑶"品牌被评为江西省著名商标。

鲇鱼山供销合作社　位于昌江区鲇鱼山镇。1984年,由鄱阳县划入景德镇市供销合作社。1991年,隶属于昌江区供销合作社管理,分别在鲇鱼山镇、关山、凤岗、慈义、新柳、新桥、金桥、吕蒙、礼城、良港及丽阳乡设有经营网点。1993 年,建设鱼山供销大厦。1999 年开始,购销总值严重下降,网点减少。2006 年年底,完成改制。鲇鱼山基层社组织机构保留,开始引进社会力量及资金,实行开放办社,经营业务逐步恢复发展,商品购销逐年增长。2010 年,鲇鱼山供销合作社商品购销总值达 1454 万元。

众埠供销合作社　位于乐平市众埠镇。紧邻弋阳县、德兴市,众埠素有“商贸集镇”之称,供销社服务人口 10 万多人。1991 年,供销合作社商品销售总额 1876 万元。1995 年为 1983 万元。1998 年后,农资经营市场逐渐放开,供销合作社所占市场份额逐年下降。至 2010 年,供销合作社商品销售为 1336 万元。众埠社利用区域优势,建有农资经营网点 23 个,日用消费品超市 3 个,再生资源回收网点 5 个,农副产品交易网点 2 个,烟花爆竹经营网点 28 个,村级综合服务社 4 个。

礼林供销合作社　位于乐平市礼林镇礼林村。紧邻万年县,服务人口 6 万多人。2002 年实行改制。有 9 个农业生产资料门市部、8 个庄稼医院、2 个日用消费品超市、2 个废旧物资收购门市部、12 个烟花爆竹经营门点、1 个村级综合服务社、3 个专业合作社。2009 年,销售总额 703.9 万元,实现利润总额 30.1 万元。

村级综合服务社

前身为基层供销社的代购代销店,供应当地村民生活资料和农资。90 年代末,浮梁县有村级代销店 123 个,乐平市有 126 个,昌江区有 28 个。2005 年,通过政策扶持,全系统新建 51 个,共有村级代销店 290 个。其中乐平 130 个、浮梁 132 个、昌江区社 28 个。2008 年,增设代办邮政、电信等服务。2010 年,改名为村级综合服务社,全系统共有 281 个,其中乐平 130 个、浮梁 120 个、昌江区 31 个,实现“三农”网络化服务。

农民专业合作社

1998 年,根据省政府批转省供销社《关于依托供销合作社发展农村专业合作社意见》,乐平市镇桥供销社与镇桥高埂村农民合作,成立镇桥高埂蔬菜育苗专业合作社。1999 年,浮梁县供销社与勒功乡政府合作,组建浮梁县第一家物技结合的勒功农资专业合作社。各地因地制宜,各种形式的农村专业合作社相继成立。

2006 年,《中华人民共和国农民专业合作社法》颁布,鼓励以专业合作社 + 农民 + 基地的模式,引导农民发展种植业和养殖业。基层供销社发挥各地特色和优势,领办创办各种类型的农民专业合作社。至 2010 年年底,浮梁县供销社发展规范的专业合作社 19 个,昌江区供销社发展 2 个,乐平市供销合作社共发展专业合作社 8 个。专业合作社涵盖种植、养殖、加工、销售等多个领域。

表 19-2-3　**2010 年景德镇市农民专业合作社选录表**

名称	地址	社员人数	成立时间	主要经营项目
昌江葛业合作中心社	丽阳乡	7	2002.07	葛根种植
昌盛药材农民专业合作社	荷塘童坊村	7	2008.06	中药材种植
历崌山板栗专业合作社	历崌山	4	2000.06	板栗种植
景瑶食用菌专业合作社	浮梁旧城村	119	2009.09	食用菌种植
景瑶茶叶专业合作社	鹅湖镇	119	2009.09	茶叶种植、加工、销售
浮梁县庄湾农资专业合作社	臧湾乡	72	2006.08	农资销售
王港淑生家禽养殖专业合作社	王港乡坑口村	111	2008.12	家禽养殖
振兴水产养殖专业合作社	王港乡马源坞村	52	2007.07	水产养殖
高沙园艺专业合作社	王港乡高沙村	61	2007.07	园艺种植
赣发畜牧养殖专业合作社	王港乡金山村	76	2007.08	家禽养殖
万盛蔬菜专业合作社	王港乡高沙村	76	2007.08	蔬菜种植
翠冠果业专业合作社	王港乡墩口村	28	2005.05	果树种植
永绿瓜果种植专业合作社	王港乡金山村	52	2010.03	瓜果种植

第三节 管理机构

市供销合作社

1986年,市供销社与市商务局合署办公。1991年4月,市商业局与市供销合作社分开,市供销合作社单设,为正县级单位。行政编制40人,企业编制40人。1996年11月,市供销合作社明确为合作经济组织。2001年,市供销社直属企业有市农业生产资料总公司、市土产棉麻总公司、市日杂果品总公司和市再生资源公司。2002年,市政府对4家直属企业分别进行改制。2007年9月,市供销社参照公务员法管理,编制29人。2010年,内设办公室、人事教育科、财务审计科、综合业务科、党委办公室、保卫科,为正县级单位,编制29人。下属企业有市供销经济开发股份有限(集团)总公司,市供销社实业开发总公司,市供销物资、纸品、工业、汽车运输公司,市供销装饰工程公司,市供销陶瓷公司,市供销商贸公司,市烟花鞭炮公司,市供销大厦有限责任公司。

县(区)供销社

浮梁县供销合作社　1989年3月成立,与浮梁县商业局实行两块牌子一套人马,合署办公。1991年10月,浮梁县商业局、供销社分设,基层供销社有20个。2005年1月,浮梁县供销社明确为正科级事业单位,编制6人。2009年7月,浮梁县供销社增设县商业管理办公室,合署办公。2004年,浮梁县社将20个基层供销社整合成立8个中心供销社,分别是瑶里、鹅湖、臧湾、寿安、南安、洪源、蛟潭、经公桥供销社。

乐平市供销合作社　1986—1992年,为乐平县供销合作社。1992年10月,更名为乐平市供销合作社。直属企业有县农业生产资料公司、棉麻公司、土产再生资源公司、杂食品茶果公司、综合贸易公司、综合食品厂和23个基层供销社。2002年,保留乐平市供销合作社,为乐平市政府直属经济组织,为正科级。内设5个职能股室,机关事业编制7人。2005年,乐平市社将原来基层供销社整合成立7个中心供销合作社,分别是涌山、众埠、双田、塔前、礼林、镇桥、后港供销社。2007年,乐平市供销社参照公务员法管理。2010年,乐平市社增加资产管理办公室和烟花爆竹管理办公室。

昌江区供销合作社　1991年1月成立,下辖竟成、古城、鲇鱼山、荷塘、丽阳基层供销社。2002—2004年,昌江区社属企业进行产权制度改革,保留竟成、鲇鱼山、荷塘3个基层供销社和区再生资源公司。2006年,昌江区供销社划归区政府管理,为昌江区政府直属事业单位。同年8月,昌江区政府将全区内贸职能划归区供销合作社,增挂昌江区商业管理办公室牌子。2010年9月,商业管理办公室更名为昌江区商务局,成立昌江区供销合作社(商务局),在区社内合署办公。内设4个股室和1个商务综合执法大队。下属企业有昌江区农业生产资料公司、丽阳供销合作社、工业品贸易公司、再生资源公司、供销农机公司、机电公司。

第三章 专卖专营

景德镇市烟草专卖局(以下简称景德镇烟草)受省烟草专卖局(公司)和市政府双重领导,对烟草行业实行专卖管理,实行政企合一的体制。在抓好卷烟经营的同时,依法履行专卖监督管理职能,实施烟草专卖品稽查,打击非法经营。至2010年,景德镇烟草年销售卷烟289651万支,实现利税23898万元。

1986年,江西省盐业公司景德镇分公司(以下简称市盐务局)人、财、物、产、供、销由省盐业公司统一管理,执行指令性购、销、存计划,开展批发和转批经营,管理食盐市场。至90年代中期,全市采取凭票供应措施和实行食(碘)盐零售许可证制度,稳定食盐供求关系。1998年,加锌碘盐、加硒碘盐、加钙碘盐等多品种营养盐上市,改变全市食盐品种单一状况。1999年2月,《江西省盐务局盐政执法办法》发布,规范盐政执法工作。进入21世纪,全市加强盐业市场管理,平息食盐抢购风波,保障食盐市场安全。至2010年5月,景德镇顺利通过省政府"实施消除碘缺乏病县级考核评估",实现消除碘缺乏病阶段性目标。

第一节 烟草专卖

卷烟经营

经营规模　1987年,卷烟销售同比增长20%。1988年,放开13种名牌卷烟的价格,名牌卷烟供求矛盾有所缓解,中档卷烟销售量上升。1991—2010年,景德镇烟草不断提高经济运行质量和效益,抓好卷烟销售,共实现卷烟系统外销量855818箱、卷烟销售额1335868万元,实现税利124304万元,资产总额由1991年的1752万元增长到2010年的39341万元,其中固定资产由1991年的238万元增长到2010年的22145万元。

省产卷烟经营　1990年,卷烟市场销售结构变化较大,名优烟需求量增大,省内赣烟品牌占主导地位。1991年,景德镇烟草公司组建初期,省产卷烟滞销,企业经营亏损。至1993年年底,省产烟亏损挂账逾千万元。1994年,景德镇烟草贯彻落实"坚持以销省产烟为主,立足本地市场,拓展农村市场"的卷烟经营思想,与南昌卷烟厂联合研制"瓷都"牌专销烟,在市场推广引导、卷烟品质和行政管理的保障下,"瓷都"专销烟在景德镇一炮打响,销量不断增长,卷烟经营扭亏为盈。

1996年,景德镇烟草继续加强省产卷烟的宣传扩销,增加当地卷烟市场占有率,金圣系列、南方系列烟逐渐走俏。至2000年,金圣、南方、海鸟、赣烟、红日5大品牌以及月兔系列卷烟占据景德镇市场主要份额。

省外卷烟经营　1995年前,景德镇烟草主要经营云南(红塔山、阿诗玛等)以及上海生产的品牌卷烟。1995年后,市场发生变化,省外烟主要经营浙江、湖南、上海等产地的卷烟。至2010年,共经营14个省的卷烟。

表19-3-1　**1986—2010年景德镇烟草卷烟销售情况统计表**　单位:万支、万元

年份	销售总量	利税额	省产烟	省外烟	年份	销售总量	利税额	省产烟	省外烟
1986	119265	—	—	—	1999	159735	865	91305	68430
1987	100950	—	—	—	2000	206880	1364	89675	117205
1988	117045	—	—	—	2001	225000	2469	99000	126000
1989	87060	—	—	—	2002	176500	2768	125000	51500
1990	56275	—	—	—	2003	198319	3312	140011	58308
1991	186065	190	102990	83075	2004	215983	6682	164937	51046
1992	196695	185	102520	94175	2005	263693	9372	189912	73781
1993	151115	395	76015	75100	2006	290231	11354	199235	90996
1994	175075	545	79360	95715	2007	309309	16650	211663	97646
1995	162520	976	76810	85710	2008	292017	19209	182891	109126
1996	166025	1402	85520	80505	2009	285499	21301	171883	113615
1997	165210	618	84610	80600	2010	289651	23898	167998	121652
1998	163570	749	60395	103175					

销售网络　1986—1993年年底,设立经公桥、鹅湖等一批卷烟批发部,同时设立农村卷烟代批点。1995年,景德镇烟草成立卷烟销售网络建设领导小组,组建网络建设办公室。1997年,调整领导小组,下设网建科。增设洪源、鸣山等农村网点。1998年,按照全省统一部署,开展城市卷烟销售网络建设管理工作,建设城乡卷烟销售网络,在市区先后设立广场、光明批发部。

1999年,全市城乡卷烟销售网点实现微机开票,2000年实现网点微机联网。2001年建立信息中心,负责全市城乡两个网络建设的微机网络工作。2002年,在全市网点全面推行"访送分离"的卷烟访销配送模

式，并由城市网点延伸至农村网点。2003 年，推行“电话订货、网上配货、电子结算、现代物流”网建模式，全市所有城乡网点全面实行电话订货，逐步实现访销员向客户经理过渡，提高访销工作质量。2004 年，在城区烟草分公司和乐平市烟草分公司设立两个呼叫中心，2005 年成立景德镇烟草呼叫中心，对全市电话订货员实行集中统一管理。

2006 年，按照国家烟草专卖局实行“按订单组织货源”的要求，成立各级卷烟需求预测领导小组，制订《卷烟需求预测管理办法》，明确市场需求预测流程。加强营销队伍的卷烟需求预测业务培训，转变营销理念，提高一线客户经理的预测能力。

2007 年，相继制订和完善《“按客户订单组织货源”推广工作实施方案》《“按客户订单组织货源”业务操作规范》《货源供应管理办法》《零售客户分类标准》《紧俏货源供应管理办法》等一系列文件。2008 年，全市推行“订单供货”营销模式，提高订单履行率；逐步开展对客户预测准确率的考核，对准确率高的客户在紧俏烟分配上适度给予倾斜。与各工业公司加强协作，向市场提供满足市场和消费者需求的品牌卷烟。

2009 年，景德镇烟草全面启动“按客户订单组织货源”工作，实现由传统商业企业向现代流通企业的全面转变。2010 年 9 月，省烟草公司确定景德镇烟草为“网上订货”试点单位。按照国家烟草专卖局“以品牌、市场、客户为中心，建设高水平、高起点、智能化的电子商务平台”的工作要求，11 月 1 日，景德镇烟草“新商盟”网上订货平台开通，当日提交和确认客户的第一批网上订单。

物流建设　2001 年 9 月，景德镇烟草卷烟物流配送中心成立，租用一个卷烟仓库。2003 年 5 月，成立第一条全手工分拣线，开始卷烟配送工作。2008 年 3 月，配送中心搬迁到新物流中心，新物流中心总建筑面积 8181 平方米，仓储面积达 2016 平方米，可储存 32000 多件卷烟，日分拣卷烟 2000 多件，年配送能力达到 10 万箱。物流配送中心内设置仓储区、出库扫码区、分拣区、发货暂存区、地下车库等区域。建成数字化仓储以及多层货架设施，引进半自动卷烟分拣线和先进配送管理系统，安装电动卷闸门、超音速灭火、视频监控设施。至 2010 年，配送中心共有送货车 20 辆，物流配送人员 61 名，每天送货线路达 18 条，承担全市卷烟的分拣、送货任务以及鄱阳县卷烟的代配送任务。

专卖管理

专卖许可　1986 年，景德镇地区统一实行专卖管理，执行烟草专卖许可证制度。1991—1997 年，先后成立乐平市烟草专卖局、浮梁县烟草专卖局、景德镇市城区烟草专卖局，负责辖区内专卖市场管理。

1992 年 1 月，《中华人民共和国烟草专卖法》颁布实施，景德镇烟草专卖零售实行许可证制度，由各县烟草专卖局和昌江分局、珠山分局对零售户发放许可证，2001 年起，许可证办理方式由零售户上门办理转变为送证上门。2002 年，全市共发放烟草专卖零售许可证 10331 户，其中注销 1116 户，入网管理零售户共 9215 户，全市零售户率为 5.89‰，实现卷烟零售户全面持证经营。

2003 年，将卷烟零售户 1998 版的烟草专卖零售许可证统一更换为 2003 版。同年 3 月，市烟草专卖局专卖管理办公室更名为市烟草专卖局专卖监督管理科，并成立烟草专卖稽查支队。2006 年，景德镇市城区烟草专卖局成立，统一向城区卷烟经营户发放烟草专卖零售许可证。2008 年 1 月 10 日，《景德镇市卷烟零售点合理化布局实施办法》实施，对中、小学校（含中等专业学校）周边网点禁止办理烟草专卖零售许可证。按照国家烟草专卖局部署，全市统一换发新的烟草专卖零售许可证。

2010 年，专卖管理人员加强对零售户的调查登记、注册工作，及时核发新入网户的证件，掌握零售户变动情况和销售量增减情况。全年共计发放烟草专卖零售许可证 9324 户。

烟草稽查　1993—2003 年，乐平赣东北大市场作为乐平当地及德兴、鄱阳、万年的商品集散地，成为当时全省卷烟非法批发活动的重点地区和市场上假烟、走私烟的源头，并且多次发生阻碍执法、暴力抗法事件。2003 年，乐平烟草联合公安、工商、检察院、法院、技术监督、市场管理等多部门，持续开展专项整治取缔活动。共查处各类违法案件 327 起，查获各类非法卷烟 782 万支，其中假冒卷烟 413 万支，查获符合国家标准网络案件 2 起。至年底，乐平赣东北非法卷烟市场基本取缔。1991—2010 年，全市共查办各类涉烟违法案件 7060 起，查获违法卷烟 1015918.18 万支，罚没款合计 828.54 万元。

表 19-3-2　　1986—2002 年景德镇市烟草专卖查处案件统计表　　单位:起、万元、人

年份	查处案件	罚没款	年份	查处案件	罚没款	年份	查处案件	罚没款
1986	448	3.99	1992	78	63.06	1998	60	19.98
1987	1509	13.25	1993	81	28.8	1999	81	45.59
1988	945	11.84	1994	11	10.64	2000	100	70.02
1989	193	17.96	1995	22	35.38	2001	431	112
1990	101	11.71	1996	24	49.98	2002	720	54.08
1991	386	13.16	1997	53	9.32			

表 19-3-3　　2003—2010 年景德镇市烟草专卖查处案件统计表　　单位:起、万元、人

年份	查处案件	罚没款	大要案	涉烟网络案	批捕人数	刑拘人数	判刑人数
2003	86	30.42	0	—	0	0	4
2004	1269	100.55	0	—	0	0	2
2005	789	19.45	3	—	0	0	8
2006	632	37.85	5	1	0	0	8
2007	573	49.83	6	2	0	0	7
2008	438	25.41	8	1	10	22	6
2009	602	27.1	3	3	5	6	11
2010	624	25.92	8	3	4	9	2

第二节　食盐专营

盐务管理

碘盐宣传　1986 年,景德镇市盐务分局与盐业公司两块牌子一套人马。盐业公司执行食盐购、销、存国家指令性计划,执行统一的税收和价格政策,规定国家、集体、个体商业和用盐单位或个人只能从本行政区域的盐业专营部门购盐,不准直接从盐矿(场)购盐。

1990 年 3 月,国务院发布实行盐业管理条例,省及省级以下政府盐业行政主管部门管理本行业区域内的盐业工作。1992 年 3 月,《江西省盐业管理实施办法》发布施行,市盐务局确定为全市盐业行政主管部门,具体管理辖销区盐业工作,内设盐政科。

1994 年 5 月 5 日,全国防治碘缺乏病日(后因 5 月 1 日至 7 日全国放长假,改为 5 月 15 日)期间,景德镇市(县)卫生、盐业等部门牵头,在市中心休闲广场组织开展第一届碘缺乏病宣传日活动。6 月 27 日,《江西省食盐加碘消除碘缺乏危害管理条例》公布实施,确定市盐务局负责管理本行政区域内的碘盐加工、市场供应工作,同时对食盐小包装袋加贴防伪标识。

1996 年 5 月,全市依据国务院《食盐专营办法》,对食盐零售商店颁发食盐零售许可证,实行挂牌经营,专营管理。2000 年,市盐务部门加强碘盐市场管理,普及碘盐供应,坚持以提高碘盐“三率”(食盐计划完成率 100%、合格碘盐食用率 95% 以上、碘盐覆盖率 95%)为重点,获省级“消除碘缺乏病工作先进集体”称号。

2003 年开始,全市开展消除碘缺乏危害健康教育进万家、进万村、进万店活动,成立由市关工委、卫生局、盐务局、教育局等部门组成的市“三进”宣传活动领导小组,负责组织协调和指挥“三进”宣传活动。2004 年,市盐政执法部门将“三进”活动的重点放在农村和小学,共出动宣传车次 16 次,人员 720 人次,深入自然

村760个、家庭1100户、零售网点1580个，张贴宣传挂图5800张、发放宣传单1700多份，在广播、电视、报道等媒体宣传共14篇次。提高城乡居民对碘缺乏危害的认识。

2010年，市盐务部门在3·15国际消费者权益日和5·15全国防治碘缺乏病日期间，联合市工商、质监、教育、卫生等部门在市区中心广场设立服务咨询台和宣传图版，散发宣传资料，帮助市民鉴别真假碘盐。

盐政稽查　1986年1月，市盐务分局成立查缉私盐小组，与业务科合署办公，负责市场盐政稽查工作。直辖销区包括景德镇市，浮梁县，婺源县赋春镇、甲路乡、镇头乡、许村镇、珍珠山乡以及鄱阳县金盘岭乡、枧田街乡。1992年5月，市盐务局成立盐政稽查科，负责所辖销区盐业市场的管理和查缉，对非景德镇盐业公司供应的食盐以及自行加工、分装的食盐作为私盐或劣质盐进行查处。

1994年5月，市盐务局在鱼山镇设立食盐检查站，从公路上堵截私盐流入，并对辖区内市场进行检查，发现私盐劣质盐坚决查处没收，全年共查缴私劣盐130吨，罚款8325元。1995年，在省界琪山下和桃墅设立食盐检查站，堵截从外省流入的私劣盐，还会同市检察院、法院等部门对城乡市场开展稽查，年内共查缴私劣盐241吨，其中查处大案要案5起，捣毁地下食盐加工厂1个。1996年，共查缴私盐62.7吨，罚款7100元。

1998年5月，由市人大、卫生、工商、盐业、质检等部门组织联合检查组，对鱼山、荷塘、丽阳三地食盐市场进行专项检查，维护食盐专营秩序。同年，市盐务局联合铁路公安，开展打击利用铁路长途贩运私盐的违法行为，全年共查缴私劣盐195吨。

1999年，市盐务局会同铁路公安查获从山东青州等地利用铁路集装箱长途贩运至景德镇的私劣盐135吨。同年还集中力量对枧田街、金盘岭市场进行整治，确保合格碘盐的正常供应。

2000年，市盐务局对所辖销区食盐市场进行两次拉网式检查，共出动稽查人员879人次，检查批发点73个、零售商店894个、小工业盐用户46个，查处盐业违法案件56起、查缴各类盐产品21吨、处罚违法人员37人次，其中刑事拘留1人。6月6日，市盐务局在铁路景南站陶瓷专用线查获1车皮私盐60吨，当场予以没收。2001年2月15日，市政府下发《关于打击非法加工经营食盐专项行动的紧急通知》，成立打击涉盐违法行为领导小组，召集全市有关单位联合开展打击涉盐违法行为专项行动，整治流通渠道的非法食盐。2002年9月4日，最高人民检察院发布公告《关于办理非法经营食盐刑事案件具体应用法律若干问题的解释》，加大盐政执法力度。同年，查处盐业违法案件42起，没收盐产品18.53吨，罚款2300元。2004年3月，在铁路公安的配合下，市盐务局查获2个集装箱共计43吨长途运输假冒品名的可疑盐产品，经省盐产品检测中心检测为盐产品，氯化钠含量达99%，市盐务局依法予以没收封存。

2005年3月15日，国家工商总局等部门联合下发《关于印发整顿和规范盐业市场秩序工作方案的通知》。5—8月，市工商局、盐务局联合开展整顿和规范盐业市场秩序专项行动，打击生产、加工、储运、销售私盐的违法行为，加大对加工、销售假冒小包装盐窝点的查缉力度，防止非食用盐和不合格碘盐流入市场。

2006年3月，省盐业集团公司撤销县级公司法人，对部分销售区域进行调整，鄱阳分公司（县盐务局）划归景德镇公司（盐务局）管辖。

2008年，景德镇盐务局查处盐业违法案件20起，没收私盐10.02吨，罚款10100元。2010年，共查处案件3起（含1起行政诉讼案），查缴盐产品0.16吨，罚款690元。

食盐经营

盐销　1986年，市盐业公司负责各类食（用）盐独家经销，负责组织小包装食盐的分装，全市销售各类盐6019吨。同年，市卫生防疫站对全市范围内碘盐开展普查与监测。1988年3月，因受部分商品调整价格及粮食实行定量供应影响，出现食盐抢购风潮。市盐务局按照人口实行计划定量，凭票供应食盐，规定城乡居民每人每月定量0.5千克，食盐凭票供应至1989年年底，平息了抢购风波。1990年，江西省盐矿10万吨项目建成投产，矿盐取代闽盐占全市销量的7成以上。1994年3月，对食用小包装加碘盐的包装袋加贴激光全息防伪标识，以防假冒。1995年，对边远地区实行送货上门，配送到乡镇，确保合格碘盐的市场占有率。1999年，市盐业公司对仓储设施和碘盐包装场所进行全面改造。2001年7月新版复合膜小包装食用碘盐全面上市，取代过去的单膜小包装食用碘盐，包装精美上档次，具有有效防止碘挥发的功能。

2003年2月中旬,受非典型肺炎疫情传播影响,引发大范围的食盐抢购,导致部分零售网点食盐脱销。市盐业公司在市电视台发布公告,承诺食盐不涨价,确保供应,吁请市民不要盲目抢购。并全天凭食盐零售许可证限量开票发货,送货到各大超市,防止脱销。会同市工商、物价部门开展食盐价格检查,制止哄抬食盐价格的不法行为。同时,在市盐业公司大门口设立食盐零售点,方便市民就近购买,制止了恐慌情绪蔓延。2月16日下午,食盐抢购风基本平息。

2004年,市盐业公司购进各类盐4836吨,销售5161吨,市场供应正常。同年,引进2台小包装全自动包装机,增设碘盐检测室,配备专人对小包装盐碘含量进行检测,确保碘盐合格。2005年11月4日,市盐业公司在全市推售纸塑小包装碘盐,对农村率先实行食盐配送,对市区也实行配送上门服务。至年底,共销售纸塑小包装碘盐616吨。2006年年初,市盐业公司承担鄱阳、乐平、婺源、德兴、浮梁5个县(市)及景德镇市区共330万人口的食盐市场供应和管理工作。2010年,全年购进各类盐21931.09吨,销售21151.05吨,实现利润384万元。

盐运　市盐业公司以运保储,以储促销,对盐的分配调拨执行统一计划,分区平衡,就地就近供应,合理组织运输工作。1986年,盐的运输主要利用铁路从福建、山东和省内樟树调入,共调入各类盐6352吨。其中,闽盐4282吨,鲁盐721吨,樟树的井矿盐1349吨及其他途径的少量来盐。

1990年,市盐业公司共调入各类盐2880吨,其中闽盐365吨,江西樟树的井盐2515吨及少量其他途径来盐。1995年,随着江西省井矿盐产量不断增加,调入省产井矿盐数量逐年增大,全年调入闽盐4800吨,樟树的井矿盐3559吨。

2000年,共调入各类食盐5555吨,为省产樟树矿盐及少量其他途径来盐。2004年,共调入各类食盐4836吨,全部是省产樟树矿盐。2010年,共调入各类盐9717吨,主要为省产樟树矿盐及少量其他途径来盐。

各类盐品购进运输途径:闽盐从福州魁岐、厦门高崎站发运,经鹰厦、皖赣线运抵景德镇;山东省的昌乐盐经胶济、京沪、宁芜、皖赣线运抵景德镇;江西省樟树的井矿盐主要靠铁路和公路联运抵达景德镇。

储备盐　1984年始,全国大部分省、区相继开采湖、矿盐资源,各地盐产量逐年增加,原用于"备战、备荒"的战备盐逐渐失去存储意义,陆续进行清库放销。市盐业公司的5个战备盐储存点,储存总量为2077吨。其中经公桥223.3吨,1986年放销清库;蛟潭485.9吨,1986年放销清库;峙滩300吨,1987年放销清库;鹅湖500吨,1988年放销清库;市盐业公司仓库568.2吨,1988—2003年,放销清库。

第三节　专卖(营)机构

景德镇市烟草专卖局

1985年1月,江西省景德镇市烟草专卖局、江西省烟草公司景德镇分公司成立,合署办公。1994年,景德镇烟草内设办公室、业务科、专卖科、财务科、筹建办。1998年7月,设立监察科。2000年4月,成立景德镇市烟草专卖稽查支队。2001年9月,设立网建科(配送中心)。2003年3月,设立专卖监督管理科(稽查支队)。2006年12月,江西省烟草公司景德镇分公司更名为江西省烟草公司景德镇市公司(专卖局),撤销办公室、人事科,设立人秘科、综合管理服务科(安全保卫科)。至2010年年底,内设办公室(督查考评中心)、监察科、综合管理服务科、财务科、审计科、人事劳资(政工)科、信息中心、专卖监督管理科(稽查支队)、营销中心、配送中心、安保科、筹建办,在职员工328人。

1985年6月,乐平县烟草专卖局(公司)成立。1991年6月,浮梁县烟草专卖局(公司)成立。1997年1月,珠山区烟草专卖局(公司)、昌江区烟草专卖局(公司)成立。2000年7月,撤销珠山区、昌江区烟草专卖局(公司);2001年9月,撤销乐平市、浮梁县烟草公司,取消其法人资格,成立非独立法人营销机构,保留乐平市、浮梁县烟草专卖局。

2006年12月,成立景德镇市城区烟草专卖局,履行县级烟草专卖局专卖管理职责。同月,市烟草专卖局(公司),下设乐平、浮梁和城区3个分公司。至此,景德镇市烟草专卖局(公司)下辖乐平市、浮梁县和市城区3个烟草专卖局(分公司)。各县级分公司内设综合办公室、专卖办公室(稽查大队)、客户服务部。乐平烟草专卖局(公司)下设有区域中转站。

江西省盐务局景德镇分局

1986年,江西省盐务局景德镇分局、江西省盐业公司景德镇分公司两块牌子、一套人员,合署办公。内设人秘科、业务科、财会科,干部职工31人。公司位于市朝阳路599号。下辖乐平、婺源县盐务局(盐业公司)。1992年4月15日,江西省盐业公司景德镇分公司(分局)更名为江西省盐业总公司景德镇公司(景德镇市盐务局),公司(局)内设行政办公室、业务科、盐政科、财会科,干部职工39人。2005年4月,江西省盐业总公司景德镇公司(局)更名为江西省盐业集团公司景德镇公司(江西省景德镇盐务局)。至2010年,公司(局)内设行政办公室、业务科、盐政科(盐政稽查支队)、财会科,在职员工38人。

第四章　粮　油

20世纪80年代中期,景德镇粮油购销施行计划管理。90年代以后,市粮食流通体制和企业经营机制进行一系列的改革,先后实行统购统销、合同定购、"三挂钩""议转平"、双轨制、粮食三年包干计划等,实施保护价收购、市场准入制、订单农业等措施,保证全市粮食生产和市场繁荣稳定。2000年以后,市粮食局围绕"广积粮、积好粮、好积粮",落实粮食订单目标任务,规范粮食订单内容,完善粮食订单签订,实行优质优价政策,注重培育和扶持农民专业合作社、种粮大户等规模经营主体,指导龙头企业开展基地建设,使全市粮食经济得到进一步发展。2010年,全市粮食种植面积达140.35万亩,粮食产量由2005年的49.2万吨增长到2010年的54.09万吨,实现粮食产量六连增。

第一节　粮油收购

粮食收购

合同定购　1986年,景德镇市粮食收购实行合同定购,品种限于稻谷、小麦、玉米,价格按倒三七比例价计算(即30%按原统购价、70%按原超购价结算),对签定合同的农户和生产单位,实行奖售平价化肥和优先给予农业贷款政策,每交售50千克稻谷奖售平价标准氮肥1.5千克,每50千克大豆奖售标准氮肥3千克,农业银行凭农户和生产单位所签定的粮食定购合同,优先给予一定数量的贷款。定购品种,按"三年包干"计划,多购少销的粮食地、市负责,并将购粮奖售工业品改为化肥、柴油及预购定金"三挂钩",逐步取消议转平收购计划;定购以外的粮油实行自由购销,继续压缩粮食计划销售,工商行业用粮、用油逐步改为议价供应。同年,农业生产灾情不断,晚秋作物干旱尤为严重,粮食总产约减少2300万千克。全年共收购粮食8052万千克(贸易粮),占计划的67.1%,其中定购5986万千克,占定购任务的72.56%。

1987年,省政府核定景德镇市粮食定购任务6600万千克,"议转平"计划1900万千克,合计收购任务为8500万千克。全年收购粮食10069万千克,其中定购粮食入库6062万千克(贸易粮),占任务的91.85%,"议转平"粮食入库1154万千克,占计划的60.74%。1988年,全市定购粮食入库6363万千克,为全市收购任务的96.41%,收购议价粮1904万千克,为市场安排较足的粮源。全市调进粮食6542万千克,超出全年粮食包干调入计划的89.62%。

1989年4月1日起,粮食收购在1988年定购价格的基础上,每50千克(中等,下同)提价金额为小麦1.5元、玉米1元、早籼稻5.01元、晚籼稻5.20元、杂优稻5.37元、粳稻6.04元、糯稻6.23元。菜油每50千克在1988年的基础上提高3元,全市定购粮食入库6675万千克,超出省下达任务75万千克,提前3个月完成年度收购任务,议价粮入库3056万千克,超过省定计划的22.24%。1990年,定购粮入库6619万千克,完成年度计划的100.2%,收购议价粮4602万千克,比上年同期多购1547万千克。1991年,全市收购定购粮6042万千克,占全年计划的91.5%,全面完成定购任务。1992年,市粮食部门执行"稳购、压销、调价、包干"国家粮油政策,克服仓库满、销调难、补贴减少、市场竞争激烈等困难,采取建、修、借、租、露天堆等办法,收购粮食11141万千克,比上年下降24.14%,其中定购6442万千克,议购4199万千克。

保护价收购　1993年4月,省政府决定放开粮食价格和经营,实行收购保护价和"三挂钩"政策。对合同收购粮食实行价外加价,将利益直接付给农民。预购定金继续由粮食部门与农民签订粮食收购合同时,按收购价格20%预付给农民。保护价和价外加价实施范围仅限于合同收购,合同以外的粮食随行就市收购。当年,景德镇地区受洪涝灾害影响,早稻减产,当年粮食收购4345万千克,比上年少收购6796万千克,下降61%。

1994年,国家恢复农民粮食定购任务,实行国家定购和市场收购并举的政策,确保国家掌握70%—80%的社会商品粮源。市粮食部门将粮食定购任务分解测算,逐级落实到乡、村、户。向全市种粮农户发出定购任务书和交售证150054份,占定购农户的97%,全年落实定购任务6733万千克(贸易粮),比省下达任务增加33万千克。1995年,全年完成定购粮6173万千克,占计划的92.8%,市场粮收购2849万千克,占计划的284.9%。

1996年5月22日,市政府调整定购粮收购价格,在当年粮食定购价的基础上提高15元,上浮9.72%,同时取消定购粮价外补贴。调整后的定购粮收购价格为每50千克的一等早籼稻69元,晚籼稻77元;二等早籼稻67元,晚籼稻75元;三等早籼稻65元,晚籼稻73元。同年,市粮食主管部门将收购计划层层落实到户,落实定购计划6869万千克,自筹收购资金2378万元,向银行借款10350万元,争取财政拨款1558万元,保证现金兑付,不打白条。

1997年4月,全市因国家建设用地、昌江渠化工程造成水田面积减少,对前两年粮油定购任务畸重和自然灾害频发地区的乡、村,调减粮食定购任务428.6万千克,其中乐平市调减302.6万千克,浮梁县调减91万千克,昌江区调减35万千克。全市粮食定购任务调减后为9071.9万千克。7月上旬,国务院决定,国家定购粮继续按上年的定购价收购;农民交售定购粮后,多余的粮食,按保护价由粮食部门敞开收购。全市粮食部门紧急行动,通过腾并、租、借、抢建仓棚和打露天堆等办法,多渠道解决仓容紧缺矛盾,积极筹措资金,按保护价敞开收购议价粮食,当年全市按保护价收购议价粮3629.26万千克。11月,市计委、市粮食局联合下达1997年度粮食"四定"(定购、定销、定调、定库存)包干计划,全市粮食定购计划6350万千克(贸易粮),其中乐平4136万千克、浮梁1810万千克、昌江区404万千克,全市粮食销售6875万千克。全市核定年度末省级储备粮库存6875万千克,其中乐平1742万千克、浮梁770万千克、昌江区289万千克、市区4074万千克。全市粮食包干调入市区4300万千克,其中乐平1100万千克、浮梁500万千克、昌江区150万千克、市区2550万千克。1998年,全年收购粮食7904.87万千克,其中定购粮4990.59万千克,完成计划的81.31%。保护价粮食2914.28万千克。

2000年,国家粮食购销政策做出重大调整,早籼稻退出保护价收购范围,收购价格放开,多渠道参与经营,中晚稻执行保护价收购政策。市粮食部门坚持常年敞开收购,共收购粮食12799万千克,其中早籼稻2920万千克、中晚稻9879万千克,比上年同期多收480.34万千克,增长3.9%,全面完成省、市下达的定购任务和收购目标。

最低收购价收购　2003年,国务院实行稻谷最低收购价等一系列措施,调动农民生产积极性。规定当早稻收购价格低于国家规定价格70元/50千克时,由国家指定的粮食收购企业按每70元/50千克的价格收购农民出售的早稻,同时要求粮食收购企业按最低价直接从农民手中购粮,确保种粮农户收益不受损失。2005年,国家对重点粮食品种继续实行最低价收购政策,当年市场粮价低于最低收购价。7月和10月,全省分别启动早籼稻和中晚籼稻最低收购价预案。景德镇市早籼稻指定收购库点13个,中晚稻收购库点32个,全市国有粮食企业共收购粮食16075万千克,其中早稻7760万千克,晚稻8315万千克。

2006年,国家发改委等六部门印发早、晚籼稻最低价收购方案,公布早籼稻和中晚籼稻最低收购价格。全市共收购粮食21531万千克,其中国有粮食企业收购17150万千克。2010年,受自然灾害和国际粮价等因素的共同影响,市场粮价上涨较快,涨幅波动较大,景德镇市早籼稻价格为每50千克95~96元,中晚籼稻每50千克106~108元,都高于最低收购价。国有粮食企业收购点挂牌敞开收购农民余粮,同时鼓励个私粮食加工、贸易企业入市收购,全年共收购粮食15052万千克,其中国有粮食企业收购7172万千克。

表19-4-1　　**1991—2002年景德镇市粮食收购情况统计表**　　单位:万千克

年份	合计	定购	合同收购	议购	国家专储收购	年份	合计	定购	合同收购	议购	国家专储收购
1991	16664	9043	—	3929	3692	1997	12026	3876	2910	5240	—
1993	10463	4275	1702	4486	—	1998	10810	5147	3323	2340	—
1992	17929	9203	—	8726	—	1999	11388	6214	—	5174	—
1994	11612	7052	324	2213	2023	2000	14489	8912	—	5577	—
1995	12591	6754	1767	4070	—	2001	14105	4326	—	8579	1200
1996	16544	9854	2915	2704	1071	2002	14941	—	—	14941	—

表19-4-2　　**2003—2010年景德镇市粮食收购情况统计表**　　单位:万千克

年份	合计	代储库、中央储备粮收购	最低价国家临储收购	国有粮企经营收购	省级储备粮收购	市县级储备收购	非国有粮企收购
2003	13304	—	—	13304	—	—	—
2004	17887	—	—	17887	—	—	—
2005	20999	—	12743	3332	—	—	4924
2006	21531	—	13747	3403	—	—	4381
2007	14861	—	—	10275	—	—	4586
2008	21577	—	3316	13057	—	—	5204
2009	27077	398	13843	6943	—	227	5666
2010	15052	—	—	6852	320	—	7880

粮食订单收购　2001年,浮梁县试行粮食订单收购,由县粮食局提供优质稻种子,并提供栽培技术指导,与农户签订收购合同,以高于国家定价收购。通过订单收购和晚稻按保护价敞开收购,全市收购粮食12482万千克,比上年同期多收749万千克,增加18.19%,2002年,市粮食部门对订单粮食本着"购得进,销得出,不亏损"原则实行收购,全市实现粮食订单9407公顷,全年收购粮食13820.73万千克,其中订单收购粮食5282万千克,占收购总量的38.22%。早稻订单面积5846公顷,数量4363万千克,订单农户44930户;中稻订单面积3447公顷,数量2063万千克,订单农户17942户;晚稻订单面积113公顷,数量65万千克,订单农户161户。通过发展粮食订单收购,促进农民增收和粮食生产发展,受到农民群众的普遍欢迎。

表19-4-3　　**2001—2010年景德镇市粮食订单面积统计表**　　单位:公顷

年份	面积	年份	面积	年份	面积
2001	5846.67	2005	26333.33	2009	27600
2002	9406.67	2006	26333.33	2010	27600
2003	15000	2007	26333.33		
2004	16133.33	2008	27600		

油脂收购

景德镇非油脂油料主产区。乐平、浮梁、昌江每年生产的油茶籽、油菜籽、芝麻、毛棉籽等油料,就地加工销售,但不能满足本市需要。粮食主管部门每年都要从外地购入一部分油料、油脂投放市场。

1986年4—12月,全市调入平价食油127.5万千克,收购油脂120万千克,一起投放市场。1987年,调入油脂128.8万千克。1988年,购入食油80万千克。1992年,收购油脂86.82万千克,比上年下降54.81%,其中定购15.17万千克,议购71.65万千克。从1992年粮食年度起,取消对农民的油脂定购任务,改按议价收购,收购价格随行就市,结束油脂统购统销的历史。1993年,根据国家粮油产、购、销政策,收购油脂40.67万千克,购进油脂177.35万千克。1994年,收购油脂39.06万千克。1997年,全市食油采购与销售不再实行计划管理,改由各粮油供应网点按市场需求自由采购。2001—2008年,食油的购销形成多渠道经营格局,食油品种有植物油、调和油等多品种。至2010年,市粮食系统经营食油经营量逐年减少,由超市等商业渠道经销逐年增多。

第二节 粮油销售

计划供应

国有粮食企业是粮食销售的主要渠道。1986年,景德镇地区粮食生产受自然灾害影响,市政府在粮食总产减少的情况下,按政策调减革命老区粮食收购任务250万千克,安排老区口粮450万千克,供应灾供粮100万千克,安排农村定补销粮1244万千克,稳定市场供应。1987年,安排农村缺粮地区的定(补)销粮,衔接工商行业用粮,并于春节、国庆以优惠价给城镇居民增供芝麻、花生、菜油等品种。按照上级压销的精神,对城镇粮油销售进行检查整顿,加强票证、工种粮、册籍管理,控制销量增长。4—12月,平价粮食销售7532万千克,占年度计划的67.55%。

1988年2月,市粮食局、物价局转发省粮食局、物价局《关于调整食油购销价格和工商行业用油改为议价供应的通知》,从3月1日起全省统一按调后统销价供应,每50千克菜油106元、茶油144元、大麻油114元、精棉油96元、花生油110元。1989年4—12月,平价粮食销售保持均衡,全市平价粮食销售7591万千克,占年度计划的73.34%,比平均销售计划少销1.64个百分点。

1990年,平价粮销售7472万千克,占销售包干计划的72.19%,比1989年同期减少119万千克,销售比平价粮计划略有结余。议价粮销售4041万千克,比上年同期增加2213万千克,其中销往外省粮食787万千克。同年,市政府批转市粮食局《关于调整部分定量口粮标准、适当压缩平价粮食销售实施方案的请示》,在现行定量的基础上,对机关、团体、企事业单位干部职工及其他脑力劳动者,每人调减1.5千克,一般居民每人调减1千克,其中待业青年月定量在13.5千克及以下者,不作调减。体力劳动者每人调减1.28千克,其中特重体力劳动者每人调减2.5千克,重体力劳动者每人调减1.5千克,轻体力劳动者每人调减1千克。由于市场食品丰富,这次调减市场反应平稳。

1991年5月1日,市政府决定调整6种粮食(早籼米、晚籼米、杂优晚米、粳米、糯米、面粉)销售价格,每500克中等质量标准的粮食平均提价0.125元;调整五种食用植物油(花生油、大槽芝麻油、菜籽油、茶籽油、精棉油)销售价格,平均每500克提价1.31元,米、面副食品的统销价也相应调整。这是60年代中期以后,第一次调整定量供应城镇居民统销价格。为稳定和控制粮食销量,4月开始规定居民凭证、凭券定量限购。4月23日,市区粮站出现市民抢购粮油的情况,25日达到高峰,27日开始平静。市区最高日销量大米100万千克,油脂15万千克。4月份全市共销售粮食1428万千克,比1990年同期增销93%,销售油脂18.1万千克,比1990年同期增销107%。同年,调整销售食油统销价格,停止供应农业人口的定量平价油,改为议价供应。9月,对食油统销价按购销同价的原则作一次性下浮调整。

1992年,全市销售粮食10299万千克,比1991年下降8.74%,其中计划内销售2854万千克,从9月起粮食销价放开,比1991年少销7680万千克,下降72.9%。全年油脂销售131.13万千克,比1991年下降

50.51%，其中计划内销售12.52万千克，平价油比1991年少销127.01万千克，下降91.02%。6月1日起，全市取消除军供油以外的城镇居民凭证、凭票定量供应平价食油，各种行业补助油供应一并取消，食油价格全面放开。

市场供应

1992年，首次实行粮食购、销同价，改变购、销价格倒挂现象，同时对国家机关工作人员和企事业单位职工及离退休人员发放粮价补贴。9月，除军供粮外，各地放开平价粮销售价格，一律改为议价供应，全国粮票和江西地方粮票停止使用，城镇居民粮油供应证暂保留。粮油价格放开后，原粮油计划调拨改为粮食系统内粮油购销关系。1993年，全年粮食系统内购进贸易粮10460万千克，其中省内8136万千克，省外2324万千克，比1992年多购入6627万千克，增长172.89%。系统内购进油脂177.35万千克，其中省内97.48万千克，省外79.87万千克，比1992年多购入92.64万千克，增长109.36%。系统内销售贸易粮6668万千克，其中省内5217万千克，省外1451万千克，比1992年多销3591万千克，增长116.7%。系统内销售油脂41.82万千克，其中省内36.08万千克，省外5.74万千克，比1992年多销24.58万千克，增长142.57%。

1994年，全国粮食市场出现价格波动，市政府批准实施限购政策，防止粮源外流，保障市内粮油供应。从11月开始，对市区定量人口实行凭券、限量、定价供应大米，每人每月13千克，供应品种为标一早籼米和标一晚籼米两个品种。供应价格实行国家定价，即每0.5千克标一早籼米0.85元，晚籼米0.95元。国有粮店所有品种明码标价，居民可以持证在市区供应粮店，定点限价、定量购买所需口粮。

1996年8月1日起，经市物价局备案，市区大米零售价格调整为标一早籼米每千克2.36元，标一晚籼米每千克2.56元。8月30日，下调为标一早籼米每千克2.20元，标一晚籼米每千克2.40元。

1997年，全市的油脂采购和销售不再实行计划管理，改由各粮油供应网点按市场需求自由采购，自由销售，销售价格报市物价局核准。全市食油经营形成多渠道格局，粮食交易市场，各大中型商场、超市，大街小巷副食品商店、粮油小卖店等均经营食油，品种有菜油、芝麻油、花生油、玉米油、茶油和各种调和油，油品包装也由散装改为多规格的塑料壶包装。

1998年5月，全市国有粮食收储企业和国有粮店统一按全省规定的粮食最低顺价零售价格挂牌销售，实行独立核算的国有粮食加工、批发、零售企业，自营粮食由企业自定价格销售，自负盈亏。6月，市粮食交易市场挂牌成立，逐步形成国家宏观调控下全面放开粮食供应，全市各个大中型商场、超市均有大米和粮食系统加工商品销售，城区大街小巷个体粮油经营户明显增多。

2004年年初，全国粮食市场价格大幅波动，涨幅最大时达30%，景德镇市场销量平稳，未出现排队购粮现象。至2010年，全市粮油食品供应品种繁多，大米品种有籼米、粳米、糯米、黑米、红米，豆类有黄豆、绿豆、黑豆、赤豆，面类有面条、面卷、面粉、米粉及各类速冻食品等，汇集各地特色食品，市民生活物资丰富。

其他供应

救灾粮　1990年，市粮食部门为因灾减产的缺粮地区安排灾供粮指标。全市灾供粮指标安排50万千克，其中乐平30万千克、浮梁15万千克、昌江区5万千克。1991年，安排乐平县灾供粮计划65万千克、浮梁县28万千克、昌江区7万千克。

1993年6—7月，发生特大洪涝灾害，早稻大幅度减产，全市16个粮管所、21个粮店门市部、43座仓库和浮梁县粮食局直属库、浮梁县粮贸公司及乐平市一个粮食加工厂被淹，共计损失稻谷126万千克、大米6.1万千克、面粉1.5万千克、麻袋17.6万条，经济损失达117.8万元。2000—2010年，全市抗洪排涝工程实施，洪涝灾害损失减少。

军供粮　1994年5月，市粮食局军粮管理站成立，属行政管理机构，挂靠市粮食局购销科，负责全市军粮供应、结算、拨补等管理工作。

1998年，市粮食局粮油供应公司军粮供应站成立，全市的军粮供应管理归口到军粮供应站管理。2001年7月，撤销市粮油供应公司军粮供应站，成立市军粮供应站，实行独立核算，隶属于粮油供应公司管理。2004年4月，军粮供应站设立市粮食应急保障配送中心。

2006年4月，市粮食部门制定应急供应保障预案，指定峰谷米业加工厂、鱼山粮所加工厂、田丰制米厂等3家交通便利、加工设施好,具有日产50吨以上的粮食加工厂指定为粮食应急加工企业。全市(县区)建立3个平战结合的应急供应网点,应急时在人员较集中的地方根据需要增设临时供应点,确保应急粮油万无一失。至2010年,全市军供粮油质量稳定,站长邓国平被评为“南京战区军粮供应管理先进个人”。

应急管理　2003年始,市粮食局制订《景德镇市粮食应急供应预案》,设立粮食应急管理办公室,应对“非典”引起的粮食市场波动。2006年6月,市政府制定下发《景德镇市粮食应急预案》,成立粮食应急指挥中心,在应急状态下开展粮食采购、调拨、加工、运输、供应等工作。7月,成立粮食应急工作小组,建立粮食应急保障系统,指定6家粮食加工企业、21个粮油应急供应网点和3家粮油应急储运单位,确保非常情况下的军需民食。

2008年,市粮食局和发改委印发《关于核定最低和最高粮食库存的通知》,确定景德镇地区粮食经营者最低和最高粮食库存量具体指标值。至2010年,市粮食部门采取各种有效措施,确保粮源充足,建立应急加工点和销售点,配合工商、物价、税务等部门开展联合执法检查,全市粮油市场价格稳定,市场秩序良好。

表19-4-4　**2010年景德镇市粮食经营者最低及最高库存核定情况统计表**　单位:吨

单位名称	最低库存量	最高库存量	
		原粮	成品粮
市粮食收储公司	1100	1100	—
市国家粮食储备库	300	300	—
市昌江区粮油收储公司	3000	3000	—
市粮油购销总公司	600	600	—
市华兴机米厂	1130	1110	260
市田丰米业有限责任公司	1500	1490	350
市田丰米业有限责任公司历尧分厂	230	240	60
市金兴米业有限公司	970	960	220
市金河粮食加工厂	130	130	30
市湖田永兴粮油有限公司420	420	380	90
市华达米业有限公司	1440	1430	330
安徽省禾健米业集团景德镇分公司	2080	2250	530
合计	12900	12990	1870

第三节　粮油市场

市场准入

1986—2004年,全市粮食市场采取以粮食部门为主渠道的“双轨制”运行,经营议价粮油的单位和个人,必须经工商部门登记。2005年1月,景德镇粮食收购实行许可证制度。粮食经营者提出申请,市粮食主管部门审核。当年全市申请办理粮食收购资格的经营户146户,核发许可证142户,其中国有粮食企业59户,民营企业(含个体工商户)83户。

至2010年,全市共办理粮食收购资格许可证168户,其中国有粮食企业63户、民营粮食企业53户、个体工商户52户。

表 19－4－5　**2010 年景德镇市粮食收购市场准入情况统计表**　单位：户

县(区)	粮食收购资格证	其中：国有粮食企业	其中：民营粮食企业	其中：个体工商户
市区	32	18	9	5
浮梁县	43	19	23	1
乐平市	93	26	21	46
昌江区	0	0	0	0

市场建设

1986 年，国家施行粮食合同定购，农民完成粮食定购合同后的余粮和不属于合同定购的品种，国家允许在集市贸易买卖，自由交易，全市城乡粮食集贸市场应运而生，市场交易逐渐活跃。

1988 年，国务院决定大米（稻谷）由粮食部门统一经营，各地粮食市场经营网点收缩。到 1992 年，市粮食系统筹建太白园粮油交易批发市场，并建成乐平市接渡、涌山，浮梁县蛟潭、鹅湖，昌江区鱼山等县级区域性的粮油交易市场。全市以乡（镇）粮管所为基础，建成 44 个粮油初级交易市场，基本形成全市统一、可调控的三级粮食市场体系。1993 年 2 月，太白园粮油交易市场正式运营，设 45 间店铺，面积 720 平方米。以粮油交易批发为主，兼顾食品、干杂、副食、土杂品等批零销售，定名为消费品综合市场。

1998 年 6 月，市粮食局在市翠云路 4 号设立粮食交易市场，为粮食经营单位和个人进场交易提供便利条件，年交易的粮食达 2315 万千克。1999 年 4 月，市粮油交易市场从翠云路 4 号迁往太白园路 58 号，下辖消费品综合市场。2008 年 5 月，市粮油交易市场太白园新址完成改造后正式开业。2009 年 3 月，景德镇粮油交易市场与南方粮食交易市场签订合同，成立南方粮食交易市场景德镇分市场，全市统一、开放、竞争、有序的粮食市场体系建立。

市场管理

1986 年，全市整顿粮食市场，规定在未完成合同订购计划前关闭粮油市场，除省政府规定的用粮油单位凭核定的计划在市场上议价外，其余单位和个人不准参与经营粮油。7 月，粮食（大米、稻谷）归口粮食部门管理，交易流通数量要得到市粮食部门的认可。

1987 年 7 月，市粮油市场粮价管理协调小组成立，市粮食系统各公司、基层所、站（厂、库）均配备一名专职或兼职物价员。1991 年，市政府对粮油统销价格进行调整。1992 年 6 月和 9 月，国家相继放开食油、粮食销售价格。

1993—1995 年，市场粮价多次上涨，造成市民恐慌性排队争购，市场供应骤然紧张。市粮食部门采取明码标价、保证供应等措施，做到不断档、不脱销、不涨价。与市工商、物价、监察部门组成联合检查组，查办擅自提价、“卖大户”等违纪行为，打击倒卖粮食、囤积居奇、扰乱市场的行为。1995 年 9 月，查获并收缴 30 本购粮册，打击倒卖粮食供应计划的行为。1996 年 2 月，市粮食部门查处少数粮店职工套购倒卖国家定购粮行为，给予行政警告处分和经济处罚，并在粮食系统中通报。

1998 年 6 月，全市贯彻执行国务院《粮食收购条例》，市工商、税务、物价、公安和粮食部门联合整顿粮食市场，规定市区所有的粮食加工销售网点，不得以任何形式、任何手段直接或变相从农村收购粮食，对无证非法经营或偷漏税收的依法给予处罚，取缔无证、非法经营的粮食批发部、加工厂和零售点，至 6 月底，共查处违规收购案件 146 起，没收非法收购粮食 51 万千克，罚款 26.2 万元，清理收缴乡、村违规收购粮食 74 万千克。并要求各粮食加工企业和销售网点必须到粮食批发市场购进粮食，建立经营台账，接受监督。市粮食与工商、税务组成若干个粮食稽查队在城乡巡回检查。

1999 年 11 月，市粮食局取得行政执法权，对违规收购、贩运粮食行为开展执法。抽调 12 名干部职工组成市区粮食市场管理稽查队，共查获非法粮食案件 30 余起，罚款 38 万元。2002 年 9 月，市粮食部门组成粮食执法监督组，开展全市粮食执法督查工作，并配合工商和质监部门加强粮油市场管理，打击市场粮油假冒伪劣产品，规范市场粮油经营秩序。

2004年4月,市粮食局会同市工商、物价、卫生、技术监督等部门,对全市粮油经销网点和粮食加工厂进行全面检查。6月,对全市粮食批发商和连锁超市的粮食经营情况开展调查。2006年,市粮食局成立监督检查科,同时成立粮食流通监督检查执法支队,依法规范粮食流通市场秩序。至2010年,不定期开展执法检查,全市粮油市场秩序良好。

市场价格

收购价格　全市粮油收购价按照国家、省粮油收购政策执行,有定购价、保护价、补贴价、合同价等。1986—1991年,国家定价收购菜油由148.4元/50千克提高到207.40元/50千克。1992年起,取消油料统购,油脂收购价随着油脂收购逐步市场化,由市场供求关系确定。

销售价格　粮食销售价。1986年,早籼稻统销价为9.5元/50千克,晚籼稻为9.8元/50千克。1991年5月,国家对粮食统销价进行调整,其中早籼稻上调到17.4元/50千克,上调幅度达到83.2%,晚籼稻上调到17.9元/50千克,上调幅度为82.7%。1993年1月1日,取消对农民的国家粮食定购任务和粮食定购"三挂钩"政策,粮食购销价格和经营全部放开。1993—1995年,全市粮价出现较大幅度的上涨。统销价(平价)经过1991年、1992年、1994年、1995年、1996年的价格调整,逐步实现顺价销售。早籼稻从1986年统销价190元/吨上涨到2010年市场价2000元/吨,晚籼稻从196元/吨上涨到2010年2160元/吨。

油脂销售价。1986年,二级菜油统销价为78元/50千克。1988年3月1日起,调整到106元/50千克。1990年7月,保健食用油价格放开,购销价格由市场调节,每千克价格在77~106元之间。1991—1992年,人口油主要是二级菜油,属平价供应,其他油脂所占份额较小。1992年6月,食油销价放开,销价由企业自行定价。二级菜油销售价格从1986年统销价1560元/吨,增长到2010年市场价9700元/吨。

表19-4-6　**2000—2010年景德镇市粮油市场主要粮油品种批发价格统计表**　单位:元/吨

年度	稻谷		大米		菜油		面粉
	中等早籼稻	中等晚籼稻	标一早籼米	标一晚籼米	二级菜油	精炼菜油	特一面粉
2000	800	1120	1143	1600	—	—	2000
2001	994	1080	1420	1543	—	—	1800
2002	920	1020	1314	1457	—	—	—
2003	940	1080	1343	1543	—	—	—
2004	1400	1440	2000	2057	—	—	—
2005	1400	1440	2000	2057	—	—	—
2006	1400	1440	2000	2057	—	—	—
2007	1540	1640	2200	2343	—	—	2800
2008	1940	1860	2780	2820	7600	13780	2900
2009	1800	1860	2720	2780	9000	11380	2900
2010	2000	2160	3040	3160	9700	12600	3200

第四节　粮油加工

粮食加工

1986年,景德镇市区国营粮食加工企业有第一制米厂、第二制米厂和以生产面条为主的粮油食品厂、上海风味食品厂以及粮油机械修配厂。全年大米加工量28167吨,面条加工量1832吨,工业产值1576万元(含油脂加工,后同),利税110万元。1987年10月至1991年6月,累计加工大米12.56万吨,面条8777吨,实现产值6400万元,利润总额达567.06万元。

1991年,上海风味食品厂投资45万元建成年生产能力300吨速冻食品生产线,生产速冻水饺、速冻汤圆、速冻馄饨等产品。1992年,粮油食品厂投资130万元建成一条新的低温索道式烘干挂面生产线,与台湾商人合资建设一条班产能力10吨的小型面粉生产线。

1993年2月,市粮油供应公司投资45万建成日产30吨大米生产线。至当年底,市粮食部门先后投资近208万元,对第一制米厂、第二制米厂进行技术改造,大米合格率由85%提高到96%,第一制米厂班产能力从32.5吨提高到45吨,第二制米厂提高到50吨。1994年8月,市粮油食品厂购买合伙人的全部股份,变为国有独资企业。

1996年12月,市粮油食品厂粮食加工亏损,处于停产整顿状态。1999年,国营粮食加工企业的大米加工量从1993年的30720吨下滑到7990吨,利润由1993年盈利41.18万元(含油脂加工)到亏损41.85万元。

2000年,大米加工企业和食品加工企业相继改制,职工身份置换。2001年,市第一制米厂、第二制米厂职工全部买断身份。同年,市粮油总公司收购宏扬米厂组建峰谷米业。2003年1月,"峰谷"商标获国家工商总局批准注册,峰谷牌优质大米被授予江西省"放心粮油"产品称号,"峰谷"牌特等晚籼米被授予全国"放心粮油"产品称号。7月,市峰谷米业公司获得ISO9001:2000国际质量管理体系认证。2004年8月,日产150吨的精制米生产线扩建项目建成投产,全年实现利润5.12万元。2009年5月,景德镇国家粮食储备库与安徽禾健米业集团合作建成日产100吨大米生产线。2009—2010年,市粮油食品厂、速冻食品厂、粮油机械修配厂资产由市国资委托管,职工全部得到安置。

至2010年,全市共有大米加工企业37家,其中国有企业1家,股份合作制企业1家,其余为私营。从业人员393人,年加工能力740万吨。

油脂加工

1986年,市粮油食品厂有压榨小麻油车间1间,第一制米厂、第二制米厂各有压榨毛糠油车间1间。8月,市油脂化工厂投资45万元,建成1条年产2250吨食用油脂生产线。全年小麻油产量15吨,米糠油61吨。

1987年10月至1991年6月,累计加工生产毛糠油1073吨、精糠油649吨、小麻油50.1吨。市油脂化工厂采用脱酸、脱水、脱色、脱臭、脱蜡等工艺精炼食用米糠油,具有良好的煎炸性能,受到煎炸用油食品企业及个体商户的欢迎,1987年、1988年、1989年实现利润分别为8.4万元、20.75万元、14.4万元。

1990年起,受进口棕榈油冲击,市油脂化工厂处于半停产状态。1996年5月,企业停产整顿。6月,成建制划归景德镇国家粮食储备库管理。1998年12月,中央直属粮库建设用地需要,市油脂化工厂生产和管理设施全部拆除。2001年,粮食加工企业的油脂车间相继改制,职工解除劳动关系。

饲料加工

1986年,全市有年生产能力1万吨的饲料厂1家,第一制米厂、第二制米厂各有饲料车间1间。8月市饲料厂试产,全年产量2903吨,利润12万元。1987年12月正式投产。1990年,在市场疲软、销售不畅的情况下,饲料工业实现利润53.73万元。1991年1—8月,实现利润11.33万元,累计创利237.43万元,销售收入2214.87万元,上缴利润30万元。

1992年起,饲料行业受市场疲软影响,企业连年亏损。1997年7月,市饲料公司与北京农业大学大北农饲料集团合作,成立景德镇大北农饲料有限公司,引进其品牌、技术、配方和科学管理方法进行生产,饲料质量稳定提高,产品销售日益扩大,出现减亏增利的良好局面。2000年始,饲料加工企业及粮食加工企业的饲料车间相继改制,职工解除劳动关系。2001年1月,饲料厂组建股份制饲料加工企业,成立景德镇昌大饲料有限公司。至2010年,全市饲料产量17615吨。

第五节　粮食仓储

仓库建设

1986—1991年,景德镇地区粮食总体丰收,全市粮食平均库存达22568万千克,库外存粮3268万千克,其中露天存粮1735万千克,占库外存粮的53%。至1991年12月,全市库外存粮5500万千克,占储粮总数的20.1%,是历史上库外存粮最多的一年。同年,景德镇完成新建750万千克容量的简易仓库和20万千克简易油罐,每50万千克仓库平均造价7万元,每5000千克容量油罐平均造价2000元,总造价金额为113万元。简易粮食仓库及库容分别为:浮梁县臧湾1000吨、王港1000吨、湘湖1500吨、天宝750吨、樟树坑750吨、峙滩500吨、鹅湖500吨;乐平的桥头丘1000吨、利桥500吨;市凤凰山粮油中转库扩建油库200吨。简易仓库和油罐建设做到当年施工、当年投入使用,仓容紧缺和卖粮难的矛盾得到缓解。1992年9月,全省首座应用空调仓技术项目在市第三粮库内动工。1993年9月工程竣工验收,总造价123.2万元,双层容量共3000吨。1996年,全年投入189.4万元用于仓储基础建设和仓库维修,全市仓库完好率91.2%,"五线"建设达标仓库300座,占总数92%。至2010年,全市新建仓库137座,容量10500吨。库区绿化、美化达标库点占总数53%。

1998年9月,根据《关于下达我省第二批中央直属储备库的通知》,选定在景德镇市国家粮食储备库扩建5000万千克中央直属粮库。市政府无偿划拨101.8亩山地用于粮库建设,减免建设相关税费。12月开工建设,总投资2821万元(全部为国债资金)。2001年7月通过验收。粮库建有高大平房仓5座共10个敖间,每个敖间仓容500万千克,仓房保温和密闭性好、机械化程度高。同时建有地磅房、检测中心、器材库、配电房和消防泵房等配套工程。

2000年,国家计委、国家粮食储备局将乐平金鹅山粮食储备库纳入国家第二批中央储备库建设项目,投资1800万元,粮食储备规模由1.5万吨扩建到4万吨。9月,乐平金鹅山粮食储备库经国家五部委批准,正式上收为中央储备粮景德镇直属库,下辖景德镇国家粮食储备库、景德镇市粮食收储公司和浮梁县鹅湖粮食储备库所代储的中央储备粮,负责全辖区中央储备粮的库存资金、粮食品质、储存安全的监管工作。至2010年,国家在该库累计投资近4800万元,储量规模达7.6万吨。

2010年,国家发改委批准景德镇国家粮食储备库5000吨油脂储备罐项目立项,投资概算900余万元,国家补贴185万元。3月项目开工。2012年投入试运营。

专业储粮

1986年,仓储粮食采取空库药物熏蒸、库房负压、通风等措施除虫除湿。1988年,全省开展粮食系统"文明粮库"和"四无"(无虫、无霉、无鼠、无雀)粮仓检查评比,全市"四无"粮仓281座,占总数的97.5%,"四无"储粮数11308.6万千克,占96.75%,"四无"库点102个,占94%。1996年4月,全市对51个储粮单位、127个储粮点、386座粮仓房的储粮情况进行库存清查和安全检查,库存粮食均处于安全状态。1998年5月,省粮食局春季储粮普查组对全市15个储粮单位、37个库点、151个仓房(粮堆)进行储粮普查,共抽查储粮19918万千克(库外储粮4553万千克)。全市储粮基本安全,粮情稳定,没有发生霉烂变质现象。

2000年,乐平市粮食部门推广自主研制的仓外气流循环施药熏蒸杀灭技术,费用低、效果好、劳动强度低;市粮食储运公司研制并推广运用磷化氢动态发生器在粮堆中熏蒸杀虫技术,使用方便,药量少,费用低,对抗药性强的谷蠹有很强的杀灭效果;采用横面导管和竖式导管在散装粮中熏蒸杀虫技术,保证散装粮的保管安全;推广运用机械通风和排风扇通风储粮技术,使用率占全市储粮总数的70%;实行薄膜密闭的"三低"(低氧、低药量、低温)技术储粮,占储粮总数的58%。全市储粮安全,"四无"储粮、"四无"粮仓均达100%。

2002年4—5月,全市储粮单位开展查粮情、查制度、查保管责任制落实的检查活动,共检查14个储粮单位32个储粮点299座仓房,检查储粮2.16亿千克,检查比例占70%以上。达到"四无"为100%。2004年,市粮食部门建立定期粮情分析检查制度,实行储粮保管责任制,运用新的微机测温等储粮技术,做好储粮的保管工作。全市"一符四无"平均达97.3%，机械通风储粮平均达86%，"三低"储粮平均达69%，膜下双流熏蒸达到36%。

2007年，全市"一符四无"储粮达到97.6%，粮油保管损耗较上年降低12.7%，"三低"储粮达56.7%，环流熏蒸达48%，微机粮情检测达56.7%。2008年，全市保管损耗降至1.3%以内，机械通风储粮达87%，双密闭保粮达45.6%，环流熏蒸达49%。

农户储粮 1986—2003年，农民收割的稻谷采用散堆或用编织袋灌装临时堆放，极易造成虫鼠及霉变损耗。2004年，国家粮食局推行农户科学储粮仓专项建设。储粮仓采用彩钢板为材料制作的圆形储粮器皿，直径118厘米，三层组装后高度146厘米，收拢后高度58厘米，可装稻谷900千克，正常使用年限15年以上。根据国家规定，每套农户科学储粮仓造价为430元，其中中央补助129元，全省地方补助129元，农户支付172元。2009年，全市启动储粮仓建设，至2010年，共发放6000户(套)储粮仓，其中乐平5000套，浮梁1000套。

表19-4-7 **2010年景德镇市粮食企业仓储设施情况统计表** 单位：万千克、个、米、套

类别 县别	所库个数	库点个数	仓库座量	有效容量	油罐		简易仓容量	需大修仓容量	待报废仓容量	铁路专用线	实现机械通风仓库		装备环流熏蒸系统仓库		装备粮情测控系统仓库	
					个数	容量	—				座数	容量	座数	容量	座数	容量
景德镇市	4	6	65	14051.6	12	550	—	4159.2	0	1091	57	16645.6	58	13072.1	58	15948.9
乐平市	19	65	197	8986.9	5	90	—	7336.6	0	0	144	13496.7	12	3197.6	12	3197.6
浮梁县	15	38	111	9983.5	0	0	—	1168.6	1401	0	78	9159.8	19	3274.9	19	3274.9
昌江区	4	6	28	1583.9	0	0	—	1298.0	0	0	27	2839.8	0	0	0	0
合计	42	115	401	34605.9	17	640	—	13962.4	1401	1091	306	42141.9	89	19554.6	89	22421.4

专储粮管理

20世纪80年代，国家要求各省从周转库中划出一部分粮食作为储备粮，建立"甲字粮"国家储备库，各省建立"乙字粮"储备库存。"甲字粮""乙字粮"均属国家"无战不动、无荒不用"的储备粮食，实行专人管理、专账记数、专仓储存。"甲字粮"的动用权属于国务院，"乙字粮"动用权属省政府。1990年，建立国家专项粮食储备库存制度。至21世纪初，成立中储粮公司后，国家储备粮全部实行垂直管理。

中央储备粮管理 1992年10月，江西景德镇国家粮食储备库(原市凤凰山粮油中转储备库)挂牌成立。1993年8月28日，江西乐平国家粮食储备库(原乐平县粮食局直属库)挂牌。9月28日，江西景德镇里村国家粮食储备库(原市第三粮库)挂牌。

2000年9月，景德镇国家粮食储备库新库收购新粮，按统计账面数全部转为中央储备粮，实行垂直管理。同时将原存储的中央储备粮，等量划转为地方商品粮。2002年3月，根据中储粮总公司南昌分公司通知，对全市中央储备粮实施轮换。具体轮换的粮食品种、库存价位不变，轮换费用补贴为140元/吨。全市共完成粮食轮换计划5644万千克，其中早稻1033万千克、晚籼稻4611万千克。2005年，景德镇国家粮食储备库、里村国家粮食储备库有21座，乐平国家粮食储备库有21座，浮梁县鹅湖粮管所有19座，共计11.8万吨仓容获得中央储备粮承储资格。

省级储备粮管理 1994年，建立省级粮食储备粮管理制度，全市省级储备粮总量3252万千克，其中乐平国家粮食储备库940万千克，浮梁县粮油收储公司直属粮库940万千克，昌江区粮食局鱼山粮管所150万千克，市粮食收储公司1222万千克。2007年，全市共轮换出(销售)省级储备粮6121万千克(原粮)。至2010年，省级储备粮库存2400万千克。

市县级储备粮管理 2004年，景德镇市建立市级储备粮管理制度。2007年，市政府下达市级储备粮规模为1000万千克，其中昌江区粮食收储公司600万千克、市粮油购销总公司400万千克。2008年9月新增

500万千克。同年,市政府下达县级地方储备粮规模1200万千克,其中乐平市800万千克,浮梁县400万千克。至2010年,市级储备粮库存1500万千克,县级地方储备粮库存1200万千克。

表19-4-8　　**1991—2010年景德镇市粮油库存统计表**　　单位:万千克

年份	粮食库存									油脂库存				
	合计	议价粮	国家专项储备	定购粮	省级储备	市、县储备粮	代储库中央储备	最低价国家临时储存	国有粮食企业粮	合计	平价	议价	专项储备	省级储备
1991	24708	3679	14806	6223	—	—	—	—	—	120	73	47	—	—
1992	23497	2031	14737	6729	—	—	—	—	—	65	65	—	—	—
1993	21183	896	13864	6423	—	—	—	—	—	108	43	55	10	—
1994	18438	896	11366	6176	—	—	—	—	—	193	41	142	10	—
1995	21186	2463	12564	—	6159	—	—	—	—	263	152	101	10	—
1996	28795	1900	14284	6490	6121	—	—	—	—	125	—	34	50	41
1997	36888	4424	13452	12891	6121	—	—	—	—	126	—	25	60	41
1998	34369	4558	10116	13531	6164	—	—	—	—	115	—	14	60	41
1999	32482	9170	9220	7975	6117	—	—	—	—	117	—	16	60	41
2000	35149	8755	8413	11860	6121	—	—	—	—	106	—	5	60	41
2001	38192	11580	—	11570	6121	—	8921	—	—	52	—	11	—	41
2002	42688	—	—	—	6121	—	8427	—	28140	41	—	—	—	41
2003	23681	—	—	—	6121	—	8421	—	9139	41	—	—	—	41
2004	28654	—	—	—	6121	—	11034	—	11499	41	—	—	—	41
2005	33381	—	—	—	6121	—	10783	—	16477	41	—	—	—	41
2006	34127	—	—	—	6121	1000	10621	15886	499	—	—	—	—	—
2007	19160	—	—	—	930	1000	9769	1353	6108	—	—	—	—	—
2008	21691	—	—	—	2123	1500	8823	3316	5929	—	—	—	—	—
2009	32761	—	—	—	2400	1500	8823	18529	1509	—	—	—	—	—
2010	21595	—	—	—	2400	1500	4230	13006	459	—	—	—	—	—

第六节　经营管理

粮食经营

1986—1990年,粮油购销按计划实现,国家实行补贴政策。1991—1992年,全市实行粮食财务包干体制,粮食经营连年亏损。

1993年,为平抑粮食涨价,动用大批储备粮、市场调节粮投放市场,粮食企业效益大为改善。1994—1996年,粮食财务体制由财务包干转变为政策性业务与经营性业务分开核算。同时,加大经营性企业改革力度,拓宽渠道开展多种经营,调动各方积极性,粮食部门经营全面减亏。1994年比1993年减亏1338.73万元,政策性经营未出现亏损,1996年实现利润27.94万元。

1997年开始，随着粮食定购价格的逐年提高和粮食收购保护价的实行，在保护农民种粮积极性的同时，国有粮食企业出现购销价格倒挂、粮食销售不畅、压库情况严重、亏损增加等困难。国有粮食企业政策性亏损大幅度增加。

1998年，全市开展粮食企业扭亏增盈工作，努力实行顺价销售。同年，市区遭受百年一遇的特大洪水，低洼地存放的粮食受淹，造成经济损失893.41万元。1999年，降价销售陈化定购粮，造成价差倒挂损失2836.4万元，全年发生亏损5173.1万元。2000年，市直粮食企业扭亏增盈，比1999年减亏2893.93万元，减幅达到55.7%，2001年比上年减亏674.97万元，减幅为29.7%。

2003年，粮食企业转制改革，企业负担减轻，市直粮食企业逐年减亏。2004年比2003年减亏7111.82万元，减幅达到71.2%。2006年，市直粮食企业实现利润80.25万元，比上年同期亏损2926.51万元，扭亏为盈增利3006.76万元。

2007—2010年，全市粮食企业除2008年因储备粮计划减少及省级储备粮轮入较晚，出现亏损345.49万元外，全部实现盈利。2010年，实现利润55.90万元。粮食经营市场化改革扭转国有粮食企业近10年政策性亏损局面。

表19-4-9　**1991—2010年景德镇市粮油经营指标统计表**　单位：万元

年份	全行业利润总额	其中					
		政策性经营	经营性企业				
			小计	粮油商业	粮油工业	饲料工业	其他经营业
1991	-853.09	-852.89	-0.2	-83.69	29.70	9.34	44.45
1992	-1873.88	-1714.14	-159.74	-183.56	79.39	-59.60	4.03
1993	-1348.05	-1534.15	186.10	136.30	48.18	0	1.62
1994	-9.32	0	-9.32	0.38	39.01	-33.67	-15.04
1995	-519.22	-462.34	-56.88	-103.88	63.29	-18.75	2.46
1996	27.94	68.84	-40.90	-1.17	-11.87	-8.50	-19.36
1997	-5821.41	-5349.04	-472.37	-250.73	-96.16	-2.69	-122.79
1998	-3576.43	-2969.08	-607.35	-313.57	-215.62	-9.74	-68.42
1999	-5173.1	-4779.84	-393.26	-141.74	-118.6	11.56	-144.48
2000	-2279.17	-1943.96	-335.21	-55.61	-150.33	0.38	-129.65
2001	-1601.20	-1306.33	-294.87	-53.38	-133.87	-3.49	-104.13
2002	-1182.21	-1021.40	-160.81	-13.11	-64.42	-0.01	-83.27
2003	-9989.39	-9958.86	-30.53	-31.37	32.50	-1.55	-30.11
2004	-2877.57	-2807.84	-69.73	-35.15	-16.86	-11.66	-6.06
2005	-2926.51	-2882.30	-44.21	-15.32	-25.47	—	-3.42
2006	80.25	101.28	-21.03	-17.50	-3.58	—	0.05
2007	61.33	63.69	-2.36	-0.21	-0.05	—	-2.10
2008	-345.49	-387.88	42.39	-4.51	76.50	—	-29.60
2009	43.2	53.53	-10.33	0.18	-15.22	—	4.71
2010	55.90	50.79	5.11	2.61	2.36	—	0.14

说明：政策性经营系平价粮油、收储业务经营；议价粮油经营归类为经营性企业的商业企业；粮食全行业包括政策性经营、经营性企业、粮食行政；其他经营收入主要为良友宾馆收入

质量检测

1986年4月,市粮食局将市粮油质量检验站从机关划出,列为正科级自收自支事业单位。1989年9月,粮食科研所、质检站进行合署办公,统一管理。1990年,市粮油质检站通过省质量技术监督局(原计量局)计量认证考核。12月,通过省质量技术监督局审查(复查)认可。2003年,市粮油质检站取得国家质检总局授予的食品质量安全市场准入制度中“五类产品”委托检验资格,是景德镇地区唯一获此资质的机构。

市粮油质检站检测中心配有7个检验室,即物检室、化验室、精密仪器室、天平室、高温室、气相色谱室、原子吸收室和4个配套室,即药剂室、资料室、样品室、办公室。仪器设备包括气相色谱仪、黄曲霉素检测仪、电子天平、721分光光度计、罗维朋比色仪等常规检测仪器。按照规定对粮油食品的质量、计量情况开展监测。

粮企改革

1986年,粮食企业推行承包(租赁)经营责任制,改革企业内部分配制度,实行联产联质计酬、以销计奖、计件工资制。1987年,成立轻质保温材料厂和油脂比色仪厂。1988年,全面推行承包(租赁)经营责任制和目标管理责任制。3月,成立丽阳粮油管理所、旧城粮油管理所。4月,成立家畜家禽示范养殖场。6月,市粮食局汽车队更名为市粮油汽车运输公司。7月,成立粮油贸易公司采购站和粮油工业经营部。1989年,鹅湖区和蛟潭区粮食分区相继撤销,所辖21个粮管所和42个粮站划归浮梁县粮食局管理。6月,市饲料行成立。1991年10月,市速冻食品厂成立,投资45万元,年生产能力30万千克。同月,绣球弄、解放路、河西、黄泥头、金鱼山5座粮站建成投入使用,投资191万元,建筑面积6405平方米。11月,市粮油储运公司第一粮库划归第二粮库管理。12月,市粮油工业公司印刷厂成立,属大集体性质。

1992年,推进人事、用工、分配三项制度改革,下放机构设置权和企业人员调配权,对干部逐步实行聘任制,推行内部待岗制,改革工资奖金分配办法,把工资和奖金捆绑在一起,与职工完成产量、经营量、质量、成本、费用、利润等经济指标挂钩,实行上下浮动,拉开分配档次。3月,市粮贸综合市场成立,营业面积5600多平方米,集贸易、住宿、餐饮、娱乐于一体。6月,昌江粮食分局粮贸公司和竟成粮管所合并,分开核算,统一经营。10月,太白园粮油交易市场建成,投资60万元。同月,粮油服务开发公司成立。

1993年,采取办“子公司”和创建实体的办法,分流富余人员,通过改革,仓储企业分流三分之一人员从事多种经营,供应公司机关分流50%人员创办5个子公司,工业公司把机关人员派到生产经营一线,充实力量。2月,粮油经销公司成立,供应公司成立东隆粮油物资经销公司、国营宏扬实业发展公司,昌江粮食分局成立昌良实业开发公司。6月,昌江粮食分局粮油质监站成立。同月,市粮食局第三粮库变更为江西景德镇里村国家粮食储备库。8月,市粮油食品厂与台湾商人郭邵辉合资兴办的景泰面粉实业有限公司投产,班产能力10吨。1994年5月,粮油工业公司成立粮油工业贸易公司。12月,成立市区军粮管理站,负责市军粮管理、审核、军票解缴以及清算工作,粮油机械修配厂并入市第二制米厂。1996年2月,成立市粮油配送中心,同时撤销市粮油采购供应站。

1996—1997年,继续深化“三项制度”改革,市粮食部门所有国营和集体企业职工实行劳动合同制,新进职工实行预备制。推行工效挂钩,250人实行新的工资制度;对长期亏损的企业实行停业整顿,市直企业下岗分流329人;改革企业组织机构,市粮油机修厂由第二制米厂托管,市油脂化工厂成建制划归景德镇国家粮食储备库管理,市饲料公司加入北京农业大学大北农饲料集团,组建景德镇大北农饲料有限公司,市粮贸商场同浙江民营企业合作,开发粮贸家具城,市粮食局在珠山中路建成占地313平方米的良友宾馆。1997年2月,昌江区粮油贸易公司更名为郊区粮油总公司,同时撤销昌良实业开发公司和昌良物资经销公司。8月,成立市良鸿贸易有限公司。10月,粮油商城改制,成立良友商城有限责任公司,下辖粮贸商场、良友宾馆(招待所)。12月,市直粮食企业进行组织结构调整,市粮油工业公司机关与景德镇国家粮食储备库合并,市第一制米厂划归景德镇国家粮食储备库管理,市第二制米厂(含粮机厂)、速冻食品厂、粮油工业公司劳动服务公司划归市粮油储运公司管理。

1998年,全市共组建4个粮食收储公司和1个独立核算的粮食收储企业(景德镇国家粮食储备库),确定50个非独立核算的粮食收储企业,使粮食政策性业务脱离粮食行政管理部门。同时粮食企业进行经营机制改革，实行厂库联合，工贸一体；对小型零售企业实行承包经营，全市22个国有粮站9个承包给职工经营；市粮油食品厂面粉生产线实行租赁经营；政策性仓储企业、农村粮管所进行定编、定员、定量、定费用；小型加工企业实行股份合作制改革；粮食零售、贸易、运输企业实行联合、承包、租赁、转让改革；发展前景好，具有经营优势和一定实力的企业进行股份制改造。6月，市粮油汽车运输公司（市翠云路4号）设立粮食交易市场。12月，因扩建5000万千克中央直属粮库用地需要，市油脂化工厂生产和房产等设施全部拆除。

1999年，市粮油企业采取请假、挂编、内退、办实体经济以及竞争上岗等改革措施，分流职工697人。4月，市粮食交易市场调整为市粮食局直辖，并从翠云路4号迁往太白园路58号，定编10人，下辖太白园消费品综合市场。市区部分粮食企业进行结构性重组，市粮油供应公司的陈家街、周路口、向阳巷、石狮埠等粮站划归市良友商城管辖，里村、新厂、东二路、茅家坂等粮站划归市粮食收储公司管辖；河西、新风、金鱼山、太白园等粮站划归昌江粮食分局管辖；划转企业的资产和人员（含离退休、遗属补助对象）转入新的管理单位。5—9月，处于半停产状态的第二制米厂、第一制米厂，通过民选厂长、风险抵押的形式进行责任承包经营。

2000—2004年，市粮食部门开展粮食企业产权制度和用工制度改革，对市直经营性企业进行改组、改造、兼并、租赁、出售、转制、破产改革。2000年2月，在翠云路建成经营面积3000余平方米建材批发市场。9月，全市19个粮店进行产权变现，安置粮店职工254人。12月，饲料公司进行股份制改革，47名国营职工转为股份制企业的员工，33名职工解除劳动关系。同年，对市直大集体职工采取全员了断身份，所属企业撤销；对生产经营比较正常的企业进行身份转换，大集体职工除饲料公司的23名外，其余350名职工全部进行安置。2001年1月，撤销市粮油储运劳动服务公司。4—7月，对第一制米厂、第二制米厂、宏扬实业发展公司、良友商城有限公司等企业进行改革，248名职工解除劳动关系。2003年4月，饲料公司划归粮油购销总公司管理，牌子保留不变。12月，市粮油商城设立粮油旅行社有限公司。2004年2月，成立市粮油宾馆有限公司，同时撤销市粮油商城有限公司。至年底，市直粮食经营性企业由改制前45家缩减到18家，置换身份1148人，解除劳动关系588人，补偿标准为459元／年工龄。

2009年5月，市粮食局将广场北路21号2563.45平方米综合楼、珠山中路6号粮油酒楼划转给市国有资产管理有限公司。6月，市粮食收储公司进行内部改革，变二级管理为一级管理，撤销市第二粮库、里村国家粮食储备库。采取请假、退养等方式，分流富余人员32人。9月，市粮油食品厂进行改制，全厂66名职工得到安置，解除劳动关系。2010年，市粮油汽车运输公司、粮油机械修配厂、速冻食品厂进行改制，解除劳动关系77人。至年底，市粮食局直属企业人员由1999年改制前的1943人缩减到557人（含返聘人员）。

第七节　机　构

市粮食局

1986年，市粮食局设秘书科、劳动人事科、保卫科、基建科、财务科、计划统计科、购销科、企业管理科、审计科以及组织宣传科、纪检组、打击经济犯罪办公室、工会、团委等14科室，编制58人。1996年8月，市粮食局科室精简为办公室、劳动人事科、财务会计科、计划统计科、购销管理科、科技工业科、仓储基建科、保卫科、党委办公室（挂老干部科牌子）、审计科等10个职能科室，另设纪检委（监察室）、人武部，行政编制38人，事业编制3人。

2002年8月，市粮食局由政府工作部门改为政府正县级直属机构，内设机构精减为办公室、劳动人事科、调控科、行业管理科、财务会计科（挂审计科牌子）、仓储基建科、保卫科、党委办公室（挂老干部科牌子）。另设纪检委（监察室）、人武部（保卫科）。行政编制29人，事业编制3人。2005年4月，市粮食局列为政府正县级工作部门。

2010年，市粮食局内设办公室（法律法规科）、劳动人事科、调控科、行业指导科、财务审计科、监督检查科（粮食流通监督检查执法支队）、保卫科、党委办公室（老干部科）8个职能科室，另设纪检委（监察室）、人武部（保卫科）。行政编制29人（含纪检监察编制2人），后勤服务编制3人。

事业单位

市粮油质量检验监督站　1986年,编制8人,为企业化管理的事业单位,经费自收自支。1989年9月,市粮食局将市粮油科学技术研究所、市粮油质量检查监督站合署办公,统一管理。2010年,编制8人。

市粮食学校　1986年,编制20人,经费由粮食局拨付。1988年5月,由教育局认可为成人教育学校,按职工高中管理,负责粮油系统内的职工培训工作。2010年,编制6人。

市城镇商品粮供应管理所　1989年4月成立,为企业化管理的科研事业单位。1995年5月,更名为市城镇商品粮供应管理所,自收自支事业单位,编制10人。2010年,编制8人。

昌江粮食分局　1988年3月成立,为事业单位,定编8人。1996年8月,市政府批准昌江粮食分局为市粮食局派驻机构,事业编10人。2002年8月,编制为9人。

主要企业

1986年,市直粮食企业有58家,其中粮油储运企业26家、粮油商业企业21家、粮油工业企业6家、饲料产销企业4家、粮食运输企业1家。市区设有粮油供应网点18个,并设粮油专用站、粮油调拨站和粮油综合门市部,农村设有22个农村粮管所及所属50个粮站。直属企业有6家,分别为市粮油购销储运公司、市粮油工业公司、市粮油供应公司、市粮油贸易公司、市饲料公司、市凤凰山粮油中转储备库。1987—2009年,粮食企业内部不断进行改革。至2010年,市粮食局下属企业共有8家。

市粮油收储公司　前身为市粮油购销储运公司。1988年3月,更名为市粮油储运公司。1992年9—11月,市粮油储运公司成立粮油储运经销公司、粮油储运实业开发公司、金谷贸易公司、金圆贸易公司。1994年5月,市粮油储运公司成立市粮油储运金穗公司。1997年12月,市第二制米厂(含粮机厂)、速冻食品厂、粮油工业公司划归粮油储运公司管理。1998年11月,市粮油储运公司更名为粮食收储公司。

景德镇国家粮食储备库　前身为凤凰山粮油中转储备库。1988年3月,划归市粮油储运公司管理。1992年9月,凤凰山粮油中转储备库更名为江西景德镇国家粮食储备库。1997年12月,市第一制米厂划归景德镇国家粮食储备库管理。

市粮油购销总公司　前身为市粮油总公司。1994年4月成立,属三类企业。9月,市粮油总公司成立建筑装潢工程有限公司。2003年,市粮油总公司更名为粮油购销总公司。

昌江区粮油收储公司　1998年8月,昌江粮食分局成立昌江区粮油收储公司,下辖竟成、鱼山、丽阳、古城等4个粮管所。

粮油供应公司　2001年7月,撤销市粮油供应公司军粮供应站,成立市军粮供应站,仍归粮油供应公司管理。

粮食贸易公司　1990年4月,昌江粮食分局粮油采购供应站更名为粮油贸易公司。

良友宾馆　位于珠山中路8号。主楼8层,附属楼5层,客房75间。1997年10月开业,2004年重新装修,为三星级涉外饭店。2012年,市粮食局将良友宾馆经营管理权移交市国有资产经营管理有限公司。企业原有债权债务及未改制的28名在编职工由良友宾馆承担。

表19-4-10　**1986—2010年若干年份市粮食系统人员统计表**　单位:个、人

年份	行政单位		事业单位		企业单位		总和	
	机构数	人数	机构数	人数	机构数	人数	机构数	人数
1986	1	63	2	16	58	1901	61	1980
1988	1	60	5	48	39	1951	45	2059
1989	1	57	4	32	35	1732	40	1821
1997	1	41	4	38	45	1982	50	2061
1999	1	37	4	40	27	1943	32	2020

续表 19－4－10

年份	行政单位		事业单位		企业单位		总和	
	机构数	人数	机构数	人数	机构数	人数	机构数	人数
2004	1	36	4	28	18	959	23	1023
2008	1	38	4	20	10	743	15	801
2009	1	39	4	20	10	709	15	768
2010	1	40	4	19	8	557	13	616

第五章 燃 油

1985 年 5 月，景德镇石油和煤炭分开经营管理。景德镇市石油公司成立，隶属于江西省石油公司。2000 年 1 月企业重组，中石化江西景德镇分公司接管全市成品油经营。进入 21 世纪，先后接管乐平、浮梁支公司，作为下属机构，不再保留法人。统一规划全市成品油市场布局。2010 年，全市成品油经营总量首次突破 20 万吨，实现利润 4300 万元，纳税 1404 万元，完成固定资产投资 3200 万元。

第一节 经营管理

企业经营

1986 年，景德镇石油经营由市商业局代管。1992 年 9 月 8 日，市石油公司投资 72 万元兴建年卸油能力 2 万吨的昌江石油码头竣工。市石油公司与安徽安庆石油化工总厂合作成立江西省首家跨省石化联营公司，为工贸联营实体。1993 年 5 月，市石油公司先后投资 40 万元，在 5 个加油站安装电脑加油设备。实现快速精确计量。同时，组建微机网络，实现财务核算、统计、业务、开票电脑化。9 月 1 日，市石油公司与市航运公司共同投资 200 万元组建市石油航运联营公司，购置 9 艘载重为 150 吨的钢质机驳油轮和一艘 120 马力拖轮，投入长江水域石油营运，主要经营安庆、九江至景德镇市以及长江中下游区域石油水运业务，减轻公路、铁路货运压力，降低运输费用。

1994 年，市石油分公司实施多元化经营，开拓新的经营项目。先后组建实华贸易公司、粤赣工贸总公司、石油航运公司、石油设备维修中心、碳酸钙厂、长源低温釉矿、石化商场、石化大楼等一批新经济实体。7 月下旬，市石油分公司石油船队连续两个航程从九江拖运 1280 吨柴油，及时为景德镇市发电厂 12.5 万千瓦新机组提供用油，确保按期点火投产。

2002 年，景德镇分公司成立以历尧油库为中心库，库前、义仓为分销库，全区运距合理的成品油配送体系。同时，分公司本部成立配送中心（即运输车队），配送半径在 60 千米。全区批发经营由分公司业务科统一指挥调动、统一安排进货、统一制定价格、统一制定市场营销策略。

2004 年，在安徽黄山市初步建立油品“直销（批发）亚市场”，同时发展对江铜集团的终端直供，扩大销售渠道。

2006 年，景德镇石油分公司物流部成立，负责景德镇市、乐平市、浮梁县、鄱阳县、婺源县 5 个片区共 89 座加油站的油品配送，有 3 个物流车队，26 部油罐车负责油品的运输保障。

2009 年，参与全市成品油零售体系“十二五”规划编制工作，对加气、充电站提出专项建议，配合规划建设川气东送接入的天然气工程和加气站规划布点工作。至 2010 年，完成乐平片区大道、城西、洎阳加油站，浮梁片区第一、洋湖加油站的形象改造工作。完成浮梁大洲和古田加油站的泥土回填工作，景东大道加油站开工建设。同时，对50座加油站进行简易店装修及小型维修。在加大对加油站投资建设的同时，为高速站点、农村偏远小站配齐“五小建设”等用品，包括微波炉、电饭煲、煤气灶等，改善加油站的生产和生活条件。在有条件的站点，先后投入资金，改造加油站荒地，鼓励员工开辟小菜园、小型家禽养殖园。

产品销售

成品油销售　1986—2010年，景德镇成品油零售产品以93#车用汽油、97#车用汽油和0#车用柴油为主，个别水上站点销售0#普通柴油。2001年，成品油销售8.8万吨，零售4万吨，配送1.5万吨，油品流通费用207元/吨，现金销售费用158元/吨。2002年，成品油购进9.7万吨，销售9.6万吨，零售4.1万吨，配送1万吨，实现利润270万元。商品流通费用160元/吨，现金销售费用140元/吨。2004年，成品油总销售量13万吨，其中批发4657吨，终端直销42047吨，零售104462吨。2009年，成品油销售18万吨，其中成品油经营总量186575吨。2010年，成品油零售销量14.3万吨。

非油品销售　2008年7月，景德镇石油分公司经营非油品“易捷”品牌，是集便利店商品采购、销售、门店运营于一体的中石化新型业务部门。全市有门店4座，实现非油品销售额17.9万元。2009年，全市门店共15座，实现非油品销售额179.47万元。2010年，全市门店共68座，实现非油品销售额735.19万元。

表19-5-1　**1994—2010年景德镇地区成品油购销情况统计表**　单位：吨、万元

年份	购进	销售	利润
1994	26774	38911	220
1995	36968	46698	231
1996	42259	58245	231
1997	65638	64102	-27
1998	71862	71822	100
1999	88216	84352	263
2000	101343	91405	251
2001	106460	88335	-360
2002	113560	97793	-147
2003	128588	98847	793
2004	132729	132963	1464
2005	统一由上级公司安排	148654	2766
2006		162810	5002
2007		152088	4802
2008		158242	3430
2009		185759	3209
2010		210184	2419

价格调整

1994年5月1日，全省成品油市场零售价出台后，景德镇油品市场零售价格多次调整，但总体价格稳定。1998年之后，70#汽油逐步退出市场，只供应90#无铅汽油。成品油出厂价、批发零售浮动价由中石化集团公司决定，批发零售价格变化报国家计委批准。1999年，景德镇市70#汽油零售价2808元/吨，0#柴油零

售价 2368 元/吨，灯用煤油零售价 2448 元/吨。11 月 5 日起，汽油、柴油零售中准价调整后，可在上下 5% 的幅度内制定和公布具体零售价格。全省划分为一、二、三、四价区，景德镇市位于第三价区，90#无铅汽油零售中准价 2960 元/吨，0#柴油 2540 元/吨。

2000 年 2 月、5 月、6 月，国家连续 3 次大幅度提高国内成品油出厂和零售中准价格。6 月，景德镇地区 90#无铅汽油零售中准价 3555 元/吨，0#柴油零售中准价格 2955 元/吨。2009 年，景德镇地区汽油、柴油价格调整频繁。9 月 30 日，90#汽油 5.84 元/升，93#汽油 6.28 元/升，97#汽油 6.74 元/升，0#柴油 6.16 元/升。

第二节　加油站及油库建设

加油站

1986 年，景德镇城区仅有广场、里村 2 座加油站。乐平县石油公司下辖城东、塔前、涌山、沿沟、梅岩、福利 11 个加油站。1993 年 4 月 8 日，东郊加油站竣工开业，占地面积 1000 平方米，由电脑控制加油，是全市首家新型加油站。1990—1998 年，浮梁县石油公司先后建成鹅湖加油站和县城加油站。同时，湘湖、景湖、储田、外蒋、罗家等 7 座个体加油站相继建成营业。

2001 年，中石化景德镇分公司开始大规模网点扩张，投资建设加油站。全年新建加油站 11 座，收购加油站 4 座，改造加油站 1 座，零售量和市场占有率提高。2002 年，新建加油站 4 座，改造加油站 1 座，特许加盟加油站 18 座，实际营运加油站共 30 座。2003 年年底，新增加油站 4 座，其中国道加油站 3 座、县城加油站 1 座。2004 年，新增加油站 4 座，其中国道加油站 2 座，市区加油站 1 座。2006 年年底新增加油站 5 座，其中高速 2 座、农村加油站 1 座、国道加油站 2 座。关闭加油站 2 座，昌江区站前站因为站点过小而关闭，在营加油站 44 座。2007 年年底，新增县城站 1 座，市区站 1 座。

2009—2010 年，在营加油站 50 座。新增市区加油站 1 座，高速路口站 1 座。6 座站点重新投入运营。全年共有 8 座站因道路施工等原因而关停。

表 19 -5 -2　　1986—2010 年景德镇地区加油站分布情况一览表

加油站名称	设立时间	位置	加油站名称	设立时间	位置
东郊站 *	1993.4	东郊何家桥	朝阳站	2009.8	朝阳路中段(陶机北面)
里村站 *	1998.1	市翠云路 18 号	县城站 *	1998.1	景德镇浮梁县城御旧路
河西站 *	1998.2	市兴华路 67 号	鹅湖站	1993.6	景德镇浮梁鹅湖镇
曙光路站 *	2001.1	市曙光路 79 号	浮梁一站 *	2001.6	国道 206 线洪源镇
瓷都站 *	1998.5	瓷都大道高专旁	寿安站	2001.6	浮梁寿安镇柳家湾村
吕蒙站	1992.6	市昌江区吕蒙村	洪源站	2001.10	浮梁景湖公路洪源段
石洪站 *	1999.12	九景高速公路石洪段	三龙站	2000.8	浮梁国道 206 线劳教所旁
北环站 *	1999.12	景德镇昌江大道 152 号	洋湖站	2002.1	浮梁景樟公路洋湖村
景安站	2004.9	瓷都大道	经公桥站	2002.12	浮梁国道 206 线经公桥镇
方村站	2005.4	国道 206 线方家村	蛟潭站	2002.8	浮梁国道 206 线蛟潭镇
金桥站	2006.7	新国道 206 线洪源镇西河桥头	勒功站	2001.4	浮梁国道 206 线勒功乡
鱼山站	2006.9	新国道 206 线鱼山镇	东流站	2003.3	浮梁景白公路湘湖镇
玉源站	2007.10	景德镇玉源大道(卫生洁具厂)	景九站	2004.11	浮梁县工业园区高墩庙村

续表 19－5－2

加油站名称	设立时间	位置	加油站名称	设立时间	位置
储田站	2003.10	浮梁国道206线储田村	大桥站*	2003.12	新国道206线与接渡路口
外蒋站	2003.10	浮梁县蛟潭镇外蒋村	金乐站	2001.1	乐平金鹅山梅西村
浮梁景婺黄南站*	2006.11	杭瑞高速公路景德镇服务区	梅岩站	2000.9	高家镇梅岩村
浮梁景婺黄北站*	2006.11	杭瑞高速公路景德镇服务区	鸣山站	2000.6	乐平市鸣山煤矿
宝石站*	2009.12	浮梁金岭大道高速公路口	志红站	2001.5	乐平涌山镇沿沟煤矿
临港站	2001.6	乐平临港镇古田渡	众埠站	2001.5	乐平众埠镇铜山村港口村
高埂站	2002.5	乐平市高埂村(原国道边)	塔山站	2004.3	乐平塔山工业园区
城西站	2001.7	安平南路邹家畈	镇桥站	2006.12	乐平镇桥竹窠里
大道站*	2000.7	乐平镇人民路中医院对面	洎阳站*	2007.9	乐平洎阳北路与大连路口
后港站	2000.7	后港镇政府附近	新塔前站	2004.4	新国道206线与塔科路口
城北站	2000.9	后港镇山塘	乐平月亮湖东站*	2008.1	济广高速月亮湖服务区
涌欣站	2001.9	乐平市涌山镇三井	乐平月亮湖西站*	2008.1	济广高速月亮湖服务区

说明:带*号为中石化景德镇分公司自营站,其他为委托经营站

油库

历尧油库　位于景德镇市区昌江河南岸,西邻市焦化总厂,占地面积9.6万平方米。1986年,储存汽油、柴油、煤油、航煤油、润滑油等品种,总容量1.6万立方米,其中成品油露天立式贮罐7只1.35万立方米,有效库容9000吨;润滑油卧式罐50只2500立方米,成品油年吞吐量25万吨,平均年周转次数27.7次。2003年,对历尧油库进行改造,主要项目有铁路栈桥、消防管线和消防储水池、网架式发油设施、储输油计算机网络、油品化验的质量管理体系。2006年,完成对历尧油库油罐喷淋系统、油罐金属绕型管安装,3001#油罐塌陷修复和油库总油水分离池整修,累计投入隐患治理资金59.5万元。2008年,完成历尧油库标识全面改造。

库前油库　位于乐平镇桥镇库前村。1986年库容量为12450立方米,共有储油罐31座,其中6座为覆土油罐。1989年,增加500立方米露天罐一座,总库容为13750立方米,是二级经营分配兼储备型油库。主要经营汽油、煤油、柴油、润滑油、润滑脂等近40种成品油。年吞吐量2.2万吨,年销售约1.7万吨,1992年最高进出量2.4万吨。2004年关停。

第三节　经营机构

中石化景德镇分公司

前身为景德镇市石油公司。1986年,下属单位有历尧油库、加油总站、石油加工厂、汽车队、劳动服务公司以及广场、河西加油站,职工304人(其中集体所有制职工99人)。1992年,更名为江西省石油总公司景德镇分公司。2000年1月,中石化重组上市,更名中石化江西景德镇石油分公司,经营成品油,非主业部分为存续公司,企业名称不变。2010年年底,所有非主业存续部分全部纳入统一管理,统称为中石化江西景德镇石油分公司,内设17个科室,在职501人。下辖昌江分公司、乐平分公司、浮梁县分公司、鄱阳县分公司、婺源县分公司、历尧油库6家基层单位。

县区机构

乐平县石油公司　1986年6月,从商业局划出,归省石油公司直管,职工245人(大集体编职工69人)。主要经营汽油、柴油、煤油、润滑油批发、零售。1990年,改称乐平石油支公司。2000年1月,改称中石化江

西景镇乐平石油支公司。2010年，改为乐平经营部，未设置专业科室，仅保留经理、书记、财务代表、综合管理员等岗位。员工7人。

浮梁石油支公司　1990年5月，浮梁石油支公司成立，职工13人，经营汽油、煤油、柴油、润滑油的批发、零售业务。1998年8月，浮梁县石油公司，收归中国石化集团总公司。2000年1月，更名为中石化江西景德镇浮梁石油支公司。2010年，改为浮梁经营部，未设置专业科室，仅保留经理、书记、财务代表、综合管理员等岗位。员工5人。

鄱阳石油支公司　1999年5月，从上饶分公司划转景德镇分公司，2000年1月，改称为中国石化股份有限公司江西景德镇鄱阳石油支公司。

婺源石油支公司　1999年5月，从上饶分公司划转景德镇分公司。2000年1月，改称为中国石化股份有限公司江西景德镇婺源石油支公司。

第六章　物资流通

20世纪80年代，国家对物资分配的改革逐步深入，统配物资种类逐步减少，计划分配和市场交换并行。1987年，市物资部门积极发展多种形式的横向经济联系，建立物物、物工、物贸等形式的联合体，开展物资协作。进入90年代，物资供应逐渐丰富，物资购销由计划调拨供应转为市场供需调节，市物资系统开始进入经营困难时期，不少物资企业经营停顿，全行业出现亏损。90年代后期，市物资局探索"国有民营"改革，发展以"代理制"为主要内容的新型流通方式。2000年，市物资局出台《国有企业改革实施方案》，对企业进行改制。"十五"期间，全市报废汽车回收解体业务、钢材销售、机电产品、二手车交易等业务取得较好发展。进入"十一五"时期，市物资系统国企改制进入全面攻坚阶段，汽车报废解体、钢材经营、机电产品销售等业务转民营。至2010年，全系统民营化改制完成，物资供应完全市场化。

第一节　物资管理

供应模式

1985年，根据省政府《关于改进计划体制的若干暂行规定》，进一步缩小国家指定性计划范围，扩大指导性计划和市场调节范围，列入计划管理的物资，由原264种缩小到89种。1986年，全市计划管理的物资，由计委负责分配，市物资局主管经营，其中市计委分配的物资有焦炭、石油产品、水泥、生铁、矽铁、锰铁、钢材、废次钢材、废钢铁、杂铜、废铅、废锡、有色原材料、液化石油气、稀贵金属、"三酸二碱"、汽车、铜芯、铝绞线、裸铜线等39种；市物资局主管经营的物资有金属制品、铸铁管、稀有金属、高纯有色原料、橡胶、火工产品、聚乙烯、乳胶、氧化锌、沥青、玻璃、金刚石等50种。

1987年，国家计划分配供应的物资逐步减少，形成计划分配与市场调节相结合的"双轨制"，即实行指令性计划和指导性计划并存。其价格分别按计划调拨价与计划外市场价结算。1988—1990年，市物资部门执行国务院调整目录的指导性计划分配物资有45种。各企业专门成立市场科，开辟新的资源渠道，组织计划外物资参与市场调节交易。1989年，全国提出按照"大市场、大流通、大买卖"和"一业为主，多种经营"以及"深购远销"的方略，物资企业不受经营范围限制，用生产资料与生活资料、生活资料与生产资料进行协作串换，不同形式、不同规模的生产资料市场开始出现。90年代后，仅有钢材、生铁、有色金属（铜、铝、铅、锌、锡及铜材、铝材）、汽车、铝绞线、烧碱、纯碱、橡胶、轮胎、水泥等少数品种的一部分按计划分配供应，绝大部分物资实行市场调节供应。

1991年，随着物资计划体制与物资流通体制改革，按指导性计划供应的物资大幅缩减，市物资部门组织购进的物资额占物资购进总额的比重为83.50%。到1992年,市物资局所属企业自行组织购进物18043万元,占购进物资总量的93.4%。1993年开始,政府大幅度减少或不再给企业下达指令性计划,国家和省计划物资,除用于农地膜生产的塑料原料,农田水利和救灾钢材,液化气、石油外,全部按市场价销售,物资流通逐渐走向市场化(国家有政策规定的特种行业,仍按规定执行)。物资流通突破行业、部门、所有制的限制,逐步形成由物资企业、生产部门(企业)购销系统、非国有制(合资、合作、个体)流通企业等多部门、多种经济所有制企业参与的社会物资流通格局。

经营管理

经营责任制　1986年12月3日,市物资局办公室大楼发生火灾,局机关及所属生产资料服务公司、机电公司、轻化公司、金属公司等单位绝大部分档案资料也随之焚毁。10日,市人民保险公司按规定赔付保险赔款27万元。

1987年,市物资局开始在下属企业中推行经理负责制,突出经理在企业中的地位和作用,强化经营管理。1988年,遵照中央"配套、完善、深化、发展"的方针,在市金属材料、生产资料服务、机电设备、轻工化工、建筑材料、物资交易中心等7家公司试行经理承包责任制,在市金属回收公司、液化石油气公司试行企业经营基数招标,聘任经理。各企业承包者将有关指标分解落实到科室(门点)和个人,指标以税后利润为主,承包原则为包死基数,确保上缴,超收自留,歉收自补(销售收入、资产增值、精神文明等作为必要的考核指标),调动经营者和全体职工积极性,增强企业活力。当年销售收入比上一年增长1.5倍,利润总额同比增长59.60%,经营费用同比下降2.20%。1990年,承包经营责任制进一步完善,承包企业实行"两包一挂",即包上缴利润、包技术改造,工资与经济效益挂钩。

1991年,市物资局出台《关于第二轮企业承包的实施办法》,启动第二轮企业承包,承包期限一定3年,承包企业在1988年的基础上增至10家。并在物资开发公司的里村装潢门市部、生产资料服务公司的珠山物资商场、物资贸易中心的机械配件公司、市化工轻工公司的玻璃纤维厂4个小型门店,进行"国有民营"改革试点。公开招聘选拔经营者,其基本形式为租赁制。1999年,按照"有进有退",探索多种经营所有制并存的混合经营模式。即坚守主业,办好实业,重点抓好机电商场;物工联合,专营代理,组建专营有限公司;股份合作,延伸主业,采取股份合作成立顺达汽车运输租赁股份公司;国退民进,多种经营,组建成立景德镇汽车有限公司、一汽吉轻汽车有限公司两个民营经济实体;盘活资产、门店承包,将地处闹市的经营网点实行店面带人租赁承包,从事第三产业。

横向经济联系　1987年,市物资局积极开展多种形式的横向经济联系,充分利用资源优势和名优特新产品,搞好物资协作。主要采取投资分利联营、定点代销、联合销售、联合利库等横向经济联合方式。参与全国性的信息、业务联网组织,如全国大中城市和地区化工建材公司联席会、全国金属公司协作调剂会、省内机电产品调剂协作会等,交流信息,调剂余缺。同年8月,景德镇市钢材市场成立。9月,市政府发布《景德镇市开放钢材市场实施办法》,钢材市场由金属公司承办,有关公司、企业在市场设立窗口。钢材市场开业一年后,即与全国57个钢厂建立信息网络,经营品种规格和数量逐渐增加,保障全市生产建设需要。

1988年,市物资系统各公司开展对外横向联合,建立横向联合经济组织,拓展业务。1989年,全国物资工作会议提出"大市场、大流通、大买卖"和"一业为主,多种经营"的经营方略。市物资企业跨地区、跨部门开展横向经济联系与联合,发展物资、物工、物贸等形式合作。开展物资代购、代销、联营、联销,协作串换业务。到北京、上海、大连、哈尔滨等地设立营业窗口。1992年,市物资局与金融部门联合,筹办物资内部银行,在金融系统发行融资债券共计1150万元,分别向钢铁厂、汽车厂等企业投资,开展补偿贸易,返销一批钢材和汽车,满足市场需要。

1993年,《江西省全民所有制工业企业转换经营机制条例实施办法》颁布,规定企业有权根据市场需要和国家宏观计划指导,自主择定商品经营范围,跨地区、跨行业经营,实行一业为主,多种经营。市物资企业开展多种经营,市物资贸易中心开辟钢材、汽车两个市场,一个物贸大酒店;市物资储运公司实行运输、维修、经营并举;生产资料公司与市体改委、工商局联合挂牌成立物资拍卖行和企业产权转让市场,与天津汽车工业总公司联营销售汽车,与景德镇高专、无锡石油公司合作建设锡景加油站等。

到90年代中后期，市物资局探索和发展以“代理制”为主要内容的新型流通形式。金属材料总公司与省内外大型钢厂实行联营代销，借助外来资金在企业内部实行统一进货、统一定价、分点销售，逐步形成一定经营实力；市机电设备总公司加强与大型汽车制造厂的联营联销，与景德镇市昌河汽车签订合同，以生产厂家规模销售的优惠政策占领省内外市场，以汽车整体销售为龙头，带动二类机电产品的销售，连续两年销售突破两亿元大关，在全省同行业中保持领先地位。2002 年，闽浙赣皖 4 省 9 地市物资协作会在景德镇市召开，各地市互相学习与交流发展经验。

第二节　物资经销

金属材料

采购　1986—1992 年，为物资供应双轨制阶段，金属材料购进渠道分国家计划分配和市场购进两部分。计划分配金属材料占供应总量的 20% ~30%，其余由经营企业自行从市场组织购进。金属材料主要包括 4 大类：钢材类包括重轨、轻轨、大型材、中型材、小型钢线材、中板、厚板、薄板、矽钢片、钢带、优质型钢、无缝钢管、焊接管（包括镀锌管）、金属制品（包括钢绞线、钢丝绳）、其他钢材、硬质合金；炉料类包括生铁、矽铁、锰铁；有色原料及材料类包括铜、铝、铅、锡、锌、铜材、铝材、铅材；贵金属类包括铂（白金）、铑。1991—1992 年，市金属材料公司建立物资进货渠道，向马鞍山钢铁厂融资 500 万元，获年返钢供应 2000 吨。1993 年，国家取消物资计划分配后，金属材料来源由市场调节，主要从鞍钢、宝钢、贵溪冶炼厂等购进，全年协作购进钢材 5800 吨。

供应　1986 年以后，计划内供应是由国家统一分配，市计委按计划定额下达指标，市物资局综合平衡，以保证全市重点建设需要。计划内物资按政府定价销售。1987 年 9 月，市钢材市场开放经营，由企业自主选择钢材品种，发挥市场调节作用。同年，市钢材市场领导小组成立，加强对钢材市场领导，规定凡进入钢材市场的钢材，不分计划内外，一律随行就市，按同一市场价格挂牌敞开供应。1988 年，全市开展钢材经营企业清理整顿和重新登记注册工作，包括市金属材料公司、物资供销公司、物资供应站、联营企业等保留经营资格外，其他企业一律不准从事钢材经营活动，禁止钢材交易的经纪人活动。同年，钢材市场与全国 57 个钢厂建立信息网络，钢材的品种规格和数量增加。

1989 年，计划外黑色、有色金属国家实行统一最高限价内销售，包括钢材、铜、铝、镍、锌、锡以及相关的主要原材料和中间产品。物资经营企业之间调拨限价产品，均不得突破最高销售限价。同年，对冷轧薄板、冷轧硅钢片、镀锡薄钢板、镀锌薄钢板等 4 种钢材实行省级专营，委托金属材料公司代理经销。指令性计划分配部分由市计委、物资局下达指标，物资局组织订货；计划外部分，由金属材料公司按物资局指导的使用方向销售。对计划内和计划外钢材品种，可按照实际情况作一定调剂串换销售。经营企业对计划内品种不对路、价高滞销的钢材品种，经物资局审批后，可转计划外销售；同时购进需求品种、规格钢材转计划内供应，补充计划钢材不足。

1990 年 8 月，钢材停止专营，允许经营企业经核准登记后自行经营。市场放开后，经营金属材料、钢材企业克服资金不足，与大型生产企业、钢厂建立联系，构建新型工商关系，采取资金嫁接、参股、代购代销等多种方式经营，发展代理制，借助外来资金发展流通。1991 年，扩大经营规模，增加经营网点，全市钢材销售 2.03 万吨，经营收入 1.45 亿元。1992 年，钢材销售 2.22 万吨，经营收入 2.08 亿元。至 1993 年，钢材指令性计划取消，由市场调节供应。当年，钢材销售 1.76 万吨。1996 年，推行物资“代理制”和“配送制”。与省内外大型钢厂实行联营代销，借助外来资金 1500 多万元，销售各类钢材 4600 吨。1999 年，借助与大型钢厂总经销、总代理的优势，市物资局占据全市钢材市场“半壁江山”。为适应市场变化，市物资局自筹资金在里村仓库建立 600 平方米的简易经营场所，吸引集体与个体进场经营，逐步形成“有形”钢材市场。

机电产品

采购　20 世纪 80 年代，市物资部门组织物资供应，主要通过国家计划分配和市场调节渠道，计划内机电产品由省物资部门统一调拨,计划外机电产品由市物资部门自行组织采购。机电产品包括 80 种 4420 个规格,主要品种有各类汽车、成套设备、一类机电、一类机械、配套电工(发电机、电动机、变压器)、二类机械、轴承、仪器仪表、工量具、三类物资和汽车配件。1992 年,机电产品基本取消指导性计划,机电产品主要由市场调节供应。汽车购进渠道主要有东风汽车贸易公司、第二汽车制造厂、天津汽车工业公司、南京汽车制造厂、昌河汽车制造公司、天津汽车销售服务公司、江西汽车制造厂、上海华东汽贸公司、广东三星汽车集团、上海汽车工业总公司等汽车生产销售企业。机电产品购进渠道主要以哈尔滨轴承厂、济南第一机床厂、中国机床总公司为主。

供应 1986 年,汽车、铝绞线、裸铜线等品种按国家计划分配,其他机电产品由物资部门敞开供应。1987 年,市物资局与东风汽车贸易公司和市汽车修配厂联合开设东风汽车贸易公司景德镇销售技术服务部,同中国直升机设计研究所计算机中心合作开办微机销售技术服务部;与第二汽车制造厂、天津汽车工业公司、哈尔滨轴承厂联合,分别在景德镇市设立景德镇汽车轴承经销部。1988 年,市汽车贸易公司成立,主要经营计划分配外的各种国产和进口汽车,兼营其他各种机动车辆,参与旧汽车交易。1991 年,全年汽车销售量 472 辆,实现利润 349.20 万元。

1992 年,全市经营的机电产品中优质名牌和国家重点企业产品占 90% 以上,先后与全国 10 多个大中型生产厂家联办上门服务,帮助调试设备,实行“三包”和“三保”。市机电设备公司采取融资方式,筹集资金 650 万元,分别投向南京汽车制造厂、济南第一机床厂等大型生产厂家,采取认股、集资等方式进行联营。同年,先后与南京汽车制造厂、济南摩托车厂、济南第一机床厂、中国机床总公司建立集资联销和贸易合作关系,全年共销售汽车 995 辆,实现利润 402 万元。

1993 年,汽车销售量达到 2073 辆。其中市机电设备公司销售汽车 1152 辆,实现销售收入 1.07 亿元,成为市物资系统首家销售额超亿元的企业。1994 年 8 月,在曙光路中段设立汽车自选市场,占地面积 2600 平方米,由业务洽谈处、大棚展场、露天展场等组成。经销长春、南京、武汉、上海等 20 余个大型汽车生产厂的 6 大类近 30 个品种的汽车,为全省最大的汽车现货交易市场。1995 年,市机电设备公司与上海汽车工业销售公司协议,各出资 50 万元,建立上海汽车工业景德镇销售公司,经营上海汽车工业总公司生产的汽车、摩托车及附配件。半年内销售桑塔纳轿车 196 辆,销售收入达 2920 万元,实现利润 21 万元,成为桑塔纳轿车在景市及周边地区的流通主渠道及集散地。

1996 年,与昌河汽车制造企业联营。全年共销售各种型号汽车 1517 辆,年销售额突破 2 亿元。同年,与香港威特国际投资(集团)股份有限公司共同创办景德镇威特塑料胶粘带制品有限公司,投资总额 400 万元,年产塑料胶粘带 950 万平方米,产值 1400 万元。1997 年,机电产品经营艰难情况下,在上海、北京等地设立营销机构,扩大经营规模,全年销售汽车 3460 辆,实现销售额 2.46 亿元,成为全省机电行业唯一一家国家级代理商,获“全省物资系统经济效益先进单位”称号。

1998 年,实施“多元战略”,以昌河汽车、中国一汽、上海大众桑塔纳等大型生产厂家为依托,将经营范围扩大至全国,初步形成以销售为龙头,带动二类机电销售,主业与多业、贸易与实业同步。全年物资销售额达 2.51 亿元。2004 年,与九江、广州本田轿车公司协商,采取合作经营的方式,建立广州本田轿车景德镇专卖店。

2000 年以后,机电产品进入买方市场,各地生产厂家设立经销代销点。景德镇里村、马鞍山一带形成摩托车、电机、水泵、空气压缩机、电动车的批发、零售专业市场。

轻化建材

采购 1986 年,轻化建材按计划分配。轻化建材物资品种较多,化工轻工材料主要包括化工原料:硫酸、盐酸、硝酸、硝酸钾、纯碱、烧碱;火工产品:炸药、雷管、导火线;橡胶制品:轮胎、传动带、三角带、运输带、胶管、橡胶板;轻工产品:新闻纸、玻璃制品、金刚石。建筑材料主要包括水泥、沥青、油毡、石英粉、石棉及石棉制品、陶瓷、大理石、滑石粉、石墨粉等。1991 年,轻化建材市场基本放开,只有少部分计划分配指标。1993 年,轻化建材市场计划分配完全取消,市场放开。

供应 1986 年,市物资局下属轻化公司承担轻化物资的供应,按企业需求实行切块分配,直供到厂。

1994年,计划经济转为市场经济后,国家取消对物资行业的政策性保护,全市轻化建材产品销售价格全面放开,企业经营效益大幅下滑。市轻化公司转换经营方式,实行承包供应,同需方签订承包合同,保证市内工程需要。为方便用户,采用门市零售方式,在市区建立经营网点,在市区周边的鹅湖、蛟潭、鱼山等地建立物资供应站。采取上门服务,出入生产车间和建设工地,对重点工程和技改项目进行现场调查,对所需材料进行现场调拨。与市内外多家生产企业合作,建立固定代销关系扩大销售。2003年,市化工轻工总公司、市建筑材料总公司进行改制,经营停顿,轻化建材产品完全由市场供应。2010年,企业改制全面完成。

民爆器材

民用爆破器材属国家指令性计划分配物资,由市物资局下属化工轻工公司经营。经营主要品种有铵梯炸药、铵油炸药、乳化炸药、胶质炸药等硝铵类混合炸药和工程雷管、导火索、导爆索、硝酸铵等。1986年,民爆经营企业须由当地公安部门核发"爆炸物品销售许可证"后方可办照经营,销售、运输、储存各个环节须严格遵守爆炸物品安全管理制度和操作规程。物资局每年制定民爆器材产品分配计划,购买单位持公安机关签发的"爆炸物品购买证"按分配计划采购,需要运输的同时出"爆炸物品运输证",使用部门按规定领取"爆炸物品使用许可证",严禁无证购销和转让。

1995年,市民用爆破器材专营公司成立,与市化工轻工公司合署办公,是景德镇地区(含浮梁县、珠山区、昌江区)唯一定点专营民爆器材单位。在吕蒙乡石岭村御字亭后山兴建1座民爆器材专用仓库(111库),面积13866.70平方米,专用公路2917平方米,可存入爆炸物品500余吨,安全设施齐全。1998年,市政府规定:全市(含浮梁县、珠山区、昌江区)民用爆炸物品经营管理必须按《中华人民共和国民用爆炸物品管理条例》规定要求执行,继续由市物资局民爆专营公司统一经营,不再批准增设新的民爆器材经销单位。

1998年12月,浮梁县民用爆破器材专营公司成立,经营民用爆破炸药,分流市民爆公司的业务。1999年4月,市民用爆破器材专营公司,重组改制为市民用爆破器材专营有限公司。2000年,市民用爆破器材专营公司专用仓库土地使用权转让给浮梁县物资局。2001年,民爆器材生产、流通实行国家和省两级管理,市、县(区)不再承担行业管理职能。

旧机动车交易

管理　旧机动车市场属特种行业管理,由市公安机关核发"特种行业许可证",经营含拖拉机、摩托车、农用车等旧机动车辆交易。1990年12月,市旧机动车交易市场成立,市政府规定"全市范围内的旧机动车交易必须在交易市场进行,任何单位和个人不得私下进行交易"。1999年,省物资局下发《关于确认景德镇市旧机动车交易市场的批复》,明确规定旧机动车交易市场主要功能和业务范围。交易车辆先经公安车辆管理所检验,开具检验合格证明,才能进入市场交易。销售价格根据旧机动车的技术质量、使用年限、行驶里程、收藏价值等进行评估,按质论价,自由协商,议价成交,由买方支付一定比例的手续费。1999年和2005年,省物资局及省国内贸行业管理办公室对市旧机动车交易市场经营资格两次予以确认,明确为景德镇市唯一旧机动车交易经营单位。

2005年10月,《景德镇市二手车流通管理办法》发布,市物资局管理职责转为对二手车流通的监督管理、维护市场秩序以及保护消费者和经营者的合法权益。二手车交易使用"二手车成交证明单",由市物资局统一发放和监督,用于交易后办理转籍、征费等相关手续的证明,防止报废车、盗抢车进入市场交易。同年底,二手车市场放开,全市出现多家小型二手车交易市场和二手车经营户,二手车市场竞争激烈。12月19日,市二手车流通管理领导小组成立,负责全市二手车交易市场的日常管理。2006年3月,市物资局增设二手车流通管理科,加强全市二手车市场的管理。

2007年2月,景德镇旧机动车交易市场与浙江恒业房地产开发公司合作,在通站路恒业类摩尔街建立5000多平方米的二手车交易市场。2月8日,市场正式开业,成为管理规范、功能齐全、交易方便的二手车交易平台。

2008年,江西省取消"二手车成交证明单"。2009年8月,市旧机动车交易中心纳入全市商业网点规划建设。2010年3月,市政府明确市物资局为全市二手车流通管理主管部门,对全市二手车市场进行清理整顿,对符合规定的二手车经营户进行资源整合。市长运公司的东侧自发形成二手车交易市场。

交易　1990—2001 年,全市汽车保有量少,旧机动车交易市场发展缓慢,交易量较少。2002—2006 年,旧机动车业务呈逐年递增之势,年均 1300 辆。2006 年二手车交易量急速下降。2007 年开始,旧机动车市场逐步规范管理,实行统一销售发票和“二手车成交证明单”,二手车交易量大增,达到 3846 辆。2008 年交易 3338 辆。2009 年和 2010 年,交易量分别是 2439 辆和 3763 辆。

第三节　物资回收

废旧金属

回收　1986 年之前,废金属属于国家统配物资,由物资部门和商业(供销)部门负责供应和回收,市金属回收公司与市废旧物资公司负责全市的废金属回收工作。1987 年 3 月,景德镇市取消回收废钢铁和废有色金属指令性计划,开放废钢铁市场。取消钢材供应与废钢铁回收挂钩的奖惩办法,规定企业除自用外,允许在全市企业之间调剂,但不得以任何理由向市外销售。市计委规定废金属回收只能由市金属回收公司、市废旧物资公司进行收购和经营,其他任何单位及联营体、个体户都不准到厂矿企业及建设单位收购和经营废金属。经过工商部门批准发证并由经营部门委托的联营、个体户只限于社会的零星收购,且只能卖给金属回收公司、废旧物资公司,不准运出市销售或与钢厂直接串换钢材。但随着市场放开,出现废金属资源外流和非法经营,市场竞争激烈,流通管理失控。

1989 年 8 月,全市对废金属回收市场实行指令性计划管理,按照市计委下达计划分配的钢材、有色材指标,按比例下达废金属回收上交计划,欠交废钢铁,扣供一定比例的计划钢材,对企业自行采购的金属材料所产生的废旧金属,实行指导性计划管理。

1990 年 12 月,凡经铁路运输或船运 50 吨以上(含 50 吨)废钢铁出省,由市金属回收公司、市废旧物资公司报省物资局、供销社审核,由省经委审批放行;船运 50 吨以下和公路运输,由省物资局、省供销社批准放行。1991 年 4 月,市计委明确规定废金属收购要严格执行国家有关规定,企事业单位(含部、省属企业)的废金属,由物资部门的金属回收公司收购。1992 年,省政府下发《关于整顿废旧金属市场的通知》,强调废旧金属的回收、加工利用、供应及串换业务,由物资、供销部门的废旧物资回收利用企业按照国家有关规定经营,其他任何单位和个人一律不准经营。个体工商户只限于收购城乡居民出售的生活器具和废旧工具、农具、自行车、人力车的废旧零部件。9—10 月,在全市范围内开展废金属回收市场的清理整顿,市金属回收公司组织专人巡回检查,配合工商部门加强废金属回收市场的管理。1992 年起,3 年内对再生资源企业回收、加工再生资源所得的纯收入减征所得税。

1996 年,市金属回收公司回收废钢铁 4600 吨,销售额 768 万元,利润 10.50 万元,被国内贸易部授予“全国内贸系统再生资源回收利用先进单位”。1991—1996 年,全市共回收废钢铁 31100 余吨,废有色金属 720 余吨。

2003 年,市金属回收公司与昌河汽车公司续签废金属边角余料供销协议,由回收公司统一收购分销。2004 年,市金属回收公司与瓷都再生资源公司合作,在黄泥头、吕蒙陈湾矿、石岭八〇〇库组建 3 个废旧物资大市场,把原遍布全市的沿街废旧物资回收站全部迁入大市场内,统一管理。2003—2010 年,全市共回收废钢 70100 吨。

2009 年 6 月,商务部将景德镇市列入国家第二批再生资源回收体系建设试点城市,这是江西省唯一的一个试点城市。2010 年,编制《景德镇再生资源循环利用体系建设试点工作实施方案》,正式启动再生资源回收体系建设试点工作。9 月 17 日,市再生资源回收体系建设项目在洪源镇道罗公路南侧举行开业典礼。项目列入市政府 2010 年重点建设工程,总用地 13.33 公顷,建筑面积 10.78 万平方米,总投资 1.50 亿元。同时在全市社区、乡镇新建、改造 500 个回收站点与 8 个中转站,建设一个由商品展示区、商品交易区、分拣加工区、仓储配送区、配套服务区和培训中心构成的集散市场。

加工处理　1986 年,市金属回收公司加工厂设有冷热压块和机修车间、100 吨液压打包机 2 台和车、刨、铣等机床以及地磅、电焊机、夹杆锤、摇臂钻等设备,配备东风、解放牌汽车4辆。按照国家规定标准,对回收的废钢铁进行分类,加工成轻薄料冷压块、钢屑热压块或进行加工改制,然后按计划规定调拨给国家指定的钢铁冶炼单位,少量的供应给各乡镇农机厂和轻工市场。1987年,国家放开废金属市场后,废金属回收量呈下降趋势,废金属加工业萎缩。1994年以后,市金属回收公司调整经营结构,充实经营网点,扩大经营收购网络,延伸至城乡大中型厂矿和生产企业。与客户联营协作,添置36台冲床和1台打包机,对回收的废金属材料进行挑选、分类,将较小的边角废料按照市场需求冲压成小零件,增加经济效益。

1991—1996年,全市共加工废钢铁12500余吨,分拣出可直接利用的钢材3000吨,有用边角料7000余吨,产值1537万元。1998年,市金属回收总公司回收、加工、利用并行,实现销售411万元,获全省物资系统先进单位称号。1999年,昌河工业公司边角钢材回收量大幅度下降,销售价格下跌双重压力下,加强对回收废料进行分类筛选加工,按等级销往钢厂,实现利税15.90万元,再次获得"全省物资系统先进单位"称号。2007年,市金属回收公司在废料深加工项目的基础上,引进福建客商,当年总投资500万元,在景德镇陶瓷厂工业园利用废料深加交链、平垫标准件。

汽车回收

1987年,省政府出台《江西省老旧汽车报废更新暂行办法》,规定汽车累计行驶里程,载重汽车为50万千米、矿山特种车为40万千米、其他车辆为50万千米;使用年限,载重汽车12年、矿山特种车10年、大客车14年、其他车辆13年,虽未超过以上使用年限,但经两次大修,技术状况下降,已无修复价值的;以及其他原因无修复价值的,一般都应报废,就近就地出售给指定回收单位。1989年8月,市政府规定凡经过车检所鉴定应报废的汽车,不能继续使用,不准转卖,一律送交金属回收公司回收拆解。市金属回收公司实行专营管理,防止报废汽车继续上路。企业有加工(拆解)场地7000平方米,100吨液压剪切机1台,拆解设备5台,5吨解放吊车1辆,液压拖挂车1辆。

1990年,市交警支队与市金属回收公司规定驻市及市属各单位、厂矿企业和个体户的报废汽车,由市金属回收公司统一回收,严禁其他单位或个人回收报废汽车,违者由工商部门按规定查缴并罚款。1993年,规定"累计使用年限满15年的汽车、拖拉机一律强制报废,并由交警、工商行政管理部门配合市金属回收公司强制收购","车辆更新销户和注销单位固定资产,须凭市金属回收公司开出全国统一的'报废汽车回收证明',新购小汽车,控购办车管所凭证办理控购手续和车辆挂牌手续"。1994年,市报废机动车辆专营公司成立,承担全市报废机动车辆的回收管理。

"九五"时期,报废汽车市场逐渐增大。1996年,省汽车更新改造领导小组办公室发布《报废汽车回收管理办法》,明确指出报废汽车回收部门是各地市金属回收公司。1998年,报废汽车回收企业实行资格验证制度,市金属回收公司获得国家颁发的资格认证书。1999年,全市要求回收企业对报废汽车逐车登记。2001年,根据国务院颁布《报废汽车回收管理办法》,全市对报废汽车回收实行特种行业管理,实行资格认定制度。8月9日,市政府下发《关于加强报废汽车回收管理的通知》,明确指出全市(含乐平市、浮梁县)有资格回收报废汽车的单位为市金属回收公司,其他任何单位和个人回收废汽车均属非法经营。2002年1月,全市对"报废汽车回收证明"进行严格监管,防止假回收真上路。1991—2010年,全市共回收各类报废车6145辆(含摩托车)。

第四节　物资管理体制改革

经营体制改革

1992年,按照市政府的统一部署,市物资局在企业内部实行以人事、劳动、分配制度为内容的三项制度改革。实行全员劳动合同制、干部聘任制、内部待业制,逐步推行劳动用工双向选择。分配制度与劳动实绩挂钩,拉开分配档次,不同岗位、不同职责,采用不同的分配方式。企业领导干部逐步实行聘用制,企业中层干部全部实行聘用制。打破干部、工人界限,做到干部能上能下,能干能工,量才录用,不拘一格;引入优胜劣汰的竞争机制和风险机制,实行干部聘用制和优化劳动组合;公开岗位条件、岗位职数、岗位任务,允许全体职工参与考核,竞争择岗,优留劣汰;推行按劳分配原则,以加强工资宏观调控为前提,以按劳动技能、劳动责任、劳动强度和劳动条件等基本劳动要素评价为基础,实行以岗位技能工资为主要内容的企业基本工资制度。当年,市机电设备公司将原经营管理科、人事秘书科合并为经理办公室,增设资源开发部、摩托车经营部、技改设备配套服务部等业务科室,使后勤科室与业务科室比例调整为3:10。市化工轻工公司与建筑材料公司试行四项费用与利润挂钩的改革,按照实现利润比例提取工资、奖金、业务活动经费、差旅费。

1998年,市物资局对国有企业实施股份合作制改革,使企业成为“自主经营,自负盈亏,自我发展,自我约束”的商品生产经营者。2000年,明确物资国企改革的步骤,采取因企制宜、一司一策的方法,选择市化工轻工总公司、建筑材料总公司、液化石油公司先行试点。当年,化工轻工总公司有38个职工按政策解除职工身份,留企职工参与筹组股份合作制企业,直接面向市场经营。全市物资系统共有2个企业转为股份制合作企业。

2001年开始,采取“整体推进,分步到位”的工作方式,将有经营规模和实力的企业重组为股份合作制公司。2002年,继续推进国有企业改制,利用行业优惠政策,实行资产重组改制;对担负政策性经营的企业实行企业剥离,组建若干配套专营企业,延伸配套经营服务;对市场发展前景较好的困难企业,将优良资产剥离出来重组经营;对债台高筑,扭亏无望的小型企业,实行兼并、托管、租赁,盘活现有资产,妥善安置职工。

2003年,市金属回收公司改制重组为市金属回收有限公司。市物资贸易总公司改制重组为市发展物资贸易有限公司,继续开展经营,做到企业改制不解体,职工置换身份不下岗。对没有经营优势,但有一定资产的公司,采取土地置换、盘活资产的方式,筹集资金进行改制。如市金属材料总公司、机电设备总公司、化工轻工总公司、建筑材料总公司、液化气公司、建材有限公司等企业。对既无经营优势,又无资产的“三无”特困企业,则向市政府申请解困资金,并出售部分店面筹资进行改制。如市基建物资配套承包公司、外商投资企业、物资开发公司等。市物资局专门成立资产管理中心和企业财务中心,确保改制过程中企业资产不流失,财务工作正常运转。

2005年,大部分企业完成改制工作,改制面达95%。国有资产转让,严格按程序报经上级部门批准后实施。各企业通过改制,经营体制转换,职工身份换置,重组为新的股份制企业或民营企业。2008年,继续理顺和解决市金属材料总公司、机电设备总公司、液化石油公司改制遗留问题,全面完成化工轻化总公司、建筑材料总公司改制。

2010年,改制工作实现突破性进展,市建筑材料总公司、生产资料总公司、物资贸易总公司、外商投资企业物资公司、基建配套公司、物资开发公司等企业全面完成改制,132名职工顺利进行身份置换。至2010年上半年,全系统692人完成身份置换,改制面达100%(不含挂编人员)。市物资局保留的下属部门为物资信息中心(事业单位)、市旧机动车交易中心、市现代物流园区项目经理部、资产管理中心。

管理体制改革

1986年,市政府驻南昌办事处为副县级机构,其组织领导、行政管理、经费开支由市物资局负责。1987年3月,市物资局经营管理科、审计科成立,进一步搞活物资流通,加速全市工农业生产发展。12月,市物资协作办成立,主要职责是对物资协作工作进行组织、管理、协调、指导。1988年2月,将物资交易中心从生产资料服务公司中划出,单独成立物资交易中心。

1990年4月,市工业开发公司与市物资开发公司合并,组建成立市物资开发公司。5月,原隶属市经委管辖的市广告装潢公司划归市物资局管辖。7月,成立市物资信息中心,负责全市物资统计和市场价格、供需信息的汇集反馈。1991年8月,市物资运输公司成立。9月,在南昌成立景昌贸易公司和市政府驻南昌办事处招待所。景昌贸易公司下设瓷都商场,以经销景德镇地方产品为主,兼营全市工农业生产资料和生活资料。12月,与金属材料公司合署经营的建设物资配套承包公司从金属材料公司划出独立经营,为全民所有制四类企业。

1992年7月,市物资局成立物资房地产开发公司,实行物资开发与房地产开发并举,主营房地产开发、兼营金属材料、建筑材料等。9月,市物资运输公司更名为市物资储运公司,扩大经营范围,搞活流通。11月,市物资协作公司成立。12月,市外商投资企业物资公司成立。1993年11月,市政府驻南昌办事处与市物资局脱钩，由市政府统一管理。12 月，市金属材料公司更名为市金属材料总公司；市机电设备公司更名为市机电设备总公司；市化工轻工公司更名为市化工轻工总公司；市建筑材料公司更名为市建筑材料总公司；市生产资料服务公司更名为市生产资料总公司；市物资贸易公司更名为市物资贸易总公司；物资再生利用公司更名为物资再生利用总公司，为全民所有制三类企业。1994 年，市物资局成立亨达物资公司、景发物资公司、装潢建材公司。6 月，成立市报废机动车辆专营公司。1996 年 2 月，市经济开发公司归口市物资局管理，并入市外商投资企业物资公司。1997 年 1 月，市基建物资有限公司成立。9 月，市生产资料市场管理领导小组成立，领导小组办公室设在市物资局。

2000 年 5 月，市政府驻南昌办事处停止运营，由市物资局接管。2002 年 3 月，市物资局国有资产管理中心成立。市物资局项目开发部成立，后更名为市现代物流园区项目经理部。2006 年 3 月，市物资局增设二手车流通管理科，加强全市二手车市场的管理。12 月，全市二手车流通管理领导小组办公室在市物资局挂牌，明确市物资局对全市二手车流通管理的管理职能。

第五节　管理机构

市物资局

1987 年，市物资局增设经营管理科、审计科。1990 年 7 月，撤销信息科，成立市物资信息中心。1992 年，市物资局直属企业共有 15 个，其中全民所有制企业 14 个，县级大集体企业 1 个。全系统共有职工人数 677 人，其中全民所有制职工 482 人，集体所有制职工 195 人。2006 年 4 月，市物资局设党委办公室、秘书科、劳动人事科、保卫科（含综治办）、审计财务科、经营招商科、生产资料流通科（与二手车流通管理科合署），另设监察室。市物资局机关（含原驻南昌办事处）事业编制精简为 31 名，经费渠道维持不变。设正科职数 8 名（含监察室主任 1 名），副科级职数 5 名。2010 年，全系统职工 665 人，其中全民职工 519 人，大集体职工 146 人。

2011 年，内设机构调整为党委办公室、行政办公室、人事科、综治办（保卫科）、财务科、资源利用经营科、二手车流通管理科，另设监察室。市物资局机关（含原驻南昌办事处）事业编制为 31 名。领导职数为 1 正 3 副，纪委书记 1 名。

下属企业

物资系统有全民所有制企业 9 家，专业公司 5 家人，分别为市金属材料公司、机电设备公司、轻化建材公司、液化石油气公司；废金属回收企业 1 家（金属回收公司）；综合经营公司 3 家，分别为生产资料服务公司、物资交易中心、物资开发公司。另有大集体企业 1 家（物资配送公司）。

市金属材料公司　1986 年，市金属材料公司为物资系统经济独立核算，经营企业。1989 年，市金属材料公司与中国电子物资公司闽赣公司合作，建立市金属材料公司八〇〇库分公司，承担机械电子行业系统以外的单位企业计划外钢材的组织供应、调剂协作和信息服务。1993 年，更名为市金属材料总公司。1998 年，市钢材市场与市金属材料公司分设，实行独立经济核算，隶属市金属材料总公司。2001 年，金属材料总公司改制。

市金属回收公司　1986 年，市金属回收公司负责全市废旧金属回收、报废汽车回收（拆解）等业务。1993 年，更名为市物资再生利用总公司。2001 年，公司注册资金 391 万元，无银行贷款，上缴利税 513 万元。2003 年完成企业改制，重组为市金属回收有限责任公司。

市轻化建材公司　1986 年，负责全市化轻、建材产品经营，为物资系统企业。1987 年 12 月，划分为市化工轻工公司、市建筑材料公司，独立核算，自负盈亏。1993 年，市化工轻工公司更名为市化工轻工总公司，市建筑材料公司更名为市建筑材料总公司。2003 年，市化工轻工总公司、市建筑材料总公司进行企业改制，企业经营停止。2010 年，全面完成改制。

市机电设备公司　1986 年，市机电设备公司为物资系统企业，负责全市机电产品经营。1993 年，更名为市机电设备总公司。1998 年,组建市物华机电有限公司。2004 年完成改制。

市液化石油气公司　1986 年,为物资系统企业,经营液化石油气企业,实行独立核算经营。2004 年,全面完成改制。

市生产资料服务公司　1986 年,负责全市生产资料产品经营。1993 年,更名为生产资料总公司。2010 年,改制全面完成。

市物资交易中心　1987 年成立,归口市生产资料服务公司管理。1988 年,市物资交易中心从市生产资料服务公司划出,单独成立市物资交易中心,独立核算。1993 年,更名为市物资贸易总公司。2003 年改制完成,重组为市发展物资贸易有限公司。

市物资开发公司　1988 年,市物资开发公司成立,独立核算经营。物资配送公司与物资开发公司两块牌子一套人马。2010 年,完成改制。

第二十篇　旅游业

第一章　旅游资源

景德镇处黄山、怀玉山余脉与鄱阳湖平原过渡地带，自然景观丰富，有浮梁县瑶里、乐平市洪岩、文山为代表的森林、溶洞、岩石景观。景德镇置镇千年，以瓷茶闻名于世，自石器时代就有古人类活动，留下涌山古人类遗址和高岭古矿、御窑遗址，东埠、三间庙古码头，乐平古戏台等人文景观，大量徽派风格的古民居，古村落分布在广大农村，有沧溪、严台、瑶里等。全市有国家AAAA级旅游景区5个、国家AAAAA级旅游景区1个，旅游资源十分丰富。

第一节　浮梁旅游景区

高岭瑶里风景区

瑶里风景名胜区位于景德镇以东45千米，景区总面积192平方千米，分为5个景区，自西向东依次为高岭土矿遗址园区、瓷茶古镇游览区、绕南陶瓷主题园区、梅岭休闲度假区和汪湖生态游览区。

浮梁县高岭村远眺

高岭遗址　总面积19.68平方千米。为高岭土采矿遗址园区核心区，距东埠4千米。明万历年间，景德镇人使用高岭土制瓷，清乾隆年间为盛，比西方早500年。清同治八年（1869），德国地质学家李希霍芬到此考察，将高岭译为Kaolin，高岭土成为世界制瓷黏土的通用名。2001年7月，高岭古矿区被列为国家重点文物保护单位，同年被省政府评为省级风景名胜区。景区自然风光美丽、人文景观独特，遗存有古矿洞、尾沙堆、淘洗坑以及古老清幽的聚秀桥、姿态万千的龙口瀑布，山间古道上的接夫亭等景物，是国际瓷业研究人士的朝圣之地。

80年代的浮梁东埠老街

东埠古街　东埠是高岭山下一个小村庄，昌江支流东河从村中流过。为明代高岭土的转运地，商业繁荣兴盛，渐渐成为码头集镇，因处河边而名东埠。

东埠古街分为上街头、中街头和下街头。明清时期，中街头有药店、布店、鞋店、豆腐店、猪肉店、糕点店、理发店、杂货店、饮食店等几十家店铺。3 米宽的街道用青石板和麻石铺成,每间店铺都有前后两门,前门正对着街面,后门房屋为吊脚楼,对着碧波荡漾的东河。古街的青石板路面中间有一条深深的凹痕,这是古代运货的独轮车压出的车辙,印证东埠古街昔日的繁华。有民谣为证:“东江神女东埠街,吊脚木楼沿江排;商船载运高岭土,舟帆日日蔽江来。木楼底下龙眼开,商家窥准双埠台;三米街铺石板路,四里古市两岸摆。幽幽长街片片店,滚滚财源悠悠晖;木楼望星谈高岭,徽商劲旅慕名来。”

街东头矗立一块清乾隆年间浮梁县衙立的禁令碑,告诫所有船户,装运高岭土必须听从商家的调遣,不得欺行霸市,排挤其他船户。若有违令者,将其披枷戴锁,罚站河边示众,此碑文被誉为古浮梁的“反不正当竞争法”。

瑶里瓷茶古镇　瑶里古镇既是景德镇陶瓷原料的重要产地和颇具规模的陶瓷生产地,又是浮梁茶叶的主产地之一。清澈见底的瑶河穿镇而过,两岸明清建筑参差矗立,与古樟下横跨瑶河的木桥交相辉映。为徽饶古商道上最为繁华的商业街之一,全长 1000 多米。上百间店铺分布在街道两旁,大部分保存完好。有民谣说:“上街头,下街头,街长不见头;丝绸缎,糖醋酒,店面八百九”,生动的再现唐诗中“浮梁歙州,万国来求”盛世景象。

程氏宗祠。始建于明代中叶,清道光年间重修,背靠狮山,前临瑶河,门楼由青石构筑而成,梁与柱的结合部有精美的砖雕和石雕,雄伟庄重又美轮美奂。大门为四柱三开间,上面有四座屋顶,即三间四柱四楼式的砖雕石砌贴壁牌楼门。大门上有“惇睦”“程氏宗祠”六个大字,刻在青石板上,笔法雄健有力。1938 年 2 月,陈毅到瑶里指导红军游击队改编为新四军,在这里召开抗日动员大会。

“狮冈胜览”。为典型的欧洲巴洛克式的建筑,原屋主吴佣舟经营茶叶、瓷釉果生意,受过西方建筑文化的影响,建造这座中西合璧的建筑。建筑外墙雕有双狮戏球、麒麟、飞龙等,窗户、阳台、女儿墙及穹顶造型有较强的艺术感。站在楼上品茗观景,瑶河风光一览无余,故名。

“狮冈胜览”民居

镇上还有“大夫第”“进士第”“适可屋”等古建筑,或彰显其家族曾官至“大夫”,或炫耀其祖先曾科考及第,或表明其隐居山林之心境。一屋一景,一室一情,把瑶里镇装点得古意盎然。

绕南陶瓷主题园区　绕南村因东河从其南面环绕村庄蜿蜒流过而名,村前栗木滩遗存有古水碓、古釉果作坊、古陶瓷作坊、南宋龙窑等古陶瓷遗迹,展示了古陶瓷制作过程。

水碓。绕南人以水流落差为动力,在瑶河两岸安装水碓,舂碎瓷石,制作釉果。每当春夏雨季,瑶河两岸便是水轮旋转,碓杵翻腾,数里相接,响声隆隆,形成“重重水碓夹江开,未雨殷传数里雷”的壮观场面。瓷石舂细后,经过淘洗、沉淀、稠化、晾干成型,每块釉果约重 2 千克,用小船运到景德镇,供瓷厂制瓷配釉所用。

龙窑。始烧于南宋后期,明代中叶废弃。龙窑依山坡顺势向上建筑,分窑头、窑床、窑尾 3 部分,最低的一端(即山下)的火膛为窑头,最高的一端(即山上)的排烟孔为窑尾。龙窑具有热效率高、节省燃料、生产周期短、产量大的优点,建造及烧瓷成本低。

梅岭休闲度假风景区　位于百岭松涛山脚,村口有 9 棵古樟,排列在村口处,树龄均有 500 年以上,最粗树胸径达 7.32 米,高达 14 米,树龄 1000 多年,生长于一船型土坛上,宛若帆桅。村口处建有一座桥,锁住风水,体现徽州水口园林特色。梅岭村内有古民居 100 多栋,大多为清代所建,少量为明代建

瑶里梅岭山庄

筑，保存完好。有号称“江南第一祠”的张氏宗祠，始建于唐末，元末焚于战火，明初重建。宗祠气势恢宏，砖、木、石雕十分精细，拥有3堂2天井，占地1999平方米，建筑面积达3000多平方米。是集旅游观光、休闲度假、娱乐餐饮为一体的庄园。

汪胡生态游览区　汪胡风景区距瑶里古镇13千米，海拔700多米。境内群峰环伺，古木参天，其中国家一级保护植物南方红豆杉350株，最大胸径达1.28米；榧树有100余株，胸径多在0.3米以上；银杏多株，胸径达1.9米，树龄超过千年。原始森林背后有一条神奇的峡谷——天河谷，有天河谷、日月潭、瀑布群等景观，峭壁上建有游步道。

高际山下有南山瀑布，由主瀑、石花瀑、飞龙瀑、飘锦瀑组成。瀑布群全长400余米，总落差220米，内有缓坡、有断岩、山体岩石通体光滑完整，四周竹修林密，奇石众多。其主瀑南山瀑布宽20多米，落差100多米，洪水季节数里之外可闻其声。南宋诗人杨万里在此游玩时，题诗云：南山迢递敛朝烟，百尺飞流挂瀑泉；涧吼崖嘶风雨骤，天空月朗斗中连；斜阳景射出垂地，霜气横秋剑倚天；何日芒鞋穿鸟道，探源直上白云顶。

汪胡背后的高山五股尖，是皖赣分水岭，赣东北地区最高峰，海拔1618.4米，常年云雾缭绕，景色瑰丽。山腰处的高际山有南山庵堂、高际禅林寺等历史遗迹。高际寺始建于北魏年间，相传杨万里到瑶里时，在高际寺题刻“高际禅林”4个字，其石刻至今留存完好。

徽饶古道是古代徽州通往饶州的交通要道，从梅岭村前一直通向安徽休宁、屯溪，连接皖赣两省，江西境内全长10千米。徽州古道梅岭段保存最为完整，3000多个台阶全部由麻石铺成，宽1.5米，古道随山势蜿蜒而上，两旁古木苍劲，遮天蔽日。

瑶里徽饶古道的风雨亭

浮梁古县衙景区

浮梁县始建于唐天宝元年（742），旧县城内仍存留古城墙、孔庙、城隍庙、牌坊、锦绣街、宝积寺等遗址，以被誉为“江南第一衙”的浮梁县署和被誉为“江南第一塔”的宋代红塔最为著名。

浮梁古县衙　始建于唐元和十一年（816），屡毁于火。清道光元年（1821）重修，占地面积6万余平方米，房屋300余间，为五品衙署。县衙以大堂为中心，坐南朝北，前堂后寝。大堂面积400平方米，梁柱硕大，空间开阔，取名为“亲民堂”，是举行重大典礼、重大案件审理的地方。其后为二堂、三堂，分别是知县处理一般民事案件，接待外地官员、商议政事和办公及眷属聚会的地方。三堂后面为东西花厅，辟有宽阔的后花园。县署楹联内涵丰富，反映封建社会地方官员处事方法和原则，折射出清廉、勤勉的官文化精华。如：

得一官不荣，失一官不辱，勿说一官无用，地方全靠一官；吃百姓之饭，穿百姓之衣，莫道百姓可欺，自己也是百姓。

为政不在言多，须息息从自身克己而感；为官务持大体，思事事皆民生国计所关。

理冤狱，关节不通，自是阎罗；赈灾黎，慈悲无量，依然菩萨。

历史文化长廊有312米，由216块青花瓷板铺就而成，综述浮梁历史以及源远流长的官文化、瓷文化和茶文化，记载浮梁1300多年要事珍闻和浮梁的发展历程。千年瓷坛展示“瓷都之源”，是古代浮梁劳动人民勤劳智慧和伟大成就的象征。景区内有古装照相、乘轿游、县官升堂审案、武士巡游、开城门等旅游活动。在县衙主体建筑两侧建有察院、督捕厅、校场等行政配套建筑。

红塔　红塔的佛名为“大圣宝塔”，收录于《中国古塔》。始建于北宋建隆二年（961），明万历三年（1575）重修。1959年被列为首批省重

古浮梁八景之一的西塔夕照

点文物保护单位。20世纪80年代再修,是浮梁的地标建筑。红塔的封砖灰浆用石灰、糯米浆、红泥巴、砂4种成分混合而成的,因灰浆外渗染红塔身而称“红塔”。塔身为穿壁绕座式,高37.8米,分7层,每层6面,是一座江南特色的楼阁式宝塔,历史上为浮梁“昌江八景”之一。相传明朝朱元璋与陈友谅大战鄱阳湖时落败,沿着昌江一直败逃到浮梁县城,躲在塔顶避过追兵。后来他的第九代孙子、万历皇帝朱翊钧登基第三年,从国库拨专款重修红塔。按常规,寺塔都是靠僧人化缘或信徒香客们捐助修建,朝廷是不出钱修建的,这次属于特例。

城门楼　由城墙、主楼和角楼组成,高15.6米。主楼坐落在8米高的城墙之上,城墙下筑拱门洞,洞顶甚高,底阔3米多。城墙内外两侧各有砖砌台阶,曲折通上城墙,墙顶四周砖砌围廊。门楼面阔5间,进深3米,三层檐下,红色廊柱,上两层廊柱间置木栏板。城墙两侧各有一角楼互为对称,主楼与角楼是城墙上高层木结构建筑。

生态农业观光

新佳茶园　位于浮梁县臧湾乡,是浮瑶仙芝茶业有限公司以公司加农户形式建设的基地。茶园按机械化标准建园,年加工生产优质茶叶1500吨,年产值3000万元。是农业部园艺作物(茶叶)标准园、全国农业综合开发产业化示范基地。整片茶园“茶成园,树成行,路成网,沟相连”,远看林海翻腾,近观茶浪涌波,四季嫩绿,怡心养目。基地内有小二级水库,水库周围群山叠翠,林木葱茏,库区湖汊港湾相连,山水相映,景色迷人。游客可品茗观茶,泛舟垂钓,休闲娱乐。

双龙湾农业生态园　位于浮梁县臧湾乡,距景德镇18千米。景区依河倚山而建,清澈的河水绕园而过,仿古门楼气势磅礴,宾馆建筑古色古香,古朴典雅。景区内平坦地带道路宽敞,林间游步道蜿蜒曲折,呈现美丽的田园风光。园内苍松、翠柏、茶园、果园、亭榭和涟漪的湖面绘就一幅美丽的风景画,是市民餐饮住宿、休闲聚会的好去处。

古村落景区

沧溪古村　始建于东汉末年,村庄依山傍水,山环水聚,苍松林立,是国家级历史文化名(镇)村。始祖朱秀称迁公,曾屯兵浮梁朱家营,后归隐居沧溪,因朱迁属“沧”字辈,且村前一条清澈秀丽的小溪蜿蜒绕村而过,故取名“沧溪”,历史上曾有“三举五贡四十八秀”的荣耀。十字街是沧溪的主要街道,以26条巷道相互连通。

蜚英坊。明正德年间,为表彰和纪念朱宏,御批建造“蜚英坊”。为青砖构筑,“四柱三间五楼”款式,两旁设大小八字影壁,中间分三段青石平台踏步,顶部设“五步架式”的马头墙,其间镶嵌砖雕,纹案雕工细致、惟妙惟肖。牌坊正对面建有一口月牙状水池,与蜚英坊构成“单桂双柳半月池,三步金阶五凤楼”的典雅景致。

朱宏墓。位于村东北来龙山脚下,墓前宽敞、整洁,墓后古树蔽日、庄严肃穆。朱氏第十三世祖朱宏致力于理学研究和传播,在沧溪建“理学祠”,其《礼编》《四书图考》《六经理仪》《惠绥集》等著作藏于宁波天一阁。朱熹赏识他“高识笃行,鲜与伦比”,称之为“克己先生”。明弘治年间左都御史戴珊撰文《乡先生祠增祀宋克己朱公记》碑文,记述了朱宏的生平和业绩。

严台古村　古代称严溪,位于浮梁县北部,与安徽祁门毗邻,为中国历史文化名村。东汉光武年间,相传名士庄光,未从光武帝谏议大夫之职,避光武帝“光”字的忌讳,改名严子陵隐居于此,严溪得名。后江氏祖先迁入,严溪改为严台。严台村整齐的青石板街巷,砖木结构民居,高耸的风火马头墙,墙角处的角柱石,处处彰显明清徽派建筑风格。街道的建筑平面大多数是前店后库,临街店堂采用开敞式木排门,整个村庄古色古香。现存古民居200幢,有近70幢为明清建筑。

浮梁县严台古油坊

村口建有山门、石桥、山墙，把严台村南唯一通向村外的环溪石板道路和水口锁定，山门刻着“严溪锁钥”4 字，防人气、福气、财气外泄。有《严溪锁钥》诗为证：武云山下藏白虎，富春桥上伏青龙；村似鳐池隐天府，江宗繁衍永传留；正南铁门关锁定，东西北向鸟过愁；严溪锁钥如壁垒，盗寇窥探总回头。

庆云桥。江庆云为清代名医，乾隆年间被封为御医，赐其在家乡严台筑“庆云桥”纪念，并准建三步金阶八字门楼。

世隆堂宗祠。砖雕、石雕与木雕精湛。门前的石鼓底座上的龙、凤、仙鹿、寿鹤、水牛和荷花图案，雕刻精美细腻，大门两侧墙上镶嵌着 2 块雕刻着 10 匹梅花鹿和 10 匹骏马图案的浮雕，形神俱备。

茶行。严台是浮梁茶叶主产区之一，历史上同属“祁红”茶叶产区。清道光年间，浮梁红茶兴盛。至 19 世纪末，严台村茶叶种植面积 266.67 公顷，工夫红茶产量达到 3000 余担，茶庄发展到 7 个。其中茶叶大王江资甫经营的“天祥”茶号所产工夫红茶，参加在美国旧金山召开的太平洋地区第一届巴拿马万国博览会，并获得金牌。是世界公认的三大高香茶之一。

英溪古村　位于峙滩乡东偏南 12 千米，以金姓为主。唐初由安徽篁墩迁入槐里金家，是唐朝左仆射、后任浮梁县令金安的后裔，唐朝末期又分支迁入英溪。

英溪四周山脉连绵，山峦秀丽，树茂林深，云绕水环。村庄按照坐北朝南、背山面水布局，每条主要街口都有八字门楼或有一字门楼。英溪水口如同一个天然屏障，分隔着村内、村外两大空间，七星拱桥据关守扼其中，穿过水口，便是柳暗花明又一村。

这里古民居保留徽派建筑风格，青砖黛瓦、马头墙、砖木石雕以及层楼叠院、高脊飞檐、曲径巷道等和谐组合，装饰在门罩、窗楣、梁柱、窗扇上的砖雕、石雕、木雕，工艺精湛，形式多样，造型逼真。雨水通过天井四周的水枧流入天井暗沟，俗称“四水归堂”，意誉聚财、内敛的思想。保留完好的国学师府正门、门楼，青云得路坊以及迁移保护在景德镇历史博览区的金达故居、英溪祠堂等建筑都是浮梁历史文化遗产中的瑰宝。

古瓷窑景区

南市街古瓷窑址　位于浮梁县寿安镇南市街村，距柳家湾约 1.5 千米。遗物分布范围较大，堆积层丰富，有 4 处较大的遗存，主要生产青瓷、白瓷、影青瓷和少量白瓷等，尤以影青瓷为大宗。从采集的标本来看，器物造型主要分为碗、盘、壶、盏、茶托等，与宋代湖田窑影青瓷相似。装饰技法主要是划花，亦有少量印花，纹饰丰富，以牡丹和莲瓣为主，装烧工艺采用一器一匣仰烧法。该窑址兴烧于五代，终烧于元代。

兰田古瓷窑址　位于浮梁县湘湖镇兰田村金星自然村西北的万窑坞山坡上，南距南河约 1 千米，是一座龙窑遗址。清理出土一批碗、盘、执壶、罐和窑具标本，其中青釉瓷标本占出土物的绝大部分。出土的青釉器为中晚唐遗物，对研究景德镇早期制瓷有非常重要的意义。

进坑古窑遗址　位于浮梁县湘湖镇西南面，景（德镇）涌（山）公路东侧。清澈的小溪穿村而过，古人称溪为坑，故名进坑。这里群山环抱，田畴平坦，阡陌交通，鸡犬相闻，村落依山而建，仿佛世外桃源。宋代，这里是景德镇优良的瓷土产地之一，是景德镇南河流域重要的瓷窑聚集地。

进坑水碓房

南宋蒋祈在《陶记》中载：“进坑石泥，制之精巧，湖坑、岭背、界田所产已为次矣”。1972—1977 年，景德镇湖田瓷窑遗址考古发掘中，发现在宋代窑业遗存中刻有“进坑”的影青碗残片。在进坑村百业坞遗存有五代时期的瓷石矿洞遗址，是世界上已知最早最为完整的原生态矿洞。矿洞周边还发现有宋元窑址 20 余处，主要有百业坞五代矿石洞遗址及五代、北宋窑址，油炸坞窑址，国山下龙窑遗址，仓坞龙窑遗址，双河口窑遗址等。进坑有水碓遗址 16 座，在进坑坞上游 2 千米处的古水碓遗址规模较大，大小不同、高低错落的瓷土淘洗坑保存完整。进坑是一个典型的“水土宜陶”之地，拥有完整的瓷土开采、加工，瓷器制作、烧造的生产体系。经过旅游开发，形成一处陶瓷考古研究、旅游休闲观光的风景区。

第二节　珠山旅游景区

御窑遗址公园景区

景德镇御窑厂是明清时期专为宫廷生产瓷器的皇家窑场。明洪武二年(1369)设御器厂,清设御窑厂,清末烧造制度终结,前后延续近600年,烧造的精品瓷器沿海陆丝绸之路到欧洲、中东地区,被英国、法国、土耳其、伊朗等各大博物馆收藏。其遗址位于景德镇老城区中心地带,总面积约为13.1万平方米,核心保护区约5.43万平方米。由御窑西侧马蹄窑遗迹、珠山北麓窑炉作坊遗迹、佑陶灵祠、龙珠阁、官窑博物馆、御窑工艺博物馆等组成,集中展现景德镇陶瓷文化的精髓。被列为全国重点文物保护单位,国家考古遗址公园。

马蹄窑遗迹、作坊遗迹　窑炉建筑、作坊设施的基础部分保存完好,展示明清御窑生产布局和窑炉概貌,是当时制作、烧造皇家瓷器的场所。

佑陶灵祠　佑陶灵祠为纪念明代陶工童宾而建,是景德镇陶工举行"祀神酬愿"活动的重要场所。明万历二十七年(1599),皇帝命御厂烧造龙缸,因龙缸过大,屡屡烧制失败,为此陶工受尽督陶官鞭棰之苦,童宾无奈跃入窑内抗议,结果龙缸居然烧成了。陶工视其为神,称之为"风火仙师",建庙祭祀。清代督陶官唐英为庙题额"佑陶灵祠"。

御窑厂佑陶灵祠

龙珠阁　建于珠山之巅,自古就是景德镇的象征。唐初建此阁称聚珠亭,宋代修葺一新称中立亭,明朝天顺年间重建称朝天阁,成化年间改称冰立堂,万历年间改建称环翠亭,清雍正时期改称文昌阁。民国14年(1925)重建始称龙珠阁,后破败坍塌。1987年重建为6层仿明重檐宫廷式建筑,高34.50米,建筑面积1650平方米。1990年10月竣工开放。重建后的龙珠阁古朴典雅,凭栏远眺,十里古镇尽收眼底。与南昌滕王阁、赣州八镜台、九江浔阳楼一样,是江西的名楼胜阁。

御窑博物馆　1982年以后,为配合市政建设,市文物工作者在官窑(即御窑)遗址中发掘出十数吨历朝官窑瓷片。经清洗、分类,修复成1000多件官窑珍品瓷器收藏于此,故称之为官窑博物馆。该馆定期举办元青花、洪武瓷、永乐瓷、宣德瓷、成化瓷、嘉靖瓷等皇家用瓷专题展览。后更名为御窑文化艺术博物馆,并扩大规模。

昌南阁　位于御窑景区西北,景德镇半富弄西端,俯瞰昌江。该阁为仿古楼阁式建筑,地上13层,地下1层,高度为48.5米,总建筑面积6861.66平方米,其中地下室面积827.92平方米。建筑类型为钢混框架结构,屋面采用灰色琉璃瓦,门窗采用仿古款式,楼阁中间设电梯。2008年随斗富弄街区改造项目开发建设,2010年12月竣工。是景德镇昌江边的地标建筑,一江两岸景观,由景德镇驰华房地产开发有限公司开发建设。

古窑民俗博览区

位于景德镇西市区枫树山蟠龙岗,占地83万平方米,是集文化博览、陶瓷体验、娱乐休闲为一体的旅游景区。2002年,市陶瓷历史博物馆和古窑瓷厂合并,成立陶瓷历史博览区,为国家AAA级旅游景区。2005年,成为国家AAAA级旅游景区。景区设有古代制瓷作坊、宋代龙窑、元代馒头窑、明代葫芦窑、清代镇窑、风火仙师庙、唐英纪念馆等,全面展示古代手工制瓷的生产过程。

古代制瓷作坊　俗称坯房,是制作瓷器坯胎兼瓷胎上彩绘的工场建筑。根据瓷器坯胎类型的不同,又可

分别称作圆器作坊和琢器作坊。每栋作坊均由三栋或四栋穿逗式木架建筑绕内院组合而成，犹如北方的三合院或四合院布局，以便采光和通风。在制瓷作坊里内，每个工位上都有老艺人进行现场操作，让游客目睹瓷器的制作过程。

景德镇陶瓷文化博览区的明式作坊

宋代龙窑　景德镇唐宋时期的陶瓷窑炉，窑炉依山势倾斜砌筑，形状似龙而得名。龙窑分窑头、窑床、窑尾三部分，容量大，结构简单，窑头设有单独的火膛，其余燃烧室均在窑床的通道内，投柴口设在两侧窑墙上的拱脚处，对称排列。一般以茅草、树枝等为燃料。

元代馒头窑　景德镇宋元明时期使用的典型瓷窑之一，以窑形近似馒头而得名。有的馒头窑窑床的平面呈马蹄形，故又称马蹄形窑。馒头窑属半倒焰式窑炉，火焰自火膛喷向窑顶，再倒向窑床，烟气从排烟口、竖烟道、经烟囱排出窑外。烧成温度可高达1300℃，可在炉内形成还原环境。

明代葫芦窑　为葫芦形烧瓷柴窑，古人说其“窑形似卧地葫芦，前大后小”。为景德镇特有的瓷窑，最早出现于元末明初，直到清代出现蛋形窑（镇窑）后才逐渐停止使用，在景德镇御窑厂遗址中发现多座葫芦窑。明代宋应星的《天工开物》有专门记载，并配有插图。

清代镇窑　是景德镇迄今保存最完整、最具价值的古代瓷窑，为国家级重点文物保护单位。窑房是穿逗式木构架建筑，窑炉位置约占窑房面积的四分之一，除去窑炉所占空间，其余均为两层结构。底层为装匣、开窑之用，二层柴楼主要用来贮备松柴。烧成室呈一头大一头小的长椭圆形，故有“鸭蛋形窑”之称，全长18米，容积为260立方米，最高处5.6米，火焰长灰分少，适宜烧还原焰，对于白瓷、青花瓷、颜色釉瓷的釉面呈色效果良好。按照窑位各部位火焰流动及其温度分布情况，可以分别装烧高、中、低温的瓷器。

景德镇古窑民俗博览区的清代镇窑外景

明清御用瓷窑　青窑，明清御用瓷窑之一，专门烧制小件青花瓷。窑室宽1.75米，进深1.58米，高2.1米。每窑烧制青花瓷器300余件。龙缸窑，明清御用瓷窑之一，窑室宽2.1米，进深2.1米，高2.5米。每窑只能烧制一口龙缸，因其烧制的瓷缸大多绘画青花云龙，所以称为龙缸。风火窑，明清御用瓷窑之一，烧制多品种的御用瓷。可以同时烧制大、小件圆器、琢器青花瓷和颜色釉瓷等。窑室宽2.4米，进深2.15米，高2.4米。

风火仙师庙　建于清嘉庆年间（1796—1820），建筑分享堂及后寝两部分，面积为485平方米。享堂与后寝之间，两侧为走廊，上部架“船篷式”轩顶，中部为天井，下凿成深池，四周围以石制栏杆，含“取水”之意。后寝高于走廊和享堂三个踏步，形成平台。庙里供奉的是风火仙师童宾。1989年1月被公布为景德镇市重点文物保护单位。

清园　有四栋不同类型的清代建筑。正中一栋是祠堂，名“玉华堂”。由照壁、门厅、享堂、后寝组成，平面阔朗，空间高大，地面铺青石板，构架粗犷壮观，雕刻彩饰富丽堂皇。祠堂后是清代进士住宅“大夫第”，旁有一书厅和住宅相通，厅前设石栏水池，两旁是格扇厢廊。祠堂右侧原为沧溪富裕人家民宅，其后是窑柴行老板的豪宅，共有三进，整个建筑立势轩昂，做工考究。“玉华堂”内有景德镇陶瓷民俗展览，再现古代陶工和镇民的生产及生活习俗。

明闾　有闾门、店铺、祠堂、民宅等8栋明代建筑。闾门在明代建筑遗存中较为罕见,此处夏田闾门更为精美。明代晚期的店铺为三开间,明间稍大,两次间为柜台,建筑简朴实用。汪氏五股祠堂为三开间,由照壁、享堂、后寝组成。其他5栋民宅的典型平面是围绕天井布置上下堂、上下正房、东西厢房等。层高都在四五米,结构基本是穿斗式。山墙面多做成梯形的封火墙(俗称马头墙),雕刻纹饰各具特色,其中两进三层的苦菜公大宅在明建遗存中尤为罕见。

瓷乐水榭　1985年,市歌舞团陆续创制瓷瓯、瓷编磬、瓷编钟、瓷二胡、瓷管钟、瓷笛、瓷箫、瓷鼓等瓷制乐器,演奏起来清晰悦耳、美妙动听,是景德镇瓷器"声如磬"的集中体现,为世界首创。瓷乐队先后赴日本、俄罗斯等十几个国家和地区演出。在"明湖"旁搭建瓷乐水榭,每天定期由身着具有地方特色服装的妙龄乐手演奏中外驰名乐曲,作为旅游特色节目。

历史文化街区

景德镇素有"三洲四码头,四山八坞,九条半街,十八条巷,一百零八条弄"之说,可见古街古巷之多。随着城市建设的发展,一些古街古巷已不复存在,部分具有历史文化价值的古街古巷被保护下来。

彭家弄街区　位于御窑遗址保护区西北侧,由彭家下弄、毕家下弄、方家下弄、湖北书院弄、水府弄及多条横弄组成。区内有湖北会馆(又称湖北书院)、奉新会馆、钉鞋铺、米谷行、栅门、窑柴行等。

湖北会馆整体格局和体量较大,由主体建筑、义祭祠、二层楼栈房、古井组成,木雕纹饰刻博古、花草、戏曲人物等,十分精美。民国初年,袁世凯称帝时在景德镇定做的"居仁堂"瓷(也称洪宪瓷)在此包装发货。彭家下弄36、38号赖淮清住宅周边,有赖氏家族住宅多所。赖氏家族靠经营窑柴业起家,后兼营窑业,当年地位比较显赫。

葡萄架街区　位于景德镇老城区西侧,由葡萄架、江家坞、许家弄、广益弄等13个弄巷组成,街区内有4个市级文物单位和一些重要历史建筑及风貌建筑,还有一处清代贞节碑刻、古井等,街区在民国以前有烧作两行老板的住宅、作坊、窑房,还有多个寺庙。

江家坞27号"烧作两行"老板住宅,进深30.2米,连同栈房、门房、院落等面积约850平方米,融汇中西建筑风格。2004年7月14日公布为第三批市级文物保护单位。房屋原主人余豪元,曾任江西实业厅咨议兼江西账务处委员。其父余英泾经营商号"余鼎泰",为景德镇首富,被誉为"三尊大佛"之首,身后财产由余豪元承继。该宅由余豪元耗费巨资于1935年建成,历时3年。

富强上弄街区　位于景德镇城区南片,由富强上弄、塘塝垻、涂家坦、花园里、再胜上弄、大黄家上弄、铁丝弄、小黄家上弄等较完整的弄巷或残存的弄巷。该街区以瓷行、会馆、民居建筑居多,为商住区。

小黄家上弄50号为湖北鄂城到景德镇经营陶瓷者的瓷行兼会馆,该建筑青石门框上有青石碑刻,楷书"鄂城别墅"。

花园里1号瓷行为明代建筑。曾经为安徽桐城人瓷行,同时兼有会馆功能;再胜弄21号为明代建筑,至晚清时期就已经是姚姓瓷行。

花园里5号为民国时期典型的瓷行建筑,外墙里面有西式风格,窗户较大,采光较好。内部结构适合瓷行功能需求,下面空间高便于堆放货物,二楼结构采用相互联通的"跑马楼"形式,便于客商起居。

董家上岭横弄16号由一栋明代建筑和一栋清代建筑组成,在民国时期已经是瓷行。

董家岭上横弄12号为清代晚期所建清真寺,该建筑既是寺庙,又是瓷行,也是会馆。是景德镇伊斯兰教信众在景德镇生产、活动的场所。

太和上弄8号为民国时期安徽黟县布店老板住宅,木构件多有木雕装饰并贴金刷漆,建筑空间较高,给人安稳小康的感觉。

陈家弄街区　陈家弄历史文化街区位于浙江路北侧,由典当弄、石鼓里、烟园里组成。街区内有民国时期江西都昌籍经营烧窑业,又经营手工制瓷作坊的老板住宅,留有栅门、古井。

陈家弄47号为三层砖木结构,为景德镇古建筑中为数不多的三层楼建筑之一;陈家弄41号,由栈房和住宅组成,内墙上方墨书楷体大"福"字,天井有枧筒接地下管道,天井上方两侧有遮阳构件。

栅门在陈家弄口,其顶部呈“山”形,以窑砖砌筑石库门形,上嵌有一青石楷书碑刻,以双勾法刻“陈家弄”,并阴刻上下款“光绪元年立千佛楼本街重修”。

刘家弄街区　位于景德镇老城区南部,民国以前是生产日用粗瓷的主要作坊区之一,由刘家下弄、吊脚楼、狮子下弄、太平桥弄组成。

刘家下弄与吊脚楼之间高出 2 ~ 3 米,地下 5 米处有宋元至民国时期的窑业堆积,地面多为作坊群建筑或由作坊改建的钢混结构住宅,整体历史风貌、肌理犹存,其中刘家下弄 61、63 号古作坊原始风貌保存较好。刘家弄一侧护墙及两条坡道均为窑砖加窑渣等窑业废弃物砌筑而成,形似堡垒,具有较强原真性和观赏性。2006 年被列为景德镇市文物保护单位。

一江两岸

景德镇城区“一江两岸”工程,兼具防洪和美化环境功能,在昌江河两岸的防洪坝上,建设错落有致的仿各朝代“亭、台、楼、阁、廊”。每到夜间,许多业余群众文化艺术团体到此聚集,或歌、或演、或说、或跳,热闹非凡。

景德镇一江两岸

河岸文化墙　在昌江河的西岸,巨大的岸边山体墙壁上,陶艺家用各种陶瓷材料制作表现“瓷与茶”文化主题的景观画卷。有用瓷板镶嵌出的“茶”字和扇形画面的品茶图案;有以青花瓷板绘制的陶瓷制作工序,如捧坯、装坯、吹釉、画坯、拉坯、踩泥等图案,还有载瓷扬帆启航的巨船图,景德镇地图、中国地图等。

斗富弄景区　为陶瓷、游玩、购物、观光一条街,是景德镇“一江两岸”附属工程。斗富弄从西至东,两旁开满各种陶瓷艺术作品创展室与各种店铺,还有沿江弄口大众文化剧场,每到黄昏后都有群众文化团体演出。在斗富弄东与风景路接壤处,建有仿古建筑“龙凤阁”,为私营陶瓷博物馆,旁边还有景德镇十大瓷厂厂瓷的展览馆。

宝石风光　在浮梁宝石村旁,昌江中间,两块巨石突兀江面,岩石嶙峋奇特称宝石。是市民戏水游玩之处,随着鱼山水利枢纽蓄水而淹没江中。

宝石风光

莲花塘风景区

位于景德镇市风景路、胜利路、莲社路交汇处,是瓷都的风景名胜。相传古时叫作沉玉塘,史料中记载:“沉玉塘在薛家坞,为薛尚书女尽节处……”宋代,因苏东坡好友佛印曾在此居住,莲花塘又名佛印湖,民国时又辟为公园称新邑公园,1949 年后扩建为莲花塘公园。

莲花塘周围群山环抱,塘边垂柳依依,外湖与内湖呈“吕”字形,中间有小桥连接。塘畔的高楼,塘中的碧水、亭台,亭亭玉立的莲花以及在塘边嬉戏、散步的人群,组成一幅色彩和谐、人与自然相融的美丽画卷。

莲花塘北岸树木参天,夏季凉爽,建有许多典雅、古朴的建筑,旧时的珠山八景中就有莲塘塔影一景。1949 年后,这里不仅修建了人民英雄纪念碑,并建有当时最好的景德镇合资宾馆。南岸连社路上坐落着景德镇陶瓷馆、工人文化宫、陶瓷大世界,是景德镇市委所在地。

第三节 昌江旅游景区

三宝风景区

湖田古窑遗址 位于市区东南的竟成镇湖田村,距离市中心约7千米。所产瓷器曾赢得“天下咸称景德镇瓷器”的盛誉。湖田古瓷窑是宋元时期瓷器生产规模最大、时间最长、产品亦最精美的瓷窑。由于烧造时间长、规模大,遗址遗物非常丰富,古瓷遗存俯拾可得。五代白瓷,宋代覆烧影青瓷,元代青花、釉里红、卵白釉瓷以及宋元时期的制瓷作坊,明代葫芦窑、马蹄窑遗址,均堪称古代文化瑰宝。窑业遗存堆积层丰富,在国内外都属罕见。1959年列为省级重点文物保护单位,1982年列为全国重点文物保护单位。

1984年,湖田古瓷窑陈列馆在遗址旁建立,馆内陈列许多出土的器物和标本。如五代时期生产的是灰胎青瓷和白胎白瓷,宋代生产的品种繁多的白胎影青瓷。还有板栗园宋元制瓷作坊、明代葫芦窑和马蹄窑遗址。

三宝陶艺村 位于湖田古窑遗址南面,以三宝蓬瓷石矿区为主体,林木葱郁,溪水淙淙,碓声起落,开采出的瓷石经水碓舂捣成制瓷原料。千年来水碓日夜不停舂杵,源源不断地为湖田窑和老城区作坊提供原料。陶艺村内建有一座陶瓷艺术研修院,是中外学者、游客以及学习陶瓷的大、中专学生体验、实践的基地,多间传统的制瓷作坊里可以操作练泥、拉坯、利坯、施釉、彩绘等手工制瓷工序。

三间庙历史文化街区

位于景德镇市西北郊的昌江区竟成镇三间庙村北侧,由三间庙正街及刘家弄组成,东临昌江,傍水运码头,民国以前是景德镇近郊最大的农副产品贸易集市,也是景德镇老城区的北面门户。

三间庙正街 三间庙古街分为明街、清街和古码头3部分,明街长84.7米,宽4.5米,为明嘉靖年间(1522—1566)所建,青砖街面仍保存完好,路面呈拱形,两侧有排水明沟。清街全长231米,宽约3米,街口有横排题刻空心“三间古栅”的石牌和竖排“光绪三十四年(1908)六月合街同立”12字。街面用长石条、青石板铺成,清街两旁为各式商铺和民宅,清代十分繁华。1998年修复。

80年代的昌江三间庙码头

三间庙码头 明清时期,景德镇“工匠人夫不下十万余众”,三间庙码头主要承担城镇食品和生活必需品的供应和运输。古码头用青石条垒成的,共三层,以适应不同水位的接驳要求。人车双道由长条花岗岩砌成,人行道为台阶,车行道为斜坡。建于明代早中期,以后不断修缮。在古码头上还建有一座纪念著名诗人屈原的“忠洁侯庙”,即“三间大夫庙”,庙的北侧为清街入口。

冷水尖景区

位于鱼山镇东部与荷塘乡西部交界处的飞凤岭,距市区8千米,山地面积约66.67公顷。景区森林茂密,一条青石铺设的千级台阶迤逦而上,险峻陡峭,曾是通往乐平、涌山、鲇鱼山、鄱阳等地的古驿道。

冷水尖海拔531米处有一半空寺,香火旺盛。寺旁有一泉眼,传说是仙人铁拐李用拐杖点化而成,泉水终年不断,被称为仙水,每天前来烧香拜佛、取水登山者络绎不绝。山上有一醉仙亭,相传铁拐李邀请众仙在此集会饮酒,酩酊大醉而归。唐朝末年,黄巢举兵造反时,曾在此处招兵买马,并把此亭作为据点。

“农家乐园”是冷水尖景区重点打造的休闲项目,乐园以竹文化为特色。园内的亭、台、楼、阁、廊、舍均为竹木结构,别具一格。景区还建有高空滑索,是景德镇近郊户外活动、休闲锻炼的好去处。

荷塘生态旅游区

位于昌江区荷塘乡童坊村，是一个以乡村旅游为主题的生态休闲观光和户外挑战体验的旅游景区。由生态漂流、森林探险、红色爱国主义教育基地组成。景区河流水道全程2.2千米，沿途风景秀丽，景色宜人，水流有缓有急，河岸大树掩映，青翠欲滴。森林探险项目是在原始森林里利用林间树木的空隙，搭建各种难易不同、悬空刺激的索道绳梯，在树上攀爬与林间穿越，是一项具有探险性质的户外健身运动。农垦精神展览馆展出20世纪60年代荷塘农垦人在党支部的领导下，发扬战天斗地精神，把一片荒山野地开辟成粮油基地，为国家提供了大量商品粮油的事迹。当年《人民日报》在宣传“工业学大庆，农业学大寨”之后，号召全国农垦系统学荷塘。

丽阳旅游景区

丽阳古镇　丽阳镇历史悠久。黎氏宗谱载：南北朝时期此处一度设置“历陵县”。宋时为重要陶瓷产地，拥有18座瓷窑，现尚存窑址多处，出土大量瓷器实物。素有“先有丽阳镇、后有景德镇”之说。元末，陈友谅、于光率部队驻扎于此，至今古城遗址清晰可辨。

镇上有古街（街上和街下）、古桥（种德桥、判官桥、县城桥）、古寺庙（法云寺、东岳庙、龙王庙）、古书院（东山书院）、古城（黎氏宗谱里称英布城）、古墓群（利阳彭氏汉唐宋祖墓，在金星岭和庙山上）、古牌楼（利阳楼，唐代彭氏先祖构云公创建）。

长达千米的古街呈一字形，宽约5～6米，街面原来由麻条石铺成，留有深深的车辙印，两边店铺栉比。以古街为中心，镇上里弄相通。入街和出街口都临河港，河港上古石桥连接着周边大小村庄。东边古桥叫种德桥，为三拱石桥，通往景德镇、鱼山镇和乐平；西面古桥称判官桥，为独拱石桥，是通往古田、凰岗镇和金盘岭方向。

丽阳宋代碓臼山龙窑遗址

丽阳古窑　位于昌江区丽阳乡彭家村和丽阳村之间的瓷器山西坡和碓臼山南坡。2005年7月中旬由故宫博物院、江西省文物考古研究所和市考古研究所联合考古队，对丽阳古陶瓷窑址进行考古发掘，发掘面积820平方米，发掘出明代早期偏晚的葫芦窑1座，元代龙窑1座。出土瓷器有元代青瓷、宋元青白瓷等一大批瓷器，具有重要的艺术价值。2006年12月30日，市政府公布为市级文物保护单位。

月亮湖　位于丽阳镇以东2千米，国道206线北1.5千米，交通便利，是国家水利风景区。水库总库容为1980万立方米，集水面积76.8平方千米。周边山林面积733.33万平方米，水面达到136.67万平方米，是皮划艇、摩托艇、滑水等水上体育运动的基地。

得雨生态园

位于瓷都大道东侧，占地面积40公顷，园址是1600年前东吴大将吕蒙的军中帐所在地。是江西德宇集团属下的一个集科研、种植、观光为一体的农业生态园，园内植有从深山移来的几万株古檵树、古杜鹃，还栽有红豆杉、过山龙、宋桂、宋楠等名贵树种。从安徽休宁县右龙等古村移来的部分徽州古道石以及明、清时代的大量青石板陆续铺陈于园中，从唐寅、祝枝山当年在白鸽峰品茶写诗的醉心溪里，搬运来千车的溪间卵石，装点园内的小屋与过道。园中设有生态餐厅，几十处休闲木屋向游人开放。游客可参观得雨活茶和根雕的制作工艺，休闲、纳凉，看老树古园，品得雨活茶。2008年3月，得雨生态园被评定为国家AAAA级旅游景区。

德雨龙山国家城市森林公园。位于昌南大道西头，距离市区2千米，占地466.67万平方米，是一个集珍稀树木、生态农业、健身休闲、观光旅游、科研开发为一体的综合性生态绿色园区。大门内有灵璧石垒成的品字形假山和数千株千年红檵,两山环抱一湖,湖两边的山丘上,栽种300多万株红豆杉和30多万株杜鹃花。

2010年,龙山生态园成为全省唯一的国家级全民户外健身基地,园内依山依林建有全民健身登山健步道,是全国第二条登山健步道,总长10.5千米,路宽2米,坡度均值不大于15度,在健步道上,每隔400米就设置一个休息点。园内还设有多处茶室、水上凉亭,可以让人山中听雨,休闲小憩,是观光旅游、登山健身为一体的景点。

第四节　乐平旅游景区

文山怪石林景区

位于乐平市众埠镇境内,亿万年的地质演变,远离尘嚣的自然生态,造就怪石林绝妙自然景观。风景区包括怪石林景区、石林迷宫景区、水帘洞景区和花果山农业生态景区。

怪石林　怪石林景区奇石遍布,形态万千,惟妙惟肖,有骏马迎宾、骆驼石、天马行空、三星高照、魔鬼石、猛蛇当道、如来戏悟空、望夫石、济公云游以及12生肖系列造型石等,仿佛叙述着一个个美丽的传说。怪石林风景区奇洞怪穴广为分布,其中"强盗岩"的洞穴,幽深神秘,引人入胜。风门口的天坑内植被茂密,景象奇特。

文山怪石林风光

水帘洞　距离怪石林风景区3千米,景区幽静神秘,青山满目,峭壁千仞。洞口飞瀑轰鸣,一股清泉从百米高的崖顶奔泻而下,飞珠溅玉,蔚为壮观。水帘洞内溪水清澈,河道幽深;化石硅木隐约现,钟乳奇石满眼来。奇石千姿百态,惟妙惟肖,鬼斧神工。

古戏台

乐平是古戏台之乡,以古戏台数量多、种类全、样式美而享誉全国,素有"中国古戏台博物馆"的美誉。全市有古戏台414座,遍布农村各地,占全省古戏台总数的3/5以上。其中明清两代的有80余座,民国时期的有60余座。乐平古戏台融建筑、雕刻、绘画、楹联、书法、民俗于一体,是难得的综合性人文历史遗产,被誉为古代民间祭祀欢庆舞台的"活化石"。戏台绝大多数为三间四柱式,或再增加两间侧房,也称陪房。戏台中堂后屏壁,将前台与后台相分隔。后屏壁两侧为"出将""入相"的演员出入通道。每侧为一度门、二度门或三度门,采用二、三度门者,多建有阶梯平台,如现代舞台的侧幕或边幕。古戏台大抵可分为会馆台、宅院台、庙宇台、万年台和祠堂台5种类型。

古戏台博物馆　2010年,在乐平市区筹建中国古戏台博物馆。该馆融收藏、研究、陈列、休闲于一体,馆藏2000余张史料图片、300余件实物,并通过声、光、电、全息成像等现代技术,全方位展示乐平古戏台建筑式样、戏剧服饰、民风戏俗、雕刻工艺,完整再现乐平古戏台文化的独有风貌和艺术价值。该馆分戏台风韵、艺术览胜、乡风戏俗、文化溯源4个部分。

浒崦村古戏台　始建于清同治十二年(1873),建筑面积2400平方米,为晴雨双面祠堂台,由戏台、看台和名分堂3部分组成。名分堂为程氏宗祠,旧时为宗族长老祭祀和执行族规家法的场所,同时也是雨天看戏的地方。戏台晴雨两台相背,晴台前辟露天广场,场地平坦开阔,可容纳3000~4000人。戏台上方的油梁,遍饰文武天官浮雕。油梁之上的狮子枋是一组象征天下安定的"九合一匡"浮雕——九狮过江。一条飘逸的丝绸,连着9只不同神态的雄狮。台面飞金上漆,上方中央是魁星点斗的木雕,之下左右两侧为刘海戏金蟾木雕。晴台雨台中的楣枋、穿插枋、门、窗、壁、叉手等构件均饰古典戏文,如蟠桃会、三英战吕布、三战樊梨花、昭君出塞、打金枝、罗汉观音、狮虎麒麟和花鸟等雕镂,总数为108组。台内外雕图案中,镶嵌着无数玻璃小镜,乍一望去,宛若夜空中群星闪烁。

乐平市接渡杨子安村万年台

乐平市后港唐家畈村万年台

台前柱与中堂柱分别挂有长3米、宽0.5米和长2米、宽0.3米描金楷书楹联“浒崦拥春荃媲联程氏文章文看愈好，鸣山寿面镜欢照古公禀绩焕发英姿”“入耳务须平气听，当场顿觉笑颜开”，正壁中位上方悬挂匾额“久看愈好”。2004年公布为省级重点文物保护单位。

坑口古戏台　位于国道206线南侧坑口村，清道光二十五年（1845）建有祠堂台，后因部分构件腐朽，1986年由村民集资重修。和浒崦祠堂台相似，坑口祠堂口也是由晴台、雨台和祠堂3部分组成，形成四环形庭院建筑。坑口祠堂台的中央藻井，较浒崦祠堂台的中央藻井多出2层，直径也长0.3米，更显气魄，重修时使用的黄金达到1.9千克，台面所有雕镂全部上漆飞金，雍容华丽。

洪岩仙境

距景德镇市区约80千米，毗邻婺源、德兴，是省重点风景名胜区，省级森林公园。景区层峦叠翠，独秀峰、天井岩、铁井飞泉等景观千姿百态，尤以“洪源仙境”最为引人入胜。洪源仙境系中生代时期石灰岩溶洞，洞室全长1620米，最高约70米，最宽达80米，总面积8万平方米，幽深曲折。洞中石柱、石笋、石花、石钟乳遍布上下，错落有致，晶莹绚丽，有誉为神州四绝的九天飞瀑、震天雷、仙人田、水中天；有38米高的擎天柱和金银山、状元拜塔、丹凤朝阳、龙门、金钟宝塔、仙人献指、绣花楼；有惟妙惟肖的人面狮身、唐僧取经、观音坐莲、倒挂金龟、诸葛亮看兵书以及仙鹰、神龟、浴佛等景观，令人赏心悦目。

洪皓纪念馆

位于乐平洪源仙境所在地的峁山洪源村炮台山，是南宋风节名臣、史称“第二苏武”的洪皓故里。纪念馆建筑面积为1070平方米，宋代民居建筑风格，庭院式布局，粉墙青瓦，古朴典雅，祠前忠宣湖，水面2.67公顷，深2米多，湖水碧波荡漾，垂柳飘曳，是划船垂钓的好去处。洪皓及其三子洪遵、洪适、洪迈文史学说建树颇丰。洪皓撰有《鄱进集》《松漠纪闻》，洪迈撰有《容斋随笔》。

红十军建军旧址

位于乐平市区东南30千米与弋阳县交界处的众埠镇界首村公所前，原系宗祠。1930年7月22日，赣东北特委书记方志敏按照中央军委指示，将江西红军独立第一团扩编改建，称中国工农红军第十军，在此举行建军典礼。周建屏任军长，胡庭铃任前委书记兼政委（不久由邵式平任政委）。该旧址为清代民居风格，坐南朝北，宽15米，深28米，设两口天井。高达3丈，呈长方形，门前四根石柱正方形顶住横梁，地面铺有青石板，内芷接、栈板，附有雕刻，大门前2对大石，1对石狮，远眺雄伟壮观。

两侧置楼厢房陈列有关照片、图文等珍贵历史资料，再现红十军创建、巩固和发展革命根据地，保卫中央苏区，掩护中央红军主力大转移，推动全民族的抗战和民族解放的光辉历程。门外广场与右侧戏台一并归入保护区。1983年被乐平县公布为县重点文物保护单位。2001年，公布为第二批全国100个爱国主义教育基地。

涌山古人类遗址

1962年，中科院专家在涌山鸡公山洞穴遗址中发掘出“大熊猫—剑齿象”动物群化石和2件打制石器，经古人类学家鉴定,该洞为距今10万年的旧石器时代中晚期洞穴遗址。2002年开始,附近村民徐裕西在悬崖峭壁上开辟出一条2000余米长、1.5米宽的水泥栈道。2013年,徐裕西投资建设涌山古人类遗址博物馆,该博物馆共分3层,每层占地面积500平方米。

马廷鸾公祠

位于乐平市众埠镇楼前村马廷鸾故里。建设面积1.33万平方米,内置马氏雕像及部分遗存物。马廷鸾为南宋右丞相,其子马端临在中国史学上建树颇丰,著有《文献通考》。1996年10月,泰国马氏宗亲总会广东潮汕地区马氏后裔谒祖团代表,出席在乐平市隆重举行的洪皓、马端临国际学术研讨会暨中国历史文献研究会第17届年会,之后出资重修马廷鸾公祠。

名口硅化木群

当地老百姓称之为古木化石群。位于距乐平市区30千米东南方向的名口镇流芳军峰水库溢洪道旁边、水库大坝左侧山地上及辖区内的乐安河流域。有一部分裸露在山地表面,相当一部分蕴藏在山地深处和乐安河底下,面积约5平方千米。据考证,该硅化木群约于1.5亿年前经过地壳的变化而形成。从外表看,完整的硅化木像倒在地上的一棵树,树皮、树纹清晰可见。由于年久风化,有许多裸露在地面和地表浅处的硅化木已断截,但树木的形状依然清晰可辨,具有很高的考古价值和观赏价值。乐平市城区南河公园安置展出的硅化木就是于1997年从军峰水库溢洪道旁搬迁去的。名口硅化木群,是乐平境内目前发现的唯一一处具有亿年历史的史前自然遗产。

名口硅化木

表20-1 **2010年景德镇市A级旅游景区一览表**

景区名称	等级	电话	地址
古窑·民俗博览区	AAAAA	市瓷都大道古窑路1号	95元
高岭·瑶里风景区	AAAA	浮梁县瑶里镇	150元
浮梁古县衙景区	AAAA	浮梁县浮梁镇旧城村	50元
洪岩仙境风景区	AAAA	乐平市红岩镇	81元
得雨生态园	AAAA	瓷都大道11号	10元
中国瓷园·锦绣昌南	AAAA	新平路1号	免票
雕塑瓷厂明清园	AAA	新厂东路139号	免票
江西怪石林景区	AAA	乐平市众埠镇文山分厂	120元
冷水尖景区	AA	昌江区鱼山镇礼城村	15元
御窑厂遗址景区	AA	珠山中路187号	53元

第二章 旅游服务

20世纪90年代,景德镇开始建设以陶瓷文化为特色的旅游城市,建设旅游接待服务设施,设立旅游机构、发展旅游经济,旅游产业持续发展壮大,为国民经济发展做出了贡献。

第一节　餐饮美食

名吃餐馆

浙江路称号吃喝玩乐一条街，餐馆酒店密集。酒店有珠山八味、天天渔港酒家、唐人街、庆和楼、小黄鱼等。瓷都大道也有多家酒店，其中有名的酒家有维多利亚酒店、开门子酒店、云天大酒店等。梨树园南北小区东路口，聚集着一家挨着一家特色土菜馆，如老院子、草鞋码头、大福第等。

古巷排档

景德镇小吃摊店十分普遍，各种排档经营红火。如东门头夜排档相连着数家地道景德镇特色小吃店，有毛仔排档、金银铜铁发排档等。还有里村夜排档区、戴家弄夜排档区、麻石弄夜排档区、九九九厂排档区、昌江广场夜排档区、豪德夜排档区、红旗瓷厂夜排档区、人民瓷厂夜排档区等，每个区都有数家或数十家夜店经营着地道小炒风味小吃，如炒大肠、炒螺丝、烧河鱼以及碱水粑、清明粑、排粉等。

景德镇菜肴

景德镇美食有地方特色，如湖田板栗烧鸡、米粉蒸肉、碱水粑、饺子粑、清汤泡糕、珠山包子、冷粉、麻子、油条包麻子等，让人回味无穷。

十大特色菜：窑工四宝、瓷都船板肉、乐平狗肉、佛印豆腐、珊瑚鳜鱼、乐平全狗肉、霸王御香肘、窑工治四肉、三杯鲶鱼、黑椒芦笋扒河鳗。

十大乡村菜：卤水白鱼、老黄瓜炖泥鳅、农家米粉熏肉、乐平水桌席、柴火红烧肉、泉水石鳜、窑工黄鳝、瓷泥煨鸡、米粉排骨、佛印笋尖。

十大私房菜：秘制香烤鲫鱼、肉焖面、秘制私房鸭、景德酱鸭、鳜鱼煮粉、新派古镇杂素、干焖鸭、浮红炝鸭、佛手云龙虾。

十大创新时尚菜：舌尖上的景德镇、美味拼盘、如画江南、梁祝情深、冰镇布丁小米翅、农家大锅巴、八宝葫芦、葵花鱼糕、鱼米之乡、百鸟归巢。

风味小吃

碱水粑　碱水粑切成薄片，以本地烟熏腊肉、鸡蛋、大蒜等炒之，香嫩爽口。

饺子粑　早米粉做薄皮，包上各种各样的馅蒸熟。辣的一般是用萝卜丝配上辣椒成馅，不辣的是韭菜豆腐或韭菜鸡蛋做馅，老景德镇人都爱当作早餐和夜宵吃。

炒米粉　主要原料为当地产干排粉，配以肉末、大蒜、辣椒壳、鸡蛋等旺火炒熟。也称为炒粉，是景德镇一道特色小吃，也是大众喜爱的菜肴。

炒年糕　以糯米掺少量优质大米通过磨粉、蒸熟等工序制作而成。切成薄片加佐料同炒。

油煎肉饺　将饺子摆放平锅中，煎至黄色；再加入清水，盖上锅盖，待水将焖干时，淋上少许油，略煎干即成。特点是皮香、馅鲜、包中含汤，有咬头，不粘牙。

油条包麻糍　将新鲜滚热的麻糍平铺在刚炸好的油条上，洒上白糖和熟芝麻，再将油条对折，形成油条包麻糍，然后放在白糖和熟芝麻上一滚即可食用。既有油条的香脆，又具麻糍的香甜。

珠山包子　在景德镇百年地方面食中，珠山包子是家喻户晓的经典小吃，以“七瘦三肥”土猪肉为主料，加之鸡茸、虾泥等以纯手工包制而成，具有嚼味筋道、皮薄汁鲜、食而不腻等特点。

凉拌冷粉　景德镇的凉拌冷粉，粉条比较粗，直径大概有0.5厘米左右，做凉拌冷粉时，先把备好的粉条放进沸腾的开水里面泡一下，捞出来后放在一个铝锅里拌料，搅拌均匀后即可食用。冷粉拌料有腌菜、橘皮、豆豉、香葱、辣椒酱、酱油、蒜、姜等。

清汤扁食　景德镇的清汤扁食与北方馄饨有很大区别，包面以精粉作皮，鲜肉作馅，皮薄透明，馅满而实，香味诱人，咸淡可口。洒上老姜、精盐、香葱麻油、胡椒粉即可。

家常菜

米粉蒸肉　大米加八角、桂皮等香料炒熟后研磨成粉,将五花肉切成厚片浸渍上辣椒油、酱油,再加白糖、料酒、味精等调味品,然后倒入米粉拌匀,再将粘满米粉的肉一片片叠在碗内,上笼蒸至熟透,吃时将肉扣在盘内即可。

鲶鱼豆冲　先将新鲜的鲶鱼加入佐料煎好,放入开水泡过的豆冲,加清水用文火煮入味即可,吃起来味道鲜美。

豆冲烧肉　将豆泡与猪肉慢火炖烧,到豆泡软糯适中有嚼头。猪肉油而不腻,豆冲饱含肉汁,吃上去满口留香。

臭鳜鱼　又叫腌鲜鱼。通过腌制后再加工,闻起来有点臭,吃起来香,既有鳜鱼的本味原汁,肉质又醇厚入味,同时骨刺与鱼肉分离,肉成块状。

藜蒿炒腊肉　藜蒿本是鄱阳湖的水草,烹饪后具有一股特殊的水草清香。藜蒿的嫩茎同腊肉、腌菜和新鲜的韭菜、辣椒、竹笋等爆炒,是景德镇一道地方菜肴。

腐竹烧肉　将腐竹在油锅里炸至金黄色备用,将五花肉切成一寸见方,在开水里氽过,加糖、料酒及姜、蒜、葱翻炒加酱油炖上十分钟。烧好的腐竹烧肉色泽鲜艳,清香诱人,是景德镇人逢年过节常做的菜。

白切狗肉　以乐平白切狗肉最享盛名,狗肉味道醇厚,芳香四溢,是冬令进补的佳品。

第二节　宾馆酒店

星级宾馆

紫晶宾馆　位于城西昌南大道紫晶路9号,隶属景德镇开门子集团,为园林式宾馆。由一幢115间客房的主楼和4幢别墅式套房及附属用房组成,总建筑面积为21726平方米,各类客房总计200余间(套)。中西餐厅配备不同档次的包厢10间,设有桑拿房、游泳馆、网球场、高尔夫练习场等休闲娱乐设施以及政务、商务及会务需要的智能会议室10余间,配备同声传译功能的VIP接待室。这里建筑依山而建,湖水澄碧,林木葱郁,空气清新。为五星级宾馆。

开门子大酒店　位于市瓷都大道1055号,毗邻著名的古窑风景区。酒店主楼21层,辅楼高10层,是景德镇的标志性建筑之一。集住宿、餐饮、娱乐、商务、购物、旅游为一体,有客房166套,商务中心有可容纳200多人的多功能厅和150多人的会议厅,并有KTV包厢、桑拿、恒温游泳场、攀岩、网球场等娱乐设施。

乐平东方国际酒店　位于乐平市乐平大道5号,隶属于浙江东方华联集团,是一家高档豪华连锁品牌酒店。酒店主楼高80米,共21层,建筑面积3.5万平方米,总造价1.8亿元。拥有高级客房、豪华客房、总统套房等各类客房279间,拥有各类餐饮包厢33间及中式零点大厅、宴会厅、中西自助式餐厅和大堂休闲吧,大型多功能宴会中心可同时容纳1200人用餐。还有36间夜总会包厢、桑拿健身房、休闲游泳池。2010年建成,2011年7月1日开业。

景德镇大酒店　位于市珠山中路128号,楼高7层,是台商合资企业。2003年6月28日开业,是按国家四星级标准建设的涉外商务旅游酒店,共有客房总数127间套。酒店还拥有3个多功能会议厅,可供举行各种形式的表演及展览,大小型商务会议可提供中西式喜庆宴会、酒会、舞会服务,酒店商务中心设施齐备。2005年,评为四星级酒店。

朗逸酒店　位于市珠山西路5号,2009年10月建成,由香港朗逸酒店集团经营管理。酒店楼高10层,建筑面积15000平方米,拥有各类客房181间(套),中餐厅设有风格各异的厢房16间,可根据宾客需求自由组合成不同规格的宴会厅。酒店还设有商场、商务中心、健身房及棋牌室。酒店产权属景德镇供电公司。

豪门大酒店　位于市昌江大道西端,邻近长途客运站和中国陶瓷城,设有大型露天停车场和地下停车场,隶属市人防办,主楼高15层,客房总数142间(套),有中式、欧式、日韩式风格套房。2010年建成,2011年11月1日开业。酒店设中西餐饮,有23套西餐卡座和4个独立包间、5个豪华中餐包厢。

景德镇锦莱国际大酒店　位于瓷都大道，毗邻景德镇学院。2010年11月开业，是南大后勤集团旗下的一家按四星级标准建造的高档商务酒店，拥有客房140余间。可以提供会议、商务服务，设有大堂LED电子屏、投影仪、幻灯机和其他各种设备，并全程提供宴会装饰布置及会议服务。酒店二楼为多功能宴会厅，可同时容纳300人用餐，能承办大型团队宴席，二楼还配有瓷都文化韵味的各式中餐包厢6个。

金叶大酒店　2001年成立，位于瓷都大道1168号。隶属市烟草专卖局，酒店拥有塔楼式建筑主体楼一栋、附属楼一栋。金叶大酒店占地面积3475平方米，总建筑面积18800平方米，地面层高21层，地下层2层，客房222间。酒店固定资产为349.9万元，员工230人。2010年1月1日，金叶大酒店停业改造。

连锁酒店

景德镇如家快捷连锁酒店　有人民广场店、瓷都大道店、陶瓷城西客站店。如家人民广场店位于景德镇市莲社路，2009年6月1日开业，楼高5层，共有客房109间(套)，标间面积18平方米。内设标准双人房、商务大床房及配套家具等，配备餐厅和停车位，提供24小时热水淋浴、空调、电视、电话和免费宽带上网；瓷都大道店位于昌江区瓷都大道575号；陶瓷城西客站店位于昌江区迎宾大道中国陶瓷城香港路1号。

景德镇7天连锁酒店　有人民广场店，位于珠山区解放路79号，毗邻沃尔玛和金鼎购物广场；新厂店，位于珠山区陶阳中路2号；火车站店，位于珠山区太白园路樊家井曙光苑新村1栋1号；古窑店，位于昌江区新枫路69号；陶瓷城店，位于昌江区香江路30号。

农家乐

主要分布在市郊及乡村风景区内，以乡村酒店及农家旅舍为主，环境清新、收费不高、农家饮食，特别适合深度旅游、体察风情的“驴友”和“自驾游”选择。也有吃、住、钓、玩为一体的休闲山庄，成为市民假日休闲聚会的好去处。2008年9月22日，浮梁古县衙宾馆获农家三星级旅馆批复。10月30日，在古县衙宾馆举行授牌仪式。

表20-2-1　**2010年景德镇市星级宾馆一览表**

名称	总台电话	地址	星级
瑶里假日大酒店	2606988	浮梁县瑶里风景区内	三星
中奇大酒店	2666666	浮梁县朝阳东大道南侧	三星
景德镇宾馆	8271188	珠山区风景路60号	三星
财政宾馆	8292369	珠山区新村北路43号	三星
昌河宾馆	8467000	珠山区朝阳路533号	三星
良友宾馆	8272288	珠山中路42号	三星
昌南半岛	8565677	珠山西路58号	三星
乐平佳佳基	6788869	乐平翥山西路182号	三星
瓷都宾馆	8381111	珠山区里村花园197号	三星
文苑大酒店	8288888	珠山区通站路36号	三星
金盛宾馆	8207818	珠山区珠山中路71号	二星
长城宾馆	8214218	珠山区新村西路1号	二星
军供宾馆	7020999	珠山区新村西路，人民广场侧	二星
鹏程宾馆	8509818	珠山区瓷都大道1251号	二星
重阳宾馆	8213260	珠山区通站路1号	二星

续表 20-2-1

名称	总台电话	地址	星级
蓝天宾馆	8441812	珠山区新厂西路 280 号	二星
凯旋宾馆	8210333	珠山中路 277 号	二星
豪庭商务酒店	8205666	珠山区里村花园翠云路 1 号	二星
凯乐假日酒店	8210888	珠山区珠山中路 50 号	二星

第三节　接待服务

旅游接待

1986 年 2 月,港澳同胞 1800 多人到瓷都观光旅游,是历来港澳同胞到瓷都欢度春节人数最多的一次。8 月 21—24 日,日本青年洋上大学第 7 次访华团 E 分团 72 名青年到景德镇参观游览,在艺术瓷厂进行“白瓷绘画”体验游,青年们带回自己绘制的瓷器。

1988 年 1 月 1 日,景德镇推出具有陶瓷特色“欣赏龙瓷、研究龙瓷、绘画龙瓷、选购龙瓷”的龙年旅游活动,并在《人民日报》(海外版)发布消息。2 月,1850 名港澳同胞到瓷都欣赏陶瓷名家画龙、捏龙和雕龙,选购绘龙的瓷器 15 万件。

1990 年 12 月 31 日,景德镇接待海外游客 6013 人,创汇 232.81 万美元,比历史最高的 1986 年增长 11.38%。1991 年,全市旅游业接待海外游客总人数 7091 人,创汇总额 66.57 万美元,进入全省的先进行列,尤其是旅游购物收入在旅游业总收入中占 11%。

1996 年 3 月 2 日,日本第 15 次梅文化交流访华团 100 余人,首次到瓷都参观访问。9 月 13 日,日本陶光会会长高间真率领的第二次日中陶艺交流访中团一行 33 人到景德镇市进行陶瓷学术交流活动。并与省陶研所联合举办首届中日陶艺展。

1997 年 2 月 22 日,全市在“三节”期间(圣诞节、元旦、春节)共接待境外旅游团队 40 批 1094 人,分别来自中国香港、澳门地区和马来西亚、日本、俄罗斯、法国等国家,创 90 年代“三节”接待最高纪录。

2009 年 3 月 18 日,在浮梁古县衙景区城门楼广场举行“万人游景德镇,千人团首发式”暨景德镇市民族旅游休闲三年行动计划启动仪式,推动全民休闲旅游。同日,市旅游局与龙之旅全国旅游协作网合作,组织全体会员组成千人游景德镇大型团队到景德镇市参观旅游。6 月 1 日至 12 月 31 日,实行地市民参观景区免票的优惠政策。

表 20-2-2　　**1991—2010 年景德镇市旅游接待情况统计表**

年份	旅游总收入(亿元)	接待旅游总人次(万人次)	其中			
			国内人次(万人次)	创收(亿元)	境外人次(人次)	创汇(万美元)
1991	0.21	17.74	17.03	0.15	7091	66.57
1992	0.23	18.94	18.13	0.16	8136	86.65
1993	0.26	20.59	19.58	0.18	10105	103.36
1994	0.38	21.45	20.48	0.18	9688	240.15
1995	0.55	31.60	30.32	0.27	12793	335.9

续表 20－2－2

年份	旅游总收入(亿元)	接待旅游总人次(万人次)	其中			
			国内人次(万人次)	创收(亿元)	境外人次(人次)	创汇(万美元)
1996	2.09	71.58	70.1	1.67	14843	510.17
1997	3.84	122.31	120.66	3.33	16492	622.02
1998	2.55	60.82	59.56	2.19	12595	430.39
1999	3.98	106.08	104.71	3.58	13698	489.42
2000	4.53	122.01	120.53	4.1	14814	523.1
2001	5.14	143.42	141.81	4.7	16085	542.1
2002	9.42	265.14	262.39	8.7	27511	884
2003	11.42	302.52	300.52	10.99	20028	529.37
2004	17.51	505.75	501.73	16.52	40212	1204.97
2005	21.07	585.64	580.83	19.78	48067	1576.41
2006	25.10	667.24	661.31	23.54	59315	1903.18
2007	30.27	767.43	760.19	28.49	72428	2281.2
2008	44.02	907.71	896.95	41.41	107613	3733.27
2009	53.36	1077.95	1062.36	49.72	155864	5271.58
2010	66.63	1324.59	1305.10	62.22	194867	6484.11

旅行社

景德镇中国国际旅行社　1986年已开展业务。2003年由国有企业改制为有限公司。下设乐平营业部、浮梁营业部、珠山营业部、浮梁三龙营业部、风景路营业部、昌江大道营业部，工作人员35人。2006年9月获得国家旅游批准经营出境旅游资格。主要经营入境、出境、国内旅游业务，是全市首家经营出境团社。

市春秋国际旅行社有限公司　2004年7月成立，主要经营入境旅游业务，国内旅游业务。2007年，由国有改为股份制企业，下设浮梁分社、珠山分社、昌江分社、东郊分社，员工60余名。

市中国旅行社有限公司　2004年11月成立，位于瓷都大道567号3楼。主要经营入境旅游业务、出境旅游业务。

市瓷都旅行社　1990年成立，主要经营入境旅游业务、出境旅游业务，专职导游员4名。

景德镇假日旅行社有限公司　2006年6月成立，内设办公室、计调部、财务部、外联部共有6人，经营国内旅游业务、入境旅游业务。并经营商务考察、特色旅游、承接各类会议、代订客房、汽车、机票等业务等。

表 20－2－3　**2010年景德镇旅行社（公司）一览表**

公司名称	成立时间	主要业务	单位性质
市景德旅行社有限公司	2003年11月	入境、国内旅游	私企
市长运旅行社有限公司	2003年1月	入境、国内旅游	市长运公司直属企业
市神州国际旅行社有限公司	2005年9月	入境、国内旅游	私企
景德镇教育旅行社	2001年6月	入境旅游	私企

续表 20－2－3

公司名称	成立时间	主要业务	单位性质
市花苑旅行社有限公司	2003 年 1 月	入境、国内旅游	私企
景德镇青年旅行社	2001 年 9 月	入境旅游业务、出境旅游	私企
乐平江维旅行社	2004 年 6 月	入境旅游业务、出境旅游	私企
市电力旅行社有限公司	1999 年	入境旅游业务、出境旅游业	2008 年由国有改制为股份企业
市公交旅行社	2002 年 11 月	国内旅游业务、入境旅游	隶属于市公交公司
市职工旅行社	2005 年 5 月	入境、国内旅游	私企
市光大旅行社有限公司	2004 年 7 月	入境、国内旅游	私企
市大众国际旅行社有限公司	2003 年 12 月	入境、国内旅游	国企
市环球旅行社有限公司	2004 年 7 月	入境、国内旅游	私企
市佳友旅行社有限公司	2004 年 7 月	入境、国内旅游	私企
乐平教育旅行社	2004 年 7 月	入境、国内旅游	私企
市良友旅行社有限公司	2004 年 2 月	入境旅游业务、出境旅游	隶属市国资委
乐平市丰圣旅行社有限公司	2004 年 7 月	入境、国内旅游	私企
市珠山康辉旅行社有限公司	2005 年 9 月	入境、国内旅游	私企
市山水旅行社有限责任公司	2005 年 9 月	入境、国内旅游	私企
市方圆旅行社有限公司	2006 年 2 月	入境、国内旅游	私企
景德镇青花之旅旅行社	2008 年 9 月	入境、国内旅游	私企
市海外旅行社有限公司	2008 年 9 月	入境、国内旅游	私企
市招商旅行社有限公司	2009 年	入境、国内旅游	私企

旅游车队

市江南旅游汽车服务有限公司，位于迎宾大道 368 号。2005 年 1 月组建，是专业旅游客运企业，先后荣获“全国交通企业管理先进单位”等多项荣誉冠。公司拥有客运车辆 80 辆，全部按照公安部、省政府规定的交通强制保险和承运人责任险的要求，为每个座位投保 40 万元，比省际高速客运班线保险高出 10 万元，其他各项保险齐全，每位驾驶员具有 6 年以上客运 A 照和从业资格证书，并经过严格的旅游客运专业系统培训。

旅游线路

陶瓷文化深度游 古窑民俗博览区—昌南源陶瓷博览馆—民窑博览馆—御窑厂遗址公园一日游。以御窑、官窑、民窑为主线，通过参观古时烧瓷现场，为游客展示陶瓷文化。

名坊园—古窑民俗博览区—陶溪川国际陶瓷文化产业园一日游，以现代与古代制瓷工艺为主线，让游客了解景德镇陶瓷文化。

陶瓷文化观光游 皇窑(建国创意园)—雕塑瓷厂明清园—景德镇陶瓷学院—三宝国际陶艺村一日游。把景德镇独具特色的创意陶瓷串联起来，感受当代景德镇陶瓷艺术的魅力，同时领略陶瓷高等教育的风采。

高岭—瑶里风景区一日游。瑶里、高岭、绕南是景德镇瓷业的发祥地，该线路不仅可以看到瓷土的来源地高岭，还能看到过去为民间烧瓷的龙窑，以及各种瓷业习俗等，走进瑶里可以感受到深邃厚重的陶瓷历史文化。

瓷都休闲度假游　冷水尖(得雨生态园)—雕塑瓷厂明清园—三宝国际陶艺村一日游。该线路将昌江区山水景点与陶瓷文化景点相结合,使游客在看完自然美景之后又能欣赏瓷的美丽。

洪岩仙境风景区—佳洋陶瓷一日游。先欣赏景德镇的溶洞景观,领略大自然鬼斧神工,惊叹大自然的力量,然后到洋陶瓷看看琳琅满目的瓷器,

月亮湖—郭璞峰—荷塘生态旅游区—锦绣昌南中国瓷园一日游。此条线路将山水自然风光结合为一体,让游客在领略完大自然的秀美之后,再去感受景德镇的瓷文化。

乐平怪石林景区—水帘洞—陶瓷股份有限公司一日游。游览乐平怪石,感叹大自然的鬼斧神工,再进入深幽洞穴之中感受水帘洞的神奇景象,领略完大自然的奇趣之后,到景德镇国有企业陶瓷股份有限公司看看陶瓷,买买陶瓷。

高岭瑶里风景区—浮梁古县衙—古窑民俗博览区二日游。第一天和第二天的上午在瑶里领略自然、乡村、陶瓷工艺相结合的美,下午到浮梁古县衙感受五品县衙的威严和官文化以及景德镇历史的变迁,最后来到古窑民俗博览区,看看传统老艺人制作瓷器的现场,看看古时人们制瓷的工艺。

洪岩仙境风景区—乐平怪石林风景区—锦绣昌南中国瓷园—得雨生态园—冷水尖二日游。本条线路涵盖景德镇西南部自然风光景区,中间穿插一个陶瓷类景点。

洪岩仙境风景区(第一天)—乐平怪石林景区—冷水尖景区—锦绣昌南中国瓷园(第二天)—得雨生态园—三宝国际陶艺村—陶瓷股份有限公司(第三天)三日游。此条线路与上条线路设计思路相同,同时加入陶艺观赏体验游,使游客可以亲身体验一下制作瓷器的快乐。

高岭瑶里风景区(第一天)—高岭瑶里风景区(第二天)—浮梁古县衙—雕塑瓷厂明清园—古窑民俗博览区(第三天)三日游。此线路为欣赏自然风光与体验陶瓷文化相结合。

瓷都民俗游　古窑民俗博览区—彭家弄历史文化街区—葡萄架历史文化街区—富强上弄历史文化街一日游。本条线路把景德镇历史悠久的里弄串联起来,加上古窑民俗博览区展示的景德镇民俗文化,满足游客对景德镇的深度了解。

瑶里古镇—英溪古村一日游;严台古村—沧溪古村一日游,这两条线路中的两个点都是古村落,可以实地体验村民的生活方式,适合深度游。

瓷都购瓷游　金昌利陶瓷大市场—景德镇国际商贸广场—景瀚陶瓷广场—曙光路古玩市场一日游。

莲社路陶瓷大市场—红店街—陶瓷大世界—建国陶瓷创意园一日游。

古镇名胜历史游　三闾庙古街、古码头—御窑遗址公园(龙珠阁)—古窑民俗博览区—湖田古窑遗址区—三宝国际陶艺村—浮梁古县衙—高岭瑶里绕南古窑遗址。

陶瓷文化研修体验游　中国陶瓷博物馆—中国陶艺中心(全国中小学陶艺培训基地)—雕塑瓷厂明清园—景德镇陶瓷学院—三宝国际陶艺村。

茶园游　景瑶线:臧湾新佳茶园—鹅湖园艺场—瑶里茶叶公司—瑶里汪胡仰天台一级原产地。

浮北线:福港广明茶场—储田昌河茶叶公司—江村茶厂+江村乡严台村一级原产地—西湖乡合源村鸡冠石一级原产地。

昌江游　宝石村—旧城新平(红塔、古县衙)—观音阁—旸府寺—三闾庙码头—清街—明街—刘家弄3号—刘家弄13号—中渡口—十八渡—西瓜洲—鱼山—鱼山大坝。

陶瓷现代工业游　名坊园—陶瓷工业园(千年博大瓷博园、鸿鑫阁官窑瓷画院产业基地、缘源陶瓷、丝绸瓷路等)—古窑民俗博览区—建国陶瓷创意园。

第四节　休闲购物

陶艺“体验”

在古窑民俗博览区、绕南陶瓷主题园区、三宝陶艺村以及众多的陶瓷作坊和陶瓷工作室,游客可以亲手

参与制作瓷器,店主可以提供烧制、邮寄等后续服务。

拉坯做瓷　坐在旋转的辘轳车旁,将一团瓷土拉成一只碗、一块盘,体验千年传承的制瓷技艺。

瓷上书画　可以在瓷坯上学画青花,可以在瓷胎上画山水、花鸟、人物,可以画自己喜欢的任意画面,也可以在瓷坯或瓷胎上留下墨宝,最后署上姓名,留存纪念。

歌舞娱乐

娱乐一条街　在景德镇市区浙江路集中了多家 KTV、酒吧、茶室、咖啡厅、娱乐城,规模大的有白金汉宫、外滩一号、花都。可以游客在此吃喝玩乐。

表 20－2－4　　**2010 年景德镇市大众休闲娱乐场所一览表**

公司名称	地址	公司名称	地址
市昌河娱乐城	市珠山区昌河一区	江西省乐平市文化馆	乐平市镇西大街 99 号
市海涛娱乐有限公司	市珠山区森林公园内	浮梁县鹅湖镇文化站	市浮梁县鹅湖镇鹅湖街
市御窑娱乐中心	市浮梁县中华北路	市工人文化宫	市珠山区莲社北路 16 号
市珠光娱乐中心	市珠山区风景路 18 号	市珠山文化贸易站	市珠山区中山南路 174 号
市九华娱乐有限公司	市珠山区珠山中路 121 号	市珠山区文化馆	市珠山区中山北路 277 号
市纬昌实业有限公司	市珠山区广场北路新德园二楼		

大众演出　休闲广场、人民公园、莲花塘、昌江岸边是大众文化的舞台。古戏台上、广场角落、绿荫丛中,都有赣剧、采茶戏的表演,有民间俚语小调的演唱。

旅游购物

景德镇因瓷而城,以瓷而名,尤其是工艺美术瓷闻名世界,各国博物馆珍藏有大量景德镇古瓷。景德瓷、浮梁茶曾经是丝绸之路上运输的主要商品,也是景德镇地方特色产品。

1993 年 8 月 10 日,国家旅游局公布景德镇陶瓷艺术研究院、市雕塑瓷厂为全国旅游商品定点生产企业。1998 年 3 月 23 日,省旅游局批准市百花宾馆、良友宾馆、文苑宾馆、华飞娱乐城、伟业陶瓷友谊商店等 7 家宾馆、商店为旅游涉外定点单位。

2007 年,市旅游协会制定《景德镇市推荐旅游团体购物单位具体标准》和《景德镇市推荐旅游团体用餐单位具体标准》,首批确认佳洋陶瓷有限公司、陶阳陶瓷有限公司、御龙镇窑陶瓷购物中心、景德镇香江商贸有限公司、新昌江大酒店、良友酒楼、天天渔港、明清园美食娱乐文化有限公司 8 家单位为旅游团体购物单位,并于 12 月 26 日举行授牌仪式。

陶瓷商场　金昌利陶瓷大市场。位于珠山中路 2 号,4 个楼层内经营陈设瓷、日用瓷、仿古瓷等,是瓷都室内精品陶瓷市场。

景德镇国际商贸广场。位于莲社南路与广场南路交汇处,经营陶瓷零售兼批发业务,是老城区面积最大的专业陶瓷市场,经营日用瓷、陈设瓷。

陶瓷大世界。位于莲社北路与莲花塘接壤处,是高档艺术陶瓷专业市场。既是陶艺家们的创作室又是作品销售的窗口,南路主要经营日用瓷,品种繁多,花样齐全。

中国陶瓷城。位于迎宾大道旁,与景德镇长途客运站相邻,分名人名作、雕塑、陈设、仿古、作品、综合、日用瓷 7 大经营区域。

锦绣昌南中国瓷园。位于迎宾大道西端,与中国陶瓷城斜对面。园内建有千禧瓷坛、百年陶瓷精品馆,展示中青年名人名作。有专门为旅游服务的商场陶瓷购物中心,供游客参观并能参与制作的陶吧。

红店街。位于市莲社北路西侧,前店后厂式粉彩制瓷模式,老招牌、老字号的红店作坊,演绎着粉彩陶瓷艺术的独有魅力。

曙光路古玩市场。位于曙光路东段,是集古玩、陶瓷艺术的一个新兴大市场,进驻古玩经销商 500 多户,市场每周六、周日两天提供早市地摊，是旅游购物、收藏淘宝之地。

陶瓷集散地　景德镇陶瓷贸易集散地有自发形成，也有由政府规划建设形成，前店后厂的模式，展示手工生产的过程，是深度旅游观光的去处。

新都民营陶瓷园区。主要有陶瓷乐器、骨瓷餐具、高中档茶具、仿古电磁炉陶瓷煲、商务礼品瓷、艺术陈列瓷，还有独具特色的陶瓷灯、陶瓷大花瓶、瓷板画、卫浴台盆、面盆，古色古香的数控陶瓷创意酒瓶、个性茶具，是旅游购物和集中采购的市场。

老厂陶瓷一条街。这里瓷器生产分工非常详细，有专业制泥作坊、专业拉坯作坊，一个厂专做一个品种。吹釉、做坯、注浆以及最具艺术气息的陶瓷绘画，都能一览无余，是瓷器生产过程的观光之地。

曙光路陶瓷一条街。几十家陶瓷店铺，前店后坊式经营，餐具、茶具、瓷桌、瓷礅、瓷狗、瓷虎、瓷牛等一应俱全，是全市最具性价比的陶瓷批发与零售中心，是个体陶瓷生产聚集地。

樊家井仿古一条街。有500余家陶瓷作坊及店铺，以仿制历代古瓷而闻名，在每个店铺均可看到底部写有官窑款的各种瓷器。

建国陶瓷创意园。位于景德镇老城区，与御窑厂遗址仅一街之隔，园区设有艺廊、展厅、设计室、工作室、制作间、培训室、时尚餐饮酒吧等多元文化艺术空间。是陶瓷艺术家提供艺术创作、交流以及艺术品交易的平台。

老鸦滩瓷板作坊群。是瓷板生产的集散地，数十家大大小小作坊分布老鸦滩各处。简陋的作坊中生产出规格大于2米×3米的瓷板，各个瓷板作坊里压坯、踩坯、刨坯、吹釉、满窑、烧成、包装一气呵成，生产场景让人震撼。

雕塑瓷厂（跳蚤市场）。位于东郊曹家岭，产品以艺术陶瓷为主，内有一大批老、中、青艺人创作出品种繁多、状物传神的优秀作品。周末，这里是大学生展示陶艺的跳蚤市场，陶瓷学院的学生们把自己的作品在此售卖、订货，生意十分火爆。

景德镇明清园假日大学生市场

景德镇陶瓷股份有限公司。位于朝阳路558号。主要生产中西餐具、咖啡具、茶具和宾馆、酒店系列用瓷，高档彩盘、高档炻器及高档窑具制品等。有红叶、家好、金品陶三大品牌。

玉风瓷厂。位于新厂西路389号。主导产品有高档骨质瓷餐具、茶具、咖啡具、办公用瓷系列，高档艺术瓷、陈设瓷系列，高白釉茶杯、咖啡具系列，高档酒类、保健品包装系列等。

地方土特产

浮梁茶　浮梁享有“瓷之源、茶之乡”的盛名，“浮梁歙州，万国来求”，求的是茶叶。1915年，浮红茶获巴拿马万国博览会金奖。

浮梁红茶。产自浮梁东北部山区，冲泡后茶汤红浓，香气清新，芬芳馥郁持久，有明显的甜香，有的带有玫瑰花香。在国际市场上属于“高档红茶”，特别是在英国伦敦市场上，被列为茶中“英豪”，受到皇家贵族的宠爱，赞誉祁（浮）红是“群芳最”。

浮梁绿茶。是当地百姓普遍饮用的饮品。其品种按茶叶采摘时段的不同，又有谷雨尖、细茶、粗茶之别。有瑶河仙芝、西湖珍芝、野兰芝、浮绿芽玉、广明银针、新佳明毫等品牌。2000年后，迅速高档化、礼品化。

碱水粑　用碱水掺入早米浆煮、蒸熟定型的粑状物。碱水用植物桔秆如茶籽壳、黄豆秆、稻草等烧成灰，再用水将灰包冲浸出来的天然碱性水。成品一般为长条形，色泽金黄，价廉物美耐久储，切成薄片后炒着吃，既可当主食又可做菜，是一种纯天然绿色食品。

苦槠豆腐　苦槠树的果实，经过暴晒取果肉、浸泡、磨浆、过滤、加热、冷固成块、切割，在清水中浸泡轻漂,得到一种特殊的苦槠豆腐,制好的苦槠豆腐散发着天然的香气。苦槠豆腐是天然绿色的食品,晒干的成品用冷水浸泡数小时后切块配以葱蒜肉末炒,其味清香,口感嫩滑。

南瓜干　南瓜干制作简单,食用方便,具有很高的营养价值。制作方法是南瓜→处理→切片→晾晒→蒸煮→晒干→制浆→上浆→晒干→包装→成品。

鸭脚板　生长在浮梁山区潮湿沟壑处和林荫之下,因其叶片像鸭脚蹼而得名,其叶茎墨绿,均可食用。口感芬芳,甘甜带粉,鲜嫩可口,煮炒煲汤均可,是席上佳品。

雪里蕻腌菜　初冬或早春菜叶最茂盛时候采下,除去老叶子,洗干净后晒5~6天。切成碎段,同剁碎的辣椒、生姜、大蒜拌好,撒上盐粒搓揉,然后密实装坛,置阴凉处,一个月后成柔脆鲜辣腌菜。无论是炒毛豆还是酱干,加一点肥瘦掺半的肉丝,便是美味小菜。

干排粉　在景德镇地区盛产一种用优质早米制作晒干的排粉,逢年过节配以肉末炒,是日常的美味佳肴,同时又可以作为粮食类的主食品。排粉刚出来时,还可作为凉拌食用,也是景德镇人喜爱的点心。

灯笼辣椒　乐平灯笼辣椒因形似灯笼而名,因主要产地在镇桥镇蔡家,又名蔡家辣椒。该品种是当地菜农经过数百年的栽培和乡土技术人员选育出来。乐平灯笼辣椒个大肉厚、味辣微甜,食之清脆爽口、风味独特,为甜椒系列上乘品种,既可鲜炒 又可腌制。明清时期曾钦定为宫廷贡品,被誉为“天下第一椒”。2005年10月,灯笼贡椒种子搭乘“神舟六号”进行太空培育试验。

乐平桃酥　乐平桃酥选用纯天然特制菜籽油、精制面粉、天然纯奶油等原料精工制作而成,具有酥松爽口,甜而不腻,营养丰富,老少皆宜等特点。全市生产桃酥的食品企业有近十家,品种达十多类,倍受国内外消费者欢迎。乐平桃酥以江西食品厂生产的“安牌”系列桃酥品质为最好,该厂生产桃酥选料精细、工艺先进、口味更纯,被中国食品工业协会授予“名牌产品”称号,夺得8项省级以上荣誉,被誉为“中国桃酥王”。

乐平谷酒　乐平谷酒旧称“乐平烧酒”,选用山区优质稻谷为原料,运用民间传统酿酒工艺制作而成,具有入口柔和,回味温馨,久储不淡、越陈越香等优点。乐平谷酒因其优质的口感倍受广大消费者欢迎,长期畅销于长江中下游沿江省(市)且久负盛名。1993年,高档乐平谷酒“南酒”在香港参加国际名酒评比中荣获国际金奖。

第三章　旅游管理

1998年,市委、市政府下发《关于加快景德镇市旅游业发展的意见》。2006年2月9日,召开全市旅游产业发展领导小组第一次会议。3月15日,召开全市旅游经济工作会,推进全市旅游业的发展。至2010年,全市共有29家旅行社,其中经营入境、国内旅游业务的旅行社28家,经营出境、入境、国内旅游业务的旅行社1家。市旅游局加强旅游宣传推介工作,规范接待服务,提升旅游业发展水平。

第一节　旅游活动

节庆活动

陶瓷节　1990年10月11—14日,景德镇举办首届陶瓷节,开展陶瓷产品展览展销、“瓷都景德镇”国际精品大奖赛、陶瓷技艺现场表演,开展景德镇国际古陶瓷研究学术交流和国际陶瓷学术研等活动,带动陶瓷文化、陶瓷购物为内容的旅游,此后每年的10月举办一次。2004年改为景德镇国际陶瓷博览会,由国家商务部、江西省政府举办,景德镇市政府承办,是陶瓷交流、贸易、展示的国际盛会。(详见瓷业篇)

友好观光年　1992年10月11—14日,景德镇举办1992友好观光年中国瓷都第三届国际陶瓷节。10月,举办陶瓷研修苑柴窑首烧典礼暨篝火联欢晚会,有300多境外游客参加,中外游客共计1000多人。省旅游局将南昌—九江(庐山)—景德镇列为国际旅游线。

旅游瓷交易会　1994年9月1—4日,中国旅游购物节暨首届旅游瓷交易会在景德镇市举行。全国各地旅行社、旅游公司、饭店、涉外定点商店、著名旅游景点负责人、业务人员、外国客商和旅游者等参加。主要活动有旅游瓷展览、销售、洽谈订货、手绘瓷器、旅游瓷“天马奖”评选、参观游览瓷都陶瓷古迹、古建筑等。

茶文化旅游节　2004年,市旅游局与浮梁县政府联合举办茶文化节,以茶为载体,宣传弘扬茶文化,促进茶叶贸易与旅游活动。4月24日,以“瓷韵·茶语·家园”为主题的首届“瓷都千年·景德镇茶文化旅游节”在浮梁古城开幕,由市旅游局主办。其间,组织由深圳到景德镇的“千年瓷都千里行”自驾车系列活动,首批33辆旅游自驾车游览陶瓷历史博览区、浮梁古县衙等景点。探索以活动促进景德镇旅游市场、品牌、形象建设。

2007年4月10日至5月12日,第四届“景德镇·浮梁茶文化旅游节”在高岭·瑶里风景区举行。

2010年5月1日,浮梁县政府和市旅游局在瑶里风景区共同主办的第七届“景德镇·浮梁茶文化旅游节”。5月2日,市旅游协会主办,瑶里旅游发展有限公司承办“2010中国景德镇(瑶里)边车文化交流大会”,在瑶里古镇召开。

瓷文化旅游节　1994年,在市雕塑瓷厂明青园举办中国旅游购物节(景德镇)开幕式。2004年9月30日至10月7日,市政府首次主办“景德镇千年华诞瓷文化旅游节”,以瓷文化为主线,开展“瓷都风情”文艺演出、瓷文化主题游园、千年遗韵——湖田五代至明代出土遗物展、景德镇官窑历年考古发掘精品展、千年瓷坛开坛仪式、大型瓷器灯会、20世纪陶瓷艺术回顾展、千年华诞精品陶瓷游园灯会、瓷都之源——瑶里民窑民瓷展等9大文化项目。之后每年在陶瓷节前夕举办一次。

'94中国旅游购物节在景德镇明青园召开

2005年9月27日至10月18日,在市休闲广场举行景德镇第二届瓷文化旅游节开幕式,市旅游局免费为所有外来参展企业提供展台。2007年9月29日,由市政府、市委宣传部、景德镇国际陶瓷博览会执委会主办的“景德镇第四届瓷文化旅游节暨中国陶瓷城旅游文化大庙会”在中国陶瓷城举行。

2010年10月12日,景德镇市举办第七届瓷文化旅游节暨陶瓷文化遗产传承展示系列活动,有传统的圆器技艺展示、琢器技艺展示、挑坯技艺展示、装坯技艺展示、镇窑复烧瓷展、葫芦窑复活展示、瓷乐表演等活动内容。

镇窑复烧　2009年10月19—22日,景德镇乾隆时期建造的三百担柴窑(又名镇窑)举行复烧活动,并申报世界吉尼斯纪录。中央电视台《正大综艺》“见证吉尼斯纪录诞生”节目组全程录播,英国见证官吴晓红博士现场为镇窑颁发吉尼斯纪录证书。

2010年10月17—22日,古窑民俗博览区举办明代葫芦窑复烧活动,展示传统手工技艺人制作陶瓷全过程。

交流推介

国际交流　1986年12月27—30日,国际旅游展销会在北京举行,景德镇以陶瓷为主题的旅游资源展品江西省展台三分之一。

1989年11月27—30日,国家旅游局推荐市旅游局派员赴东京参加日本旅游协会主办的第七届国际旅游会议和展销会,景德镇展示的陶瓷旅游风光受到72个国家旅游界代表的青睐。

1991年1月,《朝日新闻》记者喜田洋、平野邦晴和香港亚洲电视台记者黄华辉3人到景德镇采风。6月,苏联中央电视台《漫游长江》摄制组5人到景德镇采风。

1995 年 11 月,接待中国香港、日本 13 家旅行社 18 位负责人考察,瓷都特色旅游线路得到肯定,之后旅行社组团到景德镇旅游。1997 年,景德镇列为中国旅游年向世界推出的 35 个王牌景点之一。11 月 24—28 日,赴日本参加东京国际旅游交易会。

2002 年 6 月 29—30 日,由曾良材率领的新加坡旅行业协会代表团一行 12 人到景德镇市参观考察。7 月 31 日至 8 月 1 日,国家旅游局驻日本、澳大利亚、法国、新加坡、马来西亚等 16 个国家的旅游办事处负责人到景德镇市考察旅游线路。

2003 年,在省旅游局的配合下,市旅游局先后邀请新加坡、日本和中国台湾、香港地区约 60 多家旅行商到景德镇考察旅游线路和产品。

2005 年 6 月 30 日,泰国旅游协会会长率泰国旅行商代表团到景德镇考察。7 月 14—15 日,国家旅游局驻新加坡办事处组织的新加坡、马来西亚、印度尼西亚旅行商 20 人到景德镇考察。12 月 10—19 日,中央电视台国际频道《快乐中国》栏目在景德镇进行为期 10 天的专题节目摄制,共拍摄 20 期节目,每期节目长 10 分钟。

2006 年 10 月 13 日,泰国国家旅游局派员到景德镇考察。2007 年 1 月 29 日至 2 月 5 日,市瓷乐团赴新加坡进行访问演出。2008 年 6 月 12 日,香港亚洲旅游有限公司组织的"亚洲旅游特约撰稿人江西行写作采访团"到景德镇采风、创作。

2010 年 8 月 19—20 日,香港《亚洲旅游》杂志社采编人员一行 9 人,为编纂《江西深度游》杂志到景德镇市进行采风拍摄。

国内交流　1987 年 4 月 25—27 日,国家旅游局局长韩克华到景德镇考察旅游工作。

1996 年 12 月,景德镇市首次组团参加在上海展览中心举行的中国国内旅游交易会,散发宣传资料数千份,接待咨询近百人。

2001 年 7 月 13—18 日,市旅游局赴新疆乌鲁木齐市参加 2000 年中国国内旅游交易会,与 100 多家旅行社、旅游服务单位进行接触和洽谈,发送宣传资料 5000 余份。12 月 15 日,在武汉市江城饭店召开"景德镇市、武汉市旅游局联合推介会",开拓武汉的客源市场。

2002 年 6 月 6 日,邀请台湾中华两岸旅行协会江西线路考察团一行 27 人到景德镇考察。

2003 年 3 月 23—25 日,瑶里风景区举行"百名记者看江西"活动。市旅游局率领业内各有关单位,组成 4 个旅游促销小分队,分别走访武汉、上海、南京、苏州、无锡、南昌、九江等地的 300 多家旅行社,推介全市新的旅游景区和新的旅游线路。

2004 年 4 月 15 日,市旅游局在南京举行"千年瓷都——景德镇旅游推介会"。2005 年 3 月 26—27 日,由市旅游局、婺源县旅游局主办,杭州旅游集散中心承办的"中国瓷都、美丽乡村"活动在杭州举行。

2006 年 2 月 23—26 日,市旅游局携旅游企业参加 2006(第十届)长江三角洲南京旅游交易会。3 月 10 日,在黄山市举办"景德镇·黄山旅游座谈会"。3 月 21 日,由省旅游局和市政府在武汉市"第三届华中旅游博览会"上,举办"江西乡村文化旅游经典产品——景德镇旅游推介会"。4 月 6—8 日,邀请杭州旅行社及媒体到景德镇踩线。

2007 年 4 月 13 日,在景德镇开门子大酒店举办北京—景德镇—婺源航空旅游合作签约仪式。4 月 16—23 日,市旅游局组织景德镇瓷乐团和旅游企业赴无锡、苏州开展大型联合促销活动。5 月 10 日,组织旅游企业参加在北京黄河京都大酒店举办的景德镇市旅游产品——北京市市场推介会。7 月 11—16 日,邀请台北市旅行商业同业会、中华航空公司、香港航空公司联合组团到景德镇考察。是月 18 日,组团赴武汉召开"2007 年中国·景德镇国际陶瓷博览会旅游(武汉)推介会"。8 月 29 日,在上海光大会展中心国际大酒店召开"2007 年中国·景德镇国际陶瓷博览会旅游(上海)推介会"。11 月 1—4 日,组织旅游企业参加在云南省昆明举办的"2007 中国国际旅游交易会"。11 月 6 日,参加在安徽歙县召开的全国 11 个古城(镇)旅游合作会议共同签署《中国古城旅游联合(徽州古城)宣言》。

2008 年 9 月 11 日,2008 中国景德镇国际陶瓷博览会(广州)新闻发布暨旅游推介会在广州举行。

2009 年 8 月,市旅游局在分别长沙、南京、合肥举行 2009 中国景德镇国际陶瓷博览会新闻发布暨旅游推介会。11 月 13 日，第二届中国（江西）旅游产品交易会在南昌市展览中心开幕，景德镇市共有 50 余家企业参加交易会，展示了陶瓷、茶叶等旅游产品。

2010 年 3 月 22 日，邀请安庆市 10 余家旅行社负责人和安庆晚报社采编人员共 30 余人，赴景德镇洪岩仙境、陶艺培训中心考察。4 月 1 日，景德镇市、上饶市、鹰潭市 3 地旅游局在上海市联合举办旅游推介会。4 月 13 日，景德镇古窑·民俗博览区、浮梁古县衙景区和婺源部分景区联合在南昌召开旅游推介会。6 月 26—27 日，上饶市旅游局领导及当地主要旅行社领导一行 18 人到瑶里景区参观考察，讨论旅游合作方式。8 月，先后在郑州、广州举办“2010 瓷博会新闻发布暨景德镇旅游（郑州）推介会”，邀请近百位旅行社负责人和媒体记者出席。

媒体宣传

1996 年，市旅游局撰写的“古窑瓷厂导游词”入选国家旅游局编辑出版的《优秀导游词精选》一书。1998 年 1 月 23 日，景德镇市各参观点上报国家旅游局《中国旅游景区景点指南》名录。2 月 11—13 日，上海电视与市旅游局联合拍摄《天下第一瓷都景德镇》风光片，40 分钟的节目在上海电视台播出 2 次，宣传景德镇旅游资源。10 月，市旅游局印刷“瓷都景德镇”画册，宣传景德镇旅游。

2003 年 4 月，市旅游局与四通公司合作，在景德镇在线网站开通旅游网页，宣传瓷都旅游，至 11 月底，点击率达到 173 万次。9 月，景德镇旅游网代表江西参加全国旅游网上推介活动，获国家旅游网站组织奖。

2004 年 3 月，景德镇参加环球旅游报主办“中国最值得外国人去的 50 个地方”网上旅游评选活动。同年，市旅游局编印《千年瓷都景德镇旅游指南》。2005 年 8 月，国家旅游局批准景德镇市为“中国优秀旅游城市”。2006 年 2 月 13 日至 3 月 10 日，《快乐中国——学汉语》景德镇专集在 CCTV－4 播出 20 集。9 月中旬，市旅游局发行 2006 版《景德镇旅游交通图》。同年，景德镇被全国 31 家媒体评为“中国最值得外国人去的 50 个地方”之一。2007 年 3 月 26—30 日，中央电视台新闻中心报道记者团一行 30 人深入瑶里风景区、中国瓷园采访考察。

2006 年 6 月 14 日，组织参加 2006 年北京国际旅游网上博览会。

2007 年 1 月 29 日至 2 月 28 日，市旅游局在新浪网旅游频道及景德镇在线旅游频道举行为期一个月的“景德镇旅游拜年暨迎春”专题展播月活动。10 月 30 日，在南昌电信科技大楼四楼电视台举办 2007·中国（江西）红色旅游网上博览会。12 月 28 日，景德镇市旅游网站（www. jdzta. gov. cn）正式运行，开通新闻动态、公告公示、旅游咨询、市场开发、招商项目、政务公开等栏目。

2008 年 7 月 4 日、7 月 8 日，由市政府主办的“中国国际航空公司北京—景德镇航班首航新闻发布会”分别在景德镇市和北京市召开。

2009 年，江西评选旅游十大好新闻，景德镇市选送的《瓷博会——市民的节日》和《清代镇窑烧炼技艺重现》获优秀奖。市旅游局创作、摄制景德镇旅游城市形象宣传片《镇动世界》。3 月 23 日，央视科教（CCTV－10）频道《希望英语》栏目组抵达景德镇，进行 4 天的节目拍摄。2010 年 8 月 19 日，央视少儿频道《芝麻开门》栏目组应邀到景德镇，以“芝麻带你走江西”为题进行 2 天的实地拍摄。

2010 年 4 月 11 日，人民网、新华网、中国网、国际在线、中新网、新浪网、搜狐网、凤凰网等主流网络媒体到景德镇市开展“聚焦绿色江西、探寻生态鄱湖——第二届全国网络媒体江西游”大型采风活动，70 余位媒体、网站记者先后参观考察古窑·民俗博物馆、浮梁古县衙景区、瑶里风景区，多角度宣传报道景德镇。

第二节　监督管理

技能与资格

1992 年 9 月，在全省第二届旅游行业员工服务技能竞赛中，景德镇市代表团取得团体总分第一名，并摘得翻译导游冠军的奖牌。

2004 年 4 月，省旅发委委托导游服务中心向社会公布导游资格考试通知，接受考生报名，省旅发委统一安排考试。市导游服务中心接受237人报考,35人经考试合格获得导游资格证。9月,举办全市首届星级宾馆服务技能大赛。

2005年9月初,举办景德镇市首届导游大赛,对最后确定的4名赴省参赛选手实施强化训练,4名选手均获得“2004年度江西省优秀导游员”称号,其中3名选手还荣获“2004年度江西省明星导游员”称号。2006年10月22日,景德镇市第三届旅游星级饭店服务技能大赛在良友宾馆举行。

2008年,根据国家旅游局《关于暂退部分保证金支持旅行社渡过金融危机冲击难关的紧急通知》精神,省旅游暂退旅行社质量保证金的比例定为60%。12月31日以前景德镇设立28家旅行社,交纳质量保证金为8万元。2009年新设立的市招商旅行社有限公司,足额交纳质量保证金额20万元。

同年4月,江西省旅行社总经理资格证培训班在景德镇举办,共233名人员参加,通过率100%。

2010年12月,市旅游局制定《关于景德镇旅游人才队伍开展建设扩大旅游的工作方案》。导游在不同阶段接受考前培训、岗前培训、年审培训,即参加导游资格考试前的培训、获取“导游证”前的培训、年度不少于56个小时的培训。2005年至2010年,分别有163人、132人、113人、127人、106人、112人获得导游资格证,考录比例约在四分之一。

规划管理

2008年1月6日,江西省旅游局在市合资宾馆主持召开《景德镇市旅游业发展总体规划》,评审组同意该规划通过评审。3月29日,市旅游局与市政协科教文卫体委员会联合主办“千年瓷都与文化旅游发展论坛”,邀请北京第二外国语学院旅游管理学院、省旅游局、省发展战略研究所、江西旅游文化研究会、婺源旅游(集团)股份有限公司、安徽寓仙山景区的专家学者,就陶瓷历史与文化、生态文化与旅游、民俗文化与旅游、瓷茶与旅游、景德镇旅游业在全省及全国的地位与作用、新休假制度下的区域旅游、如何协助把景德镇旅游业在国内与国际市场做大等问题进行深入探讨。

第三节　管理机构

市旅游局

1989年6月成立,与外事办合署办公,负责旅游市场开发、企业管理、旅游点建设与游客接待规划。1991年8月,市旅游局单列为市政府工作部门,下设秘书科、市场开发科、计划财务科和企业管理科。辖国旅景德镇支社、景德镇合资宾馆、陶瓷研修苑筹建处、市旅游服务公司。2000年10月,市旅游质量监督管理所成立,为正科级自收自支事业单位。2001年,成立市旅游工作领导小组,由市长任组长,市政府副秘书长任办公室主任、市旅游局长任副主任。

2002年,市旅游局改为市政府组成部门,内设办公室、行业管理科、市场开发科和监察室,编制15人。下设市旅游质量监督管理所和市旅游执法大队(一个机构两块牌子)。2005年,增设市导游服务中心和市旅游营销中心,为正科级自收自支事业单位(一个机构两块牌子)。同年,市旅游产业发展领导小组成立,市长任组长,办公室设在市旅游局,由市政府副秘书长兼任办公室主任,市旅游局局长兼任办公室副主任。2007年,市旅游质量监督管理所改为全额拨款事业单位,2009年列为参照公务员法管理单位。

下属单位

景德镇陶瓷艺术研修苑　1993年3月27日成立,隶属市旅游局,相当于正科级事业单位,实行企业化管理。2008年,景德镇陶瓷艺术研修苑和市旅游服务公司全部改制私营。7月31日,市旅游开发公司成立,企业化管理。

导游服务中心　2004年2月成立,隶属市旅游局。属正科级自收自支事业单位,办公地点在市迎宾大道368号。

第二十一篇 金 融

第一章 存款贷款

央行景德镇市中心支行(简称市人民银行)按照国家金融管理要求适时调控货币的投放与回笼,稳定货币市场,支持经济建设。1986 年,全市金融机构各项存款总额 5.92 亿元,各项贷款余额 8.12 亿元。至 2010 年,全市金融机构存款余额 400.92 亿元,各项贷款余额 227.0 亿元。存款余额增长大幅高于贷款余额增长。

第一节 存 款

单位存款

1986 年,市人民银行围绕“紧缩银根、稳定货币”金融方针,加强金融宏观管理,控制货币投放,组织货币回笼,年末各项存款余额 59164 万元,其中企业存款余额 23688 万元、财政性存款余额 2827 万元。

1991 年以后,全市金融机构树立“存款立行、存款兴行”理念,采取措施增加存款总量,扩大信贷资金来源。对公存款主要种类有工商企业存款、机关团体存款、财政性存款、乡镇企事业单位存款,按照支取方式分为活期存款、定期存款和储蓄存款。其账户开设有基本存款户、一般存款户、临时存款户和专用存款户 4 种。各商业银行建立和推行内部分工协作、奖罚挂钩的对公存款责任制,加强资金归口管理。同时制定对公存款监控系统,建立存款工作例会制度,建立存款大户台账,监控大笔资金流向;建立健全信息网络,对外聘请企业资金信息员,定期或不定期开展信息交流,推进电子化建设,改进服务手段。1992 年起,各行先后实行事后监督,开展全方位监控。1995 年起,各行电子汇兑先后开通,实现辖区业务联网,资金汇划及时到账,促进对公存款稳步增长。

2000 年年末,全市金融单位的企业存款余额 23.27 亿元、财政性存款余额 8631 万元、农业存款余额 7512 万元,分别比 1990 年增长 7.78 倍、4.19 倍、1.27 倍。

2010 年,全市金融单位的企业存款余额 101.52 亿元、财政性存款余额 4.55 亿元、农业存款余额 113.22 亿元,分别比 2000 年增长 4.36 倍、5.27 倍、15.06 倍。

储蓄存款

20 世纪 80 年代,市工商银行(以下简称市工行)增设网点、实行储蓄承包、开办有奖储蓄等方式增加储蓄额;市农业银行、信用社围绕“增加存款、改进服务、合理使用资金”的工作方针,开展创办“优秀储蓄所”、争当“优秀储蓄员”活动,并开展有奖储蓄,开办本地通存通取活期储蓄等业务。1989 年 10 月,成立全市爱国储蓄委员会,2 次开展“爱国储蓄宣传周”活动,组织存款。市人民银行组织力量编印储蓄宣传提纲 2000 余份,发至各单位张贴。12 月底,全市储蓄存款净增 10626 万元,较上年增加 2684 万元,完成省政府下达全年任务的 102.2%。

1991 年,各专业银行先后开办代发工资、代收教育基金、通知存款、代收消费、电费、燃气费、学校报名费、交通违章罚没款等便民活动。同时发行有奖定期储蓄,增加定期存款额度。至年末全市储蓄存款余额 77784 万元。

1993年年末,全市开业经营的储蓄所(柜)达375家,城镇储蓄存款132769万元,比1992年年末净增29018万元,增长27%。同年6月,经省人民银行(以下简称省人行)批准,市工行举办出国旅游有奖储蓄,吸引大量存款,至12月共发行3期,每期2000万元。9月1日,市人民银行批准市中国银行(以下简称市中行)开办"月月红"有奖有息定活两便储蓄,至9月30日,净增储蓄存款172万元。

1994年,全市各专业银行在向商业银行转换的同时抓好存款工作。至年末,全市银行城镇居民储蓄存款突破15亿元大关,余额达175429万元,比1993年净增42536万元。储蓄存款增加额占各项存款增加额的比例由1993年的74.1%提高到83.9%。

1995年年末,全市储蓄存款余额突破23亿元。1998年年末储蓄存款余额突破40亿元。2004年年末储蓄存款余额突破63亿元。2010年年末储蓄突破100亿元,达到101.69亿元。

至2010年,各金融机构开办的储蓄种类有活期储蓄存款、整存整取、零存零取、存本取息、整存零取、定活两便、保值储蓄、教育储蓄等,存款利率执行央行公布的利率。各类存款余额达到400.92亿元。

表21-1-1　**2009—2010年景德镇市银行业金融机构储蓄存款统计表**　单位:万元

单位	2009年	2010年	单位	2009年	2010年
市工商银行	297747	343468	市邮政储蓄银行	236459	275534
市农业银行	322053	388642	九江银行	—	6609
市中国银行	246210	300957	市商业银行(城市信用社)	251493	280064
市建设银行	232138	277612	市农商银行(农村信用联社)	347933	455182
市交通银行	135590	157911			

表21-1-2　**1986—2010年景德镇市金融机构人民币存款主要分项余额统计表**　单位:万元

年份	合计	企业存款	财政性存款	城镇储蓄存款	农业存款
1986	51174	23688	2827	20057	4602
1987	62372	28955	1610	27165	4642
1988	72645	32280	815	35107	4443
1989	79499	25345	2195	45720	6239
1990	97671	29888	2058	59829	5896
1991	124874	40096	317	77784	6677
1992	164199	53937	108	102269	7885
1993	207801	62391	849	132769	11792
1994	254570	77582	454	175429	1105
1995	331372	94879	3316	232043	1134
1996	411117	118022	1423	290093	1579
1997	521863	154730	3402	362322	1409
1998	594064	170579	10824	407338	5323
1999	695211	214576	10132	464687	5816
2000	745055	232651	8631	496261	7512

续表 21－1－2

年份	合计	企业存款	财政性存款	城镇储蓄存款	农业存款
2001	888614	290167	9627	581239	7581
2002	1020127	317177	8495	685169	9286
2003	955036	362805	11178	571498	9555
2004	1093440	431347	12338	637368	12387
2005	1492960	395953	20412	1061738	14857
2006	1366855	488132	47018	811548	20157
2007	1819494	533267	54137	1209123	22967
2008	2066083	556857	47400	1427490	34336
2009	2625808	767862	37340	1753143	67463
2010	2190776	1015162	45535	1016875	113204

第二节　贷　款

流动资金贷款

工业贷款　1986 年，全市金融机构工业贷款余额 27091 万元，比 1985 年增加 10080 万元，首次突破 1 亿元。其中市工行发放工业贷款余额 22817 万元，市农业银行（以下简称市农行）累计发放乡镇企业和工业贷款余额 4383 万元。全市工业生产增长 3.95%，而工业贷款则增长 59.25%，每百元产值占用贷款由 1985 年 14.26% 上升至 22.15%。

1987 年，全市金融机构共发放贷款 101928 万元，较 1986 年年末净增 19887 万元，增长 24.24%。在各项贷款中，工业贷款比重降低，商业贷款增加较多。全市银行业金融机构共发放工业贷款 31569 万元，其中机械工业占 33.98%、电子占 22.41%、建材占 4.79%、化工医药占 16.13%。

1988 年年末，全市金融机构各项贷款余额 119550 万元，比 1987 年增长 18%，其中工业贷款余额 37003 万元。市工行采取“扶优限劣，优化贷款投向”措施，对所有信贷单位按季进行分类排队，对一类企业尤其是大中型企业、陶瓷行业优先支持，全市所增流动资金贷款用于一、二类企业 6538 万元，占新增贷款总数的 90%。如昌河飞机制造厂新增贷款 330 万元，支持微型汽车的生产。

1989 年，全市金融机构工业贷款达到 46097 万元，比 1986 年年末新增 19006 万元，支持全市工业发展生产和提高效益。

1990 年，全市金融机构工业贷款 61457 万元，比 1989 年年末新增 15360 万元。其中市工行发放工业贷款 48883 万元，支持经济效益较好的重点工业企业，如昌河飞机制造厂、华意电器总公司、焦化煤气总厂等。市人民银行发放流动贷款 1400 万元，支持企业生产。

1992 年，全市金融机构工业贷款余额 91901 万元。市工行大力开展定联贷、保重点、上技改、增后劲工作，年初根据全市 63 户预算内企业生产、经营、销售情况，确定 17 户国营大中型企业为优先扶持对象。至年末，市工行工业贷款余额达 67885 万元。

1993 年，全市金融机构工业贷款余额 114314 万元。其中新增流动贷款 3.36 亿元，固定资产贷款 1.54 亿元，保证陶瓷、电子、机械工业等部门正常生产需要。1994 年，全市金融机构工业贷款余额 127692 万元，较 1993 年增 4298 万元，其中 90% 以上投向昌河飞机工业公司、景德镇通信设备厂、华意电器总公司、焦化煤气总厂等部省属及市属重点企业。

1995 年,全市金融机构工业贷款余额 153941 万元。银行业金融机构注重信贷结构调整,重点支持能源、交通基础产业及有效益、有市场的重点企业和达产达标企业,其中大中型企业贷款增加 5.6 亿元,占总增量的 74.24%,市属企业 12 户达产达标项目增加 1 亿元,占总额的 13.26%。1996 年,全市金融机构工业贷款余额 186711 万元。对全市国有大中型企业的新增流动资金贷款 37195 万元,占全部流动资金贷款净增数的 78.46%,仅对华意、昌河、焦化、897 厂、景意瓷砖、景航锻铸公司、景陶瓷厂共 17 户企业净增 14322 万元,焦化净增 3712 万元。同年市工行工业贷款余额 130087 万元。2000 年贷款余额 175485 万元,占全市工业贷款的比重 60.81%。

1997 年,全市金融机构工业贷款余额 215985 万元。市工行把国有大企业、大集团、大系统和名牌产品作为信贷战略重点,集中资金予以保障。与昌河、江西化纤等大型企业签订合作协议,实行承诺服务,向 22 户重点国有企业和 10 个名牌产品新增贷款近 5 亿元,提升大中企业和名牌产品竞争实力。

1998 年,全市金融机构工业贷款余额 271120 万元。市工行为大企业、大集团争取总行直贷 1.35 亿元,主要支持昌河、华意、东风、江西化纤、中景印机等骨干企业;对交通、通信、能源等基础产业新增贷款 1.2 亿元。1999 年,全市金融机构工业贷款余额 301261 万元,市工行向全市大中型企业发放工业贷款余额 1929442 万元,新增贷款 97.4% 投向 A 级以上企业。其中投向昌河、江西化纤、华意、东风药业等 4 户签约企业的流动资金贷款占全部新增贷款的 48%;另为 4 户企业向总行、省分行争取直贷 10920 万元。

2000 年,全市金融机构各项贷款余额 84.78 亿元,比年初增加 6.09 亿元,其中工业贷款余额 28.85 亿元。全年向昌铃发放贷款 1.82 亿元、华意 1.04 亿元、江维 0.77 亿元、印机 0.2 亿元、焦化 0.71 亿元、德宇 0.9 亿元、乐矿 0.13 亿元、烟草公司 0.1 亿元、4321 厂 0.16 亿元、江西电化 0.43 亿元。向市防洪工程放贷 0.16 亿元、乐平大桥 0.59 亿元。

2001 年,市金融机构工业贷款余额 35.55 亿元,集中投向大型重点工业企业,向华意公司发放贷款 2.71 亿元、昌河飞机制造公司 1.08 亿元、焦化 0.44 亿元、陶瓷股份公司 0.4 亿元、开门子集团公司 0.27 亿元、城市建设投资开发公司 0.14 亿元、黑猫炭黑股份公司 0.1 亿元。7 户企业合计新增贷款 5.14 亿元,占工业贷款全年新增额的 87.86%。

2002 年,全市各金融机构对昌河、航空、华意、黑猫炭黑等大型企业新发放贷款 6.58 亿元,占全部贷款新增额的 51.13%。年底,为景德镇—婺源—黄山高速公路项目出具 43 亿元贷款意向书,向公路、电子工业、电力工业、房地产行业投放贷款 21728 万元;向昌河飞机工业集团公司、江西昌河远翅塑料有限公司、昌河铃木集团有限公司投放贷款 9891 万元;为景德镇陶瓷学院出具 21000 万元贷款意向书,审批同意公司类流动资金项目 51 项,金额 50626 万元。年末全市工业贷款余额 41.12 亿元,增长 27.85%,增幅高出工业生产增速(15%)。12 月 18 日,市中行对昌河飞机工业集团公司签订集团客户统一授信,金额 6 亿元。

2003 年年底,全市工业贷款余额 417673 万元,较 2002 年增加 6505 万元。市建设银行(以下简称市建行)公司类客户贷款新增 2154 万元,主要针对大型企业集团、电力、城市基础设施建设、公路建设等。2004 年,争取上级行授信或采取代理发放方式,加大信贷投入,向南环公路、昌南大道、新枫路、白鹭大桥、一江两岸、唐英大道、韭菜园路、生态大道及工业园主干道等项目注入资金 7.6 亿元,占全市新增贷款的 39.85%。累计向昌河、焦化、景电公司、江维等重点企业发放流动资金贷款 7.9 亿元。

2005 年,全市金融机构累计向昌河、华意、焦化、江维、开门子集团、中景(印机)等企业发放信贷资金 37.2 亿元。全市金融机构授信企业 1617 户,最高授信额度达 132.9 亿元。全市工业贷款余额 321976 万元,比 2004 年减 136657 万元,主要原因是市工行该年划转和核销不良贷款所致。

2006 年,全市有 22 家企业得到银行贷款 11.69 亿元。其中合同金额 4.86 亿元,意向金额 4.2 亿元,承诺金额 2.63 亿元,贷款难和难贷款矛盾有一定程度缓解。当年,市城市信用社对全市工业行业新增贷款 8785 万元,占新增贷款 31.84%。2007 年,全市银行业金融机构累计为昌河航空发放流动资金贷款 7.09 亿元、焦化 2.7 亿元、开门子陶瓷化工 3.1 亿元、华意压缩机 1.57 亿元、昌河汽车 4.1 亿元,占全年银行业金融机构贷款总额的 29.56%。

2008 年,全市金融机构加强对重点项目的金融支持,向高新技术开发区放贷 1 亿元、景瑶公路 3000 万元、特地陶瓷9000万元、市第一人民医院2604万元、市第二人民医院2670万元、乐平城投公司1800万元、景德镇陶瓷学院1000万元投放资金，同时为金意陶陶瓷有限公司提供1.05亿元信贷资金支持。至年底，共有159个项目达成意向性投资，金额近60亿元。其中大型重点企业项目9个、中小企业80个、民营企业70个，推动政府、银行、企业的合作交流。2009年，累计向浯溪口水利、一江两岸工程等重点项目和昌河航空、黑猫炭黑等重点企业发放建设及流动资金贷款12.44亿元。全年对陶瓷企业贷款2.67亿元，同比增长23.66%。

2009年年底，全市工业贷款余额28.56亿元，较2005年工业贷款余额减少3.43亿元。

2010年，全市金融机构对景德镇市重大项目和支持产业累计发放贷款56.98亿元。市工行各项贷款余额37.05亿元，其中法人客户贷款余额26.5亿元，小企业贷款余额达1.01亿元。信贷资产结构持续优化，AA级(含)以上客户贷款较年初增加8.3亿元。

商业贷款　1986年年末，全市商业贷款余额31326万元，比1985年增加2246万元，增长7.72%。1990年年末，贷款余额56235万元，比1986年增长79.5%。2000年年末，商业贷款149098万元，比1990年增长165.1%。2009年年末，商业贷款余额113043万元，比2000年减少36055万元，减少24.18%。

1986年，市工行经营范围主要是承担工商信贷、结算和储蓄业务。市农行商业贷款主要是供销合作社、农机公司、社队企业供销部、农村集体个体商业和预购定金的信贷业务，后来逐步扩大到国营商业、粮食、食品等企业。1993年，市农行累计发放商业贷款2.31亿元，重点支持国有商业组织农资调销和跨年的农资储备以及搞好节日商品供应，至年底商业贷款余额达3.82亿元。2003年，根据国务院七部委《关于供销社贷款挂账的通知》精神，市农行对全市供销社系统经营中的中央政策性亏损、地方政策性亏损、自身经营性亏损全部实行挂账停息，到农行股份制改革时进行剥离，至2010年商业贷款余额6231万元。

表21－1－3　　**1986—2010年景德镇市工行发放商业贷款余额统计表**　　单位：万元

年份	余额	年份	余额	年度	余额
1986	8864	1995	15029	2004	27224
1987	10273	1996	15932	2005	27370
1988	12552	1997	17396	2006	29369
1989	13418	1998	22999	2007	35996
1990	14618	1999	24975	2008	46158
1991	16887	2000	20111	2009	70328
1992	18518	2001	20319	2010	105304
1993	18295	2002	20094		
1994	14238	2003 *	23264		

说明：从2003年开始，根据工行总行规定，将过去商业贷款项目更换为个人贷款项目

2004年9月，银监会批准农业发展银行向经地市政府或政府有关部门认可的，以粮棉油生产、流通或加工转化为主业的农业产业化龙头企业提供贷款。贷款用途包括流动资金以及技术改造、仓储设施和粮棉油生产基地建设所需中长期资金。2005年，市农发行开始发放商业性贷款，当年贷款余额528万元。2006年累计发放13730万元。

2002—2010年，市城市信用社累计对全市民营和股份制经济投放信贷资金66亿元，民营及中小股份制企业贷款占到全部贷款总额的83%。2007—2010年，分别发放15535万元、15700万元、60060万元、4885万元，加大对当地特色农业小企业、农村综合开发及农村流通体系中长期贷款的支持。

农副产品收购贷款　1986年，市农行支持农副产品收购，年末粮食贷款3599万元、供销合作贷款3742万元。

1989 年,全市共投入农副产品收购资金 8943 万元,其中市人民银行提供资金 5350 万元,保证农副产品的收购资金。1990 年,市农行将粮食企业收购贷款实行“基数贷款”和“临时贷款”管理,保证计划收购资金到位。年末收购农副产品贷款余额达 119420 万元,净增 44178 万元。

1991 年,市人民银行实行农副产品专项资金贷款台账和报表制度,统筹安排资金,及时增加茶叶收购贷款 362 万元,增加棉花收购贷款 1088 万元,增加粮食收购贷款 5547 万元。1993 年,全市金融机构支持粮、棉、油、茶等农副产品收购,其中累计发放粮食预购定金贷款 900 万元,累计发放粮食收购贷款 1.96 亿元,不向农民打“白条”。

1994 年,全市银行业金融机构发放农副产品收购贷款余额达 33036 万元,较年初净增 12337 万元,较上年同期多增 11093 万元。其中,粮油收购贷款净增 10836 万元,支持粮食部门提前完成 9571.43 万千克的粮食定购任务;棉花收购贷款净增 1200 万元,支持棉麻公司购进棉花 32980 担,完成任务的 65.56%。

1995 年,农业发展银行基层行尚未成立,市农行承担代理业务,全年累计收购调销贷款 2.7 亿元,净增 4306 万元,支持企业收购粮食 2.12 亿元,完成全年定购任务的 92.8%,收购棉花 7700 担。1996 年,全市农副产品收购资金改由市农业发展银行办理,共发放农副产品收购贷款 57161 万元,粮棉油储备贷款 2093 万元。1997 年,发放农副产品收购贷款 72099 万元,粮棉油储备贷款 2319 万元。

1998 年 4 月,市农业发展银行(以下简称市农发行)对农副产品收购资金贷款实行封闭运行管理,防止挪用。全年各项贷款为 73818 万元,其中农副产品收购贷款为 66601 万元。1999 年,累计投放收购资金贷款 13035 万元,支持收购粮食 10608 万千克,收购棉花 8491 担,实现收购值 13035 万元。

2000 年,市农发行全年累计发放粮棉油收购调销贷款 21283 万元,支持企业收购粮食 13291 万千克,调入粮食 3984 万千克、棉花 2281 担。2001 年,累计发放粮食收购环节贷款 17295 万元,发放棉花收购环节贷款 467 万元,发放粮食调销环节贷款 1867 万元,帮助粮食收购企业收购粮食 17384 万千克、收购皮棉 10841 担、收购棉籽 11883 担,销售粮食 12694 万千克、销售油脂 50 万千克、销售棉花 1060 担。

2002 年,农发行总行决定试办粮食合同收购贷款业务,全市粮棉油全面退出保护价收购。市农发行调整收购贷款政策,全年累计发放收购贷款 2.15 亿元。2003 年,累计发放粮油收购贷款 10314 万元,支持粮食企业收购粮食 10961 万千克,累计实现收购值 10628 万元,累计发放棉花收购贷款 108 万元,支持棉花企业收购皮棉 397 担。

2004 年,国务院决定对重点粮食品种在粮食主产区实行最低收购价政策,江西省的早籼稻被列入最低收购价范围。当年市农发行累计发放粮食收购贷款 24842 万元,其中跨年度收购贷款 1135 万元、中储粮轮换及增储贷款 2812 万元,夏粮收购贷款 5995 万元、秋粮收购贷款 14900 亿元;支持国有粮食企业收购粮食 16277 万千克,其中跨年度收购 1017 万千克、中储粮轮换及增储收购 2020 万千克、早稻收购 4148 万千克、中晚稻收购 9092 万千克。

2005 年,市农发行执行国家最低收购价政策,全年发放粮食收购调销贷款 2.69 亿元,收购粮食 18472 万千克,调入粮食 2149 万千克;发放中央储备粮款 1.29 亿元。2006 年,累计发放粮食收购调销贷款 2.65 亿元,收购粮食 21244 万千克,调入粮食 420 万千克;发放市级储备贷款 1400 万元,支持企业收购粮食 1000 万千克。

2007 年,市农发行各项贷款余额 11.29 亿元,发放贷款 1.86 亿元,共支持企业收购粮食 1.7198 亿千克;支持农业小企业 8 户,发放贷款 1755 万元;支持粮食加工企业、产业化龙头企业、其他粮食企业 7 户,累计发放贷款 2909 万元,收购粮食 3772 千克。

2008 年,市农发行累计发放粮食收购贷款 2.62 亿元,累计收购粮食 18426 万千克,对农业小企业贷款 2200 万元。支持企业轮入省级储备粮 1850 万千克。2009 年,累计发放粮食贷款 3.9 亿元,支持企业收购粮食 4.1 亿千克,同比多收 0.4 亿千克。

2010 年,全年市农发行累计发放粮食贷款 0.49 亿元,累计支持企业收购粮食 0.55 亿元。

农业贷款　农业贷款主要由农业银行和农村信用社发放。农业贷款分为一般农业贷款、国营农业企业贷款、扶贫贷款、农副产品收购贷款。1996 年 10 月,农村信用社与农业银行脱离行政隶属关系,当年农副产品收购资金转由农业发展银行办理。1997 年后，国营农业企业体制发生变化，国营农业贷款科目归并农业贷款科目中，成为一般农业贷款。至 2010 年年底，一般性扶贫贷款余额达 11.09 亿元。

1986 年，市农行执行“紧中有活”的信贷方针，粮食生产资金投入大幅度增长，适当增加林、牧、渔业的信贷投入。年末，全市农业贷款余额 5132 万元。1987 年，支持农户发展多种经营，支持“示范户、示范村”发展。全市农业贷款余额 7281 万元，比 1978 年增加 14 倍。1988 年，国营农业、信用社和乡镇企业贷款合计达 9421 万元，比 1987 年增长 29.33%。

1990 年，市农行在项目选择上，优先扶持“两高一优”（高技术、高产出、优良品种），支持粮棉油生产基地、种养殖业基地、蔬菜基地的项目。年底农业贷款余额 5.79 亿元，净增 5625 万元。1992 年，市农行发放农业生产贷款 8074 万元。

1993 年，市农行累计发放农业贷款 1.02 亿元，其中 210 万元贷款支持市种禽场扩建国家“星火计划”项目年产 120 万只“景德板鸡”生产线。1994 年，市农行发放农业贷款 7694 万元，发放贷款 310 万元支持科技兴农、菜篮子工程、“星火计划”等项目。乡镇企业贷款净增 3849 万元，支持市洪源瓷厂、三龙瓷厂、江村茶厂等一批效益好的乡镇企业发展。

1995 年，市农行全年累计发放农业贷款 1.38 亿元。累计发放农资贷款 5667 万元，帮助农资部门购进化肥 106418 吨、化学农药 1044 吨、农膜 158 吨；累计发放种子贷款 425 万元，帮助种子部门购进种子 96 万吨；发放粮棉大县专项贷款 1090 万元，菜篮子工程专项贷款 500 万元。年底，市农村信用社各项支农贷款达 22048 万元，占各项贷款总额的 73.36%，其中支持农业贷款（主要是粮、棉、油贷款）5839 万元，占 19.43%；支持乡镇企业贷款 13843 万元，占 46.06%；支持个体农户的其他贷款 2366 万元，占 7.87%。

1996 年，全市农业贷款净增 3700 万元，较上年增长 48.59%，菜篮子贷款净增 595 万元。市农行累计发放农业贷款 17500 万元。1997 年，市农行全年农业贷款新增 5482 万元，增长 37.6%，同比增加 1212 万元，1998 年贷款余额 2.1963 亿元。1999 年 2.0059 亿元。

2000 年，市农行农业贷款逐步从支持一般农业生产转向支持农业综合开发、农业服务流通、加工等龙头企业。同年，农村信用社累计发放各类支农贷款 1.7 亿元，新增农贷占比 47.8%，成为支农主力军。

2001 年年末，全市农业贷款余额 3.2 亿元，比上年新增 5356 万元。农村信用社发挥支农主力军作用，全年向 13.9 万农户、4020 户农村经济组织分别发放支农贷款 16938 万元和 6530 万元。2002 年年末，农信社农业贷款余额 31927 万元，比年初增加 8613 万元，与上年相比新增 2726 万元，增长 50.9%，农信社农业贷款余额占全市农业贷款比重达 79.42%。农户小额信用贷款进一步推广，年末农户小额信用贷款余额 14796 万元，全年新增 10637 万元。

2003 年年末，全市加大“三农”支持力度，农业贷款新增 9530 万元，小额农业贷款新增 7911 万元。农村信用社净发放农户小额信用贷款 7916 万元，比上年底增长 53.5%。2004 年年末，市人民银行向市农信社发放支农再贷款 9000 万元，全市支农贷款新增 3 亿元。其中作为支农主力军的农村信用社新增贷款 2 亿元，增幅达 24%，累计投放农户小额信用贷款 11068 万元。

2005 年，全市农村信用社各项贷款余额 11.6 亿元，贷款余额同比增加 13.7%，累计发放贷款 14.6 亿元，同比增加 56.9%。其中农户贷款累放额达 4.4 亿元，同比增加 23.9%，有 5.8 万农户得到信贷资金支持，贷款满足率达 95.46%。2006 年年末，全市农业贷款余额 10.3 亿元，比年初增加 1.88 亿元，其中农户贷款累放额 7.59 亿元，100064 户农户得到信贷资金支持，贷款满足率达 91%。

2007 年，市农村信用联社成立，全年新发放农户小额信用贷款金额 7484 万元。累计发放贷款 9.38 亿元，其中农户贷款 6.66 亿元、农业经济组织贷款 0.64 亿元、农村工商业贷款 5.14 亿元。全市涉农贷款比重达 9.49%，同比提高 2 个百分点。

2008 年，全市涉农贷款余额 28.42 亿元，同比增长 19.76%。其中农户贷款累计 4.98 亿元，5.9 万农户得到信贷资金支持，贷款满足率达 70%。市农信社累计发放“三农”贷款 19.20 亿元，同比增长 29.29%，新发放农户小额贷款 4123 万元；市农行共发放惠农卡 1.5 万张；市邮政储蓄银行尝试对农户和微小企业的小额质押信贷业务，累计发放贷款 6613 万元。

2009年,全市银行业金融机构拓展支农方式,共发放林权抵押贷款383笔,林权抵押面积5168公顷,实际抵押贷款金额9326万元。市农发行支持政府关注、对农业和农村经济发展有带动作用的非经营性项目,发放非经营性中长期贷款2.6亿元,同比多放1.3亿元。同时支持有特色的农业小企业客户10户,发放农业小企业贷款1910万元。同年,市农信社各项贷款31.7亿元,净增11.1亿元,增幅54.12%。其中涉农贷款21.13亿,净增7.53亿元,增涉农贷款占全市金融机构的99.7%。

2010年,全市涉农贷款余额64.82亿元,占全市各项贷款的28.48%,比年初增长20.35%。其中市农行一般性扶贫贷款余额11.09亿元,县域支行大力推进惠农卡及农户小额贷款业务,发放惠农卡18.77万张。农户小额贷款授信16872万元,用信农户6164户,贷款余额15317万元。市农村信用联社改制为农村商业银行,当年发放小额农户贷款7034户,金额17257万元。

表21-1-4　**1986—2010年景德镇市农行发放农业贷款余额一览表**　单位:万元

年份	余额	年份	余额	年份	余额
1986	5132	1995	13800	2004	26542
1987	7281	1996	17500	2005	24256
1988	9421	1997	22982	2006	28352
1989	5226	1998	21963	2007	35694
1990	5790	1999	20059	2008	41236
1991	6455	2000	15698	2009	47767
1992	8074	2001	15799	2010	51379
1993	10200	2002	16899		
1994	8004	2003	26937		

外汇贷款

市中行外汇贷款　市中行以国家产业政策为导向,支持在当地有影响的重点项目、骨干企业和拳头产品,促进出口创汇。贷款投向以能源、资源、基础工业和新兴产业为主,贷款方式以直接利用外资和续做转贷业务为主。

1991—1992年,市中行调整信贷结构,向出口商品生产企业倾斜,累计发放外汇贷款1500万美元,人民币贷款2500万元,占新增贷款的80%以上,先后支持740厂、999厂、897厂、4369工程(景德镇瓷厂)、人民瓷厂、昌河飞机制造厂等大中型骨干企业。其中1991年对897厂发放人民币贷款850万元,外汇贷款200万美元;1992年对景德镇瓷厂发放外汇贷款360万美元,人民币流动资金贷款700万元。1993年,市中行新增人民币贷款5710万元,其中进出口企业新增3746万元,占新增贷款总额的65.6%,主要支持陶瓷进出口公司、外贸粮油、工矿进出口公司以及有自营进出口权的企业,使企业实现出口创汇3800万美元。全年外汇贷款较上年新增1290万美元,办理出口押汇3792万美元,开出信用证额度482万美元,支持陶瓷出口公司等外贸企业和897厂、东风制药厂等出口创汇企业。

市农行外汇贷款　1990年前后,市农行配合世界银行在江西的吉湖盆地造林贷款,利用国外资金支持景德镇的林业建设。支持景德镇枫树山林场、英溪林场等林业部门发放速生丰产林贷款2216万元。1992年7月1日,经省农行批准成立中国农业银行景德镇分行国际业务部,办理外汇业务。1995年12月1日,成立枫兴支行作为外汇业务经办行。

1999年10月,省农行国际业务部将景意陶瓷股份有限公司(为景德镇陶瓷装饰厂和意大利合办的公司,在1998年6月特大洪灾中损失惨重,濒临破产)的美元贷款562.24万美元划入市农行枫兴支行,2008年政策性剥离。

表 21－1－5　　1986—2010 年景德镇市中行外汇贷款余额一览表　　单位:万元

年份	余额	年份	余额	年份	余额
1986	9.5	1995	5388	2004	711
1987	242.5	1996	6106	2005	653
1988	503.3	1997	6600	2006	646
1989	1161.7	1998	4334	2007	845
1990	2215.5	1999	4302	2008	1177
1991	2650.4	2000	2352	2009	1528
1992	2600	2001	2508	2010	973
1993	3792	2002	2092		
1994	5671	2003	1591		

固定资产贷款

基本建设贷款　1986 年年底,市建行基本建设贷款余额 2679 万元,贷款项目 185 个。1987 年,基本建设贷款为 5027 万元,完成工程量 4456 万元,占计划 88%。其中市建行发放商品房贷款 850 万元,支持市金鱼山小区、月丘里小区、茶叶坞小区商品房建设,新开工商品房建筑面积 4.6 万平方米,竣工面积 2.44 万平方米。

1987 年 3 月的瓷都百货大楼工程总投资 1100 万元,建筑面积 13500 平方米。因资金不能及时到位,工期一拖再拖,市交行注入固定资产贷款 276 万元、流动资金贷款 300 万元,使瓷都百货大楼于 1991 年 7 月 10 日如期竣工开业。

同年,市建行各项贷款(包括市人民银行调剂规模)新增规模 3541 万元,其中固定资产贷款新增 2204 万元,流动资金贷款新增 1337 万元。

1992 年,市建行投入 2550 万元资金支持景德镇瓷厂工程项目。景德镇瓷厂与美国美尔陶瓷进出口有限公司合资经营的外向型企业,在国内尚属首家,年生产能力达 600 万件,年创外汇 500 万美元。

1993 年,市金融机构支持重点工程建设,新增基本建设贷款 5440 万元,主要用于景德镇机场扩建、卫生洁具厂投产以及电力工程建设,同时累计发放房改贷款 4698 万元。市工行配合全市房改工作,当年共发放房改贷款 2198 万元,支持企业建房 801 套,面积达 9.34 万平方米。房改存款余额达 4841 万元。

1994 年,全市固定资产贷款余额 124493 万元,较年初净增 22689 万元,重点支持"八五"陶瓷基地、华意无氟压缩机生产线等 26 个重点项目。

1995 年,市建行共投放各项贷款总额 21908 万元,支持景德镇机场、景德镇发电厂、焦化煤气厂、602 所、523 厂、景涌公路等项目,发放御旧线、乐干线等公路改造贷款 836 万元。1996 年,市建行共对电力、交通、石油、邮电、铁路、烟草、公路等重点行业和集团企业发放贷款 21235 万元。9 月 10 日,景德镇机场经过 3 年 9 个月的建设,首航成功,相继开通上海、深圳、广州航线,投资 2.26 亿元,可满足 MD－82 及 737 飞机起降。1998 年,市建行对公路、电力、邮电基础设施建设新发放贷款 9805 万元。1999 年,电力、电信、公路等基础设施建设贷款 31093 万元,支持基础产业贷款达 5369 万元。2001 年年末,市建行在全市电信、电子、城建、公路、石油、汽车、机械、教育等 8 个重点行业贷款余额占全行"公司贷款"余额的 61%,其中城市建设投资开发公司的新增"公司贷款"2000 万元。

2002 年,全市金融机构基本建设贷款余额 16.21 亿元,其中对皖赣公路新投入贷款 2.20 亿元。市建行向公路分局、土地储备中心分别投放 3445 万元、5000 万元。

2003 年,全市银行业金融机构基本建设贷款余额 17.23 亿元,比年初新增 1.02 亿元,增长 6.3%。当年,市建行向公司类客户贷款新增 2154 万元,主要支持大型企业集团、电力、城市基础设施、公路建设、通信行业、医院、学校项目建设。

2004 年,景德镇市置镇千年,城市基础设施的改造建设规模较大,带动中长期贷款大幅增加。市区的重点建设工程项目有 36 项,全年完成固定资产投资 88 亿元,增长 59%。其中市南环公路建设和市土地储备中心城市建设开发两个项目新发放贷款 6 亿元;高新技术开发区、陶瓷工业园区等 4 个工业园区完成基础设施建设 7.85 亿元,其中银行投入 1.77 亿元,占比 22.5%。当年,市中行与国家开发银行二度合作,在成功代理国家开发银行 200 亿元城建贷款的基础上,在全国中行系统率先与国家开发银行联合发行 3 亿元融资再安排市城建贷款,实现土地储备和交易账户、城市拆迁和改造账户在中行封闭运作。

2005 年,全市金融机构支持景德镇陶瓷学院、江西陶瓷工艺美术学院整合,筹建景德镇学院新校区。在省行授权下,银行业机构分别与大专院校签订"银校合作协议",向江西陶瓷工艺美术学院投放 2000 万元支持校区建设;支持景德镇陶瓷学院湘湖新校区建设项目 1.9 亿信贷资金,完成投资 1.7 亿元;向景德镇高等专科学校投放 2500 万元信贷资金,推进基础设施建设。

2007 年,在江西省第三届银企融资申报中,景德镇市共有 22 个项目获得银行响应,总金额 19.8 亿元,其中合同金额 5.4 亿元,承诺金额 7.9 亿元,意向金额 6.5 亿元。当年全市银企融资执行率达 72.62%,列全省第三位。市银行业金融机构投放基本建设贷款 4.19 亿元,同比增长 74.58%。

2008 年,全市银行向规模企业发放贷款净增 10.75 亿元。其中开门子集团 3.46 亿元、昌河航空 2.9 亿元、黑猫炭黑 1.45 亿元、世龙实业 0.72 亿元、锦溪水泥 0.24 亿元、景光电子 0.24 亿元。对全市工业园区贷款余额 4.08 亿元,比年初增长 55.73%,累计发放贷款 2.728 亿元。

2009 年,全市各类企业与银行之间搭建银企合作平台。6 月,市内 31 家工业企业获得银行贷款 10.84 亿元。同年,戴家弄街区改造项目完成投资 6.123 亿元,斗富弄街区改造项目完成投资 1.7 亿元。

2010 年,全市银行业金融机构构建"嵌入式"银企对接市场服务模式,缓解贷款难、难贷款的问题,有 144 个项目企业获得银行授信,实际发放贷款 47.07 亿元,占年度累计新发放贷款总额 53.05%。支持电力、机械、陶瓷、医药、城建等主要行业企业。向学校、医院等项目投放贷款 3.33 亿元,改善市民就医、就学条件。

技术改造贷款 1985 年,市人民银行将市工行工业企业中短期设备贷款、专项基金贷款、科技开发贷款、大修理贷款和商业企业服务设备、网点建设贷款,市建行专项技术贷款,市中行进口设备人民币配套贷款以及市农行中短期设备贷款等,统一改称"技术改造贷款"。

1986 年,市建行给焦化煤气厂、景光面砖厂、陶瓷窑炉改造等项目发放贷款 746.3 万元。

1992 年,工商信贷重点支持陶瓷、电子、机械工业近 80 个项目竣工投产,尤其是陶瓷行业共发放技改贷款 1.7 亿元,支持 21 个大型项目,为陶瓷工业发展增添后劲。陶瓷"八五"技改一期工程原总概算为 2.5 亿元,受材料涨价因素和对技改上水平、上档次,高起点引进设备的要求影响,国家批准总投资为 33345 万元(其中国家下拨外汇 1778 万美元),其中银行贷款达 30019 万元。市工行争取省分行和总行支持,投入贷款 8000 万元,办理人行委托买汇贷款 2882 万元,使陶瓷技改顺利进行。同年,市中国银行通过省分行向香港中银集团融资 2000 万美元,用于景德镇发电厂的技改工程;通过中国银行总行申请办理加拿大政府混合贷款 625 万美元,用于景德镇市程控电话扩充容量的技改工程。

1993 年,市工行对全市 46 个技改项目发放贷款 1.94 亿元(含集体工业设备贷款),其中新开工项目 10 个,发放贷款 3830 万元,续建项目 36 个。市建行集中资金保重点,各项贷款余额 3.2 亿元,累计发放贷款 5.2 亿元,先后支持景德镇发电厂改造、景德镇罗家机场、景德镇—涌山公路等项目。昌河飞机工业公司引进日本 410 型箱式微型货车的散件,急需资金 1000 万元,市交行将新增规模与资金"倾斜",一次投放 800 万元,同时还向南京太平洋保险公司、信托投资公司共拆借资金 200 万元,解决昌河车引进车型的资金需要。

1994 年,全市金融机构支持重点项目的建设,全年技改贷款较上年增加 8600 万元,重点支持"八五"陶瓷基地改造、无氟压缩机生产线、景德镇电厂技改工程第三台机组按时并网发电等 26 个重点项目,向陶瓷基地改造项目投入的贷款达 10605 万元。市工行累计发放工业技术贷款 2.19 亿元,安排新开工项目 8 个,续建项目 30 个,竣工投产项目 21 个。

1996 年,技术改造贷款较上年末增加 34372 万元,增长 29.55%,较上年同期多增 11744 万元,增长

51.9%。技改方面,全市列入三级考核的国有大中型企业技改贷款 31868 万元,占全部技改贷款的 93%。其中景德镇发电厂二期改造 7000 万元、东风瓷厂 9600 万元、华意电器总公司 3800 万元、乐平江西维尼纶厂 2400 万元。市工行支持列入全省"50 项技改工程"的 5 个项目(昌河、897 厂、江西电化、999 厂、光明瓷厂)达产达标,新增技改贷款 7030 万元,占新技术改造贷款增加额的 30.2%;对列入全省"十户低效转化工程"的 859 厂,注入贷款 923 万元。

2002 年,全市银行业金融机构技术改造贷款余额 17862 万元。市建行为昌河飞机工业(集团)公司直八直升机技改项目出具 6000 万元贷款承诺书,为景德镇发电厂循环流化床项目出具 14800 万元贷款承诺书;市工行细分信贷市场,加大优质贷款投放,新增贷款全部投向 A 级以上企业,其中投向 AA 以上客户的占 96.08%,重点支持景德镇站前路改造一期工程,取得良好的经济和社会效益,并及时跟进二期工程营销,投放 2000 万元项目贷款。

2003 年,技术改造贷款余额 3.43 亿元,比年初新增 1.65 亿元,增长 92.62%。其中市工行新增贷款 3.12 亿元,全部投入 A 级以上和未评级优质企业。2004 年,保证重点项目资金需求,向南环公路、昌南大道、一江两岸、景电公司循环流化床技改、昌河汽车技改等项目发放贷款 8.1 亿元,占全市新增各项贷款的 43%。其中市工行累计发放的新增公司贷款 5 亿元,全部投向 A+以上及未评级优质客户。

2005 年,市中行在获得昌河飞机工业(集团)公司将独立承担其重点直升机的研制任务,需要技改贷款信息后,及时向总行上报此项目需求,成功营销昌河飞机工业(集团)有限责任公司 2.1 亿元技改项目贷款。

2010 年,全市银行业金融机构对全市重大项目和支柱产业累计发放贷款 56.98 亿元。

表 21-1-6　**1986—2002 年景德镇市工行技术改造贷款余额统计表**　单位:万元

年份	余额	年份	余额	年份	余额
1986	9435	1992	55624	1998	167222
1987	11914	1993	55004	1999	180198
1988	16654	1994	85649	2000	129898
1989	19463	1995	101190	2001	120073
1990	22899	1996	124606	2002	114614
1991	37892	1997	149336		

说明:2003 年以后,市工行细分信贷市场、优化新增投向,技术改造贷款并入项目贷款及 A 级以上企业贷款中

个人消费贷款

贷款总额　景德镇市金融机构开展个人消费贷款业务时间不一,业务名称也不尽相同。市交通银行(以下简称市交行)主要办理短期贷款和中长期贷款及中间业务,未涉及个人消费贷款。

1996 年 6 月,市建行首先办理小额抵押贷款业务。2000 年,全市消费贷款逐步"升温",金融机构新增消费贷款 5862 万元,占全市各项贷款增量的 9.6%(江西省此项贷款新增占比为 3%),而且贷款种类除个人住房贷款之外,还新增汽车消费贷款和教育助学贷款两个种类。

2001 年年底,全市消费贷款余额 35013 万元,比年初增加 24126 万元,同比多增 18413 万元,其中个人住房贷款金额 25797 万元,比年初新增 19548 万元;汽车消费贷款金额 1425 万元,比年初新增 1191 万元;个人存单质押贷款余额 2407 万元,比年初减少 906 万元;教育助学贷款余额 268 万元,比年初新增 22 万元;其他消费贷款金额 5116 万元,比年初新增 4277 万元。

2002 年,全市银行业机构个人短期消费贷款 2086 万元,同比增 1153 万元。2003 年,进一步拓展住房、汽车、助学贷款等业务,全市新增消费贷款 79657 万元,同比增 18449 万元,增长 125.25%。2004 年,全市个人消费贷款达 8.4 亿元,较年初增加 1.3 亿元。

2007 年,全市个人中长期消费贷款继续增长,年末全市个人消费贷款余额 14.36 亿元,比年初增加 2.41

亿元。其中个人住房贷款余额10.3亿元,比年初增加2.32亿元;个人商业性用房贷款余额2.39亿元,比年初增加0.42亿元。2009年,全市金融机构加大消费信贷投入,全年个人消费贷款余额27.02亿元,较年初新增9.18亿元,同比多增6.77亿元。

市建行　1996年6月制定《小额质押贷款管理暂行办法》,规定小额质押贷款仅限于定期储蓄存单质押贷款,每笔小额质押贷款的额度起点为1000元,最高限额10万元。2002年,发放个人消费额度124万元,质押贷款29万元,助学贷款416万元。2003年,发放个人银行客户贷款余额2156万元,当年新增1553万元。2004年市建行发放个人消费贷款2383万元,贷款余额新增282万元,利息收入87万元。2005年,个人消费贷款余额1988万元,较年初下降448万元。2008年,市建行在全省率先办理经济适用住房按揭贷款业务,对624户低收入家庭发放按揭贷款2760.5万元。2009年发放个人贷款24731.61万元,余额52156.65万元,新增15295.11万元;发放个人消费贷款1140.80万元,余额2211.19万元,新增100.72万元。2010年年末,全行共发放个人贷款2.9亿元,个人类贷款余额7亿元。

市农行　1996年,市农行正式开办多种个人贷款业务。2000年开办个人汽车消费贷款、个人住房消费贷款、小额质押贷款、一般助学贷款和个人生产经营贷款,贷款采用抵押、质押和保证3种方式。年底,非农户类个人贷款余额5.86亿元,比1999年年末净增22355万元,同比多增8977万元,完成计划的223.55%。个贷结构进一步优化,个人住房贷款比年初净增12546万元,增幅176.21%,同比多增9037万元;个人生产经营贷款净增7873万元,增幅29.10%。

2001年,全年净发放个人贷款余额9060万元,其中小额质押贷款1045万元、住房贷款8015万元。并将10万元(不含10万元)以上个人质押贷款权限下放给基层营业网点负责人审批。2002年,净发放个人贷款180676万元,其中小额质押贷款361万元,助学贷款16.5万元。2003年,个人贷款余额24349万元,其中住房贷款14472.5万元,小额质押贷款余额3479.5万元。

2004年,市农行发展汽车消费贷款业务。当年个人贷款余额达22819万元,其中个人住房贷款余额达13458万元,私营及个体企业贷款2150万元,小额质押贷款为556万元,汽车消费贷款为5714万元。2005年,个人贷款余额16349万元,其中个人住房贷款余额13162万元,助学贷款余额64万元,小额质押贷款余额629万元。2006年,净发放个人贷款14871万元,其中生产经营贷款6243万元,住房贷款4203万元。

2007年,市农行个人贷款余额13027万元,其中个人住房贷款余额3156万元,个人汽车贷款余额368万元,生产经营贷款余额6132万元。2008年,发放个人贷款10853万元,累计收回5483.3万元(不含剥离3996万元),贷款到期收回率100%,贷款余额14450万元,比年初净增1423万元。2009年,个人贷款业务投放6429笔,金额64391万元。其中小额农贷投放4984笔,金额13940万元;个人贷款投放1445笔,金额50451万元,个人贷款净增额37828万元。

2010年年底,市农行非农户类个人贷款余额5.86亿元,比上年末净增22355万元,同比多增8977万元。个人住房贷款比年初净增12546万元,增幅176.21%,同比多增9037万元;个人助业贷款净增7873万元,增幅29.10%。个贷不良率0.77%,全省农行系统排名第三。

市工行　2002年,市工行开始办理发放个人住房贷款业务。为公务员及昌飞公司员工发放个人住房贷款718户2107万元。2003年,将工业贷款、商业贷款调整为公司贷款、个人贷款,发放个人贷款23264万元。2004—2010年分别为2722万元、27370万元、29369万元、35996万元、46158万元、70328万元、105304万元。2010年,市工行通过贷款与存款互动,发展小企业和个人信贷业务,发挥以贷引存、以贷育存的杠杆作用。

市中行　2001年,市中行开始规模发展消费贷款业务。2002年,个人消费贷款余额5535万元。2003年,全年新增个人消费贷款9501万元,新增零售贷款客户1320户。2004—2009年,新增个人消费贷款分别是12894万元、3215万元、5565万元、10704万元、3437万元、19779万元。

2010年,市中行完善"直客式"营销模式,充实网点个人贷款经理队伍,促进个人消费贷款业务发展。年末个人消费贷款余额达到83946万元,新增13316万元,增长率达18.85%。

市邮政储蓄银行　2008年7月8日,市邮储银行小额贷款业务在珠山西路支行开办。同年8月,乐平市支行在城西小额贷款营业部开办。当年全市邮储银行累计放款818笔6420.6万元,累计还款27笔

677.81万元;贷款余额791笔5742.79万元,贷款本息收回率达到100%。2009年5—8月,发放农村小额贷款760万元。

市农村信用社联社　2002年,辖内农户22万户,需要小额信用贷款户13.5万户,年末发放小额农户信用贷款12.1万户,全年净投放农户小额信用贷款6715万元。2003年,净发放农户小额信用贷款7916万元。2005年15972万元。2006年13458万元。2007年,市农村信用联社成立,当年新发放农户小额信用贷款金额7484万元。

2005年,农村信用社作为全市唯一一家发放生源地助学贷款的金融机构,年度累计发放助学贷款244笔136万元。2006年,全年共发放201.46万元,帮助贫困大学生193人,年未余额335.66万元。2007年,共发放生源地助学贷款247万元,帮助贫困大学生118人。2008年,发放576万元,帮助贫困学生854人。2009年,市联社新设立3个助学贷款发放中心和4个下岗再就业小额贷款发放中心,新发放助学贷款382.6万元,帮助贫困学生852人。2010年,市农村信用联社改制为市农村商业银行,新发放生源地助学贷款1017万元,帮助贫困学生1655人。

人民银行贷款

专项贷款　1990年,市人民银行运用专项贷款支持地方企业技术改造和当地资源开发,累计发放专项贷款1965万元,共支持12个技改项目上马。如市为民瓷厂等3个技术项目共发放专项贷款775万元,其中为民瓷厂高档瓷生产线引进资金400万元。1991年,全市共收回专项贷款587万元,超额54.47%,完成省人行下达的专项贷款收回任务,改变专项贷款不易收回的局面。

1993年初,市人民银行专项贷款较1987年净增3463万元,增长37.77%,主要用于陶瓷技改和贫困地区开发,其中投入到"八五"陶瓷其他改造项目的新增贷款额达3401万元,占全部新增贷款的74%。至年末,收回到期专项贷款718万元,拖欠利息503万元。

1994年,市人民银行完善专项货款管理。6月底,全市专项贷款余额13291万元,比年初净增660万元,全年新增项目7个,其中新建项目5个、续建项目2个。

1997年7月3日,市人民银行(含县级支行)将17563.5万元专项贷款划转给市农业发展银行营业部及其支行管理,占应划转总额的97.19%。1998年,继续将辖内专项贷款508.5万元划转给市农行,协调市农发行向市农行划转原人行扶贫、开发等贷款以及将粮棉油附属企业信贷资金划转给市工行、市农行两家。

2004年8月2日,市人民银行收回市交行逾期4年的金银专项贷款380万元,市人民银行本级逾期金银专项贷款清收完毕。

再贷款　1987年3月,市人民银行按照"限额控制、周转使用、用好用活、促进发展"的要求,对辖内专业银行开办再贷款业务,全年共发放再贷款52笔24189万元。同年,全市商业汇票承兑贴现22笔476.7万元,再贴现2笔334.5万元。

1988年,市人民银行累计发放和收回金额分别为71625万元和64120万元,短期贷款周转次数达12.5次,较1987年增加6.2次。定向投放的再贷款以及压缩规模集中的资金,保证全市1920万元的粮食收购和1878万元的两大节日物资供应以及群众生活必需品生产的1587万元原材料储备。市人民银行再贷款控制在限额内,年末余额11350万元,较1987年增加7350万元,增长1.8倍。当年,全市共办理商业汇票承兑贴现业务55笔2891万元,其中承兑17笔445万元、贴现25笔982万元、再贴现13笔1464万元,使用汇票结算工具的大中型企业38户。

1989年,市人民银行累计发放短期贷款209笔41696万元,累计收回短期贷款245笔35763万元。当年,通过各专业银行对全市重点企业增加投放3700万元,对外贸出口产品增加投入2200万元,同时督促专业银行和企业完成5711万元的挖潜任务。

1990年,累计发放短期贷款301笔63928万元,累计收回263笔60529万元。年底全市短贷余额控制在20682万元的限额之内。当年,在资金供求矛盾仍然突出的情况下,市人民银行先后5次争取上级行的支持,增加景德镇市短贷限额15120万元,减去压贷任务和下半年收回数,净增短贷11552万元。对全市经济效益较好的重点工业企业,发放启动贷款1400万元支持生产。市人民银行将收购茶叶贷款结余的500万元用于夏粮收购,解决燃眉之急。

1991 年,全市新增再贷款 10019 万元,增长率达 19.87%,其中短期贷款增加 8368 万元。累计收回短贷 256 笔 71171 万元,累计发放短贷 292 笔 79539 万元。至年末共办理再贴现 106 万元,市人民银行是当年全省办理再贴现的两个二级分行之一。1992 年,发放短期贷款 430 笔 136573 万元,收回 337 笔 132022 万元。办理票据再贴现贷款 13 笔 542 万元。

1993 年,市人民银行全年发放再贷款 417 笔 163410 万元,收回再贷款 468 笔 177758 万元,平均每天调度资金 2.46 次。全年共办理再贴现贷款 44 笔 5503 万元,比 1992 年增长 9.15 倍。1994 年,累计发放再贷款 151 笔 118631 万元,累计收回 159 笔 119721 万元。再贷款发放方式由信用放款为主逐步转向再贴现放款。共办理再贴现放款 11 笔 2300 万元,并审核出不合规贴现票据 4 份 500 万元。全年累计发放短期融通资金 28 笔 2820 万元,解决专业银行临时资金不足。同年 5 月 18 日,人民银行分行、支行再贷款按总行要求逐级足额转给各专业银行。5 月 25 日和 6 月 6 日,市人民银行及支行再贷款划转 87543 万元。

1995 年,市人民银行加强短期资金调剂,全年发放短期贷款 2.89 亿元,再贴现资金 3140 万元,并完成省人行压缩 3500 万元短期贷款资金的任务。

1996 年,市人民银行发放再贷款 151 笔 94007 万元,同比增长 104% 和 225.06%;收回再贷款 148 笔 92207 万元,比同期增长 94.74% 和 206.54%,其中再贴现累计发放 4587 万元,累计回收 3987 万元,同比增长 46.08% 和 42.90%。通过市场融资拆进拆出资金 158000 万元,缓解全市资金紧张的局面。

1997 年,信贷资金调控总量显著扩大,累计对全市金融机构融通资金 116962 万元,其中再贴现贷款 24842 万元。全市金融机构总计发放再贴现贷款 24842 万元,其中 52% 用于建立主办银行关系的企业,有 42% 用于列入央行"千户"考核的企业。年底,再贴现占整个市人民银行短期信贷资金的比例由 1996 年的 29% 上升到 67%,信用放款的比重由 1996 年的 71% 下降到 33%。

1998 年,集中资金支持重点产业,对昌河汽车、华意电器、焦化煤气总厂、景德镇发电厂、乐平矿务局等大中型企业办理再贴现业务 42330 万元,占总量的 97%,并由此而带动商业汇票、贴现与再贴现业务的发展。累计办理再贴现 43520 万元,再贴现余额 12200 万元。

1999 年,市人民银行以再贷款和再贴现为手段,引导商业银行信贷投放向当地农业、传统产业技改、中小私营企业和个人消费等领域倾斜,办理再贷款、再贴现分别为 40100 万元、23505 万元。为辖内 3 家农村信用联社发放再贷款 3000 万元。2000 年,市人民银行引导商业银行信贷资金流向国有大中型企业,年末再贴现余额 6753 万元,累计发放再贴现 17800 万元,其中昌河、华意、焦化煤气总厂占 75.33%。引导农村信用社发放各类支农贷款 17000 万元,新增农贷占比 47.8%。

2001 年,市人民银行鼓励企业使用商业信用票据,引导金融机构优化信贷结构,发放再贴现 21342 万元。全市金融机构累计签发银行承兑汇票 89049 万元,比 2000 年增加 15551 万元;累计办理贴现 73780 万元,比 2000 年增加 32956 万元;发放短期再贷款 4500 万元,缓解金融机构头寸(资金)不足的困难。

2004 年,共办理贴现贷款 56762 万元,较年初增加 21740 万元,同比增加 10469 万元。市农行累计签发银行承兑汇票 21046 万元,当年承付率达 100%;办理票据贴现 13378 万元,净增 11444 万元,同比多增 13400 万元,其中乡镇企业贷款增加 805 万元,扶贫贴息贷款增加 290 万元。市建行累计办理贴现 37572 万元,实现贴现利息收入 499.99 万元;累计签发银行承兑汇票 28580 万元,全年票据业务未发生垫款情况。7 月,再贷款进行重新分类为短期再贷款(简称头寸再贷款)、再贴现、对农村信用社再贷款(支农再贷款)、支付中小金融机构发展再贷款(简称发展再贷款)、紧急再贷款、金融稳定再贷款。

2005 年,全市各银行业金融机构累计签发银行承兑汇票 18 亿元,累计办理贴现贷款 19 亿元,同比增加 14.9%,票据融资贷款余额 6.22 亿元,同比增长 9.5%。2006 年,市工行全年办理票据贴现 5919 万元;市农行全年累计签发银行承兑汇票 21959 万元,较上年多签发 13615 万元;市建行全年办理票据贴现余额 27723 万元,较年初新增 12627 万元;市交行全年办理汇票贴现达 6333 万元。

2007 年,全市各银行业金融机构累计签发银行汇票 10.26 亿元,比年初增加 0.87 亿元,增长 9.34%;办理票据贴现 35.26 亿元,比年初增加 3.47 亿元,增长 10.92%,满足昌河铃木公司、黑猫炭黑、开门子化工集团等企业的临时性资金需求。2008 年,各银行业金融机构办理贴现贷款 62.19 亿元,同比增加 76.35%。全市金融机构票据融资余额 12.3 亿元,比年初增加 2.24 亿元,占各项贷款新增额的 14.46%。

2010 年,市工行向景德镇电厂投放项目贷款 7.6 亿元,占法人贷款增量的 47.06%,累计发放占比为 330.85%,签发银行承兑汇票 4.3 亿元,累计承兑占比为 37.71%。确保配套资金的持续供给,使项目 1#机组年底前顺利并网发电。

小额担保贷款

2003 年 1 月 1 日,市人民银行起草制定《景德镇市下岗失业人员小额担保贷款实施意见》,在赣、湘、鄂三省第一家由设区市政府印发执行,成为全省唯一有各家银行参与该业务的设区市。至年底,全市工、农、中、建、交、城信社等 6 家经办行累计对 747 名下岗失业人员发放贷款 920.5 万元,超额完成省政府下达的 800 万元计划,带动就业人数 1000 余人,对 1979 名大学生发放助学贷款 1850 万元。

2004 年,全市发放下岗失业贷款 1644 万元,受贷人数 827 人,发放进度连续 8 个月排全省第一,提前 43 天超额完成省政府下达的 1500 万元任务。2005 年,全市金融机构发放再就业贷款 583 笔,再就业贷款余额 4166 万元,同比多增 68.05%,当年发放小额担保贷款 2213 万元,帮助下岗人员 1785 人,并带动 8000 人实现再就业。全市金融机构助学贷款余额 702.9 万元,其中农村信用社发放国家助学贷款 133 万元,有 1209 名在校生得到扶持。

2006 年,全市金融机构再就业贷款余额 8806 万元,帮助 4162 名下岗人员创业,并带动 9800 人实现再就业;全市助学贷款余额 672 万元,992 名在校生得到扶持。2007 年,累计发放再就业贷款 1003 笔 1.47 亿元,其中个人贷款 0.64 亿元、小企业贷款 0.82 亿元,帮助 1400 名下岗人员创业,并带动近 5000 人实现再就业。助学贷款余额 865 万元,增长 24.71%,近千名在校学生得到扶持。

2008 年,全市银行业金融机构简化小额担保贷款手续,个人单笔贷款额由 2 万元提高到 5 万元;向全市 46 家小企业提供 1.0224 亿元的小企业贷款,并由省、市财政部门给予贷款利息 50% 的减免,安置近千名下岗人员重新就业。全市小额担保贷款余额 2.5798 亿元,同比增长 175%,共发放小额担保贷款 1.6555 亿元,同比增长 123%。市农村信用合作联社发放下岗职工再就业贷款累计 10031 万元,支持带动 7882 名下岗职工再就业。

2009 年,市人民银行与市财政局、市人事和社会保障局联合发文,改进小额担保贷款管理。全市金融机构共发放小额担保贷款 15500 万元,扶助 3000 余名下岗人员创业,并带动 4000 余人实现再就业。全年累计向 1206 户困难家庭发放经济适用房按揭贷款 5596.5 万元。

2010 年,全市累计发放小额担保贷款 82901 万元,其中为 9060 名创业人员提贷款 54269 万元,带动 27180 人就业;全市经济适用住房按揭贷款总额 6197 万元,较上年增长 26.98%;为 48 家小企业 28632 万元的贷款提供财政贴息;累计发放大学生创业贷款 152 万元,为 33 名大学生提供创业支持;助学贷款余额 1735 万元,近 2000 名在校学生得到助学贷款扶持。

表 21-1-7 **1985—1989 年景德镇市各项贷款主要项年末余额统计表** 单位:万元

年份	合计	其中							
		工业贷款	商业贷款	农业贷款	建筑企业贷款	固定资产贷款	其他专项贷款	其他贷款	预购定金贷款
1985	61967	17011	29080	3665	498	9913	753	1041	6
1986	81211	27091	31326	5132	1048	15084	663	860	7
1987	101928	31569	37437	7281	1748	20157	884	2847	5
1988	115008	37003	42528	4879	2118	25641	—	2756	83
1989	132095	46097	48368	5226	2418	27520	—	2466	—

表21－1－8　**1990—1993年景德镇市各项贷款主要项年末余额统计表**　单位：万元

年份	合计	其中							
		工业贷款	商业贷款	建筑企业贷款	乡镇企业贷款	农业贷款	固定资产贷款	信托贷款	其他贷款
1990	169094	61457	56235	2669	5154	5790	34889	236	2664
1991	214252	74314	68617	2933	5797	6455	53430	436	2270
1992	287656	91901	80755	3033	7229	6750	82077	438	15473
1993	336822	114314	91784	3838	8690	6886	97466	455	13389

表21－1－9　**1994—1998年景德镇市各项贷款主要项年末余额统计表**　单位：万元

年份	合计	其中						
		工业贷款	商业贷款	基建贷款	技改贷款	开发银行贷款	信托贷款	其他贷款
1994	351763	127692	98544	12929	97268	770	529	14031
1995	418204	153941	107002	18644	119540	770	—	18307
1996	512656	186711	129183	20176	154865	—	1542	20179
1997	586963	215985	154938	25212	182584	—	1229	7015
1998	677131	271120	149713	24784	207871	—	1192	22451

表21－1－10　**1999—2009年景德镇市各项贷款主要项年末余额统计表**　单位：万元

年份	合计	其中						
		工业贷款	商业贷款	基建贷款	技改贷款	逾期贷款	信托贷款	其他贷款
1999	781201	301261	174612	33947	220714	15788	21379	13500
2000	664246	288576	149098	28318	161126	18733	—	18395
2001	710985	355511	158155	35888	141824	5264	300	14043
2002	757744	411168	144954	162107	17862	21653	—	—
2003	772640	417673	124896	172343	34341	23239	148	—
2004	926817	458633	135502	242172	53301	37209	—	—
2005	693450	321976	135854	180079	55541	—	—	—
2006	672028	332957	115887	181233	41951	—	—	—
2007	602129	311123	100391	157445	33170	—	—	—
2008	559726	261939	91997	177284	28506	—	—	—
2009	668355	285635	113043	238931	30746	—	—	—

表 21－1－11　　**2010 年景德镇市各项贷款年末余额统计表**　　单位：万元

年份	合计	短期贷款			中长期贷款		
		个人贷款及透支	单位普通贷款及透支	贸易融资	个人贷款	单位普通贷款	银团贷款
2010	2151817	99614	659946	39006	474635	769781	108835

表 21－1－12　　**2003—2010 年景德镇市下岗失业人员小额担保贷款发放完成情况统计表**　　单位：万元

年份	任务数	企业贷款	个人贷款	年度完成情况	完成率(%)	贷款余额	担保基金余额
2003	800	—	920	920	115	920	800
2004	1500	—	1572	1572	105	2492	1002
2005	1400	1178	1203	2381	170	4100	1022
2006	3400	5830	1463	7293	215	8805	1225
2007	6800	8160	5253	13413	197	14688	2334
2008	8500	10224	10946	21170	249	25798	3062
2009	11100	3110	15500	18610	168	24008	3805
2010	12100	2340	17495	19835	164	25852	4351

第三节　利率调整

存款利率调整

1985 年 1 月起，各专业银行和其他非银行金融机构在人民银行开立存款账户，其缴存存款准备金和在人民银行存款的月利率均为 3.6‰。4 月和 8 月，为增加货币回笼，分别提高各档次存款利率。

1986 年 8 月，各专业银行和城乡信用社在人民银行的存款月利率提高到 4.8‰，存款利率进入上升周期。至 1988 年分别提高到 7.2‰和 7.5‰。1988 年 9 月增设 2 年期定期存款档次，月利率 7.65‰，同时开始办理人民币长期保值储蓄存款业务。

1989 年 2 月，定期储蓄存款 1 年期和 8 年期月利率分别由 7.2‰和 10.35‰提高到 9.45‰和 14.7‰；增设 3 个月定期存款，月利率 6.3‰；对个人发行的大额可转让定期存单，允许不得超过 10% 的上浮。1990 年 4 月和 8 月，两次调低央行基准利率，1 年和 8 年定期储蓄存款月利率分别调低为 7.2‰和 11.4‰。利率进入下行通道。

1991 年 4 月，停止对城乡居民 3 年、5 年和 8 年定期储蓄存款实行保值，继续调低基准利率，对信用社特种存款仅保留一年期一个档次，月利率调低为 9.0‰。1993 年 5 月 15 日与 7 月 11 日，一年期的存款利率从 7.56‰上调到 9.18‰再到 10.98‰。

1996—2002 年，利率再次进入降息周期，一年期整存款利率从 9.18% 下降到 1.98%。2004 年中央银行宣布金融机构一年期存款基准利率上调 0.27 个百分点，结束长达 8 年的降息周期，进入缓慢升息周期。

表 21-1-13　　1985—2010 年景德镇市银行业金融机构存款利率变动一览表　　单位:%

时间	活期存款	定期存款										
		整存整取							零存整取、整存零取、存本取息			定活两便
		1个月	6个月	1年	2年	3年	5年	8年	1年	3年	5年	
1985.4.1	2.88	—	5.4	6.84	—	7.92	8.28	9	5.4	6.84	7.56	按一年以内定期
1985.8.1	2.88	—	6.12	7.2	—	8.28	9.36	10.44	6.12	7.2	7.92	
1988.9.1	2.88	—	6.48	8.64	9.18	9.72	10.8	12.42	7.2	8.64	9.72	
1989.2.1	2.88	—	9	11.34	12.24	13.14	14.94	17.64	9.54	11.34	13.14	
1989.6.1	2.88	7.56	—	—	—	—	—	—	—	—	—	
1990.4.15	2.88	6.3	7.74	10.08	10.98	11.88	13.96	16.2	8.28	10.08	11.88	
1990.8.21	2.16	4.32	6.48	8.64	9.36	10.08	11.52	13.68	7.2	8.64	10.08	
1991.4.21	2.16	3.24	5.4	7.56	7.92	8.28	9	10.08	6.12	6.84	7.56	整存整取同档次利率打六折执行
1993.5.15	1.8	4.86	7.2	9.18	9.9	10.8	12.06	14.58	7.2	9.18	10.8	
1993.7.11	3.15	6.66	9	10.98	11.7	12.24	13.68	17.1	9	10.98	12.24	
1996.5.1	2.97	4.86	7.2	9.18	9.9	10.8	12.06	—	7.2	9.18	10.8	
1996.8.23	1.98	3.33	5.4	7.47	7.92	8.28	9	—	5.4	7.47	8.28	
1997.10.23	1.71	2.88	4.14	5.67	5.94	6.21	6.66	—	5.14	5.67	6.21	
1998.3.25	1.44	2.88	4.14	5.22	5.58	6.21	6.66	—	4.14	5.67	6.21	
1998.7.1	1.44	2.79	3.96	4.77	4.86	4.95	5.22	—	3.96	4.77	4.95	
1998.12.7	1.44	2.79	3.33	3.78	3.96	4.14	4.5	—	3.33	3.78	4.14	
1999.6.10	0.99	1.98	2.16	2.25	2.43	2.7	2.88	—	1.98	2.16	2.25	
2002.2.21	0.72	1.71	1.89	1.98	2.25	2.52	2.79	—	1.71	1.89	1.98	
2004.10.28	0.72	1.71	2.07	2.25	2.7	3.24	3.6	—	1.71	2.07	2.25	
2006.08.19	0.72	1.8	2.25	2.52	3.06	3.69	4.14	—	1.8	2.25	2.52	
2007.03.18	0.72	1.98	2.43	2.79	3.33	3.96	4.41	—	1.98	2.43	2.79	
2007.05.19	0.72	2.07	2.61	3.06	3.69	4.41	4.95	—	2.07	2.61	3.06	
2007.07.21	0.81	2.34	2.88	3.33	3.96	4.68	5.22	—	2.34	2.88	3.33	
2007.08.22	0.81	2.61	3.15	3.6	4.23	4.95	5.49	—	2.61	3.15	3.6	定活两便
2007.09.15	0.81	2.88	3.42	3.87	4.5	5.22	5.76	—	2.88	3.42	3.87	
2007.12.21	0.72	3.33	3.78	4.14	4.68	5.40	5.85	—	3.33	3.78	4.14	
2008.10.9	0.72	3.15	3.51	3.87	4.41	5.13	5.58	—	3.15	3.51	3.87	
2008.10.30	0.72	2.88	3.24	3.6	4.14	4.77	5.13	—	2.88	3.24	3.6	
2008.11.27	0.36	1.98	2.25	2.52	3.06	3.6	3.87	—	1.98	2.25	2.52	
2008.12.23	0.36	1.71	1.98	2.25	2.79	3.33	3.6	—	1.71	1.98	2.25	
2010.10.20	0.36	1.91	2.2	2.5	3.25	3.85	4.2	—	2.25	2.5	2.75	

贷款利率调整

1985年1月，央行专门行使中央银行职能后，市人民银行对专业银行的贷款分四块，即铺底资金、基数贷款、计划内贷款和临时性贷款，月利率分别为3.6‰、3.9‰、3.9‰和4.2‰。4月，企业流动资金贷款月利率由6‰提高到6.6‰，并增设特种贷款，月利率为14.4%～19.6‰。8月，提高固定资产贷款利率，其中1年内、1～3年、3～5年、5～10年和10年以上月利率分别提高到6.6‰、7.2‰、7.8‰、8.4‰和9.0‰。1986年8月1日起，人民银行对专业银行的贷款划分为20天内、3个月和计划内3个档次，月利率分别为5.4‰、5.7‰和5.4‰。1987年1月1日起，对专业银行的贷款分为年度性、季节性和日拆性，月利率分别为6.9‰、6.3‰、5.7‰。同时，对专业银行的再贴现利率按同档次利率的5%～10%给予优惠。

1988年9月，流动资金贷款月利率上调至7.5‰；固定资产贷款1年内、10年以上月利率分别调高到7.5‰和13.5‰；允许基层银行和信用社实行浮动利率，上下浮动幅度为20%。1989年2月1日起再次提高贷款利率，流动资金贷款月利率由7.5‰提高到9.45‰；个体工商户贷款月利率在9.45‰的基础上上浮30%；固定资产贷款1年内和5～10年月利率分别为9.45‰和16.05‰，10年以上贷款利率根据1年期贷款利率的复利确定；逾期加息30%，超储积压和有问题商品占用贷款加息50%，挤占挪用贷款加息100%。同时提高对专业银行的再贷款利率，年度性、季节性和日拆性贷款月利率分别调高到8.7‰、8.1‰和7.5‰。

1990年2月和8月两次调低贷款利率，对流动资金贷款实行期限利率，对专业银行的再贷款不再划分档次，月利率统一下调为7.5‰。第二次调整后1年期流动资金贷款月利率分别为7.8‰；个体工商户贷款允许在月利率7.8‰的基础上上浮20%；固定资产贷款也分别下调利率，取消10年以上利率档次。从2月起逾期贷款加息由30%降为20%，积压和有问题商品贷款加息由50%降为30%，挤占挪用银行贷款加息由100%下调为50%，对专业银行再贷款月利率下调到6.6‰。

1991年4月，再次调低贷款利率，1年期工商业流动资金贷款月利率由7.8‰下调到7.2‰；固定资产贷款利率相应下调且不准上浮，其中技术改造贷款由月利率7.8‰下调到7.05‰，基本建设1年内和5～10年贷款月利率分别降为7.05‰和8.1‰；城市信用社可在基准利率的基础上上浮30%，农村信用社可在基准利率的基础上上浮60%；对专业银行再贷款月利率下调到6.0‰。

1993年3月，人民银行对专业银行的贷款，依期限长短，划分为20天、3个月、6个月和1年期4个档次，月利率分别为5.7‰、5.85‰、6.0‰和6.15‰。同年5月和7月，先后调高贷款利率，同时调高对金融机构再贷款利率。第二次调整后，流动资金6个月、1年期贷款月利率分别为7.5‰和9.15‰；固定资产贷款中，技术改造贷款月利率9.15‰，基本建设1年内和5～10年贷款月利率分别为9.15‰和11.7‰；特种贷款月利率10.98‰。

1995年1月1日起，调整固定资产利率，技术改造贷款由月利率9.15‰提高到9.75‰，基本建设1年内、1～3年、3～5年、5年以上月利率分别调高到9.75‰、10.2‰、12.15‰和12.3‰；7月1日起，各项贷款利率再次提高，流动资金6个月、1年期贷款月利率分别调高为8.4‰和10.05‰；技术改造贷款和基本建设贷款的利率合并为固定资产贷款利率，1年期、5年期以上月利率分别为10.2‰和12.75‰。所有逾期贷款在逾期阶段按日利率4‰～6‰计收利息；挤占挪用贷款在挤占挪用期间按日利率6‰～8‰计收利息，若既挪用又逾期不再并处。

表21－1－14　　**1989—2010年央行贷款利率变动一览表**

时间	短期贷款		中长期贷款			个人住房公积金贷款	
	6个月以内（含）	6个月至1年（含1年）	1～3年（含3年）	3～5年（含5年）	5年以上	5年以下（含五年）	5年以上
1989.02.01	11.34	11.34	12.78	14.4	19.26	—	—
1990.08.21	8.64	9.36	10.08	10.8	11.16	—	—
1991.03.21	9	10.08	10.8	11.52	11.88	—	—

续表 21-1-14

时间	短期贷款		中长期贷款			个人住房公积金贷款	
	6个月以内(含)	6个月至1年(含1年)	1~3年(含3年)	3~5年(含5年)	5年以上	5年以下(含五年)	5年以上
1991.04.21	8.1	8.64	9	9.54	9.72	—	—
1993.05.15	8.82	9.36	10.8	12.06	12.24	—	—
1993.07.01	9	10.98	12.24	13.86	14.04	—	—
1995.01.01	9	10.98	12.96	14.58	14.76	—	—
1995.07.01	10.08	12.06	13.5	15.12	15.3	—	—
1996.05.01	9.72	10.98	13.14	14.94	15.12	—	—
1996.08.23	9.18	10.08	10.98	11.7	12.42	—	—
1997.10.23	7.65	8.64	9.36	9.9	10.53	—	—
1998.03.25	7.02	7.92	9	9.72	10.35	—	—
1998.07.01	6.57	6.93	7.11	7.65	8.01	—	—
1998.12.07	6.12	6.39	6.66	7.2	7.56	—	—
1999.06.10	5.58	5.85	5.94	6.03	6.21	4.14	4.59
2002.02.21	5.04	5.31	5.49	5.58	5.76	3.6	4.05
2004.10.29	5.22	5.58	5.76	5.85	6.12	3.78	4.23
2005.03.17	5.22	5.58	5.76	5.85	6.12	3.96	4.41
2006.04.28	5.4	5.85	6.03	6.12	6.39	4.14	4.59
2006.08.19	5.58	6.12	6.3	6.48	6.84	4.14	4.59
2007.03.18	5.67	6.39	6.57	6.75	7.11	4.32	4.77
2007.05.19	5.85	6.57	6.75	6.93	7.2	4.41	4.86
2007.07.21	6.03	6.84	7.02	7.2	7.38	4.5	4.95
2007.08.22	6.21	7.02	7.2	7.38	7.56	4.59	5.04
2007.09.15	6.48	7.29	7.47	7.65	7.83	4.77	5.22
2007.12.21	6.57	7.47	7.56	7.74	7.83	4.77	5.22
2008.09.16	6.21	7.20	7.29	7.56	7.74	4.59	5.13
2008.10.09	6.12	6.93	7.02	7.29	7.47	4.32	4.86
2008.10.30	6.03	6.66	6.75	7.02	7.2	4.05	4.59
2008.11.27	5.04	5.58	5.67	5.94	6.12	3.51	4.05
2008.12.23	4.86	5.31	5.4	5.76	5.94	3.33	3.87
2010.10.20	5.1	5.56	5.6	5.96	6.14	3.75	4.3

说明:1.未到期的住房贷款利率从下年度1月1日起执行新标准。2.逾期贷款罚息利率为借款合同载明的贷款利率水平上加收30%~50%;借款人未按合同约定用途使用借款的罚息利率为贷款合同载明的贷款利率水平上加收50%~100%

1999 年,央行运行新的体制,中国人民银行武汉分行抽查景德镇市 9 家金融机构,未发现有利率违规现象。人行对邮政储蓄开展专项检查,查处机动车辆险、学平险等保险业务中存在的问题,制止发放高额手续费、高返还等不正当竞争行为。

信贷调控

1986 年,全市生产发展,流通活跃,经济增长实现"两位数",生产、销售、利税增长"三同步",各项经济指标全面完成。银行信贷收支增加,货币净投放减少,资金横向融通初具规模。年末,金融机构各项存款余额 59164 万元,比年初增加 12183 万元,增长 25.93%;各项贷款余额 81220 万元,较年初增加 19250 万元,增长 31.01%,增长最多的是工业流动资金贷款,全年增加 10080 万元,增长 59.25%。

1988 年 9 月,国务院和中国人民银行总行、省人民银行连续下发有关控制货币信贷、稳定金融的文件,治理整顿金融秩序。市人民银行和各专业银行奋战一百天,收回超定额短期再贷款 3285 万元,提前 11 天完成省人行指令性任务;各专业银行信贷计划全面完成,全市各项贷款余额较 1987 年增加 18242 万元;央行再贷款控制在限额内,年末余额 11350 万元,较 1987 年增加 7350 万元,增长 1.8 倍。完成省人民银行下达的宏观调控指标。

1989 年,全市各金融机构贯彻"治理整顿"方针,严格控制信贷总量,实行产业倾斜政策,集中资金保重点企业。优先支持支农产品的生产、人民群众基本生产必需品生产,壮大陶瓷行业,发展机械、电子、建材、化工、医药等技术密集型行业。年末,各项存款余额 85723 万元,比年初增加 6866 万元,各项贷款余额 137230 万元,比年初增加 17680 万元。

1990 年,全市金融机构各项贷款余额 165367 万元,均控制在计划以内。新增贷款重点支持农副产品和外贸产品的收购、大中型骨干企业的生产和技改与经济开发项目。

1992 年,市人民银行深化金融体制改革,为加速经济建设筹措更多的资金。自 1987 年批准国营 4321 厂(胜利器材厂)在全省首家发行企业债券开始,发行债券的企业户数及金额逐年增加。至 1992 年 7 月底,有电子、汽车、机械、建材、家电、纺织、食品、化工等行业的 23 户企业获准发行企业债券(含短期融资券),累计 41689 万元。

1993 年,市人民银行执行保支付、保重点、保收购方针,将控制新增贷款与压贷任务相挂钩。在再贷款发放过程中,严审增贷理由,收旧贷新,信贷规模控制与目标管理相挂钩,"谁突破、谁负责",将责任落实到人。

1994 年 9 月 10 日,部署金融机构检查,确定自查单位 238 个,抽查单位 37 个。至 7 月底还有 2069 万元违章拆借资金未收回的银行 5 家,违反利率政策的机构 22 个,撤销 15 个金融系统经济实体,收回 1139 万元,尚有 1079 万元未收回,原投入拆借资金 14212 万元,收回 7914 万元,未收回 6298 万元;发现资本金不真实到位的机构 4 家。针对违规现象,市人民银行检查组分别提出处理建议要求。

1996 年,各商业银行成立贷款审批委员会,贷款决策精细化、民主化。市人民银行按照"合理需要、加速周转、提高效率"的贷款原则,适时适量安排贷款,能办头寸贷款的不办再贴现;能办 7 天或 3 个月的不办 20 天或 4 个月,力求勤收勤放,加速资金周转,累计发放再贷款 151 笔,金额 94007 万元,累计收回再贷款 148 笔,金额 92207 万元。

1997 年,市人民银行从严掌握贷款投向,在总计发放的 24842 万元再贴现贷款中,有 52% 用于建立主办银行关系的企业,有 42% 用于列入总行"千户"考核的企业。缩小信用放款比重,扩大再贴现比重,至年底再贴现占央行短期信贷资金的比例由 1996 年的 29% 上升到 67%,信用放款的比重由 1996 年的 71% 下降到 33%。提高短期贷款使用率,加速资金周转,3 个月以内的再贴现 24032 万元,占贷款总额的 97%。

1999 年,景德镇市扩大信贷总量,根据 100 户重点企业统计,金融机构对企业的申请贷款满足率达到 86%,增量存贷比高于全省平均水平;继续加强扶持国有大中型企业力度,贷款超 1000 万以上的主要集中在昌河、焦化、华意等企业;侧重消费和基本建设投资的双重功能,刺激景德镇市内需,商业贷款占新增短贷的比重同比增长 28%,工业贷款同比下降 22%,中长期贷款在 1998 年增量下降的情况下,1999 年新增 1.5 亿元。

2000 年,景德镇在全省率先建立中小企业信贷担保基金,由政府、企业等有关单位共同出资,实行会员制管理,根据1:3比例发放贷款,对3家企业发放150万元贷款。市人民银行与市经贸委联合制定《关于景德镇市封闭贷款管理实施意见》《景德镇市建立新型银企关系的意见》,由市政府批转执行。

2001年,全市金融系统贯彻执行稳健的货币政策,市政府转发《加强2001年信贷管理工作若干意见》《景德镇市金融系统支持地方招商引资的几点意见》。全市各商业银行争取上级行贷款规模和资金支持,全年贷款增加8.4%,累计签发银行承兑汇票同比多增1.5亿元。

2002年,市政府转发《2002年景德镇市信贷工作纲要》《关于进一步改善我市社会信用环境的若干意见》。市银行业金融机构稳健经营,不良贷款余额和占比双下降,金融经营效益继续好转,亏损额、亏损面减少。年末,工、农、中、建、交行的账面反映亏损2123万元,与2001年相比减亏3112万元,减亏幅度达59.45%。

2003年,市人民银行引导金融机构加大信贷投入,全市贷款120亿元,新增12亿元,信用总量145.2亿元,新增12.34亿元(不含中行、建行、交行核销贷款2亿元)。5月,"非典"(SARS)防治期间,市人民银行与市经贸委联合推出银企合作项目推介月活动,缓解非典期间"贷款难"和"难贷款"矛盾。全市工、农、中、建、交5家商业银行和城市信用社,累计发放贷款75929万元,办理贴现14759万元,签发银行承兑汇票45637万元,另外与多家企业达成合作意向,涉及金额90860万元,活动惠及企业152家。

2005年,景德镇市8家金融机构有7家盈利,比2004年增加2家,实现盈利1.48亿元,比上年增盈0.88亿元。贷款增幅明显趋缓,各项贷款余额122.18亿元,比年初净增6.76亿元,剔除商业银行贷款剥离和农村信用社土地置换贷款因素,贷款总量同比增长5.9%。金融机构资产质量改善,经营效益提高。

2006年,市人民银行与市经贸委协作,成功向各商业银行推介包括国有和民营大中型企业在内的多个项目。促成市建设银行与富祥药业、740厂、景光精工机械达成总额1.1亿元的贷款意向;促成23户企业与有关银行达成11.7亿元贷款意向。贷款签约项目7个,合计贷款余额3.52亿元。

2008年,是国家宏观调控的关键之年,货币政策从上半年的从紧转变为下半年的适度宽松。年底,全市金融机构各项存款余额249.66亿元,比年初增加31.12亿元;各项贷款余额137.20亿元,比年初增加15.49亿元。全年现金累计收入614.38亿元,支出595.51亿元,净回笼18.87亿元。

2009年,市人民银行与市经贸委搭建政银企合作平台,下发《关于扩大信贷融资促进瓷都工业发展的若干意见》,举办景德镇市"千企万岗、政银对接"活动,引导辖内银行业金融机构加大对陶瓷行业的支持力度。年末对陶瓷企业贷款余额达2.67亿元,同比增长23.66%。

2010年,市政府批转《鼓励金融支持经济发展奖励办法》,提高金融机构支持地方经济发展积极性。全市金融机构人民币年末存款余额400.92亿元,增长25.65%;贷款余额227亿元,增长26.75%;不良贷款余额11.81亿元,较年初下降1.19%。

房地产信贷调控

利率优惠　2005年3月,央行发布通知,房地产可执行9折利率下限。2006年8月,由于央行多次加息,原来的9折利率降至8.5折。

2009—2010年,景德镇市银行机构首套商业性住房贷款加权平均利率分别为4.61%、5.69%,较基准利率分别下调22.39%、5.51%;二套商业性住房贷款加权平均利率分别为5.6%、6.79%,较基准利率分别上浮-5.72%、13.16%。

2010年4月,第一轮房地产调控政策出台,一般利率由7折升至8.5折。9月,第二轮房地产调控政策出台,银行减少利率优惠。11月,根据银监会"窗口指导"意见,取消7折利率优惠,最低按8.5折。

表21-1-15　**2006—2010年景德镇市房地产贷款统计表**　单位:万元、%

年份	房贷合计	增幅	房地产开发贷款	增幅	购房贷款	增幅
2006	219901	—	142325	—	77576	—
2007	211588	-3.78	111183	-21.88	100405	29.43
2008	283789	34.12	142270	27.96	141519	40.95

续表 21－1－15

年份	房贷合计	增幅	房地产开发贷款	增幅	购房贷款	增幅
2009	394418	38.98	200689	41.06	193729	36.89
2010	475678	20.60	192680	－3.99	282998	46.08

差别化的首付款政策　2010 年，房地产信贷调控政策主要包括差别化的贷款利率以及差别化的首付政策。2010 年 1 月《国务院办公厅关于促进房地产市场平衡健康发展的通知》出台，规定严格二套房贷款，对二套房一概执行 40% 以上的首付。4 月 17 日出台的《国务院关于坚决遏制部分城市房价过快上涨的通知》规定，对贷款购买第二套住房的家庭，贷款利率不低于基准贷款利率的 1.1 倍。

2011 年，首套住房贷款的首付款从 2009 年年初的 20% 提高到 30%，第二套住房贷款的首付款比例从 2009 年的 20% 逐渐提高到 60%。

根据市人民银行调查，2009 年，房地产差别化信贷住房政策实施 3 年后，贷款购买第二套住房占比下降；首套住房贷款规模逐年增长，首套住房贷款利率逐年提高，房地产开发贷款出现"国有银行退出，地方银行进入"的现象，房地产开发投资增速下降。第二套住房贷款占比由 2009 年末的 5.28% 下降至 2010 年末的 3.0%，首套房贷款新发放额占据绝大多数，投机性和投资性贷款购房比例大幅减少。2010 年个人商业性住房贷款年发放额 9.44 亿元。

2009 年、2010 年市银行机构首套商业性住房贷款平均利率分别为 4.61%、5.69%；二套商业性住房贷款平均利率分别为 5.6%、6.79%。2010 年以后，由于受房地产调控政策和信贷规模趋紧的影响，多数银行执行基准贷款利率上浮 5% ～10%。

2009—2010 年，房地产开发贷款不良率由 6.86% 下降至 0.14%，个人商业性住房贷款不良率从 0.71% 下降至 0.22%。景德镇市个人住房类贷款实行置业担保制度，个人出现违约，由置业担保中心先行垫付，个人商业性住房按揭贷款不良率很低。

表 21－1－16　**2009—2010 年景德镇市房地产开发情况统计表**　单位：万平方米

年度	新开工面积	同比	竣工面积	同比	销售面积	同比
2009	67	+26.4%	71	+61.3%	89	+58.9%
2010	75	+11.9%	106	+49.3%	107.78	+21.1%

存款利率监督

1988 年，市人民银行对所辖金融机构进行第一次全面的利率大检查。1989 年 10—11 月，市人民银行查出农行营业部、建行广场支行、建行营业部严重漏缴存款准备金；农行浮梁县支行、中行浮梁县支行占压应划未划税款 50 余万元，农行昌江联社擅自将三年期保值储蓄利率上浮 10% 等违规事项，共计处罚 2.92 万元。

1990 年上半年，市人民银行检查各专业银行的利率执行情况，处罚市工商银行 7 个机构共 0.68 万元、市农业银行 5 个机构 0.96 万元、市中国银行 1 个机构 0.24 万元、市建设银行 2 个机构 0.89 万元。1992 年，分别对 20 家金融机构进行检查，对变相提高储蓄存款利率，支取"手续费"的不当行为给予冻结非法存款、罚款和通报等处罚，制止"储蓄大战"。

1993 年 5 月，市人民银行对市区半数以上的储蓄机构进行稽核，对查实的 19 笔 67 万元违规吸储存款予以冻结，处以多付利息的同额罚款，对有关负责人和责任人处以 500 元罚款并通报批评。

1994 年，各金融机构参与制定《景德镇市金融机构储蓄公约》，成立储蓄监事会，增强各金融机构自我约束。先后进行 8 次大规模的利率政策执行情况检查，查处 5 家违反利率政策的金融机构。制定《1994 年金融机构网点布局规划》，合理设置储蓄机构网点。1995 年 12 月 1 日，市人民银行印发《关于重申不得擅自提高或变相提高储蓄存款利率的通知》，通报 30 家违规吸储储蓄机构被罚款 15.32 万元，冻结存款 273.99 万元的情况，撤销市工商银行新厂办事处兰田分理处储蓄专柜、市昌江农村信用合作联社新湖路储蓄所、市中国银行马鞍山办事处中华南路储蓄所3家储蓄机构,并在全市予以通报。同时取消其主管行(社)年内新增金融协调网点的资格,并追加冻结存款和一定金额的罚款处理。《金融时报》在头版进行报道。

1998年年初,市人民银行多次开展金融机构执行利率政策情况检查,制止以支付手续费等方式变相提高储蓄存款利率的行为,先后通过《江西日报》《景德镇日报》曝光5家违规金融机构,对有关专业银行市分行主要负责人点名批评。1999年,随着基准利率的下降,违规揽储现象大为减少。

第二章 金融监管

市人民银行设立金融管理科,负责景德镇市金融机构的设立、撤并、搬迁、更名、升格的审批、申报和日常监管工作,对设立的金融机构审核后颁发"经营金融业务许可证"。市人民银行在不同的改革时期与不同的经济发展阶段,利用再贷款、再贴现、存款准备金、利率、窗口指导等多种货币政策工具,调控金融规模和金融支持方向,促进经济与金融的持续、稳定发展,根据国家政策要求,与地方政府配合,对金融机构运行实施监管,防范金融风险。

第一节 金融市场管理

市场准入

1986年7月1日,景德镇市兴华城市信用社开业,为省人民银行系统第一家城市信用社。年末招收股金6.15万元,吸收存款160.87万元,发放贷款133万元。同年,根据省人行授权,市人民银行负责审批企业债券发行工作和管理信托市场工作。

1988年3月10日,经省人民银行批准,在全省最早成立景德镇市跨地区、跨系统、多功能、开放型的融资公司,与省内外30多个中心城市的50多个金融机构建立融资关系。全年共拆借资金66869万元,其中拆入43315万元,拆出23553万元。自营买卖、转让各种债券210万元,代理发行短期融资券450万元。

1993年1月1日经省人民银行同意,市城市信用社合作社中心社正式对外营业。12月8日,省融资中心景德镇办事处成立,为地市人民银行直属事业单位,业务上接受省资金融通中心领导和管理。2003年2月26日办事处撤销。

1993年之后,市人民银行不再办理资金拆借业务、黄金经营业务、企业债券发行审批业务。1994年,信誉典当商行从市再生资源公司中独立出来,单列账户,自主经营,自负盈亏。1998年,市政府对国华期货公司进行查封。江信和江南两大证券机构开业,促进证券业的竞争发展。

2010年,市农村信用合作联社改制为景德镇农村商业银行股份有限公司。7月29日,获国家银监会批准,11月正式挂牌开业;11月底,浮梁农商村镇银行成立,为景德镇市首家村镇银行。7月2日,市城市信用社获批筹建城市商业银行,12月30日江西银监局批准市商业银行开业。同年12月16日,九江银行景德镇分行挂牌开业,为第一家进驻景德镇市的外地股份制商业银行。

风险管理

风险预警　1986—1996年,金融机构经营风险,主要由人民银行和商业银行上级行进行预警管理。1997年,市政府转发《景德镇市金融风险存在情况及对策》,市人民银行成立金融监管委员会,聘请100名社会人士和金融业离退休人员为监管员,对金融机构开展风险检查。1998年6月9日,市政府转发《景德镇市防范和化解金融风险实施方案》,加强对金融风险防控。

2003年1月12—24日,市人民银行从各科室和辖内县(市)支行抽调近百人,分成14个检查小组,对辖内119个农村信用社网点进行检查,共检查贷款户58817户,金额71604万元,查出各类违规违纪贷款49

笔,金额 1809.69 万元,责成县联社撤销和解聘信用社主任、副主任 5 人,并下岗清收违规违纪贷款。上半年,市商业银行、城乡信用社盈亏轧差实现整体盈利 733 万元,景德镇市率先在全省结束银行业亏损历史,初步实现 1999 年提出的创建金融安全区目标。全市农村信用社实现盈利 373 万元,不良贷款下降 8.96 个百分点。

2004 年,市人民银行职能转换。先后发出 4 份预警通报,其中 3 月发出房地产贷款情况通报,至 6 月房地产贷款月度增幅回落 12.32 个百分点。9 月 23 日制定《景德镇市金融风险预警预案》。

2005 年,市政府转发《关于建立景德镇市金融稳定协调机制的工作方案》,确立以政府主要领导任组长的景德镇市金融稳定工作协调领导小组,建立起涵盖各银行、证券、保险机构及银监分局、法院、公安、财政、工商等共计 26 个机构和部门的金融稳定协调机制,该方案被南昌中心支行金融稳定处转发全省金融稳定部门参照借鉴。同年,制定《景德镇市银行业法人机构支付性金融风险处置规程》《市人民银行稳定再贷款清收环节管理实施细则》,为风险处置和不良资产清收奠定基础。

2006 年,市人民银行启动民间借贷监测网点建设,在所辖两个县(市)各选取 100 户农户和 10 户企业为对象,对民间融资活动和利率水平开展定期监测。在景德镇市高新园区选取 20 户工业企业为对象,对工业园区信贷需求和满足程度开展定期监测。在利率监测报表中新增同业存款和个人住房贷款利率执行情况监测内容。按照上级行新推广的金融稳定监测评价系统要求,对景德镇市全辖银行机构、保险机构、证券机构经营状况及景德镇市社会经济发展综合指标进行监测分析;同时还与毗邻地区的安徽黄山中支,浙江金华、衢州、丽水中支,福建南平中支及江西上饶、鹰潭、抚州中支签订金融稳定协作协议,建立 4 省 9 地市金融稳定协作机制。

2007 年,市人民银行加强对大额贷款、集团客户及其关联企业贷款风险的监测预警。4 月 12 日,由于建设银行江西省分行同城清算系统出现故障,其中市建设银行重复提出业务 68 笔,涉及金额 1080 万元,市人民银行及时协调,追回全部清算资金。5 月 25 日,景德镇市一房地产公司老总邵某自杀身亡,市人民银行快速启动风险提示程序,核查该企业与辖内所有金融机构的贷款信息资料,督促各相关金融机构迅速与司法部门联系,提出金融债权诉讼保全。

2010 年 3 月 2 日,市人民银行首次召开全市金融稳定联席会议,各银行业金融机构以及全部证券与保险公司分管领导及相关部门负责人参加,通过加强与政府、银监局沟通协调,借用"反洗钱"工作平台,搭载金融稳定工作内容。4 月,先后就市农行、建行和交行 3 家银行对景德镇发电厂、土地储备中心和焦化工业集团有限公司等企业贷款投放占比过高问题,分别下发预警提示书。

城信社风险化解　2004 年 9 月 30 日,市城市信用社昌盛分社经理施某非法侵占农信社存放同业资金并潜逃。案发后,市人民银行及时与景德镇银监分局制定防范处置"9・30"案件支付风险的应急预案,防范挤兑风险,并专题呈报市政府,争取支持。同时,景德镇银监分局多次向各银行业金融机构负责人进行监管提示,统一认识,做到"三个不准",即不准进行不当宣传,损害城市信用社的社会声誉;不准搞不正当竞争,违规拉城市信用社存款;不准变相提高利率,违规吸收存款。由于处置得当,城信社经营没有受到明显影响。

2006 年,景德镇银监分局通过日常非现场监管发现城市信用社经营管理上存在问题,立即派出驻社监管组,加大监管力度和频度,同时多次向市政府报告,争取到市政府注资 3000 万、实行地方税收 2007—2009 年全部返还、引导和鼓励企事业单位到城市信用社开户等优惠政策,支持组筹城商行。2007 年,市政府陆续出资 1.53 亿元资金剥离不良贷款和充实拨备,由市政府及各县(市、区)政府再向该社入股 8000 万元,并调整领导班子。

2008 年,市城市信用社制定《不良资产清收处置方案》,对银监分局前期检查出的隐性及账面不良贷款按照一户一策,逐户逐笔确定自主清收、完善手续、调整形态、续贷转化、政府置换以及拟采取保全措施等 5 种方式清收。6 月,市政府划拨 34.66 公顷商业用地置换该社 25881 万元账面不良贷款,化解风险。至 2009 年,除清收账面不良贷款 2 亿多元外,还清收处置隐性不良贷款 5 亿多元,从根本上化解资产风险。

2010 年 5 月底,通过现金清收、增资扩股、向同业推介出售的方式使 25 户单一客户贷款和 2 户单一集团客户授信集中度超标贷款全部达标。7 月 2 日,中国银监会正式批准市城市信用社筹建市商业银行,全省最后一家城市信用社退出历史舞台。年底到位入股资金和达成的入股意向超过2亿元,其中各级政府入股资金到位7600万元。2007年和2010年,城市信用社开展两次增资扩股工作,共增资扩股30000万元。

政府融资平台贷款清理

政府融资平台指由地方政府出资设立并承担连带还款责任的机关、事业、企业三类法人,不含中央政府直接设立的部门和机构。2008年,国际金融危机后,政府融资平台借由扩大内需的政策而在全国范围内兴起。2009年,银监会首次提出关注融资平台贷款,对各级融资平台运作情况实行监测分析。

2010年8月,按照银监会的要求,景德镇银监分局坚持逐包打开、逐笔核对、重新评估、整改保全的平台贷款清理方针,通过分析数据、四方对账、分析定性、汇总报表、统一会谈、现场检查等方式逐步开展平台贷款的摸底及清理工作,逐步降旧控新,缓释风险。11月12日,按照权责明确的原则,景德镇银监分局对8家债权行对各自的平台贷款进行议定,全面敲定平台贷款的风险定性和整改处置方案。至年末,景德镇市政府融资平台共有16户,其中一般公司类5户,贷款余额96075万元,占比22.63%;事业法人4户,贷款余额276017万元,占比65.01%;企业法人7户,贷款余额52500万元,占比12.36%。贷款余额总计424592万元,其中政府性银行贷款占比最大,国家开发银行、农业发展银行分别为195975万元和89000万元,占比46.16%和20.96%;国有大型银行贷款65540万元,占比15.43%;城市商业银行贷款41750万元,占比9.83%;农村商业银行贷款32327万元,占比7.62%。

查办逃废债企

1999年8月12日,市人民银行根据各行(社)申报的19户拟逃废债企业名单,将市航运公司、市陶瓷销售公司、市物资贸易公司、市耐酸容器厂和市五交化总公司列为全市第一批逃废债企业,进行公布处理,收到一定成效。

2000年,市金融系统推行"关注企业"名单通报制度,建立信息资料库,形成涵盖市县的金融系统金融债权监测网络,当年列入的14户"关注企业"中,有12户及时与银行落实债务。对预警后仍不改正的江西省陶瓷销售总公司、市物资贸易总公司实施金融联合制裁。

2001年,市人民银行信贷登记咨询系统全国联网,信息收集、提前预警和银行间资源互享功能增强。当年,内部通报5户企业,涉及金额9657万元,协助81家法院查询152户企事业单位的存款账户情况;对2户持有国债收款单而又恶意逃废银行债务的企业,清收本息12.3万元。2002年8月,市人民银行对历年债权工作进行梳理,建立329户逃废债企业的资料库,全过程参与企业改制,防止逃废债行为的发生。

2004年2—6月,市人民银行联合市检察院、公安局、人民保险公司及各贷款银行,开展逾期汽车消费贷款清收专项活动,采取法律、经济和行政手段清理收回1227户(台)拖欠汽车消费贷款1772万元,遏制恶意逃废汽车消费贷款行为。

2005年以后,市人民银行运用信用体系和银行信贷登记咨询系统上报数据,对企业逃废债情况实施有效监控,为金融机构降低信贷风险提供准确信息。

第二节　银行业管理

机构监管

1986年,市人民银行制订《景德镇市金融机构设置、撤并管理细则》(讨论稿)。4月,对市县农业银行、信用社中未获得金融业务许可证的10户机构进行清理整顿。全年审批设置金融机构28户,撤销4户。帮助邮电局开办邮政储蓄业务,网点发展到5个,珠山中路邮政支局的储蓄网点,成为全国53个办理异地存取业务的城市网点之一。

1987年,市人民银行共审批设置48户金融机构,其中乐平县成立全省第一家县级城市信用社,市农业银行设立全市第二家信托投资公司,银企合办10家储蓄所;兴华城市信用社增设3个分社。对8户申请设置的机构,因不符合有关规定,不予批准。当年对市内56户金融机构进行经营金融业务许可证核准名称、对外挂招牌名称、公章(业务印鉴)和营业执照登记名称“四相符”检查。

1988年,市建行设立信托投资公司,成立广场、东郊支行;市中国银行在乐平县设立支行;市工商银行设立火车站办事处等县支行级金融机构。全市共有各类金融机构302个,其中储蓄机构增设43个。

1989年,共审批5户办事处、12户分理处、2户营业所和19户储蓄所。检查市工商银行、农业银行、建设银行的信托公司、信息咨询公司和房屋开发公司等20户金融单位的经营情况,对存在的问题责令整改。同时,对城市信用社3个机构进行整顿验收。

1990年,清理储蓄所超范围业务,撤销7户储蓄所、1户分理处。调整4户办事处、8户分理处,使金融机构布局更合理;处理6户储蓄所已批设点,而未办理“经营金融业务许可证”开业的问题;审核、审批新增金融机构5户。9月,制定《城市信用社信贷管理暂行办法》,协助城信社建立和健全民主管理制度,4家城信社首批获得人行江西省分行颁发的合格证书。

1991年,市人民银行审核批准增设金融机构3户,撤销金融机构10户。制订《景德镇市储蓄考评办法》受到省分行的重视,在《江西金融情况》上刊登并推广。1992年,撤销金融机构6家,新增设金融机构4家;对景德镇市347家金融机构进行年检和达标考核评定,对市工行、中行与建行所有金融机构进行更名和换发许可证;评出工商银行乐平县支行太寺上储蓄所、交通银行景德镇支行南门头储蓄专柜等10家储蓄机构为“十佳”储蓄机构。

1993年,制定《景德镇市近两年金融机构网点布局规划》,把机构设置的重点放在城乡接合部、经济开发区和金融机构稀少的地点。全年新设金融机构16家,其中办事处(科级)2家、分理处8家、储蓄所6家。至年底,全市金融机构445个(储蓄机构109个),其中市区224个(储蓄机构75个)、乐平市141个(储蓄机构32个)、浮梁县80个(储蓄机构2个)。

1994年,经市人民银行调查、审核、批设金融机构总数共38家(含乐平、浮梁),其中科级银行金融机构3家(省分行批准)、分理处9家、储蓄所19家;非银行金融机构中,农村信用社4家、保险机构3家。全市共有金融机构总数为484个。

1995年,市人民银行对景德镇市496家金融机构(其中银行机构307个,非银行金融机构189个)进行年检,在全省首次将金融机构信用评级引入年检工作,完成48家科级以上金融机构的信用评级工作。4月14日,人行景德镇市分行成立开户许可证、贷款证、现金结算证办公室,负责日常发证及管理工作。至年底,市人民银行共核准发放开户许可证4410户、贷款证3736户、现金证1629户。

1996年,市人民银行完成对非银行金融机构的重新登记和金融机构年检,对违规经营和账外经营资金进行并账;对市工商银行和市兴华城市信用社进行经营效益等12个项目的稽核。组织制订《景德镇市银行业同业公约》,建立银行业自律组织,在贷款利率,金融机构市场准入、退出,账户管理,会计结算等方面进行自律管理。全年对193个金融机构网点进行现场检查,查出各类违规金额1.8亿元,并依照金融法律法规对12家金融机构进行处罚。

1997年3月,完成市农业发展银行及其分支行机构的筹建、开业报批工作,为夏粮收购及粮棉资金供应做好准备。全市增设5家金融网点,撤销7家营业所、1家储蓄所,1家科级机构降格为分理处;开展利率检查和专项检查10次,查出违规单位9个,对其中3家严重违规的单位进行严厉处罚,下发《关于对市工行西办、农行郊办、市邮电局储汇科违规吸储处理情况的通报》,在景德镇市金融系统引起震动。建议市政府撤销市陶瓷基金会和王氏陶瓷艺术基金会。

1998年,市人民银行对景德镇市496家金融机构的合法性、合理性和合规性进行全面检查和验收,对6家科级金融机构更换负责人,对市建行东郊支行、中行浮梁县分理处、农行竞芳储蓄所等10余家银行营业网点分别采取降格、合并、撤销等措施。1999年,对市农业银行景穗办事处、工商银行陈家街储蓄所等10家银行机构网点进行降格、合并和撤销。2000年,引导金融机构撤并和降格32个。

2001年9月11—26日,市人民银行组成检查组,检查辖内农村信用社与农业银行脱离隶属关系的5年中,新增在册员工情况,查实新增正式员工(全部为合同制用工)64人,自然减少正式员工44人,至8月在册正式员工为534人。新增人员均为江西农村金融体制改革领导小组办公室批准。

2002年,市人民银行不再承担对4大国有商业银行的现场检查和非现场监管工作。市人民银行配合全市金融机构集约化经营,支持撤并56个经营效益差的基层网点。加强对城乡信用社发展和风险防范,年末高风险社减少8个,减幅22%。

2004年,经景德镇银监分局核准设立及搬迁的银行业金融机构19个。2005年,市人民银行启动银行信贷登记系统处罚程序,对景德镇市工行、农行、建行、交行、城信社5家金融机构无贷款卡放贷和无效贷款卡放贷的违规行为罚款12万元;对市农行、市邮政储汇局违反反洗钱规定处罚款5万元。

2006年,银监会批复同意筹建景德镇市农村信用合作联社。2007年12月6日,市人民银行向市农信社发行5998万元央行专项票据,支持农村信用社改革,实现"花钱买机制"的改革目标。

2008年,景德镇银监分局通过加强机构准入管理,推动银行业机构合理设置营业网点,全年分局共办理银行业金融机构迁址、更名、升格、歇业和终止事项35项。2009年,市委市政府对市城市信用社领导班子进行调整,市人民银行、银监局先后对城信社下发6份监管意见书,指导信用社改革。当年,收缴旧金融许可证50张,颁发新证46张。

2010年,景德镇银监分局共受理银行业机构行政许可事项81件,共核准金融机构开业、升格、歇业、迁址、撤销36个。

表21-2-1　**2004—2010年景德镇市金融机构变化统计表**　单位:个

机构	核准内容	2004年	2005年	2006年	2007年	2008年	2009年	2010年
农业发展银行	设立、搬迁	1	—	—	1	—	—	1
	撤销	—	—	—	—	—	—	—
工商银行	设立、搬迁	—	1	2	1	1	3	6
	撤销	8	6	1	—	—	—	—
农业银行	设立、搬迁	2	1	2	2	4	6	13
	撤销	1	9	7	—	—	—	—
中国银行	设立、搬迁	3	1	4	4	4	4	1
	撤销	1	3	—	—	—	—	1
建设银行	设立、搬迁	—	—	1	3	5	1	1
	撤销	1	—	1	—	—	—	—
交通银行	设立、搬迁	1	1	—	2	3	2	—
	撤销	—	2	—	—	—	—	—
邮储银行	设立、搬迁	7	15	1	1	6	2	6
	撤销	—	—	—	—	—	—	—
城商行(城信社)	设立、搬迁	4	—	—	—	3	—	—
	撤销	—	—	—	—	—	—	—
农商行(农信社)	设立、搬迁	—	—	1	4	5	4	2
	撤销	9	4	—	20	—	5	4
九江银行	设立、搬迁	—	—	—	—	—	—	1

高管人员管理

1986年,银行业金融机构实行上级行与地方政府双重领导,以上级银行为主的管理体制,市人民银行、建行和市农行领导干部任免、奖惩等,向市委征求意见后,由各主管行审批。

1989年4月，根据国务院有关规定，地方各级专业银行正副行长的任免，要征得当地同级人民银行的同意，再报上一级专业银行批准。省及省以下专业银行(保险公司)正副行长(经理)以及作为领导班子成员的总稽核、总经济师、总会计师的任免，由征求地方意见改为征得当地同级人民银行同意，再报上一级专业银行(保险公司)批准。

1997年，市人民银行贯彻总行《关于印发〈金融机构高级管理人员任职资格管理暂行规定〉的通知》精神，加强对辖内金融机构高管人员任职资格的审查和监管，增补任职前的资格审查和任职后的考核，审查考核范围扩大到市、县级金融机构副行长、副经理、副主任级人员。

1998年，市人民银行对6家科级金融机构负责人重新任命。1999年，对18个金融机构负责人的变更进行审查，组织市交通银行和市城市信用社高级管理人员27人，统一参加股份制商业银行、城市信用社高级管理人员任职资格考试。

2000年，市人民银行制定《景德镇市高级管理人员管理办法操作细则》，否决农村信用社高管人员2名，督促昌江联社对有血缘关系的3名员工调整回避。2001年，市人民银行制定《行政处罚操作程序细则》，提出"对金融机构不执行人行处罚决定时，可取消高管人员任职资格"，弥补人行行政处罚程序的不足。建立高管人员任职期间的约见谈话、年终考核、重大事项报告等3项监管制度，当年办理30名科级负责人的变更手续和8名行级干部任职初审上报。

2002年，市人民银行制定《城市信用社高级管理人员任职资格量化考核办法》和《农村信用社经营业绩考评指导意见》，加强对城乡信用社高管人员的监督。审批同意28位拟任高管人选，并在农村信用社首次推行高管人员持证上岗制度。

2003年12月底，景德镇银监分局承担辖内银行业金融机构高级管理人员任职资格的核准和管理工作。需核准任职的高级管理人员包括政策性银行和商业银行二级分行的正、副行长，县(市)和城区支行行长，农村信用联社、信用社主任。随着银行业金融机构的改革与发展，邮政储蓄银行、城市商业银行、农村商业银行及村镇银行的高级管理人员也陆续纳入任职资格管理。

2004年2月，金融机构监管职能划转至景德镇监管分局，市人民银行行使部分金融机构监管权力。当年，核准高级管理人员任职资格15名。

2005年，景德镇银监分局对拟任高管人员的从业能力、从业资历、廉政自律、组织能力等方面进行审核，全年共核准、备案39名高级管理人员任职资格。2007年，核准高管人员任职资格89人。2008年，银监分局规范高管人员平行调整的报备程序和所需申报材料，全年共核准高管任职资格33人、备案18人，为3名高管人员出具调离监管意见函，平行调整高管3人。

2009年6月，银监分局从辖内国有商业银行和银监部门推荐2人到市城信社担任主要领导和班子成员。全年共核准高管人员任职资格63人、备案6人。2010年，核准高级管理人员任职资格36名。

表21-2-2　　**2004—2010年景德镇市金融机构高管人员任职核准、备案人数统计表**

银行机构	2004年	2005年	2006年	2007年	2008年	2009年	2010年
市农业发展银行	1	1	1	2	—	—	1
市工商银行	2	11	11	—	7	4	4
市农业银行	—	11	11	12	4	2	4
市中国银行	4	4	4	3	3	11	11
市建设银行	1	1	1	4	2	2	1
市交通银行	2	2	2	4	5	10	6
市邮储银行	—	—	—	2	—	5	5

续表 21-2-2

银行机构	2004 年	2005 年	2006 年	2007 年	2008 年	2009 年	2010 年
市城商行(城信社)	4	9	9	—	1	4	2
市农商行(农信社)	1	9	9	—	6	23	—
市九江银行	—	—	—	—	—	—	2

业务监管

稽核内审 1986 年,市人民银行由稽核科具体承担稽核工作。2 月,市人民银行稽核市工商银行、市农业银行第六期住房有奖费用开支情况。6 月,对市各专业银行库存现金进行检查。10 月,对市农行鹅湖办事处、蛟潭办事处,市工行中山路办事处 1—9 月粮食贷款情况进行现场稽核,被稽核单位粮食贷款余额 3351.45 万元,其中不合理资金占用 475.51 万元,占银行贷款额的 14.19%。督促各银行加强对粮油贷款的管理,对不合理贷款逐笔登记,落实还款计划。

1987 年 8 月,市人民银行先后开展工行景德镇新厂办事处贷款发放情况稽核、农行乐平县支行全面稽核、中行景德镇市支行外贸流动资金贷款稽核、建行景德镇市支行固定资产贷款管理使用情况稽核、工行景德镇市支行技改贷款发放使用情况稽核等项目,全市稽查出固定资产贷款中不合理贷款 937.65 万元,占受检查贷款额的 10.64%,外贸流动资金贷款中不合理贷款 1894.5 万元,占同期该项贷款余额的 16.42%。针对检查发现 35 个问题,提出整改建议 32 条,督促被查单位整改落实。

1988 年,市人民银行对各专业银行突击放款情况进行稽核,稽查 3 个办事处 12 月份贷款 3243 万元,占同月贷款发放总额的 45%,查出有问题贷款 673 万元,占抽查贷款额的 20.75%。对市工行、农行信托投资公司 1987—1988 年度资金运营及利润分配情况进行稽核,查出资本金名不副实、超五项范围吸收存款、贷款逾期严重、乱摊费用 4 个方面问题。

1989 年,市人民银行共对辖内 37 个县级金融单位中的 27 个行处进行稽核,总体稽核面达 73%。稽核各项贷款 2381 笔,金额 6904 万元。其中查出逾期贷款 689 笔,金额 12538 万元;违规固定资产投资贷款 88 笔,金额 2535 万元;不能扭亏企业贷款 48 笔,金额 782 万元;被挤占挪用的贷款 19 笔,金额 701 万元。收回少缴的财政性存款 349.1 万元,少缴存款准备金 268.7 万元,多付利息补贴 6.41 万元;处以各类罚款 2.39 万元。

1990 年 2 月,市人民银行对市各专业银行、城市信用社"公款私存"情况进行稽核,共抽查 41 个储蓄机构,抽查面为 25.6%。抽查 1989 年年末储蓄存款余额 13417.3 万元,占同期余额总数 34.34%。稽查出各类公款私存总数 1905.39 万元,其中财政性存款 98.04 万元、贷款转入 50 万元、各项保险基金 1541.69 万元、其他各项公款 215.66 万元。全年共进行专项稽核 25 个,稽核专题调查 2 次,收回少缴的财政性存款 564.6 万元,收回少缴存的存款准备金 30.3 万元,收回多付利息补贴、手续费 5.9 万元,罚款 10.07 万元,罚息 0.4 万元。

1993 年,市人民银行对 1 个市级行的 4 个县级金融机构进行常规稽核,完成专项稽核 24 项(次)、后续稽核 4 次、委托稽核 1 次、内部稽核 5 次、非现场稽核 2 次,投入工作人员 1027 人(次)。稽查出发放计划外贷款 2338 万元、违反利率政策 30.77 万元、违反结算纪律 1995.2 万元、违规拆借 683 万元、转移财政性存款 1078.8 万元、漏缴财政性存款 31 万元、漏缴存款准备金 59.3 万元、公款私存 228.6 万元,罚款 12.85 万元、罚息 5.32 万元、退回企业利息 4.51 万元、冻结存款 67 万元,通报批评 3 家,提出改进工作建议 26 条。

1994 年,市人民银行对 2 个市级金融机构、29 个县级金融机构进行专项稽核、全面稽核、报送稽核、事中稽核、后续稽核、委托稽核以及内部稽核等达 32 项(次),稽查出违反结算纪律 950.7 万元、违规拆借 1171 万元、违反利率政策 3.49 万元、超规模发放贷款 1842 万元、超比例发放贷款 2039.3 万元、转移财政性存款 328.51 万元、漏缴存款准备金 177.3 万元。对以上问题进行处罚、纠正 2686.78 万元,其中处以罚息 5.64 万元、罚款 1.35 万元、责令限期纠正 2679.79 万元。

1995年,市人民银行对5个市级金融机构、31个县级金融机构开展各种稽核38项(次),稽查出种各违规金额19858.27万元,共处罚1442.87万元,通报批评6家,提出改进意见19条。

1996年,对28个县级以上金融机构稽核36项(次),查出各种违规金额50135万元。1997年,对56个金融机构开展各种稽核37项(次),查出各类违规金额66287.53万元,责令限期纠正6144.4万元,收回财政性存款601万元,收回少缴存款准备金239万元,共罚款22.99万元,罚息3.4万元。1998年,对63个金融机构开展各种稽核,查出各类违规金额9342.24万元,责令限期纠正。1999年6月,撤销稽核科,设立内审科,行使内审职能,乐平市、浮梁县支行内审机构分别挂靠人秘股和监察室。

2000年,共完成17个审计项目,其中常规项目1个、武汉分行委派内审项目2个、专项审计13个、内审调查1个。审计县支行1个、同级部门12个、离任审计对象8个,提出整改意见81条。2001年,市人民银行共完成审计项目10个,其中全面审计1个、专项审计5个、后续审计1个、离任审计1个、内部调查1个、核查任务1个。落实金融监管责任和财务会计决算二项审计活动受到武汉分行内审处通报表扬。

2002年,市人民银行实施《领导干部任期经济责任审计暂行办法》《要害岗位工作人员履行职责内审评价办法》,5月24日《金融时报》进行了报道。2004年,市人民银行制定《内审执法责任制度》《内审对象年度考核办法》《内审电子档案管理办法》《内审人员信息考核办法》,当年内审整改落实率89%。5月,贷币信贷部门成功收回逾期近6年的再贷款3800万元。

2007年市人民银行完成审计项目6个。2008年完成审计项目8个。2009年完成审计项目9个。2010年,共完成审计项目7个,其中县级支行行长履行职责审计1个、市人民银行部门负责人履行职责审计3个、专项审计2个、后续审计1个。查出各类问题37个,提出整改建议27条。

现场检查　现场检查是银行业监管人员通过实地查阅银行业金融机构经营活动的账表、文件、档案等资料和座谈询问等方式开展监管的手段。主要包括国有商业银行贷款分类偏离度检查、个人消费贷款检查、邮储银行内控检查、大型银行房地产压力测试、银行业金融机构"四证"检查及信用社信贷业务检查等各类现场检查。

2004年,市银监分局先后组织开展18项现场检查,共检查机构网点103家。2005年,银监分局共组织开展检查机构网点94家,指导和督促辖内农信社在全省率先全面实施贷款五级分类工作。2006年6月,银监分局制定《景德镇市银行业金融机构统计管理变动报告制度》,逐月编制《景德镇市主要经济金融指标》统计手册,满足监管需求。每半年将全市银行业经营、运行信息在媒体上披露,7月20日在景德镇市《瓷都晚报》首次进行信息披露。

2007年,银监分局开展对银行机构的大额对公存款和票据业务,信贷资金进入股市、房地产市场的现场检查以及贷款偏离度、冒名贷款等现场检查26次,检查网点120个,提出整改意见128条。2004—2007年,银监分局共开展现场检查项目160个,检查银行业机构网点6818个,检查共发现问题1472个,提出整改建议892条。

2008年,银监分局对辖内辖内银行机构2007年9月27日至2008年4月30日的房屋开发贷款和个人住房消费贷款情况进行全面的现场检查,检查网点50个,涉及11个楼盘,发现问题32条,提出整改意见20条。

2009年,银监分局对市城市信用社开展贷款五级分类真实性、2008年隐形不良贷款清收情况、增资扩股股金到位和利润真实性情况的"三项"检查,发现2008年年末少计提应付未付利息1544万元,以及股金悬空420万元的问题,在市政府的大力支持下,悬空股金到位。

2010年,银监分局共开展现场检查22个,检查内容包括信贷资金流入股市及信用卡风险专项检查、贷记卡专项检查、政府平台公司授信及风险状况和信贷情况"回头看"检查、贷款分类偏离度检查、企业社保基金账户现场检查等,发现问题72个,查处违规金额156万元。下发《现场检查意见书》22份、《监管意见书》7份、进行监管谈话12次。

非现场监管　2001年,市人民银行制定《景德镇市银行机构非现场监管考核实施细则》,督促金融机构及时上报各类资料报表,按月对监管对象进行非现场分析,监测分析的结果通过约见谈话和审核监管会议的形式向监管对象进行反馈和通报,并进行风险提示和采取相应监管措施。对可能出现的问题事先下发《整改意见书》。2005 年,银监分局利用非现场监管手段,发现问题 90 个,下发监管意见书 93 份,进行监管谈话 19 次。

2006 年,银监分局制订《景德镇市银行业金融机构统计管理变动报告制度》,编制《景德镇市主要经济金融指标》统计手册共 68 期。通过非现场监管发现问题 91 个,下发监管意见书 86 份,约见监管谈话 10 次,促进监管资源有效配置,降低监管成本。2008 年,在处理非现场监管数据基础上,实现与现场监管的良性互动,全年共发现问题 114 个,下发现场检查意见书 12 份,下发监管意见书 12 份,发出风险提示 3 份,提出整改意见 99 条,实施监管谈话 8 次。同年 1 月,银监分局制定房地产行业报表,收集开发贷款、土地储备贷款、个人住房贷款(商铺)等指标和不良贷款情况。2 月,制定小企业报表,主要收集小企业授信户数、贷款余额、逾期贷款、重组贷款等信息;制定大客户风险预警报表,收集大客户数、授信笔数、授信额度、贷款余额、贷款五级分类、不良贷款率、预警客户数以及信号数,加强对热点经济金融数据的收集和监测,提升监管效率。

2009 年,银监分局对《景德镇市主要经济金融指标》手册全面改版,实现手册数据与银监会 1104 非现场监管系统的对接,突出手册数据的监管特性,加强热点数据的收集。对信贷投向、房地产、大客户授信进行严格监测,还增加对表外业务、信用卡违约信息的收集,扩大非现场监测面,使得统计数据基本覆盖银行业表内外所有业务。

2010 年,银监分局对统计信息手册进行再次改版、再次扩容,增大版面、增加数据、丰富内容,提高手册的使用效能,同时增加新增贷款和地方平台贷款的监测内容,按月收集数据,严密监测数据的异常变化。

银行资产质量监管

经营效益 1986 年,全市金融机构存款余额 5.9 亿元。2006 年 1 月末,市银行业金融机构储蓄存款新增额 6.80 亿元,刷新 2004 年 1 月底储蓄存款月增量 6.43 亿元的历史最好水平。2010 年,全市金融机构存款总额 400.9 亿元。

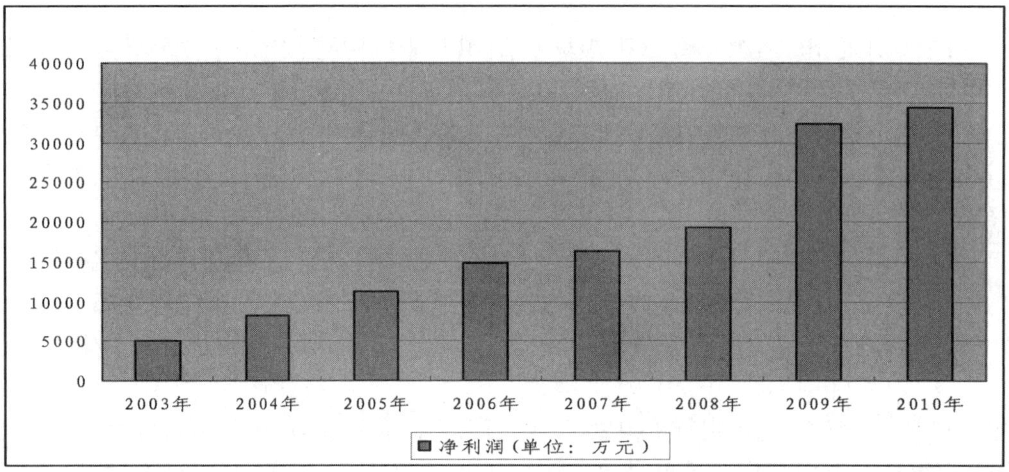

图 21-2-1 2003—2010 年景德镇银行业净利润示意图

2008 年 4 月底,景德镇市票据融资余额比年初增加 16998 万元,增幅为 17.6%,超过各项贷款增幅近 16 个百分点;并且票据融资业务主要集中在大型商业银行。5 家大型商业银行票据融资业务占全市总量的 94.4%,票据融资业务占据景德镇市商业银行授信业务的主导地位。

至 2010 年年末,全市银行业机构资产总额 439.73 亿元,比 2003 年年末增加 246.23 亿元,增长 127.25%;负债总额 425.55 亿元,比 2003 年年末增加 229.43 亿元,增长 115.45%;各项存款余额 403.7 亿元,比 2003 年年末增加 263.95 亿元,增长 188.87%。同时,银行业盈利能力大幅上升,2010 年全市银行业实现税后净利润 3.43 亿元,比 2003 年度增长 5.7 倍。

不良贷款 1985—1995 年,国营企业在面对市场竞争中,逐步丧失传统优势,加之期间发生两次较大的经济波动和严重的三角债危机,多数国营企业陷入经营困境,部分乡镇企业经营不善而倒闭。银行流动资金

贷款成为维系国营企业持续运营和保持社会稳定的重要手段,"借新还旧"的贷款大量形成不良贷款逐渐增多。

1995年年末,全市商业银行风险贷款达85602万元,占其贷款余额的21%,其中逾期贷款率比控制比例高4个百分点,呆滞贷款率比控制比例高2个百分点,呆账贷款率与控制比例持平,应收未收利息达3亿多元,收息率仅为43.7%,经营性亏损达3906万元,比1994年增亏2784万元。

1996年,全市金融系统不良贷款呈上升趋势,全市5家商业银行逾期、呆滞、呆账3项贷款余额近19亿元,占各类贷款余额的37.88%,比1995年同期净增3.3亿元,增长21.11%;农村信用社各项不良贷款余额达2.1亿元,占其各类贷款的57.5%。

1997年,全市银行业金融机构不良贷款25.1亿元,风险贷款占比34.4%;1998年不良贷款31.2亿元,风险贷款占比37.57%。1999年起,市工行、农行、中行、建行陆续开展不良资产剥离和债转股工作,至2000年9月30日结束。全市共剥离627户企业13.31亿元信贷资产,对4家企业开展债转股工作,转移金额达8.36亿元,合计21.67亿元。

2001年,全市国有商业银行不良贷款下降4.69个百分点,城市信用社下降1.46个百分点,农村信用社下降0.55个百分点;金融机构亏损9621万元,同比减亏4924万元。2002年年末,不良贷款占比为33.6%,下降6.93%,其中市建行下降最多,下降8.09个百分点,市交行占比列为全市最低,为4.05%。国有商业银行不良贷款余额15.24亿元,下降1.5亿元;城市信用社占比为19%,农村信用社占比37.55%,下降9.81%。2003年年末,市银行业金融机构和城市信用社、农村信用社不良贷款余额28.8亿元,比年初减少2.2亿元,不良贷款占比25.56%,比年初下降5.54个百分点。5家商业银行共核销历年呆账贷款、呆账应付利息、呆账房改损失及一次性减员支出共计2.7亿元,是2000—2002年核销总额的5倍多。

2004年,全市银行业不良贷款比例较年初下降2.08个百分点,城乡信用社不良贷款比例较年初下降5.35个百分点。市农村信用社获得5998万元专项中央银行票据支持,票据置换后,资本充足率达到13.3%,不良贷款比例下降11个百分点。2005年,剔除国有商业银行贷款剥离和农村信用社土地置换贷款因素,全市国有商业银行不良贷款余额16.38亿元,同比减少17.9亿元,不良贷款比例为20.37%,较年初下降12.35个百分点;城乡信用社不良贷款余额2.27亿元,同比减少0.9亿元,不良贷款比例为9.67%,较年初下降7.43个百分点。

2006年,市工行共处置不良资产1.58亿元,其中处置信贷资产1.37亿元,处置非信贷风险资产0.21亿元,不良贷款法人客户清户10户,占不良客户的58.82%。市农行收回2000年后形成的不良贷款本息316户4505万元。加大胜诉未执案件的执行力度,全年依法清收32户723万元;清收不良质押、抵押、按揭贷款362户1781万元;小额不良贷款销户120户,清收200万元;通过拍卖企业的抵押资产,收回不良贷款127万元。市中行不良贷款余额11370万元,不良贷款率占比为5.18%,不良贷款清收1540万元,不良贷款转化177万元。市建行处置不良资产9214.01万元,全行五级分类不良贷款余额19914万元,比年初增加7905万元,不良贷款率11.05%,比年初增加3.65%。城市信用社共清收不良贷款3500万元,其中现金清收470万元,保全资产3030万元,不良贷款利息清收347万元,通过置换等多种方式共清理贷款企业9家,收回5723万元,按五级分类不良贷款比例为19.01%,比上年下降9.02%。全市农村信用社不良贷款比例23.46%,比改革初期下降14个百分点,资本充足率11.69%,比改革初期提高13个百分点。

2007年,全市银行业金融机构不良资产余额较年初下降0.74亿元,占比较年初上升0.04个百分点。2008年年末,不良贷款余额15.26亿元,比年初下降14.86亿元;不良贷款率11.06%,比年初下降11.65个百分点,实现不良贷款和不良贷款率的"双降"。2009年,不良资产余额11.5亿元,较年初减少3.8亿元;不良贷款率为6.4%,比年初下降4.7个百分点。全市银行业金融机构实现利润3.7亿元,同比增长34.6%。

2010年,全市银行业机构不良贷款余额11.82亿元,较年初增加0.33亿元,不良贷款率5.19%,较年初下降1.21%。

支持地方经济

1986—2007年,全市金融机构按照央行的金融调控政策和地方经济的发展需求,对重点企业进行金融支持,包括固定资产贷款、技改贷款、债券发行等。

2008 年,金融危机爆发后,银监分局推动银行业机构加大信贷投入,按照“有保有压、区别对待”原则,加强对小企业和“三农”经济支持力度。以构建“六项机制”(利率的风险定价机制、独立核算机制、高效的贷款审批机制、激励约束机制、专业化的人员培训机制、违约信息通报机制)为核心,要求符合条件的银行业机构成立小企业金融服务专营机构。以不撤并农村网点、不外流农村资金、不偏离支农方向为导向,推动涉农银行机构发挥支农主力作用,小企业信贷增幅均实现不低于全部贷款增幅的目标。年末,全市银行业金融机构向 27 家小企业提供贷款 7054 万元,并由省、市财政部门对该部分贷款利息予以 50% 的减免优惠。

2009 年,市工行在全市率先成立小企业金融业务中心,加快中小企业信贷业务的发展,全年小企业贷款净增 2572 万元;市建行通过对园区积极营销、与财政担保公司合作等方式,共发放小企业贷款 12 笔,金额 5750 万元;市农村信用社全年累计发放中小企业贷款 66 户,金额达 8.9 亿元。

2010 年年底,全市银行业金融机构发放小企业贷款余额 55.92 亿元,较年初增加 11.71 亿元,增幅 26.5%。

金融案件

案件查办　1985 年 1 月至 1998 年 12 月,市金融系统共查处各类案件 47 件。其中挪用案件 16 件、腐化堕落案件 1 件、贪污案件 21 件、失职案件 2 件、受贿案件 7 件。政纪处分 6 人、撤职处分 1 人、开除公职移送司法机关 2 人、开除公职 6 人、判刑 19 人,开除留用、调离银行 6 人,辞退 8 人,经济处罚 5 人。

1989 年 1 月至 1991 年 8 月,市中行先后出现挪用公存款和储蓄存款案 4 起(其中万元以上 2 起)、受贿案 1 起,涉案 5 人分别受到开除公职、开除党籍等处分。

1991—1998 年 10 月,市金融系统共发生经济案件 34 件,涉及农行浮梁县支行鹅湖营业所、昌江区信用联社留阳信用社、市建行西郊分理处等单位,内部人员作案,手段恶劣,金额巨大,犯罪分子均被追究刑事责任。

1999 年,市金融系统共发生各类案件 6 起,其中贪污案件 1 件、挪用案件 4 件、其他案件(失职)1 件,涉案金额共计 558395 元,追回涉案金额 558395 元。6 名涉案人员中开除公职 1 人、辞退 2 人、移送司法机关立案 1 人、党纪政纪处分 1 人。2002 年,共发生经济案件 3 起,涉案金额达 136 万余元,作案人员 5 人均被逮捕审判,挽回经济损失 132 万余元。

2005 年,市银监分局先后印发《关于贯彻落实防范操作风险和案件专项治理工作的实施意见》《国有商业银行案件专项治理工作指导意见》《农村信用社案件专项治理工作指导意见》《景德镇市银行业突发事件应急预案》,明确金融案件治理工作的原则、流程、要求和具体措施。多次成功处置银行业案件风险,金融案件发案数和涉案金额逐年下降。2007 年,银监分局加强对银行营业网点抽查,加强风险防控。

2010 年,景德镇银监分局组织全市银行业金融机构开展“银行业内控与案防制度执行年”“案防制度执行年”和“案防巩固深化年”活动,将案件防控工作纳入银行业金融机构考核评价体系。3 月 4 日,市人民银行联合市工行、农行、中行、建行及市商业银行、农商银行发卡机构在市人民广场,开展打击银行卡犯罪的宣传活动,发放宣传图片 960 份,接受群众咨询 36 次。上半年,市公安部门共协助金融机构清查恶意透支线索 100 次,追回经济损失 100 多万元,受理银行卡案件 5 起,其中立案 3 起破案 2 起,抓获诈骗犯罪嫌疑人 3 人。

典型案例　1988 年 7 月中旬,市工商银行中山路办事处珠山中路分理处副主任任某、出纳李某因赌博欠款,共同贪污银行存款 8.4 万元后潜逃。1990 年 6 月,在广西桂林归案,分别被判处死缓和无期徒刑。

1994 年 4 月 3 日晚,农业银行浮梁县支行鹅湖营业所出纳员侯某,利用保管金库两把钥匙的机会,盗出库款 14.6 万元潜逃。4 月 20 日晚,乐平市公安局城西派出所在旅社查验旅客身份证的行动中,将正在嫖娼的侯某抓获并追回赃款。侯某被判处死缓。

1997 年,昌江区信用联社留阳信用社主任朱某,私自拆借大量资金搞账外放款,在发放个体户贷款中收受贿赂 34100 元。利用主任职务之便,伙同会计陈某(另案处理)或单独自填取款凭证支取现金,收入不入账和私分奖金等方式侵占公款 397621.86 元。1998 年 3 月 6 日,因犯受贿罪和职务侵占罪被刑事拘留。1999 年 7 月 13 日被判处有期徒刑 9 年。

1998年3月27日至10月6日期间，市建行西郊分理处副主任徐某（主持工作），采取不送内部往来登记单核对账目或用虚假内部往来账应付检查等手段，先后36次截留公款561万元。在双休日多次携款赴澳门葡京、东方、金城等赌场参与赌博，大部分赃款被挥霍。10月6日，携52万元巨款在浙江省金华市被当地公安部门查获。案发后查实侵吞公款共计561万元，追缴现金571850元、港币1500元。1999年8月12日，徐某因犯贪污罪被判处死刑，剥夺政治权利终身。

2004年9月30日，市城市信用社昌盛分社经理施某利用职务之便，非法侵占农信社存放同业资金并携款潜逃。10月28日犯罪嫌疑人在上海落网，此案共涉及2191.13万元，造成市城信社损失1180.43万元。2005年11月，施某因犯贪污罪和职务侵占罪被判处有期徒刑7年。

2007年4月6日，景德镇银监分局向城市信用社派驻监管组，对各营业网点库款尾箱进行突击检查，发现营业部柜员王某库款尾箱短款11.1万元。4月7日，查实并追回王某挪用的库款后解除与王某的劳动关系。

2007年7月，市农业银行发生内部员工携款200万元潜逃案件。经查陈某在2006年2月27日和7月21日采取提前支取方式偷支储户两笔定期储蓄存款30万和7.78万元，7月22日采取并账处理和取现方式从9个单位10个公存账户上分14笔挪用客户资金30.5万元，利用工资代发免授权的便利，通过代发工资子系统进行处理，将161.7万元分别转入自己预先开立的33个活期储蓄账户后，在各网点及ATM机上取现并携款潜逃。2007年7月24日，被公安机关缉拿归案。8月，陈某被追赃，以挪用公款罪判处有期徒刑4年。

第三节　货币政策执行

金融调控

1986年，市人民银行围绕“紧缩银根、稳定货币”的金融方针，增加工业流动资金贷款，增长59.25%，首次突破1亿元。组织全市金融机构间的同业拆借市场，定期挂牌开盘，相互融通资金余缺。市各金融机构累计拆进资金4500万元，拆出资金1300万元，为经济运行“补血”。

1987年，全市发行重点建设债券343.8万元，发行1987年度国库券688万元，均超额完成任务。全年共拆借资金48200万元，净拆入余额8800万元，其中市人民银行组织拆借5120万元。同年，市人民银行批准国营4321厂（胜利器材厂）在全省首家发行企业债券530万元。

1988年9月，各专业银行加强资金调控，收回超定额短期再贷款3285万元，提前11天完成省人行指令性任务。各专业银行全面完成信贷规模，各项贷款余额较上年增加18242万元；全市货币净投放达15186万元，较上年增长78.39%；市人民银行再贷款余额达11350万元，较上年增加7350万元；农村信用社、信托投资公司特种存款任务全部完成，认购数达523.4万元；各金融机构提高1%存款准备金足额缴纳657万元；固定资产贷款余额25641万元，较上年增加5503万元。全市收回贷款3575万元。

1989—1990年，市人民银行执行“控制总量、调整结构、保证重点”的货币政策，调整信贷结构、加速资金周转、提高资金使用效益。

1991年，先后批准昌河飞机制造厂、华意电器总公司等8家国营大中型企业发行企业债券6940万元，是上年发行量的6.31倍，其中向武汉、南宁、南昌等地发行5000万元。批准8户企业的债券进入证券二级市场交易。至1992年7月，电子、汽车、机械、建材、家电、纺织、食品、化工等行业的23户企业获准发行企业债券（含短期融资券），累计41689万元，市场企业债券存量为35733万元，债券存量占全市储蓄余额的39%，约占全市贷款总额的15%，占全省企业债券的四分之一。

1994年，市人民银行由控制单一的信贷总量转向贷款限额和负债比例双重管理，即实行贷款限额下的资产负债比例管理；监管方式由事后为主转向事前、事中与事后监管并重，即实行定期考核与日常监管相结合，控制信贷规模与目标管理相挂钩，再贷款由信用放款为主逐步转向再贴现放款。对银行和非银行金融机构分层管理，建立分户账，分别管理。

1995年,市政府批转市人民银行《关于抑制通货膨胀,切实加强景德镇市金融工作的意见》和《关于盘活资金存量缓解当前资金紧缺状况的意见》,强化对专业银行贷款限额和资产负债比例管理。

2005年,市人民银行出台《关于金融支持民营经济发展的十条意见》,全市民营企业融资有较大进展,累计获得贷款14.18亿元,余额达28.2亿元,同比增加1.82亿元,增加额占各项贷款增加额的42.7%。

2007年,市人民银行执行“稳中适度从紧”到“从紧”的货币政策,累计现金收入574.7亿元,支出561.3亿元,净回笼13.4亿元。全市金融机构盈利2.1亿元,同比增盈1.41亿元,增幅达202%。

2008年,国家货币政策从上半年的从紧到下半年的适度宽松,全市现金累计收入614.38亿元,支出595.51亿元,净回笼18.87亿元。2009年,重点实施培优工程,落实民生工程,推进农村金融创新工程。

2010年,市人民银行制定《监督与金融管理机构实施办法(试行)》和《服务金融机构工作指引(试行)》《金融业重大事项报告制度(试行)》,加强对金融机构专项业务管理考核。

货币政策工具管理

调剂资金　调剂资金是央行向专业银行发放的用于弥补短期流动资金不足的一种再贷款,期限一般为7天或者20天。1986—1992年,市、县两级人民银行都对专业银行办事处发放过大量的调剂资金,主要用于粮、棉、油收购。最高峰时,市人民银行掌握的调剂资金高达12亿元。1993年,调剂资金被上收至人行总行。1993—1998年主要利用再贴现为货币政策工具,余额最高1亿元。1998—2003年主要利用支农再贷款为货币政策工具,余额最高7亿元。

专项贷款　专项贷款是指央行委托专业银行发放的用于中小企业固定资产投资和技术改造建设的中长期固定资产贷款。期限一般为3—5年,分老少边穷贷款、扶贫开发贷款、外商投资企业资本金贷款、金银专项贷款。发放方式有一般委托贷款和全权委托贷款,单户企业贷款一般不超过1000万元,每年市、县两级人民银行都会根据需要发放一定数量的专项贷款。至1993年,市人民银行专项贷款余额约1.5亿元。1993年央行改革后专项贷款业务基本停办。

1997年7月2日,市、县人民银行将专项贷款17563.5万元划转给市、县农发行营业部管理,划转余额占总额的97%。1998年全部划转至农业发展银行,市人民银行不再办理专项贷款。

资金市场　1986年,市人民银行制定《景德镇市金融机构同业资金融通管理办法》,建立同业资金拆借市场,按月组织定期开场,挂牌公布拆出、拆进资金的数量、利率和时间。12月13日第一次开场即成交500万元,签订拆借意向合同1300万元。1990年12月27日,经省人民银行批复成立景德镇市资金市场,为直属人民银行独立核算的事业单位,业务范围主要包括会员票据交换、联行清算、同业拆借等。会员单位有工行、农行、中行、建行、交行等11家,资本金(会员基金)为880万元。1991年年底,累计拆借资金3.3亿元,占全市拆借资金总量的19.8%,其中省外拆借资金1.1亿元,占其融通额的33.3%。资金市场还试办金融债券,共发行企业融资债券5次,金额达6940多万元,其中组织跨地区、跨省份发行企业债券2800万元。

景德镇市同业拆借市场主要有6个,其中有形市场1个、无形市场5个。1991年主要开办同业资金拆借,全年累计发生额16亿余元,其中拆入资金10.17亿元、拆出资金6.1亿元,年末余额1.115亿元。市工行、农行、中行、建行、交行等组成5个无形市场,其主要在“同城同系统、同系统跨地区”内开办资金拆借。

表21-2-3　**1991年景德镇市同业拆借市场统计表(一)**　单位:万元

名称	拆入　101706		拆出　64597	
	省内	省外	省内	省外
有形市场	9765	7350	12560	3500
无形市场	80791	38000	48037	500
系统内	76593	35000	45314	500
系统外	13963	23850	15283	3500

表 21－2－4　　1991 年景德镇市同业拆借市场统计表(二)　　单位:万元

期限	金额	%	利率	金额	%
10 天以内	1339	0.8	7‰以下	132823	79.8
10 天至 1 个月	15455	9.2	7% ~7.56% 以内	22006	13.2
1 个月至 4 个月	90989	54.7	7.56‰以上	11500	7
4 个月以上	58517	35.2	—	—	—

农村信用社专项票据改革　景德镇市为全国第一批参加农村信用社改革试点的城市,改革方式是用央行专项票据置换农村信用社的不良资产。2004 年 9 月 30 日,浮梁县联社、昌江区联社和乐平市联社共申请认购专项中央银行票据(以下简称专项票据)5998 万元,其中置换不良贷款 3899 万元,置换历年亏损挂账 2099 万元。至 2007 年 9 月末,专项票据考核期满 12 个季度,10 月市农村合作联社提出央行专项票据兑付申请。是年 12 月,市人民银行向市农村信用合作联社发行支付农村信用社改革 5988 万元央行专项票据,实现"花钱买机制"的改革目标。市农村信用社改革进入产权关系明晰、治理结构完善、经营机制规范、经营发展增强的新阶段。

存款准备金管理　1991 年,市人民银行实施准备金管理,对金融机构的存款分为"缴来一般存款"和"备付金存款"两个账户,市区的各金融机构按旬调整一次,在旬后 5 日内办理;县区的建设银行按旬调整,其他金融机构按月调整。

1998 年 3 月,存款准备金制度实施改革。金融机构法人在人民银行的存款,由人民银行营业部门于每日考核其存款准备金率,日间只控制其存款账户的透支行为。3 月 20 日,市人民银行营业部将工行、农行、中行、建行、交行的"缴来一般存款"全部划走,只保留对城市信用社和农村信用联社等本地法人机构的准备金考核。

2003 年 12 月,央行对金融机构法人法定准备金存款和超额准备金存款采取一个账户两种利率的方式进行会计核算,计息基数和利息计算由会计核算系统自动完成。

第四节　货币发行与流通

货币流通管理

人民币投放回笼　1986 年,市人民银行对工商企业的现金使用范围和现金库存限额适当放宽,出现大量现金"体外循环",回笼减少现象。当年市货币净投放货币 5106 万元,较 1985 年少投放 2256 万元,下降 31.02%。1987 年,全市货币净投放 8513 万元,较 1986 年增长 69.71%。1988 年,全市货币净投放控制在 15200 万元的计划之内,达 15186 万元,较 1987 年增长 78.39%。

1988 年 10 月,市人民银行严控货币投放,组织各家银行对全市 4949 个企事业单位库存现金进行三次大检查,查出 2996 个单位库存现金超限额,1884 个单位坐支现金,2683 个单位有白条抵库,1283 个单位带现金采购。各银行根据企业用现金情况,重新核定限额,收回超库存现金 130.95 万元。

1989 年 7 月 1 日,推行单位现金结算卡制度,由市人民银行统一发卡,再由开户单位持卡到开户银行办理立户手续,至年底共发卡 2874 户。1990 年 1 月 1 日,市人民银行率先在全省正式使用现金结算卡,基本上控制大额现金支付,省人民银行在全省推广此办法。

1992 年,全年共办理现金出入库 77212 万元,净投放 30702 万元,回笼销毁损伤券 1894.5 万元,保值公债 1978.4 万元。1993 年办理现金出入库 93760 万元,增长 21.4%,净投放 27768 万元。

1996 年 5 月 1 日开始,为加强现金管理,严格控制不合理的现金投放,市人民银行实施全辖统一的企事业单位大额取现审批制度,规定企事业单位只能开设一个基本存款账户,凭人民银行核发的"开户许可证"

和现金结算卡,到开户行支取现金,一次提取超过2000元的需分级审批,超过3万元的要填报大额取现备案表,报人民银行备案。

1997年7月1日起,实行大额现金支付登记备案制度,除工资性现金支出、农副产品采购现金支出和居民储蓄取现外,凡机关团体、经济组织5万元以上的大额现金支付,实行预约制和三级审批制,逐笔登记、建立台账,并于季后15日内报送市(县)人民银行备案。对个人储蓄账户实行实名制管理,开户银行首次将储蓄账户5万元以上现金支取纳入大额现金管理范畴,对个人单笔金额超20万元或同一存款人存款超过100万元的按月上报上级行和人民银行备案。

1998年,随着信用卡、银行卡、支付卡等新型结算工具的逐步推广,公款私存有所增加。央行规定,对单位信用卡、银行卡和支付卡一律不得支取现金,公款不得转入个人账户卡,个人信用卡不能透支使用。1999年,现金结算卡制度停止执行,全年共投放现金158551万元,净投放30014万元。

2001年,放宽居民存款大额取现限额,个人一次性取现50万元或一日累计取现50万元以上,上报央行备案。同年,市人民银行加强人民币"七成新"管理。年末,全市金融机构累计收入现金208亿元,累计支出现金207亿元,净回笼11314万元,与上年相比多回笼13330万元。

2006年,市人民银行投放49457.6万元,回笼105562.1万元,确保现金供应。2007年投放10.78亿元,回笼6.60亿元。加大人民币新券的投放力度,特别是硬币的投放力度。

2010年,市人民银行投放26.81亿元,回笼48.36亿元。专项投放20元券、10元券、5元券、1元券小面额原封新券人民币930万元。

反假币与残币兑换 假人民币(以下简称假币)包括伪造币、视同假币的变造币和可疑币3种。人民银行每年组织开展人民币宣传周,开展识别假币知识宣传,爱护人民币和兑换损伤币活动。

80年代末,市人民银行反假币以宣传教育为主。1991年,共收缴假币6940元,其中假币100元券22张,假币50元券94张,假币10元券7张。

1993年,回笼销毁损伤券5771万元,保值公债1402万元。1994年,市人民银行印刷反假币宣传单1万张,购置放大镜、鉴别器及各种反假币设备6000多元。1991—1994年共收缴假币172213元。

1996年,市政府建立反假货币联席会议制度,市人民银行、公安、工商、司法等部门共同开展反假币工作。市人民银行具体组织联席会议各项决定的落实及日常性工作处理。9月25日,市人民银行与市公安局联合对市区出售变造人民币进行清理检查活动,共收缴变造人民币460余张。

1997年5月19日,市人民银行印发《关于全市各专业行(社)上解损伤人民币及有关问题的通知》,将七成新以下的旧币作为残损币挑出上解到市人民银行发行库,在金融网点设立残币兑换专柜,方便群众兑换。同年,市人民银行开展"爱护人民币宣传周"活动,共向群众散发宣传材料15000余份。接待咨询、鉴别可疑币的群众100多人,当场收缴假币1200余元。全市储蓄柜台共收缴假币1039张60321元。

1998年,全年收缴假币169818元,同时还配合公安部门破获3起运送、贩卖假币案,金额102230元。1999年,在宣传周活动中,兑换残币2.1万元。至6月底,市人民银行累计收缴假人民币实物219188元,经南昌中心支行货币金银处批准后销毁。同年,回笼销毁损伤券128536万元,加大10元券的投放力度,满足市民的需求。

2000年7月4日,市公安局与市人民银行联合破获3起假币案件,其中浮梁县公安局刑警大队收缴假币100元券11张,珠山公安分局收缴假币100元券30张、50元券60张。全市共收缴假币1323张,金额达101345元。

2001年1—3月,全市收缴假币7万元。其中市公安局经侦支队破获一起大案,缴获假币5万多元。1月19日,市公安局收缴1994年第一期100元版假国库券4000元,为景德镇市首次发现假国库券。2002年,公安部门追查、鉴别、收缴假币案件3起,收缴假币37700元;市人民银行接待专业银行、信用社和群众鉴别可疑币26人次,金融系统收缴假币33270元。

2003年7月,市人民银行在村民中选拔90多名义务反假币人员,颁发"农村反假货币兼职资格证",组织参加全国反假货币知识竞赛。2004年4月,市人民银行李胜辉成为武汉分行辖内唯一获国务院反假币工作办公室颁发的“全国反假货币工作先进个人”称号。

2005年9月，市人民银行选送的音乐情景剧《假币与真情》《人民喜爱人民币》在全省各地巡演，音乐情景剧《假币与真情》在全省竞赛中荣获二等奖。全年共收缴假币23480元。2006年，景德镇市80多个反假币宣传、咨询点和临柜咨询台按规定为群众兑换残损币34356元。

2007年5月18日，市政府召开反假货币工作联席会议，推广反假货币网络建设。反假货币宣传周设宣传视频播放点22个，上街下乡设点咨询31场次，接待群众咨询1.58万人次，现场兑残换零25.79万元，开展财务人员反假币知识培训4次832人。

2008年，市人民银行采取“四个结合”开展反假币工作。与全民文明迎奥运相结合，与强化专职人员反假币上岗资格培训相结合，与推进城乡社区反假货币工作站建设相结合，与开展假人民币非法流通状况调查相结合，全面推进反假币工作。全年收缴假币1050张69490元。

2009年3月17日，市人民银行与市景客隆贸易有限公司签订“人民币反假宣传合作建设协议书”，借助连锁超市扩建人民币反假宣传网络，新建反假货币工作站(点)80个，培训反假币义务工作人员832人。至年底，全市全年共收缴假币2620张129577元。

2010年，全市共建立城市社区反假货币工作站(点)18个，聘请义务宣传员20名。全年共收缴假币1042张54111元。当年，兑换残损券300余万元。

库房建设

1985年5月，市人民银行建发行库，面积800平方米，投资20万元，1989年10月竣工并启用。2002年1月，市人民银行完成现金管理职责的调整和库房移交工作。

2003年12月，市人民银行新库房开工建设，2005年3月正式交付启用。2006年，市人民银行成功申报三级库房。2010年成功申报二级发行库。

金银管理

1986年，市人民银行所属瓷都金银首饰店经营加工、销售金银首饰业务。金银收购价为黄金含量不足85%的按每克31.9元收购，85%至不足99.9%的按每克32元收购，99.9%及以上的按每克32.1元收购；矿产白银含量不足99.9%按每千克400元收购，含量达99.9%以上的按每千克410元收购。

1987年，市人民银行配售黄金430千克、白银2428千克，收购黄金1214克(含沙金收购)，收购杂银2260元，“三废”(金银的废液、废渣、废料)回收银147千克，收购银元47枚。

1989年，市人民银行收购黄金28千克，收购白银206千克；配售黄金193千克，配售白银3450千克。全市使用金银原材料企业回收利用黄金5.3千克，回收利用金银730千克。取缔非法金银加工点33处、非法金银验色点2处、黑市交易点多个，没收黄金2650克，没收假银元300多枚。

1990年，市人民银行共收购黄金28.468千克，收购白银49.512千克、银元790枚；配售黄金312.689千克，配售白银2389千克。1991年，配售黄金30千克，白银2179千克；收购黄金25932克，收购白银11818克(含银元484枚)。在打击金银走私过程中，罚没黄金1970克。1992年，市人民银行共收购黄金36.9千克，收购白银29.7千克，收购银元1168枚。配售黄金392.7千克，配售白银2660千克。上解省人行黄金57.198千克，白银51.24千克，银元1168枚。

1988年，收购对象主要是矿产黄金、门市收兑、“三废”回收及罚没交售黄金，含量不足99.9%的按每克38.4元收购；含金量达99.9%及以上的按每克38.5元收购。门市收兑、“三废”回收及罚没交售的白银，其含量不足99.9%按每千克850元收购，含量达99.9%以上的按每千克860元收购。

至1993年，市人民银行陆续给8家黄金生产企业发放20笔专项贷款共计603万元，支持景德镇地区的黄金生产。当年8月，市人民银行和浮梁县支行联合对臧湾金矿当年生产、上交情况进行检查，发现金矿自销黄金11千克，严重违反金银管理条例，案件移交浮梁县工商局立案查处。11月26日，市人民银行与市工商局联合对全市金银饰品加工市场进行突击检查，取缔11家加工店。当年，全年共收购矿产砂金19575克、门市收购3克、罚没收购2119克，上解省库黄金2.19千克。

1994年，市人民银行与臧湾金矿签订66千克砂金收购合同，实际收购砂金88.65千克，门市和罚没金收购4932克;收购杂银3841克,银元77枚。市人民银行配售、管理的全市陶瓷(含售外省金水)、军工、电子用金300多千克、白银5吨多。

1995年,黄金收购收兑最高价为每克93.22元,白银收购最高价为每千克1270元。同年,市人民银行收购黄金1198.864克,收购白银111.4千克,收购银元446枚。配售黄金410千克,白银2499千克。从“三废”中回收黄金4.5千克、白银150多千克,专业回收厂回收黄金2681克、白银108千克。

1996年,全年矿金收购75.74千克,门市收购黄金4276克,门市收购白银16793克。1997年,全年配售黄金430千克,白银2428千克,收购黄金1214克(含砂金收购),收购杂银2260克,“三废”回收白银147千克,收购银元147枚。

1998年,在全国黄金价格两次调整的情况下,全市共收购黄金171.246千克。1999年,市人民银行共收购黄金193千克,配售黄金194千克,配售白银1572千克。6月,市工艺美术服务部、市瓷城购物中心、市瓷都金店、乐平第三百货公司等4家金银饰品零售店、柜先后停业注销。2000年5月,市人民银行对全市金银生产、零售、加工的工商企业和门市部的“经营金银业务许可证”进行重新登记和年检,市人民银行共收购矿产黄金197.18千克。

2001年4月,人民银行南昌中心支行取消市人民银行作为黄金收购行资质。10月取消黄金制品零售业务许可证管理制度,实行“经营黄金制品核准登记证”制。市人民银行为8家企业核发该证。2002年10月30日,上海黄金交易所正式开业,企业用金通过黄金交易所采购。11月12日,黄金实物、账务全部上解到人行南昌中心支行,市人民银行办理20年之久的黄金配售业务也宣告结束。

2003年,人民银行不再行使审批、颁发经营许可证的职能,由工商部门办理营业执照和年检。2004年1月1日,市人民银行停止未达标黄金的收购业务,结束长达54年的金银统收、统配业务。2005年,市人民银行对景德镇市辖内金银专项贷款的发放及债权维护情况进行调查清理。1996年至2005年8月,贷款借款企业共计8家,金额总计603万元,欠息573万元。由于8家贷款企业都已关停,资不抵债,贷款成为呆账、坏账。2007年12月26日,市人民银行将景德镇地区黄金生产企业的金银专项贷款档案,移交给汇达资产托管有限责任公司。

第五节　外汇管理

市场准入

1985年,景德镇市外汇业务由景德镇中行经营管理。12月26日,成立国家外汇管理局景德镇分局,统一管理调度国家外汇资金,审批外汇开户,用汇和出国(境)换汇,管理“三资”企业和“三项”贸易的外汇活动。

1990年,国家对银行及非银行金融机构实行经营外汇业务许可证制度。1991年8月,市中心支局对中行颁发经营外汇业务许可证,工行、农行、建行颁发代理外汇业务许可证。1994年更换为经营外汇业务许可证。

同年2月,国家外汇管理体制全面改革,由管理与审批企业的外汇收支向外汇市场的流向、流量及外汇收支总量监督与调控转变,进行外汇宏观监管。1998年12月,国家外汇管理局景德镇分局更名为支局。2002年4月更名为中心支局,隶属市人民银行。

2006年5月,市交通银行获批办理结售汇业务。2007年4月,银行即期结售汇业务市场准入和退出管理方式改革,对法人银行实行核准制,其分支机构实行备案制。市中心支局为5家外汇指定银行57个营业网点进行结售汇市场准入备案。2008年7月,对市邮储银行4个网点办理结售汇(对私)业务进行备案。2010年6月,对九江银行景德镇市分行办理结售汇业务进行备案。

外汇调剂

1986年,全市参加外汇调剂单位有39家,成交单位38家,成交额231.6万美元,1987年,市中心支局共办理外汇调剂业务231笔,成交额809万美元。1988年3月25日,成立景德镇市外汇调剂代办处(调剂交易中心),全年办理外汇调剂业务327笔,成交额1008.8万美元。

1989年,共办理外汇调剂业务331笔,成交额1768.62万美元,其中调往市外12笔528.24万美元,引入人民币1617.41万元。1990年,共办理外汇调剂业务193笔,成交额2926万美元,其中现汇14万美元,引入人民币1023万元。

1991年,共办理外汇调剂业务200笔,成交额达1568.82万美元。其中跨地区调入成交500万美元,跨地区调出成交额200万美元,跨地区调剂366.2万美元。1992年,共办理外汇调剂交割5123万美元。

1993年,外汇调剂成交额2896.46万美元,其中现汇成交1312.62万美元,占总成交46.32%,居民卖出外汇25.31万美元。共办理外商投资企业调入外汇4笔68.31万美元,调出外汇85笔222.4万美元。

1996年2月,景德镇市外汇调剂业务并入其他外汇业务之中。

货物贸易外汇管理

1999年1月1日,全国进出口报关单联网核查系统在景德镇市启用。4月1日启用新版出口收汇核销单。

2001年6月,海关总署与外汇局联合电子口岸执法系统试运行,出口收汇核销单由企业在17999专线网申请后再向外汇局申领纸质单据。

2006年7月,市中心支局将进口业务真实、规范,核销及时的华意、昌铃等8家进口企业,列入“对外付汇进口单位名录”,简化付汇审批环节,与市外经贸局、税务局、商检、海关等涉外部门形成信息共享机制。当年全市出口收汇同比增长52.03%,办理进口付汇同比增长11.38%。

2008年10月,市中心支局与市外经贸局协商,由市外贸局负责监控、跟踪代理公司核销单的使用和收汇核销工作。2009年,市中心支局建立《景德镇市流通企业代理出口跟踪服务、监管制度》,在发单、核销上分类管理,保障代理出口企业出口收汇的真实性。

外资外债管理

1988年10月,江西水上动力有限公司成为景德镇市第一家中外合资企业,主营专用设备制造业,外汇注册资本85.81万美元,外方占比25%。1994年8月,中外合资企业江西昌河铃木汽车有限公司成立,注册资本3.18亿美元,外方占比48%,为景德镇市投资额最大的外商投资企业。

1999年7月,市外汇中心支局与市涉外税务分局签订对企业预提所得税款进行征收的“委托代征税款协议”。2001年8月,市中心支局对全市已登记的外商投资企业进行摸底,更换《外商投资企业外汇登记证》。2002年6月,国家外汇管理局实行外商投资企业验资询证制度,授权外汇指定银行直接审核办理。7月,市中行、工行、农行、建行获准办理业务,2004年5月市交行获准办理业务。实施外汇资本金结汇及外债结汇支付结汇制。

2006年6月,市中心支局加强对外汇投资资金来源地的监管,掌握企业资本金来源,防范境外热钱流入。2008年5月,全市86余户外商投资企业信息导入直接投资外汇管理信息系统。

2010年6月,市中心支局制定《景德镇市外商投资企业资本金结汇后人民币资金流向监测办法》,掌握企业资本项目外汇结汇及结汇后人民币资金使用的规范性。至2010年年底,景德镇市办理外汇登记的外商投资企业74家,外方实缴注册资本3.67亿美元,投资领域以汽车生产、医药化工、煤气生产及供应、陶瓷制造、零售、工艺品制造等为主。

外汇检查

1987年6月10日至9月27日,全市开展外汇大检查,重点抽查27个单位,查出有违纪问题的单位13个,违纪金额达12.32万美元。其中外汇小金库3笔,金额0.085万美元;经主管部门批准存放境外或省外的3笔,金额1.59万美元;出国人员私分多余考察费用1笔,金额0.124万美元;倒卖进口物资的1笔,金额8万美元。共罚没人民币13.56万元。

1988年,国家外汇管理局景德镇分局与市监察局配合,查处某公司“私自买卖外汇”行为。该公司1984

年12月从南昌中行信托公司调入10万美元,以1:5的价格卖给厦门电容器厂,牟利16.52万元,扣除已上缴部分和费用实际收入为8.1万元,全部没收上缴国库。1993年6月,检查发现违纪金额45万美元,对2家企业、1家银行进行查处,强行结汇2万美元。

2002年5月,市中行、工行获准接入境内居民个人因私购汇系统。

2003年8月,市中心支局清理逾期未核销的进口付汇业务,对辖内所有进口企业2001、2002年度的进口数据进行三方核对。全年共申报对公收入1258笔3793.52万美元,对公支出247笔2771.37万美元;对私收入1449笔983.53万美元,对私支出47笔23.15万美元。共发放出口收汇核销单1621份,注销24份,收汇5259万美元;核查进口报关单231笔2238.7万美元,贸易进口付汇2315.46万美元,签发进口付汇备案表20份130.93万美元。

2004年4月,经市中心支局备案,市中行授权景德镇开门子大酒店为外币代兑点,为申报四星级涉外酒店创造条件。同月,市中心支局与市公安局、国安局建立外汇领域反洗钱合作机制,通过对国际收支、进出口核销、资本金开户、资本金结汇等数据与金融机构报送的大额外汇交易信息报表进行核对、分析,甄别大额和可疑外汇资金交易信息。在景德镇国际陶瓷博览会期间,巡查陶瓷城、国贸广场、金昌利等陶瓷交易场所和开门子大酒店、景德镇大酒店,打击地下外汇黑市交易。同年,对具备结售汇(对私)业务资格的银行网点全部核准接入系统。

2005年3月,市中行授权景德镇大酒店为外币代兑点。6月,市中心支局对1家违反出口收汇核销管理法规的公司罚款1万元人民币。2006年8月,对另一家违规的公司罚款6万元人民币。2008年6月,市中行授权景德镇市紫晶宾馆为外币代兑点

2010年4月、6月,分别对1家银行2家企业出口收汇逾期未核销问题进行立案查处,共计处罚6万元人民币。至年底,全市有64家金融机构网点可以办理个人外汇业务。

第六节　征信管理与反洗钱

征信管理平台

银行信贷登记咨询系统　1999年8月16日,市人民银行应用银行信贷登记咨询系统,为1200多户企业办理贷款卡,登录贷款发生额83亿元。2002年,银行信贷咨询系统数据库建成,实现以地市级数据库为基础的省内数据共享。2009年5月22日,按上级要求银行信贷咨询系统在景德镇市停止运行。

企业征信系统　企业征信系统是在银行信贷登记咨询系统基础上升级扩建而成的全国集中式数据库。2004年上半年银行信贷登记咨询系统进行升级改造。2005年10月企业信用信息基础数据库升级,共收录全市10878户借款企业基本信息及217.67亿元信贷信息,占同期全市金融机构贷款总额的99.93%。2006年7月28日完成数据切换,实现辖区银行信贷数据全国联网。

个人征信系统　2004年,央行开始筹建个人征信系统。2005年8月,完成与全国所有商业银行和部分农村信用社联网运行。2006年1月1日,个人信用信息基础数据库正式联网运行。

2008—2010年,市人民银行先后将企业公积金信息、环保违法处罚信息、企业拖欠工资信息、法院个人诉讼信息、企业诉讼信息、个人执行信息、企业执行信息、个人养老保险信息等8类非银行信息加载到企业和个人信用信息基础数据库。

信用环境建设

1992年12月24日,市中行牵头成立景德镇资信评级委员会,下设景德镇资信评级事务所。由10名高级经济师、高级会计师、高级政工师、经济师、工程师及有专业特长的专家组成,聘请经济与金融方面的知名人士、专家学者作为评估员。对辖区内发债企业进行资信评估、评定和公布辖区内各种有价证券及证券商的信用等级;对辖区内的股票发行与上市公司的有关材料进行检查和评估;开展有关有价证券和股份制改造的咨询服务等。

1993 年,景德镇资信评级事务所接受市人民银行和市计划委员会的委托,对 23 户企业进行信誉等级评定,评估企业资产总额 15.1 亿元;对 15 户企业发行企业债券进行可行性评估,评估金额 1.84 亿元,并对发债企业进行担保资产验证,金额 15.9 亿元。评级、评估范围涉及电子、机械、陶瓷、建材、化工、医药、航天、金融 8 个行业。验证新成立企业注册资本,金额 2.1 亿元。

1994 年,评估企业各项资产总额 19.42 亿元,评估短期融资券金额达 1.88 亿元,对发债企业验资 2.92 亿元。评级、评估和验资范围涉及医药、建材、航天和非金融机构等 4 个行业。对全市 46 家金融机构、非金融机构和新成立的企业进行注册验资 0.96 亿元。帮助昌河飞机制造公司、焦化公司在南昌上市发行融资券 1.23 亿元。5 月,对中国银行江西省信托咨询公司景德镇办事处、市劳动城市信用合作社、市兴华城市信用社、农行昌江区信用联社、乐平市洎水城市信用社等 5 家非银行企业的信用状况进行鉴定。审定 AAA 级信用金融企业 1 家、AA 级 2 家、A 级 1 家。

1995 年,在江西省首次将全市金融机构信用评级引入年检工作,完成 48 家科级以上金融机构的信用评级。1996 年 5 月,景德镇资信评级事务所编纂出版《资信评估手册》,介绍资信评级的基本常识、专门办法、计算公式、指标体系等内容。1998 年 7 月初,市资信评级委员会及资信评级事务所撤销。

2005 年,全市各金融机构共登录 WEB 查询系统 11913 次,查询企业信息 3684 次,查询企业个数 2163 个,帮助金融机构降低信贷风险。2006 年,市人民银行通过办理企业国债收款单的兑付方式,协助商业银行对 2 户逃废贷款企业追回本息 12.3 万元。

2007 年 7—12 月,市人民银行为辖内所有未发放贷款卡的中小企业建立信用档案,共录入 3249 户,提取个人和企业公积金缴存数据 89568 笔和 1524 笔,累计采集企业和个人执行案件信息 562 笔和 1008 笔。11 月 8 日,市人民银行对 70 户市级非公有制企业的经济代表人士进行等级评价,被定为 A 级 25 户、B 级 35 户、C 级 8 户、D 级 2 户。征集录入中小企业信用档案户数 1112 户,任务完成率居全省首位。13 户中小企业通过向银行提交信用档案而获得融资 32671 万元,有百户中小企业同银行达成融资意向。

2008 年,市人民银行在营业大厅设立征信服务窗口,提供信用信息查询、受理企业申请办理贷款卡及贷款卡年审业务。同年,全市共提取个人公积金缴存数据 77363 笔,企业公积金缴存数据 1293 笔;征集录入中小企业信用档案 1934 户,其中发放贷款卡 166 户。

2009 年 5 月 6 日,市人民银行对农村信用社信贷业务中的企业贷款卡信息开展全面核对,357 户企业中信息一致的 84 户、不一致的 105 户、无贷款卡 168 户,市农村信用联社进行修改补录。全市共征集录入中小企业档案 2615 户,其中发放贷款卡 371 户,受理个人信用报告查询 3423 笔。开通征信业务语音应答系统,24 小时接受业务介绍和咨询。全市共录入企业征信系统信息 4779 家,企业覆盖率 90% 以上。同年,借助市政府政务公开网站平台,接受企业网上办理贷款卡申请。8 月,市人民银行的企业和个人征信系统与人民法院案件执行信息实行共享,法院的执行信息汇总后,上报南昌中心支行。至 12 月,采集企业执行案件信息 104 条、个人执行案件信息 183 条。

2010 年,市政府印发《加强金融生态环境建设,促进景德镇市经济金融协调发展的意见》,推进中小企业信用体系建设,开展非银行信息采集工作。全市征集录入中小企业信用档案 3459 户,发放贷款卡 535 户,录入个人公积金缴存数据 89568 笔,企业公积金缴存数据 1524 笔。累计采集企业和个人执行案件信息 562 笔和 1008 笔。年底,累计采集法院提供的企业执行案件信息 562 条,个人执行案件信息 1008 条。

反洗钱

2002 年,市人民银行成立反洗钱工作领导小组。2005 年,市人民银行会同市金融、公安、税务、工商、海关、财政等执法部门和证券、保险监管等部门制定协作机制,建立外汇管理工作联合机制,共同防止非法向外转移个人财产。同年,对市农行、市邮政储汇局违反反洗钱有关规定的行为各处以人民币 5 万元的罚款。

2006 年,市人民银行印发《景德镇市金融机构反洗钱工作联席会议制度》,与市公安局联合印发《景德镇市地区可疑交易线索检核查工作联系协调机制》,加强人民银行与公安部门对可疑交易线索核查工作的协作与配合。2008 年印发《反洗钱工作指导意见》。2009 年制定《景德镇市金融机构反洗钱工作信息报告制度》,推进反洗钱工作。

2010年2月24日,市人民银行向全市各金融机构通报2009年度全市金融机构反洗钱工作信息评比情况。7月,市人民银行举办全市金融机构反洗钱业务知识竞赛,市城市信用社、市农村信用合作联社等5家单位取得团体优胜单位。

第三章 业务管理

随着计算机系统及网络技术的发展,银行业管理、服务手段,技术水平不断提高。从ATM机自助服务到电话银行、网上银行、手机银行,实现即时、方便、快捷服务。银行管理信息化,实现数据自动采集、统计分析、汇总清算,为事后监督提供了有效手段。保证银行业运营安全。

第一节 金融服务创新

电子银行

1987年,市农行开始应用计算机网络报送项目电报和会计月报。1989年开始应用对公业务系统。1996年4月,推广人民币电子汇兑系统,实现全省通存通兑。2001年9月,全面应用综合应用系统,实现实时汇兑、网内联行、网上银行业务。2002年建成自助银行。2010年,市农行投运5个离行式ATM网点,现金类自助设备达50台。

1987年,市建行会计柜台首次使用计算机进行电算化应用。1990年7月,利用计算机进行储蓄事后监督。1996年9月实现营业网点、自动柜员机、特约商户终端机联网。1999年,市建行建成综合服务网络,与各证券公司、市电信局、市财政局、市地税局联网,代理业务。2002年,市建行相继推出“一本通”“网上银行”“银证通”等业务。2003年1月,市农业银行推出网上银行业务,2008年5月开通手机银行。同年,离行式自助设备投运。

1994年,市工行扩大电子计算机在会计业务、会计管理领域的运用,建立业务数据库,所属支行和办事处开通“电子汇兑”。至年底,准确、安全传输各项结算业务1890笔,累计发生额70530万元,缩短资金在途时间。进入2000年,计算机和管理系统已应用到银行业务的各个方面。

1998年,市交行实现储蓄同城通存通兑,信贷管理电脑化。2004年开通网上银行,2007年在珠山中路开通景德镇第一家离行式自助服务网点。

2000年以后,全市各家金融机构在推行电子银行服务业务方面实现跨越式发展。各家银行均围绕“金融e路通”电子银行品牌,实现非现金、非实物票据单证的大量传统银行业务向电子渠道的转移,逐步形成以传统银行业务为基础,以集团客户和居民用户为服务对象,以业务创新和技术创新为手段,以投资理财、中间业务、信息服务为主要效益的网上银行、电话银行、手机银行三大在线服务体系。

银行卡业务

从1989年开始,景德镇市相继开办信用卡业务,各银行分别发行有长城卡、牡丹卡、金穗卡和龙卡等。1991年12月17日,市中行发行长城卡信用结算卡,具有存取款、转账、消费功能。当年发行176张,吸收存款104万元。1992年,市农行开始发行借记卡。1993年4月,市建行发行信用卡(龙卡),8月市工行开办牡丹信用卡业务,11月市农行成立金穗信用卡业务部,当年共发金卡87张、银卡1975张。至1997年,全市信用卡主卡流通量达23811张,其中单位主卡351张,个人主卡23460张。备用金存款余额1783万元,全年信用卡累计结算金额50265万元,改善了货币流通。

1998年,信用卡、银行卡、支付卡等新型结算工具推广。1999年,现金结算卡制度停止执行。2000年后,各种功能差异化的银行卡迅速增多,为工资代发、信用购物、结算支付、储蓄柜员机自助服务提供了方便。

业务代理

保险代理　90年代初，各银行开始代理保险业务。1992年8月，市交通银行成立保险业务部，代理太平洋保险业务。1992年，市建行开始代理中国人保公司的保险业务。1996年9月，市农业银行代理市人寿保险公司保险业务，之后与其他保险公司也进行业务合作。2003年，市工商银行与中国人民保险公司和太平洋保险公司签订保险代理业务，分别实现代理销售2085.81万元和426.3万元。至2010年，银行营业网点销售保险产品成为常态。

证券业务代理　1987年7月，市人民银行采取“先批点、后发证”的办法，批准市工商银行、农业银行成立信托投资公司。1988年，市工商银行、农业银行增设证券交易服务部，市融资公司设证券交易专柜。1998年7月17日，市建行开通储蓄卡与江南信托证券公司的证券资金转账业务。

基金、信托业务代理　1988年，市工商银行、农业银行增设证券交易服务部、市融资公司设证券交易专柜。1991年，市工行代理各种证券近千万元，兑付到期证券300多万元。1994年，市建行信托办事处在武汉开办的证券交易量18亿，名列当地银行之首，缓解景德镇市资金短缺的矛盾。同年，市农行运行开放式基金系统，开办基金代销业务。2002年6月，市建行开始办理基金代销业务。2004年12月31日代理发行8只开放性基金，6期凭证式国债。2007年销售各类基金达到54000万元，实现业务收入837.82万元。

2004年，市交通银行开始代理基金销售业务。至2010年市交通银行代理300支，销售8亿元。

2008年，市工行办理资产托管业务，规模达809亿元，首次代理政府1.2亿元信托账户监管，办理全省首笔非买断型出口单保理融资业务。2010年实现基金销售8120万元，实现基金业务收入137万元。

代收代付　1986—1996年，全市农村信用社代付收购粮款，代收乡、村统筹提留款，代收农田水、电费。1988年年底，市建设银行开办工资代发业务。1992年，市工商银行为277个单位代发工资，涉及17114户职工。其他各行都陆续为开户企业和有关单位开办代发工资业务。1994年，市工行到有关单位代收款项2180万元，与邮电局、供电局、煤气公司签订代收协议。1995年，市建设银行陆续开办代收水电费、电话费、交通规费、学杂费等业务。2001年开始，市中行陆续开始代收移动电话费、电费、煤气费等业务。

咨询服务　1988年7月，市建行成立建筑经济咨询服务部，受托进行建设工程招投标，编制工程预决算。

第二节　统计与调查

统计制度

金融统计主要包括人民币信贷收支统计、现金收支统计、外汇信贷收支统计等。1987年2月，市人民银行新成立调查统计科。1996年，景德镇市金融统计是以存、贷款现金数据为主的资金来源、资金运用和金融信息收集整理编发，以手工录入。1999年7月，开始使用计算机收集金融统计数据和编制金融机构货币信贷统计月报表，统一使用金融统计监测管理系统。2008年1月，金融统计数据集中系统正式运行，达到总行“数据集中，规范采集，信息共享”的建设目标。2009年，增加日报、年报，增加并完善月报、季报的内容。

经济监测

工业企业景气调查（月度、季度调查制度）　1992年，市人民银行确定16户企业为总行调查点企业，每月、每季开展企业景气调查数据的统计，建立数据异常变动情况报告制度。

1995年，央行建立千户大型企业信息联网调查制度，景德镇市的昌河汽车有限公司、华意压缩机有限公司、4321厂入网，调查内容有企业旬报、月报。

2000年，央行实施5000户景气企业调查网点，调查企业样本增至16户，省人行调查网点企业12户。央行调查网点的16户企业是：江西东风药业股份公司、景德镇金意陶陶瓷有限公司、市卡地克陶瓷有限公司、市陶瓷股份有限公司、景德镇发电厂、市焦化工业集团有限公司、景德镇普天通信设备厂、江西景光电子有限公司、江西中景集团有限公司、江西煤业集团有限公司景德镇分公司、江西世龙实业有限公司、江西江维高科股份有限公司、江西昌河汽车有限责任公司、景德镇华意压缩机股份有限公司、江西德乐信电子有限公司、景德镇法蓝瓷实业有限公司。

批发物价指数调查(月度调查制度)　1993 年 1 月 1 日,央行实施批发物价指数调查统计制度,批发物价指标体系由国内批发物价、进口物价、出口物价、国内需求批发物价、综合批发物价 5 个指标构成。

1996 年,景德镇市作为全国 200 个批发物价采样地区之一,选定昌河汽车、电瓷电器公司、乐平赣东北大市场的采样商品批发价调查上报。其中包括 7 款车型价格、2 种类型电工陶瓷片价格、4 款商品(床罩、西裤等)价格。

2008 年 4 月,焦化煤气总厂和陶瓷股份公司替换电瓷电器公司、乐平赣东北大市场,价格采集商品有焦炭、生产用煤气、炭黑和碗、盘、碟、杯类瓷器。8 月,新增卡地亚陶瓷公司,价格采集商品有 2 种墙地砖。

2010 年,新增市锦溪水泥公司、江西中景集团公司,价格采集商品为水泥(3 种)、胶印机(2 种)。

银行家问卷调查(季度调查制度)　2004 年一季度,景德镇市开始银行家问卷调查,调查对象为市农发行和工行、农行、中行、建行的行长。调查指数主要有银行家信心、贷款政策感受、银行景气和贷款需求景气指数等指标。从定性的角度收集银行家对宏观经济形势的判断和预期。利用分行业贷款需求状况、供应状况等指标判断货币供应松紧程度,通过资金头寸、盈利变动等指标,了解银行业自身经营状况。至 2010 年,共完成 28 个季度调查和分析任务。

进出口企业问卷调查(季度调查制度)　2005 年开始,市人民银行每季对昌河汽车公司、江西世龙实业股份有限公司、江西立信药业公司、景德镇法蓝瓷公司的进出口情况开展问卷调查,并分析上报。2010 年,该调查制度改名为"外向型企业人民币汇率变动承受能力调查"。

第三节　经理国库

国库管理

1985 年 7 月 27 日,市人民银行在会计财务科设专岗负责国库业务。1990 年 2 月,成立国家金库景德镇市中心支库,乐平、浮梁、昌江、珠山成立支库。

1994 年 1 月,全国实行分税制财政体制,市中心支库和县(市)支库分别设立中央国库和地方国库。2003 年 8 月和 2005 年 1 月,分别成立景德镇高新开发区支库、陶瓷科技园支库,由市人民银行经理。2008 年 12 月,陶瓷科技园支库撤销。

2002 年,实施国库集中收付制度改革。2007 年实施政府收支分类改革,先后实施跨地区企业所得税分享、成品油税费、增值税转型等财税改革。

2005 年 6 月,市中心支库加入国家金库支付系统及江西省同城清算系统,推行分层次、分时间、分轻重缓急、序时滚动的国库资金汇划报解模式,实现国库资金的实时清算,摆脱长期对会计营业部门的依靠。10 月,市财政局在景德镇市中心支库开设单一账户,按照资金使用性质在市国库集中支付代理银行开设零余额账户,同时为预算单位在商业银行开设零余额账户。

2008 年 11 月,市人民银行国库与税务、商业银行联网实时处理税收缴库业务,实现税收信息共享。2009 年,国库管理信息系统(TMIS)的凭证式国债子系统在市商业银行分支机构上线运行。2010 年 11 月 1 日,市人民银行各级国库运行《全国国库会计数据集中系统》(TCBS),实现收入直达入库、支出实时到账、资金零在途、风险多环节控制。

2001 年,市人民银行应用国库会计核算新系统,实现新旧程序数据结转,完成社会保险基金收支科目及计算机联网代码的设置。2003 年,中心支库增设密押机使用密码关,加强国库资金汇划凭证管理和印、押、证管理。2005 年,推进国库集中支付和事后监督改革,扩大集中支付范围。将事后监督工作移交事后监督中心,强化外部监督。

2009年，市人民银行行市中心支行国库重要岗位实行强制休假。

国债发行与兑付

1982—1988年，财政部以收款单形式向单位和居民个人发行国债，全市共发行国债收款单2101万元。商业银行陆续兑付1963万元。

1986年，市人民银行国库部门开始为1981年发行的国债还本付息。至90年代，国债的期限、利率、品种等方面逐渐多样化。1994年推出凭证式国债。国债发行方式由行政摊派改变为招标，市人民银行国库部门与财政部门协作，加强国债发行与兑付监督管理。1999年，市人民银行接管商业银行应兑未兑的国债收款单836份，金额137.5万元。

2000—2006年，市人民银行共兑付国债收款单275笔1014120元，各年金额分别是730218元、112440元、34942元、121200元、10700元、3620元、1000元。

2004年，全市发行凭证式国债4期8302万元。2005年发行国债5期6934万元。

2006年，全市发行国债7期金额11801万元（其中凭证式国债发行5期，金额10860万元）。2007年，全市先后发行国债4期金额7738万元。2009年，全市共发行凭证式国债共3期5584万元，储蓄式国债共2期580万元。2010年，全市组织发行国债16期，金额6287万元，兑付国债8000余元。

表21－3　**1986—2010年景德镇市国库收支统计统计表**　单位：万元

年份	收入	支出	年份	收入	支出
1986	17064	14111	1999	81562	75857
1987	18254	15245	2000	110895	98546
1988	30775	16748	2001	135241	108652
1989	34928	17085	2002	159872	124587
1990	31910	18251	2003	187873	136345
1991	32814	19081	2004	256452	186548
1992	38061	32068	2005	352461	255813
1993	46322	21591	2006	486971	304222
1994	45014	35542	2007	532493	447589
1995	52070	43458	2008	742805	651421
1996	58608	49203	2009	851695	745233
1997	81127	56827	2010	1169852	1026188
1998	71945	61312			

第四节　清算与监督

会计管理

1987年8月，市人民银行贯彻执行《人行会计制度（试行本）》。1989年，完成景德镇邮政储蓄转存市人民银行工作。

1993年1月1日开始，市人民银行全面实施借贷记账法。同年，《金融企业会计制度》发布，明确金融机构代办的中央预算收入、地方金库存款和代理发行国债款项等财政存款是央行的资金来源，应全额就地划缴人行；金融机构吸收的机关团体存款、财政预算外存款、个人储蓄存款、单位存款及其他各项存款均作为一般存款,由金融机构按人行存款准备金制度的规定缴存存款准备金。

2003年,市人民银行试点开展会计核算集中、联行清算集中、会计事后监督集中和会计档案管理集中。

2004年,市人民银行对辖内人行系统2001—2004年专项资金使用情况及2003—2004年财务收支情况进行检查,并向省人民银行南昌中心支行呈报检查报告。2005年2月,人民银行浮梁县支行会计核算业务上收,并入市人民银行进行处理。

2008年,市人民银行印发《加强会计核算业务柜面监督管理实施办法》,防范会计核算风险。5月10—17日,对县(市)支行2007年度"大会计"制度执行情况进行检查。10月,市人民银行整合营业室会计核算岗位,开展"三清"(清资金、清账户、清资产),清理历年形成的结余资金;清理暂收暂付款项,杜绝非业务性资金挂账;清查固定资产,达到固定资产账、实、簿、卡相符。

2009年3月,市人民银行修订《集中采购操作规程(试行)》,制定《会计档案标准化管理实施细则》,经批准对超过保管期的2885本会计档案资料进行销毁。2010年2月,市人民银行完成央行会计集中核算系统前置机集中整合工作。

同城清算

1986年10月1日,景德镇市金融系统同城票据清算中心成立。票据交换从三天一次改为每天两次。市人民银行会计科设计手工清差凭证及清单,现场手工清算。市区各专业银行及其所属营业部、办事处和其他金融机构等26个单位参与,遵循"先付后收,收妥抵用,差额清算,银行不垫款"的原则,集中在票据交换所交换原始凭证,清算代收、代付票据资金。每日上午、下午各组织一场交换,各交换行直接交换票据,当日清算。

1987年,市人民银行扩大清算范围,提高抵用率。当年,市人民银行共组织票据交换424050笔207761万元,平均一天1386笔679万元,票据抵用率从原来的55.33%提高到100%。1988年,参加清算的基层行由11户发展到19户,全年清算业务量达677805笔331547万元,日平均1883笔921万元,平均票据抵用率保持在96%左右,缩短了资金在途时间。

1989年4月,景德镇市开发同城清算系统,1990年1月试运行。1997年11月,启用南昌版同城清算系统。2000年,完成同城票据交换清算16.7万余笔,金额77.1亿元。

2001年2月,市区参与票据交换行共有16家。市人民银行制定《景德镇市同城清算管理实施细则》,同城票据交换和资金清算实行"全额提出,差额清算"的办法。2004年6月,景德镇各金融机构提出提入的票据,由各交换网点的同城票据交换员负责传递改为委托邮政速递局传递,取消固定的票据交换所。

2006年11月13日,景德镇推广江西同城清算系统,取消本地同城票据交换工作。2009年,同城业务总量226894笔278.14亿元。2010年同城业务总量254158笔359.20亿元。

联行清算

手工联行　1987年4月1日起,各商业银行跨系统汇划款项,分别采取两种转汇方式:一是"先横后直",汇出行将跨系统汇划款项的凭证通过同城票据交换和清算,划转同城跨系统行办理转汇,转汇行通过本系统联行将汇划款项发往收款单位开户银行;二是"先直后横",由汇出行将跨系统汇划款项的凭证先通过本系统的联行办理划拨,本系统的转汇行收到后通过同城票据交换向跨系统的汇入行办理划转和清算资金。

1988年,全国联行制度改革,汇划款项与资金清算同步,汇差资金由人民银行控制,专业银行款项汇划时,必须将资金交付人民银行后才能汇出,解付款项由人民银行划拨支付。专业银行的全国联行跨系统和系统内10万元(含)以上的异地汇划款项,通过人民银行联行转汇并清算资金。

1990年,市人民银行的联行往来业务有全国联行和省辖联行两种。跨省的资金汇兑、划拨款项,使用全国联行报单,由收汇行、付汇行逐笔报送总行核算,配对核实,年终平衡全国联行账务。省内跨县的汇兑、划拨款项,使用省辖联行报单。

1994年1月10日,景德镇开始推广电子联行系统后,分流一部分手工联行业务,但借记业务仍全部由手工联行办理。4月1日,省辖联行往来业务暂停办理,改通过全国联行或全国电子联行办理。全国联行又称手工联行,是市人民银行办理异地支付的重要手段,分电汇和信汇两类。景德镇市汇往外地区单设金融机构的资金,全部采取“先横后直”的方式由市人民银行汇往对方人民银行,由对方人民银行转入专业金融机构。市人民银行代理单设机构的银行汇票业务,也通过全国联行清算资金。

2005 年 4 月 8 日,大额支付系统在景德镇市推广,异地资金汇划通过该系统办理,联行业务集中由市人民银行核算中心办理。主要的联行汇划业务由支付系统办理,手工联行仅办理借记业务,如上划上年度损益和发行基金往来余额等。

2006 年 3 月 24 日,小额支付系统在景德镇市正式上线运行。8 月 23 日,支付业务(国库支付业务除外)全部通过大额和小额支付系统办理,全省人民银行随即停止办理手工联行业务。2007 年 1 月 29 日,市人民银行将“上年联行往账”和“已核对上年联行来账”两科目余额通过小额支付系统上划南昌中支营业部。手工联行仅作为支付系统的应急备用系统保留。

电子联行　1991 年,央行全国电子联行系统投入运行,电子联行采用星形结构,实现纵向往来、随发随收、每日结平、存欠反映。

1993 年 11 月,景德镇市电子联行卫星小站投入建设,市人民银行作为全国第五批 63 个人民银行二级分行试运行电子联行系统。1994 年 1 月 10 日正式处理业务,5 月与电子联行并网通汇。

1995 年 12 月,市人民银行成立资金清算分中心。1997 年开始,各金融机构跨地区、跨系统的电子联行业务均由人民银行代理。2001 年 9 月,市人民银行清算分中心与营业部合并。1998 年,人行乐平市、浮梁县支行电子联行通过中继方式联网。

1999 年 10 月,市人民银行电子联行业务量每月保持在 2000 多笔,居全省第 3 位,全年共办理各类会计业务 71780 笔,金额 53.31 亿元。联行系统解决计算机“千年虫”问题,平稳度过敏感时刻。

2000 年,电子联行往来业务 45687 笔 76.2 亿元。2001 年,景德镇市“天地对接”项目建设完成,联行业务由汇出行汇入行直接处理,人民银行结束代理金融机构的电子联行业务,只代理农村信用社的电子联行往来业务。手工联行贷记业务都通过电子联行办理。同年,电子联行往来业务完成 55103 笔 119.3 亿元;2002 年完成 77092 笔 155.1 亿元;2003 年完成 88741 笔 202.84 亿元。

2005 年 4 月 8 日,大额支付系统在景德镇正式上线运行,电子联行业务取消。

现代化支付系统　2000 年 10 月,央行加快现代化支付系统建设,逐步取代电子联行系统。其主要应用系统有大额实时支付系统(简称“大额支付系统”)、小额批量支付系统(简称“小额支付系统”)、清算账户管理系统、支付管理信息系统。

2005 年 4 月 8 日,大额支付系统在景德镇市正式上线,接入市人民银行(营业室)、市中心支库、城市信用社、交通银行,农村信用联社由人民银行代理。2006 年 3 月 24 日,小额支付系统在景德镇市上线,先开通普通贷记、普通借记、定期贷记、定期借记和信息 5 种类型业务。同年 4 月 12 日,市交通银行由直接参与改为间接参与。10 月,农信社通过省农村信用联社接入支付系统,其他商业银行由其省分行接入支付系统。各参与者办理同城或异地跨行支付业务,直接在本行业务系统中办理,只有上调、下拨资金业务需经过市人民银行柜台办理。

2007 年,央行结算账户管理系统(二期)、公民身份证信息联网核查系统、全国支票系统和支付信息管理系统顺利上线运行,小额支付系统通存通兑业务开通。通过市人民银行完成的大额支付交易 167.3 亿元,小额支付交易 49.5 亿元,同城清算提入、提出共 17.05 万笔 180.78 亿元,分别比上年增长 30.3%、80.2% 和 40.1%。当年新核准 2344 个单位的银行结算账户,累计核准单位结算账户 8777 户,其中基本结算账户 5507 户,专用存款账户 905 户。

2009 年,央行会计核算电子对账系统上线运行,人行营业室每日与各家金融机构进行网上即时对账,进一步提高资金的安全性。同年,在全市构建以大小额支付系统为核心,以支票影像交换系统为补充,银行业金融机构行内支付系统为基础,票据支付系统、银行卡支付系统为重要组成部分的支付清算体系。实现联网核查公民身份系统,落实银行账户实名制,净化支付清算环境。至年底,全市大额支付往来发生 15.3 万笔 1113.18 亿元,小额支付往来 8.2 万笔 55.26 亿元。

金融信息化

20 世纪 90 年代,随着金融体制改革深入,金融电子化发展迅速,市人民银行逐步建成以货币信贷、统计分析、征信管理、金融监管、金融服务等内容的金融管理信息与决策支持系统。

1990 年 4 月,市人民银行现金业务管理系统在长城 Z80 个人计算机上推广应用,开创电子化业务个人计算机应用的新时代,金融信息系统建设进入快速发展阶段。1991 年 5 月 3 日,景德镇市同城票据清算电子化网络开始试运行,成为江西省第一家全面实行微机联网试运行清算资金的城市。

1994 年,相继建设金融机构档案管理信息系统、农村信用社非现场监管系统、外资银行非现场监管系统、金融案件管理信息系统等,这些系统的开发为银行管理信息化奠定了基础。

1995 年 3 月,建立金融统计分析系统,运用数据库技术对金融信息进行管理。推广应用"中央银行地市县行金融管理信息系统(MIS)",实现数据在全单位共享。是年,应用央行货币发行信息管理系统,实现货币发行业务数据及时、准确上报。市人民银行完成全国电子联行的并网通汇和千家企业资金监测信息联网,保证各部门电子化应用的正常运行。

1996 年 9 月 1 日,市人民银行在全市金融系统率先开通计算机综合业务网络。1999 年,完成银行信贷登记咨询系统的联网,实现全省范围内异地查询。同年,市人民银行与辖内各金融机构计算机联网,并与全国银行信贷登记网络并网,为金融监管和金融报务提供便利。

2001 年 9 月 15 日,市建行实施辖内人民币账务数据全部集中到省分行。2002 年 2 月,对货币发行信息系统进行升级改造,实现货币发行各业务子系统整合及数据集中处理,货币发行业务处理自动化,提高信息综合利用能力。

2004 年 5 月,按照"统一数据采集、统一编码和格式、统一软件开发、实现信息共享"原则,市人民银行建立统一的金融监管信息系统。完善银行信贷登记咨询系统建设,实现所有金融机构在授权范围内实时查询与其有信贷关系的企业资信状况,基本完成个人信贷和信用卡信息采集登录工作,实现全国联网、异地查询。

2005 年 3 月,市人民银行完成中央银行会计集中核算事后监督系统(AAS)和货币金银管理信息系统推广。2007 年 9 月,市人民银行完成全国支票影像交换系统和中央银行会计凭证影像事后监督系统(IMS)推广。2008 年 5 月,完成远程培训系统(cdn 内容分发系统)的推广工作。

2010 年 3 月,完成金融机构信息管理系统、金融稳定监测系统、民间借贷监测系统、地方性金融机构贷款利率监测系统、人民银行反洗钱业务综合管理信息系统的推广,金融管理电子化取得重大进展。

金融安全

安全保卫　1986 年 5 月 20 日,市人民银行制定《关于金店安全保卫工作的意见》,对金店库包押运方式、营业人员职责、预防措施、保卫人员安排、防范工具、金银制品保管、出入库交接等制度作了明确规定。当年,市人民银行保卫科会同货币金银科对武器弹药的保管使用情况进行 4 次检查。

1987 年 1 月,市人民银行组建专职守卫押运队。1989 年 9 月 26 日,市人民银行成立经济民警中队。1996 年 6 月下旬,市人民银行联合市公安局对全市各金融机构 80 余个网点的安全保卫工作开展摄像跟踪检查,并曝光检查结果。8 月市人民银行投入 30 余万元在发行库周围建设闭路电视监控系统,加高加固库区围墙。

1997 年 6 月 18—22 日,市人民银行和公安局联合对全市银行单位计算机信息系统开展安全检查。1998 年 11 月 23 日至 12 月 4 日,对全市金融系统及分支机构的营业网点、守库押运、枪支弹药进行安全大检查。共检查 9 家金融单位 207 个部门,其中达标部门 116 个、不达标部门 91 个;跟踪运钞车 19 辆,达标运钞车 9 辆、不达标 10 辆,对考评不达标的各单位提出整改要求。同年,市工行成立中心金库,集中管理市区办事处及浮梁县支行 60 个营业网点的现金,实现统一保管、统一调拨、统一守库的管理模式。

2003 年 6 月 30 日,开展全市金融系统安全大检查,共检查各家金融机构网点 161 个、复查 45 个。达标网点 167 个、不达标 39 个;城区 42 辆运钞车全部达标;金库 19 个,达标 18 个(1 个正在新建中)。农村网点 109 个,其中达标 70 个、不达标 39 个。同年,人民银行与银监会分设后,银行业金融机构安全保卫工作的监管职责没有明确。2005 年,市人民银行组织市金融机构安全保卫的指导和检查。同年 10 月,景德镇银监分局正式履行银行业金融机构安全保卫监管职责。

2006年1月5日，景德镇银监分局下发通知，要求各机构认真开展营业网点的安全隐患排查，严格执行重大事项报告制度。市人民银行先后制定《机关防范恐怖分子袭击应急预案》《景德镇市发行库、发行基金调拨和供应应急预案》，启用安全监控系统，大楼设4个录像监视点，对9个防区进行全天监控。11月10日，市人民银行举行发行库守卫、货币押运突发事件处置演习演练。

2008年5月14日，景德镇银监分局组织人员对辖内银行业法人机构的枪支管理进行全面检查，了解枪支、弹药配备的底数和枪支弹药保管使用情况。

病毒防范　随着计算机技术的推广普及，信息安全工作日益突出。2002年，市人民银行完成Symantec企业版防病毒系统运行，2004年完成网络入侵检测系统(NIDS)的部署，2006年完成CAMS综合访问管理系统的运行，2006年全面安装LANDesk补丁分发系统，2008年完成网络化动力环境集中监控系统运行，2009年完成中华箭5号非法外联监控系统上线运行，2010年完成亿阳网警终端安全管理系统运行。

事后监督

会计事后监督　1992年，市工行采取微机操作和手工操作并举的方法，将辖内分理处的储蓄业务全面纳入事后监督，在全行73个储蓄机构中，对72个所、柜的储蓄业务实行事后监督。2004年6月底，市人民银行事后监督中心正式成立，独立于会计核算部门，对会计、营业、国库、货币金银和外汇等部门的日常会计核算业务进行的复审和检验，是会计核算过程的延续，是会计核算业务的后台。事后监督中心负责对会计核算结果进行独立的非现场监督，接受上级行事后监督机构的业务指导。

2005年，市人民银行制定《事后监督中心重大差错和事故报告制度》《事后监督中心岗位轮换制度》《事后监督中心会计资料传递交接制度》。10月17日，市人民银行《中央银行会计事后监督系统》1.1版上线运行。当年办理被监督单位会计资料交接凭证49080笔、报表13338份，接收传递会计资料248件、发出248件，对会计业务进行事后监督勾对、配对41025笔，事后系统办理监督4040笔。

2006年3月27日，央行会计集中核算小额支付系统(ABS小额业务)模块上线，该系统暂无ABS小额业务监督功能，采用手工方式进行事后监督。10月14日，市人民银行事后监督中心开展央行会计集中核算系统(ABS)服务器切换应急演练。

2007年7月，《中央银行会计凭证影像事后监督系统》(IAS)上线，由事后监督子系统(AAS)和凭证影像子系统(IMS)组成，解决偏远地区会计凭证传递滞后，影响监督时效等问题。

2008年2月22日，市人民银行制定《事后监督中心信息调研考核办法》。2009年10月修订《会计资料查阅评价制度》和《监督结果分析报告制度》，改进完善会计管理和内部控制。2010年11月，修订《事后监督中心重大差错和事故报告制度》，防范金融风险。全年，会计事后监督发生11032笔。

国库事后监督　2004年8月9日，央行制定《人行国库会计事后监督办法》，实行人工操作监督。2005年4月11日，全省国库会计核算系统上线运行大额支付系统，市人民银行派员到南昌(全国人行系统两个试点行之一)参加《中央银行会计集中事后监督系统(模块)》的培训，掌握系统操作流程。同年，监督国库会计核算凭证119481张，日报表(含系统日志)10324张、月报表1396张、各类登记簿5种以上，发出事后监督通知书8份。

2010年4月14日，按照《国库会计核算系统日志监督程序》，实现国库会计核算系统监督日志电子化，提高监督效率。同时做好国库会计数据集中系统(TCBS)的上线准备。同年，国库事后监督业务发生99134笔。

第四章　行业管理

1985年1月1日起，市人民银行不再具体承办金融业务，专门行使中央银行职能，运用行政手段、经济手段对实施金融机构、高管人员、金融稽核、金银等实行监督管理。1991年,市人民银行继续负责管理银行类金融机构设立与变更、金融产品、高管人员任职资格、贷款业务合规、利率市场、同业拆借市场、信托市场等业务的审批、检查、管理工作。在证监会和保监会成立之前,市人民银行代管辖内证券市场和保险市场。

1994年1月,央行分支行转换职能,由过去侧重分配资金、控制规模转移到制定和实施货币政策,由侧重机构审批转移到加强金融监管,制止乱拆借、乱集资、乱提利率、乱批设金融机构,控制固定资产投资。2003年12月22日,银监职能分设,基层人行贯彻执行货币政策、防范和化解金融风险和提供金融服务。对辖内金融市场的管理主要集中在账户、支付结算、征信业务、人民币业务、反洗钱、国库资金、外汇业务管理和地方法人金融机构参与全国银行间拆借市场和债券市场的准入管理等。

2004年,景德镇银监分局承接市人民银行对国有商业银行、政策性银行、邮政储蓄、农村合作金融机构及非银行金融机构的监管职能,由省银监局垂直管理。内容包括机构准入、高管人员、经营合规、资产、经营监管风险。

第一节 管理体制

管理体制改革

信贷管理体制改革　1985年,市人民银行对银行信贷资金管理体制进行改革,实行"统一计划、划分资金、实贷实存、相互融通"的信贷资金管理办法。

1986年,各专业银行分别制定自身的管理办法。工商银行实行"统一计划、分级管理"的管理原则;中国银行实行"统一计划、分级管理、控制总量、适时调节、讲求效益"的管理原则;建设银行实行"统一计划、分级管理、实借实存、差额控制、存差上缴"的管理原则。各级人民银行对专业银行信贷差额计划执行情况进行严格检查和监督,实行"旬考核、月检查、季分析"的监控办法。

1990年,市人民银行对专业银行和非银行金融机构贷款限额实行"全年亮底、按季监控、按月考核、适时调节"的办法。对专业银行的年度性贷款和短期贷款实行"条块结合,以块为主"的分配方式,并根据当地经济情况和调整结构的要求、季节性规律以及专业银行资金情况进行适时调节,不搞"一刀切"。通过实贷下放,信贷结构调整来扶优限劣,支持支农产品生产流通的资金需要,支持能源、交通、原材料等基础产业生产的资金需要,支持国家专项储备商品的收购,支持工业园区建设,支持市场带动型龙头企业的发展,支持居民住房按揭贷款。

1994年,市人民银行对货币信贷总量的控制,由信贷管理规模管理为主的直接控制逐步向运用社会信用规划、再贷款、再贴现、公开市场操作、准备金率、基准利率、比例管理等手段进行间接控制。

1997年,市建行实行经营与管理职能分离,建立前台业务和后台业务分开操作、相互支持与制约的运行体系,通过对下属各支行信贷管理等级考核评审后的再转授权,缩短贷款管理半径。1999年,建立信贷专职审批人和经营主责任人制度,实行"审贷分离",形成相互制衡的风险控制和风险管理机制。

2000年,市人民银行在全省率先建立中小企业信贷担保基金,由政府、企业等有关单位共同出资,实行会员制管理。

2009年,市人民银行搭建政银企合作平台,与市经贸委联合下发《关于扩大信贷融资促进瓷都工业发展的若干意见》,牵头举办"千企万岗、政银对接"活动,引导银行业金融机构支持陶瓷企业。

外汇管理体制改革　1986年,国家外汇管理局景德镇分局执行外汇留成制度。1996年,对境内居民因私兑换外汇、外汇存款汇出境外、携带外汇进出境等进一步放宽管制,扩大居民因私用汇的范围并提高购汇标准,消除人民币在经常项目下可兑换的障碍。

国有银行改制

商业银行改造　市工商银行。1985年1月,景德镇市人民银行、工行分设。中国工商银行景德镇市支行成立,承担市人民银行办理的工商信贷、结算和储蓄业务,逐步开始商业银行的改造。1993年,清理撤销8

家自办劳动服务公司，与保留的劳动服务公司脱钩。1997 年，精简市行机关处室，内设机构比原来减少 24 个。1999 年开始，有计划撤销经营效益不佳的储蓄网点。2001 年，推进集约经营、扁平化管理，实行全行“守库押运、信贷营销、财务核算、事后监督”四集中的统一管理。2004 年，上收城区支行的计划财务、信贷管理、现金调拨、稽核监督与会计检查等职能，组建营销三大中心；完善会计业务三大中心（现金运营、业务处理、业务监督）建设及总会计委派制，集约化经营机制基本形成。

市农业银行。1986 年，逐步建立起“自主经营、自求平衡、自担风险、自负盈亏、自我约束”的经营机制，实行资产负债比例管理，由专业银行向商业银行转变。1996 年 11 月，农业发展银行景德镇市分行从农行景德镇市分行分设，农业开发、扶贫、粮棉油收购贷款等业务划归农业发展银行景德镇市分行。各县（市、区）农村信用合作社联社与市农行脱钩，市农行正式转轨成为国有商业银行。

市中国银行。1987 年 12 月，经中国银行总行批准，市中行获得独立对外办理远洋结算业务资格，为国家指定外汇外贸专业银行，办理全市对外贸易和非贸易国际结算、外汇贷款、外贸贷款及其与外汇业务有关的业务。1995 年 1 月转为国有商业银行，业务范围进一步拓展。

市建设银行。1986 年起，市建行开始办理现金、个人储蓄业务，并逐渐发展国际金融、信用卡和房改业务，向商业银行转化。1994 年后，市建行政策性贷款业务分离给开发银行，接受开发银行委托，代理其贷款资金的拨付业务。同时，将管理基本建设预算和财务决算审查等代理财政职能移交财政部门，与财政部门建立有关财政资金委托关系，代理财政预算内基本建设项目资金的拨付和其他业务。1995 年，成为履行单一银行职能的国有商业银行。

股份制银行改造　2004 年，全市建行、中行、工行、农行等国有商业银行通过剥离不良资产，实施财务重组，以效益为核心，深化分配制度改革，完善财务管理体制，强化风险管理，实行扁平化、集约化经营，建立法人治理架构，逐步将国有独资商业银行改造为国家控股的股份制银行。

2005 年 3 月，中国建设银行景德镇市分行改制为中国建设银行股份有限公司景德镇市分行，中国银行景德镇市分行改制为中国银行股份有限公司景德镇市分行。同年 10 月，中国工商银行景德镇市分行改制为中国工商银行股份有限公司景德镇市分行。2009 年 3 月，中国农业银行景德镇市分行改制为中国农业银行股份有限公司景德镇市分行。

信用社改革

农村信用社改革　景德镇市农村信用社产权制度改革先后经历两个阶段。2007 年，在农村信用社的基础上组建江西省第一家地市级大法人联社。6 月 27 日，银监会下发《关于景德镇市农村信用合作联社开业的批复》，明确农信社为股份合作制社区性银行，实行一级法人、统一核算、分级管理、授权经营的管理体制。9 月 21 日，景德镇市农村信用合作联社乐平、礼林、洄田、镇桥、观峰等 86 个信用（分）设开业。10 月 19 日，景德镇市农村信用合作联社对外挂牌营业，成为江西省第一家市（地）级联社。

2009 年，景德镇银监分局启动筹建农商行工作，对农信社开展增资扩股，规范股金管理，合理设置股权结构，完成央行 5998 万元专项票据兑付、不良贷款清降和抵债资产处置等一系列重点工作。市政府常务会审议通过《农村信用社深化产权制度方案》，指导增资扩股和老股金改造，资本金由 6172 万元扩充为 32705.1 万元。

2010 年 7 月 29 日，银监会批复景德镇农村商业银行股份有限公司成立，管理体制不变。注册资本为人民币 32705.10 万元。9 月 30 日，江西银监局批复景德镇农商行乐平、浮梁等 74 个分支机构开业，农商行的改制工作结束。11 月 29 日，景德镇农商银行开业，为全省首家设区市农商银行。12 月 23 日，浮梁农商行村镇银行成立。

城市信用社改革　2001 年 4 月，市政府在中心、兴华、劳动和金声 4 家小法人城市信用社的基础上，合并组建市城市信用社。2002 年 7 月 12 日正式对外营业。

2007 年，市政府陆续划拨 1.53 亿元资金剥离城市信用社不良贷款和充实拨备，由市政府及各县（市、区）政府再入股 8000 万元。2007 年增资扩股 10000 万元，其中政府入股 5000 万元。

2008 年 6 月，市政府又划拨 34.67 公顷商业用地置换该社 25881 万元账面不良贷款，处置资产风险。至

2009 年,市城信社清收账面不良贷款 2 亿多元,清收处置隐性不良贷款 5 亿多元。至 2010 年 5 月底,通过现金清收、增资扩股、向同业推介出售的方式使 25 户单一客户贷款集中度超标、2 户单一集团客户授信集中度超标问题全部解决,进一步化解城信社的风险。2010 年,到位股金和达成入股意向资金超过 2 亿元,其中各级政府入股资金到位 7600 万元,保障资本实力。

2010 年 7 月 2 日,中国银监会正式批准市城市信用社筹建市商业银行。12 月 30 日,景德镇市商业银行挂牌开业,全省最后一家城市信用社退出历史舞台。

第二节　分配制度改革

工商银行

1986 年,市工行对各储蓄所推行"四包一奖励"。1988 年,全面推行承包经营责任制。1992 年,改革储蓄所工作人员的工资奖金分配制度,实行工时工资、任务奖金、多时多得、多劳多得,上不封顶,下不保底。

1994 年,按照"总量调控、工效挂钩、分级管理、按劳分配"的原则实行等级工资制,把工作效益与经济目标挂钩。各县(市)支行、办事处制定岗位目标责任津贴分配方案,把工作效益与经济目标挂钩。1997 年,在部分储蓄所实行全效益工资制度试点。1998 年,根据工资档、级和当年发展情况,确定主任和员工的浮动工资系数,落实激励机制。

2001 年,实行绩效挂钩,将增存业绩与行办经营费用、员工收入挂钩,绩效工资则按个人业绩考核兑现。2004 年,改革绩效分配的导向机制,增加创利部门的费用。2005 年,建立充分体现岗位价值和贡献的竞争性薪酬体系,并逐步探索建立短期激励和长期激励、即期激励相结合的激励机制,实现管理、保障、营销、操作不同岗位、不同层次分线激励考核。2007 年,对全行客户经理实行业绩评价,绩效考核到人。

2009 年,建立"用效益争费用,凭贡献取薪酬"双项计价和"利益联动、责任联动"的二级联动绩效激励机制。2010 年,制定《支行、分理处经营绩效综合考评》《产品计价考评》等 6 个考核办法,突出绩效考核与资源配置的导向作用,坚持费用资源向贡献大、效益好的机构倾斜。

农业银行

1986 年,市农行全面推行"五定一奖惩"经营责任制,即将存款增长率、资金运用率、费用率、损益、工作质量等经济指标确定下来,各项任务落实到岗、到人,实行奖惩制度,将对公存款横向承包到各科、股、室,纵向承包到人,奖惩挂钩。

1996 年,全面推行以资金内部计价为主要内容的经营责任制,县城以上储蓄网点实行"四定一包",即任务定量、岗位定人、费用定额、资金定价、包核算质量和安全防范。1997 年,全面推行行长任期目标责任制,所有行长、直属经营单位负责人任期 3 年,并采取自下而上、上下结合办法,制定相应任期目标。按存款、贷款质量、存贷比例、效益、安全、文明建设等目标考核情况,兑现奖惩。

1999 年,全面推行"联责计酬、联效计酬、高效多得、低效则罚"的经营责任制。对储蓄所(柜)推行存款经营管理目标责任制,将存款增量、市场份额、付息水平、优质服务、安全防范五大指标,直接与储蓄网点费用、人员工资和奖金挂钩。2000 年,按照效益优先、综合考核、持续发展、有效激励的原则,全面实行干部竞聘上岗、员工双向选择、末位分流(淘汰)的制度。2001—2005 年,探索多种形式联责计酬方法,采取"任务到岗、职责到人、绩效挂钩、量化考核、奖惩兑现"办法,拉开不同业绩员工之间收入差距。

2006 年以后,市农行对支行、城区直管行、风险资产经营部、分行前台部室实行不同指标的考评,考评结果与转授权、资源分配、机构设置、人员编制、班子及成员业绩、职工收入等挂钩。2007 年,根据景德镇市"南菜、北茶、城郊养"的产业格局,各行区域特点与经营资源优势,一行一策,确定不同的营销重点。充实支行班子及中层干部力量,授予其一定的信贷业务权限,提高其自主经营的空间。同年,市农行内控水平较以往有较大的进步,从三级行上升到二级行。

中国银行

2002 年,市中行改革费用分配机制,以成本、效益、风险为核心,将全年费用划分为固定费用、营销费用和专项费用 3 大块,增加营销费用和专项费用比重,并严格按月考核兑现。

2004 年,制定推行《中国银行景德镇市分行工效挂钩暂行办法》,建立以分部门核算、费用预算管理为基础的薪酬分配激励机制,使员工薪酬与效益挂钩,调动员工创利积极性。制定《中国银行景德镇市分行城区机构扁平化管理暂行办法》,整合财务管理流程,全面启动分部门核算。建立以"创利"中心和"费用"中心为对象的考核体系,改变以市分行本级、支行为单位的核算模式,将财务核算扩展到所有分理处。

2005 年,市中行落实股改建账,完成股改资金清算,并按新会计制度追溯调整 2003 年年底会计数据,完成土地评估增值部分的股改建账工作。树立与前台各部门"业务伙伴关系"的新理念,促进全行经营管理稳健运行。

2006 年,市中行以质量、效益为中心实施精细管理,合理配置财务资源,向业务部门倾斜。2008 年,对营业网点、条线提供"一对一"的专业绩效辅导。加强外汇头寸下限管理,努力减少估值损失。同时按照省分行的费用压缩计划,在全行号召"创建节约型银行"活动,费用计划总额和"五项费用"均控制在省分行下达的计划内。

2009 年,市中行全面落实战略指引、经营调控、资源配置、绩效推动的职能定位,强化内控监督,将"抢市场、创收入、控风险、重合规"核心要求贯穿于财务管理的各个环节。贯彻落实厉行节约九条措施,优化费用开支结构,压缩、控制行政费用和运营费用。推广新贷款利率定价系统,为利率定价的前、中、后台提供有效的管理手段。

2010 年,推行归口费用管理办法,对财务费用的管理流程、配置方法进行改革,加强对归口费用的管理。全年实现营业利润 9718 万元,增幅 39. 11% ,净利润 7576 万元,增幅 52. 04% 。

建设银行

1986 年,市建行确定统一领导、计划管理、二级核算、利润分成的财务管理体制,实行统一核算、定收定支、奖励提成、超收多留的财务管理办法,留成比例与利润计划完成、企业存款计划与贷款回收计划完成、执行财经纪律等 3 项指标挂钩。

1987 年 5 月,市建行制定《财务管理试行办法》,统一全区财务管理和核算,统一编制财务收支计划,统一向省建行上缴利润。1998 年,成立会计核算中心,下级行统一实现报账制,并将固定资产、递延资产等集中统一核算、统一管理。

1999 年,市建行实施综合经营计划管理,下达综合经营计划目标,并将考核结果作为考核各行绩效的主要依据。2000 年,推行全员劳动合同制管理,在平等自愿、协商一致的基础上,全辖员工与单位签订一定期限的劳动合同,明确双方的权利和义务关系。2001 年,出台季度绩效工资考核办法,并相应制定《员工考核实施细则》《员工考勤制度》等 11 个制度,建立与岗位职责、工作绩效相联系的收入分配制度。

2002 年,市建行对辖内金库进行集中。7 月,市建行薪酬管理委员会成立。2003 年,市建行实施所属机构改革。对所辖营业机构进行撤并和调整;对储蓄前台的岗位制定考核办法和实施细则。2005 年,合理压缩资金,资金备付率前 3 个季度在全省排位第一,得到省分行专项奖励金融企业往来利率收入 14 万元。

2007 年,市建行营运风险管理体系基本建立,设立核算中心、金库中心、稽核与运行中心,对 3 个分中心的管理职责进行界定,合理设置各分中心岗位。同年,市建行深化二级分行扁平化改革,成立网点服务中心和理财中心,实现解款社会化,城区网点现金实现集中清点。

2009 年 10 月 26 日,市建行公开选聘销售型人才,竞聘岗位有个人业务顾问、个人业务顾问教练、对公客户经理 3 大类,竞聘评分小组由副行长、机关部分部门负责人、网点经理和员工代表组成。

交通银行

1990—1996 年,市交行财务实行集中管理、统一核算的管理模式。1997 年 1 月 1 日,对各办事处、营业部实行自主经营、相对独立核算管理,调动经营单位的积极性。

2002年,市交行实行扁平化管理,财务核算由市交行统一进行,营业费用实行全行一本账。贯彻“谁创造价值大,谁使用费用多”的资源分配理念。2003年9月,市交行实行集中管理、独立核算的内部财务管理体制。

2006年年初,交通银行总行开通会计分析系统,实现费用的统筹规划、合理使用。9月末,市交行在完成职位薪酬切换、薪酬沟通集中宣导和绩效管理改革的各项前期工作,与全体员工顺利签订薪酬保密协议,正式实行密薪制度,遵守总行《关于实施密薪管理的有关规定》,推行密薪文化。

2008年,市交行成立财务审查委员会,建立健全财务审查委员会工作制度,实现重大财务事项集中决策。

2010年,市交行通过采取公开竞聘,择优选拔的方式,在全行范围内公开竞聘基层营业机构会计副主管12名。会计副主管实施委派制,取消现有基层营业机构兼职授权员岗位。加强基层营业机构现场管理和风险内控,推进会计管理人员及后备队伍的建设,深化绩效管理。

农村信用社

1986—1996年,市农村信用社推行四制配套百分考核、大包干和联系业务量计酬等3种形式经营责任制。当年决算后损益按规定进行盈亏调整,纯益按比例分配,上交合作发展基金最高不超过10%,公积金不少于50%,股金分红、社员公益金、职工福利基金和职工奖励基金具体分配比例由信用社自定;信用社的当年亏损,原则上自负。长期亏损的信用社,实行亏损包干、减亏分成、定额拨补的办法。

1996年,农村信用社与市农行脱钩后,推行经营目标责任制与干部职工经济效益挂钩,月检查、季兑现。全部工资与绩效挂钩,固定生活费与出勤挂钩考核,按月计发;活动工资加上福利补贴与经营目标挂钩,按季计发;福利补贴剩余部分与盈利挂钩,按年计发。

2003年,农村信用社逐步实施商业银行改革。2004年,规定员工薪酬结构包括基本薪酬、绩效薪酬和奖金。基本薪酬占工资总额40%,绩效薪酬占60%,薪酬标准按《江西省农村信用社员工等级档次与薪酬对照表》确定,奖金按相关考评办法计提。基本薪酬由员工等级决定并按月发放,员工按《江西省农村信用社员工等级管理办法》确定等级和晋升。绩效薪酬由员工的绩效考核结果决定并按季计发,相关奖金不得超过省联社核定的薪酬总额。

2005—2010年,市农村信用合作联社实施对基层信用社实行会计委派制。农村信用社主管会计一律由市联社委派。2010年7月,市农商银行成立后,实行全员劳动合同制,全部签订劳动合同。按时、足额缴纳社会保险、住房公积金、医疗保险金、失业保险等规费,覆盖率为100%。

第三节　机　构

监管机构

人民银行景德镇市中心支行　1984年10月19日,人民银行景德镇市支行与工行景德镇市支行分设。1985年5月4日,改名为人民银行景德镇市分行,内设办公室、人事科、保卫科、综合计划科、会计科、金融研究室、稽核科、货币发行科、金融管理科、外汇管理科。在编人员60人,其中机关在编人员56人。

1987年,新增设行政科、调查统计科、营业部、工会,综合计划科改为资金计划科。1989年12月设计算机室和经济民警中队(与保卫科合署办公)。1990年12月成立景德镇市资金市场,为直属独立核算事业单位。1993年12月更名为江西省资金融通中心景德镇市办事处。

1999年1月1日,人民银行景德镇市分行更名为人民银行景德镇市中心支行,内设办公室(党委办公室)、金融机构监管科、资金计划科、调查统计科、金融研究室、合作金融机构监管科、外汇管理科、会计财务科、科技科、稽核科(同年3月撤销稽核科,成立内审科)、人事教育科、货币金银科、国库科、保卫科,直属部门有营业部;党群机构设宣传部、工会办、监察室、思想政治工作办公室、行政科。在编人员为208人,其中机关在编人员145人。

2010年12月,市人民银行内设办公室(党委办公室)、货币信贷科、调查统计科、外汇管理科、会计财务科、科技科、内审科、人事科、货币金银科、国库科、保卫科、事后监督中心、营业室、纪检监察办公室、宣传部(机关党委办公室)、工会办公室(团委)、后勤服务中心。在编人员为163人,其中机关在编人员126人。领导职数设1正4副。

县(市)支行　1984年12月28日,工商银行乐平县支行内设人民银行乐平县工作办公室,人民银行乐平县支行编制4个。1986年4月1日,人民银行乐平县支行正式恢复,隶属人民银行景德镇市分行,在编人员24名。1989年12月,人民银行浮梁县支行成立,编制为31名。2010年12月,浮梁县支行在编人员9人,人民银行乐平市支行在编人员28人。

景德镇银监分局　2003年12月22日,经中国银监会批准,筹建中国银行业监督管理委员会景德镇监管分局(简称景德镇银监分局)。人民银行景德镇市中心支行的银行监管科、农村合作金融管理科等部门40人划归景德镇银监分局。2004年1月19日,景德镇银监分局正式挂牌成立,承接人民银行景德镇市中心支行对国有商业银行、政策性银行、邮政储蓄、农村合作金融机构及非银行金融机构的监管职能,实行系统内垂直管理。内设办公室(党委办公室、宣传部)、人事科(监察室、党委组织部)、统计信息科、监管一科、监管二科、监管三科。2005年9月12日,由瓷都大道926号迁入瓷都大道1309号办公。2010年机关编制45人,领导职数设1正2副。

2004年5月25日,乐平、浮梁监管办成立,根据江西银监局和景德镇银监分局的授权,负责辖内县(市)银行业金融机构的监管。2005年11月28日,浮梁监管办迁至银监分局集中办公(保留浮梁监管办职能)。

经营机构

中国工商银行股份有限公司景德镇分行　1985年1月,景德镇市人民银行、工行分设,中国工商银行景德镇市支行成立。1986年1月,工行机关设办公室、人事科、保卫科、纪检组、工会、团委、宣教科、工业信贷科、商业信贷科、技改信贷科、信托公司、信息室、经济信息咨询公司、计划科、会计科、出纳科。1992年更名为中国工商银行景德镇市分行。2000年更名为中国工商银行景德镇分行。2005年10月28日实行股份制改革,更名为中国工商银行股份有限公司景德镇分行。2010年,设办公室、人力资源部、监察室、公司业务部、个人金融业务部、电子银行部、内控合规部、财务会计部、风险管理部、运行管理部、省行授信审批部驻景德镇分行分部、个贷中心。下设西市区、新厂、斗富弄、中山路、珠山路、六〇二所、昌河、广场、浮梁、乐平等支行,火车站、为民、陶院、太白园和昌江大道等分理处。

中国农业银行股份有限公司景德镇分行　1979年11月30日,农业景德镇市中心支行从人民银行分设。同时,建立乐平、浮梁2个支行和30个农村营业所,农村信用社归各地农行领导和管理。1986年,市农行内设办公室、人事科、监察科、秘书科、计划会计出纳科、保卫科、农业信贷科、工商信贷科、稽核审计科、存款科、会计辅导科、信用合作科。1992年11月更名为中国农业银行江西省景德镇市分行。1996年11月农业发展银行景德镇市分行从农行析出单设。同时,各县农村信用合作社联社与农行脱离行政隶属关系,农行景德镇市分行成为国有商业银行。2009年3月,改制为中国农业银行股份有限公司景德镇分行。2010年,市农行内设公司业务部、三农金融部、个人金融部、资产处置部、内控合规部、信贷管理部、人力资源部、财务会计部、运营管理部、综合管理部(工会办公室)、信息技术管理部、安全保卫部、监察部等部室。

中国银行股份有限公司景德镇市分行　1978年8月,中国银行景德镇办事处成立,归市人民银行领导,对内为国外业务科,于1979年1月1日挂牌营业。1980年7月11日,升格为中国银行景德镇支行,为外汇外贸专业银行。1986年1月,市中行内设人秘科、会计出纳科(含营业部)、国际贸易结算科、计划信贷科。10月迁至景德镇市瓷都大道591号。1993年1月更名为中国银行景德镇分行。1995年1月转为国有商业银行。1999年5月,迁至景德镇市瓷都大道1053号。2001年1月改称为中国银行景德镇市分行。2005年3月31日更名为中国银行股份有限公司景德镇市分行。

2010年12月,设人力资源部、监察内控保卫部、综合管理部、风险管理部、财务管理部、个人金融部、公司业务部、国际结算部、信息科技部、营业部、监察部、中小企业业务中心。下设17个支行。

中国建设银行股份有限公司景德镇市分行　1972年10月,建设银行景德镇市支行恢复。1984年更名为建行景德镇市中心支行。1990年有内设机构16个,分支机构39个。1996年3月26日更名为建行景德镇市分行,并启用新的企业形象标识。2004年9月中国建设银行以分立式进行重组,设立中国建设银行股份有限公司。2005年3月更名为中国建设银行股份有限公司景德镇市分行,为股份制商业银行的二级分行。

2010年,内设综合管理部、纪检监察部(安全保卫部)、计划财务会计部、风险管理部、营运管理部、公司业务部、个人金融部、电子银行与信息技术管理部、住房金融与个人信贷部等机构,21个分支机构。

交通银行股份有限公司景德镇分行　1988年5月13日,交通银行景德镇支行筹建领导小组成立。1989年6月,经央行和交通银行总管理处批准,筹建交通银行景德镇支行。1990年8月对外试营业。1992年8月18日正式对外营业,由交通银行南京分行管辖。1995年1月20日划归交通银行武汉分行管辖。2004年10月由交通银行南昌分行(后更名为江西省分行)管辖。

1990年8月,内设综合计划部、信贷部、会计出纳部、储蓄证券部、人事教育部、保卫科、办公室。2002年11月19日,景德镇支行升格为景德镇分行,下辖城东办事处、南门头办事处、科通办事处、乐平办事处、昌盛分理处升格为支行。

2009年7月17日,强家弄、三八、百花、昌兴和新发5个分理处升格为支行(二级支行)。2010年交行景德镇分行,内设12个科室,辖12个支行。

中国农业发展银行景德镇市分行　1996年12月28日,中国农业发展银行景德镇市分行成立(以下简称市农发行),内设办公室、计划信贷科、稽核监察、财务会计科等机构,从农行转入30人。2000年以后,科室调整,相继成立客户服务部、人力资源部、风险管理部、电脑信息科等内设机构。1997年1月,成立乐平市、浮梁县支行,共从县(市)农业银行划入职工72人。

市商业银行股份有限公司(城市信用社)　1986年7月1日,市人民银行中支组建景德镇市兴华城市信用合作社开业,营业地点在一楼营业厅。至2001年年末,净资产总额302万元,实收资本247.8万元。

1988年9月26日,市劳动就业局组建市劳动信用合作社开业,营业地点在市珠山中路16号。至2001年年末,净资产总额393.99万元,实收资本360.6万元。

1988年7月,市工行组建市金声城市信用合作社开业,营业地点在市中山南路大黄家弄口。至2001年年末,净资产总额368.69万元,实收资本281.55万元。

1992年12月,市人民银行中支组建市城市信用合作社中心社,人员、资金由中心社统一管理,业务财务由各社各自独立核算。营业地点在良友宾馆一楼、三楼。至2001年年末,净资产总额627.38万元,实收资本612.64万元。

2001年12月31日,市政府对市兴华、劳动、金声、中心社4家城市信用合作社进行清产核资与股权评估,组建市城市信用社。2002年7月12日正式开业,办公地点在珠山西路6号。2008年,搬迁至广场南路皇冠购物广场西一区1号楼。

市城市信用社实行总社—分社两级扁平化管理模式,总社设7部1室1中心,下辖14个分支机构。股本金总额15651万元,其中市政府持股6000万元,占比38.34%;企业法人持股7783万元,占比49.73%;自然人股持1868万元,占比11.93%。

2010年7月2日,中国银监会批准市城市信用社筹建商业银行。12月30日,江西银监局批准景德镇市商业银行开业。股东656户,注册资本金37077万元,其中市本级及各县(市、区)财政13753万股,占总股本的37.09%;法人企业股21786万股,占总股本的58.76%;自然人股1538万股,占总股本的4.15%(其中职工股891万股,占总股本的2.40%)。下辖分支机构(营业网点)14家。

中国邮政储蓄银行股份有限公司景德镇市分行　2008年2月2日,邮储银行景德镇市分行挂牌成立,位于市迎宾大道中段。4月2日邮储乐平市支行成立。6月邮储银行景德镇市分行辖内23个二类支行相继开业。

景德镇农村商业银行股份有限公司(农村信用联社)　2003年12月,市农村信用社被列为改制组建设区市农村合作银行试点单位,但由于遗留问题多,短期内难以达到组建农村合作银行的要求。2007年6月27日,银监会批准成立农信社景德镇市联社。2009年,联社深化产权制度改革,改善经营状况,筹组商业银行。

2010年2月24日,银监会批准筹建景德镇农村商业银行。4月29日景德镇农村商业银行成立。7月中国银监会下发《关于景德镇农村商业银行股份有限公司开业的批复》。9月江西银监局下发《关于景德镇农村商业银行股份有限公司等75个分支机构开业的批复》。11月景德镇农商银行正式挂牌开业，地点为市新风路4号。

九江银行股份有限公司景德镇分行　2010年12月16日，九江银行股份有限公司景德镇分行开业，成为进驻瓷都的首家外地城市股份制商业银行。办公地点在里村花园197号，内设综合管理部、计划财务部、风险管理部、授信审批部、市场营销部、重点客户部、营业部，员工31人。

第五章　保险　证券　典当

1986—1995年，景德镇市保险业只有中国人民保险公司一家经营。1996年，人保公司分拆为财险和寿险，太平洋保险、平安保险入驻。到2000年以后，天安、大地、泰康、安邦、人寿等保险公司先后入驻，保险业发展迅速，也竞争激烈，为个人、企业提供多种风险防控的手段，促进了经济的发展和社会稳定。20世纪90年代，景德镇证券交易规模不大，以发行企业债券为主。2000年以后，随着中航、国盛、世纪3家证券机构的入驻，股票交易规模逐年扩大。典当业在景德镇历史悠久，但业务规模不大。

第一节　保　险

保险监管

监管机构　2001年1月，中国保监会南昌特派员办事处更名为江西监管局（简称江西保监局），统一监督管理江西保险市场。景德镇各保险分公司的行政、业务，受其上级公司的领导，同时受江西保监局的监管。

2006年11月，市保险行业协会在市民政局注册成立。基本职责为行业自律与服务，促进市场公平，维护消费公正，做好维权、协调、交流、宣传等工作。同时承办江西保监局委托的行政许可事项调查、市场经营秩序巡查以及信访投诉举报的调查工作。

行业自律　机动车保险自律。自20世纪90年代始，机动车辆保险业务比重占财产保险的80%以上，车险业务的竞争较为集中、激烈。2006年3月，省保险行业协会组织签订《江西省机动车辆保险自律公约》，规范机动车辆保险市场秩序。2008年9月，省保险行业协会印发《关于实施机动车辆保险“见费出单”管理制度的方案》，12月省保险行业协会组织各财险公司签订《江西省机动车辆保险“见费出单”自律公约》。市保险行业协会组织开展学习、宣传。2009年5月，对辖区内所有财产保险分公司、中支公司以及各公司市区保险网点“见费出单”制度进行检查，保障制度有效实施。2010年2月，市保险行业协会组织各财险公司总经理对《江西省非车险自律公约草案》进行讨论，规范各会员公司的市场行为。5月，组织开展车险自律检查，监管自律要求的落实。

银行代理保险自律。2007年以后，银行代理保险业务不断发展，但在销售、手续费支付以及内控管理方面问题不断。2008年11月3日，江西保监局下发《关于进一步规范我省银邮代理保险业务的通知》。12月，江西省保险行业协会印发《江西省银邮代理人身保险业务自律公约》。2009年1月，市保险行业协会成立市银邮代理业务自律稽核检查大队，对银邮代理业务进行巡查。2010年年初，市保险行业协会组织辖区内各保险、银行、邮储机构主要负责人进行座谈，学习交流人身保险业务自律公约和《江西省银邮代理业务稽查大队工作规则》，召集乐平辖区各寿险公司负责人就银邮保险进行专题调研，保持监管力度。

管理与服务　交通事故“一站式”服务。2009年7月30日，根据省公安厅交警总队、保监会江西监管局联合下发的《关于进一步推进全省道路交通事故快速处理和快速保险理赔“一站式”服务中心建设的通知》精神，景德镇市成立道路交通事故快速处理及保险理赔“一站式”服务中心（以下简称“服务中心”），全市各财产保险公司派员进驻服务中心,对不涉及人身受伤的财产损失案件实施简易理赔程序,让保户发生小额财产事故后迅速将车辆移至不妨碍公共交通的地点,保障道路交通通畅。至2010年年底,共处理此类物损案件2301件,提高了简易交通事故处理效率。

车船税代收代缴服务。2008年8月,市保险行业协会组织辖内财产保险公司承办车船税的代征工作,按时向地税部门解缴税款,报送相关报表、凭证和资料,方便车主纳税。2009年、2010年,各财险公司共代收车船税款977.9万元和1182.36万元。

道路交事故矛盾纠纷调处服务。为贯彻落实市委、市政府办公室《关于成立全市各专项信访问题及矛盾纠纷调处中心的通知》。2010年11月25日,在市交警四大队挂牌成立市交通事故信访问题及矛盾纠纷调处中心,调处中心内设有保险理赔室,保险机构参与涉及保险赔偿的交通事故调解工作,防止矛盾纠纷激化。

受托承办事项　行政许可调查。根据监管部门在全省各设区市没有设立保险监管分局的实际情况,2007年10月,江西保监局下发《关于委托保险行业协会协助办理行政许可等工作的通知》,委托具备条件的协会承办行政许可、现场检查、信访投诉和保险代理人资格考试等工作。市保险行业协会受托承办保险分支机构筹建、开业、迁址和保险业高管任职资格的调查工作,受托处理信访投诉事项。

保险从业资格考试。2008年起,市保险行业协会按照江西保监局的相关要求,设立移动考场,组织保险代理从业人员资格电子化考试,对缺乏计算机操作能力的部分人员实施纸质化考试,设立两年过渡期。协会对考生的报名材料进行审核,开展考场监督管理,确保资格考试公平、公正。2008年、2009年、2010年,分别组织8场、12场、30场次考试,累计为3027人提供考试服务,考试一次通过率约为60%。

保险经营机构

中保财险景德镇市分公司　1984年,中国人民保险公司景德镇市分公司在景德镇独家经营,下辖中保乐平县支公司。1987年5月9日,成立市区办事处广场分理处。1989年9月11日,成立中保浮梁县支公司。

1996年5月底,分设为中保财产保险有限公司江西景德镇分公司和中保人寿保险有限公司江西景德镇分公司。下设中保财险乐平市支公司、浮梁县支公司、广场支公司、河西支公司、昌江区支公司。

1999年5月17日,中保财产保险有限公司景德镇分公司更名为中保财产保险有限公司景德镇市分公司,设在市瓷都大道。2003年,变更为中国人民财产保险股份有限公司景德镇市分公司。

表21-5-1　**1986—2010年中保财险景德镇市分公司经营统计表**　单位:万元

年份	保费收入	赔款支出	年份	保费收入	赔款支出
1986	476.6	207.1	1999	4671.3	2939.8
1987	680	297.1	2000	5008	2530.2
1988	1284(含储金收入)	408.6	2001	5357	2634
1989	1545.3(含储金收入)	585.9	2002	5753	2865.6
1990	1587.2	587	2003	6026	3410
1991	1508.5	853	2004	5599.4	3004.7
1992	4842(含储金收入)	1834.5	2005	5383.7	2755.8
1993	5361	3422	2006	4885.1	3435
1994	5171.5(含储金收入)	1926.2	2007	5886	2998.7
1995	5573(含储金收入)	3626.2	2008	6223.6	4859.5
1996	3867.2	6634.1	2009	7738.6	3690
1997	4345.1	2696.5	2010	13010.6	5350.1
1998	4532	9454			

说明:1986—1996年是中国人民保险公司景德镇市支公司数据表

中保寿险景德镇分公司　1996 年 5 月，中保人寿保险公司江西省景德镇分公司从中国人民保险公司景德镇市分公司析出单设，承接人身保险业务。下辖乐平市、浮梁县支公司及昌江区、珠山区营销部。1999 年 4 月，更名为中保人寿景德镇中心支公司，办公地点在昌江大道。2003 年 7 月更名为中国人寿保险股份有限公司景德镇分公司。2005 年，下设 4 个县（市、区）支公司和营销部。

表 21－5－2　**2004—2010 年中保寿险景德镇分公司经营统计表**　单位：万元

年份	保费总额	赔款总额	赔付率(%)	年份	保费总额	赔款总额	赔付率(%)
2004	20571.9	1422.05	70.13	2008	33951.49	1536.96	63.58
2005	23261.92	1131.48	56.39	2009	28093.81	1015.83	55.3
2006	24001.97	1091.96	58.64	2010	31208.77	1304.25	72.17
2007	24320.23	1290.98	57.92				

人寿财险景德镇市中心支公司　2008 年 3 月，中国人寿财险股份公司景德镇市中心支公司筹建，6 月正式开业。位于市瓷都大道，并建立乐平营销部，后改乐平支公司。2010 年 9 月 6 日浮梁支公司成立。

表 21－5－3　**2008—2010 年人寿财险景德镇市中支经营统计表**　单位：万元

年份	承保	其中:乐平	赔付	数量(件)
2008	750	210	105	282
2009	1356	720	499	2225
2010	2146	—	909	1917

人寿保险景德镇中心支公司　2008 年 4 月 30 日，中国人寿保险股份有限公司景德镇中心支公司正式开业，位于市瓷都大道中段龙腾大厦。2008 年 9 月设立乐平市支公司。2010 年 6 月，设立浮梁县支公司。

表 21－5－4　**2008—2009 年人寿景德镇中支经营情况统计表**　单位：万元

年份	保费总收入	同比增长(%)	寿险首年保费	其中:首年期缴保费	短险保费	短险赔付	短险赔付率(%)
2008	4132.09	—	4132.09	422.12	32.17	3.00	45.17
2009	9367.81	126.71	9131.88	1007.59	146.73	31.62	47.23

太平洋财险景德镇中心支公司　1995 年 1 月 18 日，中国太平洋保险公司景德镇办事处开业，当年保费收入 1025 万元，完成利润 94.2 万元。2001 年 1 月，太平洋财产保险公司景德镇中心支公司成立。2002 年 6 月，太保财险景德镇中心支公司昌江、浮梁营销服务部挂牌营业。2007 年 11 月 8 日，公司由原来的珠山东路 15 号迁至昌南大道 17 号昌南大厦。

表 21－5－5　**2001—2010 年太平洋财险景德镇中支经营统计表**　单位：万元

年份	保费总额	赔款总额	赔付率(%)	年份	保费总额	赔款总额	赔付率(%)
2001	904.57	457	50.52	2006	1686	708	41.99
2002	1050	437	41.62	2007	1995	1074	53.83
2003	1116	502	44.98	2008	2317	1810	78.12
2004	1256	758	60.35	2009	3093	1498	48.43
2005	1560	648	41.54	2010	5285	2350	44.47

太平洋寿险景德镇中心支公司　2001 年 1 月,中国太平洋人寿保险股份有限公司景德镇中心支公司设立。2007 年 11 月 8 日,公司由原来珠山东路 15 号迁至昌南大道 17 号昌南大厦。2000 年,设立乐平支公司,2010 年设立昌江支公司。

表 21－5－6　　2001—2010 年太平洋人寿景德镇中支经营统计表　　单位:万元

年份	保费总额	赔款总额	赔付率(%)	年份	保费总额	赔款总额	赔付率(%)
2001	1577.89	90.80	5.75	2006	2913.22	70.48	2.42
2002	2245.86	194.36	8.65	2007	4718.12	84.55	1.79
2003	2670.96	236.05	8.84	2008	6203.22	126.68	2.04
2004	1912.90	89.69	4.69	2009	3383.56	134.20	3.97
2005	2268.00	91.54	4.04	2010	7063.64	71.48	1.01

平安财险景德镇中心支公司　2003 年 3 月 24 日,中国平安财产保险股份有限公司景德镇中心支公司成立,位于市沿江西路景江华庭。2006 年 11 月 20 日,设立乐平支公司。

表 21－5－7　　2003—2010 年平安财险景德镇中支经营统计表　　单位:万元

年份	保费收入	赔款	年份	保费收入	赔款
2003	373	—	2007	1316	451.57
2004	677	—	2008	1051	585.38
2005	820	211.35	2009	1288	681
2006	963	345.51	2010	1472	829.13

平安寿险景德镇中心支公司　1996 年 3 月,中国平安保险股份有限公司景德镇代办站在市工行麻石弄牡丹卡营业部开业。1997 年 5 月,景德镇代办站财险、寿险分业经营。1998 年 9 月 20 日,景德镇平安人寿停业,改为服务部,隶属南昌管理。2003 年 1 月,景德镇平安人寿恢复营业,成立中心支公司。2005 年 6 月 8 日,乐平营销服务部设立。2006 年景德镇降为营销服务部,隶属九江支公司。2011 年 3 月恢复中心支公司。办公地址在景德镇市瓷都大道。

表 21－5－8　　2005—2010 年平安寿险景德镇中支经营统计表

年份	保费收入(万元)	结案数(件)	赔付金额(元)	年份	保费收入(万元)	结案数(件)	赔付金额(元)
2005	263.04	17	57610.35	2008	702.65	61	164668.6
2006	426.36	43	103532.1	2009	993.04	65	278625.9
2007	599.39	50	162550.5	2010	684.30	58	232766.6

天安财险景德镇中心支公司　2005 年 5 月,天安财产保险股份有限公司景德镇中心支公司筹建,9 月 26 日正式营业,下设综合部、理赔部、业务部。位于昌江大道新枫园小区。2006 年 7 月,乐平营销服务部成立。

2006 年 7 月 12 日,天安财险景德镇中心支公司成功承保大庆至广州高速公路江西武宁至吉安段保险项目。项目保险金额 4.86 亿元,实现保费收入 123 万元。2008 年 9 月 1 日,成功中标鹰潭至瑞金公路保险项目,保险金额 11 亿元,实现保费收入 354.4 万元。

表 21－5－9　　2005—2010 天安财险景德镇中支经营统计表　　单位：万元

年份	保费收入	赔款支出	年份	保费收入	赔款支出
2005	130.44	1.99	2008	1025.93	831.24
2006	873.56	552.41	2009	704.49	523.89
2007	1026.54	652.68	2010	401.36	473.56

大地财险景德镇中心支公司　2004 年 9 月 10 日，中国大地财产保险股份有限公司南昌分公司景德镇营销服务部设立。2005 年 9 月，更名为大地财险股份有限公司景德镇营销服务部，11 月 10 日成立景德镇中心支公司，位于昌江大道。下辖景德镇营销服务部、乐平营销服务部。2006 年 6 月 28 日，乐平营销服部升格为支公司。

表 21－5－10　　2004—2010 年大地财险景德镇中支经营统计表　　单位：万元

年份	承保额	保费额	赔款额	赔付率（%）
2004	8121.51	127.23	1.35	1.06
2005	298415.60	1036.88	240.64	23.21
2006	431339.79	1366.86	444.89	32.55
2007	592202.51	1434.68	633.79	44.18
2008	494658.94	1123.95	737.72	65.64
2009	468126.43	907.40	571.07	62.93
2010	200281.59	664.18	572.43	86.19

泰康人寿景德镇中心支公司　2008 年 1 月，泰康人寿景德镇中心支公司成立，下辖浮梁服务部。位于市昌南大道 2 号城市名都小区。2009 年 1 月，成立乐平支公司。

表 21－5－11　　2008—2010 年泰康人寿景德镇中支经营统计表　　单位：万元

年份	总保费	其中			总理赔	其中		
		个险	银险	团险		个险	银险	团险
2008	3726.7	619.53	3077.09	30.08	—	—	—	—
2009	6467.34	1026.24	5370.99	70.11	31.82	5.71	1.15	24.96
2010	7780.47	961.71	6769.71	49.05	16.94	5.11	5.85	5.98

安邦财保景德镇中心支公司　2005 年 12 月 28 日，安邦财产保险股份有限公司景德镇营销服务部筹建，位于景德镇市梨树园小区北苑。2006 年 4 月 4 日正式营业。8 月 9 日，升格为安邦财险景德镇中心支公司。

表 21－5－12　　2006—2010 年安邦财险景德镇中支经营统计表　　单位：万元

年份	保费总额	赔款总额	赔付率（%）	年份	保费总额	赔款总额	赔付率（%）
2006	410.76	24.51	6.00	2009	514.80	256.44	49.81
2007	673.64	214.42	31.83	2010	512.31	216.32	42.22
2008	544.52	285.28	52.39				

太平寿险景德镇中心支公司　2010 年 9 月 30 日，太平人寿保险有限公司景德镇中心支公司成立，10 月 11 日获得工商登记，员工 10 人。内设总经理室、人事行政部、个人业务部、银行保险部、运营服务部。位于

广场南路皇冠购物广场,后搬至昌江大道美阳大厦。2011 年,理赔案件 3 个,赔付金额 1256.45 元。

表 21-5-13 　　2010 年太平寿险景德镇中支经营统计表 　　单位:万元

险种	保费总收入	寿险首年保费	其中首年期缴保费	短险保费	其中意外险保费	人均保费
个险	105.07	97.15	97.15	2.15	1.80	0.7
银险	261.08	260.80	140.2	0.08	0	76.8

都邦财险股份有限公司景德镇中心支公司　2008 年 3 月,都邦财险股份有限公司景德镇中心支公司成立,位于昌江大道穗苑小区,员工 10 人。2008—2010 年,财产保险保费收入分别为 352.4 万元、818.8 万元、478.4 万元;财产保险赔付支出分别为 29.9 万元、199.9 万元、444.8 万元。

阳光财险股份有限公司景德镇市中心支公司　2010 年 1 月,阳光财险股份有限公司景德镇市中心支公司成立,位于昌南大道 2 号城市名都小区,员工 12 人。当年保费收入为 427.8 万元,赔付支出为 41.09 万元。

第二节　证　券

证券业务

1986 年 6 月 14 日,市政府转发市人民银行《企业股票、债券发行管理办法》。同日,景德镇市股票、债券发行市场成立。1991 年 6 月,农行江西省信托投资公司景德镇市办事处成立并开办证券业务。至 1992 年年底,实现证券交易 3400 万元,累计为 19 家企业代理发行债券,融资金额 1600 万元。

1992—1993 年,景德镇市证券机构作为承销商为全市 11 家大中型企业在市外共发行债券 13850 万元,引进资金 13850 万元。

1993 年年初,景德镇金融市场加入武汉证券交易中心并成为甲类会员,为首家金融市场单位,也是全省唯一进驻省外证券交易中心的金融机构。全年代理及自营国库券业务 6.55 亿元,交易额在武汉证交中心名列前茅。9 月 1 日,景德镇金融市场与上海证券交易所“上海股票异地委托买卖”业务正式联网,开设个人股东 1000 户。12 月,上海证券交易所卫星数据接收系统投入使用,景德镇市也能进行上海股票异地委托买卖。同年,市建行信托办事处被批准为武汉证券交易中心异地甲类会员,在武汉设立代表处开展证券交易,当年证券交易量达 9600 万元。

1994 年,批准发行企业短期融资券 19700 万元,其中直接向外地发行 17000 万元。至年底,全市证券机构开展的各类证券业务量达 75.5 亿元。同年,省资金融通中心景德镇办事处、省证券登记有限公司景德镇代理处、省证券公司景德镇营业部 3 家单位在景德镇市合署办公,办理股票、证券业务。当年,全市股民开户数达 1838 户,委托笔数 32540 万元,委托买卖股票逾 118500 手,交易金额达 15300 万元,并代理 100 多家上市公司配送股份及支付红利。

1995 年,新开通深圳股市业务,在上海证券市场设立交易席位,方便景德镇市股民投资。当年,股民开户数达 1909 户,委托买卖股票 30660 笔,交易金额达 23659 万元。

1996 年,全市股民开户数达 8000 余户,累计二级股市成交额达 9 亿元。5 月 27 日,华意电器总公司“华意压缩”A 股在深圳成功上市,是景德镇市第一家上市公司。8 月 29 日,“东风制药”股票在沪上市,成为全省第三家上市公司。

1998 年 1 月 1 日,因金融体制改革业务需要,省证券公司景德镇营业部划归省证券公司管理。2003 年 2 月 26 日其余两个部门撤销。

2004 年,全市三家证券公司(国盛证券、江南证券、世纪证券)股票交易额达 36.5 亿元,较上年增加 6.5 亿元,增幅达 21.66%。

2005年，股票交易额31.368亿元。全市证券深度为16.42%，比上年下降5.7个百分点。

2010年，景德镇证券经营机构有中航证券、国盛证券、世纪证券3家，总开户86454户。

证券经营机构

中航证券股份有限公司景德镇营业部　1998年3月23日，江南证券景德镇营业部开业，注册资金510万，位于景德镇市瓷都大道167号。2003年7月25日江南证券收购世纪证券，营业部迁至体育馆。2008年1月1日，迁至景德镇市新村西路25号二楼。2010年5月6日，更名中航证券景德镇新村西路证券营业部。

表21-5-14　**2003—2010年中航证券景德镇营业部业务统计表**　单位：亿、户

年份	成交金额	资产	累计开户数	说明
2003	3.66	1.46	755	名原江南证券
2004	19.5	1.98	25813	
2005	19.52	1.98	26255	
2006	43.28	4.18	26608	
2007	277.33	11.61	41480	
2008	171.04	5.26	46650	
2009	251.19	12.03	48613	
2010	235.19	18.14	49678	时名中航证券

国盛证券景德镇营业部　2003年4月，国盛证券有限责任公司景德镇珠山中路证券营业部成立，营运资金500万元。其前身是1998年4月4日开业的江信国际信托投资公司景德镇证券营业部。2010年12月31日，国盛证券景德镇证券营业部内设综合运营部、综合金融部、市场营销部、客户服务部。员工共15人。

表21-5-15　**1998—2010年国盛证券景德镇珠山中路证券营业部业务统计表**　单位：万元

年份	成交金额	客户数（户）	保证金余额	手续费收入	营业收入
1998	27733.49	1917	1287.71	92.33	101.58
1999	64316.23	3028	1371.00	209.76	213.26
2000	116465.62	4890	3648.97	418.48	430.38
2001	58813.01	6093	2743.06	237.29	246.40
2002	54615.97	6278	3182.69	1913.46	201.55
2003	54417.57	6690	1712.31	106.25	209.15
2004	79221.19	6980	1296.43	219.57	262.29
2005	66206.71	7095	1284.20	196.82	222.70
2006	205737.68	7757	3458.40	496.32	537.35
2007	1285348.95	22905	12343.48	2428.51	2516.93
2008	734004.51	25263	7345.08	1713.24	1836.58
2009	1480911.78	27060	19442.34	2979.71	3176.62
2010	1480356.16	28593	19591.53	2110.32	2347.30

世纪证券景德镇新厂林荫路证券营业部　1998年8月18日，江西省证券公司景德镇营业部成立。2000年，江西省证券公司景德镇营业部昌河服务部成立。2001年7月，北京首旅集团入驻江西省证券公司，

重组后更名世纪证券有限责任公司,景德镇营业部整体并入世纪证券。

2003 年 7 月 25 日,经证监会批准,世纪证券景德镇营业部营业牌照迁至昆明,保留世纪证券昌河服务部。2009 年 8 月 6 日,世纪证券景德镇昌河服务部升级为景德镇新厂林荫路证券营业部,迁址景德镇新厂东路交通银行大厦二、三楼,员工 46 人。

表 21-5-16　2003—2010 年世纪证券景德镇新厂林荫路证券营业部业务统计表　单位:万元

年份	成交额	资产	累计开户	税前利润	手续费收入	手续费支出	利息收入	利息支出
2003	60700	4600	878	—	—	—	—	—
2004	56600	10500	1394	—	—	—	—	—
2005	85700	7800	1805	—	—	—	—	—
2006	64400	15700	2487	—	—	—	—	—
2007	289700	18000	3282	—	—	—	—	—
2008	167200	8900	4172	—	—	—	—	—
2009	508600	25400	5787	102.59	251.57	29.18	14.03	4.02
2010	793100	33600	7209	300.88	1108.99	168.99	72.97	21.40

第三节　典　当

清代末期,景德镇创立典当业。初期仅有朱大和一家,其后有庆怡、庆泰两家开业。典当的物品有名贵古董、书画、金银首饰、珍珠宝石、玛瑙、衣裤、丝绸、绵、衣服被褥等。景德镇的典当铺经营至民国 18 年(1929)前后歇业。

20 世纪 80 年代,景德镇市陆续恢复典当行业。典当物除传统典物外,还有家用电器,照相、通讯、交通器材,手表、高档家具和私人房产,按当物评估价值的 60% 放贷。赎当时,当铺除收回本息外,加收 2% 的保管费。逾期不赎者称为“死当”,由当铺自行处置。另外,当户将其动产、财产权利作为当物,质押或者将其房地产作为当物抵押给典当行,交付一定比例费用,取得当金,并在约定期限内支付当金利息、偿还当金。

1988 年 8 月,集体性质的欣荣典当商行、国营性质的信誉典当商行分别开张营业。信誉典当商行自有资本金 30 万元,欣荣典当商行自有资金 17.2 万元。1989 年 6 月以后还有鑫源典当、景德典当、东升典当、亿汇通典当、华信典当,乐平市天和典当、远鹏典当等相继开张营业。市人民银行将典当商行作为金融机构予以审批设立,核发“经营金融业务许可证”。典当机构批设后,将经营范围、收当对象、当率、手续费率等情况予以公布,每月向市人民银行报送业务报表。信誉典当商行和欣荣典当商行开业一个月共计发生业务 200 多笔,付出典当金 28 万余元,收取典当费 25 万余元,收取的典当物品中,房屋 24 栋、付典当金 13 万元,电视机、电冰箱、金银首饰、古瓷和仿古瓷、收录机、自行车和高级布料、服装等高档物品也占相当比重。所有典当业务中,个人(个体户)业务比重大,占全部业务量的 90% 以上。典当业务以快速、灵活、手续简便等特点,为中小型企业和个体老板解决临时性资金。

1994 年,市人民银行加强对典当行业规范管理的同时,指导景德镇信誉典当商行从其主管部门——景德镇市再生资源公司析出,单列账户,独立经营,自负盈亏。1996 年,市人民银行贯彻人总行《关于下发〈典当行管理暂行办法〉的通知》和省人民银行、省公安厅、省工商行政管理局《关于对典当行进一步清理整顿的通知》精神,会同市公安局、市工商行政管理局对全市典当行进行清理整顿。

1998 年 5 月,景德镇市东升典当有限公司开业,注册资本 580 万,经营质押、放贷、服务。

2000 年 9 月 21 日,典当行管理职责由市人民银行移交给景德镇市经济贸易委员会。

第二十二篇　税务　财政　审计

第一章　税　务

1984年，国家第二步“利改税”完成后，财政税收由利税并重变为以税为主。1994年12月15日，国务院发布《关于实行分税制财政管理体制的决定》，同年12月25日，国务院发出《批转国家税务总局〈工商税制改革实施方案〉的通知》，该次分税制改革和工商税制改革，是中华人民共和国成立以后规模最大、范围最广、内容最深刻的一次税制改革，目的是适应建立社会主义市场经济体制的需要。改革后，工商税制中的税种由原来的32个减少到18个，税种设置由原来的37个减少为23个，建立起以流转税和所得税为主体，其他税种相配合，多税种、多环节、多层次调节的具有中国特色的税制体系。2003年以后，国家按照“简税制、宽税基、低税率、严征管”的原则进一步完善税制。这一时期，全市税务部门秉承“为国聚财、为民收税”的根本宗旨，收好税、带好队，为景德镇市经济社会发展提供税收支持。

第一节　税收征管体制

征管制度改革

1994年前，税收征管实行征管员“一人进厂，各税统管”征管模式。在基层税收征管中，根据税源分布及纳税人不同情况，实行税款征收、纳税管理、纳税检查相分离的征管模式。征收人员、管理人员、检查人员各自履行职责，形成相互联系又相互制约的征管机制。2006年9月，制定《税收管理员制度实施办法（试行）》，明确税收管理员的信息采集、户籍管理、核定管理、税源监控、纳税服务、纳税评估、征管档案管理等工作职责。税收管理员每月至少巡查一次，每次巡查面达到10%以上，并确定税收管理员管理标准、监督考核办法。

1995年开始，围绕“以纳税申报和优化服务为基础，以计算机网络为依托，集中征收，重点稽查”的征管模式（30字征管模式），推行征管、稽查两分离。同年，新税制法规政策实施，税收工作由粗放管理向重点稽查转变，由税务机关单一管理向建立企业申报、社会中介机构代理、税务机关稽查相结合的“三位一体”征管新格局转变，由手工操作向微机系统管理手段转变。各县（市）国税局在城区建立纳税申报大厅，在农村分局和驻征站设立纳税窗口，试行红、蓝、黄三色申报办法，各县（市）国税局成立税务师事务所，下设代理部，开展税务代理业务。

至1998年年底，全市98%纳税户做到自行申报纳税，各县（市）城区分局、各农村分局全部建立办税服务厅，并全部配备计算机。对税源分布相对集中的城区、县城实行集中征收和重点稽查的模式，对农村实行相对集中和定期征税以及委托代征相结合的办法，构筑协税护税网络。

2002年9月8日，经省国税局批复同意，市国税局实施税收征管改革。①设立市局计划征收科，统一负责全市范围内的税款征收信息的集中处理和会统核算；撤销景德镇市城区内全职能的区局和直属分局、涉外分局，设立重点企业管理分局、国际税收进出口税收管理科（分局）、珠山昌江国家税务局3个管理机构；撤销景德镇市城区各区局、直属分局内设的稽查机构，设立直属于市局的稽查局，内设若干个检查科，在城区范围内实行一级稽查;设立县(市)局计划征收股,作为县(市)局的内设机构,负责全县(市)税款征收信息的分析和管理。在县(市)局下设若干个面向纳税人的管理股,负责全县(市)增值税一般纳税人、县(市)城区及周边10千米内各类纳税人的税务管理工作。在县(市)城区以外地区分别设立3个农村分局,负责小规模纳税人及个体集贸税收的管理。设立直属于县(市)局的稽查局,在全县(市)范围内实行一级稽查。②建立以市国税局为中心、以DDN专线覆盖市局、县(市)局和基层分局的三级税收管理网络系统。③建立多元化电子申报纳税体系和纳税人、税务、银行、国库"四位一体"的税款缴税格局。④对重点税源实行"驻企管理",对专业市场实行"驻场管理",对其他纳税人实行划片(行业)管理,对边远地区的零散税收实行委托代征。建立纳税信誉等级评定制度。⑤推行一级稽查,实现税收收入型向税收政策型稽查转变。实行计算机选案,除举报案件、转办案件、上级交办的检查任务外,其他案源主要由管理部门在纳税评估的基础上通过计算机选案提供。

2003年4月1日,制定CTAIS(税收综合征管软件)运行的管理制度和操作办法,建立集征管、监控、决策、考核为一体,覆盖征管业务全过程的市级集中版税收征管信息管理系统。对运行质量和征管质量(申报率、入库率)进行考核并通报,按月对所有纳税户建立户籍卡和管理手册,建立工商、银行等部门的信息传递机制,开展商贸企业的增值税审核评税工作。

2003年,国家税务总局加强信息化建设,形成"以申报纳税和优化服务为基础,以计算机网络为依托,集中征收,重点稽查,强化管理"的"34字"征管模式。

市、县两级地税征管范围调整

2002年11月8日,市政府下发《关于我市重点工程、国债项目地方税收征管有关问题的通知》,规定凡由市本级安排资金或争取资金建设的城市基础设施、休闲场所等重点工程,其应缴纳的各种地方税收,均由市地税局管理局征管,列作本级收入;凡利用国债资金,并由市本级承担债务的建设项目,其应缴纳的各种地方税收均由市地税局管理局征管,列作本级收入;在由市本级安排资金建设的重点工程和建设项目中进行施工的外来建工企业,其应缴纳的建筑安装营业税等有关税收均由市地税局直属分局征管,列作本级收入。在由珠山区、昌江区安排资金建设的重点工程和建设项目中进行施工的外来建工企业,其税收由珠山区地税局、昌江区地税局分别征管;上述明确的重点工程、国债项目应缴纳国税的征管问题参照本通知执行。

2003年6月26日,市政府下发《关于规范税收征管若干问题的通知》,规定由市本级征管的企业和市直事业单位安排的基建项目,基建概算在500万元以上的,施工单位应缴纳的各种建设性税收,均由市本级征收,列作本级收入;基建概算在500万元以下,由外来建筑企业施工,其税收由珠山区负责征收。由本市建筑企业施工的,其税收按建筑企业原隶属征管关系,分别由原征管部门负责征收;原隶属市本级征收的企业,因改制和退城进郊,其一部分搬迁到各县(市)和高新区以后,其搬迁部分的税收由市本级负责征管,实行三七分成,即各县(市)或高新区分成30%,市本级分成70%。税收分成每半年预结一次,年底再进行清算;原隶属市本级征管的企业,全部搬迁到各县(市)和高新区以后,其税收仍由市本级负责征管,所缴纳税收以搬迁前一年为基数,存量部分列入市本级收入,超过基数的增量部分实行五五分成,每年11月结算;原隶属各县(市)征管的企业部分或全部搬迁到景德镇市区以后,其税收仍由各县(市)征管,市本级不参与分成;昌河工业园区内企业的税收,由市本级负责征收,列作本级收入。企业按规定享受市高新区的优惠政策,由市本级予以兑现。

2005年6月23日,市政府办转发市财政局、国税局、地税局《关于调整完善我市部分财政税收管理体制意见的通知》,对城区建筑安装企业实行行业税收管理,统一由市地税局直属分局征管,税款归属按规定执行。6月29日,珠山区地税局、昌江区地税局、高新地税分局列管的所有建筑安装企业户管资料整理造册,移交直属分局。变更主管税务机关和税务管理员,珠山区局委派一名干部和一名协税员到直属分局,参与该行业税收征管,统一建筑安装企业税收管理。位于高新区的企业,含高新区内珠山工业园、珠山陶瓷科技园内的企业,统一由高新区分局负责征管。陶阳路和昌河大道东段涉及珠山区征管、昌江区分成的项目,由两区地税局协调落实。

会计核算改革

1995 年 1 月 1 日起，市国税局执行新的《税收会计核算办法》和《江西省国税系统税收会计制度》。税收会计改革的基本内容包括：扩大核算范围，将原来从征收数开始改为从应征数开始，把核算起点向前延伸拓宽到县（市）税务局。对于明细账核算，由原来分税种、分预算级次核算，增加到按纳税人设置明细账。在记账方法上，改收付记账法为借贷记账法。通过改革，更加全面、准确、及时地核算整个税收资金运行过程，把纳税申报、税款征收、滞纳欠税、减免提退等诸环节全部置于会计的监督之下，提高税收管理水平。1999 年 1 月 1 日，执行国家税务总局《税收会计制度》。

第二节 税种 税率

税种

1986—1993 年，景德镇税务局征收的税种有工商税、国营企业所得税、能交基金、预算调节基金、教育费附加、市场调节基金。1994 年 1 月 1 日，国地税机构分设后，市国税系统负责全市范围内的增值税、消费税、中央企业所得税、地方和外资银行及非银行金融企业所得税、对境内外商投资企业和外国企业的各项税收以及外籍人员（华侨、港澳台同胞）缴纳的个人所得税（按税种分别入中央库和地方库）、集贸市场和个体户的各项税收（按税种分别入中央库和地方库）、中央税的滞补罚收入、按中央税共享税附征的教育费附加（属于铁道、银行总行、保险总公司缴纳的入中央库，其他入地方库）、国家能源交通重点建设基金、国家预算调节基金的征收与管理以及出口产品退税的管理。

市地税系统负责营业税、资源税、企业所得税、个人所得税、房产税（城市房地产税）、城镇土地使用税、车船税（车船使用税、车船使用牌照税）、城市维护建设税、印花税、土地增值税、烟叶税、固定资产投资方向调节税（停征）、屠宰税（取消）等地方税种及国务院、省政府、市政府授权代征的教育费附加（农村教育费附加）、地方教育附加、防洪保安资金、残疾人就业保障金、工会经费、文化事业建设费、副食品价格调节基金等基金（费）的征收。

1996 年，停止征收国家能源交通重点建设基金和国家预算调节基金。2 月 6 日，按照收入归属原则，对全市范围内的集贸市场和个体工商户税收征管范围重新划分，即增值税、消费税、外商投资企业和外国企业所得税，包括 3% 的地方所得税，由国税局负责征收管理，联营企业、股份制企业所得税，中央与地方所属企、事业单位组成的联营企业、股份制企业的所得税，由国税局负责征收管理；营业税、个人所得税和其他税收由地税局负责征收管理。1997 年 1 月 1 日，国家调整金融保险业的税收政策，将金融保险业营业税税率由 5% 提高至 8%，提高部分由国税局负责征收，2004 年 1 月 1 日后市国税系统不再征收营业税。2001 年 1 月 1 日取消车辆购置附加费，开征车辆购置税，市国税局委托市交通稽征部门征收。10 月 1 日，国家支持农村信用社发展，对农村信用社减按 5% 的税率计征营业税，由地方税务局负责征收，营业税收入全部归属地方。

2002 年，市国税局负责征收的企业所得税范围扩大。1 月 1 日后在市各级工商行政管理部门办理设立（开业）登记的企业，其企业所得税由国税系统负责征收管理。2003 年，市国税局所属征收机构不再对全市范围内的金融保险业征收营业税。2005 年 1 月 1 日，取消车辆购置税委托代征，市国税局对车辆购置税实行直接征收管理。2009 年起，新增的企业所得税纳税人、应缴纳增值税的企业，企业所得税由市国税局管理；应缴纳营业税的企业，企业所得税由地税局管理。

增值税

1994 年 1 月 1 日，全市取消烟、酒、电力、石化、化工等行业的产品税，对商品的生产、批发、零售、进口和应税劳务全面征收增值税。增值税纳税人分为一般纳税人和小规模纳税人，增值税一般纳税人实行 3 档税率，即 17% 的基本税率、13% 的低档税率、出口货物的零税率；增值税小规模纳税人实行 6% 的征收率。1995 年，增值税一般纳税人期初存货已征税款，5 年内实行按比例分期抵扣。同时，对全市范围内改征增值税需给予返还的外商投资企业期初库存已征税款尚未获得抵扣的部分,在1998年年底以前,按月均衡分摊,逐期抵扣。

1998年7月起,全市小规模纳税人划分为工业和商业两类,分别适用6%和4%的征收率。商业小规模纳税人的增值税征收率也由6%降为4%。增值税一般纳税人申报抵扣运输费用进项税额的运输发票,必须是提供运输劳务的运输单位开具的运输发票。对纳税人取得的任何单位、部门代开的运输发票,一律不计算进项税额,运输费用的申报进项税额抵扣率由10%调整为7%。8月1日,寄售商店代销寄售物品,典当业销售死当物品,销售旧货的征收率由6%调减为4%。

2000年1月,对全市范围内的增值税一般纳税人生产销售的应当征收增值税的商品混凝土,按6%的征收率征收增值税,且不能开具增值税专用发票。

2002年1月,市国税局对全市范围内的纳税人销售旧货,无论其是增值税一般纳税人或小规模纳税人,也无论其是否为批准认定的旧货调剂试点单位,一律按4%的征收率减半增收增值税,且不抵扣进项税额。对纳税人销售自己使用过的属于应征消费税的机动车、摩托车、游艇,售价超过原值的,按照4%的征收率减半征收增值税;售价未超过原值的,免征增值税。旧机动车经营单位销售旧机动车、摩托车、游艇,按照4%的征收率减半征收增值税。6月,全市范围内的不带动力的手扶拖拉机和三轮农用运输车增值税税率由17%统一调整为13%。

2007年7月,景德镇市作为中部6省老工业基地城市纳入增值税转型改革扩大试点范围,对电力业、采掘业、高新技术产业、装备制造业、石油化工业、冶金汽车制造业、农产品加工业等8大行业的增值税一般纳税人企业,购进、自制、融资租赁取得固定资产及所支付的运输费用允许按规定抵扣增值税进项税额。市国税局共备案登记增值税转型企业418户,占全市增值税一般纳税人总户数(891户)的46.91%,占全市全部工业增值税一般纳税人户数(546户)的76.56%。行业主要集中在装备制造业(157户)、农产品加工业(151户)、石油化工业(73户),这3个行业占总备案登记户数的91.15%。同时,为本地陶瓷行业向上级部门争取扩抵政策,鼓励企业产品升级换代,支持产业结构调整。同年9月,全市盐业适用增值税税率由17%统一调整为13%。

2008年11月,允许抵扣固定资产进项税额,降低并统一小规模纳税人的征收率,不再设置工业和商业两档征收率,将征收率统一降至3%。

2009年1月,取消来料加工、来料装配和补偿贸易所需进口设备的免税规定,降低增值税一般纳税人认定标准。对一般纳税人销售自己使用过的不得抵扣且未抵扣进项税额的固定资产,按简易办法依4%征收率减半征收增值税,销售自己使用过的除固定资产以外的物品,按照适用税率征收增值税;小规模纳税人(除其他个人外)销售自己使用过的固定资产,减按2%征收率征收增值税,销售自己使用过的除固定资产以外的物品,按3%的征收率征收增值税。

消费税

2001年,市国税局对景德镇市酒厂、乐平市酿酒厂生产的景德老窖(单盒、复盒、磨沙、特曲)、景德大曲(彩盒珍品、防伪优质、防伪)、景德纯粮等8个规格品种白酒核定消费税最低计税价格,每瓶分别为37.21元、39.46元、9.24元、9.87元、9.59元、9.53元、4.35元、3.81元、3.94元、1.49元;对乐平市酿酒厂生产的景德老窖特曲、赣王老窖老曲、赣王瓷都大曲、翥山稻香南酒等4个规格品种白酒进行核定消费税最低计税价格,每瓶分别为5.5元、4.6元、2.5元、3元。实际销售价格高于最低计税价格的,按实际销售价格征收消费税,若低于最低计税价格的,按最低计税价格计征消费税。

2002年12月至2007年12月,市国税局多次调整景德镇酒业有限公司、乐平市赣王酒业有限公司、江西顺畅酒业有限公司生产的16种酒类产品消费税,按最低计税价格计征。

2009年5月1日,全市从事卷烟批发业务的单位和个人批发销售所有牌号规格的卷烟按5%的税率征收消费税,经营单位有江西烟草公司景德镇分公司和乐平市、浮梁县设立的非独立核算销售点。8月1日,对白酒生产企业销售给销售单位的白酒,生产企业消费税计税价格低于销售单位对外销售价格(不含增值税)70%以下的,按照白酒消费税最低计税价格核定消费税最低计税价格。已核定最低计税价格的白酒,生产企业实际销售价格高于消费税最低计税价格的,按实际销售价格申报纳税;实际销售价格低于消费税最低计税价格的,按最低计税价格申报纳税。已核定最低计税价格的白酒,销售单位对外销售价格持续上涨或下降时间达到3个月以上、累计上涨或下降幅度在20%(含)以上的白酒,市国税局重新核定最低计税价格。

2010年5月30日,市国税局组织对景德酒业食品有限公司、江西赣王酒业有限公司白酒消费税相关经济指标进行采集,并向省国税局请示核定消费税计税价格低于销售单位对外销售价格(不含增值税)70%以下的白酒,分别有8年老窖、景赐坊、金卡老窖,最低计税价格核定为10.8元/瓶、48元/瓶、8.5元/瓶。

所得税类

企业所得税 1991年7月起,开征涉外企业所得税。1994年1月,统一内资企业所得税,税率分3档:应纳税所得额在3万元(含)以下的税率为18%,应纳税所得额3万元以上10万元(含)以下的税率为27%,应纳税所得额在10万元以上的税率为33%。2008年1月,《中华人民共和国企业所得税法》施行,统一内、外资企业所得税,基本税率25%,小型微利企业税率为20%,高新技术企业税率为15%。计税方法以应纳税所得额为计税依据,按期预缴,年终汇算清缴,多退少补。

个人所得税 1980年10月开征。1994年1月,由市地税局实施征收,主要收入归地方财政所有。征收项目包括个人工资薪金所得、个体工商户生产经营所得、对企事业单位承包承租经营所得、劳务报酬所得、稿酬所得、特许权使用费所得、利息股息红利所得、财产租赁所得、财产转让所得、偶然所得和经国务院财政部门确定征税的其他所得11项,其中工资薪金所得实行5%~45%的九级超额累进税率;个体工商户生产经营所得、对企事业单位承包承租经营所得实行5%~35%的七级超额累进税率;劳务报酬所得税率20%,对一次收入畸高的,分别加征五成或十成;稿酬所得税率20%,减征30%;特许权使用费所得、利息股息红利所得、财产租赁所得、财产转让所得、偶然所得和经国务院财政部门确定征税的其他所得税率均为20%。

1999年8月,对个人储蓄存款利息开征个人所得税(2008年10月9日暂停征收),由市国税局组织实施。2000年9月,对个人独资企业和合伙企业停征企业所得税,改对其投资者(自然人合伙人)的生产经营所得征收个人所得税。此后,全国人大多次对《中华人民共和国个人所得税法》进行修正,对工资薪金所得的月减除费用进行调整。

2006年由原800元调整为1600元;2008年3月调整为2000元。同时将工资薪金所得5%~45%的九级超额累进税率调整为七级,取消15%和40%两档税率,将最低一档税率由5%调整为3%。2006年1月,规定年所得12万元以上的纳税人均要在纳税年度终了后3个月内向主管税务机关办理年度纳税申报。

营业税

税目税率 1994年1月起由市地税局实施征收。2009年1月,征收对象为提供应税劳务、转让无形资产和销售不动产,共有交通运输业、建筑业、金融保险业、邮电通信业、文化体育业、娱乐业、服务业、转让无形资产和销售不动产9个税目。税率实行差别比例税率:交通运输业、建筑业、邮电通信业、文化体育业为3%;金融保险业、服务业、转让无形资产、销售不动产为5%;娱乐业为5%~20%。

资源税 1994年1月起,由市地税局实施征收,征收对象为境内矿产品和盐。税率实行定额税率,计税方法为从量定额征收,即按照应税产品的课税数量和规定的单位税额计算应纳税额。

房产税 1986年10月开征。1994年分税制后由市地税局负责征收管理。征税范围为城市、县城、建制镇和工矿区,在征税范围内的房屋产权所有人为纳税人。税率为比例税率,以房产余值计算的,年税率为1.2%;以房产租金收入计算的,税率为12%;计税方法为以房产余值或租金收入为计税依据,按照规定的适用税率计算应纳税额。自2008年3月起,对个人出租住房,不区分实际用途,减按4%的税率征收房产税。

城镇土地使用税 1994年起,由市地税局负责征收管理。征税范围为城市、县城、建制镇和工矿区,在征税范围内使用土地的单位和个人为纳税人。城镇土地使用税实行分级幅度税额,每平方米土地年税额:大城市1.5~30元,中等城市1.2~24元,小城市0.9~18元,县城、建制镇、工矿区0.6~12元。景德镇城区范围内实行:一级土地8元/平方米,二级土地6元/平方米,三级土地4元/平方米。

车船税 1994年起,由市地税局负责征收管理。征税对象为车辆、船舶,其所有人或者管理人为纳税人。税额依照车船税法所附《车船税税目税额表》执行。

城市维护建设税　1994年起,由市地税局负责征收管理。凡缴纳增值税、消费税、营业税的单位和个人,都是城市维护建设税的纳税人。实行3档地区差别比例税率:市区7%,县城、建制镇5%,农村1%。计税方法以纳税人实际缴纳的增值税、消费税、营业税税额为计税依据,按照规定的适用税率计算应纳税额。

印花税　1994年起,由市地税局负责征收管理,按《印花税暂行条例》规定实施。

表22-1-1　**1994—2010年印花税税目税率一览表**　单位:元

税目	征税范围	税率	纳税人
购销合同	包括供应、预购、采购、购销结合及协作、调剂、补偿、易货等合同,各出版单位与发行单位之间订立的图书、报刊、音像征订凭证	万分之三	立合同人
加工承揽合同	包括加工、定做、修缮、修理、印刷、广告、测绘、测试等合同	万分之五	立合同人
建设工程勘察设计合同	包括勘察、设计合同的总包合同、分包合同和转包合同	万分之五	立合同人
建筑安装工程承包合同	包括建筑、安装工程承包合同的总包合同、分包合同和转包合同	万分之三	立合同人
财产租赁合同	包括租赁房屋、船舶、飞机、机动车辆、机械、器具、设备等合同,企业、个人出租门店、柜台等所签订的合同	千分之一	立合同人
货物运输合同	包括民用航空运输、铁路运输、海上运输、内河运输、公路运输和联运合同	万分之五	立合同人
仓储保管合同	包括仓储、保管合同或作为合同使用的仓单、栈单	千分之一	立合同人
借款合同	银行及其他金融组织和借款人(不包括银行同业拆借)所签订的借款合同	万分之零点五	立合同人
财产保险合同	包括财产、责任、保证、信用等保险合同	千分之一	立合同人
技术合同	包括技术开发、转让、咨询、服务等合同	万分之三	立合同人
产权转移书据	包括财产所有权、版权、商标专用权、专利权、专有技术使用权的转移书据	万分之五	立据人
营业账簿	生产经营用账簿	资金账簿按实收资本和资本公积总额万分之五贴花,其他账簿按件5元贴花	立账簿人
权利许可证照	包括政府部门发给的房屋产权证、工商营业执照、商标注册证、专利证、土地使用证等	按件5元贴花	领受人

土地增值税　1994年1月开征,由市地税局负责征收。转让国有土地使用权、地上建筑物及其附着物并取得收入的单位和个人为土地增值税的纳税人。采用30%、40%、50%、60%四级超率累进税率,以纳税人转让房地产所取得的增值额为计税依据,按照规定适用税率扣除相应速算扣除系数计算应纳税额。符合清算条件但未按规定期限完成清算手续,经税务机关责令限期清算,逾期仍不清算的按10%清算。土地增值税清算主体为纳税人,主管税务机关为清算审核主体,清算条件按照不同情形分为应清算和可清算类别。

屠宰税　1994年起,由市地税局负责征收管理。1995年7月起,对全市范围内宰杀、收购猪、牛、羊的单位和个人,按生猪每头12元、牛每头16元、羊每头2元征收屠宰税。2002年1月起取消。

固定资产投资方向调节税　1991年1月开征。1994年起由市地税征收。2000年1月停征。

耕地占用税　1996—2010年,由财政部门负责征收管理。2010年12月划转到市地税部门。以占用耕地建房或从事非农业建设的单位和个人为纳税人，以纳税人占用耕地的面积为计税依据，以每平方米为计量单位，实行地区差别定额税率。景德镇地区平均税额标准为25元/平方米。

表22－1－2　　**2010年景德镇市耕地占用税单位税率表**　　单位：元/平方米

乡镇	一般耕地
浯阳街道	28.5
高新开发区、西郊垦殖场、竟成镇	28
鱼山镇	26
陶瓷工业园、浮梁、湘湖、洪源、三龙、蛟潭、接渡、乐港、塔前、镇桥、后港、塔山街道	25
瑶里、寿安	24
经公桥、臧湾、黄坛、丽阳	23
鹅湖、王港	22
礼林镇、双田镇、涌山镇、众埠镇、鸬鹚乡	21.5
荷塘、兴田、江村、峙滩、勒功、西湖、洪岩、临港、名口、浯口、高家、十里岗、农高区	20

契税

1986—2010年，由市财政部门负责征收。2010年12月，划转到市地税部门征收管理。在中华人民共和国境内转移土地、房屋权属，承接的单位和个人为契税的纳税人。契税实行4%的比例税率。自2010年10月起，对个人购买普通住房，且该住房属于家庭唯一住房的，减半征收契税；对个人购买90平方米及以下且属家庭唯一住房的普通住房，减按1%税率征收契税。

基金（费）

教育费附加　1986年7月开征，对凡缴纳产品税、增值税、营业税的单位和个人，除缴纳农村教育事业费附加以外，征收教育费附加，以各单位和个人实际缴纳的产品税、增值税、营业税的税额为计税依据，教育费附加率1%。1990年8月起，教育费附加率调整为2%。1994年1月起，教育费附加改按缴纳增值税、消费税、营业税的单位（不含外商投资企业和外国企业）和个人实际缴纳的增值税、消费税、营业税的税额附征，附加率改为3%。2010年12月起，教育费附加的征收同样适用于外商投资企业、外国企业和外籍个人。

地方教育附加　2010年6月，江西省决定开征地方教育附加。9月起对缴纳增值税、消费税、营业税的单位和个人征收地方教育附加，计征依据为实际缴纳税额的2%。

文化事业建设费　1997年1月开征，征收对象为营业性娱乐场所和广告媒介、广告经营单位和个人。征收标准为娱乐场所按营业收入的3%，广告媒介单位和广告经营单位按营业收入的3%。

防洪保安资金　1996年开征，对国有、集体、乡镇、股份、联营、私营企业以及银行、保险、信托投资公司、证券公司、财务公司和城乡信用社征收防洪保安资金。征集标准为银行（含信用社）及保险公司按上年利息（保费）收入的0.7‰，其他单位按上年销售收入或营业收入的1.2‰。1998年11月，防洪保安资金纳入地方水利建设基金。

工会经费和工会筹备金　2006年1月，由地税部门对各类所有制企业、事业单位（工会经费列入财政统一划拨单位除外），按照全部职工工资总额的2%代征工会经费和工会筹备金。

残疾人就业保障金　2005年1日起，由地税部门代征各类企业、经济组织的残疾人就业保障金，按年一次性缴纳。此后每年7—9月依据同级残疾人就业服务机构提供的单位及金额代征上一年度残疾人就业保障金。

副食品价格调节基金　1995年起，根据市政府制定的《景德镇市副食品价格调节基金征集管理办法》，由市国税和地税部门受市副食品价格调节基金领导小组委托，分别代征副食品价格调节基金，征收对象为从事生产、经营的单位，征收率为1‰。

第三节　税款征收

工商税收

1986 年,市税务局征收工商税收 14124 万元。按税种分:产品税 6891.7 万元,增值税 1800.3 万元,营业税 2768.1 万元,集体企业所得税 900.9 万元,城乡个体工商业户所得税 0.2 万元,个人所得税 0.1 万元,城市维护建设税 672.4 万元,城市房地产税 44.4 万元,屠宰税 16.6 万元,牲畜交易税 1.4 万元,资源税 0.4 万元,国营企业奖金税 122.5 万元,国营企业工资调节税 6.1 万元,事业单位奖金税 20.9 万元,集体企业奖金税 9.4 万元,建筑税 830.4 万元,税款滞纳金补税罚款收入 38.2 万元。按经济类型分:全民所有制 9607.3 万元,集体所有制 3993.1 万元,个体 513.3 万元,其他各种经济类型 10.3 万元。

1987 年,市税务局征收工商税收 17122 万元。按税种分:产品税 7573.8 万元,增值税 2542.7 万元,营业税 3514.6 万元,集体企业所得税 1219.2 万元,城乡个体工商业户所得税 5.4 万元,个人收入调节税 5.6 万元,城市维护建设税 794.1 万元,车船使用税 63.9 万元,房地产税 496.1 万元,屠宰税 11.4 万元,牲畜交易税 4.7 万元,资源税 58.1 万元,国营企业奖金税 65.9 万元,国营企业工资调节税 0.2 万元,事业单位奖金税 8.9 万元,集体企业奖金税 1.9 万元,建筑税 715.6 万元,税款滞纳金补税罚款收入 39.9 万元。按经济类型分:全民所有制 11387 万元,集体所有制 4848.5 万元,个体 703.6 万元,其他各种经济类型 182.9 万元。

1988 年,市税务局征收各项税收(基金)合计 24339 万元,同比增长 19.3%。其中工商税收 18865 万元,包括产品税、增值税 11227 万元、营业税 4307 万元、工商统一税 1 万元、集体企业所得税 1059 万元、私营企业所得税、城乡个体工商业户所得税 28 万元、城市维护建设税 848 万元、屠宰税 5 万元、房地产税 443 万元、资源税 36 万元、国营企业工资调节税奖金税 116 万元、筑税 609 万元、印花税 57 万元、城镇土地使用税 12 万元、涉外税收 2 万元、个人收入调节税 12 万元、车船使用税 53 万元、其他工商各税及滞纳罚款收入 50 万元;国营企业所得税 4254 万元;国家能源交通重点建设基金 1220 万元。

1989 年,全市工商税收完成工商各税 21241 万元,首次突破 2 亿元,为计划的 105%,同比增长 12.6%。完成国营企业所得税 3700 万元、国家能源交通重点建设基金 1045 万元、国家预算调节基金 441 万元、粮食专项基金 221 万元、市场调节基金 143 万元。1990 年,组织各项收入 23916 万元,其中工商各税 19491 万元,为计划的 85.9%,国营企业所得税 2301 万元、国家能源交通重点建设基金 1062 万元、国家预算调节基金 680 万元、粮食专项基金 203 万元、市场调节基金 179 万元。

1991 年,组织各项收入 25577 万元,其中工商各税 20822 万元,国营企业所得税 2553 万元,各项基金 2202 万元。1992 年,组织各项收入 28073 万元,其中工商各税 23359 万元、国营企业所得税 2089 万元、四项基金 2625 万元。1993 年,市税务局组织收入突破 3 亿元大关,其中工商各税 31638 万元、国营企业所得税 1319 万元、基金 1839 万元、教育费附加 527 万元。

表 22-1-3　**1993 年景德镇市 200 万元以上税利工业企业统计表**　单位:万元

名次	企业名称	销售税金	利润	税利合计
1	昌河飞机工业公司	1955.8	6113.9	8069.7
2	江西化纤化工厂	1749.1	1428.3	3177.4
3	邮电部 523 厂	883.0	2178.7	3061.7
4	东风制药厂	1016.0	1966.3	2982.3
5	焦化煤气总厂	1155.6	128.0	1283.6

续表 22－1－3

名次	企业名称	销售税金	利润	税利合计
6	华意电器总公司	379.8	753.4	1133.2
7	国营 897 厂	310.6	695.9	1006.5
8	瓷用原料化工厂	571.5	360.0	931.5
9	江西电化厂	670.6	20.6	691.2
10	国营 740 厂	175.2	404.9	580.1
11	国营 999 厂	268.6	299.1	567.7
12	国营 4321 厂	207.2	308.1	515.3
13	景德镇陶瓷厂	506.98	0.03	507.01
14	印刷机械总厂	232.5	254.2	486.7
15	市自来水公司	41.4	305.0	346.4
16	东平橡胶厂	335.04	9.1	344.14
17	市酒厂	308.5	21.3	329.8
18	陶瓷机械厂	165.3	106.1	271.4
19	市电机厂	143.6	83.1	226.7
20	乐平水泥厂	101.4	102.0	203.4
合计	—	11177.72	15538.03	26715.75

国税收入

1993 年 1 月，全国实施新税制。10 月起，市国家税务局和市地方税务局按照各自税收征管范围分别征收、分别开票、分别入库、分别核算。取消产品税，对增值税和消费税简称“两税”，为国税主要征收税种。1994 年，市国税局税收计划 22000 万元，实际组织入库 28755 万元，完成省国税局下达年度计划的 130.7%，同比增长 29.1%。

1996 年 1 月，按照国家税务总局规定，国税系统负责征收“两税”、海关代征税收、地方金融企业所得税、涉外企业所得税、中央级国有企业所得税、中央与地方合股或联营的股份制企业所得税、联营企业所得税、“两金”收入及其税款滞纳金罚款收入。当年市国税部门工商税收收入与上年比较，已不含个体、集贸税收中的地方税收收入和涉外企业的地方税收入（所得税除外）。全年市国税部门组织收入 39747 万元，同比增长 8.6%，其中“两税”39321 万元，较上年增长 18.1%，占年计划的 110%。

1997 年 1 月，金融保险营业税率由原 5% 提高至 8%，提高部分归中央财政收入，由国税部门负责征收，当年入库营业税 1006 万元。同时，对“两税”收入计划按季下达，收入情况按月通报；对个体、私营经济“两税”收入指标单独考核。1998 年，面对百年不遇特大洪涝灾害造成的税源短缺和亚洲金融危机冲击影响，市国税局通过加强税收征管、清欠压欠，组织各项税收收入 47583 万元，同比增长 8.5%。其中“两税”45285 万元，增长 7.3%。

1999 年，市国税局将原按工商税收收入计划下达的口径，改为以税收收入下达，包括原工商税收、国有企业所得税、股份制企业和联营企业所得税 3 项，同时对重点税源企业收入计划单列考核。全年组织税收收入 49393 万元，完成年计划的 100.4%，同比增长 3.8%。其中“两税”收入 45834 万元，同比增长 1.2%；营业税 1646 万元，国有企业所得税 1342 万元。

2001 年，因昌河汽车、昌河昌铃公司两税同比下降 20%，减收 2979 万元。全年税收收入 50322 万元，同比下降3.5%,完成年计划的99.6%。其中"两税"收入47094万元,同比下降2%,完成年计划100.2%。2002年,执行税收征收管理法相关规定,取消提取征管手续费政策。

2005年1月起,新增车辆购置税由国税部门直接征收。全年各项税收入库77283万元,完成年计划的103.1%(含车辆购置税收入3560万元),同比增长12.1%。2006年,市工业园区的发展加速,入库税收快速增长,三个工业园区共入库税收收入9380万元,同比增长112.65%,增收4969万元。其中高新技术开发区入库税收3546万元,同比增收2527万元,增长248%;乐平市工业园区入库税收5402万元,同比增收2135万元,增长65.37%;陶瓷科技园区入库税收432万元,同比增收307万元,增长245.6%。

2007年,全市炼焦、电力、煤炭、陶瓷4个行业增收,国税入库总量突破9亿元。从7月1日起,实行增值税转型,对新增固定资产进项税额,用增值税增量部分抵扣。全年累计扩抵税额1206万元。8月15日起对个人储蓄存款利息所得税,税率由20%下调至5%,累计减少利息所得税390万元。

2008年1月1日起,统一内外资企业所得税,合并征收企业所得税。至2010年分别征收12263万元、13342万元、22577万元。

2010年,市国税局共组织入库税收173710万元,同比增收41941万元,增长31.8%。其中计划口径税收收入173035万元,同比增收43622万元,增长33.7%,完成年计划的122.0%。市人大财政口径税收收入160958万元,同比增收42276万元,增长35.6%,完成年计划的108.9%。市国税收入规模和增幅均创历史同期最好水平。

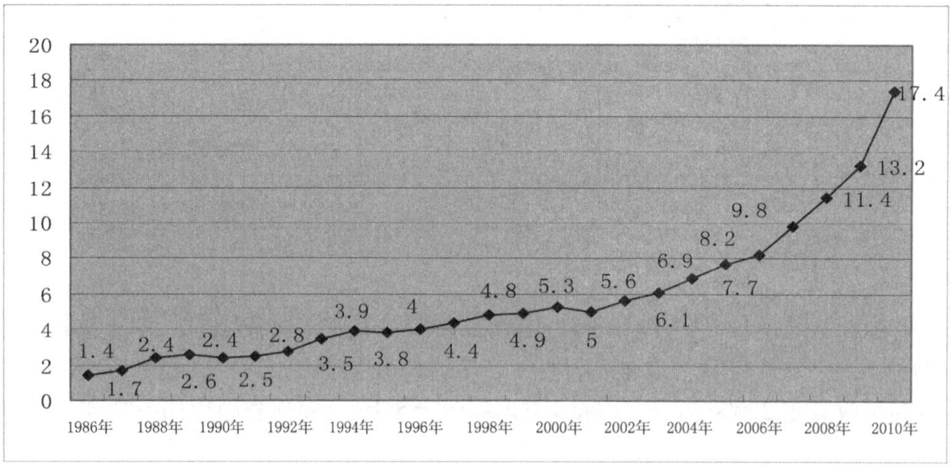

图22-1-1 1986—2010年国税收入情况示意图(单位:亿元)

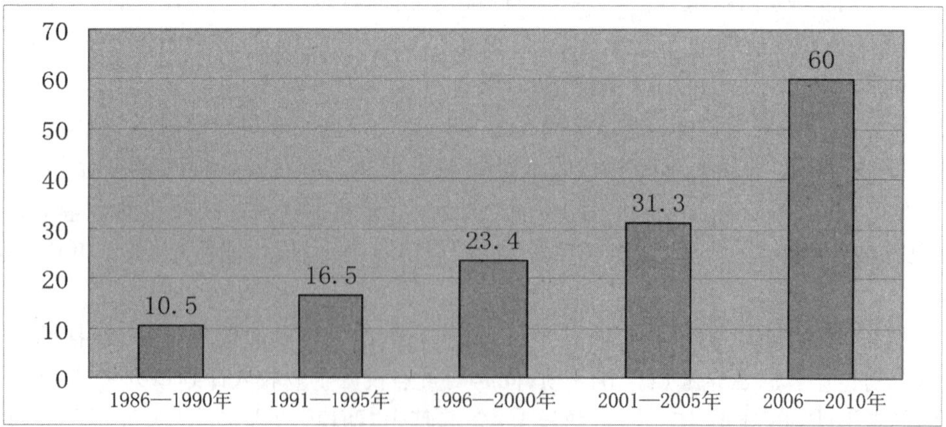

图22-1-2 1986—2010年国税收入按五年比较示意图(单位:亿元)

表 22－1－4　　1994—2010 年景德镇市企业所得税征收情况统计表　　单位：万元

年份	企业所得税	涉外企业所得税	年份	企业所得税	涉外企业所得税
1994	1031	2	2003	3188	1772
1995	1765	12	2004	5570	1141
1996	319	38	2005	5147	209
1997	575	41	2006	5223	953
1998	316	252	2007	6996	3791
1999	1342	556	2008	12263	—
2000	1820	621	2009	13342	—
2001	2380	－114	2010	22577	—
2002	3043	87			

表 22－1－5　　1999—2010 年景德镇市储蓄存款利息所得个人所得税征收情况统计表　　单位：万元

年份	税额	年份	税额	年份	税额
1999	6.2	2003	2368	2007	4429
2000	1269	2004	2675	2008	2573
2001	2176	2005	3004	2009	1023
2002	2392	2006	4044	2010	150

表 22－1－6　　1986—2010 年景德镇市国税收入与经济增长比较表　　单位：亿元

年份	税收收入	比上年增减±%	财政收入	税收占财政收入(%)	GDP	比上年增减±%	税收占GDP(%)	税收与GDP增长弹性系数
1986	1.4	—	—	—	10.6	—	13.2	—
1987	1.7	21.4	—	—	12.4	17.0	13.7	1.3
1988	2.4	41.2	—	—	14.7	18.5	16.3	2.2
1989	2.6	8.3	2.3	114.5	17.0	15.6	15.3	0.5
1990	2.4	－7.7	2.1	112.7	19.9	17.1	12.1	－0.4
1991	2.5	4.2	2.2	113.6	21.9	10.3	11.4	0.4
1992	2.8	12.0	2.4	115.2	27.4	25.1	10.2	0.5
1993	3.5	25.0	3.0	115.5	33.5	22.4	10.4	1.1
1994	3.9	11.4	4.3	90.3	42.7	27.2	9.1	0.4
1995	3.8	－2.6	5.2	73.1	54.1	26.8	7.0	－0.1
1996	4.0	5.3	6.1	65.9	64.8	19.7	6.2	0.3
1997	4.4	10.0	6.9	64.0	73.5	13.5	6.0	0.7
1998	4.8	9.1	7.5	64.1	81.3	10.6	5.9	0.9

续表 22 -1 -6

年份	税收收入	比上年增减±%	财政收入	税收占财政收入(%)	GDP	比上年增减±%	税收占GDP(%)	税收与GDP增长弹性系数
1999	4.9	2.1	7.8	62.7	86.2	6.1	5.7	0.3
2000	5.3	8.2	8.4	63.5	95.3	10.5	5.6	0.8
2001	5.0	-5.7	8.7	57.5	104.3	9.4	4.8	-0.6
2002	5.6	12.0	9.7	58.0	116.3	11.5	4.8	1.0
2003	6.1	8.9	12.2	50.0	143.4	23.4	4.3	0.4
2004	6.9	13.1	13.3	51.9	166.7	16.2	4.1	0.8
2005	7.7	11.6	14.7	52.4	193.1	15.8	4.0	0.7
2006	8.2	6.5	16.3	50.3	224.8	16.4	3.6	0.4
2007	9.8	19.5	20.0	49.0	261.9	16.5	3.7	1.2
2008	11.4	16.3	28.4	40.1	322.0	22.9	3.5	0.7
2009	13.2	15.8	35.6	37.1	364.0	13.0	3.6	1.2
2010	17.4	31.8	53.1	32.8	461.5	26.8	3.8	1.2

地方税收入

市地方税务局成立后，通过挖掘税源，大幅提高税收收入，从1994年的4617万元提高到1995年的14383万元。1996—2002年，地方税收由17315万元增长到27561万元，保持低速增长。从2003年开始，随着地方经济的快速增长，地方税收再次高速增长，从34099万元增长至2010年的169693万元。全市契税和耕地占用税征收管理归财政部门负责，分税种统计表中未列相关数据。

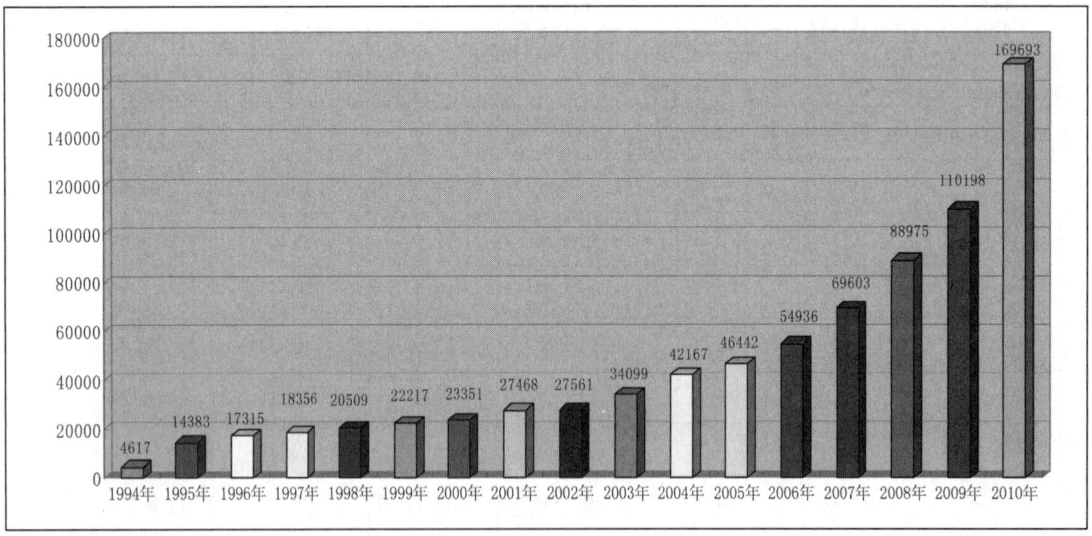

图 22 -1 -3　1994—2010 年景德镇市地方税收示意图(单位:亿元)

1994年起，地税收入占全市GDP和全市财政总收入的比重逐年提高，其中占GDP比重由1.1%提高到3.7%，占财政总收入比重由10.7%提高至31.9%。

表 22-1-7　　1994—2010 年景德镇市地方税收"两个比重"情况统计表　　单位:万元

年份	生产总值(GDP)		财政总收入		地税收入			
	合计	比上年增减%	合计	比上年增减%	合计	比上年增减%	占 GDP 比重%	占财政总收入比重%
1994	426595	27.2	43242	—	4617	—	1.1	10.7
1995	541052	26.8	51950	20.1	14383	211.5	2.7	27.7
1996	647544	19.7	60694	16.8	17315	20.4	2.7	28.5
1997	734987	13.5	68256	12.5	18356	6.0	2.5	26.9
1998	812568	10.6	74348	8.9	20509	11.7	2.5	27.6
1999	861989	6.1	77874	4.7	22217	8.3	2.6	28.5
2000	952653	10.5	82362	5.8	23351	5.1	2.5	28.4
2001	1042566	9.4	85626	4.0	27468	17.6	2.6	32.1
2002	1162452	11.5	98098	14.6	27561	0.3	2.4	28.1
2003	1406910	21.0	116542	18.8	34099	23.7	2.4	29.3
2004	1650000	17.3	132754	13.9	42167	23.7	2.6	31.8
2005	1910000	15.8	147199	10.9	46442	10.1	2.4	31.6
2006	2240000	17.3	163347	11.0	54936	18.3	2.5	33.6
2007	2690000	20.1	200343	22.6	69603	26.7	2.6	34.7
2008	3223766	19.8	284156	41.8	88975	27.8	2.8	31.3
2009	3640337	12.9	355483	25.1	110198	23.9	3.0	31.0
2010	4615001	26.8	531462	49.5	169693	54.0	3.7	31.9

从产业结构分析:制造业、建筑业、金融业、房地产业、租赁和商务服务业为支柱性产业,2001 年这 5 个产业共占地方税收收入的 74.8%,2010 年该比例提高至 79.1%。5 大行业各有变化,其中制造业比重从 27%下降为 11.4%,建筑业比重从 15%提高至 28.5%,金融业从 10.2%下降为 9.8%,房地产业从 8.2%提高至 27.8%,租赁和商务服务业从 14.5%下降至 1.5%。比重变化的原因是全市一批老牌工业企业效益下降,甚至破产倒闭,同时建筑业以及房地产业快速增长。

表 22-1-8　　2001—2010 年景德镇市地税分产业收入统计表　　单位:万元

项目＼年份	2001	2002	2003	2004	2005	2006	2007	2008	2009	2010
第一产业	34	8	0	0	0	31	7	15	27	53
第二产业	13217	12304	15362	18073	21259	24738	29110	38876	51418	73769
(一)采矿业	427	323	450	499	691	1105	1961	2988	2145	1692
(二)制造业	7404	5787	5380	6253	7895	7253	9545	15235	16853	19405
(三)电力、燃气及水的生产和供应业	1269	1349	1587	2167	1566	2224	2163	2520	2593	4285
(四)建筑业	4117	4845	7945	9154	11107	14156	15441	18133	29827	48387
第三产业	14217	15250	18736	24094	25183	30167	40486	50084	58753	95871

续表 22-1-8

项目 \ 年份	2001	2002	2003	2004	2005	2006	2007	2008	2009	2010
(一)批发零售业	1531	1514	739	1147	1464	1452	1631	1951	2442	3948
(二)交通运输、仓储及邮政业	2581	2997	2207	2597	2227	3027	3714	6775	8954	12873
(三)住宿和餐饮业	0	0	0	0	1630	2083	2563	3227	3893	4494
(四)信息传输、计算机服务和软件业	0	0	1464	1568	1725	1973	2157	2374	2489	2657
(五)金融业	2799	2725	3094	3504	4126	4795	5966	7535	9034	16659
(六)房地产业	2259	2619	4953	8446	8517	11740	19077	21386	23307	47243
(七)租赁和商务服务业	3980	4473	3794	3601	4260	4269	2025	2061	2521	2468
(八)科学研究和技术服务	0	0	0	0	0	0	0	0	0	0
(九)居民服务、修理和其他服务业	0	0	0	0	0	0	2171	2782	3327	2739
(十)教育	0	0	0	0	0	372	396	362	404	483
(十一)卫生和社会工作	0	0	0	0	0	0	101	81	122	160
(十二)文化、体育和娱乐业	0	0	0	0	219	175	265	296	425	468
(十三)公共管理、社会保障和社会组织	0	0	0	0	0	0	0	742	631	365
(十四)其他行业	1067	922	2485	3231	1015	281	420	512	1204	1314
第一、二、三产业合计	27468	27562	34098	42167	46442	54936	69603	88975	110198	169693

1994 年,全市国有企业和集体企业收入共占地税收入的 98.5%,私营和其他企业收入占 1.5%,同时外商投资等企业收入为零。2010 年,随着改革开放带来的经济多元发展,国有和集体企业收入占比下降为 15.4%,而占比最大的为股份公司,港澳台投资企业收入占比为 2.3%,个体经营收入也从无到有,占比为 9.3%。

表 22-1-9　**1994—2000 年景德镇市分经济类型收入统计表**　单位:万元

年份	合计	内资企业									港澳台投资企业	其中:国有控股	外商投资企业	其中:国有控股	个体经营	附列资料:乡(镇)企业
		小计	国有企业	集体企业	股份合作企业	联营企业	股份公司	其中:国有控股	私营企业	其他企业						
1994	4616	4616	3714	835	0	0	0	0	28	39	0	0	0	0	0	0
1995	14382	14382	10712	2970	0	0	0	0	212	488	0	0	0	0	0	0
1996	17316	15371	11598	3011	0	1	3	0	201	557	219	0	2	0	1724	0
1997	18356	15801	12140	3250	0	1	45	0	304	61	220	0	145	0	2190	0
1998	20509	17667	12612	4219	0	0	313	0	513	10	7	0	414	0	2421	0
1999	22217	18900	13731	4241	26	0	301	0	576	25	9	0	549	0	2759	1574
2000	23351	19292	12903	4090	74	1	1570	0	545	109	29	0	569	0	3461	1500

续表 22－1－9

年份	合计	内资企业									港澳台投资企业	其中:国有控股	外商投资企业	其中:国有控股	个体经营	附列资料:乡(镇)企业
		小计	国有企业	集体企业	股份合作企业	联营企业	股份公司	其中:国有控股	私营企业	其他企业						
2001	27467	22991	13387	5188	414	1	3013	0	696	292	350	0	305	0	3821	2397
2002	27562	22224	11933	4532	59	2	2296	907	907	2495	203	0	562	0	4573	0
2003	34184	27082	12502	4222	33	93	6633	0	1156	2443	588	0	945	0	5569	226
2004	42167	34150	14632	3577	6	23	10905	0	2510	2497	821	0	1384	0	5812	241
2005	46442	38637	10344	2594	109	50	19396	4687	2487	3657	1806	255	1094	720	4905	452
2006	54936	46271	9883	2315	55	46	27354	7037	2549	4069	1443	302	1002	398	6220	276
2007	69603	59299	10736	2495	163	9	40721	8362	2825	2350	2019	343	1759	43	6526	5213
2008	88975	76137	14016	2984	540	11	48683	10587	4474	5429	2337	556	2486	187	8015	6609
2009	110198	94241	16773	2980	644	13	52279	10326	7632	13920	2963	506	3063	184	9931	5235
2010	169693	146567	20640	5435	863	23	90924	12269	6170	22512	3939	455	3443	214	15744	5835

表 22－1－10　**1994—2010 年景德镇市分税种收入统计表**　单位:万元

年份	税收收入	营业税	企业所得税	个人所得税	资源税	城建税	房产税	印花税	土地使用税	土地增值税	车船使用税	屠宰税	固定资产投资方向调节税	其他
1994	4619	1426	1724	27	33	508	275	38	155	0	14	10	405	4
1995	14383	5751	3208	210	133	2247	1077	110	427	0	97	268	844	11
1996	17316	7244	3373	529	148	2304	1179	152	438	0	87	344	1507	11
1997	18359	8592	2252	850	115	2330	1004	192	501	9	130	377	1994	13
1998	20510	10274	2459	1155	100	2457	1330	241	436	14	118	317	1609	0
1999	22217	9767	2929	1438	108	2559	1570	247	444	26	108	251	2770	0
2000	23351	11686	2836	1754	120	3214	1839	306	500	140	104	329	522	0
2001	27468	12541	6051	2439	116	3360	1881	377	426	103	104	40	30	0
2002	27562	14654	2713	3519	197	3345	2014	415	413	179	102	8	3	0
2003	34100	19024	2417	4936	272	3411	2086	583	739	490	140	0	2	0
2004	42167	21394	5047	5867	305	4148	2023	632	1059	1467	224	0	1	0
2005	46442	23018	5432	7167	452	4465	2372	999	1443	830	264	0	0	0
2006	54936	28161	7041	6473	1038	5077	2654	1184	1541	1503	264	0	0	0
2007	69603	33422	10356	8278	1342	5348	2828	1305	2799	3623	302	0	0	0

续表 22－1－10

年份	税收收入	营业税	企业所得税	个人所得税	资源税	城建税	房产税	印花税	土地使用税	土地增值税	车船使用税	屠宰税	固定资产投资方向调节税	其他
2008	88975	40951	14052	9938	1564	7083	3478	1496	5652	3900	861	0	0	0
2009	110198	56072	15235	13675	1893	7335	3145	1831	4776	4999	1237	0	0	0
2010	169693	85665	23487	20710	1900	10557	3796	2676	7577	11741	1584	0	0	0

说明:耕地占用税和契税为财政管理部门征收,未纳入统计,屠宰税和固定资产投资方向调节税分别在2002年和2000年停征

表 22－1－11 **1994—2010年景德镇各县(市、区)地税收入统计表** 单位:万元

年份	合计	乐平市	浮梁县	直属分局	珠山区	昌江区	高新区
1994	4617	1659	330	2292	208	128	—
1995	14383	4151	1302	7319	914	697	—
1996	17314	4626	1901	8784	1047	956	—
1997	18357	4109	1917	10012	1193	1126	—
1998	20510	4643	2228	10923	1430	1286	—
1999	22217	4804	2432	11870	1679	1432	—
2000	23352	4848	2700	12418	1782	1604	—
2001	27468	5183	3031	14898	2410	1946	—
2002	27561	5282	3489	13603	2797	2390	—
2003	34099	6335	4488	15747	3150	2916	1463
2004	42167	7951	3785	19964	4283	3542	2643
2005	46442	9341	5623	19637	5564	4561	1716
2006	54936	11002	8596	21024	6822	6453	1039
2007	69603	14531	10527	24611	8822	9374	1738
2008	88975	21691	13099	29003	11776	10901	2505
2009	110198	32001	13359	33664	14441	11879	4854
2010	169693	46791	21658	46007	24863	20343	10031

表 22－1－12 **1994—2010年景德镇市基金(费)收入统计表** 单位:万元

年份	教育费附加	农村教育费附加	文化事业建设费	地税部门罚没	防洪保安资金	残疾人就业保障金	工会经费	地方教育附加	其他	合计
1994	28	0	0	0	0	0	0	0	0	28
1995	120	0	0	0	0	0	0	0	0	120
1996	799	0	0	0	0	0	0	0	0	799
1997	834	121	2	0	31	0	0	0	0	988

续表 22－1－12

年份	教育费附加	农村教育费附加	文化事业建设费	地税部门罚没	防洪保安资金	残疾人就业保障金	工会经费	地方教育附加	其他	合计
1998	777	53	1	0	19	0	0	0	0	850
1999	933	0	3	0	38	0	0	0	0	974
2000	994	2	6	0	114	0	0	0	0	1116
2001	1106	3	6	0	115	0	0	0	0	1230
2002	1092	0	7	0	0	0	0	0	95	1194
2003	1231	11	7	0	104	0	0	0	6	1359
2004	1319	0	10	0	456	0	0	0	17	1802
2005	1565	0	14	3	785	4	0	0	168	2539
2006	2587	0	22	2	1324	157	571	0	226	4889
2007	2617	0	34	3	1523	217	998	0	306	5698
2008	3326	0	34	4	1304	230	1335	0	436	6669
2009	3538	0	31	3	1540	186	1905	0	505	7708
2010	5160	0	49	3	2177	254	2076	1400	706	11825

第四节 国税征管

税务登记

1986 年 4 月,《中华人民共和国税务征收管理暂行条例》颁布,结束税收征管有关法律规定分散在各个单项法规中的状况。1992 年 8—10 月,市税务局对全市工商企业和个体工商业户的税务登记证进行全面查验,经核定 6 月 30 日前全市各类业户已办税务登记证 9714 户,查出漏管户 203 户,查补偷漏税及罚款 39810 元。

1996 年 5—9 月,按照“统一代码,分别登记,分别管理”的原则,市国税对其负责征管的纳税人全面清理和换发税务登记证。对企业、事业单位等组织机构纳税人采用国家技术监督局编制 9 位码,并在其前面加注 6 位行政区域码;对外国个人采用其国别加护照号码作为纳税人识别号。

1998 年 7 月 1 日起,开展税务登记每年一次的验证工作。1999 年 6—11 月,全面换发税务登记证,同时清理漏征漏管户 794 户,查补税款 79. 8 万元,罚款 4. 95 万元,加收滞纳金 0. 13 万元。

2004 年 2 月 1 日,国家税务总局修订后的《税务登记管理办法》实施。7 月 21 日,市国税局、市地税局、市工商局信息交换工作协调领导小组成立,各县(市、区)也成立相应机构,当月实现工商登记、国税、地税登记信息交换和核对,4 个月共换发税务登记证 28621 户。首次将涉外企业纳入统一的税务登记管理。至年底,全市共清理虚假停业 1623 户,漏征漏管 1987 户,查补税款 51. 5 万元,加收滞纳金 0. 63 万元,罚款 1. 3 万元。

2010 年,全市国税列管户为 16393 户,全年入库税款 160013. 11 万元,查补税款 4329. 89 万元,同比实现快速增长。

表 22－1－13　　2004—2010 年景德镇市国家税务系统税务登记情况统计表　　单位:户

年份	内资企业									港澳台商投资企业	外商投资企业	个体经营	其他	合计
	国有企业	集体企业	股份合作企业	联营企业	有限责任公司	股份有限公司	私营企业	其他	小计					
2004	376	481	15	3	636	91	394	15	2011	56	58	10155	0	12280
2005	338	360	11	3	821	90	397	11	2031	57	57	9332	0	11477
2006	256	208	11	1	1014	117	363	8	1978	64	58	10217	0	12317
2007	241	189	9	1	1192	117	382	11	2142	67	65	11237	1	13512
2008	230	150	7	1	1356	126	412	19	2301	72	69	12258	2	14702
2009	229	139	12	1	1666	137	485	67	2736	71	69	12393	2	15271
2010	210	112	12	1	1872	144	523	72	2946	65	69	13307	6	16393

征收管理

征收方式　1994—2008 年,景德镇国税征收方式是:对财务会计制度健全、能够如实核算和提供生产经营情况、正确计算应纳税款,并能履行纳税义务的各种经济类型纳税人实行查账征收;对生产经营规模较小、会计账册不健全,但能控制原材料、产量或进销货的纳税单位和个人实行查定征收;对城乡集贸市场以及车站、机场、码头等临时经营应税货物的纳税人实行查验征收;对生产经营规模较小、无完整考核依据、营业额和所得额不能准确计算的小型纳税单位和个体工商业户定期实行定额征收;对小额、零星、税源分散和流动性大和异地缴纳的税款,如集贸市场税收、生猪增值税实行委托代征;对税法规定负有扣缴、收缴税款义务的单位和个人,负责在向纳税人支付、收取款项时从所支付、收取的款项中依法代扣代收税款;对大型企业派驻征管人员,辅导纳税。

欠税管理　1994 年,市国税局开展欠税清收工作,当年清欠 1500 万元。1996 年,清欠 1000 万元。1997 年清收欠税 3015 万元,其中新欠 1739 万元全部清收,旧欠清收 1276 万元,占旧欠总数 60%。1998 年全年无新欠,欠税余额 393 万元,较上年压缩 460 万元。

1999 年,市国税局建立欠税统计、清欠工作责任、清欠准备金和欠税追缴制度,全年陈欠压缩 20% 以上,不留新欠。2004 年起实行欠税公告制度,利用办税服务厅、电子显示屏、有线电视、网络、宣传单等多种形式,对纳税人欠税情况予以公告。2005 年后,年度无新增欠税。

表 22－1－14　　2002—2010 年景德镇市欠税清收情况统计表　　单位:万元

年份	本年新欠	本年清欠	年终欠税余额	年份	本年新欠	本年清欠	年终欠税余额
2002	113.85	631.87	498.49	2007	0	8	851
2003	106.1	51.5	630.0	2008	0	0	826
2004	35	27.4	684.0	2009	2	2	826
2005	4	241	805	2010	5	5	826
2006	16	176	831				

延期缴纳税款管理　2002—2010 年,市国税系统共批准延期缴纳税款申请 36 户次,延期缴纳税款 3426 万元。

表 22－1－15　　2002—2010 年景德镇市国税系统延期缴纳税款情况统计表

年份	批准延期缴纳税款申请户次	批准延期缴纳税款金额(万元)	年份	批准延期缴纳税申请户次	批准延期缴纳税款金额(万元)
2002	2	441.00	2007	6	65.11
2003	1	335.86	2008	5	163.51
2004	1	401.23	2009	4	595.50
2005	1	711.18	2010	13	630.70
2006	3	81.91			

税收调查

1986 年以后,税收调查为一年一度的专项工作,主要以产品为对象。1987 年指标量略有增加。1994 年开始以企业为对象,由税政科牵头组织,调查指标大为扩充。

2000—2010 年,调查报表格式比较稳定,调查指标根据每年税收政策变动和税制改革的特殊需要进行调整。2003 年,市国税局共调查 220 户增值税一般纳税人,调查面为 30%。其中,市国税重点企业分局 115 户,珠昌区国税局 50 户,乐平市国税局 40 户,浮梁县国税局 15 户。2004—2005 年,市国税局分别调查 220 户增值税一般纳税人,总的调查比率达 30%。2006—2009 年,市国税局先后对 219 户、231 户、226 户、382 户企业开展重点调查,并对其他企业开展抽样调查。

2010 年,税收调查工作改由收入核算科牵头,共调查纳税人 450 户,占全市企业纳税人的 16%,其中增值税一般纳税人 409 户,占全市一般纳税人的 47%,并将全市陶瓷企业增值税一般纳税人纳入调查。全部调查企业入库增值税 8.08 亿元,占全部增值税的 84.5%,入库消费税 1.03 亿元,占全部消费税的 100%。

税收会统核算

1986 年,市税务系统执行财政部《工商税收计划、会计、统计工作制度》,在原有单式记账的基础上,税务机关当日征收的税款当日解缴,国家金库和金库经收处当日划转,严禁积压。

1987 年,财政部修改《税收计划、会计、统计工作制度》,县、市税务局为一级核算单位。税务所下设的组、站为票款结报单位,税收会计采用资金收付复式记账法。税收会计根据税收征解活动实际发生的会计业务事项进行记账。征收数以征收月份为准;入库数以支库入账月份为准;提退数通过国库的,以国库支付月份为准,从自收税款中退还的,以支付月份为准。税收会计报告包括电旬报、电月报、月季报表和年度决算表。

1996 年,税收会计以权责发生制为记账基础,采用借贷复式记账法,设置总分类账、明细分类账、日记账、辅助账等账簿。税收会计以月为结算期,以年度为决算期。“入库”类账户按旬小结,月份、年度终了时,各种账户必须办理结账。

2003 年 1 月,CTAIS 上线后,市国税局实行一级税收会计核算。各基层征收单位负责原始凭证的收集、审核、整理、录入、装订和归档等日常管理工作。

2005 年,完成对 2004 年度企业所得税汇算清缴工作,全市 328 户企业全部参加汇缴。其中盈利户 72 户,亏损户 256 户。

2006 年 1 月起,实行税收会统省局一级核算,市国税局负责本级及所属单位税收会统核算数据的审核和税收会统工作的管理、检查和考核;县级局作为税收会统省局一级核算的责任单位,负责税收会统核算原始数据的采集、录入和核对。

2007 年,完成对 447 户企业的所得税纳税评估工作,纳税评估调整应纳税所得额 5900 万元,企业所得税税款 262 万元,增值税 408 万元,移交稽查 16 户。

2008 年 1 月,市国税局执行《跨省市总分机构企业所得税分配及预算管理暂行办法》,规定属于中央与地方共享收入范围的跨省市总分机构企业缴纳的企业所得税,总分机构统一计算的当期应纳税额的地方分享部分,25%由总机构所在地分享,50%由各分支机构所在地分享,25%按一定比例在各地间进行分配。

2010年5月,市国税局利用TRS软件对呆账税金余额进行期初录入,制作“呆账税金分户明细账”TRS任务,有呆账税金余额的征收单位均统一通过该任务核算呆账税金。

税收票证管理

票证种类 1986年,市税务局使用的税收票证有税收完税证、税款专用缴款书、涉外税收完税证(代缴款书)、国营企业所得税缴款书等10种。1994年10月,市国税系统开始使用由国家税务总局统一税收票证,主要有四类共12种。1999年7月起启用新版税收完税凭证,共9种票证。2001年8月启用新版采用压感水印纸印刷的具有防伪措施的出口货物专用税票。2003年1月启用四联《代扣代收和代征税款手续费领款单》。2005年1月启用车辆购置税缴税凭证和退税凭证,2007年2月改用新版车购税软件。

随着电子计算机的应用,税收票证过渡到计算机填开,并逐步引入电子票证。2006年,推行综合征管软件和多元化电子申报后,以前使用量较大的限额完税证基本不用,其他票证使用不多。至2010年年底,市国税系统使用的税收票证种类有税收缴款书类4种、税收完税证类3种、税务代保管资金收据1种、收入退还凭证类3种、其他税收票证类3种、电子缴税凭证1种。

票证数量 1986—1994年,市税务局税收票证填用六联《工商税收专用缴款书》490014份、六联《建筑税专用缴款书》2434份、六联《国家能源交通重点建设基金专用交款书》25400份、六联《国营企业所得税专用缴款书》11615份、五联《工商统一税完税证》456份、五联《个人所得税完税证》51份、三联《通用完税证》1424862份、三联《生猪屠宰税定额完税证》201745份、二联《自收税款退税凭证》53份、五联《汇总缴款书》263251份、五联《税收收入退还书》7660份、二联《税票调换证》418份、二联《罚金收据》7683份、三联《提支手续费领据》16892份、二联《提支奖金领据》117份、三联《集贸税收小额完税证》552875份。

1995—2010年,市国税系统税收票证填用六联《税收通用缴款书》207902份、五联《税收汇总专用缴款书》159980、五联《税收收入退还书》5205份、三联《税收通用完税证》1197343份、三联《税收限额完税证》360702份、三联《税务违章罚款收据》10931份、三联《代征税款手续费领据》4365份、四联《税收转账专用完税证》49835份,三联《集贸税收小额完税证》1995年使用10505份,之后停用。其他税收票证使用较少。

纳税信用等级评定

2003年,景德镇市、县两级国税局先后成立纳税信誉等级评审委员会,开展评定活动。5月12日,全市8家企业报省国税局参评“2002年度江西省特级纳税信誉等级企业”,其中5家企业当选。同年,市国税局举行的纳税信誉等级评审,1575家参评企业中,25家获评一级纳税信誉、631家获评二级纳税信誉、216家获评三级纳税信誉。

2004年起,纳税信誉等级评定范围为实行查账征收的国、地税共管的纳税人,对实行核定征收的纳税人暂不评定。A级由省级税务机关评定,B级由市级税务机关评定,C和D级由县级税务机关评定。3月26日,江西昌河铃木汽车有限公司等3家企业被省国税局、地税局联合评为“2003年度A级纳税信用企业”。同年4月14日,昌河飞机工业(集团)有限公司等58家企业被市国税局、地税局联合评为“2003年度B级纳税信用企业”。

2006年3月31日,江西昌河铃木汽车有限公司等9家企业被省国税局、地税局联合评为“2004—2005年度A级纳税信用企业”。4月21日,昌河飞机工业(集团)有限公司等100户企业被市国税局、地税局联合评定为“2004—2005年度B级纳税信用企业”。

2008年4月22日,景德镇烟草分公司等30家企业被省国税局、地税局联合评为“2006—2007年度A级纳税信用企业”。6月5日,江西昌河汽车股份有限公司等110户企业被市国税局、地税局联合评为“2006—2007年度B级纳税信用企业”。

2010年4月23日,江西锦溪水泥有限公司等35家企业被省国税局、地税局联合评为“2008—2009年度A级纳税信用企业”。5月23日,景德镇移动分公司等135户企业被市国税局、地税局联合评为“2008—2009年度B级纳税信用企业”。

税源管理

市国税局从1999年开始应用信息化征管，户管数呈稳步上升。至2010年，企业数由3972家上升为16393家，个体户由2917家上升到13313家。

2003年，市国税确定实施18个创新项目，税务稽查微机选案系统软件、征管资料电子档案管理系统软件和一般纳税人税源分析系统软件、内外资企业所得税管理系统软件、人机定税管理系统软件和推行政务公开系统软件分获省国税局一、二、三等奖，税务稽查微机选案系统软件被省局列为2004年推广项目。

2006年10月，景德镇市开发财税工商登记信息交换比对管理信息系统，由信息比对查询、单户信息查询、数据导入、数据比对等功能模块组成。依托市政务信息网平台，集中国税、地税、工商三部门登记的基础数据，及时了解各企业设立登记、变更登记、停业登记、非正常户认定、外出经营登记、注销登记以及部门间的信息差异，自动统计提示差异户的名称、行业、注册类型、法人代表、经营方式、经营地点、银行开户、联系方式等，实现在线实时信息交换，初步建立漏征漏管户清理机制。

2009年，市政府制定《涉税信息交换办法》，涉税信息交换覆盖工商、质监、公安、银行等37个部门，形成包括许可类、资产变动类、生产要素类、非居民所得税、其他评估参考等5大类165项涉税信息，其中国税、地税相互间交换涉税信息达22项。市国税局牵头研发景德镇市涉税信息交换平台系统，2011年7月正式上线，为涉税信息采集、存储、整理、提取、分析、应用提供技术支撑。

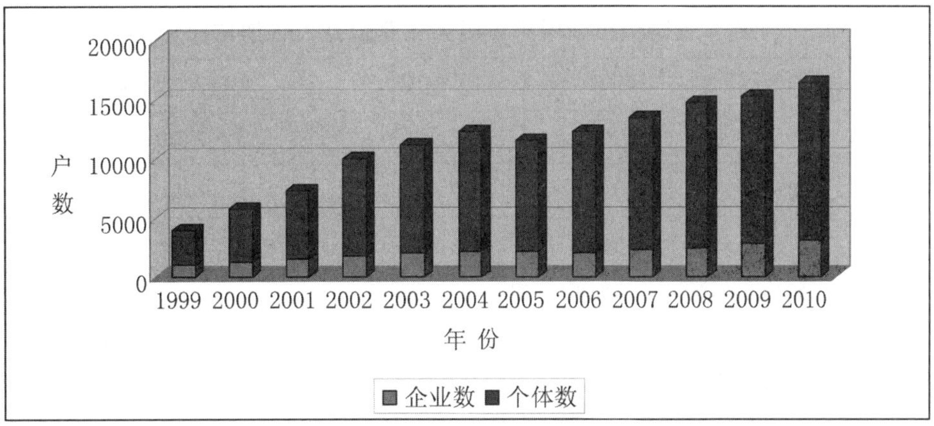

图22-1-4　1999—2010年户管数示意图

税控系统使用

1997年5月，全市范围内的商业企业推行使用税控收款机，主要是小规模纳税企业（包括私营企业）和有一定经营规模及固定经营场所的个体工商户。

2000年1月，全市已纳入防伪税控系统的企业，全部通过防伪税控系统开具增值税专用发票，手写10万元版专用发票停止使用。10月，所有增值税一般纳税人纳入审核评税对象。

2003年7月，全市所有的增值税一般纳税人一律通过税控系统开具专用发票，手写版专用发票作废。10月，手写版专用发票一律不作为增值税的扣税凭证。

2004年12月，全市范围内的增值税一般纳税人购置税控收款机所支付的增值税税额，准予在该企业当期的增值税销项税额中抵扣；增值税小规模纳税人购置税控收款机，按照发票上注明的增值税税额，抵免当期应纳增值税。

2005年，全市范围内推广应用国税总局的《增值税管理系统质量管理系统》。2006年6月，对全市范围内已经使用防伪税控开票系统的企业全部推行一机多票系统。商业零售企业，经销水、电、气、暖的企业自行决定是否使用一机多票系统。

2008年1月，市国税局全面推行网上认证系统。10月，全面使用红字增值税专用发票通知单管理系统，将红字增值税专用发票统一纳入防伪税控系统管理。

税务稽查

1994年,市国税稽查分局成立,稽查人员比例占市区征管人员的30%。1997年,稽查分局组织力量对全市涉及金华税案,接受虚开增值税专用发票的相关企业进行查处。1998年,制定《税务违法举报案件管理办法》,规范举报案件稽查程序,每年开展税收专项检查,以查促管。2002年,随着"一级稽查"制度的建立,市国税稽查局确立稽查工作的立案率、检查率、结案率、处罚率、滞纳金加收率、入库率、复查率、行政变更撤销率、法院判决败诉率等指标。2004年,开展企业所得税专项核查,共查增应纳税所得额923.8万元,其中新办户查增111.9万元,汇总纳税成员企业查增56.4万元,其他企业查增755.5万元。查补应纳所得税67.4万元,其中新办企业1.6万元,汇总纳税成员企业18.6万元,其他企业47.2万元。

2006年,查处市星光陶瓷有限公司设置两套账偷税案,补缴税款104万元,罚款52万元,加收滞纳金13万元。11月15日,召开稽查案件首例听证会。2007年,多次运用税收保全措施、税收强制执行措施。2008年,制定《大要案报告制度》《国地税、公安联席会议制度》等8项制度,与市公安、地税等部门协作,成功查处3起制售假发票案件和一起伪造银行印鉴,逃、骗车辆购置税案件,查获国、地税各类假发票、假完税凭证共计1795份,假印章11枚。2009年,查处宝山煤矿偷税案,入库税款125.92万元,罚款88.15万元,加收滞纳金2.31万元。2010年,查处合众锦川有限公司和丰烨贸易有限公司非法接受虚开增值税专用发票等一批案件。

表22-1-16　**2002—2010年景德镇市国税系统税务稽查查处税收违法案件统计表**　单位:户、万元、起

年份	检查户数	有问题户数	结案户数	三项入库金额	移送司法机关案件
2002	132	106	106	1076	3
2003	143	114	114	1320	1
2004	207	160	160	1680	7
2005	164	124	124	1560	4
2006	139	118	118	2640	8
2007	218	177	177	3120	7
2008	169	139	139	3345	7
2009	188	156	156	2867	11
2010	167	134	134	3004	7

税收信息化建设

1986年,市税务局开展信息化建设,省局统一配发IBM微型计算机6台,由各级会计统计部门简单处理税收业务。1994年,实行"分税制"财税体制改革后,建立以增值税为主体的流转税体系。启动"金税工程",工程各子系统、各种征管软件、出口退税软件等在税收征管中运用。

1996年,进入局域网运行阶段,基层税收管理系统及防伪税控系统(单机版)的试行和推广应用。1999年3月,市国税局涉外分局试点开发"审核评税软件"和"企业电子报税软件",2000年10月均通过省级科学技术成果鉴定。2001年7月,金税工程二期在全市国税系统及一般纳税人中推广应用。

2003年1月1日,进入广域网运行阶段,中国税收管理信息系统(英文缩写CTAIS)在全系统成功上线,实现税收征管信息化的市级集中。6月,推行办公自动化,公文处理系统运行。2004年3月防伪税控网络版软件、多元化电子申报纳税系统先后推广。2005年,市国税局实现中国税收征管信息系统、网络版防伪税控系统、出口退税管理系统数据的整合,并开发出"财务预算管理系统"。2006年省级集中版综合征管软件上线,信息技术的应用从单纯税收征管业务领域延伸至行政管理、税收业务、决策支持、外部信息应用等多个方面。2008年市国税局开发出"工商、国税、地税三方登记信息比对系统",通过政务网实现专网联网运行。7

月,率先在全省推广出口退税远程预申报。

2010 年,市国税局成功开发“景德镇市涉税信息共享平台系统”,全市国税基层征收单位推广运行征管和行政管理等应用软件,所辖纳税户全部纳入信息化管理。

税收优惠

出口退税 1985 年,开始实行出口退税政策。1988 年 1 月 1 日,景德镇市陶瓷产品出口退税,实行“征多少,退多少,未征不退”的政策。1994 年,全国出口退税率进行调整,所有产品的平均退税率为 16.63%,同时形成出口货物退(免)税管理以及审核制度。2002 年,省国税局将部分出口退(免)税审核权限下放到地市级国家税务局,下放到景德镇市的外贸企业 8 家,生产企业 20 家。

2003 年 10 月,国家对出口退税率进行结构性调整,出口退税率平均水平降低 3 个百分点左右。对国家鼓励出口的产品退税率不降或少降,对一般性出口产品退税率适当降低,对国家限制出口的产品和一些资源性产品多降或取消退税。调整后的出口退税率为 17%、13%、11%、8%、5% 五档,自 2004 年 1 月起实行。

2004 年 1 月,改变出口退税财政负担机制,市国税局上年退税额基数以内的,由中央财政负担,基数以外由中央财政负担 75%,地方负担 25%,当年完成退付历年所欠退税款 1361 万元。7 月,《中华人民共和国对外贸易法》施行,认定出口企业户数由 44 户增加至 55 户。

表 22-1-17 **2000—2010 年景德镇市出口退税统计表** 单位:万元

年度	出口额	退税额	免抵税额	小计
2000	3449.00	2150	0	2150
2001	3781.19	3249	0	3249
2002	4332.10	2750	580	3330
2003	5630.57	2385	946	3331
2004	5742.47	3561	936	4497
2005	8780.69	3882	2490	6372
2006	12023.07	4195	3200	7395
2007	16420.00	8850	3450	12300
2008	21982.87	7000	3800	10800
2009	48132.70	9400	5900	15300
2010	77599.47	16864	6400	23264
合计	207874.13	64286	27702	91988

企业所得税优惠 1999 年,减免企业所得税 2 万元。2000 年 1 月,对为安置随军家属就业而新办的企业 3 年内免征企业所得税。6 月 24 日起至 2010 年年底,增值税一般纳税人销售其自行开发的软件产品,实行所得税减免。

2001 年 1 月起,全市范围内从事制药、食品、日化、家电、通信、软件开发、集成电路、房地产开发、体育文化和家具建材商城等行业的企业,每一纳税年度可在销售收入 8% 的比例内据实扣除广告支出。

2005 年 1 月,全市范围内企业所得税计税工资由人均 800 元提高到 960 元。9 月,国税机关负责管理的企业财产损失税前扣除审批,原则上由企业所在地的县级主管国税机关负责。

2006 年 1 月,核定征收户数 243 户,享受减免企业所得税户数 21 户,纳税人通过汇缴自行调整 171 户,达总户数的 22.44%,汇缴调增应纳税所得额 8239.26 万元,调减应纳税所得额 5881.58 万元,净调整应纳税所得额 2357.68 万元,共计应补缴税款 459.22 万元。

2007 年 1 月,市国税局为 7 户(次)企业办理财产损失税前扣除 1197 万元;共有 9 户(次)企业审批办理减免税2000万元;共有60户(次)企业办理弥补以前年度亏损1471万元;办理呆账损失税前扣除企业1户,金额3万元。

表22-1-18　　2008—2010景德镇市国税各税种减免统计表　　单位:万元

年份	减免税金	增值税	企业所得税	个人所得税	车辆购置税
2008	22483	18955	2618	901	9
2009	29945	18250	6427	2466	2802
2010	63074	52242	6471	3024	1337
合计	115502	89447	15516	6391	4148

表22-1-19　　2008—2010全景德镇国税分行业减免统计表　　单位:万元

年份	减免税金	采矿业	制造业	电力业	交通业	批零业
2008	22483	148	17139	751	291	2346
2009	29945	300	19138	934	270	3272
2010	63074	458	31689	19068	674	5744
合计	115502	906	67966	20753	1235	11362

其他优惠　1998—2003年,市国税局审批福利企业退税489.61万元,森工企业退税225.43万元。2001—2003年,审批资源综合利用(建材产品)企业退税2884.93万元。

1998—2003年,校办企业免征增值税117.57万元。2000—2003年,饲料企业免征增值税297.18万元。1998—2003年,粮食企业免征增值税5795.37万元。2001—2003年,废旧物资回收经营企业免征增值税1005.29万元。1998—2003年,农资经营类免征增值税2889.70万元。2002—2003年,其他类免征增值税6366.81万元。

第五节　地税征管

征管方法

2004年7月,在地税征管户上年全部进入计算机,通过软件进行评定税负,所有实行"双定"征收的新办理税务登记的个体业户(包括共管户),均通过自主开发的民主参数评税软件进行参数定税。

2005年1月,景德镇城区启动地税集中办税大厅建设。2月,乐平、浮梁城区相继启动,全市统一实施"一窗式"服务。同年,市地税局先后制定《主要涉税审批事项流程及时限规定》《洗浴按摩业税收管理作业指导书》《征收、管理、稽查工作协调作业指导书》,规范审批流程,促进征、管、查间的协调运行。

2006年,建立两级案例库,各县(市、区)在做好日常评估和专项行业评估的同时,均建立评估案例库,市地税局收集部分有代表性的评估案例建立市地税局评估案例库,并有两个案例入选省地税局优秀案例库。

2007年4月,市地税局利用征管软件系统的海量数据,在珠山区地税局试点使用自主开发的巡查巡管工作平台,初步开展巡查巡管任务派发、过程监控和跟踪考核。

2009年8月,与市国税、工商部门联合开发"瓷都财税工商登记信息比对系统",结合比对软件的使用,地税、国税和工商部门建立户籍比对工作制度,制定比对工作流程,提高比对效果。

执法宣传依法治税

1994年,国家新税制开始实施,市地税局以"税收宣传月"为契机,开展宣传辅导。1995年3月,市地税局组织成立以来第一次税收执法检查,强化地税机关内部自我监督。随后,每年组织开展各种类型税收执法检查和督察。4 月，组织开展第一个“税收宣传月”活动。此后每年根据国家税务总局确定的主题，通过印发资料、文艺创作、举办座谈会与培训班等多种方式，在广播、电视、网络等新闻媒体上，宣传税收政策，营造和谐征纳的税收环境。

1996 年，市地税局组织开展买税卖税、转引税款及税款异地入库情况的全面自查自纠工作。1999 年，下发《关于严禁地税人员买税卖税、转引税款、税款异地入库的通知》。2001 年，制定《关于严禁买税卖税、转引税款和税款异地入库的规定》，全市地税系统按照“依法治税，应收尽收，坚决不收过头税，坚决防止和制止越权减免税”原则组织收入。

2001 年，市、县两级地税机关成立重大税务案件审理和行政复议委员会及办公室，办公室设在征管科。2002 年始，市地税局执行税收执法责任制。2004 年 8 月，市地税局增设法规科，上述职责调整到法规科。2005 年，市地税局制定《地税系统税收执法过错责任追究办法》（试行），规范全市地税系统执法责任制考核工作。同年，制定《地方税务系统 2005—2008 全面推行依法治税的实施意见》，明确全面推进依法治税的指导思想、工作目标、主要任务及年度计划，推进依法治税。

2007 年 4 月，市地税局清理 1994 年分税制改革以后制定的税收规范性文件 576 份，其中市地税局制定的 31 份，认定现行有效的 16 份，废止或失效的 15 份。2008 年，对行政许可和非行政许可项目进行全面清理，并下发《关于进一步下放行政许可（审批）事项权限的通知》和《关于进一步优化行政许可（审批）事项的通知》。2009 年，整顿行政执法队伍，禁止无行政执法资格的人员履职。2010 年，市地税局荣获“2006—2010 年全国法制宣传教育先进单位”称号。

税务稽查

制度建设　1997 年 11 月 18 日，市地税局稽查局成立，各县（市、区）也设立稽查机构。1998 年，印发《关于加强地方税稽查工作的意见》，推进地税稽查工作标准化、制度化、规范化建设。1999 年，市稽查局发挥“稽查震慑”作用，制定《稽查工作绩效目标管理考核办法》《稽查局关于税务违法案件举报奖励暂行办法》，实施“税务稽查收入”专户制度，各县（市）稽查机构在银行开设“税务稽查收入”专户，稽查查补税款全部缴入专户管理。2000 年，市地税局分别和市国税局、市公安局联合制定合作办案机制，实施《景德镇市地税系统稽查大案要案实行请示报告制度》。

2002 年，市地税局制定“稽查选案制度”，规定地税稽查系统严格执行税收检查计划制度，实行归口管理，将征收管理局检查列入稽查计划，统筹安排，逐步推行“一家查账，多家认账”制度，对同一纳税人一年内原则上不安排 2 次检查。规定审理机构人员设置和职责划分，确定审理程序，贯彻以查促管、以查促收宗旨。

2006 年，市地方税务局修订稽查局选案制度，以征管系统作为案件来源，由计算机从纳税人数据库中随机抽取。2008 年，市地税稽查局建立企（事）业单位地方税收自查制度，扩大一级稽查覆盖面。实行查前告知程序，将稽查办案程序制度、纳税人权利和义务、举报投诉渠道，以书面形式一并告知纳税人。2010 年，制定稽查案件复查制度，由市稽查局采取案头审查方式，对当年稽查案件进行复查，及时发现和纠正不当税务稽查行为。

专项稽查　1997 年以后，市地税稽查局每年制定年度税收专项检查实施方案，确定重点检查行业和税种，落实检查牵头部门、协办部门和实施部门，统一时间开展稽查工作。

2002 年，市地税稽查局对专卖店、购物超市以及其他规模较大的个人独资、合伙企业开展个人所得税专项检查。开展房地产业以及建筑业、房屋租赁业税收专项检查，重点查处利用做假账、两套账和账外经营，开展新兴行业专项检查。全市检查纳税户 285 户，查补税款、滞纳金、罚款 801 万元。

2003 年，组织开展金融行业个人所得税、房地产建筑行业及旅行社企业所得税、车船使用税、餐饮行业等 5 项税收专项检查。全市共计查补税款、滞纳金、罚款 525 余万元。2004 年，整顿和规范汽车市场、货物运输、房地产及医药行业税收秩序。全市税收专项检查纳税单位 203 户，查补税款 1010 万元，加收滞纳金 22 万元，罚款 72 万元。

2005 年，以房地产、陶瓷生产、货物运输、广告、娱乐、服务、电力、烟草、电信、银行、证券、保险等行业个人所得税为重点，共检查 303 户，查补税款 815 万元，加收滞纳金 10.8 万元，罚款 129 万元。2006 年，全市地税稽查部门共组织自查、检查纳税户332户,组织自查、检查查补金额4082万元,其中税款4007万元、滞纳金13万元、罚款62万元。同年,查处非法发票305份,查补税款78万元,加收滞纳金13万元,罚款44万元;查处重点企业涉及非法发票262份,涉及金额27万元。

2007年,确定资本交易项目、房地产业、建筑安装业、地方商业银行、地方股份制银行等作为指令性稽查项目;对工业园区企业纳税情况、陶瓷艺术工作者和陶瓷网店业主纳税情况开展专项检查。共组织税收收入4095.89万元,其中自查组织税收收入入库1760万元,检查组织税收收入2335.89万元,检查纳税企业40户。同年,共查处违法企业户数118户,查处违法发票4285份。涉及发票金额204.27万元,查补税款10.43万元,加收滞纳金0.59万元,罚款2.95万元。

2008年,确定证券、基金公司、房地产业、建筑安装业、资本交易项目为指令性稽查项目,电力、通信等行业以及陶瓷行业等高收入者个人所得税作为指导性检查项目。对539户企业发放自查通知书进行自查,自查问题企业333户,自查补税4036.57万元;直接检查户数82户,查结户数82户,存在问题户数81户。查补税款合计1791.78万元,加收滞纳金110.41万元,罚款175.37万元。同年,查处发票违法企业97户,查处非法发票3762份,涉及金额182.05万元,查补税款19.9万元,加收滞纳金1.44万元,罚款4.75万元。2009年,确定房地产业、建筑安装业、股权转让企业交易企业及个人等指令性稽查项目,共查补收入4227.98万元。

2010年,确定房地产业、建筑安装业、资本交易、电信业作为指令性稽查项目。安排地方商业银行、出租房屋行业,高收入者个人所得税,营利性教育培训机构,高污染、高能耗及产能过剩企业等作为指导性稽查项目,本年度共查补入库11409.39万元。其中483户企业自查补税金额9189.2万元;直接检查户数41户,查补收入2220.19万元,其中查补税款1736.97万元,加收滞纳金184.04万元,罚款285.16万元。同年对153户企业发票使用情况进行检查,查处34户企业违法发票2496份,查补税款95.62万元,罚款71.17万元。

第六节　机构队伍

市税务局

税务内设机构　1985年,市税务局内设秘书科、人事监察科、税政管理科、征收管理科、计划会计统计科、干部培训科,直属征收机构设市税务局一分局、二分局、三分局、四分局,均为正科级,承担全市国有企业、城镇集体企业、城区个体集贸市场、农村税收管理任务。乐平县税务局管理体制未变,仍隶属乐平县政府管理。

1986年1月,撤销市税务局一、二、三、四分局,分别设置市税务局正科级直属分局、珠山分局、昌江分局、蛟潭分局、鹅湖分局。

1987年4月,全省各级税务局实行地、市、县(市)政府和省税务局双重领导,以省税务局领导为主的管理体制。乐平县税务局列入市税务局机构管理序列。

1988年12月,设置市税务局稽查大队、电子计算室、咨询服务部、发票管理所4个正科级事业单位。

1989年5月,设置市税务局管理二科,承担地方税种、各项基金的政策管理职能。

税务直属单位　乐平县税务局。1987年4月,乐平县税务局列入市税务局管理,内设机构为秘书股、人事教育股、税政管理股、计划会计统计股、监察内审股。下设13个征收机构。

1992年1月,撤销乐平县税务局直属分局、乐平县税务局集贸、个体税务所,设置乐平县税务局第一征收管理分局、第二征收管理分局。增设乐平县税务局副科级检查分局。

浮梁县税务局。1986年1月,市税务机关分别设置蛟潭税务分局和鹅湖税务分局,分别内设人秘股、税政股、计划会计统计股、征收管理股、稽查队。1989年4月,撤销蛟潭分局、鹅湖分局,成立浮梁县税务局。内设办公室、人事教育科、监察审计科、税政科、计划会计统计科、征管科,直属事业单位有稽查队、发票管理所,下设6个征收机构。

1990年2月，设浮梁县税务局直属分局、经公桥分局。12月，设浮梁县税务局鹅湖分局。1991年9月，设浮梁县税务局寿安征收分局。

税务直属分局。1986年1月，市税务局组建直属分局，主要承担市级以上国有、集体企业税收征管职能。1987年1月，市税务局撤销直属分局，设立直属一分局、直属二分局，分别承担市级以上国有企业税收征管职能和全市集体企业税收征管职能。

昌江分局。1986年1月设立。内设人秘股、税政股、计划会计统计股、征收管理股、稽查队。下设竟成税务所，鱼山税务所。1991年3月，改为竟成征收分局和吕蒙征收分局。5月，设置昌江分局检查科。

珠山分局。1986年1月组建，内设人秘股、税政股、计划会计统计股、征收管理股，稽查队。征收单位按区域设置三个专管组。1991年5月，设置珠山分局检查科，12月设立市税务局私营企业征收分局，由珠山分局管理。

市国家税务局

税务内设机构　1994年1月，市税务局分设国家税务局、地方税务局两套机构。9月16日，市国家税务局正式挂牌成立，内设办公室、税政管理科、征收管理科、涉外税政管理科、计划财务科、教育科、人事科、监察室8个正科级机构，设立发票管理所、信息中心、税务干部学校3个正科级事业单位，设立直属分局、稽查分局2个直属行政机构。

1995年7月，设立市国家税务局涉外税务管理分局，与市国税局涉外税政管理科合署办公，主要负责市行政区内"三资"企业的税收征管工作。1997年4月，撤销市国家税务局珠山分局、昌江分局，设立市国税局直属二分局。市国家税务局直属分局更名为直属一分局。

2001年7月，市国家税务局实施机构改革，机关内设8个正科级机构，3个直属事业单位，3个直属行政机构，撤销市国家税务局税务干部学校。

2009年11月，增设纳税服务科、所得税管理科。流转科管理科更名为货物和劳务税管理科，计划会计统计科更名为收入核算科。撤销国际税收、进出口税收管理科（分局），设立离退休干部科。直属事业单位保留信息中心、机关服务中心、票证中心。2010年，国税系统在职人员497人，机关正科级内设机构11个，办公室、政策法规科、货物和劳务税科、所得税科、收入核算科、纳税服务科、征收管理科、财务管理科、人事科、教育科、监察室。直属行政单位3个，直属事业单位3个。县（市、区）局5个。

税务直属单位　直属税务分局。1994年10月成立。1997年4月，更名为直属一分局。2001年7月改回。2002年9月更名为重点企业管理分局。2004年12月，改为直属税务分局。

直属二分局。1997年4月，撤销市国家税务局珠山分局、昌江分局，设立市国家税务局直属二分局。2001年7月撤销二分局，按行政区域设立昌江、珠山国税局。

稽查局。1995年1月成立市国税局稽查分局。1998年4月更名为稽查局。2008年7月，稽查局升格为副处级直属机构。

车辆购置税征收分局。2004年12月设立，为市国税局直属正科级行政机构。

县级国税机构　乐平市国家税务局。1994年7月，乐平市国家税务局成立，内设5个股室，下设9个分局，另设直属稽查分局。

浮梁县国家税务局。1994年10月，浮梁县国家税务局成立，内设5个职能部门，2个事业单位。下设7个副科级征收分局，另设直属稽查分局。

昌江国家税务局。1994年10月，成立景德镇市国家税务局昌江分局。内设5个正股级职能机构，下设4个副科级征收管理机构。2009年11月更名为市昌江区国家税务局，税务稽查职能由市国税稽查局承担。

珠山区国家税务局。1994年10月，成立景德镇市珠山国税分局，内设5个职能机构，下设5个副科级征收管理机构。2009年11月更名为市珠山区国家税务局。税务稽查职能由市国税稽查局承担。

高新技术产业园区国家税务局。2006年10月，成立高新技术产业园区国税分局。2009年11月，更名为高新技术产业园区国家税务局，内设4个股室，3个办税机构。稽查职能由市国税稽查局承担。

市地方税务局

税务内设机构　1994年1月,市国税、地税机构分设。1994年10月,市地方税务局内设党委办公室、办公室、人事教育科、税政一科、税政二科、计划会计科、征收管理科、监察审计科。

1997年4月,市地税局内设机构设办公室、党委办公室(挂人事教育科牌子)、税政一科、税政二科、征收管理科、计划会计科、审计科、纪检委(监察室)。

2002年6月,全省地方税务局机构改革,市地税局内设办公室(政策法规科)、人事教育科、税政管理一科、税政管理二科、征收管理科、计划财务科、监察室(与党组纪检组合署)、机关党委。下属事业单位有机关后勤服务中心、发票管理所、信息中心、培训中心。直属单位有征收局、管理局、稽查局。

2004年4月,市地方税务局征收局更名为市地方税务局办税服务厅,县(市、区)地税局也同时设置办税服务厅。市地方税务局管理局更名为市地方税务局直属分局。6月,新设政策法规科、国际税收管理科。

税务直属机构　市地税局直属分局。1994年成立,1995年9月,成立直属分局稽查队。

稽查分局。1994年市地税局成立稽查大队。1997年10月,稽查大队更名为稽查分局,为市地方税务局的派出机构。

县级地税机构　乐平市地税局。1994年成立,内设办公室、人事教育股、税政管理股、征收管理股、计划财务股、监察室,后勤服务中心、发票管理所。下辖乐港分局、涌山分局、后港分局、接渡分局、众埠分局、高家分局和征收局、稽查局。2004年4月成立洎阳分局。2008年8月乐港分局更名为城区分局。

浮梁县地税局。1994年成立,内设办公室、人事教育股、税政管理股、征收管理股、计划财务股、监察室,后勤服务中心、发票管理所。下辖黄泥头分局、鹅湖分局、洪源分局、蛟潭分局、经公桥分局和征收局、稽查局。2004年4月成立城区分局。2008年8月,洪源分局更名为三龙分局、黄泥头分局更名为湘湖分局。

昌江税务分局。1994年更名为昌江区地税局,内设人秘股、税政管理股、征收管理股、计划财务股、监察室、发票管理所。下辖西郊分局、鱼山分局、征收局。1995年9月,昌江分局成立竟成、吕蒙、鱼山税务所,昌江分局稽查队。

珠山税务分局。1994年更名为珠山区地税局,内设人秘股、税政管理股、征收管理股、计划财务股、监察室,发票管理所。下辖茶山路分局、梅苑分局、征收局。1995年9月,成立珠山分局稽查队。2008年8月,梅苑分局更名为城南分局,茶山路分局更名为龙珠阁分局。

景德镇高新技术产业开发区地税局。2004年6月,成立高新技术产业开发区地税分局。2007年1月,更名为高新技术产业开发区地方税务局。

景德镇陶瓷工业园地方税务局。2007年6月成立,为市地税局派出机构。

税务队伍

1986至1987年3月,市税务局机构、编制、人事由市委、市政府管理,1987年4月起改由省税务局负责。1994年9月,税制改革后,市国税局实行垂直管理,地方税务局实行市政府和省地税局双重领导,以市政府领导为主。2000年起,实行以省地方税务局领导为主,机构、编制、人事垂直管理。

1987年4月前,市税务局核定编制为300人(不含乐平县税务局),1987年4月,增加事业编制45人,录用人员为社会招聘、大中专分配、部队转业干部、退役的本系统职工子女和选调的其他行政、事业单位在编人员。1988年起,面向社会招聘基层征收一线工作人员23名,陆续接收军队转业人员43人。1988年、1989年,选调行政、事业单位在编人员23人(以教师为主)。1993年,考试录用税务局内部员工子女9人(工人编)。

1985—1993年,共接收安置大中专毕业生71人。至1993年,全市税务系统核编675人,实有人数696人,其中市税务局机关(含稽查大队)83名、直属一分局63名、直属二分局65名、珠山分局115名、昌江分局52名、浮梁县税务局114名、乐平市税务局204名。总计干部编制584人,工人编制112人。

1994年,国税系统保留494人。1994—2010年,全市国税系统共录用国家公务员73人,接收军转干部13人,接收应届大中专毕业生61人,安置退役士兵22人(仅限内部员工子女)。2010年年底全系统共计500人,其中局机关(含事业单位)79人、直属分局41人、稽查局33人、车辆购置税征收分局9人、珠山区国税局71人、昌江区国税局47人、高新技术产业园区国税局27人、浮梁县国税局72人、乐平市国税局121

人。其中公务员465人、事业编人员6人、工人编29人。

1994年,税务机构分设,地税系统保留200人。1995年4月,乐平市地税局、浮梁县地税局分别从所辖区域公开选调地税干部共70人。1998年,全市地税系统内有42名职工编制人员通过统一考试转录为国家公务员。2010年年底地税系统在编人员405人,其中公务员345人,事业、工勤编制人员60人。其中市局机关57人、市局稽查局17人、市局直属局26人、市局办税服务厅24人、乐平市局109人、浮梁县局66人、珠山区局49人、昌江区局41人、高新区局12人、陶瓷工业园区局4人。

第二章　财政与国资

1986年以后,市财政工作以经济建设为中心,创新财政体制,推进财政改革,规范财政管理,促进财政收入稳定增长,保证全市党政机关运转和社会事业快速、持续、健康发展。1994年,国家实行分税制财税体制改革,市政府按照中央财政和省财政统一部署加快改革步伐,完善财政管理机制,理顺与市、县之间分配关系;农村税费改革实现农民合同内“零”负担;逐步实施部门预算、收支两条线、政府采购、国库集中支付、政府收支分类、乡财县代管和村账乡代理等财政体制改革,规范财政收支管理。加强对政府投资财政评审工作,开展预算绩效评价,实现财政监管手段多样化,初步构建事前、事中、事后全过程监管体系。全市国民生产总值逐年稳步增长,财政总收入大幅度增加,从1986年1.45亿元增加至2010年53.1亿元,年均递增16.8%。财政支出保障水平不断提升,由1986年1.41亿元增长至2010年78亿元,年均递增19%。县级财政也得到较快发展,至2010年,所辖乐平市财政总收入达到超14亿元,浮梁县超5亿元的规模。

1986年,国有资产管理工作由市财政局相关科室承担。1991年8月,市国有资产管理局成立,为副县级行政机构,挂靠市财政局,行使国有资产监督权、国家投资和收益权、资产处置权。2007年,市国资委成立,对政府出资企业实行管人、管事、管资产,保障国有资产保值增值。

第一节　财政体制

分级包干体制

1985年9月,省财政对地市实行“划分税种,核定收支,分级包干”的预算管理体制。原定执行五年,即1989年期满。1989年后,由于国家对江西省预算管理体制延期执行,省对地市预算管理体制也继续延期。1985年起,景德镇市收入基数7617万元,支出基数4128万元;留成比例58%,上解比例42%,上解比例在综合改革试点时确定,根据新体制调整基数差额专项上缴200万元。

1988—1990年,市财政管理体制实行“递增包干上解”,以1987年上解数为基数,定额递增11%上解,另外收入总额(参与分成收入)按中央借款进基数后上解6.8%。

1990年后,“递增包干上解”体制执行期满,省财政对景德镇市财政恢复实行“总额分成”体制,收入留成比例为58%,收入上解比例42%,定额上解中央200万元。另外由于中央借款进基数,景德镇市按收入总额上交6.8%,实际按收入总额48.8%上解,另加定额上解200万元,此上解比例在全省设区市中仅次于南昌市。这一体制是按照1984年前市财政支出占收入比重确定的,当时景德镇市属工业城市,财政收入在全省各设区市中位居前列,而支出在全省同一水平线上,所占比重较低,因此上解比例高。

1991年12月,财政部《乡镇财政管理办法》实施,景德镇市主要实行3种办法:收支挂钩、超收分成、收支包干办法,即“定收定支、收支挂钩、总额分成、一年一定或一定几年”;“定收定支、收入上缴、超收分成(或增长分成)、支出下拨、超支不补、结余留用、一年一定”;县财政对乡财政划分一定的收支范围,确定收支基数后,计算上缴或补助数额,一次包死、一年一定或一定几年不变。

1993 年,进一步完善珠山、昌江区的财政体制,区级财政体制由原来的“支出递增包干,收入超收分成”改为“总额分成”的财政体制,确定收入留成和上解比例,解决多年来区级财政没有国库的问题。珠山区收入上解 58.8%,留成 41.2%;昌江区收入上解 34.8%,留成 65.2%。实施后调动了两区增收节支当家理财的积极性。分级包干制执行至 1993 年年底。

表 22-2-1　　**1986—1993 年省补助及景德镇市上解省收入统计表**　　单位:万元

年份	省补助	上解支出合计	定额上解支出	总额分成上解	结算上解
1986	3890	4896	200	461	83
1987	5735	6906	200	653	181
1988	3697	7173	200	1042	144
1989	6248	10116	200	1459	416
1990	7243	11031	200	1351	555
1991	5459	10348	200	996	184
1992	5245	11207	200	10974	32
1993	6187	13856	200	13602	154

分税制体制

1994 年 1 月 1 日起,中央实行分税制财政管理体制,江西省对市、县(市、区)也实行分税制财政体制。分税制改革后,景德镇市根据老体制基数,实行递增上解,递增上解比例为 5%,上解基数由 1993 年的 12559 万元递增至 2001 年年底的 18554 万元,比 1993 年净增 5995 万元。分税制后,由于上划中央的“两税”超收,景德镇市税收返还由 1993 年的 15636 万元增加至 2005 年年底的 19591 万元,比 1993 年净增加 3955 万元,上解比例略有变化,但总体格局未变。至 2005 年年底,景德镇市按体制规定上缴中央“两税”和所得税收入近 4.1 亿元,上缴省财政收入近 2.11 亿元,扣除中央税收返还补助收入,上解收入仍占全市分成收入的 45%左右。

表 22-2-2　　**1994 年景德镇市分税制改革财政管理体制基数统计表**　　单位:万元

项目		金额	
一、转入消费税增值税收入	消费税	1462	22715
	增值税	21253	
二、上划收入	上划中央消费税	1462	18123
	上划中央增值税	15947	
	上划省级 8 种共享收入	714	
三、中央和省级下划收入		2487	—
四、调整后参与分成收入		28689	—
五、体制上解比例(%)		48.8	—
六、定额分成上解基数		14000	—
七、抵扣总额分成的超收分成		1441	—
八、定额递增上解基数		12559	—
九、税收返还基数		15636	—
十、固定补助和上解基数	固定补助	355	166
	上解基数	189	

2003 年,省政府下发《关于进一步改革财政管理体制的意见》,景德镇调整收入分配体制,建立县乡财政发展激励机制。其基本原则是积极稳妥,保证各级财政平稳运行,保证财力调整向县乡倾斜;坚持“谁发展,

谁受益,发展快,多受益”,激发县乡发展经济、增加财政收入的活力。主要内容包括:调整税收征管范围和征收体制,凡由市本级征管的企业和市直事业单位安排的基建项目,基建概算在500万元以上的,施工单位应缴纳的各种建设性税收,均由市级征收,列作本级收入。基建概算在500万元以下并由外来建筑企业施工的,其税收由珠山区负责征收;由本市建筑企业施工的,其税收按建筑企业原隶属征管关系,分别由原征管部门负责征收;原隶属市本级征管的企业,因改制和退城进郊,其一部分搬迁到各县(市)和高新区以后,其搬迁部分的税收由市本级负责征管,实行三七分成,即各县(市)和高新区分成30%,市本级分成70%。税收分成每半年预结一次,年底再进行清算。原隶属市本级征管的企业,全部搬迁到各县(市)和高新区以后,其税收仍由市本级负责征管,所缴纳税收以搬迁前一年为基数,存量部分列作本级收入,超过基数的增量部分实行五五分成,即各县(市)和高新区分成50%,市本级分成50%,税收分成每年11月进行结算;原隶属各县(市)征管的企业部分或全部搬迁到景德镇市区以后,其税收仍由各县(市)征管,列作各县(市)收入,市本级不参与分成;昌河工业园区内企业的税收,由市本级负责征收,列作本级收入。

2005年,市政府办转发市财政局、市地税局《关于调整完善我市部分财政税收管理体制的意见》的通知,本着“让利于基层、还权于县(市、区)”的指导思想,进一步调整和完善部分财政税收管理体制。对景德镇市区内招商引资企业、改制企业、搬迁和新增子公司税收征管,江西省沿沟矿业有限公司税收征管,景德镇市区内房地产企业、建安企业及重点工程税收征管,景婺黄高速公路工程税收征管,景德镇环城高速公路南环段工程税收征管,国贸广场、豪德贸易广场、新都民营陶瓷园、景德镇中国陶瓷城、绵绣昌南——中国瓷园的税收征管,陶阳路和昌河大道东段工程项目税收征管,契税征管等下划。户管调整及市高新区财政体制等税收征管和财税体制进行进一步规范。

同年起,由于上级财政加大对贫困县和困难县的转移支付力度,乐平市和浮梁县纳入享受转移支付的县(市、区)范围。2007年起,市高新区超过2006年一般预算收入基数的50%,财力上划给市本级;从2008年起,市陶瓷工业园区超过2007年一般预算收入基数的30%上划给市本级,增强市本级调控能力。

表22-2-3　　**1994—2010年省补助市及景德镇市上解省收入统计表**　　单位:万元

年份	上级补助合计	其中				上解支出合计	其中		
		返还型收入	专项补助	结算补助	其他		递增上解	结算上解	专项上解
1994	22691	16690	2511	3324	166	13497	13187	310	—
1995	23448	17229	2477	2576	1166	14806	13846	960	—
1996	24964	17694	4551	2695	24	14997	14538	459	—
1997	29323	18066	8406	2834	17	15479	15265	214	—
1998	28075	18281	7208	2195	391	16317	16028	289	—
1999	40533	18316	11658	3280	7079	17381	16829	552	—
2000	43615	18467	13387	4120	7641	17985	17670	315	—
2001	52893	18388	12989	5809	15707	18929	18554	—	375
2002	68143	19675	25617	4796	18055	19168	18554	—	614
2003	74204	18875	21840	4020	29469	20947	18554	—	2393
2004	87325	18930	27976	5100	35319	20473	18554	—	1919
2005	122064	19571	47358	7330	47805	22595	18554	—	4041
2006	145530	19722	51913	5652	68243	22678	18554	—	4124
2007	118966	22078	75503	5852	15533	24074	18554	—	5520
2008	248979	22812	116011	8493	101663	24918	18554	—	6364
2009	371806	25076	164301	8708	172721	30542	18554	—	11988
2010	412695	26424	175447	3880	206944	35177	18554	—	16623

表 22 -2 -4　　**2002 年景德镇市五个共享税入省库基数统计表**　　单位:万元

项目	合计	本级	高新	乐平	浮梁	珠山	昌江
五个共享税入省库数	1287	663	88	289	103	75	69
其中:资源税	79	2	58	18	—	1	—
房产税	805	453	88	149	40	40	35

市、县财政体制调整

1994 年,中央对地方实行分税制改革,县(市、区)与市本级一样都是上解 48.8%,留成 51.2%,当时考虑到县(市、区)的困难,市本级没有集中县区财力(耕地占用税市级留成 15% 除外)。2003 年,市政府出台《关于改革财政管理体制促进县乡财政发展的若干意见》,适当调整分配体制,五个共享税市本级超基数部分全部下放给县(市、区),县级原上解的耕地占用税从 2003 年起不再上解,全部留给县级,将部分由市本级征管的税收下放到县区。

表 22 -2 -5　　**2003 年景德镇市所得税基数返还额核定统计表**　　单位:万元

项目		合计	本级	乐平	浮梁	珠山	昌江
一、2001 年地方企业所得税基数		3527	2891	264	181	65	126
二、2001 年地方个人所得税基数		2481	1235	636	163	277	170
三、2001 年中央企业所得税基数		2094	2061	14	19	—	—
四、"六四"所得税返还基数		1775	1158	280	133	94	110
其中:地方上划中央 60%		3605	2476	540	206	205	178
省下划设区市所得税		-992	-494	-254	-65	-111	-68
中央下划地方 40%		838	824	6	8	—	—
其中:企业所得税返还基数		1278	911	152	100	39	76
个人所得税返还基数		497	247	128	33	55	34
五、所得税基数	企业所得税基数	5622	4952	278	200	65	127
	个人所得税基数	2481	1235	636	163	277	170

农村税费改革

2002 年,全市进行农村税费改革试点,实施"三取消、两调整、一改革",即取消乡统筹、农村教育集资等专门向农民征收的行政事业性收费和政府性基金、集资,取消统一规定的劳动积累和义务工,取消屠宰税;调整农业税和农业特产税政策;改革村提留征收使用办法。2003 年,全市专项安排农村税费改革转移支付资金 4260 万元,确保农村税费改革稳步推进,初步实现"减轻、规范、稳定"的预期目标。2004 年,中央继续推进农村税费改革,降低农业税率和在部分粮食主产区进行免征农业税改革试点,其中全省降低农业税税率 3 个百分点,即对每个农户,按其《农民负担监督手册》确定的农业税任务(含附加)调减 43%。同年,停征除烟草以外的农业特产税。2005 年,国家决定取消农业税,景德镇也终结征收了 1000 多年的"皇粮国税"。

第二节　财政收入

1994 年"分税制"改革之前,景德镇市财政收入由工商税收、农业四税、企业收入、预算调节基金、专款收入和其他收入组成。“分税制”后,财政收入分为地方财政收入和财政总收入,地方财政收入由工商税收、农业四税、企业收入、罚没收入、行政事业性收费收入、专项收入和其他收入组成。2007 年开始,地方财政收入改称为一般预算收入,由税收收入和非税收入组成。财政总收入由一般预算收入和上划中央收入、上划省财政收入三部分组成。1986 年,景德镇市财政收入为 14501 万元,1993 年财政收入为 30282 万元,比 1986 年增长 108.8%。“分税制”改革后,景德镇市财政收入实现大幅增长。1994 年,景德镇市地方财政收入 20122 万元。2000 年地方财政收入为 43615 万元,比 1994 年增长 116.8%。2010 年地方财政收入达到 387567 万元,比 2000 年增长 788.6%,是 1994 年的 18.26 倍。

按照财力计算,当年财政总收入为一般预算收入加上上级转移支付收入、上年结转收入、调入资金等;当年总支出为一般预算支出加上上解上级支出、结转下年支出等。总收入减去总支出为当年结余。1986 年,景德镇市总收入为 14501 万元,至 2010 年总收入达到 888153 万元,累计增长 60.25 倍。

综合收入

1987 年,贯彻执行国务院关于开展“增产节约、增收节支”的决定,超额完成财政收入任务。全市财政收入 16520 万元,为年初预算 16051 万元的 100.12%,为省下达任务 16490 万元的 100.18%,比 1986 年增收 2019 万元,增长 16.92%,达到市政府提出的增收 2000 万元的要求。

1998 年,全市财政总收入完成 74851 万元(含上划中央和省级部分),年增长 8.8%。全市地方财政收入完成 38212 万元,年增长 10%,全市财政支出 51012 万元(含上级专项追加、上年结转),比上年增长 8%。全市地方财政收入加上税收返还、专项补助、上年结转、结余等总收入为 74035 万元。

2002 年,由于增值税、企业所得税大幅减少,市财政一般预算收入连续 10 个月出现低增长。第四季度财税部门加大重点纳税户的征管,对昌河、焦化、华意等重点企业逐户进行税收调查清算,清收税款 3000 多万元,增加地方财税收入 1000 万元;加大土地经营收入的征管,新增土地收入 1500 万元;对全市契税进行清理检查,契税收入由 2001 年 804 万元增加至 2000 万元;强化国债项目、重点工程的税收征管,堵塞漏洞;对市属企业所得税情况进行调查,新增企业所得税 930 万元。全年完成地方财政收入 54055 万元,为调整年度预算的 103.3%,年增长 10.5%,剔除企业所得税和个人所得税等不可比因素,同口径增长 12.8%。其中一般预算收入完成 53285 万元,为年度预算的 109.1%,年增长 11%,加上上划中央收入和省级收入,全市财政总收入完成 96600 万元,年增长 11.1%,地方财政收入和财政总收入的增幅都超出全市国民经济增幅 2~3 个百分点。市本级完成地方财政收入 27090 万元,比 2001 年增长 10.7%。

2003 年,市政府下发《关于规范税收征管若干问题的通知》(景府字〔2003〕52 号),下力气整顿税收秩序,防止县区之间、乡镇之间“买税”“引税”现象;加强陶瓷名人名作、市区周边陶瓷企业、陶瓷出口展销、重点项目工程、招商引资项目的税收征管,明确高新开发区、昌河工业园区的税收主体、征管范围,防止偷逃税收行为。3 月,受“非典”疫情影响,全市部分企业销售下降,税源减少,但昌河集团税收总额达 2 亿元,其地方税收持续两年保持高增长,焦化、印机、江西电化、赣东北供电等 4 户企业缴纳税收也比上年增加 4200 万元。全市征收营业税达到 19024 万元,年增长 29.8%;征收企业所得税 2417 万元,个人所得税 4936 万元,年增长 40.3%;全市契税收入达到 4655 万元,年增收 2535 万元,增长 119.6%;通过土地“两金”收益直接补充预算收入 3000 万元。高新区财政收入从无到有,全年实现一般预算收入 1642 万元,成为市财政收入的重要增量,通过金融单位支持和债务单位的努力,收回抵扣债务资金 3523 万元,直接提高市本级收入水平。全市一般预算收入和财政总收入增幅均为 10 余年来最高,财政总收入增幅高于 GDP7.3 个百分点,高于全省财政平均增幅 1.4 个百分点,地方一般预算收入增幅名列全省各设区市第三。

2004 年,由于机械行业市场走低,供电行业增值税预征比率下调,水泥行业享受“三废”税收优惠,昌河北斗星消费税减征和退税优惠等因素减少税收 1 个多亿元。以焦化为龙头的地方企业税收大幅增长,全市地方企业税收达到 5.6 亿元,同比增长 45%。部省属企业缴纳税收 4 亿元,占全市税收的 35%,保持税收主体地位;建筑房地产营业税收入达到 1.2 亿元,同比增长 33%;契税收入达到 7170 万元,同比增长 54%;土地收入达到 6000 万元,同比增长 114.3%;市高新开发区实现财政收入 4912 万元,同比增长 135.5%。保持财税收入的增长。

2008年后,市本级地方财政收入完成18866万元,比上年增长13%。市本级支出为23990万元(含省专项追加、上年结转),比上年下降6.1%,其主要原因是上年支出中含中央专项追加给陶瓷股份有限公司的贴息款5217万元,剔除此项因素,同口径比则增长10.5%。市本级地方财政收入加上税收返还、专项补助、上年结转、结余等,总收入为38169万元,财政支出加上上解省财政、结转下年等总支出为37499万元,财政预算内结余为669万元。

2009年,争取中央下达的四批扩内需资金5.33亿元,争取资源枯竭型城市中央补助资金1.22亿元,省财政配套资金2000万元。申报推进全市经济发展的重点项目,获上级批准19项,总资金达26794.48万元。争取上级财政减免市华意电器总公司债务1.6亿元,林业项目债务900万元,农村公路国债转贷资金债务669万元,有效缓解财政资金压力。

2010年,市财政部门争取上级转移支付资金和项目资金支持,拓宽融资渠道,全市累计争取上级各项补助转移支付资金38亿元以上,争取上级对景市公路建设国债转贷资金债务减免3039万元,推进扩大内需项目建设。全市地方财政收入完成38.75亿元,完成预算的142.3%,年增长59.3%。为景德镇市分税制改革以来增幅最高的一年,增幅列全省第一位。各县(市、区)财政收入总量有新突破,其中乐平市过10亿、浮梁4亿、珠山2.6亿、昌江4亿、高新区4.7亿。

表22-2-6　**1986—2010年景德镇市财政收支平衡统计表**　单位:万元

年份	总收入	总支出	年终结余	年份	总收入	总支出	年终结余
1986	14501	14132	369	1999	97027	85478	11549
1987	16520	15069	1451	2000	104409	92113	12296
1988	20222	20114	108	2001	123442	109451	13991
1989	22735	21948	787	2002	139673	125378	14295
1990	27108	26592	516	2003	124756	118827	5929
1991	32717	31678	1039	2004	181283	166042	15241
1992	35865	34649	1216	2005	222647	207128	15519
1993	43654	41899	1755	2006	260705	240914	19791
1994	52490	47048	5442	2007	333759	309763	23996
1995	62541	57660	4881	2008	465411	426630	38781
1996	72770	67129	5641	2009	684026	615796	68230
1997	80862	74995	5867	2010	888153	816266	71887
1998	76466	67875	8591				

说明:因数据采集问题,表中的1990年前总收入和总支出为当年财政收入和财政支出;1990年后数据为财力性总收入和总支出

农业税收

农业税收入　农业税又称公粮,是对农业收入征收的税种,一度是地方财政收入的重要组成部分。1986年,农业税仍实行地区差别比例税制,景德镇市为7%。1991年实征税额740万元,1994年实征税额1342万元,2002年最高达到3312万元。2004年,重新核定农业税任务,景德镇市免征金额2383万元,免征人口94万人,免征农户22.05万户,实征1680万元,为最后一年征收农业税,2005年停征农业税。

农业特产税收入　1986年,征收范围主要包括园艺收入、茶叶、食用菌、蔬菜、林木收入和水产收入。市农业特产税各品种税率按计税收入8%计征,加上地方附加,共计按9.6%。1991年实征103万。1999—2001年征收金额超千万。2004年始,全市停征除烟叶外农业特产税。

耕地占用税收入 1987年，实施《江西省征收耕地占用税实施办法》，全市各县(市、区)占用每平方米耕地平均税额在2～10元范围内核定，景德镇市区5.5元，乐平市4.5元，其中30%上交中央，70%留地方。省规定留地方70%中，省集中10%、地(市)集中10%、县(市、区)50%。2003年后，国家不再参与分成，全留地方。2008年，省政府修订《江西省征收耕地占用税实施办法》，调整各地占用耕地平均税额，乐平市每平方米为22.5元、浮梁县22.5元、昌江区25元。

表22－2－7 **1991—2010年景德镇市农业“四税”征收统计表** 单位：万元

年份	农业税	农业特产税	耕地占用税	契税	其中：市本级契税
1991	740	103	58.9	10.4	10.1
1992	813	151	30.4	16.9	14.6
1993	780	138.2	39.6	12.3	9.9
1994	1342	549	79	10	5.6
1995	1302	686	69	2	1
1996	1950	847	102	41	37
1997	2190	884	74	50	40
1998	1893	990	206	82.3	—
1999	1764	1076	59	358	178
2000	1861	1160	67	162	—
2001	865	1085	115	878	603
2002	3312	461	116	2120	—
2003	2889	440	118	4656	1498
2004	1680	—	206	7170	3617
2005	—	—	1611.6	7879	4040
2006	—	—	1729	6957	3550
2007	—	—	2062	8565	4400
2008	—	—	16778	23128	11025
2009	—	—	33054	38510	17200
2010	—	—	57670	56579	28305

表22－2－8 **1991—2010年间若干年份农业四税占财政总收入比重表**

年份	财政总收入	农业四税收入	占总收入(%)	年份	财政总收入	农业四税收入	占总收入(%)
1991	22010	912	4.14	2005	147000	9491	6.46
1995	53807	2059	3.83	2010	531000	114249	21.52
2000	104409	3250	3.11				

说明：财政总收入为本级财政实际征收收入

表 22-2-9　　1986—2010 年景德镇市农牧业税和耕地占用税统计表　　金额单位:万元

年份	合计	市本级	乐平市	浮梁县	珠山区	昌江区	高新区	陶瓷工业园区
1995	2217	25	1077	850	0	265	—	—
1996	2940	50	1621	926	0	343	—	—
1997	3198	40	1726	1117	0	315	—	—
1998	3452	410	1429	1277	14	322	—	—
1999	3257	165	1451	1301	14	326	—	—
2000	3408	228	1458	1386	8	328	—	—
2001	2943	603	846	1178	12	304	—	—
2002	5835	1442	2371	1419	61	542	—	—
2003	3430	0	1997	1071	0	362	—	—
2004	9056	3781	2553	1419	53	1228	22	—
2005	9492	4040	2346	832	116	1545	472	141
2006	8687	3550	2234	846	100	1079	740	138

契税收入　1990 年前后,全市契税规模很小。至 1995 年年底,景德镇市“房改”中共有 2.97 万户居民购买公房,建立近 3 万户契证档案,发放 1.5 万本契证,征收契税 25 万元,是 1994 年的 2.5 倍。1998 年,全市各级财政与房管部门合作,代征、代扣契税 246 万元,是 1997 年的 5 倍。2003 年 4 月 8 日,市契税所成立,当年全市完成契税收入 4655 万元,比 2002 年增加 2535 万元。市财政局、市地税局先后就房地产二级市场计税依据及税收征管作出具体规定,在办证大厅开设契税征收窗口。

工商税收

工商税收是财政收入的重要组成部分,是衡量财政收入质量的重要标志。1986 年以后,企业实行第二步利改税,加强财务管理和纳税管理,全市工商税收总量大幅提高。

表 22-2-10　　2004—2010 景德镇市工商税分税种统计表　　单位:万元

年份	增值税	营业税	企业所得税	个人所得税	资源税	固定资产投资方向调节税	城市维护建设税	房产税	印花税	城镇土地使用税	土地增值税	车船使用和牌照税	合计
2004	12235	21394	4622	2347	183	1	4148	1214	379	636	880	224	48263
2005	14664	23018	4173	2867	272	0	4465	1424	600	865	498	264	53110
2006	14965	28161	5175	2589	622	0	5076	1593	711	925	901	266	60984
2007	17934	33422	8327	3312	804	0	5346	1698	784	1679	2175	300	75781
2008	21580	40951	10333	3975	938	0	7083	2087	897	3391	2340	862	94437
2009	23385	56072	11202	5470	1135	0	7335	1887	1098	2867	2999	1236	114686
2010	30604	85666	18135	8283	1901	0	10557	3797	2674	7575	11743	1583	182518

非税收入　非税收入包括政府性基金收入、残疾人就业保障金、行政事业性收费收入、国有土地使用权出让金、罚没收入、国有资本经营收入、国有资源(资产)有偿使用收入、专项收入。行政事业性收入较多,包括育林基金、森林植被恢复费、水利建设基金等。2007 年,按照财政部《关于加强政府非税收入管理的通知》,规范管理非税收入,当年非税收入 143397 万元。2010 年达到 303388 万元。

表 22-2-11　　2007—2010 年景德镇市非税收入统计表　　单位：万元

年份	专项收入	行政事业性收费收入	罚没收入	国有资本经营收入	国有资源(资产)有偿使用收入	其他收入	政府性基金收入	收入合计
2007	4351	17309	8525	240	737	1396	110839	143397
2008	5457	30664	7370	2157	—	5151	122001	172800
2009	6650	34367	6942	2616	2353	4150	124526	181604
2010	9597	42681	7454	10272	17092	3672	212620	303388

表 22-2-12　　2004—2010 年景德镇市育林基金收入统计表　　单位：万元

年份	市本级	乐平市	浮梁县	昌江区	合计	年份	市本级	乐平市	浮梁县	昌江区	合计
2004	609	155	239	8	1011	2008	331	203	594	11	1139
2005	228	173	817	29	1247	2009	389	270	662	9	1330
2006	220	160	665	15	1060	2010	357	238	704	22	1321
2007	667	156	852	16	1691						

表 22-2-13　　2003—2010 年景德镇市森林植被恢复费收入统计表　　单位：万元

年份	市本级	乐平市	浮梁县	昌江区	合计	年份	市本级	乐平市	浮梁县	昌江区	合计
2003	111	383	5	80	579	2007	310	226	516	361	1413
2004	172	19	38	25	254	2008	538	109	552	390	1589
2005	148	15	202	104	469	2009	392	131	110	32	665
2006	296	115	167	391	969	2010	681	156	229	185	1251

表 22-2-14　　2003—2010 年景德镇市地方水利建设基金征收统计表　　单位：万元

年份	金额	年份	金额	年份	金额
2003	185	2006	130	2009	50
2004	75	2007	639	2010	200
2005	30	2008	30		

国有土地出让及房产税收入　1996—1999 年，土地使用权有偿出让收入由土地管理部门收取后，缴入同级财政专户，然后由同级财政再缴入国库。土地使用权有偿出让收入主要用于城市建设和土地开发。2000 年，取消土管部门在银行开设的土地使用权有偿收入过渡户，直接由受让方缴入当地财政专户，财政部门清算后，将土地出让收益缴入国库。2007 年，取消财政部门在银行所设土地收入财政清算专户，由财政部门在银行设立土地保证金代收代缴账户，国有土地使用权出让收入，由受让方直接缴入国库。

表 22-2-15　　2000—2007 年景德镇市本级国有土地经营收支统计表　　单位：万元

年份	收入	支出	年份	收入	支出
2000	716	5	2004	1000	1212
2001	410	51	2005	3753	2386
2002	900	78	2006	2000	12777
2003	300	144	2007	95843	94974

表 22-2-16　　2008—2010 年景德镇市土地经营收支统计表　　单位:万元

年份	收入					支出				
	合计	市本级	高新区	浮梁县	乐平市	合计	市本级	高新区	浮梁县	乐平市
2008	119949.08	81343.1	289.29	19848.29	18468.4	137961.33	89480.95	105	19823.08	28552.3
2009	121481.92	41877.92	17368.79	19236.16	42999.05	132774.79	39574	17368.79	19210	56622
2010	206671.19	104036.84	8524.92	40097.63	54011.8	222922.59	106657.74	8524.92	40039	67700.93

表 22-2-17　　2007—2010 年景德镇市房产税收入统计表　　金额单位:万元

年份	合计	市本级	乐平市	浮梁县	珠山区	昌江区	高新区	陶瓷工业园区
2007	1698	1075	248	97	160	82	35	1
2008	2087	1272	359	135	205	83	33	0
2009	1887	1076	315	196	174	79	47	0
2010	3797	1866	632	632	326	149	192	0

债务收入

国内债务收入　由市财政担保向市内单位或个人借款,用于基础设施建设。1992 年 5 月,经市政府批准,市财政局发行罗家机场第一期建设债券。发行总额为 600 万元,单位券 400 万元,期限 3 年,年利率 5%;个人券 200 万元,期限 3 年,以奖代息。

1995 年 12 月初,市政府决定在城北蛇垄里建设 1 座 110 千伏输变电站。向机关、企事业单位干部、职工和个体工商户筹借资金 400 万元,借款期 3 年,利息按同期银行存款利率计算,到期后由市财政一次还本付息。

2009 年,经市政府批准,市财政局委托银行以信托方式筹集 1100 万资金,用于改造城区自来水网管工程,期限 2 年,年利率 6%,由市财政一次还本付息。总共借款 3 次,总金额 2100 万元。

国外债务收入　90 年代后,景德镇市利用世界银行、亚洲银行、日本银行贷款加快经济建设,由市政府或市财政担保,从上级主管部门转借外资,用于农业、林业、教育、卫生方面资源开发或引进高新科技设施。至 2010 年年底,共利用境外贷款折合人民币 54562.09 万元,其中世界银行贷款 17120.2 万元,日本银行贷款 32164 万元。贷款项目 11 项,其中农业类 5 项、卫生类 2 项、教育类 1 项、交通和城防等其他类 3 项。还款期限最短 10 年,最长 30 年,项目建设年限最短 2 年,最长 7 年,宽限期一般为 5 年。

表 22-2-18　　1991—2010 年景德镇市外国政府和国际金融组织贷款情况统计表　　单位:万元

项目	协议金额			实际贷款	行业	还款期(年)	利率
	特别提款权	美元	折合人民币	人民币			
吉湖	1048.4	1449.1	7713.12	9886.2	农业	1991—2010	2%
城市供水	—	106800(日元)	7365.52	7126	基础设施	2010—2030	1.7%
城市防洪	—	310000(日元)	21379.31	21679	基础设施	2010—2040	0.75%
江西造林	—	58639(日元)	4044.07	3359	林业	2014—2044	0.75%
国家造林	118.78	114.39	597.36	1891	林业	1998—2015	4%
森林发展与保护	967.5	1365.78	11882.00	1178	林业	2002—2020	4.5%
卫六	28.88	37.68	312.00	352	卫生	2000—2015	1.1%

续表 22-2-18

项目	协议金额			实际贷款	行业	还款期（年）	利率
	特别提款权	美元	折合人民币	人民币			
结控	—	18	148.98	131	卫生	2010—2020	2%
贫教 2	69.2	90.31	747.46	819	教育	2000—2015	0.75%
农业现代化	—	392	3244.43	2863	农业	2009—2024	浮动利率
景德镇机场	—	528	5277.89	5277.89	基础设施	1997—2010	3.5%
华意 1	—	3290.6	27217.00	27217	工业	1994—2006	浮动利率
华意 2	—	384.7	3183.00	3183	工业	1994—2006	浮动利率
师资 2	—	60	514.00	514	教育	1998—2008	1.5%
合计	—	—	93626.14	85476.09	—	—	—

转移性及彩票收入

转移性收入包括返还性收入、一般性转移支付收入、专项转移支付收入、政府性基金转移收入。彩票包括福彩和体彩。2009—2010 年，全市彩票公益金收入分别为福利彩票 429 万、527 万元；体育彩票 237 万和 168 万元。

表 22-2-19　**1991—2010 年景德镇市转移性收入情况统计表**　单位：万元

年份	返还性收入	一般性转移支付收入	专项转移支付收入	上年结余收入	调入资金	债券转贷收入
1991	—	15824	38769	12143	4013	—
1992	—	58015	34291	11780	11920	—
1993	—	92489	27428	12988	817	—
1994	16690	11280	2511	1755	132	—
1995	17229	12095	2477	5285	149	—
1996	17694	14276	4551	5762	340	—
1997	18066	14813	8406	6200	233	—
1998	18321	3925	7208	8076	4	1268
1999	18316	10559	11658	8591	—	6889
2000	18467	13654	13387	12125	—	3161
2001	18388	21516	12989	15012	904	6621
2002	19675	28835	19633	12412	715	5119
2003	12286	8378	13155	8419	—	2670
2004	21694	37655	27976	13449	1665	1400
2005	21346	53360	47358	14967	338	900
2006	21497	72120	51913	16361	179	1569
2007	22078	92812	75503	20339	3641	600
2008	22812	110156	116011	26269	4420	600
2009	25076	182429	164301	50972	7391	10600
2010	26424	210824	175447	68760	7131	12000

第三节 财政支出

基本建设支出

城市基础设施建设支出 包括城市园林绿化建设、公共服务设施建设、交通基础设施建设。1989—1994年,景德镇市基本建设资金委托市建设银行代管。

1996年,市财政局设立基本建设财务管理科,管理财政性基本建设资金。当年安排专项经费解决朝阳路下水道1200米、水泥路面4000平方米,新建沿河东路19组路灯,改善市容市貌。

1997年,为机场征地拆迁、航线培养和瓷都大桥配套工程解决资金800万元,满足石洪公路、洪源立交桥等重点工程的急需资金;采取财政拨款、争取外来资金等方式,改造城区自来水管网;市财政安排资金1000多万元,兴建垃圾中转站等一批公共卫生设施,修缮体育场馆,添置新型消防车等消防设施,解决部分大专院校多年的饮水难题;支助建设市公安大楼、广播电视大楼、科委信息中心、一中逸夫体育馆和市职防所大楼。

1998年,国务院向商业银行发行1000亿元国债并将资金转贷给地方用于重点工程建设。景德镇市利用转贷资金1500多万元,实施了市北环路工程、市防洪工程、乐平和浮梁供水工程等一批重点项目,并调整预算追加配套资金。

1999年,景德镇市争取到第四水厂等第二批国债转贷项目,落实转贷资金5942万元,重点用于城市防洪、基础设施、环境治理等建设项目。2000年,全市用于基础设施建设的支出达到5390万元,重点安排城市防洪、乐北联圩、宋家山垃圾场、第四水厂等一批基础设施建设项目,并拨付资金对浯溪口水利工程、九景衢铁路等重大建设项目进行前期考察论证。

2001年,通过国债转贷和土地拍卖等途径,筹集资金1亿多元,开工建设一批道路、防洪、市政设施、公共活动中心等重点工程,改善投资环境和市民的生活条件。

2005年,市本级财政安排罗家机场、瓷都大桥、石洪公路、公安大楼等重点项目资金1000多万元。2004—2006年,共争取上级财政部门基本建设资金23294万元,其中国债资金16711万元,基建专项6583万元。

农林水事务支出 1986—2002年,市财政用于种植业、畜牧业、渔业、兽医、农机、农垦、农场、农业产业化经营组织、农村和垦区公益事业、农产品加工等方面支出,包含在支援农村生产支出和农林水利气象等部门事业费中。2003年以后,财政收入科目调整改革,实行新科目。

表22-2-20 **1986—2002年景德镇市农林水事务支出统计表** 单位:万元

年份	合计	支援农业生产	农业综合开发	农林水利气象部门事业费	支援不发达地区
1986	790	564	—	226	—
1987	1181	749	—	412	20
1988	844	497	—	296	51
1989	700	366	—	278	56
1990	1976	1179	—	727	70
1991	2061	1277	—	719	65
1992	2032	1238	—	703	91
1993	2063	1142	—	835	86
1994	2319	1277	—	971	71

续表 22－2－20

年份	合计	支援农业生产	农业综合开发	农林水利气象部门事业费	支援不发达地区
1995	1981	890	175	819	97
1996	3375	1602	414	1284	75
1997	3758	2025	495	1170	68
1998	5107	2205	492	2410	—
1999	4629	2102	529	1817	181
2000	4581	1907	552	1735	387
2001	5396	2103	760	2202	331
2002	6516	2418	1129	2555	414

表 22－2－21　**2003—2010 年景德镇市农林水事务支出统计表**　单位：万元

年份	合计	农业综合开发	支援不发达地区	农业	林业	水利	扶贫	其他
2003	9311	—	176	4991	2920	863	176	185
2004	10804	—	513	6900	1610	1093	513	175
2005	12595	—	306	7968	1880	1969	306	166
2006	17172	—	400	9455	2408	4135	570	204
2007	30742	1711	—	16787	4942	6301	443	558
2008	46523	1735	—	20430	7843	11780	916	3819
2009	69097	3340	—	33135	10902	15873	910	4937
2010	68234	3568	—	24812	11011	19261	1013	8569

粮食种植补贴　2004 年始，中央出台对种粮农民进行补贴政策，至 2010 年共实施了粮食直补、良种直补及农业生产资料补贴资金等三项补贴。

表 22－2－22　**2004—2010 年景德镇市粮食三补资金支出统计表**　单位：万元

年份	粮食直补	良种直补	农资价格补贴	三补总计	说明
2004	1150.8	1193.09	—	2343.89	农业税降至 43%。粮食直补 10 元。良种补贴早稻 10、中稻 15、晚稻 7 元/亩
2005	1177.3	1208.58	—	2385.88	取消农业税。粮食直补 10 元。良种补贴 10、15、7 元/亩
2006	1399.1	1214.9	1090.8	3704.8	粮食直补 11.8 元/亩。农资价格补贴 9.2 元/亩
2007	1430.89	1214.91	2328.23	4974.03	农资价格补贴 19.2 元/亩
2008	1436.91	1622.8	5017.02	8076.73	农资价格补贴 41.2 元/亩。晚稻补贴 15 元/亩
2009	1449.63	1622.8	5676.67	8749.1	农资价格补贴 46.2 元/亩
2010	1462.72	1636.61	5726.9	8826.23	按上年种植面积补贴

农村基础设施建设补贴　2004年始,全市实施农村公路建设补贴为每千米油(水泥)路2万元、砂石路1万元。至2009年,累计改建、续建农村公路1270千米,共计补贴资金1300万元。

表22-2-23　**2004—2009景德镇市农村公路建设补贴资金统计表**　单位:千米、万元

年份	油(水泥)路		年份	油(水泥)路	
	里程	金额		里程	金额
2004	285	—	2008	243	260
2005	306	260	2009	83	260
2006	310	260	合计	1270	1300
2007	43	260			

林业支出　1986年,市财政林业支出包括林业行政事业单位基本支出、森林培育、技术推广、资源管理监督、生态效益补偿、动植物保护、执法监督、森林防火等项支出。1986—2002年,此项支出包含在支援农村生产支出和农林水利气象等部门事业费中。2003—2010年,全市林业支出43516万元,其中2010年11011万元,比2003年2920万元增加8091万元,增长377.1%。

表22-2-24　**2003—2010年景德镇市林业支出统计表**　单位:万元

支出科目	合计	2003年	2004年	2005年	2006年	2007年	2008年	2009年	2010年
管理费	12191	1454	946	1281	1389	1361	1750	1770	2240
森林培育	2818	—	—	—	—	82	233	1619	884
技术推广	582	—	—	—	—	15	42	127	398
资源管理监督	128	—	—	—	—	15	2	61	50
生态效益补偿	7709	198	170	281	492	542	1359	2494	2173
森林救灾	252	56	39	28	123	—	—	6	—
动植物保护	215	—	—	—	—	29	68	49	69
退耕还林	8710	339	156	146	232	382	1894	3112	2449
执法监督	1168	—	—	—	—	346	479	150	193
森林防火	842	—	—	—	—	409	126	141	166
有害生物防治	680	—	—	—	—	169	175	142	194
防沙治沙	132	67	48	9	8	—	—	—	—
林业产业化	66	5	4	—	—	—	—	20	37
林业贷款贴息	416	—	—	—	—	34	105	135	142
造林	537	153	158	101	125	—	—	—	—
其他	7070	648	89	34	39	1558	1610	1076	2016
总计	43516	2920	1610	1880	2408	4942	7843	10902	11011

水利支出　包括水利行政及附属事业单位基本支出,含业务管理、工程建设维护、执法监督、水土保持、水资源管理与保护、水质监测、水文测报、防汛抗旱、农田水利等支出项。1986—2002年,此项支出含在支援农村生产支出和农林水利气象等部门事业费中。2003—2006年全市水利支出8060万元。2007—2010年全

市水利支出53215万元，其中2010年支出19261万元，比2009年15873万元增加3388万元，是2003年863万元的22.3倍。

1988—1990年，省财政补助农村改水8.5万元，市财政补助30万元。1990年，根据国家和全省农村改水“七五”规划要求，全市农村开展改水工作，累计农村饮用清洁卫生水的人数达75.15万人，占全市农村总人口的80.33%。农村改水工程总投资667.05万元，受益群众集资360.25万元，有关部门资助57.8万元。

表22－2－25　**2007—2010年景德镇市水利支出统计表**　单位：万元

年份	行政运行	管理事务	业务管理	水利工程建设	水利工程维护	水土保持	防汛	抗旱	农田水利	移民后期扶持	水资源费支出	砂石资源费支出	其他	总计
2007	658	100	132	2203	138	30	98	374	659	—	49	113	1747	6301
2008	562	188	77	2956	193	48	456	69	5517	718	99	40	857	11780
2009	1058	565	95	8413	128	108	227	147	4530	—	13	—	589	15873
2010	1866	—	116	8206	173	47	1181	19	5904	—	205	—	1544	19261
合计	4144	853	420	21778	632	233	1962	609	16610	718	366	153	4737	53215

扶贫支出　1986—2000年，全市扶贫支出包含在支援不发达地区支出科目中。2001年，开始在农林水事务科目中单列扶贫支出。2001—2006年，全市扶贫支出2310万元。2007—2010年为3282万元，其中2010年当年支出1013万元，是2001年的3.1倍。

表22－2－26　**2007—2010年景德镇市扶贫支出统计表**　单位：万元

年份	行政运行	管理事务	农村基础设施建设	发展生产资金	社会发展资金	扶贫贷款奖补和贴息	其他	总计
2007	—	13	107	—	25	7	291	443
2008	5	7	281	—	—	17	606	916
2009	2	8	449	—	—	33	418	910
2010	—	17	90	40	—	10	856	1013
合计	7	45	927	40	25	67	2171	3282

农业综合开发支出　农业综合开发支出包括中央和地方土地治理、产业化经营、贷款贴息等项目支出。1995—2002年，全市农业综合开发支出累计为4546万元。2003—2006年，农业综合开发支出包含在农业支出科目之中，2007年开始在农林水支出科目中单独反映。2007—2010年全市支出10354万元，其中2010年3568万元，是1995年175万元的20.4倍，是2002年1129万元的3.2倍。

表22－2－27　**2007—2010年景德镇市农业综合开发支出统计表**　单位：万元

年份	机构运行	土地治理	产业化经营	贷款贴息	科技示范	其他	总计
2007	71	851	213	60	—	516	1711
2008	79	1154	322	55	—	125	1735
2009	91	1236	648	224	20	1121	3340
2010	128	2369	702	180	—	189	3568
合计	369	5610	1885	519	20	1951	10354

农村综合改革支出　2002年，市农村税费改革启动，初期围绕取消农业税，规范涉农收费，优化农村义务教育网点，进行乡镇机构改革。2005年后，工作重心转移到综合改革，围绕因农民减负相应形成乡村资金

缺口,各级财政加大转移支付力度,确保基层政权正常运转和社会稳定。

教科文体支出

教育支出　1986—1990 年全市教育费支出累计为 12109.1 万元。

1996 年,教育投入作为财政支出的重点,全市新建教学楼 146 栋,教工宿舍 28 栋,增拨专项经费添置教学器材,为市一中、市二中和市陶瓷职业高中配置 100 台 86 型微机。

2005 年,落实《国务院关于大力发展职业教育的决定》,把职业教育的经费列入公共财政供给范围,与普通教育经费一样实行法定增长。职业教育专项经费由每年几十万元增加到 300 多万元,改善职业学校的办学条件。对贫困生实行资助制度,提高职校员工的工资福利水平,职校的招生率、就业率明显提高。当年财政扶持职教工作被省政府评为先进单位。

2009 年,下达城乡义务教育保障机制改革经费 8700 万元,对市本级义务教育教师津补贴每人每年净增长 3000 元。同时,开展义务教育教师绩效工资财政补贴的测算和调研工作,全年市本级义务教育教师津补贴和教师绩效工资发放新增支出达 2100 余万元。

表 22-2-28　　**1986—2010 年景德镇市教育事务支出统计表**　　单位:万元

年份	合计	普通教育	职业教育	成人教育	广播电视教育	特殊教育	教师进修和干部继教教育	教育附加支出	其他教育支出
1986	1163.2	752.9	—	206.6	—	—	6.4	197.3	—
1987	2139	1657.7	—	290	13.5	—	13.7	—	164.1
1988	2640.2	2120.9	—	359.9	13.9	—	29.5	—	116
1989	2926.6	2349.8	—	315	15	0.4	27.4	—	219
1990	3240.1	2488.2	100.1	412.9	13.9	0.8	28	—	196.2
1991	3327.1	2564.1	97	358.8	14	5.4	26.7	—	261.1
1992	3642.7	2787.6	133.3	434.2	14	13.4	27.5	—	232.7
1993	4122.4	3200.9	134.7	464.1	15	14.9	35.2	—	257.6
1994	5647	4573	194	460	17	11	46	—	346
1995	6287	5029	202	587	17	12	51	—	389
1996	7705	6306	247	521	18	18	60	—	535
1997	8534	6689	494	622	23	21	55	—	630
1998	9905	7680	886	757	21	24	60	—	477
1999	11174	8923	553	964	28	19	63	—	624
2000	13204	10886	533	1062	27	47	76	—	573
2001	26323	20948	1804	1240	146	53	149	—	1983
2002	32396	25279	2022	1845	309	58	201	—	2682
2003	38318	35318	1858	360	20	72	202	—	488
2004	39625	36665	2317	276	—	96	215	—	56
2005	46540	43715	1806	325	—	156	175	—	363
2006	57563	54992	1468	509	—	170	185	—	239
2007	56230	47456	3349	1	—	173	616	3163	1472
2008	65786	55934	4516	—	10	276	590	2792	1668
2009	78883	66339	4772	—	10	266	771	3699	3026
2010	97607	81810	5482	110	41	715	945	4352	4152

科学技术支出　1986年设有科学技术支出项目，列文卫体育事业费中。从2007年始单列科学技术支出，并将“科技三项费用”（新产品试制费、中间试验费、重大科技项目补助费）并入科学技术支出。

表22-2-29　　1986—2010年景德镇市科学技术支出统计表　　单位：万元

年份	合计	自然科学	科协管理费用	科技管理费	社会科学	科技普及	技术研究开发	基础研究	其他
1986	76.4	56.6	8.8	—	11	—	—	—	—
1987	113.7	94.3	10.4	—	9	—	—	—	—
1988	116.1	97.1	10	—	9	—	—	—	—
1989	156.3	102.1	3.3	—	30	0.9	20	—	—
1990	130.6	87.6	11.2	—	20.6	1.2	10	—	—
1991	133.5	86.2	13.2	—	23.2	0.9	10	—	—
1992	101.1	36.8	20.1	—	33.2	1	10	—	—
1993	143.7	38.1	25.9	—	71.2	0.5	8	—	—
1994	108	47	14	—	36	3	8	—	—
1995	153	43	27	—	72	2	9	—	—
1996	138	53	34	—	37	2	12	—	—
1997	168	75	25	—	47	10	11	—	—
1998	169	62	34	—	52	9	12	—	—
1999	200	61	42	—	60	9	28	—	—
2000	224	90	42	—	64	14	14	—	—
2001	367	206	—	—	115	46	—	—	—
2002	363	212	—	—	94	57	—	—	—
2003	306	174	—	—	86	46	—	—	—
2004	436	154	—	—	146	94	—	42	—
2005	445	133	75	—	110	4	—	104	19
2006	548	323	—	—	135	90	—	—	—
2007	2500	338	51	205	121	159	1327	27	272
2008	3244	714	91	207	151	167	1458	79	377
2009	4319	213	136	314	147	126	2412	15	956
2010	5882	223	168	310	196	192	3855	16	922

文化体育与传媒支出　文化体育与传媒支出，主要反映文化、文物、体育、传媒方面支出，其中新闻出版从2007年起单列预算支出，不含计划生育和档案管理事业费。

1986—1995年，每年文化支出不超过1000万元；1996—2000年，每年全市文化支出在1100万～1600万元之间；从2001—2005年，文化支出增长351.8%；2006—2010年文化支出增长173.2%。

表 22 - 2 - 30　　1986—2010 年景德镇市文化体育与传媒支出统计表　　单位:万元

年份	合计	文化	文物	新闻出版	体育	广播电视电影	其他
1986	595.7	150.9	46.5	—	135.2	102.2	160.9
1987	511.7	138.4	61.5	—	48.3	125.8	197.7
1988	636.6	158.3	67.9	—	109	120.7	180.7
1989	733.2	164.8	57.9	—	120.5	142.7	247.3
1990	682.3	169.6	54.7	—	115.6	138.6	203.8
1991	603	153.7	55.6	—	101.3	118.1	174.3
1992	727	185.8	88.6	—	119.4	116.5	216.7
1993	756	217.5	52.2	—	144.4	144.1	197.8
1994	920	304	64	—	206	158	188
1995	990	295	64	—	222	143	266
1996	1144	354	83	—	240	180	287
1997	1166	366	84	—	257	170	289
1998	1333	408	102	—	351	170	302
1999	1344	471	115	—	192	207	359
2000	1531	513	134	—	264	223	397
2001	3581	802	248	—	388	1632	511
2002	3625	903	273	—	521	1251	677
2003	4206	1068	381	—	423	1582	752
2004	4890	1352	546	—	455	1634	903
2005	5437	1623	595	—	566	1593	1060
2006	5540	1214	667	—	823	1394	1442
2007	4954	1967	710	95	472	793	917
2008	7379	2818	1273	193	655	1479	961
2009	10225	4204	1408	330	1588	1506	1189
2010	12406	4795	2830	334	1230	1704	1513

社会保障和就业支出

社会保障和就业支出包括人力资源和社会保障管理事务支出、民政管理事务支出、财政对社会保险基金补助支出、行政事业单位离退休费支出、企业改革补助支出、就业补助支出、抚恤支出、退役安置支出、社会福利支出、残疾人事业支出、城镇居民最低生活保障支出、其他城镇社会救济支出、自然灾害生活救助支出、农村最低生活保障支出、其他农村社会救济支出、保障性住房支出、其他社会保障和就业支出等。

最低生活保障支出　1998 年,开始实施最低生活保障制度,当年核定 4648 人,发放低保金 125 万元。2004 年,城镇居民最低生活费由每月 140 元提高到 160 元,全年增加支出 658 万元。全市社会保障支出达到 1.6649 亿元,同比增长 22%。

表 22－2－31　　**1998—2010 年景德镇市社会保障补助支出统计表**　　金额单位：万元

年份	合计	市本级	乐平市	浮梁县	珠山区	昌江区
1998	3319	2972	200	55	1	91
1999	4851	3984	377	103	172	215
2000	7748	6093	690	241	412	312
2001	7775	6757	454	247	194	123
2002	12830	9811	739	612	996	672
2003	14301	11584	497	795	714	711
2004	16650	11567	1756	1354	911	1062
2005	23705	19101	1342	1135	1084	1043
2006	24635	15747	2858	1965	2026	2039
2007	48728	25104	10839	4042	5169	3574
2008	67461	32050	15227	7051	8184	4949
2009	112067	61450	22270	8310	11707	8330
2010	112955	48293	25374	11866	16076	11346

社会保险基金支出　包括养老保险基金、失业保险基金、医疗保险基金、工伤保险基金、生育保险基金、新型农村合作医疗基金、城镇居民基本医疗保险基金、新型农村养老保险基金支出。

1998 年，按照“政府、企业、社会”共同承担保障资金的“三三制”原则，财政部门多方筹措资金，争取省财政的支持，通过调整支出预算和利用预算外间歇资金，共筹集 3000 多万元。建立市再就业服务中心，至年底有 17800 人进入再就业服务中心管理。市政府制定《景德镇市国有企业下岗职工基本生活保障资金的筹集、管理办法》，按照进入再就业中心人数每月 130 元标准，保障国有企业下岗职工基本生活，10—12 月共发放 1000 多万元。

1999 年，市政府对财政支出结构进行调整，按照确保重点、兼顾一般的原则，加大基础设施、农业、教育、科技的支出比重，其中基础设施建设的投入比 1998 年增加 1000 多万元。健全完善社会保障制度，筹集资金用于国有企业下岗职工基本生活和城镇居民最低生活费，全市安排拨付的三条保障线支出达 4230 万元，其中市本级为 3476 万元。从 7 月 1 日开始，增加下岗职工和城镇居民生活补助，调整行政事业单位职工工资，确保在 9 月 15 日前发放到位。在政法机关不再从事经商活动和实行“收支两条线”管理后，保证政法机关的工作经费。

同年，市财政以社会保障基金“纳入财政专户，实行收支两条线管理”工作为重点，推进职工基本养老、医疗、失业保险和城市居民最低生活保障等各项社会保障制度改革，做好国有企业下岗职工基本生活保障和再就业工作，向省财政厅争取 1100 万元专项借款。9 月，用于下岗职工基本生活保障的中央专项资金 865 万元及时拨付，足额发放到每个保障对象手中。

2001 年，按照国家政策规定，先后两次提高职工工资，保证新增工资及时到位，确保离退休职工、失业下岗职工基本生活费按时足额发放。适当提高城镇居民最低生活标准，新增列入低保范围人员 6200 人，增加财政支出 300 多万元。

2009 年，市本级安排民生工程配套资金 8600 多万元，比 2008 年增加近 1700 万元。

表22-2-32　　1986—2010年景德镇市基本养老保险基金和失业保险基金统计表　　单位:万元

年份	基本养老保险基金	失业保险基金	年份	基本养老保险基金	失业保险基金
1986	—	14.51	1999	16062	523.31
1987	470	73.03	2000	16948	839.81
1988	2393	77.74	2001	17000	1356.22
1989	3075	62.31	2002	17334	1387.66
1990	3614	109.10	2003	19584	1740.49
1991	3971	116.92	2004	21700	1901.97
1992	4407	91.86	2005	23334	2056.60
1993	5950	99.32	2006	26093	2304.23
1994	7683	119.76	2007	31070	2527.24
1995	7573	300.88	2008	38249	3348.54
1996	10334	368.50	2009	48369	2961.46
1997	10523	300.04	2010	58600	2785.43
1998	12487	391.41			

公共交通事业支出

1986—2004年该项支出列预算外。从2009年起,取消公路水路运输管理费,实行中央转移支付,取消政府还贷二级公路收费实行中央补助。2007—2010年,该项支出达71410万元。

表22-2-33　　2007—2010年景德镇市交通运输支出统计表　　单位:万元

项目	合计	2007年	2008年	2009年	2010年
行政运行	2259	204	275	1155	625
管理事务	737	109	0	68	560
公路新建	6536	801	2000	2035	1700
公路改建	7775	2913	1984	1928	950
公路养护	11681	2938	2739	2695	3309
公路路政管理	30	0	10	10	10
公路运输安全	20	20	0	0	0
公路还贷专项	2640	400	900	500	840
公路运输管理	4036	379	1119	986	1552
公路运输管理费支出	312	312	0	0	0
车辆购置税支出	18463	5134	3492	7013	2824
取消政府还贷二级公路收费专项支出	7695	0	0	1618	6077
其他公路水路运输支出	8133	3827	840	525	2941
其他交通运输支出	1093	35	34	1001	23
合计	71410	17072	13393	19534	21411

粮油商业流通事务支出

体制变革　1991 年,开始调整管理体制,粮食财务分级管理运行,核定粮食财务挂账利息补贴。2000 年年底,实施消化粮食财务挂账。2006 年,核定国有粮食购销企业剥离到企业隶属的县以上粮食行政管理部门,2005 年 1 月 1 日后发生的利息由省财政直接拨付到省农业发展银行。市财政积极落实资金消化挂账,保证中央和省对粮食管理体制出台的政策、措施在县级落实。

储备粮油利息费用补贴　2000—2010 年,对省级储备粮油利息费用进行补贴,至 2010 年共拨付补贴款 27689 万元。

表 22-2-34　**2000—2010 年景德镇市省级储备粮油利息费用补贴统计表**　单位:万元

年份	拨付金额	年份	拨付金额	年份	拨付金额
2000	4135	2004	2317	2008	207
2001	6709	2005	2710	2009	285
2002	5349	2006	834	2010	300
2003	4136	2007	707		

2006 年开始,建立市级储备粮制度,储备规模 1500 万千克,当年储备原粮 1000 万千克。2008 年,又增加 500 万千克。2006—2010 年,共拨付市级储备粮利息费用补贴 1135 万元。

储备粮油库建设　2005—2010 年,共拨付储备粮油建设补贴款 985 万元。

表 22-2-35　**2005—2010 年景德镇市储备粮油库建设补贴统计表**　单位:万元

年份	拨付金额	年份	拨付金额	年份	拨付金额
2005	129	2007	101	2009	56
2006	28	2008	212	2010	459

旅游业管理服务支出

2007 年前,含在其他部门事业费中。2007—2010 年支出单列,共计 9151 万元。

表 22-2-36　**2007—2010 年景德镇市旅游业管理服务支出统计表**　单位:万元

年份	合计	行政运行	行政管理	旅游宣传	其他管理和服务支出
2007	409	87	16	15	291
2008	277	60	—	—	217
2009	5272	176	—	432	4664
2010	3193	120	—	333	2740
合计	9151	443	16	780	7912

2007 年,包括行政运行、管理和外经贸发展专项基金、外商投资环境建设补助资金、其他涉外发展等项支出。至 2010 年,全市涉外发展服务支出 3345 万元。

表 22-2-37　**2007—2010 年景德镇市涉外发展服务支出统计表**　单位:万元

年份	合计	外经贸发展专项资金	外商投资环境建设补助资金	年份	合计	外经贸发展专项资金	外商投资环境建设补助资金
2007	734	724	10	2010	1166	1166	—
2008	825	817	8	合计	3345	3327	18
2009	620	620					

行政管理支出

一般公共服务支出　2007年始设立,反映政府提供一般公共服务支出,含人员经费和公用经费两大部分,包括行政管理及其他部门事业费中支出。2007—2010年,全市一般公共服务支出328061万元。

表22-2-38　2007—2010年景德镇市一般公共服务支出统计表　单位:万元

年份	2007		2008		2009		2010	
	金额	增减(%)	金额	增减(%)	金额	增减(%)	金额	增减(%)
一般公共服务支出	51928	35.2	67329	29.7	88972	32.1	119832	34.7

公共安全支出　1986—2007年,公检法司支出对应公共安全,2007年分类改革单设。1986年为351.8万元,2010年为20978万元,增长59.6倍。

表22-2-39　1986—2010年景德镇市公共安全支出统计表　单位:万元

年份	合计	武警	公安	国家安全	检察	法院	司法	劳教	办案补助费
1986	351.9	—	206.5	—	—	—	120.7	24.7	—
1987	370.6	—	229.9	—	—	40.6	100.1	—	—
1988	554.7	—	348.0	—	—	—	199.7	7.0	—
1989	455.0	—	235.0	—	142.0	—	—	5.0	73.0
1990	732.0	—	450.0	—	262.0	—	—	20.0	—
1991	647.0	—	473.0	—	—	116.0	56.0	2.0	—
1992	885.5	—	545.0	—	144.4	131.9	58.0	6.2	—
1993	1075.7	—	576.5	—	197.9	154.6	136.3	10.4	—
1994	1767.7	—	753.2	—	201.0	226.7	92.8	13.0	481.0
1995	1120.0	—	583.7	—	77.3	67.1	44.1	67.0	280.8
1996	2982.4	—	2229.0	—	359.1	274.7	119.6	—	—
1997	3482.5	16.8	2334.3	68.7	334.2	582.2	133.3	13.0	—
1998	3092.0	8.0	—	—	—	—	—	—	—
1999	4161.9	38.0	2541.9	93.2	401.7	911.1	156.0	20.0	—
2000	5808.4	39.9	3342.9	110.9	598.9	1151.8	375.2	188.8	—
2001	7165.0	58.0	4673.0	25.0	664.0	1248.0	330.0	167.0	—
2002	7656.0	52.0	4625.0	—	896.0	1542.0	326.0	215.0	—
2003	10577.0	68.0	6645.0	—	1156.0	2070.0	369.0	269.0	—
2004	10572.0	83.0	6779.0	—	1335.0	1799.0	320.0	256.0	—
2005	11959.0	91.0	7512.0	—	1685.0	1982.0	402.0	287.0	—
2006	13043.0	78.0	8914.0	—	1508.0	1933.0	387.0	223.0	—
2007	20575.0	714.0	11895.0	—	2614.0	3992.0	1064.0	296.0	—
2008	13974.0	1168.0	9382.0	—	1093.0	1482.0	472.0	377.0	—
2009	18464.0	1558.0	13053.0	—	1169.0	1647.0	550.0	487.0	—
2010	20978.0	1659.0	14684.0	—	1303.0	1779.0	858.0	695.0	—

说明:1998年公共安全支出未细分至部门

工业和信息产业支出

80 年代，景德镇市工业化率较高，财政上缴比重大。地方工业企业以陶瓷为主，吸纳劳动力多，但进入 90 年代，普遍效益不佳。省市财政多次给予扶持。

1986 年 7 月 25 日省政府第 76 次省长办公会议，研究关于给予发展景德镇陶瓷工业特殊化优惠政策问题。会议决定：同意从 1986 年 1 月 1 日起，瓷厂上缴的 55% 的所得税中由财政返回 20% 给企业（即企业实际上缴所得税的比例为 35%）用于归还技改贷款和发展生产。上述返回金额按现行财政体制，由省财政和景德镇市财政分别负担；同意从 1986 年 1 月 1 日起，提高固定资产折旧率，具体按国家经委下发的固定资产分类折旧办法实行，折旧基金全部留给企业，用于瓷厂的技术改造，不得挪作他用；关于艺术瓷厂产品税率从 12% 降至 5% 的问题，当前税务部门仍按规定税率征收产品税，由财政返回 7%。

1991—1992 年，市财政对陶瓷行业实行优惠政策，即所得税、调节税全额返还，流转税比上年增长 5% 部分返还陶瓷企业发展生产，两年共返还 1262 万元。

1995 年，向陶瓷企业投入 2000 多万元，对潜力大、后劲足的企业以财政信用借款形式，借给发展资金 2000 多万元。对部分陶瓷企业实行所得税返还的优惠政策，共返还企业所得税 870 万元。帮助企业解决资金紧张、周转困难等实际问题。

1996 年，安排专项资金 1000 多万元，支持陶瓷行业改革、改组和改造；通过财政拨款、所得税返还、专项借款等形式，帮助重点企业进行技术改造，解决流动资金周转困难。仅市本级财政就筹措解决企业生产发展资金 2000 多万元。

1997 年，筹集资金近 2000 万元支持陶瓷等相关行业，帮助困难企业调整产品结构，扭亏增盈。

表 22－2－40　**2007—2010 年景德镇市工业和信息产业等事务支出统计表**　单位：万元

年份	采掘业	制造业	建筑业	电力监管	金融业	烟草事物	安全生产监管
2007	226	1098	4	10	57	5	341
2008	492	7383	3	5	0	30	544
2009	1141	3359	0	0	0	0	600
2010	380	14514	0	0	68	0	733
合计	2239	26354	7	15	125	35	2218

财政基金支出

1997 年，财政基金账户开始单列。2004 年为 4120 万元，2010 年为 235976 万元。

表 22－2－41　**2004—2010 年景德镇市政府性基金支出统计表**　单位：万元

项目＼年份	2004	2005	2006	2007	2008	2009	2010
地方教育附加费	—	—	—	—	30	—	—
文化事业建设	4	16	22	41	46	35	48
残疾人就业保障金支出	—	—	29	266	270	294	333
国有土地使用权出让金支出	3048	6281	6861	91543	121889	112095	201803
国有土地收益基金支出	—	—	—	2302	5237	6094	6823
新增建设用地土地有偿使用费支出	—	—	—	532	2233	1516	14961
城市基础设施配套费支出	—	—	—	—	—	—	56
农业土地开发资金支出	—	—	—	729	217	769	1191

续表 22－2－41

项目 \ 年份	2004	2005	2006	2007	2008	2009	2010
城镇公用事业附加支出	—	10	51	—	189	758	825
政府住房基金支出	—	—	—	—	—	717	188
育林基金支出	77	566	931	921	1513	1116	1215
森林植被恢复费	398	148	272	908	932	856	1476
库区维护建设基金支出	—	—	—	—	—	—	—
中央水利建设基金	—	—	—	25	125	60	120
地方水利建设基金支出	204	208	159	167	302	559	1646
大中型水库移民后期扶持基金支出	—	—	—	942	1688	2498	3052
小型水库移民扶助基金支出	—	—	—	—	—	—	65
民航机场管理建设费支出	—	—	—	—	54	—	598
散装水泥专项资金支出	43	37	44	47	29	18	50
墙体材料专项基金支出	49	88	88	83	110	69	41
旅游发展基金支出	—	—	—	165	—	80	80
外贸发展基金支出	—	—	17	78	127	—	—
彩票公益金支出	—	—	—	—	493	1366	1243
其他政府性基金支出	5	—	6	57	20	97	162
农牧业税附加支出	292	—	—	—	—	—	—
合计	4120	7354	8480	98806	135504	128997	235976

政策性价格补贴支出

1986—2006 年，共支出 37688 万元。2007 年后，未设此类支出项目。2009 年启动景市居民购买昌河汽车给予车价 5%（城市户口）、10%（农村户口）补贴以及家电下乡等惠民政策，全年补贴销售昌河系列汽车 810 多辆，财政补贴达 330 万元，落实家电下乡补贴资金，促使家电销量比上年同期增长 50%。

表 22－2－42　　**1986—2006 年景德镇市政策性价格补贴支出统计表**　　单位：万元

年份	支出合计	粮油加价款	粮油价差补贴	市镇居民肉食价补贴	棉花价差补贴	平抑市价肉食价差补贴	民用煤销价补贴	国家储备粮油费用补贴	化肥价差补贴	地方粮油价外补贴	粮食风险基金	粮食财务挂账利息补贴	地方粮食企业新增挂账消化款	石油价格改革财政补贴	其他农业生产资料价差补贴	其他政策性价格补贴
1986	2761	1696	—	735	—	—	330	—	—	—	—	—	—	—	—	—
1987	2959	1812	—	813	7	20	307	—	—	—	—	—	—	—	—	—
1988	3697	1600	952	785	5	—	341	14	—	—	—	—	—	—	—	—
1989	3688	601	2175	329	39	34	453	57	—	—	—	—	—	—	—	—
1990	3699	917	1944	267	5	45	462	59	—	—	—	—	—	—	—	—
1991	3019	1509	360	189	11	32	314	364	—	230	—	—	—	—	10	—
1992	2550	473	230	199	36	4	316	1292	—	—	—	—	—	—	—	—

续表 22-2-42

年份	价格补贴支出合计	粮油加价款	粮油价差补贴	市镇居民肉食价补贴	棉花价差补贴	平抑市价肉食价差补贴	民用煤销价补贴	国家储备粮油费用补贴	化肥价差补贴	地方粮油价外补贴	粮食风险基金	粮食财务挂账利息补贴	地方粮食企业新增挂账消化款	石油价格改革财政补贴	其他农业生产资料价差补贴	其他政策性价格补贴
1993	1386	21	—	243	10	4	46	1024	27	11	—	—	—	—	—	—
1994	1128	—	—	66	—	4	—	1051	—	—	—	—	—	—	—	7
1995	—	—	—	—	—	—	—	—	—	—	—	—	—	—	—	—
1996	543	51	—	8	—	19	—	415	—	—	—	—	—	—	—	50
1997	387	33	—	5	—	15	—	184	—	—	50	—	—	—	—	100
1998	—	—	—	—	—	—	—	—	—	—	—	—	—	—	—	—
1999	231	2	—	5	—	—	—	—	—	—	—	—	224	—	—	—
2001	2897	—	—	5	—	2	—	—	—	—	1253	93	—	—	—	1544
2002	818	—	—	5	—	—	—	—	—	—	808	5	—	—	—	—
2003	798	—	—	5	—	—	—	—	—	—	793	—	—	—	—	—
2004	310	—	—	15	—	—	—	—	—	—	295	—	—	—	—	—
2005	1411	—	—	5	—	—	—	—	—	—	1206	—	—	—	—	200
2006	3260	—	—	5	—	—	—	—	—	—	2336	—	—	458	—	461

说明：因资料缺失，1995 年和 1998 年无数据

第四节　财政管理

预算管理

预算编制　1986 年，市财政预算继续实行紧缩财政政策，量入为出、收支平衡、不设赤字，对行政事业单位超编人员一律不安排公用经费。1992 年，市政府要求压缩 5% 行政事业费，当年增人不再追加经费。1993 年，为鼓励行政事业单位创办经济实体，创收弥补单位经费不足，业务费暂留 1/3，对创办经济实体单位年底拨足，未创办者原则不拨。

1994 年，按照“分税制”财政体制要求，重点保工资及调整工资增支，量力安排经济建设支出。公务费除市委、市政府、市人大、市政协、民主党派、公检法司等外，其他单位均压缩 5% 以上。对市工商局、交警支队、景德镇日报社等单位，实行全额预算向差额预算过渡。市财政局加强人均支出、在职人数、邮电费、会议费、人车比例“五项指标”的考核，均未突破省下达的目标。其中人均支出 9600 元，比省定的 10500—11300 元，节减约 1000 元。

1995 年，全市财政支出严格执行“适度从紧”的政策，除法律规定需要增长的支出项目外，其他支出项目基本维持上年的支出水平，个别项目还有压缩，全市公务费较上年下降近 20%，但重点支出如支农、教育、科技等有较大幅度增长。各行政、事业单位真正“过紧日子”，遏制非生产性支出的过快增长势头。市财政局对各业务科室管理的支农周转金、文教周转金，实行“四个统一”，即统一集中到一个银行账户，便于掌握财政信用资金规模；统一借款手续，先报后批、层层监督；统一借款利率，与银行同期借款利率一致；统一管理回收，对借出的财政信用资金定期跟踪问效，到期组织回收，对逾期不还款付息的借款单位，一律抵扣拨款。资

金回收率达到90%以上。

1997年,各级财政部门继续量入为出、量力而行,实现收支平衡和级级平衡。严格按年初预算和拨款进度,行政经费"下管一级",加强人、车、会、电话和重大活动经费的管理,遏制公用经费和社会集团购买力的不合理增长。

2000年,全年完成财政支出71196万元,为年度预算的84.7%,年增长15.6%,增幅较高原因主要是中央财政拨付的国债转贷、工资补助、社会保障补助达26656万元。2001年,市本级预算在财力保障上支持农村税费改革,对其他各项支出从严安排。

2002年,全市财政总支出完成96800万元,为年度预算的95.6%,比上年增长15.4%,支出增幅较高,中央财政转移支付追加的国债转贷、社会保障补助、低保补助、调资补助、税费改革补助等资金为31351万元。当年全市债务本息106000万元,其中财政担保债务95500万元;到期债务本息达到49000万元,当年应扣款为5178万元,政府债务显露风险。在争取金融部门支持下,筹集2000万元的偿债资金,及时归还财政账户。经过各方面的积极努力,当年债务实际扣款2314万元,延缓扣款2864万元,财政压力得以减轻。

2003年,落实积极的财政政策,继续搞好第四水厂、城市防洪、公路建设、污水处理等重点基础设施建设,全年争取国债资金9936万元;落实抗击"非典"的特殊优惠政策,对旅游、餐饮、民航、旅店、出租车等行业减免行政事业性收费、政府基金和部分税收,帮助这些行业克服困难;全市专项安排农村税费改革转移支付资金4260万元,对茶叶、苗木、花卉等农副产品停征特产税,确保农村税费改革顺利实施。

2004年,改革预算管理,新增规划局、人防办、社联3个部门作为部门预算试点单位,年度预算实行年初一次性确定,没有特殊情况不予调整。缩小预算编制与预算执行差异,落实"收支两条线"规定。2005年,全市推行公务车辆的定点加油、定点保险、定点维修工作,全市90%以上的行政、事业单位公务车辆纳入"三定"范围。

2007年,市政府下发《关于进一步加强和规范财政专项资金管理的通知》和《关于印发市本级2007年部门预算编制办法的通知》,按照"分类划档、核定标准、定员定额"的办法,制定市直各预算单位的日常公用经费定额标准,全面开展部门预算的编制。对市本级财政供养人员及车辆情况进行普查,建立财政负担情况的基础数据库,确定规范的公用经费和公务用车标准定额。严格控制专项经费支出,提高财政资金的透明度和使用效益。

2008年,市政府组织财税、公安、工商、监察等多个部门成立陶瓷、土地出让金和无证私房、建筑耗材、房地产等6个行业专项税收整治小组,分别由分管副市长任组长,规范税收秩序,清缴欠税。当年,陶瓷行业入库税收8399万元,同比增长94%;房地产业入库地方税收21386万元,同比增长12.1%;市区无证私房补缴税款2500万元;建筑耗材整治补缴税款2000万元。与税务和国资部门协作,对部分企业和重点工程历年欠税进行清缴,防止形成新的欠税。

是年7月,按照"预算编制、执行、监督三分离"原则,设立预算编制科,强化部门预算的编制。规范2009年部门预算编制:严格实行"二上二下"的编制程序;要求所有与市财政有经常性经费领拨关系的市直预算单位均要编制部门预算;各预算单位必须使用全省统一的部门预算软件编制部门预算;将行政机关(含参照公务员法管理单位)工作人员规范性津补贴全额纳入预算管理。全市91个部门和单位编制2009年部门预算,并选定市水务局作为重点进行审查。经审核汇总:2009年全市91个部门预算为115817万元,其中财政拨款预算为66395万元,市财政局第一次按照规范的文本格式向2009年市人代会提交91个的部门预算草案并获得通过。

2009年10月,市财政局进一步扩大部门预算编制范围,要求各部门和单位将所有收入纳入部门预算,同时对各单位征收的非税收入进行综合收入、净收入比例分成。为强化政府采购预算的编制,从2010年度部门预算编制开始,实行采购预算编制、采购计划审批、采购资金支付三者联运机制,保证各部门落实政府采购预算的编制。市财政局逐步加大对基本支出的保障力度,将住房公积金管理中心纳入部门预算,改变过去由财政与住房公积金办公室统一结算的状况,全市行政事业单位和职工缴纳的住房公积金大幅度上升。全市实施义务教育学校绩效工资改革,绩效工资全额纳入财政预算。共有90个部门编制2010年部门预算,选定市民政局作为当年部门预算重点审查部门，向市人代会提交的2010年部门预算草案汇总数为13041万元，年增长12.6%，其中财政拨款预算为78339万元，增长18%。

2010年10月，市财政局将除教育收费外其他行政事业性收费全部纳入预算管理。从当年起，适当提高市直机关公务员津补贴，并在事业单位中全面推行绩效工资改革。在编制2011年市直部门预算过程中，将项目支出预算与项目预算绩效考评结果相结合，加大项目支出绩效评价工作推进力度。共有94个部门和单位编制2011年部门预算，汇总的部门预算草案总额为172485万元，年增长32.3%，其中财政拨款为86065万元，增长9.9%。

非税收入管理

预算外资金指不纳入国家预算，由各地方、各部门、各企事业单位自收自支的财政资金。随着财政体制的改革深入和企业自主权的扩大，预算外资金的规模与数量不断壮大，在国家经济体系中的地位和作用日渐突出。

1986年，市财政局按照财政部《关于加强预算外资金管理的通知》启动预算外资金管理工作。1987年，对市内45家资金规模较大的事业单位实行“专户储存、计划管理、财政审批、银行监督”的管理办法，专户储存预算外资金670万元，审批拨出专户储存资金531万元，在一定程度上缓解财政预算内支出的压力。

1994年，市委下发“关于加强预算外资金管理和行政性收费纳入预算管理的通知”，22个市直行政性收费单位中18个纳入财政预算管理。预算外资金专户储存单位比1993年增加38户，专户储存资金达3300万元，年增加1552万元。

1995年，市财政局拓宽行政事业单位预算外资金归口管理的范围，克服“预算内紧，预算外松”的现象。全市绝大部分预算外资金都进入财政专户，实行收支两条线，先存后支，先批后用。专户储存资金由1993年的4102万元增加至1995年的8662万元，累计达20832万元，达到同期地方财政收入的1/3。

1996年，制定《景德镇市预算外资金管理试行办法》，明确预算外资金的审批立项、开设账户、票证管理、收费标准、监督稽查等规定。各级财政专户储存额达到1.12亿元，比上年增加25383万元。审查取缔不合理行政事业性收费项目300多项。

1997年，全市共组织预算外资金专户储存额达1.36亿元，比上年增长17.6%，市本级专户储存额达到5600万元，上缴财政可用财力和用于社会事业发展的资金达1273万元。执行“开户许可证”制度，办理预算外资金开户许可证118户，清理撤销多头开设的账户235个。

1998年，全年共组织专户储存额达1.66亿元，年增长22%，其中市本级专户储存额达7800万元，比上年增长39.3%，共清查账户746个，按规定撤销多头账户235个。1999年，预算外资金管理逐步推行“罚缴分离”“票款分离”和“银行代收制”，市政府成立由财政、审计、物价、廉政办、人民银行等15个成员单位组成的领导小组，督促“收支两条线”规定落实。年内纳入财政预算和专户管理的预算外资金达15474万元。2000年4月起，各单位不能直接收取各种收费和罚没收入，5月建立预算外资金专户网络系统，财政专户与各代收银行联网，及时核算各执罚、执收单位的预算外资金收入。

2002年，市本级预算外资金专户储存额达到1.83亿元，比上年增长15.6%，用于上缴财政可用财力和用于社会事业发展资金达5770万元，缓解了财政支付压力。2004年7月，财政部明确界定政府非税收入管理范围，包括行政事业性收费、政府性基金、国有资源有偿使用收入、国有资产有偿使用收入、国有资本经营收益、彩票公益金、罚没收入、以政府名义接受的捐赠收入、主管部门集中收入以及政府财政资金产生的利息收入等，社会保障基金、住房公积金不纳入政府非税收入的管理范围。

2006年7月，所有预算内(外)的财政专户统一归口国库部门，对相关专户进行清理、归并，所有行政性收费和基金收入纳入预算统一管理。2007年6月，市财政局从各业务科室抽调20多人，组成5个检查小组，对市本级所有执收单位进行非税收入收支情况详细调研，为市政府进行非税收入的整治提供依据。

2008年5月，市财政局设立非税收入征收管理科，市政府召开全市财政暨国有资产改革动员大会，下发《景德镇市本级政府非税收入专项整治工作方案》，在253家执收执罚单位自查自纠的基础上，从市直机关单位抽调人员组成8个检查组，重点抽查78家执收执罚单位，形成详细的非税收入重点检查报告。把原来游离在财政监管之外的一部分非税收入,比如房屋租金等收入纳入财政预算或专户管理,乱收费、乱罚款现象也得到有效遏制。

8月,市财政局撤销全市执罚单位的所有收入过渡户,所有罚没款直接由银行代收,进入农行和城信社两个财政罚没汇缴专户。9月,市财政局下发《关于更改市本级非税收入缴款方式的通知》,取消执收单位所有的收入过渡专户,非税收入全部进入在交行和农信社开设的非税收入汇缴专户,用以归集、记录、划解、结算政府非税收入。市财政局和市监察局下发《关于在市直单位全面推行财政票据电子化管理改革的通知》,在市政府办证服务大厅试点基础上分批推进电子化票据改革。同月,市财政局完善部门非税收入与支出等基本资料,统筹安排非税收入。

2009年,市财政局在编制2010年部门预算时,首次将各部门的非税收入体现在综合预算中,基本达到各执收执罚单位收取的行政事业性收费、政府性基金、罚没收入与其支出安排彻底脱钩,市财政保障其履行职能所必需的经费。严格控制新增财政负担人员,对超编人员经费制定措施逐步消化。当年市财政局在全省地市一级率先完成电子化改革任务,实现"以票控收",从源头上防止非税收入的流失。3月,市财政局和物价局结合年检,对全市所有执收单位的收费项目和标准进行核实,并建立全市行政事业性收费、政府性基金项目、标准的项目库,接受社会监督。市政府印发《景德镇市非税收入征收管理暂行办法》,从非税收入的征收范围、收入收缴、票据管理、会计核算、监督检查、法律责任等方面规范非税收入的征收管理。

2010年6月,财政部下发《关于将按预算外资金管理的收入纳入预算管理的通知》,决定从2011年1月1日起将按预算外资金管理的收入(不含教育收费)全部纳入预算管理。

财政监督检查

1986年,根据省政府统一部署,在全市范围内开展一年一度的财务大检查,抽调人员组成财务大检查办公室。通过自查、互查和重点检查,查出违纪金额1014万元,收缴入库817万元,有效加强财务管理,推进增收节支活动。1989年,市政府成立税收、财务、物价三大检查办公室(以下简称三检办),为副县级全额拨款事业单位,负责每年三大检查的组织实施、协调和总结评比工作。

1993年10月,按照省委、省政府《关于进一步清理乱收费的通知》要求,各级财政部门组织力量对一些部门进行重点检查,查出1990年以后违纪自立乱收费项目94项,违纪金额218万元。12月4日在《景德镇日报》上公布首批取消乱收费项目共58项。1994年,全市财税三大检查共查出违纪金额1997万元,应入库金额1785万元,实际入库1720万元。加强控购管理和监督,对全市单位用车进行清查,查缴违控款200多万元。

1995年,清理"小金库"137个并全部取缔,查出违纪资金625万元,其中属于"小金库"资金431万元,已擅自动用557万元。财政部门追缴违纪资金43万元,对典型违纪案件和重大违纪人员移送司法、检察机关审查。同年,对4675个单位进行普查,共查出违纪资金1921万元,上缴1442万元,还催缴企业欠税200万元。

1996年,全市财税"三大检查",共查出各种违纪金额2218万元,其中应入库1615万元,实际入库1436万元,追缴各项欠税600多万元。同年,财政部统一部署预算外资金清理检查,市、县政府都成立清理检查预算外资金领导小组,对437个单位进行重点检查。共清理检查出各种违纪资金7392万元,其中应进未进财政专户的资金6532万元,应缴未缴财政的资金443万元,并限期落实整改。1997年,共查出并收缴入库的违纪资金1500万元,防止财政收入的流失。1998年,对前两个年度的支农资金、民政抚恤救灾救济资金、科技三项费用、专储粮费用补贴(拨付、使用、管理)情况进行检查,按照资金拨付渠道逐级检查有关部门、单位和项目,现场检查重大项目的投资效益,检查专项资金2000多万元,对违纪违规问题和责任人员进行查处。

1999年7月,"三检办"更名为市政府财经监督检查办公室,改变过去一年一度的集中检查方式,转为经常性的监督检查。8月20日,首次举行教育收费听证会,市人大、政府、政协、物价局、财政局、统计局和群众团体以及部分学校的代表共计20余人参加。

2005年,全市党政群机关、事业单位开展津贴补贴大清查,各个单位填报自查表格,说明津贴补贴项目、标准和资金来源,财政、监察部门对部分单位进行抽查。

2010年，开展财政资金大检查，设立财政监督检查局，履行财政监督检查职能，开展全市“两免一补”、社保资金、强农惠农资金使用等社会关注的重点、热点问题，全面治理“小金库”工作。全市自查单位为764户，重点检查单位为185户。查实“小金库”11个，立案处理3起，收缴入库违纪金额10万余元，相关人员受到行政记过处分，治理工作通过省考核组的检查验收。

国库管理

1986—1999年，全市各单位财务会计由各单位自行任用，接受财政局业务指导。2000年，市政府批准成立市会计委派管理中心，为市财政局下属副县级全额拨款事业单位。10月，市政府批转市监察局、市财政局《关于在市本级党政群机关、事业单位开展会计委派制工作意见》，会计委派制单位的原有银行账户注销，单位财务收支采取集中分户核算，统一会计管理的办法。取消会计出纳岗位和银行账户，会计集中核算的机关、事业单位会计资料移交委派中心。市财政局配套印发《景德镇市会计委派管理中心委派制单位财务专管员报账规则（试行）》及《景德镇市会计委派管理中心内部报账审核程序》。

2001年，市会计委派管理（会计集中核算）制度改革启动，确立市本级党政群机关、事业单位“集中分户核算，统一会计管理”的会计委派形式和对市级财政性资金重点工程派驻财务总监的模式，为建立国库集中支付制度奠定基础。1月，首批53家市直党政群机关事业单位经费全部纳入“委派中心”进行集中管理。各单位撤销账户，现金、转账、汇兑等资金结算和行政经费、事业费、专项资金的拨入支出、往来款项的收付及日常会计核算、监督、会计报表编制、会计档案管理等工作，统一由“委派中心”集中分户办理。各单位发生现金支出时，从核定的备用金开支，然后向“委派中心”提供支出原始凭证，经审核认可后补回备用金，工资则由相关银行划到职工工资账户。对重点工程委派财务总监，先后向昌江大桥加固工程、景德镇宾馆改造工程、珠山西路延伸工程、城市防洪工程等项目委派财务总监。财务总监按项目预算、工程进度办理资金拨付手续，负责审批工程支出，保证工程资金专款专用。该做法成为全省财政工作改革创新典型，得到省政府常务副省长、省纪委书记、省财政厅长等领导的批示肯定。

2002年12月，市政府下发《关于在市本级机关事业单位进一步开展会计委派制工作的通知》，自2003年1月1日起，对市接待处、市房管局、市城市管理监管支队等73家市直机关、事业一级预算单位和具有行政执法、收费职能的事业单位，全面实行会计集中核算改革。市财政局下发《实行集中会计核算单位财务审核及报账办法》，明确财务专管员的工作职责、报账工作程序、纪律要求。

2003年11月，市财政局、市监察局联合制定《关于加强行政、事业单位工程建设财务管理的暂行规定》，进一步规范会计集中核算行政事业单位（含其下属二级拨款单位）的工程建设财务管理行为，保证财政资金的合理使用。12月10日，市财政局下发《关于加强行政事业单位购物与付款管理的通知》。同月，市政府下发《关于在市本级机关事业单位全面开展会计委派集中核算工作的通知》，对市交警支队、市公安局珠山分局、市公安局昌江分局等28家单位实行会计集中核算改革；对卫生系统、教育系统、农业系统、建设系统、文化系统、林业系统等106家单位实行会计委派间接监管，2004年1月1日起正式施行。

2004年3月，市政府印发《景德镇市市本级财政国库管理制度改革试点方案》，以建立国库单一账户体系为基础，资金缴拨以国库集中收付为主要形式的财政国库管理制度改革正式实施，在市民政局、市计生委两个系统7个单位进行试点运行。7月，市财政国库支付中心成立，与市会计委派管理中心实行“两块牌子，一套人马”。

2005年6月，市财政局与市监察局联合下发通知，对市直行政机关、事业单位公务车辆维修实行专项管理、统一审核。8月，正式对纳入“中心”集中核算153家单位的1145辆公务用车实行单车核算。

2008年5月，市政府办印发《景德镇市本级国库集中支付制度与会计集中核算制度有效结合实施方案》，逐步建立以国库集中支付制度为主体的财政支出管理体系。市会计委派管理中心按照先退“大系统”部门再退一般单位的原则，退回集中核算单位42户，会计集中核算向国库集中支付制度转型。市财政国库支付中心对报账单位的支出，严格按照规定的开支标准审核把关，严格控制或拒付单位以各种名目发放的不合法、不合规津贴、补助，超标准支出一律不予报支，开展事前、事中、事后监督。

2009年1月，市会计委派管理中心对于规模较大、具备部门自行核算条件的44户预算单位，如林业局、建设局等移交回会计核算职能,对业务量小、财务机构不健全的预算单位则由市会计委派管理中心代理记账,推进会计集中核算制度向国库集中支付制度转轨。2月,市财政局下发《关于扩大国库集中支付改革范围的通知》,从4月1日起,在上年59个单位改革试点的基础上,将纳入2009年部门预算编制范围的177户独立核算单位财政性资金全部纳入国库集中支付改革范围。健全国库单一账户体系,除法律、行政法规另有规定外,单位原有的银行账户一律取消,在坚持财务管理权、资金所有权和使用权不变的前提下,原有账户结余资金转入由财政统一在国库集中支付代理银行开设的“其他资金专户”。8月,市会计委派管理中心更名为市财政局国库集中收付中心。

2010年1月1日,市因公出国(境)管理中心、市墙体改革办、市散装水泥管理办等10户预算单位纳入国库集中支付改革。3月,市财政局国库集中收付中心出台《景德镇市市级财政国库集中支付银行代理业务综合考评暂行办法》,对3家代理银行的资金支付、公务卡、其他资金、账户管理、工资统发及津补贴发放5项业务,从支付结算水平、信息反馈质量、管理协调水平、人员业务素质、支付系统性能5个指标实行全面考评。年底,市本级200多个单位基本纳入,涵盖预算内、预算外、政府性基金等各类财政资金。市财政局逐步推进财政科学化精细化管理,编制综合部门预算,提高直接支付比例和范围,深化国库集中支付改革。

表22-2-43　**2004—2010年景德镇市本级财政国库集中支付统计表**　单位:万元

年份	按支付方式划分				按资金性质划分	
	合计	财政直接支付	财政授权支付	直接支付占比(%)	预算内支付	预算外支付
2004	209.36	64.37	144.99	30.75%	209.36	0
2005	910.41	158.37	752.04	17.40%	910.41	0
2006	1189.94	183.42	1006.52	15.41%	1189.94	0
2007	1396.26	184.73	1211.53	13.23%	1396.26	0
2008	4137.32	914.48	3222.84	22.10%	4137.32	0
2009	54000.00	23800	30200	44.07%	54000.00	0
2010	82497.32	33676.69	48820.63	40.82%	82497.32	0

行政事业单位财务管理

政法机关经费保障　1986—2001年,落实中央政法补助专款项目管理办法,实行“三年一次规划,集中安排项目,分批下达资金,逐年分项实施”。2003年,将其中装备项目由省级统一采购下放到市级统一采购,缩短采购周期。2004—2005年,分两批完成中央企业公安管理体制下划工作,财政部门核定财政基数,支持公安管理体制调整。2005年,完善县级公安机关经费保障机制,确定县级公安机关公用经费开支范围为行政经费、公安业务费和特别业务费3部分。

预算执行动态监控　2004年开始,市财政局国库集中收付中心采取考核考评等方式实施财政财务动态监管,加强财务监督指导,先后联合市房管、建设、农业、教育、文化、卫生等系统对全市近80多家单位进行系统财务考评检查,解决预算单位财政授权支付原始凭证事前无需经过财政审核,容易出现监管盲点的问题。对于重点工程项目建设,由派驻会计根据施工建设情况,对项目工程发生的变更、签证予以有效确认,合理控制工程造价,及时向有关部门和单位反馈跟踪检查中发现的问题。

至2010年,市财政局国库集中收付中心连续6年派员配合瓷博会执委会对候选宾馆接待能力、资质进行调查和重新核定,确定瓷博会接待宾馆及接待收费标准。瓷博会期间,还派员到定点接待宾馆,严格按照组委会确定的免费接待对象、接待天数、接待标准核实结算费用,落实节俭办会精神,提高财政资金使用效率。

财政统发工资　2004年5月9日,市财政局、人事局、编委办联合下发《景德镇市财政供养人员工资统一发放工作实施办法》,自7月1日起对行政机关(含参照公务员法管理单位)的在职人员实行工资统发,全额拨款事业单位在职职工和全额拨款行政事业单位离退休人员,在12月之前分批实行工资统发。

2007年6月22日,市政府明确对市委机关、人大机关、行政机关、政协机关、审判决机关、检察机关、民主党派以及经批准参照管理的单位,统一规范公务员津贴补贴标准;在市会计委派管理中心设立津贴补贴专户,用于津贴补贴资金的归集和发放工作,待条件成熟后逐步纳入工资专户实行财政统发。6月25日,市财政局、市人事局下发《关于市直机关津贴补贴发放有关事项的通知》,明确津贴补贴标准审批、专户设立、个人银行账户、资金归集、拨付及发放等事项。

表22-2-44　**2007—2010年景德镇市直机关人员津贴补贴月标准统计表**　单位:元

职级 执行 时间	机关工作人员			机关离休人员			机关退休人员		
	2007.7.1	2008.1.1	2010.1.1	2007.7.1	2008.1.1	2010.1.1	2007.7.1	2008.1.1	2010.1.
厅局级正职	1890	2050	2530	1890	2050	2404	1512	1640	1898
厅局级副职	1590	1750	2180	1590	1750	2071	1272	1400	1635
县处级正职	1350	1540	1920	1350	1540	1824	1080	1230	1440
县处级副职	1215	1400	1740	1215	1400	1653	972	1120	1305
乡科级正职	1115	1290	1600	1115	1290	1520	892	1030	1200
乡科级副职	1050	1220	1500	1050	1220	1425	840	975	1125
科员	1020	1180	1440	1020	1180	1368	816	945	1080
办事员	990	1150	1400	990	1150	1330	792	920	1050
高级技师	1190	1360	1700	—	—	—	952	1090	1275
技师	1115	1290	1600	—	—	—	892	1030	1200
高级工	1050	1220	1500	—	—	—	840	975	1125
中级工	1020	1180	1440	—	—	—	816	945	1080
初级工	990	1150	1400	—	—	—	792	920	1050
普工	980	1130	1370	—	—	—	784	905	1028
新参加工作	960	1120	1370	—	—	—	—	—	—

说明:2007年7月1日和2008年1月1日起执行《景德镇市规范市直机关公务员津贴补贴实施方案》;2010年1月1日起执行市人力和社会保障局、市财政局景人社字〔2011〕11号

公务卡制度实施　2009年11月1日,市本级启动公务卡制度改革,在市水务局、教育局、规划局、旅游局和民族宗教事务管理局5个一级预算单位进行试点。11日,市财政局、人行市中支联合下发《景德镇市预算单位公务卡制度改革实施方案》《景德镇市市级预算单位公务卡管理暂行办法》。

2010年8月30日,市财政局扩大市本级预算单位公务卡制度改革范围,市人大、政协、纪委等51户预算单位也纳入公务卡制度改革。

经费支出压缩　2009年,按照省纪委、省监察厅、省财政厅《关于认真落实党政机关厉行节约各项要求的通知》,对全市党政机关2006—2008年因公出国(境)支出、车辆购置及运行费用和2008年公务接待费、会议费、差旅费等支出情况进行摸底调查,提出各项经费支出压缩、控制指标,上报省批复后,将2009年度六项经费支出控制数和压缩指标下达到各县(市、区)及市直各部门,要求加强预算支出管理,严格按照经费压缩(控制)指标安排当年各项经费支出。2010年,市纪委、市监察局、市财政局继续下达年度"因公出国

(境)”等八项指标压缩(控制)任务,要求各地各部门将任务层层分解落实。

企业财务管理

1986 年,全市预算内国营企业 58 户,按行业划分为陶瓷、建设、电子、机械和粮食、商业、物资等系统。

1987 年,按省、市政府的统一部署,在实行利改税的基础上,对工交商企业全面推行多种形式的承包经营责任制,与主管部门签订承包合同,实行“定死基数,确保上缴,超额分成,歉收自补”的办法,调动企业增产增收的积极性。当年预算内工业企业实现利润 5434 万元,比上年增长 48.3%,税前还贷 1976 万元,比上年增长 288%,企业留利 1479 万元,比上年增长 6.8%,对于少数歉收自补,确实无力上缴利润的企业,采取向财政部门打欠条的办法,允许次年补交,维护承包合同的严肃性。

1991 年,粮食系统财务实行分级管理改革,市财政参与核定全市粮食年度政策性挂账和企业自补挂账,全市国营商业零售企业改革全面铺开。同时国营批发企业改革启动,推行国有民营、股份合作经营。财政部门对 1991 年年底前亏损挂账,划清政策性亏损和经营性亏损,分别进行处理。1992 年,企业工效挂钩实施“总挂总提”和“分挂分提”办法,逐步取消“总挂总提”办法。

1993 年 7 月始,施行《企业财务通则》《企业会计准则》,建立现代企业制度,国有企业利润分配制度改革不断深化,统一企业所得税率为 33%,取消调节税;建立统一规范的所得税税基,规定固定资产借款本金一律用企业留用资金归还,允许部分行业或企业实行加速折旧,固定资产借款利息进成本,研究开发费用等进成本;建立国有资产投资收益制度,国家采取“按股分红”“按资分利”“税后利润上缴”等形式收取国有资产投资收益。改革固定资产管理办法,尤其在折旧制度上作较大调整,简化折旧分类办法,将原有 29 大类简化为 22 大类;加速折旧速度,在原折旧年限基础上平均缩短 20% ~30%;实行资本保全原则,建立企业资本金制度;实行制造成本法,改进成本、费用管理办法;建立坏账准备金制度,调整成本费用开支范围。

1994 年 7 月,取消一切单项奖,改“总挂分提”为“总挂总提”,改“环比”为“定比”,即工效挂钩方案一定三年不变。各县(市、区)外贸公司财务管理体制下放,纳入县(市、区)财政预算管理,由市财政拨付创汇奖励基金和外贸补助款,支持外贸出口创汇。

1995 年,省政府核定景德镇市的粮食企业政策性亏损挂账为 4207 万元,并确定省财政帮助消化一半,剩余的一半要求分 4 年消化,每年消化 526 万元。为如期实现消化目标,市财政局分解、落实消化挂账任务,并与乐平市、浮梁县政府签定消化挂账责任书。

1996 年,市财政部门参与物资企业实行集团化改制,会同市物资局开展建章建制,建立财务管理制度,对全资子公司财务机构设置、职责范围、资金管理都做出详细规定,并对全资子公司财务负责人行使任免权。

1997 年 1 月始,全市供销社财务由地方税务局划归财政局一家管理,财政部门负责审批汇编企业财务决算,并从 1998 年起实行月报制。2008 年,按照省委、省政府的决定以及市委、市政府的安排,省属 12 户国有企业通过行政划转方式下放乐平市、浮梁县、昌江区、珠山区管理。

2009 年,市政府成立国有企业改制领导小组和办公室,对严重困难的国有企业启动改制,市财政局抽调相关领导和专职人员参与改制工作,共筹集国企改制资金 10.7 亿元,其中省属企业财政补助资金 1.6 亿元,国企改革贷款 9.1 亿元,为 6.26 万名职工置换身份,配套发放改制国企职工经济补偿金、生活费、职工养老保险和医疗保险,补发职工工资。

2010 年,江西省陶瓷工业公司下属 17 户国有企业、市景光实业管理中心、江西江维高科股份有限公司、江西江维高科微晶玉石股份有限公司先后基本完成改制。

农业财务管理

农业补助发放 1995 年,市财政重点支持农业基础设施、农技推广和农村社会化服务体系建设,共投入支农资金 3440 万元,比上年增加 42.1%,是几年来增幅最大的一年。财政部门多方筹集资金 1300 多万元用于抗洪救灾,帮助灾民重建家园,恢复生产,实现大灾之年夺取粮食生产大丰收。

2004 年,中央对种粮农户实行直补,补助标准是早稻、良种、中晚稻各补贴 150 元/公顷。全市早稻计税补助面积 2.6 万公顷,发放补助资金 390 万元,良种补贴资金 1270 万元,中晚稻计税补助面积 5.4 万公顷,发放补助资金 810 万元。全市粮食补助和良种补助资金总计 2460 万元,平均每公顷 457.5 元。所有补助资金全部按政策转入206833个农户存折，直接到农户手中，改变以往支农资金逐级拨付的方式。

2006年，加快新农村建设，全市各级财政的支农支出均有较大幅度增长，支农预算达到8850万元，同比增长14%，预算增长高于其他项目。落实各项惠农政策，及时发放早稻、中晚稻和良种补贴资金905万元，农机补贴205万元。集中整合财政支农资金1300万元，扶助农村兴建道路、桥梁、水利等基础设施，在全省率先扶持建立市级公益林1.33万公顷，扶助新建沼气池2200口。安排农业产业化专项扶持资金300万元，重点扶持11家省级农业龙头企业和20多家市级农业龙头企业，建立有机茶良种繁育、无公害蔬菜标准化生产和有机茶、特色苗木、水产养殖等现代化农业示范基地，培育一批农业产业化项目。

2007年7月，按照省政府"统一时间、统一方式、统一渠道和公开补贴项目、补贴金额及政策依据"的总体要求，全市启动财政惠农补贴资金管理制度和支付方式改革，即"一卡通"发放模式，将财政惠农各项补贴资金集中整合，通过信用社直接打入农户"一卡通"存折，发放过程实行封闭运行。市财政局为全市43个乡镇财政所配置电脑和打印机，保障"一卡通"发放工作，到10月全面完成任务。当年全市共有37项补助资金纳入"一卡通"发放范围，各项财政惠农补贴资金6000多万元通过20多万份"一卡通"存折及时准确地发放到农户手中。2008年，全市所有财政惠农补贴资金全部纳入"一卡通"发放范围，发放资金达1.73亿元。景德镇市及浮梁县被评为全省"一卡通"发放先进市和先进县。2009年，全市"一卡通"项目发放率达到98.33%，发放资金2.13亿元，到位率达到88.6%，市辖浮梁县、乐平市、昌江区在全省99个建制县(市、区)中均位列前30名，受到省里的通报表彰。

小型农田水利建设专项资金　1986年，小型农田水利建设专项资金重点支持小型水源、渠道、机电泵站等工程设施修复、新建、续建和改造，不用于人员补贴、购置交通工具和办公设备等支出。

农村沼气项目资金　1991年，每个"一池三改"(沼气池与改圈、改厕、改橱同步建设)基本建设单位中央投资补助800元，使用范围包括沼气灶具及配件、主要建材购置，技术工人工资，对农户直接补贴以及国家规定开支的其他费用，专款专用，不得挤占、截留、挪用。

农村饮用水安全工程资金　1986年来，由中央补助和地方投资组成。地方投资由省、市、县及受益群众按3:2:2:3比例配套，县级财政部门设立农村饮用水安全项目资金专户，将中央专项补助资金和地方各级政府配套资金拨入专户，实行专户存储，专账核算。

财政扶贫资金　1997年以后，财政扶贫资金实行县级财政报账制，资金专项下达、封闭运行、专户管理、资金到村。项目安排和资金使用、项目建设全过程实行公示公告制。2003年始，实施深山移民搬迁扶贫，对移民搬迁户给予一次性资金补助，以户为单位发放，资金进入县级财政"扶贫资金专户"，专账核算，封闭运行。2006年始，实行贫困地区劳动力转移培训补助，补助资金可由培训单位统一报账后补贴给学员，也可通过培训券方式发放。

新农村建设试点资金管理　2006年始，省政府决定开展新农村建设试点工作，实行省、市、县三级共建，试点资金中直接统筹配套资金由市、县新农村建设办公室会同财政局、扶贫办、发改委、交通局等部门负责管理，衔接统筹配套资金由相关资金管理部门各自负责管理。在保证项目资金用于试点村前提下，实行不改变资金使用性质、不改变资金下达渠道、不改变各部门管理职责，建立专账，专人负责，并实行财务公开。当年，省下达新农村建设试点资金448万元，市本级筹集224万元，县(区)筹集448万元，投向122个新农村建设试点村。2007年，省下达892万元，市筹集446万元，县(区)筹集892万元，投向223个新农村建设试点村。2008年，省下达1736万元，市筹集336.35万元，投向217个新农村建设试点村。2009年，省下达1858.4万元，市筹集333.3万元，投向202个新农村建设试点村。2010年，省下达1886万元，市筹集338.25万元，投向205个新农村建设试点村。

乡镇财务管理　1986年，全市乡镇共建财政所47个。2004年，农村税费改革，撤并乡镇后，全市仍有乡镇(街道)财政所43个。2005年，全面免征农业税和农业特产税。2006年，市财政局将乡镇财务管理由向农民收钱的征管型向为农民发钱的服务型转变。至2010年，全市乡镇财政全部转型。乡镇财政的建立，改变县统收统支做法，实行一级政府、一级预算，政权、财权、事权相统一。实现乡财县代管、村账乡代理管理，财政惠农补贴"一卡通"管理。

表 22-2-45　**2000 年、2010 年景德镇市乡镇财政基本情况统计表**　单位:万人、万元

项目＼年份		2000			2010			
		合计	乡	镇	合计	乡	镇	街道
乡镇数(个)		47	22	25	43	13	26	4
乡镇财政机构数(个)		47	22	25	43	13	26	4
财政类型	上解乡镇数(个)	—	—	—	12	—	10	2
	补助乡镇数(个)	—	—	—	28	13	15	—
乡镇财政供养人口		1.41	0.32	1.09	—	—	—	—
其中	全额供给人数	0.27	0.07	0.2	—	—	—	—
	差额补助人数	1.14	0.25	0.89	—	—	—	—
教师人数		0.99	0.21	0.78	—	—	—	—
乡镇年末总人口		102.23	21.23	81	107.6	21.5	68.6	17.5
其中农村人口		90.86	19.79	71.07	93.72	19.05	63.77	10.9
财政总收入分档	100 万元以下乡镇(个)	14	12	2	4	4	—	—
	101 万~300 万元乡镇(个)	23	9	14	3	2	—	1
	301 万~500 万元乡镇(个)	6	1	5	7	5	1	1
	501 万~1000 万元乡镇(个)	3	—	3	4	—	4	—
	1000 万元以上乡镇(个)	1	—	1	25	2	21	2
一般预算收入总计		14766	3129	11637	116532	—	—	—
其中	本年本级收入	7737	1981	5756	88619	—	—	—
	上级补助收入	7023	1256	5767	26670	—	—	—
	上年结余收入	6	-108	114	1306	—	—	—
一般预算支出总计		14546	3173	11373	116468	—	—	—
其中	本年本级支出	12553	2856	9697	85783	—	—	—
	上解上级支出	1993	317	1676	29800	—	—	—
年终结余		220	-44	264	949	—	—	—
净结余		120	-44	164	885	—	—	—
基金预算收入总计		119	13	106	1019	—	—	—
其中	本年本级收入	116	12	104	—	—	—	—
	上级补助收入	3	1	2	1019	—	—	—
基金预算支出总计		—	—	—	1019	—	—	—
预算外收入总计		3571	1057	2514	—	—	—	—

续表 22－2－45

项目		2000			2010			
		合计	乡	镇	合计	乡	镇	街道
其中	本年本级收入	3550	1055	2495	—	—	—	—
	上年结余收入	21	2	19	—	—	—	—
预算外支出总数		3534	1074	2460	—	—	—	—
其中	本年本级支出	3534	1074	2460	—	—	—	—
	一般公共服务支出	—	—	—	—	—	—	—
年终结余		37	－17	54	—	—	—	—

国债资金管理　至1992年，世界银行贷款支持的茶叶、林业改造项目通过财政投资达2709.1万元。1994年12月16—18日，由林业部和财政部联合主持的世行贷款“森林资源发展和保护项目”实施启动会在景德镇市召开，推动景德镇森林资源的保护工作。1996年，市财政局设立基本建设财务管理科，对全市财政性基本建设资金实施财务管理。1998年，国家实施积极的财政政策，市财政局配合政府有关部门，积极申报落实建设项目。1999年，先后制定下发《景德镇市利用国债转贷资金管理办法》和《关于进一步加强我市国债专项资金财政财务管理与监督的通知》，加强对资金的管理、使用、检查。2004—2006年，争取上级财政部门基本建设资金23294万元，其中国债资金16711万元，基建专项6583万元。继续安排全市国债转贷资金，签订资金转贷协议，根据工程进度足额将国债转贷资金拨付到项目建设单位。加强对国债专项资金的监督管理，市财政局与发改委、纪检等部门建立协调机制，联合对国债项目前期工作、工程质量管理、投资计划执行和国债资金使用进行经常性的监督检查，对挪用资金、忽视工程质量等违纪行为及时进行处理。

控购与政府采购管理

社会集团购买力控制　1986年，社会集团购买力控制采取“计划管理，指标控制，专项审批，定额供应”办法。市财政局控购办强调加强指标管理，严格财务把关，设立辅助账加以控制，同时加强专项审批和定额供应管理。专控商品报批后，开给“准购证”，单位凭证购买，严格按标准、定额供应。同时征收社会集团购买专控商品附加费，按购买专控商品价款一定比例由市、县分级征收，用于地方教育事业。

1993年，社会集团购买力实际执行结果为3230.87万元，为省下达全年指标数4600万元的70.24%，其中指令性指标实际执行结果1748.87万元，为指标数2200万元的79.49%，指导性指标实际执行结果1482万元，为指标数2400万元的61.75%。

1994年，开展全市社会集团违控购买小汽车专项检查，对查出违控购买小汽车的单位处以补交专控附加费和罚款。1999年，不再进行指标管理，只办专控商品审批，取消社会集团购买力年报。2000年1月，停止征收专控附加费，控购工作重心转向推行政府采购。

政府采购管理　2000年8月，市政府采购管理处成立，当年先后3次向市场供应商招标采购公务用车、微机设备，节省资金占总采购资金的10%以上，提高财政资金效益。

2001年年初，市政府批准发布《市本级2001年政府采购目录》，明确规定纳入政府采购的物品、种类，通过公开招标、邀请招标、询价采购等方式，先后组织采购项目20多批次，采购金额为1638万元，比计划安排资金节约342万元。在组织采购工作中，邀请市纪检、监察、审计、公证部门参与，对标书文本、开标报告、评标公告、合同文本、招标过程进行监督。邀请有关专家参加招标会，组成招标评审团，根据竞标的各供应商资信、能力、标底等情况进行测评打分，按得分排名择优选定中标供应商，订立、执行采购合同。2001年，市将行政事业单位计算机、打印机、空调、办公家具等办公设备列入政府集中采购范围，并通过公开招标方式确定一批政府采购协议供货供应商。

2003年，完善公务用车使用管理制度，按照“全省联动、统一招标、分级管理、规范操作”原则，对全市行政事业单位公务用车实行定点加油和定点保险制度，并通过公开招标确定合作供应商。

2005 年 9 月起，开展全市行政事业单位公务用车定点维修招标活动，优选公务用车定点维修供应商。

2009 年，景德镇市将政府采购与管理职责进行分工，全面推进政府采购“管采分离”，市政府采购管理处集中采购机构职能由社会代理机构承担，建立符合市场经济体制要求的政府采购管理体制，完善政府采购各项制度和工作流程。

2010 年，严格执行《中华人民共和国政府采购法》，对经批复实行部门集中采购的单位进行监督检查，规范部门集中采购行为，当年以公开招标方式采购资金达 6062.24 万元，节约资金 849.79 万元，资金节约率达 14%。规范采购程序，把好采购目录的审批、供应商资金审查、招标评标等关口，实行阳光采购。

会计事务管理

1986 年，会计事务由市财政局会计科管理。2001 年 3 月，市注册会计师协会成立，制定《市注册会计师协会章程》，对全市各会计师事务所进行管理、审查和监督，对注册会计师进行培训、管理。

会计法制教育　1987 年，《会计法》颁布实施两周年，对 510 名从事财会工作 30 年以上的财会人员颁发荣誉证书，对已获得会计职称的 596 名财会人员(会计师 61 名、助会 187 名、会计员 348 名)颁发任职资格证书。举办两期会计法规讲座，预算内企事业单位的财务科长、主办会计等 103 人参加学习。1992 年 4 月，组织学习《江西省会计管理暂行办法》。1993 年 7 月 1 日，实施新的《企业财务通则》和《企业会计准则》，市财政部门共培训财会人员 3600 余人。组织指导新旧财务、会计制度的衔接和转账、调账工作。

1994 年，市财政部门在宣传预算法、会计师法的同时，加强对会计人员的培训、考核，全年共举办培训班 13 期，培训人数 1054 人。参加注册会计师考试人数 300 人，通过 22 人。参加会计员、助理会计师、会计师等专业技术职称考试人数 2200 多人，通过 600 人。1995 年，市财政局推动会计电算化，购进 12 台微机和配套设备，全年培训 92 人次。

1996 年，按照会计工作“约法三章”，整顿会计工作秩序，对全市财会人员的任职资格，会计资料、凭证、报表的真实性、合法性进行严格的审查，打击“做假账”的现象。

1998 年，对全市行政、事业单位、企业部门的财会人员进行新会计制度培训，参加培训人数达 1500 人次。全面核发“会计证”，实行持证上岗。组织 1050 人次的会计职称考试。对全市 81 个行政、事业单位进行财务规范化达标检查。对各县(市)区的村级财务进行检查整改，要求各村委会按财会制度设账，实行村级财务公开。

2000 年 1 月，举办全市财政系统会计法师资培训班，对全市在职会计人员进行知识培训。举办实施新修订《会计法》10 周年宣传活动。

会计资质管理　1987 年，根据职称改革文件精神，20 名会计师、103 名助理会计师和 106 名会计员通过评审、考试获得任职资格。

1991 年 6 月，全市核发第一批现职会计人员会计证，发证人数 11456 人。1992 年起，会计人员技术职称不再进行评审，实行国家考试制度，考试合格者发资格证书，全国范围内有效。2004 年，高级会计师技术资格，实施考试开始实行考评结合。

2005 年，根据财政部《会计从业资格管理办法》，实行“凡进必考”，动员志愿从事会计行业人员报名参加会计从业资格全省统考。2005—2009 年，考务工作由人事、财政部门共同管理。2010 年始，由财政局管理。

表 22-2-46　　**2001—2010 年景德镇市参加国家会计专业技术考试结果统计表**

年份	合格人数				年份	合格人数			
	初级	中级	高级	合计		初级	中级	高级	合计
2001	151	25	—	176	2004	46	74	—	120
2002	47	94	—	141	2005	34	96	—	130
2003	38	57	—	95	2006	31	54	6	91

续表 22－2－46

年份	合格人数				年份	合格人数			
	初级	中级	高级	合计		初级	中级	高级	合计
2007	40	49	9	98	2009	66	37	9	112
2008	29	39	12	80	2010	44	36	7	87

市财校培训　1985 年，市财会职工中等专业学校成立。1987 年，招生对象由高中学历改为初中学历，录取方式由考试入学改为免试入学，学制 2 年。1989 年，财校扩大招生，举办中华会计函授中专、半脱产成人中专教育、乡镇财政干部培训。1995 年，与江西省财务会计学校联合举办企业财务普通中专班，招生人数 110 人。1996 年，与国家教委中南考试中心联合举办计算机等级考试，填补景德镇市计算机等级考试空白。5 月，市财校与中南财经大学联合举办会计、金融专业自考本科班，会计专业招生 171 人、金融专业招生 137 人，其中金融专业本科自考填补江西省空白。1999 年，市财校与江西财经大学联合举办财政专业在职研究生课程班，招收学员 50 人。

2004 年 4 月，筹建会计电算化考试培训基地。全年举办会计人员培训班 19 期，培训会计人员 1453 人；会计电算化培训班 6 期，培训人员 330 人。2005 年，举办 2 期财政干部部门预算培训班，培训乡镇财政干部 92 人。2009 年，举办 2 期农村财会人员财政支农政策培训，培训乡镇会计 88 人。

2004—2010 年，市财校共培训会计人员 8000 多人，培训会计电算化人员 4000 多人。

表 22－2－47　　**1986—1997 年景德镇市财会职工中等专业学校办学统计表**

年份	招生类别	专业	学习形式	学习年限	招生人数	联合办学院校名称	发证部门
1983	培训	财务会计	半脱产	1	61	景德镇师范	景德镇师范
1984	培训	财务会计	半脱产	1	55	景德镇师范	景德镇师范
1985	学历教育	财务会计	全脱产	2.5	50	—	省教委
1986	学历教育	财务会计	全脱产	2.5	48	—	省教委
1987	学历教育	财务会计	全脱产	2	76	—	省教委
	学历教育	财务会计	函授	3	50	中华函校	省教委
1988	学历教育	财务会计	全脱产	2	81	—	省教委
	学历教育	财务会计	函授	3	44	中华函校	省教委
	乡财政培训	财务会计	全脱产	2 个月	50	—	市财会学校
1989	学历教育	会计电算化	全脱产	2	93	—	省教委
	学历教育	财务会计	函授	3	41	中华函校	省教委
	培训	商业会计	半脱产	1	60	—	市财会学校
	培训	工业会计	半脱产	1	60	—	市财会学校
	乡财政培训	财务会计	全脱产	2 个月	50	—	市财会学校
1990	学历教育	会计电算化	全脱产	2	43	—	省教委
	乡财政培训	财务会计	全脱产	2 个月	46	—	市财会学校

续表 22-2-47

年份	招生类别	专业	学习形式	学习年限	招生人数	联合办学院校名称	发证部门
1991	大专证书班	财务会计	函授	2	55	江西财院金融系	江西财院
	乡财政培训	财务会计	全脱产	2个月	51	—	市财会学校
	学历教育	会计电算化	全脱产	2	46	—	省教委
1992	学历教育	会计电算化	全脱产	2	38	—	省教委
1993	学历教育	会计电算化	全脱产	2	44	—	省教委
1994	学历教育	会计电算化	全脱产	2	51	—	省教委
	学历教育	会计电算化	函授	2.5	48	中华函校	省教委
1995	学历教育	企业财务	全脱产	2	102	江西财务会计学校	省教委
	大专证书班	企业财务	半脱产	2	50	江西财税学校	省教委
	学历教育	会计电算化	全脱产	2	37	—	省教委
1996	学历教育	会计电算化	全脱产	2	40	—	省教委
	大专证书班	财务会计	半脱产	2	19	江西财税学校	省教委
1997	学历教育	会计电算化	全脱产	2	24	—	省教委

第五节　国有资产管理

国资清查

1992年4—6月,根据财政部和国务院生产办公室联合下发《关于对预算内国营工业生产企业库存产成品进行全面的清查的通知》精神和市政府安排,市国资局会同市经委、财政局及各专业银行对全市54户预算内国有工业企业进行清仓查库,共查出产成品损失净额6963.96万元,占1992年3月底库存产成品的39.93%。其中1991年年底以前的损失6284.79万元,占总损失的90.25%。基本摸清市国有预算内工业企业虚盈实亏的现状。7—12月,在省清产核资领导小组和省国有资产管理局的统一部署下,对市科委、市广播电视局、市劳动局、市文联进行财务清查登记试点工作。4家单位清查前账面资产974.10万元,清查后资产总额为807.60万元,比账面减少17.08%。其中盘盈数为10.40万元。

1993年4月,重点选择市印刷机械总厂、宇宙瓷厂、建筑材料厂进行企业清产核资试点。通过资产清查、债权债务核实、固定资产价值重估、产权界定等多项工作。3户企业至3月底的全部资产价值共计9484万元,比账面原值8197万元,净增1287万元,增值达15.7%。其中固定资产净值重估增值1303万元,盘盈50万元,盘亏118万元,所有权界定增值国有资产52万元。

同年,省清产核资领导小组统一部署,对全市(含乐平市、浮梁县、珠山区、昌江区)728户行政事业单位进行财产清查登记工作,并逐户验收确认。通过财产清查登记,全市728户行政事业单位资产总额为6.03亿元,比清查登记前4.95亿元,净增值1.08亿元,净增值率为21.7%,其中固定资产4.83亿元,比清查登记前37877.7万元,净增值1.03亿元,净增值率27.4%。国有资金5.19亿元,比清查登记前4.2亿元,净增加9930.1万元,净率为23.6%。各单位财产清查登记后的资产均按规定登记入账,做到账表、账实相符,促进国有资产的管理。

1994年,按照省清产核资办公室的统一部署,进一步扩大试点,选择景德镇焦化煤气总厂、华意电器总公司、电瓷电器公司、陶瓷窑具厂、东风瓷厂、红星瓷厂、为民瓷厂、建国瓷厂、艺术瓷厂、陶瓷原料总厂、瓷用化工厂、人民瓷厂、光明瓷厂、景兴瓷厂、新华瓷厂、红旗瓷厂、华风瓷厂、陶瓷装饰材料厂、景陶瓷厂、陶机厂、电机厂、自来水公司等22户大中型企业进行清产核资。通过清产核资摸清家底，清查前账面值为160805万元，企业待处理财产损失12753万元。固定资产重估增加19830万元，扣除损失后，企业占用的全部资产为167882万元。通过清产核资试点工作了解企业资产的结构，为全面开展清查核资工作、制定现代企业制度打好基础。

1995年，根据省清产核资办的工作部署，全市清产核资通过户数清理、前期准备、资产清查、所有权界定、价值重估、土地估价、资产（资金）核实、自查互查、重点检查等阶段工作，对全市230户国有企业进行清产核资。经统计，255户企业中（含1993、1994年试点企业，下同）资产总额为52.53亿元，负债总额37.66亿元，所有者权益为14.87亿元。

1997年，遵照全国的统一部署，以及省清产核资办的要求，开展城镇集体企业清产核资扩大试点工作。选择在浮梁县开展城镇集体企业清产核资扩大试点。清查后表明，参与试点的城镇集体企业中固定资产和流动资产都存在净损失，同时有一定数量的资金挂账。

1998年，全市城镇集体企业实际清查户数227户（含金融企业21户，省属企业4户），资产总额10.3亿元，负债总额8.9亿元，资产负债率86.41%；全部资产损失及资产挂账总额1.7亿元，固定资产原值重估增加0.3亿元，净值增加0.2亿元，界定增加权益0.17亿元。

1999年6—10月，对全市范围内行政事业单位进行全面财产清查登记工作，财产清查前账面资产总额100831万元，其中固定资产原值68237万元。经过财产清查，盘盈数为7265万元，其中固定资产盘盈数7245万元；盘亏数为955万元，其中固定资产盘亏946万元。确认全市行政事业单位资产总额106083万元，其中固定资产总额73417万元。

2007年，市国资委成立后，开展核查市焦化煤气总厂、省陶瓷进出口公司、华意电器总公司、陶瓷股份公司4户出资监管企业资产工作。2008年，对焦化总厂、陶瓷进出口公司进行清产核资，焦化总厂的资产总额合计为470980.07万元，负债合计为349183.38万元，所有者权益合计为121796.69万元。陶瓷进出口公司的资产总额8920.54万元，负债总额4505.87万元，所有者权益为4414.67万元。

2009年，对华意电器总公司政策性破产开展清产核资工作，破产清算后资产总额39316.3万元（含待处理资产损失12077.15万元），负债总额147235.45万元；所有者权益为-107919.15万元，即资不抵债，资产负债率374.49%。2010年，对景德镇陶瓷股份有限公司开展清产核资工作，经清产核资后，资产总额44501.65万元，负债总额为53556.66万元，所有者权益-9055.01万元。通过清产核资，进一步摸清企业“家底”和资产质量状况，经过账务清理和资产清查，对监管企业的会计差错、账外资产等事项进行调整，对不良资产进行核销，核实资产质量和财务状况。

国资统计登记

1992年10—12月，根据国家国有资产理局等部门联合下发《国有资产产权登记管理试行办法》精神，对全市国有企业进行国有资产产权初始登记。进行产权初始登记的115户企业，国有资产总额达44776万元，其中陶瓷系统16171万元，占总额的36.1%；轻化系统8029万元，占总额的17.9%；机械系统4720万元，占总额的10.5%；建材系统2542万元，占总额的5.7%；商业系统3281万元，占总额的7.3%；粮食系统3166万元，占总额的7.1%；交通系统2868万元，占总额的6.3%；城建系统2799万元，占总额的6.1%；其他单位1200余万元，占总额的3%。

1993年1—3月，对产权初始登记的企业进行产权年度检查，177户登记的企业资产总额为19.9亿元，其中陶瓷系统5.3亿元，占资产总额的26.6%；机械系统4.4亿元，占资产总额的22.1%；轻化系统2.2亿元，占资产总额的11.1%；商业系统7.0亿元，占资产总额的10.1%；粮食系统1.6亿元，占资产总额的8.0%；建工建材系统1.6亿元，占资产总额的8.0%。国有资产总额为6.3亿元，其中陶瓷系统1.9亿元，占国有资产总额的30.2%；机械系统1.4亿元，占国有资产总额的22.2%；轻化系统0.8亿元，占国有资产总额的12.7%；建材系统0.6亿元，占国有资产总额的9.5%；商业系统0.4亿元，占国有资产总额的6.4%；粮食系统0.4亿元，占国有资产总额的6.4%。与上年初始登记的国有资产总额4.5亿元相比，基本实现国有资产的增值。

1994年,国有资产产权登记年检户数达418户,比1993年的177户增加241户,国有资产总额由1993年的6.3亿元,增加到9亿多元,增加49%。12月,全市国有资产总额为138161万元,比上年同期增长5.88%。其中260户独立核算的国有企业拥有国有资产85220万元,占国有资产总额的61.68%;691户行政事业单位拥有国有资产41041万元,占国有资产总额的29.71%;12户外商投资企业中,中方投资及权益总额为3154万元,占国有资产总额的2.28%,房管部门拥有国有资产8746万元,占国有资产总额的6.33%。

1995年,全市国有企业登记产权企业户数358户,资产总额为35.17亿元,其中国有资产总额7.5亿元。1996年,379户企业进行产权登记年检,登记国有资产总额为7.56亿元,对全市行政事业单位国有资产首次开展产权登记,登记户数为641户,登记资产总额8.8亿元,其中负债及视同负债总额2.55万元,国有资产总额6.28亿元。

1997年,全市统计范围内的国有资产户数743户,其中企业167户、行政事业单位432户、建设单位142户、房产经营单位2户,国有资产总量19.38亿元。1998年,全市在统计范围内的国有资产户数583户,其中企业158户、行政事业单位414户、房产经营单位11户,国有资产总量22.33亿元。

2007年,市国资委成立后,建立全市国有资产年度统计工作制度。统计范围为生产经营基本正常的国有企业,停产停业的国有企业没有纳入统计。年底,全市国有企业共有79户,资产总额为104亿元,国有资产保值增值率为121.17%。

2008年,省属江西胜利器材厂、江西电化有限公司、江西化纤化工有限公司、江维高科股份有限公司、江西万平电子有限公司、万平实业管理中心、江西景光电子有限公司、景光实业管理中心、江西景华电子有限公司、景华实业管理中心、江西东风制药有限公司、江西东风制药股份有限公司等12户国有企业通过行政划转方式下放乐平市、浮梁县、昌江区、珠山区管理。年底,全市基本正常经营的国有企业共有91户,资产总额为119亿元,国有资产保值增值率为136.96%。

2009年,江西东风药业股份有限公司、江西东风制药有限公司、江西电化有限公司、江西为民机械厂、景德镇木材厂、江西胜利器材厂6户国有企业基本完成产权制度改革,不再是国有企业。年底,全市基本正常经营的国有企业85户,资产总额为178.5亿元,国有资产保值增值率为128.78%。

2010年,江西省陶瓷工业公司下属17户国有企业、市景光实业管理中心、江西江维高科股份有限公司、江西江维高科微晶玉石股份有限公司先后完成改制。年底,全市基本正常经营的国有企业共有65户,资产总额为188.7亿元,国有资产保值增值率为108.88%。

表22-2-48　**1996—2001年景德镇景德镇市国有企业资产统计表**　单位:亿元

年份	统计户数(个)		总资产	总负债	所有者权益	国家所有者权益	国有资产总量	企业国有资产总量	行政事业单位国有资产总量
	企业	行政事业							
1996	379	641	16.38	2.55	—	—	13.84	7.56	6.28
1997	167	576	70.74	51.36	19.38	—	19.38	—	—
1998	169	414	85.32	62.95	22.33	—	22.33	—	—
1999	173	824	86.02	62.54	23.49	19.93	19.93	—	10.60
2000	170	1036	80.20	60.55	19.65	19.05	19.05	9.57	9.48
2001	167	522	80.51	55.24	25.27	22.68	22.68	11.81	10.87

表22-2-49　**2007—2010年景德镇市国有资产统计表**　单位:万元

年份	总资产	总负债	净资产	主营收入	净利润	国有资产保值增值率(%)
2007	1040259	867996	172263	669736	-5966	121.17
2008	1190418	854950	335468	662139	-13177	136.96

续表 22 - 2 - 49

年份	总资产	总负债	净资产	主营收入	净利润	国有资产保值增值率(%)
2009	1785364	1089972	695392	870224	1181	128.78
2010	1886692	1119957	766735	1248510	- 12444	108.88

说明:各年份的数据差异,因纳入统计企业数量不同造成

国资考核

1995—1999 年,市国有资产管理局对全市国有企业(含县区)进行国有资产保值增值考核,考核指标是国有资产保值增值率,纳入考核的企业逐年增多。

1995 年,市国资局联合市财政局、劳动局、企业工改办联合向市 6 家企业主管局的 37 家企业下达国有资产保值增值考核指标,包括 1994 年实际净资产收益率、1994 年实际国家所有者权益(国有资产)、预计 1995 年企业国有资产保值增值率、预计 1995 年企业国有资产保值增值额(亏损企业为减亏额)。保值增值考核指标作为提取企业效益工资、厂长(经理)个人收入的否决指标,凡实行工效挂钩的企业,1995 年未完成国有资产保值增值指标的,一律不得提取新增效益工资。

1996 年,国有资产管理局完成 203 户国有企业的国有资产保值增值考核工作,203 户国有企业拥有资产总额 70097 万元,较期初总额 65713.4 万元增加 4384 万元,增值率为 6.7%。

1997 年,166 户国有企业完成国有资产保值增值考核工作,保值增值率仅为 92%,造成全市国有资产总额下降的主要是陶瓷、粮食、建工等系统的企业,其下降额占总下降额的 80.8%。而保值增值率执行比较好的机械、电力、煤炭等系统,国有资产保值增值率分别为 100.82%、101.56% 和 121.24%。

1998 年,189 户国有企业完成国有资产保值增值考核,保值增值率为 103.44%;核定年初国家所有者权益 129007 万元,年末为 134260 万元,扣除客观因素影响 809 万元后,年末国家权益 133451 万元,比期初减值 4444 万元。1999 年,纳入考核的企业 173 户,核定年初国家所有者权益 11.2 亿元,年末国家所有者权益 12.85 亿元,增值额 1.65 亿元,增值率 14.73%,国有资产保值增值率为 114.73%。

2007 年,市国资委组建挂牌。2008 年,市政府出台《景德镇市国资委出资监管企业负责人经营业绩考核暂行办法》,市国资委开始对市焦化工业集团、陶瓷股份公司开展年度经营业绩考核,并对焦化工业集团开展 2008—2010 年任期考核工作。年度考核指标有利润总额、净资产收益率、成本费用总额占主营业务收入比重、主营业务收入、资产负债率指标。企业负责人任期考核指标为国有资产保值增值率、三年主营业务收入平均增长率、总资产报酬率。

2009 年,市国资委对市焦化工业集团、市陶瓷股份公司、市国有资产经营管理公司 3 家出资监管企业开展年度经营业绩考核。并分别制定考核指标,对焦化工业集团考核利润总额、净资产收益率、资产负债率、成本费用总额占主营业务收入比重;对陶瓷股份公司考核国有资产保值增值率、利润总额、主营业务收入;对国资公司考核主营业务收入、利润总额、管理费用、投资额、融资额。

2010 年,增加对陶瓷进出口公司的国有资产保值增值率、出口创汇、利润总额考核。

国资评估

1993 年,市国有资产管理局对洪源茶厂、黎明制药厂、景德镇市合资宾馆 3 户企业,以中外合资、合作经营、资产抵押担保为目的的资产进行评估。评估前企业资产账面净值 1292.39 万元,评估后确认为 5414.86 万元,增值率达 158%,挽回经济损失 4122.47 万元,保证国有资产的保值增值。

1994 年,经省国有资产管理局批准具有评估资格的机构,由市会计师事务所 1 家发展到市会计师事务所、乐平市会计师事务所、市兴瓷会计师事务所 3 家。被评估项目由上年的 4 项发展到 32 项;评估范围也由单一的部分资产评估发展到整体评估;评估的目的由以前的中外合资合作、抵押贷款,延伸到股份制改造,国有独资公司试点联营、国有民营等多种经济行为为目的的资产评估。32 项资产评估前账面原值为 52341 万元,账面净值为 41682 万元,评估后确认价值为 55020 万元,评估升值 13338 万元,升值率达 32%。

1995 年,国务院《国有资产评估管理办法》实施,避免在资产评估中出现政出多门、法度不一、行业垄断

等不正当竞争行为。当年资产评估确定项目数为21项,评估值为2.64亿元,比账面值9945万元增加16.43亿元,增长165%。扣除没有入账的土地评估增加值,评估值比账面原值增长30%,账面净值增长31%。支持罗家机场、瓷贸大厦等一大批重点工程建设和市宇宙瓷业有限公司、市华永陶瓷有限公司等企业建立现代企业制度。

1996年,市审计事务所被授予资产评估监督资格,全市有4家中介机构享有资产评估资格,评估队伍逐渐向专业化发展。全国首次注册资产评估师执业资格考试在景德镇设立考点,共100余人参加考试,有5人顺利通过考试取得注册资产评估师资格。

1997年,全年共评估立项31项,评估前账面净值11.7亿元,评估后价值17.9亿元,增值额6.2亿元,增值率53%。1998年,全年共评估14项,评估前账面净值13304万元,评估后价值19400万元,增值6096万元,增值率45.82%。1999年,全市共评估立项3个,评估前账面净值共计10842万元,评估后账面净值10950万元,增值108万元,增值率为10%。

2000年,市全市共评估26个,评估前账面净值共计57131万元,评估后账面净值79513万元,增值22382万元,增值率为39.18%。2001年,全市共评估立项10个,评估前账面净值共计10638万元,评估后账面净值9391万元,减值1247万元,减值率为11.72%。

2007年10月,市国资委制定《景德镇市企业国有资产评估管理暂行办法》,选取5家资产评估中介机构实行备案管理,列入市国资委委托评估机构备选名单,分别是景德资产评估事务所有限公司、景审资产评估事务所、江西地源评估咨询有限公司景德镇分公司、市明驰资产评估事务所、江西翔鹰兴瓷资产评估有限公司。市国资委加强对评估的程序、方法、评估机构资质等关键环节把关,同时对重大资产评估项目进行全过程监督。全年共评估15项,评估前账面价值23357.01万元,评估后价值45245.48万元,增值额21888.47万元,增值率94%。2008年,全年共评估15项,评估价值267563.35万元。2009年,全年共评估42项,评估价值49544.49万元。2010年,全年共评估34项,评估价值33772.1万元。

国资监管

2000年,市国有资产监督管理委员会(市国资委)成立,与国资局合署办公。市委、市政府颁发《国有资产产权交易管理办法》《国有资产评估管理办法》《国有资产收益收缴管理办法》,强化国有资产基础管理工作。市国资委依法做好国有资产产权管理、资产清查、国有资产保值增值考核、资产评估、报表统计等项基础工作,授权市国有资产经营管理有限公司对市国资委监管范围内的国有资产实施经营管理。先后制定《关于建立重大事项报告制度的通知》《关于加强国有企业改制审计工作的通知》《关于在国有企业重组改制和关闭破产中切实维护职工合法权益的通知》《市国有企业清产核资暂行办法》《市国资委出资监管企业投资监管暂行办法》《市企业国有资产处置试行办法》《企业国有资产评估管理暂行办法》《市国资委出资监管企业负责人经营业绩考核暂行办法》《市国资委效能监察实施办法》《市国资委委托中介机构进行中介服务暂行办法》《关于建立健全企业产权管理内控机制的通知》《关于规范市国资委出资监管企业负责人职位消费的指导意见》等一系列制度,形成国资监管制度体系,对市直机构国有资产和出资监管企业进行监督管理。

2007年,国资委单设后,按照"管人、管事、管资产"三结合的原则,依法对市焦化工业集团有限责任公司、景德镇华意电器总公司、景德镇陶瓷股份有限公司、江西省陶瓷进出口公司、市国有资产经营管理有限公司5家出资监管企业实施国有资产监管,履行出资人职责,国有资产保值增值率逐年提升。

表22-2-50　**2007—2010年景德镇市国资委出资监管4户企业经济指标统计表**　单位:万元

年份	总资产	总负债	净资产	主营收入	净利润	保值增值率(%)
2007	517017	364709	152308	350573	9925	136.51
2008	696259	435591	260668	438612	4942	171.14
2009	1063081	560243	502838	437112	6307	156.63
2010	1297682	738816	558866	737510	6100	111.14

说明:数据中不包含于2008年实施企业破产的景德镇华意电器总公司的经济指标

国资经营

2007年,市国有资产经营管理有限公司收购中国信达资产管理公司等8个金融资产管理公司11个不良资产包,涉及景德镇市债务企业400多户,合计债权32.1亿元,减轻企业的债务负担,化解政府以及财政等部门因担保等责任被诉的风险。

2008年5月30日,市政府召开全市行政事业单位国有资产统一划转暨财政管理改革动员大会,下发《关于对市直机关事业单位国有资产实行统一经营管理的决定》,要求盘活国有资产,发挥行政事业单位国有资产的融资价值,统一对全市行政事业单位国有资产管理进行改革,把分散在全市174家行政机关,以及全额、差额和自收自支事业单位的房屋、土地和对外投资权益等行政事业性资产,划转到市国有资产经营管理有限公司统一管理经营。非经营性资产采用委托管理方式,产权方与使用方签订委托管理协议,经营性资产由市国资委授权市国有资产经营管理有限公司实行统一经营管理,国资委向市直行政事业单位发出184份《景德镇市市直行政事业单位国有资产产权划转通知书》。至2010年11月,划转172个单位房屋资产629栋,面积157万平方米;土地资产199宗,面积为426万平方米,所有产权全部划入市国资委。

2009年,搭建融资平台。市信用担保公司为全市37家企业通过担保获得银行贷款1.62亿元,带动企业销售收入增长4.8亿元,新增约2000个就业岗位,拉动利税增长2000万元。至2010年年底,市直140家行政事业单位的非经营性资产基本实现委托管理。2010—2011年,原属市直行政事业单位的135万平方米房屋等建筑物以及520公顷土地的产权,由市国资公司按照市场化原则经营。对数百间店面实行竞争性招租,每年到期店面租金增长率均超过30%。

第六节　管理机构

市财政局

1986年,市财政局内设秘书科、预算科、企业财务科、农业财务科、文教行政财务科、会计事务管理科、省级企业监交科、控制社会集团购买力办公室、国库券推销办公室、综合计划科、人事教育科等11个科室。1987年,设立驻厂员管理科,与企业科合署办公。1988年,设立市财政局监察室。1989年2月,成立市税收、财务、物价大检查办公室,为副县级全额拨款事业单位,编制10人,内设综合科、检查科。1990年恢复市财政局财政监督科。1991年,设立农业税征收管理科,同年成立市国有资产管理局(副县级行政机构,挂靠市财政局),行使国有资产监督权、国家投资和收益权、资产处置权,编制15人。1992年11月,设立市财政局财政科研室。1996年,设立基本建设财务管理科,市国有资产管理局与市财政局合署办公,实行两块牌子、一套机构,内设国有资产综合管理科、企业国有资产管理科、行政事业国有资产管理科。1999年,设立外经科。市三大检查办公室更名为市政府财经监督检查办公室。

市财政局办公楼

2002年8月,成立市农业税征收管理局(副县级),与农税科合署办公,指导和组织全市农业税征收征管工作。同年,市国有资产管理局更名为市国有资产管理办公室,并入财政局,为内设机构。

2003年,市财政局实行机构改革,设立办公室、综合规划科、条法税政科、预算科、国库科、行政政法科、教科文科、经济建设科、农业科、社会保障科、企业科、农税科(市农业税征收管理局)、外经科、会计科、统计评价科、财政监督科、人事教育科、市政府财经监督检查办公室、国有资产管理科等19个职能科室,行政编制65人。

2006年6月,市农业税征收管理局更名为市乡镇财政管理局。2007年4月,成立市国有资产监督管理委员会,市国有资产管理职能从财政局拆出。

2008年5月,设立非税收入征收管理科,负责非税收入征收管理工作。财政监督科更名为市财政监督检查局,与市政府财经监督检查办公室实行一个机构,两块牌子。7月,设立预算编制科,主要编制审核汇总各部门预算草案等。市建设资金管理办公室划归市财政局管理,更名为城市建设资金管理办公室。

2010年,市政府批复同意,市财政局内设立办公室、综合规划科、条法税收科、预算科、国库科、行政政法科、教科文科、经济建设科、农业科、社会保障科、企业科、乡镇财政管理局(副县级)、预算编制科、外经科、会计科、非税收入征收管理局、财政监督检查局、城建资金管理办公室、投资评审管理科、人事教育科20个科室,行政编制65人,事业编制9人,领导职数为1正4副。

市国有资产监督管理委员会

1991年8月,市国有资产管理局成立。1996年,市国有资产管理局与市财政局合署办公,实行两块牌子、一套机构。内设国有资产综合管理科、企业国有资产管理科、行政事业国有资产管理科。4月,乐平市、浮梁县、昌江区、珠山区国有资产管理机构全部建立并开展国有资产监管工作。

2000年,成立市国有资产管理委员会,市长为主任,下设办公室,与国有资产管理局合署办公。2002年,市国有资产管理局更名为国有资产管理办公室,并入市财政局,作为内设机构,对外保留市国有资产管理委员会办公室的牌子。2003年,撤销国有资产管理委员会办公室。2007年4月,市国有资产监督管理委员会成立。2010年,市国有资产监督管理委员会由市政府直属特设机构调整为市政府工作部门,内设办公室、产权管理科、规划发展科、企业指导科、组织人事科、考核分配科、监察室,编制21人。

县(市、区)机构

乐平市财政局　1986年称乐平县财政局,1992年更名为乐平市财政局。2010年,内设人事秘书股(条法税政股、统计评价股),预算股、国库股、预算编制股、会计股、综合股(行政审批股)、企业股、信息股。下辖副科级行政单位有市国库集中收付核算中心、市非税收入管理局、市行政事业性国有资产管理中心、市住房资金管理所。行政编制23人,事业编制36人,领导职数设1正4副。

1987年7月,乐平县24个乡镇设财政所。2010年有乡镇财政所19个。

浮梁县财政局　1989年3月,由两区财政局合并成立县财政局。2010年,内设股室有人秘股、预算股、国库股、综合股、行政政法股、教科文股、经济建设股、农业外经股、社会保障股、会计股、乡镇财政管理局(副科级)、财政监督检查局等,下设事业单位有会计委派管理中心(与国库集中支付中心合署办公,副科级)、非税收入征收管理局(副科级)、财会培训中心(副科级)、政府采购办公室(副科级)、投融资管理办公室(副科级)、契税征收管理所、财政信息中心等8个。机关行政编制24人,领导职数设1正4副。

1988年5月,浮梁县23个乡镇设财政所。2010年乡镇均设共17个财政所。

珠山区财政局　1984年成立。2010年机关内设办公室、预算股、国库股、行政政法股、科教文股、社会保障股、综合股、会计股、区政府财经监督检查办公室,区国有资产管理办公室。下设协护税办公室、政府采购办公室、国库集中支付中心、投融中心4个事业单位。行政编制10人、事业编制37人、工勤编制5人,领导职数设1正3副。

昌江区财政局　1991年7月成立。2010年机关内设人秘股、预算股、外经股、教科文股、行政政法股、农财股、经建股、社保股、国库股、国资股、综合股、企业股、会计股、信息中心、公积金办、协税办。下设乡镇财政管理局、政府采购管理处、投融资管理办公室、国库集中收付中心4个事业单位。行政编制4人、事业编制24人,领导职数设1正3副。2010年,有乡镇财政所6个。

高新区财政局　2003年3月成立。2010年内设预算股、国库股、综合股、行政政法股、教科文股、会计集中信息中心、协税办。行政编制3人、事业编制5人、工勤编制2人,领导职数设1正1副。2010年有乡镇财政所1个。

陶瓷工业园区财政局　2004年6月成立。2010年内设办公室、预算国库股、经建股、社保股、综合股。下设事业单位会计核算中心(副科级)。行政编制1人、事业编制5人、工勤编制1人,领导职数设1正1副。2010年有乡镇财政所1个。

下属企事业单位

市财会职工中等专业学校　1985年,首批面向全省招生50人,招生对象为高中学历在职财会人员,学制2年半,由省教委颁发成人中专文凭。1986年,市财会职工中等专业学校为正处级全额拨款事业单位,由市政府主管,归口市财政局,编制30人。内设办公室、教务科、总务科、学生科、膳食科、团委、党办7个科室。主要面向全省招录全日制财会中专教育、财会干部在职培训和岗位证书培训等。

1989年9月,学校新教学楼落成。1992年9月,国务委员、财政部部长王丙乾为财校题写校名"景德镇市财会培训中心"。1999年,财校停办成人中专学历教育班,承担全市财政干部教育和财会人员培训工作,为全市会计人员继续教育培训基地和会计电算化考试基地。

市本级财政国库支付中心　2001年1月,市会计委派管理中心成立,内设综合科、管理科、核算科。2004年7月,在市会计委派管理中心基础上,组建市本级国库支付中心,实行两块牌子、一套人马,内设综合科、行政核算科、事业核算科、管理科。负责市本级国库业务和会计委派相关业务。为全额拨款参照公务员法管理的副县级单位,编制45人。

市政府采购管理处　1999年8月,经市编委批复同意将"市生产资金管理服务处"更名为"市政府采购管理处",为副县级参公管理事业单位,编制18人,负责在全市推行政府采购制度,负责市本级政府采购招投标以及监督管理工作。内设办公室、采购科、信息科。

市注册会计师管理中心　1999年12月成立,称市注册会计师协会。为科级差额拨款事业单位,编制5人。2009年,根据机构职能转变更为现名,主要负责注册会计师行业管理工作。

市财会人才培训中心　2002年,由市国债服务部更名成立,为自收自支正科级事业单位,企业化管理,人员编制6人,与市财校合署办公。

市财政信息中心　2002年成立,为正科级全额拨款事业单位,编制3人,主要开展财政信息工作。

市财政招待所　1999年成立,为自收自支正科级事业单位,企业化管理,编制8人。主要负责财政系统来人来访接待及财政宾馆业务。

市财政局绩效评价中心　2010年成立,正科级全额拨款事业单位,编制8人。主要负责财政资金项目绩效评价业务等。

市契税征收管理所　2003年4月成立。为正科级全额拨款事业单位,下设高新区分所,编制8人,具体负责契税征管工作。2010年年底,成建制划归市地税局管理。

市生产资金管理服务处　1988年6月成立,为副县级自收自支事业单位,企业化管理,编制10人,主要从事财政信用相关业务。1999年8月撤销。

市国债服务部　1993年4月成立,为正科级自收自支事业单位,编制6人,主要从事国债推销、兑付业务。2002年撤销。

市会计事务所　1988年7月成立,为正科级自收自支事业单位,编制5人,主要开展会计查证验证、会计咨询、代办财会、经济业务和培训财会人员等活动。2000年与市财政局脱钩,独立经营。

市国有资产管理中心　2007年7月31日成立。负责全市行政事业单位资产的划转和管理。

市国有资产经营管理有限公司　2007年5月8日,市工业投资有限公司变更为市国有资产经营管理有限公司,为市政府实施债务处置和资本运营平台,由市国资委履行出资人监管职责。

市工业国有资产经营公司　2002年,市工业国有资产经营公司受市国有资产监督管理委员会授权,专门从事商业国有资产经营管理,为独立法人资格的市政府直属正县级事业单位。管理原市机械工业系统、市轻化工业系统、市电子工业系统下属60户企事业单位,包括国有企业19户、集体企业39户、事业单位2户。原市电子工业局承担的市国防科学技术工业办公室联系6户省属电子企业的职能,划归市经济贸易委员会管理。

市商贸国有资产经营公司　2002年,市商贸国有资产经营公司受市国有资产监督管理委员会授权,专事商业国有资产经营管理,为独立法人资格的市政府直属正县级事业单位。管理原市商业局下属17户企事业单位,包括国有企业9户、集体企业7户、事业单位1户。

第三章 审 计

市审计局根据省审计厅和市政府的安排,对市财政预决算及财政资金的使用、投资资金情况进行审计;对行政事业单位的财务进行专项审计;对国营企业经营管理进行专项审计;对党政企业领导进行经济责任审计;开展审计服务。1991—1999 年,审计局共审计 707 个单位,查出违纪金额 8652 万元,上缴财政 275 万元,占应上缴的 90%。2010 年,全市审计机关共完成审计项目 219 个,查出违规金额 23344 万元,其中实缴财政 648 万元,实减少财政拨款或补贴 11953 万元,归还原渠道资金 3367 万元,调账处理金额 5826 万元。通过审计活动,发现和纠正资金使用问题,同时报告上级管理部门和市政府有关领导,督促落实整改,保证财经纪律、法律法规的落实。

第一节 财政与投资项目审计

财政决算审计

1986 年 8 月,市审计局对乐平县 1985 年度的财政决算就地进行审计。审计表明县财政情况良好。

1995 年,对浮梁县、乐平市、珠山区、昌江区政府 1994 年度财政决算及其他财政收支进行就地审计。查出侵占上级财政收入,违规向单位摊派、乱收费,漏缴两金,违规退库,应作未作财政收入,虚列支出,农业税减免未兑现到农户等问题,并督促整改。

2007 年,完成乐平市政府财政决算审计、昌江区政府财政决算审计等 19 个审计项目。查出违规金额 1807 万元,调账处理金额 469 万元,归还原渠道资金 347 万元,上缴财政 275 万元。

2010 年,审计除昌江区以外的县(市)财政决算项目,并首次对 11 个乡镇、街道的土地补偿费、社会抚养费和民政专项资金等进行专项审计。查出挪用预算资金虚假注册、以假拨款方式截留挪用专项资金、乱收费等突出问题。同年,对珠山区财政局 2009 年决算审计,查出财政部门在预算执行中虚列支出,滞留专项资金,违规改变专项资金用途;部门单位在执行预算中滞留预算收入,截留、挤占、挪用、滞留专项资金,漏缴税金,未按规定办理政府集中采购,国有资产管理工作不到位等问题,并督促整改。

1986—2010 年,共查出违规违纪、管理不规范金额 36883 万元,整改归还原渠道 14150 万元。

预算执行审计

1996 年,首次开展财政预算同级审计,对市财政 1995 年度预算执行和其他财政收支情况进行审计。对市财政局、地税局财政预算执行和其他财政收支情况进行审计外,还延伸到市公安局、教育局、城建局、印刷机械厂、东风瓷厂等行政机关和企事业单位,审计资金占预算的 50%。

1997 年 3—4 月,市审计局对市财政局、地税局等单位 1996 年度本级预算执行和其他财政收支情况进行审计。同时抽审市林业局、教育局、民政局、农业局、土地局、经委科技推广站、蔬菜办等单位,查出财政资金未纳入预算管理,搞体外循环,虚列支出,隐瞒截留收入等违纪问题。

2001 年 3—4 月,市审计局对市科委、房改办、劳动局、经委、焦化、华意等 12 家重点部门进行财政预算执行审计,查出存在国有资产收益和土地拍卖款未纳入预算管理,住房资金挤占、挪用现象比较严重。城市商品房开发契税未上缴财政等问题。

2002—2003 年,对市财政部门具体组织执行预算情况、市地税部门税收征管情况、市国库办理预算资金收纳拨付情况进行审计。2002 年,延伸审计市水利局、市气象局、市教委、市民政局、市清房办、市委村建办、市总工会、市华意电器总公司等 21 个部门单位的预算资金管理和使用情况。查出国有资产收益继续体外循环,未纳入预算管理;部分土地出让金、受益金未纳入预算管理;预算资金安排使用及科目列支不当;动用预备费开支不当。2003 年,延伸审计 37 个单位预算资金使用情况。查出动用预备费未履行审批程序,设置预算周转资金未达到规定比例,征收力度不够、欠税数额较大,住房公积金管理较乱、使用效率低下,防洪资金征缴力度严重不足等问题。

2004 年 4—5 月,市审计局审计组对 2003 年度本级财政预算执行和其他财政收支情况进行审计。主要审计财政局具体组织执行本级预算,市地税局税收征管情况,并将电力附加、散装水泥专项资金、墙体材料专项基金等基金收入的征收、管理、使用作为审计重点。此外,对防洪保安资金等专项资金进行审计调查。查出市本级一般预算管理方面,存在财政收入不够真实,暂存、暂付往来款项余额较大,未按规定设立社会保障资金,基本建设实际支出占预算的比例较低等;基金征收、管理、使用中存在征收不足,未做到专款专用,部分基金收支未纳入预算等;对"非典"的社会捐赠管理有待加强;公益性岗位补贴专项资金尚需规范;防洪保安资金存在代征部门未及时、足额上缴财政专户,征收力度不足和资金使用不当等问题;农业综合开发资金管理、使用和重点水利建设资金拨付、使用、管理等方面存在滞留资金、挤占挪用及管理不规范等问题。

2006 年 4—6 月,审计查出市财政部门仍存在资金应作而未作当年一般预算收入;暂付昌河汽车股份有限公司和华意电器总公司各 1000 万元年初无预算,年末也未作调整等情况;抽查市地税部门收入征收情况,个人所得税、防洪保安资金和教育附加仍存在应缴未缴和漏缴的情况;其他部门应缴财政的有关行政性收费,存在未缴现象;挤占挪用专项资金、基金现象时有发生等问题。

2007—2009 年,主要审计市财政具体组织本级预算执行情况、市地税局税收征管情况,并对部分重点资金的使用、行政性收费解缴情况以及重点税源户的税收征缴情况进行延伸审计。2009 年,对浮梁县政府预算管理进行审计。

1986—2010 年,共完成部门(单位)财政预算执行及财务收支审计项目 1241 个,审计查出违纪违规资金 9220 万元,管理不规范资金 18190 万元,责令调账 8970 万元;提出审计建议 4728 条,被采纳 3932 条,促进被审单位制定整改措施 1689 条,建立健全规章制度 1268 项。

固定资产投资审计

1986—2006 年,固定资产投资审计主要是配合省审计厅固定投资审计处进行投资方面的审计工作。

2007 年开始,市审计局独立开展投资审计。当年审计工程项目 19 个,审计投资额 4.74 亿元,核减工程造价 7668 万元,工程项目平均核减率 16.8%。审计查出违纪违规资金 256 万元,管理不规范金额 10038 万元,审计决定退还原渠道资金 20 万元,责令调账 231 万元,收缴入库 99.1 万元;出具审计(调查)报告 16 篇,提交审计专题、综合报告 4 篇,撰写审计要情 2 篇,提出审计建议 68 条,被采纳 51 条,督促被审单位制定整改措施 14 条,建立健全规章制度 2 项;审计发现问题并移送纪检监察部门事项 2 项,涉及 2 人。其中,对财富大厦投资项目自审批立项至 2007 年 9 月 30 日的建设规模、土地征用、资金来源和使用、项目建设管理及委托中介、工程造价等方面审计,审查核减工程造价 3366.06 万元,核减比例为 26.67%。

2008 年,审计工程项目 25 个,项目送审造价 59776.58 万元,审减金额 6762.57 万元,项目平均审减率 11.32%。审计查出违纪违规资金 325 万元,管理不规范金额 18138 万元,审计决定归还原资金 28 万元,责令调账 478 万元,收缴入库 166.5 万元;出具审计(调查)报告 17 篇,提交审计专题、综合报告 4 篇,撰写审计要情 3 篇,提出审计建议 89 条,被采纳 69 条,督促被审单位制定整改措施 12 条,建立健全规章制度 5 项;审计发现问题并移送纪检监察部门事项 4 项,涉及 4 人。同时,对 8 个项目部进行财务收支审计,查出挤占挪用专项建设资金 2204 万元;漏缴各项税金 209 万元。其中,乐平市乐北联圩工程项目专项审计,查出项目共有 10 项工程未履行招投标程序,结算金额为 1149 万元;待摊投资账面反映超概算列支 1716 万元;至 2007 年年底,该项目部预付工程款账面共挂 28 个账户,余额 3834 万元,长期未做清理,其中土方预付款为 2002 年前工程款 2747 万元,占总额 71.64%。当年,市审计局获评全省投资审计先进单位。

2009 年,审计工程项目 28 个,核减工程造价 8485 万元。审计查出违纪违规资金 689 万元,管理不规范金额 24238 万元,审计决定归还原渠道资金 40 万元,责令调账 451 万元,收缴入库 235.6 万元;出具审计(调查)报告 20 篇。审计发现问题并移送纪检监察部门事项 3 项,涉及 3 人。

2010 年,审计工程项目 44 个,送审工程总造价 46092 万元,核减工程造价 6665 万元,项目平均核减率

14.46%;审计查出违纪违规资金435万元,管理不规范金额22138万元,审计决定归还原渠道资金10万元,责令调账351万元,收缴入库179.1万元;出具审计(调查)报告21篇。审计发现问题移送纪检监察部门事项3项,涉及3人。市审计局组织7个审计组对全市推进新型城镇化建设的126项重点工程进行全面审计监督检查;配合省审计厅和市纪委开展工程建设领域突出问题专项治理工作。其中,对市中小学校舍安全工程建设项目审计,查出全市校舍排查鉴定的C类危房357栋,总面积13.97万平方米,对C类危房进行鉴定时,没有进行抗震鉴定。全市校安工程已开工项目70个,实际交付使用面积4.05万平方米,仅完成计划数6.86%;已投入资金3320.44万元,仅完成计划投资额的10.47%;校安工程部分项目未实行建设项目法人责任制。

第二节　行政事业审计

财务审计

1986—1992年,市审计局分别对市教育局、人防办、物价局、劳动局等行政事业单位的财政、财务收支及其相关经济业务活动进行审计,发现存在应缴未缴税费、超标准收费、应作未作固定资产等问题,并向审计单位提出处理整改意见。

1993年9月和1994年3—6月,分别组织市(县、区)审计局对全市司法机关、行政执法部门年度的执收、执罚情况进行专项审计,共审计司法机关、行政执法部门和经济管理部门及所属单位128个,收费项目128种。发现乱收费项目23种,收费总金额3253.4万元。发现存在违反规定乱收费;收费未入账,私设"小金库";收费票据管理混乱;挤占挪用等问题及财政返回经费使用不当、乱集资等问题,并向被审计单位提出处理意见和整改的建议。

1994年,市审计局对市政府驻南昌办事处1992年1月至1994年10月的财务收支情况进行就地全面审计,发现私设"小钱柜"收入8.11万元和应作未作收入8972元,在"小钱柜"和应作未作收入中开支3.73万元,尚有余额5.3万元。发现超标准发放补贴白条报账、公款私存等问题,提出具体处理意见。

1995年4—6月,组织市、区两级审计机关对全市公检法司机关及所属单位1994年度的办案收费、罚没款物等财务收支进行审计。共审计机关单位78个,发现存在乱收费、乱集资、乱罚款、截留规费收入及罚没款;挤占挪用保押金等主要问题,并提出整改建议。

1996年7—9月,市审计局配合财政等部门,对行政事业单位的预算外资金进行检查。检查发现随意扩大征收范围;预算外资金纳入预算管理观念淡薄;专户储存没严格执行,公款私存、私设"小金库"等问题。12月,对县(市、区)公检法系统财务收支进行审计,查出存在规费收入及预算外收入未纳入单位财务统一核算;变相截留罚没收入;专控商品不办理控购手续以及漏缴固定资产投资方向税,国有资产管理混乱等方面的问题。

1997年5—6月,对市一院、三院、妇幼保健院、皮肤病医院1996年度的财务收支和管理情况进行就地审计。发现存在账账不符、结转药品成本方法不统一、以支抵收;发放介绍费和福利;陪伴费收入管理失控;扩大固定资产投资规模、转借资金、药品加成率不规范;药品让利消费者未受益等问题。1998年,对卫生系统前两年度财务收支情况进行专题审计,审计发现全市医疗机构、防治防疫机构和卫生系统事业机构,普遍存在前述问题,并督促整改。

1999年,市审计局组织全市审计人员,分别对1997年和1998年乐平市、浮梁县、珠山区、昌江区检察院和法院的财务收支情况、罚没收入、预算外资金以及执行收支两条线情况进行全面审计,查出存在罚没收入未及时缴入国库、未严格执行收支两条线等问题,并对存在的问题提出针对性改进意见。7月,市审计局组织审计人员分别对市公安局、珠山公安分局、昌江公安分局1998—1999年6月财务收支、罚没收入和预算外资金情况进行审计,并将审计结果向市十一届人大常委会第十一次会议报告。全年共完成行政事业审计项目40个,查出违纪金额800多万元,应上缴财政12万多元。

2007 年，对市卫生局、第一人民医院、第二人民医院、第三人民医院、疾病预防控制中心、第三中学、第七中学、群星学校、景德镇日报社前两年度财务收支情况进行审计，发现存在景德镇日报社历年来有 101.10 万元未纳入本单位财务账内核算；预算外资金 27.5 万元未专户储存；应缴未缴税费；固定资产管理不规范；往来账清理不及时，应作未作收入等问题，并督促整改。

2008 年，对市直 10 个单位财务收支进行审计，发现存在市第一高级职业中学超标准收费，应缴未缴税费，部分助学金开支超出使用范围等；市第二高级职业中学应缴未缴税费，应减未减停薪留职人员财政拨款等；市高专应缴未缴税费，未经人行依法批准集资 1380 万元，预算外资金未入财政专户储存，应退未退代收费，购置固定资产未经政府采购等；市科技局预算安排的“科技三项费用”投入不足，部分单位项目资金未专款专用，滞留、闲置专项资金，资金使用效益不明显，应减未减停薪留职人员财政拨款，财务处理不够规范等；市公安局财政年初预算安排偏低，应缴未缴税费 33 万元，违规收取办案补助经费 525 万元，固定资产管理有待加强等；市教育局挤占下属部门的事业经费，超范围拨款 92 万元，应缴未缴学校下海人员工资 10 万元，违规支付教育费附加代征手续费 104 万元等；市第一、第二中学应减未减停薪留职人员财政拨款，应缴未缴税费，超标准收费，应作未作固定资产等问题，并提出整改意见。

2009 年，对市物资局 2007—2009 年的财务收支情况进行审计，发现市物资局在财务管理方面疏于管理和监督，提出严格遵守现金管理暂行条例实施细则，加强现金支出管理，加强对财务的管理和监督，防止国有资产流失的审计建议。

2010 年，对市第二人民医院 2007 年至 2009 年 7 月的财务收支情况进行审计，首次进入医院大型数据库系统，利用计算机审计。查出医疗服务项目超标准收费 315 万元；药品违规加成超收医药费 51 万元；未真实、完整反映收支情况 615 万元；有关基金提取比例过大；医疗器械、药品管理等方面存在的问题，并提出整改意见。

专项审计

社会保障资金　1994 年 11 月，市社保、就业部门自查填报养老保险基金和失业保险基金挤占挪用情况统计表，市各级审计机关分别在此基础上进行审计，主要查出借用“两项基金”暂未归还款共计 936.7 万元（不含特困企业借用退休费约 5892 元），其中借养老保险基金 793.57 万元，借失业保险基金 143.13 万元，基金暂付有价证券中尚未收回基金共 936.71 万元，其中罗家机场债券 255 万元、技改配套资金 386.14 万元、企业流动资金周转 76.44 万元、经商办企业等 50.38 万元、其他方面借用 168.75 万元，审计结果提交市政府。

1998 年 6 月，市审计局分别对乐平市、浮梁县、珠山区、昌江区社保局 1997 年度企业职工养老保险基金的征收、管理、使用情况进行专项审计，对审计中发现挤占挪用、欠缴企业职工养老保险基金等问题进行调查处理。

2000 年 6 月 10—25 日，对全市部分未参保企业和社保机构基本养老保险扩面情况进行审计调查，通过对市新星电子有限公司、东风陶瓷包装厂、景德镇啤酒有限公司等 6 家企业进行调查，了解企业未参保原因。同时，对全市（含县、区）社保局 1998 年度以前企业职工基本养老保险基金违纪违规问题处理落实情况进行审计调查。发现挤占挪用的养老保险基金未能及时全额收回；浮梁县局 1998 年以前以养老保险基金的大额存单（国库券）18 万元质押贷款支付活动中心大楼工程款，1999 年 2 月和 7 月又以基金大额存单 39 万元质押贷款用于归还工程欠款等问题。

2005 年 3—5 月，市审计局对珠山区 2004 年度城市居民最低生活保障资金的筹集、管理和使用情况进行审计。查出存在挤占挪用低保专项资金；账务处理存在随意性，有的支出凭证有涂改现象；低保金发放花名册填写要素不全，有随意涂改和添加现象；人均日补差偏低，市、县财政配套人均 15 元未到位等主要问题。6—7 月，市审计局对昌江区 2004 年度工伤和生育保险基金进行专项审计调查。查出工伤保险基金征缴数，工伤保险参保单位数、人数减少，存在欠征漏缴现象；工伤保险基金未按规定金额及时进入财政专户储存；存在挤占挪用现象；生育保险未开征，生育保险基金尚未建立。

2008 年，对市本级五项社会保险基金进行审计，同时组织县（市、区）审计局开展五项社会保险基金的审计工作。审计发现企业改制预缴的社会保险基金未计入当期社保基金收入2761.03万元;挪用医保基金和工伤基金弥补养老保险基金缺口5000万元;历年来挤占挪用的失业保险基金35万元未能收回;社保基金未按规定实行财政专户储存13500万元;社保基金征缴力度不够;银行账户管理使用不规范等主要问题。

2009年,社会保障审计完成8个单位审计,查出违规金额18万元,应上缴财政金额18万元,应归还原渠道资金5412万元,应调账处理金额2683万元,并督促整改落实。

自然灾害救济金　1991年6月20日至7月25日,组织农村县区审计局分别对市各级民政主管部门和14个乡(镇)40个村1990年度的救灾款安排使用及效果情况进行审计调查。查出存在挤占挪用救灾款;扶持福利生产周转金回收率低;救灾款、物发放不及时;储金会资金管理较乱;救灾款和社救款混淆不清;财务管理不严等问题,并向市政府提交报告。

1994年10月11—28日,市审计局会同监察、民政部门共抽调12人,组成3个检查组,对民政、粮食、水利、农业、交通、教育、红十字会等7个系统,1993—1994年9月救灾款物安排使用情况进行审计调查,抽查10个受灾重点乡镇、20个村、200多户灾民,调查发现有的乡镇、村挤占挪用救灾款物;部分救灾款物到位不及时等问题。如1991年省里分配化肥220吨,至审计时还未到货;截留变卖或平转议销售救灾粮;部分救灾物资私分未发给灾区;救灾款物发放手续不全以及救灾款用于社会临时救济等。

1997年4—6月,市审计局对市民政、红十字会系统1995年、1996年救灾款物的收入、调拨、使用情况进行审计调查。审计报告送省民政厅和市政府。

2001年5—7月,市审计局对全市1999—2000年全市救灾捐赠款物的接收、发放、使用等财务管理情况进行专项审计,审计延伸到县(市、区)以及下辖的17个接受救灾资金较多的乡、镇(街委),通过走访8个村民委员会、84户农家(居民)进行跟踪调查。查出存在财务管理不够规范、救灾资金有滞拨、挤占挪用、专款不能专用、救灾资金分配不够合理等问题。

2008年7月,市审计局根据国家审计署省审计厅要求,对全市捐赠四川地震抗震救灾资金和物资的筹集、分配、拨付、使用管理情况进行全程跟踪审计。9月,市审计局对全市2008年低温雨雪冰冻专项救灾资金和物资分配、拨付、使用和管理情况审计。查出救灾资金滞留现象严重、地方财政配套投入救灾资金严重不足等问题。

老建移民扶贫专项资金　1991年4月15日至5月6日,市审计局和乐平县审计局分别对乐平县、浮梁县、昌江区老建办1989—1990年的老建扶贫专项资金及扶贫贴息贷款的分配、管理、使用情况进行调查审计。查出存在资金定项下拨时间过长、扶助项目缺乏科学论证、专项资金被银行扣抵还贷、部分单位挤占挪用老建扶贫资金等问题。

1995年9月3日至10月6日,市审计局对市扶持移民生产资金使用情况进行审计。共抽查乐平、浮梁5个乡镇和1个公司,查出存在挤占挪用扶持移民生产资金,有偿资金未能全部投放、未按合同回收,未经批准擅自改变扶助项目,财务管理不够规范等问题。

计划生育经费　1995年7—9月,组织县(市、区)审计局分别对两级计划生育部门1994年度计划生育事业费的投入使用、管理情况及11个乡(镇)、9个街道、20个村委会计划外生育费的征收管理、使用情况进行审计。发现存在计划生育事业费预算安排不足;计划外生育费管理监督不力;违纪违规现象比较多等问题。

1997年7—8月,市审计局对市、县(市、区)两级计划生育部门1995年、1996年的行政经费、事业经费、计划外生育费及其他资金的管理、使用情况进行专项审计。发现有挤占挪用事业费、扩大费用开支范围、"乡收县管"新体制运行尚有薄弱环节,台账、票据管理不规范、违控购置专控商品等问题。并向省审计厅、市政府提交审计报告。

教育经费　1991年4月22日至6月28日,市审计局组织县、区审计局分别对全市各级财政、教育主管部门和17个乡(镇)50所中小学危房改造资金使用情况进行调查审计。发现存在资金筹措渠道不够畅通,有的资金渠道未按规定比例征收和划拨,已征收的附加费未及时安排下拨;专款不专用;工程质量低劣,新房变危房;财务管理不严;呆滞未用等问题。并向市县政府报告。

1997年3—4月，对市、县（市、区）二级财政、税务、教育等部门，以及36个重点中、小学及有关单位1996年度教育经费筹集、安排、使用等情况进行审计调查。发现存在财税部门教育附加费征收不力、教育部门动用专项经费、挤占挪用教育事业费以及学校的乱收费比较普遍等问题。

2000年3—6月，组成5个审计组分别到市直县（市、区）教委及其所属的50多个中小学、乡镇教办和有关财税部门进行专题财务审计调查。发现存在本市教育经费需求缺口大，并呈相对增长态势；政府财政拨款的"一高于三个增长"（即教育经费增长要高于经常财政经费增长；教育经费逐年增长；学生人均事业费逐年增长；学生人均公用经费逐年增长）没有全部落到实处；多渠道筹措义务教育经费未能达到预期目的；部分乡镇存在拖欠教师工资现象；少数乡镇挪用上级拨入的教育专项资金；挤占学生课本费、作业本费、班费、文艺费等收支结余款用于非学生开支；乱收费现象有所抬头等情况和问题。

2001年9月至2002年5月，对教育系统12家学校1999—2000年教育经费筹集、拨付、管理和使用进行专题审计，将各学校巧立名目乱收费、侵占学生利益等违纪违规问题报告主管部门，并为教育部门规范收费行为、管理好教育经费、维护学生的经济利益提出整改意见。

2006年5月21日至7月15日，对市教育局、市第一中学、市第五中学、乐平市教育局、浮梁县教育局以及市、县（市）教育局附属部分事业单位的2005年度财务收支情况、2003—2005年度农村中小学危房改造工程及专项资金进行就地审计。发现财政部门存在教育费附加投入不足、城维费投入不足和中小学危房改造地方配套资金没有全部到位等主要问题以及教育部门存在无依据收费、违规收取各种赞助费和择校费，机关挤占下属单位的教育事业费等问题。

防洪保安资金　2003年2—11月，市审计局对2001—2002年全市防洪保安资金的征缴、管理及使用情况进行审计。通过对市直63个单位、部门的审计，查出征收力度不强、滞留资金和管理不规范等问题。直接征缴入库145.79万元，促进资金拨付到位31.65万元，改变有的单位防洪保安资金基本未开展征收的局面。

住房公积金　2009年，对市住房公积金管理中心2008年度住房公积金归集、管理、使用情况进行专项审计，查出存在住房公积金财政配套资金不到位，住房公积金制度覆盖面较低，公积金缴存额悬殊，财政全额拨款的行政事业单位住房公积金缴存基数多年未调，部分贷款逾期未能及时收回，部分单位和个人欠缴住房公积金等问题。

第三节　企业审计

企业经营审计

1991年3月1日至5月15日，对市机械、建工建材、交通、城建等系统的11户企业进行第一轮承包经营期满终结审计调查，审计表明1988—1990年11户企业完成产值承包任务110.22%，销售收入3年完成承包任务119.78%；承包经营责任制保证国家财政增收，企业3年实现利润完成承包任务135.37%，上缴利税3年完成承包任务109.72%，其余上缴国家或归还贷款，职工个人收入由1987年1340元增加至1990年人均收入2012元；11户企业通过技术改造，固定资产1990年年末比1987年增长109.64%。查出承包指标不够完善、有些承包经营者存在短期行为、有些经营者法制观念淡薄、承包经营的外部条件欠缺等问题。

1991—1992年，对全市粮食销售价提高情况进行专项审计调查，共审计经营粮油独立核算企业5家，重点抽查粮油供应公司、古城粮管所、鱼山粮管所3家。审计调查结果表明1991年5月1日至年底粮油销售价提高，全市粮油行业实际差价收入842.19万元，其中可相应减少或弥补企业亏损150.33万元，而属于取消财政粮油提价补贴部分是691.81万元，除去由于同期市内各单位用于发给个人的粮油价格补贴增加支出62.38万元，影响财政收入505.99万元（按50%计算）全市财政仍可减轻包袱296.76万元。

1992年2—5月，对市华风瓷厂、江西乐平化肥厂进行亏损成本管理就地审计调查，查出江西乐平化肥厂1991年亏损248.6万元，从试产到1991年年底总共亏损1485万元（含少提折旧和大修理基金778万元）。企业亏损主要因素是项目盲目上马；设备老化，消耗大；产品质量低，成本高；企业素质低。原燃料涨价,使企业亏损增加。同年,首次对7户商品房开发企业进行审计调查。查出企业在计划投资成本、费用、销售、库存等方面存在的问题;查处私设小金库、收入不入账、挤占成本等违反财经纪律的问题。

1993年5—6月,对市粮食企业的粮食财务挂账情况进行就地审计调查。调查表明:1991年年底累计挂账4699.24万元,其中市(本级)粮食企业财务挂账应由财政消化金额1404.42万元,应由企业消化金额417.64万元;乐平市粮食企业财务挂账,应由财政消化金额2081.18万元,应由企业消化金额626万元,有争议挂账金额170万元。1992年消化老财务挂账56.19万元,新增财务挂账金额598.66万元;1993年财政应拨补金额2048.07万元。

1994年6—8月,对市城建开发公司、市商品房开发公司、中外合资陶丽房地产开发有限公司等企业进行审计调查,查出部分房地产开发企业尚存在资金短缺,实有资本少,靠银行贷款维持;销售不畅,销售面积占竣工面积比例较小,销售款不能兑现;施工周期长,商品房资金周转困难;企业存在潜亏可能等问题。

1998年,重点对参加全国统一组织的清查核实粮食新增财务挂账审计和其他不合理占用农行资金审计。审计共核减各级粮食企业虚增财务挂账2228.56万元,占总挂账7774.37万元的28.66%,并提交分析报告。

企业管理审计

资产管理审计　1993年7—8月,对市光明瓷厂、人民瓷厂、红光瓷厂、景德镇陶瓷厂,第一建筑工程公司,乐平电机厂,建材厂,浮梁万寿山垦殖场,景德镇啤酒厂,景德镇酒厂进行落实自主权的审计调查。审计表明存在:有的企业不能按自身需要招工,对表现不好的职工不能解聘、辞退;有的厂副厂级行政管理人员直接由上级部门指派;拒绝摊派权落实困难;产品进出口都要通过陶瓷出口公司或外贸部门经营;投资决策、基建、技改申报办事环节繁琐;联营兼并实际上行政干预较多;在市场经济中,有时有的单位存在着不公平竞争,致使经营自主权不能落实等问题。

1994年5月,对江西省陶瓷工业公司经营1993年资产负债和损益真实性进行审计。查明1993年12月底积压滞销库存商品126.04万元,由于产品质量等因素,至1994年7月客户退货已达93万元;近几年因产品质量、品种、花面等问题处理损失56.69万元,6家联营公司由于经营不善亏损81.85万元,有应摊未摊仍挂在账上的费用等33.87万元,扶持大小集体企业50.22万元,1993年财务决算反映实现利润2.72万元,经审计应调增利润78.51万元,应调减利润192.06万元,盈亏扎差,核定1993年应为亏损110.83万元。针对审计中查出问题提出六点建议。8月,根据省审计厅计划,完成景德镇市陶瓷、机械系统部分企业国有大中型企业资产流失情况审计调查。审计报告综合分析国有资产流失情况:投资过程中的固定资产流失,反映在投资项目缺少周密的可行性论证,个别投资不能形成生产能力,变成报废或淘汰,投资资产评估不当。生产经营中的国有资产流失。表现在往来账拖欠时间长,异地多、货款难以收回,变成死账,经营资产分散管理不严,政企不分产权不明,财务管理难度大,利用国有资产兴办或扶持集体企业为其贷款提供担保;国有资产在企业停产、破产过程中流失。

2000年4—7月,对江西化工化纤有限公司、897厂、焦化煤气总厂等10多家企业进行资产、负债、损益真实性审计。同时,对有些企业生产经营效益的外部环境以及企业职工养老保险、失业保险缴费等情况进行审计调查。

2004年6月7—24日,市审计局分别对景德镇市、乐平市、浮梁县3个新华书店2003年度资产、负债、损益情况进行就地审计。查出存在漏缴企业所得税,漏缴防洪保安资金,固定资产、资金管理不到位等问题。

2005年4—5月,市审计局对市城投公司资产管理、使用等情况进行审计。查出存在当年尚有变更的存量土地手续不齐全,出售店面和拍卖土地款有余额未收齐入账,往来账目核算不全面明晰等问题,发现公司职能不清,资金运转困难,经营存在隐患。

企业改制审计　1997年,为配合陶瓷企业改革和发展,对陶瓷公司9家企业进行资产评估,陶瓷股份有限公司下属5户企业的资产负债审计、市下放给乐平管理4户企业的财务移交审计以及华意电器总公司年薪制审计。

1999年9月,市审计局组织人员进驻市酒厂,对首批改制企业进行审计,对其改制之前企业资产、负债、损益进行全面审计,为改制做前期准备工作。进入改制程序后,参与由市经委牵头的改制工作组,专门负责对买断该厂所需900余万元资金的合理性以及其资产、负债等财务情况进行核实,审核的数据成为最终确定的依据。

2010年,对景德镇地区12家省属下放改制企业情况进行审计,重点审计省属改制资金的筹集及拨付,职工安置及改制资金的发放,改制企业资产、债权、债务的处理,社会中介机构在改制企业评估、审计中的公允等问题,防止国有资产流失。

企业财务审计

1993年,市审计局有计划地选择机械、陶瓷、纸箱、造纸、塑料、汽车修理、五金等不同行业7户集体企业进行首批财务收支审计,加强企业财务管理能力。

1995年4月10月,市审计局对市华意电器总公司、焦化煤气总厂和市经委等进行财务收支审计。对华意电器总公司采取先查下属4个分厂(家冰、冷柜、压缩机、空调器),然后返回审计总公司财务处;对焦化煤气总厂采取先审总厂财务处,再根据审计情况延伸到有关下属分厂或部门。

1999年,完成对焦化煤气总厂扩建工程自筹资金能力的审计,市焦化煤气总厂计划对制气设备进行部分改造和铺设长输管线向乐平、浮梁供气工程所需资金1.2亿元,其中企业自筹资金6833.66万元,并向省经贸委、国家经贸委申报立项。市审计局根据有关部门要求对其自筹资金能力进行审计并出具审计报告。

2001年5—6月,先后对市供电局及下属县(市)区和赣东北供电局的农网改造资金使用和政策执行情况进行审计,发现存在工程概算没有严格审核,建设用材及设备、废旧物资回收管理不健全;设计费、监理费管理不够规范等问题。同年12月1—30日,市审计局抽调审计人员21人,组成5个审计组分别对江西化工化纤有限责任公司、市医药公司、景华电子有限公司、国营740厂、国营第859厂5家企业2000年财务收支进行审计调查。调查情况表明,企业报表严重失真,虚盈实亏,少报、隐瞒亏损情况较为严重。

2003年4—8月,对电力行业进行审计,基本查清景德镇发电有限公司、景德镇供电局在经营管理体制改革方面存在的问题,提交10份专题报告、2份综合报告。2005年3—4月,对市电力城市附加费征、管、用情况进行审计,发现存在市电力城市附加专项基金长期滞留在景德镇供电公司以及电力城市附加费用与非公共电力资金矛盾较为突出等问题。提出市政府应加强对电力专项基金的预算管理,尽快出台电力城市附加费专项基金管理和使用办法等审计意见和建议。

第四节　经济责任审计

企业领导人经济责任审计

1986年,厂长(经理)实行离任审计制度实施。1988年1月,市委组织部、市经济委员会、市劳动人事局、市审计局联合下发《关于实行厂长(经理)离任经济责任审计制度有关问题的通知》,明确审计的内容和主管部门的责任。

1991年12月28日至1992年1月8日,首次对园林瓷厂厂长离任进行就地审计。原园林瓷厂资不抵债数为26.48万元,发现问题金额124.95万元。审计局提出6条审计处理意见并上报市政府。

1996年,开展41家企业及经济主管部门行政主要领导离任审计,分别向市政府提交审计报告。

1999年5月,根据中办、国办《国有企业及国有控股企业领导人员任期经济责任审计暂行规定》,审计系统对国有企业及国有控股企业领导人员进行任期经济责任审计。至2006年12月,市审计局共开展经济责任审计项目85个(县级党政领导干部63个、国有及国有控股企业领导人员22个),其中任期经济责任审计27个、离任经济责任审计58个;共查出违纪违规金额2781万元、管理不规范金额25946万元,促进财政增收节支金额3367万元,审计建议得到整改落实170条,审计案件移送2件。

2004年8月26日至9月15日,对陶瓷进出口公司党委书记、总经理在任期内的经济责任进行就地审计。通过查阅任期内有关文件材料和陶瓷进出口公司各项收入、支出及各项费用的财务会计资料。查出

2002 年至 2004 年 6 月,未交防洪保安资金,漏缴房产税、营业税,违反现金管理规定等问题。

2007 年,对市焦化煤气总厂厂长任期经济责任审计,重点审计任期内执行相关经济政策以及单位经济决策实施情况和市焦化煤气总厂资产、负债及损益情况,以及个人廉洁自律情况,查出担保及投保损失 6216 万元、应摊未摊费用 1440 万元、投资损失 1182 万元、应付工资挂账 397 万元及会计核算不符合规定,应缴未缴防洪保安资金、教育费附加、职工养老和失业保险金、个人所得税等问题。审计表明任职期间,市焦化煤气总厂资产、负债、损益基本真实,经济活动基本合规合法。会计核算执行企业会计制度和企业会计准则,账、证、表相符;财务管理较规范,各项财务规章制度基本健全,对市焦化煤气总厂为西安开门子电子有限公司银行贷款担保造成的损失 2182 万元。

2010 年,对江西省陶瓷工业公司 37 家陶瓷企业 58 名厂级(含科级)领导干部进行经济责任审计。对陶瓷改制企业主要负责人经济责任审计中,查出资产未入账、欠缴相关税费、公款私存、坐收坐支、大额支付现金、资产处置不规范、往来长期挂账、白条抵库等问题。对省属下放企业 12 个和陶瓷改制企业任期经济责任审计 23 个。

党政领导经济责任审计

1992 年 8—11 月,首次对行政领导离任进行审计,分别对市物资局、市建工建材局和市技术监督局的原任局长进行离任审计。重点对这 3 个单位的目标任务完成、财产完整、遵守财经法纪和内控制度、财务管理进行审计考核,对离任者作出客观公正的审计评价。

1999 年 5 月开始,根据《县级以下党政领导干部任期经济责任审计暂行规定》,对县级以下党政领导干部进行任期经济责任审计。

2000 年,对市物资局所属 3 个单位的责任人(均为副局长候选人)进行任前经济责任审计。通过经济责任审计,为市委、市政府考察和使用干部提供依据。

2002 年 8—11 月,派两个审计组对市财政局等 26 家原领导在任期内经济责任进行审计。主要审计财政财务收支、专项资金收支、国有资产管理、经营指标完成情况及债权、债务。审计表明大部分部门和单位都能重视财务管理和开源节流、增加收入。也查出存在长期投资盈亏情况账面无反映,挤占、挪用和截留漏缴税金,执行财务规章不严、乱收费、乱摊派等问题。

2006 年 10—14 日,对珠山、昌江区委书记,浮梁县委书记进行经济责任审计,审计反映 3 人任职期间,财政收支基本真实、经济活动基本合规合法,在涉及重大经济决策、重大项目和重大资金决策上能集体协商,经民主讨论决策后执行。审计未发现账面有个人违纪违规问题,审计报告送市委组织部。1999 ~ 2006 年,审计县级党政领导干部 63 个。

2007 年,完成 23 位离任县级领导干部经济责任审计,共查出违纪违规资金 3130 万元,应调账资金 14246 万元,并作调账处理。针对查出的问题,会同市财政局制订《关于进一步加强行政事业单位财务管理的意见》。在对市交通局、司法局、旅游局、妇联、国土资源局等单位原主要负责人经济责任审计中,发现交通局机关财务没有统一登记、核算,未及时移交和登记固定资产账,应缴未缴税费等问题;市司法局无依据收费,账外收工程质量押金 30 万元,2002 年以后有预算外收入 619525 元未入市会计中心核算;市旅游局部分收支未纳入单位统一设置的账簿核算,旅游质保金存在挪用问题,应缴未缴税费等;市妇联在往来账中列收列支 10 万元,收取部分"春蕾基金"未纳入市会计中心统一核算等;市国土资源局未及时移交代收的土地出让金和抵缴实物,部分债权债务未及时清理,应缴未缴税费等问题。

2008 年,共完成 22 位离任县级领导干部经济责任审计,查出存在违纪违规和固定资产管理薄弱等问题。审计提出建议:增强纳税意识,及时足额缴纳税款;严格执行收支两条线的管理规定;不得超范围、超标准收费,杜绝无证收费;必须用合规票据入账,规范审批程序;所有的经济活动都必须通过财务核算,收支都要在会计账簿中反映;严格执行专款专用的规定;加强固定资产管理,保持账实一致,对工程款要按照规定进及时进行结算,核销固定资产要按照规定向有关部门申报审批。

2009 年,完成 33 个单位经济责任审计,查出违规金额 108 万元,应归还原渠道资金 736 万元。

2010 年,共完成县级党政主要领导干部离任审计项目 25 个、任中审计项目 7 个。查出财务管理不规范，未及时移交和登记固定资产账，应缴未缴税费等问题并向市委组织部报告。

表 22－3－1　　2007—2010 年景德镇市经济责任审计情况统计表　　单位：万元、条

年份	查出违纪违规金额	管理不规范金额	促进财政增收节支金额	审计建议得到整改落实
2007	1390	8028	5257	70
2008	2017	10746	6987	77
2009	2196	10589	6122	81
2010	2458	15735	7083	97

第五节　农业与资源环保审计

农林水审计

林业审计　1991 年 6 月 20 日，市审计事务所对市红星瓷厂、雕塑厂、都建公司等 9 户企业的林业育林基金、更改基金、林区建设费和林区防火费的提取、上缴情况进行审计，查出漏缴林业“二金二费”3.80 万元，全部补交林业局。

1997 年 5—7 月，重点对市林业局、浮梁县林业局、市枫树山总场、市林业公司 1995 至 1996 年度林业育林基金、维简费、护林防火费、林业保护建设费（简称“一金三费”）征收管理和使用情况进行审计调查。查出挤占挪用、未按规定及时足额逐级上缴林业“一金三费”，财务管理欠规范以及专款没有专用等问题。

2005 年 7—10 月，市审计局派出审计组对全市 2002—2004 年度退耕还林专项资金管理、使用情况进行专项审计。查出粮食补助和现金补助享受对象违规调整，侵害退耕户利益；经济林造林管理和苗木采购管理不够到位；退耕还林专项资金未及时足额拨付到位等问题。

2009 年，对全市 2005—2008 年度退耕还林工程专项资金进行审计，重点审计市、县（市、区）财政、林业部门，并延伸审计 22 个乡镇。审计发现退耕还林宣传工作不到位，部分承包大户侵占退耕户的利益；部分未承包到户以及休耕的坡耕地违规套取退耕钱粮补助，存在以荒山冒充坡耕地现象；退耕还林工程重存活轻抚育；将国家公益林违规报批退耕还林项目，套取退耕还林专项补助资金；部分大户利用荒山冒充坡耕地套取国家退耕还林专项补助资金；退耕还林验收工作缺乏内部控制机制等主要问题。同年，对乐平市、浮梁县、昌江区政府 2001—2008 年度生态公益林补偿资金使用和管理情况进行审计。查出虚报公益林面积套取生态公益林补偿资金；公益林管护协议签订不够到位；“一卡通”管理不够规范；公益林资金专款未专用以及林权证管理比较混乱等问题。

水利审计　1992 年 3 月 27 日至 5 月 30 日，对市、（县、区）4 个水利主管部门和 23 个乡场 117 个工程项目单位进行审计调查，审计发现在资金管理方面存在挤占挪用水利资金；虚列支出，转移资金；弄虚作假，贪污公款；用公款请客送礼；资金下拨不及时，呆滞未用；以工代赈和地方配套资金到位迟缓；工程质量差、造成损失浪费；财务管理较乱等问题。

1997 年 6 月、1998 年 4 月，重点审计市各级水利专项资金。审计查出挪用专项资金、贷款效益差、资金未按时到位、水费粮资金管理不规范、工程管理不规范等问题。

农业审计　1993 年，市审计局组织乐平市、浮梁县、昌江区审计局分别对市内农村 3 个乡、6 个村公所、3 个乡办企业农民负担情况进行审计调查。同时对乐平市 1991—1992 年农业资金总体投入情况进行审计调查。

1995 年 5 月，对全市农资企业经营活动情况开展审计调查。审计表明：由于资金紧张，银行贷款利息高，淡季农贸储备不足；农资价格居高不下；挪用农资资金严重；利润反映不够真实；联营企业存在问题不少；乡（镇）、村及个体经营化肥、农药、农膜现象普遍，一些农业“三站”打着以推广农业技术为名，领取工商营业

证,实际是个人承包经营等问题。

1997年5月,对市土产棉麻总公司、乐平市棉麻公司和3个基层供销社棉花站1996年度和1997年一季度的棉花收购政策、价格政策、收购棉花质量政策的落实情况以及收购资金的使用情况进行审计。审计表明:在棉花收购、加工中仍有执行统一收购、统一加工、统一经营政策不力的现象;违背价格政策时有发生等问题。10—11月,市审计局对10个乡镇、21个行政村、63户农户在1999年承受的农民负担进行审计和调查,发现摊派现象仍然存在,未按国家税收政策征收有关税收,涉农部门有的乱收费以及乡镇统筹费未纳入规范性管理,村级集体经济发展不平衡等问题。

2004年6月8日至7月23日,对全市(含乐平市、浮梁县)2001—2003年农业综合开发项目计划实施和资金的筹集、分配、管理、使用情况进行审计和调查,抽查部分项目区的业主单位,并到农户中进行实地调查,查出存在滞留资金、虚假配套、违规收取资金管理费、挤占挪用无偿资金;项目资金支付到非中标单位;实行县级报账制不规范;有偿资金未发挥应有的效益和未委托银行放款等问题。并向省审计厅、市政府报告。

2006年3月10日至4月20日,对2004年、2005年度市财政支农资金进行审计调查,实地调查县(市)财政局,农业综合开发办公室、水务局、农工部等10多个部门和单位。查出存在部分财政支农资金投入和项目资金配套未及时到位;部分财政支农资金被挤占挪用;部分财政支农资金使用效益不佳;县、乡两级各种资金均为指标结转,年终统一结算,这种财政结算方式造成支农专项资金不能到位问题。

2007年,开展农业综合开发项目审计,对乐平市和市直管理的农业综合开发项目由省审计厅经责二处实施审计,审计范围和审计内容涉及2004—2006年农业综合开发项目计划实施和资金筹集、分配、管理、使用情况,延伸审计部分项目区和业主单位。共查出乐平市和浮梁县农业综合开发项目管理单位在使用和管理中存在产业化项目配套资金没有到位175万元,财政滞留项目资金447万元,同时借出的资金回收率低,项目管理单位因工作经费不足而挤占挪用项目资金226万元,违规收取管理费18万元等问题。项目执行单位在开发建设项目中未严格执行招投标制度、部分项目工程被毁,影响效益发挥,浮梁县因景瑶公路改造,致使2005年度农业综合开发项目两个项目点建设成果受损,王港乡高沙村和王港村累计损毁渠道881米,水堰1座,下田通道5处,河流护岸55米,直接经济损失21.17万元,对高沙村26.67公顷、王港村13.33公顷农田的灌溉造成影响。

2008年,对上年度农村饮水安全专项资金使用情况进行专项审计调查。查出地方配套资金未及时到位,致使工程不能达到预期建设效果;部分受益群众的投资资金管理不够规范,浮梁县、乐平市、昌江区的部分受益群众的投资都是由项目施工单位直接收取,而非项目的法人单位收取并建账管理等主要问题。

环保审计

2000年4—6月,市审局组织县(区)审计局,对全市各级环保系统1998年、1999年度排污费征收、使用和管理情况进行审计调查。查出存在挤占挪用环保专项资金,用于建设综合大楼和宿舍改建扫尾工程,以及弥补超编人员经费;未严格执行有关文件规定,自定排污费分成比例;应征排污费对象不清,执法力度不够;环保治理专项资金未按规定列收列支;环境监测条件差,收费缺乏必要的措施方法;环保资金的使用预算计划性不强,排污费收款收据管理不规范等主要问题。

2006年,对上年度环境保护资金及相关财务收支情况进行审计,并延伸到有关排污企业。以市财政局、环保局及建设局为审计对象,重点审计排污费及污水处理费的征收、管理和使用情况。查出环保部门经费未纳入同级财政预算,造成各级环保部门截留环境保护专项资金用于弥补本单位经费不足;排污费征收难度较大、排污费未足额征收,全市2004年、2005年应征排污费10357.33万元,实际征收1611.18万元,应收未收8746.15万元;收费项目不够规范,排污费收入不真实,并改变部分单位的收费项目,截留上级收入;排污费未及时足额上缴国库;票据使用监管不到位,以行政事业性收费票据代替排污费专用票据等问题。

2010年,配合省审计厅开展全市节能减排专项资金审计,查出景德镇发电有限公司和景德镇焦化集团漏缴和少缴排污费以及乐平市环保局、乐平锦溪水泥有限公司以及部分企业违规套取中央节能减排专项资金等问题。

国土资源

1994年8月,全市各级审计机关分别对各级土地管理部门和房地产管理部门1992年、1993年国有土地使用权有偿使用收入进行审计调查,审计查出未按规定时间上缴国有土地有偿使用收入。至1993年年末全市账面未上交土地有偿使用收入共37.51万元,其中土地出让金30.04万元,土地收益金7.47万元。指出财政监督力度不够、单位财务处理不规范等问题。

1996年4—5月,市审计局先后对乐平市、浮梁县、昌江区土地管理局1994—1995年土地使用权出让审计,对占用国有土地和土地出让金征、管、用的情况进行专项审计。查出国有土地有偿使用制度模糊,土地收益流失严重;变相截留国有土地有偿使用收入;未使用合规的专用票据,划拨土地用于抵押贷款,造成出让金流失;土地出让档案管理混乱,土地出让合同不规范等问题。

2005年4—8月,市审计局对全市土地收购和交易情况进行就地审计,查出缺乏跟踪监管;政府土地资源开发效益未能充分体现;不利于专项用于国开行还贷;欠缴出让金等主要问题。

2007年,开展对乐平市和浮梁县国土资源出让收费管理及使用情况审计,审计范围和审计内容涉及2005—2006年国有土地使用权和矿产资源出让、划拨、转让的管理和各项资金、规费的征管使用情况,以及耕地占补平衡、土地整理项目实施和资金管理情况。查出乐平市和浮梁县在土地出让中存在未批先征、未批先供、少批多供,部分房地产开发企业擅自改变容积率和超建筑面积漏缴土地出让金1265.68万元;违规出让用地、改变用地性质、应收未收或少收出让金3700万元;违规低价出让经营性土地并少收出让金1821万元,违规超范围划拨土地、土地闲置未交土地闲置费1369.51万元;土地增补平衡不规范、挤占挪用耕地开垦费669.47万元;土地二次转让未重新挂牌,漏缴契税87.28万元等问题。在矿产资源管理方面存在漏征漏缴矿产资源补偿费以及向无证单位和个人征收矿产资源补偿费的情况。并向省审计厅、市政府提供报告。

利用外资审计

1992年3月,市审计局组织所辖2县2区审计局,首次开展中外合资合作企业的调查审计,对1991年12月31日前立项的景德镇宾馆有限公司、江西水上动力有限公司、江西万德福磁带有限公司等21户中外合资、合作经营企业的情况进行审计调查。审计查出资金到位、经营情况、投资效果、企业管理、销售及资金等方面问题。

1994年3—4月,全市各级审计机关对世行贷款农业综合开发项目进行审计,查出挪用金额300.54万元。市委、市政府召开财政、审计、监察、外资办等单位领导紧急会议,成立专门的队伍收缴挪用款,收回挪用资金200万元。

1995年年初,全市各级审计机关对世行贷款农业开发、国家造林、第四笔农村技改贷款、森林资源与发展项目进行审计,查证资金1.5亿元。是年,完成基建外资审计项目8个,主要问题是扩大基建投资规模、超标准建设、超计划概算、偷漏税款等。

1996年3月,组织乐平市、浮梁县、昌江区审计干部,分别对所在地的世界银行吉湖项目贷款进行审计。查出项目执行中存在配套资金到位不足,部分投出、借出的贷款资金难以回笼,世行贷款收贷难度较大以及一些加工设备不配套造成的损失浪费等问题。审计报告对世行贷款的管理,限期收回借出资金,提高使用效益等方面提出五条整改建议。

1998—1999年,延续对世界银行贷款的森林资源保护、国家造林、妇幼卫生、脱贫示范建设4个项目进行审计,向省审计厅提交审计调查报告。针对基建项目管理漏洞大、行业之风不正的问题,市审计局加大审计力度,对多结工程款、偷漏多项税费的问题进行重点处罚。

2001年6—8月,对市木材厂、陶瓷集团、罗家机场等单位利用国外贷款项目进行审计调查,查出存在债务规模过大,经济效益普遍欠佳;项目单位还债意识比较淡薄;未按规定提取偿债准备金;财政担保外债,潜伏着财政风险等问题,并提出整改意见。

第六节　内部与社会审计

内部审计

1988年3月,市审计局下发《关于下达1998年内部审计任务和实行内审工作考评(试行)办法的通知》,加强对全市内部审计工作的管理。

1989年10月,市政府批转市审计局《关于进一步加强内部审计工作的报告》,促进各单位内部审计工作。1990年,全市共有内审机构60个,内审人员163人,全年审计单位134个,纠正违纪金额1671万元,查出损失浪费金额97万元,实现增收节支286万元;查出万元以上贪污贿赂案2件,移交司法机关处理2人。其中,省陶瓷公司组织内审人员实现对17户陶瓷企业投入产出进行审计调查;市商业局组织内审人员对承包终结审计开展预审工作。

1991年5月,市审计局转发省审计局制定的《江西省内部审计工作规范化暂行办法》,要求全市各主管部门参照执行。8月,市审计局印发《景德镇市内部审计工作管理办法(试行)》,对全市各级审计机关和有关内审机构提出具体要求。

至1992年,全市内审机构共审计427个单位,纠正违纪违规金额672万元,查出损失浪费金额290万元,落实增收节支金额341万元,查出贪污贿赂案7件,移送监察部门处理1人,提请司法机关处理8人。已建内审机构105个。1993年11月,市审计局分5个小组对市直部门、单位和部分中央驻市企业进行内部审计调查。

1995年,组织内审人员完成90个单位专项审计,查出损失浪费610万元,促进财政增收节支61万元。

1996年9月15日至10月15日,市审计局组织特约审计员对全市内审工作情况进行调查,了解建立现代企业制度试点企业的内审情况和市8户陶瓷改革试点企业内审工作情况。

2002年,602所加强内审工作,成立以所长为主任的审计委员会,并制定《审计委员会工作办法》,把单位组织部、纪检监察处、审计处、财务处、资经处、科计部、条保部和人教处纳入审计委员会组成部门,协调解决审计工作中遇到的困难和问题。

2007年8月,市审计局下发《关于进一步加强内审工作的意见》,要求依法属审计监督对象的机关、企事业单位必须建立健全和完善内审机构,切实履行工作职责。

社会审计

1988年,社会审计主要开展的业务是受工商行政管理局委托对企业进行注册资金的年检、验证;受省、市审计局和省、市"三大检查"办公室委托对企业开展审计及财务大检查工作。

1990年,社会审计开展验资、工会经费、查证、接受委托、基建审计等多项服务,共接受审计机关委托审计25项,查出违纪金额312万元,应上缴财政金额72万元;接受其他部门单位委托查证690项,查证金额1.75亿元。

1992年3月9日,市审计事务所受市工商局委托,审计建筑市场管理费。通过对都建公司、珠山窑炉建筑公司等4户企业的建筑市场管理费审计,共审计出漏缴建筑市场管理费19.98万元,并予以追缴。至年底,社会审计接受审计机关委托事项14项,完成审计资金总额5724万元,查出违纪违规资金60.25万元,应上缴财政14.91万元,并全部入库。另外,接受其他部门、单位委托审计1436项,业务收入23万元。

1994年,市审计事务所开展审计业务1500项,业务收入20多万元。

1995年,市审计事务所受珠山区检察院委托,对市住宅劳动服务公司财务账目进行审计。审计表明,因公司管理混乱,发票不报账、借款不归位、挥霍浪费、化公为私等原因,导致亏损15.4万元,由司法机关进行处理。同年,市审计事务所完成委托审计1016项,其中验资年检990项、基建审计2项、咨询建账清算2项、其他18项。为委托单位收回损失4.5万元,核减虚假注册资金17万元;取得业务收入24万元。

至2010年,社会审计职责主要是审查企业会计报表,出具审计报告;验证企业资本,出具验资报告;办理企业合并、分立、清算事宜中的审计业务，出具有关报告；基本建设年度财务决算审计；代理记账，会计咨询，税务咨询，管理咨询，会计培训以及法律、法规规定的其他业务。

第七节　机　构

市审计局

1986年，内设秘书科、财政与金融审计科、企业审计科、综合科和行政事业审计科，行政编制36人。1988年10月，企业审计科改为工业企业审计科和商粮贸企业审计科。8月，增加事业编制19人。

1990年10月，增设法制科。1994年12月，更名为基建外资审计科。1996年8月，增设农林水审计科和监察室，秘书科改称办公室。

2002年7月，设立经济责任审计科（市经济责任审计领导小组办公室）。同年，全市党政机关机构改革，设办公室、法规科、财政与外资审计科、行政事业审计科、经贸审计科、农业与资源环保审计科、投资与专项资金审计科、经济责任审计科（市经济责任审计领导小组办公室）8个职能科室；纪检组（监察室）为派驻机构。局机关编制43人，其中行政编制33人、事业编制10人。

2004年10月，设立市审计局园区审计科（同时为市审计局驻高新经济开发区审计分局）。

2007年7月，市编委重新核定市审计局机关行政编制35人，机关后勤服务人员编制5人。10月，设立社会保障资金审计科。

2010年，市审计局内设办公室、法规科、综合科、财政与金融审计科、园区与外资审计科、行政事业审计科、经贸审计科、农业与资源环保审计科、投资与专项资金审计科、经济责任审计科（市经济责任审计领导小组办公室）11个职能科室和纪检组。行政编制43人，机关后勤服务人员编制5人。

下属单位

市审计事务所　1988年7月1日正式成立，为市审计局下属正科级事业单位，工作人员5人。1990年，市审计事务所设有公证科、审计咨询一科、审计咨询二科、办公室，工作人员15人。1995年，内设机构更改为基建公证审计部、查证审计部、委托咨询审计部、专项审计部、办公室；并成立注册审计师审计组。2000年1月，按国家规定与市审计局脱钩成为私有合伙制社会审计机构，取消事业编制。

市审计局信息中心　2006年3月24日设立，为市审计局下属正科级事业单位，编制5人。

市工程决算审计中心　2009年5月31日设立，为市审计局下属正科级全额拨款事业单位，编制5人。2010年11月1日，增加全额拨款事业编制5人。

县（市、区）审计局

乐平市审计局　1986年，内设人秘、企业、基建、财金、综合股，下辖农村中心审计所（含镇桥镇、乐平镇、高家镇、众埠镇、涌山镇5个审计组），工作人员10人。2000年年底增至42人。2010年，内设人事秘书股、行政财金审计股、经贸审计股、固定资产投资审计股、社会保障审计股、案件审理股；下属股级事业单位有乐平市国家投资建设项目预决算审计中心（差额拨款事业编制16人）、乐平市经济责任审计中心。机关行政编制13人，工勤服务编制2人。

浮梁县审计局　1989年10月，由蛟潭区审计局（1985年11月5日成立）和鹅湖区审计局（1986年3月成立）合并成立，内设人秘、企业、行政事业股，工作人员11人。2010年，内设人秘股、行政事业审计股、企业与固定资产投资审计股和经济责任审计办公室，行政编制10人，工勤服务编制2人。下属股级事业单位有工程预决算审计中心，差额拨款事业编制3人；审计信息中心，全额拨款事业编制3人。

昌江区审计局　1986年3月成立。2010年，内设办公室、业务审计股、经济责任审计办公室，行政编制3人、事业编制4人。下属股级事业单位有昌江区工程决算中心，编制5人。

珠山区审计局　1986年3月成立。2010年，内设综合审计股，行政事业审计股、经济责任审计办公室，行政编制4人、工勤服务编数2人。下属股级事业单位有珠山区工程决算审计中心,编制3人。

内部审计机构

1984年,市政府批转市审计局《关于建立部门、单位内部审计机构或配备专职审计人员的报告》,景德镇市内部审计工作正式启动。同年,全市各部门成立内审机构73个,配备内审人员176人。

1991年,全市各部门共成立内审机构106个(其中乡镇内部审计机构56个),配备内审人员257人。至2010年,市教育局、江西省陶瓷工业公司、乐平矿务局、市粮食局、市民政局、市人民银行等25个市直机关单位有内部审计机构,内部审计人员94名。

社会审计组织

1988年10月,江西景德镇会计师事务所有限公司成立,员工22人。1992年,省审计局批准市振兴社会审计事务所成立经营(民革景德镇市委主管)。1994年6月,景德镇兴瓷会计师事务有限公司成立,员工19人。

2000年1月,市审计事务所与市审计局脱钩改制为社会审计机构,更名为景审会计师事务所有限公司,员工28人。2002年6月,景德镇诚信联合审计事务所有限公司成立,员工9人。

2007年2月,乐平永诚联合会计师事务所成立,员工4人。

2010年2月,景德镇恒成联合会计师事务所成立,员工6人。

至2010年,全市有社会审计机构7个,从业人员78人。

审计学会

1988年3月8日成立市审计学会,并召开市审计学会成立大会,审议通过《景德镇市审计学会章程》,选举产生第一届理事会,会长1名、副会长4名、常务理事11名、理事32名;聘请市长、副市长为名誉会长。1991年12月12日,召开市审计学会第二届代表大会。

2009年12月,市审计学会第二届会员代表大会暨二届一次理事会召开,选举市审计局局长为会长,市长为名誉会长,选举常务理事40人、理事124人。

第二十三篇　体制改革

第一章　政治体制改革

20 世纪 80 年代，景德镇政治体制改革伴随着行政管理体制改革推进，主要是实现党政分工、政企分开和政府职能转变。同时，加强民主法制建设，推进干部人事制度改革、司法体制改革。1984 年，撤销人民公社管委会，恢复乡镇党委和政府，标志着行政体制改革进入全实施阶段。自 20 世纪 80 年代后期至 90 年代中期，致力于简政放权，扩大企业自立主权，减少行政审批项目和简化办事程序，促进政府由管理型向服务型转变，实现政府管理规范化，办事高效率。

第一节　行政管理改革

党政分工

县乡党政分工　1984 年，撤销市农村公社管理委员会，先后成立乡镇党委和乡镇人民政府。农村生产大队改为行政村，生产队改为村民小组。

市委主要负责贯彻执行中央路线和方针政策，对全市工作实行政治、思想和组织领导，规范县委与人大、政府、政协和群众团体的关系。市政府实行县长负责制，负责全市经济和社会发展工作。在全市形成 1 个核心（中共景德镇市委）、3 个党组（人大常委会党组、政府党组、政协党组）的领导体制。中共市委加强对市人大、政府、政协的领导，总揽全局，协调各方，并通过这些组织中的党组，贯彻执行党的方针政策和保证市委重大决定的贯彻落实。

县（市、区）党委负责领导本地区工作，监督、保证党的方针政策在本地区的贯彻落实，支持行政组织、经济组织和群众组织充分行使职权，执行县（市、区）党代会决议，加强自身建设，发挥党组织战斗堡垒作用和党员先锋模范作用，县（市、区）政府履行行政管理职责，执行同级人民代表大会决议，贯彻执行国家政策法令，组织落实完成生产计划和建设计划，做好本地区文教、卫生、治安保卫、民事调解、民政工作和公共社会福利事业管理工作。加强县级政权建设，改进行政管理。

企业党政分设　至 1986 年，企业实党委领导下的厂长负责制。1987 年，在企业全面推行厂长（经理）负责制，开始党政分设。保证监督，职工民主管理，厂长依法行使职权受法律保护，同时也受法律监督。企业行政副职对厂长负责，厂长处于中心地位，职工服从厂长指挥，党、政、工、团按各自职责，支持和保证厂长政令畅通，支持和维护厂长权威。

企业党组织依照对国家、企业和职工利益负责的原则，对党和国家方针政策在企业贯彻执行进行保证监督，通过了解和参与企业经营活动，对重大问题提出意见和建议，支持厂长对企业全面负责制，加强自身建设，发挥党组织战斗堡垒作用和党员先锋模范作用。

2000 年，市委制定《关于加强和改进非公有制经济党组织建设的意见》，开始在民营企业建立党支部。至 2006 年，新建民营企业党支部 18 个，逐步加强党对民营企业政治思想工作的领导。

属地管理

1987 年 10 月,企业单位党组织实行属地化管理,驻市省属机械、电子、煤炭企业的中共党组织,划归中共市委管理,市属驻县企业中共党组织,划归中共县(市、区)委管理。

企事业党组织实行属地化管理后,景德镇地方党组织领导企事业党组织的主要职责是传达贯彻中央路线、方针、政策和上级党组织指示、决议,指导企事业党组织抓好党的思想、组织、作风建设和纪律检查工作,检查基层党组织发挥战斗堡垒作用和党员发挥先锋模范作用的情况,总结交流开展工作的经验,指导基层党组织做好统战工作,培养、考核、任免企事业党组织负责人,指导企事业党组织做好群众的思想政治工作;加强对群众团体组织的领导。

政企分开

扩大企业自主权　1984 年 5 月始,贯彻国务院制定的《关于进一步扩大国营工业企业自主权的暂行规定》,从 10 个方面(生产计划、产品销售、干部任免等)扩大企业自主权。市政府将原由政府掌控的 10 余项权力全部下放给企业,并在其他方面也给企业松绑、放权、让利,政府由直接管理企业转为间接管理企业。1992 年 7 月始,执行国务院制定的《全民所有制工业企业转换经营机制条例》,按照该条例规定,明确企业享有 14 项经营自主权。各项指令比计划逐步改为指导性计划。市政府发出通知,任何部门和单位不得截留和侵犯企业经营自主权。全面开展整顿行政性公司、清退插手管理企业的相关单位。1998 年,共取消困扰企业发展的 55 条规定,为政企分开创造有利条件。

政企脱钩　1999 年始,全面推进企业产权制度改革。根据不同情况推进股份制改革、兼并重组,破产改制、员工置换身份等不同形式的改革,基本改制成为股份制企业、民营企业。

企业改制后,政府与企业彻底脱钩,政府及其部门从繁杂事务中抽身,从应由企业或社会决定的工作中脱离,从公共管理、市场监督、社会服务、宏观调控中切入。政府综合运用经济、法律及必要的行政手段,实施宏观调控。政府对企业由管理型转变为服务型,政府越位的退位,缺位的补位;企业成为自主经营、自负盈亏、自我发展的市场法人主体。

政府职能转变

撤并非常设机构　改革开放后,政府为协调部门工作,加强调控力度,设置许多非常设机构(临时领导小组)。1996 年机构改革中,对非常设机构进行全面清理和整顿,除保留少量确因工作需要的临时机构外,其余全部撤销。同时规定原则上不再设立非常设机构,充分发挥常设机构的职能。

减少行政性审批项目　2002 年,根据国务院《决定保留的由地方(省以下)实施的行政许可项目目录表》和《江西省地方性法规和规章设定的由市或县(市、区)相关部门实施的行政许可保留项目》规定,对妨碍市场开放和公开竞争的行政审批,予以取消。可以用市场机制代替的行政审批,通过市场机制运作。对确需保留的行职审批,逐步建立健全监督制约机制。

第二节　机构编制改革

机构改革

90 年代以后,开展了 4 次机构改革,通过精减机构、转变职能、提高效率,逐步形成公正廉洁的行政管理体制。通过实施公务员制度改革和企事业单位人事改革,加强对人才队伍、特别是各种专业技术人才的教育培养,实现对人事进行科学分类管理。加强编制管理,控制机构设置,探索建立与社会主义市场经济相适应的人事机构管理体制。每次机构改革均以适应经济和社会各项事业发展的需要,按照中央和省委精神,结合实际进行。但每次改革之后均有反弹现象。

1984 年机构改革　1983 年 8 月,中共江西省委、省政府批准景德镇市机构改革方案,改革按照“四化”(革命化、年轻化、知识化、专业化)要求配备领导班子,规定中共市委设 6 个部、委、室;市人民政府设 35 个局、委、办。至1985年,市政府新设机构为经济技术合作办公室、经济体制改革委员会、乡镇企业管理局、环境保护局、人民防空办公室、"五四三"(五讲、四美、三热爱)办公室。当年全市党、政、群机构68个。

1995—1997年机构改革 1995年10月开始,1997年5月结束。重点实施"三定"(定职能、定内设机构、定编制)。改革按照建立社会主义市场经济体制的目标,转变职能,提高效率。从景德镇实际出发,不强求上下对口,调整、撤并职能交叉重叠和业务相近的机构,重点精简专业经济部门,合理划分市与县(区)政府的职能权限,理顺党委和政府各部门间的职能关系;坚持政企分开原则,在政企关系上,由直接管理转向间接管理;在管理内容上由微观管理转向宏观管理;在管理手段上,由主要依靠计划控制转向依靠市场调节,运用经济手段、法律手段和必要的行政手段管理国民经济。

经过改革与调整后,市级党政机构共设置工作部门54个,其中市委机构共设置工作部门9个,市政府机构共设置工作部门45个。比改革前64个减少10个,精简15.6%;撤并二级机构9个;市级党政群机关精减人员36.2%。市政府派出机构共设置8个;市级处级经济组织共2个。

2000—2002年机构改革 2000年8月开始,2002年12月结束。通过改革,加强党的领导,转变政府职能,理顺各方关系,调整组织机构,精干公务员队伍,提高工作效率。建立廉洁高效、运转协调、行为规范的行政管理体系,完善国家公务员制度,建立高素质的专业公务员和国家机关工作者队伍。

经过调整,市级党政机构共设置工作部门41个,议事协调机构的办事机构1个,部门管理机构1个,比改革前54个减少13个,精简24%。其中市委共设置工作机构8个,归口管理机构2个,市政府共设置工作部门29个(监察局与纪律检查委员会机关合署办公,列入市政府工作部门序列,不计政府机构个数)。设区市和市辖区机关行政编制由原来的1902名精简至1527名,精简率19.7%;政法专项编制由原来的1260名精简至1168名,精简率10%。

2004—2005年政府机构调整 指导思想:适应社会主义市场经济体制和推进政治体制改革的要求,坚持政企分开,坚持依法行政,积极稳妥、高效有序地推进政府职能的转变,逐步形成行为规范、运转协调、公证透明、廉洁高效的行政管理体制。明确市安全生产监督管理局为市政府工作部门;市公安局指挥中心、政治部、国内安全保卫支队、治安警察支队4个内设机构升格为副县级;市商贸国有资产经营公司增挂市商业管理办公室牌子,成立市政府办证服务大厅。明确市财政局代表市政府履行国有资产监督管理职责等等。调整后,市政府设置工作部门32个,增加3个。

2010年政府机构改革 按照社会主义市场经济发展的要求,以政府职能转变为核心,加快推进政企分开、政资分开、政事分开、政府与市场中介组织分开,切实转变职能,达到"转变职能、理顺关系、优化结构、完善体制、提高效能"的目的。

改革后市政府工作部门由原来的35个减少为31个,精简比例为11.4%,减少直属事业单位1个。通过改革,共取消、转移、下放职责58项,增加职责12项,强化部门责任45项,梳理并明确部门职责分工38项,建立健全部门间协调配合机制。

编制管理改革

1987年,《景德镇市各级行政、事业机构编制管理暂行规定》颁布实施,确定机构编制管理的对象和范围,制定机构编制管理基本原则和方法,划分市县机构编制审批权限,强调"编制就是法规"。同年,市委、市政府下发通知,确定全市各级党政机关、群众团体不再增设新的机构,增加机构层次,提高机构规格;严格执行编制定员,不随意扩大编制和增加人员。凡单位需要调入人员,先向机构管理部门申请,机构编制委员会集体研究同意后,由编委主任签字,市编委办下发"核编准调通知单"。1989年6月,颁发《景德镇市党政群机关机构编制管理暂行办法》,进一步明确机构编制管理的方针、原则,对机构编制、科级领导职数、审批程序与权限等作出规定。

1990年,市委、市政府下发《关于认真贯彻国发〔1990〕14号文件,进一步加强机构编制管理的通知》,重申控制机构编制增长,执行机构编制审批制度。1991年,明确规定凡是有关机构设置、人员编制、领导职数以及机构职能的调整和划分,经市机构编制委员会审议后,均以市机构编制委员会的名义发文。1994年,实施行政、事业单位实行机构编制管理册制度,内容包括单位名称、性质、主管部门、经费来源、机构级别、成立时间、批准文号、单位住址、联系电话、编制总数、人员结构、人员增减等。管理册是单位的“户口本”,是编委办和财政部门办理人员增减、核发人员经费的凭证。

1997年,市委、市政府下发《关于进一步强化机构编制管理的通知》,维护党政机构改革“三定”方案,强化机构编制工作的集体领导、统一承办和归口审批制度。从1998年1月起,实施《关于景德镇市市直党政群机关人员编制与经费挂钩管理的实施意见》,对已超编单位按编制内人员和超编人员分别核定人员经费,编制内人员按国家规定核拨工资和办公经费。2000年,贯彻落实省、市有关“机构、编制、职数三冻结,党政机关停止进人”的规定,严格执行人员编制与财政经费挂钩管理办法和进人核编通知单制度。2000年1月起,在市直党政群机关和各类事业单位统一实行《机构编制管理册》和《进人核编通知单》制度。对符合事业单位法人资格和事业单位条件的发给“事业单位法人证书”和“事业单位法定代表证书”。

2003年,出台《关于市直机关工勤事业编制使用和人员管理的意见》,规定原使用行政编制的工勤人员要使用工勤事业编制,除市政府计划内安置的退伍军人和同性质调整的以外,不再办理工勤人员调动、上编手续,实行聘用合同制度。同年,各级机构编制管理实行“编委办一家单位承办、编委主要领导一支笔审批、编委一个口径发文”。2004年,出台《景德镇市机构编制委员会办公室工作规则》,制定市编委全体会议和市编办主任办公会议制度,明确机构编制审批权限及程序。

2006年,实行增人计划卡管理和核编准调制度,需补充公务员的单位,按规定申报,由组织、人事、编委办汇总后提出全市增人计划,经市领导批准后,报上级公务员主管部门统一组织考试录用。复员、退伍、转业军人(含随军家属)安置,按现行有关规定和程序办理。事业单位补充工作人员,原则上面向社会公开选聘,所选聘人员一律实行人事代理和聘用制,并实行一年试用期。对人员逆向流动作出严格限制。全市中小学教职工实行编制实名制管理,一人一证,将编制落实到人,作为人事、财政等部门核发工资、核拨各项经费的依据。

第三节　干部人事制度改革

公务员制度改革

1986年,市委落实中共中央《关于严格按照党的原则选拔任用干部的通知》精神,对干部的选拔制度进行改革,拓宽选人用人视野。1997年后,通过推行公务员制度,使干部人事工作进一步走向法制化和规范化轨道;与干部人事制度改革相配套的职称改革也逐步完善。

公务员身份过渡　1995年,市组织、人事部门对市直机关工作人员的工作年限、文化层次、年龄结构等具体情况进行调查摸底。1996年,市政府出台《景德镇市国家公务员制度实施方案》《景德镇市国家公务员界定办法》《景德镇市现有国家行政机关工作人员向国家公务员过渡的培训实施办法》等配套性政策文件,推行国家公务员制度。界定推行国家公务员制度的范围和对象是:市直和县(市、区)乡镇行政机关中除工勤人员以外的人员;市政府的议事协调机构所设的办事机构中除工勤人员以外的人员;其他行使国家行政职能,从事行政管理活动的单位中除工勤人员以外的工作人员。上述工作人员包括在以上单位从事党群工作人员。凡实行国家公务员制度的单位,不得实行企业、事业单位的职称工资、奖金等人事管理制度。

完成机关工作人员向国家公务员过渡人员的资格审查、职位分类、编写职位说明书、组织人员竞争上岗等工作。对参训人员进行考核,对拟过渡的机关工作人员进行过渡考核和资格审查,凡过渡培训考试达到规定要求和考核被评为合格的,经组织审核确定其过渡资格,全市(不含乐平、浮梁县)共有2551名行政机关干部报名参加公务员过渡考试,实考2524人,考试不及格3人,合格率99.88%。各级党政机关工作人员过渡为国家公务员,并完成任职定级,全市公务员制度初步建立。

2006年1月1日,《中华人民共和国公务员法》实施,景德镇在6个单位进行试点,通过试点,全面实施公务员登记工作。2007年,全市进行公务员登记,有261家单位(部门)列入实施公务员法单位范围,6791名公务员平稳登记。同年,市、县(市、区)直属事业单位参照公务员法管理工作有序推进,组织对参照公务员制度管理单位进行审核，列为参照管理单位有57家。2008年，全市完成公务员审批、登记，对部分群团机关、事业单位等实施参照公务员法管理，有102家单位（部门）列入参照公务员管理单位，其中市直部门41家、人民团体和群众团体33家、事业单位28家。同年，增补市高新区管委会等20家单位列入参照管理。

考核晋级　1994年，开始对党政群机关工作人员进行平时考核和一年一次的年度考核。考核内容包括德能勤绩4个方面，考核标准以国家公务员的职位、职责和所承担工作任务为基本依据，考核结果分优秀、称职、基本称职、不称职4个等次，其中优秀比例控制在10%以内；考核程序为被考核者个人总结、主管领导评价、考核小组审核、部门负责人确定考核等次，然后将考核结果送交市委组织部或人事劳动局备案审查。对连续2年以上考核为称职等次的，经组织人事部门批准，晋升职务工资一档；连续5年考核为称职等次的，经组织人事部门批准，晋升一个级别工资，连续3年考核为优秀等次的，提前晋升一个级别工资；对考核为不合格等次的人员，不予晋升职务工资和级别工资。1997年，公务员过渡工作完成。

公务员招录　1996年，按照公务员制度，首次面向社会考核录用国家公务员，按照"公开、平等、竞争、择优"的原则，坚持德才兼备的标准，经笔试、面试、体检、考核等程序，择优录用公务员53人，其中市公安局录用24人，市国安局录用19人，市政府办公室录用10人。同时，根据《国家公务员辞职辞退暂行规定》，办理辞退4人、开除2人手续。1997年，全市国家公务员制度推行工作取得阶段性成果。在公务员的职务任免上，推行竞争上岗。市直有41个部门（单位）拿出359个科级领导职位，其中科长职位224个，副科长职位135个，实行双向选择，竞争上岗。2004年，坚持"凡进必考"，组织实施年度三级联考招录公务员。同年，开展考试考核录用乡镇聘用制干部工作。2005年，实行职务"捆绑招考"和网上公开调剂的办法面向社会考录公务员。

公务员培训　1998年始，对国家公务员转入正常的管理和培训，着力开展公务员更新知识培训。分批开展公务员进行计算机应用能力的培训和考核，开展机关思想作风整顿和"做人民满意的公务员"评比活动，对满意度不及2/3票数的7名科级干部进行诫勉谈话。1999—2002年，先后对公务员和事业单位干部进行公务员WTO（世贸组织）知识培训、创新能力培训。2003年，开展公务员公共管理硕士（MPA）课程培训。2004—2006年，对公务员开展《行政领导学》《公共政策导论》《行政法》等知识培训。

选人用人机制更新

1986年，干部录用对象基本上工矿企事业单位在职人员补充，选人用人的标准是中央规定的革命化、年轻化、知识化和专业化。1991年，按照"公开、平等、竞争、择优"的原则，通过考试考核，从乡镇、人武、计生人员中择优录用；从企业优秀工人中录用；从电大、职大、函大等"五大"毕业生中聘用干部。1994年，全市首次面向社会公开招录警察。1996年，首次面向社会招考录用公务员。

1995年，中共中央发布《党政领导干部选拔任用工作暂行条例》。市委在选拔任用干部工作中，坚持重德才、重实绩、重公认原则，选任方法上重点把好"三关"：基层党委（党组）把好推荐关，广泛听取各方意见，使组织推荐、群众推荐、个人自荐有机结合；组织部门把好考察关，建立干部考察责任制，严明考察职责和纪律；市委把好决策关，在讨论研究干部任用上打破论资排辈、平等照顾等旧框框，把选人视野从党政机关、领导身边拓展到基层各个方面，尤其注重在改革、生产一线的干部，从基层干部和群众中选拔优秀人才。

2002年，中共中央颁布《党政领导干部选拔任用工作条例》。市委在干部的选拔任用上，把握德才兼备的用人标准，大胆选用在工作一线表现优秀的年轻干部。

配套制度改革

1988年5月1日起，经市委同意，将县、区机关的局级领导干部和乡镇、街道办事处、垦殖场的副职领导干部的职务，由县、区直接管理，并在县、区任免的同时报市委组织部备案。县、区委组织部正、副部长，劳动人事局局长、公安局（含分局）局长、政委仍由市委组织部管理。1989年起，市委先后出台文件，落实一系列制度，选好、管好、用好领导干部。

任职回避制度。对各级领导干部与本人在同一部门、机关单位中有裙带关系的人员（家属、子女、子女的配偶、其他旁系或直系亲属）要如实申报，经确定需要调离的，由组织劳动人事部门直接办理调动手续。

部门会审制度。市委组织部在干部任前考察时，必须征求市纪委、市信访局、市综治委和市计生委等部门意见,全面了解干部情况;公示制,1999 年按照中组部规定,推行干部考察工作预告制以干部推荐责任制、干部任前公示制,规范公示对象、范围、内容、方式、时间和程序。

试用制。2001 年 2 月,中共中央组织部作出《党政领导干部任职试用期暂行规定》,领导干部任职试用期为一年。

离任审计制度。1998 年,审计对象由过去的单纯企业法人拓展到行政、事业单位负责人,对负责人任用期内的经济情况进行责任审计。1992 年 8 月,首次开展领导干部离任审计,对市物资局、市建工建材局和市技术监督局的原任领导进行审计。2002 年后,改离任审计为全程审计,逐年安排审计组对行政事业单位的经济情况进行审计,发现违纪违规情况及时处理,限期改正。2005 年,下发《关于进一步推进党政领导干部选拔任用制度改革的实施意见》,对负有管理经济责任的领导干部,在任期内或离任前,按干部管理权限进行经济责任审计,把审计结果与干部考核、使用结合起来。

到龄退位制度。1986 年,对担任领导职务的干部实行到龄退位制度,规定男性担任正副处级实职 58 周岁则退出领导岗位,改任正副处级调研员等非领导职务。

差额选举制。1987 年后,市、县四套班子选举改等额制为差额制,候选人中多设 1 名参选。

事业单位管理改革

聘用制合同制改革　1986 年,全面开展职称评审,推行职务聘任制,适当下放人事管理权限。采用聘用制解决干部来源不足的问题,稳定和充实乡镇机关、农业五站(农技站、畜牧兽医站、农经站、农机站、水产站)、国营垦殖场。1993 年,开展事业单位人事制度改革试点,企业根据生产、经营的需要,自主确定内部机构的设置、调整和自主定编、定岗、定员;市内企业之间的管理人员和专业技术人员的流动由双方自主确定。2003 年 4 月,依据省人事厅《关于停止办理聘用制干部审批工作的通知》,全市聘用干部审批工作停止。

1998 年,逐步在全市事业单位全面实施全员合同聘用制。1999 年,市直单位及各县(市、区)对事业单位全员聘用制工作进行探索。市教育系统开展以竞争上岗为主要内容的人事制度改革,市卫生系统开展新进人员实施全员合同聘用制。2001 年 10 月 1 日起,全市事业单位对新进入的人员一律实行全员合同聘用制,实现由“单位人”向“社会人”转变。2005 年,市政府印发《关于规范我市事业单位人员聘用制的通知》,在全市各级事业单位推行全员聘用制,实行聘用制的事业单位达 72%,聘用制的人员达 76.9%。

2006 年,市政府出台《景德镇市事业单位公开招聘人员实施办法(试行)》,标志着全市事业单位分开招聘工作正式启动,面向社会公开招聘所需人员。2009 年 9 月,出台《景德镇市事业单位岗位设置管理实施细则(试行)》。2010 年 10 月,按照“先易后难、稳妥推进”的原则,全市事业单位岗位设置工作逐步稳妥推进。

职称评聘　1986 年 6 月,市技术职称评定委员会负责全市职称工作,成立各有关系列职称改革办公室,组建各系列评审委员会,开展职称改革和评审工作。1987 年 3 月,职称改革工作在全市企事业单位全面展开。1990 年 12 月 14 日,市科技干部管理(包括职称评定)工作,划拨市人事局管理。1998 年,深化职称评聘制度改革,首次将正高岗位数采取“打擂台”的方式推荐晋升,采取个人述职、评委提问、差额评审、择优推荐的方式进行。全市所有中级职称评委会采取“记号投票”的方式进行。对市直卫生系统中级任职资格、采取计算机评审的方式进行。2004 年,在部分全日制大专院校和中小学校试行自主评聘,完善高层次人才申报评审专业技术资格的“绿色通道”,出台方便流动人员申报评审专业技术资格的有关规定,降低职称的外语门槛。

1999 年,制定《关于在我市非公有制企业内部评定专业技术职称的实施意见》,首次在全市开展非公有制单位评定专业技术职称工作,打破身份、学历、台阶限制。2000 年,非公有制职称评定纳入全市企(事)业单位职称评定工作之中。

1992 年,出台《景德镇市企事业单位内部实行评聘高级技术职务暂行办法》,开始启动景德镇市内有效高级专业职称评定工作。1995 年,对内聘中级专业技术职务的对象、条件、待遇等均作出相应规定,正式启动市内有效中级专业职称评定工作。

人才选拔

1986 年,开展选拔有突出贡献中青年专家工作。经申报,主管部门审核,专家组评审有突出贡献中青年专家。1992年,开展享受国务院特殊津贴和省政府津贴人才选拔工作。2001年,全市启动百千万人才工程选拔工作,经单位和主管部门的推荐、专家评审,领导小组联席会议审定,获评选国家新世纪百千万人才工程人员。

第二章　经济体制改革

20世纪80年代末,国家经济管理经历从计划经济、有计划的商品经济到社会主义市场经济的重大改革,传统的计划经济逐渐淡出,计划工作从具体、微观、指令性计划逐步转向战略性、政策性、指导性计划。党的十四大决定建立社会主义市场经济体制后,按照社会主义市场经济体制的要求,进一步加大对计划管理体制改革的力度。改革传统计划指标体系,逐步压缩直至基本取消指令性计划。同时减少指导性计划,放开市场调节,充分发挥市场机制在生产要素配置方面的基础作用。

第一节　宏观调控体制改革

计划体制改革

改革措施　1986年1月1日,市委、市政府批转市体改委《关于我市1986年城市经济体制综合改革试点工作意见的报告》,明确城市经济体制综合改革试点工作的主要任务是巩固改革成果,继续搞活企业,发展横向联系,试行间接管理,增强城市功能。提出了十条措施:继续简政放权;试行厂长任期目标制;在公有制占主导的情况下发展多种经济形式和多种经营方式;深化企业内部改革、提高管理水平;对经济效益好,调节税高,留利水平低的企业,有计划、有步骤地减免调节税,对瓷厂免征调节税;从1986年1月1日起,原由财政集中的30%折旧基金全部留给企业用于技术改造;对企业特别是陶瓷企业的技术改造给予适当优惠;鼓励企业提高质量,降低消耗,多创汇;退休工人退休后试行社会统筹;制止乱摊派。

90年代开始,景德镇计划工作重点转移到编制中、长期计划和研究经济发展战略上来,制定全市经济发展的建设和规模,制定国民经济和社会发展的中长期计划、五年计划和年度计划;转移到规划经济布局、产业调整、国土整治、资源开发、环境保护和重点建设上。计划管理转到综合协调宏观经济政策和运用经济杠杆上来,加强对计划执行的调研、监督和检查。把对外开放、招商引资作为计划工作重要任务,把充分重视和大力发展城乡多种所有制经济作为计划工作重要内容,突出计划工作的宏观性、战略性、政策性,使计划部门转变为抓大事的经济参谋机关,经济建设和社会事业发展的综合平衡机关和间接调控机关。

职能转变　1989年,撤销市建委,职能划入市计划委员会。景德镇市计划委员会综合研究拟订经济和社会发展政策,进行总量平衡,指导总体经济的宏观调控部门,负责全市经济计划的管理。

2002年10月,计划体制改革,更名为景德镇市发展计划委员会。划出的职能包括原市计划委员会拟定全市民用科学技术发展中长期规划,编制重大科技攻关计划的职能交给市科学技术局;制定国土规划与土地利用总体规划有关的职能,交给市国土资源局;划入的职能有市经济贸易委员会协调稀土产业发展的职能划入市计委;增加的职能有会同相关部门提出储备粮、储备物资的收储和运用计划;转变的职能有不再编制购买力平衡计划、取消大中专毕业生分配计划、取消"农转非"计划,取消投资许可证制度。

2005年4月,市发展计划部门改组为景德镇市发展和改革委员会。至2010年,市发改委主要职能归纳为制定规划,研究政策,审批项目,深化改革。

金融改革

银行业监管体制改革　1983年9月7日,国务院决定中国人民银行专门行使中央银行职能。1984年10月19日,市工商银行从市人行分出,市人行通过实施货币政策和信贷计划,调节信贷资金和货币流通,领导、

管理、协调、监督、稽核专业银行和其他金融机构的业务活动,运用货币政策工具调节货币投向、投量,对国民经济发展实施宏观调控,成为“政府的银行、发行的银行、银行的银行”。1985 年 5 月,人行景德镇市支行改为景德镇市分行,1986 年县级人民银行恢复。1988—1998 年,国有专业银行逐步改制为国有商业银行,各保险公司、证券公司在景德镇设立分支机构,形成以人民银行为领导、以国有商业银行为主体、多种金融机构并存的金融组织体系。

1998 年,国务院决定人民银行一级分行跨行政区设置,成立大区分行。12 月,人行景德镇市分行更名人行景德镇市中心支行(以下简称景德镇中支),归武汉分行管辖,对景德镇地区履行金融监管职能;中共党组织关系改为垂直领导。2000 年,对保险业的监管由景德镇中支划为江西省保险监管局管理。

2003 年 12 月,对银行业的监管职能从景德镇中支划出,归口新成立的景德镇银行业监管分局管理。

银行业经营体制改革　1986 年,随着县级人民银行与工商银行分设的完成,市人民银行开始职能转换,全面履行中央银行职能,实施货币政策和信贷计划,调节信贷资金和货币流通,由靠行政手段管理金融转变为主要运用经济手段管理金融。

1994 年 12 月底,随着政策性的农业发展银行成立,工行、建行、农行实行政策性金融与商业性金融分离,向国有商业银行转变。1995 年年初,各商业银行开始实施以“资产负债比例管理”为核心的信贷管理体制改革,对信贷总量的控制,由规模管理为主的直接控制逐步转向以比例管理等手段的间接控制。

1999 年起,全市各商业银行相继推行绩效工资、浮动工资、奖励工资等财务分配制度改革,打破“大锅饭”“平均主义”陋习。全市各金融机构创新金融产品及金融服务,出台信用卡、代理、咨询、顾问、电子银行等业务,为经济活动和居民生活提供优质服务。同时实行股份制改革,利用系统网络手段,推行扁平化管理,实施公司化治理制度。

2003 年 12 月,《中华人民共和国中国人民银行法》等法律修改颁布,进一步明确人民银行的职责是在国务院领导下,制定和执行货币政策、维护金融稳定和提供金融服务三大职能,不再履行对银行业、证券业和保险业的金融监管职责。

2007 年开始地方信用社改革,在农村信用社的基础上组建地市级大法人联社。7 月 29 日,景德镇农村商业银行股份有限公司成立。同年 11 月底,成立景德镇市首家村镇银行——浮梁农商村镇银行。2010 年 7 月 2 日,在城市信用社的基础上筹建景德镇市商业银行,2011 年 3 月 29 日正式开业。

政策性金融与商业性金融分离　1984 年 1 月,景德镇市工商银行成立,与市人行一套人员,两块牌子,资金分开,两套账目过渡。1985 年 1 月,正式分设。1986 年,建设银行开始办理现金、个人储蓄业务,从单一履行财政职能的“账本银行”转变为国家专业银行。1989 年 6 月 2 日,交通银行景德镇支行成立。

1996 年 12 月,农业发展银行景德镇市分行成立,接管农业银行和工商银行的农业政策性贷款,承担国家粮棉油储备和农副产品合同收购、农业开发等业务中的政策性贷款。建设银行的政策性国家重点建设贷款业务和财政职能逐步分离出去。中国银行不再承担大型机电设备进出口政策性贷款业务。政策性金融与商业性金融分离后,工行、农行、中行、建行的改革以“效益为中心”,以“自主经营、自担风险、自负盈亏、自我约束”为原则向国有商业银行转变。1998 年,中共党组织关系改为垂直领导。

信贷管理体制改革　1985 年,对银行信贷资金管理体制进行改革,实行“统一计划、划分资金、实贷实存、相互融通”的信贷资金管理办法。

1986 年,各专业银行分别制订自身的管理办法。工商银行实行“统一计划、分级管理”的管理原则;中国银行实行“统一计划、分级管理、控制总量、适时调节、讲求效益”的管理原则;建设银行实行“统一计划、分级管理、实借实存、差额控制、存差上缴”的管理原则。市、县两级人民银行对各专业银行信贷差额计划执行情况履行严格检查和监督职责,实行“旬考核、月检查、季分析”的监控办法。

1990 年,市人民银行对专业银行和非银行金融机构贷款限额实行“全年亮底、按季监控、按月考核、适时调节”的办法。对专业银行的年度性贷款和短期贷款实行“条块结合,以块为主”的分配方式,并根据当地经济情况和调整结构的要求、季节性规律以及专业银行资金情况进行适时调节,不搞“一刀切”。

通过实贷下放,信贷结构调整来扶优限劣,支持支农产品的资金需要,支持能源、交通、原材料等基础产业生产等资金需要，支持国家专项储备商品的收购，支持工业园区建设，支持市场带动型龙头企业的发展，支持居民住房按揭。

1994 年，人民银行对货币信贷总量的控制，由信贷管理规模管理为主的直接控制逐步向运用社会信用规划、再贷款、再贴现、公开市场操作、准备金率、基准利率、比例管理等手段的间接控制。1997 年，市建行实行经营与管理职能分离，建立前台业务和后台业务分开操作，相互支持与制约的运行体系，通过对下属各支行信贷管理等级考核评审后的再转授权，缩短贷款审批路径。1999 年，建立信贷专职审批人和经营主责任人制度，实行“审贷分离”办法，形成相互制衡的风险控制和风险管理体制。

外汇管理体制改革　1986 年，国家外汇管理局景德镇分局执行外汇留成制度。1996 年，对境内居民因私兑换外汇、外汇存款汇出境外、携带外汇进出境等进一步放宽管制，扩大居民因私用汇的范围并提高购汇标准，消除人民币在经常项目下可兑换的障碍。

税制改革

税制调整与完善　所得税制度改革。①开征所得税。1986 年 1 月开征城乡个体工商户所得税，8 月对国内居民个人开征个人收入调节税，1988 年 6 月开征私营企业所得税。②完善增值税。1987 年和 1988 年 3 次调整征税办法，扩大征税范围，使税目由 12 个增至 31 个，覆盖绝大部分工业品，“扣额法”和“扣税法”两种方法统一为“扣税法”。改革后增值税成为商品劳务税体系中一个十分重要的税种，产品税的征收范围包括烟、酒、化妆品、石化产品、部分矿产品、焚化品及部分农业牧水产品。③合并涉外企业所得税。将中外合资经营企业所得税法和外国企业所得税法合并。④加强行为税和其他地方税建设。1987 年 4 月，对占用耕地建房和从事其他非农业建设的单位和个人，开征耕地占用税。1988 年 8 月，恢复征收各类应税经济凭证印花税；9 月，对在国内饭店、酒楼、宾馆、招待所及其他营业场所举办筵席的单位和个人，恢复征收筵席税。1989 年 2 月，对彩色电视机和小轿车 2 种消费品征收特别消费税。1991 年 4 月开征固定资产投资方向调节税，取代原建筑税。1992 年 4 月起停业对彩色电视机征收特别消费税，对小轿车征收的特别消费税于 1994 年税制改革时并入消费税。⑤调整税收政策。先后对农业、能源开发业、交通运输业、对外贸易和城乡零售商业、服务业等行业，采取一系列免征、减征、先征后退的税收优惠措施。1992 年，税制全面改革，形成一套由流转税类、所得税类等 6 个类别，增值税、产品税 37 种税组成的新复合税制体系。

新税制改革。1993 年 11 月，国务院发布《工商税制改革实施方案》，强化流转税和所得税，完善地方税。1994 年税制改革主要内容包括：①商品劳务税制改革。改革后的商品劳务税制主要由增值税、消费税和营业税组成，统一适用于内、外资企业，取消对外商投资企业和外国企业征收的工商统一税。②所得税制改革。将国有企业所得税、集体所得税、私营企业所得税合并为统一的企业所得税，采用 33% 的比例税率；将个人所得税，个人收入调节税和城乡个体工商户所得税合并为个人所得税，1993 年始实行。③资源税制改革。扩大资源税的征收范围，对所有金属矿产品和非金属矿产品征收。④其他税制改革。取消国有企业调节税，集市交易税、牲畜交易税、奖金税、国有企业工资调节税、燃油特别税、工商统一税等税种，开征土地增值税，将股票交易从印花税目中独立出来，单独开征证券交易税。⑤推进税收征管制度改革。建立纳税人、代理办税机构和税务机关三方相互制约的机制。⑥实行分税制财政体制。按税种划分中央和地方的财政收入，将税种划分为中央税、地方税、中央和地方共享税 3 类，并相应分设国家税务局和地方税务局两套税务机构，划分两套机构各自的税收征收管理权限。

征管体制改革。1987 年 3 月 31 日前，市税务局为市政府职能部门。同年 4 月 1 日起，全省税务系统实行地方政府和省税务局双重管理，以省税务局管理为主，其机构、编制、人事管理由省税务局负责。1994 年 9 月，税制改革后，市国家税务局（以下简称市国税局）作为中央驻景德镇工作部门，实行垂直管理；市地方税务局（以下简称市地税局）实行市政府和省地税局双重领导，以市政府领导为主。2000 年起，改为以省地方税务局领导为主，机构、编制、人事垂直管理。2005 年起，经费也实行垂直管理。

国税与地税征管范围调整　1993 年 12 月 9 日，《国务院关于组建国家税务总局在各地的直属税务机构和地方税务局有关问题的通知》（国发电〔1993〕7 号），地方税务局主要负责下列各税的征收和管理：营业税、个人所得税、土地增值税、城市建设维护税、车船使用税、房产税、屠宰税、资源税、城镇土地使用税、固定资产投资方向调节税、地方企业所得税(包括地方国有、集体、私营企业)、印花税、筵席税、地方税的滞补罚收入、按地方营业税附征的教育费附加、其他明确由国家税务局负责征收的地方税部分。

2002年1月1日,所得税收入分享体制改革,调整国税、地税征管范围。在各级工商行政管理部门办理设立(开业)登记的企业,其企业所得税由国税局负责征管。但下列办理设立(开业)登记的企业仍由地方税务局负责征收管理:两个以上企业合并设立一个新的企业,但合并各方原均为地方税务局征收管理的;因分立而新设立的企业,但原企业由地方税务局负责征管的;原缴纳企业所得税的事业单位改制登记为企业,但原单位由地税局负责征管的;2001年12月31日前在工商行政管理部门和其他行政管理部门登记注册,2002年1月1日后才进行税务登记的企事业单位及其他组织,其企业所得税按原规定的征管范围,由国家税务局、地方税务局分别征收管理;除储蓄存款利息所得以外的个人所得税(包括个人独资、合伙企业的个人所得税),仍由地方税务局负责征收。

外贸体制改革

1999年3月至2002年4月,市外贸系统贯彻落实市委《关于贯彻党的十五届四中全会精神,加快国有企业改革和发展的意见》《景德镇市公有制企业实行股份合作制改组办法》《景德镇市国有企业出售实施办法》《景德镇市企业劳动用工管理办法》《景德镇市国有中小企业产权制度改革暂行办法》等一系列文件精神,大力推进国有外经贸企业改制。

市外经贸局按照先易后难、稳步推进的原则,对局属市工矿产品进出口公司、市粮油土特产进出口公司、市轻工业品进出口公司、市外贸实业公司、市对外贸易经济发展公司、市对外贸易公司、市畜产进出口公司等7家国有企业,进行以了断企业干部职工身份为主的改制。

2000年8月,市畜产进出口公司交由市国际经济技术合作公司托管并进行改制。11月底,市工矿产品进出口公司、市轻工业品进出口公司、市外贸实业公司、市对外贸易经济发展公司、市对外贸易公司除正副经理和个别有特殊情况的职工外,共97名职工签订"了断身份"协议书,由企业自筹资金,一次性支付生活安置费92万元。市粮油土特产进出口公司因特困无资金,无法同步"了断职工身份"。2002年4月,市粮油公司通过资产变现,筹措26万元完成职工身份了断。至2002年年底,全市外贸国企体制改制全面顺利结束。改革后,这7家外贸企业全部停止营业。7家企业的22名离退休职工养老金全部实行社会化发放,并经市社保部门联系为19名退休人员和少数50岁以上人员建立医保,解决他们的后顾之忧。国有外贸企业改制后,为拓展外经贸业务,市外经贸局重新组建2家公司,一是市国际贸易公司(国有民营),二是市瓷都外贸有限公司(股份合作制)。

第二节　农村经济体制改革

土地经营制度改革

1986年,根据《全省农村经营管理工作会议纪要》文件精神,景德镇市继续开展延长15年以上承包期工作。1991年,景德镇市成立农业承包合同管理委员会,下发《〈关于加强农业有偿承包合同管理意见〉的通知》,以村为单位的村提留和乡统筹款总量,控制在上年人均纯收入的5%限额内,每年3月为合同签订变更月、8月和11月为合同兑现月。1998年,贯彻中央《关于进一步稳定和完善农村土地承包关系的通知》文件精神,将土地承包期从1997年再延长30年,到1998年9月全市下发"土地承包经营权证"195312本,占农户总额的98.8%。2003年3月1日,《中华人民共和国农村土地承包法》正式实施。2005年12月全市开展换发补发"农村土地承包经营权证"登记。2006年10月12日市政府在浮梁县鹅湖镇举行"农村土地承包经营权证"首发仪式。2007年,全市实际发放经营权证23万本,占应发的97.5%。2008年全市96%的农户换补新证。

林权制度改革

2004年9月,景德镇市在浮梁县开展集体林权制度改革(以下简称"林改")试点,林改主要内容是明晰产权、减轻税费、放活经营、规范流转。同时将所有权与使用权分开勘察,加快林改实施。浮梁县“三级书记”抓林改。全县列入林改的林地面积20.45万公顷,其中6.5万公顷公益林明确经营主体,换发林权证;2.38万公顷自留山、5.59万公顷责任山、5.98万公顷国有单位经营或其他主体经营的集体山林的经营主体得到落实,分山到户率、群众满意率和山林纠纷调处率均超过80%。至2005月底,试点工作通过省林改检查组验收。8月,乐平市、昌江区林改相继全面铺开。至2006年年底,全市林改各项任务全面完成并通过省检查组验收,辖区范围内39个乡镇(街道)、523个行政村3455个村民小组、22.14万户和89.6万农民参与林改,全市共有山林面积33.136万公顷(含未调处纠纷1263.7公顷)得到确权,占全市纳入林改范围山林的99.62%。核发林权证21万余本,分山到户率达76%。林改中出台并实施“两取消(取消木竹农业特产税和市、县区、乡镇、村各级出台的所有木竹收费项目)、两调整(调整育林基金平均计费价格和集体林育林基金分成比例)、一规范(规范增值税、所得税征收范围)”的林业税费政策,减免各种涉林税费2000多万元。

景德镇市在林权改革基本完成的同时,全面铺开林权制度配套改革。2006年4月,浮梁县举行林业产权交易中心揭牌仪式,景德镇市第一家林业产权交易中心正式成立。2007年6月,乐平市建成林业产权交易中心并投入运作。2008年,全市办理林权抵押贷款27宗、贷款金额1078.3万元,林地流转20宗、成交面积807公顷。2009年,全市办理林权抵押贷款54宗、贷款金额2677.1万元,林地流转24宗、成交面积893.33公顷。2010年,全市建立林业产权交易中心2个,林业专业合作组织58家,组建“三防协会”“十户联防”组织823个,参加户数31696户,林权抵押贷款65宗起、流转金额达6235万元,林地流转42宗、面积2820公顷。2007年11月,浮梁县入选为省林木火灾保险试点县,县政府积极联合人保财险公司将生态公益林纳入优先投保范围。2008—2010年,累计2.33万公顷林地参加投保。

农业服务体制改革

农村财务管理　1990年11月16日,市政府颁布《景德镇市村组财务管理暂行办法》,对财务计划管理、资产管理、开支审批、集体提留和筹资管理、承包合同管理、民主理财等机关制度作出具体规定。2002年,以农村集体资产保值增值为重点,加强对农村会计培训,市农业局与市财政局联合举办5期农村会计培训班,培训600人;加强农村财务管理体制改革,在全市范围内全面推行“村财民理乡代管”制度,全市村级集体经济审计面达80%以上;出台《景德镇市关于加强农村财务管理的意见》,被省农业厅转发全省各设区市。2003年12月1日,市政府印发《景德镇市村级集体财务管理暂行办法》,明确村级集体财务管理体制与核算方式。同时开展农村财务人员培训,全面推进财务管理电算化,全市农村基本实现村财乡代管。2004年,全市村级财务全面实行“村财乡代管”。

农民合作社　2004年4月,市农业局提出要积极引导各类农民专业合作经济组织发展。2005年,全市包括协会等各类农民专业合作经济组织53个,农民成员2万人,带动农户2.3万户。乐平市晓园蔬菜协会被评为部级农民合作经济组织示范组织。2007年7月1日,《农民专业合作社法》实施,市政府下发《景德镇市农民专业合作社试点示范工作实施意见》,对全市合作社示范工作做出部署。2008年,全市经工商部门注册登记的农民专业合作社96个。2010年,全市农民专业合作社发展至302个,成员8184人,注册资金2.2亿元,带动农户8.5万户。

农民负担监督管理　1992年7月,景德镇市农民负担监督管理小组成立,由分管副市长和市农业局、市农委、市司法局、市财政局、市监察局、市物价局等单位主要领导组成。7月20日,市政府下发《贯彻江西省〈农民负担管理条例〉和国务院〈农民承担费用和劳务管理条例〉的实施办法》,规定:集体提留和乡镇统筹以乡镇为单位计算,数额控制在上一年当地人均收入的5%以内,村提留乡统筹各占限额的50%左右;每个农村劳动力每年平均负担不超过10个标准工作日的义务工和20个劳动积累工。1993年4月,农民负担监督卡制度实行。1996年11月,《景德镇市农民负担监督管理暂行规定》发布,明确农民负担内容和监管部门职责与权力。1999年1月,市政府下发《〈关于进一步落实减轻农民负担政策实施规范化监督管理的意见〉的通知》,建立农民负担预决算、农民负担监督卡、村提留乡统筹管理、农民负担专项审计、农民负担治理、农民负担记账户等6项制度。2002年,取消乡统筹费、农村教育集资等专门面向农民征收的行政事业性收费和政府性基金、集资。1月1日起取消屠宰税,村提留采取新的农业税附加和农业特产税附加方式统一收取,

农业税附加和农业特产税附加均按其正税20%征收。2003年9月,市政府下发《关于切实抓好减轻农民负担工作的意见》,规定农业供水(包括水费粮)严格执行“受益缴费,计量收费”原则,一律不准平摊。

农村税费综合改革

2002年,全市推行农村税费改革试点工作。全市农民人均负担由实行税费改革前的99.6元减少至50.82元,人均减负48.78元,减负率48.99%。按耕地亩均负担由110.65元减少至56.46元,亩均减负54.19元,减负率为48.07%,实现“人人受益,户户减负”目标。2003年7月1日起,农民生活用电做到城乡用电网同价,每度电费0.56元,农业排灌用电每度不超过0.5元;农民自建住房只收取所发证的工本费;义务教育实行“一费制”;农村报刊订阅实行“限额制”。

2003年,全市农业税额总计为4204万元,人均税额负担为46.92元,占全年人均纯收入的1.86%,比上年人均减少3.9元,负担比例比上年下降0.23个百分点。同年,推进农村税费改革,开展农业税减免核对工作,农业税税率7%降为4%,全市共核减农业税1803万元,人均减税19.25元,农民人均税额负担由2003年的46.92元降至26.18元。2005年,全市取消农业税。“一事一议”筹资标准调整为每人每年不超过30元,筹劳标准调整为每个劳动力每年不超过6个标准工。2009年,全市逐步实行一事一议奖补政策,乐平市列为省试点地区。2010年,浮梁县也列入省试点地区。至此,农民负担主要是一事一议的筹资筹劳。

农业补贴政策

2004年开始,景德镇市实施粮油生产补贴政策,并且不断上调标准和种类。2004年,补贴标准为粮食直补10元/亩,早、中、晚稻良种补贴分别为10元/亩、15元/亩、7元/亩,全市粮食直补1150.8万元,良种补贴1193.09万元;2005年,粮油生产补贴标准不变,全市粮食直补1177.3万元,良种补贴1208.58万元;2006年,补贴标准为粮食直补11.8元/亩,农资综合补贴9.2元/亩,良种补贴标准不变,全市粮食直补1399.1万元,良种补贴1214.9万元,农资价格补贴1090.8万元;2007年,农资综合补贴标准调整为19.2元/亩,其他补贴标准不变;2008年,农资综合补贴标准为41.2元/亩,晚稻良种补贴15元/亩,其他补贴标准不变,全市粮食直补1436.91万元,良种补贴1622.8万元,农资价格补贴5017.2万元;2009年,补贴标准为农资综合补贴46.2元/亩,其他补贴标准不变。2010年,补贴标准与面积不变,全市粮食直补1462.72万元,良种补贴1636.61万元,农资价格补贴5726.9万元。

第三节　企业管理体制改革

国有工业企业体制改革

20世纪80年代初,城市经济体制改革初步展开。1984年年底,景德镇市成立市经济体制改革委员会,负责研究制定全市经济体制改革政策和方案,指导组织改革方案的实施。

经营体制改革　厂长(经理)负责制。1984年9月至1985年7月,景德镇市对国营企业的管理体制进行改革,逐步实行厂长(经理)任期目标制。1988年,市政府下发《景德镇市完善承包经营责任制实施办法》和《招标选择经营者暂行规定》,分9批对所属32家预算内大中型国营企业实行厂长(经理)负责制试点,从内部选举和公开招聘厂长(经理)。

1986年2月,市委、市政府下发《关于我市1986年城市经济体制综合改革试点工作意见的报告》,对搞活企业提出十条措施:继续简政放权;试行厂长任期目标制;在公有制占主导的情况下发展多种经济形式和多种经营方式;深化企业内部改革、提高管理水平;对经济效益好,调节税高,留利水平低的企业,有计划、有步骤地减免调节税,对瓷厂免征调节税;从1986年1月1日起,原由财政集中的30%折旧基金全部留给企业用于技术改造;对企业特别是陶瓷企业的技术改造给予适当优惠;鼓励企业提高质量,降低消耗,多创汇;退休工人退休后试行社会统筹;制止乱摊派。

1987年4月,市政府发布《工业企业界推行多种形式经营责任制和落实企业内部经济责任制暂行规定》,一是对国营小型企业微利和亏损企业,可以积极试行租赁经营形式;二是全民所有制大中型企业的经营形式,先搞试点,逐步推开,具体有企业经营责任制、厂长任期目标责任制,财政目标承包责任制等形式;三是深化企业分配制度的改革,把工资奖金的分配权实实在在地完全放给企业;四是工业企业可从本企业销售额中提取百分之二作为厂长基金,进入成本,跨年度使用;五是推行多种形式经营责任制和落实企业内部经济责任制,明确厂长在企业中的中心地位,同时充分发挥企业党组织和职代会的作用。

1988年,市政府下发文件全面实施放开企业决策权、经营自主权、劳动用工权等简政放权的改革措施。

转换企业经营机制。1986年开始,在工交企业试行经营承包经营责任制。1988年12月,市委市政府决定,对市人民瓷厂、瓷兴材料厂、水泥厂全市公交企业首次向市政府承包经营。1991年,景德镇市委、市政府下发《关于搞活企业特别是国营大中型企业的意见》(景党发〔1991〕31号)的实施细则,共有50条放权搞活政策和措施,加快改革步伐。1991年,全市部署的"一厂两制"、嫁接外资改造老企业、租赁经营、股份制等改革试点相继推开,先后在4321厂、市为民瓷厂4369工程、人民瓷厂、陶瓷装饰材料厂、景陶瓷厂等5家企业,参照中外合资企业的管理办法,划出部分的分厂(车间),实行"一厂两制"的改革试点。

1992年11月,国务院关于《全民所有制工业企业转换经营机制条例》颁布后,市委、市政府确定市华意电器总公司、市电瓷电器公司、市印刷机械总厂、市景陶瓷厂、市高压紧固件厂、市陶瓷装饰材料厂、市水泥厂、市柳家湾水泥厂、市建材厂、市电机厂等10家国有工业企业进行第二轮集体承包。1995年,在陶瓷工业系统推行以所有权和经营权分离、风险承包为主要形式的改革,在市东风瓷厂、红旗瓷厂、艺术瓷厂、人民瓷厂、建国瓷厂、为民瓷厂、红光瓷厂、曙光瓷厂8家企业进行试点,划小核算单位,以车间或工序为单位变为多个"经营实体",由职工或面向社会招标承包,企业保留资产所有权,承包人拥有经营权。1997年年初,8家陶瓷企业共划出297个实体实行风险承包。随着改革深入,21家陶瓷企业共划出490多个经营实体,9000多名下岗职工重新上岗,使一度陷入困境的陶瓷企业生产得到基本恢复。

三项制度改革。1988年开始,在全市所有国营企业推行劳动用工、人事制度、工资分配的三项制度改革,在企业经营机制上简政放权,激发管理者和职工积极性,使职工能进能出、干部能上能下、收入能高能低,建立企业新的经营管理体制。1991—1992年,全市有128家企业全面推行三项制度改革;有166家国有企业推行打破干部与工人的"身份界限",自行聘用各级管理人员和工程技术人员;有6家国有工业企业通过优化劳动组合,试行全员劳动合同制管理。市光明瓷厂被列为全省推行岗位技能工资试点企业之一。全市工交企业普遍拉开工资浮动比例,向苦、脏、累、险、技术复杂岗位等一线职工和技术人员倾斜。有的企业还建立以经济效益和劳动生产率为考核依据的工资正常增长机制。

产权制度改革　自1998年6月启动市第二水泥厂的改制工作后,国企体制改革工作逐步展开。2000年,景德镇被列入全国优化资本结构试点城市之一。景德镇市委、市政府推进国有企业以产权制度为核心的改革,加速国有资产从一般性竞争行业有序退出。

2003年,下发《关于国有企业改革若干问题的意见》(景府发〔2003〕29号),从经济体制的各个方面推进建立社会主义市场经济,加大国企产权制度改革,加快国有资本从中小企业退出和职工国有身份置换的进程,推动企业产权多元化改制改革。2008年,市委、市政府下发《深化全市国有企业改革实施方案》(景党发〔2008〕7号),按照建立现代企业制度要求,推进国有企业产权改革和联合重组,大力发展以股份制为主要形式的混合所有制经济,基本完成国有中小企业改制。2009年年底,全市国有工业企业改革工作基本完成,基本建立起社会主义市场经济体制框架,转入完善社会主义市场经济体制阶段。

股份制。1994—1996年,全市对符合条件的国有企业进行股份制改造,建立现代企业制度。其中将市印刷包装机械总厂、市宇宙瓷厂等22家企业由工厂制企业,按照《中华人民共和国公司法》改组为有限责任公司。将华意电器集团、景德镇瓷厂、瓷都百货大楼等符合产业政策、基础管理扎实、市场前景看好的国有大中型企业列入股份制改造,发展以股份有限公司为主要形式的混合所有制经济,完善法人治理结构,设立华意压缩机股份有限公司、景德镇陶瓷股份有限公司。

2001年,设立江西得雨活茶股份有限公司、江西黑猫炭黑股份有限公司。分别将这些股份有限公司作为上市后备企业进行上市辅导。华意压缩机股份有限公司于1996年6月、江西黑猫炭黑股份有限公司于

2006年9月,先后在深圳证券交易所发行股票并成功上市交易。

与此同时,各县(市、区)、各系统也相继选择一批试点改制企业,开展以股份制、股份合作制、国有产权出让为主要形式的企业改制,引入战略投资者,鼓励民营经济参与,以及"退二进三"(缩小第二产业,发展第三产业)、"退城进郊"(指企业厂址从城区迁往郊区)等形式。至2000年12月底,全市281家国有、集体企业中(不含乡镇企业),以股份制、股份合作制、出售等形式改革改制的完成94家,其中初步建立现代企业制度的改制企业68家。在全市改制企业中,取消全民所有制固定工职工身份,置换为劳动合同制员工;置换和解除职工身份13227人,其中市属国有企业职工6500余人。

民营化。2000年6月,市印刷机械包装有限公司被列为全市国企产权改制的试点单位,11月完成改制,成为全市首家改制成完全由内部职工持股的有限责任公司。

资产变现改制。2002—2006年,对具备改制条件的国有中小型企业,通过转让国有产权、出让国有划拨土地使用权和企业其他资产,筹集职工安置资金等方式进行改制。包括江西省陶瓷进出口公司、市艺术瓷厂、市景兴瓷厂、市建筑材料厂、市电子器材公司、市金属回收公司、市化工轻工总公司、市机电设备总公司、市日杂果品总公司、市土产棉麻总公司、市农业生产资料总公司、市再生资源总公司、市住宅建设开发公司、市环发实业公司、市民政工业公司、市汽车运输集团公司、市林业工业公司、景德镇中国国际旅行社、市水利实业开发公司、景德镇中国旅行社、市乡镇企业供销公司、市第一建筑工程公司等企业。

其他形式改革 20世纪90年代以后,景德镇市国有企业改革按照抓大放小的思路,逐步实施大中型国有企业的战略性兼并重组、招商引资;对中小型困难企业实施租赁、托管、破产、转让、职工身份置换等多种形式的改革。

租赁。省陶瓷工业公司在下属17家企业划出360个实体,面向社会招标,把前期的风险承包改为租赁经营。1991年,市景陶瓷厂在全国同行业中,率先将本厂卫生瓷生产线(车间)租赁给中美合资企业——上海太平洋陶瓷有限公司经营,1992年4—12月产的产值相当于租赁前6年多的总和。1997年,试行对企业的资产实行买断或50年长期租赁,把短期租赁改为中长期租赁,以提高租赁经营者的积极性。市光明瓷厂、红星瓷厂等窑炉承租实体分别投入几百万元用于窑炉改造,淘汰落后设备,建设新型节能快速隧道窑。一些陶瓷改制企业利用国有企业深厚的文化与历史资源,发展文化创意产业。艺术瓷厂打造集旅游、购物、制瓷体验为一体的红店一条街;市建国瓷厂建设与龙珠阁、御窑厂相配套的陶瓷工业遗产文化旅游经济圈;市雕塑瓷厂、为民瓷厂分别规划建设"陶瓷文化创意产业园""国际陶艺画家村"。这些现代陶瓷文化创意产业基地为景德镇陶瓷发展注入新的活力。

兼并。1990年,华意电器总公司兼并三六无线电厂。1993年,市焦化煤气厂兼并市窑具厂、昌江电瓷厂,市酒厂兼并豆制品厂,市环保研究所兼并市食品厂。1997年,福建九洲商社兼并中国瓷都卫生洁具厂。

托管。市印刷包装机械有限公司托管市电机厂。市汽车运输集团先托管后兼并市第一、第二汽车运输公司。

收购。民营企业昌江区糖酒公司、锦华工贸有限公司分别于1993年和1997年收购景德镇啤酒厂、市第二水泥厂产权;河南莲花味精集团收购浮梁县彩印包装厂。

转让。1998—2000年,景德镇饭店、新华印刷厂、东风瓷厂、陶瓷机械厂、电瓷电器工业公司、新华瓷厂等国有企业,分别通过"出让国有企业划拨用地""退二进三""退城进郊""转让国有企业产权"等方式完成改制。

拍卖。2004年,市产权交易中心首次以竞价方式,组织乐平第二水泥厂国有产权整体拍卖,为全市国有企业产权转让开辟新路。

招商引资 利用外资。1990年8月,为加快开放和利用外资的步伐,景德镇市确定重点对外开放的47家企业、16个项目,分别是:市华风瓷厂、石膏模具厂、陶瓷机械厂、陶瓷原料开发项目;市华意电器总公司的汽车、家用空调、压缩机铸造线项目;印机总厂、电机厂、光学器材厂、电瓷电器公司高压紧固件厂、汽车修配厂、半导体器材厂、磁性材料厂、无线电厂、无线电二厂、半导体器材厂、景陶瓷厂、卫生洁具厂、新建卫生洁具五金配件厂、面砖厂、陶瓷装饰材料厂、建筑厂、锦地砖厂、建筑材料厂、工艺美术公司、一塑厂、三塑厂、服装一厂、景美服装厂、皮革厂、纸箱厂、家具厂、第一化工厂、五金总厂、乐平化肥厂、景德镇啤酒厂项目；景德镇饭店、公和第一圃、市酒厂、市制酱厂、食品厂、肉联厂、天宝大理石厂、金竹山、兴田花岗石资源项目；储田胶合板厂、洪源绍洪酒厂、湘湖竹笋罐头厂、茶叶项目；养殖项目；乐河工业区项目；乐平海泡石、膨润土项目；乐平双港煤矿改道项目；乐平镇帆布厂等。

对外开放形式是：补偿贸易，来料加工、来样加工、来图加工；引进生产线、引进技术；合资经营、合作经营、独资经营、委托经营或租赁经营；出资购买企业产权。

引资重组。对国有大中型企业中生产经营比较正常，但由于资金、管理等问题缺乏发展后劲的，实施招商，寻找战略投资者进行资产重组。

2002—2006 年，华意电器总公司寻找战略重组，广东健力宝集团公司于 2004 年 1—4 月对华意电器总公司进行收购重组的前期托管，后因健力宝公司资金不能及时到位和管理不到位等问题，4 月初终止托管。其中 2005 年 7 月 1 日，市政府与江苏太平洋集团公司签订《国有企、事业单位改革合作协议》，对陶瓷股份有限公司、为民瓷厂、玉风瓷厂（省属企业）、焦化煤气总厂、华意电器总公司和景德镇宾馆的产权转让达成合作框架。同年 7—9 月，江苏太平洋集团公司先期对焦化煤气总厂、华意电器总公司、陶瓷股份有限公司 3 家国有企业进行 3 个月托管。由于多种因素影响，此次托管及合作协议于 9 月终止。

因历史原因，华意电器总公司占用其子公司华意压缩机股份有限公司（上市公司，以下简称“华意压缩”）巨额资金。由于华意压缩自身发展较快而急需资金，导致其在工商银行的 3.9 亿元贷款本息到期无法偿还，而华意压缩主要资产均已用于抵押，资金周转困难，主营业务利润不足以抵偿上述费用的增加，处于亏损边缘。2007 年 12 月，四川长虹电器股份有限公司以 2.34 亿元的价格，竞拍到华意压缩 9710 万股股份，占其全部股份的 29.92%，成为该公司控股股东。至此，华意压缩机股份有限公司历经四年的战略重组工作基本完成。

2001 年，华意电器总公司控股的上市公司华意压缩机股份有限公司，与湖北荆州南光机械厂合资，组建华意压缩机（荆州）有限公司，并成为控股公司。2002 年，华意压缩机股份公司控股浙江嘉兴加西贝拉压缩机，扩资后的华意压缩机股份有限公司成为国内规模最大的压缩机生产基地。2004 年 11 月，TCL 集团股份有限公司与市经贸委下属企业市工业投资有限公司，合资设立 TCL 家电电器（景德镇）有限公司，从 2005 年 1 月 1 日起租赁华意冰箱厂。2007 年 8 月，市焦化煤气总厂通过招商引资，与中央企业华润燃气集团合资设立华润燃气有限公司，扩大景德镇市燃气供应能力，缓解供需矛盾。

破产清算　政策性破产。按照国务院的有关规定，对列入全国企业兼并破产和再就业工作计划的破产企业，其财产变现后的资金，首先用于安置企业职工，若有剩余，再按《企业破产法》的有关规定分配给债权人。

2004 年，市政府向省国资委、国务院国资委逐级上报全市编制的 2004—2007 年国有困难企业政策性破产项目规划，拟列入全国企业兼并破产和再就业工作计划的政策性破产项目 25 个，涉及资产总额 26.15 亿元，负债总额 45.34 亿元，职工 34797 人，需核销国有商业银行呆账 29.19 亿元和金融资产管理公司债权损失 5.86 亿元。同年，市宇宙瓷业有限公司在年底被国务院批准列为全国企业兼并破产和再就业计划。2005 年，景德镇陶瓷厂和华风瓷厂的政策性破产项目被国务院国资委列入全国企业兼并破产和再就业工作计划的建议名单。同年，宇宙瓷业公司政策性破产程序开始启动，至 2014 年终结。

2006 年，景德镇市向省国资委报送华意电器总公司、市无线电厂、市半导体器件厂、市无线电磁性材料厂、乐平市灯泡厂、乐平市纺织厂等 6 家企业制定的政策性破产预案，其中市无线电厂、市半导体器件厂、市无线电磁性材料厂、乐平市灯泡厂、乐平市纺织厂的破产项目，被国务院国资委列入 2006 年第二批全国企业关闭破产新增建议项目名单。华风瓷厂的破产项目正式列入全国企业兼并破产和再就业工作计划。

依法破产。1997—2004 年，乐平化肥厂、市水泥厂、市第二水泥厂、市硅酸盐厂、市光学仪器厂，实施依法破产。2002 年，市电机厂破产。同时启动市无线电磁性材料厂、中国瓷都九州卫生洁具厂的依法破产工作程序，至 2012 年终结。2008 年 12 月，华意电器总公司依法破产。

职工安置　1998 年 6 月，景德镇市启动市第二水泥厂的改制工作后，国企体制改革工作逐步展开，在企业改革过程中,重点保证职工的安置资金。兼并和破产企业的财产变现后,首先保障企业职工安置,再按《企业破产法》的有关规定分配给债权人。2001 年 11 月,市政府下发《关于国有企业改革若干问题的暂行规定》(景府发〔2001〕16 号),主要内容是鼓励职工用安置费或经济补偿金,为自己预缴改制以后若干年的养老保险统筹费等。

2000 年 12 月底,全市国有、集体企业完成改制 94 户,置换和解除职工身份 13227 人,其中市属国有企业职工 6500 余人。2002—2007 年,市陶瓷经销公司彩绘瓷厂和市高压紧固件厂完成改制,安置职工 749 人,安置费用为 1800 万元。

2003 年 12 月,下发《关于国有企业改革若干问题的意见》(景府发〔2003〕29 号),对国有企业改制职工的安置办法及标准进行统一规定,消除国有企业之间因改制资金筹措情况不一、职工安置待遇不一样而引发的不稳定因素。2008 年,市医药公司改制,安置职工 220 人,安置费用为 1700 万元。至 2009 年,完成 48 户国有工业企业的改制工作,共筹集改制资金 17.36 亿元,安置职工 62863 人,安置费用为 265439 万元。实现"七清""双保"的目标。

2009 年 5 月,按照省委、省政府在当年完成全省国有工业企业改革任务的总体部署,景德镇市 48 户国有工业企业纳入全省改制调度范围,即市属国有工业企业 26 户、乐平市国有工业企业 18 户(含 5 户省属下放企业)、浮梁县国有工业企业 3 户(含 2 户省属下放企业)、昌江区国有工业企业 1 户(省属下放企业);原属国有企业因经济调整在 20 世纪 60 年代初改为市属大集体企业的市雕塑瓷厂、市红光瓷厂、市曙光瓷厂,以及国有陶瓷工业企业所属厂办大集体企业。此轮改制共涉及职工 62863 人。

同年 6 月,市委、市政府下发《关于印发深化全市国有企业改革实施方案的通知》《关于国有工业企业全面改革的几点意见》(景党发〔2009〕7 号、8 号),提出 48 户国有工业企业的改制方案,筹集改制资金 17.36 亿元,一次性发清改制生活费、欠发的职工工资、医疗费、抚恤费、丧葬费、集资款、退休职工垫付的社保金,为职工购买改制以后的 10 年社会养老保险费和 5 年医疗保险费,解决 62000 多名职工的安置问题。11 月底,48 户工业企业全部完成改革,62659 人置换国企职工身份,占应改制国有工业企业职工总数的 99.68%。2010 年和 2011 年,全市先后完成 7 个系统 56 户、16 户国有企业改制工作,安置职工 19989 人,安置费用为 52867 万元。至此,全市国有工业企业改制工作基本完成。

配套政策　2000 年三季度,市委、市政府组织市经贸、体改、财政、国资、劳动等有关部门,先后制订实施《国有企业产权制度改革暂行办法》《关于国有资产管理体制改革的实施意见》《景德镇市企业劳动用工管理方法(试行)》《景德镇市国有企业出售实施办法》《景德镇市公有制企业实行股份合作制改组办法》《景德镇市国有资产交易管理办法》《景德镇市国有资产评估管理办法》《景德镇市公有制企业经营者年薪制暂行办法》《景德镇市城镇民营企业员工和个体劳动者基本养老保险实施办法》《景德镇市实施〈失业保险条例〉办法》《景德镇市企业离退休人员基本养老金社会化发放操作管理办法》《景德镇市各类改制企业员工基本养老保险个人账户流转管理办法》《关于国有企业改革若干问题的暂行规定》等 30 多项改革配套政策。

国有非工业企业改革

2010 年年初,景德镇市遵照省委、省政府关于在两年内完成全省农垦、农业、林业、水利、交通、粮食、商贸等 7 个系统国有企业改革工作的总体部署,全面推进经贸委、市粮食局、农业局、省陶瓷公司、市工业公司、市物资局和市瓷局下属 56 户非农垦的国有非工业企业改革。纳入改革范围的国有企业共 71 户,包括市属企业 23 户、乐平市属企业 40 户、浮梁县属企业 6 户、昌江区属企业 2 户,其中农垦企业 15 户、粮食企业 31 户、商贸企业 23 户、农业企业 1 户和交通企业 1 户。7 月底,全市基本完成 56 户非农垦的 6 个系统国有企业改革改制。

2011 年 4 月,基本完成 15 户农垦系统国有企业的改革。至 2011 年年底,71 户企业完成改革,有 19939 名职工得到妥善安置,占全部职工人数的 99.75%,还有 50 名职工因联系不上而未签订解除劳动关系协议。农垦系统的 14 个垦殖场向当地政府移交 35 所中、小学校,26 所卫生院、分场卫生所,共移交人员 396 人。此次改制总成本为 52867 万元,用于支付职工安置补偿金、养老保险费、医疗保险费、失业保险金、拖欠的职工工资等。

第三章　法制建设

第一节　依法行政

规范性文件管理

1991年开始，市政府制定的规范性文件，均由市法制局（办）进行合法性审核。2003年，全市开始执行规范性文件备案制度。当年，市政府发布的《关于继承保护和发展景德镇陶瓷传统技艺的意见》《景德镇市爱国卫生工作管理暂行办法》《景德镇市垃圾清运处理收费办法（试行）》等3件规范性文件，报送省政府法制办备案。各县（市、区）规范性文件报市政府审查备案。至2010年，全市共向省政府法制办备案的规范性文件61件。

2002年，市政府组织对1949—2000年市政府及市政府办公室颁布的规范性文件及政策性措施进行清理，废止366件。同年，对县（市、区）政府及市直属各单位，在1月1日之前制定的规范性文件，进行清理和评估。

行政执法监督

1988年，全市行政执法监督相关工作。1996年，市法制局对全市行政执法人员和行政执法监督人员进行首次法律知识培训和考核，对考核合格人员分别颁发江西省行政执法证和江西省行政执法监督证，建立全市3000余名行政执法人员的档案、信息数据库。2008年，市政府法制办开展行政执法主体资格审核工作，确认50个行政机关（含法律、法规授权的组织）具有行政执法主体资格，颁发“江西省行政执法主体资格证”，界定其执法主体行政处罚的权限和范围。2010年，全市共核发“两证”3874本，其中市直部门1429本，各县（市、区）2445本。

2005年，开展行政审批制度改革，清理行政许可项目及实施的投资项目审批事项，保留的329项。2009年，进一步规范政府行政许可行为，保留市级行政许可项目222项（含省下放44项）；精简151项，行政许可项目和投资项目审批事项办理时间压缩率分别为45.5%和43.3%。

2010年，市政府法制办对市直各行政执法单位清理的行政执法职权进行汇总，共有行政处罚、行政许可等各类行政执法职权2543项，其中行政许可事项287项（含省里委托、下放109项）、行政处罚1838项、行政强制207项、行政征收42项、其他行政职权169项。市法制局督促各行政执法单位将本部门的职权分解到具体执法机构和执法岗位，对执法职能逐项绘制出流程图，并向社会公开。

行政复议办理

1991年1月1日，国务院颁发的《行政复议条例》正式施行，市政府开始实行行政复议工作。1993年，市政府办公室法制科承办首件行政复议案件。1999年10月1日，《中华人民共和国行政复议法》发布实施，全年承办行政复议案件10件。2002年，市法制局共收到行政复议申请14件，决定受理11件。当年获全省行政复议案卷评比第二名。2003年，共受理行政复议申请20件。

2005年，市法制局更名为市政府法制办，内设复议应诉科，具体负责行政复议案件办理工作，全年受理行政复议案件30件。2008年10月，市政府决定在全市各乡镇（街道）司法所的基础上，建立乡镇（街道）行政复议联络员制度。至2010年年底，全市累计受理行政复议案件133件，决议受理119件，其中维持100件，变更7件，撤销6件，终止5件。

第二节　司法改革

公安管理改革

出警制度改革　1995年,市公安局成立巡警支队,提高街面警力,补充、加强基层派出所和刑侦部门的出警、处警力量。1996年,开通110报警服务台和指挥中心,提高出警速度。2002年,122交通事故报警台合并到110报警服务台,提高处警救护效率。2005年,110、119、120三台合一,统一指挥出警、灭火、救护。2010年,实行治安分片包区管理,开展动态巡逻接警,将巡逻与接警融为一体。

治安管理机制改革　开展"严打"斗争,组织"严打整治""反盗窃""命案侦破"以及追逃、治爆、缉枪、反毒等专项斗争。加强社会治安综合治理,落实人防、技防、心防措施,建设"天网"工程和交通电子警察,防范、打击刑事犯罪和交通肇事。2005年,市公安局组建特警支队,加强快速反应力量,打击严重刑事犯罪和处置群体事件。

劳动教养制度改革　1986年,六届全国人大常委会通过《治安管理处罚条例》,对实施危害国家安全、危害公共安全、侵犯公民人身权利、侵犯财产、妨害社会管理秩序的犯罪行为的人,因犯罪情节轻微人民检察院不起诉、人民法院免予刑事处罚,符合劳动教养条件的,可以实行劳动教养。从严控制对未成年人决定劳动教养。1991年,对涉黄涉毒犯罪,但不够追究刑事责任的列入劳动教养,这两类人逐渐成为劳动教养的主要对象。2005年9月,公安部发布《关于进一步加强和改进劳动教养审批工作的实施意见》,允许律师代理劳动教养案件,实行劳动教养委员会聆询制度,并将最高期限缩短至两年。2013年12月28日,劳动教养制度废止。

检察制度改革

1986年,市检察机关执行从重从快和宽严相济的方针,严厉打击刑事犯罪。1997年,实施新的刑事诉讼法,不再行使免诉权。1998年,推行检务公开。2000年,全面实行主诉检察官办案责任制。2002年建立批捕、起诉、反贪、法纪、监所、控申责任制,推动检察工作规范化。同时,将法律监督贯穿于立案、侦查、审判、执行全过程。对依法应予立案侦查而侦查机关未立案的案件,及时向侦查机关发出"说明不立案理由通知书"及建议立案书等法律文件。对刑事、民事、行政案件,发现判决裁定确有错误的,坚决抗诉和提请抗诉。对看守所、拘役所、拘留所驻所检查,力求监管工作规范化、制度化、经常化。加大减刑、假释、保外就医和超期羁押的监督力度,帮助制订监管措施,杜绝脱管、失控现象。

审判制度改革

1986年,全市两级法院贯彻"从严从快"的方针,严厉打击重大刑事犯罪。对青少年犯罪,实行宽严结合,寓教于审。1996年,改革庭审模式,推行"控辩式"庭审,举证、质证、认证当庭完成。推行"错案追究制"和当事人双向监督制度。2000年,全市两级法院实行审判长公开选任,共选出首批审判长9名。按照大立案要求,将各类案件的收案、立案集中在立案庭,初步建立审立分立、审执分立、审监分立的审判制度。统一裁判文书格式,增强裁判文书的规范性、权威性和严肃性。

2001年8月,《中华人民共和国法官法》修订实施,推行以公开举证、质证、辨证、认证、裁判为主要内容的新庭审方式,完善审前程序,推行庭前证据交换制度,执行民事、行政诉讼证据,保障程序公正,落实合议庭和独任法官职权,强化法官的主持和居中裁判职责,实行法官开庭穿法袍、用法槌制度,规范法官庭审活动中的言行举止。同时,改革审判机制,强化内部监督,推行案件审判流程管理,建立民事审判新格局。完善刑事、民事、行政三大审判体系;规范再审案件开庭程序,确保再审案件立案标准。改革执行方式,建立统一管理、统一协调、统一部署、统一指挥、统一调控的"五统一"执行工作新体制。

2003年,改革审判监督机构,撤销告诉申告庭,分设立案庭和审监庭。完善行政诉讼证据制度,强调行政机关的举证责任,保护行政相对人的合法权益。改革民事审判机构,取消经济审判庭,建立大民事审判机构。2005 年,加强审判监督,实现立案、审判分离。实行人民陪审员制度,4 个基层法院选任首批人民陪审员 103 人。2009 年起,法院系统实施被害人救助制度,落实专项救助资金。

司法行政制度改革

1985 年,律师管理体制改革,市法律顾问处改为景德镇市第一、第二律师事务所。1989 年,改革律师管理体制,由公办、民办并存,到民办与公办脱钩,建立律师工作竞争机制、激励机制和民主管理机制,形成以合作制为主体的律师新体制。民办律师事务所没有国家机关编制、经费,依法成立,依法经营,自收自支,自我发展,自我约束。1996 年,按照司法部下发的《关于迅速建立法律援助机构开展法律援助工作的通知》,开始筹建市法律援助中心。2002 年 10 月正式成立,依照司法部《法律援助条例》,为社会弱势群体提供免费法律援助。是年,改革人民调解工作,坚持调防结合、以防为主的方针,整顿和巩固调解组织,实行领导、部门包案负责制,重大疑难纠纷批办、移办、督办制,矛盾纠纷激化责任追究制。至 2006 年,接待群众咨询 4700 余人次,受理各类法律援助案件 458 起。至 2010 年,全市共有 18 家律师事务所。其中,国资律师事务所 8 家,合伙制律师事务所 9 家,个人律师事务所 1 家。共有专职律师 139 人,基层兼职法律服务人员 107 人。全市共有人民调解委员会 742 个,调解员(兼职)5260 人。

景德镇市志

（下）

1986—2010

景德镇市地方志编纂委员会 编

方志出版社
Publishing House of Local Records

下册目录

第二十四篇　中共地方组织

第二十五篇　人民代表大会

第二十六篇　人民政府

第二十七篇　人民政协

第二十八篇　民主党派

第二十九篇　社会团体

第三十篇　法　治

第三十一篇　军　事

第三十二篇　劳动人事　社会保障

第三十三篇　民　政

第三十四篇　教育　科技

第三十五篇　文　化

第三十六篇　新闻　出版

第三十七篇　卫生医疗　体育

第三十八篇　风俗　方言

第三十九篇　人　物

附　录

第二十四篇　中共地方组织

第一章　代表大会

自1982年6月中共景德镇市第四次代表大会召开以后,1987年7月、1992年5月、1997年12月、2001年6月、2006年11月先后召开中共景德镇市第五次、第六次、第七次、第八次、第九次代表大会。1986—2010年,中共景德镇市委所辖中共乐平市委、浮梁县委、昌江区委、珠山区委,先后分别召开5—6次代表大会。

第一节　市党员代表大会

中共景德镇市第五次代表大会

1987年7月27—30日在市委礼堂召开,出席会议代表357人。大会审议并通过欧阳志凤代表中共景德镇市第四届委员会所作的工作报告、周庭祥代表中共景德镇市纪律检查委员会所作的工作报告。大会选举产生中共景德镇市第五届委员会委员34人、候补委员6人;选出中共景德镇市纪律检查委员会委员21人。30日,中共景德镇市第五届委员会举行第一次会议,选举产生市委常委9人,欧阳志凤任书记,刘祖三、舒圣佑任副书记。大会选举产生新一届中共景德镇市纪律检查委员会,周庭祥任书记。

中共景德镇市第六次代表大会

1992年5月19—22日在市委礼堂召开,出席会议代表346人。大会听取和审议江国镇代表中共景德镇市第五届委员会所作的《进一步解放思想,加快改革开放步伐,为提前实现瓷都第二步战略目标而奋斗》报告,听取并审议批准上届市纪委所作的工作报告。大会选举产生中共景德镇市第六届委员会委员34人、候补委员6人。市委六届一次全会选举产生市委常委10人,江国镇任书记,殷国光、周庭祥、黄木华任副书记。大会选举产生新一届中共景德镇市纪律检查委员会,查炳炎任书记。

中共景德镇市第七次代表大会

1997年12月9—12日在市政府礼堂召开,出席会议代表380人。大会听取和审议殷国光代表中共景德镇市第六届委员会所作的《高举邓小平理论伟大旗帜,为实现我市跨世纪宏伟目标而努力奋斗》报告,听取并审议批准上届市纪委所作的工作报告。大会选举产生中共景德镇市第七届委员会委员33人、候补委员7人。市委七届一次全会选举产生市委常委9人,殷国光任书记,舒晓琴、刘爱才、张桂生任副书记。大会选举产生新一届中共景德镇市纪律检查委员会,刘爱才任书记。

中共景德镇市第八次代表大会

2001年6月24—27日在市政府礼堂召开,出席会议代表384人。大会听取和审议舒晓琴代表中共景德镇市第七届委员会所作的《解放思想,扩大开放,加快发展,努力实现瓷都现代化建设的新跨越》报告,听取并审议批准上届市纪委所作的工作报告。大会选举产生中共景德镇市第八届委员会委员35人、候补委员7人。市委八届一次全会选举产生市委常委11人,舒晓琴任书记,张忠信、李亚平、周萌任副书记。大会选举新一届中共景德镇市纪律检查委员会,周萌任书记。

中共景德镇市第九次代表大会

2006年11月27—30日在市财富大厦剧场召开,出席会议代表376人。大会听取和审议中共景德镇市第八届委员会的《科学发展,和谐兴市,实现建设经济重镇旅游都市特色瓷都的新跨越》报告,听取并审议批准上届市纪委向市第九次党代会所作的工作报告。大会选举产生中共景德镇市第九届委员会委员45人、候补委员9人。市委九届一次全会选举产生市委常委12人,李放、傅卓成任副书记。大会选举新一届中共景德镇市纪律检查委员会,梁高潮任书记。

第二节 县(市、区)党代会

中共乐平市代表大会

中共乐平县第六次代表大会 1987年5月20—22日在乐平县乐平镇举行,出席会议代表407人,代表全县18563名党员。大会听取并审议通过吴早来代表第五届县委所作的《坚持四项基本原则,坚持改革开放搞活,为振兴乐平而奋斗》报告、廉国林代表上届县纪委所作的工作报告。大会选举产生中共乐平县第六届委员会委员31人、候补委员6人。县委六届一次全会选举产生县委常委9人,刘卫华任书记,马博维、冯上延、李金香任副书记。大会选举产生新一届中共乐平县纪律检查委员会,黄辉富任纪委书记。

中共乐平县第七次代表大会 1990年5月12—15日在乐平县乐平镇举行,出席会议代表430人,代表全县19282名党员。大会听取并审议通过刘卫华代表第六届县委所作的《维护稳定、发展经济、加强党建,坚定地沿着社会主义道路奋勇前进》报告、李昌华代表上届县纪委所作的工作报告。大会选举产生中共乐平县第七届委员会委员33人、候补委员6人。县委七届一次全会选举产生县委常委9人,刘卫华任书记,王光秋、李金香、黄辉富任副书记。大会选举产生新一届中共乐平县纪律检查委员会,李昌华任纪委书记。

中共乐平市第一次代表大会 1992年12月22—24日在乐平市乐平镇举行,出席会议代表450人,代表全县19797名党员。大会听取并审议通过胡应良代表第七届县委所作的《解放思想、真抓实干、开拓创新、乘势而上,为建设繁荣、富裕、安定、文明的新乐平而奋斗》报告、李昌华代表上届县纪委所作的工作报告。大会选举产生中共乐平市第一届委员会委员35人、候补委员7人。市委一届一次全会选举产生市委常委11人,胡应良任书记,王光秋、黄辉富、刘祖荣、李昌华任副书记。大会选举产生新一届中共乐平市纪律检查委员会,徐金海任纪委书记。

中共乐平市第二次代表大会 1998年3月14—17日在乐平市乐平镇举行,出席会议代表421人,代表全市22006名党员。大会听取并审议通过刘德意代表第一届市委所作的《团结拼搏、务实创新,为加快建设繁荣、殷实、文明的新乐平而奋斗》报告、黄小华代表上届市纪委所作的工作报告。大会选举产生中共乐平市第二届委员会委员34人、候补委员6人。市委二届一次全会选举产生市委常委10人,刘德意任书记,占勇、伍枝勤等任副书记。大会选举产生新一届中共乐平市纪律检查委员会,黄小华任纪委书记。

中共乐平市第三次代表大会 2003年1月8—11日在乐平市洎阳街道举行,出席会议代表410人,代表全市22879名党员。大会听取并审议通过第二届市委所作的《解放思想、实事求是、与时俱进,为尽快建成全面小康社会而努力奋斗》报告、金宜民代表上届市纪委所作的工作报告。大会选举产生中共乐平市第三届委员会委员35人、候补委员6人。市委三届一次全会选举产生市委常委11人,王国华、金宜民、史建华等任副书记。大会选举产生新一届中共乐平市纪律检查委员会,金宜民任纪委书记。

中共乐平市第四次代表大会 2006年9月8—11日在乐平市洎阳街道举行,出席会议代表400人,代表全市23593名党员。大会听取并审议通过梁高潮代表第三届市委所作的《与时俱进、奋力拼搏,为实现乐平经济社会跨越发展而努力奋斗》报告、孙庚九代表上届市纪委所作的工作报告。大会选举产生中共乐平市第四届委员会委员43人、候补委员8人。市委四届一次全会选举产生市委常委11人,梁高潮任书记,吴龙强、史建华任副书记。大会选举产生新一届中共乐平市纪律检查委员会,孙庚九任纪委书记。

中共浮梁县代表大会

中共浮梁县第三次代表大会　1989年7月6—9日在原蛟潭区政府礼堂召开,这是复县后首次召开的党代会,出席会议代表235人,列席代表50人。大会听取并审议通过马博维所作的《团结奋斗,振兴浮梁》报告,时连章作的纪委工作报告。大会选举产生中共浮梁县第三届委员会委员29人、候补委员5人,中共浮梁县纪律检查委员会委员15人。县委三届一次全会选举产生县委常委9人,马博维任书记,范希贤、周华保、蔡慈旺任副书记。时连章任纪委书记。

中共浮梁县第四次代表大会　1992年12月16—19日在县工人文化宫召开,出席会议代表262人,列席代表91人。大会听取并审议通过林以铎代表第三届县委所作的《关于加强党的领导,加快改革开放,为振兴浮梁,提前实现小康目标而努力奋斗》报告、时连章作的纪委工作报告。大会选举产生中共浮梁县第四届委员会委员31人、候补委员5人,中共浮梁县纪律检查委员会委员15人。县委四届一次全会选举产生县委常委9人,林以铎任书记,范希贤、周华保、蔡慈旺任副书记。金火桂任纪委书记。

中共浮梁县第五次代表大会　1998年3月13—15日在县工人文化宫召开,出席会议代表260人,实到255人,列席代表62人,实到56人。大会听取并审议通过马承祖代表第四届县委所作的《高举邓小平理论伟大旗帜,全面贯彻党的十五大精神,把一个开放、繁荣、文明的浮梁带入二十一世纪》报告、金宜民作纪委工作报告。大会选举产生中共浮梁县第五届委员会委员30人、候补委员6人,中共浮梁县纪律检查委员会委员15人。县委五届一次全会选举产生县委常委9人,马承祖任书记,张秧田、周景伟、江新顺任副书记。金宜民任纪委书记。

中共浮梁县第六次代表大会　2002年12月25—27日在县工人文化宫召开,出席会议代表261人,实到255人。大会听取并审议通过伍枝勤代表第五届县委所作的《解放思想,与时俱进,加快发展,为浮梁全面建设小康社会而努力奋斗》报告、陶永昌作纪委工作报告。大会选举产生中共浮梁县第六届委员会委员35人、候补委员6人,中共浮梁县纪律检查委员会委员15人。县委六届一次全会选举产生县委常委11人,伍枝勤任书记,吴光辉、郑小平、王培东、陶永昌任副书记。陶永昌任纪委书记。

中共浮梁县第七次代表大会　2006年9月9—12日在县工人文化宫召开,出席会议代表261人,实到251人。大会听取并审议通过伍枝勤代表第六届县委所作的《认真把握战略机遇期,全面落实科学发展观,为把浮梁建设成以工业经济为支撑的“文化生态大县、绿色经济强县、特色旅游名县”而努力奋斗》报告、滕晓华以书面形式作题为《坚持从严治党,切实服务大局,为加强推进浮梁经济发展提供坚强保证》纪委工作报告。大会选举产生中共浮梁县第七届委员会委员41人、候补委员7人,中共浮梁县纪律检查委员会委员17人。县委七届一次全会选举产生县委常委11人,伍枝勤任书记,吴光辉、陶永昌任副书记。滕晓华任纪委书记。

中共昌江区代表大会

中共昌江区第四次代表大会　1987年6月4—6日在景德镇华光饭店召开,出席会议代表217人,列席代表37人,特邀代表5人。大会听取并审议通过查炳炎代表第三届区委所作的《坚持党的四项基本原则,坚持改革、开放、搞活的方针,为建设政治安定、经济繁荣的昌江区而奋斗》报告、余昭启作纪律检查委员会工作报告。大会选举产生中共昌江区第四届委员会委员25人、候补委员3人,中共昌江区纪律检查委员会委员10人,出席中共景德镇市第五次代表大会代表18人。区委四届一次全会选举产生区委常委6人,查炳炎任书记,王光秋、王光旦任副书记。高峻任纪委书记。

中共昌江区第五次代表大会　1990年5月29—31日在景德镇华光饭店召开,出席会议代表260人,列席代表39人,特邀代表4人。大会听取并审议通过查炳炎代表第四届区委所作的《坚持党的基本路线,加强党同人民群众的联系,为我区政治经济和社会稳定发展继续奋斗》报告、曹水保作纪律检查委员会工作报告,通过《中共昌江区委关于加强自身思想作风建设的决定》。大会选举产生中共昌江区第五届委员会委员27人、候补委员5人,中共昌江区纪律检查委员会委员11人。区委五届一次全会选举产生区委常委9人,查炳炎任书记,杜志刚、李良育、万长征任副书记。曹水保任纪委书记。

中共昌江区第六次代表大会　1992年12月25—26日在景德镇华光饭店召开,出席会议代表265人,列席代表21人,特邀代表4人。中共景德镇市委书记江国镇出席会议并讲话。大会听取审议并通过汪毓华代表第五届区委所作的《以党的十四大精神为指针,加快改革开放和经济建设步伐,为提前实现小康目标而奋斗》报告、曹水保所作的纪律检查委员会工作报告。会议选举产生中共昌江区第六届委员会委员29人、候补委员4人,中共昌江区纪律检查委员会11人;大会通过《中共昌江区委关于加强自身思想作风建设的决定》。区委六届一次全会选举产生区委常委9人,汪毓华(女)任书记,杜志刚、李良育、刘松寿任副书记。刘松寿任纪委书记。

中共昌江区第七次代表大会　1998年3月17—20日在区政府西二楼召开,出席会议代表251人,列席代表32人,特邀代表4人。大会听取并审议通过范希贤代表第六届区委所作的《高举旗帜、抓住机遇、发挥优势、开拓进取,为把我区建设成为繁荣文明的新昌江而努力奋斗》报告、中共昌江区纪律检查委员会作的书面工作报告。会议选举产生中共昌江区第七届委员会委员29人、候补委员4人,中共昌江区纪律检查委员会委员15人。区委七届一次全会选举产生区委常委9人,范希贤任书记,章琦、刘松寿、夏军任副书记。陈秋明任纪委书记。

中共昌江区第八次代表大会　2003年1月9—12日在昌江区召开,出席会议代表279人,列席代表29人,特邀代表11人。大会听取和审议通过汪立耕代表第七届区委所作的《以全面建设小康社会为目标,与时俱进,扎实工作,为建设富裕文明的新昌江而努力奋斗》报告和陈秋明代表上届区纪委所作的工作报告。大会选举产生中共昌江区第八届委员会委员29人、候补委员5人。大会选举产生新一届中共昌江区纪律检查委员会委员13人。区委八届一次全会选举产生区委常委9人,汪立耕任书记,曹雄泰、占子松、张良华任副书记。张良华任纪委书记。

中共昌江区第九次代表大会　2006年9月5—8日在昌江区召开,出席会议代表279人,列席代表29人,特邀代表17人。大会听取和审议通过汪立耕代表第八届区委所作的《以科学发展观统领全局,紧扣"三大主线"和谐创业,为全面建设小康新昌江而努力奋斗》报告和张良华代表上届区纪委所作的工作报告。大会选举产生中共昌江区第九届委员会委员35人、候补委员6人。大会选举产生新一届中共昌江区纪律检查委员会委员15人。区委九届一次全会选举产生区委常委11人,汪立耕任书记,曹雄泰、林群任副书记。高正元任纪委书记。

中共珠山区代表大会

中共珠山区第四次代表大会　1987年6月3—5日在珠山区机关礼堂召开,出席会议代表181人,特邀代表22人,列席代表23人。代表全区1109名党员。大会听取和审议通过熊国材代表第三届区委所作的《把握方向,深化改革,为夺取我区两个文明建设新胜利而奋斗》报告、朱训孝代表上届区纪委所作的工作报告。大会选举产生中共珠山区第四届委员会委员22人、候补委员2人。区委四届一次全会选举产生区委常委7人,熊国材任书记,张保增、温泓海任副书记。魏先翘任纪委书记。

中共珠山区第五次代表大会　1990年5月22—24日在珠山区机关礼堂召开,出席会议代表190人,特邀代表24人,列席代表44人,代表全区1180名党员。大会听取和审议通过熊国材代表第四届区委所作的《坚持党的领导,坚持社会主义道路、在治理整顿和深化改革中稳步前进》报告、胡永波代表上届区纪委所作的工作报告。大会选举产生中共珠山区第五届委员会委员26人、候补委员4人。区委五届一次全会选举产生区委常委9人,熊国材任书记,占宇、胡德保、魏先翘任副书记。胡永波任纪委书记。

中共珠山区第六次代表大会　1992年12月26—28日在珠山区机关礼堂召开,出席会议代表201人,特邀代表24人,列席代表35人,代表全区1275名党员。大会听取和审议通过洪国良代表第五届区委所作的《坚持党的路线,加快改革开放和经济建设步伐,为提前实现第二步战略目标而努力奋斗》报告,审议通过上届区纪委所作的书面工作报告。大会选举产生中共珠山区第六届委员会委员26人、候补委员4人。区委六届一次全会选举产生区委常委9人,洪国良任书记,徐建国、方法美、高峻任副书记。陈秋明任纪委书记。

中共珠山区第七次代表大会　1998年3月20—22日在珠山区机关礼堂召开,出席会议代表209人,列席代表42人,代表全区1687名党员。大会听取和审议通过第六届区委所作的《高举邓小平理论伟大旗帜,加快改革开放和经济建设步伐,为实现我区跨世纪的宏伟目标而努力奋斗》报告,审议通过上届区纪委所作的书面工作报告。大会选举产生中共珠山区第七届委员会委员27人、候补委员5人。区委七届一次全会选举产生区委常委9人,余建建、王发生、王卫国任副书记。涂世安任纪委书记。

中共珠山区第八次代表大会　2003年1月8—11日在珠山区机关礼堂召开,出席会议代表203人,列席代表36人,代表全区1849名党员。大会听取和审议通过占勇代表第七届区委所作的《全面贯彻"三个代表"重要思想,为建设繁荣、文明殷实的新珠山而奋斗》报告,审议通过上届区纪委所作的书面工作报告。大会选举产生中共珠山区第八届委员会委员29人、候补委员5人。区委八届一次全会选举产生区委常委9人,占勇任书记,刘朝阳、王发生、胡巧正(女)任副书记。王发生任纪委书记。

中共珠山区第九次代表大会　2006年9月9—12日在珠山区机关礼堂召开,出席会议代表209人,列席代表56人,代表全区2938名党员。大会听取和审议通过朱民安代表第八届区委所作的《服务瓷都发展,壮大城区经济,为实现珠山在新的起点上更快更好地发展而奋斗》报告,审议通过上届区纪委所作的书面工作报告。大会选举产生中共珠山区第九届委员会委员35人、候补委员6人。区委九届一次全会选举产生区委常委11人,朱民安任书记、饶利萍(女)、占子松任副书记。况小军任纪委书记。

第二章　机构　人员

1986—2010年,景德镇市历经3次机构改革和1次机构调整,时间分别为1995—1997年、2000—2002年、2004—2005年、2009—2010年。市政府机构改革与调整的同时,市委、市纪委机构也相应进行调整,实现编制、人员减少,机关工作人员文化水平提高,平均年龄下降的目标,干部队伍进一步优化。

第一节　市委机构

1986年,市委内设机构有市委办公室、组织部、宣传部、统一战线工作部(简称统战部)、政策研究室、政法委员会(挂市社会治安综合治理委员会的牌子)、市直属机关党委、市委党校、景德镇日报社。1991年,市委内设机构有市委办公室、组织部、宣传部、统战部、政法委员会、政策研究室、老干部局、台湾工作办公室(简称台办)、党史办、讲师团、市委党校、市直机关党委、景德镇日报社、市委市政府接待处、市委市政府信访办公室。

2010年,中共景德镇市委机关大门

1997年,市委老干局归口市委组织部,党史办职能并入市委组织部,市委内设机构有市委办公室、组织部、宣传部、统战部、政法委员会(挂市社会治安综合治理委员会的牌子)、政策研究室、台办(市政府台湾事务办公室)、市委市政府信访办公室、市直机关党委。2002年,市委机构改革,组建市委农村工作部;信访办公室更名为市委信访局,归口市委办公室管理;保留老干部局,归口组织部管理;保密局、机要局、台办并入市委办公室;文明办设在宣传部。经过调整后,市委内设机构有市委办公室、组织部、宣传部、统战部、农村工作部、政法委员会、政策研究室、直属机关工作委员会、纪律检查委员会。

2005年,市委内设机构调整,设有市委办公室、组织部、宣传部、统战部、政法委员会、政策研究室、农村工作部、直属机关工作委员会、纪律检查委员会。

2010年,市委内设机构有市委办公室、组织部、宣传部、统战部、农村工作部、政法委员会、政策研究室、直属机关工作委员会、纪律检查委员会、市机构编制委员会办公室。

第二节　市纪委机构

1986年,市纪委内设机构有办公室、第二办公室、调研室、检查处、审案处、信访处。1993年6月3日,景德镇市纪检监察两机关正式合署办公,一套工作机构,履行党的纪律检查和行政监察两种职能,对市委、市政府负责;设办公室、监察综合室、纪检监察一至三室、案件审理室、信访室、调查研究室、宣传教育室、执法监察室、党风廉政建设室(市党风廉政办公室)、举报室(市举报中心)12个职能室。

1997年4月,市纪委(市监察局)定编66人,其中机关行政编制为60人,事业编制6人。2002年,市纪委机关信访室与举报室合并为信访举报室(景德镇市对外开放改善投资环境投诉中心),同时增设干部室,仍是12个职能室。机关行政编制减至50人,事业编制增至7人。

2006年3月10日,成立市人民政府行政投诉中心,与市对外开放改善投资环境投诉中心合署办公(从信访举报室划出),为市纪委、市监察局副县级内设机构。同时,增加机关事业编制3人。

至2010年,市纪委(市监察局)机关有行政干部50人、职工5人,大专以上学历48人,占机关干部的96%;全市市直县级以上单位设立纪检监察机构43个(含20个派驻机构),定编92人,派驻纪检组组长的任免,由市纪委提出人选,按干部选拔任用程序办理。历任市纪委书记有周庭祥、查炳炎、刘爱才、刘发明、周萌、陈永华、傅卓成、梁高潮。

第三节　县(市、区)委机构

中共乐平市委机构

1986年,乐平县委机构设办公室(对台办、党史征集工作)、组织部(含老干部管理工作)、宣传部、统战部、纪律检查委员会、政法委、直属机关党委、机构编制委员会办公室(与劳动人事局合署办公)、政策研究室、农业委员会。1992年,乐平县委更名为乐平市委,市委机构有办公室、组织部(组织员办)、统战部、政法委、纪律检查委员会、政策研究室、机构编制委员会办公室、老干部局、直属机关党委、农村工作委员会、党史办、保密局、老干部局。1996年,机构改革,乐平市委机构有办公室(台办、机要局、保密局)、组织部(组织员办、村建办)、宣传部、统战部、政法委(综治办)、纪律检查委员会,农村工作委员会、机构编制委员会办公室、老干部局、政策研究室、市直属机关工作委员会;党史办转为直属事业单位。2002年,乐平市委机构有办公室(台办、机要局、保密局)、组织部(组织员办)、宣传部(文明办)、统战部、政法委(综治办)、农工部、纪律检查委员会、机构编制委员会办公室、老干部局、政策研究室、市直属机关工委;在市委办公室信访室、市政府办公室信访室的基础上组建市委信访局,增挂市政府信访局的牌子,归口市委办管理,既是市委的工作机构,又是市政府的工作机构。2010年,乐平市委机构有办公室(台办、机要局、保密局、督查室、接待科)、组织部(组织员办、村建办)、宣传部(文明办)、统战部、政法委(综治办)、农工部、纪律检查委员会、机构编制委员会办公室、信访局、老干部局、政策研究室、市直机关工委。

中共浮梁县委机构

1986年,蛟潭、鹅湖两区区委机构有办公室、组织部、宣传部、统战部、纪律检查委员会、政法委员会、政策研究室、区直机关党委。1989年,蛟潭、鹅湖两区委合并,成立中共浮梁县委,内设县委办公室、组织部、宣传部、统战部、政策研究室、纪律检查委员会、政法委员会、县直机关党委。1996年,政策研究室、信访办归口县委办公室,机要局、保密局、台湾工作办公室并入县委办公室,党史办转为县委直属事业单位。2002年,县委机构改革,信访办更名为信访局,归口县委办公室管理;台湾工作办公室(与县政府台湾事务办公室合署);政策研究室、机要局、保密局并入县委办公室。经过调整后,县委内设机构有县委办公室、组织部、宣传部、统战部、纪律检查委员会、政法委员会。2003年,增设农村工作部,政策研究室升格为县委办公室内设正科级机构。2010年,浮梁县委工作机构有县委办公室、组织部、宣传部、统战部、纪律检查委员会、政法委员会、农村工作部、机构编制委员会办公室。县社会治安综合治理委员会办公室与政法委员会合署办公;县直属机关工作委员会与县委组织部合署办公;机构编制委员会办公室为县机构编制委员会常设办事机构,既是县委工作机构,又是县政府工作机构。设置归口管理机构3个:信访局归口县委办公室管理;台湾工作办公室归口县委办公室管理;老干部局归口组织部管理。参照公务员法管理单位2个:县委党校、县史志档案局。县委、县政府直属事业单位1个:县委县政府接待办公室。

中共昌江区委机构

1986年,区委设办公室、组织部、宣传部、区委党校、纪律检查委员会、政法委员会、政策研究室、老干部工作领导小组。1987年,增设统战部、信访办。1990年,增设对台工作办公室、村建办公室。1996年,信访办、政策研究室归口区委办公室;老干部局归口组织部;保密局、对台办公室并入区委办公室;区直机关党委更名为区直机关工委,与组织部合署;党史办转为区委直属事业单位。2000年,区委工作机构有办公室、组织部、宣传部、统战部、纪律检查委员会、政法委员会。2010年,区委设办公室、组织部、宣传部、统战部、纪律检查委员会、政法委员会、农村工作部、老干部局、区委区政府信访局。

中共珠山区委机构

1986年,区委工作机构有区委办公室、组织部、宣传部、区委党校、保密委员会办公室、纪律检查委员会、政法委员会、"五讲四美三热爱"活动委员会、政策研究室、区委区政府档案馆、史志办。1989年,增设对台工作办公室、区委区政府信访办公室、区机构编制委员会,下设办公室。1990年,增设老干部局。1991年,增设党史办。1996年,党史办、对台工作办公室、区委区政府信访办公室归口区委办公室;老干部局归口组织部。2002年,区委工作机构有区委办公室、组织部、宣传部、区委党校、保密委员会办公室、纪律检查委员会、政法委员会、精神文明建设活动委员会、政策研究室、史志办、对台工作办公室、区委区政府信访局、老干部局、机构编制委员会。

第四节　市委组成人员

第五届市委组成人员

第五届中共景德镇市委任期为1987年7月至1992年5月,欧阳志凤、江国镇先后任市委书记,刘祖三、舒圣佑、程新饶、彭宏松、殷国光、李孝来先后任市委副书记,文有铭等8人任市委常委;市委委员34人、候补委员6人。周庭祥任市纪委书记。

表24－2－1　　1987年7月至1992年5月第五届市委常委会组成人员一览表

职务	姓名	任职年月	职务	姓名	任职年月
书记	欧阳志凤	1987.7—1990.4	常委	文有铭	1987.7—1990.9
	江国镇	1990.4—1992.5		李孝来	1987.7—1990.8
副书记	刘祖三	1987.7—1988.10		徐希祉	1987.7—1992.5
	舒圣佑	1987.7—1990.5		龚农民	1987.7—1992.5
	程新饶	1988.6—1992.5		殷国光	1987.7—1992.5
	彭宏松	1989.6—1990.5		郑荣辉	1987.7—1992.5
	殷国光	1990.5—1992.5		邓子泉	1988.9—1992.5
	李孝来	1990.8—1992.5		周庭祥	1990.8—1992.5

第六届市委组成人员

第六届市委任期为1992年5月至1997年12月,江国镇、殷国光先后任市委书记,殷国光、周庭祥、黄木华、舒晓琴(女)、王祥生、刘爱才、张桂生先后任市委副书记,管日顺等13人任市委常委;市委委员34人、候补委员6人。查炳炎任市纪委书记。

表24-2-2　　1992年5月至1997年12月第六届市委常委会组成人员一览表

职务	姓名	任职年月	职务	姓名	任职年月
书记	江国镇	1992.5—1994.3	常委	徐希祉	1992.5—1993.4
	殷国光	1994.3—1997.12		龚农民	1992.5—1997.12
副书记	殷国光	1992.5—1994.2		王延汉	1992.2—1994.3
	周庭祥	1992.5—1996.10		汪宗达	1992.5—1996.12
	黄木华	1992.4—1996.12		杨金云	1992.12—1997.12
	舒晓琴(女)	1995.3—1997.12		马存才	1994.3—1995.4
	王祥生	1996.10—1997.11		胡应良	1994.4—1996.12
	刘爱才	1996.12—1997.12		张学法	1995.4—1997.8
	张桂生	1997.11—1997.12		王俊纲	1996.10—1997.12
常委	管日顺	1992.4—1996.12		—	1996.12—1997.12
	查炳炎	1992.5—1997.12		刘道清	1997.8—1997.12

第七届市委组成人员

第七届市委任期为1997年12月至2001年6月,殷国光、舒晓琴(女)先后任市委书记,舒晓琴、刘爱才、张桂生、刘发明等先后任市委副书记,查炳炎等10人先后任市委常委;市委委员33人、候补委员7人。刘爱才任市纪委书记。

表24-2-3　　1997年12月至2001年6月第七届市委常委会组成人员一览表

职务	姓名	任职年月	职务	姓名	任职年月
书记	殷国光	1997.12—1998.9	常委	查炳炎	1997.12—2001.6
	舒晓琴(女)	1998.9—2001.6		杨金云	1997.12—2001.1
副书记	舒晓琴(女)	1997.12—1998.9		—	1997.12—2001.1
	刘爱才	1997.12—1999.8		刘道清	1997.12—1999.11
	张桂生	1997.11—2001.6		张忠信	1997.12—2001.6
	刘发明	1998.9—2000.8		管正川	1999.11—2001.6
	—	1999.8—2001.6		李亚平	1999.11—2001.6
	—	2001.1—2001.6		余仰贤	1999.11—2001.6
				马承祖	2001.1—2001.6
				樊　耀	2001.1—2001.6

第八届市委组成人员

第八届市委任期为2001年6月至2006年11月，舒晓琴(女)、姚亚平等先后任市委书记，张忠信、李亚平、周萌、陈永华、刘德意、傅卓成、樊耀、虞国庆、陈兴超等先后任市委副书记，管正川等13人先后任市委常委；市委委员35人、候补委员7人。周萌任市纪委书记。

表24-2-4　　**2001年6月至2006年11月第八届市委常委会组成人员一览表**

职务	姓名	任职年月	职务	姓名	任职年月
书记	舒晓琴(女)	2001.6—2001.12	常委	管正川	2001.6—2005.12
	姚亚平	2001.12—2003.8		樊　耀	2001.6—2003.9
	—	2003.9—2006.11		郭建晖	2001.6—2004.6
副书记	—	2001.6—2003.9		刘德意	2001.6—2003.6
	张忠信	2001.6—2006.11		殷金水	2001.6—2002.5
	李亚平	2001.6—2002.3		—	2001.6—2005.10
	周　萌	2001.6—2003.5		邹海亮	2002.5—2006.11
	陈永华	2002.3—2003.6		王力农	2003.4—2006.11
	刘德意	2003.6—2006.11		—	2003.9—2006.11
	傅卓成	2003.9—2006.11		汪天行	2003.11—2006.11
	樊　耀	2003.9—2006.11		梁高潮	2004.6—2006.11
	虞国庆	2004.7—2006.11		黄　河	2004.8—2006.11
	陈兴超	2004.3—2006.11		夏修全	2005.12—2006.11

第九届市委组成人员

第九届市委任期为2006年11月至2011年8月，李放、傅卓成、李亚平、刘昌林、黄河先后任市委副书记，陈兴超等12人先后任市委常委；市委委员45人、候补委员9人。梁高潮任市纪委书记。

表24-2-5　　**2006年11月至2011年8月第九届市委常委会组成人员一览表**

职务	姓名	任职年月
书　记	—	2006.11—2011.8
副书记	李　放	2006.11—2010.10
	傅卓成	2006.11—2011.8
	刘昌林	2010.10—2011.8
	黄　河	2011.8—
常委	陈兴超	2006.11—2009.7
	王力农	2006.11—2011.1
	梁高潮	2006.11—2011.8
	黄　河	2006.11—2011.8

职务	姓名	任职年月
常委	夏修全	2006.11—2010.7
	—	2006.11—2011.8
	占　勇	2006.11—2011.8
	马玉玲	2006.11—2011.8
	汪立耕	2006.11—2011.8
	卢正大	2007.7—2011.8
	郭　安	2009.7—2011.8
	徐庆华	2010.7—2011.8

第三章 重要会议

自1986年3月中共景德镇市委四届四次全体扩大会议召开以后,1987—2010年,先后召开五届、六届、七届、八届、九届全体(扩大)会议。市委常委会在全委会闭幕期间,行使全委会职权,常委会会议每月召开2次。同时,不定期召开政治、经济、社会管理、城市建设、农村工作、陶瓷文化等方面专题会议。

第一节 市委全体会议

第四届市委全体会议

1986年3月24—26日,中共景德镇市委召开四届四次全体(扩大)会议。市委书记全文甫作《大力端正党风,加强思想政治工作,夺取城市两个文明建设新胜利》的报告,学习中央领导关于加强精神文明建设的指示和中央、省委关于端正党风,加强思想政治工作的文件,讨论通过市委《关于认真端正党风的决定》和《关于加强思想政治工作的决定》。

第五届市委全体会议

1987年7月至1992年5月,共召开9次会议。1988年3月25—26日,召开五届三次全体(扩大)会议,讨论并审议通过市委1987年工作总结和1988年工作要点及《中共景德镇市委关于在改革开放中加强党风建设的决定》。1991年3月1—3日,召开五届七次全体会议,全会通过《中共景德镇市委关于制定景德镇市国民经济和社会发展十年规划和"八五"计划的建议》。

第六届市委全体会议

1992年5月至1997年12月,共召开15次会议。1992年10月31日至11月1日,召开六届二次全体(扩大)会议。会议传达中共十四大会议精神,并决定会后组织600余名县级干部分期、分批到市委党校集中培训,学习中共十四大精神;1993年12月6—7日,召开六届五次全体会议,传达中共十四届三中全会和省委九届九次全会精神,研究部署景德镇市加快改革和经济发展任务;1995年10月29—30日,召开六届八次全体会议,进一步学习中共十四届五中全会和省委十届二次全会精神,审议通过《中共景德镇市委关于制定全市国民经济和社会发展"九五"计划和2010年远景目标的建议》;1996年6月26—27日,召开六届九次全体会议,学习江泽民在纪念中国共产党成立75周年座谈会上的重要讲话,全面落实中央领导和省委、省政府主要领导视察景德镇市的指示,推进国有工业改革和发展,会议通过《市委关于进一步改进领导作风,狠抓工作落实的决定》《市委关于加快发展三大支柱产业的意见》和《市委关于大力支持昌河飞机工业公司等部省属企业发展的意见》;1996年11月13—14日,召开六届十次全体会议,讨论并通过《中共景德镇市委关于加强社会主义精神文明建设实施意见》;1997年12月7日,召开六届十五次全体会议,决定中共景德镇市第七次代表大会于12月9—11日举行,讨论并通过中共景德镇市第六届委员会工作报告,决定将这个报告提请市第七次党代会审议。

第七届市委全体会议

1997年12月至2001年6月,共召开7次会议。1999年10月24日,召开七届四次全体会议,出席全会的市委委员25人、候补委员6人,会议讨论并通过《中共景德镇市委关于贯彻党的十五届四中全会精神加快国有企业改革和发展的意见》;2000年7月12日,召开七届五次全体会议,出席全会的市委委员28人、候补委员6人,会议讨论并通过《中共景德镇市委关于认真贯彻中共江西省委关于加强对党政机关领导干部管理和监督的若干规定意见》;11月21—22日,召开七届六次全体会议,出席全会的市委委员27人、候补委员

6人，会议深入学习贯彻中共十五届五中全会和省委十届十二次全会精神，审议并通过《中共景德镇市委关于制定我市国民经济和社会发展第十个五年计划的建议》；2001年6月20日，召开七届七次全体会议，决定中共景德镇市第八次代表大会于6月25—27日举行，讨论并通过《中共景德镇市第七届委员会工作报告》和《市纪委工作报告》，决定将这2个报告提请市第八次党代会审议。

第八届市委全体会议

2001年6月至2006年11月，共召开12次会议。2001年9月6日，召开八届二次全体会议，会议审议并通过《中共景德镇市委、景德镇市人民政府关于进一步扩大开放加快发展若干政策和措施》；2002年6月26日，召开八届五次全体（扩大）会议，学习贯彻江泽民“5·31”重要讲话精神，贯彻落实省党代表会议精神，传达省党代表会议下发的5个文件（讨论稿），学习借鉴浙江经验，动员和组织广大干部群众解放思想、开拓创新，进一步提高改革开放水平，加快工业化、城市化进程，推动全市经济快速健康地向前发展；2003年8月16—17日，召开八届六次全体（扩大）会议，会议审议并通过《中共景德镇市委关于全面贯彻“三个代表”重要思想，加快建设区域中心城市的若干意见》，全会通过《中共景德镇市第八届委员会第六次全会关于市委候补委员方法美等同志递补为市委委员的决定》；2004年2月1—2日，召开八届七次全体（扩大）会议，市委书记、市长通报全市2003年的经济工作和2004年的工作部署，并就全市贯彻落实中共十六届三中全会、中央经济工作会议和省委十一届五次全体（扩大）会议精神，进一步加快改革发展，做好各方面工作作讲话，市委副书记张忠信就宣传思想工作和农业农村工作作专题发言，全会审议通过《市委常委会2003年度工作报告》和《中共景德镇市委关于完善社会主义市场经济体制的意见》；2005年12月29—30日，在财富大厦召开八届九次全体会议，全面回顾“十五”时期的工作，分析景德镇市发展面临的形势，提出“十一五”时期经济社会发展的总体要求、大政方针和主要任务，全会审议通过《中共景德镇市委关于制定全市国民经济和社会发展第十一个五年规划的建议》和《中共景德镇市委常委会2005年度工作报告》；2006年8月2日，召开八届十次全体会议，通过《关于召开中国共产党景德镇市第九次代表大会的决议》，11月27日召开八届十二次全体会议，通报召开中共景德镇市第九次代表大会有关事项，审议中共景德镇市第八届委员会工作报告（审议稿）和市纪委工作报告（审议稿）。

第九届市委全体会议

2006年11月至2011年9月，共召开14次会议。2008年12月31日，召开九届七次全体（扩大）会议，会议讨论审议《中共景德镇市委常委会2008年度工作报告》《中共景德镇市委关于贯彻落实中共中央〈决定〉和省委〈实施意见〉、加快推进农村改革发展的意见》《中共景德镇市委全委会工作规则（试行）》《中共景德镇市委常务委员会工作规则（试行）》；2009年12月29日，召开九届九次全体（扩大）会议，市委副书记、市长李放总结2009年工作并对2010年工作进行全面部署，市委副书记傅卓成作《中共景德镇市委关于贯彻落实〈中共中央关于加强和改进新形势下党的建设若干重大问题的决定〉的实施意见》的说明并作会议总结；2011年1月21日，召开九届十一次全体会议，审议通过《市委常委会2010年工作报告》和《中共景德镇市委关于制定景德镇市国民经济和社会发展第十二个五年规划的建议》，是年9月9日，召开九届十四次会议，通过《关于召开中国共产党景德镇市第十次代表大会的决议（草案）》和《中共景德镇市第九届委员会工作报告（审议稿）》。

第二节　常委会会议

第四届市委常委会会议

1986年1月20日，市委常委扩大会议部署端正党风，开展检查清理工作，集中学习中央领导在中央机关干部大会上的重要讲话和省委1号文件，分析机关党员干部端正党风的情况，对全市党政机关端正党风、检查清理作出部署。

第五届市委常委会会议

1987 年 7 月至 1992 年 5 月,第五届市委常委会。1988 年 4 月 27 日,常委会会议研究同意市政协设置学习、提案、工作组、经济、文史资料 5 个县(局)级委员会。1990 年 8 月 19 日,常委会会议听取关于即将召开的市委五届六次全体(扩大)会议筹备工作的汇报,审议大会议程,市委书记江国镇在《全委(扩大)会议上的讲话(征求意见稿)》和《关于解决当前陶瓷几个突出问题的决定(送审稿)》及 8 个附件的送审稿。1991 年 1 月 25 日,常委会会议研究贯彻省委九届二次全会精神,审议《景德镇市国民经济、社会发展十年规划和"八五"计划纲要草案》。1992 年 3 月 11 日,常委会会议学习贯彻邓小平南方谈话,讨论全市"解放思想,加快改革开放步伐"的设想,提出在"八个加快"上做文章,实施"六个突破"的思路,同意实施《关于我市企事业单位内部实行评聘高级专业技术职务暂行办法》。

第六届市委常委会会议

1992 年 5 月至 1997 年 12 月,第六届市委常委会。1993 年 3 月 22 日,常委会会议听取关于陶瓷第一期技改发展和第二、三期技改规划情况的汇报,同意《陶瓷第二、三期技改初步可行性研究报告》。1994 年 4 月 13—14 日,常委会会议专题研究陶瓷工业经济问题,对陶瓷工业发展作出部署。1995 年 7 月 8 日,常委会会议同意《解放思想、抓住机遇、呼应浦东、策应京九、开放开发、振兴瓷都》《关于加强和改进国有企业党的建设工作的意见》《关于当前陶瓷改革与发展工作的意见》。1996 年 1 月 13 日,常委会会议审议并同意市政府拟定的《景德镇市国民经济和社会发展"九五"计划和 2010 年远景目标纲要(草案)》。1997 年 12 月 4 日,常委会会议同意市政府《关于 1998 年计划初步安排意见及有关情况说明》《景德镇市 1998—2002 年国民经济和社会发展构想》,审定市政府关于 1998 年和此后 5 年经济发展的主要指标。

第七届市委常委会会议

1997 年 12 月至 2001 年 6 月,第七届市委常委会。1998 年 10 月 1 日,常委会会议认真学习《江泽民总书记在全国抗洪抢险总结表彰大会上的讲话》,并研究贯彻意见,审定市委办公室、市政府办公室《关于组织市、县(市、区)机关干部下乡帮助灾区重建家园发展经济工作的通知》。1999 年 3 月 23 日,常委会会议审定并同意《市委领导班子的整改意见》及反馈情况的通报,讨论并同意《关于"三讲"教育试点工作总结》("三讲":讲学习、讲政治、讲正气),审定并同意关于贯彻党风廉政建设责任制,把 1999 年工作任务分解到市直有关部门抓落实的意见。2000 年 1 月 30 日,常委会会议传达中央全省农村工作会议精神,研究部署从战略上调整农业和农村经济结构,明确当年农业和农村工作的主要任务、主攻方向,以及农业、农村工作进行战略性调整的核心。

第八届市委常委会会议

2001 年 6 月至 2006 年 11 月,第八届市委常委会。2001 年 10 月 9 日,常委会会议同意市国有企业和发展领导小组办公室提出的下步工作意见,同意调整市国有企业改革和发展领导小组,同意市党政领导班子部分成员到市重点改制企业挂点指导,制定《关于企业改革若干问题的暂行规定》,审定并同意《市委、市政府关于大力推进城市社区建设的意见》,成立市社区建设领导小组。2002 年 8 月 12 日,常委会会议审定并同意《关于提高改革开放水平,加快工业化进程的意见》《关于加快我市陶瓷产业发展的若干意见》《关于进一步加快民营经济发展的若干意见》《关于进一步优化投资环境的若干意见》《关于理顺高新技术产业开发区管理体制和运行机构的意见》5 个文件,并立即下发执行。2003 年 8 月 10 日,常委会会议审议《关于全面贯彻"三个代表"重要思想,加快建设区域中心城市的若干意见》,强调要加大招商引资的力度,积极引进增量,通过引进增量来做大总量,通过引进增量来激活存量。2004 年 2 月 29 日,常委会会议审议并同意《景德镇市创建中国优秀旅游城市总体方案》,并在修改后以市委、市政府名义下发,同意"创优"10 个工作组组成人员和工作职责,会后召开创建中国优秀旅游城市动员大会。2005 年 1 月 11 日,常委会会议研究同意《市委关于在全市党员中开展以实践"三个代表"重要思想为主要内容的保持共产党员先进性教育活动的实施方案》和《关于在市、县党政机关和部分事业单位中开展保持共产党员先进性教育活动的实施方案》,进一步加强党风廉政建设和反腐败工作,研究调整落实党风廉政建设责任制工作领导小组成员;研究促进全市民营经济发展工作。2006 年 3 月 1 日，常委会会议研究决定成立市社会主义新农村建设工作领导小组，领导小组办公室设在市委农村工作部。

第九届市委常委会会议

2006 年 11 月至 2011 年 8 月，第九届市委常委会。2008 年 12 月 8 日，常委会会议研究部署 2009 年经济工作，提出以大开放为主战略，以项目建设为重点，继续增加投入，做大总量，以大项目推动大发展，以高投入拉动高增长。2009 年 6 月 11 日，市委常委会会议专题研究部署全市国有工业企业全面改革工作，同意成立景德镇市推进国有企业改革领导小组，由市四套班子领导挂点推进国有工业企业改革，提出推进全市国有工业企业全面改革的指导意见。2010 年 9 月 10 日，常委会会议专题研究部署争创全国双拥模范城“五连冠”工作。

第三节　专题会议

市委重要会议除市委全体会议和市委常委会会议之外，还召开全市政治经济、社会管理、城市建设、专题学习教育、农村工作、陶瓷文化等方面的专题会议。

1986 年 7 月 15—16 日，中共景德镇市委召开整党工作会议，传达省委地市书记整党工作座谈会和全省第五次核查工作会议精神，对全市下半年农村整党和核查工作作出部署。1988 年 5 月 11 日，市委、市政府、景德镇军分区组织集会，纪念皖浙赣边区红军游击队瑶里改编和新四军驻景德镇办事处成立 50 周年大会。大会由市长舒圣佑主持，市委书记欧阳志凤在会上作题为《发扬革命传统、建设文明繁荣的新瓷都》的讲话。

1990 年 2 月 12—14 日，市委、市政府召开全市农村工作会议，传达全国、全省农村工作会议精神，市长舒圣佑作题为《振奋精神，坚定信心，将我市农村经济稳步推上台阶》的报告，表彰 1989 年度全市农业开发和抗灾夺丰收的先进集体 41 个、先进农户 20 人，颁发奖旗和奖状。1992 年 9 月 27—29 日，市委工作会议在市委礼堂召开。会议听取江西省解放思想加快改革开放报告团的报告；听取和讨论市委书记江国镇《定实策、拿新招、求实效，进一步加快改革开放和经济发展的步伐》的报告及市委副书记殷国光的有关讲话；学习和讨论市委提出的加快全市改革开放和经济发展的 10 个方面意见。1997 年 4 月 9 日上午，全市解放思想动员大会在市政府礼堂召开，会议要求进一步认识解放思想的必要性和紧迫性，进一步把干部群众的思想搅动起来，进一步把解放思想落到实处，打破在计划经济条件下形成的思维定式，树立与社会主义市场经济相适应的新思想新观念，加快景德镇市改革开放和经济发展步伐。1998 年 9 月 15 日，全市市容环境综合整治动员大会在市委二楼会议厅召开，市委书记殷国光对全市市容环境综合整治提出具体意见。1999 年 1 月 4 日，全市“三讲”（讲学习、讲政治、讲正气）教育动员大会在市委召开，以省委副书记钟起煌为组长的省委“三讲”教育试点工作组一行参会，钟起煌作讲话。市委书记舒晓琴作动员讲话，市委副书记、市纪委书记刘发明宣读市委《关于做好“三讲”教育试点工作的意见》和《关于开展“三讲”教育试点工作方案》。

2000 年 7 月 20 日，召开全市发展战略课题研究成果交流会，经过市社联和各课题组半年多的努力，由 25 个重要课题组成的《景德镇市发展战略研究报告》如期完成。市委政研室、市体改委、乐平市、浮梁县、昌江区和珠山区承担课题研究的领衔人及市人大常委会原主任方综先后在交流会上作课题研究成果发言。2002 年 8 月 12 日，召开全市党政机构改革动员大会，部署市县乡党政机构改革工作。提出改革要正确把握定岗人员的指导思想和原则，进一步加大竞争上岗工作力度，结合人员定岗工作实施轮岗和回避制度，进一步加强职位的管理。2003 年 12 月 25 日，召开闽浙赣皖九方（福建南平市，浙江金华、丽水、衢州市，江西抚州、上饶、鹰潭、景德镇市，安徽黄山市）经济区二届八次联席会议。会议的主题是以中共十六大精神为指导，按照“三个代表”重要思想的要求，加快工业化城市化进程，开创九方经济协作区域联合与协作的新局面，通过探讨加快工业化、城市化进程的做法，交流工作经验，提高认识，扩大合作范围，加速促进各地区经济建设步伐，把区域合作推向一个更高的层次。会议审议并通过《关于〈九方经济区 2003 年区域合作工作报告〉的决议》《关于确定闽浙赣皖九方经济区二届九次联席会议执行主席的决定》《关于强化闽浙赣皖九方经济区联络处工作职能的决议》《会议纪要》。

2005年3月9日,召开全市农村工作会,会议全面部署2005年农业和农村工作,表彰2004年度全市农业和农村工作先进单位、先进个人。重点研究如何提高农业综合生产能力,促进农民持续增收。2006年1月17日,召开全市发展开放型经济工作总结表彰暨动员部署大会,全面动员部署2006年开放型经济工作,对2006年开放型经济工作提出:着力在主攻招商引资的重点项目上寻求突破;着力在发挥招商主体的作用上寻求突破;着力在创新招商引资方法和手段上寻求突破。2007年11月7日,召开全市宣传中共十七大精神工作会议,要求认真学习领会中共十七大精神,把全市干部群众的思想和行动统一到中共十七大精神上来;认真学习领会科学发展观,自觉加强思想理论武装,提高贯彻落实的自觉性;围绕学习宣传中共十七大精神,深入研究和思考景德镇市改革发展的重大问题,切实抓好当前各项工作。

2008年5月6日,召开环鄱阳湖生态经济区扩大开放座谈会,要求建立环鄱阳湖生态经济区开放协调机制、招商引资项目推进机制、开放平台运行机制、安商招商机制。6月3日,召开创建全国文明城市动员大会,就进一步做好创建工作提出:统一思想,提高认识,进一步增强创建全国文明城市工作的紧迫感和责任感;狠抓关键,突出重点,整体提升文明城市创建水平;加强领导,协调各方,切实把创建的各项具体工作落到实处。2009年2月27日,召开全市陶瓷工作会议,提出4点要求:咬住一个目标,即紧紧咬住"扩大规模,做大总量,提高效益"这个目标不松劲,扩大陶瓷规模,做大陶瓷总量,着力提高效率。突出2个重点,即要牢牢抓住传统陶瓷产业的创新和发展,依靠科技创新,促进产品升级,增加产品附加值,推进传统陶瓷产业的新发展;加快推进高技术陶瓷产业集成,打造和扶持高科技陶瓷龙头企业,切实搞好配套,做大产业规模。抓住3个机遇,即要抓住当前国外一批陶瓷企业正在向外转移,沿海发达地区的陶瓷企业向中西部地区转移,世界性的陶瓷产业重组向中国甚至是景德镇转移的趋势。实行4个突破,即要在陶瓷产业政策上实现新突破;要在品牌战略上实现新突破;要在推进体制创新上实现新突破;要在产业配套上实现新突破。2010年6月4日,召开全市加快转变经济发展方式,促进县域经济发展会议,要求力争在6个方面取得重大突破,即必须在持续增加有效投入上,在做大做强园区经济上,在提升城镇化水平上,在加快现代农业发展和加快新农村建设上,在科技创新、节能减排上,在创新体制、优化发展环境上取得重大突破,进位赶超,绿色崛起,实现3年翻番。会议还就加快县域经济发展提出:更加注重规模、质量,切实转变经济发展方式;更加注重招商引企,狠抓园区项目建设;更加注重抓点带面,努力完成目标任务。

第四章　重要决策

80—90年代,中共景德镇市委顺应改革开放的时代发展潮流,根据景德镇市发展实际,制定出一系列关于社会发展、经济建设、陶瓷产业、城市建设管理、党的建设等方面的战略决策,这些决策互相衔接,互为呼应,为景德镇的发展奠定基础。至2010年,历届市委按照中央决策部署,科学决策景德镇的经济社会发展举措,不断推动景德镇市实现持续跨越发展,推动千年瓷都书写新的辉煌。

第一节　经济社会发展战略

1986年1月,市委、市政府召开全市城市经济工作会议,提出"七五"期间奋斗目标:通过抓好全面改革基本稳定新的经济体制,力争1990年工农业总产值和国民生产总值比1980年翻一番,出口创汇能力在1985年的基础上翻一番。1987年7月,中共景德镇市第五次党代会提出要坚定不移地全面贯彻落实中共十一届三中全会以来的路线,坚持四项基本原则,坚持改革、开放、搞活,紧紧抓住经济建设这个中心,大力发展社会生产力。1991年3月1—3日,市委五届七次全会审议通过《关于制定景德镇市国民经济和社会发展十年规划和"八五"计划的建议》,提出国民生产总值比1980年翻两番,基本实现人民生活达到小康水平。3月20

日，市九届人大六次会议审查批准市政府根据市委建议编制的《景德镇市国民经济与社会发展十年规划和“八五”计划纲要》。5月8日，市委常委会审定并同意《关于景德镇市发展外向型经济战略的基本构想（草稿）》。1992年4月，市委常委会会议审定的市经济技术开发区初步方案提出：开发区的建设要突出建成以创汇为主要内容的外向型经济区。要把基础设施搞好，政策上要更优惠，要比沿海放得更开一点，要以外向型经济为主，扩大出口，吸引外商投资。同时，开发区建设还必须突出大陶瓷特色。是年，市委提出“三个提前”的战略目标，即提前两年实现奔小康；提前四年实现翻两番；提前两年实现原定“八五”计划目标，力争经济增长速度高于全国和全省的平均水平，主要经济指标在全省的排列位次前移。

1993年4月17日，市委就调整“八五”计划作出决定，农业产值原计划目标是9.22亿元，平均速度为5%调整为5.50%，后三年增长6.70%；工业总值由原计划37.06亿元调整为56亿元，增长速度由8%调整为17.85%；乡镇工业产值由原计划的6.18亿元调整为14.36亿元，发展速度为33%，奋斗目标为20亿元；外贸出口总值由原计划的1亿美元调整为1.20亿美元，发展速度14.87%，奋斗目标为1.30亿～1.40亿美元；利用外资由原计划的1亿美元调整为1.50亿美元，奋斗目标为1.70亿美元。12月，市委六届五次全会作出“把更大的精力集中到改革上来，加快全市建设社会主义市场经济体制的进程，力争提前在1994年实现‘翻两番’”的决策。1995年10月，市委六届八次全会审议《中共景德镇市委关于制定全市国民经济和社会发展“九五”计划和2010年远景目标的建议（草案）》，提出此后15年经济的发展战略构想：以呼应浦东，策应京九，加快全市“昌九景”重点区域建设为契机，以发展外向型经济为主导，坚持以农业的现代化建设为基础，着力培植九景、昌景沿线景德镇地区产业带，促进环鄱阳湖经济带的建设；坚持用先进技术改造传统行业，用高新技术发展新兴产业，以名牌产品为龙头，以上规模、上效益为目的，以资产重组为纽带，发展一批企业集团，建设陶瓷、汽车、机械、制冷、电子、建材、医药、化工、食品等在全国有一定影响的支柱产业；优化农业，大力发展第三产业，加强基础设施建设，加快县域经济发展，推进城乡一体化，力争在全省率先实现工业化和现代化。

2000年11月，市委七届六次全会审议通过《关于制定景德镇市国民经济和社会发展第十个五年计划的建议》，提出第十个五年计划期间（2001—2005年）经济和社会发展的主要目标：国民经济保持快速健康发展，力争主要经济指标的增长速度继续高于全国和全省平均水平。2002年6月，市委八届五次全会提出“四轮驱动”战略：把以部省属企业为代表的一批重点骨干优势企业做大做强；大力发展民营经济；激活县乡经济；迅速发展园区经济。2005年12月29—30日，市委八届九次全会审议通过《关于制定景德镇市国民经济和社会发展第十一个五年规划的建议》，提出十一五时期经济社会发展的总体要求、大政方针和主要任务。其中经济和社会发展的主要目标：综合实力明显增强，全市生产总值年平均增长13%，2010年人均生产总值突破2800美元；产业结构进一步优化，工业化水平大幅提升，农业综合生产能力明显提高；增长质量明显改善，资源利用效率显著提高，单位生产总值能源消耗比“十五”期末降低20%；社会主义市场经济体制比较完善，所有制结构更趋合理；中心城市辐射和带动能力明显增强，建设社会主义新农村取得实质性效果；社会各项事业协调发展，小康生活更加宽裕；民主法制建设和精神文明建设取得新进展，建设和谐平安瓷都取得新成效。2006年11月，市第九次党代会提出此后5年的目标：在优化结构、提高效益、降低消耗的基础上，实现全市生产总值和财政总收入“两个翻番”。2008年5月7日，市委召开会议研究策应鄱阳湖生态经济区工作，提出要结合景德镇市实际和特色，主动策应对接鄱阳湖生态经济区建设，把科学发展、实现瓷都跨越发展的重大突破，同策应鄱阳湖生态经济区建设相结合，在全局中找到自身位置。

第二节　产业建设

工业发展

1987年5月，市委、市政府印发《关于大力发展乡镇企业的二十一条具体规定》，决定在认真贯彻国家统一税收政策的前提下，本着有利于扶持乡镇企业，有利于发展乡镇企业，有利于培植和涵养税源的前提和要求下,实施发展乡镇企业的各项规定。

1991年3月,市委五届七次全会就搞好国营大中型企业进行研究部署,提出要着重抓好8个方面的工作:实行政企分开,进一步落实企业自主权;全面规划,抓住重点,综合治理,分类指导;切实减轻企业负担;推进劳动工资制度改革,搞活企业内部用工和分配制度;强化企业管理,眼睛向内,苦练内功;优化企业组织结构,组建和发展企业集团;把搞好国营大中型企业与发展多种经济成分结合起来,提高生产力的整体水平;切实加强领导,建立搞好国营大中型企业的保障体系。1993年,市委六届四次全会提出乡镇企业"超新余、赶萍乡"初步设想,市委六届第二十五次常委会会议审定《关于赶超全省乡镇企业先进水平的意见》。1994年6月,市委工作会议对加快乡镇企业发展进行研究部署,提出在"六抓"(抓大带小、抓实扶弱、抓股份合作制、抓技改达产达标、抓重点乡镇重点产品、抓效益年活动)、"六看"(看村级经济实力、看科技项目投产率、看农民增收、看个体及私营经济发展、看资金投入、看对财税的贡献)基础上,在3个方面实施重点突破:农村深化改革,在股份合作制上实现新的突破;加快城乡工业企业配套发展,在"大带小""实扶弱"上实现新的突破;千方百计多渠道筹集资金,增加投入,在增强乡镇企业发展后劲上有新的突破。

1995年1月,市委、市政府印发《关于进一步搞好国有大中型企业的意见》,提出坚持改革、改组、改造并举,进一步提高企业的整体素质和经济效益;把工作重点放在转换企业经营机制和建立现代企业制度,试行政企职责分开,加快技术改造,加强企业的内部管理,建立社会保障制度等方面。6月,市委、市政府印发《关于国有大中型企业扶持发展乡镇企业的意见》和《关于市六套班子领导和市直部门单位挂钩扶持发展乡镇企业的意见》,提出市属国有企业和部省属国有企业都应与乡镇企业挂钩,实行"四帮一带一培",即帮技术、帮设备、帮资金、帮管理,大厂带小厂,培训技术和管理人才,为乡镇企业提供信息、扩散产品、指导管理,推进乡镇企业上规模、上水平、上效益。1996年6月,市委六届九次全会讨论研究《中共景德镇市委关于加快发展三大支柱产业的意见》,提出全力振兴陶瓷工业,迅速壮大无氟压缩机、板鸡两大新兴产业。同时讨论研究《中共景德镇市委关于大力支持昌河飞机工业公司等部省属企业发展的意见》。

2002年6月,市委八届五次全会审议通过《中共景德镇市委景德镇市人民政府关于加快我市工业改革与发展的若干意见》,提出扶持力度向重点企业倾斜、向重点项目倾斜、向工业园区倾斜、向陶瓷产业倾斜;政企分开,实施国有资产管理体制改革;因企制宜,全面深化企业产权制度改革;完善制度,建立健全劳动管理和社会保障体系;搞好规划,进一步加快工业园区建设;依靠科技,构筑创新发展新优势;放手放胆,大力发展民营经济;招商引资,加大工业利用外资力度。2005年5月,市委、市政府印发《关于加快工业经济发展的若干意见》,提出坚持以市场为导向,以科技为支撑,大力开拓市场,加大工业投入和招商引资力度,加快产业、产品结构调整和优化升级,推进工业园区建设,提高大企业集团核心竞争力,快速做大工业总量,不断增强工业的整体竞争力和综合实力,实现景德镇市工业的跨越发展和建设经济重镇的目标。重点发展机械家电、航空汽车、化工医药、电子信息、新型陶瓷和特色食品六大支柱产业,积极扶持地方工业做大做强,不断提高支柱产业和地方工业在全市规模以上工业总量的比重。

2009年6月,市委召开九届第四十二次常委会会议,专题研究部署全市国有工业企业全面改革工作,成立市推进国有企业改革领导小组,由市四套班子领导挂点推进国有工业企业改革,明确要抓住当前加快改革的有利时机,积极稳妥推进,年内基本完成市属国有工业企业全面改革。提出既要加快全市工业企业改革的步伐,又要积极稳妥有序地推进。要提高认识,抓住时机;要坚定信心,精心操作;要以人为本,促进和谐;要加强领导,协调推进,切实完成好全市工业企业全面改革,实现瓷都新的跨越发展。

农业发展

1988年3月,市委、市政府印发《关于深化农村改革加快发展农村经济的决定》,确定当年和此后一段时期内全市农村工作的指导思想:高举十三大旗帜,坚持一个中心、两个基本点,自力更生,艰苦奋斗,以改革统揽全局,以开放促进开发,运用价值规律,依靠科技进步,确保粮食稳定增长,多种经营和乡镇企业有突破性进展,加快农业劳动力转移步伐,努力实现增产增收增后劲。1989年5月,市委、市政府印发《景德镇市(1988—1992年)农业开发总体规划》,提出在5年内着力抓好10项农业开发和10个方面基地建设。10项农业开发:土地资源开发,荒山开发,荒坡、荒滩开发,冬季农业开发,饲料、饲草资源开发,水面开发,食用菌资源开发，野生资源开发，蔬菜开发，庭院经济开发。10个方面的基地建设：商品粮基地、茶叶生产基地、蚕桑基地、果树生产基地、畜禽基地、水产品生产基地、食用菌生产基地、油料生产基地、蔬菜生产基地、用材林基地。

1991年2月，市委、市政府出台《关于加强农村社会化服务体系建设的意见》，提出以市、县农业经济技术部门服务为依托，以建立和完善"官民"合办的乡镇服务站为重点，以加强村级服务为基础，逐步健全市、县（区）、乡（镇）、村四级服务网络，形成体系。1992年1月，市委、市政府作出《关于进一步加强我市老区贫特困乡扶贫开发工作的决定》，要求各县（区）委、政府和有关部门，要在加强调查研究的基础上，围绕2000年奔小康的目标，因地制宜地制定好贫特困乡的"八五"（1991—1995年）扶贫开发计划。在制订计划的过程中，应适时地把扶贫开发计划向深山区延伸，向库区延伸，向最困难、最落后、最偏僻的地区延伸。同时，还要把扶贫开发和农业开发结合起来；把群众脱贫致富、巩固温饱和发展壮大村级集体经济结合起来；把发展经济和加强基础设施建设结合起来；把推广科技成果和普及初等教育结合起来；把扶贫开发与计划生育结合起来。1994年1月，召开全市农村工作会议，提出要围绕建立社会主义市场经济体制的目标，加快调整产业结构，大力发展优势产业，推进"三高"（高产、高质、高效）农业的新突破；大力发展股份合作制，推进乡镇企业的新突破；加强农村市场的培育和建设；加强科技兴农；加强基础设施建设。1998年11月，市委七届三次全会审议通过《中共景德镇市委关于加强农业和农村工作的意见》，确定此后12年景德镇市农业和农村工作的基本思路是：坚持以邓小平理论和党的基本路线为指导，坚持党的农村基本政策不动摇，坚持把发展农村经济、提高农业生产力水平作为整个农村工作的中心不动摇，坚持党对农村工作的领导不动摇，以改革求发展，向科技要效益，不断提高农村经济整体水平。

2000年，市委印发《关于农业科技示范园区建设的意见》，提出以市、县（市、区）为单位，分别先抓一个科技示范园试点，再在总结经验的基础上根据产业发展抓好若干个不同类型的农业科技示范园。2000年上半年完成项目可行性论证，搞好规划设计和前期准备工作；2000年下半年到2001年底，重点完成基础设施建设工程，引进新技术、新品种，挖掘当地特色优良品种的开发试验示范，基本形成农业科技示范园区的建设框架，并开始运转；2002年开始，逐步完善科技示范园建设配套工程，完善管理体制，促进农业科技示范园上规模、上档次，提高农业科技示范园的高新技术产业化，提高科技转化率和市场的竞争力。2004年，市委通过《关于加快发展开放型农业、促进农民增加收入的若干意见》，提出以发展开放型农业为抓手，打造增加农民收入的新平台；加大开放型农业的投入，增强农业发展后劲；发展农村二、三产业，拓宽农民增收渠道；扩大农村劳务输出，拓展农民增收空间；加强农业基础设施建设，改善农民生活条件；深化推进农村改革，进一步减轻农民负担，加快农村社会事业发展，提高农民整体利益；做好扶贫开发工作，解决农村贫困人口、受灾群众生产生活困难；实施城乡统筹发展战略，推进农村经济社会全面进步。

2006年1月，市委、市政府印发《关于加快建设社会主义新农村的意见》，提出按照"生产发展、生活宽裕、乡风文明、村容整洁、管理民主"的总目标和"发展新产业、形成新机制、建设新村镇、树立新风尚、培育新农民、创建好班子"的要求，通过10～15年努力，逐步达到农业现代化水平明显提高，农民收入持续增长；村镇规划布局得到优化，村容镇貌显著改观；农村合作经济组织不断发展，农民组织化程度逐步提高；生产生活设施和公共服务更加完善，农民在文化教育、医疗卫生、社会保障等方面享有更多权利；农村精神文明建设取得明显进步，农民的整体素质不断提高，逐步成为有文化、懂技术、会经营的新型农民；农村基层民主政治建设达到新的水平，基层组织带领群众致富、搞好社会管理服务的能力明显增强。

2009年2月，市委印发《关于贯彻落实中共中央〈决定〉和省委〈意见〉加快推进农村改革发展的意见》，提出到2020年，农村经济体制更加健全，城乡经济社会发展一体化体制机制基本建立；现代农业建设取得显著进展，农业综合生产能力明显提高，粮食等主要农产品总量实现较大幅度增长；农民收入水平大幅度提高，确保农民人均收入比2008年翻一番；生活水平大幅提升，基本消除绝对贫困现象；农村基层组织建设进一步加强，村民自治制度更加完善，农民民主权利得到切实保障；城乡基本公共服务均等化明显推进，农村公共服务水平显著提高，农村社会管理体系进一步完善；农村人居和生态环境较大程度改善，森林覆盖率达到67%以上，可持续发展能力进一步增强。

2010年,市委研究推进全市农业农村工作,提出2010年全市农业农村工作目标:确保粮食总产稳定在5.5亿千克以上,农业总产值增长6%,农民人均纯收入增长8%,人口自然增长率控制在8‰以内。主要措施:坚持统筹城乡发展,全面优化农村发展环境;积极发展现代农业,持续增加农民收入;推进农村公共事业,改善农村民生;深化农村改革,不断增强农村发展活力;加强领导,强化服务,确保各项工作任务落到实处。

私营企业和第三产业发展

1986年7月,市政府印发《全市发展城市区、街工业和第三产业座谈会纪要》,强调要积极扶持、放宽政策,大力发展城区工业和第三产业。1987年12月,市政府出台鼓励个体、私营经济发展的10条措施:鼓励、支持个体户承包的租赁全民所有制小型企业、全民所有制零售商业门店,可以购买全民所有制小型企业和小型零售商业企业,欢迎个体户到全民所有制企业投资入股,参股并按股分红;鼓励、支持个体户兴办工业、商业、修理业以及第三产业;鼓励个体、私营经济以自己的力量建立资金市场,可以搞民间的自由借贷或直接拆借;可以考虑从物资供应的议价部分中,单独划出一块供应给个体户和私营企业;在外贸出口、商业收购方面,只要是市场需要,质量又符合要求,对个体户和私营企业的产品,要与公有制企业的产品同样对待;市政府各部门组织的专业经济活动,只要与个体户和私营企业有关,都可以邀请有关的个体户和私营企业代表参加;市政府各经济主管部门,要从加强引导、支持发展的目的出发,经常召开科技、经济、技术、市场等信息发布会,向个体户和私营企业提供有偿咨询服务;初步拟定在市区建设若干室内市场,解决个体商业的经营场所,规划一块地域,兴建几个圆窑包,解决搭窑烧瓷问题;在个体户和私营企业依法照章纳税的前提下,任何部门和单位都严禁搞乱摊派;鼓励个体和私营经济互相联合、互相合作。

1993年11月29日,市委召开发展个体私营经济工作会议,研究部署个私经济发展工作,指出:个私经济要乘势而上,放手发展,再上一个新台阶,要放宽政策,大力扶持,形成"快车道"。

1995年5月,市委、市政府《关于进一步扩大开放加快经济发展的意见》中提出:大力发展以旅游业为重点的第三产业,促进全市外向型经济的更快发展。组织实施外事旅游"22158"工程,即努力实现旅游创汇200万美元,与国外结成2个友好城市,吸引境外游客1.5万人,推出8个新的旅游项目。2000年3月3日,市委作出加快培育建设旅游支柱产业的战略决策:加快旅游经济的发展,促进景德镇市资源优势向产业优势的战略大调整,实现经济增长方式的转变,带动国民经济的增长,提高景德镇市在区域经济中的地位;发挥陶瓷的优势发展旅游业,按照"大旅游、大产业、大发展"的思路,把旅游业规划好,高起点、高标准地建设好旅游景点景观,实施品牌战略,突出陶瓷文化,推出一批精品旅游项目;加速旅游资源的优化调整,坚持保护、管理、开发并重,按照"谁投资、谁受益"的原则,把各种资源、力量凝聚起来,引进外资和民间投资兴办旅游业,形成投资主体多元化,实现旅游业可持续发展。是年4月,市委、市政府召开全市旅游经济工作会议。提出加快发展旅游产业必须"打好瓷都牌,做足瓷文章",搞好旅游业发展规划和建设;组织好一批旅游活动;实现旅游业的可持续发展;宣传促销,做大市场。

2003年2月,召开全市旅游工作座谈会,提出旅游工作要量化目标,明确全市旅游工作的指标体系;要提高景德镇市旅游市场与全国旅游市场特别是华东旅游市场的关联度,增强全市旅游行业与全国和境外旅游机构的协作性,不断提高景德镇市旅游的开放度,要着眼于周边旅游市场,实施交通先行的原则,打造"4小时经济圈",尽快将景德镇市融入华东乃至全国旅游圈,大力拓展海外旅游市场,加快市场促销与市场的对接联通;要注重基础设施的开发与建设、服务项目的开发与建设、旅游项目的开发与建设。是年,市委研究确定加快旅游业超常规发展,提出加强与全国旅游市场、周边"六山两湖"的联系与协作;高标准、高起点建设和改造十大旅游景观;大力推介景德镇市旅游产品,树立独树一帜的特色旅游品牌。2004年1月,市委、市政府印发《关于加快旅游业发展的若干意见》,提出大力实施政府主导型旅游发展战略,以改革开放为动力,以市场为导向,以深厚的陶瓷文化底蕴、丰富的历史人文景观和优美的生态环境为依托,突出特色,发挥优势,树立"大旅游、大产业、大市场、大发展"的观念,将旅游业作为先导产业、新兴产业、支柱产业加以培育和发展,建设江南旅游都市和富有特色的瓷都。

2006年11月,市第九次党代会作出"科学发展,和谐兴市,实现建设经济重镇、旅游都市、特色瓷都新跨越"决策,强调把旅游作为富民兴市的重点产业,实现发展水平的全面跨越。要重点利用好杭瑞高速公路开通与黄山旅游融为一体的机遇，对接“长三角”和重点旅游城市。加强历史文化名城的保护、开发、利用，发展以瓷文化为主体的文化产业。以陶瓷旅游为主线，大力发展文化旅游、生态旅游、工业旅游，将观赏、购物、制作、休闲一体化，形成旅游目的地城市。在已有3个国家AAAA级景区基础上再创建御窑遗址等3—5个国家AAAA级景区和1个国家AAAAA级景区，形成世界上没有同构性的旅游景观格局。利用陶院、海畅、三宝、中国陶瓷馆特别是瓷博会的影响力，形成入境旅游快速增长。引进战略伙伴，形成旅游投入、推介、经营市场化国际化机制，破解旅游产业投入、经营机制转换、旅游文化资源整合保护与开发的难题，为建设历史文化和现代文明融为一体的江南旅游都市奠定坚实的基础。2007年3月，市委印发《中共景德镇市委常委会2007年工作要点》，提出发展旅游等第三产业。充分发挥陶瓷文化历史优势及生态优势，进一步整合旅游资源，创新发展机制，理顺管理体制；加强景点景区建设，着力打造瓷都特色旅游景区。进一步开拓旅游市场，整体策划，充分利用互联网等媒体，加强旅游宣传推介力度，打造“六山两湖”之间的精品旅游线路和旅游品牌。启动申报世界文化遗产工作。发展现代服务业，加快建设景德镇物流园区，发展商贸业；加快发展金融、保险等行业。

第三节　经济体制改革

1986年2月，市委、市政府印发《关于我市1986年城市经济体制综合改革试点工作意见的报告》，提出1986年城市经济体制综合改革试点工作的主要任务：巩固改革成果，继续搞活企业，发展横向联系，试行间接管理，增强城市功能。并就搞活企业提出10条措施：继续简政放权；试行厂长任期目标制；在公有制占主导的情况下发展多种经济形式和多种经营方式；深化企业内部改革、提高管理水平；对经济效益好、调节税高、留利水平低的企业，有计划、有步骤地减免调节税，对瓷厂免征调节税；从1986年1月起，原由财政集中的30%的折旧基金全部留给企业用于技术改造；对企业特别是陶瓷企业的技术改造给予适当优惠；鼓励企业提高质量，降低消耗，多创汇；工人退休后试行社会统筹；制止乱摊派。1987年2月，市委、市政府印发《景德镇市1987年经济体制改革工作意见》（简称《意见》），提出改革的任务是继续搞活企业，搞活流通，大力发展横向经济联合，发展社会主义商品市场，积极探索企业经营机制改革，探索政府管理职能转变，重点是搞活企业。1988年3月，市委、市政府印发《景德镇1988年经济体制改革工作意见》，指出全市经济体制改革要围绕发展社会主义商品经济这个总目标，进一步解放思想，从社会主义初级阶段的现实出发，以改革统揽全局，以开放促开发，全市各县（区）、各单位要加强领导，把改革列入经常性的议事日程，按照《意见》尽快制定出具体实施方案，抓紧贯彻落实。

1991年，市委印发《关于印发实施外向型经济发展战略的总体方案的通知》，提出实施外向型经济发展战略，坚持以陶瓷工业为主体，以出口创汇为出发点和归宿，以发挥本地资源优势为基础，有重点地发展第三产业，坚持围绕发展外向型经济进行深化改革。1992年，市委、市政府印发《景德镇市1992年经济体制改革工作要点》，提出加大改革力度，重点转换企业经营机制，打破“三铁”（铁工资、铁饭碗、铁交椅），进一步增强企业特别是国营大中型企业的活力，深化和完善农村改革、流通体制改革和各项综合配套改革，加快对外开放步伐，实施外向型经济发展战略，促进全市经济发展和社会全面进步。1995年5月，市委、市政府印发《关于进一步扩大开放加快经济发展的意见》，提出全市出口创汇任务5500万美元，其中陶瓷出口创汇3300万美元，努力实现1995年协议引进外资4000万美元，力争4500万美元；实际利用外资3400万美元，力争3960万美元。1996年，市委提出陶瓷企业改革举措：确定红星、红光、人民、东风、为民、红旗等8户陶瓷企业作为改革试点，由市体改委、省陶瓷公司、市经委对试点企业进行总结、完善和提高，根据“抓大放小”（抓好大型企业，放活中小企业）的改革方针，有条件地逐步实行股份合作制；组建陶瓷股份有限公司，作为独立法人，按公司和章程要求规范运作。1999年10月，市委印发《关于贯彻党的十五届四中全会精神，进一步加快国有企业改革和发展的意见》，提出到2010年，全市国有企业基本完成战略性调整和改组，形成比较合理的国有经济布局和结构，建立比较完善的现代企业制度，经济效益明显提高，科技开发能力、市场竞争能力和抗御风险能力明显增强,使国有经济在全市国民经济中更好地发挥主导作用。

2001年,市委制定《关于企业改革若干问题的暂行规定》,提出国企改革要同4个方面结合起来:同经济结构战略性调整结合起来;同再就业、社会保障工作结合起来;同旧城改造、新区建设结合起来,要调整布局,退城进郊,向工业园区集中;同扩大对外开放结合起来。通过改革,实现"三新"目标,即成果有新扩大,制度创新有新进展,结构调整有新变化。2003年8月,市委、市政府作出《关于加快开放型经济发展的决定》,提出调整招商引资机构,创新开放型经济体制和机制;突出市高新技术开发区和县(市、区)工业园区的作用,打造开放型经济主平台;扩大利用外资规模,提高利用外资质量;大力扩大对外贸易,创造条件启动外经;大力优化对外开放环境,进一步树立良好形象。2008年,市委专题研究部署国企改制工作,提出明确目标,制定方案和规划,开始倒排时间表,全面启动未改制国企的改制工作,1年内基本完成市属国企改制任务;落实责任,依法依规精心操作,层层负责做细工作,有关部门通力配合,最大限度照顾好职工利益,确保社会政治稳定;加强领导,市委总揽全局,政府精心组织,人大、政协全力支持,指导国企改革改制工作,全面落实国企改革措施,积极稳妥地推进国企改革工作。

2009年,市委专题研究部署国有企业全面改革工作,决定成立景德镇市推进国有企业改革领导小组,由市四套班子领导挂点推进国有工业企业改革。提出《关于推进全市国有工业企业全面改革的指导意见》,稳妥地推进国有工业企业改革,年内基本完成市属国有企业全面改革。

第四节　陶瓷产业发展

1989年5月,全市陶瓷工作会议召开,市委提出当年和此后一个时期,全市陶瓷工作围绕创一流目标,着重抓好思想教育、治理整顿、增强后劲、改善服务4个方面工作。

1990年11月,市委五届第八十次常委会会议上指出,考虑"八五"陶瓷发展问题上,要抓传统技术的继承发扬和创新提高,要抓现代技术的引进,特别是日用瓷的新工艺要加快步伐,赶上国际先进水平。1991年8月,市委五届第一百一十次常委会会议研究国家用瓷问题,审议通过《近几年国家用瓷完成情况及存在问题暨今后进一步加强国家用瓷生产管理的意见》,提出国家用瓷的生产任务要作为指定性计划,作为政治任务确保完成。恢复省陶瓷公司国家用瓷办公室建制,同时把红旗瓷厂、宇宙瓷厂两个国瓷生产基地建设好。须从长远考虑,由省陶瓷公司拟订加强国瓷生产管理的长远规划,列入技改计划。1993年3月,市委六届第十八次常委会会议提出在技改资金紧张情况下,一定要保重点,首先要保3个样板厂,要集中资金重点用于最关键设备和最先进工艺项目,其他能减则减,能缓则缓。做好陶瓷技改工作,把景德镇建成全国陶瓷主要出口基地。1994年5月,市委、市政府印发《关于振兴陶瓷调整结构深化改革快速发展的规划要点(1994—2000年)》,提出总体战略目标:全面振兴瓷业,繁荣瓷都经济,7年内主要经济指标翻两番,提前2年实现小康。到20世纪末,形成以高新技术领先,以高档产品为主的外向型经济格局,把景德镇建成布局合理、经济繁荣、社会安定、环境优美的现代化新瓷都。具体目标:到1996年,工农业总产值达到110亿元左右,力争比1993年翻一番,财政收入达到5亿元,出口创汇6000万美元。到2000年,工农业总产值超过200亿元,力争比1993年翻两番,财政收入达到9亿元,出口创汇1.50亿美元。是年7月,市委、市政府印发《关于进一步加强陶瓷宏观管理支持陶瓷稳定发展10个问题的意见》,对成立市陶瓷行业管理协会、加强特艺陶瓷名人名作管理、进一步加强陶瓷市场管理等10个问题进行研究部署。1995年7月,市委工作会议审议通过《关于当前陶瓷改革与发展工作的意见》,提出深化陶瓷企业3项制度改革,减人增效;推进陶瓷企业产权制度改革,加快生产要素优化组合;开展陶瓷企业管理整顿,强化企业经营管理;强化目标责任制,确保陶瓷重点技改项目达产达标;依法规范市场竞争行为,切实加强特艺瓷生产经营管理;清理不合理资金占用,制止国有资产流失;加大招商引资力度,加快陶瓷老企业的改组改造;加强陶瓷销售管理,扩大景瓷在国内外市场的占有率;依靠科技进步,调整和优化企业产品结构;进一步加强陶瓷企业领导班子建设,保证陶瓷改革与发展任务的完成。

2002 年 6 月，市委八届五次全会审议通过《市委、市政府关于加快我市陶瓷产业发展的若干意见》，提出加快国有资产从陶瓷产业中退出的步伐，实现陶瓷产业投资主体多元化；搞好名优产品和存量资产的重组，形成一批能够接受大批量订单的大型陶瓷企业；增加投入，实施陶瓷企业产权招商、陶瓷园区招商和项目招商，激活企业资本、法人资本、民间资本和外来资本；依靠科技进步，进行技术创新和产品结构调整，提升陶瓷工艺装备和产品设计水平，提高产业效益；发挥市场的基础性作用和导向作用，高起点建设陶瓷市场，规范市场秩序。以满足人民现代生活需要之理念，培育名牌产品，拓宽景瓷的市场空间。是年 7 月，全市陶瓷工作会议召开，就发展陶瓷产业提出 7 点意见：以产权制度为核心来进行国有企业改革，退城进园，培育陶瓷发展的市场主体；大力扩大增量，在陶瓷改革中培植新的增长点；进行投融资改革；深化陶瓷旅游、文化、教育、科研事业单位的体制改革；面向海内外市场构建营销流通体制；构建科技成果与人才转化为现实生产力的体制与机制；构建"质量—品牌—信用"的市场秩序监督与管理体制。2004 年，市委印发《中共景德镇市委常委会 2004 年工作要点》，提出以国家陶瓷城科技建设为重点，全面实施陶瓷振兴系统工程。高标准建设陶瓷四大基地，即国家陶瓷工程技术中心及新技术研发基地、陶瓷教育和人才培养基地、陶瓷高新技术开发区和陶瓷生产基地、陶瓷技术和艺术交流中心与陶瓷产业基地。精心打造陶瓷科技园，以陶瓷科技园区建设为平台，大举招商引资，吸引世界优强陶瓷企业聚集，着力打造国家陶瓷科技城的产业基地。2005 年 5 月，市委、市政府印发《关于建设景德镇国家陶瓷科技城的实施意见》，提出全面改造提升传统陶瓷产业，做大总量，调优结构，增强竞争力，实现陶瓷产业跨越发展。把景德镇国家陶瓷科技城建设成集研究、开发、成果转化、产业化于一体，文化优势、技术优势、市场优势、经济优势于一体的，具有国际竞争力的，带动民族陶瓷产业升级发展的科技城。

2007 年 3 月，市委印发《中共景德镇市委常委会 2007 年工作要点》，提出全面启动陶瓷资源的勘探，加快建设培育集"天下名瓷之大成"的大市场，实施国家陶瓷科技研究中心科技孵化和高新技术陶瓷产业集成工程，加快引进国家陶瓷知名企业，完成陶瓷馆的开业和国家博物馆联展。通过做大陶瓷产业、规范陶瓷流通秩序、推进陶瓷科技创新、打造陶瓷发展保障体系等措施，努力实现陶瓷经济的率先跨越。2008 年 3 月，市委召开全市陶瓷系统座谈会，就陶瓷产业发展有关问题进行研究部署。提出要立足全国、放眼世界、找出差距、迎难而上，通过扩大开放的主战略，千方百计促进全市陶瓷产业的大发展。到 2008 年，景德镇在全国 11 个产瓷区排名争取前移至第 5 位，2009 年前移至第 4 或第 3 位，2010 年以陶瓷产业规模和科技水平处于全国产瓷区前列。形成以高科技陶瓷为核心竞争力的陶瓷产业新格局，在科学发展的新跨越中基本实现重振瓷都雄风的目标。要以园区建设为先导，以加快建设在建和引进项目为重点，以引进企业为抓手，以优质服务为保障，各部门凝聚共识，找准定位，形成合力，围绕陶瓷企业提供服务，做好保障，在发展中实现双赢。要拿出具体措施，突破瓶颈，资金、土地等生产要素都要在上半年到位，在基础设施、功能设施建设上取得重大突破。2010 年 2 月，市委、市政府召开全市陶瓷系统工作会，提出要抓住部省共建陶瓷科技园区和国家陶瓷工程技术研究中心的契机，加快高技术陶瓷龙头企业的引进发展和科技成果转化形成产业集群，以基础设施建设为龙头，加快陶瓷园区建设，搭建陶瓷工业基地和陶瓷行业服务平台。要扶持日用瓷、建筑陶瓷、艺术瓷等传统陶瓷产业的创新发展。加快产业结构调整步伐，淘汰落后生产方式；帮助企业开拓国内外市场，促进出口；加强沟通对接，争取部、省项目资金支持企业发展。要发挥世界瓷都和全国第一批历史文化名城优势，挖掘文化资源，发展文化及创意产业，加快国际陶瓷艺术创意中心建设，扶持 10 家陶瓷文化艺术陶瓷企业，引入 1000 家中小创意企业及创业个人，打造国际性陶瓷文化艺术交流、交易平台，形成陶瓷艺术创意新兴产业规模。

第五节　城市建设与管理

1987 年 7 月，市政府召开城市建设管理协调会，强调城市道路、供水、环卫等工作任务艰巨，不可忽视，决定定期召开城市建设管理协调会，实行制度化。1988 年 1 月，市政府召开城市规划工作会议，印发《关于加强城市规划管理的通知》。强调加强城市规划的集中统一管理,加强旧城区的改造与保护,调整市、区两级规划管理范围与权限。1993年12月,市委六届第四十二次常委会会议审定《关于建立景德镇市高新技术产业开发区意见的报告》,会议提出要充分运用条件,围绕建立高新技术产业开发区的要求,尽快制定科学发展规划,同时聘请专家进行论证,既要积极又要慎重,努力形成具有特色的开发区。1999年8月,市委作出《关于加强城市规划建设和管理的决定》,提出充分发挥特有的瓷都城市品牌和陶瓷文化优势,充分展示历史文化名城风貌和山水城市景观,切实搞好城市规划和城市形象总体设计,大力加强城市基础设施建设,探索城市经营的新路子,推进城市现代化管理,建设山水城市,创造条件适时申报世界文化遗产,为经济和社会发展营造一个良好的投资环境,为全体市民营造一个充满生机与活力的良好生活及工作环境。

2000年4月,市委、市政府印发《关于加快农村小城镇建设的意见》,提出根据全市城镇体系规划的要求,小城镇的发展将共建大瓷都的思想为指导,按地理位置和功能分4个层次规划布局。以景德镇城区为中心,以乐平市城区为次中心,重点抓好浮梁县城、洪源镇、湘湖镇、鱼山镇和接渡镇、双田镇、塔前镇、乐港镇的建设,构成两个"卫星城镇"体系,扩大两个城市的辐射功能,带动全市农村经济发展;以浮梁县的蛟潭镇、鹅湖镇和乐平市的涌山镇等为重点,构建具有综合型、交通枢纽型、工业型、农产品加工型的小城镇体系,成为一定区域的片中心城镇群;以浮梁县的瑶里镇和乐平市的洪岩镇为重点,建成以休闲、度假、娱乐为特色的旅游型城镇;以浮梁县的经公桥镇和乐平市的众埠镇、镇桥镇为重点,建成以边境贸易为特色的开放型城镇。2001年,中共景德镇市第八次党代会提出"重振瓷都雄风,把景德镇建设成为经济实力较强的经济重镇,历史文化和现代文明融为一体的江南旅游都市,努力实现瓷都现代化建设的新跨越"发展战略以及8项战略举措:调整优化经济结构,促进产业升级;着力改革攻坚,不断完善社会主义市场经济体制;进一步扩大对外开放,全力发展开放型经济;精心经营和发展城市,大力推进城市化进程;强化科教兴市,增强经济发展后劲;保护环境和控制人口,促进经济社会可持续发展;加强精神文明建设,推动社会全面进步;加强民主法制建设,维护社会政治稳定。2002年,市委就城市规划提出:城市规划建设要整体规划,连片开发,分步实施;采取多渠道筹集资金,组织项目实施;加快建设速度,做到天天有变化,倒排时间表,进行项目的调度和跟踪;广泛征求对城市规划建设的意见,动员全市人民共同参与。是年6月,市委八届五次全会审议通过《市委市政府关于加快高新技术产业开发区建设的若干意见》,提出坚持高起点规划、高效率开发、高品位建设、高效能管理,使高新区成为招商引资的窗口、聚集创新人才的载体、高新技术成果的孵化基地和全市最重要的经济增长点。把高新区的规划建设与城市规划建设紧密结合起来,统一规划,重点建设,使高新区的建筑设计、景观建筑与山、水、森林、植被等融为一体,成为富有自然生态魅力、现代建筑美感的城市新区。

2003年8月,市委八届六次全会提出"实施大开放主战略,建设赣浙皖边际区域中心城市"。总的思路是:打开内外通道,密切城市关系;搞好城市规划,彰显城市个性;加快道路建设;拉开城市框架;建设基础设施,完善城市功能;盘活土地资源,搞活城市经营;疏散老城人口,做活新区人气;夯实产业基础,做强城市实力;加强城市管理,提高城市品位。同时,印发《市委关于全面贯彻"三个代表"重要思想,加快建设区域中心城市的若干意见》,提出以加快建设赣浙皖边际区域中心城市为目标,充分依托景德镇的历史文化品牌、生态资源、工业基础、科技人才、交通区位等优势,把景德镇建设成为全国陶瓷产业和陶瓷文化中心,建设成为区域交通枢纽中心、工业制造中心、市场集散中心、科教文化中心、旅游休闲中心,在更大范围、更广领域和更高层次全面推进与"长三角"地区、其他沿海发达地区及周边地区的对接与互动,增强区域中心城市的聚集力、辐射力和带动力,努力走出一条具有景德镇特色的工业化和城市化相互支撑、相互促进、城乡互动、加快发展的新路子。是年9月,市委、市政府印发《关于进一步推进城市社区建设的决定》,提出建立以居住地为特征,以居民的认同感和归属感为纽带,以社区居委会为依托的新型社区,坚持党委政府领导、民政部门牵头、有关部门配合、社区居委会主办、社会力量支持、群众广泛参与的原则,形成共居一城、共同管理、共建文明、共保平安的社会化管理的运行机制,努力实现社区服务网络化、社区保障规范化、社区卫生整洁化、社区文化教育系列化、社区治安保障化,进而把景德镇建设成为经济繁荣、政治民主、生活富裕、环境优美、管理有序、人际关系和谐的文明城市。确定分3步实施:2003年城区社区基本解决基础设施,完成社区规模调整,落实社区工作经费,健全社区各项规章制度,70%的社区达到示范标准,实现珠山区创建全省社区建设示范区目标;2004 年基本理顺社区的各种工作关系,社区内部运行机制基本形成,社区的综合性功能得到加强,全社会的社区意识明显提高,90% 的社区达到示范标准,实现昌江区创建全省社区建设示范区目标;2005 年社区建设实现法制化、规范化,社区服务实现网络化、信息化。

2007 年 5 月,市委、市政府印发《关于促进市高新区跨越式发展的若干意见》,提出围绕把景德镇建设成为"经济重镇、旅游都市、特色瓷都"发展战略,举全市之力促进市高新区跨越发展,争取在"十一五"(2006—2010 年)规划期间,把市高新区建设成为体制机制的先行区、工业产业的聚集区、城市建设的新区。着力打造机械、电子、航空、陶瓷、医化五大工业生产基地。是年 6 月,市委、市政府印发《景德镇市 2007—2011 年创建"国家五城"规划纲要》,对创建国家生态园林城市、国家卫生城市、国家环保模范城市、全国文明城市、中国最佳旅游城市工作进行部署。提出要做好 9 项重点工作:加快、加大基础设施的建设和投入;加快、加大老城区拆迁改造的步伐和投入;加快昌江河一江两岸防洪工程改造的步伐;加大市容、市貌的综合整治的力度;扎实推进社会主义新农村建设;加大力度抓好以"门前三包、室内达标"为核心的城市管理的长效制度和机制的建立;围绕旅游"吃、住、行、游、购、娱"六要素和旅游资源整合配置,引进资本、理念、管理和人才;从增加航班线路,加密班次,新增景德镇至北京、景德镇至上海、景德镇至广州铁路始发列车,点对点长途高客及市区到主要景区公路的改造入手,破解旅游交通进出难的瓶颈;加强城市管理及社会防控体系建设,提高城市管理水平。2008 年 11 月,市委、市政府印发《关于加快城镇化进程的实施意见》,提出加快构建以主城区为一级中心,乐平城区为二级中心,3 个园区(市高新区、市陶瓷工业园区、乐平工业园区)为依托,一批特色中心镇为节点,其他建制镇和中心村为基础的城乡一体空间格局。突出重点,做大主城,提升主城区功能,通过实施"城市向西扩展、工业向南聚集"战略,形成主城区"一市三区九大功能组团"的城市空间格局;做强高新工业园区、陶瓷工业园区和乐平工业园区,壮大经济实力,使之成为全市经济和社会发展新的增长极;做特中心镇,发挥地域优势,凸显产业特色,增强对区域发展的带动力;大力开展以集镇和中心村为重点的社会主义新农村建设,实现经济繁荣、环境优美。2010 年,市委、市政府提出全面加快推进全市新型城镇化和城市建设,提出因地制宜,结合全市实际,实现一年大变样;坚持"多、快、好、省"的原则,编制项目,统一审核,统一招标,强化监管;抢抓机遇,推进新型城镇化进程;强化创建,促进城市建设和管理工作;加强领导,为新型城镇化建设提供组织保障。

第六节 党的建设

作风建设

1986 年 3 月,市委作出《关于建立常委抓党风责任制的决定》,指出执政党的党风问题是关系党的生死存亡的问题,实现党风根本好转是各级党委的一项重大任务。端正党风,必须从党政领导机关和领导干部做起,这是实现党风根本好转的关键。1988 年 3 月,市委作出《关于在改革开放中加强党风建设的决定》,在改革开放中加强党风建设,加强党性党风党纪教育,坚决纠正不正之风,加强党和人民的监督。

1991 年 1 月,市委五届第九十三次常委会会议审议通过《市委关于转变领导作风的决定(讨论稿)》,要求各级领导干部进一步转变工作作风,深入基层,深入群众蹲点调查、解剖"麻雀",在亲知、真知、深知和抓落实上狠下功夫,以克服不同程度存在着"工作在会上,干劲在纸上"的官僚主义、形式主义。1996 年 6 月,市委六届九次全会作出《关于进一步改进领导作风狠抓工作落实的决定》,加强"讲学习、讲政治、讲正气"("三讲")教育,把要求真正落到实处。1997 年,市委、市政府制定《关于党政机关厉行节约制止奢侈浪费行为的有关规定(试行)》以及《关于严格控制新建和装修办公楼的规定》《关于严格控制各种会议的规定》《关于严格控制党政机关各种庆典活动的规定》《关于严禁用公款大吃大喝挥霍浪费的规定》《关于严格控制检查和评比达标活动的规定》《关于党政机关配备、更换和使用小汽车的规定》《关于严格管理公费出国(境)的规定》等,加强党和政府同人民群众的血肉联系,促进全市反腐败斗争和党风廉政建设,推动改革开放和社会主义现代化建设事业顺利进行。

2004年3月,市委、市政府印发《关于广泛开展求真务实为民服务年活动的意见》,使“富民兴市、跨越发展、实干亲民”的要求迅速转化为全市干部的实际行动。活动的主要内容包括:开展求真务实学习教育活动;开展转变机关作风活动;成立为民服务热线受理中心;规范办证服务大厅;切实加强信访工作;落实困难群众的帮扶措施;不断提高群众的生活质量。2007年3月,市委印发《关于建立党建工作责任督导制的意见》,提出坚持党要管党,从严治党;坚持围绕中心,服务大局;坚持分类指导,整体推进;坚持与时俱进,开拓创新。2009年1月,市委印发《景德镇市贯彻落实〈建立健全惩治和预防腐败体系2008—2012年工作规划〉实施意见》,提出努力完成中央《工作规划》和省《实施办法》提出的目标任务,2012年基本建立起与经济社会发展水平相适应的惩治和预防腐败体系基本框架。

民主建设

1994年11月,市委印发《关于进一步健全县以上党和国家机关党员领导干部民主生活会制度的意见》,提出要认真按照中共十四届四中全会通过的《中共中央关于加强党的建设几个重大问题的决定》和中央有关文件规定,严格要求,认真组织。做好会前准备,增强民主生活会的针对性;正确开展批评与自我批评,确保民主生活会质量;抓好整改,巩固民主生活会成果。各县(市、区),市委各部门,市直各单位县以上党员领导干部民主生活会,上半年的民主生活会应于7月底前召开,下半年的民主生活会应于翌年1月底之前召开,并在开会前7天向市纪委、市委组织部或市直机关党委报告开会的日期和生活会的主题。1995年1月,市委印发《市委常务委员会议事规则(试行)》,就坚持和健全市委常委会的集体领导制度和民主集中制作出规定。是年,市委印发《关于重大事项的决策程序(试行)》,对重大问题的决策制订有关程序:及时提出问题,确定决策目标;深入调查研究,拟定预选方案;充分发扬民主,集体讨论决策;加强检查督促,组织实施决策;抓好跟踪反馈,补充完善决策。2007年12月,市委印发《市委常务委员会工作规则(试行)》,对市委常委会的工作职责、工作原则、组织原则、会议制度、文件签批制度、学习制度、作风建设等作出规定,促进市委常委会工作科学化、民主化、规范化。

思想建设

1986年3月,市委作出《关于加强思想政治工作的决定》,强调全市各级党组织要以严肃的态度和高度的责任感,从实际出发,强化思想政治工作,保证改革和建设的顺利进行,夺取全市物质文明和精神文明建设的新胜利。1994年7月,市委印发《景德镇市党员教育三年实施计划》,对全市1994—1996年党员教育工作进行部署。党员教育主要内容有马列主义基本理论教育、党的基本路线教育、党的基本知识教育、党风党纪教育、形势与任务教育、科学文化知识教育。实施步骤大体分为两个阶段:首先用2年时间,对全市广大党员普遍进行一次系统的建设有中国特色社会主义理论和社会主义市场经济知识教育;然后再用1年时间,抓住几个突出问题继续进行专题教育。

1996年2月,市委印发《景德镇市1996—2000年干部教育培训规划》,提出实行“全员、全额、全面”培训,使全市干部队伍的整体素质有一个大的提高。是年,市委制定《关于进一步加强全市县级党委(党组)中心组理论学习的意见》,对全市县级以上党委(党组)中心组的理论学习进行全面部署,强调以《邓小平文选》为主要教材,以《邓小平同志建设有中国特色社会主义理论学习纲要》为重要辅助材料,围绕什么是社会主义、怎样建设社会主义,认真组织学习。1998年12月,市委七届第三十二次常委会会议研究部署“三讲”(讲学习、讲政治、讲正气)教育试点工作。会议决定成立景德镇市“三讲”教育试点工作领导小组,市委书记舒晓琴任组长。同意市委《关于做好景德镇市“三讲”教育试点工作的意见》《关于开展景德镇市“三讲”教育试点工作的方案》。

2000年,市委印发《关于加强和改进农村思想政治工作的意见》《关于加强和改进学校思想政治工作的意见》《关于加强和改进社区思想政治工作的意见》,对思想政治工作进行强调和部署。是年7月,市委思想政治工作会议召开,提出要抓住用马克思主义占领思想阵地这个根本、理想信念教育这个核心、社会主义道德教育这个关键,立足基层,把群众性精神文明创建活动作为载体,运用好宣传媒体和阵地,加强新经济组织的思想政治工作,不断扩大工作覆盖面。2007年8月,市委印发《景德镇市“十一五”干部教育培训规划》,提出全面落实“十一五”时期全市大规模培训干部的战略任务,5年内全体干部普遍轮训一遍,广大干部的综合素质明显提高,以科学发展观指导和推动工作,促进和谐社会发展的本领显著增强;以党校为主体,以省内外高等学校、科研院所和其他培训机构为扩展和补充,提升干部教育培训质量和效率;以中央《干部教育条例》为主体的制度体系基本形成,进一步推进干部教育培训的科学化、制度化、规范化建设。主要任务有:突出政治理论培训,加强政策法规培训,强化业务知识和技能培训,开展科学文化素养培训。

第五章　主要工作

1986—2010 年,在改革开放不断深入变化的历史过程中,市委积极履行职责,抓好党风党纪教育、理论学习宣传、党员干部管理,加强基层组织、人才队伍建设。在思想建设、作风建设、廉政建设、制度建设上多有建树,保持先进性和纯洁性。抓好社会治安综合治理,维护社会稳定,为促进全市经济和社会发展、保障人民安居乐业作出积极贡献。

第一节　纪检监察

党风党纪教育

1986 年,开始加强党风廉政教育,丰富宣传教育内容,完善宣传教育载体,拓展宣传教育方法,构造全方位、多角度、宽领域、广覆盖的宣教格局。1988 年,组织党员学习中纪委印发的《关于党员领导干部犯严重官僚主义失职错误党纪处分的暂行规定》《共产党员在涉外活动中违犯纪律党纪处分的暂行规定》《对参与嫖娼、卖淫活动的共产党员及有关责任者党纪处分的暂行规定》。

1991 年,组织全市各级党委基层支部开展学习中纪委颁布的有关条规和省纪委下发的几个有关廉政建设的规定,下发书籍 4000 册。12 月 16—21 日,市纪委组织 4 个检查组,对 12 个县区、市直单位开展党风党纪教育情况进行抽查。全年组织党员观看教育录像片 151 次,观看影教片 89 场,组织收听录音 55 次,受教育人数达 5. 18 万人次。1993 年,组织党员干部特别是领导干部学习《邓小平论新时期党风廉政建设》一书,集中观看由市纪委宣教室提供的录像片。1994 年,组织全市开展元旦、春节廉洁自律教育,举办“做新时期合格共产党员”(华意杯)知识竞赛。竞赛从 9 月下旬开始,至 11 月结束。1999 年,市纪委成立“三讲”教育工作领导小组,加强纪检监察干部思想政治和业务建设。先后有 14 名干部参加中纪委、省纪委和市委举办的培训班和进修班学习。

2000 年,配合全市“三讲”教育工作,组织全市 120 个单位 6 万余名党员干部观看《警钟》电教片。市纪委监察局编印《廉洁自律文件选编——警示钟》1200 册,发给每个县级以上领导干部。组织党员干部观看反腐倡廉影片《生死抉择》80 余场,4 万余人次。全市参加警示教育的党员干部 6. 5 万人次,占党员总数的 95%。2001 年,市开展“廉内助”评选活动,发挥领导干部配偶廉政监督的作用。是年 8 月,组织全市党员干部观看电教片《任重道远,警钟长鸣——胡长清案件给我们的警示》,并以支部为单位开展讨论。2002 年,市纪委组织开展“五项教育”(权利观教育、党纪政纪条规教育、示范教育、形象教育、警示教育)。2004 年,开展家庭助廉教育活动,巡回播放《扭曲的人生——李真贪污受贿案剖析》《王怀忠的两面人生》等反腐警示教育片。是年,在《景德镇日报》开辟两个学习贯彻两《条例》专版,开展学教活动,编印学教活动资料汇编 1000 册,创办学教活动专刊 14 期。其中 7 篇被省纪委学教活动情况简报录用。当年先后组织 11 批 120 余人参加中央纪委、省纪委举办的各类学习培训活动,其中 34 名干部赴北戴河景德镇班学习培训,48 名干部赴港澳考察培训。2005 年,在全市组织开展“打造清风工程、建设廉政文化”主题教育活动,举办“清风伴我行”廉政建设文艺巡演 19 场。开展“廉政文化与社会发展大讨论”,征集论文 151 篇和廉政警言警句、歌曲、书画作品 216 件。

2006年,开展“学习党章,反腐倡廉”“树立社会主义荣辱观,推进党风廉政建设”征文活动。联合有关单位举办“唱响正气歌”党风廉政专题文艺晚会。在《景德镇党刊》开辟《知荣明耻,反腐倡廉》专栏。在《景德镇日报》开辟《廉政评弹》专栏。4月6日,在全市纪检监察机关开展社会主义荣辱观教育,在全市党员干部中开展“学习党章、高唱正气歌、永葆先进性”主题教育活动。2007年,在《景德镇日报》开辟《党风廉政笔谈》有奖征文栏目,刊登文章30余篇。开展“加强领导干部作风建设、规范领导干部从政行为”主题教育和理论文章研讨活动,收到论文50余篇。举办“加强领导干部作风建设”辅导讲座,邀请中纪委监察部杭州培训中心教育长授课,市四套班子领导及全市800余名副县级以上领导干部听取讲座。是年,开展“讲廉政故事”大赛活动,推出一批勤廉兼优的先进典型,其中昌江区人民法院鲇鱼山法庭庭长吴庆欢被省纪委评为全省勤廉兼优的先进典型,并在全省勤廉兼优的先进典型表彰大会上作发言。开办《每周一歌》电台节目,在新闻综合广播每周播出1首廉政歌曲,当年共播出廉政歌曲20余首。举办“清廉颂”党风廉政专题文艺晚会,800余名副县级以上领导干部观看演出。2008年,以“讲党性、重品行、做表率、促廉政”为主题,开展全市党政主要负责人和纪委书记讲廉政党课主题教育活动,组织全市党员干部5万人次观看廉政戏曲电教片《况钟明断十五贯》和省纪委拍摄的警示电教片《忏悔》。配合省纪委、江西电视台推出示范教育片,对全省勤廉兼优先进典型吴庆欢的先进事迹进行广泛宣传,号召全市党员干部向吴庆欢学习。是年,在全市纪检监察系统开展“讲党性、重品行、作表率、树形象”主题演讲比赛,500余名选手参加,全市有2万余名党员干部收看现场比赛或电视转播节目。

2009年,开展集中学习教育《廉政准则》活动,在全市巡回播放《廉政中国》系列电教片,组织5万余人进行观看。组织全市新任命的64名县(处)级领导干部集中观看党风廉政教育电教片《执政之魂》,教育他们廉洁从政,严格落实党风廉政责任制。挖掘浮梁古县衙独具特色的廉政文化资源,编排《说唱廉政古楹联》瓷乐表演节目,参加全省“清风伴崛起”廉政文艺会演,获得优秀节目奖、优秀创作奖、优秀组织奖、优秀表演奖。打造廉政文化“六进”示范点,确定市级示范点26家,申报省级示范点6家。建立浮梁古县衙廉政文化教育基地、景德镇监狱警示教育基地、新四军“瑶里改编”旧址革命传统示范教育基地。同时开展“下农村,送清风”活动,宣讲200次,发放宣传资料2000余份。3月17日,市纪委对当年在《景德镇日报》专栏《清风放笔》文章进行评比,评出一、二、三等奖8名。2010年,贯彻实施《廉政准则》,邀请中纪委有关领导为市委理论学习中心组作学习辅导,领导干部100余人参加学习会。组织开展学习贯彻《廉政准则》知识竞赛50次,3000余名党员干部参加竞赛活动。在《景德镇日报》开设《廉政通讯》专栏,刊登征文26篇。在各级各类报纸杂志刊登新闻稿件80余篇。为全市各级党政主要负责人编发《廉文荐读》专刊12期2400余份。在全市各级纪检监察机关组织开展以“作好七个‘表率’、争创七个‘一流’”为主要内容的“作表率、创一流”主题教育活动。是年,加强廉政文化建设示范点创建工作,珠山区梨树园社区等4家单位获得省级示范点称号,授予景德镇市中级人民法院等22家单位市级示范点称号。

违纪案件查处

信访举报工作　1989—2000年,全市纪检监察机关共受理群众来信、来访、电话举报1.01万件次。2001—2010年,全市纪检监察机关共受理来信、来访、电话举报9563件次。2001年7月24日,市纪委、监察局设立书记专线电话“8227110”,接受群众对领导干部党风廉政建设的举报。同时设立网上专线,E-mail地址为jjjcllO@263.net。8月2日,市纪委、市监察局与市委宣传部、市报社联合在《景德镇日报》第二版开辟《瓷都廉政风》专栏,每周四出1期,内容包括反腐倡廉成果宣传、党风廉政形势教育、党政纪条规、勤廉兼优的正面典型以及反面典型剖析。

案件检查受理　1986—1989年,全市各级纪律检查委员会查办案件工作重点是检查和处理党内违纪案件。其间,昌江区查处党内违纪案件22起,开除党籍4人,留党察看6人,撤销党内职务2人,党内严重警告4人。珠山区查处党内违纪案件14起,开除党籍3人,留党察看2人,党内严重警告1人,党内警告4人。1989年,乐平县查处党内违纪案件102起,处理党员110人,其中副科级以上干部11人。1991—1992年,全市受理党内违纪案件285起,结案237起,开除党籍58人,留党察看49人,撤销党内职务9人,严重警告44人,警告77人。1997年,全市共受理案件169起,结案147起。其中,受到开除党籍、留党察看、撤销职务处分的有 24 人，受到开除公职、撤销职务、降级处分的有 23 人。

2006 年 6 月，对党员干部借子女升学之机操办“谢师宴”收钱敛财问题进行查处。2007 年，纪委立案 109 件，结案 117 件，处分 129 人，挽回经济损失 5000 余万元。2009 年，受理群众来信、来访、举报电话 671 件次，立案 133 件，结案 142 件，处分 146 人。是年，深入开展商业贿赂专项治理，立案查处商业贿赂案件 15 件，涉案 17 人，追究刑事责任 5 人，涉案金额 459 万元。2010 年，受理群众来信、来访、举报电话 644 件次，立案 126 件，结案 125 件，处分 140 人。至 2010 年，全市纪检监察机关先后查处市商品房开发公司原经理汪某在企业改制中侵吞国有资产案；市水务局原局长许某、市水务局原副局长程某、市公路局原局长胡某、市第二十六中学原校长朱某受贿案；市民政局 8 名县级领导干部利用给军队离退休干部建安置房的机会，“搭车”集资建房的违规违纪问题，查结珠山区委原副书记胡某、乐平市原副市长徐某、市供销社原副主任曹某等违纪违法案件。《中国纪检监察报》在头版对景德镇市纪委的办案工作进行报道。

表 24－5－1　　1993—2010 年部分年份景德镇市纪检监察机关查处各类案件一览表

年份	立案(件)	结案(件)	处分(人)	县处级干部(人)	乡科级干部(人)
1993	210	—	—	11	—
1994	190	157	157	—	—
1997	169	147	138	17	39
1998	190	164	198	—	—
1999	271	185	186	4	21
2001	384	202	209	4	25
2002	253	364	356	10	65
2003	270	320	333	5	35
2004	269	—	—	2	36
2005	235	229	228	5	29
2006	123	114	118	1	18
2007	109	117	129	1	16
2008	119	118	141	10	49
2009	133	142	146	3	11
2010	126	125	140	5	36

领导干部廉洁自律

制定落实廉政制度　1993 年，市纪委在党政机关副县级以上领导干部中开展廉洁自律情况登记。市纪委、市委组织部、市监察局联合印发《关于印发党政机关副县级以上领导干部廉洁自律情况登记表的通知》，要求市委机关、人大机关、行政机关、政协机关、审判机关、检察机关和具有行政管理职能的公司、事业单位及工、青、妇、社联、文联、科协等群众团体中的副县级以上干部，包括上述机关中任非领导职务及到退（离）休年龄但尚未办理相关手续的副县级以上干部，要按照登记表所列内容如实进行登记，并将登记表分别报市纪委、市委组织部和市监察局。登记表要求领导干部填写在经济实体中兼职，从事有偿中介活动，收受礼金、有价证券和信用卡，到下属单位或其他企事业单位报销应由个人支付的各种费用，未经市委、市政府批准公费出国出境，公费送子女上学，公费装修住房，买卖股票，其他情况等 9 个方面情况。1994 年 4 月，市委制定《关于加强党风廉政建设的八项制度》，即领导班子思想作风建设定期分析制度，上级党组织派出党员干部参加下级单位党员领导干部民主生活会制度，领导干部谈心谈话制度，领导干部个人重大事情报告制度，领

导干部回复上级党组织摘转群众反映本人重大问题制度,领导干部诫勉制度,领导干部回避制度,领导干部请假销假制度。1998年,加强领导干部任期经济责任审计制度和会计委派制度。全年共对领导干部18人进行离任审计,其中行政事业单位领导干部15人,企业领导干部3人。会计委派制的试点工作也在县(市、区)按计划进行。是年11月,景德镇市各级党委、政府根据中共中央、国务院颁布的《关于实行党风廉政建设责任制的规定》(以下简称《规定》)和省委、省政府出台的《实施办法》,开展党风廉政建设,深入推进反腐败斗争。全市共追究违反《规定》的部门班子1个、科级干部13人,给予党纪政纪处分10人,组织处理3人。

2000年年初,市委常委专题研究落实党风廉政建设责任制,将党风廉政建设和反腐败工作责任分解到市委、市政府各责任领导及牵头单位和责任部门。当年全市共追究违反《规定》的领导干部20人,给予党纪政纪处分47人,其中县级干部2人、科级干部45人,组织处理9人。是年,市委出台贯彻省委《关于加强对党政机关领导干部管理和监督的若干规定》的意见,全市纪检监察机关把对领导干部的监督从工作圈扩大到生活圈、社交圈。市纪委监察局制发和实行党风廉政教育谈话制度,建立信访举报廉政档案。2001年,在乐平市开展落实县(处)级领导干部配偶、子女从业规定试点工作,对38名县(处)级干部的配偶、子女106人从业情况进行认真核查核对,制定具体规定。是年2月15—20日,市纪委、市监察局牵头,从市有关部门抽调人员,分3个检查组对乐平市、浮梁县、市农业局等12个单位、部门落实党风廉政建设责任制工作进行检查,并针对检查中发现的问题提出3项举措。2002年,加大责任追究力度,全市53名党员干部因违反党风廉政建设责任制受到追究。2003年,全市共追究违反《规定》的领导干部66人,其中县级干部1人、科级以下干部65人。2004年,实行领导干部述廉制度。将各县(市、区)、市直机关、企事业单位、群众团体的县级党政主要领导干部及班子成员和36个市重点工程项目部负责人列为述廉对象,并将此项制度与重大事项报告制度和廉政档案制度结合起来。2004—2005年,通过运用责任追究机制,按照党纪政纪有关规定处分科级干部40人。

2006年,全市领导干部述职述廉552人次,领导干部按规定向组织报告个人重大事项196人次。2007年,市纪委、监察局抽调24名干部,组成6个调研组,分别由市纪委常委(副局长)带队,深入各县(市、区)、部分市直部门和企事业单位,就全市纪检监察工作情况和谋划反腐倡廉工作开展为期1周的大型调研活动。2008年,落实述职述廉制度、领导干部个人重大事项报告制度和经济责任审计制度。2010年,全市纪检监察机关继续落实述职述廉制度、领导干部个人重大事项报告、"三重一大"民主决策制度,加强干部权力行使的监督制约。

自查自纠与清理督察　1994年,由市纪委、市委组织部、市监察局领导带队组织5个检查组,对全市有关党政机关领导干部廉洁自律自查自纠情况进行检查。内容包括领导干部是否全部参加自查,是否召开民主生活会进行自查自纠,是否将自查自纠情况向单位群众进行通报并接受群众的评议和监督,是否对群众的不满意进行认真补课,是否对廉洁自律检查出来的问题严格按照有关规定主动纠正。检查方法主要是听取单位党委主要领导汇报,查阅民主生活会记录,通过干部、群众个别谈话了解情况等。1995年,市纪委清理党政领导干部兼职情况。至年底,全市党政领导干部已脱钩实体179个,其中转出37个,改造股份合作26个,撤销51个,辞去职务135人。是年,清理党政领导干部超标准配车,全市党政机关副县级以上干部超标准配车20辆,其中皇冠3辆、公爵五4辆、凌志1辆、天霸2辆、本田2辆、奥迪2辆、大宇王2辆、现代2辆、蓝鸟2辆。11月,市委领导带头执行中央、省委有关配车标准的规定,市委书记、市长殷国光,市委常委胡应良更换所用车辆。至年底,20名领导均换乘规定标准的车辆。

2000年,全市共追究违反《关于实行党风廉政建设责任制的规定》的领导干部20人。2001年,市纪委会同市委组织部对全市领导干部持有因私护照和本人及配偶办理的港澳通行证、外国居留证的情况进行登记清理,对40名副县级以上领导干部本人及其配偶的因私护照、港澳通行证登记建档,进行规范管理。2002—2003年,禁止领导干部到企业和单位报销个人费用,落实领导干部不准收受礼金和有价证券的规定。市、县(市、区)两级纪委设立并公布"581"(谐音"我不要")廉政专户,旨在让党员干部通过上缴其收受的"无法退回"或"不便退回"的现金、有价证券和支付凭证,共收到上缴金额12.09万元。同时,落实领导干部的配偶、子女从业的有关规定,狠刹党员领导干部中存在的奢侈享乐、铺张浪费、聚众赌博等歪风。通过摸底调查,对4名县(处)级干部配偶子女经商办企业的情况登记备案并上报省纪委。2003年,对全市领导干部以权谋私建私房和公务用车情况组织自查自纠和调查摸底,对调查中发现的违规问题及时进行纠正。2004年,全市清理"小金库"金额63万余元。

2005—2006年,市纪委对领导干部违反规定收送现金、有价证券和支付凭证问题进行治理,共收到上缴"红包"款39.4万元。继续开展党政领导干部违反规定兼任企业领导职务、党政机关用公款为干部职工购买个人商业保险和党政领导干部拖欠公款或利用职权将公款批借给亲友等问题的清理工作,共清理出在企业兼职的县级领导干部1人。查处领导干部在住房方面以权谋私问题,收缴违纪款30万元。2007年,继续开展对领导干部违反规定收送现金、有价证券和支付凭证,党员干部参与赌博、违规建房购房、违规配备使用小汽车等问题的监督和治理工作。2008年,抓好领导干部廉洁自律管理工作,加强对领导干部执行廉洁从政各项规定的监督检查工作。严把审批关,规范公务用车购置。严格领导干部出国(境)考察管理,共劝退公款旅游团组8批29人次。共解除20部捆绑电话,清退话费8487元。2009年,进一步加强对领导干部执行廉洁从政有关规定情况的监督检查。2010年,加强对领导干部公务用车、公款出国(境)、公务接待的监督管理。制定下发关于超标公务用车的处置办法,对超标公务用车进行妥善处置。严格对公款出国(境)、购置公务用车的审批,拒签和纠正超标购置公务用车申报20余次,"三公"[公款出国(境)、公务用车、公务接待]支出呈下降趋势。

廉政谈话　2000年1—10月,开展市委常委与县级领导干部谈心活动,市纪检监察机关共发出信访监督通知书33份。2003年,按照市纪委、监察局《关于党风廉政谈心制度的暂行办法》,对160名新任领导干部进行任前谈心,其中正县级领导干部34人、副县级领导干部126人。此外,还对16名由一般信访反映的领导干部进行诫勉谈话,促其"小中见大",主动整改。2004年,对101名新提任的县级领导干部进行任职前的廉政教育,对21名由信访反映的干部进行诫勉谈话。3月中旬至6月底,12名市委常委按照分工分别与各县(市、区)和市委各部门、市直各单位共85个部门(单位)的副县级以上领导干部进行个别谈心。2006年,全市各级纪委负责人同下级党政主要负责人谈话204次,领导干部任前廉政谈话437人次,对领导干部诫勉谈话105人次。2007年,对有关领导干部进行诫勉谈话112次,各级纪委负责人同下级党政主要负责人谈话303人次,领导干部任前廉政谈话57人次。2008年,落实诫勉谈话制度、纪委负责人同下级党政主要负责人谈话制度、任前廉政谈话制度。当年各级纪委负责人同下级党政主要负责人谈话120人次,对各级领导干部诫勉谈话112人次,领导干部任前廉政谈话533人次。2009年,继续开展任前廉政谈话教育,对落实党风廉政责任制提出明确要求。

专项治理与纠风

整顿经济秩序　1988年,全市开展税收、财务、物价大检查,治理投资环境中的不正之风。是年,清理政法机关从事经商活动,全市撤销政法机关所属企业10家,移交1家,解除挂靠13家。2002年,查处破坏经济发展环境的人和事,并建立优化经济发展环境的长效机制。2003—2007年,开展经济发展环境专项调研集中整治活动和投资环境专项整治活动,受理投诉197件,办结165件,查处54人。其中立案查处12件,给予党纪政纪处分29人,免职6人,调离或辞退11人,转司法机关处理8人,查处违规违纪资金735.72万元。为企业和投资者协调解决问题198个,另受理并严肃查处行政不作为、乱作为等破坏投资环境的投诉48件次,处理党员干部2人,公开曝光1件,办结率为100%。2007年,检查行政许可法实施情况,清理行政许可事项331项,受理违反行政许可法投诉件11起。2009年,开展规范行业协会、市场中介组织服务和收费行为专项治理工作,对全市36家行业协会、64家市场中介组织的服务和收费行为进行治理,105名公务员或事业单位人员辞去兼职,12家行业协会和3家市场中介组织的办公或经营地点从机关单位中迁出。

清理"红包"和预算外资金　1990年2月起,全市开展党政干部收受"红包"和行政事业单位账户和预算外资金清理工作。同时开展收送现金、有价证券及支付凭证等"红包"类问题专项整治和商业贿赂专项整治。采取自查、自报、自纠的方法,全市共有4个行政部门所属6家企事业单位的36名党政干部上报收受"红包"款6605元。1992年,市纪委建立纠风工作责任制,全市各行业、部门、系统层层建立领导责任制,实行目标管理,明确分管领导,通过"政风行风热线"及时了解处理群众诉求。1997年,全市撤销违规开设预算

外资金账户235户,查处违规金额1601.92万元,缴入财政预算账户96.02万元。1998年,清理出预算外资金账户746个,查处违规金额2400万元。2001年,廉政专户共收到上缴“红包”现金4万余元。2006年,受理各种举报50余件,立案查处商业贿案件23起,收到上缴“红包”等现金19.09万元。2009—2010年,共查处“小金库”11个,涉及金额312.40万元。

整治公路“三乱” 1992年,开始治理公路“三乱”(乱设卡、乱罚款、乱收费),全市撤销125个站点,保留经省政府核准的10个。1998年,对浮梁县勒功乡、经公桥镇、储田乡违规在公路上设卡收费问题进行立案查处,收缴违纪款12.30万元。全年共开展明察暗访27批208人次,取消公路、水路站卡6个,查处公路“三乱”案件10件。1999—2000年,继续开展开展公路“三乱”治理。2003年,向社会公布取消涉及机动车辆的行政事业性收费、政府基金、政府性集资项目共17项,并实行目录管理。2001—2007年,巩固治理公路“三乱”成果,两次获得省公路联合执法巡查组好评。2010年,对乐平市交警大队违反规定设置行政处罚项目、违规罚款问题进行立案查处,退回罚款18万余元。

治理企业“三乱” 1993年,开展企业减负工作,对增加企业负担进行整治。1997年,实施企业挂牌驻点服务。1998年,治理企业“三乱”(乱摊派、乱收费、乱罚款),全市取消不合理行政事业收费项目25项,减轻企业负担1300万元。2001年,继续开展企业减负工作,市物价局与市财政局联合开展涉企收费项目复查,审验收费项目277项。2003年,取消行政审批62项,“三乱”清理取得成效。

整治公款“吃喝玩乐”、公车私用 1996—2003年,市廉政办每年会同相关部门开展公款“吃喝玩乐”、公车私用专项检查。1996年,市纪委查处公款办理驾驶执照16人。1998年,全市查处违规公款吃喝,党纪政纪处分9人,通报批评25人,经济处罚20人,收缴违规吃喝款8200元。2008年,开展清理“特权车”“人情车”和纠正违规减免车辆通行费工作,取消通行费减免待遇车辆69辆。

查处农村不合理收费 1997年,市纪委举办县乡主管领导和减负办主任学习班,开展减轻农民负担工作。是年,对农民负担情况进行检查,发放监督卡22万份,清退和纠正不合理收费700万余元。1998年,全市54个乡镇建立农民负担预决算制度,查处案件4起,收缴违纪款5万元。1999—2000年,举办减负政策法规培训班,建立健全农民负担监督卡制度、农民负担预决算制度、农民负担专项审计制度、民主理财财务公开制度、农民负担监督管理检查5项制度。2003年,全市立案查处涉农乱收费案件15件,给予党纪政纪处分10人,退还农民不合理收费金额31.90万元。2005年,实行免征农业税,减轻农民负担2000余万元,人均减负26.10元。2010年,全市清退农民建房不合理收费199万元。

纠正医药购销和医疗服务不正之风 1998年,开始纠正医药购销中的不正之风,整顿规范医药市场假劣药品和无证经营行为以及让利回扣问题。是年,取缔赣东北野生中药材市场,罚款1.20万元,查处非法游医药贩13人。1999—2000年,清理取缔无证照或证照不全的药品生产、批发企业38家,查处医药企业违规操作,非法收受回扣让利474.26万元。2001年,推进药品生产流通体制改革,实行医院销售药品“收支两条线”管理的规定。市医药公司组建药品批发配送中心,集中统一采购,堵住回扣源头。是年,组织开展专项整治2次,共取缔无证经营单位93个。2005年,加大药品集中招标采购力度,全市药品集中招标采购金额有4100余万元,占全市医院药品采购总金额的82%左右,药价降幅平均达28.10%,让利患者约1200万元。2006年,实行限时服务制,病人选医生、护士制度,处方限额制,住院费一日清单制,查处医务人员收受回扣、红包、开单提成案件2件。2007年开始,18家医院的药品采购全部执行省级网上药品集中招标采购政策,总金额达6257.15万元,药品降价幅度平均达28%;同时加强对医疗服务行为的监督,对全市8所综合医院和专科医院进行暗访,受理信访举报件40件,办结37件,处分7人。2008年,新型农村合作医疗覆盖全市89%的农业人口。2009年,全市网上药品采购金额2.14亿元,成交金额2.04亿元,为群众让利8665万元,让利率为42.50%。2010年,全市网上药品集中招标采购的医疗卫生单位达22家,采购药品金额5846.91万元,为患者让利2303.12万元,让利率为39.40%。

整顿教育乱收费 1998年,开始治理教育乱收费。是年,建立中小学收费价格听证会制度,开展专项检查,查处责任人11人,收缴违规收费6.50万元。1999—2000年,全市共查处7起中小学乱收费案件,退还学生违规款5000元,收缴违纪款4.60万元。2001年,继续巩固治理中小学乱收费成果,全市共查处14起中小学乱收费案件。2004 年,查处中小学乱收费案件 5 起。2005 年,全面推行义务教育阶段"一费制"收费办法。2006 年,对全市违规补课、乱收费等问题进行专项治理,受理举报投诉 31 件,涉及金额 370 万元,清退乱收费款 18 万元。2007 年,对全市中小学校收费情况进行全面检查,将违规收费 130 万余元全部退还学生。2008 年,受理投诉 20 件,清退不合理收费 70 余万元。2010 年,继续查处教育乱收费问题,涉及金额 19.96 万元,给予 2 名责任人党纪政纪处分。

治理征用土地、拆迁、企业改制中侵害群众利益问题　2004 年,对全市土地市场秩序进行清理,停止审批新设立和扩建各类开发区,将原 4 个开发区整合为 3 个开发区,核减规划面积 2138 公顷,退回土地面积 42 公顷。是年,组织开展城镇房屋拆迁执法检查,保障拆迁户的合法权益;严格拆迁程序,实行"拆管分离",加大清理违规拆迁企业的力度。纠正企业重组改制和破产中不落实中央有关政策规定,造成职工合法权益受到侵害的问题,维护职工的合法权益。2005 年,制定 8000 元/亩的征地补偿标准,并做到公开补偿标准、地类面积、补偿情况。2006—2007 年,开展对征用农民土地补偿费管理使用情况的监督检查,制定征地"三公开"制度(公开补偿标准、公开地类面积、公开补偿情况)。2010 年,开展土地领域突出问题专项治理工作,清理闲置用地 53 宗,清缴土地出让金 7597 万元。查处 1 起保障性住房擅自改变土地用途案件,责令补缴土地出让金 398 万元。

纠正工程建设领域不正之风　2005 年 5 月起,对全市 2003 年、2004 年农村中小学危房改造工程项目建设资金和项目实施情况进行检查,对工程招投标不规范,违规发包,工程质量、质监、竣工验收制度不到位,项目建设资料不健全等问题提出整改建议。2006 年,对国家开发银行贷款项目资金使用开展专项检查,对存在的问题提出监察建议。2009 年,对房地产开发中违规变更规划、调整容积率问题开展监督检查,共查出 17 个项目存在违规问题,清收土地出让金 696 万元,罚款 16.36 万元。2010 年,共发现 280 个工程建设领域的问题,纠正 211 个,建立健全制度 32 项。

纠正其他不正之风　1998 年,清理规范各种庆典、检查、评比、达标活动,实行庆典活动审批和市领导参加庆典活动报批以及检查、评比达标活动审批制度,共取消庆典活动 22 项,节约资金 41.64 万元。2008 年,开展抗寒救灾和支援灾后重建工作检查,监督发放抗寒救灾资金 3588 万元和发放救灾物资棉被 5270 床、棉衣 7000 件、大米 26 万千克。是年,加强对支援四川灾区抗震救灾资金物资监管,确保全市 3667.52 万元的抗震救灾资金物资用于受灾群众和灾区重建。2009 年,全市共停办、缓办评比达标表彰活动 4 项,撤销 157 项、合并 10 项,节约资金 171.06 万元。2010 年,取消庆典、研讨会、论坛活动 4 个,节约经费 57.30 万元。

效能监察

2003 年,市委、市政府首次对重点建设项目派驻效能监督员,保证政令畅通,维护投资者的合法权利,并明确效能监督员的职责和任务。2006 年,成立景德镇市政府行政投诉中心,完善行政效能投诉体系,建立效能监督联络员队伍,公布投诉受理专线电话,在网上设立投诉电子信箱,继续加大优化经济发展环境工作力度。市政府印发《关于加强行政效能监察进一步优化投资环境的意见》,建立优化投资环境责任机制和监督机制,优化投资环境,促进招商引资工作。全年受理行政效能投诉 23 件,对破坏投资环境的违法违纪事件进行查处,推动全市行政机关作风和效能建设。是年,开展企业效能监察,在斗富弄旧城改造项目部、戴家弄旧城改造项目部、景东大道建设项目部派驻效能监察员进行监督,并对全市在建项目进行全面检查。

2007 年,重点对行政不作为、乱作为以及破坏投资环境的违法违纪案件进行查处,共受理行政效能投诉 70 件,办结率达到 100%。是年,开展城乡规划效能监察工作,对全市 61 项在建工程进行监督检查,查处未批先建、少批多建、手续不全等违法违章问题 30 起,受理群众反映市区乱搭乱建等问题的投诉 33 件,并移送和督促有关行政执法部门认真调查、严肃处理。2008 年,设立 7 个行政效能监察工作联系点,及时了解和掌握各县(市、区)和各部门开展行政效能监察工作的动态,进一步规范和推进行政效能监察工作。

2009 年,开展以提高项目审批和建设效率为重点的"机关效能年"活动,着力优化政务环境,提高服务水平。通过宣传教育、开门纳谏、内设机构测评、明察暗访、严肃纪律、督促整改、深化行政审批改革等措施,查处和纠正一批影响机关效能的突出问题,处理有关人员 457 人。是年底,以省政府行政投诉中心、省纪委效能监察室主任徐小平为组长的省效能督察组一行,对景德镇市效能年活动进行检查考评。《中国纪检监察报》《江西日报》等多家媒体报道景德镇市效能建设的做法和成效。在全省“机关效能年”活动绩效考核中，景德镇市排名第一。2010年，开展“创业服务年”主题活动，注重优化发展环境，深化“百千万”内设机构测评和投资环境监测工作，向县(市、区)和市直单位下发督办函300余件，督促解决发展环境方面存在的突出问题，查处并纠正一批涉企“六乱”(乱收费、乱检查、乱罚款、乱摊派、乱评比、乱培训)行为。同时，推动招商引资和创业就业工作，进一步完善重大产业项目绿色通道工作机制，建立健全创业服务体系。当年全市共投入1300余万元用于加强创业平台建设，促进全市招商引资和创业就业工作。

第二节 组织建设

党员管理

入党积极分子培养 1987年起，全市各级党组织在发展党员中，把重点放在对入党对象、积极分子的培养教育和考察上，乡(场)和基层企事业单位党组织，利用乡党校、业余党校，采取上党课和短训班等多种形式，对建党对象、积极分子进行党的基本知识教育。景波机械厂党委在对建党对象、积极分子的培养教育中，实行定专人培养、定教育内容、定考察要求；市陶瓷机械厂党委举办入党对象、积极分子参加的“党的基本知识竞赛”活动，提高他们对党的基本知识的理解。1989年，市委组织部下发《关于加强对发展党员工作宏观指导的意见》，把着力点放在对积极分子的培养教育上。

1990年，下发《关于认真做好发展党员工作的意见》，规定在发展积极分子入党之前，组织进行短期集中培训；凡是没有经过1年以上培养和考察的人，一律不能吸收入党。次年5月起，在全市范围内使用《中国共产党入党积极分子考察登记表》，考察鉴定入党积极分子的表现情况。1991年，乐平县按照市委组织部要求，建立健全入党积极分子集中培训制度、入党材料审核制度、组织员谈话制度，县委党校举办入党积极分子培训班5期，农村基层党委组织举办入党积极分子培训班84期，共培训入党积极分子3345人次。1992年，在昌河飞机工业公司召开全市“推优”工作座谈会，由昌江区委组织部介绍坚持“四个推优”创新做法。即在团员青年中推荐优秀分子入党；在妇女中推荐优秀分子入党；在科技人才、农村科技致富带头人中推荐优秀分子入党；在村干部和村后备干部中推荐优秀分子入党。景德镇陶瓷学院(简称陶院)、高等专科学校(简称高专)、陶瓷学校分别介绍注重在大、中专学生和高中学生中加强党的基本知识教育，扩大入党积极分子队伍的做法。全市发展5200名优秀团员、青年入党，占同期发展新党员总数的37.28%。1995年，全市有1.49万人向党组织递交入党申请书，其中35岁以下青年占50%。发展的28岁以下新党员都有团支部、团委的“共青团入党推荐鉴定表”。

2004年，全市开展“入党积极分子队伍建设年”活动。以基层党支部为单位，组织党员、入党积极分子学习《中国共产党章程》、十六大报告和十六届三中、四中全会精神以及有关党员队伍建设的文件，学习基层优秀党组织和党员的典型事迹；开展调查现有入党积极分子队伍的结构、分布和教育培养情况；建立入党积极分子教育、培养、考察制度。制定全市2005—2010年发展党员计划。2009年，对全市党员发展教育管理工作检查情况表明，入党积极分子队伍进一步壮大，全市达到9655人。乐平市、浮梁县、昌江区、珠山区充分发挥工会、共青团、妇联和其他行业协会组织的作用，坚持和完善“推荐入党积极分子培养对象”和团组织“推优”工作制度，把发展和推荐的重点与党员发展的重点结合起来，把个人申请和党员推荐、群众推荐、有关组织推荐结合起来，及时把各领域、各行业的优秀分子纳入入党积极分子队伍；景德镇陶瓷学院、高等专科学校、中国直升机设计研究所(简称602所)、供电公司等党委还进一步建立健全入党申请人、入党积极分子、发展对象、预备党员台账，分类跟踪，主动培养。

党员发展 1986年，全市发展党员2425人，其中各类专业技术人员660人，占发展总数的27.21%，高中以上文化的1481人，占发展总数的61.07%。1987年1—9月，全市发展新党员1488人，具有高中以上文化程度的915人，占发展总数的61.50%；35岁以下的854人，占发展总数的57.40%；妇女党员301人，占发展总数的20.20%。1988年开始，贯彻执行“坚持标准、保证质量，改善结构、慎重发展”的方针，实行宏观控制，具体指导，注意把好党员发展“入口”关，保证新党员的质量。1989 年，全市发展新党员 1405 人，其中生产第一线的工人、农民和营业员及专业技术骨干 1035 人，占发展总数的 73.63%；具有高中以上文化程度的 828 人，占发展总数的 58.93%；35 岁以下的青年党员 790 人，占发展总数的 56.20%；妇女党员 262 人，占发展总数的 18.65%。

1990 年，党员发展工作贯彻“坚持标准、保证质量、改善结构、慎重发展”的十六字方针，当年全市发展新党员 1331 人，其中生产第一线的工人、农民和知识分子新党员 903 人，占发展总数的 67.84%；具有高中以上文化程度的 755 人，占发展总数的 56.72%；35 岁以下的青年党员 718 人，占发展总数的 53.94%；妇女党员 285 人，占发展总数的 21.41%。1991 年，下发《关于认真制订发展党员工作规划的通知》，制定 1991—1993 年发展党员工作规划。是年，市委下发《关于加强在企业、农村生产一线发展党员工作的意见》。解决企业、农村生产第一线党的力量薄弱，企业党员队伍中普遍存在“三高三低”（即退休工人党员比例高，在职工人党员比例低；科室党员比例高，车间党员比例低；车间干部党员比例高，班组工人党员比例低）问题，重视在企业、农村和高知群体中发展党员。当年全市发展新党员 1724 人，其中生产第一线的工人、农民、服务员和教育、科研第一线的专业技术人员 1396 人，占发展党员总数的 80.97%。1995 年，下发《关于进一步加强在青年和妇女中发展党员工作的意见》，继续重视在大中专学生和青年教师中发展党员。

1996 年起，每两年开展一次党员质量管理检查，内容包括各级党委是否把发展党员工作，特别是加强在企业、农村生产一线和在青年、妇女中发展党员工作列入重要议事日程，做到研究讨论、制定规划、作出部署、分类指导；县（市、区）、主管局（公司）党委对发展党员工作如何实行宏观指导，做到有计划、有领导、有重点；对做好在生产一线发展党员，解决企业无党员班组、农村支部多年来未发展党员，无党员村组以及在青年和妇女中发展党员采取哪些措施，取得哪些效果，有哪些好的经验和做法，还存在什么问题，对日后发展党员工作有什么意见和建议，有什么新的打算等问题进行梳理。各级党组织如何把发展党员工作的着力点放在入党积极分子队伍上，特别是强化对青年和妇女入党积极分子的培养、教育和考察采取了哪些措施；在做好生产一线和在青年、妇女中发展党员工作中，如何做到既态度积极，又不片面追求数量，确保新党员质量；是否严格按照党章规定和《中国共产党发展党员工作细则（试行）》的要求，成熟一个，发展一个，对发展对象的政治素质进行全面认真的考察，在发展党员工作中是否有搞照顾、送人情以及徇私舞弊等不正之风等内容。采取自查、互查和重点抽查的方法进行，检查工作结束之后，向省委组织部汇报检查结果。1997 年，景德镇陶瓷学院发展 8 名青年教师入党，发展学生党员 83 人，占在校学生总数的 5.10%；发展入党积极分子 500 人，占学生总数的 21.70%。景德镇高专全校 420 人申请入党，入党积极分子 113 人，学生党员 114 人，其中当年发展 32 人，占学生总数的 3%。市直中学和各中等专业学校有 233 名学生递交入党申请书，有入党积极分子 9 人。全市 2758 名高知人员中有党员 1614 人，占 58.52%。1998 年，在全市开展发展党员质量年活动，对 1996 年后入党的党员进行抽考，320 名新党员参加考试。5 月 29 日，全市 100 名新党员参加全省统一抽考，以平均 94.59 分获第四名，97 分以上的党员有 13 人。是年，全市各级党委组织部门贯彻发展党员工作“十六字”方针，在实践中总结和形成发展党员工作六项制度，即建立党员发展全过程的责任追究制度，建立与纪检监察、政法、计生等部门定期联审制度，健全预审制度，建立公示制度，健全组织员谈话制度，建立定期交叉检查责任整改制度。2001 年，全市抽查基层党组织 70 个，召开党内外群众座谈会 50 次，召集新党员个别谈话 126 人次。

2004 年，市委组织部印发《关于进一步完善和试行发展党员工作若干制度的实施意见》，实行先上岗后入党、集中培训、票决责任制等制度，全市发展党员工作进一步规范化、制度化和科学化。乐平市创新“把五关破四难”的发展党员工作方法，即健全考核机制，把好“职责”关；加强队伍建设，把好“指导”关；激活源头活水，把好“基础”关；坚持两级严审，把好“入口”关；推行“阳光入党”，把好“监督”关；实施“四抓”工程，破解女性党员比例偏低问题；采取“三推”方式，破解农村党员源头不足、年龄老化问题；建立“双审”机制，破解外出务工人员难入党问题；实行重点管理，破解少数村多年未发展党员问题。2004 年，全市发展党员 2117 人，比 2003 年发展党员数增加 262 人。其中发展女党员 688 人，占发展总数的 32.50%；35 岁以下 1617 人，占 76.40%；高中以上学历的 1841 人，占 86.96%；生产工作一线 1218 人，占 57.50%；先进模范人物 532 人，占 25.10%。2007 年，下发《关于在春节期间认真做好外出务工经商人员中发展党员工作的通知》，建立外出务工经商人员入党培养联系人制度和外出务工经商人员入党委托培养制度,采取早引导、早选苗、早教育、早培养的“四早”措施。2008—2010年,全市每年发展具有副高级以上职称或硕士以上学位的党员200人,占发展党员总数的10%,并呈现逐年递增趋势。

党员结构 1986年,全市有中共党员53450人,其中女党员7093人。1996年,全市有中共党员67568人,其中女党员10175人。2010年,全市有中共党员80255人,其中女党员15603人;党员年龄35岁以下15456人,61岁以上22825人;党员学历大专以上27055人,中专6066人,高中15112人,初中以下32022人。

表24-5-2 **1986—2010年景德镇市党员一览表** 单位:人

年份	党员数			年龄					文化程度			
	总计	其中		35岁以下	36至45岁	46至55岁	56至60岁	61岁以上	大学	中专	高中	初中以下
		女	少数民族									
1986	53450	7093	101	12013	14620	15779	6062	4976	3550	3565	5392	40943
1987	55864	7574	124	12429	15795	15584	6239	5817	4268	4132	6190	41274
1990	58296	8123	101	11555	17188	14237	7262	8054	5387	4583	7448	40878
1991	59792	8412	100	11821	17501	14390	7400	8680	5878	4886	7953	41075
1992	61202	8828	117	12121	17856	14236	7520	9469	6417	5074	8572	41139
1993	62696	9169	131	11930	18092	14454	8010	10210	7100	5237	9295	41064
1994	64257	9490	119	12285	18173	14722	7887	11190	7780	5511	9856	41110
1995	66211	9842	135	13263	18158	15338	7533	11919	8691	5711	10507	41302
1996	67568	10175	137	13613	18111	15742	7505	12597	9670	6025	11016	40857
1997	69137	10563	144	14327	17926	16166	7365	13353	10778	6395	11437	40527
2001	72734	11261	158	14103	17656	17270	7074	16631	15005	6973	12377	38379
2002	74086	11649	158	14118	17411	18217	7410	16930	16508	7431	12545	37602
2003	74802	11814	158	13340	16826	17569	8459	18608	17663	7348	13135	36656
2004	75964	12240	142	14668	17134	17228	8438	18496	18935	7362	13463	36204
2005	73018	12518	154	13636	16075	16240	8313	18754	19387	6029	12751	34851
2006	72146	12928	158	12857	15927	15212	8675	19475	20424	5807	13275	32640
2007	72829	13473	156	13355	16178	14262	8666	20368	20995	5881	13625	32328
2008	76662	14416	167	14234	16732	14825	9257	21614	23382	5967	14783	32530
2009	78438	15045	165	14492	16896	14995	9387	22668	25521	5929	14802	32186
2010	80255	15603	169	15456	16826	15364	9784	22825	27055	6066	15112	32022

表24-5-3 **1986—1997年景德镇市党员行业分布一览表** 单位:人

年份	工业	基本建设	交通邮电	农林水	城市公用事业	商业金融	文化教育	党政机关团体	其他
1986	19004	915	1344	17377	407	3468	4052	5905	978
1987	20099	966	1310	17246	441	3757	4414	6594	1037

续表 24－5－3

年份	工业	基本建设	交通邮电	农林水	城市公用事业	商业金融	文化教育	党政机关团体	其他
1991	20645	1068	1445	17313	525	4390	5004	8458	944
1992	21493	1080	1475	17531	520	4317	5170	8789	827
1993	21602	1100	1513	18775	163	4444	3157	9132	655
1994	22328	1008	1780	18062	574	4689	3474	9329	926
1995	22695	1127	1624	18277	555	5100	3786	9756	1155
1996	23241	1092	1718	18515	652	5214	4006	9851	1098
1997	23442	1178	1742	18945	764	5340	4236	10296	918

表 24－5－4　　**2001—2010 年景德镇市党员职业分布一览表**　　单位：人

年份	总计	在岗职工	农牧渔民、乡镇企业劳动者	学生	离休干部退休(退职)人员	新的社会阶层	其他
2001	72734	32007	18404	538	14236	—	7549
2002	74086	31972	18281	325	14377	—	9131
2003	74802	31913	—	—	—	—	—
2004	75964	32247	16813	846	17145	133	8780
2005	73018	31034	16794	1239	17556	145	6250
2006	72146	30664	17164	1604	16489	21	6204
2007	72829	31170	17635	1729	16426	74	5795
2008	76662	32079	16954	2131	17654	96	7748
2009	78438	31780	17938	2285	18030	—	8405
2010	80255	32886	18165	2394	18196	—	8614

党员教育　1987 年，全市各级党组织开展党员电化教育，至 90 年代初期，形成市、县（区）、乡（镇）三级党员教育网络，有电教彩色电视机 162 台、录放像机 36 台、摄像机 6 台。市区 50% 以上的单位都具备播放电教片条件，58 个乡镇中有 55 个乡镇有党员电教设备。至 1991 年，全市共摄制电教片 9 部，其中《历崌山下一劲草》《特殊岗位的人》分别获江西省第二次、第三次电教片评比二等奖；建立有 143 人的专（兼）职电教队伍。1992 年，市委组织部成立党员电教科，利用现代媒体对党员进行教育。1993 年，建立党员电化教育中心，配备干部，购置电教设备，同时督促指导县（市、区）及有关单位建立党员电教室。1992—1994 年，全市播出党员电教片 2049 场次，组织收看 171.98 万人次。1994 年，制定《景德镇市党员教育三年实施计划（1994—1996 年）》，党员教育的基本内容主要有 6 个方面：马列主义基本理论教育，重点是学习建设有中国特色社会主义理论；党的基本路线教育，重点是一个中心、两个基本点的基本路线和改革、发展、稳定方针的教育；党的基本知识教育，重点是学习新党章，进行党的纲领、宗旨、党员标准的教育；党风党纪教育，重点是党规党纪的教育；形式与任务教育，重点是革命传统教育和党的现行政策及重大改革措施的教育；科学文化知识教育，重点是社会主义市场经济知识教育和农村党员实用技术培训等。县级以上干部党员每两年至少培训一次，每次不少于半个月，其他党员的培训每年累计不得少于 5～7 天。

1996 年 4—8 月，对 1996 年入党的党员统一组织培训。人数过少的单位，各主管局（系统）党委组织部门集中组织培训。1998 年，弘扬抗洪精神，对抗洪中涌现出的先进典型进行表彰，28 幅抗洪照片入选全省展览，5 幅入选《江西画报》刊登，2 幅入选《组织人事报》刊登。1999 年 5 月，党员电教片《过年》在全省党员电教片观摩评比中获得第一名。该片围绕全国劳动模范、全省优秀共产党员、市红光瓷厂一分厂厂长吴彩云筹钱给职工过年这条主线,通过跑贷款、组织生产、督促质量、深夜到厂里检查安全、到广州了解市场和催要货款、给职工发工资、到特困职工家走访等场景,表现了一名共产党员一心为民的崇高精神境界。6月28日晚,该片在江西卫视节目中播出,并在中央电视台第一套节目《地方台30分钟》栏目中播出。是年,市委组织部在昌江区荷塘乡杨湾村建立全市第一个党员电化教育播放收看工作示范点。

2000年,以"保持共产党员先进性"教育活动为主要内容,以落实《党员教育纲要》为目标,在农村开展"致富思源,富而思进"活动。乐平市开展身体力行"三个代表"学用《江西党建》演讲比赛活动,受到省委组织部领导的表扬。是年,省委组织部对景德镇市在新时期党员教育的新途径、新方法给予肯定。2001年,举办4000名党员和入党积极分子参加的"党的知识竞赛",在全市52个党委开展以党史、党章、"三个代表"重要思想等为主要内容的学习竞赛,开展"光辉颂歌——庆祝建党80周年图片全省巡回展"活动。同时,组织开展"保持共产党员先进性"演讲比赛和学习汪洋湖、塑江西人新形象活动、"我谈江西人新形象"征文评选活动。2002年,制定下发《景德镇市2002—2005年党员教育规划》,主要内容:马克思主义的基本理论、党章和党的基本知识、党性党风党纪、社会主义市场经济、现代科技和文化知识、社会主义民主法制和思想道德、民主集中制、形势和时事政策等。是年,以全市各条战线践行"三个代表"重要思想的先进人物事迹为题材,拍摄践行"'三个代表'在瓷都"系列专题片,在"七一"展播中播出。将"保持共产党员先进性"演讲活动实况制作成党员电教片《瓷都党建》,在专栏节目中播出。市委组织部拍摄的《陶艺家赖德全》获全省党员教育电视片脚本评比一等奖,市委组织部获"全省党员电化教育工作先进单位"称号。2003年,在全省第九次党员教育电视片观摩评比中,市委组织部摄制的党建栏目《瓷都党建》获一等奖,政论片《窑火千年》获特别奖,专题片《在笑声中成长》获三等奖,电视散文《陶艺家赖德全》在全国电视行业协会电视片评比中获二等奖。

2004年,制作《强党建　促发展》《"雏鸭"托起小康梦》等12部党员教育电视片,在景德镇新闻"三项创建"瓷都专栏播出。《瓷都党建》栏目、政论片《窑火千年》在中组部第八届党员教育电视片评比中分别获二等奖和优秀奖,市委组织部获"全国党员电化教育工作先进集体"称号。2005年,全市新建党员电教播放网点20个,添置电教设施175套,农村基层播放网点达493个,普及率达100%。是年,制作一批弘扬主旋律的电教片精品,在全省第十次党员教育片观摩评比中,获一等奖3个、二等奖1个、三等奖1个。其中,党建栏目片《瓷都先锋》、科技片《吴德明和他的白羽王鸽》、风光片《烈火中走过千年》获电教片一等奖。2007年,开展纪念全省党员电教工作开展20周年系列活动,参加全省第十一次党教片观摩评比活动,获一等奖1个、二等奖1个、三等奖2个。2010年,全市培训党员21702人,其中主题教育培训班4期,培训人数1021人;县级党员干部轮训200人;乡镇、街道党员干部轮训490人(其中县、区培训390人);中青年党员干部培训54人;组织员培训600人;党支部书记培训4215人;村干部培训57人;下岗党员、返乡党员培训851人;新党员培训3200人(其中县、区培训3000人);企业党员培训4500人(其中县、区培训4000人);农村党员实用技术培训4514人;城市社区党员培训2000人。

民主评议党员　1988年3月起,在抓好乐平县涌山乡、市艺术瓷厂试点的基础上,在全市开展民主评议党员活动。当年参加评议党员52924人,被评为不合格党员66人,开除党籍9人,除名、取消预备党员资格14人,限期改正错误141人。1992年,参加评议党员60372人,被评为不合格党员54人,开除党籍5人,除名、取消预备党员资格2人,限期改正错误21人。2002年,参加评议党员65361人,被评为不合格党员54人,开除党籍6人,除名、取消预备党员资格20人,其他党纪处分8人,限期改正错误20人。民主评议党员活动从1988年开始,至2002年告一段落,活动期间,每年进行精心安排,做到有布置、有检查、有总结。

表24-5-5　　**1988—2002年景德镇市民主评议党员一览表**　　单位:人

年份	民主评议情况			组织处理情况			
	参加评议党员	表彰党员	被评议为"不合格党员"	开除党籍	除名、取消预备党员资格	受其他党的纪律处分	限期改正错误
1988	52924	—	66	9	14	—	141

续表 24－5－5

年份	民主评议情况			组织处理情况			
	参加评议党员	表彰党员	被评议为“不合格党员”	开除党籍	除名、取消预备党员资格	受其他党的纪律处分	限期改正错误
1989	57180	—	183	—	—	—	—
1991	59282	—	98	10	18	—	57
1992	60372	—	54	5	2	—	21
1993	59663	—	69	4	20	—	29
1995	65850	—	75	9	8	—	24
1996	66584	—	81	6	13	—	45
1997	65527	—	63	5	9	—	34
1998	65659	—	57	6	9	—	33
2000	68774	—	146	9	31	—	107
2001	60959	1821	25	3	6	2	17
2002	65361	1688	54	6	20	8	20

基层组织建设

基层组织构成　1987 年，市委下辖乐平县委和鹅湖、蛟潭、昌江、珠山 4 个区委，全市党的基层组织中有党委 193 个、党总支 110 个、党支部 3434 个。1996 年，市委下辖乐平市委、浮梁县委、昌江区委、珠山区委，全市党的基层组织中有党委 230 个、党总支 182 个、党支部 4136 个。2006 年，全市党的基层组织中有党委 193 个、党总支 199 个、党支部 3215 个。2010 年，全市党的基层组织中有党委 190 个、党总支 231 个、党支部 3400 个。

市直机关组织建设　1986—2010 年，中共景德镇市直属机关工作委员会（原称市直机关党委）工作职责由成立之初的机关党、团组织机构审批和党员统计、违纪党员的处理，逐步扩展到机关党组织建设和党员的教育管理。1987 年，首届机关党员代表大会召开后，共召开 5 次党员代表大会。90 年代初期，按照“坚持标准，保证质量，改善结构，慎重发展”的方针，有计划、有重点地发展新党员，注重吸收工作第一线的青年、妇女中的积极分子入党。1991 年开始，每年举办入党积极分子培训班 1～2 期。是年，市直机关党委所属党总支 12 个，直属党支部 62 个，党员总数 1938 人。1998 年，景德镇的银行、保险等 9 家金融单位机关党组织由市直机关转出，改为省级垂直领导。是年，深入开展“发展党员质量年”活动，确保党员的质量。5 月 20—21 日，在景德镇宾馆举办两期新党员培训班，对市直单位 1996 年以来入党的 150 名新党员进行培训，组织学习党章及党纪党规等知识。1999 年 5 月 16 日，组织市直机关 1996 年以来入党的新党员 85 人参加全市抽考，并从中选拔 33 人集中 1 周培训，参加全省抽考，取得优秀成绩，受到市委组织部通报表扬。

2004 年，市经贸委等 38 个市直单位党组织转入市直机关工委管理。2007 年，省陶瓷工业公司等 8 个市直单位党组织划归市国资委管理。至 2010 年底，市直机关工委辖党委 61 个、党总支 64 个、党支部 814 个，党员总数 16521 人。其中直属党委（机关党委）51 个、党总支 20 个、党支部 38 个。

创先争优活动。1988—2002 年，市直机关组织开展民主评议党员工作。1991 年，结合开展民主评议党员，共评选出先进党支部 16 个、优秀共产党员 123 人、优秀党务工作者 83 人。1993 年，围绕党的基本理论、基本路线、基本知识的教育，开展“创先争优”活动。评出先进党总支 3 个、先进党支部 11 个、优秀党员 111 人、优秀党务工作者 92 人。同时，评出市样板支部 2 个、优秀党员 6 人、优秀党务工作者 2 人。1995 年，市直机关党（工）委围绕“密切联系群众，当好人民公仆”主题活动，评出先进党总支 5 个、先进党支部 12 个、优秀共产党员 160 人、优秀党务工作者 118 人，6 月 28 日在市工人影剧院召开表彰大会。1996 年，开展以“公仆杯”竞赛评比为主要形式的创先争优活动，评出市级“优秀公仆”11 人。7 月，景德镇市遭受罕见的特大洪水灾害,机关广大党员干部战斗在第一线,解救被困群众,帮助群众重建家园,动员捐款捐物,解决群众实际困难。灾后评出市级抗洪救灾先进集体标兵1个、先进集体2个、先进个人标兵1人、先进优秀个人7人。1997年,围绕"转变机关作风、当好人民公仆"主题,开展争当优秀共产党员、优秀党务工作者活动,评出先进基层党组织20个、优秀共产党员165人、优秀党务工作者100人。

1999年6月29日,表彰先进基层党组织19个、市直机关优秀共产党员98人、市直机关优秀党务工作者59人。在市直机关开展争创"公仆杯"优秀个人和"创业杯"优秀个人竞赛评比活动,评出"公仆杯"优胜个人27人、"创业杯"优胜个人2人,"七一"前夕由市委表彰。2001年,23个基层党组织、115名党员和70名党务工作者被评为2000—2001年度市直机关先进基层党组织、优秀共产党员和优秀党务工作者。其中2个先进基层党组织、3名优秀共产党员、3名优秀党务工作者受到市委的表彰。市国税局吴宗华被省委授予优秀共产党员称号。2004年,对市直68个部门和单位中的5个"红旗单位"、16个先进基层党组织、126名优秀共产党员和72名优秀党务工作者进行表彰。2006年3月,授予市人大机关党总支等59个党组织先进基层党组织称号,授予刘亮常等144人优秀共产党员称号,授予谢宝银等74人优秀党务工作者称号。2008年,授予市国税局机关党委等62个党组织先进基层党组织称号,授予万筱华等184人优秀共产党员称号,授予邹云峰等80人优秀党务工作者称号。

组织设置与管理。1991—1992年,对到期的42个党支部进行改选和补选。1993年,新组建机关党委1个,组建党总支5个,新建党支部1个,对27个党总支、支部进行改选和补选。1994年,新组建党总支1个,对18个到期党支部进行改选,3个缺额党支部补选配齐。3月,对各党总支、支部工作情况和组织生活情况进行全面检查,并进行情况通报。1995年,新建机关党委1个、党总支3个、党支部1个。1996年,成立党总支、党支部7个,到期的5个党总支、党支部换届改选。至1996年底,市直机关下属有党委2个、直属党总支25个、直属党支部49个,党员2513人。1997年,新成立党总支3个,21个党总支、党支部进行换届。2000年,新成立机关党委1个、党支部1个,13个党总支、支部进行换届,6个党支部班子进行调整和补选。2001年,成立机关党委1个、党总支1个、党支部1个,11个党总支、党支部进行换届改选。2002年,以贯彻《中国共产党党和国家机关基层组织工作条例》为契机,配合机构改革,抓基层组织建设,全年转入党委1个,成立机关党委2个、党支部1个,换届12个,调整5个。2003年,12个市直机关党组织换届选举,7个市直机关党组织班子进行调整充实,新设立机关党委1个、党总支3个、党支部3个。2004年,党组织换届46个,其中党委2个、党总支5个、党支部39个。

2005年,坚持以加强党支部建设为重点,抓班子、抓制度、抓活动、抓培训,严格组织生活。新成立机关单位党委4个、党总支1个、党支部1个;12个班子顺利换届,7个单位调整了班子成员。2006年,7个基层党组织换届改选,6个单位调整班子成员,新成立机关党委3个、党总支3个、党支部2个。2007年,新成立机关单位党委1个、党总支2个、党支部2个,有10个基层党组织顺利换届。同时,按照市委要求,将省陶瓷工业公司等8个市直单位党组织划归市国资委管理。是年4月,对贯彻落实保持共产党员先进性四个长效机制文件情况开展专项检查,促进各级党组织进一步全面完善各项制度的建设,使党内生活做到制度化、经常化。2009年,把好党组织成员审批关,进一步优化组织设置,成立机关单位党委4个、党支部3个;党组织换届8个,调整充实基层党组织书记、副书记和委员9人。

农村基层党组织建设　1986年,市委组织部下发《关于加强农村党的基层组织建设的意见》,强调农村党的基层组织建设要与农村整党紧密结合。1989年,在整顿后进支部工作中,采取"一调二训三促四健全"的措施。至年底,全市606个农村村级党支部中,先进的252个,占41.58%;中间的288个,占47.52%;后进的有66个,占10.90%。经过整顿,后进农村党支部调整、充实53个,占总数的80%。其中,民主选举产生35个,互相交流6个,乡镇党委任命12个。

1991年,全市农村在首批20个乡镇308个村集中进行社会主义思想教育,把后进村党支部的整顿和建设工作同发展集体经济结合起来。全市县(市、区)两级建立干部联系点387个,其中副市级以上干部24人、县级干部128人、科级干部235人,覆盖面达到63%。是年,由各级主要领导参与"空壳村"(指集体经济薄弱,财务亏空的村子)摘帽和后进党支部整顿工作。在原认定的65个后进村中,调整党支部书记45人、村委会主任32

人、支部委员80人、团支部书记12人、妇女主任12人，民兵连长16人，并发展新党员33人。至年底，有53个支部明显转化，26个转化为中间状态。1994年，市委决定用3年时间打一场村级建设总体仗。是年，调整全市村级建设工作领导小组，制定《景德镇市小康村建设规划》《农村基层组织建设“五个好”目标实施规划（1995—1997年）》。1997年，市委组织部、市委村建办印发《景德镇市整顿后进村检查验收实施办法》，对全市村建工作检查验收，10月26—31日，省村建检查验收小组到景德镇市检查验收。年底，省委组织部、省委村建办表彰景德镇市、县（市、区）直先进包村部门17个，“创五好”先进村党支部30个；先进工作者有县（市、区）委书记1人、乡（镇）党委书记2人、村建工作干部4人。1999年，市委下发认真学习贯彻《中国共产党农村基层组织工作条例》的实施意见，在全市615个村推行村务公开和民主管理制度，开展得好的村207个，占总数的33.70%；一般的293个村，占总数的47.60%；比较差的115个，占总数的18.70%。

2002年，围绕省委提出的乡镇党委建设创“六个好”、争“六个一”和村级组织建设“创五好、上等级”的要求，采取强龙头、活龙尾的方式，全市开展新一轮农村基层组织建设工作。3月6日，全市农村基层组织建设工作会议召开，总结前3年村建工作成绩，对新一轮农村基层组织建设工作进行动员部署。会上对全市3年村建工作中涌现出来的40个“创五好”先进村党支部、8名乡镇党委书记和20个市、县直先进包村单位进行表彰。制定并下发《景德镇市农村基层组织建设发展规划》，对包乡扶村工作进行部署。2004年，在浮梁县瑶里镇的瑶里社区、王港乡的渭水社区，开展农村村落社区党的建设试点工作，部署开展以“支部活起来、党员动起来、协会建起来、服务强起来、示范带起来、能手多起来、帮带联起来、农民富起来”为主要内容的“八起来”活动。

2005年，是村级组织建设规范年，市委组织部对村级组织有关工作制度、村级组织活动场所进行统一规范建设。全市辖41个乡镇（1个农业垦殖场、2个农村街道），行政村500个，有活动场所的455个，占90.10%，其中2002年后新建的60个，无活动场所的45个。2006年，市委成立村级组织活动场所建设领导小组，全市列入2006—2007年帮建计划的项目共76个，当年建设26个，2007年建设50个。各级配套资金376.20万元，其中中央补助112.80万元，省补助188.10万元，市、县两级各承担10%，即37.65万元。至2006年底，全市纳入规划的项目中，30个在建，3个完工。2007年，印发《景德镇市村级组织活动场所规范化管理和使用办法》。9月底，76个（乐平市44个，浮梁县23个，昌江区7个，高新区1个，陶瓷工业园区1个）建设项目竣工，30个村投入使用。2010年起，启动第二轮村级组织活动场所建设，全市共安排项目62个，其中被列入中央计划47个，由中央财政补助30%、省级财政补助50%，市、县各负担10%；省计划15个，由省级财政补助50%，市、县两级财政各负担25%。此外，按照全市行政村3%的比例，由市、县两级财政共同承担资金建设的项目16个。

社区基层党组织建设　1986年7月，继续做好支援街道干部轮换工作。全市从市直行政机关和部分事业单位抽调第二批干部支援城市街道工作，时间为一年半。1998年，制定实施《关于在全市街道实现一个居民区建立一个党支部的五年规划实施方案（1998—2002年）》，达到有一名好的党支部书记、有一支能充分发挥作用的党员队伍、有一个固定办公场所和党员活动场地、有一定数量活动经费的要求。至1999年底，实现30%的居委会单独建立党支部，2001年实现70%以上的居委会单独建立党支部，2002年基本实现每个居委会单独建立党支部，保证每个居委会有1间不少于20平方米的办公用房和1部办公电话。是年，根据市委《关于进一步加强街道组织建设的意见》精神，成立市街道组织建设领导小组，并召开全市工作经验交流会。从1999年1月开始，适当提高居委会干部报酬，居委会主任和支部书记月报酬200元左右，副主任月报酬150元左右，委员月报酬100元左右，由固定和浮动两部分组成，具体实施办法由县（市、区）制定。

2006年乐平市菱田村党支部申请人“我要入党”主题演讲会

2001年,市委组织部制定《关于建立市直单位帮扶城区居委会制度的意见》(简称《意见》),首批24个市直单位与24个居委会结成“对子”,根据该《意见》,珠山区8个街道党委会改为街道党工委,163个社区居委会撤并重组调减为76个,在全省率先实现“一居民区一党支部”的目标。2002年,市委成立加强城区基层组织建设工作领导小组,制定下发《关于加强街道基层党组织建设工作的意见》和《关于加强景德镇市城市社区党的建设工作的意见》,将全市236个居委会调整撤并为140个,提前实现全市“一居委会一党支部”的建设目标。2004年,根据《中共中央组织部关于进一步加强和改进街道社区党的建设工作的意见》,建立市委常委街道、社区党建工作联系点。2005年,按照市委组织部《关于开展市直单位与社区居委会结对共建活动的实施意见》的要求,制定帮扶社区3年工作规划和年度工作计划。当年起,在社区开展“一抓四促”(抓党建,促服务、促稳定、促发展、促文明)活动和星级社区的创建活动。全市各级党组织把活动作为推动社区党建和各项事业发展的重要抓手,围绕“一抓四促”的目标要求,进一步加强社区领导和班子建设,深入推进“星级社区”创建活动和部门包居结对共建工作,并选择51个部门与51个社区居委会结对共建。至2007年,各结对单位投入经费,为25个社区解决办公用房,新增办公用房面积达2000平方米,为社区购买60套健身器材,建造100个宣传栏,举办文体联谊活动和联欢晚会100场次。2010年,街道社区党建开展“有人管事、有钱办事、有场所议事,推进城市基层党建区域化建设”的活动。至年底,全市选出12个社区作为街道(社区)党建工作“三有一化”(有人管事、有钱办事、有场所议事和构建城市区域化党建格局)示范点建设单位。

国有企业党组织建设　1988年,江西《组工信息》第40期,报道景德镇市企业党组织机构设置和党务工作人员配备提出的6条意见。1989年7月底至8月中旬,市委组织部分别到陶瓷、机械、电子、财贸等系统的18家企业,就企业党组织履行保证监督职能进行调查。1990年,按照《中国共产党基层组织选举工作暂行条例》的要求,切实加强对企事业单位召开党员大会的管理工作,建立和健全培训、登记、检查督促、协调、审批、会中指导监督、反馈等7项工作制度。至1991年底,全市有13家企事业单位党组织按时召开党员大会或代表大会,进行换届改选。1991年,对人民瓷厂、瓷用化工厂、雕塑瓷厂、九九九厂、电机厂、第一汽车运输公司的党建工作状况进行调查。

1994年,通过企业单位党组织和党员“创业杯”竞赛评比,加强企业党的建设。同时,继续抓企业党政领导成员的学习培训和调整工作,试行主管系统企业书记例会制度、企业党政联席制度;督促、协调、指导11个国有企业党组织按期换届选举,对实施国有独资试点的印机总厂等5家企业的党建工作进行指导,对开业投产的42家三资(中外合资、中外合作、外商投资)企业中未设党组织的加强指导、督促工作。至年底,全市国有企业有党员1.73万人,占职工总数的14.40%,设有82个党委、24个党总支、191个党支部。7866个生产班组中有党员的生产班组3598个,建立党小组842个。生产班组长中,有党员3182人,占班组长人数的40.50%。1995年,召开全市国有企业党建工作座谈会,总结江西景华电子有限公司抓党建的经验,部署全市企事业单位党组织换届工作。1996年,昌河飞机工业公司党委被评为全国先进基层党组织,是景德镇市首家获此殊荣的单位。1997年,市委成立景德镇市加强企业党的建设工作领导小组。5月12—16日,举办全市国有企业党建工作专题研讨班,市属企业党委书记30人参加。1998年,在全市开展中共中央《关于进一步加强和改进国有企业党的建设工作的通知》的再学习、再宣传、再教育活动,采取办培训班、研讨班等形式,组织企业党、政主要领导学习。

2000年4月,市委下发《关于加强我市国有企业党建工作的意见》,印发中共中央组织部《关于在实施关闭、破产国有企业中加强党的工作的意见》,为国企改革提供坚强组织保证。2003年,国有企业党建在改革中得到加强,“双向进入、交叉任职”办法得到较好落实,改制企业党员“对接”工作取得初步成效。2005年,继续推行“双向进入、交叉任职”,从组织上和制度上规范了党组织参与企业重大问题决策的途径和方法,保证企业党组织在企业改革、改制和发展中充分发挥政治核心作用。2007年,成立中共景德镇市国有资产监督管理委员会,将原市直机关工委管理的省陶瓷工业公司、省陶瓷进出口公司、省陶瓷销售公司、市陶瓷股份公司、华意电器总公司、市焦化煤气总厂、市城市信用社、市工业国有资产经营公司、市商贸公司党组织关系调整归口市国资委党委管理。

非公有制经济党的基层组织建设　1989年,市委组织部转发省委组织部《江西省中外合营企业党的工作暂行条例》。至1993年2月，全市在工商行政管理部门注册登记、领取营业执照的三资企业有55家。在开业的21家三资企业中，有党员的企业有18家，党员223人，其中具有大专以上文化程度的37人，具有高中(中专)文化程度的77人。在有党员的18家三资企业中，建立党的基层组织的9个(党委2个、党支部7个)。至1994年4月，全市开业投产的42家三资企业中，成立党的基层组织的有20家，设党委2个、党支部18个(其中有3家性质相近企业成立联合党支部)，够条件未设立党的基层组织的企业6家，共有党员307人。

1994年，省委组织部转发中央组织部《关于加强股份制企业中党的工作的几点意见》，规定在组建股份制企业时，党组织的设置与调整工作应同步考虑和安排。及时改建或组建党的基层委员会、总支部委员会、支部委员会。乡镇企业党组织设置的主要形式有乡镇办的企业单独建立党组织，乡镇办的若干企业建立联合党支部，村办企业建立党小组或单独建立党支部，“厂村合一”设置党组织，农村经济联合体建立党组织，个体、私营企业建立党组织。1998年，全市个体私营经济中有党员261人。其中，男性212人，女性49人；35岁以下的49人，36~50岁的128人，51岁以上的84人；具有大专以上文化的37人，具有中专、高中文化的149人，具有初中以下文化的75人。除从事个体户的党员外，全市有党员开办经营的私营企业达45家。其中，成立党组织的企业有5家，应成立而未成立党组织的企业有3家，不具备条件成立党组织的企业有37家。建立党组织的是租赁承包国有、集体企业的私营企业。2000年12月5日，在市委二楼会议厅召开全市改制企业和非公有制经济组织党建工作会议。同时，印发市委《关于加强我市非公有制企业党的建设工作的意见(试行)》。至2001年11月，全市非公有制企业建立党组织的有46家，其中建立党委6个、党总支3个、党支部37个(含联合党支部18个)，并通过完善“属地为主、条块结合”的管理体系，进一步理顺非公有制企业党组织的管理，解决个别单位“有组织，无上级”的问题。

2007年，下发《关于加快组建规模以上非公有制企业党组织工作的意见》，要求年底前，全市90%的规模以上非公有制企业单独建立党组织。至7月14日，全市168家规模以上非公有制企业，建立党组织的163家(不含挂靠5家)，组建率为97%，其中单独建立党组织的119家，单独组建率为70.80%。是年7月20日，印发《关于进一步加强和改进非公有制企业党建工作的意见》，明确提出：不断扩大党组织在非公有制企业的覆盖面；重点抓好已建党组织规范化建设，经过3年左右的时间，力争使全市非公有制企业党组织达到领导班子好、党员队伍好、工作机制好、发展业绩好、群众反映好的“五个好”要求。

乐平市采取“一会一联派两员”(成立市委非公有制企业党建工作联席会，建立市级党员领导干部非公有制企业党建工作联系点，选派党建指导员和党建联络员)措施，解决非公有制企业党建“四无”难题，通过在全市非公有制企业中开展“党建带三建、促进三服务”活动，推动非公有制企业党、工、团、妇组织建设。

社会组织党的基层组织建设　2003年，市委组织部下发《关于加强社会中介组织和社会团体党的建设工作的意见》，强调在社会中介组织和社会团体中建立健全党组织，扩大党的工作覆盖面。社会中介组织和社会团体党组织要正确处理好党组织与举办者和管理者的关系，处理好党务工作与业务工作的关系。2004年，以深入开展“红旗单位”创建活动为主抓手，重点培育乐平蔬菜协会等个体协会党建工作典型，以点带面整体推进社团组织党建工作。同时，进一步加快“两新”(指新经济组织和新社会组织)中党组织的组建步伐，对尚不具备条件的，采取联合、挂靠、社区统管等形式组建党组织，或者派驻党建工作指导员，为组建党组织创造有利条件。是年，对律师队伍党建工作情况进行调研。市委办公室转发市委组织部、市总工会《关于进一步加强“两新”组织“党建带工建，工建促党建”工作的意见》，要求“两新”组织中党员人数在3人以上的建立党组织，不足3人的有党组织覆盖。2007年，“五好党组织”创建率为50%。2008年，“五好党组织”创建率为70%。2009年，“五好党组织”创建率在80%以上。

表24-5-6　　1987—2010年景德镇市基层党组织一览表　　单位：个

年份	总数	党委	总支部	支部	年份	总数	党委	总支部	支部
1987	3737	193	110	3434	1992	4293	212	153	3928
1991	4212	210	147	3855	1993	4443	214	173	4056

续表 24-5-6

年份	总数	党委	总支部	支部	年份	总数	党委	总支部	支部
1994	4449	216	165	4068	2005	3491	188	191	3112
1995	4560	228	173	4159	2006	3607	193	199	3215
1996	4548	230	182	4136	2007	3754	219	205	3330
1997	4525	232	191	4102	2008	3783	188	217	3378
2001	4272	231	198	3843	2009	3770	190	219	3361
2003	3613	216	200	3197	2010	3821	190	231	3400
2004	3782	225	237	3320					

干部管理

管理制度　1988年5月1日起，市委组织部决定县、区机关的局级领导干部和乡镇、街道办事处、垦殖场的副职领导干部的职务由县、区直接管理，并在县、区任免的同时报市委组织部备案。县、区委组织部正、副部长，劳动人事局局长，公安局(含分局)局长、政委仍由市委组织部管理。1991年，制定《关于建立和健全领导干部交流的制度》，有计划、有步骤地交流一批县局级干部。1996年，市委组织部在对《党政领导干部选拔任用工作暂行条例》(以下简称《条例》)进行学习、实践的基础上，首创《条例》运行示意图，使各项内容一目了然，便于执行和操作。《江西组工通讯》专题刊载"运行示意图"并加编者按。1999年，出台《景德镇市县级党政领导干部和国有企业及国有控股企业领导人员任期经济责任审计暂行办法》，明确规定：领导干部任职期间，对其所在部门、单位和企业财政收支、财务收支、企业资产、负债、损益的真实性、合法性和效益性以及有关经济活动应当负有的责任，包括主观责任和直接责任，领导干部任期届满，或者任期内职务调整，以及在企业进行国有资产重组时，应该接受任期经济责任审计。从9月20日开始实施。

2002年，出台《关于市直部门和县(市、区)党政领导干部考评办法(试行)》，考评分为4个步骤：由考评对象根据考核内容，写出述职报告；所有考评对象述职报告先在本部门进行为期10天的公示，市直部门党政主要领导干部述职报告集中在一个展厅公开展示；参加单位的民主测评，市直部门和县(市、区)党政主要领导还需要参加全市综合测评，测评分市级领导干部打分和县级领导干部互相打分两个层次进行；市委派出考核组根据测评得分情况和群众反映情况，有针对性地组织考核，并提出初步评价意见。市委对考评意见进行审议，并将考评结果作为干部培养、使用、晋级和奖惩的重要依据。2004年，出台《景德镇市县级党政领导干部考察预告试行办法》《景德镇市县级党政领导干部任前公示试行办法》《景德镇市县级党政领导干部任职试用期试行办法》《景德镇市县级党政领导班子正职拟任人选和推荐人选表决试行办法》等制度，促进干部选拔任用工作规范化、制度化。2005年，制定下发《关于进一步推进党政领导干部选拔任用制度改革的实施意见》，指出完善领导干部任期经济责任审计制度，对负有经济管理责任的领导干部，在任期内或离任前，应按干部管理权限，进行经济责任审计；要采用定期审计、届中审计和离任审计等多种形式完善领导干部经济责任审计制度；要重视对审计结果的运用，把审计结果与干部考核、使用结合起来。

干部培训　1986—2010年，全市干部培训主要采取脱产培训、在岗自学、挂职锻炼和境外培训等方式。1986年，继续在市(县)委党校开办大、中专班和短期轮训班，当年轮训县(局)级干部178人。下发《关于做好干部初中文化补课考试工作的通知》，规定45岁以下不到初中文化程度的干部属于文化补考对象。全市未达到初中文化的干部367人，半年举行1次补课考试。1987年，市委组织部与市委宣传部联合在市委党校开办培训、理论两个大专班，创办中央党校函授学院景德镇学区，全市推荐405名干部报考党、干校，录取236人。

1990年，制定《关于当前加强干部培训工作的几点意见》，干部培训内容突出深入进行坚持四项基本原则、反对资产阶级自由化的教育，并同党的基本路线教育，进行爱国主义、集体主义、艰苦奋斗以及社会主义法制教育，马列主义、毛泽东思想基本理论教育，时事形势教育有机地结合起来。1991年，制定《景德镇市

1991—1993 年干部培训规划》，明确干部培训的基本任务、培训重点、培训方式等内容。1991—1992 年，举办县局级领导干部马克思主义读书班 3 期、县级干部进修班 3 期、中青年干部培训班 2 期、企业党支部书记培训班 6 期，还举办正县级领导干部社会主义理论学习班、妇女干部培训班和高级知识分子、拔尖人才马列主义理论读书班等，共培训各级各类干部 2000 余人。1993 年，举办县级领导干部进修班 3 期、中青年干部进修班 1 期、妇女干部学习班 1 期、乡镇干部农业技术学习班 1 期，正县级以上和副县级领导干部学习《邓小平文选》第三卷研讨班 1 期，共培训干部 1053 人。1995 年，市委组织部和市委宣传部联合落实部署集中培训农村基层干部。

1996 年，规划在“九五”期间实施干部培训“824335”工程。主要内容：培训 800 名县级干部，坚持县级干部每 3 年到党校脱产进修 1 次的轮训制度；培训 2000 名中青年干部，有重点地将县级后备干部选到市委党校脱产培训，将中青年干部和基层支部书记送到机关业余党校轮训；培训 400 名乡镇和村干部，坚持每年举办 1 期乡镇领导干部培训班和 1～2 期农村党支部书记培训班，重点抓好后进村党支部书记的培训；培训 300 名企业领导干部，重点对市属一类企业正、副职和四类企业正职领导干部开展培训，每期办 1～2 个班；培训 300 名组工干部，全面提高全市组工干部的素质；选派 500 名年轻干部下基层或到经济发达地区挂职锻炼。是年，制定集中培训乡镇党委书记和乡镇长的计划，规定在 1996—1997 年对全市乡镇党委书记和乡镇长进行 1 次培训。1997 年，制定《景德镇市 1996—2000 年干部教育培训规划》，要求县级干部培训时间由过去的 40 天改为 3 个月；创办市直机关业余党校，分期分批轮训市直机关 45 岁以下科级和一般干部及部分基层单位党支部书记；在市经济管理干部培训中心内挂牌成立景德镇市党员干部培训中心，开辟新的培训场所。1998 年，制定《1998—2002 年全市县级领导干部轮训规划》，重点培训县级以上领导干部，每年举办 2 期轮训班，每期培训时间 3 个月，每年轮训 140 余人。中青年干部和担任重要岗位的领导干部优先培训，45 岁以下的干部从前 4 年安排培训，新提任的县级干部当年安排培训，按计划分期分批举办干部培训班 8 期，培训干部 549 人。1999 年，下发《1999—2003 年全市乡镇领导干部轮训计划》，用 5 年时间，对全市 615 名乡镇副科级以上领导干部轮训一遍，每半年举办 1 期培训班，每期培训 60 人左右，集中学习培训 1 个月。

2000 年，制定《进一步加强和改进干部教育培训的意见》，加强对干部的理论培训，全年举办县级干部进修班 2 期，培训 101 人；中青年干部理论培训班 1 期，培训 51 人；机关中青年干部业余党校培训班 2 期，培训 112 人；女干部培训班 1 期，培训 85 人；干部业务技术培训班 4 期，培训 245 人。2003 年，围绕提升干部队伍整体素质这一目标，多渠道、多层次、大规模地开展干部教育培训工作，举办县级领导干部进修班 8 期，培训干部 637 人；专题研讨班 14 期，培训干部 1100 人次，全年通过各种形式和途径共培训在职干部 1.9 万人次。2004 年，市委组织部、市委宣传部联合下发《关于 2004 年全市县级党委（党组）中心组理论学习的意见》，以《中共中央关于完善社会主义市场经济体制若干问题的决定》等 10 个专题为干部培训内容。2007 年，市委印发《景德镇市“十一五”干部培训规划》，就不同层次、不同行业干部培训提出具体目标。当年干部培训工作以市县两级党校为主体，采取“请进来、走出去”的方式，组织领导干部 84 人参加上级部门调学，邀请专家学者举办“建设和谐江西”“建设服务型政府与区域经济发展”等 56 场专项讲座，培训干部 4000 人，全年培训各级各类领导干部 6176 人。2009 年，选派优秀年轻后备干部及新提拔的县、科级干部 160 人，到信访部门、民营企业挂职锻炼，选送县级领导干部 20 人，参加新加坡南洋理工大学“经济发展与城市建设”培训班，外派科级干部 120 人，分 8 批赴温州、常州等发达地区跟班学习，蹲点招商，开阔视野，提升能力。2010 年，在澳大利亚举办“现代农业与城市一体化”专题培训班 1 期，在市委党校举办县处级、乡科级干部培训班 7 期，选派干部 750 人双向挂职锻炼。

干部考核　1986 年，市委组织部下发通知，部署全市县（局）级后备干部的年度考核工作，凡是经过有关规定程序正式列入名单的县（局）级后备干部，党委（党组）至少每年对他们全面考核一次，考核材料报送市委组织部，并明确这项工作要形成制度，长期坚持下去。9 月 5 日，《组工简讯》第 5 期刊登市委组织部采用德才测评的新方法考核、推荐干部。先后对 11 个县（局）级单位的 115 名党政领导干部和政法系统科级以上干部进行一次比较全面的定量考核，并推荐后备干部人选 441 人。11 月 21 日，《组工简讯》第 10 期介绍，市委组织部用二次反馈的方法，对 20 个已测评单位 104 名县（区）局级领导干部的民主测评结果和推荐出来的398名后备干部对象人选进行处理和筛选。1989年11月至1990年5月中旬止,分3批对全市57个县局级领导班子、636名县级领导干部(含事业单位县级领导干部和相当县级企业党政主要领导干部)进行考察,并作出综合评价。

1991年,市委制定下发《关于坚持干部能上能下制度的意见》,指出:完善考核制度,全面了解干部的德、能、勤、绩,对其作出阶段性评价,是决定干部能上能下的重要依据。1994年起,实行县级领导干部工作目标管理达标考核制度,包括制定工作目标,明确岗位责任;结合民主评议,搞好自查自评;组织统一考核,开展综合评估;加强组织领导,健全相关制度。同时,成立以市委主要领导为正副主任、其他有关方面负责人为成员的县级领导干部工作目标管理达标考评委员会,作为非常设机构,由市委组织部承办日常工作,处理考评具体事务,并做好考评前的各项准备工作。是年,市委组成8个考核组对市区和市直82个县级领导班子425名领导干部进行年度考核,对领导干部工作目标管理达标情况进行综合评估,分为优秀、达标、未达标三个等级,年度考核评估结果作为对干部选拔任用、调整职务和奖惩的重要依据,对连续两年未达标的,进行组织调整。1995年,市委组成8个考核小组,对县(市)、区和市直部门89个县级领导班子、430名县级领导干部工作目标管理达标情况进行考核。经考核,被评为好的班子占32.93%,中间状态的班子占54.88%,差的班子占12.19%;领导干部定为优秀的占18.10%,定为称职的占75.95%,定为基本称职的占5.95%。

1996年,市委决定在全市开展县(市)党政领导班子及成员工作实绩考核试行工作,市委组织部按照市委要求制订具体考核试行方案。并决定选择浮梁县为试点,对县党政领导班子及成员工作实绩进行届中考核,考核工作分准备阶段、考核阶段、综合评估和反馈阶段、总结整改4个阶段进行。1997年,市委批转下发《关于对全市市属国有企业领导班子及其成员进行考核的实施意见的报告》,就考核对象、考核内容、考核工作方法和步骤、考核工作的领导都作出明确规定。1999年,对全市县级领导干部1988年度考核首次实行量化考核,即对县级领导干部民主测评,在思想政治、廉洁自律、组织领导、团结协作、勤奋敬业、开拓进取、工作实绩、难易程度8个要素上细化量化。各个要素设置不同分值,最低的10份,最高的15分,总分为100分,每个要素划分为好、较好、一般、差4个等次,每个等次划定一个给分幅度,测评得分情况作为等次评定的基本依据。此次考核单位81个,县级领导干部456人。经考核定为优秀的领导干部35人,占7.67%;称职的405人,占88.82%;基本称职的4人,占0.88%;不称职的1人,占0.21%;未定格的10人,占2.19%。是年,对县级领导干部年度考核实行末位淘汰制,在年度考核的当年被确定为不称职者,被确定为基本称职且第二年仍未改进被定为不称职者即界定为末位。末位淘汰的处理形式:免去现任领导职务;责令辞去领导职务;降职;连续两年考核被确定为不称职者,按规定予以辞退。

2001年,制定《关于建立干部综合素质测试(TCQC)制度的意见(暂行)》,并首次对全市5000余名科级以下干部分A、B两类,进行综合素质测试考试。测试结果:A类2310名科级干部中,有2120人在合格分数线90分以上,占参试者的91.77%;B类2546名一般干部中,有2343人在合格分数线以上,占参试者92.02%。当年在全市乡镇领导班子换届工作中,干部综合素质测试成果得到首次运用,并产生积极影响,新华社和省、市新闻媒体对测试工作进行宣传报道。2002年,市委制定《市直部门和县(市、区)党政领导干部考评办法(试行)》,明确考评对象为全市市直机关各部门和县(市、区)党政领导干部(其他县级干部的考评参照本办法实施);考评内容分德、能、勤、绩、廉5个方面。考评按照干部队伍"四化"方针和德才兼备的原则,重点考评领导干部是否"靠得住、有本事",是否在推进城市建设、加大投入、调整经济结构和大开放等方面取得突出成绩。通过撰写述职报告并公开展示,测评计分,考核组形成考评意见,市委对考评意见进行审议,并作为干部培养、使用、晋级和奖惩的重要依据。2004年,制定《关于对县级公安机关领导班子和公安局长进行跟踪考核的工作方案》,对县级公安局局长进行跟踪考核的时间、对象、内容、方法与程序、组织领导和具体要求做出明确规定。2010年,运用综合考核评价办法对县级领导班子和领导干部实施年度考核。在乡镇(街道)探索实行绩效考核排位制、逆向测评干部等办法。中央组织部在《组工信息》正刊对《景德镇逆向测评干部》做重点介绍。同时,委托市国家调查队对全市6700余名机关干部进行干部选拔任用工作满意度民意调查,对测评得分排名倒数10名的单位主要负责人进行谈心谈话。是年,浮梁县在干部考察工作中实行每个考察组都有1名以上纪检干部的制度,确保对干部考察工作队伍的监督,《江西日报》对此进行报道。

人才工作

知识分子工作　1986年2月,市委批转市委知识分子工作领导小组《关于落实知识分子政策和几个问题的意见》,对必须在年底完成的落实知识分子政策的几项任务,在时间和具体要求上作明确规定。1988年,全市吸收优秀知识分子入党813人,提拔德才兼备的知识分子担任副科级以上干部348人,调整用非所长73人,安排子女就业126人,解决夫妻分居98对,解决家属子女"农转非"336人,解决住房困难430户,通过各种途径培训学习1529人。1990年10月31日,市委、市政府办公室转发《市委组织部关于开展全市知识分子工作检查的意见》,由市知识分子工作领导小组统一领导,市委组织部牵头组织实施,分6个检查组,用10天时间,对14个县、区、局级机关和所属30个单位进行重点抽查。共听取44个单位227名领导汇报;召开座谈会40次,466人参加;个别走访、谈话76人次;实地察看68人次;察看有关资料288份。

1992年,市委、市政府给享受国务院政府特殊津贴的10人,享受省政府特殊津贴的7人及1992年获国家级有突出贡献的中青年专家3人颁发荣誉证书。1993年7月起,提高市级专业技术拔尖人才生活津贴,由原来的每人每月30元提高为每人每月40元。1995年,对全市知识分子工作进行检查。4月10—17日,分4个检查组对各县(市、区)、局和所属31个单位知识分子工作进行重点抽查;6月19日,市委对全市评选出来的72名知识分子"丰收杯"优胜个人、18个知识分子工作先进集体和8名知识分子工作先进个人予以表彰。1997年8月28日,对全市1996年度71名知识分子"丰收杯"优胜个人、19个知识分子工作先进集体和10名知识分子工作先进个人予以表彰;授予吴样才等10人市"十佳"专业技术拔尖人才称号。是年,市委、市政府办公室下发《关于解决专家、拔尖人才工作和生活中的几个问题的意见》,规定市级专业技术拔尖人才生活津贴为每人每月40元,由所在单位支付改为市财政预算列支,由市委知识分子工作办公室定期发放。为专家、拔尖人才办理医疗保健证,卫生部门对专家、拔尖人才凭证优先提供就诊服务,医疗费按规定由所在单位优先报销。至1997年,全市两次组织专家拔尖人才进行身体健康检查。

2007年6月7日,授予李贵镇等10人首届景德镇市优秀高技能人才称号;2010年9月29日,授予刘浩元等35人景德镇市突出贡献人才称号。召开全市人才工作会议,研究审定《景德镇市中长期人才发展规划纲要(2010—2020年)》和相关配套政策,并就人才的几项重点工作进行决策部署。是年,授予徐建建等10人第三届景德镇市优秀高技能人才称号。

人才选拔　1988年4月16日,下发选报市级优秀专家、学者和拔尖人才的通知,在全市工业、农业、科技、文教、卫生等战线挑选15名优秀的专业技术人员。1990年,下发《关于建立市委组织部人才库的暂行办法》,并向省委组织部人才库推荐人才40人。同时,对有特艺的民间人士和在外省、市工作的景德镇籍的高级人才进行调查,收集景德镇民间特艺人才5人,在外省外地工作的景德镇籍高级人才39人。12月30日,市委、市政府首批授予虞雪琴等44人市级专业技术拔尖人才称号。1993年3月,市委、市政府下发《关于选拔和管理市级专业技术拔尖人才的通知》和《关于选拔和管理市级专业技术拔尖人才的暂行规定》,当年选拔第二批市级专业技术拔尖人才23人。1994年,市委、市政府认定徐志军等36人继续为景德镇市专业技术拔尖人才。1996年,对3年期满的第二批市级专业技术拔尖人才进行目标考核和重新评选,李延龄等12人被续评为市级专业技术拔尖人才;另有2人延长评定期1年。至此,全市选拔市级专业技术拔尖人才3批、82人。1997年,对第一批市级专业技术拔尖人才第二次重新评选,对36名续评人员进行全面考核和重新评定,18人续评为拔尖人才,1人因目标未完成而延长评定期1年,17人因年龄和表现问题不再续评。1999年8月底,第三批市级专业技术拔尖人才期满3年;12月底,第一、二批续评市级专业技术拔尖人才期满3年。2000年,第三批市级专业技术拔尖人才郭建晖等16人续评,第一、二批市级专业技术拔尖人才余仰贤等9人续评,管理期皆为2000—2002年。

2001年3月26日,市政府常务会议研究并形成《关于进一步加快科技人才队伍建设的决定》,就留住人才、吸纳人才,加快景德镇市科技人才队伍建设制定措施,每年由财政安排专项资金用于人才资源的开发及储备。成立市政府顾问团,聘请10名以上国内外知名专家、学者任顾问。每年召开一次年会,就科技兴市、经济发展等重大问题进行研讨,研讨成果供市政府作决策参考。对当前急需的高级人才和专门人才,应不惜成本高薪引进,对其实行高新技术成果作价参股,其高新技术成果的作价金额可以达到创办公司注册资本的35%,并根据情况提供住房等。全市人才进出比为2.12∶1,人才密度达9.03%,高于全省平均水平。是年3月,中共中央组织部《组工信息》正刊头条刊登景德镇市人才工作的经验做法。2004年7月30日,市委常委会会议审议并同意《市委市政府关于进一步加强人才工作的意见》,事业单位引进硕士、博士和具有副高职称以上的专业技术人才,不受单位编制、专业技术职称、职务结构比例限制。凡愿意落户景德镇市的大专以上毕业生,放开户籍准入制度,均可办理人才居住证。企、事业单位引进高层次紧缺人才,国家有突出贡献中青年专家,国家级重点学科、重点实验室、工程中心、企业技术中心的学术、技术带头人、博士,政府予以住房补贴,并为其办理各项社会保险,足额缴纳社会保险费用,实行年薪等补充保险。市财政为每个博士点一次性补助工作经费5万元。江西《组工信息》2004年第86期刊登景德镇市切实解决陶瓷技术人才流失的做法。

2006年2月24日,市人才工作领导小组办公室下发建立景德镇市高级人才信息库的通知。市高级人才信息库总体架构由纵向架构和横向架构组成。纵向架构按照省委要求,设区市级、县(市、区)级依次分为相应的二级库、三级库。横向架构分为综合库和7个专业库。同时,成立景德镇市高级人才信息库建设领导小组,做好专业技术拔尖人才引进工作,面向海内外引进博士等高层次人才102人,其中"两院"院士2人、博士8人。2007年,第一、二、三、四批续评市级专业技术拔尖人才期满,市委、市政府决定续评龚循明等34人为景德镇市专业技术拔尖人才,管理期3年。至2007年年底,全市人才总量为13.95万人,其中获得高级职称2401人,获得中级职称9360人,国家级有突出贡献的中青年专家11人,中国工艺美术大师23人,中国陶瓷艺术大师9人,江西省工艺美术大师49人,享受国务院政府特殊津贴专家137人,进入国家、省、市百千万工程的专家69人;市级专业技术拔尖人才106人,人才密度8.10%,其中学历在大学本科以上的占各类人才总数的14.13%。2009年12月,第一批至第五批市级专业技术拔尖人才续评人员又期满3年,2010年4月组织重新评选。同时,启动选拔第六批市级专业技术拔尖人才工作。2010年9月26日,出台《景德镇市农村优秀乡土人才选拔管理办法(暂行)》,先后制定出台《景德镇市中长期人才发展规划纲要(2010—2020年)》和《进一步加强高层次人才工作的若干规定》《海外留学人员创业园优惠政策》《优秀乡土人才选拔管理办法》"1+3"文件,推出以"瓷都英才555工程"为重点的11项人才工程,依托产业发展和项目带动,采用"柔性"引才方式,引进院士2人、博士26人、硕士23人。首次评选表彰有突出贡献的人才30人,同时对高层次人才建立"一季一联系、一年一疗养、一年一体检、一年一慰问"的服务机制,人才工作进一步制度化。

人才管理　1986年5月2日,省人才开发研究中心景德镇联络站正式建立,李孝来任组长,陈海泉任副组长,青年干部科具体负责日常工作。是年9月27—29日,召开全市党的组织建设工作研讨会暨市人才开发研究联络站成立大会。1987年,成立市委知识分子工作办公室,设在市委组织部。1988年,市委知识分子工作领导小组改名为市知识分子工作领导小组,并调整部分成员。是年,市政府发布《景德镇市科学技术进步奖励办法》,确定市级科学技术进步奖分为三等:一等奖奖金800元,二等奖奖金500元,三等奖奖金300元。1994年,市级科学技术进步奖奖金额度作调整:一等奖奖金2500元,二等奖奖金1200元,三等奖奖金600元。

1991年5月,下发市级专业技术拔尖人才目标管理的通知和专业技术拔尖人才目标责任书,对实行目标管理的目的、内容和办法作明确规定,同拔尖人才签订目标责任书,建立联系卡片制度。1993年,市委、市政府下发《关于选拔和管理市级专业技术拔尖人才的暂行规定》,规定1986年后所做出的成绩符合下列条件之一者,均可作为市级专业技术拔尖人才选拔对象:在理论研究上有创造性成果,或有创新和独特见解,具有较大的科学价值或指导作用,经省级有关部门、学会评定,达到省内先进水平,得到同行公认的;获得国家四等发明奖、四等自然科学奖、三等科技成果进步奖,省(部)级二等科技成果进步奖,市级一等科技成果进步奖以上的项目主要完成者;运用现代化的科学知识和措施,在经济管理和其他管理方面,经有关部门审定,取得显著经济效益和社会效益,在市内同行中有较大影响的;在文化、艺术、教育、卫生、体育等方面造诣较深,对建设社会主义精神文明和物质文明有较大贡献,在同行及人民群众中享有较高声誉的;做出与上述4条类似贡献或达到类似专业技术水平的其他方面的专业技术人员。

1996年10月,市委组织部下发《关于选拔管理乡村优秀科技人才的试行意见》,规定乡村优秀科技人才包括:依靠科技发家致富,年创家庭纯收入2万元以上,并乐于社会公益活动和帮助群众发展经济的科技示范户、种植养殖能手;长年工作在乡村第一线,一心扑在集体事业上,在推广应用科学技术方面做出了一定的成绩，培养传授科技知识、推广先进科学实用技术 50 户以上，累计创经济效益 50 万元以上的人员；近几年来农业科技成果达到县级科技成果 2 项以上，并且在该地农户中广泛推广应用的人员；将科技成果转化后，产生了较大的社会效益和经济效益，种植业新品种每亩提高产量 10% 以上，养殖业产值增长 10% 以上，乡村企业技术成果、推广成果年增税利 5 万元以上的人员；做出了与上述 4 条类似贡献或达到类似专业技术水平的能工巧匠及特殊技艺的专业技术人员。

2005 年，建立市党政领导干部联系专家、拔尖人才制度，联系国家级有突出贡献的中青年专家、省级有突出贡献的专业技术人员、市级专业技术拔尖人才、享受政府特殊津贴人员。市党政领导班子成员 17 人，每位领导联系 2 ~ 3 人，共联系 47 人。2009 年，重申这一制度，市党政领导班子成员 16 人，每位领导联系 2 ~ 3 人，共联系 45 人。2010 年，《景德镇市中长期人才发展规划纲要(2010—2020)》出台，该纲要分序言、指导思想、基本原则和战略目标，人才队伍建设主要任务，人才发展重点工程，创新人才发展机制，优化人才发展环境，保障措施 7 个部分，31 条。制定《景德镇市留学人员创业园优惠政策》，从资格界定、税收、资金扶持、用房及征地、工商行政管理、入户、家属安置、职称评聘、出境等 6 个方面，提供各类优惠政策。是年，市委、市政府还出台《景德镇市进一步加强高层次人才工作的若干规定》共 20 条。市委坚持党管人才的原则，努力建立一个科学合理、充满活力的用人机制。景德镇陶瓷艺术人才资源丰富，市委组织部结合实际，选拔了一大批省、市级陶瓷艺术拔尖人才，充分发挥他们的聪明才智，推动景德镇陶瓷的发展，形成景德镇人才工作特色。

老干部工作

老干部待遇落实　1986—2010 年，老干部退休后，实行“基本政治待遇不变，生活待遇略为从优”(简称“两项待遇”)。政治待遇包括阅读文件、听重要报告、参加某些重要会议和重要政治活动。1987 年 3 月，明确规定离休干部和副局长以上退休干部的住房，各单位应按同级在职干部的待遇优先安排，其住房面积，按照省政府办公厅文件规定办理。1989 年，市委、市政府批转《景德镇市老干部工作责任制》，规定市委、市政府职责：安排老干部参加听取重要报告、传达重要文件和参加重大节日庆祝、纪念活动；每半年向老干部作 1 次形势报告或通报全市政治、经济形势；每年春节组织 1 次对老干部的慰问。

1990 年起，市委老干部局坚持每月组织 1 次地市级离退休党员干部到市老干部活动中心阅读有关文件，每年就近就地组织离退休干部在市内参观工农业生产，不定期组织副地级以上离退休干部赴省内外参观、考察、疗养。1990—2010 年，景德镇市的老红军配偶生活补助及老红军、老干部去世后遗孀生活补助，老干部离世后的丧葬费、抚恤金等，均按省里的文件标准落实到位。1992 年，市委、市政府批转市委老干部局《关于当前进一步加强我市老干部工作的几点意见》，提出：凡离退休党员干部 3 人以上的单位，有条件的都要单独建立离退休干部党支部或党小组。是年，景德镇市老干部住房达标率为 99%，对老干部新增的房租进行不同程度的减免。1992—1995 年，规定全市副县级以上退休干部每人每年 200 元活动经费，其中 50 元作为购置学习资料和订阅报刊的书报费。1993—2004 年，全市对市直单位离休干部及部分遗孀购房实行不同程度的优惠减免，离休干部减免 1000 ~ 2500 元不等，遗孀按 50% 减免。1995—2005 年，对离退休干部的离退休费及时给予调整、增资。

1996—2001 年，妥善解决亏损企业离休干部离休费、医药费拖欠问题。1997 年，市委办公室转发市委组织部、市委老干部局《关于老干部工作若干问题的报告》，就老干部有关待遇作出规定：市直单位中 1945 年 9 月 2 日以前参加革命工作，享受科级以下政治、生活待遇的离休干部，可提为享受副县级政治、生活待遇。是年 9 月 5 日，解决部分离休干部拖欠“两费”(离休费、医疗费)18 万余元。1998 年，协助社保部门为 51 位离休干部办理到银行领取离休金的手续。1999 年，调整退休干部活动经费标准：地(厅)级退休干部每人每年 240 元，县处级退休干部每人每年 200 元，科级以下退休干部每人每年 80 元。组织老干部赴深圳、香港、澳门等地参观考察。是年，规定符合公费安装保健电话的离退休干部电话费仍实行定额包干并随同离退休费同时发放，副地(厅)级以上离退休干部每月 80 元，正县(局)职离退休干部和抗战时期参加革命工作的离休干部(享受副县级政治生活待遇)每月 40 元。

2002 年，对市 235 名副科级以下离休干部，提高享受正科级政治、生活待遇，副县级离退休干部每月享受 30 元保健电话费补贴。2003 年起，市委老干部局分别赴山东、河北、安徽、福建、上海、江苏、云南等地对异地安置的离休干部进行走访慰问。2004年,全市离休干部离休费100%纳入社会统筹,按时足额发放;全市离休干部医药费实行单独统筹,按规定实报实销。同时组织地级老干部赴南昌、新余、吉安、抚州等地开展"老干部看江西"参观考察。8月,市委老干部局规定在每2年组织1次离休干部和副县级以上退休干部健康体检的基础上,在每年的9月、10月组织1次老干部健康体检,把参检对象扩大到科级以下退休干部,增加体检项目,对收费标准和报销事项也作明确规定。是年,市委老干部局联合市卫生局、妇联等单位,先后举办5次健康知识讲座,为230余名退休干部健康体检进行优惠。2005年,提高部分离休干部的医疗待遇:抗日战争时期的老干部,1982年底前担任正、副处级职务的可享受副厅级医疗待遇。解放战争时期的老干部,1982年底前担任正处级职务的可享受副厅级医疗待遇。

2006年,离休干部夏季7月、8月、9月防暑降温费调整为每人每月80元。6月30日前已办理离退休手续和按规定到达退休年龄的人员,从7月1日起增加离退休费,正厅级离休干部每人每月增加1220元,副厅级离休干部每人每月增加940元。2007年,组织地级老干部赴西安、延安开展"红色之旅"参观考察。2008年,对机关事业单位离退休干部和企业离休干部发放每月80元冬季取暖费,时间为3个月。2009年,市委老干部局协助省委老干部局完成30名老干部享受副省级、副地级医疗待遇的申报工作。2010年,组织50名地级老干部参观上海世博会。

老干部发挥作用 帮教与创业。1986—2010年,老干部参与"同代人走向明天"帮教活动,共帮教劳教(强戒)学员5930余人、提前解教学员1000余人。活动的主要形式是领导讲话、结对帮扶、文体活动、现身说法、劳教(强戒)学员代表发言、发放慰问品、安置帮教等。1990年,离休干部王尚德、王元芝等在"振瓷都声誉,创一流水平"座谈会上建言献策。离休干部王文秀完成陶瓷厂卫生瓷隧道素烧面砖技术改造任务,素烧质量月平均合格率提高到85%。1992年,浮梁县老干部发挥作用协会兴办华容公司。1993年,全市各老干部协会发挥作用协会兴办经济实体17个,经济效益30余万元。1994年,114位老干部创办经济实体;962位老干部从事种植养殖业,发展庭院经济,开展专业技术服务。是年,老干部协会支持待业青年创办经济实体9个。2005—2010年,市老科协每年组织开展1次建言献策活动,并将获奖文章编印成书。

捐资助学。1993年起,市关工委多方筹措资金,关心支持中小学建设,为全市中小学赠送教学设备,捐赠学习用品,资助困难学生等。1995年,市关工委联合有关部门创办市第一所少年军校——昌河少年军校。1996年,捐助鲇鱼山镇沙咀头小学3000元和价值400余元的学习用品。1998年,捐赠9000元给遭受洪灾的学校。

2001年,向昌江区新柳小学赠送教学设备。2002年,给洪源镇罗家小学赠送学习用品和1500余元的教学器材。2002—2003年,市关工委撰写《关于做好我市预防青少年违法犯罪工作的调研报告》《关于我市扶贫助学情况的调查报告》,市委办公室全文转发。2003年,资助昌江区新柳小学2000元。2007年,开展"党的十七大精神进校园暨结对单亲、留守学生"活动,向160名儿童赠送礼物和价值1.60万元的电话卡。2008年,市关工委组织开展青少年远离毒品和留守儿童生存发展状况调查,形成专题报告。是年,全市老干部给四川少年儿童发展基金会捐资1万元。2009年,全市各级关工委共募得资金435万元,资助912名贫困大学新生。举办"手牵手、献爱心、同阅读、共成长"活动,捐赠图书5.50万册。2010年,各级关工委配合有关部门资助1178名困难大学新生。

关心下一代工作。1986年后,全市关心下一代工作的组织机构和网络逐步发展。1988年6月,成立景德镇市老干部发挥作用协会。1990年,全市各级关心下一代组织(协会)16个,成员518人。1991年,作"纪念建党70周年报告"187场次,听众3.90万人次。1992—1996年,校外辅导员作报告1170场次,听众39万人次。1996年,在"迎接香港回归祖国"、"中华魂·'寻红军足迹,树革命理想'"读书活动中,开展演讲、写作比赛1533场次,9.63万人次参加,订阅读本7214本。2001年,举行"全市青少年绿色承诺行动"活动,赠送书籍6500余册。组织爱国主义和革命英雄主义活动,受教育者12.60万人次。2003年,全市各级关心下一代组织(协会)576个,成员5000余人。2004年,作革命传统报告50场,听众2万余人。2005年,市关工委联合有关部门印发《组织"五老"开展网吧义务监督工作的通知》,选出345名老同志监督全市145家经营性网吧。2007年,举办全市中小学生交通安全知识竞赛、"党的十七大精神进校园"主题班会活动、"感受关爱,健康成长"主题教育活动,作报告493场次,听众9万余人次;开展"中华魂"《团结互助友爱共建和谐社会》主题教育活动，赠送书籍 5000 册，受教育人数 8 万余人次。2008 年，开展“学英雄少年，为奥运添彩，做有道德的人”网上签名活动，作抗震救灾专题讲座 5 场。2009 年，举办第二届少年军校大会操，制作科普展板 40 余块，编印发放科普手册 4000 余册。2010 年，作报告 106 场，听众 8600 余人次。

老干部文化教育　1990 年 3 月开始，将每月 22 日（遇假日顺延）定为老干部政治学习日，组织副地市级以上离（退）休干部进行学习。每年举办“老年常见病防治”“老年心理自我调节”“老年人饮食起居”“健康的生活方式”等心理辅导、饮食养生与保健知识讲座。围绕政治理论、保健养生、法律及心理健康等内容经常性地开展知识竞赛、心得交流活动。围绕建党、建国等重大节庆活动组织老干部就近参观红色基地，观看红色影片；每年重阳节组织老干部健步行，参观各类名窑遗址、市政建设等。

2005 年，市老年大学制订教学大纲，形成以武汉老年大学教材为主、其他地方教材和自编教材（讲义、教案）为辅的教材体系。2008 年，学校共有电脑、书画、钢琴等 7 个专用教室和 9 个通用教室，配有瓷乐演奏厅、小剧场、图书资料室等场所，添置多媒体、电脑、空调等现代化教学办公设施。设 5 个系 32 个专业，学制分为 1 学年制、2 学年制、3 学年制，从 2007 年秋季开始，改 1 学期报名为 1 学年报名。编有《诗词常识》《历代散文选》《现当代文学作品选》《围棋》《交谊舞》《电子琴》《烹饪》7 种教材。2009 年，市老年大学获全国先进老年大学称号，市老年大学校长杨启村，市委老干部局局长、常务副校长马转萍，浮梁县臧湾老年大学校长张秀华被授予全国先进老年教育工作者称号。同时，学校创导的“党政主导，社会化办学，办学社会化”开门办学理念被列为全国老年教育十大基本教学经验之一。是年，中央电视台戏曲频道栏目组一行到校采风，录制京剧班表演的《瓷都京韵》专场演唱会，并两次在中央电视台戏曲频道专题播放。至 2010 年，在校学员参加各级各类竞赛活动，获得国际奖 7 项，国家级奖 148 项，省级、市级奖 157 项，共计 312 项。

老干部文体活动　1986—2010 年，市老干部艺术团常年结合各节庆纪念活动主题举行文艺演出，每年深入乡村、院校、社区、部队进行慰问演出，陆续参加省、市举办的多项大型文艺会演；经常组织老同志参加全市老干部书画作品展、老干部艺术节、老干部根雕艺术展等活动。开展麻将、围棋、象棋、乒乓球、台球、门球等益智活动和体育健身活动，每项活动每年举办 1 ~ 2 次常规赛事。2009 年，承办第十四届华东六省市老干部围棋赛。2010 年，市委组织部、市委老干部局组织编辑出版《几度夕阳红》，从老有所为、老有所学、老有所乐 3 个方面展现老同志的高尚风格、精神面貌和文化生活。

第三节　宣传教育

理论武装

理论学习　1987 年 4 月 25 日，市委宣传部邀请经济学家李成瑞到景德镇就经济体制改革和统计改革作专题报告。8 月 24 日，中共景德镇市委讲师团成立。是年，市委中心组带头组织学习《建设有中国特色社会主义》和《坚持四项基本原则，反对资产阶级自由化》两本书。1988 年 6 月 8 日，市委宣传部、市委党校、市委讲师团、市社联联合召开全市社会主义初级阶段理论研讨会。8 月 20 日，市委举行第二场生产力标准专题报告会，宣传部部长郑荣辉主讲《进一步解放思想，转变观念，提高贯彻党的基本路线的自觉性》。1989 年 11 月，组织全市党员干群学习中共十三届四中、五中全会和江泽民在庆祝国庆四十周年大会上的讲话精神。1990 年，市委常委中心组每月集中 2 天，集中学习马克思主义哲学原著，全市 93 个县级党委中心组也开展学习。组织全市党政群以及企业事业单位的领导骨干参加马克思主义理论读书班，每期 3 周，共举办 7 期，培训 692 人。1991 年 1 月，在职干部进行马克思主义哲学统一考试，2.79 万人参考，参考率为 91.41%。同时组织全市党的各级干部学习中共党史和马克思主义党的建设理论活动。是年，举办 3 期领导骨干培训班，培训干部 274 人，并对县级干部中心组的学习情况进行全面检查。

1992 年 11 月底至 12 月初，组织全市副县级以上干部 600 余人进行中共十四大精神的轮训学习。1993 年，开展建设中国特色社会主义理论的学习，组织党员干部学习《邓小平文选》第三卷，举办 3 期县级领导干部培训班，对全市 655 名县级干部进行轮训。1994 年 10 月，举办全市正县级党员领导干部学习中共十四届四中全会精神培训班，举办9期理论干部培训班，培训骨干671人。1995年9月，在全市组织开展“进一步解放思想，全面完成1995年经济工作任务”大讨论。1996年，制定《全市在职县级干部理论学习考试、考核办法》，对全市10个单位的中心组和19名县级干部的学习情况进行抽查。1997年，制定《景德镇市1996年—2000年干部教育培训规划的意见》，培训全市各乡、镇(场)的党政“一把手”120余人和市直机关科级以上干部200余人。1998年，抽查全市25个单位的中心组和65名县级干部的学习情况，在市委党校举办5期全市县级领导干部十五大精神学习班，共培训824人。1999年，召开全市学习邓小平理论工作会议。

2001年，把“三讲”(讲学习、讲政治、讲正气)教育作为理论学习的重要内容，做好县级干部的理论学习督促检查。2002年11月28日，市委下发《关于2002年全市在职干部理论学习的意见》，召开全市领导干部学习十六大精神研讨班。2003年，对全市县级党委(党组)中心学习组和县级在职干部理论学习情况进行抽查，对全市755名在职县级干部理论学习进行集中测试。2004年，市委中心组围绕树立科学发展观等内容进行7次集中学习，举办6次全市领导干部新知识讲座，2次组织市委常委中心组成员参加全省领导干部双休日新知识讲座。2005年，对全市830余名在职县级领导干部理论学习进行测试，参试率在97%以上。举办3期理论学习培训班，1200余人次参加学习培训。2006年，市委中心组围绕科学发展观、和谐社会建设、新农村建设、党的先进性建设、社会主义荣辱观和十六届六中全会精神等内容进行6次集中学习。2007年，市委常委中心组先后围绕学习科学发展观、构建社会主义和谐社会、关注民生、中共十七大等专题组织集中学习。中共十七大召开后，市委常委中心组成员及时围绕十七大精神，结合工作实际畅谈学习体会。2008年，对全市920名在职县级干部进行理论测试。2009年，首次依托理论网站对全市800余名在职县级干部进行理论测试。2010年，以景德镇理论网作为市委理论学习中心组专题网站，开展网上理论学习交流。

理论宣传　1985年12月起，全市集中4个月开展四项基本原则教育和“四有”(有理想、有道德、有文化、有纪律)和“五爱”(爱祖国、爱人民、爱劳动、爱科学、爱社会主义)教育，各级领导向干群宣讲形势、政策。1987年6月，在全市开展有中国特色的社会主义宣传教育，对企业干部和班组长进行宣讲培训，组织召开职工座谈会、报告会、演讲会、答辩会、展览会、对话会等。12月12日，在全市开展为期1个月的宣讲十三大文件和党的基本路线教育试点工作。宇宙瓷厂、鹅湖区鹅湖滩乡桥溪村、乐平县观峰乡明户村、昌江区竟成乡、珠山区珠山街道、商业局土产公司、二中等7个单位被定为试点单位。从1988年5月下旬起，用一年半的时间，在全市开展生产力标准学习讨论。1991年，开展建党70周年宣传教育和纪念活动。10月5日，市委召开纪念辛亥革命80周年座谈会，市委书记江国镇到会讲话。1992年，结合开展“进一步解放思想，加快改革开放步伐”的讨论活动，推荐竟成乡作为全省唯一的乡镇代表，参加全省“加快改革开放”报告团；是年，市委讲师团在20余个系统、单位宣讲36场次，听众3000余人次。

1994年，市委宣讲团到26所大中学校，围绕学习《邓小平文选》第三卷，向广大师生、员工进行宣讲。1995年1—5月，全市在党员干部中开展学习建设有中国特色社会主义理论和党章活动。同时，在全市开展“进一步解放思想，全面完成1995年经济工作任务”的大讨论活动；组织县级以上干部参加现代科技知识竞赛，32个系统应参试人数870人，865人参加考试。1996年，组织广大党员干部学习收看电视系列片《擎天之柱》，在《景德镇日报》开辟每半月一次的《知与行》理论专版。1998年，在全市广大党员中广泛开展“双学”(学习邓小平理论、学习党章)活动，举办4期全市宣传理论骨干十五大文件培训班。1999年5—6月，在全市开展形势任务政策教育宣传月活动，编写《形势任务政策宣讲提纲》，召开市六套班子领导和县级干部参加的形势任务政策教育报告会。2000年，举办全市基层党校校长和教学骨干培训班。2001年，组织宣讲团就“三讲”教育和“三个代表”重要思想进行宣讲83场，听众达4445人次。

2002年，组建市委十六大精神宣讲团，到各县(市、区)和市直各部门、各单位进行宣讲。2003年，成立全市学习贯彻“三个代表”重要思想宣讲团，深入各县(市、区)宣讲，听众4000余人。2004年，组成中央一号文件精神宣讲团和十六届四中全会精神宣讲团，深入基层宣讲。2005年，组织6场次宣讲，400余名干部群众听取省委“推动全民创业，加快富民兴赣”专家宣讲团的宣讲报告。同时组成市委宣讲团，深入基层宣讲100余场次，受教育干部群众2万余人。2006年，组织市委创业政策宣讲团下基层宣讲4场次。2007年，围绕“创新创业、共建和谐”主题教育活动，举办宣讲报告150余场，听众7万余人。2008年，组成全市中共十七大和十七届三中全会精神宣讲团,深入农村、社区、厂矿宣讲。2009年,全年开展理论宣讲580场次,专题辅导讲座135场,参加党员干部5.30万人次。2010年10月,组织首届社科普及宣传周活动,市领导马玉玲、沈薇,市老年大学、市财政、市国税、市地税、市检察院等学会、协会、研究会和陶院、高专、工艺美院的近300名社科理论工作者参加启动仪式。宣传活动现场摆放社科宣传展板60块,发放社科普及资料3000余份,集中宣传普及鄱阳湖生态经济区建设的相关知识,同时在陶院、高专等高校举办6场社科知识讲座。

理论研究　1986年1月10日,市委召开全市青少年思想政治工作座谈会,研究和交流后进青年的思想政治工作。1992年,市委宣传部组织编写《关于学习邓小平同志重要谈话辅导材料》。1994年,编印《十四届三中全会决定名词解释》《十四届四中全会文件资料汇编》。1995年,景德镇市建设有中国特色社会主义理论研讨会成立,开展邓小平理论研究。1996年,制定《1996年度景德镇市建设有中国特色社会主义研究课题指南》,拟定40个课题进行研究,其中1篇论文入选全省第三届邓小平理论研讨会。1997年,召开全市邓小平建设有中国特色社会主义理论研讨会。1998年,召开邓小平关于"一国两制,和平统一"理论研讨会。

2000年,举办"创建优美城市环境"理论研讨活动。2001年,开展"景德镇发展战略大讨论",10月将研究成果汇集出版《千年瓷都,再创辉煌》。2002年,召开全市第七次邓小平理论研讨会,评出一、二、三等奖14篇。2003年,召开全市"三个代表"重要思想研讨会。2004年,召开景德镇市社科成果评奖大会,并颁发哲学社会科学政府奖;召开纪念邓小平100周年诞辰暨全市第八次邓小平理论研讨会,收到论文101篇。其中《论郑培民精神体现的共产党人价值与坚持执政为民》一文,入选由中组部、中宣部组织的全国郑培民精神研讨会并获优秀奖。2005年,组织举办纪念中国人民抗日战争暨世界反法西斯战争胜利60周年学术研讨会、全市培育和谐创业的社会文化理论研讨会、全市第八次邓小平理论研讨会暨全市马克思主义执政理论研讨会和企业文化理论研讨会4次研讨会,其中《营造和谐创业良好舆论氛围之我见》等3篇论文入选全省和谐创业理论研讨会。论文《公正清廉——执政为民的道德基础》获全省第十一次邓小平理论研讨会三等奖。

2006年,举办全市树立社会主义荣辱观研讨会、全市学习贯彻科学发展观研讨会、保持共产党员先进性教育活动与党的先进性建设研讨会和全市职工思想政治工作研究会4次研讨会。2007年,举办全市第三次社会科学优秀成果奖评选活动,以市政府的名义对获奖的26项社科成果予以表彰。同时,举办全市构建社会主义和谐社会理论研讨会。当年"泰豪论坛"首次走进景德镇市,论坛吸引《人民日报》、《光明日报》、中央电视台、香港《文汇报》等31家媒体的关注。2008年,开展纪念改革开放30周年论文征评活动,收到论文120余篇,推荐5篇参加全省学习贯彻科学发展观和纪念改革开放30周年理论研讨会,其中2篇获奖,3篇入选。2009年,理论文章《把以人为本贯穿于创建文明城市全过程》在《人民日报》11月19日理论版刊发,理论文章《景德镇市发展陶瓷文化产业的实践与思考》在《求是》杂志23期刊登,理论文章《以社会主义核心价值体系引领和谐文化建设》在《光明日报》4月17日理论版头条刊发,实现全省99个县(市、区)以省中心名义在中央"三报一刊"发表理论文章零的突破。2010年,组织开展第四次市政府优秀社科成果评奖活动,其中《景德镇仿古瓷的文化思考》等9项获二等奖,《农村致富带头人成长的社会资本分析》等18项获三等奖。

新闻舆论引导

新闻宣传报道　1991年,围绕邓小平南方谈话开展一系列新闻宣传活动。1992年,组织媒体开展十四大精神的学习和宣传。1994年,组织开展国有大中型企业建立现代企业制度的宣传;在省以上新闻单位用稿1400余篇,其中中央一级新闻单位用稿150余篇(条)。是年,在《人民日报》(海外版)、《中国日报》和香港《大公报》、《华侨日报》等报刊上发稿50余篇(条)。10月,香港《文汇报》刊出一个彩色专版宣传景德镇。1995年,围绕"进一步解放思想,全面完成1995年经济工作任务"大讨论开展宣传报道。1996年,围绕实现"九五"计划和2010年远景目标等进行宣传报道。在省级以上新闻单位发稿100余篇(条),其中在中央级新闻单位发稿15篇(条),在省级新闻单位发稿75篇(条)。1997年,开展"景德镇精神"的大学习、大宣传、大讨论。在省级以上新闻单位发稿1900余篇(条),其中浮梁县经公桥镇港口村移风易俗加强精神文明建设的消息被中央电视台《新闻联播》栏目头条播发。1998年,组织中共十五大精神的学习和宣传,在省级以上新闻单位发稿567篇(条)。是年,认真抓好纪念中共十一届三中全会20周年的新闻宣传。开展景德镇市遭受"6·26""7·23"两次特大洪水抗洪救灾的新闻宣传,制订《弘扬抗洪精神系列宣传报道计划》,开辟

《灾区记者行》《抗洪精神颂》等专栏,及时宣传报道全市广大干部群众抗洪救灾情况,集中宣传报道抗洪抢险先进集体和个人的事迹。1999 年,在省级以上新闻单位发稿 2100 篇(条),其中在中央级新闻单位发稿 120 篇(条)。

2001 年,围绕中共十五届五中全会、"景德镇发展战略大讨论"、"致富思源,富而思进"教育活动开展新闻宣传。2002 年,围绕中共十六大、"三个代表"教育活动开展新闻宣传,在省级以上新闻单位发稿 1200 篇(条)。2003 年,围绕"弘扬井冈精神,兴我美好江西"主题,组织新闻记者分 6 组深入全市各县(市、区)、各部门和各条战线进行调查研究和采访报道。2004 年,围绕"坚持和落实科学发展观,加速瓷都发展"开展新闻宣传,在省级以上(境外)新闻媒体上发稿 4116 篇(条),其中在中央级新闻媒体(含网络、涉外媒体)上发稿 2026 篇(条)。2005 年,全市各新闻单位开辟"主攻工业、大力推进工业化"专栏、专题,在省级以上新闻单位发稿 3600 余篇(条)。2006 年,在中央、境外涉外媒体和省级新闻媒体上发稿 3610 篇(条)。2007 年,市新闻媒体组织开展十七大、瓷博会、文明城市创建、重点项目建设、新农村建设等重大新闻宣传战役,在省级以上新闻媒体上发稿 2300 余篇(条)。2009 年,在省级新闻媒体上发稿 2676 篇(条),其中在中央级新闻媒体上发稿 253 篇(条)。景德镇市开展学习实践科学发展观的有关情况被中央电视台《新闻联播》等 17 家中央媒体宣传报道,是全省唯一的全国集中宣传的 7 家单位之一。2010 年,在中央、省新闻媒体上发稿 2752 篇(条)。3 月 18 日,中央电视台新闻频道对 AC313 大型民用直升机在景德镇市昌飞吕蒙机场成功首飞过程进行 28 分 35 秒现场直播,在当晚的《新闻联播》中播出该新闻长达 1 分 32 秒,并在《新闻 30 分》和《晚间新闻》节目中作专门报道。10 月 29 日,《景德镇:科学发展再铸瓷魂》一文被《光明日报》头版头条刊发。

热点问题及突发性事件引导　1986 年,在全市开展社会主义教育,广泛宣传经济体制改革的重要性、必要性,改革的艰巨性和复杂性,以及改革的重点和举措。同时组织开展实施经济责任制、厂长责任制、劳动合同制等改革措施的宣传。1987 年 1 月 8 日,市委宣传部邀请市纪委、政法委、统战部、五四三委员会、总工会等相关单位负责人,讨论开展活动事宜,组织开展反对聚众赌博等不法行为,反对婚丧嫁娶大操大办、铺张浪费,反对封建迷信活动。1988 年 9 月下旬起,以学习贯彻中共十三届三中全会精神、治理经济环境、整顿经济秩序、全面深化改革为中心内容,采取举办读书班、培训班、以会代训、研讨班和中心组学习等形式,在全市深入开展形势教育活动。1989 年,围绕中央提出的治理经济环境、整顿经济秩序,全面深化改革的方针,市委宣传部针对干部群众的思想状况和普遍关心的问题,在全市深入开展形势任务教育。

1990 年,在农村开展党的基本路线和社会主义教育,在乐平县后港乡菱田村、浮梁县储田乡和先锋乡、昌江区竟成乡前街村分别进行为期 1 个月的试点。1992 年,组织人员深入基层调研,了解干部群众的思想动态,整理上报市委。1995 年,市委宣传部牵头市教育局、市物价局、市财政局制定《关于进一步加强中小学收费管理工作的几点意见》,3 月和 10 月成立联合检查组,对全市部分中小学收费情况进行检查,通报有关情况。2004 年,针对发生的景德镇"历博文物"事件、"封都"事件、"陶瓷展销"事件,召开新闻发布会,及时应对舆情。5 月,成立市预防"非典"宣传报道组,制定方案,4 次召开新闻工作例会,对全市预防"非典"宣传报道工作进行部署。2006 年,加强互联网传播音频视频等新技术业务管理,强化网上信息安全建设和网上舆情监控,遏制非法、有害信息传播。2008 年,制定《关于进一步加强和改进新闻管理工作的意见》和《突发事件新闻管理应急预案》,健全突发事件新闻管理应对机制。2009 年,妥善处理浮梁县"问题种子"事件。2010 年,调整新闻阅评人员,编印 10 期《新闻阅评快报》,进一步加大突发事件新闻管理的协调力度和舆论引导力度。

新闻媒体平台建设　1986 年 7 月 1 日,《景德镇日报》复刊。1987 年 9 月,成立《景德镇日报》编委会。1988 年,根据省委宣传部、省出版事业管理局《关于颁发江西省报刊登记证和内部报刊准印证的通知》精神,对全市各单位内部印发的报刊进行整顿,颁发内部报刊准印证。1994 年 4 月,景德镇有线广播电视站升格为景德镇有线电视台,增开《综合频道》,同时开办《有线电视新闻》(CATV NEWS)。1999 年 7 月 8 日,景德镇市广播电视中心揭牌启用。2002 年,通过市场化的运作方式创办新闻网站——景德镇在线。是年 8 月,开通瓷都交通音乐广播电台。同时下发《关于规范户外公益广告的规定和设立户外公益广告的紧急通知》,对户外公益广告进行整顿和规范管理。是年,《景德镇日报》创办《都市导刊》。2003 年 6 月 16 日,国家新闻出版总署批准《瓷都晚报》的国内统一刊号。是年 10 月 20 日,《瓷都晚报》创刊发行。2006 年 1 月,瓷都晚报社与浙江金华唐臣组建瓷都晚报新闻发展有限公司。是年，“景德镇在线”进行公司化改制，组建景德镇新闻网络传媒有限公司。2008年，市委外宣办、市瓷都晚报社、移动景德镇分公司联合创办景德镇手机台，开通景德镇彩信手机报，向全市移动手机用户发送新闻信息。

对外宣传

外宣品制作　1986年1月4日，《江西风貌》影片摄制组到景德镇市拍摄第二集《物华天宝》的压轴戏——景德镇陶瓷工业。3月，市委宣传部、市广播电视局、市五四三委员会办公室联合摄制反映全市创三优活动面貌的《雄鹰展翅》专题电视片。1987年5月27—30日，德意志民主共和国国家电视台《中国长江行》摄制组到景德镇采访拍片。1989年，会同市外办举办涉外单位干部学习班。通过景德镇市驻外机构和出国访问人员等渠道输送对外宣传品800余册。

1990年，完成《中国瓷都——景德镇》4集电视片的摄制，向首届景德镇国际陶瓷节献礼。是年，制作《景德镇出口产品画册》，对80个涉外单位90余种宣传品进行评比，评出15个优秀作品奖。1991年，拍摄《蜡烛头的风采》专题片，在中央电视台《祖国各地》栏目中播出，《历崌山下一劲草》在全省优秀电教片评比中获二等奖。是年，制作的《首届中国瓷都景德镇国际陶瓷节纪实》《景德镇交通导游图》《第二届中国瓷都景德镇国际陶瓷节》《投资与贸易》4种对外宣传品发送到30余个国家和地区。1992年拍摄的专题片《绿满山村》获全国城市电视台电视专题片“金牛奖”。1994年摄制的《变化中的中国·来自景德镇的报道》由中央外宣办审查通过，发送10余个国家和地区播出。1995年，编辑的《瓷都巾帼陶艺》画册成为全省唯一获准进入第四次世界妇女大会并直接发送各国代表的作品。电视专题片《变化中的中国·来自景德镇的报道》参加全国第三届“金桥奖”评比，获二等奖。1996年，与中央电视台拍摄的《’96中秋特别节目》，在中秋之夜通过中央电视台一、四套节目播出。1998年，拍摄《变化中的中国——瓷都特色旅游》专题片。是年，制作的专题片《走进瓷部》被中央外宣办、广电部评为“金桥奖”一等奖。1999年，出版《景德镇百事通》，制作《景德镇历代陶瓷珍品》台历，编辑《中国城市信息手册·景德镇卷》。

2000年，拍摄《景德镇》，完成大型画册《中国城市之光·景德镇卷》《中国城市信息手册·景德镇卷》《景德镇百事通》。是年，制作的《里弄戏迷》等4部外宣专题片在美国斯拉电视网和黄河电视台播出，外宣专题片《龙腾》在英国广播公司播放。2002年，中央电视台《家园》栏目组到景德镇市拍摄专题片《千年窑火》《青花》电视散文节目。2003年，为接待11国驻华使节到景德镇市访问，制作英文宣传片1部。2004年，出版发行《中国景德镇旅游与交通——2004千年华诞版旅游交通图》，制作《女子瓷乐队》节目，发行景德镇首枚景德镇千年华诞专用邮资信封，出版发行景德镇陶瓷通俗文化读本《千年瓷都》干部读本，在《人民画报》（海外版）制作一期介绍千年瓷都的专辑。是年，与中央电视台合作拍摄《艺术之旅·景德镇陶瓷文化》《走遍中国·景德镇》《华夏文明·景德人家》等专题片；与凤凰卫视合作拍摄5集《凤凰大视野·窑火千年》专题片；与浙江卫视《风雅钱塘》栏目摄制组合作拍摄2集专题片《风雅钱塘·千年景德镇》。2005年，在中央、省级电视台制作电视片专题片75集，其中中央电视台摄制68集电视专题片。2006年，编写的景德镇市乡土教材《千年瓷都》通过省中小学教材审定委员会的审核，正式列为全市使用的乡土教材。2008年，制作一套8碟中英文版《中国景德镇陶瓷文化系列多媒体光盘》，被国家新闻出版总署列入“十一五”国家重点电子出版物目录和百种“外向型”重点音像电子出版物之一。2009年，中央电视台和境外电视台、相关省市电视台共为景德镇市摄制30集专题片。是年1月1—2日，中央电视台经济频道《寻宝》栏目组在景德镇现场录制《寻宝·走进景德镇》陶瓷专场。2010年，中央电视台十频道《人物》栏目从4月20—26日连续播出与景德镇市委宣传部联合摄制的5集系列片《珠山八友》，这是中央主流媒体第一次全面宣传介绍“珠山八友”。中央电视台三频道《正大综艺》栏目吉尼斯专题2月播出景德镇专题节目，10月该栏目又到市摄制1集专题节目。中央电视台十频道《探索发现》栏目组为景德镇市摄制2集专题片《复活的葫芦窑》。中央电视台少儿频道《芝麻开门》栏目组摄制2集专题片。中央电视台七频道《农广天地》栏目摄制播出1集关于青花瓷制作技艺的专题节目。中央电视台《激情广场》栏目组到景德镇市摄制制作1期专题节目。11月13日，专题片《瓷路传承》在中央教育电视台《艺术中国》栏目播出。

外宣报道　1992年，组织30余篇文章在国外、境外和国家对外的11种报纸、4种刊物、3家电视台刊登和播出。1994 年 4 月,组织《景德镇·由瓷都走向工业新城》的专题报道,在对外发行的《中国画报》上用 3 个专页刊出。1995 年,制定《景德镇对外新闻报道奖励办法》,当年对外发稿 1280 篇(条),其中《人民日报》、新华社、中央电视台等新闻单位用稿 100 余篇(条),中央电视台在市拍摄的景德板鸡公司加农户、华意无氟冰箱、陶瓷技改等专辑在中央台播出。1996 年,在中国国际广播电台、《人民日报》(海外版)、中国香港《文汇报》、中国台湾《经济日报》等国内媒体和马来西亚《中国报》等国外媒体上发稿 52 篇(条)。1998 年,在中国国际广播电台、《人民日报》(海外版)、香港《文汇报》等报刊上发稿 60 余篇(条)。

2001 年,在《人民日报》(海外版)、中国香港《大公报》等国内媒体和美国美联社等国外媒体发稿 80 余篇(条),在海峡之声广播电台、华艺广播公司等广播电台中发稿 70 余篇(条)。2002 年,在《人民日报》《解放日报》《大公报》《香港商报》《经济导报》以及凤凰卫视、亚洲电视、新华社等媒体发稿 348 篇(条)。2003 年,接待国外和港澳台记者 11 批 36 人次。2008 年,在新华网、人民网、凤凰网推出景德镇专页。当年,在境外、涉外媒体上发稿 1000 余篇(条)。2009 年,共在涉外媒体上刊发新闻稿件 1000 余篇(条),《人民日报》(海外版)推出半个版的专题报道,香港《文汇报》《大公报》制作 3 个专版,台湾《艺术投资专辑》推出半版报道,在《厦门航空》杂志推出《中国瓷》的系列专题报道,台湾《30 杂志》《联合报》《工商时报》《中国时报》等媒体都对景德镇有关情况做较大篇幅的报道。马来西亚的《光华日报》《联合日报》推出《中国瓷都景德镇》专版。2010 年,和中国江西网联合承办全国主流网络媒体聚焦千年瓷都暨全国地方网联第十次联席会议活动,103 名全国知名网络媒体、地方重点网络媒体、商业门户网站和外宣系统有关领导、记者到景德镇,参加瓷博会有关活动的报道、景德镇市经济社会发展情况新闻发布会、全国地方网联第十次会议,共发涉外新闻稿件 1000 余篇(条)。在中央外宣办《对外传播》杂志上刊发《景瓷美名播天下》等文章,在香港《文汇报》制作一个专版,在上海《广告大观》的《城市品牌》专刊推出景德镇城市品牌的宣传专题,在《中国航班》杂志推出景德镇的宣传专题。

新闻发布　1992 年,景德镇开始新闻发布工作。7 月和 10 月,分别在深圳、厦门、上海举办外向型经济新闻发布会工作。2003 年,下发《关于设立新闻发言人规范新闻发布制度的意见》。2004 年,制定新闻发布管理制度和暂行办法,完善新闻发言人制度。2005 年,建立一支由 56 人组成的新闻发言人队伍。8 月 24 日,景德镇国际陶瓷博览会新闻发布会在北京人民大会堂重庆厅举行,由省委常委、宣传部部长刘上洋主持。全国人大常委、中国轻工业联合会会长陈士能,商务部部长助理、党组成员傅自应,省委副书记、常务副省长吴新雄,市委副书记、市长虞国庆先后讲话,并回答记者的提问。中国国际贸易促进委员会、中共中央宣传部新闻局领导和 12 个国家驻华大使馆、领事馆商务参赞参加新闻发布会,省政府副秘书长邵业鹏、郑克强出席新闻发布会。

2006 年,下发《关于进一步改进和加强政府新闻发布制度建设的实施意见》。2007 年,指导乐平市、浮梁县、昌江区、珠山区组建新闻发言人队伍,制定县(市)新闻发布制度,举办 15 次有关社会热点方面的新闻发布(通气)会。2008 年,市委宣传部、市政府办公室联合举办一期全市新闻发言人培训班,对全市的新闻发言人和联络员进行培训,共举办 29 次新闻发布会。2009 年,与乐平市和浮梁县委宣传部联合举办新闻发言人和乡镇宣传委员新闻发布知识培训班。是年,在上海、长沙、南京、合肥、景德镇等地召开新闻发布暨旅游推介会。2010 年,市委办公室转发市委宣传部《关于设立党委新闻发言人建立和规范党委新闻发布制度的意见》。7 月 8 日,召开全市党委新闻发言人公开亮相新闻发布会,全年共召开 22 个新闻发布(通报)会。

舆情信息调研

舆情信息队伍　2004 年,景德镇开始舆情信息工作,召开全市宣传信息调研工作会议。是年,建立 18 个舆情信息网络成员单位和 21 个直报点,聘请 41 名舆情信息员。2005 年,召开全市舆情信息调研工作会议,举办舆情信息工作培训班。2006 年,成立舆情信息报送中心,特聘 11 名特约舆情信息员,建立例会、通报、考核、奖励、跟班学习等制度。2007 年,贯彻落实全省有关舆情信息、调研和督查工作会议精神,召开舆情信息调研督查工作会议,健全舆情信息网络机构,调整宣传部舆情信息报送中心分管领导及成员,充实特约舆情信息员队伍,实行舆情信息跟班学习制度。2008 年,在全市聘请一批特约舆情信息员,动员宣传部机关干部参与舆情信息的撰稿。2010 年,调整充实市直舆情信息报送中心队伍,聘请一批特约舆情信息员,加大对舆情信息上稿奖励的力度。

舆情信息报送　2004年，开始舆情信息上报工作。是年，向省委宣传部上报舆情253篇，被省委宣传部采用103篇。2005年，向省委宣传部上报舆情628篇，被省委宣传部采用200篇。2006年，上报舆情信息2080篇，被省委宣传部采用320篇，被中共中央宣传部采用47篇。是年，向省委宣传部《江西宣传》《主题教育简报》《精神文明简报》报送工作信息115篇，被中共中央宣传部采用1篇，被《江西宣传》采用14篇，被省《精神文明简报》和文明网采用35篇，被省《主题教育简报》采用21篇。2007年，共报送舆情信息1218篇，采用稿件数量名列全省第四，《江西宣传》采用13篇。2008年，向省委宣传部报送舆情信息3123篇，采用533篇，同比增长323%，在《江西宣传》上发稿18篇。2009年，向省委宣传部报送舆情信息3000篇，发稿446篇（在《江西宣传》上发稿14篇），排在全省前列。2010年，向省委宣传部报送舆情信息3000篇，发稿400篇，用稿数量列全省第一；在《江西宣传》上发稿16篇，超额完成全年12篇任务数。2007—2010年，景德镇市的舆情信息工作获全省先进单位。

课题调研报告　1992年，在全市组织开展"进一步解放思想，加快改革开放步伐"的大讨论。1995年，全市组织开展"进一步解放思想，全面完成1995年经济工作任务"大讨论。同时组织力量深入企业调研，撰写《关于加强和改进国有企业党的建设工作的意见》和《深化陶瓷改革宣传提纲》等报告。1996年，围绕建设有中国特色社会主义与瓷都现代化这个主题，制定《1996年度景德镇市建设有中国特色社会主义研究课题指南》，拟定40个课题开展调研。1997年，在农村开展农村思想政治工作调查，集中宣传一批艰苦创业的"先进典型村"，总结一批农村思想政治工作的先进典型。1998年，贯彻中央《关于加强和改进国有企业党的建设工作的通知》和中共中央宣传部、国家经贸委《关于加强和改进企业思想政治工作的若干意见》等文件精神，对46户企业职工的思想动态、思想政治工作和党建工作进行调查，形成6个调查报告，提出加强和改进的措施。

2000年，对景德镇市精神文明状况及对策进行调研，撰写《加强精神文明建设，提高市民素质》调研报告。2004年，制定下发《景德镇市宣传思想文化系统调研工作方案》和《关于进一步做好全市宣传系统调研工作的通知》，将12篇综合调研报告汇编《景德镇市宣传思想工作调研报告专辑》。2005年，下发43个课题进行调研并形成报告；承担省委宣传部下达的《第十一个五年计划中文化建设项目安排和文化扶持政策的建议》等调研报告。2006年，拟发50个调研课题，组织县（市、区）及市直宣传系统各单位开展调研，取得一批调研成果。2007年，印发《2007年全市宣传思想工作重点课题调研实施方案》，参与撰写省委宣传部课题"基层宣传思想工作现状以及存在的主要问题和建议"的调研材料。编辑《2007年宣传思想工作重点课题调研报告专辑》。2008年，配合省委宣传部，开展专题调研活动，完成《改革开放三十年来景德镇市宣传文化工作的基本经验》《立足资源，大胆探索，推动瓷都文化繁荣发展》等调研文章上报省委宣传部并受到好评。2009年，下发《关于上报2009年度宣传思想工作调研课题的通知》，完成省委宣传部下达的"关于开展提高宣传思想文化工作能力""关于开展城乡基层宣传思想文化队伍建设""关于对全省'一村一品'文化和特色文化"等课题的调研任务。2010年，完成省委宣传部下达的"关于完善行业矛盾纠纷化解调处工作机制""景德镇市宣传文化教育系统的干部和人才队伍情况""当前宣传思想文化领域紧缺急需人才状况及领军人物培养途径""全省农村公共文化服务体系建设情况""加强地方县级和城乡基层宣传文化队伍建设"等课题的调研报告。

党校教育

机构设置　1986—2010年，景德镇市有中共党校4所，以培训党政干部和理论工作者为主要职能，其中县（区）党校3所。市委党校校长由市委书记或市委副书记兼任（行政学院院长由市政府常务副市长兼任），实行校委会领导体制，常务副校长主持全面工作。市委党校不断建立和完善党校教学新布局，深化教学改革，提高教学质量，完成市委下达的各项干部培训任务。2010年，拥有教授1人、副教授7人、讲师11人，教师中研究生学历14人、硕士学位9人，第一学历为硕士研究生有7人。

1986年，市委党校内设办公室、行政科、组教科、党史党建教研室、文史教研室、政治经济学教研室、经济管理教研室和图书馆等，是市委直属参照公务员制度管理的正县级事业单位。人员编制66人，其中事业编专业技术人员(专职教员)16人,参照公务员管理行政后勤管理人员20人,事业编职员2人,工勤人员10人。1999年,增挂"景德镇市行政学院"和"景德镇市社会主义学院"两块牌子,景德镇市行政学院同党校一套班子,合署办公。2010年,设办公室、财务处、总务处、教务处、科研管理处、对外培训处、保卫处、机关党委、政治理论教研室、经济理论教研室、党史党建教研室、行政学法学教研室和教研辅助科室(图书情报信息中心)13个科室。设常务副校长1人,副校长3人。有在职人员48人,离退休人员46人。

干部培训与函授教育　干部学历培训。1986年,继续招收全日制脱产大专学历班,当年招收学员113名。1987年,大专班分设培训班和理论班,招收学员68人。其中大专培训班学员36人,大专理论班学员32人。1987年后,全日制脱产成人学历班停止招生。

在职干部轮训。1991年,市委批转《关于干部培训制度化规范化的意见》,市委党校开始由开办干部长训班学历教育向干部短期轮训、培训班转变,设有县级领导干部专题研讨班、县级领导干部进修班、中青年干部培训班、乡镇(街道)领导干部进修班、科级干部培训班、农村党支部书记培训班、各行业领导干部培训班和各类联合举办的短训班。1991—1995年,开设领导干部培训班25期,培训1284人;专题研究班3期,学员157人。1996—1999年,开设领导干部培训班15期,培训760人;专题研讨班7期,学员1096人。2000—2005年,开设领导干部培训班29期,培训1377人;专题研讨班9期,学员825人。2006—2010年,开设领导干部培训班33期,培训1550人;专题研讨班5期,学员722人。1991—2010年,市委党校共开设领导干部培训班102期,培训4971人;专题研讨班24期,学员2800人。

学历(函授)教育。1987年3月,市委党校被批准设立函授学区。当年招收党政管理大专班函授学员93人、经济管理大专班函授学员64人。1993年,经中央党校函授学院江西分院批准,中央党校函授学院江西分院景德镇学区开设函授本科班,设党政管理和经济管理两个专业,当年招收函授本科班学员137人。2010年,函授教育结束。1987—2010年,市委党校函授教育共培养大专学历学员6438人、本科学历学员3773人。

教学管理　教学方法。1991年起,市委党校教学开始突破单一课堂教学方式,努力探索尝试各种新教学模式。

讨论式教学。2005年,安排经济理论教研室"发展现代农业"课程开展讨论式教学。具体程序是由教员授课并提出问题,学员分小组围绕问题进行讨论,在此基础上,每个小组推荐1—2位学员到讲台上做总结性发言,最后由授课教员做总结、归纳。

案例式教学。2006年,由副教授王春梅结合法学教学时组织实施。具体方法是:首先设计好课堂教学所涉及的案例,提前三四天把案例发给学员了解、思考;上课时,教员给学员讲授知识点,学员围绕案例发言,进行辩论,最后教员把法院审结案例的结论或自己的观点告诉学员,进行总结讲评。

现场教学。2007—2010年,主体班学习的"中国共产党党员领导干部廉洁从政若干准则"课程,由党校副校长胡建中安排在景德镇第三监狱进行现场教学。组织学员参观监狱犯人生活和劳动场所,听取因贪腐而获罪的犯人的现身说法,最后由教员理论联系实际授课。

教学制度。教学评估制度:1986年,继续实行学员评教制度。每学期中期和期末由教务科召集学员代表对该学期所安排课程进行评价,把学员评价结果反馈给教研室。至2003年,逐步完善,发展为教学评估制度。在培训班课程结束时把评估表发给每个学员,由学员给所授课程打分,教务科将学员评分汇总,从高分到低分取前6名,按一、二、三等奖颁奖。

试讲制度。试讲制度经历了一个不断完善的过程。1986年,规定第一次授课的教员必须经过由分管教学的领导和所在教研室全体教员参加的试讲,试讲通过方可给学员授课。试讲连续3次不通过,原则上不安排教员岗位。2008—2010年,规定所有安排新课程的教员必须试讲过关方可授课。

学分制管理。2000年,《党校主体班次学分制管理暂行规定》出台,明确实行百分制(考勤25分,学习成绩55分,调研20分),并把学分作为评选优秀学员并向组织部门推荐的主要依据。凡考勤为零分或总学分在60分以下者(不含60分),不发结业证。学习详细情况载入学员考核考察登记表,并送市委组织部备案。

课程更新制度。2009年实施,规定教员连续担任教学科目两个学期后,必须安排更换新课程。

理论研究　1986—2010年，市委党校每年组织理论研讨会，组织教研人员进行各级各类课题申报，开展社会调查研究，实现教学和研究一体化。1991年，参加全省党校系统纪念建党70周年学术研讨会，编写《学习社会主义若干问题》等书12本，获省级三等奖论文2篇。2000年，组织撰写论文参加全省邓小平理论研讨会，2篇获省级优秀论文奖。2004年，组织撰写论文30篇，1篇获国家级二等奖。2010年，在国家级刊物发表论文1篇，在省级刊物发表论文6篇，在市级刊物发表论文15篇。

设施建设　市委党校位于景德镇市东郊黄泥头腊丽山。2010年，校园占地面积约6.4公顷，校舍总建筑面积2万余平方米，校园绿化面积3.33公顷。拥有4层办公楼1栋；多功能报告厅2个，分别可容纳200人和150人；多媒体教室4个，普通教室6个，讨论室7个；3层楼图书馆1栋，藏书4万余册。学员宿舍楼2栋，有190个床位。食堂可容纳200人就餐。图书馆建于20世纪80年代初，是砖混结构，老旧且年久失修，不利于图书的管理与使用。2009年，把另一栋学员宿舍楼改建为图书馆，藏书5000余册。阅览室、电子阅览室里报刊品种多，门类齐全，并配有空调、电脑。

政策巡讲

机构设置　1987年8月，市委讲师团成立，负责全市干部理论教学与研究，归口市委宣传部管理，为副县级单位，核定编制10人，内设马列主义教研室。1988年6月，升格为正县级单位。2002年，核定事业编制7人，内设办公室和教研室，为参公单位。至2010年，实有人数6人。

专题宣讲　1987—2010年，市委讲师团每年开展国际国内形势教育、爱国主义教育、法律、党建、时事政策等方面的宣讲。1987—1990年，在城乡各中学开展社会主义初级阶段理论和基本路线的宣传；开展中共十三届四中、五中全会精神宣传；围绕坚持四项基本原则，开展反对资产阶级自由化的教学与宣传，共宣讲741场，听讲人数5.46万人次。1991—1995年，宣讲社会主义理论和中共十三届七中全会精神；宣讲江泽民在建党70周年纪念大会上的讲话精神；宣讲邓小平南方谈话精神；宣讲中共十四大系列精神和决定；宣讲建设有中国特色社会主义理论；宣讲《邓小平文选》第三卷，开展国际国内形势教育，配合市供销社系统在青年中进行爱国主义教育；共宣讲954场，听讲人数6.84万人次。1996—2000年，开展中共十五大系列精神和决定的宣讲；开展邓小平理论的宣讲；突出“讲学习、讲政治、讲正气”教育重点组织理论教学与辅导；马克思主义唯物论、无神论教育；宣传“讲学习、讲政治、讲正气”“三个代表”等多个教育专题，共宣传746场，听讲人数5.02万人次。

2001—2005年，宣讲江泽民“七一”讲话精神；宣讲“三个代表”重要思想；宣讲中共十五届六中全会精神；宣传中共十六大系列精神和决定；开展“塑造江西人新形象”“塑造瓷都人新形象”和“公民道德建设实施纲要”专题宣讲；开展“三个代表"重要思想专题讲座，阐述“三个代表”重要思想的时代背景、实践基础、科学内涵、精神实质和历史地位；开展中央一号文件精神的宣讲；开展“当前国际形势”“保持党的先进性”“公民道德建设实施纲要”“树立科学发展观，共塑瓷都新形象”“加强机关作风建设”“创建学习型组织”等专题的宣讲；开展“构建社会主义和谐社会”的宣讲；开展“保持共产党员先进性”“党的先进性与党员先进性的基本内涵”等专题宣讲；围绕市委关于“全民创业、富民兴市”的主题和建设“经济重镇、旅游都市、特色瓷都”的战略构想，开展“全民创业、富民兴市”的专题讲座，共宣传715场，听讲人数5.36万人次。

2006—2007年，开展中共十六届六中全会精神的宣讲，对《中共中央关于构建社会主义和谐社会若干重大问题的决定》进行教学辅导；开展《江泽民文选》的宣讲；开展“社会主义荣辱观”的宣讲；开展学习、贯彻、遵守、维护党章的宣讲；开展“创业文化”宣讲。针对十六大以来以胡锦涛为总书记的党中央提出的一系列新的理论观点，开展“党的十六大以来的理论创新”的宣讲；开展中央一号文件《关于积极发展现代化农业扎实推行社会主义新农村建设的若干意见》的宣讲；开展“创新创业、共建和谐”主题教育活动宣讲；开展中共十七大精神的宣讲。共宣传181场，听讲人数1.50万人次。2008—2010年，继续宣传中共十七大精神，扩大宣传覆盖面，推动十七大精神进企业、进农村、进社区、进学校、进军营；对全市农口干部和乡镇领导进行中央一号文件的宣传；宣传科学发展观；开设党的基本知识、改革开放伟大历程、生命哲学等专题教学。开展“科学发展，加快崛起”主题教育活动的宣讲；开展十七届四中全会精神的宣讲；开设党的基本知识、学习型政党、“六个为什么”、改革开放伟大历程、生命哲学等专题教学。对“科学发展观”“构建和谐社会”“社会主义新农村建设""鄱阳湖生态经济区建设""中共十七届三中、四中、五中全会精神"等重点专题进行宣讲。

理论研讨　1988年,组织全市开展生产力标准学习讨论。1989年,组织开展"加强党的建设""改革开放是强国之路""四项基本原则是立国之本"专题理论报告会。1990年,召开全市深入学习马克思主义哲学座谈会。1992年,举办市直单位中共党史学习班,宣传党史党建理论。1993年,举办建设有中国特色社会主义理论与党的思想政治工作学习班,为老年大学开设新经济知识讲座,主办全市建设有中国特色社会主义理论知识竞赛。1994年,举办学习社会主义市场经济理论和基本知识骨干培训班,举办农村党员冬训师资培训班。1995年,举办全市"解放思想发展经济"理论研讨会,围绕中央和省市经济工作会议提出的任务,联系景德镇市经济工作实际,分析和讨论经济发展的重点、难点问题;举办全市干部理论教育研讨会,就围绕十四大提出的用邓小平建设有中国特色社会主义理论武装全党的战略任务进行研讨;举办全市学习《邓小平同志建设有中国特色社会主义理论学习纲要》理论骨干培训班。1996年,举办全市学习中共十四届六中全会文件理论骨干培训班;召开"精神文明建设理论与实践研讨会"。1997年,召开全市邓小平祖国统一理论研讨会,1998年,举办学习九届全国人大一次会议精神电话竞答活动,召开全市纪念真理标准讨论20周年座谈会;召开全市第三次邓小平理论研讨会。2001年,举办WTO知识讲座,普及WTO知识。

资料编印　1988年,编印《生产力标准学习材料》1万册;编印《理论教学参考》14期,其中"马克思主义经典作家论生产力标准"1期,"私营经济"问题1期,"股份制"问题1期,"物价"问题4期,"生产力标准专题报告材料"5期,"形势教育问答"2期。1989年,编印《社会主义初级阶段理论和党的基本路线教学增补学习材料》《社会主义初级阶段理论和党的基本路线学习考试参考资料》共3万余册。1990年,编印《马克思主义哲学学习纲要讲解》共计6000册。1991年,组织力量编写《〈中国共产党的七十年〉学习要点和历史线索》;编写《建设有中国特色的社会主义——十二条原则学习辅导材料》8万余字,共印发1万余册;编写《社会主义若干问题学习纲要专题辅导材料》计5万余字,共印发8000余册。1992年,编写认真学习邓小平同志南方谈话材料,共印发1万册;编写《党的十四大报告学习问答》,共印发5000册。1995年,编印十四届五中全会学习材料,共印发5000册。1996年,编印《领导干部一定要讲政治》一书,共印发4500册;编印《党的十四届六中全会学习材料》,共印发6000册。1997年,编印《学习悼念邓小平重要文献》。1998年,编发九届全国人大一次会议学习材料,编辑《形势任务政策教育学习材料》共2000余册。

主题教育活动

解放思想推动发展主题教育　2000年1月,下发《关于在全市开展景德镇发展战略大讨论的实施意见》,开展单位讨论、新闻媒体讨论、社科界专题研讨3个层面的大讨论。3月,组织新闻单位开辟《向百姓问计,靠群众创新》等栏目,重点对一些部门单位和企业开展大讨论的成果作报道。开展景德镇发展战略专题研究,拟定26个专项科研课题,成立课题组,10月将研究成果汇集出版《千年瓷都,再创辉煌》一书。是年7月28日,在市委2楼会议厅召开市委思想政治工作会议。传达省委思想政治工作会议精神和中共中央总书记江泽民在中央思想政治工作会议上的重要讲话。

塑造江西人新形象主题教育　2002年,在全市开展"塑造江西人新形象"主题教育活动,3月,开展以"弘扬井冈山精神,塑造江西人新形象,提高思想道德素质"为主题的读书教育活动,经过8场预赛,选出9名选手赴省参加决赛,有2人获一等奖,2人获二等奖,3人获三等奖,2人获优秀奖。5月起,开展以"我眼中的江西人新形象"为主题的电视大赛;6月,邀请井冈山市关工委主任毛秉华到市作3场"弘扬井冈山精神,塑造江西人新形象"专题报告。7月,开展"十大行业塑形象、百家单位呈新貌"活动;9月,举办以"塑造江西人新形象"为主题的演讲比赛。

"弘扬井冈精神、兴我美好江西"主题教育　2003年,在全市开展"弘扬井冈精神,兴我美好江西"主题教育活动。共有思想教育、新闻宣传、文化活动、文明建设四大系列29项活动,8月,组织参加全省"井冈之子"评选活动,2004年1月9日,通过专家评审并征求社会各界意见,省委宣传部从各地选报的90人中确定20位江西省"十大井冈之子"候选人,并在《江西日报》《江南都市报》及11个设区市的党报和中国江西网、大江网、今视网上刊登选票,接受群众投票。景德镇市有5个先进典型人物入围候选人名单,浮梁县供电有限公司鹅湖供电所安全员朱润元获"井冈之子"称号。

“树立科学发展观、建设美好新江西”主题教育　2004年4月，召开全市“树立科学发展观，建设美好新江西，共塑瓷都新形象”主题教育活动动员大会。3月，组织广大党员、干部和群众围绕“树立科学发展观”主题和市委书记元旦致市民的一封信，开展大讨论。6月，编辑出版主题教育读本和《共塑瓷都新形象市民手册》，推出“同心干，再创辉煌会有时”“共塑瓷都新形象”大型公益广告。7月起，开展树立正确的政绩观活动，开展机关作风集中教育和树形象、整作风、比贡献活动，推出一批展示瓷都新形象的先进典型。全年组织开展全市“树立科学发展观，建设美好新江西，共塑瓷都新形象”首届青年辩论大赛、知识竞赛、征文和演讲大赛以及群众文艺会演系列活动。当年9月，组织参与全省文明单位“新发展、新江西”主题研讨会，组织广大群众开展“同饮一江水，共护母亲河”活动，开展“我为家乡献一策”手机短信互动活动，组织开展农民增收致富奔小康先进事迹巡回报告。

“建设和谐平安江西、共创富民兴赣大业”主题教育　2005年，开展“建设和谐平安江西，共创富民兴赣大业”主题教育宣讲活动。当年4月起，举办“和谐创业”专题晚会、家和万事兴歌咏比赛和“和谐社会”电视知识竞赛等活动，开展首届瓷都十佳女企业家、瓷都十大杰出青年、十大平安卫士、十大文明社区、十大文明村庄等评选活动。全市各新闻单位开辟“百姓创家业，能人创企业，干部创事业”专题、专栏、专访。对全市主攻工业，推进工业化进程进行多视点、多角度宣传。5月，举办和谐社会理论研讨例会和形势政策报告会，参加全省如新杯“我谈和谐创业”征文活动，其中“营造和谐创业良好舆论氛围”等2篇文章获二等奖。

“科学发展、和谐创业”主题教育　2006年4月起，组织全市创业文化宣讲团、创业政策宣讲团、树立社会主义荣辱观巡回报告团和老同志报告团深入基层宣讲。6月，编撰《景德镇市创业政策一本通》，汇编200个有关创业的问题，共计发放1万册。7月，开展“构建和谐社会，实现新的跨越”建言献策、建功立业活动，全市共收集到1.83万条意见和建议，向省上报建言达5200余篇（条）。12月，举办2006年“科学发展，和谐创业”电视论坛。邀请省社联副主席汪玉琦担任嘉宾主持，挑选出6位理论水平高、创业实践经验丰富的经济部门负责人和“瓷都创业先锋”代表作为论坛嘉宾，围绕科学发展与和谐创业的关系，就如何创好业进行全面阐述和探讨。

“创新创业、共建和谐”主题教育　2007年3月，开展“感动瓷都十佳人物”评选活动，其中邹炳根入选感动江西候选人物，沈启华、胡芳兰、胡显隆、刘华正等人物分别被《信息日报》、江西电视台《社会传真》《都市情缘》整版、专题报道。7月，组织参与全省“十大经济人物”和全省“十大井冈之子”等评选活动，市焦化煤气厂董事长蔡景章被评为全省“十大经济人物”。5—7月，组织3次大型集中采访报道活动，刊发播出稿件1500余篇；景德镇电视台制作8期“创新创业，共建和谐”“昌南对话”系列访谈节目。7月，开展“学习浙江经验，推进全民创业”宣讲活动，市领导带头宣讲，并到所属系统和挂点单位进行宣讲；组建市委“三团”（理论宣讲团、政策咨询团、典型报告团）深入基层宣讲；9月30日至10月21日，主办“回望奋进路，喜迎十七大——十六大以来景德镇市经济社会发展成就展”。展馆面积达5300余平方米，参展单位达143家，展览采用文字、图片、图表、实物、模型等形式，运用投影、背投、声、光、电等多种高科技手段，展示景德镇市在十六大以来取得的经济社会发展成果。10月，与江西日报社、泰豪集团有限公司联合举办2007泰豪论坛之六——景德镇陶瓷文化与产业论坛，邀请陶瓷文化界知名专家、学者围绕专题进行探讨。11月，在全市组织开展“十大创业先锋”和“十大服务创业典型”评选活动，其中王图海入选全省“十大创业先锋”，并作为创业典型报告团成员在全省巡回宣讲。

“继续解放思想、推动科学发展”主题教育　2008年，主题教育活动共有“大宣传、大宣讲、大调研、大讨论、大实践”五大系列50项活动。制作一批户外宣传大型公益广告牌，用220余块公益阅报栏进行宣传，编发25期“继续解放思想、推动科学发展”简报。5月，在全市组织开展“解放思想抓项目，学习实践促发展”先进典型集中宣传报道活动、“全市重大项目巡礼”大型采访报道活动。6月，开展为期3个月的“紫薇杯·我为景德镇跨越发展献一策”征文和手机短信征集活动，收到省内外群众建议、意见6700余条。11月，举办“继续解放思想、推动科学发展——五找五破五立”大讨论活动，开展“解放思想领导干部访谈录”100余人次，开办“昌南对话——解放思想，谋划发展”专题论坛20余场。

“科学发展、加速崛起”主题教育　2009年4月1日，召开“科学发展，加速崛起”主题教育活动动员大会。5月5日、5月14日、5月19日、5月20日,先后围绕“改善民生、促进和谐”“转变经济方式,促进经济又好又快发展”“加强党风廉政建设和党的基层组织建设”“选人用人”4个专题,召开4次座谈会广泛吸纳民智。5月27日、7月9日、7月31日、8月20日以“科学发展,加速崛起”为主题,举办“全力以赴保增长”“千方百计保民生”“加大力度保稳定”“大力弘扬井冈山精神”4期论坛。第一期论坛,市长李放,省社联副主席汪玉奇作为主讲嘉宾发表主旨演讲。第二期、第三期论坛由省社联副主席汪玉奇担纲主持,分别邀请市领导于秀明、王力农和相关单位负责人作为嘉宾。第四期论坛中,邀请省委宣传部常务副部长陈东有作主旨演讲。10月,与省文化厅联合举办“陶瓷文化创意产业”论坛。文化部部长助理丁伟,省委宣传部副部长李玉英作主旨演讲,著名学者同济大学文化产业系主任朱大可等专家学者围绕“陶瓷文化与创意经济”“陶瓷文化与中国文艺复兴”“陶瓷文化与器物文明”等方面演讲,为景德镇发展陶瓷文化创意产业献策。

“建设鄱阳湖生态经济区、探索科学发展新路子”主题教育　2010年2月23日,市委宣传部召开主题教育活动务虚会,就开展主题教育活动征求意见。4月1日,召开主题教育活动动员大会。绘编《建设鄱阳湖生态经济区卡通读本》,对建设鄱阳湖生态经济区这一重大战略进行解读。在全市开展“鄱阳湖生态经济区建设·理论网上行”活动,向社会征集100余篇理论文章,并在景德镇理论网站和《瓷都晚报》上刊发。5月举办“建设鄱阳湖生态经济区,探索科学发展新路子”建言献策活动,收到建言1300条。7月21日,举办“洪水无情,人间有爱”赈灾文艺演出,社会各界共捐546.92万元现金和50万元物资。12月,举办“建设鄱阳湖生态经济区·瓷城之光”文图征集评比活动,出版《鄱阳湖生态经济区·瓷城之光》一书。

第四节　精神文明建设

思想道德教育

爱国主义教育　1988年8—12月,市委宣传部、市教育局、景德镇军分区政治部联合下发《关于深入持久开展全民国防教育的意见》,以干部为重点,民兵和青少年为主体,通过组织国防教育宣传周、国防知识竞赛,请老八路、前线英模作报告,以及开展军民共建、拥军优属,与前线英雄连队通信等形式,开展全民国防教育。1990年5—9月,市纪委会同市委组织部、宣传部,市广播电视局在全市党员中开展“牢记入党誓言”荧屏演讲活动,共组织专场演讲300场次,听众达1.66万人次。

1994年10月,省委、省政府命名景德镇陶瓷历史博物馆为全省爱国主义教育基地。1995年1月12日,市委批准莲花塘革命烈士纪念塔、乐平界首红十军纪念地、浮梁瑶里新四军改编纪念碑、景德镇陶瓷历史博物馆、湖田古窑遗址、高岭瓷土矿遗址、古窑瓷厂、龙珠阁为市级爱国主义教育基地。3月10日,在景德镇陶瓷馆举行爱国主义教育基地命名授牌仪式。是年,开展“中国母亲”和“筑起我们新的长城”读书活动,举行爱国主义影视歌曲独唱比赛、“战士的歌”大型歌舞晚会。1996年10月,景德镇陶瓷历史博物馆入选全国首批百个爱国主义教育基地,11月1日,进行命名、授牌。是年,开展“迎接香港回归祖国”和“中华正气歌”读书活动,举行演讲比赛和命题作文竞赛。1997年,开展香港基本法宣传教育,举行迎“九七”香港知识竞赛;举办迎接香港回归书法美术展、陶瓷精品展,庆祝香港回归各界人士座谈会和大型文艺晚会。1998年,开展纪念改革开放20周年活动,举办全市“共产党员争做表率”演讲比赛,乐平市、市卫生局等10个单位分获一、二、三等奖。1999年7月23日,由市委宣传部、市计委等11个单位协办辉煌50年——江西省两个文明建设成就展“景德镇展区”部分。

2000年10月,组织慰问人民志愿军老战士、烈属,召开纪念中国人民志愿军抗美援朝出国作战50周年座谈会。2001年6月11日,乐平方志敏纪念馆(烈士陵园、赣东北特委、红十军建军旧址等)入选中宣部公布的第二批百个爱国主义教育示范基地名单。是年,乐平红十军建军旧址入选第二批全省爱国主义教育示范基地名单。2006年,组织播出大型爱国主义教育电视系列片《激励永远》。2009年2月,景德镇官窑博物馆、瑶里风景区被命名为第四批省爱国主义教育基地。是年,珠山区的“红色经典”节目成为具有影响力的社区文化服务品牌项目,带动全区机关文化、校园文化、军营文化、企业文化的发展,形成“群众文化天天有、社区文化周周有、节庆文化月月有、大型文化年年有”的局面。中央文明办《精神文明建设》工作简报(第21期)以“景德镇市珠山区开展红歌三进活动”为题进行报道。是年,组织爱国主义优秀影片展播及百部电影下乡活动;启动以“爱党爱国爱家乡”为主题的万名党员“看瓷都巨变、为瓷都增光”活动;开展“瓷都辉煌60年”“图说景德镇”等宣传活动。景德镇开展“瓷色、红色、绿色、古色”四色爱国主义教育活动,其经验在中共中央宣传部《全国爱国主义活动简报》刊发。2010年,乐平红十军建军旧址等5处基地入选全国第二批红色旅游经典景区备选名录。

社会主义教育　1986年,在全市广泛开展社会主义教育,宣传经济体制改革的重要性、必要性,改革的艰巨性和复杂性,宣传改革的重点和举措。12月9日,在省思想政治工作经验交流会上,景德镇作《适应改革开放形势,做好宣传部门工作》经验发言。1990年,在农村广泛开展党的基本路线和社会主义教育,在乐平县后港乡菱田村、浮梁县储田乡和先锋乡、昌江区竟成乡前街村分别进行为期1月的试点,帮助广大干群澄清思想认识。10月25日,市委从党政机关抽调一批干部协助开展社会主义教育工作,重点抓好创评“三户”(双文明户、五好家庭户、遵纪守法户)活动。是年7月至1992年12月,在全市企业职工中深入开展基本国情和基本路线教育。1991年,在农村深入进行以党的基本路线为指针的社会主义思想教育,宣传爱国主义、集体主义和社会主义思想。1992年,全市各中小学开展“我爱社会主义”读书活动,举办演讲、报告会、板报评比、主题班会、知识竞赛等多种形式的活动。1993年1月3日,全市第二期农村社会主义思想教育工作圆满结束,市委召开总结表彰大会。

1994年4—6月,市委宣传部组织社会主义市场经济知识竞赛,全市参加各种形式学习的干部职工有10万余人,市商业系统等6个代表队获一、二、三等奖,华意集团获省三等奖。1995年,全市开展向孔繁森学习活动,开展向两个文明建设先进典型——张家港市的学习活动。1996年,制定《景德镇市1996—2000年干部教育培训规划的意见》,利用党校阵地开展培训,全市各大、中学校把邓小平建设有中国特色社会主义理论作为时事课的主要内容。11月14日,市委第十次全会通过《关于加强我市社会主义精神文明建设的实施意见》。1997年2月18日,市委批转市委宣传部《关于在全市深入开展进一步解放思想,努力推动景德镇市经济发展和社会进步大讨论的实施意见》,在全市组织开展新一轮的解放思想大讨论活动。1998年5—6月,全市开展形势任务教育宣传月活动,召开市六套班子领导和县级领导干部参加的形势政策教育报告会,组织编写《形势任务政策宣讲提纲》并分发到全市各单位,各县(市、区)、市委各部门、市直各单位结合各自实际开展形式多样的教育活动。下半年,集中宣传全市抗洪抢险先进集体和个人的事迹。

2001—2004年,全市各县区农村把学习中国特色社会主义理论与“三个代表”重要思想紧密结合起来,围绕农民致富奔小康这个中心开展教育,推动农村“两个文明”建设和社会主义新农村建设。2006年3月,市委宣传部、市文明办制定《关于在全市深入开展社会主义荣辱观教育的实施意见》,推进社会主义思想道德建设。2010年11月16日至12月15日,开展“书香瓷都、文明相伴——学习型党组织建设成果巡展”活动,推进学习型党组织建设。

未成年人教育　1988年3月21—23日,市委、市政府召开全市中小学思想政治工作会议,强调加强和改进学校思想政治工作。1990年4月,市委宣传部、市教育局下发《关于加强景德镇市中小学道德工作的意见》,把爱国主义教育列入学校德育工作。1992年,结合纪念鸦片战争150周年,进行“不忘国耻、爱我中华”读书活动,印发《中华人民共和国国旗法》4万余册给中小学生,进行升降国旗、爱护国旗、保卫国旗标准化训练。1993年12月,在全市青少年中开展纪念毛泽东100周年诞辰“中国有个毛泽东”读书活动,共有80余个单位和1243所各级各类中小学的7万余名青少年参加。1994年10月1日,组织城区40余所大、中、小学校的数万名学生参加庄严升旗仪式,举办“国旗下的讲话”活动。

2000年8月1—9日,市综治委、市教委举行“为了孩子——预防青少年违法犯罪”巡回展览,市内大中专院校和中小学校3万余名学生参观。8月31日,举行市直学校“法制副校长”受聘仪式,市教委向市政法系统首批23名干警颁发聘书。2002年3月,市教委组织各中小学参加全省“弘扬井冈山精神,提高思想道德素质”读书教育活动。6月,市教委组织全市青少年学生开展“关爱生命、远离毒品”禁毒宣传教育活动。2004年7月,在全市开展征集未成年人思想道德建设工作创新案例活动。8月,市委、市政府下发《关于贯彻

〈中共中央国务院关于进一步加强和改进未成年人思想道德建设的若干意见〉的实施意见》,对未成年人思想道德建设进行全面部署。9月,组织开展景德镇市首届图书节、第二届全民读书月等活动。10月25日,召开全市学校社会家庭“三结合”教育工作会,会议总结全市家庭教育工作经验,对未成年人思想道德建设提出要求。推出省级德育示范学校2所、市级德育示范学校10所。各社区联手成立“妈妈帮教团”,帮扶失足青少年,组织200余名“五老”(老干部、老战士、老教师、老专家、老模范)参加网吧义务监督员工作。全市开展电子游戏经营场所专项整治工作,电子游戏经营场所从91家减少到10家。

2005年,围绕纪念中国人民抗日战争暨世界反法西斯战争胜利60周年,组织部分抗日老战士和老同志组成“五老”宣讲团,到全市各大、中、小学校进行宣讲,全市共组织报告会220余场次,受教育青少年10万余人。同时,在全市学校和青少年中开展“心系祖国,健康成长”读书教育活动,并选拔优秀选手赴省参加决赛。是年,全市组织开展征集未成年人思想道德建设工作创新案例活动,2篇获评全省优秀案例,4篇入选全省未成年人思想道德建设理论研讨会优秀论文。“五老”宣讲团、妈妈帮教团、“五老”网吧义务监督员等典型经验做法,在中央文明办《文明信息》上宣传。开展百户学习型家庭、百名优秀家长、百名家庭教育先进工作者、十佳家长评选活动。2006年5月23日,市文明委印发《景德镇市未成年人思想道德建设工作责任单位考评办法》。是年,开展“红色之旅”系列读书教育活动,选拔8名选手赴省参加决赛,获6个单项奖。

2007年3月底,景德镇市选送10个创新案例参加第二届全省未成年人思想道德建设创新案例评选活动,其中4个案例在江西文明网上展示,《小记者,大舞台》获评全省十大创新案例。市文明委下发进一步推进未成年人思想道德建设的任务分工的通知,组织协调各方面力量共同做好未成年人思想道德建设工作,做好“留守儿童”“流出儿童”“流散儿童”思想道德教育。10月,全市中小学发起“创建文明城市·争做文明人”倡议。11月22日,省委宣传部、省文明办、省教育厅组织专家在景德镇市举办“六亿宝贝”反黄助学系统安装和操作培训班,营造未成年人健康成长的绿色网络环境。2008年4月,景德镇市在未成年人中开展“做一个有道德的人”主题活动,以“文明礼仪伴我成长”为活动载体,在未成年人中开展文明礼仪教育,组织中小学生参与“做一个有道德的人”网上签名、中华经典诵读、“我们的节日”征文。5月,在全市各级各类学校开展“我爱我的祖国”主题教育活动。9月起,在全市中小学生中广泛开展“小手牵大手,共创文明城”主题实践活动,把文明创建和道德实践活动结合起来,引导中小学生做一个有道德的人。10—12月,举行“争做合格小公民、争当合格家长”知识抢答赛,巩固提升家庭教育。

2009年1月,市关心下一代工作委员会主任王元芝被中央文明办评为全国未成年人思想道德建设先进工作者。是年,市文明办、市教育局、团市委、市妇联等单位联合发出《致全市中小学生及家长的一封倡议书》,号召全市学生和家长共同制止不文明的现象,各学校组织学生于周六上午与家长一起参加以“洁家庭、清楼道、扫庭院”为主要内容的周末家庭卫生日活动。2010年2月20日,中央文明办《未成年人思想道德建设工作简报》第6期头条报道江西省景德镇市开展“道德日记”活动。4月15日,市委宣传部、市关工委、市教育局在全市中小学深入开展感恩教育活动。6月,珠山区第六小学开展“道德日记活动”和市救助站实施的“爱心暖童心工程”入选全省“十大创新案例”。7月8日,市委宣传部、市文明办、市教育局以及团市委联合举办全市青少年学生社会主义核心价值观主题读书教育,开展讲故事、演讲、作文比赛。9月13日,市未成年人保护宣传周活动启动,发放、宣讲《江西省未成年人保护条例》,开展青少年法律咨询服务,为部分服刑人员的未成年子女送去温暖和关爱。

公民道德建设

文明公约　1991年,市政府常务会议讨论通过《景德镇市人民文明公约》,在全市颁布实施。其内容是:坚持四项基本原则,提高两个文明素质;遵守职业道德,搞好优质服务;自觉遵纪守法,讲究社会公德;净化绿化美化,保持环境整洁;敬老尊师爱幼,邻里家庭和睦;实行计划生育,做到移风易俗;提倡艰苦奋斗,抵制各种腐蚀;学习文化科学,参与健康生活;礼待内外宾客,不损国格人格;弘扬陶瓷文化,振兴瓷都经济。在全市形成积极向上、健康文明的良好风尚。

景德镇精神　1995年10月30日,市委六届八次全会通过“解放思想、团结拼搏、求真务实、奋力争先”为内容的景德镇城市精神。市委宣传部编写景德镇精神宣传提纲,在《景德镇日报》刊发,编印宣传景德镇精神的小册子。1996年,组织编写《景德镇精神宣传提纲》《景德镇精神系列谈》《景德镇精神宣传手册》,领导带头学习,群众广泛参与,推进学习宣传讨论的不断深入。开展"青花杯·弘扬景德镇精神"演讲赛,活动历时1个多月,30余个部门、单位的200余人参加演讲。全市各新闻单位开辟专栏、专版,及时报道活动,刊播学习体会文章,宣传景德镇精神。全市各系统、各单位张贴宣传标语1.26万条,推出宣传栏、黑板报6200余期,简报850期。通过景德镇精神的学习、宣传、讨论,全市人民的精神面貌发生深刻变化。

"信用景德镇"建设　2003年5月6日,市委、市政府下发《关于建设"信用景德镇"的意见》,明确指导思想和主要目标、实施步骤、基本任务、组织领导。是年,政府网站设立"信用景德镇"网页,构筑"信用景德镇"电子信息平台。市政府相继出台政务公开的规定,制定《景德镇市工程建设项目招标代理机构信用管理考核试行办法》。建立企业信用评估机制,市工商局、市国税局、市地税局、市质监局、人行景德镇市中心支行分别按职责范围依法对企业征信,并进行企业相关信用评估。政府各组成部门制定承诺制度,在一定范围进行公开,接受监督。市委宣传部、市文明办每年集中开展诚信主题教育和实践活动,培养市民诚信观念和规则意识。2005年2月,市文明办印发《创评"文明信用农户"活动方案》《景德镇农村合作银行(筹)"文明信用农户"贷款管理办法(试行)》,开展农村道德公评公议,评选"文明信用农户",驻村信贷员参加集中评议,引导村民养成诚实守信的道德风尚。3月9日,市委宣传部、市文明办、景德镇农村合作银行(筹)等11家单位联合制定《对"文明信用农户"实行优惠措施的暂行办法》,并提供9项优质服务措施。编印《景德镇市创评"文明信用农户"活动宣传提纲》,发至全市3234个自然村。至2006年,在全市22.99万农户中共评出"文明信用农户"7755户,占3.40%;道德优秀家庭8990户,占3.90%;道德良好家庭1.69万户,占7.40%;道德合格家庭1.77万户,占7.70%。全市农村信用社向文明信用农户发放贷款总额为7642万元。2007年5月,市委宣传部、市文明办、市农村信用联社印发《关于进一步深化创评"文明信用农户"活动的意见》,督促各有关单位落实好创评优惠政策,推进全市创评活动。2009年1月,昌江区荷塘乡山门村金龙山村小组获评全省十佳"文明信用村(组)",浮梁县臧湾乡仓下村的奚金平获评全省十佳"文明信用农户",浮梁县文明办、浮梁县农村信用联社获评"文明信用农户"组织工作奖。

道德模范巡讲　2009年,市委宣传部、市文明办、市文联主办,市民间文艺家协会承办,开展全市"道德模范故事汇"基层巡演活动,以道德模范为原型进行故事创作,通过讲故事宣传道德模范的先进事迹和高尚品德。举办5场道德先进典型巡讲报告会和5场"学模范、议道德"座谈会,深入珠山、昌江社区互动交流,组织开展"百城市道德模范网上行"活动,"景德镇在线"开设专题,图文并茂宣传活动情况、道德模范事迹。2010年8月23日,景德镇在线新闻网对5位市首届道德模范作网上访谈,中国文明网进行转载。

文明城市创建

创文明城市　1986年,继续开展创"三优"(优质服务,优良秩序,优美环境)城市的宣传教育,实行全党动员、全民动手、"三长"负责,各方配合推动全市群众性精神文明建设活动。4月,景德镇获省1985年度12城市创"三优"竞赛第七名。1987年9月,市委、市政府印发《关于表彰社会主义精神文明建设先进单位的决定》,表彰28个系统创"三优"竞赛,"一县三区"文明竞赛,"一县四区"创"五好"文明家庭、文明楼院竞赛,一镇十街创"三优"达标竞赛和城乡接合部共建文明单位(村)竞赛活动中取得优异成绩的单位,同时命名城区珠山路为文明街,命名20个文明楼院、120名文明家庭标兵。1987年、1988年,景德镇连续获省十二城市创"三优"竞赛第二名。1989年12月,省政府下发《关于表彰社会主义精神文明建设先进单位的决定》,乐平县获1988—1989年度全省县城创"三优"竞赛二等奖,并获1988年度全省县城创"五好"家庭、文明楼院活动竞赛一等奖。

1990年8月,景德镇市获全省16城市1989—1990年度创"五好"活动一等奖,受到省政府表彰。1991年,景德镇在全省创"三优"、建文明城市竞赛活动中获二等奖。1992年3月26日,市文明办会同有关部门进行为期1个月的市容整顿、治理,打造珠山中路不夜街,整顿斗富弄市场、新村市场、戴家弄市场的交易秩序。是年,全市34个单位(村)获省级文明单位(村)称号。1994年9月5日,市政府召开全市创建卫生城动员暨文明单位命名大会,建设珠山中路文明示范街。1998年,以创建文明城市竞赛活动为龙头,开展创建文明卫生城、文明小区、文明街道、文明楼院、文明家庭等活动。珠山区落实"门前三包"责任制,明确区、街道、居委会三级管理办法,分别签订责任状,规定重奖重罚的标准;组织全市“万人志愿者”大清扫活动;编印《瓷都市民“十不准”规定》《景德镇市人民卫生守则》《瓷都文明市民手册》;开展窗口行业“三创一讲”(创优美环境、优质服务、优良秩序,讲文明用语)活动。1999 年,市文明办下发《景德镇市创建文明城市竞赛活动方案》《景德镇市市区市容环境卫生管理规定》,组织青少年整治校园环境,创建文明校园,整治市区街道卫生,开展创建文明单位、创建精神文明建设示范点、窗口行业“三创一讲”等活动。

2000 年,以“塑造瓷都形象、提高市民素质、促进经济发展、推动社会进步”为主题,开展创建文明城市竞赛活动。2001 年,开展精神文明建设“1358”工程(对市民进行一次广泛的道德行为规范教育;强化门前“三包”、市容督查、建筑工地 3 个责任;抓好创建文明城市、文明社区、文明村镇、文明行业、文明风景旅游区 5 个方面活动;协同有关单位为市民办好 8 件实事)。

创文明卫生城市　2002 年,开展创建省级文明卫生城市(双创)工作,把为民办理 20 件实事作为当年“双创”工作的主要任务。开展“双创”活动调查问卷,编发《创建文明城市简报》32 期,在《景德镇日报》设立《“双创”工作大家谈》专栏,设立舆论监督电话和“曝光台”。开展“十大行业塑形象、百家单位呈新貌”活动,开展“学纲要、讲文明”知识竞赛活动,印发《瓷都公民道德读本》《瓷都市民简明手册》《瓷都市民“讲文明树新风”宣传单》1.80 万份。开展“创建文明瓷都、争做文明市民”主题教育活动,在青少年学生和青年志愿者中建立义务交通监管队、义务保洁护绿队等组织;开展文明企业、文明班组、文明楼院、文明家庭创建活动。2003 年,举办全市“文明新风进社区”活动,举办“创建文明卫生城市”培训班,开展有奖征文活动,发动广大干部对“双创”活动献计献策,对城乡接合部的环卫机制进行调研,提出改进意见;组织开展“一江两岸”清除垃圾杂草、万人上街清除垃圾、集中整治人力板车等活动。2004 年 3 月,景德镇市被省委、省政府授予江西省创建文明城市工作先进城市和江西省卫生城市称号。

创建“国家四城”　2004 年 4 月 28 日,景德镇市发布《创建全国文明城市、国家卫生城市、中国优秀旅游城市、江西省园林城市的实施意见》。5 月 8 日,召开全市“双创”总结表彰暨创建“四城”、为民服务年活动动员大会,对创建“四城”活动进行部署。10 月,景德镇市被省委宣传部、省文明办确定为全省唯一进行集中宣传的省级文明城市。11 月,江西日报社、江西电视台、江西人民广播电台等 11 家媒体连续 3 天报道景德镇市创建文明城市的经验。编写《景德镇市创建文明城市资料汇编》1 套(共 3 册)。2005 年,景德镇市提出“两创建、三申报、实施五大工程”的工作目标。即创建第四届江西省文明城市,创建中国优秀旅游城市;申报全国创建文明城市工作先进城市,申报国家卫生城市,申报国家园林城市;实施文明行动、城市品牌、环境整治、园林生态、为民服务五大文明工程,并下发实施方案,落实目标责任和监督检查制度。举行“创文明城市、做文明市民”万人健身长跑和万人签名活动;开展做文明使者、爱心车、结对帮扶活动;对照全国文明城市测评体系,完成一整套迎检资料。8 月,景德镇市获评中国优秀旅游城市。10 月,景德镇市获评全国创建文明城市工作先进城市。11 月 3 日,景德镇市被省政府命名为江西省园林城市。2006 年,制定创建国家卫生城市的实施方案,将全市未落实清扫保洁责任单位的 83 条支路列入昌江、珠山、高新三区的清扫保洁范围,消除卫生盲区。3 月,景德镇市获江西省文明城市称号;6 月 27 日,获省委、省政府表彰;9 月,获国家园林城市称号。

创建“国家五城”　2007 年 6 月 1 日,景德镇制定《2007—2011 年创建“国家五城”五年规划纲要》,提出要用五年时间持续开展创建工作,争创“国家五城”(国家生态园林城市、国家卫生城市、国家环保模范城市、全国文明城市、中国最佳旅游城市)的目标。成立创建活动指挥部,由市委书记总负责,市长为总指挥,下设 10 个工作组,分别由市级领导任组长。6 日,召开全市创建江西省第二届文明城市暨“国家五城”工作动员大会,将 112 项文明城市测评内容分解为 273 项具体指标,落实到各区和市直各单位,由各单位“一把手”负总责,拉开创建“国家五城”的帷幕。是月,在城区中小学生中启动创建江西省第二届文明城市暨“国家五城”小手牵大手宣传与文明卫生活动。7 月,制定“八小”行业、城中村和城乡接合部环境卫生、占道行为和流动摊点、农贸市场、城区除“四害”、规范机动车停放和行人交通行为等 6 个专项整治方案。9 月 4 日,印发市委书记、市长联名致全体市民的公开信,倡导讲文明、树新风、除陋习,编印《文明创建歌》;组织征集创建文明城市公益广告用语活动;通过移动、电信、联通公司开展创建江西省第二届文明城市和“国家五城”公益短信宣传。10月23日,举办大型创文明城市万人长跑活动。10月20日至11月5日,在全市12个街道(乡镇)开展创文明城市有奖问卷调查活动。11月19—22日,景德镇市通过省测评组的测评。

2008年4月28日,景德镇市被省委、省政府命名为江西省第二届文明城市,蝉联江西省文明城市称号。6月3日,景德镇市提出全力创建全国文明城市的目标,制定《2008年景德镇市创建全国文明城市工作方案》,修订完善《景德镇市创建全国文明城市工作问责制》,完善"两级政府、三级管理、四级网络"的城市管理体制,理顺市、区两级政府的管理权限;市政府与20个责任单位签订创建全国文明城市责任状。对创建江西省第二届文明城市活动中表现突出、成绩显著的昌江区竟成镇等74个先进集体和卢乐宾等127名先进个人颁奖。8月,组织全市116个单位和部门对口支援109个社区和包干111条路段两旁支路(含楼栋间区)的环境卫生整治。9月,市委办公室、市政府办公室下发《关于进一步加强社区工作的决定》,扩大社区职责和权力范围,社区工作经费从每年5000元增加到1.80万元,干部工资从每月600元增加到800元;在全市职工群众中开展"我为创建全国文明城市作贡献"活动,在中小学生中开展"万名志愿者在行动"活动,在市区高校和25个社区结对开展创建全国文明城市大学生志愿服务进社区活动。9月21—26日,中央文明办测评组对景德镇创建全国文明城市工作进行测评,景德镇市在全国30余个被测评城市中排名第11位。11月10日,市委办公室、市政府办公室下发《关于城区"六小"行业下放两区管理工作的意见》,明确"六小"行业管理责任。全年投入3800万元用于城市基础设施建设,完成4条主次干道、241条里弄、37座旱厕、5座垃圾中转站的改造,投入运营西瓜洲污水处理厂;建立市区两级群众文化活动中心、文化信息资源共享工程区支中心和街道(乡镇)基层服务点,市图书馆设立省内首屈一指的盲文和盲人有声读物阅览室。

2009年1月,景德镇市被中央文明委授予全国创建文明城市工作先进城市称号(二连冠)。2月,顺利通过国家园林城市的全面复查。6月1日起,全市城区110座公厕全部免费开放。7月3日,市委办公室、市政府办印发《全市农贸市场标准化改造实施方案》,决定用3年时间对全市24个农贸市场进行标准化改造,新德园等5个菜市场被列入2009年江西省标准化菜市场建设项目,全面启动改造工程。7月14日,召开全市创建全国文明城市总结表彰暨2009年创建工作动员大会,对创建全国文明城市工作的98个先进集体、162名先进个人进行表彰。8月23—25日,中央文明办测评组对景德镇的公共文明指数进行测评,在全国114个参评城市中名列地级市第36名。11月,景德镇实施城区车辆临时占道停车收费工作,成功进行临时占道停车收费权拍卖。12月,景德镇市顺利通过江西省第三届文明城市复查组、省级卫生城市复核组的复查复核。

2010年5月,省委、省政府授予景德镇市江西省第三届文明城市称号。6月17—20日,省国家调查队对全市进行文明指数的专业性测评。7月,市创建办组织6个督查组,对全市主要商业大街和88个单位、场所进行全面督查,梳理问题后由市委、市政府两办督促整改。9月5—7日,中央文明办测评组对景德镇进行测评,景德镇市公共文明指数测评成绩在全国117个城市中排名第41位。11月17—18日,通过省级文明城市公共文明指数测评。中央电视台《讲述》栏目《文明中国》摄制组专程摄制反映景德镇市民文明风貌的故事《瓷都迷情》,12月在央视播出。2010年,江西省首次开展创建生态园林城市工作,景德镇率先参评,6月顺利通过省专家组的调研和10月的指标测评。

基层文明创建

文明单位(村)　1986年3月,国营999厂等276个单位获市级文明单位称号。是年,国营740厂等19个单位、王港乡金坦村等4个村、珠山街道毕家上弄14号院等2个楼院、邵德源等11人分别获省级文明单位(村)、文明楼院和文明家庭标兵称号。1987年3月,市"五四三"活动委员会印发《景德镇市文明单位(村)的管理办法(试行)》,规范文明单位(村)的条件、申报评选表彰程序标准及相关要求。4月,景德镇军分区机关等137个单位获市级文明单位称号。1988年5月,乐平县接渡乡传贤村等27个村获1987年度市级文明村称号,对乐平县镇桥乡华家村等7个市级文明村给予警告,限期改正。是年,召开全市省级文明单位(村)建设经验交流会,推广珠山区以骨干文明单位带动周围单位创建文明片的经验,以及乐平矿务局、740厂等9个单位的创建经验。1989年1月,市国营740厂等23个单位获1988年度省文明单位称号。12月,在全省精神文明建设暨社会治安综合治理工作会议上,市文明单位作建设和管理典型发言和职业道德教育的书面发言,乐平县食品厂等5个单位(村)被命名为省级文明单位(村),1个有问题的省级文明单位受到通报批评。是年,重点考核23个省级文明单位(村)、193个市级文明单位(村),对县、区申报的1988年度市级文明(单位)村进行复查,其中合格文明单位22个、文明村8个,继续保持省文明单位称号;撤销市级文明单位(村)称号8个,给予通报批评、限期改正的市级文明单位(村)12个。

1992年8月8日,《景德镇市文明单位(村)建设和管理实施细则》发布,规定文明单位有效期两年。当年对全市原有的28个省级文明单位(村)和643个市级文明单位(村)进行重新申报、命名,确定保留542个文明单位(村)。1994年,国营4321厂、市石油公司被命名为省级文明单位,瓷都百货大楼被命名为市级文明单位。1995年12月,市文明委否决8个文明单位、9个文明村,表彰市委机关等389个单位(村)。1996年6月,昌河飞机工业公司、市邮电局、602研究所被命名为省级文明单位标兵,赣东北供电局等42个单位获江西省第五届(1994—1995年度)文明单位称号。1998年10月,省委、省政府命名昌河飞机工业公司等26个单位为江西省第六届(1996—1997年度)文明单位。1999年,昌河飞机工业公司和昌江区竟成镇樊家井村被评选为全国创建文明单位先进单位。2000年、2002年、2004年,省委、省政府命名表彰昌河飞机工业集团公司等30个单位、44个单位、50个单位分别为江西省第七届(1998—1999年度)、第八届(2000—2001年度)、第九届(2002—2003年度)文明单位。

2005年10月,赣东北供电公司获评第一批全国文明单位,景德镇交通稽征分局、江西省高等级公路管理局景德镇管理所、中国电信景德镇分公司获评全国精神文明建设工作先进单位。2006年3月,昌河飞机工业(集团)有限公司等47个单位获江西省第十届(2004—2005年度)文明单位称号。12月,浮梁县洪源镇鸣山村获评江西省"十大文明村庄"。2006年7月26日,市委、市政府授予昌江区竟成镇新厂村等20个村镇为景德镇市第十届(2004—2005年度)文明村镇称号。2008年,瑶里镇、众埠镇获全国"文明村镇"称号,乐平市镇桥镇百乐村、昌江区竟成镇里冲村和浮梁县洪源镇鸣山村获评全国创建文明村镇工作先进村镇。是年,21个村(镇)获评江西省第二届文明村镇、创建文明村镇工作先进村镇。602所等61个单位获江西省第十一届(2006—2007年度)文明单位称号。2009年1月,中国电信景德镇分公司、景德镇交通稽征分局获第二批全国文明单位称号,市国税局(机关)、市地税局(机关)、赣东北供电公司、景德镇陶瓷学院、乐平市国税局获全国精神文明建设工作先进单位称号。10月21日,市文明委印发《景德镇市文明单位建设和管理办法》,内容包括总则、标准、评选和命名、创建和管理、奖惩、附则等6章31条。2010年,昌江区竟成镇等6个村镇获评江西省第三届文明村镇,中国直升机设计研究所等62个单位获江西省第十二届文明单位称号。

和谐社区(村庄)　2007年3月,全省开展评选"全省十大和谐社区"和"全省十大和谐村庄"活动,省财政安排100万元资金,对全省10个获奖社区和10个获奖村庄分别奖励5万元的文化设备。4月,市委宣传部、市文明办组织评选景德镇市"十大和谐社区(村庄)"。11月,珠山区新厂街道602所社区获全省"十大和谐社区"称号,浮梁县王港乡高沙村获全省"十大和谐村庄"称号。2008年4月,新厂街道602所社区等10个社区获市"和谐社区"称号,浮梁县王港乡高沙村委会新建村等10个村庄获市"和谐村庄"称号。12月,昌江区西郊街道森林社区获省"十大和谐社区"称号。2009年4月,市委宣传部、市文明办在全市开展"十大和谐社区(村庄)"评选活动,社区评选对象是城市社区,标准是组织健全、环境优美、秩序优良、服务完善、教育深入、文化丰富。村庄评选对象是行政村,尽可能不选"城中村",标准是农村产业发展、村容村貌整洁、村风和谐文明、村务管理民主、村民生活宽裕。

表24-5-7　**景德镇市省级及以上文明村镇一览表**

年份	荣誉名称	获评村镇	届次
1986	江西省文明村	乐平县历崌山乡历崌寺村,浮梁县蛟潭乡礼芳村、储田乡山泉村、王港乡金坦村	
1989		浮梁县勒功乡楠木田村	
2005	全国文明村镇	昌江区竟成镇	第一届
2008		浮梁县瑶里镇、乐平市众埠镇	第二届

续表 24－5－7

年份	荣誉名称	获评村镇	届次
2006	江西省文明村镇	乐平市众埠镇、昌江区竟成镇、浮梁县洪源镇鸣山村、高新区吕蒙乡官庄村	第一届
2008		昌江区竟成镇、乐平市众埠镇，昌江区竟成镇里冲村、浮梁县洪源镇鸣山村、浮梁县王港乡高沙村、乐平市镇桥镇百乐村	第二届
2010		昌江区竟成镇、乐平市众埠镇、浮梁县瑶里镇、高新区吕蒙乡，乐平市镇桥镇百乐村、浮梁县洪源镇鸣山村	第三届
2006	江西省创建文明村镇工作先进村镇	乐平市涌山镇枫林村、乐港镇里首村，浮梁县峙滩乡流口村、臧湾乡马家村，瑶里镇寺前村，昌江区竟成镇新厂村、里冲村，高新区吕蒙乡石岭村	第一届
2008		乐平市涌山镇、后港镇，乐港镇里首村，鸬鹚乡杨湖村，塔前镇塔杨村；昌江区竟成镇黄泥头村、鱼山镇吕蒙村、荷塘乡杨湾村、丽阳乡江联村；高新区吕蒙乡历尧村、二亭村、古城村；浮梁县臧湾乡马家村、湘湖镇洞口村、峙滩乡流口村	第二届
2007	全省十大和谐村庄	浮梁县王港乡高沙村	

文明社区　2004 年，景德镇按照创建管理有序、服务完善、环境优美、文明祥和的新型文明社区要求，抓示范点工作，实施建立一所市民学校、一个社区服务中心、一个图书阅览室、一个全民健身场所、一支文艺宣传队、一支志愿者服务队、一个高标准的宣传橱窗，推动文明社区创建工作，珠山区精心创建"五型"（学习型、康乐型、服务型、安全型、花园型）和谐社区取得良好的效果。2005 年 12 月，珠山区新村街道梨树园社区获评全省"十大文明社区"。2006 年 6 月 20 日，市文明办组织开展首届景德镇市文明社区评选，基本标准是组织机构健全、服务功能完备、卫生不断发展、文化活跃繁荣、治安状况良好、环境整洁优美、共建富有成效、基础建设完善规范。10 月中旬，对申报市级文明社区进行检查考核。2007 年，新村街道西路社区等 20 个社区获景德镇市文明社区称号。2010 年 6 月，珠山区太白园街道浙江路社区、昌江区西郊街道昌明社区获"江西省文明社区"称号。

"四进社区"　2002 年，中央文明办、中央综治办等 8 个部门联合部署在全国开展科教、文体、法律、卫生"四进社区"活动。2003 年，市文明办、市综治办、市文化局等 10 个部门联合开展科教、文体、法律、卫生"四进社区"活动，传播健康、文明、科学的生活观念，引导社区居民"关心小家爱大家，共育社区文明花"，形成平等友爱、良好和谐的社会风尚和邻里互助、团结进步的人际关系。11 月 11 日，在新枫园社区举行启动仪式。2005 年 8 月 20 日，市文明办等 10 个部门下发进一步深化科教、文体、法律、卫生"四进社区"活动的通知，努力创建社会主义和谐社会良好环境。科教进社区：市科协开展以科普之"春、夏、秋、冬"为重点的科普展览、科普讲座、科技咨询、科学知识竞赛、科普旅游、未成年人科普文艺表演等群众喜闻乐见的大型科普教育活动。文体进社区：市文化局依托社区文体场所，开展"四进社区"文艺展演活动，举办社区文化建设成果展览。市体育局建设一批社区群众身边的全民健身路径、乒乓球长廊等室外体育设施，评选表彰一批市级城市体育先进社区。法律进社区：市司法局和市综治办组织开展"十所百人送法进社区"（即组织全市 10 个律师事务所、100 名法律服务工作者送法进社区）活动，与社区建立长期指导服务制度，开展法律咨询、普法宣传展览、法律援助等活动。卫生进社区：市卫生局从解决社区居民就医难等实际问题入手，建立健全社区卫生服务网络，组织城市医疗卫生机构对口支援社区卫生服务机构活动。

文明行业创建　1986 年，景德镇市加强职业道德建设，制订职业道德规范及保证措施、奖惩制度，将职业道德教育与热爱本职工作教育相结合，同岗位技术练兵相结合，同纠正不正之风相结合，服务行业的"冷、硬、顶"现象大为减少。1987 年，进一步扩大职业道德教育，重点抓好领导机关干部和服务"窗口"单位的职业道德教育。同时，抓好个体户的职业道德教育。1988 年 3 月 19 日，市宇宙瓷厂、市工商银行新厂办事处、市百货商场等 50 个社会主义职业道德教育工作先进集体受到省委宣传部、省"五四三"活动委员会表彰。景德镇市举办职业道德建设展览，开展全市职业道德"十佳人物"创评和财贸系统的"双最佳"创评活动。

1995—1996年,全市开展优质服务竞赛活动,实行“承诺制”。全市商业企业开展“百城万店无假货”活动,清理“三无”商品价值20余万元,宣传一批文明经商、优质服务的商业企业。1997年,各县(市、区)及30多个系统全面落实向社会公开的“讲文明树新风”承诺。开展窗口行业社会服务承诺制。1998年8月,在全市窗口行业广泛开展创优美环境、优质服务、优良秩序、讲文明用语的“三创一讲”活动。1999年9月,召开全市窗口行业迎“两节”、树新风座谈会,推进“深入开展优质规范服务,大力倡导文明行业新风”活动,发挥窗口行业展示文明、传播文明、带动文明的示范作用。评选出10个先进窗口。

2000年7月28日,表彰先进窗口10个。11月8日,召开庆祝新中国第一个记者节暨表彰“瓷都十佳新闻工作者”大会。2001年,在全市8个窗口行业和执法部门开展民主评议行风活动,进一步推动行风建设。2004年,市文明委下发《关于在我市旅游及相关单位开展创建文明行业活动的通知》,开展创建文明行业和评选市级文明行业活动。

2006年,在服务行业开展创建文明风景旅游区、做文明使者、爱心车等活动。景德镇市珠山中路商业街被评为全省第三批“百城万店无假货”示范街,2家单位被评为“百城万店无假货”示范店。

2007年6月,在全市59个部门和行业开展民主评议政风行风工作,解决一些部门存在的“门难进、脸难看、话难听、事难办”的问题。7月,在全市窗口行业开展“提升服务水平,树立行业形象”和谐创建活动,比品德素质,比言行举止,比服务质量,比服务环境,比公道诚信,比满意程度。7月15日,在人民广场举办征询群众意见活动,全市共有132个单位参加,发放意见表5900余份,受理群众意见1240条,现场答复问题970余个。8月30日,省委、省政府对34个江西省第三届(2005—2006年度)文明行业进行通报表彰,市公安消防系统、市烟草行业、市新华书店系统受到表彰。2008年7月,景德镇市珠山中路、华达百货和景客隆首次获得第七届全国“百城万店无假货”示范街和示范店的称号。是年,浮梁县人民检察院被评为全国检察机关“文明接待示范窗口”。2010年3月,景德镇陶瓷历史博览区获评全省“十大文明风景旅游区”。

文明帮建 2004年2月23日,省文明委第一次全体(扩大)会议上,部署省文明委成员单位和部分省级文明单位帮建100个文明村镇示范点,其中省文明办指导创建10个文明小城镇示范点。12月,市文明委下发帮建文明村镇示范点的通知,组织市文明委成员单位和部分省、市级文明单位对全市第二批6个文明镇、45个文明村进行帮建,帮助群众解决实际问题。全市44个省、市级文明单位帮建文明村镇共出资130余万元,设置规划图24块,硬化路面2.10万平方米,建设果园基地7.33公顷,修建水渠3000余米,修建精神文化活动场所1300平方米,安装路灯860余盏,建沼气池63户,充实图书2000余本,购买音像器材价值2.80万元等。2006年,市文明委下发通知,落实省级文明单位帮建第三批文明村,把帮建文明村镇活动与新农村建设试点、创建小康村、平安村镇和创建“五好文明家庭”等各项创建活动结合起来。全市47个省级文明单位共出资260余万元,为80%的帮建村建成村文化活动室等。2007年,各县(市、区)加强对宣传文化中心建设的管理监督。乐平市文明办及市委办公室等16个单位获全省“文明帮建”先进单位。2008年,全市61个省级文明单位开展第二轮帮建“村宣传文化活动室”工作,在乐平市建设3个鄱阳湖生态文明示范村。至2009年,全市61个省、市级文明单位共出资260余万元帮建文明村镇。2010年,省文明委决定在全省农村开展鄱阳湖生态文明示范村创建暨“文明帮建”活动,昌江区丽阳乡山田村神丰村小组、浮梁县黄坛乡南溪村徐家村小组被列入全省20个结对帮建示范点。昌江区丽阳乡余家村被列为省委、省政府信访局文明帮建对象。市委办公室等4个单位为市级结对帮建单位,市地税局等4个单位为县级结对帮建单位。9月1日,市文明委部署62个省级文明单位各结对帮建1个自然村。

先进典型

“十件新事” 1992年,红星瓷厂的“一线之星在企业”被选为全省文明新风“十件新事”之一。1993年9月29日,开展1993年度文明新风“十件新事”评选活动。经过广泛发动,基层推荐把关,最后由市委宣传部、市文明办、景德镇日报社等部门组成的评委会,以无记名投票方式评选出全市文明新风“十件新事”。1994年,以倡导社会文明新风为重点,开展评选瓷都十佳民警、瓷都文明新风十件新事、岗位学雷锋行业树新风等活动。乐平市新华旅社服务员陈秀英、罗菊英见义勇为的事迹被评为全省文明新风“十件新事”之一。1995年7月起,在全市开展评选文明新风“十件新事”活动。经宣传、推荐,各县(市、区)和各系统把

关,最后由市委宣传部、市文明办审定,确定“抗洪保堤中流砥柱”“窑火铸就的瓷魄”“鲜血和忠诚谱写的赞歌”等22件新事为文明新风“十件新事”的评选对象。

“双十佳”　1996年,市委宣传部、市文明办在全市开展1996年度“精神文明建设十佳活动”和“文明新风十佳新事”评选活动。经县(市、区)和市直各部门推荐,市“双十佳”评委会评选,“身边的小徐虎——珠山区青花文具厂职工占红云”等10件新事和浮梁县经公桥镇港口村开展移风易俗等10项活动入选。推荐“瑶里镇白石塔村林场——绿色银行为教育开户头”等5件新事和市地税局直属分局开展的“树地税新风”等4项活动参加全省1996年度“双十佳”评选。浮梁县港口村移风易俗活动被评为全省精神文明建设十佳活动之一。1997年,全市公安系统开展学济南交警争当精神文明建设排头兵活动,评选表彰“瓷都十佳民警”、优秀单位、优秀人物;卫生系统开展评选“十佳文明医生”“十佳文明护士”活动;交通行业开展优质服务竞赛;个体工商户中开展以“瓷都是我家、文明靠大家”为主题的塑光辉形象活动等。2001年3月9日,召开全市思想政治工作“双十佳”和文化、科技、卫生“三下乡”表彰大会,授予全市10个单位思想政治工作“双十佳”先进集体称号,表彰10名思想政治工作“双十佳”先进个人、26名思想政治工作优秀个人。

“知荣辱、树新风、促和谐”先进人物　2006年4月,市委宣传部、市委组织部、市文明办等8家单位联合举办“知荣辱、树新风、促和谐”先进人物评选活动,深化市社会主义荣辱观宣传教育。6月12日,40位候选人事迹在市各新闻媒体公示,经组织推荐、群众评选、评委会审定,6月30日,浮梁县地税局稽查局局长邢世金等16人荣获“知荣辱、树新风、促和谐”先进人物称号。

瓷都创业先锋　2006年5月12日,市委宣传部、市经贸委、市人事局、市劳动和社会保障局、市工商局、景德镇日报社、市广播电视局7家单位在开门子酒店举行“瓷都创业先锋”评选活动新闻发布会。评选对象分百姓创家业典型、能人创企业典型、干部创事业典型三类。8月,万世杰(江西中景集团有限公司党委书记、董事长)、王耀(景德镇陶瓷股份有限公司总经理)、占光(乐平市国税局党组书记、局长)、刘志辉(市第一人民医院内二科主任)、李冬莲(市公共交通公司党委副书记、总经理)、吴承发(602所试飞专业副总设计师)、吴建芳(浮梁瑶里茶叶有限公司总经理)、余笑兵(华意电器总公司常务副总经理、华意压缩机股份有限公司董事长)、张业云(高新区吕蒙乡古城村党总支委员)、余道金(浮梁县计划生育服务站站长)、林浩飞(市华达购物广场有限公司总经理)、欧阳寿阳(市鹏飞建陶有限公司董事长)、郑君治(景德镇高新东风陶瓷有限公司董事长)、赵水萍(市春涛包装有限公司总经理)、徐唯民(瓷都交通音乐广播总监)、徐素珍(市烟草专卖局党委书记、局长)、曹桂喜(江西省曹桂喜土特产有限公司总经理)、蔡速平(景德镇环球陶瓷有限公司总经理)等20人被授予“瓷都创业先锋”称号。2007年4月,市委宣传部、市文明办等8家单位组织开展全市“十大创业先锋”和“十大服务创业典型”评选活动,王图海入选全省“十大创业先锋”,并作为全省创业典型报告团成员在全省巡回宣讲;市环保局副局长余志华获评江西省首届“十大文明执法人物”;市焦化煤气厂董事长蔡景章被评为全省“十大经济人物”。景德镇电视台开辟《瓷都创业人》栏目,推出20位本地成功创业典型,在全市形成学先进、赶先进、争先进的良好氛围。

“感动瓷都”人物　2006年9月27日,市委宣传部、市文明办组织开展“感动瓷都”十佳人物评选活动,从群众中推举先进典型。2007年3月5日,评选揭晓,邹炳根(50年如一日,细心呵护、照顾瘫痪妹妹的好兄长)、吴静钰(出身农家,为中国跆拳道夺得第一枚亚运会金牌的昌南“无影腿”)、余嘉饶(优化农村通信网络,服务“三农”的信息先锋)、沈启华(十多年爱心助学逾百人,捐款瓷都希望事业的上海老教师)、金健民(扎根瓷都,热心公益,救助贫困患者的乡村好医生)、王再盛(长期带病坚持工作,默默奉献地税事业的好税官)、胡显隆(悉心照顾肌无力学生,将其“背”进大学的孺子牛)、刘华正(年逾八旬,翻山越岭、走村串户,义务为村民送信的爱心使者)、胡芳兰(免费救治绝症患者,用爱心创造医学奇迹的杏林之“兰”)、消防特勤中队(英勇救人、奋身抢险的浴火雄鹰)等当选,同时被授予景德镇市文明市民(群体)称号。张冬莲等10人获提名奖,被授予景德镇市文明市民称号;邹炳根入选感动江西候选人物;沈启华、胡芳兰、胡显隆、刘华正等人物分别被《信息日报》和江西电视台《社会传真》《都市情缘》报道。

陈伟进事迹　昌江公安分局教导员陈伟进15年如一日悉心照顾长年卧病在床、失去生活自理能力的残疾老人。2008年1月31日,市委、市政府下发《关于开展向陈伟进学习活动的决定》,市属新闻媒体深入宣传报道陈伟进的事迹。4月，省委宣传部下发《关于对陈伟进先进事迹进行集中报道的通知》，并组织《江西日报》、江西电视台、中国江西网等10余家省级新闻媒体集中采访报道陈伟进的先进事迹。11月，省委宣传部、省委政法委、省公安厅联合下发《关于开展向陈伟进同志学习的决定》，在全省广大党员和干部中广泛开展向陈伟进学习的活动。2009年5月，由市委宣传部主办，市文化局和市公安局协办的大型话剧《好人陈伟进》在市群众文化活动中心展演。2010年3月26日，陈伟进被公安部评为全国公安机关爱民模范。

道德模范　2008年12月10日，市委宣传部、市文明办等9家单位联合开展景德镇市首届（2007—2008年度）道德模范评选活动。道德模范设敬业奉献、助人为乐、诚实守信、孝老爱亲和见义勇为5类。各县（市、区）、各行业、各有关部门推荐报送53名道德模范预选对象，评委会从中确定20个预选人，评选方法和候选人事迹在《景德镇日报》《瓷都晚报》、景德镇电视台和在线网站上公示，5万余名市民分别通过短信、网络和平面媒体的方式参与投票。2009年1月14日，评选结果揭晓，敬业奉献模范邹春妹（乐平市市容局职工）、徐建华（江西景德镇国家粮食储备库仓检科科长），助人为乐模范胡芳兰（胡芳兰中医皮肤诊所医师）、陈伟进（昌江公安分局治安大队教导员），诚实守信模范游芳（景德镇良友宾馆客房部服务员）、万露（万客隆超市贸易有限公司董事长、总经理），孝老爱亲模范汤太平（浮梁县浮梁镇大洲村村民）、余保莲（景德镇市创业瓷厂退休职工），见义勇为模范卓朝炬（驻市某部政治指导员）、崔群生（景德镇高等专科学校07级数计系学生）获评全市首届“十大道德模范”，另有10人获全市首届道德模范提名奖。6月19日《人民日报》等媒体刊登汤太平孝老爱亲事迹，7月2日，中央电视台新闻频道也进行报道。7月14日，在景德镇市创建全国文明城市总结表彰暨2009年创建工作动员大会上，表彰全市首届道德模范。9月20日，浮梁县浮梁镇大洲村村民汤太平获第二届全国道德模范提名奖。9月21日，首届省“十大道德模范”名单公布，汤太平入选。

“我推荐、我评议身边好人”　2008年，中央文明办在全国开展“我推荐、我评议身边好人”活动，景德镇市中医皮肤诊所医师胡芳兰荣登“中国好人榜”助人为乐好人，其事迹录像资料在江西文明网的文明展播栏目播出。2009年、2010年，景德镇一批道德模范人物登上“中国好人榜”。

表24－5－8　**景德镇市省级以上道德模范及“中国好人榜”上榜好人一览表**

<table>
<tr><th>姓名</th><th>单位或地址</th><th>荣誉名称</th><th>模范类型</th><th>年月</th></tr>
<tr><td>汤太平</td><td>浮梁县浮梁镇大洲村村民</td><td>全国道德模范提名奖（第二届）、江西省道德模范（首届）</td><td>孝老爱亲</td><td>2009.9</td></tr>
<tr><td>胡芳兰（女）</td><td>胡芳兰中医皮肤诊所医师</td><td rowspan="14">“中国好人榜”上榜好人</td><td>助人为乐</td><td>2008.6</td></tr>
<tr><td>游芳（女）</td><td>良友宾馆客房部服务员</td><td>诚实守信</td><td>2009.8</td></tr>
<tr><td>朱志锋</td><td>浮梁县浮梁镇洋湖村村民</td><td>见义勇为</td><td>2009.10</td></tr>
<tr><td>卓朝炬</td><td>驻市某部政治指导员</td><td>见义勇为</td><td>2009.11</td></tr>
<tr><td>朱润元</td><td>浮梁供电鹅湖所副所长</td><td>诚实守信</td><td>2009.12</td></tr>
<tr><td>黄莺（女）</td><td>昌江公安分局民警</td><td>敬业奉献</td><td>2010.6</td></tr>
<tr><td>胡小平</td><td>珠山公安分局民警</td><td>见义勇为</td><td>2010.9</td></tr>
<tr><td>蔡水元</td><td>新村街道夜叉坞社区居民</td><td>孝老爱亲</td><td>2010.9</td></tr>
<tr><td>欧阳琦</td><td>鹏飞建陶执行总经理</td><td>诚实守信</td><td>2010.10</td></tr>
<tr><td>余文庆</td><td rowspan="4">赣东北供电局
（烈士）</td><td rowspan="4">见义勇为</td><td rowspan="4">2010.10</td></tr>
<tr><td>甘　泉</td></tr>
<tr><td>朱新周</td></tr>
<tr><td>邹吉波</td></tr>
</table>

志愿服务

1993年底，共青团中央开始组织实施中国青年志愿者行动。12月，景德镇陶瓷学院成立“爱心社”青年志愿者组织。1995年10月，景德镇陶瓷学院团委组织的赴昌江区丽阳乡参加社会实践志愿服务队，被国家教委、共青团中央授予全国优秀志愿服务队称号。是年，团市委成立市青年志愿者服务总队。1997年，景德镇陶瓷学院青年志愿者组织“红飘带”成立。2003年12月，市卫校青年志愿者“天使服务队”获评全国社会志愿者先进单位。2004年3月4日，市青年志愿者长效服务机制正式启动，开通“0798－8223777”和“0798－8638828”两部志愿者服务热线，青年志愿者在双休日上门提供家电、水电、五保户房屋维修和健康咨询、法律咨询等多项服务。是日，全市青年志愿者开展纪念雷锋逝世42周年大型志愿服务活动，开展家电维修、法律咨询、医疗服务、交通安全咨询、文艺表演等志愿服务活动。3月25日，成立景德镇市大学生消防志愿团，由昌江区消防教育基地倡议并组织，是中国成立的首个大学生消防志愿团。2005年9月29日，举行景德镇国际陶瓷博览会青年志愿者誓师大会，选拔出120余名青年志愿者从事翻译、接待、陪同、秩序维护等工作，此后每届国际陶瓷博览会都选拔青年志愿者。2006年3月23日，成立市青年志愿者行动指导中心（前身为市青年志愿者服务总队）。8月至2007年底，团市委与市卫生局启动“社区健康行——倡导健康生活、养成文明习惯”，组织医疗志愿者深入全市各乡镇、社区为上万名群众提供服务。免费为孤寡、五保老人、军烈属进行体检，提供药品；免费对居民群众实行常规体格检查；送医药下乡、入社区。9—12月，团市委和瓷都晚报社组织开展“社区光明行”大型公益活动，志愿者电工分队为社区居民安装楼道灯并为有需要的居民提供电线整改服务。12月26日，团市委、市教育局在市特殊教育学校开展“手拉手，我们都是好朋友”活动，举行为弱势青少年捐赠学习用品志愿活动仪式，收到捐赠各类学习用品8142件。

2007年3月5日，全市组织开展学雷锋志愿服务活动。市工商局志愿者在人民广场教市民如何辨别商品真伪；市邮政局志愿者开展业务咨询活动；昌河飞机工业公司志愿者为市民免费维修家电；市武警支队志愿者擦洗珠山中路护栏；市房管局志愿者为困难群众维修房屋；市粮食局志愿者送大米和油等物资到困难居民手中；卫生系统志愿者带医疗器械到社区中为居民免费义诊；团市委开展“社区光明行——照亮你我回家的路”“社区温暖行——冬衣暖人心”“社区健康行——倡导健康生活、养成文明习惯”活动。2008年5月，团市委、市红十字会主办，瓷都志愿者联盟等单位承办的“抗震救灾瓷都有爱”心系灾区瓷都志愿者大型赈灾义演，筹得善款10余万元。6月10日，景德镇陶瓷学院阳光地带青年志愿者服务团举行“爱是我们共同的语言”手语晚会。9月19日，市创建全国文明城市大学生志愿服务进社区活动启动仪式在景德镇高专举行，市委宣传部、市文明办、团市委组织全市大学生志愿者与10个街道25个社区结对开展活动。9月19日起，景德镇高专每天组织40名志愿者在瓷都大道设立志愿者监督岗，指导市民文明乘车、遵守交通规则。12月5日是国际志愿者日，各部门开展形式多样的志愿者活动。景德镇供电公司、发电公司志愿者帮助困难群众检修电路，安装路灯，开展“青春光明行”活动；景德镇高专志愿者给五保户送去棉衣；社区卫生服务中心志愿者给过往百姓送医送药；市卫生学校和瓷都志愿者联盟的志愿者到市福利院给老人和孩子送去健康秤、零食等。

2009年3月4日，市文明办、团市委组织开展“学雷锋”志愿服务活动，各志愿者小分队的数千名志愿者分别到社区、学校、福利院、敬老院，将爱心送到全市各个角落，掀起“学雷锋”志愿服务新高潮。4月16日，市文明委印发《关于深入开展志愿服务活动的实施意见》，成立市志愿服务协调小组，由市文明办牵头，市民政局、市总工会、团市委、市妇联、市科协、市残联、市红十字会和市老龄办共同参加，负责全市志愿服务活动的总体规划和协调指导。初步建立市、区、街道三级管理体制，形成协会、分会、总队、服务队四级工作网络，全市注册志愿者5万余人，志愿者服务队伍800余个。6月10日，景德镇市“迎国庆讲文明树新风”志愿服务活动在休闲广场举行启动仪式，市文明办、团市委、市民政局等9个部门共同向全体市民发出倡议：牵手志愿服务，共创美好家园。7月，珠山区在全省率先设立“一键通”爱心呼叫公共服务系统，面向辖区60周岁以上“三无”（无收入来源、无赡养人、无劳动能力）老人无偿安装具有“一键通”紧急呼叫及通话功能的免费电话。8月21日，团市委发起“绿丝带”在行动活动，头戴小红帽、身披志愿者绶带、臂扎绿丝带的青年志愿者协助交警维护交通秩序。11月17—18日，省政府召开消防志愿者行动暨消防宣传“五进”流动站建设经验交流现场会,推广景德镇等地的经验。2010年2月20日至3月5日,团市委组织近千名青年志愿者在火车站开展春运志愿服务,解答旅客问询,引导旅客有序候车。3月5日,景德镇陶瓷学院举行以"迎世博迎亚运迎中博、讲文明树新风促发展——青年志愿者在行动"为主题的青年志愿者服务月活动启动仪式,开展"光明微笑"情暖社区、世博图片展、学习徐本禹先进事迹座谈会、关爱弱势群体系列活动、"学习雷锋人生讲堂"巡讲等13个志愿服务活动。7月,市技工学校组织在校学生志愿者参加江西省大中专学生志愿者暑期文化科技卫生"三下乡"社会实践活动,被省政府评为"三下乡"社会实践活动优秀服务队。8月,团市委组织1000余名志愿者进行文明交通劝导。

第五节　统一战线

理论宣传与研究

统战理论宣传　1986年,市委统战部创办《统战简报》,当年编印15期。1987年,建立全市统战工作信息报道网络。1990年,举办统战知识讲座8次,412人次听课;举办统战知识竞赛,210人参赛。1994年,实行宣传报道奖励机制,统战信息被市级媒体采用,每条3元;被省级媒体采用,每条5元;被国家级媒体采用,每条10元。是年,《统战简报》改名为《瓷都统战简报》,当年编印17期。1998年,在《景德镇日报》开辟《统一战线》专栏,设领导论坛、参政议政、人物风采、探讨与交流、活动纪实、知识讲座、资料库等栏目,每季1期。

2000年,市委统战部撰写的《耕耘亦耕政》,被省政协、省新闻协会评为二等奖,《上为政府分忧,下为民众解忧》被《景德镇党刊》采用。2004年,《瓷都统战简报》改名为《景德镇统战》,当年编印12期。2005年1月,开通市委统战部网站,设置主要栏目、专题栏目、互动栏目及17个子栏目,涉及内容35项。2007年11月10日,举办全市"富祥药业杯"新时期统一战线理论知识竞赛,以报刊征答形式举办,社会各界踊跃参与,评出一等奖5人、二等奖10人、三等奖20人、组织奖5个。2009年,举行全市统战系统"团结进步、和谐发展"庆祝中华人民共和国成立60周年演讲大赛,江西卫视进行报道。2008—2010年,市委统战部连续3年被中央统战部授予中国统一战线宣传先进单位称号。2009—2010年,景德镇市统战宣传工作连续两年位列全省前三名。

统战理论研究　1985年10月,市统战理论研究会成立,有会员117人,设会长1人、副会长2人、理事32人。1987年,探讨新形势下统战工作等课题,征集论文14篇。1989年,征集统战论文26篇,其中在省、市报刊发表7篇,在全省统战理论工作会上交流5篇。是年6月,开展首次统战理论工作"一先双优"评比活动,共评选出先进集体2个、优秀会员20人、优秀论文19篇。

1990年,在市级理论刊物发表统战文章21篇,其中在《景德镇日报》连刊10篇。是年,珠山区统战理论研究会成立。1991年8月,首次举行全市企业统战工作理论研讨会,交流论文22篇。是年,乐平县统战理论研究会成立。1994年,全市共有统战理论研究会组织5个,会员200余人,组织会员参与统战理论研究,撰写统战学术论文,拟出研究参考课题63个,征集论文280余篇。是年10月,在全市统战理论工作会上,有22篇统战学术论文作大会交流,并向省委统战部推荐论文8篇,其中6篇分别在全省统战理论工作会议和全省统战理论研讨会上作交流。

2004年6月8日,召开全市统战理论专题研讨会,出席研讨会30余人,共提交论文20篇,部分论文在研讨会上作交流。精选2篇论文参加全省统战理论研讨会,另有2篇论文在省级刊物发表,7篇论文被评为省级优秀论文。2007年7月26日,市统战理论研讨会组成3~4个调研组,开展理论专题调研活动。8月,举行调研成果评比活动,并将优秀调研文章汇编成册。2009年,市委统战部撰写的《实行"点、线、面"工作方法,构筑统战工作新格局》《做足"水火土"文章,构筑统战工作新舞台》《景德镇三措并举推进党外人士教育培训工作》分别在《中国统一战线》《人民政协报》上发表。

民主党派与工商联工作

协助加强组织建设　1986年,针对各民主党派存在机关干部缺编和年龄老化的问题,市委统战部帮助民主党派领导班子引进3名中青年干部，在工厂、学校、医院等发展一批民主党派新成员。1987—1988年，协助各民主党派增加行政编制13人，行政编制总数达到30人。1989年，协助民盟、民建、农工党市委会和市工商联换届，成立九三学社市委会。1990年，制定《关于支持和帮助民主党派和工商联加强自身建设工作的意见》。1994年，协助民革、民盟、民建、民进、农工党市委会和市工商联顺利完成换届，恢复成立一县两区工商联，市工商联第十次代表大会召开，顺利完成换届工作。1995年，协助调配民主党派机关工作人员4人。1996年，协助民进市委会配备主委，协助农工党市委会调人1名专职副主委，协助九三学社市委会完成换届。1999年，召开民主党派组织发展工作会议，协助各民主党派、工商联顺利换届，新一届领导班子平均年龄较往届下降，高学历、高职称比例上升。

2004年，协助全市6个民主党派完成换届，帮助民革、民建、民进市委会引进3位素质好、层次高、代表性强的换届主委人选，新一届领导班子成员均具有大专以上文化程度，平均年龄45.3岁，比上届下降4.4岁。2006年，市委统战部经过与各民主党派市委会负责人协商，制定《景德镇市民主党派组织发展工作暂行规程》，协助市工商联完成换届。2010年，协助各民主党派完成换届，新一届领导班子成员具有大专以上文化程度30人，占96.8%；平均年龄47.9岁；女性7人，占22.6%。2010年底，6个民主党派共有成员1200人，基层组织75个。全市工商联组织有县（市、区）工商联5个，乡镇（街道）工商联组织23个，同（行）业商会14个，异地商会5个，市场商会2个，共有团体会员42个，会员2722个（其中企业会员1292个，个人会员1430人）。

支持参政议政、民主监督　1989年，推荐9名党外人士担任市监察局特邀监察员。1990年，市委下发《贯彻中共中央〈关于坚持和完善中国共产党领导的多党合作和政治协商制度的意见〉的实施要点》。1991年，召开民主党派、工商联与市政府有关部门对口联系座谈会，为市监察局推荐特邀监察员7人。1993年，健全和完善与民主党派负责人及有关人士联系协商的7项制度，市委下发《市委领导与民主党派负责人的对口联系制度》。1995年，下发《关于进一步加强政府部门与民主党派、工商联对口联系的几点意见》。1996年，下发《关于各民主党派、工商联负责人参加有关会议、活动和传阅文件的具体规定》，为民主党派、工商联知情出力提供便利。

2001年，为纪念中国共产党成立80周年，在《景德镇日报》开辟《长期共存、互相监督、肝胆相照、荣辱与共》专版，回顾各民主党派与中国共产党合作的历程。2006年，市委下发《关于进一步加强中国共产党领导的多党合作和政治协商制度的实施意见》和任务分工方案。2007年，市委统战部与市政府办公室联合下发《关于进一步加强政府有关部门与各民主党派对口联系工作的意见》，确定13家政府部门与民主党派市委会、市工商联开展对口联系。2008年，制定对口联系工作的考核方案，开展专项督查；召开纪念改革开放30周年和“五一口号”（指中共中央于1948年4月30日发布的纪念“五一”劳动节口号）发布60周年座谈会，开展“我为瓷都科学发展献一策”活动，收集建议33条。2010年，组织“党外人士服务鄱阳湖生态经济区建设考察团”赴新余、宜春等地考察，支持民主党派围绕鄱阳湖生态经济区建设积极参政议政、建言献策。是年底，在市人民检察院、市教育局等8家单位聘请83名民主党派成员和无党派人士担任特约监督人员。

支持各民主党派、工商联发挥作用　1990年，九三学社市委会主委敖镜秋等3人承担的“景德镇陶瓷原料、坯釉料标准化”课题研究，经国家科委、计委和轻工部批准立项，获得1369万元项目资金支持。1996年，市委统战部组织各民主党派、工商联和无党派人士组成联合调查组，就景瓷的优势产品特艺瓷的生产和管理进行专题调查，市委常委会听取调研情况汇报，并在市委六届九次全会上印发。2000年，民盟市委会主委朱乐耕撰写的《关于在景德镇陶瓷学院建立江西省陶瓷工程研究中心的意见》的提案，由省民盟在省政协大会提交并被省政府采纳。2003年12月，科技部批准以景德镇陶瓷学院为依托单位，组建国家日用及建筑陶瓷工程技术研究中心。2008年，市委统战部组织开展“在新的起点上实现新的跨越”建言献策、建功立业活动，收集各类建议和意见102篇，并对活动先进集体和先进个人进行表彰。2009年，民革市委会提交的《关于发展我市现代物流业的调研报告》，市政府主要领导批转市发改委、市交通局等部门具体落实。

1990年，协助各民主党派举办招工补习、岗位培训、经营管理、文化艺术各类学习班27期，招收学员3375人；向乡镇企业提供经济、技术咨询服务36项，获经济效益300余万元。1991年，协助民革中央在景德镇市召开咨询服务工作座谈会。1997年,组织各民主党派、工商联举办迎接香港回归祖国陶瓷书画作品展。1999年,在统战系统中开展“爱我瓷都,争做贡献”竞赛活动,各类成果达125项,其中科学技术29项、光彩事业43项、支老扶贫27项、其他26项。2000—2001年,全市统战系统开展“兴赣杯”科技创新竞赛活动,各民主党派、工商联推荐技术革新、技术改造项目50余个。2005年,省文化厅、民盟省委会、市委统战部联合主办,民盟市委会、市文化局承办,在省博物馆举办“走进艺术大师——景德镇民盟盟员陶瓷作品展”;瓷博会期间,举办以“传承千年陶瓷文化,弘扬团结进步精神”为主题的统一战线知名人士陶瓷艺术作品展。2009年,景德镇盟友陶瓷艺术文化交流中心成立。2010年,民革市委会成立景德镇中山画院,景德镇民革网站开通;民建市委会赴北京承办的“流光溢彩——纪念民建成立65周年景德镇陶瓷艺术精品展”活动;九三学社市委会成立九三学社江西画院。

工商经济统战工作

企业统战　1986年,市工商联开辟新的服务领域,帮助老区脱贫致富,开展咨询服务、送医送药下乡,扶持集体经济。1991年,全市私营企业74家,从业人员1166人,注册资金668万元;个体工商户总数5842家,从业人数1.14万人,注册资金1150万元。1994年,建立企业统战工作联谊会。

1995年,召开两次企业统战工作联系会。开展“兴赣杯”双百竞赛活动,申报成功项目58项、良策项目8项,上报省组委会参赛的成果项目21个、良策项目10个,其中获国家专利5个、国家自然基金项目1个、国家发明奖2个、国家“八五”科技攻关项目1个,获部省级科技进步奖、星火奖、新产品奖10个。1998年,市委统战部、市工商联联合召开发展非公有制经济、安置下岗职工再就业座谈会,市工商联、市劳动局、市工商局、市劳动就业局首次联合举办全市非公有制企业招聘下岗职工洽谈会,17家非公有制企业共招聘下岗职工270人。2005年,市委统战部与市扶贫办、光彩事业促进会、工商联建立联合扶贫机制。2006年,开展“一企联一村”、民营企业“招聘周”“争当优秀会员”“光彩之星”等一系列活动。2010年,开展“百企惠农工程”,全市共投资4000余万元建立10个基地,就地招收1123人。是年底,全市私营企业4725家,注册资金64.12亿元,从业人员7.38万人;个体工商户总数5.10万户,从业人数13.74万人,注册资金11.92亿元。

非公有制经济代表人士工作　1990年,成立全市第一个民间性经济型行业组织——百货业同业公会,全年吸收52家多种所有制企业会员。1993年,市工商联发展178名个体工商业和私营企业主为新会员,参加华东六省市赣交会,成交额5000余万元。

1995年,成立市光彩事业推动委员会。1996年,光彩事业实施扶贫项目3个,投资268.60万元,安排就业126人,年创利税70万元,捐款5.60万元,扶助贫困地区修建小学和社会福利院。全年实施项目资金1200余万元。1998年,市委统战部开展“优秀中国特色社会主义事业建设者”评选活动,26名非公有制经济代表人士被授予优秀中国特色社会主义事业建设者称号。是年,1名非公有制经济人士被省委统战部评为省各民主党派、工商联“两个文明建设服务先进个人”,1人被授予省“五一劳动奖章”。当年市、县(市、区)人大、政协换届,工商联共推荐安排非公有制经济人士担任同级人大代表2人、政协委员30人。1999年,市工商联换届,领导班子扩大非公有制经济代表人士的安排,10名正、副会长中,党外人士有6人,其中非公有制经济代表人士4人。2000年,在非公有制经济人士中开展“双思”(致富思源,富而思进)教育活动,把“双思”教育同推动光彩事业结合起来,促进非公有制经济健康发展。2002年,召开光彩事业促进会第二届理事会,表彰12名光彩事业先进个人。2003年,召开“优秀中国特色社会主义事业建设者”暨民营企业扶贫动员大会,评选出26位优秀建设者。2007年,建立非公有制经济代表人士综合评价工作联席会议制度,成立市非公有制经济代表人士综合评价工作领导小组,组长由市委副书记担任。2008年,景德镇市首次在新的社会阶层人士中开展评选表彰优秀中国特色社会主义事业建设者活动,20名新的社会阶层代表人士受到表彰。2010年底,全市光彩事业促进会共有理事79人,其中非公有制经济人士69人。

参与招商引资　1995年,参与招商引资工作,从新加坡引进外资200万元人民币。2002年,促成香港冠军房地产发展公司与市政府在厦门招商会上签订开发建设五星级宾馆、康居小区、步行街项目协议,协议资金10亿元。2003年,在中国“五会”(中华海外联谊会、中华全国工商业联合会、中华全国归侨联合会、中华全国台湾同胞联谊会、中华光彩事业促进会)(南昌)经贸恳谈会重点项目签约仪式上,景德镇市与外地客商签订合作项目3个,投资金额8.93亿元,引资额7.30亿元。2005年,做好中国"五会"(南昌)经贸恳谈会客商到景德镇市考察的接待洽谈工作,共签约项目6个,合同资金4.55亿元。引进外资企业美德陶瓷科技有限公司与市教育局签订租赁和建设陶艺培训中心的协议,投资额300万美元。2006年,组织2支招商小分队为瓷博会开展招商工作,引进项目资金6000万元;协助景德镇市成功举办世界第四届马氏恳亲大会,会上签约项目19个,签约资金4.39亿元;通过江西海外联谊会引进香港龙山基金会"星火彩虹计划"捐款12万元,援建昌江区鲇鱼山镇关山小学。2009年,协助景德镇市在2009年中国"五会"(南昌)经贸恳谈会上签约项目9个,签约资金27.90亿元。2010年,协助引进项目1个,签约资金10.80亿元。

党外知识分子和党外干部工作

党外知识分子工作　1994—1995年,市委统战部向知识分子较多的单位和系统发放《非党知识分子情况调查表》,摸底掌握一批具有高级职称的党外知识分子。2005年,召开全市党外高级知识分子联谊会(简称市知联会)成立大会,共有理事80余人,选举产生联谊会首届领导班子。2007年,协助召开第二次全省党外知识分子联谊会秘书长联席会议。2008年,对全市无党派人士的政治面貌进行细致认定和规范登记;协助召开市党外高级知识分子联谊会一届二次理事大会暨无党派人士主题教育活动动员大会,并开展"自觉接受中国共产党的领导,坚持走中国特色社会主义道路"主题教育活动。2009年,协助召开市党外高级知识分子联谊会一届三次理事会暨无党派人士主题教育活动总结大会。2010年,市委统战部印发《关于建立健全无党派人士政治引导长效机制的实施方案》,协助市知联会争取活动经费5万元,并纳入财政预算。年底,市知联会共有成员116人,其中男性80人,女性36人;具有大专以上学历113人;具有副高以上职称87人;平均年龄47.50岁。

培养选拔党外干部　1986年,市委统战部与市委组织部联合对全市党外干部安排使用情况进行检查。1987年,全市有9名党外人士担任市人大、政府、政协领导职务,13名党外人士担任县(区)人大、政府、政协领导职务,389名党外人士担任市人大代表、政协委员,324名党外人士担任区(局)中层以上和市属企事业单位的领导职务。1988年,市委印发《关于进一步加强同党外人士合作共事的意见》,市委统战部向全市12个系统发放"人物调查表",推荐上报46名党外代表人物。1989年,市委批转市委统战部、市委组织部《关于培养选拔、安排党外干部意见的请示报告》。1990年,县区换届时,举荐17名党外干部并全部顺利当选。是年,安排4名党外干部分别担任市监察局、市工商局、市审计局和市物价局副局长。1992年,全市共推荐党外人士担任全国和省、市政协委员433人、人大代表19人,推荐18名党外人士到县(区)担任人大常委会副主任、政府副县(区)长和政协副主席。是年,市委统战部举办中共十四大文件学习班,全市46名党外干部参加学习。1993年,全市推荐上报副县级党外后备干部29人,安排任市农科所副所长1人,民主党派市委会主委1人、副主委3人,市政府参事1人。市委统战部会同市委组织部对党外干部作培养安排计划,共计4批次166人。1994年,安排使用5名党外干部,其中任市农科所副所长、市参事室副主任、市标准计量局局长各1人,中学副校长2人。1995年,安排使用5名党外干部,其中一市两区政府和市农牧渔业局、体改委各安排副职1人,调整1名党外干部。是年,下发《关于进一步做好培养选拔党外干部工作的实施意见》,确定市党外干部建设的"153"工程,即从1995年,推荐100名县级党外后备干部,物色50名党外新一代代表人物,分3年实施。是年,市委统战部与市委组织部在市委党校联合举办一期党外干部培训班。1996年,市政府安排1名党外干部担任副市长,安排1名党外干部由区长助理正式担任副区长。在乡镇换届中,有21名党外干部被安排担任副乡(镇)长。1997年,市人大、政府、政协换届,安排党外厅级干部3人。市政协副主席中,党外干部多于党内干部;市政协常委中,党外人士占65%;市政协委员中,党外人士占59.60%。1998年,对在县(市、区)换届中落选的5名党外干部,除1人因身体原因外,其余4人全部作了安排。是年,市委办公室转发市委统战部《关于加强党外干部培训工作的意见》,全市共建立党外代表人物档案70份,57名政协党外新委员参加党外人士培训班。1999年,市社会主义学院成立(挂市委党校牌子),并举办首期非公有制经济代表人士培训班。是年,安排2名党外干部担任区长助理,1名党外副县级干部提任正县级。2000年,市委统战部组织3个调研组,对党外代表人士和党外干部工作进行调研。举办党外中青年干部培训班,培训党外干部50人。

2001年,市人大、政府、政协换届,安排党外人士担任市人大常委会副主任1人、人大常委7人;市政府副市长1人;市政协副主席4人,市政协常委39人。2002年,全国人大、政协和省人大、政协换届,举荐党外人士担任全国人大代表1人、全国政协委员1人;省人大代表6人、省政协委员18人。2003年,在县区换届中,共举荐安排19名党外干部在县(市、区)人大、政府、政协担任领导职务,其中17人为新提任,2人为副县提正县。是年,加强党外干部培训,32名党外县级干部参加市委党校培训,112名党外人士参加市社会主义学院培训。2004年,市委统战部把选人范围从市直部门单位扩展到驻景部省属科研院校和企事业单位,向上级举荐党外副厅级后备干部9人。是年,解决党外干部按政策规定享受职级待遇问题,明确在县(市、区)人大、政府、政协班子担任领导职务(含兼职)的党外干部与党内同级干部享受同等待遇。2005年,市委统战部与市委组织部联合下发《关于推荐党外县级后备干部建议人选的通知》,安排4名党外干部在市直有关部门担任实职。赴浙江省委党校举办统一战线开放型培训班,有42名党外人士参加学习培训。2006年,市人大、政府、政协换届,向省委考察组推荐9名副厅级党外后备干部,其中4人当选市政协副主席。安排党外干部担任市人大常委会副主任1人、市人大常委8人;市政府副市长1人;市政协副主席4人,市政协常委40人。2007年,向省委推荐2名全国人大代表党外人选、2名全国政协委员党外人选,8名省人大代表党外人选、18名省政协委员党外人选。提拔重用党外干部7人,其中九三学社市委会主委1人、景德镇高等专科学校科研处处长1人、市水务局副局长1人、浮梁县政协副主席1人、昌江区政协副主席1人、珠山区人大常委会副主任1人、珠山区政协副主席1人。是年,安排788名民主党派成员或无党派人士担任各级人大代表和政协委员。

2008年,提拔1名党外干部担任市瓷局行政正职,1名党外干部担任农工党市委会专职副主委;选派1名35岁以下的正科级党外干部到乐平市塔前镇挂职锻炼,任副镇长。是年,组织部分党外干部到江西省和海南省社会主义学院进行培训。2009年,提拔1名党外干部担任市公证处主任,1名党外干部担任规划局副调研员。2010年,各民主党派市委会换届,领导班子全部按一正四副配齐,提拔重用党外干部5人,其中民革市委会专职主委1人、民革市委会专职副主委1人、九三学社市委会专职副主委1人,3名兼职副主委享受专职副主委待遇。是年,提拔1名党外干部担任市政协副秘书长,1名党外干部担任市农科所所长,1名党外干部担任市建筑设计院总建筑师,2名党外干部提任副调研员。是年底,全市已配备县处级以上党外领导干部51人。其中市人大、政协领导班子中安排党外干部6人;市政府部门安排党外领导干部8人,达到1/4的比例要求;市直单位安排党外领导干部20人;县(市、区)人大、政府、政协领导班子中安排党外干部18人。全市共安排民主党派成员或无党派人士担任各级人大代表和政协委员582人。

统战政策落实及海外统战工作

统战政策落实　1986年,市委统战部受理上年遗留和当年新发现的统战对象要求落实政策的事情214件,解决149件,其中复查认定起义、投诚人员身份并颁发证书19人;补发"文化大革命"期间的扣减工资和安葬费、抚恤费、生活费14人;复查冤假错案并复编复职8人;恢复受株连家属城镇户口和商品粮59户198人;归还和补偿"文化大革命"期间查抄财物9件;落实宗教房产3栋;腾还"文化大革命"中被挤占的私房6户。1987年,召开全市落实统战政策总结表彰大会,全市累计落实5642名统战对象的有关政策问题1.16万件,其中1987年落实263件。

海外统战工作　1986年,牵头召开12个部门的海外统战工作联席会议。1989年,景德镇海外联谊会赴澳门举办景德镇陶瓷美术作品展销会。1991年,召开海外联谊会第二届理事会。1993年,组织企业界代表和从事统战工作领导赴中国香港和东南亚国家作经贸考察,促成台胞与市经贸局合办企业景平工艺有限公司,总投资36万美元。1995年,下发《关于动员三胞亲友为我市招商引资作贡献的通知》,主动发函与海外有关人士联系。1995—1996年,共接待海外侨胞、华人到景德镇市考察100余人次。2002年,接待香港知名人士、省政协委员邓声华一行24人和美国威斯康星州中小企业联合会主席詹姆士等。2003年,景德镇海外联谊会换届,召开第三届理事会,共有理事66人,其中有4名海外侨领和1名香港商界知名人士担任副会长,海外理事有13人。是年,被评为全省海外统战工作先进单位。2004年,美国威斯康星州门县市议会接受市委统战部邀请参加景德镇市千年华诞庆祝活动,并同市政府签订建立两市友好合作意向书。2005年,市委统战部争取香港龙山基金会捐资12万元为昌江区鱼山镇建希望小学。2006年,协助举办世界第四届马氏恳亲大会。2008年，景德镇海外联谊会换届，召开第四届理事会，新一届理事145人，海外理事55人，占37.90%；台侨属19人，占13.10%；女会员35人，占24.10%；中共党员42人，占29%；具有本科以上学历72人，占49.70%，其中硕士研究生22人，占15.20%，博士8人，占5.50%。举办“海外赤子瓷都行”活动。2009年，香港经贸商会高层访赣团到景德镇市进行友好访问。2010年，成立景德镇海外联谊会美国同乡会。是年底，景德镇海外联谊会有149名理事，其中海外理事58人。

第六节　政法与综治

执法、协调、监督

1983—1986年，根据中央、省委的统一部署，全市开展为期3年的“严打”斗争。全市政法系统各部门统一行动，各司其职，密切配合，协调办案，严厉打击各种刑事犯罪分子。1993年，市委政法委加强对大案要案查处工作的协调和监督，召开市中级人民法院、检察院、公安局、司法局负责人协调会，对重点案件的查处进行协调。1995年，组织开展全市政法工作检查，从政法系统各部门抽调13人组成4个检查组，于11月8—10日，赴各县（市、区）就流动人口管理、政法队伍建设、城乡社会治安集中整治、安全楼院达标验收等方面进行检查。采取听汇报、看资料、访实地等方式，共抽查走访8个乡镇、3个街道、6个村（居）委会、1个公安局、2个公安派出所、1个电子企业。检查发现，各县（市、区）领导重视，责任落实，重点突出，措施过硬，工作扎实，政法治安等工作成效明显。1997年10月13日，印发《加强案件协调和督查督办工作若干意见》，明确协调和督查督办工作的原则、范围、程序和要求。

2000年8—10月，组织开展对超期羁押问题进行全面检查，全市共查处超期羁押14件25人，已审结8件17人。针对检查中发现的换押不规范问题，市委政法委印发《关于羁押犯罪嫌疑人、被告人实行换押证制度的若干规定》。2001年，政法系统检察、司法部门对121名监外执行的罪犯进行逐一回访、考察，对4名不符合条件的罪犯决定收监。2003年，对市公安局看守所、市三龙劳教管理所、景德镇监狱的保外就医、所外执行工作进行执法检查，针对保外就医、所外执行人员跟踪管理不到位、易出现失控等问题，协调有关部门建立保外就医、所外执行人员的跟踪管理卡制度，避免监管失控脱节。2009年，探索建立与纪委、组织部门、检察机关相衔接的执法监督机制，防止执法犯法和执法不作为、乱作为、不文明、不规范现象。是年，对全市政法部门2008年以来的执法办案情况进行全面检查。2010年，组织开展执法监督“四百”活动，抽查100件重点案件进行重点评查，找准问题，全面整改，提高执法水平和质量；从全市人大代表、政协委员及社会各界人士中聘请100名公正执法监督员，对政法干警的执法活动和作风开展社会监督；评选100名公正廉洁的执法先进典型，弘扬正气，提升政法队伍良好形象；分层分类对全市政法干警组织100堂教育培训课，推行“政法文化大讲堂”系列讲座，建立和完善集中轮训长效机制。

政法队伍建设

整风执纪　1986年，市政法系统坚持从严治警，严肃查处干警违法违纪问题。1991年5月，市委政法委下发《关于我市开展严肃查处公安司法干警违法乱纪问题的通知》，坚持从严治警，查处干警违法违纪案件21件25人，结案18件20人，其中移交司法部门处理4人、治安处罚1人、开除公职留用察看两年1人、撤职2人、行政记大过4人。1993年，市委政法委下发《关于开展反腐败、搞好政法队伍建设的工作意见》，全年查处违法违纪干警15人，其中公安干警7人、法院干警6人、检察和司法干警2人。1995年，加强纪律作风整顿，采取聘请执法执纪监督员、公开设立举报电话和举报信箱、邀请人大代表进行评议和政协委员考察等方式，强化外部监督，当年查处干警违法违纪案件16件18人，清除调离3人。1998年，开展政法队伍集中教育整顿，成立市政法队伍集中教育整顿领导小组，各县（市、区）和政法各部门均相应成立集中教育整顿领导小组。在教育整顿期间，全市各级政法部门走访有关单位和部门436个，召开“开门纳谏”座谈会145次，收到意见、建议494条（次）。发出征求意见函、公开信通告等6000余份。在整顿中，共查处政法干警违法违纪案件34件34人，其中刑事处分6人、党纪处分2人、政纪处分10人、辞退5人、通报批评11人。

2004年4月开始,集中5个月的时间在全市政法系统开展机关作风集中教育暨“公正执法树形象”活动,由市委政法委协调并督促检查,自上而下,全面发动,并围绕“四看”“四查”。即:一看执法指导思想是否端正,是否牢固树立了执法为民的思想,正确处理了执法工作法律效果、政治效果和社会效果的有机统一问题;二看是否存在执法不公,有无办“金钱案”“关系案”“人情案”问题,有无贪赃枉法、徇私舞弊问题;三看是否存在执法不严,有无超期限办案、超期羁押,违反法定程序办案等问题;四看是否存在执法不文明,有无对待人民群众“冷横硬推”等问题。一查在立案、侦查、起诉、审判等执法环节中存在的突出问题是否解决;二查政法干警在执法过程中作风方面存在的突出问题是否解决;三查专项治理突出问题的效果是否理想;四查在政法队伍中是否存在新的问题。集中教育活动中,各部门共向社会发放征求意见函5740多份,各级召开座谈会116次。征求意见经梳理213条,整改194条,并根据征求的意见,进一步完善和健全了执法领导责任制、机关管理制度和错案责任查究制度等50多项。2008年,根据《全市政法系统经济发展指导意见》,政法系统各部门分别出台服务经济社会发展的新举措。市中级人民法院、市人民检察院、市司法局分别出台服务社会经济发展的29条、20条意见和9条承诺,市公安局成立创建群众满意和优化投资环境办公室,并出台30条优化投资治安环境和便民利民承诺。

先进典型　1996年3月8日,市委政法委下发《关于在全市各级政法部门广泛开展“学济南交警、促队伍建设”活动的通知》,加强政法队伍的思想、组织、作风、纪律和制度建设,提高政法队伍整体素质,涌现出全国表彰学济南交警集体1个、个人1人,全省表彰学济南交警集体5个、个人5人。1999年3月31日,市公安局民警夏霆为保护群众生命财产安全与抢劫嫌犯搏斗英勇牺牲后,市委、市政府作出《关于开展向夏霆同志学习活动的决定》,市委政法委发出《关于广泛开展向夏霆同志学习活动的通知》,组织全体政法干警学习英模事迹,掀起“学英模、赶先进、争贡献”的热潮。是年,组织开展争创“人民满意政法单位”和“人民满意政法干警”活动,坚持以人民群众满意为标准,加强公正公开执法,评选出“人民满意政法单位”29个、“人民满意政法干警”66人。

2001—2002年,市政法系统各部门开展争创“人民满意政法干警”活动,注重发现、培育身边的先进典型,先后涌现出“全国模范法官”俞坚敏、全国公安战线“二级英模”邓亚炯、全省“十大杰出青年”钱文清和全省“十大杰出检察官”朱璀琳等一批先进典型。2002年,在乐平市开展“星级创优”试点工作,乐平市政法各部门均成立“星级创优”领导小组,制定实施方案,组织开展“星级创优”活动,涌现出以乐平市人民法院俞坚敏为代表的一批“星级创优”先进典型。12月2日,省高级法院在景德镇市召开表彰大会,授予俞坚敏“一等功”称号,并决定在全省法院系统开展向俞坚敏学习活动。以点带面,推进全市政法系统“星级创优”活动全面展开,并以“星级创优”为载体,提升政法队伍整体素质,塑造瓷都政法队伍新形象。2003年,全市政法系统深入开展争创“人民满意政法干警”活动,当年市中级人民法院有9人被评为全省政法系统人民满意的干警。为弘扬先进典型,采取举办典型事迹报告会、演讲比赛、网上开设先进人物专栏等形式,教育激励政法干警学习典型,争当先进。2004年,在全市政法系统继续深入开展“星级创优”活动,各部门围绕“公正执法”这条主线,把“星级创优”活动与正在开展的“公正执法树形象”教育活动结合起来,解决执法环节中存在的突出问题;与全市政法系统开展的“树政法队伍新形象,为瓷都崛起添光彩”主题教育活动结合起来,把握瓷都发展的主旋律,共塑瓷都新形象;与“争取人民满意”活动结合起来,大力培育先进典型,引导和激励政法干警争先创优;与开展“共产党员先进性”教育活动结合起来,以党员的先进性带动政法队伍建设。是年,市委政法委与宣传部联合举办“十大政法之星”评选活动,在《景德镇日报》集中宣传报道政法战线的先进典型。12月26日晚,举办全市政法系统“政法之星”颁奖文艺晚会,市委书记、市长等出席晚会并向获瓷都十大“政法之星”的干警颁奖。

社会治安综合治理

基层防控体系建设　1992年12月31日,市委专题部署组织市、县(区)抽调六套班子成员100人,军分区组织民兵1000人,武警、消防、交警抽调100人,公安抽调100人的队伍,开展治安联防。

到2001年,全市先后建立治保组织1136个,成员3908人,调解组织1217个,成员7813人。2002年,按照全省统一部署,组建社区保安队、城乡治安巡防队以及治安信息员、综治特派员、治安志愿者、看楼护院队

6支群防群治队伍。4月起，在珠山区珠山街道、新村街道开展区域联防试点工作，建立治安协管员队伍。治安协管员由乡镇(街道)综治办在复退军人、受益单位内聘用，人数为辖区总人口的万分之五以内。7月24日，市综治委下发《关于组建市区治安巡防队的工作意见》，成立市区(含昌江区太白园街道、竟成镇)治安巡防队，责任区民警负责业务指导和日常管理。2003年，市综治委开展治安志愿者队伍建设；共青团市委组建500余人的青年治安志愿者队伍；社区居委会在享受低保人员中组织义务治安巡逻队。明确各支队伍的职责与范围，形成治安防范合力。7月1日，下发《景德镇市治安巡防队暂行管理办法》，规范巡防队管理。2003年2月10日，下发《关于开展"综治进社区"活动试点工作方案》，建设"六有六无"社区，即有综治机构，有警务室，有群防群治队伍，有综治工作制度，有治安防控措施，有法制宣传园地；无重大刑事案件，无民转刑案件，无群体性事件，无治安灾害事故，无邪教活动，无重新违法犯罪。3月，全市53个乡镇(街道)、场的综治办全部单独设立。

2004年年初，全市城区87个金融营业网点全部安装电子监控探头。景德镇市中山北路仿古步行商贸街首次建设"天网工程安全防范电子监控系统"，在3万平方米街面的17条弄口，安装26个电子摄像探头，实施24小时监控。景德镇新跃广场、紫薇花园住宅小区、市移动公司也安装电子监控系统。2月3日，市财政再增拨专款100万元，用于完善市区治安防控体系建设，乐平市、浮梁县参照实施。当年城区再增加60名巡防队员。2006年，各县(市、区)抓乡、镇(街道)综治办建设。2007年5月15日，印发《景德镇市城市管理及社会防控体系视频监控系统建设实施细则》，指导全市城市管理及社会防控体系视频监控系统建设。是年，将"平安铁路示范路段"建设纳入"平安瓷都"建设的总体内容，各县(市、区)把群防群治和铁路联防作为"平安铁路示范路段"创建的重要内容，纳入综治整体考核。铁路沿线乡(镇、街道)就近组建群防群治义务护路队伍，给予适当的误工补贴。2008年，建成城区公安机关三级视频监控指挥平台、316个公共视频监控点和3000余个社会视频监控点。实现单位内部监控与市网对接联网，乡镇所在地视频监控全覆盖；旅店业、特种行业建设信息管理系统。乐平市、浮梁县同步完成防控体系建设。2009年，公共视频监控第二期工程再增监控500个点，社会视频监控点达4600个，城区监控探头在1万只以上，实现视频监控全覆盖。建成市、县(区)、派出所三级14个视频监控中心、5个重点视频监控终端。2010年，全市各中小学及幼儿园全面建立视频监控设施，由财政出资为每所校园聘请专职保安，添置安保设备。要求交警、巡警和特警必须部署警力到治安复杂地区的学校门口，在学生上学、放学等重要时段，疏导交通、维护秩序。10月，传输和管理平台采用全光纤无损无压缩技术，监控图像采用双路传输，互为备份，保证整个系统的高效可靠。纵向有三级监控平台，横向全方位联动，实现全市400余个公共视频监控点联网、信息资源的共享。

基层平安创建　1995年10月24日至11月3日，市综治委组织6个验收组对全市签订责任状的4个县(市、区)和26个市直单位申报的1042栋二层以上楼房进行检查达标验收，认定达标的1038栋，不达标的4栋责令整改，之后每年开展检查验收。1997年4月18日，下发《关于广泛开展创建安全小区、安全村(镇)、安全单位活动的意见》。2001年4月1日开始，在珠山区的珠山街道、新村街道，利用社区平台开展区域治安联防试点，共建立警务区35个、治安岗亭23个、治保会129个，配备治安巡逻员620人。在景德镇市召开的全省综治办主任会议上，推广该经验做法。2002年，按照物业型、封闭型、敞开型三种创建类型，全面开展安全创建活动，强化治安防范工作，推动社会治安综合治理基层基础建设。2005年8月8日，市委、市政府印发《关于维护社会稳定、推进和谐平安建设的工作意见》，提出指导思想、工作原则，明确奋斗目标和工作措施。2006年10月，印发《关于开展基层平安创建活动的意见》，重点培育一批标准规范、特色鲜明的示范典型，建设10个平安示范乡镇(街道)、100个平安示范村(社区)、1000个平安示范居民楼院和村民小组、1万户平安家庭。是年，浮梁县制定《关于开展平安浮梁建设活动的实施意见》，开展创建平安县工作。乐平市开展为期70天的社会治安综合治理"平安行动"，从政法各部门抽调200名干警组成18个工作组，进驻各乡镇(街道)协助开展工作。2007年7月16日，印发《全市排查整治农村治安混乱地区推进农村和谐平安建设实施方案》，在乡镇(街道)建立矛盾纠纷排查调处中心，整合综治、司法、计生、土管、民政等力量，形成矛盾调处合力。2008年，昌江区投资200余万元，兴建和谐平安中心大楼，搭建区一级矛盾纠纷调解平台。是年7月20日，市综治办等10个部门印发《关于开展平安边界建设的实施意见》，指导省界、县界村镇平安创

建活动。10月,市综治委下发《市综治委成员单位挂点帮扶创建平安乡镇(街道)工作方案》,督促指导帮扶乡镇(街道)排查化解矛盾纠纷。2009年,全市共有18个乡镇(街道)、260个村(居)委会、13家企业、2家医院、40个单位、15所中小学校和1个边际乡镇分别被命名为平安乡镇、平安村(居)、平安企业、平安医院、平安单位、平安学校和平安边界。5月18日,浮梁县获全国平安县称号。2010年3月,下发《关于加强乡镇街道和谐平安联创中心规范化建设的实施意见》,评定一、二、三级中心,并实行动态管理。7月,下发《关于深入开展平安行业规范化创建活动的意见》,建立健全平安行业创建领导责任机制、矛盾纠纷排查调处机制、单位内部安全防范机制、安全生产责任机制、单位职工法制教育机制。

综治制度建设　1991年3月14日,市委决定在全市实行社会治安综合治理一票否决制。5月22日,市综治委、市文明委、市经委联合下发《关于社会治安综合治理实行一票否决有关事项的通知》。6月3日,市综治委下发《市综治委成员单位职责任务的通知》。7月10日,市委、市政府与4个县、区和市直11个单位(部门)签订1991年度综治责任状。年底,市综治委进行首次检查考评,获先进单位。此后每年年初都要签订社会治安综合治理目标管理责任状。11月30日,制定《景德镇市1991—1995年社会治安综合治理规划》,明确指导思想、奋斗目标、主要工作、主要措施和实施步骤。此后每年都制定年度《社会治安综合治理实施意见》,由市委、市政府转发实施。1992年10月28日,下发《关于实施社会治安综合治理一票否决权制实施办法》,共分7章。1994年11月18日,市综治委、市纪委、市委组织部、市人事局、市监察局联合印发《景德镇市社会治安综合治理领导责任制实施细则》,共22条,将社会治安管理责任分解到有关单位领导。1995年12月4日,建国瓷厂、市纸业有限公司因保险柜被盗案被一票否决。

2001年,市综治委制定维护社会稳定的领导责任制和责任追究制、社会治安综合治理目标管理责任制和一票否决权制等制度,实行社会治安管理由市综治委、市纪检委、市委组织部、市人事局、市监察局五部门联席会议决定制度。2002年,下发《关于对发生严重危害社会稳定重大问题的地方实施领导责任查究的实施细则》,按照"属地管理"和"谁主管谁负责"的原则,各级政府、政府各部门层层签订综治工作责任状。实行领导干部综治工作述职制度,把保一方平安的实绩与领导干部的政绩考核、奖惩和任用挂钩。严格执行一票否决权制和责任查究制,市综治委直接否决到乡镇(街道)一级。2005年1月,市发展计划委、市国土资源局、市民族宗教事务局、市统计局、市瓷局、市质量技术监督局、市国税局、市地税局8个单位加入市综治委成员单位,市综治委成员单位增加到53个。2月26日,市委、市政府转发五部门《关于景德镇市社会治安综合治理及维护社会稳定领导责任制实施意见》,内容包括领导责任划分、考核内容方法、考核成果应用、加强协调衔接四部分。

2007年9月26日,制定《景德镇市城市管理及社会防控体系建设总体方案》,明确规定城市管理及社会防控体系建设的目标任务、主要措施、工作步骤和工作要求。2008年10月21日,印发《景德镇市综治责任单位社会治安综合治理工作规程》,内容包括总则、组织网络、责任区分、制度建设、重点工作、考评奖惩、附则等7章32条。10月30日,印发《景德镇市综治责任单位社会治安综合治理目标管理考评及奖励处罚办法》,制定机关、企业、大中院校、金融单位4种类型综治考评标准,由市综治办牵头,市直机关工委、市国资委、市教育局、市银监分局共同实施,规定综治责任单位中获年度先进,当年可增发1月工资额的奖金。2010年,扩大综治维稳责任签状覆盖面,全市137个市直单位被列为责任单位,把社会治安稳定工作纳入全市乡镇综合绩效考评,分值占1/5。实行社会信访稳定季度排名通报制,对排名末位的县(市、区)、乡镇和市直单位进行通报,连续4次排名末位,将由市委书记、市长约谈其党政"一把手"。

专项综合治理　1986—1990年,市综治委不定期组织反侵财型犯罪活动。1991年1月21日至2月10日,全市集中开展以反"三窃"(入室盗窃、扒窃、偷窃)、"追逃犯"、除"六害"(卖淫嫖娼、制作贩卖传播淫秽物品、拐卖妇女儿童、私种吸食贩运毒品、聚众赌博和利用封建迷信骗财害人等)为主要内容的专项斗争。此后,每年开展1~2次以反盗窃为重点的专项整治。1992年7月17日,下发《关于在全市开展夏季社会治安专项斗争的工作方案》,对乐平镇、涌山镇、双田乡、浯口乡、黄坛乡、西湖乡、湘湖乡、洪源乡进行重点整治。12月20日,市机械工业局被中央综治委评为全国社会治安综合治理先进单位。1993年11月,印发《景德镇市见义勇为协会奖励基金管理使用办法》,设立48.95万元的见义勇为专项基金,乐平市、浮梁县、珠山区、昌江区也分别设立见义勇为基金。1995 年 4 月 3 日,浮梁县被列为全省 18 个集中整治县之一,乐平市、昌江区所属 28 个乡镇为首批农村社会治安集中整治对象。

1996 年 8 月 21—24 日,市综治委从成员单位抽调人员组成 4 个检查组,检查全市流动人口管理工作。1998 年 7 月 28 日,市综治委、市计生委等 10 个部门联合下发《关于加强流动人口计划生育管理的若干规定》,成立流动人口治安管理领导小组。1998 年 8 月 22 日,成立市综治委铁路护路工作小组,由车务段、公安、武警等成员单位组成,办公室设南铁景德镇车务段内,工作人员 3 人。沿线各村(社区)与每户村(居)民都签订爱路护路责任状,各乡(镇)对辖区铁路线落实保护责任制,全市建立铁路信息员队伍 21 支 86 人。1999 年 3 月 15 日,乐平市乐港村民吴矿华与其母徐荣花、村民吴长泉 3 人将持刀入室抢劫,跨省作案 6 起杀死 8 人,被江苏省列为一号特大刑案的犯罪嫌疑人贺某擒获。11 月 1 日,徐荣花出席全国见义勇为表彰大会,被授予全国见义勇为先进分子称号。4 月 30 日,下发《全市学校及周边地区社会治安集中整治方案》,由市综治委牵头,市公安局、市教委、市文化局等 6 家单位部署学校及周边治安管理和整治工作。

2000 年 3 月 9 日,将乐平矿务局列为全省 5 个重点整治厂矿企业之一。市综治委组织督促公安等部门开展整治。2001 年 4 月 14 日,组织全市开展"严打"整治斗争第一次搜捕行动。9 月,成立学校及周边治安集中整治领导小组,关闭取缔学校周边 200 米以内麻将馆、棋牌室、游戏室等,拆除违章建筑 21 座、违规摊点 316 处。2003 年 3 月 27 日,由市综治委设置的"社会治安综合评价监测预警系统"(简称 PSS)正式运行,通过对社会治安、社会秩序、群众评价 3 个子系统共 40 项指标的数据量化汇总,在"总体评价""治安状况""社会秩序""群众认知"4 个关键问题上发布预警信号,得出一段时间内社会治安综合指数,客观地作出综合评价。4 月,指导市公安机关组建防"非典"应急分队,帮助社区居委会加强对外出打工回市人员、疫区到市人员的管理,景德镇未发现外地输入非典病例。5 月 1 日,下发《景德镇市见义勇为人员奖励和保护办法》。11 月 12 日,下发《关于进一步加强全市刑释解教回籍人员安置帮教工作的意见》,制订《关于加强刑满释放解除劳教人员安置帮教工作的实施细则》,促进安置帮教工作依规操作。2004 年 3 月,印发《景德镇市 2004 年流动人口治安管理工作要点》,形成以公安派出所为主体,以街道、村委会为依托,以责任区民警为核心,以协管员为骨干的流动人口管理网络。全市共建暂住人口管理站 96 个,协管员 417 人。2005 年 1 月 24 日,市综治委、市委组织部、宣传部等 21 个部门下发《景德镇市组织开展集中打击赌博违法犯罪活动专项行动工作方案》,打击网络赌博、六合彩等非法彩票赌博、赌球等活动,取缔境外赌博网站在市内设立的代理机构。8 月,下发《景德镇市清理整治铁路沿线废旧金属收购站点专项行动实施方案》,在工商、铁路公安派出所配合下,对铁路沿线两侧的废旧金属收购站点进行全面排查取缔。

2006 年 5 月 20 日,组织市公安、城管等部门,抽调执法人员 350 人,对非法传销窝点进行专项整治,清理遣散非法传销组织。2007 年 3 月 12 日至 6 月 20 日,组织开展监所及重要目标安全隐患百日整治行动,清除影响监所围墙内外违规建筑,改造围墙、电网、通信报警等设施。2008 年 4 月,组织文化、公安、工商、教育等部门,抽调 60 余名执法人员,分成两个组对城区电子游戏、互联网上网服务营业场所开展专项整治行动,收缴电脑 70 余台,全部用于支持贫困地区农村中小学校的信息化建设。2010 年 3 月,印发《全市社会治安重点地区排查整治实施方案》,确定市一级排查整治重点为景德镇火车站、汽车站及周边,重点整治拉客招嫖、敲诈勒索、盗窃等治安问题。加强出租房屋管理,重点整治非法传销和卖淫嫖娼。6 月 11 日至 9 月 30 日,在全市开展夏季治安综合整治行动,各县(市、区)综治委组织公安等部门对治安案件高发地区开展整治行动,有效降低发案率。

维护社会稳定

维稳信息报送　2001 年,全市在城乡基层建立较健全的区、街、居三级维稳信息员网络,在处理邪教问题和预防群体性事件及严打整治中发挥作用。2002 年,建立健全维护稳定工作动态管理长效机制,对不稳定因素进行排查。6 月起,实行重大情况报告制度和"零报告"制度。乡镇(街道)综治办每半月上报一次,县(市、区)综治办每月报一次,市综治委按问题的轻重缓急,责成有关单位调处化解。全市信访反映的问题主要有:部分国有企业改制后的社保医保问题;城市建设中涉及旧城改造、房屋拆迁、土地征用问题;无序外出展销陶瓷问题。2004 年,市委强化维稳领导责任制,组建一支维稳信息督查员队伍。2007 年 5 月 9 日,各县(市、区)综治办、市直各有关单位建立矛盾纠纷排查调处台账,分析矛盾纠纷的特点趋势,提出对策,每月4日前上报市综治办。9月26日,成立维稳信息中心,开展维稳信息的收集、汇总、研判、分流、化解、处置及督办指导、善后处理等工作。至2010年,全市规范建立党政部门、政法机关、来信来访、综治组织、维稳信息督查、群众团体、新闻单位等稳定信息渠道,确保维稳信息渠道畅通。

矛盾排查化解 90年代,矛盾纠纷主要由司法、审判机关进行司法调解。2001年,发挥人民调解工作在社区工作中"第一道防线"的作用,全市排查矛盾纠纷6292件,调处率98.40%,其中91.50%的矛盾纠纷是由居委会解决或由居委会协调解决。2003年,市综治委制定《市、县(市、区)矛盾纠纷排查调处活动实施方案》,成立市、县(市、区)乡、村四级矛盾纠纷排查领导小组,化解征地搬迁、企业改制兼并破产、工资福利等基本生活费问题引发的群体性事件。在市委信访局设立专门的涉法涉诉接访办公室,由市委政法委每月从市政法系统各部门抽调1名庭室科所领导与市委政法委执法监督科一起,接待涉法涉诉信访群众。对每一起涉法涉诉上访案件落实1名市级领导包案处理。是年,实行执法单位领导信访接待日制度。1—11月,全市政法部门及基层组织共排查纠纷1.11万件,调处1.02万件,调处率为91.50%。2004年7月起,从政法各部门抽调5名业务骨干在中级人民法院集中办公,按照"分级负责,归口办理"原则,将信访件发至各县(市、区)和政法各部门逐一落实处理。2005—2007年,全市32个联调会共调处纠纷1058件,调解成功率在97%以上,防止群体性事件57件,防纠纷激化426件,全市周边地区未出现一起重大恶性案件。

2006年6月9日至7月9日,全市开展领导干部"下访月"活动,各级领导干部包案下访,协调处理解决群众信访反映的实际问题,选拔优秀后备干部到市信访局挂职锻炼3个月。上半年全市信访总量、集体访、异常访批次和人次分别下降66.30%和56.50%、53.20%和53.60%、25%和62.60%。2008年3月,全市开展为期半年的排查调处矛盾纠纷、排查整治治安乱点和突出治安问题的集中统一行动。市综治委从综治成员单位和综治责任单位抽调8名县处级领导、24名科级干部组成8个督查组,对全市144个单位开展专项督查,重点摸排、整治治安乱点、治安隐患,企业改制、城市建设拆迁中的矛盾,影响居民生活的水、电、气问题,以及涉法涉诉的多发性矛盾。6月19日,制定《关于预防和处理医患纠纷的实施意见》,各县(市、区)综治办组织开展集中排查调处工作,并将市第二人民医院列为重点,试点开展医患纠纷治理。7月15日,转发《关于实行人民调解、司法调解、行政调解衔接联动的实施意见》,使司法、行政调解的衔接更加规范、顺畅。2009年,建立市、县(区)、乡镇(街道)、村(社区)"四位一体"共同应对和有效化解矛盾纠纷的工作网络和运行机制。村和社区主要以人民调解为主,就地消化矛盾;街道和乡镇主要以行政调解和司法调解为主,做到矛盾不激化、不上交;市、县市区强化社会联动调处,协调督办重大疑难矛盾纠纷和突出问题,确保矛盾彻底解决。6—12月,市司法、公安、法院及行政执法部门,调集市、县(市、区)、乡镇(街道)司法行政工作人员、劳教干警、律师、人民调解员1000余人,集中开展以矛盾纠纷排查调处、法制宣传教育和法律服务为主要内容的专项活动。共排查矛盾纠纷1980件,调处1852件,成功率为98%。2010年1月,下发《矛盾纠纷排查调处工作的意见》,要求各综治责任单位的综治办要设立矛盾纠纷排查调处组织,每月排查一次矛盾纠纷。同时要负责排查化解主管领域、行业的矛盾纠纷,并按月报送市综治办。是年,制定《社会稳定风险评估办法》,规范评估要求、程序,突出评估重点,健全责任体系。

第七节 农村工作

部门包村

1986年始,每年春节前夕,市委组织部部署开展走访慰问包扶村(居委会)困难党员群众活动,建立健全工作台账,做到不缺一户、不漏一人。重点走访老党员、老干部、老劳模、特困户以及由于家庭出现意外变故生活困难的群众。同时还走访慰问因企业停产关闭返乡、生活困难的流动党员和返乡农民工。1991年,首批在20个乡镇308个村集中进行社会主义思想教育,市、县(区)两级共建立联系点387个,负责联系人387人,其中副市级以上干部联系人24人、县级干部128人、科级干部235人,联系点的覆盖面达63%。同时开展由各级主要领导参与的“空壳村”(指集体经济薄弱、财政亏空的村子)摘帽和后进党支部整顿工作。在全市65个后进村中,共调整党支部书记45人、村委会主任32人、支部委员80人、团支部书记12人、妇女主任12人、民兵连长16人,并发展新党员33人。当年底,65个后进党支部中,有53个支部明显转化,26个转化为中间状态,部分进入先进行列。

1994年,市委组织部出台《景德镇市驻村干部管理办法》。至1996年,市、县两级包村部门共投入扶持资金和各种捐赠累计669.40万元,帮助兴办集体企业324个,开发果园1446.67公顷,为村民办实事821件,修桥221座,修建村部253个,助建小学342所,为253个村修建饮水工程、水利设施465个。是年,按照《1996年度市直部门包村工作“先进包村工作组”和“优秀包村干部”评选办法》,市农牧渔业局驻乐平市镇桥镇孙家村工作组等9个市直部门包村工作组被评为先进包村工作组,蔡迪生等18名包村干部被评为优秀包村干部。1998年,市委组织部印发《景德镇市创建“党建工作先进乡镇”检查验收标准和考核办法》,并将省、市直部门所包的村作为所在乡镇党委书记的挂钩村。12月23日,召开市村建工作领导小组会议,对省电子工业总公司等8个省、市包乡扶村工作组和宁恭炳等20名干部,分别授予全市包乡扶村工作先进工作组和先进工作者称号。通过整顿,市直部门驻点包村的58个后进村支部,有47个转化升级,11个未转化。

2001年,市委下发《关于安排市直单位、大专院校和部分驻景省管单位包扶经济薄弱村的通知》。市委组织部、市委农村基层组织建设办公室决定对2002年度32个包村先进单位、49名包村先进个人、5名村建工作先进个人予以表彰。2004年,对2001—2003年39个市(县)直部门包村工作先进单位和48名先进个人予以表彰。是年,继续安排市直单位、大专院校和部分驻市省直单位包扶小康村及后进村,并在全市范围内开展正科级以上干部“一帮一”扶贫帮困活动。9月6—15日,对全市部门包村工作督查。是年,全市79个市直(含省属)单位包村帮扶,共派出包村工作组人员237人,包村单位“一把手”到点研究包村工作达200人次,努力为村里办实事。2006年,为乐平市镇桥镇护里村争取有关部门的支持,投入3万元,为全村的蔬菜基地装上杀虫灯;与市水务局联系,为该村争取1万元小农水经费,解决蔬菜地的灌溉问题。包村工作组促成1.20千米村前公路建设,项目总投资20万余元。是年底,全市对2004—2006年部门包村工作考核验收,验收对象包括各县(市、区)委书记挂点村。对在部门包村工作中做出突出成绩的33个先进单位和39名优秀个人通报表彰。乐平市镇桥镇护里村包村工作组被评为市包村扶贫工作先进单位,1名业务科长被评为包村扶贫先进个人。3年内,全市县级党员领导干部联系“四户”5759户次,为群众提供致富信息3425条,落实致富项目287个,为群众解决实际问题2375个,办成实事1079件。

2007年,下发《关于开展第五轮(2007—2010年)市直部门包村工作的通知》和《关于做好部门包村有关准备工作的通知》,要求各包村单位选派的包村工作组在6月10日前到村里开展工作。是年,贯彻落实全国农村党的建设“三级联创”活动工作视频会议精神和省委提出的社会主义新农村建设“五新一好”要求,深入开展村级党组织“五个好”创建活动,从501个村选出84个党建工作示范点安排部门挂点,把部门包村工作与党建示范建设结合起来。全市共安排市级包村部门102个、县级包村部门230个,对口212个帮扶村,占全市村委会总数的43%。每个包扶工作组至少有3名以上干部,并有1名领导干部带队。乐平市涌山镇车溪村的包村扶贫干部与村干部一起争取市民政局、市水务局等部门的项目支持,解决村里的道路修建和文化设施建设。当年评出景德镇市部门包村先进工作者45人。2010年,全市共下派包村干部312人,共培养177名农村优秀青年入党,培养入党积极分子240人,部门所包村党组织全部达到“五个好”要求。全市共有510名县级党员干部联系党员干部户、党员户、富裕户、贫困户1780户,974名科级干部“一对一”帮扶贫困户,扶助物资、现金折款29.60万元,提供致富信息1699条,帮助解决生产难题1289个。

新农村建设

2005年,全市在瑶里镇寺前村,王港乡小塘坞村、新建村、高沙村,洪源镇鸣山村,黄坛乡徐家村启动新农村建设试点。2006年1月27日,市委、市政府研究加快社会主义新农村建设工作,提出新农村建设的指导思想、目标要求、基本原则。3月1日,市委决定成立市社会主义新农村建设工作领导小组,办公室设在市委农村工作部。4月25日,市社会主义新农村建设工作领导小组在浮梁县委召开会议,就浮梁县试点工作进行调度。会议要求把新农村建设和农村经济发展、农业产业化经营结合起来,打造“公司+农户”的农业产业化示范区。全年推进122个新农村建设,其中乐平67个、浮梁38个、昌江区9个、高新区1个。全市试点村共投工投劳9.10万个,拆除旧房、旱厕、杂屋、猪牛栏3385间,绿化1.05万平方米,村级道路硬化254.45千米,新增改水(自来水)农户4013户,新增改厕(水冲厕)农户2005户,新增沼气池690个。

2007年,全市改善农村生态环境,抓好农村公路建设,加强农村能源建设,推进平安和谐农村发展。在全市223个新农村建设试点村(乐平126个、浮梁74个、昌江20个、高新区3个)采取市级领导挂帅、专门专人指导、具体部门帮扶、社会各界支持的模式,共投入1.25亿元资金。完成户户通水泥路512千米,使97.20%的农户喝上干净的自来水,90%的农户用上卫生厕,整修房屋1012户,新增太阳能用户2347户,建设沼气池2207口,有线电视普及率达96%。2008年2月28日,全市农村工作会议提出以推进新农村建设为抓手,不断提高农民生活质量的要求。当年全市统筹省、市、县及农民自筹资金1.32亿元,在217个省级试点村(其中乐平134个、浮梁63个、昌江17个、高新区3个)开展村庄整治建设。217个试点村都制定了产业发展规划,其中"一村一品"的试点村达到179个,占试点村总数的82.50%。全市试点村共投工投劳24万个,拆除旧房、旱厕、杂屋、猪牛栏4358间;村庄绿化面积22.50万平方米;村级道路硬化508千米,硬化率达97%;新增改水(自来水)农户14284户,改水率达95%;新增改厕(水冲厕)农户13350户,改厕率达93%;新增沼气池962口;新增太阳能用户2700户;新建各类活动室178个;修建排水沟102.2千米,整修水塘198口。全市村容村貌有较大改观,居住环境改善。

2009年,全市投入202个省级新农村建设点(乐平128个、浮梁55个、昌江16个、高新区3个)各类资金达1.58亿元,农民投入义务工12.40万个,完成改水10210户,改水率97.10%;改厕9745户,改厕率95.20%;改路(含改沟)559.63千米;新植绿化树19万株;兴建各类社会公共设施423个;新增太阳能1563户。179个建设点村初步形成"一村一品"的产业格局。加快农村生态建设,完成造林绿化工程1.29万公顷,占任务数的126.90%;完成水土流失治理3533.33公顷;新建农村沼气4233户;全市建成焚烧炉702座,建沤肥窖2106个,建垃圾池3817口,配备垃圾桶3.80万只,设有12个再生资源回收公司、24个乡镇中转站、253个村级回收点,建立卫生长效机制。当年落实民生工程,扩大农村饮水安全工程建设规模,全市兴建集中供水工程589处,解决23.70万农村人口的安全用水问题;为农村困难群众新建、重建住房176户;移民扶贫搬迁246人,整体推进重点扶贫村12个;兴建各类农村社会事业项目,兴建农村文体设施439个。

2010年,全市推进205个新农村点建设,其中乐平127个、浮梁55个、昌江17个、高新区3个、陶瓷工业园区3个。累计投入资金1.59亿元,农民投入义务工12.40万个,完成改水、改厕比率高于省下达标准;修建通村庄道路294千米、排水沟64.20千米,新增村内植树13.37万株;新建社区各类公共设施297个、沼气池433口,新增太阳能用户1975户;164个建设点形成"一村一品"的产业格局。当年继续开展农村生态建设,完成造林绿化工程建设面积6413.33公顷,占任务数的121%;完成水土流失治理面积2840万公顷;在13个集镇和1278个试点村开展农村清洁工程试点工作,推行农村垃圾无害化处理"3+5"模式["3"代表3个责任主体,农户(分类主体)、保洁员(回收处理主体)、村民理事会(管理主体);"5"指农村垃圾的5种分类处理方式,即沤肥垃圾、回收垃圾、有害垃圾、建筑垃圾、焚烧垃圾],完成率达115%,村庄人居环境和生态环境得到改善;落实民生工程,全年培训农民6486人,超过全年培训任务指标29.70%;全市完成沼气池建设3594座。

第八节　政策研究

调查研究

"七五"计划期间,围绕改革开放和搞活经济建设开展系列调查研究。1986年,市委政研室共撰写调查报告11篇,4万余字。与市人大、市科委、市建筑建材公司协作开展木材、人才、建材、陶瓷工业等专题调研,调研报告《关于做好开放木材市场后续工作》入选全国政研系统优秀调研成果汇编,《关于挖掘人才潜力,搞活智力流动问题》得到省科技干部管理局肯定。1987年,与南京、常州市委政研室共同举办全国第三次省会城市调研工作交流会,编撰《搞活智力流动,促进"双增双节"》调查报告汇编,其中5篇调研文章在省以上报刊发表；与省陶瓷公司、市体改委协作，对市陶瓷行业管理问题开展调研；参与组织全市20余家单位对全市农村村级经济问题进行调查；对人才智力开发问题进行补充调研。1988年，开展《关于我市乡镇企业发展规划和布局的调查》《关于沿海地区经济发展新战略及我市对策的调查》《关于发展我市创汇农业的调查》等调研工作，并以农产品提价、蔬菜生产与供应为切入口，开展市场物价变化调研。1989年，与全市20余个部门协作，开展农村经济、陶瓷工业、外向型经济等专题调研，形成《我市外向型经济的发展及对策》《发展创汇农业的调查与建议》等专题调研报告；围绕陶瓷产业主题开展政策性课题研究，参与制定加强陶瓷行业管理、提高陶瓷产品质量、鼓励陶瓷出口、加强陶瓷第二职业管理等6份政策性文件，为破解陶瓷行业发展困境提供政策性措施；按照市委、市政府工作部署，组建市廉政建设办公室（非常设机构），根据群众举报线索开展调研，提出整顿"乡镇七所八站"建议，并推动整改举措深入落实。1990年，根据市委书记江国镇主持召开的8个专题座谈会的情况汇总，起草市委五届六次全会的主题报告和《决定》；与各部门协作开展社会治安、引进台资、完善企业承包责任制等专题调研；会同市农口部门及县区相关部门，围绕加强村级建设问题开展18个专题调查，并与市农委联合举办发展农村经济研讨会。

"八五"计划期间，围绕景德镇市十年规划和"八五"计划的建议开展调研。1991年，市委政研室共开展32项专题调研。进一步建立健全由县（市、区）政研部门、市属部门调研机构、外地政研部门组成的调研协作网络，联合组织开展千元村与小康村发展情况调研、春耕生产情况调研；参与市经济技术开发区学习考察组，赴苏州、南通、上海、宁波等地考察学习，形成《抓住机遇、开发新区》调研报告；开展系列专题调研，形成《瓷都外向型经济发展战略总体方案的实施意见》《解决当前陶瓷发展中的8个突出问题的决定及其实施意见》《组建景德镇陶瓷企业集团的实施方案及章程》《全市经济动态分析》《建立健全农业社会化服务体系》《全市山区奔小康的思路和对策》等调研报告。1992年，共开展29项专题调研。形成《借助浦东开发和长江沿岸开放的优势，加快瓷都外向型经济发展步伐的对策研究》《关于发展瓷都外向型经济战略环境影响及对策》《企业三项制度改革情况》《建筑业市场分析》等调研报告。其中，《关于台港澳与瓷都经济关系探讨》一文被选入省研讨会交流，农村加快步伐奔小康研讨会形成的37篇调研文章得到省委政研室高度评价，《推进陶瓷工业公司实体化》被市委采纳；开展政策咨询论证，对陶瓷工业改组改造情况与规划、住房改革方案、加快全市第三产业发展意见等20份政策性文件进行论证完善。1993年，共开展32项课题调研。包括国资管理体制改革、陶瓷发展情况、招商引资情况、农村股份合作制和乡镇企业情况、全市金融形势分析、全市人才外流情况、全市小集镇建设情况以及搞好国有大中型企业等专题调研。1994年，共撰写调研报告、论文40篇，计18万余字。围绕陶瓷产业发展主题，组织市直20余个部门就陶瓷原料矿山、企业改革、国际国内市场等21个专题进行调研，形成26篇调研报告并汇编为《1994年景德镇陶瓷调查研究报告集》；组织干部到艺术瓷厂、建国瓷厂挂点调研，形成《关于建国瓷厂经济和改革情况汇报》《关于艺术瓷厂改革情况调查》等调研报告；参与外出考察，形成《赴闽粤产瓷区学习考察报告》《赴深圳考察产权交易情况报告》《赴宜春等地考察县域经济情况报告》等调研成果；围绕全市"三农"问题，开展加快发展县域经济、加强农村村级组织建设、推行农村股份合作制等专题调研；针对全市当年资金供需情况、陶瓷改革和市场、百万元以上利税大户经济、三资企业、粮食生产、私营经济发展、科技进步、国营商业"国有民营"改革等专题开展情况调查。1995年，共撰写调研报告、论文83篇，计28万余字。围绕全市经济社会整体发展情况，形成《我市进一步扩大对外开放情况调查》《关于我市呼应浦东、策应京九的战略性调查思考》等调研报告；围绕"三农"问题，开展浮梁吉湖茶叶低改情况、农村果业工程情况、乡镇财政上台阶、明星村发展情况及全市农村提前两年奔小康等调研；围绕全市国有经济发展主题开展调研，形成《盘活资金存量、清理不合理资金占用问题》《当前陶瓷改革与发展》《国有商业改革情况》《全市国有企业建设情况》《治理经济环境情况》等调研报告。

"九五"计划期间，重点围绕社会主义市场经济中的新情况、新问题开展调研。1996年，共开展9项课题调研，撰写调研报告、论文9万余字。对组建景德镇陶瓷股份有限公司、城乡一体化、政法系统基层党建工作、9户困难陶瓷企业状况、开拓陶瓷市场的建议、板鸡工程、个体私营经济、县级干部思想政治素质以及市纸业有限公司精神文明建设等情况进行调研。1997年，重点围绕市第七次党代会、全市经济工作会确定的发展方向开展一系列调研活动，包括对全市个体私营经济发展情况、陶瓷行业下岗人员分流情况、特色养殖业发展情况、玉风瓷厂生产经营情况、上半年全市工业运行情况、乡镇机构人员和机构编制情况等专题调研，形成《乡镇机构人员和机构编制情况调查》《关于景德镇经济发展战略几个主要问题的意见》《全市农村奔小康调查》等调研报告。1998年，就城市建设与重点企业发展组织专题调研，形成《城市规划、建设和管理情况的调查》《乐平灾后重建情况调查》《关于珠山区旧城改造的调查》《加快发展景市养殖业》《市国际经济技术合作公司情况》《关于以德宇集团为龙头组建全市食品工业集团的建议》等调研报告，部分以《送阅件》形式呈报市领导阅。1999年，围绕财税专题，重点开展景德镇市财源建设情况调查、陶瓷企业税收缴纳情况调查、乐平涌山镇财税状况调查；围绕"三农"专题，开展乡镇企业发展、农民增收、农业产业结构调整、农村粮食产销、小城镇建设等情况调研；开展景德镇市经济发展环境、国有企业改革与发展、全市国企党建等10余项专题调研。2000年，主要调查报告有赴四川绵阳学习的考察报告、对景德镇市乡镇企业发展情况的调查、对市社保体系的调查、市国企改革进展情况的调查等，其中4篇得到市委、市政府领导批示，部分被省级刊物采用。

"十五"计划期间，市委政研室围绕大开放主战略，对市陶瓷市场秩序、利用外资、社区党建，推进工业化、城市化和农业产业化课题开展调研。2001年，共撰写调研报告、论文16篇，计9万余字。针对利用外资、珠山区社区党建、陶瓷市场秩序等情况专题开展调研，并以《调查研究专报》形式向市委、市政府提出决策建议。2002年，是市委确定的"调查研究年"，累计收集调研文章119篇，编发《调研报告》12期。围绕市陶瓷企业改制与重组、招商引资和民营陶瓷出国展销、国企改革、工业园区建设、房地产业、提高城市化率、城市建设与管理、农业产业化和农村税费改革、电力供应和农村奔小康、出口拉动经济增长、教育文化产业化经营、旅游业发展等重点问题开展调研，形成《关于赴浙江、上海考察教育产业发展情况的报告》《关于我市文化产业发展情况的调查与思考》《关于我市旅游业发展情况的调查》《关于我市民营陶瓷企业组团出国展销情况的调查与思考》等调研报告；组织考察外地陶瓷产业发展情况，结合全市陶瓷企业经营状况撰写专题考察报告，部分建议被市政府《关于加快我市陶瓷产业发展的若干意见》吸收采纳；结合调研成果，参与制定《关于加快我市工业改革与发展的若干意见》《关于进一步加快民营经济发展的若干意见》等5个政策性文件。2003年，重点围绕乐平市涌山镇转型发展情况开展调研，调研报告《关于涌山小城镇建设的情况调查与建议》引起市委高度重视，推动乐平市委将涌山镇规划为乐平市建材工业园；调研报告《两个85%：脱胎换骨的新变化——关于涌山镇产业结构调整的调查》获省委副书记傅克诚、副省长凌成兴批示，指示省经贸委总结推广该镇调整产业结构的典型经验；撰写季度经济形势分析报告4篇以及《注重在高知识群体中发展党员》等调查报告；联合市旅游局、市容局开展调研，形成《千岛湖旅游产业的考察报告》《打清结合，标本兼治——关于长沙南昌九江整治城市乱贴乱挂情况的考察》等调研报告。2004年，深入调研全市经济社会发展情况，形成《关于我市部分重点工业企业的调查与思考》《壮大工业园区经济，提升产业聚集能力》《关于我市农村推进土地流转的实践和思考》《金融支持景德镇陶瓷业新一轮发展的对策研究》《对加快浮梁县农业产业化经验的调查与建议》《关于加快陶瓷工业发展的建议》《壮大工业园区经济，提升产业聚集能力》《振兴传统产业，亟待树立发展观——行业协会频频"封都"引发诸多的思考》《关于市第一小学扩建情况的调查》等20余篇专题调研报告；学习发达地区先进经验，形成《德州市建立民营担保体系的经验与启示》《优化环境，抢抓机遇，加快发展——关于温州民营经济发展的考察报告》《招商引资热火朝天，民营经济迅速崛起》《借鉴浙江经验，发展开放型民营经济》《在挑战中创新发展——赴香港学习培训的启示》等一批有分析、有对策的调研报告；完成省委政研室组织的有关调研，形成《加强思想道德和积累教育，筑牢拒腐防变的思想防线》《关于我市发展开放型经济情况》2份专题调研报告。2005年，市委政研室多篇调研成果获奖。其中，《趋利避害，逆风飞扬》《浙沪教育考察报告》获市社科论文三等奖。

"十一五"规划期间，围绕社会经济发展新情况、社会主义新农村建设等主题开展调研。2006年，围绕振兴陶瓷产业专题，撰写《关于加快培育和发展我市民营陶瓷产业集群的调查与思考》《对我市陶瓷商贸情况的调查》《关于加快陶瓷产业发展的建议》等调研报告；紧密围绕"三农"工作开展调研，撰写《对我市新农村建设试点工作情况的调研与思考》《关于加快我市县域经济发展的调研与思考》《进一步深化农税改革，加快农村经济社会发展》《对加快实施农业品牌战略的实施与思考》《关于农民工参与社会保险的调研报告》等调研文章；围绕产业发展问题，形成《在新的起点上实现瓷都旅游新跨越》《振兴瓷都，铁路先行》《破解我市中小企业"贷款难"问题的建议》等调研报告。2007年，组织开展系列专题调研，形成《降低成本建大棚，科学示范促发展——对做大做强乐平市现代设施蔬菜产业的调研与思考》《关于充分利用中部崛起和老工业基地政策加快景德镇经济发展的建议》《关于我市陶瓷大市场建设的调查与建议》《银旅合作互助双赢搭建平台实现跨越——对金融支持我市旅游产业新一轮大发展的调研与思考》《景德镇文化产业发展现状分析和对策研究》等调研成果。2008年，围绕推动全市经济社会跨越发展，撰写《景德镇推进新型工业化和城镇化的思考》《关于加快景德镇市物业管理的调研》《策应鄱阳湖生态经济区研究报告》等调研报告，《当前经济形势分析及今后工作建议》获得市委肯定。2009年，深入12个乡镇开展专题调研，形成《关于我市乡镇综合实力调研与思考》《有效激活促进发展，引导规范实现"三赢"》等调研文稿；《从资产运营破题看我市国有企业改革之路》，11月16日在《江西日报》全文刊发。2010年，重点结合全市发展的重点、难点问题开展调研工作，形成《关于我市旅游产业发展调研报告》《关于我市非税收入征管情况的调查报告》《关于我市养老保险情况的调研》《关于我市人才工作的调查报告》《对进一步深化我市国企改革工作的情况调查及对策建议》等调研成果；深入调研全市乡镇经济发展情况，形成《关于我市财政发展状况的调研报告》《关于加快推进我市小城镇建设的调查报告》，得到市委主要领导批示；撰写《我市国有内贸企业改革调查》，为全市国企改革总结有益经验。

咨询建议

1990年12月14日，市委、市政府成立智囊团。成员由143名专家学者、离退休老干部、民主党派与无党派人士、一线工人共同组成，市委政研室牵头，市委办公室、市政府办公室、市科协等部门参与，共同组成联络服务组，负责智囊团的日常工作。1991—1992年，智囊团采取以专业组活动为主，群众活动和个人咨询相结合的组织形式，开展咨询活动。编发《智囊团咨询建议》12期，组织开展景德镇市十年规划和"八五"规划、实施外向型经济发展战略总体方案、吉湖茶叶低改工程、"4369"工程、运用科技成果推进陶瓷产业技术进步、卫生洁具项目、罗家机场扩建等专题研究论证。1993年，智囊团对重点工程建设、技改项目推进、破解经济社会发展重点难点问题的相关政策性文件进行咨询论证。1994年，围绕瓷都改革、发展、稳定等主题，开展调研咨询活动，编发《智囊团咨询建议》2期；对《振兴陶瓷7年（1994—2000）规划要点》等文件进行咨询论证，提出20余条建设性修改意见，并转化为决策成果。1995年，智囊团完成专业组集体调研课题14项，个人书面专题报告12篇，其中部分调研报告进入领导决策，形成文件。如陶瓷一组就国有陶瓷企业深化改革、发展陶瓷个体私营经济等问题进行调研；陶瓷二组围绕"八五"技改三个重点工程的竣工投产和达产达标问题以及燃气间歇窑炉应用前景问题开展科学考察认证；农林组围绕发展果业生产和浮梁茶叶低改工程进行全面调查，果业生产调查报告获得市领导高度认可，并形成文件全市转发；财贸组盘活资金调查报告被人民银行景德镇中支吸收采纳。

1996年，智囊团召开大会，表彰一批优秀调研咨询成果，新增17名智囊团成员并充实调整各专业组负责人。全年完成《关于我市水利情况的调查报告》《关于解决我市城市防洪和水源不足问题的建议》等12项重大课题的调研和咨询论证，陶瓷一组对8户陶瓷企业改革问题进行调查，并由市委、市政府办公室批转《关于对建国、为民、艺术瓷厂企业改革情况的调查报告》。1997年，智囊团全年开展全团性咨询活动两次，完成集体调研课题6项、个人书面专题咨询报告9篇。陶瓷一组就玉风瓷厂品牌战略进行深入调研；农林组就森林资源保护、开发、利用情况开展科学考察；社会组围绕市容管理问题进行全面调研；城建组、财贸组和教科文卫组也积极开展咨询论证活动。1998年，陶瓷一组就陶瓷私营企业安置下岗工人情况进行调研；农林组就"五荒"资源开发利用情况进行调研；工交组就如何促进直升机产业发展开展调研；城建组就城区排水系统状况及改造开展调研。2000年，智囊团全年完成调研报告6篇，约3万字。

2001年，智囊团围绕全市重大决策问题开展调查咨询活动。主要成果有《关于做大做强宇宙瓷厂的调查》《关于陶瓷涉税情况的调查》《关于浮梁县茶叶有关问题的调查》等。2004年，智囊团就农业、工业等方面的发展情况深入开展调研活动，形成《对加快浮梁县农业产业化经营的调查与建议》《关于加快陶瓷工业发展的建议》《壮大工业园区经济，提升产业聚集能力》等调研报告。

2006年,智囊团就教育、陶瓷等方面开展调查研究,形成《对我市职业教育发展状况分析和“十一五”发展的建议》《关于我市陶瓷商贸情况的调查》《振兴瓷都铁路先行》《破解我市中小企业贷款难问题的建议》《关于加快陶瓷产业发展的建议》等调研报告。2007年,智囊团就全市经济社会发展中重点难点问题开展调研,形成《推进经济适用房和廉租房建设,解决老百姓住房难题》《广开信贷融资渠道,实现我市信贷投入与经济同步跨越发展》等调研报告。2009年,智囊团科教组、农林组、陶瓷组围绕昌江河治理保护、新农村建设、陶瓷科技园建设等课题开展系列专题调研。

图书编辑出版

《景德镇党刊》 1995年创刊,是市委政研室与市委办公室联合承办的市委机关刊物,编辑室挂靠市委政研室。《景德镇党刊》为双月刊,主要设有《特稿》《理论学习》《工作思路》《决策参考》《经济纵横》《改革开放》《调查研究》《昌江新潮》《企业天地》《农村大视角》《基层组织建设》《思想政治工作》《人物风采》《智囊献计台》《社会经纬》《党史摘编》《瓷都艺苑》《珠山笔会》《来稿集萃》《外地经验》等栏目。1996年,《景德镇党刊》编辑发行6期,新增《精神文明建设笔谈》《海外归来》《壮大支柱产业》《警示篇》4个栏目。1997年,编辑发行10期。1998—2006年,编辑发行6期。其中1999年增刊2期,2001年增刊1期,累计56万字。开辟《经济纵横》《国企改革》《它山之石》等栏目,突出党刊和瓷都双重特色。

2002年,《景德镇党刊》由双月刊改为月刊。2003年,改进刊物封面设计,文内改为双色套印,增辟《贯彻十六大和十六届三中全会精神笔谈》《走新型工业化道路》《旅游产业》等栏目。2004年,推出《贯彻十六届四中全会专栏》《共塑瓷都新形象》《千年华诞特稿》等栏目,并与全国近百个大中城市及江西省11个设区市党刊开展刊物资料交流。

2005年,《景德镇党刊》刊发文稿200余篇,100余万字,发行量增加至2000余份,获评全国城市党委系统“十佳党刊”。2006年,先后推出《学习贯彻市委八届九次全会精神、落实科学发展观、知荣明耻》《反腐倡廉、科学发展》《和谐创业》等栏目。2007年,获评全国城市党委系统政研联席会“十佳党刊”。2008年,刊发文稿280余篇,约90万字。当年10~11期合刊,并进行全面改版,采用铜版纸彩色印刷,调整内文字号,提高页面资源利用率,新增《时评》《信息短波》《陶瓷文化》《史海钩沉》《政策解读》《宜居城市》等特色栏目。

2009年,《景德镇党刊》在全国城市党刊研究会十八届年会上获评全国城市十佳党刊;与市摄影家协会合作,建立特约摄影员队伍。2010年,《景德镇党刊》编辑发行12期,围绕贯彻市委九届九次全会精神、推进新型城镇化、大力发展县域经济、大力推进国企改革、发展陶瓷文化创意产业、全市上下众志成城抗击洪水、中国景德镇国际陶瓷博览会召开等专题,加强组稿、约稿工作,取得较好的宣传效果。

其他出版物 1987年,参与并完成中国建筑出版社历史文化名城丛书《景德镇》的编撰工作。2010年,参与市地方志办编纂的当代中国城市发展丛书《景德镇卷》的撰稿工作。

第九节 对台工作

对台宣传

传统媒体宣传 1986年4月,市台办创办《对台工作参考》刊物,宣传党对台工作大政方针。6月,景德镇市徐碧莲的《和台湾女同胞谈谈如何处理事业与生活的关系问题》、吴华山的《瓷城观古》等4篇稿件被省委对台工作小组评为优秀稿件。1987年3月,在《景德镇日报》开办《海峡两岸》专栏。1994年9月初,组织《瓷画奇才》《清新秀美雅俗共赏》等26篇稿件和图片在台湾《壶中天地》杂志刊登。进入21世纪,景德镇市与台湾宣传交流更加频繁和深入。2003年10月中旬,台湾《中国时报》专版介绍景德镇陶瓷文化和陶瓷发展前景。台湾《投资中国》杂志也报道景德镇瓷都,宣传景德镇陶瓷文化及2004年置镇千年庆典的有关活动情况,包括《千年瓷都冀重振雄风》《景德镇成台商关注热点》等17篇稿件。2004年10月,在景德镇千年华诞之际,台湾《陶艺》杂志等媒体对“千年华诞纪念瓷——景德瓷韵”大型瓷板画进行报道。《陶艺》杂志还对《瓷瓯》和《瓷魂》两幅作品作出报道介绍。台湾《民报》《投资中国》记者也到景德镇市参观采访。2005

年10月12—14日，景德镇国际陶瓷博览会召开期间，《台湾中国时报》《工商时报》《联合报》《经济日报》《商业周刊》以及东森电视台等新闻媒体的记者一行14人到景德镇采访。全年在中央、省对台新闻媒体发稿50篇，其他新闻媒体发稿122篇。2006年4月，市台办新闻稿《贾庆林主席视察景德镇海畅法蓝瓷公司》获中央人民广播电台新闻奖。全年在中央、省对台新闻媒体发稿64篇，在台湾新闻媒体发稿22篇，其他新闻媒体发稿86篇。2008年11月29日，台湾《中国时报》《工商时报》《联合报》《经济日报》等媒体记者到景德镇参观访问。2010年，在华夏经纬网、江西与台湾网发稿605篇，在台湾新闻媒体发稿23篇，其他新闻媒体发稿52篇。

电子媒体宣传　1987年3月，市台办在景德镇广播电台开办《海峡情》专题。1989年3月，拍摄电视专题片《瓷都增辉》，在福州、香港等地放映。1991年5月，市台办和市东风瓷厂在南京金陵之声电台举办《瓷都记行》系列专题报道。播发稿件30余篇，播出后引起国内外良好反响，收到日本、美国、新加坡等国家和中国香港、澳门、台湾地区及上海、南京、广州等国内听众来信2000余封，为瓷都振兴献计献策。10月，《瓷都记行》广播稿评选出一等奖2篇、二等奖4篇、三等奖7篇。1992年10月，首次开拍江西省第一部宣传台资企业的电视专题片《台资企业在瓷都》。该片融纪实于政论，围绕办好当时10余家台资企业和进一步做好扩大招商引资工作主题，宣传景德镇的投资环境，展示全市10余家台资企业的不同风貌。2001年10月，《开放的中国》之《陶瓷世家》和《竟成镇文化站长——周元强》在景德镇拍摄，宣传瓷都历史和陶瓷文化。2003年1月，台湾摄制小组到景德镇市拍摄《世界著名的瓷都景德镇》《景德镇风光录》专题片，并于2月中下旬在台湾电视台播出。2005年9月和11月，台湾中天电视台《台湾脚逛大陆》摄制组、台湾八大电视台《发现新大陆》摄制组和海峡两岸记者赣鄂行活动团先后到景德镇市采访报道。网络对台工作发稿470篇。2006年，制作对台宣传音像制品《浮梁风光及社会主义新农村建设》《景德镇市情介绍》，网络宣传发稿884篇。2007年1月26—28日，台湾东森电视台《中国大体验》摄制组一行4人到景德镇采风，拍摄专题片。其间，摄制组先后对景德镇古窑、陶瓷股份公司、海畅法蓝瓷公司、金昌利陶瓷大世界、樊家井陶瓷街、景德镇陶瓷学院、浮梁县高岭瓷土发源地、瑶里古镇等地进行现场采访、实地拍摄。6月22日，台湾年代电视台《台湾人在大陆》栏目组一行5人，到海畅法蓝瓷有限公司、三宝陶艺村等地拍摄台湾客商在景德镇市创业发展和生活情况。2009年10月28—29日，中央人民广播电台对台广播中心记者到景德镇市进行为期2天的关于涉台文物遗迹保护方面的采访报道，并制成广播作品和电子杂志，输送到台湾播发。2010年10月，在瓷博会期间，邀请中央四套《海峡两岸》栏目到景德镇市报道海峡两岸景德镇明清瓷窑论坛，在华夏经纬网、江西与台湾网发稿605篇。

其他宣传工作　1997年3月21日、7月23日、11月14日，市台办主要领导在市委党校县级干部培训班上，向400余名学员作“台湾问题及祖国统一大业”专题讲座。1998年5月中旬，组织5名对台宣传干部赴福建海峡台、华艺广播公司、东南广播电台、厦门人民广播电台进行交流、学习。1999年10月19日上午，特邀省台办主任崔琳在市委二楼会议室，向市领导等200余人作“海峡两岸关系形势”报告会。11月，市台办刊印1000份迎澳门回归知识答卷50题，发至全市相关部门和台胞台属。12月9日，在市政协给副县级以上干部、民主党派人士、台属等60余人作“台湾目前形势及祖国统一大业”专题讲座。2000年，先后在市政协、军分区及县（市、区）、部分主管局、单位及市直业余党校作台湾形势报告专题讲座25场次，听众达数千人。2月23日，市台办、市台联召开学习《一个中国的原则与台湾问题》白皮书座谈会，全市对台干部、市台联理事、台胞台属、台资企业代表20余人参加学习座谈。3月7日，瓷都青少年“盼祖国统一”签名仪式在景德镇高专举行。2008年，先后到大中学校、市委党校开展对台形势报告和反分裂国家法宣讲活动10场次，听众1000余人次。2010年，组织景德镇日报社与各新闻工作者随省记者协会赴台开展新闻交流活动。是年5月，台湾高雄市新闻从业联盟协会鄱阳湖生态经济访问团一行18人到景德镇参访交流。12月，台南市新闻媒体参访团一行13人到景德镇参访交流。

对台经济

招商引资　1990年10月11—14日，首届“中国瓷都——景德镇国际陶瓷节”期间，邀请183名台胞参会，洽谈项目3个，引进台资1300万美元。是年，由台湾制衣厂江山有限公司与景德镇市民间工艺瓷厂合资创办景德镇市首家台资企业——景德镇民间瓷艺有限公司。1995 年 10 月 8—21 日,赣台经贸洽谈会暨台资企业产品展销会在南昌展览中心举行,景德镇市参展团获组织一等奖和展位设计一等奖。1997 年 2 月 28 日和 8 月 14 日,台湾洪门联合总会副会长龚正两次率团到景德镇考察洽谈陶瓷项目。

2001 年,台湾生产力中心董事长许胜雄等到景德镇市考察陶瓷文化交流项目。2003 年,台湾金星窑业股份有限公司董事长陈正男为团长的投资贸易考察团等 7 批台湾经贸团到景德镇市考察。9 月 22—23 日,景德镇市组团参加第一届赣台经贸合作研讨会,会后邀请 2 批近百名台商和台湾媒体记者到景德镇市实地参访考察。10 月,引进台资企业景德镇法蓝瓷实业有限公司,两年后点火投产。2005 年,组织参加上海(台商)招商引资说明会、赣台经贸合作研讨会、景德镇国际陶瓷博览会等活动,全年共引进合同台资项目 8 个,注册 3 个;引进合同台资 1939 万美元,实际进资 939 万美元。2006 年 3 月 13—16 日,景德镇市领导率领市台办、市招商局、高新开发区、陶瓷科技园等部门负责人,先后赴江苏常熟、昆山、上海等台商密集区招商引资。是年 11 月,由台商纪金树投资 1000 万美元创办的台资企业——景德镇(乐平)宏柏化工化学科技有限公司落户乐平工业园。全年引进合同台资项目 9 个,注册 6 个;引进合同台资 2474 万美元,实际进资 800 万美元。2007 年 8 月 29 日,2007 赣台经贸合作研讨会在南昌举行,景德镇市有 3 个重点项目当场签约,合同引资达 5800 万美元。2008 年 12 月 15 日,海峡两岸实现“三通”,以市委书记为团长的景德镇市经贸考察团赴台访问、招商引资,并拜会中国国民党荣誉主席连战。考察期间,签订远红陶瓷、微晶玻璃、化工等 3 个项目,投资总额达 16 亿元。2009 年 3 月 20 日,台湾电电公会代表团一行 10 余位企业家到景德镇考察,并出席景德镇——台湾光伏产业对接座谈会。9 月 21 日上午,2009 赣台(南昌)经贸合作研讨会上,台湾兴勤电子有限公司投资景德镇陶瓷科技园的 3000 万美元的功能电子项目、台湾宏柏化工有限公司投资乐平市的 1000 万美元增资项目在会上签约。2010 年,围绕全市确定的八大战略性产业,推进对台招商引资工作。邀请并接待台湾经贸团组 26 批到景德镇市考察,赴沿海台商密集区招商 9 次,引进台资项目 2 个,分别是台湾华润集团与珠山区签约,投资 3000 万美元,建设一个大型的综合性市场经营项目;台湾兴勤电子股份公司与市陶瓷科技园签约 2000 万美元的电子陶瓷项目。

景德镇市工商业联合会旧址

优化投资环境　1986 年,景德镇市政府致力于优化投资环境。1988 年 8 月,颁发《关于鼓励台胞投资的优惠办法》和《关于鼓励引荐台资项目的奖励办法》。1989 年,在福州设立对台经贸窗口——福州景德镇名瓷经销部,是景德镇市也是江西省在沿海设立的第一个对台经贸窗口。1996 年 3 月,市台办按照省台办、省工商局有关文件要求,对当时注册登记的 20 多家台资企业进行投资主体资格认证,经过 2 个多月的摸底、调查、认证,18 家台资企业领取投资主体资格证书。4 月下旬,市台办召开台胞、台资企业负责人座谈会,宣传《江西省〈中华人民共和国台湾同胞投资保护法〉实施办法》(以下简称《实施办法》)。1997 年 3—9 月,市台办配合市人大对市有关执法部门进行落实台湾同胞投资保护法及《实施办法》的执法检查。2006 年 1 月,市政府聘请台商上海安吉流休闲酒店发展有限公司董事长庄震霆和上海良机工业有限公司董事长张恒泽为市政府经济顾问。2009 年,在对台资企业挂点联系服务机制的基础上,依托县(市、区)、市直职能部门切实为台企排忧解难,推进涉台投资服务环境建设。

交流与服务

两岸交流　1988年3月，随着台湾当局开放民众赴大陆探亲以后，到景德镇市探亲、旅游以及进行贸易、讲学的台胞日益增多，以陶瓷为纽带的交流活动也日益增多。1991年4月1日，首届厦门景德镇精品瓷展销会在厦门市禾祥东路景德镇瓷器公司商场开幕，以市委书记为团长的景德镇市赴厦门学习考察团全体成员、厦门市委副书记以及台、港、外客商200余人出席展销会。1993年5月，成立景德镇市台胞台属联谊会，召开全市台属代表座谈会，畅谈两岸关系良性发展的形势。7月24日，召开全市台属代表和台办干部参加的台联成立大会。1994年5月初，台湾统一联盟监委会召集人吴士谟等台胞到景德镇探亲访友。是年8月，台湾"中国民主和平统一策进会"副秘书长林刚毅和属下的"传统艺术发展委员会"集合人廖耀东到景德镇，商谈赴台展销名人名作和传统精品陶瓷事宜。10月13日，林、廖第二次到景德镇签订"首届景德镇陶瓷艺术精品赴台交流展销"协议。1998年3月1日，市陶瓷考古研究所一行11人赴台联合举办《景德镇珠山出土宣德官窑瓷器展》。3月9—18日，应台湾文化艺术收藏学会邀请，市政协主席、市海外文化交流协会会长龚农民率团赴台参加海峡两岸首届陶瓷艺术节。

2000年11月，中国工艺美术大师刘远长率"中国江西景德镇陶瓷学院及陶瓷职工大学教授访问团"一行8人，赴台进行两岸陶艺文化交流。2006年10月23日，第四届世界马氏恳亲大会在马氏先民南迁的主要聚散地——乐平市开幕。来自加拿大、美国、泰国、马来西亚、新加坡以及中国台湾地区和国内各省市的马氏宗亲代表800余人出席恳亲大会。中国国民党主席马英九等马氏杰出人士向大会发来贺电。2008年7月7日，"以弘扬中华文化、加强两岸交流合作"为主题的首届"海峡两岸（景德镇）陶瓷艺术交流笔会"活动在景德镇举行。2009年9月9日，在台湾举办"景德镇·台北海峡两岸陶瓷精品展"，首次全方位向台湾同胞展示景德镇厚重的中华陶瓷文化、精湛的制瓷技艺和山水、生态、文化特色。2010年3月28日，台湾海基会董事长江丙坤率领的海基会华中台商访问团抵达访问江西的首站景德镇。9月14日，中国国民党荣誉主席连战一行抵达景德镇市考察海畅法蓝瓷公司，参观古窑民俗博览区，并题写"中华瑰宝，窑火传承"。10月19日，在瓷博会开幕式舞台上，景德镇市第一小学的800余名学生与来自台湾的几十名瓷笛爱好者共同使用奥卡锐拉瓷笛演奏《高山青》和《爱我中华》，吉尼斯全球认证官现场确认，共创吉尼斯世界纪录，中央电视台现场录播。

1988—2010年，全市累计接待到景德镇市探亲、观光旅游、讲学、经贸考察等台湾同胞5184人次，探亲访问团组362个。

对台服务　1988年3月，市委、市政府办公室下发《关于进一步做好接待台胞工作的意见》。1989年5月，市台办、市公安局、市民政局、市财政局联合制定《〈关于台湾同胞来我省定居等问题的若干规定〉实施细则》。9月，市台办编写《台湾事务咨询手册》一书，由江西人民出版社出版，面向全国发行。

1996年6月底7月初，景德镇发生洪涝灾害，市台办组织干部到灾情严重的浮梁县、昌江区了解台胞台属和台资企业受灾情况。县区政府为受灾台属送衣物。1998年，台湾富义实业有限公司收购市一家台资企业，收购时未找到合适的场地，被收购企业的部分财产、设备存放在原租用场地。等到富义公司找好新址去搬迁设备时，租赁方提出要付很高的租金才准搬出，经市台办出面进行协调，得到妥善解决。2003年"非典"期间，成立"防非"协调领导小组，发放慰问信310份、宣传资料100份。向重点台商、台企及台属发送省政府慰问函15份，购置发送价值3000元的防治药品给台资企业和重点台胞台属。中秋节，市台办会同市瓷局在景德镇明清园联合举办迎中秋联谊会，邀请在景德镇的台商共度中秋佳节。2006年8月17—18日，台湾金门烈屿乡青岐洪氏宗亲会理事长一行4人由金门到乐平寻根问祖。这是1996年在乐平举办洪皓马端临国际学术研讨会之后，台湾洪皓后裔再次到祖籍地寻根。2007年4月，成立景德镇市台胞接待服务中心，市台办强化服务意识，建立跟踪服务、急事急办制度，派专人与相关单位协调，为台企高管人员办理3批7人驾驶执照转换，为台资企业1人解决其"台湾居民往来大陆通行证"事宜，帮助1名下岗台属解决低保问题等。完成景德镇市在台知名人士名录和涉台婚姻情况统计、台情资料统计工作，并上报省台办。2009年8月，第8号台风"莫拉克"袭台，造成台湾地区重大人员伤亡和经济损失，市台办为台湾受灾同胞捐款赈灾。9月28日，值国庆、中秋双节来临之际，市委台办慰问组一行人走访慰问部分贫困台属。2010年1月25日，市台办领导带队走访慰问20余位重点困难台胞台属,送去春节慰问金,协调解决其迫切困难。7月21日,市人大视察组一行18人,赴市台办听取关于全市对台工作的汇报并视察海畅法蓝瓷有限公司等台资企业。

捐资兴教　1991年,台胞吴士谟捐资20万人民币为家乡乐平兴建官庄小学,为全市第一个捐资兴教的台胞。2004年,东秀集团董事长林秀娥捐助50万元帮助改建浮梁新平学校,台胞吴士谟为乐平中学捐赠年度奖学金6万元,台胞何国庆创时基金捐赠教育奖学金10万元。2006年,台塑集团捐助40万元建设浮梁县勒功乡明德小学,于次年9月1日举行开学典礼。是年,台塑集团捐资90万元建设丽阳明德中心小学、浮梁县浮梁镇教场明德小学。2007年,台北小城建设公司董事长、台北慈济医院理事长何国庆设立“创时教育奖励基金”,每年拿出5万元奖励高考被录取本科以上的优秀困难学生。7月,景德镇台企华达公司捐资1万余元,与市残联联合举办“完美助残、和谐最美”颁奖联欢会。10月,江西景德镇台资企业东璟实业公司董事长林秀娥与浮梁县湘湖镇达成协议,捐资50万元重建湘湖中心小学。

第十节　信访工作

信访制度

督查督办制度　1980年12月底,市委办公室发布《景德镇市各级党政机关归口分工处理人民来信来访的暂行规定》,此后,信访处理按这一规定实施。1996年5月,建立重要信访案件定人、定质、定量、包办、包结的“三定二包”的信访督查督办制度。2002年后,对群众上访特别是重复上访问题,市信访局分别到涉访的各个单位逐案督查。督查督办方式有:现场督办,群众反映的关系到衣、食、住、行,如停水、断电等问题,市信访局及时派员到现场了解情况,并协同有关单位和部门现场解决;电话督查,通过电话督办查核结果,各单位以书面形式汇报案件处理进展情况;会议督查,通过会议形式交流情况,督促有关部门采取措施,限时办结,同时对会议中反映出来的问题统一协调处理。2007—2010年,选派有18名新任职副县级领导干部到市信访局任信访督查员。2009年9月,市信访局设立专职信访督查专员。

联席会议制度　1996年6月,市信访办制定《集体访通报处理反馈制度的实施意见》,推行群众逐级上访和分级受理制度,建立信访工作季度联席会议制度。2004年6月,市、县两级建立集中处理信访突出问题及群体性事件联席会议制度。市联席会议召集人由4名市领导担任,25个部门主要领导为组成人员,下设7个工作机构,即办公室及6个工作小组。各小组由牵头单位的主要负责人兼任组长,联席会议办公室主任由市信访局局长兼任。市联席会议每季度召开一次,综合协调、处理各系统、各领域、各层面的信访突出问题。

协同联动和预防处置制度　1996年6月,市委信访办制定《处置重大突发性群众集体上访工作预案》。2001年,实行公检法参与联合接访和律师义务咨询接访制度。2007年,下发《关于进一步维护市委市政府机关正常信访秩序的工作方案的通知》,建立以公安机关为主,信访部门为辅,其他相关单位协同,信访事项单位配合的协同联动机制。下发《关于认真防范和妥善处置群体性事件,切实维护全市社会稳定的通知》,成立市维稳信息中心,负责全市不稳定信息的收集、汇总、分流,指导协调全市矛盾纠纷的排查调处工作。

信访形势分析会制度　2002年3月,建立信访形势分析会制度,每季度末召开一次分析会,参会人员主要是全市信访工作网络成员单位的分管领导和各县(市、区)信访局局长。2007年起,调整与会对象,把每月集体上访数量排在前三位的单位列入参会对象,明确会议的重点和工作的难点问题。坚持市级每季度、县(市、区)及市直部门每月、乡镇(街道)每半月定期组织开展一次排查,并把发现的问题及时上报,为形势分析会的召开做准备。通过定期召开形势分析会,及时通报情况、排查隐患、研究对策,明确任务和责任,促进各项工作落实。

来信来访

信访渠道　1986年后,逐步规范信访承办部门的行为和信访人的信访行为,健全和完善接谈、受理、交(转)办、协调处理、回复群众等信访事项的制度,把是否依法按政策处理到位作为信访事项办理质量的主要标准。同时,教育和引导信访群众以理性合法的方式表达个人诉求,纠正一些信访人信“访”不信“法”、信

“闹”不信“理”的认识和行为。1994 年,规定每星期二为各级领导接待群众来访固定时间,市信访局定期在《景德镇日报》上向社会公布市直部门领导接待日时间、地点等事项,接受群众监督。2004 年 5 月,开通市委、市政府为民服务热线“12345”,24 小时接听群众来电(话),受理人民群众反映的生产、生活中的困难和问题,为民排忧解难。各县(市、区)和市直有关部门的 48 家重点网络单位也相继开通辖区热线或为民公开电话,并与“12345”热线实行联网办理。当年市“12345”热线平均每天接听电话 300 余个。热线受理中心百分之百接听,百分之百交办,百分之百回访,群众满意率达 81.30%,成为景德镇市为民服务的品牌。2005 年 6 月,开展领导干部“下访”活动,并规定此后每年在全市开展各级领导干部集中“下访月”活动,“零距离”倾听民声,了解群众疾苦寒暖,妥善化解信访难题,从源头上减少信访问题的产生。2008 年 9 月,专门设立“市长手机信箱工作领导小组办公室”,与为民服务热线受理中心合署办公,组建“网上信访”、“书记信箱”、“市长信箱”、“市长手机”、“12345”热线的“五合一”工作新平台。至 2010 年,各级党委、政府接受百姓来信来访渠道畅通有效。

信访办理 1986 年,重点做好信访突出问题的清理、排查工作,落实交办、催办、督办事项。1987 年,加大领导高位交办、跟踪督办和通报的力度,强化相关地方和部门的责任,努力做到“问题解决在当地、矛盾化解在基层”,推动解决一批长期积累的信访问题。1994 年,市委常委会 5 次研究部署信访工作,市党政主要领导和分管领导主持召开信访工作会议 15 次。1995 年,实行信访工作“一把手”工程,严格第一责任人负总责,分管领导具体负责,其他领导各负其责的信访工作责任制,解决信访突出问题。4 月,市委、市政府下发《认真贯彻落实吴官正同志重要指示切实做好当前信访工作的通知》,提出 3 项措施:实行“定人、定期、包办包结,不互相推诿、不把矛盾下交、不久拖不决”的责任制。采取专案专办、借力催办、难案交办等形式加大“每月一件”的力度,把领导政绩考核与责任制度挂钩。当年市党政领导、县(市、区)党政主要领导和市直单位主要负责人处理和解决信访问题 399 件。1996 年 4 月,全市开展各级党政领导“每月一件”活动,每名领导每月办理 1 件信访突出问题,当年共办理信访事项 250 件,其中市党政领导办理 132 件。

2000 年,市信访联席会议、市信访局和各地有关部门重点解决和处理农村土地征用、城镇房屋拆迁、国有企业改制、劳动和社会保障、环境保护等方面的信访突出问题。2001 年,全市信访工作平稳有序,项宝英获全国信访系统优秀工作者。2003 年起,市党政领导每人包 3 件疑难信访案,各县(市、区)党政领导每人每年包案 6 ~ 8 件;市直部门、单位领导对所分管领域发生的进京上访和到省、市集体上访或本系统重大信访问题全部列入领导包案。2003—2010 年,市县两级共选派 310 名科级干部到市信访局工作锻炼。选派干部回原单位后有 56 人被提拔或重用,其中 24 人被提拔为副县级干部。2007 年,余立新获全国信访系统优秀督查员。

2009 年,市信访联席会议印发《关于开展“信访积案化解年”活动的实施方案》。9 月,市设立专项信访救助资金,并列入财政预算,解决一批“无头案”“钉子案”“骨头案”。11 月,市联席会议开展为期 1 个月的“积案化解攻坚月”活动,排查梳理出 76 件重点信访积案并交责任单位解决,办结率为 100%。2009—2010 年,市联席会议、市信访局处理 600 余件信访问题,减少信访“存量”。2010 年 10 月 9 日,“景德镇市医患纠纷调处中心”挂牌成立。至 12 月 15 日,调处中心共接待群众反映有关医疗问题 34 件,受理 18 件,办结 9 件。其中协商赔偿 6 件(医院无过错“零”赔偿 1 件),引导群众走法律途径 2 件,没有发生一起因医患纠纷引起的群体性事件。12 月 6—10 日,全国医患纠纷调处工作经验交流会在景德镇召开,中央领导、国家有关部委,各省(市、区)300 余人参加会议,会上景德镇作经验介绍。

信访分析 1978—2010 年,市本级信访总量为 12.29 万人次,其中来信 1.26 万件,占 10.30%;来访 11.02 万人次,占 89.70%。集体访 3884 批 9.69 万人次。全市信访总量总体平稳,越级访偏低,年均赴省访不超过 300 人次、赴京访不超过 100 人次;重复访、异常访、集体访均呈下降趋势。群众集体上访规模减小,缠访、闹访减少,信访秩序明显好转,没发生一起因信访而酿成的极端事件和影响重大的群体性事件。1991—1992 年,赴省集体访仅 1 起。2004 年,仅 2 批 13 人赴省集体访,无进京访。

群众信访问题的类型,80 年代主要是要求平反“文化大革命”中造成的冤假错案,解决历史遗留问题,下放农村的原城镇居民返城,落实私房政策,揭发干部以权谋私、违法乱纪和经济问题等;1991—1992 年,反映历史遗留问题的有213件,1993年52件,以后此类问题逐年减少;1993年起,涉及群众工资、退休金与医疗保险的信访问题增多,仅1995年市本级反映此类问题的集体访76批3113人次,分别占该年集体访批次和人次的73.10%、78.50%;1996开始,涉及农民负担、退休职工医药费、下岗职工再就业及环境卫生、违章建筑、停电停水等问题增多;90年代末,企业改制引起的职工工资福利、下岗就业等问题,拆迁开发引起的安置补偿问题,农村山林土地纠纷以及反映村级财务混乱、村干部作风问题增多;2001—2010年,群众反映信访问题主要集中在企业改制、征地拆迁、劳动社保、困难救助、生活环境等方面。

表24-5-9　　**1991—2010年市、县两级受理来信来访情况一览表**

年份	信访总量（件次）（不含网电）	来信总数（件次）	来访（人次）	集体访	
				批次	人次
1991	2813	837	1976	61	1508
1992	3285	672	2613	76	2292
1993	3043	486	2557	80	2373
1994	4324	499	3825	114	3448
1995	4829	542	4287	104	3967
1996	4203	534	3669	91	3305
1997	3567	776	2791	77	2679
1998	6382	682	5700	138	5047
1999	7482	972	6510	213	5876
2000	10458	1628	8830	396	7568
2001	11276	933	10343	317	9298
2002	14097	825	13272	370	12190
2003	8591	432	8159	228	7191
2004	6113	354	5759	199	4880
2005	8837	470	8367	413	6819
2006	4084	421	3663	163	3075
2007	4247	372	3875	137	3091
2008	3596	320	3276	174	2768
2009	6609	441	6168	306	5631
2010	5042	446	4596	227	3910
合计	122878	12642	110236	3884	96916

领导接访

1994年,市委常委会议决定建立市党政领导轮流接待群众来访制度。8月22日7时,市委书记、市长殷国光到信访接待室,参与第一个接待日,共接待群众12人,对反映的6个方面9个问题进行记录,提出处理意见,至9月3日,全部问题均处理完毕,由市信访办回复。1995年2月11日,市委下发《关于1995年市党政领导接待群众来访日安排的通知》,就1995年市党政领导接待群众来访日期、接待领导作出安排;11月,市委、市政府下发《关于切实加强信访工作领导责任制的通知》,明确党政"一把手"对信访工作负总责。当年市委书记殷国光亲自处理信访185件，批阅来信328件。此后，市委、市政府每年安排市党政领导在接访日接待群众来访，县(市、区)参照执行，党政领导定期接访制度化。1999年，市领导参加接访日27次，接待上访群众117批978人次。2001年，市委、市政府再次下发《关于切实加强信访工作领导责任制的通知》，重申严格落实"分级负责，归口办理""谁主管，谁负责"的原则。

2005年7月，在市四套班子领导每周二轮流接待上访群众的基础上，市委办、市政府办下发《关于进一步建立和完善各级领导信访接待日制度的通知》，规定市、县、乡各级党政机关，包括市直、县直部门都要建立领导接待日制度，明确每周二上午为全市各级领导信访接待日。市信访局每年在《景德镇日报》向社会公布市直部门领导接待日时间、地点等事项，方便群众上访，并对各单位领导接访情况进行通报。至2006年底，全市24名市党政领导通过信访接待日接访，调处疑难信访问题96件，推动疑难信访问题解决。2007年，全市有841名县级以上领导参加信访接待，接待信访群众829批3619人次，处理信访问题790件。2010年，市领导每人包案处理3件，共化解38件，息访率为81%；每季安排1天接待信访群众，18名领导参加接访，化解信访问题83件。至2010年，领导接访渠道进一步拓展，当年省长手机交办437件，办结432件；市长手机交办130件，办结126件；市长信箱交办627件，办结620件；网上信访327件，办结327件。

第十一节　组织机构

办公室机构

市委办公室　2002年，市委办公室机关行政编制49人(含为老干部单列编制2人)。内设秘书科、会议科、综合一科、综合二科、信息科、督促检查室(市委督查室)、保卫科、行政科、老干部科、台办、机要局(市委机要局)、保密局(市国家保密局)。保留市委办公室机关后勤服务中心，为市委办公室下属正科级事业单位，核定全额拨款事业编制29人。

县(市、区)委办公室　乐平市委办公室。1997年，乐平市委办公室设保密局、机要局、督查办、台办、接待科。2002年，乐平市委办公室行政编制28人，事业编制3人。内设秘书股、综合调研股、信息股、督查室、行政股、保卫股、台办、机要局、保密局、接待科。设市委办公室机关后勤服务中心，副科级全额拨款事业单位，核定事业编制19人。

浮梁县委办公室。1994年，县委办公室内设秘书科、行政科、政研室、信访办；党史办并入县委办公室，撤销档案局，档案馆为副科级事业单位，归口县委办公室。2002年12月机构改革，县委办公室设秘书股、信息督查股、政研室、行政股、机要局、县委台湾工作办公室(与政府台湾事务办公室合署)、县委保密委员会办公室(保密局)7个职能股(室)，行政编制19人，事业编制5人。县委、县政府信访办更名为信访局，归口县委办公室，定编4人。2003年5月，增设机关后勤服务中心(副科级)，为县委办公室内设机构。

昌江区委办公室。1987年，区委办公室设统战部、信访办公室。1989年，设组织员办公室。1990年，设对台湾工作办公室、村建办公室。1996年8月，区委工作机构改革调整，区保密局、对台办为区委办公室内设机构，信访办公室、政策研究室归口区委办公室。2003年，区委保密委员会办公室(区保密局)、区委台湾工作办公室(区政府台湾事务办公室)为内设机构，对外保留区委保密委员会办公室(区国家保密局)、区委台湾工作办公室和区政府台湾事务办公室的牌子；区委办公室信访室与区政府办公室信访室组建区委信访局，增挂区政府信访局牌子，归口区委办公室管理，为正科级；区委政研室归口区委办公室管理，为区委工作机构，正科级。区委办公室机关行政编制7人。

珠山区委办公室。1984年3月26日，经市委、市政府批复，设立区委办公室(含统战、对台工作)；7月2日，珠山区档案馆成立，属事业单位，定事业编制3人，归区委办公室领导，负责全区的档案收集、整理、保管、利用及对所属单位档案工作的监察、检验和指导。1987年3月18日，设立中共珠山区委统战部。1989年11月10日，中共珠山区委对台工作办公室成立，与区委办公室合署办公。1991年10月15日，成立区保密局。2002年，区委、区政府信访办公室更名为区委信访局，增挂区政府信访局牌子，归口区委办公室管理，既是区委的工作机构,又是区政府的工作机构,为正科级;区委台湾工作办公室,并入区委办公室,为内设机构,对外保留区委台湾工作办公室的牌子;区委保密委员会办公室(区保密局)并入区委办公室,为内设机构,对外保留区委保密委员会办公室的牌子。区委办公室机关行政编制9人,事业编制5人;区委办公室主任1人,副主任2人,对台办主任1人(正科级)。至2010年,无变化。

组织部机构

市委组织部　1990年,内设机构为办公室、组织科、干部一科(青年干部科)、干部二科、干部培训科、干部审查科、组织员办公室、知识分子工作办公室和调研科9个科室。1992年,成立党员电化教育科,与组织员办公室合署办公。1993年2月,成立党员电化教育中心,由党员电化教育科科长兼主任。1997年,内设机构为办公室、调研科、组织科、组织员办公室、党员电教科、干部一科(干部一科、青年干部科、参照管理科合署办公)、干部二科、干部培训科、市知识分子工作办公室、干部审查科、市农村基层组织建设办公室11个科室。2002年,撤销参照管理科,增设干部综合科,将干部审查科、干部培训科分别更名为干部监督科、干部教育科。内设机构有办公室、调研科、组织科、组织员办公室、党员电教科、干部一科(青年干部科、干部综合科)、干部二科、干部教育科、干部三科(市知识分子工作办公室)、干部监督科、市农村基层组织建设办公室等11个科室。2004年,将景德镇市知识分子工作领导小组更名为市委人才工作领导小组,领导小组办公室设在市委组织部,组织部原干部三科(市知识分子工作办公室)更名为人才工作科。是年,组织部增设农村科,与市农村基层组织建设办公室合署办公。内设机构有办公室、调研科、组织科、组织员办公室、党员电教科、干部一科(青年干部科、干部综合科)、干部二科、干部教育科、人才工作科、干部监督科、农村科(市农村基层组织建设办公室)。2009年,增设市农村党员干部现代远程教育工作办公室,为市委组织部下属事业单位,与党员电教科合署办公。

县(市、区)委组织部　乐平市委组织部。2002年12月,内设机构为办公室、干部一股、干部二股、组织股、市委农村基层组织建设办公室、市委组织员办公室、党员电教股。行政编制18人,工勤编6人。2004年7月,党员电教股更名为信息管理中心。2007年,将市委农村基层组织建设办公室、市委组织员办公室升格为正科级。2008年,乐平市委组织部增加行政编制3人,编制总数27人。2009年5月,成立乐平市农村党员干部现代远程教育工作办公室,副科级,核定事业编制3人。

浮梁县委组织部。1994年,内设机构为秘书股、干部股、组织股、知工调研股、老干部股,行政编制19人。1995年,划出1名行政编制到县委老干部局,编制总数18人。1997年,内设机构有秘书股、组织股、干部股、知工调研股、县老干部局(归口县委组织部,正科级)、县委组织员办公室(对外保留名称)、县委村建办公室(对外保留名称,正科级事业单位)。县直机关工委与县委组织部合署办公。行政编制23人(其中县委老干部局行政编制4人,县村建办公室行政编制1人),事业编制2人。2002年,内设机构有办公室、组织股、干部一股、干部二股(知识分子工作办公室)、县委组织员办公室、县委农村基层组织建设办公室。县直属机关工作委员会与县委组织部合署办公。行政编制18人,事业编制1人。2008年,成立浮梁县大学生村干部管理办公室,与县委农村基层组织建设办公室合署办公,成立中共浮梁县委党代表联络工作办公室。2009年,成立县农村党员干部现代远程教育办公室(挂县党员电化教育中心牌子),为县委组织部下属股级事业单位,事业编制4人。是年,县农村党员干部现代远程教育办公室增加1名事业编制,事业编制共5人。2010年,抽调1名行政编制用于纪检监察派驻(出)机构。增加1名工勤编制,行政编制17人,工勤编制2人。县委组织员办公室升格为副科级,为县委组织部内设机构,县农村党员干部现代远程教育办公室升格为副科级,为县委组织部下属事业单位。县农村党员干部现代远程教育办公室增加事业编制1人,事业编制共6人。

昌江区委组织部。1986年,称昌江区委组织部。1997年,区委组织部、区直机关工委合署办公,内设4个职能部门:秘书股、组织股、干部股、农村基层组织建设办公室。区委组织部机关(含机关工委)行政编制6人,事业编制2人。区委组织部、区直机关工委参照公务员制度管理。2003年,区委组织部机关(含机关工委)行政编制5人。2007年,农村基层组织建设办公室、组织员办公室设为组织部正科级内设机构。

珠山区委组织部。2002年12月,珠山区委组织部内设机构为办公室、干部股、组织员股。行政编制7

人(含区机关工委1人),事业编制1人。

高新区党工委组宣部。2007年,成立高新区党工委组宣部。

陶瓷工业园区组宣部。2010年12月,江西景德镇陶瓷工业园区管理委员会为正县级参照公务员管理市政府派出机构。内设机构为党政办、组宣部、建设环保局、科技及社会事业局、财政局、经济发展局、安全生产监督管理局、农林水利局。另有纪(工)委(监察室),纪工委为市纪委派出机构,监察室为市监察局派驻机构。自此,景德镇陶瓷工业园区组宣部正式成立。

宣传部机构

市委宣传部　1986年1月,市委宣传部内设秘书科、干部管理科、宣传科、理论教育科、教育科、文艺新闻科、党员教育科、对外宣传科8个科室。1989年6月,增设调研科。11月,增设企业思想政治工作科。1990年11月,市委宣传部核定行政编制27人、事业编制7人。1992年5月,增设市委对外宣传小组(对外文化交流协会)。

2002年10月,市委宣传部核定行政编制31人、事业编制8人。内设办公室、干部管理科、宣传科、理论科、党员教育科、学校教育科、企业宣传科、文艺科、新闻出版科、调研科、市精神文明建设指导委员会办公室、市委对外宣传办公室(市人民政府新闻办公室)12个科室。2004年12月,增设市文明办综合科、市文明办协调科、市文明办未成年人思想道德建设科、改革发展办公室。2007年7月,市委宣传部核定行政编制33人、机关后勤服务人员编制5人。

2008年6月,市委宣传部核定行政编制33人、机关后勤服务人员编制5人。内设办公室、干部管理科、宣传科、理论科、党员教育科、学校教育科、企业宣传科、文艺科、新闻出版科、调研科、市委对外宣传办公室(市人民政府新闻办公室)、市精神文明建设指导委员会办公室、市文明办综合科、市文明办协调科、市文明办未成年人思想道德建设科、改革发展办公室、市网络文化建设和管理领导小组办公室等17个科室。2009年5月,设立市网络文化研究中心,为市委宣传部下属正科级全额拨款事业单位,核定事业编制2人。

县(市、区)委宣传部　乐平市委宣传部。1991年,乐平县委宣传部行政编制12人,内设机构有秘书科、宣传科、理论科。1992年,成立县委报道组,事业编制3人。1996年,乐平市委宣传部行政编制20人,事业编制1人,内设人事秘书股、宣传股、理论股、精神文明建设活动委员会办公室。2002年,乐平市委宣传部行政编制18个,事业编制4个,内设人秘股、宣传股、理论股、文明办。至2010年,机构职能未变。

浮梁县委宣传部。1994年3月,浮梁县委宣传部核定行政编制12人,内设人秘股、理论教育股、宣传股、新闻文艺股。1997年5月,核定行政编制11人、工勤编制1人,内设人秘股、理论教股、宣传股、新闻文艺股、精神文明办。2002年12月,核定行政编制10人、工勤编制1人,内设秘书股、理论教育股、新闻宣传文艺股、精神文明建设活动办公室。至2010年,机构职能未变。

昌江区委宣传部。1986年,称昌江区委宣传部。2003年,昌江区委宣传部行政编制4人,事业编制1人,精神文明指导委员会办公室为内设机构,对外保留区精神文明指导委员会办公室牌子。至2010年,机构职能未变。

珠山区委宣传部。1986年,称珠山区委宣传部。2002年,珠山区委宣传部行政编制4人,事业编制1人,工勤人员1人。内设区委报道组,区精神文明建设办公室(对外保留牌子)、区外宣办。至2003年,区委宣传部机关内设办公室、理论宣教科、区委报道组、区精神文明建设办公室(保留正科级)。至2010年,机构职能未变。

文明办机构

市文明办　1986年,景德镇市"五讲四美三热爱"活动委员会下设"五四三"办公室,为市政府职能部门,属市局级机构,定编20人,设秘书、宣传教育、精神文明建设和监督检查4个科。1989年6月,市"五讲四美三热爱"活动委员会改名为市精神文明建设活动委员会,下设办公室(简称市文明办),同时建立市社会治安综合治理联席会议制度,下设办公室(简称市综合办),与市文明办合署办公,为市政府工作部门。1995年10月,市文明办并入市委宣传部,为宣传部的内设机构。1997年7月30日,成立市精神文明建设指导委员会,市委书记任主任,市长任第一副主任,下设办公室。2004年11月,市文明办恢复正县级别,仍为市委宣传部的内设机构,内设综合科、协调科、未成年人思想道德建设科。

县区文明办　乐平市文明办。1986年县政府内设“五四三”办公室。1996年,乐平市文明办公室为宣传部内设机构。

浮梁县文明办。1989年,浮梁县政府办内设“五四三”办公室。1990年,成立精神文明建设委员会办公室,与县政府办合署办公。1993年,为政府工作部门。1996年并入宣传部,为内设机构。

昌江区文明办。1986年,称“五四三”办公室,归口区政府。1996年,并入区委宣传部,为内设机构。

珠山区文明办。1985年2月,珠山区成立“五讲四美三热爱”活动委员会办公室。1989年7月,区“五讲四美三热爱”活动委员会办公室更名为珠山区精神文明建设指导委员会,下设办公室。1996年8月,区精神文明建设活动委员会办公室并入区委宣传部,为区委宣传部内设机构,对外保留名称。

统战部机构

市委统战部　1986年,市委统战部内设秘书科、社会科、工商科、宗教科。2002年,内设办公室、民主党派科、工商经济和港澳台及海外联络科、民族宗教科、干部科、宣传调研科,行政编制13人。2007年,市委统战部机关行政编制12人。2010年,市委统战部保持内设6个科室,定编15人,其中增加事业编制1人、工勤编制2人。

县(市、区)委统战部　乐平市委统战部。1986年,乐平县委统战部内设人秘股、民族宗教股,定编8人。1992年,随着乐平撤县设市,改称乐平市委统战部。2002年,市民族宗教事务局归口市委统战部,实行两块牌子、一套人马,合署办公。

浮梁县委统战部。1987年,鹅湖区委统战部、蛟潭区委统战部成立。1989年,撤区并县,浮梁县委统战部成立。1994年,浮梁县委统战部定编5人。2000年,增加编制1人。2003年6月,机构改革,县台湾事务办公室、外事侨务办公室、民族宗教事务局并入县委统战部。2004年4月,县台湾事务办公室划归县委办公室。2005年,县民族宗教事务办公室划归县政府办公室。2010年,县委统战部定编5人。

昌江区委统战部。1987年5月,昌江区委统战部成立。1995年,区工商联、侨联挂靠区委统战部。2010年,区委统战部定编4人。

珠山区委统战部。1987年3月,珠山区委统战部成立,定编2人。2010年,珠山区委统战部定编3人。

政法委机构

市委政法委　1983年8月,成立景德镇市委政法委员会。1988年,撤销市委政法委员会,成立市委政法委员会领导小组。1989年3月,市委政法委员会领导小组下设办公室,为正县级机构。1990年5月18日,撤销市委政法委员会领导小组,恢复市委政法委员会,下设办公室为正县级机构。1991年7月,成立市社会治安综合治理委员会,下设办公室。1992年,市政法委员会与市社会治安综合治理办公室合署办公。1996年,市委政法委与市社会治安综合治理委员会实行一个机构、两块牌子、一套人马,内设办公室、调研科、政工科、综治办,定编16人,其中行政编制12人、事业编制4人。1998年,增设执法监督科,与政工科合署办公。2002年,市政法委与综治办合署办公,内设办公室、政治处、调研科、执法监督科、维护稳定科、基层指导科、综合协调科,定编22人,其中行政编制18人、事业编制4人。2008年,增设矛盾纠纷排查调研科。2009年,定编27人,其中行政编制24人、事业编制3人。

县(市、区)委政法委　1989年,撤区并县,成立浮梁县委政法委员会。1990年,撤销珠山区委政法领导小组,成立珠山区委政法委员会。1993年,乐平市委政法委与综治办两块牌子、一套人马,合署办公。2000年,成立昌江区委政法委员会。全市政法机构名称和建制得到规范统一。至2010年,县(市、区)委政法委与综治办一套人马,合署办公。

农工部机构

市委农工部　1986年,全市农村工作由市农业委员会管理。1990年4月24日,市农业干部学校成立,为副县级事业单位,归口市农委管理。1996年,市农业委员会更名为市农村工作办公室,与市蔬菜办公室实行一个机构、两块牌子。1997年6月,正式使用景德镇市农村工作办公室名称,启用新单位名称公章。

2002 年，市委农村工作部成立，内设办公室、综合科、农业科、农村科、科教科 5 个职能科室，行政编制 15 人，事业编制 3 人。是年，市蔬菜办从市农村工作办公室划出，并入农业局。

县区委农工部　乐平市委农工部。2002 年 12 月，乐平市委农村工作部成立，为市委工作部门，下设办公室、山林水利土地纠纷调解办公室、综合调研股、农经科教股，挂乐平市新农村建设领导小组办公室、乐平市农村清洁工程领导小组办公室、乐平市农业产业化办公室牌子。核定人员编制 21 人（其中行政编制 18 人、事业编制 3 人），领导职数设部长 1 人，副部长 3 人。

浮梁县委农工部。1994 年 2 月，撤销浮梁县农业经济委员会，其农业区划职能并入县计委，其他职能并入浮梁县农业局。1995 年 7 月，筹建浮梁县委农村工作委员会和浮梁县人民政府农村工作办公室（两块牌子，一套人马）。1996 年 4 月正式成立，定编 7 人（行政编 6 人，事业编 1 人），内设机构有秘书股、生产开发股、基层技术股。2001 年 11 月，农业综合开发职能析出，成立县农业开发办。2002 年 9 月，撤销中共浮梁县农村工作委员会、浮梁县人民政府农村工作办公室，但工作延续。2003 年 2 月，成立浮梁县委农村工作部，定编 6 人，内设机构有秘书股、综合股。2005 年增加行政编制 1 人。是年 11 月，农工部增设浮梁县社会主义新农村建设试点工作领导小组办公室，属临时性机构。

昌江区委农工部。2003 年 3 月 22 日，昌江区委农村工作部成立，其前身是区委农村工作委员会及区政府农村工作办公室，为区委工作部门，设行政编制 2 人。

政研室机构

市委政研室　1986 年，市委政策研究室为正处级单位，内设综合科、工业政策研究科、农村政策研究科。2010 年，市委政研室有编制 18 人，其中机关本级行政编制 14 人，机关工勤编制 2 人，下属事业单位事业编制 2 人。机关设有秘书科、综合科、党建社会科、经济科和信息科；下属事业单位《景德镇党刊》编辑室（副县级）。主要工作是围绕市委重点工作，组织各部门调研力量，开展调查研究；参与起草市委重要文稿，为市委决策提供智囊服务；编辑发行《景德镇党刊》。

县（市、区）委政研室　乐平市委政研室。1986 年，乐平县委设有政研室，为正科级机构。

浮梁县委政研室。1989 年，浮梁县委政研室成立。1996 年，县委政研室为内设机构，归口县委办。2002 年，改为县委办内设机构。2003 年，县委政研室升格为正科级。

昌江区委政研室。1984 年，昌江区委设政策研究室。1996 年，归口区委办管理。2002 年为区委办内设机构。

珠山区委政研室。1984 年，珠山区委设政研室。1996 年归口区委办公室，2002 年为区委办内设机构。

台办机构

市委台办　1987 年，市委对台办公室增挂市政府台湾事务办公室牌子，并承担市台湾同胞接待工作。5 月更名为市委对台工作办公室，为市委正县级直属单位，下设秘书科、联络科、宣传科。1989 年 6 月，市委对台办公室增设经贸科。1992 年 3 月，更名为市委台湾工作办公室。2002 年 8 月，市委台办并入市委办公室，降格为副县级内设机构，对外保留市委台湾工作办公室和市政府台湾事务办公室牌子，下设综合宣传科、经济联络科。2004 年 11 月，市委台办改为归口市委办公室管理，为正县级。2007 年 4 月，成立景德镇市台胞接待服务中心，为全额拨款事业单位，编制 3 人，2009 年 6 月，将台胞接待服务中心列入参公单位。

县（市、区）委台办　乐平市委台办。1986 年，乐平县台办归口乐平县委办公室。

浮梁县委台办。1996 年，台湾工作办公室并入县委办，为职能股室。2002 年，与政府台湾事务办公室合署。

昌江区委台办。1990 年，设立对台湾工作办公室。1996 年 8 月，对台办并入区委办公室内设机构。2004 年 12 月，转为正科级行政单位，编制 1 人，与昌江区委办公室合署办公，无内设股室。

珠山区委台办。1986 年，珠山区对台工作由中共珠山区委办公室主管。1987 年 11 月 6 日，成立区委对台工作领导小组。1989 年 11 月，成立区委对台工作办公室。1996 年 8 月，并入区委办公室，为内设机构，对外保留对台工作办公室名称。2002 年 9 月，中共珠山区委对台湾工作办公室和珠山区人民政府台湾事务办公室并入区委办公室，为其内设机构，对外保留中共珠山区委对台湾工作办公室和珠山区人民政府台湾事务办公室牌子。

信访局机构

市委信访局 1986年11月5日,市委办公室和市政府办公室的信访科合并,成立市人民群众来信来访办公室,由市委和市政府共同领导。市信访办分别在市委、市政府机关设立群众接待室,有信访干部32人。1996年11月,市委、市政府信访办公室分设为市委办公室信访室(定编5人)、市政府办公室信访室(定编6人),为两办内设机构,信访室主任按副县级配备,信访室副主任按正科级配备。2002年10月,市委信访局、市政府信访局合设,一个机构、两块牌子,景德镇市委市政府信访局,正县级单位,归口市委办公室管理。内设办公室、接访科、督查综合科。行政编制10人,事业编制2人。2004年3月4日,市委市政府为民服务热线受理中心成立,为副县级参照公务员制度管理事业单位,归口市信访局管理,并于5月31日开通"12345"为民服务热线。2010年2月,设立市投诉受理中心,为市信访局内设正科级事业单位,编制6人。

县(市、区)委信访局 1987年,昌江区委信访办公室成立。1989年10月,珠山区委、区政府信访办公室成立。1999年6月,昌江区委、区政府信访局成立。2002年9月,珠山区委、区信访办公室更名为区委、区政府信访局。是年10月,乐平市委、市政府信访局成立。12月,浮梁县委、县政府信访局成立。均为正科级机构,归口县(市、区)委办公室,全市信访工作机构名称和建制得到规范和统一。

第二十五篇　人民代表大会

第一章　人大会议

市人民代表大会每年召开一次，特殊情况加开。主要议程是：听取和审议市人民政府、市人大常委会、市中级人民法院、市人民检察院工作报告，审查批准国民经济和社会发展计划执行情况和财政预算执行情况的报告，批准国民经济的计划和预算安排；选举人大常委会正、副主任，常委会委员和市政府正、副市长，市监察委正、副主任，市中级人民法院院长和市人民检察院检察长；通过人大代表议案，收集整理人大代表建议、批评和意见。1986—2010年，市第八届至第十三届人大共举行27次人民代表大会会议、170次常务委员会会议。

第一节　市人民代表大会会议

第八届人民代表大会

1986年4月21—26日在市政府礼堂举行第六次会议，出席会议代表506人。会议听取和审议市政府工作报告、景德镇市国民经济和社会发展第七个五年计划草案的报告、景德镇市人大常委会工作报告、关于我市一九八五年国民经济和社会发展计划执行情况与一九八六年国民经济和社会发展计划草案的报告、关于景德镇市一九八五年财政预算执行情况和一九八六年财政预算草案的报告、景德镇市中级人民法院工作报告、景德镇市人民检察院工作报告，会议完成法定议程，通过相关决议。补选胡仲愚、廉润生为市第八届人大常委会副主任，柯尔荣（女）、殷国光为副市长。

第九届人民代表大会

第一次会议　1987年6月30日至7月5日在市政府礼堂举行，出席会议代表283人。会议听取和审议市政府工作报告、市计委国民经济和社会发展工作报告、市财政局财政执行情况和预算工作报告、市人大常委会工作报告、法检两院工作报告等6个工作报告，通过相关决议。选举方综为市第九届人大常委会主任，方哲夫、吴早来、吴钟山、周国桢、谢家超、万彩凤（女）为副主任，舒滋生为秘书长，选举市人大常委会委员25人。选举舒圣佑为市长，殷国光、王伟科、柯尔荣（女）、喻长林、张桂生为副市长；选举邓国良为市中级人民法院院长，陈细银为市人民检察院检察长。

第二次会议　1988年1月4—6日在市政府礼堂举行，出席会议代表285人。会议选举出景德镇市出席江西省第七届人民代表大会代表；决定设立市第九届人民代表大会法制委员会、财政经济委员会、教育科学文化卫生委员会、城乡建设委员会，决定这4个专门委员会主任委员、副主任委员、委员名单；补选市九届人大常委会委员2人。

第三次会议　1988年4月26—30日在市政府礼堂举行，出席会议代表284人。会议听取和审议市政府工作报告、市计委国民经济和社会发展工作报告、市财政局财政执行情况和预算工作报告、市人大常委会工作报告、法检两院工作报告等6个工作报告，决定通过6个报告的决议。会议通过市人大《关于议案和建议、批评、意见若干问题的规定》。

第四次会议 1989年3月10—13日在市政府礼堂举行,出席会议代表285人。会议听取和审议市政府、市计委、市财政局等6个工作报告,通过6个报告的决议。会议补选市九届人大常委会委员1人。

第五次会议 1990年4月13—18日在市政府礼堂举行,出席会议代表285人。会议听取和审议市政府、市计委、市财政局等6个工作报告,通过6个报告的决议。会议补选市九届人大常委会委员4人。

第六次会议 1991年3月20—24日在市政府礼堂举行,出席会议代表284人。会议听取和审议市政府、市计委、市财政局等6个工作报告,通过6个报告的决议。审议批准市国民经济和社会发展十年规划和"八五"计划纲要,会议补选殷国光为市长、江西省七届人大代表,补选市第九届人大常委会委员4人,决定市九届人大财经委主任委员。通过改造市第一小学危房的议案。

第十届人民代表大会

第一次会议 1992年5月28日至6月2日在市政府礼堂举行,出席会议代表322人。会议听取和审议市政府工作报告、市计委国民经济和社会发展工作报告、市财政局财政执行情况和预算工作报告、市人大常委会工作报告、法检两院工作报告等6个工作报告,决定通过6个报告的决议。选举李孝来为市第十届人大常委会主任,万彩凤(女)、周国桢、谢家超、陈焕新、余南甫、王中信为副主任,胡耀邦为秘书长,选举出市人大常委会委员22人。选举殷国光为市长,管日顺、王伟科、柯尔荣(女)、张桂生、李水根为副市长;选举方永新为市中级人民法院院长,马博维为市人民检察院检察长。

第二次会议 1993年1月12—16日在市政府礼堂举行,出席会议代表329人。会议听取、审议并通过市政府、市计委、市财政局、市人大常委会、法检两院6个工作报告。选举出景德镇市出席江西省第八届人民代表大会的代表28人。

第三次会议 1994年3月4—8日在市工人文化宫影剧院举行,出席会议代表327人。会议听取、审议并通过市政府等6个工作报告。会议讨论通过关于在全市国家机关实行部门执法责任制的决议,补选市第十届人大常委会委员1人。

第四次会议 1995年1月16—20日在市政府礼堂举行,出席会议代表328人。会议听取、审议并通过市政府等6个工作报告。

第五次会议 1996年1月27日至2月1日在市政府礼堂举行,出席会议代表328人。会议听取、审议并通过市政府、市计委、市财政局等6个工作报告。审查、批准《景德镇市国民经济和社会发展"九五"计划和2010年远景目标纲要》。会议选举舒晓琴(女)为市长。

第六次会议 1997年1月24—28日在市政府礼堂举行,出席会议代表329人。会议听取、审议并通过市政府等6个工作报告。会议补选王伟科为市第十届人大常委会副主任。

第十一届人民代表大会

第一次会议 1997年12月26日至1998年1月2日在市政府礼堂举行,出席会议代表291人。会议听取、审议并通过市政府、市计委、市财政局、市人大常委会、法检两院6个工作报告。选举周庭祥为市第十一届人大常委会主任,王伟科、谢家超、刘夏石、王光秋、洪国良、熊国材为副主任,选举市人大常委会委员25人。选举舒晓琴(女)为市长,李水根、周华保、马宁等为副市长;选举张志海为市中级人民法院院长,方永新为市人民检察院检察长。选举景德镇市出席省九届人民代表大会代表28人。

第二次会议 1999年1月15—20日在市政府礼堂举行,出席会议代表291人。会议听取、审议并通过市政府、市计委等6个工作报告。选举刘爱才为市长,选举王晓茅为市人大常委会秘书长。

第三次会议 2000年1月20—25日在市政府礼堂举行,出席会议代表292人。会议听取、审议并通过市政府、市计委、市财政局等6个工作报告。补选王纯民为市十一届人大常委会委员。

第十二届人民代表大会

第一次会议 2001年6月29日至7月4日在市政府礼堂举行,出席会议代表286人。会议听取和审议市政府、市计委、市财政局等6个工作报告,通过相关决议,审查通过《关于景德镇市国民经济和社会发展第十个五年计划纲要的报告》及相应决议。选举周庭祥为市第十二届人大常委会主任,查炳炎、李水根、王光秋、马宁、余仰贤、梁莉莉（女）为副主任，王晓茅为秘书长，选举市人大常委会委员25人。选举郭建晖、周华保、谢茹（女）等为副市长；选举张志海为市中级人民法院院长，方永新为市人民检察院检察长；会议决定通过市十二届人民代表大会各专门委员会主任委员、副主任委员、委员人选。

第二次会议　2002年1月17—21日在市政府礼堂举行，出席会议代表286人。会议听取、审议并通过市政府、市计委、市财政局等6个工作报告。

第三次会议　2003年1月4—8日在市政府礼堂举行，出席会议代表286人。会议听取、审议并通过市政府、市发改委、市财政局等6个工作报告。选举出景德镇市出席省十届人民代表大会代表26人，补选胡孔林为市第十二届人大常委会副主任，补选王玉萍（女）、夏修全为市第十二届人大常委会委员。

第四次会议　2004年2月16—20日在市政府礼堂举行，出席会议代表286人。会议听取、审议并通过市政府、市发改委、市财政局等6个工作报告。选举曹林森为市中级人民法院院长，纪红华为市人民检察院检察长。

第五次会议　2005年1月18—22日在市财富大厦举行，出席会议代表291人。会议听取、审议并通过市政府、市发改委、市财政局等6个工作报告。选举虞国庆为市长，补选市第十二届人大常委会委员2人。

市第十三届人民代表大会

第一次会议　2006年12月6—9日在市群众文化活动中心会场举行，应到代表288人，实到代表282人，列席人员139人。会议听取和审议市政府、市发改委、市财政局等6个工作报告，通过相关决议。审查并批准市政府提出的《景德镇市国民经济和社会发展第十一个五年规划纲要》。选举马博维为市第十三届人大常委会主任，梁莉莉（女）、夏山东、叶永强、冯上延、伍枝勤、余昭安等为副主任；高坤麟为秘书长；选举市第十三届人大常委会委员24人。选举李放为市长，陈兴超、谢茹（女）、黄康明、于秀明、方府春等为副市长。选举夏克勤为市中级人民法院院长，徐胜平为市人民检察院检察长。会议决定通过市人大各专门委员会主任委员、副主任委员、委员人选。

第二次会议　2007年6月11—13日在市群众文化中心大会场举行，应到代表296人，实到代表269人，列席人员144人。会议听取、审议并通过市政府、市发改委等6个工作报告。补选市第十三届人大常委会委员3人。

第三次会议　2008年1月5—7日在市群众文化中心大会场举行，应到代表292人，实到代表256人，列席人员159人。会议听取、审议并通过市政府、市发改委等6个工作报告。补选市第十三届人大常委会委员1人。选举出景德镇市出席省第十一届人民代表大会代表25人。

第四次会议　2009年2月3—5日在市群众文化中心大会场举行，应到代表293人，实到代表273人，列席人员147人。会议听取、审议并通过市政府、市发改委等6个工作报告。补选李锐为江西省第十一届人民代表大会代表，补选余振泰为市人大常委会副主任，胡志荣为秘书长。会议表彰刘朝阳、方玉兰（女）、王曼丽（女）等30名优秀市人大代表。表彰市民政局、市发改委、市环保局等10个市人大工作先进单位。这是市人大常委会首次表彰优秀市人大代表和市人大工作先进单位。

第五次会议　2010年2月8—10日在市群众文化中心大会场举行，应到代表299人，实到代表281人，列席人员147人。会议听取、审议并通过市政府、市发改委等6个工作报告。补选市第十三届人大常委会委员3人。通过部分专门委员会主任委员、副主任委员。

从此次会议开始，除有重要选举事项，会议期间不再召开人大、政协两会中共党员会议；担任市人大代表的市长、副市长不再进入大会主席团；市人大常委会秘书长首次担任大会主席团常务主席。

第六次会议　2010年7月29—30日在市群众文化中心举行，应到代表295人，实到代表261人，列席人员147人。会议听取市长李放作的关于全市经济社会发展情况报告；视察市八大战略性新型产业和推进新型城镇化、城市建设重大项目和重点工程；补选吴龙强为市第十三届人民代表大会常务委员会副主任。

第二节 常务委员会会议

第八届人大常委会

1986年1月至1987年6月,共举行12次会议。1986年1—12月,举行第28～34次会议。会议听取和审议市政府关于"七五"计划的基本设想和1986年经济工作任务的报告、《景德镇市普通教育事业十年发展规划》的报告及其说明、吕西公路改造工程实施方案的报告,市八届人大五次会议代表议案和建议、批评和意见办理,市八届人大六次会议代表议案和建议、批评和意见办理,1987年国民经济计划建议数安排,计划生育工作情况的汇报。听取和审议相关单位关于上半年国民经济计划执行、上半年财政预算执行、1986年1—9月财政预算执行情况和部分预算调整报告,关于社会治安、民政工作、上半年农业生产形势和下半年工作意见、水利工作、计量工作、轻化工业生产、物价工作、审计工作情况的汇报。会议听取市中级人民法院关于审判经济犯罪案件情况的报告,市人民检察院关于打击经济犯罪情况的报告。听取和审议市人大常委会关于视察"普法"工作、陶瓷技术改造情况的汇报。通过《景德镇市城市园林绿化管理办法》《市人大常委会1985年工作总结和1986年工作要点》,审议通过关于补选市八届人大代表资格的审查报告、关于成立市选举委员会的决定。通过人事任免事项,其中第三十四次会议接受欧阳志凤辞去市长职务的请求,决定舒圣佑为代理市长,任命王伟科为副市长,决定舒滋生为市人大常委会代理秘书长。

1987年1—6月,举行第35～39次会议。会议听取和审议市政府关于全市《人民公约》执行情况和修改意见的汇报。听取和审议相关单位关于1987年国民经济和社会发展计划的报告(草案)、全市1986年财政决算和1987年财政预算的报告(草案)、法制宣传教育工作情况的汇报,关于制订《景德镇市固体废弃物管理办法》的说明,批准市政府关于《景德镇市固体废弃物管理办法》。审议通过代表资格审查委员会关于九届人大代表资格的审查报告,确认283名市九届人大代表资格全部有效。通过人事任免事项。

第九届人大常委会

1987年8月至1992年5月,共举行34次会议。1987年8—12月,举行第1～4次会议。会议听取和审议市政府关于落实粮食定购"三挂钩"(粮食合同定购同供应平价化肥、柴油及发放预购定金挂钩)和市场有关情况、市九届人大一次会议代表议案和建议、批评、意见办理情况的汇报。听取相关单位关于1987年1—10月财政预算执行情况和部分调整、社会治安、群众体育工作、贯彻执行《中华人民共和国食品卫生法》、民政社会福利工作、贯彻执行《中华人民共和国文物保护法》情况的汇报。听取市中级人民法院关于民事审判工作情况的汇报。听取市人大常委会关于市九届人大一次会议议案调查和处理意见的报告、关于视察福利工作的情况汇报,确定市人大常委会组成人员的分工。审议通过《市九届人大代表持证视察暂行办法》。通过人事任免事项,其中第一次会议集中任命32位市政府及其组成部门主要负责人。

1988年,举行第5～9次会议。会议通过市人大常委会《关于贯彻全国人大常委会〈关于加强民主法制维护安定团结保障改革和建设顺利进行的决定〉的决议》,听取市人大教科文卫委关于农村教育工作调查的情况汇报。听取和审议市政府关于省政府在景德镇市召开现场办公会主要情况的报告,关于副食品、蔬菜供应与市场价格,市九届人大三次会议议案和代表建议、批评、意见办理情况的汇报。听取市政府及法、检两院关于开展执法大检查及其中指定案件查处情况的汇报及相关单位关于上半年国民经济计划执行、上半年财政预算执行、1—10月财政预算执行情况和部分调整预算报告、计划生育工作情况的汇报。会议对市公安局、市城乡建设局、市工商局、市教育局关于1988年目标管理责任制制订、执行情况进行评议。会议听取和审议市人民检察院关于开展法纪人民检察工作的情况汇报。审议通过《市人大各专门委员会工作职责》《常务委员会议事规则》。批准市1987年度财政决算。通过人事任免事项。

1989年,举行第10～17次会议。会议审议通过关于补选代表的代表资格审查报告、评议市物价局等5个单位工作及其领导干部政绩的工作方案、检查企业法贯彻执行情况的视察方案、关于学习贯彻中共中央十三届四中全会精神的决议。听取和审议市政府关于撤销农村两个区、恢复浮梁县建制,全市民用煤气工程建设采用征收有偿使用费的集资办法，治理经济环境、整顿经济秩序、廉政建设，办理人大议案、代表建议、批评、意见等情况的汇报，批准《景德镇市1989—2000年义务教育修订规划》。听取相关单位关于开展廉政为重点的行政监察工作，贯彻执行企业法、技术合同法、环境保护法、土地管理法情况，1989年上半年国民经济计划执行情况及1989年国民经济计划预计完成情况和调整建议、1—7月预算执行、1989年全市财政预算部分调整报告，社会治安、人民调解、春耕生产、计划生育工作情况的汇报。九届十七次会议专题评议市教育局局长倪少成、市卫生局局长方明、市工商局局长黄华祥、市民政局局长施伟贤和市物价局局长胡诚仁、市土地局代局长张平的政绩。听取市中级人民法院关于经济犯罪案件审判工作情况的汇报，市检察院关于全市检察机关开展举报工作情况的汇报、关于贯彻两高"通告"的情况汇报，通过人事任免事项。

1990年，举行第18～24次会议。会议讨论市人大有关专门委员会关于九届人大五次会议95—97号建议调查及处理意见的报告、县乡人大换届选举工作情况的汇报。审议通过《市人大常委会人事任免暂行办法》。听取和审议市政府关于菜篮子工程实施，陶瓷节筹备工作，办理市九届人大五次会议代表议案和建议、批评、意见情况的汇报。听取和审议相关单位关于农业综合开发工作、春耕生产、贯彻实施土地管理法、传染病防治法、开展扫黄工作、1990年上半年国民经济计划执行、1990年1—7月财政预算执行、部分调整1990年财政预算报告、社会治安综合治理工作、粮食购销工作、科技兴农工作、执法检查、职业技术教育情况的汇报。听取和审议市中级人民法院关于贯彻实施行政诉讼法准备工作情况的汇报，市人民检察院关于1—8月开展反贪污贿赂斗争情况的汇报。通过人事任免事项，其中第二十次会议接受舒圣佑辞去市长职务的请求，决定殷国光为代理市长。

1991年，举行第25～30次会议。会议审议通过《市人大常委会同市人民政府、市中级人民法院、市人民检察院工作联系暂行办法》、关于市人民代表大会换届选举等决定。听取和审议市政府关于贯彻实施义务教育法、省计划生育条例、治理"三乱"（乱设卡、乱罚款、乱收费）工作、办理代表议案和建议、批评、意见，宗教工作情况的汇报。听取和审议相关单位关于普及法律常识第一个五年规划完成情况、贯彻实施城市居民委员会组织法、村委会组织法、森林法、文物保护法、会计法、食品卫生法、城市规划法、审计条例、城乡个体工商户管理暂行条例及1—8月财政预算执行情况和部分调整财政预算报告、1—8月国民经济计划执行、旅游工作情况的汇报。审议通过关于在全市公民中继续开展法制宣传教育的决定。审议通过人事任免事项，其中第二十六次会议接受市中级人民法院院长邓国良辞职的请求，任命方永新为市中级人民法院副院长，并决定其为代理院长。

1992年1—5月，举行第31～34次会议。会议审议市人大法制委关于抽查公安司法机关执法检查的情况汇报，审议通过关于推迟浮梁县及所辖乡、镇人大换届选举时间的决定。确定召开市十届人大一次会议的具体时间。听取和审议市教育局落实市九届人大六次会议"关于要求今年安排资金改造第一小学教学楼危楼的议案"的情况汇报、市中级人民法院关于执行工作情况的汇报。通过人事任免事项。

第十届人大常委会

1992年6月至1997年12月，共举行36次会议。1992年6—12月，举行第1～3次会议，会议听取和审议关于市十届人大一次会议两件代表议案调查情况的汇报，市人大常委会工作报告和1993年工作要点，将关于治理大洲瓷土矿工业尾砂入河问题的代表议案定为市十届人大一次会议议案。会议听取和审议市政府关于1992年上半年国民经济和社会发展计划执行，1992年上半年财政预算执行，实施外向型经济发展战略，实行对外开放、招商引资工作，办理市十届人大一次会议议案和代表建议、批评、意见等情况的汇报。听取和审议有关部门关于贯彻执行《国务院农民承担费用和劳务管理条例》《江西省农民负责管理条例》、科技兴农、社会治安综合治理情况的汇报。通过人事任免事项。

1993年，举行第4～10次会议。会议听取和审议市人大常委会关于1992年全市公安司法系统执法检查、农业和农村工作调查、市十届人大二次会议两件代表议案等情况的汇报，决定将其改为代表意见建议交由市政府处理，讨论通过关于贯彻实施企业法、全民所有制工业企业转换经营机制条例情况的视察活动方案。听取和审议市政府关于提请审议调整全市"八五"计划若干指标的报告，贯彻实施义务教育法情况和调整全市1989—2000年义务教育规划（修订）的报告，关于南门头旧城改造工程决策经过及实施步骤，市十届人大二次会议议案和代表建议、批评、意见办理,制定《南门头旧城改造拆迁安置实施办法》,实施妇女权益保护法、省社会治安综合治理条例、深化国合商业体制改革等情况的汇报。通过《关于批准调整我市'八五'计划若干指标的决定》《关于批准调整我市 1989—2000 年义务教育规划(修订)的决定》《关于批准调整 1993 年财政预算的决定》。听取和审议相关单位关于 1992 年上半年国民经济和社会发展计划执行、1992 年财政决算和上半年财政预算执行、开展以反盗窃为重点的"严打"斗争、开展反腐倡廉工作、实施"二五"普法规划情况的汇报。听取和审议市人民检察院关于查处侵权渎职案件、在反腐败斗争中查办大案要案情况的汇报。通过人事任免事项。

1994 年,举行第 11 ~17 次会议。会议听取市人大执法检查组关于公安司法系统开展执法检查,贯彻实施工会法、教师法、消费者权益保护法,关于惩治生产、销售伪劣商品犯罪等情况的汇报,市人大财经工委关于加固乐平市乐北联圩石堤段除险工程议案的调查情况与处理意见的报告,市人大内司工委关于调整行政区划议案处理意见的报告,选任联工委关于检查贯彻执行代表法的情况汇报。讨论通过《关于认真实施加固乐平市乐北联圩石堤段除险工程的决议》《关于加强代表工作,充分发挥人大代表作用的决定》《关于组织各级人大代表开展评议活动的办法》《市人大常委会组成人员守则》。听取和审议市政府《关于我市 1992—2000 年义务教育规划(调整)》执行情况、贯彻落实市十届人大常委会第 9 次会议《关于我市城市规划、建设和管理工作的评议和审议意见》、市十届人大三次会议代表所提议案和建议、批评、意见办理情况汇报。审议关于陶瓷节几个问题的议案,原则通过每两年举办一次较大规模的陶瓷节活动。审议批准筹集机动车节约经费用于瓷都大桥建设的议案。听取和审议相关单位关于全市农村工作、1994 年上半年财政预算执行、1994 年财政预算报告、职业技术教育情况的汇报,市公、检、法、司关于领导和指导所属市区基层执法单位开展自查自纠和接受人大代表评议,搞好评议整改工作情况的汇报,市人民检察院关于深入开展反腐败斗争情况的汇报。通过人事任免事项。

1995 年,举行第 18 ~24 次会议。会议听取和审议市人大执法检查组关于国家机关实行部门执法责任制、重点技改企业达产达标和"八五"一期陶瓷技改工程实施,检查土地管理法、兵役法及民兵工作条例执行情况的汇报。听取和审议市政府关于办理市十届人大四次会议三项议案和代表建议、批评、意见,市抗洪救灾和组织生产自救情况的汇报,市十届人大四次会议主席团交付审议的市政府提出的《关于加强我市特艺瓷生产经营管理的议案》《关于瓷都大桥连接道路沿线两侧严禁乱搭乱建,实行统一规划、统一建设的议案》《关于限期拆除市区煤烧圆窑的议案》。听取和审议相关单位关于物价工作、土地管理工作、1994 年财政决算和 1995 年市本级财政预算安排的报告,1995 年上半年财政预算执行、1995 年预算收支变化、1995 年上半年国民经济计划执行、深入开展严打斗争、整治社会治安、实施森林法、实施省义务教育经费筹措和使用管理办法等情况的汇报。听取和审议市中级人民法院关于民事审判工作情况的汇报、市人民检察院关于全市法纪检察工作情况的汇报。第二十二次会议集中评议市农牧渔业局、市土地管理局、市工商行政管理局、市机械工业局的工作。通过人事任免事项,其中第十九次会议任命舒晓琴(女)为副市长、代市长,接受殷国光辞去市长职务的请求,补选江西省第八届人民代表大会代表。

1996 年,举行第 25 ~30 次会议。会议审议批准《关于在全市公民中开展法制宣传教育的第三个五年规划》,讨论通过市人大常委会关于在全市公民中继续深入开展法制宣传教育的决议。听取和审议市政府关于办理市十届人大五次会议代表建议、批评和意见,抗洪救灾、生产自救工作,实施"教育两法"情况的汇报。听取和审议相关单位关于计划生育工作、减轻农民负担工作、1995 年市本级财政决算、1996 年 1—8 月财政预算执行、调整 1996 年市本级财政预算的情况报告,1996 年 1—8 月全市国民经济、社会发展计划执行、1995 年市本级财政预算执行和其他财政收支情况审计工作报告,实施税收征收管理法、专利法、母婴保健法、文物保护法及开展"严打"斗争、打击破坏森林资源违法犯罪活动专项斗争工作情况的汇报。会议分别听取和审议市农牧渔业局、市机械工业局、市工商管理局、市土地管理局局长贯彻落实市十届人大常委会第二十二次会议通过的评议和审议意见情况的汇报。通过人事任免事项,其中第二十六次会议任命李萍文为副市长。

1997 年,举行第 31 ~36 次会议。会议听取和审议关于开展"环保昌江行"活动、贯彻实施水法、水土保持法、人防法、台胞投资法及江西省实施办法情况的汇报，市人大常委会检查考核组关于对国家机关实行部门执法责任制工作检查考核情况的汇报，市人大教科文卫委关于调查新农合医疗情况的汇报。听取和审议市政府关于国有企业“三改一加强”（改制、改组、改造、加强管理）工作，陶瓷企业深化改革，办理市十届人大六次会议代表建议和批评、意见的情况汇报，审议《景德镇市城市总体规划（1996—2010 年）》议案。听取和审议相关单位关于 1996 年市本级财政决算及 1997 年上半年财政预算执行、调整 1997 年市本级财政预算，1996 年市本级预算执行和其他财政收支审计、1997 年上半年国民经济计划执行等情况报告，贯彻实施科技成果转化法、城市规划法、统计法、城市市容和环境卫生管理条例、省文化市场管理条例等情况报告，整顿全市电子游戏机活动场所情况、落实 1996 年市人大常委会通过的“评议和审议意见”情况的汇报。听取和审议市中级人民法院、市人民检察院、市公安局关于学习贯彻修改后的刑法、刑事诉讼法情况的汇报。听取市中级人民法院关于全市法院开展执法大检查情况的汇报。通过人事任免事项。

第十一届人大常委会

1998 年 1 月至 2001 年 6 月，共举行 23 次会议。1998 年 1—12 月，举行第 1 ~ 7 次会议。会议听取和审议关于农业和农村工作情况的调查报告、关于陶瓷历史博物馆的调查报告、对《要求治理乐安河水质污染、疏浚河道议案》的调查处理意见的报告，并通过实施议案的决议。听取和审议市政府关于非公有制经济发展，全市抗洪救灾生产自救工作，贯彻《市人大常委会关于治理大气污染限期拆除市区煤烧圆窑的决议》，办理市十一届人大一次会议议案和代表建议、批评、意见，贯彻实施国防法、税收征管法的情况汇报，关于调整 1998 年国民经济部分主要指标的议案，关于继续在市区限期拆改煤烧圆窑的意见的议案。通过关于批准市政府关于调整景德镇市 1998 年部分主要经济指标的决议。听取和审议相关单位关于 1997 年市本级财政决算（草案）及 1998 年前 9 个月财政预算执行情况和市本级财政预算变化、1997 年市本级预算执行和其他财政收支审计、1998 年上半年国民经济和社会发展计划执行、粮食流通体制改革、贯彻执行《江西省计划生育条例》工作、关于对市公安局实行收支两条线审计情况的汇报。听取和审议市中级人民法院、市人民检察院工作情况的汇报，并对“两院”工作进行评议。通过人事任免事项，其中第六次会议接受舒晓琴（女）辞去市长的请求，任命刘爱才为副市长，代理市长。

1999 年，举行第 8 ~ 13 次会议。会议讨论市人大常委会领导班子“三讲”整改计划及有关加大人大监督力度几个问题的规定，通过市人大常委会《关于受理对司法机关控告、申诉的暂行规定》《关于联系市人大代表办法》《关于议案和建议办理工作暂行办法》《关于组织人大代表对市政府组成部门进行测评的实施方案》。听取关于规划区大气污染防治工作，督促市政府和市中级人民法院、市人民检察院分别制定行政执法过错和司法错案责任追究暂行办法的情况汇报。听取和审议市政府关于 1999 年办好 10 件实事，浯溪口水利枢纽工程前期工作及城市防洪工程第一期（南河段）进展情况，贯彻市人大常委会关于认真实施“要求治理乐安河水质污染、疏浚河道的议案”的决议、农田水利基本建设，贯彻实施妇女权益保障法、职业教育法及办理市十一届人大二次会议代表建议、批评和意见情况的汇报，关于对全市 73 家国有工交企业的调研汇报。听取和审议相关单位关于开展“三五”普法工作，1998 年市本级财政决算（草案）及 1999 年前 5 个月财政预算执行情况、1999 年前 11 个月财政预算执行情况和市本级财政预算变化情况、1998 年市本级财政预算执行和其他财政收支审计、1999 年上半年国民经济计划执行，交通建设工程进展，贯彻实施传染病防治法、居委会组织法、建筑法、森林法、矿产资源法、档案法、水土保持法、计生条例，城市防洪工程湖田桥至南河口段工程建设，城市规划工作，垄断土地一级市场的工作，产品质量监督工作，养老保险和下岗再就业工作，1998—1999 年广播电视工作、体育工作，1998 年以来公安机关整体工作和受评自查自纠的情况，市乡镇企业局工作情况的汇报，并对上述部门工作进行集中评议。听取和审议市中级人民法院和市人民检察院关于贯彻落实市人大常委会评议和审议意见的情况汇报。通过人事任免事项，其中第十一次会议接受刘爱才辞去市长的请求。任命新的副市长、代理市长。

2000 年，举行第 14 ~ 20 次会议。会议听取和审议关于对搬迁南山革命烈士墓议案的调查论证、对拆改煤烧隧道窑议案的调查、抓紧编制全市旅游发展总体规划议案的调查等情况汇报，市人大代表团赴日访问濑户市情况的汇报。讨论通过组织市人大代表开展对市政府部门工作进行测评的实施意见，关于搬迁南山革命烈士墓的决议。听取和审议市政府关于对全市村(居)委会换届选举工作检查验收,景德镇筹建“国际陶瓷城”的规划及进展,房地产开发,学习绵阳经验、深化国有企业改革,城市防洪工程实施,办理市十一届人大三次会议代表议案和建议、批评、意见,改造市区煤烧隧道窑规划,推进国有企业改制,招商引资,调整“九五”计划部分指标的议案,拆改市区煤烧隧道窑规划情况,关于2000年市本级预算收支变化情况的报告。听取和审议相关单位关于贯彻落实人大评议和审议意见,贯彻实施城市规划法、统计法、农业技术推广法、文物保护法、人民防空法、义务教育法,2000年上半年国民经济计划执行、1999年市本级财政决算草案及2000年上半年财政预算执行、1999年市本级财政预算执行和其他财政收支审计,农业产业结构调整,城市道路路网规划,迎宾路拓展建设工程,机场经营管理,建设余土管理,城市占道经营整治,2000年1—8月公安工作,建筑工程项目质量监督,执行粮食政策等情况的汇报。听取和评议市外侨办、市科委的工作。听取市中级人民法院关于全市两级法院1999年开展“执行年”活动情况的汇报,市人民检察院关于查处渎职犯罪情况的汇报。通过人事任免事项。

2001年1—6月,举行第21~23次会议。会议讨论通过《景德镇市人民代表大会常务委员会关于景德镇市第十一届人民代表大会换届的决定》《景德镇市人民代表大会换届选举方案》。听取市政府关于景德镇旅游发展总体规划编制工作、办理市十一届人大会议代表建议和意见情况的汇报。听取和审议相关单位关于2000年开展打黑除恶斗争、维护社会治安,城市规划修改和实施,贯彻落实人大评议和审议意见,开展知识产权审判、促进知识经济发展,2000年查处贪污贿赂案件、打击经济犯罪等情况的汇报。通过人事任免事项。

市十二届人大常委会

2001年7月至2006年12月,共举行35次会议。2001年7—12月,举行第1~3次会议。会议听取和审议市人大财经委对《关于要求尽快建设景浮大道议案》《把206国道景德镇市至乐平杨家岭段建设一级公路议案》的调查论证情况汇报,市人大科教文卫委对《关于加快诸仙洞风景区重新划归寿安镇管理议案》《在北环路开发区兴建一所标准化小学议案》《加快洪岩风景名胜区建设步伐议案》的调查论证情况汇报,市人大环资委关于开展环境保护法执法检查情况的汇报。讨论通过《关于成立市十二届人大常委会代表资格审查委员会的议案》《关于市人大常委会组成人员加强与市人大代表联系的意见》。听取和审议相关单位关于保护昌江河水环境、2001年1—7月全市国民经济计划执行、2000年市本级财政决算草案及2001年1—8月财政预算执行、2000年市本级财政预算执行和其他收支审计、贯彻实施劳动法等情况的汇报。通过人事任免事项。

2002年,举行第4~9次会议。会议听取和审议市人大财经委关于视察全市城市建设部分重点项目、《建设景德镇陶瓷工业园区议案》调查论证情况汇报,市人大环资委对《关于综合整治昌江河议案》的调查论证、宗教工作执法检查情况的汇报,市人大选任联工委关于《景德镇市县级换届选举工作方案》的报告。听取市政府关于城市建设,办理市十二届人大一次会议代表议案、建议和意见,对市人大代表在市十二届人大二次会议上提出批评、意见和建议办理,党政机构改革方案起草报批,提请市人大常委会审议批准《景德镇市城市管理办法》等6个规范性文件的议案,全市规范性文件清理,编制《景德镇陶瓷振兴纲要》,贯彻执行执业医师法、人民调解委员会组织条例,评议省旅游局工作,农村税费改革,拆改煤烧隧道窑,办理《整治昌江河议案》等情况的汇报。听取和审议相关单位关于全市矿产资源管理秩序整顿工作、城市规划调整前期工作、加快工业发展步伐、备战江西省第十一届运动会、全市“四五”普法、参加全省第十一届全运会比赛结果情况、2001年市本级财政决算草案和2002年1—7月财政预算执行情况及2002年市本级财政支出预算变化情况、2001年度市本级财政预算执行和其他财政收支审计情况的汇报,批准2001年市本级决算。听取和审议市公、检、法机关开展“严打”整治斗争的情况汇报,审议通过市十二届人大二次、三次会议有关建议事项。通过人事任免事项。

2003年,举行第10~15次会议。会议听取和审议市人大环资委关于对《续湖联圩除险加固工程立项议案》调查论证情况报告,市人大选任联工委关于全市县级人大换届选举工作情况的汇报。听取和审议市政府关于贯彻传染病防治法和开展预防“非典”工作,全市“三农”工作,全市中小学危房改造,市十二届人大三次会议上代表提出议案、建议和意见落实情况,全市最低保障线工作,上半年国民经济运行,抗旱工作以及贯彻实施房地产管理法、人口与计划生育法、农村土地承包法、食品卫生法等情况的汇报，关于2002年市本级财政决算草案及2003年1—8月财政预算执行、2002年度市本级财政预算执行和其他财政收支的审计报告，审查批准2002年市本级财政决算。听取相关单位关于完成2003年财政预算任务具体工作思路、工业发展、完善打防结合机制强化社会治安整治、全市第五届村(居)委会换届选举工作、贯彻落实人大评议和审议意见、市交通工作、退耕还林、“一江两岸”规划设计方案、“打黄”工作等情况的汇报。听取市司法局、市广电局等10个政府组成部门工作情况汇报并开展测评，听取市中级人民法院关于民事审判情况的汇报。通过人事任免事项，其中第十五次会议任命占勇为副市长，任命并决定曹林森为市中级人民法院副院长、代理院长，纪红华为市人民检察院副检察长、代理检察长，接受张志海辞去市中级人民法院院长职务的请求，方永新辞去市人民检察院检察长职务的请求。

2004年，举行第16～22次会议。会议听取和审议市人大内司委《关于尽快迁建市强制戒毒所议案》的调查认证情况的报告，市人大财经委《关于制定景德镇新建住宅配套建设与交付使用管理办法议案》的调查认证情况的报告。听取和审议市政府关于调整2003年市本级财政预算的报告、贯彻落实《中共中央国务院关于促进农民增加收入若干政策的意见》的情况，市人大常委会关于加强环境与资源保护、限期治理昌江河决议，实施《国家开发银行政府信用贷款资金管理办法》及使用国家开发银行信贷资金，办理206国道——杨洪段议案，贯彻实施文物保护法、民办教育促进法、统计法情况，办理市十二届人大四次会议代表意见、建议、议案，办理《关于制定景德镇市新建住宅配套建设与交付使用管理办法》重点建议，1—7月国民经济运行、2003年市本级财政决算草案和2004年1—7月、1—10月市财政预算执行情况的汇报，审查批准2003年市本级财政决算。听取相关单位关于教育改革和发展、工业发展、落实市人大常委会评议审议意见整改工作，贯彻市委、市政府关于加快林业发展的实施意见情况的汇报。会议还对市水务局的工作进行集中评议。听取和审议市中级人民法院关于立案信访工作的情况汇报，市人民检察院关于预防超期羁押工作的情况汇报。通过人事任免事项，其中第十九次会议任命虞国庆为副市长、代理市长，刘德意为副市长，免去郭建晖等副市长职务。

2005年，举行第23～28次会议。会议听取和审议市人大财经委对《关于切实提升乐平公路网络水平，加快农村公路建设步伐的议案》《突出产业发展，做大做优陶瓷总量，应重点发展日用陶瓷的议案》《关于加大重点整治燃气梭式窑安全隐患力度议案》的调查报告，市人大内司委对《关于进一步加强社区工作平台建设，集中解决城区居委会办公及服务用房议案》的调查报告，市人大环资委关于开展全市饮用水安全调查情况的汇报。听取和审议市政府关于确定2005年为民办好20件实事，全力推进陶瓷产业振兴，举办2005年国际陶瓷博览会筹备，办理市十二届人大历次会议代表意见、建议和议案，1—7月国民经济运行，1—7月财政预算执行，规范国内外陶瓷展销，贯彻实施水污染防治法、安全生产法、农业法、档案法、人民防空法及推进全民创业、富民兴市工作，2004年市本级财政决算和2005年市财政预算变化、2005年财政预算外资金等情况的汇报。听取和审议相关单位关于评议整改工作、春耕备耕及农村劳务输出、城市公交事业发展、粮食工作情况的汇报。通过人事任免事项，其中第二十六次会议接受市人大常委会副主任余仰贤辞职。

2006年，举行第29～35次会议。会议审议通过市十三届人大一次会议有关建议事项。听取和审议市政府关于2005年为民办好20件实事、2005年国民经济和社会发展执行、2006年国民经济和社会发展计划(草案)、2005年财政预算执行、2006年财政预算(草案)、2005年市本级财政决算情况和2006年市本级财政预算变化、贯彻《江西省促进发展新型墙体材料条例》、实施市人大常委会《关于加大整治燃气梭式窑安全隐患力度的决议》、综合整治昌江河议案落实、举办2006年国际瓷博会筹备、贯彻土地管理法及有效保护土地资源等情况的汇报，市人大常委会《关于对市政府提请审议使用市农业发展银行新农村建设专项贷款资金有关事项的议案》的批复。听取相关单位关于工业经济发展、林权改革、司法所建设、气象工作、农业和农村工作情况的汇报。通过人事任免事项，其中第三十五次会议决定和任命李放为副市长、代理市长，于秀明为副市长。

市十三届人大常委会

2006年12月至2010年12月，共举行30次会议。2006年12月，第一次会议听取关于做好全市县、乡两级人民代表大会换届选举有关工作意见的报告,选举产生市十三届人大常委会代表资格审查委员会,补选李放为省人大代表,任命胡志荣为市人大常委会办公室主任。

2007年,举行第2~8次会议。会议听取和审议徐惠明等16位代表提出的《关于逐步建立健全失地农民的社会保障体系的议案》调查论证情况的汇报,市人大常委会执法检查组关于检查种子法及省种子管理条例的执法检查报告,市人大环资委关于检查《加强森林资源和林业生态建设的决议》和《江西省森林条例》实施情况的报告。听取和审议市政府关于景德镇市开放促进经济发展、食品药品安全工作、"五五"普法启动实施、2007年1—8月预算执行、2007年市财政预算变化,2007年上半年国民经济和社会发展计划执行、节能减排及污水处理等情况的报告。听取相关单位关于2005年市本级财政预算执行情况和其他财政收支审计工作报告中提出存在的问题整改落实情况、2007年上半年公安工作情况的汇报。会议审议通过市人大常委会《关于代表持证视察的暂行办法》《关于评选表彰优秀市人大代表和代表工作先进单位的方案》《关于加强和规范代表小组活动的若干意见》。通过人事任免事项,其中第二十四次会议任命卢正大为副市长,接受谢茹辞去副市长职务的请求,第二次会议还专题任命新一届市政府秘书长和32个组成部门主要负责人。

2008年,举行第9~14次会议。会议听取和审议市人大环资委关于尽快制定景德镇市环境污染地方性法规或规章的议案的调查论证报告,市人大外侨民宗工委关于瑶冲瑶族民族村新农村建设的调研报告。听取和审议市政府关于景德镇市抗冰救灾和灾后重建工作、2007年全省六项考核评价体系考评结果情况及工作打算、市十三届人大三次会议代表建议办理,2008年上半年国民经济和社会发展计划执行、2008年上半年财政预算执行、2007年财政决算草案和2008年1—10月财政预算执行、建立和完善城乡低保制度、实施重点项目建设、2008年市本级财政支出预算调整等情况的报告。审议通过市政府"关于将自来水公司向江西国际信托投资股份有限公司回购自来水业务经营收益权缺口资金纳入同期年度财政预算的议案""关于将景德镇至瑶里(虎头岗)二级公路项目补贴资金纳入同期年度财政预算的议案""关于使用市农业发展银行景德镇市城郊基础设施建设项目专项贷款资金有关事项的议案"。听取相关单位关于创建全国文明城市工作、新农村建设、2006年度市本级财政执行和其他财政收支审查工作报告中提出存在问题整改落实、耕地保护工作等情况的汇报。听取市中级人民法院关于开展集中清理执行积案活动情况的汇报,市人民检察院关于贯彻《江西省预防职务犯罪工作条例》情况的汇报。通过人事任免事项。

2009年1—12月,举行第15~20次会议。会议听取审议市人大常委会执法检查组关于检查档案法、森林法、残疾人保障法实施情况的报告,市人大外侨民宗工委关于宗教事务条例实施情况的报告,市人大财经委对余敏等代表提出的《关于优先发展城市交通方案》的调查论证报告,作出《关于优先发展城市公共交通的决议》,市人大常委会昌江河综合治理调查委员会关于昌江河综合治理调查情况的汇报,市人大环资委关于对全市引进项目环境与资源保护方面情况调查汇报。审议批复市政府《关于城市基础设施项目(二期)建设资金有关问题的议案》《关于乐平市农业生态科技园基础设施项目建设资金有关问题的议案》《关于景德镇市国有资产经营有限公司申请发行公司债券并将政府回购项目所需资金列入财政年度预算的议案》。听取和审议市政府关于市十三届人大四次会议代表议案、意见、建议办理情况的汇报,关于2009年上半年国民经济和社会发展计划执行、2009年上半年财政预算执行、2008年财政决算、《景德镇市国民经济和社会发展第十一个五年规划纲要》执行、贯彻落实《优先发展城市公共交通决议》等情况的报告。听取市行政服务中心等11个部门关于机关效能建设情况的报告,并进行专题询问。听取市综治办关于社会稳定情况,市妇女儿童工作委员会关于《景德镇市2001年—2010年妇女发展纲要》和《景德镇市2001年—2010年儿童发展纲要》实施等情况的报告。审议通过《关于景德镇市人大常委会组成人员加强与市人大代表联系办法(草案)》《景德镇市人大常委会听取和审议市人民政府、市中级人民法院和市人民检察院专项工作报告的试行规定》《景德镇市人大常委会讨论、决定重大事项的试行规定》《景德镇市人大常委会组成人员询问和质询试行办法》《景德镇市人大常委会审议意见办理的试行办法》。听取和审议代表资格审查委员会关于代表资格审查的报告。通过人事任免事项。其中第十五次会议任命沈薇、郭安为副市长,接受夏山东辞去市人大常委会副主任职务的请求,免去陈兴超副市长职务。

2010年1—12月,举行第21~30次会议。会议听取和审议市人大常委会执法检查组关于检查农产品质量安全法、台湾同胞投资法、食品安全法、水土保持法实施情况的报告，市人大财经委对胡新胜等代表提出的《关于要求新建景北大桥及通道议案》的调查论证报告，市人大内司委关于检察机关诉讼监督工作情况的视察报告，审议通过关于召开市十三届人大五次会议、六次会议有关建议事项。听取和审议市政府关于昌江河综合治理审议意见，办理市十三届人大四次、五次会议代表建议，粮食工作，推进新型城镇化和城市建设126项重点项目建设安排，重大项目和重点企业发展，2010年1—8月国民经济计划执行，2009年度市本级预算执行和其他财政收支的审计工作，市国民经济及社会发展第十二个五年规划纲要（草案）编制等情况的汇报。审议批复市政府关于将“江信国际·金象84号市民生工程集合资金信托计划”还款缺口资金列入同期年度财政预算的议案，景德镇至瑶里（虎头岗）二级公路项目补贴资金纳入同期年度财政预算的议案，景东大道建设工程有关项目建设资金的议案，将市土地储备中心向市农业商业银行股份有限公司贷款9000万元本息纳入市级财政预算有关事项的议案。审议通过关于《景德镇市城市总体规划（2009—2030）》的审议意见。听取市审计局关于2008年度市本级财政预算执行和其他财政收支审计工作报告中提出的问题整改落实情况的汇报。听取和审议市司法局、市人力资源和社会保障局、市建设局等10个政府部门关于开展创业服务年活动情况的报告，并就该10个部门开展创业服务年活动情况进行专项评议。通过人事任免事项。是年，第三十次会议接受李放辞去市长职务，叶永强辞去市人大常委会副主任职务，决定刘昌林为代市长。

第二章　机构　人员

1986—2010年，市人民代表大会第九届至第十三届常务委员会期间，设立市人大法制委员会、内务司法委员会、财政经济委员会、教育科学文化卫生委员会等专门委员会。专门委员会受市人民代表大会领导。在大会闭关期间，受市人民代表大会常务委员会领导。其常委会工作机构也多次调整，人员不断充实。2002年，市人大常委会行政编制35人，工勤事业编制17人。至2010年，市人大常委会实际在岗人员（常委会主任、副主任、秘书长不计其内）增加到37人，工勤人员22人。

第一节　常务委员会

市人民代表大会设立常务委员会，每届任期5年。常务委员会由该级人民代表大会在代表中选举主任、副主任、秘书长、委员若干人组成，闭会期间作为市人民代表大会的常设机关依法行使职权，向同级人民代表大会负责，并报告工作。市人大常委会主任、副主任、秘书长组成主任会议，处理常委会的重要日常工作。

2010年景德镇市人大机关大门

市第九届人大常委会

任期为1987年6月至1992年5月。组成人员40人，其中主任1人、副主任6人、秘书长1人、委员32人。

表 25-2-1　　1987—1992 年景德镇市第九届人大常委会主任、副主任一览表

职务	姓名	任期	职务	姓名	任期
主任	方　综	1987.6—1992.5	副主任	周国桢	1987.6—1992.5
副主任	方哲夫	1987.6—1992.5		谢家超	1987.6—1992.5
	吴早来	1987.6—1992.5		万彩凤(女)	1987.6—1992.5
	吴钟山	1987.6—1992.5			

市第十届人大常委会

任期为1992年6月至1997年12月。组成人员33人,其中主任1人、副主任7人、秘书长1人、委员24人。

表 25-2-2　　1992—1997 年景德镇市第十届人大常委会主任、副主任一览表

职务	姓名	任期	职务	姓名	任期
主任	李孝来	1992.6—1997.12	副主任	陈焕新	1992.6—1996.3
副主任	万彩凤(女)	1992.6—1997.12		余南甫	1992.6—1997.12
	周国桢	1992.6—1997.12		王中信	1992.6—1997.12
	谢家超	1992.6—1997.12		王伟科	1997.2—1997.12

市十一届人大常委会

任期为1997年12月至2001年6月。组成人员34人,其中主任1人、副主任6人、秘书长1人、委员26人。

表 25-2-3　　1997—2001 年景德镇市第十一届人大常委会主任、副主任一览表

职务	姓名	任期	职务	姓名	任期
主任	周庭祥	1997.12—2001.6	副主任	王光秋	1997.12—2001.6
副主任	王伟科	1997.12—2001.6		洪国良	1997.12—2001.6
	谢家超	1997.12—2001.6		熊国材	1997.12—2001.6
	刘夏石	1997.12—2001.6			

市十二届人大常委会

任期为2001年6月至2006年12月。组成人员38人,其中主任1人、副主任7人、秘书长1人、委员29人。

表 25-2-4　　2001—2006 年景德镇市第十二届人大常委会主任、副主任一览表

职务	姓名	任期	职务	姓名	任期
主任	周庭祥	2001.7—2006.12	副主任	马宁	2001.07—2006.12
副主任	查炳炎	2001.07—2006.12		余仰贤	2001.07—2005.07
	李水根	2001.07—2006.12		梁莉莉(女)	2001.07—2006.12
	王光秋	2001.07—2006.12		胡孔林	2004.01—2006.12

市十三届人大常委会

任期2006年12月至2011年9月。组成人员43人,其中主任2人、副主任9人、秘书长1人、委员31人。

表 25－2－5　　2006—2011 年景德镇市第十三届人大常委会主任、副主任一览表

职务	姓名	任期
主任	马博维	2006.12—2011.02
	王力农	2011.02—2011.09
副主任	—	2006.12—2007(终止)
	梁莉莉(女)	2006.12—2011.09
	夏山东	2006.12—2009.01
副主任	叶永强	2006.12—2010.02
	冯上延	2006.12—2010.12
	伍枝勤	2006.12—2011.9
	余昭安	2006.12—2011.9
	余振泰	2009.2—2011.9
	吴龙强	2010.7—2011.9

第二节　专门委员会

市人大法制委员会

1988 年 1 月 4—6 日，召开市九届人大二次会议，根据《中华人民共和国地方各级人民代表大会和地方各级人民政府组织法》，决定设立市人民代表大会法制委员会。1992 年 6 月，市十届人大一次会议决定市人大法制委员会终止。

内务司法委员会

1992 年 8 月 13 日，市十届人大常委会第一次会议决定设立市人大常委会内务司法工作委员会。1997 年，市第十一届人大设立内务司法委员会。

财政经济委员会

1988 年 1 月 4—6 日，市九届人大二次会议，决定设立市人民代表大会财政经济工作委员会。1997 年，市第十一届人大设立财政经济委员会，下设办公室。2007 年 7 月，市编制委员会批复设立市人大财政经济委员会预算科，编制由内部调剂。

教育科学文化卫生委员会

1988 年 1 月 4—6 日，市九届人大二次会议，决定设立市人民代表大会教育科学文化卫生工作委员会。1997 年，市第十一届人大设立教育科学文化卫生委员会，下设办公室。

城乡建设委员会

1988 年 1 月 4—6 日，市九届人大二次会议，决定设立市人民代表大会城乡建设工作委员会。1992 年 6 月，市十届人大一次会议，决定市人大城乡建设委员会终止。

环境与资源保护委员会

1998 年，市十一届人大常委会增设环境与资源保护委员会，下设办公室。

市人大农业和农村委员会

2004 年，市十二届人大常委会增设农业和农村委员会，下设办公室。

第三节　工作机构

市人大常委会办公室

1986 年，办公室下设秘书科、行政科。2007 年 2 月，市人大常委会党组会议决定将机关人事职责由选任

联工委移交办公室,并增设研究室。市人大常委会办公室内设秘书科、行政科、人事科、研究室、信访科、老干部科。

市人大常委会选举任免联络工作委员会

1989年1月17—18日,市九届人大常委会十一次会议决定,成立市人大常委会选举任免联络工作委员会,下设人事科、联络科。2007年,机关内部人事工作移交办公室管理,选任联工委的人事科改为办公室。

市人大常委会外事华侨民族工作委员会

1990年11月5—7日,市九届人大常委会二十三次会议决定,成立市人大常委会外事华侨民族工作委员会。1992年6月,市十届人大一次会议决定撤销外事华侨民族工作委员会。

市人大常委会外事华侨民族宗教工作委员会

2006年,市委批准设立市人大常委会外事华侨民族宗教工作委员会,下设办公室。

此外,第八届人大常委会还设立财政经济办公室、内务司法办公室、教育科学文化卫生办公室作为常委会工作机构。

第三章　主要工作

1986—2010年,市人民代表大会及其常委会,认真履行宪法和法律赋予的各项职权,依法履行本级地方国家机关职能,严格行使监督权、任免权、重大事项决定权,代表小组活动等各项工作逐步走上制度化、法制化、规范化的轨道,为推进依法治市,推动景德镇科学发展、绿色崛起发挥重要作用。

第一节　监督工作

执法检查

1987年6月至1992年5月,市九届人大常委会着力解决“有法不依、执法不严、违法不究”的问题,牵头组织综合性“执法大检查”活动,查处政府系统违法案件1800余件、法院系统违法案件2000余件;强化专项执法检查,先后对土地管理法、企业法、环境保护法、矿产资源法、水法等47部法律法规开展执法检查。

1992年6月至1997年12月,市十届人大常委会就义务教育法、工会法、统计法、土地管理法、兵役法、食品卫生法、科技进步法、专利法、母婴保健法、文物保护法、台胞投资法、水法、水土保持法、人防法、环保法、矿产资源保护法、《民兵工作条例》、《农民承担费用和劳务管理条例》及《江西省文化市场管理条例》等58部法律法规的实施情况开展专项执法检查81次,对全市公安司法系统进行执法大检查,检查刑法、刑事诉讼法等法律法规执行情况,推进公正司法。

1997年12月至2001年6月,市十一届人大常委会先后重点对农业法、科技进步法、教育法、村委会组织法、城市规划法、妇女权益保障法、环境保护法、计划生育管理条例等35部法律法规贯彻实施情况进行55次检查。

2001年7月至2006年12月,市十二届人大常委会先后对农业法、农村土地承包法、种子法、农业技术推广法、防洪法、气象法、传染病防治法、环境保护法、水污染防治法、水土保持法、大气污染防治法、工会法、劳动法、劳动保障条例等48部法律法规的执行情况进行检查,向市政府及有关部门提出若干建议、意见。配合全国和省人大常委会开展执法检查30次。

2006年12月至2010年9月,市十三届人大常委会先后对种子法、义务教育法、体育法、档案法、森林法、农产品质量安全法、台湾同胞投资法、食品安全法、水土保持法及江西省种子管理条例、江西省旅游管理条例、江西省宗教事务条例等十几部法律法规的执行情况进行检查，向市政府及有关部门提出若干建议、意见，配合全国人大及省人大就义务教育法、环境保护法等多部法律在景德镇市实施情况进行检查和调研。

视察调研

1987 年 6 月至 1992 年 5 月，市九届人大常委会抓住经济工作中心问题、关系社会稳定的焦点问题及群众普遍关心的热点问题，组织代表进行专项视察或专题调研，共组织 48 次综合性或专题性视察，进行 32 次专题调研，完成视察、调研报告 80 余篇，向市政府及有关部门提出若干建议、意见。

1992 年 6 月至 1997 年 12 月，市十届人大常委会先后组织代表对农业和农村工作、国企改革与发展、教育科学卫生多部法律法规实施情况、计划生育工作、社会综合治理等方面工作开展 132 次综合性和专题性视察、调研，完成视察调研报告 129 篇，向市政府及有关部门提出若干建议、意见。

1997 年 12 月至 2001 年 6 月，市十一届人大常委会先后就城防工程实施、城市规划建设、房地产开发、城市占道经营整治、环境保护、社会养老、再就业、社会治安、政府办理实事进展等方面，组织代表开展专题调研、视察 48 次，向市政府及有关部门提出若干建议、意见。

2001 年 7 月至 2006 年 12 月，市十二届人大常委会先后组织代表对城市基础设施建设、社区工作、陶瓷产业发展情况、“三农”（农村、农业、农民）工作、学校周边环境整治、环保工作、弱势群体保障等社会生活各个方面，开展调查和视察 327 次，向市政府及有关部门提出若干建议意见。

2006 年 12 月至 2010 年，市十三届人大常委会先后对全市经济社会发展情况进行调研、视察，包括：开放型经济发展、城市建设、推进全市重大项目建设、建设文化创意之都、旅游工作，“十一五”规划执行中经济总量、陶瓷发展、社会发展、节能环保等方面情况；重大项目和重点企业发展、陶瓷工业园区投产、在建重大项目和重点企业、园区外重大工业项目和重点工业企业、乐平重大工业项目情况；食品药品安全工作、宗教用地权属问题、乡镇人大工作、瑶冲瑶族民族村新农村建设、就业再就业工作、机关效能建设专项工作、全市人大工作会议精神落实、职业教育状况、昌江河综合治理、工业园区引进项目环境与资源保护、生态林业建设情况。完成重点专题调研报告 20 余篇，向市政府及有关部门提出若干建议意见。

评议工作

1987 年至 1992 年 6 月，市九届人大常委会先后对与人民切身利益关系密切、社会影响面较广的市公安局、市教育局、市工商局、市城乡建设局、市物价局等 10 个部门的工作进行检查评议，其中 1988 年对市公安、教育、工商、城建等部门首次进行公开评议。

1992 年 5 月至 1998 年 1 月，市十届人大常委会先后对公安、检察、法院、司法及其下属县区部门进行司法工作专项检查评议，对市农牧渔业局、市土地管理局、市工商行政管理局、市机械工业局、市体改委、市卫生局、市交通局及其主要领导的工作进行民主评议。

1998 年 1 月至 2001 年 6 月，市十一届人大常委会先后对市中级人民法院、市人民检察院、市公安局、市体委、市乡镇企业局、市外办、市科协 7 个部门开展工作评议，其中对法、检两院评议在全省尚属首次。市十一届人大常委会还对政府 36 个部门工作进行民主测评。

2001 年 7 月至 2006 年 12 月，市十二届人大常委会先后对 4 个部门进行工作评议，对政府 25 个部门的工作进行民主测评，对 2 名法官进行述职评议。

2006 年 12 月至 2010 年，市十三届人大常委会对政府有关部门工作进行两次大范围的民主测评，并进行专题询问。2007 年《中华人民共和国各级人民代表大会常务委员会监督法》颁布后，不再依靠代表广泛开展纯粹的工作评议，而询问作为重要的监督方式和创新形式在常委会会议上广泛使用，并取得良好的社会效果。2009 年 9 月 8 日，市十三届人大常委会第十九次会议听取市行政服务中心、市教育局、市公安局、市民政局、市国土资源局、市水务局、市卫生局、市环保局、市房管局、市工商局及市地税局等 11 个部门的机关效能建设专项工作情况汇报，并进行询问和评议。2010 年 11 月 30 日，市十三届人大常委会第二十九次会议听取市司法局、市人力资源和社会保障局、市建设局、市农业局、市林业局、市审计局、市国资委、市旅游局、市食品药品监督管理局及市国税局 10 个部门关于开展创业服务年活动情况的汇报，并进行询问和评议。

第二节　决议决定

第八届人大常委会

1986 年 1 月至 1987 年 6 月,市八届人大常委会批准《景德镇市 1986 年财政预算部分调整的决议》《景德镇市普通教育事业十年发展规划的决议》《景德镇市吕西公路改造工程实施方案的决议》。通过《关于召开市第八届人民代表大会第六次会议的决定》《关于市、县(区)、乡(镇)人民代表大会换届选举的决定》《关于召开市第九届人民代表大会第一次会议的决定》。

第九届人大常委会

1987 年 6 月至 1992 年 6 月,市九届人大常委会作出《关于巩固和发展我市职业中学教育的决定》《关于坚持代表联系制度的决定》。通过《关于浮梁县召开人民代表大会和乡镇提前进行换届选举的决定》《关于设置浮南地区人民检察院的决定》《关于在全市公民中继续开展法制宣传教育的决定》《关于召开市第九届人民代表大会第四次会议的决定》《关于浮梁县出席市第九届人民代表大会代表组的决定》《关于成立市人民代表大会常务委员会选举任免联络工作委员会的决定》《关于成立市人民代表大会常务委员会外事华侨民族工作委员会的决定》。批准《景德镇市 1989—2000 年义务教育修订规划》《景德镇市市政工程设施管理办法》《景德镇市城市建设综合开发暂行办法》、关于市政府提出制定《整治城市环境秩序的处罚规定》议案的决定。

第十届人大常委会

1992 年 6 月至 1998 年 1 月,市十届人大常委会作出《关于在全市国家机关实行部门执法责任制的决议》《关于进一步加强全市电子游戏机活动场所监督管理的决定》《关于限期拆除市区煤烧圆窑的决议》,随着该决议的贯彻落实,全市 183 座煤烧窑陆续关停,大气质量得到根本改善。通过《关于批准调整全市"八五"计划若干指标的决定》《关于批准调整全市 1989—2000 年义务教育规划(修订)的决定》《关于批准调整 1993 年财政预算的决定》《关于加强全市陈设瓷生产经营管理的决议》《关于在瓷都大桥连接道路沿线两侧严禁乱搭乱建,由政府实行统一规划、统一建设的决议》《关于修改市人大常委会议事规则的决定》《关于市人大常委会办事机构设置的决定》《关于认真实施代表法,充分发挥代表作用的决定》《市人大常委会关于加强自身建设,保障和促进全市改革开放和经济建设的决定》《关于召开市第十届人民代表大会第五次会议的决定》《关于修改〈景德镇市人民代表大会常务委员会人事任免暂行办法〉的决定》。通过每两年举办一次较大规模的陶瓷节活动的决议。

第十一届人大常委会

1998 年 1 月至 2001 年 7 月,市十一届人大常委会通过《关于调整我市 1998 年部分主要经济指标的决议》《关于景德镇市第十一届人民代表大会换届的决定》。作出《全面推进依法治市的决议》;对治理乐安河水质污染、疏浚河道的议案,拆改煤烧隧道窑的议案,编制全市旅游发展总体规划的议案,搬迁南山革命烈士公墓的议案作出相应的决议决定。

第十二届人大常委会

2001 年 7 月至 2006 年 12 月,市十二届人大常委会作出《关于把 206 国道洪源至乐平杨家岭段建设一级公路的决议》《关于加大重点整治燃气梭式窑安全隐患力度的决议》《关于进一步加快市城区居委会办公及服务用房建设的决议》《关于加强环境与资源保护、切实综合治理昌江河的决议》。通过《关于继续深入开展法制宣传教育的决议》《市人大常委会关于加强自身建设的决定》《关于加强饮用水源污染防治,确保饮用水安全的决议》《关于废止〈景德镇市城市管理办法〉等六个规范性文件的决定》。

第十三届人大常委会

2006 年 12 月至 2010 年 12 月,市第十三届人大常委会作出《关于优先发展城市公共交通的决议》。通过《关于召开景德镇市第十三届人民代表大会第四次会议的决定》《关于景德镇市2008年财政决算草案报告》的决议。此外，先后批复市政府有关融资议案10余件。

第三节　选举与任免

代表选举

选举市人大代表　《中华人民共和国选举法》和《江西省各级人民代表选举实施细则》规定："设区的市人民代表大会常务委员会主持本级人民代表大会代表选举，指导本行政区域内县级以下人民代表大会代表的选举。其日常工作由同级人民代表大会常务委员会选举工作机构办理。"1986—2010年，市人大常委会主持5次市人民代表大会代表的选举，依法确定市人大代表名额，会同各县（区）提出市人大代表候选人名单，指导名县（区）人大常委会召开代表大会选举产生新一届人大代表，组成代表资格审查委员会对市人大代表资格进行审查，对代表资格审查后，报市人大常委会确认。

市第八届人大代表名额确定为450人，第一次代表大会实际选举代表450人，其间具体代表人员有所变化。任期5年(1982年5月至1987年6月)。

市第九届人大代表名额确定为300人，第一次代表大会实际选举代表285人，后有所增减。任期5年(1987年6月至1992年6月)。

市第十届人大代表名额确定为330人，第一次代表大会实际选举代表322人，后有所增减。任期5年(1992年6月至1997年12月)。

市第十一届人大代表名额确定为300人，第一次代表大会实际选举代表291人，后有所增减。任期5年(1997年12月至2001年6月)。

市第十二届人大代表名额确定为300人，第一次代表大会实际选举代表286人，后有所增减。任期5年(2001年6月至2006年12月)。

市第十三届人大代表名额确定为300人，第一次代表大会实际选举代表296人，后有所增减。任期5年(2006年12月至2011年9月)。

代表资格审查委员会　《中华人民共和国地方组织法》规定，"县级以上的地方各级人民代表大会常务委员会设立代表资格审查委员会。代表资格审查委员会的主任委员、副主任委员和委员的人选，由常务委员会主任会议在常务委员会组成人员中提名，常务委员会通过"。代表资格审查委员会主要是审查本级人大代表换届选举和补选代表的选举换届是否符合选举法的规定。符合法律规定的，确认代表资格有效；不符合法律规定的，代表当选资格无效，并向本级人大或者人大常委会提出代表资格审查报告。市人大常委会代表资格审查委员会对代表资格审查后，报市人大常委会确认，然后予以公告。

表25－3－1　　1986—2010年景德镇市人大常委会代表资格审查委员会组成人员一览表

届别	成员		
	主任委员	副主任委员	委员
第九届	方哲夫	胡耀邦	朱训孝　汪毓华　陈海泉　周小剑　彭雨尘　余南甫　张志海
第十届	王中信	张志海	马承祖　朱训孝　闵金贵　姚秦秋（女）　曹新久　童淑玲（女）
第十一届	谢家超	王晓勇	冯干勤　李良育　李金香　杨乃发　黄宝珍（女）
第十二届	余仰贤	江新顺	蒋云国　李金香　冯干勤　陈秋明　黄宝珍
第十三届	冯上延	江新顺	周景伟　吴长寿　江　萍　陈秋明　占子松

选举省人大代表　《中华人民共和国地方各级人民代表大会和各级人民政府组织法》规定,省人民代表由市人民代表大会选举和补选。市人民代表大会闭会期间,由市人大常委会补选。1986—2010 年,市人民代表大会根据省人大常委会分配的名额,选举省人大代表 4 次共 105 人。

表 25-3-2　　1986—2010 年景德镇市出席历届省人民代表大会代表名单一览表

届别	代表姓名
第八届	江国镇、李孝来、殷国光、喻长林、马金香、王光秋、占班贵、汪文雅、黄文楼、范希贤、周华保、潘水莲、胡含章、徐建国、徐希祉、刘远长、许乃诚、陈青荣、程金根、吴抗生、胡焕文、李廷干、吴晓平、闵金贵、杜志刚、刘浩元、史小莲、谭凤群
第九届	朱治宏、陈锡文、王文才、毕必胜、孙雅光(女)、殷国光、舒晓琴(女)、周庭祥、李金香、刘德意、冯干勤、马承祖、黄宝珍(女)、徐建国、李良育、章琦、余仰贤、余传玖、杨国范(女)、刘香枝(女)、吴桂平(女)、吴彩云(女)、王炳火、李欣、刘明寿、余润保、方霞云(女)、向心丹
第十届	王明善、弘强、孙一先、肖利平、虞国庆、周庭祥、冯干勤、吴光辉、黄宝珍、刘朝阳、陈秋明、曹雄泰、吴彩云、郝来春、万世杰、王炳火、李金有、熊皓、左国雄、余少良、石少华等
第十一届	马博维、王晓勇、王曼丽(女)、石少华、占子松、史文清、全文甫、江萍(女)、李放、吴长寿、余望龙、沈薇(女)、张友南、张良华、陈秋明、陈根荣(女)、林群、周景俭(女)、徐晓泉、徐毅、陶永昌、黄志坚、蔡景章、熊皓等

人事任免

任免国家机关工作人员,是法律赋予市人大常委会的重要职权。1982 年 6 月至 1987 年 6 月,市第八届人大常委会共任免市级国家机关工作人员 233 人,其中市人大常委会工作人员 25 人,市政府工作人员 113 人,市中级人民法院、人民检察院工作人员 95 人。1987 年 8 月,市第九届人大常委会第一次会议任免机关工作人员 32 人。1991 年 1 月至 1992 年 12 月,共任免机关工作人员 110 人次。1993 年 1 月至 1997 年 12 月,共任免机关工作人员 174 人。1998 年 1 月至 2000 年 12 月,市第十一届人大常委会任免机关工作人员 144 人。2001 年 1—12 月,市第十一届、十二届人大常委会任免机关工作人员 43 人。2002 年 1 月至 2006 年 12 月,市第十二届人大常委会共任免机关工作人员 188 人。

2006 年 12 月至 2010 年 12 月,市第十三届人大常委会共任免国家机关工作人员 198 人,其中任命市人大常委会工作人员 5 人,辞职 2 人;任命市政府组成人员 64 人,辞职、免职 18 人;任命审判人员 43 人,免职 25 人;任命检察人员 26 人,免职 15 人。

第四节　议案建议办理

1987—1991 年,市第九届人民代表大会共收到议案建议 551 件。市人大常委会将“关于要求解决中小学危房、重点改造市第一小学教学楼的议案”,交市政府办理。市政府对这一案件极为重视,召开会议研究办理措施,制定危房改造工程设计方案,确定市第一小学校舍改建后面积为 4000 平方米,投资 166 万元。

1992—1997 年,市第十届人民代表大会共收到议案 97 件、意见和建议 413 件。市人大常委会将“关于治理大洲瓷土矿工业废渣(尾砂)入河问题的议案”“改造新村地区下水管道建议”,转交市政府办理。为整治大洲瓷土矿工业废渣入河问题,市政府组织有关部门工作人员进行现场勘察,编制治理方案,筹措资金 40.55 万元,由市水务局负责实施。改造新村地区下水道,由城建部门组织人员对下水道进行清掏,实施维修改造,改造工程在 1992 年 5 月底汛期来到之前全面完成,代表所提出的议案和建议得到及时办结。

1998—2000 年,市第十一届人民代表大会共收到议案建议 363 件。市人大常委会将代表议案建议,转交市政府及有关部门办理,为督促议案建议办理,市政府对代表议案建议办理情况进行检查督办,加快办理进度,提高办理质量,代表议案建议得到及时办结,办复率为 100%。

2001—2005年,市第十二届人民代表大会共收到议案建议401件。市人大常委会将“关于要求把206国道景德镇洪源至乐平杨家岭段建成一级公路的议案”“关于强化市办证大厅整体功能的建议”“关于续湖联圩除险加固工程立项的建议”“关于整治昌江河议案”列为重点提案,及时转交“一府两院”办理。为督促议案和意见、建议的办理,逐步从重答复向重落实转变,抓好办复率、走访率、办结率、满意率。组织代表到重点承担单位检查,召开督办会,提出办理要求,还深入县(市、区)进行调查了解,听取代表意见,促进问题解决。其中“关于整治昌江河议案”,市人大常委会作出《关于加强环境与资源保护,切实综合治理昌江河的决议》,提出治理昌江河近期和远期治理目标。“关于要求把206国道景德镇洪源至乐平杨家岭段建成一级公路的议案”,在市政府的协调下,加快工程进度,于2004年8月竣工通车。市人大常委会加强对市十二届人大会议代表议案建议的办理,实行跟踪督办,并向代表呈送“对办理情况满意度反馈表”,收集代表意见,召开现场督办会,让代表与承办部门面对面沟通,代表提案得到及时办结,办复率100%。

2006—2010年,市第十三届人民代表大会会议期间共收到议案建议442件,闭会期间收到代表建议意见200余条。市人大常委会将“关于尽快制定景德镇市《新建小区教育的实施办法》的议案”“关于加速建设、限期建成景德镇市污水处理厂的议案”“关于加快全市体育中心建设举办市十一届运动会的建议”“关于逐步建立健全失地农民社会保障体系议案”“关于进一步加大对食品卫生安全保障工作支持力度的建议”列为重点建议,交市政府办理。市政府召开代表议案、建议及意见专题督办会,对代表所提议案、建议和意见按不同类别落实责任单位和责任人进行专门督办。市人大常委会领导首次实行领衔督办重点议案建议。通过一系列举措,多数议案意见和建议得到落实,其中“关于进一步加大对食品卫生安全保障工作支持力度的建议”,市政府认真落实,在财政预算中安排不少于20万元的卫生监督专项经费,加强食品卫生安全监管工作。“关于切实解决新206国道新桥路口及与鱼丽公路交叉十字路口交通安全隐患的建议”“关于大力整治网吧的建议”“关于加快、加强建设十里岗乡光荣敬老院的建议”,市政府及有关部门召开协调会,制定整改措施,落实资金,限期解决。代表所提出的议案、意见和建议全部办结,答复代表、办复率100%。

第五节　其他工作

工作会议

1989年8月29—30日在景德镇饭店召开全市人大工作座谈会。市委、市人大常委会、市政府、市中级人民法院、市人民检察院的领导,市委各部门、市人大各委办负责人,各县、区党委、人大、政府、法院、检察院主要领导及各乡镇人大主席团常务主席出席会议。会议学习讨论市委《关于进一步加强人大工作的几点意见》,市人大常委会主任方综、副市长殷国光、法院院长邓国良和检察院检察长陈细银先后发言。

1994年1月21—22日,市委召开全市人大工作会议。讨论研究新形势下,进一步加强党对人大工作的领导,坚持和完善人民代表大会制度,充分发挥地方国家权力机关的作用等问题。市委、市人大常委会、市政府、市政协、景德镇军分区、市中级人民法院、市人民检察院的领导,各县(市、区)书记、人大常委会主任,市委各部门、市人大常委会各专工委、市直各单位、各群众团体及新闻单位负责人参加会议。会议还讨论关于在全市国家机关实行部门执法责任制等4个文件征求意见稿,表彰1993年创造争优活动中的先进代表小组、优秀市人大代表。

2008年10月15日,市委在二楼会议厅召开全市人大工作会议。研究部署在新形势下进一步加强和改进党对人大工作的领导,努力实现人大工作水平新提高。市委、市人大常委会、市政府、市中级人民法院、市人民检察院的领导,市委各部门、市人大各委办负责人,各县(市、区)党委、人大、政府领导,市直各单位主要领导,市工、青、妇主要领导100余人参加会议。会后,市委下发《关于进一步加强人大工作的意见》,首次明确市人大及其常委会各委、办的专项工作经费,提出设立人大街道工委的要求。

2010年6月25日,在市人大机关六楼会议厅召开全市人大工作座谈会。胡志荣代表市人大常委会汇报全市贯彻落实省、市人大工作会议精神的情况。夏克勤、徐胜平分别结合“一府两院”工作的实际,从接受人大监督的角度,汇报贯彻落实省、市人大工作会议精神的情况。

信访工作

市人大常委会信访工作归口市人大常委会办公室信访科。1987 年 8 月至 1992 年 5 月,市第九届人大常委会履职期间,共接待人民代表和人民群众来访 3682 人次,受理来信 1495 件。1992 年 6 月至 1997 年 12 月,市第十届人大常委会履职期间,共接待人民代表和人民群众来访 2422 人次,受理来信 1147 件。1998 年 1 月至 2001 年 6 月,市第十一届人大常委会信访科共接待来访 2284 人次,受理来信 695 件。2001 年 7 月至 2006 年 12 月,市第十二届人大常委会共接待群众来访 6807 人次,阅处来信 1344 封,开设短信热线,收到群众短信建议、意见 1215 条。2006 年 12 月至 2010 年 12 月,市第十三届人大常委会共接待群众来访 503 批 1869 人次,阅处来信 424 件,落实省人大交办的信访件 18 件。来访来信经整理后交有关部门办理,通过信访工作,化解社会矛盾,维护人民群众的合法权益。

宣传工作

市人大常委会的宣传工作由常委会办公室承担,主要通过《景德镇日报》、景德镇电视台、《瓷都晚报》对全市开展宣传,通过机关内刊向代表通报常委会监督工作。1989 年,市人大常委会办公室创办机关内刊《景德镇人大工作》,后改名《瓷都人大工作》,2007 年,改名《瓷都人大》,2008 年 5 月,由双月刊改为单月刊,发行范围也扩大到县人大代表。每季度召开一次通讯员会议。1992 年 2 月 12 日开始,首次评选宣传人大制度好新闻活动,历时 5 个月,共收到市人大常委会机关、各新闻单位和县、区人大常委会推荐的在国内公开发布的新闻稿件 20 篇,经评选,有 10 篇获一、二等奖,其中 5 篇被推荐参与全省评选,有 2 篇分别获省二、三等奖。6 月 30 日,市人大常委会召开"好新闻"颁奖大会,向获奖作者颁发荣誉证书和奖品。是年,组织开展纪念宪法颁布实施 10 周年系列活动。6 月,举办普及宪法知识"红光杯"电视竞赛活动,经初赛、预赛和决赛,市机械局、市物资局、乐平矿务局、驻市 32160 部队、昌江区、市商业局代表队分别获一、二、三等奖。10 月 19 日,组成景德镇市代表队参加全省普及宪法知识电视竞赛,并获亚军。10 月 22 日,召开全市地方人大工作暨纪念宪法颁布实施 10 周年理论研讨会,交流论文 25 篇,经评选,17 篇论文分别获一、二、三等奖和鼓励奖。12 月 1 日,召开全市纪念宪法颁布实施 10 周年座谈会,市 6 套领导班子、市中级人民法院、市人民检察院和市委宣传部、各新闻单位负责人,各群众团体、民主党派、工人、农民和居民代表进行座谈。2002 年,为纪念市人大常委会设立 20 周年、宪法颁布实施 20 周年和代表法颁布实施 10 周年,组织开展人民代表大会制度和宪法、代表法的宣传活动。开展全市第十一届宣传人民代表大会制度新闻评选,有 2 篇参省评选作品分别获一、二等奖。全年在全国、省、市三级新闻单位和有关刊物发稿 224 篇,利用《瓷都人大》平台,广泛宣传市民主政治建设和人大工作。2006 年,在全省设区市率先建立景德镇人大网站。2008 年,网站进一步规范内容设置和管理,网站分设"人大要闻""县区动态""监督工作""代表工作""建议办理"等 10 余个栏目,及时发布市、县两级人大工作信息,公开监督工作。

交流访问

1992 年 11 月 24—26 日,闽浙赣皖四省九市人大工作第二次联席会在景德镇市召开,出席会议的有丽水、南平、黄山、衢州、金华、上饶、抚州、鹰潭、景德镇 9 个地市人大常委会及有关部门领导 40 余人。会议围绕加强人大工作这一主题,总结交流经验,探索加强人大工作的新路子。1994 年 10 月 10—12 日,由市人大常委会倡议并承担的全国主要陶瓷产区人大工作联系会在景德镇市举行。出席会议的有唐山市、邯郸市、淄博市、佛山市、醴陵市、德化县和景德镇市人大常委会及部分地区政府分管陶瓷经济工作的领导共 30 余人。会议围绕"服务经济建设、努力做好人大工作,加强社会主义民主法制建设,促进社会主义市场经济发展"这一主题展开交流和讨论。与会人员参加"景德镇 990 周年庆典暨第五届国际陶瓷节"的开幕式和专项活动。1995 年以后,交流会每年轮流举行。此外,市人大常委会还先后参加和承办全国四省九市人大工作座谈会、南方部分城市人大工作联席会两项区域性人大交流会。1999 年 10 月 25—27 日,以议长林聪为团长的日本濑户市议会代表团一行 11 人,对景德镇市进行友好访问。这是国外议会代表团首次专程到景德镇市访问。双方就各自工作职能、机构设置、人员配备等交流情况,就双方共同关心的陶瓷生产、教育工作等问题交换看法。濑户市与景德镇市由此结为友好关系城市。

2000年10月21—23日，应日本濑户市议会议长林聪邀请，以周庭祥为团长的市人民代表大会代表团对日本濑户市议会进行友好访问，参观考察爱知县陶瓷工业展示馆、濑户市历史民俗资料馆、中外陶园和穴田·晓·晓西部工业开发区，就进一步拓展两市交流和合作领域进行会谈和探讨，并达成共识。2002—2004年，市人大常委会加强与外省、市人大联系与交往，先后派员赴唐山、邯郸市参加全国主要陶瓷产区人大工作联席会和在衢州、南平市召开的闽浙赣皖四省九市人大工作联席会，通过加强联系与交流，拓展工作视野。

第二十六篇　人民政府

第一章　政府组成

1986年,市政府设有机构35个。1995—1997年,机构改革,设有机构45个。2005年,在2002年机构改革的基础上进行调整,设有机构32个。2010年,设置机构31个。乐平市、浮梁县、昌江区、珠山区机构与市对口设置,少数机构结合县(市、区)特点未予对口。

1987—2010年,先后选举产生第九届、第十届、第十一届、第十二届、第十三届的市政府领导班子,各领导分工负责,领导政府各项工作。

第一节　组成人员

第九届市政府主要组成人员

第九届市政府任期为1987年7月至1992年5月。舒圣佑、殷国光先后任市长,殷国光、王伟科等6人先后任副市长。

表26-1-1　**景德镇市第九届市政府市长、副市长一览表**

职务	姓名	任职年月	职务	姓名	任职年月
市长	舒圣佑	1987.7—1990.5	副市长	柯尔荣(女)	1987.7—1992.5
代市长	殷国光	1990.5—1991.2		喻长林	1987.7—1992.6
市长	殷国光	1991.3—1992.5		张桂生	1987.7—1992.5
副市长	殷国光	1987.7—1991.3		管日顺	1992.4—1992.5
	王伟科	1987.7—1992.5			

第十届市政府主要组成人员

第十届市政府任期为1992年6月至1997年12月。殷国光、舒晓琴(女)先后任市长,管日顺、王伟科等8人先后任副市长。

表26-1-2　**景德镇市第十届市政府市长、副市长一览表**

职务	姓名	任职年月	职务	姓名	任职年月
市长	殷国光	1992.6—1995.3	副市长	管日顺	1992.6—1996.10
代市长	舒晓琴(女)	1995.3—1996.1		王伟科	1992.6—1996.12
市长	舒晓琴(女)	1996.1—1997.12		柯尔荣(女)	1992.6—1997.12

续表 26－1－2

职务	姓名	任职年月	职务	姓名	任职年月
副市长	张桂生	1992.6—1997.12	副市长	李萍文(女)	1996.5—1997.12
	李水根	1992.6—1997.12		—	1996.12—1997.12
	王俊纲	1996.10—1997.12			

第十一届市政府主要组成人员

第十一届市政府任期为 1997 年 12 月至 2001 年 6 月。舒晓琴(女)、刘爱才等先后任市长,李水根等 5 人先后任副市长。

表 26－1－3　　**景德镇市第十一届市政府市长、副市长一览表**

职务	姓名	任职年月	职务	姓名	任职年月
市长	舒晓琴(女)	1997.12—1998.11	副市长	李水根	1997.12—2001.7
代市长	刘爱才	1998.11—1998.12		—	1997.12—2001.6
市长	刘爱才	1999.1—1999.8		周华保	1997.12—2001.6
代市长	—	1999.8—2000.1		—	1997.12—2001.6
市长	—	2000.1—2001.6		马宁	1997.12—2001.6

第十二届市政府主要组成人员

第十二届市政府任期为 2001 年 7 月至 2006 年 11 月。虞国庆等先后任市长,郭建晖等 10 人先后任副市长。

表 26－1－4　　**景德镇市第十二届市政府市长、副市长一览表**

职务	姓名	任职年月	职务	姓名	任职年月
市长	—	2001.6—2004.7	副市长	刘德意	2004.6—2006.11
代市长	虞国庆	2004.7—2005.1		汪天行	2002.6—2006.11
市长	虞国庆	2005.1—2006.11		周华保	2001.7—2006.11
副市长	郭建晖	2001.6—2004.6		占勇	2001.7—2003.11
	—	2001.7—2004.6		李放	2006.11—2006.12
	谢茹(女)	2001.7—2006.12		—	2004.8—2006.11
	占勇	2003.9—2006.12			

第十三届市政府主要组成人员

第十三届市政府任期为 2006 年 12 月至 2011 年 10 月。李放、刘昌林先后任市长,谢茹(女)等 10 人先后任副市长。

表 26－1－5　　**景德镇市第十三届市政府市长、副市长一览表**

职务	姓名	任职年月	职务	姓名	任职年月
市长	李放	2006.12—2010.12	市长	刘昌林	2011.2—
代市长	刘昌林	2010.12—2011.2	副市长	—	2006.12—2011.8

续表 26－1－5

职务	姓名	任职年月	职务	姓名	任职年月
副市长	谢茹(女)	2006.12—2007.6	副市长	卢正大	2007.7—2011.9
	陈兴超	2006.12—2009.7		郭安	2009.7—2011.8
	黄康明	2006.11—2011.9		沈薇(女)	2009.4—2011.9
	于秀明	2006.11—2011.9		汪剑平	2011.2—2011.9
	方府春	2006.11—2011.9			

第二节　政府机构

市政府机构

1986年,设有市政府工作部门35个,即办公室、计划委员会、经济委员会、农业委员会、科学技术委员会、计划生育委员会、体育运动委员会、公安局、司法局、民政局、财政局、税务局、粮食局、水利电力局、交通局、教育局、卫生局、物资局、统计局、工商行政管理局、外事办公室、劳动人事局、商业局、对外经济贸易局、农牧渔业局、标准计量局、城市建设环境保护局、轻化工业局、文化局、物价局、广播电视局、审计局、老干部局、市政府参事室。是年,增设市“五讲四美三热爱”活动委员会办公室、经济技术协作办公室、乡镇企业管理局、环境保护局、人民防空委员会、经济体制改革委员会、地方志编纂委员会办公室。

1997年,市政府机构改革后,增设国家安全局、地方税务局。设置机构有45个,即市政府办公室、计划委员会、经济贸易委员会、教育委员会、科学技术委员会、农村工作办公室(挂蔬菜办公室)、经济体制改革委员会、人事局、机构编制委员会办公室、劳动局、公安局、国家安全局、司法局、民政局、财政局(挂国有资产管理局)、地方税务局、工商行政管理局、物价局、统计局、审计局、技术监督局、环境保护局、土地管理局、地质管理局、建设局、房产管理局、建筑工程建设材料局、农业局、林业局、水利电力局、乡镇企业局、机械工业局、电子工业局(挂国防科学技术工业办公室)、轻化工业局、交通局、商业局、粮食局、对外经贸经济合作局、文化局、广播电视局、卫生局、计划生育委员会、体育运动委员会、人民防空办公室、监察局(与市纪检委合署办公,一个机构、两块牌子)。

2010年,景德镇市人民政府机关大门

2000—2002年,根据市委、市政府《景德镇市党政机构改革实施方案》,实施机构改革,增设瓷局,一些机构进行归并、更名,撤销乡镇企业管理局、机械工业局、建筑工程轻化工业建设材料局、电子工业局、商业局等机构。市政府设置机构29个,即市政府办公室、发展计划委员会、经济贸易委员会、教育局、科学技术局、公安局、民政局、司法局、财政局、人事局、劳动和社会保障局、国土资源局、建设局、交通局、水务局、农业局、林业局、对外贸易经济合作局、文化局、卫生局、计划生育委员会、审计局、环境保护局、广播电视局、体育局、统计局、外事侨务办公室、旅游局、瓷局。

2004—2005年,市政府机构设置在2002年机构改革的基础上进行调整。2005年,根据市委《景德镇市人民政府部分机构调整实施意见》,实施机构调整。设置机构32个,即市政府办公室、发展和改革委员会、经济贸易委员会、教育局、科学技术局、公安局、民政局、司法局、财政局、人事局、劳动和社会保障局、国土资源局、建设局、交通局、水务局、农业局、林业局、对外贸易经济合作局、文化局、卫生局、人口和计划生育委员会、审计局、环境保护局、广播电视局、体育局、统计局、外事侨务办公室、旅游局、瓷局、安全生产监督管理局、粮食局、民族宗教事务局。

2010年,市政府机构设置,按照"四个分开"的原则,推进政企分开、政资分开、政事分开、政府与市场中介分开,达到"转变职能、理顺关系、优化结构、完善体制、提高效能"的目的。改革重点做到五个整合:工业和信息化的整合;交通运输领域的整合;人力资源领域的整合;内外贸管理领域的整合;文化和广播影视机构的整合。市政府设置机构31个,即市政府办公室、发展和改革委员会、工业和信息化委员会、教育局、科学技术局、公安局、民政局、司法局、财政局、人力资源和社会保障局、国土资源局、建设局、交通运输局、水务局、农业局、林业局、商务局、文化和广播电影电视局、卫生局、人口和计划生育委员会、审计局、环境保护局、外事侨务办公室、国有资产监督管理委员会、体育局、统计局、旅游局、瓷局、安全生产监督管理局、食品药品监督管理局。

表26－1－6　**2010年景德镇市政府机构设置和人员编制一览表**　单位:人

机构名称	人员编制			机构名称	人员编制		
	行政	事业	合计		行政	事业	合计
办公室	60	0	60	商务局	24	3	27
发展和改革委员会	50	7	57	文化和广播电影电视局	34	5	39
工业和信息化委员会	44	7	51	卫生局	34	5	39
教育局	37	5	42	人口和计划生育委员会	14	2	16
科学技术局	17	3	20	审计局	35	5	40
公安局	708	0	708	环境保护局	17	2	19
民政局	30	4	34	外事侨务办公室	12	3	15
司法局	26	3	29	国有资产监督管理委员会	19	3	22
财政局	65	9	74	体育局	15	2	17
人力资源和社会保障局	53	7	60	统计局	27	4	31
国土资源局	28	4	32	旅游局	12	2	14
建设局	43	6	49	瓷局	26	4	30
交通运输局	22	3	25	安全生产监督管理局	17	3	20
水务局	28	4	32	粮食局	29	3	32
农业局	30	5	35	食品药品监督管理局	21	4	25
林业局	30	5	35				

县(市、区)政府机构

乐平市政府机构　1986年,乐平县政府机构设置政府办公室、计划委员会、经济委员会、科学技术委员会、计划生育委员会、体育运动委员会、教育局、民政局、财政局、劳动人事局、监察局、广播电视局、文化局、工商行政管理局、物价局、统计局、审计局、煤炭局、城乡建设局、交通局、土地管理局、地质矿产局、水利水电局、农牧渔业局(1991年分设为农业局、畜牧水产局)、林业局、卫生局、税务局、公安局、司法局、环境保护局、粮食局、乡镇企业管理局、二轻工业局、商业局、旅游局、对外经济技术合作办公室、蔬菜生产办公室、供销合作社、档案局、标准计量局、农业开发办公室。

1997 年,乐平市政府机构改革,机构设置政府办公室、计划委员会、科学技术委员会、计划生育委员会、体育运动委员会、民政局、财政局、监察局、工商行政管理局、物价局、统计局、审计局、煤炭局、交通局、土地管理局、地质矿产局、水利水电局、农业局、林业局、卫生局、公安局、司法局、环境保护局、粮食局、乡镇企业管理局、商业局、经济贸易委员会、教育委员会、人事劳动局、文化广播电视局、建设局、地方税务局。政府直属事业单位有市轻工企业集团公司、风景旅游管理局、对外经济技术合作办公室、蔬菜生产办公室、供销合作社(合作经济组织)、档案局、技术监督局、农业开发办公室。畜牧水产局撤销。

2002 年,乐平市政府机构改革后,设政府办公室、经济贸易委员会、计划生育委员会、民政局、财政局、监察局、文化广播电视局、统计局、审计局、建设局、交通局、农业局、林业局、卫生局、地方税务局、公安局、司法局、环境保护局、粮食局、科学技术局、发展计划委员会、体育局、教育局、人事劳动和社会保障局,工商行政管理局(机构、编制上划省管)、物价局改为发改委内设机构。成立煤炭行业办公室(为市政府负责煤炭工业行业管理的正科级事业单位,不再保留煤炭局);组建国土资源局(不再保留土地管理局、地质矿产局);水利水电局更名为水务局;成立民营企业服务局,为经贸委内设机构,副科级(不再保留乡镇企业管理局);组建商贸国有资产经营公司(不再保留商业局);设置人民防空办公室。

2010 年,乐平市再次进行机构调整,政府机构设置政府办公室、科学技术局、民政局、财政局、监察局、统计局、审计局、国土资源局、建设局、水务局、农业局、林业局、卫生局、地方税务局、公安局、司法局、环境保护局、人民防空办公室、发展和改革委员会、工业和信息化委员会、人口和计划生育委员会、教育体育局、人力资源和社会保障局、文化广播影视新闻出版局、交通运输局、粮食局(为发展和改革委员会的内设机构)、食品药品监督管理局(由省以下垂直管理调整为市政府工作部门)。

浮梁县政府机构　1986 年,蛟潭区、鹅湖区的政府机构设置区政府办公室、财政局、林业局、劳动人事局、民政局、教育局、卫生局、文化广播电视局、审计局、农牧渔业局、水利电力局、经济作物局、乡镇企业局、公安分局、经济计划委员会、科学技术委员会、计划生育委员会、体育运动委员会、“五讲四美三热爱”活动办公室。

1988 年 11 月 2 日,省政府下发《关于撤销景德镇市蛟潭区鹅湖区建制,恢复浮梁县建制》的通知。原蛟潭区、鹅湖区的行政区域为浮梁县区域。县政府驻旧城乡。

1989 年 8 月 12 日,县政府成立,机构设置县政府办公室(含地名、地方志、侨务、档案、“五讲四美三热爱”工作和外事接待工作职能)、经济计划委员会(含经济体改、对外经济协作、标准计量、矿产管理职能)、农业经济委员会、农牧渔业局、林业局、水利电力局、乡镇企业管理局、土地管理局、城乡建设环境保护局、工业局、交通局、统计局、劳动人事局、机构编制委员会办公室(与劳动人事局合署办公)、监察局、审计局、公安局、司法局、民政局、财政局、工商行政管理局、物价局、税务局(省垂直管理,机构编制由省编委审定)、粮食局、商业局、物资局、科学技术委员会、体育运动委员会、计划生育委员会、文化广播电视局、教育局、卫生局(含爱卫会、血防工作职能)。

1994 年,浮梁县作为全省党政机关机构改革试点县,对政府机构进行精简,县政府设有政府办公室、计划与经济贸易局、教育科技体育局、公安局、司法局、民政局、财政局、人事劳动局(与编委办合署办公)、建设土地环境保护局、交通局、农牧渔业局、林业局、水利电力局、文化广播电视局、卫生局、计划生育局、工商物价局、乡镇企业管理局、审计局、统计局、监察局(与县纪委合署办公,不占政府机构数量)。

1996 年,再次进行机构改革,政府机构设置政府办公室、计划委员会、经济贸易委员会、教育委员会、科学技术委员会、计划生育委员会、农村工作办公室、人事劳动局、公安局、司法局、监察局、民政局、财政局、地方税务局、工商行政管理局、审计局、统计局、建设局、土地管理局、农业局、林业局、水利电力局、乡镇企业管理局、交通局、粮食局、文化广播电视局、卫生局。

2002 年,政府机构进行调整,设政府办公室、发展计划委员会、经济贸易委员会、计划生育委员会、教育体育局、科学技术局、人事劳动和社会保障局、公安局、司法局、监察局、民政局、财政局、审计局、统计局、建设与环境保护局、国土资源管理局、农业局、林业局、水务局、交通局、文化广播电视局、卫生局。

2010年，浮梁县机构改革，政府机构设置政府办公室（增挂民族宗教事务局、县政府应急管理办公室、法制办公室牌子）、发展和改革委员会、工业和信息化委员会、人口和计划生育委员会、教育体育局、科学技术局、公安局、民政局、司法局、财政局、人力资源和社会保障局、国土资源局、建设局、交通运输局、农业局、林业局、水务局、文化广播影视新闻出版局（增挂文物局、版权局牌子）、卫生局、审计局、安全生产监督管理局、食品药品监督管理局、监察局与纪律检查委员会合署办公，列县政府序列，不计政府机构个数。

昌江区政府机构　1986年，昌江区政府机构设置政府办公室、经济计划委员会、教育局、文化广播电视局、民政局、司法局、财政局、审计局、劳动人事局、水利局、农业局、林业局、卫生局、计划生育委员会、科学技术委员会、体育运动委员会、"五讲四美三热爱"活动办公室、乡镇企业管理局、公安分局、城乡建设环保局、税务局、蔬菜生产办公室、人民防空办公室。

2003—2010年，昌江区政府机构设置政府办公室、发展和改革委员会、工业和信息化委员会、教育体育局、文化广播影视新闻出版局、监察局、民政局、司法局、财政局、审计局、人力资源和社会保障局、统计局、交通运输局、水务局、农业局、林业局、卫生局、计划生育委员会、环境保护局、安全生产监督管理局、科技局、旅游局。

珠山区政府机构　1986年，珠山区政府机构设置区政府办公室（含外事、侨务工作）、经济计划委员会、科学技术委员会、体育运动委员会、计划生育委员会、劳动人事局、公安分局、民政局、财政局、城乡建设环境保护局、教育局、文化广播电视局、卫生局、司法局、审计局、"五讲四美三热爱"活动办公室、人民防空办公室、税务分局、二轻局、对外经济技术协作办公室。

1995年，珠山区政府机构设置区政府办公室（含民族、宗教事务、外事、侨务工作）、经济贸易委员会、教育委员会、体育运动委员会、科学技术委员会、人事劳动局、司法局、监察局、民政局、财政局、审计局、统计局、城市建设管理局、工业局、街道企业管理局、文化广播电视局、卫生局、计划生育委员会、人民防空委员会、法制局、地方志编纂委员会办公室、民族宗教事务管理局。

2002—2010年，珠山区政府机构设置区政府办公室（保留区法制局，归口区政府办公室管理；民族宗教事务管理局并入区政府办公室，对外保留牌子）、公安分局、监察局、民政局、审计局、司法局、统计局、卫生局、计划生育委员会、经济发展改革委员会、人力资源和社会保障局、财政局、教育局、体育局、科学技术局、文化广播电视旅游局、环境保护局、人防办公室、环境卫生管理局、招商协作局、地方志编纂委员会办公室、档案局、安全生产监督局。驻区单位有国家税务局、地方税务局、食品药品监督管理局。

第二章　政府会议

市政府全体会议由市长、副市长、秘书长、各局局长、各委员会（办）主任组成，由市长召集和主持，一般每半年召开1次。1987—2010年，共召开全体会议51次。市政府常务会议由市长、副市长、秘书长组成，由市长召集和主持，根据工作需要不定期召开，共召开常务会议377次。市长办公会议主要讨论决定政府工作中某一方面的重要问题，协调处理县（市、区）之间、部门之间的重要事项。市长办公会议由市长、副市长、秘书长组成，由市长召集并主持，根据会议内容吸纳有关部门负责人参加，会议不定期召开。

第一节　全体会议

第九届市政府全体会议

1987年7月至1992年5月，共召开全体会议12次。1987年6月20日，全体会议学习国务院《关于大兴安岭特大火灾事故的处理决定》、万里等中央领导的讲话,传达省政府《关于贯彻国务院全体会议精神、切实加强安全生产的紧急通知》,研究贯彻落实意见。会议强调,要从大兴安岭特大森林火灾事故中吸取教训,克服官僚主义,提高办事效率,不断改进各部门的工作。

1988 年 3 月 5—6 日,全体会议贯彻全省专员、市长会议和省政府景德镇现场办公会议精神,部署外贸体制改革、4 种重要商品购销政策调整、粮食财务、体制改革、住房制度改革等工作。会议要求在稳定经济中求发展,在深化改革中求繁荣。8 月 17—18 日,全体(扩大)会议,贯彻中共中央政治局第九次会议和国务院第二次全体会议精神,联系景德镇实际,正确处理改革、发展和稳定的关系,在改革的关键时期建立起社会主义商品经济的新秩序。12 月 16—18 日,全体(扩大)会议,分析形势,总结工作,部署新一年工作目标。

1989 年 7 月 29 日,全体(扩大)会议,贯彻落实 7 月上旬市委召开的党员负责干部会议精神,总结上半年工作,部署下半年工作。

1990 年 7 月 6 日,全体(扩大)会议,总结上半年工作,部署下半年主要任务。会议要求始终以经济建设为中心,集中精力抓好经济工作。1991 年 1 月 2 日,全体(扩大)会议全面部署 1991 年政府工作。

1992 年 1 月 2 日,全体(扩大)会议,分析 1991 年全市经济发展形势,全面部署 1992 年政府工作。5 月 16 日,全体(扩大)会议,讨论《政府工作报告》,布置下半年政府工作。

第十届市政府全体会议

1992 年 6 月至 1997 年 12 月,共召开全体会议 15 次。1992 年,召开全体会议 2 次,讨论《政府工作报告》,贯彻落实省委、市委全体扩大会议精神。1993 年,召开全体会议 2 次,通报上半年国民经济运行情况,布置下半年政府工作;部署开展反腐败斗争工作。1994 年,召开全体会议 3 次,通报 1993 年经济发展情况,对 1994 年春节前后的工作及 1994 年一季度的主要工作作初步安排;讨论市政府提请市十届人民代表大会第三次全体会议审议的《政府工作报告》;分析全市经济形势,部署下半年政府工作。

1995 年,召开全体会议 3 次,通报 1994 年全市国民经济的运行情况,讨论市政府向市十届人大四次会议作的《政府工作报告》,安排 1995 年市政府工作以及春节前后的工作;传达贯彻省政府第三十四次常务会议精神,分析全市前 4 个月的经济形势,研究部署当年经济工作,颁发新任市政府工作人员和市属企事业单位领导任命书;通报全市上半年的经济运行情况,代市长舒晓琴对抓好下半年工作提出具体意见和要求。

1996 年,召开全体会议 2 次,讨论修改提交市人大十届五次会议审议的《政府工作报告》《关于 1996 年国民经济和社会发展计划草案报告》和《关于景德镇市 1995 年财政预算执行情况和 1996 年财政预算草案报告》,研究部署一季度工作;学习贯彻江泽民总书记关于国有企业改革和发展、关于农村工作的重要讲话和省委、省政府领导对景德镇市工作的指示精神,进一步落实省委十届三次全会和市委六届九次全会精神,分析当年的经济形势,部署后 5 个月的工作。

1997 年,召开全体会议 3 次,讨论修改提交市人大十届六次会议审议的《政府工作报告》《关于 1997 年国民经济和社会发展计划草案的报告》《关于景德镇市 1996 年财政预算执行情况和 1997 年财政预算草案报告》,研究部署一季度特别是春节前后的工作;学习省长舒圣佑、副省长朱英培对景德镇市工作特别是陶瓷发展的重要指示精神,分析当年的经济形势,部署后 5 个月的工作;讨论即将提交市十一届人大一次会议审议的《政府工作报告(讨论稿)》《关于 1997 年国民经济和社会发展计划执行情况与 1998 年计划(草案)的报告》《关于景德镇市 1997 年财政预算执行情况和 1998 年财政预算草案的报告》。

第十一届市政府全体会议

1998 年 1 月至 2001 年 6 月,共召开全体会议 8 次。1998 年,召开全体会议 3 次。学习总理朱镕基在国务院第一次全体会议上讲话中的"五项要求""约法三章"和《景德镇市人民政府关于加强领导班子自身建设的决定》,总结一季度工作,部署二季度任务;学习《中共中央关于在全党深入学习邓小平理论的通知》,传达学习省委、省政府领导考察景德镇市的重要讲话精神,总结上半年工作,部署下半年的各项任务;学习贯彻总书记江泽民在全国抗洪抢险总结表彰大会上的讲话精神,总结前三季度工作,研究部署四季度任务。

1999 年,召开全体会议 2 次,学习传达省长舒圣佑 1 月 6 日晚关于切实抓紧一季度经济工作的重要电话批示,研究贯彻落实省长舒圣佑重要电话指示精神意见,部署上半年工作,会议讨论修改提交市十一届人大二次会议审议的《政府工作报告》；总结上半年工作，研究部署下半年任务。

2000年，召开全体会议2次，讨论修改提交市十一届人大三次会议审议的《政府工作报告》；学习中共中央总书记江泽民“三个代表”重要思想，贯彻市委七届五次全会精神，通报全市经济形势分析会情况，总结上半年工作，部署下半年任务。

2001年6月12日，全体会议讨论修改《景德镇市国民经济和社会发展第十个五年计划纲要（草案）（送审稿）》《关于我市国民经济和社会发展第十个五年计划纲要的报告（征求意见稿）》。

第十二届市政府全体会议

2001年7月至2006年11月，共召开全体会议8次。2001年7月29日，全体会议布置年底工作。2002年，召开市政府全体会议2次，主要讨论《政府工作报告》和部署落实上半年工作。

2004年7月1日上午，全体（扩大）会议贯彻省委十一届六次全会、省政府全体会议、市委八届七次全会精神，通报全市经济形势，总结上半年工作，部署下半年任务。2005年，召开全体（扩大）会议2次，讨论通报《政府工作报告（讨论稿）》，部署春节前的工作；总结上半年工作，部署下半年工作。2006年，召开全体（扩大）会议2次，总结上半年工作，研究部署下半年任务。

第十三届市政府全体会议

2006年12月至2010年12月，共召开全体会议8次。2007年，召开全体（扩大）会议2次。传达省长吴新雄在省长办公（扩大）会暨全省经济形势分析会上的讲话；传达省委常委扩大会议精神，通报《政府工作报告》《关于景德镇市2007年国民经济和社会发展计划执行情况与2008年国民经济和社会发展计划草案的报告》《关于景德镇市2007年财政预算执行情况和2008年市级财政预算草案的报告（征求意见稿）》有关情况。

2008年，召开全体（扩大）会议2次，通报全市上半年经济发展情况，部署下半年工作；布置奥运会期间的安全生产、安全保卫和信访工作、稳定工作。2009年，召开全体（扩大）会议2次，通报全市2008年经济发展情况，部署2009年工作；讨论《政府工作报告（征求意见稿）》。2010年，召开全体（扩大）会议2次，审议《政府工作报告（征求意见稿）》《关于景德镇市2009年国民经济和社会发展计划执行情况与2010年国民经济和社会发展计划的报告（征求意见稿）》《关于景德镇市2009年财政预算执行情况和2010年市级财政预算草案的报告（征求意见稿）》，部署当年工作；通报全市上半年经济发展情况，研究部署下半年工作。

第二节　市政府常务会议

第九届市政府常务会议

1987年7月至1992年5月，共召开常务会议104次。1988年9月2日，常务会议贯彻落实国务院第二十次常务会议通过的《关于做好当年物价工作和稳定市场的若干重要决定》。会议结合市情作出10条规定，强调严守纪律，维护改革大局，切实做好物价工作和稳定市场。10月13日，召开第二十一次常务会议，决定成立市农业开发领导小组，下设办公室，为临时机构，挂靠市农业委员会，办公室主要负责全市农业开发的规划及实施，组织技术指导、资金物资安排，调查研究反映情况，检查监督、协调平衡工作。

1989年3月16日，召开第37次常务会议，就市九届四次人大和七届三次政协大会上人民代表、政协委员提出的建议、批评和意见进行专题研究、解决和落实。5月16日，常务会议专题研究计划生育工作。9月7日，召开第四十六次常务会议，传达贯彻全省专员、市长、县长会议精神，全省林业、乡镇企业工作会议精神，部署全市当年后4个月的经济工作。

1990年4月23日，召开第55次常务会议，专题研究办理市人大议案、建议和政协委员的提案，决定近期内抓紧办好12件实事。9月1—2日，召开第六十五次常务会议，专题部署贯彻落实市委五届六次全体（扩大）会议精神的工作，研究解决当年经济工作有关问题。10月27日，召开第六十七次常务会议，专题研究当年后2个月的经济工作。

1992 年 4 月 18 日,召开第 104 次常务会议,讨论通过《关于鼓励外商投资的暂行办法》。

第十届市政府常务会议

1992 年 6 月至 1997 年 12 月,共召开常务会议 86 次。1992 年 6 月 3 日,召开第一次常务会议,研究贯彻市党代会、市人大会、市政协会精神,研究部署下半年工作。6 月 16 日,召开第二次常务会议,简要通报市政府赴江浙等地考察乡镇企业的情况,听取市外资办关于 1—5 月利用外资情况的汇报,研究赴沿海地区召开新闻发布会有关事宜。12 月 10 日,常务会研究拆除市府大院东侧与南侧围墙,建设"御窑"商品长廊,并采用公开拍卖 5 年使用权的方式向社会筹措建设资金。

1993 年 4 月 12 日,召开第 20 次常务会议,传达全国经济工作通报会议精神,讨论研究《关于调整我市"八五"计划若干指标的建议》,通过景德镇市与摩洛哥萨非市缔结友好城市的议项,部署市政府当年工作。12月28日,召开第33次常务会议,进一步落实市委六届五次全会精神,推出一系列加快改革和发展的新举措。

1994 年 1 月 13 日,召开第 34 次常务会议,部署落实省政府现场办公会的目标要求。9 月 1 日,召开第四十九次常务会议,审议颁发《景德镇市城市规划区建设用地管理办法》和《城市规划区征(拨)土地补偿标准的规定》,对城区各项建设用地实行统一规划、征地、出让、开发、管理,由政府垄断土地一级市场。

1995 年,全年召开政府常务会 15 次。研究土地使用制度改革、议案和建议以及提案办理、农业、工交生产、陶瓷企业改革、创建卫生城、水泥厂污染治理、城市总体规划编修、工业普查、小城镇户籍管理制度改革、电话扩网升位、景湖公路拓宽、城北 110 千伏输变电工程、招商引资、枫林开发区的开发和利用、科技工作、村委会换届选举。审议通过《罗家机场周围房屋等净空障碍物拆迁方案》《1995 年市本级财政支出预算》《景德镇市全民所有制企业职工工伤保险试行办法》《深化陶瓷企业用工制度改革试点工作方案》《景德镇市国家计划外不包分配大中专毕业生进入人才市场择业暂行办法》《关于公布全市最低工资标准的实施意见》《关于煤烧圆窑限期拆除的实施意见》《关于加强财政管理的若干规定》《关于优势企业托管困难企业的若干规定》《关于我市建设首批"烟尘控制区"的报告》《景德镇市工程建设施工招标管理实施办法》《景德镇市城区〈城市区域环境噪声标准〉适用区域划分规定》《景德镇市"九五"期间技术改造规划导向意见》《关于对城市规划区内个人建房用地进行清理整顿意见》等。

1996 年 5 月 17 日上午,召开第 70 次常务会议,传达学习国务院副总理朱镕基在景德镇市视察期间对全市工作所做的重要指示,并就落实朱镕基确定的几项具体工作进行研究;听取国务院、省政府清理检查预算外资金电话会议精神,研究讨论《景德镇市清理检查预算外资金工作实施方案》;审议《景德镇市鼓励带资来我市投资开发暂行办法》《景德镇市深化城镇住房制度改革实施方案》及配套政策、景德镇市拟向省政府常务会专题报告《关于我市陶瓷情况的汇报(送审稿)》。

1997 年 10 月 17 日上午,召开第 86 次常务会议,听取全省房改工作会议主要精神汇报;讨论加强出国(境)团组和出国(境)人员管理有关问题,审议《关于对昌江区政府减免土地转让有关费用请示》的意见,景德镇陶瓷股份有限公司、焦化煤气总厂联合上市筹备工作领导小组成员名单,《景德镇市再就业服务中心管理暂行办法》《景德镇市城镇私营企业从业人员和个体劳动者基本养老保险暂行办法》《关于 1997 年度调整企业离退休人员基本养老金的请示》《景德镇市消防发展"九五"规划》《景德镇市国省道和主要地方公路改善工程管理办法》《关于支持解决城市垃圾几个问题的请示》。

第十一届市政府常务会议

1998 年 1 月至 2001 年 6 月,共召开常务会议 34 次。1998 年 2 月 15 日上午,召开第 2 次常务会议,会议听取全省金融、经贸工作会议精神和关于改善有线电视传播质量情况的汇报;审议《景德镇市科学技术发展十五年规划和"九五"计划纲要(送审稿)(1996—2000—2010)》、景德镇市客运中心站工程设计方案和《景德镇市人民防空工程管理规定(送审稿)》;传达省委、省政府《关于切实做好春耕备耕工作的通知精神》。

1999 年 7 月 6 日上午,召开第 18 次常务会议,审议《关于深化陶瓷企业改革,加快陶瓷工业发展的意见(讨论稿)》《第十届景德镇国际陶瓷节活动方案》《三季度工作要点》《市政府十一届五次全体会议筹备方案》《关于建立优抚对象抚恤标准自然增长机制的请示》《关于对重点优抚对象实行医疗费减免、优待的补充规定的请示》《关于实行城镇退伍军人待安置期间发给生活补助费的请示》；听取关于景德镇市接受第四次全国城市卫生检查情况及整改意见、1998年度退伍安置落实遗留问题的情况汇报。

2000年8月26日，召开第29次常务会议，审议《景德镇市城市房屋拆迁管理办法》《景德镇市城市居住区物业管理办法》《景德镇市城市房地产开发经营管理办法》《关于鼓励外来投资者来我市投资合作的优惠办法》《关于保护外来投资者的若干办法》《景德镇外来投资中介人奖励办法》《关于对外来投资重点企业实行挂牌服务、重点保护的办法》《关于解决当前户口管理工作中几个突出问题的意见》《景德镇市中小企业信用担保管理办法》《景德镇市封闭贷款管理实施意见》《市民政局关于南山革命烈士墓搬迁有关情况的报告》《景德镇市室内装饰工程招标投标管理办法(送审稿)》《关于我市国有企业改革有关问题的补充通知》《市轻化局关于请予批准并尽快实施富祥收购陶机厂的报告》《市电子局关于对南京金蛙集团租赁无线电厂实行优惠政策的请示》，审查《关于余亚琛筹办民办学校请求减免部分规费问题办理情况的报告》，讨论《关于充实调整景德镇市地方志编纂委员会成员的请示》。

2001年3月26日，召开第34次常务会议，审议《关于进一步加快科技人才队伍建设的决定(送审稿)》《景德镇市人才资源开发资金管理暂行办法(送审稿)》《关于进一步深化城镇住房制度改革加快住房建设的实施方案(送审稿)》《关于以市政府名义表彰先进的意见》；听取全省审计工作会议精神及贯彻意见、气象工作暨人工影响天气工作和横向经济联合协作暨对口支援工作会议精神。

第十二届市政府常务会议

2001年7月至2006年11月，共召开常务会议47次。2001年7月3日晚上，召开第一次常务会议，专题研究办理市十二届人大一次会议和市政协十届一次会议代表、委员议案、建议和提案工作。

2002年6月6日下午，召开第13次常务会议，审议《市民政局关于调整昌江、珠山两区部分行政区划的意见》《市建设局建设项目报建程序(试行)》《市科委关于落实赣组字〔2002〕36号文件精神做好“实行党政领导科技进步目标责任制考核”准备工作的请示》和《市教委关于将景德镇师范学校、江西广播电视大学景德镇分校、市教师进修学校合并组建景德镇高等职业技术学院的请示》；听取关于实施市场建设项目、市土管局关于“贸易广场”和“陶瓷城”两个项目有关情况和高新区工作情况汇报。

2003年7月21日上午，召开第26次常务会议，传达省委十一届四次全体会议精神，研究在全市兴起深入学习贯彻“三个代表”重要思想新高潮，坚持和完善发展思路，提升工作水平，进一步开创全市改革开放和各项事业的新局面。听取景德镇市上半年内资、外资、工业园区招商引资情况汇报；审议通过《景德镇市爱国卫生管理暂行办法》和《景德镇市鼠害与卫生虫害预防控制管理规定》。

2004年10月29日上午，召开第34次常务会议，听取重点工程、招商引资、企业改制推进、振兴陶瓷情况汇报；通报1—9月全市财政运行情况；审议《关于“景德镇高新区直升机研发中心”新增优惠政策的请示》《华意与TCL合作框架协议》《关于赴德国巴伐利亚访问的报告》。

2005年3月25日下午，召开第37次常务会议，听取《政府工作报告》任务分解、全国“两会”期间争取国家对景德镇市项目支持和当年招商引资情况汇报；审议《关于要求新建示范社会福利院的请示》《关于要求解决当前市供销社几个问题的请示》《关于加快工业经济发展的若干意见》《关于景德镇市安全生产工作情况的汇报及有关事项的请示》《关于进一步加强消防工作的实施意见》；通报第二届瓷博会有关情况。

2006年12月1日下午，召开第47次常务会议，传达全省应急管理工作会议精神；讨论审议《政府工作报告(送审稿)》《2005年国民经济和社会发展计划执行情况与2006年计划及实施情况(草案)的报告(送审稿)》《2005年财政决算情况和2006年财政预算及执行情况的报告(送审稿)》《关于要求批准公布景德镇市第四批市级文物保护单位的请示》和《景德镇市2006—2010年城市社区卫生服务机构设置规划(征求意见稿)》；听取“十一五”规划纲要修改说明。

第十三届市政府常务会议

2006年12月至2010年12月，共召开常务会106次。2006年12月18日，召开第一次常务会议，研究市“两会”代表建议提案办理工作；审议《景德镇市招商引资目标任务年终考核工作方案(送审稿)》《景德镇市市区高污染燃料禁燃区管理办法(送审稿)》《关于要求颁布实施〈景德镇市老年事业发展“十一五”规划

(2006—2010)〉的请示》。2007 年 5 月 16 日晚上,召开第 5 次常务会议,讨论《政府工作报告(征求意见稿)》《关于景德镇市 2006 年国民经济和社会发展计划执行情况和 2007 年国民经济与社会发展计划(草案)的报告(送审稿)》《关于景德镇市 2006 年财政预算执行情况和 2007 年市级财政预算草案的报告(送审稿)》《景德镇市行政机关实施行政服务事项监督办法(送审稿)》《关于调整我市最低工资标准的请示》;听取晶圆项目融资、中小企业担保扩大资本注册规模和市焦化煤气总厂与华润合作组建天然气公司等情况汇报。

2008 年 6 月 30 日上午,召开第 31 次常务会议,听取融资洽谈会准备工作情况的汇报;审议《关于明确房地产税费一体化征管工作有关事项的请示》《关于建立公共资源交易统一市场进一步加强和规范全市公共资源交易管理工作的意见(送审稿)》《关于市政府驻京联络处有关收费问题的请示》《景德镇市电力设施保护区内施工作业审批办法(试行)》《关于请求明确仙涌煤矿行政管理权属的请示》《关于要求收回 206 国道景德镇洪源至杨家岭段新建工程经营权的请示》《景德镇市城乡困难群众临时生活救助实施办法》《关于加大景德镇机场航班扶持力度,促进我市航空事业发展的通知(送审稿)》《关于景德镇市与澳大利亚奥本市正式缔结友好城市关系的请示》《关于城郊道路交通安全隐患排查整改及增设完善交通设施的请示》。

2009 年 3 月 23 日下午,召开第 54 次常务会议,学习《中共江西省委关于深入学习实践科学发展观努力在促进中部崛起中有更大作为的决定》,审议《关于要求改建景德镇老年大学旧教学楼的报告》《关于创建最优发展环境的决定(征求意见稿)》《关于举办景德镇市第十一届运动会的请示》《景德镇市环境污染防治管理办法(送审稿)》《关于贯彻全省省属下放企业情况调度会精神加快推进全市国有企业改革步伐的建议》《关于景德镇中国陶瓷博物馆筹备工作有关问题的请示》《景德镇高专关于要求解决生均拨款不足的请示》《关于高新区工业用地审批程序的请示》。

2010 年 8 月 23 日下午,召开第 98 次常务会议,传达 2009 年度全省科技奖励大会精神,审议《关于对〈江西省主体功能区规划 2010—2020 年〉(征求意见稿)修改意见和建议》和《关于批准成立景德镇市陶瓷工程技术学校的请示》。12 月 30 日,召开第 106 次常务会议,传达全省地质灾害防治工作总结表彰暨防治工程项目推进、农村土地整治和土地开发复垦会议精神;学习中共江西省委十二届十四次全会文件,布置相关工作;审议《景德镇市残疾人就业实施方案》《关于进一步加强灾后农田水利基本设施建设的决定》。

第三节 市长办公会

第九届市长办公会

1991—1992 年,召开专题工作会议,研究部署、检查落实农业生产、乡镇企业、农村经营管理、粮食收购、农田水利基本建设、果业开发、畜牧水产、科教兴农、工业生产、重点工程建设、城市电网改造、体育工作、卫生工作、公路检查站清理整顿、税收财务物价大检查、经济体制改革、利用外资工作。

第十届市长办公会

1993 年,召开专题工作会议,研究人大、政协代表和委员的建议、意见,全市经济工作、工业生产、农业生产、交通安全、陶瓷生产、供电供水、市容整治、城市管理、陶瓷技改、金融工作。1995 年,召开专题工作会议,研究春运工作、农业生产、工业生产、安全生产、罗家机场扩建工程、土地使用制度改革、小城镇户籍管理制度改革、社会保险、创建卫生城、养老保险制度改革、现代企业制度改革、税收财务物价检查。

1996 年 10 月 23 日下午,市长办公会专题研究罗家机场公司现有人员、"科贷"后期工作问题。11 月 20 日上午,在乐平市人大常委会会议室召开"赣中南"项目实施工作协调会议。12 月 16 日下午,召开全市外经贸工作会议,传达贯彻全省利用外资和外贸工作电话会议精神,研究和部署年末及 1997 年外经贸工作。

1997 年 1 月 23 日晚,召开景德镇陶瓷股份有限公司实施优化资本结构方案准备工作会议。5 月 2 日下午,召开专题会议研究落实市人大常委会关于全市农村有关工作的意见和建议。11 月 24 日晚,召开景德镇陶瓷股份有限公司、市焦化煤气总厂联合上市筹备工作领导小组第一次会议。

第十一届市长办公会

1998 年 2 月 20 日上午，在陶瓷股份公司召开现场办公会，决定扶优扶强，打好当年国有企业改革攻坚战，落实陶瓷苦战 2 年解困目标和景德镇陶瓷股份有限公司 1998 年发展目标。6 月 30 日下午，召开省地矿厅环境地质专家组对浮梁县地质灾害情况调查汇报专题会议。11 月 3 日，召开市印刷机械包装有限公司托管市电机有限公司协调会。1999 年 2 月 23 日，召开市印刷包装机械有限公司现场办公会议。4 月 14 日，召开九景高速公路洪源镇辖区路段建设工程现场办公会。8 月 18 日上午，召开市焦化煤气总厂债券兑付协调会。

2000 年 4 月 10 日，召开市长办公会，听取有关部门关于全市经贸工作会议落实情况的汇报，研究落实相关问题。5 月 28 日下午，召开市长办公会，传达市长对市建设局《关于城市建设专项资金集中管理使用的请示》的批示，对当年城市建设中存在的问题进行研究。12 月 13 日，召开市长办公会，听取省陶瓷工业公司等单位的国企改革进展情况汇报，并就妥善解决当年国企改革中存在的问题进行研究，提出解决办法。

2001 年 3 月 27 日，为贯彻落实省长舒圣佑、副省长王君到景德镇市调研现场办公会精神，进一步做大做强陶瓷骨干企业，召开市宇宙瓷业有限公司现场办公会，听取负责人关于当年一季度生产情况和企业改革发展思路的汇报，并对市宇宙瓷业有限公司提请市政府协调解决的有关问题进行研究。

第十二届市长办公会

2001 年 9 月 12 日，在华意压缩机股份有限公司召开新厂路和朝阳路道路改造工程现场办公会，就工程有关问题进行研究。11 月 1 日下午，召开市长办公会，就市公交公司与昌江区平安运输有限公司有关营运线路纠纷问题进行研究。

2002 年 3 月 15 日下午，召开珠山西路延伸工程路网建设专题会议，会议通报工程建设进展情况，研究迫切需要解决的问题。9 月 27 日晚，召开市长办公会，研究新市区道路建设施工有关事宜。会议听取各施工单位工程进展情况汇报，并就工程有关事项进行研究。11 月 21 日，召开城市重点工程项目建设办公会，会议听取昌江广场、玉源大道、金岭大道、石洪路、陶瓷城、锦绣昌南等重点项目工程建设情况汇报，并就工程建设中的有关问题进行研究。

2003 年 1 月 22 日上午，召开市长办公会，专题研究“景德镇中国陶瓷城”项目建设有关问题。8 月 5 日上午，就加快景德镇地区电网建设召开现场办公会，听取景德镇供电公司关于景德镇地区电网现状及建设情况的汇报，并就加快景德镇市区域内电网建设有关问题进行研究。11 月 12 日晚，召开 602 所现场办公会议，会议听取 602 所建设发展情况介绍，并就建设发展过程中需要景德镇市协调支持解决的问题进行研究。

2004 年 2 月 28 日上午，召开市教育和卫生工作调研会，听取汇报，并就加快教育、卫生事业新发展涉及的有关问题进行调研。8 月 19 日，召开招商引资工作推进小组第一次工作会议，专题研究重点项目推进落实的具体工作。12 月 2 日上午，召开现场办公会，协调解决珠山区发展中遇到的困难和问题。

2005 年 3 月 18 日下午，召开省部共建景德镇国家陶瓷科技城工作部署会议，听取省部共建景德镇国家陶瓷科技城会商会议、省市共建景德镇国家陶瓷科技城协调领导小组第二次会议的情况汇报，会议要求抓住共建契机，围绕“一个平台，四个基地”，加快建设步伐，把各项工作落到实处。10 月 21 日上午，召开瓷博会经贸洽谈会签约项目调度会，通报签约项目以及 1—9 月全市招商引资工作情况，把瓷博会经贸洽谈会的签约项目作为景德镇市利用外资的重点突破项目，针对项目推进的一些困难和问题，本着开明开放、亲商富商的原则强力推进，争取外商进资实施。11 月 17 日上午，召开市政府专题会议，研究部署禽流感防控、陶瓷市场和梭式窑整治、陶瓷供气、市城市信用社和农村信用社改革等工作。

2006 年 1 月 4 日下午，召开景东大道建设专题办公会，实地察看景东大道规划建设线路，并对该项目的必要性、可行性、操作性进行研究和讨论，同意实施该项目，并明确景东大道建设的总体目标是一年筑路、两年见效、三年全面完成，采取政府引导、市场运作、封闭运行、项目部实施的方式进行。3 月 31 日下午，召开全市安全工作会议，贯彻落实总书记胡锦涛 3 月 27 日在中央政治局第 30 次集体学习时关于抓好安全生产工作的重要讲话精神，全面总结第一季度全市安全生产情况，并做好下一步安全生产工作。

第十三届市长办公会

2007 年 2 月 25 日下午，召开现场办公会，听取环球陶瓷有限公司、华电高压陶瓷有限公司、南瓷绝缘子有限公司的生产经营和发展规划情况汇报,就企业存在的问题进行研究。8月2日上午,召开市长专题办公会,传达全省统筹城乡协调发展工作会议精神;听取关于“一江两岸”改造工程中人行道及亮化工程建设、御窑遗址陶瓷历史文化旅游项目、部分行政事业单位经营性资产划转落实、景德镇市绕城公路变更投资主体和经营管理模式、市第五中学搬迁等有关情况的汇报。11月9日上午,召开重大项目调度会,就景德镇机械工业城项目、市陶瓷工业园区项目、景德镇市半导体产业基地项目及资产打包项目的进展情况进行调度。

2008年2月23日下午,召开全市城市建设工作座谈会,就绿色生态园林城市建设,打好城市经营策略牌,提高城市管理水平进行座谈讨论,提出加强城市管理,做到精细管理、依法管理、从严管理、责任管理。切实解决关系人民群众最直接、最现实、最迫切需要解决的生产、生活、住房等问题。7月17日上午,召开“一江两岸”(昌江东西两岸)工程建设专题协调会,听取市水务局关于工程建设情况汇报,并就如何克服资金、规划等困难,加快推动工程建设进行具体部署。11月26日上午,召开浯溪口水利枢纽工程现场调度会,各有关单位就工程可行性报告及移民安置规划报告、环境影响评价报告、水土保持方案报告、水资源论证报告、土地预审报告、地质灾害报告、矿产评价报告、文物评价报告、通航论证报告、防洪影响评价报告、林业勘察可研报告等专项报告编制情况进行汇报。

2009年3月19日下午,召开2009中国景德镇国际陶瓷博览会专题汇报会,听取2009中国景德镇国际陶瓷博览会招商招展、宣传推介、场馆规划等方面筹备工作的汇报,场馆设计公司负责人对场馆的规划进行幻灯说明,对办好瓷博会提出具体要求并做部署。7月24日下午,召开全市国有企业改革工作会,听取市国资委关于全市国有企业改革工作的情况汇报,对下一阶段改革工作进行研究部署。11月9日下午,召开市资源性城市转型工作领导小组会议,传达全国资源型城市可持续发展工作会议精神,听取市转型办关于资源型城市转型工作情况汇报,通过《景德镇市资源型城市2008年中央财力性转移支付专项资金安排计划》。

2010年2月23日下午,召开全市国企改革工作调度会,听取市国资委关于全市国有企业改革情况的汇报,并对国资委提出的解决国有工业企业改革后续工作中的问题的建议进行研究。4月29日下午,召开市推进新型城镇化和城市建设重点项目规划设计论证会。会议强调,新型城镇化是省委、省政府根据全省的实际情况和发展阶段提出的重要战略决策,对策应鄱阳湖生态经济区建设,实现江西绿色崛起具有重要意义。全市各部门各单位,要按照市委、市政府的统一部署,合理安排施工,抢抓工程进度,努力实现城镇和城市建设“半年见成效、一年大变样”。11月30日上午,召开市长办公会,对中央经济工作会和全国发展改革工作会期间的项目、资金、政策争取工作进行研究部署,对“中亚国际贸易文化广场”建设项目进行研究。

第三章　施政要略

“七五”“八五”“九五”时期,市政府始终坚持解放思想,锐意改革,抓住机遇,以经济建设为中心,全面实施外向型经济发展战略,努力推进全市经济建设,不断加强城市建设,促进科教兴市,保障居民生活,维护社会稳定。“十五”“十一五”时期,市政府按照对接长珠闽、融入全球化的思路,以实施大开放为主战略,促进全市各方面事业的全面发展,把景德镇市建设成为经济实力强、城市功能优、人居环境好的区域中心城市。

第一节　经济建设

1986—1990年,市政府开展农业开发四个战役,建设商品粮、茶叶、林业、蚕桑等基地,巩固农业基础地位,增长农业发展后劲。调整产业结构,由单一陶瓷产业经济向以陶瓷为主体的多元产业经济转变,同时提升产品质量和经济效益。加强重点工程项目建设,扩大生产性投资,引进一批国外新技术和先进装备对陶瓷工业进行技术改造,增强经济发展后劲。安排好城乡市场,保证有效供给。实施“菜篮子工程”,发挥国有流通企业的“蓄水池”作用，支持工农业生产，保障人民群众生活正常需要。推进经济体制改革，积极稳妥地深化农村改革，继续稳定和完善以家庭联产承包为主的责任制，加大企业改革力度，全面推行企业承包经营责任制和厂长（经理）负责制。改善投资环境，建设瓷都大桥、景德镇货运港和客运港，实施昌江渠化枢纽工程，改造景德镇饭店，新建合资宾馆。全市国民生产总值由1986年的10.58亿元增加到1990年的20.88亿元，平均年递增12.51%，人均国民生产总值由511美元提高到676美元，平均年递增5.75%，工农业总产值由22.54亿元增加到37.29亿元，平均年递增10.61%，其他各项综合指标都有不同程度的增长。财政部门加强预算收支管理，累计完成财政收入10.28亿元，比1986年增收5.06亿元，平均每年递增14.50%。

1991—1995年，市政府全面实施外向型经济发展战略，以调整结构、提高效益为重点，努力保证国民经济持续稳定协调发展。继续稳定粮食生产，注重提高品质，调整粮食结构，发展一批优质高效粮食品种。加快种植业的调整，建设林、茶、棉、油、菜、桑等农副产品重点基地，因地制宜发展高效农产品和地方特色产品。调整农业内部结构，以发展畜牧水产业为重点，大力实施“鹅鸭工程”，建设畜牧水产基地。发展农村第三产业，增加对乡镇企业的人才、科技、资金、物资等投入，促进农村整个产业结构的进一步优化。继续抓好治山治水，改造中低产田，搞好农田水利基本建设和防旱抗汛，加快山江湖综合治理，提高农业综合生产能力。进一步发展农产品精深加工，发展创汇农业，提高农业效益。进一步发挥农垦企业在农业开发中的作用，形成规模效益，促进农垦企业大发展。进一步深化农村改革，稳定和完善以家庭联产承包为主的双层经营体制，深化以完善和发育市场机制为主的流通体制改革。瞄准国际一流水平，引进国外高新技术，抓重点，打基础，上水平，增效效益，发展日用陶瓷工业。1995年，全市完成国民生产总值54.20亿元，比1994年增长15.50%。三大产业的比例由1991年的23:46:31调整到16:47:37，物价上升幅度控制在14.70%。

1996—2000年，市政府突出优势，把蔬菜生产作为全市种植业的支柱产业，大面积推广塑料大棚、遮阳网、高档品种，采取反季节栽培、立体种植等技术措施。大力发展经济林和林产品深加工，重点抓林业六大商品，发展高效益的绿色产业。发展以“公司加农户”为重点的贸工农一体化、产运销一条龙生产经营模式，全市农村蔬菜、采矿业、林业、茶叶、板鸡等一批优势产业、骨干乡镇企业和专业大户以市场为导向，延伸产业链。增加农业投入，重点帮助县（市、区）进行农田水利建设、农业综合开发和农业新技术、新品种的推广运用，夯实农业发展基础。继续以大陶瓷发展为主体，同时加快发展汽车、机械、电子、建材、医药、化工、食品工业等支柱产业，形成以高新技术领先、高档产品为主的外向型经济格局。加快创建现代企业制度，实现政企分开，搞好企业内部经营管理；加快陶瓷产品结构调整，抓好陶瓷出口系统工程，提高陶瓷出口创汇的总体水平。发展第三产业，建立起适应社会主义市场经济的统一市场体系，发展对全市经济有重大促进作用和投资少、效益好、就业容量大以及方便人民生活的行业，鼓励发展农村第三产业，引导农民把农产品推向市场。加快交通、能源、水利等基础设施建设，如期完成“县县通柏油路”目标，提高和完善综合通信能力。2000年，全市完成国民生产总值95.41亿元，比1995年净增长41.21亿元，平均每年增长11.10%，财政总收入、地方财政收入达8.35亿元和4.47亿元，分别为1995年的1.61倍和1.72倍，平均每年增长9.94%和12.08%；全社会固定资产投资5年累计完成52.80亿元，平均每年增长14.30%；三大产业结构由“八五”期末的16.0:46.8:37.2调整为2000年的11.1:51.1:37.8；全市城镇居民人均可支配收入5097元，农民人均现金收入2379元，分别比1995年净增长2147元和724元，平均每年实际增长11.56%和7.53%。

2001—2005年，市政府按照对接长珠闽、融入全球化的思路，以实施大开放为主战略，以沪闽粤、港澳台为招商重点，梯次承接产业转移，主攻工业项目、外资项目、重大项目，引进一批重大工业企业。实施一大批技改项目，提高企业技术创新水平，加快企业信息化进程，促进工业产业结构调整，增强企业核心竞争力。实施省部共建景德镇国家陶瓷科技区域创新体系，高标准建设陶瓷产业、科研、人才、交流四大基地，建立面向世界的国家级平台。加快建设景德镇陶瓷工业园区，促进高新技术陶瓷落户园区。坚持“少取”向“多予、放活”转变，取消“三提五统”（指村级三项提留和五项乡统筹）和除烟叶外的农业特产税，免征农业税，促进农业农村经济发展，巩固农业基础地位。发展旅游产业，围绕建设江南旅游都市，创建陶瓷历史文化博览区、高岭—瑶里风景区、浮梁古县衙3个国家AAAA级旅游景区和全省唯一的全国工业旅游示范点——雕塑瓷厂，创建中国优秀旅游城市。加快推进重点工程，完善城市功能设施，开工建设“一江两岸”及城市防洪工程、中国陶瓷博物馆、全国中小学陶艺培训中心、紫晶宾馆、西山湖宾馆、体育中心、财富大厦、白鹭大桥等36项重点工程。2005年,全市国民生产总值增加到193.10亿元,按可比价计算,年均增长13.80%;财政总收入由2000年的8.35亿元增加到14.72亿元,年均增长12.01%;城镇固定资产投资总额由2000年的14.16亿元增加到88.41亿元,年均增长44.22%;社会消费品零售总额由2000年的28.09亿元增加到58.30亿元,年均增长15.72%;外贸出口总值由2000年的3642万美元增加到8781万美元,年均增长19.24%;城镇居民人均可支配收入由2000年的5097元增加到8779元,年平均增长13.92%;人口自然增长率控制在7.94‰以内,比2000年下降0.19%。

2006—2010年,市政府推进农业现代化,调整优化农业结构,重点发展壮大蔬菜、茶叶、养殖、绿色森林食品等特色产业,加快建设农业科技示范园和农业产业化步伐。把工业化与信息化、生态化结合起来,大力推动区域科技创新,改造提升传统产业,推进产业技术升级。重点实施YK5新车、民用直升机和干熄焦生产线等一批重大项目,不断发展壮大机械家电、航空汽车、化工医药、电子信息、电力能源、新型陶瓷和特色食品等七大支柱产业。全力推进陶瓷产业振兴,打造产学研一体化、产供销市场化国际化的大陶瓷产业格局,加快培育一批现代陶瓷企业,实现产业集成,做大总量。发展壮大旅游产业,实施旅游十大工程,构筑以陶瓷历史文化为主线的大旅游格局,统筹规划景区建设,整合与发掘旅游资源,争取再创3—5个国家AAAA级旅游景区和1个国家AAAAA级旅游景区。推进新型城镇化,完成市域城镇体系规划,形成规模适度、布局合理、各具特色、整体协调的城镇体系,以县域工业为核心突出打造特色经济,提高城镇化水平。提高经济市场化水平,以深化国有企业、财税、投融资等改革为重点,进一步健全国有资产监督管理体制和国有资本有进有退、合理流动的机制。推进国企改革,加大股份制改革力度,深化投融资体制改革,推进投资主体和产权多元化。提高对外开放水平,坚持“引进来”和“走出去”相结合,营造良好的投资环境,争取引进国有大型企业,更多地吸纳沿海地区的产业转移,提高利用外资水平,实现项目高位嫁接,做大对外贸易规模。加大投资力度,推进交通、能源、水利、信息基础设施建设,为加快经济发展提供有力支撑。2010年,全市国民生产总值由2005年的193.10亿元增加到461.50亿元,年均增长14.90%;财政总收入由2005年的14.72亿元增加到53.14亿元,年均增长29.27%;全社会固定资产投资由2005年的88.41亿元增加到439.59亿元,年均增长37.82%;社会消费品零售总额由2005年的58.30亿元增加到140.37亿元,年均增长19.21%;城镇居民人均可支配收入由2005年的8779元增加到1.66万元;农民人均纯收入由2005年的3589元增加到6521元;人口自然增长率下降到7.73‰。

第二节　改革开放

1986—1991年,市政府实行“配套、完善、深化、发展”的改革方针,加快新旧经济体制转换步伐,深化农村改革,继续稳定和完善以家庭联产承包为主的责任制。加大企业改革力度,以搞好企业特别是国营大中型企业为中心环节,全面推行企业承包经营责任制和厂长(经理)负责制,推行工资总额与经济效益挂钩的改革。加快流通领域改革,促进以国营、集体商业为主,多种经济成分并存,流通渠道、经营方式相交融的商品流通网络初步形成。推进粮食购销同价和国合零售商业“四放开”(经营、价格、分配、用工放开)改革。治理整顿城乡市场,实施“菜篮子”工程,稳定市场物价。推行社会保险制度和住房制度的改革。

全市预算内企业完成首轮承包并进入第二轮承包,陶瓷企业集团、万平电子集团正式组建,华意电器集团获省批准;“4369”工程率先进行“一厂两制”试点,市陶瓷装饰材料厂、市电机厂等企业相继推行干部聘任制和全员合同制,上海太平洋公司对景陶卫生瓷生产线实行跨地区、跨所有制的租赁经营;在公有制经济为主体的前提下,私营、个体工商户比1986年之前的5年增加3471户,从业人员达1.80万人。全市500余家企业在职职工15万人、退休职工3.10万人参加养老、退休金统筹等多种社会保险。其中,有9万余名职工参加待业保险。

全市5年出口创汇总额以平均12.17%的速度增长;5年累计利用外资1亿美元;三资企业从无到有,共批准20家合作企业和1家独资企业，引进外资2000余万美元；成功举办两届中国瓷都景德镇国际陶瓷节。共接待海外客人2.67万人，旅游外汇收入总额为169万美元。全市经济基本形成主导产业以外向型为主、骨干企业以出口创汇为主、重点产品以面向国际市场为主、配套改革以服务于对外经济交往为主的格局。

1991—1995年，市政府进一步解放思想，抓住时机，加快改革开放步伐，加快建立现代企业制度，深化产权制度改革，加快流通企业改革，配套推进社会保障制度改革，推进城市国有土地有偿使用制度改革。

全市新增50家有限责任公司，6家企业开展组建股份有限公司的前期准备工作，其中华意压缩机股份有限公司即将上市。有9家企业实行租赁经营，东风瓷厂等8家陶瓷企业两权分离的改革试点迈出较大步伐，组建312个承包实体，大部分已进入实际运作，市印机公司和耐酸容器厂先后托管3户困难企业，全市兼并企业总数达到8家。商业、粮食企业进行连锁经营的探索，供销社进一步完善社有自营形式，粮食购销价格改革、棉花收购体制改革和农资营销体制改革等顺利实施。养老、失业、工伤保险进一步扩大，农村社会养老保险在32个乡镇推行。农村土地使用权有偿转让和"五荒"（荒山、荒坡、荒土、荒滩、荒水）拍卖等改革开始起步。

1996—2000年，市政府坚持以经济建设为中心，努力推进经济体制和经济增长方式的根本性转变，不断深化国有企业改革，推行国有中小型企业兼并、改组、联合、租赁、托管、承包、股份合作等改革，继续深化粮食流通体制改革，健全社会保障体系，规范土地管理制度，深入推行住房制度改革。

全市有281家企业的产权制度改革方案通过审查并进入实质性操作阶段，106家企业全面实现改制目标，1.40万名职工转变身份。市属重点企业基本建立现代企业制度，困难国有企业改革和脱困的三年目标基本实现；煤炭企业关井压产成效明显，煤炭生产安全形势好转；各级粮食行政主管部门与粮食企业脱钩工作完成；在城市规划区内实现市政府对土地一级市场的垄断；住房公积金归集率提高。全市引进各种市外资金近11亿元；外贸出口年均递增12.30%，2000年实现3642万美元，创历史最好水平。

2001—2005年，市政府探索景德镇由传统转向现代的发展思路，深入推进国有企业改革，建立健全国有资产监管机构，推进交通投资体制改革、财政体制改革，深化行政管理体制改革，启动农村综合改革，推进农村税费改革、农村义务教育体制改革、水利管理体制改革、粮食流通体制改革、林业产权制度改革等各项配套改革。全市209家市县属国有企业完成改制108家，63家正在改制，改制面达82%。重点骨干企业改制工作取得突破性进展，黑猫炭黑股份公司上市，华意公司与TCL集团合作成功，战略重组取得较大进展。景德镇机场并入首都机场集团公司；国有资产监督、管理、营运体系进一步完善。市城市信用社组建市商业银行工作进展顺利，农村信用合作社改革工作继续推进；健全政府采购制度，扩大会计委派范围，开展部门预算和国库集中支付试点工作。进一步理顺财税收入关系，规范财税征管秩序，建立健全县乡财政发展激励机制；在巩固前两批行政审批事项清理成果的基础上，对行政许可项目、实施机关及收费项目进行集中清理。

按照对接长珠闽、融入全球化的思路，以实施大开放为主战略，以江浙沪闽粤、港澳台为招商重点，梯次承接产业转移，主攻工业项目、外资项目、重大项目，开放型经济成效明显。全市5年累计实际利用外资2.11亿美元，外贸出口总值3.05亿美元，分别是"九五"时期的3.80倍、2.10倍；实际引进内资212亿元。引进并实施电化高科、海畅法蓝瓷、东璟陶瓷、阿古斯特直升机、立信药业等一批重大工业项目，沃尔玛、TCL集团相继落户景德镇市。进一步加强口岸建设，景德镇海关开关。

2006—2010年，市政府以改革创新增强市场活力，实现全市经济社会平稳持续较快发展。从资金筹措、债务化解、人员安置、产业发展等关键问题入手，创新思路，推进国企改革，实施财政改革，深化金融体制改革，启动医药卫生体制改革，推进农村综合改革。

全市列入全省国有工业企业改革调度的48家企业改革全面完成，职工身份置换率达到99.75%；市本级全额拨款单位国库集中支付改革全面启动，基本实现财政资金国库集中支付全覆盖，非税收入电子化票据改革全面完成，公务卡制度改革正式启动；金融支持经济发展力度进一步增强，全市人民币各项存款余额319亿元，增长27.80%，净增69亿元，各项贷款余额179亿元，增长30.50%，净增41.80亿元，增量和增幅创2001—2010年最高水平。金融体制改革不断深化，市城信社和市农信社组建商业银行工作取得实质性进展，市、县两级政府投融资平台基本建设完成，全年实现融资近15亿元。农村土地承包合同和农村土地承包经营权到户率均在98.60%以上。

2009年,全年引进3000万元以上项目153个,实际进资165.08亿元,比2008年增长70.49%。2010年,全市引进3000万元以上项目145个,实际进资239.70亿元,比"十五"期末增长458.60%;新审批外资项目23个,实际利用外资1.21亿美元,增长137.90%;实际引进内资增速连续4年进入全省前3名,并在2009年首次获全省开放型经济发展综合奖;工业项目引进成效斐然,光伏、陶瓷、汽车零部件、家电和LED照明等一大批重大产业项目落户,爱地那非和可利霉素项目填补江西省国家一类新药生产的空白;外贸出口创历史新高,5年累计出口17.62亿美元,2010年达7.76亿美元,是2005年的8.80倍。

第三节 城市建设

1986—1991年,市政府围绕解决群众住房难、乘车难、吃水难、用厕难等问题加大投入进行城市基础设施建设,加快住房、道路、自来水、环卫等相关设施建设,使问题得到初步解决。但由于城市基础设施建设"欠账多""缺口大",市政建设不配套、道路不成网络、排水设施不成系统、住宅紧张等问题,影响城市功能的进一步发挥。

围绕建设和改善城市桥、路、水、气、房等问题,着重改造城市基础设施、提升城市环境、改善居民居住和出行条件。建成瓷都大道,实施昌江渠化枢纽工程,新建景德镇客运港和货运港,建成合资宾馆,改造景德镇饭店,重建龙珠阁,扩建体育馆,完成城市电网一期改造工程。通过改造,水厂日供水能力由8.30万立方米增加到13.20万立方米,实施民用管道煤气工程,有7600户居民用上管道煤气。县乡建设有新发展,浮梁县城建设初具雏形;建成李家岭立交桥、浮梁大桥和清溪大桥;新建改造道路16条,总长178.26千米,建造公路桥梁11座,县道好路率由30.30%提高到37.20%;抓好改厕试点,完善卫生厕所881座,受益人口近万人。城市公用设施继续得到改善,新建和改造沿河西路、广场北路、银曙路等城市道路。建成5万余平方米的金鱼山小区;打通工人新村北横路,建设珠山中路人行天桥,铺设自来水主干管道26千米,新建垃圾无害化处理场,新建云门、梅苑2个小游园,绿化覆盖率达到31.55%,人均绿地6.50平方米,1987年景德镇市被评为全国绿化先进城市。

1991—1995年,全市集中力量开工建设一批重要的基础设施,全面加强城市管理,努力改善居民居住条件。至1995年,城乡建设面貌发生新变化,市区道路、路灯和公厕改造速度加快,一批高层或大型建筑完成预定施工计划,瓷都大桥形象进度达75%;罗家机场扩建工程基本完成;电厂扩建工程全面完成并网发电;景婺公路和乐涌公路改造竣工,景德镇市率先在全省范围内实现地县通油路目标。住房条件进一步改善,1995年城市住宅竣工面积23.86万平方米,完成投资1.37亿元,比1994年增长32.41%,城市居民人均居住面积由5年前的7.02平方米提高到8.64平方米,农民人均居住面积达到23.50平方米。

1996—2000年,景德镇市解放思想,开拓创新,呼应浦东,策应京九,加快昌九景重点区域建设,培植九景、昌景沿线产业带,促进环鄱阳湖经济带的建设;加强基础设施建设,加快县域经济发展,推进城乡一体化;以城区为中心,加快乐平城市化进程和浮梁卫星城建设。

成立市规划局,强化城市规划的执行、指导和管理,组织编制城市总体规划,并经省政府批准实施,发挥规划的龙头作用。加快城市建设步伐,迎宾路、北环路、城市防洪一期工程、电信大楼、杨湖水厂二期工程、城区电信电缆接入网二期工程、客运中心站等一批重点工程相继建成并投入使用;珠山西路延伸段、站前路等一批道路工程启动建设,第四水厂动工新建;对珠山大桥、珠山中路、朝阳路、新厂路进行维修、亮化和美化。城市经营迈出实质性步伐,垄断规划区土地一级市场,组织3次国有土地使用权向社会公开拍卖,并进行广告发布权的拍卖。城市管理得到加强,依法查处违法用地,拆除朝阳路、莲社南路的违章建筑,在全市引起很大反响,加强城市卫生清扫保洁,整顿交通管理秩序,城市面貌得到改观。交通状况得到改善,九景高速公路、瑶里公路油路相继建成,国道206线改造,乡乡通油路、城乡电网改造等工程取得阶段性成效。洪源镇、鲇鱼山镇、涌山镇等12个乡镇被列为全省重点建设的小城镇;实施"蓝天碧水"工程,拆改煤烧圆窑,治理昌江河,保护森林植被,环境质量明显好转。

2001—2005 年,景德镇市围绕建设“经济重镇、旅游都市、特色瓷都”,加大城市建设投入,实施十大基础设施项目,拉开城市框架,拓展发展空间。发展房地产业,以经济适用住宅为主体,重点抓好梨树园、新枫园、浮梁滨江小区等建设,结合站前路、广场南路等城市道路建设,推进危旧房改造。强化市政设施建设,重点建设城市道路、给排水、供气、邮政、电信、生活垃圾和污水处理及其他环卫设施等基础设施,完善城市功能。加快推进城镇化进程,优化城镇布局,实施重点镇的建设,带动一般建制镇的发展,形成结构合理、特色突出、功能配套、发展协调的城镇体系。

2005 年,城市市容市貌、基础设施、功能设施得到明显改善。全市城市建设累计投资 146 亿元,旧城改造拆迁面积 215 万平方米,新建住宅面积 260 万平方米,建设新区 42 平方千米,城市建成区扩大一倍;城市详规覆盖率由 4% 提高到 88.20%,城市化率由 35.10% 提高到 49.30%;城市框架整体拉开,高标准建成市区出入口通道,以昌南大道、景德大道、景东大道为轴线的西、南、东三块城市新区逐步形成,西市区初显山水生态文化特色;城市功能设施日臻完善,开工建设“一江两岸”(昌江、东西两岸)及城市防洪工程、中国陶瓷博物馆、紫晶宾馆、体育中心、财富大厦、白鹭大桥等 36 项重点工程,完成投资 19.60 亿元,其中 17 项工程全面竣工;旧城改造稳步推进,斗富弄和戴家弄等旧城改造项目进展顺利,人民公园改造成开放式公园,浮桥重建工程完工并投入使用,建成人民广场等 5 个市民公园,建成中国陶瓷城等 5 个专业市场;市政设施不断完善,城市主次干道全面改建成沥青路面,城市道路总长由 144 千米增加到 207 千米,比 2000 年增长 44%,自来水厂建成双回路高压管线,日供水能力由 17 万立方米增加到 30 万立方米,城市路灯数量 3.30 万盏,增长 4.50 倍,路灯亮化率达到 98%,人均公共绿地面积由 6.83 平方米增加到 9.50 平方米,增长 39%,绿化覆盖率和绿地率均超过国家园林城市标准;人居环境明显改观,城市环境综合整治定量考核连续 4 年列全省第一,被誉为江西省最宜人居的城市,先后获省卫生城市、省园林城市、中国优秀旅游城市、国家园林城市等称号。

2006—2010 年,景德镇市按照城市向西扩展、工业向南聚集的规划,以中外闻名的瓷都为特色,面向世界、开放创新,着力建设山水、生态、文化特色城市,把景德镇建设成为经济实力强、城市功能优、人居环境好的区域中心城市;按照社会管理、经济管理、规划管理、建设管理和生态环境管理五大原则,实施城市管理。加大城市建设力度。按照“一城三区九大功能组团”的规划,将包括生态路在内的昌南组团、洪源组团和罗家组团建设成为集金融、居住、休闲娱乐于一体的生态新区;加快壮大房地产业,进一步完善经济适用房和廉租房制度,新增经济适用房建设,让中低收入家庭实现居者有其屋。

2010 年,修编完善《景德镇市城市总体规划(2010—2030 年)》,并得到省政府原则同意;编制《景德镇市历史文化名城保护规划》等中长期规划,完成《景东大道两侧控制性详细规划》等 45 项详规,中心城区详规覆盖率由“十五”期末的 64% 提高到 90%。城区面积由“十五”期末不足 40 平方千米扩大到 82.50 平方千米。白鹭大桥、民窑遗址博物馆等工程相继建成;景东大道、景德大道东段等城市主干线全面贯通;市妇幼保健院、光明电影院、中国陶瓷博物馆等公共建筑的主体工程完工。投资近 10 亿元保护和改造戴家弄、斗富弄、新村东路水淹房等七大片老城区;建设九大公园、五大广场、“一江两岸”景观带,新增公园和广场的绿地面积 667 万平方米。有效保护生态环境,全市森林覆盖率由“十五”期末的 8.90% 提高到 65.40%,建成区绿化覆盖率由 42% 提高到 52.10%。完成西瓜洲城市污水处理工程,第二城市污水处理厂建成并投入使用,城市生活垃圾无害化处理率由 92% 提高到 99.30%。获得全省城市环境定量考评第一名。

第四节　科教兴市

1986—1990 年,《景德镇市国民经济和社会发展“七五”规划纲要》提出,教育事业要在改革中为全市现代化建设培养更多的合格人才。市政府紧密围绕经济建设这个中心,进一步做好科技、教育、文化、广播电视、卫生、计划生育、体育等工作。科技方面,全市经鉴定和推广的各项科技成果 360 项,其中获尤里卡世界发明奖 1 项,国家发明奖 2 项,省、部科技进步奖 37 项。尤其是陶瓷工业有 230 台烤花窑实行微电子技术控制,开发90项新产品。教育方面,36个乡镇实施初等义务教育,8个乡镇实施八年义务教育,适龄儿童入学率达到99.40%,年巩固率达到98.20%,5所地方高校培养大专毕业生近3000人,青少年文盲率下降到3.50%,30余万名农民接受实用技术培训。全市新建校舍26.5万平方米,改扩建校舍55万平方米,基本消除中小学危房。新建4个教育工程接收站和2个教育电视发射台,市直中学和农村各类初中均按大纲要求配备实验仪器。文化方面,文化馆站建设已普及到乡村,老工人活动中心建成。有线广播电视的开播,增加节目频道,提高收视质量。《景德镇市志略》《景德镇地名志》完成编纂并出版发行。卫生方面,新建医院手术、住院部大楼4幢,新增病床409张,新增卫生技术人员563人,各种传染病的控制以及医疗保健、监督和监测工作都得到进一步加强。体育方面,培养等级体育运动员1200人,向国家输送体育人才147人,青少年体育锻炼达标人次为24万人次,参加省以上竞赛获金牌352枚,超2项世界纪录,破1项亚洲纪录,平4项亚洲纪录,破8项省纪录。第八届省运会上,获金牌总数和团体总分第二名,创中华人民共和国成立以来全市最好成绩。

1991—1995年,贯彻科学技术是第一生产力的思想,把经济建设作为科技工作的主战场,加速科技成果向现实生产力的转化,促进科技与经济的结合。1995年,全市共取得科技成果36项,获部省级科技进步奖3项,科技成果转化为生产力新增产值2400万元,技贸合同成交额达到1600万元,高新技术开发区科技一条街建设起步,开发一批高新技术产品;全市扫除青壮年文盲1.80万人,全市城区、厂矿学校和40个乡镇普及九年制义务教育。适龄儿童入学率达到99.70%,中小学生在校巩固率分别达到97.10%和98.46%,高等教育、成人教育、职业教育和特殊教育等有新进步。群众性文化活动丰富多彩,文艺创作取得新成果,文化保护和利用加强,加密电视频道开通,地方志、档案等工作取得较好成绩。计划生育工作开始步入孕前型管理,人口出生率控制在17.47‰,医疗技术、设施以及农村初级卫生保健条件进一步改善,创建卫生城工作获得省政府颁发的进步奖,群众性体育普及面扩大,竞技水平提高。

1996—2000年,突出抓好高新技术产业的开发、有计划地发展一批高新技术产品,形成高新技术产业群。充分利用陶瓷科技群体优势,以陶瓷科研开发为重点,以科技市场为纽带,加强科工贸合作,推进科技成果的转化。坚持科技兴农,加快农业实用技术的推广和“三高”(高产、高质、高经济效益)农业的发展。加大科技投入,完善科技服务网络,全市一批科研成果获得省级以上科技奖励,科技对经济增长的贡献率有较大提高。贯彻教育优先发展的战略。大力加强基础教育,促进办学条件标准化,应试教育向素质教育转变,在全国中小学各类学科竞赛中取得好成绩,高考总成绩和录取率名列全省前茅,家庭教育、职业教育、特殊教育走在全省前列。实施科教兴市战略推动各项文化事业的发展。世博会上“江西瓷园”独具特色,参加中华人民共和国成立50周年成就展和'99巴黎文化周活动,受到国内外广泛好评;成功举办市第十届体育运动会,景德镇市体育健儿在国家和省内比赛中取得好成绩;全市广播、电视覆盖率分别达85.90%和86.60%;人口自然增长率控制在10‰以内。

2001—2005年,全省唯一一家国家级工程中心——国家日用及建筑陶瓷工程技术研究中心在景德镇市组建运行,陶瓷研发创新能力大大增强;国家陶瓷质量监督检验中心被批准组建;国家知识产权局批准在景德镇市设立的中国陶瓷知识产权信息中心建成并开通,国家知识产权试点城市各项工作顺利推进;江西省农产品生物保鲜工程技术研究中心在景德镇市组建并运行;新增国家级高新技术企业1家、省级高新技术企业7家,高新技术产业化综合指标连续4年名列全省第一,科技进步统计监测连续4年名列全省第二。教育事业蓬勃发展,义务教育率先通过达标复查;高中阶段教育发展迅速,普通高考一本、二本上线率、录取率和主体学科竞赛均居全省前列,职业教育、民办教育快速发展;老年教育富有成效,市老年大学被评为全省老年大学示范校。景德镇陶瓷学院新校区首期工程基本建成,招生规模扩大,教学科研水平进一步提高。文化事业取得长足进步,大力实施文化精品工程,文艺创作繁荣发展,群众性文化活动蓬勃开展,对外文化交流进一步扩大;文物发掘保护开发取得新成绩,御窑遗址考古发掘被评为2003年度全国十大考古新发现之一;御窑遗址被国务院确定为全国重点文物保护单位;陶瓷历史文化博览区被文化部命名为国家文化产业示范基地、全国科普教育基地;景德镇手工制瓷工艺和传统瓷业营造技艺被列入首批中国非物质文化遗产名录。全面完成有线电视传输网改造,农村广播电视无线覆盖工程基本完成,自然村广播电视“村村通”工程顺利实施。

初步建立并完善公共卫生体系和疾病预防控制体系，乐平市和浮梁县新型农村合作医疗试点工作进展顺利，全面完成农村卫生院上划县管工作。

2006—2010 年，全市公民人均教育年限居全省领先水平，“两基”工作通过国家验收，新增省重点中学和省重点建设中学各 3 所，高等教育办学规模进一步扩大，职业教育、特殊教育、民办教育和老年教育同步发展；科技进步不断加快，部省共建景德镇国家陶瓷科技城和国家知识产权试点工作深入推进，获国家科技进步二等奖 1 项、省科技进步一等奖 2 项；全民健身活动遍及城乡，竞技体育取得丰硕成果，景德镇市籍吴静钰、金紫薇在北京奥运会和多哈、广州亚运会连夺金牌；公共卫生体系不断完善，社区卫生服务实现全覆盖，全市共建设三级甲等医院 4 所、二级甲等医院 3 所；“光明・微笑”工程获表彰，计生服务水平不断提升。

第五节　依法治市

1988 年 9 月，中央提出要在全国开展依法治市活动。1989 年，市委、市政府转发市普法工作领导小组《关于开展依法治市和法制宣传教育工作的请示报告》，决定从 1989 年起开展依法治市活动。

1992—1995 年，市政府认真实施行政诉讼法等法律、法规，颁发一批地方规章，推动政府法制建设，促进依法行政。1994 年 1 月，市委转批市人大常委会《关于我市国家机关实行部门责任制的意见》。3 月，市十届人大三次会议审议通过《关于在我市国家机关实行部门执法责任制的决议》。乐平市、昌江区人大常委会作出依法治市（区）的决定，制定依法治市（区）的四年规划。

1996 年，景德镇市成立市依法治市领导小组，下设办公室（与市司法局合署办公）。8 月 12 日，市政府印发《关于贯彻实施〈中华人民共和国行政处罚法〉的通知》，以大力宣传《中华人民共和国行政处罚法》为契机强化行政执法队伍建设，促进政府法制工作创新力度，并建立健全行政执法监督制度。8 月 28 日，市委批转市人大常委会《关于积极推进依法治市、深入实行部门的执法责任制的报告》，作出推行部门责任制的决定，将 468 个法律、法规（其中全国人大 106 个、国务院 20 个、江西省 122 个）分解到市政府 38 个专业法部门，各专业法部门共编印相关法律法规汇编 6.80 万册。1998 年 3 月 4 日，市委出台《关于全面推进依法治市的决定》。3 月 5 日，市人大常委会通过《关于全面推进依法治市的决议》，依法治市工作逐步走向深入。4 月 28 日，浮梁县通过《关于全面推进依法治县的决定》，5 月 8 日，乐平市制定《乐平市“九五”期间依法治市规划》，珠山区通过《关于全面推进依法治区的决定》。

1999 年年初，市政府下发《关于全面推进依法行政实施意见》，进一步规范政府行政行为。5 月 25 日，市普法领导小组印发《1999 年度全市普法工作意见》。8 月 30 日，昌江区制定《昌江区政府依法治区实施办法（试行）》。同时，市政府及县（市、区）都设立法制局（科），聘请法律顾问。12 月 15 日，市司法局下发通知，加强依法行政工作，要求深刻认识依法行政的重要意义和作用；采取切实措施，不断推进司法行政机关依法行政进程，并成立依法行政工作领导小组和办公室。

2001 年 11 月 22 日，市司法局成立错案责任追究委员会。2002 年 3 月 10 日，市司法局制定《关于在全市企业经营管理者中推行法律素质教育的意见》，推动全市企业经营管理者贯彻实施依法治市方针。2003 年 8 月 14 日，出台《关于开展“民主法制示范村”创建活动的实施意见》，推进农村基层民主法治建设。2004 年，推荐和确定 4 个省级、30 个市级民主法制示范村试点，召开现场经验交流会，昌江区黄泥头村被司法部、民政部授予全国民主法制示范村称号，乐平市坎上村被省司法厅、省民政厅授予全省民主法制示范村称号。2005 年，深入开展“民主法制示范村”创建活动，全市共创建 165 个“民主法制示范村”样板单位，其中 4 个省级试点、30 个市级试点、131 个县级试点。5 月 8—9 日，省司法厅、省民政厅在景德镇市召开全省“民主法制示范村”创建工作经验交流会，出席会议代表 100 人，会上交流和推广景德镇市暨黄泥头、官庄村创建工作经验。

2006 年，深入实施《中华人民共和国行政许可法》和国务院《全面推进依法行政实施纲要》，市政府制定重大政策坚持征求意见和集体决策制度，行政决策进一步科学化、民主化、法制化。相继出台《景德镇市重点工程建设项目管理办法》等一系列规范性文件,对重点工程建设、土地、房地产、税费减免等工作实行规范性管理,做到有规可循、有章可依。2007年,进一步落实国务院《全面推进依法行政实施纲要》,扎实推行行政执法责任制。2008年9月10日,制定《关于开展法治城市、法治县(市、区)创建活动的实施意见》,深入开展法治创建活动,在乐平市、浮梁县开展城镇法制创建和乡镇法制创建活动试点。是年,加强规范性文件审查工作,完成政府规范性文件、其他文件和协议的法律审查356件。2009年7月30日,全市范围内深入开展争创全省"学法用法示范机关(单位)"创评活动,有11个机关(单位)被评为全省"双百佳"。2010年,全市共有12家机关(单位)获全省第一批学法用法示范机关(单位)称号。至年底,全市共有全国民主法制示范村4个、全省民主法制示范村10个、全市民主法制示范村25个,各县(市、区)命名的民主法制示范村83个,民主法治村创建工作开展率达96.50%。

第六节 居民生活保障

城乡居民收入

城镇居民收入 "七五"期间(1986—1990年)。随着经济体制改革的深入,景德镇城镇居民家庭收入稳步增加,收入结构呈现多元化格局。1989年,城镇居民人均可支配收入为1065.77元,首次突破千元。与1985年相比,增幅为88.91%,年均增长13.56%。

"八五"期间(1991—1995年)。1994年,景德镇财税、金融、外资、外汇、投资和流通体制等改革措施陆续出台,国民经济实现持续、快速、稳定增长,居民家庭收入来源渠道进一步拓宽,城镇居民人均可支配收入达2442.09元。1995年,城镇居民人均可支配收入3159.73元,与1990年相比,增幅为1.70倍,年均增长22%。

"九五"期间(1996—2000年)。1997年,亚洲金融危机发生。是年6月27日和7月23日,景德镇两次遭受百年不遇的洪涝灾害,但居民家庭收入保持稳定增长,城镇居民人均可支配收入达4045.85元。2000年,全市经济发展速度加快,经济运行质量提高,城镇居民人均可支配收入达5096.61元,比1995年增加1936.88元,增幅达61.30%,平均每年增长10%。

"十五"期间(2001—2005年)。2002年,随着城市经济体制改革的不断深化,各种所有制经济竞相发展,居民收入渠道增加,城镇居民人均可支配收入达6351元。

2004年,景德镇置镇千年,全市举办一系列庆典活动,推动商贸、旅游的发展,为个体私营企业创造商机,社会经济继续较快发展,城镇居民收入有较大提高,人均可支配收入达7693.38元。2005年是景德镇城镇居民家庭收入增长最快的一年。全市以主攻工业为重点,构建与经济发展水平相适应的居民家庭收入增长机制,全面落实社会保障和救助制度,城镇居民人均可支配收入达8779.38元,比2000年增加3682.77元,增幅达72.30%,平均每年增长11.50%。

"十一五"期间(2006—2010年)。2006年,城镇居民人均可支配收入达9961.87元。2007年,受企业经济效益逐步好转、职工工资水平提高、机关事业单位实行新工资标准、社会保障逐步到位等多种因素共同作用,居民收入快速增长,城镇居民人均可支配收入达11640.16元,比2006年增长16.85%。2008年,市政府应对冰冻雨雪灾害和国际金融危机带来的不利影响,实施民生工程和惠民政策,支持和鼓励全民创业,城镇居民家庭收入保持增长。2010年,全市经济稳步发展,企业效益继续改善,民生工程效果明显,城镇居民人均可支配收入达16845.52元。城镇居民家庭人均可支配收入比2005年增加8066.14元,增幅为91.88%,接近翻番;年递增速度为13.92%,比"十五"期间的11.50%高2.42个百分点。收入构成中,经营性收入和转移性收入比重显著提高,人均经营性收入增长2.37倍,占总收入的比重由6.48%上升至11.42%;人均转移性收入增加3584.84元,增长2.41倍,在总收入中的比重由16.10%上升至28.71%。

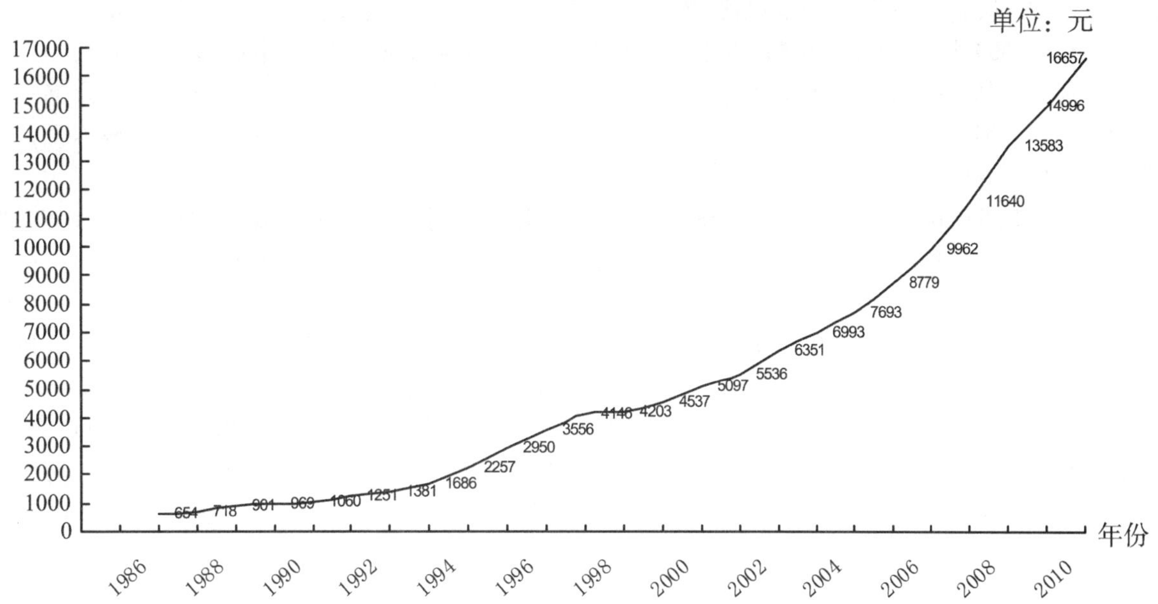

图 26－3－1　1986—2010 年景德镇市城镇居民收入变化图

农村居民收入　“七五”期间(1986—1990 年)。20 世纪 70 年代末期,国家大幅度提高农产品收购价格,放开农贸市场,农业生产获得长足发展,农村居民收入经过 7～8 年的快速增长。至 1986 年,人均纯收入已达 382 元,比 1985 年增长 5.62%,为 1978 年 2.48 倍,平均每年增长 12.02%。农民长期靠养鸡作为家庭“小银行”购买日用品已成为历史。1987 年,农村居民人均纯收入 421 元,比 1986 年增长 10.20%。家庭经营收入 504.59 元,占 91.83%,其中农业收入 292.98 元、林业收入 6.40 元、牧业收入 98.87 元、手工业收入 11.81 元、运输业收入 3.17 元、服务业收入 7.39 元、采集捕猎收入 14.83 元。“七五”期末,农民人均纯收入比 1985 年增长 82%,年均增长 12.70%,其中家庭经营收入 779.60 元,增长 94.90%,接近翻番。

“八五”期间(1991—1995 年)。1990—1991 年,景德镇农业生产获得较好收成,粮、棉、油、猪产量创历史纪录。但国家实施治理整顿的经济紧缩政策,市场疲软,农副产品销量和价格均不理想,农民收入增速明显下降。1991 年,农村居民人均纯收入 685.71 元(新口径),比 1990 年增长 4%。1992 年,农村居民人均纯收入 792.20 元,人均增收首次突破百元,为 106.49 元,比 1991 年增长 15.50%。主要原因是乡村企业生产发展势头强劲,农民从乡镇企业得到的收入明显增加,人均达 41.94 元。同时,政府组织实施的鹅鸭工程初见成效,农民人均牧业收入 180.10 元,增长 82.30%;农业二、三产业发展步伐加快,人均收入 121.94 元,增长 24.80%。1993 年以后,乡镇企业进入困难时期,农村富余劳动力开始外出打工,农村家庭收入渠道拓宽,但剔除价格因素,1994 年农民人均纯收入 1312.24 元。1995 年农民人均劳动者报酬 531 元,比“七五”期末的 51.40 元,增 9.33 倍,平均每年增长 59.50%。

“九五”期间(1996—2000 年)。1997 年,农村经济体制改革继续深入,农民生产经营自主权扩大,农村二、三产业迅速发展,农民收入继续增加。当年农村居民人均纯收入 2218.89 元,比 1996 年增长 11.50%。1998 年,受洪灾影响,农村居民纯收入有所下降,全年人均为 2199.38 元,比 1997 年减少 20 元,下降幅度为 0.90%。1999 年,全市实施以增加投入、扩大内需、刺激消费为主的调控措施,国民经济保持稳中有进的增长势头。农村居民人均纯收入 2330.55 元,比 1998 年增长 6%。

“十五”期间(2001—2005 年)。2003 年,全市克服“非典”疫情和历史罕见干旱、高温的不利影响,国民经济呈现出自 1995 年以来的最好增长水平,农民人均纯收入 2665.63 元,比 2002 年增长 6.10%。由于主要农产品价格回升,农民家庭经营第一产业收入相应提高,人均为 1405.84 元,增长 3.10%;“非典”过后,农村富余劳动力外出务工,外出务工人员家庭收入大幅增加到 573.45 元,增长 14.60%。全市城市化建设步伐加快,招商引资和固定资产投资大幅增长,农民来自二、三产业的人均收入增加到 311.90 元,增长 19.90%。

2004 年,中央、省、市一号文件把发展农业和增加农民收入放在经济工作的首位,全面取消农业税,税费配套改革稳步推进,减负成果进一步巩固,农村经济稳定健康发展。农民收入快速增长,人均纯收入达3226.98元,比2003年增长21.10%。在收入结构中,人均得到非企业组织中的收入367.19元,增长8.90%;当地企业中的收入464.44元,增长21.30%;外出务工收入642.54元,增长69.10%。家庭经营第一产业收入1814.51元,增长29.10%;二、三产业收入136.59元,增长43.80%。人均用于缴纳税费支出34.93元,下降30.60%。

"十一五"期间(2006—2010年)。2006年,社会主义新农村建设良好开局,农村居民人均纯收入3954.19元,比2005年增加364.76元,增长10.20%。其中:农民人均收入来自非企业组织、当地企业和外出从业等工资性收入分别为429.19元、639.06元和778.19元,分别增长8%、9.80%和13.10%;人均收入来自家庭经营二、三产业的609.49元,增长16%;人均收入来自各项补贴的34.57元,同比增长1.05倍。人均税费支出仅有2.42元,下降43.60%。2007年,全市农民收入快速增长,人均纯收入达4472.36元,比2006年增长13.10%。2008年,经济保持良好发展态势,人均纯收入达5252.89元,比2007年增长17.50%。2010年,农村居民人均纯收入达6520.60元,比2009年增长14.30%,超出城镇居民人均可支配收入增幅3.20个百分点。"十一五"期间,农村居民人均纯收入累计达25905.32元,超过1996—2005年10年人均纯收入的总和。

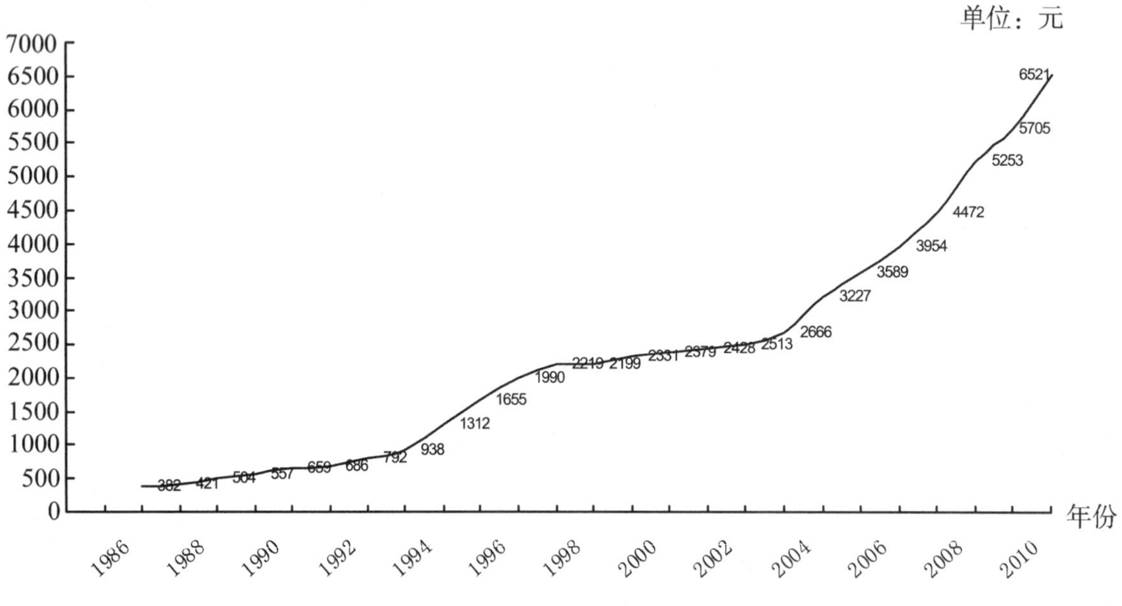

图26-3-2 1986—2010年景德镇市农村居民收入变化图

城乡居民支出

城镇居民支出 "七五"期间(1986—1990年)。1986年,城镇居民家庭人均消费性支出616.29元,增长21.90%,其中食品支出327元。居民家庭平均每人每天花费1.68元购买家庭必需的生活用品,部分商品在市场短缺严重,如自行车、电冰箱、洗衣机等都是凭票供应。1990年,国家"治理、整顿"政策措施出台,社会需求过热迅速降温,供求矛盾缓解,市场趋于平稳。城镇居民人均消费性支出936.06元,比1989年下降0.70%。其中食品消费支出596.29元,下降1.10%;日用品消费支出79.94元,下降13.20%。

"八五"期间(1991—1995年)。1991年,国家继续"治理经济环境,整顿市场秩序"。同时,调高粮食等农副产品收购价格,市场物价涨幅开始回升,城镇居民人均消费性支出1178.55元,比1990年增长25.90%。其中食品支出668.87元,增长12.17%;服饰支出135.59元,增长16.74%。1993年,国有企业市场化改革继续深入,市场商品供应日益充足,城镇居民消费性支出继续增加,人均1468.51元,比1992年增长14%。由于市场经济过热,出现比较明显的通货膨胀,居民家庭生活水平与1992年相比并没有提高。1994年,国家机关、事业单位工资改革政策逐步到位,带动城镇居民收入增长。同时,居民消费价格上涨125.90%,停留在"居民收入增加,消费物价上涨"的怪圈里。城镇居民人均消费性支出1911.09元,比1993年增长

30.10%，剔除价格因素，实际增长3.40%，居民消费增长大部分被价格上涨抵消。1995年，市场价格涨幅明显回落，居民家庭消费支出快速增长，生活质量提高，人均消费性支出2439.09元，比1994年增长27.60%，剔除价格因素，实际增长8.30%。其中受住宅电话大量进入居民家庭，以及市场上BP机、移动电话等通信工具的影响，居民家庭通信支出增幅高达7.10倍。

“九五”期间(1996—2000年)。1998年，居民家庭消费层次继续提高，基本生活消费支出比重下降，享受型消费比重明显上升。人均消费性支出3292.84元，比1997年增长8.10%。其中食品支出1618.03元，增长3.50%，占总消费支出的比重(即恩格尔系数)由1997年的51.32%降为49.14%，首次下降至50%以下，标志着城镇居民生活水平上一个新台阶；服饰支出348元，下降3.56%，比重由11.84%下降为10.56%；家庭设备用品及服务支出280元，增长96.22%，比重由4.68%上升为8.50%；交通与通信支出257.15元，增长15.37%，比重上升至7.81%；娱乐文教服务支出321.94元，增长31.13%，比重由8.06%上升至9.78%。1999年，市场基本生活用品供过于求，居民消费价格指数出现负数。城镇居民人均消费性支出3414.74元，比1998年增长3.70%。其中食品支出仅增长0.20%，恩格尔系数为47.47%，比1998年下降近2个百分点。

“十五”期间(2001—2005年)。2003年，居民家庭消费性支出再上新台阶，达5287.84元，比2002年增长12%。同时，国家住房改革逐步深入，全面推行住房分配市场化，居民家庭居住消费快速增长，人均支出638.66元，增幅达52.40%。2005年，城镇居民人均消费性支出实现“两级跳”，达7029.38元，比2004年增长25.70%，其增幅是除1993年通胀时期外最快的一年。

“十一五”期间(2006—2010年)。2007年，居民收入增长速度明显加快，消费性支出大幅增加，人均消费性支出连续突破，达9204.50元，比2006年增长23.60%。其中食品支出3689.40元，增长21.90%，恩格尔系数40.10%，基本达40%以下的生活富裕监测标准值；服饰支出982.93元，增长20.30%；家庭设备用品及服务支出485.18元，增长44.20%；交通和通信需求较大，汽车消费成为亮点，人均支出1218.57元，同比增长58.60%；娱乐文教消费持续升温，人均支出1501.36元，在逐年大幅上升的基础上，又增长17.60%；医疗保健意识增强，人均支出324.53元，增长15.20%，滋补保健品支出增长1.60倍；居住消费稳步攀升，人均支出743.02元，增长16.40%。2008年，城镇居民家庭人均消费性支出达10333.20元，比2007年增长12.30%。其中食品和服饰支出分别为3916.25元和1093.24元，分别增长6.20%和11.20%；家庭设备用品及服务支出继续快速上升，人均为615.81元，增长26.90%。由于居民外出受到冰霜雨雪灾害限制，以及通信资费价格进一步下调的影响，居民家庭交通和通信支出增速超缓，人均支出1342.94元，增长10.20%。2010年，城镇居民人均消费性支出11475.07元，比2009年增长8.66%。四大消费热潮印证居民家庭小康

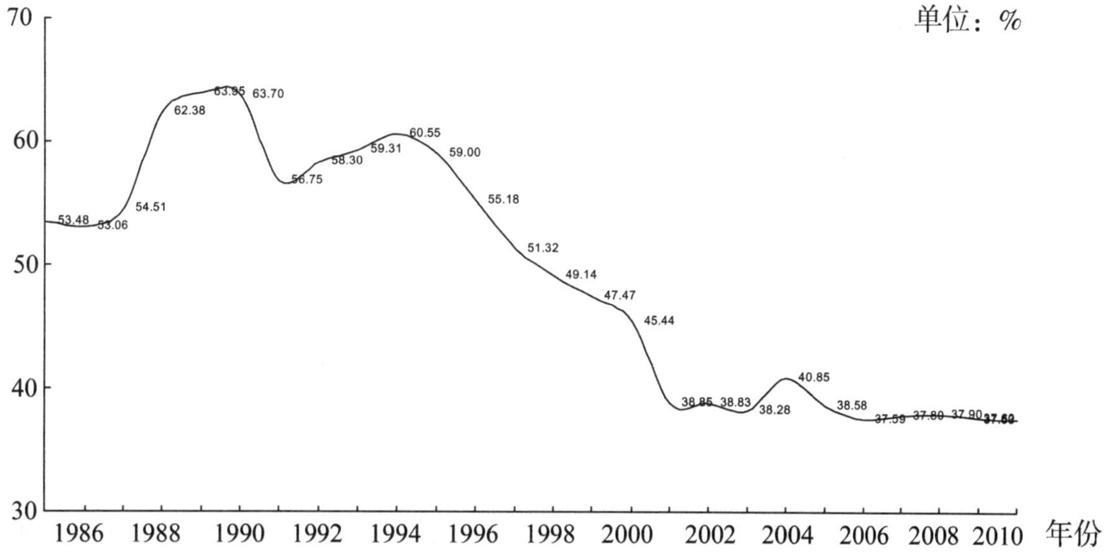

图26-3-3　1986—2010年景德镇市城镇居民恩格尔系数变化图

进程。即:家用小汽车强势进入居民家庭,“十一五”时期比“十五”时期拥有量增长 2.33 倍;旅游消费持续升温,“十一五”时期人均支出 1694.80 元,比“十五”增长 1.48 倍;购房热长盛不衰,“十一五”时期人均支出 2753.83 元,增长 19.90%;交通与通信消费快速增长,人均支出 5953.05 元,增长 91.90%。

农村居民支出　“七五”时期(1986—1990 年)。1987 年,农村经济改革深入,“大锅饭”逐步瓦解,农民生产积极性不断提高,农村居民人均生活消费性支出 360.10 元,比 1986 年增长 6.20%。消费结构中,人均食品支出 211.30 元,同比增长 10.30%,恩格尔系数由 56.50% 下降至 50.68%,标志着农民家庭生活水平有新的提高。1988 年,农村居民人均生活消费性支出 410.60 元,比 1987 年增长 14.02%。当年因全国经济过热,市场物价快速上涨,食品支出增长 15.90%,几乎全部被价格上涨所抵消。1989 年,农村居民人均生活消费性支出 443.60 元,比 1988 年增长 8%。其中食品支出继续增加,人均支出 263.20 元,同比增长 7.50%。由于国家紧缩政策效应的逐步显现,农村建房热潮降温,农民家庭居住支出人均为 18.30 元,同比下降 25.30%。1990 年农村居民人均生活消费性支出比 1985 年增长 81.13%,平均每年增长 12.60%。

“八五”时期(1991—1995 年)。农村居民家庭生活水平大幅度提升,期末人均消费性支出比 1990 年增长 1.12 倍,平均每年增长 16.20%。1993 年,农村居民消费性支出由 1991 年的低增长和 1992 年的略降趋势转为大幅上升,人均支出 657.70 元,比 1992 年增长 29.80%。其中食品支出 395.90 元,同比增长 30.80%;衣着支出 59 元,增长 26.30%;家庭设备用品及服务支出 37.80 元,增长 40%;医疗保健支出 13.10 元,增长 22.40%;文化教育娱乐用品及服务支出 41.50 元,增长 36.10%。1994 年,人均消费性支出大幅增加,为 896.30 元,比 1993 年增长 36.30%。1995 年,农村居民人均消费性支出在收入继续大幅增长的基础上突破千元,达 1121.80 元,比 1994 年增长 25.20%。

“九五”时期(1996—2000 年)。1997 年,受亚洲金融危机和洪涝灾害的影响,农村居民收入增速减缓,人均消费性支出 1643.30 元,仅比 1996 年略增 1.40%。1998 年,因受洪灾影响,农民家庭收入略减,人均消费性支出 1362.80 元,比 1997 年下降 17.10%。1999 年,农村居民消费受灾后重建拉动再次出现高速增长。人均支出 1845.47 元,比 1998 年增长 35.40%。随着“科教兴农”宣传力度的加大和知识经济在农村的推广,农民求知意识明显增强,人均文化教育娱乐用品和服务支出 247 元,增长 69.20%,占总消费的比重为 13.40%,上升 3 个百分点。同时,效率性消费升温,人均交通和通信支出 81 元,增长 2 倍,所占比重上升到 4.39%。2000 年人均消费性支出比 1995 年增长 57.50%,年均增长 9.50%。

“十五”期间(2001—2005 年)。2001 年,农村居民消费性支出 1765.50 元,比 2000 年略降 0.10%,其中食品支出 982.73 元,增长 2.10%。2002 年,农村居民消费回升,人均支出 1883.30 元,比 2001 年增长 6.70%。消费支出八大项中,除食品和其他商品及服务支出分别下降 0.60% 和 5.50% 外,居住支出增长

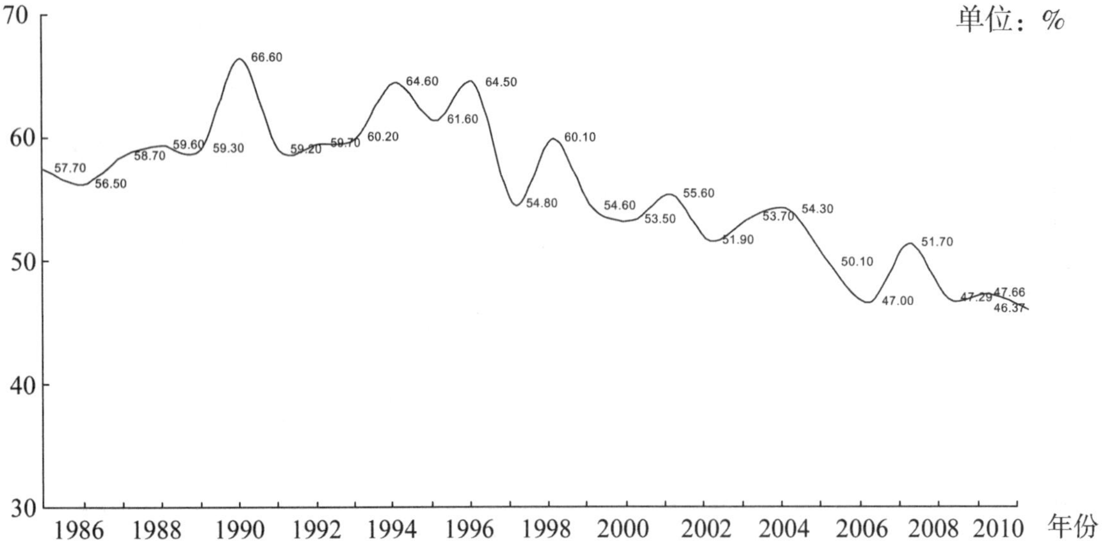

图 26-3-4　1986—2010 年景德镇农村居民恩格尔系数变化图

52.70%,服饰支出增长10.10%,交通与通信支出增长9.50%,文化教育娱乐用品及服务支出增长7.10%。2004年,农村居民人均消费性支出达2406.21元,比2003年增长21.20%。农民生活消费继续向发展、享受型转移。食品消费趋向营养化,人均支出1307.68元,增长22.80%;居住钢筋混凝土结构房屋的家庭所占比重已基本达到小康标准,人均居住支出200.15元,增长12.20%;交通、通信追求便捷,人均支出173.35元,增长31.40%;居民医疗保健意识增强,医疗价格上升,人均支出138.31元,增幅高达62.60%,2005年与2000年相比,增幅达56.90%,年平均增长9.40%。

"十一五"期间(2006—2010年)。2010年,农村居民人均消费性支出4200.39元,比2005年增长51.50%,平均每年递增8.70%。享受型和发展型消费增速超过生存型消费增速,农民家庭用于基本生活的食品和服饰支出分别比2005年增长40.50%和47.80%,家庭设备用品及服务和交通与通信支出分别增长86.80%和68.30%。农民家庭人均居住支出611.11元,同比增长85.40%;农民人均家庭设备用品和服务支出236.38元,增长近9成;人均交通和通信支出396.07元,增长近7成,家用小汽车陆续进入农民家庭。

城乡居民储蓄

改革开放初期,景德镇城乡居民收入水平低,除去基本的吃穿用外,没有多少节余,银行储蓄很少。随着改革开放的深入,国民经济迅速发展,国家的国民收入分配机制由"藏富于国"向"藏富于民"转变,城乡居民家庭收入水平大幅提高,银行存款快速增长。

表26-3-1　**1986—2010年景德镇市城乡居民储蓄存款余额及环比增速一览表**　单位:万元、%

年份	全市合计		城镇居民		农村居民	
	年末存款余额	环比增速	年末存款余额	环比增速	年末存款余额	环比增速
1986	24702	38.77	20057	39.51	4645	35.66
1987	33080	33.92	27165	35.44	5915	27.34
1988	41642	75.88	35107	29.24	6535	10.48
1989	53873	29.37	45720	30.23	8153	24.76
1990	69765	29.50	59829	30.86	9936	21.87
1991	90743	30.07	77784	30.01	12959	30.42
1992	118556	30.65	102269	31.48	16287	25.68
1993	154233	30.09	132893	29.94	21340	31.02
1994	205507	33.24	175429	32.01	30078	40.95
1995	273514	33.09	232043	32.27	41471	37.88
1996	348008	27.24	290093	25.02	57915	39.65
1997	434027	24.72	362322	24.90	71705	23.81
1998	486723	12.14	407338	12.42	79385	10.71
1999	542766	11.51	464687	14.08	78079	-1.65
2000	577641	6.43	496261	6.79	81380	4.23
2001	669142	15.84	581239	17.12	87903	8.02
2002	783230	17.05	685169	17.88	98061	11.56
2003	923671	17.93	571498	-16.59	352173	2.59

续表 26－3－1

年份	全市合计		城镇居民		农村居民	
	年末存款余额	环比增速	年末存款余额	环比增速	年末存款余额	环比增速
2004	1055528	14.28	637368	11.53	418160	18.74
2005	1229343	16.47	1061738	66.58	167605	－59.92
2006	1376744	11.99	811548	－23.56	565196	2.37
2007	1422808	3.35	1209123	48.99	213685	－62.19
2008	1679766	18.06	1427490	18.06	252276	18.06
2009	2063623	22.85	1756143	23.02	307480	21.88
2010	2485977	20.47	1016875	—	1469102	—

说明:2010 年,城镇居民储蓄存款余额为活期余额,农村储蓄存款余额为定期余额

1986—2010 年,城乡居民储蓄的增长速度大致可以分为两个阶段。1986—1997 年为高速增长阶段,年环比增长速度都在 20% 以上;1998—2010 年为持续增长阶段,但波动较大,增长速度为 3.30% ～23.20%。

1986—2009 年,城镇居民储蓄年均增速比农村居民储蓄增速高 1.50 个百分点;居民储蓄增幅最高的年份是 1986 年,为 38.80%;增幅最低的年份是 2007 年,为 3.40%。其中增幅在 30% 以上和 20% ～29% 的年份分别有 6 个和 8 个。

表 26－3－2　　**1986—2009 年景德镇市城乡居民储蓄、收入、消费年均增长速度一览表**　　单位:%

项目	储蓄余额	可支配(纯)收入	消费性支出
城镇居民	21.50	14.22	13.15
农村居民	20	12.48	11.24

城乡居民住宅

城镇居民住宅　80 年代,市房管部门和单位住房设计重点考虑经济、适用。1986 年年末,人均房屋居住面积 6.59 平方米。居民家庭住房拥挤户(人均居住面积 4 平方米以下)占 18%,不方便户占 13%,人均居住面积在 4～6 平方米的占 22%,人均居住面积在 6～8 平方米的占 23%,人均居住面积在 8 平方米以上的占 24%。随着经济的发展,国家加大城镇居民住房建设力度,至 1991 年年末,居民家庭人均住房居住面积上升至 7.11 平方米,住房拥挤户比例下降为 5%,不方便户占 3%,人均居住面积在 4～6 平方米之间的上升为 28%,人均居住面积在 6～8 平方米的上升为 29%,人均居住面积在 8 平方米以上的上升至 35%。居民家庭住房设施变化较大,现代化程度提高。平均每百户城镇居民家庭住房有独用自来水的占 92%,有卫生设备的占 37%,有独用厨房的占 90%,燃料使用液化石油气的占 14%。1998 年以后,国家住房制度改革进一步深入,私人购房大幅增加。2000 年年末,居民家庭人均居住面积达 9.91 平方米,比 1991 年增加 2.80 平方米,增幅达 39.38%。住房产权结构发生变化,住公房的比例为 33%,住自有房的占 53%,住部分产权房的占 13%,租赁私房的占 2%。

进入 21 世纪,城镇居民住房的楼层越建越高,楼栋结构日趋新颖,小高层、别墅不断增多。住宅小区的环境迅速改善,土地绿化率普遍为 20% ～30%,高的达 40%;景观越来越美,建有假山、水池、瀑布、小桥流水、花草树木;配套功能也越来越全,配套设置幼儿园、健身场(馆)、超市、餐馆、商店、休闲娱乐室等。全市建成区绿化面覆盖率达 53.57%,人均园林绿地面积 15.65 平方米。2010 年年末,居民家庭住单栋式住宅的占 3%,住四居式的占 5%,三居式的占 10%,二居式的占 61%,一居式的占 1%,住普通楼房的占 5%,住平房及其他房的占 15%;住房有独用自来水的达 100%,饮用自来水的占 99%,饮用纯净水的占 1%;住房有卫

生设备的家庭占83%，有空调设备的占60%；使用管道气的占41%，使用灌装气的占46%。居民家庭人均居住面积22.07平方米，为1986年的3.35倍；全年人均用于居住方面的开支1390.47元，比1995年增长7.17倍；人均购房支出500.63元，比2005年增长1.17倍。绝大多数城镇居民家庭告别住房紧张、居住不便、设施简单的历史，生活质量显著提高。

农村居民住宅　80年代初，多数农民家庭住房面积较大，但房屋建筑结构简单，不少家庭住房为干打垒的泥土墙、草顶房，生产性用房质量更差。80年代中后期，农村兴起建房高潮，农民的住房条件得到改善，砖瓦房逐渐增多，有的还建钢混结构的住房。1986年，农民建房支出在生活消费支出中的比重由1978年的7.36%上升至19.51%。年末平均每户住房面积110.75平方米，人均住房面积18.88平方米，比以前都有大幅度增加。但条件不好的农户住房改观不大，尤其是厕所卫生条件差。1987年年底，农民人均住房面积19.92平方米，比1986年增加1.04平方米。住房质量上也有提高，钢筋混凝土结构的楼房逐步取代砖木结构、土墙结构的平房；住房的内部设施也打破传统格局，开始追求美观舒适和实用。至1992年年末，农村居民人均生活住房面积为20.93平方米，住房基本为砖木和钢筋混凝土结构，所占比重在80%以上。

至2010年，农村居民住房质量不断提高。昔日的茅草房、土坯房逐步被淘汰，砖木和砖混结构的房屋占据主要地位。农村新建住房以两层及以上的楼房居多，房顶由平顶开始向尖顶转变，利于隔热和防漏；门窗多用防盗门和不易变形的铝合金钢窗；内墙粉刷乳胶漆，外墙抹水泥或贴瓷砖；厨房、卫生间粘贴瓷砖，卫生条件明显改善。客厅、卧室、杂物间(储藏室)、家禽圈基本齐备；室内装修也从无到有，逐步靠近城市住宅标准。农民人均用于居住方面的支出611.11元，比2005年增长85.36%。农民人均居住面积达49.64平方米，比2005年年末增加11.89平方米，增幅为30.50%。全市规划内34.6万农村人口饮用水安全问题得以全面解决。

第四章　机构编制

机构编制工作是巩固党的执政地位和完善国家政权建设的一项基础工作。机构编制管理涉及党政群团机关、事业单位等各部门。1986—2010年，全市进行3次机构改革和1次机构调整。市机构编制管理部门通过不断调整各部门职能配置、理顺职责关系，合理设置机构、核定人员编制及确定领导职数，严格实行总量控制，逐步建立起与社会主义市场经济相适应的高效精干的行政、事业管理体制和工作机制，提高了机关工作效率。市机构编制管理部门按照国家实施的经济体制改革要求，不断强化对机关事业单位机构设立、人员编制的核定及管理，严格实行总量控制。1986—2010年，全市进行3次机构改革、1次机构调整。

第一节　机构改革

1995—1997年机构改革

1995年10月开始，1997年5月结束。改革的指导思想和原则是：按照建立社会主义市场经济体制的目标，切实转变职能，理顺关系，精兵简政，提高效率。坚持实事求是、因地制宜、从景德镇实际出发的原则；坚持精简、统一、效能原则，不强求上下对口，调整、撤并职能交叉重叠和业务相近的机构，重点精简专业经济部门，合理划分市与县(区)政府的职能权限，理顺党委和政府各部门间的职能关系；坚持政企分开原则，在政企关系上，由直接管理转向间接管理，把属于企业的自主权切实下放给企业，把属于市场调节的职能切实转移给市场，在管理内容上由微观管理转向宏观管理，把政府职能转向统筹规划、掌握政策、依法行政、信息引导、组织协调、提供服务和检查监督；在管理手段上，由主要依靠计划控制转向依靠市场调节，运用经济手段、法律手段和必要的行政手段管理国民经济。

机构设置　1995年6月,景德镇向省委、省政府呈报《景德镇市党政机构改革方案》的请示,8月,省委、省政府批准景德镇市党政机构改革方案,同意市级党政机关机构设置意见。10月27日,召开全市党政机构改革动员大会,并下发《景德镇市机构改革方案的实施意见》,开始实施市直党政机构改革。市委机构改革:市监察局与市纪检委合署办公,一个机构、两块牌子;市委农村工作委员会列入市委议事协调机构序列,其日常工作由市政府农村工作办公室承担,一个机构两块牌子;市机构编制委员会列入市委议事协调机构序列,下设办公室为常设办事机构,既是市委机构,又是市政府机构,市机构编制委员会办公室为常设办事机构,挂靠市人事局;市委党史工作办公室的职能并入市委组织部;市委老干部局归口市委组织部。经过改革与调整后,市委机构共设置工作部门9个:市委办公室、组织部、宣传部、统一战线工作部、政法委员会(挂市社会治安综合治理委员会的牌子)、政策研究室、台湾工作办公室(与市政府台湾事务办公室一个机构、两块牌子)、市委市政府信访办公室、市直属机关党委。

市政府机构改革:市对外经济技术合作办公室、市招商局的职能分别并入市计划委员会、市对外贸易经济合作局;市政府参事室、市精神文明建设委员会办公室、市政府决策咨询委员会办公室的职能分别并入市政府办公室、市委宣传部、市委政策研究室;市国营垦殖场管理局的职能并入市林业局;市旅游局改为市政府直属事业单位;市档案局改为市委直属事业单位(与市档案馆实行一个机构、两块牌子);组建市国家安全局、市地方税务局;市物资局转为市物资集团公司;市供销社为合作经济组织;农业委员会更名为市政府农村工作办公室;经济委员会更名为经济贸易委员会;城乡建设局更名为城乡建设规划局;教育局更名为教育委员会;农牧渔业局更名为农业局;房地产管理局更名为房产管理局;对外经济贸易局更名为对外贸易经济合作局;市陶瓷节办公室改为临时机构。经过改革与调整后,市政府机构共设置工作部门45个:市政府办公室、计划委员会、经济贸易委员会、经济体制改革委员会、教育委员会、科学技术委员会、公安局、国家安全局、司法局、监察局与市纪检委合署办公(一个机构、两个牌子)、民政局、人事局、科学技术委员会、统计局、劳动局、城乡建设规划局、财政局、地质矿产局、审计局、物价局、工商行政管理局、商业局、粮食局、对外贸易经济合作局、机械工业局、交通局、轻化工业局、电子工业局(挂国防科学技术工业办公室的牌子)、建筑工程建筑材料工业局、农业局、林业局、水利电力局、乡镇企业局、文化局、卫生局、计划生育委员会、体育运动委员会、广播电视局、人民防空办公室、技术监督局、房产管理局、地方税务局、环境保护局、土地管理局、市政府外事办公室(与侨务办公室一个机构、两块牌子)、市政府农村工作办公室。

人员编制　市区党政群机关人员编制。景德镇市属于二类城市,省分配给景德镇市级行政编制2100人。市编办按编制测算当时比例是80∶20,与市区分配,市级1680人,区级420人。市级党政群机关按2100人编制安排,比实有人数3023人减少923人,精减30.50%,其中市级机关编制1680人,比实有人数2387人减少707人,精减29.60%。区级机关编制420人,比实有人数636人减少216人,精减33.90%。

人员分流　按照既要精兵简政、转变职能,又要高度重视富余人员的安置工作的要求,各部门、各单位对人员分流采取的措施和办法是:按照转变职能的要求,将有关专业经济部门成建制地转为经济实体或服务实体;党政机关可结合自身的业务特点和机关各类专门人才的情况,鼓励部分工作人员走出机关,创办第三产业;机关富余人员可以分流到事业单位、企业,并尽量充实到实体性公司或自收自支、企业化管理的事业单位;各级机关在编制内需要补充人员时,应优先安排机关富余人员;从机关选派一部分优秀干部到基层锻炼或任职,结合实行公务员制度,组织部分人员进行培训或轮训;坚决清退机关的各种临时人员和借调人员;严格执行离退休制度,对已到离退休年龄的,应按规定办理离退休手续,本人自愿,经组织批准,女50周岁,男55周岁也可以办理离退休手续,不到上述年限的,经组织批准也可以提前离岗,待达到离退休年龄后,再按规定办理离退休手续。

改革成效　改革后,市级党政机构共设置工作部门54个,比改革前64个减少10个,精减15.60%;撤并二级机构9个;市级党政群机关精减人员36.20%。市政府派出机构共设置8个;市级处级经济组织共2个。市辖区党政群机关精减人员50%。乐平市党政机构限额为35个,精减行政人员43.60%,乡(镇)机关精减行政人员60.90%;浮梁县党政机构限额为32个,乡(镇)精减行政人员19.70%;昌江区精减行政人员19.20%。上述精减人员均不含政法部门和人民武装部队人员。

表 26－4－1　**1997 年景德镇市委、市政府改革后机构设置一览表**

序　列	机　　　构
市委	办公室、组织部、宣传部、统一战线工作部、政研室、政法委员会(挂市社会治安综治委的牌子)、市委市政府信访办公室(归口市委组织部)、台湾工作办公室(挂市政府台湾事务办公室牌子)、市直属机关党委
市政府	办公室、计划委员会、经济贸易委员会、科学技术委员会、科学技术委员会、统计局、人事局、劳动局、市城乡建设规划局、民政局、监察局(与市纪检委合署办公,一个机构、两个牌子)、公安局、司法局、财政局、审计局、物价局、工商行政管理局、商业局、粮食局、对外贸易经济合作局、机械工业局、交通局、轻化工业局、市电子工业局(挂国防科工办的牌子)、市建筑工程建筑材料工业局、农业局、林业局、水利电力局、乡镇企业局、文化局、教育委员会、卫生局、计划生育委员会、体育运动委员会、广播电视局、政府外事办公室、人民防空办公室、技术监督局、房产管理局、地方税务局、环境保护局、土地管理局、国家安全局

表 26－4－2　**1997 年景德镇市委机构编制一览表**　单位:人

机构名称	人员编制		
	行政	事业	合计
办公室	53	26	79
组织部	33	6	39
宣传部	30	4	34
统一战线工作部	12	3	15
政策研究室	14	5	19
政法委员会(挂市社会治安综治委的牌子)	12	4	16
市委、市政府信访办公室(归口市委组织部)	—	—	—
台湾工作办公室(挂市政府台湾事务办公室牌子)	8	2	10
市直属机关党委	9	2	11

表 26－4－3　**1997 年景德镇市政府机构编制一览表**　单位:人

机构名称	人员编制			机构名称	人员编制		
	行政	事业	合计		行政	事业	合计
政府办公室	72	39	111	工商行政管理局	42	5	47
计划委员会	37	4	41	人事局	28	2	30
经济贸易委员会	59	3	62	机构编制委员会办公室	6	0	6
教育委员会	45	7	52	劳动局	39	3	42
科学技术委员会	20	4	24	公安局	383	105	488
农村工作办公室	25	2	27	国家安全局	30	50	80
蔬菜办公室	—	—	—	司法局	25	0	25
经济体制改革委员会	14	1	15	民政局	35	6	41
国有资产管理局	—	—	—	财政局	79	7	86
地方税务局	30	3	33	乡镇企业局	20	3	22

续表 26-4-3

机构名称	人员编制			机构名称	人员编制		
	行政	事业	合计		行政	事业	合计
机械工业局	14	35	49	水利电力局	35	3	38
电子工业局	—	30	30	国防科学技术工业办公室	—	—	—
物价局	15	1	16	轻化工业局	14	19	33
统计局	32	5	37	交通局	24	3	27
审计局	41	2	43	商业局	28	6	34
技术监督局	27	2	29	粮食局	38	3	42
环境保护局	13	2	15	对外贸易经济合作局	26	5	31
土地管理局	16	2	18	文化局	24	1	25
地质矿产局	12	1	13	卫生局	44	5	49
建设局	38	2	40	计划生育委员会	18	2	20
房产管理局	0	59	59	广播电视局	16	2	18
建筑工程建设材料局	0	46	46	体育运动委员会	17	2	19
农业局	30	3	33	人民防空办公室	15	2	17
林业局	37	3	40	监察局	—	—	—

2000—2002 年机构改革

2000 年 8 月开始,2002 年 12 月结束。改革的总体目标是:加强党的领导,转变政府职能,理顺各方关系,调整组织机构,精干公务员队伍,降低行政成本,减轻财政负担,提高工作效率。建立廉洁高效、运转协调、行为规范的行政管理体系,完善国家公务员制度,建立高素质的专业公务员和国家机关工作者队伍。改革的总体原则是:坚持党的领导原则;坚持政企政事分开的原则;坚持精简、统一、效能的原则;坚持实事求是、因地制宜的原则;坚持既积极又稳妥的原则。在转变职能上明确要求,政府部门不再直接管理企业,不再兴办经济实体,不再保留工业专业经济管理部门;辅助性、技术性和服务性事务交给事业单位和社会中介组织;按照社会主义市场经济的要求,推进行政审批制度改革,建立结构合理、管理科学、程序严密、制约有效的行政审批管理制度。在理顺关系上,提出明确划分各级政府的事权,下放属于县级政府的管理权限,完善乡镇政府功能;合理界定各部门职能。

机构设置　2001 年 12 月,景德镇向省委、省政府呈报机构改革方案。2002 年 8 月 28 日,省委、省政府批准景德镇市党政机构改革方案。9 月,市委、市政府印发《景德镇市党政机构改革实施方案》,开展全市党政机构改革。

市委机构改革:保留市委办公室、组织部、宣传部、统一战线工作部、政法委员会(市社会治安综合治理委员会办公室与其合署办公)、政策研究室、直属机关工作委员会;不再保留市委农村工作委员会,组建市委农村工作部;市机构编制委员会办公室为市机构编制委员会的常设办事机构,为市委、市政府工作机构,与市人事局合署办公;信访办公室更名为市委信访局,增挂市政府信访局牌子,归口市委办公室管理,为市委、市政府的工作机构;保留老干部局,归口组织部管理;保密委员会办公室(市保密局)并入市委办公室,为内设机构,对外保留保密委员会办公室(市国家保密局)牌子;机要局并入市委办公室,为内设机构,对外保留机要局牌子;市委台湾工作办公室(市政府台湾事务办公室)并入市委办公室,为内设机构,对外保留市委台湾工作办公室和市政府台湾事务办公室牌子;精神文明建设指导委员会办公室设在宣传部,为内设机构,对外保留精神文明建设指导委员会办公室牌子。经过调整,市委共设置工作机构 8 个,归口管理机构 2 个。

市政府机构改革：保留市政府办公室、监察局、公安局、司法局、民政局、人事局、建设局、交通局、林业局、对外贸易经济合作局、文化局、计划生育委员会、审计局、环境保护局、广播电视局、统计局；原劳动局承担的安全生产综合管理、职业和矿山安全监察职能以及安全生产委员会办公室和安全生产监督管理局牌子，原经济体制改革委员会承担的国有企业改革职能和股份公司设立、上市公司的审核与推荐职能，全部划入经济贸易委员会；国有资产管理局更名为国有资产管理办公室，并入财政局，为内设机构，对外保留国有资产管理办公室的牌子；原经济体制改革委员会承担的农村经济体制改革职能和蔬菜办公室整体并入农业局，为内设机构，挂蔬菜办公室牌子；原劳动局承担的职业卫生监察职能划入卫生局；计划委员会、教育委员会、科学技术委员会、政府外事办公室（市政府侨务办公室）、体育运动委员会、水利电力局分别更名为发展计划委员会、教育局、科学技术局、政府外事侨务办公室、体育局、水务局；在劳动局的基础上组建劳动和社会保障局；土地管理局与地质矿产局合并，组建国土资源局；组建瓷局，为政府工作部门；文化局增挂文物局牌子；旅游局由政府直属事业单位改为政府工作部门；人民防空办公室改为市国防动员委员会的常设办事机构，也是政府人民防空工作主管部门；粮食局由政府工作部门改为由发展计划委员会管理；房产管理局由政府工作部门改为市政府直属事业单位，其行政管理职能划入建设局等部门；物价局并入发展计划委员会，为内设机构，对外保留牌子；国防科工办并入经济贸易委员会，为内设机构，对外保留国防科技工业办公室牌子；不再保留市政府农村工作办公室；不再保留经济体制改革委员会，其行政管理职能分别划入农业局、经济贸易委员会、劳动和社会保障局；不再保留乡镇企业管理局，其行政管理职能划入经济贸易委员会；不再保留机械工业局，其行政管理职能划入经济贸易委员会；不再保留建设工程建筑材料工业局，其行政管理职能分别划入建设局、瓷局；不再保留电子工业局，其行政管理职能划入经济贸易委员会；不再保留轻化工业局，其室内装饰行业管理职能划入建设局，其他行政管理职能划入经济贸易委员会。手工业联社并入经济贸易委员会，为内设机构，对外挂手工业联社牌子；不再保留商业局，其行政管理职能划入经济贸易委员会。经过调整，市政府共设置工作部门29个（监察局与纪律检查委员会合署办公，列入市政府工作部门序列，不计政府机构个数）。

人员编制 根据中央和省里规定，以1998年年底的实有编制数为基数，全市县乡行政编由原来的4742人精简为3794人，精简率为20%；政法专项编制由原来的2055人（其中公安1150人、司法125人、法院322人、检察院287人）精简为1884人，精简率为10%。其中设区市和市辖区机关行政编制由原来的1902人精简到1527人，精简率为19.70%；政法专项编制由原来的1260人（其中公安747人、司法57人、法院192人、检察院172人）精简为1168人，精简率为10%。县（市）机关行政编制由原来的1192人精简到998人，精简率为16.30%；政法专项编制由原来的795人（其中公安403人、司法68人、法院130人、检察院115人）精简到716人，精简率为10%。乡镇机关行政编制由原来的1648人精简到1269人，精简率为23%。

人员分流 此次机构改革的人员分流按照“工作需要、群众参与、竞争上岗、综合考评、组织决定”的原则进行。按照“带职分流、定向培训、充实基层、优化结构”的要求，撤并部门的原有人员，按照人随事走、编制随人走的原则，随职能一并划入相关部门，统一参加并入部门的定岗分流和机构改革。撤并部门原下属事业单位，在事业单位改革未全面展开之前，也随行政职能划转给相应的行政机构管理。

改革成效 改革后，市级党政机构共设置工作部门41个（市监察局与市纪委合署办公，列入政府工作部门序列，不计政府机构数），议事协调机构的办事机构1个，部门管理机构1个，比改革前54个减少13个，精简率为24%；设区市和市辖区机关行政编制由原来的1902人精减到1527人，精简率为19.70%；政法专项编制由原来的1260人精减为1168人（其中公安747人、司法57人、法院192人、检察院172人），精简率为10%。

表26-4-4　　**2002年景德镇市委、市政府改革后机构设置一览表**

序列	机构
市委	办公室、组织部、宣传部、统一战线工作部、农村工作部、政法委员会、政策研究室、直属机关工作委员会、纪律检查委员会
市政府	办公室、发展计划委员会、经济贸易委员会、教育局、科学技术局、公安局、监察局（与市纪检委合署办公，一个机构、两个牌子）、民政局、司法局、财政局、人事局、劳动和社会保障局、国土资源局、建设局、交通局、水务局、农业局、林业局、对外贸易经济合作局、文化局、卫生局、计划生育委员会、审计局、环境保护局、广播电视局、体育局、统计局、外事侨务办公室、旅游局、瓷局

表 26－4－5　　2002 年景德镇市委机构编制一览表

机构名称	人员编制			机构名称	人员编制		
	行政	事业	合计		行政	事业	合计
办公室	49	0	49	政法委员会	18	4	22
组织部	33	6	39	政策研究室	12	5	17
宣传部	31	8	39	直属机关工作委员会	10	2	12
统一战线工作部	11	3	14	纪律检查委员会	50	7	57
农村工作部	15	3	18				

表 26－4－6　　2002 年景德镇市政府机构编制一览表

机构名称	人员编制			机构名称	人员编制		
	行政	事业	合计		行政	事业	合计
办公室	60	0	60	水务局	28	6	34
发展计划委员会	43	7	50	农业局	30	5	35
经济贸易委员会	62	10	72	林业局	30	5	35
教育局	36	5	41	对外贸易经济合作局	21	3	24
科学技术局	16	6	22	文化局	19	6	25
公安局	388	134	522	卫生局	35	5	40
监察局				计划生育委员会	14	2	16
民政局	28	7	35	审计局	33	10	43
司法局	22	3	25	环境保护局	12	2	14
财政局	65	10	75	广播电视局	14	3	17
人事局	24	3	27	体育局	14	2	16
劳动和社会保障局	26	4	30	统计局	27	6	33
国土资源局	26	4	30	外事侨务办公室	10	3	13
建设局	42	6	48	旅游局	12	3	15
交通局	20	3	23	瓷局	26	4	30

2004—2005 年机构调整

此次调整是在 2002 年机构改革基础上的“小调整、大稳定”。调整的指导思想是：以邓小平和“三个代表”重要思想为指导，适应社会主义市场经济体制和推进政治体制改革的要求，坚持政企分开，坚持依法行政，积极稳妥、高效有序地推进政府职能的转变，逐步形成行为规范、运转协调、公正透明、廉洁高效的行政管理体制。改革的原则是：坚持精简高效、突出改革重点的原则，调整优化政府组织机构，深化国有资产管理体制改革和行政综合执法体制改革，加强宏观调控体系建设，解决行政管理体制中的突出矛盾。坚持上下基本对应和因地制宜的原则，坚持权责明确的原则。2004 年，在政府部门中，明确市安全生产监督管理局为市政府工作部门，市安委会办公室与其实行一个机构、两块牌子，合署办公；市公安局指挥中心、政治部、国内安全保卫支队、治安警察支队 4 个内设机构升格为副县级；浮梁县公安局工业园派出所更名为市公安局陶瓷科技园分局；市商贸国有资产经营公司增挂市商业管理办公室牌子，为市内贸行业主管部门，原市商业局划给市经委的行业管理职能划给市商贸公司；成立市政府办证服务大厅。

2005年，在市财政局原有职能的基础上，明确其代表市政府履行国有资产监督管理职责，市财政局不再保留市国有资产管理委员会办公室牌子。将市发展计划委员会改组为市发展和改革委员会（以下简称市发改委），仍为市政府工作部门。市经贸委承担的工业行业规划和产业政策制定、经济体制改革、地方金融发展、市股份制改革和股票联审小组日常工作的有关职能划入市发改委。农产品进出口计划的组织实施职能仍由市发改委承担。

市计划生育委员会更名为市人口和计划生育委员，仍为市政府工作部门。在原市计划生育委员会职能的基础上，增加推动人口与计划生育工作的综合协调，加强人口发展战略研究的职能；将粮食局、民族宗教事务局列为市政府工作部门；市政府法制局更名为市政府法制办公室，归口市政府办公室管理。

调整后，市政府设置工作部门32个（市监察局与市纪委机关合署办公，列入政府工作部门序列，不计政府机构个数）。市委设置工作部门8个。

表26－4－7　**2005年景德镇市委、市政府改革后机构设置一览表**

序　列	机　　构
市　委	办公室、组织部、宣传部、统一战线工作部、农村工作部、政法委员会、政策研究室、直属机关工作委员会、纪律检查委员会
市政府	市政府办、发展和改革委员会、经济贸易委员会、教育局、科学技术局、公安局、监察局、民政局、司法局、财政局、人事局、劳动和社会保障局、国土资源局、建设局、交通局、水务局、农业局、林业局、对外贸易经济合作局、文化局、卫生局、人口和计划生育委员会、审计局、环境保护局、广播电视局、体育局、统计局、外事侨务办公室、旅游局、瓷局、安全生产监督管理局、粮食局、民族宗教事务局

表26－4－8　**2005年景德镇市委机构编制一览表**　单位：人

机构名称	人员编制			机构名称	人员编制		
	行政	事业	合计		行政	事业	合计
办公室	49	10	59	政法委员会	18	4	22
组织部	33	6	39	政策研究室	12	5	17
宣传部	31	8	39	直属机关工作委员会	10	2	12
统一战线工作部	11	3	14	纪律检查委员会	50	7	57
农村工作部	15	3	18				

表26－4－9　**2005年景德镇市政府机构编制一览表**　单位：人

机构名称	人员编制			机构名称	人员编制		
	行政	事业	合计		行政	事业	合计
办公室	52	11	63	监察局	—	—	—
发展和改革委员会	45	7	52	民政局	28	8	36
经济贸易委员会	60	10	70	司法局	22	3	25
教育局	36	5	41	财政局	65	12	77
科学技术局	16	6	22	人事局	24	5	29
公安局	391	182	573	劳动和社会保障局	26	4	30

续表 26－4－9

机构名称	人员编制			机构名称	人员编制		
	行政	事业	合计		行政	事业	合计
国土资源局	27	4	31	环境保护局	13	2	15
建设局	42	6	48	广播电视局	14	3	17
交通局	20	3	23	体育局	14	2	16
水务局	28	6	34	统计局	27	6	33
农业局	30	5	35	外事侨务办公室	10	3	13
林业局	30	5	35	旅游局	12	3	15
对外贸易经济合作局	21	3	24	瓷局	26	4	30
文化局	19	6	25	安全生产监督管理局		22	22
卫生局	34	4	38	粮食局	29	3	32
人口和计划生育委员会	14	2	16	民族宗教事务局	4	3	7
审计局	33	10	43				

2010 年机构改革

2009 年 12 月开始,2010 年 12 月结束。改革坚持“四个分开”的原则,按照社会主义市场经济发展的要求,以政府职能转变为核心,加快推进政企分开、政资分开、政事分开、政府与市场中介组织分开,切实转变职能,达到“转变职能、理顺关系、优化结构、完善体制、提高效能”的目的。

机构设置　2009 年 12 月 25 日,经省委、省政府批准,实施市政府机构改革。改革重点为五个整合:工业和信息化的整合;交通运输领域的整合;人力资源领域的整合;内外贸管理领域的整合;文化和广播影视机构的整合。进一步优化组织结构,体现大部制的要求。保留市政府办公室(挂市政府应急管理办公室牌子),将市政府法制办公室、市民族宗教事务局职责划入市政府办公室,对外挂市政府法制办公室、市民族宗教事务局牌子;保留市发展和改革委员会、教育局、科学技术局、公安局、监察局、民族局、司法局、财政局、国土资源局、建设局、水务局、农业局、林业局、人口和计划生育委员会、审计局、环境保护局、外事侨务办公室、卫生局、体育局、统计局、旅游局、粮食局、安全生产监督管理局(挂安全生产委员会办公室牌子)、瓷局;组建市工业和信息化委员会,将市经济贸易委员会的工业管理职责、市发展和改革委员会的工业行业规划和产业政策制定的职责及信息化职责整合划入市工业和信息化委员会,不再保留市经济贸易委员会;组建市人力资源和社会保障局,将市人事局的职责、市劳动和社会保障局的职责整合划入市人力资源和社会保障局,与市人事局合署办公的市机构编制委员会办公室单独设置,仍列党委机构序列,为市委工作部门,作为市机构编制委员会的常设办事机构不变,不再保留市人事局、市劳动和社会保障局;组建市商务局,将市对外贸易经济合作局的职责、市经济贸易委员会的贸易管理职责、市商业管理办公室(市商贸国有资产经营公司)的职责整合划入市商务局,不再保留市对外贸易经济合作局、市商业管理办公室(市商贸国有资产经营公司);组建市交通运输局,将市交通局的职责、市建设局指导城市客运(含出租车行业管理)的职责整合划入市交通运输局,不再保留市交通局;组建市文化和广播电影电视局(挂市文物局牌子),将市文化局(市文物局)的职责、市广播电视局的职责,整合划入市文化和广播电影电视局,不再保留市文化局、市广播电视局;将市国有资产监督管理委员会由市政府直属特设机构调整为市政府工作部门;将市食品药品监督管理局由省以下垂直管理调整为市政府工作部门;市人民防空办公室仍为市国防动员委员会常设办事机构和市政府人民防空工作主管部门;市政府金融办公室为市政府办公室的内设机构,副县级;市中小企业局为市工业和信息化委员会的内设机构，副县级；市物价局为市发展和改革委员会的内设机构，副县级；市市场经营服务中心由市政府直属事业单位调整为市商务局管理的事业单位，副县级；市广播电视台由市广播电视局管理的事业单位调整为市委直属事业单位，正县级；组建市文化市场综合执法支队，将市文化市场稽查支队、市广播电视稽查支队等部门的职责整合划入市文化市场综合执法支队，为市文化和广播电影电视局管理的事业单位，副县级，仍参照公务员法管理，不再保留市文化市场稽查支队、市广播电视稽查支队。

经过调整后，市政府共设置工作部门31个（市监察局与市纪律检查委员会机关合署办公，列入政府工作部门序列，不计入政府机构数），均为正县级。市委共设置工作部门10个。

人员编制　此次改革严格要求做好党政机关超编人员的消化工作，通过自然减员、控制进人、依法依规制定政策等办法，确保2011年前完成党政机关消化超编人员的任务。今后，除接收军转干部外，市直机关凡未消化完超编人员的，不得考录或调入公务员。

人员分流　按照“有利工作、稳定队伍”的原则，认真做好人员安排工作。新组建部门的人员安排：市经济贸易委员会、人事局、劳动和社会保障局、对外贸易经济合作局、商业管理办公室（市商贸国有资产经营公司）、交通局、文化局、广播电视局等行政部门的在职人员，随职责全部划入新组建的相关部门。职能调整部门的人员安排：对职能划出与划入的部门，由双方按照“编随事转，人随编走”的原则确定本机关人员的调出与接收，并报组织人事部门办理相关手续。各部门所属事业单位的管理：按照职能相对应的原则，新组建部门负责管理原合并单位的全部所属事业单位；职能划出部门的相关事业单位划归职能划入部门进行管理。凡不保留的单位，其离退休人员由相关新组建的部门管理。

改革成效　改革后市政府工作部门由原来的35个减少为31个，精简比例为11.4%，并减少直属事业单位1个。通过改革，共取消、转移、下放职责58项，增加职责12项，强化部门责任45项，梳理并明确部门职责分工38项，建立健全部门间协调配合机制。

表26－4－10　　2010年景德镇市委、市政府改革后机构设置一览表

序列	机构
市委	办公室、组织部、宣传部、统一战线工作部、农村工作部、政法委员会、政策研究室、直属机关工作委员会、纪律检查委员会、市机构编制委员会办公室
市政府	办公室、发展和改革委员会、工业和信息化委员会、教育局、科学技术局、公安局、监察局（与市纪检委合署办公，一个机构、两个牌子）、民政局、司法局、财政局、人力资源和社会保障局、国土资源局、建设局、交通运输局、水务局、农业局、林业局、商务局、文化和广播电影电视局、卫生局、人口和计划生育委员会、审计局、环境保护局、外市侨务办公室、国有资产监督管理委员会、体育局、统计局、安全生产监督管理局、旅游局、瓷局、粮食局、食品药品监督管理局

表26－4－11　　2010年景德镇市委机构编制一览表　　单位：人

机构名称	人员编制			机构名称	人员编制		
	行政	事业	合计		行政	事业	合计
办公室	48	0	48	政法委员会	21	3	24
组织部	34	5	39	政策研究室	14	2	16
宣传部	33	5	38	直属机关工作委员会	11	2	13
统一战线工作部	12	2	14	纪律检查委员会	52	7	59
农村工作部	15	2	17				

表 26-4-12　　2010 年景德镇市政府机构编制一览表　　单位:人

机构名称	人员编制			机构名称	人员编制		
	行政	事业	合计		行政	事业	合计
办公室	60	0	60	林业局	30	5	35
发展和改革委员会	50	7	57	商务局	24	3	27
工业和信息化委员会	44	7	51	文化和广播电影电视局	34	5	39
教育局	37	5	42	卫生局	34	5	39
科学技术局	17	3	20	人口和计划生育委员会	14	2	16
公安局	708	—	708	审计局	35	5	40
监察局	—	—	—	环境保护局	17	2	19
民政局	30	4	34	外事侨务办公室	12	3	15
司法局	26	3	29	国有资产监督管理委员会	19	3	22
财政局	65	9	7	体育局	15	2	17
人力资源和社会保障局	53	7	60	统计局	27	4	31
国土资源局	28	4	32	旅游局	12	2	14
建设局	43	6	49	瓷局	26	4	30
交通运输局	22	3	25	安全生产监督管理局	17	3	20
水务局	28	4	32	粮食局	29	3	32
农业局	30	5	35	食品药品监督管理局	21	4	25

第二节　编制管理与事业单位法人登记

行政事业编制管理

编制控制　1986 年,编制管理工作主要任务是负责党政机关和事业单位的人员编制管理,负责统计和登记各党政机关、事业单位编制名额的增减、变动情况,负责分解上级追加或增补的编制指标。全市党政机关共有人员编制 3237 人,市直事业单位人员编制 1.86 万人。1987 年,依据市委、市政府发出《关于进一步加强机构、编制和人事管理的通知》,确定全市各级党政机关、群众团体不再增设新的机构,增加机构层次,提高机构规格;严格执行编制定员,不随意扩大编制和增加人员,按编制调配干部,严格控制党政机关、群众团体、事业单位从企业调入人员,超编单位要认真清理,凡借调人员应予退回;凡增设新的机构或增加编制,都必须报经编制管理部门审核后,提交党委、政府集体讨论审定,或报主管领导"一支笔"审批。1988 年,依据省委办公厅、省政府办公厅《关于严格控制党政群机关和事业单位增加人员的通知》,市委办公室决定在机构改革前原则冻结增编增人,不得从下级单位借用人员。对于缺编且有增干计划的政法、经济监督等一级行政机关,应在同级行政机关中选调,并按审批程序报批。事业单位(不含已实行企业化管理的单位)也要严格控制增人,对确实需要调进人员的,应在核定编制定员内从严掌握,其人员来源也应从同级行政事业单位选调。通过编制核定,避免未定编事业单位盲目调入人员,控制人员编制的膨胀。1989 年,依据省委办公厅、省政府办公厅《关于停止审批增加机构和人员编制的通知》，重申除国家和省规定的增编和指令性分配外，一律停止审批党政机关增设机构、增加编制和提高机构规格的报告。个别事业单位确因工作需要增设机构和编制的，也应从严控制。严格执行《人员编制与工资基金管理册》办法，将行政手段与经济手段结合起来管理机构编制。

1990 年，市委、市政府下发通知，认真贯彻《国务院关于进一步加强机构编制管理的通知》，进一步加强机构编制管理，严格控制机构编制增长，执行机构编制审批制度。1997 年，市委、市政府下发《关于进一步强化机构编制管理的通知》，维护党政机构改革“三定”方案，不擅自增设机构、增挂牌子和提高机构规格，不扩大行政编制和长期借用企事业单位人员，不增加领导职数和中层干部职数，强化机构编制工作的集体领导、统一承办和归口审批制度。1998 年，市政府规定凡超（满）编的全额拨款、差额拨款和依靠政策性收费的事业单位，原则上停止进人。1999 年，对市级机关、事业单位人员增长实行总量控制。每年由市编制、财政部门根据经济和社会发展需要，提出当年机关、事业单位人员增长的控制目标。

2000 年，强化机构编制管理，在新一轮机构改革前，贯彻落实省、市有关“机构、编制、职数三冻结，党政机关停止进人”的规定，严格执行人员编制与财政经费挂钩管理办法和进人核编通知单制度，事业单位进人继续实行总量控制、分类管理。2001 年，冻结机构编制、领导职数和人员调动。2003 年，市编委办公室会同市教育局、市财政局下发《关于下达中小学教职工编制的通知》，核定全市中小学（含职业中学）教职工编制。8 月，市委、市政府发出《关于进一步加强机构编制管理工作的通知》，明确指出各级机构编制的管理权限在各级党委、政府和编委，具体工作由各级机构编制部门承办。2006 年，全市党政机关行政编制有 3960 人，市直事业单位事业编制有 3.38 万人。2010 年，全市党政机关行政编制有 7677 人（不含工勤编），市直事业单位事业编制有 3.52 万人。

管理制度　1986 年之后，开始建立和健全编制管理制度。1987 年，颁发《景德镇市各级行政、事业机构编制管理暂行规定》，明确机构编制的主管部门及主要职责，确定机构编制管理的对象和范围，制定机构编制管理基本原则和方法，划分市县机构编制审批权限，强调“编制就是法规”。1989 年 6 月，颁发《景德镇市党政群机关机构编制管理暂行办法》，进一步明确机构编制管理的方针、原则、对机构编制、科级领导职数、审批程序与权限等作出规定。

1991 年，依据《江西省机构编制委员会工作规则（试行）》，明确规定凡是有关机构设置、人员编制、领导职数以及机构职能的调整和划分，经市机构编制委员会审议后，均以市机构编制委员会的名义发文。其中副县级以上行政机构和正县级以上事业机构设置，需经市编制委员会会议讨论，报请市委、市政府审议后报省编委批准。副县级事业机构设置和增编 30 人以上，经市编制委员会审议后报市委、市政府审议决定；增编 30 人以下和科级机构的设置均由市编委会审议批准；个别改变科级机构名称、编制的内部调整和不涉及增设机构、编制的公文函件等，市编委会授权市编委办公室报编委主任或副主任审批。从 1998 年 1 月起，实施《关于景德镇市市直党政群机关人员编制与经费挂钩管理的实施意见》，对已超编单位按编制内人员和超编人员分别核定人员经费，编制内人员按国家规定核拨工资和办公经费；超编人员不核拨办公经费，只核拨工资，并且每年按 1/3 递减，3 年后停止核发。对之后出现的超编人员，一律不予核拨经费（经市委、市政府任命的领导干部除外）。对空编单位，在核拨其实有人员经费的基础上，对节约的编制按单位现有人员的人均经费（工资、办公经费）的 60% 增列预算，作为节编奖励。1999 年 9 月，市编委下发通知，在市直机关、事业单位实行《机构编制管理册》《进人核编通知单》制度，决定从 2000 年 1 月起实行。《机构编制管理册》作为市直党政群机关和事业单位机构名称、机构性质、机构规格、内设机构、人员编制、领导职数、经费渠道、结构比例、实有人数等情况的重要凭证，实行年检制度。市编委还下发《景德镇市机构编制委员会暨办公室工作规则》，重新修订机构编制审批程序。

2003 年，出台《关于市直机关工勤事业编制使用和人员管理的意见》，规定市直机关工勤事业编制的管理使用，实行“老人老办法、新人新办法”。原使用行政编制的工勤人员要理顺使用工勤事业编制，凡新补充的工勤人员，除市政府计划内安置的退伍军人和同性质调整的以外，其余的不再办理调动、上编手续，均实行聘用合同制度。是年，各级机构编制管理要坚持“三个一”审批制度，即“编委办一家单位承办、编委主要领导一支笔审批、编委一个口径发文”,进一步规范机构编制审批程序。各级党委、政府办不直接受理有关增设机构或增加编制的专题请示或报告,凡涉及职能、机构、编制和领导职数的调整,都要严格按审批程序和权限,由各业务主管部门提出专题报告,报同级机构编制部门审核后,统一由机构编制部门按规定程序报批。2004年,出台《景德镇市机构编制委员会办公室工作规则》,制定市编委全体会议和市编办主任办公会议制度,进一步明确机构编制审批权限及程序。2006年,出台《景德镇市机构编制管理暂行规定》,进一步规范进人核编制度和《机构编制管理证》制度,实行人员编制实名制,首次系统规范地对加强机构编制管理工作作出明确规定。2010年,制定《景德镇市关于消化党政机关超编人员的实施意见》,要求凡党政机关人员超编的县(市、区)、乡镇,以县(市、区)为单位不得招考公务员。县(市、区)普遍采取《进人核编申报表》《进人核编通知单》《机构编制管理证》《人员编制实名制管理》等制度。

事业单位法人登记

登记管理　1998年,根据国务院《事业单位登记管理暂行条例》,全市开始事业单位登记管理工作,建立包括登记、年检、变更、注销等工作制度和程序,开展事业单位登记发证工作。2000年1月,中央机构编制委员会办公室发出《关于实施事业单位登记管理的通知》,要求全国开展统一的事业单位登记管理工作,全市开始换证工作,换证登记范围是2000年10月底以前在事业单位登记管理机关办理登记的法人和非法人事业单位。对具备法人条件,参加2000年年检材料齐全的单位进行重新登记,并统一换发全国统一的事业单位法人证书;对不具备法人条件的单位和年检不合格或未参加年检的单位不予或暂缓换发新证。2005年,依据中央机构编制委员会办公室《事业单位登记管理暂行条例实施细则》《关于开展事业单位网上登记管理试点工作的通知》,全市全面实行事业单位网上登记管理试点工作,共进行事业单位法人登记201家。2010年,全市共登记事业单位法人260家,事业单位设立登记7家,变更登记24家。

登记类别　设立登记。1997年开始,对申请事业单位法人登记的单位进行审查,对符合条件的予以核准登记,确认其法人资格,并颁发事业单位法人证书。按照规定,申请事业单位法人的单位应向登记管理机关提交:事业单位法人设立登记申请书,审批部门的批准文件,举办单位出具的开办资金证明,住所的使用权证明(住所是事业单位法人进行民事活动的固定地点和场所),租用的应提交自申请之日起1年以上租用协议复印件,事业单位法定代表人身份证明和同底一英寸免冠照片两张。至2010年,全市本级共有267家事业单位依法办理设立登记,占事业单位总数的75%。

变更登记。1997年开始,单位名称变更、住所变更、宗旨和业务范围变更、法定代表人变更、经费来源变更、开办资金变更、举办单位变更和证书号变更需向登记管理机关提交事业单位法定代表人签署的《事业单位法人变更登记申请书》;审批的变更事业单位的批准文件,单位名称、宗旨和业务范围、经费来源变更需统计机构编制管理机关批准文件,法定代表人变更需举办单位下的任职文件;非行政批准文件。单位住所变更需提交举办单位证明和产权证或有效期1年以上的使用权证明、登记机关要求提交的其他文件和证件。证书号变更需提交登报声明证书作废的报纸原件。至2010年,全市累计办理事业单位变更登记171家。

注销登记。1997年开始,注销登记应向登记管理机关提交《事业单位法人注销登记申请书》;审批机关统一撤销的文件或行政机关依照法律、行政法规决定或责令撤销解散的文件;有关机关确认的清理债权、债务完毕并且完税的清算报告;事业单位法人证书正副本和登记管理机关要求提交的其他文件、证件。至2010年,全市无事业单位注销登记。

年度检验　年检时间为每年3月31日之前。办理年度检验需提交:由法定代表人亲笔签名,加盖本单位公章、举办单位公章的《事业单位法人年度报告书》(一式两份);事业单位法人证书正副本;上年度审计报告或年末资产负债表、损益表(需加盖本单位和举办单位公章或财务专用章);资质认可和职业许可证复印件;税务登记证和上年度纳税缴款书复印件;登记管理机关根据情况要求提交的其他文件。年度检验内容包括:是否遵守国家法律法规和有关政策;实际使用的名称、住所、宗旨和业务范围、法定代表人与核准登记的是否一致;开办资金有无大幅度变化;有关资质认可或执业许可是否继续有效;接受捐赠、资助及使用情况是否合法;自核准登记后是否超过1年未开展活动或者自行停止业务活动1年以上;有无抽逃、转移开办资金的行为;有无涂改、出租、出借事业单位法人证书或者出租、出借印章的行为;依法纳税情况;违约和社会投诉情况；涉及诉讼情况；受奖惩和有关评估情况；其他需要报告和审查的事项。2010年，全市应年检单位260家，已年检单位260家，年检率为100%。

信息档案管理　1997年，全市开始建立事业单位登记档案，按系统分类，按部门装订存放。2003年，按省事业单位登记管理局要求，对原有事业单位档案进行重新整理，实行一户一档，一档一盒，按事业单位法人证号码排列专柜存放。档案资料包括：设立情况、变更情况、年检情况、诚信情况、注销情况。同时，将全市事业单位登记管理信息纳入国家事业单位登记管理信息网络系统，完善信息的采集、汇总、分析、查询和预测登记功能，初步实现登记信息资源共享。

第三节　管理机构

市机构编制委员会

1986年，市机构编制委员会负责全市工作机构及事业单位的机构设置及编制管理工作，主任由市委或市政府主要领导兼任，下设办公室。1990年，市机构编制委员会由主任制改为委员制。由市委、市政府及有关部门主要负责人组成。委员会的正、副主任由市长、市委副书记、副市长和人事局局长兼任。主要成员由市委秘书长，市政府秘书长，市财政局局长，市编办主任、副主任组成。2006年3月，市委、市政府发布《景德镇市机构编制管理暂行规定》，规定各级机构编制委员会是同级党委、政府负责行政管理体制、机构改革和综合管理机构编制工作的议事协调机构。至2010年，历任主任有舒圣佑、殷国光、舒晓琴、刘爱才、虞国庆、李放等。

市机构编制委员会办公室

1986年，市机构编制委员会办公室是市机构编制委员会的常设办事机构，定编7人。1995年，与市人事局合署办公。1997年4月，市事业单位登记中心成立。2002年，内设综合科、事业单位登记管理科（对外挂市事业单位登记管理局牌子）。2006年，增设监督检查科，与综合科合署办公。2010年，市机构编制委员会办公室单独设置，人员编制11人，内设综合科、一科、二科、监督检查科，下设事业单位管理局。

第五章　民族　宗教

景德镇市是少数民族散居区，据2010年第六次全国人口普查，分布在景德镇市的少数民族有回族、满族、壮族、蒙古族、瑶族等38个，少数民族人口1574人。域内有佛教、道教、天主教、基督教、伊斯兰教五大宗教，继景德镇市基督教协会成立之后，佛教、天主教、伊斯兰教均先后成立协会。

1986—2010年，景德镇市各级民族宗教事务局贯彻执行党的民族宗教政策，在民族事务管理方面，积极做好少数民族工作，加强民族村建设，谋划民族村发展，尊重少数民族习惯，保障少数民族合法权益，开展民族文体活动，促进民族教育发展，维护民族团结。在宗教事务管理方面，开展创“五好”（民主管理好、正常活动好、遵纪守法好、环境安全好、服务社会好）宗教场所活动，做好宗教场所调查和登记工作，开展宗教活动场所专项整治，取缔非法宗教活动场点，制止非法宗教活动，团结和教育信教群众爱国爱教，促进社会和谐。

第一节　民　族

民族工作

维护民族团结　1986年后，景德镇市贯彻落实民族政策，提高少数民族上层人士的生活补贴。2005年

8月11日,市伊斯兰教协会获省政府颁发的全省民族团结进步模范集体称号。乐平市涺口镇党委委员陈和银获省政府颁发的全省民族团结模范个人称号。2006年,坚持"用放大镜看待民族事件,用显微镜处理民族纠纷"的原则,对涉及民族方面的纠纷,最早最快介入处置,维护民族团结。

2007年,在珠山区选择发电厂和瓷百社区启动民族工作进社区的试点工作,在社区设立少数民族服务工作站,加强与社区少数民族群众的联系,畅通服务渠道,使城市社区成为处理民族事务的新平台。2009年,按照"共同团结奋斗、共同繁荣发展"的目标,谋划民族村发展思路和发展规划;指导民族用品定点生产企业的产品研发和应用,扩大民族用品定点生产企业;在政策扶持上,设立少数民族发展基金;开展民族工作进社区。12月,在江西省第六次民族团结进步表彰大会上,乐平市涺口镇获全省民族团结进步模范集体称号,市伊斯兰教协会会长穆华俊被省政府授予江西省民族团结进步模范个人称号。是年,投资200万元兴建清真餐厅,建筑面积1200平方米。至2010年,景德镇各民族群众和睦相处,社会和谐稳定。

尊重民族习惯 1986—1998年,市商业局下属食品公司负责向全市穆斯林群众提供春节牛羊肉等清真食品供应。1999—2005年,市财政向市穆斯林群众春节牛羊肉等清真食品供应差价补贴14万元。1999—2010年,每年春节前夕(农历二十四至二十九),向全市穆斯林群众供应新鲜牛肉5000千克左右、麻油700瓶。2006—2010年,市财政向市穆斯林群众春节牛羊肉等清真食品供应差价补贴25万元。

民族身份确认 1986—1990年,全市办理少数民族身份确认或恢复23例。1991—1995年,全市办理少数民族身份确认或恢复28例。1996—2000年,全市办理少数民族身份确认或恢复21例。2001—2004年,全市办理少数民族身份确认或恢复30例。2005—2010年,全市共办理少数民族身份确认或恢复33例。

民族村建设

乐平市涺口镇瑶族村是全市唯一的少数民族村。瑶冲瑶族民族村距乐平市涺口镇政府所在地6000米,面积约4900平方米,辖塘头、瑶冲2个自然村,5个村民小组,共有412户1786人,其中瑶冲村49户286人,村民主要从事种植业,收入来源为水稻种植。2002年,乐平市政府向省政府申报备案确认该村为民族村。2006年,市城市信用社投入资金10万元,对口支持乐平瑶冲瑶族民族村互联网建设,乐平市环保局投资10万元及乡村配套资金6万元援助民族村的环村水泥路、民居、泄洪渠、公厕、沼气池建设。

2007年,完成瑶冲自然村水泥硬化路4500米、环村水泥路375米、公厕2处、学校硬化操场120平方米、改水180户、改厕35户。建立村卫生所,786人参加农村新型合作医疗。2008年,省农发行投入3万元,对口支持乐平市瑶冲瑶族村实施改水项目,新建蓄水池和洗衣池,解决少数民族群众用水难问题。还为瑶冲小学送去电脑10台。

民族教育 1986—1990年,做好少数民族考生高考报考手续工作,全市办理少数民族考生报考手续59例。1991—1995年,全市办理少数民族考生高考报考手续63例。1996—2000年,全市办理少数民族考生高考报考手续50例。

2001—2005年,全市办理少数民族考生高考报考手续67例。2006年,做好少数民族学生高考按政策降分录取及统招预科招生工作,被录取的少数民族学生比例有较大提高。2006—2010年,全市办理少数民族考生高考报考手续73例。

民族文体活动 1990年12月,江西省首届少数民族传统体育运动会召开,景德镇市组织少数民族运动员16人参加射弩、抢花炮2个项目的比赛,获女子射弩全能和立射、跪射三项第一。1991年,组织少数民族演员和运动员分别参加全省少数民族文艺调演和全国少数民族运动会。1994年、1998年分别组织少数民族运动员19人、21人参加省少数民族传统体育运动会。2003年,组织24人参加省少数民族传统体育运动会,获二等奖2项、三等奖3项。

2006年3月22日,市民族宗教文化交流中心成立,以瓷为平台,研制开发民族宗教用瓷,挖掘整理民族宗教的风俗、历史文化。2007年6月9—15日,在全省少数民族传统体育项目选拔赛中,景德镇市选手取得板鞋竞速(混合)第二名、板鞋竞速(女子100米)第三名的成绩。2010年6月,市新闻出版局帮助乐平瑶冲瑶族少数民族村建立农家书屋,赠送价值2.60万元的图书2000余册。

第二节　宗　教

宗教工作

1986年，根据合理安排宗教场所的原则，在对部分宗教场所开展调查工作的基础上，安排部分宗教活动场所解决信教群众进行宗教活动的需求，开始修建全省重点寺庙旸府寺。1987年，增设宗教活动场点5处；新建佛教念佛堂1座，面积259平方米，修缮市清真寺神职人员住房和大殿、拜坛，协助清真寺从外地引进1名阿訇主持教务。

1990年，完成旸府寺大雄宝殿、天王殿及旸府公路修建工程。1992年，市政府落实市基督教两会（基督教协会、基督教三自爱国运动委员会）房产586.20平方米。1993年，协助市基督教扩建十八桥教堂300平方米，新建乐平教堂500平方米，修建道教斗姆宫250平方米。是年，乐平市宗教局，被国家宗教事务局授予全国基层宗教工作先进单位称号。1995年，成立市宗教活动场所登记工作领导小组，对全市宗教场所的基本情况进行全面调查摸底，调查点在60%以上。1997年，完成宗教场所登记工作，全市宗教活动点254个，已批准登记发证80个，暂缓登记79个，不予登记95个。

2001年，全市开展以“民主管理好、正常活动好、遵纪守法好、环境安全好、服务社会好”为内容的创“五好”宗教场所活动，昌江区观音寺被评选为“五好”宗教活动场所。2002年，昌江区景德禅寺被评选为“五好”宗教活动场所。

2006年，全面完成宗教场所的审核把关和手续办理，对已登记的场所重新进行分类并换发登记证。2007年，建立民族宗教工作联席会议制度。至2010年，全市依法登记的宗教场所有203个，由临时登记转化为正式登记的场所有6个。

制止非法宗教活动

1986年，全市逐步开展制止非法宗教活动工作。1990年，开展宗教活动场所“三定”（定点、定片、定人）工作，整顿不合格场所69个。1991年，对全市农村基督教情况进行实地调查，登记造册建卡。

1996年，开展宗教活动场所调查。1997年，开展治理乱建庙宇专项工作。1998年，全市制止私建乱建庙宇11处。2004年，国务院《宗教事务条例》颁布后，景德镇市治理宗教场所周边环境，为合法宗教活动提供交通、治安、电力等基础设施的支持。是年，开展宗教场所专项治理，取缔昌江区竟成镇小港嘴西佛寺1处。2009年，协助解决宗教场所建设审批程序。开展“和谐宗教团体”“和谐寺观教堂”创建活动，强化“三级网络、两级责任制”，做到“保护合法、制止非法、遏止极端、抵御渗透、打击犯罪”。2010年，全市开展县（区）依法治理私设聚会点的整治试点工作。

宗教团体

佛教　佛教协会。1986—1997年，域内未成立佛教协会组织，由市委统战部宗教科管理具体事务。1998年，各佛教场所具体事务由市政府民族宗教部门管理。2004年12月25日，市佛教协会首次代表大会在市政府二楼会议厅召开。会议选举释无生为市佛教协会会长，释大和、释果祥、释无非为副会长。张少华为秘书长。选举释无生、

景德镇市佛教界第一次代表会议代表合影

释大和等31人为市佛教协会理事,其中释无生、释大和、释果祥、释无非、张少华、释仁玄、释妙体7人为常务理事,选举释宏悟、释仁定为市佛教协会副秘书长。会议决定市佛协办公地点定在市观音寺。2007年,昌江区成立佛教协会,选举会长、副会长、秘书长。会址设在昌江区慈云寺。

2008年11月24日,景德镇市佛教协会第二次代表大会在市财政宾馆召开。会议选举产生景德镇市佛教协会第二届理事会。释无生当选为市佛教协会会长,释无非为常务副会长,释果祥为副会长,释宏悟为秘书长。还选举释无生、释无非、释果祥等30人为市佛教协会理事,其中释无生、释无非、释果祥、释宏悟、释仁玄、释妙体、释妙军、张少华8人为常务理事,礼请省佛协副会长辉悟和景德镇市旸府古寺住持大和为名誉会长。至2010年,浮梁县、乐平市、珠山区未成立佛教协会。

佛教场所。1986—2010年,全市依法登记的佛教场所54处,其中景德镇市直1处、乐平市17处、浮梁县19处、珠山区2处、昌江区15处。

旸府古寺位于景德镇市昌江西畔的旸府山四图里段东麓山谷,面积约3000平方米,东临昌江河,南毗三间庙,其峰顶海拔236米。旸府山在唐代就建有寺庙,为四川峨眉山一云游僧所建,供奉弥勒佛,寺因山名称作旸府寺。元朝末年,毁于兵焚。明洪武元年(1368年),在毁址上重建此庙,继而又毁。清朝,僧人重建此庙,正名“旸府古寺”,其名延续至今。1984年6月,被列为江西省重点寺院。1986年,开始修建旸府寺。1990年,完成大雄宝殿、天王殿及旸府公路修建工程。至2010年,先后兴建大雄宝殿、地藏殿、天王殿、山门、寮房、斋堂等,总建筑面积4000平方米。

旸府寺

观音寺原名观音阁,坐落在景德镇市区北端,距市中心龙珠阁约3000米,处在昌江河上游东岸。始建于明天顺年间。1972年,因新建青塘电厂公路,观音阁殿宇被毁,仅剩一座观音殿。1990年,旸府寺挂单和尚宽旺买下50平方米土地,重新修建。盖成一座小屋,取名观音寺。1995年,重建大悲殿,面积200平方米,修建西方三圣殿,新建斋堂、寮房20余间。1999年,新建山门和上山步道。

2000年,新建大雄宝殿,面积500平方米。2002年,重修观音殿。2003年,新建地藏殿、念佛堂、寮房、斋堂、闭关楼等。2008年,新建仿藏武文殊白塔,高29.9米。2010年,购买5.30万平方米土地修建寺院,建成1000余平方米的大雄宝殿和两边对称的厢房。

景德禅寺原名景山寺,位于景德镇市河西凤凰山路19号,面积100平方米。景德禅寺迁入后,重新规划和扩建寺院。至2000年,建成以大雄宝殿为中心,两边厢房、客堂、斋堂、祖师殿等为配殿的丛林式寺院,占地面积2000平方米。并从云南边境迎请来一尊3米高的玉观音像,露天供奉于寺院。2002年,被评为江西省“五好”宗教活动场所。2004年,省佛协副会长辉悟为玉观音像开光。2005年10月,中国佛教协会会长一诚亲笔题写寺名。2006年7月,该寺被评为江西省重点寺院。2007年,落实土地面积7000平方米修建寺院。

宝积禅寺坐落于浮梁县旧城北去1500米处。原名冷泉寺,在浮梁县三里都马兰山下,因被洪水冲毁,于唐大中年间由名僧幽公迁至今地重建,取名宝积寺。其意有两种说法,一为宝山临近昌江,河滩金沙遍地,故名“宝积”;二为于此禅师言道,佛以启迪智慧为“宝”,沉淀灵根净化人生为“积”,其寓意两者皆有之。宋庆历三年(1043年),年仅12岁的林丁原在此出家为僧。宋熙宁年间,应召入京,被神宗称为“僧中之魁”,赐其法号为“佛印”,把高丽国进贡来的磨衲金钵赏赐给他,还敕封宝积寺为“佛印道场”。明洪武十七年(1384年)重修宝积寺时,在寺后建一座三贤堂,祀奉佛印、苏轼、黄庭坚。自元以后,累建累毁,只剩孤碑遗迹。

2000年后，开始筹备重建宝积寺。先后建有天王殿、普贤殿、文殊殿、观音殿、地藏殿、药师佛殿、藏经楼、宝积佛殿、禅堂、五观堂、钟鼓楼、竹林精舍等，建筑面积约3.50万平方米，占地面积8.52公顷。

东山寺位于乐平市区东山（亦名康山）南麓山中，始建于北宋太平兴国年间。1996年，经修复后开放。1997年，批准为合法宗教场所。东临横山，西接登高山，系古乐平十景“康山积翠”所在地。1996年，经修复开放，占地面积1.57公顷。1999年，筹资数十万元在原东山寺址南面山麓重建东山寺，建有大雄宝殿、三圣宝殿和僧尼阁等。是年，又修建客堂，建筑面积1270平方米。2000年3月20日，举行佛像开光、大雄宝殿奠基和上客堂落成庆典。

南云寺原名居云寺，位于昌江区吕蒙乡二亭下村的南门山坳里，始建于宋景德年间，后毁于兵燹。1996年，新建斋堂、寮房，佛事活动逐渐频繁。1998年10月，从九华山肉身殿请来住持释果祥后，广结善缘，名声日盛。

佛教活动。1986—2010年，景德镇市许多信佛群众平时常到寺庙朝拜，每到农历初一、十五，一大早就前往寺庙烧香、许愿、还愿，人流熙来攘往，热闹非凡。有的为能烧到头香，在头天晚上住到庙里，在暮鼓晨钟中修身养性。2003年，举办全市规模最大的传授三皈五戒法会活动，邀请江西省高僧戒全主法传戒。2004年起，每逢传统节假日，就有佛教人士去敬老院、孤儿院、贫困乡村送温暖、献爱心。2005年4月11日，市佛教协会举行首届执事、居士培训班开学典礼。执事培训班在观音寺举办，有25位学员参加；居士培训班在景德禅寺举办，有84位学员参加。2006年5月，分别在观音寺、景德禅寺传授三皈五戒及菩萨戒。三皈五戒戒子66人，菩萨戒戒子108人，戒和尚由江西省佛教协会副会长、九江能仁寺方丈辉悟担任。

2008年，四川汶川特大地震发生后，佛教人士向地震灾区捐款共计17.10万元。2010年，全市佛教界为“4·14”青海玉树地震灾区捐款8.47万元，为“7·15”抚州特大水灾捐款9500元，在此期间，各寺院组织举办祈福、追荐赈灾法会。

道教　道教协会。1985—1987年，道教负责人为道长张高明。1988—2002年，负责人为道长张丹纯。2002—2010年，负责人为道长张长明。未成立道教协会组织。

道教场所。斗姆宫位于昌江区茅墩桥南侧（河西西河路40号），始建于民国时期，1982年复建。斗姆宫整体上坐东向西，占地面积约4666平方米，建筑面积约3000平方米。2010年，应众居士响应，景德镇斗姆宫在昌江区银坑坞建成斗姆宫下院白云观。占地面积约1333平方米。

九皇宫位于昌江区紫晶路。2006年2月，经省民宗局批准筹建，市政府划拨建设用地8万平方米建设。

伊斯兰教　伊斯兰教协会。1988年，景德镇市回民工作委员会成立，刘自强为主任，马鑫奎为副主任。2002年5月，召开市伊斯兰教第一次代表大会，决定成立景德镇市伊斯兰教协会（简称市伊协）；审议并通过《景德镇市伊斯兰教协会章程》；选举产生第一届委员会，委员10人，穆华俊为会长，杜宝义、金玉翼（女）为副会长，吴士婕（女）为秘书长，吴丽荪、刘光照为顾问。2008年10月，召开市伊斯兰教第二次代表大会，会议选举产生第二届委员会，委员11人。顾问为刘光照，穆华俊为会长，杜宝义、金玉翼（女）为副会长，吴士婕（女）为秘书长。2010年12月，市伊斯兰教协会被国家宗教事务局授予首届全国创建和谐寺观教堂先进集体称号，市伊协会长穆华俊被评为首届全国创建和谐寺观教堂先进个人。

伊斯兰教场所。董家岭清真寺位于景德镇市珠山区董家岭上横弄12号，始建于清乾隆年间，占地面积730平方米，为砖木结构的二层建筑。大门为八字开土库门风格，坐北朝南，门楣和门框为大青石材料，门额阳刻“清真寺”大字，门框顶阴刻阿拉伯文字。

市伊斯兰教协会成立

1983 年,清真寺修缮一新。

塘坞路清真寺位于景德镇市瓷都大道西侧塘坞路 4 号。2002 年,市伊斯兰教协会择此建清真寺。于 2004 年动工,至 2005 年建成。占地面积 2000 平方米,建筑面积约 1100 平方米。新清真寺内有大殿、帮克楼、水房、接待室、会议室、办公室、阿訇住房、殡仪室等,是一座功能较为齐全的伊斯兰教文化活动中心。

伊斯兰教活动。1986—2010 年,市伊斯兰教协会带领全市穆斯林群众过宗教生活。每周的星期五为主麻日,主麻日为伊斯兰教的聚礼日,穆斯林在此日正午太阳偏西后,参加清真寺举行的集体礼拜。活动有礼拜、听念“呼图白”和听讲“卧尔兹”。斋月为伊斯兰教历九月,穆斯林在此月期间在日出至日落前斋戒,为期 1 个月。斋戒是伊斯兰教的五功之一,斋月每天晚上吃开斋饭,参加台拉威哈拜。开斋节活动有相互看望、请客、做油香、走公坟。2002 年起,市伊斯兰教协会每年春节对 80 岁以上的回族老人和回族群众推荐的伤残、贫困户进行走访慰问。2006 年 3 月,为提高阿訇解经、诵经和讲“新卧尔兹”水平,阿訇穆华俊参加中国伊斯兰教协会举办的中青年骨干阿訇研修班;2007 年 6 月,参加中央社会主义学院开设的伊斯兰教界代表人士读书班和全省宗教团体人士培训班学习。2008 年,“5·12”汶川特大地震赈灾中,市伊斯兰教协会筹集善款 5200 余元,汇到四川省伊斯兰教协会。6 月,参加第七届全国“卧尔兹”演讲比赛。

天主教 天主教爱国会。1990 年,召开第一次代表会议,选举景德镇陶瓷学院教授施予人为主任,何其中为秘书长;1995 年,召开第二次代表大会,选举施予人为主任,程光盛为秘书长。1998 年,召开第三次代表会议,选举程光盛为主任,游冬女为秘书长。

天主教场所。天主教堂位于景德镇市中华北路 305 号,建于清光绪三十三年(1907 年),为哥特式建筑风格的教堂,神父官厅四合院 1 栋,为西式建筑,建于清光绪二十九年(1903 年),由市直单位占用。乐平教堂 1 座,2003 年因道路改扩拆迁,由政府划拨土地 3333 平方米,教堂待建;浮梁县鹅湖镇小源村有 1 处活动点,借用教友家房屋。

天主教活动。1986—2010 年,天主教堂每日有早课经,下午念玫瑰经,星期日念弥撒经。一年中有 4 个大占礼(节日):耶稣复活占礼、圣神降临占礼、耶稣圣诞占礼、圣母升天占礼,届时教徒都要前往教堂参加大礼拜活动。2001 年 9 月,在景德镇市的天主教神长教友举行座谈会,抗议罗马教廷定于 10 月 1 日举行的“封圣”活动。2008 年,组织 6 人行小组去内蒙古参观学习并与当地教会爱国小组交流座谈。是年 6 月,四川地震发生后,天主教堂发动信徒两次向地震灾区捐款 4000 余元。至 2010 年,市天主教协会定期探望孤寡老人关注留守儿童,购买礼品等计 1.40 万元,捐衣物 300 余件。

基督教 基督教协会。1987 年 8 月,召开市基督教第三次代表会议,推选于金山牧师为市基督教协会会长、市基督教三自爱国运动委员会主委。1992 年 6 月,召开市基督教第四次代表会议,会议选举彭茂武牧师为市基督教协会会长、市基督教三自爱国运动委员会主委。1993 年,乐平市基督教三自爱国运动委员会成立。1998 年 4 月,召开市基督教第五次代表会议,会议选举于朱笑容牧师为市基督教协会会长、市基督教三自爱国运动委员会主委,王永生为秘书长、总干事。2007 年 1 月,召开市基督教第六次代表会议,会议选举王永生牧师为市基督教协会会长、市基督教三自爱国运动委员会主委,胡三桥为副主委、田洁为秘书长、总干事。

基督教场所。福音堂位于景德镇市中华南路 101 号,建于 1917 年 11 月,由美国美以美会出资购地兴建,建筑面积 600 平方米,使用面积为 406 平方米,二层楼房,局部三层。1998 年,两度改建并加以维修,并在二楼扩建一个可容纳 900 余人的教堂,是景德镇市基督教信徒礼拜的主要活动场所。

新福音堂位于景德镇市景东大道中段临街,2009 年 6 月动工兴建,建筑面积为 4326 平方米,使用面积 1160 平方米,属全框架结构三层,局部六层,可容纳 2000 余人聚会。

乐平市耶稣堂位于乐平市新平花园 20 号,1993 年 12 月举行教堂落成,建筑面积 450 平方米,使用面积 469 平方米,局部两层。

基督教活动。1986—2010 年,在市两会福音堂举行经常性宗教活动,坚持每周日在上午、下午、晚上做三场礼拜,每周一至周日,分别有查经会、祷告会、诗班练唱、老年聚会、青年聚会;市两会传道员每周六至周日,除在市两会福音堂举行各种活动外,还深入市区、郊区和农村基层约 20 处聚会点讲经布道;坚持每月一次圣餐。每年举行一次大型洗礼仪式，以及受难节、复活节和平安夜、圣诞节等节日活动，至少一次义工传道员培训班、培灵会、交通会。1998年，景德镇市遭遇百年未遇的洪涝灾害，市基督教两会捐款3228元。2003年，为抗击“非典”捐款2000余元。2004年，印度洋海啸发生，市基督教两会捐款2030元。2006年，开展公益活动，为辖区困难户、五保户捐款6000元。2008年“5·12”地震赈灾中，捐款4165元，抗击雨雪冰冻的赈灾活动中捐款3288元。2008—2010年，市基督教两会每年都要补助近百名特困信徒，发放补助近万元；同时还为教会所在辖区的居委会送去慰问金，帮助他们为“五保户”排忧解难，探访慰问市福利院、市敬老院、市孤儿院，捐款捐物，献爱心。

第三节 管理机构

市民族宗教事务局

1986—1996年，全市民族宗教工作由市委统战部统一管理。1997年，根据党政分开的原则，市政府参事室筹建成立市民族宗教事务局，为市政府正科级内设科室。民族宗教事务管理职能由市委统战部移交市民族宗教事务局。2003年，升格为副县级市政府内设单位。2004年，升格为正县级机构，在保留市宗教领导小组的架构下，建立由市委统战部牵头的宗教工作联席会议制度。2006年3月，成立景德镇市民族宗教文化交流中心。2010年，通过机构改革，市民族宗教事务局职责划入市政府办公室，对外挂民族宗教事务局牌子，保持正县级级别不变，人员、经费、执法主体独立。

县区民族宗教机构

乐平市民族宗教事务局　1994年，乐平市民族宗教事务局成立，为副科级机构，与乐平市委统战部民族宗教科合署办公。2002年10月，升格为正科级机构，仍与乐平市委统战部合署办公。2005年，被列为乐平市政府工作部门，设立中共乐平市民族宗教事务局党组。2010年，乐平市机构改革，民族宗教事务局作为政府组成部门予以保留。

浮梁县民族宗教事务局　1997年5月，浮梁县民族宗教事务局成立，为副科级机构。2002年12月，县民族宗教事务局工作职能划归县委统战部，改称县民族宗教事务办公室。2005年5月，民族宗教工作划归县政府办公室，县民族宗教事务办公室更名为县民族宗教事务局，为正科级机构。

昌江区民族宗教事务局　1997年，昌江区民族宗教事务局成立，为区政府办公室内设机构。1999年，区民族宗教事务局升格为正科级机构。2001年，区民族宗教事务局职能划归区委统战部，对外挂区民族宗教事务局牌子，仍为正科级机构。2010年，昌江区机构改革，民族宗教工作仍归口区委统战部，保留区民族宗教事务局，正科级机构保持不变。

珠山区民族宗教事务局　1998年7月21日，珠山区民族宗教事务局成立，为副科级机构。2009年6月3日，区民族宗教事务局升格为正科级机构，归口区政府办公室，列入政府系列。

第六章 综合政务

90年代，随着改革开放的深入推进，国家经济体制由计划经济向市场经济转轨，互联网建设、信息化发展、行政审批制度改革不断推进，市政府综合政务服务也不断改革。逐步建立健全综合政务各项工作机构和制度，努力做好政府法制、调查研究、督查督办、政务信息、金融服务、应急管理、无线电管理等方面的工作，规范管理，充分发挥其职能作用。2000年以后，电子政务建设全面起步推进，为实现简政放权、放管结合、优化服务改革提供了重要的平台，服务型政府建设初见成效，政府各项政务工作效率提高，群众办事满意度提升。

第一节　法制工作

规范性文件制定

1991—1992 年,市政府依法行政,加强对规范性文件的制订和实施监督工作。制定《景德镇市市政工程设施管理办法》《景德镇市港口管理办法》《景德镇市砂石管理暂行规定》《景德镇市城市规划建设管理办法》等 9 个规范性文件,均以市政府文件印发。1994 年,制定《景德镇市公路路政管理实施细则》《景德镇市建筑市场管理办法》《景德镇市城市规划区建设用地管理办法》等 5 个规范性文件。

1995 年,制定《景德镇市城市出租车管理暂行规定》《景德镇市市场商品售前报检管理办法》《景德镇市副食品价格调节基金征集管理办法》,并以市政府文件印发。1997 年,制定《景德镇市国有工业企业破产实施办法(试行)》《景德镇市城镇私营企业从业人员和个体劳动者基本养老保险暂行办法》《景德镇市城市居民最低生活保障制度暂行办法》《景德镇市军人抚恤优待实施细则》《景德镇市拥军优属若干规定》《景德镇市部分公共场所禁止吸烟暂行规定》等 6 个规范性文件,并以市政府文件印发。

2000 年,为加强对城市建筑垃圾处置管理,制定《景德镇市市区建筑垃圾处置管理暂行办法》;为加强景德镇市暂住人口管理,保障暂住人口的合法权益,制定《景德镇市暂住人口管理规定》;为进一步做好城市规划区内农村集体所有土地的统一征用工作,制定《景德镇市城市规划区征地管理办法》,均以市政府令发布。2001 年,为规范全市退役士兵安置任务有偿转移和退役士兵自谋职业行为,制定《景德镇市退役士兵安置任务有偿转移及退役士兵自谋职业暂行办法》,以市政府文件印发;为推进全市城镇住房制度改革,制定《景德镇市关于进一步深化城镇住房制度改革加快住房建设实施方案》,以市政府文件印发。

2002 年,制定《景德镇市城市出租汽车管理暂行办法》,制定《景德镇市重大行政处罚决定备案制度实施办法》。为做好执法监督工作,制定《景德镇市法律执行情况报告、检查制度实施办法》《景德镇市法规执行情况报告、检查制度实施办法》《景德镇市规章执行情况报告、检查制度实施办法》等 5 个规范性文件,并以市政府令发布。2003 年,市政府为保护和发展景德镇陶瓷传统技艺,制定《关于继承保护和发展景德镇陶瓷传统技艺的意见》。为进一步加强城市环境卫生,制定《景德镇市爱国卫生工作管理暂行办法》和《景德镇市垃圾清运处理收费办法(试行)》,以市政府文件印发。

2004 年,制定《景德镇市昌江河水环境质量保护管理办法》,制定《景德镇市城市园林绿化管理规定》和《景德镇市城市绿线管理规定》,以市政府令发布。2005 年,为改善困难家庭的住房条件,制定《景德镇市最低收入家庭廉租住房管理办法》和《景德镇市经济适用住房管理办法》;为加强住房的配套管理,制定《景德镇市住宅共用部位、共用设施设备维修基金管理实施办法》;为促进全市旅游业的发展,制定《景德镇市旅游管理办法》,以市政府令发布。

2006 年,制定《景德镇市城市房屋拆迁实施细则》,制定《景德镇市促进发展新型墙体材料管理办法》,以市政府令形式发布。2007 年,制定《景德镇市城镇居民基本医疗保险暂行办法(试行)》,以市政府文件印发。制定《关于加强我市非物质文化遗产保护工作的意见》,以市政府办公室文件印发。

2008 年,制定《景德镇市政务公开工作考核办法(试行)》《景德镇市城乡困难群众临时生活救助实施办法》,以市政府办公室文件印发;为保护景德镇陶瓷文化,制定《景德镇市传统制瓷技艺代表性传承人认定与管理暂行办法》,以市政府文件印发。2009 年,制定《景德镇市环境污染防治管理办法》,以市政府令发布。2010 年,制定《景德镇市知名商标认定和保护办法》,以市政府文件印发;制定《景德镇市创业孵化基地示范街暂行管理办法》和《景德镇市高校毕业生就业见习基地管理办法》,并以市政府办公室文件印发。

表 26 - 6 - 1　　**1995—2010 年景德镇市政府规范性文件一览表**

规范性文件名称	文号	发布时间
景德镇市人民警察巡逻暂行办法	令 1995 年第 4 号	1995 - 8 - 6

续表 26－6－1

规范性文件名称	文号	发布时间
景德镇市全面实行劳动合同制度实施细则	景府发〔1995〕36 号	1995－9－5
景德镇市城区《城市区域环境噪声标准》适用区域划分规定	景府发〔1995〕39 号	1995－9－20
景德镇市城市公共交通专营管理规定	令 1995 年第 7 号	1995－9－26
景德镇市公路营运客车进站管理规定	令 1995 年第 6 号	1995－9－26
景德镇市封山育林管理办法	令 1995 年第 8 号	1995－10－6
景德镇市医疗机构管理规定	令 1996 年第 9 号	1996－4－1
景德镇市农民负担监督管理暂行规定	令 1996 年第 10 号	1996－11－1
景德镇市关于鼓励外来投资进一步改善投资环境的若干规定	景府发〔1997〕9 号	1997－4－9
景德镇市国有工业企业破产实施办法（试行）	景府发〔1997〕11 号	1997－5－12
景德镇市国有企业出售实施办法（试行）	景府发〔1997〕17 号	1997－7－21
景德镇市人民防空工程管理规定	令 1998 年第 11 号	1998－2－26
景德镇市城市居民最低生活保障制度暂行办法	景府发〔1998〕11 号	1998－5－21
景德镇市军人抚恤优待实施细则	景府发〔1998〕16 号	1998－8－14
景德镇市按比例安排残疾人就业实施办法	令 1999 年第 14 号	1999－1－5
景德镇市殡葬管理实施办法	令 1999 年第 16 号	1999－12－30
景德镇市室内装饰行业管理暂行规定	景府发〔2000〕3 号	2000－3－17
景德镇市城镇职工基本医疗保险实施方案	景府发〔2000〕4 号	2000－3－28
景德镇市燃气窑炉安全管理暂行规定※	景府发〔2000〕2 号	2000－1－28
景德镇市职工住房公积金贷款暂行办法	景府发〔2000〕7 号	2000－4－21
景德镇市暂住人口管理规定	令 2000 年第 17 号	2000－6－27
景德镇市房地产开发经营管理办法	令 2000 年第 18 号	2000－9－29
景德镇市城市规划区国有土地使用权管理办法	令 2000 年第 19 号	2000－10－19
景德镇市城市规划区征地管理办法	令 2000 年第 20 号	2000－10－19
景德镇市红十字救助基金管理暂行办法	景府发〔2000〕23 号	2000－12－6
景德镇市人民政府关于贯彻全省教育工作会议精神的意见	景府发〔2001〕3 号	2001－3－15
景德镇市人才资源开发资金管理暂行办法	景府发〔2001〕7 号	2001－4－8
景德镇市防雷减灾实施细则	令 2001 年第 21 号	2001－8－20
景德镇市加强有形建设市场建设、规范建设工程施工招标投标管理的规定	景府发〔2001〕14 号	2001－10－22
景德镇市退役士兵安置任务有偿转移及退及退役士兵自谋职业暂行办法	景府发〔2001〕18 号	2001－11－9
景德镇市重大行政处罚决定备案制度实施办法	令 2002 年第 22 号	2002－1－23
景德镇市行政执法调查取证与审查决定分离制度实施办法	令 2002 年第 23 号	2002－1－23
景德镇市法律、法规、规章执行情况报告、检查制度实施办法	令 2002 年第 24 号	2002－5－17

续表 26-6-1

规范性文件名称	文号	发布时间
景德镇市行政执法督办制度实施办法	令 2002 年第 24 号	2002-5-17
景德镇市行政执法持证上岗制度实施办法	令 2002 年第 24 号	2002-5-17
景德镇市行政执法争议协调制度实施办法	令 2002 年第 24 号	2002-5-17
景德镇市行政机关执法质量考核评议规定	令 2002 年第 25 号	2002-5-17
景德镇市城市出租汽车管理暂行办法	令 2002 年第 26 号	2002-7-20
关于继承保护和发展景德镇陶瓷传统技艺的意见	景府发〔2003〕7 号	2003-4-30
景德镇市爱国卫生工作管理暂行办法	景府发〔2003〕17 号	2003-8-8
景德镇市垃圾清运处理收费办法(试行)	景府发〔2003〕32 号	2003-12-10
景德镇市中介组织管理办法	令 2004 年第 28 号	2004-1-12
景德镇市昌江河水环境质量保护管理办法	景府发〔2004〕2 号	2004-2-18
景德镇市人民政府工作规则	景府发〔2004〕16 号	2004-10-8
景德镇市城市园林绿化管理规定	令 2004 年第 29 号	2004-10-8
景德镇市城市绿线管理规定	令 2004 年第 30 号	2004-10-8
景德镇市政府关于一般安全事故行政责任追究的规定	令 2004 年第 31 号	2004-10-26
景德镇市劳动模范管理办法	景府发〔2004〕18 号	2004-12-10
景德镇市最低收入家庭廉租住房管理办法	令 2005 年第 34 号	2005-1-31
景德镇市经济适用住房管理办法	令 2005 年第 35 号	2005-1-31
景德镇市住宅共用部位、共用设施设备维修基金管理实施办法	令 2005 年第 33 号	2005-1-31
景德镇市一日游管理办法	景府发〔2005〕1 号	2005-1-31
景德镇市旅游管理办法	令 2005 年第 32 号	2005-1-31
景德镇市投资建设项目建设规费优惠政策及报批办法	景府发〔2005〕4 号	2005-2-22
景德镇市政府关于印发《关于发展开放型经济的优惠政策和若干规定》的通知※	景府发〔2005〕21 号	2005-10-28
景德镇市供水管理规定	景府发〔2006〕7 号	2006-1-17
景德镇市城市房屋拆迁实施细则	景府发〔2006〕6 号	2006-2-21
景德镇市社会用字管理暂行规定	令 2006 年第 40 号	2006-5-5
景德镇市政府办公室关于进一步加强农村五保供养工作的通知	景府办字〔2006〕80 号	2006-5-16
景德镇市促进发展新型墙体材料管理办法	令 2006 年第 41 号	2006-5-22
景德镇市政府关于加强土地资产经营管理的意见	景府发〔2006〕12 号	2006-5-25
景德镇市统计工作规范化管理暂行规定	令 2006 年第 42 号	2006-8-18
景德镇市重大建设项目稽查实施办法	景府发〔2006〕15 号	2006-8-24
景德镇市高污染燃料禁燃区管理办法	令 2007 年第 43 号	2007-1-24
景德镇陶瓷名家个人艺术馆管理暂行办法	景府发〔2007〕12 号	2007-4-30

续表 26－6－1

规范性文件名称	文号	发布时间
景德镇市中心城区经济适用住房销售管理暂行办法	景府发〔2007〕14 号	2007－5－11
景德镇市政府关于解决农民工问题的实施意见	景府发〔2007〕15 号	2007－6－5
景德镇市城镇居民基本医疗保险暂行办法（试行）	景府发〔2007〕16 号	2007－6－10
景德镇市行政机关实施行政服务事项监督办法	令 2007 年第 43 号	2007－6－19
关于加强我市非物质文化遗产保护工作的意见	景府办发〔2007〕12 号	2007－8－11
景德镇市政府关于加快全市保险业改革发展的实施意见	景府发〔2007〕19 号	2007－8－11
景德镇市政府办公室关于保障市场供应加强价格监管有关问题的通知	景府办发〔2008〕1 号	2008－1－21
景德镇政府关于进一步完善粮食流通体制改革政策措施的实施意见	景府发〔2008〕3 号	2008－2－22
关于加强我市气象探测环境保护的通知	景府办字〔2008〕59 号	2008－4－24
景德镇市重大项目调度会制度实施办法	景府办字〔2008〕62 号	2008－4－28
关于进一步加快景德镇市农村信息化建设的通知	景府办字〔2008〕90 号	2008－6－3
景德镇市政务公开工作考核办法（试行）	景府办字〔2008〕104 号	2008－6－5
景德镇市违反政务公开规定行为的责任追究办法	景府办字〔2008〕103 号	2008－6－5
景德镇市城乡困难群众临时生活救助实施办法	景府办发〔2008〕6 号	2008－7－14
进一步加强气象灾害防御工作的实施意见	景府办字〔2008〕157 号	2008－9－4
景德镇市市直单位政府采购管理实施办法	景府发〔2008〕9 号	2008－9－12
景德镇市传统制瓷技艺代表性传承人认定与管理暂行办法	景府发〔2008〕10 号	2008－9－16
景德镇市档案管理办法	令 2008 年第 46 号	2008－9－23
景德镇市城市地下管线管理办法	令 2008 年第 47 号	2008－9－23
景德镇市电子政务建设管理办法	景府发〔2008〕12 号	2008－9－23
景德镇市城市饮用水二次供水管理办法	令 2008 年第 48 号	2008－10－14
关于规范我市国有集体产权交易管理有关工作的通知	景府字〔2008〕63 号	2008－11－7
关于规范我市国有集体产权交易管理有关工作的通知	景府字〔2008〕63 号	2008－11－7
景德镇陶瓷知识产权保护办法	令 2008 年第 49 号	2008－11－7
关于支持返乡农民工就业创业若干政策措施（暂行）的通知	景府发〔2009〕1 号	2009－2－2
景德镇市政府关于加强公共机构节能工作的通知	景府字〔2009〕19 号	2009－2－25
景德镇市污染减排工作目标责任制考核办法（试行）	景府字〔2009〕26 号	2009－3－23
关于建立查处取缔无证无照经营行为长效工作机制的实施意见	景府发〔2009〕7 号	2009－3－31
景德镇市环境污染防治管理办法	令 2009 年第 50 号	2009－4－7
关于进一步加强地税代征工会经费工作的意见	景府字〔2009〕35 号	2009－4－17
关于切实加强市政基础设施工程档案管理的通知	景府字〔2009〕39 号	2009－5－4
关于进一步做好当前经济形势下促进就业工作的实施意见	景府发〔2009〕10 号	2009－5－11

续表 26-6-1

规范性文件名称	文号	发布时间
景德镇市政府非税收入管理暂行办法	景府发〔2009〕11 号	2009-5-12
景德镇市污水处理费征收和使用管理暂行办法	景府发〔2010〕2 号	2010-7-1
景德镇市政府关于进一步加强计量工作的意见	景府发〔2010〕4 号	2010-7-5
景德镇市高校毕业生就业见习基地管理办法	景府办发〔2010〕3 号	2010-8-19
景德镇市创业孵化基地示范街暂行管理办法	景府办发〔2010〕4 号	2010-8-23
景德镇市城镇居民基本医疗保险暂行办法	景府发〔2010〕6 号	2010-9-25
景德镇市知名商标认定和保护办法	景府发〔2010〕7 号	2010-10-8

说明:带※号的文件已在 2010 年前修改或废止

行政复议

1991 年 1 月 1 日,国务院颁发的《行政复议条例》施行,市政府开始实行行政复议工作。1993 年,市政府办公室法制科开展行政复议案件办理工作,全年受理行政复议案件 1 件,维持 1 件。1995 年,市政府法制局成立,组织开展行政复议法律知识宣传和培训,并受理行政复议申请,全年受理行政复议案件 1 件,维持 1 件。1999 年 10 月 1 日,《中华人民共和国行政复议法》发布实施,全市行政复议工作进入新阶段,市法制局组织县(市、区)、市直各部门行政复议人员 200 余人进行集中培训,学习行政复议法,对全市行政执法人员进行资格审查、登记工作。全年受理行政复议案件 10 件,其中维持 8 件、变更 2 件。

2002 年,市法制局进一步规范行政复议工作,并取得新进展,共收到行政复议申请 14 件,决定受理 11 件,其中维持 8 件、变更 2 件、撤销 1 件,当年获全省行政复议案卷评比第二名。2003 年,行政复议案件大幅增加,共收到行政复议申请 20 件,决定受理 19 件,其中维持 17 件、变更 1 件、撤销 1 件。

2005 年,市法制局更名为市政府法制办,内设复议应诉科,具体负责行政复议案件办理工作。全年受理行政复议案件 30 件,其中维持 20 件、变更 5 件、申请人提出撤回申请 5 件。2006 年,市法制办健全有效解决行政争议机制,全年共收到行政复议申请 36 件,决定受理 34 件,其中维持 31 件、变更 1 件、撤销 2 件。

2008 年 10 月,为拓宽和畅通行政复议案件的受理渠道,市政府决定在全市各乡镇(街道)司法所的基础上建立乡镇(街道)行政复议联络员制度。2009 年,市政府出台《景德镇市行政复议简易程序规定》,市法制办按规定办理行政复议案件。2010 年,共收到行政复议申请 20 件,决定受理 17 件,其中维持 14 件、变更 1 件、撤销 2 件。至 2010 年年底,全市累计受理行政复议案件 133 件,决定受理 118 件,其中维持 100 件、变更 7 件、撤销 6 件、终止 5 件。

行政执法监督

执法资格确认 1988 年,全市行政执法监督工作,由市政府办公室法制科具体负责。1995 年,市政府成立副县级法制局后,行政执法监督工作开始启动。1996 年,市法制局对全市行政执法人员和行政执法监督人员进行首次法律知识培训和考核,对考核合格人员分别颁发江西省行政执法证和江西省行政执法监督证,方能取得行政执法资格。

2001 年,组织全市行政执法人员、行政执法监督人员参加综合法律知识培训,经考核合格后,核发执法证件,取得执法资格。2005 年,市政府成立正县级法制办,内设执法监督科,具体负责行政执法监督工作,全市行政执法工作得到全面开展。开展 5 年一度的江西省行政执法证和江西省行政执法监督证重新核发工作,组织行政执法人员参加全省行政执法人员综合法律知识培训考试。考试通过后,共核发"两证"3661 本,其中市直部门 1405 本、各县(市、区)2256 本。并在全省率先建立全市 3000 余名行政执法人员档案、信息数据库。

2008 年,市政府法制办开展行政执法主体资格审核工作,市政府发布《关于第一批市本级行政执法主体的公告》,确认50个行政机关(含法律、法规授权的组织)具有行政执法主体资格,颁发江西省行政执法主体资格证,界定其执法主体行政处罚的权限和范围。2010年,开展5年一度的"两证"重新核发工作,组织行政执法人员参加全省行政执法人员综合法律知识培训考试。同时举办市直行政执法人员综合法律知识培训班,对市直部门申领江西省行政执法证的人员分5批次展开轮训,共轮训1352人。当年全市核发"两证"3874本,其中市直部门1429本、各县(市、区)2445本。

行政行为规范　1999年,市政府印发《关于全面推进依法行政实施意见的通知》。2002年,出台《景德镇市重大行政处罚决定备案制度实施办法》《景德镇市行政执法调查取证与审查决定分离制度实施办法》《景德镇市行政执法争议协调制度实施办法》《景德镇市行政执法持证上岗制度实施办法》《景德镇市行政执法监督制度实施办法》《景德镇市行政机关执法质量考核评议规定》,进一步规范全市行政执法行为。

2004年,印发《关于贯彻实施行政许可法的通知》和《关于贯彻全面推进依法行政实施纲要的意见》。2005年,制定《景德镇市全面推进依法行政五年规划(2005—2009年)》。是年,规范行政许可范围,清理行政许可项目,建立行政许可配套制度。经清理,确定行政许可实施机关49个、行政许可项目329项。

2006年,市法制办贯彻落实国务院《全面推进依法行政实施纲要》精神,对全市行政许可法贯彻实施工作进行监督检查,制定《景德镇市行政处罚案卷质量规范》和《行政处罚文书格式》,规范全市行政处罚行为,并组织全市各级行政机关开展行政处罚案卷评比工作,提升行政处罚案卷质量。2008年,市政府推进依法行政和执法责任制,加强检查监督,促进行政执法责任制的落实。

2009年,市政府作出《关于进一步精简市级行政审批事项的决定》,为进一步规范行政许可行为,继续深化行政审批制度改革,对2005年清理后保留的329项行政许可项目及实施的投资项目审批事项进一步进行清理。经2009年7月1日市政府第六十三次常务会议审议,决定保留市级行政许可项目222项(含省下放44项),精简151项(其中,取消50项、暂停实施23项、下放58项、委托3项、转变管理方式17项);受省委托65项(单列);转办10项(单列)。决定保留市级投资项目审批事项78项(含省下放22项),精简69项(其中,取消16项、暂停实施20项、下放18项、委托3项、转变管理方式12项);受省委托24项(单列);转办8项(单列)。精简的行政许可项目和投资项目审批事项,分别占2005年以来市级继续执行的行政审批项目的45.90%和55.20%。行政许可项目和投资项目审批事项办理时间压缩率分别为45.50%和43.30%。

2010年,市法制办组织全市行政执法部门参加全省行政执法案卷评比,市政府法制办被评为优秀组织单位,市公路局提交的行政许可案卷《赣东北供电公司菱田变电站申请增设平面交叉道口案卷》被评为一等奖,市文化局提交的关于对《"联众网吧"违规接纳未成年人上网》的行政处罚案卷被评为二等奖。是年,市政府法制办对市直各行政执法单位清理的行政执法职权进行汇总,共有行政处罚、行政许可等各类行政执法职权2543项,其中行政许可事项287项(含省里委托、下放109项)、行政处罚1838项、行政强制207项、行政征收42项、其他行政职权169项。7—12月,采取多种方式督促市直各行政执法单位进一步规范行政执法程序,采取当面督导、电话督促等方式督促各行政执法单位结合内部执法机构、执法岗位和人员配置,将本部门的职权分解到具体执法机构和执法岗位,对保留的行政执法职能逐项绘制出流程图,并通过新闻媒体、市政府网站、政务信息公开平台等方式向社会公开。

第二节　调查研究

经济调研

1986年,市政府办公室通过调研,撰写《关于做好开放木材市场后续工作的调查报告》,为开放木材市场摸清"最后一公里",该报告被选入全国政研系统优秀调研成果汇编。1988年,撰写《关于沿海地区经济发展新战略及我市对策的调查》,为全市加快对外开放,对接沿海经济发达地区提供策略支撑。1989年,撰写《我市外向型经济的发展及对策》,为发展外向型经济提供对策参考。

1990年,撰写《关于我市二轻系统停产半停产企业的调查》,为下一步企业改制改革奠定基础。1991

年,撰写《抓住机遇、开发新区》,掀开工业园区大发展、大建设的序幕。1992年,撰写《借助浦东开发和长江沿岸开放的优势,加快瓷都外向型经济发展步伐的对策研究》,为加快景德镇市外向型经济发展提供策略支撑。1993年,撰写《关于国资管理体制改革的调查》,为国企国资改革奠定基础。1994年,撰写《赴深圳考察产权交易情况报告》,为市产权交易平台的成功搭建摸清思路。1995年,市政府办公室组织撰写调研文章10余篇,其中《关于我市呼应浦东、策应京九的战略性调查思考》,很多思路和建议后来被用于景德镇市对外开放工作。1997年,撰写《赴广东潮州、福建德州学习考察报告》,拓展全市发展日用瓷及建筑陶瓷的新思路。1998年,《赴苏鲁皖考察农业和农村工作情况调查报告》,其中不少经验做法后来被用于全市三农工作中。1999年,《农业产业结构调整调查》《农民增收情况调查》,为开展三农工作提供新的支撑。

2000年,通过到绵阳考察调研国企改革,提交《关于赴四川绵阳学习考察的报告》,全面开启全市国企改革攻坚战。2006年,结合《坚持用科学发展观指导瓷都工业振兴》的论述,全面提出全市工业发展的思路和举措。2007年,围绕经济发展进行一系列调查研究,形成有观点、有分析、有对策的调研报告。按照全省"既要金山银山、更要绿水青山"的部署,撰写《全面落实科学发展观,加快建设绿色生态瓷都》的调研报告,提出景德镇绿色发展的理念。

2008年,突出文化旅游、生态保护、新型工业化和城市建设等热点,精心确定调研课题,全年完成调研报告29篇。其中《以区域经济发展的观点思考景德镇策应鄱阳湖生态经济区建设》,提出全市发展策略;《加快推进全民创业,实现瓷都跨越发展》的调研报告,围绕创新、创业全面分析全市跨越发展的思路。2009年,对经济建设、城市建设、新农村建设等工作开展调研,形成调研报告40余篇。其中《以科学发展观推动我市社会主义新农村建设》《关于促进工业园区土地集约利用的调研》《关于我市近郊失地农民有关情况的调查报告》《关于我市中小企业发展现状的调研报告》等文章,既从理论又从实践角度为全市经济发展提出针对性发展措施。2010年,《大力发展职业教育,提高劳动者就业创业能力》《立足区域性特色,加快发展文化创意产业群的思考》《深化体制改革,创新发展机制,加快发展我市职业教育步伐》等调研文章提出的很多思路被列入全市"十二五"发展规划。

参事工作

1985年,参事室第一位参事方舟是黄埔军校第三期毕业学员,原在国民党军队服役,释放后,从事统战工作,他先后与台湾旧友发去200余封信,联络情谊,积极宣传"和平统一,一国两制"。1986年,市政府参事室为正县级,下设办公室,参事室工作人员13人。1996年,市政府机构改革后,参事室列入市政府办公室内设机构,为正科级,设参事科、秘书科,对外仍行使市政府参事室职能。

2007年,参事刘新园主持景德镇观音阁明代窑址的发掘,该项目由国家文物局批准,旨在探索景德镇晚明时期外销瓷的情况,考古发掘取得重大成果,国家级核心刊物《文物》杂志发表发掘报告,中央电视台、省、国家级刊物等多种媒体进行报道。继续主持明清御窑厂考古发掘资料的整理和大型考古报告的撰写,出版大型考古报告图录。

2008年,市政府参事室根据政府工作安排,完成调研报告12篇、参事建议1篇。2009年,组织参事开展调研活动,形成调研报告8篇、参事建议11篇、参事意见1份,印发《政府参事》10期。2010年,新聘参事5人,共有参事10人、工作人员2人。1984—2010年,共计写出有价值的建言献策调研报告460余篇,共计100余万字,签批率86.70%,70%以上的建言献策被相关部门采纳或付诸改进实施。

表26-6-2　　**1985—2010年景德镇市参事配备一览表**

任职年月	姓名	性别	籍贯	出生年月	文化	党派	说明
1985—1996.9	方舟	男	浮梁	1906.2	黄埔军校第3期	民革	离任
1991.5—1995	陈才科	男	抚州	1928	—	民建	离任
1991.5—2009.8	刘招才	男	余江	1937.10	中专	民革	离任
1993.6—1996.4	谢国才	男	南昌	1928	—	民革	离任

续表 26－6－2

任职年月	姓名	性别	籍贯	出生年月	文化	党派	备注
1994. 2—2001. 12	卢昌水	男	南昌	1934. 5	大学	中共	离任
1996. 6—2003. 3	敖镜秋	男	樟树	1931. 9	大学	九三学社	离任
1996. 6—2003. 3	张祥熙	男	—	1932	大学	无党派	离任
1996. —62003. 3	吴荫先	男	浮梁	1933	大学	民进	离任
1996. 6—2009. 8	方乐书	男	鄱阳	1935	大学	无党派	离任
1996. 6—2003. 3	张民生	男	沈阳	1930. 9	大学	民盟	离任
1996—2003. 3	周小钊	男	上饶	1935	—	中共	离任
1996. 11—2009. 8	涂世利	男	南昌	1933. 5	高中	中共	离任
1996. 11—2005. 6	吴英泉	男	鄱阳	1936	高中	中共	离任
2000. 9—2003. 7	邓子泉	男	萍乡	1942. 9	大学	中共	离任
2000—2006. 5	吴样才	男	贵溪	1938. 12	大学	中共	离任
2007. 10—2010. 8	金宜鹊	男	浮梁	1949. 7	大学	中共	离任
	程养正	男	—	1944. 10	大学	无党派	离任
	刘夏石	男	—	1937. 11	大学	无党派	离任
	刘新园	男	—	1937. 11	大学	无党派	离任
	何志友	男	—	1945. 11	大学	中共	离任
	吴锦梅	女	—	1947. 12	大专	中共	离任
	赵松发	男	—	1948. 9	大学	中共	离任
	符念平	男	—	1956. 4	大学 MBA	中共	在任
	蔡衍富	男	—	1950. 1	大专	中共	离任
	朱爱民	男	—	1949. 1	大学	党员	离任
	胡永泰	男	—	1950. 8	大学	中共	离任
	陈根荣	女	—	1953. 12	大学	民革	离任
	汪其凡	女	—	1954. 10	大专	民进	离任

第三节　督查督办

政务督查

1986 年，市政府督查室围绕市政府重要会议、重点工程项目和重要批示的贯彻、落实情况开展督查督办工作。

2005 年，强化任务落实，将《政府工作报告》中的目标任务进行层层分解，明确责任单位和责任领导，实施跟踪督查，推进各项任务完成。全年进行各类政务督查 25 次，刊发《政务督查》9 期。2006 年，深入开展政务督查工作，按季度对政府主要工作任务完成情况进行督查，通过《政务督查》对各责任部门任务完成情况及时通报;深入实地,对市政府为民办好20件实事进展情况进行梳理督查,加快议定事项完成步伐。

2007年,改进和创新督查工作方式,坚持主动督查与被动督查相结合,全面督查和专项督查相结合,探索政务督查工作新思路。2008年,完善督查工作制度和运行机制,对市政府主要工作任务和各县(市、区)、市政府各部门、市直有关单位年度工作目标完成情况进行督查,重点督查为民办好10件实事和实施民生工程的进展情况督查。

2009年,定期与不定期地进行督查30余次,下发"督查通知单"100余份,突出市政府为民办好10件实事的实效督办,市政府常务会确定的220件事项督查,对办理过程中发现的问题,及时汇总报告,促进各项工作的落实。

2010年,加强督办工作,对各县(市、区)、各部门完成《省政府工作报告》涉及全市69项工作任务,《市政府工作报告》150项工作任务完成情况进行督查,推进各项工作任务的落实。

1986—2010年,共对300余次市政府常务会议、900余次市长办公会议及市长专题办公会议确定事项进行跟踪督办,力促落实;对每年的《政府工作报告》确定的任务进行细化分解并实施跟踪督查,坚持以目标责任制为总揽,全年跟踪,按季督查,并逐项汇总形成《政务督查》向市政府领导反馈,推动分解细化的各项任务按要求完成,促进政府重要决策目标得以落实;对100余件市政府领导批示、指示事项进行专项督办,做到事事有着落、件件有回音;同时,对每年市委、市政府确定的重点工程项目,按照时间节点要求进行定期督办,及时呈报。25年间,共完成各类政务督查事项万余项,编发各类《督查专报》800余期。

建议、提案督办

1986年,市政府督查室对市人大代表建议、政协委员提案办理情况开展督查。1991—1992年,做好人大代表建议、政协委员提案督办工作,对建议、提案进行梳理分类,落实有关部门办理,并进行跟踪督办,办复率达100%。

1995年,对市人大代表建议、政协委员提案办理情况进行督办,全部办理完毕并答复人大代表和政协委员,其中"建议迁移广场加油站"提案,市政府作出迁移广场加油站的决定,由市城建局、石油公司负责实施搬迁;"建议尽快搬迁新厂农贸市场"提案,引起市委、市政府及有关部门的重视,加快景东招商商场建设,投资1000余万元,建成面积达2万平方米的综合性商场,使新厂农贸市场得以顺利搬迁。

2003年,对市人大代表建议、政协委员提案办理情况进行督办,全部办复。其中"关于续联圩除险加固工程立项的建议",被列入市水利重点项目,并组织实施。2005年,对人大代表建议、政协委员提案办理情况进行督办,均办复完毕。其中"关于恢复中渡口浮桥""改建开放式人民公园"等13件提案,被市政府列入为民办实事的20件实事之中,落实有关部门办理。

2006年,做好市人大代表建议、政协委员提案的督办工作。政协委员"关于改善我市投资环境的建议"提案,由市纪委监察局牵头,进行重点整治和优化投资环境,完善市政府办证服务大厅的服务功能,各职能部门"一条龙"服务,"一站式"办公全部到位。

2009年,对市人大代表建议88件,政协委员提案130件办理情况进行督办,全部办复。2010年,对市人大代表建议95件、政协委员提案144件办理情况进行督办,实行市政府领导领衔督办建议提案制度,使人大代表建议、政协委员提案全部办复。市人大代表建议办结率为59%,市政协委员提案办结率达65%,办结率逐年提高,办理质量不断提升。

1986—2010年,市政府办公室累计接收市人大、市政协"两会"和市人大常委会、市政协交办的人大代表建议、政协提案5000余件。市政府办公室及时转交各相关单位进行办理,市政府督查室对承办部门、单位办理进度和质量进行全程督查,对重点建议、提案进行重点督办。市政府及相关办理部门及时联系市人大、市政协及相关委办,加强与人大代表、提案人沟通解释,交换意见,提升所提问题的解决率、落实率。25年间,通过务实高效地督促办理,政府系统人大代表建议、政协提案的办复率为100%,满意或基本满意率在98%以上。

第四节　政务信息

信息公开

20 世纪 80 年代,市政府信息公开主要通过下发文件、会议传达、报纸、广播电视、公告等手段,公开程度低。90 年代,《景德镇日报》和景德镇电视覆盖面加大,信息公开程度逐步提高。2000 年以后,互联网迅速发展,成为政府信息公开的重要手段。

2008 年,全市把实施政府信息公开作为一项制度落实。5 月,按照全省统一工作安排,在景德镇市政府门户网站上设置政府信息公开专栏,将全市 4 个县(市、区)、60 个市政府部门和市直单位纳入其中。市政府信息公开领导机构组织各县(市、区)、市直各部门编制《政府信息公开目录》和《政府信息公开指南》,形成市本级《政府信息公开目录》。6 月,市政府制定印发《关于进一步推进政务公开工作规定》。同时,市政府办公室按照公开、公正、便民的原则,先后出台《景德镇市人民政府信息发布制度》《政府信息依申请公开工作处理细则》《关于进一步做好政府信息公开保密审查工作的通知》《关于印发景德镇市政府信息依法申请公开流程的通知》《关于做好已公开现行文件报送工作的通知》等配套制度,健全政府信息发布、协调、保密审查机制,规范依申请公开流程,为公民、法人和其他组织准确获取政府信息提供保障。当年市本级主动公开信息 2.15 万条,其中依申请公开信息 8 条。

2009 年,由各相关行业主管部门牵头,在教育、卫生、劳动就业、供水、供电、供气等与民生关系密切的公共企事业单位探索推进政府信息公开工作,重点公开公共企事业单位的概况信息、工作动态和办事程序等事项。结合文件公开工作,切实加强公共查阅点建设,在市档案馆、市图书馆设立政府信息查阅窗口,配备上网计算机,免费为公众提供电子信息和纸质信息的查询服务。还在全市各乡(镇、街道)便民服务中心设立政府信息查阅点,为公众上网查询各级政府信息提供方便。当年市本级主动公开信息 4.11 万条,其中依申请公开信息 8 条,办结率为 100%。2010 年,"中国瓷都"市政府门户网站开设网上办事栏目,共为企业和居民提供网上办事 4154 件,市本级主动公开信息 6.36 万条,其中依申请公开信息 9 条,办结率为 100%。

2008—2010 年,市政府办公室通过景德镇市政府信息公开专栏,累计公开市政府及市政府办公室发文 536 件。市政府及各县(市、区)政府、各政府信息公开责任单位连续 3 年发布《政府信息公开工作年度报告》。市政府主要部门网站建立政务公开或政府信息公开专栏,并在其办公场所设立政务公开栏,编制行政职权目录和权利流程图,为公众查询事权、人权、财权提供便利。部分乡镇(街道)政府、村(居)委会建立公开栏、公示栏,及时发布有关惠农政策、计划生育、村务公开等信息。

电子政务

网络建设　硬件设备。2003 年 1 月,全省电子政务网络完成省、市纵向联网,市电子政务网市级平台正式开通。3 月,市建设局率先横向接入电子政务网络。至年底,共有 20 家市直单位完成横向接入。2004 年 6 月,全市电子政务网络完成市、县联网,省、市、县三级纵向网络全线开通。依托电子政务网络统一平台,市统计局、市环保局完成省、市两级专网建设,市财政局、市地税局、市计生委完成市、县两级行业纵向网络建设,市级城域网横向覆盖市委、市人大、市政府、市政协,接入单位达 47 家;各县(市、区)电子政务网络也完成对党委、人大、政府、政协的横向接入,财政、计生、地税等部门开始依托电子政务网络开展业务。2008 年 10 月,对电子政务外网互联网出口进行改造,市级增加到 100 兆出口宽带,县级互联网出口从市级分离,县级增设独立的互联网出口。

2009 年 8 月,对电子政务内网进行扩容,新建 1 条纵向主干线路互为备份。2010 年 6 月,对电子外网互联网出口再次进行改造,更换防火墙。10 月,对电子政务外网进行升级改造,更换骨干路由及核心交换设备,市至县主干线路带宽由 10 兆增至 100 兆。

安全防控。2003 年 1 月,景德镇市电子政务网络市级平台建成开通时,为加强电子政务网络的安全管理,在网络边界部署防火墙,将电子政务外网与互联网进行逻辑隔离;同时,安装防病毒软件,进行病毒检测和防护。2005 年 11 月,将部分重要岗位及易感染病毒的服务器和计算机纳入防毒墙管理体系,构建全市二级防毒墙控管中心,市、县两级病毒防控体系初步形成。2006 年 9 月,增配病毒服务器、网管服务器、防火墙日志审计服务器群组,将百兆防火墙换成千兆防火墙。

2009 年 6 月,在电子政务网络中心机房部署监控系统,遇故障可用短信通知,实现告知服务;离岗时也能远程获取设备运行状况和机房环境参数。2010 年 6 月,对防火墙进行更新换代,安装入侵防御、网络流量监控、安全审计等设备。至此,集事前防御、事中检测和事后查究于一体的网络安全防范体系基本完备。

政府门户网站　1999 年 6 月,建立"中国·景德镇"市政府门户网站,7 月 1 日开通运行,成为全省各地市中第一家地方政府网站,由市政府办公室管理。成立景德镇市政府网站安全领导小组,下发《市政府办公室计算机管理暂行规定》,对网站信息发布、审核、登记维护及有害信息监视、处理等都有明确规定,建立上网信息的保密审核、日常检查、安全事故案件报告等制度,设立专职安全管理人员和专业技术人员,明确职责、任务。在政府网站主页上除设立宣传瓷都景德镇的信息外,还设立市长信箱,安排安全教育内容。

2007 年,市政府门户网站转由市信息化工作办公室承办。围绕"政务公开、公共服务、公众参与"三大主要功能对网站进行全新的规划设计,在进一步丰富宣传瓷都、展示瓷都内容的基础上,将过去简单的"纯宣传型"网站转变为以"政务公开"为主,并进而转变为集"政务公开、公众服务、公众参与"三大功能于一体的综合门户平台。2007 版开设的主要栏目有"走进瓷都""政务公开""服务市民""服务企业""投资瓷都""旅游休闲",并开设"书记信箱"和"市长信箱"栏目,实现政民互动的渠道功能。

2008 年,建设政府信息公开平台和专栏,将市级各部门需要公开的信息全部集中管理,并对各类信息进行分类、建立索引目录,向社会公开,方便公众查询和使用。就社会公众关心的教育、医疗卫生、劳动保障、交通出行和公用事业等 5 个重点领域,增设"百件实事网上办"专栏。是年,市政府门户网站再次改版,将政府信息公开平台和政府网站后台管理系统进行整合,以提升公众服务为导向,提升多元化服务能力和在线办事能力。2009 年正式上线。

2010 年,在 2009 版的基础上,对公共服务资源进行梳理和整合,加强公众参与渠道建设,启动 2011 版的建设工作,通过市民办事、企业办事、场景化服务、按部门分类、个人和企业生命周期、服务绿色通道、公共服务、便民信息、查询服务、表格下载、在线申报、办件查询、办件公示等多种信息分类方式、栏目和功能的完善,为社会公众和企业、投资者、旅游者提供功能完善、服务便捷、及时响应反馈的政府服务。在公众参与方面,围绕重点工作和公众关注热点,通过书记信箱、市长信箱、行政复议、网上信访、民声通道、在线咨询、监督投诉、民意调查、在线访谈以及论坛等栏目,以文字和面对面交流等多种形式实现政民互动交流。

综合业务应用　视频会议系统。2004 年 3 月 28 日,依托全市电子政务统一网络建设的市政府视频会议系统开通运行,主会场设在市交通大楼 11 楼会议室,各县(市、区)政府均设立分会场。7 月 20 日,首次使用市政府视频会议系统召开全市电视电话调度会。

2007 年和 2008 年,先后 2 次对市政府视频会议系统进行功能扩展。2010 年 10 月,市政府视频会议系统升级改造完成,省、市两级可召开高清视频会议,市、县两级可召开标清视频会议,省、市、县可召开高标混视频会议,同时还可召开双流视频会议。至年底,全市依托电子政务统一网络建设的部门视频会议系统有 12 个,分别是审计、质监、教育、国土、财政、地税、农业、商务、安监、林业、人保、司法。8 年间,市政府视频会议系统共召开视频会议 570 次。

网上审批和电子监察系统。2009 年 10 月,《景德镇市网上审批和电子监察系统技术方案》编制完成,随后开始梳理和绘制项目流程图,为项目实施做好前期准备工作。2010 年 6 月 21 日,市本级网上审批和电子监察系统上线试运行,市本级 45 个单位、310 个行政审批项目和公共服务事项实行网上在线办理;8 月,县(市、区)完成系统部署,全市网上审批和电子监察系统上线试运行。

市级横向公文传输系统。2006 年,做好全省电子公文传输、二维条码系统及网上行政办公系统的设备调试工作。2007 年 1 月 1 日,该系统正式启用。2010 年下半年,景德镇市启动市级横向公文传输系统建设,规范政府电子公文传输机制,解决全市范围内电子公文互联互通。

第五节　金融管理

金融服务

2007年,市政府成立以市政府常务副市长为组长,各有关单位和部门为成员的市中小企业信用体系建设领导小组,推进全市中小企业信用体系建设。2008年,市政府成立以市政府常务副市长为组长,各有关单位和部门为成员的市发展资本市场领导小组,统筹全市企业上市的规划、指导和服务工作。2009年,市政府将景德镇市商业银行筹建工作领导小组组长调整为市政府主要领导,分管领导为副组长,进一步加强景德镇市商业银行筹建工作组织领导。2010年,市政府成立市政府常务副市长为组长,各有关单位和部门为成员的市金融生态环境建设领导小组,统筹推进全市金融业健康有序发展。同时,下发《关于建立景德镇市政银沟通协调机制的通知》,进一步加强政府与金融机构的沟通协作,更好地发挥金融服务经济社会作用。

业务监管

2007年4月,市政府金融服务办公室成立,为市政府办公室内设机构(副县级),负责全市金融体系建设的日常工作,加强与银行业金融机构沟通,引导信贷稳定投放。同时,与市人民银行组织开展中小企业信用体系建设活动,为实现中小企业与金融机构的合作创造条件,并为金融机构做好服务工作。

2010年3月,市政府金融办对全市各类融资性担保机构进行规范整顿。其中,有9家自愿退出融资性担保行业,5家愿意参加规范整顿并继续开展担保业务。7月,经中国银行业监督管理委员会批准,景德镇市农村信用社改制成立景德镇农村商业银行,成为全省首家地市级法人农村商业银行。12月,景德镇市城市信用社获批筹建景德镇市商业银行。同时,全市企业上市后备资源为29家,其中拟申报中国证监会的1家(世龙实业),即将完成股改的2家(开门子肥业、富祥药业),正在筹备进行股改和重点培育的企业10家。景德镇市中金国信小额贷款公司基本筹建工作完毕,注册资金5亿元。

第六节　应急管理

应急组织体系

值班室　1991—2010年,由市政府办公室安排工作人员轮流值守,坚持24小时值班制度,及时接收和呈报各县(市、区)政府报告的紧急情况。2010年,设立总值班室,主要负责上传下达,处置紧急情况。

应急管理办公室　2006年10月,景德镇市政府突发公共事件应急委员会(简称市应急委)成立,下设办公室(简称市应急办),与市政府办公室合署办公;由市政府秘书长兼任主任,并配有专职副主任1人。是年,设立景德镇市突发公共事件应急联动中心,与市应急办合署办公,具体负责应急管理工作的日常事务,同时与省应急平台联通。各县(市、区)、各重点企业也相应成立应急管理办公室,负责相应的应急管理工作。

应急指挥部　市应急委根据突发公共事件的不同类型,结合现行应急工作体制,下设若干应急指挥部,作为负责全市相应类型较大以上突发公共事件应急工作的指挥机构。市应急指挥部根据应急工作需要适时增减。根据相应的专项预案,统一组织、指挥相应类型的较大以上突发公共事件的应急处置,向市应急委员会提出结束应急状态的建议等。2010年,市级应急指挥部主要有市防汛抗旱应急指挥部、市气象灾害应急指挥部、市突发地质灾害应急指挥部、市处置重大森林火灾应急指挥部、市地震应急指挥部、市安全生产事故灾难应急指挥部、市处置重大道路交通事故应急指挥部、市处置重大水上交通事故应急指挥部、市处置重大火灾事故应急指挥部、市处置电网大面积停电事件应急指挥部、市突发环境事件应急指挥部、市通信保障应急指挥部、市突发公共卫生事件应急指挥部、市重大食品安全事故应急指挥部、市突发重大动物疫情应急指挥部、市涉外突发事件应急指挥部、市大规模群体性事件应急指挥部、市处置大规模恐怖袭击事件应急指挥部、市粮食应急指挥部。

应急处置机制

应急预案体系 2007年,结合景德镇市实际,不断完善应急总体预案,先后完成市、县两级总体预案和21个市级专项应急预案。各县(市、区)和有关部门应急机构相继成立,市应急办与各县(市、区)政府联系,加快基层应急试点乡(街道)和村(居委会)的建设。全年共参与协调处置群体性应急事件136起。2009年,基本建立横向到边、纵向到底的应急预案体系,完成部门应急预案52个和中央条管部门对接预案17个。2010年,完善部门应急预案67个,全市51个街道(乡、镇)制定应急预案255个,制定社区(村)应急预案1419个,建立部门重点企业的安全生产事故、危险化学品事故等相关应急救援预案。应急指挥平台体系初步建立。

重大事件应急处置 1998年6月,景德镇市遭受特大洪涝灾害,全市军民奋起抗洪救灾,转移安置群众483人次,确保人民群众生命安全,取得抗洪救灾胜利。2008年1月,全市发生雨雪冰冻灾害,紧急启动抗冰救灾一级应急响应,成立市级指挥部。各地、各部门按预案要求迅速协同作战,取得抗冰救灾胜利。2010年7月15日,景德镇市区突降大暴雨,发生洪涝灾害,有大批群众被洪水围困。市政府迅速启动抗洪救灾应急预案,全市紧急动员,投入抗洪救灾,取得抗洪救灾胜利。

第七节　无线电管理

基础设施

1986年,无线电管理工作转交地方政府管理,市政府办公室设无线电管理办公室,有2间25平方米的办公用房。1998年,省无线电管理委员会拨款,在市广场北路新德园商住楼购置200平方米办公用房和监测机房。2009年,由中央财政转移支付1700余万元,在市行政机关规划区内西山路旁兴建无线电监测控制中心,占地面积2670.27平方米,建筑面积2980平方米,绿化面积900平方米。按照国家三类无线电监测站的标准进行规划和建设,内设固定监测站、移动监测站、监测机房、检测机房、网络设备机房、资料室、多功能室、大小会议室等多个站室及天线阵列、铁塔等附属设施。是年6月,无线电监测控制中心建成,担负赣东北地区的无线电监测任务,配有数十台现代化监测检测设备。10月18日,全市无线电监测网和移动监测系统建成,实现全市主城区无线电监测无缝覆盖。

无线电监测

监测站 固定监测站设备包括宽带接收机、天线单元、天线控制单元等,安装在无线电监测控制中心,可接收25兆赫~3000兆赫的空中无线电信号,同时具有测向、各种宽带扫描、互调失真分析、频率时间占用度统计功能。移动监测站设备由越野车、测向天线阵、监测天线等组成。具有无线电测向和信号的频率搜索、扫描监听、录音重放等多种功能。景德镇无线电管理局分别在浮梁县、乐平市、景德镇机场、市广场北路四地制高点架设无人值守的小型无线电监测站,实现不明信号搜索、频谱分析、电磁环境测试等功能。延伸对县(市、区)的无线电管理服务,保护民航通信频率。

监测设备 1986年,景德镇无线电管理办公室未配置技术装备。1988年,购置超短波频率计、功率计等,仅能实施简单的频率和功率测试。至2010年,有各类检测设备10台(套),其中频谱分析仪、综合测试仪、大型屏蔽室等,大部分仪器为国内先进的实验室专用设备,在无线电检测手段和检测精度上都具有较高水平。有监测设备7台(套),其中便携式频谱仪、便携式监测接收机、便携式测向仪,在野外电磁环境测试、干扰查找、重大活动保障中均发挥重要作用。有固定式、移动式警示系统各1套,可实施无线电管控、阻断非法无线电信号、压制和干扰敌方信号等。网络通信设备有服务器3台、大型交换机2台、硬件防火墙1台、路由器3台,可实现因特网服务、无线电台站数据管理、无线电监测联网、IP电话、视频会议等多项功能。

监测队伍 1986年,无线电管理工作转交地方之初,有工作人员2人。通过招录具有相关专业知识的大学生，至2010年，市无线电管理局在编7人。

无线电行政执法

1986年，市无线电管理办公室强化无线电台站管理手段，维护空中电波秩序，开展电磁环境测试，排除无线电干扰，保障各类无线电通信的畅通和用频安全。1992年，开展整顿短波无线电通信秩序专项活动，对全市23部短波电台逐一上门清查，指导相关设台单位建立健全一批电台管理制度，严禁私发电报、私自通话，杜绝电台使用人员参加“空中沙龙”等非法组织。

1996年，市无线电管理处开展无线电执法守法大检查，重点查处大功率无绳电话，查获大功率无绳电话15部、天线10副，其他违章设备10部。1997年，开展无线电寻呼台专项检查，对全市5家寻呼台站进行检测，整改不符合国家技术标准的寻呼台发射设备，减少对其他通信业务的干扰隐患。2002年，清理整顿全市卫星地球站，理清地球站的管理权限，更新全市9家地球站设置单位的资料数据，对擅自改变发射参数的单位责令整改到位。2004年，开展民用航空无线电专用频率专项整顿活动，查处大功率无绳电话，整顿广播电视发射设备，控制带外发射等强力手段，减少不良电波对航空频率的影响。通过检测民航无线电导航管控设备，监测民航无线电通信频率，消除民航通信系统内部的安全隐患。

2009—2010年，市无线电管理局在全市开展清理违法使用对讲机专项行政执法检查。对违法使用对讲机较多的小区物业、建筑工地、餐饮娱乐场所、商店、度假村、宾馆和饭店等场所，开展现场行政执法活动。与工商部门联合执法，规范对讲机销售市场。安装无线电对讲机警示系统，采取技术手段压制非法对讲机信号，警示其非法使用。对于责令整改而拒不整改的无线电对讲机使用单位依法给予行政处罚，共查处非法销售使用对讲机500余部。2010年5月，查处江西省第一起“伪基站”案件，此后共查获“伪基站”设备3套，涉案人员6人，查处“黑广播”违法案件2起，查获发射设备2套，查封手机干扰器、卫星电视干扰器3台（套），铲除手机诈骗窝点2处，移送司法机关刑事处罚2人。

无线电安全保障

重要时段保障　1999—2010年，共排查广播电视发射台、通信基站及其他台站无线电干扰案件200余起，排查不明信号536起，保障各类通信业务的畅通。在全国“两会”、重要会议、市瓷博会等重大活动和节日期间实施无线电保障，确保通信畅通。

2003—2010年，共开展电磁环境测试3.60万小时，保存频谱图3000余张。2004年9月，谢箭宇、刘强等代表江西省信息产业厅参加全国无线电监测演练竞赛，获团体二等奖，并记个人二等功。2005年，制定《景德镇市无线电管理局无线电通信保障应急预案》。2008年8月，徐盛昌被选派参加奥运会无线电通信保障。

重点单位保障　2002年，市政府转发《关于保障航空通信安全消除无线电干扰隐患的意见》。2005年，市政府出台《关于建立机场电磁环境保护区的意见》。是年，制定《景德镇市民用航空无线电专用频率干扰应急预案》。加强技术监测，在机场塔台设置民航通信专用小型无线电监测站，24小时实时监测民航通信频率。移动监测车坚持每周1次对机场及主要航道进行电磁环境监测，及时发现并处置民航通信干扰和隐患。每年与机场、公安、民航管理部门开展1次无线电干扰应急演练，提升相关部门的协同性。至2010年，共排除影响民航通信的干扰信号12起，保障民航飞行安全。

无线电监考　2007—2010年，应主考部门请求，在高考、研究生入学考试、公务员招录、司法考试、医生护士资格等各类公共考试中开展无线电监考，保障各类考试76场次，出动保障人员380余人次，考点150余个，考场6000余个，捕获作弊使用频率26个，技术压制可疑信号35起，查获考试作弊案件21起，涉案人员20余人，查获作弊设备50余台（套），实施行政处罚3起。

移动通信保障　2001年起，每年对GSM、CDMA、WCDMA、TD－LTE等公众移动通信基站按一定比例年检，控制超标发射，优化基站布局，提升网络安全，共检测公众移动通信基站设备500余部。2006—2010年，受理群众对基站的投诉15起，积极化解基站建设矛盾，消除群众对基站辐射的疑虑。

市无线电管理局

1986年，无线电管理工作由军队移交地方政府，国家对无线电管理在体制上实行三级管理的模式。6

月,成立景德镇市无线电管理委员会,下设无线电管理办公室,为正科级单位,归市政府办公室代管。随后,乐平县成立无线电管理领导小组,指定兼职人员。1996 年 7 月,市无线电管理委员会办公室改隶省无线电管理委员会办公室,称江西省无线电管理委员会办公室景德镇市管理处,为参照公务员法管理的副处级机构,接受省无线电管理委员会办公室和景德镇市人民政府双重领导。2000 年 9 月,改属省信息产业厅。2002 年 6 月,调整为正处级机构。2005 年 5 月,更名为江西省信息产业厅景德镇市无线电管理局。2009 年 10 月,改属省工业和信息化委员会。

第八节 行政审批管理

审批服务

2000 年 7 月,景德镇市为优化投资环境,推动民营经济的发展,将国土、建设、地税、规划等部门的办事窗口集中管理,设市政府办证大厅,开展行政审批服务。2001 年,市建设局充实进驻的部门职能,加强对建设工程质量监督站、建设工程安全监督站、自来水公司、建设工程培训中心、城建档案馆、建设市场督察站、建设工程造价站、园林局等单位的咨询答复、办理各项审批事项的管理,先后制定《景德镇市建设局行政审批项目统一进入行政服务中心意见》《景德镇市建设局驻行政服务中心工作人员管理办法》《景德镇建设局网上审批工作制度(试行)》等文件。

2004 年,市行政服务中心陆续建立健全政务公开、行政服务、并联审批、窗口管理等方面的规章制度。实行“首问”责任制,一次性告知所需资料,对于资料齐备的审批事项按承诺时限予以办结。市行政服务中心建立健全政务公开制度,实行“政务八公开”,即办理事项、审批依据、办事程序、申请材料、办理时限、收费依据、收费标准、优惠政策公开。对市政府保留的行政审批事项,行政服务中心中心各窗口完善各环节工作流程和管理规范。并通过办事指南、电子屏、触摸屏、网站、政务公开栏等多种形式进行公示。将房地产权属变更、工业项目报建所需材料及办理流程等在大厅的墙上公布,方便市民和客商办事。

2008 年,市国税局在市政府行政服务中心设立首席代表,将与纳税人办理涉税事项密切相关的工作职责整合到前台一个窗口,实行统一受理、后台流转办理。4 月,投资 30 多亿元的景德半导体有限公司项目落户景德镇,中心上门服务,从项目申报准备、验资核准到领取营业执照,只用 3 天时间。

2009 年,全面实行首问负责制、一次性告知制、服务承诺制和限时办结制。实行挂牌上岗,统一工作人员着装,制作工作人员公示栏,设立审批办证投诉受理窗口,主动接受客商和群众的监督。同时,推行“首席代表制”和“AB 岗工作制”,要求各进驻单位在派驻中心的工作人员中,任命一人为本单位窗口首席代表,负责本窗口工作人员的日常领导和管理,对进驻中心的办理事项,各单位授权首席代表使用“行政二号印章”或审批专用章进行审批、审签,首席代表在派出单位授权权限范围内,以单位的名义全权履行相关职权,由授权单位承担有关责任。对确实难以授权的,可实行领导现场办公制度。各窗口至少安排 2 名工作人员,当 A 岗工作人员不在岗时,由 B 岗工作人员顶岗并履行 A 岗工作职责。

市行政服务中心将 VIP 商业服务理念引入行政服务工作,组建重大产业项目绿色通道会商室,实行领导分头抓、VIP 室具体办、窗口密切配合、专人跟踪服务的机制,为企业开辟绿色通道,提供“门到门、手递手”的服务。2010 年,景德半导体有限公司在进口设备检测方面遇到困难,中心立即会同市质监部门主动为其服务,积极与省质监部门协调,确保该项目如期投产。市行政服务中心还先后为机械工业城、长虹机电、富祥药业等重大招商引资项目以及金意陶、乐华、特地、神飞特陶等陶瓷企业入驻提供全程跟踪服务,代办有关证照,方便客商经营。

管理监督

2008 年,省政府在萍乡等地开展网上审批和电子监察试点,2010 年按照“六统一”的原则在全省推广。同年 9 月,景德镇市网上审批与电子监察系统开通运行,审批和收费实现“阳光下”公开运行。市、县两级政府及其行政审批部门网上审批系统,集实时监察、预警纠错、绩效评估、信息服务等功能于一体,也是电子监察系统。

2010 年，筹建行政审批和公共资源交易视频监控系统，网上审批、电子监察和视频监控系统与省政府电子政务监察中心联网，成为推进“廉政阳光工程”的重要平台。开设统一收费窗口，实行电子票据管理，防止财政收入“跑、冒、滴、漏”。2006—2010 年，中心连续 5 年被市委、市政府授予“服务开放型经济工作先进单位”，2011 年荣获全市推进重大项目类先进单位称号。

市行政服务中心

2000 年 7 月，设立市政府办证服务大厅，为副县级临时机构，主任、副主任由相关部门领导兼任，首批进驻有市国土局、建设局、地税局、规划局等 18 个单位，办理项目 17 项，窗口人员 21 人。地点在瓷都大道市水产公司大楼。

2004 年 11 月，市政府将办证服务大厅列为正县级派出机构，内设综合科、业务督察科、投资服务科，履行“管理、协调、监督、服务”等职责。2005 年 4 月，搬迁至高新区办证办公。2006 年 4 月，市政府办证服务大厅更名为市行政服务中心。

2008 年 5 月，全市实行房地产税费一体化征管体制。7 月，由市财政局牵头，地税和各收费部门正式进驻行政服务中心开展统一征收税费，提升行政服务中心的功能。同年，市住房公积金管理中心、市国税局车购税分局进驻，入驻行政服务中心的行政部门 37 个，公共服务部门 5 个，中介机构 6 家。办理事项从最初的 58 个扩展到 2011 年的 196 个。

2010 年，市行政服务中心业务窗口区域再次扩容，办公面积从 2000 平方米扩展到 5000 平方米，中心的服务职能更加完善。同年，市政府机构改革，明确市行政服务中心为市政府主管全市行政许可、非行政许可审批和公共服务事项统一联合集中办理的机构，对全市审批办证收费执行情况及办理事项的质量、效能实施监督检查，管理、指导全市公共资源交易活动。内设综合科、行政审批监管科、投资服务科，机关编制 16 人。

2010 年 10 月，市公共资源交易中心成立，为市行政服务中心的下属正科级全额拨款事业单位。将原来分散在城建、国土、交通及各业主单位的土地、工程、矿产交易统一管理，严格、规范施行招、拍、挂制度。当年，完成建设工程交易 174 项，中标金额 18.96 亿元；经营性国有土地使用权出让 35 宗，成交金额近 11 亿元；产权交易挂牌完成交割 9 宗，金额达 1 亿元。

县区机构

2004 年，乐平市政府办证服务大厅成立。2010 年更名为乐平市行政服务中心。2009—2011 年，浮梁县、昌江区、珠山区行政服务中心相继成立并开展工作，乡镇也先后设立便民服务中心。构建由市级中心、4 个县区中心、7 个监管大厅（劳动就业局办事大厅、社保局经办大厅、出入境办证大厅、车管所办证大厅、国税局直属分局办税服务厅、地税局办税服务厅、外汇管理局办事大厅）、43 个乡镇（街道）便民服务中心组成的市、县、乡、村四级便民服务体系。

第二十七篇 人民政协

第一章 政协会议

政协会议包括全体委员会议、常务委员会议。会议主要针对全市重要工作进行研究讨论,作出决议。1986—2010 年,政协景德镇市委员会换届 5 次,先后举行全体委员会议 27 次、常务委员会议 117 次。

第一节 全体委员会议

第六届全体委员会会议

第六次会议 1986 年 4 月 19—25 日在市政府礼堂举行。会议听取副主席罗羽珍、卢振家、邹建金分别作的常委会工作报告、提案办理情况报告和全国政协六届四次会议精神传达报告。与会委员列席市人大八届六次会议,听取和讨论市长欧阳志凤所作的《景德镇市国民经济和社会发展第七个五年计划草案的报告》和其他报告。会议接受杜学秀因年龄关系辞去主席职务的请求,补选方综为主席、章培荣为副主席。

第七次会议 1986 年 11 月 1—2 日在市政府礼堂举行,会议与政协委员为“四化”(工业、农业、交通运输业和国防四个现代化)服务表彰大会同时举行。会议听取主席方综所作的常委会工作报告,通过常委会关于认真学习和贯彻《中共中央关于社会主义精神文明建设的指导方针的决议》的意见,表彰为“四化”服务先进集体 8 个、先进个人 72 人。会议通过出席省政协为“四化”服务表彰大会的先进集体和先进个人名单,选举王遐、方舟为常务委员,王遐为秘书长。

第七届全体委员会会议

第一次会议 1987 年 6 月 28 日至 7 月 4 日在市政府礼堂举行,出席会议的委员 380 人。会议听取主席方综所作的常务委员会工作报告、副主席刘懋典所作的六届一次会议以来提案办理情况的报告。全体委员列席市人大九届一次会议,听取和讨论市政府、市中级人民法院、市人民检察院的工作报告。会议选举廉润生为主席,章培荣、程正棠、刘夏石、刘新园、方寒程、李友祥、蒋仁德为副主席,王遐为秘书长,选举 53 人为常务委员。

第二次会议 1988 年 4 月 25—30 日在市政府礼堂举行,出席会议的委员 356 人。会议听取副主席程正棠所作的常务委员会工作报告、副主席蒋仁德所作的提案工作报告,副主席李友祥传达全国政协七届一次会议精神。与会委员列席市人大九届三次会议,听取和讨论市政府、市中级人民法院、市人民检察院的各项工作报告。会议增选罗玉章、陈名正、王伯建为常务委员,并通过《政治决议》。

第三次会议 1989 年 3 月 9—13 日在市政府礼堂举行,出席会议的委员 352 人。会议听取副主席程正棠所作的常务委员会工作报告、副主席蒋仁德所作的提案工作报告。全体委员列席市人大九届四次会议,听取和讨论市政府、市中级人民法院、市人民检察院的各项工作报告。会议补选施于人为常务委员。

第四次会议 1990 年 4 月 13—18 日在市政府礼堂举行,出席会议的委员 369 人。会议听取副主席章培荣所作的常务委员会工作报告、副主席蒋仁德所作的市政协七届三次会议以来的提案工作报告。全体委员列席市人大九届五次会议,听取和讨论市政府、市中级人民法院、市人民检察院的各项工作报告。会议增选张民生、王守之为常务委员，通过李友祥因工作调动请求辞去市政协七届委员会副主席、常委和委员职务的报告，通过市政协七届委员会致李友祥的信，并通过有关决议。

第五次会议　1991年3月19—24日在市政府礼堂举行，出席会议的委员326人。会议审议通过主席廉润生所作的市政协常务委员会工作报告、副主席蒋仁德所作的提案工作报告，通过有关决议。江国镇代表中共市委在开幕式上讲话中指出，要继续深化对人民政协重要地位和作用的认识，在各方面给政协更多的支持，希望政协为全面振兴瓷都做出贡献。

第六次会议　暨市政协委员、各民主党派成员为振兴瓷都服务表彰大会，1991年12月12日在市政府礼堂举行，出席会议的委员369人。在景德镇市的省政协委员、市党政领导、离休老干部代表、各界人士近百人出席会议，主席廉润生作报告。会上表彰先进集体20个、先进个人81人。先进集体代表陈齐达，先进个人代表史升恒、虞雪琴在会上发言。会议通过《关于学习、宣传、贯彻中共中央工作会议和十三届八中全会精神的意见》。

第八届全体委员会会议

第一次会议　1992年5月28日至6月1日在市政府礼堂举行，出席会议的委员382人。会议听取并审议廉润生代表七届委员会所作的工作报告、蒋仁德所作的提案工作报告。会议期间，委员们列席市十届人大一次会议，听取并讨论市领导殷国光所作的《政府工作报告》和《景德镇市国民经济与社会发展计划报告》以及其他报告。会议还通过《政治决议》和其他有关的决议。会议选举程新饶为主席，程正棠、严裕才、刘夏石、刘新园、方寒程、杨启村、王遐、吴奇山为副主席，王遐兼秘书长，选举73人为常务委员（产生72人，缺额1人）。

第二次会议　1993年1月11—15日在市政府礼堂举行，出席会议的委员351人。会议审议通过主席程新饶所作的市政协常委会工作报告、副主席程正棠所作的市政协八届一次会议以来的提案工作报告。王守之等16名政协委员围绕中共十四大会议及邓小平南方谈话的精神，就促进景德镇市经济超常规发展和加快改革开放速度等问题发言，并通过有关决议。

第三次会议　1994年3月3—7日在新落成的工人文化宫影剧院举行，出席会议的委员326人。会议审议通过主席程新饶所作的常委会工作报告、副主席程正棠所作的提案工作报告。李建中等13名委员就加强农业的基础地位、国有企业改革和陶瓷发展等议题在大会上陈述意见。与会委员列席市人大第十届第三次会议，听取和讨论市长殷国光所作的《政府工作报告》和其他报告。

第四次会议　1995年1月15—19日在市工人文化宫影剧院举行，出席会议的委员356人。会议审议通过主席程新饶所作的常委会工作报告、副主席程正棠所作的八届三次会议以来提案工作报告。委员们列席市十届人大第四次会议，听取并讨论市长殷国光所作的《政府工作报告》和其他报告。会议选举增补常务委员10人，还作出关于开展向刘浩元委员学习活动的决定。

第五次会议　1996年1月27—31日在工人文化宫举行，出席会议的委员334人。大会审议并通过主席程新饶所作的常委会工作报告、副主席程正棠所作的提案工作报告。与会委员列席市十届人大第四次会议，听取并讨论代市长舒晓琴所作的《政府工作报告》和其他报告。会议选举陈松柏为市政协八届委员会秘书长。

第六次会议　1997年1月23—27日举行，出席会议的委员316人。大会审议通过副主席程正棠所作的常委会工作报告，市政协提案委员会主任朱顺来所作的八届五次会议以来的提案工作报告。还审议通过表彰市政协委员为“四化”作贡献先进个人的决定和其他有关决议。会议增选汪宗达为市政协副主席。

第九届全体委员会会议

第一次会议　1997年12月27日至1998年1月1日，在市政府礼堂举行，出席会议的委员355人。大会审议通过主席程新饶所作的常委会工作报告、市政协提案委员会主任朱顺来所作的提案工作报告。大会选举龚农民为主席，柯尔荣（女）、汪宗达、周国俊、刘新园、李建中、刘浩元、王守之为副主席，陈松柏为秘书长，组成新一届政协领导班子。

第二次会议　1999年1月15日在市政府礼堂举行，出席会议的委员330人。大会听取并审议通过市政协常委会工作报告、市政协九届一次会议以来的提案工作报告，会议还审议通过政治决议和其他有关决议。与会委员列席市人大第十一届第二次会议。

第三次会议　2000年1月19—23日在市政府礼堂举行,出席会议的委员306人。大会审议并通过副主席汪宗达所作的常委会工作报告、市政协提案委员会主任朱顺来所作的九届二次会议以来提案工作报告。审议通过九届三次会议关于提案审理情况的报告和九届三次会议政治决议。

第十届全体委员会会议

第一次会议　2001年6月28日至7月2日在市政府礼堂举行,出席会议的委员343人。大会审议并通过龚农民所作的常务委员会工作报告、刘浩元所作的提案工作报告。审议通过大会决议以及大会提案审查委员会关于提案情况和审查意见报告。会议选举龚农民为主席,柯尔荣(女)、刘新园、李建中、刘浩元、王守之、夏山东、叶永强为副主席,赵启顺为秘书长,选举54人为常务委员。

第二次会议　2002年1月17—20日在市政府礼堂举行,出席会议的委员285人。大会审议并通过主席龚农民所作的常委会工作报告、副主席李建中所作的十届一次会议以来提案工作报告。审议通过大会政治决议以及大会提案委员会关于提案情况和审查意见的报告。

第三次会议　2003年1月3—6日在市政府礼堂举行,出席会议的委员319人。大会审议并通过副主席柯尔荣所作的常委会工作报告、副主席王守之所作的十届二次会议以来提案工作报告。会议增选李昌华为市政协十届委员会副主席,补选汪金林为市政协秘书长;对2001—2002年度优秀提案和提案承办先进单位进行表彰;通过大会决议以及大会提案审查委员会关于提案情况和审查意见的报告。

第四次会议　2004年2月16—19日在市政府礼堂举行,出席会议的委员348人。大会审议并通过副主席夏山东所作的常委会工作报告、副主席李昌华所作的十届三次会议以来提案工作报告。审议通过大会政治决议以及大会提案委员会关于提案情况和审查意见的报告。

第五次会议　2005年1月18—21日在财富大厦举行,出席会议的委员328人。大会审议并通过副主席柯尔荣所作的常委会工作报告和副主席李昌华所作的十届四次会议以来提案工作的报告。审议通过大会政治决议以及大会提案委员会关于提案情况和审查意见的报告。会议增选常务委员6人,接受柯尔荣、刘新园辞去市政协十届委员会副主席职务和毕向明、胡焕文辞去市政协十届委员会常务委员职务的请求。

第十一届全体委员会会议

第一次会议　2006年12月5—8日在市财富大厦举行,出席会议的委员335人。大会审议通过主席龚农民所作的常委会工作报告、副主席李昌华所作的提案工作报告。审议通过大会政治决议以及大会提案委员会关于提案情况和审查意见的报告。听取和讨论代市长李放所作的《政府工作报告》和《景德镇市国民经济和社会发展第十一个五年规划纲要》及其他重要报告。选举查炳炎为主席,周华保、李昌华、陈长生、曹秋珍(女)、王祖庆、潘义忠、何炳钦、童第云为副主席,汪金林为秘书长,组成新一届政协领导班子。

第二次会议　2007年6月10—12日在市财富大厦举行,出席会议的委员342人。大会审议并通过副主席周华保所作的常委会工作报告。审议通过大会政治决议以及大会提案委员会关于市政协十一届一次会议以来提案审查情况的报告。会议期间,举行"提升工业园区经济发展水平"专题议政会。

第三次会议　2008年1月4—6日在市财富大厦举行,出席会议的委员323人。大会审议并通过副主席李昌华所作的常委会工作报告。审议通过大会政治决议以及大会提案委员会关于市政协十一届二次会议以来提案审查情况的报告。大会增选常务委员1人,表彰市政协2006—2007年度的优秀提案、提案承办先进单位和先进工作者。

第四次会议　2009年2月2—4日在市财富大厦举行,出席会议的委员343人。大会审议并通过副主席陈长生所作的常委会工作报告和市政协十一届三次会议以来提案工作情况的报告。审议通过大会政治决议以及大会提案委员会关于市政协十一届三次会议以来提案审查情况的报告。会议增选常务委员1人。会议期间,举行"规模以上工业经济发展"专题议政会。

第五次会议　2010年2月8—10日在市政府礼堂举行,出席会议的委员356人。大会审议并通过副主席曹秋珍所作的常委会工作报告、副主席陈长生所作十一届四次会议以来提案工作报告。审议通过大会政治决议以及关于提案情况和审查意见的报告。会议通过关于同意周华保、李昌华辞去市政协第十一届委员会副主席职务的决定;选举张春萍(女)、周建新为市政协第十一届委员会副主席。

第二节　政协常委会会议

第六届常务委员会会议

1986年1月至1987年5月，共举行6次会议。主要议题是传达全国、全省人大和政协会议，全省第三次市、县（区）政协工作座谈会，省人大六届四次会议和省政协五届四次会议，市委四届四次会议精神；听取市政府主要领导关于全市经济形势和任务的报告；讨论通过举行沿海22个市、县横向联系会议的方案；决定撤销政协办公室下设的秘书科、行政科、调研科，设置学习委员会办公室、工作组委员会办公室、提案工作委员会办公室、文史资料研究委员会办公室。

第七届常务委员会会议

1987年8月至1991年12月，共举行21次会议。主要议题是传达中共十三大、中共十三届七中全会、中共十三届八中全会精神，省政协五届常委会第二十二次会议、省政协六届一次会议和省政协六届常委会一次、十三次、十五次会议精神；听取关于全市检察工作的通报、关于第二届国际陶瓷节筹备情况和文物保护情况的汇报；通过学习、提案、文史、工作组4个委员会的组成人员名单、举行七届二次全体会议的有关事项、市政协委员名单、增补委员名单、《政协景德镇市第七届委员会常务委员会工作报告》《市政协关于学习、宣传、贯彻中央工作会议和中共十三届八中全会精神的意见》《市政协七届六次会议暨表彰会工作报告》、市政协七届五次会议决议（草案）；研究举行七届二次全体会议的有关事项；决定设置5个专门委员会，即学习委员会、提案工作委员会、文史资料委员会、工作组委员会、经济工作委员会。

其中第十六次会议于1990年11月10日举行，会议传达省政协六届十二次常委会精神；邀请陶瓷节主委会负责人通报陶瓷节盛况；听取关于市政协委员视察陶瓷生产情况的汇报；讨论通过政协景德镇市委员会《关于政治协商、民主监督的暂行实施办法（草案）》。第二十次会议于1991年10月19日举行，会议传达省政协六届十六次常委会精神，市政府办公室负责人通报全市当年办理12件实事的情况，市财政局长通报全市1—9月财政预算执行情况，讨论通过《召开景德镇市政协委员、各民主党派成员和各界人士代表为振兴瓷都服务表彰大会的工作方案》、市政协机构调整与人事任免事项。

第八届常务委员会会议

1992年7月至1997年12月，共举行29次会议。主要议题是学习邓小平南方谈话和中共中央政治局全体会议、江泽民关于人民政协工作的重要讲话、中共十四届三中全会公报、中共十四届四中全会精神和省委会议、中共中央《关于进一步加强人民政协工作的决定》、全国人大政协会议精神、《政协全国委员会关于政治协商、民主监督、参政议政的规定》；传达全国人大、政协会议，省政协七届历次会议精神；听取市政协副主席、秘书长王遐关于在景德镇市举行全国十八城市市政协第十三次横向联席会有关情况，全市招商引资、乡镇企业和个体私营经济发展情况通报，关于全市招商引资调查、华弘陶瓷有限公司和乐平市乡镇企业发展调查情况的汇报；通过《市政协八届常委会工作报告》《关于提案情况和审查意见的报告》《大会决议》《提案工作报告》、市政协关于开展向刘浩元委员学习活动的决议（草案）、市政协《关于学习邓小平文选》（第三卷）和学习贯彻中共十四届三中全会决定的意见、市政协关于表彰政协委员为四化服务作贡献的先进个人的决定和先进个人名单、全会增选常委的选举办法，各专门委员会机构设置、正副主任和委员名单、有关人事任免事项，增补孙本礼等4人为市政协八届委员会委员，同意任命聂森泉为市政协副秘书长。

其中第十一次会议于1994年7月8日举行，会议传达省政协七届七次常委会精神，听取市农委《关于我市农业和农民增收情况通报》、市政协《关于我市粮食生产调查情况汇报》《关于乐平市蔬菜生产调查情况汇报》《关于我市有线电视视察情况汇报》和四川遂宁、福建泉州市举行的政协横向联系会的情况汇报。第二十九次会议于1997年12月19日举行，会议审议通过市政协八届常委会提案工作情况的报告（草案）；协商通过市政协九届委员会委员名单、九届一次会议主席团及秘书长建议名单、九届一次会议提案审查委员会委员及召集人建议名单、九届一次会议决议起草委员会委员及召集人建议名单、九届一次会议各组召集人建议名单;审议通过关于举行市政协九届一次会议的决定。

第九届常务委员会会议

1998年3月至2001年6月,共举行19次会议。主要议题是传达全国政协九届一次会议精神和省政协八届一次会议、市委常委(扩大)会议精神;听取关于全市1998年经济工作运行和部署安排情况、改善全市经济发展环境、提案工作办复情况的通报;通过市政协九届常委会工作报告(草案)、市政协九届一次会议以来提案工作情况的报告(草案)、关于举行市政协九届二次会议的决定、市政协九届委员会提案工作细则(草案)、市政协九届常委会提案工作报告(草案)、市政协十届委员会委员名单、关于召开市政协十届一次会议的决定、市政协十届一次会议秘书处各组召集人建议名单、市政协十届一次会议各讨论组召集人建议名单、列席市政协十届一次会议人员建议名单、人事任免事项,通过陈松柏辞去市政协第九届委员会秘书长职务的报告、增补赵启顺为市政协九届委员会委员;协商讨论《政府工作报告(征求意见稿)》,提出修改意见。

其中第十八次会议于2001年6月4日举行,会议审议通过市政协九届委员会常委会工作报告(草案);协商讨论《关于我市国民经济和社会发展第十个五年计划纲要的报告(征求意见稿)》;市政协办公室通报2000年市政协委员提案办理情况。

第十届常务委员会会议

2001年8月3日至2006年12月2日,共举行25次会议。主要议题是学习贯彻江泽民“七一”重要讲话、全国“两会”精神,听取2002年以来市经济和社会发展情况以及机构改革有关情况的通报,协商讨论《政府工作报告(征求意见稿)》;通过全市政协第十届委员会副秘书长建议名单,办公室主任、副主任,各专门委员会主任、副主任建议名单;市政协十届常委会工作报告(草案)、十届一次会议以来提案工作报告(草案),市政协十届三次会议议程(草案)、日程安排(草案),《市政协十届三次会议决议(草案)》《市政协十届三次会议关于提案情况和审查意见的报告(草案)》《大会选举办法(草案)》《市政协第十届委员会常委会工作报告(草案)》《市政协第十届委员会关于十届四次会议以来提案工作报告(草案)》;《市政协开展“为解决‘三农’问题献计献策”活动的意见》、有关人事任免事项。增补市政协十届委员会委员建议名单,增补舒晓滨、李昌华、冯奀久、滕晓华、王小康、曾名胜、王少丹、占冬生、李冬季、何炳钦、顾幸勇、丁建华、汪志明为市政协十届委员会委员,王小康任政协景德镇市三胞联络委员会副主任。

其中第十七会议于2004年9月29日举行,会议对市政协十届四次会议以来委员提案工作办理情况进行通报;审议并通过市政协第十届委员会常委会工作报告(征求意见稿)和市政协第十届委员会关于十届四次会议以来提案工作报告;同意增设市政协第十届委员会人口资源环境委员会。第二十三次会议于2006年5月24日举行,会议传达5月19日举行的市委常委扩大会议精神。会议指出,2006年市级领导班子换届考察工作中,政协常委将参与民主推荐和民主测评大会工作,这在景德镇市政协工作历史上还是第一次。

第十一届常务委员会会议

2007年1月至2010年12月,共举行17次会议。主要议题是学习传达胡锦涛在庆祝人民政协成立60周年大会上的重要讲话、《中共中央关于加强人民政协工作的意见》《政协章程》,中共十七大、全国“两会”、市委九届七次全体(扩大)会议精神;听取市政府关于2006年政府工作有关情况和政府主要工作构想、全市抗雪救灾及灾后重建、市政协十一届二次会议的筹备、新型农村合作医疗、市政协常委会关于景德镇市城市建设重点项目工程建设情况等工作汇报;通过《市政协常委会工作规则》《市政协十一届一次会议以来提案工作情况的报告(草案)》《市政协提案工作条例(草案)》《市政协常委会2008年工作要点》《政协景德镇市第十一届常务委员会工作报告》《市政协关于我市招商引资引进重大工业项目进展情况的建议案》及有关人事任免事项,决定增补杨志雄为市政协十一届委员会委员,任命杨志雄为市政协十一届委员会法制社团专门委员会副主任;通过三胞委员会更名为港澳台侨委员会的决定。

其中第九次会议于2008年7月22日举行,会议听取创建办关于创建全国文明城市工作进展情况、市政协关于十一届三次会议以来提案工作情况的报告;市政协生态环境组、市场环境组、生活环境组,对全国文明城市创建工作专题视察情况的汇报；市政府相关领导到会通报上半年经济形势及下半年工作打算。第十七次会议于2010年12月21日举行，会议就全市城乡建设重点项目建设情况进行专题协商，通报关于推进新型城镇化和城市建设工作情况；听取市政协常委会《关于我市城市建设重点项目工程建设情况视察报告》，围绕城市建设情况进行专题议政。

第二章 机构 人员

市政协常务委员会是市政协的常设机关。各专门委员会和政协办公室是政协常务委员会的常设办事机构，在常务委员会的领导下开展工作。政协委员由各界别的代表和特邀人士组成。

第一节 常务委员会

组成人员

市政协常委会由全体委员会选举产生，由主席、副主席、秘书长、常委组成。1986—2010年，市政协第六届至第十一届常委会组成人员55~72人，其中主席1人、副主席7~10人、秘书长1人、常委44~63人。

表27-2-1　1986—2010年景德镇市政协第六届至第十一届常委会组成人员一览表　单位：人

届次	合计	主席	副主席	秘书长	常委
第六届	55	1	10	1(兼)	44
第七届	61	1	7	1	52
第八届	72	1	8	1(兼)	63
第九届	56	1	7	1	47
第十届	63	1	7	1	54
第十一届	61	1	8	1	51

表27-2-2　1986—2010年市政协主席、副主席一览表

届次	姓名	职务	任职年月
第六届	杜学秀	主席	1982.06—1986.04 (1986.04辞职)
	方综	主席	1986.04—1987.07 (1986.04补选)
	王元芝	副主席	1982.06—1984.06
	樊金明	副主席	1982.06—1984.06
	刘懋典	副主席	1982.06—1987.07
	朱绍熹	副主席	1982.06—1987.07
第六届	罗羽珍	副主席	1982.06—1987.07
	卢振家	副主席	1982.06—1987.07
	毕渊明	副主席	1982.06—1987.07
	吴钟山	副主席	1982.06—1987.07
	邹建金	副主席	1982.06—1984.06
	王应谐	副主席	1982.06—1984.04
	章培荣	副主席	1986.04—1987.07 (1986.04补选)

续表 27－2－2

届次	姓名	职务	任职年月
第七届	廉润生	主席	1987.07—1992.05
	章培荣	副主席	1987.07—1992.05
	程正棠	副主席	1987.07—1992.05
	刘夏石	副主席	1987.07—1992.05
	刘新园	副主席	1987.07—1992.05
	方寒程	副主席	1987.07—1992.05
	李友祥	副主席	1987.07—1992.05
	蒋仁德	副主席	1987.07—1992.05
第八届	程新饶	主席	1992.05—1998.01
	程正棠	副主席	1992.05—1998.01
	严裕才	副主席	1992.05—1998.01
	刘夏石	副主席	1992.05—1998.01
	刘新园	副主席	1992.05—1998.01
	方寒程	副主席	1992.05—1998.01
	杨启村	副主席	1992.05—1998.01
	王　遐	副主席	1992.05—1998.01
	吴奇山	副主席	1992.05—1998.01
	汪宗达	副主席	1997.01—1998.01（1997.01 增选）
第九届	龚农民	主席	1998.01—2001.05
	柯尔荣	副主席	1998.01—2001.05
	汪宗达	副主席	1998.01—2001.05
	周国俊	副主席	1998.01—2001.05
	刘新园	副主席	1998.01—2001.05
	李建中	副主席	1998.01—2001.05
	刘浩元	副主席	1998.01—2001.05
	王守之	副主席	1998.01—2001.05
第十届	龚农民	主席	2001.06—2006.11
	柯尔荣	副主席	2001.06—2005.01（2005.01 辞职）
	刘新园	副主席	2001.06—2005.01（2005.01 辞职）
	李建中	副主席	2001.06—2006.11
	刘浩元	副主席	2001.06—2006.11
	王守之	副主席	2001.06—2006.11
	夏山东	副主席	2001.06—2006.11
	叶永强	副主席	2001.06—2006.11
	李昌华	副主席	2003.01—2006.11（2003.01 增选）
第十一届	查炳炎	主席	2006.12—2010.12
	周华保	副主席	2006.12—2010.12（2010.02 辞职）
	李昌华	副主席	2006.12—2010.12（2010.02 辞职）
	陈长生	副主席	2006.12—2010.12
	曹秋珍	副主席	2006.12—2010.12
	王祖庆	副主席	2006.12—2010.12
	潘义忠	副主席	2006.12—2010.12
	何炳钦	副主席	2006.12—2010.12
	童第云	副主席	2006.12—2010.12
	张春萍	副主席（兼市政府秘书长）	2010.02—2010.12（2010.02 补选）
	周建新	副主席	2010.02—2010.12（2010.02 补选）

工作机构

1986年，市政协设办公室，内设秘书科、行政科、调研科。6月3日，撤销办公室下设的秘书科、行政科、调研科，设立学习委员会办公室、工作组委员会办公室、提案工作委员会办公室、文史资料研究委员会办公室。1988年，办公室内设秘书科、行政科。2002年，办公室内设人秘科、信息调研科、行政科、老干部科。6个专门委员会设2个综合办公室，编制28人。2010年，办公室内设人秘科、信息调研科、行政科、老干部科、机关后勤服务中心，负责做好市政协机关政务和事务工作。7个专门委员会下设综合办公室(一)、综合办公室(二)，具体负责做好7个专门委员会经常性工作和日常事务，编制29人。

2010年景德镇市政协机关大门

第二节　专门委员会及委员

提案委员会

1986年，设立提案工作委员会，设委员12人。6月3日，设立提案工作委员会办公室。1988年4月27日，设立提案工作委员会，为正县级单位。2002年10月16日，更名为提案委员会。2010年，设有委员20余人，主要职责为负责收集、整理委员提案并推动提案办理工作。

学习文史委员会

1986年6月3日，设立学习委员会办公室、文史资料研究委员会办公室，并对学习委员会、文史资料研究委员会成员作调整，学习委员会设有委员12人，文史资料委员会设有委员21人。1988年4月27日，设立学习委员会、文史资料研究委员会，为正县级单位。2002年10月16日，学习委员会与文史资料研究委员会合并，成立学习文史委员会。2010年，设有委员20余人，主要职责为组织政协委员及其所联系的社会各界人士撰写“三亲”(亲历、亲见、亲闻)史料。

经济委员会

1988年4月27日，市政协设立经济工作委员会，为正县级单位。2002年10月16日，改称经济委员会。2010年，设有委员20余人，主要职责为就经济社会发展中的一些重要问题及人民群众普遍关心的社会热点、难点问题，深入开展调查研究，提出意见和建议。

科教文卫体委员会

1986年，设立工作组委员会。工作组委员会下设教育体育、科学技术、文艺新闻、医药卫生等13个工作组。1991年10月19日，撤销工作组委员会，设立科教文卫体委员会。2010年，设有委员21人，主要职责为组织委员就教育、科技、文化、卫生、体育等方面的问题开展经常性调查研究活动。

法制社团委员会

1991年10月19日，设立法制社团委员会。2010年，设有委员20余人，主要职责为就全市依法治市和行政执法等工作中的重要问题开展视察调研，对市政府及有关部门提交讨论的政府拟定的地方法规草案等进行协商讨论，提出意见和建议。

港澳台侨委员会

1991年10月19日,设立三胞联络委员会。2007年12月25日,更名为港澳台侨委员会。2010年,设有委员20余人,主要职责为团结和联系委员学习、宣传国家有关港澳台侨方面的方针政策,反映社情民意;对港澳台侨方面的重要问题进行调查研究;提出意见、建议和提案;加强同港澳台侨委员和有关人士的联络。

人口资源环境委员会

2004年11月18日,设立人口资源环境委员会,正县级机构。2010年,设有委员20余人,主要职责为围绕全市建设经济重镇、旅游都市、特色瓷都目标,就人口资源环境与经济社会发展关系中的发展战略、重大决策以及其他重要问题,开展视察调研,提出意见和建议。

政协委员

1986—2010年,政协景德镇市委员会共历经5届,组成界别根据实际不断调整增加。市政协第十一届委员会,委员365人,由28个界别的代表和特邀人士组成。常委61人,其中党内21人,占34.4%;党外40人,占65.6%。年龄最大的57岁,最小的36岁,平均年龄47.80岁,比上届下降1.40岁。委员整体素质进一步提高,结构更加合理。博士生6人,研究生19人,占6.8%;大学178人,占48.8%;大专116人,占31.8%。具有高级职称的131人,占35.9%;中级职称的77人,占21.1%。平均年龄为44.50岁,其中最大年龄58岁,最小年龄22岁。

表27-2-3　**1986—2010年市政协第六届至十一届委员人数一览表**　单位:人

届别	六届	七届	八届	九届	十届	十一届
委员人数	347	380	395	361	363	365
中共	23	26	23	24	26	22
民革	12	14	14	14	13	14
民盟	12	14	16	15	14	16
民建	12	12	12	11	12	11
民进	0	7	7	7	10	10
农工党	2	6	8	8	9	9
九三学社	0	0	4	5	6	7
无党派	3	3	5	5	5	7
共青团	12	13	13	9	9	10
工会	19	21	29	24	24	22
妇联	12	15	15	15	14	14
青联	12	11	11	8	8	9
工商联	11	16	16	16	17	20
三胞(归侨、台胞)	3	6	9	8	8	7
陶美	19	19	16	14	13	12
文艺	16	17	15	12	11	9
科技	26	26	25	21	18	18

续表 27－2－3

届别	六届	七届	八届	九届	十届	十一届
社联	0	6	6	4	4	5
经济	0	0	0	18	15	16
农业（农民）	15	18	26	20	20	20
教育	16	20	23	20	20	20
体育	2	4	4	3	4	3
新闻	3	5	4	4	4	4
医药卫生	14	18	21	18	16	17
社会福利	5	5	5	4	5	4
少数民族	4	3	3	3	3	4
宗教	2	3	4	2	4	5
特邀	92	72	61	49	51	50

第三章　主要工作

1986—2010 年，市政协认真履行政治协商、民主监督、参政议政的职能，积极开展提案办理、视察考察、调查研究、反映社情民意、团结联谊、文史编研、社会服务活动，参政议政的能力不断提高，为促进景德镇市经济建设和社会发展，发挥重要作用。

第一节　参政议政

围绕重大决策参政议政

1988 年 9 月，市政协围绕完善党、政、工三者关系，经济委员会组织 15 名委员出席市委举行的贯彻实施企业法专题座谈会，提出强化各个机构，突出厂长中心地位等建议。2001 年 6 月 4 日，市政协就改革和市政建设重大问题，举行第九届十八次常委会会议，协商讨论《关于我市国民经济和社会发展第十个五年计划纲要的报告（征求意见稿）》，常委和委员们所提意见大部分被采纳。2005 年 8 月 17 日，市政协主席龚农民，副主席夏山东、李建中、王守之组织在景德镇市的省政协委员开展“委员活动日”活动，协商讨论《围绕构建和谐瓷都议政建言（草案）》，提出一系列意见和建议。

2009 年 5 月 19—20 日，市政协党组举行各民主党派、工商联以及县区政协主席、部分委员征求意见座谈会，就市政协学习实践科学发展观问题征求意见，就如何进一步通过开展学习实践科学发展观、完善政治协商制度、推进景德镇市经济发展，如何围绕百姓关注的热点问题开展调研、加强民主监督，如何加强对县区政协工作的指导和联动、做好对外联系工作、搭建委员平台、调动委员履职积极性等问题提出意见和建议。2010 年 12 月 27 日，市政协有关专门委员会，各民主党派、工商联负责人和部分市政协委员，应邀参加市发改委举行的《景德镇市国民经济和社会发展第十二个五年规划纲要》（以下简称《纲要》）征求意见座谈会，开展协商议政,政协委员结合经济社会发展,从指导思想、战略定位、产业定位、农业农村发展、陶瓷产业振兴、城镇化进程、环境保护、完善基础设施等方面,对《纲要》提出具体的修改意见和建议。

围绕经济建设参政议政

1987 年 8 月 20 日,市政协组织部分省、市政协委员和市物价局、市工商局、市商业局的负责人举行座谈会,就物价问题进行评估和分析。是年 9 月 23 日,围绕加强市场管理和解决"菜篮子"问题举行议政会,提出解决物价和市场问题的建议。1988 年 6 月 21 日,市政协举行议政会,为发展乡镇企业献计献策。是年 11 月 26 日,围绕打好农业开发总体战举行议政会,市委和市政府转发《关于农业开发总体战专题议政会的情况汇报》,要求各有关单位认真研究和采纳。1989 年 6 月 27 日,就振兴陶瓷工业举行议政会,相关部门负责人到会听取意见,委员们对搞好陶瓷生产、加强职工技术培训、开展技术竞赛、坚持质量否决权、产品质量与经济效益挂钩等方面提出建设性的意见。

1990 年 12 月 13 日,举行振兴农垦经济的议政会,市领导张桂生到会听取委员意见。1992 年 12 月 11 日,举行全市乡镇企业议政会,委员们就如何发展全市乡镇企业进行座谈讨论,提出意见和建议。1994 年 4 月 20 日,在八届十次常委会会议上,常委们对景德镇市陶瓷发展情况进行研讨,提出意见和建议。1999 年 7 月 13—14 日,在九届八次常委会会议上,常委们围绕市国有企业改革和发展的攻坚问题,进行协商讨论,提出意见建议。12 月 10 日,在九届九次常委会会议上,常委们就进一步发展全市经济发展环境进行协调讨论,提出意见和建议。

2000 年 12 月 26 日,举行九届十五次常委会会议,常委们围绕贯彻市委七届六次全会精神,就全市调整农业产业结构、深化国企改革、发展民营经济和旅游经济,加强城市规划、建设和管理以及人才队伍建设等问题进行参政议政。2002 年 9 月 5 日,举行十届六次常委会会议,常委们就优化经济发展环境等方面建言献策。2003 年 10 月 21 日,在十届十一次常委会会议上,常委们就全市陶瓷行业的状况及其发展思路进行协商讨论,提出意见、建议。2007 年 1 月 18 日,在十一届一次常委会会议上,常委们对招商引资、城市管理、旅游开发等问题进行协商讨论,提出意见和建议。6 月 10—12 日,举行市政协十一届二次全体会议,委员们为加快园区发展速度、提升园区发展水平建言献策。2009 年 9 月 25 日,举行十一届十三次常委会会议,听取市政协 3 个视察组关于市规模以上工业企业生产经营情况的调研报告,经协商,在此基础上形成建议案。

围绕城市规划和建设参政议政

1986 年 5 月 6 日,市政协举行工作组组长会议,委员们就开展政协工作组工作的新局面、振兴瓷业、发展科技、搞好城乡建设规划、建设两个文明提出意见、建议。7 月,城乡建设工作组举行座谈会,对城市建设,尤其是老城区的改造问题进行讨论,市政府和有关部门的主要负责人到会听取意见和建议。1987 年 6 月 13 日,举行城建工作议政会,委员们就新城区建设、旧城区改造以及名胜古迹的保护和开发工作进行座谈讨论,提出建议。1988 年 11 月 13 日,城建工作组邀请市人大城乡建设委员会、市城建局、市交通局、交通大队等部门的专家、学者、负责人,对缓和人民广场交通拥挤情况进行研讨,提出意见、建议。1995 年 12 月 29 日,举行八届十八次常委会会议,就市容整理、巩固"双创"成果(创建卫生城市、创建文明示范街)议政建言。

2002 年 4 月 10 日,举行十届委员会第五次常委会会议,常委们就城市建设、规划、管理工作提出意见和建议。2006 年 8 月 17 日,举行十届二十四次常委会会议,就推进全市社会主义新农村建设提出意见、建议。2009 年 4 月 29 日,举行十一届十二次常委会会议,就全市"促进农业增长、加强农田水利基本建设"有关情况听取市领导于秀明的汇报以及市政协调研情况汇报,常委们进行协商建言。2010 年 7 月 8 日,举行全市城市总体规划协商座谈会,就规划中的城市发展目标、城市性质和城市规模、城市发展方向与总体结构、城市用地布局规划以及城市综合交通规划等问题,委员们提出意见、建议。12 月 21 日,举行十一届十七次常委会会议,听取市政府领导《关于推进新型城镇化和城市建设工作情况的通报》及市政协常委会《关于我市城市建设重点项目工程建设情况视察报告》,就全市城市建设重点项目建设情况进行专题协商。

围绕科教文卫等事业参政议政

1986 年 11 月 24 日,市政协在陶瓷历史博物馆"大夫第"举行首次议政会议,委员们对市各有关部门的工作进行座谈讨论，提出意见和建议。是年12月27日，教育体育工作组举行座谈会，委员们就如何办好普通中学的问题，提出意见、建议。1987年3月26日，举行教育工作议政会，委员们围绕厂办中学、农村教育和社会办学问题，提出意见和建议。8月15日，根据教育体育工作组关于在陶瓷系统创办联校的建议，市政府决定将陶瓷系统的16所中小学联合办成3所中学和2所小学。1988年1月11日，市政协在老干部活动中心举行议政会，委员们分别就陶瓷、农业、教育、多党合作等方面工作进行协商讲座，提出意见和建议。是年5月24日，医药卫生工作组就在鲇鱼山乡建立昌江区中心医院问题，邀请市卫生局、昌江区卫生局和鲇鱼山乡领导进行座谈讨论，确定在两年内由市卫生局、区卫生局和鲇鱼山乡共同拨款18万元筹建医院。1989年10月23日，举行医药卫生工作议政会，委员们就搞好医德教育、提高服务质量、加强收费管理、解决医院实际困难等问题建言献策。

1991年7月17日，举行全市食品工业议政会，委员们在视察基础上发表关于发展全市食品工业的意见和建议。1994年10月14日，举行教育工作议政会，就全市教育工作在改革和发展过程中需要研究和解决的问题进行协商座谈，提出意见和建议。1996年10月21日，举行全市旅游工作议政会，委员们围绕旅游开发工作献计献策，形成《关于旅游工作的建议案》。1998年7月10日，举行九届二次常委会会议，就全市国有企业下岗职工再就业问题，常委们对进一步推进全市再就业工程的实施提出意见和建议。

2000年5月24—25日，全国政协教科文卫体委员会、民进中央、中华职教社组成联合调查组，抵达景德镇市对市农村职业技术教育进行专题调研，视察乐平职业中学、塔前职业中学、景德镇陶瓷职业学校，对景德镇市发展农村职业技术教育提出意见和建议。2004年6月7日，省政协副主席刘运来率省政协文史委调研组到景德镇市调研，参观考察龙珠阁和御窑厂，与市政协各委办负责人、机关工作人员、市各民主党派和工商联负责人进行座谈，听取市领导谢茹关于景德镇市申报世界文化遗产工作情况的汇报。

第二节　视察考察

围绕经济建设视察考察

1986年8月，市政协妇女工作组部分委员深入朱氏弄食堂、服务站、三角井粑店、第一医院服务部等处视察，并形成《石狮埠街道第三产业发展情况》的调查报告。1989年4月，经济工作委员会和陶瓷工作组，组成陶瓷产品质量视察组，对红旗瓷厂、为民瓷厂、珠山区经计委、跃进瓷厂、青花文具瓷厂5个单位进行调查视察，提出意见、建议。10月19日，市政协组织视察组，前往乐平县文山、众埠2个乡视察冬种冬修的准备工作和农业开发情况，并由乐平市委转发调查报告。1995年8月，在景德镇市的省政协委员11人就国有企业转机建制、深化改革情况，赴鹰潭市进行为期4天的视察活动。1999年11月，市政协组织部分委员分3组到12家单位和企业，就全市改善经济发展环境和贯彻执行市政府有关文件情况开展专题视察，提出意见、建议。

2000年5月，市政协组织部分委员深入常青陶瓷有限公司、珍宝特陶瓷有限公司、佳洋陶瓷有限公司、南光陶瓷有限公司和锦宫实业有限公司进行为期2天的专题视察，委员们就进一步改善投资环境、加快三资企业发展提出意见和建议。2003年4月10—11日，围绕农村税费改革工作进展情况，组织委员分3个小组赴乐平市、浮梁县、昌江区的部分乡(镇)进行视察。是年9月18日，全国政协副主席陈奎元一行在省政协副主席黄定元陪同下，先后到市雕塑瓷厂、景德镇陶瓷学院等地视察调研，了解景德镇市制瓷历史、现状及发展前景。2004年5月25日，市政协副主席李昌华率委员视察地税工作，就地税如何服务地方经济社会发展、服务纳税人等方面提出意见、建议。是年8月2日，市政协主席龚农民、副主席叶永强率委员，实地视察海畅法蓝瓷有限公司工业园区等施工现场及台达陶瓷原料有限公司的生产、原料车间。

2005年10月27日，叶永强率经济委部分委员，就全市农业产业化和3个体系建设，实地视察市良种猪繁育基地、金帛源獭兔养殖基地和农家新型沼气池的建设和利用。2007年5月，市政协组织委员就“提升我市工业园区经济发展水平”开展为期1个月的专项视察，赴全市3个工业园区20余家企业进行详细调研，形成4个视察报告和1个建议案。2008年5月5日,市政协主席会议成员赴市房管局视察工作,了解房产交易大厅运行情况。2010年7月9日,市政协主席会议成员率委员就全市陶瓷文化创意产业发展情况,实地察看景德镇国际陶瓷艺术创意中心建设工地、昌南官窑博物馆等地,并开展座谈讨论,通报景德镇市陶瓷文化创意产业发展的基本思路、存在的问题和发展设想。

围绕城市建设视察考察

1987年3月9—11日,在景德镇市的全国政协委员和省政协委员就两个文明建设和"双增双节"(增产节约、增收节支)运动的情况进行参观考察。是年3月15—27日,市政协就城乡建设和文物保护情况,分别考察三闾庙的古栅、明街,旧城的县衙门、孔庙、石碑、红塔,湖田的古窑址,还前往安庆、合肥、扬州、镇江、苏州、杭州等地考察,举行座谈会15次。

1991年11月28—30日,市政协组织部分委员,先后视察市陶瓷历史博物馆、古窑瓷厂、考古研究所等地,建议进一步坚持"以文养文",完善配套设备,认真解决好博览区用水及防火防盗、文物保护,开展文物保护法的贯彻落实。1998年12月8日,组织部分在景德镇市的省政协委员、市政协委员,分赴乐平、浮梁、昌江及所属有关乡(镇)、村,围绕重建家园和水毁水利工程修复情况进行专题视察。

2002年8月2日,市政协组织委员视察九景支线工程,听取有关工程立项、征地拆迁、工程建设等方面的情况汇报。2003年8月6—8日,省政协主席钟起煌到景德镇市先后考察中国陶瓷城、豪德广场,视察昌江广场、金岭大道、古窑新区等城市建设和景德镇十大建筑模型展览。是年12月25日,市政协副主席叶永强率经济界委员视察重点工程进展情况,观看全市重点工程的规划模型和布局情况,听取情况介绍,并到工地实地了解工程建设情况。2004年12月22日,在景德镇市的省政协委员实地视察市一心桥、梅苑等道路及旱厕改造、第四水厂和昌江大道垃圾中转站建设,白鹭大桥、景德镇陶瓷学院新区建设情况,省政协委员龚农民、王守之、梁莉莉和全国政协委员王怀俊参加视察。是年12月28日,市政协副主席叶永强、李昌华率法制社团委、提案委部分委员视察珠山区社区建设工作。

2005年12月26日,在景德镇市的省政协委员就全市高速公路建设情况,实地视察景—婺—黄高速公路和南环高速公路施工现场。2007年10月30日,经济委员会组织委员就景鹰高速公路建设工作,实地考察施工现场和市三龙超限超载车辆检查站。2008年4月17日,经济委员会组织部分委员就全市经济适用房和廉租房建设进程,实地视察湖田小区建设工地。6月30日,市政协组织委员对包括湖田经济适用房、景德大道、白鹭大桥、韭菜园路网、景东大道等全市民生工程与市重点城建项目进行集中考察。7月14—16日,市政协组织部分常委,分成生态环境组、市场环境组和生活环境组,对全市全国文明城市创建工作进行专题视察。2010年4月16日,人口资源环境委员会组织委员就全市造林绿化工程,实地察看景瑶观光线、浮梁县滨江路、工业园区绿化工程,并提出建议。是年12月1日,主席会议成员组织委员对全市城市建设重点项目工程进展情况,实地视察景东大道建设工程、中华北路延伸工程、莲花塘周边和莲社北路改造工程、沿江西路"一江两岸"南段景观改造工程、昌南大道和西山路沿途绿化工程、白鹭大桥—景德大道畅通工程,以及城市管理"数字城管"项目。

围绕社会热点视察考察

1986年3月,市政协医药卫生工作组成员对黎明制药厂,景德镇制药厂,生化制药厂,市一、二、三医院制药室,市医药公司,市药检所,利群药店等10个单位和部分个体医生的药品生产、经营和管理情况进行视察,提出意见、建议。1989年4月,为参加省政协六届二次会议作准备,组织在景德镇市的省政协委员对乐平县的镇桥镇,浮梁县的蛟潭镇、鹅湖镇的农业生产、乡镇企业、农村科技人员情况进行视察。是年8月26日,文艺新闻工作组组织部分委员对广播电视和文化市场管理工作进行视察,对如何提高播音员素质,适当增加自办文艺节目和进一步抓好"扫黄"工作等提出建议。

1990年2月,组织省、市部分政协委员分3个视察组赴乐平县、浮梁县、珠山区对廉政建设、农业开发和精神文明建设情况进行视察。1993年6月,法制社团委员会部分委员就社会治安工作,先后视察珠山、昌江公安分局,太白园等4个派出所,2个新建治安岗亭,收审所和看守所,针对治安岗亭修建经费一事提出意见和建议。是年11月,组织省、市部分政协委员分两组就市工商、税务、邮电、农业和教育系统共14个单位的廉政建设和教育改革情况进行视察，对廉政建设和教育改革中存在的问题提出意见和建议。

2000 年 4 月，市政协组织部分委员分 3 个视察组，赴县（区）学校、监狱、劳教所、戒毒所等单位，就市预防青少年犯罪工作进行专题视察和调查，提出预防和遏制青少年违法犯罪的 8 条建议并形成《关于做好我市预防青少年违法犯罪工作的建议案》上报市委，市委向全市转发上述建议案并于 11 月下发《中共景德镇市委关于进一步加强预防青少年违法犯罪工作意见》，成立市预防青少年违法犯罪工作领导小组。2001 年 4 月 12 日，新闻、文化、农业界别的部分委员前往浮梁县农村视察“村村通广播电视”工作。是年 11 月 6 日，组织委员分赴 4 个县（市区）视察校舍危房改造工作。2003 年 4 月 1 日，组织省、市政协委员对市公安系统深入开展“严打”整治斗争、基层派出所的队伍建设、社区警务活动的开展、提高治安防范工作水平、严厉打击各类违法犯罪活动和维护社会治安稳定等工作情况进行为期两天的视察。是年 12 月 12 日，副主席叶永强率委员就全市残疾人工作视察市聋哑人擦皮鞋服务队、珠山区残联盲人按摩中心、市特殊教育学校，就加强残疾人参与社会提出建议。

2006 年 5 月 17 日，组织在景德镇市的省政协委员就全市教育工作视察市第二职业中学、特殊学校和市外国语学校，并与部分教育工作者进行座谈，委员们认为教育事业牵动千家万户，呼吁社会各界人士支持重视教育，走科学发展之路，办人民满意教育。10 月 16 日，科教文卫体委员会组织委员到市景西小学、第二小学、第一小学、实验小学等 9 所学校，了解各小学贯彻落实义务教育法、学制改革、办学条件、控辍保学及控制班额等情况，就修改后的义务教育法贯彻落实情况进行专题视察。2008 年 4 月 10 日，科教文卫体委员会组织委员就全市文化艺术专业团体体制改革工作实地走访市御窑厂、市群众文化活动中心和民俗文化博物馆。是年 9 月 18 日，法制社团委员会组织委员就乐平市人民法院公正执法情况进行专题视察，就公正执法和经费保障方面工作提出建议。

2009 年 3 月 2 日，科教文卫体委员会组织委员针对如何进一步净化社会文化环境、全面落实博物馆免费开放政策，实地考察“君临天下”“金色年代”“冰雨”3 个网吧以及陶瓷博物馆和民窑博物馆，进行座谈讨论，提出意见、建议。是年 4 月 21 日，科教文卫体委员会组织委员就全市数字电视发展情况考察市广电网络公司收费办证大厅和故障受理大厅，委员们就如何做好有线电视数字化整体转换工作进行座谈讨论，提出意见和建议。2010 年 3 月 15 日，科教文卫体委员会组织委员就市出入境检验检疫局工作进行考察交流，提出意见和建议。是年 4 月 28 日，法制社团委员会组织委员就全市妇女儿童权益保护工作视察珠山区妇幼保健所，委员们就如何做好妇女儿童权益保护工作进行协商座谈，提出意见和建议。

第三节 调查研究

围绕中心工作调研

1986 年，市政协围绕第三产业发展、蔬菜生产供应和消费情况进行调研，形成《加强规划引导，发展第三产业的调查报告》《关于我市蔬菜产销情况的调查报告》。1988 年，围绕农村乡镇企业以及经济发展状况进行调查，并形成《从乡镇企业谈目前农村经济的发展趋势的调查报告》。1989 年，围绕供电服务、农业生产、乡镇企业治理整顿、女职工劳动保护条例贯彻执行等情况进行调查，并提出相关建议。

1993 年 7 月，组织部分省、市政协委员，分 3 组对乐平市乐平镇、镇桥镇，浮梁县三龙乡，昌江区鱼山镇、丽阳乡等 9 个乡镇的农业生产情况进行调查视察。委员们对下半年农业生产提出意见和建议，并向市委报送调查报告，市委办公室转发该调查报告。1995 年 8 月，组织部分省、市政协委员分成 5 个考察组，对市区有关单位和乐平市、珠山区、昌江区的社会综合治理情况进行专题考察和调查。从深化认识、夯实基础、形成合力、打防结合 4 个方面提出 25 条建议。市领导黄木华批示，并由市委办公室以文件形式转发调查报告。

2000 年 4 月，分 3 个视察组，深入县区学校、监狱、劳教所、戒毒所等单位，就市预防青少年犯罪工作进行专题视察和调查，形成视察调查报告，提出预防和遏制青少年违法犯罪的 8 条建议。经市政协九届十三次常委会协商讨论，形成《关于做好我市预防青少年违法犯罪工作的建议案》上报市委，市委领导批转相关部门实施;11 月,市委下发《关于进一步加强预防青少年违法犯罪工作意见》。2003 年 7—8 月,组织委员和陶瓷专业人员,分成 3 个调研组就全市陶瓷市场建设、公有制陶瓷企业改制、民营陶瓷企业发展等情况进行调查研究,形成 3 篇调研报告,向市政府提交《关于进一步推进景德镇陶瓷工业发展的建议案》,调研成果在《景德镇党刊》发表。2004 年 8 月,市政协分 3 个调研组深入乐平市、浮梁县、昌江区,以农民增收为主题,进行专题调研,形成 3 个调研报告和《关于贯彻 1 号文件精神,促进农民增收的建议案》报送市委、市政府。2005 年 6—7 月,市政协分 4 个调研组深入高新区(园区)、乐平市、浮梁县、珠山和昌江区,以"促进我市非公有制工业经济持续健康发展"为主题进行专题调研,形成 5 个调研报告和 1 个建议案,得到市领导批示。

2007 年 5 月,组织部分政协委员开展为期 1 个月的专项调研活动,主题是"提高城市工业国民经济发展水平",市政协主席、副主席及秘书长分别率队,市政协各委办和县(市、区)政协负责人,各民主党派和工商联负责人全程参与,深入全市 3 个工业园区 20 余家企业进行调研,形成 4 个调研报告,经主席会和常委会专题审议和协商形成建议案,为市委、市政府科学决策提供重要依据。是年 6 月,市政协主席查炳炎赴新农村建设帮扶联系单位乐平市塔山街道坎上村调研,对村容村貌、生活用水和计生婚育传播站、文化站、村民个体作坊等进行视察,对下一步新农村建设规划的实施提出建议。2010 年 4 月,市政协调研组就全市新兴产业发展情况开展专项调研,深入全市各园区 20 余家企业,就航空汽车制造、清洁能源、光伏材料等八大战略性新兴产业进行实地考察调研,各考察小组撰写调研报告,经市政协常委会协商讨论形成建议案,为市委、市政府科学决策提供依据。

围绕教文卫体调研

1986 年 10 月,教育工作组会同市教育局联合对职业教育情况(重点是职业学校毕业生在岗位情况)进行为期 1 个月的调查,形成《振兴瓷都需要大批地方型人才》调查报告。1988 年 6 月,政法社科工作组会同有关单位组成 2 个组,赴乐平县、浮梁县,就乡镇企业合法权益问题进行调查,并提出 5 点建议,市政府转发该调查报告。1989 年 8 月,青少年教育工作组赴昌河飞机制造厂、焦化煤气厂等单位调查厂矿企业青工思想状况和加强思想政治工作问题。

2000 年 6 月,组织部分教育界委员,对市"两基"(基本普及九年制义务教育与基本扫除青壮年文盲)通过省级验收之后的情况进行专题视察和调查,针对农村初级中学学生辍学的四大原因提出意见和建议。2004 年 6 月,市政协副主席柯尔荣率科教文卫体委员会部分委员及卫生等相关部门人员,对全市农村卫生工作进行专题调研。2005 年 3 月,市政协巡视员柯尔荣带领科教文卫体委员会部分委员对全市网吧市场管理情况进行专题调研。2007 年 3 月,市政协主席查炳炎、副主席李昌华率科教文卫体委员会部分委员,就全市义务教育经费保障机制改革实施情况进行专题调研。2008 年 3 月,科教文卫体委员会组织委员就全市高中阶段教育普及提高情况进行专题调研,走访乐平中学和乐平三中,委员们建议要进一步加大对高中教育的投入和扶持力度,改进和优化教育环境,稳定普通高中招生规模,加快发展高中职业教育。是年 12 月,组织委员赴市文联调研考察,听取艺术家代表就繁荣全市文艺事业提出的意见、建议。

第四节 民主监督

反映社情民意

2001 年,市政协制定《关于加强反映社情民意工作的实施办法》,加强反映社情民意工作,并根据市政协委员的反映,编发社情民意信息。2002 年,下发《社情民意征集要目》,编发《建议拓宽新村西路至莲花山庄小区路面》《严格饮食摊点的卫生,做好饮食摊点的合理布局规划》《整顿路边摊点要堵疏结合》《户籍部门的服务应该着眼于便民》《建议在枫树山教育小区设公交一路招呼站》《关于我市民间赴外地举办景德镇陶瓷展销会的情况反映》《尽快解决我市收容遣送经费及改造收容房问题》等社情民意信息 50 余条。2003 年,据市政协委员反映,编发《尽快组织人员维护昌江河岸护坡塌方地》《市容应实行 24 小时监管》《我市主要文化旅游场所应增设英文标识及说明》《把公厕设施纳入城市建设规划中》《龙珠阁周边的建筑要低于龙珠阁高度》《开发'民窑'旅游项目促进陶瓷文化旅游》《降低'医保'住院'门槛费'》《加强城市管理,维护城市形象,规范车辆停放秩序》《立即停止飞机场南侧风景山的砂石开采》《合理安排街面卫生清扫的时间》《对外地车辆违章不要以罚代法》《关于缓解刘家岗居委会电瓷厂宿舍千余名居民7年无饮用水的问题》《建议整顿鱼山、丽阳砂石运输市场,确保交通安全》《取缔昌江大桥下的非法狗市》《规范陶瓷产品市场》《妥善保护有价值的建筑》《解决九中至职大行路难的问题》等社情民意信息。

2004年,据市政协委员反映,编发《昌江河水污染,危害民众健康》《应把小区配套设施纳入城市规划》《加大进一步整治教育乱收费的力度》《对零散的民间陶瓷作坊规范布局》《建议在休闲广场至妇幼保健院门口路段设地下通道》《建议给予农民工返乡"双抢"交通费减半待遇》《建议立即清理杉树巷至十八桥马路中的垃圾》《建议在市区新建两座大桥》《消除安全隐患,确保乘客安全》《加强市区养狗的管理》《建议戒毒所与劳教所合作,全盘整合戒毒场地资源》《引进"温州模式",全面开发我市陶瓷品牌》《共享120急救电话业务资源》《建议增设路经东一路至602所的公交车》《建议在休闲广场电视大屏幕增加宣传景德镇的电视片》《加大对珠山区环卫工作的财政支持力度》等社情民意信息。

2005年,市政协制定下发《关于加强与改进社情民意工作的意见》和《关于建立市政协社情民意工作信息员队伍的意见》,广泛收集社会各阶层的社情民意。据市政协委员反映,编发《做好户籍信息工作,配合城区户口普查》《五中"一校三址"问题亟待解决》《建议明确拆迁项目的卫生管理责任》《关于进一步打造我市城市形象和提升城市品位的几点建议》《整治占道经营,保证道路畅通》《节约社会资源,恢复旧货市场》《建议增设昌江大道交通设施》《建议开通老城区公交线》《建议瓷都大道公交车延伸至珠山陶瓷工业园》《建议对有发展潜力的民营企业在融资上给予特事特办支持》《陶院新区至白虎湾交通岛段新修公路存在质量隐患》《合理规划陶瓷市场,努力培养市场品牌》等社情民意信息。其中叶贵水委员《关于进一步打造我市城市形象和提升城市品位的几点建议》得到市长虞国庆的批示,并重点实施了珠山中路改造。

2006年,市政协通过走访、接待委员,召开社情民意专题座谈会等形式,广泛收集和反映社情民意,编发《建议稳定我市春节期间的生活燃料价格》《改造老城区应加强相关配套设施的规划与建设》《关于我市"古迹活化"与旅游开发的几点建议》《关于保护玉田水库水资源安全的几点建议》等社情民意信息134条。

2007年,市政协制订进一步加强社情民意工作的措施,建立以政协委员为主体,特邀信息员为骨干,信息联系点为网点的社情民意信息网络。全年共编发社情民意信息95条,其中据市政协委员反映编发的《我市义务教育经费保障机制改革实施过程中亟须破解的新情况、新问题》得到市政协主席查炳炎的重视,并对该问题进行视察,促进问题解决。据委员石红心反映而编发的《关于在西山路与昌南大道交会路口增设交通设施的建议》,由市公安局副局长批示采纳。根据常委何炳钦、张随云反映而编发的《尽快拓宽瓷都大桥东桥头一段道路》,被市建设局采纳,并迅速对该段道路拓宽修整。5月11日,编发《工业园内企业融资难问题亟须解决》,市政府采纳该建议,采取多种措施缓解企业融资难问题。8月9日,据委员齐钢花反映,编发《尽快解决昌河社区用水安全问题》,经市政府多方协调,由市自来水公司铺设昌河专线解决该问题。

2008年,据市政协委员反映,编发《关于提高我市失地农民最低生活保障标准的建议》《尽快解决十七小学存在的重大安全隐患及环境污染问题》《建议在第四人民医院出口处设置人行斑马线》《关于尽快制定出台〈景德镇市养犬管理条例〉的建议》等社情民意信息95条。

2009年,共编发社情民意信息130余条。其中据常委张随云反映编发的《关于加快白鹭大桥后续工程建设,尽快形成通行能力的建议》被市委、市政府采纳,白鹭大桥正式通车。据常委周景俭反映而编发《关于尽快改善昌虹路道路状况的建议》,相关部门采纳该建议,对昌虹路道路进行全面整修,对摊点进行管理。7月9日,编发《关于尽快改善燃气状况等工业生产要素保障供应的建议》,建议有关部门对市鹏飞建陶与景德镇和谐高铁绝缘子有限公司及其周边其他企业的供气、供电、供水等工业生产基本要素的保障情况进行一次摸底,尽快改善水、电、气等生产要素的稳定供应。8月15日,编发《关于加大陶瓷原料矿业资源勘查利用投入的建议》,市政府及国土部门采纳该建议,促进该问题的落实。9月,编发《关于尽快改善燃气供应状况等工业生产要素保障供应的建议》,相关部门及焦化煤气总公司采取措施,加强相关保障。

2010年5月6日,据市政协常委张随云反映,编发《关于建立我市校园安保队伍的建议》,获市委政法委书记王力农批示,相关部门研究落实该建议。6月8日,编发《关于完善我市困难群体大病救助机制的建议》,针对整个困难群体因病致贫致困的状况,尽快完善大病救助机制。6月10日,编发《关于将沿江东路再就业一条街规划为花木交易长廊的建议》。10月12日,据张苏波、陈根荣等9名市政协常委、委员联合反映,编发《关于整修陶瓷历史博览区与高专后门山体滑坡路段的建议》。11月19日,编发《关于尽快解决湖田经适房有线电视和管道煤气接入的建议》,获市政协主席查炳炎批示。11月23日,编发《关于让陶瓷制品底部上釉技术创新尽快推广的建议》,获市政协主席查炳炎批示。该建议被推广实施,提高了产品档次。

担任特邀监督员

1986年,市政协通过各种方式对地方重要事务、群众生活等问题,通过提建议和批评,发挥民主监督作用。1991年,制定实施《市政协关于政治协商、民主监督暂行实施办法》,在政协委员和民主党派成员中聘请特邀监督员,有一部分政协委员和民主党派成员受聘担任各类社会监督员,监督范围涉及公安、工商、教育等职能部门,发挥民主监督作用。1997年,推荐部分政协委员、民主党派成员担任警风监督员,特约陪审员和税务监督员。1998年,市政协注重发挥各类特邀监督员的作用,参与市公安、法院、检察院、工商等部门的行风检查和评议工作,帮助纠正行业不正之风。

2001年,市政协加大民主监督力度,围绕廉政建设、政务公开和纠正部门、行业不正之风,进行民主监督,帮助和促进党政部门转变作风,改进工作。2003年,市政协坚持和完善在政协委员和民主党派成员中聘请特邀监督员制度,推荐部分政协委员和民主党派成员担任市公安、工商、税务、卫生等部门的特邀监督员和行风评议员,参与行风检查评议工作。2007年,推荐部分政协委员和民主党派成员担任教育督导员、警风警纪监督员、审计监督员、国土资源监督员、检察监督员、税务监督员,拓展民主监督渠道。

2008年,在全市开展行风评议活动中,推荐部分政协委员和民主党派成员担任特邀监督员,参与市公安、法院、检察院、工商、税务、林业、交通、水利等部门行风评议活动,为行风改善发挥监督作用。

2009年,市政协推荐和支持政协委员担任特邀民主评议监督员与政风行风监督员,认真履行民主监督职责,提出意见、建议和批评,取得民主监督实效。在全市机关效能年活动中,参与评议活动,发挥监督作用。2010年,市政协为配合创业服务年活动,向市政府及其有关部门推荐委员30人,为特约监督员和特邀督导员,以听取通报、明察暗访等形式,配合有关部门开展政风行风民主评议工作,分别参加50余次由市政府和市公安局、检察院、法院、审计局、国资委等重点部门组织的各类行政执法检查和民主测评活动。

第五节　提案工作

提案办理

1986年,市政协六届委员会六次会议共收到提案262件。经整理、合并和补充,先后向承办委员提案单位发送196件,当年收到办复提案173件,占应办复提案的89.30%。这些提案内容丰富,涉及面广,不少提案有较高的价值,在改进工作,提高效益,促进全市两个文明建设等方面,起到积极作用。

1987—1991年,市政协七届委员会期间,共收到提案1004件,经整理、合并后转送有关部门和单位办理901件(其中七届五次会议共收到203件,立案167件,作来信处理26件),经立案交办的提案,当年均办复完毕。其中重要提案《改革景瓷现行底款标志和管理办法》,受到市政府、省陶瓷工业公司与市工商局的重视与采纳,从1988年开始,逐步改变景瓷用统一商标的做法,实行内销瓷底款标厂名。部分委员提出的《每天晚上本市电视新闻增播天气预报节目》的提案,由市广播电视局、气象局1990年下半年实施并一直沿用。关于《搞好青塘电厂煤灰的综合利用》的提案,经有关部门批准立项,列入1992年续建技改项目。市税务局接到《统一税票、着装收税》的提案后,及时研究,规定从1991年6月1日起,各税务检查站、市场税务所等直接从事集贸税收的税务人员一律着装和挂牌上岗,接受群众监督。

1992—1997年,市政协八届委员会期间,共收到提案1126件。提出提案的委员共1336人次,党派团体和委员联名提案有所增加。全部提案中有关经济建设方面提案占59%,科教文卫体方面提案占20%,政法、人事、统战方面提案占21%。1~6次会议所有立案交办的提案，当年均办复完毕，其中委员邵春龙的提案《建议陶瓷公司召开深化企业改革经验交流会》，由省陶瓷公司落实，举行学习《全民所有制企业转换经营机制条例》座谈会，会上有5个企业介绍各自的做法和经验，得到公司领导肯定，并要求各企业结合实际，积极主动抓好深化改革、转机建制工作。委员余少石、吴荫先《关于我市陶瓷艺术市场打假刻不容缓案》和委员王安维《建议制定杜绝假冒艺术陶瓷“名人名作”措施案》，市委、市政府下发文件，成立陈设艺术瓷协会，开展陈设艺术瓷市场整顿，重点打击仿冒“名人名作”侵权行为，对严重困扰陶瓷市场的假冒艺术瓷问题进行整治。委员张浩群、夏水大、吴建华、施伟贤等《关于治理昌江河道，制止淘金挖砂，保护好水源案》，立即被市委、市政府采纳，市委书记、市长殷国光主持召开市政府第四十七次常务会议，专题研究清理河道采砂淘金问题，发出《景德镇市政府严禁个体、群体采金活动的通告》，各有关执法部门加强昌江河道的巡逻检查，严肃处理非法淘金“回潮”现象，昌江河水质又恢复清澈。陈齐达、刘招才等5位委员提出《重视农业，抓好粮食生产案》《稳定乡镇农业科技服务体系案》《加强乡镇农业社会化服务体系建设案》，受到市政府、市农委和农业局以及乐平市、浮梁县、昌江区政府的重视。刘夏石、查清菊等5位委员提出的《按现代化城市要求重新制订市区城市总体规划案》，市政府着手实施，拿出城市总体规划修改方案。委员杨乃发提出《小学升初中应试行划大片、报志愿，重点中学择优录取，普通中学就近入学的办法案》，市教育局对中招工作提出改革意见，报经市政府批准后，全市城区于1996年秋季开始，初中招生采取划学区、报志愿的办法，使小学毕业生被均衡地分配到各中学。

1998—2000年，市政协九届委员会期间，共收到提案538件，经审查、整理、合并列为提案办理的459件，作为委员来信处理的51件。提出提案委员共720人次，其中党派团体提案和建议案有很大发展。在这些列为办理的提案和来信中，有关经济建设方面提案占59%，有关科教文卫体方面提案占19%，有关政法、组织人事、廉政建设、人民政协和统战工作方面提案占22%。一至三次会议所有立案交办的提案当年均办复完毕。其中委员陈齐达、肖金水、洪贵胜、周敬平的《兴建浯溪口水电枢纽、改善瓷都城市防洪、供水案》和《关于将城市防洪工程规划逐步实施案》，由市委、市政府主要领导召开座谈会，听取人大代表、政协委员和社会各界人士意见，指示有关部门进一步研究。委员黄琼的《关于加快陶瓷改革的建议》和委员冯有根的《关于加快陶瓷改革案》受到市政府有关部门的重视和采纳。委员潘义忠的《关于落实我市“关于加快我市非公有制经济发展的决定”，促进非公有制经济的发展案》，市政府采取措施落实。委员黄良珠、吴阳生、魏纲栋、黎松泉、程静芬的《关于切实改善投资环境，促进三资企业发展案》，市政府在招商引资工作中予以采纳，并出台《关于改善经济环境的实施意见》。委员程静芬的《关于要求实行土地垂直管理案》，在市政府工作中得到实施。委员龚农民的《关于修护御窑古址、弘扬陶瓷文化案》，市政府领导和有关部门高度重视，批转《市文化局关于保护“御窑遗址”的意见》，下发有关单位执行。委员黄爱华的《对国有改制企业国有资产严重流失情况进行法律监督的建议》，委员邬书远的《加快国有商业企业改革，推进国有经济健康发展案》，委员马火珍、李瑞华等8人的《关心下岗职工的生活，建立我市再就业工程案》，委员余昌湖的《关于加强农村卫生工作案》，委员熊锦英的《昌江河治理势在必行案》，委员王守之、刘松盛的《关于改建人民广场美化瓷都案》，委员武顺理的《做好珠山中路的绿化、美化工作案》，委员曹莉芳等10人的《修复昌江大桥，贯通曙光大道案》等，都受到市委、市政府及有关部门的重视和采纳。

2001—2005年，市政协十届委员会期间，共收到提案1213件，经提案委员会审查立案1028件，比上届增长124%，作为委员来信处理的42件。在全部立案办理的提案中，有关经济建设方面588件，占立案总数的57%；有关科教文卫体方面236件，占立案总数的23%；有关政治、法律、劳动、人事、人民政协和统战等方面204件，占立案总数的20%。上述提案均办复完毕。其中，所提意见和建议被采纳、问题已经解决或基本解决的有349件，占已办复提案总数的34%；有关单位正在研究办理或列入计划解决的有566件，占55%；因条件限制一时确实难以办理的有113件，占11%。通过反馈意见，委员对提案的办理结果满意率在90%以上。其中委员刘松盛等的《关于增加农民收入案》，市委、市政府高度重视，于当年下发1号文件，并且采取措施，加大农业结构调整力度，促进优质农产品和特色农业向优势产区集中，构筑“南菜北茶城郊养”的产业格局，促进全市农民收入的增加。委员黄康明、部景苏等16人的《建设景德镇陶瓷园区案》，委员沈薇、赵明生的《关于兴建民营陶瓷工业园案》,市委、市政府决定把建设陶瓷工业园作为新世纪振兴发展瓷都的重要战略部署,推进陶瓷园区的建设。委员冯同鳒的《加速工业化进程,实现工业强市案》,委员叶永强的《国有瓷厂退城进郊要防止国有资产再流失案》,委员苏贵清、王采的《关于加强陶瓷出国展销活动管理的建议》,委员龚华的《陶瓷民营企业梭式窑搬迁应合理规划》等提案,均被市委、市政府及有关部门采纳,并付诸实施。委员刘松盛等的《严格控制市内噪音空气污染及交通混乱案》、委员胡克妮的《刘家降小区饮水、道路、公厕问题亟待解决》、委员汪其凡等的《关于解决景客隆超市门前堵车的建议》、委员石晓珍和余玉龙的《让市民吃上"放心肉"案》均被市政府及有关部门采纳并付诸实施。委员程云、刘赤军的《城市规划向市民公布案》被市政府采纳。市规划局不仅专程到市政协向委员通报全市城市规划的情况,征求委员意见,还召开城市建设规划新闻发布会,同时将城市规划图在休闲广场展示5天,广泛征求市民意见。委员陆士荣等关于在新厂地区兴建公园的建议案,市政府第七次常务会议就此作专题研究,随后在昌河大道北侧兴建一个占地面积约4.6万平方米的昌江广场,为东市区居民提供一个休闲、娱乐的公共场所。委员熊锦英、张慕洁、方豪的《关于加大学校周边环境整治力度案》,被市综治委、市教育局采纳,会同工商、文化、市容、公安、城管及食品卫生监督等部门,对影响学校周边环境的"三室两厅"、乱搭乱建、乱停乱放等现象进行重点整治。委员王辉的《关于在中小学开设法制课案》得到市委的重视,专门发文成立预防青少年犯罪领导小组。

2006—2010年,市政协十一届委员会期间,共收到提案997件,经提案委员会审查,立案884件,作为委员来信处理的有48件,均办复完毕。从办理情况来看,所提意见和建议被有关单位采纳、问题已经解决或基本解决的有492件,占55.70%;正在办理或准备解决的有332件,占37.60%;因条件限制一时确实难以解决的有60件,占6.70%。通过反馈意见,委员对提案的办理结果满意率在95%以上。市各民主党派、市工商联等以集体组织名义提出的提案59件,10人以上委员联名提案79件,均比上届有较大幅度增长。每年提案数量基本保持平稳,提出提案的委员3051人次,比上届增长36%。其中重要提案《关于加强策应鄱阳湖生态经济区建设的建议》《关于围绕鄱阳湖生态经济区建设,打造景德镇中心城市的建议》,被市政府采纳,成立市策应鄱阳湖生态经济区工作领导小组,制定工作方案,并付诸实施。《关于巩固新农村建设成果,推进城乡一体化发展的建议》《关于加强新农村环境卫生管理的建议》,被市委农工部采纳,建立农村卫生管理保洁机制。《关于在珠山中路、休闲广场建立交桥或地下通道的建议》《关于尽快修复沿河东路路面的建议》《关于全面整修乐平市区主要街道人行道地面的建议》等提案,被市政府及有关部门采纳,由市规划和建设部门付诸实施。《关于我市中小学实施义务教育应做到均衡发展的建议》,被市教育局采纳,制定下发《关于进一步推进义务教育均衡发展的实施意见》《城区中心小学开展结对帮扶》等一系列文件,促进全市义务教育的均衡发展。《关于建立新型城镇合作医疗制度的建议》,市领导高度重视,于2007年6月正式启动全市城镇居民医疗保险,有效缓解群众看病难、看病贵的问题。《关于解决下岗特困职工住房困难的建议》,被市委、市政府采纳,由市房管局付诸实施,将经济适用房和廉租房建设列入为民办实事工程,出台实施《景德镇市关于积极推进经济适用住房和完善廉租房制度实施方案》,并开展景德镇市中低收入家庭住房状况调查,建立政府保障性住房有效供应体系。至2010年,全市中心城区已建成廉租房4420套,建筑面积22.1万平方米,发放廉租补贴4380万元,建经济适用房3388套,建筑面积28万平方米。《关于尽快解决我市南河黄泥头段的严重污染问题》的提案提出后,市政府分管领导专门举行城市取水口环保专项整治协调会,明确由市水务局投入96万元建设黄泥头水厂一级保护区内排污口截流引污工程,市环保局负责对该工程进行现场督办,确保工程按质按时完工,从源头上解决水源可能被污染的问题。《关于建立社区特困人群帮扶中心的建议》,市民政局举行现场办公会,与提案人面对面交流,以社区为平台,建立特困人群帮扶中心和帮扶机制,多形式、多渠道对困难群体进行帮助。

提案督办

2001年,市政协开始每年集中2~3个月时间由市政协领导领衔,对重点提案进行督办。当年市政协主席龚农民带领提案督办人员一行19人,会同市综治委、市教委、市工商局、市政府办公室督查室等承办单位负责人,就委员熊锦英、张慕洁、方豪等《关于加大学校周边环境整治力度案》进行现场督办。实地视察景德镇一中、市第六中学、市第十七小学、市师范附小等校园周边环境,并召开督办现场会。市政协副主席叶永强率提案督办人员在市建设局，就《关于降低面的起步价，淘汰拐的、摩的案》进行现场督办，促使出租车行业有序管理。市政协副主席王守之率提案督办人员，会同市建设局、市文化局等承办单位负责人，就《关于保护三闾庙古建筑群案》进行现场督办，实地视察三闾庙、明清古街、民宅及沿河古码头等古建筑群，并由市文化局、市旅游局等有关部门加大投入、修缮管理，将其辟为市旅游景点。2002 年 7 月 8 日，省政协副主席韩京承、喻长林、沃祖全，省旅游局局长吴文峰、省文化厅有关负责人到景德镇市督办省政协 316 号提案，建议在浮梁县建立中国古县衙文化博物馆。是年，市政协副主席、市委统战部部长夏山东率部分政协委员对《尽快建立非公有制企业工会组织案》进行督办。市政协副主席王守之率部分政协委员对《建设瑶里—高岭—南市街—湖田陶瓷历史遗迹旅游线路案》进行督办。市政协副主席李建中率部分政协委员对《建议重视城市文化建设案》进行督办。

2003 年，市政协组织对《关于加强民办学校管理案》《民办教育应规范办学行为，端正办学方向案》进行督办。市政协副主席李建中率部分省、市政协委员，就《关于加大社区工作力度，做好低保补助工作案》进行督办。市政协副主席叶永强率部分省、市政协委员对《国有瓷厂退城进郊要防止国有资产再流失案》进行督办。实地视察市电瓷厂、景兴瓷厂、艺术瓷厂的新园区，并与承办单位市经贸委、市瓷局、省陶瓷工业公司负责人进行座谈，听取汇报。2004 年，市政协副主席柯尔荣率部分省、市、区三级政协委员，会同珠山区政协，就《关于规范景德镇地名管理的建议案》进行联合督办。市政协主席龚农民率部分省、市、区三级政协委员，会同昌江区政协，就《工业化和城市化要解决好失地农民安置问题案》进行联合督办。市政协副主席王守之率委员就《疏浚昌江河的建议案》进行督办，对市水务局采取“以砂养疏”的措施给予肯定。2005 年 6 月 23 日，省政协提案委员会主任方正平到景德镇市就省政协委员沈薇《关心失地农民、维护农村稳定案》办理落实情况进行跟踪问效。是年 10 月 28 日，市政协副主席、市委统战部部长夏山东率部分省、市、县三级政协委员，就《关于玉田水库至七四〇厂公路改造的建议案》进行督办。

2006 年度，市政协部署督办 8 件重点提案，经市政协主席、副主席领衔督办，均办理完毕。各有关承办单位对提案中提出的意见、建议进行采纳。对《关于改善城市投资环境的建议案》，市政府在《关于开展开发型经济的优惠政策和若干规定》中，充分吸纳委员建议，并由市监察局牵头，进行重点整治和优化投资环境，完善市政府办证服务大厅的服务功能，各职能窗口的“一条龙”服务和“一站式”办公全部到位。2007 年 9 月 18 日，市政协组织委员就副主席何炳钦领衔督办的 185 重点提案《关于建立健全农村最低生活保障制度的建议》进行督办。是年 11 月，组织委员就《关于加强新农村建设规划的建议案》《关于建立新型城镇合作医疗制度的建议案》《解决下岗特困职工再就业案》《及时解决招商引资后的实际问题案》进行督办。

2008 年，提案委员会组织委员对《关于加快民营经济既好又快发展的建议案》《关于对城市交通信号标识进行科学设置的建议案》《关于加强昌江河渔资源保护的建议案》进行督办。是年，组织部分省、市政协委员就《关于加强我市农村计划免疫工作的建议案》《关于加强我市农村环境卫生管理的建议案》《关于城市建设及旧城改造应严格按规划实施的建议案》《关于区别不同情况办理城镇困难大集体企业职工医疗保险的建议案》《关于加强公交车管理方面的系列建议委员提案》《关于加强我市中心城区陶瓷文化景区建设的建议案》进行督办，并提出意见和建议。组织部分委员就《关于深度挖掘历史文化资源，促进陶瓷文化旅游产业发展的建议案》《关于建立社区特困人群帮扶中心的建议案》《关于解决下岗特困职工住房困难的建议案》《关于恢复定向培养农村小学教师的建议案》进行督办。组织委员就民建市委会提出的《关于加快发展我市现代物流业的建议案》进行督办，实地视察凤凰山粮油物流中心、豪德贸易广场和江西金三角物流中心。

2009 年 8 月 5 日，提案委员会组织委员就《关于对全市陶瓷矿产资源进行整合的建议案》进行督办，深入鹅湖镇瓷土勘探区进行实地视察，并举行协商座谈会。是年，组织委员就《关于发挥税收职能作用，促进陶瓷业发展的建议案》《关于加大对城乡困难群体大病救助投入的建议案》《关于培养和扶持本地中小企业发展的建议案》进行督办，实地察看景德镇新宏健塑业有限公司、万泉天然香料厂，就促进全市中小企业科学快速发展提出意见和建议。

2010 年，提案委员会组织委员就十一届一次会议《关于将为民瓷厂、景陶瓷厂居委会划归新厂街道管理的建议案》进行跟踪督办。是年，组织部分省、市政协委员就《关于加强对物业公司规范管理的建议案》《关于加强住宅小区规范建设与管理的建议案》《关于充分发挥物业公司服务社区居民作用的建议案》进行督办,先后到莱顿风情、时代奥园、东方明珠小区,察看小区卫生、停车、安保等物业管理情况。就《关于解决景德镇五中道路出行问题的建议案》《关于缓解广场北路交通压力的建议案》《关于尽快打通景东大道的建议案》,就副主席张春萍领衔督办的《关于多办市区乡村养老院的建议案》《关于"大力推进立足家庭、依托社区的新型居家养老模式"的建议案》《关于建立和完善我市养老服务体系的建议案》《关于对天乐老年休养中心危房进行维修的建议案》《关于强化社区功能,提升社会化服务水平的建议案》《关于加强乐矿棚户区改造的建议案》进行督办。

第六节　其他工作

团结联谊

1987 年,市政协经济委员会参加泉州、漳州,列席泉州、漳州等市政协横向联系会议,是年 7 月 6—10 日,在老干部活动中心迎宾厅与市政府联合举行横向联系会邀请会议。来自上海、中山、佛山、宝安、珠海、南海、杭州、福州、厦门、泉州、漳州、烟台、秦皇岛、九江、鹰潭等地的 63 名代表出席会议。会议交流洽谈经济和其他方面的合作项目,交流在新形势下开展政协工作的新经验。11 月,市政协主席廉润生一行 3 人抵佛山,出席绵阳、德阳等市政协第二次横向联系会议。12 月 15 日,举行市政协老委员联谊会成立大会,首批会员 124 人。赵渊为名誉会长,廉润生为会长,刘懋典、卢振家、朱绍熹、罗羽珍为副会长,罗玉章为秘书长,邵希贤为副秘书长,理事 17 人。会上通过市政协老委员联谊会章程,决定先行筹建陶瓷技术、城乡建设、文化教育、医药卫生 4 个服务部和乐平服务组,根据各自的特点开展多种形式的咨询服务和联谊活动。

1988 年 5 月 3 日,市政协主席、副主席一行 4 人先后抵九江,参加泉州、漳州等市政协第 3 次横向联系会议;抵南通,参加绵阳、德阳等市政协第 3 次横向联系会议;抵烟台,参加泉州、漳州等市政协第 4 次横向联系会议;抵襄樊,参加绵阳、德阳等市政协第 4 次横向联系会议。1989 年,市政协主席、副主席一行 5 人先后抵蚌埠,参加泉州、漳州等市政协第 5 次横向联系会议;抵阳泉,参加绵阳、德阳等市政协第 5 次横向联系会议;抵新疆石河子,参加泉州、漳州等市政协第 6 次横向联系会议;抵陕西宝鸡,参加绵阳、德阳等市政协第 6 次横向联系会议。是年 6 月 28 日,陶瓷美术工作组 9 位委员赴黄山等地进行创作联谊活动。

1990 年 6 月 15—21 日,"十六市"政协横向联席会第 7 次会议在抚顺、辽阳两市举行,市政协副主席章培荣、工作组委员会主任冯志华率队出席。是年 6 月 26—29 日,"十四市"政协横向联系(扩大)会暨经贸协作交流会在景德镇饭店开幕。来自 16 个省(区)的 27 个市(地)政协和政府经贸部门的 262 名代表出席会议。1993 年 4 月 20—22 日,全国"十八市"政协第 13 次横向联系会议在景德镇市合资宾馆举行。1994 年 8 月 28—31 日,江西省辖市政协横向联系会第 4 次会议在景德镇市合资宾馆举行。出席会议的有九江、南昌、新余、萍乡、鹰潭、景德镇 6 个省辖市政协的领导以及景德镇市乐平、浮梁、珠山、昌江 4 个县(市、区)政协的负责人。1997 年 8 月 6—7 日,闽浙赣皖四省九地市政协联谊会第 7 次会议在景德镇市举行。是年 8 月 13 日,华东六省一市政协经验交流会在景德镇市闭幕。2002 年 10 月 12—15 日,闽浙赣皖四省九市政协联谊会第十二次会议在景德镇市举行。2003 年 9 月 17—19 日,全国 22 城市政协横向联系会第三十二次会议在景德镇市举行。2007 年 7 月 26 日,闽浙赣皖四省九市政协联谊会第十七次会议在景德镇市开幕,福建南平,浙江丽水、金华、衢州,江西上饶、抚州、鹰潭、景德镇及安徽黄山等设区市政协相关人员参加会议。

制度建设

1991 年,市政协制定《关于政治协商,民主监督暂行实施办法》,使政治协商和民主监督工作规范化、制度化。1993 年 6 月 18 日,市政府印发《关于加强市政府与市政协日常工作联系的试行办法》。1999 年 4 月 2 日九届七次常委会会议,审议并通过市政协《关于进一步密切委员的联系,充分发挥政协委员作用的意见(征示意见稿)》。2001 年 11 月 30 日十届二次常委会会议审议通过《市政协关于加强反映社情民意工作的实施办法》,就反映社情民意的原则、主要内容、收集渠道以及网络、程序、反馈处理和组织领导等方面作出具体规定。2006 年 12 月 26 日，十一届委员会第 1 次党组会通过《政协景德镇市委会党组会议制度》《政协景德镇市委员会主席会议工作规则》。2007 年 6 月 5 日十一届二次常委会会议，审议通过《关于加强政协委员自身建设和管理的暂行办法》《政协景德镇市委员会提案工作条例》，进一步规范全市政协委员参加政协活动的行为，推进政协工作的制度化、规范化、程序化。

文史编研

1984 年 8 月，《景德镇文史资料》第 1 辑出版，包含陶瓷史料 12 篇、工商史料 10 篇、地域史料 4 篇，发行 1000 册，字数 16.8 万。1985 年 9 月，《景德镇文史资料》第 2 辑出版，包含军政史料 9 篇、记录纪念抗日战争 40 周年的有关文献、陶瓷史料 10 篇、教育史料 7 篇，发行 1000 册，16.3 万字。1986 年 12 月 19 日，《景德镇文史资料》第 3 辑出版，包含军政史料 3 篇、回忆北伐 4 篇、都乐械斗 10 篇、陶瓷史料 10 篇、文化史料 5 篇，发行 1000 册，字数 16.8 万。当年征集文史资料 196 篇，计 99.97 万字。1987 年 12 月 31 日，《景德镇文史资料》第 4 辑出版，包括军政史料 7 篇、陶瓷史料 6 篇、工商史料 12 篇、地域史料 6 篇，发行 1000 册，字数 18 万。当年征集文史资料 115 篇，计 50.69 万字。1988 年 10 月 31 日，《杜重远与景德镇》（《景德镇文史资料》第 5 辑），对民主战士、实业家杜重远的一生，尤其是对他在担任江西陶业管理局局长期间，努力振兴景德镇陶业的业绩作出介绍。发行 1000 册，字数 17 万字。全年共征集文史资料 164 篇，计 69.34 万字。1989 年 4 月，为纪念景德镇解放 40 周年，《解放景德镇（上集）》（《景德镇文史资料》第 6 辑）出版，发行 1000 册，16.5 万字。12 月，《解放景德镇（下集）》（《景德镇文史资料》第 7 辑）出版，发行 1000 册，21.7 万字。全年共征集文史资料 83 篇，计 41 万字。

1992 年 4 月，《景德镇文史资料》第 8 辑出版，发行 1000 册，包括军政史料 4 篇、名人佚事 3 篇、教育史料 18 篇、地域史料 14 篇，17 万字。10 月，《景德镇市政协志》由中国文史出版社出版，共 1000 册。1993 年 5 月，《景德镇徽帮》（《景德镇文史资料》第 9 辑）出版，为 3 个经济史料专辑第 1 辑，征集、整理和出版耗时两年多，将"徽商"作为征集重点，计征集史料 40 余万字，该专辑从中精选，发行 1000 册，18.5 万字。1994 年 4 月，《景德镇都帮》（《景德镇文史资料》第 10 辑）出版，为 3 个经济史料专辑第 2 辑，充分反映都帮的历史原貌，发行 1000 册，24 万字。1995 年 8 月，《景德镇杂帮》（《景德镇文史资料》第 11 辑）出版，为 3 个经济史料专辑第 3 辑，主要叙述新中国成立前景德镇杂帮（亦瓷亦商亦工）的发展历程，包括琢器业、白土行、窑柴业、瓷器业、匣钵业、红店、制瓷工具业和其他各业，发行 1000 册，字数 25 万。1996 年，《陶专·浮师·天中》（《景德镇文史资料》第 12 辑）出版，发行 1000 册，21 万字。1997 年 12 月，《草鞋码头的变迁（上集）》（《景德镇文史资料》第 13 辑）出版，发行 1000 册，21 万字。是年，《草鞋码头的变迁（下集）》（《景德镇文史资料》第 14 辑）出版，发行 1000 册，20 万字。1999 年 8 月，《风雨同舟五十年》（《景德镇文史资料》第 15 辑）出版，记载景德镇市各界人民代表会议、各界人民代表会议协商委员会和政协 50 年来的风雨历程，历时 4 月，汇集 35 篇文章，发行 1000 册，22 万字。

2000 年 11 月，《杏林春暖》（《景德镇文史资料》第 16 辑）出版，共收集 46 篇文章，记录景德镇市 100 多年来卫生工作发展过程中的各方面，尤其是解放后 51 年卫生工作发展的曲折历程，再现景德镇市卫生工作的基本面貌，发行 1000 册，23 万字。2003 年 10 月，《春润桃李》（《景德镇文史资料》第 17 辑）出版，对景德镇市有关教育的人和事进行客观记述，增辑从 1949 年以来的编年体教育大事记，反映景德镇教育的发展历程，发行 1000 册，21 万字。2004 年 8 月，《体坛春韵》（《景德镇文史资料》第 18 辑）出版，是景德镇市第一部体育文史资料专辑，是瓷都体育风貌的缩影，共收录 39 位作者的文稿 38 篇，附印照片 28 幅，着重反映解放以后瓷都体育的发展状况，发行 1000 册，21 万字。2009 年 10 月，《景德镇民间故事》（《景德镇文史资料》第 19 辑）出版，发行 1000 册，20 万字。2010 年 12 月，《古道千秋话浮梁》（《景德镇文史资料》第 20 辑）出版，发行 1000 册，17 万字。

社会服务

爱心活动　1987 年 3 月 6 日，市政协妇女工作组与农工党市委会组织部分医务人员 15 人赴福利院对孤寡老人进行看病、治病等慰问活动。1988 年 11 月 23 日，为解决市民"菜篮子"问题，老委员联谊会邀请有关部门负责人，到三龙农场和罗家乡帮助落实蔬菜面积 26.67 公顷，养猪 1000 头。1989 年 5 月 25 日，妇女

工作组会同市妇联、民建市委会和个体劳动者协会的部分女委员，前往鲇鱼山中心幼儿园慰问儿童和幼教工作者，向鲇鱼山中心幼儿园赠送收录机、小三轮自行车、儿童风琴、电子钟等。1990 年 1 月 17—30 日，市政协和市委统战部春节慰问政协委员和三胞知名人士，分 5 组前往乐平、浮梁和市陶瓷、文教、卫生、科研等系统走访慰问。2002 年 3 月 8 日，组织机关干部职工和部分委员开展"一平方米爱心捐助"活动，捐款 7780 元。2003 年 5 月 20 日，全国政协委员、省工艺美术大师王怀俊在市陶瓷艺术名家协会召集 8 名全国和省级工艺美术大师联手作画义卖，为抗击"非典"募捐献爱心。2006 年 11 月 13 日，举行上海市政协港澳委员捐资 32 万元新建洪源镇希望学校仪式，上海市政协副主席、民建中央副主席、民建上海市委会主委黄关从，江西省政协副主席张华康出席仪式。2007 年 6 月 26 日，组织妇联界别委员对市特殊学校师生进行慰问，为学生送上草席等夏季生活用品和慰问金。

救灾赈灾　2008 年 1 月 29 日，市政协全体干部职工前往珠山中路清除积雪，参与抗击冰雪灾害行动。5 月 13—22 日，召开全体机关干部职工大会，通报汶川地震灾情，组织开展"向灾区人民捐款献爱心"活动，募得善款 1.63 万元。组织机关全体中共党员和离退休中共党员为抗震救灾缴纳"特殊党费"，共缴纳 11.27 万元。2009 年 1 月 29 日，市政协主席查炳炎到浮梁县洪源镇，走访慰问困难群众，并送上慰问品和慰问金，致以新年的问候。2010 年 1 月 26 日，市政协副主席曹秋珍到乐平市双田镇，走访慰问龙珠村、双溪村等 6 个村的 10 户贫困户家庭。7 月 21 日，市政协机关组织全体干部职工为全市抗洪救灾和灾后重建工作捐款献爱心，共募集善款 1 万元。

第二十八篇　民主党派

第一章　民革市委会

1986—2010年，中国国民党革命委员会景德镇市委员会（简称民革市委会）共召开5次代表大会，并进行换届。基层支部发展到13个，有党员187人。民革市委会在加强自身建设的同时，通过参政议政、调查研究、招商引资、涉外联系和开展兴资助学、社会服务等活动，为景德镇市经济和社会发展作出了积极贡献。

第一节　代表大会

民革景德镇市第八次代表大会

1988年12月20日召开，出席会议代表90人。会议审议通过李友祥代表民革景德镇市第七届委员会所作的工作报告，选举产生第八届委员会，委员13人，主任委员李友祥，副主任委员吴抗生、王守之，秘书长王守之（兼），并推选罗羽珍为名誉主委。1993年5月，因李友祥调往民革省委，经中共市委统战部及民革省委会协商，任命王守之为民革景德镇市委会主任委员、乐伯乐为副主任委员。

民革景德镇市第九次代表大会

1994年12月27日召开，出席会议代表105人。会议审议通过王守之代表民革景德镇市第八届委员会所作的工作报告，选举产生第九届委员会，委员15人，候补委员2人，主任委员王守之，副主任委员吴抗生、乐伯乐、寇江河（专职），并推选罗羽珍为名誉主委。

民革景德镇市第十次代表大会

1999年12月22日召开，出席会议代表85人。会议审议通过王守之代表民革景德镇市第九届委员会所作的工作报告，选举产生第十届委员会，委员15人，主任委员王守之，副主任委员乐伯乐、寇江河，秘书长罗筱青，推选罗羽珍为名誉主委。

民革景德镇市第十一次代表大会

2004年12月2—3日召开，出席会议代表86人。会议审议通过梁莉莉代表民革景德镇市第十届委员会所作的工作报告，选举产生第十一届委员会，委员15人，主任委员梁莉莉，副主任委员寇江河、聂文广、沈英华、陈根荣，秘书长罗筱青。

民革景德镇市第十二次代表大会

2010年1月4日召开，出席会议代表124人。会议审议通过陈根荣代表民革景德镇市第十一届委员会所作的工作报告，选举产生第十二届委员会，委员15人，主任委员陈根荣，副主任委员聂文广、沈英华、吴任民、罗筱青，秘书长王筱松。

第二节　自身建设

组织建设

1986年,民革市委会内设办公室、组织处、宣传处、祖国统一工作组、为“四化”(工业、农业、交通和国防)服务工作组、文史资料工作组、妇女工作组、书画组,下设基层支部7个,共有党员90人。1995年6月,民革市委会所属支部进行换届改选,新成立财经支部,发展新党员3人。1998年,设有基层支部7个,共有党员112人,主要有律师、企业家、艺术家、经济、城建等方面专家。

2003年9月,民革乐平直属支部成立,发展党员7人。全年共发展党员12人,平均年龄36岁,大专以上学历11人,占91.67%;高级职称2人,占16.67%;中级职称9人,占75%。2005年,发展党员13人,平均年龄40.30岁,中级职称8人,占61.57%。全市共有党员138人。2006年,加强基层组织建设,对8个基层支部进行换届,2个基层支部进行调整,基层支部班子成员平均年龄42岁,大专以上学历占97.23%,中级以上职称占95.36%,全年发展新党员12人,年末共有党员149人,基层支部10个。2010年,对全市10个基层支部进行换届,同时新成立经济支部、景德镇陶瓷学院小组等3个基层组织。市委会内设办公室、组织科、宣传科,下设基层支部13个,共有党员187人。

表28-1-1　　1986—2010年景德镇市若干年份民革党员一览表

年份	党员人数	基层组织数(个)	平均年龄(岁)	中高级职称比例(%)
1986	90	7	60.12	32
1994	105	7	58.5	51.21
1998	112	7	56.14	55
2004	151	9	52	66.66
2010	187	13	47.02	81.03

思想建设

1986年,民革市委会学习贯彻《中共中央关于坚持和完善中国共产党领导的多党合作和政治协商制度的意见》。1989年,组织党员学习《关于社会主义若干问题学习纲要》。1990年,民革市委会制定《关于加强自身建设的意见》。1991年,学习江泽民“七一”讲话,举行庆祝中国共产党成立70周年诗歌朗诵会。1992年,对民革党员进行“三史”(中国近代史、中共党史、民革党史)和“四爱教育”(爱中国共产党、爱祖国、爱社会主义、爱民革)的系统教育。1993年,组织党员学习《邓小平文选》第三卷。1996年,学习江泽民“努力建设高素质干部队伍”的重要讲话和中共十四届六中全会《关于加强社会主义精神文明建设若干重要问题的决议》。1998年11月,开展“五热爱”(热爱中国共产党、热爱祖国、热爱社会主义、热爱人民、热爱人民解放军)教育活动,用抗洪精神激励每个党员的工作热情。

2003年9月26日,举行题为“风雨同舟、肝胆相照——多党合作历史回顾”大型报告会,由省社会主义学院副教授徐佩英授课。2005年2月,贯彻落实《中共中央关于进一步加强中国共产党领导的多党合作和政治协商制度建设的意见》,履行参政议政职能。创办机关刊物《瓷都民革》。解读传达第二十次全国统战工作会议精神。2010年,建立景德镇民革网站,利用网络平台,更好地履行参政党职能。是年,开展“学习和践行社会主义核心价值体系”活动,在民革江西省常委会会议上作经验介绍,被民革中央评为学习践行社会主义核心价值体系先进组织。

第三节　主要活动

参政议政

提案建议　1986—2010 年，市民革党员中，先后有 7 人当选为省人大代表，11 人当选为省政协委员；有 6 人次担任市人大代表，有 11 人次担任县（区）人大代表，85 人次担任市级政协委员，133 人次担任县区政协委员。担任市、县（区）人大代表和政协委员的市民革党员在市、县（区）人大和政协会议上提交集体提案、个人提案和建议共 1000 余件。1996 年，吴抗生《关于市水泥厂灰尘污染环境案》，列入“九五”景德镇城市建设发展规划，并获得全省党外人士双百竞赛“献良策”参赛资格。是年，以民革市委会名义向市政府提出《关于为市民提供健康文明的节假日休闲场所的建议》。2000 年，递交《改变经营理念，做好陶瓷文章》发言材料。2001 年，撰写《关于保护三间庙古建筑群的建议》的集体提案。2002 年，民革市委会《瓷都广场展新姿》《“三间”新容，提案有功》入选省政协编写的《提案之果》一书中。2003 年，民革市委会向市政协十届三次会议提交提案 18 件，其中《克服医院不正之风，减轻群众看病负担》引起市委、市政府的重视，就此召开全市专项整治医疗卫生行业不正之风动员大会，市卫生局出台《关于专项整治医疗卫生行业不正之风实施方案》，重点整治医疗购销中的不正之风和收受“红包”问题。《尽快开发“水陆相接”环形观光线路》《景德镇海外留学人员现状调查与建议》作为大会发言和书面材料。

2005 年，民革市委会各级人大代表和政协委员共提交议案、提案 30 余件，涉及经济建设、科教文卫、劳动人事、法律等各个方面，其中《关于发展我市水产业加快农民增收的建议》在市政协会上作为大会发言材料，被评为优秀提案。2007 年，民革市委会《素质教育应德育先行案》《对城市拆迁问题的建议案》和民革党员沈英华《建设切实保障农民工合法权益案》均被市政协列为主席督办提案。2009 年，民革市委会各级人大代表和政协委员在省、市、县（区）人大、政协会议上共提交议案、提案 30 余件，涉及经济建设、科教文卫、劳动、人事、法律等方面。其中《关于发挥税收职能作用促进陶瓷业发展的建议案》《关于促进城市城乡义务教育均衡发展的建议案》《关于在人民广场修建地下通道和人行立交桥的建议案》，被市政协列为重点提案，被评为优秀提案。民革市委会被民革省委会授予 2009 年民革全省参政议政先进集体称号。2010 年，民革市委会递交集体提案 46 件，其中《提升物流水平，促进我市现代物流业的发展》和《突出瓷都地方特色，发展农村旅游业》被选为大会发言材料。

调查研究　1990 年，景德镇二中支部以兽医师为主的调查人员进行社会调查，向市委、市政府提交《关于我市牛肉灌水问题的调查报告》。1995 年，市陶机支部撰写《景德镇市陶瓷工业“七五”期间引进设备的调查报告》和《复关对景德镇陶瓷工业的影响及对策》。1998 年 1 月，组织民革党员召开座谈会，就如何发挥党派优势为再就业出力展开讨论，并形成《关于如何加强“再就业”问题的几点建议》调研报告。11 月，民革市委会提交《关于加强我市城市规划，尽快改变城市环境脏、乱、差面貌》的专题报告。1999 年，民革市委会提交《加强民主监督，促进依法治市》的专题报告。

2000 年 8 月，针对粮食流通体制及有关早稻退出保护价的政策措施在全市农村的实施情况展开调研并形成报告。2007 年，市城建科技支部就景德镇市文化遗产保护工作开展“建设鄱阳湖生态经济区，探索科学发展新路子”建言献策活动，形成《关于加强我市文化遗产保护的建议》的报告。2009 年，针对景德镇市物流行业的发展，成立专门课题小组，就全市现代物流发展现状开展调研，走访市发改委、市交通局、市物资局、市规划局、市统计局，调查昌河、焦化等大型企业及物流企业，发放调查问卷 200 余份，并赴浙江省杭州、金华、义乌、衢州等物流发达地区考察。2010 年，民革市委会提交《以科学发展观为指导，促进我省现代物流业的发展》的调研报告，其中的相关建议，被列入江西省“十二五”规划。至 2010 年年底，民革市委会及其基层组织和党员经过社会调研，共形成调研报告 68 篇。

社会活动

社会服务　1988—1994 年，民革市委会先后开办、恢复统和经贸服务部、中山诊所、振兴社会审计事务所、民革文教咨询服务部、中山建筑设计事务所、中山实业公司、中山陶瓷批发部等咨询服务机构，开展社会咨询和服务工作。景德镇二中与综合支部为湘湖乡东安村义务提供家禽防疫技术咨询服务。1996年，民革市委会机关干部为灾区捐款500元，党员华秩萱为几十户人家义务进行养猪技术指导。1997年“六一”儿童节期间，组织医务人员赴湘湖乡盈田小学开展医疗咨询和义诊服务。1999年5月，景德镇陶瓷职工大学支部向市老年大学捐赠价值300余元的书法和绘画书籍。

2000年9月，民革中山业余学校开办一期纺织专业培训班，培训学员30余人。2004年8月，民革市委会成立景德镇市中山职业技术培训学校，帮助景德镇市部分中学毕业生提高劳动就业能力，培养人才市场需求的中级技术人才。2005年“六一”儿童节，民革市委会联系市美德陶瓷公司捐资6000余元，购买学习用品、体育用品，为兴田乡儿童送去节日礼品。民革景德镇高等专科学校支部部分成员与兴田乡6户贫困家庭结成“一帮一”对子，每年给每位贫困生助学资金300元。2008年，在为抗击汶川地震灾害及灾后重建的捐款活动中，民革市委会将6.47万元捐款汇到民革江西省委会赈灾账户，捐款金额名列全省设区市民革组织第二名，被评为民革全国抗震救灾先进集体。

2009年，台湾发生风灾后，民革市委会组织陶瓷美术支部党员再次捐献作品，由党员义买，筹集2万元捐献给台湾受灾同胞。玉树地震和西南旱灾发生后，民革党员中的艺术家积极参与抗震救灾笔会活动，筹集善款4万余元，汇到民革省委会指定的捐款账户。同时，民革市委会班子成员等7人共捐出爱心款3000元人民币，其他民革党员参加各自单位的募捐活动，艺术家们积极参与市文联赈灾义捐义画活动。2010年3月，创办景德镇中山画院。主要成员由民革党员及社会各界从事陶瓷艺术创作、教学、研究、贸易、收藏等一批知名书画界人士组成，成员80余人，画院坚持以陶瓷艺术为“媒”、以陶瓷艺术为“线”、以陶瓷艺术为“源”方向，为陶瓷艺术家提供一个艺术创作、交流和开展社会服务及慈善公益事业的平台。9月，民革市委会为“爱心圆梦活动”捐款1万元，捐赠10件陶瓷艺术作品，帮助困难家庭高考学子圆大学梦。支部及党员继续与乡村贫困学生“结对子”助学，为他们送去学习和生活用品等。

1986—2010年，民革市委会不间断组织开展送医药、文化、科技、教育下乡和扶贫助学、献爱心等公益服务活动，共赠送学习用品、食物等物资10万余元，开出处方2300余人次，做B超310余人次，发放药品价值5万余元，赠送绘画作品30余幅。

纪念活动 1997年，民革市委会在景德镇饭店舞厅举行庆祝民革成立50周年纪念大会，市民革党员100余人参加。为纪念民革成立50周年，民革市委会受民革中央委托，承办向全国各地民革组织发售带有民革成立50周年纪念字样的纪念茶杯。

2001年10月9日，由市政协牵头，民革市委会主办，在市政协会议室召开辛亥革命90周年纪念大会，对民革党员进行爱国主义教育和社会主义教育。

联谊交流 80年代，市民革党员利用与港、澳、台及海外亲友书信往来，或在春节、清明、中秋等传统节日，邀请回乡亲友及家属参加民革市委会举行的茶话会、座谈会。民革市委会帮助有“三胞”(台湾同胞、港澳同胞、海外侨胞)关系的成员与回国观光的亲友会面、团聚。1995年6月，民革市委会组织有“三胞”关系的党员写信给台湾亲友，介绍大陆形势和中共“一国两制”不变的政策。1999年，在市委台办召开的“深批李登辉分裂祖国言论”的座谈会上，主委王守之代表全市民革党员作重点发言。是年12月，民革党员、景德镇陶瓷学校工艺美院副教授蓝国华，应台北师范学校邀请，赴台北师范学校和台北莺歌高职进行为期6个月的讲学活动。

2001年，民革市委会发动有“三胞”关系的党员向海外亲友写信，邀请前往景德镇市参加首届陶瓷节。2002年10月，应邀参加陶瓷节活动的“三胞”亲友有7人。贯彻台属政策，全年协助民革党员接待“三胞”亲友32人次，2人赴境外探亲访友。2005年，应美国门县市政府的邀请，市民革副主委陈根荣陪同市委、市政府领导率团对该市进行为期3天的友好访问，其间，门县市议会政府和市政府签订《景德镇市和门县市推进友好城市发展协议书》。1986—2010年，民革市委会“以瓷为媒”，加强与台湾同胞艺术交流，共举办交流互动活动11次，促进两岸陶瓷文化的发展。

第二章　民盟市委会

1985年，中国民主同盟景德镇市委员会（简称民盟市委会）召开第十一次代表大会，并进行换届，至2010年，共召开6次代表大会，基层组织发展到18个，有盟员308人。民盟市委会在加强自身建设的同时，积极参政议政，围绕文化教育、经济建设和社会事务，进行调查研究，提出建议和提案。通过开展社会服务、扶贫赈灾、送温暖献爱心等活动，为促进景德镇市经济建设和社会发展发挥作用。2009—2010年，被民盟中央授予民盟全国先进集体称号，被民盟省委授予民盟全省工作目标考核先进集体称号。

第一节　代表大会

民盟景德镇市第十一次代表大会

1985年3月5日在市政府礼堂召开，出席会议代表75人。会议审议通过民盟景德镇市第十届委员会工作报告，选举产生第十一届委员会，主任委员方寒程，副主任委员王隆夫。1986年，增补王远谋为副主任委员。

民盟景德镇市第十二次代表大会

1989年12月15日在市政府礼堂召开，出席会议代表125人。大会听取和审议通过民盟景德镇市第十一届委员会工作报告，选举产生第十二届委员会，主任委员方寒程，副主任委员王隆夫、王远谋、张民生、汪天生。1993年，增补童第云为副主任委员。

民盟景德镇市第十三次代表大会

1994年12月25日召开，出席会议代表138人。会议审议通过民盟景德镇市第十二届委员会工作报告，选举产生第十三届委员会，主任委员方寒程，副主任委员王隆夫、张民生、李萍文、汪天生、童第云。1998年10月，选举朱乐耕为主任委员。

民盟景德镇市第十四次代表大会

1999年12月17日在景德镇饭店召开，出席会议代表171人。会议审议通过民盟景德镇市第十三届委员会工作报告，选举产生第十四届委员会，主任委员朱乐耕，副主任委员汪天生、童第云。

民盟景德镇市第十五次代表大会

2004年11月30日至12月1日在市财政局大会厅召开，出席会议代表178人。会议审议通过童第云代表民盟景德镇市第十四届委员会所作的题为《发挥优势，与时俱进，为建设“经济重镇、旅游都市、特色瓷都”作出新的贡献》工作报告，选举产生第十五届委员会，主任委员童第云，副主任委员熊锦英、石少华、王安维、俞立群。

民盟景德镇市第十六次代表大会

2009年12月26日在市财政局大会厅召开，出席会议代表186人。会议审议通过俞立群代表民盟景德镇市第十五届委员会所作的题为《开拓创新，锐意进取，在新的起点上不断开创民盟工作新局面》工作报告，选举产生第十六届委员会，主任委员童第云，副主任委员熊锦英、石少华、王安维、俞立群（专职）、赵传玉。

第二节　自身建设

组织建设

1986年,民盟市委会内设办公室、组织科、宣传科、社会咨询服务科,下设基层支部13个,盟员158人。1989年,下设基层支部17个,盟员181人。1994年,下设基层支部17个,盟员265人。2003年,乐平总支成立,新组建省高级工艺美院小组,合并组建高等专科学校支部、第二职业高中支部和文艺综合支部,撤销离退休支部,民盟市委会的基层支部调整为17个。2007年,新组建昌江直属支部。2008年,民盟市委会认真贯彻民盟中央"人才兴盟,人才强盟"战略,把组织发展列为组织建设的重点,积极稳妥地发展新成员,全年共发展盟员11人,新盟员的知识层次、专业结构、平均年龄更趋合理。2009年年底,全市盟员总数为296人,下设基层支部18个。2010年10月,民盟市委指导和帮助基层组织换届,增设民盟昌江支部,发展盟员12人。至年底,共有基层支部18个,盟员308人,市委会内设办公室、组织科、宣传科、社会服务科,下设陶瓷美术、教育、老年妇女、科文卫、参政议政5个工作委员会及盟友陶瓷文化交流中心。

思想建设

1986年1月,副省长、民盟省委会副主席陈癸尊到景德镇市检查工作,应民盟市委会邀请为景德镇市盟员作题为"我国经济体制改革形势"报告。9月,民盟市委会组织学习中共十二届六中全会通过的《关于社会主义精神文明建设指导方针的决议》。是年,民盟市委会试办《景德镇盟讯》季刊,由国画家、景德镇陶瓷学院教授胡献雅题写刊名,当年出版4期近10万字。1988年,民盟市委会正式创刊《景德镇盟讯》季刊,钱伟长为刊名题字,1994年停刊。1996年起,每2年举办一期新盟员学习班,学习邓小平理论、"三个代表"重要思想,学习新时期统战理论、中国共产党领导的多党合作和政治协商制度,学习民盟优良的传统,提高对民主党派任务、作用的认识和参政议政能力。2000年,组织学习"三个代表"重要思想论述,并结合实际就学习、贯彻"三个代表"重要思想对全市各基层组织提出要求。

2007年8月16日,组织学习贯彻《民盟江西省委开展政治交接学习教育实施活动的意见》,制定学习教育活动的实施方案。2008年,组织学习中共十六大、十七大报告和《中共中央关于进一步加强中国共产党领导的多党合作和政治协商制度的意见》,开展邓小平理论和"三个代表"重要思想的学习教育活动。通过形式多样的座谈会、讨论会以及组织生活会,开展党史国情、盟史盟章教育和时事政治学习。2010年6月,组织盟员收看电视剧《民主之澜》《黄炎培》,由各基层支部组织召开座谈会,交流心得体会。10月,民盟市委会承办民盟江西省第十二届委员会第十六次常委(扩大)会议暨民盟全省树立和践行社会主义核心价值体系工作交流会,学习贯彻中共十七届五中全会和民盟十届十二次中常会精神,总结交流民盟省委会树立和践行社会主义核心价值体系学习教育活动的经验,进一步加强思想建设,提高履职能力。1986—2010年,民盟市委会共选送100余人参加省社会主义学院学习,50余人参加市社会主义学院党外干部培训班学习。

制度建设

1986年,民盟市委会机关认真贯彻执行请示汇报制度、工作制度、学习制度等。2004—2008年,民盟市委员会先后制定《民盟景德镇市委员会工作职责》《民盟景德镇市委员会主委、副主委工作职责》《民盟景德镇市委员会领导班子联系基层工作制度》《民盟景德镇市委员会会议制度》《民盟景德镇市委员会机关财务管理制度》《民盟景德镇市委员会机关干部工作制度》《民盟景德镇市委员会各工作部门职责》等一系列制度。推动市委员会工作规范化、制度化和程序化,提高工作效率和质量,培养良好的工作作风。2009年,先后制定《民盟景德镇市委员会学习培训制度》《民盟景德镇市委员会参政议政工作制度》《民盟景德镇市委员会组织工作制度》《民盟景德镇市委员会社会服务工作制度》《民盟景德镇市委员会专委会工作条例》《民盟景德镇市委员会机关工作运行制度》等。

第三节　主要活动

参政议政

提案建议　1988年5月，民盟市委会与市教育局联合召开协商对话会，就全面贯彻党的教育方针，普校和职校的办学方向，片面追求升学率的现状和危害等问题，提出一些可行性建议。1991年，民盟市委会领导参加市委、市政府召开的重大事情的协商通报会，参与地方重大政治、经济、文化及有关人事安排的协商；受聘参加市委、市政府智囊团的盟员，为领导决策当好参谋；按市委、市政府要求，委派盟员兼任市政府有关部门的实职，直接参与政府工作。是年，首次出席全国政协八届一次全会的王隆夫，针对景德镇市经济建设和改革开放中出现的新问题，提出《承包厂长要与工厂共存亡》《大力呼吁国家立法机关完备查处假冒艺术名家题款犯罪行为的法律》两项提案。1994年，盟员杨长雄代表民盟市委会在政协大会作题为“对我市文化事业弘扬时代主旋律和繁荣文化市场建议”的发言。1995年，民盟市委会多次与景德镇一中和市教育局协商行健学校复办事宜，7月经上级批复，行健学校复办，由民盟市景德镇一中支部主任余祖升担任校长，聘请一批优秀教师任课，招收学生100余人，9月正式开学。1997年，市政协八届六次全会，民盟市委会副主委童第云以“巩固两基成果，实施素质教育”为题作大会发言。

2000年年初，朱乐耕经过调查研究论证，通过省民盟在省政协大会提交《关于在景德镇陶瓷学院建立江西省陶瓷工程研究中心的意见》的提案，10月，被省政府采纳落实。2001年，童第云在政协大会提出《关于燃气梭式窑“退城进园”安全监管的建议》的提案，当年市政府开始实施，一年后燃气梭式窑基本完成“退城进园”。2002年，童第云《关于206国道要与县、乡公路同步规划、同步设计、同步施工案》被评为省政协优秀提案。2005年，在市政协十届五次全委会上，盟员中的政协委员共提交各类提案、建议31条。其中民盟主委童第云以“关于梭式窑退城进园安全监管的几点建议”为题在大会作发言，在委员中引起极大反响。民盟市委会副主委熊锦英、俞立群的《深化农村教育改革，促进农村经济发展》和《加大提高我市职业教育的力度，重视职业教育的成果》作为书面交流材料。盟员中的政协委员递交的建议案还有《关于加强农村工作，重视粮食生产的建议》《进一步加大城市卫生管理力度的建议》《切实做好市体育中心过渡期训练场馆安排案》等。

2006年，组织盟员参加市委、市政府和市委统战部召开的民主协商会、征求意见会、情况通报会和各种座谈会，并献计献策，为市委、市政府的决策提供参考。是年，在市政协十一届一次全委会上，盟员中的政协委员共提交各类提案、建议19条，其中民盟市委会主委童第云以“关于加快实施资源综合利用的建议”为题在大会作发言；副主委熊锦英的《大力发展职业教育，构建文明和谐瓷都》作为书面交流材料；副主委俞立群、王安维的《关于为推进新农村建设，提高妇女素质的建议》和《整合教育资源后，陶瓷技术培训所面临的问题》也引起相关部门的重视。盟员中的政协委员递交的建议案有《关于建立“职业医闹”个人不良信息的建议》《关于综合治理我市火车站广场和维修站前路的建议》《关于新村西路停车难、交通拥挤的解决方法》《关于进行原南河水道治理的建议》《关于开通青少年活动中心、高专陶瓷历史博览区线路公交车的建议》等。

2008年，民盟市委会共向政协全会提交提案、建议20余件。集体提案《关于完善陶瓷文化街景点建设的建议》、民盟市委会副主委熊锦英《关于恢复定向培养农村小学教师的建议》被列为主席督办提案。2010年，民盟市委会就市第五中学校交通问题进行调研，提出集体提案《加大力度，加快推进景德镇市城区义务教育均衡发展》等，被列为政协主席督办提案。是年12月，就景德镇市珠山城区、昌江城郊两区的公办及民办幼儿园学前教育现状进行调研，以选择具代表性的幼儿园抽样实地调研、随机访谈、查阅资料以及到教育行政部门了解情况的方式，对全市幼儿教育的现状及存在的问题进行全面的摸底和分析，并撰写出政协大会发言稿《加大扶持力度，加快学前教育发展》，为全市学前教育的规划和发展提出建议。

调查研究　1986年，民盟市委会组织陶瓷、教育系统的盟员开展调查研究，分别召开为陶瓷腾飞献计献策座谈会，落实九年制义务教育办好厂办学校专题研讨会，并撰写调研报告，供有关部门领导决策参考。2007年，民盟市委会就彻底解决市第五中学一校三址问题开展多次专题调研，并在政协会议上提出集体提案,该提案作为政协主席督办提案,列入市政府当年为民办的十件实事之一,并于11月开工建设新五中。是年8月,组成3个调研小组分别对招商、职业教育、农村妇女教育及留守儿童3方面问题进行深入研究。11月,在民盟专职副主委俞立群带领下,机关干部与部分盟员深入昌江区3所小学,昌江中学以及乐平市部分学校进行调研,并完成《调整教师心态还要从为教师减负做起》的调研报告。2009年,围绕全市经济社会发展的重点、难点问题,组织盟员专家学者和人大代表、政协委员深入基层开展调研,共完成2篇调研报告,其中《加大力度,加快推进景德镇市城区义务教育均衡发展》以民盟市委会文件形式报送市委、市政府。2010年12月,组织调研小组,对珠山、昌江两区民办幼儿园学前教育现状进行调研,对全市幼儿教育的现状及存在问题进行全面摸底和分析,并为全市学前教育的规划和发展提出建议。

社会活动

社会服务 1992年,民盟市委会选派有关方面专家多次赴浮梁县峙滩讲学,为乡企干部和财务人员讲授会计原理、工业会计、新会计制度等基本知识;为中学教师举办"师德教育"专题讲座;聘请名师为学校师生作"如何上好初中毕业班语文总复习"的讲座。1993年,针对峙滩乡卫生院医护人员业务进修困难,多次与第二人民医院领导联系,协调解决进修的经费、实习、住宿等问题,并多次派医师到乡卫生院义诊。是年,民盟文化艺术委员会组织创作人员深入老区采风,以反映老区人民大革命时期和经济建设时期斗争生活为主要内容,创作演唱《村口会情郎》《故乡的桥》两个节目。1995年,民盟市委会提出"公司加农户"的意见和建议,为浮梁县峙滩乡清溪村发展养鸡业牵线搭桥。1998年,景德镇遭遇特大洪水,民盟市委会领导带着3000余元的药品和棉被前往支老扶贫点峙滩乡清溪村慰问受灾群众。

2005年,"六一"国际儿童节期间,民盟市委会领导带着文体用品到清溪村小学开展"献爱心,送温暖"活动。是年8月,王隆夫、李林洪、钟莲生、戚培才4名盟员共出资8万元赞助新入学的贫困大学生。2006年9月7日,民盟景德镇高等专科学校支部组织盟员到浮梁县蛟潭中学,看望慰问高中春蕾班贫困女学生,并与学生们进行座谈交流,解答学生们学习过程中的疑问和成长过程中的困惑,还捐赠一批生活用品。是年11月3日,民盟市委会与中共乐平市委统战部联合组织10余名医务界盟员专家赴乐平后港镇西山村进行义诊,先后义诊近300人次,涉及内科、外科、传染科、儿科、妇产科、五官科,免费发放药品2000余元。2007年10月26日,民盟市委会、民盟乐平总支联合组织20余名妇、内、儿、外专家,到乐平市众埠乡界首村进行健康咨询、义诊及免费送药活动,共接待咨询和就医群众200余人,免费为村民做B超等多项检查,为患者赠送价值近5000元的药品。2008年,"5·12"四川汶川特大地震发生后,全体盟员以各种形式、各种渠道为灾区捐款达17万元。8月,有5位民盟市委会陶瓷艺术家在"2008圆梦行动"——倾情奉献陶瓷艺术家笔会活动中,创作作品义卖,所获善款全部用于资助30位家庭经济困难的大学新生。是年10月,与民盟乐平总支联合组织20余名医务界盟员专家赴乐平农村举行义诊活动,先后义诊近200人次,涉及内科、外科等多个专科,免费发放药品2000余元。2010年,舟曲发生特大泥石流灾害后,盟员王隆夫、李林洪等7位艺术家为灾区进行赈灾义卖,共筹得善款12万元,捐献给灾区救灾和恢复重建工作。

纪念活动 1986年,开展中国民主同盟成立45周年和李公朴、闻一多烈士殉难40周年纪念活动,利用珠山中路的宣传橱窗,展出中国民主同盟在民主革命时期的活动图片,再现中国民主同盟的诞生、发展、壮大的历史进程,以及与中国共产党风雨同舟、并肩战斗的历史。1991年,民盟市委会举行"党在我心中"专题报告会,纪念中国共产党成立70周年。是年,开展中国民主同盟成立50周年纪念活动,主委方寒程作题为《继承和发扬民盟优良传统,为建设四化振兴中华作贡献》的讲话,在市区主要街道举办民盟历史图片展,乐平市、景德镇陶瓷学院等基层支部通过举办宣传栏、专刊墙报等形式,纪念民盟成立50周年。1993年12月24日,民盟市委会举办座谈会,纪念毛泽东100周年诞辰。来自教育、文艺、卫生、科技界盟员30余人畅谈毛泽东把马克思主义普遍原理与中国革命实际相结合,为建立社会主义新中国立下不可磨灭的功勋。1997年,组织盟员参加省、市举办的"庆回归、话江西"知识竞赛、"宁红杯"统战知识竞赛活动、"果喜杯"政协知识竞赛活动,获竞赛组织奖。1999年,在全市盟员中举行"庆澳门回归征文"活动。2008年5月,为纪念中共中央发布"五一口号"60周年,民盟市委会邀请民盟省委会主委刘晓庄到景德镇为全市盟员宣讲"五一口号"的历史意义,进行民盟的传统教育。是年12月23日,召开纪念民盟景德镇组织成立60周年大会,民盟江西

省委、市政协、中共市委统战部、各民主党派、工商联领导，全市盟员180人出席大会，民盟市委会主任委员童第云作题为“承前启后、继往开来，开创景德镇民盟新局面”的大会主题报告。

联谊交流　1989年1月，在澳门地区首次举办“瓷都八虬”景德镇陶瓷美术精品展，澳门工商总会会长马万祺剪彩，这是民主党派地方组织首次在港澳地区进行文化艺术交流。1993年，民盟市委会与福建泉州民盟市委会联合举办《泉景盟员书画联展》，在景德镇梅苑公园和泉州威远楼分别展出两地盟员国画、书法艺术作品。1994年10月，在龙珠阁举办景德镇名人名作大型陶瓷书画作品展，同期展出的还有市考古研究所的早期出土文物。

2005年5月9日，组织陶美界盟员在市陶瓷文化研究所举办陶瓷艺术笔会，并邀请中国工艺美术大师王隆夫，中国陶瓷艺术大师戚培才，陶瓷学院教授李林洪、钟莲生参加笔会。是年5月18日，由民盟省委会、省文化厅、中共市委统战部联合主办，民盟市委会、市文化局、省博物馆联合举办的“走近艺术大师——景德镇民盟陶瓷艺术作品展”暨景德镇陶瓷艺术家向江西省博物馆捐赠作品活动在省博物馆举行，展出陶瓷艺术作品150余件。全国工艺美术大师王隆夫等16位高级工艺美术师向省博物馆捐赠艺术作品。2007年5月，盟员刘伟夫妇为民盟江西省委会成立70周年设计创作礼品瓷“龙珠阁”。2010年3月27日，景德镇盟友陶瓷文化交流中心组织40余位国家级大师、学院教授、中青年陶瓷艺术家，参加在北京合璧兴陶瓷艺术馆开幕的“景德镇盟友陶瓷文化交流中心作品展”，参展陶艺陶美作品100余件。

第三章　民建市委会

1986—2010年，中国民主建国会景德镇市委员会（简称民建市委会）共召开5次代表大会，并进行换届。1986年，有会员99人，至2010年，有会员182人。民建市委会从组织建设、思想建设、制度建设方面加强自身建设。履行参政议政职责，进行调查研究，提出建议和提案，在咨询服务、办学培训、促进就业和再就业、招商引资等方面作出应有的贡献。

第一节　会员大会

民建景德镇市第九次会员大会

1989年12月14—16日召开，当年有会员120人。会议听取并审议通过民建景德镇市第八届委员会工作报告，选举产生第九届委员会，委员15人，主任委员喻长林，常务副主任委员李建中，副主任委员俞瑾、陈才科、余祖来、符气美，秘书长李建中（兼任），副秘书长陈国宁。

民建景德镇市第十次会员大会

1994年12月17—18日在景德镇合资宾馆召开，当年有会员140人。会议听取并审议通过李建中代表民建景德镇市第九届委员会所作的题为《以建设有中国特色社会主义理论为指针，切实开创我市民建工作新局面》的工作报告，选举产生第十届委员会，委员15人，主任委员李建中，副主任委员余祖来、符气美、王怀俊，秘书长余祖来（兼任）。

民建景德镇市第十一次会员大会

1999年12月22—23日在景德镇饭店召开，当年有会员145人。会议听取并审议通过李建中代表民建景德镇市第十届委员会所作的题为《在邓小平理论指引下，进一步加强自身建设，认真履行参政党职能，为实现跨世纪的历史任务作出新贡献》的工作报告。选举产生第十一届委员会，委员15人，主任委员李建中，副主任委员王怀俊，秘书长余建民，副秘书长石红心。

民建景德镇市第十二次会员大会

2004年11月25—26日在景德镇宾馆召开,当年有会员158人。会议听取并审议通过民建景德镇市第十一届委员会工作报告,选举产生第十二届委员会,委员15人,主任委员何炳钦,副主任委员石红心、余伟平(兼职)、喻冬华(兼职),秘书长陈和平。

民建景德镇市第十三次会员大会

2010年1月5—6日在景德镇合资宾馆召开,当年有会员182人。会议听取并审议通过民建景德镇市第十二届委员会工作报告,选举产生第十三届委员会,委员15人,主任委员何炳钦,副主任委员石红心、喻冬华(兼职)、余畅(兼职)、余望龙(兼职),秘书长石红心(兼任)。

第二节　自身建设

组织建设

会员发展　1986年,全市共有会员99人。1989年,全市共有会员120人,在职会员49人。1994年,全市共有会员140人,平均年龄59.63岁,在职会员59人。1995年,发展会员15人,共有会员152人。1997年,发展会员12人,共有会员160人,平均年龄54.75岁,在职会员82人,会员中有担任市人大代表2人(其中1名会员为市人大常委)、市政协委员16人(其中2名会员为市政协常委,1名会员为市政协副主席)。2005年6月20日,完成市民建组织系统编录,163名会员基本信息进入民建中央信息库。12月25日,在民建江西省委会纪念民建成立60周年大会上,民建会员叶新贵、余伟平、张正海、喻冬华获全省民建优秀会员称号。2006年,发展会员9人,共有会员170人,会员中各级人大代表、政协委员共有25人,市政协副主席2人,市政协常委4人。2008年,贯彻民建中央《关于组织发展工作的意见》,加强组织建设,全年发展6名会员,平均年龄28.9岁,均为大专以上学历,中高级职称占50%,全市共有会员177人。2010年,发展会员7人,共有会员182人,具有大专以上学历95人,占52.50%;中高级职称77人,占42.50%;新社会阶层13人,占7.20%;女会员42人,占23.20%;经济界人士148人,占81.80%。

基层组织　1986年,民建市委会内设办公室、秘书科、调研科,下设参政议政工作委员会、妇女工作委员会、老龄工作委员会。基层支部10个。1987年,增设组织宣传科,撤销办公室。1992年,民建雕塑瓷厂支部被评为全国民建组织先进支部。1993年,将原有10个支部调整为12个支部。1995年,探索和改进企业支部活动方式,深入4个企业支部,对支部工作进行探讨,将企业支部生活与企业的中心工作紧密相连,因地制宜组织开展支部生活会。电瓷电器公司支部与雕塑瓷厂支部开展联谊活动,交流经验,市红旗瓷厂支部利用支部生活会,研讨提出企业如何走出困境的建议。1996年,进行支部改选,共设立11个支部。是年,雕塑瓷厂支部被民建中央直接推荐为出席全国各民主党派、工商联"为两个文明建设服务"经验交流会的先进集体。2000年,民建雕塑瓷厂支部获全国民建先进集体称号。2005年,民建雕塑瓷厂支部、综合一支部获全省民建先进基层组织称号。是年,全市共有基层支部11个。2006年,新设立基层支部1个。2010年,民建市委会内设办公室、组织宣传科、社会咨询服务科,下设基层支部12个。

思想建设

1989年,民建市委会组织会员学习中共十三届四中全会文件。1990年7月,创办《景德镇民建》刊物,宣传党的路线、方针、政策,促进会务信息交流。组织会员撰写稿件向《民讯》《心桥》《光华时报》《景德镇日报》《诤友之声》以及网络媒体投稿。1994年,在会员中开展学习、宣传建设有中国特色社会主义理论教育活动。1995年,组织会员学习《邓小平文选》、中共十四届五中全会精神等重要内容,参加孔繁森先进事迹报告会、形势报告会和反腐倡廉报告会。1996年,组织会员学习建设有中国特色社会主义理论和《中共中央关于加强社会主义精神文明建设若干重要问题的决议》。1997年10—12月,组织会员参加各种形式的学习班(会)、座谈会、报告会共计30次。1998年,组织会员学习邓小平理论和关于新时期统一战线的重要论述、中共十五大和十五届三中全会文件、江泽民的重要讲话。1999 年，针对李登辉的“台独”言论，民建市委会组织会员学习讨论，坚决维护祖国领土和主权完整。

2001 年，组织民建市委会和基层支部成员学习邓小平理论和江泽民“三个代表”重要思想。2003 年 5 月，开展以增强对“三个代表”重要思想的认识、增强对社会主义制度优越性的认识、增强中华民族凝聚力，热爱中国共产党、热爱祖国、热爱社会主义、热爱人民为主要内容的“三增强四热爱”教育活动。2004 年开始，开展历时 3 年的“建设新世纪参政党，做合格民建会员”活动。2005 年，组织会员学习中共十六届四中、五中全会精神和中央经济工作会议精神。2007 年，民建市委会制定《开展政治交接学习教育活动的实施方案》，开展学习教育活动。2010 年，通过各种形式推进广大会员学习中国特色社会主义理论，学习中共十七大，十七届三中、四中、五中全会精神以及中央经济工作会议精神等一系列思想教育活动。

制度建设

1986 年，民建市委会逐步建立和完善适合自身特点的管理制度。1992 年，制定《会议议事规则》。1995 年 3 月，对《会议议事规则》进行修订与增补，并制定机关管理工作 10 项规章制度：财务工作管理制度，公车管理制度，印鉴、邮资、电话管理制度，公费医疗管理制度，差旅费开支管理制度，来宾接待制度，物资保管、发放制度，机关考勤制度，机关档案管理制度，机关福利管理制度。2006 年，重新修订和完善市委会的规章制度共计 18 项，7 万余字。其中重要制度有民建市委会全体委员会议制度、主委会制度、主委办公会议制度、会员组织发展工作暂行规定、会员考察培养制度、参政议政工作制度、反映社情民意工作制度等。

第三节　主要活动

参政议政

提案建议　1986—2010 年，民建市委会共提交提案、议案 680 余件，集体提案 30 余件，市政协大会发言 30 余次。1988 年 9 月，民建市委会参与中共市委统战部、市政协联合举办的“振兴瓷都有奖征计”活动，共提出建议 30 余条，其中陶瓷产品质量考核指标的改革、采用次品率计算质量的建议分别获一、二、三等奖。1993 年，民建市委会《下力气尽快提高陶瓷企业经济效益案》《建议对陶瓷投入产出不平衡企业组织调查案》受到有关方面重视，并逐项得到答复和落实。1994 年，在市政协八届三次全委会期间，民建市委会提出建议和提案 20 件，其中《关于要求市环保部门督促解决市区有关厂家烟囱排放烟尘、减少市区大气污染案》，受到市政府重视，在 4 月城市建设工作会议上，明确提出对 1979 年以前建成的煤窑限期拆除，违章煤窑在年内全部排除，当年共拆除煤烧窑 14 座。市环保局、省陶瓷公司推行油烧、气烧新工艺，市人民瓷厂将窑、炉、烘房全部改为气烧，采用无匣烧成新工艺，减少大气污染。1996 年，提交到省政协的《加大矿山安全法执法力度，遏制乡镇小煤窑特大伤亡事故发生案》引起省劳动厅重视，针对提案进行专项执法检查。1998 年，民建市委会在市政协九届一次会议期间向大会提交提案 22 件，其中“关于发展景德镇陶瓷大市场的建议”列为市政协 1 号提案，民建界别作关于陶瓷企业改革和安置下岗职工再就业问题的大会发言。

2001 年，民建市委会提交提案 23 件，其中《突破传统模式，开创陶瓷经济新格局》被市政协列为 1 号提案，由市政协领导亲自督办。2002 年，全国政协委员王怀俊在全国政协九届五次会议上《关于兴建景（德镇）—九（江）—衢（州）铁路的建议》《关于敦促落实国务院 2000 年〔38〕号文件精神，解决科研所并入高等院校的经费问题》提案，受到国家有关部委重视，在承办中得到落实。2003 年，在市政协十届三次会议上，民建市委会提交的《提升城市文化品位，塑造瓷国名都新形象》在大会发言后，经整理成为大会审议的 1 号集体提案。省政协常委李建中和委员张正海撰写的《请省政府牵头精心筹办瓷都千年庆典》提案被省政协列为当年 25 件重点提案之一，进行落实。在市政协十届三次会议上，民建市委会提交的大会发言材料《关于做好我市城市低保工作的建议》在会议期间得到市长批示，由市社保局牵头召开座谈会再次征求意见。2004 年，民建市委会的各级人大、政协委员共提交议案、提案 37 件，其中《关于研制新型墙材替代传统黏土砖的建议案》被评为年度优秀提案。

2005年,民建市委会主要领导就景德镇市"十一五规划"提出建议,引起有关领导重视。是年,提交的《关于农民增收的调整和思考》之一、之二,由民建中央转交国务院有关部门落实。2006年,民建市委会各级政协委员共撰写提案35件,为市政协十一届一次会议提交大会发言3篇,其中民建市委会的集体提案《大力发展职业教育,促进我市经济发展》被列为市政府重点办理提案。是年,民建市委会主要领导参加中共市委、市政府、市政协和中共市委统战部召开的民主协商会、情况通报会,就《政府工作报告》《党代会工作报告》《景德镇市十一五规划》以及重要政策等进行协商,提出意见和建议。2007年,民建市委会各级政协委员共撰写提案30件,其中《关于大力发展我市创意文化产业》提案被市政府采纳,并写进政府工作报告,列为市政府2008年重点工作之一,《关于发展我市职业教育,促进我市经济健康发展》的提案在市政协十一届三次全委会上获优秀提案。是年,4次参加中共市委、市政府、市政协和中共市委统战部召开的协商会和情况通报会,就《政府工作报告》及各项重要政策进行协商,提出建议。2010年,民建市委会各级政协委员和人大代表共提交提案14件,其中集体提案2件。为市政协第十一届委员会第五次会议上提交大会发言2篇,其中《关于加大挖掘保护景德镇民间文化遗产力度的建议》在大会上作发言。

调查研究　1988年,民建市委会与工商联合作开展为期2个月的实地调查,走访30余家企业,并参加政协组织的相关调研活动,撰写出《深化改革,完善政策,加快乡镇陶瓷企业发展步伐》《加速四轮驱动,多添加润滑剂》《从实际出发,实行多种形式办企业》等专题调研报告。1990年,组织会员深入陶瓷企业调研座谈,撰写《关于办好首届陶瓷节的十五条建议》。1993年,民建市委会多次参与调研,撰写出《关于加快我市第三产业的几点建议》《关于我市乡镇企业发展情况的调查》《关于加快我市个体、私营经济的思考及建议》等调研报告。1994年,围绕国有资产流失情况组织专题调研,形成调研报告,在2月27日政协江西省七届三次全委会上,李建中受民建省委会委托,作题为"企业中国有资产的流失不容忽视"的专题发言,受到省内外关注,上海《新民晚报》和民建中央《民讯》分别摘录或全文转载。1995年,开展陶瓷企业改革改制专题调研,撰写《关于陶瓷企业划小核算单位,分而自治》等调研报告。1996年,民建市委会在前期对景德镇旅游业进行考察调研后,撰写出《关于开发我市旅游瓷的一点思考》调研报告。是年,撰写《景德镇社会治安综合治理调查报告》,为全市的社会治安整治提出对策。1997年,围绕景德镇市改革和发展以及部分国有企业存在的困难和问题,组织会员进行调研,先后撰写《股份制林业改革的重要途径》《关于加大行政事业单位预算外资金支出中固定资产的投向与建账管理工作力度的调查报告》《国企如何营造再就业工程》等调研报告7篇,为全市企业深化改革提供依据和建议,其中一些建议被市政府采纳。1998年,在景德镇"6·26""7·23"两次特大洪水之后,民建市委会中的省政协委员和部分市政协委员赴乐平、昌江区围绕"重建家园、水毁水利工程修复情况"开展实地考察,并提出建议,引起当地政府有关部门的关注。

2000年,省、市、区(县)各级政协委员参与各级政协开展的发展江西旅游业,发展市、区(县)非公有制经济,预防青少年犯罪及双基教育等视察活动,并提出意见和建议。2002年,民建中央法制委员会委员、民建市委会主委李建中经过调研撰写的《关于完善城市居民最低生活保障制度的几点思考》受到民建中央领导重视。2003年,民建市委会会员中的各级政协委员参加各级政协组织的视察调研活动5次,其中民建市委会主要负责人参加市政协组织的为期1个月的关于景德镇市陶瓷市场建设的调研,并参与调研报告的撰写。2005年,民建界别市政协委员参加"关于发展我市民营工业经济"的大型调研,参与《关于建设经济适用房》提案督办,参加市环城高速公路建设的质量和工程进度视察;《关于尽快在医药公司仓库、梨树园小区各新建一所小学的建议》引起市政府重视。2007年,民建市委会对景德镇市物流业发展现状进行调研,形成《关于大力发展我市现代物流业的建议》专题调研报告。2010年,参加我市新兴产业发展情况专题调研和关于我市城市建设重点项目工程建设情况等专题视察和调研,并就有关专题在市政协常委会上发言。同时,民建市委会还对乐平蔬菜物流进行专题调研,为乐平蔬菜建立现代物流大市场把脉,并形成专题调研报告。

社会活动

咨询服务　1985—1987年,民建市委会共派出咨询人员91人次,为城镇街道企业、老区、乡镇企业无偿提供40余次经济技术咨询。1987年,与市工商联配合,面向老区和乡镇企业重点开展咨询工作。至1989年,完成咨询项目62个。1991年,开展"质量、品种、效益年"活动,民建市委会组织和动员会员围绕就如何提高产品质量、调整产品结构、加快技术改造、提高经济效益等问题献计出力，全市会员共提出建议61条，产生经济效益20余万元。1991—1992年，把咨询服务的工作重点放在发展乡镇企业和支援老区建设上，接受并完成咨询项目36个。1993年，对支老扶贫点鱼山镇慈义村的果园开发、饲料加工等项目进行多次咨询活动，并邀请农业专家现场指导果树培育、管理，并为慈义村争取到市财政支老扶贫款。1996年，组织会员中的医务工作者组成医疗队，两次前往坂上村开展义务医疗咨询，诊治病人67人。2010年，民建市委会充分发挥会内智力优势，组织有关会员为景德镇市"节能减排"相关项目提供咨询服务。

兴教办学　1985—1994年，民建市委会、市工商联与石狮埠街委联合开办石狮埠业余学校，举办各类培训班402期，培训学员累计达1.93万人次。1997年，石狮埠业余学校共招收学员68人，考取各类院校共62人，录取率为91%，1名民建老会员为浮梁乡镇企业培训财会管理人员62人。1998年，石狮埠业余学校为配合全市实施再就业工程，举办1期速成财会知识培训班，免费招收下岗职工培训学习。是年，民建市委会总计为乡镇企业开办8个班次，培训人员340人次。2000年，举办财会人员培训班2期，培训学员100人；举办各类文化、业务技术学习培训班6期，培训学员302人。2003年，举办会计资格考前培训班、最新会计知识速成班共8期，培训学员71人，为市交通银行举办1期财会专业培训班，培训学员50人。2006年，会员叶新贵举办4期会计资格证培训班，培训学员125人。2007年，开办4期就业培训班，共培训学员120余人。2008年，面向社会开展就业培训工作，开办会计证培训班2期、会计实用速成班2期，共培训学员110余人。2009年，开办财会人员培训班4期，培训学员100余人。

促进就业　90年代中后期，景德镇市国有企业集中改制，大量下岗职工面临二次就业的问题，民建市委会努力推动再就业服务工程，协助政府做好下岗再就业工作。1997年，民建红旗瓷厂支部成员在陶瓷产销不景气的情况下，为厂里解决100名职工分流问题，全年共创产值130万元。1998年，会员中的民营企业家及高管人员为再就业工程出力，共安排国企下岗职工500余人。1999年，共安排539人就业。2001年，民建会员采取多种形式为景德镇市再就业工程献计出力，共安置下岗职工479人。2002年，会员企业景德镇市国际经济技术合作公司先后在省内设立20多个县、乡、村级扶贫帮困点，吸纳偏远乡村富余劳动力从事远洋捕捞作业，为农民脱贫致富开辟一条新途径。2003年，民建市委会雕塑瓷厂支部和红旗瓷厂支部及会员企业共安置下岗职工243人。2006年，会员中的民营企业共吸收下岗人员260人次。

2007年，会员中的民营企业家通过扩大生产规模，全年共安排下岗工人100余人。会员企业望龙瓷业、华达百货、第一炉面包、台北风情、信联物流等也优先安置下岗人员就业，为再就业工程作出贡献。2008年，第一炉面包房通过扩大经营网点，安排下岗人员30余人；望龙瓷业有限公司，扩大产能，招聘高级管理员及职工30余人。当年会员企业共安排下岗工人再就业100余人。2009年，受国际金融危机的影响，景德镇市许多企业纷纷裁员，望龙瓷业有限公司、第一炉面包房、信联物流主动扩大产能，没有裁员1人，并招聘高级管理员工及职工120余人。2010年，民建市委会安置"量力而行、尽力而为、讲求实效"的原则，开展社会服务工作，立足于会员企业和会员企业家，积极开展就业服务工作，为政府分忧解难。会员企业中的望龙瓷业有限公司、华达百货、第一炉面包房、信联物流、台北风情等，在做大做强企业的同时，为农民工和下岗职工提供就业岗位。

公益活动　1986—1989年，民建市委会组织会员赴扶贫点昌江区鱼山镇坂上村调查研究，提出脱贫思路。1990—1995年，多次派出医疗队赴村开展义诊活动。1995年，浮梁县、乐平市遭受百年未遇的洪水灾害，民建市委会驻会干部奔赴灾区，捐款890元，捐衣26件。组织会员成立医疗队前往支老扶贫点昌江区鱼山镇慈义村进行义诊，为患者送医送药。1996年，向支老扶贫点昌江区鱼山镇坂上村村委会捐款1000元，又与省科协取得联系，帮助其赴万载县选购22头黑种羊，并聘请专家实地传授养牧黑羊知识。是年，帮助坂上村村委会解决改造小学危房的资金，并促成市第二十一小学与坂上村小学结成"手拉手"支贫助学对子，为坂上村小学赠送价值2300元的儿童读物，并对3个特困户儿童给予长期挂钩帮扶。1997年，制定支老扶贫计划，支持鱼山镇坂上村发展畜牧业、良种水稻和建设村办完全小学校舍。"六一"儿童节期间，经民建市委会牵头，坂上村小学与市第二十一小学举行"手拉手，支贫助学"联欢会，接受市二十一小学赠送的支贫助学金1000元和5套学生校服，4名特困生还分别到市第二十一小学4名"手拉手"学生家做客。1998年夏季，景德镇市发生两次特大洪涝灾害，民建市委会开展多种形式的赈灾活动,会员捐款捐物,折合人民币2万元。

2002年,会员企业家景德镇市国际经济技术合作公司总经理在加大对瑶里乡风景区梅岭度假村资金投入的同时,为周边每户村民无偿安装有线电视和自来水。2003年,在防"非典"期间,民建陶美界会员联合创作的瓷板画《华盛图》拍卖6万元全部捐献。2006年,民建会员全年各项捐款共计3万元,会员中的民营企业家魏国梁无偿为市跆拳道协会提供2000平方米训练场馆。2007年,市民建会员捐资助学2万余元。民建市委会组织全体会员开展"节能减排"社区行活动,向居民宣传节能减排知识,并发放3000余张"节能减排"绿卡片。2008年,"5·12"汶川大地震后,为灾区人民捐款捐物11万余元,在帮助贫困大学生"圆梦行动"中,陶瓷美术界会员捐款7.50万元。2010年,民建会员扶贫帮困、献爱心捐款捐物合计20余万元。

交流联谊　1986年开始,为推动景德镇对外经济贸易交流,民建市委会会员协调有关单位赴荷兰参加景瓷展销,从事陶瓷艺术创作的会员多次赴中国香港和日本、新加坡等地开展陶瓷艺术品展示及陶瓷文化交流。1989年,民建市委会有"三胞"(台湾同胞、港澳同胞、海外侨胞)关系的会员长期与海外亲友联系,并向海外亲友介绍中国及景德镇市投资环境和优惠政策,邀请他们到景德镇市洽谈陶瓷贸易,一次成交额达220万美元。1990年举办首届陶瓷节,民建市委会会员邀请"三胞"40余人到景德镇市参观和洽谈交流,引进塑料制造技术资料和台湾地砖生产技术、设备,并引进资金100万美元。

1995年,举行纪念中国民主建国会成立50周年大会,市党政领导、全体民建会员出席,主委李建中在会上讲话,回顾中国民主建国会50年来与中国共产党一同走过的风雨历程,总结民建市委会成立以来为景德镇市经济建设和社会发展所作的贡献。是年,制作"毛泽东与黄炎培——民建成立50周年纪念瓷盘"2.30万块,发往民建中央和60余个省、市民建地方组织。1999年,组织陶瓷美术界会员创作陶瓷美术作品100件,分别送往昆明世博会江西瓷园和北京纪念中华人民共和国成立50周年成果展。是年,开展喜迎澳门回归祖国纪念活动。

2009年,组织开展纪念新中国成立60周年系列活动,举办"与祖国同呼吸,与民建共命运"主题征文活动,其中《一个民建会员的航天梦》获优秀作品奖;开展"爱我中华,唱响红歌"大型文艺活动;组织参加中共市委统战部举办的"祖国在我心中"演讲比赛,获三等奖。2010年,组织开展纪念中国民主建国会成立65周年系列活动,在北京举办"流光溢彩——纪念中国民主建国会成立65周年景德镇陶瓷艺术精品展"。

第四章　民进市委会

1985年3月,中国民主促进会景德镇市委员会(简称民进市委会)成立,有会员33人。至2010年,召开6次会员大会,并进行换届,届中调整领导班子2次,基层组织发展到14个,会员251人。民进市委会在加强自身建设的同时,积极参政议政,围绕经济建设、学校教育、交通环境、陶瓷发展、旅游文化等方面,开展调查研究,共提出建议提案461件。积极参与抗震救灾、扶贫帮困、结对助学等公益活动,为景德镇市经济建设和社会发展作出了重要贡献。

第一节　代表大会

民进景德镇市第一次会员大会

1985年3月28—30日在市群艺馆召开民进景德镇市第一次会员大会暨民进市委会成立大会,出席会议成员33人。大会成立中国民主促进会景德镇市委员会,选举产生第一届委员会,有委员7人,主任委员吴奇山,副主任委员胡焕文。

民进景德镇市第二次代表大会

1990年8月27—28日在市740厂中学召开，出席会议代表85人。大会审议通过吴奇山代表民进景德镇市第一届委员会所作的题为《同心同德，群策群力，为祖国富强瓷都振兴而努力奋斗》工作报告，选举产生第二届委员会，委员13人，主任委员吴奇山，副主任委员胡焕文。

民进景德镇市第三次代表大会

1994年12月27—28日在市群英堂召开，出席会议代表98人。会议审议通过胡焕文代表民进景德镇市第二届委员所作的题为《加强自身建设，履行政党职责，为两个文明建设作出更大的贡献》工作报告，选举产生第三届委员会，委员14人，副主任委员胡焕文、杨乃发、姚泉荣，胡焕文主持工作。1996年10月31日，民进市委会三届六次全会选举胡焕文为主任委员。

民进景德镇市第四次代表大会

1999年12月22—23日在景德镇二中召开，出席会议代表114人。会议审议通过胡焕文代表民进景德镇市第三届委员会所作的题为《认真总结经验，不断开拓前进，把我会参政议政和自身建设提高到新水平》工作报告，选举产生第四届委员会，委员17人，主任委员胡焕文，副主任委员杨乃发、黄焕义、黄志坚，秘书长余爱琴。2004年8月，民进市委会召开会员代表会议，补选顾幸勇为民进市委委员、副主任委员。

民进景德镇市第五次代表大会

2004年12月2—3日在景德镇陶瓷学院召开，出席会议代表131人。会议审议通过杨乃发代表民进景德镇市第四届委员会所作的题为《与时俱进，开拓创新，积极发挥参政党作用》工作报告。选举产生第五届委员会，委员16人，主任委员顾幸勇，副主任委员黄焕义、黄志坚、汪其凡，秘书长余爱琴。

民进景德镇市第六次代表大会

2010年1月5—7日在景德镇大酒店召开，出席会议代表148人。会议审议通过顾幸勇代表民进景德镇市第五届委员会所作的题为《加强自身建设，促进科学发展，为建设高素质参政党而努力奋斗》的工作报告，选举产生第五届委员会，委员16人，主任委员顾幸勇，副主任委员黄焕义、黄志坚、汪其凡、戴四维，秘书长张德山。

第二节　自身建设

组织建设

1984年8月15日，中国民主促进会江西省筹委会直属景德镇支部成立，有会员3人。1985年3月，民进景德镇市委会成立。5月，景德镇教育学院支部、小学联合支部、市第七中学支部、景德镇陶瓷学院支部、景光中学支部、联合支部、景德镇二中分别支部成立，并选出支部主任，全市有会员33人。1986年5月，市歌舞团支部、京剧团支部成立。6月，市群艺馆支部、文化综合支部成立。1989年，景德镇珠山支部成立，程克英任第一届支部主委。是年5月，市陶瓷职工大学支部成立。6月，市第五中学支部成立。民进市委会内设办公室、组织处、宣传处、文教处，“三胞”(台湾同胞、港澳同胞、海外侨胞)工作小组、统战理论研究小组，有基层支部13个、小组1个、总支部1个，会员82人。

1992年8月31日，景德镇老年支部成立。1995年，制定《关于加强基层建设若干意见》，调整支部结构，设联合支部为单一支部。景德镇珠山小学支部、景德镇一中支部、景德镇陶美支部成立，发展新会员15人。1996年，珠山区教育综合支部、昌江区教育综合支部成立，发展新会员10人。1997—2001年，分别发展新会员7人、12人、8人、10人。

2003年，对部分基层支部进行调整和换届，将民进高等专科学校支部和市陶瓷职工大学支部合并，成立民进景德镇学院支部。9月30日，原民进机关支部分为机关一支部和机关二支部。2005年，市歌舞团支部与京剧团支部合并,成立景德镇市文艺支部;市群艺馆支部与文化综合支部合并,成立景德镇市文化支部。发展新会员13人。2006年年底,有基层支部14个,会员198人。2007年,发展新会员10人。2010年,发展会员7人,民进市委会共有基层支部14个,会员227人,中高级以上职称184人。

思想建设

1985年,组织会员学习《中共中央关于坚持和完善中国共产党领导的多党合作和政治协商制度的意见》,提高政治思想觉悟。1988年,学习中共中央《关于加强党的纪律,维护改革大局的通知》,中共市委《关于进一步加强同党外人士合作共事的意见》。是年,创办《民进景德镇市委工作简报》,报道会员活动,登载会员学习体会和有关信息。1989年,学习江泽民在庆祝中华人民共和国成立40周年大会上讲话,制定《民进景德镇市委会关于加强自身建设的意见》。

1991年,学习江泽民"七·一"讲话、《邓小平文选》第三卷。1995年5月19日,民进市委会学习中共市委统战部关于进一步加强各民主党派与政府部门对口联系文件。是年,组织民进市委委员和支部主任学习《邓小平文选》、"反腐倡廉"、"全面加强审判工作,服从服务于改革发展稳定大局"、江泽民在新春茶话会上的重要讲话、中共中央十四届五中全会精神、孔繁森事迹等。1996年,组织学习江泽民《关于讲政治》的讲话、中共十四届六中全会公报、《中共中央关于加强社会主义精神文明建设若干重要问题的决议》等。1997年,以多种形式进行学习座谈,学习全国、全省人大和政协会议精神、邱娥国模范事迹、吴成生先进事迹、民进全国"八大"和省民进"四大"会议精神。1998年,学习江泽民在纪念中共十一届三中全会召开20周年会议上的讲话、民进中央宣传工作会议精神等。

1999—2004年,学习江泽民"三个代表"重要思想、中共十六大会议精神、民进省委会《关于加强基层建设的意见》。2006年,组织会员学习邓小平理论和"三个代表"重要思想及中共十六届三中、四中、五中全会精神,中共中央5号文件精神和省委16号文件精神及统一战线理论和方针政策。2007—2010年,组织机关干部学习《民进江西省委关于开展政治交接学习教育实施活动的意见》,开展以"坚持走中国特色社会主义政治发展道路"为主题的政治交接学习教育活动。

第三节　主要活动

参政议政

提案建议　1986—2010年,全市民进会员有180人次当选省、市、县人大代表、政协委员。其中省政协委员、人大代表10人次。民进会员认真履行职责,积极参政议政,围绕经济建设、学校教育、交通环境、陶瓷发展、旅游文化等方面,提出提案建议461件,市政协大会发言48次。

1995年,在市政协八届四次全会上提案10件,其中吴荫先委员《严禁公车私用》提案,引起有关部门重视,市廉政办会同市交警支队、市电视台对市区范围内使用公车操办婚事行为进行3次专项检查,共查出14人使用公车操办婚事。1998年,《关于全面实施素质教育的建议》提案在省政协八届一次全会以来提案工作报告中被重点引叙,省政府《关于积极推进中小学实施素质教育的意见》对提案中的4条建议全部采纳。

2000年,市人大常委、民进市委会副主任委员杨乃发在市人大二次会议上提出并有17名人大代表附议的《关于有偿收购市一建水泥厂所占原二中校园用地》案,被列入市政府重点协调解决的议案。2002年,市政协委员、民进市委会秘书长余爱琴在市政协十届二次会议上提交的《关于加强整治新德园农贸市场周边环境》案,引起有关部门重视,并得以整治。2003年,市政协委员王倩《加强广场北路市容整治和管理》案被列为市政协十届三次会议重点提案,民进副主委汪其凡《关于解决景客隆超市门前堵车的建议》案被列为市政协副主席督办的重点提案,朱丹忱《关于加强对公交车管理的建议》案获优秀提案奖。

2006年,顾幸勇《关于发展我市工业旅游的建议》、戴四维《关于我市托养老事业发展的建议》在市政协十一届一次会议上作大会发言和交流,并以提案的形式形成民进政协委员的集体提案。程云等的《解决下岗职工再就业》案获优秀提案奖,《关注民生扩大我市再就业工程》作为市政协十一届三次会议的书面交流材料。2008 年，汪其凡等《关于增加环城北路公交车班次的建议》、张德山等《关于挖掘景德镇历史文化资源，促进景德镇文化旅游产业发展的建议》、程云等《关于解决下岗特困职工住房困难的建议》，成为主席督办提案。戴四维《关于推进我市就业工程的几点建议》代表民进市委会在大会上交流。

2009 年，在市政协第十一届四次会议上，民进市委会委员提案《关于在珠山中路、休闲广场周边建立交桥或地下通道的建议》《关于建立健全再就业信息、就业培训，推荐上岗一条龙免费服务机制的建议》《关于建立景德镇"新闻发言人"制度的建议》提案被列为主席督办提案和专委会督办提案，张德山代表民进市委会作《关于挖掘景德镇历史文化资源，促进景德镇文化旅游产业发展的建议》大会发言。戴四维《关于我市市区人口现状及发展思考》材料做大会书面发言。2010 年，在政协优秀提案中，汪其凡《关于加快建设景东大道的建议》被列为主席督办的重点提案，市政府加快落实。在市政协第十一届五次会议上，民进市委会主任委员顾幸勇作《关于进一步加强浮梁古村落的保护和开发的建议》大会发言。《加强浮梁古村落保护，留住景德镇文化之根》作大会发言材料。程云等《关于多办市区乡村养老院的建议》被列为主席督办提案，引起市政府的关注，并得到解决。

调查研究　1994 年 8—10 月，民进市委会先后组织调查组对全市中小学教育投入、学校布点、招生现状、职业教育等问题进行调查，在政协大会上作《进一步增大教育投入，加强教育改革力度》的发言。11 月，对市乐英中学、培英中学、智力小学 3 所私立学校进行调查，在市政协八届四次全会上作《大力支持、加强管理，办好私立学校》发言。1996 年，组织农村教育调查，赴乐平市、浮梁县、昌江区的部分农村中小学实地考察学校教室、教学仪器、师生宿舍等，就农村教育现状进行调查，撰写《加大改革力度，办好农村教育》调查报告，并在市政协八届五次会议上作大会发言。1999 年，就市歌舞团与十一中联办的文艺中专班取得的成绩和存在的问题进行调研，向市政协九届二次会议递交《坚持随团办学发展办学成果》提案。

2005 年，民进景德镇昌江支部就教育体制存在的问题进行专题调研，撰写《小学成班率过高影响学生健康发展》调研报告，并在《景德镇日报》发表。2006 年 5—6 月，民进市委会对全市养老托老现状进行调研，先后走访市社会福利院、竟成福利院、市天乐老年休养中心、乐平市社会福利院等 6 个养老托老机构及市民政局，了解养老托老事业的政策和现状及发展规划，撰写出《我市托养老机构状况的调查报告》，并发表在《景德镇党刊》。2009 年 11 月，组织教育、文化和经济界的会员赴经公桥、江村、蛟潭等地对浮梁历史文化名村的保护与开发进行专题调研，撰写《关于进一步加强浮梁古村落保护和开发》调研报告，并在市政协第十一届五次会议上作大会发言。2010 年，组织农业专家会员先后考察瑶里休闲农业观光区、金竹山寨休闲农业基地、鹅湖镇千亩茶园、王港乡千亩杨梅基地，提出《浮梁休闲农业发展战略和发展规划》。

社会活动

公益活动　1986—2010 年，民进市委会组织会员参与各项社会公益活动。1991 年 5 月 17 日，全国第一个"助残日"前夕，民进市委会在昌河飞机制造厂向该厂及为民瓷厂、雕塑瓷厂、新村街委的 50 位残疾人进行慰问演出并赠送磁化杯。是年，创办昌南经济技术开发设计研究所，完成技术开发 12 项、技术转让 2 项。1996 年 2 月 29 日，组织文艺界会员，并邀请市歌舞团部分演职人员，在乐平市观峰乡杨家村组织文艺演出，节目有歌曲、乐器独奏、舞蹈、小品、戏曲等，演出 4 个小时，观众数千人。1997 年 1 月 29 日春节前夕，组织市书法协会中的民进会员到扶贫点浮梁县兴化村，带去冬衣、红纸和笔墨，为贫困户送温暖，为每家每户写春联。1998 年 6 月，特大洪水侵袭景德镇市，民进市委会负责人和机关干部及时走访受灾会员，送去慰问金。

2007 年 6 月 1 日，组织会员到浮梁县黄坛乡操村，开展新农村建设帮扶活动。会员俞海青出资 6000 余元购买书包和体育器材捐给操村吴家小学；兰金初捐出 4000 元为村委会增添文化用品；教授任瑞华当场捐助 1000 元。民进会员书画家为操村祠堂作一幅长 300 厘米、宽 200 厘米的油画《麒麟送子》。晚上免费放映电影 2 场，景德镇电视台和《景德镇日报》专门对此进行报道。2008 年，"5・12"汶川特大地震发生后，民进各级组织和广大会员共筹集 63 万余元汇入灾区，一批大师、教授、艺术家纷纷捐出自己的作品，举行慈善拍卖会，共筹款 55.86 万元。任瑞华先后为支持北京残奥会和四川汶川地震救灾捐献作品 10 余件，其中《千年沧桑》价值逾百万元。是年，境内发生冰冻雨雪灾害，民进市委会共筹资 4000 余元走访慰问操村特困户，给特困户村民送温暖。会员孙丽萍先后资助失学儿童和贫困大学生多名，并为鄱阳县乡村基础工程建设捐款，还向汶川地震灾区捐款5万元。

2010年8月27日,民进市委会在昌江区丽阳镇举办送文化、送科技、送温暖下乡活动。会员中的企业家、人大代表、政协委员捐出2万余元资助丽阳镇受水灾的困难户和贫困户。是年,文化支部和陶瓷学院支部组织会员参与“洪水无情人间有爱”等义拍义卖作品活动,共捐赠作品13件。

办学助学　1985—2010年,民进市委会每年“六一”儿童节期间,都要组织会员开展捐资助学活动,共为山村小学捐款捐物20余万元。1985年,民进市委会创办瓷都业余大学,并与武汉大学联合办教学班,颁发文凭,与景德镇陶瓷职工大学联合办学,共培养学生200余人。

1988年7月,举行瓷都业余大学办学3周年纪念大会,全国人大常委会副委员长、民进中央主席雷洁琼和民进中央发来贺电,民进中央副主席楚庄,省政协副主席、民进省委会主委金立强,汉江大学校长,市人大常委会、市政府、市政协等领导参加会议。1991年,创办市业余英语学校,开设初中班4个,学员120人。1992年,设初、高中班4个,学员110人。

2008年,会员余春霞个人捐资2万元,资助考上复旦大学的学生。2010年4月10日,民进市委会组织开展“阳光伴你同行”捐赠课桌椅公益活动,向昌江区丽阳镇余家希望小学捐赠30套课桌椅和书柜,价值3万余元。在“六一”儿童节之际,组织民进景德镇高等专科学校支部在余家希望小学开展关爱留守儿童活动,向留守儿童赠送3000元的体育用品。是年,民进市委会副主委黄焕义将陶瓷作品拍卖所得款20万元捐给省民进助学帮困基金会。2008—2010年,民进景德镇陶瓷学院支部配合民进省委会组织的“1%”活动(倡议爱心单位和个人捐献年收入的1%,建立专项助学基金,用于救助贫困学生,援建贫困学校,促进贫困地区教育事业发展),每年帮助景德镇陶瓷学院10名贫困学生获得社会捐助。

联谊纪念活动　1991年,民进市委会在昌南设计所制作的明清景德镇御窑厂示意图模型,在市龙珠阁大厅对外展出。6月,中央电视台《中国一绝》摄制组到龙珠阁拍摄御窑厂模型,并向国内外播放。是年,邀请中国民主促进会中央副主席、书法家赵朴初为龙珠阁题字,制成“龙珠阁”匾牌高悬在龙珠阁上。1995年12月,开展纪念中国民主促进会成立50周年暨民进景德镇市委会成立10周年活动,召开纪念中国民主促进会成立50周年大会,举办陶瓷美术书画作品展,展出精品200余件。

2005年,开展纪念中国民主促进会成立60周年系列活动,举办座谈会;举行歌曲、戏曲、小品等文艺节目演出;参与民进省委会举办的“江西民进20周年书画摄影作品展”,送展陶瓷、书画作品14件。是年,在景德镇国际陶瓷博览会期间,组织“民进展厅”在中国陶瓷园展出,参展陶瓷艺术精品49件。2007年,民进会员鹤云陶瓷厂厂长杜进企在庐山参加民进企业家联谊会,并赠送陶瓷礼品100套。2008年,举行纪念中共中央“五一口号”发布60周年活动,参与民进省委会举办的纪念“五一口号”发布60周年“同心杯”知识竞赛,民进会员余轩宇获一等奖。是年,开展纪念改革开放30周年系列活动,召开纪念改革开放30周年座谈会;与中共市委统战部、景德镇高等专科学校联合举办“纪念改革开放、弘扬传统文化”大型公益演出校园行活动。2009年,举行庆祝新中国成立60周年笔会暨会员艺术作品展,民进会员书画家60余人参与挥毫作画,笔会现场创作作品55幅,集体创办两幅大型瓷板画《繁花似锦》《和平之春》,共展出陶瓷艺术作品60幅。2010年,在上海世博会期间,与民进省委会联合举办景德镇陶瓷展,挑选会员优秀作品参展。

第五章　农工党市委会

1985年3月28日,中国农工民主党景德镇市委员会(简称农工党市委会)成立,有党员35人。3月,经农工党江西省委批准,召开第一次党员大会,选举产生农工党景德镇第一届委员会。1986—2010年,农工党景德镇市委会共召开6次党员大会,并进行换届,基层组织发展到13个,有党员167人。农工党市委会在加强自身建设的同时,认真履行参政议政职责,围绕经济建设、医疗卫生、公共交通等方面进行调查研究,提出建议和提案。在开展扶贫助学、社会服务和社会公益活动中,发挥了重要作用。

第一节 党员大会

农工党景德镇市第一次党员大会

1985 年 3 月 28 日，召开农工党景德镇市第一次党员暨农工党市委会成立大会，出席会议党员 35 人。大会选举产生第一届委员会，委员 7 人，副主任委员王泽田、贺恒伟，秘书长陈名正。

农工党景德镇市第二次党员大会

1989 年 12 月 14—16 日在市政协会场召开，出席会议党员 92 人。会议听取和审议贺恒伟代表农工党景德镇市第一届委员会所作的题为《统一思想，振奋精神，为建设有中国特色的社会主义祖国努力奋斗》工作报告，选举产生第二届委员会，委员 15 人，候补委员 4 人，常务委员 9 人，主任委员贺恒伟，副主任委员陈名正、陈耀光、刘骅，秘书长王祖庆。

农工党景德镇市第三次党员大会

1994 年 12 月 27—28 日在市政协会场召开，出席会议党员 106 人。会议审议通过贺恒伟代表农工党景德镇市第二届委员会作的工作报告，选举产生第三届委员会，委员 15 人，主任委员刘骅，副主任委员王祖庆（兼秘书长）、侯一波、曹柏林。

农工党景德镇市第四次党员大会

1999 年 12 月 23—24 日在市政协会场召开，出席会议党员 120 人。会议审议通过王祖庆代表农工党景德镇市第三届委员会所作的题为《坚持中国共产党领导，发挥参政党作用，沿着有中国特色社会主义道路迈向新世纪》工作报告，选举产生第四届委员会，委员 15 人，主任委员王祖庆，副主任委员侯一波、曹柏林、余少良。

农工党景德镇市第五次党员大会

2004 年 11 月 28—29 日在市政协会场召开，出席会议党员 148 人。会议审议通过王祖庆代表农工党景德镇市第四届委员会所作的题为《与时俱进，参政议政，为实现我市经济重镇，旅游都市目标而努力奋斗》工作报告，选举产生第五届委员会，委员 16 人，主任委员王祖庆，副主任委员余少良、王采、周景俭、占迎春，秘书长盛亚群。其间 2008 年 2 月，余少良因工作调动辞去副主任委员职务，增补盛亚群为副主任委员。

农工党景德镇市第六次党员大会

2010 年 1 月 6—24 日在景德镇大酒店召开，出席会议党员 167 人。大会审议通过农工党景德镇市第五届委员会所作的工作报告，选举产生第六届委员会，委员 17 人，主任委员王祖庆，副主任委员王采、周景俭、占迎春、盛亚群（兼秘书长）。

第二节 自身建设

组织建设

1983 年，农工党景德镇市支部委员会成立，有党员 5 人。1985 年，农工党景德镇市委会成立，有基层小组 5 个，党员 35 人。1986 年，农工党景德镇市委会有基层支部 11 个（含乐平县 1 个支部），党员中有担任县级领导的 2 人。1987 年 5 月 9 日，内设办公室和咨询服务办公室，1988 年新增行政编制 1 人。1989 年，有基层支部 14 个，党员 92 人。1994 年，有基层支部 11 个，党员 106 人。1995 年，农工党市委会分期分批对基层支部进行调整换届，指导市科技、第二人民医院、第三人民医院、昌江区、市皮肤病防治所和妇幼保健院等支部完成换届工作，发展新党员 7 人。1997 年 10 月 16 日，职业病防治所支部成立，发展新党员 6 人。1999

年,有基层支部12个,党员120人。2004年,有基层支部13个,党员148人。2006年,发展新党员8人,共有党员154人。2007年9月,农工党市卫生防疫站支部、职业病防治所支部合并为一个支部,并进行换届,发展新党员6人。2008年,市第三人民医院、文艺、直属、乐平市4个支部分别进行换届,市科技支部更名为景德镇陶美支部,发展新党员6人。

2009年,农工党市疾控中心支部被农工党中央评为组织工作先进基层支部。2010年,农工党市委会内设办公室、组宣科、社会咨询服务科,有基层支部13个,党员167人。农工党景德镇陶美支部被农工党中央评为2007—2009年社会服务工作先进基层组织,王采被评为先进个人。

2009年2月至2010年12月,担任副地级领导1人、县级领导4人、科级干部6人。2010年,农工党党员中有省人大代表1人、省政协委员2人、市人大代表1人、市政协常委3人、市政协委员19人、县(区)人大常委1人、县(区)人大代表3人、县(区)政协常委1人、县(区)政协委员22人。

思想建设

1987年,农工党市委会组织全体党员到支老服务点瑶里乡参观学习,瞻仰新四军留守处和陈毅元帅办公旧址,进行爱国主义和社会主义的革命传统教育。1990年3月8日,国际"三八"妇女节,召开女党员座谈会,组织学习中共中央〔89〕14号文件及《人民日报》社论。5月15日,学习农工党省委会第六届三次全委会会议精神。1991年1月9日,组织各支部、直属小组学习中共十三届七中全会的精神和《人民日报》元旦社论。7月10日,组织各支部、直属小组学习江泽民"七一"讲话。1997年3月4日,召开主委办公扩大会议,认真学习《人民日报》2月25日社论。1998年2月12日,召开农工党市委会扩大会议,组织学习江泽民在中共中央召开党外人士座谈会上的重要讲话。按照"中共中央关于在全党深入学习邓小平理论"的通知要求,利用主委办公会、机关学习日、支部组织生活等各种形式,深入学习《邓小平文选》《邓小平建设有中国特色社会主义理论学习纲要》《邓小平新时期统一战线理论学习纲要》。年内,组织学习中共十五大,十五届二中、三中全会会议精神和江泽民在中共十一届三中全会20周年纪念大会上的重要讲话。

2006年,组织学习贯彻中共十六届六中全会精神,学习《江泽民文选》和新时期统战理论,引导农工党党员树立大局意识、忧患意识、责任意识及历史使命感。从2006年起,农工党市委会每周二组织机关干部学习政治理论。2007年5月1日,结合农工党中央及省委会政治交接学习教育活动,组织全体党员学习中共十七大精神、农工党章程、党史、统战理论及时事政治。2009年,组织学习中共十七届四中全会精神和胡锦涛重要讲话精神,开展《六个"为什么"——对几个重大问题的回答》一书的学习活动,撰写心得体会,开展全国"100位为新中国成立作出突出贡献的英雄模范人物"和"100位新中国成立以来感动中国人物"评选活动。2010年,结合农工党成立80周年及省委会开展的"守信仰、强信念、树信心、增信任"主题教育活动,农工党市委会下发学习资料到支部,组织各支部党员撰写心得体会,开展心得体会交流活动。

第三节 主要活动

参政议政

提案建议　1988年,农工党市委会委员朱远兴《关于从市区至三院开辟一条小公共汽车线路的提案》被有关单位采纳实施。1996年,在市政协八届五次全委会上,主任委员刘骅以"关于农村卫生工作的几点建议"为题作大会发言。1997年,在市政协八届六次全委会上,常务副主任委员兼秘书长王祖庆以"关于我市卫生事业改革与发展的建议"为题作大会发言。1998年,在市政协九届一次全会上,农工党市委会常务副主任委员王祖庆以"加强领导,确保投入,强化管理,促进我市卫生事业的健康发展"为题作大会发言。

2000年,在市政协九届三次全会上,农工党市委会主任委员王祖庆以"在我市发展和完善合作医疗工作亟待加强"为题作大会发言。2001年,在市政协十届一次全会上,主任委员王祖庆以"关于我市卫生监督体系改革的现状与对策"为题作大会发言。2002年,刘松盛委员撰写18份提案,创市历届历次政协会议的记录,并连续两年获优秀提案奖。2004年,在市政协十届四次全会上,主任委员王祖庆以"加强领导,统一认识，确保投入，切实做好我市新时期农村卫生工作”为题作大会发言。2005 年，在市政协十届五次全会上，农工党市委会副主任委员王采以“关于我市农田水利基础设施现状及发展对策”为题作大会发言。

2006 年，在市政协十一届一次全会上，农工党市委会《如何解决人民群众看病难、看病贵的建议》作为书面发言材料交大会交流。艾伟民委员《关于加大医疗卫生投入，缓解群众看病贵的建议案》《关于为城镇退休下岗职工建立基本医疗保险的建议案》，袁国庆委员《关于加强城镇居民医疗保险问题的建议案》，受到中共市委、市政府及有关部门的重视和采纳。2007 年，副主任委员周景俭《关于加快社区卫生服务体系建设缓解人民群众看病难的建议案》，在政协十一届二次会议作书面交流。盛亚群《关于加强公交车管理的建议案》被市政协十一届二次会议评为优秀提案。

2008 年，盛亚群《关于城市建设及旧城改造严格按规划实施的建议案》《加强我市农村计划免疫工作的建议案》分别被列为市政府、市政协重点提案。2009 年，在市政协十一届五次会议上，副主任委员詹迎春《提升执法水平做好计生工作》，董根田《谈对农村普法的一点建议》《关于缓解广场北路交通压力的建议》分别作为书面交流材料和重点提案。2010 年，在市政协十一届五次会议上，农工党市委会《关于加强我市农村计划免疫工作的建议案》被评为优秀提案；詹迎春《提升执法水平加强计生工作案》被农工党省委会采用作为提案提交省政协十届三次会议，并被列为重点提案。是年，董根田《关于国家历史文化名村——严台村亟须保护案》被农工党省委会采用，作为集体提案提交省政协十届三次会议，市政府拨付 30 万元用于修复当地古油坊。

调查研究　1996 年 6 月 18—20 日，农工党市委会组织党员到市第一、第二、第三人民医院开展医德医风的专题调查，写出《关于我市医德医风状况的调查报告》。8 月 10 日，主任委员刘骅在市委统战部召开的座谈会上作调查发言。1999 年，开展国有企业改革与发展、全市经济环境、农村卫生状况等调研活动，撰写《关于我市国有企业改革与发展的建议》《关于改善我市投资环境的建议》《在我市发展和完善合作医疗工作亟待加强》3 篇调查报告，受到市政府、市政协领导重视，并批转有关部门组织实施。

2002—2005 年，组织党员深入社会、医院、农村进行专题调研，撰写《关于我市卫生监督体制改革的现状和对策》《关于在我市建立大型综合性医院的建议》《为发展民营经济提几点建议》《对多党合作面临的新情况、新问题的思考》《关于我市农田水利基础设施现状及发展对策》《论民主党派参政能力建设》等调研报告和论文，得到市委、市政府及有关部门的重视和采纳。

2006 年，组织对民营企业德宇集团“公司 + 农户”模式进行调研，撰写《以科技创新为动力，以基地建设带动农民致富》的调查报告；对农民工进城务工进行调研，撰写《中国经济转型对农民工影响》的调查报告并上报农工党省委会，主任委员王祖庆撰写的《打开新农村建设的瓶颈》在江西省《光华时报》上发表。2007 年，农工党市委会组织专题调研，向农工党省委会提交《科学改善农村金融环境，积极繁荣农村金融市场》的调研材料。2008 年，组织开展《民主党派基层组织建设研究》调研活动，并形成调研报告；撰写的《进一步加强农村卫生基础设施和卫生队伍建设，积极建设新型农村合作医疗制度》调研报告，在农工党省委会调研课题招标中得一类标。2009 年，撰写《国家历史文化名村——严台村的历史文化生态资源急需实施全面保护和开发利用》《思想政治建设问卷调查情况分析与思考》等调研报告提交农工党省委会。开展“我为金融危机献一策”调研活动，撰写《金融危机袭来，政府如何有效应对》《迎接时代挑战，加强素质教育》《中国应对全球金融危机的策略》3 篇调研报告，被选编至《景德镇市统战系统为金融危机献一策》一书。

社会活动

社会服务　1985—1989 年，农工党市委会创办光明中医函授大学景德镇辅导站，招收学员 113 人，毕业 43 人。组织党员医务人员送医下乡、下厂、下校 26 次，为群众义诊共 2214 次。1987 年，创办前进咨询服务部，完成科技咨询项目 4 项，参加活动的成员 68 人次。1988 年，每月到市老干部活动中心为全市离退休老干部进行保健咨询服务。是年，创办市前进医药服务站。

1990—1994 年，组织党员医务人员义诊，受益人数达 5159 人次，创办农工党医疗门诊部，采取送医药下农村、工矿企业、事业单位，为老区农民、小学教师和煤矿工人防病治病，并且定期到学校为学生体检。

1995—1999 年，组织党员医务人员下乡为民服务义诊、送医送药，诊治病人 5600 余次，X 线检查 500 余人次,B超检查200余人次,显微镜检查200余人次,并在农村卫生院实施5例手术。1996年6月1日国际儿童节,组织市第十一小学与荷塘乡小学开展“一帮一、手拉手”结对子活动,向荷塘乡小学捐校服48套,捐款1130元,帮助3名特困失学儿童重返课堂。1998年,境内遭受百年未遇的特大洪涝灾害,农工党市委会先后6次组织市第一、第二、第三人民医院支部党员专家医疗小分队,赴浮梁县江村乡,昌江区吕蒙乡、鲇鱼山镇、荷塘乡开展义诊,送医送药,防病防疫,共诊治病人2100人次。参加市卫生局组织的赴鄱阳农村赈灾工作,农工党市委会抗洪赈灾工作被市电视台作专题报道4次。1999年,科技支部组织党员与浮梁县瑶里镇小学结成对子,开展“一帮一、手拉手”联谊活动,捐资1000元,赠送图书、文具、衣物等学习生活必需品。

2000—2004年,组织农工党员医务人员在10个乡镇开展义诊、送医送药,共有120人次参加,诊治患者1200人次,免费送药1.35万元。2001年,科技支部为瑶里镇小学上示范课3节,捐款2000元并送去教学文具、衣物,带去的4名学生还与该校贫困学生“一帮一结对子”。2003年12月19日,农工党市委会和红十字会、市健康教育馆组成小分队,赴浮梁县臧湾乡开展捐赠、义诊、健康教育宣传活动,诊治患者85人,免费赠送药品,发放健康宣传资料100余份,并为马家小学师生赠送5000余元的棉衣、毛衣和旅游鞋。

2005年1月15日,组织20余人赴浮北勒功乡开展“心连心三下乡”慰问活动,市第三人民医院支部医学专家开展义诊,接待诊治120余人,涉及内科、妇科、儿科、五官科,发放药品500余元。工艺美术大师和书法家现场为乡亲书写春联400余幅。歌手和乡领导、中学老师同台演唱。

2006年年初,农工党市委会联合中共市委统战部组织医疗专家和美术大师赴浮梁县江村乡开展三下乡送温暖活动,义诊300余人次,送药品2000余元,为村民写春联300余份。4月上旬,组织内、外、儿、妇、五官科专家赴浮梁县勒功乡进行义诊,诊治患者300余人。11月中旬,组织科技支部医疗专家、陶美界大师20余人赴浮梁县经公桥镇送文化、送卫生下乡,义诊患者200余人次,并为离退休人员进行健康体检。陶美大师绘出20幅反映社会主义新农村建设面貌的国画。科技支部被农工党省委会授予社会服务工作先进支部称号。

2008年,在抗击冰冻灾害中,农工党员王学民参与救治10余名伤者,被农工党省委会评为抗冻救灾先进个人。在“5·12”汶川地震发生后,农工党市委会号召全体党员奉献爱心,捐款1.87万元。吴集才参加江西省第四批赴四川抗震救灾医疗卫生队景德镇市卫生防疫分队,并担任队长,做好灾区卫生防疫工作,被卫生部、国家食药监局等4个部门联合授予全国抗震救灾医药卫生先进个人称号,被省卫生厅授予全省卫生系统抗震救灾先进个人称号。是年,组织医卫界的专家党员与陶美艺术家党员开展2次大型“三下乡”活动。共接待就诊群众近千人,提供B超、血常规等项目检查百余人,发放药品价值近万元,赠送书画作品15幅。2009年,组织内、外、儿、妇、中医等科的10余名专家党员到浮梁县蛟潭镇开展送医送药下乡活动,全年共接待就医群众600余人,成功实施胆囊切除手术2例,发放药品价值千余元。1986—2010年,农工党市委会组织开展慰问捐赠活动20余次,组织会员捐款捐物累计35万余元。

联谊纪念活动 1988年中秋前夕,农工党市委会召开三胞工作座谈会,开拓海外联谊活动。1991年4月18日,组织各支部、直属小组开展“庆祝中国共产党成立70周年纪念”活动。1994年“九九”重阳节,组织离退休老党员在市雕塑瓷厂明清园参观游览。

1995年,召开纪念抗日战争胜利50周年暨中国农工民主党成立65周年座谈会。1997年12月25日,荷塘建场40周年场庆日,农工党市委会出资邀请乐队,并由文艺支部成员和科技支部组织市第十一小学部分学生一道登台演出进行祝贺。

2000年8月9日,召开纪念中国农工民主党成立70周年座谈会,学习《纪念中国农工民主党成立70周年宣传通稿》,畅谈中国农工民主党70年来与中国共产党通力合作,为民族解放和社会主义建设奋斗的历史。同年,开展“我与改革开放三十年”“我想对党说句话”征文活动,组织“纪念改革开放30周年”座谈会及“陶瓷美术创作笔会”。在征文活动中,刘松盛的文章选登农工党省委会的《学习与工作》杂志。2010年12月31日,召开纪念中国农工民主党成立80周年暨迎新座谈会,总结参政议政工作心得体会,并就如何更好地开展参政议政、社会服务工作进行交流。是年,组织部分担任政协委员的党员、艺术大师组成文化艺术交流团,赴农工党湖北省委会开展交流活动。

第六章　九三学社市委会

1985年，九三学社景德镇市小组成立。1987年，九三学社江西省直属小组成立，社员发展到12人。1988年9月，九三学社景德镇市支社委员会成立。1989年，九三学社景德镇市委员会成立（以下简称九三学社市委会）。设市区第一小组、市区第二小组、景德镇陶瓷学院小组、轻工业部陶研所小组。至2010年，共召开5次社员大会，基层组织发展到6个，社员111人。社员中先后受到社中央表彰的有1人，受到社省委表彰的有5人，获国家级奖励2人，获省级奖励6人次，享受国务院政府特殊津贴3人，享受省政府特殊津贴2人。九三学社市委会在加强自身建设的同时，认真履行参政议政职责，围绕经济建设、陶瓷、农业、医疗卫生等方面进行调查研究，提出建议提案近140件。积极开展社务活动，在陶瓷科研、扶贫助学、服务社会方面发挥重要作用。

第一节　代表大会

九三学社景德镇市第一次代表大会

1989年12月14日在市政府礼堂召开九三学社景德镇市委会成立暨第一次社员大会，出席会议代表29人。会议听取并审议通过敖镜秋代表九三学社省直属小组所作的《九三学社景德镇市委员会成立大会工作报告》，大会选举产生九三学社景德镇市第一届委员会，委员7人，主任委员敖镜秋，副主任委员陈齐达，秘书长江司溉。

九三学社景德镇市第二次代表大会

1996年11月14日在景德镇军分区招待所召开。大会审议通过陈齐达代表第一届委员会所作的题为《坚持党的基本路线，振兴瓷都经济》工作报告，选举产生九三学社景德镇市第二届委员会，委员8人，主任委员陆士荣，副主任委员陈齐达，秘书长洪云。

九三学社景德镇市第三次代表大会

1999年11月21日在合资宾馆召开。大会审议通过第二届委员会工作报告，选举产生九三学社景德镇市第三届委员会，委员9人，主任委员陆士荣，副主任委员沈薇、余勇，秘书长沈薇。

九三学社景德镇市第四次代表大会

2004年11月29—30日在景德镇市宾馆召开，出席会议代表70人。会议审议通过沈薇代表第三届委员会所作的题为《发挥优势，开拓进取，为实现瓷都现代化建设新跨越团结奋斗》工作报告，大会选举产生九三学社景德镇市第四届委员会，委员12人，副主任委员李金有、余勇、李锋。2007年9月28日，在九三学社景德镇市四届十二次全委会上，选举李金有为主任委员。

九三学社景德镇市第五次代表大会

2010年1月6日在景德镇市财政宾馆召开，出席会议代表85人。会议审议通过李金有代表第四届委员会所作的题为《学习贯彻科学发展观，努力加强自身建设，为实现瓷都经济社会又好又快发展作出更大贡献》工作报告，选举产生九三学社景德镇市第五届委员会，委员13人，主任委员李金有，副主任委员余勇、李锋、汪小平、于长征。

第二节　自身建设

组织建设

1985年,九三学社江西省委员会先后在景德镇发展陈齐达、傅尧笙、时钟秀3名社员,成立九三学社景德镇市小组。1987年,成立九三学社江西省直属小组,社员发展到12人。1988年9月,九三学社景德镇市支社委员会成立。是年,相继成立市区第一小组、市区第二小组、景德镇陶瓷学院小组、轻工业部陶瓷研究所小组,成立科技服务部,社员发展到24人。1989年,九三学社景德镇市委员会成立,社员发展到31人,其中副高以上职称有16人、研究员级1人,省政协委员1人,市政协常委2人、委员5人,区政协委员1人,浮梁县副县长1人。

1990年8月19日,成立市区、景德镇陶瓷学院、轻工业部陶瓷研究所3个支社。1994年,成立九三学社科技服务部。8月16日,成立浮梁直属小组。1996年,社员发展到56人,其中副高以上职称社员31人、省政协委员2人,市、县人大代表2人,市政协委员8人,县、区政协委员9人,副县长1人,县级机构单位副院长2人。1997年6月11日,成立卫生支社。1999年,社员发展到64人,其中科技界别17人,副高以上职称社员37人。

2003年1月10日,成立浮梁支社。2004年,社员发展到84人,其中副高以上职称社员55人,省人大代表1人,省政协委员1人,市人大代表2人,市政协委员11人(常委4人),县、区政协委员12人(常委4人),区人大代表1人(人大常委会副主任),市特邀监察及行风评议员3人。2005年1月,成立妇女工作委员会。2007年,成立乐平直属小组。

2010年3月,成立乐平直属支社。至年底,九三学社共有市区支社、景德镇陶瓷学院支社、轻工业部陶瓷研究所支社、卫生支社、浮梁支社、乐平直属支社6个基层组织。设办公室、参政议政部、社会科技服务部、妇女委员会、老龄委员会、文体工作委员会。社员发展到111人,平均年龄52岁。其中副高以上职称68人,女社员35人,省人大代表1人,省政协委员1人,市政协委员15人(常委6人),县、区人大常委1人,县政协委员13人(副主席2人、常委1人),1人担任市人大常委会副主任,2人担任市级政府部门实职领导,2人担任县(市、区)政府实职领导,2人担任县政协副主席,13人担任政府各类特约特邀人员。

思想建设

1991年,组织学习江泽民“七一讲话”及“努力开创农业和农村工作新局面”的重要社论,要求社员通过学习认清民主党派工作的新任务。1992年,组织学习邓小平南方谈话,明确在新形势下将经济建设搞上去必须转变观念、科技工作是第一生产力的道理。

1993年,组织学习中共十四届三中全会文件。1995年,学习中共十四届五中全会精神,号召社员以“搞好经济建设、科技兴市”为主题,积极参政议政。1997年,组织九三学社市委会委员及各支社座谈学习中共十五届一中全会精神。

1998年,组织学习中共十五届二中、三中全会精神。1999年,组织学习中共十五届四中全会决定和关于“三讲”(讲学习、讲政治、讲正气)教育的一系列文件,开展对以美国为首的北约轰炸中国驻南联盟大使馆、李登辉分裂祖国言论声讨活动。2000—2005年,组织全社社员围绕中共十六大精神,开展各类专题报告会、座谈会、学习会。

2006年,组织社员学习九三学社中央委员会关于开展践行“八荣八耻”树立社会主义荣辱观活动的精神,号召全体社员向全国科技工作者的杰出代表、知识分子的先进楷模王选学习。2007年9月至2008年10月,开展以“坚持走中国特色社会主义政治发展道路”为主题的政治交接学习教育活动,并涌现出九三学社先进人物杨佳和刘瑞玉。

第三节　主要活动

参政议政

提案建议　1989—2010年,九三学社市委会领导参与中共市委、市政府、市政协和中共市委统战部召开的各种形式的民主协商会、座谈会和情况通报会,就《政府工作报告》、党风廉政建设、重大事项等进行协商,提出意见和建议。担任省、市、县人大代表,政协委员的九三学社社员认真履行职责,积极参政议政,在各级人大、政协会上提出议案、提案200余件。1989年,《推广杂交水稻和引种玉米》的建议得以采纳,浮梁县当年晚稻比1988年增产1.30倍,试种的1.60公顷玉米也获大丰收。《提高景瓷质量的途径》《景市陶瓷行业引进设备的问题和建议》,一篇发表在《景市政协》,另一篇被省轻工业厅以文件形式转发。1994年,敖镜秋、陈齐达等委员《适应市场经济发展我市陶瓷》《关于大力宣传贯彻〈农业法〉〈农业技术推广法〉保护和发展农业》提案得到逐步落实。

1998年,陈齐达《兴建浯溪口水电枢纽,改善瓷都城市防洪供水案》为城市防洪决策起到重要作用,陈齐达也多次被邀请参加市防洪建设的讨论会。九三学社市委集体提案《重视企业改革主体培育、促进陶瓷改革的健康发展》被中国政策科学研究会等3家单位资料库收编。2004年,《景德镇陶瓷展览业发展战略思考》《找准与国际陶瓷技术交流与合作的切入点》在市政协大会发言材料上,获中共市委书记批示。省政协委员沈薇《关心失地农民、维护农村稳定》提案,被列为省政协一号重点提案,获中共省委副书记彭宏松批示。

2002—2010年,被定为市政协优秀提案的有《规范展销市场、维护瓷都声誉》《建立农产品信息网、为农业结构调整服务》《建议调整5路支线公交车运行安排》等;被定为市政府重点督办的提案有《建立及完善公益性事业收费调价听证会制度》《适时将城郊失地农民纳入社保体系案》等;被定为市政协督办的提案有《关于在公共场所设置电视大屏幕》《关于整顿医疗市场的建议》《加强对一江两岸防洪工程管理的建议》《关于加强昌江河渔资源保护的建议》《关于对全市陶瓷矿产资源进行整合的建议》等。

调查研究　1995年,《浮梁县节水规划》等3项有关水电方面的改造规划和调查报告得到浮梁县政府的重视和采纳。1999年,《加快我市农业产业化进程》的调研报告作为政协大会发言材料。2001年,《以科技创新推动我市经济发展》的调研报告作为政协大会发言材料。2004年,《稳定农业科技人才,迎接农业现代化》的调研报告被确定为省政协九届三次会议大会发言和提案材料。2005年,《企、技、银三结合,推进农业产业化经营——对浮梁县粮食订单生产成功典范的调查与思考》《景德镇陶瓷人才的现状及思考》两篇调研报告被九三学社省委采用。2006年,《大力发展农村社会文化事业,提高农民整体素质——对景德镇市新农村建设试点村的调查报告》被九三学社省委采用。2009年,《适时建立农村社会养老保险体系,逐步实现城乡协调发展》的调研报告作为政协大会发言材料。

社会活动

社会服务　1989年,九三学社市委会科技服务部与江西大学化学系合作开发稀土陶瓷颜料;为吉安吉州窑瓷厂提供新的原料配方和工艺,分析和解决吉州窑瓷厂的产品质量问题,培训青花花纸制作技术人员;支援甘肃敦煌地区,提供技术服务,完成敦煌地区原料成瓷试验;为景德镇市发展新型陶瓷提供生产技术和为科研成果争取项目和资金,助推景德镇成为新型的陶瓷基地。1990年,因国民经济治理整顿,陶瓷行业发展受到一定的影响,九三学社市委会原主任委员敖镜秋和其他几位社员开发新型陶瓷产品,取得初步成果。项目受到省科委的重视和支持,确定为“八五”科技攻关课题,拨款700万元,开发17个新产品,至1993年,形成年产值达1.80亿元的生产规模,改善了景德镇陶瓷产品结构。

1991年4月26日至5月7日,九三学社市委会组织医务界的成员赴景德镇陶瓷学院,为中老年讲师、副教授、教授及管理干部204人进行体格检查,根据检查结果,提出保健措施、治疗方案,帮助陶瓷学院建立健康档案。1993年,敖镜秋主持和负责中华人民共和国成立以来陶瓷行业第一个国家级重点“八五”攻关项目。1994年,浮梁县晚稻发生大面积虫灾,社员、副县长陈齐达现场处理灾情,经救灾,为县里挽回粮食1000

余千克。1998年,九三学社市委会为浮梁县王港乡坑口小学和瑶里村4名贫困山区学生捐资2000元,帮助他们重返校园。是年洪灾期间,九三学社浮梁直属小组社员赴灾区指导和参与抗洪救灾,全体社员共为灾区捐款5000余元,捐衣物110余件。

2002年,轻工业部陶瓷研究所和市卫生支部社员在景德镇市开展的"瓷都烈士陵园修建社会自愿募捐活动"中,共捐款1200元。2003年,抗击"非典"中,九三学社从事科技和医学研究的社员参与"非典"的防治工作。2005年4月17日,组织市第一人民医院支社、浮梁支社社员赴浮梁蛟潭镇开展医疗、文教、科技"三下乡"服务活动,为农民免费诊治200余人,发放药品价值700余元,现场为农民进行农业技术指导、咨询及农业实用技术展示。是年,市九三学社社员捐资2500元援建"许德珩希望小学"。2007年11月10日,九三学社市一院和浮梁支社组成医疗队科技服务队,赴昌江区鱼山镇为当地村民诊治200余人,免费发放药品价值1500元。

2008年,组织社员赴罗家中学、浮梁县兴田乡锦里小学慰问老师、学生,捐赠价值千元的体育用品和学习用品。为四川地震灾区捐款7000余元,九三学社市委会社员还通过红十字会、慈善总会等多种渠道积极捐款捐物,为地震灾区捐款捐物价值5万余元。在每年瓷都统一战线"圆梦行动"捐资助学活动中,社员先后捐资近20万元帮助家境困难的大学生。2009年10月,开展"三下乡"活动,组织知名医疗专家、高级农业科技人员赴乐平市乐港乡,为农民普及畜牧业养殖、瓜果种植技术等科普知识,发放科普书籍120本,为村民免费诊治150人,发放药品价值近千元。

2005—2010年,每年坚持开展"三下乡"服务,先后为浮梁县臧湾乡、蛟潭镇、鹅湖镇、王港乡,昌江区鱼山镇,乐平市乐港乡等地的群众义诊1700余人次,免费发放药品价值1.80万元,提供农业技术咨询,免费发放各类农业技术资料3500余份。

纪念活动 1993年,开展毛泽东100周年诞辰纪念活动。1997年,组织社员开展香港回归知识竞赛。1999年,组织社员参加庆祝新中国成立50周年和人民政协成立50周年而举办的"爱我瓷都,争做贡献"和"澳门回归知识竞赛"活动。2005年,开展纪念九三学社成立60周年系列活动,参与九三学社中央开展的"征集九三学社建社60周年纪念徽章"活动,共收到设计徽章作品4幅,从中筛选出2幅参加评选;由社员设计制作"纪念九三学社成立60周年礼品盘",礼品盘以九三学社成立所在地重庆饭店为背景图案,采用景德镇传统青花工艺制作而成;制作"庆祝九三学社成立60周年礼品瓷"1200套;召开庆祝九三学社成立60周年座谈会。2008年,开展纪念改革开放30周年系列活动,举行座谈会,与市电视台联合录制专题片。

2009年,开展纪念中华人民共和国成立60周年系列活动,召开庆国庆、迎中秋茶话会;组织社员参与九三学社省委会组织的庆祝中华人民共和国成立60周年征文活动,诗歌《叩响希望之门》、美术作品《中国走在大路上》,散文《又是稻穗飘香时》均在《江西民主与科学》杂志上发表;组织社员参与中共市委统战部组织的庆祝中华人民共和国成立60周年"团结进步、和谐发展"演讲比赛,获三等奖。2010年,开展纪念中共建党90周年、辛亥革命100周年活动,组织社内书画家参与纪念中共建党90周年、辛亥革命100周年书画创作与展出。

第二十九篇　社会团体

第一章　工　会

1986—2010年，景德镇市总工会召开4次职工代表大会，并进行换届。全市各级工会组织重视保护工人利益，建立职工代表大会制度，实行民主管理，落实职工的知情权、参与权、表决权和监督权，维护职工合法权益。组织开展各类劳动竞赛、技术比武和送温暖活动，帮扶困难职工。积极开展女职工工作，关爱帮扶女职工建功立业，保障女职工权益。制定政府与工会联席制度，协助解决工会发展的有关问题，促进全市经济社会发展。至2010年，全市有基层工会组织1920个，会员35.48万人。全市职工互助保险发展会员单位110个，发展会员6.19万人，保费收入1272万元。

第一节　代表大会

景德镇市工会第九次代表大会

1988年7月26—29日在市百花饭店召开，出席会议代表350人。大会听取审议并通过工会第八届委员会工作报告，选举工会第九届委员会委员39人、经费审查委员会委员7人。第九届一次全委会选举常委9人、主席1人、副主席3人。

景德镇市工会第十次代表大会

1994年12月8—10日在市工人影剧院召开，出席会议代表355人。大会听取审议并通过工会第九届委员会所作的工作报告，选举工会第十届委员会委员41人、经费审查委员会委员9人。第十届一次全委会选举常委7人、主席1人、副主席3人。

景德镇市工会第十一次代表大会

2001年11月14—15日在市政府礼堂召开，出席会议代表257人。大会听取审议并通过工会第十届委员会所作的工作报告，选举工会第十一届委员会委员37人、经费审查委员会委员7人。第十一届一次全委会选举常委12人、主席1人、副主席2人。

景德镇市工会第十二次代表大会

2007年11月15—16日在市星空大剧院召开，出席会议代表260人。大会听取审议并通过工会第十一届委员会所作的工作报告，选举工会第十二届委员会委员37人、经费审查委员会委员9人。第十二届一次全委会选举常委13人、主席1人、副主席3人。

第二节　工会组织

景德镇市总工会

1996 年市总工会获得全国工会基层工作先进市称号

1984 年 1 月,市总工会内设办公室、组织部、宣传教育部、生产保护部、生活保险部、女工部、财务部、财贸文卫农林水工作委员会。1986 年 9 月,增设民主管理部。1988 年 12 月,增设职工技术协作委员会办公室(1997 年 3 月撤销)。1997 年 11 月,设立江西省职工保险互助会景德镇办事处。1998 年 6 月,增设法律工作部。2002 年 8 月,撤销组织部。2003 年 5 月 12 日,恢复经费审查委员会办公室。2003 年 11 月 24 日,设立市困难职工帮扶中心。2010 年,市总工会内设办公室、组织宣传教育部、生活女工保障部、经济技术部、民主管理部、法律工作部、财务部、经费审查委员会办公室,正处级,编制 21 人。直属事业单位有职工科技培训中心(工人文化宫)、职工互助保险办事处、困难职工帮扶中心、职工旅行社。

县区总工会

乐平市总工会　1983 年 10 月,乐平县总工会随行政区划变动归属景德镇市总工会管理。1993 年 11 月,乐平市工会召开第一次代表大会。机关内设办公室、财务部、组织宣传部、生产部,直属事业单位为工人文化宫,下辖 10 个工会工作委员会、201 家基层工会,共有工会会员 1.80 万人。2010 年 9 月,乐平市工会第二次代表大会召开。机关内设办公室、财务部、困难职工帮扶中心、女工部、组织宣传部、生产部、法律工作部、经审办,直属事业单位为工人文化宫。至 2010 年年底,全市建有系统(局、委、办)88 家工会工委、20 个街道乡镇工会、18 家国有企业工会、10 家集体企业工会和 678 家民营(私营)企业工会,工会会员 3.20 万人。

浮梁县总工会　1986 年,浮梁县前身鹅湖、蛟潭两区设总工会。1990 年 3 月,浮梁县工会召开第四次代表大会。1994 年 9 月,浮梁县工会召开第五次代表大会。2008 年 12 月,浮梁县工会召开第六次代表大会。机关内设办公室、女职工委员会、组织宣传部、财务部、经审办、困难职工帮扶中心,直属事业单位有工人文化宫。至 2010 年年底,浮梁县建有基层工会 115 个,工会会员 0.98 万人。

昌江区总工会　1992 年 1 月,昌江区工会召开第一次会员代表大会。辖 19 个基层工会、249 个工会小组,工会会员 0.49 万人。2000 年,全区基层工会发展到 130 家,工会会员 1.50 万人。2003 年 12 月,昌江区总工会成立。至 2010 年年底,区总工会下设 1 个乡镇总工会、8 个工会联合会、88 个机关事业(局、委、办)工会、165 家各类企业工会、39 个村级联合工会、28 个社区工会以及 7 个分场工会。会员 1.45 万人。

珠山区总工会　2005 年 6 月,珠山区工会第一次代表大会召开。机关内设办公室、女工工作部、组织宣传部、法律工作部、基层工作部、民主管理部。至 2010 年年底,全区建有系统(区、委、办)工会工委 31 个、街道工会 9 个、基层工会 457 个(其中非公企业 278 个)以及联合基层工会 355 个(涵盖单位 759 个,其中非公企业 130 个),工会会员 0.91 万人。

园区工会　2006 年 5 月 8 日,景德镇高新技术产业开发区总工会成立。2007 年 10 月 25 日,景德镇陶瓷工业园区总工会成立。

产业工会(工作委员会)

1988 年 6 月,全市建有产业(局)工会 4 家。1990 年 8 月,市房地产管理局工会工委组建。1991 年 7 月和10月，市供销合作社、市商业局分别成立工会工委。1992年11月，市电子工业局成立工会工委。1997年，市交通局成立工会工委。1999年4—5月，市卫生局工会工委、林业局工会工委、机械工业局工会工委相继成立。2003年，市工业国有资产经营公司（市轻化工业局、机械工业局、电子工业局合并组建）工会、市经济贸易委员会工会工委成立。是年，市商业局工会工委易名市商贸国有资产经营公司工会工委。2004年，市公安局工会、市直机关工会工委成立。至2010年12月，乐平矿区、市教育系统、省陶瓷工业公司、市工信委、市建设局、市卫生局、市粮食局、市物资局、市文广局、市商务局的工会工委相继成立。

基层工会

1987年11月，全市第一家乡镇企业工会——市竞红瓷厂工会委员会成立。至1988年6月，全市建有基层工会534家、县区工会4家，会员16万人。1993年，在县（市、区）组建乡镇企业工会试点基础上，建立20家乡镇企业工会。至1993年年底，全市基层工会595家，会员18.21万人。1996—1999年，全市重点抓新经济组织组建工会，先后在70家乡镇企业、50家外商投资企业、36家私营企业组建工会，建会率在70%以上。

进入21世纪，市总工会遵照“哪里有职工，哪里就要建立工会组织”的原则，推进工会组建。2001年4月20日，成立新经济组织工会组建工作领导小组，制订《关于加强新经济组织工会组织建设的意见》。至2002年，全市基层工会组织累计737家。2004年，按全总“组织起来、切实维权”工作方针，加快推进工会组建，基层工会发展到1162家，会员19.70万人。全市52个街道（乡镇）全部成立工会。2005年，市总工会探索建立行业工会组织。12月，市保安行业工会成立，发展会员380人。2006年10月，启动“外商投资企业工会组建百日推进”活动，组建外资企业工会43家。12月28日，昌江区竟成镇总工会成立，成为景德镇市首家乡镇总工会，隶属于昌江区总工会。至年底，全市有工会会员23.53万人，累计发展农民工会员7277人。

2009年，推行“双措并举、二次覆盖”组建工作，市昌江区竟成镇前街村竟成路一条街个体工商户联合工会成立；出租车行业组建工会8家，从业人员入会率为100%。2010年，重点抓好工业园区企业、改制后的新企业工会组建，园区119家企业组建工会，会员2.03万人。至年底，全市基层工会组织1920家，涵盖法人单位3695家，累计发展工会会员35.48万人，其中农民工会员达11.20万人，形成市、县（市、区）、乡镇（街道）、村（社区）四级工会组织网络。

第三节　主要活动

民主管理

民主制度　1988年，全市500余家企事业单位建立职代会制度，其中按规定一年内召开两次职代会的有120家。1990年，选配250名工会干部担任民主管理员，全市民主管理达标单位增加到122家。1991—1992年，全市413家单位提请职代会审查的2109件方案中有324件被否决，职代会质量明显提高。1995—2001年，市总工会相继出台《关于在建立社会主义市场经济体制中加强职工民主管理的意见》《职工代表大会民主评议企业领导干部的实施办法》，为维护职工民主管理提供政策保障。全市实行公司制改造企业有80%的工会主席进入董事会、副主席进入监事会。1998年，落实职代会选举、评议、奖励、罢免厂长（经理）的职权，对全市130余家三类以上国有企业领导进行考核评议。

进入21世纪，职代会制度进一步完善，并扩展到外资企业、乡镇企业、机关和学校。2001—2002年，全市非公企业建立职代会制度及民主管理制度达60%。2002—2008年，巩固与完善公有制企业职代会制度，探索非公企业职代会制度建设途径，落实职工的知情权、参与权、表达权和监督权。2003年，全市有238家企事业单位召开职代会，140家改制方案经职代会审议通过。至2004年，非公百人以上企业职代会制度建制面达85%。2007年，全市非公企业新建职代会制度建制率增至80%。2009—2010年，全市国企改制方案和职工安置方案均经职代会审议通过。2010年，全市实现职代会建制数1871家、区域职代会26家、行业职代会4家。

民主监督　1999年年初，市总工会厂务公开工作领导小组成立。1999年5月，市总工会与市纪委、市经贸委、市劳动局、市财政局联合制发《关于实行厂务公开、扩大企业民主制度的实施意见》,成立市厂务公开工作协调小组,并选择国有大型企业、改制企业和集体企业3种不同类型企业为省、市两级试点单位,把民主评议、干部任免、业务招待费、领导干部廉洁作为厂务公开的重要内容。1999年,全市有41家企业实行厂务公开。2000年,全面实行厂务公开制度。2001年,除434家企业实行厂务公开外,还有90家事业单位实行院(校)务公开。2002年8月,市委、市政府办公室联合发文,规定企业改制方案必须公开,特别是职工安置方案更要及时提交职代会审议通过,未经职代会审议通过的方案不能实施。2003年,厂务公开逐步向非公有制单位延伸。2008年4月,全国"全面推进厂务公开民主管理电视电话会议"后,厂务公开民主管理工作继续向事业单位、改制企业和非公有制企业拓展。7月,全市有344家国有、集体企业和350余家民营企业建立厂务公开民主管理制度。2009年,先后有104家企业改制,将改制方案和人员安置、职工待遇等重大事项全部公开,接受职工监督。至2010年年底,全市累计有350家国有、集体企业和360余家非公企业建立厂务公开、民主管理制度。

民主协商　1994年,市总工会推行平等协商集体合同制度。1995年11月,选择国有企业、外资企业、建立现代企业制度等3种类型的10家企业进行试点。是年12月,市光明瓷厂召开十届七次职代会,厂工会代表全厂职工与企业签订全市第一份集体合同。至年底,有598家企业与14万名职工签订劳动合同,并到劳动部门鉴证。1996—1998年,全市共签订728份集体合同。集体合同把职工养老、医疗、工伤、失业保险和最低工资保障等事项写进集体合同,从源头上维护职工合法权益。1999—2000年,共签订741份集体合同,其中外资企业46家、私营企业53家、区域性或行业性企业13家,首次实现区域性或行业性集体合同的突破。2001年,市总工会要求企业改制、重建工会、签订集体合同做到"三同时",全市99家新建企业签订集体合同,覆盖职工3000余人。2002年,200家新建企业签订集体合同,覆盖职工5000余人。

2006年,推行"劳动合同三年行动计划",累计有911家企业签订集体合同,建制率达68.60%,覆盖职工10.2万人。164家企业推行工资集体协商制度。2009年,继续推进行业性、区域性集体合同制度,扩大对中小企业的覆盖面和实效性。至2010年,全市22.04万名职工签订劳动合同,1660家企业签订集体合同,覆盖职工20.39万人;签订区域性集体合同9份,覆盖企业49家;签订行业性集体合同4份,覆盖企业51家。660家企业建立工资集体协商制度。

参政议政　1991年,协助市政府建立市长联系员制度,从一线工人中选聘30名代表,担任市长联系员,拓宽民主参与地方社会事务管理渠道。是年,市总工会代表职工参与城镇住房制度的改革,向市委呈送《关于我市房改方案出台后有关职工群众反映的报告》并得到采纳。1995年4月,开展"部分困难企业难以落实提高职工粮食补贴"问题专题调查,政府采纳工会意见,当年拨款19万元解决18家困难企业职工粮食补贴问题,惠及2.37万人。1997年,在全市国有企业党建工作会议上,市总工会就保障职工在企业的主人翁地位和维护工会的合法权益分别提出15条意见和12条建议。2000年,市总工会派员参与全市国企改革改制方案联审。2001年,市总工会就下岗职工基本生活保障、离退休人员养老金发放和改制职工合法权益落实等问题,向政府反映职工群众呼声,提出意见和建议。2004年,就企业破产清算、改制资产变现、职工身份置换等问题,代表职工提出意见和建议。2005年,市总工会提出改制企业、安置方案必须提交企业职工代表大会审议的意见。之后,市国企改革和发展领导小组规定,凡报市联审的企业改制方案,必须先行提交企业职工代表大会审议通过。2009年,推进"共同约定行动",承诺可能成为零就业家庭职工、单亲女职工、残障职工、特困家庭职工和劳动模范等五类人员不得裁减,全市参与企业986家,覆盖职工18.20万人。

依法维权　劳动争议调解。1991年,全市37家企业建立劳动争议调解委员会,由职工代表、企业代表和工会代表三方组成,负责调解本企业发生的劳动争议。至1992年,增加到194家,会同有关部门处理46起集体上访和1394件次职工信访。1995年7月,聘任45名工会领导干部为全市首批劳动法律法规监督员。1996年,市总工会成立工会劳动法律监督委员会。至1999年12月,全市共有359家单位建立劳动争议调解委员会,304家单位建立劳动法律监督委员会。1995—2001年,各级劳动争议调解委员会、劳动法律监督委员会参与160起重大伤亡事故调处和劳动法执行情况检查,接待处理职工信访2800件次。2003年,加强工会劳动保障法律监督,1856名劳动争议调解员和1552名工会法律监督员持证上岗,7名工会干部获劳动仲裁员资格。2004 年,建立企业、员工、工会三方协商会议制度。2006 年,实施法律援助 59 件。2008 年,接待信访 800 余人次,化解劳动纠纷 61 件。2009 年,聘请一批执业律师为工会法律服务志愿者。2010 年,建立企业劳动争议调解组织 588 家,劳动法律监督组织 560 家。

农民工维权。2007 年,市总工会、市司法局、市劳动和社会保障局、市中级人民法院联合成立市农民工维权联调委员会,为全国工会系统首创。2008 年,市、县、乡三级联调机构先后受理农民工维权案件 265 起,其中重大工伤死亡维权案件 8 起、劳动争议维权案件 61 起、清欠工资维权案件 196 起,累计为农民工讨薪 560 余万元,索回工伤死亡补偿 424 万元,2800 余名农民工受益。2009 年,市、县两级联调委开展专项维权行动,接待处理农民工来信来访 4000 余人次,为农民工办理维权案 1010 起。至 2010 年年底,市、县两级均成立联调委员会,全市 42 个乡镇(街道)成立维权领导小组,并在 30 个乡、镇司法所和 12 个街道建立农民工维权服务站,形成"相互配合、上下互动、资源共享、合力维权"三级农民工维权服务工作网络。

经费管理　直接收缴。1986—1987 年,共收工会经费 259 万元。1988 年,市总工会在全省率先推行"核定上解定额、超收回拨奖励"办法,改变过去缴多少算多少的被动局面。1989—1994 年,经费使用遵循"量入为出、统筹安排、勤俭节约"原则,压缩行政费用开支,增加事业费用比重,工会经费年平均递增 8%。1995 年,对县(市、区)工会和大中型企业工会实行收缴工会经费目标管理,加大收缴面和收缴额。1998 年,30 余家近两年未缴工会经费的单位开始上缴工会经费。1999 年,推行企业评先工会经费一票否决制。进入 21 世纪,市总工会坚持"统筹兼顾、保证重点、量入为出、收支平衡"的财务原则。2001 年,多管齐下,强化经费收缴,当年市级工会经费收缴创历史最好水平。2002 年,实行财政统发工资单位工会经费由财政直接统一划拨,工会经费总收入增长 20.30%。2003 年,改为市会计委派管理中心负责委托银行托付,运用法律手段追缴工会经费,全年工会经费拨缴收入实现 3 年翻一番。2005 年 5 月,将财政统发工资单位工会经费财政划拨列入预算。2008 年,市财政局划拨工会经费由 126 万元增至 206 万元。2010 年,参照 2008 年执行。

地税代征。2006 年 4 月,市地税局、市总工会联合印发《关于由地方税务机关代征工会经费(工会筹备金)的实施意见》,所有企事业单位的工会经费和工会筹备金由市地税部门统一代征。2007 年,代征金额从 840 万元增长到 1181 万元。2008 年,开始代征建筑安装企业工会经费,当年征收 100 余万元,全年代征市级工会经费 1417 万元,较上年增长 20%。2009 年,市政府印发《关于进一步加强地税代征工会经费工作的意见》,设置全市工会经费和工会筹备金征缴统一账户,启动运输行业工会经费和工会筹备金代征工作,代征工会经费金额比 2006 年接近翻一番。2010 年,开始使用税收通用缴款书代收工会经费,工会经费征缴较上年增长 15%。

经费审查。1986 年,市总工会建立工会经费使用制度。1991 年,市总工会建立财物领用保管、出差补贴包干、控制行政开支等 10 项制度,并开展下级工会经费收、管、用监督工作,当年审计 48 家单位,补交入账 9.47 万元。1992 年,新工会法颁布,全市基层工会经费审查委员会由 1988 年的 84 个增加到 1993 年 581 家。2003 年 2 月,制定《工会经审工作考核制度》,下发《关于在全市基层工会开展工会经费审计监督检查的实施意见》,并对 6 个系统 76 家企事业单位工会实施工会经费收管用审计检查。是年 9 月,介入市 859 厂等破产企业工会资产审计。2002—2005 年,开展工会专项计拨审计 114 家,补缴、追缴工会经费 85.36 万元。2006 年 4 月,在全省率先下发《关于开展全市各基层拨缴工会经费审验证审核工作的通知》,全年开展审核验证 73 家。2008 年,审计追缴工会经费到账较上年增长 222%。2009 年,开展拨缴工会经费审核验证 110 余家,53 家补缴工会经费。2010 年,全年审计入账 44 万元。

劳动竞赛与技术协作

劳动竞赛　1987 年,全市 291 家单位 16 万名职工投入以"爱瓷都、当主人、献计策、增百元"为主题的"双增双节"(增产节约、增收节支)立功竞赛,53 家预算内企业人均增收 187 元,职工提出的 1.12 万条合理化建议被采纳实施,创经济价值 1664 万元,其中 40 条获省、市重大合理化建议成果奖。1991 年,动员和组织全市 12 万名职工在各种竞赛活动中建功立业,全市 3907 个班组参加升级竞赛。当年提出合理化建议 3.33 万件,实施 1.10 万件,创经济价值 1710.26 万元。1992 年,168 个基层工会组织职工参加"五创、二降、三提高"立功竞赛。1993 年,改革"双增双节"立功竞赛方式,突出单项竞赛、宏观指导,将竞赛自主权交给企业,从总结经验、典型引路来推动劳动竞赛发展。1994年,开展为“深化改革、开拓市场、提高效益”各提一条合理化建议,为“提高质量、降低消耗、开发新产品”各做一件实事为内容的竞赛。当年仅陶瓷系统职工提合理化建议5529条,做实事4553件,其中3项100万元以上重大合理化建议项目受到市政府表彰奖励。1996年,开展节能降耗、优质岗、小“六条龙”系列劳动竞赛。1999年,组织“九五双争立功”竞赛和提合理化建议、技术创新等群众性经济技术活动,提合理化建议2.38万条,其中重大合理化建议8条。2001年,实施群众性经济技术创新工程,征集合理化建议和技术改进项目20余项,其中6项获省总工会奖励。2006年,开展职工发明创造、技术革新活动,24件获市级奖励,8件获省级奖励。2007年,首次在全市范围内启动“工人先锋号”创建活动,11个车间班组被评为市级“工人先锋号”班组。2008年,以“我为节能减排做贡献”为主题,开展全市职工合理化建议征集及评审活动。2010年,围绕实施鄱阳湖生态经济区建设战略,开展劳动竞赛、经济技术创新、节能减排等建功立业活动,18个先进班组被授予全市工人先锋号称号。

80年代,瓷厂彩绘车间火热的生产景象

技术比武　1989年,首次举办全市职工技术比武,213名优秀选手参加珠算、商品包装、自行车组装修理、烹调等7项技术比武,每个单项技术比武总成绩获第一名者晋升一级工资。1991年,第二届职工技术操作比武在陶瓷工业等20个系统30个工种28个赛区展开,市政府表彰31名技术状元、96名技术能手。1994年,在陶瓷行业的压坯、贴花等10个工种中开展青工技术操作比武,市政府表彰10名技术状元和21名技术能手。2005年,开展十大工种技术比武活动,各项目比武成绩前三名选手,由市政府分别授予“技术状元”“技术标兵”“技术能手”称号。2009年,组织数控车工等5个工种代表队参加全省职工技术比武大赛。2010年,开展职工岗位练兵,筹备组织开展全市八大技术操作比武。

技术协作　1984年12月,景德镇市职工技术协作委员会成立。至1987年年底,全市有13个市级技协队、103个基层技协组织、1912名技协会员,累计推广新技术226项、攻克技术难关1389项、培训各类技术骨干5.15万人次。1988年,职工技协实行技术有偿服务,成为经济实体。全市拥有43个基层职工技术协作组织,转让技协项目516项,成交金额216万元,上缴国家税利5.40万元。1989年,完成技术协作服务项目400余项,成交金额240余万元,上缴国家税利8万余元。1991—1992年,职工技协370件发明创造成果中有47件获奖,创经济价值738.92万元。1989—1994年,攻克技术难关700项,推广新技术489项,创效益上亿元,其中有偿服务2681项,创收2000余万元。1997年3月8日,市职工技协撤销。1993—2010年,共评选出技术创新优秀成果43项,创经济效益3.40亿元,获省技术创新成果一等奖21项、二等奖12项、三等奖10项。解决生产关键技术23项,其中2项达国际先进水平,11项达国内先进水平,2项填补国内空白。

劳模工作

1986—2010年,从一线劳动者中民主推荐劳动模范,全市共有18人被评为全国劳模,120人被评为省劳模。从1986年起,每届全国和省级劳模赴京、赴昌参加表彰会,形成“走送归迎”制度。1990年5月,编写和广泛宣传100名劳模事迹,组织整理全市24名全国劳模事迹,并编入《全国职工劳模大词典》。10月,景德镇市举办首届陶瓷节,十佳劳模登上开幕式观礼台。1991年5月,市委、市政府出台文件,规定劳模生病住院可入住干部保健病房,享受离退休老干部和副县级干部同等医疗待遇,企业分配职工住房政策向劳模倾斜,优先安排劳模子女就业等。1994年,开设“职工明星谱”,运用广播、电视、报纸、网络等媒体宣传劳模事迹与风采。

2002年,为374名省级以上劳模免费赠送1份综合保险。2003年起,每年对景德镇市的312名省级以上劳模走访慰问,发放春节慰问金、生活困难帮扶金、特殊困难补助金。2004—2008年,组织劳模开展“庆五一”革命传统教育，举办“携手新农村、和谐创伟业”劳模主题活动，组织与驻市部队官兵联欢，组织劳模疗休养和健康检查等。每年召开庆“五一”劳模招待会、劳模座谈会等。2004 年 12 月，市政府出台《景德镇市劳模管理办法》，建立市级以上劳模电子档案、建立劳模重要情况报告制度，建立劳模建议与意见收集和处理制度等。2005 年，在全国率先设计印制 8 枚劳模个性化邮票。2009 年，由市财政列入预算，每年拨付 65 万元作为市级劳模春节慰问金和劳模工作专项经费。2010 年，全市共有 29 人获省级劳动模范。是年 12 月 23 日，景德镇市新一届省级劳模赴昌参加省劳模表彰大会。

女职工工作

1990 年 12 月，市总工会第一次女职工代表大会召开，市总工会女职工委员会（以下简称女职委）成立。市总工会女职委会主任按副县级配备。至 1993 年 12 月，全市建工会女职委 281 个。2000 年，各县（市、区）和 327 家基层单位组建工会女职委组织，乡镇企业、外资企业、直属机关也相应组建工会女职委组织。2002 年 3 月 26 日，市总工会第二次女职工代表大会召开。至年底，全市各级工会配备女职委专职主任 206 人、副主任 71 人。2008 年 12 月 18 日，市总工会第三次女职工代表大会召开。至 2010 年 12 月，全市 372 家基层工会成立女职委，配备女职委专职主任 257 人、副主任 95 人。

建功立业　1992 年，市总工会女职委选送陶瓷女职工创作新产品参加全国女职工新技术产品展览会，为民瓷厂“九头高白釉牡蝶茶具”获精品奖。是年，在全市第二届职工技术比武活动中，有 1.50 万女职工参加，其中 4 人获单项第一名，8 人获单项第二名、第三名，分别被市政府授予技术状元、技术能手称号。1997 年，在全市女职工中开展“女职工双文明建功立业”竞赛活动。1999 年，组织女职工开展有技能特色、行业特点竞赛活动，40 个单位 5000 名女职工参加。是年，市总工会对 1993—1999 年活动中涌现的 26 个先进女职工委员会、105 个先进女职工集体、10 名女职工标兵、333 名先进女职工、147 名先进女职工工作者、17 名先进女职工之友、8 名重视女职工工作的领导进行表彰。

2000 年，组织万名女职工参加争创“文明标兵岗”活动，评选出市级“女职工文明标兵岗”班组 8 个。2003—2008 年，组织女职工开展岗位练兵、技术比武 1018 场，技术革新、科技攻关 1.26 万项，提出合理化建议 8165 条，创经济效益 1.86 亿元。2009 年，6.27 万名女职工参加形式多样的建功立业活动，参与技术革新、技术攻关 4169 项，3320 件合理化建议被企业采纳。2010 年，以“女职工建功立业工程”为抓手，全市女职工开展岗位练兵 5236 人次，14 个女职工科室或班组、20 名女职工被命名为市建功立业标兵岗、建功立业标兵。1986—2010 年，女职工中 4 人被评为全国劳模、31 人被评为省劳模、141 人被评为市劳模，一批女职工被授予“五一劳动奖章”等称号。

关爱帮扶　1999 年，开展为女职工“排忧难、献爱心，每人捐献一元钱”“爱心工程”活动，全市 59 个单位 1.50 万人，捐款 2.85 万元。2000 年，全市 32 个单位 7266 人参加“姐妹献爱心”和“植造中国女职工林”捐款活动，捐款金额 2.36 万元。2004 年，开展“送招工信息、送就业岗位、送救助物品、送助学资金、送安宁保险”结对帮扶活动，惠及数千困难女职工。2003—2008 年，各级工会女职委共帮扶困难女职工、困难单亲女职工、困难女农民工 1.20 万人次，帮助困难女职工、单亲女职工、困难女农民工子女入学 260 余人。2009 年，对女职工三类困难群体进行医疗救助、助学救助和生活帮扶，为已建档的 1174 名女职工三类困难群体赠送一份意外保险。2010 年，各级工会女职工组织为全市建档的 5225 名困难女职工各赠送一份意外互助保险。2001—2010 年，组织参加女职工幸福险、安宁险。2008—2010 年，连续 3 年为 266 名困难单亲女职工赠送 1 份女职工“安宁险”。至 2010 年，一批因患妇女特殊疾病的女职工获理赔金 618.90 万元。

再就业培训　1998 年，全市 48 个基层工会对 3233 名女职工进行转岗培训。1999 年，全市 40 个基层工会的 7140 名女职工参加各种专业技术培训，其中 1654 名女职工实现再就业。2000 年，引导下岗女职工转变观念，走“四自”（自尊、自信、自立、自强）道路，902 名女职工实现再就业。2003—2008 年，培训下岗女职工 1800 余人次，帮助女职工实现再就业 1200 余人次。2009 年，联合市劳动就业部门、市妇联等单位举办全市民营企业招聘周活动和大型女性就业专场招聘会，1606 人达成意向用工协议，1174 人被现场录用。2010 年，开展“技能培训促就业行动”，共培训 1416 人，其中家政培训 450 人，创业培训 320 人，以及就业指导、职业介绍、政策咨询等就业服务 9260 余人。

权益维护 1995年，组织全市女职工干部签订集体合同有关知识学习培训。1996年，组织基层工会女职委参与集体合同的起草，并对女职工劳动招工用工、同工同酬、社会保险、禁忌劳动、五期保护及劳动保护设施和保健措施落实情况参与检查。从2000年始，各级女职委不断加大推进女职工特殊保护专项集体合同签订工作。至2010年，全市1173家企业签订女职工特殊保护专项集体合同，27家企业签订区域性、行业性女职工特殊保护专项集体合同。

困难帮扶

送温暖工程 1986年，市总工会开始实施春节"送温暖工程"。每年春节，走访困难企业，慰问困难职工，看望困难劳模。

1994年，向全市70余户困难企业的困难职工下拨补助6万余元。1995年，全市筹资11.50万元现金、1万余千克大米，慰问困难职工。1996年，开展"百家机关事业单位和效益较好的企业向困难企业的千户困难职工走访慰问活动"，全市156家机关企事业单位与1100家"双停"企业的特困职工"结对子"送温暖，567名副县级以上领导干部与特困职工建立联系制度。1998年，走访特困职工1.90万户，为困难职工发放物资供应卡，困难职工可免费领取猪肉、鲜鱼、鸡蛋等物资。1999—2001年，筹资957.10万元，走访困难企业849家，慰问救助困难职工3.93万户。2001年，开始为特困职工及家庭成员赠送保险，建立扶贫帮困长效机制。2002—2005年，元旦、春节慰问困难职工4.54万户，发放一次性补助款1045.32万元。2006年，筹措资金318万元，慰问困难职工1.30万户，安排专项资金1.60万元，慰问困难企业40名基层工会主席，首次列专款5万元慰问一批困难农民工。2007—2008年，筹措资金838万元，走访慰问4.04万户困难职工家庭。2009年，筹集送温暖资金461万元，走访慰问316家困难企业中2.23万名困难职工、困难劳模和困难农民工。2010年，筹资520万元，走访336家困难企业，慰问1.45万户困难职工和3000名困难劳模、201名农民工。

金秋助学 2004年，开始启动"金秋助学"活动，发动民营企业家欧阳琦、王艳等8人分别结对资助1名家境贫寒的职工子女完成大学学业，每人资助1.60万元。2005年，王怀俊、周国祯等12位陶艺名家每人出资2万元，与12位新入学贫困大学生结对助学。2006年，来自市陶艺界的王隆夫、赖德全等15位爱心人士每人出资2万～2.5万元，与15名寒门学子结成一帮一助学对子。2007—2010年，市总工会每年开展"结对助学"活动，先后有85位爱心人士每人出资1.6万～2.5万元，一帮一结对85名寒门学子，帮助他们圆大学梦。至2010年，市总工会累计资助1213名困难职工子女入学，发放助学款336.96万元，有312名受资助的贫困学生顺利完成大学学业，200余名中专、高中、初中、小学困难职工子女在金秋助学活动中受益。

困难职工帮扶 2003年11月24日，市困难职工帮扶中心成立，开展困难职工帮扶活动。2004—2008年，市困难职工帮扶中心向特困群体实施生活、医疗等日常帮扶救助5083人次，投入救助金额367.62万元。2004年开始，市财政每年拨给帮扶中心帮扶资金20万元，2007年增拨20万元，并列入财政预算。同时，拨给帮扶中心元旦、春节"送温暖"资金由原来的100万元提高到150万元。2008年起，市政府每年财政划拨帮扶中心工作经费15万元。2009年，发放帮扶救助款178.74万元，帮扶困难职工共计2200余人次。2010年，帮扶救助困难职工、困难劳模和困难农民工3500余人，救助金额328.54万元。至2010年年底，全市纳入全国工会帮扶管理网络的在册困难职工1.56万户。

职工互助保险 1997年11月，江西省职工保险互助会景德镇办事处成立，景德镇市启动职工互助保险工作。至2010年，先后开展团体意外伤害保险、团体意外住院保险、女职工幸福保保险、特重团体重病保险、大病自负保险和住院津贴保险等险种。共发展会员单位110余个，发展会员6.19万人，保费收入累计达1272万元，赔付职工362人次，赔付支出162万元，赔付率为12.70%，同时慰问困难职工15万元，为部分困难职工免费送保险费20万元。

文体活动

20世纪80年代，市总工会组建工人艺术团，深入基层为职工演出，应邀赴江西省各地做巡回义演，举办职工美术、书法、摄影、集邮展和各类文体活动。1987年，举办"来自南疆的报告"摄影展、"三代同乐"联欢会、职工优秀篮球队表演赛、职工游泳赛等。至1987年年底，全市有各级文化宫、俱乐部146所，85个职工体协组织、65个职工业余艺术团和文艺宣传队、362个兴趣活动小组。1990年，组织职工8万人次参与迎亚运、迎陶瓷节“仙矿杯”歌手大奖赛、女职工时装设计赛。1992年，举办首届女职工时装表演和十佳模特评选大赛、中华卡拉OK歌曲赛、“东药杯”职工游泳赛以及第二届退休职工运动会。1993年11月，举办“纪念毛泽东诞辰一百周年”文化艺术周活动，全市70余个单位500余名职工登台表演。1996年5月，组队参加江西省第三届全国工人运动会中国象棋比赛，获团体第一名和个人前三名。1999年，举办庆祝中华人民共和国成立50周年文艺调演，58个大中型企业近千名职工演员演出108个节目。

2002—2005年，先后举办全市职工文艺调演、职工美术作品展，会同有关部门开展“豪德杯”瓷都健身小姐大赛暨健美和健美操比赛、全市第八套广播体操和大众广播体操比赛，组织职工开展集邮、猜谜等多种业余文化活动。2006年9月，举办“知荣辱、树新风、促和谐、迎国庆”女职工卡拉OK大奖赛。10月，组队参加“金圣杯”全省职工乒乓球比赛。12月，市职工文化体育协会成立暨首次召开会员代表大会。此后职工文体活动主要由市职工文化体育协会承担。2007年，组队参加江西省第十一届灯谜锦标赛、CBO江西佳得乐景德镇市篮球锦标赛、“喜迎建军八十周年瓷都拥军邮展”。2008年，举办“携手新市民、和谐建瓷都”——庆“五一”专场文艺晚会、“迎奥运、庆五一”老职工中华牌(麻将)比赛、灯谜锦标赛。2009年，推进“职工书屋”建设，完成全国总工会及市总工会两级30家示范点建设，举办基层工会女职工健排舞培训班。2010年，举办全市工会系统庆祝市总工会成立60周年文艺会演、职工摄影展、职工演讲比赛等活动。

1986—2010年，开展职工集邮作品展活动，市职工集邮协会先后举办或承办景德镇市、九江市及庐山三地职工集邮联展、“瓷都祖国颂”邮展、《邮票上的毛泽东》知识竞赛、皖赣湘“三省五地职工集邮联展”、景沪宁锡扬(景德镇、上海、南京、无锡、扬州)职工集邮研讨会、瓷都与陶都、瓷都与锡都职工集邮联展、企业金卡与企业文化研讨会、纪念景德镇置镇千年个性化邮票制作、“喜迎国庆六十周年邮卡展”等活动。

职工之家建设

1983年，市总工会在全市基层工会开始创建“职工之家”活动。1988年10月，全国总工会授予市为民瓷厂工会为模范职工之家。2003年，开展建设“职工之家”活动，全市有9个基层工会获全国、全省模范职工之家称号。2005年，全市有6个基层工会获全省模范职工之家称号。2010年，深入开展建设“职工之家”活动，全市有2个基层工会获评全国模范职工之家，2个基层工会获评省级模范职工之家、10个基层工会获评市级模范职工之家。至2010年，全市又相继有昌河飞机工业公司工会、中国直升机设计研究所工会等6家基层工会获全国模范职工之家称号。

第二章　共青团

1986—2010年，中国共产主义青年团景德镇市委员会(简称团市委)，以当好党的助手为己任。在加强自身建设的同时，加强对团员、青少年的思想、道德教育，开展青年志愿者、青年文明号、青少年维权等各种活动，实施资助贫困学子的“希望工程”“留守孩关爱工程”“基地工程”“免疫工程”“心理阳光工程”等帮扶工作。评选出“瓷都十佳青年”，在青年参政议政、服务经济建设、对外交流、文艺活动等方面，发挥青少年团体作为党的助手和接班人作用，带领团员、青年投身于社会各项建设事业，促进瓷都经济和社会发展。

第一节　代表大会

共青团景德镇市第十一次代表大会

1991年12月25—27日在市政府礼堂举行，出席会议代表427人，代表全市11万名共青团员。大会听取并审议通过共青团景德镇市第十届委员会工作报告，选举产生第十一届委员会，委员39人、候补委员6人。在共青团景德镇市第十一届委员会第一次全委会上选举书记1人、副书记2人。

共青团景德镇市第十二次代表大会

1998年12月16—18日在市政府礼堂举行,出席会议代表289人,代表全市10.9万名共青团员。大会听取并审议通过共青团景德镇市第十一届委员会工作报告,选举产生第十二届委员会。在共青团景德镇市第十二届委员会第一次全委会上选举书记1人、副书记2人。

共青团景德镇市第十三次代表大会

2003年12月29—31日在景德镇宾馆举行,出席会议代表293人,代表全市10.12万名共青团员。大会听取并审议通过共青团景德镇市第十二届委员会所作的《全面贯彻"三个代表"重要思想,为把景德镇建设成为经济重镇和江南旅游都市奉献青春》工作报告;选举产生共青团景德镇市第十三届委员会,委员39人、候补委员15人。在共青团景德镇市第十三届委员会第一次全委会上选举团市委常委11人、书记1人、副书记2人。

第二节　共青团及青少年组织

共青团景德镇市委

1986年,团市委机关内设组织部、权益部、学少部、宣传部、青工青农部、办公室,下辖市少年宫。2002年,编制17人。2010年,团市委机关设办公室、组织部、宣传部、青联办、学少部、青工青农部,行政编制12人,机关工勤编制1人。下辖市少年宫、市青少年维权中心。

直属单位

市青少年宫　1985年10月,市青少年宫开放,为团市委下属全额拨款事业单位。市青少年宫占地面积3.75公顷,建筑面积4000平方米。2010年,内设主任室、办公室、培训部、活动部、后勤部,下设文艺小学和学龄前文艺学校,编制24人。市青少年宫多次举办校外教育培训,主要项目有声乐、器乐、舞蹈、绘画、表演、武术、英语、奥数等十几个类型的班别。

市青少年维权中心　2010年11月,景德镇市青少年维权中心成立,为团市委下属正科级全额拨款事业单位,编制2人。

基层团组织

1986年,全市共有基层团支部3756个,团员117984人。当年发展新团员7985人,占团员总数的5.70%。1991—1992年,全市共发展新团员18834人,推荐870名优秀团员加入中国共产党。1993年,各级团组织落实《团支部组织手册》和《团委工作手册》的制度,85%的单位团组织进行换届选举,配备新班子。1998年,全市共有基层团支部3109个,农村基层团组织有一类支部81个、二类支部335个、三类支部196个。1999年,开展农村基层团组织3年集中整顿和村团支书、村科技副主任、青年星火带头人建设"三位一体"。全年共发展团员1万人,推荐398名优秀共青团员加入中国共产党。2001年,加强全市非公有制经济组织团建工作,建团率在50%左右。全市共有基层团支部3079个,团员108964人,发展新团员9785人,占团员总数的8.90%,推荐424名优秀团员加入中国共产党。2002年,与中共市委组织部联合下发《关于在机构改革中团组织设置有关问题通知》,着力解决机构改革团组织设置问题。2006年,与中共市委组织部联合下发《关于加强共青团组织建设的意见》。2010年,推进驻外团组织建设,分别在义乌、温州、苏州、佛山和永康成立驻外团组织,全年建立非公有制企业团组织275家,成立农村专业合作社团组织28家。全市共有基层团支部2932个,团员108259人,发展新团员8931人,有297名优秀团员加入中国共产党。1986—2010年,全市共有9091名共青团员加入中国共产党。

表29-2-1　**1986—2010年全市基层团组织一览表**　单位:人、个

年份	青年数	团支部	团员总数	接收新团员	团员入党数
1986	384792	3756	117984	7985	432

续表 29－2－1

年份	青年数	团支部	总数	接收新团员	团员入党数
1987	378946	3756	114302	8649	574
1988	380032	3712	111457	7414	365
1989	367936	3641	100963	8772	329
1990	369755	3711	102499	9054	344
1991	356121	3543	110157	9321	491
1992	357875	3489	100048	9513	379
1993	360094	3549	111943	9954	433
1994	366487	3351	103912	9211	361
1996	359774	3249	99745	9100	244
1997	360122	3291	100478	8957	346
1998	355410	3109	109047	10083	419
1999	357119	3125	107312	9671	398
2000	349216	3087	100777	7146	451
2001	347089	3079	108964	9785	424
2002	344881	3101	106439	9101	436
2003	348910	3029	101281	8637	382
2004	350101	3085	107594	8831	399
2005	351957	3015	110047	8494	279
2006	340056	2987	100089	7996	291
2007	346551	2990	101221	7860	321
2008	347585	2963	110674	8340	352
2009	350776	2941	100882	8721	344
2010	359412	2932	108259	8931	297

青年联合会

1984 年 11 月，市青联召开第五届代表大会，会议通过《景德镇市青年联合会简则》，选举产生第五届委员会。1992 年 12 月，召开第六届代表大会，选举产生市青联第六届委员会。是年，市青联紧扣“奉献青春振瓷都、八五建设再立功”主题，团结全市各界青年开展“为深化改革，实施‘八五’计划献计献策”系列活动，被团中央、全国青联授予先进集体称号。1993 年 12 月，创建市青年企业家协会，成立时有会员 114 人。1994 年，开展评选“瓷都十佳青年企业家”活动。1995 年，支持农村经济发展，帮助农村脱贫致富，被团中央、全国青联被评为全国“东西互助、脱贫致富”先进集体。

2001 年 12 月，召开第七届代表大会，选举产生第七届委员会。2003 年 11 月，乐平市青年联合会成立，共有委员 120 人。是年，市青联开展瓷都十大杰出青年评选活动，4 月 26 日，首届瓷都十大杰出青年评选活动结果揭晓，分别为方永生、李挺、杨武、吴希明、吴宗华、张将、陈敏、黄冬兰、程长仁、魏智素。至 2010 年，共评选出 100 名瓷都十大杰出青年。2004 年 12 月 24—26 日，市青联主办“科技创业、报效祖国——2004 海外学人回国创业周”活动。是年，组织部分青年企业家参加“3＋2”长三角论坛，与上海、浙江、安徽、江苏等省市青年企业家进行经贸交流与合作。承办“2004 海外学子回国创业周江西(景德镇)行”交流活动,来自英国、美国、法国、日本等 20 个国家和地区的 40 名海外回国人员到景德镇市进行考察、经贸交流与合作,达成合作意向 10 个,签订协议 2 个。2005 年 3 月 4 日,接待帕台农基金会代表团一行 7 人到访。是年,接待浙江金华、绍兴、嵊州等东部地区青年企业家考察团 80 人,到景德镇市参观考察,开展经贸交流与合作。2007 年,接待韩国青年代表团一行 30 人到访。

1986—2010 年,市青联有 3 位委员(龚循明、王安维、汪洋)先后当选为八届、九届、十届、十一届全国青联委员。

学生联合会

市学联是全市高等学校、中学、中等职业学校学生会的联合组织。设有学联主席团、秘书处。1992 年 12 月,市学联召开第二次代表大会,会议选举产生第二届委员会。是年,市学联与团市委、市青联联合举办的“瓷都之春”——首届青年文化艺术节,在市体育馆落幕,历时 18 天,先后开展 20 余项大型活动,参加活动的团员青年近 2 万人次。2001 年 12 月,召开第三次代表大会,会议选举产生第三届委员会。2002 年,举行大中专学生四项基本技能竞赛,开展全市大、中学生志愿者科技、教育、文化“三下乡”暑期社会实践活动。组织学生走进市福利院、敬老院开展志愿服务活动。组织学生走上街头,开展“学雷锋”公益活动。3 月,开展“保护母亲河,拒绝环境污染”统一行动,整治两岸环境卫生。4 月,开展弘扬井冈山精神读书教育活动。

2008—2010 年,组织全市大中专学生与聋哑学生、留守儿童、农民工子女开展“手拉手”活动。组织学生为汶川、玉树、舟曲灾区的少年儿童捐款、捐物。2008 年,联合市红十字会、珠山公安分局禁毒大队开展禁毒法知识、“防艾”知识宣传进校园活动,向大学生们宣传毒品和艾滋病的危害性。联合市中级人民法院开展“为了明天,青年法官进校园”活动,模拟演绎校园犯罪案件审判,“庭审”结束后,法官们和学生们开展现场交流。是年,举办“119”消防晚会,打造平安校园。举办校园文化艺术节活动。寒、暑假期间,组织学生走进社区,参加社会公益活动。2009 年,组织大、中学生观看纪念五四运动经典电影《我的 1919》。5 月,在省陶瓷工艺美术学院开展“2009 瓷都大学生创业就业论坛”,组织职业高中学生到企业进行社会实践。是年,开展“手牵手、献爱心、同阅读、共成长”城乡少年儿童捐书活动,为农村中小学校捐赠图书 5 万余册。2010 年,开展共青团与人大代表、政协委员面对面活动,引导青少年健康使用网络。7 月 6 日,组织市大中专院校学子开展“三下乡”暑期社会实践活动。每届景德镇国际陶瓷博览会,组织大学生参加志愿服务活动。

少年先锋队

1987 年 9 月 29 日,市少年先锋队召开第一次代表大会,选举第一届少年先锋队景德镇市工作委员会。1988—1992 年,开展“学赖宁、学十佳”活动。1994 年,在全市小学生中开展以“五自”(自学、自理、自护、自强、自律)为内容的“雏鹰行动”争创活动,全市有 2 个少先大队获全国雏鹰大队称号,4 名学生获全国雏鹰一级奖章。1995 年,市第一所少年军校——昌河少年军校在昌河小学隆重成立。1998 年 7 月,组织“手拉手相聚香港夏令营”活动。全市有 34 名中小学生参加,活动历时 1 周。1999 年 8 月 8—10 日,接待日本濑户市中学生赴景德镇市访问团进行友好访问。通过活动,使青少年开阔视野,增长见识。

2002 年 8 月 10—15 日,首届全国中小学生陶艺夏令营在景德镇市举行。2003 年,市少年先锋队第二次代表大会召开,会议选举产生第二届少年先锋队景德镇市工作委员会。2004 年,启动全市青少年“走陶瓷路,看千年城”主题教育系列活动。2005 年 6 月,邀请《中国儿童报》《中国少年报》的两名“知心姐姐”到市广播电台和交通音乐台接听“知心热线”,现场为广大家长和学生解答孩子成长中的学习和生活烦恼。2007 年 10 月,首届少年军校大会操举行,此后每两年举办一届少年军校会操比赛。2008 年,全市中小学生中开展“小手牵大手,共创文明城”活动,组织学生走上街头进行宣传,捡拾垃圾;开展认养公共绿地活动,全市 40 所中小学校签订绿地认养协议。是年,分别邀请“知心姐姐”卢勤和教育名家孙云晓到景德镇市作报告,帮助家长树立正确的家庭教育观念,维护未成年人的权益。2008—2010 年,分别组织学生为汶川、玉树、舟曲灾区的少年儿童捐款、捐物。组织学生走进社区、福利院开展“红领巾献爱心”活动。同时,组织城市学校与农村学校开展“城乡少年手拉手,优势互补共同前进”活动。2009 年,开展“爱心照耀小小心愿”大型公益活动。2010 年,举办“鄱阳湖——美丽的家”全市少年儿童绘画比赛;开展“红歌进校园”活动。

第三节　主要活动

主题教育

1986年，在团员中开展坚持四项基本原则，反对资产阶级自由化教育。1988年，组织全市团员学习社会主义初级阶段理论，开展生产力标准学习讨论活动。1990—1991年，在团员中开展马克思主义哲学和科学社会主义理论的学习。1991—1992年，围绕"党在我心中"这个主题，开展一系列教育活动，进行爱国主义、集体主义和社会主义思想教育。1994年，在景德镇高等专科学校举行由全市大中专院校及中学的1026名18岁学生代表参加的成人宣誓仪式，团市委向每名代表赠送《中华人民共和国宪法》和《景德镇市人民文明公约》。1995年，结合落实《爱国主义教育实施纲要》，开展"读爱国主义书籍、唱爱国主义歌曲、看爱国主义影视、讲爱国主义教育故事"的教育活动。1996年清明节期间，组织团员青年、少先队员祭扫烈士墓，接受革命传统教育。1998年，以宣传改革开放20周年成果为主题，举办"瓷都改革开放20年成果展"，展示瓷都青年改革开放20年来的风采。以纪念"五四"为契机，召开纪念表彰大会及18岁成人仪式教育活动。1999年，举办五四运动80周年大型文艺晚会，面向新世纪座谈会，增强广大团员青年的光荣感、责任感、使命感；以迎接中华人民共和国成立50周年为契机，开展"中华魂《伟大的祖国》""辉煌五十年，迈进新世纪"青少年读书教育活动。

2000年，团市委启动"祖国宝岛在我心中"主题教育活动，在景德镇高专举行签名活动启动仪式，历时10天，共有1万余人在长卷上签名，签名长卷送至团中央。2001年，以迎接建党80周年为契机，采取演讲、征文、知识竞赛、文艺活动等形式，开展"高举团旗跟党走""红心永向党""党在我心中，岗位立新功"等教育活动。2002年，开展纪念建团80周年主题教育活动，通过召开座谈会，举办"重温《团章》做合格共青团员暨新团员入团仪式""光荣啊，共青团"青年文化广场活动，编印纪念建团80周年纪念画册，弘扬五四精神，激发团员青年爱国热情。2005年，开展增强团员意识主题教育活动，制定《关于深入开展增强团员意识和团的先进性教育活动的实施意见》，在景德镇高专体育场举行全市"青春为党旗增辉"万名青年党员重温入党誓词仪式。各级团组织开展形式多样的活动，市移动公司在野外举行增强团员竞争意识教育动员大会，市电信公司的团员青年佩戴团徽上岗，团员参与率达100%。

2006年，按照团中央部署，开展"我与祖国共奋进"主题教育活动，举办"相约校园、共话成长——十杰青年进校园"活动，近万名青少年受到教育。以"传承长征精神，弘扬民族精神"为主题，举办纪念红军长征70周年报告会、重走长征路读书教育活动，第三届少年军事夏令营及全市第一届少年军事大会操活动。2008年，广泛开展"一支三品"主题活动，通过开展活动，做到每个支部有品牌活动，活动内容有品质，团员有品位。2009年，以中华人民共和国成立60周年和"五四运动"90周年为契机，组织开展"迎国庆、讲文明、树新风""红歌进校园"活动，举办瓷都第四届乡村青年文化节暨"高唱红歌跟党走"文艺会演和"弘扬五四精神，共话成长明天"报告会；召开纪念"五四运动"90周年纪念暨表彰大会，对第九届瓷都"十大杰出青年""十佳共青团员"及近百名先进集体和个人进行表彰。2010年，开展"瓷都十大杰出青年""瓷都百名好少年""十佳共青团员"评选活动，开展"迎世博、讲文明、树新风"、"心灵的连接——青少年看世博'和'之旅"、庆"六一"文艺会演、"纪念五四青年行为艺术秀"等系列主题教育活动。

参政议政

1986—2010年，在七届至十一届政协委员会中，共青团、市青联作为市政协的组成界别，共有114人担任过市政协委员，其中共青团界别60人、青联界别45人。在各届市政协全体委员会议上，共青团界别、青联界别市政协委员累计提出提案230余件，其中《关于对全市爱国主义教育基地免费开放的建议》《关于加强全市互联网综合治理、促进青少年健康成长的建议》《关于加强农村环境卫生管理的建议》等提案被评选为市政协优秀提案。

2008—2010年，团市委在每年"两会"召开期间，举行"共青团与人大代表、政协委员面对面"活动，组织人大、政协中共青团、青联界别代表、委员在各类会议、调研、考察中,围绕青少年事业发展和青少年工作者普遍关心的热点、难点问题建言献策,反映社情民意。先后组织委员撰写议案、提案10余件,在未成年人健康成长、青少年教育、青年创新创业、瓷都经济建设和环境保护等方面提出建设性的意见和建议。

希望工程

1989年,团中央、中国青少年发展基金会发起“希望工程”公益行动,资助贫困地区失学儿童重返校园,建设希望小学,改善农村办学条件。援建希望小学与资助贫困学生是希望工程实施的两大主要公益项目。1992年,景德镇市开始筹备实施希望工程,成立景德镇市希望工程领导小组,办公室设在团市委。1996年,首次筹建3所国家级希望小学,于翌年交付使用,1997年获全国希望工程建设奖。1998年,景德镇市遭受洪涝灾害后,筹集资金110万元,救助近600名学生,援建希望小学7所。2001年和2010年,开展景德镇市希望工程实施纪念活动,发行希望工程“爱心”明信片30万枚,帮扶400名学生。2004年,开展“希望工程学子阳光助学行动”,10名贫困大学生收到总金额为7.60万元的资助。全市近100名团干部开展百名团干真情“一助一”活动,长期结对帮扶弱势群体活动。2009年8月24日,团市委举行“2009希望工程圆梦行动”捐助仪式,全市15家青年文明号单位对33个特困家庭的应届大学新生进行资助。至2010年年底,全市希望工程累计新建希望小学所19所,修缮28所,受益学生近9万人。累计引进、筹集来自市内外的青年文明号集体、爱心企业(人士)助学金逾1030万元,3400余名学生受助。

权益保护

1986年始,团市委、市青联、市关工委、市司法局、市劳教所坚持每年联合举办“同代人走向明天”系列帮教活动,帮助失足少年,预防青少年违法犯罪。1999年,开展优秀青年维权岗活动,推行外出务工青年维权卡,发放维权卡1000张。2000年12月18日,在景德镇二中初二(5)班举办“模拟法庭”法制教育活动,市电视台在《新闻广角》栏目中作专题报道。2001年,围绕未成年人保护法颁布10周年,在全市中小学开设学生(家长)法制讲座、模拟法庭、校园法律信箱,增强学生、家长、老师维护青少年权益意识。2003年,在全市11个行业中开展“优秀青少年维权岗”创建活动,涌现国家级“优秀青少年维权岗”4个、省级“优秀青少年维权岗”7个、市级“优秀青少年维权岗”20个。2004年,在三龙劳教所挂牌成立全市青少年帮教基地。联合电信部门开通景德镇市“12355”青少年维权服务公益热线,以电话问答的方式,为青少年提供维权服务。建立以全国优秀维权岗乐平市法院等为龙头的全市青少年维权网络。2006年,完善市级“12355”青少年维权热线运行机制,规范青少年维权岗、青年维权中心的各项制度措施,推动创建活动健康持续发展。2007年9月,景德镇市解教人员安置帮教景德酒业基地正式挂牌。至2007年,投入帮教经费累计达20万元,帮教7000余名劳教学员重新走向社会。2008年,推进“为了明天——预防青少年违法犯罪工程”,组织开展“青春红丝带”、“未成年人零犯罪社区”、“双百”进社区、青年法官进校园(浮梁县)、“未成年人心理健康知识进学校、进社区、进农村”、“青少年网络文明行动”、“社区青少年远离毒品行动”、听取法制教育报告会、“放心网吧”“扫黄打非”等活动,营造全社会关注支持预防青少年违法犯罪工作的良好氛围。2010年7月28日,景德镇市法律援助中心青少年维权工作站成立,设在团市委权益部,主要负责受理全市青少年合法权益受侵害的法律维权事务。至2010年,共举行26届“同代人走向明天”帮扶活动,共帮教8400余名劳教、戒毒人员重新走向社会。

其他活动

1992年4月28日,举办“瓷都之青——首届青年文化艺术节”,历时18天,开展弘扬“五四”精神,讴歌团的业绩等20余项内容丰富、形式新颖的活动,参加人数达2万人次。1993年,创办《瓷都青年报》,建立青年的学习、宣传、教育阵地。1996年,开展“五四”学习竞赛、“手拉手”互助活动。1997年9月6—12日,全市开展“雏鹰假日手拉手文明行动周”活动,进行宣传文明礼貌、养护美化绿地、清洁公共场所、清理不规范文字、走访慰问等活动。是年,举办各界青年振兴瓷都经济研讨活动,市青年企业家进行换届,推荐的洪源瓷厂厂长方霞云获江西十大杰出青年称号。1998年,为帮助少年儿童从小树立国防意识,创建市第三所少年军校。1999年3月31日,团市委与市城建局联合开创启动青少年绿色文明园活动,以管护责任协议书形式，共同管理沿江东岸绿化带及莲花塘风景管理区绿化园地，全市有6家大中小学生1000余名青少年参加，倡议全市青少年"从我做起，从现在做起，共同创建美好家园"。2000年4月6日，到景德镇监狱、市公安局、珠山区、法院、检察院等地，对全市预防青少年违法犯罪情况进行调研，为教育和预防青少年犯罪工作提供依据，并撰写1篇预防青少年违法犯罪情况调查报告，被市政协采用。2004年，邀请《中国少年报》《中国儿童报》的两位"知心姐姐"在市广播电台、交通音乐台开展"知心姐姐"中小学生心理咨询热线活动。对品学兼优、家庭贫困大学生加大资助力度。2005年6月1日，市少年军校总校成立。全市先后创建少年军校总校1所、少年军(警)校20所，共有1200人次成为少年军校的学员。2006年9月3日，团市委组织开展的"三行"(社区光明行——照亮你我回家的路、社区温暖行——冬衣暖人心、健康行——倡导健康生活养成文明习惯)活动，在新村街道莲花山社区启动。是年，开展"留守孩关爱工程""基地工程""免疫工程""爱心工程"等活动。实施"心理阳光工程"，发挥学校心理咨询室的作用，多次组织高专心理学志愿者为有关学生提供心理疏导咨询。2009年，实施城乡少年儿童"手拉手"行动，发动社会力量，为全市300余名进城务工人员子女、农村留守儿童和特殊困难儿童满足"小小心愿"。是年12月18日，在浮梁县湘湖中心小学举行"手牵手、献爱心、同阅读、共成长"城乡少年儿童捐书阅读活动图书捐赠仪式，为农村中小学生募集各类图书4万册。2010年7月6日，团市委举行市大中院校"三下乡"社会实践活动启动仪式，由景德镇高专、省陶瓷工艺美术学院、景德镇卫生学校、景德镇技工学校学生深入农村基层开展"三下乡"活动。

第三章　妇女联合会

1986—2010年，景德镇市妇女联合会(简称市妇联)召开市第十至十二次妇女代表大会，不断加强自身建设，创建市女领导干部联谊会、市女法律工作者联谊会和市女企业家协会等妇女联谊组织，并指导组建妈妈帮教团、市妇女协会等妇女组织。组织开展城镇妇女"巾帼建功"活动，农村妇女"双学双比"竞赛活动，"五好"文明家庭、文明楼院创评活动，"三八红旗集体"和"三八红旗手"竞赛活动。全市妇女团体在参政议政、维护妇女儿童合法权益、实施妇女儿童发展规划等方面成效显著。1993年，市妇联被评为全省巾帼建功先进集体。1995—1999年，连续3年获全省妇女工作先进集体称号。

第一节　代表大会

市第十次妇女代表大会

1991年12月28—30日在市政府礼堂召开，出席大会代表360人、特邀代表18人、列席代表14人。大会审议并通过市妇联第九届执委会的《自尊、自信、自立、自强，为振兴瓷都、实现"八五"计划建功立业》工作报告，选举产生市妇联第十届执委会主席1人、副主席3人、常委8人。

市第十一次妇女代表大会

1998年12月22—24日在市政府礼堂召开，出席大会代表285人、特邀代表15人。大会审议并通过市妇联第十届执委会工作报告。选举产生市妇联第十一届执委会主席1人、副主席2人、常委9人。

市第十二次妇女代表大会

2009年6月5—7日召开，出席大会代表307人、特邀代表50人、列席代表33人。大会审议并通过市委书记报告《深入学习实践科学发展观，奋力开创我市妇女工作新局面》，选举产生市妇联第十二届执委会主席1人、副主席3人、常委15人。

县区代表大会

乐平市妇联分别于1995年3月6日、2003年3月8日召开首届、二届妇女代表大会。浮梁县妇联分别于1990年3月、1995年9月21日、2008年12月29日召开第八次、第九次、第十次妇女代表大会。昌江区妇联分别于1989年3月8日、1998年8月7日、2008年10月13日召开第三次、第四次、第五次妇女代表大会。珠山区妇联分别于1991年12月10日、1999年10月召开第三次、第四次妇女代表大会。

第二节　妇女组织

市妇女联合会

1986年,内设办公室、组织宣传部、农村工作部、城市工作部、少年儿童工作部、生产福利部、法律顾问室和托幼办公室,编制22人。1996年11月,精简为办公室、组织宣传部、城乡工作部、权益工作部、儿童工作部。2010年年底,内设办公室、组织宣传部、妇女儿童部、权益部,行政编制12人,事业编制2人,下辖妇女儿童活动中心、实验幼儿园。

市妇女儿童工作委员会

1993年4月13日,成立市妇女儿童工作协调委员会,为市政府妇女儿童工作协调议事机构。副市长柯尔荣担任主任,共有委员24人,内设办公室、妇女组、儿童组。5月6日,召开第一次协调工作会,讨论通过《90年代景德镇市儿童发展规划纲要》。1994年5月,更名为市妇女儿童工作委员会,仅设办公室。

直属单位

妇女儿童活动中心　1994年8月,建成市妇女儿童活动中心,位于景德镇市新村西路凉山树,为副县级事业单位,编制3人。2004年6月,市妇女儿童活动中心获全国小公民道德建设活动实践基地称号。2010年,编制4人。

实验幼儿园　1994年4月,市实验幼儿园建成并开园,位于景德镇市新村西路凉山树,为正科级事业单位,定编10人。主要招收学前儿童,分为大、中、小、小小班级,共招收幼儿108人。

县区妇联

乐平市妇联　1986年为乐平县妇联,县妇联机关内设组织宣传部、福利部、少年儿童部和法律顾问小组,下辖27个乡镇(街道、场)妇联、330个基层妇代会。2010年年底,乐平市妇联机关内设办公室、组织宣传部、维权信访部、妇女儿童部、妇儿工委办。下辖20个乡镇(街道、场)妇联、337个基层妇代会。

浮梁县妇联　1988年10月,鹅湖区、蛟潭区两区妇联合并为浮梁县妇联,内设办公室、组织部、宣传部、儿童工作部、生产福利部和法律顾问室,下辖23个乡镇(街道、场)妇联和210个基层妇代会。2002年机构改革,撤销内设机构。2010年年底,下辖17个乡镇(街道、场)妇联、11个县直机关妇委会和151个村妇代会。

昌江区妇联　1996年11月,内设办公室、组织宣传股、"巾帼建功"活动工作股、权益工作股、儿童工作股。下辖7个乡镇(街道、场)妇联、69个基层妇代会。2002年12月,撤销内设机构。2010年年底,下辖6个乡镇(街道、场)妇联、77个基层妇代会。

珠山区妇联　1996年11月,内设办公室、组织宣传股、"巾帼建功"活动工作股、权益工作股、儿童工作股。下辖9个街道妇联、173个基层妇代会。2002年12月,撤销内设机构。2010年年底,下辖9个街道妇联、80个基层妇代会,8个机关及单位妇委会,2个厂矿企业女职工委员会。

基层妇联

1986年,全市共有乡镇(街道、场)妇联67个;民主党派妇委会1个;工会女工委员会337个;基层妇代会889个,其中农村基层妇代会186个、城市基层妇代会703个。1996年,全市有乡镇、场妇联58个,街道妇联10个,基层妇代会867个,100%配齐妇代会主任。全市有乡以上妇联干部92人,进入同级党政班子32人,占妇联干部的34%;有市直机关单位妇委会和妇女小组37个,县(市、区)直机关单位妇委会46个。2010年,全市有乡镇、场妇联41个,街道妇联12个;基层妇代会652个,有市直机关单位妇委会和妇女小组49个,县(市、区)直机关单位妇委会56个。

妇女联谊组织

市女法律工作者联谊会　1990年10月24日，市女法律工作者联谊会成立，创始会员32人。选举产生第一届理事会，理事13人，协商产生会长、副会长、秘书长、副秘书长。联谊会每年组织会员开展理论研讨、参观考察、学习交流、联谊活动。全市女法律工作者之间加强联系，维护妇女儿童合法权益。2003年11月，第二届理事会召开，选举会长1人，副会长4人。2005年11月，第三届理事会召开，举行换届选举。

市女领导干部联谊会　1999年4月18日成立，会员为全市副县级以上女干部，县(市、区)直部门、乡(镇场)街道党政班子正科级实职女干部。设特邀会长1人、名誉会长1人、会长1人、副会长若干人、秘书长1人、理事39人。联谊会通过调研、联谊、讨论等方式，共同探讨现代女领导干部施政理念，是市妇联联系广大女领导干部的纽带。2000年4月，联谊会就全市妇女现状与发展、下岗女工再就业、妇女工作特色等问题开展调研活动，并形成调研报告。2001年，市妇联组织副县级以上女干部出席全国女知识分子联谊会第16届年会，参加女性参政、经济、法律和科技4个论坛的讨论。2004年12月28日，进行第二届理事会换届，通过联谊会章程，选举会长1人、副会长5人、秘书长1人。至2010年12月，会员发展到181人。

市女企业家协会　2002年3月，成立市非公有制经济女企业家、陶艺家联谊会，创始会员30人。会员主要由全市陶瓷、房地产、饮食、金融等行业的女高管、女企业家、女创业带头人组成，为女企业家搭建协调服务和交流发展平台。2004年，改名市女企业家联谊会，有会员49人，选举产生理事44人、常务理事23人。设会长1人、常务副会长1人、副会长8人、秘书长1人。2005年2月，开展首届“华阳杯瓷都十佳女企业家”评选活动，3月，开展“送岗位到军营”活动，帮助军嫂50余人实现就业，组织女陶艺家代表赴日本进行陶艺交流。2008年11月3—6日，市妇联组织联谊会成员38人赴上海虹口区学习考察，与虹口区女企业家协会联合举办“和谐发展研讨会”。2009年1月20日，召开联谊会第二次会员大会，选举会长1人、副会长17人、常务理事12人、秘书长1人。是年3月5日，改称为市女企业家协会，会员68人。

妈妈帮教团　2002年9月18日，市妇联以巾帼志愿者形式创建“妈妈帮教团”，成员30人，成员主要由女警官、女法官、女检察官、女律师、女教师、女企业家组成，她们以女性特有的母爱温情，与戒毒人员开展“手拉手、一对一”帮教活动，帮助刑释解教人员就业，预防重新违法犯罪。至2005年，成员发展到500余人，下设亲情感化、法制教育、技能培训和知识传授4个帮教小组，共帮教4600余人次，帮教对象重新犯罪率为零。构建市、县(区)、乡(街)三级“妈妈帮教团”帮教工作网络，当年被评为全国妇联系统“四五”普法先进集体。

市妇女学会　1986年12月27日成立，创始成员50人。第一届理事会选举会长1人、副会长3人、秘书长1人、副秘书长3人、理事17人。为从事妇女理论和妇女问题研究的群众性学术团体，由全市关注于妇女研究的专家学者、妇女工作者及其他各界社会人士组成。1987年，第一届年会召开，收到论文17篇，其中徐静静专著《给爱者》参加全市哲学社会科学优秀成果评选，被评为市优秀科研论文成果二等奖。1988年8月，举办“恋爱、婚姻、家庭”讲座，对男女青年人生观、爱情观教育。1989年6月，第二届年会召开，会员40余人，选举会长1人、副会长2人。收到论文27篇，重点探讨新形势下的妇女运动和恋爱、婚姻、家庭等问题。

其他妇女组织　1989年，成立“瓷都女子爱国储蓄促进会”，妇女干部、“三八红旗手”、“五好”家庭带头动员全市妇女参加爱国储蓄活动，扩大信贷资金来源。1992年，成立家庭信息服务部，为未婚青年、丧偶、离异人员提供择偶信息，并设立家庭保姆职介服务项目。1993年，市妇联与602所工会联合创办“金桥(电脑)婚姻介绍服务中心”，为未婚青年牵线搭桥。

第三节　主要活动

妇女参政议政

1986—1992年，全市女干部队伍逐年壮大。1993年，全市有女干部8334人，占干部总数的24.65%。其中科级女干部502人，占同级干部总数的18.90%；正副县局级女干部47人，占同级干部总数的8%；地市级女领导干部3人,占同级干部总数的8.08%。县(市、区)党政班子共有女领导干部12人,占同级干部总数的12.10%,其中担任区委书记1人,区委常委1人,副县(市、区)长3人,县区人大、政协副职7人。全市68个乡(镇、场)配备女领导干部67人,占同级干部总数的15%。各县区人大共有女代表230人,占代表总数的24.24%;乡镇人大女代表573人,占代表总数的17.66%。市第八次党代会有女代表74人,市第九次党代会有女代表77人。1993年9月1—6日,市妇联主任鲍保娣、省陶瓷工业公司副经理徐志军出席全国第七次妇代会,徐志军当选为全国妇联七届执委。1995年,全市有女干部9492人,占干部总数的27.11%。其中科级女干部685人,占同级干部总数的18.90%;县局级以上女干部61人,占同级干部总数的7.69%,比1991年增长28%;地市级女领导干部5人。各县、市、区党政班子均配备了女领导干部,全市61个乡、镇、场党政班子有47个配备女领导干部。

2000年,全市有女干部10001人,占干部总数的30.74%。其中科级女干部612人,县级女干部75人(其中39人为县区或市直部门领导班子成员、5人为正县级),地厅级女干部3人(其中市委书记、市委常委、市政协副主席各1人),分别占同级干部总数的14.40%、12.53%、10.71%。4个县(市、区)领导部门有女干部15人。2003年,市各级党政班子中,女领导干部的数量有较大幅度增长,市级班子有女领导干部3人,市直71个党政部门有30个部门配备女领导干部人数在1人以上;县(市、区)党政班子中有女领导干部7人。2005年,全市共有地厅级女干部3人、县级女干部139人、科级女干部644人、女公务员1465人。4个县(市、区)党委政府及38个乡镇领导班子中女干部配备率达100%,村委会女性比率达20.60%,居委会女性比率达57.75%。2006年,市妇联推选出席省十二次党代会女代表7人。2008年,景德镇市出席省第十一届人民代表大会女代表5人,出席省第十次妇代会女代表17人。2009年,全市有省政协女委员5人,市人大女代表57人,市政协女委员101人。2010年,市委、市政府领导班子均配有女干部,市直各部门领导班子51.52%配有女干部。县、区委领导班子75%配有女干部,县、区政府领导班子均配有女干部,县、区各部门领导班子59.57%配有女干部;市级政府工作部门领导班子中担任正职的女干部占同级正职干部的9.38%,县级政府工作部门领导班子中担任正职的女干部占同级正职干部的25%;市级女人大代表52人,占同级人大代表总数的17.81%。全市女公务员占公务员总数的21.22%,女中高级专业技术人员占中高级专业技术人员总数的40.71%;农村村民委员会成员中女性比重为23%,城市居民委员会成员中女性比重为72%。

表29-3-1　**1986—2010年历届市人大女代表一览表**　单位:人

年份	届次	其中女代表	占比(%)	常委委员	其中女委员	占比(%)
1987	第九届	—	—	40	5	12.50
1992	第十届	—	—	31	5	16.13
1997	第十一届	84	29	33	5	15.16
2001	第十二届	81	28.32	38	5	13.16
2006	第十三届	57	19.79	43	3	7

表29-3-2　**1986—2010年历届市政协女委员一览表**　单位:人

年份	届次	其中女委员	占比(%)	政协常委	其中女委员	占比(%)
1987	第七届	—	—	61	4	6.56
1992	第八届	—	—	72	6	8.30
1998	第九届	88	24.65	58	7	12.06
2001	第十届	82	23.1	63	11	17.46
2006	第十一届	86	23.56	61	13	21.31

下岗妇女再就业

1996年，市妇联推进下岗女工再就业工程，重点帮助下岗女劳模、“三八红旗手”重返工作岗位。1999年，市妇联配合有关部门为下岗女工举办美容、电脑、缝纫、家庭服务等培训班106期，受训女工1.5万人次，并扶持6500名女工再就业。2003年3月，举办妇女专场招聘会，提供岗位7176个，1.30万名女性参加招聘，意向性录用1102人。4月，成立市巾帼创业服务中心，建立市妇女就业和再就业培训基地、市妇女饮食服务培训基地、市妇女陶瓷就业和再就业基地，当年培训失业妇女1130人，为1367名下岗妇女提供职业介绍服务，帮助903名妇女实现再就业。2004年，成立市妇女就业与再就业工作领导小组，举办培训班700余期，培训失业妇女3424人，2344名妇女实现再就业，并引进“欧盟免费培训下岗女工”项目，为530名下岗女工提供就业技能培训；在农村实施“阳光工程”，建立鱼山农民劳务输出培训基地，培训输出妇女200余人。在翼龙、鹏飞等陶瓷公司建立岗前培训基地，安置富余女劳动力300余人。2005年，开展“关爱打工妹”行动。至2005年，妇女就业总人数达37.62万人，比2000年增长20.42%，组织9万余名农村富余女劳动力向非农产业和城镇转移，培训妇女5.40万人次。2007年，举办“阳光工程”培训班60余期，培训妇女6000余人，帮助500余名农村妇女实现转移就业。2008年，举办培训班170期，培训妇女1.18万人次，帮助8564名农村妇女实现转移就业；组织500余名下岗女工竞聘，帮助100名妇女上岗就业。2009年，举办“三八”女性就业暨“关爱女性，服务返乡人员”专场招聘会，83家单位提供4612个岗位，837人达成意向用工协议，405人现场录用。2010年，实施“万名妇女再就业再培训工程”，培训妇女2.60万人次。举办妇女专场招聘会，提供1.47万个岗位，1537人达成意向聘用协议，503人现场录用。

维护妇女儿童权益

普法宣传　1992年4月为妇女权益保障法宣传月，市妇联举办妇女儿童维权知识培训班、“法律大讲堂”“平安家庭”创建等活动，召开座谈会宣传贯彻妇女权益保障法。4月18日，开展“三八”维权周活动，市女领导干部联谊会在珠山大道开展法律咨询服务，市直机关32名干部身披绶带在市区巡回宣传。1994年，开展全市基层贯彻执行妇女权益保障法调查和分析，昌江区妇联对遗弃女婴现象进行重点查处。2002年，新婚姻法实施1周年，举办普法培训班及讲座56期，发放宣传资料5000余份。2004年，市、县两级法院成立专门合议庭，对家庭暴力案件实施绿色通道。3月，举行大型主题咨询活动，宣传“男女平等”基本国策和“儿童优先”国际原则。2007年，举行首个“国际消除家庭暴力日”公益宣传活动，百余名志愿者参加反家庭暴力白丝带活动。2009年，法律工作者开展“法律大讲堂”进社区活动，为13个乡镇的1100余名妇女以案说法。2010年，共举办“法律大讲堂”宣讲活动11场，2300余名群众接受宣讲；举办妇女权益保障法和婚前医学检查宣传咨询活动，发放各类资料9000余份，接待咨询2000余人。

维权活动　1996年，市妇联获全国维权工作先进集体。2000年，市政府成立青少年权益保护委员会，市妇联与市中级人民法院联合成立维护妇女权益法庭。2002年9月，市妇联、劳动、公安等8个部门联合开展非法使用童工专项检查，下发《劳动监察指令书》32份，查禁童工19人。2003年2月，市法律援助中心妇女儿童工作站成立。2004年11月，建立农村村落社区妇女儿童工作站和市维护妇女儿童合法权益联席会制度，协调处理涉及妇女儿童合法权益的重大问题和案件。12月，全市48个基层派出所均建立妇女儿童维权投诉站。2005年，市妇联获全国维权工作贡献奖，2009年被评为全国维护妇女儿童权益先进集体。是年8月26日，成立市家庭暴力妇女庇护中心。2010年，开通“12338”妇女维权热线，成立市妇女儿童陶艺活动基地。

儿童少年工作

托幼工作　1986年3月，市妇联举办幼师培训班，培训人员62人，培训科目为语言、计算、音乐、体育、游戏等。7月，举办全市幼儿园园长培训，培训百余人。1991年5月，为幼师举办民间舞蹈知识专题培训班，77名幼师参加学习。1993年，在各大医院设立儿童义务咨询服务点，宣传“优生、优育、幼教”知识，并邀请心理专家为1000余名幼儿进行智力测试。1994年，全市有幼儿园352所，在园幼儿1.78万人，幼师1551人。是年4月，市实验幼儿园建成并开园。之后，幼儿园管理转到市教育局。

春蕾计划　1995年，市妇联开始实施救助失学女童的“春蕾计划”。当年筹资6万元，资助100名失学儿童重返校园,其中一年级16人、二年级22人、三年级37人、四年级15人、五年级10人。2000年,在全市开展"爱心献春蕾"活动,帮助贫困家庭儿童多读书、多学本领,共资助120名女童上学。2002年,开设"春蕾爱心热线",争取福利彩票专项资金5000元。2003年4—5月,在全市开展"春蕾计划"基本情况调研活动,同时以乐平市为试点,开展"关爱女孩行动"。6月,出台《景德镇市"春蕾计划"实施方案》,确定5年内实现全市小学适龄女童入学率达100%,失学率下降至0.50%以下;初中适龄女童入学率达100%,辍学率下降至4%以下。2004年,在浮梁县蛟潭中学开设高中"春蕾班",资助贫困女学生完成高中学业。2006年,开展"春蕾妈妈"与"春蕾女童"结对认亲活动,共结对认亲50对;资助5名贫困女生入学全国首期"春蕾中专班"。2007年8月28日,举行"春蕾计划"捐资助学仪式,募捐7万元,资助79名初中贫困女生完成初中学业。11月2—4日,市妇联与南昌美利来公司在市御窑长廊举办"江西省第一届内衣文化节·景德镇大型义卖活动",共募集春蕾助学资金3.20万元。至2007年,共募捐助学资金83.87万元,救助贫困失学女童3124人,捐赠者达1.61万人。2010年,市妇联拓展"春蕾计划"内涵,开展爱心圆梦活动,筹资8万元,资助22名贫困女大学生新入学;举办女陶艺家爱心作品创作捐赠活动,慈善拍卖所得款项用于资助贫困女学生。

家庭教育　1986年5月6日,成立家庭教育研究会,选举常务理事会,设有理事43人、常务理事13人。分为宣传组、教育组、卫生组。随后"一县四区"(乐平县、昌江区、珠山区、蛟潭区、鹅湖区)和10个街道办事处均建立家庭教育领导机构。10月,举办家长学校骨干培训班。11月,举办新婚夫妇孕妇学习班,宣讲优生优育知识。1987年1月10日,召开市家庭教育研究首届年会,收到论文19篇,其中1篇获省年会优秀论文奖。5月30日,召开全市少年儿童工作者代表座谈会,70余名代表出席,共同探讨加强少年儿童共产主义思想品德教育问题。1990年4月25日,在百花饭店举行第三届年会暨家长学校现场经验交流会,140人参加。1994年,全市有家长学校169所。1996年11月26日,市妇联颁布《景德镇市家庭教育工作"九五"计划》,确定到2000年全市儿童家长教育发展目标,并在珠山街道建立全市首家"0~3岁幼儿家长学校",并获全国家庭教育工作先进集体。2002年11月29日,市妇联、市教育局联合下发《景德镇市家庭教育工作"十五"计划》,重点加强"普九""两基"家庭知识教育。2004年11月15日,成立市家庭教育指导中心,开通家庭教育咨询热线,开设"母亲课堂",实施"母亲素质工程"。2005年开展"家庭道德教育实践月"活动,主题是"为国教子、以德育人",并举办4期家庭教育骨干培训班。2007年,市妇女儿童活动中心被评为全国优秀家长学校和家庭教育工作先进集体。2009年5月,组织专家分赴各县(市、区)和市直学校,开展家庭教育"十一五"规划中期评估。

妇女儿童发展规划

1993年5月6日,市妇女儿童工作协调委员会第一次会议讨论通过《九十年代景德镇市儿童发展规划纲要》《九十年代景德镇市妇女发展规划纲要》。2001年,市政府对儿童发展规划纲要进行评估,总体情况是:在"全球儿童发展"24项目标中,景德镇市达标20项(另4项无数据资料),达标率为83.33%;在儿童发展规划纲要的10项目标中,景德镇市达标率为100%;在江西省儿童发展规划纲要的17项目标中,景德镇市达标率为100%。全市儿童发展目标突出表现为:有利于儿童发展的社会经济基本情况进一步优化;儿童享有的卫生保健服务进一步提高;儿童健康状况进一步改善;儿童教育事业进一步发展;儿童生存、发展的社会、自然环境进一步净化。

1997年5月,市政府常务会议通过《景德镇市妇女发展规划(1995—2000)》,提出之后几年全市妇女发展任务和目标是参与决策及管理、就业、受教育、保护妇女劳动权益、保障妇女健康、建立文明稳定的家庭,坚决打击侵害妇女违法犯罪活动、重视扶持贫困地区妇女发展、改善妇女发展的社会环境、开展妇女状况动态研究等十个方面。1999年,成立市妇女发展规划中期评估小组,并派人参加省妇儿工委举办的县级儿童状况监测统计工作培训班。2001年,通过评估,在规划的10项指标中,达标9项,"提高妇女参与国家和社会事务决策及管理的程度"基本达标。

2001年11月,市政府颁布《景德镇市妇女发展规划(2001—2010)》《景德镇市儿童发展规划(2001—2010)》。2005年,市妇儿工委对"两纲要"2001—2005年执行情况进行监测,结果显示部分指标达标:妇女参与社会公共事务程度有所提高,市、县两级政府领导班子女干部配备率均为100%,居委会女性成员比率由2000年的73.20%提高到2004年的77.70%，全市女干部人数由2000年的1.10万人增至2004年的1.18万人；妇女就业创业机会不断增加，全市女性就业人员由2000年的40.01万人增至2004年的44.14万人；妇女儿童健康水平不断提高，2004年全市婴儿死亡率降至13.83‰，“四苗”（卡介苗、百白破三联疫苗、脊髓灰质炎疫苗、麻疹疫苗）全程接种率由2000年的93.64%增至2004年的98.41%，位于全省第一；妇女儿童受教育水平不断提高，2004年全市小学学龄儿童净入学率达100%、小学学龄女童净入学率为98.42%，小学五年级巩固率达99.20%，初中三年巩固率为97.74%，初中三年女生巩固率为96.74%，高中女生毛入学率为52.20%，女性成年识字率、青壮年女性识字率均达99.30%，超过全省标准，女专业技术人员达1.08万人，中高级女专业技术人员达3794人；妇女儿童生存环境不断改善，至2004年年底，全市卫生厕所普及率为57.24%，受益人口53万人，农村自来水普及率为44.27%，改水受益人口91.39万人。2006年5月10日，完成《景德镇市妇女儿童发展纲要中期评估报告》，报告分为纲要的组织领导与实施、妇女儿童发展与环境、妇女儿童发展纲要进展评估、对策和建议等四大部分。2009年，景德镇市“两纲要”监测评估结果在全省指标中名列第一。

农村妇女“双学双比”

1989年5月，开始启动农村妇女“学文化、学技术、比成绩、比贡献”竞赛活动（简称“双学双比”活动）。市、县、乡各级妇联成立市“双学双比”竞赛活动协调小组，每年开展活动，召开年度表彰大会。1991—1992年，市妇联围绕“三高农业为基础，一上一下奔小康”目标，组织开展“双学双比”活动，建立450个活动阵地，举办各类技术培训班785期，受训妇女达4.73万人。开展扫盲识字竞赛，脱盲妇女达1.58万人。5名“双学双比”女能手获省级表彰，市“双学双比”协调小组获省先进集体称号。1994年，围绕发展“二高一优”农业目标，开展系列培训，共举办各类培训班246期，参加培训达5.18万人，其中1.61万人参加扫盲培训，有1.48万人脱盲。引导妇女发挥自身优势，走一产一业、一村一品的区域化、专业化生产之路。昌江区亭子下村种葡萄年收入达20余万元；乐平市塔前乡花边加工人数由几十人发展到800人，年收入达20万元。全市共评出“双学双比”先进集体18个，先进工作者16人，先进女能手25人。

1999年，市妇联深入30个乡镇开展调查研究，撰写《我市农村妇女“双学双比”活动十年成果的调查报告》，并选送“双学双比”活动彩色图片70幅和陶瓷实物1000余件，参加北京“全国农村妇女‘双学双比’活动十年成果展”。展出期间，竟成瓷厂女工万丽红现场表演陶瓷花盘捏雕，得到国务院总理朱镕基和全国妇联领导的称赞。2001年，“双学双比”活动延伸为“巾帼科技致富工程”，开展以种养加工为主，科技含量高的竞赛活动。2004年，全市41个乡镇均成立妇女学校。2006年，开展“百村万户”样板创建活动，创建“巾帼示范村”5个、“巾帼示范户”500户。

至2010年，全市共表彰市级“女能手”1327人、“女标兵”20人，科技示范户2250个；共建市级妇女活动阵地666个、活动经费基地360个、示范基地53个、“三八”绿色基地2.50万个。被评为全国“双学双比”活动女能手4人（张春香、杨秀玲、程香莲、陈锦华）、全国“双学双比”活动先进协调小组1个、全国“三八”绿色基地1个。

城镇妇女“巾帼建功”

1991年1月，市“三八红旗集体”和“三八红旗手”向全市妇女发出《瓷城巾帼，为实现“八五”计划建功立业》倡议书，“巾帼建功”活动开始。1992年6月，举办首届“巾帼杯”陶瓷作品展，从806件作品中评选出一等奖4个、二等奖9个、三等奖19个。1995年，全市女能手开展“手拉手、一帮一，团结互助奔小康”活动，女能手和贫困姐妹结对帮扶，共结帮扶对子100个，筹集资金6万元。1996年2月，全市实施“巾帼扶贫、巾帼扫盲、巾帼创业、巾帼成才、巾帼文明”五大行动，成立“农村妇女扶贫发展基金”，发展帮困对子300个，当年扫除女文盲1.30万人。1997年，市妇联在全市开始开展“巾帼建功示范岗”活动。推进“巾帼创业、成才、文明”行动，共有10个系统105个窗口单位挂牌上岗。

2000年，开展“廉内助”评选活动，将领导干部拒腐防变的防线延伸到家庭，夫妇共筑反腐倡廉思想道德防线，年底表彰汪慧权等12名“廉内助”，并推荐6名典型参与省评选活动。2001年，市妇联把“巾帼文明示范岗”活动延伸到社区服务领域，市良友宾馆被全国妇联授予全国巾帼文明示范岗称号。2003年，市珠山综合贸易公司机电安装公司董事长周凤英被全国妇联评为全国巾帼建功标兵,市农业银行昌江支行新兴分理处、市第一人民医院被全国妇联评为全国巾帼文明示范岗。2005年,全市共有城镇女职工5.91万人,建立“巾帼建功”协调小组94个。当年市景客隆超市董事长万露被全国妇联评为全国巾帼建功标兵;市国税局计划征收科、市妇幼保健院妇产科、市电信分公司珠山西路营业组、乐平市国税局管理服务大厅获全国巾帼文明岗称号。2007年,珠山、昌江国税局办证服务厅获全国巾帼文明岗称号。1991—2010年,全市4人(王艳、周凤英、万露、黄宵艳)被评为全国“巾帼建功”活动标兵,有市级“巾帼建功示范岗”196个、全省“巾帼建功示范岗”12个、全国“巾帼建功示范岗”10个。

“五好”文明家庭及文明楼院创评

1985年,开始“五好”文明家庭及文明楼院创评活动(“五好”是指:爱国守法、热心公益好;学习进取,爱岗敬业好;男女平等,尊老爱幼好;移风易俗,少生优育好;勤俭持家,保护环境好)。次年,共评选出“五好”家庭6521户、文明家庭1.03万户、文明楼院75个、文明村巷188个。1991—1992年,市各级妇联以“家家为瓷都添光彩,户户为‘八五’做贡献”为主题,开展“五好”家庭、文明家庭、文明楼院创评活动。其中1991年受省级表彰的“五好”家庭标兵7户、文明楼院2个、先进单位4个、“五好”活动先进工作者7人;1992年,获省“美好家庭”评选伯乐奖1人、二等奖2人、三等奖5人。

1997年,市妇联组织开展“五好”文明家庭创评活动,实施“123”工程,即每户家庭一个书橱、二份报刊、三百本藏书,评选表彰“五好”文明家庭100户、“五好”文明楼院10栋。1999年,昌河街道、乐平镇被评为省家庭文明工程特色工作示范基地。2003年,王和平家庭被评为全国禁毒好家庭。2004年,以“倡导绿色生活、营建绿色集体”为主题,开展“绿色家庭”创建及知识竞赛活动。当年市陶瓷职工大学陈根荣、602所徐敏两个家庭,被全国妇联评为全国五好文明家庭。2006年,市国税局罗钰家庭被全国妇联、国家环保局授予全国绿色家庭称号。2007年,李家美家庭被评为全国绿色家庭。

1986—2010年,全市共评选出市级“五好”家庭56.17万户、文明家庭15.71万户、文明楼院2824个、文明村巷207个,省级“五好”文明家庭(含“五好”家庭标兵)212户、省级文明楼院11个、先进协调小组3个,全国“五好”文明家庭11户。

“三八红旗集体”和“三八红旗手”评选

1986—1992年,全市涌现“三八红旗手”240人,其中全国级6人、省级45人、市级189人。“三八红旗集体”16个,其中省级2个、市级14个。1988年,徐志军被评为全国“三八红旗手”。1992年,江多云获全国妇联“三八绿色奖章”。1993年,市妇联对十一届三中全会以来的全国、省、市级“三八红旗手”基本情况进行综合调查,全市共有“三八红旗手”343人,其中全国级22人、省级108人、市级213人。2002年3月6日,全市评选出首届“瓷都十佳杰出女性”,分别为曹春娥、吴锦梅、姚慧云、罗欣君、潘锦屏、陈根荣、石平连、刘卫红、占丽珍、王艳10位女性,并被市妇联授予市“三八红旗手”称号。2008年8月20日,市妇联授予景德镇籍奥运会冠军吴静钰市“三八红旗手”称号。

2010年3月3日,市妇联召开全市纪念“三八”国际劳动妇女节100周年暨表彰大会,表彰“三八红旗集体”30个、“三八红旗标兵”10人、“三八红旗手”100人。至2010年,全市共有各级“三八红旗手”649名和各级“三八红旗集体”94个,其中全国“三八红旗手”14人、全国“三八红旗集体”8个、省级“三八红旗手”111人、省级“三八红旗集体”15个。

迎接第四次世界妇女大会

1995年3月8日,市“三八红旗手”发出《以新的进步和成绩迎接第四次世界妇女大会》倡议书,号召全市妇女发扬“四自”精神,创成绩,作贡献,求进步,求平等,求发展。3月15日,景德镇市23个方阵1150名妇女代表在珠山大道举行“通向北京”象征性长跑活动。8月31日,举行大型画册《瓷都巾帼陶艺》首发式,专门介绍17位女陶瓷艺术家,成为江西省唯一获准进入世妇会的宣传画册,发行5000册,其中向世妇会发行1000册。9月4日,徐志军、郭小丽参加世妇会非政府组织妇女论坛,雕塑瓷厂女工胡晓静、市陶研青年美术师徐硕作现场表演,受到各国代表称赞。

第四章　科学技术协会

1986—2010 年，景德镇市科学技术协会（简称市科协）坚持科学发展主题，把握转变发展方式主线，发挥团体优势，履行工作职能，维护科技人员正当权益，团结和凝聚科技工作者、专业技术人员开展工作。不断拓展农村、社区、企业、青少年科普工作，深入开展经常性、群众性、社会性的科技咨询和学术交流活动，提高了全民科学素质，在实现促进全市经济社会、文化发展中，取得较好效益。

第一节　代表大会

市科协第三次代表大会

1987 年 10 月 9—10 日在市群艺馆 5 楼会议厅召开，出席会议代表 255 人，特邀代表 52 人。大会选举产生市科学技术协会第三届委员会，委员 68 人。在市科学技术协会第三届委员会第一次全委会上，选举产生主席 1 人、副主席 3 人、常委 12 人，段心裁为名誉主席。大会总结自科协二大以来历时 7 年的工作，确定后 5 年的工作任务。审议通过大会工作报告。此外，大会交流经验，表彰先进集体 17 个、先进个人 157 人。

市科协第四次代表大会

1993 年 3 月 30 日在市委礼堂召开，出席会议代表 400 人。市委书记江国镇出席开幕式并作讲话，省科协副主席刘敦清出席开幕式。大会选举产生市科学技术协会第四届委员会，委员 80 人。在市科协第四届委员会第一次全委会上，选举产生主席 1 人、副主席 4 人、常委 27 人，段心裁为名誉主席。大会总结并审议通过了自科协三大以来历时 7 年的工作，确定后 5 年的工作任务。此外，大会交流经验，表彰先进集体 26 个、先进个人 106 人。

市科协第五次代表大会

1998 年 12 月 21 日在市政府礼堂召开，出席会议代表 400 人。市委书记舒晓琴出席会议并作讲话，会议听取并审议市科协四大以来的工作情况的报告，讨论并通过《景德镇市科学技术协会章程》，选举产生市科学技术协会第五届委员会，委员 66 人。选举主席 1 人、副主席 4 人，常委 10 人。表彰奖励先进集体 27 个、先进个人 108 人。

1999—2010 年，景德镇市科协未召开代表大会。

第二节　科协组织

市科学技术协会

1986 年，市科协内设办公室、学会工作部、普及工作部、科技咨询管理部，机关事业编制 14 人，领导职数设主席 1 人、副主席 2 人，正科职数 5 人、副科职数 1 人。下辖市级科技学会（研究会）46 个、厂科协 14 个、县区科协 4 个。2010 年，市科协下辖市级科技学会（研究会）36 个、厂科协 3 个、县区科协 4 个。

市科技干部进修学院　1981 年，市科技干部进修学院成立，为全额拨款正科级事业单位，编制 3 人。2010 年有干部职工 4 人。

市科技咨询服务中心　1981 年成立，为正科级事业单位，编制 4 人。2010 年有干部职工 4 人。市科技咨询服务中心从事决策咨询、管理咨询、技术开发、技术转让、技术服务、技术咨询、技术中介、人才培训以及投资项目咨询等业务。

市企事业单位科协

1986年,全市有企事业单位科协14个。2010年,全市企事业单位科协仅有昌河飞机工业集团有限公司科协、中航工业直升机设计研究所科协和景德镇华意压缩机股份有限公司科协3个。

县区科学技术协会

1986—2010年,乐平市、浮梁县、昌江区、珠山区均设有科学技术协会,有县(市、区)学会(协会、研究会)126个,乡镇协会51个,基本形成上下相通、城乡结合的科技工作网络。

第三节　主要活动

科普活动

农村科普　宣传咨询。1986年,市科协在植树节前后,联合市绿化委员会深入乐平开展科普大篷车宣传,在街头巡回进行录音广播宣传和科普图片展览。1987年,组织农村实用技术普及推广服务团到县区开展为期15天的农村实用技术宣传普及、咨询服务活动,举办"普及科学知识　破除封建迷信"巡回展览;开展日本筑波国际科技博览会科技电影放映活动,放映12场,观看人数5000余人。1988年,印发科普资料7000余份,展出科技墙报109个,放映科教影片91场,举办科技讲座78场、实用技术培训110期,培训1.75万人次,科技咨询接待7800余人次,建立农民专业技术协会10个。是年,组织科技人员对全市50个贫困村的扶贫项目进行调查论证。

1990年,市科协、市科委、市科技情报所组织农业专家,深入浮梁县开展科普宣传、咨询服务活动,咨询800余人次,放映科技录像20余场次。1992年,开展第二次全市农民技术职称评定晋升工作,评定助理农民技术员90人、农民技术员358人、助理农民技师229人、农民技师96人。1994年,市科协、市总工会、市农垦科协开展科技推广巡回宣传活动,深入14个垦殖场放映种、养科技录像15场。1998年,开展科技进步活动月活动,邀请国家农科院博士王东阳到市举办农业产业化和农业现代化建设科普报告会。同时深入县区开展百万公众学科学、挂图录像巡回展映等活动。

2001年,开通市农业科技电话咨询网,全年解答、解决农民提出的技术难题658个。2003年,在浮梁县蛟潭镇举办首届科普之春活动,在乐平市坎上乡开展科普之秋活动,在昌江区丽阳乡开展科普之冬活动。是年,深入农村举办防治"非典"科普培训,创建农业科技电话咨询服务网,被农民誉为"农业110"。2004年,在浮梁县鹅湖镇举办科普之春大型活动,20余位专家为农民开展水稻、果树、家禽等农业实用技术咨询服务,免费送去5000元优质稻种。2005年3月26日,全省科协系统在乐平市镇桥镇开展"科普之春"大型活动,省农学会、植物生理学会、昆虫学会、植物病理学会、植物保护学会等15个学会,以及省、市级科普大使、科普工作者200余人参与活动。来自省、市、县三级科普致富示范村的14名支部书记现场观摩"科普之春"活动。

2006年3月21日,在西郊垦殖场举行"科普之春"大型活动,开展科普咨询、送科学知识和提供医疗保健服务,市医学会、护理学会、蔬菜学会、畜牧兽医学会参与。2007年,全市开展农村科普宣传工作23次,覆盖乡、镇、村50余个,受益人数近万人。3月19日,在浮梁县江村乡开展送科技下乡活动。4月18日,在乐平市汪洪村开展"科普之春"活动。2008年,市科协深入6个乡村开展科技"三下乡"活动,80余名专家、2800余名农民参加活动。2009年3月25日,在昌江区丽阳乡丽阳村开展"科普之春"活动,市畜牧兽医学会、林学会、农学会、通信学会和中医药学会专家30余人参加活动。2010年4月13日,在浮梁县兴田乡开展"科普之春"暨大型送科技下乡活动。5月19日,在乐平市乐港镇开展送科技下乡活动,举办蔬菜优质安全生产技术培训班,省科协副主席梁纯平,江西农业大学副校长、省园艺学会理事长陈金印等专家出席活动。

科普示范。2006年,景德镇市开始组织"科普惠农兴村计划"项目申报。至2010年,共争取科普惠农兴村计划奖补资金197万元,创建乐平市镇桥镇百乐村蔬菜科普示范基地、乐平市新型农民科技培训基地、浮梁县臧湾乡仓下村生态有机茶科普示范基地、昌江区鲇鱼山镇新桥村甘蔗种植科普示范基地、浮梁县西溪村食用菌科普示范基地、乐平市黎光无公害稻米科普示范基地。农业技术协会和农村科普示范基地以增加农民收入为目标,以培育主导产业为重点,在加快发展现代农业,引导和帮助农民建立科学、文明、健康的生产生活方式方面,发挥了示范作用。乐平市乐港镇蔬菜产销协会、乐平市洪岩镇绿健果业产销协会、昌江区绿康油茶产销协会和浮梁县西湖茶叶协会4个协会,先后获得中国科协、财政部和省科协、省财政厅表彰的科普惠农兴村先进集体称号,浮梁县湘湖镇东安村徐中元获全国科普惠农兴村带头人称号。

2010年,市委组织部、市科协在全市启动开展党员科普致富示范村创建活动,乐平市镇桥镇百乐村、乐平市后港镇菱田村、乐平市农业高新科技示范园区金鹅山村、浮梁县臧湾乡仓下村、昌江区丽阳乡江联村、乐平市镇桥镇神溪村和浮梁县湘湖镇东安村被命名为省级党员科普致富示范村。

城市科普　宣传咨询。1986年,在珠山中路科普画廊开展科普宣传,全年出刊16期,有910余幅图照、3万余字,内容涉及10余个学科。1988年,组织新成立的珠山区科协、珠山区7个街委干部赴南昌东湖区考察、学习街道科普工作,并成立全市第一个街道科普协会——新村街道科普协会。1989年10月6日至11月10日,市科协系统首次举行科技活动成果展览,展出板面148块、科技活动成果370余项。

1994—1995年,组织市属学会专家提供咨询、义诊服务,受益群众达1456人次,发放科学资料3300份,展出科普宣传画板21块,设录像放映点2个。1996年4月14日,举办大型科技咨询服务日活动,组织百名专家开展义诊、咨询及科普宣传活动。5月25日至6月5日,联合市教育局举办全市首届大型科普展览,展出航天模型、南极动植物及矿物标本、图片和能够动手操作的声、光、电、动科普仪器、人体科学标本等,近3万人次参观。1997年,全市科协系统开展科普报告、讲座52场,听众5497人次;刊出发放科普书刊资料78种、3.07万份;举办科普展览23场,观众1.96万人次;开展科普宣传咨询活动41次,参与6800人次。1998年,组织23个所属科技团体百余名专家在珠山路开展咨询服务。1999年4月15日,在市政府礼堂举办知识经济大型科普报告会。10月,联合市教育部门举办景德镇市第二届大型科普展览,有"活体"恐龙展区、蝴蝶世界展区。

2000年3月22日至4月2日,市科协牵头、策划,联合市委组织部、宣传部、市教委、市卫生局、市人事局、市广播电视局等部门举办"科学伴我行,迎接新世纪"为主题的景德镇市首届科普周活动。10月8—15日,市科协在省陶瓷工业公司二楼大厅举办"崇尚科学文明,反对迷信愚昧"大型科普展览。2001年5月14日,开展景德镇市首届科技周活动,举办《科学精神与科学方法》报告会。2002年10月10日,在市休闲广场举办科普宣传暨大型科技咨询服务活动,市委书记姚亚平、副书记周萌参加活动开幕式。2003年,开展"摒弃陋习,树立新风"大型科普宣传活动和"依靠科学、战胜非典"科普宣传活动,在市东一路旁新建一处省级规格的科普画廊。2004年6月,开展"科学科普——你我共参与"大型科技咨询宣传活动,推出系列科普活动30项。10月16日,开展金秋科普活动日活动,主题是"沟通、友谊、服务"。2005年9月17日,市科协系统全国科普日活动在市休闲广场举行,主题是"树立科学发展观、共建和谐社会——科学普及,你我共参与",3000余名市民参与此次活动。

2006年9月16日,围绕"预防疾病、科学生活"及"节约能源"主题,在市休闲广场开展大型全国科普日暨"科普之秋"活动。2007年9月21日,在市休闲广场开展全国科普日大型活动,市预防医学会、护理学会、中西结合学会、环保学会、通信学会、电机工程学会专家和省科普大使等30余人参加活动。2008年,市科协开展创建全国文明城市活动,协助里村电厂留守处社区、小黄家上弄社区做好环境卫生整治工作,并发放《市民文明礼仪》科普读本。2009年5月中旬,开展全民防控甲型H1N1流感科普宣传活动,进社区免费发放《科学认知甲型H1N1流感》。9月18日晚,市科协在新枫园社区举办庆祝新中国成立60周年暨2009年全国科普日晚会,以歌舞、知识竞猜和科普展板的形式向居民进行宣传。2010年,乐平市开展"全国科普日"活动启动仪式,组织各个领域的科普工作者,深入乡村、社区、学校,开展领导干部和公务员健康科普知识讲座、科普大篷车进校园和农民实用技术培训等内容的科普活动。

科普示范。1999年,珠山区被中国科协命名为全国科普示范城区,是全国50个首批科普示范城区之一。2004年,景德镇陶瓷历史博物馆经中国科协评审,被确定为全国科普教育基地创建单位,是第二批81个全国科普教育基地创建单位之一。2006年,乐平市被中国科协命名为全国科普示范县。2009年,景德镇市启动“党旗映社区、科普进楼宇”示范社区创建活动,提升社区居民科学素质。是年,珠山区新村街道梨树园社区被命名为全省科普示范社区。2010年,市气象局和景德镇陶瓷馆被省科协命名为江西省级科普教育基地,乐平市被命名为全国科普示范县。是年8月25日,珠山区新村街道梨树园社区、珠山区太白园街道浙江路社区、昌江区西郊街道森林社区、乐平市塔山街道坎上居委会被确定为2010—2014年度江西省“党旗映社区、科普进楼宇”示范社区创建点。

青少年科普　中学各类学科竞赛。1986年,组织青少年参加全国初中、高中数学竞赛,获一等奖4个、二等奖2个、三等奖5个。1987年,市数学学会组织学生参加全国初中数学竞赛,获一等奖1个、二等奖2个、三等奖2个,省奖11个;参加全国高中数学竞赛,获三等奖5个、省级奖12个。1989年,在全国“祖冲之杯”初中数学邀请赛中,获一等奖1个、二等奖2个;参加国际三十届奥林匹克数学竞赛,获得金牌1枚。1991—1992年,21人获全国初中数学竞赛一、二、三等奖,3人获全国华罗庚数学金杯赛三等奖,获全国第二届青少年希望杯数学邀请赛银、铜牌28枚,5人获全国第八届中学生物理竞赛一、二、三等奖,参加全国初中物理知识竞赛及第二届全国中学生(高中)物理竞赛,获一等奖3个、二等奖3个、三等奖8个。1998年,市青少年参加各级各类科技竞赛活动,获全国赛奖31个、省赛奖83个,景德镇二中获全国高中数学联赛江西赛区团体第一名,景德镇一中获全国初中数学联赛江西赛区团体总分第二名。2003年,景德镇二中获全国初中数学联赛江西赛区团体第一名,景德镇一中获全国高中数学联赛江西赛区团体第二名。2010年,由景德镇一中、一中分校、景德镇二中的6位学生组队,赴北京参加第一届世界数学团体锦标赛,获少年组第三名。

科技创作和小发明。1986年,在全国科技小论文比赛中,获全国二等奖论文1篇,获全省一等奖论文1篇;在中国青少年科技辅导员协会第二届理论研讨会上,获全国优秀论文2篇,获全省青科辅教育论文评比一等奖。1989年,获第四届全国青少年科技论文二等奖论文2篇、三等奖论文1篇。1990年,举办市青少年科技作品展览和科学讨论会,收集小发明20余件、小论文50余篇。1991—1992年,组织举办万架航模“飞向北京”制作赛、青少年千件小制作作品展览和各种类型的青少年夏令营。1995年,开展“青少年生物百项科技活动”,市第五中学生物活动小组的“农药施用影响蝌蚪生长发育实验”项目在参加全国比赛中,获全国生物百项科技活动优秀项目奖。1997年,开展科技“三小”(小发明、小制作、小论文)活动,获全国比赛奖62人、全省赛奖132人。1999年,在开展科技“三小”中,获全国三等奖1人,获省一等奖2人。2000年,获省十届“小星星”杯发明创作比赛和科学研讨会奖10项,其中1人获全国三等奖。

青少年科技创新大赛。1986年起,市科协联合市教育局组织举办每年一届的青少年科技创新大赛,选出优秀作品参加江西省和全国青少年科技创新大赛。1995年,获全国二等奖项目2个、三等奖项目2个。2003年,获全国二等奖项目1个、三等奖项目2个。2004年,获全国一等奖项目1个、三等奖项目5个,单项奖2个,市青科辅协会获全国大赛优秀组织奖。2006年,获全国二等奖项目2个、三等奖项目2个。2007年,获全国二等奖2个。2008年,获全国三等奖项目1个。2009年,获全国三等奖项目2个。2010年,获全国二等奖项目1个。

科普讲座、报告。1990年,市青科辅协会举办中华儿女立志与成才科普讲座。1999年3月25日,在市体育馆举行青少年“爱我瓷都科普观摩”活动开幕式暨景德镇市博士(硕士)青少年科普报告团成立大会,近千人参加。2005年5月26—27日,市科协在景德镇一中、景德镇二中举办纳米材料科普报告会,听讲师生1000余人。2006年,开展“大手拉小手——科普报告希望行”活动,中国科学院9位科学家到景德镇市为数千名中小学生、教师和部分学生家长做8个专场的科普报告。2007年,市科协深入校园举办科普展和科普讲座。2008年11月27日和12月17日,市科协开展科普知识进校园活动,组织市急救中心专家深入市第七中学和浮梁县罗家小学,为400余名师生作《现场急救基础知识》科普讲座。2009年3月23日,市科协在昌江一中开展首场科普知识进校园活动,市急救中心专家为400余名学生作《现场急救基础知识》科普讲座。

信息学奥赛。1995年,在江西省青少年“清华杯”计算机竞赛中,景德镇二中曹永青获一等奖,潘健颖获二等奖,景德镇一中甘耀、张黎、徐悦、袁昌等4人获三等奖,其中潘健颖被选入省代表队参加全国青少年计算机竞赛。1999年4月中旬,市青少年科技辅导员协会举办奥林匹克计算机选拔赛、证券杯景德镇青少年计算机汉字竞赛。2000年,全市选手在十八届全国青少年信息学(计算机)奥林匹克赛江西赛区参赛,2人获二等奖,4 人获三等奖。2001 年 2 月,举办首届瓷都电信杯——万名青少年计算机奥林匹克赛。

大型科普展览。2001 年 10 月 26 日至 12 月 20 日,举办"奇妙的机器人"大型科普展,展出 45 台智能机器人,5 万余名青少年参观。

科普示范。2004 年,市科协利用社会资源,开展科普教育、示范、实践基地创建活动。是年,景德镇市陶瓷历史博物馆被命名为江西省青少年科技教育基地。2010 年,景德镇一中、景德镇二中、乐平中学被省科协、省教育厅命名为江西青少年科技教育示范学校。

科普刊物　1987 年,市科协编印两期《科协通讯》后停办,1989 年恢复《科协通讯》,每月 1 期。1994 年,市科协创办《金桥科技报》,发行 5 期 1 万份。1995 年,《金桥科技报》发行 12 期 2.40 万份,发布科技供需信息与技术 83 项,牵线搭桥成功 8 项。2003 年,市科协编印内刊《瓷都科协》,每月一期。

电视科普　1990 年,在市电视台播映消防知识专场 4 场,制作 8 集消防科普电视系列片——《想想看看》。2000 年,在景德镇有线电视台举办开播《科普航线》专题仪式。2004 年,在景德镇电视台一套节目中,开播《科普大篷车》电视栏目,播放时间 1 年,每周 1 期,每期时间为 15 分钟。

科技培训

1987 年,开展农村实用技术培训,成立景德镇市农村实用技术培训工作领导小组,下发《景德镇市农村实用技术培训"七五"规划要点》。市科协创办中国农村致富技术函授大学景德镇市分校,首届招收 187 名学员。是年,全市开展继续教育培训,配合技术职称改革,市科技干部进修学院举办 3 期英、俄、日等外语培训班,每期 2 个月,培训人员 455 人;配合教育改革,市电子学会与市第八中学联办电子职业高中班,市食品协会与市烹饪营养协会在竟成中学开办烹饪职业班。1988 年,市科协会同市老建办组织开展农村实用技术培训录像放映月活动,深入县区、乡镇放映科技录像 20 余场,观众 8000 余人次。1989 年,继续开展农村实用技术培训,市农函大分校开设陶瓷工艺、陶瓷热工、陶瓷机械、陶瓷美术 4 个专业,招收学员 408 人。当年全市举办各类农村实用技术培训 470 余期,培训人数 2.50 万人次。是年,市科协以市科技干部进修学院为培训基地,联合有关学会、部门,举办预测与决策、环境保护、包装技术、科技英语等 7 个培训班,全市 330 余名科技工作者参加培训。环境科学学会、会计学会和珠算协会联合市有关部门开办函授大学专班、职业班,数学学会开办实验班、早期学习班。

1990 年,乐平县、浮梁县和昌江区科协先后创办农函大分校,招收学员 1772 人。是年,市科技干部进修学院举办市机械系统专职财会人员培训班,与市质管学会联办 5 期质量管理咨询技术培训班和质量专职人员培训班,培训在职人员 205 人,其中继续教育 160 人。1994 年,市委、市政府下发《关于调查景德镇市农村实用技术培训工作领导小组成员的通知》《景德镇市农村党员和基层干部实用技术和市场经济知识培训三年规划》,继续开展农村实用技术培训。1995 年,市科技干部进修学院与市人事局配合,开办晋升中、高级科技人员技术职称英语补习班;与江西师大外语系、上海市外贸教育培训中心、市人才交流服务中心联合,开办国贸英语、财务会计、国际贸易、自学考试辅导大专班;与邵武培训中心联合,举办家电、摩托车维修班,共有 256 人参加学习。1996 年,市委下发《景德镇市 1996 年农村党员、基层干部实用技术和市场经济知识培训规划要点及其实施意见》。1997 年,全市农村党员、基层干部实用技术培训工作会议在乐平市召开,全年举办农村党员、基层干部实用技术和市场经济知识培训班 420 余期,培训 1.20 万人次。市科技干部进修学院举办继续教育培训班 21 期、1239 人次,其中学历证书班结业学员 271 人,自学助考大专班在校学生 116 人。

2001 年,市科协利用市农业科技电话咨询网向农函大学员进行函授辅导教学,全年招收农函大学员 714 人。2005 年,市科协组建农函大辅导教师队伍,采取面授、函授、电话教学三种辅导方式,开设专业 13 个,全年招收农函大学员 790 人。2006 年,市科协联合市委组织部、市委农工部、市发改委、市财政局、市农业局、市教育局、市扶贫开发领导小组下发《关于加强和改进农函大工作的若干意见》,调整农函大校务委员会,市委副书记樊耀任校务委员会名誉校长,副市长周华保任校长,市直有关部门领导任校务委员会成员。2009 年,市科协与市委组织部举办 3 期返乡农民工党员、群众就业创业培训,培训内容包括无公害蔬菜栽培、果树栽培、水稻种植、家畜养殖等技术以及茶叶栽培与管理和生猪养殖。2010 年 3 月,市科协组织乐平市和浮梁县的 40 名优秀村干部参加全省农函大无公害稻米生产技术与绿色蔬菜种植技术培训班。

科技咨询与协作

1986年,全市完成科技咨询服务项目60余项,其中直接进行的技术服务项目40余项,参加咨询服务工作的科技人员500余人,创经济效益50万元以上。市锅炉压力容器学会完成咨询技术服务项目15个,其中完成740厂锅炉改造技术53项,节省资金15万元。各厂矿科协开展咨询服务129项,其中无偿服务104项,创效益712.50万元,提出合理化建议435项,被采纳实施302项,创效益267万元。1989年,市锅炉压力容器学会与金属结构厂挂钩,帮助该厂获得生产一、二类压力容器的许可证。市自然辩证法研究会与市艺术瓷厂挂钩,帮助该厂在生产、管理、经营等方面进行决策咨询和技术论证,使该厂生产、经营持续上升。

1994年,实施"金桥工程",把科技与经济发展领域里的实际需求沟通起来,架起科技成果转化为现实生产力之"桥"。是年,市锅炉压力容器协会为乐平鸣山煤矿安装、改造锅炉,节约资金10余万元。市康兴科技产业发展公司与武汉大学珞珈高新技术发展中心建立协作关系,接转各类项目43项。乐平市乐港镇科协为乐港蔬菜产销协会引进强镁MBP型大棚骨架生产技术,全年生产2000余个强镁大棚骨架。1995年,深入实施金桥工程,市华意电器总公司科协对市塑总厂实施"电冰箱塑料配件新产品开发扩散技术服务",使厂方新增效益2000万元,对市纸箱厂实施"华意电器包装新产品扩散技术服务",使厂方新增效益360万元;乐平市科协与乐平镇科普协会对乐平镇城郊村组织实施"节日灯生产技术引进应用服务",使采用方建成村办股份制企业浙乐节日灯厂,当年创加工产值750余万元,利税45万元,成品总产值1200万元;市包装技术协会对市万塑彩印厂和浮梁县洪源纸箱厂组织实施的"包装设计人才引荐服务"创效益140余万元;市水利学会对市玉田水库组织实施"美国匙吻鲟引种及养殖技术服务"和"水库流水养鳊鱼水利资源开发技术服务",使采用方创效益120万元;市林学会枫树山林场学会组织实施"国外松芽移植栽培技术推广服务",使采用单位节约种子0.525万千克,节资135万元,节汇34.20万美元,创效益429万元。

1997年,市科协组织市级学会与5家企业进行技术协作和科技攻关,在全市开展厂会协作。当年市通讯学会与景德镇通讯设备厂协作,为企业增收数十万元;乐平昌达锅炉厂与市锅炉压力容器学会协作,成为全市唯一获得国家劳动部批准生产各种型号锅炉的专业制造厂。1998年,市科技咨询服务中心签订技术服务合同40余项。市硅酸盐学会、市畜牧兽医学会、市自然辩证法研究会为结对企业服务实施"金桥工程"项目9项。市高新技术专利贸易公司开发的以蚕蛹为主要原料的牵线搭桥服务项目,使"龙头保健"系列产品获卫生部批准,之后市高新技术专利贸易公司与景德镇酒业有限公司联合投资500万元进行开发投产,被市政府列为新上重点项目(企业)。1999年,市科协创新推出"乡会协作"行动,被省科协列为2000年全省推广的工作。全年签订"乡会协作"项目17个,创造社会产值4000万元。

2000年,市科协组建景德镇市科技咨询业协会,深入开展乡会协作。浮梁县储田乡与市食用菌专业协会协作,建立一个2万袋规模袋料香菇科普示范基地。昌江区竟成镇与市蔬菜协会、市畜牧兽医学会协作,畜禽养殖业稳定保持6%以上的增长势头。乐港镇与乐平市蔬菜产销协会协作,发展一批蔬菜销售大户,农民增收150万元。2001年,市通信学会与普天通信设备厂协作,为企业每年创产值千万元以上,累计创产值4000万元。2003年6月,组织30余位医学专家和科普工作者在市休闲广场摆咨询台,接受市民的科技咨询300余人次。2004年3月,市科协组织农学、林学、果树、蔬菜、畜牧、医疗专家20余人到农村为农民提供技术咨询服务,直接接待农民265人次。

2005年3月,全省科协系统"科普之春"活动在乐平镇桥镇开展,活动中接受干部群众科技咨询达3000余人。2007年3月,在浮梁县江村举行"送科技下乡"活动,市科协组织所属协会专家、农业工程技术人员、农村医疗队人员为农民开展科技咨询,传播科技知识,提供医疗保健服务和农村畜牧、家禽家畜养殖、食用菌生产技术服务。2008年,在"科技下乡"活动中,接待农民科技咨询650余人次。2010年7月,开展以灾害避险和疫病防治为主题的科技下乡,全市科协系统共组织开展科普救灾活动21次,举办培训班15期,解答技术难题180余个,接待咨询的群众3000余人。

学术活动

学术讲座　1986年,市体育科学学会召开全市体育发展战略讨论会,市建筑学会召开旧城区改造决策讨论会。1989年,市科协举办4次大型、高层次的学术讲座:《世界高科技的发展与我们的选择》《世界公害杂草——豚草的危害与防治》《学会管理与改革》《环境教育与环境保护》。当年各学会(协会、研究会)召开专业学术讨论会40余次。

1991年,德国多特蒙德大学博士昂格曼和日本友人浅贝熏到景德镇市举办"人体功效学"学术报告会、"窑业技术发展状况"学术讲座。市硅酸盐学会与日本陶瓷科技社团就世界陶瓷前沿科学进行交流。1992年,市农学会、林学会、气象学会、果树专业技术研究会和茶叶学会召开农业减灾研讨会,市自然辩证法研究会、市硅酸盐学会召开陶瓷发展战略研讨会。1994年,市茶叶学会召开茶叶产销预测研讨会,市学会工作研究会承办召开全省学会工作和景德镇市学会工作研讨会。

1996年,市科协举办《现代科学技术发展动向及产业革命》学术报告会,中国直升机研究所专家刘夏石主讲。市六套班子领导,市直单位、县(区)、企业、大专院校和市级学会负责人及科技工作者500余人听取报告。全年市级各学会举办学术讲座138次,开展学术交流50余次,参加人数2000余人次,交流学术论文400余篇。1997年,全市科协组织开展学术交流24次,交流论文231篇。1998年,市医学会承办华东六省一市"心血管疾病"研讨会,市林学会开展天然阔叶林保护培育学术调研,市茶叶学会举办"科技兴茶与知识经济"研讨会。

2005年,市公路学会承办省级学会年会和学术会议。2009年3月20日,市科协举办"景德镇市生态环境对环鄱阳湖生态经济区的影响"学术研讨会。11月22日,召开"景德镇陶瓷文化遗产的保护与利用学术沙龙",省科协副主席梁纯平出席并作讲话,副市长沈薇致辞,清华大学博导李砚祖作学术发言。2010年5月19日,市科协举办"'生态乐平、绿色蔬菜'学术沙龙",省科协副主席梁纯平出席论坛并讲话,江西农业大学副校长、省园艺学会理事长陈金印作为首席专家主持沙龙。

学术交流　1988年,市科协开展1983—1987年全市优秀学术论文评选工作,评出优秀论文1071篇,其中特等7篇、一等78篇、二等366篇、三等620篇。市科协会同市政协,组织农、林、水等8个学会参加市农业总体开发战略研讨会;市科协联合市茶叶技术推广站、市茶叶学会和蛟潭区政府,召开茶园低产改造研讨会。1989年,全市各学会征集年会、学术研讨会论文1087篇,43篇入选全国性各种学术会议交流。

1990年,市科协承办全国36个中小城市科协协作网第八次年会,市茶叶学会与浮梁县政府举办科技兴茶研讨会,市农学会召开发展粮食生产学术研讨会,市医学会医疗激光学组承办召开全国医疗激光技术学术研讨会,市护理学会承办省护理学会神经学组年会,市农学会承办中国农学会油料作物分会学术交流会。1991年,市科协开展景德镇市第二次优秀论文征集评选活动,评出特等奖论文7篇、一等奖论文105篇、二等奖论文641篇、三等奖论文1224篇、优秀论文1977篇。1994年,市科协开展1991—1993年优秀学术论文评选活动,评出一等奖论文20篇、二等奖论文115篇、三等奖论文205篇、优秀论文340篇。1997年,市科协开展1994—1996年优秀论文征集评选活动,评出一等奖论文25篇、二等奖论文108篇、三等奖论文143篇。

2000年,市科协开展第六次(1997—1999年)优秀论文评选工作,评出一等奖论文13篇、二等奖论文70篇、三等奖论文138篇。2007年,在全市科技人员中开展撰写论文活动,征集论文394篇,评出一等奖论文34篇、二等奖论文47篇、三等奖论文53篇。2008年,市科协评出145篇优秀论文。2010年,市科协联合市老科协开展"科学发展、绿色崛起"建言献策活动,征集论文75篇,经评审,其中获一等奖论文3篇、二等奖论文6篇、三等奖论文10篇。11月3日,举办"科学发展、绿色崛起"建言献策论坛,并对获奖作者及组织奖单位进行表彰。

第五章　归国华侨联合会

景德镇市归国华侨联合会(简称市侨联)成立于1984年。先后召开第一次、第二次归国侨眷代表大会,选举产生第二届市侨联委员会。市侨联坚持为归侨服务,为经济建设服务,开展创办企业、捐资办学、联谊交流、公益捐赠活动,为促进瓷都经济和社会发展作出了贡献。

第一节　代表大会

市第一次归侨侨眷代表大会

1984 年 10 月 5—6 日召开,出席大会代表 86 人。大会通过侨务工作报告和侨联工作细则,选举产生市侨联第一届委员会,委员 17 人,常务委员 9 人,主席 1 人、副主席 2 人。

市第二次归侨侨眷代表大会

2011 年 3 月 9—10 日召开,出席大会代表 100 人。大会选举产生市侨联第二届委员会,委员 50 人,常务委员 17 人,主席 1 人、副主席 2 人。

第二节　侨联组织

市归国华侨联合会

1984 年 10 月,景德镇市归国华侨联合会成立,机关与市外侨办合署办公。2007 年,内设办公室,人员编制 3 人(含工勤编制 1 人),为正县级全额拨款事业单位(参公),归口市外侨办党组管理。

县区组织

乐平市侨联。2007 年 12 月 24 日召开乐平市第一次归侨侨眷代表大会。大会宣布成立乐平市归国华侨联合会;选举产生乐平市第一届侨联委员会,委员 23 人,常务委员 9 人。

浮梁县、昌江区、珠山区未成立侨联组织,侨联工作由县区外侨办开展。

第三节　主要活动

服务侨胞

1986 年,随着侨务政策落实,回国探亲的海外侨胞逐年增加。1991—1992 年,接待归侨侨眷来访 173 人次,处理来信 30 件。1993 年,接待侨胞 250 人次。1995 年,为归侨侨眷解决住房分配、子女就业、升学、扶贫、工作调动等 80 余起,接待信访 92 人次。1996 年,接待侨胞 188 人次。1997 年 11 月,首次发放省侨务办公室统一颁发的归侨侨眷身份证。第一批领取归侨侨眷身份证的有 680 人。1998 年,侨眷身份证制度取消,此后不再办理侨眷身份证。2007 年,先后解决华侨住房拆迁、房产权益、投资权益等信访诉求 8 起,被国务院授予全国侨办系统信访先进集体称号。

创办企业

1986—1989 年,市侨联发动归侨侨眷投资兴办企业,先后创办华侨工艺美术厂等数十家华侨企业。其间,招商引资 800 万元人民币,归侨侨眷知识分子创造科研成果共 177 项。1991—1992 年,促成 12 项经济和商贸业务,推销工艺美术瓷 168 万元。市华侨工艺美术厂的产品远销美、英、法、意、西班牙、哥伦比亚等 20 个国家和地区,并为国家领导人、外交部、国家旅游局等部门和各省外办、侨办精制礼品瓷,连续两年增产盈利,1992 年被评为全省侨联企业先进单位。1993 年 9 月,市华侨工艺美术厂与香港利达时国际发展有限公司、澳大利亚嘉士德澳华集团有限公司合资兴办市利达时工艺美术品有限公司,引进资金 10 万美元,投资总额 25 万美元,年产工艺瓷 150 万元。

1995 年,江西胜利器材厂(4321 厂)厂长、高级经济师林列(侨眷)在国企改革中成绩突出,当年产品销售额突破亿元，跃居全国同行前茅，被国务院侨联授予全国归侨侨眷先进个人称号。

2009年8月27日，江西卫视摄制组一行到景德镇拍摄《侨资企业在江西》专题片，向中华人民共和国成立60周年献礼，并将专题片赠送中国驻外使领馆，宣传江西省侨资企业发展情况。乐平振华中学是江西省唯一一家侨资教育机构，在开办中小学基础教育的基础上，开办高等职业教育。景德镇乐天陶社是一家以陶瓷教育和陶瓷推广为主的陶瓷艺术交流中心，在景德镇陶瓷企业中独树一帜。这两家侨资机构被拍摄在《侨资企业在江西》专题片之中。2010年3月，市侨联和市招商局、市高新区、新都民营产业园、陶瓷科技园等单位联系，对全市侨资企业进行摸底调查走访，初步掌握大量侨资企业数据、材料。

公益捐赠

1998年，景德镇市遭受特大洪灾，香港华人华侨总会和佐丹奴国际有限公司捐款捐物价值58万元，送抵景德镇市灾民手中。市侨联共收到香港华人华侨总会、法国华人郭胜华、泰国华人马氏宗亲会等捐款捐物共计人民币73.2万元。2003年1月，旅日爱国华侨林其根捐资16万元，帮助王港乡兴建王港小学教学大楼，面积1000平方米，9月建成并投入使用。2007年，法国华侨程超辉捐资20万元，新建乐平塔山街道坎上中心小学、侨心小学，年底竣工并投入使用。

第六章　市工商业联合会

1986年，景德镇市工商业联合会（简称市工商联）开始在多种经济成分中试点吸收新会员。1991年，中共中央颁发〔1991〕15号文件，明确工商联主要工作对象为非公有制经济代表人士。至2010年，市工商联先后召开第九次、第十次、第十一次、第十二次会员代表大会，共有会员3501人。在加强组织建设的同时，围绕经济社会发展，优化民营经济发展环境，促进非公有制经济健康发展等问题，认真履行工商联职能，积极参政议政，深入企业、基层商会、基层工商联开展调研，撰写调研报告、统战论文、提案议案等，为中共市委、市政府提供决策参考。并积极开展服务经济、服务社会等活动，在扶贫开发、捐资助学、扶贫帮困、救灾赈灾、公益捐赠等光彩公益事业方面作出积极贡献。

第一节　代表大会

市工商联第九次会员代表大会

1989年12月14—16日召开，出席会议代表124人，分别代表国营、集体、乡镇、三资私营企业以及个体工商户和个人会员。大会学习讨论中共十三届五中全会公报；审议通过第八届执委会工作报告；听取喻长林传达全国工商联六届二次执委会精神；选举产生第九届执行委员会，选出执行委员38人，常务委员15人。在九届一次执委会上，喻长林当选为主任委员，黄林元、方育沪、胡著琳、潘义忠当选为副主任委员。

市工商联第十次会员代表大会

1994年12月27—28日召开，出席会议代表124人。大会学习中共十四届四中全会精神；审议通过第九届执委会工作报告；选举产生第十届执行委员会，选出执行委员37人，常务委员17人。在十届一次执委会上喻长林当选为会长，黄林元、潘义忠、方育沪、江镇生、胡著琳、陈叶霖当选为副会长。1997年，增补冯同鳒、黄良珠为副会长。

市工商联第十一次会员代表大会

2000年1月7—8日召开，出席会议代表149人。大会学习中共十五届四中全会精神；听取中共市委、省工商联领导的讲话；总结回顾过去5年的工作并提出今后5年的工作目标和任务。选举产生第十一届执行委员会,选出执行委员49人、常务委员22人。在十一届一次执委会上潘义忠当选为会长,鄢霁野、冯同谦、黄良珠、江镇生、陈叶霖、王善明、曹海龙、左国雄、叶青当选为副会长。

市工商联第十二次会员代表大会

2006年3月27—28日召开,出席会议代表167人。大会总结回顾第十一次会员代表大会以来的主要工作和今后工作的主要任务;选举产生第十二届执行委员会,选出执行委员63人、常务委员33人。在十二届一次执委会上,潘义忠当选为会长,王升虎、黄良珠、宁恒征、叶青、左国雄、曹海龙、王善明、万世杰、李小荣、欧阳寿阳、林浩飞、范亚强、王群利、于集华当选为副会长。

第二节　组织建设

市工商联

工商联机关　1986年,内设秘书科、宣传调研科,机关编制16人。1987年,宣传调研科改为咨询培训科,全国工商联组织增加编制,由全国工商联增拨给市工商联编制6人。1990年,秘书科更名为办公室,增设组织宣教科、经济工作科,保留咨询培训科。其后因与省工商联处室称谓对应,将组织宣教科改称会员科,经济工作科改称经济联络科。是年,内设妇女、三胞、老龄3个工作委员会。1994年,景德镇市工商业联合会同称景德镇市总商会。1996年,机构改革,编制为19人,设党组书记1人、会长1人、副会长2人(不含兼职)。至2010年,机关设办公室、会员科、经济联络科、咨询培训科,编制18人。

工商联会员　1986—2010年,市工商联会员担任全国、省、市、县(市、区)人大代表、政协委员共有787人。其中,全国人大代表1人、省人大代表4人、省政协委员16人、市人大代表59人、市政协委员182人、区人大代表148人、区政协委员377人。代表、委员中担任省工商联副主席、副会长2人、市政府副市长1人、市政协副主席2人、市工商局副局长1人,区政府副区长1人,区人大常委会副主任3人,区政协副主席3人。

1986年,市工商联试点在国营、集体、三资企业和有代表性的乡镇企业及私营企业(含个体工商户)中吸收新会员。至1990年,共吸收会员181人。1991年,市工商联对主要职能进行调整,明确发展会员主要对象为非公有制经济代表人士。1995年,发展新会员624人。1997年,发展新会员140人。2004年,市工商联按照"稳步发展,调整结构,提高质量"的要求,发展非公有制经济会员98人,其中市直10人、乐平市50人、浮梁县8人、珠山区30人。

2007年,发展新会员75人。2008年,发展新会员44人,其中市直4人、乐平市11人、浮梁县10人、昌江区15人、珠山区4人。至2010年,市工商联(含县、市、区)发展非公有制经济会员3311人,原有的个人会员40人,健在的老会员(原工商业者)150人,共有会员3501人。

基层组织

县(市、区)工商联　1985年3月,乐平县工商业联合会恢复。1985—1989年,乐平县工商联先后召开第四次、第五次会员代表大会。1992年9月,改称乐平市工商联。1993年4月6—8日,乐平市工商联召开第一次会员代表大会。1994年8—9月,市珠山区、昌江区工商联成立大会暨首届会员代表大会先后召开。9月,浮梁县恢复工商联并举行第五次会员代表大会。

基层商会　1990年,市工商联结合吸收新会员,在百货行业中组建百货业同业商会。2007年,成立景德镇浙江商会、乐平市工商联贸易商会、女企业家商会、福建商会、抚州商会、水泥行业商会,完成景德镇陶瓷商会换届工作。

2008年,推行行业商会建设,全市发展成立11个行业商会、异地商会,覆盖各县(市、区)陶瓷、百货、副食、建筑等行业。上半年,景德镇商会在昆明落户,福建商会相继成立,珠山区陶瓷收藏商会成立,景德镇汽车联合商会也在组建之中。2010年,先后成立景德镇都昌商会、景德镇鄱阳商会、浮梁毛竹行业商会。全年有基层商会36个,其中行业商会10个,异地商会、外埠商会2个,乡镇商会分会21个,街道商会3个。

第三节　主要活动

参政议政

提案建议　1986—2010年，市工商联向市人大、市政协递交提案、议案615件。1991年，市工商联《认真做好陶瓷出口商标的管理工作》提案，获优秀提案奖。1998年，《认真落实中共市委、市政府30条决定，促进非公有制快速发展》提案，被列为市政府办理的10个重点提案之一。2000—2006年，市工商联省政协委员就非公有制经济发展和社会热点问题向省政协递交提案26件，其中《关于兴建九江—景德镇—衢州铁路的建议》提案，被省政协列为重点提案，后被采纳实施。2006—2010年，市工商联向市人大、市政协递交提案224件，其中《关于加强新农村建设规划的建议》《关于加强食品安全管理的建议》《关于对城市交通信号标识进行科学设置的建议》《关于进一步加强城市街道、临街门店及住户环境卫生管理的建议》，被市政协列为重点提案；《关于大胆尝试和开启"私募资金"融资渠道，帮助民营企业家做大做强的建议》，获优秀提案奖。

调查研究　1986—1989年，市工商联就全市"七五"计划建议、经济体制改革、经济法规制订、经济领域治理整顿、物价控制等重大问题，与民建市委会一起组织45名两会会员成立经济调研组，配合市政协财贸工作组及有关部门深入调研，先后撰写关于发展第三产业、蔬菜的生产供应、中药体制管理、提高陶瓷产品质量、发展乡镇企业、个体工商户税收管理等10余份专题调研报告，为市委、市政府决策提供参考。

1992—1994年，市工商联向市委、市政府提交《对景瓷工业提高质量降低物耗的整治》《对我市私营企业、个体工商中党员组织活动情况的调查》《关于加快发展我市个体和私营经济的思考及建议》等调查报告，为发展景德镇市陶瓷、个体私营经济提出建设性意见。1995—2000年，《大力发展个体私营经济，促进我市经济再增长》的报告被《景德镇日报》摘要登载，由中共市委主要领导批示有关部门抓落实。与中共市委统战部联合调查写出《努力使个体私营经济成为我市重要的经济增长点》的调研报告，成为市委、市政府制定《关于加快发展非公有制经济的决定》的重要参考资料。

2001—2006年，撰写的《关于加强非公有制经济组织党建工作的思考与建议》《认识品质、品味、品牌、品德的意义，进一步推进企业高端文化建设》调研报告被《江西工商风采》和《景德镇党刊》采用。《放胆加速，大力发展民营经济》被编入《千年瓷都，再创辉煌》一书。2007—2010年，撰写《加快陶瓷产业集聚，发挥瓷都比较优势》调研报告。《加大民营企业扶持力度，推动民营经济快速发展》《用科学创新理念破解中小企业融资难》调研报告，在《景德镇党刊》发表；《加快民营经济发展，做大我市经济总量》调研报告，由市委主要领导批示有关领导和有关部门研究制定加快民营经济发展的具体措施。

决策咨询　1986—2010年，市工商联负责人，工商联界别的政协委员、人大代表，多次出席中共市委、市政府召开的民主协商会、双月座谈会、议政会，参与或列席市人大、市政府的工作活动，以及通过其他民主渠道，就景德镇市国民经济和社会发展规划、经济体制改革、经济法规制定、党风廉政建设等重大问题提出意见和建议。1991—2002年，市委、市政府制定《关于加快发展非公有制经济的决定》(30条)、《关于发展个体私营经济21条决定》、《关于放手发展民营经济的决定》、《关于进一步加快民营经济发展的若干意见》，市工商联领导、非公有制经济代表人士先后列席市委常委会和市政府有关会议，就文件的研究制定提出建议与意见。

表29-6-1　　1990—2010年市工商联获奖提案、论文、专题发言一览表

年份	类别	内容	奖项	奖评单位
1990	论文	《努力探索和开展私营经济统战工作》	一等奖	市政协
	论文	《积极引导私营企业健康发展》	三等奖	市政协

续表 29－6－1

年份	类别	内容	奖项	奖评单位
1991	论文	《对“一国两制”实现祖国和平统一的一些思考》	统战论文二等奖	市委统战部
	提案	《认真做好陶瓷出口商标的管理工作》	优秀提案	市政协
	新闻报道	《民建工商联热情为乡镇企业服务》	提出5条可行性建议	《人民日报》登载
1992	人物专访	《国是连着你和我》	模范纳税户	《景德镇日报》登载
1993	专题发言	《关于加快发展我市个体和私营经济的思考及建议》	获重视好评	市政府
1994	专题发言	《关于稳定市场物价的几点建议》	受上级部门重视	市政协常委会
1997	调查报告	《大力发展个体私营经济,促进我市经济再增长》	领导批示抓落实	《景德镇日报》登载
1998	提案	《认真落实市委、市政府30条决定,促进非公有制快速发展》	市政府办理的10个重点提案之一	市政协
1999	提案	《关于切实改善投资环境,促进三资企业发展案》	重点提案	市政协
	提案	《关于加强市容市貌管理的建议》	重点提案	市政协
2000	提案	《关于筹建商会大厦案》	优秀提案	市政协
2001	提案	《关于兴建景德镇—九江—衢州铁路的建议》(本会省政协委员参与的联名提案)	重点提案	省政协
2002	调研材料	《着力推进民营企业文化建设》	统战论文二等奖	市委统战部
2003	提案	《重视城市文化建设案》	优秀提案	市政协
2004	提案	《关于加强城市地名管理案》	优秀提案	市政协
2007	提案	《关于加强新农村建设规划的建议》	重点提案	市政协
2008	提案	《关于加强食品安全管理的建议》	重点提案	市政协
	提案	《关于对城市交通信号标识进行科学设置的建议》	重点提案	市政协
	调研材料	《发挥工商联助手作用,推进民营经济又好又快发展的思考》	统战论文三等奖	市委统战部
2009	提案	《关于进一步加强城市街道、临街门店及住户环境卫生管理的建议》	重点提案	市政协
2010	提案	《关于大胆尝试和开启“私募资金”融资渠道,帮助民营企业做大做强的建议》	优秀提案	市政协

服务经济

经贸展销 1987年,市工商联组织会员企业参加工商联系统举办的各类商品展销会。当年参加全国工商联首届商品展览交易会,成交额272万元,名列全省第三。1988—1993年,先后参加4届华东六省一市商品交易会,成交额5932万元;参加武汉经济协作区、福建、南京、深圳等商品交易会,成交额3264万元。1990年,市政府副市长、市工商联会长喻长林率会员企业江西陶瓷进出口公司参加荷兰首都阿姆斯特丹贸易洽谈,签订3万余美元陶瓷合同及次年举办陶瓷展销会意向书。1991年,组织42家会员企业参加在景德镇举

行的江西省百货纺织品春季交易会，贸易成交额1019万元；陶瓷节期间，组织10家会员企业参加零售商品一条街活动，成交额26万元。是年，与荷兰中艺公司在荷兰乌得丽市举办中国景德镇陶瓷展销会，销售陶瓷展品12万美元、日用瓷3万美元，接受订单10万美元。2001年，组织40家陶瓷厂商在河南驻马店市举办陶瓷产品展销会，销售额120万元。2003年，组织50家陶瓷商家参加河北唐山陶瓷博览会，销售额近200万元。2006—2008年，先后邀请中外采购商78人到景德镇市参加瓷博会，组织会员企业设展，2006年签订贸易合同额8000余万元。

联谊交流　1986—1990年，市工商联与吉林、内蒙古、河北、河南、浙江、江苏等14个省份的51个地级市（区）工商联开展会务交流、商务经贸、友好往来等活动；先后与吉林长春、上海长宁、湖北黄石、河北秦皇岛、江苏张家港、徐州等商会建立友好商会关系。1990年10月，景德镇国际陶瓷节期间，市工商联广邀海内外朋友，组织“三胞”（台湾同胞、港澳同胞、海外侨胞）亲友邀请台湾陶瓷工业同业公会工商考察团一行38人参加合作联谊，还邀请《中华工商时报》记者进行采访，并在《中华工商时报》作专题报道。2004年，市工商联与北京宣武区工商联在北京举办景德镇陶艺家建镇千年晋京汇报展，《文化报》《北京报》等10余家报刊作专题报道。2005年，与市文化局、上海刘海粟美术馆、市艺术家交流协会在上海举办千年景德镇陶瓷回顾展。2009年，与河北唐山工商联会员企业举办中国名家（景德镇）艺术陶瓷精品展，此展被列为第十二届唐山市中国陶瓷博览会重要主题活动。2010年，组织50余名国家级、省级艺术大师会员的作品参加中国瓷都景德镇——首届上海陶瓷成就展。

创办企业　1985年，市工商联创办景德镇市爱国服务公司，资金来源于工商界公益互助金，主要经营百货、五金、家电等批发零售业务。是年，与市土产公司合办华孚商场，主营布匹百货。1987年，市大同贸易公司、市海峡干洗服务部由中共市委对台办移交市工商联归口管理（1989年划归市政府驻厦门办事处管理）。1985—1988年，爱国服务公司先后自办华兴商场、华玉瓷厂，这3家企业聘用从事商业的退休人员8人，先后安置待业青年30余人，至1988年年底，累计营业额660.57万元，上缴税金24.47万元，实现盈利31.82万元。1990年，按照国务院、全国工商联有关清理整顿精神，公司精减人员，压缩批发业务，扩充商场零售业务。1993年，爱国服务公司被全国工商联、江西省工商联分别授予文明企业称号。1994—1996年，在市场疲软的情况下，公司以处理库存商品、回笼资金为主，累计处理库存商品7.60万元，回笼资金10.40万元。

发展企业　1997年，市国讯通信设备有限公司兴办通信设备制造企业，产值1000万元，年创税50万元；2000年，在上海设立研发基地，开发智能售卡机、自动售票机、无人值守监控系统，产值3000万元。

1999年，私营企业江西锦溪水泥有限公司建设完成20万吨生产线后，2000年完成税收250万元，再上一条20万吨生产线。2002年，投资1.20亿元新上一条日产千吨新型干法回转窑生产线，5年实现产值1.60亿元，税收1500万元。2007年，新项目二期工程总投资3.60亿元，余热发电项目投资6300万元。

2000年，市工商联与中共市委统战部、市经贸委先后召开“民营经济参与国企改革”座谈会，“国企改革情况通报会”，帮助会员企业了解国企改革情况与全市关于国企改革的八项政策法规，深入会员企业宣传优惠政策，鼓励企业参与国企改革。会员企业小龙啤酒集团投资5000万元，整体收购国有景德镇酒厂和市食品酿造厂，建成年产8万吨生产规模，把企业规模做大。

2007年，乐平加金纸业有限公司投资5000万元扩大生产规模，其中引进外资1000万元。

咨询服务　1986年，市工商联开展工商经济咨询服务贫困老区工作，发挥长期从事陶瓷生产、经营、管理工作的工商联老会员作用，为老区建设服务。1988—1991年，派员分赴老少边穷地区云南曲靖、广西梧州陶瓷厂提供陶瓷生产技术经营和管理、品种工艺等咨询服务；帮助老区万载县黄茅乡、三兴乡瓷厂恢复陶瓷生产；为黎州县陶瓷厂提供烧炼技术服务；为市洪源瓷厂、三龙瓷厂的技术管理、品种产销、人才引进问题提供咨询服务；为挂钩扶贫点黄坛乡吴家村木材厂、火柴盒片厂提供产销建议。仅1990年，为省内外9个市、县工商联提供技术咨询20余项，为市老区贫困乡乡镇企业提供新产品技术和解决难题14个。1993年，中共中央统战部、国家民委授予市工商联支老扶贫先进单位称号。1994年，在职能科室中设立工商法律事务部。2002年，与江西才亮律师事务所联合成立市工商联法律咨询服务中心。2006年，组建成立景德镇市工商联法律维权中心。2008年，与市司法局联合开设“企业法制课程”，举办劳动合同法等法律知识讲座。

2009年,与市政府法制办联合下发《关于进一步做好非公有制企业民商事纠纷仲裁工作的通知》;与省工商联、市中级人民法院联合召开“知识产权司法保护工作座谈会”。至2010年,开展法律解释和帮助工作,接受非公有制企业法律咨询39人次,并多次与市有关部门联系沟通协商,帮助解决问题和纠纷。

服务就业　1997年,市工商联促成香港独资“泰景再就业市场”招商工作,吸收安置下岗职工及非公有制经济2000余人入场经营。1998年,建立市工商联再就业服务部,对下岗职工和非公有制企业实行双向服务,组织17家非公有制企业提供170个岗位,举办招收下岗职工专场洽谈会,9家非公有制会员企业录用下岗职工33人。2007年5月,市工商联与市劳动保障局联合开展“民营企业招聘周”活动,联系民营企业提供空岗信息400个,此次招聘周活动中,会员企业安排就业再就业人员2800余人。2008年,举办“夏季就业和再就业招聘周”“首届在校大学生兼职实习专场招聘会”,会员企业安排下岗职工和农村劳动力就业3000余人。至2010年,市工商联组织会员企业参与市劳动和社会保障局、市总工会联合举办免费送岗洽谈会、就业和再就业招聘会、民营企业招聘周等活动,安排就业和再就业人员达1.66万人。

服务社会

光彩事业　扶贫开发。1994年4月,为配合“国家八七扶贫攻坚计划”实施,中共中央统战部、中华全国工商业联合会(中国民间商会)发起一项以扶贫开发为主题的“光彩事业”。1995年10月,中共市委统战部、市工商联共同成立景德镇市光彩事业推动委员会。是年,市工商联组织非公有制经济人士赴浮梁县金竹山乡考察,帮助当地贫困户解决购买种羊资金1万余元,实施养羊项目滚动式扶贫计划。1997年,光彩事业活动由“考察推动为主”转向“项目推动为主”。1998—1999年,全市实施投资项目12个,投资额3600万元。2003年,改称景德镇市光彩事业促进会。2003—2005年,响应中共市委提出的百家民营企业“一帮一”扶贫工程活动,组织百名会员企业与农村贫困户结对帮扶,提供资金、技术、信息服务。2005年,引导非公有制经济人士参与扶贫开发,进一步实施“百帮工程”,即100家民营企业对接100个贫困自然村,21位企业会员投入19万元帮助帮扶对象创业。2006年,会员企业以项目开发、资源开发、兴办企业、改善环境设施等方式,投入资金2000余万元。景德镇豪德贸易广场开发有限公司投资78万元用于吕蒙乡龙塘山、瑶里镇东埠和丽阳乡新坂3个自然村的环境改造、基础设施建设。全市有16名企业会员获“光彩之星”称号。2009—2010年,实施全市“百企惠民工程”,全市建设蔬菜、茶叶、中草药种植,獭兔、生猪养殖绿色生态养殖场等基地10个,投资额5110万元,就地招收农村劳动力1123人。

捐资助学。1996年,市光彩事业促进会开展捐资助学活动,会员企业民间瓷艺有限公司向浮梁县湘湖镇中心小学捐资4000元;乐平刚强水泥厂兴学助教捐资3万元。市工商联组织会员企业、非公有制经济代表人士,参加与市委统战部联合举办的“光彩圆梦行动”和捐资建校活动。2004年,组织12家会员企业捐资105万元资助贫困学生就学。2007年,会员企业景德镇豪德贸易广场、江西立信药业有限公司及海外华人,出资63万元扶持、兴建3所农村小学。是年,会员企业金銮集团捐资20万元资助优秀贫困生上大学。2010年,景德镇豪德贸易广场捐资50万元新建吕蒙乡豪德光彩小学。通过举办捐赠仪式、文艺义演、陶瓷大师笔会(作品拍卖)筹集资金。“2010光彩圆梦行动”共募集陶瓷艺术作品59件,拍卖所得纳入光彩基金会,资助30名优秀贫困大学生。从成立至2010年,市光彩事业筹款总额达507万元,全部用于助学。

扶贫帮困。1990—2000年,市光彩事业推动委员会慰问浮梁县黄坛乡烈军属,送去衣物、棉被。每逢“六一”节,专程赴挂钩扶贫点黄坛乡吴家村小学,送去学习用具、体育用品等;多次深入吴家村办厂,提供市场信息,提出生产、销售建议,帮助落实6.67公顷桑果园种植任务;春节期间,走访慰问村特困户,发放慰问金3000余元。1998—1999年,援助资金4000元帮助乡办企业黄坛萤石矿更新采矿设备。2000年,会员企业金銮房地产开发公司捐资2万元为吴家村安装有线电视。2005—2006年,非公有制经济会员企业扶贫招工2503人。2009年,景德镇豪德贸易广场出资10万元,帮助浮梁县经公桥镇歧田村建立卫生所和图书馆。至2010年,扶贫帮困投入为27.40万元。

公益事业　救灾赈灾。1996—1998年,全市两次遭受特大洪涝灾害,市工商联向挂钩扶贫点黄坛乡、市辖区内重点受灾户、灾区失学儿童、市救灾捐赠接收办捐资12.19万元。2003年,在抗击“非典”中,组织会员捐款4.20万元,参与市民政局开展的抗击“非典”捐款捐物活动。2008年,江西锦溪水泥有限公司捐资10

万元，帮助灾区人民抗击冰雪灾害。在“情系四川地震灾区”现场捐赠会上，会员企业捐款99.21万元，在整个汶川地震救灾活动中，非公有制经济人士捐款捐物400余万元。2010年玉树地震，市工商联发动基层商会捐款和拍卖瓷板画计19.74万元支援灾区。2000—2010年，会员企业赈灾援助资金累计达462.50万元。

公益捐助。1996年、1998年，企业会员两次前往市社会福利院，捐赠价值2万余元的棉被、毛毯和现金，慰问孤寡老人和孤儿。2000年，江西锦溪水泥有限公司赞助90万元建设乐平一中图书馆，锦宫实业有限公司赞助75万元编撰《陶瓷全集》和支持市政工程建设，民间实业有限公司出资30余万元出版大型画册《土与火的历程》。2004年，8家会员企业捐资94万元用于千年华诞模特大赛及省少儿乒乓球赛。至2010年，会员企业参与文化宣传、市政建设、助孤助残等公益事业活动，累计捐助511.90万元。

工商界生活互助金。1986—1999年，市工商联为解决原工商业者及其遗孀的生活困难，为1260人发放困难补助，补助金额合计为2.87万元。2000年后，随着原工商业者老会员人数逐年减少，工商界互助金逐渐用完，仍从工作经费中挤出资金慰问原工商业者代表及其遗孀219人，发放补助慰问金1.29万元。至2010年年底，市工商联共发放生活困难补助5.06万元，补助1479人次。

第七章　文学艺术界联合会

1986—2010年，景德镇市文学艺术界联合会（简称市文联）坚持双百方针，组织开展文艺创作、文艺交流、出版刊物、举办作品展览等文艺活动，举行文艺作品研讨会，多种形式激励全市文艺家以饱满的热情投入创作，涌现出一大批小说、散文、音乐、舞蹈、书法、摄影、戏剧等优秀文艺作品，促进全市文学艺术事业发展。2008—2010年，市文联被省文联评为先进单位。

第一节　代表大会

市文联第四次代表大会

1987年10月12日在市委会议室召开，参加会议代表312人。会议审议并通过市文联第三届委员会所作的《坚持“两为”方向，坚持改革创新，努力实现瓷都文艺更大繁荣》工作报告。选举产生市文学艺术界联 合会第四届委员会，委员60人，其中常务委员9人。选举主席、副主席各1人，以及艺术界不驻会副主席6人。

市文联第五次代表大会

1998年12月26日在市政府礼堂召开，参加会议代表225人。会议听取并审议市文联第四届委员会所作的工作报告，修改《景德镇市文学艺术界联合会章程》，选举产生市文学艺术界联合会第五届委员会，委员41人，其中常务委员9人。选举主席1人、副主席2人、秘书长1人。

第二节　文联组织

市文学艺术界联合会

1985年，市文联下属协会有市文学工作者协会、市美术工作者协会、市戏剧工作者协会、市音乐舞蹈工作者协会、市摄影工作者协会、市民间文学工作者协会、市曲艺工作者协会、市书法工作者协会，协会会员1316人，其中省级会员259人、国家级会员40人。1991年，下属协会11个，下辖市书画院和《珠山》杂志社。

2010年,内设办公室、组联部,在编人员11人。下设景德镇书画院、珠山文学杂志社、景德镇市文化艺术馆3个事业单位,所属协会有市美术家协会、市作家协会、市书法家协会、市摄影家协会、市音乐家协会、市舞蹈家协会、市戏曲家协会、市民间文艺家协会、市曲艺家协会,协会会员3000余人,其中国家级会员100余人、省级会员500余人。

县区文联

乐平市文联 1987年,乐平市文学艺术界联合会成立,编制7人。内设办公室、乐平文艺编辑部、乐平书画院,所属协会有书法协会、美术协会、作家协会、摄影家协会、戏剧协会、音乐舞蹈协会、钢琴协会、诗词协会、江维文联、京剧票友协会。

浮梁县文联 1991年,浮梁县文学艺术界联合会成立,编制3人,所属协会有美术家协会、书法家协会、作家协会、摄影家协会、诗词学会、民间文艺家协会。

昌江区文联 2009年,昌江区文学艺术界联合会成立,编制3人,所属协会有作家协会、摄影家协会。

珠山区文联 2011年,珠山区文学艺术界联合会成立,编制3人,所属协会有作家协会、诗词学会。

第三节 主要活动

文艺活动

1986年,市文联坚持双百方针(百花齐放、百家争鸣),组织全市文艺工作者开展文艺活动。1993年12月24日,举办隆重纪念毛泽东100周年诞辰大型诗会,市诗词学会会员等100余人参加。2003年4月,在市陶瓷大世界艺术展览中心举办"台北风情"杯诗画瓷都谷雨诗会,与全省谷雨诗歌节形成互动,展出反映瓷都历史文化、风土人情、自然风光、改革开放成果的配诗图片150幅。是年始,每年谷雨节气前后举办谷雨诗会,成为市文联的一个品牌创作活动。2005年,组织文艺工作者参加全省、全国文艺展演比赛活动,大型舞蹈史诗《瓷都风情》获全省优秀剧目一等奖,创作表演二等奖;儿童舞蹈《风车的伙伴》《青花斗彩》分别获全省第八届少儿艺术第二、三等奖;《好一朵小金花》《小小牵牛花》《扇妞》获全省舞蹈精品大赛金、银、铜奖。2006年,与景德镇日报社合作,开展"唱响一首歌,服务新农村"活动,推出一批优秀音乐作品,在《景德镇日报》专版刊出。同时,在《心声歌刊》刊出6首,并将征集到的优秀作品制作成音乐光碟。2010年,举行全市文学艺术界百花迎春晚会,各文艺家协会200余人出席,现场为下岗职工捐赠10万元。

文艺作品创作

1986年,文艺作品主要有马灯戏《酒烧心》,获全国第三届戏曲电视剧奖;大型京剧《北魏魂》获江西首届"玉茗花"戏剧节大戏创作二等奖;儿童剧《渔夫和金鱼的故事》和长篇小说《瓷魂》。1991年,文艺作品有歌曲《中国扬帆远航》、舞蹈《瓷娃娃》、杂文《俯读仰思集》。1996年,文艺作品有《风雨督陶路》,获省政府优秀文艺成果奖。1999年,文艺作品有长篇小说《在地球上做客》《无烟警区》《瓷都人》,杂文集《翥山笔谈》,散文集《潇潇春雨润花芳》《语解岁月》《远岸遥灯》,美术专集《人体素描旋转观察》。2003年12月,市文联编辑出版大型画册《世界瓷都景德镇》,是一部独具瓷都特色的宣传画册。2005年,文艺作品有小说、诗歌、散文、杂文等出版10余本,其中散文集《永恒之外》《暗香》,长篇小说《离休大院抗日兵》《易性往事》等。2006年,文艺创作有中篇小说《洪家宅院》,散文集《思想的河》《心灵的绿荫》《深水静流》《心海沉浮》,诗集《夏天的梦》等。2008年,文艺创作有长篇小说《最后的官窑》获国家新闻出版总署"三个一百"文艺100种优秀图书奖,散文集《自渡曲》,诗集《心海浪花》《知青岁月》。2010年,文艺创作有诗歌《江南柳笛》,散文《莲塘听雨》《向往本色》,诗词《冷香月下声》,杂文、评论《陈年旧事与胡思乱想》,文学摄影《瓷城之光》,电视剧《天生无才》《正骨柔情》。

文化交流

1986—2010年,市文联通过组织对外展览,开展文化交流活动,参与高层次、高规格的大型博览会。

1988—1993 年，先后举办 5 次“恩巴”美术馆景德镇陶瓷美术展文化交流活动，共展出市优秀艺术作品近千件，为国家创收 40 余万美元，推动中日民间文化友好交流。1995 年，承办南京区域十八地市文联工作经验交流会，来自江苏、安徽、江西 3 省 18 个地市近 40 名代表出席会议。2002 年，与南京市文物局、南京市文化局联合在南京市太平天国博物馆举办景德镇著名陶瓷世家作品展，共展出“珠山八友”和景德镇当代画家陶瓷艺术作品 300 余件。2003 年，与安徽省铜陵市联合举办“瓷文化、铜文化”摄影巡回展。2008 年 10 月 11—12 日，与省作协、文艺评论家协会联合举办长篇小说《最后的官窑》研讨会，30 余人出席并进行研讨，并对改编为电视连续剧的可行性进行探讨。2010 年，承办 2010 中国美术名家瓷都论坛，200 余人参加。

文艺作品展

1991 年，市文联组织《景德镇革命斗争史》图片摄影展览。1998 年 11 月，承办“’98 江西抗洪抢险先锋赞”巡回摄影展，共展出大型摄影图片 334 幅，展现全省军民抗洪抢险精神，全市各界群众约 2 万人观看展片。2001 年 10 月 1 日，与省文联在市陶瓷馆联合举办江西省首届民间工艺美术精品展览，共展出全省 11 个地市的民间工艺美术者的作品 300 余件，其中景德镇市参展作品近百件。2002 年，在南京举办景德镇著名陶瓷世家作品展，展出作品 300 余件。2004 年 4 月 20 日至 8 月 20 日，举办世界华人咏瓷都诗词联大赛，共收到全国各地和亚欧美的 900 余位诗人的 1700 余件作品。评出金奖 20 人、银奖 75 人、铜奖 192 人、优秀奖 107 人，并编辑出版《世界华人咏瓷都诗词联大赛获奖作品专辑》。2009 年，举办辉煌 60 年——全市美术作品展，展出包括在全国第 11 届美展获得金奖、铜奖和入选的作品，和全省 13 届美展的 260 件获奖作品（国画、油画、设计艺术、雕塑和陶瓷作品）。其中有全国美展金奖、铜奖作品各 1 件，全省美展获金奖作品 23 件、银奖作品 11 件、铜奖作品 31 件、优秀奖作品 57 件。

陶瓷作品展

2008 年 5 月，市文联利用景德镇陶瓷文化品牌，组织陶瓷艺术作品参加第四届中国（深圳）国际文化产业交易博览会，销售部分陶瓷精品，并获得收益。同月，与省美协联合举办“华月杯”江西省迎奥运中青年陶瓷艺术大赛，参赛作品 316 件，评选出金银铜奖。2009 年，由市文联、市委外宣办和常熟市文化局联合主办，中国瓷韵——2009 常熟陶瓷文化节暨景德镇陶瓷工艺美术大师作品展，参展作品 600 件，展期 16 天，这是市文联在组织艺术团队走出景德镇展览的成功起点。是年 9 月 9 日，在台北首次举办海峡两岸陶瓷精品展，共展出陶瓷作品 288 件。11 月 30 日至 12 月 10 日，在北京国家大剧院举办辉煌 60 年——景德镇陶瓷成就成果展，展品是从上万件作品中筛选出来的精品佳作，全方位展示景德镇艺术陶瓷、日用陶瓷、高科技陶瓷、建筑卫生陶瓷、创意陶瓷的成就。2010 年，邀请 40 余名德艺双馨的老中青艺术家到上海世博会景德镇瓷坊，现场进行陶瓷绘画，以及拉坯、利坯、捏雕等代表景德镇陶瓷文化的创作展演。是年 5 月 10—26 日，在上海展览中心举办中国瓷都——景德镇首届上海陶瓷成就展，展品近 900 件（套）。8 月，参加中国第五届民间工艺品博览会，组织 500 余件陶瓷艺术精品参展。11 月 20 日，在中国鄱阳湖国际生态文化节举办“一廊九区”的景德镇陶瓷艺术展，参展作品 300 余件。

公益活动

1998 年 8 月 21 日，市文联在市委会议厅举办“’98 国画作品赈灾拍卖会”，现场拍卖市美术家的 160 幅国画作品，为抗洪救灾义卖捐赠 18 万元。2003 年 1 月，举办陶艺、书画等艺术品义拍活动，现场拍卖艺术家捐献的艺术品 55 件，所得款项全部发放给下岗职工。2008 年 5 月 16 日，组织陶艺家义捐活动，为汶川地震灾区捐赠 100 万元。台风“海葵”灾害，捐赠 143 万元。2010 年 4 月 21 日，组织陶艺家为玉树地震灾区捐赠 40 万元。7 月 21 日，组织近 200 位艺术家在市群众文化活动中心举办洪水无情、人间有爱——景德镇市文艺界大型义捐义画笔会，为瓷都“7·15”特大洪灾捐赠 100 万元。8 月 20 日，组织义捐活动，为甘肃舟曲泥石流灾区捐款 30 万元。

文艺刊物

《景德镇文艺》　1984 年，市文联创办《景德镇文艺》，发表全市作者创作的文学、戏剧、美术、书法、摄影作品，繁荣文艺创作。1988 年，《景德镇文艺》改名为《珠山》杂志，使用省内刊号出版。2009 年 1 月，《景德镇文艺》复刊,为大16开双月刊,每期发行1000份。

《瓷都美术家》 2008年3月,文联创办《瓷都美术家》画刊,为月刊。2008—2010年,《瓷都美术家》画刊以画报形式编辑出版,第1版为要闻版,报道景德镇市文艺界和关注陶瓷美术界的重大活动。

第八章 残疾人联合会

景德镇市把残疾人事业纳入国民经济计划,分别制定《景德镇市残疾人事业"九五"计划纲要(1996—2000)》《"十五"计划纲要(2001—2005)》《"十一五"计划纲要(2006—2010)》。景德镇市残疾人联合会(简称市残联)着力抓好组织建设、残疾人康复、就业帮扶、教育培训、文体活动和依法维权等各项工作,取得显著成绩。2008年,被省残联授予全省残疾人工作先进单位称号。2009年,被省残联评为2009年度目标考核先进单位和省残联信访先进单位。

第一节 代表大会

市残联第一次代表大会

1989年11月在市百花饭店召开。大会选举产生市残联第一届主席团,主席为常务副市长殷国光,主席团推举产生执行理事会和理事长1人。

市残联第二次代表大会

1999年4月1—2日在景德镇宾馆召开,出席大会代表55人,特邀代表45人。大会选举产生市残联第二届主席团,委员32人,主席为副市长李水根,聘请市委副书记刘发明为名誉主席,市人大常委会副主任洪国良、市政协副主席柯尔荣为副主席。推举市残联理事会理事长1人、副理事长2人。

市残联第三次代表大会

2004年11月26—27日在景德镇宾馆2楼召开,出席大会代表115人,特邀代表5人。大会选举产生市残联第三届主席团,委员32人,主席为副市长周华保,聘请市委副书记樊耀为名誉主席,市人大常委会副主任李水根、市政协副主席叶永强为副主席。推举产生残联理事会理事长1人、副理事长2人。

市残联第四次代表大会

2007年11月8—9日召开,出席大会代表111人,特邀代表9人。大会选举产生市残联第四届常委会主席团,委员33人,主席为副市长于秀明,聘请市委副书记付卓成为名誉主席,市人大常委会副主任叶永强、市政协副主席陈长生任副主席。选举产生市残联理事会理事长1人、副理事长2人。

第二节 残联组织

市残疾人联合会

1986年,景德镇残疾人工作由市民政局管理,下设盲人聋哑人协会。1989年10月31日,市残联成立。初期为市民政局代管的副县级单位,编制5人,无内设机构。1996年升格为正县级单位,内设办公室、宣教科、康复科。2010年,增设维权科,机关编制11人。

直属单位

1999年2月11日,市残疾人劳动就业服务中心成立,编制2人,为差额拨款事业单位。2010年11月1

日，市残疾人康复服务中心成立，编制3人，为全额拨款事业单位。

专门协会

专门协会由代表大会代表中同类的残疾人及残疾人亲友选举产生，是执行理事会（残联）联系残疾人的桥梁和纽带，协助残疾人联合会开展工作，主要有肢残人协会、盲人协会、聋哑人协会、智残人亲友会、精残人亲友会。

县区残联

乐平市残疾人联合会　1986年，乐平县残疾人工作由县民政局管理。1991年6月，乐平县残疾人联合会成立，由县民政局代管，为正科级，内设康复股、宣教就业股、人秘股。同月，县残联第一次代表大会召开，出席会议代表81人，会议选出执行理事会理事、副理事各1人。此次会议后，各乡镇相继成立残联组织，共有专职工作人员33人。1992年，更名为乐平市残联。1996年11月，乐平市残联从市民政局划出，独立办公。

浮梁县残疾人联合会　1990年1月，浮梁县残疾人联合会成立，为正科级，编制4人，内设综合办公室、残疾人服务站。1993年，县残联为县民政局内设机构。1997年，从县民政局划出，为正科级专门机构，定编3人，其中专职理事长1人。1999年，设正、副理事长各1人，内设综合办公室。

昌江区残疾人联合会　1991年11月，昌江区残疾人联合会成立，由区民政局代管。同月，区残联第一次代表大会召开，出席会议代表60人，会议选出区残联主席1人，理事长、副理事长各1人。1993年，区残联为正科级，编制2人。1999年，区残联从区民政局划出，单独办公。

珠山区残疾人联合会　1991年11月，珠山区残疾人联合会成立，为正科级，编制3人，内设办公室、康复股、宣教就业股。同月，区残联第一次代表大会召开，出席会议代表60人，会议选出区残联主席1人、副主席6人、理事长1人。1992—2002年，区属各街道办事处相继成立残联组织。

第三节　主要活动

抽样调查

1986年，全市共有残疾人2万余人。1996年，全市共有残疾人5万余人。2006年4月1日至5月31日，开展第二次全国残疾人抽样调查，景德镇市昌江区被列为全国残疾人抽样调查单位，抽样调查以2个镇2个村居委会，抽样小区842户2810人为调查对象。在调查人群中，0～6岁儿童1858人，查出残疾2人，占0～6岁调查儿童的0.10%；7岁以上2503人，定性残疾55人，占7岁以上调查人群的2%，其中听力残疾3人、视力残疾1人、肢体残疾28人、语言残疾3人、智力残疾6人、精神残疾10人、多重残疾4人。2007年，昌江区被评为全国残疾人抽样调查先进县。至2010年，全市有残疾人10.02万人，占总人口6.39%，其中听力残疾2.26万人、言语残疾0.17万人、视力残疾1.65万人、肢体残疾3.02万人、智力残疾0.88万人、精神残疾0.69万人、多重残疾1.35万人。

康复服务

1986年3月25日，市盲人、聋哑人协会（市残联前身）派出工作人员2人赴北京参加为期半个月的全国第二期聋儿听力语言康复骨干培训班学习。10月9日，在市第一人民医院开办首期聋儿语训班，语训老师（含生活老师）3人，受训聋儿7人。聋儿语训实行日托制，经过1年康复训练，聋儿大部分都能开口说话，能进行简单的交流。1989年，市残联以开展残疾人3项（白内障复明手术、小儿麻痹后遗症矫治手术、聋儿听力语言康复训练）抢救性康复工作为重点，实施康复救治。

1990年，市福利院开班第1期聋儿语训班，语训老师3人，受训聋儿11人。经过听力语言训练，不能说话的聋儿能开口说话。是年，在市特教学校开办常年班，系统地对聋儿进行听力语言康复训练。1991年12月，首次组织医疗队深入浮梁县边远农村进行康复对象调查摸底，发现康复对象50余人。随后，市卫生局和残联在浮梁县经公桥卫生院对符合手术条件的白内障患者18人成功进行白内障复明手术。此后，每年集中开展1次这样的活动。1993年,乐平市将台湾同胞何国庆捐赠给下肢残疾人的200辆轮椅发放到残疾人手中。1995年,启动新婚育龄妇女和婴幼儿补服碘油丸项目,市残联工作人员与街道社区、乡镇(村)工作人员开展宣传活动,防治碘缺乏病,项目历时5年。

2002年5月,配合"视觉第一中国行动",景德镇市首次邀请省医疗队对白内障患者300人进行检查,对符合手术条件的患者71人免费进行复明手术。2006年5月15—30日,由香港慈善家余彭年捐资开展"彭年光明行"活动,为543名白内障患者实施复明手术,并免费提供食宿、路费。2009年5月9日,景德镇市"光明·微笑"工程启动,县(市、区)残联在所辖地区对白内障患者进行调查摸底,并推荐指定医院实施白内障摘除手术。历时半年,共为3767例白内障患者实施手术。2010年,市残联实施市政府民生工程"残疾人项目"。调查摸底残疾人康复需求,与市卫生部门共同开展"光明微笑"活动,使白内障患者1400人得到治疗。是年,市残联组建盲人康复中心、残疾人辅助器具中心和视力矫形中心,利用残疾人综合服务大楼一层打造全市残疾人康复平台。8月9日,在开业仪式上,市建设局为"盲人按摩康复中心"捐款10万元,市残联出资10万元购买近视镜片免费发放给青少年。是年,乐平市残联按照创建"全国残疾人社区康复示范县"的要求开展创建活动,并通过国家验收。10月18日被命名为全国残疾人社区康复示范县。

表29-8-1 **1986—2010年景德镇市残疾人康复治疗人数统计一览表** 单位:人

年份	白内障复明	儿麻矫治	聋儿康复	低视力配镜	肢体康复	智力康复	假肢装配	辅助器具供应
1986—1988	42	15	13	—	—	—	—	—
1989—1998	2281	418	122	119	58	45	—	1491
1999—2003	2305	—	125	93	112	57	83	1958
2004—2006	2122	13	47	96	48	22	28	1349
2007—2010	4460	5	64	120	224	45	236	3744
合计	11210	451	371	428	442	169	347	8542

帮扶解困

就业安置　景德镇市残联坚持"集中与分散相结合"的方针,采取"培训、扶持、输送、协调安置"的方式,帮助残疾人找岗位、找项目、找市场、谋发展。

1986年,景德镇市创办江西省第二期聋哑人陶瓷工艺美术培训班,设竹编工艺、陶瓷彩绘、陶瓷雕塑专业组,学制3年。学员38人,其中景德镇市28人、外地10人。1988年7月22日,培训班学员结业,外地学员返回家乡,景德镇市学员由市残疾人福利基金会拿出4万元安置扶持费,全部安排在市福利工厂工作。1990年,市残联分配到10个招工指标,经过考试,择优录用10名残疾人,全部安排在市民政工业公司工作。1993年,市交警支队为100名下肢残疾人发放残疾人专用机动代步车运营执照,解决其出行困难。1997年,在朝阳路创建百米"残疾人商品一条街"。市自来水公司、市供电局为每间店铺免费通水通电,市邮电局为每个商户优惠安装1部电话,解决40余位残疾人(含合伙经营)的就业问题。1999年1月,颁布《景德镇市按比例安排残疾人就业实施办法》。

2000年12月12日,中国残联主席邓朴方一行,在省政府秘书长王飚和省残联理事长徐效钢陪同下,到景德镇市调研残疾人工作,考察昌河街道福利厂,并题词"奋发图强"。2003年,首次组织残疾人劳务输出,向浙江省残疾人福利企业输出44名有劳动能力的残疾人。是年,与市"双创办"协调,对聋哑人擦皮鞋业进行规范化管理,成立市聋哑人擦皮鞋服务队,统一着装、统一工具箱,在指定地点为市民提供有偿擦皮鞋服务。队员有48人,由市聋协副主席担任队长。2005年,市残联、市地税局、市财政局、人民银行景德镇中心支行印发《景德镇市残疾人就业保证金征收使用管理办法》。

2006年4月,市地税局办税大厅设立残疾人就业保证金代收窗口,地税代征(企业)、财政代扣(财政拨款单位)的规定落到实处(财政代扣在2005年实行)。当年地税代征150万元,财政代扣36万元。2008年1

月15日,景德镇首届残疾人迎新春招聘会,在市残疾人综合服务大楼召开。有近百名残疾人到场应聘。此后,每年都举办这样的招聘会。2010年,市残联举办两场残疾人专场招聘会,推荐85名残疾人就业,购置公益性岗位157个,农家书屋管理员岗位100个,残疾人就业率达85%。

表29-8-2　　1986—2010年景德镇市残疾人培训就业安置一览表

年份	城镇职业培训(人次)	按比例安置残疾人(人)	收取就业保障金(万元)	保障金培训支出(万元)
1986—1988	63	25	—	—
1989—1998	135	866	—	—
1999—2003	934	258	25	15
2004—2006	1490	150	250	180
2007—2010	3200	991	1887	1431
合计	5822	2290	2162	1626

生产帮扶　景德镇各级政府采用干部、党员与贫困残疾人户“结对子”,实行“包、帮、带、扶”,还有基地(大户)带农户等模式。

2001年,浮梁县三龙乡残联理事长吴欢喜带动当地残疾人脱贫致富,热心帮助残疾人康复、就业,被当地残疾人称为“好带头人”,被评为全国残疾人扶贫先进个人。2003年,争取到贴息扶贫贷款150万元,扶持残疾人刘炳宁在乐平城郊创办“三绿生态科技园”,采用公司带农户的形式扶贫。公司从事蔬菜种植加工业,并帮扶周边的残疾人从事蔬菜种植加工,让近百名残疾人就业。2006年,分别资助浮梁县黄坛乡茶场和乐平市鸬鹚乡建立农村残疾人种植业(养殖业)扶贫基地(大户),尝试以基地(大户)带农户的扶贫模式。至2010年,全市共有基地(大户)6个,帮扶农户近500余户。

2010年,市残联进一步加大农村残疾人种养殖业的扶持力度,市级共创建农村种养殖业示范基地3个,投资7万元。乐平市自建2个种养殖示范基地,投资4万元,不仅安置20名残疾人就业,还辐射带动周边百户残疾人受益。浮梁县出资1.20万元,扶持4个种养殖业基地。

助残募捐　1990年,按照省残联统一部署,在全市开展“为残疾人事业捐赠一元钱”活动,共计募得14万余元。2004年7月,市房管系统所属单位捐款100万元,支持市残联筹建残疾人综合服务大楼。8月,市政府决定出资100万元,支持大楼兴建。是年,启动资助农村贫困残疾人危房改造项目,首期在浮梁县资助50户。2005年5月6日,残疾人综合服务大楼破土动工,2006年10月竣工验收,建设面积5200平方米,共计6层半。2006年,市聋哑人协会组织聋哑人为九江地震灾区捐款1000余元,当年协会被评为全国残疾人工作先进单位。2007年3月,市残联机关及残疾人康复训练、就业培训中心搬入大楼办公。是年11月8日,在景德镇伊龙大酒店举行设立“长虹爱心基金”暨接受长虹集团首笔捐款100万元仪式。市4套班子领导出席,市长李放与四川长虹集团董事长赵勇在捐赠书上签字。是年,推进资助贫困残疾人住房改造项目,当年资助150户,其中乐平市80户、浮梁县70户。2008年,资助农村贫困残疾人员住房改造50户。至2010年,全市共完成改造406户(乐平市140户、浮梁县216户、昌江区50户),资助金额182.70万元。

依法维权

1995年,开始发放中华人民共和国残疾人证。2009年,启动换发第二代中华人民共和国残疾人证,共发证3.30万本。持证可享受搭乘火车、飞机、公共汽车时,优先购票和搭乘,其随身必备的辅助器具,免费携带;盲人免费乘坐市内公共汽车、电车;残疾人专用交通工具,可就近免费停放;盲人读物普通邮件免费寄递;残疾人就医,优先挂号、就诊,盲人、双下肢残疾人、多重残疾人免交挂号费;残疾人免费进入博物馆、纪念馆、科技馆(宫)、美术馆、展览馆、文化馆(室、中心)、科技活动中心、图书馆;公园免收门票;使用收费公厕免费;影剧院、体育场(馆)提供半价优惠。

1996年,市残联与市司法局联合发文,要求各级残疾人工作机构协助司法行政部门和律师事务所、公证处,做好对残疾人的法律援助工作。2000 年,市人大常委会在全市开展为期 5 个月的《中华人民共和国残疾人保障法》及《江西省实施〈中华人民共和国残疾人保障法〉办法》的执法检查。《城市道路和建筑物无障碍设计规范》得到贯彻,新建、改建道路及公共场所开始增建无障碍设施,建盲道近 30 千米。2002 年,乐平市残联与相关部门协调,解决 20 世纪 60 年代遗留下来的 30 名农村盲人宣传队成员生活无着落的问题,为他们办理农转非户口,全部纳入城市最低生活保障。2008 年 7 月 22 日,市残联与市司法局联合举办全市残联干部和部分残疾人代表参加新修订《中华人民共和国残疾人保障法》知识讲座。听取法律专家授课,并安排残疾人与律师进行交流,解答在工作生活中遇到的实际问题,通过培训,增强维权意识。

教育培训

文化教育　1986—2010 年,办盲人、聋哑人成人扫盲班,全市形成以随班就读为主体,以特教学校为骨干,涵盖各类残疾儿童少年的残疾人义务教育格局。

1987 年,对曾在业余学校学习,但尚未达到脱盲标准的 27 名聋哑职工进行再补习。市城区在职青壮年盲人、聋哑人文化扫盲任务全面完成。1989 年 11 月,市聋哑学校(市特教学校前身)在市总工会租房办学。市盲人、聋哑人协会(市残联前身)派出 2 名手语翻译做老师,市民政局出资 3 万元开办费,市教育局派出校长 1 人,招收聋哑学生 13 人。1994 年 4—6 月,市教育局和市残联组织人员对全市残疾儿童少年进行普查,全市共有 4 ~ 14 岁残疾儿童、少年 1350 人,其中可接受特殊教育的盲、聋哑、智力残疾 3 类残疾人 808 人,占全市该年龄段残疾儿童、少年总数的 60% 。在这三类可接受教育的残疾儿童、少年中,已入学 228 人。

2001 年,景德镇市启动香港实业家李嘉诚捐资的“长江新里程助学项目”,资助盲童 29 人入学。此后,中央文明办的“扶残助学项目”“彩票公益金助学项目”“扶残助学春蕾行动”陆续启动,资助人数逐年增加,资助金额逐年提高。2005 年,启动新入学贫困残疾人大学生资助项目,当年资助 4 人,每人 2000 元。每年都有数量不等的贫困残疾人大学生获得资助,资助金额也逐年提高。2007 年,全市共有特教学校 3 所(市特殊教育学校,乐平市、浮梁县启智学校),校舍108间,特教老师70人,在校3类(盲、聋哑、智力残疾)学生 298 人。

2010 年,市残联会同卫生、教育等部门对全市适龄残疾人少年儿童的入学底数进行登记建档。继续做好长虹助残基金、贫困残疾人大学生助学项目,资助贫困残疾人大学生 22 人读书,并与教育部门落实贫困残疾儿童义务教育阶段“两免一补”政策。利用中国残联配套资金20万元,资助残疾儿童20人接受特殊教育。

就业培训　2003 年,首次委托市技校为残疾人开办为期 3 个月的全日制陶瓷美术绘画班。有 50 余名残疾人参加培训。2004 年 9 月 12 日,市残联举办第二期残疾人陶瓷美术培训班,实行夜校制,招收学员 20 人,经过半年培训,推荐安置学员 10 人就业。2007 年,选送盲人 6 人参加省盲人按摩指导培训,为 3 名盲人按摩人员申办中级技术职称,市、县(市、区)两级残联举办各类职业培训班,共培训 1338 人。2008 年 9 月 22 日,市残联举办首届盲人电脑培训班,邀请市特殊学校老师授课,6 名盲人参加为期 1 周的培训。11 月中旬,又相继组织 5 名盲人进行为期 15 天的培训。2009 年,市政府拨款 30 万元,资助残疾人综合服务大楼安装电梯和筹建陶艺中心,并于当年 7 月 15 日举行揭牌仪式。中心面积 800 余平方米,内设个人画室、培训厅、展览厅、陶艺厅、烤花室、文化交流室等,是全国唯一的残疾人陶艺就业培训中心。至 2010 年,共有 1500 余人次接受陶瓷美术培训,其中有肢残、聋哑人和少量的智残人及残疾人亲属。2010 年,市残联开展陶瓷彩绘、康复协调员、农家书屋管理员、农村实用技术和盲人按摩等培训,共计培训 961 人。

文体活动

体育竞赛　1987 年 6 月,市残疾人体育代表团在江西省第二届残疾人运动会上,获 3 项第一名、4 项第二名、2 项第三名。8 月,在全国第三届残疾人运动会上,市运动员李镇参加游泳比赛,获 2 枚金牌、1 枚银牌、1 枚铜牌。1991 年 10 月 24—26 日,市残疾人体育代表团在江西省第三次残疾人运动会上,获 7 项第一名、5 项第三名。1993 年,肢残人李镇在第六届远东及南太平洋地区残疾人运动会上,获 100 米蛙泳银牌。1994 年 10 月,市残疾人体育代表团在江西省第四届残疾人运动会上获 11 项个人第一名。同时,乒乓球项目获团体第一名,游泳项目获团体第二名,市游泳队被授予体育道德风尚奖,李镇、刘健被授予精神文明运动员称号。李镇、杨华、龙涛(女)入选省残疾人体育代表团,参加全国第四届残疾人运动会。2006年,肢残人李贵镇获中华技能大奖,这是全国残疾人中首次获此大奖者。2008年9月6日,市、县(市、区)残联干部一行7人,赴北京参加残奥会开幕式。第六届全国残疾人女子田径锦标赛铜牌获得者——景德镇市聋哑人运动员彭佳,被选为残奥会开幕式火炬手。2009年7月3日,全国自强模范李贵镇,在北京人民大会堂参加第四次全国残疾人自强模范和助残先进集体、先进个人表彰大会。

文艺活动　1988年10月,景德镇市选送的《聋哑人双人霹雳舞》,获全国残疾人艺术调演中南赛区二等奖。2001年,景德镇市选送9件作品(文字类3件,图片类1件,广播类1件,电视类4件)参加江西省第六届残疾人事业好新闻评选活动,获一等奖1件、二等奖2件。2005年5月10日,在景德镇大酒店歌舞厅,举办首届残疾人卡拉OK歌咏比赛活动。近200人参加,评出一等奖2人、二等奖4人、三等奖8人。2007年9月,市特殊学校选送参加全省“盲、聋、培智”学校学生文艺会演,舞蹈《青花斗彩》获一等奖,并被选送参加全国会演;《千年一梦》获二等奖。2008年5月8日,在市财富大厦举办主题为“厚爱一分、多帮一把——情系我的兄弟姐妹”残疾人文艺晚会,节目有歌曲、舞蹈、小品、朗诵等,展现残疾人的才华和积极向上的精神风貌。2009年,市残联组织100余人歌咏队伍,参加全市中华人民共和国成立60周年歌咏月比赛活动,获优秀组织奖。2010年3—6月,开展“你行我也行,歌声献给党”残疾人唱红歌比赛活动,近400人参加,评出一、二、三等奖。6月29日晚,在市群众文化活动中心举行“黑猫杯”残疾人唱红歌比赛颁奖晚会。省残联理事长、市4套班子领导成员出席,并向获奖选手颁奖。是年10月20日,市盲人歌手吴全红演唱的歌曲《红星照我去战斗》,获第三届全国盲人歌手及器乐独奏大赛二等奖。

第三十篇　法　治

第一章　公　安

1986—2010年,全市公安机关以景德镇市经济社会发展为中心,积极应对各种风险和挑战,强化公安工作的改革,狠抓队伍自身建设;积极应对“98特大洪涝灾害”“非典”疫情等重大突发事件给社会稳定带来的影响,加强信息报送和信息研判,加快“110”报警服务台建设步伐;开展打黑除恶等专项行动,严厉惩治盗窃、流窜、涉爆、涉枪、网络、毒品犯罪。加大治安管理工作力度,在特种行业管理、危险物品管理、公共场所管理、户政出入境管理、交通安全管理、消防管理、网络安全监管等方面竭尽全力,有效遏制各类案件发案大幅度上升的势头,为维护社会稳定和促进经济发展作出了积极贡献。

第一节　刑事侦查

“严打”战役

1983—1986年,根据中央、省委的统一部署,全市开展“三年为期、三个战役”的“严打”(严厉打击刑事犯罪活动)斗争。1986年,全市公安机关始终坚持“严打”方针,保持严打态势,充分运用统一行动,专项斗争和强化日常侦查破案等有效手段,重点打击杀人、抢劫、盗窃、绑架、爆炸等恶性暴力犯罪,严厉打击严重刑事犯罪分子。全年破获各类刑事案件1017起,抓获违法犯罪分子1151人,摧毁犯罪团伙92个、424人。

1996年,根据中央、省委的统一部署,从4月20日开始,在全市范围开展严厉打击严重刑事犯罪活动的斗争。按照市委的部署,全市公安机关投入“严打”统一行动。4月26日23时至27日6时,全市展开“严打”斗争第一次集中统一行动。此次行动,组织公安干警、武警官兵1700余人,政法、综治、保卫干部1600余人参战,出动汽车、摩托车200余辆,共清查逃犯住所、私人出租房、路边旅店、发廊等场所641处,重点路段设卡12处。共抓获各类违法犯罪分子81人,其中严重刑事犯罪分子57人(负案逃犯31人、现行犯罪26人);破获各类刑事案件43起,其中特大刑事案件1起,重大刑事案件20起,一般刑事案件22起。5月27日晚23时,全市展开“严打”斗争第二次集中统一行动。组织公安干警260人,党政干部、政法、综治、保卫干部及群众1422人,其中县(市、区)党委、政府领导干部26人,出动汽车、摩托车288辆,共清查逃犯住所、路边旅店、私人出租房、城乡接合部的外来人员集聚地、废弃和停产的窑房、厂房及逃犯易于隐匿藏身之所920余处,搜索近5平方千米范围的山头10余个,重点路段设卡16处。共抓获各类违法犯罪分子45人(在逃犯12人);破获各类刑事案件29起,其中重大案件5起。9月23日8时至26日23时,全市展开“严打”斗争集中统一行动。组织公安干警、武警官兵、保卫干部2000人,共抓获各类违法犯罪分子57人,其中严重刑事犯罪10人(在册逃犯3人、负案逃犯7人),现行案犯47人;破获各类刑事案件52起,其中抢劫25起、盗窃19起、流氓4起、诈骗5起。从4月20日至11月30日,全市共破获各类刑事案件808起,抓获各类违法犯罪分子3353人,追捕逃犯323人,摧毁各类犯罪团伙103个、547人。

2004年,全市开展严打整治“打拐”专项斗争统一行动,在“打击人贩子,解救被拐妇女儿童”专项斗争中,共破获拐卖妇女、儿童案件94起,抓获人贩子75人,解救被拐卖的妇女、儿童137人。是年,开展“打黑除恶”专项斗争统一行动，组建成立“打黑除恶特别行动队”，坚持露头就打，决不让其形成气候的原则，共摧毁带黑社会性质团伙 15 个、75 人。

惩治盗窃犯罪

1986 年，市公安局以侦破盗窃、抢劫为重点，在全市开展反盗窃专项斗争，共破获各类刑事案件 446 起，抓获各类犯罪分子 299 人，摧毁盗窃团伙 31 个、146 人，缴获赃款赃物价值 12 万元。1988 年 1—3 月，针对元旦后盗窃案增多的情况，在全市开展反盗窃专项斗争。共破获各类刑事案件 426 起，抓获各类犯罪分子 496 人，其中在册逃犯 11 人。1989 年 9 月 1 日至 10 月 10 日，开展以打击盗窃、抢劫流窜犯罪为重点的专项斗争。共破获各类刑事案件 365 起，抓获各类违法犯罪分子 566 人。1990 年 4 月 1—21 日，开展集中打击“三窃”（入室盗窃、盗窃自行车、盗窃机动车）专项斗争，全市抓获各类犯罪嫌疑人 418 人，破获“三窃”案件 264 起，缴获自行车 366 辆。

1991 年 4 月 25 日至 7 月 25 日，开展反盗窃会战，共抓获各类违法犯罪分子 633 人，摧毁犯罪团伙 76 个，成员 310 人，破获各类刑事案件 617 起，其中重特大案件 137 起。是年 12 月 20 日至 1992 年 2 月 10 日，开展以反抢劫、反盗窃、反扒窃、抓逃犯为主要内容的专项斗争，共抓获各类违法犯罪人员 631 人，破获各类案件 796 起，其中破获“三窃”案件 603 起。1994 年 2 月 21 日至 3 月 31 日，开展以反入室盗窃，盗窃机动车、自行车，扒窃和打击车匪路霸为主要内容的专项斗争，共破获各类刑事案件 298 起，打击处理人犯 441 人，摧毁犯罪团伙 34 个 127 人，抓获各类逃犯 16 人。是年 7 月 1 日至 9 月 30 日，开展打击和防范盗抢机动车犯罪专项斗争，共破获各类刑事案件 216 起，其中盗抢机动车案件 28 起，追缴各类车辆 35 辆。1996 年二季度，开展为期 2 个月的以打击和防范盗抢机动车为主要内容的专项斗争，共出动警力 2599 人，设卡总数 109 个，查扣各类机动车 1218 辆，缴获赃车 28 辆，抓获人犯 213 人，其中盗抢车犯 35 人。1998 年 3 月 15 日至 6 月 30 日，开展打击盗抢机动车犯罪专项斗争，共破获各类刑事案件 262 起，其中盗抢机动车案件 84 起，抓获盗抢机动车犯罪嫌疑人 28 人，缴获汽车 8 辆、摩托车 39 辆。

2006 年，按照公安部、省公安厅关于继续开展打击“两抢一盗”犯罪专项斗争的统一部署，共破获“两抢一盗”案件 1590 起，破获公安部挂牌督办的盗抢汽车案 1 起、个案 14 起，挽回经济损失 77 万余元。2007 年 3 月，在全国治理自行车被盗问题专项行动中，全市共查破自行车被盗案件 723 起，打掉犯罪团伙 17 个，捣毁非法窝点 29 个，查处违法犯罪嫌疑人 325 人，收缴来历不明自行车 637 辆、电动车 286 辆，向群众返还电动车、自行车 624 辆，新增（建）自行车棚（库）306 个。7 月 1 日至 11 月 30 日，开展反盗窃专项行动，围绕“两打一追”为行动重点，开展以反盗窃“狂飚”行动为主的一系列专项打击和整治工作，共破获盗窃案侵财案件 2244 起，刑拘盗窃等侵财犯罪嫌疑人 386 人，破获系列盗窃等侵财案件 34 件 841 起。是年，按照省公安厅部署继续深化打击“两抢一盗”犯罪专项斗争。1—10 月，全市共破获“两抢一盗”案件 1358 起，其中破获盗窃汽车案 11 起、追回 11 辆，破获系列侵财案件 52 件、1134 起。2008 年，全省公安机关统一开展“赣安一号”行动，掀起“打、防、控、整”工作高潮，全市共破获各类刑事案件 1389 起，抓获各类犯罪嫌疑人 1434 人，追捕各类网上逃犯 628 人，其中全国重点逃犯 89 人。2009 年，珠山公安分局开展冬季严打集中统一行动，加大对入室盗窃的打击力度，摧毁一个重大盗窃团伙，破获系列入室盗窃案 49 起，涉案财物价值数十万元，抓获犯罪嫌疑人朱某等 4 人。2010 年，全市公安机关共摧毁盗窃团伙 28 个，抓获犯罪嫌疑人 194 人。

惩治流窜犯罪

1987 年 9 月 21 日至 12 月 20 日，在全市开展集中打击流窜犯罪统一行动，共抓获各类刑事犯罪分子 195 人，其中各类流窜犯 139 人（省厅在册重大流窜犯 6 人），抓获现行违法犯罪分子 56 人，破获各类刑事案件 166 起，其中特大 16 起。2003 年 9 月，在全市开展“打流窜、追逃犯、破大案”专项行动，共破获各类刑事案件 346 起，抓获犯罪嫌疑人 206 人，其中网上逃犯 55 人，缴获各类枪支 26 支。是年 12 月至 2004 年 3 月 20 日，开展以“破大案、追逃犯、打团伙”为主要内容的“百日破案大会战”，共破获各类刑事案件 760 起，抓获犯罪嫌疑人 505 人，其中网上逃犯 106 人，查获犯罪团伙 24 个、98 人，缴获各类枪支 16 支。2009 年，昌江公安分局摧毁一个在江南五省（市）流窜作案的盗窃团伙，一举破获系列入室盗窃案 121 起，抓获涉案犯罪嫌疑人 10 人，涉案财物价值 129 万元。该流窜作案盗窃团伙共有 20 余人，长期聚集在景德镇市或鄱阳县，时分时合,在景德镇市疯狂作案,还驾车、租车流窜到周边省市实施盗窃,赃物销给较为固定的几个点,形成盗、销"一条龙"。2010年9月16日,乐平市公安局摧毁一个在景德镇市周边县市流窜作案抢劫、盗窃团伙,并在南昌市抓获团伙犯罪嫌疑人郑某、张某、王某、石某4人,破获系列持刀抢劫、盗窃案件8起,其中包括"9·13"持刀抢劫案。9月13日凌晨4时,郑某等4人在昌河交通银行十字路口上将受害人陈某劫持到车上,持刀实施抢劫,抢走现金1000元及随身首饰、银行卡、手机等物,并将陈某腿部刺伤。

"打黑除恶"专项行动

2001年4月至2002年年底,开展严打整治斗争,以"打黑除恶"为龙头,突出"破案攻坚"和"打流追逃"重点,共破获黑社会性质组织案件4起,涉案53人,破获流氓恶势力犯罪集团案件27起,涉案125人,缴获各类枪支20支、管制刀具12把,破获省厅督办的大要恶性案件13起、省册案件28起,抓获各类网上逃犯1299人。2002年,共破获杀人、抢劫、爆炸等八大类案件356起(其中省督案件2起),破案率为44.3%,摧毁犯罪团伙86个327人。4月12日,破获徐某、张某等人组成的特大抢劫、强奸、杀人、焚尸案。在"反盗窃、打两抢"专项斗争中,全市共破获盗窃、抢夺、抢劫等侵财性案件1401起,抓获各类犯罪嫌疑人1064人,其中"11·8"特大盗窃古瓷案件,抓获主犯2人及涉案人员2人,价值2000余万元的古瓷和"7501"毛主席用瓷被全部追回。全年共抓获网上逃犯459人,其中年前网上逃犯148人,年内网上逃犯287人,追捕率分别为34.50%、58.30%。2006年5月30日至6月6日,开展"打黑除恶"专项斗争,全市共出动警力3196人次,出动车辆520辆次,清查娱乐场所346处、行业68处、集贸市场35处,共惩治涉恶人员8人,缴获枪支3支、刀具1把。2010年,继续保持对黑恶势力严打高压态势,重点打击带黑社会性质的有组织犯罪、流氓恶势力团伙犯罪,摧毁涉恶团伙8个,抓获各类涉恶犯罪嫌疑人52人,缴获枪支6支。

惩治涉爆涉枪犯罪

1998年7月1日至8月31日,市公安局开展以打击涉毒涉枪违法犯罪为主要内容的夏季专项斗争,共破获刑事案件198起、涉毒案49起,抓获涉毒违法犯罪人员49人;破获涉枪案3起,缴获各类民用枪支109支。2006年6月,开展治安整治专项行动,制定《全市公安机关集中整治爆炸物品、枪支弹药、管制刀具专项行动工作方案》,共破获盗窃民爆器材案件1起,捣毁非法买卖民爆器材团伙1个,处理违法犯罪人员6人,其中报捕4人、治安拘留3人。收缴各类枪支32支,其中猎枪6支、小口径步枪3支、气枪7支、长短土铳15支、"五四"式手枪1把,收缴各类子弹828发、雷管200发、炸药200克、管制刀具27把。2007年5月21日至9月20日,在全市范围内开展治爆缉枪专项行动,共检查民爆物品使用单位113家,关闭非法矿点1处,发现各类安全隐患73处,下发整改意见书57份,整改率达100%;收缴炸药1231千克、雷管843发、导火索560米、枪支215支、子弹1836发、制枪工具1套、管制刀具415把;破获各类涉枪、涉爆案件10起,捣毁非法制枪窝点1处,打掉持枪犯罪团伙2个,处理违法犯罪人员26人,其中逮捕10人、刑事拘留8人、治安拘留8人。2009年11月20日至2010年2月20日,开展以"破命案、抓逃犯、除黑恶、打现行"为重点的冬季攻势。共破获各类刑事案件609起,其中现命案7起、命案隐积案2起。刑事拘留犯罪嫌疑人321人,抓获网上逃犯125人,其中命案逃犯3人,打掉犯罪团伙24个91人,追缴枪支11支。2010年3—12月,组织开展治爆缉枪专项行动,共排查涉危单位209家,其中民用爆炸物品使用单位129家、刀具生产厂2家、剧毒物品和放射性物品从业单位78家,发现各类安全隐患53处,下发整改通知书41份,整改安全隐患51处,收缴各类自制枪支16支,其中个人主动上交的各类枪支11支、管制刀具25把,收缴剧毒化学品29.50千克。

惩治毒品犯罪

20世纪90年代,景德镇毒品犯罪不多。2000年后,毒品犯罪呈上升势头。2003年7月,市公安局禁毒支队成立。2004年,组织开展全市范围的扫毒行动,加强对出租房、歌舞厅、迪吧等涉毒场所的清查。共破获毒品犯罪案件351起,抓获毒品犯罪嫌疑人115人,缴获毒品148.40克。6月26日,利用"6·26"国际禁毒日联合其他政法部门举行对毒品犯罪分子的公捕大会,开展"无毒社区""无毒村"创建活动,在昌河无毒社区的基础上,增加梨树园、青塘电厂2个无毒社区。2007年,制定《2007年全市公安机关禁毒工作要点》,相继开展"夏季禁毒攻坚""禁毒严打"等专项行动,共破获涉毒案件163起,其中刑事案件34起、行政案件

129 起,缴获毒品海洛因 70.80 克、冰毒 7.20 克、K 粉 100 克、麻古 1683 粒。抓获涉毒人员 343 人,其中逮捕 35 人、劳动教养 29 人、强制戒毒 61 人、治安处罚 215 人,协助外地公安机关破获贩毒案件 3 起,抓获嫌疑人 3 人。2009 年,开展打击零星贩毒专项行动,先后破获"3·10"特大制贩毒案、乐平市非法种植罂粟案、吴某特大贩毒案、彭某特大贩毒案。全年共侦办涉毒案件 176 起,其中行政案件 133 起、刑事案件 43 起,缴获毒品海洛因 541.58 克、冰毒 1738.80 克、K 粉 40.80 克,铲除罂粟 4461 株,抓获涉毒人员 317 人,其中逮捕 58 人、治安处罚 236 人(强制隔离戒毒 10 人,治安拘留 57 人,行政处罚 169 人)、社区戒毒 23 人。2010 年,开展禁毒严打整治专项行动,全年共破获涉毒案件 211 起,其中行政案件 138 起、刑事案件 73 起,缴获毒品海洛因 821.60 克、K 粉 140 克、麻古 2520 粒、冰毒 1627.94 克,抓获涉毒人员 387 人,其中逮捕 87 人、强制隔离戒毒 76 人、治安拘留 57 人、治安处罚 148 人、社区戒毒 19 人。

惩治网络犯罪

2006 年,市公安局增设公共信息网络安全监察支队,强化情报信息、重点人口管控,遏制非法宗教发展蔓延,通过阵地控制、专案侦查、关注网上舆情动态等措施,提高发现、控制和处置网络案件的能力。3 月,破获网上非法组织"中国共富党"的公安部督办案件。2007 年,破获公安部督办案件"十月夜色"在内的 5 起网络违法犯罪案件,获 2007 年全国打击互联网淫秽色情等有害信息专项行动先进单位,是年 8 月 14—15 日,被中央电视台《今日说法》节目连续两天专题报道,2008 年被公安部网安局评为全国公安网安十大精品自侦案件之一。2009 年 5 月,在全国网安部门"09 亮剑"行动中,破获公安部督办案件"草榴社区"联盟网站传播淫秽物品系列案件,以及"千博网"赌博案、中国青少年发展基金会希望工程"圆梦行动"受助学生被诈骗案、助考类案件等网络犯罪案件。至 2010 年,累计破获网络犯罪 17 起、刑事拘留 23 人。

其他专项行动

1992 年 2 月至 6 月 15 日,乐平市公安局开展打击"车匪路霸"专项斗争,公安干警深入重点路段 206 国道及沿线村庄,采取车站查、车上跟、路上蹲、群众中访、审讯中挤等全方位立体侦查手段,刑侦、预审和治安管理三位一体,集中警力统一行动与分兵出击有机结合,共破获各类犯罪案件 132 起,其中重特大案件 71 起,缴获自制和购置的土铳 42 支及大批刀棍等作案工具和一部分赃款赃物。12 月 15 日至春节,开展集中整治社会治安工作,共抓获各类违法犯罪分子 423 人,破获各类刑事案件 128 起,摧毁各类犯罪团伙 21 个 89 人。捕获逃犯 23 人,查处治安案件 60 起,缴获一大批赃物及赃款计 9 万余元。1997 年 3 月 16 日至 5 月底,开展"春季严打整治行动"共破获各类刑事案件 465 起,其中重特大刑事案件 242 起,抓获违法犯罪嫌疑人 966 人,追捕各类逃犯 59 人,其中在册 43 人。1998 年 9 月 21 日至 1999 年 2 月 10 日,开展社会治安百日集中整治行动,共破获各类刑事案件 543 起,抓获违法犯罪嫌疑人 1488 人,抓获市局在册逃犯 43 人。

2000 年 1—7 月,市公安局开展"打击人贩子,解救被拐妇女儿童"专项斗争,共破获拐卖妇女儿童案件 94 起,解救被拐卖妇女儿童 65 人,采取父母血样 7 对,来历不明的儿童血样 67 人。2004 年 6 月 20 日至 9 月底,开展"两打一追"百日攻势,共破获各类案件 1278 起,抓获各类违法犯罪嫌疑人 1487 人,追捕网上逃犯 73 人,缴获各类枪支 45 支。2005 年 1—3 月,开展代号为"雷霆"行动的集中打击和防范各类违法犯罪的专项行动,共破获各类刑事案件 382 起,抓获处理劳教以上犯罪嫌疑人 342 人,破获命案 10 起,破获"两抢"盗窃等侵财案件 515 起,强制和劳教涉毒人员 155 人,追捕各类逃犯 169 人。2009 年,开展代号"金盾 09"的专项行动。共破获各类刑事案件 2645 起,打掉各类犯罪团伙 63 个,抓获各类犯罪嫌疑人 1562 人。追捕各类网上逃犯 547 人,其中公安部 B 级命案逃犯 2 人。

典型案例

"1·19"绑架儿童案　1989 年 1 月 19 日,昌江区竟成镇童街村童某 9 岁,被邻居江某挟持杀害于湖田洲田畔,尸体被掩埋在市陶机厂北门东围墙边。1 月 23 日至 2 月 1 日,江某先后在童某家门口钉贴 7 封绑票信,要挟其父按指定的时间和地点送 6000 元领人。案发后,市公安局立即召集刑侦支队和昌江公安分局成立"1·19"绑架专案组,将嫌犯江某抓获。该案为全市首例绑架儿童案件。

"3·25"持枪杀人案　1989 年 3 月 25 日,蛟潭区福港乡广明堂村发生 1 起特大持枪杀人案。市公安局长邓子泉,带领刑侦大队侦查员、技术人员和武警战士赶到现场。正当大家在研究案情、布置缉拿凶犯之际,犯罪嫌疑人趁天黑一手拿着猎枪,一手拿着手榴弹冲进会场,面对拉环已扣在手指上,随时可能引爆的手榴弹,局长邓子泉、省公安厅五处科长何斯旺、刑侦大队政委郝士超等人,临危不惧,机智勇敢地与其谈判,侦查员余旭凯趁其不备,将其制服。

“9·20”吊脚楼特大爆炸案　1994年9月20日凌晨,景德镇市吊脚楼红旗瓷厂宿舍发生1起特大爆炸案,当场炸死3人,炸伤9人。市公安局长邓子泉、副局长周容兴带领刑侦大队侦、技人员赶赴现场,进行现场勘查和调查访问。现场到处散落着未炸的炸药罐(包),侦、技人员冒着生命危险进行勘查和排爆,经侦察和调查访问证实,案犯刘某因债务纠纷和不正当的男女关系等问题,携带两旅行袋的自制炸药到被害人查某家作最后谈判,在恫吓威胁未奏效时,刘某将炸药引爆,当场炸死查某家2人,刘某也同时被炸死。

“4·21”杀人分尸案　1996年4月21日中午,昌江区竟成镇罗家坞新村一枯井内发现一具无头女尸,经现场勘查和调查访问,确定犯罪分子年龄在28~38岁之间,在对全市各辖区居民、旅馆、舞厅逐户逐人调查时,了解到市云林酒家一女服务员在案发时失踪。经辨认,现场遗留物品为该服务员的,案情有重大突破。通过血迹鉴定,确认犯罪嫌疑人张某(系云林酒家配菜工,死者系云林酒家服务员)身上的血型与死者的血型相同,经审讯张某承认犯罪事实,案件告破。

“9·2”母子两人遇害案　1998年9月2日,市石油公司河西加油站宿舍发生一起母子两人被杀死在家中的恶性案件,罪犯手段极其残忍,影响恶劣。接报案后,刑警支队技术人员对现场进行勘查,提取到1枚血指纹,经指纹自动识别系统比对,确认余某即是犯罪嫌疑人。经审讯,犯罪嫌疑人交代带凶器以找房主追欠账为由骗得被害人信任将门打开,入室后将刘母子2人杀死,抢走财物。此案成功告破。

“9·21”特大杀人放火焚尸案　2002年9月21日,昌江区太白园油盐巷89号发生一起特大杀人放火焚尸案。因罗某、侯某与李某平日结下恩怨,9月21日凌晨1点左右,侯某与罗某到油盐巷李某家,用尖刀朝李某及其女儿猛刺,然后2人用打火机点燃床上的枕头和棉絮,放火焚烧现场,造成6户居民住宅被毁,2人随即逃离现场。2002年9月29日,专案组经过10天的缜密排查,将2名犯罪嫌疑人抓获归案。

大师作品被盗案　2009年2月5日凌晨,中国工艺美术师赖德全设在中国陶瓷城的名人工作室被盗,价值百万元的13件陶瓷作品被盗走。案件发生后,市局刑侦支队成立专案组,经过周密计划、分析案情,将犯罪嫌疑人王某抓获,被盗的13件陶瓷作品全部完好无损归还失主。

抓获全国通缉犯　1989年3月1日,市焦化煤气厂保卫科在厂区巡逻时抓获1名嫌疑犯。盘查中该犯拒不交代真实姓名。保卫科将嫌疑犯带到刑侦大队审查,经核对确认该人系高某,是全国通缉的罪犯,高某被抓获归案后,市公安局受到中央军委、公安部及省公安厅的通令嘉奖。

表30-1-1　　**1986—2010年景德镇市刑事案件立破一览表**

年份	立案(起)	破案(起)	抓获犯罪嫌疑人(人)	摧毁犯罪团伙		缴获(万元)	
				个数(个)	人数(人)	现金	赃款折款
1986	—	1017	1151	92	424	—	32.10
1987	1053	954	1186	92	—	—	25
1988	1603	1240	—	—	—	—	—
1989	2355	1737	—	—	—	—	—
1990	—	1958	3176	205	755	—	83.36
1991	—	2471	2957	309	1238	84	170
1992	—	1920	2513	283	1249	—	144.46
1993	1348	1087	—	—	—	—	—
1994	1246	1052	—	—	—	—	—

续表 30－1－1

年份	立案（起）	破案（起）	抓获犯罪嫌疑人（人）	摧毁犯罪团伙		缴获（万元）	
				数（个）	数（人）	现金	赃款折款
1995	1181	1017	2214	—	—	—	—
1996	1060	912	—	—	—	—	—
1997	1012	867	2790	64	—	—	276.50
1998	1101	926	—	—	—	—	—
1999	—	1126	—	24	76	—	100
2000	—	1613	—	15	75	—	283.98
2001	5005	2226	1879	—	—	—	—
2002	4718	2137	1769	86	327		
2003	4628	2103	1800	—	—	—	—
2004	4643	2358	1804	—	—	—	—
2005	4661	2705	1741	—	—	—	—
2006	4421	1870	1648	40	186	—	—
2007	4280	2309	1492	—	—	—	—
2008	3817	2593	1984	—	—	—	—
2009	—	2488	1748	4	23	—	—
2010	—	2796	1987	28	194	—	—

第二节 经济侦查

职能调整

1996 年，市公安局经文保科依据《公安部关于调整经保局、刑侦局对经济犯罪案件管辖分工的通知》精神，开始承办金融、财税诈骗，伪造股票、债券等有价证券，股票、期货诈骗，伪造国家货币、贩运倒卖伪造的国家货币，各种形式的融资、集资等 5 类金融财税犯罪案件。1999 年 12 月 28 日，市公安局经文保科更名为市公安局经济犯罪侦查支队，履行对内保单位的检查监督。在全市范围开展打击和预防经济犯罪的专门工作，会同税务部门开展打击涉税犯罪专项斗争。

案件侦办

2002 年，市经侦支队破获侵犯商标权案件 1 起，缴获假冒景德商标大曲酒 265 箱，新包装景德大曲 105 箱和回收的 8201 只新酒瓶。珠山经侦大队捣毁 1 个有毒腐竹加工点，抓获犯罪嫌疑人 1 人，协助烟草公司进行市场整治，缴获走私烟 7 条、假烟 38 条、老标签烟 359 条。是年 6 月，农行景德镇市分行营业部报案称有人提供假承兑汇票 5 张，面额 1000 余万元，伪造增值税发票 10 张总额 100 万元，造成国家巨大损失，该案 2011 年告破，犯罪嫌疑人陈某抓获。2003 年，配合整治陶瓷进出口市场秩序，打击非法陶瓷出国展销活动，立案 25 起，治安处理 3 起，抓获并审查江某、胡某等非法组织出国展销陶瓷的“会头”35 人，其中刑事拘留 25 人、取保 19 人、逮捕 13 人、起诉 18 人、治安拘留 3 人，收缴护照 50 余本，冻结犯罪嫌疑人资金 800 余万元。

2005年,破获省纪委交办的江西佳乐置业有限公司乐平分公司陶某、胡某,乐平二建公司副经理吴某,乐平聚贤公司徐某等3起偷税案,涉案金额400余万元,抓获犯罪嫌疑人4人,补缴税款400余万元,罚没税款210余万元。2006年,破获一起特大贷款诈骗案,抓获逃逸达1年之久的犯罪嫌疑人程某,并查明其1999—2005年间,通过腐蚀拉拢银行内部工作人员、虚构抵押物及相关资信材料,先后在景德镇市4家金融单位骗取8笔贷款总计金额1240余万元用于挥霍的犯罪事实,刑事拘留程某等犯罪嫌疑人9人,同时通过侦破这起案件,带破多起金融机构内部工作人员违法发放贷款的案件。2009年,破获涉案金额达1900余万元的焦化煤气公司国家工作人员姜某挪用资金一案。是年,破获乐平市宝山煤矿叶某涉嫌逃避追缴税款案,为国家挽回税款损失340万元。

2010年,破获公安部督办案件1起,缴获假发票409万份,挽回间接经济损失上亿元。是年,经侦支队破获一起恶性信用卡诈骗案,嫌疑人余某伙同他人冒用几十人身份证多次以不同单位工作人员身份骗领几十张信用卡,共诈骗银行27万元。是年8月,市经侦支队破获一起非法制造发票案,摧毁德兴市花桥镇的一个印制假发票窝点,当场缴获"上海市服务业、娱乐业、文化体育业统一发票(卷票)"假发票20.40万份;制假设备胶印机、切纸机、打印机、电脑打印机、扫描仪、油墨等制假设备及原料,共抓获罗某等犯罪嫌疑人6人。是年12月,景德镇市发生一起特大虚开增值税发票案,市公安局经侦支队组织精干力量,历时9个月,行程10万千米,抓获杨某、陈某等犯罪嫌疑人23人,案件涉及虚开增值税专用发票3596份,涉案金额5亿元,税款达0.85亿元。

2001—2010年,市公安局经侦支队立各类经济犯罪案件624起,侦破492起,涉案金额近5亿元,为国家和企业挽回经济损失1.72亿元。

表30-1-2　**2001—2010年景德镇市经济案件立破一览表**　单位:起、万元

年份	立案	破案	涉案金额	挽回经济损失	年份	立案	破案	涉案金额	挽回经济损失
2001	36	31	3184	2700.44	2006	80	58	4972	820.51
2002	38	34	—	1570	2007	66	44	5700	963
2003	72	61	3319.88	2294.40	2008	58	51	3789.39	3240
2004	70	60	7476.62	2332.88	2009	64	35	4590.55	1062.22
2005	69	53	3344.18	1422.30	2010	71	65	3000	798.02

第三节　接警处置

接警出警

1986—1994年,市公安局以基层派出所和各刑侦部门为主,就近接出警。1995年6月5日,市公安局巡警支队成立,接出警任务除由基层所队继续担任外,主要由刚成立的巡警支队担任。当年巡逻执勤出警3068人次,接警、报警、出警368人次,抓获各类违法犯罪分子140人,其中打架斗殴40人、抢劫13人、盗窃15人、敲诈17人、寻衅滋事6人、侮辱妇女4人、妨碍执行公务3人、赌博16人、卖淫1人、嫖娼1人、其他24人。1996年7月1—7日,全市遭遇洪灾期间,支队巡逻出警308人次,接警出警80余人次。先后在老鸭滩救出群众近500人,帮助2000余人脱离险境。12月15日,市公安局"110"报警服务台开通。至1997年年底,共接警7385次,出处警6083次,当场联系协调处理1302次,动用警力2.94万人,日出处警平均16.6次,其中接火警52次。涉及刑事案件714起,涉及治安案件2218起,调解民事纠纷2039起,接假警129次,骚扰电话1000多起,其中严重骚扰电话12起。受理刑事案件340起,抓获违法犯罪嫌疑人273人,移交刑事案件340起183人。受理治安案件1103起,抓获违反治安管理行为人90人,移交治安案件585起338人,移交各类纠纷612起。受理群众紧急求助2221起。1997年,巡逻巡察出警8396人次,接受群众报警

239 人次,接受市公安局指令出警 297 人次。纠正各类违章 3771 人次,调解各类纠纷 575 起,受理刑事案件 2 起,受理治安案件 56 起,自行处理 11 人;抓获各类违法犯罪嫌疑人 18 人,移交 7 人;全年协助处置群访事件 6 起、突发性治安事件 10 起,参加大型警卫保卫活动 6 次;全年为民办好事、实事 3355 件,收锦旗 58 面、礼匾 5 块、感谢信 52 封。

1998 年 6 月 25—28 日,特大洪水侵袭景德镇市,全市各级公安机关共出动警力 1.04 万人次、机动车 1680 辆次,橡皮艇及其他舟船 680 趟次,解救被洪水围困的群众 2077 人,疏散转移群众 5.16 万人,抢救公私财产物资折合人民币 980 万元。26 日,市公安局 110 报警服务台暨指挥中心接处警 908 次,次数比平日高出 40 余倍,绝大多数都是市民被洪水围困的求助电话,经过公安、武警奋力救助,群众得以脱险。市公安局、乐平市公安局被省公安厅记功表彰,乐平市公安局获全国公安系统抗洪抢险救灾先进集体称号,昌江公安分局水上派出所民警邓亚炯被评为全国抗洪抢险英模、全省抗洪抢险功臣。1999 年,巡警支队实施改革,屯兵街面。实行大队划片包干、科室挂点、领导挂职的责任制,做到快速接警、快速出警、快速处警,对待市民的每一次报警做到耐心听、细心问、用心记、真心办,使"110"报警服务台成为联系群众的纽带。2002 年 11 月 25 日,市 122 交通事故报警台合并到市公安局 110 报警服务台,将巡逻与接警融为一体,把近 80% 的警力屯兵街面,实行以步行、自行车、摩托车和警用汽车相结合的方式进行巡逻巡察,全面实施动态巡逻接警,大大缩短接处警时间。支队女子摩托车巡逻队,成为瓷都特色。2003 年,在抗击"非典"工作中,专门成立 20 人的防治"非典"突击队,购置防护"非典"器材和消毒药品,特邀市防疫站技术人员到支队讲解防护措施,会同交警、消防民警进行多次演练。其间,接到"非典"警情 20 起,出警警车 43 台次,出动警力共 115 人次。2005 年 3 月,市公安局对"110"接处警 76 起情况进行回访,其中刑事类警情 24 起、治安类警情 31 起、交通事故类警情 6 起、纠纷类警情 12 起、求助类警情 3 起,群众对处警满意的 65 起,满意率为 87%。巡警直接处理的 12 起,派出所直接接警的 1 起,报警人自行报案的 6 起,移交公安机关其他部门处理的 57 起(其中移交派出所处理的 39 起,移交刑侦中队处理的 12 起,移交交警处理的 6 起),群众满意率分别为 74%、83%、100%。2010 年,实行接出处警巡逻防范一体化运作模式,实行分片包区制,在重点时间、重点路段实行以步行、摩托车和警用汽车相结合的方式巡逻,就近接、出、处警,及时打击街头现行犯罪。当年接警处置 2.20 万起,出动警力 4.41 万人,涉及刑事案件 5775 起、火灾事故 4 起、交通事故 719 起、自然灾害 5 起、社会纠纷 6972 起,接受求助 2425 起,其他 1.50 万起。

表 30-1-3　　**1995—2010 年景德镇市公安局"110"报警服务台接出警一览表**　　单位:起

年份	接出处警	出动警力	出动车辆	刑事案件	治安案件	火灾事故	交通事故	治安灾害事故	自然灾害事故	自杀	纠纷	求助	寻人
1995	14253	—	—	—	—	—	—	—	—	—	309	33	—
1996	11256	—	—	183	—	—	—	—	—	579	—	—	—
1997	7385	6083	29470	714	2218	—	—	—	—	—	2039	2221	154
1998	8675	27036	6009	286	3869	34	299	34	9	17	1404	223	219
1999	8876	8232	8347	376	7537	26	301	44	10	30	2845	205	72
2000	14361	57644	11671	1452	2417	—	—	—	—	—	4389	—	—
2001	15204	60816	—	1503	2443	52	844	28	—	25	5520	366	232
2002	17455	69820	—	1660	2530	—	964	—	—	—	5578	—	—
2003	14537	62317	—	1784	2318	—	1048	—	—	—	5479	—	—
2004	19380	77520	—	1879	2360	—	1220	—	—	—	7395	—	—
2005	15642	62568	—	5835	—	1150	—	—	46	6768	—	94	—

续表 30-1-3

年份	接出处警	出动警力	出动车辆	刑事案件	治安案件	火灾事故	交通事故	治安灾害事故	自然灾害事故	自杀	纠纷	求助	寻人
2006	20869	83476	—	4680	—	995	—	—	30	9350	—	15	—
2007	20664	82656	—	4567	73	941	—	—	66	8638	—	—	—
2008	20527	41054	—	4391	85	848	—	—	29	4460	—	—	—
2009	23145	46290	—	5172	14	744	—	—	—	8330	2672	—	6213
2010	22058	44116	—	5775	4	719	—	5	—	6972	2425	—	15061

“110”报警服务

报警服务台建设　1996年12月15日,市公安局“110”报警服务台开通,受理“110”应急电话和其他渠道的报警;收集掌握紧急警情、各种灾害事故等动态信息,分析、研究社会治安新动向;向处警实战单位和人员提供各种信息查询服务;监督、检查各警种对接、处警指令的执行情况;为人民群众提供紧急求助服务。实行24小时昼夜执勤、接警、处警。主要受理正在发生的各类刑事、治安案件;危及公共安全的各种事件;公民各种紧急求助和举报违法犯罪线索等。接到报警后,必须迅速出警,城区在5分钟以内,近郊区在15分钟以内,远郊区以最快的速度到达现场进行处置。市公安局巡警支队是接处警的骨干力量,珠山、昌江分局所属派出所和市公安局刑警、交警、治安警、消防警等作为接警、处警的后应力量,在接到警情通报后,在30分钟内赶到现场。是年12月26日,制定《景德镇市公安局“110”报警服务台工作实施方案》,对指导思想、接警、出警、处警、备勤、处置治安案件程序以及要求等方面工作作出规定。

1997年6月18—28日,乐平市、浮梁县分别开通“110”报警服务台。至12月底,共接处警1641次、出警1311次,其中刑事案件128次、治安报警507次、调解治安纠纷477次、解决群众求助214次、交通事故及其他报警261次。抓获各类犯罪嫌疑人105人,为民做好事194件,抢救人命49条,受到感谢信19封,群众赠送锦旗10面、牌匾1块。1998年1月22日,市公安局指挥中心开通,“110”报警服务台完善统一指挥、信息共享、诸警配合、快速反应的动态防控系统,提高整体作战能力。制定《市公安局指挥中心职能及其有关事项的规定》,明确市公安局指挥中心是全市公安机关的指挥调度室,总指挥由市公安局局长担任,副总指挥由副局长担任,日常工作由指挥中心负责,实行24小时值勤。2002年,制定下发《关于对全市“110”报警服务工作进行检查考评的通知》,分领导重视、机构设置和人员配备、接处警工作、基本建设和保障、队伍教育管理、内外联动、市委、市政府评议和群众反映7个大项进行考评。2005年,推进“三台合一”(“110”台、“119”台、“122”台)工作,升级改造后的指挥中心拥有数字化报警、视频监控、大屏幕投影、信息查询等四大功能,调试安装GPS卫星定位系统,加强对乐平市公安局和浮梁县公安局“三台合一”工作的督促指导。全年共受理各类报警17.85万起,协调各区政府、环保、卫生、供水、供电等部门及时处置社会联动类警情183宗,救助群众2937起,群众满意率达93%。2007年1月21日,“110”联网报警系统更新改造工作完成。

报警服务宣传　1998年,随着群众报警求助范围的日益扩大,“110”报警服务工作超出公安机关的职责范围,需要政府部门分工负责、密切协作,实施社会服务联合行动。市公安局呈送《关于搞好社会服务联合行动工作的请示》,请求市政府牵头,以公安“110”为枢纽,城建、民政、卫生、供电、供气、邮电、广播电视、交通、文化等系统相配合,建立健全社会服务联合行动运作机制。2000年,市公安局、市教育委员会联合下发《关于禁止学生向“110”报警服务台拨打骚扰电话的通知》,发放《正确拨打“110”宣传提纲》,宣传受理市民电话的范围、拨打“110”的注意事项、拨打“110”骚扰电话的危害等,使社会各界树立正确拨打“110”的观念。

2005年,1月10日,组织以“完善110”为主题的活动,下发《关于认真开展2005年“110宣传日”宣传教育活动的通知》。针对无效报警情况较多的问题,把宣传“110”接处警的范围和公安机关的职权范围作为宣传活动的重点内容。2010年,印发《2010年度“110”爱民实践宣传活动方案》,以“危难见真情,请拨110”为主题,宣传公安机关“三项建设”(加强信息化建设、执法规范化建设、构建和谐警民关系)、“110”执法规范化建设和科技应用水平取得的成效。市公安局指挥中心联合法制处、交警支队、巡警支队、特警支队、治安支队、消防支队等在市休闲广场举办“110”主题宣传活动，制作一批宣传资料及年历，以图文并茂的形式，集中展示公安机关规范化建设的成果。1月10日，通过短信平台向全市公安民警发布信息。景德镇多家媒体进行报道，由市公安局新闻中心制作“走进110”专题电视宣传短片，向社会各界宣传“110”接处警程序、报警要素、处置要求，通报恶意骚扰、滥打“110”报警电话的责任，收到预期效果。

第四节　治安管理

特种行业管理

旅馆业管理　1986年，全市共有旅馆291家。1987年11月7日，公安部发布《旅馆业治安管理办法》《城市旅栈业暂行管理规则》废止。公安机关对全市旅馆业进行摸底登记，对从业人员进行培训。1988年，按照《江西省旅馆、刻字、印刷、旧货业治安管理暂行规定》，对全市特种行业进行治安整顿，落实奖惩制度，表彰先进。1990年，对旅馆业、废旧业、印刷业、咖啡厅、舞厅、桌球场、路边店等组织3次检查整顿，对旅社、路边店、公共娱乐场所的3850余名服务人员实行挂牌上岗，并与负责人签订治安责任状1320余份。1991年，对394家旅馆（其中国营74家、集体118家、个体201家、中外合资1家，床位1.16万个），176户私人出租屋进行登记检查，发现问题及时整改。其中对旅店业检查36次，发现不安全因素229条（电路不安全82条，房屋结构不安全9条，保管制度不健全56条，旅店登记制度不健全72条，门卫制度不健全10条），取缔3家（昌江的景云、益民旅社，珠山的朝阳旅社），停业整顿18家（乐平4家，珠山14家），罚款25家，治安警告和批评教育35家，限期整改6家。各旅店人员提供线索29条，从中抓获违法犯罪嫌疑人213人。1997年，对全市的旅馆业进行为期5个月整顿，各旅馆均与公安机关签订治安责任状。2001年12月，根据省公安厅《关于加强旅馆业治安管理的通知》，不再向旅馆颁发特种行业许可证，2004年9月恢复颁发特种行业许可证。2008年，制定下发《关于进一步加强旅馆业住宿登记工作的紧急通知》，全市264家旅馆业全部安装治安管理信息系统。2009年，市公安局制定下发《景德镇市旅馆业住宿登记传输管理工作规范》，全市旅馆业上传旅客入住信息2.64万条，抓获网上逃犯6人。2010年，共检查旅馆业453家，下发整改通知书64份，处罚违反住宿登记规定的宾馆饭店37家，停业整顿8家，利用旅馆业治安管理信息系统抓获网上逃犯22人。

典当业管理　1986年，全市典当、拍卖业有委托社、信誉典当行等4家。1988年，市公安局将当铺列入特种行业管理，对当铺行业进行整顿，发证4本。1996年，根据公安部发布《典当业治安管理办法》和省人民银行、省公安厅《关于加强合作做好典当行清理整顿工作的通知》精神，对全市典当、拍卖行进行全面清理整顿。1995年，对全市拍卖业进行检查整改，规定开办拍卖行须经地市级以上政府批准，再向当地公安机关申领审批表，报省公安厅批准，颁发“特种行业许可证”。拍卖业不准与典当业兼营。2001年9月，对全市典当业进行清理整顿，对符合条件的典当行核发新“典当行经营许可证”“特种行业许可证”，对不符合条件甚至存在严重问题的限期整改或撤销。至2010年，市区8家、乐平2家、浮梁1家典当行均纳入特种行业管理。

废旧回收业管理　1988年，市公安局、市计委等4家单位联合转发省公安厅《关于加强废旧有色金属管理和指导的通知》，对全市废旧金属资源的回收、管理作出规定，对串换、假借“加工”高价出售并从中牟利，投机倒把、非法套购等行为进行打击。1989年11月，市公安局、市工商局、市商业局联合发布《关于加强我市废旧物资市场管理的规定》，防止废旧物资非法外流，对废旧物资的管理范围、办法、奖励和惩罚等方面作出规定。1991年9月，根据公安部、国家工商行政管理总局《关于加强废旧金属收购站点治安管理和打击查处销售赃物活动的通知》精神，对全市95家废旧回收业经营户进行清理整顿，出动1650余人次，开展47次检查，取缔无证收购店13家、有证收购6家，清理外来拾荒人员516人次，收缴工具126件，查出有色金属8吨，价值5120元，查出黑色金属61吨，价值1.44万元，设卡截获非法贩运废旧物资1315吨，其中废金属215吨，价值3.65万元，破获盗窃案3起，挽回经济损失8260元。2007年11月26日至12月10日，全市开展集中清查废旧金属收购站点统一行动，摸清废旧收购站点，取缔一批无照收购站点。通过查处违规违法经营收

购站点,破获一批收购、销售被盗“三电”设施案件,带破一批盗窃、破坏“三电”设施案件。2010 年,全市有废旧回收业经营户 170 家,均纳入特种行业管理。

印章业管理 1986 年,全市有印章雕刻社 1 家。1987 年,全市营业性的复印社、誊印社和小型印刷厂(简称“两社一厂”)越办越多,公安机关把印刷业作为“特种行业”进行管理,打击非法出版活动。1988 年,对全市印刷业进行清理登记,印刷企业在承接、印刷、装订、保管、发货等环节进行登记,接受公安机关的安全监督。1991 年,组织对全市 73 家印刷业、14 家刻字业采取限期整改、停业整顿、治安警告方式,加强对从业人员的安全防范教育,堵塞和减少引发犯罪的渠道和漏洞。取缔 3 家,责令停业整顿 2 家。通过验收合格的发给合格证和特种行业许可证,并且建立责任、承印、登记、监销、保密等制度。1992 年 8 月 1 日起,根据市政府《关于推广使用原子印章的通知》精神,各县、区公安(分)局治安科,在办理行政部门、企事业单位以及个体业者刊刻印章时,一律刊刻原子印章。2010 年 6 月,建成全市印章业治安管理信息系统。印章储存管理中心数据库,负责对全市印章信息进行管理。在市本级和乐平市、浮梁县建立印章审批工作站,负责印章刻制的审批。印章企业负责印章的制作,并将制作信息上传至市公安局的印章储存管理中心数据库。

报废机动车、二手汽车交易市场管理 1986 年,全市有报废机动车回收点 1 家。2004 年,市经贸委、市公安局等 12 个部门联合制定《关于开展全市汽车市场专项整治工作的通知》,责令违规违法经营的旧机动车交易市场整改或报批关闭;对有资质的报废汽车回收拆解企业进行整顿和规范,严厉打击倒卖报废汽车行为。2005 年下半年,各级治安部门先后 2 次对全市二手机动车市场、报废机动车拆解业、机动车修理业场所开展治安整治。共检查汽车修理业 654 家次、报废机动车拆解业 2 家、其他 30 余家次,下发整改通知书 23 份。

公共场所管理

公共治安防控 1986 年,珠山公安分局组织一支由 30 名待业青年组成的治安队,对公共场所治安进行管理。1988—1990 年,治安巡逻防控任务以基层派出所和治安队为主,治安联防队员在派出所和治安队民警的带领下,采取包干、分段负责的方法,加强繁华街道、公共复杂场所、车站码头、城乡接合部、集镇、偏僻地区的治安巡逻,形成以民警、武警为骨干,治安联防队、护厂队、护村队为主体,点线面相结合的治安防范网络。1992 年 9 月起,珠山、昌江公安分局实行武装巡逻,并在治安相对薄弱点设立 7 个治安岗亭,进行 24 小时巡逻执勤。1993 年,组织民警 200 人(含交警 100 人)、武警和消防警察及民兵 1000 人上街巡逻。春节后,抽调干警 140 人,成建制组成若干小分队,划分责任区,实行 24 小时巡逻执勤。至 12 月底,共建报警站(点)37 个,其中治安岗亭 5 个,在巡逻执勤中抓获可疑人员 849 人。

2002 年,在市郊何家桥、吕蒙桥、迎宾路、环城北路设立 4 个治安卡点,由市局保安公司派出保安员 24 人日夜值守,对过往可疑车辆、人员进行监控,对夜间出城出租车及乘客实行身份登记制度,及时发现和打击各类违法犯罪活动。至 11 月底,4 个治安卡点共检查登记出租车 1.25 万辆次。2003 年,根据《关于改革交、巡警警务机制的实施意见》,在全市城区试行交、巡警“双警联动、统一执勤”,根据巡逻线路图和金融网点分布图与交警统一协调,将景德镇市划为 3 个接警片、多个巡逻区和多条巡逻线,并设立 15 个停车点和 45 个必到点,形成点、线、面相结合的网格化防控体系。将近 90% 的警力屯兵街面,实行以步行、自行车、摩托车和警用汽车相结合的方式,进行 24 小时巡逻巡察,共纠正违章 9689 起。2004 年,在城区推行“棋盘式”“网络化”的巡逻模式,以派出所为单位,组成民警、治保干部、治安协管员、治安积极分子等人员参加的巡逻队伍,同时组建 120 人的治安巡防员队伍,24 小时对全市城区东西南北 4 个方向的治安查报站进行巡逻防控。同时珠山派出所在仿古街安装电子监控系统,并组建巡防队;新村派出所在辖区 4 个方向安装电视监控探头,提高治安防控能力。2005 年,建立 10 个社区警务室。2006 年,以《企业事业单位内部治安条例》颁布实施为契机,对 81 家市级治安保卫重点单位和 6 家省级治安保卫重点单位,其中金融网点 156 个、业务库 10 个、运钞车 6 辆,发现安全隐患 19 条,发出 19 份整改通知书。

2007 年,向社会招聘 100 名治安巡防员,充实到基层派出所,组建全方位、全天候的街面巡逻防控网络,5 月 18 日,建立起社会面治安动态视频监视防控网络。各级政府投入财政经费逐步建立市、县(市、区)、派出所 3 级视频监控中心 18 个,进出城治安卡口 9 个,重要远程监控终端 5 个,公共视频监控点 259 个,建设人口地理信息系统、旅馆业管理信息系统、350 兆无线调度集群系统,完善情报信息、综合协调、快反处置、考核评定等“四个机制”。2008年，制定《关于在全市公安机关全面开展治安巡逻防范工作的实施意见》，在视频监控系统第一期工程完成259个公共视频监控的基础上，使城区的视频监控点增加到412个，监控面积达120余平方千米，全市的重点场所、重要交通路口、重点部位(部门)基本纳入实时监控的范围，社会视频监控点达3000余个，建成7个出城治安卡口。乐平、浮梁的视频监控系统也基本完成并投入使用。是年，制定下发《景德镇市公安局全面实施社会大防控战略工程的实施方案》和《全市公安机关治安巡逻防范工作的实施意见》，构建以武警、交警、巡警、特警、市县两级公安机关和派出所警力组成的7支治安防范巡逻队伍。2009年，全市新增公共视频监控探头35个，建成并起用350兆无线通信集群系统、旅馆业治安管理系统、枪支、民用爆炸物品、剧毒化学品及肇事肇祸精神病人管理信息系统等。全年通过防控体系抓获各类违法犯罪嫌疑人110人，破获各类案件128起，提供线索200余条。国庆节期间，昌江公安分局和巡警支队科学运用社会治安防控方法先后抓获2名公安部B级命案逃犯。2010年，指导督促交通、卫生等单位建设内部监控点位3105个，推进全市各单位各部门视频监控系统联网运行以及景德镇城区、乐平、浮梁的监控系统整合。城区分局所辖的社区建立警务室68个，市公安局投入1368万元启动“天网工程”项目建设，在城区主要街道安装视频监控头243个，总计达到820个。

娱乐场所管理　1986—1987年，市公安局对全市影剧院、游泳场、体育场馆、文化娱乐场所、咖啡馆、酒吧、休闲广场、美容美发、健身房、武术馆、茶座茶楼、电子游戏室等公共场所开展全面调查摸底和安全检查，并发放治安管理合格证。1990年，根据《江西省公共娱乐场所治安管理办法》，加强对重点人口、暂住人口管理和旅馆、招待所、个体商店、路边店、私人出租房屋和公共娱乐场所的管理，减少各种社会丑恶现象的滋生，严防“六害”(卖淫嫖娼、聚众赌博、吸食贩运毒品、制作贩卖淫秽物品、拐卖妇女儿童、利用封建迷信骗财害人)活动再次蔓延。市公安局会同有关单位对从事镭射电影放映经营活动开展联合治理，并规定凡从事镭射电影经营活动，需事先申请办理有关手续。1991年6月至1993年5月，组织开展打击取缔卖淫嫖娼专项斗争，共查处卖淫嫖娼案件101起242人，查获卖淫团伙23个91人，卖淫嫖娼窝点6个，查处传播淫秽物品案件38起146人，收缴淫秽录像带40盒，其他淫秽物品201件。对187家娱乐场所、路边店进行整治201次，查处赌博552起2259人。收缴录放机3台、彩电4台、电子游戏机电路板33块。1998年6月至1999年6月，开展严厉打击利用电子游戏机等聚众赌博的统一行动，对25家公共娱乐场所进行突击检查，查获利用电子游戏机和“龙虎斗”聚众赌博案件20件。治安处罚1360人，取缔赌博场所18家，收缴各类赌博工具181台，没收非法所得及治安罚款2.19万元。

2002年11月4日，市公安局治安、消防部门联合市文化局对全市歌舞厅、卡拉OK厅、夜总会营业情况进行巡查和排查。对15家擅自搭建阁楼的责令停业整改，对8家只有一个安全出口的和1家擅自扩大面积的歌舞厅、卡拉OK厅责令立即关停，并与85家小型卡拉OK厅签订安全责任状，限定营业时间。责令67家歌舞厅和隐患严重的公共娱乐场所停业整顿。2004年春节期间，组织开展专项整治行动，共破获“六合彩”赌博案件77起，处理涉案人员198人(其中刑事拘留28人、劳动教养10人、治安拘留22人、其他处理138人)。是年5月，乐平市公安局组织开展严厉打击“演赌戏”等聚众赌博专项行动；10月、12月先后组织开展严厉打击以“六合彩”形式聚众赌博的专项行动和打击“六合彩”赌博的“飓风”行动。全年共查处以“演赌戏”聚众赌博案件22起，查处违法犯罪人员138人次，其中刑事拘留16人、劳动教养6人、治安拘留40人次、治安处罚76人次；共查处以“六合彩”形式聚众赌博违法犯罪人员98人次，其中刑事拘留29人次、劳动教养8人次、治安拘留20人次、治安罚款41人次。

2006年，下发《关于贯彻执行〈娱乐场所管理条例〉清理整顿全市娱乐场所的工作方案》，推行娱乐场所监督检查记录制度，建立全市娱乐场所基础档案等举措。2008年8月，组织开展严厉打击“黄、赌、毒”等违法犯罪活动专项整治行动。共清查市区的桑拿、旅馆等特种行业248家，歌舞厅、茶楼、酒吧等娱乐场所26家，查封路边美容美发店26家，下达整改通知书45份，处罚各类违法人员27人。2009年6—10月，在全市范围内开展“黄、赌、毒”大整治专项行动。共查处各类“黄、赌、毒”案件29起，其中卖淫嫖娼10起、淫秽表演1起、赌博10起、涉毒8起；查处违法犯罪人员69人，其中刑事拘留3人、行政拘留36人、其他处罚30人；收缴赌博机47台、赌博机主板28块；关停涉黄涉赌场所27家，签订“三禁”(禁黄、禁赌、禁毒)治安承诺书354份。2010年,开展打击利用电子游戏机进行赌博的违法犯罪活动、打击淫秽色情表演专项整治、火车站周边整治、校园及周边治安整治等一系列专项行动,查处利用电子游戏机赌博场所165处,处罚涉案人员124人,向居民发放《公开信》5000余份。先后捣毁盘踞在市火车站周边的组织、容留卖淫窝点和沿江东路出租屋的组织卖淫团伙等4个卖淫嫖娼窝点,以及3个淫秽色情表演场所,查处各类涉黄案件37起,查处各类涉黄违法犯罪人员82人,查处各类赌博违法犯罪案件141起,处理涉赌人员413人,收缴销毁赌博游戏机3523台,检查娱乐场所572家次,下发整改通知书61份、停业整顿通知书3份。

网络监督管理　互联网用户管理。1991年,市公安局通信科对全市计算机用户数量进行登记备案,当年只有市委、市政府、金融、电信、粮食局、大专院校等单位拥有计算机,共计78台。1997年,市公安局对56户互联网用户进行备案。至2000年,全市备案的互联网用户发展到1000余户。2003年,市公安局公共信息网络安全监察支队成立,开始对全市各互联网接入服务的单位和用户开展网络安全监督、检查、管理工作。当年全市查破网络案件4起,审查违法人员8人。2004年,破获全国首例利用网络技术以点对点共享方式传播淫秽色情影像牟利案。2005年,在打击赌博违法犯罪的专项行动中,摧毁"网上赌博"团伙1个,抓获涉赌人员7人,收缴作案电脑5套,没收赌资30余万元。2007年,对全市网上重点人员进行建档入库、分类管理。制定《景德镇市依法打击网络淫秽色情专项行动工作方案》,督促市电信分公司加强IDC机房托管服务器的安全管理,严格按照《互联网安全保护管理办法》,完成托管主机、虚拟空间登记备案、接入管理、基础信息管理、托管主机和虚拟空间用户实名登记等项工作。2008年,对全市IDC机房网站的统计清查工作,建立全市网站基础台账数据库,经统计全市IDC机房托管、出租虚拟空间服务器573个,网站4个。2010年,破获"起航娱乐平台"网络赌博案、"皇冠"网站赌博案等多起案件。

互联网营业场所管理。2000年7月,市公安局将全市互联网服务营业场所(网吧)纳入公安机关的日常管理。2001年4月13日至5月13日,开展全市网吧专项集中整治活动,出动警力60余人次,出动车辆20余台次,对市区、乐平及浮梁等范围内的128家网吧进行拉网式清理整顿,查出涉黄案件9起,行政处罚9起,责令停机整顿12家,扣押电脑主机12台。2003年7月,对全市68家符合新规定条件的网吧进行年度审核,并全部核发安全合格证。2004年,全年网吧管理软件在线率稳定保持在90%以上,在全省网吧安全管理检查评比中获得第一。2005年10月,对全市网吧的网盾2000实名系统进行统一升级。2006年,对全市所有网吧采取"划区包干"指定专人负责的方式,全年共检查出问题网吧46家,警告35家,查处11家。9—10月,开展互联网有害信息专项整治工作,共关闭涉嫌网上诈骗、网络赌博、网上传播淫秽色情物品的网上招卖交易网站25个、博彩赌球网站8个、IDC服务器出租网站8个、搜索引擎12个。2008年,开展网吧安全员的培训考试发证工作,完成网吧安全员培训346人。市公安局牵头市文化、工商、教育等部门,依法查处取缔黑网吧5家,扣押"黑网吧"非法经营工具电脑100余台。2010年,市公安机关组织县、区网安部门及派出所开展为期2个月专项整治行动,落实网吧信息网络安全基础管理措施,共对23家问题网吧进行行政处罚。同时,组织全市40余家网吧安全员150余人培训、考试和发证工作。

机场治安管理　1995年7月,市公安局机场分局成立,有干警10人。分局干警加强机场治安管理,严格对危爆物品现场安检,加强飞行区域及车辆进出站通道的治安巡逻,维护正常的旅客乘车、登机秩序。至2010年,无任何安全事故发生。

水上治安管理　水上治安秩序维护。1986年,水上派出所主要负责青塘发电厂至吕蒙大桥(全长约15千米)的水上治安管理。1988年,增加吕蒙大桥至皇岗水闸昌江流域治安管理工作(增至全长40余千米),下辖2个码头、3个单位、2个特种行业、9个沙场、11个渡口。1991—1992年,共发生刑事案件9起,破获8起,发生治安案件25起,查处25起,调解各类纠纷23起,共抓获嫌犯19人,其中逮捕3人、治安拘留8人、劳动教养7人。1999年,共发治安案件8起,治安处罚15人、治安拘留2人、治安罚款13人、总罚款金额6100元。2001—2010年,办理各类行政案件196起,办理刑事案件3起,同时对昌江河道进行巡查和管理,有力打击非法采砂等行为。

船舶、船民管理。1986年,水上地区的户口管理以船为单位,实行一船一户管理,主要以船上作业人员以及安徽木材转运检查站在景德镇市的伐木及运输工人为主,户口性质为非农户口,核发(红色)船舶常住户口簿。共有户数100余户，人口数1000余人。1989年，水上户口管理由原来的集体为单位的一船一户，改为一人一户。随着形势发展，水上企业单位改制，安徽木材转运站撤销，以及航运公司、捕捞队的职工上岸购买房屋，部分常住人口离开水上派出所管辖范围，但他们户口仍留在该所，形成空挂户，水上派出所要求这部分常住人口迁出。1990年，根据省公安厅《关于对无编号船舶实行统一登记编号管理的通知》，开始核发船舶户口簿，组织水域清查黑船黑户工作。共发放船舶户牌96块、船民证96份。水上派出所每周下河4次为船民办证，提供服务，将各类船只指定码头集中停泊，办理船舶暂住证625张。每周3个晚上下河巡逻，并上船查验“一牌三证”（船舶户牌、船民证、船舶户口簿、身份证）。2005年，水上派出所从戴家弄码头迁往吕蒙桥头陈湾矿办公大院旁新建办公楼办公，陈湾矿职工及家属215户456人，从鱼山派出所划入该所管理。至2010年年底，昌江河道共有公务船只6条、采砂船只32条、运砂船只105条、其他船只8条。

林业治安管理　1986—2010年，全市森林公安机关先后开展“冬春林区维稳”“绿色旋风行动”“绿剑行动”“春季护笋”“绿盾三号”“冬季行动”“夏季行动”等一系列严打斗争专项行动，保护森林资源安全，维护林区治安稳定。1993年，市森林公安局贯彻打击和预防相结合的方针，对林业治安比较混乱的林区采取重点整治的措施，开展专项行动。

2002年4—12月，市森林公安局组织开展“绿色旋风行动”，打击破坏森林资源行为。集中整治林区8个、木材加工单位75家、木材市场5个；查处各类案件330起，其中刑事案件57起、治安案件7起、行政案件266起；逮捕41人、刑事拘留43人、治安处罚7人、行政处罚320人；依法取缔非法木材加工窝点65家，摧毁木炭窑8座；收缴木材609.2立方米，挽回直接经济损失68.98万元。市森林公安局被评为江西省绿色旋风行动先进单位。2006年4月20日至12月31日，开展“绿剑行动”，打击破坏森林资源犯罪。集中整治林区2个、木材加工单位45家、野生动物经营市场1个；查处各类案件307起，其中刑事案件47起、治安案件5起、行政案件255起，逮捕25人、刑事拘留49人、治安处罚5人、行政处罚275人；摧毁涉林犯罪团伙4个；收缴木材688立方米，挽回直接经济损失74.88万元。市森林公安局、浮梁县森林公安分局被评为江西省绿剑行动先进单位。

2008年3月20日至5月30日，开展“飞鹰行动”，打击破坏野生动物资源犯罪。集中清理野生动物驯养繁殖场所3处、野生动物加工经营场所31处；检查野生动物活动区域2处，查处刑事案件1起，抓获犯罪嫌疑人2人，刑事拘留2人。2009年1月15日至12月31日，开展“金盾09”专项斗争，查处各类案件246起，其中刑事案件54起、治安案件7起、行政案件185起；逮捕12人、治安拘留7人、行政处罚184人；收缴木材821.71立方米，挽回直接经济损失90.12万元。2010年，开展“冬季行动”“春季行动”“夏季行动”等专项整治行动，打击破坏野生动物、森林资源。查处各类案件311起，其中刑事案件112起、治安案件2起、行政案件197起，逮捕14人、行政拘留2人、行政处罚213人；收缴木材126.22立方米，挽回直接经济损失902.40万元。至2010年年底，全市森林公安机关共立森林三类案件1.10万起，破获查处1.05万起。其中立森林刑事案件719起，破获森林刑事案件600起；立森林治安案件434起，破获森林治安案件371起；受理林业行政案件9855起，查处林业行政案件9556起，为国家挽回直接经济损失数千万元。

群体性治安事件防范和处置　1990年，市公安局制定《关于预防和制止群众性械斗事件工作方案》，全年发现并及时处置集体闹事上访事件30起，发现和制止上访闹事苗头10起。1993年，乐平市先后两次召开万人动员大会进行动员并抽调1200名机关干部和公安干警，分别进驻各乡、村和有关单位开展工作，实现第二个“无械斗年”。1996年，制定《景德镇市预防和处置紧急治安事件工作预案》，治安部门加强对城乡派出所情报信息工作的指导、督促、检查、汇总和分析，各城乡派出所及其外勤民警深入辖区，走进居民楼院，了解和掌握民情，调解热点、难点问题。至年底，全市农村实现连续5年无重大群众性械斗。1998年年初，市公安局建立“一把手”抓稳定工作的领导责任制，从预警机制、处置原则、处置方法、组织领导4个方面，进一步完善制定《景德镇市预防和处置突发事件的工作预案》。

2002年，制定《关于妥善处置在市委、市人大、市政府、市政协机关及周边发生的群体性集访事件的工作预案》《关于预防和处置我市乐平矿务局所属部分企业关闭破产期间群体性治安事件的工作预案》。2003年，深入到停产、关闭、破产和下岗职工、离退休人员较多困难企业，以及各种矛盾纠纷长期得不到解决的地方,开展矛盾纠纷排查调处工作。先后妥善处置“7·9”出租车司机闹事、“8·29”北斗星出租车司机因北斗星质量问题上访堵路等群体性事件。是年,珠山公安分局成功化解建新瓷厂、青花文具厂部分工人和20余名陶瓷参展商到市委集体上访事件,解决发生在九九九厂等处的共4起抢尸、抬尸要挟单位进行赔偿的事件。2005年,全市共预防和处置各类群体性事件63起,先后成功处置景德镇航空锻铸公司改制引发职工上访闹事等一批重大群体性事件。2007年,制定《景德镇市处置水上突发事件应急预案》。2009年,制定《景德镇市公安局处置医患纠纷突发事件工作预案》,全年化解涉及国有企业改革、交通、医疗等可能引发群体性事件的隐患673件。2010年,制定《2010年加大维稳工作力度健全预防和处置群体性事件工作机制实施方案》,全市共排查处理闹事苗头和隐患630起。

危险物品管理

枪支、管制刀具管理　1986年,缴获军用枪2支、子弹50发、炸药42千克、雷管738个、各种凶器79件。1987年,根据省公安厅指示,市公安局对全市非军事系统的枪支弹药管理进行检查。共缴获手榴弹58枚、八二迫击炮弹1枚、手雷1枚、雷管210个、导火索5米、猎枪3支、各种子弹3063发。1994年9月,针对外省市一些单位非法生产的钢珠枪、电击枪等仿真枪流入景德镇的现象,市公安局下发《关于重申坚决禁止制造、销售、买卖、私藏军用枪、射击运动枪、火药枪、催泪枪、麻醉枪、仿真手枪的通知》,并多次开展收缴非法持有枪支、管制刀具的专项行动。1996年10月1日,《中华人民共和国枪支管理法》实施,市公安局印发公安部通告1000份、《致居民、村民一封公开信》5万份。2001年5月,根据省公安厅《关于集中销毁收缴的非法枪支弹药的通知》精神,市公安局将历年收缴的非法枪支、弹药及管制刀具送往南昌钢铁厂销毁,其中销毁各类枪支3035支(含军用枪支72支)。2006年7月,开展集中整治专项行动,共收缴枪支196支、子弹285发、管制刀具79把,破获各类涉枪涉爆案件5起,处理违法犯罪人员10人。2008年,下发《关于进一步加强全市缉枪治爆专项行动的决定》等文件,严打涉枪违法犯罪活动。2009年春节前,在市主要街道、商场和车站出现公开叫卖管制刀具现象,各县(市、区)公安机关和派出所进行专项集中整治,收缴各类管制刀具274把。2010年,收缴自制枪支5支,处理7人,收到群众主动上交的各类枪支11支、管制刀具25把。

民用爆炸物品管理　1986年,市公安局对爆炸物品的生产、销售、储存、运输、使用的管理工作进行大排查,对使用单位逐个建立档案,修订、完善和落实安全管理制度。1988年,根据省公安厅《关于对全省民用爆炸物品核发许可证的通知》,对辖区内从事民用爆炸物品及烟花爆竹生产销售、使用、储存的企业和单位,逐个检查登记,收回原发证件,合格企业和单位换发新证。全年共收缴炸药580千克、雷管1561枚、导火索120米。1989年12月4—6日,市公安局会同乐平、浮梁两县公安局对生产规模较大的6个厂和1个以家庭为单位无证自产自销爆竹的村,进行安全检查,督促整改不安全因素11条。1991—2003年,开展收缴爆炸物品、强化民爆管理和防范,严厉打击涉爆违法犯罪活动的专项斗争。对全市1060家民用爆炸物品储存、生产和销售单位进行检查,发现隐患94起,下发整改通知书92份,吊销许可证3家,查处非法制贩等涉爆案件12起,取缔非法生产烟花爆竹厂17家、非法销售烟花爆竹店(点)3家,查处违反民用爆炸物品管理案件67起233人,收缴炸药8419.50千克、雷管2.88万枚、导火索6181.60米、烟花爆竹74箱、黑火药13.25千克。2004年,市公安局配合各级政府开展3次烟花爆竹专项整治工作,对学校周边200米内的经营网点进行清理、取缔。2006—2007年,先后投入100余万元,建设民爆行业信息管理系统,对民爆行业进行系统调研和信息采集,实现民爆物品由静态向动态监控管理的转变。2010年,共检查民爆器材、枪支弹药使用单位983家次,储存单位217家次,烟花爆竹储存仓库49家次,破获涉爆涉枪案件7起,处理违法犯罪人员8人。收缴炸药181.3千克、雷管8964发、导火索1000米。

放射性、剧毒物品管理　1986年,全市公安机关加强对放射性、剧毒物品管理面,对从业单位的剧毒化学品购买证、运输证实行严格审批制度,把责任落到实处。1989年,贯彻落实国务院颁布的《化学危险物品安全管理条例》,组织有关部门,对全市40家生产、使用剧毒品的单位进行清查登记,定点销售。1990年,市卫生、公安、环保、科技委联合发出《关于建立放射卫生档案的通知》,放射性同位素生产、使用、贮存单位或场所,射线装置的生产、使用单位或部门和非放射性厂矿的放射磁场工作场所,建立放射性卫生档案,相关工作人员建立放射剂量和健康档案。1991—1992年,针对剧毒性鼠药的泛滥,对全市39家剧毒化学品使用单位检查31次。1998年,将"毒鼠强"列入治安管理的重要内容。2001年6月,开展收缴"毒鼠强"等禁用剧毒急性鼠药专项整治行动。清查重点地区、集贸市场、摊点30余处及街道里弄等地,共收缴"三步倒""闻到死""杀特灵""一步倒"等袋装鼠药3505包,瓶装药水共862瓶,制剧毒的药水1壶(4千克),查获非法制贩剧毒鼠药人员34人。9月20日,市公安局会同市卫生局在全市开展放射源的安全大检查,历时1个月,共检查20家放射源应用企业和5家医院,对放射源管理松散、安全措施不落实等问题,责令整改。2005年,全年共收缴毒鼠强等剧毒鼠药和配料11.10千克,查处非法经营剧毒鼠药案件4起6人。2008年,查处非法运输储存剧毒化学物品案1起,收缴剧毒化学物品3020千克,并举办2期剧毒化学品从业人员培训班,培训学员120人。2010年,制定《景德镇市公安局治安行政许可审批和治安日常监管工作细则》,明确各级治安部门和派出所的监管责任,共检查储存单位64家次,剧毒物品生产、储存、使用单位97家次,依法收缴80年代未使用完的氰化钾试剂29.50千克,并按规定销毁。

第五节 安全保卫

单位内保

1986年,市公安局经文保科(也被称为二科,后又被称为经文保处或二处)负责对内部重点单位、重点部位的安全防范工作,开展多种形式的安全大检查,督促金融系统健全和完善安全防范措施,定期对全市各金融网点的人防、物防、技防措施进行检查,内容包括枪支管理情况,安全防范措施落实情况,金融系统守库、押运、营业网点设施等。配合大专院校及重点单位做好安全保卫工作,深入大专院校和不稳定企业尤其是改制、破产企业调查,了解学生和企业职工的思想动态,排查不稳定因素。帮助昌河机械厂、602所、陶瓷博览区、公共汽车公司、景德镇汽运公司等6家单位建立企业公安分局或企业派出所。1987年,采取逐级承包、百分计奖、单项承包等形式,在全市134个内保单位中,全面建立治安承包责任制。1989年,内保企业共有68个单位实现"三无"(无重特大案件、无职工犯罪、无火灾事故)。

1990年,全年共增加保卫科25个保卫干部61人。机械工业系统有23个单位实现全年无重特大案件、无职工犯罪、无火灾事故。陶瓷系统有19个单位实现"三无"。1991年,根据"谁主管、谁负责"的原则,对48家大中型企业治安状况作全面调查,下发《关于加强我市大中型企业安全保卫工作的通知》。在内保单位中,全面开展创"四无"(无政治案件、无刑事案件、无重大灾害事故、无交通事故)达标竞赛活动。是年,解决基层治保组织的经费报酬。1998年1月,乐平市公安局与金融单位联手安装联网报警机64台。2005年,银行金融系统开展风险等级的调查摸底工作,全市共有285个金融网点(金库、ATM机),其中三级风险等级的104个、二级风险等级的156个、一级风险等级的25个,均未达到防护标准。2009年,对各企事业单位的内部防范工作进行全面的检查,对安全隐患整改不到位的企事业单位,实行年终综治考评一票否决。至2010年底,全市共有治保会组织462个(其中企事业单位261个、城镇168个、农村33个),成员2563人(其中退休职工178人);治保小组1753个,成员3968人(其中退休职工362人);治安联防组织186个(其中城市92个、农村94个),人员1011人(其中城市542人、农村469人)。

保安服务公司

1989年4月,市保安服务公司成立,隶属于市公安局治安支队管理,是全市最早成立的保安服务公司。1991年,为11家客户提供驻点保安服务,派驻保安人员60人次,协助保卫部门处理治安案件16起。2002年,保安服务公司的保安人员数量发展到470人,业务范围涉及邮电、电力、银行、民爆物品看守和押运、巡逻、集贸市场、国有大中型企业等社会各个方面。2004年12月,市武装护运公司成立,相继承接全市金融单位武装押运和营业网点场所人防安全执勤服务。2010年,保安服务公司为法人机构,配有武装押运车辆和防爆枪支等专用装备器材,注册资金1010万元,员工300余人,年经营收入2000余万元。

重大活动安全保卫

1990年,首届中国瓷都——景德镇国际陶瓷节前,市公安局向市委、市政府上报安全保卫方案。从交通、消防、来宾登记、开幕闭幕式、文化娱乐、涉外、保密和打击现场犯罪活动等方面做细致准备。2004年,市公安局做好“2004上海国际模特大赛”、千年华诞文艺晚会、首届景德镇国际陶瓷博览会等大型活动的安全保卫,出动警力1万余人次。2006年10月18—22日,做好景德镇国际陶瓷博览会安全保卫工作,制定安保保卫工作方案和预案16个,组成会场安全、展馆安全、交通安全、消防安全等10个工作组,出动警力3000人次,保障开幕式、招商引资洽谈会、千年瓷都“三圣”公祭、高技术陶瓷国际论坛、《瓷都风情》文艺晚会等一系列大型活动的安全。2008年4—10月,全面部署开展奥运治安保卫攻坚战,完成各项安全保卫工作任务。

1986—2010年,市公安局还做好中共十三大至十七大全国代表大会和全国人大六届至十一届会议以及每年的元旦、春节期间的安全保卫工作。

出入境管理

出入境审批签证管理　1986年2月1日,《中华人民共和国公民出入境管理法》开始施行。12月26日,《中华人民共和国公民出入境管理法实施细则》公布施行。当年全市临时入境境外人员4429人,其中外国人1120人、港澳同胞3135人、台胞16人、华侨158人。市公安局政保科受理审批中国公民因私出境48人。1991年,市公安机关自办和督促涉外宾馆、饭店代办对国(境)外来宾进行验证、填写《住宿登记表》5534人,其中外国人1865人,港、澳、台同胞3641人,华侨28人。全年接待中国公民因私申请出国(境)来访484人次,受理中国公民出境102次,其中出国50人,批准发证48人,赴港、澳、台52人;对29名出境回归人员进行回访。1992年,市公安局出入境管理工作从政保科分离出来,成立出入境管理科,依据《中华人民共和国公民出入境管理法》《中国公民因私往来香港地区或澳门地区的暂行管理办法》《中国公民往来台湾地区管理办法》,专门对入出景德镇境外人员和居住景德镇地区的人员因私出入境进行管理。当年对5613名国(境)外人员进行验证和填报《临时住宿登记表》,接待咨询因私出境人员600余人次。1993年,共接待到市观光、探视、投资、进行各类活动的境外人员5571人次。1994年,浮梁县辖区内居民因私出国(境)改由县公安局受理后报市局审批发证、照。1997年,简化出国(境)申请审批手续,主动为残疾人上门办理证照和送证照上门,为组团的外国人上门办理签证事项。2006年,全年办理各类证件7648人次,其中出国护照989人次、港澳证件及签证6427人次、赴台证件及签注134人次、外国人签证98人次。2008年,进一步规范入出境业务审批、办理程序,共办理出国护照2124件、外国人证件226份。

出入境违规违法管理　1986年,依法处理外国人及港澳来客触犯治安管理法规的案件。1988年,对出国出境人员进行行前安全防谍教育382人次。对涉外宾馆、基建项目、通信设备和电脑进行检测审查技术保密工作。1994年,发生涉外事(案)件14起,其中非法居留6起、治安案件5起、刑事案件3起。2002年7月,市公安局参与景德镇市陶瓷出国展销活动清理整顿工作,暂停办理出国展销人员的护照,制止一切组团出国展销活动,动员“会头”将护照交回公安机关暂时保管,派员随同市政府领导前往马来西亚、韩国对组团参展发生纠纷进行调查处理,动员参展人员回国。11月26日,市公安局召集全市80名出国展销组会“会头”开会,通报出国展销人员在国外发生的问题,进行有关国际贸易法规的宣传教育,配合市政府做好出国展销组会“会头”的联审工作,帮助他们依法依章办齐出国手续,对违规“会头”依法分别予以查处,冻结其银行账户,为参展人员挽回损失。通过近2个月的努力,市公安局收回保管出国护照7580本,依法处理非法组会“会头”23人(主要吊销出国护照)。2006年,开展“三非”外国人专项整治行动中,共查处涉外案件5起。乐平市公安局查处1起1名乐平籍男子和1名越南籍妇女涉嫌拐卖妇女案件。2007年,出入境管理部门加强民警业务技能培训,开展外国人管理专项调研,先后妥善处置2起涉及外国人纠纷事件。

第六节　预审　看守

预审工作

1997年,根据公安部侦审合一的改革要求,设区市公安局成立监管处,刑侦支队成立案件指导大队,公安分局刑侦大队成立案审中队,完成侦审合一改革。公安机关预审职权,由市公安局的监管处、刑侦支队的案件指导大队、公安分局刑侦大队的案审中队依照规定履行。

看守工作

1986年，市公安局加强对人犯（犯罪嫌疑人）的教育改造，根据在押人员违法违规的情节和态度，分别给予批评、责令反省、加戴械具或采取其他强制措施。在保证安全的同时，实行文明管理，保障人犯人格尊严和依法行使诉讼的权利。2006年6月，第一看守所和第二看守所（含拘留所）合并，成立新的景德镇市看守所。是年7月，景德镇市看守所由昌江区蟠龙岗搬迁至浮梁三龙新址，组建一支由18名警力组成的巡控大队，专职从事巡视和监控工作，实现巡视、监控"二岗合一"。实现监控巡视"全时零漏"，管教工作"无缝对接"，整体力量"齐抓共管"，岗位之间"监督考核"。完善勤务模式改革后，管教民警全力落实在押人员的思想教育管理，强化异动人员的盯防和制止。监所的监控由人员巡视、不间断检查升级为全天候视频监控。

第七节　户政管理

居民户口管理

1986年，各公安派出所简化群众调动的户口迁移手续和临时户口的申报登记手续，为4716名群众办理"农转非"户口。其中民办教师转编27户58人，一线科技人员恢复商品粮4户12人，落实政策11户28人，随军家属25户50人，井下职工家属327户1247人，"三线"单位职工家属1800人，弃婴收养23人，正常申报落户1473人，"农转非"一线技术人员家属25人。1988年，对"农转非"户口审批工作进行改革，将审批权由市公安局下放到公安分局和基层派出所，并实行指标、政策、评议、结果四公开。是年8月，制定《景德镇市城镇暂住人口管理暂行规定》，实行暂住证管理。1989年6月1日，在市区范围内，启用《常住人口登记表》，取消《户口底册》。1991年，办理"农转非"按申请人申请落户、外勤调查、张榜公布、群众评议、派出所审查，县、区公安（分）局审核，市公安局审批7个工作环节，实行"四公开一监管"与"三榜审定"的办事制度。1992年12月16日，市政府批准颁布《景德镇市暂住人口管理办法》。是年，进行农村户口规范化管理试点，逐村逐户进行核对，历时1年，达到人有常住表、户有户口簿、村有户口索引。派出所和村委会都建立人口"七项"（即常住、暂住、出生、死亡、迁入、迁出、变更更正）变动登记。1995年，开展派出所人口信息微机系统建设，准确采集街、路、巷和服务处所，完成数据录入、机房、制度的建设等。同时把微机管理户口建设步伐推向农村，完成乐平市公安局的塔前、镇桥、洪岩等6个农村派出所的微机录入任务。

1996年3月，市公安局户政科获全省发证工作优良单位。当年全市共办理小城镇户口929人，完成珠山、昌江西城区9.49万户计29.58万人口的户口簿核发任务。办理暂住证1.20万个、出租房屋安全许可证1150个，重点人口列管4764人，从中提取打击和处理对象36人，提供侦查线索126条，破案2起。1998年7—8月，在全市范围内开展户籍送"温暖"活动，出动警力1200余人次，上门8682户，解决工龄长、年龄大的特困群众"农转非"280人，解决疑难户口问题365个，办理弃婴落户193人，超生（已受卫计委处罚）、非婚婴儿出生登记325个，同一地区户口迁移696户。2001年，乐平市公安局综合信息网开通，可在公安系统内部三级网络查询人口信息，浮梁县公安局11个派出所人口信息微机管理系统建设完成。2006年，制定《2006年全市流动人口管理服务工作要点》和《全市流动人口治安管理工作目标责任书》，健全完善《暂住人口登记管理暂行规定》《出租屋旅店式管理制度》《重点人口通报协查制度》《暂住人口管理服务站工作制度》等相关管理制度。2007年，在竟成镇樊家井村开展暂住人口管理改革试点工作。全年上网办理暂住证2.90万人，颁发二代身份证42.60万人。2010年，全市农业人口100.59万人，农村户口形成派出所、村委会、村民小组三级网络管理。

居民身份证管理

1986年6月，在市朝阳垦殖场及昌江派出所2个试点地区，首批制作发放居民身份证2.55万人（当年在杭州市进行身份证制作工作）。11月，在全市范围内正式发放身份证近50万张。1987年12月1日，市公安局实施使用居民身份证。1989 年 9 月 15 日,下发《关于做好临时身份证工作的通知》,规定领取临时身份证的对象。是年,市政府下发《关于我市居民身份证使用管理暂行规定》,规定 7 月 1 日起正式使用居民身份证。1990 年 12 月 1 日,启用居民身份证底卡的登记卡、注销卡。同时停止原使用的口卡(人口卡片,户籍信息登记和管理身份证明)和注销卡。1993 年 5 月,启用临时身份证。1995 年,将制证周期由 3 个月缩短为 2 个月,证件有效期常住户口为 3 个月,待定户口为 1 年,证件编号与本人身份证号相同。1996 年 1 月 1 日,对首批发放 10 年有效期满的居民身份证进行换证试点。1998 年 1 月,开展居民身份证编号纠错工作,按照国务院《关于实行居民身份证号码制度的决定》精神和省公安厅的部署,基本完成编号升位和为 16 周岁以下人员补编身份证号码工作。

2001 年 9 月 15 日,制定下发《关于编制军人公民身份证号码工作实施方案》,要求军人公民身份证号码分别由原籍或军队驻地的公安机关依据 CB11643—1999 公民身份证号码编制。至此,2002 年后退转军人应带公民身份证,方可办理居民身份证。2005 年,为确保二代身份证准确及时发放,开展户口核对、身份证号码清理纠错和门牌设置安装等一系列工作,共拨款 100 万元用于人口信息中心数据库建设。同时,通过招标投资 194 万元建成第二代身份证人口信息数据采集和处理平台,通过社会化运作建成二代身份证信息前端采集系统。2006 年 3 月至 2008 年 12 月底,共换发二代身份证 89.50 万张,完成省厅下达任务的 93.23%。2009 年,完成三年集中换发二代身份证工作,换证工作由集中换发转入日常管理,确保 16 周岁以上的公民二代身份证应办必办、应换必换。2010 年,推进第二代居民身份证防伪识别的社会培训和社会应用,加强居民身份证制作管理,缩短办证时间,对高龄及行动不便人员尽可能送证上门。

户籍管理制度改革

1995 年,市政府成立户籍管理制度改革领导小组。4 月 16 日至 5 月底,从市公安局抽调专门力量组成试点工作组,在珠山区(含昌江区太白园派出所)、乐平镇(含涌山镇)进行城镇户籍管理制度改革试点工作。全市共审核批准小城镇落户人员 2137 户 2532 人,收取城市增容费 1260.40 万元。初步摸索出小城镇户籍改革工作的经验,了解落户人员的基本情况,为工作全面铺开提供经验。2001 年 8 月 28 日,市政府批转市公安局《景德镇市户籍制度改革实施办法》,对固定住所(买商品房或自建房)且有基本稳定的职业和生活来源的外籍人员,可在其房屋所在地的户口登记机关申报常住户口;鼓励各类人才到景德镇市落户;外地公民到市投资兴办企业,固定资产实际投资额在 25 万元以上,或每年累计缴纳税金 5 万元以上可在其企业所在地申办其一户人员的城市户口;实行婴儿落户随父随母自愿的政策;放宽解决夫妻分居户口政策;男性超过 60 周岁,女性超过 55 周岁,准予在其子女常住地落户,并同时取消城市增容费和类似费用。上述人员要求落户的,只要材料齐全,20 个工作日内完成申报审批工作。是年,市公安局制定服务发展、便民利民五十条措施和办理户口规范,明确规定只要符合规定,材料齐全,派出所必须在规定时限内办好。

表 30-1-4　　**1986—2010 年景德镇市户数、人口及其构成一览表**

年度	总户数（万户）	总人口（万人）	男（万人）	女（万人）	非农业人口（万人）	农业人口（万人）
1986	28.80	123.18	64.39	58.79	41.76	81.42
1987	28.43	124.54	65.07	59.44	42.23	82.28
1988	29.51	127.00	66.33	60.67	42.55	84.45
1989	31.09	129.66	67.58	62.08	43.57	86.09
1990	32.44	131.43	68.64	62.79	43.96	87.47
1991	34.17	132.88	69.31	63.57	44.44	88.44
1992	34.02	133.86	69.91	63.95	44.90	88.96

续表 30-1-4

年度	总户数（万户）	总人口（万人）	男（万人）	女（万人）	非农业人口（万人）	农业人口（万人）
1993	34.49	135.78	70.94	64.84	45.86	89.92
1994	35.31	136.59	71.22	65.37	46.43	90.16
1995	36.39	137.64	71.84	65.80	47.65	89.99
1996	36.84	139.38	72.76	66.62	48.37	91.01
1997	37.56	140.49	73.41	67.08	49.05	91.44
1998	39.22	142.30	74.36	67.94	49.91	92.39
1999	40.31	142.23	74.37	67.86	50.43	91.80
2000	41.36	143.78	75.19	68.59	51.03	92.75
2001	42.69	145.61	76.13	69.48	52.57	93.04
2002	43.12	147.30	77.60	69.70	53.30	94.00
2003	43.83	148.26	77.59	70.67	56.78	91.48
2004	48.80	150.57	78.65	71.92	59.30	91.27
2005	46.23	150.83	78.87	71.96	59.64	91.19
2006	47.76	153.61	80.35	73.26	60.67	92.94
2007	49.69	156.18	81.97	74.21	61.65	94.53
2008	51.44	158.23	83.17	75.06	62.64	95.59
2009	52.45	160.22	84.07	76.15	63.08	97.14
2010	53.80	163.16	85.56	77.60	63.78	99.38

第八节　交通管理

交通秩序管理

单、禁行设置　1986 年，景德镇市区新村西路、风景路机动车改为单向行驶。2002 年 6 月，实施畅通工程，对人民广场周边道路及莲花塘环塘路实行禁左、环岛通行，对新村北路、胜利路实行机动车单向通行。2002 年 9 月 29 日起，大型货运车辆禁止驶入城区，过境车辆绕乐平、浮梁通行，重点工程和大型企业车辆办理通行证按指定时间、路线进入城区。2003 年 1 月，珠山路实行机非分离，行人和非机动车在人行道混合行驶。2010 年，昌江大桥匝道、珠山大桥匝道、新村西路、新村北路、胜利路、环塘路、马鞍山路、瓷都大道古窑进出路口及人民广场周边道路等路段实行单向通行或禁左环岛交通组织。

交通秩序整治　1986 年以后，在春节、“五一”国际劳动节和“十一”国庆节期间，市交警大队组织警力开展内容不同、时间不等、形式多样的交通整治行动。随着经济的发展，道路交通繁忙，违法行为、内容发生重大变化。1993 年，市交警大队开展“五车”（摩托车、残疾人专用车、黄包车、三轮车和板车）专项整治，重点整治人力三轮车（黄包车）、“拐的”、三轮车乱停、乱行，禁止畜力车、三轮机板车进入城区，“黄包车”限行和驾乘二轮摩托车必须戴安全头盔。共检查“五车”12550 辆，纠正违章 6424 起。1995 年，对违章营运载客的无牌无证“三车”（摩托车、残疾人专用机动车、人力三轮车）开展专项整治，取缔非法占道经营，强制报废达到使用年限车辆,举办违章人员交通法规学习班。1998 年,开展“两无两假”整治,查处上路行驶的无牌无证和假牌假证机动车,纠正违章 2440 起。2001 年,开展非法客货运输的车辆、“五车”的集中整治,纠正违章 1.22 万起,坚决取缔非客运车辆非法载客、无牌无证车辆上路行驶,对出租汽车路面行车秩序和公路营运客车安全开展专项整治。2005 年,开展“双超”(超速行驶、客车超员)和“三超一疲”(超速、客车超员、不按规定超车和疲劳驾驶)集中整治行动,组织开展酒后驾车和假牌套牌等专项整治,纠正违章 1.24 万起。2008 年,开展涉牌涉证、道路隐患排查治理和危化品运输车辆、接送中小学及幼儿园儿童车辆的交通安全等一系列专项整治行动,纠正违章 2.21 万起。2009 年,开展道路交通安全生产“三项行动”和“五个一”整治,销毁假牌套牌 1179 块,与军分区联合整治军警车辆涉牌涉证违法行为。2010 年,组织开展“迎世博、创文明、保安全”交通秩序专项整治,纠正违章 2.21 万起。

警力部署　1986—2003 年,市区设置的交通指挥岗、巡逻岗、检查站点均配备相应的警力,并依据交通状况变化,不断调整岗位及警力。2002 年 7 月,各交警大队开始配备交通协管员,以弥补道路新增扩建后车辆猛增、交通管理矛盾突出、警力严重不足的困难。全市加大交通指挥岗、临时执勤点和交通卡点的警力部署,实行定点、定岗与流动巡逻相结合的勤务模式。2003 年,警力部署大框架是路面管理划为老城区、东城区、西城区,分别由市交警支队一、二、三大队管辖。2008 年 1 月,全市建立治安防控体系,公安交警部门配合其他警种投入治安防控点的执勤任务。2010 年,警力部署未发生变化,交通事故由片区交通管理各大队事故处理中队、交警支队事故处理大队处理(交警四大队负责重特大交通事故处理)。行政复议由支队事故处理科负责。

交通安全宣传教育　1986 年,交通安全宣传工作由交通秩序管理科负责。主要采取召开培训班、发放宣传材料、通过新闻媒体和网络、交通法规和交通安全知识会演、中小学生交通安全知识竞赛等方式进行宣传。1996 年,实施《交通安全宣传教育三年计划》,会同有关单位组织开展交通安全周活动,编发《增强安全意识 遵守交通法规》倡议书,举办景德镇市道路交通安全座谈会和瓷都道路交通安全演讲比赛,与广播电台联合举办《红绿灯下》专栏,与市直单位联合举办“安全在我心中”摄影展。2003 年 2 月,交通安全宣传工作划归政工部门负责。2004 年 5—7 月,开展“宣传道路交通安全法上稿竞赛”活动,其中国家级 2 篇、省级 15 篇、地市级 43 篇。2005 年 3 月,“瓷都交警”网站(网址:http://www.jdzjj.gov.cn)开通,内有 20 余类栏目。2007 年 11 月 26 日,与市电视台、瓷都交通音乐广播在人民广场举办“爱在深秋”帮扶募捐活动,500 余人参加,捐款 5 万余元,全部用于帮扶 11 位交通事故当事人,CCTV1 综合频道在新闻栏目中播出。2008 年 9 月 2 日晚 6 时,CCTV4《中国新闻》对景德镇交警组织开展的“为中小学生发放交通‘让’字牌活动”进行报道。2010 年 12 月 2 日始,在全市跟进实施“畅行中国——文明交通在行动”大联播活动,由瓷都交通音乐广播在《交广警务通》节目开设《畅行中国——文明交通在行动》固定版块,每周制作 5 期时长5—10 分钟的专题。

道路交通工程　1986 年,市委、市政府举办“为瓷都改革开放献良策”的活动,提出“疏堵头、引源头、抓人头、我市道路肠梗阻及其对策”,为建瓷都大桥与打通火车站站前路,打通老城区的堵头路、断头路做舆论准备。2000 年 3 月,根据公安部、建设部统一要求,经市政府批准施行《景德镇市 2000 年城市道路交通管理畅通工程实施方案》,2003 年以后相继连通广场环路、中华北路(北侧)、朝阳路(东侧)、珠山大桥右边匝道等路段,解决影响道路畅通的突出问题。

表 30-1-5　**2003—2010 年景德镇市区畅通工程等级评价一览表**

年份	等级	年份	等级
2003	四等管理水平城市	2007	二等管理水平城市
2004	三等管理水平城市	2008	二等管理水平城市
2004	省畅通工程先进城市	2009	二等管理水平城市
2006	省进步明显城市	2010	二等管理水平城市

说明:一等为模范,二等为优秀,三等为良好,四等为合格

道路交通设施

交通岗亭　1986年,在景德镇市区主要街道珠山中路设置沿江东路(沿河)、南门头、苏家弄、广场和光明电影院(新村)5个交通岗亭(铁皮木质),其间更新沿河、广场、光明为伞式半自动控制交通指挥岗亭,后光明电影院(新村岗亭)及南门头岗亭取消。1995年,增设新厂路与陶阳路交叉口(新厂)、人民广场(铁质伞式)中心岗亭。2002年,增设昌江广场、新桥、昌南、紫晶路口4个铁质、自动控制伞式岗亭。2003年,在何家桥、广场北路、开门子酒店(新风路口)、金岭大道设置4处(不锈钢质)卡点,实行24小时执勤制度,负责进出城车辆的管控,后开门子卡点取消。至2010年,全市共设置昌江广场、新桥、人民广场、苏家弄、沿江东路、昌南路口、紫晶路口等7处岗亭。

交通标志　1986年,仅新厂路、莲社北路、环塘路和珠山路设置一些交通标志,各类交通标志共32块,设置不够完善。1991—2002年,陆续对废旧过时交通标志进行更换、刷新,对新建道路进行增设。至2003年,全市共有交通标志223块。2004年起,随着新建、改建、扩建道路的交通管理需要,全市共投入860余万元,完善主次干道交通标志,共设置各类交通标志1171块(其中大型指路标志和旅游景点标志36块)。至2010年年底,全市新厂路、朝阳路、珠山路、瓷都大道等68个路口和路段共设置交通标志1762块,并保持标志醒目完好。

交通标线　1986年,城区仅珠山路、莲社北路和部分路口施划交通标线,进行路口渠化。随着城区的发展,道路的新建、改建和扩建,道路交通标线总量逐年递增。2000年,道路交通标线总长度为11.30千米。2001—2003年,增至总长度19.60千米。2004年,新增长度14.3千米。2005—2006年,新增长度119.80千米。2009年,道路交通标线总长度达189.60千米。至2010年,全市新厂路、朝阳路、珠山路等主要路口和路段均设置交通标线,总长度为217.60千米。

交通指挥信号　1986年前,景德镇市区仅有4组(手动)交通信号灯,全部设置在珠山中路主要路口。1992年,有5组(线控)交通信号灯。2003年,有8组交通信号灯。2004年,交通设施建设不断加快,共有16个路口设置交通信号灯。2005年,有20个路口设置交通信号灯(线控、自动记录照相)。2009年,新增4个路口信号灯。至2010年,全市共24个路口设置交通信号灯,实现由圆饼灯式、箭头导向灯式向自动控制的数字式灯式的转变。

道路隔离设施　1986年,仅珠山中路广场至珠山大桥和部分路段设置中间水泥混凝土制隔离墩960米。1987—1990年,在通站路、迎宾大道、马鞍山涵洞、新桥等路段增设隔离墩(中心隔离护栏)1200米。1995—1999年,在珠山东路、新厂路、陶阳路等路段、瓷都大道人民公园等处增设隔离墩(中心隔离护栏)1800余米。至2000年,珠山中路和珠山东路设置交通隔离墩和铁制护栏6600米。2002年,在曙光路、通站路、马鞍山路增设一批隔离护栏(隔离墩逐步更换为昌河式铁质护栏),全市共8600米。2004年,隔离护栏总长度增至为1.13万米(部分主干道为不锈钢制)。2005年10月,根据城市畅通工程的要求,拓宽珠山中路的主要街道的机动车道,非机动车上人行道行驶,取消珠山路的隔离护栏之后,迎宾大道、昌江大道、浙江路、广场南路等主干道隔离护栏不断完善。至2009年,新增2040米(从2008年开始逐步将塑钢隔离护栏更换为昌河式铁质护栏)。至2010年,全市隔离设施(含中心隔离护栏)共计1.37万米。

交通监控设施　1998年7月,开始在珠山路苏家弄路口、南门头路口、广场岗亭路口及马鞍山路、胜利路、莲社北路、环塘路设置胶片式电子警察11处。2005年10月,交警支队设置道路交通监控中心。在城区珠山中路的广场、苏家弄、沿河和珠山西路的市人大路口、昌南路口5处(预埋光纤自动导入)试行交通电视监控(自动拍摄)后,珠山路沿线胶片式电子警察停止使用。2006年年底,全市胶片式电子警察停止使用。2007年,开始在城区干道路口全面设置交通视频监控,由电缆感应升级为光纤自动导入的视频监控。2010年,全市安装视频监控设备75处、电子警察设备20套、智能卡口设备4套、智能交通管理中心处理系统1套。

车辆管理

机动车辆管理　1986年,全市共有机动车5816辆(其中汽车3118辆、拖拉机1963辆、摩托车735辆)。1990年,依据公安部《城市机动车辆安全检验暂行标准》,设置车辆检测中心,负责全市机动车新车注册、年度检验、补检、过户、转籍等管理工作。1991年,全市有各类机动车1.08万辆,检验机动车8799辆,年检率为81.06%。1992年6月,启用全国统一的汽车定期检验合格证。农用车辆管理即拖拉机等农业机械考证挂牌由交警部门移交市农机部门。1993年10月,机动车辆注册、变更、转移、抵押、注销登记等业务实行计算机管理。1998年,根据省公安厅规定,总重量6吨以下货车、带挂货车、矿山作业专用车、出租车使用年限,除出租车使用年限为8年外,其他车辆为10年。2000年,根据国家经贸委规定,9座以下(含9座)非营运载客汽车使用年限为15年。2001年起,对市区摩托车不予注册登记,摩托车停止办理新车立户挂牌手续。10月,市公安局发布公告,凡外埠摩托车(含乐平、浮梁)禁止在城区范围行驶。2001年9月,根据国家有关规定,对化油器类轿车不予办理注册登记手续。2004年10月,开始应用信息平台,将机动车管理信息纳入管理系统。2007年,全市机动车保有量为8.44万辆。6月,小型汽车号牌由六选一方式改为自助选。2008年,全市机动车保有量为9.10万辆。3—6月,对城区两轮摩托车办理登记3700余辆。是年10月,乐平、浮梁交警大队车管所开始办理小型汽车注册、过户等业务。2009年,全市机动车保有量为10.80万辆,全市机动车信息管理数据统一由省公安厅交警总队管理。至2010年,全市机动车保有量为12.33万辆。

机动车安全技术检验　1989年,根据省公安厅《江西省机动车辆安全技术检测站管理办法的实施办法》,交警支队和一汽运输公司合作在鱼山乡茶山创建检测中心,于1990年投入使用。1998年11月6日,交警支队在浮梁县罗家垦殖场境内建成考验中心,占地面积28万平方米,车管所设在考验中心内,内设车管、驾管业务大厅和驾驶员考试大楼及机动车自动化检测车间等。2004年5月1日,《中华人民共和国道路交通安全法》实施。规定机动车安全技术检验机构实行社会化,检测站隶属通璟机动车驾驶员服务有限公司,由公安交警驻站查验车辆,对机动车检测等业务进行监管。2006—2007年,先后在乐平市、浮梁县分别设立1个检测站,承担其(县市)辖区机动车定期检测等工作。2010年,全市取得法定检验资质的汽车检测机构有市区1家,乐平、浮梁"五小"车辆检测线各1家。

机动车号牌管理　1994年前,全市机动车辆按车型分挂"江西03"和"江西72"两种号牌,前者由公安机关管辖,后者由车辆监理所管辖。1995年2月1日至12月30日,全市统一换发"九二式"新号牌,首位"赣H"代表江西景德镇,旧式号牌截至1996年7月1日停止使用。自1996年1月1日起,当时的公安号牌全国废止,全市警用车辆以"赣H"为首位,末位为红色"警"字,公安直接编号,法院、检察院、司法局数码依次为"A""B""C"。1998年10月,对已申办拖拉机号牌的拖拉机变形运输车,要换发农用运输车号牌,由市交警支队管理。2000年,全市机动车辆陆续启用"赣HA××××""赣HB××××"等号牌,市区出租车挂"赣HX××××"号牌。

车辆停放管理　1988年10月,在景德镇市人民广场、黄泥头、河西、里村、沿河码头、市第一人民医院、市第二人民医院、火车站、南门头等9处设置人力客运三轮车停放点。1993年,撤销人力客运三轮车停放点。1994年,在军供站和二建公司设置停车场,泊位160个。在火车站、新村西路、人民广场、新风路汽车站和曙光路设置临时占道停车泊位230个。2002年,在瓷都大道、莲社路、新村西路、新村中路、马鞍山路增设路边临时停车泊位,全市有路边临时停车泊位684个。2003年11月,提出《关于规划建设我市停车场的意见》,至2004年,市区74条道路24处共设置机动车路边临时停车泊位852个,机关、企业院内停车场35个,共923个泊位。2010年1月28日,建鑫(民营)公共设施服务有限公司竞拍取得路边停车泊位经营权,总数为1694个。

非机动车辆管理　1986年,全市非机动车主要为自行车、三轮车,实行挂牌管理,拥有各类非机动车辆近7万辆。1987—1995年,市区自行车由7.20万辆发展到近10万辆。1991年至1996年8月(1993年自行车取消挂牌办证),交警管理全市非机动车主要是自行车、三轮车的立户登记和年审以及大板车立户工作,大板车年审由市交通运管部门负责。1996年,非机动车移交公安派出所管理。1998年4月,根据省公安厅对非机动车防盗一体化管理要求,由市公安局办公室接管非机动车管理业务,再转入辖区各派出所管理。2001年11月26日,交警支队车管所接管自行车管理业务。2009年3月,恢复非机动车管理职能。2010年5月1日,施行《江西省非机动车管理办法》,主要内容是标内电动自行车立户登记,超标电动车由各地市根据实际情况制定管理办法。10月29日,在交警支队举行社会各阶层代表参加的"超标电动自行车管理措施"听证会,听取市民意见,接受群众舆情监督,受到政府相关部门、销售商及市民用户的赞许。

机动车驾驶员管理

驾驶员培训考试　1986年6月，按照公安部制定的《城市机动车驾驶员考试暂行办法》，市交警大队委托有培训条件的单位代为培训，当年培训新增驾驶员957人。1986—1991年，市公交公司、省市专业运输单位等各有车单位培训驾驶员，利用自有车辆，选择具有3年以上安全驾驶经历，或有10万千米安全纪录资历的驾驶员担任以师带徒的教练员，有车单位需批量培训驾驶员的，每台车不得超过8人、不得少于5人，培训期满6个月，准予办理考核、发证手续，至1990年年底，新增驾驶员3885人。1991年，根据《机动车驾驶员培训学校(班)管理办法》，市长运公司乐平市分公司开办机动车驾驶员培训学校。1992年12月，市公安局成立机动车驾驶员培训学校。至1995年年底，培训新增驾驶员1.81万人。1996年9月1日，根据公安部《机动车驾驶员管理办法》和《机动车驾驶员考试办法》，公民申领学习驾驶证，不再需要单位和第三方审批盖章。至2000年年底，培训新增驾驶员3.10万人。2003年，市公安局机动车驾驶员培训学校更名为市机动车驾驶员培训学校。2010年，市区有驾校3所(昌南驾校、群英驾校、金安驾校)，乐平有驾校3所(乐平市驾校、长春驾校、成功驾校)，浮梁有驾校1所(众安驾校)。汽车类考场车有管所考场1个。社会考场在乐平有3个，在浮梁有1个。2000—2010年，培训新增驾驶员18.15万人。

驾驶员考核审验　1984年8月，全市机动车和驾驶员业务管理统一由市公安局车辆管理所办理。1986年，全市机动车驾驶员有6499人。1988年，全市统一换发公安部制作的《中华人民共和国机动车驾驶证》5679本。1997年，通过局域网办理机动车登记和驾驶证管理业务，逐步停止手工操作。2002年，非景德镇市户籍人可持无驾驶记录地《查询函》申请异地办证。2003年，改为网上核对查询。2004年10月，使用全国统一版机动车、驾驶员管理系统，配备公安专网及公安专网制式打印机。2010年11月，实现红绿灯网上办理部分车管业务，可在红绿灯网上代办机动车补牌、补行驶证、补换驾驶证、变更驾驶员信息备案、驾驶员期满换证和提交身体条件证明等业务。至年底，全市驾驶员总量为24.19万人，审验教育3.39万人次。

表30-1-6　　1986—2010年景德镇市机动车驾驶员数量统计表　　单位:人

年份	人数	年份	人数	年份	人数	年份	人数	年份	人数
1986	6499	1991	12317	1996	38322	2001	66530	2006	138227
1987	7456	1992	13268	1997	42827	2002	75352	2007	174370
1988	8751	1993	15179	1998	49880	2003	86496	2008	198645
1989	9858	1994	19566	1999	54859	2004	99412	2009	231394
1990	11341	1995	29446	2000	60489	2005	116678	2010	241995

交通事故处理

交通事故接处警　1986年前，城区道路交通事故处理由公安机关负责，郊区道路交通事故处理由交通监理部门负责。1986年10月7日，根据国务院《改革道路交通管理体制的通知》精神，景德镇城区(含蛟潭、鹅湖两区)道路交通事故处理由公安交警大队负责。1988年10月，交警支队设事故处理科，负责城区(含浮梁县辖区)交通事故处理。1990年，浮梁县公安交警大队成立，负责其县辖区交通事故案件的调查处理。1991年4月，城区交通事故以昌江河为界由直属一、二大队事故科负责。2002年，"122"事故报警台与市公安局"110"合并。2003年5月，直属一、二大队事故科并入交警四大队负责市辖区交通事故。2008年，"122"事故报警台与"110""119"三台合一。

表30-1-7　　1986—2010年景德镇市道路交通事故四项指标统计表　　单位:起、人、元

年份	起数	死亡数	受伤数	直接经济损失	年份	起数	死亡数	受伤数	直接经济损失
1986	279	73	142	120847	1987	421	102	198	220688

续表 30-1-7

年份	起数	死亡数	受伤数	直接经济损失	年份	起数	死亡数	受伤数	直接经济损失
1988	447	100	205	289890	2000	399	111	328	600520
1989	361	81	145	201280	2001	354	103	312	626500
1990	310	74	155	166720	2002	338	103	381	549100
1991	332	87	153	184750	2003	269	75	261	408400
1992	196	75	80	190250	2004	257	81	241	207350
1993	283	128	141	184080	2005	235	73	206	179848
1994	239	103	129	323620	2006	294	63	281	179180
1995	228	80	129	324992	2007	234	53	228	151200
1996	175	87	92	190450	2008	225	46	210	109821
1997	176	83	84	176239	2009	89	45	105	83211
1998	181	91	97	332169	2010	81	44	83	60164
1999	268	110	181	486277	—	—	—	—	—

重大事故案例　2005 年“2·3”特大交通事故(死亡 3 人)。2005 年 2 月 3 日 16 时 15 分许,江西省高安市筠阳镇驾驶员武某驾驶制动不符合技术标准的赣 CE2450 号琴岛牌重型厢式货车经景白线由婺源向景德镇方向行驶,行经景白线 96km+140.7m 处(湘湖镇余村地段),遇王某驾驶浙 CU7995 号本田雅阁小轿车由景德镇向婺源方向行驶,在公路中心标有单黄实线的弯道上从左侧超越同向正常行驶的赣 H23276 号北斗星车,武某见状采取紧急制动并向左打方向,造成赣 CE2450 号车进入左车道与刚返回到自己车道上的浙 CU7995 号小轿车相撞(两车左前角),又与赣 H23276 号车相撞,赣 H23276 号车上宁某等 4 人受伤,浙 CU7995 号车上王某、郑某、郑某(女)3 人当场死亡、张某等 2 人受伤,3 辆车不同程度损坏的特大交通事故。

2008 年“4·15”特大交通事故(死亡 5 人)。2008 年 4 月 15 日 9 时 38 分许,李某驾驶赣 H10083 号宇通牌客车实际载客 26 人(核载 25 人),由景德镇市南站发车沿高新开发区梧桐大道(未正式开通使用)往乐平市方向行驶。途经 206 国道鱼山金桥村与梧桐大道交叉丁字路口,左转弯时左车厢中部与由乐平市驶往景德镇方向洪某驾驶的赣 E60546 号宇通牌客车左前角碰撞(该车实际载客 12 人,核载 29 人),造成赣 H10083 号大客车上乘客 5 人当场死亡,23 人不同程度受伤(其中赣 H10083 号乘客 20 人,赣 E60546 号客车乘客 3 人)及两车严重受损的特大交通事故。

2009 年“3·28”特大交通事故(死亡 6 人)。2009 年 3 月 28 日 14 时 53 分许,万某驾驶赣 H17518 号豪运牌重型自卸货车装载碎石 46.23 吨,自乐平市沿 206 国道往余干县方向行驶,至 206 国道 1466km+150m 地段(乐平市镇桥镇坑畔村地段),为避让前方行人,在未确保安全的情况下左打方向越中心线行驶,与相对方向由叶某驾驶的赣 H10044 号金龙牌大客车相撞,造成大客车乘客 5 人当场死亡,1 人抢救无效死亡,14 人不同程度受伤,货车驾驶人万某受伤及两车严重损坏的特大交通事故。

第九节　消防管理

消防装备

1986 年,市区公安消防共有消防车 11 辆。1988—1997 年,更新消防车 8 辆、行政车 4 辆、普通消防车 6 辆、水罐车 2 辆、指挥车 4 辆以及照明、破拆、呼吸器等防护器材。1991 年,组建防毒抢险班,配备抢险专业器材。1997—1999年,新购置消防车辆7台、各类器材装备1300余套(件),包括32米登高平台车、高低压泵消防车、特勤消防车、火场指挥车。2000年,购进水罐消防车5辆、泡沫消防车2辆和一批个人防护器材及特种器材,并建立350兆无线通信三级网络。2001年,购置消防器材、个人装备及2台消防车、2台行政车。2003年,购置个人防护装备100套,新添置2台消防车和2台灭火救援指挥车。2005年,先后添置高喷、防化洗消、多功能抢险救援、举高喷射等消防车辆16台。2007年,按照中央、省、市采取1:1:2的比例配备特勤装备的规定,累计投资860万元购买装备和营房建设。2010年,购置20米举高喷射车2辆、大吨位水罐车1辆、抢险救援车1辆。至年底,全市共有消防车辆39台,企业专职消防执勤车7辆,个人防护、救生、破拆、输转、53米登高、照明、排烟等各类消防器材装备200种1.4万套(件)。

消防设施

1987年,全市共有大小道路76条,设置消火栓309个。1988—1994年,全市共有消火栓356个。1997年,修复消火栓20个,增设22个。1998年,新增消火栓51个。1999年,新增消火栓100个。2001年,新增消火栓70个。2003年,新增消火栓35个。2005年,市政府下发《关于进一步加强消防工作的实施意见》,提出消火栓应与项目同步规划、同步建设、同步发展,当年新增消火栓49个。2006—2010年,新增消火栓242个,修复消火栓120个(市区新增消火栓60个,老城区安装60个,工业园区安装68个),全市消火栓数量全部达到国家标准。至2010年年底,全市市政消火栓总数达608个。

消防组织

防火安全委员会　1986年,市防火安全委员会由民政、广电、文化、财政、教育、卫生等单位组成,由1名副市长任主任,每年召开两次例会,不定期召开主要成员碰头会,组织冬、春、夏火灾多发季节和重大节日、重大活动期间防火大检查。2000年8月,市防火安全委员会改选。2001年6月,市防火安全委员会组织召开全市消防安全集中整治联席会议。2010年5月21日,印发《景德镇市构筑社会消防安全“防火墙”工程实施方案》。至年底,共检查单位9684家,派出警力1.85万人次,发现火灾隐患8573处,整改隐患8107处。处罚金额237.55万元,责令“三停”(停止施工、停止使用、停产停业)单位78家,行政拘留13人。

专业组织　1986年,景德镇公安消防大队为正营级单位。1987年4月,成立武警景德镇市消防支队(正团职),下设司令部、政治处、后勤处三大部门(副团职)。1990年4月,支队增设防火处(副团职)、消防科(副营职),基层消防组织有乐平县、浮梁县、珠山区、昌江区消防科(副营级)。1995年11月,武警消防支队更名为公安消防支队,消防科升格为正营级并更名为县(市、区)公安消防大队。1996年,浮梁县消防大队挂牌成立,珠山区消防大队二中队消防站建成并投入使用。1998年,昌江区消防大队营房建成投入使用。1999年,消防指挥中心建成投入使用,占地面积6279.10平方米,总建筑面积5292.53平方米。2000年后,新建改造昌江区、高新区特勤中队,乐平市、浮梁县消防站。是年3月,浮梁县消防大队营房建成并投入使用。2001年12月,特勤消防中队营房建成并投入使用。2003年,高新消防大队挂牌成立。2004年10月,乐平市消防大队营房建成并投入使用。2007年6月,浮梁县消防大队新营房建成并投入使用。2008年3月,高新区消防大队新营房建成并投入使用。2010年,全市消防部队编制112人,实有97人,下辖珠山区、昌江区、乐平市、浮梁县、高新区、南河六个大队。至年底,全市共有防火监督干部(含支队机关防火处)30余人。

义务组织　1952年,景德镇珠山区石狮埠街道居委会的李莲兰、刘兰蛟、周小燕等7位40岁左右的“妈妈”们自发组成全国第一支“妈妈防火团”,以防范板房屋火烧连营的窘境,逐渐形成以“三团两队一校”为基础的社会消防组织。

2010年景德镇社区“妈妈防火团”在宣传防火知识

1996年12月,全国第一所消防少年军校成立。1996年,中央电视台、江西电视、江西消防等新闻媒体采访"妈妈防火团"。1997年,公安部消防局、全国妇联宣传部联合发出通知,向全国推广"妈妈防火团"的经验。2002年,"妈妈防火团"赴日本交流经验。2004年9月,景德镇高等专科学校成立江西省首支"大学生消防志愿团"。是年12月,瓷都晚报社20名记者自发成立"记者消防志愿团"。组建以街道"妈妈防火小组"为分支的防火体系,要求每居委会5人,每个居民小组1人。2005年11月,"妈妈防火团"走进中央电视台,成为"中国骄傲"候选人。2008年6月,"妈妈防火团"获中国百个优秀志愿服务集体称号。至2010年,市区拥有10个"妈妈防火团"和225个"妈妈防火小组",成员有1000余人。2009年,"妈妈防火团"与团市委和市消防支队组成"消防志愿者总队",由市政府斥资修建"妈妈防火团"宣传教育基地,将防火巡逻常态化,成立60年来共消除火灾隐患40余万处,扑灭居民区初起火灾1000余起。至2010年12月,全市有义务消防队196个,队员2120人。其中自防自救点、社区工作站26个,队员378人,灭火器264具,水枪78支,水带152盘,消火栓扳手52把。

消防监督

1986—2010年,全市构建三级消防安全管理体系,其中市公安消防支队监管一级消防安全重点单位,县(市、区)公安消防大队、公安派出所分别监管二、三级消防安全重点单位。消防安全监督管理工作坚持日常性、常态化活动。1991年9月,检查公众聚集场所68个、易燃易爆场所76个、一级重点单位25个、二级重点单位167个、三级重点单位254个,发现火灾隐患586处,提出整改意见620条。是年,对化学危险品单位进行审核发证,当年发生大连特大火灾后,防火监督部门对全市的高层建筑、特种行业进行大检查。国际陶瓷节期间,检查发现隐患1995条,及时整改1994条,整改率达97.44%。1995年,景东招商场经消防验收投入使用,建筑面积1.60万平方米,店铺736个。1998年,金昌利陶瓷大市场经消防验收投入使用,建筑面积1万平方米,店铺132个,安全出口3个。1999年,新跃广场经消防验收投入使用,建筑面积1.70万平方米、店铺350个。其中二期3层,6个安全出口。

2001年,对全市873个公众场所进行消防安全排查,消除隐患973个,关停景德商厦和群英堂剧场,下发各类法律文书350份,行政处罚决定书43份。审验项目366个,核发证牌188份,罚款21.50万元,行政拘留5人,责令"三停"单位54家。是年,开展人员密集场所消防安全专项治理,检查社会单位1280个,发现火灾隐患2460处,提出整改意见2200条。2003年,对全市1512家单位开展消防检查,发现隐患1960处,整改1815处;工程审核274个,面积77万平方米,验收项目158个,面积16万平方米。当年国贸陶瓷广场经消防验收投入使用,建筑面积8万平方米,店铺600个;豪德贸易广场经消防验收投入使用,建筑面积4.38万平方米,店铺1160个。2004年,中国陶瓷城经消防验收投入使用,建筑面积20.40万平方米,店铺1447个。2005年6月,市防火安全委员会牵头组织市安监局、市建设局、商贸公司、市工商局、市人防办等部门集中开展商场市场消防安全专项治理工作。2005—2010年,全市共检查单位1.34万家,发现督促整改火灾隐患7000处,下发各类法律文书1235份,行政处罚单位347个,个人146个,罚款726.84万元,临时查封单位79处,责令"三停"单位46家,行政拘留3人。

2006年,共审核建设工程项目152个。开展全市火灾隐患普查整治,检查社会单位2280个,发现火灾隐患3460处,提出整改意见3215条。2007年,开展中共十七大消防安全保卫攻坚战,共审核建设工程项目121个。2008年,开展"奥运安保攻坚战",共审核建设工程项目125个,面积193.79万平方米。检查社会单位2166个,发现火灾隐患3242处,提出整改意见2960条。2009年,共审核建设工程项目55个,面积49.92万平方米。2010年,共审核建设工程项目40个,面积66.76万平方米。全市共排查检查单位场所1300家,发现各类隐患451处,整改隐患437处,处罚单位场所92家,责令停产、停业、停止施工35家,行政拘留1人,并对不符合《江西省歌舞娱乐场所消防安全技术标准》的12家单位和场所进行查封。是年,开展全市建筑消防设施专项检查,共检查社会单位640个,发现隐患1250处,提出整改意见1150条。至年底,全市有一级消防安全重点单位27家、二级消防安全重点达390家、三级消防安全重点单位1114家。

灭火救援

1991年8月31日零时10分,景德镇市昌江街道瓷器街发生火灾,消防支队调集3个消防队的11辆消防车和146名指战员,2个企业专职队两辆消防车和14名队员前往扑救,大火于4时30分被扑灭。火灾烧毁房屋3334平方米及各种电器、摩托车、衣物、家具等,受灾125户375人,直接经济损失77.54万元。1998年6月18日16时41分,江西化纤化工有限公司甲醇储罐发生火灾,乐平市中队紧急出动前往处置,19日5时30分火灾被彻底扑灭。当次,全市共计出动消防车1辆、消防官兵120人,企业专职队消防车辆8辆、80人,保护面积1.06万平方米,抢救财产价值1亿元。

2000年10月11日,景德镇华意电冰箱厂包装仓库发生火灾。9时21分,市消防支队调集昌江二中队两辆消防车赶赴火场,随后又调集支队机关及昌江、珠山4个中队,焦化总厂、发电厂企专队14辆消防车150余名消防官兵赶赴火场。10时26分,火势得到有效控制,12时40分彻底扑灭,保护了周边仓库及生产线,价值400余万元。火灾原因为氧焊切割不慎引燃周围可燃物,直接经济损失78.86万元,过火面积1600平方米,无人员伤亡。2001年8月6日16时55分,停靠在景德镇火车站一辆装有60吨聚苯乙烯的罐车冒起浓烟。市消防支队接到报警后,迅速调动昌江区一中队3台消防车、20余官兵前往施救,17时50分火情被彻底扑灭。是年8月8日晚,乐平市高新农业开发公司农药储存仓库发生火灾。22时34分,乐平中队接警后,立即出动并调集3个企业专职队共6辆消防车、40余名官兵前往处置。23时21分,大火得到控制,9日凌晨零时41分被彻底扑灭。保护了起火建筑周围的其他农药仓库,价值100余万元。2006年4月25日13时许,景德镇市富祥药业有限公司一储有8吨稀盐酸的储罐发生泄漏,15时36分向消防指挥中心报警。接警后,市消防支队调派特勤中队22名消防官兵分乘2台水罐车、1台抢险救援车赶赴现场处置,调派珠山消防一中队1台水罐车增援。至4月26日5时排除险情,确保罐区和厂区的安全,无人伤亡,保护财产价值近百万元。

2008年1月28日4时40分许,1辆载有33名乘客的大客车在九景高速151千米处发生侧滑,撞断护栏偏离高速路面。5时6分,接到报警后,支队调派特勤中队1台水罐车、1台抢险救援车、12名官兵赶赴现场救援。由于现场一直下着冻雨,车辆难以固定,至6时42分,车内33名被困人员被救出。5月12日,四川省汶川县发生特大地震,全国消防部队紧急驰援汶川抗震救灾。市消防支队自5月13日起,分3批派出官兵30人,在地震灾区搜索面积1.28万平方米,共搜救被困人员21人,其中幸存者2人,救援官兵1人立二等功,3人立三等功。

2008年8月6日19时5分,江西黑猫炭黑公司焦油精制工业萘车间发生火灾,火势猛烈,周围多个储罐不同程度着火,并引燃相邻的双曲线冷却塔。接警后,市消防支队所辖7个中队的19台消防车和133名消防官兵赶赴现场并同时向总队指挥中心报告情况。总队调集九江支队3台消防车和21名消防官兵增援。市领导现场指挥灭火,火势于20时30分得到控制,22时30分被完全扑灭。厂内职工100余人被疏散。此次火灾过火面积1935.73平方米,未发生人员伤亡。

2008年12月31日6时1分,济广高速浮梁县桃墅收费站附近,1辆满载25吨浓硝酸的槽罐车与1辆挂车发生碰撞,驾驶员被困车内,浓硝酸外泄,并且引发火灾。浮梁县消防大队立即出动1辆水罐车、1辆抢险救援车14人奔赴现场实施救援,并请求增援。支队调集特勤中队1辆高喷消防车、1辆大吨位水罐消防车、1辆抢险救援车增援。7时10分,参战队员全部深入到泄漏事故核心区,利用液压剪对驾驶室进行破拆救人。7时45分,市安监、环保、交通、公路等相关部门赶到现场,成立现场抢险救援指挥部。16时50分,将未外汇的硝酸成功导入空罐车中。

2009年9月23日凌晨1时许,位于景德镇市老城区迎祥弄砖木结构的民房突发火灾,火势较大,蔓延迅速。1时32分接到报警后,支队先后调集珠山一中队、特勤中队、昌江一中队、珠山二中队10辆消防车、80余名官兵赶赴现场扑救。共营救群众10人,疏散87人,大火于2时4分得到控制,5时20分彻底扑灭。此次火灾共造成15户居民受灾,过火面积600平方米。

2010年1月15日14时许,位于景德镇机场路的景德镇沙发厂发生火灾,接警后,支队指挥中心迅速调集特勤中队赶赴现场,火势猛烈,水源缺乏,支队迅速调派高新、浮梁、珠一中队增援。14时23分,着火面积近200平方米,过火面积近300平方米。14时35分许,增援中队与支队全勤指挥部全体人员相继到达现场。15时30分许,将火势扑灭,此次灭火保护财产价值数十万元,且无人员伤亡。

表 30－1－8　　1986—2010 年全市火灾有关情况一览表　　单位:起、人、万元

年份	火灾数	死亡数	受伤数	财产损失	年份	火灾数	死亡数	受伤数	财产损失
1986	38	4	1	54.56	1999	155	4	8	159.89
1987	32	3	—	43.85	2000	158	2	6	247.68
1988	23	2	—	17.02	2001	138	1	16	101.08
1989	18	1	—	32.06	2002	113	4	10	128.96
1990	33	—	0	47.88	2003	106	5	7	78.37
1991	36	3	7	126	2004	88	2	9	96.72
1992	51	—	8	111.23	2005	82	2	3	102.24
1993	33	2	7	59.20	2006	97	9	3	132.58
1994	31	9	6	62	2007	210	1	3	74.60
1995	32	2	1	103.4	2008	212	4	—	626.61
1996	34	2	1	104.27	2009	63	3	—	295.89
1997	131	1	25	299.61	2010	74	—	1	1175.25
1998	175	2	5	391.09					

第十节　机构队伍

公安机构

景德镇市公安局　1986 年,景德镇市公安局内设政治处、秘书科、行政科、安全科、一科(政保)、二科(经文保)、三科(治安)、四科(技侦)、五科(警卫)、六科(与消防实行两块牌子、一套人马)、七科(预审)、通讯科、刑侦大队、交通大队、收容审查所 15 个机构。市劳动教养办公室在三科办公,劳动教养业务由三科负责兼管。看守所由预审科管辖,治安拘留所、水上派出所由治安科管辖。1988 年,秘书科与行政科合并,设立办公室,撤销安全科,其工作和人员合并到一科;交通警察支队内设办公室、政工科、车辆管理科(对外称景德镇市公安局车辆管理所)、事故处理科、交通秩序科(下设一、二、三正科级大队);将通讯科更名为机要通信科。1989 年,成立研究室(副县级),设立林业治安科和户籍、身份证管理科(简称户政科)。

1990 年,设立治安大队(正科级),研究室更名为法制研究室(保留副县级别)。1992 年,设立出入境管理科。1993 年,市公安局刑侦大队更名为市公安局刑事警察支队(正科)。1994 年,设立计算机安全监察科(与机要通信科两块牌子、一套人马);设立巡逻警察支队,副处(县)级,内设指挥中心、政工科、秘书科、一大队、二大队、三大队,均为副科级;明确刑事警察支队为副处(县)级。1996 年,景德镇市公安局特警大队成立,正科级机构,归巡警支队领导;公安局内设 23 个职能机构(不含现役编制的警卫处、消防支队)。1997 年,增设指挥中心(正科级)。1999 年,增设公路巡逻民警大队,为交通警察支队内设机构(正科级),设立景德镇市戒毒所,正科级内设机构。经济文化保卫处更名为经济犯罪侦查处,对外称市公安局经济犯罪侦查支队。

2003 年,公安局内设 21 个职能机构(不含现役编制的警卫处、消防支队)。2004 年,明确指挥中心、政治部、国内安全保卫支队、治安警察支队 4 个内设机构为副县级。2006 年,浮梁县公安局工业园派出所更名为景德镇市公安局陶瓷科技园分局(正科级);市公安局交警支队增设科技科(正科级);市公安局特警支队成立,为公安局内设机构(副县级);将第一、第二看守所合并成景德镇市看守所,正科级;治安拘留所更名为景德镇市拘留所,单独设置,副科级。2007 年,增设市公安局治安警察支队保安管理大队,副科级;将办公室

更名为装备财务处，将信息中心通信处划出，为指挥中心内设机构，将办公室的有关职能调整到指挥中心。

2009年，设立市公安局交通警察支队非机动车管理科，为交警支队内设机构（正科级）。至2010年，市公安局内设机构调整为23个，即指挥中心（副县级）、政治部（副县级）、装财处、国内安全保卫支队（一处，副县级）、经济犯罪侦查支队（二处）、治安警察支队（三处，副县级）、行动技术支队（四处）、刑事警察支队（五处，副县级）、监所管理支队（七处）、户政管理处（九处）、科技信息化支队（十处）、巡逻警察支队（十一处，副县级）、交通警察支队（十二处，副县级）、信访处（十三处）、出入境管理处（十五处）、法制支队（十六处）、禁毒支队（十七处）、公共信息网络监察支队（十八处）、警务督察支队（十九处）、防范和处理邪教犯罪工作处（二十处）、特警支队（二十一处，副县级）、综合情报处（二十二处）、反恐处（二十三处）、警卫处（现役编制除外）、消防支队（八处，现役编制除外）、机关党委、纪工委监察室审计处（十四处）合署办公，纪工委、监察室为派驻机构。局属事业单位为市公安局干部民警学校（正科级）。共辖珠山公安分局、昌江公安分局、机场公安分局、高新区公安分局、陶瓷科技园公安分局、南河公安分局、乐涌公安分局7个派出机构，均为正科级。

县（市）公安机构

乐平市公安局 1986年，乐平县公安局内设机构有政工科、秘书科、纪委监察室、政保科、经济文化保卫科、治安科、预审科、消防科、刑侦队、看守所、拘留所、交通队。下辖派出所有城南、城北、接渡、众埠、高家、塔前、后港、乐港、镇桥、礼林等11个派出所。至2010年，副科级内设机构有指挥中心、政工科、法制科、户政科、信访科、警务保障室、监察室、治安警察大队、国内安全保卫大队、巡逻警察大队、公安信息网络安全监察大队、禁毒大队、经济犯罪侦查大队、警务督察大队、刑事警察大队、看守所、拘留所17个；正科级机构有交通警察大队，内设综合中队、交通秩序中队、事故处理中队、宣传科技中队、车辆管理所、城区中队、高家中队、涌山中队、众埠中队、塔山中队、公路巡逻警察中队，均为副科级。下辖派出所有城西、城南、城北、涌山、接渡、乐港、众埠、双田、后港、塔前、镇桥、礼林、临港、名口、高家、浯口、塔山、鸬鹚、十里岗、洪岩、农科园、水上等22个派出所，均为副科级。

浮梁县公安局 1986—1988年，浮梁为市辖鹅湖、蛟潭两区，各设有派出所。1989年，设浮梁县公安局，内设机构有政保科、治安科、预审科、刑侦队、政工科、秘书科、通讯科、户政科，均为股级。下辖鹅湖、城关、罗家、蛟潭、经公桥、荞麦岭、峙滩等派出所。消防科为现役正科级机构。至2010年，副科级机构有指挥中心、国内安全保卫大队、刑事警察大队、治安警察大队、政工科、法制科、办公室、经济犯罪侦查大队、公共信息网络监察大队、出入境管理科、巡警警察大队、户政管理科、警务督察大队。正科级机构有交通警察大队、公安巡逻民警大队（两块牌子、一套人马），内设办公室、车辆管理所（副科级）、事故处理中队（副科级）、秩序科；下设5个中队（副科级），分别是县城中队、鹅湖中队、蛟潭中队、荞麦岭中队、洪源中队。县公安局下辖城关、瑶里、鹅湖、臧湾、荞麦岭、柳家湾、洪源、三龙、蛟潭、经公桥、西湖等11个派出所，均为副科级。

队伍建设

招收录用 1986年，全市公安系统编制780人，其中行政编713人、事业编167人。2003年，开始公开招收录用社会人员，接收省、市军队转业、复员、退伍军人安置办公室安置分配的军转干部、战士、志愿兵以及在大、中专院校（含公安警察院校）中招收录用的成绩优秀的各类专业毕业生，还有从全民企业、事业单位招录的优秀职工。当年招录43人。2010年，新招录用人民警察30人。1986—2010年，共招录人民警察1100余人。

业务培训 1986年，市公安局制定《1986—1990年公安干警、内保干部五年的轮训规划》，要求在编干警（公安分局、县局局长以上领导参加省公安厅、公安部轮训，年龄超50岁干警不参加轮训）和厂矿企业专职保卫干部参加轮训，要求全部轮训一遍。1989年，市公安局制定《1989—1992年干警岗位培训规划》，要求按警种办学，每期培训3个月，学政治理论、国家方针政策、法律知识（主要是刑法、刑事诉讼法、行政诉讼法、治安管理处罚条例）、公安工作通论、人民警察职业道德、公安业务、专业技能。经严格考核、考试，成绩合格的，发给由公安部统一制作的岗位培训合格证书。1991年，共举办各种培训班211期，对1000余名公安民警（占应训民警总数的93%）进行为期15～20天的培训。1992年，以评授警衔为契机，加强队列、礼仪仪表和警容风纪训练，对县（市）公安局局长、派出所所长普遍进行轮训，开展治安、巡逻、刑侦、户政、外管、

交通管理、派出所民警等不同警种的岗位练兵活动。新录用人民警察须经培训后上岗,评授警衔后使在职培训与公务员培训相衔接,为警衔晋升奠定基础。1995—1996年,加强在职民警教育培训并下基层实践锻炼,对转业到公安机关的军队干部,突出公安业务课程培训。1997年,市公安局制定《1997—2000年公安民警教育培训规划》,四分之一以上的民警进行为期1个月的教育培训。1986—2000年,民警全部轮训一遍,共培训各级民警2000人次、企事业保卫干部200人次。

2002年,贯彻落实《公安机关人民警察训练条令》。至2003年年底,全市分别举办公安分(县)局局长、政委首次任职、国内安全保卫、警务督察、计算机上网工程等各类专业培训班。2004年,开展每位民警不少于两周的集中强化训练,经考试发给培训合格证书。对1995年后进入刑侦部门,未经过刑侦专业培训的26名转业(退伍)军人、大中专毕业生、其他系统调入的人民警察和1998年新招录用的76名优秀大学毕业生,均由省公安厅分期分批组织培训。是年6月,市公安局开展为期3年全警参与,立足岗位,本着“干什么、练什么,缺什么、补什么”的大练兵活动,按照《景德镇市公安局2007年苦练基本功暨教育训练工作要求》和《全市公安机关民警计算机应用技能培训及考核实施方案》,开展计算机应用技能,常用法律法规培训,其中开展基层所(队)长培训班4期,共336人;为县级公安机关培训实战教官3期,共42人;计算机应用技能培训班30期,共849人;其他业务培训班18期,共809人。组织参加省公安厅司晋督培训班16期、97人,指纹活体采集仪安装使用培训班41人,参加全市县级干部培训班4期、4人,并对市公安局机关处室50岁以下民警考核232人,提高“三懂四会”(懂群众心理、懂群众语言、懂沟通技巧,会化解矛盾、会调处纠纷、会主动服务、会宣传发动)的水平。2010年,举办各类业务培训、初任培训等共计34期、409人次,结合实战举行“2010我们的使命”应急大演练活动。

文化教育 1986年以来,市公安局在办好市警校教育培训的同时,先后组织民警参加公安管理、公安刑侦、公安保卫、公安文秘4个专业的大专、本科的公安专业自学考试。2002年,与江西财经学院联合开办经济法学研究生班,对考入研究生的在职民警进行辅导。2004—2010年,组织民警报考公安专科学校刑侦、治安、文秘等专业自学考试的总人数近1500人次,报考中国刑事警察学院刑侦、治安、文秘等专业自学考试的总人数为300人次,参加公安专业中专自学考试的总人数为500人次,共有9名民警获硕士文凭,400名民警获本科文凭,1000余名民警获大、中专文凭。

思想教育 1986年,进行“一个中心,两个基本点”教育,组织学习邓小平关于坚持四项基本原则、反对资产阶级自由化的一系列论述,在思想政治上自觉与党中央保持高度一致。1988—1991年,开展党在社会主义初级阶段的基本路线和廉政及创业等各项教育。举办争创廉洁、文明、优秀单位,优秀民警和为民优质服务年活动,强化民警的公仆意识、服务意识和法纪意识。1991—1992年,以基层所队为重点,以党风和廉政建设为主要内容开展社会主义思想教育活动。1992年,开展行业树新风活动,为群众做好事、办实事3000余件。1993—1994年,重点开展“为改革开放和经济建设提供更多更好的服务”大讨论,进一步解放思想,更新观念,解决队伍思想建设中出现的新情况、新问题。

1995年,开展“四个六”和“‘四个六’回头看”活动,即“六反对”(反对以权谋私、特权思想、徇私枉法、刑讯逼供、拜金主义、作风不实)、“六整顿”(领导班子,执法中的权钱交易,作风纪律,财务和“三乱”,缴物私占、公物私用,清理枪支弹药)、“六增强”(增强群众意识、服务意识、公仆意识、廉政意识、法律意识、求实意识)、“六提高”(提高各级班子团结的自觉性、全心全意为人民服务的自觉性、艰苦奋斗的自觉性、廉政为民的自觉性、遵纪守法的自觉性、求真务实的自觉性)。开展以学习贯彻《中华人民共和国人民警察法》为重点的法制教育年活动。1996年,开展向济南交警学习活动,树立文明执勤、礼貌纠章的良好形象。1999年,开展“三讲”(讲学习、讲政治、讲正气)党性党风教育。

2000—2001年,分3批开展“‘三讲’教育及‘三讲’教育回头看”和以“全心全意为人民服务的宗旨教育、实事求是的思想路线教育、严格公正文明执法的法制教育”为主的“三项教育”活动,查处违法违纪问题。2003—2004年,开展“贯彻十六大,全面建小康,公安怎么办”的大讨论活动,以公安部和省公安厅颁发的“五条禁令”(严禁违反枪支管理使用规定、携带枪支饮酒、酒后驾驶机动车、工作时间饮酒、参与赌博)和“三项禁止”(禁止非公务驾驶警用车辆出入营业性歌舞厅、桑拿浴、按摩城等公共娱乐场所,禁止非公务驾驶警用车辆出入营业性茶座、咖啡厅、酒吧等公共休闲场所，禁止非公务驾驶警用车辆出入营业性酒店、饭馆、美食城等公共饮食场所）为契机，树立“立警为公，执法为民”的观念。是年，开展“向任长霞学习”教育活动。2005 年，深化“向任长霞学习”活动，组织优秀共产党员先进事迹报告团，赴各级公安机关巡回报告。2006—2007 年，组织开展以“增强群众观念，促进警民和谐”为主题的思想教育。各级政工部门牵头，以开展实践活动为载体，以民警受教育、群众得实惠为总要求，锤炼亲民爱民警风，构建和谐警民关系。

表 30－1－9　　1998—2010 年景德镇市公安系统获全国先进集体一览表

年度	集体荣誉	单位
1998	全国公安系统抗洪抢险救灾先进集体	乐平市公安局
2001—2002	全国公安机关优秀人民满意基层单位	珠山分局一科
2003—2004	全国公安机关优秀人民满意基层单位	乐平市公安局刑警大队
2004	全国公安机关预防道路交通事故先进集体	市公安局交警支队
2005	全国公安机关集中接待处理群众来信来访先进集体	浮梁县公安局
2001—2004	全国群众体育先进单位	市公安局刑警支队、浮梁县公安局法制科
2006	全国预防特大交通事故“百日竞赛”活动先进集体	市公安局交警支队公路巡逻民警大队
2006	全国“三基”工程建设先进典型	市公安局巡警支队
2007	全国公安优秀基层单位	市公安局巡逻警察支队三大队

警风警纪管理　1990 年年初，根据省公安厅《关于加强公安队伍廉政建设的决定》，市公安局出入境管理、户政管理和交通管理部门实行“两公开一监督”制度，出入境管理实行审批与办证分开。抽查 9 个派出所的户口“农转非”，随机抽查近百份“农转非”案卷，均符合政策规定。1991—1992 年，结合社会主义思想教育活动和人民警察评授警衔工作，开门整风，并对不适合做公安工作的人员进行清理。1994 年，开展以纠正行业不正之风和执法中的违法违纪为主要内容的整纪刹风活动，上一级纪检监察部门直接调查或督办。2001 年，全市公安机关开展“三项教育”活动，立项整改重点问题 98 个。市公安局纪委组织播放《教育整顿和执法大检查警示录》专题录像片。各级公安纪检监察部门对民警进行“打招呼”、谈话或告诫 60 多人次。警务督察部门开展公安用枪管理使用情况的明察暗访，对发现的千余起隐患，发出《督察建议书》，收回超范围配发的枪支，对几名违纪民警予以禁闭或停职处罚。2003 年，全市公安机关贯彻执行公安部“五条禁令”，警务督察部门开展现场查纠。1986—2010 年，全市公安机关共有 220 名民警受到党纪政纪处分，警风警纪得到加强。

警衔管理　1992 年 7 月 1 日，《中华人民共和国人民警察警衔条例》（简称《警衔条例》）公布施行。警衔分初、中、高级的警员、警司、警督、警监等 5 等 13 级。7 月 6 日，市公安局成立警衔办公室，结合评授警衔工作整顿队伍纪律作风和警容风纪，开展为期 1 个月的分期分批离岗集中整训，共办整训班 26 期。是年 11 月 7 日至 1993 年 3 月 5 日，根据《警衔条例》和首次评定授衔的标准，先后授予警监 1 人、警督 89 人，警司、警员 752 人。实行警衔制度后，凡吸收或调入的新警员，符合授衔条件的，按规定予以授衔。符合晋衔条件的，按规定参加培训后晋衔，共办警衔晋升培训班 2 期 128 人。对于被开除公职和受到刑事处罚的公安民警，一律取消其警衔。

1994 年，根据省公安厅、省人事厅、省职改办《江西省公安专业技术人员实行专业技术职称评审任命工作实施细则》，市公安局开展公安专业高、中、初级技术职称评定工作。经考评、考核，全市公安机关授予 18 名专业技术人员技术职称，并授予各职级专业技术警衔。2010 年，共办理警衔晋升 103 人（警司 52 人、警督 50 人、警监 1 人）。

第二章　检　察

1986—2010 年,全市两级检察院认真履行法律监督职责,积极做好刑事检察、经济检察、监所检察和民事行政检察工作。严厉打击严重刑事犯罪活动,全力维护社会稳定,不断加大查办和预防职务犯罪的力度,推动反腐败工作深入开展,强化诉讼监督,保障司法公正和法律的正确实施,加强检察队伍建设,努力提高队伍的整体素质,为维护国家利益、大众权益,促进党风廉政建设,保护全市经济建设和社会发展环境作出了积极贡献。

第一节　刑事检察

批捕审查

1983—1986 年,全国开展"三年为期、三个战役"的"严打"(严厉打击严重刑事犯罪活动)斗争。全市检察机关同公安、法院、司法行政等部门紧密配合,贯彻执行依法"从重从快"的方针,全面开展刑事检察工作,严厉打击严重刑事犯罪分子。1986 年,受理公安机关提请逮捕案犯 802 人,经审查批准逮捕 656 人。1988—1989 年,境内 206 国道乐平路段拦路、拦车抢劫犯罪猖獗,珠山区、昌江区、乐平市人民检察院配合公安机关开展打击拦路、拦车抢劫犯罪的专项斗争,全市共批准逮捕抢劫人犯 804 人。1988 年,乐平市人民检察院共批准逮捕"两拦"抢劫人犯 109 人,其中办理的潘某等 11 人抢劫大案,仅用 3 天时间就作出批捕决定。

1990 年,随着全国开展集中打击严重刑事犯罪活动,市检察机关从严从快打击杀人抢劫、抢劫、强奸、爆炸等 7 类严重犯罪分子,提前介入的重特大案件 115 件。同时,选择一些影响大、震动大的投案自首典型案例,依法公开进行从轻、减轻或者免除处罚,感召一批在逃人员投案自首,收到较好的社会效果。1991 年,配合公安机关开展"扫黄"、除"六害"和反盗窃专项斗争。先后组织干警 220 人参加反盗窃、扫黄、除"六害"、整顿林业治安、打击破坏电力设备等专项斗争 9 次,批捕人犯 234 人。全年受理公安机关报捕案犯 946 人,经审查批捕 894 人。1994 年,与公安机关、人民法院密切配合,依法从重从快打击刑事犯罪活动,共受理公安机关报捕人犯 1376 人,经审查批捕 1242 人。1996 年 4 月,全市检察机关投入"严打"集中统一行动,把杀人、抢劫、强奸、爆炸等暴力犯罪作为打击重点,共受理公安机关报捕人犯 328 人,批捕 262 人,其中有 195 人在一天内完成批捕。1999 年,与公安、法院、司法行政等部门配合,加强"严打"斗争和社会治安综合治理。坚持"从重从快"的方针,严厉打击严重刑事犯罪,针对市区盗挖古文化遗址犯罪案件多发的现象,检察机关及时向有关部门建议加强对龙珠阁周边古文化遗址的管理,遏止此类犯罪高发势头。全年受理公安机关报捕犯罪嫌疑人 986 人,经审查批捕 921 人。

2001 年 4 月至 2003 年 3 月,全国开展为期两年的"严打"整治斗争。其间,共批捕 3 类重点案件 149 件 226 人,起诉 176 件 345 人。市人民检察院先后派干警共 600 人次配合公安、法院召开公捕公判大会 9 次,公捕 115 人,公判 108 人,共受理公安机关报捕犯罪嫌疑人 2430 人,经审查批捕 2229 人。2005 年 4 月 6 日至 6 月 15 日,与市公安局、市林业局联合在全市开展代号为"绿色旋风行动"的打击破坏森林资源违法犯罪专项整治行动,共受理报捕案件 19 件 19 人,经审查批捕 17 件 17 人。是年,与公安、法院等部门密切配合,依法从重从快和"稳、准、狠"打击严重刑事犯罪。全年共受理公安机关报捕犯罪嫌疑人 1327 人,经审查批捕 1122 人。2006 年,开展"打黑除恶"专项斗争,将故意杀人、抢劫、强奸、绑架、放火、黑社会性质组织犯罪、毒品犯罪、涉枪涉爆犯罪等列为打击重点。珠山区人民检察院从快批捕以犯罪嫌疑人张某为首的黑社会组织犯罪团伙,其成员近 30 人在市区内作案 70 余起,主要涉嫌寻衅滋事、敲诈勒索、故意伤害、强迫交易、非法持有枪支、故意毁坏公私财物、赌博等犯罪,通过插手工程建设、垄断茶叶贸易,从中牟取暴利。珠山区人民检察院受理此案后全程介入,协助公安机关取证,共批捕犯罪嫌疑人26人。2009年,严厉打击黑恶势力有组织犯罪、毒品犯罪、"两抢一盗"等多发性侵财犯罪,共批捕刑事犯罪嫌疑人948人。浮梁县人民检察院在审理董某团伙犯罪案件中,将全案定性为黑社会性质组织犯罪,并建议公安机关追捕11人、追诉2人、追加罪名2项。案件起诉后,全案涉黑及指控的其他8项罪名均被法院认定,20名被告人均获有罪判决,首犯数罪并罚被判处有期徒刑20年。2010年,最高检察院规定职务犯罪案件由上一级检察机关审查逮捕,市人民检察院共受理各基层院自侦部门报捕案件21件30人,决定逮捕18件24人,不捕3件6人(含无逮捕必要2件3人),审查市人民检察院自侦部门报请省人民检察院审查逮捕案件1件1人,全年审查公安机关报捕犯罪嫌疑人1238人,批捕1082人。

侦查监督

1986—2010年,全市检察机关通过审阅案件、提前介入、接受群众举报等途径,对侦查机关的刑事侦查活动进行监督。1986年,市检察机关部署和开展"严打"第三战役,在审查批捕工作中监督侦查活动,对应当逮捕而侦查机关未移送审查逮捕的犯罪嫌疑人,通知侦查机关追加移送审查逮捕,对不符合逮捕条件的,依法不予批准逮捕。全年共追捕犯罪嫌疑人39人,决定不批捕49人。1989年,在审查批捕环节提前介入各类刑事案件26件,其中参加现场勘查17次,参加尸检11次,参与调查取证12次,参与预审7次,参与侦查中的案情分析18次,提前阅卷14次。在提前介入中向公安机关提出有价值的建议17条,经公安机关补充侦查,取得确凿的证据,消除案件疑点。2月1日,市人民检察院刑检科提前介入江某绑架杀人案,对原认定的杀人现场提出否定意见,建议公安机关重新提审嫌疑人并进一步侦查,后找到杀人现场,提取若干物证。通过提前介入熟悉案情,缩短检察环节时间,加快向法院提起公诉,实现从重从快打击严重刑事犯罪分子。

1990年,办理复议复核案件2件4人,复查自"两高"《关于贪污、受贿、投机倒把等犯罪分子必须在期限内自首坦白的通告》(简称《通告》)以后免诉的经济案件26件31人,自行纠正1件1人,对免诉人员回访40余人次。发出各类检察建议10余份,提出纠正违法意见97次。1991—1992年,对100名不符合法定逮捕条件的嫌疑人作出不批捕的决定,对10人作出不起诉的决定,追捕犯罪分子33人、追诉38人、免诉2人。1996年,对个别漏捕、漏诉和以罚代刑的现象提出纠正意见,直接立案2件2人,追捕犯罪嫌疑人55人,追诉被告人45人。1997年,追捕犯罪嫌疑人8人、追诉36人,督促立案侦查3件4人。

2000年10月10日下午,乐平市发生1起刑满释放不久的犯罪嫌疑人汪某杀死民警的恶性案件。乐平市人民检察院及时派员提前介入,深入案发现场了解案情,提出固定证据的建议。公安机关于案发次日下午报捕。乐平检察院经1天审查,次日作出批捕决定。2001年,监督纠正有案不立、有罪不纠、以罚代刑等现象,督促公安机关说明不立案理由7件、立案1件、追捕36人、追诉31人。浮梁县人民检察院在审查报捕戴某抢劫案中,挖出1个14人的重大盗窃犯罪团伙。2002年,市人民检察院将立案监督延伸到发案、立案阶段,提前介入重大刑事案件,跟踪监督,协同取证,对应当立案而不立案的,追捕40人,追诉23人。2005年,贯彻省高检院"慎用"逮捕强制措施的精神,转变执法理念,做到不错不漏。全年不批捕201人(其中不构成犯罪36人、通知补查68人、无逮捕必要62件97人),占提请批捕总人数的17.80%,同比上升22.60%。是年,对构成犯罪被遗漏的,依法追捕46人,追诉14人,对侦查活动中违法情况提出纠正意见6件。

2006年,全市侦监部门贯彻"宽严相济"刑事司法政策,依法决定不批捕无逮捕必要人员160人,依法追捕被遗漏的犯罪嫌疑人40人。2008年,进一步完善适合未成年人特点的审查逮捕工作,慎用逮捕措施,严格把握"逮捕必要性"条件,从宽处理一批犯罪情节较轻、主观恶性不大的刑事案件,尤其是未成年人犯罪案件、过失犯罪等案件,化解社会矛盾。全年因"无逮捕必要"而不批捕69件93人,其中不逮捕未成年犯罪嫌疑人28人,珠山区人民检察院获省级优秀青少年维权岗称号。2009年5月14日下午,市公安局禁毒支队在景德镇市昌河一区116栋1楼查获犯罪嫌疑人租房制造毒品麻果的小型作坊,抓获犯罪嫌疑人13人,缴获制毒工具、原材料及部分毒品。案件涉案人员多,毒品数量大。市人民检察院及时派员提前介入,协助公安机关固定补充证据,依法从快对11名犯罪嫌疑人作出批捕决定。2010年,依法追捕犯罪嫌疑人104人,不批准逮捕犯罪嫌疑人120人,对侦查活动中违法情况提出纠正意见60件。

立案监督

1996年以前,市检察机关除在批捕中发现漏犯进行追捕之外,没有专门开展刑事立案监督。对有罪不办、以罚代刑的案件,直接立案侦查2件。1997年,全市启动立案监督工作,共办理公安机关应立案而未立案的刑事立案监督案件3件4人,通知公安机关立案2件。

2000年,浮梁县福港乡余村组村民王某雇人盗伐杂木30立方米做段木香菇,被县林业公安罚款5000元。浮梁县人民检察院通过调查核实后,督促县公安局在15日内立案,县公安局对该案进行立案侦查,追究刑事责任,为浮梁县人民检察院办理的首起立案监督案件。2002年,市人民检察院拓宽立案监督范围,首次对不构成犯罪的案件建议公安机关撤案2件。2004年,开展打击制假售假、侵犯知识产权犯罪专项立案监督工作,建议有关行政执法机关将涉嫌犯罪的案件2件7人移送公安机关立案。当年对公安机关应当立案而未立案的监督立案12件,监督撤销案件2件。

2005年,继续开展打击制售假冒伪劣产品和侵犯知识产权犯罪专项立案监督工作,督促行政执法机关移送涉嫌犯罪案件2件4人,其中监督立案销售假冒商标案1件,涉案金额40万元,提前介入假冒注册商标案1件,批捕5人。是年,制定《景德镇市人民检察院立案监督工作规程》。2008年,以有罪不究、以罚代刑,应当立案而不立案的案件为监督重点,对公安机关应当立案而未立案的依法监督立案11件11人。2009年,市人民检察院在正式启动立案监督程序前重视调查和审查,在启动立案监督程序中重视与公安机关沟通和协调,在案件立案后重视跟踪和引导,对不应当立案而立案的,提出纠正意见,监督公安机关撤案,当年监督公安机关追加立案12件12人。2010年,监督立案27件32人,监督后撤销案件6件6人。

表30-2-1　　1986—2010年景德镇市检察机关审查批捕一览表

年份	受理逮捕(人)		批准逮捕(人)		不批准逮捕(人)	公安追捕(人)	直接追捕(人)	改变定性(件)	纠正违法(件)	介入侦查(件)	立案监督	
	公安报捕	自侦报捕	公安报捕	自侦报捕							要求说明理由(件)	通知公安立案(件)
1986	802	—	656	—	49	—	39	—	60	—	—	—
1987	852	—	737	—	37	—	40	—	—	—	—	—
1988	965	—	853	—	48	—	58	—	—	—	—	—
1989	1273	—	1167	—	52	—	26	—	—	26	—	—
1990	992	57	914	53	63	—	21	—	97	36	—	—
1991	946	45	894	43	46	—	17	—	23	37	—	—
1992	1148	30	1066	28	54	—	25	—	—	77	—	—
1993	1187	—	1214	22	—	47	13	—	—	—	—	—
1994	1376	30	1242	29	48	—	32	36	—	28	—	—
1995	1151	32	857	31	62	56	12	—	—	12	—	—
1996	1208	31	1050	28	78	55	—	29	—	—	—	—
1997	911	30	806	30	105	30	8	—	—	—	3	3
1998	992	—	886	—	115	—	16	—	—	—	2	1
1999	986	—	921	—	135	—	14	—	—	—	2	1
2000	1057	28	930	25	102	9	4	—	—	12	4	1
2001	1261	12	1137	11	40	21	36	15	—	23	7	1

续表 30－2－1

年份	受理逮捕（人）		批准逮捕（人）		不批准逮捕（人）	公安追捕（人）	直接追捕（人）	改变定性（件）	纠正违法（件）	介入侦查（件）	立案监督	
	公安报捕	自侦报捕	公安报捕	自侦报捕							要求说明理由（件）	通知公安立案（件）
2002	1169	20	1092	20	67	—	40	14	—	63	—	—
2003	1110	15	1025	14	78	—	32	—	—	83	25	16
2004	1182	—	1002	—	164	—	40	—	—	—	12	12
2005	1327	10	1122	10	201	—	46	—	6	—	7	5
2006	941	—	917	—	160	—	40	—	—	—	7	5
2007	1066	9	925	9	141	—	37	—	1	22	5	5
2008	1211	16	1042	15	161	—	34	—	—	23	11	—
2009	1091	25	948	25	134	—	26	—	12	25	12	12
2010	1238	30	1082	24	120	—	104	—	60	36	28	27

起诉审查

1986 年，全市刑事检察部门贯彻执行依法从重从快和宽严相济方针，做到“两个提前”（提前介入阅卷、提前介入预审）、“两个基本”（基本犯罪事实清楚、基本证据确凿），办理审查起诉。全年受理起诉案件 458 件 834 人，经审查提起公诉 374 件 634 人，免予起诉 13 件 32 人，不起诉 11 件 5 人。1989 年，市人民检察院配合公安机关开展打击拦路、拦车抢劫的专项斗争，共追诉 45 人。全年受理起诉案件 713 件 1432 人，提起公诉 568 件 1148 人，免予起诉 87 人，不起诉 2 人。

1990 年 5 月，政法系统严厉打击严重刑事犯罪分子、整治社会治安。全市受理起诉案件 770 件 1381 人，经审查提起公诉 603 件 1093 人，免予起诉 128 人，不起诉 9 人。1991 年，坚持依法“从重从快”方针，深入开展严厉打击刑事犯罪活动的斗争，全年受理起诉案件 650 件 1170 人，经审查提起公诉 503 件 877 人，免予起诉 87 人，不起诉 2 人。1996 年 4 月，根据中央政法委统一部署，全市开始开展严打集中统一行动。4—5 月，受理移送起、免诉案件 188 件 288 人，提起公诉 146 件 213 人，其中 40 余件在 3～7 天内提起公诉，免诉 230 人。是年，市人民检察院承办的张某杀人分尸案是顶风作恶案件，影响恶劣。在审查起诉时，与法院协商将此案作为第一例按照新刑诉法庭审方式试点庭审，仅用 3 天就完成提讯被告人、制作起诉书、调取物证、通知证人的工作，及时开庭审判，顺利审结，收到震慑犯罪的效果。市人民检察院全年直接受理的案件 180 多件，均在法定期限内办结，人均办案 15 件，为历年之最。1997 年，实施新刑诉法，建立起诉工作月报制度，实现两级起诉部门信息联网，检察机关不再行使案件的免诉权。

2000 年，全市共有主诉检察官 18 人，全面实行主诉检察官办案责任制。10 月 10 日，乐平市公安民警李文华在执行公务时被杀，市检察机关在提前介入的基础上，认真审查证据，用 1 天时间将此案起诉到法院，达到从重从快打击的目的。全市检察机关起诉部门依法适用简易程序办理案件 89 件 98 人。2001 年 4 月起，全国范围内开展严打整治斗争。景德镇市破获涉恶、涉枪、涉毒、抢劫等严重刑事犯罪团伙案件 42 件、涉毒案件 28 件、涉枪案件 32 件。“严打”期间，两级检察机关共起诉三类重点案件 176 件 345 人。基层检察院起诉部门把简易程序和普通程序简化审当作公诉改革的重要方面进行试点推广，全市采用简易程序审结的刑事案件 203 件 272 人，2000 年仅为 98 件 112 人；采用普通程序简化审审结的案件 222 件 336 人，采用这两种程序提高了办案效率。2002 年，市人民检察院审查起诉处对主诉检察官实行滚动管理、动态考核。经考试考核，新任主诉检察官 17 人，主诉检察官和主办检察官成为执法办案主力军。依法适用简易程序和普通程序简化审，合理分配诉讼资源，全市适用简易程序案件 219 件 250 人，普通程序简化审案件 242 件 413 人。

2003年,推进公诉改革,推行主诉检察官办案责任制,制定《主诉检察官办案责任制实施细则》《市检察院公诉处办案规则》《关于公诉介入侦查取证的实施意见》等规章制度。2004年,配合公安开展整治社会治安专项斗争,全年共起诉非法经营、诈骗、制假售假等各种破坏市场秩序犯罪嫌疑人28人,从快起诉重特大刑事犯罪嫌疑人90人。年初,景德镇市侦破杀人碎尸案,被告人孙某、伍某为达个人目的,杀害他人,手段特别残忍,情节特别恶劣,公诉处及时派员提前介入,提出补充查证等具体意见20余条。案件移送审查起诉后,承办人当天阅卷、提审、制作法律文书,只用1天时间就起诉至法院。2007年年初,市人民检察院公诉处办理省检察院交办的原中共赣州市委副书记、赣州市政府副市长张某受贿一案,最终认定张某受贿人民币共计652万元的犯罪事实,完成审查起诉和出庭支持公诉,市中级人民法院以受贿罪判处被告人张某无期徒刑,并处没收个人全部财产。2008年5月,景德镇市连续发生数起涉枪案件,其中包括1名警察被枪杀的恶性案件。市人民检察院联合市公安局、市中级人民法院、市司法局开展严厉打击涉枪案件的专项整治活动,凡是涉枪案件,都由检察院领导和公诉部门领导办理。与市司法局联合制定《关于审查起诉阶段实施〈律师法〉的若干意见》,细化落实律师会见、阅卷、调查取证、证据开示等规定,在首届全省检察机关办理死刑案件质量评比活动中,市人民检察院公诉处被评为先进单位。2009年,市人民检察院公诉处完成省人民检察院交办的江西省国土资源厅原副厅长陈某受贿案和婺源县委原副书记、县长杨某受贿案。浮梁县人民检察院审查起诉的被告人董某等20人涉黑案件,11月13日一审法院以组织、领导黑社会性质组织,非法买卖爆炸物,故意伤害等罪判处各被告人20年至1年4个月不等的刑罚,打击了黑恶势力犯罪。2010年,全年受理起诉案件1266件2008人,提起公诉1015件1576人,不起诉65人。

表30-2-2　　**1986—2010年景德镇市检察机关审查起诉一览表**

年份	受理起诉		审理情况					提起抗诉	法院改判
			提起公诉		不起诉	免予起诉	追加起诉		
	件	人	件	人	人	人	人	件	件
1986	458	834	374	634	5	32	18	1	1
1987	437	835	409	738	4	34	25	—	—
1988	500	1001	457	869	10	51	16	14	8
1989	713	1432	568	1148	2	87	45	7	6
1990	770	1381	603	1093	9	128	11	16	2
1991	650	1170	503	877	2	87	34	11	5
1992	628	1051	598	982	8	133	20	16	7
1993	695	1403	544	1057	2	110	39	11	8
1994	790	1390	514	879	3	69	14	12	3
1995	766	1207	650	1062	17	137	68	13	4
1996	973	1465	737	1110	7	230	45	11	6
1997	704	1128	542	780	80	—	36	14	4
1998	726	1027	589	791	41	—	3	15	—
1999	741	1125	635	914	—	—	—	15	—
2000	813	1218	642	943	55	—	18	9	5
2001	1021	1563	807	1196	60	—	31	19	2

续表 30－2－2

年份	受理起诉		审理情况					提起抗诉	法院改判
			提起公诉		不起诉	免予起诉	追加起诉		
	件	人	件	人	人	人	人	件	件
2002	1010	1558	847	1264	79	—	23	11	4
2003	933	1416	732	1102	79	—	14	15	10
2004	922	1444	764	1116	79	—	28	11	3
2005	1191	1829	924	1403	77	—	14	14	9
2006	1022	1511	754	1075	79	—	23	13	4
2007	1146	1698	912	1341	95	—	10	16	4
2008	1185	1858	936	1449	59	—	51	10	4
2009	1151	1722	911	1322	74	—	54	15	6
2010	1266	2008	1015	1576	65	—	77	15	5

审判监督

1986—2010 年，全市检察机关对适用简易程序之外的所有提起公诉的刑事案件，均派员出庭公诉。对法院适用法律不当、定性不准、判决有误的案件，提出纠正意见和建议，或依法提出抗诉。1986 年，检察机关监督法院审判活动，提出纠正意见和抗诉 1 件，法院作出改判。1988 年，依法对审判机关确有错误的判决、裁定提出抗诉 14 件 23 人，法院作出改判 8 件 9 人，改判率 75%。昌江区人民检察院提出 6 件抗诉案件二审全部改判。1989 年，市人民检察院依法提起抗诉的一审判决案件 7 件 8 人，法院改判 6 件 7 人，抗诉改判率达 90%。

1991—1992 年，对法院作出不当判决裁定，依法提出抗诉 24 件，法院改判 7 件。提请省人民检察院抗诉 3 件，其中王某为达到毁账贪污目的，故意纵火，造成重大经济损失，一审法院判处王某有期徒刑 3 年，缓刑 4 年。抗诉后，二审法院作出维持原判的决定。市人民检察院认为二审量刑畸轻，即向省人民检察院提请抗诉，由省人民检察院向省高级法院提起抗诉。1993 年，对法院作出不当判决，依法提出抗诉 9 件，法院改判 8 件。浮梁县人民检察院、昌江区人民检察院、珠山区人民检察院抗诉工作被省人民检察院评定为全省第二名，受到通报表扬。1995 年，对法院作出不当判决，依法提出抗诉 13 件，法院改判 4 件。市人民检察院抗诉工作被省人民检察院评定为全省第一名。1996 年，依法提出抗诉 11 件，法院改判 6 件，抗诉改判率达 66%。被告人徐某因喝酒之事与他人发生争执和扭打，残忍地将他人掐死并搜身抢劫黄金后外逃，法院一审判决徐某死刑缓期 2 年。市人民检察院认为徐某杀人情节特别恶劣，且无法定从轻情节，应予严惩。该案经抗诉后，二审改判死刑立即执行。这是景德镇市第二起死缓抗诉后改判死刑立即执行案件。1997 年，依法提出抗诉 14 件，法院改判 4 件。

2000 年，乐平市人民检察院起诉的徐某等 4 人重大劳动安全事故案，一审法院对 4 名被告人均判处缓刑。乐平市人民检察院认为 4 名被告冒险让工人作业，造成重大责任事故，导致 16 人死亡的严重后果，一审法院量刑畸轻，遂提起抗诉。经市人民检察院支持抗诉，二审法院改判 3 名被告人实刑。2001 年，对法院作出不当判决，依法提出抗诉 19 件，法院改判 2 件。2003 年，提出抗诉 15 件，法院改判 10 件，并对庭审程序方面出现的问题提出意见和建议。2008 年，被告人洪某贪污案，一审以职务侵占罪判处其有期徒刑 6 年，并处没收财产 20 万元。珠山区人民检察院提起抗诉，市人民检察院支持抗诉后，市中级人民法院二审以贪污罪改判洪某有期徒刑 10 年，并处没收个人财产 20 万元。2009 年，按照“敢抗、善抗、抗准”的要求，提出抗诉 15 件，法院已审结的案件中，获改判 6 件，发回重审 1 件。珠山区人民检察院抗诉 1 起未成年人犯罪附加刑罚金畸重的案件,被告人姚某盗窃案,一审法院判决被告人有期徒刑3年,缓刑4年,并处罚金1万元。珠山区人民检察院审查后认为,被告人姚某作案时为未成年人,早年丧父,母亲改嫁,自幼与其80岁高龄的奶奶相依为命,二人均无经济来源,属五保家庭。抗诉后,二审法院改判罚金为2千元,开全省抗诉此类案件的先河。2010年,建立检察官列席法院审判委员会议制度。在刑事审判监督上,依法抗诉15件,在法院已审结的案件中,获改判5件,发回重审1件。

第二节　经济检察

贪污贿赂案件侦查

1986年,根据全国检察长会议提出的"继续坚持在不放松打击严重刑事犯罪活动的同时,把打击经济犯罪作为主要任务"的要求,全市检察机关当年查处贪污案件30件、行贿受贿案件8件,挽回经济损失23.20万元。1987年,市人民检察院查办市面砖厂销售科副科长张某(女)受贿案。张某利用职务之便,先后向广东、四川等38家购货单位及个人索贿,2年7个月内索取7.71万元、外汇兑换券706元、港币700元,被法院判处有期徒刑13年。1989年8月15日,最高人民检察院和最高人民法院联合发布《关于贪污、受贿、投机倒把等犯罪分子必须在限期内自首坦白的通告》,市政法机关敦促犯罪分子投案自首,期限内全市有33人投案自首,其中犯罪金额在万元以上的9人,5000~10000元的10人,犯罪总金额为31.70万元,退回赃款20万元和一批赃物。在押人犯和"两劳"人员中,有5人坦白交代余罪和检举揭发他人犯罪的线索。被采取强制措施的人员中有10人坦白退赃。当年共查处贪污案件33件、受贿案件21件,挽回经济损失86万元。

1990年10月30日,市人民检察院贪污贿赂检察科更名为反贪污贿赂工作处。全年查处贪污案件43件,受贿案件26件,挽回经济损失119万元。1991—1992年,开展反贪污贿赂斗争,惩治贪污贿赂等经济犯罪,共查处贪污案件86件,受贿案件16件,挽回经济损失343.48万元。1993年11月20日,市人民检察院将反贪污贿赂工作处改为反贪污贿赂局,全年查处贪污案件38件47人,挽回经济损失197.62万元。1995年,查处大要案和重点部门案件,全年立案侦查44件49人,其中副县级以上领导干部犯罪案2件2人,占立案总数的61%,立案查办的"三机关一部门"工作人员经济犯罪案件共20件,占立案总数的28%。1996年5月10日,市、县检察机关反贪污贿赂局挂牌成立。根据举报侦破市经委副主任黄某受贿案,黄某在原任市工商局局长期间,发包基建工程时收受贿赂7万余元,被依法判处有期徒刑8年。1998年,全年查处贪污案件19件,受贿案件7件,挽回经济损失400万元。

2000年,查处贪污案件22件、受贿案件9件,挽回经济损失400万元。查办市土地管理局局长徐某巨额受贿一案,历时3个多月,查清徐某受贿59万元、财产78万元来源不明的犯罪事实。2004年,查办贪污贿赂大案17件17人,查处县处级干部3人,其中乐平市原市长崔某在担任乐平市委副书记、市长期间,为开发商取得乐平北湖公园土地开发使用权,多次收受贿赂共计64万元、美金2万和价值近万元欧米茄手表1块,后判处有期徒刑13年,并处没收个人财产10万元。2007年,查处贪污案件16件、受贿案件7件,挽回经济损失800万元。查办市房管局东郊房管所所长章某贪污案时,章某到检察机关自首,但侦查人员发现章某的供述与调查情况不符。经侦查发现章某在担任东郊房管所所长期间,采取收款不入账、截留利息款、伪造拆迁户骗取拆迁补偿款等手段,侵吞公款32.03万元,后判处有期徒刑9年。该案被评为全省检察机关2008年度反贪污贿赂"十大精品案件"之一。2008年,查处贪污案件12件、受贿案件11件,挽回经济损失203.22万元。查处县处级领导干部2人,其中市水务局原副局长程某在担任市水利电力局副局长、市水务局副局长兼任市城市防洪与一江两岸改造工程建设项目常务副主任期间,非法收受承包商贿赂款共计人民币24.10万元,判处有期徒刑10年。2009年,查处贪污案件16件、受贿案件15件,挽回经济损失469.28万元,查办贪污贿赂案件增幅名列全省前列。查办县处级领导干部犯罪要案3件,其中市交通局原局长金某受贿一案,查清金某在担任市交通局局长、市"南环"高速公路工程项目协调小组副组长期间,收受承建商贿款8.20万元、港币1.10万元;在工程招投标、工程建设、解决人事编制等环节上收受他人贿赂款35.24万元、美金1000元的犯罪事实,依法判处有期徒刑12年。2010年,查处贪污案件13件、受贿案件7件,挽回经济损失420.60万元。在查办市商品房开发公司原经理汪某贪污一案中,成功解决该公司10名职工的70万元改制安置费问题,维护职工的合法利益。

其他经济案件侦查

1986年,市人民检察院查处其他经济案件8件,其中偷税抗税案1件。1987年,查处其他经济案件12件,其中偷税抗税案5件。1990年,市人民检察院与税务部门联合开展打击偷税抗税专项斗争,全年查处偷税抗税案7件,追缴税款70万元。1991—1993年,查处其他经济案件86件,其中偷税抗税案23件,追缴税罚款502.57万元。1992年,开展打击假冒商标犯罪活动,共受理假冒商标案件4件,立案侦查2件2人,查获4个制造、贩卖假酒、假烟的据点,共查出各类假酒1.51万瓶、假食盐1000袋、假茶花烟125条,总价值1.70万元,并缴获大批假商标标识以及制造工具,填补查处假冒商标案方面的空白。1994年,开展打击倒卖、虚开增值税发票犯罪活动,全市共查办虚开代开增值税发票,利用增值税发票进行犯罪案件4件8人,犯罪分子虚开代开增值税发票45份,金额为1.01亿元,含税额1536.88万元,非法获利26.27万元。1995—1996年,查处其他经济案件48件,其中偷税抗税案件15件18人。1997年,根据新修改实施的刑事诉讼法规定,检察机关不再受理偷税抗税、假冒商标案,改由公安机关管辖。

2000年,查处其他经济案件11件。2003—2007年,查处其他经济案件44件,其中挪用公款案件39件,私分国有资产案件1件。2008年,立案侦查挪用公款案件6件7人,占立案总数15.10%。其中市焦化厂下属煤气公司出纳员姜某挪用公款案,经查明姜某通过私开现金支票、刷卡消费、转账等方式,从煤气公司挪用公款1160.31万元,用于个人吃喝玩乐等消费与赌六合彩、赌球等非法活动,造成国家经济损失647.06万元,被法院判处无期徒刑。2009年,立案侦查挪用公款案件3件3人,其中市华风瓷厂财务科出纳员胡某挪用公款207.23万元,用于和他人合伙开美容坊、投资股市炒股,借给刘某作工程投标保证金,借给其弟媳胡某购房建房、购买汽车等。胡某主动向检察机关投案,并退款56.75万元,尚有150.48万元未归还,被判处有期徒刑10年。2010年,查处其他经济案件9件。

表30-2-3　**1986—2010年景德镇市检察机关查处经济案件一览表**　单位:件、万元

年份	立案侦查	犯罪性质			挽回损失	年份	立案侦查	犯罪性质			挽回损失
		贪污	行贿受贿	其他				贪污	行贿受贿	其他	
1986	46	30	8	8	23.20	1999	39	—	—	—	300
1987	42	18	12	12	61.26	2000	42	22	9	11	400
1988	46	19	9	18	32.50	2001	41	—	—	—	300
1989	71	33	21	17	86	2002	63	—	—	—	600
1990	100	43	26	31	119	2003	48	27	9	12	600
1991	97	52	12	33	150	2004	39	16	17	6	891.86
1992	66	34	4	28	193.48	2005	31	9	14	8	767
1993	63	38	—	25	197.62	2006	28	13	6	9	700
1994	81	57	—	24	258.80	2007	32	16	7	9	800
1995	72	35	10	27	446.40	2008	29	12	11	6	203.22
1996	64	30	14	20	559.01	2009	34	16	15	3	469.28
1997	69	35	16	18	—	2010	29	13	7	9	420.60
1998	38	—	—	—	400						

职务犯罪预防

1986年,全市检察机关职务犯罪预防工作由经济检察部门(反贪部门)、法纪检察部门(反渎部门)、控申部门等共同负责。1988年,乐平县人民检察院在办理煤矿重大责任事故案中,把办案与宣传法制、堵塞漏洞、建章立制结合起来,协助事故单位整改。在县政府支持下,举办全县乡、村煤矿矿长法制学习班,学习刑法和安全法规,将县煤炭系统重大责任事故和玩忽职守案件编成案例,以案说法。

1991年,预防工作做到办案与开展法制宣传教育相结合,与帮助企业挽回经济损失相结合,与帮助发案单位建章立制预防犯罪相结合,帮助5家企业健全制度、改善经营管理,使14家企业扭亏为盈,挽救濒临倒闭的企业3家。1992年,提出书面检察建议16份,建立"安全生产联系点""法律服务联系点"5个。先后举办企业中层干部座谈会、学习班,100人次参加,开展职工法律政策教育,400人次参加。1995年,市人民检察院与市电视台合拍电视系列片《利剑出鞘》,播出后引起强烈反响,敦促3名经济犯罪分子投案自首。

2001年,结合办案开展职务犯罪重要领域系统预防、重大工程专项预防、发案单位个案预防、以案释法警示预防。开展全市性法律宣传3次,受理群众举报控告等线索100余件次,接受群众法律咨询400余人次。市人民检察院举办"责任重于泰山宣传周"活动,上街设点12个,印发宣传材料500余份,检察长参加20余人次,干警参加100余人次。与13家行政执法机关建立相互移送涉嫌职务犯罪案件线索的制度,发检察建议10份。2002年,市人民检察院成立职务犯罪预防处,专门负责职务犯罪预防工作,基层检察院的职务犯罪预防工作仍由反贪部门兼管,安排专人负责。2003年6月,市人民检察院制定《关于加强预防职务犯罪工作的方案》,制定完善犯罪预防工作规程,将职务犯罪预防职责及预防处(科)工作流程制成图版公布上墙,建立与联系单位的协调制度、案件移送制度、法制宣传制度。对迎接景德镇建镇千年庆典建设的36个重点工程项目,全市检察机关共参与同步预防23个,涉及工程资金55亿元,实现"工程优质,干部优秀"的目标。

2004—2005年,市人民检察院举办预防职务犯罪法律知识和案例教育巡回展览,通过建立网站和警示教育基地等方式进行宣传教育,预防职务犯罪。2007年,根据最高人民检察院《关于加强城镇建设领域商业贿赂犯罪预防工作的通知》,市人民检察院与市纪委、市重点工程办公室、市工程建设管理交易中心联合召开会议,选择15项在全市有影响、投资金额比较大、关系国计民生的重大工程进行专项预防,并向市发改委发出《关于开展重点工程专项预防的建议函》。2008年,针对市焦化煤气总厂近两年在财务领域连续发生多起贪污、挪用等经济犯罪案件情况,市人民检察院预防处发出检察建议,市焦化煤气总厂及时提出整改措施,完善人事管理、财务管理、资金运作等方面管理制度和措施。2009年,选择安居苑经济适用房、历尧安居房等民生工程建设项目,以及浯溪口水利枢纽、发电厂上大压小等10个政府投资的基础设施建设项目进行专项预防,通过开展警示教育、法律咨询、惩治犯罪、健全机制等活动,提供同期同步、全方位、深层次的法律服务。6月,在全市范围内开展以"反腐倡廉保民生,公平正义促和谐"为主题的"举报宣传周"活动。2010年,结合查办发生在社会保障、劳动就业、征地拆迁、移民补偿、抢险救灾等领域的职务犯罪案件,深入剖析典型案例,查找犯罪原因,提出预防建议,推动主管部门加强管理防控。市人民检察院挑选检察官组成预防职务犯罪法制教育宣讲团,分成若干专题,深入各县(市、区)、各部门、各单位进行巡回宣讲。

第三节 渎职侵权检察

渎职案件侦查

1986年,全市检察机关将侦察直接危害经济建设的玩忽职守和重大责任事故犯罪案件作为法纪检察工作的重点,当年立案侦查渎职案件5件,其中玩忽职守案件2件,重大责任事故案件3件。1989年,市检察机关加大办案力度,立案查处重大责任事故案件17件,占当年立案总数的70.80%。10月20日,乐平矿务局鸣山煤矿发生重大责任事故,共造成36人死亡,直接经济损失达45万元。乐平矿务局鸣山煤矿原矿长周某、主管生产副矿长谢某,在残采串联通风没有报批,没有残采安全措施的情况下,擅自决定26405工作面进行残采,正式施工后又对残采安全措施及串联通风不闻不问,工作严重失职,涉嫌玩忽职守罪。1990年4月

14日，乐平市人民检察院以周某涉嫌玩忽职守罪、谢某涉嫌重大责任事故罪正式立案侦查。7月25日，对周某免予起诉；对谢某提起公诉，法院判处谢某有期徒刑。

1993年11月20日，市人民检察院法纪检察科更名为法纪检察处。1994年，全市重大责任事故案发案频繁，造成重大的人员伤亡和巨大的经济损失，共死亡110人、伤33人，直接经济损失达300万元，仅9月乐平市涌山地区就连续发生3起小煤窑瓦斯爆炸事故，共死亡38人。针对重大责任事故案发案频繁的情况，办案人员及时勘察取证，分析事故原因，严肃查处直接责任人，全年立案查处重大责任事故案26件34人。1995年，将查处徇私舞弊案件作为反腐败斗争中的重点工作之一，立案侦查渎职案件36件，其中徇私舞弊案件6件、玩忽职守案件4件、重大责任事故案件26件。1996年，立案侦查渎职案件38件，其中徇私舞弊案件4件、玩忽职守案件1件、重大责任事故案件33件。1997年，实施修改后的《中华人民共和国刑事诉讼法》，法纪检察改称渎职侵权检察。全年立案侦查渎职案件19件，其中玩忽职守案件4件、徇私舞弊案件2件、重大责任事故案件13件。

2001年7月，乐平市塔前镇一座山采石场发生山体坍塌重大事故，造成28人死亡、8人受伤的严重后果。市人民检察院成立"7·30"事故专案调查组，查明乐平市矿产局副局长周某等4人涉嫌玩忽职守罪，依法追究刑事责任。乐平市公安局治安大队副大队长王某等2人涉嫌滥用职权罪，被立案侦查。2006年9月4日，市人民检察院渎职侵权检察处改为反渎职侵权局。全年立案侦查渎职案件5件，其中玩忽职守案件2件，徇私枉法、滥用职权案件3件。当年查办原市中级人民法院审判人员张某执行民事判决中滥用职权、受贿案，张某在主审（执）长城公司与游氏兄弟抵押借款合同纠纷一案过程中，伪造判决书宣判笔录及其送达回执签收等材料，在判决书未生效情况下，违法受理执行申请，未对被执行人发出执行通知，对抵押房产进行评估、拍卖。私自将时价44万元的抵押房产以14万元进行处置，张某以4万元超低价取得其中一套时价22万元的住房，给当事人造成10万元的损失。另外查明张某在2001年8月至2002年7月，担任审判长审理景德镇市宏昌房地产开发公司诉市食品厂一案中，收受宏昌公司1套商品房。2009年，市人民检察院重点查办破坏林木资源的渎职案件，立案4件4人，涉农渎职案件立案5件5人，其中查办浮梁县种子管理局局长江某玩忽职守案，查明由于市种子公司销售无证生产的种子，造成景德镇、抚州、鄱阳三地农户农田大面积歉收，直接经济损失200万元，江某犯有玩忽职守罪，被依法判处有期徒刑2年，缓刑3年。2010年，立案侦查渎职案件5件，其中乐平市森林公安局原副局长段某涉嫌徇私枉法案，查明段某在2007年与张某（另案处理）等盘山人员商量，要其交13万元就包他们砍树不出事、不抓人，盘山人员分两次交给段某13万元，滥伐林木面积18.57万公顷750.72立方米。段某被依法追究刑事责任。

侵权案件侦查

1986年，市检察机关立案查处非法拘禁案3件。1987年，重点查处严重侵犯公民人身权利、民主权利的案件，全年立案侦查非法拘禁案件2件、非法入侵住宅案件2件、侵犯公民通信自由案件1件、破坏邮电通信案1件。1988年，把查处侵权案件作为工作重点，当年查处侵权犯罪案件9件18人，其中非法拘禁案件4件10人、非法入侵他人住宅案件1件、刑讯逼供案件1件、重婚案件3件。

1990年，立案侦查各类侵权案件11件27人，其中非法拘禁案件9件24人、非法入侵他人住宅案件1件、刑讯逼供案件1件。查处的侵权案件有三大类，商贸活动中债权人非法拘禁他人；基层执法人员执法犯法；基层群众因一般性的民事纠纷，处理不妥扩大成侵权犯罪。1992年，全年立案侦查侵权犯罪案件10件16人，其中非法拘禁案件7件9人、刑讯逼供案件2件5人。1993年，重点查办严重侵犯公民权利的刑讯逼供、非法拘禁案件，全年受理"人质型"非法拘禁案件20件，立案7件11人。1994年，全年立案侦查侵权犯罪案件6件9人，其中非法拘禁案件5件8人、非法侵入他人住宅案件1件1人；参加解救各类人质21次24人。1995年，全年立案侦查侵权犯罪案件7件，其中非法拘禁案件4件、刑讯逼供案件1件、侵犯公民通信自由案件1件、过失杀人案件1件。1996年，立案侦查侵权犯罪案件7件，其中非法拘禁案件3件、刑讯逼供案件1件、伪证案件2件、破坏选举案件1件，首次查办破坏选举案和伪证案。1997年，全年立案侦查侵权犯罪案件5件，其中刑讯逼供案件1件、伪证案件2件、殴打被监管人员案件1件、非法拘禁案件1件。

2003年，立案侦查侵权犯罪案，其中刑讯逼供案件4件。2004年，立案侦查侵权犯罪案件，其中非法拘禁案件2件。2006年,立案侦查侵权犯罪案件,其中殴打被监管人员案件2件2人。2009年,立案侦查侵权犯罪案件,其中刑讯逼供案件1件1人。

第四节 监所检察

监管活动监督

1986年,市人民检察院依法对刑罚执行和监管活动实行监督,对监管场所进行执法检察,提出检察建议33件,被采纳27件。7月,市人民检察院加强对看守所羁押的经济犯罪分子看管监督工作。1987年,市人民检察院驻江西省第三监狱检察组正式开展工作。市人民检察院和乐平县人民检察院在总结实践经验的基础上,研究制定6项检察制度,发挥监督职能。1988年,设立浮南地区人民检察院,为市人民检察院派出机构,专门负责全市监狱、劳教所的检察工作,行使县级检察院职能,对监管场所活动进行监督,维护在押人员的合法权益。

1990年8月,成立市人民检察院驻看守所检察办公室,全面开展驻所检察工作。1991—1992年,开展监所检察工作,共进行日常检察2275人次,提出检察建议87件,维护监管改造秩序。1994年,纠正无证关押1人、超期羁押182人,受理劳改犯又犯罪案件8件12人。1995年3月,对市看守所提出加强犯人营养、保障饮食配给、及时掌握病情的检察建议。1996年,立案侦查管教干部犯罪案件1件3人,纠正监管改造中的违法现象69次,开展安全防范检查63次,起诉又犯罪劳改犯6人。1997年,立案侦查监管改造场所干警涉嫌犯罪案件6件6人,提出加强安全防范检察建议92件。1999年,加强监管检察工作,推行5项举措:设置在押人员过渡室、未成年人监室;实行文明监号评比制;定期召开狱情分析会;严格重刑犯和重要案犯管理制度;建立重刑犯个人档案。监管检察部门配合监管场所开展"查监所秩序、查麻痹思想、查牢头狱霸"为主要内容的"三查"活动,纠正作风,防患于未然。

2001年1月,市人民检察院组织开展清理和纠正超期羁押问题专项调查,建立健全催办制度、诉讼文书送达登记制度、责任追究制度,清理和纠正超期羁押1人,对不按规定交付执行和违法收押提出纠正意见3件。对办理不符合条件减刑、假释、保外就医提出纠正意见13件次,立案查处监管改造部门管教干部职务犯罪案件4件。2003年5月,市人民检察院上报《关于纠正超期羁押的意见》,经市政法委转发各政法单位执行,实现无超期羁押。在监管场所建立犯罪嫌疑人、被告人随时"约见检察官"制度。当年查办监管改造场所职务犯罪案件2件2人,依法纠正保外就医、减刑假释不当呈报18人次。2005年,立案侦查监管人员职务犯罪1件1人,发出检察建议5件、纠正违法通知书1件,全年无超期羁押现象。2009年4月,对市看守所所有监控设备进行全面检查。对13名不符合减刑条件、6名不符合假释条件、5名不符合保外就医条件和7名不符合监所服余刑条件的犯人,提出纠正意见。依法纠正超期羁押49人,立案侦查一起监管干警涉嫌徇私舞弊暂予监外执行犯罪案。以办案促监督,就监管活动、刑罚执行及生产劳动安全等问题向监管单位发出书面检察建议22件、纠正违法通知书2件,督促纠正24件。2010年,向监管单位发出检察建议33件、纠正违法通知书2件,纠正监管违法20件次,纠正超期羁押4件22人,审查留所服刑25人次,不批准留所6人,约谈在押人员95人次,开展集体谈话教育4次,开展监管场所职务犯罪预防教育1次。

监外执行监督

1986年,市检察机关依法对缓刑、假释、保外就医等监外执行的罪犯进行走访考察,帮助基层派出所和相关单位落实监管、帮教措施。建立全市"五种人"(管辖、缓刑、假释、剥夺政治权利、暂予监外执行)档案,掌握"五种人"具体情况,对监外执行情况进行监督。1988年,乐平县人民检察院尝试对"五种人"设立个人信息卡片和有关图表,完善对"五种人"的考察帮教制度,促进他们改过自新。1991年,市人民检察院与市公安局、监管场所进行4次联合调查,配合有关部门对监外罪犯进行检察156人次,落实帮教组织和措施。对监外"五种人"进行全面调查,及时收监11名不应保外就医犯人。1994年,对30余名"五种人"进行全面考察,加强对监外服刑罪犯的检察,将1名在监外服刑期间有违法行为的罪犯收监改造。1996年,采取列席假释、保外就医报批会的形式，监督“五种人”，对22名不符合审批条件的罪犯提出纠正意见。1998年，对不符合减刑、假释、保外就医的42名犯人，取消报批资格。

2000年，检察保外就医50余人，将1名骗取保外就医在外长达8年的犯人收监。2001年，会同监狱对121名监外执行的罪犯进行逐一回访、考察，对4名不具备条件的决定收监，促使监外执行监督规范化。2003年，针对检查中发现监外罪犯脱管、失控问题严重的情况，及时提出应对措施，建立专项检察制度。对不符合条件的5名减刑、13名假释、2名保外就医犯人的提出纠正。2007年，与市公安局、市中级人民法院等部门联合开展核查纠正监外执行罪犯脱管、漏管专项行动，做到“六个一”，即填好一张表格，《监外执行罪犯情况登记表》《核查纠正监外执行罪犯脱管、漏管专项行动核查情况统计表》；进行一次正面走访，与每个监外执行罪犯见面、走访；做好一次谈话材料，与每个监外执行罪犯见面后，形成一份谈话材料；做好一项分析，对监外执行罪犯的情况进行调查研究，分析他们的思想动态等；搞好一次帮教，通过这次专项行动，做好帮教、挽救工作；整理完善一份档案，对每个罪犯都建立一份档案，便于管理。在专项行动中，发现罪犯脱管144人、漏管43人，纠正脱管129人、漏管43人。2010年，严格审查罪犯减刑、假释、暂予监外执行条件，对35名不符合减刑条件、16名不符合假释条件和6名不符合留所服余刑条件的，依法提出纠正意见。4月，制定《景德镇市检察机关加强社区矫正工作的实施意见》，防止和纠正脱管、漏管29人。会同景德镇监狱、市司法局对景德镇监狱两年来本籍27名假释罪犯进行回访考察，纠正脱管7人，纠正矫正衔接不到位23人。

重新犯罪检察

1986年，严厉打击重新犯罪活动，维护监管场所的改造秩序。配合省人民检察院“四查活动”，收到坦白、检举揭发犯罪线索62件。全年未发生犯人逃跑和其他恶性事件，监管秩序良好。1989年6月，浮南地区人民检察院贯彻“从重从快”方针，会同有关部门提前介入，及时侦破6月6日第三监狱一起书写、散发30余张反革命传单案件。11月23日，受到最高人民检察院通令嘉奖。

1990年，根据最高人民法院、最高人民检察院、公安部《关于坚决取缔“牢头、狱霸”，维护看守所秩序的通知》，监所检察部门会同市看守所进行整顿，打击牢头狱霸，共受理移送起诉案件13件18人，决定起诉11件15人，并在看守所和第三监狱召开公判大会。监所部门配合“严打”斗争，在监管场所组织“坦白从宽、抗拒从严”政策的宣传教育。1992年3月12日至4月24日，乐平县人民检察院与县公安局成立打击“牢头狱霸”专案组，促进在押人员的自我改造。1994年，提前介入李某故意杀人案，从发案到起诉仅20余天，从重从快打击监管改造人员重新犯罪活动。1995—2010年，市监所检察部门从严查处重新犯罪案件，共受理审查起诉案件122件140人，决定起诉103件117人，免予起诉2件4人，因犯罪嫌疑人无刑事责任能力撤案1件1人。

第五节　民事行政检察

1988年3月，根据最高人民检察院关于参与民事和行政诉讼，对民事审判和行政审判活动进行监督的通知，省人民检察院将昌江区人民检察院列为试点院。11月，开展民事诉讼监督试点工作，并参与1起继承权纠纷案件的出庭抗诉，初步摸索经验，景德镇市的民事行政检察工作开始起步。1992年5月，市人民检察院成立民事行政检察科，各县（市）、区人民检察院先后成立相应机构，开展民事行政检察工作，当年受理民事申诉案件3件、行政案件1件。1993年11月26日，市人民检察院民事行政检察科改为民事行政检察处，受理民事行政申诉案件25件，立案2件。向市中级人民法院发出书面再审检察建议2件，其中就华某债务纠纷申诉案，向法院发出再审检察建议，法院采纳建议立案再审。各县（市）、区人民检察院虽成立民事行政检察机构，但人员配备不足，民事行政检察工作不能正常开展。1994年，各县（市）、区人民检察院民事行政检察科均配有2~4人，正式启动办理民事行政案件。当年受理民事行政申诉案件25件，立案3件，提请省人民检察院抗诉3件。1995年，受理民事行政申诉案件38件，立案16件，向法院提出抗诉5件，提请省人民检察院抗诉2件，发出检察建议2件。办案数大幅上升。1996年，受理民事行政申诉案件50件，立案17件，向法院提出抗诉6件,提请省人民检察院抗诉4件,发出检察建议3件,超额完成省人民检察院下达的目标管理任务。1998年,受理民事行政申诉案件41件,立案14件,向法院提出抗诉14件。法院审理抗诉案件10件,改判4件,改判率为40%,民事行政检察案件的抗诉质量得到提高。

2000年,受理民事行政申诉案件35件,立案21件,向法院提出抗诉7件,提请省人民检察院抗诉5件,法院共改判9件,其中立案办理的3起建设银行景德镇市分行营业部与市农业银行之间质押贷款纠纷案,申诉人都是建设银行。一审、二审法院均判决建设银行景德镇市分行营业部承担全部民事责任。建设银行景德镇市分行营业部向市人民检察院申诉,市人民检察院民事行政部门经走访和查阅案件材料,认为法院在认定事实和适用法律上错误,对农业银行在质押贷款中存在的严重过错未予认定,提请省人民检察院向省高级人民法院提出抗诉。省高级人民法院再审认为检察机关抗诉理由充分,对该3起案件全部作出撤销原判处理,涉及金额近百万元,较好地维护当事人合法权益。2002年,受理民事行政申诉案件56件,向法院提出抗诉12件,法院直接改判5件,撤销原判发回重审或调解结案5件,改判率达83%。2003年,市人民检察院制定《民事行政申诉案件办案流程》,推进民事行政检察工作规范化。当年受理民事行政申诉案件74件,向法院提出抗诉16件,提请省人民检察院抗诉3件,发出检察建议3件。法院再审审结6件,其中直接改判或撤销原判、发回重审或调解结案的5件,改判率为83%。2004年,受理民事行政申诉案件52件,立案32件,向法院提出抗诉7件,发出再审检察建议8件,提请省人民检察院抗诉6件。法院再审审结6件,其中改判3件、调解2件,改判率达83.30%。

2005年,受理民事行政申诉案件89件,立案22件,向法院提出抗诉11件,发出检察建议2件,提请省人民检察院抗诉7件,省人民检察院审结4件,其中采纳3件,发出再审审查建议1件,法院改判2件。2008年9月中旬,市人民检察院民事行政检察处组织全市民事行政干警举办个案研讨会,对当年办理的5件疑难、复杂民事行政申诉案件进行集中研讨,对明显失公正的民事裁定判决提出抗诉3件,提出再审检察建议5件。终止审查不予抗诉或不予提请抗诉20件。创新民事行政检察监督方式,对督促起诉等监督方式进行创新,运用督促起诉方式维护群众的利益。2009年,指导浮梁县人民检察院运用督促起诉方式纠正1起村委会违法出卖集体林木,损害人民群众利益的案件。是年,乐平市人民检察院针对乐平市农业科技高新技术园区资产被侵害的情况,督促园区及时提起诉讼,防止国有资产流失。

2010年,受理民事行政申诉案件71件,立案23件,向法院提出抗诉6件,法院再审改判5件,发出检察建议13件,其中乐平市人民法院在被告刘某未到庭的情况下,以简易程序缺席判决被告人败诉,判决书亦未送达被告人,被告人向市人民检察院民事行政处申诉。经审查,依法向市中级人民法院提出抗诉,经法院再审后改判。是年,运用督促起诉的方式办理案件17件,挽回经济损失400万元。

表30-2-4 **1993—2010年景德镇市民事行政申诉案件检察一览表** 单位:件

年份	受案	立案	提请抗诉	提出抗诉	检察建议	调解息诉	法院改判
1993	25	2	—	—	4	—	—
1994	25	3	3	—	—	—	—
1995	38	16	13	5	2	2	—
1996	50	17	15	6	3	—	—
1997	—	—	3	9	3	—	—
1998	41	14	14	6	2	—	4
1999	—	—	—	11	—	—	—
2000	35	21	20	7	—	2	9
2001	36	30	30	8	—	4	—
2002	56	—	10	12	—	—	10

续表 30－2－4

年份	受案	立案	提请抗诉	提出抗诉	检察建议	调解息诉	法院改判
2003	74	—	10	16	3	—	5
2004	52	32	24	7	8	—	5
2005	89	22	7	11	2	—	2
2006	46	12	5	1	1	—	—
2007	42	11	2	2	1	—	4
2008	42	19	4	3	5	—	2
2009	33	18	7	3	2	—	3
2010	71	23	2	4	13	—	5

说明：提出抗诉，指市人民检察院向市中级人民法院提出的抗诉；提请抗诉，指各县（市）、区人民检察院向市人民检察院提出的抗诉，市人民检察院向省人民检察院提出的抗诉

第六节 控告申诉检察

举报与信访接待

1986年3月，市人民检察院设立控告申诉科，依法受理报案、申诉、控告和举报。全年受理群众来信674件，接待来访385人次，自行查办102件，转有关部门处理502件。实行检察长审阅接访制度，经检察长批阅来信、接待来访591件次。1988年，市人民检察院经济罪案举报中心成立，并在县（区）设立举报站，方便群众举报。全年受理群众来信1100件，受理群众举报460件，自行查办317件，转有关部门处理461件。

1990年，受理群众来信680件，接待来访53人次，受理举报460件，其中经济犯罪线索266件、法纪案件线索103件、刑事犯罪线索192件。经领导阅批的信件513件，占受理信件70%。1992年，市人民检察院设置举报接待室，全年受理群众来信364件、来访33人次，受理举报线索226件，其中经济犯罪线索160件、法纪案件线索36件、其他经济犯罪线索30件。1993年11月20日，控告申诉检察科更名为控告申诉检察处，共受理群众来信464件，接待来访61人次，受理群众举报414件。1996年，市人民检察院制定《关于加强举报线索管理规定》，规范举报线索的归口管理和要案备案以及线索反馈。全年初查案件86件，占历年之首。通过初查，自行立案4件4人，挽回经济损失近100万元。

2000年，全年受理群众来信429件，接待来访116人次，受理群众举报411件，初查举报线索73件，其中移送立案3件，不立案19件。市人民检察院、乐平市人民检察院、浮梁县人民检察院被省人民检察院授予全省文明检察院称号。2001年，推行控告申诉首办责任制，在接待中开展“五个一”活动，即一句话沟通群众情怀、一杯水温暖群众心窝、一次接待解开群众疑困、一个答复消除群众积怨、一个结果迎来群众的微笑。实行检察长接待日制度，共有23名正、副检察长参加接待，共受理信访150件次，批办案件80件次，批转信访489件次。2003年10月，市人民检察院制订《人民检察院控告、申诉首办责任制实施细则》《内设机构处理来信来访分工暂行办法》，推行公开审查制度，进行现场办案。全年初查举报线索274件，立案63件。2005年，市人民检察院对处理涉法涉诉案件工作提出“010”工作目标，即院领导和部门领导深入信访工作第一线，与来访群众“零”距离接触；对一些重点和难点信访案件，机关部门形成合力，采取“一揽子”解决的办法；认真落实首办责任制，力求实现“零”缠访。全年共受理群众来信370件、来访95人次，受理群众举报312件。将领导接待日改为领导约见制度，只要有群众举报和控告，随时有领导接待。重大事项实行专门约见，现场办公。市人民检察院控告申诉检察处副处长汪发枝被评为全国检察机关优秀接待员。

2006年，受理群众来信427件，受理群众举报248件，基本实现“010”工作目标。浮梁县人民检察院开

展“下访”“巡访”试点，把矛盾与纠纷化解在萌芽状态，其做法先后被省人民检察院《情况反映》《检察日报》推介。5月，浮梁县人民检察院被省人民检察院评为全省涉检信访专题活动先进集体。2008年，做好“两会”和“奥运”期间维稳工作，排查涉检信访51件，化解矛盾15起。2月，浮梁县人民检察院控告申诉接待室获全国检察机关文明接待示范窗口称号。7月，浮梁县人民检察院控告申诉检察科被省人民检察院授予集体二等功。2010年，共受理群众来信85件，接待来访155人次，受理群众举报116件，其中网络举报9件、电话举报9件。全市检察长共接待群众来访166人，受理案件70件，批办63件，办结30件，处理接待信访件100%。浮梁县、昌江区人民检察院控告申诉检察科分别被省检察院推荐为全国文明接待室。11月，珠山区人民检察院控告申诉检察科被最高检评为全省文明接待室。

控申案件检察

1986—1989年，市人民检察院复查处理检察机关经办的冤假错案，控申案件检察主要是复查“文化大革命”期间及之前的申诉、免诉案件，纠正冤假错案。全市控申部门组织力量从近5000册案卷中清理复查历史积案31件。1987年，为改变控告申诉“坐堂办案”工作方式，解决群众“告状难”，乐平县人民检察院、昌江区人民检察院先后5次组织巡回接待站到集镇和边远山区挂牌办案，提供法律咨询。1989年，立案处理申诉案件24件。

1990年，受理控申案669件，着重做好重婚案件的查处，办理重婚案件5件。是年，立案复查控申案件8件。1991年，受理控申455件，处理各类申诉案件48件，经立案复查6件，其中纠正1件。1992年，处理申诉案件34件，其中不服逮捕1件、不服免予起诉6件、不服判刑9件、不服民事判决5件、其他13件。1994年，处理申诉案件20件，首次申诉18件、重复申诉2件，其中不服不立案1件、不服刑事拘留2件、不服逮捕4件、不服不批准1件、不服免诉3件、不服判刑1件、不服民事判决3件、其他5件。1995年，处理申诉案件23件，其中不服不起诉1件、不服逮捕1件、不服免诉7件、不服判刑2件、其他12件。1996年，处理申诉案件18件，首次申诉案件14件，重复申诉4件，其中不服逮捕4件、不服不起诉1件、不服免予起诉3件、不服判刑2件、不服民事判决1件、其他申诉7件，经立案复查8件。1997年，处理申诉案件44件，经立案复查8件，其中纠正3件。1998年，处理申诉案件47件，经立案复查8件。

2001年，受理控申79件，处理申诉案件13件，经立案复查11件，其中维持9件、纠正1件、审查息诉2件。2004年，经立案复查5件，其中纠正2件、维持3件。2006—2007年，受理控申311件，处理刑事申诉案件8件。2009—2010年，受理控申227件，经立案复查13件。

刑事赔偿制度

1995年，《中华人民共和国国家赔偿法》实施，市人民检察院设立赔偿办公室，全市刑事赔偿工作依照国家赔偿法和最高人民检察院《人民检察院刑事赔偿工作暂行规定》开展工作。

2003年，全年受理刑事赔偿案5件，审查处理5件。2004年，全年受理刑事赔偿案件线索2件，立案2件，其中纠正1件，返还扣押款13万元。2005年，全年受理刑事赔偿案件线索3件，立案2件。2006年，全年办理刑事赔偿案件8件，其中提出复议3件，决定给予赔偿1件，协商赔偿2件，共支付赔偿金1万元。2007年，全年办理刑事赔偿案件3件，不予赔偿的2件，纠正不赔偿决定的1件。2009—2010年，共办理刑事赔偿案件2件。

表30-2-5 **1986—2010年景德镇市检察机关办理控告申诉一览表**

年份	受理信访				审查处理			
	来信（件）	来访（人次）	举报（件）	控申（件）	立案（件）	复查（件）	纠正（件）	维持（件）
1986	674	385	—	—	—	—	—	—
1987	734		—	—	—	—	—	—
1988	1100	—	460	—	—	—	—	—

续表 30－2－5

年份	受理信访				审查处理			
	来信（件）	来访（人次）	举报（件）	控申（件）	立案（件）	复查（件）	纠正（件）	维持（件）
1989	1300	300	—	—	24	—	—	—
1990	680	53	460	669	—	8	—	—
1991	393	62	241	455	48	6	1	—
1992	364	33	226	—	34	—	—	—
1993	464	61	414	—	29	—	—	—
1994	442	110	—	15	20	6	—	35
1995	395	58	—	—	23	—	—	82
1996	414	73	—	—	18	8	—	86
1997	617		512	—	44	8	3	—
1998	785	—	613	—	47	8	—	—
1999	582		—	—	—	—	—	—
2000	429	116	411	112	53	12	9	73
2001	353	136	386	79	13	11	—	80
2002	505	158	510	103	—	9	—	212
2003	456	263	524	190	—	24	—	274
2004	361	268	428	88	—	5	2	216
2005	370	95	312	181	—	1	—	—
2006	427		248	179	—	3	8	22
2007	217	366	198	132	—	5	3	63
2008	208	127	345	182	—	—	—	—
2009	108	116	144	85	—	12	1	29
2010	85	155	116	142	1	1	1	—

第七节 检察技术与保障

1987 年 3 月，市人民检察院成立技术侦查科，负责法医、现场勘验、文检等技术鉴定与运用刑事科学技术手段协助侦查活动。1990—1996 年，市人民检察院技术侦查部门进行现场勘验 183 次，刑事照相 237 次，录像 10 件；受理法医检验、复检案件 1091 件，出具法医学鉴定书 1036 份，改变原鉴定结论 41 件，出具文证审查意见书 153 份；受理文件检验案件 94 件，出具检验鉴定书 49 份，出具检验意见书 16 份，为侦查提供方向 22 件。

1991 年 4 月，协助省人民检察院对“4 · 14”乐平县乐涌公安分局干警与涌山镇沿沟村村民冲突事件，收集原始证据，为后期顺利完成技术鉴定提供科学依据，对事件突破起到关键性作用。是年，受理浮南地区人民检察院办理管教干部体罚虐待案的被害人鄢某伤情鉴定,会同市公安局、市中级人民法院法医和市第二医院主治医生出具法医学联合鉴定,促使案件办结。1992 年,受理乐平涌山检察办事处委托,对犯罪嫌疑人徐某进行司法精神病鉴定,揭穿徐某谎称精神病事实,确保法律正确实施。1993 年,市人民检察院技术侦查科更名为技术侦查处,配有工作人员 3 人,分工负责文字检验、法医勘验、视听技术。凡是移送审查批捕、起诉和自侦案件涉及技术检验鉴定的,应送技术部门审查;对保外就医、取保候审等涉及病、残、伤的,医院出具证明后,也应当送技术部门审查。1994 年,受理文字检验鉴定 16 件,出具文检鉴定书 9 份;受理法医学鉴定 322 件,出具法医学鉴定书 322 份;参与现场勘验 10 次,刑事照相 17 件。通过文证审查,改变有错误的鉴定 5 件。1995 年,参与 6 起医疗纠纷的检验鉴定,为医疗事故委员会妥善处理医患纠纷提供初始证据资料。当年受理法医学鉴定 265 件,文字检验鉴定 9 份,出具文检鉴定书 7 份,参与现场勘验 25 次,刑事照相 45 次。通过文证审查,改变有错误的鉴定 4 件。1996 年 7 月,受市人民检察院刑事检察处委托,对丁某强奸案被害人遗书进行笔迹鉴定,经与被害人参加中考试卷笔迹比对,在诉讼期限内作出鉴定结论,为定罪量刑提供有力证据,罪犯依法被判死缓。是年,投入专项经费 10 余万元,购置摄像机 2 台、编辑机等视听设备,为技术侦察部门办案提供技术保障。

2001 年,受理各类检验鉴定 119 件,出具文证审查意见书 22 件,改变原鉴定结论 2 件。是年,为各类自侦案件提供监控技术 26 件次。2004 年,受理各类检验鉴定 102 件,出具检验鉴定书 58 份、文证审查意见书 36 件。是年,为各类自侦案件提供视听技术 6 件次。2006 年,在协助民事行政检察处办理市中级人民法院助理审判员张某涉嫌枉法裁判、徇私舞弊一案中,现场搜查拍照近百张,完成长达 9 个多小时的审讯监控录像。2007 年 8 月,按照人民检察院讯问职务犯罪嫌疑人实行全程同步录音录像的规定,投入近 20 万元建成一套数字化的审讯监控系统,并对原有模拟审讯监控系统进行数字化改造,购置 1 台便携式审讯监控设备,当年进行同步录音录像 32 件。2008 年,利用数字化审讯监控系统及便携式审讯监控设备实施职务犯罪案件侦查 81 次,进行同步录音录像 26 件。6 月,市看守所建成讯问同步录音录像室。2009 年,投入 25 万元筹建办案指挥中心,在市人民检察院技侦大楼内建成融电视电话视频会议、审讯监控室、一般会议室功能于一体的多媒体会议室,配备 15 台自动升降电脑显示屏及麦克风,用于观看审讯室审讯活动及参与远程视频会议。2009—2010 年,为各类自侦案件提供视听技术 114 件次。

第八节　机构队伍

市人民检察院

1986 年年初,市人民检察院下辖珠山区、昌江区、鹅湖区、蛟潭区、乐平县 5 个基层检察院。3 月,市人民检察院增设控告申诉科,内设机构有刑事检察科、法纪检察科、监所劳改检察科、经济检察科、控告申诉科、办公室、人事科。1987 年 3 月,增设法律政策研究室、技术侦查科。1988 年 7 月,成立景德镇市人民检察院贪污、贿赂罪案举报中心,各县区人民检察院设举报站。10 月,鹅湖区、蛟潭区人民检察院合并组建成立浮梁县人民检察院,市人民检察院下辖昌江区、珠山区、浮梁县、乐平县 4 个基层检察院。1989 年 10 月,经济检察科更名为贪污、贿赂检察科。

1990 年 3 月,设立景德镇市浮南地区人民检察院,作为市人民检察院副县级派出机构,行使县级人民检察院的职权。8 月,增设监察室。10 月,贪污贿赂检察科更名为反贪污贿赂工作处,人事科更名为政治处。1992 年 5 月,民事行政检察科成立。1993 年 4 月,设立市人民检察院驻农业银行检察室。11 月,反贪污贿赂工作处更名为反贪污贿赂局,刑事检察科更名为刑事检察处,法纪检察科更名为法纪检察处,监所检察科更名为监所检察处,控告申诉检察科更名为控告申诉检察处,民事行政检察科更名为民事行政检察处,技术侦查科更名为技术侦查处。1994 年 6 月,成立检察干部培训中心,8 月,监察室更名为监察处,与纪检组合署办公。1995 年 6 月,设立市人民检察院驻国税局检察室,撤销珠山区人民检察院驻市烟草分公司检察室,市人民检察院驻市金融系统检察室、驻农业银行检察室。10 月,设立市人民检察院赔偿办公室,与控申处合并办公。1996 年 3 月,成立市人民检察院保密委员会。6 月,市劳教所检察组更名为浮南地区人民检察院派驻市劳教所检察室。6 月,增设计划财务装备处。1997年，市人民检察院刑检处分设为审查批捕处和审查起诉处。1998年2月，依据《江西省市、县人民检察院机构改革的意见》，市人民检察院内设14个职能部门，另设纪检组（监察室），为市纪检委派驻机构。机关定编77人。

2002年6月，成立职务犯罪预防处。2006年9月，渎职侵权检察处更名为反渎职侵权局。2007年，反贪污贿赂局升格为副县级。2010年10月，设立市人民检察院驻高新区检察室；内设机构有办公室、政治部、侦查监督处、公诉处、反贪污贿赂局、渎职侵权检察处、监所检察处、民事行政检察处、控告申诉检察处、职务犯罪预防处、法律政策研究室、检察技术处、警务处（市人民检察院司法警察支队）、计划财务装备处、纪检组（监察室，为市纪委派驻机构）；定编71人；下辖乐平市、浮梁县、昌江区、珠山区、浮南地区5个基层检察院。

基层检察院

乐平市人民检察院　1986年，乐平县人民检察院内设办公室、刑事检察科、经济检察科、法纪检察科、监所检察科。1987年，增设控告申诉科，与监所检察科合并办公，两块牌子，一套人马。1988年3月，设涌山镇检察办事处。7月，成立贪污、贿赂举报站。1989年4月，设立乐平县税务检察室。1990年7月，增设技术检察室，原经济检察科更名为贪污贿赂检察科。1991年3月，增设政治协理员办公室。6月，设立乐平县人民检察院驻乐平县税务局检察室。1992年7月，设乐平县人民检察院驻乐港镇、众埠镇、高家乡3个检察室。1993年1月，乐平县人民检察院更名为乐平市人民检察院，内设刑事检察科、贪污贿赂检察科、法纪检察科、监所检察科、控告申诉检察科、办公室。下辖乐港镇检察室、众埠镇检察室、高家乡检察室、技术检察室、税务检察室和涌山镇检察办事处。5月，增设民事行政检察科，政治协理员办公室更名为政工科，驻涌山检察办事处更名为涌山检察室。1995年2月，增设法律政策研究室。7月，撤销贪污贿赂检察科，成立反贪污贿赂局。1996年4月，撤销税务检察室。10月，增设纪检组（派驻机构）。1997年11月，撤销刑事检察科，分设审查批捕科和审查起诉科。1998年6月，全面调整内设机构，内设办公室、政工科、审查批捕科、审查起诉科、反贪污贿赂局、法纪检察科、民事行政检察科、控告申诉科、检察技术科、法律政策研究室、监所检察科。2002年12月，内设办公室、政工科、侦查监督科、公诉科、反贪污贿赂局、渎职侵权检察科、民事行政检察科、控告申诉检察科（与举报中心、刑事赔偿办公室合署办公）、法律政策研究室、监所检察科、检察技术科。另设纪检组（监察室，派驻机构）；成立后勤服务中心，为乐平市人民检察院下属正股级事业单位。2010年，下辖高家检察室、涌山检察室、众埠检察室、乐港检察室、技术检察室、税务检察室。

浮梁县人民检察院　1988年10月，经国务院批准，景德镇市撤区设县，鹅湖区、蛟潭区人民检察院合并，组建成立浮梁县人民检察院。1989年，内设机构有办公室、刑事检察科、经济检察科。1991年4月，设立浮梁县人民检察院驻蛟潭检察室和驻浮梁县税务局检察室。1993年4月，协理员办公室更名为政工科；成立浮梁县人民检察院驻烟草专卖局办事处；增设民事行政检察科。1994年，内设机构有办公室、刑事检察科、经济检察科、法纪检察科、监所检察科、控告申诉检察科。1995年1月，设立浮梁县人民检察院林业检察室。2003年，浮梁县人民检察院设有办公室（法警大队）、政工科、侦查监督科、公诉科、反贪污贿赂局、渎职侵权检察科、民事行政检察科、控告申诉检察科（与举报中心、刑事赔偿工作办公室合署办公）、法律政策研究室（与检察委员会办事机构合署办公）、监所检察科10个职能部门和纪检组。2006年，渎职侵权检察科更名为反渎职侵权局。2007年，设立监察室、技术侦察科，将法警大队从办公室划出单独设立。设有办公室、政工科、侦查监督科、公诉科、反贪污贿赂局（正科级机构）、反渎职侵权局、民事行政检察科、控告申诉检察科（与举报中心、刑事赔偿工作办公室合署办公）、法律政策研究室（与检察委员会办事机构合署办公）、监所检察科、监察室、技术侦查科、法警大队13个职能部门和纪检组。2010年，设立浮梁县人民检察院驻瑶里风景区检察室和驻洪源镇检察室。下辖蛟潭检察室、洪源检察室、瑶里检察室、税务检察室、林业检察室、烟草专卖检察室。

昌江区人民检察院　1986年，昌江区人民检察院内设办公室、刑事检察科、经济检察科、法纪检察科。1993年，增设法律政策研究室。1994年，设立民事行政检察科。1995年，撤销经济检察科，设立反贪污贿赂局。2003年3月，内设机构有办公室、政工科（法警大队）、侦查监督科（监所检察科）、公诉科、反贪污贿赂局、渎职侵权检察科、民事行政检察科、控告申诉检察科（与举报中心、刑事赔偿工作办公室合署办法）、法律政策研究室,纪检组为区纪委派驻机构。2004 年 5 月,增设机关后勤服务中心。2010 年,昌江区人民检察院设立驻鱼山检察室。

珠山区人民检察院　1986 年,珠山区人民检察院内设经济检察科、办公室、刑事检察科、法纪检察科、监所检察科。1987 年 10 月,设置珠山区人民检察院驻珠山区税务分局检察室。1990 年 11 月,增设控告申诉科、政治协理员办公室。1993 年 2 月,增设民事行政检察科、烟草专卖检察室。1995 年,增设法律政策研究室,政治协理员办公室更名为政工科。1996 年,设立纪检监察室。1997 年,刑事检察科更名为批捕科、起诉科;成立法警大队、举报中心。1998 年,裁撤税务检察室、监所检察科。2000 年,批捕科更名为侦查监督科。2003 年,设立渎职侵权检察科、后勤服务中心。2006 年,渎职侵权检察科更名为反渎职侵权局。2010 年,设立驻昌河检察室,下辖昌河检察室、烟草专卖检察室。

浮南地区人民检察院　1990 年 3 月,市浮南地区人民检察院成立,为市人民检察院派出的副县级机构,行使县级检察院的职权。2006 年,与市人民检察院监察处合署办公,设监所检察处、综合科、驻监狱检察室和驻劳教所、看守所检察室。

队伍建设

1992 年 7 月,《中华人民共和国人民警察条例》公布施行,市县(区)两级人民检察院根据该条例规定评定司法警察警衔。1995 年 7 月 1 日,《中华人民共和国检察官法》开始实行。是年,市人民检察院检察官考评委员会成立。1998 年 11 月,开始实施最高人民检察院制定的《评定检察官等级实施办法》。2001 年,市人民检察院把集中教育整顿作为加强队伍建设的重点,组织检察人员认真学习江泽民“七一”重要讲话和中共十五届六中全会精神,提高干警实践“三个代表”的自觉性。加强制度建设,建立和健全各项制度 48 项,并汇编成册,实行规范化、制度化管理。开展“抓全员自学、强基本素质”活动,加强岗位培训、任职培训和学历再教育,共有 38 名检察干警参加法学专业专升本学历教育,11 名干警攻读硕士学位。开展岗位练兵和技能竞赛活动,通过教育和培训,推动检察队伍整体素质的提高。

2004 年,全市检察机关以“强化法律监督、维护公平正义”活动为载体,结合开展“公正执法树形象”“星级创优”,加强基层检察院建设等活动,加强检察队伍建设,打牢干警“立检为公、执法为民”的思想基础,从制度上进行整改,建立队伍管理长效机制。加强教育培训,开展法律知识、检察业务、计算机基础知识等各类教育以及诉辩对抗赛、法警技能培训等岗位练兵活动,增强干警素质。2005 年,教育培训工作采取与高校联合办学、派员外出学习、聘请法学家授课、开设业务讲座、进行岗位练兵等方式,提升干警素质和法律监督能力,市、县(市、区)两级检察院具有本科以上学历的干警占总数的 65.30%,法律硕士 7 人,法学博士 1 人。江发枝、郑志刚分别获全国检察机关优秀接待员和优秀侦查员称号。

2008 年,开展分类教育培训和岗位练兵,定期聘请法学专家开设讲座,建立青年干警论坛,开展首批检察业务人才评选活动,评出办案能手 14 人、检察业务尖子 4 人,公开招录检察人员 4 人。2009 年,加强检察队伍专业化建设,投入经费 20 余万元,购买业务书籍 1600 余册,组织 7 期以强化业务知识、提高专业技能和普及计算机应用为重点的集中培训,系统培训检察干警 360 余人。通过举办诉辩竞赛、优秀法律文书评比、精品案件评选等形式,开展岗位练兵、岗位成才活动,提升干警专业水平。9 月,举办全市检察业务技能竞赛,全市检察系统的 15 名检察官组成 5 个代表队参赛,珠山区和乐平市人民检察院分别获团体优秀奖。10 月,举办检察官计算机技能培训班 2 期,1 期普及班、1 期提高班,每期 10 天,聘请景德镇在线新闻网专业技术人员授课,共有 70 人参加培训。

2010 年,市人民检察院推进检察队伍建设,开展“恪守检察职业道德、促进公证廉法”主题实践活动,通过组织检察官宣誓,学习检察官应知应会常识,举办专题讲座、演讲及征文活动,增强干警职业道德意识和公正执法理念。

第三章　法　院

1986—2010 年,全市两级法院把维护社会稳定放在审判工作的重要位置,认真履行审判职能,严厉打击危害公共安全和公民人身安全的犯罪行为。推进审判改革,进行审判组织、审判方式、审判监督、审判管理模式改革。依法审理刑事、民商事、行政与国家赔偿案件,加强审判监督。建立信访制度,做好信访接待处理工作。审判各项工作全面协调发展,为维护社会和谐稳定,推进全市经济建设和社会发展作出了积极贡献。

第一节　刑事审判

刑事案件审理

刑事犯罪审判　1986 年,全市两级法院贯彻从重从快的“严打”方针,依法审判。严厉打击故意杀人、强奸、抢劫、绑架、爆炸等恶性暴力犯罪,依法严惩一批严重刑事犯罪分子。一审刑事案件的受理和审结案中,故意杀人、强奸、抢劫等犯罪占有较高的比例。至 1989 年,受理一审刑事案件 3484 件,其中严重危害社会治安犯罪案件 1689 件,涉案被告人 1780 人。是年,配合有关部门专项治理乐平地区拦路、拦车抢劫犯罪。市中级人民法院和乐平县人民法院与公安、检察部门联合开展对“两拦”(拦路,拦车)抢劫犯罪专项打击,高效审结 15 件 206 国道抢劫案,对张某等首要分子判处死刑。1991—1992 年,从重从快打击严重危害社会治安的刑事犯罪分子,在打击“车匪路霸”专项斗争中,共审结“车匪路霸”案件 72 件 173 人,其中首要分子 8 人分别被判处死刑、死缓和无期徒刑,89 人被判处 5 年以上有期徒刑。1996 年,根据中央的统一部署,从 4 月 20 日开始,市两级法院积极参与严打斗争,从重从快严惩杀人、抢劫、流氓集团等刑事犯罪分子,严打期间,共审结刑事案件 925 件,促进全市社会治安状况根本好转。1998 年,市中级人民法院在市有线电视台首次现场直播,公开芦某、冯某抢劫一案庭审过程。省高级法院、检察院、司法厅联合对庭审进行实庭考核,将该案庭审评为“全省综合优胜庭”第二名。2002 年 6 月 27 日,市中级人民法院院长张志海在审理一起刑事案件中,首次使用法槌。当年,全市两级法院审结刑事案件 956 件,判处罪犯 1119 人。2003 年,全市两级法院受理刑事案件以危害公共安全罪,侵犯公民人身权利、民主权利罪,侵犯财产罪,妨害社会管理秩序罪等类型为主。其中以故意伤害罪、故意杀人罪、强奸罪、抢劫罪、盗窃罪等最为突出。当年审结各类刑事案件 865 件,判处罪犯 1008 人。2002—2010 年,受理的一审刑事案件 8794 件,涉案人数 1.46 万人,判处 5 年以上有期徒刑的被告人数为 1.16 万人,重刑率为 12%。因故意杀人罪、强奸罪等严重危害社会安全的暴力犯罪罪犯 62 人被判处死刑。

1986—2010 年,全市两级法院审结各类一、二审刑事案件 2.49 万件,判决发生效力人数 2.56 万人。

经济犯罪审判　1986 年,全市两级法院审结各类经济犯罪案件 652 件,600 人被判处有期徒刑。1990 年,全市两级法院注重依法严厉打击严重破坏经济的犯罪活动,共受理贪污、受贿、投机倒把等经济犯罪案件 130 件,比 1989 年上升 7.30%。1992 年,贯彻从严惩处和“一要坚决、二要慎重,务必搞准”的原则,重点抓住大案要案。在审判经济犯罪案件中,注意适用主刑与附加刑相结合,人身制裁与经济处罚相结合,通过适用没收财产刑和罚金刑,不让犯罪分子在经济上占便宜,共审结各类经济犯罪案件 91 件,依法严惩经济犯罪分子 141 人,通过适用财产刑和积极追赃,挽回经济损失 17 万余元。1996 年,配合开展反腐败斗争,全年共受理贪污、贿赂、挪用公款等经济案件 104 件,判处 110 名罪犯有期徒刑。1998—1999 年,审结各类经济打击犯罪案件 1853 件,依法严惩经济犯罪份子 2017 人。2001—2003 年,市中级人民法院协同公安、检察等部门开展打击盗掘古文化遗址犯罪为内容的专项斗争,成立指导小组,统一协调全市法院审理此类案件工作。全市两级法院共审结盗掘古文化遗址罪等案件 62 件,涉案人数 82 人。2006—2010 年,对抢劫、盗窃等侵财犯罪案件的审判,贯彻宽严相济的刑事政策,对具有法定从轻、减轻、免除处罚情节、主观恶性不大、社会危害性较小的罪犯,依法从宽发落,促进罪犯改过自新。

1986—2010 年,全市两级法院受理各类经济犯罪案件 7253 件,涉案被告人 1.17 万人。其中破坏社会主义经济秩序案件 418 件,涉案被告人 564 人;侵犯财产案件 6361 件,涉案被告人 1.05 万人;贪污贿赂案件 474 件,涉案被告人 656 人。年平均受理案件 290 件,年平均判处犯罪分子 470 人。

青少年犯罪审判　1986 年,全市两级法院受理的青少年犯罪案件呈上升趋势。1988 年 6 月,根据最高人民法院召开的全国审理未成年人刑事案件经验交流会精神,珠山区人民法院试办少年合议庭,专门审理未成年人犯罪案件,成为全省未成年审判试点单位。1990 年,市两级法院共判处青少年罪犯 628 人,其中不满 18 周岁的未成年犯 123 人。1998 年,珠山区人民法院共审理青少年犯罪案件 12 件,判处被告 22 人。针对未成年人特点,注意查清犯罪原因,寓教于审,启发疏导和做好家长工作,注重惩办与宽大相结合。宣判后,组织帮教小组及时定期回访,制定追踪考查等制度。2002—2010 年,市中级人民法院开展普法和未成年人保护工作,派人担任多所学校的法制副校长,并与景德镇市高等专科学校共建教学科研实践基地,通过模拟法庭、法律讲座等方式帮助青少年学习法律知识,抵御不良习气。全市两级法院审结一审青少年犯罪案件 298 件,涉案 320 人。

表 30-3-1　**2001—2010 年景德镇市两级法院审结刑事犯罪案件一览表**　单位:件

年份	危害公共安全犯罪	破坏社会主义经济秩序犯罪	其他刑事犯罪	审结总数	年份	危害公共安全犯罪	破坏社会主义经济秩序犯罪	其他刑事犯罪	审结总数
2001	61	17	752	830	2006	109	32	779	920
2002	74	18	864	956	2007	125	30	871	1026
2003	92	29	744	865	2008	99	22	881	1002
2004	106	19	686	811	2009	122	31	932	1085
2005	111	25	880	1016	2010	99	39	975	1113

表 30-3-2　**2002—2010 年景德镇市刑事犯罪判决一览表**　单位:人

年份	判决发生法律效力人数	无期徒刑以上	十年以上有期徒刑	十年以下五年以上有期徒刑	不满五年有期徒刑	拘役、缓刑、管制	免于刑事处罚	无罪
2002	1119	5	48	136	603	304	14	1
2003	1008	17	53	86	478	328	8	7
2004	956	—	42	74	445	353	9	4
2005	1166	—	28	67	620	385	8	6
2006	972	8	42	49	358	463	12	3
2007	1290	19	61	85	433	638	27	4
2008	1254	14	52	76	447	634	13	4
2009	1414	20	85	112	560	579	26	6
2010	1557	23	103	129	701	559	12	3

说明:死刑、涉密案件等未在表中列明

典型案例　抢劫杀人案。2001 年 8 月,洪某纠集李某等人在市福德堡酒店附近开枪打死被害人余某。2004 年 11 月,洪某又纠集胥某、陈某及翟某和"二毛"(在逃)持枪抢劫曹某,后指使胥某、陈某等人杀翟某灭口，由胥某开枪，打死翟某，与陈某将翟某尸体掩埋。洪某还伙同李某购买1支来复枪、1支单管猎枪和1支仿"六四式"手枪，在枪杀余某、翟某，抢劫曹某等案中，提供作案枪支3支。市中级人民法院经审理认为，被告人洪某犯故意杀人罪、抢劫罪、非法买卖枪支罪、非法持有枪支罪，犯罪情节特别恶劣，后果特别严重，且系主犯、累犯，应依法从重处罚，数罪并罚后决定执行死刑，剥夺政治权利终身，并处罚金人民币3万元；被告人胥某犯故意杀人罪、抢劫罪，犯罪情节特别恶劣，后果特别严重，且系主犯，应依法惩处。数罪并罚后决定执行死刑，剥夺政治权利终身，并处罚金人民币3万元；被告人陈某犯故意杀人罪、抢劫罪，数罪并罚后决定执行有期徒刑20年，剥夺政治权利5年，并处罚金人民币3万元；被告人李某犯故意杀人罪、非法买卖枪支罪，数罪并罚后决定执行有期徒刑20年，剥夺政治权利5年；被告人王某犯非法持有枪支罪，判处有期徒刑3年，缓刑4年；被告人梁某犯窝藏罪，判处管制1年。

打黑除恶案。被告人曹某、戴某、段某等14名被告人涉嫌犯组织、领导、参加黑社会性质组织罪，寻衅滋事罪，非法买卖枪支、弹药罪，非法持有枪支罪，非法拘禁罪，敲诈勒索罪，开设赌场罪，诈骗罪，窝藏罪一案，2007年12月21日由市人民检察院向市中级人民法院提起公诉。2009年7月20日，市中级人民法院对该案作出一审判决。认为被告人曹某、戴某已构成组织、领导黑社会性质组织罪；被告人段某系该组织的骨干成员，属于积极参加者，其行为已构成积极参加黑社会性质组织罪；被告人戴某、段某、夏某、戴某参加黑社会性质组织，属于一般参加者，其行为已构成参加黑社会性质组织罪。认定对被告人曹某犯组织、领导黑社会性质组织罪，判处有期徒刑4年；犯寻衅滋事罪，判处有期徒刑3年；犯非法买卖枪支罪，判处有期徒刑3年；犯非法持有枪支罪，判处有期徒刑1年；犯非法拘禁罪，判处有期徒刑1年；犯赌博罪，判处有期徒刑2年，决定执行有期徒刑14年，并处罚金人民币40万元。其余被告人均判处有期徒刑10年到1年不等。

绑架勒索案。1992年1月16日上午11时许，被告人邹某骑着自行车在市第十一小学门口守候，当刘某放学走到校门口马路上时，便以带刘某去玩为由，将被害人刘某骗到河西二亭下附近的赵家坞山上，因知刘某对自己很熟悉，担心事后被告发，用双手紧扼刘某的颈脖，将其扼死灭口，将尸体移放在山上的草丛中，从刘某的书包内取出文具盒逃离现场。下午，邹某在家写了一封恐吓勒索信，要刘某之母携带人民币3000元于当日20时在市少年宫门口交钱，否则将刘某杀害。并将恐吓勒索信放在刘某家的商店门前。当日20时，邹某被当场抓获。市中级人民法院一审判决认定被告人邹某犯绑架罪，判处有期徒刑15年，剥夺政治权利5年；犯故意杀人罪，判处死刑，剥夺政治权利终身，决定执行死刑，剥夺政治权利终身。

刑事自诉与附带民事诉讼案件审判

刑事自诉案件审判　1986—2000年，全市两级法院共受理3起自诉案件。2001年，自诉案件有较大幅度增长，共受理自诉案件10件，结案6件，其中判决2件、调解4件。2003年，受理自诉案件19件，结案15件，其中判决10件、调解5件。2005年，自诉案件数量不断下降，占法院受理案件比例很低，在案件类型上，刑事自诉案件一直以故意伤害为主，所占比例不到同期所审理刑事案件的1%。自诉案件结案方式以撤诉、调解居多，占比例60%。当年全市两级法院受理自诉案件8件，结案4件，其中判决3件、调解1件。2008年，受理自诉案件4件，结案2件，判决2件。2010年，受理自诉案件3件，结案3件，其中判决1件、调解2件。1986—2010年，全市两级法院共受理自诉案件82件，结案67件，其中判决38件、调解27件。

表30-3-3　**2001—2010年景德镇市两级法院审结自诉案件一览表**　单位：件

年份	受案数	结案数	判决结案数	调解撤诉结案数	年份	受案数	结案数	判决结案数	调解撤诉结案数
2001	10	6	2	4	2006	6	6	4	2
2002	18	15	7	8	2007	1	1	1	—
2003	19	15	10	5	2008	4	2	2	—
2004	11	9	6	3	2009	1	1	1	—
2005	8	4	3	1	2010	3	3	1	2

刑事附带民事诉讼案件审判　1986 年,全市两级法院审理刑事附带民事案件 13 件,结案 11 件,调解 6 件。1990 年,审理刑事附带民事案件 21 件,结案 18 件,调解 11 件。1999 年,审理一、二审刑事附带民事案件 32 件,结案 28 件,调解撤诉 19 件,调解率为 58.63%。2003 年,审理刑事附带民事案件 114 件,结案 104 件,调解 80 件,其中故意杀人罪 10 件、故意伤害罪 69 件、其他 1 件。2006 年,审结刑事附带民事案件 128 件,结案 104 件,其中故意杀人罪 12 件、故意伤害罪 81 件、其他 11 件,调解 87 件,调解率为 67.90%。2009 年,审结刑事附带民事案件 140 件,结案 128 件,其中故意杀人罪 11 件、故意伤害罪 81 件、其他 36 件,调解 74 件,调解率为 53.04%。

2010 年,审结刑事附带民事案件 171 件,结案 160 件,其中故意杀人罪 10 件、故意伤害罪 117 件、其他 33 件,调解 110 件,调解率为 64.57%。2002—2010 年,故意杀人罪和故意伤害罪案件为 863 件,占比为 81%,其他罪名占比为 19%。

表 30-3-4　　1999—2010 年景德镇市两级法院审结刑事附带民事案件一览表　　单位:件

年份	收案数	结案数	调解数	调解率	年份	收案数	结案数	调解数	调解率
1999	32	28	19	58.63%	2005	125	109	83	65.98%
2001	98	94	73	74.73%	2006	128	104	87	67.90%
2000	38	35	31	80.66%	2007	148	132	111	75.30%
2002	112	119	85	76.07%	2008	127	127	103	81.07%
2003	114	104	80	70.09%	2009	140	128	74	53.04%
2004	86	80	63	73.15%	2010	171	160	110	64.57%

表 30-3-5　　2002—2010 年景德镇市两级法院审理刑事附带民事罪名一览表　　单位:件

年份	罪名			合计	年份	罪名			合计
	故意杀人	故意伤害	其他			故意杀人	故意伤害	其他	
2002	28	75	16	119	2007	13	93	26	132
2003	9	70	25	104	2008	8	87	32	127
2004	10	69	1	80	2009	11	81	36	128
2005	17	72	20	109	2010	10	117	33	160
2006	12	81	11	104					

刑事被害人救助

1986—2008 年,根据法律规定,被害人因刑事犯罪行为所遭受的经济损失,主要是通过提起刑事诉讼附带民事诉讼,由被告人及其他赔偿义务人依法赔偿。但在现实中,刑事案件尤其是造成被害人死亡的案件,被告人及其他赔偿义务人没有赔偿能力或赔偿能力不足的情况大量存在,加之国家对刑事司法救助不足,能够得到救助的刑事被害人也较少,一般是个案救助。法院通过与当地政府部门沟通,帮一些困难人员办理低保,或解决刑事被害人子女的入学问题等,无制度性安排。2009 年开始实施被害人救助制度。当年财政下拨市中级人民法院 30 万元预算用于刑事被害人救助,重点救助死、重伤、重残案件。实施救助的案件共有 96 件,救助 117 人,发放救助金 19 万元。其中对刑事被害人程某发放救助金 5000 元,为一次性发放最高额。

第二节　民商事审判

婚姻家庭纠纷案件审判

离婚纠纷案件审判　1986 年,全市两级法院共审理离婚纠纷案件 295 件,其中多是草率结婚和婚外恋引起的离婚案。1987—1990 年,审理离婚纠纷案件 797 件。1993—1996 年,审理离婚纠纷案件 857 件。1999 年,审理离婚纠纷案件 262 件。2001 年 4 月 28 日,《中华人民共和国婚姻法》公布实施。全市两级法院当年审理离婚纠纷案件 301 件。2001—2005 年,审理离婚纠纷案件 1454 件。2006—2010 年,审理离婚纠纷案件 1616 件,受案数量呈逐年微上升状态。1986—2010 年,全市两级法院共审理离婚纠纷案件 6508 件。

家庭纠纷案件审判　赡养纠纷。1986—2001 年,全市两级法院共审理赡养纠纷案件 587 件,其中调撤 165 件、判决 422 件,调撤率为 28%。2002—2010 年,共审理此类纠纷案件 325 件,其中调撤 134 件、判决 191 件,调撤率达 41%。赡养纠纷案件多发生在农村或城市经济状况较差、文化不高的家庭中。此类案件随着社会养老保险相关法律的健全逐年减少。

遗产继承。1986 年,全市两级法院审理遗产继承纠纷案件 29 件。1989 年,审理遗产继承纠纷案件 27 件。1990—1996 年,审理遗产继承纠纷案件 194 件。1999—2002 年,审理遗产继承纠纷案件 107 件。2003 年,遗产继承纠纷案件呈上升趋势,当年审理 42 件。2005 年,遗产继承纠纷案件逐渐下降,当年审理 25 件。1986—2010 年,全市两级法院共审理遗产继承纠纷案件 716 件。

表 30 - 3 - 6　　1986—2010 年景德镇市两级法院审理离婚与继承纠纷案件一览表　　单位:件

年份	离婚纠纷	继承纠纷	年份	离婚纠纷	继承纠纷
1986	295	29	1999	262	33
1987	227	14	2000	243	21
1988	205	19	2001	301	27
1989	186	27	2002	273	26
1990	179	30	2003	265	42
1991	225	24	2004	317	19
1992	238	27	2005	298	25
1993	242	20	2006	260	40
1994	203	21	2007	307	34
1995	197	35	2008	381	28
1996	215	37	2009	329	32
1997	251	46	2010	339	38
1998	270	22	合计	6508	716

人身损害赔偿案件审判

1986 年,市中级人民法院审理的人身损害赔偿案件纠纷主要有医疗事故(含医疗过错等)引起的人身损害赔偿纠纷;劳务者在提供劳务过程中受害或者致害引起的人身损害赔偿纠纷;因违反公共场所安全保障义务引起的人身损害赔偿纠纷;其他原因引起的人身损害赔偿纠纷。当年审结人身损害赔偿案件 13 件。其中交通事故 7 件、医疗损害 2 件、提供劳务损害 2 件、违反安全保障义务 1 件、其他 1 件。1987—1990 年,审结人身损害赔偿案件 56 件,其中交通事故 37 件、医疗损害 3 件、提供劳务损害 11 件、违反安全保障义务 3 件、其他损害2件。1993—2000年,审结人身损害赔偿案件126件,其中交通事故86件、医疗损害12件、提供劳务损害22件、违反安全保障义务5件、其他损害1件。2009年8月20日,市中级人民法院制定《景德镇市中级人民法院关于人身损害赔偿案件中有关赔偿项目、赔偿标准的指导意见》。12月16日,基于医患矛盾突出,医疗纠纷处理难度大,机动车保有量增加,机动车交通事故责任纠纷案件多发等现实因素考量,市中级人民法院成立医疗纠纷、交通事故案件合议庭,专门审理这两类案件。当年审结医疗纠纷案件6件、交通事故纠纷案件67件。2010年10月1日,制定《景德镇市中级人民法院医患纠纷巡回法庭工作规则》,当年审结人身损害赔偿案件76件。1986—2010年,市中级人民法院共审结人身损害赔偿案件663件。

表30-3-7　**1986—2010年市中级人民法院审结人身损害赔偿案件一览表**　单位:件

年份	审结	交通事故	医疗损害	提供劳务损害	违反安全保障义务	其他
1986	13	7	2	2	1	1
1987	17	10	1	4	1	1
1988	11	7	1	3	—	—
1989	12	8	—	2	2	
1990	16	12	1	2	—	1
1991	9	5	1	2	1	—
1992	13	9	2	2	—	—
1993	18	12	1	4	—	1
1994	20	13	2	5	—	—
1995	17	14	1	2	—	—
1996	10	4	2	2	2	—
1997	16	10	2	3	1	—
1998	15	11	—	3	1	—
1999	13	7	3	2	1	—
2000	17	15	1	1	—	—
2001	10	7	—	2	1	—
2002	19	10	2	6	1	—
2003	33	23	6	2	2	—
2004	34	25	3	4	2	—
2005	55	37	5	7	4	2
2006	42	29	4	5	3	1
2007	35	19	4	7	4	1
2008	55	40	7	6	2	—
2009	87	67	6	10	4	—
2010	76	53	8	13	2	—
合计	663	454	65	101	35	8

物权纠纷案件审判

1986年，全市两级法院审结的物权纠纷案件主要有房屋、土地、宅基地、山林水利等纠纷，当年审结物权纠纷案件38件，其中房屋确权纠纷15件、土地纠纷10件、宅基地纠纷5件，山林水利纠纷5件，其他纠纷案件3件。1989年，全市物权纠纷案件趋上升势头，当年审结41件。1991—1995年，审结物权纠纷案件212件，其中房屋确权纠纷82件、土地纠纷56件、宅基地纠纷31件、山林水利纠纷25件、其他纠纷案件18件。1997—1999年，审结物权纠纷案件131件，其中房屋确权纠纷46件、土地纠纷40件、宅基地纠纷19件、山林水利纠纷17件、其他纠纷案件9件。2000年，物权纠纷案件数量增长较快，当年审结48件。2007年，《中华人民共和国物权法》颁布实施，全市两级法院依法审结物权纠纷案件56件。2009年，在物权纠纷案件中，房屋和土地类案件数量占据大部分，宅基地等用益物权类纠纷案件亦呈上升趋势，山林水利及其他类案件比重不大。当年审结物权纠纷案件61件，其中房屋确权纠纷24件、土地纠纷18件、宅基地纠纷8件、山林水地纠纷7件、其他纠纷案件4件。1986—2010年，全市两级法院共审结物权纠纷案件1183件，其中房屋确权纠纷453件、土地纠纷340件、宅基地纠纷168件、山林水利纠纷130件、其他纠纷案件92件。

表30-3-8　**1986—2010年景德镇市物权纠纷案件审结一览表**　单位：件

年份	审结数	房屋	土地	宅基地	山林水利	其他
1986	38	15	10	5	5	3
1987	40	16	12	6	4	2
1988	39	14	11	7	5	2
1989	41	16	10	6	6	3
1990	40	15	11	6	4	4
1991	42	16	12	6	4	4
1992	41	15	10	6	7	3
1993	43	18	11	6	5	3
1994	42	17	12	5	4	4
1995	44	16	11	8	5	4
1996	42	14	13	7	4	4
1997	43	15	14	6	6	2
1998	45	16	13	7	6	3
1999	43	15	13	6	5	4
2000	48	18	14	6	6	4
2001	50	20	15	7	4	4
2002	52	21	15	6	5	5
2003	53	22	17	6	4	4
2004	51	20	15	7	5	4
2005	50	18	14	7	6	5
2006	54	20	16	8	6	4
2007	56	22	15	9	5	5

续表 30－3－8

年份	审结数	房屋	土地	宅基地	山林水利	其他
2008	60	24	18	7	7	4
2009	61	24	18	8	7	4
2010	65	26	20	10	5	4

借贷纠纷案件审判

民间借贷是自然人、法人、其他组织之间及其相互之间进行资金融通的行为。1986 年,民间借贷的主体几乎都是自然人,当年全市法院审结借贷债务纠纷案件 40 件。1989 年,审结借贷债务纠纷案件 47 件。1993 年,民间借贷逐渐从自然人之间的借贷、自然人与企业之间的借贷发展到企业与企业之间的借贷,主体变化很多,甚至发展到企业的负责人以自然人的身份借贷,借贷以后又用于企业。当年审结借贷债务纠纷案件 105 件。1996—1999 年,民间借贷大量出现以后,非法集资的现象非常普遍,因此民间借贷与非法集资犯罪往往交叉,情况也比较复杂。在此期间,审结借贷债务纠纷案件 613 件。2001—2005 年,审结借贷债务纠纷案件 1160 件。1986—2010 年,全市法院共审结借贷债务纠纷案件 4870 件。

表 30－3－9　**1986—2010 年景德镇市借贷债务纠纷案件审结一览表**　单位:件

年份	审结	年份	审结	年份	审结
1986	40	1995	133	2004	186
1987	53	1996	121	2005	200
1988	55	1997	142	2006	237
1989	47	1998	168	2007	423
1990	61	1999	182	2008	436
1991	75	2000	183	2009	558
1992	83	2001	178	2010	509
1993	105	2002	241		
1994	99	2003	355		

知识产权纠纷案件审判

1986 年,知识产权纠纷案件一般由市中级人民法院经济庭受理,但是案件数极少。1999 年,因景德镇市当地的陶瓷特色和知识产权保护现实需求,成立知识产权审判庭,审理的知识产权纠纷案件范围主要有著作权、商标权、专利权、不正当竞争及技术合同、陶瓷纠纷案件。当年共审理知识产权纠纷案件 5 件,其中著作权案件 3 件、商标权案件 2 件。2002 年,市中级人民法院获最高人民法院专利案件管辖授权,成为全省首个具有完整知识产权案件管辖权的非省会城市中级人民法院。当年共审理知识产权案件 35 件,其中著作权案件 13 件、商标权案件 10 件、专利权案件 7 件、不正当竞争及技术合同纠纷案件 2 件、其他知识产权纠纷案件 3 件。2007 年,审理知识产权案件数增多,共审理 75 件,其中审结的侵犯中国工艺美术大师何叔水著作权一案,中央电视台《今日说法》节目于 12 月给予报道。1999—2010 年,共审理知识产权案件数 362 件,其中著作权案件112件、商标权案件138件、专利权案件66件、不正当竞争案件20件、其他知识产权纠纷案件 26 件。

表30-3-10　　1999—2010年景德镇市中级人民法院知识产权纠纷案件审结一览表　　单位:件

年份	审理	著作权	商标权	专利权	不正当竞争	其他
1999	5	3	2	—	—	—
2000	8	5	3	—	—	—
2001	36	9	13	9	2	3
2002	35	13	10	7	2	3
2003	19	3	4	10	1	1
2004	30	16	7	5	—	2
2005	26	7	12	5	2	—
2006	36	21	8	1	6	—
2007	75	28	27	2	4	14
2008	46	6	18	16	3	3
2009	38	1	30	7	—	—
2010	8	—	4	4	—	—

劳动争议案件审判

1986—2005年,劳动争议案件是随着全国劳动用工制度和劳动合同制度的建立而逐步发展起来的一种新类型民事案件。随着城市经济的发展,社会利益主体多元化,相关法律法规不断完善,劳动争议案件也呈现出逐年上升趋势。2006年,成立劳动争议案件专门合议庭,当年全市两级法院共审结劳动争议案件36件。2007年,审结劳动争议案件49件,占一审民商事案件结案数的1.27%。2008年,随着《中华人民共和国劳动合同法》与《中华人民共和国劳动争议调解仲裁法》的实施,劳动争议案件大幅增加,全市两级法院共审结劳动争议案件80件。2010年,审结劳动争议案件59件,占当年全市一审民商事案件结案数的1.61%。

第三节　行政审判

一审行政案件审理

1986年,市两级法院均未设立行政审判庭。1987年8月14日,市中级人民法院设立行政审判庭。至1990年8月,全市县、区人民法院均设立行政审判庭。10月1日,《中华人民共和国行政诉讼法》实施,全市两级法院行政审判庭开始受理和审理行政案件,当年审结一审行政案件6件。1991—1992年,审结一审行政案件20件,其中治安行政案件居多,有7件。1994年,开展行政审判,维护公民、法人和其他组织的合法权益,同时监督和维护行政机关依法行政,全年共审结一审行政案件24件。1997年,行政案件有大幅度提高,审结一审行政案件44件。1998年,坚持既保护公民的合法权益,又维护和监督行政机关依法行政的宗旨,妥善审理每一起行政案件,全年审结一审行政案件44件。2001—2004年,审结一审行政案件150件。2006—2009年,审结一审行政案件154件。1986—2010年,全市两级法院共审结治安、城建、土地、山林、工商、税务、盐业、烟草专卖、技术监督、食品卫生和县、乡(镇)行政处罚等行政一审案件670件,其中维持行政机关行政行为案件275件,占审结数的41%;撤销142件(全部撤销40件,部分撤销42件,重新作出具体行政行为60件),占审结数的21.10%;撤诉88件,占审结数的13.10%;驳回起诉165件,占审结数的24.60%;赔偿调解24件。

表 30-3-11　**1986—2010 年景德镇市两级法院审理一审行政案件一览表**　单位:件

年份	收案	结案	原告胜诉	被告胜诉	其他处理
1986	—	—	—	—	—
1987	4	4	2	1	1
1988	2	2	—	1	1
1989	2	2	—	—	2
1990	6	6	1	1	4
1991	9	9	2	5	2
1992	11	11	3	6	2
1993	16	16	3	3	10
1994	24	24	6	14	4
1995	32	32	5	15	12
1996	22	22	4	12	6
1997	44	44	10	20	14
1998	44	44	8	14	22
1999	35	35	7	10	18
2000	39	39	10	7	22
2001	34	34	5	15	14
2002	36	36	10	7	19
2003	32	32	8	12	12
2004	48	48	8	20	20
2005	34	34	10	14	10
2006	48	48	8	25	15
2007	44	44	7	20	17
2008	40	40	6	20	14
2009	22	22	7	13	2
2010	42	42	12	20	10
合计	670	670	142	275	253

二审行政案件审理

1987 年,市中级人民法院审理二审行政案件,主要是审查一审法院所认定的事实是否清楚,证据是否确凿,程序是否合法,所适用的法律法规是否正确,所作出的判决是否公正、恰当。在审清上述问题的基础上,依法作出维持、撤销、变更等判决,当年审结二审行政案件 1 件,维持一审判决。1987—2010 年,中级人民法院共审结二审行政案件 323 件,其中维持一审判决 218 件、撤销一审判决 43 件、改判 25 件、撤诉 6 件、发回重审 15 件、其他 16 件。

表 30－3－12　　1987—2010 年景德镇市中级人民法院二审行政案件结案方式一览表　　单位：件

年份	收案数	审结数	结案方式						
			维持	撤销	改判		发回重审	撤诉	其他
					认定事实有错	适用法律不当			
1987	1	1	1	—	—	—	—	—	—
1988	—	—	—	—	—	—	—	—	—
1989	1	1	1	—	—	—	—	—	—
1990	1	1	—	1	—	—	—	—	—
1991	6	6	4	2	—	—	—	—	—
1992	8	8	5	2	—	—	1	—	—
1993	8	8	4	1	—	1	1	1	—
1994	9	9	6	2	—	—	1	—	—
1995	10	10	6	2	1	—	1	—	—
1996	8	8	4	1	—	1	1	1	—
1997	37	37	30	3	1	1	1	1	—
1998	39	39	33	3	2	1	—	—	—
1999	6	6	4	1	—	—	1	—	—
2000	7	7	4	2	—	—	1	—	—
2001	10	10	6	2	1	—	—	—	1
2002	12	12	8	2	—	—	—	1	1
2003	12	12	7	3	1	—	—	1	—
2004	13	13	10	2	1	—	—	—	—
2005	8	8	7	1	—	—	—	—	—
2006	14	14	10	2	1	—	1	—	—
2007	22	22	18	1	1	—	1	1	—
2008	16	16	10	4	1	—	1	—	—
2009	33	33	20	4	2	1	—	—	6
2010	42	42	20	2	4	4	4	—	8

国家赔偿

1995 年 1 月 1 日，《中华人民共和国国家赔偿法》颁布实施。3 月 27 日，市中级人民法院成立国家赔偿委员会，受理和审理国家赔偿案件。在审判活动中，市中级人民法院赔偿委员会依照国家赔偿法审理赔偿案件。1997 年，市中级人民法院审理全市首例国家赔偿案，蔡某等 3 人不服乐平市乐港镇政府超生罚款行政赔偿案。1997—2010 年，共审理结案国家赔偿案件 31 件，其中决定赔偿 10 件，支付赔偿金额 200 万元。

表 30－3－13　　1997—2010 年景德镇市国家赔偿案件审结一览表　　单位:件

年份	收案数	结案数	结案方式			
			决定赔偿	决定不予赔偿	撤诉	驳回起诉
1997	1	1	—	1	—	—
1998	2	1	1	—	—	—
1999	2	2	—	1	—	1
2000	2	1	1	—	—	—
2001	1	1	—	1	—	—
2002	3	3	1	—	1	1
2003	3	4	1	1	—	2
2004	2	2	1	—	1	—
2005	3	2	1	1	—	—
2006	2	2	2	—	—	—
2007	1	1	—	—	1	—
2008	3	3	1	—	1	1
2009	3	3	—	3	—	—
2010	4	4	1	1	1	1

第四节　审判监督

民事审判监督

1986 年,市两级法院审结民事再审案件 5 件,其中维持原判 4 件、改判 1 件。1986—2010 年,市两级法院共审结民事再审案件 200 件,其中维持原判 82 件、改判 47 件、发回重审 31 件、调解 15 件、撤诉 3 件、其他 22 件。案件主要类型为合同纠纷 65 件、侵权责任纠纷 46 件、劳动争议纠纷 7 件、婚姻家庭纠纷 26 件、与公司有关的合同纠纷 5 件、合伙纠纷 5 件、其他纠纷 46 件。

表 30－3－14　　1986—2010 年景德镇市两级法院民商事审判监督案件审理一览表　　单位:件

年份	收案	结案	处理结果					
			维持	改判	调解	撤诉	发回	其他
1986	4	5	4	1	—	—	—	—
1987	4	2	—	1	1	—	—	—
1988	4	6	1	—	—	—	—	5
1989	7	6	—	1	—	—	1	4
1990	1	1	—	1	—	—	—	—
1991	3	4	1	2	—	—	—	1

续表 30-3-14

年份	收案	结案	处理结果					
			维持	改判	调解	撤诉	发回	其他
1992	11	7	4	2	—	—	—	1
1993	6	7	6	—	—	—	1	—
1994	7	5	4	—	—	—	—	1
1995	6	8	6	1	—	—	1	—
1996	6	6	4	1	—	—	1	—
1997	7	5	4	1	—	—	—	—
1998	5	7	1	1	1	1	1	2
1999	10	10	6	2	—	—	1	1
2000	5	6	4	1	—	—	1	—
2001	8	7	6	1	—	—	—	—
2002	9	9	7	2	—	—	—	—
2003	21	14	5	4	1	—	3	1
2004	18	22	4	6	6	—	5	1
2005	15	13	5	5	1	—	1	1
2006	18	18	7	3	3	—	5	—
2007	5	9	2	5	1	—	1	—
2008	5	3	—	—	1	—	1	1
2009	9	7	—	1	—	1	3	2
2010	14	13	1	5	—	1	5	1

说明:表中结案数含审结的旧存案件,故会出现结案数大于收案数的情况

刑事审判监督

80年代,刑事审判监督的主要内容以刑事申诉复查为主,有些案件为中华人民共和国成立初期的刑事生效判决,其申诉途径也多种多样,除当事人直接向法院申诉外,上级法院、人大常委会、政法委等机构转来处理的信访件也是刑事申诉案件的来源之一。1986年,审结刑事复查案件1件,为郑某现行反革命一案,改判其无罪。1987年,审结刑事申诉案件1件,为徐某反革命集团一案,改判其无罪。1988—2007年,市两级法院审结刑事再审案件81件,其中维持原判59件、改判10件、其他12件。2008—2010年,市法院未受理刑事再审案件,无刑事再审审结案件。1986—2007年,两级法院共审结刑事申诉再审案件83件,其中维持原判59件、改判12件、其他12件。

表30-3-15 **1986—2007年景德镇市两级法院刑事审判监督案件审理一览表**

年份	收案	结案	处理结果(件)			改判情况(人)				
			维持	改判	其他	无罪	免刑	减轻	加重	其他
1986	1	1	—	1	—	1	—	—	—	—
1987	1	1	—	1	—	1	—	—	—	—

续表 30-3-15

年份	收案	结案	处理结果(件)			改判情况(人)				
			维持	改判	其他	无罪	免刑	减轻	加重	其他
1988	17	17	16	1	—	—	—	3	—	—
1989	16	16	15	—	1	—	—	—	—	—
1990	1	1	—	1	—	1	—	—	—	—
1991	3	3	1	1	1	—	—	1	—	—
1992	10	8	3	2	3	—	—	1	1	—
1993	1	3	1	—	2	—	—	—	—	—
1994	2	2	1	1	—	—	—	1	—	—
1995	3	2	—	2	—	—	—	2	—	—
1996	—	1	—	—	1	—	—	—	—	—
1997	1	1	1	—	—	—	—	—	—	—
1998	3	3	3	—	—	—	—	—	—	—
1999	1	1	1	—	—	—	—	—	—	—
2000	4	4	3	1	—	—	—	1	—	—
2001	6	6	6	—	—	—	—	—	—	—
2002	3	3	3	—	—	—	—	—	—	—
2003	—	—	—	—	—	—	—	—	—	—
2004	6	5	2	—	3	—	—	—	—	—
2005	2	3	3	—	—	—	—	—	—	—
2006	1	1	—	—	1	—	—	—	—	—
2007	1	1	—	1	—	—	—	—	1	—

行政审判监督

1990年10月1日,《中华人民共和国行政诉讼法》施行后,行政审判监督工作随之展开。由于行政诉讼案件相对于刑事诉讼、民事诉讼数量要少,进入再审程序的行政案件更少。1990—2010年,有6个年度受理行政再审案件,两级法院共审结行政再审案件13件,其中维持原判7件、其他6件。

表30-3-16 **1995—2010年部分年份景德镇市两级法院行政审判监督案件审理一览表** 单位:件

年份	收案	结案	维持	改判	其他
1995	1	1	1	—	—
1998	7	7	3	—	4
2000	1	1	1	—	—
2005	1	1	1	—	—
2007	1	1	1	—	—
2010	2	2	—	—	2

典型案例

民事再审案例　杨某诉闫某借款纠纷一案经市中级人民法院调解结案。〔1996〕景民初字第10号民事调解书认定闫某未按时归还借款，后经市中级人民法院调解，双方达成协议：闫某将其在江苏省昆山市开发区体育建设开发公司某商品房1套转让给杨某，折款抵偿借款本息，除去上述折款外，余款应在调解书生效后10日内一次性付清。市第二建筑工程公司以该调解违法处理案外人财产为由，提出再审申请。市中级人民法院经复查认为，原调解协议内容违法，决定进行再审。随后，市中级人民法院作出〔1999〕景民再初字第001号民事判决书，认定闫某提出折抵给杨某的坐落于江苏省昆山市开发区体育建设开发公司某商品房，闫某未能提供该房屋的房屋产权证，该房屋依法不能认定为闫某个人的财产，闫某不能将房屋转让抵债。据此，依法判决：一、撤销〔1996〕景民初字第10号民事调解；二、闫某于本判决发生法律效力之日起10日内归还杨某借款本息。

刑事再审案例　1997年7月8日，胡某因犯盗窃罪、抢劫罪，被市珠山区人民法院判处有期徒刑3年零6个月。1998年12月30日，因减刑予以释放。1999年4月1日，市珠山区人民法院决定对胡某盗窃、抢劫一案进行再审，维持对胡某犯盗窃罪，判处有期徒刑1年的判决；认定胡某犯抢劫罪，改判有期徒刑7年；对胡某犯盗窃罪、抢劫罪决定执行有期徒刑7年。后胡某不服再审判决，提出上诉。市中级人民法院经审理认为，原再审判决认定胡某所犯盗窃罪，结合其犯罪金额和自首情节，按照刑法确立的“从旧兼从轻”原则，对胡某的判决适当，应予维持。原再审判决认定胡某参与抢劫，并在抢劫过程中动用菜刀威胁被害人的情形属实，鉴于该案是原审法院按审判监督程序提起再审，被告人胡某已受刑事处罚，服刑期间改造较好，刑满释放后未犯新罪等情况，原再审判处胡某有期徒刑7年偏重，应予改判。依照《中华人民共和国刑事诉讼法》第一百八十九条第(二)项、1979年《中华人民共和国刑法》第一百五十条和《中华人民共和国刑法》第十二条、第二百六十四条、第六十七条、第六十九条之规定，认定胡某犯盗窃罪，判处有期徒刑1年；犯抢劫罪，判处有期徒4年；决定执行有期徒刑4年。

行政再审案例　乐平市某煤矿不服乐平市环境保护局行政处罚决定，向乐平市人民法院提起行政诉讼，乐平市人民法院经审理后作出〔1998〕乐行再字第05号行政裁定，驳回起诉。乐平市某煤矿不服该裁定，向市中级人民法院提出上诉。市中级人民法院经审理认为，乐平市环境保护局作出的乐环罚字〔1996〕第05号行政处罚决定明确告诉乐平市某煤矿的诉权，该煤矿收到该行政处罚决定书后，在法定期限15天内既没有向上级行政机关申请复议，也没有向法院起诉。因此，乐平市环境保护局作出的乐环罚字〔1996〕第05号行政处罚决定书发生了法律效力。经查，乐平市某煤矿向人民法院提起行政诉讼时已超过起诉期限，依法不受法律保护，乐平市某煤矿提出的其没有丧失诉权的上诉理由不予采纳。市中级人民法院依法裁定驳回上诉，维持原裁定。

信访监督

信访受理　1986—2001年，市中级人民法院受理的群众信访案件有2000余件，对属人民法院受案范围的，查明管辖范围，及时移送有关审判庭或有管辖权的人民法院立案审理。对案情简单、争议较小、责任明确的简易纠纷，由信访干部及时调处，免除诉讼之累；对一些矛盾容易激化，可能导致严重后果的信访，则给予优先处理。2002—2003年，信访工作贯彻执行《信访条例》，立足审判职能，按照市中级人民法院制定的《“1+4”信访接待工作制度》，妥善处理集体访、告急访，共接待来信来访1579件(次)，接待集体来访6批270余人，办理省高级法院、市委政法委等部门转交信访案件42件，主持听申会18次，进入复查案件12件。2004年，受理信访案件813件(次)，接待集体来访8批130人次，办理省高级法院、市人大常委会、市委政法委等部门交办的涉法信访案件83件，主持听申案件8件，进行复查案件22件。2005年，受理信访案件832件(次)，其中进入复查32件，进入再审14件。2006年，受理信访案件871件(次)，其中进入复查16件，进入再审6件。2008年，受理信访案件671件(次)。2009年，受理信访案件128件(次)，已化解及暂息访59件。2010年，受理信访案件680件(次)，其中进入复查14件，进入再审8件，所有来信均有回音，所有来访均有接待。

信访制度　1998年，恢复并坚持每周“院长接待日”制度。1999年，制定《“院长接待日”申诉案件听申

试行办法》,对听申组成人员、听申的范围、听申程序、听申前期审查、听申后的处理等情形作详细的规定。2001年,市中级人民法院制定《当事人初次信访接待工作制度》,做好初信初访工作。2002年8月,改革信访接待工作机制,制定《"1+4"信访接待制度》,明确规定由1名院长(副院长)、1名特邀监督员、1名业务庭长、1名审判长、1名立案庭负责人共同参与信访接待。2004年,推出《信访工作动态》,定期统计、分析、通报信访接待有关事项。2007年,市中级人民法院制定《关于规范信访工作的若干意见》,建立信访工作联席会制度。3月,被省高级人民法院授予全省法院立案信访工作目标考评先进单位称号;12月,被最高人民法院授予全国法院信访工作先进集体称号。2008年,制定《关于全面推行法官判后答疑制度的若干规定》,全面深化判后答疑工作。4月,被省委政法委授予2007年集中排查化解涉法涉诉信访问题先进集体。2009年10月,市中级人民法院制定《信访工作督促通报和责任追究制度》,进一步规范信访考评机制。

审判改革

审判组织改革　2000年,为实现精英审判的目标,市两级法院完成首批审判长公开选任试点工作。经过笔试、实庭考核、公职演讲、民主测评、组织考察等程序,市中级人民法院选任产生审判长5人,珠山区、浮梁县人民法院选任首批审判长4人,独任审判员2人。2002年,全市法院共遴选出审判长53人,占法官总数的17.60%。是年,制定《景德镇市中级人民法院审判长暂行规定》,对审判长的资格、选任、职责等作出规定,力求"权"与"责"相统一。

审判方式改革　民事审判改革。80年代后期,全国民事审判工作落实公开审判要求,着重强调公开开庭,公开举证、质证,公开宣判等环节。1991年,《中华人民共和国民事诉讼法》颁布实施后,改革民事审判方式,以推进庭审工作为重点,突出有证据在庭上举、陈述辩论在庭上说,民事审判的公开开庭审理率稳步提高。民事案件审理按"谁主张、谁举证"原则,逐步做到当庭举证、质证、论证,部分案件做到当庭审判。同时强化合议庭职权,改变案件由审判委员会决定的做法,大部分的案件均由合议庭审理后作出裁判。1997年,对民事案件推行"一步到庭"。强调举证、质证、认证工作当庭举行,实行"控辩式"庭审方式,加快办案节奏,增强案件审理的透明度。推行错案责任追究制和案件当事人双向监督制度,使审判工作置于有效监督之下。2003年,最高人民法院出台《关于民事诉讼证据的若干规定》,完善证据时限制度、举证责任制度、庭前证据交换制度、非法证据排除制度等。

刑事审判改革。1996年,国家对刑事诉讼法进行修改,对审判制度尤其是庭审方式进行改革,强调庭审应当为"控辩式"。2012年,刑事诉讼法又再次进行修订,要求"以侦查为中心"转变为"以审判为中心"。

行政审判改革。1990年,行政审判改革围绕被诉具体行政行为合法性的审查,强调行政机关的举证责任。强化合议庭职权,由合议庭审理并作出裁判。2003年,最高人民法院出台《关于行政诉讼证据若干问题的规定》,完善证据时限制度、举证责任制度、庭前证据交换制度等,充分保障行政相对人的合法权益。行政诉讼法实施20年来,在推进"民告官"法律化、确立"依法行政"观念、完善行政法治体系、保障行政相对人合法权益等方面取得巨大进步。

审判监督改革　1989年,《中华人民共和国行政诉讼法》颁布实施,标志着全国的审判监督制度终于在法律体系中落实。由于三大诉讼法对审判监督程序的规定十分原则、简略,各地实践中有时出现程序混乱、裁判不一的情况。最高人民法院不断推进审判监督改革。

2003年,为适应审判监督制度改革的需求,景德镇市法院进行机构上的调整。原有的告诉申告庭撤销后,分设立案庭和审判监督庭,审判监督有专门的机构和队伍。2005年,随着立案庭、审判监督庭的职能进一步明确,再审审查职能由立案庭负责,真正实现再审案件的立、审分离。即实现再审审查、再审审理的两个阶段程序分离和审判人员的分离。再审审查由立案庭负责,再审案件审理由审判监督庭负责,不再是同一个合议庭既对案件进行再审审查,决定是否启动再审,又对案件进行重新审理。2008年4月1日,《中华人民共和国民事诉讼法》施行,由基层法院审理的当事人申请裁定再审案件,均由市中级人民法院负责审理。

审判管理模式改革　2000年起,市、县(区)两级法院按照大立案的要求,将刑事、民商、行政、执行等各类案件的收案、立案集中在立案庭,初步建立立审分立、审执分立、审监分立、职责分明的新型审判机制。2003年,取消经济审判庭,建立大民事审判格局。按照受理民事案件的不同类别,市中级人民法院原经济审判庭和民事审判庭被分设为民事审判第一庭、民事审判第二庭、民事审判第三庭、民事审判第四庭。各县(区)法院根据需要设立相应的民事审判庭。同时为加强对案件审理的监督管理,法院推行审判流程管理、排期开庭、质量评查和案件审限追踪制度。市中级人民法院实行每月对超审限案件和即将到期案件进行审限通报。在再审和减刑等案件中,推行听证管理,提高审理的透明度。同时,在立案时试行诉讼风险预先告知等制度。

裁判文书改革　2000 年起,为进一步规范裁判文书的样式,增强裁判文书的规范性、权威性和严肃性,市中级人民法院通过试行文书套印封面封底。同时专门制订裁判文书技术规范要求,统一标准,法官按照统一规范的格式制作裁判文书。

人民陪审员工作　2005 年,全市 4 个基层法院进行人民陪审员第一批选任,共选任 103 人。2007 年,乐平市人民法院进行第二批人民陪审员选任,共选任 4 人。4 个基层法院选任的人民陪审员人数与所在法院法官人数的比例超过 50%。至 2010 年,全市法院人民陪审员参与案件审理 3082 件。第一批人民陪审员上岗培训由市中级人民法院统一集中组织,此后的培训由各基层法院自行组织。培训方式采取集中培训、理论与实践相结合,共组织人民陪审员培训 25 个班次。

第五节　判决执行

1986 年,市中级人民法院未单独设立执行庭,实行“审执合一”,由案件承办人员自己负责执行。1991 年,随着审判工作量逐年增大,案件大幅度上升,改为“审执结合”,设立执行庭,专门负责案件执行工作。当年执结案件 404 件,执结标的金额 656.89 万元。1993 年,执结案件 432 件,执结标的金额 714.96 万元,市中级人民法院执行庭获全省法院系统十佳执行庭称号。1996 年,执结案件 560 件,执结标的金额 1020.11 万元。1998 年 9 月,全国法院统一行动,集中清理未结执行案件,市中级人民法院在统一行动中,执结案件 463 件,全年执结案件 642 件,执结标的金额 1631.71 万元。1999 年,制定《景德镇市 1999 年执行年活动方案》,全市两级法院组织开展 1999 年执行年活动,集中时间,统一指挥,开展一系列执行“攻坚”活动,选择一些“骨头案”“钉子案”实行滚动式执行,解决“执行难”问题。全年执结案件 551 件,执结标的金额 4455.57 万元。2002 年,创新执行机制,采取公布财产举报电话、提级执行、交叉执行、网上捐卖和发放债权凭证等新举措,克服“执行难”。全年执结案件 787 件,执结标的金额 4562.98 万元。2003 年 1 月 27 日,在执行庭基础上组建执行局,为市中级人民法院内设机构,执行局内设综合室、执行一庭、执行二庭。是年,加快和改进执行工作,对难以执行的案件,采取财产举报、委托评估、债权凭证、股权拍卖、债权债务置换、公告执行等措施,全年执结案件 1464 件,执结标的金额 1.19 亿元。2004 年,市中级人民法院执行局升格为副县级。是年,完善执行工作机制,规范执行内部监督管理,实行执行裁决权、实施权、监督权“三分离”。规范委托评估、拍卖、变卖等规则程序,提高执行效率。全年执行结案件 810 件,执结标的金额 1.12 亿元。

1991—2010 年,全市两级法院共执结案件 15383 件,执结标的金额 33.15 亿元。

表 30-3-17　　**1991—2010 年景德镇市两级法院执行结案一览表**

年份	结案数(件)	结案标的(万元)	年份	结案数(件)	结案标的(万元)
1991	404	656.89	1997	752	1436.45
1992	433	772.59	1998	642	1631.71
1993	432	714.96	1999	551	4455.57
1994	411	689.15	2000	647	7261.41
1995	509	1200.28	2001	642	4554.31
1996	560	1020.11	2002	787	4562.98

续表 30-3-17

年份	结案数(件)	结案标的(万元)	年份	结案数(件)	结案标的(万元)
2003	1464	11977.44	2007	1217	19126.67
2004	810	11240.58	2008	956	41084.48
2005	712	23023.66	2009	1321	118948.01
2006	779	37864.23	2010	1354	39327.94

第六节　机构队伍

市中级人民法院

1986 年,市中级人民法院内设机构有办公室、人事科、告诉申诉审判庭、监察室、经济审判庭、民事审判庭、刑事审判庭等部门。1987 年,设立行政审判庭。1991 年,设立执行庭。1995 年,成立国家赔偿委员会。1998 年 4 月,筹建法警支队。是年,政治处更名为政治部。1999 年,组建知识产权庭,后更名为民事审判第三庭。2000 年,告诉申诉审判庭分设立案庭和审判监督庭。2003 年,撤销执行庭,组建成立执行局,内设综合室、执行一庭、执行二庭。2010 年,市中级人民法院内设机构有 19 个:办公室、政治部、立案庭、刑事审判第一庭、刑事审判第二庭、民事审判第一庭、民事审判第二庭、民事审判第三庭、民事审判第四庭、行政审判庭(国家赔偿委员会办公室)、审判监督庭、执行局、研究室、司法技术处、司法警察支队、监察室、机关党委、机关后勤服务中心、法官培训中心,定编 119 人,其中中央政法编制 105 人,事业编制 14 人。

基层法院

乐平市人民法院　1986 年,乐平县人民法院内设办公室、刑事审判庭、民事审判庭、经济审判庭等部门。1988 年 6 月,增设执行庭。1989 年 7 年,增设行政审判庭。1991 年 3 月,增设政工科。6 月,增设告诉申诉庭。1993 年 1 月,乐平县人民法院更名为乐平市人民法院。1998 年,成立接渡法庭、礼林法庭、塔前法庭、高家法庭。1999 年 6 月,增设监察室、研究室、司法技术处和司法警察大队。2000 年 8 月,告诉申诉庭变更为立案庭和审判监督庭。

2001 年 2 月,民事审判庭更名为民事审判第一庭,经济审判庭更名为民事审判第二庭。7 月,增设少年法庭。12 月,增设机关后勤服务中心,少年法庭更名为未成年人刑事审判庭。2003 年,执行庭变更为执行局。2010 年,乐平市人民法院内设机构有办公室、政工科、立案庭、刑事审判庭、民事审判第一庭、民事审判第二庭、行政审判庭、审判监督庭、执行局、研究室、司法技术处、法警大队、监察室(纪检组派驻机构),定编 113 人,其中中央政法编制 79 人,事业编制 34 人。下辖港口法庭、临港法庭、双田法庭、众埠法庭、接渡法庭、礼林法庭、塔前法庭、高家法庭。

浮梁县人民法院　1989 年,浮梁县人民法院内设办公室、刑事审判庭、民事审判庭、经济审判庭、行政审判庭、司法警察中队等。1990 年,增设执行庭。1991 年,增设告诉申诉庭。1992 年,增设政工科。1994 年,增设监察室。1998 年,增设研究室,成立鹅湖法庭、湘湖法庭、寿安法庭、经公桥法庭、蛟潭法庭、三龙法庭。2001 年,民事审判庭变更为民事审判第一庭,经济审判庭变更为民事审判第二庭。2003 年,增设机关后勤服务中心,执行庭变更为执行局,告诉申诉庭变更为立案庭和审判监督庭,司法警察中队变更为司法警察大队。2004 年,政工科变更为政治处。2010 年,浮梁县人民法院内设机构有办公室、政工处、立案庭、监察室、研究室、刑事审判庭、民事审判第一庭、民事审判第二庭、行政审判庭、审判监督庭、执行局、司法警察大队,定编 64 人,其中中央政法编制 58 人,事业编制 6 人。下辖鹅湖法庭、湘湖法庭、寿安法庭、经公桥法庭、蛟潭法庭、三龙法庭。

昌江区人民法院　1986 年,昌江区人民法院内设办公室、刑事审判庭、民事审判庭、经济审判庭。1987

年，增设行政审判庭。1989 年，增设告诉申诉庭。1992 年，增设执行庭。1998 年，增设政工科。2001 年，增设监察室，民事审判庭变更为民事审判第一庭，经济审判庭变更为民事审判第二庭。2003 年，执行庭变更为执行局。2004 年，设立法警大队、研究室。2007 年，告诉申诉庭变更为立案庭和审判监督庭。2009 年，增设后勤服务中心和书记官处。2010 年，昌江区人民法院内设机构有办公室、政工科、监察室、研究室、立案庭、刑事审判庭、民事审判第一庭、民事审判第二庭、行政审判庭、审判监督庭，定编 62 人，其中中央政法编制 51 人，事业编制 11 人。下辖鱼山法庭。

珠山区人民法院　1986 年，珠山区人民法院内设机构有民事审判庭、经济审判庭、刑事审判庭。1987 年 4 月，设立行政审判执行庭。1988 年 2 月，设立告诉申诉庭和法警队，成立新厂法庭。1990 年 2 月，行政审判执行庭变更为行政审判庭，同时设立执行庭和政工科。1993 年，设立纪检组和监察室。1994 年 4 月，法警队更名为法警中队。1996 年 2 月，法警中队更名为法警大队。1997 年 3 月，增设研究室和审判监督庭。1998 年 2 月，成立少年案件审判庭。2000 年 5 月，成立立案庭。7 月，撤销告诉申诉庭，撤销新厂法庭。2001 年 8 月，民事审判庭变更为民事审判第一庭，经济审判庭更名为民事审判第二庭。2003 年，执行庭变更为执行局，下设执行一庭和执行二庭。3 月，成立机关后勤服务中心。2010 年，珠山区人民法院内设机构有民事审判一庭、民事审判二庭、刑事审判庭、办公室、执行局（执行一庭、执行二庭）、行政审判庭、法警大队、立案庭、政工科、少年庭、监察室、研究室、审监庭、审管办、知识产权庭，定编 80 人，其中中央政法编制 73 人，事业编制 7 人。

队伍建设

1986—1996 年，全市两级法院干警的来源主要有向社会招干、高等院校毕业分配、退伍军人转业安置、其他行政单位调用等。1999 年，全市两级法院首次开展“争创人民满意的好法院，争当人民满意的好法官”活动，坚持从人民满意的事情做起，从人民不满意的事情改起，推行“院长接待日”“告申扶助基金”制度，明示案件受理程序，对下岗职工及特困群众缓、减免诉讼费等系列便民措施，塑造人民法院和人民法官的良好形象。当年评选出“人民满意办案单位”10 个、“人民满意的好法官”10 人。

2000 年，首次开展“双十佳”评选活动，评选出“十佳先进单位”10 个、“十佳法官”10 人。2002 年，开展“争创人民满意的好法院、争当人民满意的好法官”和“双十佳”评选活动，在乐平市人民法院开展“星级创优”试点工作。当年省高级法院授予乐平市人民法院俞坚敏一等功，评选出人民满意的“十佳先进单位”10 个、“十佳法官”10 人。2003 年，市中级人民法院组织开展“星级创优”活动，制定《景德镇市中级人民法院“星级创优”活动星级评定办法（试行）》《景德镇市中级人民法院“星级创优”季度评优和年终定级具体实施意见》《法院干警“星级创优”十个一票否决》等制度。通过开展“星级创优”活动，增强法官的职业责任感、荣誉感和使命感。当年有 1 人获全国模范法官称号，1 人获全国“严打”先进个人，1 人被评为全省十大杰出青年，9 人被评为全省政法系统和法院系统人民满意的干警，20 名干警荣立个人三等功。

2004 年，全市两级法院加强队伍建设，选调法官到国家法官学院、省法官培训学院和党校深造学习；鼓励干警参加各种学历教育，提升干警专业层次；采取学历教育与技能培训相结合的方式，举办各类培训班，培训干警 40 人。当年市中级人民法院的法官队伍中获得本科以上学历超过 80%，在职法律硕士研究生 5 人。2005 年，两级法院共招录公务员 5 人，其中市中级人民法院 2 人、基层法院 3 人。2006 年，法院进人采取以全省公务员招录及法检专招为主，退伍军人转业安置为辅的方式。市中级人民法院同时向基层法院遴选优秀干警。当年共招录公务员 25 人，其中市中级人民法院 6 人，基层法院 19 人。2007 年，全市基层法院共招录公务员 16 人。

2008 年，法检招考，有全日制研究生被招录到市中级人民法院。当年共招录公务员 5 人，其中市中级人民法院 4 人、基层法院 1 人。2009 年，招录公务员 9 人，其中市中级人民法院 2 人、基层法院 7 人。2010 年，招录公务员 21 人，其中市中级人民法院 4 人、基层法院 17 人。全市两级法院机关共有中央政法编制 366 人、事业编制 72 人，实有干警 385 人，其中 46 人通过国家司法考试，具有审判资格 273 人，中共党员 290 人。市中级人民法院实有干警 111 人，其中中共党员 79 人；共有三级高级法官 11 人、四级高级法官 25 人，一级法官 27 人、二级法官 3 人、三级法官 3 人、四级法官 2 人。

第四章 司法行政

1985—2010年,顺利实施“一五”至“五五”全民普法规划,全市公民法制观念和法律素质不断增强,依法治市深入发展。律师工作业务由刑事辩护为主向民事代理、担任法律顾问、办理非诉讼和涉外事务全方位发展。公证业务从国内公证向涉港澳台、涉外经济公证发展,业务水平不断提升。人民调解“调防结合、以防为主”,充分发挥了维护基层稳定“第一道防线”的作用。司法鉴定业务水平得到质的提升,为纠纷的调解和案件的审判提供了科学的依据。考务中心在司法考试工作中发挥服务保障的作用,积极为考生提供全方位的备考服务。劳教人员和刑释解教回籍人员感化、安置帮教工作进一步加强,建立起一整套管理教育制度,大多数劳教人员和刑释解教回籍人员被教育转化成遵纪守法、自食其力、有益社会的劳动者,促进社会和谐稳定。

第一节 普法教育

“一五”普法

1986年2月,市委批转市普法领导小组办公室《关于县团级领导干部学法的安排意见》。6月6—10日,市人大常委会先后视察全市43家单位的普法工作情况。10月15—17日,市司法局在市劳教所举办珠山、昌江、蛟潭、鹅湖区司法局干部业务座谈学习班,共20余人参加学习。市司法局组织律师、公证员6人先后为市人大常委会、老干部局、珠山区等72家单位讲法制课,共计736个课时,听众达1.70万人。是年,全市累计征订《干部法律常识读本》《职工法律常识读本》《农民法律常识读本》和其他辅导材料共11.01万本。1987年,市司法局编印《民法通则学习资料》,作为普法辅导资料下发全市学习。

1989年,市委宣传部、市司法局联合开展以宪法为核心的法制宣传教育活动。12月,开展农村普法宣传月活动。全市按照1%的比例配备法制宣传员9000余人,编印发放法律知识读本和其他普法资料100余万册,先后在24个厂矿企、事业单位和乡、村进行普法试点,共80余万人参加普法学习。累计展出宣传橱窗2865期,组织全市大型法律咨询48次,举办各种培训班1741期、法制宣传展览240次、全市性法律知识竞赛7次、法制报告会26场、法制文艺演出158场。1990年12月,市物资局、光明瓷厂、乐平县坎上乡获全省普法先进集体称号。

“二五”普法

1991年8月,市委、市政府批转《关于在全市公民中开展法制宣传教育的第二个五年规划》,“二五”普法教育工作启动,逐步健全各级普法领导机构,配备宣讲员8986人,购置普法教材5万余份,张贴普法宣传标语1.80万条,开展各种形式的法律咨询300余次。1992年,在庆祝1982年宪法颁布10周年之际,举办“红光杯”宪法知识电视竞赛,全市有32个单位的代表队参赛,并组成市代表队参加全省宪法知识电视大赛,获第2名。1993年,全市普法教育的重点是“三法二条例”(宪法修正案、税收征管法、未成年人保护法、《中华人民共和国道路交通保护条例》《江西省社会治安综合治理条例》),市普法办与市委党校联合在全省率先成立普法培训中心,组建普法讲师团,聘请专家学者27人为讲师团成员。全市举办普法骨干培训班8期,培训400余人;举办各级领导干部培训班6期,培训2500余人;编发“三法二条例”教材1.50万份,“二条例”学习百题解答材料1万余册;开办宪法修正案专题知识讲座6期,举办“光明杯”社会治安综合治理知识竞赛,学习普及率达80%。1994年,开展“六法二条例一办法”(农业法、公司法、消费者权益保护法、产品质量法、反不正当竞争法、经济合同法、公务员暂行条例、国防教育条例、江西省实施《中华人民共和国归侨、侨眷权益保护法》办法)的普及教育工作,共编印《全市公民必读法律法规及参考辅导材料》3万册,举办全市普法骨干、副科及以上干部等培训班100期，共培训1.20万人，举办“银电杯”“真空杯”等法律知识竞赛10次，参加知识竞赛的干部人数达10万人。编演大型法制文艺专场节目《为了大地的安宁》。

1995年，全市开展公民“六法”的学习，市委常委会中心学习组带头听取法制讲座，全市近800名副县级以上领导干部、2000余名副局(科)级以上干部参加干部进修班学习和轮训。10月5日，市普法领导小组制定《景德镇市“二五”普法考核验收实施办法》及评分标准，组织8个考评小组抽查49个乡镇、村居委会、厂矿、医院基层单位进行考核验收，听取汇报89次，召开座谈会56次586人，现场抽考392人。11月6—8日，省“二五”普法工作检查组确认景德镇市全面完成“二五”规划任务并达标。

“三五”普法

1996年8月19日，市委、市政府批转《关于在全市公民中开展法制宣传教育的第三个五年规划》，全市“三五”普法启动。9月26日，市人大常委会通过《关于进一步开展法制宣传教育的决议》，在全市公民中进行宪法、刑法、刑诉法、香港特区基本法、行政监察法等法律、条例、决议的普及教育。是年，组织全市首届法制文艺会演，共有20余个单位选送节目参演，珠山区获一等奖，浮梁县、景德镇监狱获二等奖；举行“三五”普法板报展，参展板报28块，市建设局、市教育局获一等奖，乐平市、市交通局、市计生委获二等奖；召开法制教育理论研讨会，共收到稿件45篇，市国税局获一等奖，市教育局、乐平市获二等奖。1997年4月18日，市教委和市司法局联合下发《关于加强对青少年学生法制教育的意见》，要求在小学、中学、大学开设相应的法制课程，加强和提高法制课程师资力量和水平，提升对青少年学生的法制教育水平。

1998年，市普法领导小组决定，将全市公民共学法列入国家公务员年度考核。12月9日，市人事局、市司法局下发《关于公务员年度考核中进行法律知识测试的通知》，当年有1.20万人参加测试。全市共主办各类知识竞赛、演讲会、法制讲座40余场次，出动宣传车60余辆次，法律咨询近百余场、印发各类宣传资料10万余份，电视、电台、报纸专题报道200余篇，邀请外省法制文艺演出团组织法制文艺专场演出6场。

1999年，市普法办先后举办3期普法宣讲骨干学习班，为各单位培训260余名宣讲骨干，各基层单位举办各类普法学习班1600余期。2000年8—9月，全市开展法制宣传月活动，市领导班子成员与全市200余名领导干部参加法制讲座，观看《今日学法》录像片，听取清华大学法学院教授于安讲课。市司法局会同市人民法院、市人民检察院、市公安局、市广电局以市内发生的典型案例为内容，拍摄4集法制教育专题片，每周在市电视台播出。乐平市开展送法下乡活动，浮梁县组织普法教育图版巡展，昌江区开展中小学生“我与爸爸妈妈共学法”活动，珠山区开展黑板报法制宣传等活动。10月17—22日，全市组成6个考评小组，依据《景德镇市“三五”普法考核验收实施细则》，对全市4个县(市、区)及49个综合部门“三五”普法规划实施情况进行全面考核验收。

“四五”普法

2001年2月6日，市普法领导小组下发《关于开展送法律下乡活动的通知》，组织全市160余家单位开展送法律下乡活动，共送学习资料5万余份，上法制课8000余次，出宣传栏1.50万期，法律咨询3000余次。8月28日，市委、市政府批转《关于在全市公民中开展法制宣传教育的第四个五年规划》。8月31日，市人大常委会通过《关于进一步开展法制宣传教育的决议》，在公民中进行以宪法为核心的基本法律和有关经济发展、社会稳定以及与公民生产、生活密切相关的法律法规为主要内容的法制宣传教育。10月21日，市普法领导小组组织全市领导干部观看由辽宁省铁岭市普法艺术团到景德镇市进行的专场法制文艺演出。

2002年，市普法办围绕“四五”普法目标，开展“12·4”法制宣传日、法律进万家、法律进社区宣传教育活动，全市出动宣传车13辆次，制作宣传图版300余块，黑板报、宣传板210块，散发宣传资料5万余份，赠送和发行法律书刊1万余册，义务法律咨询3000余人次。

2003年6月16日，成立景德镇市“四五”普法宣讲团，聘请12名专家学者为普法宣讲团成员。12月4日，乐平市组织400人组成的宣讲团，开展“法制进万家”活动，深入200个村委会进行宣讲，浮梁县寿安镇组织大型送法下乡活动，珠山区、昌江区组织开展“法律进社区”活动。配合抗击“非典”疫情，印发传染病防治法、公共卫生应急条例宣传小册子和宣传图2万余份送到农村和社区。

2004年，宣传普及以宪法为核心的“五法三条例”。3月，举行“宪法与宪法修正案”学习讲座。发行全省重点普及法律法规学习教材近13万册,举办各类学习班2600期,有13万余人次的普法骨干接受培训,其中参加市级普法骨干培训的1800余人,全市副县级以上干部近3400人(次),市、县、区科级干部3.2万人次参加重点普及法律法规普及轮训。还组织1400余名村干部、2.60万名各级领导干部和公民参加法律知识考试。7月,在行政许可法颁布实施后,各专业法涉及部门重新编印各种相关宣传资料近10万册;财税部门每年开展税法宣传月活动;农业部门编印农业法、农村土地承包法宣传资料6万余份;金融系统组织大型宣传活动,普及金融新法律知识;国家安全部门编印宣传资料发放到重点企业、重点地区。全市37个行政执法机关编印《依法行政便民手册》1万册,发送给人大代表、政协委员和广大干部群众和基层单位。

2005年,市普法办组织开展以"一学三讲"(即学法律、讲权利、讲义务、讲责任)为主题的法制宣传活动,举办各种形式的座谈会、报告会。聘请省对台办主任讲解反分裂国家法,有700余名副县级以上领导干部参加。根据普法工作需要,举办法制宣传骨干培训班3期,培训160余人,全市共有2.80万人参加法律知识考试。9月5日,组成10个考评小组,对县(市、区)和全市120个单位部门"四五"普法情况进行考核验收,通过省法制宣传教育领导小组考核验收。景德镇市被中共中央宣传部、司法部授予全国法制宣传教育先进城市称号。

"五五"普法

2006年6月12日,市委、市政府批转《在全市公民中开展法制宣传教育的第五个五年规划》。7月24日,市人大常委会通过《关于在全市公民中进一步加强法制宣传教育的决议》,全市"五五"普法教育工作全面启动。全年共办培训班300余期,培训各类骨干1800余人。全市副科级以上领导干部近9000人参加法律知识课,公民3万余人参加重点宣传普及法律知识考试。

2007年3—9月,全市开展"百千三"专项活动,由100个法律服务单位,千名司法行政机关工作人员,在全市集中开展纠纷排查调处、法制宣传教育和法律服务活动。通过进村入户开展法制宣传,排解矛盾纠纷30万户,印发宣传资料8万余份,张贴标语1.30万条,出动宣传车62辆次,出墙报、宣传栏410余期,办培训班98期,举办法制讲座190余场,办活动专刊26期,在《法制日报》、中国普法网上发稿4篇,在省级刊物上发稿31篇,在市级媒体上发稿72篇。12月4日,举行《农村实用法律读本》首发式,各县(市、区)同时举行大型"送法下乡"启动仪式,全市共编印《农村实用法律读本》2万余册。组织20余家单位在市中心广场举行大型法律咨询服务活动。全年举办培训班290余期,培训各类骨干1500余人,近万名各级领导干部参加法律考试。

2008年3月20日,在全市开展"千千万"活动,组织法律服务人员与千家企业结服务对子,全市企业结对1003家,结对法律服务机构103个;为农民上千堂法制课,听课人数8万余人;为农民送万本(册)法律宣传书籍,送法下乡189次,发放法律书籍近4万册。全市举办各类普法培训班161期,培训普法骨干5000余人。建立法制宣传教育人才信息库,至年底,登记入库骨干近200人、义务宣讲员5000余人。同时,市本级还建立QQ普法之家宣传网,各县(市、区)、市直各单位、企业、院校均成为QQ成员,成为普法信息平台。

2009年2月26日,为纪念"三八"国际劳动妇女节99周年,开展"三八"妇女维权周法制宣传活动,举办讲座,开展咨询,发放宣传单,召开座谈会。9月,全市开展"瓷都法治宣传月"活动,共组织法律咨询62场次,张贴横幅172条,电子显示屏播出法制宣传口号10条,法制长廊内容更新4次,发放各类法律资料1.70万份。10月,《景德镇日报》开设法制专栏,市电视台《法制档案》增设法律解答栏目,市政府开通景德镇法制网,为群众答疑解惑。当年全市参加领导干部法律知识考试共2.07万人。景德镇市组织青少年参加全省青少年法律知识竞赛,获第一名,并代表江西省参加全国青少年法律知识竞赛,获三等奖。

2010年,全市开展以送法进企业、农村、社区为主的"法律六进"活动,通过集中开展法制宣传、举办讲座授课、知识竞赛、巡回宣讲、办好法制宣传长廊、建设法治文化园地等,深化民主法制示范村、民主法制社区和学法、用法示范机关(单位)法制创建活动。编制《领导干部法律知识问答》《农村实用法律知识读本》,为领导干部和农民提供学法的教材。全市举办各类普法培训班60余期,培训普法骨干5000余人。6月17—30日,全市组成7个考评小组,对4个县(市、区)、高新区、陶瓷工业园区和121个单位部门进行"五五"普法检查验收。之后,通过省法制宣传教育领导小组考核验收,全面实现"五五"普法任务,景德镇市获全国法制宣传教育先进城市称号。浮梁县获全国法制宣传教育先进县称号，市地税局获全国法制宣传教育先进单位称号，市司法局局长王玉萍获全国法制宣传教育先进个人称号。

第二节　人民调解

调解组织

1986年年初，全市共有人民调解委员会635个。1991年，成立乡镇调解委员会和村（居、社区）调解组织，全市共有调解组织672个，调解人员4113人。4月，浮梁县西湖乡与安徽省祁门县新安乡组建跨省边际调解委员会，开展边际联调工作，解决疑难积案5起。全市共建有各级调解组织681个，人民调解员4407人。1997年5月22日，市司法局、市工商局联合组建市河西菜市场调解委员会，下设2个调解小组。2005年，全市调解组织通过整改调整，保留调解组织651个，调解人员4106人。2008年，医患纠纷专业调解委员会成立，为全省第一个医疗专业调解组织，办公室设在市司法局基层科。2009年5月，市司法局在市华意压缩机股份公司成立第一家企业人民调解委员会，浮梁县司法局在景德镇陶瓷学院设立校园纠纷调解工作站，珠山区相继成立"妈妈调解团""夕阳红调解团""党员调解团"等人民调解团体。2010年，市预防和处理医患纠纷领导小组和景德镇市医患纠纷调处中心成立，共有调解员6人，主要处理全市重大疑难的医患纠纷，全年共调处纠纷33起，协调医疗单位赔偿患者近58万元。至2010年，全市共有调解委员会773个，其中乡镇（街道）调解委员会54个、村（居）一级调解委员会657个、企业调解委员会31个、其他专业性调解委员会31个。调解人员7227人，其中乡镇（街道）362人、村（居）委会6779人、企业单位86人，专职调解员3578人，兼职调解员3649人。

民事调解

1989年6月17日，贯彻实施国务院《人民调解委员会组织条例》，当年全市调解纠纷5627件。1990年4月19日，司法部颁布《民间纠纷处理办法》，进一步对人民调解工作的规定和要求作出调整，人民调解委员会不再调解轻微刑事案件，当年调解纠纷5412件。1991—1992年，人民调解以防止矛盾激化为重点，共调解纠纷1.63万件，防止民转刑337件。1996年，调解收案数为5762件，调解成功5450件，防止民转刑案43件58人次。

1997年，全市开展创"四无"活动（无民事纠纷引起自杀、引起刑事案件、引起械斗、引起上访）。共排查纠纷1078件，防止非正常死亡33件，防民转刑和纠纷引起械斗78件。1999年，全年调解纠纷4920件，调解成功4865件，防民转刑案55件，防自杀107件，防群体性械斗7起。乐平市涌山镇枫林村委会被司法部评为全国人民调解工作先进集体，浮梁县洗马村调委会主任洪礼著被评为全国人民调解工作先进个人。2003年5月，市司法局与市中级人民法院联合推出《关于人民调解协议书审核制》，对调解指导思想、调处原则、调解民间纠纷范围、调解程序等均作出界定，为调解组织的调解活动提供司法保障，全年调处纠纷4716件，防止因民间纠纷引起自杀事件157件，防止民转刑案件256件，制止群体性械斗24件，劝解群体性上访792件。2006年，全市调解各类矛盾纠纷5604件，防止纠纷激化245件，制止群体性事件29件。2009年，市中级人民法院和市司法局联合出台《关于人民调解员常驻人民法院开展调解工作的实施意见》，昌江区采取在社区警务室派驻人民调解员，矛盾纠纷由公安、司法联合调解的模式；乐平市采取"道德法庭"的模式，人民调解员和派出法庭的法官联合调解纠纷，构筑全市"大调解"工作机制。市司法局创新人民调解工作机制，以昌江区司法局为试点单位，探索人民调解与司法调解、行政调解的"三调联动"工作机制，全年联动调解成功案件达127件，收到"二少一高"（群体性事件和越级上访明显减少，赴京赴省上访、集体上访明显减少，调处疑难纠纷成功率明显提高）的效果。

2010年，市财政局和市司法局联合下文，对人民调解经费实行"以奖代补"制度，每季度对卷宗审核一次，对合格卷宗的一般案件奖励50元，重大疑难案件奖励100元，各县（市、区）司法局承担全市53个乡镇考核，由基层司法所考核所在基层村（居、社区）调委会。当年调解纠纷1.10万件，防止民转刑案件的发生，乡镇(街道)调解工作基本做到“小事不出村、大事不出乡镇(街道)、矛盾不上交”。至2010年,全市涌现全国模范人民调解员3人、全省矛盾纠纷化解能手4人。

表30-4-1　　**1986—2010年景德镇市民间纠纷调解一览表**

年份	调解总数(件)	调解纠纷种类(件)										防止民转刑案件数(件)
		婚姻纠纷	继承纠纷	赡养抚养	家庭纠纷	房屋土地	债券债务	生产经营	损害赔偿	邻里纠纷	其他	
1986	8420	1417	278	269	983	860	265	581	820	1052	1895	83
1987	7391	689	267	354	603	397	376	518	499	1821	1867	61
1988	5339	245	192	169	349	267	198	346	517	1803	1253	52
1989	5627	367	211	186	376	297	234	372	543	1631	1410	71
1990	5412	378	225	205	383	185	298	402	528	1521	1287	31
1991	7136	397	282	269	334	157	367	489	611	1902	2328	58
1992	9190	442	371	292	482	301	482	642	662	2392	3124	79
1993	5960	321	142	182	332	213	472	393	583	1722	1600	64
1994	5113	311	185	223	365	111	375	342	435	1421	1345	78
1995	5379	232	207	244	362	201	231	275	452	1521	1654	34
1996	5762	371	243	321	422	159	432	353	422	1618	1421	42
1997	5272	232	122	236	311	211	223	432	467	1821	1217	78
1998	5184	222	146	282	405	243	301	211	432	1321	1621	82
1999	4920	215	134	254	389	267	266	203	417	1234	1541	55
2000	5844	361	203	211	231	122	221	433	276	1532	2254	178
2001	6025	343	131	121	398	178	465	511	332	1433	2113	128
2002	6416	321	212	221	365	230	478	411	322	1644	2212	145
2003	4716	332	144	122	287	167	232	328	221	1378	1505	256
2004	6106	362	327	298	621	112	321	224	328	1622	1891	112
2005	6233	321	163	232	543	122	321	354	532	1431	2214	173
2006	5604	222	201	132	355	201	255	282	477	1521	1958	132
2007	6523	316	132	253	722	212	425	354	343	1432	2334	143
2008	5437	243	244	256	432	233	421	343	322	1222	1721	112
2009	7990	321	221	328	722	322	544	433	423	1944	2732	193
2010	11049	1011	422	455	1652	561	757	788	658	2424	2321	218

第三节 律师事务

律师组织

法律顾问处 1981年3月28日，景德镇市法律顾问处成立。是年5月，乐平县法律顾问处成立。1985年6月26日，景德镇市法律顾问处改为景德镇市第一、第二律师事务所。1986年1月，乐平县法律顾问处改为乐平县律师事务所，实行自收自支。

律师事务所 1986年，全市有3家律师事务所。1989年，全市有6家律师事务所。1991年，全市有8家律师事务所。1994年，全市有9家律师事务所。1995年，全市有10家律师事务所。1996年，律师法颁布实施，明确可以设立国资律师事务所、合作制律师事务所和合伙制律师事务所，并鼓励三者平等竞争，共同发展。6月5日，以行政区域冠名的律师事务所全部更名。2007年，全市15个律师事务所，评定为AAA级律师事务所2个、AA级律师事务所6个、A级律师事务所7个。至2010年年底，全市共有18家律师事务所。

表30－4－2　　**1996年6月底景德镇市律师事务所更改名称一览表**

核定名称	原所名称
瓷都天翼律师事务所	景德镇市第一律师事务所
瓷都诚公律师事务所	景德镇市第二律师事务所
正德律师事务所	景德镇市涉外律师事务所
景平律师事务所	乐平市律师事务所
弘乐律师事务所	乐平市第二律师事务所
太阳岛律师事务所	景德镇市第四律师事务所
华镇律师事务所	景德镇市华镇律师事务所
驰骋律师事务所	景德镇市珠山区律师事务所
昌南律师事务所	浮梁县律师事务所

国资律师事务所。1986年，景德镇市国资律师事务所有市第一、第二律师事务所，乐平县律师事务所。1988年4月，景德镇市第四律师事务所成立。是年10月，景德镇市涉外律师事务所成立。1989年12月，乐平县律师事务所改制，成立乐平县第一、第二律师事务所。1991年6月，浮梁县律师事务所成立。是年7月，珠山区律师事务所成立。1994年11月，浮梁县朝阳律师事务所成立。1995年，市司法局管理的华镇律师事务所成立。2010年，全市有国资律师事务所8家。

合作制律师事务所。2006年7月，由律师张宪涛、黄祖华、金观堂提出申请，经市司法局审核，省司法厅批准，设立江西立宇律师事务所，为景德镇市第一家合作制律师事务所，财务由合作人共有，并以其全部资产对债务承担责任。2008年，改为合伙律师事务所。2010年，全市无合作制律师事务所。

合伙制律师事务所。1995年11月，由律师江清汉、罗之煌、周围3人提出申请，经市司法局审核，省司法厅批准，景德镇市首家合伙律师事务所泰方律师事务所成立，由合伙人自愿组合，财产归合伙人所有，合伙人对律师事务所的债务承担无限连带责任。1998年，江西吕肇琪律师事务所（江西护三农律师事务所）成立。2000年1月，江西才亮律师事务所（江西景之元律师事务所）成立。是年6月，江西京天律师事务所成立。2001—2009年，江西济仁律师事务所、江西甬力律师事务所、江西三人行律师事务所成立。2010年，全市合伙制律师事务所发展到9家，成为律师事务所的主要形式。

公司律师事务部。2006年7月，昌河飞机工业（集团）有限责任公司设立公司律师事务部。2008年，因企业改制申请注销。

个人律师事务所。2010 年 6 月，设立江少华律师事务所。是年 7 月，设立江西中景律师事务所。

律师业务

法律顾问　80 年代初，全市律师机构建立后，法律顾问业务逐步开展。1986 年，有 31 个单位聘请律师担任法律顾问。1987 年 9 月，省司法厅下发《关于积极为政府机关担任法律顾问提供法律服务的通知》，全市法律顾问业务有较大扩展，当年律师担任法律顾问的单位有 51 家。1991—1992 年，律师担任法律顾问的单位有 259 家。1994 年 5 月，市涉外律师事务所与市政府签订为期 2 年的法律顾问合同，这是律师第一次担任市政府法律顾问。2000 年，全市律师担任法律顾问的单位有 263 家。2006 年，律师担任的法律顾问政府、企事业单位有 278 家。2009 年，全市律师担任常年法律顾问的单位有 248 家。2010 年，全市共有 310 家政府机关、企事业单位、私营机构和公民聘请律师担任法律顾问。

刑事辩护　1986 年，按照刑法、刑事诉讼法和律师暂行条例的规定，律师接受刑事案件被告人的委托或人民法院的指定，开展刑事辩护业务，包括在案件移送法院后，担任公诉案件被告人的辩护人，担任自诉案件代理和公诉案件代理，当年办理刑事辩护案件 73 件。1991—1992 年，全市律师办理刑事辩护案件 1008 件。1994—1995 年，办理刑事辩护案件 961 件。1996 年，刑事诉讼法修正后规定，"公诉案件自案件移送审查起诉之日起，犯罪嫌疑人有权委托辩护人"，律师担任公诉案件辩护人的介入时间提前。律师法规定，律师可以"接受刑事案件犯罪嫌疑人的聘请，为其提供法律咨询，代理申诉、控告，申请取保候审，接受犯罪嫌疑人、被告人或者人民法院的指定，担任辩护人，接受自诉案件自诉人、公诉案件被害人或者其近亲属的委托，担任代理人，参加诉讼"，全年办理刑事辩护案件 690 件。1997—2000 年，分别办理刑事辩护案件 409 件、488 件、478 件、441 件。2003—2005 年，分别办理刑事辩护案件 510 件、450 件、819 件。2010 年，全市律师共办理刑事辩护案件 5479 件。

民事代理　民事诉讼代理包括婚姻、家庭、赡养、收养、继承、遗嘱、土地、房产、租赁、买卖、借贷及加工订货、包工承揽合同纠纷等民事诉讼案件。1986 年，全市律师办理民事诉讼代理 103 件。2000 年，办理民事诉讼代理 1065 件。2010 年，全市律师共承办民事诉讼代理案件 10776 件。

非诉讼法律事务　1982 年后开始办理的一项新兴业务，包括已经发生权益争议或纠纷，但不通过法院的诉讼程序而在诉讼外解决的法律事务。由律师接受非诉讼当事人的委托，提供法律帮助，或者担任代理人，参加调解、仲裁活动，维护委托人的合法权益。1986 年，全市律师共承办非诉讼法律事务 85 件。1994 年，办理非诉讼法律事务 363 件。1999 年，办理非诉讼法律事务 380 件。2009 年，办理非诉讼法律事务 106 件。2010 年，全市律师共承办非诉讼法律事务 1671 件。

其他律师事务　1986 年，办理代写法律文书 96 件，解答法律咨询 254 人次。2000 年，办理代写法律文书 390 件，解答法律咨询 2600 人次。2003 年，办理代写法律文书 700 件，解答法律咨询 4309 人次。2004 年，办理代写法律文书 500 件，解答法律咨询 4991 人次。2005 年，办理代写法律文书 708 件，解答法律咨询 8495 人次。2010 年，全市律师共代写诉讼文书和其他有关法律事务的文书 8496 件，解答法律咨询 1 万人次。

表 30－4－3　　**1986—2010 年景德镇市律师业务统计一览表**

年份	担任法律顾问（家）	刑事诉讼辩护及代理（件）	民事诉讼代理（件）	非诉讼法律事务（件）	代写诉讼文书或其他事务（件）
1986	31	225	203	85	350
1987	51	99	161	183	276
1988	54	159	207	152	283
1989	73	262	219	184	316
1990	110	352	265	217	423
1991	124	535	297	318	743

续表 30－4－3

年份	担任法律顾问（家）	刑事诉讼辩护及代理（件）	民事诉讼代理（件）	非诉讼法律事务（件）	代写诉讼文书或其他事务（件）
1992	135	473	273	379	816
1993	185	406	615	574	904
1994	176	392	654	363	100
1995	183	569	601	449	1169
1996	189	690	683	568	1485
1997	219	409	716	392	759
1998	221	488	796	544	803
1999	227	478	708	380	1631
2000	263	441	1065	409	2990
2001	258	415	628	183	3659
2002	264	475	607	97	4791
2003	266	510	913	142	5009
2004	269	450	992	170	5491
2005	258	819	1009	354	9203
2006	278	790	1195	345	19753
2007	293	965	3065	550	50861
2008	259	1946	5100	191	68761
2009	248	3961	7915	106	89130
2010	310	5479	10776	1671	18496

第四节　公证事务

公证组织

1986 年，全市公证机构有景德镇市公证处、乐平县公证处 2 家，负责办理国内公证事务，当年共办理公证 446 件，收费 5020 元，其中景德镇市公证处办理 297 件，乐平县公证处办理 149 件。1989 年 9 月，浮梁县公证处成立。1991 年 5 月，昌江区公证处（市镇华公证处）成立。2004 年 4 月，景德镇市公证处办证大厅设置触摸屏，内设办证指南、收费标准、相关法律、抵押登记、业务范围、公证信息、监督投诉等栏目，客户可通过栏目和触摸屏了解有关公证的法律法规、业务知识和办证程序，并以“三抓”（抓质量、抓管理、抓创建）为着力点，拓宽业务领域，以诚信、优质服务受到社会各界好评，被中国公证协会、司法部评为全国文明公证处。2007 年 5 月，市公证处一科科长胡策谋被中国公证协会授予优秀公证员称号。

1994 年，市公证协会成立，是公证业的自律性组织，受市司法局监督，会员 9 人。2010 年，会员 16 人。

公证业务

民事公证　1986 年，全市办理民事公证事项 239 件，主要包括继承、遗嘱、收养等 10 余种。1993 年，办理民事公证事项3765件。2006年,办理民事公证事项2004件。2010年,全市公证机关共办理民事公证5369件。

经济公证　1986年,全市共办理经济公证事项207件,主要包括支农合同、承包合同、贷款合同、建筑合同、购销合同。2000年,办理经济公证3916件。2010年,全市公证机关共办理经济公证事项4590件。

涉外、港澳台公证　1987年1月1日起,市公证处开始办理涉外公证事务,内容涉及收养、遗嘱、出生、死亡、国籍、婚姻状况、亲属关系、继承权、有无刑事处分等。当年全市办理涉外、涉港澳台公证80件。1991—1992年,全市公证机关共办理涉外、涉港澳台公证383件。2000年,办理涉外公证606件、涉港澳台公证320件。2010年,全市公证机关累计办理涉外、涉港澳台公证832件。

表30－4－4　**1986—2010年景德镇市公证业务统计一览表**　单位:件、万元

年份	办结公证					公证收费
	合计	境内民事公证	境内经济公证	涉外公证	港澳台公证	
1986	446	239	207	—	—	0.50
1987	563	198	285	19	61	0.93
1988	655	302	239	8	106	1.26
1989	694	386	167	29	112	1.51
1990	935	501	291	38	105	2.56
1991	1190	693	321	45	131	2.86
1992	1476	862	407	54	153	5.67
1993	4704	3765	706	52	181	8.96
1994	5621	2670	2531	49	371	19.68
1995	6247	2140	3925	30	152	29.56
1996	11431	3529	7634	45	223	35.52
1997	10349	3426	6476	151	296	38.21
1998	8081	2509	4941	202	429	40.77
1999	7239	1677	4908	191	463	36.36
2000	6205	1363	3916	320	606	38.97
2001	7555	2891	3815	206	643	69.92
2002	6126	1979	3479	209	459	78.49
2003	5918	1591	3373	276	678	86.53
2004	6259	2031	3399	179	650	105.42
2005	6018	1741	3544	154	579	126.68
2006	6145	2004	3291	133	717	149.66
2007	6503	2228	3359	195	721	210.51
2008	7043	1897	4153	182	811	236.32
2009	7784	3284	3647	152	701	257.81
2010	10791	5369	4590	176	656	289.62

第五节 法律服务

基层司法所

2000年始,在乡镇(街道)设立司法所。是年,乐平市高家镇司法所调处纠纷500件,防民转刑38件,实现小事不出村、大事不出镇目标,刑事案件大幅下降,被司法部授予人民满意的司法所称号。浮梁县蛟潭镇司法所助理员李平生被司法部授予人民满意的司法助理员称号。2002年8月12日,市机构编制委员会下发《关于进一步明确在乡镇(街道)司法所机构设置的通知》。明确"一乡(镇、街道)一所",司法所为副科级单位。2005年,全市基层司法部门共调处民间纠纷6574件。至2010年,全市共有54个司法所,186名司法行政工作人员,有独立的办公用房,累计调处纠纷7125件。

"148"法律服务

1998年11月,司法部和信息产业部联合发出通知,要求全国各地参照山东省菏泽地区东明县司法局的做法,开设"148"("要司法"的谐音)法律服务专用电话。1999年3月10日,市"148"法律服务领导小组成立,开通"148"法律服务专用电话。全年共解答群众法律咨询577人次,接待来访19人次。通过"148"电话,基层法律服务所承办各类法律纠纷73件。2000年,全市基本形成以市、县(市、区)"148"法律服务中心为枢纽,面向各乡镇的法律服务网络。市、县(市、区)两级司法部门均配备电脑、传真机,"148"专用电话共解答各种法律咨询求助电话873人次,接待群众上门来访86人次。2003年,解答群众法律咨询672人次,接待来访72人次,提供法律服务33件。2006年,接答群众法律咨询728人次,接待来访93人次,提供法律服务27件。2010年,"148"法律服务专用电话共解答群众法律咨询821人次,提供法律服务29件。

法律服务所

1989年,浮梁县湘湖法律服务所成立,为全市第一个法律服务所,基层法律服务工作由单一的人民调解向法律服务领域延伸,主要有法律顾问、诉讼代理、非诉讼法律业务、法制宣传、调解纠纷、协办公证协办法律援助、法律咨询与代书等。1996年,对乡镇法律服务所进行整顿,全市18个法律服务所有15个达标,其中一级所3个、二级所9个、三级所3个。浮梁县湘湖乡法律事务所调处纠纷71件,办理民事诉讼代理9件,非诉讼代理92件,被司法部授予1991年度优秀法律服务所。

1997年,全市共有乡镇、街道法律服务所21个,其中一级所6个、二级所5个、三级所10个,乡镇街道法律服务所初具规模。1997年9月1日至10月10日,全市开展百县、千乡创"四无"(无群体上访、无民转刑、无非正常死亡、无越级上访)活动,共有54个乡镇(场)街道干部、司法助理员,21个法律服务所的法律工作者,1208个调解组织的调解干部共计1.20万人参加,共排查纠纷1078起、调处纠纷1892起。2000年,全市共有37个基层法律服务所,65名法律服务工作者。2006年,全市法律服务工作者共办理法律援助事务107件,协办公证23件,担任民事代理5217件,承办非诉讼事务756件,担任常年法律顾问36家,代写法律文书110份,解答法律咨询2213人次,参与调解民间纠纷1265件。2010年,全市有21个基层法律服务所,107名基层法律服务工作者,担任法律顾问47家,代理诉讼业务1672件,代理非诉讼业务877件,办理法律援助575件,解答法律咨询1034人次,代写法律文书155份,参与调解民间纠纷727件。

司法考试

1987年7月14日,市政法干部学校成立,培训市、县、区各级从事政法工作的干部,并配合全市普法教育进行业务辅导。2002年3月30—31日,司法部首次组织国家统一司法考试,全市共有314人报名参考,考点设在景德镇市师范学校。当年共有7人取得法律职业资格证书A证。2003年1月20日,市政法干部学校更名为司法培训考务中心。2005—2006年,景德镇市与九江市考区合并,全市共有406人报名参考,考点设在九江学院浔阳附中,共有49人取得法律职业资格证书A证。2008—2009年,景德镇市与鹰潭市考区合并。由市司法局承担联合考区的考务工作,全考区有999人报名参考,其中景德镇711人、鹰潭288人,共有

116 人取得法律职业资格证书 A 证。2010 年,景德镇市与鹰潭市考区共有考生 415 人,其中景德镇市有 284 人报名参考,考点设在景德镇机电工程学校,共有 45 人取得法律职业资格证书 A 证。

表 30－4－5　　**2002—2003 年景德镇市司法考试一览表**　　单位:人

时间	考点	考试人数		总获证人数
		总人数	景德镇人数	A 证
2002	景德镇市师范学校	314	314	7
2003	景德镇市技工学校	160	160	7
2004	景德镇市技工学校	150	150	11
2005	九江学院浔阳附中	—	199	22
2006	九江学院浔阳附中	—	207	27
2007	景德镇第二高级职业中学	213	213	34
2008	景德镇机电工程学校	497	351	52
2009	景德镇第二高级职业中学	502	360	69
2010	景德镇机电工程学校	415	284	45

第六节　法律援助与司法鉴定

法律援助

1996 年 6 月,司法部下发《关于迅速建立法律援助机构开展法律援助工作的通知》,市法律援助中心开始筹建。是年,乐平市司法局成立法律援助中心,指导和协调律师、法律援助工作者、法律援助志愿者、基层法律工作者等法律服务人员为经济困难和特殊案件的当事人给予免收费的法律服务。全年办理法律援助 18 件,免收费用 1.10 万元。1998 年,办理法律援助事务 72 件,免收费用 2.90 万元。2000 年,办理法律援助 71 件,减免或缓收法律服务费 40 余万元。2001 年 9 月 27 日,市司法局增设法律援助科并增挂法律援助中心牌子。

2002 年 10 月,法律援助科(中心)与司法鉴定工作科合署办公。2003 年,县(市、区)司法局均成立法律援助科或法律援助中心,配备法律援助工作人员 12 人,初步形成法律援助工作体系,全年办理法律援助案件 160 件,维护受援人的合法权益。是年 7 月,市法律援助中心残疾人工作站成立,设在市残联。10 月,市法律援助中心妇女儿童工作站成立,设在市妇联,业务上均接受市法律援助中心的指导。11 月 21 日,市司法局与文明办等 11 家单位联合开展"法律援助在瓷都"大型公益活动,开展"伸出援助之手,献出慈爱之心""法律援助大家帮""法律援助一日帮"等系列公益活动,组织陶瓷艺术家为法律援助基金会艺演义捐,动员机关、团体和社会各界人士义领牡丹法律援助认同卡,动员企事业单位和热心人士捐资等。

2005 年,办理法律援助案件 212 件,其中民事代理 82 件、刑事代理 130 件,受援人数 800 余人次。2007 年,全年办理法律援助案件 513 件,比上年同比增加 32.40%,超出省司法厅目标任务数的 12.40%。2008 年,全年办理法律援助案件 630 件,其中农民工受援案件 91 件,共挽回经济损失 710 万元。2009 年 2 月,市法律援助中心正式成立,为正科级行政单位。11 月,市司法局组织开展"法律援助流动工作站"活动,活动期间共接待群众法律咨询 2200 余人次,发放法律援助宣传材料 2.40 万册(份),现场受理、指派法律援助案件 68 件。是年,市政府把对困难群众实施法律援助列入民生工程,制定《景德镇市法律援助民生工程实施方案》。全年办理法律援助 920 件,其中农民工受援案件 192 件,共挽回经济损失 800 元,维护弱势群体的合法权益。

2010年6月1日,市法律援助中心维护老年人权益工作站成立。6月2日,市法律援助中心青少年维权工作站成立。8月30日,景德镇市法律援助中心驻交警支队交通事故处理联络站成立。全市共有5家法律援助机构、84个工作站,配备专职人员94人,设立675个联系点。市本级法律援助中心分别在市总工会、市妇联、市残联、团市委、96173部队、江西省景德镇监狱、高新区、市劳教所等单位设立工作站。是年办理法律援助案件1000件,市法律援助中心被全国妇联授予全国维护妇女儿童权益先进集体,省司法厅授予全省法律援助机构规范化建设达标单位称号。

2010年,省司法厅统一启用"12348"法律援助热线电话。6月,景德镇市成立热线调度中心,设接待室、私密室、档案室和"12348"法律援助热线。配备专用电脑4台、复印机1台、传真机1台、打印机1台及文件档案橱柜、照相机和录音笔等。全年解答群众法律援助咨询821人次,提供法律援助29件。

司法鉴定

1998年,国务院赋予司法行政机关管理司法鉴定工作的职能。2002年,市司法局成立司法鉴定工作科,为正科级科室,工作人员2人。2003年5月20日,景德镇科信司法鉴定中心成立,经省司法厅批准注册,有职业司法鉴定人7人,司法鉴定工作启动。当年办理司法鉴定业务156件。2004年,乐平华正司法鉴定所成立,有职业司法鉴定人7人。2006年,景德镇通达司法鉴定中心、景德镇昌南精神病司法鉴定所、景德镇兴瓷司法鉴定中心相继成立。市司法局开展新设司法鉴定机构和司法鉴定人员的登记管理工作,全市有注册司法鉴定机构5家,司法鉴定人员47人。鉴定业务类别有法医病理鉴定、法医临床鉴定、法医精神病鉴定、司法会计鉴定、建筑工程造价鉴定、资产评估司法鉴定6项,基本上满足当事人和法院的需要,当年办理司法鉴定业务533件。2009年,全市共办理司法鉴定业务703件,收取鉴定业务费50万元。2010年,全市办理司法鉴定业务784件,收取鉴定业务费65.40万元。

第七节　劳动教养

劳教收容

1986年以后,劳教收容对象逐渐扩展到吸毒人员、卖淫嫖娼人员,并逐步取消收容对象在地域上的限制,主要来源于景德镇市和上饶市的德兴、婺源、鄱阳、弋阳、万年、横峰6个县市。1996年,收容劳教对象主要以盗窃、吸毒、寻衅滋事人员为主。2010年,涉毒人员成为收容的主要对象。

劳教管理

教育矫治　1986年,市劳教所贯彻"教育、感化、挽救"的方针,坚持依法管理、科学管理和文明管理。1992年,实现无劳教人员脱逃、无非正常死亡、无重大事故,被省司法厅授予集体三等功。2004年,市劳教所成立景德镇市劳动教养学校。是年,市劳教所与劳动部门、教育部门合作,开办电脑培训班、陶瓷彩绘班、服装加工培训班,并按培训合格人员每人100元的标准提供教学资金。2007年,市劳动就业局将市劳教所职业技术教育工作纳入市政府就业培训体系,参训学员共有730余人,符合培训条件的劳教人员参训率为100%,考核合格的有725人。参训学员回归社会后一次性就业率超过95%,解教人员重新违法犯罪率连续4年为零。市劳教所和市文化部门协作,建立图书流动站和阅览室。是年12月,市劳教所争取市体育部门支持,加强体育设施建设,增添一批体育用品和锻炼器材,建成劳教人员文体活动中心,有健身房、乒乓球室、桌球室、棋牌室等。

2009年,市劳教所开展适合劳教人员职业技能的陶瓷美术绘画教学,同时推行解教人员远程帮教试点工作,与市中山职业技术学校、市第七中学、周路口社区建立帮扶、帮教关系,为劳教人员与社会搭建起沟通、交流的平台,提高教育矫治质量。市劳教所建立教育矫治中心和文体活动中心,配备电化教学设施,新建一个标准化、多媒体教室。购置一批先进的心理治疗设备,内设心理咨询室、音乐治疗室、宣泄室和心理咨询室等。2010年,市劳教所被省司法厅授予罪犯劳教人员职业技能培训红旗单位称号。

劳教场所 1980 年,市劳教所从市区迁往浮梁县。1986 年,市劳教场所基础设施简陋,均为砖木结构和简易平房。2001—2009 年,市劳教所先后争取国债资金,新建劳教人员宿舍楼 1 栋、管教综合大楼 1 栋、劳教人员习艺车间、围墙,改建劳教食堂和卫生所。2005 年,市劳教所建立健全安全防控机制,推进管教工作法制化、规范化、科学化,实现无劳教人员逃跑、无非正常死亡、无所内发案、无重大生产安全事故目标。2000—2010 年,连续 10 年被省劳教局授予全省劳教系统安全工作"四无"劳教所称号。至 2010 年,行政、管教、生产三区严格按规定分设,各项基础设施基本达到现代化文明劳教所要求。

第八节 社区帮教

社区矫正

2010 年 1 月,根据最高人民法院、最高人民检察院、公安部、司法部下发《关于在全国试行社区矫正工作的意见》,景德镇市启动试行社区矫正工作,由司法行政机关指导管理,牵头组织相关单位和社区基层组织开展社区矫正工作。2 月 22 日,市社区矫正工作领导小组成立,市政法委书记任组长,下设办公室,与市司法局社区矫正科合署办公。3 月,确定 43 个乡镇(街道)为试点,摸排辖区内的社区矫正对象,全市属于社区矫正对象的共有 603 人,其中乐平市 384 人、浮梁县 87 人、珠山区 63 人、昌江区 52 人、高新开发区 14 人、陶瓷工业园 3 人;男性 514 人、女性 89 人;被管制的 78 人、缓刑的 376 人、暂予监外执行的 64 人、假释的 52 人、剥夺政治权利的 24 人。5 月 5 日,市委、市政府办公室印发《景德镇市试行社区矫正工作的实施意见》。6 月 10—16 日,开展对全市老病残及假释犯 28 人回归社会后调查回访工作。7 月,举办社区矫正工作培训班,并在浮梁县举办全市社区矫正对象交接工作现场会。全市首批开展社区试点工作的 43 个乡镇(街道)先后接收社区矫正对象 597 人。

安置帮教

1986 年,安置帮教工作由市公安局、市司法局、市劳动局、市民政局、市财政局落实。1990 年,市安置帮教领导小组成立,各县(市、区)、市直单位、基层相应成立帮教组织。1997 年 3 月,刑满释放、解除劳教人员(简称"两劳"人员)安置帮教领导小组成立,下设"两劳"回籍人员安置办公室,成员单位有市委政法委、市公安局、市司法局、市劳动局、市民政局、市财政局等 11 个部门。11 月,各县(市、区)先后成立帮教领导小组及办公室,乡镇(街道)成立帮教工作站,基层成立帮教小组,初步形成全市性的安置帮教工作网络。1998 年,全市建立"两劳"回籍人员帮教小组 810 个,帮教人员 1911 人,共有 1875 人得到帮教,帮教率为 90%,共有 1475 人得到妥善安置。

2000 年,建立市、县(市、区)、乡镇(街道)、村组 3 级刑释解教人员安置帮教工作网络,并开展帮教活动,全市刑释解教人员 613 人,由原单位安置 21 人,落实"责任田"356 人,从事个体经营 134 人,安置率达 88.42%。2004 年,推行刑释解教人员信息管理系统建设,试办安置帮教基地,对帮教对象采取一帮一、一助一、三帮一的方式,达到包教育、包管理、包转化的要求。

2009 年 7 月,全市共建立安置帮教工作站 52 个、各级帮教组织 710 个,帮教工作人员 5206 人,建立景德镇市鹏飞建陶有限公司安置帮教基地、景德镇市莱特公司安置帮教基地、浮梁县龙腾服饰有限公司安置帮教基地,共接收刑释解教人员 415 人,落实"责任田"293 人,由原单位安置 3 人,帮教安置基地安置 45 人,从事个体经营 12 人,帮教率为 100%,安置率为 91%。

2010 年 8 月 1 日开始,由司法所通知出监所的刑释解教人员户籍所在地村(居)委会派员陪同其亲属将其接回,并给予接送经费补助;对接回的刑释解教人员,在 6 个月内未就业的,参照当地城乡最低生活保障标准发放不多于 6 个月的生活补助费。全市共接收刑释解教人员 505 人,其中落实"责任田"348 人,由原单位安置 7 人,新建一批帮教安置基地,共安置 114 人,从事个体经营 9 人,其他安置 27 人,帮教率、安置率为 100%。

第九节　机构队伍

市司法局

1985年,市司法局职能科室有人事秘书科、法制宣传教育科、人民调解工作管理科、公证律师工作管理科、劳改劳教工作管理科,行政编制36人,领导职数一正三副。下属单位有市法律顾问处、市公证处、市第一律师事务所、市第二律师事务所、市劳动教养管理所。1996年,内设人事秘书科、宣传教育科、劳教工作管理科、人民调解工作管理科、公证律师工作管理科,编制22人。2006年,内设办公室、政治处(人事警务处)、法制宣传教育科(市普法办)、基层工作科、公证律师工作科、司法鉴定科、法律援助工作科,编制25人。2010年,内设办公室、政治处(人事警务处)、法制宣传教育科(市普法办公室)、公证律师工作科、法律援助工作科、基层工作科、司法鉴定管理科、社区矫正工作科(劳教工作科),编制29人,下辖市景德公证处、市司法培训考务中心、市劳动教养管理所。

市劳动教养管理所

1986年1月,市劳动教养管理所为正县级单位,位于浮梁县三龙镇,内设人事秘书科、管教科、生产科、教育科4个职能科室,编制35人。2000年,内设办公室、政工科、生活卫生科、管理科、教育科、生产科、财务科、一大队、二大队、三大队。2005年8月24日,市劳教所在市区设立办事处。2008年,增设市强制隔离戒毒所,开始收容强制隔离戒毒人员。2010年,内设办公室、政治处、劳教管理科、强戒管理科、教育科、生产科、生活卫生科、财务科,核定编制为69人,在编人员68人,下设一、二、三大队、警戒护卫大队、强制隔离戒毒大队共5个大队,纪工委为市纪委的派出机构,监察室为市监察局的派驻机构。

直属单位

市司法培训考务中心　2003年,市司法培训考务中心成立,在编10人,承办全市司法考试各项考务管理工作,为市司法局领导的正科级事业单位。

市景德公证处　为市司法局领导的副县级单位,1986年,内设公证一科、公证二科,行政编制9人,机关服务编制1人。2006年,更名为市景德公证处。2010年,内设公证一科、公证二科,定编10人,其中行政编制9人,机关服务编制1人,负责办理国内外及涉港、澳、台公证事务。

县市区司法机构

乐平市司法局　1986年,内设人事秘书股、基层工作股、宣传教育股,下辖乐平县公证处、乐平县法律顾问处。2007年,乐平市乡镇全部建立副科级司法所、法律服务所,为乐平市司法局派出机构。实行乡镇与乐平市司法局双重领导,以司法局管理为主。2010年,内设人事秘书股、法制宣传股、基层工作管理股、社区矫正监管股、监察室、公证律师管理股、法律援助中心,在编干部职工67人,下辖公证处、江西弘乐律师事务所、江西济仁律师事务所、江西护三农律师事务所、江西博煜律师事务所、华正司法鉴定所。

浮梁县司法局　1989年,由蛟潭区司法局和鹅湖区司法局合并组建浮梁县司法局,定编10人。1994年,局机关定编18人(含公证处)。2002年,内设人事秘书股、法律宣传股(县普法办)、基层工作股、公证处、增设法律援助股(法律援助中心),行政编制16人,事业编制2人。2004年,各乡镇设副科级司法所,行政编制8人,事业编制17人,属县司法局派出机构,实行乡镇与司法局双重领导,以司法局管理为主。2010年,内设办公室、法制宣传股、法律援助股、基层工作股、公证处、社区矫正工作股,行政编制16人,事业编制2人。辖昌南律师事务所。

昌江区司法局　1985年9月27日,昌江区司法局成立,内设基层工作股、法律宣传股、办公室、下辖公证处、律师事务所,编制9人。2004年,全区乡镇、街道成立司法所,为副科级单位,属区司法局派出机构,实行乡镇(街道)与司法局双重领导,以司法局管理为主。2010年,内设基层工作股、法制宣传股、办公室、公证律师管理股、法律援助股、社区矫正工作股,编制18人。

珠山区司法局　1985年9月27日，珠山区司法局成立，内设办公室、普法办、基层工作股，在编6人。2004年，全区街道建立司法所，属区司法局派出机构，实行街道与司法局双重领导，以司法局管理为主。2010年，内设办公室、法制宣传股、基层工作股、社区矫正工作股、法律援助中心，机关行政编制21人，工勤事业编制1人，下辖竟成、石狮埠、里村、昌河等10个司法所和江西驰骋律师事务所。

司法队伍

司法干警队伍　1986年，市司法局主要以分配、调入方式招收录用司法警察，凡新招收录用的司法警察，都经文化考试、体能测试和政治审查，报经市人事局审核批准。全市司法干警有121人。1991年，全市司法干警有131人。1995年，在司法干警队伍中开展一次集中教育整顿活动，抓干警思想作风建设，制定《关于司法行政干警不准接受可能对公证执法公务有影响的宴请和不准用公款支付营业性场所娱乐活动的具体规定》，通过教育整改，全年无干警发生违法违纪现象。1997年，坚持从严治警，加强司法干警队伍建设，引导干警爱岗敬业、无私奉献、争创一流业绩，有30名干警被评为先进个人，有2名干警被司法部授予"百岗千优"先进个人称号。

2009年，市司法局组织开展"司法行政干警大走访"爱民实践活动，司法干警深入基层、个体企业，走进农户家庭，了解社情民意，帮助群众、企业解决实际困难。在"大走访"活动中，共走访13个单位，走访慰问61户村(居)民，捐资帮助2名困难学生就学，构建和谐警民关系。2010年，全市共有司法干警202人，市司法局在全市司法行政干警中开展创先争优、争做优秀人民调解员，争创"十面红旗"等竞赛活动，评选出16名优秀人民调解员，表彰21名优秀共产员。是年，在"7·15"抗洪救灾过程中涌现一批先进典型，有6人立三等功，9人被评为先进个人。

律师队伍　1986年，全市有律师21人，其中专职律师7人、兼职律师3人、实习律师3人、特约律师2人、律师工作者6人。是年，司法部开始组织全国律师资格统一考试，通过律师资格考试取得律师资格，为律师队伍输送和储备专业人才。1994年，全市律师队伍发展到190人。1995年，在全市开展律师职业道德和职业纪律评查活动。1999年，组织人员参加全国律师资格统一考试，为律师队伍发展选拔合格人才。全市共有130名具有律师资格的人员通过年检注册登记。2004年4—12月，在全市职业律师中开展集中教育整顿活动，围绕"坚定信念，精通法律，维护正义，恪守诚信"的总目标，抓好律师队伍建设，提高律师队伍的政治素质、业务素质和职业道德，规范律师执业行为。至2010年，全市有职业律师148人，其中专职律师139人、兼职律师9人。

公证员队伍　1986年，全市共有公证人员6人，其中公证员4人、辅助人员2人。1988年2月，司法部颁发《公证员职务试行条例》，转发劳动人事部《关于公证员职务工资标准的复函》。1989—1992年，省司法厅开始对全省调入公证处的公证专业人员实行统一考试考核，并授予公证员资格，报考人员限定为司法行政系统工作人员。1992年，司法部首次举行全国公证员资格统一考试，合格者由省级司法行政机关颁发司法部统一制作的合格证书。

1995年6月，司法部正式实行公证员注册制度，全市共有注册公证员24人。2002年，公证员资格统一考试纳入国家司法考试。2005年，市司法局在全市开展公证队伍"教育规范树形象"活动，提高公证人员的政治素质、业务素质，强化职业道德和执业纪律。2006年，市司法局开展全市公证岗位训练活动，组织公证处职业公证员、公证业务辅助人员训练从事公证应知应会的基本知识技能，强化公证人员的责任意识、法治意识、规范意识和责任意识，树立公证员队伍诚信为民的社会形象和公证工作的影响力。2008年，全市有公证员15人、辅助人员6人。2010年，全市有公证员15人、辅助人员16人。

第三十一篇 军 事

第一章 军事组织

景德镇市域内驻有多个军事组织,包括市人民武装委员会、国防动员委员会、景德镇军分区、县(市、区)人民武装部和驻军、武警景德镇支队、武警景德镇市消防支队。

第一节 地方武装组织

人民武装委员会

市委人民武装委员会(简称市武委会)是市委领导地方武装工作的常设机构。1988—2010年,市委人民武装委员会主任由市委书记或市政府市长担任,副主任由景德镇军分区和市委、市政府领导担任,委员由各有关部门负责人组成。委员会下设办公室,负责市人民武装委员会的日常工作,各县(市、区)委均设人民武装委员会,领导配备与委员组成与市级基本等同。

国防动员委员会

1995年12月26日,市国防动员委员会成立。市国防动员委员会(简称市国动委)在江西省国防动员委员会和市委、市政府、军分区领导下,主管全市国防动员工作。市国动委下设市人民武装动员办公室、市经济动员办公室、市人民防空办公室、市交通战备办公室。2000年12月26日,将市国动委秘书组改为市国动委综合办公室。2001年10月8日,成立市国动委政治动员办公室、信息动员办公室和科技动员办公室,加上之前成立的5个办公室,一共是8个办公室,后简称市国动委"八办",担负着国防动员的兵员动员、政治动员、经济动员、交通战备和科技、信息动员等工作任务。

景德镇军分区

1985年9月,根据中央军委批复,景德镇市人民武装部改建为中国人民解放军江西省景德镇军分区(正师级),隶属江西省军区领导。军分区内设司令部、政治部、后勤部,下辖景德镇军分区离职干部休养所。1996年4月1日,乐平市、浮梁县、珠山区、昌江区人民武装部收归军队建制,受景德镇军分区管辖。1997年4月28日,司令部下设作训科、军务装备科、动员科,政治部下设组织干部科、宣传保卫科,后勤部下设战勤科、供应科。2004年9月8日,各部取消科编制。2010年,军分区内设司令部、政治部、后勤部,下辖乐平市、浮梁县、珠山区、昌江区人武部,代管景德镇陆军预备役工兵团。

县(市、区)人民武装部

乐平市人民武装部 1986年6月,乐平县人武部由军队建制改归地方建制,接受景德镇军分区和乐平县委、县政府双重领导,人武部的性质、职能和任务不变。1992年2月,乐平撤县设市,县人武部更名为乐平市人武部。1996年4月1日,乐平市人武部收归军队建制,隶属景德镇军分区,更名为中国人民解放军江西省乐平市人民武装部,为正团级单位。2010年,内设军事科、政工科和后勤科,市委书记兼任党委第一书记。

浮梁县人民武装部 1986年3月,蛟潭区和鹅湖区分别设立人武部,列为中国人民解放军序列,为团级单位,隶属景德镇军分区。是年6月,划归地方建制,受两区党委政府和军分区双重领导。1989年5月,浮梁恢复县建制,蛟潭、鹅湖两区人武部撤销,合并成立浮梁县人武部。1996年4月1日,收归军队建制,更名为中国人民解放军江西省浮梁县人民武装部,为正团级单位,隶属景德镇军分区。2010年,人武部内设军事科、政工科、后勤科,县委书记兼党委第一书记。

昌江区人民武装部　1986年7月1日至1996年3月31日,昌江区人武部划归地方建制,为副县级单位。1996年4月1日,收归军队建制,为正团级单位,隶属景德镇军分区。2010年,人武部内设军事科、政工科、后勤科,区委书记兼任党委第一书记。

珠山区人民武装部　1986年4月1日,珠山区人武部组建成立,列为中国人民解放军序列,隶属景德镇军分区。是年6月,改归地方建制,为副县级单位,称江西省景德镇市珠山区人民武装部。1996年4月1日,收归军队建制,为正团级单位,隶属景德镇军分区。2010年,人武部下设军事科、政工科和后勤科,区委书记兼党委第一书记。

第二节　驻　军

总参陆航部驻景德镇地区军事代表室

始建于2004年12月15日,隶属总参陆航部军事代表局,正团级单位。下设办公室及数个专业小组。

海军驻景德镇地区航空军事代表室

1991年1月组建,隶属海军航空后勤技术部。1994年12月,成立海军航空兵部军事代表局,海军代表室转隶海军航空兵部军事代表局,名称为中国人民解放军海军航空兵部驻景德镇地区军事代表室。2003年11月,由于机构调整,海军代表室转隶海军装备部驻武汉地区军事代表局,名称为中国人民解放军海军驻景德镇地区航空军事代表室。

中国人民解放军驻372厂军事代表室

1969年11月组建,隶属中国人民解放军空军工程部,直接归福州军区工程部领导,正团级单位。福州军区与南京军区合并后,直接归南京军区空军工程部领导。1994年7月,空军组建装备技术部驻上海地区军事代表局。2004年7月,空军装备技术部驻上海地区军事代表局名称改为空军驻上海地区军事代表局,驻372军事代表室为其隶属单位。下设办公室及数个专业小组(视人员和任务情况设定)。

中国人民解放军96165部队

20世纪90年代初组建。1993年7月,搬迁至乐平市。1995年11月,进驻营区。2010年4月,部队移防至江西上饶市。

中国人民解放军96173部队

1985年组建。连年被全军评为军体达标先进单位。

中国人民解放军96172部队

2010年4月,由安徽省祁门县移防至江西省景德镇市。

中国人民解放军96163部队

2010年3—4月,由安徽移防至江西乐平市。10月,举行部队组织组建40周年庆典。

中国人民解放军61297部队

2001年2月22日成立,正团级单位。2004年,大队设立办公室、训练办公室、保密办公室和后勤办公室。

武警景德镇市支队

1983年组建,隶属武警江西总队,受武警江西总队和景德镇市委、市政府双重领导,正团级单位。2010

年，支队机关设司令部、政治处、后勤处。

武警景德镇市消防支队

1987年组建，隶属武警江西省消防总队，受武警江西省消防总队和景德镇市公安局双重领导。正团级单位。2010年，支队机关设司令部、政治处、后勤处。

第二章　兵　役

按照《中华人民共和国兵役法》和国家规定程序，景德镇各级党委、政府及军分区、人武部认真执行征兵命令，做好兵役征集工作，开展预备役登记、预备役部队组建、军事训练和管理。

第一节　兵员征集

政策与措施

1986年，兵员征集按照国防部颁发的《应征公民体格条件》执行。1987年，征兵规定城市和县城征集的数量要达到本地、市征集任务总数的20%；城市和县城征集高中毕业生（含职业高中），包括应届高中毕业生（含职业高中），少数民族居住集中的地区和完成任务确有困难的偏僻农村可放宽到初中；城市和县城男青年当年年龄为18～20岁，应届高中毕业生，年龄17岁的，本人自愿，也可以征集；经抽查发现身体不合格人数较多，应全部进行复查；在政治条件方面执行的是1984年8月公安部、总参谋部、总政治部颁发的《关于征集兵员政治条件的规定》；批准入伍时间以县、区征兵办公室批准入伍时间为准，军龄从批准之日算起；实行部队接兵与地方送兵相结合的方式；退兵期限自新兵到达部队之日起至部队批准之日止，不得超过45天。

1989年，根据省征兵会议精神，规定城市和县城征集的数量应占本地征集任务总数的20%左右，少数城市人口比例大的城市，商品粮兵总数必须控制在任务总数的50%以内；城市和县城征集高中毕业生（含职业高中），当年应届高中生不征，少数民族居住集中的地区和完成任务确有困难的偏僻农村，可放宽到高小毕业，但必须严格控制；城市和县城男青年可放宽到21岁，年龄17岁的不征；抽查不合格比例超过5%应全部进行复查；在政治条件方面，执行公安部、总参谋部、总政治部1989年1月颁发的《关于征集兵员政治条件的规定》；批准入伍时间为1989年3月20日，军龄从批准之日算起；全部实行部队接兵；退兵期限自新兵起运之日起至部队将退兵送回原征集县（市、区）之日止，不超过2个月。

1990年，征集新兵由春季改为冬季进行，征兵政策有新规定：男青年为18～20岁。应届高中毕业的男生本人自愿的17岁也可入征，企事业单位的青年职工放宽到21岁；农村征集初中毕业以上的青年，城镇非农业户口青年必须是高中（含职高）毕业生以上学历，乡镇非农业户口青年文化程度提到高中毕业。女青年只征1990年高中毕业生，在校学生不征集；城乡征集比例，城镇非农业户口青年征集比例不能超过征集任务数的25%，该比例还包括乡镇非农业户口的青年在内。企事业单位的青年职工入伍，不占用城镇非农业户口征集比例；在政审工作方面，对信教、入教及笃信宗教的应征青年，一律不得批准入伍，对少数民族尤其是全信教地区人员，要根据具体情况区别对待；在体格检查方面，把性病和艾滋病列入征兵体检项目，对视力检查进行改革，用《标准对数视力表》取代《国际视力表》。

1991—1992年，制定《关于加强征兵工作廉政建设的十项措施》和《关于严肃征兵政策和纪律、加强廉政建设的规定》，在征兵工作中，严把体检、政审和廉洁征兵环节，全市完成冬季征兵任务，浮梁县连续两年被省政府、省军区评为征兵工作先进单位。

1995年，征兵工作采取5项改革措施：首次以市政府名义发布“征兵通知”；首次采取异地交叉体检的新举措；首次运用报纸、电视新闻工具对体检合格青年予以公布，接受最广泛的监督；首次对非农业户口应征青年进行文化考试;首次由市征兵领导小组长、兵役机关领导与下一级对口“双重”签订征兵工作责任状,使征兵工作的责任落实到市政府和兵役机关两个方面,保证完成兵员征集任务。1996年,省政府、省军区首次下达景德镇市进藏兵员征集任务。1997年,完成驻香港部队首次在景德镇市征集新兵任务。

2004年,征兵工作实行军地双重负责制,层层签订征兵质量责任状,共同把好新兵质量关,完成兵员征集任务。2008年,围绕士官直招、征兵主体调整,按照高中以上应届毕业生比例不少于65%、大专以上应届毕业生不少于15%的硬指标,摸清征集底数、跟进保障措施,完成士官直招、男兵征集任务,其中高中以上学历比例为84.20%,大专以上比例为20.30%。

2010年4—7月,在全市开展预征工作和士官直招工作,预征高校应届毕业生、高中应届毕业生,完成士官直招工作任务。针对“不征未完成学业大学生、部队前期不来接兵、继续公开征集女兵”的特点,采取量化“征优”指标、加强“征优”宣传、严把“征优”关口、落实“征优”措施等手段,完成男兵征集和女兵征集任务。

体检管理

1989年,全市共设置3个体检站,抽调医务人员148人,各体检站站长由主检医院院长担任,体检站与送检县(区)人民武装部签订责任状,保证体检的质量,不允许因身体不合格而退兵的情况发生。1990年,各县(区)直接选择主检医院体检站,便于统一组织管理。1994年,应征公民进行体检,对体检站实行“全封闭、全时程”管理。1995年,市征兵办公室首次采用“异地交叉初检,专家复检”的方法组织体检。在景德镇市区、乐平市区各设1个体检站、由市第一人民医院抽调体检医务人员赴乐平市体检站,乐平市卫生局抽调医务人员赴景德镇市区体检站,交叉进行体检,实行全封闭管理。

1997年,对肝功能采取“酶标法”和“反向血凝法”两法对照检验,实行“双保险”。1998年,对肝功能检查表实行编密码制度。1999年,体检站增设特检科,负责检查文身、艾滋病、性病等问题。2001年,体检站增加心理测试项目,并在特检科室中加强对文身、性病和吸毒的检查。2005年11月1—2日,市征兵领导小组赋予昌江区人武部进行征兵心理检测试点工作。昌江区征兵领导小组、征兵办公室协调选定检测场所,借调40台微机,聘请2名微机管理人员和1名心理医生负责保障。在心理检测站张贴《征兵心理检测须知》,将《征兵心理检测总指导导语》制成小卡片形式放在每台计算机前,供应征青年参考。

2006年,在各县(区)体检合格人员名单中,由市征兵办按不少于征兵任务20%的比例随机抽点,单独设站组织复查的办法,确保新兵体检质量。2010年10月,征兵办与体检医院联合成立体检监察组,随时纠察体检中出现的情况,并签订责任状。突出对性病、吸毒与心理检查及慢性病的调查,确保兵员身体合格。

政治审查

1989年,兵员政治条件按公安部、总参谋部、总政治部1989年1月颁发的《关于征集公民服现役政治条件的规定》执行。为做好应征青年政治审查工作,采取4项措施:对政审队伍进行集中培训,掌握政审条件和征集兵员的有关政策;实行“三级五方”交叉联审,即市县乡三级,村(居)委会、学校、派出所、工商税务部门和父母所在单位五方共同把关;实行责任到人,做到标准明、责任明、把关严,手续齐全;接到群众检举揭发的事项应迅速调查处理。1991年,应征青年政治审查工作,由县(市、区)将体检合格的应征公民名单发至各派出所、收审所、检察院、法院等有关单位,实行交叉联审,送审名单、合格名单、预定兵名单三榜公布,接受群众监督,共淘汰69人。

1992年,通过“三级五方”联审和发动群众监督,共淘汰21人。1997年,驻香港部队首次在景德镇市征集新兵,市征兵办公室参照《关于征集中央警卫团新兵政治条件的规定》,制定下发《关于征集驻港部队新兵的政治审查的办法》。乐平市专门成立驻港部队新兵政审领导小组,由1名副市长任组长,并逐个进行家访。乐平市、珠山区完成征集任务。1999年,针对外出打工青年增多的情况,在继续抓紧“三级五方”联审工作外,还在市、县、乡三级建立适龄青年学籍资料和户口资料联网管理体系,制止各种造假活动。

2000年,制定措施严把审查关,并作为新兵政审的头等大事,做到“谁政审、谁签字、谁负责”。2002年,运用交叉会审、函调走访和网上审查相结合的方法,对调查对象做到“三结合”,即政治审查与平时考察了解相结合,在学校内与校外表现相结合,户口所在地与居住地表现相结合;“四从严”,即表现不理想的从严,单迁户口的从严,外地毕业和迁入的从严,年龄小的从严;“四不放过”,即表现有疑问的不查清楚不放过,群众举报的问题不查清楚不放过，政审材料含糊其词的不放过，政审材料不全不放过；“四清楚”，即清楚应征青年的政治立场、思想品德、亲属关系和有无违法违纪行为；“四见面”，即对外出打工或经商的应征青年调查时，要与本人见面，与其工友见面，与家长见面，与其村或单位领导见面。

2006 年，在全市首次进行横向交叉联审。2010 年，根据《关于规范从毕业学校所在地报名入伍招收士官政治审查工作的通知》，从毕业学校所在地报名招收士官的政治审查，招收对象在其毕业学校所在地县（市、区）报名的，无论户口是否转入学校，其政治审查一律由毕业学校所在地县（市、区）公安机关负责，由入学前户口所在地县（市、区）公安机关协查。

审定兵员

1988—1992 年，对体格检查、政治审查“双合格”的应征公民，按照乡（镇、街道）征兵领导小组提名，县（市、区）征兵办公室提方案，征兵领导小组集体审批的程序，坚持集体审定、择优选兵的原则进行定兵。被批准录取的应征公民，由县（市、区）兵役机关办理入伍手续，发给入伍通知书和新兵服装。1992 年，择优选兵按照国防部征兵办公室规定的“三优先、三不定”的原则进行。后来随着征集新兵要求发生一定的变化，如文化程度、城乡征集比例、征集年龄、体检条件、政治审查等条件要求，定兵原则也做出适当的补充规定。1994 年，实行“三公开”即征兵政策、基层征兵数量、批准入伍名单公开；“三公榜”，即体检名单、合格名单、预定新兵名单公榜；“三监督”，即行政监督、群众监督、舆论监督。1996 年，市征兵办公室将国防部征兵办公室规定的“三优先、三不定”具体化为“七优先、四不批”。“七优先”即上年双合格、今年又双合格的应征公民优先；文化程度高的优先；军队干部（包括人武、专武干部）子女优先；烈军属子弟优先；党、团员和三好学生，获市级以上优秀班干部者优先；市级以上劳动模范子女优先；年龄偏大，只有最后一次机会的优先。“四不批”即有劣迹行为的不批；年龄、文化程度不符合条件的不批；户口单迁、空挂的不批；身体、政审有重大疑点的不批。

1999 年，针对部队需要高素质兵员状况，在定兵规定上作出新的调整。2000 年，在征兵工作中注重录取高素质的兵员，特别对高文化素质要求的比例越来越大，在定兵中基本上把高文化素质的“双合格”（体检合格、政治考核合格）应征公民放在优先录取的位置。2010 年，在征兵工作中，确立“依法征兵、廉洁征兵、择优征兵、安全征兵”的征集思路，采取量化“征优”指标，加大“征优”宣传力度，严把“征优”关口，落实“征优”措施，择优进行定兵。

第二节　预备役

预备役登记

景德镇市预备役登记方法依照兵役法进行，退出现役确定服预备役的军官和士兵，在到达工作单位或居住地 30 天内，在当地县级兵役机关办理预备役登记。1986—2010 年，景德镇军分区、县（市、区）人武部结合每年退伍军人接收安置工作，对部队确定服预备役的退伍军人，办理预备役登记手续。每年结合民兵整组工作，对在册服预备役的退伍军人变动情况进行核对，及时办理转卡、注销登记工作。

部队组建

民兵预备役　1986 年，景德镇军分区和各县（市、区）人武部均按照民兵与预备役相结合的兵役制度，把参加民兵组织的民兵条件和预备役人员的年龄、政治和身体条件结合起来，把民兵和预备役分类结合起来。基干民兵为一类预备役，普通民兵为二类预备役。退伍军人编入民兵组织。1990 年以后，基层民兵组织成为预备役的基本组织形式，预备役人员的组织管理、军事训练、日常活动均在民兵组织中进行。各县（市、区）人武部所辖基层人武部都建立预备役档案资料室（柜），建立健全预备役工作制度，逐步达到制度化、规范化。

预备役工兵团　2004 年 8 月，江西省军区在景德镇市筹建中国人民解放军景德镇陆军预备役工兵团。

2005年6月20日,景德镇陆军预备役工兵团成立大会在景德镇市财富大厦召开。平时由景德镇军分区代管。2009年5月,预备役工兵团舟桥二连代表军分区接受省军区点验,受到好评。规范的“三册两书”(力量编成手册、花名册、通用装备预征图册,基干民兵入队通知书、通用装备预征通知书)被省军区推广。

军事训练

2005年12月17日,预备役工兵团组织野外拉练训练,并在训练间进行炊事比武,加强野外作业训练。2006年,根据战备工作规定及时制定战备方案,形成配套完善、多方衔接、实在管用的方案体系。4月18日,工兵团对营快速动员集合的组织与实施进行演练,通过演练,切实提高部队快速反应和遂行任务能力。2010年12月4—10日,预备役工兵团组织快速动员集结演练,提高机关指挥能力和部队快速反应能力,全面检验评估团队应战应急能力。摸索出一套贴近实战、操作性强的组织指挥程序;编辑一本快速动员演练指导手册;提高团机关组织快速动员集结的指挥和协调能力。

第三章　武警支队

1986—2010年,武警景德镇支队加强部队组织建设,抓好军事训练、政治教育和后勤保障工作,积极参与抗险救灾、警卫保卫、处置突发事件,为保卫人民群众的生命财产安全,维护景德镇地区社会稳定,作出了突出贡献。

第一节　部队建制

中国人民武装警察部队江西省总队景德镇市支队,简称武警景德镇市支队(正团级),受武警江西省总队和景德镇市委、市政府双重领导。1983年,组建武警景德镇市支队。支队机关设司令部、政治处、后勤处和消防科,下辖3个内卫中队和3个消防中队。

1986年2月,消防科从武警景德镇市支队序列中划出。1987年8月,支队接管浮南矿中队,改称为武警景德镇市支队三中队。1988年4月,将原直属中队改称为机动中队。1989年1月,机动中队扩建,增加编制员额。5月,撤销原二中队建制。

1990年1月,组建直属中队(直属司令部)。1992年6月,接收驻珠湖农场的原属武警江西省总队直属一支队三大队,改编为直属大队(含有大队部和一至八中队);原三中队改称九中队,机动中队改称十中队,一中队改称景德镇市中队,直属中队改称警通中队(直属司令部)。组建教导队,设立后勤基地。武警景德镇市支队仍为正团级建制,机关设司令部、政治处、后勤处3个部门(副团级)。1993年3月,乐平县撤县改市,乐平县中队更名为乐平市中队。1997年11月11日,原直属大队改编为一大队;新组建浮梁县中队和驻昌河飞机工业公司的十一中队;新组建二大队(下辖九、十、十一中队)。

1999年,武警景德镇市支队后勤处由副团级调整为正营级。2009年12月,乐平市中队迁入新址。2010年,武警景德镇市支队机关设司令部、政治处、后勤处。

第二节　军事活动

军事训练

1987年6月,举行首届军体运动会。1991年6月,举行第二次军体运动会。1993年,选派官兵参加全市公安系统射击比赛,取得团体第一名。1997年4月12—13日,在教导队第一次举办阅兵暨部分军事科目比武。共有12个中队48人参加四大项的角逐。八中队、十中队和三中队获团体总分前三名。

2000年6月,在教导队举办集训和比武。9月,参加武警江西省总队组织的参谋“六会”新技能比武,夺得团体总分第一名。2001年,开展科技练兵。全年有干部42人、骨干48人达到二级“四会”(会说、会教、会做、会做思想工作)教练员标准,涌现出训练尖子28人。

2002年9月17—19日,选派9名士官参加武警江西省总队举办的指挥士官比武,取得团体总分第四名,其中5千米武装越野取得单项第一名。

2004年,参加“金盾”反恐训练演习,获特别奖组织奖。2006年,组织机关“六反”网上战术演习,选派官兵参加反恐骨干、参谋人员、教练员、爆破骨干集训。2007年,举办士官轮训、预提指挥士官集训、特等射手和防卫作战训法战法教练员集训及勤训轮换等军事训练,遂行任务能力明显提高。2008年,组织新兵教育训练、“百日大练兵”强化训练、首长机关网上战术演习训练,九中队被评为军事训练一级单位,十中队排长朱光辉被江西省武警总队评为军事训练先进个人。

2009年4月,新兵下队后,组织部队抓好专勤专训。5—7月,按照武警总队的部署开展“百日强化大练兵”活动。参加武警江西省总队军事训练成果汇报表演,刺杀操表演被评为优秀团体操,获精神文明奖。

2010年,抓好新训、勤训轮换和预提指挥士官集训,组织官兵参加武警江西省总队演习。9月,选派官兵参加武警江西省总队军事比武和执勤分队全员额考核,获团体总成绩第六名,两名战士分别获得比武个人全能第四名和第七名。九中队被武警江西省总队评为军事训练一级达标单位。

执勤警卫

1990年10月,担负首届“中国瓷都——景德镇国际陶瓷节”的安全保卫工作任务。1995—1999年,武警景德镇市支队担负党和国家领导人到景德镇市视察期间的现场和驻地警卫任务。

2000年,出动兵力担负“炎黄圣火”传递活动的安全保卫任务。2004年3月10—16日,出动兵力担负2004上海国际时装模特大赛中国总决赛的现场警卫勤务。8月28日,十一中队进驻昌河飞机工业公司,担负昌河飞机工业公司的守卫勤务。9月26日,由上饶市政府和省旅游局共同举办的首届“婺源国际旅游文化节”开幕,按照武警江西省总队统一部署,武警景德镇市支队派出兵力与三支队、上饶支队共同担负开幕式和演唱会的安全保卫任务。12月19日,出动兵力担负“千年华诞”大型文艺晚会现场安全保卫任务。2005年10月12—18日,武警景德镇市支队出动兵力担负首届国际陶瓷博览会现场安全保卫任务。

2006年8月,出动兵力完成协同公安机关将看守所在押犯人转移至新看守所的押解任务,景德镇市中队随看守所搬迁进驻新营房。2007年4月25—26日,出动兵力担负“701”“702”调犯从昌北机场到饶州监狱的途中押解勤务。

2009年5月25日,与一支队,南昌、鹰潭、上饶和抚州支队派出兵力担负福建调犯入赣车队江西境内安全警戒、罪犯收监现场警戒及机动备勤任务;6月5—11日,派出兵力担负景德镇市陶瓷艺术研究院展馆安全保卫和画展展品的武装押运勤务。

2010年2月7—20日,每天出动兵力担负景德镇市城区主要街道武装巡逻任务。2月17日至3月6日,每天出动兵力担负景德镇市火车站春运执勤任务。4月,出动兵力担负犯人从昌北火车站至江西省饶州监狱的途中押解任务。10月18日,出动兵力担负瓷博会和中国陶瓷博物馆的安全保卫任务;12月3日,出动兵力担负首届环鄱阳湖自行车大赛(景德镇赛区)安全保卫任务。

突发事件处置

1987年5月上旬,乐平县武警中队参与制止1起哄抢化肥事件。7月11日,乐平县中队哨兵朱冬先发现监所7名在押犯集体越狱,当即鸣枪报警,中队官兵闻警而动,与公安干警一道将逃犯抓获。10月27日5时,武警景德镇市支队参加围捕拦路抢劫犯罪分子孙某等3人的行动。1988年4月,乐平县观峰乡几千名群众发生大规模宗族械斗。武警景德镇支队派出兵力协助公安干警参与处置,平息此次械斗。是年11月初,乐平县港口乡村民因水田纠纷发生集众械斗事件,打死2人,重伤3人。1800余名村民再次持铁叉、铁棍、扁担找对方报复,乐平中队官兵闻讯赶到现场,坚守7天7夜,直到11月20日村民全部被说服后才撤回。

1989年3月7日,协同公安干警、解放军战士,集中搜捕一批在206国道乐平路段拦车抢劫、拎包盗窃的严重刑事犯罪分子,抓获犯罪分子11人。3月18日,出动兵力协助4000余名公安干警、解放军对乐平县里汪村开展集中搜索行动,逮捕拦车抢劫、拎包的违法犯罪分子19人。3月25日,十中队6名战士在参谋长黄金祥的指挥下,抓获一手拿着猎枪、一手扣住手榴弹拉环的持枪杀人犯查某(市蛟谭区福港乡人)。8月5—15日,三次参加全市开展的打击盗窃、抢劫的专项斗争。10月3日中午12时10分,十中队20名战士协助公安干警抓获持枪流窜到景德镇火车站的犯罪分子余某。

1990年7月,景德镇市枫树山国营林场失火,景德镇市中队官兵奔赴现场,扑灭大火,保住1.5公顷山林。1995年9月20日深夜,由江苏押往湖南的800名犯人乘坐的专列途经景德镇市浮梁站、景德镇站作短暂停靠,景德镇市中队派兵担负外围武装警戒任务。1996年7月1日,境内遭受特大洪水袭击,景德镇市中队派兵抢险,出动车辆62台次,抢运物资价值13万余元,解救群众55人。是年12月7日,昌江河一游船失事。武警景德镇市支队接到公安局命令后,组织官兵赶到现场,救出落水群众4人。

1997年5月19日,九中队哨兵李会制止1起2名在押犯越狱逃跑事件。8月24日,乐平市中队抓获身携雷管炸药的持刀杀人犯罪嫌疑人叶某,二班副班长郭秋林立二等功。是年10月22日下午,乐平镇一农户楼房意外倒塌,乐平市中队官兵赶到事故现场,抢救出12名村民及其财产。12月19日,枫树山国营林场发生火灾,十中队迅速出动兵力,与护林人员并肩奋战40分钟,将大火扑灭。

1998年6月,景德镇遭受百年不遇的特大洪涝灾害,昌江河水频超警戒线,创历史最高纪录,武警景德镇市支队先后派出兵力,出动车辆、橡皮艇、冲锋舟,解救与转移疏散群众1.36万人,抢运粮食5017吨,搬运土石2620立方米,加固堤坝900余米,清除淤泥和垃圾600余吨;成功处置"6·5"市民聚众阻塞交通事件;完成景德镇市"6·26"、乐平市"7·24""7·26"和饶州监狱的抗洪抢险救灾,以及抢运粮食、清除垃圾等任务,被评为全市抗洪抢险先进单位,受到总部通令嘉奖。

1999年1月24日,以支队长为总指挥的支队前指率十中队、景德镇市中队、警通中队官兵赶赴乐平市高家镇,协助地方政府处置一起大规模的预谋群体性械斗事件。6月28日,九中队战士戚明辉制止1名在押犯企图越狱。

2000年3月30日凌晨3时,昌江区鱼山镇发生山林火灾。武警官兵赶赴现场,经过5小时扑灭了火点。5月16日,景德镇监狱一矿区职工宿舍发生火灾,九中队接到请求后,立即派兵及时将大火扑灭。8月8日,景德镇市监狱大门倒塌,九中队派出官兵连续奋战14个小时,救出民工4人。2002年7月17日,景德镇市发生1起劫持人质暴力事件,嫌犯刘某(鹅湖人)手持两把杀猪尖刀翻越围墙潜入景德镇市凉山树128号秦某家中,将其9岁儿子绑架劫持,隐藏于秦家1楼卧室并索要20万元赎金和1辆汽车。市公安局请求支队支援,接到市公安局的案情通报后,武警景德镇市支队支队长、政委率官兵赶到现场,副参谋长徐小龙和军械运输股股长张景如2人制服罪犯,解救人质,缴获尖刀3把、赃款17万元,2人被武警江西省总队记二等功。7月30日,乐平市塔前镇山下村发生1起山体坍塌事件,武警景德镇市支队接到命令后,立即出动官兵赶赴现场,连续战斗5个昼夜,协助抢救伤员物资,维护现场秩序。2004年12月22日14时,古窑陶瓷博物馆森林保护区发生大火,火势蔓延到博物馆,武警官兵经过2个多小时扑灭大火,为国家避免巨大的经济损失。

2008年1月底,景德镇出现4次大范围冰雪天气,造成部分国道、高速公路中断,发生停电、火车晚点等问题,大量旅客滞留。武警景德镇市支队出动兵力,参加市民航机场、景鹰高速、景鹜黄高速、火车站、珠山大桥、昌江大桥、瓷都大桥等交通要道的铲冰除雪任务,共清扫道路78千米,为灾区群众搬运救灾物资16车,疏散群众200余人,有3个单位、10人立功受奖。

2010年6—8月,出动兵力、车辆、船艇,先后分3个阶段在鄱阳县珠湖地区信江河、油墩街、鸦鹊湖乡和景德镇市区担负抗洪抢险任务12起。7月14—16日,出动兵力担负景德镇市三宝国际陶艺村、桃树坞水库、猪皮滩水库、豪德汽车站、东一路国家粮食储备库抗洪抢险任务。武警景德镇市支队被省委、省政府表彰为抗洪抢险先进单位,九中队被武警江西省总队记集体二等功。

第三节 政治教育

1986年,武警部队组织开展以“有理想、有道德、有文化、有纪律、树立武警部队高大形象”为主要内容的“四有一树”教育。1987年,对部队普遍开展以婚姻法、兵役法、惩治军人违反职责罪暂行规定为主要内容的普法教育。

1990—1993年,分别开展“树立武警部队良好形象”“坚定社会主义、共产主义理想信念”“坚持党对武警部队绝对领导”“永葆人民军队本色”“永远做党和人民忠诚卫士”等专题教育。1994年,在基层开展建设有中国特色的社会主义理论基本观点的教育。1995年,组织开展爱国奉献、革命人生观、尊干爱兵和艰苦奋斗等“四个教育”。1997年,在基层开展7个专题教育(尊干爱兵、爱国奉献、社会主义利益观、法纪教育、迎接十五大、学习贯彻十五大精神、严守政治纪律)。1998年,开展以党委机关为主的“保持昂扬的精神状态”的思想教育,在基层深化以“永远做党和人民忠诚卫士”为重点的“四个教育”。重点抓“拥护改革、服从大局、维护稳定”专题教育,进行政治纪律和“树立革命人生观、反对拜金主义、增强法纪观念”的教育。1999年,搞好党委机关“三讲”(讲学习、讲政治、讲正气)教育。是年,重点抓“爱国、爱党、爱武警”教育。进行严厉谴责北约暴行和反对李登辉分裂国家言论的爱国主义教育。

2000年,从3月下旬开始,集中半个月时间,开展“忠诚卫士”专题教育。突出抓法纪专题教育、马克思主义唯物论、无神论教育、士官制度改革教育以及“爱党、爱国、爱武警”为主题的“三爱”专题教育。从7月1日起,武警景德镇市支队党委和机关开展以“讲学习、讲政治、讲正气”为主要内容的党性党风教育。教育历时70天,实际教育时间44天。根据形势和任务的变化,先后开展爱国主义教育、揭批李登辉分裂祖国图谋、“九八”抗洪精神教育及中华人民共和国成立50周年辉煌成就教育。2001年,组织部队进行“九五”成就、时事政策和法纪教育。结合贯彻中央军委主席江泽民关于新疆“9·8”特大爆炸事故的重要批示精神,先后5次进行作风纪律教育整顿和安全工作大检查。2002年4月,组织党员学习党的三代领导人关于党的先进性系列重要论述。全年各单位条令条例学习时间累计平均达160小时,开展作风纪律教育整顿6次,举办干部学习班9期、骨干学习班3期、专业兵培训班3期。2003年4月18—23日,在党委、机关开展以学习贯彻“八个坚持、八个反对”为主要内容的党风教育。6—8月,开展“赞颂新成就、迎接十六大”专题教育。2004年,召开会议对“三个代表”重要思想的学习教育进行部署,组织党委成员下部队进行宣讲辅导,下发学习教育资料,举办践行“三个代表”重要思想先进事迹报告会。加强对学习教育的检查指导,推动部队开展“践行‘三个代表’、争做‘五个模范’”重要思想基本观点教育。2005年,进行以“积极适应中国特色军事变革,努力争做党和人民忠诚卫士”为主题的思想政治教育。3月,开展“提高素质能力,保持优良作风”学习教育活动。8月,开展从严治警专题教育整顿。

2006年,进行“忠实履行新世纪新阶段历史使命,永远做党和人民的忠诚卫士”主题教育。开展树立和落实科学发展观宣传教育活动,引导广大官兵把科学发展观作为武装头脑、指导实践、推动工作的强大思想武器。开展“凝聚人心鼓士气、转变作风树正气、狠抓落实保稳定”教育整顿;开展“纠风、查纪、遵规”和“遵章守纪、关爱生命、安全发展”教育整顿活动。2007年,开展“赞颂新成就、履行新使命、迎接十七大”“弘扬人民军队优良传统,忠实履行新的历史使命”专题教育和学习宣传贯彻十七大精神活动。5月22—26日,集中时间进行“治虚求实、反骄破满”教育整顿和安全发展专项治理活动,突出10个方面重点整治内容,狠抓“双防”(防事故、防案件)制度的落实。2008年3月,开展“讲党性、重品行、作表率”学习教育活动,开展“坚定理想信念,忠实履行使命,永远做党和人民的忠诚卫士”主题教育和学习宣传贯彻十七大精神活动。同时,开展“学誓词、遵守则、唱红歌、争做忠诚卫士”系列活动。2009年,在部队开展“践行当代革命军人核心价值观,永远做党和人民的忠诚卫士”主题教育活动,全体官兵围绕“知、立、行”,自觉践行“忠诚于党、热爱人民、报效国家、献身使命、崇尚荣誉”核心价值观。是年,开展“防松懈、防松散、防松弛、防松劲”作风纪律教育整顿活动。2010年,继续在部队开展“践行当代革命军人核心价值观,永远做党和人民的忠诚卫士”主题教育活动。

第四节　装备与后勤

装备管理

1989 年 8 月,武警景德镇市支队开始配发防暴头盔、盾牌、橡皮警棍等装备。1994 年 5 月,部队执行《武器装备管理科学化制度化经常化标准检查验收实施细则(试行)》,开始对武器装备实行“三化”(科学化、制度化、经常化)管理。1996 年,完成支队被装仓库搬迁,定制被装存放架,严格落实“三分四定”(三分指携行、运行、后留;四定指定人、定物、定车、定位)的存放要求。1997 年 3 月,武警景德镇支队首次配装橡皮艇、挂机艇。9 月,下发《关于严禁干部擅自动用枪支弹药的通知》,进一步加强枪支弹药的安全管理。1998 年,更新兵器室硬件设施,确保枪弹管理安全。2002 年,重点加强动态条件下的枪弹管理。2003 年,加强枪弹静态管理。争取地方经费,用于“六项执勤改革”配套设施和三级网的维护、改造。2008 年,完成景德镇市中队和吕蒙中队执勤信息化系统建设,建立一张“全视觉、无盲区、零距离”的防卫“天网”。

营房建设

1986 年,加强营房营建和绿化工作管理,筹备锅炉房、洗澡间。1990 年,新建一个中队营房、机关食堂和浴室。1991 年,兴建中队营址,改造营房,对招待所进行维修。1993 年,新建中队营房。1994 年,新建中队营房,筹建各类库室和教导队营房。1995 年,筹建支队教导队,为农场监狱部队配发干部办公桌,为两个中队配发新床铺、学习桌椅。1996 年,新建中队营房。1999 年,安排建设项目,对中队进行营房的内外整治、设施的统一配套、营区的绿化美化,建全天候晒衣场和文化娱乐活动中心等。

2000 年,安排建设项目,实施以解决支队机关、教导队和基层中队住房难为主题的“解困工程”。2002 年,建成中队的三级网,对机关大院团、营、连干楼和支队卫生队进行内外装修和管线及附属设施改造,对营院进行绿化,进一步美化营区,缓解机关干部、家属“吃水难”问题;维修教导队办公楼、整治食堂、新建大门等;建设一大队部车库、围墙等;维修基层旧营房。

2005 年,完成营区整治、屋面加层、屋顶“平改坡”和洗漱间、灶台、勤务值班室、岗楼改造等工程。完善“四配套”(文体设施配套、执勤设施配套、训练设施配套、生活设施配套)建设,统一购置不锈钢厨用具、洗衣机、空调、电脑、衣柜、学习桌,安装水质净化器和太阳能热水器等。

2007 年,为部分基层中队营房实行“平改坡”、扩建教导队训练场地、整修九中队营区排水系统和部分中队附属设施,动工建设机关干部公寓楼。2008 年,争取支队机关新址用地和浮梁中队营区建设用地。2009 年,乐平市武警中队搬迁新址。2010 年,对支队作战勤务值班室进行升级改造,高标准完成乐平市中队正规化建设。

第四章　民　兵

景德镇军分区、各县(市、区)人民武装部注重抓好民兵组织建设、军事训练、政治教育和后勤保障工作,促使民兵组织、装备、训练、战备工作协调发展。

第一节　组织建设

组织调整

1986 年,全市民兵工作遵循“减少数量、提高质量、抓好重点、打好基础”的原则,调整发展规划,做到平战结合，布局合理，使民兵的组织、装备、训练、战备工作协调发展。1988 年，全市民兵整组工作根据民兵组、装、训协调发展规划，适当调整各单位基干民兵数量，加强基干民兵专业技术分队和民兵应急分队的建设。1989 年 8—11 月，全市民兵整组后，基干民兵人数比上年减少。基干民兵全部经过军事训练。

1990 年 4 月 17 日，根据市政府、军分区联合下发的《关于加强我市民兵应急分队建设的通知》，形成以城市为重点的民兵治安防卫体系。1991 年 4 月 2 日，贯彻落实新的民兵工作条例，军分区下达《关于进行基层民兵工作“三落实”调查、试点的通知》，乐平县人武部重点抓 1 个边远小乡，浮梁县人武部重点抓 1 个垦殖场，珠山区人武部重点抓陶瓷、机械企业，昌江区人武部重点抓 1 个郊区乡。7 月 4 日，军分区下达《1991 年度民兵组织整顿工作指示》，对民兵组织进行全面整顿，巩固民兵组织，提高民兵战斗力。整顿中学习宣传新的民兵工作条例；严格政治审查，纯洁民兵队伍；调整民兵组织，落实规划任务；健全民兵活动制度并抓落实；着力抓好集结点验。9 月，军分区组织机关干部到基层乡、厂、村委会和车间进行整组验收。

全市首届民兵代表大会

1992 年，按照“重点抓基层，着重打基础”的工作思路，对全市民兵组织进行整顿。7 月 9 日，成立景德镇市民兵组织整顿工作领导小组，市政府副市长管日顺任组长，军分区副司令员兼参谋长刘道清、政治部主任张学法为副组长。由刘道清兼任领导小组办公室主任。6—7 月，在市瓷用化工厂和乐平县镇桥镇进行整顿试点。8 月，整顿工作全面铺开，9 月底结束。1993 年，全市组建基干民兵组织，做到每个村有基干民兵班以上单位。全市有五分之一的民兵营（连）建起“兵青妇”之家。1998 年，在武装部机构设置上，采取“大稳定、小调整”，在基干民兵编组上，采取“小建制，大编组”，全市基干民兵人数减少。

2001 年，在全市 13 个行业系统增设基层武装部。2002 年 2 月 25 日，市政府办公室，军分区司令部、政治部、后勤部联合下发《景德镇城市民兵工作调整改革试点方案》，3—5 月，在珠山区 21 个行业系统进行城市民兵工作调整改革试点。通过调整改革，民兵组织布局由人力资源缺乏的单位向人力资源较多的单位转移，由劳动和密集型的岗位向科技密集型的岗位转移，由市属行业系统为主向部省行业系统为主转移，进一步推动城市民兵工作向纵深发展。该经验在全省城市民兵调整改革试点经验座谈会上进行交流，并得到上级的肯定，珠山区人武部被省军区评为民兵整组工作先进单位。

2003 年，按照“三类”（作战类、保障类、储备类）民兵分队建设构想，调整组织布局，优化组织结构。2004 年，整合民兵力量，调整编组布局，根据《江西省军区 2004 年度民兵组织整顿指示》，制定实施《2004 年度景德镇市民兵五种九类分队组建方案》，组建九类分队。

2008 年 1—3 月，军分区司令部按照“任务牵引抓布局、依据编制抓规范、提高‘六率’保质量”的工作思路，完成民兵组织整顿工作，省军区转发军分区的经验做法。2010 年 1—4 月，遵循“作战力量按上级指令建、非战争行动力量按需求建”的原则，较好地完成编组任务。在昌江区召开民兵应急分队静态点验、动态检验现场观摩会；在浮梁县林业局组织后备力量管理试点。

分队建设

应急分队　民兵应急分队是基干民兵中用来处置各类突发事件的分队。1989 年，景德镇市开始组建民兵应急分队。1994 年 4—9 月，对市民兵应急分队进行整编。制定《景德镇市民兵应急分队简章》，推进全市民兵应急分队规范化、正规化建设，落实编制和人员。

技术分队　民兵专业技术分队是民兵中担任专业技术作战和保障任务的分队。1996 年，市委、市政府根据军分区提议，组建昌江区民兵舟艇分队。在 1996 年、1998 年和 1999 年景德镇市发生特大洪灾中，担负抗洪抢险任务，被广大群众称赞为“生命之舟”。1999 年，军分区组织开展科技练兵试点活动，把乐平市人武部和珠山区人武部定为试点单位，将乐平市人武部、浮梁县人武部、珠山区人武部、昌江区人武部的部分分队列为各县（市、区）科技练兵的试点。2001 年，组建民兵专业技术保障分队，通过整组，民兵专业技术的比例

比2000年上升10.20%，专业对口率达到90%。2005年，市国动委对各专业保障队伍组建种类、规模和编建单位都进行明确分工安排。

第二节　军事训练

专武干部训练

1989年4月13日，军分区在罗家教导队举办1期专武干部集训，经考核均取得合格证书。1990年，军分区对全区新任职的专武干部进行业务培训。1993年2月开始，人武干部、专武干部在训练中着重学习教学、指挥和管理，以提高干部的军事水平。1997—1999年，专武干部、民兵应急分队干部和民兵专业分队干部分期进行轮训，由军分区、人武部组织，每期间不少于6天。1999年5月，军分区统一组织为期10天的全区新任职专武干部集训。集训采取集中施训、全封闭管理、过连队生活、当普通兵的方式进行。

2000年，各县(市、区)人武部组织专武干部参加高科技知识学习和训练，考核成绩合格。2003年2月10—22日，军分区在乐平市民兵训练基地组织全区基层武装部部长和新任职专武干部训练。第一阶段(2月10—14日)为新任职专武干部集训。第二阶段(2月16—22日)为基层武装部长和新任职专武干部集训日。

2010年5月24—29日，按照“三知四会”(知常识、知职责、知要领，会开展工作、会教学组训、会排兵布阵、会上报下达)要求，军分区组织全市乡(镇)、街道、企事业单位、行业系统基层人武部部长集中强化训练，通过抓龙头、训“兵头”、学业务、练指挥、明职责、严作风，强化专武干部的使命、职责和爱军精神意识。

民兵干部训练

民兵干部为新任职的民兵营(连)长、应急分队、专业分队的队长，年龄在25周岁以内。由各县(市、区)人武部采取集中训练、以会代训、跟班基干民兵军事训练等方式培训。1988—1995年，新任职的民兵干部一般在1年内由基层人武部组织完成训练(含政治教育)，包括参加县(市、区)人武部组织的训练，主要进行军事理论、基本技能、动员工作业务和组织指挥的训练。1996年后，根据民兵分队的特点，主要训练与其专业相应的内容，并根据需要安排复训。1997—2005年，各县(市、区)人武部从难从严、从实战需要出发加大军事训练的力度，与基层人武部一道加强对新任职的基干民兵连长、普通民兵营(连)长的培训。2003年3月，各县(市、区)先后组织民兵营(连)长集训，突出加强对专业技术保障分队的营(连)长组织指挥能力的训练，两年内完成《民兵军事训练大纲》规定的民兵干部训练任务。2009年6月14—16日，浮梁县人武部组织民兵连长和部分武装干部集中进行民兵整组、基层正规化建设、征兵等业务学习。2010年5月，珠山区人武部组织民兵干部进行训练。

基干民兵常规训练

1988年，训练内容按新的《民兵军事训练大纲》施训，并增设科技课，利用10%的时间用于国防教育。年底训练结束，全市参加训练基干民兵全部达到合格要求，参加完成年度军训任务。1989年，完成民兵年度军事训练内容。全市新任职的专武干部业务培训，均取得合格证书；昌江区人武部进行民兵规范化训练试点工作，训练民兵及格率为94.70%；完成对县(区)人武部招聘教员的考核工作，应聘的教员基本具备教员“四会”条件。

1990年，全年完成民兵训练人数占任务总数的109.70%；举办专武干部培训，对全市新任职的专武干部进行业务培训。1991年7月21日，市政府、军分区联合下达《关于调整“八五”期间全市基干民兵组训任务的通知》，明确每年基干民兵训练任务数，并对基干民兵组织规划和基干民兵军事训练任务作出部署。1996年，全年民兵训练完成任务数的101.90%。乐平、浮梁人武部组织民兵营(连)长集训。各县(市、区)民兵应急分队，按新编制进行升级军事训练。1999年，完成民兵训练任务，完成计划任务数的110.80%。

2002年，民兵军事训练探索出一条“七结合、七为主”和多方联合教学的新路子。即：在训练内容组合上，做到共同科目与专业技术相结合，以专业技术训练为主；在教学组织上，做到自身组织教学与借助驻军和地方专业技术人才教学相结合，以驻军和地方专业技术人才为主；在训练器材保障上，做到临时征集与平时购置相结合，以平时购置为主；在教学力量储备上，做到提高老教员素质与培养新教员结合，以培养新教员为主；在教学训练方法上，做到集中培训与分散教学相结合，以分散教学为主；在业务建设上，做到组织民兵训练与带军事机关训练相结合，以提高军事业务素质为主；在组织指挥上，做到平时训练与综合演练相结合，以综合演练指挥为主。通过改革，进一步提高民兵军事训练质量。全市民兵训练完成任务数的105%。2003年，全市民兵训练完成计划数的102%。

应急出动

专业技术分队训练

1996年开始，昌江区民兵舟艇分队每年洪水季节都要进行水上打捞、水上运送物资、水上救护等为内容的课目演练。1999年，军分区在加大民兵军事训练改革过程中，组建各类专业技术分队。在民兵专业技术分队教学训练上，采取自身组织教学与借助驻军和地方专业技术人才教学相结合，并以驻军和地方技术人才为主的方法；在组织指挥上，以平时训练与综合演练相结合，以综合演练指挥为主。

2000年6月，军分区指导浮梁县人武部组织民兵分队进行综合演练。2001年，乐平驻军民兵组织训练，在全省“一线指挥部”建设座谈会上进行演示，队员们以严明的纪律作风、过硬的军事技能、逼真的实战效果，赢得现场观摩指导的南京军区、省军区首长和省委、省政府领导赞扬。

2002年，完成专业技术对口分队训练。重点抓好对口专业分队接口补差训练，训练合格率达100%。2004年7月，军分区组织专业技术分队训练和演练。

2006年6月11—22日，军分区选派民兵队伍参加省防空兵训练中心第四期集训，通过集训熟悉指挥程序、兵器操作方法。2007年，军分区坚持按任务、按预案、按编成、按作战进程，组织民兵预备役部队编组联训，提高整体作战能力。9月上旬，浮梁县人武部、珠山区人武部、昌江区人武部组织演练。2009年8月，珠山区人武部带部分实兵进行红、蓝双方对抗演练，探索对抗演练经验，为全区展开防卫对抗演练起到示范性作用。2010年4月，昌江区人武部组织抗洪抢险分队进行舟艇分队训练，进一步提升分队整体协作配合能力和熟练掌握操舟机的能力。

救援演习

应急分队训练

1990年1月20日上午，军分区民兵应急营和珠山、昌江民兵应急连集中进行点验并接受市委、市政府，军分区等六套班子领导和全市人民的检阅。1991年7月，珠山区民兵应急分队代表景德镇市参加江西省城市民兵“三落实”（组织落实、政治落实、军事落实）现场经验交流会军事表演比赛，取得军事表演科目一等奖。1994年11月16—18日，省军区军事工作综合检查组对军分区7个方面的军事工作进行检查考评，并对乐平人武部进行重点考核，市民兵应急连取得优秀2人、良好2人、及格4人、不及格1人、总评良好的成绩。

1996年9月,组织民兵应急分队军事训练考核竞赛。

1998年6月23日,浮梁县民兵应急分队和专业技术分队在军分区教导队进行军事训练。1999年,组织民兵应急分队进行训练。由各县(市、区)人武部集中组织7~10天训练。是年,军分区在昌河飞机工业公司抓民兵武装直升机抢修分队练兵试点,组织制作出一套多媒体课件。

浮梁县人武部在县湘湖镇开展民兵整组业务培训

2001年,组织民兵应急营和乡镇应急分队训练。各连、各分队严格按照《民兵应急分队升级训练纲目》的内容进行训练,训练科目均达到合格要求。2006年6月29日,军分区在浮梁县东埠民兵训练基地举行基干民兵训练汇报表演。以培养民兵骨干为主,进行民兵应急分队训练,全面提高专武干部、民兵干部的军事素质和民兵预备役执行应急作战任务的能力。

2008年5月15日至7月1日,军分区组织民兵应急分队集训,分基础训练、强化训练、复训迎考和比武竞赛,在参加省军区组织的全省民兵预备役应急分队比武竞赛中,取得警棍盾牌术集体课目第一名。2009年8月,珠山区人武部组织重要目标防卫分队,分为红、蓝双方进行实兵对抗演练。检验应急分队在完成重要目标防卫作战任务时的应急准备、快速机动、作战部署、协调行动和综合保障能力。

第三节 政治教育

教育制度

1988年,民兵政治教育制度作出调整,基干民兵由每月1次政治课压缩为每季度1次政治教育课,普通民兵每年结合征兵、整组和重大节日活动组织专题教育。每年民兵军训期间,政治教育均纳入训练计划,统一安排和组织实施,其中民兵干部、民兵专业技术分队和民兵应急分队还要专门安排时间组织学习。1993年,军分区政治部为抓好基干民兵政治教育季课的落实,采取"统一部署、分片授课、现场观摩、按级负责"的办法,加强民兵季课教育,坚持每季第一月授课,并组织各县(市、区)人武部政委、政工科长现场观摩,然后分头抓落实。多数单位基干民兵到课率达到90%。这一教育经验得到省军区和南京军区的肯定,并在省军区管辖范围内进行推广。

教育内容

1989年,军分区、各县(市、区)人武部组织民兵学习中共十三届四中、五中全会精神,进行坚持四项基本原则,反对资产阶级自由化教育,提高民兵的政治思想、理论素质,开展国防知识和党的基本路线教育,加强广大民兵对"一个中心,两个基本点"(以经济建设为中心,坚持四项基本原则,坚持改革开放)的认识。1991—1992年,在全市民兵中进行贯彻中共十三大精神教育。贯彻落实《爱国主义教育实施纲要》,对民兵进行爱国主义和国防知识的教育,培养"四有"(有理想、有道德、有文化、有纪律)新人,在改革中建功立业。贯彻新的《民兵工作条例》,对民兵进行条例专题教育,引导民兵正确认识民兵的性质、地位、作用、任务,增强参加民兵组织的光荣感和责任感。1993年,组织民兵学习中共十四大精神、邓小平理论和改革开放理论政策,开展"坚持党的基本路线100年不动摇"专题教育。在乡村民兵中开展农村精神文明建设教育,在企业民兵中开展"投身改革、振兴企业"教育活动,增强使命感,开展革命军人人生观、价值观教育。1997年,结合纪念建军70周年、迎接香港回归和中共十五大召开,在全区民兵中进行"爱党、爱国、爱军"的专题教育。

1998—2002年，中共十五大和十六大召开后，全市组织民兵学习会议精神和文件，引导民兵预备役人员对党的基本路线、方针、政策的理解，号召全市民兵预备役人员投身到中国特色的社会主义建设。同时，组织开展学习《邓小平文选》第三卷活动，对民兵预备役人员进行爱国主义教育。围绕做好军事斗争准备、应急作战准备，对民兵进行"忠、勇、智"为目标的紧贴实战行动的教育，增加民兵提高能力素质的紧迫感和责任感。2003—2005年，结合宣传兵役法和征兵工作，对民兵进行依法服兵役的教育，激励民兵参军热情。

教育形式

1986年，基干民兵每年集中进行12次政治教育，每月进行1次政治教育课。1988—1991年，基干民兵每年集中进行4次政治教育，每季度进行1次政治教育课，时间不少于16个课时。

1989年，军分区把《中国民兵》《东海民兵》等民兵杂志作为民兵和预备役人员进行刊授教育的重要环节。各县(市、区)人武部利用《中国民兵》的文章，组织专武干部集中备课，每季下发一课辅导提纲和民兵政治教育考试卷。乐平市人武部还创办每季1期《政教简报》，每期印发9000余份。1990年，中国人民解放军总政治部、群工部、总参动员部、《中国民兵》编辑部授予昌江区人武部订刊、学刊、用刊二等奖。

1990—1991年，浮梁县人武部先后举办以国防历史为内容的国防知识图片展览和以国防、军事为题材的书法、歌咏比赛。1991年后，景德镇市利用辖区内广播电视业迅速发展和普及的有利时机，充分利用广播、电视、报刊、闭路电视播放录像片、宣传栏、板报、标语等形式，对民兵进行专题教育。"八一""十一"等重要活动和节假日期间加大在广播电视等媒体的宣传力度。

1992年后，基干民兵集中训练期间，按总政《参训民兵政治教育纲目》，将政治教育纳入训练计划，统一安排和组织实施；民兵干部、专业技术分队训练期间，政治教育时间为3天；民兵应急分队训练和专业分队、步兵分队、新入队的民兵及现役部队预编人员训练期间，政治教育时间为2天。各级人武部门利用民兵整组、点验、民兵军事训练、征兵体检、兵役登记、农村农闲、厂矿生产设备维修保养和停工待料等时机，集中民兵干部和基干民兵进行政治教育。

1993年7月，军分区在乐平市历山乡召开政治教育现场汇报会，检查基干民兵每季1课、普通民兵每年不少于2课的政治教育落实情况，专题教育课主要内容是学习中共十四大会议精神、学习邓小平改革开放的理论和政策、坚持党的基本路线100年不动摇等政治理论。1997年8月，乐平市人武部先后在3个单位组织现场听课会试点，安排附近乡镇、企业单位武装部部长参观学习，发挥典型示范作用。随后，全市绝大多数基层人武部按照试点单位的做法，有8名乡镇的党委书记参加授课，平均到课率在85%以上。

2003年乐平市民兵整组期间，利用广播、标语、墙报、宣传车等形式进行宣传，共张贴标语4200余条，出墙报399期，挂横幅38条。5月，军分区把民兵的政治教育纳入"统一部署、分片授课、现场观摩、按级负责"的轨道。2006—2010年，基干民兵集中训练期间，按总政治部《参训民兵政治教育纲目》，将政治教育纳入训练计划，统一安排和组织实施。民兵干部、专业技术分队训练期间，政治教育时间为3天；民兵应急分队和专业分队的民兵训练期间，政治教育时间为2天。普通民兵的政治教育结合整组、征兵和重大节日活动进行，每年不少于2次，每次不少于4个小时。

第四节　装备与后勤

装备管理

1994年12月17日，军分区司令部下达《民兵应急分队装备器材管理的补充规定》，进一步加强民兵应急分队的管理，完善民兵应急营简章，军分区就民兵应急分队装备器材管理使用的有关事项作出补充规定：民兵应急分队购置的摩托车、自行车、迷彩服、钢盔、木警棍以及军分区配发的"民兵执勤"牌照和"瓷都民兵"肩章均属民兵应急分队单位的装备物资，由人武部进行集中统一管理；各种装备器材，非遂行战备执勤和应急任务时，不得随意使用。特殊情况，须经县(市、区)人武部批准后方可使用。摩托车是民兵应急分队遂行战备执勤和应急任务的运载工具，平时应停驶封存，做到定人驾驶、专库放车、定期保养、使车辆保持良好的战备状况。另外,对摩托车每年的养路费、保险费和维修、保养等费用均作出相应规定。

1996年3月1日,军分区司令部下达《关于重新调整布局浮梁县、珠山区、昌江区民兵武器的通知》,对尚未建立民兵武器装备仓库的单位,分配的民兵武器集中在军分区民兵装备仓库分单位存放,由军分区统一组织人员看管擦拭。7月1日,军分区司令部下达关于重新调整全区民兵武器的通知,对县(市、区)人武部武器进行重新调整。

2003年6—9月,军分区开展全区民兵装备数量质量普查。普查的内容是查清数量、查明原因、查清质量、查清配套。通过普查、清理、整顿,做到民兵装备账物相符、应运有据;退役报废弹药的管理符合上级规定和要求;已报废销毁上交处理的武器弹药数量与上级批复一致。

库房建设

1986年,军分区和乐平县建设民兵武器装备库。1998年,对军分区和乐平民兵武器仓库实施重建。

乐平市人武部武器装备于2001年、2002年连续两年被省军区评为民兵武器装备管理工作先进单位,有3人被省军区评为武器装备管理先进个人。全区连续23年保持武器装备管理安全无事故。

训练基地

1986年,建造乐平县的民兵训练基地。1988年,军分区筹建教导队训练基地。军分区所辖珠山区、昌江区、鹅湖区、蛟潭区民兵军事训练,一般都在军分区教导队训练基地集中训练。2002年,浮梁县人武部新建民兵训练基地,主要设施有办公楼、教学楼、宿舍、食堂、战术训练场。2005年,乐平市开工建设新规划的吊钟民兵训练基地。2007年12月,建成并投入使用。

第五章 人民防空

1949年,景德镇市建立人民防空机构和指挥体制。1986年以后,景德镇制定防空袭预案,组织防空袭演练,加强人防通信和防空警报设施管理。开展人民防空教育工作,实施防空工程建设,推进人防建设快速发展。

第一节 组织指挥

指挥体制

1986年,景德镇市人民防空指挥体制实行在市委、市政府和军分区领导下的市、县两级指挥,并建有相配套的防空指挥所。1988年,相继制定《浮梁县城市人民防空应急行动方案》《乐平市城市人民防空应急行动方案》《珠山区城市人民防空应急行动方案》《昌江区城市人民防空应急行动方案》,方案分基本方案、保障计划、重要经济目标防护及抢险抢修方案和附图附表,为各级在战时的组织指挥提供依据。防空组织指挥包括指挥体制、防空专业队伍和防空预案。2007年6月,景德镇市人民防空指挥部成立。

专业队伍

1985年,由铁路、城建、建筑、供电部门组建人防抢险抢修专业队;由卫生、医药部门组建人防医疗救护专业队;由卫生、防疫、化工、环保部门组建人防防化专业队;由邮电部门组建人防通信专业队,由交通、铁路部门组建人防交通运输专业队。乐平市、浮梁县根据需要自行确定。1991—1992年,对人防专业队伍进行整组,对运输、抢险、抢修专业队伍组织在职训练,确保专业队伍组织落实。1997年1月1日,《中华人民共和国人民防空法》实行,市人防办按照“平战结合、专业对口、便于领导、便于指挥、减少数量、提高质量”的要求,进行人防专业队伍组织整顿。

2007 年 3 月，对乐平市、浮梁县、珠山区和昌江区人防专业队进行整组，明确人防专业队训练时间、内容、方法及考核验收，使人防专业队的训练更加规范。2009 年 7 月，市政府、军分区联合下发《关于组建人防抢险抢修专业队的通知》，组建 1 支市人防抢险抢修专业队，并由各组建单位集中组织不少于 20 天的集中专业训练。是年 10 月，通过省人防办、景德镇军分区考核验收。

防空袭预案

1986 年，市政府为指导人民防空建设，战时能有效指挥防空袭斗争，制定《景德镇市城市人民防空袭预案》。1994 年，市人防办在城市人民防空袭预案的基础上，对城市防空袭斗争的范围、任务、办法和措施等方面进行修订，于 12 月报市政府、军分区审议批准。

1998 年 3 月 1 日至 10 月 31 日，对原城市人民防空袭预案作进一步修订，并成立防空袭预案修订领导小组，整个预案修订工作分为组织准备阶段、调查论证阶段、编制与绘图阶段、总结验收阶段。1999 年，市政府组织制定防空袭预案，整个预案由文稿和图表两部分组成。5 月中旬，景德镇军分区司令部和市人防办联合召开会议，布置防空预案制定工作，年底完成预案编制。《景德镇市城市人民防空袭预案》每 5 年修订一次。

2005 年，根据《江西省实施〈中华人民共和国人民防空法〉办法》和省人防办《2005 年全省人民防空工作要点》，制定《景德镇市城市人民防空应急行动方案》。2008 年，制定《景德镇市城市人口疏散地域建设预案》，明确指挥部组成，按实战要求落实指挥编组，落实人口疏散地与接收地之间的对口联系，街道办和乡镇有疏散接收协议，街道办制定疏散掩（隐）蔽方案，输送、接收、安置的各种保障措施，留城人员就地疏散隐蔽点、位、线。人口疏散计划落实乡村接收能力达到疏散地域人口数的 15%。

防空袭演练及救援演练

1999 年 6 月 14 日，军分区司令部、市人防办会同市卫生局组织 1 次人防医疗救护专业队伍综合技能演练。演练的主要课目为复苏、头部包扎、手臂及腿部骨折固定包扎。要求从严从实战出发，严格操作程序，每个动作都要经得起检验，演练进行 3 个小时。经评委评议，市第一医院、市第二医院、人防医疗救护排分获一、二、三名。2001 年 9 月下旬，参加省国防动员委员会组织开展的 11 个设区市城市防空袭演练。通过演习，参演人员基本熟悉组织反空袭作战的程序、方法和基本内容，达到军分区组织反空袭作战的初步构想，锻炼提高军分区首长机关和市人防办的组织指挥能力。

2003 年，市国动委组织保障主力军团战役行动网上演练。5—6 月，市人防办参加防空演练。2004 年，市国动委带县（市、区）国动委进行保畅通网上演练。9 月 25 日，奉上级命令，市人防办主任带队参加由省军区组织的城市防空袭作战网上演练。2006 年 12 月 6—9 日，市人防办参加由省人防办首次独立组织的系统内城市人民防空网上检验性演习。2007年9月18—24日，市人防办参加为期1周的城市人民防空网上演习。

2008 年 9 月 18—21 日，根据省委、省政府、省军区年度工作安排，省国动委通过军队指挥信息系统组织战役演习，市人防办作为市国动委主要成员单位派员参加演习，珠山区人防办所属昌江直升机人防抢险抢修分队参加实兵科目演习。

2009 年 12 月 8—10 日，市人防办全体人员及县（市、区）人防办主任、副主任参加省人防办组织的城市人民防空网上演习。2010 年 11 月 12—14 日，省人防系统组织民防应急救援演习。按计划，市人防办于 14 日与上饶市人防办在乐平市宝山煤矿共同组织矿难联合救援演练，市人防办抢险抢修专业分队首次参与实兵演习科目。市人防信息保障中心机动指挥平台全程参与现场指挥信息保障。

第二节　工程设施

政策规定

1995 年 5 月 3 日，市政府批转市计委、市人防办、市财政局、市城建局、市物价局制定的《景德镇市人民防空工程建设收费实施办法》。12 月 30 日,市政府下发《〈景德镇市人民防空工程建设收费实施办法〉补充规定的通知》,明确全市行政事业单位、国有企业、三资企业、股份制企业,均按上年度末在职人数每人每年征收人防工程维护建设费。

2001 年 2 月 13 日,市财政局、市物价局联合下发《关于核定我市人防工程易地建设费收费标准的通知》,自 2001 年 1 月 1 日起执行。2002 年 12 月 30 日,省发展计划委员会、省财政厅、省人民防空办公室下发《关于规范全省防空地下室易地建设收费的规定的通知》。

2004 年 4 月 1 日,省人民防空办公室为对设区市结合民用建筑修建防空地下室报批手续实行备案。每个"结建"报批的民用建筑工程项目必须按照省人防办要求,及时、据实、详尽填报《结合民用建筑修建防空地下室报批手续备案表》《结合民用建筑修建防空地下室易地建设报批手续备案表》。8 月 2 日,市政府办公室给市规划局、市建设局、市房管局下发防空地下室建设联合把关抄告单。9 月 9 日,转发市人防办《市防空地下室建设意见的通知》。10 月 21 日,市委、市政府主要领导参加全市防空地下室建设工作协调会。2005 年 2 月 23 日,市长虞国庆签发政府令,发布《景德镇市实施〈中华人民共和国人民防空法〉管理办法》,3 月 1 日起施行。

工程建设

1986—2001 年,全市没有开展结合民用建筑修建防空地下室工作。2000 年 10 月 30 日,市人防地面指挥室建成并投入使用。2002 年下半年开始,随着城市建设规模的不断扩大,开始防空地下室建设。2003 年 1 月 3 日,市人防办办理景德镇市人防应急救援指挥中心国有土地许可证,指挥中心建设总投资来源中央财政预算、地方财政预算、招商引资和社会筹资。2004 年,市政府出台有关文件与法规,进一步加大市防空地下室建设的力度。

2005 年 9 月 30 日,市人防应急救援指挥中心工程正式奠基。2008 年,按照"以建为主、以收促建、应收尽收"的原则,抓好结建工程。2009 年 9 月 30 日,市人防应急救援指挥中心大楼投入使用。2010 年,落实社会结建人防工程,扩大人防建设的覆盖面,修建市本级防空地下室,市人防办被评为省人防办下达的全省人防建设任务完成先进单位。

维护管理

安全管理　市人防主管部门负责市直属人防公共工程的维护管理,并指导、监督、检查市范围内的人防工程的管理;县(市、区)人防主管部门负责县(市、区)属人防工程的管理,并指导、督促、检查辖区范围内的单位人防工程的管理;各机关、团体、企事业单位的人防工程由本单位负责维护管理。

市人防办加强人防工程的维护管理,消除早期人防工程存在的安全隐患,加强对企业转制、土地出让、房地产开发等原因出现的人防工程交接、管理单位变更等节点的管理,防止人防国有资产流失和维护管理责任脱节,人防工程处于良好的战备状态。

1992 年,珠山区人防办对辖区人防工程组织两次全面检查,发现危险隐患,并采取措施妥善处理。1997 年 4—5 月,对全市人防工程进行普查。通过普查发现大部分工事结构稳定,少数工事洞内积水淤泥、地面下沉、工事开裂。针对问题,市人防办对全市公用干道工程遗留的作业面进行封堵,并对干道工程内部进行清理。对存在问题的单位工事,责成权属单位按要求进行整改,于 12 月组织抽查验收。2000 年、2004 年、2009 年均组织进行类似的人防工程普查,采取措施进行问题整改。

加固改造　1991—1992 年,市人防办对马鞍山地下洞库进行商场改造。1993 年,市人防办新建洞口管理房及人防通信大楼。1998 年 2 月 16 日,出台《景德镇市人民防空工程管理规定》共 5 章 27 条。

开发利用　1991—1992 年,人防工程在搞好维护管理的基础上,开发利用率为 23.10%,完成产值(营业额)657.60 万元,上缴税利 42.81 万元,实现利润 34.30 万元。1992 年 12 月 18 日,某人防工程建成地下商场,设置摊位 110 个,主要经营服装,成为景德镇市第一个地下商品市场(后因老化而关闭)。1992 年,珠山区人防办搞好人防工程开发利用,种植蘑菇,开办工厂,建陶瓷烤花加工炉等,人防工程利用率达 64%,获全国人民防空工作先进单位称号,受到全国人民防空委员会的表彰。1996 年,新增防空地下室面积若干平方米,大批人防工程用于储存水果、种植蘑菇等。平战结合工作也得到较好效益,人防工程利用率达 35%,比

"七五"期末增长12个百分点。

2005年,全市平战结合经营单位营业额总计1500万元,完成利润110万元,上缴税金47万元,平战结合率达42.10%。2010年,市人防应急救援指挥中心大楼11层以下楼层,经请示省人防办批准正式对外出租营业。

防空设备

通信设备　1985年4月,景德镇市人防通信站成立。1992年10月,市人防通信站按要求安装电台,并派专人参加在南昌举办的由省、市人防通信站无线话(机)务员培训班。是年12月,市人防通信站电台同全省实现联网联络。1993年1月,地下商场投入使用,通信站人员编入地下商场机电组。1994年7月,人防通信大楼落成。1998年年初,根据国家人防办、省人防办的要求,开始筹建数字式程控交换机,12月初,建成并开通数字程控交换机。

2005年9月,省人防办统一安排更换新的数据程控交换机。私人用户退网处理,只保留17部办公电话。同时,电视会议终端设备安装到位并投入使用。2006年,全省统一安装文电传输系统和指挥网。2008年4月,省人防办配备下发1辆应急救援指挥车。2009年9月29日,市人防应急救援指挥中心启用,有(无)线通信、视频终端、文电传输设备迁入指挥中心,10月10日转入正常运转。2010年2月,浮梁县安装视频会议和文电传输系统,实行省、市、县三级联网。3月,省人防办统一配发卫星通信指挥车。是年6月,卫星地面站建成,经调试后开通使用。7月,市人防通信站更名为市人防指挥信息保障中心。

警报设备　1989年,防空警报器实行社会化管理。1994年,市人防部门对全市防空警报器维护管理单位考评,授予市电机厂全市警报器维护管理先进单位称号。1999年1月15日,军分区司令部和市人防办首次组织全市防空警报试鸣,检测城区音响覆盖效果。

2000年9月18日上午10时,全市再次试鸣防空警报。2001年,根据国家三类人防重点城市城区防空警报音响覆盖率95%以上的要求,市政府统控防空警报网建设,12月中旬安装调试完毕。12月26日,新的防空警报网一次性试鸣成功。

2002年6月,防空警报设施移交给各安装点单位,新的防空警报设施实行社会化维护管理。8月30日,在华意压缩机厂召开防空警报设施维护管理例会,下发《防空警报设施维持管理制度》《防空警报设施维持管理职责》《防空警报设施维护管理检查评比标准》《防空警报设施维护检修登记簿》《防空警报维护管理例会安排表》。9月18日上午10时,市防空警报预鸣成功,旨在提醒市民勿忘国耻、居安思危、警钟长鸣。是年11月18日,制定《景德镇市人民防空警报设施管理规定》,将每年的9月18日定为防空警报试鸣日。

2003年12月31日,浮梁县防空警报首次试鸣成功。2004年,增设一套电视切换设备,能在市广播电视台自办的5个频道实施防空警报发播,并在9月18日试鸣时试播成功。

2005年9月,在市区增加2台电动警报设施,更换1台原有老式电动警报器,城区防空警报音响覆盖率进一步提高。9月18日,通过电视会议系统进行全省防空警报统一试鸣,完成全省联网试鸣。2006年7月,浮梁县人防办安装第一台电声警报器。2007年,将浮梁县警报器纳入市警报器统控。2010年,"9·18"防空警报进行试鸣,通过电视、警报器等多手段警示市民勿忘国耻。

第三节　防空机构

市人民防空委员会

1984年6月,景德镇市人民防空委员会成立(简称市人防委),下设人民防空办公室,副市长舒圣佑任主任。1985年6月10日,调整市人防委组成人员,舒圣佑任主任;市人武部部长周济众、副市长赵万龄任副主任;委员由市直各有关部、委、办、局的主要领导共19人组成。1986年6月,市人防委增补景德镇军分区副司令陆柏寿为副主任。

1994年9月,市人防委调整组成人员,副市长李水根任主任;军分区副司令员刘道清、市人防办主任余祖刚任副主任;委员由市直有关部门主要领导共19人组成。1995年12月,市人民防空委员会更名为市人民防空办公室。

人民防空办公室

1986年,市人防办内设秘书、工程、指挥通信、财务物资4个科室。1991年,财务物资科改为平管科。2002年,设秘书、工程、指挥通信、法制宣传4个科室。2003年2月,内设秘书、工程、指挥通信、法制宣传4个科(室)。2010年,内设秘书科、工程科(行政审批服务科)、指挥通信科、法制宣传科和监察室。

县(市、区)人民防空办公室

乐平市人民防空办公室　2002年9月成立。2001年5月经省政府、省军区批准,乐平市为省级人防重点城市。

浮梁县人民防空办公室　2001年11月成立。2004年12月,浮梁县为省级人防重点城市。

昌江区人民防空办公室　1992年1月成立。

珠山区人民防空办公室　1985年1月成立。1992年,珠山区人防办被评为全国人防工作先进单位,受到全国人民防空委员会的表彰。

市人防指挥信息保障中心　1985年4月,景德镇市人防通信站成立。2010年7月,市人防通信站更名为市人防指挥信息保障中心。

第六章　国防与双拥工作

1986—2010年,景德镇市根据备战形势需要,加强国防教育,开展多种形式的国防教育活动;抓好国防动员,成立机构,健全制度,制定措施,积极开展国防动员各项工作。驻市人民解放军、武警部队指战员发扬拥政爱民的优良传统,大力支持地方建设,积极参与抢险救灾,为稳护社会稳定,发挥了重要作用,为景德镇市连续5次被命名为全国双拥模范城作出了重要贡献。

第一节　国防动员与国防教育

国防动员

1995年12月,市国防动员委员会成立,内设人民武装动员办公室、市经济动员办公室,主管全市国防动员工作。1997年6月,在全市范围内开展国防动员潜力调查核对工作,主要内容有行政区划和经济状况,人员数质量情况,交通运输情况,邮电通信设备情况,原材料生产、储备及油料油库情况,医疗、卫生情况,工程机械情况,军需资源及生产情况,测绘、气息情况等。通过调查核对为战时实施快速动员提供准确依据。1998年9月3日,市委、市政府、军分区下达"景德镇市2000年前后备力量建设计划",各县(市、区)按任务调整布局,细化到基层,并预留10%的机动数,保证任务一步到位。1999年5月,在全市开展国防动员潜力调查,至7月底完成。

2001年,成立市国动委政治动员办公室、信息动员办公室,担负全市国防动员各项工作任务。2002年10月29日,市国动委和市委人武委召开联席会议、研究和部署政治动员潜力调查,建立政治动员潜力数据库。研究确定提高国民经济应急和持续动员能力,在年底先建立10~20个重点经济动员单位。研究确定提高交通保障和运力动员能力。采取4项措施:加大对交通干线的基础建设投资,加快乐平—涌山—新店战备公路建设步伐,确保皖赣铁路、206国道的畅通;编制交通保障、运力动员、交通设施应急抢修和多种迂回运输方案;开展交通设施的防护、抢建和抢修演练;完成车辆和民航的征用调查,建立运力潜力数据库。研究确定提高信息作战和通信保障能力的工作。建立开通全市军地通信枢纽联络网;建立信息网络、设施、信息产品和各类专业人才的数据库;增订信息动员预案和信息网络征用、信息人才动员、应急通信等保障计划;抓好网络调度、线路抢修、应急通信、电子干扰等内容演练。

2003 年 5 月 12 日,市国动委下达《关于建立经济动员重点单位联系制度和筹建专业保障单位的通知》,建立经济动员重点单位联系制度并抓好组建试点。确定储备数量、方向、方法和渠道,重点抓好通用物资、油料等储备,组织军地联储试点,构建地方作战物资专项储备网。抓好各类保障队伍的组建。抓好经济动员信息化建设,年内省、市、县联网。抓好运力潜力调查,建立全市运力动员管理数据库。抓好交通动员队伍的建设,采取区分任务、定点保障的方法,在重要部位组建一批工程抢修、道路维护、应急通信、伪装防护等保障分队。是年,建立开通全市军地通信枢纽联络线,在全市建立战备应急机动通信保障车队,提高信息保障能力。

2004 年,军分区抓好后备力量动员准备:抓好预备役部队组建;抓好各类民兵保障队伍建设;抓好补充部队兵员动员准备,选准应急动员对象,组织动员点验,确保去向明、联得上、召得回。是年 7—10 月,市国动委组织对市、县两级地方支前潜力进行核对调查,采取条块结合、查阅资料与实地调查相结合的方法进行,进一步了解、掌握地方支前潜力数量质量和分布情况。

2005 年 10 月,在全市范围内组织开展兵员动员、科技动员潜力核对调查。2007 年,抓好国动委办事机构正规化建设,初步形成军地互动、齐抓共管国防动员工作的局面。乐平市人武部协调乐平市发改委,拟定动员中心应急动员方案,以及平战转换、应急生产、物资动员储备、支前动员保障和交换等 5 个配套方案,指导加强动员中心建设管理。3 月 19 日,省国动委在乐平市召开现场观摩会。

国防教育

宣传教育　1991 年 1 月,军分区政治部和市国防教育领导小组联合创办《国防教育报》,介绍国防教育知识,报道全市国防教育和民兵预备役情况,交流国防教育经验,宣传国防建设中的新人新事。6 月,国防教育办公室成立,专门负责处理日常工作。7 月,市国防教育领导小组决定把每年 8 月作为国防教育月,下发《关于在“八一”节假期间积极开展国防教育宣传活动的通知》,在全市开展多种形式的国防教育活动。10 月,在景德镇一中进行国防教育试点。11 月,在全市举办“青花杯”国防知识竞赛,参赛人员达 8000 人。

1992 年年初,景德镇市《国防教育报》获省内发行正式刊号。5 月,市国防教育办公室在军分区教导队建成瓷都国防教育俱乐部,内设图片展览室、电化教育室、兵器挂图陈列室和实弹射击场,面向市民开放。是年 11 月,在总结景德镇一中国防教育经验的基础上,组织全市 13 所大、中学校进行国防教育军训,举行景德镇市首届学生军训大会操比赛,评出一、二、三等奖。

1995 年 10 月 31 日,市国防教育领导小组和军分区政治部在市纸箱厂主办第五届“珠山杯”国防知识电视大奖赛,珠山区代表二队获一等奖,珠山区代表一队、昌江区代表队获二等奖,昌河飞机工业公司代表队、80723 部队代表队、乐平市代表队、浮梁县代表队获三等奖。

1997 年 6 月,市国防教育领导小组、军分区政治部在全市组织开展以“强我国防、兴我中华”为主题的第七届国防知识竞赛活动,驻市部队官兵和各界群众万人参加答卷。7 月 29 日,市国防教育领导小组、军分区政治部召开全市国防教育“双十佳”暨第七届国防知识竞赛颁奖大会。表彰乐平市第一中学、浮梁县委宣传部、武警景德镇市支队十中队等 10 个国防教育先进单位和万志红、王忠起等 10 名国防教育先进个人。

1999 年 7 月 30 日,市委、市政府、军分区举行国防形势报告会,军分区司令员管正川给全市正县级以上领导干部和驻市部队正团职以上军官作题为“深入研究科索沃战争,打牢国防后备力量建设基础”的报告,深刻阐述“有国无防必灭亡,国防不强民遭殃”的道理,对进一步加强军队和国防建设提出明确要求。

2001 年 11 月,军分区政治部组织全市第十一届国防知识竞赛。竞赛以国防教育法、国防法、兵役法、国防历史、国防知识、征兵政策法规为内容,采取问卷形式进行,评出个人一、二、三等奖和组织奖。2002 年 8 月 1 日,市委、市政府、军分区联合举办全市“八一”国防形势报告会,军分区司令员管正川作题为“贯彻党中央新时期军事战略方针,扎实做好我市军事斗争准备工作”的国防形势报告。11 月,军分区政治部组织全市第十二届国防知识竞赛,竞赛以民兵预备役人员参赛为主体,采取答卷形式,试卷回答率在 90% 以上,评出个人一、二、三等奖和组织奖若干。当年军分区把国防教育的各项内容和国防知识通过《瓷都国防》报下发。

中共十六大召开后,军分区又编辑"学习实践'三个代表'重要思想,为全面建设小康社会作贡献"宣传教育提纲,以《瓷都国防》报增刊形式下发。

2003年8月1日,市委、市政府、军分区举行"八一"国防形势报告会。军分区司令员管正川给全市正县级以上领导干部和驻军部队正团职以上军官作题为"适应中国特色军事变革,加强国防后备力量建设,保障国家安全统一和全面建设小康社会"的国防形势报告。9月,市国动委和各县(市、区)国动委采取宣传板画、法规咨询、悬挂横幅、印发宣传资料、组织讲演、发表电视讲话、有奖答题和新闻媒体宣传等多种形式,在全市范围内开展以学习宣传《江西省国防动员办法》《江西省国民经济动员办法》《江西省实施〈中华人民共和国人民防空法〉办法》为主要内容的国防动员法规宣传月活动。

2008年10月昌江人武部在景德镇高专开展征兵宣传

2004年"八一"期间,组织全市县团以上领导干部参加的国防形势报告会,市委常委、军分区司令员管正川作题为"认清台海严峻形势,加紧军事斗争准备,为早日实现祖国的统一大业贡献力量"的国防形势报告。各级党政主要领导增订军队报刊,组织领导干部过"军事日"等活动;采取教育与训练相结合的方式,进行国防历史、国防知识、国防责任、国防义务和军事技能训练,提高民兵、预备役人员的军事专业基础知识和军事技能;以学校为依托,把国防教育纳入教学之中,使学生在科学文化学习中掌握必要的国防知识,提高爱国主义觉悟,增强集体主义精神和组织纪律性。在第3个全国国防教育日,组织开展以"国防连着你我他,安宁维系千万家"为主题的宣传教育活动,组织两期国防教育征文和国防知识竞赛。

2009年,在市、县两级党校开设国防教育课程。是年,乐平市红十军创建旧址申报全国国防教育基地。2010年10月,军分区政治委员徐庆华到市委党校为轮训干部作"军民携手共筑长城"的国防教育辅导报告,并现场赠送《国防教育领导干部读本》130余册。开展第10个"全民国防教育日"活动,展出国防教育宣传板报50余块,协调移动、联通、电信等单位发送国防教育短信300余万条,直接受教育人员达20万人。组织参加全省国防教育文化节,获国防教育展板一等奖、军歌电视大赛优秀组织奖及优秀选手奖。

学生军训　1992年11月,市国防教育办公室和市教育局联合组织全市13所大中学校进行国防教育军训。训练1周后,举行景德镇市首届学生军训大会操,并评出一、二、三等奖。此后至2001年,共举行9届学生军训大会操。1995年,创办昌河少年军校。少年军校每月安排时间上国防教育课和军事训练,暑假安排一周进行拉练过军事生活。1998年5月30日,昌河少年军校举行首届学员毕业典礼,中央军委副主席刘华清为毕业学员发来贺电,对此进行肯定,并提出希望。

1999年3月26日,景德镇军分区协调武警支队,在市第十二小学创办景德镇市武警少年军校,这是继昌河少年军校、铁路小学消防少年军校之后景德镇市创办的第三所少年军校。10月9日,军分区政治部同市教育委员会在景德镇一中逸夫体育馆组织第七届学生军训大会操。全市12所中学生代表队进行阅兵式、分列式、队列会操表演。

2002年10月,军分区会同市教育局组织指导高等学校和高级中学学生军事训练,全市参训学生总数为9385人,动用人武、专武干部78人,聘请驻市部队、武警、消防官兵156人。2003年8月24日至10月18日,开展全市学生军训活动,分全面参训和总结评比两个阶段。共有1.81万人参训,其中大学院校4200人、市直(厂矿)普通高职6150人、昌江区2370人、浮梁县1230人、乐平市4100人。

2004年9—10月,军分区司令部协调教育部门完成全市1.76万名学生军训任务,动用人武、专武干部

24人，聘请驻市部队、武警、消防官兵68人。2005年6月17日，景德镇市湘湖中心小学成立少年军校，组织机构由中国人民解放军96163部队60分队和湘湖中心小学商定设置。9—10月，军分区司令部协调教育部门完成全市1.95万名学生军训任务，动用人武、专武干部24人，聘请驻市部队、武警、消防官兵168人。是年，景德镇市少年军校总校成立。2007年，全市完成学生军训19660万人，其中高等学校军训人数为9550人；高级中学10110万余人。高校军训时间15～20天，高中军训时间7～10天。其间，共选派帮训官兵368人，分别来自人武部专武干部、驻市部队、武警消防部队等。2010年，由于驻市部队移防变化，军分区协调96172部队与3所少年军校挂钩，并举办帮建仪式。至2010年，全市共创建不同类型的少年军（警）校30余所，军校学员累计5万余人。

防空宣传　1991—1992年，军分区与市教育局联合在14所学校6992名学生中开展“三防”（防核武器、防化学武器、防生物武器）知识教育。1994年，市人防办、市教育局组织开展“三防”知识竞赛和演讲比赛活动。7月中旬，市属中学选手经过选拔角逐，5名选手代表景德镇市赴南昌参加8月16日的决赛，并获得全省中学生“三防”知识普通话演讲比赛团体第一名。7月20日，市人防办开展纪念《人民防空条例》颁布10周年活动，展示全市人防工作坚持平战结合服务于经济建设所取得的成就。1996年11月下旬至12月下旬，开展宣传月活动，组织宣传车上街流动宣传；组织中学生上街散发宣传单；印发人民防空宣传小册子；制作条幅悬挂主要街道；组织新闻跟踪报道等，提高市民的人防意识。1997年1月，《中华人民共和国人民防空法》公布实施。市普法办将人民防空法列入“三五”普法教育。6月，市人防办与市普法办联合组织全市人民防空法知识竞赛。11月，12个系统2376人参加人民防空法知识竞赛。市人防办、市教育局联合举办全市中学生人防知识教育，全市20所中学的60名选手参加制作简易防护器材、快速通过蘑菇云污染区的比赛。12月11日，在省人防办与江西电视台联合举办的人民防空法知识竞赛电视决赛中，景德镇市代表队获三等奖。1999年5月20日，军分区、市人防办和市教委联合组织市属中学人防知识夏令营活动，来自市属中学的人防知识优秀学生58人，在军分区罗家训练场进行队列训练和实弹射击。7月中旬至8月中旬，市人防办开展各种宣传活动，主要内容有市人大领导发表电视讲话、市政府和军分区联合组织法律咨询、举办人防建设50年成就展、举办中学生知识小报评比、组织宣传车巡回宣传等活动。

2001年，省教育厅、省人防办联合通报表彰全省“九五”期间人防知识教育先进单位和个人。市第八中学被评为人防知识教育先进单位，十五中学魏立中、铁路中学赵域江、京航中学李若云被评为人防知识教育优秀老师，市人防办程章瑰被评为人防知识教育先进个人。2002年12月26日，市人防办、市教育局和市电视台首次联合举办“紫薇杯”人民防空知识电视竞赛，共有32所学校参赛。2003—2005年，在全市30所中学开展人防知识教育，共计103个班级，受教育学生8150余人。举办1期全市人防知识教育师资培训班，有50余名教师参加学习。2006—2008年，人民防空教育实行“五进”（社区、学校、企业、党校、网络），将人民防空法的相关内容纳入全国普法考试的内容。全市所有中学开设人防知识教育课，免费为初中二年级学生配发《人民防空》教科书。每年同市教育局共同组织人防知识教育情况考评。2008年10月，市人防办增挂民防局牌子，人防向民防转变。人防宣传教育的内容从防空知识向防空防灾、“两防”一体化转化。2009年，利用“3·1”国际民防日、“5·12”防灾减灾日、“12·4”法制宣传日，市人防办在休闲广场举办大型宣传活动，播放防空防灾宣传片，发放人民防空法宣传资料，提高广大市民防空防灾意识。2010年，结合日常工作进行经常性的人防宣传教育，重点宣传人民防空法和《江西省人民防空工程管理办法》，开展人防专业知识培训和“三防”教育，普及人防知识。统一印制《城市市民防空防灾应急手册》5万册，免费发放给市民，宣传防空基础知识和防灾应急基础知识，防灾基础知识包括紧急呼救、交通事故、传染性疾病、自然灾害、非法侵害事件、公共场所突发险情、动物疫情、特殊伤害、急救常识等。

第二节　“双拥”工作

拥军优属

1986—2010年，每年“八一”建军节、元旦、春节期间，市委、市政府、军分区都要下达“深入开展拥军优属，拥政爱民活动”的通知，地方党政部门、有关单位都以不同方式慰问驻地部队官兵，帮助驻军解决实际问题；驻地官兵也以各种方式，以“视驻地为故乡”的情感，为当地两个文明建设做贡献。1989年开始，驻市80723部队警通连和昌河飞机制造厂技工学校开展共建活动。

1995年2月24日，军分区政治部下达《关于开展结对扶持优抚对象的意见的通知》，全市驻军和人武系统开展结对扶持优抚对象的活动。结对扶持优抚对象以户为单位，采取团以上部队3～5户、营以下分队1户、县级人武部2户、基层武装部1户的方法，全市首批结对200户。扶持方法以扶为主，扶济结合，帮助发展生产，帮助解决实际困难，每年给扶贫户济贫资金不少于200元。是年，驻市解放军、武警、消防部队以创“全国双拥模范城市”为目标，开展军民共建活动，共建立军民共建点30个。为驻地人民群众上政治课120余次，印发教育资料500余份，受教育者5000人次，派出教官100人次军训学生。组织官兵和民兵预备役人员参加重点工程建设及修建水利设施、种植油菜、植树造林等经济建设。组织民兵维护社会治安，配合公安机关打击各类刑事犯罪活动。

1996年4月18日，市政府批复同意设立景德镇市拥军优属保障基金并拨给基金20万元，由市民政局按有关规定设立基金账户，保证专款专用。9月24日，市政府、军分区召开市爱国拥军模范家庭、爱国拥军之家表彰大会。万苞丽、石应峰、冯小琴、戴水香4个家庭被评为爱国拥军模范家庭；陈巧英、欧凤兰、曹建华等96个家庭被评为爱国拥军之家。1997年，景德镇市首次获全国双拥模范城称号，并制定《景德镇市再创全国双拥模范城总体方案》。

1998年2月，出台《景德镇市拥军优属若干规定》《景德镇市军人抚恤优待实施细则》《景德镇市拥军优属保障基金筹集管理办法》《景德镇市关于加强现役军人配偶就业安置工作若干规定》《驻景部队拥政爱民若干规定》。是年，开展“爱心献功臣”活动，筹措资金10万元，帮助老复员退伍军人解决住房难问题。驻市部队在军分区政治部牵头组织下，筹措6万元资金，为景德镇陶瓷历史博物馆修建一条“爱民文化路”；资助102名失学儿童重返校园。市委、市政府为驻市部队解决随军家属安置和下岗军嫂的再就业。这一做法受到省军区肯定，在省军区召开的干部家属下岗再就业工作座谈会上专门作介绍，中央电视台军事新闻和《解放军报》《中国国防报》均进行宣传报道。

2000年6月，维护军人军属合法权益领导小组成立。开设“148”法律服务热线电话。景德镇市再度获全国“双拥”模范城的称号。2001年，协调市政府建立5万元科技拥军奖励基金；军分区政治部、市民政局、市科委、景德镇日报社联合主办科技拥军征文活动；召开军地科技拥军结对责任书签订仪式，全市军地双方共结成29个对子。2002年，军分区与地方民政、劳动、人事部门一起，拟制随军家属安置办法，并对上年遗留的未安置随军家属进行协调安置。2003年，景德镇市获全国双拥模范城三连冠。

2004—2005年，组建景德镇市预备役工兵团，市政府无偿拨给建设用地。市财政拨付资金，确保工程进度。从2005年起，市、县(市、区)财政都设立军事斗争准备专项资金。以大中院校和科研单位为依托，建立9个科技拥军基地，参与科技拥军的专家学者和科技工作人员1500余人次，投入科技拥军资金，革新装备器材和开发项目。军供站正规化建设在2004年被评为全国先进，受到民政部、总后勤部的表彰。1个军粮供应站被南京战区评为先进集体，2个军粮供应站被江西省粮食局评为先进集体。至2005年，市、县财政和相关部门直接投入“双拥”和驻军建设的经费有数千万元(不包括优抚对象的定补定扶和解决生活、住房、医疗难的经费)。出台《关于落实随军家属就业工作的意见》，采取挂靠事业单位、设立军嫂专柜等方式，军嫂全部安置到位。对军烈属子女入学入托问题率先在全省推出优惠政策，在分数线上享受加分待遇，在择校和收费上给予关照。有300名军烈属子女进入市重点学校就读，驻市部队随军子女中考录取率均达到100%。

2004—2006年，市直属各部门、各县(市、区)、乡镇(街道)、大型厂矿、村(居)委会，相继建立优抚工作服务中心或小组742个，优抚志愿者队伍发展到6500余人，落实结对帮扶对象2005对，为驻军官兵和优抚对象做好事、实事1万余件。涌现出昌江区森林社区、珠山区新厂街道等一大批基层拥军优属先进单位。在全市最繁华的商业区之一的步行街倡导形成“拥军一条街”，150家个体经营户对现役军人购物一律实行10%优惠。

2005年“八一”前夕，花苑房地产开发有限公司总经理陈锦华等30余位女企业家组织300余个岗位进军营，并成立全市第一家民营经济拥军组织——女企业家拥军协会。全市94个共建点全部被评为先进或文明单位，其中省级文明单位10个。市卫生局、人事局、教育局、粮食局、文化局、工商局、国税局、交通局、民政局、市妇联、市中级人民法院等都依托行业优势开展拥军优属活动，为部队排忧解难。

至2010年，景德镇市委、市政府、军分区联合出台《军人抚恤优待条例》，下发《关于认真落实新农村重点优抚对象享受社会救助的通知》《关于现役军人乘坐市内公交车的通知》《景德镇市加强现役军人配偶就业安置工作若干规定》《景德镇市退役士兵安置任务有偿转移及退役士兵自谋职业履行办法》，各县（市、区）出台关于重点优抚对象大病救助办法，基本形成有法可依、有章可循的“双拥”工作框架。

支持地方建设

1986—1987年，军分区在全区开展军民共建和民兵参建活动，推动瓷都的两个文明建设。全市43个共建单位先后有8个被评为市级文明单位，25个被评为县、区级文明单位。其中乐平县人武部与华家村、市人武部机关与为民瓷厂、80723部队警通连与昌河飞机工业公司技工学校，分别出席福州军区、省政府和省军区召开的经验交流会，并受到表彰。80723部队警通连因共建成绩突出，被总政治部评为拥政爱民先进单位。1996年3—5月，组织民兵参加九景鹰（景德镇段）光缆施工，广大民兵、预备役人员铺设光缆128千米。1997年，军分区与乐平市众埠镇界首村挂钩扶贫，全年共组织4批机关工作组挂钩扶贫，筹资5万元办粮食加工厂，使村集体经济由“空白”到年收入在5000元以上，有1/3的群众脱贫。发动机关干部战士捐款2440元，扶助12名少年儿童上学。1998年，军分区领导先后6次带队深入扶贫点办实事、解难题，界首村人均增收250元以上，贫困户人均增粮25千克以上，资助14名特困户子女重返校园，协调乐平市供电局帮助村民改造3千米用电线路，扶贫开发取得阶段性成果。7月，驻市部队在军分区牵头组织下，筹措6万元资金，为市陶瓷历史博物馆修建一条“爱民文化路”。

2001年，军分区与5个贫困村、612户贫困户挂钩结对帮扶，引进（协调）科技扶贫项目12个，投入（协调）资金150万元，组织民兵预备役人员参加、支持地方重点工程建设8批3000余人次，开办科技培训班18期，培训1500人次。在市民政局的支持下，军分区协调争取到100万元资金，在扶贫点界首村兴建一所八一希望小学。发动机关和干休所全体人员捐款1.30万元，资助100余名贫困儿童上学。2004年3月5日，组织民兵开展“学雷锋便民服务”活动，做好事600余件。

2004—2005年，驻市部队广大官兵投入兵力，出动军车，累计扑灭山火100余起，实施救援500次，清理垃圾4000余吨，无偿献血90余万毫升，为群众义诊上千人次，植树1.50万株，冲洗路面总长达300千米。开展“包村参建、定点帮扶、结对助学”活动，共包村帮扶6个自然村，还与6所农村小学、128名军烈属、162户贫困户、28名特困学生结成助学对子。

2006年2月28日，军分区组织官兵参加全市卫生整治活动。县（市、区）人武部也以各种形式参与当地学雷锋为人民服务的活动。3月12日，乐平市人武部组织机关干部赴206国道旁的塔前镇桃林线植树200株。浮梁县人武部组织开展民兵预备役人员投身参加新农村建设系列活动，县人武部包建1个自然村，副团职以上干部重点资助3名特困生，乡镇武装部帮扶17户军烈属，民兵连帮扶230户贫困家庭。珠山区在参加社会主义新农村建设活动中制定完善“三建两扶一发挥”（建设社会主义新农村、建设平安社区、建设和谐社会；扶贫帮困、扶教助学；在急难险重任务中发挥突击队作用）3年规划，并启动付诸实施。昌江区人武部把昌江区荷塘乡山门村金龙山村小组（该村属自然村，农户43户，常住人口167人）作为“十一五”期间包村参建对象，组织民兵义务劳动，清理污泥、路障、垃圾，协助乡政府拆除猪栏5间、厕所18间，清理水沟118米，挖通一条长240米的水渠。

2007年，市县两级人武部组织带领民兵，先后完成扑灭山火、维护社会稳定、支援重点工程建设等急难险重任务。继续采取“挂村参建、定点帮扶、结对助学”等方式，组织民兵预备役人员投身新农村、和谐平安瓷都建设活动。全区共与5个自然村、1个社区和6所农村小学、128户军烈属、298户贫困户、28名特困生结成帮建、扶贫、助学对子。2008年3月，珠山区所属单位开展“学雷锋、做好事、见行动”活动，组织各基层单位进行生产竞赛、医疗服务、打扫卫生、便民服务等项目。珠山区人武部赠送给社区书籍500余册。2009年，军分区组织参加全市植树造林活动，完成沿路2.75千米，7800棵树木和10公顷山地造林的种植任务，其中乐平市人武部出动民兵就地参加植树4万余株;成建制组织民兵并协调驻地驻军部队官兵,在景鹰高速公路后港镇义方段参加植树6000余株。浮梁县人武部组织驻军部队,各乡镇武装部出动民兵植树5.3公顷。珠山区人武部组织民兵参加植树造林活动,完成沿公路0.75千米1100余株树木的种植任务。昌江区组织民兵在高新区植树700余株。

抢险救灾

1993年,景德镇市多次遭受洪涝灾害和森林火灾。市区西瓜州的洪灾中,军分区调集部队和民兵投入抢险,全年组织抗洪和灭火救灾民兵万余人次。7月,乐平市人武部部长邹天福被南京军区评为抗洪抢险先进个人。1994年,先后组织机关干部、战士以及协调其他部队和民兵,遂行抗洪抢险和森林灭火任务,共转移群众300余人,抢修圩堤险段31处(900余米),扑灭山火10余处。1995年6月,景德镇地区先后遭到百年不遇的特大洪水袭击,尤其是乐平市乐安河水位超过警戒线4.01米,有7座圩堤决口,致使沿岸村庄、稻田大部被淹,全市交通大部中断。军分区、乐平市人武部和驻军部队组织官兵和民兵先后抢救转移群众2.10万人,抢运各类物资6500余吨,加固、加高圩堤。1996年6月29日至7月2日,发生洪水灾害,先后出动驻市部队官兵和民兵、预备役人员组成229个抢险突击队,抢救、转移、疏散被困群众1.60万人,排除险情34处,搬运物资313吨。向灾区送食品9吨,清除垃圾390吨,维修水毁公路26.50千米,修复水毁水利工程980米,抓获犯罪分子4人,制止群众斗殴1起。省军区副参谋长、作训处处长先后率舟桥分队干部43人,携冲锋舟8艘、橡皮舟2艘支援景德镇市重灾区抗洪抢险。驻市部队官兵及离退休老同志向灾区人民捐款3.40万元,捐衣633件。公勤队被省政府评为抗洪先进集体。

1997年7月9日,德兴、婺源方向连降暴雨,致使乐安河水猛涨,水位超警戒线3.97米,乐安河联圩接渡段多处浸水,情况危急。军分区组织民兵前往乐平抗洪,参谋长黄家铭在2小时内行程50千米,率机关官兵和民兵赶到抗洪第一线,与乐平市人武部组织的民兵一起连续奋战两昼一夜,确保乐安河联圩(接渡段)无一处倒塌。1998年,组织民兵预备役人员参加全市抗洪抢险,与驻市部队指战员一起抗击50年来最大的洪涝灾害。1999年6月28日,昌江河流域上游地区连降大雨,景德镇市段河水猛涨,6月30日水位高达33.19米,超警戒线4.49米,造成严重的洪涝灾害。军分区迅速组织协调驻市部队和民兵预备役人员全面投入抗洪抢险。组成120个抢险突击队,先后抢救、转移、疏散被困群众8000余人,搬运各类物资1100吨,加固圩堤、水坝450米,运土石方3500立方米,挽回经济损失350万元。灾后,迅速组织军分区机关干部、战士参加打扫公共卫生,先后两次清理1000余米道路的垃圾。

2000年3月下旬,乐平市、浮梁县、昌江区境内先后发生31起森林火灾,军分区司令员管正川、政治委员王纯民到一线组织指挥,军分区机关先后协调驻市部队和组织民兵投入灭火,挽回经济损失350万元。2001年7月30日上午8时许,乐平市塔前镇山下村的采石场发生特大山体崩塌、人员伤亡事故。军分区先后调集塔前镇等10个乡镇和江维厂、赣东北供电局、市直等4个单位民兵应急分队分批赶赴抢险救援,并协助家属安葬死难者遗体。2002年2月11日17时,昌江区鱼山镇金桥村发生森林大火,军分区领导到现场指挥昌江区人武部迅速组织民兵及专业分队人员参加灭火战斗,经过5个小时将大火扑灭。2005年4月5日,昌江区丽阳乡下家湾枫林村发生特大山火,乐平市人武部、浮梁县人武部出动预备役人员,与地方专业灭火队伍一道奋力灭火,历时6个小时完成任务。

2008年1月29日起,市内连5天暴风雪,路面结冰,道路受阻。军分区出动人员,分赴珠山大桥、景德镇机场、206国道参与铲雪破冰,清扫道路178千米,清除冰块积雪56万平方米,装卸铺设草垫1万余个,扬洒工业用盐12吨,恢复道路畅通。6月10日8时,景德镇遭受10年来最大的洪涝灾害,军分区迅速组织民兵预备役人员抗洪抢险,转移群众2.56万人,解救被洪水围困群众1.18万人。全市多个水库出现裂缝、渗水,特别是浮梁县兴田乡小山塘水库险情最大,接到灾情报告后,军分区迅速组织民兵应急分队和驻市部队官兵赶到现场,在市防汛部门的指导下,采取堵漏防渗、填坝加固、开闸泄洪等方法排除险情。2010年6—7月,军分区组织抗洪抢险分队,驰援鹰潭市余江县、抚州市临川区、上饶市鄱阳县抗洪抢险,共转移群众8200余人,加固堤坝650米,运送物资20余吨。7月中旬,景德镇市遭受特大洪涝灾害,驻市各部队立即启动应急预案,派出部队和民兵预备役人员参与抢险救灾,转移群众,加固堤坝和运送物资,完成抗洪抢险任务。

第三十二篇　劳动人事　社会保障

第一章　劳动管理

20世纪80年代开始，劳动就业由国营计划安置逐步向国营、集体、私营企业多元安置转变，景德镇市劳动管理的重点也随之变化。至2010年，劳动就业管理部门管理与服务并重，实行就业登记，规范劳动力市场管理，建立劳动保障平台，组织劳务输出，实施再就业工程，努力做好就业再就业安置工作；做好职工、下岗职工培训以及就业前培训、再就业培训、创业培训和农民工转移培训等，推行职业资格证书制度，扩大职业技能鉴定覆盖面；改革用工制度，逐步实行全员劳动合同制，推行企业工资制度改革，实行政企分离，工资与企业经济效益挂钩；建立劳动监察机构，加强对拖欠工资、劳动力市场、中介机构等方面的监督，不断完善劳动争议仲裁办案制度，保障劳动者的合法权益。

第一节　劳动就业

就业登记

80年代初，景德镇市所属县、区全面开展城镇待业人员登记管理工作。至1986年，全市城镇待业人员登记超过1.46万人。1993年，全市共办理城镇待业人员登记14.02万人。1997年5月，市劳动局印发《关于对我市下岗职工实行登记管理工作的通知》，在全市开展下岗职工登记、发证工作，并规定凡持有待岗证的职工可享受工商、税务、劳动等部门提供的优惠政策，全市发放下岗职工待岗证1.06万本。9月，就业登记涵盖失业登记、求职登记和对用人单位用工需求登记。1998年10月，市卫生洁具厂（后更名为中国九州卫生洁具厂）结构性调整，首次为13名失业人员进行失业登记。

2002年12月开始，市劳动保障局通过企业和街道两条线全面开展再就业优惠证审核、认定和发放工作。至2003年年底，全市发放再就业优惠证4.20万本，其中国企下岗职工2.34万本，失业人员1.52万本，破产企业需安置人员3296人，享受低保且失业登记1年以上人员82人。2006年，市政府印发《关于进一步加强就业再就业工作的实施意见》，将再就业优惠证的发放范围扩大到城镇大集体企业下岗职工和“零就业”家庭成员，发放再就业优惠证2.51万本。2009年5月，全省就业和失业登记统一使用江西省就业失业登记证，全程记载劳动者就业和失业的状态，全市领取江西省就业失业登记证人员5809人。至年底，经劳动就业服务机构办理下岗失业人员失业登记12.15万人，其中领取失业救济金2.72万人次，累计发放失业救济金1.5亿元。

就业安置

1986年，全市共安置就业人员1.14万人。1991年12月16日，市政府成立市劳动就业工作领导小组，加强宏观调控。市劳动局制定《个人保留身份合理流动试行办法》，全市78.20%的企业主动进行用工制度改革。至1993年年底，安置就业12.10万人。1994年，改革计划管理和行政审批为特征的招工办法，实行“双向选择，市场调节”招工，全市共安置就业人员9166人。1995—1997年，就业安置形式显现多元化，由企业招工安置就业为主逐步向市场调节就业转变，全市就业安置1.66万人。1998年，部分国有企业进行改制,产业结构进行调整,开始产生下岗职工和企业富余人员,就业安置工作面临着新情况、新任务。

2001年,全市设立7个社区服务中心和43个服务网点,安置就业880人。其中下岗职工475人,占安置总数的54%。2002年9月,实行"劳动者自主择业、市场调节就业、政府促进就业"新时期促进就业方针。2003年,再就业小额担保贷款工作启动,城镇单位就业人员止降回升,全市首次出现城镇就业岗位的正增长,实现下岗职工再就业人数大于新增下岗人数。安置下岗失业人员再就业1.29万人,就业困难群体实现就业达1169人。2006年,市政府印发《关于进一步加强就业再就业工作的实施意见》,适当延长"4050"(指女满40岁,男满50岁)就业困难人员社会保险补贴、公益性岗位补贴期限,调高公益性岗位补贴额度。全市共安置"4050"就业困难人员就业1073人,完成省下达年目标任务的107.30%。2007年,全市围绕民生工程目标任务,坚持多措并举,下岗失业人员实现再就业1.20万人,完成年目标任务的109.30%,就业困难人员就业1098人,完成年目标任务的122%,新增转移农村劳动力2.06万人,完成年目标任务的103.30%。2009年2月,市政府印发《关于支持返乡农民工就业创业若干政策措施(暂行)的通知》,出台34条帮扶返乡农民工自主创业的政策措施,工业园区定向培训1.57万人,完成年目标任务的151.40%,安置就业率达96%。2010年8月,市政府出台《景德镇市高校毕业生就业见习基地管理办法》《景德镇市创业孵化基地示范街暂行管理办法》,全市建立高校毕业生就业创业见习基地34个、创业孵化基地示范街9个。进入见习基地见习的高校毕业生有500余人,进驻创业孵化基地示范街的企业431户,吸纳带动就业人数4600余人。

再就业工程

90年代,景德镇以陶瓷国有企业职工为重点,出现"下岗"现象,并成为一种社会经济现象,引起社会各方面关注,国有企业下岗职工成为再就业工作重点。1996年5月21日,景德镇市被国务院及劳动部分别列为全国111个实施企业"优化资本结构"和200个实施"再就业工程"试点城市。是年7月,市政府印发《关于陶瓷系统分流安置富余人员意见的通知》,推出10项优惠政策,支持55户陶瓷企业深化改革,做好企业下岗职工再就业工作,当年安置下岗职工再就业2000余人。1997年1月,市政府印发《关于在全市实施再就业工程的通知》,对企业下岗职工经商办企业推出两年免征所得税等政策,建立13个再就业基地。是年,在广场南路建陶瓷再就业一条街,在东风瓷厂原煤场兴建60余间临街店面,在珠山路和沿江路口兴建泰景再就业市场,提供287个店铺,全部用于下岗职工再就业。当年安置下岗职工再就业1.48万人,劳务输出8123人。1999年,市再就业工程基地——劳动力市场大楼建成投入使用,作为集职业介绍、就业培训、失业保险、小额贷款等功能于一体的综合性劳动就业服务大楼。当年安置下岗职工再就业1.90万人。

2000年,全市共安置下岗职工再就业1.87万人。2002年,市政府颁发《实施政府保护性就业工作暂行办法》安置"4050"人员1000余人在公益性岗位(保洁、保绿、保安)就业。12月10日起,全市国有企业下岗职工再就业优惠证发放工作启动,下岗职工凭再就业优惠证享受免费培训、免费职介、小额担保贷款、减免税费、社保补贴等一系列优惠政策。是年,景德镇市本级使用中央财政转移支付资金——失业保险基金387万元、市地方财政配套失业保险基金302.90万元,用于促进下岗职工再就业。2006年,市政府下发《关于进一步加强就业再就业工作的实施意见》,把城镇新增就业2.10万人,下岗失业人员再就业1.10万人,帮扶就业困难人员再就业0.10万人,3项目标任务列为为民办好的20件实事之一。至11月27日,全市新增城镇就业人员2.13万人,完成年目标任务的101.90%。是年,江西省人保厅拨付景德镇市就业专项资金230万元,主要用于社会保险补贴、职业培训补贴、职业介绍补贴、公益岗位补贴、特定政策补贴等项目。实行专户管理、专款专用、独立核算,资金管理使用平稳安全。

2010年,城镇新增就业3.18万人,完成年目标任务的137.85%;下岗失业人员再就业1.68万人,完成年目标任务的150.61%。其中就业困难人员就业2754人,完成年目标任务的162%,城镇就业率96.50%,零就业家庭就业安置率100%。是年,中央财政拨付景德镇市就业资金7755万元,省级财政拨付就业资金412.70万元。

劳务输出

1987年5月,市劳动就业局组织首批劳务输出,将待业青年48人(男25人、女23人)输往广东、深圳相关企业。1988年3月,举办首场劳务市场洽谈会,劳务输出开始纳入就业工作正常业务,劳务输出150人。

1990 年,对农村劳动力进城务工实行许可证制度,办理农民工进城务工许可证 2400 份。此前,除根据计划为井下、野外作业的行业招收农民轮换工、计划内临时工外,农民工没有合规的渠道外出务工。1993 年 1 月 16 日,市职业介绍所成立。1994 年,开拓上海劳务市场,设立驻沪劳务管理处,加强与上海的劳务协作关系,向上海市技工学校先后输送学生 89 人。是年,首次向新加坡输出 2 批电子技术人员,实现境外劳务输出的突破。1995—1999 年,市技术工人交流服务中心向新加坡、赞比亚等国家和中国澳门地区输出 58 人。

2000 年,景德镇市出现第一次劳务输出高峰,以农村剩余劳动力为主,全年输出 3.82 万人,其中向境外输出 151 人。2003 年,市农村劳务输出职业介绍所成立,加强与沿海和发达地区的联系,全年劳务输出 8.29 万人。2004 年,市政府出台《关于建立城乡一体流动有序的劳务输出机制实施方案》,指导春运期间农民工有序流动。当年全市跨地区劳务输出 17.08 万人,完成省劳动和社会保障厅下达的年目标任务的 117.90%。2007 年,全市劳务输出 22.84 万人,完成省劳动和社会保障厅下达目标任务的 120.30%。乐平市被确定为全省第一批省级劳务输出工作示范县级市。2009 年 2 月,市政府印发《关于支持返乡农民工就业创业若干政策措施(暂行)的通知》,出台 34 条帮扶返乡农民工自主创业的政策措施,省、市不再下达跨省劳务输出目标任务,将新增转移农村劳动力就业列入民生工程考核。当年全市劳务输出 5.29 万人。2010 年输出 2.32 万人。

劳动力市场

1985 年 1 月,市人才开发交流服务中心成立。1988 年,逐步建立健全市、县(市、区)、主管局及企业四级劳务市场,有计划、有重点地建立以职业介绍为主,形式多样、层次丰富的劳务市场体系。3 月 27 日,市劳动服务公司举办全市首场"城镇社会劳动力、家庭劳务"市场洽谈大会,共接待洽谈 4000 余人,提供岗位 202 个,为乡镇、街道企业招聘专业技术人员及劳动力 103 人。标志着景德镇市开始建立劳务市场。是年,市政府颁发《景德镇市劳务市场管理暂行办法》,规范劳动力市场管理。自此,各县、区,行业主管部门、企业纷纷开辟劳务市场,全市逐步形成形式多样、特色鲜明的劳务市场体系。1989 年 4 月,昌江区人才中心成立。

1990 年 12 月,市劳动服务公司更名为市劳动就业服务局,工作职责不变,仍归口管理属地劳动服务公司。1991 年 2 月,珠山区人才中心成立。1992 年 1 月,乐平市人才中心成立。1993 年 12 月 18 日,景德镇市人才市场开业,确定每月 18 日为人才市场开市日。当天,市首届人才交流洽谈会在市政府大院内举行,共有 39 家单位参会,入场咨询洽谈 3079 人,登记应聘的各类人才 573 人。全年共提供岗位 4500 个。1994 年 1 月,市职业介绍所成立。3 月 1 日,市人才开发交流服务中心建立人才信息中转库,凡专业技术人员登记求职或流动进入中转库,由人才市场负责向用人单位和社会推荐。4 月 21 日,市委宣传部、市人事局联合发出《关于加强人才招聘广告(启事)审批管理的通知》,规定用人单位(含中央、省驻市单位)在当地招聘人才,须经市人事局人才开发流动服务中心批准。5 月,浮梁县人才中心成立。7 月 18 日,市人才市场首次举办人才夜市。1995 年,出台《景德镇市人才市场招聘管理暂行规定》《景德镇市国家计划外不包分配大中专毕业生进入人才市场择业暂行规定》《景德镇市加强人才市场管理暂行规定》,规范人才市场管理。10 月 30 日,举办秋季大型招聘会,112 个企事业单位入场招聘,签订意向性协议 1759 份,现场聘用 127 人,1 万余人应聘。至 1995 年年底,全市共建立职业介绍机构 11 所,其中市、县两级劳动部门举办的有 5 所,民办职业介绍机构 6 所。1996—1997 年,《江西省劳动力市场管理条例》《江西省人才市场管理办法》颁布实施。1999 年 1 月,市劳动就业局新建的劳动力市场大楼投入使用。同月,劳动和社会保障部将景德镇市列入全国百个劳动力"三化"(制度化、规范化、程序化)建设试点城市。6 月,市劳动力市场信息网络建成开通运行。

2002 年,全市举办历年来规模最大的景德镇市 2002 促进就业万人招聘会。当年景德镇市劳动力市场被评为全省劳动力市场管理先进单位,顺利通过省级"三化"建设达标评估验收,并被劳动和社会保障部确定为全国百家劳动力市场二期建设推进试点城市。中央电视台《劳动·就业》栏目就此进行专访报道。2003 年 9 月,市政府与省人事厅共建的江西瓷都人才市场成立,是省人事厅批准设立的第一个省级专业人才市场。2004 年 5 月,出台《景德镇市人才市场管理暂行规定》,进一步规范人才市场管理工作。

2006 年以后,每月 18 日的招聘会增加为每月 18 日、30 日两场招聘会,每次都有几十家单位携百余个就业岗位入场招聘,全市提供岗位 3.68 万个。2007 年 10 月,出台《全市性人才交流会审批办法》。2009 年,市劳动力市场更名为景德镇市人力资源市场。当年举办全市“千企万岗”帮促就业百日服务活动。全年提供岗位4.56万个。2010年,三次举办“服务园区、引导就业、成就人才”对接活动,共组织600余家用人单位进场招聘,提供岗位3.15万个,签订意向录用协议1.15万人,购买公益性岗位1813个,组织31家企业与金融机构实现成功对接,达成合作意向项目43个,签订小额贷款合同金额1.66亿元。4月29日,市人力资源和社会保障局挂牌成立,市人力资源社会保障系统机构改革正式启动,各级人才市场和劳动力市场实现有效整合,建立全市统一开放的人力资源市场体系,促进人力资源统一管理、合理流动和有效配置。

劳动就业服务企业

80年代初,市劳动服务公司成立,为正科级事业单位。随后,县、区、行业、企事业单位劳动服务公司相继成立。1988年8月,市劳动城市信用社成立,为市劳动就业局直属集体股份制金融服务单位。

1990年6月,在全省率先成立劳动服务企业经理(厂长)联谊会。1991年10月,市劳动就业局直属集体企业百花宾馆对外营业,同时作为劳动就业培训中心实训基地。当年全市劳动服务企业有249个,从业人员3.77万人,年产销营业额1.50亿,年实现利税1216.80万元。1992年12月,全市劳动服务企业314名专业技术人员评定专业技术职称,并实施职称与工资挂钩政策。1993年11月,对劳动服务企业管理人员进行工资浮动晋级。1995年5月,开始在全市推行股份合作制。至年底,劳动服务公司创办的各类劳动服务企业达到393家,职工总数达4.70万人。全市劳动服务企业完成年产值1.76亿元,实现税利1622万元。1996年10月,市劳动服务企业经理(厂长)联谊会更名为市劳动就业服务企业协会。1997年3月,首次在全市对劳动服务企业开展认证和年检工作,对符合认证条件的74家企业颁发劳动就业服务企业证书。

1998—2000年,以陶瓷为主的大批国有企业进行改制,劳动服务企业缺少主办或扶持单位,面临诸多困难,大部分劳动服务企业生产经营困难,处于萎缩困境,日渐淡出市场。2003年后,市直属劳动服务企业逐步开始改制,退出市场,企业与职工解除劳动关系,参加社会保险。

劳动保障平台

2001年6月,在珠山区西郊街道开展建立就业和社会保障服务中心试点工作。2003年3月,市小额贷款信用担保中心成立,属正科级事业单位。首次为23名自谋职业、自主创业的下岗失业人员发放小额贷款21.50万元。4月,市政府印发《景德镇市下岗失业人员小额担保贷款实施意见》,规范全市小额担保贷款的操作程序。全市共发放小额贷款517.50万元,帮扶270人创业,带动987人就业。6月,全市13个城镇街道劳动保障所启动建设(珠山区9个、乐平市2个、昌江区1个、浮梁县1个)。其中珠山区昌江、新村、新厂街道劳动保障所,昌江区西郊街道劳动保障所作为全市劳动保障平台建设示范样板打造。街道劳动保障所规格为副科级全额拨款事业单位,定编3人。是年,下岗失业人员数据库基本建立。城镇街道辖区147个社区居委会就业服务站设立,并按三分之二比例招聘安置一批“4050”就业困难人员为服务站工作人员。至此,全市街道社区劳动保障工作平台建设初具规模。2004年,浮梁县鹅湖镇、乐平市众埠镇、乐平矿务局3个重点乡镇(厂矿)劳动保障平台建立。全市建成集中式资源数据库和覆盖市、县(市、区)、街道(乡镇)、社区居委会就业服务站的四级计算机网络,达到资源共享。首批建立的13个街道社区劳动保障平台年内通过省、市考核验收,全部合格达标。是年6月,将小额担保贷款对象由面向已领取再就业优惠证的下岗失业人员延伸到失业1年以上、办理了城镇登记失业的大中专毕业生、退伍士兵。小额贷款承办业务扩大到全市各商业银行、股份制银行和城乡信用社,成为全省唯一个金融机构全面启动小额贷款业务的设区市。全年发放小额贷款1998万元,帮扶个人创业999人,带动就业3342人。2005年,市区有3个工矿企业建立劳动保障工作站,浮梁县乡镇全部建立劳动保障工作站。珠山、昌江两区10个街道所辖126个居委会成立劳动保障服务站。

2006年,珠山汽车配套工业园、珠山工业园区、浮梁县湘湖镇、昌江区鲇鱼山镇新建劳动保障事务所。是年,全市共发放小额贷款5036万元,帮扶个人创业1160人,带动就业4080人。2007年,城镇街道辖区社区居委会设立的劳动保障服务站发展到176个,乡镇每个行政村聘用劳动保障工作信息协管员,劳动保障工作平台实现全覆盖。就业创业服务、政策信息咨询、失业登记管理、小额贷款初审、职业创业培训推荐、社会保险待遇申领等“一站式”服务体系基本建立,职能进一步延伸。全市共有社会保障建设平台60个,其中街道13个、乡镇所40个、园区5个(其中市级园2个、乐平市1个、珠山区2个)、厂矿2个。2010年8月,全市街道、乡镇、工业园区劳动保障平台发挥就业工作中的基础作用,开展就业失业登记,建立城镇劳动力资源、困难群体、用工信息、就业安置、培训等就业工作台账;做好职业指导、职业介绍、职业培训、创业培训等公共就业服务;提供创业指导、项目推介、小额贷款等创业服务;收集、开发基层社会管理、公共服务岗位和社区公益性岗位,协助落实就业政策。社区、行政村劳动保障平台结合实际,开展上门入户调查,掌握辖区内人员的就业、失业、享受就业政策等情况,建立基础台账,实行动态管理。并做好统计上报工作;协助街道乡镇平台实施就业援助,开展对口帮扶。至2010年12月,累计发放扶持各类创业人员小额担保贷款8.29亿元,直接扶持个人创业1.35万人,带动就业3.84万人。

第二节　职业技能管理

职业技能培训

就业前培训　1989—1991年,全市举办就业前培训班881期,培训城镇待业人员5.17万人。其中,市劳动服务公司示范性举办培训班32期,培训城镇待业人员2304人,培训专业涵盖陶瓷、化工、旅游、餐饮、机电、电子技术、机械制冷等70余种。1990年,市劳动就业培训中心成立,百花宾馆为培训基地。1993年,培训中心举办陶瓷工艺、机械钳工、文秘、缝纫、烹饪等专业技术班26期,培训结业学员4394人,就业率在90%以上。至1995年,培训中心培训的专业有陶瓷、机械、无线电陶瓷材料、电瓷、电解电容器、原料开采与加工、商业基础、文化、汽车钣金、车钳工等30余种。1992—1995年,全市举办就业前培训班185期,培训学员3.41万人。1997年,随着社会主义市场经济体制的发展,就业培训出现新特点,培训对象由就业前培训转为转业转岗培训。全省不再专项下达城镇待业人员培训计划,当年全市各类培训人数7080人,其中转岗培训2020人。

在职培训　1986年,在职培训主要由企业举办。1990年,全市全民、集体企业技术工人在职培训以3种方式实行:企业自己设立的培训机构对本企业的在职人员开展培训;企业与企业外培训机构合作开展培训;企业委托企业外培训机构开展培训。1993年始,对企业班组长培训,采取分散培训,统一考试,由劳动部门核发证书,班组长持证上岗,培训考核与使用待遇结合。1994年,市劳动就业培训中心接受企业委托,先后为昌河招待所、乐平百乐门大酒店70余名在岗职工进行中式烹调中级考核鉴定。1995年,开设中式烹调、中式面点、餐饮服务、客房服务、商品经营、家电维修、计算机应用基础、陶瓷等专业培训班,200余名学员在培训中心通过初中级职业技能鉴定,占培训人数的25%,有11人获中级职业技能的餐厅服务员获准去日本务工。是年,为驻市部队30名即将退伍的士兵进行中式烹调中级职业技能培训考核鉴定。1996年,市就业培训中心相继为景德镇合资宾馆、景德镇饭店40余名职工进行餐厅服务、客户服务中级职业技能考核鉴定。对城镇开办的美容美发、保健按摩等80余名从业人员进行初级考核鉴定。

2003—2006年,对市属企业223名低压电工、81名焊工、171名室内机车操作工、145名窑炉操作工、101名挖掘机操作工等特种作业人员进行培训、考核、发证。2007—2009年,对陶瓷股份有限公司、金城电子实业有限公司、中景集团、乐华陶瓷、金意陶、乐平矿务局、德雨茶业、晨航灯头、金龙化工、天新药业、宏柏化工、华兴化工、吉祥药业化工等15家单位1931名在岗职工进行免费技能提升培训,享受省培训资金补贴308.96万元。对赣东北电力系统243名高、低压电工进行岗位操作培训,考核,发证,通过加入华东电网操作许可。2009—2010年,市劳教所开办陶瓷美术、计算机、电子、电动缝纫等专业培训,培训即将解除劳教人员共计550人。

再就业培训　进入90年代,随着企业改制不断加大,大批职工下岗分流,很多人失业待业,期待再就业。市委、市政府高度重视再就业培训。1998年,制定并实施“三年二万”(指3年内2万人接受再就业培训)再就业培训计划,对急需解决就业的“优化资本结构试点”单位和部分陶瓷企业下岗职工进行再就业培训。至2000年年底,共培训陶瓷企业下岗职工9627人,其他工业企业下岗职工1.09万人,其中80%以上的下岗职工实现再就业。2.27万家个体工商户、233家私营企业中从业人员共4.22万人,其中一半为下岗职工。

2001年,制定第二期“三年二万当年六千”的再就业培训计划,以市劳动就业培训中心为龙头,采取自办联办相结合,长线与短线相结合的方式,开办烹饪、装饰技术、陶瓷工艺、美容美发、家电维修等专业,全市培训8638人,其中下岗职工3310人,失业职工843人。2002年,市劳动就业局将景德镇陶瓷学院、技工学校、劳动就业培训中心、乐平市“求是”培训学校等4家教育(培训)机构申报列为江西省再就业培训基地,构建再就业培训新的发展平台,培训专业拓展到52个,可满足短、中长期不同培训层次的需求。当年全市再就业培训8239人,实现再就业5034人,培训就业率61%。2003—2007年,“再就业优惠证”审核、认定和发放工作由国有企业放宽到集体企业下岗失业人员,再就业培训范围扩大,集体企业失业职工也享受免费培训。在此期间建立的“江西省再就业培训基地”增加到8家,培训专业增加到73个,年培训能力达7800人。2009年,全市再就业培训8764人。至2010年,全市再就业培训累计达9.21万人。

创业培训　2001年,劳动和社会保障部与国际劳工组织合作开展中国城市就业促进试点项目,引进开发职业技能(SIYB)培训教材,并辅之创业所需的小额贷款信用担保机制,为下岗失业人员和城市有创业愿望的人员开展创业培训。2002年,景德镇市(SIYB)创业培训启动,首次为160名有创业意愿,同时又有创业资源的城镇下岗失业职工免费进行创业培训。培训后当年实现创业48人,带动就业144人。2003年5月,创业培训补贴制度进一步完善,全年创业培训702人,培训后当年实现创业283人,带动就业675人。2005年,全市第一个创业培训标准化教室在市劳动就业培训中心建成并投入使用,培训场地按“U”形设置,培训过程采取互动教学、案例讲解等方式进行授课,通过集中强化培训,帮助学员更好地掌握创业知识和技能,当年创业培训下岗失业人员701人,创业培训率提升到53.99%。2007年5月,首次针对景德镇高等专科学校的28名应届毕业生开设“创办你的企业”培训班,帮助培训学员掌握开业技巧,融资贷款和经营管理基本知识,创业培训首次走进大学校园。2009年,全市有5家培训机构成为江西省首批创业培训定点单位,全年创业培训2749人。至2010年,全市创业培训累计达1.24万人。

农民工转移培训　2004年,市劳动局制订《景德镇市农民工跨地区就业服务体系2004—2010年发展规划》,开始对农村劳动者和已进入非农业领域就业的农民工开展转移前的就业引导性培训、职业技能培训以及岗位培训。当年全市开办农民工转移培训缝纫班14期,培训1605人,并全部输送到广东就业。对进入城市建筑工地的农民工,开设签订劳动合同、维护合法权益和安全生产课程,培训进城农民工863人。2005年,全市建立19个乡镇农民工跨地区就业服务基地,采取输出前集中短训和举办相关职业技能培训等方式,实行订单培训、定向培训,全市经培训后跨地区劳务输出农民工人数上升到10.46万人。2006年,开始实施农村劳动力技能就业计划、阳光工程、农村劳动力转移培训计划、星光科技培训、雨露计划等培训项目,全年培训农民工13.32万人。2007年,阳光工程、农村劳动力转移培训计划、雨露计划列入民生工程。劳动保障局举办的农村劳动力转移培训计划更名为金蓝领工程,实施培训补贴。当年金蓝领工程培训农民工2.99万人,是年省劳动就业服务管理局考核认定景德镇市28家培训机构为江西省农村劳动力技能培训基地。2009年,受国际金融危机的影响,外出务工农民工开始集中返乡。根据《江西省劳动力转移培训券管理使用暂行办法》,对每位参加培训的农民工实施300元培训代金券补贴,全市共完成金蓝领工程培训2.81万人,其中省市内工业园区定向培训1.57万人。2010年,充分利用各类培训机构和工业园区企业资源优势,鼓励开展订单培训、定向培训、技能培训,并按规定给予培训补贴,促进培训与就业无缝对接,降低企业用工成本。全市培训农民工1.67万人。

职业技能鉴定

1990年,景德镇市开始实行职业技能鉴定工作,由相关行业工人技术培训考核基地负责。1993年,设立陶瓷、汽车修理2个高级工技术培训考核基地和家电维修、厨师2个初、中级工培训考核基地,同时成立陶瓷、机械等13个技术考核评审委员会。全市经过培训考核,共发放技术等级证书759份。1994年始,职业技能鉴定工作由市劳动局审批的职业技能鉴定站(所)承担。当年成立市职业技能鉴定指导中心,全市建立陶瓷、机械、交通、中式烹调等8个初、中级和高级职业技能鉴定站,鉴定发证2331份,其中339人被评定为技师,11人被评定为高级技师。1995年,职业鉴定进一步规范,全市建立健全职业技能鉴定考评员制度,有

89 人通过省职业技能鉴定考评员考试，取得考评员资格，开展职业技能鉴定社会化管理，建立以技工学校、职业培训中心为骨干，社会办学校为补充的全方位职业技能鉴定站 12 个，对 44 个工种进行鉴定发证。1996 年，1021 名技术工人参加 78 个工种的高级工技术理论考试和实践操作技能考核，其中有 728 人获得高级技工资格，考证率为 71.30%。1999 年，全市共有 2920 人获高级技工资格，1466 人被评定为技师。2001 年，全市共有 2976 人获高级技工资格，1732 人被评定为技师。2005 年，经过考核鉴定，全市共有 3460 人获初级技工资格，1971 人获中级技工资格，199 人获高级技工资格，39 人被评为技师。2010 年，贯彻落实劳动保障部“农村劳动力技能就业计划”“国家职业资格导航计划”，专业能力考核与工业园区和农民工培训有机结合，全市农民工考核人数 2000 余人。是年，乐平矿务局培训中心为该系统企业 900 名采矿工开展技能提升培训，培训后参加中级工职业技能鉴定，均取得相应的资格证书。当年，全市共有 2499 人获初级技工资格，3214 人获中级技工资格，397 人获高级技工资格，102 人评为高级技师。

职业技能竞赛

1986 年，全市各系统先后举办全系统职工技术操作竞赛活动。1989 年，举办首次全市职工技术比武，213 名优秀选手参加珠算、商品包装、自行车组装修理、烹调等 7 项技术比武，每个单项技术比武汇总成绩获第一名者晋升一级工资。1993 年，在省青工奥林匹克竞赛中，景德镇市周海涛、廖燕萍分别获得江西省车钳工奥林匹克技能竞赛第一名。1996 年 11 月 14 日，市劳动局、市粮食局等 4 家单位举办的全市粮食系统女职工岗位技能竞赛，市劳动局对获得单项前两名的选手授予全市最佳技术能手称号。1998 年 9 月底至 10 月中旬，市劳动局与市旅游局联合举办全市旅游行业——“满意在瓷都”优质服务技能竞赛，对获得 6 个单项前 3 名的选手分别授予市青工最佳技术能手和技术能手称号。2005 年 9 月，市劳动局、市瓷局等 4 家单位联合举办全市青工陶瓷职业技能大赛（3 个工种）。是年 11 月，又与市总工会等多家单位开展全市职工技术比武（十大工种），对获得一等奖的技工破格晋升为技师，获二等奖的晋升为高级工。2010 年 10 月，江西省举办第三届数控职业技能大赛，景德镇市有 5 名选手取得较好名次，分别被授予江西省技能能手、江西省青年岗位能手称号，其中 1 人代表江西参加全国数控职业技能大赛。

高技能人才培养

1986—2010 年，景德镇市注重抓好高技能人才培养工作，开展职业技能培训，组织职业技能考试、考核，实行职业技能鉴定。2005 年，将 1991—2005 年取得技师资格以上的高技能人才个人资料全部录入数据库，在昌河、陶瓷股份公司 4 家国企高技能人才中选择 10 人实行名师“一帮一”带徒。2007 年，开展首届景德镇市优秀高级技能人才评选和表彰活动。5 月，市政府表彰李贵镇等 10 名全市优秀高技能人才，并奖励 5000 元。2008 年，李贵镇被评选为江西省优秀高技能人才。2009 年，全市有高技能人才 6 人被评选为江西省首席技师。高德山等 10 人获景德镇市第二届优秀高技能人才称号，受到表彰。是年，申报市技工学校、江西省陶瓷学校为江西省高技能人才培训示范基地。2010 年，李贵镇陶瓷手工彩绘技能大师工作室通过实地考察、专家评审、社会公示，被确定为首批江西省技能大师工作室。翌年，又被确定为国家技能大师工作室。全市高技能人才库录入个人资料中有技师 518 人、高级技师 86 人。2006—2010 年，全市有 4 名高级技师被省政府授予江西省优秀高级技能人才，30 名优秀高技能人才受到市政府表彰。

第三节　用工管理

招工管理

计划经济时期，招工实行统包统配政策，企业不能擅自招工或者辞退，劳动者也很难自主择业。招工管理范围包含全民所有制、城镇集体所有制性质的企业以及机关事业单位和社会团体，以全民所有制企业为主。80 年代后，随着改革开放的深入，这一就业政策也逐步发生改变，开始推行劳动合同制。1985 年 3 月 11 日起，职工自然减员补充也全部实行劳动合同制。全市共有劳动合同制工人 4196 人，占全民职工总数的

6.18%。1986年10月1日起，废除内招、顶替制度，企业招工全部实行劳动合同制。1987年3月22日，举行1986年度全市招工统一考试，按照“面向社会，公开招收，全面考核，择优录用”的原则，全市5321名考生安排在8个考场进行考试，这是贯彻国务院改革劳动制度四项规定的首次统考。至1988年，全市共招收全民所有制企业、事业单位的劳动合同制工人8789人。

1991年12月16日，成立市劳动就业工作领导小组，增强宏观协调，提出《关于在“八五”期间进一步做好劳动就业工作的意见》，劳动用工制度改革步伐加快，企业在不突破工资总额的前提下，可按劳动部门下达的招工计划招收合同制工人。1991—1992年，全市招收全民合同制工人3658人，招收集体职工1.21万人。同时为全市96名特困户子女安排工作。1993年，招收全民合同制工人1873人，招收集体职工3302人。1994年1月起，市劳动部门不再办理招工审批介绍手续，由企业根据国家有关政策法规，按照企业生产经营实际需要自主编制招工计划，经劳动部门备案后实行自主招工。从此，由企业和就业者双向选择的劳动合同制取代由政府包揽的统包统配制度。

合同管理

劳动合同　1986年3月19日，省政府发布《江西省劳动合同制试行办法》，规定企业招用工人一律实行劳动合同制。4月1日，市劳动局在部分国有企业开始试点。1990年，全市各企业不断增加劳动合同制职工，但原有的固定工仍占企业职工总数的70%以上。当年开始深化用工制度改革，搞活固定工试点。企业定人员定编制，进行优化组合，与企业内部的各项改革工作同步进行，如落实承包责任制，工资总额与企业经济效益挂钩等。进行优化组合后的固定工一律签订劳动合同，列入劳动合同制管理，逐步实行全员劳动合同制。1991年，景德镇瓷厂在全市率先实行全员劳动合同管理，全厂被录用的251人统称企业员工，签订劳动合同。至1992年年底，全市试行全员劳动合同管理的企业有40户，共计2.2万名职工签订劳动合同。

1994年劳动法颁布后，大部分企业按照劳动法规定，拟定合同制具体方案。至8月底，全市国有企业实行全员劳动合同制的有62户，合同制职工3.60万人。1995年9月5日，市政府发布《景德镇市全面实行劳动合同制实施细则》。当年全市有639个国有和集体企业单位，17.97万名职工实行劳动合同制度，分别占企业和职工总数的95%和86%。1996年，全市有673个全民和集体企业20.89万名职工实行劳动合同制度。劳动管理工作重点转到乡镇企业、私营企业和请帮工的个体工商户中建立劳动合同制。6月15日，在全市中外合资、私营企业签订劳动合同和推行集体合同制度，以保障双方的合法权益。1997年10月30日，市政府出台《景德镇市招用劳动合同制工人办法（试行）》，规定企业招用工人应按平等自愿、协商一致原则，依法与员工签订劳动合同，明确双方责任、权利和义务。1999年，劳动合同签订工作取得新进展，全市新签订劳动合同1292份，其中国有企业532份，非公有制企业760份。2001年，全市新签、续签劳动合同3350人。2002年，全市签订劳动合同3390人，其中私营企业103户824人。2005年，推进建立劳动合同和集体合同制度，市县两级普遍建立三方协调制度。2007年，加大劳动关系协调工作力度，监督用人单位依法签订劳动合同1.80万份。2009年，全市共监察用人单位881户，督促用人单位补签劳动合同2310份。2010年，全市督促用人单位与员工补签劳动合同5080份。

集体合同　1997年8月，市政府出台《关于企业实行集体协商签订集体合同试点工作意见》，启动签订集体合同试点工作。1999年，探索建立劳动关系三方协调机制，劳动关系调整工作取得新发展，当年签订集体合同9份。2002年，签订集体合同4份。2004年，劳动和社会保障部新出台集体合同规定，将女职工和未成年工保护、职工技能培训、劳动合同管理、奖惩、裁员5项内容列入集体协商，并规定协调处理争议的操作程序，全市集体合同签订企业扩大到169户。2005年，全市推进建立劳动合同和集体合同制度，市、县两级普遍建立三方协调制度。2008年，启动三方维权机制，即政府部门建立的“劳动工资+劳动仲裁+劳动监察”三方维权机制，为劳动者维权全程护航。2010年，全市建立工会的规模企业集体合同签订率达87%，其中国有企业集体合同签订率达100%。构建和谐劳动关系方面有新的进展。

合同鉴证　1991—1992年，市劳动部门对全市2000余名企业新招劳动合同制工人、技校分配的毕业生和2842份已到期并已办理续签手续的劳动合同进行鉴证。1993年，鉴证劳动合同3420份。1994年，市劳动局设立监察科，完善劳动监察组织体系。当年鉴证国有企业、三资企业劳动合同3327份。1995年，对598

家国有、集体、三资企业的14.25万份劳动合同进行鉴证,纠正无效合同5000余份。1997年,重点加强在全市乡镇、私营企业和请帮工的个体工商户中建立劳动合同制度。对66家乡镇企业、55家私营企业的3986份劳动合同进行鉴证。1999年,共鉴证劳动合同1292份,其中国有企业532份、非公有制企业760份。审查集体合同9份。2001年,鉴证新签、续签劳动合同3350份。2002年,重点推进在非公有制企业实行劳动合同制和切实做好改制企业与员工劳动合同的签订工作,劳动关系调整得到加强。当年,全市共鉴证劳动合同3390份,其中私营企业103家824人;审查集体合同4份。2008年1月1日,《中华人民共和国劳动合同法》颁布实施后,劳动合同由用人单位与劳动者依法签订,不再需要劳动行政部门进行鉴证。

劳务代理与派遣

90年代,随着国有企业改革的不断深化,了断身份及解除劳动合同的下岗、失业工人不断增多。随着民营经济的不断发展,要求以个人身份缴纳养老、失业保险及其他劳动事务委托代理的劳动者不断增多。1996年,市劳动就业局开办个人、集体委托劳动事务代理和档案封存管理业务。2001年,市劳动就业局职业介绍中心为首家国有改制企业市粮油供应公司办理劳动代理业务。是年,与武汉项津有限公司等一批民营企业签订协议,进行劳动事务代理。同时,还接受一批劳动者个人委托,承办劳动事务代理业务。至年底,市职介中心接受2625名与企业解除劳动关系人员的档案并进行封存管理。

2002年,为改制企业封存档案2704份,为260人实施劳动事务代理,其中办理退休手续40人。2003年,职介中心主要面向改制企业和高新区企业拓展,市技术工人交流咨询服务中心劳动事务代理业务拓展到焦化黑猫炭黑、移动公司、交通银行、公交公司共450人。2004年,初步建立下岗职工基本生活保障向失业保险并轨制度,将出中心的1912名并轨人员个人档案全部存入职介中心管理,并做好劳动保障事务代理和社会保险费代缴手续。

2005年6月6日,在市技术工人交流咨询服务中心基础上组建市人力资源服务中心。全年承接30余家单位劳务派遣工作,劳务派遣人数近千人。2005—2007年,配合全市陶瓷企业改制工作,对市国资委未接管的企事业单位人事档案实行打包统管,共办理劳动事务代理7753人。2010年,市人力资源服务中心劳动事务代理和劳务派遣业务涵盖航空、金融、保险、通信、供电、药业、制造、服务等行业,全市劳动事务代理人数2.31万人。劳务派遣单位68家,计4863人次。

企业工资制度

1985年,根据国务院《关于国营企业工资改革问题的通知》,景德镇市开展国营企业工资制度改革,实行政企分离的体制。企业职工工资的增长依靠企业经济效益的提高,国家不再统一安排企业职工的工资改革和调整。实行工效挂钩办法。进行自费工资改革,即用企业留利中的奖励基金改革工资制度。企业干部实行15级副7种工资标准;企业工人实行八级15档制,分三类产业、7种工资标准。抵消附加、保留工资。调整工资区类别。11月底,全市职工人数(含乐平)7万人,改革前月标准工资总额331.14万元,改革后月增资金额114.25万元,比改革前提高34.50%,平均每人每月增资16.31元。

1995年,贯彻实施劳动法,进一步完善企业工资分配制度和工资增长机制,废除原国家统一的企业工人、干部《等级工资标准》,新参加工作的见习期工资、转正定级工资以及职工正常工资升级,不再以原来的《等级工资标准》为办理依据。劳动部门为企业自行制定新工资制度提出指导性意见和内容,经过全体职工大会或职工代表大会讨论通过后实施。从此,全市基本结束由政府统一规定企业职工工资标准的历史。

2000年,全市推进国有企业工资决定机制改革,工资宏观调控逐步由总量调控向水平调控转变。至2002年,企业工资管理体系正式进入"市场机制决定、企业自主分配、政府监督调控"的时代。改革后,全市主要实行计件工资制度和定额工资制度、国有企业"工效挂钩"制度、岗位技能工资制度、工资基金管理制度。职工工资也不再由国家统一等级、统一数额,所有工资均由企业和劳动者商定,在双方自愿的基础上,列入劳动合同,国家只作政策上的宏观调控。宏观调控机制有集体协商工资制度、劳动力市场工资指导价位制度、企业欠薪报告制度、工资指导线制度、企业经营者年薪制、最低工资保障制度、企业薪酬调查和发布制度等。

表 32-1-1　　1995—2010 年景德镇市最低工资标准一览表

文件依据	执行年月	标准			
		乐平市	浮梁县	珠山区	昌江区
赣府发〔1995〕28 号	1995.5—1997.8	150 元/月	140 元/月	170 元/月	170 元/月
赣府发〔1997〕31 号	1997.9—2000.2	200 元/月	200 元/月	200 元/月	200 元/月
赣府发〔2000〕2 号	2000.3—2004.8	230 元/月	230 元/月	230 元/月	230 元/月
赣府发〔2004〕25 号	2004.9—2006.12	330 元/月 3.3 元/时	330 元/月 3.3 元/时	330 元/月 3.3 元/时	330 元/月 3.3 元/时
赣府发〔2006〕28 号	2006.12—2007.12	450 元/月 5.1 元/时	450 元/月 5.1 元/时	450 元/月 5.1 元/时	450 元/月 5.1 元/时
赣府发〔2007〕36 号	2007.12—2010.6	480 元/月 5.9 元/时	480 元/月 5.9 元/时	520 元/月	480 元/月 5.9 元/时
赣府发〔2010〕18 号	2010.7—2011.12	600 元/月 5.7 元/时	600 元/月 5.7 元/时	660 元/月 6.2 元/时	600 元/月 5.7 元/时

第四节　劳动保护

劳动保障监察

1994 年,市劳动局设立劳动监察科,各县(市、区)先后建立劳动监察机构。1995 年 1 月 1 日,《中华人民共和国劳动法》实施,市劳动监察工作全面启动。当年监察企业 114 家,下达整改意见书 9 份。1996 年,对全市 56 户外商投资企业和私营企业进行年检(审),对年检(审)合格的 18 户企业颁发劳动用工年检(审)合格证,对不合格的企业下达《劳动监察指令书》,并限期整改。1997 年,市劳动监察部门受理群众举报,并及时立案查处。当年受理举报案 3 件,立案查处后结案。1998 年,开展打击非法职业介绍专项检查,对无照经营的 7 家民办职介所下达《劳动监察指令书》,限期整改,取缔非法民办职介所 1 家。是年,监察企业 43 户,下达整改意见书 7 份;受理举报案 5 件,均立案查处后结案。

2001 年,开展社会保险扩面征缴,下达整改意见书 421 份。2002 年 10 月 21 日,市劳动保障监察支队成立,开展"查童工、整市场"专项检查,查处非法使用童工单位 17 家,清理非法使用童工 20 人。是年,受理举报案 22 件,均立案查处。2004 年,开展禁止使用童工和劳动力市场秩序整治专项检查,共检查用人单位 162 家,涉及劳动者 7000 人,查实童工 1 人。是年,受理举报案 186 件,均立案查结。2005 年 4 月,市劳动保障监察支队在全省率先设立市劳动监察投诉举报大厅,受理群众举报。是年,会同公安、人事、工商部门对 46 家中介机构进行专项执法检查,取缔非法中介机构 4 家,整改 3 家。全年为农民工追回拖欠、克扣工资 511.90 万元,涉及农民工 2990 人。

2006 年,监察企业 695 家,下达整改意见书 20 份。2007 年 4 月,市劳动监察支队与昌江区、珠山区劳动保障监察大队合署办公,检查区域重新划分,避免市支队、区大队对用人单位的重复检查。开展"查职介,整市场"专项检查行动,检查中介机构 21 家,发现提供假信息、发布虚假招工内容的广告、超标准乱收费等违规事件 75 件,取缔非法中介机构 4 家。是年,监察企业 983 家,下达整改意见书 5 份。2008 年,会同公安、工商等部门联合开展专项检查,取缔非法中介机构 5 家,吊销营业执照 1 家,责令退赔求职费 1.87 万元,并处罚 2.90 万元。是年,为农民工追回拖欠工资 450.10 万元,涉及农民工 3700 人。2009 年,建立预防和解决拖欠农民工工资发放机制,全年为劳动者追回被拖欠、克扣工资 1199.20 万元,其中追回农民工工资 906.61 万元,涉及农民工 2186 人。2010 年 10 月 11 日,市劳动监察支队更名为市劳动监察局。1995—2010 年,市劳动监察部门累计监察企业 6760 家,发出整改意见书 524 份,开展打击非法职业中介专项检查 8 次,取缔非法中介机构24家，开展“查童工、整市场”专项检查4次，清理童工56人。

劳动争议仲裁

1987年7月，国务院颁布《国营企业劳动争议处理暂行规定》，全市劳动争议处理工作随之逐步开展。1991年7月，乐平县、浮梁县分别成立劳动争议仲裁委员会。1992年，全市有109家国有企业建立劳动争议调解委员会，占全市国有大中型企业的87.20%。调解委员会由职工代表、企业行政代表、企业工会代表组成。1993年7月6日，国务院发布《中华人民共和国企业劳动争议处理条例》，市劳动争议仲裁部门实行着重调解，依法办案，抓好劳动争议预防工作，为企业和有关人员提供咨询50次，立案处理劳动争议案3件。1994年6月，市劳动争议仲裁委员会成立，珠山区、昌江区不单设实体化机构，劳动争议案件由市级机构仲裁。实行仲裁院仲裁员办案制度，依法及时公正处理劳动争议案件，全年办理劳动争议案10件，其中立案处理3件，未受理1件，调解6件。是年，全市建立企业劳动争议调解委员会249个，有企业调解委员1641人。

1996年，全市建立企业劳动争议调解委员会298个，有兼职调解员2086人。随着劳动关系多样化、就业方式多样化出现，特别是企业改制、破产的实施，劳动争议范围不断扩大，劳动争议种类增多，主要包括劳动合同、工伤保险、伤残补偿、养老保险、医疗待遇、工作时间、劳动报酬、劳动保护等争议。劳动争议案逐渐增加。当年立案处理劳动争议案件5件。1997年，市劳动争议仲裁委员会被评为全国劳动争议处理先进单位。1997—1999年，全市立案处理劳动争议案14件。2000—2002年，全市立案处理劳动争议案42件。2004—2006年，全市立案处理劳动争议案64件。2008年，全市立案处理劳动争议案99件，结案率为100%。2010年，市劳动争议委员会下设市劳动争议仲裁院。市劳动争议仲裁机构实行先调解后裁决的原则，共受理劳动争议案93件，其中案前调解51件，立案处理41件。

第二章　人事管理

1993年，《国家公务员暂行条例》颁布后，全市各级党政机关结合机构改革，过渡实施公务员制度，对人事进行科学分类管理。1996年，全市正式实施公务员制度，首次面向社会招考录用公务员。2006年，《中华人民共和国公务员法》实施后，全市公务员管理纳入法制化轨道，坚持“凡进必考”，面向社会公开招录公务员。事业单位人事改革恢复职称评审，推行职务聘任制，适当下放人事管理权限，积极探索建立与社会主义市场经济相适应的人事管理体制。企事业单位人事改革废止计划统配，全市实施考核制、聘用制，企业拥有人事调配、人员聘用、职称评聘等管理权限。与人事制度改革相适应，全市机关企事业单位先后实施3次工资制度改革，将企业的工资制度与机关事业单位的工资制度相分离，机关建立公务员工资制度，工作人员实行职级工资制，企业工资与经济效益挂钩，内部自主分配。开展享受国务院政府津贴、省政府津贴，有突出贡献中青年专家和百千万人才工程的人选推荐选拔工作，同时加强对人才队伍、特别是各种专业技术人才的教育培养、开发使用和交流引进工作，制定相应的政策和激励措施。开展部队转业干部安置工作，实行计划分配与自主择业相结合，先后获全省军转干部安置工作先进单位称号和全省企业军转干部解困维稳工作先进单位称号。

第一节　人事制度

公务员制度推行

1993年10月1日，《国家公务员暂行条例》(以下简称《条例》)正式实施。市人事部门加强公务员制度的宣传和学习，组织《条例》报告会，做好公务员制度实施准备工作。1994年7月25日至8月3日，全市举办第1期实施公务员制度骨干培训班，市直各部门，县(市)、区人事劳动局共51人参加培训。1995年，做好推行公务员制度前期工作,草拟配套文件,对市直机关工作人员的工作年限、文化层次、年龄结构等具体情况进行调查摸底。1996年,市政府出台《景德镇市国家公务员制度实施方案》《景德镇市国家公务员界定办法》《景德镇市现有国家行政机关工作人员向国家公务员过渡的培训实施办法》等配套性政策文件,启动推行国家公务员制度工作。抓好推行国家公务员制度宣传,先后通过电台、电视台、报刊等新闻媒体宣传公务员制度知识,在《景德镇日报》开辟公务员制度基础知识系列讲座,连载讲座稿16篇,举办全市国家公务员制度电视知识竞赛,各县(市、区)、市公安局、统计局分别组队参赛,市领导发表推行公务员制度电视讲话;组织公务员过渡考试和培训。全市(不含乐平市、浮梁县)共有行政机关干部2551人报名参加公务员过渡考试,实考2524人,考试不及格3人,合格率为99.88%。先后举办实施公务员制度领导干部培训班1期,各县(市、区)和市直部门领导和县(市、区)人事劳动局局长共47人参加培训;举办公务员过渡师资培训班1期,参加培训人员69人;公务员过渡各类培训班152期,参加培训人员5493人;开展公务员制度实施工作。组成5个小组深入市直单位进行宣传、督促,结合年度考核进行公务员过渡考核工作。首次面向社会考核录用国家公务员,按照"公开、平等、竞争、择优"的原则,坚持德才兼备的标准,经笔试、面试、体检、考核等程序,择优录用公务员53人,其中市公安局录用24人,市国安局录用19人,市政府办公室录用10人。同时,根据《国家公务员辞职辞退暂行规定》,办理辞退4人、开除2人手续,突破"能进不能出、能上不能下、干好干坏一个样"这个难点。1997年,全市国家公务员制度推行工作取得阶段性成果。在公务员的职务任免上,推行竞争上岗,市直有41个部门(单位)拿出359个科级领导职位,其中科长职位224个、副科长职位135个,实行双向选择,竞争上岗。全市推行公务员制度的单位完成市级检查验收,各级党政机关工作人员过渡为国家公务员,并完成任职定级,全市公务员制度初步建立,转入完善公务员制度管理阶段。

2001年,制定《景德镇市国家公务员培训"十五"规划》,全面开展国家公务员更新知识培训,全市参加培训的公务员1000余人。会同市委组织部在全市党政群团机关开展干部综合素质培训测试。会同市纪委、市委组织部、市监察局转发《关于市县乡机构改革前录用国家公务员(机关工作人员)有关问题的通知》,严明"凡进必考"的录用纪律。2006年1月1日,《中华人民共和国公务员法》实施,市公务员管理进入依法管理的新阶段,市实施公务员法领导小组成立,组织进行公务员登记摸底工作,在6个单位进行试点后,全面实施公务员登记工作。2007年,全市进行公务员登记,有261家单位(部门)列入实施公务员法单位范围,6791名公务员平稳登记。是年,市、县(市)、区直属事业单位参照公务员法管理工作有序推进,组织对参照公务员制度管理单位进行审核,列为参照管理单位57家。2008年,全市完成公务员审批、登记。有102家单位(部门)列为参照公务员法管理单位,其中市直部门41家、人民团体和群众团体33家、事业单位28家。是年,增补市高新区管委会等20家单位为参照公务员法管理单位。

事业单位人事制度改革

全市事业单位人事制度改革主要是推行干部聘用制、合同聘用制、岗位设置公开招聘3个方面。1986年,全面开展职称评审,推行职务聘任制,适当下放人事管理权限。1987年,依据省人事厅《关于从"五大"毕业生中择优聘用干部的通知》和省人事厅、江西省农业厅《关于从乡镇农业五站农技人员中择优聘用干部的通知》,采用聘用制的办法补充一批干部,稳定和充实乡镇机关、农业五站(农技站、畜牧兽医站、农经站、农机站、水产站)、国营垦殖场的干部队伍。1993年,推进企事业单位人事制度改革,做好企业的人事管理和人才管理的协调、指导、服务工作。在景德镇宾馆、陶瓷工业设计院开展事业单位人事制度改革试点,企业根据生产、经营的需要,自主确定内部机构的设置、调整和自主定编、定岗、定员;放开企业人员流动调配权,市内企业之间的管理人员和专业技术人员的流动由双方自主确定;企业按照用人标准和程序自主聘用管理人员和技术人员;允许企业在国家专业技术职务结构比例指导下,自主评聘专业技术人员职务;企业可以自主在市内外招聘、引进所需人才。经过改革,陶瓷设计院和景德镇宾馆实现转轨变型,逐步走上自收自支企业管理的新路子,为全面推进事业单位人事制度改革积累经验。2003年4月,依据省人事厅《关于停止办理聘用制干部审批工作的通知》,全市聘用干部审批工作停止。

1998年,成立景德镇市事业单位人事制度改革领导小组,印发《关于在景德镇市事业单位实施全员合同聘用制试点工作实施意见》,从8月15日开始,在市电教馆、市药检所、市昌江房管所、市环境科学研究所4

个单位实施全员合同聘用制试点，通过试点，由点到面，在全市事业单位全面实施全员合同聘用制。1999年，市直单位及各县（市）区、对事业单位全员聘用制工作进行探索。市教育系统针对部分单位老师过剩，人浮于事的状况，开展以竞争上岗为主要内容的人事制度改革；市卫生系统、乐平市、昌江区开展新进人员实施全员合同聘用制，所有进入事业单位就业人员的档案一律挂在人才交流中心，新进人员与用人单位签订聘用合同；浮梁县卫生系统开展工资总额包干，按工作能力上岗，按贡献大小实行工资分配。

2001年10月1日起，全市事业单位对新进入就业的人员一律实行合同聘用制，各事业单位工作人员（包括专业技术、工勤人员）都要签订合同，实现由“单位人”向“社会人”转变。2005年，推进人事制度改革，印发《关于规范我市事业单位人员聘用制的通知》，在全市各级事业单位推行全员聘用制，实行聘用制的事业单位达72%，聘用制的人员达76.90%。2006年，市政府出台《景德镇市事业单位公开招聘人员实施办法（试行）》，标志着全市事业单位公开招聘工作正式启动，当年招聘134人，其中市直部门4人、乐平市8人、浮梁县99人、昌江区23人。

2007年，全市事业单位人事改革深入推进，全面实行事业单位公开招聘制度，市直共有17个事业单位，面向社会公开招聘78人（其中硕士研究生7人）。2009年9月，出台《景德镇市事业单位岗位设置管理实施细则（试行）》。2010年10月10日，召开全市事业单位岗位设置管理实施工作督导部署会。按照“先易后难、稳妥推进”的原则，对于条件成熟的单位分批逐步到位，先行审批，先行竞聘，对于情况复杂的单位，先行搁置，经领导小组研究确定后，再进行单独审批，确保全市事业单位岗位设置工作稳妥推进。至2011年，全市有100家事业单位完成岗位设置工作，25家事业单位工作人员通过首次聘任上岗。

表32-2-1　　**2006—2010年景德镇市事业单位招聘人员情况表**　　单位：人

年份	市直	乐平市	浮梁县	珠山区	昌江区	小计
2006	4	8	99	—	23	134
2007	78	79	39	—	29	225
2008	168	61	78	30	13	350
2009	139	89	21	—	2	251
2010	194	59	92	20	10	375
合计	583	296	329	50	77	1335

第二节　干部管理

干部录用

1986—1989年，机关干部录用对象基本上由工矿企事业单位在职人员补充，从“五大”（广播电视大学、职工大学、职工业余大学、高等学校举办的函授大学和夜大等）毕业生中聘用干部。1991年，按照“公开、平等、竞争、择优”的原则，通过考试考核，从乡镇、人武、计生人员中择优录用干部112人；从企业优秀工人中录用干部59人，其中国营企业36人、二轻企业16人、乡镇企业7人；从“五大”毕业生中聘用干部70人。1994年，全市首次面向社会公开招录警察，通过文化考试、体能测试、面试、体检、考核、政审等环节，从180名应考人员中择优录用40人。1996年，全市正式实施公务员制度，国家公务员录用逐步走上制度化、规范化轨道。首次面向社会招考录用公务员53人。

2003年，根据省委组织部、省人事厅关于2003年度考试录用国家公务员（机关工作人员）的通知，全市安排102个职位公开面向全国招录，经批准，达到开考比例的职数89个，报考人员3055人，入围参加面试考生269人，参加体检和政审考生147人，通过文化考试、面试、考核等程序，录用公务员89人。2004年，根据《江西省国家公务员录用规定》和《江西省特殊职位国家公务员考试录用实施办法》，坚持“凡进必考”，组织实施年度省、市、县三级联考,招录公务员156人。是年,开展考试考核录用乡镇聘用制干部工作,经文化考试合格,通过公文写作与处理、依法行政等知识培训合格,录用乡镇聘用制干部195人。2005年,全市面向社会考录公务员,实行职务"捆绑招考"和网上公开调剂,录用公务员153人。是年,面向社会公开招录公安特警,经资格审查,体能测试、笔试、体检、考核合格,共录用特警52人。2007年,全市面向社会招录公务员70人。2009年,全市招录公务员49人,其中公安16人、党群15人、政府5人、乡镇7人、参公单位6人。是年,招录政法干警21人,市县法检系统招录公务员21人。2010年,全市招录公务员235人,从高校毕业生中考试选拔95人充实农村基层工作。

考核奖惩

1985年,贯彻劳动人事部《关于建立国家行政机关工作人员岗位责任制的通知》精神,全市党政机关、事业单位实行岗位责任制。至年底,已建立岗位责任制的市直机关、事业单位68个,其中合格单位32个、基本合格单位36个,考核奖惩办法有以下形式:按职定责定权综合考评责任制;任务包干计分考核责任制;联系经济效益定责考核奖惩责任制;技术承包责任制;专业责任岗位制。综合党政机关建立岗位责任制,开展干部奖惩工作,全市受奖人员44人,其中记功10人,授予奖品或奖金14人,通令嘉奖20人。同时,对犯有各种错误的干部12人给予处分,其中警告2人、记过3人、记大过2人、开除留用察看1人、开除1人、其他3人。

1994年,根据人事部《国家公务员考核暂行规定》建立考核制度,开展考核工作,考核内容分德、能、勤、绩,考核结果分为优秀、称职、不称职3个等次,景德镇市在称职和不称职之间增设基本称职,标志着全市公务员考核工作正式启动。1995年,全市首次对机关、事业单位工作人员进行年度考核,从2月21日开始,至4月20日结束,共有888家单位3.41万人参加考核,考核内容包括德(政治、思想和道德品质的表现)、能(业务知识和工作能力)、勤(工作态度和勤奋敬业的表现)、绩(工作数量、质量、效益和贡献)。考核的结果分为优秀、称职、基本称职、不称职4个等次。经考核,优秀4196人,称职2.94万人,基本称职276人,不称职16人,未定等次的2662人。年度考核确定为优秀的,给予奖励,奖励种类为记功、记大功、授予奖品或奖金、升级、升职、通令嘉奖6种。确定不称职的予以降职,连续二年被确定为不称职的,予以辞退。1997年,注重抓好定量考核测评的推行,选择市公安局、市建设局、市卫生局作为试点单位,按定量考核测评方法实施年度考核,在试点单位的带动下,全市有60%以上的单位在年度考核中实施定量考核测评。1998年,对62个应考核的推行(参照)公务员法管理单位进行督促检查,及时研究处理考核中出现的问题,保证考核质量,按时完成1997年度考核备案软盘的上报。通过自下而上评选推荐,从各县(市、区)、市直各单位推荐上报的候选人中,挑选5人上报省委组织部、省人事厅,并被批准为全省人民满意的公务员(机关工作人员)。1998年年度考核中,谭久生获人事部表彰一等功,刘浩元、郑伯南、张美兴、范希贤、陈齐达获全省人民满意的公务员(工作人员)称号。2007年,中央组织部、人事部下发《国家公务员考核规定(试行)》,公务员年度考核结果分为优秀、称职、基本称职和不称职4个等次,优秀人数一般控制在本机关参加年度考核的公务员总人数15%以内,最多不超过20%。确定为优秀等次的,给予嘉奖;连续3年确定为优秀等次的,记三等功。

干部培训

1986—1989年,干部培训主要由各单位自行组织,培训方式有脱产学习、进修、短期培训班等。1992年,市干部培训考试中心成立,担负全市干部培训工作,当年举办聘(录)用干部岗前培训班6期,513名学员通过培训取得结业证书;举办人事干部岗位培训班2期,175人取得岗位培训证书。1993年,《国家公务员暂行条例》颁布实施后,对干部培训工作进行统一规范,全市干部培训转入制度化、经常化、规范化,开展国家机关工作人员向公务员过渡培训工作。1996年,人事部印发《国家公务员培训暂行规定》,对国家公务员培训的种类、时间及管理等作出规定:新录用公务员的初任培训,时间不少于10天;任职培训不少于30天,专门业务培训时间视实际需要而定;更新知识培训不少于7天。是年,市政府出台《景德镇市现有国家行政机关工作人员向国家公务员过渡的培训实施办法》,全市共举办公务员过渡各类培训班152期,参加培训人员5493人。2000年,举办机关干部和专业技术人员计算机应用能力培训班12期,1000余人参加培训。2002年,开展公务员更新知识培训,6000人参加培训考试,促进干部素质提高。2004年,开展宪法、行政许可法、公共行政管理硕士主要课程培训考试,共培训公务员7800人。是年,组队参加江西省首届"公务员宪法、行政许可法网上知识竞赛”，提高公务员依法行政和公共行政管理能力。2006年，组织进行公务员法全员培训和考试，参加培训考试8000人。是年，进行普通话测试培训，有2000人参加培训，并取得等级证书。2009年以后，加大公务员培训力度，当年全市举办培训班51期，培训人员5230人。

第三节　职称评聘和继续教育

职称评聘

公有制职称评聘　1986年1月29日，市政府将市技术职称评定委员会(包括自然科学和社会科学)改名为市职称改革领导小组，下设办公室，负责全市职称改革日常工作。6月，成立各有关系列职称改革办公室，组建各系列评审委员会，负责全市职称改革和评审工作。10月，选择市农业科学研究所、焦化煤气厂等5个单位作为改革试点单位，由点到面逐步开展。1987年3月，职称改革工作在全市企事业单位全面展开，通过个人申报、组织审核、专家评审，在限额指标内，专业技术人员绝大部分获得相应的专业技术职务。1989年2月，在全市事业单位进行过渡性的职称评聘工作，解决在首次评聘中，由于指标偏少，把握条件偏严的矛盾，使一部分专业技术人员获得相应的专业技术职务。

1990年6月，全市对专业技术职务评审聘任工作进行复查，查实纠正15人存在的学历、资历及业绩不符等问题。12月14日，市政府撤销市劳动人事局，分设市人事局、市劳动局。市科技干部管理(包括职称评定)工作划拨市人事局管理，全市职称改革工作由市科委转交市人事局承担。1992年，职称改革工作步入正常化轨道，全市评定高级专业技术职称99人，其中正高级职称4人、副高级职称95人，中级职称678人。1995年，全市评定高级专业技术职称202人，其中正高级职称8人、副高级职称194人，中级职称775人。1998年，深化职称评聘制度改革，推出改革新措施：首次将正高岗位数实行“打擂台”的方式推荐晋升，采取个人述职、评委提问、差额评审、择优推荐的方式进行，有3人被推荐上报省职称办评审；全市所有中级职称评委会采取“记号投票”的方式进行，建立监督机制；对市直卫生系统中级任职资格，采取计算机评审的方式进行，开辟一条人才评价的新途径，共有179人取得中级专业技术职务任职资格。当年全市评定高级专业技术职称147人，其中正高级职称6人、副高级职称141人，中级职称647人。

2003年，按照“个人申报、社会评价、单位聘任、政府指导”的评聘分开管理的方向，开展职称评聘工作，全市评定高级专业技术职称474人，其中正高级职称12人、副高级职称462人，中级职称1223人。2004年，继续深化职称评聘制度改革，推出一系列改革措施：在部分全日制大专院校和中小学校试行自主评聘；完善高层次人才申报评审专业技术资格的绿色通道；出台方便流动人员申报评审专业技术资格的有关规定；扩大职称外语免试人员的范围，延长全国职称外语考试合格证的使用年限。全市共评定高级专业技术职称395人，其中正高级职称11人、副高级职称384人，中级职称1127人。至2010年，全市共有高级职称6125人、中级职称17601人。

表32-2-2　**1992—2010年景德镇市高、中级职称人数统计表**　单位：人

年份	正高	副高	中级	年份	正高	副高	中级
1992	4	95	678	1998	6	141	647
1993	2	103	739	1999	8	146	862
1994	5	151	742	2000	1	328	871
1995	8	194	775	2001	4	318	1265
1996	6	121	696	2002	17	381	1517
1997	10	112	848	2003	12	462	1223

续表 32-2-2

年份	正高	副高	中级	年份	正高	副高	中级
2004	11	384	1127	2008	31	405	750
2005	20	456	1469	2009	21	408	822
2006	23	598	808	2010	19	562	854
2007	19	533	908				

非公有制职称评定　1999 年,市人事部门探索职称评聘制度改革,结合景德镇从事陶瓷专业人员实际,制订《关于在我市非公有制企业内部评定专业技术职称的实施意见》,首次在全市开展非公有制单位评定专业技术职称工作,打破身份、学历、单位限制,根据从事陶瓷艺术年限、实际操作能力和业务水平,分别确定高、中、初级 3 个档次,即高级陶瓷工艺美术师、中级陶瓷工艺美术师、初级陶瓷工艺级美术师。4 月开始,经个人申报,根据实际水平能力和现场实践操作、专家组评定,评出高级陶瓷美术师 63 人、中级 50 人、初级 14 人。是年 6 月 22 日,全市召开首次非公有制企业评定专业技术职称颁证大会,颁发职称证书。2000 年,非公有制职称评定纳入全市企(事)业单位职称评定工作之中,统一部署,采取个人申报、组织审核、专家评审、公示结果、颁发等级证书,此项工作每两年进行一次。当年评定高级陶瓷美术师 84 人、中级 102 人、初级 8 人。2002 年,开展非公有制企业专业技术职称评定工作,采取台阶式的评点方法,全年评定高级陶瓷美术师 92 人、中级 108 人、初级 19 人。2004 年,经评审认定高级陶瓷美术师 115 人、中级 109 人、初级 83 人。2006 年,继续开展非公有制企业专业技术职称评定工作,当年评定高级陶瓷美术师 216 人、中级 97 人、初级 75 人。2008 年,创新非公有制企业专业技术职称评定工作,为陶瓷艺术人才梯队建设打好基础,当年评定高级陶瓷美术师 192 人、中级 143 人、初级 95 人。2010 年,全市评定高级陶瓷美术师 365 人、中级 166 人、初级 65 人。至 2010 年年底,全市非公有制企业累计评定高级陶瓷美术师 762 人、中级 775 人、初级 359 人。

市内有效职称评聘　1991—1992 年,深化职称评聘制度改革,出台《景德镇市企事业单位内部实行评聘高级技术职务暂行办法》,开始启动市内有效的高级专业职称评定工作,在全市企事业单位专业技术人员中,评聘在市内有效的高级专业技术职称 151 人。1995 年,继续推进职称评聘制度改革,推出内聘中级专业技术职称新举措,出台《景德镇市企事业单位内部实行评聘中级专业技术职务暂行办法》,对内聘中级专业技术职务的对象、条件、待遇等均作出相应规定,正式启动市内有效中级专业技术职称评定工作,当年评聘在市内有效的中级专业技术职称 121 人。1996 年,继续开展内部高、中级专业技术职称评定工作,获得内聘高级专业技术职称 147 人、中级 321 人。1998 年,全市获得内聘高级专业技术职称 149 人、中级 303 人。1999 年,全市获得内聘高级专业技术职称 127 人、中级 238 人。此后,停止市内有效的高、中级专业技术职称评定工作。

继续教育

1992 年,加强专业技术人员继续教育,组织 4000 名专业技术人员收看《九十年代中国与世界科技发展趋势展览》录像片,举办 1 期专业技术人员电视英语讲授班,80 名专业技术人员参加学习,共为全市 2.1 万名专业技术人员颁发继续教育证书。专业技术人员继续教育培训由普及性科目和专业性科目组成。中级以上的专业技术人员每两年接受继续教育时间不得少于 80 学时,接受继续教育作为专业技术人员考核晋升的重要条件。1999 年,市人事局印发《景德镇市专业技术人员继续教育实施意见》,建立继续教育培训基地 12 个,在全市专业技术人员中开展继续教育公共(需)科目培训考试工作,全年举办继续教育各类培训班 47 期,参加培训 4814 人,通过培训考试取得继续教育培训合格证书。2000 年,做好专业技术人员知识更新工作,举办继续教育培训班 40 期,3650 人取得继续教育培训合格证书。2008 年,实施专业技术人才知识更新工程,举办计算机培训班 8 期,培训 860 人。2010 年,举办继续教育培训班 25 期,培训 2886 人。至 2010 年,全市累计举办各类继续教育培训班 623 期,培训 6.90 万人。

表 32-2-3　　1999—2010 年景德镇市专业技术人员继续教育培训情况表　　单位：期、人

年份	举办培训班	参加培训人员	年份	举办培训班	参加培训人员
1999	47	4814	2005	39	4200
2000	40	3650	2006	62	7300
2001	28	2820	2007	32	4400
2002	44	3940	2008	45	6000
2003	102	11800	2009	94	9545
2004	65	7728	2010	25	2886

第四节　人力资源开发

人才选拔

1986 年，开展选拔有突出贡献中青年专家工作。经申报推荐、主管部门审核、专家组评审，秦锡麟、刘新园获有突出贡献中青年专家称号，分别确定研究员、研究馆员职务，晋升三级工资。1988 年，刘翩天、樊蒲、潘文复获有突出贡献中青年专家称号，刘翩天晋升三级工资，樊蒲、潘文复晋升二级工资。1990 年，陈颂平、王恩怀、虞雪琴获有突出贡献中青年专家称号。1991 年，开展享受国务院政府特殊津贴和省政府特殊津贴人才选拔工作，推荐刘翩天、邓希平、樊蒲等 8 人享受国务院政府特殊津贴。1992 年，刘远长、邓希平、牛水龙获有突出贡献中青年专家称号。是年，推荐虞雪琴等 10 人享受国务院政府特殊津贴，刘远长等 7 人享受省政府特殊津贴。国务院政府特殊津贴人员分为 2 档，1 档为每人每月津贴 100 元，2 档为每人每月津贴 50 元。省政府特殊津贴为每人每月 50 元，享受政府特殊津贴的专家离（退）休后继续享受。1993 年，推荐刘浩元等 12 人享受国务院特殊津贴。是年，首次对享受国务院政府特殊津贴的 8 人进行考核，通过考核调动积极性和创造性，鼓励他们多出、快出成果。1995 年，推荐享受国务院政府特殊津贴 1 人。国务院政府特殊津贴一次性发放 5000 元，省政府特殊津贴一次性发放 3000 元。1996 年，推荐享受省政府特殊津贴 3 人。1999 年，推荐享受国务院政府特殊津贴 3 人。2000 年，推荐享受省政府特殊津贴 1 人。

2001—2002 年，全市启动百千万人才工程选拔工作，经单位和主管部门的推荐、专家评审、领导小组联席会议审定，评出省新世纪百千万人才工程人员 3 人、市新世纪百千万人才工程 50 人。2006—2007 年，分别评出国家新世纪百千万人才工程人员 1 人、2 人，省新世纪百千万人才工程人员 1 人、1 人。2010 年，市政府开展市政府特殊津贴人员选拔工作，选拔标准参照省政府特殊津贴标准。根据申报，专家评审，获市政府特殊津贴首批人员有 9 人，每人获一次性补贴 5000 元。至 2010 年，全市有享受国务院政府特殊津贴 48 人，享受省政府特殊津贴 29 人，有突出贡献中青年专家 11 人、国家新世纪百千万人才工程 3 人、省新世纪百千万人才工程 18 人、市新世纪百千万人才工程 113 人。

“三支一扶”

2006 年 6 月，根据省委办公厅、省政府办公厅《关于 2006 年江西省高校毕业生到农村基层从事支教、支农、支医和扶贫工作的实施方案》，全市开始组织实施高校毕业生到农村基层从事“三支一扶”（支农、支教、支医和扶贫）工作。当年通过面向社会公开招聘高校毕业生 15 人，到基层农村从事“三支一扶”工作，服务期限为 2 年，工作期间的生活补贴为每人每月 800 元，服务期满后，经考核合格的“三支一扶”大学生，颁发“高校毕业生‘三支一扶’服务证书”，并按照省统一规定享受优惠政策，落实工作岗位。2007 年，招募“三支一扶”大学生 61 人。2008 年，全市完成高校毕业生“三支一扶”招募工作，共有 648 名大学生报名，通过笔试、资格审查、体检、考核等环节，共招募大学生 70 人，全部到达基层农村“三支一扶”工作岗位。是年，指导督促县（市）、区对 2006 年招募的“三支一扶”大学生进行期满考核并落实工作岗位。2009 年，全市面向社

会公开招募69名高校毕业生到农村“三支一扶”,月生活补贴调整为1000元。是年,指导督促县(市)、区对2007年招募的“三支一扶”大学生61人进行期满考核并落实工作岗位。2010年,招募高校毕业生95人到农村“三支一扶”,月生活补贴调整为1300元,并给予200元公益性岗位补贴和社会保险补贴。服务期满,参加城镇职工基本医疗保险和工伤保险,服务期限视同养老保险缴费年限。至2010年,全市共招募“三支一扶”大学生310人,服务期满,经考核合格,落实工作岗位的有275人。

人事代理

1993年,随着传统的人事管理模式被打破,出现流动人员档案寄存、工龄计算、工资套改、职称申报、医保、社保、党团组织关系、出国政审、调配等诸多急需要解决的问题,人事代理服务中介机构应运而生。当年为30人办理人事代理业务。1996年,根据中央组织部、人事部《流动人员人事档案管理暂行规定》《江西省人事代理试行办法》,开展人事代理业务。主要为大中专毕业生和各类性质的企、事业单位提供人事代理服务,服务内容为保管、整理大中专毕业生人事档案,接收人事关系,按照国家人事政策规定为毕业生计算工龄,办理转正定级,调整档案工资,评定职称,办理人事调动手续,出具各类相关证明材料,出国(境)、考研政审等;按照国家法律和政策为毕业生办理养老保险、医疗保险和缴纳住房公积金,为毕业生代办户口落放、代办身份证、代管党团组织关系、办理中共预备党员转正;为毕业生代办改派,免费为毕业生登录景德镇人才网信息库,免费在景德镇人才人事网上求职。当年新增个人代理57人。至2010年,全市累计人事代理7421人,其中新增个人代理4122人,新增单位代理3299人。

表32-2-4　　**1993—2010景德镇市人事代理情况一览表**　　单位:人

年份	新增个人代理	新增单位代理	合计	年份	新增个人代理	新增单位代理	合计
1993	30	—	30	2002	128	67	195
1994	37	—	37	2003	337	428	765
1995	78	—	78	2004	178	391	569
1996	57	—	57	2005	199	565	764
1997	96	—	96	2006	342	228	570
1998	104	—	104	2007	522	446	968
1999	99	—	99	2008	510	369	879
2000	157	—	157	2009	580	403	983
2001	55	—	55	2010	613	402	1015

智力引进管理

智力项目引进　1998年,市科技局增加引进外国智力工作职能,当年向省科委申报引智计划项目2个。1999—2000年,申报引进外国智力项目4个。2002年,市引进外国智力工作职能由市科技局划入市人事局管理。2004年,申报引进外国智力项目7个。2008年,申报并经国家外国专家局批准,引进外国智力项目2个。市半导体产业基地项目和乐平市蔬菜生产办公室冬暖式大棚蔬菜新品种项目,邀请法国农艺家罗兰·吉恩路易斯到乐平市对冬暖式大棚蔬菜引进新品种项目做为期14天的技术指导与咨询活动。2009年,申报引进昌飞公司的S-76直升机机身转包及航电集成项目,邀请美国西科斯基公司航空专家乔·努兹(Joe Nuzzi)、渥太华·默密尔(Mike Stonaha)等4人专门负责此项目,并培训科技人员。2010年,申报经国家外国专家局批准昌飞公司的波音767—300BCF零部件合作制造项目和S-76直升机机身转包及航电集成项目。邀请美国波音公司史蒂芬(Stephen Proctor)长驻昌飞公司负责波音767—300BCF零部件合作制造项目,组织协调科研人员共同实施此项目。

引智成果推广　2006年,全省学习推广日本大分县“一村一品”经验,全市启动“一村一品”工作,派出4

人赴日本参加“一村一品”培训，1人赴台湾参加农业产业化经营培训，并把推进“一村一品”与蔬菜、茶叶、养殖业三大主打产业相结合，与农业产业龙头企业相结合，带动5万农户从事“一村一品”生产。当年江西德宇集团被列为全省“一村一品”示范企业。2007年，瑶里茶叶公司被评为全省“一村一品”示范企业，乐平市4个自然村和浮梁县2个自然村被批准发展“一村一品”产业项目，省外国专家局、省财政厅下达51万元“一村一品”专项扶持资金。2008年，乐平市8个自然村、浮梁县3个自然村和昌江区2个自然村被批准发展“一村一品”产业，省外国专家局、省财政厅下达75万元“一村一品”专项扶持资金，市外国专家局被评为全省“一村一品”工作先进单位。2009年，乐平市乐港镇陈高村、昌江区旸府滩村槎山口自然村、浮梁县三龙乡杨家村被命名为省级“一村一品”示范村。全市共有10个自然村被批准发展“一村一品”产业，省外国专家局、省财政厅下达64万元“一村一品”专项扶持资金。2010年，省外国专家局表彰浮梁县瑶里茶叶公司为首届全省优秀示范企业，江西德宇集团副总经理李晓滨为先进工作者。是年，省外国专家局、省财政厅下达68万元“一村一品”专项扶持资金。

外国专家管理　2003年10月，市外国专家局成立。外国专家到景德镇工作，由省外国专家局负责办理外国专家来华工作许可证、外国专家证，市外国专家局协助管理在景德镇市工作的外国专家。2008年7月，根据省外国专家局《关于实施外国专家管理服务窗口延伸的通知》，市外国专家局接受省外国专家局委托，对在景德镇市工作的外国专家进行属地管理，负责外国专家来华工作许可证、外国专家证的申请受理和发放，以及聘请外国专家单位资格的申请受理和初审等工作。当年办理外国专家来华工作许可证4个、外国专家证8个。2009年，全市办理外国专家来华许可证5个、外国专家证18个，短期在景德镇市工作的外国专家有4人。是年，为在景德镇市工作的外国专家购买医疗保险。2010年，制定《外国专家在景工作突发事件应急预案》，进一步健全外国专家在景德镇遭遇突发事件的处理机制。是年，办理外国专家来华许可证5个、外国专家证19个，短期在景德镇市工作的外国专家有88人。2008—2010年，全市办理外国专家来华许可证14个、外国专家证45个，短期在景德镇工作的外国专家有192人。

第五节　工资福利

工资改革与调整

工资制度改革　1985年，全国进行第三次工资制度改革。6月，根据国务院文件精神，景德镇市与全国同步对国家机关、事业单位和企业工资制度进行改革。改革的主要内容是：将企业的工资制度与机关、事业单位的工资制度分离，企业工资与经济效益挂钩，内部分配自主。机关、事业单位建立以职务工资为主的结构工资制，按照工资的不同职能，分为基础工资、职务工资、工龄津贴、奖励工资四部分。基础工资以维持基本生活为准，景德镇市为六类工资区，定为每月40元；职务工资按照工作人员的职务高低、能力大小、责任大小而定，每职级设几个等级，随职务变化而变动；工龄津贴按工作年限计算逐年增长，工作1年每月加0.50元，增资最高限额为20元；奖励工资是用于奖励在工作中做出显著成绩的工作人员，年人均奖金120元。全市机关、事业单位参加工改的人数为2.31万人，月增资总额46.86万元（其中职务工资、基础工资增加23.47万元，工龄津贴增加19.83万元，教龄、护龄津贴增加8.55万元），比改革前月工资总额14.74万元提高31.67%，人均月增资19.78元。企业单位1985年11月底职工人数（含乐平县）7万人，改革前月标准总额331.14万元，改革后月增奖金114.25万元，比改革前提高34.50%，人均月增资16.31元。

1993年10月，开始对全市机关、事业单位工资制度进行改革。印发《景德镇市机关、事业单位工资制度改革实施意见》，结合机构改革和推行公务员制度，机关建立公务员工资制度，即职级工资制。职级工资由职务工资、级别工资、基础工资和工龄工资四部分构成。职务工资和级别工资构成工资主体。职务工资按工作人员的职务高低、责任轻重和工作难易程度确定，每一职务层次设若干工资档次，职务工资随着职务变化而变动。级别工资按工作人员的资历和能力确定，分为15级，一个级别设置一个工资标准。基础工资以维持基本生活为准，数额为每人每月90元。各职务人员均执行相同的基础工资。工龄工资按工作年限确定。

工作年限每增加1年,工龄工资增加1元,至离退休当年止。在实行职级工资制的同时,对机关工人的工资制度相应进行改革。根据机关工人的特点,技术工人实行岗位技术等级工资制,其工资由岗位工资、技术等级工资和奖金三部分构成。普通工人实行岗位工资制,其工资由岗位工资和奖金两部分构成。事业单位根据不同行业的工作性质和特点,分别实行5种不同类型的工资制度。教育、科研、卫生等系统事业单位实行专业技术职务等级工资制;测绘、交通、海洋、水产等事业单位实行专业技术职务岗位工资制;文化艺术、表演团体实行艺术结构工资制;体育运动员实行体育津贴奖金制;金融单位实行行员等级工资制;事业单位管理人员实行职员等级工资制。事业单位的工资构成分为固定工资和活工资两部分。根据事业单位资金来源的不同,工资构成中的固定部分和活的部分比例也不同,全额拨款事业单位工资构成中固定部分与活的部分比例为7:3;差额拨款和自收自支事业单位工资构成中固定部分与活的部分比例为6:4。根据事业单位人员分类,实行专业技术职务、职员职务和工人等级工资制。专业技术职务等级工资制在工资构成上主要分为专业技术职务工资和津贴两部分;职员职务等级工资制在工资构成上主要分为职员职务工资和岗位目标管理津贴两部分;工人分为技术工人和普通工人两大类,技术工人等级工资在工资构成上主要分为技术等级工资和岗位津贴两部分,普通工人等级工资在工资构成上主要分为等级工资和津贴两部分。当年全市机关、事业单位参加工资制度改革的人数为3.58万人,月增资总额为317.98万元,人均月增资88.60元。

2006年7月,开始对全市机关、事业单位工资制度进行改革。公务员基本工资由职务工资和级别工资两项构成。职务工资主要体现公务员的工作职责大小,一个职务对应一个工资标准,领导职务和非领导职务对应不同的工资标准;级别工资主要体现公务员的工作实绩和资历,公务员的级别由原来的15个调整为27个。每一职务层次对应若干个级别,每一级别设若干个工资档次。事业单位实行绩效工资制度。岗位绩效工资由岗位工资、薪级工资、绩效工资和津贴补贴四部分组成,其中岗位工资和薪级工资为基本工资。岗位工资主要体现工作人员所聘岗位的职责和要求,分为专业技术岗位、管理岗位和工勤技能岗位。专业技术岗位设置13个等级,管理岗位设置10个等级,工勤技能岗位分为技术工岗位和普通工岗位,技术工岗位设置5个等级,普通工岗位不分等级。不同等级的岗位对应不同的工资标准,薪级工资主要体现工作人员的工作表现和资历,专业技术人员和管理人员设置65个薪级,工人设置40个薪级,每个薪级对应一个工资标准;绩效工资主要体现工资人员的实绩和贡献,事业单位在上级主管部门核定的绩效工资总量内,采取多种分配形式,自主决定本单位绩效工资的分配,根据工作人员的实绩和贡献,合理拉开差距,实施绩效工资后,取消年终一次性奖金;津贴补贴主要对在事业单位苦、脏、累、险及其他特殊岗位工作的人员,实行特殊岗位津贴补贴,根据国家统一制定的特殊岗位津贴补贴政策,规定特殊岗位津贴补贴的项目、标准和实施范围。当年全市机关、事业单位参加工资制度改革的人数为4.29万人。

工资调整 1986年,根据劳动人事部《关于一九八六年解决国家机关和事业单位部分工作人员工资问题的通知》,全市对符合条件的人员进行调资,重点解决专业技术人员工资上的突出问题。1989年,根据国务院批转人事部、国家计委、财政部《关于调整国家机关、事业单位工作人员工资标准的实施方案》,为全市机关、事业单位工作人员普调一级工资。1992年,全市调整机关、事业单位工作人员的工龄津贴标准和奖励工资标准。参加调资人员有3.22万人,工龄津贴月增资总额为32万元,奖励工资月增资总额为83万元。1993年工改后,国家和省、市先后出台一系列调整工资标准文件,大幅度提高机关、事业单位的工资收入水平。1997年,根据人事部、财政部《关于1997年调整机关事业单位工作人员工资标准等问题的通知》,从7月1日起,调整机关公务员基础工资、机关工人岗位工资、事业单位职务(岗位、等级)工资标准。1999年,根据省政府办公厅《关于江西省调整机关事业单位工作人员工资标准实施方案的通知》,从7月1日开始,对全市机关、事业单位工作人员工资标准进行调整,参加调资人员有4.13万人,月增资总额为506.20万元。2001年,对机关、事业单位工作人员工资标准进行调整。调整事业单位工作人员工资构成中的固定部分,活的部分按国家规定工资构成比例相应提高。2003年,根据国务院《机关事业单位工作人员调整工资标准》,调整机关行政人员(含参公人员)职务工资标准。调整事业单位工作人员工资构成中的固定部分,活的部分按国家规定的工资构成比例相应提高。2006—2010年,机关干部年度考核累计两年称职(合格)及以上的,晋升一个工资档次;事业单位职员年度考核为合格及以上等次的,增加一级薪级工资。

福利制度

工时制度　1986年，采取每周6天工作制，每天工作8小时，每月工作48小时，每周星期日休息。1994年，国务院发布《关于职工工作时间的规定》。1995年始，国务院发布《国务院关于修改〈国务院关于职工工作时间的规定〉的决定》，工时制度调整为每周5天，每天工作8小时，每周工作40小时。国家机关、事业单位实行统一的工作时间，实行双休日。

假期制度　节假日。1991年，国家法定节假日为元旦1天、"五一"国际劳动节1天、国庆节2天、春节3天，共7天。1999年9月18日，国务院发布《全国年节及纪念日放假办法》，法定节假日调整为元旦1天、春节3天、劳动节3天、国庆节3天。2007年12月14日，《国务院关于修改〈全国年节及纪念日放假办法〉的决定》，确定节假日放假办法，国家法定节假日总天数增加到11天，并对节假日时间安排进行调整：元旦放假1天不变；春节放假3天的起始时间由农历年正月初一调整为除夕；"五一"国际劳动节假期由3天调整为1天；"十一"国庆节放假3天不变；清明、端午、中秋增设为国家法定节假日，各放假1天（农历节日如遇闰月，以第一个月为休假日）。

探亲假。1986—2010年，国务院颁发《关于职工探亲假的规定》，凡在国家机关、人民团体和全民所有制事业单位工作满1年的固定职工，与配偶不在一起，又不能在公休假日团聚的，可以享受探望配偶的待遇。每年给与一方探亲假1次，假期为30天。与父亲或母亲都不住在一起的，又不能在公休假日团聚的，可以享受探望父母的待遇。未婚职工探望父母的每年给假1次，假期为20天，两年给假1次的，假期为45天。已婚职工探望父母的，每4年给假1次，假期为20天。探亲假包括休假期间的公休假日和法定节假日在内。

年休假。1991年，省政府规定，各级党政机关、人民团体、事业单位（不含享受寒暑假的单位）参加工作满5年以上的正式职工，可享受年休假待遇。参加工作满5年不满15年者，每年休假7天（不含假期内的公休日和法定节假日，下同）；参加工作满15年不满25年者，每年休假10天；参加工作满25年以上者，每年休假14天。当年事假累计超过20天或病假累计超过30天的，不再享受年度假；如休假后病、事假超过30天的，则下一年度不再享受年休假待遇。职工在休假期间的基本工资和补贴照发，福利待遇不变。2008年1月1日，国务院颁发的《职工带薪年休假条例》施行，对享受年休假待遇作出新的规定。各机关、团体、企业、事业单位（不含享受寒暑假的单位）职工连续工作1年以上可享受带薪年休假。即职工累计工作已满1年不满10年的，年休假5天；已满10年不满20年的，年休假10天；已满20年的，年休假15天。2月，人事部颁发《机关事业单位工作人员带薪年休假实施办法》。9月，省人事厅发出《关于明确带薪年休假实施工作中有关问题的通知》，对年休假时间的计算方法、时间安排、应休未休年休假的工资报酬作出具体规定。

产假、哺乳假。1988年，《江西省人口与计划生育条例》对女职工的产假假期及其待遇作出规定，正常分娩者，产假90天，其中产前休假15天，晚育的增加产假30天，并给予男方护理假10天，难产的增加产假15天。产假期间基本工资、补贴照发，福利待遇不变，不影响晋级、调整工资。有不满1周岁婴儿的女职工，其所在单位应当在每班劳动时间内给予2次哺乳（含人工喂养）的时间，每次30分钟。女职工每班劳动时间内的2次哺乳时间，可以合并使用。哺乳时间和本单位内哺乳往返途中的时间作为劳动时间。

病假。机关、事业单位工作人员病假期间的工资待遇按国发〔1981〕52号、赣人工〔1981〕13号文件的相关规定执行。病假在2个月以内的，按本人基本工资发给，病假超过2个月不满6个月的，从第3个月起，工作年限不满10年的，按本人基本工资的90%计发；工作年限满10年的，按本人基本工资计发。病假超过6个月的，从第7个月起，工作年限不满10年的，按本人基本工资的70%计发；工作年限满10年和10年以上的，按本人基本工资的80%计发。

婚假。根据婚姻法及《江西省人口与计划生育条例》的规定，按法定结婚年龄（女20周岁，男22周岁）结婚的，可享受3天婚假。符合晚婚年龄（女23周岁，男25周岁）的，除享受国家规定的假期外，增加婚假15天。婚假假期工资和奖金照发，福利待遇不变。

丧假。按照国家劳动总局、财政部〔1980〕劳总薪字29号文规定，职工的直系亲属（父母、配偶、子女）以及岳父母或公婆死亡后，职工可请丧假料理丧事。根据具体情况，由本单位领导批准，酌情给予1～3天的丧假。去外地料理丧事的，可根据路程远近，另给予路程假，工资照发。车船费自理。

死亡抚恤　丧葬费。1986年,机关、事业单位工作人员死亡丧葬费分别规定:县处级以上工作人员240元,行署副专员以上工作人员600元。1996年,丧葬费调整为1600元。2008年,将丧葬费标准提高到3200元。

一次性抚恤金。1986年,规定机关、事业单位工作人员死亡后一次性抚恤费发放标准:病故的,按本人生前标准工资10个月计发;因公死亡的,按本人生前标准工资20个月计发;批准为革命烈士的,按本人生前标准工资40个月计发。1994年,明确以1993年工改后月基本工资基数计发抚恤金。2007年6月,提高国家机关工作人员抚恤金标准:病故的,为本人生前20个月的基本工资;因公死亡的,为本人生前40个月的基本工资;批准为革命烈士的,为本人生前80个月的基本工资。2008年9月,市人事部门明确规定事业单位工作人员抚恤金标准与机关同步同幅度增长。

遗属生活困难补助费。1986年,机关、事业单位工作人员死亡后,其父母、配偶和抚养工作人员长大的抚养人,男满60周岁,女满50周岁,或虽然不满上述年龄,但因身体残疾、长期患病致使丧失或基本丧失劳动能力,又无固定工资收入或其他收入者,子、女(包括遗腹子女、养子女、前妻或前夫所生子女)年未满16岁,或已满16岁,但仍在普通中学学习,以及身体残疾、长期生病致使丧失劳动能力没有固定收入者,按政策规定享受遗属生活困难补助。同时对已故第一、二次国内革命战争时期参加革命工作的吃商品粮的,每人每月补助28元,不吃商品粮的,每人每月补助21元,因公死亡的,每人每月补助增加3元。参加革命的老红军、老干部的配偶生活困难补助标准作了调高:1937年6月以前参加工作的,每月补助50元。抗日战争时期参加革命工作的吃商品粮的遗属,每月补助40元;不吃商品粮的,每月补助35元。解放战争时期参加工作,吃商品粮的,每月补助30元;不吃商品粮的,每月补助25元。1995年11月,制定新的遗属生活困难补助标准,从1995年1月起执行。其中,因病死亡的遗属,城镇户口的,每人每月补助65元,农村户口的,每人每月补助55元。

2000年,全省对机关、事业单位已故工作人员遗属生活困难补助标准作出调整,从1999年7月起执行。其中,因病死亡的遗属,城镇户口的,每人每月补助115元,农村户口的,每人每月补助100元。2005年1月,提高遗属生活困难补助标准,其中因病死亡的遗属,不分城镇和农村,统一调整为每人每月170元。2008年,对遗属生活困难补助标准再次作出调整,从2007年10月起执行。其中,因病死亡的遗属生活困难补助为每人每月260元。

津贴补贴

岗位津贴　1986年,为保障职工身体健康或补偿职工特殊劳动消耗,根据国家和省政府规定,实行岗位津贴制度。岗位津贴主要有教师教龄津贴、护士护龄津贴、广播电视播音员津贴等。1988—1989年,开始发放中小学班主任津贴、林业从事有毒有害工作人员岗位津贴、地质勘探职工野外津贴。1990—1993年,实行公安干警值班岗位津贴、司法助理员岗位津贴、医疗卫生津贴、卫生防疫津贴、中小学特殊教师津贴。1995年,开始发放人武部工作人员津贴、审计人员津贴、公路养护津贴、殡葬事业单位工作人员特殊行业津贴。1997—1998年,实行人民检察院办案岗位津贴、人民法院办案人员岗位津贴、纪检监察办案人员津贴、环境保护监测津贴、环卫工人岗位津贴、船员水上作业津贴、农业事业单位工作人员有毒有害保健津贴、畜牧兽医医疗卫生津贴。2000—2002年,实行信访专职人员津贴、专职人武干部岗位津贴。2010年,根据国家关于津贴的规定,全市统一规范机关、事业单位工作人员的岗位津贴,按标准发放。

地区补贴　1986年,随着物价的改革,实行副食品价格补贴、粮油价格补贴。1993年,全市地区性补贴主要有工改时保留的补贴、粮价补贴、机关事业单位工作人员(含离退休人员)补贴三部分。1995年,全省职工实行粮价补贴,全市补贴的标准为每人每月8元。机关、事业单位工作人员、离退休人员补贴,执行标准为每人每月30~45元。1999年,全市机关、事业单位工作人员和离退休人员生活补贴,根据不同职务层次划分,执行标准为每人每月170~245元。

2001年,开始发放机关、事业单位在职人员年终一次性奖金,标准为本人当年12月份的基本工资。2005年,全市机关、事业单位工作人员(含离退休人员)每人每月增加生活补贴100元,1月起执行。2007年6月,市政府制定《市直机关公务员津贴补贴实施方案》,对市直机关工作人员津贴补贴进行清理规范,将除季节性发放以外的其他地区性津贴补贴和年终一次性奖金全部纳入规范后的公务员津贴补贴,公务员津贴补贴分3年到位,2007年人均1.30万元,2008年人均1.40万元,2009年人均1.50万元。机关公务员津贴补贴分为生活性补贴和工作性津贴两部分,分别占津贴补贴总额的60%和40%左右,制定分职务层次发放的津贴补贴标准。离休和退休人员只有生活补贴1项,金额分别相当于在职人员津贴补贴总额的100%和80%。是年,全市事业单位实行绩效工资,将季节性发放以外的其他地区性津贴补贴和年终一次性奖金全部纳入绩效工资调整范围内发放。

2009年11月,市政府印发《景德镇市义务教育学校绩效工资实施意见》。12月,出台《市直义务教育学校绩效工资实施办法》,按公务员年人均1.50万元加上年度12月份工资额度约人均1000元确定市直义务教育学校绩效工资基本标准线,在职人员年均1.60万元,退休人员年均1.20万元,从1月起执行。

退休退职

1991年,根据国务院颁发的《关于工人退休、退职的暂行办法》和《关于安置老弱病残干部的暂行办法》规定,符合下列条件之一的人员,可以办理退休手续:男年满60周岁,女年满45周岁,参加革命工作年限满10年,经过医院证明完全丧失工作能力的;因公致残,经过医院证明完全丧失劳动能力,又不具备退休条件的,应当办理退职手续。退休费计发标准:抗日战争时期参加革命工作的,按本人标准工资的90%计发。解放战争时期参加革命工作的,按本人标准工资的80%计发。新中国成立后参加革命工作的,工作年限满20年的,按本人标准工资的75%计发;工作年限满15年不满20年的,按本人标准工资的70%计发;工作年限满10年不满15年的,按本人标准工资的60%计发。退休费低于25元的,按25元计发。1993年,根据国务院颁布的《国家公务员暂行规定》,公务员符合下列条件之一的,应办理退休:男年满60周岁,女年满55周岁;男年满55周岁,女年满50周岁,且工作年满20年的;工作年满30年的。经本人提出要求,任免机关批准,可以提前退休。

2006年,根据公务员法规定:公务员达到国家规定的退休年龄或者完全丧失工作能力的,应当退休。年限满30年的;距国家规定退休年龄不足5年的,且工作年限满20年的,本人提出申请,经任免机关批准,可以提出退休。公务员退休后的退休费按本人退休前职务工资和级别工资之和的一定比例计发:工作年限满35年的,按90%计发;工作年限满30年不满35年的,按85%计发;工作年限满20年不满30年的,按80%计发;工作年限满10年不满20年的,按70%计发;工作年限不满10年的,按50%计发。

2010年,退休、退职人员待遇依照全省统一规定执行。事业单位工作人员退休后的退休费按本人退休前岗位工资和薪级工资之和的一定比例计发:工作年限满35年的,按90%计发;工作年限满30年不满35年的,按85%计发;工作年限满20年不满30年的,按80%计发;工作年限满10年不满20年的,按70%计发。事业单位工作人员和机关工人退职后的退职生活费按本人退职前基本工资的一定比例计发:工作年满20年以上的,按70%计发;工作年满10年不满20年的,按60%计发;工作年限不满10年的,按50%计发。

第六节　军转干部安置

接收安置

1986年,全市接收安置军转干部,其中师团职占10%、营职占21%、连排职占59%、技术人员占10%,包括随调家属。军转干部安置到行政单位的占63%;安置到事业单位的占15%;安置到企业的占22%。1991年,建立军队转业干部培训中心,组织岗前培训,举办首批军转干部岗前培训班1期,协调解决军转干部随调家属工作安排,住房及子女入学、入托等实际问题。2001年,根据《军队干部安置暂行办法》,对军转干部实行计划分配和自主择业相结合的方式安置。2009年,做好军转干部数据库建档和上报工作,组织军转干部参加全省统一组织的岗前培训。至2010年,接收安置人员中,安置到行政单位的占79%;安置到事业单位的占5%;安置到企业的占16%。

表 32 -2 -5　　**1986—2010 年景德镇市接收安置军队转业干部比例一览表**　　单位:人

年份	行政单位比例	事业单位比例	企业比例	年份	行政单位比例	事业单位比例	企业比例
1986	63%	15%	22%	1999	84%	2%	14%
1987	60%	6%	34%	2000	93%	—	7%
1988	76%	2%	22%	2001	94%	—	36%
1989	79%	—	21%	2002	94%	—	6%
1990	74%	6%	20%	2003	100%	—	—
1991	69%	13%	18%	2004	100%	—	—
1992	69%	4%	26%	2005	98%	2%	—
1993	71%	6%	23%	2006	98%	2%	—
1994	71%	4%	26%	2007	98%	2%	—
1995	72%	14%	14%	2008	100%	—	—
1996	71%	3%	26%	2009	90%	5%	5%
1997	78%	9%	13%	2010	92%	4%	4%
1998	76%	6%	18%				

自主择业

2001 年,根据中共中央、国务院、中央军委颁发的《军队转业干部安置暂行办法》和《江西省自主择业军队转业干部安置管理暂行办法》,对军转干部安置方式进行重大改革,实行计划分配与自主择业相结合的安置。规定担任团级职务(含处级文职干部和享受相当待遇的专业技术干部)的军队转业干部或者担任营级职务(含科级文职干部和享受相当待遇的专业技术干部)且军龄满 20 年的军队转业干部,可以选择自主择业的方式安置。2003 年 8 月,市自主择业军队转业干部管理服务中心成立。2007 年,对自主择业军转干部实行跟踪服务,部分自主择业军转干部利用人才市场实现再就业,部分自主择业军转干部通过市军转办推荐到学校、公司任保安和物业管理工作。2010 年 4 月,市自主择业军队转业干部管理服务中心转隶市人力资源和社会保障局。

解困工作

90 年代末,景德镇市一些国有企业生产经营困难,经济效益下降,在企业工作的部分军队转业干部生活困难,市委、市政府采取积极措施,保障企业的军转干部基本生活,鼓励并且帮助已下岗企业军转干部实现再就业。

2002 年 8 月,人事部、中央组织部等六部门下发《关于认真解决部分在企业工作的军队转业干部生活困难问题的通知》,市人事劳动部门抓好落实。2003 年,成立景德镇市企业军转干部解困工作小组,由市委副书记、常务副市长任组长,军分区、市委组织部、市人事局、市民政局、市财政局、市劳动保障局、市经贸委等部门领导担任成员,领导小组办公室设在市人事局,具体牵头组织协调和督促落实解困工作。2004 年,筹措解困资金,全部解决历年拖欠企业的军转干部工资、基本养老金和医疗费,按照解决企业军转干部“三拖欠”问题。企业军转干部“三拖欠”清欠率,基本养老保险参保率、基本医疗保险参保率、生活补贴兑现率、下岗失业人员再就业率等 6 项指标均符合要求。2005 年,对企业军转干部实施医疗救助,全年为救助企业军转干部发放救助金 2.60 万元。按政策规定为符合条件且本人申请的在职和下岗企业军转干部部分办理提前退休手续。

2006 年,为企业军转干部办理基本医疗保险和高额医疗保险,给企业军转干部发放救助金 1 万元。调整企业军转干部退休金补助,调整部分在职企业军转干部补助金,调整部分下岗、失业企业军转干部困难补助。按规定为全市企业军转干部每人每月增加生活补贴50元。2007年,为企业退休军转干部增加生活补贴。标准为团职每月80元、营职每月60元、连排职每月45元。增加的生活补贴由参保地社会保险经办机构随同基本养老金一起发放。2008年,根据省政府规定,再次对企业军转干部解困标准进行调整,为企业退休军转干部提高解困标准,建立困难补助的正常增长机制。规定每年以上年度全省机关事业单位离退休费和企业基本养老金平均水平作为企业退休连、排级军转干部的解困标准,营、团级解困标准在此基础上分别增加100元和200元;每年以上年度全省在岗职工平均工资水平作为企业在岗连、排级军转干部的解困标准,营、团级解困标准在此基础上分别增加80元和150元。2009年,发放困难补助230万元,发放慰问金5万元。办理困难企业军转干部医疗救助,补助金额4300元。至2010年年底,为企业军转干部累计发放慰问金45万元,医疗救助金10万元。

第三章 社会保障

1987—2010年,全市社会保险制度改革不断推进,社会保险在全市范围内由点到面、由单一险种到多险种、由国有企业到各级各类企事业单位、由企业职工到个体工商户及灵活就业人员逐步推行。至2010年,全市已实施城镇职工基本养老保险、城乡居民养老保险,城镇职工基本医疗保险、城镇居民医疗保险,职工失业保险,职工工伤保险,女职工生育保险。通过社会保险扩面征缴,社会保险覆盖面逐年提高,基本形成与全市经济社会发展相适应的社会保障体系。

第一节 养老保险

养老保险制度改革

1986年4月,市政府下发《关于陶瓷系统试行国有企业退休费统筹试点的通知》,在陶瓷系统开展国有企业退休费统筹工作试点,探索推行社会养老保险制度。1987年4月,市社会保险事业管理处成立,开始实行离退休费用统筹,推行养老保险制度改革。8月,市政府颁发《景德镇市国营企业退休费用实行社会统筹的暂行规定》,试行养老保险制度改革。从9月1日起,全市国有企业退休费实行社会统筹,统筹的范围为市属国营企业,部、省属驻市企业按规定同步参加地方统筹。统筹的对象为上述单位的计划内长期临时工,离休、退休、退职的职工。统筹的项目为离休费、退休费、退职生活费、生活补贴、粮食补贴、副食品补贴、死亡丧葬费。统筹基金由参加单位按本单位职工工资总额与参保退休人员的养老金之和为基数的一定比例缴纳。开始比例为21.80%,职工个人不缴费。从1988年始,按"以支定筹、略有结余"原则,每年调整1次缴费基数和缴费比例。全市基本养老保险实现由市、县两级统筹过渡到市级统筹,统筹覆盖面也逐步扩展到全市非财政拨款的事业单位。10月,在巩固全民企业职工退休费用市级统筹基础上,按照国有企业退休费用统筹的方法,推行县以上集体单位退休费用社会统筹。

1990年6月,全市全民所有制企事业单位退休费用由市级统筹进入省级统筹。1991年,贯彻国务院《关于企业职工养老保险制度改革的决定》,养老保险实行国家、企业、个人三方共同负担,职工个人也缴纳一定的费用。1993年1月,在全省率先实行县以上集体所有制单位职工退休费用市级统筹。至年底,全市有282户单位参加全民所有制企、事业单位退休费用省级统筹,其中在职职工7.26万人,离退休职工2.35万人。随后,县以上集体所有制单位也一并纳入省级养老保险统筹。1995年1月1日,全市城镇职工养老保险制度改革正式启动,将城镇所有职工纳入基本养老保险范畴,统一基金征缴比例,实行国家、企业、个人三方共同负担养老保险费,建立基本养老保险个人账户,改革基本养老金计发办法,健全基本养老金正常调整机制。全市养老保险模式实现社会统筹与个人账户相结合,养老保险覆盖范围扩大到城镇所有企业和个体工商户,养老金的发放实现社会化。1997年11月,实施《景德镇市城镇私营企业从业人员和个体劳动者基本养老保险暂行办法》,将市内所有企业的下岗职工中与原单位解除或保留劳动关系的,下岗后从事私营企业、个体经营,或在私营企业、个体户从业的人员,全部纳入基本养老保险的实施范围和对象。

1999年,根据《江西省统一企业职工基本养老保险制度实施办法》,全市养老保险制度实现与全省、全国统一制度的并轨,实现养老保险缴费比例的统一,建立基本养老保险个人账户,统一养老金计发办法。改变参保单位离退休费差额缴拨方式,实行养老保险基金"收支两条线"管理制度,离退休人员的养老金直接由社会保险机构按月足额拨付,实行社会化发放,不再受企业生产经营状况、经济效益的影响。

2005年,根据省政府《关于进一步规范事业单位参加企业基本养老保险办法的通知》,将改制企业化管理和自收自支的事业单位纳入企业职工养老保险实施范围,执行城镇企业职工养老保险制度。2006年8月,根据省政府办公厅《关于改革城镇企业职工基本养老金计发办法的通知》,改革基本养老金计发办法,提高参保人员的养老待遇。2008年11月,根据省劳动保障厅《关于解决部分困难人员参加养老保险有关问题的通知》,调整政策,解决年龄偏大人员的养老保险延续缴费问题及部分困难未参保人员参加养老保险问题。2009年12月,根据国务院办公厅《关于转发人力资源部、财政部〈城镇企业职工基本养老保险关系转移接续暂行办法〉的通知》,进一步规范养老保险关系跨市、跨省的转移接续工作,维护参保人员养老保险权益。当年以陶瓷企业为主的大批工业国有企业进行改革改制,市社保机构采取改革改制企业为职工留缴此后若干年社会保险费的办法,妥善解决改革改制企业职工养老保险关系接续问题。当年已改制的62家企业均按要求与社会保险机构签订为所有企业职工预缴此后10年养老保险费、5年基本医疗保险费的协议,涉及金额达2.53亿元,保障企业职工的合法权益。2010年,根据省政府办公厅《关于解决返城未安置就业知青养老保障等有关问题的通知》,妥善解决返城未安置就业知青的"老有所养"问题,全市有912名下放知青符合条件,其中有276人参加基本养老保险,636人享受养老生活补贴。同时将城镇大集体企业退休人员及未参保小集体企业职工纳入城镇职工养老保障范围,实现城镇职工基本养老保险的全覆盖。

城镇职工养老保险

养老保险基金征缴 1987年,全市启动城市职工养老保险基金征缴工作。当年参加养老保险的在职职工6.35万人、离退休人员1.81万人,收缴基金470万元。1989年5月,市政府下发《关于做好退休养老金征集工作的通知》,规定各单位上缴离退休养老金一律从工资基金专用账户中列支,各级银行严格监督。当年全市参加养老保险的在职职工13.24万人、离退休人员2.83万人,收缴基金3075万元。1992年,在市瓷用化工厂等18家已参加基本养老保险、经济效益较好的企业,开展企业补充养老保险试点,参保职工3798人。企业补充养老保险由单位按上年职工工资总额的一定比例缴费,职工个人适当缴费,根据经济效益,企业可适当提高比例,但最高不超过上年职工工资总额的1/12,当年收缴企业补充养老金19.55万元。此后,企业补充养老保险更名为企业年金。1995年,全市参加养老保险的在职职工12.09万人、离退休人员3.59万人,收缴基金7573万元。

1997年12月29日,市制酱制品加工厂下岗职工舒秋萍到珠山区社保局缴纳单位与个人应缴的全额基本养老金1596.96元,成为全市下岗职工自费续保的第一人。当年全市参加养老保险的在职职工13.97万人、离退休人员3.78万人,收缴基金1.05亿元。1998年3月,市个体司机张运长到市社保局缴纳个人应交的基本养老金48元,成为全市第一位参加养老保险的个体户。5月,市中级人民法院在市社保局设立执行室,对拒不为员工办理社会养老保险、无故拖缴社会保险费的企业,法院为社保机构提供法律咨询,并根据社保机构的申请,依法强制执行,促使企业为员工办理养老保险并及时缴费,改变社会养老金收缴难的状况。11月23日,市政府下发《关于强化养老保险费征缴有关问题的通知》,建立养老保险费缴纳责任制,规定有缴费能力而不缴费企业及年度内拖欠2个月以上养老金的单位不得参与评先、调资;经社保机构多次催缴仍不缴费的单位,政府支持社保机构申请法院强制执行。当年参加养老保险的单位850家,在职职工14.81万人、离退休人员4.20万人,收缴基金1.24亿元。

2000年7月和8月,市政府举办两期欠缴养老保险费企业法人代表培训班,共有47户企业与市社保机构签订还款计划,协议年底前归还693.46万元,剩余欠款2~3年内还清,当年全市收缴企业欠费1720万元。2002 年，根据《景德镇市城镇民营企业员工和个体劳动者基本养老实施办法》，开辟基金收缴新渠道，把民营企业、个体工商户作为扩大养老保险覆盖面对象，动员参保，全市新增参保人员 2933 人。当年参加养老保险的单位 709 家，在职职工 15.11 万人、离退休人员 5.08 万人，收缴基金 1.73 亿元，收缴率达 94.90%。2003 年，全市各级社保机构采取措施，建立养老保险费征缴责任制，把任务层层分解，严格奖惩制度，将收缴任务与工资挂钩；关注企业改制动向，及时介入改制企业，参与社保费清欠和预缴的核算工作；加强与劳动监察部门联系，对拖欠养老保险费的企业，申请劳动监察，监督企业缴纳。当年参加养老保险单位 986 家，在职职工 14.48 万人、离退休人员 5.33 万人，收缴基金 1.95 亿元，收缴率达 93.94%。

2005 年 6 月，市政府下发《关于印发进一步做好社会保险扩面工作实施方案的通知》，圈定立信药业等 51 家重点企业为对象扩大养老保险覆盖面。当年全市参加养老保险的在职职工 15.81 万人、离退休人员 6.42 万人，收缴基金 2.33 亿元。2007 年 5 月，市政府下发《关于进一步加强基本养老保险扩面征缴工作实施方案的通知》，成立景德镇市基本养老保险扩面征缴工作领导小组，将基本养老保险扩面征缴纳入“民生工程”，列为政府有关职能部门的考核目标，形成部门联动工作机制。以城镇个体私营、外商投资企业等非公有制经济的从业人员，自收自支事业单位未参保人员及民办学校、幼儿园、农民工为重点，推进基本养老保险扩面征缴工作。全市参加养老保险的在职职工 18.78 万人、离退休人员 7.21 万人，收缴基金 3.10 亿元。2008 年，市社保机构以实施劳动合同法和就业促进法为契机，继续完善扩面征缴通报、领导挂点、部门通气、督促检查等制度，并根据扩面对象的实际，研究确定分系统分行业进行扩面的方针，加强部门之间的联动作用。利用行政执法手段，对于多次上门做工作仍拒绝参保的，限令在规定时间为员工办理参保缴费手续，若 3 次下达通知书仍无意向参保的，市社保机构向法院提请诉讼。当年市中级人民法院对西迪咖啡采取强制措施，冻结账户，查封部分包厢，引起社会轰动效应，推动社会保险扩面工作实施。2009 年，市社保机构围绕基金收缴开展工作，关注参保单位生产经营情况，巩固正常参保户，盯住困难户，突破“钉子户”，确保基金入库率；落实改制国有企业社保费用处理有关政策，参与企业改制中社保费清欠和预缴的核算工作，帮助企业制定欠费清催计划，做好改制企业社保费清欠和职工社保关系连接工作。对欠费企业职工实行“退一补一”政策。即企业每退休 1 名职工，按单位当时人均欠费额进行补交，维护职工正常退休待遇水平，避免养老保险基金流失，当年补收 3000 人办理退休时缴纳的 3000 万元养老保险基金。

2010 年，推行社保缴费基数网上申报稽核，首创社保基金银行代扣代缴，实行扩面征缴目标任务督查和情况通报制度，健全社保扩面征缴长效机制。全市参加基本养老保险的在职职工 26.09 万人、离退休人员 8.45 万人，收缴基金 5.86 亿元。

养老保险基金管理　1995 年，根据《江西省城镇企业职工养老保险制度改革实施方案的通知》，市社保机构按照社会统筹与个人账户相结合的原则，为每个企业职工建立基本养老保险个人账户。并对养老保险制度实现“四个统一”，即统一比例、统一标准、统一征集、统一管理。1997 年，全市建立 13 个在职职工社会养老保险个人账户，社保机构将年度企业职工养老保险个人账户对账单发给单位，由单位发给职工，并在厂内公布。1999 年 1 月 1 日，开始实行全省统一的养老保险制度。按职工本人缴费工资基数的 11% 建立个人账户，其中，职工个人缴费全部记入，其余的从企业缴费中划入。2005 年，全市先按 2% 的标准为参保职工做实个人账户，以后每年增加 1%，直至完全做实。2006 年，根据国务院《关于完善企业职工基本养老保险制度的决定》，从 1 月 1 日起，全市职工个人账户缴费比例由 11% 调为 8%，全部由个人缴费，单位缴费不再划入。

养老保险金发放　1987 年，全市有离退休人员 1.81 万人，支付养老金 387 万元，人均月养老金 79 元。1991 年，全市有离退休人员 3.12 万人，支付养老金 3909 万元，人均月养老金 104 元。1996 年，全市有离退休人员 3.74 万人，支付养老金 10558 万元，人均月养老金 238 元。1999 年，市社保机构为 2.67 万名离退休人员调资，为 4.39 万名离退休人员支付养老金 17043 万元，人均月养老金 324 元。

2000 年，全市有离退休人员 4.59 万人，支付养老金 1.94 亿元，人均月养老金 358 元。2003 年，市社保机构实行社会化管理服务，在各街道建立劳动和社会保障事务所，对全市及异地居住的离退休人员进行居住、健康等全方位调查，发送社会化管理服务卡 5.60 万张，实现离退休人员养老金社会化发放，为 5.33 万名离退休人员支付养老金 2.70 亿元，人均月养老金 480 元。2005 年，市各级社保机构加强服务，建立养老金按时足额发放责任制,将是否拖欠养老金作为年度工作考核的重要内容之一,实行一票否决制。当年实现养老金按时足额发放,共支付养老金3.59亿元,人均月养老金486元。2007年,市社保机构为7.21名企业离退休人员进行调资,人均增资102元,支付养老金6.13亿元,人均月养老金709元。2009年,规范社会化管理服务,实现所有离退休人员按月到各专业银行领取养老金,并探索完善领取养老金资格认证,将所有离退休人员纳入认证范围,杜绝虚报冒领养老金现象。是年,为7.13万名企业离退休人员调资,人均增资151.24元,支付养老金8.68亿元,人均月养老金921.55元。2010年,做好企业离退休人员基本养老金第六次连调工作,全市离退休人员月增资151.28元,共支付8.45万名离退休人员的养老金10.58亿元,实现养老金支付率和社会化发放率两个100%。自2005年以来的6年连调,企业离退休人员养老金大幅上升,人均月养老金由1987年的79元上升到2010年的1089元。

表32-3-1　　1987—2010年景德镇市城镇职工养老保险金征缴支付一览表

年份	参保职工(万人)	基金征缴(万元)	人均月缴费(元)	离退休人员(万人)	支付养老金(万元)	人均月养老金(元)
1987	6.35	470	104	1.81	387	79
1988	13.00	2393	106	2.67	1749	74
1989	13.24	3075	117	2.83	2734	85
1990	12.60	3614	129	2.98	3408	101
1991	12.56	3971	148	3.12	3909	104
1992	11.99	4407	175	3.22	4176	123
1993	12.12	5950	153	3.41	6377	151
1994	11.95	7683	174	3.6	7900	178
1995	12.09	7573	216	3.59	9081	200
1996	14.12	10334	273	3.74	10558	238
1997	13.97	10523	292	3.78	11901	271
1998	14.81	12487	312	4.2	14089	283
1999	14.84	16062	324	4.39	17043	324
2000	15.12	16948	371	4.59	19458	358
2001	15.27	17000	410	4.82	20779	361
2002	15.11	17334	434	5.08	25572	448
2003	14.48	19584	483	5.33	27073	480
2004	15.49	21700	531	6.14	29976	446
2005	15.81	23334	624	6.42	35906	486
2006	16.80	26093	639	6.79	36935	577
2007	18.78	31070	787	7.21	61342	709
2008	25.05	38249	810	7.49	71228	806
2009	26.77	48369	1000	7.87	86979	921
2010	26.09	58600	1231	8.45	105804	1089

农村居民养老保险

1993 年，市农村社会养老保险工作正式启动。4 月底，市民政局选择浮梁县储田乡和浮梁镇进行农村养老保险试点，2 个试点乡镇共有农民 1580 人投保，缴纳保险金 14 万余元。至年底，全市开展农村社会养老保险的乡镇 11 个，投保农民 1.10 万人，缴纳保险金 60 万元。1994 年，全市参加农村社会养老保险的乡镇 38 个，投保农民 4147 人，累计收缴保险金 83.60 万元，探索建立农村社会保障体系。1995 年，成立市农村社会保险工作领导小组，在市民政局设办公室。1996 年，召开农村社会养老保险工作会议，市政府与各县（市、区）政府领导签订责任状，分解下达工作任务。民政部门加强宣传引导，抓点推面，全年动员农民 6000 人投保，收缴保险费 172.29 万元。1997 年 9 月，市民政局农保审计检查组分赴县（市、区）农保部门检查审计，针对农保基金直接投资、个人担保贷款、财政部门视为预算外资金等突出问题，提出通报情况、限期纠正的措施，保证基金增值。当年全市参加农保人员有 952 人，收缴保险金 28.62 万元。1998 年，加强农保资金管理，形成内部审计制度。1999 年，加强农村社会保险基金管理，全面调查农保基本情况。是年，随着银行利率的不断下调，农保基金出现亏损，市农保办及时召开专题会议研究决定，将全市到期的农保基金汇总到市农保办专户上，由市农保办存入银行，负责保值增值，防止各县（市、区）挪用、占用基金。

2004 年 4 月，正式设立市农村社会养老保险办公室。2009 年，市农村养老保险办公室由市民政局划归市劳动和社会保障局管理，人员、编制、农村养老保险基金和账户一同移交。是年，根据《国务院关于开展新型农村社会养老保险试点的指导意见》，浮梁县作为全国 11 个新型农村社会养老保险（以下简称新农保）试点县之一，正式启动实施新农保试点，实行个人缴费、集体补助、政府补贴相结合的筹资办法，地方财政对农民缴费实行补贴。新农保参保范围：年满 16 周岁（不含在校学生）、未参加城镇职工基本养老保险的农村居民，均可以在户籍所在地参加新农保，参保人年满 60 周岁后，享受基础养老金和个人账户相结合的养老待遇。个人缴费：标准设为 100～500 元，每 100 元为一档，由农民自愿选择。集体补助：由村集体对本村居民参保个人缴费给予补助，补助标准由村民委员会民主确定。鼓励其他经济组织、社会公益组织和个人、村集体经济改制后的经济组织为参保人缴费提供资助。政府补贴：主要为两部分，一是政府对基础养老金给予全额补贴；二是对参保个人缴费给予补贴。补贴标准为每人每年按 100 元档补贴，最低不低于 30 元，每增加一档次增加 5 元。对缴费特困群体，地方政府代其缴纳部分或全部最低标准的养老保险费。实施新农保制度后，年满 60 周岁的农村居民不用缴费，按月享受养老金。养老金待遇由基础养老金和个人账户养老金两部分组成。基础养老金标准为每人每月 55 元，个人账户养老金标准为个人账户全部储存额除以 139。参保人死亡，其个人账户中的资金余额，包括个人缴费、集体补助等资金均可继承，但政府补贴部分除外。至 2010 年，全市累计新农保参保 47.11 万人，收缴养老保险费 4134.77 万元，领取养老金 7.35 万人，发放养老金 2921.31 万元。

第二节　失业保险

失业保险制度建立

1986 年，根据国务院《国营企业职工待业保险暂行规定》，景德镇市建立国有企业职工待业保险制度。按企业标准工资 1%，按月或季实行银行无承付托收征缴待业保险金，国营企业出现破产、精简，终止、解除劳动合同、辞退的对象视为待业人员。

1994 年 12 月，省政府颁布的《江西省国有企业职工失业保险条例》的实施，将待业保险改称为失业保险，失业保险基金继续按工资总额的 1% 征缴，参保对象范围扩大到中外合资、合作、外商投资企业中的中方职工以及县以上城镇集体企业职工。1998 年 7 月，根据省政府《关于调整失业保险金缴费比例的通知》，失业保险缴费比例由 1% 调整为 3%。失业保险基金开始由县级统筹向市级统筹过渡，并建立市级失业保险调整金制度。1999 年，国务院相继颁布《失业保险条例》和《社会保险费征缴暂行条例》。全市失业保险的覆盖范围由城镇企业扩大到城镇所有企业和事业单位，失业保险制度日趋完善。

2000 年 6 月，市政府发布《景德镇市实施（失业保险条例）办法》，进一步规范全市失业保险工作，对国有企业改革、改制后职工享受失业保险作具体规定。从2001年8月开始,企业改制、破产时对实行劳动合同制以前参加工作的全民所有制职工,按规定计发一次性安置费,不再享受失业保险;对实行劳动合同制的职工,按规定计发经济补偿金,并按规定享受失业保险,下岗职工解除劳动关系后与再就业服务中心失业保险直接并轨。2005年3月,市政府印发《景德镇市国有企业下岗职工基本生活保障制度向失业保险并轨工作方案》,从4月1日起,停止从失业保险金中提取下岗职工基本生活保障资金,按国家有关规定,在确保失业人员基本生活的前提下,对企业改制失业人员逐步将失业保险基金用于并轨和促进失业人员再就业。

失业保险基金征缴

1986年,全市启动待业保险基金征缴工作,当年参加待业保险单位495个,参保职工11.78万人,收缴待业保险金14.51万元。1987年,全市参加待业保险单位487个,参保职工11.37万人,收缴失业保险金73.03万元,实现当期参保率和基金收缴率均达到100%。

1994年,深化失业保险制度改革,扩大失业保险范围,全市参加失业保险单位438个,参保职工10.94万人,收缴失业保险金119.76万元。1995年,以景德镇合资宾馆为试点,全面开展失业保险扩覆征缴,吸纳县以上集体所有制企业33家,5274人参保,全市参加失业保险单位452个,12.72万人参保,收缴失业保险金300.88万元。1999年,完成全市219个事业单位1.07万名在职人员的申报、登记、缴费工作。是年12月,市政府下发《关于加强失业保险扩覆和基金征缴工作的通知》,明确提出对拒缴、欠费和仍不参加的各类企事业单位实行“七不准”:工商部门不准办理职工退休审批手续;财政部门不准核发事业单位各类经费;人事部门不准办理事业单位核编和工资审批;单位不准买车、建房、晋级、评选;单位领导不准使用无线通信工具。全市失业保险参保单位405个,参保总人数达13万人,征缴失业保险金达523.31万元。

2000年4月,根据《景德镇市实施〈失业保险条例〉办法》,对全市166家国有企业和应参加失业保险的241个事业单位进行清欠、扩覆、征缴。全市参加失业保险单位407个,13.05万人,收缴失业保险金839.81万元。2002年,全市失业保险扩面工作稳步推进,当年参加失业保险单位468个,13.54万人参保,收缴失业保险金1387.66万元,比2001年增长5.70%,完成征缴计划,居全省前列。2006年12月,市宇宙瓷业有限公司、高压紧固件厂、原料总厂及物资局下属企业改制,由市财政拨付特定补助资金743万元,用于缴纳失业保险欠费。2008年8月,对全市232户财政拨款事业单位1万人应缴的年度失业保险金进行财政代扣,共380万元。2010年,对乐平矿务局、景航锻铸有限公司等8户企业进行认定,失业保险费率由企业负担的比例从2%调整为1%,缓缴失业保险金233.50万元,缓缴人数1.18万人。当年全市参加失业保险单位438个,13.33万人参保,征缴失业保险基金2785.43万元。

失业保险金发放

1988年,待业保险基金主要用于符合条件的失业人员,资助困难企业解困,解决下岗职工基本生活保障以及与失业保险并轨。当年为职工431人发放待业保险金7.21万元。

1994年2月,为帮助部分困难企业安排职工节日生活,全市按规定从职工待业保险基金中调出6万元,慰问陶瓷、机械、城建、建工、商业等30个单位200户困难职工。全年为职工6903人发放失业保险金117.64万元。1998—2004年,将提高失业保险缴费比例所收取资金中的80%用于保障国有企业下岗职工基本生活。6年共向全市国有企业再就业服务中心拨付下岗职工基本生活保障费2221.80万元。

2000年10月,劳动和社会保障部发布《失业保险金申领发放办法》,规范失业保险金申领发放程序,增加告之流程,失业保险由报到领取改为个人持身份证到前台签到模式,并实行社会化发放。当年为职工1764人发放失业保险金285.79万元。2001年,市粮油供应公司率先改制,121名职工与企业解除劳动关系,领取经济补偿金,参加失业保险,享受失业保险待遇。此后,陶瓷、建工建材、粮食、机械、交通、商业等系统十几个企业改制,有2.72万人参加失业保险,当年发放失业保险金1289.17万元。2002年,核定乐平矿务局企业破产参加失业保险3187人,全年发放失业保险金945.48万元。2003年8月,江西有色地勘四队下属金达公司改制,35人按规定参加失业保险,发放失业保险金13.30万元。当年为职工5953人发放失业保险金1786.33万元。2004年9月,根据全省统一规定,市社保机构对参加失业保险的单位和个人建立缴费记录,实行微机管理,确认失业人员参加失业保险的记录和应享受失业保险待遇期限和标准。失业保险金的标准不低于城市居民最低生活保障标准。同时,可按失业保险金10%的标准领取门诊医疗补助金。

2005年4月,按照国家有关规定,开始停止从失业保险金中提取下岗职工基本生活保障资金,在确保失业人员基本生活的前提下,对企业改制失业人员,逐步将失业保险基金用于并轨和促进失业人员再就业。当年为职工4596人发放失业保险金1237.31万元。2010年,国家规定对一些困难企业实行"五缓四降三补贴"(为困难企业缓缴五项社会保险费;降低除养老保险外其他四项保险费率;给予参保单位职工上岗补贴、工人培训补贴和工人技能提升补贴)优惠政策,按规定使用失业保险基金拨付困难企业岗位补贴764.40万元,涉及职工3233人。全年为职工2986人发放失业保险金945.96万元。

表32-3-2　　1986—2010年景德镇市失业保险金征缴发放一览表

年份	参保单位(个)	参保职工(万人)	基金征缴(万元)	发放失业金(万元)	基金结余(万元)
1986	495	11.78	14.51	—	14.51
1987	487	11.37	73.03	5.32	76.57
1988	466	11.26	77.74	7.21	133.15
1989	458	11.15	62.31	9.14	197.94
1990	455	11.11	109.10	33.65	304.63
1991	448	11.04	116.92	45.53	376.02
1992	450	11.07	91.86	31.72	436.16
1993	446	11.02	99.32	21.70	513.79
1994	438	10.94	119.76	117.64	515.91
1995	452	12.72	300.88	165.57	651.21
1996	443	12.50	368.50	16.07	1003.65
1997	426	12.32	300.04	201.13	728.56
1998	418	12.34	391.41	148.70	971.27
1999	405	13.00	523.31	117.48	1805.07
2000	407	13.05	839.81	285.79	2359.11
2001	473	13.64	1356.22	1289.17	2424.91
2002	468	13.54	1387.66	945.48	2483.04
2003	399	11.46	1740.49	1786.33	2437.56
2004	405	11.56	1901.97	2252.14	2087.40
2005	410	10.98	2056.60	1237.31	2895.40
2006	418	10.77	2304.23	1080.38	4119.26
2007	419	12.95	2527.24	733.38	5743.60
2008	428	13.41	3348.54	843.92	8248.21
2009	456	15.18	2961.46	2716.84	7883.00
2010	438	13.33	2785.43	945.96	7866.15

第三节　医疗保险

医疗保险制度改革

1995年前,景德镇市职工医疗待遇分为两大类,即机关、事业单位实行公费医疗制度;企业实行劳动保险医疗制度。1999年7月,根据《江西省城镇职工基本医疗保障制度总体规划》,市政府决定在全市范围内对城镇所有用人单位的劳保公费医疗进行改革,建立统一的基本医疗保险制度。

2000年1月,探索推行城镇职工医疗保险制度改革。3月28日,市政府出台《景德镇市城镇职工基本医疗保险制度实施方案》,明确规定全市所有用人单位,包括机关、事业单位、企业、社会团体、民办非企业单位职工及退休人员、部省属驻市机关和企事业单位职工及退休人员都必须参加基本医疗保险。7月28日,景德镇市出台《城镇职工基本医疗保险实施细则》《城镇职工基本医疗保险费用结算管理办法》《城镇职工高额医疗费用管理办法》《城镇职工补充医疗保险暂行办法》4个医改配套文件。当年在机关、事业单位、经济效益较好的企业及改制企业中试行基本医疗保险制度。2002年1月14日,全市城镇职工医疗保险改革全面实施,所有单位职工及退休人员均纳入基本医疗保险范畴;制定基金征缴比例,实行国家、单位、个人三方共同负担医疗保险费;按照社会统筹与个人账户相结合原则,为每个参保人员建立个人账户;确定支付方式及限额;出台医疗保险办法、高额医疗保险管理办法,加强监督,强化管理。规范定点医疗机构行为,降低住院患者住院起付线,实施离退休干部门诊费奖励机制,对定点医疗机构实行考核奖惩,对违规医疗机构进行处罚。2007年6月,全市继续推行城镇居民基本医疗保险制度改革,基本实现城镇基本医疗保险全覆盖。

城镇职工医疗保险

2001年1月1日,市社保局用手工方式启动运行基本医疗保险工作。随后,社会保险计算机信息系统投入使用,医疗保险工作由手工操作管理进入计算机操作管理。当年参加医疗保险单位143个,参保职工3.12万人、离退休人员1.73万人。收缴医疗保险基金195万元,收缴率达100%。为780人次的患病职工支付住院和门诊费96万元,基本做到收支平衡,略有结余。2002年,市社保局相继出台《改制企业基本医疗保险办法》《高额医疗保险管理办法》《离休干部医疗费用单独统筹实施办法》《定点医院基本医疗保险费定额结算办法》等,不断完善医务人员制度。全市有566家单位8.10万人参加基本医疗保险,征缴基金3173万元,收缴率达99%,支付医疗保险待遇2205.20万元。2003年,推进医疗保险制度改革,扩大覆盖面,全市参保人员达9.58万人,比2002年同期增加1.48万人。全年共收缴基金5127万元,比上年增加1954万元。是年,乐平市、浮梁县、昌江区医疗保险正式启动。2004年,景德镇市作为江西省试点城市,率先实施灵活就业人员基本医疗保险,共有1345人参保。全市参加医疗保险单位794个,参保职工12.18万人,收缴基金6469万元。2005年,全市参加医疗保险单位981个,参保职工13.28万人,其中灵活就业人员参保1165人,收缴医疗保险基金7619万元。2006年,全市有15.40万人参加城镇职工基本医疗保险,其中有2790名灵活就业人员参保,收缴医疗保险基金9451万元。

2007年,吸纳企业军转干部、企业失业军转干部和1953年年底前参军,后在企业退休的军队退役士兵及14类参战人员参加城镇职工医疗保险。是年,市改制及困难企业职工医疗保险启动,将职工纳入城镇职工基本医疗保险范畴,为5万人办理医疗保险。全市有20万人参加城镇职工基本医疗保险,收缴医疗保险基金1.19亿元。2008年10月1日起,将退休人员个人账户划转比例由原来的3.40%提高到3.50%。新增7种门诊慢性病种,在一个医保年度内设立最高支付限额,由统筹基金支付70%,个人自负30%,至此,共有5613名参保职工办理慢性特殊病种。全市有31.34万人参加城镇职工基本医疗保险,收缴医疗保险基金2.12亿元,支付医疗保险费1.56亿元。2009年,全市有31.93万人参保,收缴医疗保险基金2.15亿元,享受医疗保险待遇25.42万人,支付医疗保险费1.68亿元。是年,两次调整基本医疗保险统筹金支付封顶线标准、部分病种手术结算方式及医用材料封顶线,适当降低基本医疗保险住院个人自付比例,缓解“看病难,看病贵”的矛盾。2010年,先后调整城镇职工医疗保险住院费用最高支付限额,调整市本级城镇职工高额医疗费支付标准,调整灵活就业人员参加医疗保险缴费基数。当年全市有26.26万人参保,收缴医疗保险基金2.64亿元,享受医疗保险金32.73万人,支付医疗保险金2.38亿元。至2010年年底,全市参加城镇职工医疗保险26.26万人,累计收缴医疗保险金108.14亿元,支付医疗保险金87.11亿元。

城镇居民医疗保险

2007年,市政府出台《城镇居民基本医疗保险暂行办法(试行)》,全市城镇居民基本医疗保险制度实施,缴费标准为:成人居民每人每年缴160元,其中个人缴96元,市财政补贴64元;未成年人每人每年缴50元,市财政补贴20元。全市有15.81万人参保,收缴医保基金1101万元。2008年,全市共有35.18万人参加城镇居民医疗保险,收缴基金3102万元,享受医疗保险赔付5.27万人,支付医保费311万元。2009年,全市共有37.36万人参加城镇居民医疗保险,收缴医保基金3228万元,享受医疗保险赔付4.26万人,支付医保费2565万元。2010年9月,市政府颁发《城镇居民基本医疗保险暂行办法》,进一步规范全市城镇居民基本医疗保险工作。城镇居民基本医疗保险统筹基金按照个人缴费、政府补助、社会扶持等相结合的原则筹集。具体标准为,成年居民每年按360元筹集,个人缴费120元,各级财政补贴240元。未成年人每年按290元筹集,个人缴费50元,各级财政补贴240元。城镇低保对象、重度残疾学生和儿童、丧失劳动能力的城镇重度残疾人、城镇低收入家庭60周岁以上老年人等其他特殊困难人员参加城镇居民基本医疗保险的,个人缴费部分由财政全额补助,并根据经济社会发展水平和居民医疗保险基金的实际运行情况逐步调整。城镇居民基本医疗保险基金存入社会保障基金财政专户、专款专用。全市有42.69万人参保,收缴医保基金3004万元,实现城镇基本医疗保险全覆盖。至2010年年底,全市城镇居民医疗保险参保42.69万人,征缴医保基金10435万元,累计享受医疗保险赔付14.10万人,支付医保费用8508万元。

第四节　工伤保险

工伤保险制度改革

1986—1989年,依据国家《劳动保险条例》,建立工伤保险制度,职工工伤各项医疗费、伤残抚恤费、救济费,工残人员退休费、护理费、补助费均由企业负担。1994年,根据《江西省城镇企业职工工伤保险费用社会统筹意见》,全市城镇所有企业参加工伤保险费用社会统筹并按规定缴纳工伤保险费。1995年7月,市政府出台《企业职工工伤保险统筹暂行办法》,从7月1日起,在全市开始实施工伤保险制度。1997年,市社保局规范工伤医疗、工伤医疗期、工伤致残待遇、工伤死亡待遇、职业病待遇管理,并提高支付标准。

2003年4月,国务院《工伤保全条例》颁布实施,全市工伤保险覆盖范围进一步扩大,工伤保险的待遇进一步提高,并建立工伤保险储备金。2010年12月,国务院发布《关于修改〈工伤保险条例〉的决定》,对原《工伤保险条例》进行修订、补充,调整扩大工伤保险适用范围和工伤认定范围,简化工伤认定程序,提高工伤待遇水平,增强参保强制性,使工伤保险制度惠及更多的职业人群。

工伤保险基金征缴与发放

征缴　1995年,全市启动工伤保险基金征缴工作,建立工伤保险制度,遵照"以支定收、略有储备、个人不缴费"的原则,根据行业工伤风险类别和工伤事故及职业病发生频率,按用人单位工资总额的一定比例征缴,由用人单位缴纳,职工不缴纳。1996年,全市参加工伤保险单位217个,参保职工7.16万人,收缴基金415万元。2010年,全市参加工伤保险单位377个,参保职工24.29万人,其中农民工6.79万人,收缴基金2089万元。

发放　工伤保险的核心问题是待遇问题,以保障劳动者因公伤残的基本生活和经济补偿为目的。工伤保险基本主要用于工伤医疗费、定期伤残抚恤费、一次性伤残补助金、一次性工亡补助金等。职工发生工伤后,经劳动能力鉴定委员会工伤认定,可享受工伤保险待遇。1996年,全市享受工伤保险待遇职工有515人,支付工伤保险金78万元。2010年,全市享受工伤保险待遇职工有377人,支付工伤保险金2223万元。

至2010年年底,全市累计享受工伤保险待遇职工有8703人,发放工伤保险金8637万元。

表32-3-3　　1996—2010年景德镇市工伤保险金征缴发放一览表

年份	参保单位(个)	参保职工(万人)	基金征缴(万元)	享受工伤保险待遇(人)	赔付工伤保险金(万元)
1996	217	7.16	415	515	78
1997	230	7.10	399	511	77
1998	251	7.51	467	545	164
1999	480	14.58	635	980	109
2000	463	13.89	688	836	161
2001	453	13.60	686	979	340
2002	451	13.58	585	970	289
2003	420	12.29	580	884	246
2004	490	11.71	592	843	265
2005	271	11.99	386	108	280
2006	277	15.03	461	168	359
2007	304	16.00	748	270	653
2008	353	22.53	1997	276	1554
2009	343	23.83	2083	441	1839
2010	377	24.29	2089	377	2223

第五节　生育保险

生育保险制度建立

1986年,市职工生育保险按《中华人民共和国劳动保险条例》实行。1988年7月,根据国务院《女职工劳动保护规定》,确定女职工产假90天,其中产前休假15天,难产的增加15天,多胞胎的,每多一胎增加产假15天。是年9月,依据劳动部《关于女职工生产待遇若干问题的通知》,规定女职工怀孕不满4个月流产时,给予15~30天的产假,怀孕4个月以上流产的,给予42天产假,产假期间工资照发。生育时所需的接生费、手术费、住院费、医药费等,全部由企业负担。

1990年6月,根据《江西省计划生育条例》,规定女职工晚育(年满24周岁),除享受国家规定的假期外,另增加产假30天,并给予男方护理假7天。职工实行计划生育时,所需挂号、检验、手术、住院和药费等,全由企业负担。1994年10月,根据《江西省城镇企业女职工生育费用社会统筹意见》,全市所有城镇企业及企业化管理的事业单位及其职工参加女职工生育费用社会统筹,建立生育保险基金,按职工月工资总额0.5%~1%的比例,由用人单位按月(或季)向社会保险机构缴纳。

1995年,根据劳动部《企业职工生育保险试行办法》,市政府下发《景德镇市职工生育保险暂行规定》,决定在乐平市开展女职工生育保险试点工作。是年,乐平市政府下发《乐平市城镇企业女职工生育保险基金统筹试行办法》,对生育女职工提供生育津贴、产假以及医疗服务等方面的待遇作出具体规定。1996年7月,乐平市政府制定《乐平市城镇企业女职工生育保险基金统筹实施办法》,进一步提高怀孕、流产及女职工生育的医疗费待遇标准。当年乐平市有96家企业的1.07万名女职工办理生育保险。2010年,乐平市共有

4.94 万人参加生育保险。

生育保险基金征缴与发放

1995 年，乐平市启动生育保险试点，开始实行生育保险基金统筹。按照“以支定收、收支平衡、略有结余”原则，由用人单位按职工工资总额 1% 的比例缴纳生育保险费，职工个人不缴费。1996 年，乐平市参加生育保险单位 96 个，参保职工 1.07 万人，收缴基金 13 万元。是年，乐平市享受生育保险待遇 23 人，支付生育保险费 6 万元。2010 年，乐平市参加生育保险单位 555 个，参保职工 4.94 万人，收缴基金 220 万元。享受生育保险待遇 55 人，支付生育保险费 169 万元。1996—2010 年，乐平市累计有 10786 人享受生育保险待遇，发放生育保险费 365 万元。

第六节　基金管理

基金监督

2002 年，市社保机构启动社会保险基金监督工作，对基本养老、基本医疗、工伤、生育、失业保险基金的收支、管理和运营进行全过程监督，确保社会保险基金安全完整和保值增值，维护社会保险制度可持续发展。是年 11 月，对当年社会保障资金管理使用监督检查工作进行自查，并公布举报电话，发动全社会对社保基金进行监督。2004 年，社会保险基金监督工作范围不断扩大，对全市城乡多险种基金以及就业资金进行监督，使基金监督成为一项独立的职能，并实现经常化、制度化、规范化。2006 年 7 月，全市开展就业、再就业资金使用情况检查。发现全市 1996—2006 年挤占挪用社会保险基金 1220 余万元。8 月，市劳动保障局下发《关于进一步加强对挤占挪用及其他违纪违规基金清还纠正工作的通知》，限期在年底前清还全部违规使用的基金，并严格控制新的挤占挪用基金现象发生。2007 年，全市开展社会（养老、医疗、工伤、生育、失业）保险费征缴情况检查，发现企业拖欠社会保险费情况严重，全市企业五项险种共欠费 1.06 亿元。经采取措施追缴到位。2008 年 7 月 21 日，市政府成立市社会保障监督委员会，下设办公室，设在市劳动和社会保障局。建立健全社会保险基金监督管理的体制和机制。2010 年 4 月，市人力资源和社会保障局成立，社会保险基金监督管理职能转由市人力资源和社会保障局承担。11 月 17 日，内设规划基金监督科（市社会保障监督委员会办公室），具体负责社会保险基金监督管理。次年制定《景德镇市人保系统社会保险基金内部监管细则（试行）》，对社会保险基金的收支、管理和投资运用情况进行监督检查。

金保工程

金保工程是以中央、省、市三级网络为依托的管理系统，具备业务经办、公共服务、基金监管、决策支持四大功能。1995 年，省社保局统一下发养老保险信息系统软件，并提供服务器和相关设备，景德镇市开始启用社会保险信息网络。1999 年 1 月，劳动和社会保障部将景德镇市列入全国百个劳动力“三化”（制度化、规范化、程序化）建设试点城市。是年 6 月，市劳动力市场信息网络建成，采取电子屏幕滚动、触摸屏查询等多种形式向社会发布求职、招聘、职业介绍、职业指导等方面信息。2001 年，根据城镇职工基本医疗保险实施需要，市社保局投资 389 万元，建成城镇职工基本医疗保险信息系统，当年 12 月开始试运行，2002 年 1 月正式运行。2002 年和 2003 年又分别增加市昌江区和珠山区城镇职工基本医疗保险分系统。

2003 年，市社保局对办公大楼网络系统进行综合布线改造，使每个工作点都有网络端口，业务处理前台化、大厅化。2005 年，筹资 12 万元对医保系统城域网、小型机和磁盘阵列进行升级，与各定点药店联网由 56kbs 拨号方式升级为 2Mbs 的虚拟专用拨号网（VPDN）方式，小型机内存由 16M 扩充到 64M，磁盘阵列扩充 2 倍，提高城镇职工基本医疗信息系统的整体性能。2007 年，投资 18 万元建成城镇居民基本医疗保险系统和城镇工伤保险信息系统。2009 年，投资 100 万元建成金保工程市级数据中心机房，机房面积 140 平方米，有消防、集中监控、精密空调、VPS 不间断电源等七大系统，达到 A 类机房标准。2010 年 4 月，通过对社会保险信息系统数据整理和对遗留数据问题专门处理，使数据质量达到金保工程一期上线要求。6 月，投资

1000 万元进行金保工程一期及后期建设。12 月,完成数据中心设备采购与安装建设(含小型机、服务器、存储设备、数据库、系统软件等),实现市、区养老保险"金保工程"上线营运。次年,完成网路与安全体系设备建设(含核心路由、交换机、防火墙等),为统一与全省全国联网打下基础。

第四章　管理机构

1986—2010 年,景德镇市劳动与人事管理机构随着机构改革不断健全,先后设置市劳动人事局、市人事局、市劳动局、市劳动和社会保障局、市人力资源和社会保障局等行政管理机构,其政府职能从行政计划管理逐步向管理与服务并重,并逐步加强社会保障职能。其内设部门和下属事业单位也随着职能的变化而调整。

第一节　行政机构

市劳动人事局

1986 年,市劳动人事局内设秘书科、干部科、科技干部科、干部教育监察科、计划劳动科、工资科、保险福利科、劳动保护科(含防尘办公室)、锅炉压力容器安全监察科、市编制委员会办公室、市军队转业干部安置办公室、矿山安全监察科。1 月 22 日,市劳动安全卫生监测站成立,与安全生产委员会办公室合署办公。6 月 14 日,市老龄问题委员会办公室成立,挂靠市劳动人事局。1987 年 2 月,编委办公室升格为副县级单位。4 月 3 日,市社会保险事业管理处成立,为副县级单位,归属市劳动人事局领导。1988 年 1 月 12 日,市劳动争议仲裁委员会办公室成立,为科级机构,设在市劳动人事局内。是年 4 月 25 日,市技工学校、市劳动服务公司分别升格为县级、副县级单位。1989 年 3 月,市劳动人事局监察室成立,与局纪委合署办公。1990 年 12 月,市劳动人事局撤销,分别设立市人事局、市劳动局。

市人事局

1990 年 12 月,撤销市劳动人事局,成立市人事局,新组建的市人事局内设秘书科、工资科、保险科、计划调配科、军队转业干部安置办公室、干部奖惩科,机关行政编制 24 人。1990 年 12 月,市科技干部管理(含职称评定)工作划归市人事局管理。1991 年 6 月,内设科室相应进行调整,调整后内设秘书科、职称职位科、专业技术人员管理科、工资科、保险福利科、调研科、考核奖惩录用科、军队转业干部安置办公室(挂军队转业干部培训中心牌)、计划调配科(与人才开发交流服务中心合署办公)。1999 年 6 月,市干部培训考试中心成立,与市军队干部培训中心合署办公。2002 年,内设机构调整为办公室、人才开发规划科(市人事争议仲裁委员会办公室)、公务员管理科、职称科(市职称工作办公室)、专家管理科(市引进国外智力工作办公室)、工资福利科、军官转业安置管理科(市军队转业干部安置工作领导小组办公室)。局纪检组(监察室)为派驻机构。2003 年,成立市自主择业军队转业干部管理服务中心。2007 年 4 月,专家管理科增挂专家服务中心牌子。2010 年,市人事局撤销,与市劳动和社会保障局合并,组建成立市人力资源和社会保障局。

市劳动局

1990 年 12 月,市劳动人事局分设,成立市劳动局,内设秘书科、综合计划科、劳动力管理与仲裁科、就业培训科、工资福利科、安全生产管理科、职业安全卫生监察科、矿山安全卫生监察科、锅炉压力容器安全监察科,纪委(监察室)为派驻机构,市安全生产委员会办公室、市老龄问题委员会办公室挂靠劳动局。行政编制 40 人。下辖市技工学校、市劳动服务公司、市社会保险事业管理处、市劳动保护教育中心、市锅炉压力容器检验所、市技术工人交流咨询服务中心、市劳动安全卫生监测站。1994 年 11 月,成立市劳动监察大队,劳动力管理与仲裁科更名为劳动关系与监察科(与劳动监察大队合署办公,一套人马、两块牌子),综合计划科更名为计划财务审计科。1998 年 6 月,市劳动监察大队更名为市劳动监察支队,从劳动关系与监察科划出单独办公。是年 9 月,计划财务审计科、工资福利科合并为计划工资福利科。1999 年 11 月,市医疗制度改革领导小组办公室,从市体改委移交给市劳动局管理,市老龄问题委员会办公室移交市民政局。2002 年 3 月,职业安全卫生监察科划归市卫生局;锅炉压力容器安全监察科划归市技术质量监督局;安全生产管理科、矿山安全监察科划归市经贸委,后划入市安监局。是年 10 月,市劳动局撤销。

市劳动和社会保障局

2002 年 10 月,撤销市劳动局,组建成立市劳动和社会保障局,内设办公室、职业培训科、劳动工资科、劳动保障监察和劳动争议仲裁科(市劳动争议仲裁委员会办公室)、养老保险科、医疗保险科(市城镇职工基本医疗保险制度改革领导小组办公室)、就业和失业保险科。设纪检监察室,为派驻机构。机关行政编制 26 人。局下属单位有市技工学校、市劳动就业服务管理局、市社会保险事业管理局、市劳动监察支队、市技术工人交流中心。2010 年 10 月,市劳动和社会保障局撤销,与市人事局合并,组建成立市人力资源和社会保障局。

市人力资源和社会保障局

2010 年 10 月,市人事局、市劳动和社会保障局合并,组建市人力资源和社会保障局,内设办公室、公务员科(市公务员局)、规划基金监督科(市社保监委办)、职业能力建设科、就业促进和失业保险科、事业单位人事管理科、劳动关系和调解仲裁科、信访法规科、军官转业安置科(市军转办)、专业技术人员管理科、国外智力引进科(市外国专家局)、工资福利科(市工改办)、社会养老保险科(农保科)、市农村社会养老保险办公室、医疗(工伤)保险科、人力资源开发和市场科、行政审批科。行政编制 53 人。局下属单位有市技工学校、市社会保险就业管理局、市劳动就业服务局、市劳动监察局、市城乡居民社会养老保险事业管理局、市技术工人交流中心、市劳动人事仲裁院、市自主择业军转干部服务管理中心、市人才流动中心、市干部培训考试中心、市人力资源和社会保障信息中心、市职业能力鉴定指导中心、市劳动就业培训中心、市职业介绍服务中心。

县(市、区)机构

乐平市人力资源和社会保障局　1986 年,称乐平县劳动人事局。1992 年 12 月,更名为乐平市劳动人事局。1996 年 2 月,更名为乐平市人事劳动局。2002 年 12 月,更名为乐平市人事劳动和社会保障局。2010 年 4 月,更名为乐平市人力资源和社会保障局。行政编制 47 人。

浮梁县人力资源和社会保障局　1986 年,蛟潭区、鹅湖区分别设有区劳动人事局。1988 年 11 月,合并成立浮梁县劳动人事局。1994 年 8 月,更名为浮梁县人事劳动局。2002 年 10 月,组建浮梁县人事劳动和社会保障局。2010 年 4 月,更名为浮梁县人力资源和社会保障局。人员编制 16 人。

昌江区人力资源和社会保障局　1986 年,称昌江区劳动人事局。1996 年 9 月,更名为昌江区人事劳动局。2001 年 9 月,组建珠山区人事劳动和社会保障局。2010 年 4 月,更名为昌江区人力资源和社会保障局。行政编制 3 人。

珠山区人力资源和社会保障局　1986 年,称珠山区劳动人事局。1996 年 8 月,更名为珠山区人事局。2002 年 9 月,组建珠山区人事劳动和社会保障局。2010 年 4 月,更名为珠山区人力资源和社会保障局。行政编制 4 人。

高新区劳动和社会保障事务局　2008 年 9 月,高新区劳动和社会保障事务局成立。副县级单位。编制 8 人。

陶瓷工业园区人力资源和社会保障服务中心　2007 年 10 月 25 日,陶瓷工业园区劳动保障事务所成立。2010 年 10 月 11 日,更名为陶瓷工业园区人力资源和社会保障服务中心,为正科级全额拨款事业单位,核定编制 6 人,内设办公室、再就业小额贷款信用担保中心、失地农民培训中心、创业指导中心。

第二节　事业单位

市社会保险事业管理局

1987 年 4 月 3 日,市社会保险事业管理处成立,为全省地市第一家社会保险经办机构。1990 年 12 月 28

日,更名为市社会保险事业管理局。副县级单位,核定编制50人,为参照公务员法管理事业单位。内设办公室、养老一科、基金征缴科、医保科、工伤生育保险科、稽核科、信息科、社会化服务科、基金财务科。

市劳动就业服务管理局

1981年12月7日,市劳动服务公司成立,为正科级事业单位。1990年12月28日,市劳动服务公司更名为市劳动就业服务管理局,升格为副县级单位,核定编制28人,为参照公务员法管理事业单位,内设办公室、基金财务科、市场就业科、培训科、失业保险科、企业和社会服务科。

其他事业单位

市自主择业军队转业干部管理服务中心　2003年8月12日,市自主择业军队转业干部管理服务中心成立,为市人事局下属正科级全额拨款事业单位。2010年4月,转为市人力资源和社会保障局下属事业单位。核定编制3人。

市人才流动中心　1986年,为市劳动人事局下属全额拨款事业单位。1990年12月,市人才开发交流服务中心划归市人事局管理。2002年11月,更名为市人才流动中心。2010年4月,划归市人力资源和社会保障局,核定编制6人。

市军队转业干部培训中心　1991年3月,市军队转业干部培训中心成立,为人事局下属正科级全额拨款事业单位,核定编制4人。2010年4月,为市人力资源和社会保障局下属单位,核定编制4人。

市干部培训考试中心　1992年6月,市干部培训考试中心成立,与军转干部培训中心合署办公,两块牌子、一套人马。2010年4月,市干部培训考试中心为市人力资源和社会保障局下属单位,核定编制4人。

市人力资源和社会保障信息中心　2010年10月,市人力资源和社会保障信息中心成立,为全额拨款正科级事业单位,核定编制11人,内设综合科、社保科、就业科。增挂市社会保障卡管理服务中心牌子。

市劳动人事争议仲裁院　1987年10月,市劳动争议仲裁机构恢复。1991年7月,乐平县、浮梁县分别成立县劳动争议仲裁委员会,1994年6月,市劳动争议仲裁委员会成立,有8名聘任的专职仲裁员。珠山区、昌江区不单设实体化机构,劳动争议案件由市级机构仲裁。2010年10月11日,市劳动争议仲裁委员会办公室更名为市劳动人事争议仲裁院,为市人力资源和社会保障局下属正科级全额拨款事业单位,核定编制6人。

市劳动就业培训中心　1991年3月,市劳动就业培训中心成立,隶属市劳动就业服务局,为自收自支正科级事业单位,核定编制17人,内设办公室、教学管理科、招生办、财务室。

市劳动监察局　1994年12月1日,在各县(市、区)建立劳动监察机构的基础上,设立市劳动监察科。2002年10月,市劳动保障监察支队成立,为全额拨款正科级事业单位,隶属市劳动和社会保障局。2007年4月,市劳动监察支队与昌江区、珠山区劳动保障监察大队合署办公,检查区域重新划分,避免市支队、区大队对用人单位的重复检查。2009年7月列入参照公务员法管理单位。2010年10月11日,撤销市劳动保障监察支队,组建成立市劳动监察局,内设办公室、财务室、执法一室、执法二室、下设市劳动保障监察投诉中心,核定编制14人。

市技术工人交流咨询服务中心　1985年12月,市技术工人交流咨询服务中心成立,并与市劳动人事局计划劳动力科合署办公,两块牌子、一套人马。1990年12月,中心隶属市劳动局。2002年10月,为市劳动和社会保障局下属事业单位。2010年4月,为市人力资源和社会保障局下属正科级全额拨款事业单位,核定编制4人。

市农村社会养老办公室　2004年4月,设立市农村社会养老保险办公室,隶属市民政局。2008年7月,由市民政局移交市劳动和社会保障局。2010年4月,为市人力资源和社会保障局下属全额拨款事业单位,核定编制5人。

第三十三篇　民　政

第一章　社会事务

1986年以后，随着国家经济体制改革的深入，行政管理机关简政放权，企业单位剥离社会职能，很多社会管理职能与民生事务转移到民政部门。市民政部门积极履行职责，在区域勘界、地名管理、婚姻登记、社团管理、殡葬管理、收养管理、老龄事业等方面，出台了一系列新的举措，保证了社会的稳定运行。

第一节　勘界与地名

区域勘界

勘界任务　1996年6月17日，根据国务院《省、自治区、直辖市行政区域界线勘定办法》和省政府《江西省县级区域界线勘定办法》，景德镇市勘界工作领导小组成立，组织开展勘界工作。年内完成“三线五点”勘界任务：乐(平)波(阳)线52千米全线贯通，浮(梁)乐(平)线31千米贯通10千米，波(阳)昌(江)线48千米贯通11千米。波(阳)乐(平)万(年)三交点和德(兴)乐(平)婺(源)三交点、昌(江)浮(梁)波(阳)三交点顺利举行签字仪式，埋桩、测绘工作完成。1997年，勘定德(兴)婺(源)乐(平)边界线交会点。1998年，勘定波(阳)乐(平)线、昌(江)波(阳)线、浮(梁)波(阳)线，浮(梁)乐(平)线、昌(江)乐(平)线、德(兴)乐(平)线等6条界线，总长328.60千米，并勘定昌(江)浮(梁)乐(平)、昌(江)浮(梁)波(阳)、弋(阳)万(年)乐(平)、德(兴)弋(阳)乐(平)4个边界线交会点。1999年，勘定弋(阳)乐(平)线、万(年)乐(平)线、婺(源)乐(平)线、昌(江)浮(梁)线、浮(梁)婺(源)线5条界线，总长303.87千米，并勘定浮(梁)婺(源)乐(平)边界线交会点。2000年，勘定昌(江)浮(梁)线，总长约65千米；边界线交会点2个，为浮(梁)祁(门)休(宁)、浮(梁)东(至)祁(门)省际交会点。

勘界成果　1996—2000年，全市勘定省界(江西、安徽)1条，长177千米；勘定省际界线交会点4个，分别是浮波东省际三交点、浮婺休省际三交点、浮祁休省际三交点、浮东祁省际三交点；县级界线12条，分别是乐(平)昌(江)线30.70千米、浮(梁)乐(平)线32.38千米、乐(平)波(阳)线54.84千米、波(阳)昌(江)线52.40千米、浮(梁)波(阳)线68.17千米、珠(山)昌(江)线29.07千米、乐(平)婺(源)线42.31千米、乐(平)德(兴)线90.87千米、浮(梁)婺(源)线85.61千米、乐(平)弋(阳)线23.21千米、乐(平)万(年)线87.73千米、昌(江)浮(梁)线65.03千米，全市勘定界线总长实测661.46千米(不含省界)，其中跨地市界线9条。三交点8个，分别是昌波乐三交点、乐昌浮三交点、昌浮波三交点、弋乐万三交点、波乐万三交点、乐浮婺三交点、德乐婺三交点、乐弋德三交点，其中跨地市的三交点7个。省际行政区域界线即皖赣线浮梁段1条，分别与安徽省的东至县、休宁县、祁门县接壤，全长177千米。埋设省际界桩2个、县际界桩22个。签订边界线协议书92份，标绘协议书附图108张。

地名管理

地名命名　1987年9月，景德镇市东郊的东一路、东二路等地名因不符合地名规范标准的要求，市政府将上述两条道路名称分别改为新厂(东、西)路、朝阳路。此后，陆续对20余条不规范的路、街、巷地名(含

“文化大革命”期间命名的地名）进行更名。1988 年 4 月 8 日，市政府颁发《景德镇市地名管理实施细则》（简称《细则》），共 6 章 26 条，为全市第一部地名法规。《细则》对地名的书写规范、读音标准、命名（更名）程序、审批权限作出详细规定。

2003 年，随着城市建设事业的发展，出现一些建筑物名不符实、庸俗低迷和擅自命名的现象。10 月，市政府下发《关于加强房地产开发项目申报命名工作的通知》，在全市范围内推行地名许可证制度、申报登记命名制度及公告公示制度。2005 年 4 月，市政府办公室转发《市民政局关于景德镇市城市住宅区和高层建筑物等标准地名命名实施意见的通知》，对申报的地名命名、更名加强审核管理。是年，市政府结合城市规划和路政建设的实际情况，对新增的昌南大道、迎宾大道、浙江路等 20 条城市主干道路，白鹭大桥、新平桥、紫晶桥 3 座桥梁进行命名。同时对 3 条主、支干道路的名称依据规定进行更名。是年 9 月 13 日，对梧桐大道、生态路、机场路、群英街等 6 条城区道路进行命名。此后陆续对景东大道、瓷苑路、方家山路等城区道路予以命名。2006 年，对景东大道、奥园路、中航路、水文路、紫薇横一路等 8 条城区道路予以命名。2009 年，对新增城区道路陶玉南路、方家山路、爱心路予以命名。

2010 年 4 月，景德镇市民政局在做好地名命名、更名日常工作的基础上，编制完成《景德镇市城区道路、桥梁等名称命名规划方案（2008—2030 年）》。根据城市规划方案，对老城区规划改造拓建的 4 条道路、西城区规划扩建的 7 条道路、高新区设计规划的 10 条道路、3 座规划待建的桥梁进行预命名。

地名标志　1989 年 1 月 24 日，全市开始设置地名标志，城镇的路（街）巷地名标志由城建部门负责设置，城镇的门牌号码由公安部门负责设置，车站、码头和公路上的地名标志由交通部门负责，自然村、镇的地名标志由当地政府负责设置，纪念地、名胜古迹、风景名胜区的标志分别由城建、文化及有关管理部门负责设置。1990 年，全面完成城镇路（街）、巷、自然村、镇等地名标志设置工作。1994 年 10 月，市地名办在瓷都大道、沿江西路、陶阳路、通站路、翠云路、竟成路、银曙路、新平路、昌西路、茶山路、西河路 11 条地名标志空白街道，编排安装门牌号码，基本消除市区主干道上地名标志空白点。对珠山路、广场（南、北）路、曙光路、沿江东路、马鞍山路、莲社北路、新风路、太白园路等路段残缺破损的地名标志进行修补、整顿。对新厂路、朝阳路门牌号码进行标准化处理，解决新厂路、朝阳路两条东郊主干道长期存在的一地两名问题。同时增补安装 18 厘米 ×13 厘米新搪瓷门牌 5000 余块，为社会商贸活动和市民生活提供方便。

2000 年，民政部、交通部、国家工商局、国家质量技术监督局联合下发《关于在全国城市设置标准地名标志的通知》，要求用 5 年时间完成城市标准地名标志设置工作任务。2001 年 8 月 6 日，市政府转发市民政局工作方案，全市标准地名标志设置工作启动。2002 年 6 月，由市民政局牵头，市建设局具体组织实施，在全市城区共设置街（路）简易地名标志牌 127 块。2004 年 4 月，地名标志设置工作由市建设局移交市民政局。市民政局采用市场化运作办法，由市半圆广告策划有限公司出资 100 余万元，共设置双杆广告式路（街）标准地名标牌 336 块，巷（弄）标准地名标牌 629 块，当年 9 月底全部安装到位，通过省民政厅的检查验收。2006 年 3 月，市政府批转市民政局《关于我市县乡镇开展设置标准地名标志工作的实施意见》，乐平市涌山镇、浮梁县洪源镇、昌江区鲇鱼山镇等 6 个乡镇定为地名设标试点镇，当年完成地名设标任务。2008 年 5 月，景德镇市所辖的 38 个乡镇地名设标工作全面完成，共设置地名标志 183 块。2010 年 4 月，省民政厅决定在景德镇市探索开展村级地名标志设置试点。9 月，浮梁县首批在 206 国道、景瑶公路、景婺公路、景涌公路沿途行政村设置蓝底白字反光金属村牌 55 块。

地名服务

1989 年 9 月 28 日，市地名办编辑出版《景德镇市地名志》，共收入全市各类地名 4403 条、地名图 48 幅、彩照 120 余幅，对村庄里弄的名称、原住民及姓氏源流作了详细调查与记述，为社会提供了翔实、准确的地名资料，为景德镇市有史以来第一部地名专著。

2005 年，编辑出版《景德镇市地名景观故事集》，该书收录民间的制瓷故事、地名典故、风土人情、人物传说等，是一本融学术性、知识性、趣味性于一体的通俗读本。

2006 年 5 月 9 日，市政府办公室转发《关于开展地名公共服务工程的实施意见》，地名公共服务工程启动。在保持地名相对稳定的前提下，对含有生僻字、异体字、自造字和民族歧视性的地名，一地多名、一名多写、重名重音等不规范的地名进行标准化处理；设置比较完善的城乡系列地名标志；结合城市建设现状和发展规划，对城市未来需要的新地名进行前瞻性规划论证，编制地名命名规划，从源头上把好地名命名更名关，改变城市建设中有城市规划无地名规划的状况；实施数字地名录入，建立市、县两级地名数据库，依托地名数据库开展地名信息化服务。景德镇被评为全省城市地名标志设置工作先进城市。2007 年，在全省率先建立第一个设区市级地名网站——景德镇地名网。网页设有地名工作动态、地名政策法规、地名查询、地名公告、服务指南及地名文化（文苑、故事、人物、趣话）等，为公民提供便捷服务。至 2010 年年底，市民政局建立景德镇市区划地名网（http://dmb. jdzol. net），市（县、区）两级建立地名数据库，共计录入地名数据 20.08 万条。同时筹备开展电话问路，设置地名查询触摸屏等各种形式的地名信息化服务。

表 33－1－1　**2004 年景德镇市政府新命名道路（桥梁）一览表**　单位：米

道路名称	长度	宽度	走向	起止点
迎宾大道	3800	60	东西	市客运中心站至罗家滩
昌南大道	5200	60	东西	瓷都大道至新 206 国道
高岭大道	2900	80	东西	白虎湾至黄泥头
金岭大道	1900	60	南北	迎宾大道至景德镇机场
景德大道	7000	50	东西	陶阳南路至瓷都大道
昌江大道	2400	40	东西	梨树园至市客运站
唐英大道	4300	50	东西	金岭大道至 206 国道
紫晶路	1909	35	南北	昌南大道至迎宾大道
西山路	2423	35	南北	瓷都大道至昌南大道
新平路	1800	40	南北	昌南大道至迎宾大道
浙江路	1500	40	东西	通站路至沿江东路
陶阳中路	605	30	南北	新厂路至朝阳路
陶阳北路	1600	30	南北	朝阳路至李家坳规划路
童宾路	450	20	南北	新厂西路至朝阳路陶机段
陶玉路	450	20	南北	新厂西路至朝阳路、为民、宇宙段
三宝路	1900	12	南北	三宝篷至湖田桥
兴园路	1537	40	南北	古城路至龙井路
龙井路	720	40	东西	瓷都大道至兴园路
古城路	720	40	东西	瓷都大道至兴园路
昌欣街	200	12	东西	中山南路至中山北路
陶阳南路	1000	30	南北	湖田桥至新厂路
新安路	1430	8	东西	景樟公路至中山北路
岚山路	11500	15	东西	湖田桥至吕蒙大桥
白鹭大桥	795	29	东西	韭菜园地区
新平桥	120	18.5	南北	新平路
紫晶桥	170	18.5	南北	紫晶路

第二节 婚姻登记

登记机关

1986—1992年,婚姻登记由乡(镇)、街道办或者民政办办理,但也有少数地方由乡(镇)政府办公室、司法所或计划生育办公室办理。全市的婚姻登记员除市民政局组织定期培训外,各县(市、区)每年都要举办培训,经考试合格后,由市民政局颁发婚姻登记员证书。1993年,市民政局推行婚姻登记体制改革。7月20日,珠山区民政局集中办理结婚登记,此后乐平市、浮梁县、昌江区民政局都陆续成立婚姻办,开始婚姻集中登记。1998年,由市民政局、浮梁县委和市电视台联合摄制的一部反映浮梁县经公桥镇港口村推行婚俗改革、实行婚事新办简办的电视专题片《港口村的嫁娶会》,作为江西省唯一推荐参加首届中国婚礼新风景录像观摩活动,获民政部二等奖。1999年,市民政部门举办2期婚姻登记人员培训班,提高基层乡镇民政助理员婚姻登记管理水平。婚姻登记人员实行持证上岗,做到操作规范统一、婚证表格统一、购证渠道统一。

2003年10月1日,省内居民同外国人、港澳台居民、华侨和出国人员的婚姻登记由省民政厅婚姻登记处集中办理,其他设区市不得再办理港澳台和华侨的婚姻登记。2004年,珠山区婚姻登记处开展照相、打印、婚仪等系列服务。5月,珠山区民政局婚姻登记处被评为全国先进婚姻登记机关。2005年10月再次被授予全国婚姻登记先进集体称号。2007年,启动婚姻登记信息化建设,应用婚姻登记系统,完成数据库录入4.50万份;对婚姻登记资料进行收集、整理,全年整理婚姻档案1.80万份。

2009年,各县(市、区)陆续又放开婚姻登记点,其中乐平市设在洪岩镇、涌口镇、众埠镇、高家镇、名口镇、塔前镇、双田镇、鸬鹚镇、临港镇、涌山镇、十里岗乡;浮梁县设在鹅湖镇、蛟潭镇、经公桥镇、寿安镇、兴田乡、江村乡、西湖乡、黄坛乡;昌江区设在西郊街道、竟成镇、鲇鱼山镇、荷塘乡、丽阳乡、吕蒙乡。珠山区婚姻登记处、浮梁县婚姻登记处获民政部全国婚姻登记规范化单位称号。2010年,乐平市婚姻登记处、昌江区婚姻登记处获民政部全国婚姻登记规范化单位称号,市民政局获民政部全国婚姻登记先进单位称号。

国内婚姻

1986年,全市统一使用婚姻状况证明书,结婚证贴夫妻双方照片。全年办理结婚登记3075对、离婚登记263对。1988年,健全婚姻登记制度,统一使用省政府印制的婚姻登记证件,全市婚姻登记机关先后举办婚姻登记员培训,规范婚姻登记。全市办理结婚登记3564对、离婚登记278对。

1991—1993年,全市办理结婚登记4753对、离婚登记1052对。1994年,民政部发布施行《婚姻登记管理条例》,婚姻当事人依照《条例》规定,到婚姻登记部门办理登记手续,全市办理结婚登记5288对、离婚登记388对。

2001—2003年,新修订的《中华人民共和国婚姻法》和《中华人民共和国婚姻登记条例》,对婚姻状况证明的出具办法、婚前检查、婚姻登记体制进行重大改革。双方当事人仅需带上户口簿、身份证到登记机关进行登记即可,不再需要由所在单位或村(居)民委员会出具婚姻状况证明等材料,同时取消强制婚检,实行自愿原则。新婚姻登记条例实施后,全市的结婚登记率有所提高。2004年,全市办理婚姻登记1.22万对,其中结婚登记1.07万对、离婚登记0.15万对。2009年,为方便农村群众就近办理婚姻登记,在部分乡镇设置婚姻登记点,结婚对象可自由选择办理地点。全年办理结婚登记1.41万对、离婚登记2442对。2010年,全市办理婚姻登记1.68万对,其中结婚登记1.41万对、离婚登记0.27万对。

涉外婚姻

1986年,市民政局依据民政部颁布的《中国公民同外国人办理婚姻登记的几项规定》和《华侨、港澳同胞同国(内)外公民之间办理婚姻登记的几项规定》,办理涉外婚姻登记,全年办理涉外婚姻登记1对。1987—1989年,全市办理涉港澳台婚姻登记9对。1991—1999年,全市办理涉外婚姻登记157对,其中涉港澳台婚姻登记128对。2000年,涉外婚姻逐年增多,全年办理涉外婚姻登记84对,其中涉港澳台74对。2002年,全市办理涉外婚姻登记157对,其中涉港澳台143对。2003年,涉外婚姻登记由省民政厅办理。

第三节　社团管理

社团登记

1986年，民间组织管理始称社团登记，初由市民政局社会救济科代管后，后一度与优抚科合署办公。1989年12月，市民政局增设社团登记管理科。1992年，社会团体建立代码和档案制度，全市126个社团进入档案库管理，社团管理科与26个业务主管部门建立联络员制度。1993年，确立文联、社联、科协等部门和单位为社团业务主管部门，建立民政部门和业务主管部门双重管理体系。2001年9月15日，市政府下发《关于开展全市民办非企业单位复查登记工作的通知》。10月，启动民办非企业单位登记工作。2002年10月，社团登记管理科改称民间组织管理处。是年，对5个社会团体的分支机构进行复查登记。在年检工作中，对原有非法人社团全部实行法人登记，社团章程全部按民政部规定的示范文本实行统一修改，报会员大会通过，分支机构全部实行统一登记。县(市、区)民办非企业单位登记工作也全面启动，复查新登记单位27个，扩大登记面。市民政局被推选为全省第二次基本单位普查先进单位。2003年，结合市情和富民兴市目标，优先扶持发展10个行业协会。2004年，市民政局社会团体登记管理科更名为民间组织管理科。

2005年，优先扶持发展8个行业协会，注册登记16个民办非企业单位。加快发展农村专业经济协会，全市有农村专业经济协会86个，会员达2.50万人。2006年，市民间组织管理由注重登记转向登记与管理并重，培育发展与监督管理并举。市城区新登记注册民间组织18个，农村培育专业经济协会示范点5个，全市首家农民用水者协会在乐平市乐港镇后阳村成立。是年，完成全市186个民间组织的年度检查，其中合格的183个、不合格的3个。2007年，市民政局印发《关于进一步加强我市民间组织监督管理工作的意见》。2009年5—10月，制定《行业协会管理试行办法》，通过政社分开，实行行业协会、商会与业务主管部门在职能、人员、办公场所、财务"四分开"，使行业协会、商会完善法人治理结构，规范社团行为。年末，社会组织基本单位普查和第二次全国经济普查工作结束，市外来投资企业家协会被推荐为全国先进社会组织。2010年，出台《景德镇市培育发展和规范管理社区社会组织的指导意见》，全市社区社会组织备案登记550个。

社团整顿

1990年5月，市民政局开始对全市社会团体开展清理整顿工作。至年底，全市注册登记社会团体206个。1991年11月，全市社会团体通过清理整顿，保留141个，撤并49个，注销9个。1995年，对部门领导干部担任社团实职的情况进行调查，督促辞职并办理变更登记手续。1996年，成立社会团体清理整顿工作领导小组，筹办全市社会组织"迎回归"成果展，对违反《社团登记管理条例》的文物艺术收藏学会和中国瓷都画院进行查处。1997年12月10—12日，全市分3批举办社团秘书长培训班，172人参加培训。1998年3月，取缔非法摩托车驾驶员联合会。1999年，加强气功类社团管理，拒绝日月功专业委员会的登记申请，注销中功、太极功专业委员会社团资格。至年底，清理整顿工作结束，全市181个社团保留注册登记。

2000年，市委办公室、市政府办公室下发《关于进一步加强我市民间组织管理工作的通知》，当年注销气功研究会2个，取缔营利性社会团体种子协会，协助公安部门取缔煤业制品业主协会，乐平市取缔中国少林内功一指禅专业委员会。并组织社团开展"崇尚科学、杜绝邪教"座谈签名活动。2003年12月10日，取缔集众闹事，扰乱社会公共秩序，并以社团名义成立的景兴瓷厂职工自发组织委员会。2004年10月，市民间组织陶瓷文化传播协会和民间民俗协会召开"中国瓷都在哪里"研讨会，抵制命名多个"瓷都"的"封都"事件。2008年，依据市公安局提供的"陶院某学生在网上组党结社"的证据材料，市民政局签署《关于取缔网上组建非法组织的命令》，通知某学生行为非法，并进行正面教育。

公益活动

1994年，社会团体发挥人才优势，参加全省以"兴赣富民"为主题的争先创优活动。从事招商引资、技术开发、建言献策、学术研究和社会公益活动。是年，召开全市先进社团和优秀社团工作者表彰大会，表彰先进社团26个、先进社团工作者27人。1995年,引导社团参与“兴赣富民”为主题的创先争优活动,社团为全市招商分别引入内资22万元和外资105万元,开展技术服务创经济效益1800万元,培训各类专业人员1.90万人,提供信息700余条,为公益事业募集资金32万美元,兴办社会公益机构和承办公益项目13个。1996年,开展民办非企业单位调查摸底工作,推选6个社团为省社团发展促进会会员。1998年,在景德镇市连遭两次特大洪灾时,社会团体开展社会救灾捐款捐物、义诊、义画活动。

2001年9月13日,市民政局开展社团解放思想大讨论活动。2004年3月,乐平市政府在全省农村专业经济协会经验交流会做典型经验交流;乐平晓园蔬菜协会作书面经验介绍。5月,开展社团分支机构清理登记。结合市政府对农业“南菜北茶市郊养”的发展思路,重点培育发展农村蔬菜、茶叶和养殖业协会。2006年,全市民办非企业单位深入开展自律与诚信建设活动。农村专业经济协会示范点建设全面铺开。2008年,汶川地震,全市社会组织捐款捐物支持灾区。民政部门引导社会组织参与救灾捐赠活动,市慈善总会和红十字会接受捐赠款2000余万元。

第四节　殡葬管理

殡葬改革

1986年4月16日,市政府颁发《景德镇市殡葬管理试行办法》,推行火化,限制土葬。1991—1992年,市民政局加强殡葬管理的宣传,促进移风易俗,两年累计完成遗体火化1155具。1999年12月18日,市政府颁发《景德镇市殡葬管理实施办法》,自2000年1月1日起施行。市殡仪馆规范办理殡仪火化手续和程序,首次对城乡五保户(保吃、保穿、保医、保住、保葬或保教)及“三无”(无劳动能力、无生活来源、无赡养人和抚养人)老人死后免收火化费。9月19日,市政府下发《关于划定景德镇市土葬改革区与火葬范围区的通知》。明确全市的火化区和土葬改革区范围。9月29日,市政府常务会议同意成立殡葬管理督查队,为市殡葬管理处内设机构,对土葬乱埋现象进行管理。

2002年12月25日,市政府下发《关于清理乱埋乱葬的通知》,规定凡公路两旁、铁路沿线、河道两旁、城市规划区、风景名胜区、文物保护区、自然保护区、水源保护区、农田保护区埋葬的坟墓,2003年6月底前应自行迁坟平整,恢复原貌。2003年6月20日零时起,全市火化区内的死亡人员必须全部实行火化(除国家另有规定的少数民族外)。2004年5月8日,全市进一步推行殡葬改革。2005年,下发《景德镇市殡葬改革方案及细则》,继续实行殡葬改革的“零点行动”方案,推行火化城乡一体化,大幅度提高火化率。健全殡葬管理网络,在村(居)委会落实专人负责殡葬管理。

殡仪服务

1986年,市殡仪馆开展的殡仪服务项目主要有遗体接运、遗体存放、收殓、整容、火化、花圈出租、告别厅出租、骨灰存放、代售骨灰盒及出售其他丧葬用品等。2008年7月,市殡仪馆遭受洪涝灾害,被淹1.50米。行政人员24小时值班,解决8小时以外无服务的问题。2009年10月,设立浮梁丧葬服务便民代办点。

殡葬设施

1988年,省民政厅下拨市殡葬管理处、乐平县殡仪馆各2.50万元,乐平县殡仪馆用于改造火化炉,添置冷藏柜等,市殡葬管理处则安装水电专用管线,并集资维修通往火葬场的公路。1997年3月,市殡葬管理处自筹资金360万元,在市郊吕蒙村海螺山(瓷都陵园附近)购买荒山坡地2万余平方米,筹建景德镇市殡仪馆(新馆)。7月,施工队伍进入工地施工。1999年4月,新殡仪馆建成并投入使用,新馆占地面积1.30公顷,建筑面积3000余平方米,建有2层办公及业务大楼、大型悼念厅及骨灰存放室、火化工作室、办理丧事家属休息室及车库3间,另建有大型停车场近2000平方米,绿化面积450平方米,购置80余万元的火化炉2台,提供“一条龙”配套服务,基本达到国家二级殡仪馆建设水平。

2006年,市殡仪服务中心购火化炉1台、殡葬专用车1辆,修缮骨灰寄存处。2008年8月,对殡仪馆硬件设施进行扩建改造,扩建后的殡仪馆总占地面积达2.13公顷。2010年7月,市殡葬管理处更新3辆殡葬专用车、1辆殡改执法车,更新2台平板炉,购买2台捡灰炉,新灵堂投入使用,提高殡仪服务水平。

公墓管理

1993年年初,市殡葬管理处投资90万元,在市郊鲇鱼山镇吕蒙村海螺山麓购置山地6.67万平方米,修建全市第一座按照殡葬管理法规,由政府业务主管部门经营的城市园林式公墓——瓷都陵园,11月1日建成营运。主要业务有墓穴、墓具出售,墓碑刻字,骨灰安葬等。该公墓临原206国道,交通方便,且与殡仪馆邻近。至2010年,瓷都陵园共安葬骨灰3214穴。

表33-1-2　**1986—2010年景德镇市殡仪馆火化统计一览表**　单位:人、具

年份	全市死亡人数	火化数	火化率(%)	年份	全市死亡人数	火化数	火化率(%)
1986	1598	412	25.78	1999	3526	768	21.78
1987	1673	456	27.25	2000	3745	821	21.92
1988	1832	496	27.07	2001	4202	862	20.51
1989	1933	512	26.48	2002	4603	947	20.57
1990	2048	501	24.46	2003	5620	983	17.49
1991	2164	557	25.73	2004	6022	1012	16.80
1992	2279	598	26.23	2005	6962	1078	15.48
1993	2395	636	26.55	2006	7543	1120	14.84
1994	2510	675	26.89	2007	8214	1253	15.25
1995	2741	697	25.42	2008	8886	1297	14.59
1996	2972	714	24.02	2009	9013	1321	14.65
1997	3088	687	22.24	2010	9630	1466	15.22
1998	3376	742	21.97				

第五节　收养管理

登记机关

1992年4月1日,《中华人民共和国收养法》实施,市民政局设立收养登记处,主要负责珠山、昌江区的收养登记;乐平市民政局、浮梁县民政局同时设立收养登记处,负责所辖区域内收养登记工作。1996年,市社会福利院被省民政厅确定为首批涉外送养定点单位。1999年4月1日,新修订的收养法实施后,城区收养登记工作改由各区民政局办理。跨地市及涉港、澳、台和华侨收养子女登记工作仍由市民政局办理。

收养登记

1986年,收养主要是民间收养,通过双方订立协议或通过公证确立收养关系。是年3月18日,市政府召开社会弃婴问题座谈会,并下发《关于社会弃婴问题座谈会纪要》,解决弃婴的户籍、收养以及对弃婴者的处罚问题。1987年,民政部门收容的社会弃婴人数剧增,共40人,其中男婴4人、女婴36人。主要原因是农村计划外超生现象较严重,有的夫妇重男轻女思想严重,抛弃超生女婴。1988年,民政部门严格审核领养弃婴手续,对不符合领养条件的夫妇不予办理领养。全年收容弃婴18人,其中残疾弃婴7人。对收容的7

名残疾弃婴,在市社会福利院未开办育婴班的情况下,暂由民政部门聘请保姆抚养。

1992 年,《中华人民共和国收养法》规定,中国公民收养查找不到生父母的弃婴和儿童以及社会福利机构抚养的孤儿,须向民政部门登记;收养不属于查找不到生父母的弃婴和儿童以及非社会福利机构抚养的孤儿,由收养人、送养人订立书面协议,并办理收养公证。1993 年,全市办理国内公民收养登记 14 人。1996 年,全市办理国内公民收养登记 31 人,涉外送养登记 24 人。1999 年,实施新收养法,中国公民收养子女须办理收养登记。当年全市收养登记 79 人,其中国内公民收养 53 人,涉外送养 26 人,创历史新高。

2004 年,市社会福利院开展涉外送养工作,全年送养弃婴、孤儿 41 人赴国外抚养。2005 年,全年涉外送养弃婴、孤儿 44 人,被评为 2005 年度江西省涉外送养先进单位。是年,美国中华国际儿童服务中心浩德收养组织援助市社会福利院添置价值 5 万余元的大型工业洗衣机、脱水机、烘干机用于建造洗衣房。同期,加拿大儿童收养组织亦援助修建配有 2 台价值 2.30 万元的大型太阳能热水器的洗澡房。2008 年,全市办理国内公民收养登记 12 人,涉外收养登记 15 人。2009 年规定在 2009 年 2 月 1 日之前发生的私自收养进行集中处理,符合收养条件的,补办收养证,12 月 31 日以后不再办理;在 2 月 1 日以后严格执行《中华人民共和国收养法》《国内公民收养子女登记办法》,不应再发生公民私自收养子女的情况。2010 年,全年办理国内公民收养登记 11 人,港澳台收养登记 1 人,涉外收养登记 1 人。至年底,全市有婴幼儿、儿童 360 人先后被美国、加拿大、瑞典、英国、法国、西班牙、芬兰、挪威、丹麦等国的家庭收养。

表 33-1-3　　**1993—2010 年景德镇市收养登记一览表**　　单位:人

年份	国内收养	港澳台送养	国外送养	年份	国内收养	港澳台送养	国外送养
1993	14	—	—	2002	—	—	40
1994	14	—	—	2003	46	1	32
1995	52	—	6	2004	29	1	41
1996	31	—	24	2005	21	1	44
1997	17	—	26	2006	10	1	33
1998	27	—	37	2007	9	1	21
1999	53	—	26	2008	12	—	15
2000	42	—	39	2009	10	1	1
2001	22	—	21	2010	11	1	1

第六节　老龄事业

老龄工作

老龄机构　1986 年 6 月 14 日,景德镇市老龄问题委员会成立,副市长孙德仁兼任主任。1990 年 2 月 5 日,更名为市老龄工作委员会,朱志良任名誉主任,赵万龄任主任。2001 年 11 月 16 日,市老龄委办公室由挂靠市劳动局改为设在市民政局,人财物成建制一并划转。2004 年 4 月 5 日,增加事业编制 2 人,增编后市老龄办为全额拨款事业单位,编制 6 人。至 2010 年,市老龄委组成人员共进行过 5 次调整,除由退下来的原市党政主要领导担任名誉主任外,主任一般都由市委常委、常务副市长担任。

老人优待　1986—2010 年,每年春节、重阳节,市四套班子领导带队看望百岁老人,为每位百岁老人送去长寿蛋糕和慰问金 500 元。1998 年,全市百岁以上老人每人每月享受 50 元长寿补贴。2000 年 11 月,长寿补贴增加至 100 元。2003 年 9 月 5 日,市老龄办下发《关于在全市开展签订家庭赡养协议书工作的通知》,保障无收入、无劳动能力老年人供养需要,解决他们的后顾之忧。2009 年,70 周岁以上老人享受免费乘坐市内公交车的优待。

老年活动 1986年12月11日，在全市范围内开展评选“健康老人”活动，共评出80岁以上“健康老人”34人。1987年10月，市老年代表队组团参加江西省第二届老年人运动会（乒乓球、中国象棋、门球、钓鱼）。

1990年10月4日，举办市第三届老年人运动会。市领导及各代表团团长、运动员1060人参加。1993年10月，市老年代表团一行38人参加在南昌举行的江西省第三届老年人运动会（门球、棋类、乒乓球、太极拳、钓鱼、桥牌）。2001年8月，开展全市老年人健步行比赛，参加单位52个，人数2000余人。2006年，乐平市众埠镇界首村、浮梁县洪源镇罗家村、珠山区周路口街道广场社区、太白园街道戴家弄社区、昌江区樊家井社区被评为全国敬老模范村（居）委会，浮梁县老龄办、乐平市人民法院被评为全国维权示范岗，范石广、王珍珠、饶梅香、江孝仁被评为全国孝亲敬老之星，受到表彰。是年10月，参加在西安举行的全国健身秧歌比赛，市老年艺术团获金牌4枚（一套、二套、自编和优秀编排奖）。2008年2月，在香港国际紫荆花大赛中，市代表队获金奖。

市老年书画协会

组织建设 1999年9月，市老年书画协会成立，由景德镇市有一定书画造诣或爱好书画的离退休干部、知识分子组成，有会员69人，年龄一般为65～70岁。2003年，共有会员122人。2006年，成立艺术指导委员会，会员149人。2010年，协会设会长办公室、秘书处和艺术指导委员会。有会员340人，其中市协会会员176人，团体会员单位164个。男性会员年龄一般为60～70岁，最大年龄80余岁；女性会员年龄一般为50～70岁。

换届大会 1999年9月20日召开第一届会员大会，参会69人。大会审议通过《景德镇市老年书画协会章程》，选举产生第一届理事会理事12人、会长1人、副会长5人、秘书长1人，聘请名誉会长3人、顾问10人。2003年4月15日，召开第二届会员大会，会员122人。选举产生第二届理事会理事23人、会长1人、副会长5人、秘书长1人，聘请名誉会长4人、顾问15人。2006年4月11日，召开第三届会员大会，会员144人。选举产生第三届理事会理事23人、会长1人、副会长5人、秘书长1人，聘请名誉会长3人。2010年4月22日，召开第四届会员大会，会员167人。选举产生第四届理事会理事33人、会长1人、副会长5人、秘书长1人，聘请名誉会长7人。

协会活动 书画展览。1999—2010年，市老年书画协会每年举办全体会员书画作品展，全国重大节日活动和重大政治活动的专题书画展，协会会员个人或数人书画展、陶瓷作品展、书画研究会等多种展览。2003年4月15—17日，市委老干部局、市老年书画协会联合在市陶瓷大世界2楼展厅举办景德镇市老年书画协会书画作品汇报展，展出作品150余幅。中国陶瓷艺术大师刘平、陆如等在展厅现场作画。2006年4月11日，面向社区举办书画作品展，展出作品30余幅。5月11日，《中国书画报》作景德镇市老年书画协会换届并办展的报道。2007年7月6日，在协会4楼活动场所举办庆“七一”陶瓷书画作品展，展出陶瓷作品58件。会员由纸上作书画逐步提升到陶瓷创作，展出作品的题材有山水、花鸟、人物等。2008年，协会会员参加首届中国老年文化艺术节书画大赛，经江西省组委会评定，裘德祥、方肇鸿的作品获金奖，闵红的作品获银奖。2010年5月10日，市老年书画协会一行14人，走进驻景德镇市（黄泥头）部队，送书画进军营，开展书画联谊笔会活动。至2010年，协会参加或举办各类书画作品展活动46次，其中参加全国书画展6次、全省书画展14次、省外联展1次，举办各类书画展25次。2006—2010年，共开展22次“五进”活动，其中进农村3次、进社区6次、进工厂6次、进学校4次、进军营3次。

交流活动。1999年，景德镇、南昌、赣州、宜春四市老年书画协会开展联谊活动，互相交流书艺画技，举办老年书画联展。2003年，开展“五市（南昌、赣州、宜春、景德镇、萍乡）老年书画联展”交流活动。2004年10月2—25日和2008年10月27—30日，景德镇市举办两次五市老年书画联展，展出书画作品200余幅，其中景德镇市老年书画协会每次展出作品40幅。

书画集出版。2004年6月，为庆祝中国瓷都景德镇千年华诞，纪念市老年书画协会成立5周年，编辑出版《中国瓷都老年书画选集》，内收155位会员作品177幅（件），其中书法作品51幅，绘画作品118幅，篆刻2幅，陶瓷美术作品6件。2010年4月，为庆祝中华人民共和国成立60周年，纪念市老年书画协会成立10

周年,出版发行《金秋颂画集》,内收绘画作品181幅(件),其中纸上书画作品156幅、瓷上书画作品25件。基层书画协会出版书画集3册,7名协会会员个人出版书画集。

景德镇老年大学

1987年8月25日,景德镇老同志大学创建,编制2人,由市委老干部局局长兼任校长。2000年11月18日,改称景德镇老年大学。2003年,成立景德镇老年教育工作委员会,下设规划建设组、活动指导组、办公室,县(市、区)两级都成立老教工委,下设三组一室,乡镇街道成立领导小组。2006年3月,定编7人,内设办公室、教务处、综合处,均为正科级。2009年,经省委组织部批复,为参照公务员法管理的事业单位。

教学活动 景德镇老年大学遵循“增长知识、丰富生活、陶冶情操、促进健康、服务社会”的办学宗旨,践行“党政主导、社会化办学、办学社会化”的开门办学理念和寓教于乐的原则,招生对象为景德镇市的离退休干部、职工、社会上老年人、老年工作者及退养退居二线的在职人员。教材以武汉老年大学教材为主、其他教材和自编教材为辅。

学制与专业。1987年,设4个专业、3个班级、学员99人,学制分为一至三学年制。1991年,设5个专业、5个班级、学员77人。1999年,设7个专业、7个班级,学员107人。2001年,设26个专业、26个班级,学员402人。2005人,设38个专业、43个班级,学员1191人。2007年秋季开始,改一学期报名为一学年报名,设51个专业、71个班级,学员1988人。2010年,设5个系、78个专业、128个班级,学员3620人。编有《诗词常识》《历代散文选》《现当代文学作品选》《围棋》《交谊舞》《电子琴》《烹饪》7种教材。

教学研究。1987—2010年,景德镇老年大学利用每年一次的校友大联欢,组织师生编排各类文艺节目。利用每年一次的师生书画联合艺术作品展检查教学成果。2006年,景德镇老年大学被评为江西老年大学示范校。2009年,在全国老年教育“双先”(全国先进老年大学、全国先进老年教育工作者)表彰会上,学校的“党政主导,社会化办学,办学社会化”开门办学理念和办学模式,被列为全国老年教育十大基本教学经验之一。10月28日,获全国先进老年大学称号。2010年,校长杨启村担任“中国特色老年教育现代化”课题组第一副组长,课题于2010年9月在广州老干部大学结题,并于2011年出书出版。是年10月,在沈阳召开的全国第九次老年教育理论研讨会上,杨启村的论文《开门办学是老年大学教学创新的重要途径》被评为一等奖。

校刊、校报。2002年5月,出刊《景德镇老年大学》校刊,至2010年,共刊发19期。2005年10月,创刊《景德镇老年教育简报》,至2010年,共刊出22期。2008年10月,景德镇教育网站、市委老干部局网站开通景德镇老年大学工作网页。

教学交流。2000—2005年,接待华东六省一市企业办老年大学考察团及武汉、南昌、九江、宜春、新余、赣州等地的老年大学考察团参观考察。2007年7月,景德镇老年大学为来自美国威斯康星州州立大学18名师生讲授中国传统民乐、武术、太极。11月,景德镇老年大学、市少儿艺校与到访的新加坡南华中学联欢。2008年5月,瓷乐团随市政府代表团赴韩国利川参加陶瓷庆典(博览会)演出。是年10月,韩国京畿道利川市政府代表团到校参观考察。2009年,中央电视台戏曲频道栏目组一行到校录制京剧班表演的《瓷都京韵》专场演唱会,并两次在中央台戏曲频道专题播放。是年,美国纽约雅集票社和美国洛杉矶京剧票友联谊会组成的京剧票友团到校考察。2010年4月,景德镇老年大学获第十二届江西省文明单位称号。11月,被评为全国振兴京剧先进单位。

市老年人体育协会

组织建设 1984年9月成立。1998年,成立市老年体育科学学会,与市老年体协合署办公。至2010年年底,市老年体协有50个团体成员单位,861个老体协组织;全市老年体育人口(会员)17万余人,老年体育骨干2.09万人;全市活动场地达3.50万平方米。

协会活动 1997年,全国友好城市老年体协协作会议在景德镇举行。6月18日,市老年体协、市总工会、市妇联,在市体育馆举办迎香港回归全市秧歌大赛,24支代表队1200余人参赛。1999年9月28日,市老体协、市总工会、市退管会在市体育馆联合举行离退休职工迎国庆50周年文体会演,有15支队伍表演,观众2800余人。2002年5月,举办全市第四届老年人体育运动会。2004年10—11月,市老体协派出83名运

动员参加全省第五届老年人健身运动会。参赛项目包括健身球、木兰拳、地掷球、棋类等全部十大项，获金牌4枚、银牌6枚、铜牌3枚。2008年3—9月，在市体育馆举办景德镇市第五届老年人体育运动会，共有48个代表团2184名运动员参加。2009年5—10月，江西省第六届老年人健身体育运动会上，13个大项全部参加，共获金牌5枚、银牌3枚。

表33-1-4　　**1984—2004年景德镇市老年群团组织登记一览表**

登记时间	证号	组织机构代码	名称	法人代表	办公地址	业务主管单位
1984-8-7	4	—	景德镇市老年人体育协会	张克宇	原景德镇市体育中学	市体总
1991-7-3	11	789749966	景德镇市老干部花卉协会	张祥云	景德镇市莲社路	市委老干部局
1992-8-6	90	—	景德镇市政协老委员联谊会	叶贵水	景德镇市政协	市政协
1992-10-4	91	—	景德镇市老科技工作者协会	洪泽民	景德镇市广场南路14号	市科协
1999-7-6	162	794762241	景德镇市老年书画协会	汪宗达	景德镇市劳动局7楼	市老龄委
2000-4-12	169	72394729X	景德镇市昌河老科技工作者协会	刘永俭	景德镇市昌河集团公司	市科协
2003-8-19	189	—	景德镇市老年人集邮研究会	黄亚林	景德镇市莲社路13号	市老龄委
2004-12-6	208	789749958	景德镇市老年新闻工作者协会	丁东亮	景德镇莲社北路23号	市宣传部

第二章　救助帮扶

1986年以来，随着国企改制的不断推进，广大职工由过去的单位人不断转为社会人，扶贫帮困、救助救济的社会兜底职能转由政府承担。民政部门积极履行职责，认真抓好救助帮扶工作，在收容救助、灾害救助、社会救济、城乡低保、扶贫开发、移民安置等方面出台了一系列新举措，取得了一定的成绩，为构建“和谐平安瓷都，共创富民兴市大业”作出了积极贡献。

第一节　收容救助

收容遣送

1984年3月，市收容遣送站新站房竣工，占地面积5462平方米，位于景德镇市曙光路北侧，建有收容安置房12间，男女浴房各1间，值班房3间，餐厅、厨房各1间，另建办公楼及宿舍大楼1幢，面积1225平方米。收容遣送对象为流浪街头乞讨的；露宿街头、生活无着的；在市内无正常居所又无正常生活来源的；流落街头无监护人的精神病患者或智力严重低下的；轻生获救后，不明身份、暂无家属、单位领回的等。1986年，共收容流浪乞讨人员580人(内含南京、屯溪、鹰潭等外地收容站中转人员60人)，遣送219人。11月，配备“沙洲”牌封闭式带警笛收容遣送专用车1辆。1987年，因灾因病或其他原因造成生活困难乞讨者比例下降，以流浪乞讨为生财之道的人员比例上升，游惰人员及流窜的违法犯罪分子抗拒收容，殴打工作人员事件时有发生。10月，收容遣送工作人员正式着公安警服执行收容遣送任务。全年收容522人，遣送230人。1988年，收容648人次，遣送183人次，城区主要街道基本无流浪乞讨人员，行政经费节支13%；富余工作人员多种经营收入1.35万元。1989年，收容工作改由公安部门负责，民政部门负责接收、安置、遣送。

1991 年 7 月,收容遣送范围扩大到"无暂住户口、无合法职业、无合法经济来源"的"三无"人员以及到省政府、市政府无理缠访人员。1996 年,全市收容 412 人次,被收容人员类型有:以乞讨为职业的流浪乞讨人员,占收容总数的 30%;被家庭遗弃的老人和儿童占收容总数的 14%;因家庭管理不善而在外流浪或被遗弃的精神病人、痴呆人员占收容总数的 20%;懒惰成性人员占收容总数的 36%。1999 年,对被收容的 160 人次新"三无"人员进行审查统计,有 20% 搞封建迷信活动,30% 出外打工不着而盲目流动,24% 有小偷小摸不轨行为,15% 是弃学弃农青少年向往外部世界生活而盲流,11% 是其他类型的盲流对象。

2001 年,全年接受收容人员 1931 人次,收容量为历年之首。2003 年 8 月 1 日,国务院《城市生活无着的流浪乞讨人员救助管理办法》开始实施,《城市流浪乞讨人员收容遣送办法》废止,收容遣送工作结束。市收容遣送站更名为市救助管理站,其职责由强制性收容遣送改为关爱性救助管理。

救助管理

2003 年 8 月,市救助管理站启动对城市生活无着的流浪乞讨人员的救助管理,对到站求助的人员进行审核登记,对符合救助条件的,提供食、住、医等方面的救助,全年救助 548 人、中转 48 人、护送 24 人。

2004 年 9 月 29 日,市政府下发《关于加强流浪乞讨人员救助管理工作的实施意见》,划定禁讨区,发放救助指引卡,组织人员上街引导乞讨人员到救助站接受救助。当年救助 325 人、中转 40 人、护送 28 人。2005 年,流浪乞讨有以卖艺为生变相乞讨的人员;有以乞讨为职业,有幕后人员操纵的人员;有以乞讨为名实施盗窃、诈骗、抢夺等违法犯罪人员及流入街头的精神病患者。对这些影响社会治安的人员,市救助站加强救助管理,当年救助 995 人、中转 16 人、护送 36 人。2006 年,开通 24 小时服务热线,为受助人员和市民提供咨询和引导,全年救助 1298 人、中转 36 人、护送 43 人。2007 年 9 月,市政府制定《流落街头的精神病人、智障患者、突发疾病人员救治工作方案》,由卫生、财政、民政、公安、城管等相关部门具体负责救治工作的组织落实。对流落街头的精神病人、智障患者、突发疾病人员进行全面调查摸底并统一汇总,登记造册,由市维稳办建立档案,实行分类管理。规定病患救治对象的收送由公安、城管等部门负责送至市急救中心,由市急救中心转运到定点医疗机构进行救治,对有暴力倾向的救治对象,市公安巡警支队及时协助。精神病患者的救治期限到暂不发病;智障患者的救治期限到身体没有传染疾病和生命体征平稳;突发疾病人员的救治期限亦到病人的生命体征平稳为止。市民政局对流落街头生活无着落乞讨人员实施人性化管理和社会化服务,在市区主要干道、公共场所、大车站、汽车站竖立 7 块救助指引牌、救助牌,注明救助站服务内容、地址、救助电话,便于群众对需救助人员进行指引。当年救助 1077 人、中转 18 人、护送 110 人。

2008 年冰冻灾害期间,市救助站全体员工除白天执行正常救助管理外,晚上甚至通宵在街头巷尾、居民生活区和城乡接合部寻找夜宿户外的流浪乞讨人员,帮助他们进站避寒,接受救助。全年救助 1206 人、中转 26 人、护送 104 人。2009 年,市救助管理站在春运和抗冰雹期间,每天上街巡逻,为需要救助的流浪乞讨人员和滞留旅客提供吃、住、行方便。在一个多月时间内为 214 名救助对象返家提供帮助,发放矿泉水 100 余箱、食品 4000 余份、棉被 80 余床。是年 11 月,救助站与陶瓷学院热能工程系 20 余名大学生志愿者开展手牵手共建流浪未成年救助帮扶教育中心,共同对受助的流浪未成年人开展思想引导教育和文化知识的灌输。2010 年,全市救助 1387 人、中转 27 人、护送 29 人。

第二节　救助救济

灾害救助

抗灾救灾　1986—1990 年,景德镇市先后遭受洪涝、干旱、风雹、冰雪、雷击、泥石流、山体滑坡等自然灾害,市一般年份受灾人口约 60 万人次,农作物受灾面积平均约为 4 万公顷,造成的直接经济损失年平均约为 1 亿元。各级民政部门开展救灾工作,帮助受灾群众恢复生产,重建家园,开展冬春救助,保障灾区群众基本生活。1991—1992 年,全市先后遭受较大面积的冷冻、洪涝、风雹、干旱、雷击等灾害。受灾人口 120 万人次,农作物受灾面积 10.05 万公顷,损坏民房 1.59 万间,倒塌民房 4111 间。市政府先后下拨救灾款 727.60

万元,救助灾民5.20万户26万余人。1993年,全市先后遭受风暴、洪涝、干旱和病虫害等多种自然灾害,尤其是6月18日至7月7日,域内连续遭受特大洪涝灾害,共有53个乡镇不同程度受灾,受灾人口54.35万人,农作物受灾面积5.86万公顷,倒塌民房8300间,受损民房5.44万间,造成直接经济损失7.81亿元。市政府紧急下拨救灾资金200万元,安置转移灾民,保证灾民基本生活。是年,成立农村救灾扶贫互助储金会598个,入会农户占农户总数的91%,集资总额达615万元,当年储金会投放救灾扶贫、救急解难资金512万元,全市农村70%以上农户办理家财保险。1994年,全市遭受较严重的冰雹和洪涝灾害,受灾人口36万人次,受灾农作物7.30万公顷,倒塌民房6788间,损坏民房2.51万间,造成经济损失约7500万元。灾情发生后,各级民政部门,发放救灾粮53万千克,发放救灾衣被3600床(件),农村互助储金会及时投入477万元用于救灾。

1995年5月底至6月初,景德镇连降暴雨,形成“5·25”“6·3”“6·26”3次特大洪峰,受灾人口66.15万人次,造成直接经济损失9.36亿元。各级民政部门紧急下拨转移安置灾民生活费27万元、救灾款66.85万元。全市255个挂钩扶贫单位共派出工作组200个,对52个乡镇和175个挂钩村进行扶贫救灾,除捐款捐物外,投入扶贫开发资金178万元。10月,提前下拨冬令救济款82万元,安排专项资金20万元,下拨冬令救济衣被3000床(件),农村互助储金会及时投放258万元帮助群众解决生活困难和扶持发展生产,地方党委、政府投入资金38.15万元,帮助灾区倒房重建。1996年,域内遭受罕见的特大洪涝灾害,造成61万人受灾,紧急转移安置人口21.50万人,农作物受灾面积2.60万公顷,倒塌房屋5.60万间,直接经济损失25.06亿元,地方财政下拨80万元救灾款,粮食45万千克。国家下拨特大自然灾害救济款820万元,市互助储金会安排扶贫资金125万元用于救助灾民。1997年7月初,乐平区域普降暴雨,引发特大洪涝灾害,受灾人口31.60万人,紧急转移人口5万人,农作物受灾面积2.13万公顷,损坏房屋810间,倒塌房屋212间,直接经济损失1.43亿元。乐平市委、市政府动员全市10万军民抗洪抢险。1998年6—7月,域内遭受近50年一遇的强降雨天气,造成“6·26”“7·23”两次特大洪灾,渡峰坑水文监测站水位高达33.25米,超警戒水位4.75米,景德镇城区近三分之二面积被淹,市内创下有水文记录以来水位最高值。全市城乡99%地区受灾,被困村庄1464个,大部分村庄成为孤岛,全市40万军民投入抗洪抢险。洪水肆虐近1周时间。全市受灾人口115万人次,农作物受灾面积5.11万公顷,直接经济损失32.26亿元。汛期过后,共下拨救灾款2600余万元、大米290.80万吨、棉被1.48万床和捐赠救灾物资,折款3500万元。

2002年,遭受干旱、病虫害、洪涝、风雹等自然灾害,受灾人口达72.90万人次,因灾损坏房屋4363间,倒塌房屋1136间,农作物受灾面积4.19万公顷,直接经济损失1.26亿元。国家下拨自然灾害救济补助费520万元。2004年,遭受病虫害和范围较大的干旱灾害,受灾人口66万人,农作物受灾面积5.22万公顷,直接经济损失2.50亿元,全市投入1200余万元直接用于抗旱救灾。2005—2007年,全市分别下拨救灾资金346万元、403万元、734万元。2008年年初,低温冷冻雨雪灾害持续23天,平均气温为零度以下,为历史罕见。全市受灾人口总数为150万人次,农作物受灾面积7.30万公顷,倒塌房屋3964间,造成直接经济损失32亿元。景德镇市及时启动《救灾应急预案》,共下拨救灾款2019.5万元,组织灾民恢复生产,重建家园,完成重建房屋3964间。2009年,全市遭受旱灾、洪涝、风雹、低温冷冻和雪灾等灾害,受灾人口总数为64万人次,农作物受灾面积达3.60万公顷,绝收面积为0.45万公顷,倒塌房屋471间,直接经济损失1.20亿元。全市共下拨1200万元,帮助灾民渡过难关。共完成农村危房改造重建住房176户。2010年,遭受洪涝、风雹、低温冷冻和雪灾等灾害,其中6月中旬洪涝灾害尤为严重,昌江河超警戒水位4.25米,因洪涝灾害受灾人口79万人,全年受灾人口88万人次,全年农作物受灾面积达8.10万公顷,绝收面积约1万公顷,倒塌房屋2223间,损坏房屋2.65万间,直接经济损失36亿元。灾情发生后,全市立即启动二级响应,江西省启动三级响应,国家启动四级响应,共下拨救灾款3378万元保障受灾群众基本生活和恢复重建,接受救灾捐赠款500余万元。

减灾防灾　2002年,市、县(市、区)、乡镇各级建立救灾款专户管理制度,统一设立专户账号,保证救灾款及时、足额发放到位。市政府出台《景德镇市自然灾害救助应急预案》,共分8章37条,为全市首个自然灾害救助应急预案。2009年,市政府重新修订应急预案,根据自然灾害的危害程度等因素,设定4个自然灾害救助应急响应等级,根据不同等级,组织、协调、开展灾害救助工作。市民政局、市财政局下发《关于建立因自然灾害死亡人员抚慰金制度的实施意见》,对管辖区因自然灾害死亡和失踪人员家庭一次性发放5000元慰问金。乐平市、浮梁县、珠山区、昌江区先后制定《关于建立因自然灾害死亡人员抚慰金制度的实施细则》。组织开展创建全国和全省"综合减灾示范社区"活动。至2010年,全市共创建国家级示范社区1个、省级示范社区2个。

表33-2-1　　1989—2010年景德镇市自然灾害损失及救灾资金一览表

年份	受灾人口(万人)	农作物受灾面积(万公顷)	倒塌房屋间数(间)	直接经济损失(亿元)	救灾资金下拨(万元)
1989—1990	60	4	—	1	—
1991—1992	120	10.05	4111	—	727.60
1993	54.35	5.86	8300	7.81	200
1994	36	7.30	6788	0.75	477
1995	66.15	—	—	9.36	623
1996	21.50	2.60	5600	25.06	945
1997	31.60	2.13	212	1.43	550
1998	115	5.11	—	32.26	2600
1999	75	3.59	—	20.29	1170
2000	50	2	—	1	195
2001	71.80	—	—	—	620
2002	72.90	4363	1136	1.26	520
2003	63	—	—	6.30	924
2004	66	5.20	—	2.50	1200
2005—2007	50	2	—	1	1483
2008	150	7.30	3964	32	2019.50
2009	64	3.60	471	1.20	1200
2010	88	8.10	2223	36	3378

社会救济

城市低保　1998年5月,成立景德镇市城市最低生活保障制度工作委员会领导小组,市政府发布《景德镇市城市居民最低生活保障制度暂行办法》。各县(市、区)亦相应出台《城市居民最低生活保障制度实施细则》。全市城市居民最低生活保障制度开始启动。当年核定享受低保的对象为1539户、4648人,发放低保金125万元,人均低保标准为80元。1999年,全市享受低保的对象为1823户、5287人,发放低保金266.91万元。

2001年,城市居民最低生活保障办公室成立,为市民政局下属正科级事业单位。至年底,全市保障人数达2.22万人。2002年,调整城市低保享受对象的审批权限,将原由市级统一审批改为由珠山区民政局、昌江区民政局直接审批,市民政局负责监督管理。全市享受低保人数增至5.07万人,发放低保金1385万元。2003年7月,针对扩面后出现的一系列问题,开展为期1年的清理整顿,对低保对象的家庭收入和生活状况进行排查,对已重新就业或家庭收入超过低保标准的人员进行清理。是年,市政府分别下发《关于建立城市低保特困家庭社会救助制度的通知》和《关于对我市享受最低生活保障的城市居民特困户实行若干优惠政策意见的通知》,全市各级民政部门均建立社会救助数据库,实行网络化管理。全市享受低保人数为5.17万人。2004年,全市实行分类施保制,将城市低保对象分为“常补对象”和“非常补对象”。将老弱病残等靠自身努力无法改变基本生活状况的困难家庭列为“常补对象”,实行全额补助;将有劳动能力,只是生活遇到短期困难的人员列为“非常补对象”,进行重点管理,实行差额救助,提高保障的针对性。2007年,全市享受低保的对象为2.46万户5.68万人,发放低保金5837.55万元。1999—2010年,全市连年提高低保标准和补差水平,总计提高标准10次。2010年年底,全市享受低保人数达6.25万人,其中“常补对象”5104人,占全市非农人口的9.50%,实现“应保尽保”。

农村低保　2006年7月1日,全市农村低保制度正式建立,低保标准为每人每年840元,全市享受农村低保的对象为1.03万户、3.25万人,月人均补差水平为25元。2007年年初,市民政局印发《景德镇市低保工作规范化建设实施方案》,全市享受农村低保的对象为1.38万户、3.33万人。2008年,全市农村低保保障人数扩大到4.06万人,保障标准提高到每人每年1080元,月人均补助水平提高到50元,实现应保尽保。2009年,农村低保标准提高到每人每年1200元,月人均补助水平提高到65元。2010年,农村低保标准提高到每人每年1320元,月人均补助水平提高到75元。全市享受农村低保对象为1.97万户、4.15万人。

农村五保　五保供养由乡镇政府组织实施并以村提留、乡统筹为其经费和实物来源,普遍的标准是“三个六”,即每个五保对象一年300千克谷、3千克油、60元钱。主要是由基层政府和村级负责,供养形式以分散供养为主。1994年1月,《中华人民共和国农村五保供养工作条例》颁布实施。1995年,市民政局开展农村五保户供养情况普查,全市共有五保对象4327人,占全市农村总人口数的4.80%,享受五保供养有3037人,占全市农村五保对象总数的70.20%,其中村敬老院集中供养796人,各村分散供养2241人,分散供养的五保对象年人均标准为670元(其中含口粮300千克谷、3.25千克油、日常零用钱99元、其他开支119元),在敬老院五保对象年供养标准略高于分散供养标准,年人均供养标准为777元。1998年,市民政局对全市农村五保户发放五保证,明确标示老人生活的基本标准,便于检查监督。

2001年,全市4327名五保对象中,有96%享受五保供养。原以田代保的五保对象逐步落实五保供养政策,浮梁县和昌江区的五保对象供养标准为1200元以上,竟成镇敬老院的五保对象供养标准达2094元。2003年,全市实施“敬老工程”。全市(含乐平市、浮梁县)纳入供养范围的农村五保对象有1483人,其中集中供养对象848人,分散供养对象635人。共兴办农村敬老院74所(包括村级敬老院),床位总数1059张。2006年3月1日,修订后的《中华人民共和国农村五保供养工作条例》颁布实施。农村五保供养资金,列入财政预算,省、县按9∶1的比例落实,并实行社会化发放。当年,集中供养年人均供养标准提高到1800元,分散供养提高标准到1200元。2007年,市政府下发《关于进一步加强农村五保供养工作的通知》,组织5个工作组对全市38个乡镇42个敬老院进行检查,重新核定五保对象5298人,五保供养标准为集中供养每人每年1800元,分散供养每人每年1200元,集中供养率上升到75%。至2010年,全市保障人数为4506人,其中集中供养3615人、分散供养891人,集中供养率达到80%;拥有敬老院42所(全部为乡级敬老院,绝大多数都是新建、改建、扩建的项目),老人居住条件大为改善;供养标准提高到集中供养每人每年1920元,分散供养每人每年1320元。

医疗救助　2005年4月,省民政厅等部门联合制定下发《关于建立城市医疗救助制度试点工作意见的通知》,开展城市医疗救助试点工作,救助对象初步定为城市低保对象中未参加城镇职工基本医疗保险人员和已参加城镇职工基本医疗保险但个人负担仍然较重的人员。乐平市定为全省首批试点县市。6月,全省农村五保户和农村特困户中的重点户被纳入救助范围。2006年,市政府转发市民政局等部门《关于建立和完善城乡医疗救助制度实施意见的通知》,救助方式施行“医疗保险为先、看病及时介入、住院主动救助、病后一次核算”的运行机制和管理体制。12月,市民政局将救助病种由过去的6种扩大到12种;取消医疗救助起付线。2007年,全市建立起“医前救助、病中救助、医后救助”的救助工作运行机制,探索出“大病救助、门诊救助、基本医疗保险相配套”的救助模式,完善资助城乡低保、五保供养对象参保(参合)的工作机制。2008年,将救助对象覆盖面扩大到城乡低保边缘户和重点优抚人群;针对不同困难群众的救助需求,实施门诊、住院、大病、关怀救助;取消病种限制;常见病救助标准由原核定医药费的10%提高到25%;大病救助标准由原核定医药费的20%提高到30% ~50%;医疗救助最高限额提高到2万~3万元。

2010年,全市救助城乡困难对象13.29万人次,直接救助2.56万人次,发放救助资金6464.90万元,其中,城市医疗救助7.97万人次,直接救助1.56万人次,发放救助资金3995.90万元;农村医疗救助5.31万人次,直接救助9984人次,发放资金2469万元。

困难救助　精减老职工救济。精简退职老职工救济标准先后两次调整:从当年1月开始享受原工资40%救济的,在原基础上每人每月增加6.80元;享受城镇定期定量救济的,每人每月增加5元;享受农村定期定量救济的,每人每月增加4元。7月1日后,享受原工资40%救济的精简退职老职工,每人每月增加10.20元。1988年3月,根据全省部分商品调价的实际情况,社会救济标准再次调整:其中城镇定期定量救济费每人每月增加4元;精简退职享受原工资40%救济的,每人每月增加6元;享受定期定量救济的,城镇每人每月增加4元,农村每人每月增加3元。1989—1997年,上述救济对象的救济标准曾进行多次调整。1994年,提高标准,城镇每人每月57元,农村每人每月31元。2005年,每人每月增加50元,2007年再增加50元,2009年又增加30元,2010年再次增加25元。至2010年,全市享受60年代精减退职救济人数为1779人,其中城镇救济人数888人、农村救济人数891人,城镇救济标准为每人每月225元,农村救济标准为每人每月185元。将生活确实仍有困难的按照最低生活保障政策纳入城乡低保。

临时困难救助。1986年,主要在农村开展困难救助工作,为缓解农村群众生活困难起到积极作用。城市社会救济主要是对城市中无劳动能力、无生活来源、无法定抚(赡)养义务人的老人、未成年人等给予维持其基本生活的救济。1月,城镇定期定量救济标准提高至每人每月17~21元。4月,对享受城镇定期定量救济的宽大释放和就业安置的原国民党政军特人员,每人每月增发5元救济费。2007年,物价持续上涨并维持高位运行,生活必需品的价格上涨给城乡困难群众的基本生活造成一定影响。2008年7月14日,市政府下发《关于印发景德镇市城乡困难群众临时生活救助实施办法的通知》,完善城乡困难群众救助制度。市政府把临时救助资金列入"民生工程"考评指标,建立市、县两级救助基金。在实施过程中,做到救助政策、救助对象、救助标准、救助金额"四公开",申请原因、审核意见、审批结果"三公布",接受群众和社会监督。2008年,市级财政配套17万元,全市实施临时救助1682人次,发放救助资金40.80万元,人均救助243元。2009年,市级财政配套18万元,实施临时救助1972人次,发放救助资金101.90万元,人均救助517元。2010年,市级财政配套18万元,实施临时救助1676人次,发放救助资金164.40万元,人均救助981元,并确定随着经济社会发展水平提高增加资金。

表33-2-2　　1998—2010年景德镇市社会救助情况统计一览表　　单位:元、户、人

年份	救助标准		保障对象			
			城市保障		农村保障	
	城市	农村	户数	人数	户数	人数
1998	80	—	1539	4648	—	—
1999	104	—	1823	5287	—	—
2000	104	—	1998	5595	—	—
2001	120	—	3149	9451	—	—
2002	130	—	18910	50769	—	—
2003	140	—	19928	51742	—	—
2004	160	—	17776	50968	—	—
2005	170	—	22864	56190	—	—

续表 32－2－2

年份	救助标准		保障对象			
			城市保障		农村保障	
	城市	农村	户数	人数	户数	人数
2006	190	70	22959	54366	10381	32536
2007	190	70	24609	56800	13821	33369
2008	200	90	25330	57480	16814	40636
2009	215～220	100	26485	58407	16897	41018
2010	245～275	110	28909	62524	19736	41524

第三节　慈善总会

募集善款

2005 年，市慈善会办公室募集第一笔慈善资金 80 余万元。2006 年，景德镇市首次开展“慈善一日捐”活动，共募集善款 62 万元。2007 年，开展“慈善一日捐”活动，共募集资金 43 万元。至 2010 年年底，市慈善总会面向全市 8 次开展“慈善一日捐”活动，共募集景德镇市慈善总会母本金 350 万元。

赈灾捐助

1991 年 5—6 月，江苏省、安徽省等部分地区遭受历史罕见的特大洪涝灾害，7 月 20 日至 10 月 29 日，市民政局救灾捐赠接收办公室共收到全市 374 个单位和 14 万余群众捐赠的人民币 87 万余元、粮票 1.20 万千克。救灾物资折合人民币 18 万余元，其中玻璃钢艇 5 条、救护车 2 辆、药品 44 箱以及大量衣被等，所有救灾捐赠款物均及时交由省民政厅转送给灾区。2005 年，九江地区发生地震，景德镇市向九江地震灾区捐赠 50 万元款物。2008 年 5 月汶川地震，市慈善总会筹委会（慈善办）号召全市人民向灾区奉献爱心，支援灾区建设，共募集赈灾资金 1757 万元，物资折价 91 万元，支援灾区建设。2010 年 4 月玉树地震，市慈善总会为灾区人民募集善款 510 万余元、棉衣 900 件。6 月，抚州市唱凯堤决堤后，市政府安排地方财政资金 100 万元，支援抚州抗洪。是年，西南发生干旱，景德镇市接受社会各界救灾捐赠 8 万余元送往灾区和省慈善总会。是年，景德镇市遭受特大洪水袭击，市慈善总会会同有关单位举办赈灾义演义捐，全市 210 个单位和个人踊跃募捐，共募集赈灾善款 480 万余元，支持全市 75 个单位和项目灾后重建。

2004 年开始，每年元旦春节期间，开展“慈善情暖万家”走访活动，对城乡困难群众和乡镇敬老院进行慰问。至 2010 年，共计走访慰问困难群众 400 余户，走访敬老院 5 所，发放慰问金和慰问物资折价 50 余万元。

医疗救助

2006—2010 年，市慈善总会会同省内外多个慈善组织，联合开展“生命的礼物”“微笑列车”等助医帮扶活动，为全市城乡患先天性心脏病、唇腭裂儿童免费实施手术共计 20 余例，同时资助其他患病家庭，共发放医疗救助金 10 万元，受惠人员共计 60 户。

金秋助学

2006 年开始，针对每年高考后不少困难家庭的学生无法获得充裕入学资金的情况，市慈善办每年从募集善款中拿出 10 万元资助贫困大学生。2007 年，开展“爱心助学”活动，募集资金 10 万元，资助贫困大学生 50 人，开展“爱心物流助学”活动，赴瑶里走访贫困学生，为 20 名贫困中小学生发放助学金 1.4 万元。2009 年，与市民政局联合开展“慈善爱心红区行、关爱先烈后来人”帮扶活动。先后到乐平市十里岗乡、浮梁县经公桥镇、鹅湖镇看望生活在贫困中的红军及革命先烈后代60人,送去政府的关爱和温暖。2010年8月25日,市慈善总会与市焦化工业集团联合举办金秋助学活动,资助贫困大学生10万元。9月20日,景德镇市首个"慈善阳光班"在市第二中学开班,50名贫困高一新生每年获得2000元的爱心救助金,首次将资助贫困大学生转向资助贫困高中生。至2010年,共资助200余人,发放助学金50万元。

第四节　红十字会

救助救济

人道救助　从1986年起,每年元旦、春节前后,市红十字会以散居在社会上的孤、老、病、残为服务对象,开展"红十字博爱送万家"活动。组织有关部门、医疗专家和会员走访市社会福利院、麻风病村、聋哑学校、低保特困户、重特大疾病家庭和边远贫困村,慰问疾病患者、特困户和孤寡老人、儿童。1987年5月,市红十字会在全市为残疾人募捐10余万元。1988年7月,市红十字会在全市开展"八八国际体育援助"活动,市五套班子领导及各区、局领导参加募捐长跑活动仪式,由700名红十字青少年组成长跑队伍,共募集善款3.60万元。是年,市红十字会出资近2万元,相继资助新厂街道创办红十字福利工厂、红十字老年活动室,资助珠山街道创办红十字刺绣厂,资助西郊街道创办红十字瓷厂,安排40余名孤寡老人和残疾人就业,并为9个街道红十字会各配备1辆轮椅车,方便孤寡老人和残疾人出门或就诊,向精神病院、麻风病村各赠送1台22英寸彩色电视机。1989年,市红十字会分别在景德镇陶瓷馆、合资宾馆、景德镇饭店、火车站贵宾室、机场候机厅、景德商厦、瓷百商场、古窑瓷厂、雕塑瓷厂明清园等9个涉外单位及公共场所设置固定红十字募捐箱。

2000年11月24日,市红十字会在全省制定首部地方性公益法规《景德镇市红十字救助基金管理暂行办法》,次年募集善款3万余元。2002年,为农村中小学危房改造举行"一平方米"爱心筹款1.67万元。2003年,协助政府开展"万众一心、共抗非典"募捐活动,募得款物折合人民币56万余元,其中捐款38万余元。2004年,为城市低保人群住院医疗救助募捐2.69万元。开展以"捐一元善款、为灾民解难"为主题的募捐活动,募得善款1.08万元。2005年,中国红十字会"红十字博爱送万家"慰问小组到珠山区送温暖,走访石狮埠街道特困户,共发放12万元慰问物资,受助家庭185户。是年,江西省九江地区发生地震,作为友邻红十字会,紧急启用救助专项基金1万元赴九江赈灾慰问,同时募集赈灾款13.01万元。2008年5月12日,发生汶川大地震,各级红十字会开展为灾区募捐活动,共募集各类款物折合人民币908万余元,其中现金548万元,物资折价360万余元(其中昌河各类型车73台),全部捐往四川灾区。2010年,市红十字会为玉树地震灾区及甘肃舟曲泥石流灾区募捐19.55万元。至2010年,累计募集善款1030万元,资助外省市救灾及景德镇市需要帮助的人数计50余万人次。为景德镇市4名白血病患儿争取到中国红十字基金会小天使项目救助金12万余元。

灾害救济　1990年,昌江区、浮梁县遭受不同程度水灾。市红十字会号召各级红十字会会员参与社会募捐,共募集善款1.31万元,实物折价6769.50元,粮票5150千克,并争取到中国红十字会总会下拨原装进口美国福特牌救护车1辆,价值30余万元。1993年,全市遭受严重的洪涝灾害,省红十字会下发救灾大米50吨,"台湾衫"80箱,金星1号、2号消杀药0.50吨,喷雾器5只,各类药品30箱,价值30余万元。1994年,全市遭受不同程度自然灾害,各级红十字会积极投入救灾救护,累计派出医疗队31次,救治人数635人,接受香港、台湾红十字会和国际红十字会捐赠的药品、衣被、大米等救灾物资2批次,共计人民币25万元,红十字会员捐衣被6040件。1995年,浮梁县、乐平市、昌江区先后遭受特大暴雨袭击,造成洪涝灾害,市红十字会立即下发价值5000余元的物资运往灾区,发放140床棉被,帮助安置灾民。协助卫生部门派出医疗队36个,救治灾民7684人次,争取上级红十字会紧急援助,共接收境内外红十字会救灾物资折合人民币43.30万元。在红十字会系统内部开展募捐,捐款1.91万元,实物折价1.30万元,全部捐给灾区。

1996年6月29日至7月2日,景德镇市遭受较长时间的特大暴雨袭击,城区及周边县市区大面积被淹。市红十字会协助政府参与救灾,提供方便面1万包,并争取省红十字会下拨救灾大米20吨,物资到达当天即运往重灾区浮梁县新平乡南城村慰问灾民。配合卫生部门派出消杀灭防疫队71批次、医务人员413人，投放消杀及治疗药品270箱，组织捐款3.48万元，捐衣3719件，共接收各类救灾捐赠款物共计100余万元。1998年6—7月，景德镇市连续两次遭受特大洪水侵袭。市红十字会共派红十字医疗小分队104个，队员674人次，深入大街小巷开展消杀灭工作，组织募捐1.15万元，捐衣7324件。市红十字会还筹措价值16万余元的生活日用副食品物资送到灾区，并争取国内外救援款物470余万元(其中大米130吨、棉被1200床、棉大衣800件、罐头1000箱)，现金11万元，上海、香港、厦门红十字会还分别出资援建乐平市观峰乡博爱小学20万元、众埠卫生院医疗设备10万元、浮梁县蛟潭医院住院部14.80万元、昌江区吕蒙乡卫生院25万元，总价69.80万元。1999年6月，景德镇市再次遭受特大洪灾袭击，城区及县(市、区)大面积被淹，市红十字会协助政府赈灾救济工作，立即组织红十字医疗防疫队46个，人员294人，投放消杀灭药品328箱、进口喷雾器69台，价值23.40万元。争取红十字会与红新月会国际联合会、中国红十字会总会、上海红十字会、省红十字会及美国世界儿童基金会等援助一批近50个品种的救灾物资，共计616箱，救灾大米335.70吨，总价值132万余元。

2002年9月20日22点，珠山区太白园油盐巷发生大火，市红十字会积极协助政府参与"9·20"火灾救助，及时为9户受灾户送去棉被9床，春夏两季服装18包计500余件，大米每户15千克。2003年6月23—29日，浮梁县、乐平市先后遭受洪灾，市红十字会投入救灾款4.50万元、备灾衣物3000余件发给受灾群众，并配合卫生部门派出红十字医疗防疫队12个，救助受灾群众3010人次，争取中国红十字会总会、香港红十字会救灾大米60吨，价值10.30万元，受益村庄76个，救助受灾群众4000余人。2004年，市红十字会分别为浮梁、昌江11户失火家庭送去棉被15床、军大衣13件、内衣21件(套)、军绒衣裤2套、旧衣服11袋(220件)、现金1200元。

2007年7月，景德镇市突发水灾，市红十字会争取省红十字会下拨救灾物资及药品20余万元。2008年，景德镇市遭受罕见的冰冻雪灾，市红十字会共争取到外侨捐款13万元。争取到中国红十字会、北京红十字会、香港红十字会、省红十字会援建项目9个，其中乡、镇医院2所(乐平众埠医院、浮梁镇医院)，乡镇中学1所(昌江鱼山中学教学楼)，村级博爱卫生站6所(乐平镇桥坑口村、后港高桥村、浮梁鹅湖京山村、黄坛港口村、昌江丽阳村、高新区二亭村)，项目资金105万元，另争取救灾物资价值51万余元。2010年7月，景德镇市连遭强降雨袭击，市红十字会协助政府参与抗洪救灾，争取省红十字会下拨救灾款50万元、购大米166.49吨、食用油4240千克，帮助灾民1.70万户、5.10万人，另争取奶粉107箱(价值10万余元)，家庭包200个(每个价值200元)、环境消毒剂250箱(价值115万元)。至2010年，市红十字会在历次灾害救济活动中共争取国内外救灾捐赠款物累计1222.30万元，主要为大米、衣被、药品、医疗设备、交通工具、通信器材及生活日用副食品类等。同时，帮助灾区争取到重建项目(医院、学校、卫生室)15个。

卫生救护

1986—2010年，市红十字会推进生命工程建设，开展群众性现场初级卫生救护训练，并先后在学校、街道、煤矿、消防、商业、民航、林业、老干部活动中心、驾校及部分涉外宾馆、饭店等行业，举办心肺复苏、四项救护技术培训，共培训3.20万人次。1986年6月，市红十字会与珠山区红十字会在城区9个街道及所属社区居委会建有90个红十字卫生站，培训社区居民红十字卫生员768人。1987年4月，市红十字会与市卫生系统红十字会在市直10个医疗卫生单位成立红十字救护队，队员100人，并于4月18日在市中医院举行授旗仪式。1987年5月，珠山区红十字会在9个街道居民红十字卫生员中挑选出100名居民成立10个红十字营救队。1988年5月8日，市红十字会联合市卫生系统红十字会在市郊740厂举行首届全市卫生系统红十字救护演习赛，参赛科目为四项救护(止血、包扎、骨折固定、搬运)和心肺复苏等传统科目，市直10个医疗团体会员单位和120名医务工作者参加演习赛。1989年5月11日，在市郊景波机械厂举行红十字救护演习赛，内容仍为心肺复苏和四项救护等科目，参赛单位为市直10个医疗卫生部门和120名医务工作者。1990年，景德镇国际陶瓷节前，市红十字会对担负接待内、外宾任务的全市各宾馆、饭店、招待所服务员进行一次心肺复苏轮训。1991年5月8日，市红十字会、市卫生系统红十字会在市郊景波机械厂联合举办红十字救护演习暨会务知识竞赛，参赛科目有心肺复苏、四项救护、红十字会务知识等内容，市直10个医疗卫生单位和120名红十字会员参加比赛。1992—1995年,市红十字会相继开办红十字医疗门诊部和综合门诊部。1995年,市红十字会为加强乐平、浮梁、昌江等境内的206国道、省道公路沿线急救站网络建设,依托沿线医疗院所建立16个红十字急救站点,并统一配发急救箱,担架、氧气袋及其他医疗器械等。同时,还选派各站点医疗骨干赴省进行业务培训。2000年6月15日,由市红十字会、市卫生局主办,市、区人武部协办的2000年全市红十字战地救护技能演习赛在市郊训练基地(800库)举行,市卫生系统10个红十字救护队参加,参赛人员120人,参赛科目为战伤救护及心肺复苏等内容。

2008年,市政府转发市红十字会等部门《关于在全市开展现场救护培训工作的实施方案的通知》。1990—2010年,市红十字会还先后与市公安局、市交通运输管理处、市交警支队联合下发《关于开展全市机动车驾驶员现场初级卫生救护培训的通知》,合作办班220期,轮训机动车驾驶员2.20万人次。

“三献”工作　1987年,市红十字会启动“三献”(无偿献血、造血干细胞捐献、器官捐献)工作。5月,在全省率先制定和公布《景德镇市公民捐献遗体暂行办法》,当年有3个市民申请捐献遗体登记,全省首例捐献遗体者为景德镇市居民。1998年5月8日世界红十字日当天,市红十字会组织2000人参加全国“达纳康杯”无偿献血知识竞赛,市有线电视台播放无偿献血专题片《红色奉献》,市卫生系统红十字会组织医疗专家街头义诊,宣传适量献血无妨身体健康,学校红十字会组织青少年会员街头散发献血法宣传资料近8万份,当天街头设立无偿献血台,当天献血者29人,献血量5800毫升。全市无偿献血取得“零”的突破。10月1日,《中华人民共和国献血法》颁布实施。11月,市红十字会、市卫生局组织开展全市大型无偿献血宣传周活动。11月23日,市委书记、市红十字会名誉会长舒晓琴到市中心血站献血。11月26日,市六套班子领导参加全市无偿献血活动。由解放军、公务员、医务人员、大学生组成的志愿献血者方队,排着队分别在3个采血点献血,当天合格献血者77人,献血量1.54万毫升。2004年5月,景德镇市红十字会在全省率先成立中国造血干细胞捐献者资料库江西分库景德镇市工作站,并于5月8日在市中心血站正式挂牌,当天就有20余人报名志愿捐献造血干细胞。至2010年,全市医疗临床用血达100%,居民向市红十字会申请志愿捐献遗体,填写表格登记造册者7人,填写申请表格志愿捐献造血干细胞者180人。

涉外及涉港澳台交流　学习访问交流。1986年4月,日本川崎学园代表团团长川崎佑宣理事长,在省政协副主席、省红十字会副会长金立强,上海市红十字会会长王希孟,省红十字会秘书长胡善祖陪同下到市红十字会交流访问。1989年5月,罗马尼亚红十字会会长、国家卫生部副部长奥巴尼特·弗伦尼卡一行4人,在省红十字会常务副会长、省卫生厅厅长王新民陪同下,到景德镇市进行友好交流访问。2000年1月,香港红十字会国际赈灾服务部主任廖纬轩考察援建的浮梁蛟潭中心医院住院部工程质量和施工进度。2005年10月,红十字国际委员会驻东亚地区代表罗宾·巴森黛尔在中国红十字会总会联络部工作人员陪同下,到景德镇市参观访问。2010年7月,海峡两岸大学生红十字青少年夏令营到景德镇办营并参观学习。

人道救助交流。1986年,市红十字会开展援助非洲灾区募捐活动,共募集善款12万余元。1995年7月,红十字会与红新月会国际联合会救灾官员德海杰和让·库班,在中国红十字会赈济部副部长黄向东、省红十字会副秘书长刘礼坤陪同下,到景德镇市考察灾情,副市长李水根向红十字国际救灾官员汇报景德镇市灾情。1996年6月,红十字会与红新月会国际联合会救灾代表让·库班在中国红十字会总会代表朱阳、省红十字会副秘书长刘礼坤陪同下,到景德镇市考察灾情,副市长、市红十字会会长柯尔荣等领导陪同并深入重灾区昌江区丽阳乡实地查看。1998年7月,香港红十字会派员到景德镇市灾区赈灾考察,并出资14.8万元援建浮梁县蛟潭区医院住院部大楼,同时捐助10万余元医疗设备及出资1万元培训有关科室医务人员8人。8月,香港红十字会再次派出赈灾官员唐少芬、莫惠珊,到景德镇市赈灾救济,捐赠救灾大米66吨、价值8.20万元的药品。1999年11月,红十字会与红新月会国际联合会救灾代表史伊戈(荷兰籍),抵达重灾区乐平市镇桥镇浒淹村发放“99水灾定点援助”救灾大米。2000年1月,市红十字会争取到欧共体人道组织捐赠“99水灾救灾大米”111.9吨,7460人受益。3月,红十字会与红新月会国际联合会“99水灾定点援助大米”评估组组长阿拉斯戴尔·吉布森(英国籍)、评估组代表刘美玲(新加坡籍)、拉斯·彼得·尼森(芬兰籍)和哈荣(巴基斯坦籍),对景德镇市受助村点进行实地考察评估。国际联合会共向景德镇市援助救灾大米275.13吨,6114人受益,每人每月15千克,计3个月。2005年,市红十字会参与国际大救援行动,为印度洋海啸赈灾募捐，募得善款14.15万元，并全部汇往灾区。2008年，景德镇市遭受严重的冰冻雪灾，香港红十字会派员多次到景德镇市考察灾情并捐资47万元，分别援建浮梁镇医院20万元，鱼山中学教学楼25万元，配套项目2万元，举办灾民250人备灾知识讲座。国外华侨捐款13万元帮助解决部分遭灾家庭的生活急需。2010年12月，香港红十字会派员到景德镇市考察"2010水灾援建项目"，决定捐资45万元人民币，援建浮梁县黄坛乡港口村小学教学楼重建项目。

其他交流。1988年起，市红十字会通过报刊《海峡两岸》专栏和广播电台海峡之声和红十字通讯及红十字查人表格，受理两岸同胞查人转信工作，共收到中国红十字会查人表格29宗，查到结果27宗；红十字通讯12宗，查到结果11宗。发往总会转台湾红十字组织查人表格66宗，查到结果12宗；红十字通讯12宗，协助有关部门处理台胞探亲衍生问题2宗，涉台婚姻5宗，涉台遗产继承公证2宗，非法涉台案件6宗。2004年，市红十字会组织各县（市、区）红十字会及基层红十字会代表17人赴香港、澳门红十字会交流访问。

青少年活动 1986—1993年，市红十字会先后与市教育系统红十字会在厦门、南京、杭州、庐山、井冈山、青岛、黄山等地举办红十字青少年夏令营。选派优秀营员先后参加中国红十字会总会在秦皇岛、境泊湖、厦门、庐山等地举办的国际性、亚太地区及省际红十字夏令营。1987—2006年，先后组织全市中小学青少年参加全国儿童画展亚太地区"我心中的红十字"征文和总会"春蕾杯"作文竞赛以及红十字知识智力竞赛等活动。分别与市教育系统红十字会、珠山区教育局先后5次举办中小学红十字青少年大型卫生救护技能比赛、红十字少年小小运动会、三角巾包扎救护表演赛、战场救护技能操作表演赛等，中国红十字会总会顾问汤声闻、省红十字会副会长金立强等领导观看竞赛。1990年5月，市红十字会、市教育局、市文化局联合举办"人道、奉献"全市红十字青少年文艺会演。2004年，按照《学校红十字会工作规程》，市红十字会、市教育系统红十字会联合举办全市教育系统预防艾滋病知识和红十字青少年救护技能培训班。

社区活动 1986—1989年，先后培训社区红十字卫生员768人，建立社区红十字营救队10个，队员100名。1989年，市红十字会为珠山、昌江10个街道的90个社区居委会设置红十字卫生站，统一授牌，统一配置小药箱及若干常用药品，方便社区居民。2002年，市红十字会分别在西郊、昌河两个街道的36个居委员会设置红十字衣物募集接收站36个，统一授牌。2003年，市红十字会协助省红十字会在景德镇市开展中老年"心脑血管疾病社区献爱心2003年康复工程"活动项目。2005年，市红十字会为珠山区太白园街道浙江路社区申请到省红十字会"金圣社区红十字健康服务示范站"项目1个，项目配套设施价值5万元，主要配备有电脑、数码相机、运动健身器材、心肺复苏模拟人等设施。

第五节 扶贫开发

开发式扶贫（1986—1993年）

1986年，全国开始有计划、有组织、大规模地开发式扶贫工作。是年，景德镇市成立贫困地区经济开发领导小组，安排专项扶贫资金，制定贫困地区和贫困人口发展优惠政策，确定开发式扶贫方针。9月，鹅湖区民政局落实扶贫"四个一"，即扶助每户贫困户种好1亩高产田，增养1头商品猪，新造1亩果茶园，在乡、村企业安排1个劳动力。全区9个乡、1个场的935户贫困户，分别落实高产田40.46公顷，增养商品猪531头，新造果茶园58.80公顷，在乡村企业安排劳动力155个。全市各部门综合落实扶贫优惠政策，减免农业税26.50万元；减免乡村企业所得税1年；拨发救灾粮200万千克，并以优惠价供应复合饲料780万千克；教育部门投资15万元维修、兴建乡村校舍，报考师范学校的贫困地区考生适当降低录取分数线，增加民办教师编制，拨发补助；卫生部门援助贫困地区卫生院病床和医疗器械设备，增派医务人员，对报考卫校的贫困地区考生，采取定向招生、定向分配；邮电部门拨款3万元，优先安装通信设备；水利部门无偿补助12万元，兴建和维修水利设施；民政部门拨发贫困专款11.40万元，扶助发展生产，当年创办扶贫经济实体154个，扶贫1713户，其中252户成为专业户、富裕户。

1987年，市民政部门共发放扶贫资金17.93万元，扶持贫困户3853户，当年脱贫1936户。12月，市委、市政府对在老区建设、扶贫扶优工作中做出突出成绩的89个先进集体和91名先进个人予以表彰。1988年10月,鹅湖区民政局在天保乡开展"扶贫建卡"工作试点。市民政局派员进行指导,总结经验,向全市推广。

攻坚扶贫(1994—2000年)

1994年,根据市政府制定下发《关于实施〈江西省人民政府关于实施《国家"八七"扶贫攻坚计划》的通知〉的意见》,重新确定的贫困乡为乐平市接渡镇、镇桥镇、观峰乡、浯口乡、临港乡、塔前乡、文山乡,浮梁县福港乡、兴田乡、江村乡、金竹山乡,昌江区丽阳乡。1995年3月13日,市委、市政府召开全市老建扶贫工作会议,会议肯定"七五"以来全市老建扶贫的成绩,全市特贫困乡由过去的27个减少为12个,未解决温饱的贫困人口由过去的11.20万人减少为4.84万人。

1996年,全市农村贫困人口解决温饱15340人,实现市政府提出的年内下降1.50万贫困人口的目标。授予临港、文山、丽阳3个乡市级脱贫先进乡称号。1998年,景德镇市遭受百年不遇特大洪涝灾害,省革命老根据地建设委员会办公室安排106万元资金全部下拨到项目单位。4月,市民政局工作组进驻乐平市洪岩镇开展新一轮包乡扶贫工作;省老建办到景德镇市考察,拨给浮梁县西湖乡合源村扶贫专款8万元,用于改造、修复乡村公路。1999年,省老建办共安排省级支援不发达地区发展资金112万元。6月24日,市老建委召开全市扶贫开发工作会,组织全市100余个挂钩扶贫单位组成扶贫工作组,做好受灾地区的扶贫工作。2000年年初,市委、市政府明确"确保在今年内基本解决贫困人口温饱问题"的扶贫攻坚目标。至2000年,全市农村在册贫困人口由实施"八七"扶贫攻坚之初的6.44万人减少到0.70万人,解决温饱率达89.13%。2000年,接受省革命老根据地建设委员会办公室下拨扶贫发展资金288万元(市配套50万元),继续安排扶助一批扶贫项目。

重点扶贫(2001—2010年)

2001年,国务院颁布《中国农村扶贫开发纲要(2001—2011)》。全市扶贫开发工作以整村推进、产业扶贫、移民搬迁、劳动力转移培训"四大工作"为重点,初步调查确定贫困人口1.12万人。接受省级扶贫资金288万元,市财政配套扶贫资金52万元,共安排扶贫项目230个。2002年,经省扶贫办审核,浮梁县西湖乡桃墅村、合源村,江村乡沂溪村、严台村,黄坛乡黄坛村5个村为"十五"期间省定扶贫工作重点村。当年省下达扶贫资金141万元,市财政配套扶贫资金52万元,共安排种养业项目3个、水利项目3个、学校项目1个、科技培训项目6个等扶贫项目。贫困村看电视难、吃水难、行路难、上学难、就医难的问题基本解决。2003年,省、市共安排财政扶贫资金222万元,项目119个,其中种植项目15个、养殖项目6个、交通项目52个、水利项目23个、科教文卫项目8个、电力项目4个、其他项目11个。2004年,争取省、市级财政扶贫资金271万元,完成"十五"规划期间村级扶贫开发规划的年度计划。共扶持种植业项目2个,资金7万元;养殖业项目1个,资金2万元;基础设施项目14个,资金47.50万元;科教文卫项目2个,资金8.50万元;其他项目4个,资金20万元。

2005年年底,重点村的贫困人口由"十五"规划前的2274人减少到82人。经省农村贫困监测中心测算,当年景德镇市贫困人口为1.07万人,贫困发生率为1.12%。全面实施"十五"重点村的村级扶贫开发规划项目,2001—2005年,投入扶贫资金340万元,项目77个。修建乡村公路108千米,大、小桥梁(涵)57座,解决1.23万人行路难问题;修建饮水工程12处,扶贫铺设电缆线65千米,修建电视及通信基站12座,解决群众看电视、通电话、打手机难问题。新建群众文化活动中心面积32平方米,新建大、小水堰等水利设施78处,增加灌溉面积153.86公顷。2006年,制定并实施12个扶贫开发重点村的村级规划项目。完成新农村建设整治试点工作,分别是:浮梁县江村乡柏林村杨培坞自然村、黄坛乡南溪村柏术自然村、西湖乡柘坪自然村、瑶里镇南泊村河西自然村;乐平市浯口镇江村自然村、名口镇朱坞自然村;昌江区丽阳乡余家村小源坞自然村。2009年5月初,按照"整村推进扶贫开发,构建和谐文明新村"要求,扶贫移民搬迁工程启动,全市12个扶贫开发重点村共争取各方帮扶资金200余万元。是年,景德镇市劳动力培训转移任务179人,并按每人600元的标准将此项资金下拨到县(市、区)。2010年10月,继续完成12个扶贫重点村的整村推进工作,完成乐平市洪岩镇峁山村委会83人移民扶贫搬迁,完成省级下达劳动力培训转移90人。

表 33－2－3　　2001—2009 年省下达景德镇市财政扶贫资金情况一览表　　单位：万元

年份	扶贫资金	年份	扶贫资金	年份	扶贫资金
2001	288	2004	171	2007	243.40
2002	141	2005	175.20	2008	299.20
2003	171	2006	215.90	2009	417.60

第六节　移民安置

水库移民安置

1986—1990 年，浮梁县陆续接收安置淳安县新安江水库移民 3469 户、1.46 万人，分布在全县 14 个乡镇 200 余个村小组中。至 2005 年，增至 4249 户、1.69 万人，安置方式有建队和插花两种。

三峡移民安置

2003 年，省政府分配浮梁县 900 名三峡移民安置任务。浮梁县成立三峡移民办公室，负责三峡移民的安置工作。通过与移民代表、迁出地政府代表多次实地考察，选择在臧湾乡、王港乡设立 8 个移民安置点。经过移民代表实地选址后，浮梁县先行征地、征田、建房，水、电、电视、电话等基础设施安装到位，并制定领导干部帮扶制度。2004 年 8 月 28 日，顺利接收三峡移民 168 户、879 人。其中臧湾乡 81 户、422 人，王港乡 87 户、457 人。至 2005 年年底，三峡移民均安心生产，人心稳定。

表 33－2－4　　2005 年浮梁县三峡移民基本情况统计一览表

乡	村	组	总人数（人）	移民劳动力（人）	移民人均收入（元）	拥有土地资源情况（亩）		
						水田	旱地	宜林荒山
王港	墩口	康坪	126	76	1200	173.60	37.20	31
王港	坑口	万平	77	46	1400	103.60	22.20	18.50
王港	王港	新村	195	117	1500	189	56.70	47.25
王港	高沙	万胜	71	43	1400	99.40	21	17.50
臧湾	寒溪村	大堡组	131	78	1500	221	—	128.10
臧湾	午项村	张家井	107	64	1450	181.90	—	39
臧湾	臧湾村	李家塘	101	61	1400	171.70	—	32.10
臧湾	臧湾村	梁家坞	89	53	1400	151.30	—	30.30

国家扶持

1991 年 9 月，市、县民政部门首次对全市新安江库区移民情况进行调查。至 1992 年，全市共有移民 3948 户、1.70 万人，人均纯收入 384 元，均低于所在县人均水平。1991 年，下拨 41 万元专款，扶持移民发展生产建设项目 22 个。1992 年，下拨专款 32 万元，扶持移民发展生产建设项目。1994 年，实施移民“扶贫工程”：改善农业水利条件，解决移民生活饮水困难、行路难问题，解决劳动力就业，增资兴建 8 个“蚕桑工程”，促进当地养蚕业的发展。

1997年4月10日,完成境内新安江水库移民(1997—2000年)遗留问题处理规划编制任务,并报省移民办审批。9月10日,省移民办下达景德镇市新安江水库移民遗留问题处理1997年度项目计划,全年计划项目181个,计划总投资568.95万元。

1998年,133个移民项目全部实施完成。1999年,市移民办对1998年度项目完成情况进行大检查,总体情况良好。2000年,全市组织实施项目128个,下达移民资金470.50万元(无偿资金359.50万元,周转资金111万元),自筹资金276.50万元。建立健全1997—2000年度移民已实施竣工项目档案,对移民进行实用技术培训265人次,发放农业技术书籍560余册。

2001年7月,全面开展对新安江水库移民基本情况普查。下拨移民建设补贴资金430.84万元,完成移民项目106个。2002年,按照国家移民局编制移民6年规划纲要的总体要求,用近1年时间编制完成"两江"(新安江、富春江)移民2002—2007年扶持开发规划。全市移民6年规划总资金4351.43万元,其中国家扶持2180万元,地方各级配套资金2171.43万元,规划补助资金2180万元、安排基础设施项目1531万元、生产开发项目639万元、用电设施项目10万元,确保开发性移民方针得到贯彻落实。2005年,根据省移民办要求和部署,景德镇市开展移民示范村建设,共建成示范村19个,其中浮梁县12个、乐平市7个。

2006年,全面开展大中型水库农村移民人口的核查登记,全年核定的扶持对象共3.38万人,其中"两江"移民1.43万人、地方大中型水库移民1万人、三峡库区移民894人、自主搬迁移民3496人、无法核定移民5106人。移民后期扶持资金能够核定到人的,发放到移民个人的"惠农一卡通"上,全市发放1506.36万元,用于移民生活直补。

2006—2009年,全市投入项目扶持资金3833.28万元,其中2006—2007年度扶项目资金1079.38万元;2008年度扶持项目资金1369.48万元;2009年度扶持项目资金1384.42万元。2009年,各县(市、区)移民办会同本级财政部门,对已核定的移民直补资金全部通过"惠农一卡通"发放。核减移民直补人口共252人,其中乐平市157人、浮梁县95人。10月中旬,市移民办举办农村移民适用技术培训班,编制计划项目38个,下拨小水库移民解困资金155万元。2010年,180名搬迁移民在10月之前全部迁入新居。全市举办4期培训班,完成移民培训及转移就业90人。

2006—2008年,市小型水库项目资金下拨164万元,项目总数39个,其中地方交通项目17个、农田水利项目20个、人畜饮水项目1个、其他项目1个,受益村组61个,受益人员3.52万人,受益移民5474人。

表33-2-5　**2006—2009年景德镇市大中型水库移民后期扶持资金拨付一览表**　单位:万元

各市(县、区)	合计	移民直补资金	项目扶持资金			
			小计	后期扶持项目	经济发展规划项目	应急补助项目
景德镇市小计	9271.07	5459.83	3811.24	2884.48	551.76	375
乐平市	3805.04	1951.87	1853.17	1521.17	202	130
浮梁县	4792.23	3117.15	1675.08	1172.09	298.99	204
昌江区	654.80	390.81	263.99	186.22	36.77	41

第三章　社会福利

80年代后期,由集体组织兴办的社会福利事业逐渐弱化,主要靠民间分散办理。90年代以后,各级政府办强社会福利事业,从税收、彩票、财政等渠道支持福利事业。市民政部门加强儿童及老年人福利、社会福利工作,办好社会福利院、乡镇敬老院,搞好社会福利事业,发行福利彩票,创办福利企业。

第一节 儿童及老年人福利

社会福利院

福利院建设 1986年,景德镇社会福利院位于市西郊九皇宫,占地面积约9000平方米,建有2层办公楼1幢,平房宿舍2幢,食堂1幢,猪、牛栏1幢,有农田1.33公顷。内设敬老部、福利生产部、精神病疗养室、育婴班,收养36人(含孤儿),事业单位工作人员8人。为全市唯一一所综合性社会福利事业单位。

1987年5月,由于市福利院远离市区、房屋陈旧,收养人员生活及医疗、交通不便,市社会福利院迁至市西郊茶山,市政府先期拨款40万元,启动迁建工作。1991年12月,景德镇市西郊茶山上170号的市社会福利院新院主体工程和配套附属设施竣工。总占地面积约1.04公顷,建筑面积1908平方米,总投资84万元。首批孤寡老人和婴、幼儿迁新居。收养人员宿舍大楼为3幢3层组合结构式楼房,内有活动室12间、住房35间,设床位105张,附属设施为2层楼房,配有厨房、餐厅、浴室、理发室、医疗室、门卫值班室等。

1995年,市民政局多方筹措资金,争取港、澳、台同胞救济建房款,有奖募捐福利资金和社会各界捐助近20万元,新建儿童部大楼,建筑面积500平方米,为4层混凝土框架结构,内有活动室、配膳间、居室、卫生间。1996年,市社会福利院筹资40余万元,对老年部加层装修改造,新增面积600平方米,为入院的老年人提供多功能活动场所。

2003年,争取"星光计划"项目资金41.50万元,修缮200余平方米的老年活动中心。兴建老年公寓1栋,新增床位18张,用于家庭托老需要。2006年7月,景德镇市示范社会福利院新建工程项目在老院九皇宫原址开工建设,来自南昌和景德镇市的15位民营企业家现场捐赠30万元现金和价值30万元的物资。2010年,景德镇市示范福利院竣工。5月,市社会福利院由茶山上回迁到二亭村九皇宫福利院旧址,更名为景德镇市社会福利中心。该中心按功能划分为老年福利院、儿童福利院和瓷都情老年公寓。

福利院待遇 1985年,市社会福利院开展创"优良秩序、优美环境、优质服务"活动,购置生活用皮卡车1辆,收养人员生活经费增至每人每月22元。1986年7月,将1.96公顷农田交由余干县农民承包经营,年交院纯利1200元,用于提高收养人员伙食标准,合同期3年。1987年4月,市劳动人事部门将4名待业孤儿照顾安排至740厂、897厂和景波机械厂工作。10—12月,市人大代表两次视察社会福利院,督促社会福利院整改脏、乱、差的问题。经过整改,社会福利院各项规章制度健全,居住条件改善,增设文娱活动室,收养人员生活费提高到每人每月26元。1988年4月,市民政局制定《景德镇市社会福利院院长负责制(试行)工作条例》,改革院管理体制,市民政局局长与福利院院长签订年度工作目标责任书。

1991年12月,新院开设老年部和少儿部,配备工作人员12人,收养孤寡老人和婴、幼孤儿45人。1993年,增加自费收养人员比重,弃婴的生活标准得到提高。1994年9月,国际慈善机构香港"世界宣明会"资助社会福利院8名学龄期孤儿每人每月50元,帮助他们读书、生活。当年春节前夕,市红十字会、市武警支队、景德镇高等专科学校、市卫生学校等众多爱心团体和人士到市社会福利院开展多种形式的爱老助残活动。1995年,共收到市各企事业单位及社会各界人士捐款5万余元。1997年,院内设医疗门诊部,全年接受社会各界捐款捐物折价2万余元。1998—2002年,每年都有不少爱心人士到院捐款捐物,协助打扫院内及居室卫生。每逢节假日,市内大、中、小学学生及部队官兵购置大量物品慰问孤寡老人及婴幼孤儿。

2003年,福利院1名初中毕业孤儿被市卫生学校破格录取。2004年,民政部开展为期3年的孤儿残疾可适应性康复手术"明天计划",社会福利院组织实施适应康复手术2例。2005年完成21例,并为残疾儿童配置轮椅5辆、拐杖5副。2006年,市社会福利院"三无"人员生活费标准提高到每人每月260元并列入年度财政预算。2007年,市社会福利院组织实施"明天计划"项目,43人通过手术康复,手术成功率达100%。5月30日,民政部授予市社会福利院全国先进集体称号。2009年,市社会福利院开展家庭寄养模式,使寄养儿童感受到家庭的关爱和温暖;开展租住助养模式,积极与国外慈善机构联系,有多名重残儿童生活在北京新日收养之家、东莞肯萨斯之家、美国华童之家和北京济慈盲童之家,得到很好的医疗康复和抚育;开展社会助养模式,对读书孤儿开展社会助养,帮助他们在生活、学习和心理上得到更多的关爱,使他们顺利融入社会。2010年,市社会福利中心共收养110人,其中"三无"(无劳动能力、无生活来源、无赡养人和抚养人)老人28人、孤残儿童52人、自费托老老年人30人,是全市收养规模最大的综合性社会福利机构。

乡镇敬老院

1986年,全市乡村敬老院46所(不含民办),其中乐平市22所、浮梁县19所、昌江区5所,在院589人。1987年,全市乡、村敬老院发展到61所,其中乡办17所、村办44所,在院老人712人。1988年,全市共有乡、村敬老院71所,在院老人765人,以乡村敬老院为中心逐步形成乡村五保服务网络,并辐射至分散供养的五保户。

1991年,全市乡镇敬老院经整合为46所,院办经济收入1716万元,其中收养人员人均收入在150元以上的有42所,年人均收入超千元的有4所。1993年,基本完成对全市乡镇敬老院的危房改造任务,全市集中收养五保老人962人,分散供养五保老人3010人。1994年,敬老院发展庭院经济,被供养人员人均收入150~300元的敬老院有41个,301~450元的敬老院有21个,450元以上的敬老院有11个,庭院经济收入有效改善收养人员的生活条件。1995年,全市有乡镇敬老院84所、村级敬老院36所。1997年,投入资金55万元,完成10所乡镇敬老院的设备更新和旧房改造。昌江区竟成镇敬老院创办水泥预制厂和印刷厂,形成以院办厂收入、集体扶助、社会捐助的发展格局,被民政部授予全国模范敬老院称号。

2004年,全市有44家福利机构,其中乡镇福利机构42家、社会福利院2家,床位数1383张,服务对象994人。2005年,全市重点做好"三院"(福利院、敬老院、光荣院)的新建和扩建工作,并推进第三批"星火计划"项目。经省民政厅验收,市社会福利院、昌江区吕蒙中心敬老院等7个项目均为合格,共投入资金565万元(含省厅"星火计划"项目扶助资金147万元),共完成新建设面积6323平方米,改造建筑面积3781平方米,新增床位数445张,新增收养对象464人。2006年,市民政局组织对全市44个社会福利机构进行年度检查,经检查合格的公办福利机构有38家,整改6家,44家公办福利机构职工共有398人。是年,19个乡镇敬老院按时完成"星光计划"建设任务,共新建"三院"项目面积约3.45万平方米,新建床位数1.15万张,新增收养对象936人,争取省民政厅扶助资金411.60万元。市民政局获省民政厅"三院"项目建设管理先进单位称号。2007年,全市新建8个乡镇中心敬老院,其中浮梁县有瑶里镇敬老院、湘湖镇敬老院、寿安镇敬老院,乐平市有洪岩镇中心敬老院、鸬鹚乡中心敬老院、临港镇中心敬老院、众埠镇中心敬老院、接渡镇中心敬老院,实现每个乡镇都建有1所中心敬老院的目标。2008年,对全市40所农村敬老院的院长全部实行公开招聘,竞争上岗,制定景德镇市农村敬老院《星级评定管理办法》,组织开展农村敬老院星级评定工作,推动农村敬老院整体硬件设施上档次,管理上台阶,服务上水平。2010年,开展农村敬老院创星级评定表彰活动,共评出五星级农村敬老院2所、四星级农村敬老院8所、三星级农村敬老院23所。

第二节　社会福利事业

福利彩票

福彩销售　1988—1992年,景德镇市福利彩票主要是在街道、乡镇通过摆摊设点的方式进行销售,销售人员由民政局工作人员担任,采取现金与实物奖励相结合的销售方式,销售规模小。至1992年年底,全市仅销售即开型福利彩票800万元,筹集福利资金240万元。1993年8月,在市人民广场采用实物设奖的方式,大规模集中销售500万元大奖组福利彩票,彩票形式为刮开式,彩票面额为2元,中奖实物有大型卡车、摩托车及各种家用电器,为期3天,销售150万元。全年发行奖券425万元,突破原计划300万元。1994年,全市发行福利彩票370万元,超额完成目标任务的123%。1995年,在市人民广场推出1000万元大奖组销售并获得成功。全年完成1120万元的销售金额,从全省排名第七名上升为第一名。1993—1997年,各县(市、区)相继组织大小规模不等的大奖组即开型福利彩票的销售,当地市民和邻近的婺源、鄱阳、万年县及安徽祁门等地的大量彩民前来购买。全市销售即开型福利彩票达4870万元。1999年,全年销售福利彩票688.

60 万元,被省募委会评为先进单位。

2000 年 11 月,“江西风彩”电脑福利彩票开始启动,全市设 80 个投注站。2001 年 1 月 16 日,“江西风采”电脑福利彩票在景德镇销售。彩票初设“31 选 7”玩法,保底奖金 118 万元,每周二、周五开奖。6 月起,全市电脑福利彩票的销量从每期的 4 万元增长到平均每期 30 万元左右。2001 年,共销售电脑福利彩票 2512 万元。2002 年 5 月,根据财政部有关文件,电脑彩票取消头等保底奖金,增加“36 选 7”“21 选 5”2 种玩法,全市共销售即开型彩票 454 万元,占年计划的 388%,电脑福利彩票 1323 万元。2003 年 2 月,全国联合销售的“双色球”福利彩票在江西开始销售。由于奖池累积奖金快,对彩民有较强的吸引力,下半年起,电脑福利彩票销量开始回升。6 月 5 日,华东“六省一市”联合销售的“东方大乐透”在江西上市。是年 12 月 18 日,又进行“中福在线”即开型彩票试点。景德镇市全年共销售电脑型福利彩票 1071 万元。2004 年 10 月,最早在江西销售的“31 选 7”停止销售,增加全国联合上线的“3D”玩法。至年底,全市销售电脑福利彩票 1502 万元。

2006 年 6 月 8 日,市昌江广场“中福在线”销售大厅举行首卖仪式。这种全热线、无纸化、网络化、电子化的即开型彩票在景德镇市诞生。全年共销售彩票 2300 余万元(其中“中福在线”168 万元),比上年同比增长 7.40%,增幅在全省名列第一。2007 年 8 月,市人民广场“中福在线”销售大厅开张营业。2008 年,市福利彩票发行扩大布点,创新玩法,规范管理,扩大市福利彩票的销量,全市福利彩票销售总量达 3888 万元,比 2007 年增长 30%,全省排名第三,创历史最好水平。是年,市福彩销售中心与体彩销售中心联合成立江西首家彩票旗舰店。旗舰店位于市人民广场西侧。由于中彩中心对“中福在线”玩法的调整,使中福在线销量急剧下降,市福彩中心关闭昌江广场“中福在线”销售大厅和市人民广场“中福在线”销售大厅。2009 年 5 月 1—3 日,为纪念汶川特大地震 1 周年,以“心系灾区、同舟共济”为主题的“刮刮乐”即开型福利彩票在市人民广场集中销售发行,市政府、市民政局、市福彩中心领导及彩民群众 1 万余人参加首发式,此次销售彩票 420 余万元。全年共销售即开型赈灾福利彩票 850 余万元。2010 年 11 月 8 日,在广场北路 269 号重新选址开通“中福在线”销售厅。

2001—2010 年,景德镇市共销售福利彩票 2.46 亿元,共筹集公益金 7995 万元。全市中出 20 万元以上大奖 28 个、100 万元以上大奖 7 个、500 万元以上大奖 3 个、1000 万元以上大奖 1 个。

福彩公益　1991—2010 年,先后开展“福彩公益行、走近千万家”“福彩公益行、走近贫困乡村”“福彩公益行、走近贫困劳模”“福彩公益行、走近贫困学子”“福彩公益行、走近红领巾”“福彩公益行、走近抗战老兵”等一系列公益活动,共资助社会公益项目 579 个,用于扶老、助残、救孤、济困等社会福利事业支出共 6579.29 万元。

福利企业

民政工业公司　1986 年,市民政工业公司隶属市民政局。下辖 6 家福利企业,职工总人数 405 人,其中残疾职工 181 人,总资产 496 万元。1987 年年初,公司对下属各厂实行目标管理。6 月,在建筑装潢厂进行公司内部招标承包试点,从装潢厂抽出部分人员另行组织成立兴泰瓷厂,从事日用陶瓷、装饰瓷的粉彩加工,少数人员仍生产建筑石膏装饰板,保留建筑装潢厂厂名,实行两块牌子、一套人马。公司对下属各单位全面推行招标承包和经济责任承包,其中陶瓷壁画厂实行厂内招标承包,福利瓷厂、艺光瓷厂、公司经理部等实行签订用风险金作抵押的经济责任合同承包,合同期为 2—3 年。

1990 年 3 月,撤销建筑装潢厂,变更为万安瓷厂,产品改为陶瓷粉彩工艺陈设瓷。6 月,撤销福利瓷厂、龙飞工艺瓷厂,合并为龙飞塑料制品厂,其产品为聚丙烯塑料粒。至 2000 年年底,民政工业公司下属企业所有地产、房产、设备、流动资金(按 2000 年资产评估计算),总资产共 496 万元。其中艺光瓷厂占地面积 3533 平方米,建筑面积 3500 平方米,设备流动资金共计 75 万元;民政公司经理部建筑面积 380 平方米,资产为 32 万元;龙飞塑料制品厂、万安瓷厂、壁画厂三厂合并一处,总面积 1.30 公顷,建筑面积 3600 平方米,资产共计 389 万元。在市场竞争中,企业竞争力弱,致使企业停产。2003 年 4 月,民政工业公司下属 5 个企业经市政府批准作为特困企业进行改制。5 月,职工全部参加社会养老保险,一次性购买 17 年零 7 个月的保险(从 1995 年 10 月至 2013 年 4 月)。2008 年 7 月,职工办理困难企业职工医疗保险。2009 年 10 月,公司每个下岗职工一次性领取6084元下岗安置生活费。2010年5月,公司改制工作全部结束。

城乡福利企业　1986年,城乡社会福利企业76家,安置残疾职工850人。珠山区成立珠山福利瓷厂,主营陶瓷彩绘加工,安置残疾人员4人。是年6月,鹅湖区湘湖乡成立竹器加工厂,安置残疾人11人。7月,创业垦殖场开办园林酱油厂,安置残疾人3人。乐平县镇桥乡成立社会福利工厂,加工生产鞭炮。11月,昌江区丽阳乡开办福利饲料加工厂。1987年,珠山区新厂街道开办红十字福利瓷厂,安置待业残疾青年14人,生产陶瓷玩具。鹅湖区成立天宝乡张村酒厂、寿安乡米粉加工厂、王港乡木器工艺制品厂,乐平县成立接渡乡社会福利综合厂、红岩社会福利厂等5个民政福利企业。全市福利企业产值比上年增长31%,利润增长236%。1988年,各乡、村又相继成立11个民政福利企业,安置残疾人员97人。至年末,全市乡、村福利企业总数为31个。当年市民政局共下拨乡村福利企业有偿扶助资金30万元,其他部门扶助资金55.30万元,支持乡村福利企业的发展。

1991—1995年,全市城乡福利企业完成生产总值达7710.61万元,实现利润709.37万元。1996年,市民政局、市国税局、市地税局对福利企业进行检查登记,共有35家福利企业,其中23家企业登记合格,发放福利企业资格认定证书,取消13家福利企业资格。1998年,全市共有23家福利企业,其中16家城乡福利企业年检合格,取消7家福利企业资格。福利企业年销售收入943.85万元,年缴纳增值税89.10万元,实际减免返还增值税64.15万元。1999年,采取一厂一策、引资引技、联合办厂等举措,盘活企业资金,用好优惠政策,全年完成城乡福利生产收入1547.90万元。同时新增2家福利企业。

2000年,全市18家福利企业通过市、县民政部门验收,共安置残疾职工292人,年销售收入1307.6万元,创利润46.10万元,上缴企业增值税165.30万元,享受退税79.69万元。2003年6月,增加江西省浙赣铜业有限公司、景德镇市宝源化工有限公司和乐平市大亨家具厂3家民办社会福利企业,共安置残疾职工44人,销售收入1435.90万元,填补了全市民办福利企业的空白。2004年,由市、县(市、区)两级民政部门牵头,与同级税务部门分别组成年检小组,对全市福利企业进行检查,其中16家福利企业达到年检标准,取消2家福利企业资格。2010年,全市10家社会福利企业年检合格,共安置残疾人就业264人,上岗率达99%。全市福利企业(含民办福利企业)年销售收入达1.41亿元,减免税金688.50万元,福利企业退税率达100%。

表33-3-1　**2010年景德镇市福利企业一览表**

单位名称	企业职工总数(人)	安置残疾人人数(人)	残疾人占生产人数比例(%)	上岗率(%)	销售收入(万元)	减免税金(万元)
市航翔汽车配件公司	44	18	58	98	1150	37.50
市创新瓷厂	36	11	30	100	680	31.20
市新厂红十字会福利瓷厂	41	12	32	95	415	38
景德镇三阳精工机械有限公司	41	12	29	100	450.50	40.40
浮梁县瑶里镇福利茶场	15	12	80	100	517	30.30
浮梁县经公桥福利厂	16	10	77	80	70.8	3.50
浮梁县蛟潭镇福利工具厂	25	10	46	100	225	15.80
乐平市浩鑫金属制品厂	154	118	78	100	8576	295.50
市万安制冷压缩机配件厂	90	47	52	100	1875	165.80
市艺光电瓷厂	40	14	34	100	175.5	30.50
合计	502	264	51.60	97.30	14134.8	688.50

第四章　基层组织

基层组织包括村民委员会和居民委员会，是基层政府机构的延伸，承担部分社会治理职能，又是社会自治组织。市民政局指导村(居)民自治组织建设与管理。农村基层政权建设方面，组织进行村委会选举、村干部培训，实行民主管理；在社区建设方面，组织进行街道、社区调整，加强居委会组织和设施建设，开展居委会干部选举，实行社区管理、居民自治，推行便民服务。

第一节　农村基层政权建设

村委会选举

1986年年底，全市农村建有村民委员会606个，村民小组4983个，其中乐平县建有村民委员会363个，村民小组2947个；鹅湖区建有村民委员会76个，村民小组695个；蛟潭区有村民委员会108个，村民小组926个；昌江区有村民委员会59个，村民小组415个。

1990年10月和1993年下半年，全市进行第一届、第二届村委会选举，实行组织提名等额选举的方法，全市606个村选举产生新一届村委会。1991年10月，为解决村干部老有所养问题，市委组织部、市保险公司联合制定《景德镇市村干部养老保险实施办法》，共12条，主要内容是：凡经乡镇党委、政府核定编制的在职村干部均属保险对象的范围，一般每个行政村只先保3～5人；保险费根据每个被保险人的实际周岁年龄，以月领养老金计算缴费，采取一次性缴清全部保险费的方式；保险费采取“国家补贴、集体资助、个人分担”的办法筹集，县区财政补贴10%～20%，乡、村负担60%～70%，个人自负20%～30%(任职在10年以下的，自负30%，11年以上的自负20%)；被保险人领取养老金的起始年龄，男为60周岁，女为55周岁。办法还详细规定保险责任、领取保险金的办法、特殊情况的处理以及管理办法等。1993年9月，乐平市撤销此前设立的337个村公所，民主选举产生348个村委会。

1996年6—10月，第三届村委会选举，选举实行组织提名差额选举的办法，差额率为20%。乐平市、浮梁县、昌江区共53个乡镇593个村委会，登记选民58.20万人，投票选民55.30万人，参选率95.50%。全市593个村委会共选出村委会成员2996人。1998年，新修订的《中华人民共和国村民委员会组织法》颁布，全市共补选村干部121人。1999年9—12月，第四届村委会选举，首次试行“海选”村干部，坚持普遍、平等、直接、差额、竞争和秘密的原则，由具有选民资格的全体村民直接提名确定候选人，选举产生新一届村委会成员。此次换届，全市593个村委会共有选民61.69万人，投票选民58.60万人，参选率95%。全市共有495个村一次投票成功，共选举产生新一届村委会成员2235人，其中中共党员1167人，平均年龄38.50岁，总数比上一届减少761人，精简25%。

2002年9—12月，第五届村委会换届选举。全市村委会由原来的593个调整撤并为538个，共登记选民61.95万人，其中参加投票选举的选民58.09万人，参选率达93.73%。选举产生新一届村委会成员2348人，其中妇女426人，中共党员1443人，平均年龄38.37岁，全市共有234名村党支部书记兼任村委会主任。在选举中，一次投票成功的村委会425个，二次投票成功的村委会112个，三次投票完成的村委会1个。2005年9—12月，第六届村委会换届选举。在乐平市众埠镇界首村和浮梁县经公桥镇鸦桥村进行“自荐海选”模式试点。全市村委会由538个调整为496个，共登记选民69.14万人，参加投票选举65.86万人，参选率为95.24%。通过换届选举，全市选举产生新一届村委会成员共1730人，新当选村委会成员853人，妇女委员350人，村党支部书记兼任村委会主任175人，平均年龄38.60岁。2008年9—12月，第七届村委会换届选举。全市共有497个村委会参加选举，共登记选民73.51万人，参加投票选民70.23万人，参选率为

95.60%。全市选举产生新一届村委会成员1660人。新一届村委会成员整体素质有新的提高,新当选的村委会成员700人。新一届村委会班子成员中,中共党员1108人;初中以上文化1558人,其中高中(中专)文化557人、大专以上文化127人;平均年龄38.60岁。全市共有380名妇女干部当选,79%的村委会配有女村干部1人。全市共有村委会主任兼村党支部书记121人,占村委会成员总数的24.54%。

民主管理

1989—1993年,全市宣传贯彻《中华人民共和国村民委员会组织法(试行)》,市民政局与市人大调查组深入2个县7个乡调查村委会现状。通过浮梁县储田乡、经公桥镇村民开展自治试点后,在全市推广试点经验,指导和帮助村民自治,有4个乡镇和5个村委会被评为村民自治示范单位,浮梁县经公桥镇的经验在全省推广。1994年,乐平市撤销337个村公所,组建348个村委会,新建的村委会成员依法进行民主选举,村委会设有人民调解、治安保卫、社会福利委员会,建立《村民会议制度》《村规民约》《村民议事会》《财务管理》等各项制度,实行村民自治。是年,开展"先进基层政权和基层群众自治组织"评比活动,全市有1个乡、10个村(居)委会、10名村(居)委会主任受到省民政厅表彰,浮梁县瑶里镇白石塔村被评为全国先进村委会。1997年,开展依法治村活动,对全市58个后进村进行综合整治。通过整治,有28个村达标一类村、30个村达标二类村。1998年,根据中办、国办《关于在农村普遍实行村务公开和民主管理制度的通知》精神,成立全市村务公开民主管理领导小组,市委副书记任组长,分管副市长任副组长,市委、市政府24个相关部门为成员单位,办公室设在市民政局。全市593个村委会普遍成立村务公开监督小组,建立健全换届选举制度、村民会议和村民代表会议制度、民主评议村干部制度,制订村规民约和村民自治章程。1999年4月,市政府表彰25个村民自治模范村和乐平市洪岩镇、历崌山乡,浮梁县蛟潭镇,昌江区荷塘乡4个村民自治模范乡镇。

2000年11月,省人大内务司法委对景德镇市贯彻《中华人民共和国村民委员会组织法》和江西省实施办法的情况进行检查。2001年,按照《全国农村自治示范活动指导纲要》的要求,开展创建村民自治模范县、乡(镇)、村活动。4月,会同市委组织部、市委村建办、市人大内务司法委等单位,深入6个乡镇19个村委会法对创建单位进行考核验收。浮梁县被省政府命名为村民自治模范县,浮梁镇等20个乡镇被市政府命名为村民自治模范乡镇。2002年3月,市民政局向市政府提交《努力扩大基层民主,全面推进村民自治》的工作报告,村民自治工作被市政府纳入依法治市的重要内容。继续开展以"民主选举、民主决策、民主管理"为核心内容的村民自治示范活动。2003年9月,印发《景德镇市村务公开民主管理暂行规定》,从10个方面加强村务公开民主管理。继续开展"村民自治模范单位"创建活动,有4个乡镇和65个村委会被命名为村民自治模范乡镇和村民自治模范村,浮梁县被民政部命名为全国村民自治模范县。2004年7月,市民政局印发《关于切实加强农村集体财务管理与监督工作的通知》,对村级财务公开与管理的内容、形式、阵地、时间、程序、监督等作进一步规范。昌江区竟成镇黄泥头村、乐平市塔山街道坎上村被省司法厅、民政厅命名为全省民主法制示范村,同时黄泥头村被民政部、司法部命名为全国民主法制示范村。2005年,全市496个村委会建立健全民主理财小组,统一刻制民主理财专用章,为理财小组成员颁发民主理财小组审计员证。是年,全市创建民主法治示范样板村165个、村民自治模范村56个、村民自治模范乡镇5个,浮梁县被民政部授予全国村民自治模范县称号。

2006—2007年,开展"村务公开民主管理示范村"创建活动。2006年,乐平市众埠镇界首村、塔前镇塔阳村、坎上乡坎上村,浮梁县浮梁镇大洲村、湘湖镇洞口村,昌江区竟成镇黄泥头村、吕蒙乡官庄村7个村被评为省级村务公开民主管理示范村。2007年11月,市村务公开民主管理领导小组命名表彰51个村务公开民主管理示范村,其中乐平市18个、浮梁县26个、昌江区5个、高新技术开发区2个。2008年年初,指导村务公开工作,统一编制村务公开目录下发各县(市、区)执行。2009年4月,按照全省统一部署,开展"村务公开民主管理'难点村'治理"活动。全市共排查出12个"难点村",一村一策建立"难点村"治理工作方案,由县(市、区)领导挂点承包。11月,浮梁县代表江西省参加在山东临沂召开的全国村务公开民主管理"难点村"治理工作经验交流会并做大会交流发言。2010年一季度,市委组织部村建办、市委农工部、市农业局等单位,对全市的12个"难点村"治理情况进行督察,落实民主管理工作,并取得成效。7月,在全省召开的"难点村”治理工作电视电话会议上，浮梁县浮梁镇在会上作经验介绍。

村干部培训

1988—1994年，全市认真学习贯彻《中华人民共和国村民委员会组织法（试行）》，并举办学习培训班和第一届、第二届新当选村委会主任培训班，共计培训3100人。1996年11月至1997年1月，各县（市、区）举办第三届新当选村委会成员培训班，共培训村委会干部2996人。培训的主要内容是政治理论、法律法规、村委会领导艺术、村委会工作和农村科技致富等，通过培训提高村委会干部的素质。1998年11月，新修订的《中华人民共和国村民委员会组织法》颁布实施，市民政局组织人员到乡镇、村开展宣讲活动。

2000年1—3月，全市对第四届村委会干部进行培训，共培训2235人。2003年第一季度，各县（市、区）分别举办第五届村委会成员培训班，分训轮训村干部2348人。10月，协同市委组织部，在市委党校举办培训班，对全市各乡镇、街道干部进行政治和业务培训，完成村（居）民自治、基层政治民主方面的培训任务。2004年第一季度，市、县两级民政部门与相关部门配合，对全市乡、村干部700余人进行分期、分批集中培训。3月20日，与市司法局联合组织对全市496个村委会的村干部900余人进行法律知识培训、考试。4月，会同市委农工部、市财政局、市监督局、市农业局联合举办6期村民民主理财小组负责人培训班，全市近600名村民民主理财小组审计员学习财务管理制度、理财技巧、理财小组职责权利等方面的内容。全年组织7期乡村干部80余人参加省民政厅举办的中欧村务管理培训班。10月28日至11月4日，与市委农工部、市农业局、市委村建办共同举办学习贯彻中办、国办《关于健全和完善村务公开民主管理制度的通知》培训班4期，县、乡、村干部536人参加学习，提高村务公开民主管理工作水平。2005年9—10月，举办市、县两级第六届村委会换届选举培训班7期，共培训选举骨干920人。2006年2—3月，采取分级培训（市级培训村主任、县级培训副主任、乡镇培训村委员）的方法，对全市第六届村委会成员进行培训，共举办培训班32期，培训1730人。2009年3—10月，协同市委组织部门开办4期村支书、村主任培训班，全市有800余人参加培训。各县（市、区）组织、民政部门对村（居）党支部书记、主任进行培训。2010年4月，举办基层政权社区组织建设培训班，全市各县（市、区）民政局分管领导、政权股长，村务公开民主管理先进乡镇民政办主任，示范村村主任等共40人参加培训。

第二节 社区建设

街道、社区调整

1986—1998年，全市有街道办事处10个，其中珠山区有石狮埠、西郊、周路口、珠山、昌江、新村、里村、昌河、新厂9个街道办事处，昌江区有太白园1个街道办事处。全市共设有居民委员会221个（不包括厂矿居委会），其中珠山区174个、昌江区18个、鹅湖区2个、乐平市27个。

2002年，全市有街道办事处12个，其中珠山区9个、昌江区1个，新增乐平市洎阳、塔山2个街道办事处。11月，西郊街道从珠山区析出划归昌江区管辖，太白园街道从昌江区析出划归珠山区管辖。全市设有社区居民委员会170个，其中珠山区调整合并为112个、昌江区32个、浮梁县2个、乐平市调整合并为24个。2009年，全市有街道办事处13个，新增昌江区新枫街道办事处。全市共设有社区居民委员会167个，其中珠山区调整合并为79个、昌江区34个、浮梁县4个、乐平市50个。

居委会组织

干部选举　1991年8—10月，景德镇市举行首届居委会选举，是《中华人民共和国城市居民委员会组织法》颁布实施后的第一次选举，全市221个居委会（不包括厂矿居委会）采取居民代表投票的方法选举产生居委会干部1134人。1994年10月，举行第二届居委会选举。全市221个居委会采取居民代表投票的方法选举产生居委会干部1106人。1997年6—8月，举行第三届居委会选举。7月，珠山区在里村街道陶机居委会试行居民直选。至8月底，全市221个居委会全部完成换届工作，共产生居委会干部920人。1999年，举行第四届居委会换届选举。首次在珠山区、昌江区试行面向社会招聘居委会干部,换届按照报名、资格审查、笔试、面试和居民代表选举的程序进行。全市191个居委会共选举产生居委会成员950人。

2002年,举行第五届居委会换届选举。全市171个居委会通过选举产生居委会干部833人,其中主任171人、副主任320人、委员342人。居委会班子成员平均年龄38.70岁,其中大专以上文化的157人,中共党员348人。居委会班子成员的多元化、年轻化、知识化、职业化水平进一步提高。2005年,全市127个居委会参加第六届换届选举,采取自愿报名、资格审查、笔试、面试和组织推荐相结合的办法,共产生候选人739人,经过居民代表大会差额选举,产生新一届居委会班子成员561人,平均年龄37.20岁,高中以上文化426人,中共党员287人。2006年第一季度,对新当选的居委会成员561人进行培训。2008年9—12月,全市134个居委会参加第七届换届选举。选举采取居民直接选举、户代表选举和居民代表选举3种形式。全市共产生新一届居委会成员594人,其中居委会主任连任110人,其他成员连任183人。平均年龄38岁;高中以上文化518人,其中大专以上文化程度的192人;中共党员319人;妇女干部331人。推进居委会班子成员的多元化、年轻化、知识化、职业化水平。2009年3—10月,协同市委组织部门开办4期村(居)支部书记(主任)培训班,全市参加培训的居委会干部共有167人。

工作经费　1986年,市区居委会的经费补贴标准为每年每个居委会850元,由市财政局包干,一定3年不变。经费包干范围包括居民委员会干部生活补助、办公费、卫生费(民办保洁费除外)、冬防费等开支。享受生活补贴的居委会干部原则上定为2人,其中无固定收入的居委会主任每月补贴35元,副主任(兼文书)补贴30元。1997年,第三次居委会换届选举后,无工作单位的居委会主任每月补助65元,属离退休的补助60元;副主任无工作单位的补助55元,属离退休的补助50元;治保主任每月补助40元,委员每月补助10元。1999年12月第四次居委会换届选举后,主任每月补助300元,副主任补助250元,委员为义务性职务。厂矿家属委员会干部的补助由所在企事业单位负担。

2004年7月起,社区正、副主任月工资分别提高到500元和450元,每个社区居委会办公经费为5000元/年,由市、区财政分别按70%和30%比例拨付。2007年1月,社区居委会干部再次提高工资标准为每人每月100元,主任600元,副主任550元,由市财政负担50%。2008年,市委、市政府办公室下发《关于进一步加强社区工作的决定》,规定市财政对全市110个社区当年追加工作经费1万元,从2009年起,市财政每年拨给每个社区1.50万元工作经费并列入预算。珠山、昌江两区每年给每个社区配套追加3000元工作经费,社区居委会干部再次提高工资标准为人均200元,由市财政负担70%。

社区管理

便民服务　1986—1998年,全市以街道为依托,以居委会为主体,面向社区全体居民的社区服务业起步,并向实体化、产业化方向发展,建立社区便民服务网点278个,其中珠山区216个、昌江区33个、鹅湖区2个、乐平市27个。主要从事矛盾纠纷调解、社会治安、文明创建、计划生育、环境卫生和餐饮、托幼等方面的服务,共有工作人员1380人。1999年,全市建立街道社区服务中心6个,社区服务站63个,初步形成社区服务工作网络,开展以家政、托老、托幼、饮食、信息、中介、物业管理、技术培训等十余项服务工作。

2002年9月,市政府下发《关于进一步加强我市城区社区建设的若干意见》,11月,编制《景德镇市2002—2005年社区服务业发展规划》,报省计委申报立项。当年全市建成区级社区服务中心1个,街级社区服务中心8个,居(家)委会社区服务站74个,各类援助点、志愿者服务网点、便民利民服务网点163个,基本形成区、街、居服务组织互为依托、互为补充的三级服务网络。各级社区服务中心(站)登记在册的社区服务专业人员有2300余人,社区志愿者队伍11支、1100余人。年底,珠山区引入市场机制,与市电信局联合推出"社区百帮热线16866160",为群众提供家政、职业介绍、政策咨询等一系列服务内容。全市各居委会共建立80余个文化活动室,10余支社区文化活动队,丰富社区文化生活。建立129个社区警务室、23个治安岗亭、129个社区治保会,配备治安巡逻员620人,构筑社区治安防范体系。2003年3月,市政府出台《景德镇市街道办事处工作暂行办法》,市区各街道和87个社区共100个客户端全部配备电脑与打印机,采集录入相关的信息数据,全部宽带上网,实现市、区、街、居信息共享。

2004年,按照"小社区、大服务"的思路,从群众最关心、最需要的事情入手,拓宽服务领域。发展面向社区居民生活的便民利民服务，如物业管理、家政服务、家电维修、代办证件、信息中介、法律咨询等；发展面向老年人、儿童、残疾人的福利保障服务，如托老托幼、送医送药、健康咨询、法律援助、青少年教育、残疾人康复等；发展面向下岗职工的再就业服务，如就业培训、职业介绍、劳力输出等。共建立区级服务中心3个、街道社区服务中心8个、社区居委会社区服务网点163个、星光老年之家37个、社区中介服务组织106个、便民利民服务网点710个，组建社区服务专业队伍284支、3100余人，社区志愿者队伍187支、1.10万人。全市共开发社区服务岗位和社区公益岗位3280个，其中社区服务岗位解决下岗职工就业2410人，社区公益性岗位安排下岗职工870人。开展社区再就业培训1.04万人次，帮助下岗职工就业2760人，为群众介绍钟点工服务1500余次。

2005年，全市建立区级社区服务中心3个、街道社区服务中心8个、社区服务网点163个、星光老年之家37个、社区中介服务组织106个、便民服务网点710个，组建社区服务专业队伍284支、3100人，社区志愿者队伍187支、1000人。2008年，市政府下发《关于加强和改进城乡社区服务工作的实施意见》，进一步加强和规范社区服务工作。2010年4—5月，对珠山、昌江的78个初选社区进行考核，共评出一等奖社区10个、二等奖社区20个、三等奖社区38个、单项奖社区10个。市政府拿出100万元对获奖社区进行奖励。

居民自治 1986年，全市设有221个居民委员会，按照100户左右划分为一个居民小组，共有居民小组1600个。1990年，城市居民委员会组织法颁布实施，依法选举产生居民代表4695人，并逐步建立健全以社区居民大会、居民代表大会、社区居民委员会、社区议事协商委员会和居民听证会、评议会、协调会为主要内容的社区自治机制。社区居委会进一步完善《自治章程》《居民公约》《共建共约》和日常办公制度，实行居务、事务、财务公开和错时办公制，构建社区自治服务网络，设置服务保障、治保调解、文体教育、环境卫生、人口计生、妇女儿童等委员会，建立健全老年人、残疾人、“双拥”和下岗待业人员等服务组织。1991—1992年，先后在新村街道白蛇坞居委会和新厂街道为民居委会召开居民自治现场会，总结推广自治示范经验。至1992年，全市240个居委会全部由居民直接选举班子，居委会建设进入新的阶段。

2009年，珠山区被评为全省和谐示范城区，珠山区新村街道被评为全国和谐示范街道，浙江路社区、梨树园社区被评为全国和谐示范社区，森林、旸府滩、八一、人民新村（东平）4个社区被评为全省和谐示范社区。

设施建设 2001年，珠山区被省民政厅列为全省6个社区建设试点单位之一。11月，市社区建设领导小组成立，市长任组长，市委副书记、副市长任副组长，市委、市政府34个相关部门为成员单位。领导小组办公室设在市民政局。次年，珠山区、昌江区、乐平市相应成立社区建设领导小组。2002年年初，印发《景德镇市社区建设成员单位职责》，明确4个县（市、区）和30个成员单位的职责，市委下发《关于建立市直单位帮扶城区居委会制度的通知》，首批24个市直单位负责对口包扶，通过租借、搭建、筹资新建等途径解决办公用房。全市有25个社区居委会新建或购置办公用房。珠山区居委会办公用房总面积达3820平方米，居委会平均拥有办公用房面积29.20平方米。全市建成区级社区服务中心1个、街级社区服务中心8个。

2003年，市委、市政府下发《关于进一步推进城市社区建设的决定》，从明确工作目标，实施3年规划；调整社区规模，健全社区组织；构筑工作平台，建立保障机制；理顺工作职责，完善社区功能；落实优惠政策，发展社区经济；加强组织领导，形成整体合力等6个方面，提出42项社区建设的办法措施，推动城市社区建设。市政府共投入资金400余万元，打造社区服务平台，改善居委会办公条件。全市共改造社区用房7180平方米，新建社区用房3270平方米，25%的社区居委会办公及服务用房达到120平方米以上，30个社区居委会达到硬件设施标准。全市建成8个街道社区服务中心，其中新村街道社区服务中心面积2000平方米，昌江、珠山、太白园、周路口、新厂等街道的社区服务中心面积在400平方米以上。是年，市民政局筹资100万元，在全省率先建成城市社区信息化管理网络，社区与市民政局，珠山、昌江区民政局，街道办事处实现四级联网，信息共享。建成开通“瓷都社区建设网”，开辟社区党建、社区文化、社区环境、社区治安、社区服务、社区保障、民政工作等8个子栏目。设置社区数据库管理平台，2个城区、10个街道办事处和87个社区居委会均配备电脑及打印设备。

2004年，全市投入400万元新建和改造社区用房7180平方米，配备社区办公设施，有56个社区居委会达到电脑、打印机、电视机各1台，1套教学设备音响，1套办公桌、椅、柜，1套书柜及图书，1部便民服务电话,1 架照相机;57 个社区硬件设施达到“四室一校一中心”,即老年活动室、党员活动室、健身康复室、图书阅览室、市民学校、社区文化活动中心。

2005 年,全市社区平均办公服务用房面积为 109.50 平方米,其中珠山区社区平均办公用房面积达 150 平方米,浙江路社区办公用房面积达到 800 平方米,全市 86 个社区办公服务用房达标(120 平方米以上)的社区从 40 个上升为 55 个。新建区级服务中心 2 个、社区服务网点 163 个、老年星光之家 37 个。珠山区被命名为全省社区建设示范城区,新厂街道新厂社区被评为全省社区建设示范社区。是年,全市社区信息化建设,实现“二网一平台”,即社区信息网、民政局域网、信息交换管理平台。开发社区建设网信息管理软件,对社区信息进行分析、整理、编辑,方便快捷,安全可靠。全市 2 个区、10 个街道、87 个社区建立社区数据库。8 月 18—19 日,省民政厅在景德镇市召开全省社区信息化软件建设现场经验交流会,市民政局领导在会上介绍社区信息化建设经验。

2006—2008 年,全市先后投入 3500 余万元进行社区基础设施改造,其中乐平市 800 万元、浮梁县 200 万元、珠山区 2000 万元、昌江区 500 余万元。全市 173 个居委会办公和服务设施总面积达到 59357 平方米,平均每个社区 343 平方米,每个社区基本上达到“五室四站两栏一校一场所”(党组织和居委会办公室、综治警务调解室、多功能活动室、图书阅览室、资料档案室;居家养老服务站、劳动就业和社会保障服务站、计生服务站、卫生服务站;宣传栏、居务公开栏;居民学校;健身活动场所)的要求。

第五章　拥军优抚

1986—2010 年,市民政部门积极履行职责,认真抓好拥军优扶工作,在拥军优待、军供保障、退役军人安置、创“双拥”模范城等方面取得显著成绩,景德镇市连续 5 年获全国双拥模范城称号。

第一节　拥军优待

拥军

拥军活动　1986 年,珠山区成立送温暖领导小组,对孤老烈属实行“三定一包”(定人、定时、定任务,一包到底),为困难优抚对象排忧解难。1988 年,乐平市成立拥军优属工作指导委员会,建立各种优抚组织。1989 年,全市建立各类优抚服务组织 315 个,共有 5000 余人参加各种服务活动,为军队和优抚对象办好事、实事 1500 余件。解决驻市部队住房、家属就业、子女上学入托、调动工作及日常生活料理等实际问题。1994 年,市直及县区组建各类拥军优属服务组织 1085 个,有上万名志愿者活跃在城乡、军营。

2002 年,市双拥办在全市范围内开展“双拥工作在瓷都”征文活动。9 月 28 日,景德镇市军地双方举行“科技拥军、科技助民”结对协议签订仪式,昌河飞机工业集团、市民政局、景德镇高等专科学校等 29 个机关、企事业单位与驻市 16 个部队签订结对协议,掀起科技拥军高潮。2004 年,制定《景德镇市双拥工作三年规划》,并由市委、市政府办公室转发落实。2005 年起,市女企业家拥军协会在各自企业内建立拥军服务小组 128 个,为官兵做好事 100 余件,协助解决 300 余名军属就业。陶瓷美术家协会、集邮协会把 120 余件诗画和集邮作品送进军营,开展文化交流。市区最大商业街的 150 户私营业主开展双拥一条街,对子弟兵购物实行 10% 的优惠。2010 年 6 月,在全省率先开通市级双拥优抚网站,设机构设置,政策法规,工作办理程序,定期抚恤、定期补助政策标准四大栏目,为现役军人和优抚对象提供服务。

至 2010 年,全市城乡普遍建立优抚服务中心或小组 1024 个,覆盖面达 100%。优抚志愿者队伍发展到 1.05 万人,落实结对帮扶对象 2005 对,为驻军官兵和优抚对象做好事、实事 1 万余件。同时,每年“八一”、春节期间,均由四套班子和景德镇军分区主要领导带队到驻市部队及各军事单位进行慰问,开展各种形式多样的军民联欢活动。根据部队现代化、信息化建设需要，以高等院校、科研院所为依托，全市建立11个科技拥军基地，组织专家学者和科技人员1600余人次为部队服务，投入科研及科技拥军资金5000余万元，革新装备器材和开发项目84个，向部队捐赠科技书籍20余万册，培训军地两用人才1000余人。

军供保障　80年代初，景德镇军供站为南京军区军队后勤服务，负责过往部队的接待运转工作。1989年，景德镇军供站办公楼房建成后由铁路部门交付给军供站使用，当年12月11日接待新兵专列3个，计3600人，突破日接待供应量。1993年，景德镇军供站采取平战结合方法，利用军工设施、场地兴办汽车修配厂、停车场、招待所、餐厅、商店等，全年创收6.50万元。1994年，景德镇军供站对伙房进行改造，添置煤气蒸饭箱、沸水器，提高快速供应能力，全年顺利完成过往部队的伙食供应任务，被南京军区评为军供站正规化建设10周年先进单位。1995年，景德镇军供站配合南京军区演习，完成部队官兵中转保障。1996年11月，景德镇市军供工作领导小组成立。1999年10月，市政府转发景德镇军供站《军供应急保障方案》，从任务区分、工作程序、保障措施、组织领导到保障要求等作出明确规定。是年，由中央财政，省、市财政支持兴建军供宾馆暨附属楼。当年被南京军区评为军交工作正规化建设15周年先进单位。

2000年12月，军供大厦竣工。2001年5—9月，景德镇军供站接受演习部队的军供保障任务。2002年9月28日，军供宾馆顺利开业，主要接待过往军人，为部队服务，成为创建“双拥模范城”的一个亮点。2004年，景德镇军供站被民政部、总后勤部评为军供工作正规化建设先进单位。2005年，景德镇军供站全年完成41批4864人次的军供保障任务。2010年，被南京军区国防动员委员会评为南京军区军供工作先进单位。

创“双拥”模范城　1992年，江西省委、省政府、省军区授予乐平市双拥模范城称号。1994年8月1日，授予景德镇市全省双拥模范城称号。12月26日，全市加强学校国防教育，创立首家少年军校昌河少年军校。1995—1999年，先后成立景德镇珠山武警少年军校、景德镇铁小消防少年军校、第二中学武警少年军校。中央电视台、南京军区、《江西日报》等均作出报道。1997年，景德镇市首次获全国双拥模范城称号。是年7月23日，景德镇市昌河飞机工业公司获全国拥军优属先进单位称号。7月30日，景德镇市与乐平市同时被省委、省政府、省军区命名为全省双拥模范城，昌河飞机工业公司等6个单位和景德镇军分区卫生所徐解放等6人分别被授予拥军优属、拥政爱民先进单位和个人。2000年和2003年，景德镇市再次获全国双拥模范城称号，并连续四次获全省双拥模范城称号。2004年，市房管局、市双拥办联合下发《驻景部队干部职工购买经济适用住房实施办法》，解决部分驻市部队干部职工住房困难。6月26日，市双拥办下发《关于现役军人免费乘坐市内公交车的通知》。从2005年起，市财政设立军事斗争准备专项资金。各县（市、区）也分别安排资金。是年，成立景德镇市少年军校总校。至2010年，全市共创建不同类型的少年军（警）校30余所，少年军校学员有5万余人。

2007年，景德镇市开展科技拥军、科技助民和军民共建活动，发展拥军服务网络，连续第四次获全国双拥模范城称号。乐平市、珠山区、昌江区获全省双拥模范城称号。2008年，建立双拥优抚网络信息管理，做好信息采集、资料整理，完善基础数据，健全优抚对象数据库。

2010年，景德镇市“双拥”工作实现三个重大转变：从节日走访慰问型双拥，转到积极为部队军事斗争准备服务，注重科技、知识和文化拥军；从政府在一线主办双拥，转到全社会拥军大平台；从突击性双拥，转入经常化、制度化“双拥”轨道。

1986—2010年，在地方突遇急难险重任务情况时，驻市部队累计出动兵力20余万人次，出动军车万余台次，帮助扑灭山火200余起，实施群众受灾救援2000余次，清理垃圾1万余吨，无偿献血200余万毫升，积极开展拥政爱民活动。驻市96165部队排长陈大桂在汶川大地震中英勇抢救11名乡亲，自己却与新婚妻子一起壮烈牺牲，党中央、国务院、中央军委追授他全国抗震救灾模范称号。

优待

义务兵优待　1986年3月6日，市政府对优待义务兵家属作出新规定：农村入伍的义务兵家属给予普遍优待，优待金标准为当地乡镇前一年人均收入。优待金实行乡镇统筹。入伍前在国营或县以上大集体单位工作的，由原单位按其基本工资的70%发给优待金，无工作单位的义务兵，家属生活困难的，在县区优抚事业费中给予适当补助（父母在国营或县以上大集体单位工作的，由父母单位适当补助）。义务兵立功受奖,对其家属实行奖励。荣立一等功的,当年增发优待金50%;荣立二等功的,当年增发优待金40%;荣立三等功的,当年增发优待金30%;一年之内受到团以上两次以上嘉奖,被评为优秀义务兵的,当年增发优待金20%。对参战、超期服役和驻海、边防前线的,增发优待金10%~20%。1987年,全市农村全部实现以乡统筹统付优待金。对在部队立功的战士,除给予基本优待金外,每户加发30~50元的奖励金。

1992年,乐平市、浮梁县农村义务兵优待金每户每年分别达到350元和400元。1993年,全市农村义务兵优待金实行县(市、区)统筹,珠山区、昌江区实行区统筹城镇义务兵优待金。统筹对象是:除社会孤儿、孤老无劳动能力的残疾人、现役军人、二等乙级以上革命伤残军人、在乡退伍红军老战士、红军失散人员、苏区老干部、在乡老复员军人以外的市辖区内的国家机关、社会团体、企事业单位的干部、职工、个体工商户、民办非企业单位人员。乐平市、浮梁县提高统筹标准,农村义务兵优待金每户每年分别达到400元和440元。1998年,农村义务兵家属优待金标准户均提高到900元,同时城镇义务兵家属优待金标准也相应提高。2010年,义务兵家属优待金标准年人均在5000元以上。

“三属”定补对象优待　1986年9月28日,省民政厅、省财政厅联合发出通知:苏区老干部和抗日战争时期入伍的复员军人一般都要给予定补;解放战争时期入伍的定补面可按50%控制;中华人民共和国成立后入伍的定补面可控制在15%以内。补助标准:农村每人每月12~16元;城镇每人每月16~21元;省辖市区每人每月21~26元。自1986年1月1日起执行。根据规定,对全市复员军人的定补进行调整:享受定补371人,补助面42.72%。其中:苏区干部39人,补助面100%;抗日时期入伍的18人,补助面100%;解放战争时期入伍的108人,补助面100%;中华人民共和国成立后入伍的152人,补助面35.76%。1987年,对全市红军失散人员进行核查,认定在乡红军失散人员189人,全部实行定期补助。1989年,调整“三属”定抚对象289人,定补对象共1400人。

1990年,全市有优抚对象4万余人。1993年,在全市总结推广浮梁县动员社会力量为在乡复员军人解决“三难”(生活难、住房难、治病难)的经验和该县储田乡发动优抚对象开展“六个一、五带头”的活动经验,并在全省得到推广。是年,乐平市成立共库优抚水产场,以老复员军人、烈属、退伍军人两用人才为主体,将原有连片池塘划拨6666平方米水面,6666平方米旱地用来建造规范精养基地,以提高优抚对象生活水平。是年,在全市换(核)发定期抚恤、定期补助证。

2007年,为解决重点优抚对象住房难问题,根据“优先、照顾、倾斜”的原则,在提高优抚对象补助标准的同时,市、县两级财政下拨104万元专款,以及省财政每年下拨的维修经费120万元,用于补助“三老”(老烈属、老伤残人员、老复员军人)修建房屋,为1000余户住房难的重点“三属”优抚对象修建住房。2009年,市民政局会同市财政局、市劳动局、市卫生局、市房管局、市国土局、市林业局等7家单位联合下发《关于加强重点优抚对象解“三难”工作的实施意见》,基本解决农村老复员军人的“三难”问题。

其他优待　1993年,各县(市、区)出台《优抚对象医疗费减免工作的暂行规定》。1998年,市政府出台《景德镇市军人抚恤优待实施细则》《景德镇拥军优属若干规定》《景德镇市拥军优属保障基金办法》,从制度层面确保军人抚恤优待的落实。

2000年3月10日,市政府下发《关于对重点优抚对象实行减免、优待的通知》,建立优抚对象抚恤补助标准自然增长机制。2005年6月3日,市政府办下发《关于认真落实农村重点优抚对象享受社会救助的通知》。9月6日,下发《景德镇市军人抚恤优待实施办法》。

2006年,市文化局下发《关于我市各文博景点对军人实行免费参观的通知》。2007年,市教育局下发《关于优先、优惠现役军人和重点优抚对象子女入学、入托等问题的规定》。是年,全市广泛开展以解“三难”为重点的“爱心献功臣”活动,共结对帮扶困难重点优抚对象2377户。制定下发《重点优抚对象大病救助实施办法》。2009年,市政府下发《景德镇市抚恤定补优抚对象医疗保障实施办法》和《关于进一步加强优抚对象医疗保障工作的通知》。明确规定:优抚对象在与其他群众同等条件下,享有就业、入学、救济、贷款、住房分配的优先权;革命烈士子女报考中等学校、高等学校,比照分数线适当降低录取;城镇未随军的现役军官、志愿兵家属住房困难,由所在县(市、区)房管部门优先解决,或由所在单位按本单位双职工待遇分配住房;享受国家抚恤、补助的优抚对象,生活仍有困难的,由所在地的乡镇人民政府给予优待照顾;伤残军人报考中等学校、高等学校，身体条件适当放宽；二等乙级以上伤残军人享受公费医疗；现役军人、革命伤残军人凭有关证件免费乘坐市内公交、免费进入公园景点。

抚恤

牺牲病故抚恤 定期抚恤。1986年，全市对享受定期抚恤的对象和标准进行调整。定期抚恤对象包括：农村的革命烈士、因公牺牲（含失踪）军人的父母、配偶及抚养烈士或军人长大的其他亲属，无劳动能力、生活困难的病故军人的父母、配偶及抚养军人长大的其他亲属，孤老或完全丧失劳动能力不能维持生活的革命烈士的改嫁妻；城镇中无劳动能力或无固定收入的革命烈士、因公牺牲、病故军人的未成年子女（包括已满18周岁的在校学生），与革命烈士、因公牺牲军人共同生活，无经济来源的未满16周岁的弟妹，革命烈士、因公牺牲军人的孤老、残疾子女。定期抚恤标准为：农村的革命烈士、因公牺牲军人的家属每人每月20～25元，病故军人家属每人每月15～20元；小城镇和城镇的革命烈士、因公牺牲军人的家属每人每月25～30元，大城镇和城镇的革命烈士、因公牺牲军人的家属每人每月30～35元，革命烈士、因公牺牲、病故军人的孤老父母、配偶和烈士遗孤在最高标准的基础上，每人每月增发10元。

1989年，调整部分优抚对象抚恤补助标准，"三属"定抚265人，调整后每人每月平均40.56元，提高12.30元；红军失散人员132人，全部实行定补，调整后每人每月平均补助29元，提高12.34元；复员军人定补1192人，比调整前增加419人，补助面达62%，每人每月补助20.85元，提高1.07元；苏区老干部102人，全部实行定补，调整后每人每月平均补助26.83元，提高8.12元。当年，全市享受定期抚恤金的有1691人，定期抚恤金50.59万元。此后，国家又多次对牺牲、病故抚恤标准进行调整。

一次性抚恤。1988年7月，国务院《军人抚恤优待条例》规定，对革命烈士和牺牲、病故军人的抚恤，实行与其生前工资挂钩，对生前获得称号和立功人员增发抚恤金，烈士按其生前40个月工资计发，因公牺牲军人按其生前20个月工资计发，病故军人按其生前10个月工资计发，取消原规定的病故一次性抚恤金不得超过3000元的限制。在职军官、文职干部死亡后，一次性抚恤金计发项目为职务工资、军衔等级工资、基础工资和军龄工资。义务兵和月工资低于正排职军官工资标准的其他军人死亡时，按正排职军官的工资标准发给家属一次性抚恤金。对国家主席或中央军委授予称号的，增发应领一次性抚恤金的35%；军区（方面军）授予称号的，增发应领一次性抚恤金的30%；立一等功的，增发应领一次性抚恤金的25%；立二等功的，增发应领一次性抚恤金的15%；立三等功的，增发应领一次性抚恤金的5%。此后，每年定期发放一次性抚恤金。

伤残抚恤 1988年，由民政部门负责评定抚恤的人员是《军人抚恤优待条例》实施以前在部队负伤致残的退役军人；国家机关行政编制伤残工作人员；授予警衔的行政编制伤残人民警察；参战致残民兵、民工；参加县以上人武部或预备役部队组织的军事训练的无工作单位负伤致残人员；因维护社会治安负伤致残无工作的人民群众。因战、因公致残，根据伤残轻重和丧失劳动能力的大小分4等6级。因病致残，则依丧失劳动能力的大小分2等3级。1989年，国家规定因病致残仅限于义务兵在服役期间患精神病以外的疾病，经医疗终结，符合二等乙级以上病残条件的。

1989—2003年，国家先后10次调整伤残抚恤标准。在职三等乙级到特等，因公致残人员每年抚恤金提高到1390～9800元；因战致残人员每年抚恤金提高到1390～9960元。2004年，伤残等级由原来的三等乙级到特等共8级调整为10级到1级共10个等级。在乡十级到一级因公致残人员每年抚恤金提高到960～10800元；因战致残人员每年抚恤金提高到1120～11200元。增加因病致残人员六级到一级抚恤，因病致残人员六级到一级每人每年抚恤金3600～10440元。2010年，在乡十级到一级因公致残人员每年抚恤金再次提高到2730～27780元；因战致残人员每年抚恤金提高到3190～28690元，因病致残人员六级到一级每人每年抚恤金提高到9110～26870元。

烈士褒扬 1988年，经全面增补订正，全市（未含乐平县）共有登记在册的烈士1673人。1994年3月11日，市政府第三十九次常务会议决定将南山烈士墓的修缮列入市政府要办的16件实事。

2001年，按照市人大第十五次会议《关于搬迁南山烈士墓的决议》，市政府决定在鲇鱼山镇吕蒙村莲花山无偿划拨2.13万平方米山地，市财政下拨专项资金20万元，启动新革命烈士陵园建设。将原南山烈士墓迁此新址并更名为瓷都烈士陵园。是年6月9日，省民政厅批准瓷都烈士陵园由景德镇市公墓管理所代管。

2002年5月1日,瓷都烈士陵园开工建设,省民政部门下拨专项资金100万元,社会各界捐赠30万元,其他资金110万元。至年底,完成主体广场、纪念碑、烈士墓等第一期工程,共投入资金260万元。2003年清明节,瓷都烈士陵园开园,供社会各界群众祭奠。每年的清明节期间,各级党政机关、社会团体、学校师生及各界人民群众,到革命烈士陵园、烈士纪念碑塔祭奠。

1988—2010年,全市新增革命烈士15人,其中市城区4人、乐平市9人、浮梁县2人。至2010年,全市共有革命烈士4959人。

表33-5-1　　1986—2001年景德镇市优抚对象定期补助费标准一览表　　单位:元/月

年份	在乡退伍红军老战士		红军失散人员		在乡复员军人		带病回乡退伍军人	执行(调标)文号
	职务	标准	农村	城镇	农村	城镇	农村	
1986	连排职	40~50	10~15	15~20	10~15	15~20	10~15	民〔1986〕优14号
	营职	50~60						
	团职	60~70						
1987	连排职	40~50	16~20	20~24	10~15	15~20	10~15	民〔1986〕优94号
	营职	50~60						
	团职	60~70						
1989	连排职	85	26~30	30~34	10~15	15~20	10~15	民〔1986〕优字8号
	营职	95						
	团职	105						
1992	166		35		10~15	10~20	10~15	民优发〔1992〕29号
1994	226		45		35		20	民优发〔1994〕3号
1995	251		55		35		20	民计函〔1995〕136号
1996	300		70		35		20	民优发〔1996〕24号
1998	340		80		35		30	民优函〔1998〕3号
1999.1 1999.7	450		90		55 75		30	民优发〔1999〕5号 民优发〔1999〕39号
2000	500		110		75		30	民发〔2000〕133号
2001	590		120		75		30	民发〔2000〕60号

表33-5-2　　2002—2010年景德镇市优抚对象定期补助费标准一览表　　单位:元/年

年份	在乡退伍红军老战士	红军失散人员	在乡复员军人			带病回乡退伍军人	参战、参试人员
			抗日战争	解放战争	中华人民共和国成立后		
2002	7800	1560	1860	1620	1380	360	—
2003	9360	1800	1860	1620	1380	360	—
2004	9600	2880	1860	1620	1380	360	—
2005	9600	2880	2880	2160	1920	360	—

续表 33－5－2

年份	在乡退伍红军老战士	红军失散人员	在乡复员军人			带病回乡退伍军人	参战、参试人员
			抗日战争	解放战争	中华人民共和国成立后		
2006	11400	3360	3360	3120	2160	960	—
2007	13680	4080	3360	3120	2160	960	—
2008	15720	4680	3360	3120	2160	960	—
2009	18080	7820	5520	4800	4560	2520	2520
2010	19890	8600	6240	5520	5280	3600	3600

说明：参战、参试人员的定期抚恤补助费从 2009 年开始执行

表 33－5－3　　1985—2010 年革命烈属，因公牺牲、病故军人遗属定期抚恤标准一览表　　单位：元/月

年份	对象标准	革命烈士遗属	因公牺牲军人遗属	病故军人遗属	执行（调标）文号
1985	农村	20～25		15～20	民优〔1985〕3 号
	小城市	30～35		25～30	
1989	农村	35～40		30～35	民优〔1989〕8 号
	小城市	45～50		40～45	
1993	农村	45～50		40～45	民优发〔1993〕3 号
	小城市	55～60		50～55	
1994	农村	50～55		45～50	民优发〔1994〕3 号
	小城市	60～65		55～60	
1995	农村	55～60		50～55	民计函〔1995〕136 号
	小城市	65～70		60～65	
1996	农村	60～65		55～60	民优发〔1996〕24 号
	小城市	70～75		65～70	
1998	农村	68～73		63～68	民优函〔1998〕3 号
	小城市	78～83		73～78	
1999	农村	95～100		90～95	民优发〔1999〕5 号
	小城市	105～110		100～105	
2000	农村	115～120		110～115	民发〔2000〕133 号
	小城市	125～130		120～125	
2001	农村	135～140		130～135	民发〔2001〕60 号
	小城市	145～150		104～145	
2002	农村	160～165		155～160	民发〔2002〕89 号
	小城市	170～175		165～170	

表 33－5－4　　2003—2010 年革命烈属、因公牺牲、病故军人遗属定期抚恤标准一览表　　单位:元/年

年份	标准对象	革命烈士遗属	因公牺牲军人遗属	病故军人遗属
2003	农村/城镇	2340/3060	2280/3000	2220/2940
2004	农村/城镇	2640/4200	2520/3900	2340/3600
2006	农村/城镇	3120/4980	2940/4620	2760/4260
2007	农村/城镇	3600/6000	3420/5400	3300/5100
2008	农村/城镇	4140/6900	3960/6180	3780/5820
2009	农村/城镇	4760/7940	4550/7110	4350/6690
2010	农村/城镇	5240/8730	5010/7820	4790/7360

表 33－5－5　　1984—2003 年景德镇市残疾军人抚恤金标准一览表　　单位:元/年

时间	特等		一等			二等甲级			二等乙级			三等甲级		三等乙级		执行(调标)文号
	因战	因公	因战	因公	因病	因战	因公	因病	因战	因公	因病	因战	因公	因战	因公	
1984.7	570	518	498	464		390	350		296	268		180	180	140	140	民〔1984〕优 22 号
1988.1	1200	1100	1020	950	860	740	660	600	538	480	450	336	322	272	272	民〔1988〕优字 6 号
1991.1	1560	1440	1260	1170	1060	920	830	760	656	590	554	416	400	342	342	民优发〔1991〕23 号
1994.1	2240	2100	1860	1740	1620	1250	1150	1070	856	780	740	536	516	442	442	民优发〔1994〕3 号
1996.1	3324	3080	2460	2330	2200	1430	1320	1230	960	880	840	628	608	526	526	民优发〔1996〕24 号
1998.1	3540	3380	2760	2630	2500	1550	1440	1350	1080	1000	960	748	728	646	646	民优函〔1998〕3 号
1999.1	5340	5180	4000	3870	3740	2120	2010	1920	1320	1240	1200	900	880	780	780	民优发〔1999〕5 号
2000.1	6000	5840	4600	4470	4340	2480	2370	2280	1680	1600	1560	1050	1030	930	930	民发〔2000〕133 号
2001.1	7000	6840	5400	5270	5140	2900	2790	2700	1940	1860	1820	1180	1160	1050	1050	民发〔2001〕60 号
2002.7	8400	8240	6480	6350	6220	3330	3220	3130	2230	2150	2110	1360	1340	1210	1210	民发〔2002〕89 号
2003.7	9960	9800	7680	7550	7420	3880	3770	3680	2600	2520	2480	1560	1540	1390	1390	民发〔2003〕89 号

表 33－5－6　2004—2010 年残疾军人、警察、国家机关工作人员、民兵民工残疾抚恤金标准一览表　单位:元

伤残等级	伤残性质	残疾抚恤金标准					
		2004 年	2006 年	2007 年	2008 年	2009 年	2010 年
一级	因战	11200	14560	18900	22680	26080	28690
	因公	10800	14040	18300	21960	25250	27780
	因病	10440	13570	17700	21240	24430	26870
二级	因战	10080	13100	17100	20520	23600	25960
	因公	9600	12480	16200	19440	22360	24600
	因病	9200	11960	15600	18720	21530	23680
三级	因战	8960	11650	15000	18000	20700	22770
	因公	8400	10920	14100	16920	19460	21410
	因病	7800	10140	13200	15840	18220	20040
四级	因战	7280	9470	12300	14760	16970	18670
	因公	6600	8580	11100	13320	15320	16850
	因病	6000	7800	10200	12240	14080	15490
五级	因战	5600	7280	9600	11520	13250	14580
	因公	5040	6550	8400	10080	11590	12750
	因病	4560	5930	7800	9360	10760	11840
六级	因战	4480	5820	7500	9000	10350	11390
	因公	4200	5460	7080	8520	9800	10780
	因病	3600	4680	6000	7200	8280	9110
七级	因战	3360	4350	5700	6840	7870	8660
	因公	3000	3880	5100	6120	7040	7740
八级	因战	2240	2880	3600	4320	4970	5470
	因公	1920	2480	3300	3960	4550	5010
九级	因战	1680	2180	3000	3600	4140	4550
	因公	1440	1870	2400	2880	3310	3640
十级	因战	1120	1460	2100	2520	2900	3190
	因公	960	1250	1800	2160	2480	2730

第二节　退役军人安置

退伍军人安置

1986 年,乐平县城镇退伍军人安置由乐平县审批,市管辖区退伍军人安置由市安置办负责。1989 年 2

月,市政府出台《计分分配退伍军人的试行方案》,试行"三级计分分配"办法,对所有参加统一分配的退伍军人根据其在部队期间立功受奖和现实表现等情况评分,然后从高分到低分优先挑选工作单位。实行分配计划指标公开、分数公开、分配结果公开、纪检部门和退伍军人参与监督。

1992年,浮梁县直接承担接收安置复员退伍军人工作。1994年,全市开发使用退伍军人两用人才工作取得新进展,共组建退伍军人经济联合体51个,涌现勤劳致富各类专业户241户。退伍军人农业开发点5个,回乡退伍军人成为振兴农村经济,推进两个文明建设的生力军。1997年,全市接收从西藏部队退伍返乡的志愿兵8人,市政府将这些立功受奖的退役功臣分别安置在昌河飞机工业公司、华意压缩机厂和印刷机械厂等经济效益较好的企业工作。1998年,全市退伍军人安置工作任务加重,安置难度越来越大。主要原因是当年度安置人员突然增多(3年制和2年制义务兵是年退役);市属企业普遍不景气,安置能力下降。1999年,在全市范围内,试行当年退役的城镇退伍军人待安置期间发放生活补助费,标准为城镇退役义务兵每年800元,退役志愿兵每年240元。11月5日,在市民政局举行首发仪式,当天发放生活补助费7.60万元。年内共发放城镇退伍军人待安置期间生活补助费20万元。

2001年10月24日,市政府发布《景德镇市退役士兵安置任务有偿转移及退役士兵自谋职业暂行办法》,规定在指令性安置任务的前提下,接收单位每少接收1名退役士兵按2万~3万元的标准缴纳有偿转移金;退役士兵自谋职业的一次性经济补助金为士兵服役期间每年6000元,每超期服役1年增加3000元;复员和转业士官每服役1年3000元。同时规定安置任务有偿转移标准和退役士兵自谋职业一次性补助金标准可随上年度职工年平均工资水平作相应调整。当年,经过本人申请,市退伍办批准32名退役士兵(含7名转业士官)办理自谋职业手续,共发放自谋职业补助金61.80万元。是年,收缴的退役士兵安置保障金160万元,建立景德镇市退役士兵安置保障基金专户。2002年,市安置办同有关部门联系,为退伍兵落实安排临时工作,向交警支队推荐退伍兵担任协警,并向法院、烟草公司等单位介绍临时工。是年,全市城镇退役士兵安置计划由市发改委下达改为市、县(区)政府直接下达。

2003年,根据民政部的决定,全市对入伍新兵实行发放优待安置证制度,当年发放2002年冬季入伍新兵非农优待安置证、农业优待安置证。2006年,城镇退役士兵实行货币化安置扩面,自谋职业率由2005年的30%提高到60%,浮梁县退役士兵自谋职业率连续4年达到100%。当年市县两级财政共拨款510万元作为退役士兵安置保障基金,收缴有偿转移资金100万元,保障总现退役士兵自谋职业一次性补助,自谋职业一次性补助标准由二年制服役期1.20万元调整为2万元。当年,以市技工学校为依托建立复员退伍军人职业技能培训基地,设立市复员退伍军人推拿专业培训中心,举办计算机专业技术操作、数控机床技能培训班各1期。2007年,开始对两年义务兵全部实行货币安置,自谋职业不再安排工作,转业士官、立二等功人员、伤残军人和女兵进行安置。2009年11月4日,市政府发布《景德镇市市本级城镇退役士兵安置暂行办法》,实行自谋职业为主与重点安置对象安排工作相结合的原则,细化重点安置对象的条件,规范城镇退役士兵自谋职业的安置方式。是年11月,市复员退伍军人项学云被国务院授予全国优秀复员退伍军人称号。

军队离退休干部安置

1986年,市民政局内设军队离休退休干部休养所(以下简称市军休所),业务归口市军队离休退休干部安置办公室。当年共接收安置军队离退休干部18户(师职2户、团职14户、营职2户),协同有关部门对随迁家属5人办理工作调动,子女3人予以转学,并安排待业子女3人就业。在军队离退休干部中,建立党支部,成立管理委员会,开设活动室。1987年7月,省政府授予市军休所拥军优属、拥政爱民先进单位称号。9月,在全国军队离退休干部服务管理工作经验交流会议上介绍经验。1988年2月9日,由市军休所筹办的军人服务社开业。是年,在莲花山住宅区兴建团职干部住房4幢8套,每套为2层砖混结构,单家独院,建筑面积94平方米。

1991年4月2日,市军队离休退休干部休养所正式成立,为正科级事业单位,隶属市民政局,核定事业编制5人。1993年,市军队离退休干部安置由零星安置转为有计划成批安置。6月,市军休所接收安置第四批军队离退休干部。1994年,按照民政部、财政部、解放军总政治部《关于移交政府安置的军队离退休干部住房用车制度改革问题的通知》,市军休所改革军休干部用车、住房,当年共发放交通费1170元,兑现租房补贴2300余元。1996年，市军休所统一安装保健服务电话19部。1997年10月，市军休所被评为全省优胜军休所。是年12月，民政部、总政治部授予军队离休干部张文涛全国先进军队离退休干部称号。

2001年，接收安置第四批军休干部，历年未移交到位的军休干部完成移交。2002年11月，市军休所接受安置第五批军队离退休干部。2004年，市军休所干部冯万珍被民政部、总政治部、总后勤部评为全国先进军队离休干部。2005年，市军休所认真落实军休干部"两个待遇"，增补军休干部护理费和住房补贴3万余元。

2008年12月，市军休所推出"五必访"制度，凡军休干部住院必访；生病在家必访；空巢及久病在家定期必访；有困难求助必访；遇突发情况必访。制定每年固定"三走访"制度，春节前、"八一"前、入冬前后，由所领导和工作人员走访看望军休干部、遗孀家庭，慰问困难家庭。2009年6月，市民政局推进军休干部房改工作。全市分3批向军休房改对象兑现中央财政房改资金323.32万元。2010年10月，全面完成。市军休所主任余源华获民政部、解放军总政治部表彰的全国军休工作先进个人称号。

第六章　管理机构

市民政局为市政府主管全市社会行政事务的工作部门。1986—2010年，市民政局随着职能的调整、强化，其内设机构和下属事业单位也相应调整增设，保证了民政管理和社会保障事业的发展。

第一节　民政机构

市民政局

1986年年初，市民政局内设机构有秘书科（含财务工作）、优抚科、社会救济科、民政科和局党组办公室、纪检组、复员退伍军人安置办公室、退休干部安置办公室（含军队离退休安置）。人员编制20人。4月，设立局纪律检查委员会，为副县级机构。1989年12月1日，增设社团登记管理科和行政区划科，增加事业编制7人。1990年8月10日，增设基层政权建设科、社团登记管理科、计划财务科。

1991年7月1日，市地名办公室由市政府办移交市民政局管理。1992年，市民政局内设党委办公室、行政办公室、优抚科、社会救济科、基建财务科、社团登记管理科（市社团管理办公室）、行政区划科（含地名管理）、复原离退休安置办公室。核定编制44人，其中行政编制37人、事业编制7人。

2002年，内设办公室，计划财务科，民间组织管理处，优抚科，安置办（市复员退伍军人安置办、市军队离退休干部安置办），救灾救济科，基层政权、社区建设和区划地名科（市地名委员会办），社会福利科，社会事务科，市老区建设委员会办公室，党委办公室11个职能科室纪委（监察室）为派驻机构。核准机关行政编制28人（其中纪检监察专项编制2人），事业编制7人。

2010年11月17日，将市气象局承担的市减灾委员会办公室职能划入市民政局。内设办公室、计划财务科、民间组织管理科、优抚科、救灾科、社会福利和慈善事业促进科、社会事务科、市老区建设委员会办公室、安置办（市复员退伍军人安置办、市军队离退休干部安置办）、基层政权社区建设和区划地名科、市移民办公室11个职能科室，编制34人。

县（市、区）机构

1980年，珠山区民政局成立。是年12月，昌江区民政局成立。1989年，撤区并县，浮梁县民政局成立。1992年，乐平撤县设市，乐平县民政局更名为乐平市民政局。全市各乡镇设有民政办公室，配齐专职民政干部。

下属单位

景德镇军供站　1990年12月10日，景德镇军供站内设秘书科、供应科、生产经营科，均为副科级。编制23人。

市军队离休退休干部休养所　1991年4月2日成立，为正科级事业单位，隶属于市民政局领导，核定市军队离休退休干部休养所事业编制5人，其编制分别从市民政局机关调剂出事业编制4人，市收容遣送站调剂出事业编制1人。

市福利彩票发行中心　1991年4月，景德镇市社会福利有奖募捐委员会成立。由市委、市政府及民政、新闻、金融等28个成员单位组成，下设办公室(简称“市募委办”)，负责社会福利有奖募捐发行、宣传以及福利基金的管理工作。2001年10月8日，成立市社会福利有奖募捐委员会办公室、市社会福利彩票发行站，实行一个机构、两块牌子，为市民政局下属正科级事业单位，核定自收自支事业编制3人，人员从市民政局系统内部调剂解决。2006年3月17日，景德镇市福利彩票发行站更名为市福利彩票发行中心，仍为一个机构两块牌子。

市社会救助办公室　2001年10月8日，市城市居民最低生活保障办公室成立，为市民政局下属正科级事业单位，核定全额拨款事业编制4人，人员从市民政局机关内部调剂。2008年4月22日，更名为市社会救助办公室。

市老龄工作委员会　1986年，市老龄问题委员会成立。1990年，改称市老龄工作委员会。2001年11月16日，市老龄工作委员会办公室由挂靠市劳动局改为设在市民政局，人财物成建制一并划转。2004年4月5日，市老龄办增加事业编制2人，合计6人，列入财政全额拨款。

市救助管理站　1984年3月，市收容遣送站设内勤股、外勤股，共有干部职工17人。2003年11月11日，市收容遣送站更名为市救助管理站。2008年8月7日，市救助管理站列为参公管理单位。

市社会福利中心　1959年，市社会福利院成立，内设敬老部、残老教养部、福利生产部、精神病疗养室、育婴班和儿童教养所，为综合性的社会福利事业单位。2010年4月21日，市社会福利院更名为市社会福利中心。

市按摩诊所　2009年7月9日，市按摩诊所改为全额拨款事业单位，重新核定事业编制11人，人员只出不进。

市减灾备灾中心　2010年11月1日，设立市减灾备灾中心(挂市减灾备灾委员会办公室牌子)，为市民政局下属正科级全额拨款事业单位，核定事业编制2人。

市边界管理办公室　2010年11月1日，设立市边界管理办公室，为市民政局下属正科级全额拨款事业单位，编制2人。

市地名委员会办公室　1981年3月27日，景德镇市地名工作领导小组成立。1984年，成立景德镇市地名委员会，地名委员会办公室为政府办公室内设机构。1991年7月1日，地名工作移交给市民政局。

第二节　慈善机构

市红十字会

1985年7月17日，市红十字会恢复，挂靠市卫生局代管，当年举行第一次全体理事会议。选出会长1人、副会长2人。2004年11月18日，市红十字会从市卫生局划出，单列为正县级群众团体。内设办公室、赈灾服务科，人员编制5人，其中行政编制1人、事业编制4人。会长由市政府分管领导兼任。

基层红十字会

县区红十字会　1985年12月，珠山区红十字会成立。1986年4月，乐平县红十字会成立。1988年，昌江区、鹅湖区、蛟潭区红十字会成立。1989年12月，浮梁县红十字会成立。2010年4月，珠山区红十字会从区卫生局划出，为正科级群团机构，定编3人。

单位红十字会　1986年5月，市教育系统红十字会、市卫生系统红十字会、行业红十字会相继成立。之后，街道、学校、医院、厂矿(企业)机关、乡镇等单位陆续成立基层红十字会组织。至2010年12月31日，全市红十字会拥有基层组织131个,会员6.20万人。

市慈善总会

1991年,称市民政局救灾捐赠接收办公室。2004年3月4日,成立市慈善会办公室,为正科级事业单位,全额拨款事业编制3人。2006年7月,成立市慈善总会筹委会。2008年7月15日,景德镇市慈善总会正式成立。7月25日,召开第一次代表大会,选举会长1人、副会长2人,通过《景德镇市慈善总会章程》。是年,筹建县(市、区)慈善总会。2009年,在景德镇陶瓷大学材料工程学院成立慈善义工站。

第三十四篇　教育　科技

第一章　教　育

1985年,中共中央颁布《关于教育体制改革的决定》,提出提高全民素质的教育目标。据此,教育改革进一步推进,大力实行素质教育。全市幼儿园由176所发展到483所,国有企业自办学校逐步剥离,移交地方政府属地管理,学校办学条件和师资力量得到整合,九年义务教育有序开展。高中阶段教育规模扩大。1997年,全市“两基”(基本实施九年义务教育、基本扫除青壮年文盲)提前达标,走在全省前列。2000年,大中专毕业生分配制度改革,由国家统一分配改成自主择业。2002年,景德镇瓷校升格为省工艺美院,全市高校为3所,初步形成多层次、多形式、学科门类齐全的区域性教育体系,其中陶瓷教育成为景德镇的一大特色。扫除青壮年文盲的工作取得历史性进展。自学考试人数不断增多,由传统学校教育向终身教育发展。社会力量办学增强,尤其是幼儿教育,大部分幼儿园都由社会力量兴办。教师面向社会公开招聘,教师待遇不断提升,各类高素质人才充实到教师队伍,城乡教育事业蓬勃发展。

第一节　教育体制改革

管理体制改革

80年代初,景德镇市的基础教育实行在市委、市政府领导下,由市教育行政部门统一管理的体制。1985年,贯彻实施《中共中央关于教育体制改革的决定》,昌江区基础教育率先实行“三级办学、两级管理”的体制,区政府主办和主管昌江一中、昌江二中2所中学和二小、三小、十五小3所城市小学,乡(镇)主办和主管农村初级中学和乡(镇)中心小学,村、自然村主办和主管村办小学。1986年,乐平县基础教育开始实行“三级办学、两级管理”的体制,即县主要负责普通完中、普通高中和职业高中,乡(镇)主要负责农村初中和中心小学,村和自然村主要负责一般完小和初小、村办小学。县直中等学校由县管理,农村中小学和城镇小学、幼儿园由乡(镇)管理为主,县负责指导、监督。是年,全市实行9年义务教育的主要责任在县(市、区),具体任务落实到乡(镇),同时发挥村一级办学积极性。1988年,全市基础教育全面实行县、乡、村三级办学,县、乡两级管理的体制。2002年,全市农村义务教育按“在国务院领导下,由地方政府负责,分级管理,以县为主”的新体制运行。2003年,全面建立和落实“以县为主”的农村义务教育管理体制。明确县(市、区)政府承担主要责任,乡(镇)政府、村委会承担相应责任,实现教育经费统筹、工资统发、人事统管。至2010年,全市基础教育仍按“三级办学、两级管理”,农村义务教育“以县为主”的管理体制运行。

办学体制改革

1985年,根据《中共中央关于教育体制改革的决定》,市委、市政府在办好公办学校的同时,鼓励、支持部门、企业、集体和个人办学,逐步建立以政府办学为主、社会办学为辅,形成政府办学与社会力量办学相互支持、相互促进、共同发展的办学新体制。社会力量办学,首先由企业办学开始,当年市机械工业局创办机械中专学校,市商业局创办商业职工中专学校,市财政局创办财会职工中专学校。1986年,江西省浮南矿、黎明制药厂、电化厂创办职工业余学校,民建市委会、市工商联合办景德镇建联业余学校,市教育工会创办市钟声业余学校。1987 年,省陶瓷工业公司与市教育局联合创办市第十四、十五、十六 3 所中学(时称陶瓷联校)。1988 年,市卫生局创办卫生学校,景波机械厂创办职工高中。

1990 年,新厂街道办事处创办景德镇新厂业余学校。1992 年,成立景德镇市社会力量办学管理委员会,推进办学体制多样化,社会办学、民办教育涉及学前教育、小学教育、初中教育、高中教育。1993 年,贯彻实施《中国教育改革和发展纲要》,深化教育办学体制改革,形成以国家办学为主体、社会力量办学和民间办学为补充的多种形式办学的新格局。是年,市计委创办电脑技术学校,吴荫先创办市私立培英中学,市体委与市教育局合办市游泳小学,位于景德镇市东一路毛家畈李家的立新小学是经珠山区教育局批准的市区第一所民办小学。1994 年,制定《景德镇市贯彻〈中国教育改革和发展纲要〉的实施意见》,进一步推进教育办学体制改革。1996 年,共青团市委与市教育局合办文艺小学。1998 年,创办民办幼儿园天天乐幼教中心。1999 年,市教育局支持社会力量办教育,批准民办高中 2 所、初中 1 所、幼儿园 66 所。

2001 年,创办景德镇天翼中学,实行民办公助,市第五中学二部实行公办民助办学体制。是年,民办幼儿园发展迅速。至 2003 年,民办幼儿园占幼儿园总数的 80% 以上。2003 年,市区有全日制民办小学 15 所,其中珠山区辖区内 10 所、昌江区辖区内 5 所。2004 年,市教育局制定《关于支持发展我市民办教育的若干意见》,积极鼓励和支持社会力量以多种形式办学。全市有民办中学 16 所,其中市直 8 所、乐平市 8 所;民办小学 16 所,民办中小学开始走向健康发展的轨道。至 2010 年,全市有民办中学 9 所、民办小学 4 所、民办幼儿园 451 所。

教材教法改革

80 年代初,景德镇市第六小学开始进行思想品德乡土教材实验,自编《可爱的家乡——瓷都》等教材。市一小、十二小、十七小和昌河小学进行景山学校集中识字教材实验。市群星学校进行"五・四"制改革实验,即小学 5 年、初中 4 年,使用北京师范大学九年制义务教育实验教材。1986 年,延续 80 年代初期的教材教法改革,市群星学校义务教育九年一贯制(小学 5 年、初中 4 年)的学制改革、北京师范大学九年制义务教育教材实验、课堂教学方法改革三管齐下继续推进。市一小、十二小、十七小和昌河小学继续进行第二轮景山学校集中识字教材实验。是年,市第八小学以"快乐教育、减轻负担、提高素质、培育新人"为主题,从一年级开始实行快乐教育、整体教学改革实验。1987 年,在市第八小学、鹅湖区东安小学进行整体教学改革实验。1988 年 7 月,在全省思想品德课研讨会上,市第六小学自编的教材《可爱的家乡——瓷都》,《自编乡土教材,进行爱国主义教育》教学论文被列为大会交流发言内容,编入《江西省中小学思想品德课教学研究文选》。10 月,市第六小学自编的《英雄的人民,可爱的瓷都》被列为革命传统教育教材,并在全省革命传统教育教材研讨会上进行交流。

1990 年 6 月,省教委确定景德镇和南昌两市为江西省九年义务教育课程教材实验区。是年 9 月,景德镇师范附小、群星学校(小学部)、市第七小学进行"五・四"制教材实验。景德镇一中、市五中、市七中、群星学校(初中部)、昌河中学、乐平中学进行"六・三"制中学 3 年教材试验,使用人民教育出版社出版的"六・三"制教材。参与试验的 6 所中学有初一年级 34 个班,每班限额 54 人,试验对象 1872 人,初中试验学校确定后 3 年不变。1991 年,市第一小学进行景山小学语文教材单科实验;市十二小学进行景山小学语文教材双科实验。是年 5 月 27 日,珠山区教育局、市一小、市十二小被国家教委授予全国小学语文(集中识字)教学改革实验先进集体称号。是年,高中实行会考制,秋季入学的高一年级新生开始实行毕业会考,并同步实施调整后的普通高中教学计划,会考科目全省统一命题和制定评分标准,统一施考,统一评卷(卷 B 由地市组织评卷),统一统计、分析和报告成绩。1992 年,市第八小学在六年的快乐教育、整体教学改革实验中,初步实践"兴趣性、创造性、激励性、活动性、合作性、协同性"实验原则,促使学生德、智、体、美、劳全面发展。1994 年,在市第二中学初一(1)班进行素质教育实验。之后,在景德镇一中、二中继续进行素质教育改革和实验。1996 年 6 月,市第七小学被中央电教馆列为全国 16 所小学电教实验学校之一。是年,乐平市开始进行"大面积提高学生说话、写作、作文能力"区域性实验,参与实验学校 25 所,对小学阶段作文教学有序化进行大胆尝试。1997 年,市教委成立普通高中新课程方案试验工作领导小组,指导课改推进,全市有 17 所学校高中学生进行普通高中课程方案试验。1998 年,珠山区被列为全省 18 个素质教育实验区之一。

2001年9月,教育部对小学学制作出重大调整,全市小学从当年入学新生开始,改成六年制。2002年6月,制定《景德镇市基础教育新课程实施义务教育阶段推广实施方案》,全市基础教育开始实行新课程、新教材实验。珠山区被定为省级基础教育课程改革实验区,市直小学同步进行改革。次年,推广到全市城乡小学。2004年,制定《景德镇市基础教育课程改革实施方案》,全市初中从起始年级开始,全面启动义务教育新课程改革,初中教学实行新的课程标准。2006年是全市实行义务教育"六·三"学制第五年,小学生本应全部升六年级。为防止因学制改革导致小学升初中、初中升高中、高中升大学的连锁性断层,出台小学升初中新举措:小学以学校为单位,按照在校五年级学生总人数计算,40%的学生跳级读初中一年级,60%的学生升级读六年级,确保学制改革平稳过渡。2008年,昌江区深化基础教育课程改革,在义务教育阶段,不设重点学校、重点班,在初中学生毕业水平测试中,采用"等级制",实行"等级+特长、兴趣爱好+鼓励评语"的评价方式。是年,出台《景德镇市普通高中新课程实验学分管理实施细则》,全市进入新一轮高中课程改革,全面试行教育部颁布的全新高中各学科课程标准。2010年,继续推进高中课程改革实验,随着普通高中新课程改革的推进,开始实施普通高中学业水平考试,普通高中毕业会考同时废止。

学校人事制度改革

1986年,景德镇市推行学校人事制度改革。珠山区在第十二小进行校长负责制的改革试点。1991年,教师录用执行国家大、中专毕业生分配政策,由市教育主管部门按计划接收大、中专毕业生,分配到学校。1994年,市第七中学实行教师聘任制改革,采取"双向选择"聘任教师,从起始年级和起始学科实行班主任与任课教师"双向选择"制度,调动教师的积极性,增强教师的责任感,呈现争上游、比质量竞争局面。随后,学校人事制度改革在各中、小学陆续展开。1997年,国家逐步取消大、中专毕业生包分配政策,大、中专毕业生面向市场,自主择业,教育部门对教师的录用从被动接收转换为主动挑选,采用合同制择优录用。是年,市第五中学率先推行班主任选聘制,在竞争上岗的基础上,由学校领导集体选聘班主任,明确职责任务,签订目标管理责任书。浮梁县率先在职业中学实行招聘校长的试点,拉开职业学校人事制度改革的序幕。1998年,市教委制定《关于在市直学校实行优化组合,竞争上岗的意见》,市直学校根据岗位的职责要求,制定岗位工作量和岗位职责;按照上岗条件和岗位要求,根据教师师德表现,教学能力高低,教学水平优劣,实行优化组合,双向选择,择优聘任上岗。市直学校共有112名教师下岗,经培训1年后,再竞争上岗。

2001年,乐平市开始面向社会公开招聘中小学教师。2004年,乐平市教育局在乐平中学、第一小学实行人事制度改革试点的基础上,会同乐平市财政局、人事局等部门对乐平市教育部门所办的中、小学校,幼儿园进行核编定岗,推进学校人事制度改革。2006年,出台《全市进一步推进教职工实行聘用合同制改革的实施办法》,全市开始实行教师聘用制改革,建立教师竞争择优上岗机制,开展教职工考核、考评和聘任工作。2008年,全市开始实行公开招聘教师,市直学校率先面向社会公开招聘中、小学教师。至2009年,共招聘新任教师100人。从2010年开始,全省统一面向社会公开招聘中小学教师,当年全市招聘新任教师400人。与此同时,在义务教育阶段的教师中实行绩效工资制度改革,原则是多劳多得,奖勤罚懒,引入竞争机制。教育人事制度改革打破"铁饭碗",增强竞争意识,激发了教职工的积极性和创造性,增强了学校的办学活力。

第二节 基础教育

学前教育

学校设置　80年代初,市区小学开始附设有学前班,成为市区幼儿教育的补充,学前班招收5~6周岁儿童,为进入小学读书做准备。1986年,景德镇市有幼儿园176所,在园幼儿9847人,其中小学附设学前班2134人;拥有教职工数932人(其中园长101人,教师799人,保健员32人)。1989年,全市有幼儿园237所,在园幼儿1.82万人,拥有幼儿教师1073人,其中公办幼师671人、民办幼师402人。

1991年,全市城乡有幼儿园(保育院)233所,其中城镇123所、农村110所,在园幼儿1.38万人,有幼儿教师1086人,其中公办教师832人、民办幼师254人。办有学前班153个,设在农村的占80%以上,是当时幼儿教育的基本形式,城市大多附设在各小学,为学生进入小学就读做准备。1994年,全市有幼儿园352所,在园幼儿1.78万人,拥有幼儿教师1490人,其中公办幼师996人、民办幼师494人,办有学前班158个。1996年,全市有幼儿园342个,其中城市117所、农村225所。1999年,全市有幼儿园328所,其中城市103所、农村225所,在园幼儿1.79万人,有幼儿教师1356人,其中城市641人、农村715人。

2000年,全市有幼儿园356所,在园幼儿15016人,办有学前班162个。2001年,民办幼儿园发展迅速,至2003年,占幼儿园总数的80%以上。2005年,随着义务教育的逐步推进,学前班全面停办。2006年12月6日,浮梁县城区中心幼儿园建成,并举行开园典礼。2010年,全市有幼儿园(保育院)483所,在园幼儿4.12万人;有教职工2698人,其中专任幼儿教师1679人。

学校管理 80年代,景德镇市成立托幼领导小组,在市妇联设立托幼办公室,担负全市托幼管理工作。1986年,凡教育部门所属公办幼儿园的教师,均从景德镇师范幼师专业毕业生或其他幼师类专业毕业生中安排;其他部门和厂(矿)企事业单位幼儿园教师主要由主管部门调剂解决,或本系统职工子女从师范院校毕业后分配;集体性质幼儿园则主要通过招聘解决。全市幼教共有教职工数932人(乐平县未计入),其中教师799人、保健员32人、园长101人,幼儿园实行园长负责制。公办幼儿园和条件较好的民办幼儿园均配有保健员。

1991年,市托幼办公室依据《幼儿园(所)达标分类标准》和《个体幼儿园(所)管理条例》,评选出一类园12所、二类园21所。1992年12月,有41所个体幼儿园办理登记手续。1994年,市妇联实验幼儿园开园招生,并成为首个公开招聘幼儿教师的幼儿园。1996年,市托幼办公室从市妇联划出,归口市教育局管理,与市基础教育科合署办公。1998年5月,根据《江西省幼儿园登记注册试行办法》和《江西省学前班登记注册暂行规定》,珠山区对辖区内各级各类幼儿园、学前班进行首批登记注册工作,并向市委机关保育院等35所幼儿园、市第一小学等17所学校的学前班颁发江西省幼儿园许可证和江西省学前班办班许可证,全市各类登记注册领取办园许可证的有307所,其中城市88所、农村219所。是年10月14日,市教师进修学校举办首期幼儿园园长培训班,市幼儿园园长实行持证上岗。年底,全市幼儿教师1304人,其中城市616人、农村688人。1999年,启动幼儿园登记评估工作,昌河幼教中心首个获省级示范幼儿园称号,是全省首批通过评估的示范园。2000年,全市有一级一类幼儿园12所,省级示范幼儿园3所。是年,随着大中专毕业生分配制度的改革,凡持有教师资格证书,通过相关考试合格者,均可应聘担任公办幼儿园教师。

2001年,按照"办园条件、园务管理、保教队伍、安全卫生保健、教育与教学工作"评估指标体系要求,所有登记在册幼儿园先后接受省、市达标评估,同时实行定级管理和分级收费。市委机关保育院和市商业局保育院通过省级示范幼儿园评估,全市有省级示范幼儿园3所。2002年,铁路保育院通过省级示范幼儿园评估,获省级示范幼儿园称号,全市有省级示范幼儿园4所、市级示范园12所。2005年,全市有省级示范幼儿园5所,市级示范园11所。是年,市委保育院围绕"人民满意的保育院"目标,强化内部管理,改进管理方法,完善管理制度,突出"奖勤罚懒、奖优罚劣",提出"爱心、敬业、团结、创新"八字方针,激发教职员工的积极性和创造性。创设保育院、家庭、社会三位一体的教学模式,实行试园制、保育院开放日、家访等制度,让家长参与教学活动,促进教学质量的提高。2006年,全市有省级示范园6所(市委机关保育院、昌河幼教中心、商业局保育院、铁路幼儿园、602所幼儿园、乐平市幼儿园)、市级一类幼儿园12所、乡镇示范幼儿园16所。2010年,组织全市乡镇幼儿园评估,浮梁县三龙中心幼儿园被评为乡镇示范幼儿园,乐平市东升幼儿园被评为市一级一类幼儿园。全市有省级示范幼儿园6所、市一级一类幼儿园18所、乡(镇)示范幼儿园28所。

学制课程 幼儿园学制一般为三年制,招收3周岁以上幼儿,为适应家长需求,有的园(所)也招收2岁半幼儿,开办小小班。

1986—1999年,幼儿园均按1981年教育部颁发的《幼儿园教育纲要(试行草案)》开设课程,包括语言、计算、常识、音乐、美术、体育。教材一直采用省教委主持编写的分科教材,学前班也使用大班教材。遵照"保教并重、保教合一"原则,小班每节课时间为15分钟,中班为20~25分钟,大班不超过35分钟,强调学习也应通过"玩"的方式完成。2001年9月,《幼儿园教育指导纲要(试行)》修订后全面实施,将教育内容分为健康、语言、社会、科学、艺术5个领域。2002年起,推荐采用综合性"建构式课程"教材,发挥省级示范园的示范作用，具体版本按实际情况自主选择，不作统一规定。2007年秋季开学，把“健康、快乐、发展”的主题活动作为教学的基本形式。幼儿园分科教材全面停用。2010年，全市城乡学前3年儿童入园率在75%以上。

学校选介　市委机关保育院。位于景德镇市风景路42号，是一所公办幼儿园，占地面积7000平方米，建筑面积3500平方米，户外活动面积3000平方米，幼儿人均户外活动面积8平方米。拥有3栋设施齐全的幼儿教学大楼。1986年，称市委机关保育院。2001年，通过省级示范幼儿园评估。2005年，创设保育院、家庭、社会三位一体教学模式，让家长参与教学活动。2006—2010年，设有大、中、小、托班共9个班，室内设活动室、舞蹈房、图书室、科普室、保健室等。采用全国统编幼儿园教材组织教学，寓教学于游戏活动之中，是一所集教学、教研、服务于一体的全日制省级示范幼儿园。具有大专以上学历教师占全院的82%，拥有小学特高级教师1人、小学高级教师25人。教师和幼儿曾多次获得国家级、省级、市级、区级各种荣誉称号和嘉奖。

乐平市幼儿园。老园区位于乐平市翥山东路状元巷117号。新园区位于乐平市洎阳北路424号，占地面积2.13公顷，建筑面积1.10万平方米。2002年11月，定名为乐平市幼儿园。2006年10月，通过省级示范幼儿园评估。2011年2月，新园本部竣工招生。新园设有多功能室、音乐室、劳作室、电子琴室、演播大厅、阅览室、科学探索室等，在园幼儿数突破2000人，教职工200余人。室外活动场所铺设环保安全的彩色塑胶地面，有全进口塑钢双层大型玩具和攀登壁、哈哈镜等硬件设施，能满足大中小班各年龄段幼儿动作发展的需要。先后获得省、市教育教学先进单位，素质教育活动月先进单位，幼教工作先进集体，巾帼文明岗，红旗单位等称号。

昌河幼儿园。位于景德镇市东郊东二路昌河社区，隶属中航工业景德镇昌飞公司。1999年，通过省级示范幼儿园评估，为江西省首批省级示范园之一，属全市第一所省级示范园。2010年为一园两址，占地面积共9000余平方米，建筑面积5000余平方米，设有幼儿图书室、陶艺室、美术室、舞蹈房、演艺厅等，户外活动场地设有绿化带、塑胶运动场、种植区、大中型玩具区等。有教学班20个，在园幼儿600余人，教职员工80余人。学校坚持“健康、快乐、礼让、启智”的办园宗旨，以双语和艺术为主要教育特色。园内开设0～3岁亲子教育、蒙氏教育、英语、美术、舞蹈、陶艺、珠心算、围棋、拉丁舞、哈哈尼等多种特色教育活动。1986—2010年，先后被授予中国航空普教协会及江西省先进幼儿园、江西省平安校园安全示范学校、江西省家校合作试点学校、江西省教育学会理事单位、景德镇高等专科学校实习教育基地等称号。

商务局幼儿园。位于景德镇市工人新村中路，占地面积4020平方米，建筑面积4250平方米，户外活动面积2557平方米，隶属市商务局，原称市商业保育院。设有办公室、教师、音乐厅，教学设备和幼儿玩具齐全，在园幼儿500余人，教职工68人。2001年，通过省级示范幼儿园评估，获省级示范幼儿园称号。1986—2010年，先后获得全国优秀幼儿园网站“优秀百家园所”、江西省先进幼儿园称号。幼儿美术作品在全省少儿美术书画大赛中多次获金、银奖。2013年，成为自收自支事业单位，更名为商务局幼儿园。

天天乐幼教中心。位于景德镇市新村西路，是一所私立幼儿园，设有2个园所、1个大自然教育基地，23个教学班级，在园幼儿600余人，教职工100余人。幼教专业教师占全园的95%。于2007年6月加入北京红缨教育集团。2009年，在景德镇瑶里风景区建立占地面积2.40公顷的大自然实践基地，为孩子们提供模拟生活和自然的环境，让孩子们参与体验社会实践活动。12月9日，被教育部评为全国优秀民办幼儿园。2010年8月8日，获全国百佳幼儿园称号。

小学教育

学校设置　1986年，全市(不含乐平县)有小学598所，其中城市43所(教育部门办18所，厂办25所)、农村555所；在校学生7.92万人，学龄儿童入学率达98.87%。景德镇师范附小、群星学校小学部归市教育局直管。昌河小学、铁路小学为省(部)属厂办学校，是独立单位(2000年，铁路小学与铁路中学合并，建制撤销)。1987年，陶瓷系统厂办学校开办联校，小学调整布局后改为市二十二小和市二十三小学。1992年2月，景德镇市聋哑学校成立，开办小学1～5年级班。1993年2月，市体委与市教育局合办游泳小学。1994年，市二十二小移交珠山区教育局管理。1995年9月4日，景德镇市第一所希望小学，浮梁县西湖乡的荻滩希望小学竣工开学。1996年9月，共青团市委与市教育局合办文艺小学，两所学校校长分别由市体委、团市委任命，学校其余管理干部任免和教育教学活动均归市教育局管理。办学目标是在确保九年义务教育(1～

6年级）文化课程达标的基础上，为景德镇市培养、输送体育运动（游泳项目）和艺术门类的后备人才。1999年，市第十六小学更名为市第一小学分部。

2000年8月，撤销市第二十小学建制，并入第六小学。12月，昌江区十八渡小学更名为西郊中心小学，迁入金鱼山新建校舍。2002年，昌江区竟成镇湖田小学并入竟成中学。当年全市有小学572所，在校学生13.57万人，专任教师7914人。2003年8月，市第八小学被全国残疾人联合会授予全国助残先进单位称号。9月，市八五九厂子弟学校并入昌江区吕蒙乡古城小学。2004年7月27日，撤销市第五小学、市第八小学建制。全市有小学545所，在校学生12.42万人，教师7753人。2005年，景德镇市高新工业园区成立。园区内小学也成建制划归园区管理。按照国家规定，企业自办学校逐步剥离，移交属地政府管理。按照属地区域、合理布局、优化资源原则，开展厂办学校移交接管工作。6月30日，昌河飞机工业集团公司与市政府协商达成昌河小学移交协议，2005年7月1日至2008年6月30日为过渡期。2006年4月17日，景德镇师范附属小学更名为景德镇市实验小学。当年全市有小学507所，在校学生12.70万人，教师7309人。2007年10月31日，昌河小学更名为景德镇市昌河实验小学，属市教育局直管学校。2008年4月，市二十三小移交珠山区教育局管理。7月31日，学校教职人员工资级别由企业套改为地方事业单位技术人员工资等级。至此，景德镇市接管中央和省、部属工业、企业自办学校工作全面结束。2010年，全市有小学496所，教学点120个，在校学生14.14万人，专任教师7034人。

学制课程　1986—2001年，景德镇市实行“五·三”学制，即小学5年、初中3年；招收7周岁儿童入学，1993年秋季改为6.5岁，1999年秋提前为6周岁。2001年9月1日，全市小学一年级新生2001—2002年学年度起，由五年制改为六年制。至2010年，实行“六·三”学制，即小学6年、初中3年。

1986—2001年，全市小学教材均采用人民教育出版社出版的分科教材，开设课程为语文、数学、思想品德、外语、社会、自然、体育、音乐、美术、劳动等。全学年教学时间40周（含预备周、复习考试周），每周课时为31～36节，每课时40分钟；一、二年级可安排35分钟，学校为便于统一上、下课铃声，一、二年级则应在课时内中段休息5分钟。1995年9月1日，全国实行双休日制，学校对部分课程教学和周活动总量作出调整，有的学校执行不力，学生学习负担过重。2002—2010年，小学教学统一选用北京师范大学版教材，课时安排不变。英语学科选用外语出版社教材。

办学条件　1988年，市教育局以实现学校“一无两有”（学校无危房，班班有教室，人人有课桌凳）为突破口，由城区辐射农村，以评估督察促县（区）、乡（镇）有步骤分阶段改善办学条件。至1990年，全市县（区）实现普及小学教育目标，并通过验收。1993年8月，市第一小学教学楼改建竣工，并交付使用。是年10月18—23日，省政府“两基”（基本实施九年义务教育、基本扫除青壮年文盲）督导评估验收小组对珠山区“两基”工作逐项进行评估验收，认定达标，同意报国家教育委审批并获通过，成为全国首批“两基”达标验收合格的554个县（区）之一。1996年10月16—27日，乐平市、昌江区同时经省政府验收，报国家教委审查认定，成为全国第三批实现“两基”达标县（市、区）。1997年2月26日，铁道部捐助10万元启动资金，新建浮梁县金竹山乡小源村希望小学，学校教学大楼建筑面积500平方米，总投资29.12万元，建成后可容纳200名学生就读。9月11日，由美国友邦保险公司上海分公司总经理徐正广捐资20万元兴建的丽阳乡余家希望小学，是昌江区第一所希望小学，学校占地面积1.20公顷，建筑面积921平方米，可容纳学生400余人。1999年3月31日至4月3日，浮梁县接受省政府评估验收，认定各项指标均达国家标准，批准为“两基”达标县。

2000年后，在全市“两基”如期实现达标基础上，现代化教育技术设备不断补充完善，中心小学以上装备有微机房、多媒体教室，城市小学教研组备有台式或笔记本电脑、电子备课室，教室安装电子白板。文艺小学、昌河实验小学、特殊教育学校还有舞蹈排练教室；市实验小学、梨树园小学、第七小学有五人制塑胶小足球场地，文艺小学、浮梁县一小还有200米环形跑道。2008年，全市实行小学免费教育“四同步”（城乡同步，公办、民办同步，城市户口与农村户口子女同步，免除学杂费与免费提供教科书同步）。是年12月18日，梨树园小学开工新建。2010年，梨树园小学竣工启用并举行开学典礼仪式。学校综合楼建筑面积7200平方米，有32个教学班以及媒体演示厅、自然实验室、图书阅览室等专用教室，是一所落户小区的学校。当年秋季招收新生400余人，同时接纳市十二小学因扩建暂时转校的学生800余人。

学校选介 市第一小学。位于景德镇市中山北路,占地面积1.34公顷,建筑面积12612平方米。1985年,在校学生1449人,教师61人。1992年,国家主席杨尚昆为学校题写校名。2008年,一小学生参加央视《正大综艺》栏目组织的少年才艺表演,获一等奖。2010年,设有教学班57个,在校学生3537人,教职工126人,其中硕士研究生学历2人,小学特高职称4人。是年10月,学校806名学生与来自日本、韩国两个国家和中国台湾地区的学生同台进行瓷笛表演,共创吉尼斯世界纪录。至2010年,学校先后获得全国素质教育先进示范校,全国教育科技先进集体,"十一五"科研规划重点课题实验基地,全国、全省平安校园,省现代教育技术示范学校,省、市文明单位,市交通安全十佳先进单位,全市"创五好"关工委先进单位等称号。

市第六小学。位于景德镇市中山南路104号昌江河畔,学校占地面积5487平方米,校舍建筑面积8991平方米,运动场地面积1817平方米,3幢教学楼,各功能室齐全。80年代起,学校自编小学德育乡土教材,让学生受到瓷都文化的教育,德育成果在全省中小学交流推广。2009年,学校结合实际,创新思路,率先开展"道德日记"活动,为全市中小学校探索符合时代教育特点的未成年人思想道德教育模式作出有益尝试。次年5月"道德日记"活动被评为全省未成年人思想道德建设工作优秀创新案例。2010年,设有教学班29个,在校学生1685人,教职工74人,其中特高级教师4人、高级教师41人。学校先后获得省文明单位、省人民群众满意学校、省先进工会、省自学考试先进集体、省家函学校先进教学点。

乐平市第一小学。位于乐平市洎阳中路228号,学校占地面积1.18公顷,校舍建筑面积8173平方米,校园网络覆盖全校,教学设施一应俱全,是一所有近百年办学历史的学校。2002年12月,学校更名为乐平市第一小学。学校设有教学班48个,在校学生3800余人,教职工138人,其中小学特高级教师13人、小学高级教师85人、江西省中小学骨干教师1人、景德镇市"511名师工程"骨干教师11人。教师中大专以上学历98人,占全校教职工总数的71%。80年代,学校注重教育教学改革和教育科研,承担"集中识字、大量阅读、分步习作"的国家级课题实验,承担江西省数学电教化教育单科跟踪和语文电化教育专题实验。1994—1998年,承担江西省小学作文和"大面积提高小学生说话、写话、作文能力系列训练"课题教改实验。2001—2010年,承担中央电教馆课题"素质教育电影课题的实证研究"子课题,"优秀电影促进学生表达能力的有效性研究",中央教科所立项的课题"以学具为主的多种教学媒体综合运用""发展性课堂教学手段的运用研究",教育部规划课题"中小学素质教育中多种教学媒体综合运用实验研究",省电教馆立项的电影课题"优秀电影促进学生心理和谐发展的实效性研究""培养小学生良好的课外阅读习惯实效性研究"等专题实验。先后被省教委、中央教科所评为教改先进集体,全国"十五"部级规划课题研究和管理先进集体。至2010年,学校先后获得电教示范学校、德育示范学校、教改先进集体、红领巾示范学校、义务教育阶段省级示范校、规范管理学校先进单位、现代教育技术示范学校、实施素质教育示范学校等称号;校少先队大队部被全国少工委授予全国红旗大队称号。

浮梁县第一小学。位于浮梁县浮红街17号,占地面积1.67公顷,运动场所面积6000余平方米,校舍总面积8200平方米,是浮梁县1989年复县后创办的第一所学校,隶属于浮梁县教体局。1991年秋季招生开学,1992—1994年还设附属初中班。3年后,初中班转入县一中。2004年秋季,从第一小学分出部分师资力量,成立浮梁县第二小学。2010年,设有教学班34个,在校学生近2500人。教职工98人,其中专任教师85人,含本科以上学历的教师52人、小学高级教师54人、小学特高级教师6人、省级学科带头人3人、省级骨干教师5人、市级学科带头人6人、市级骨干教师8人。有55人获省市优秀教师、优秀班主任、德育标兵、先进工作者、特级教师等称号,70余人次在市县中青年教师优质课大赛中获奖。至2010年年底,先后获江西省文明单位、全省教育系统规范管理年活动先进单位、规范管理年活动先进集体称号。

表34-1-1 **2010年景德镇市全日制小学基本情况表**

市、县(市、区)	学校(所)	在校学生(人)	教职工(人)	市、县(市、区)	学校(所)	在校学生(人)	教职工(人)
市直	5	8952	419	昌江区	39	13940	736
珠山区	15	16610	649	乐平市	286	81316	3881

续表 34－1－1

市、县（市、区）	学校（所）	在校学生（人）	教职工（人）	市、县（市、区）	学校（所）	在校学生（人）	教职工（人）
浮梁县	143	17718	1426	高新区	5	1875	96
陶瓷科技园区	3	996	56	合计	496	141407	7263

中学教育

初中　学校设置。1986 年，全市有中学 87 所，其中乐平县 37 所、市直 25 所、昌江区 5 所、鹅湖区 7 所、蛟潭区 12 所、鸣山 1 所。在校学生 50538 人，含教育部门创办的学校初中生 40990 人，其他厂办或民办学校初中生 9548 人。是年 8 月，市教育局接管三六无线电厂子弟学校，更名为景德镇市第十三中学。1987 年，市教育局与陶瓷公司共同将 16 所厂办学校进行整合，联合创办景德镇市第十四、十五、十六中学（俗称陶瓷联校）。是年，昌江区丽阳中学成立。1989 年，全市有中学 93 所，在校学生 53129 人，毕业生 14629 人。

1991 年，全市城乡有中学 91 所，每个乡（镇、场）至少有 1 所初中，规模大的乡（镇）有 2 所。实际招生 18703 人，毕业生 1486 人，在校学生 54815 人。1992 年，市第十三中学并入市第一中学。1994 年，市教育局正式接收十五中学。1996 年 9 月 1 日，景德镇一中分校（原十三中学）成立，在校学生 1700 人，有教职工 135 人。1997 年 12 月，乐平市第四中学创办，系普通完全中学。1998 年 7 月 8 日，撤销吕蒙乡古城中学、昌江中学，分别设立昌江第一、第二中学。1999 年，全市有中学 92 所，在校学生 76524 人，毕业生 22827 人。

2001 年，市十二中并入五中，合并后仍称景德镇市第五中学，原五中称五中一部，十二中更名为五中二部，实行“公办民助”，学校为一块牌子、一套人马、两种办学机制，两校师资和学生完全合并。2002 年 8 月 24 日，景德镇市昌江一中正式接管八五九厂子弟学校。2003 年，浮梁县旧城中学与旧城中心小学合并，组建成立新平学校。2005 年 8 月，景德镇市昌江一中的初、高中实行分离，同时整合八五九厂、黎明制药厂子弟学校，正式成立昌江一中分校。2006 年，全市有中学 82 所，在校学生 66290 人，毕业生 26616 人。2009 年，乐平三中、浮梁一中、昌江一中 3 所普通中学被列为江西省重点中学，市昌河中学、第七中学、第十六中学、田家炳外国语学校、乐平市洪马中学（民办）等 5 所普通中学被列为江西省重点建设中学。2010 年 9 月 1 日，浮梁县新平学校初中部并入新平中学，当年全市初中学校共有 76 所，在校学生 68480 人，毕业生 14878 人。

划片招生。1986 年，全市初中招生工作由教育部门负责，当年招生 16770 人。1989 年，招生 18535 人。1990 年，成立市中等学校招生委员会办公室（简称中招办），主要担负全市初、高中（含职业高中、中专）的招生工作。初中招生严格执行“适龄儿童、少年免试就近入学”的原则，城区由中招办会同辖区教育局制定升学方案，分片区落实招生计划，当年全市招生 18300 人。1996 年，市城区采取划学区、按志愿、参考小学成绩的方法招生，按中学所在地域的位置分成东、南、西、北四大学区，与之对口的小学，其毕业生可填报学区内的任何一所中学。当年全市招生 24843 人。2005 年，初中招生方案作出调整，采取“提前招生、对口招生、填报志愿、电脑派位、志愿调剂、自主招生”的办法，解决重点、热点学校择校生过多，师资弱、条件差的学校生源不足的问题，当年招生 26455 人。2007 年 4 月，市教育局印发《景德镇市普通高中招生指标均衡分配到初中招生的实施方案》，从市一中、市二中统招计划中划出 35% 的比例分配到城区各初中招生；乐平中学、乐平三中、乐平四中、浮梁一中、昌江一中从统招计划中划出 20% 的比例均衡分配到县（市、区）各初中招生，并逐年扩大普通高中招生计划均衡分配到初中招生的比例。是年，市直重点高中均衡招生计划仍向非热点初中倾斜，即统招计划的 20% 均衡分配到城区非热点初中学校，统招计划的 15% 均衡分配到城区其余初中学校。当年全市招生 12203 人。2010 年，全市招生 23170 人。

学制课程。1986 年，全市城乡中学均为“三三制”，即初中 3 年、高中 3 年。市群星学校和市体育中学初中部实行四年制。1996 年后，全市初中均实行三年制。

1986—2000 年，执行教育部颁发的全日制中学教学计划，开设课程为政治、语文、数学、外语、历史、地理、物理、化学、生物、体育、音乐、美术和劳动技术等 13 门。初中各学科教材多选用人民教育出版社版本。2004—2005 年，秋季基础教育课程改革实验教材，初中各学科选用人民教育出版社版本、北京师范大学出版社版本、教育科学出版社版本、江西科学技术出版社版本、中国地图出版社版本等教材。2006—2010 年,全市初中 3 个年级全部进入基础教育课程改革实验,增加地方选用教材。

办学条件。1986 年,市教育局推进解决中小学校的"一无两有"(即学校无危房、班班有教室、班班有课桌凳)问题。1989 年开始,用 3 ~5 年时间,每年重点建设一批"三配套"即校舍、设备、师资配套的乡镇学校,校园建设要求达到"六配套"标准,即教学和行政用房、生活用房、卫生设施、围墙和校门、道路和绿化环境配套。1991 年 1 月 7—12 日,市教育局对全市申报 1990 年实施五年或八年义务教育的 25 个乡、镇、场"三配套"情况进行检查评估。12 月 9—20 日,市教育局对 1991 年申报实施初等义务教育(5 年)、初级中等教育(8 年或 9 年)、"三配套"(含六配套)及普及实验教学的 42 个乡镇进行检查评估。

2004 年 5 月,景德镇市一中分校、市五中、乐平二中、602 所学校、市特殊教育学校成为全省首批列入建设的义务教育阶段示范学校。2006 年 9 月,市农村中小学现代远程教育工程领导小组对乐平市、浮梁县、昌江区农村中小学项目进行验收,共安排农村中小学项目学校(含教学点)423 所,占全市农村中小学总数的 65%,其中模式一(教学光盘播放点)110 个、模式二(卫星教学收视点)266 个、模式三(计算机教室)47 个。经验收,认定符合规划要求、达到规定标准和实施的预期效果。2009 年 2 月 24—26 日,市教育局对农村中小学现代远程教育项目学校进行检查评估,各乡镇(场)的初中为必检单位。

初中学校选介。景德镇一中分校位于景德镇市东学区,是隶属市教育局的一所初级中学。学校校舍建筑面积 1.29 公顷,办公设施、场馆齐全。1986 年,更名为景德镇市第十三中学。1992 年,景德镇市十三中与景德镇一中合并。1996 年 8 月,景德镇一中参评全国百所示范高中,初中部分划出独立办学,在原十三中校址成立景德镇一中分校。在校学生 2800 人,教职工 170 余人。2008 年,学校确立"创全面发展之优、示素质教育之范"的办学宗旨。2010 年,在全国初中数学联赛中,获得团体总分第一和个人总分第一的双料桂冠,同时获得全省的 3 个满分;学校自 2008 年开始连续 3 年夺得中考状元,2010 年包揽全市中考成绩的前 10 名;学校自 2003 年开始连续 8 年夺得中考录取一中的总人数全市第一;共有 13 人考取新加坡公费留学,后全部考取新加坡国立大学或南洋理工大学。学校先后被确立为首批建设的省级示范性初中、省级体育大课间试验基地,并获得全省校务公开先进单位、江西省语言文字规范化示范校、江西省科研工作先进单位、全市基础教育新课程改革先进单位、交通安全学校、市级文明单位等称号。

景德镇市第五中学位于新市区昌南大道左侧,校园占地面积 8.53 公顷,建筑面积 14600 平方米。为公办全日制初级中学。1986 年,在全市中等教育结构改革中调整改制为初级中学。1994 年,将原属陶瓷行业的子弟学校十六中整体并入五中,改名为五中分部,五中分两址办学。2002 年,将原十二中整体并入五中,原十二中改为五中二部。学校有一校三址。2003 年,五中二部更名为瓷都实验中学,一度改为公办民助性质。2007 年,五中二部按照国家规定取消公办民助性质,与五中广场本部校舍一起被整体置换而停止办学,择址重建。2009 年 9 月,搬迁到昌南大道新校区办学。建有 400 米标准塑胶田径场 1 个、篮排球场 6 个。配有理、化、生实验室,微机室,音美室,教工之家,心理咨询室,电子阅览室等 20 多个功能室。2010 年,学校有教学班 48 个,在校学生 2684 人,教职工 225 人,其中高级教师 62 人、中级教师 110 人。学校先后获全省安全文明校园、全省"提升质量年"活动先进单位、全省"十一五"人防知识教育先进单位称号、全省师德师风先进单位、全市家长函授工作先进单位等称号。

乐平市第二中学位于乐平市洎阳中路 46 号,校园占地面积 2.80 公顷,建筑面积 17689 平方米,为公办全日制初级中学。1986 年,称乐平县第二中学。1992 年 9 月,更名为乐平市第二中学。1995 年秋,普高恢复。1996 年春,职高迁出。2002 年 9 月,乐平市政府对二中、四中的教育资源进行整合,将二中高中部并入四中,四中初中部并入二中。此后成为一所初级中学。2010 年,设有 88 个教学班,在校学生 7165 人,教职工 280 人,其中专任教师 279 人、中学高级教师 135 人、中学一级教师 110 人、中学二级教师 34 人。有省骨干教师 4 人。2002—2010 年,学校先后获江西省校务公开先进学校、江西省安全文明校园、全省中小学"素质教育月"活动先进单位等称号,被省教育厅列为首批建设中的义务教育阶段省级示范学校。

乐平市第五中学位于乐平市东湖新区洪岩路 2 号,校园占地面积约 5.73 公顷,建筑面积 26046 平方米。1986 年,为乐平中学初中部。2000 年 3 月,乐平中学初、高中分离,初中部成为乐平中学分校。是年 8 月,迁至翥山东路原乐平镇第五小学校址办学。2002 年 12 月,正式挂牌成立乐平市第五中学。开设 21 个教学班,在校生 1312 人,教职工 138 人。2008 年 9 月,乐平市委、市政府决定投资 4500 万元建设新乐平五中。2010 年 8 月,乐平五中新校区一期工程竣工并投入使用。学校完成整体搬迁,开设 4 个年级(含小学六年级),59 个教学班,在校学生 3710 人(搬迁后增加学生 1700 余人),教职工 169 人。至 2010 年,学校先后获得全国初中数学联赛江西赛区团体总分第六名、全国初中数学联赛江西赛区团体总分第五名、全国初中化学竞赛江西赛区团体二等奖、省中小学校园集体舞比赛三等奖、省首届中小学合唱节三等奖、全国应用物理知识竞赛江西赛区团体三等奖、全国初中化学竞赛江西赛区团体一等奖。

浮梁县新平中学位于浮梁县城朝阳中大道,为公办全日制初级中学。学校占地面积 4.14 公顷,建筑面积 17970 平方米,总投资近 3000 万元。1986 年,称旧城中学。2003 年,为适应浮梁县农村中小学布局的调整和浮梁古城旅游开发的需要,把旧城中学和浮梁镇中心小学合并为九年一贯制的新平学校。是年,位于东江桥的新平中学与万平学校合并。2008 年,在县城内建设新平中学,浮梁县二中更名为新平中学。2010 年,位于旧城的新平学校撤销初中部,并入新平中学。分别建有两幢教学大楼、多功能报告厅、会议室、生物实验室、物理实验室、化学实验室、美术室、舞蹈房、学生宿舍、师生食堂、图书室(藏书 2 万余册)、实验仪器设备较齐全。设有 37 个教学班,在校生 2333 人,在编教师 137 人,其中高级教师 35 人、中级教师 53 人、初级教师 49 人。至 2010 年,学校先后被评为省平安文明校园、省科技教学示范学校、市少年足球学校。

表 34-1-2　　**1986—2010 年景德镇市初中基本情况表**　　单位:所、人

年份	学校数	在校学生数	毕业生数	招生数	专任教师数
1986	87	50538	13065	16770	2664
1987	89	52862	12671	17623	2922
1988	93	53357	13649	18246	3129
1989	93	53129	14629	18535	3365
1990	91	53363	14681	18300	3394
1991	91	54815	14863	18703	3571
1992	90	53277	15701	17772	3652
1993	90	54608	15150	20306	3734
1994	91	56157	17017	20309	3832
1995	92	60518	16463	22444	4044
1996	91	66785	18282	24843	4100
1997	92	72104	18707	25613	4153
1998	91	73845	22702	26649	4175
1999	92	76524	22827	27253	4328
2000	92	78159	23661	27192	4432
2001	92	81309	24800	29434	4514
2002	91	83475	25016	29494	4522
2003	91	83720	25215	27982	4486
2004	87	81503	26210	26408	4607
2005	85	79811	26955	26455	4643

续表 34-1-2

年份	学校数	在校学生数	毕业生数	招生数	专任教师数
2006	82	66290	26616	15362	4673
2007	84	52270	25249	12203	4538
2008	78	54663	24988	23007	4445
2009	79	60902	16871	23918	4608
2010	76	68480	14878	23170	4648

表 34-1-3　**1988—1995 年景德镇市初中四年级情况统计表**　单位:个、人

年份	属别	班数	学生数	年份	属别	班数	学生数
1988	市直	5	212	1993	市直	1	20
	乐平厂办	1	26		城市厂矿	5	244
1989	市直	5	267	1994	市直	1	12
1990	市直	3	173		城市厂矿	3	142
1991	市直	1	25	1995	市直	1	15
	城市厂矿	5	224		城市厂矿	3	126
1992	市直	1	26				
	城市厂矿	5	249				

高中　学校设置。1986 年,全市有高中 31 所,其中完全中学 30 所、高级中学 1 所,在校学生 10365 人,其中教育部门办高中学生有 8976 人,其他部门办高中学生有 1389 人;高一 54 个班、3276 人,高二 58 个班、3280 人,高三 67 个班、3809 人,毕业生 3507 人,专任教师 696 人。省重点中学有景德镇一中、景德镇二中、乐平中学。1989 年,全市有高中 18 所,在校学生 9071 人,毕业生 3121 人,专任教师 656 人。1993 年,全市有高中 17 所,在校学生 8872 人,毕业生 3339 人,专任教师 734 人。1996 年,景德镇一中将初中部剥离至十三中,十三中改为一中分校。1998 年,撤销吕蒙乡古城中学、昌江中学,设立昌江第一中学、昌江第二中学。

2000 年,全市多所完全中学先后将初中部剥离,集中精力办好高中。当年有高中 20 所,其中完全中学 14 所、高级中学 6 所。在校学生 12273 人,其中市直 4365 人、城市厂矿学校 875 人、昌江区 534 人、浮梁县 1989 人、乐平市 4510 人。高一 91 个班、4699 人,高二 81 个班、3970 人,高三 75 个班、3604 人,毕业生 3475 人,专任教师 1062 人。2002 年,全市有高中 20 所,在校生 1.83 万人,毕业生 3981 人。2004 年 3 月 28 日,乐平市众埠、涌山两校恢复高中部。5 月 10 日,乐平中学申报全省"优质高中建设工程"项目获得批准,成为景德镇地区第一所跨入此行列的省级重点中学。当年全市有高中 26 所,在校学生 2.55 万人,毕业生 5438 人。2008 年 11 月 28 日,市政府确定景德镇市第三中学、景德镇市田家炳外国语学校、景德镇市第十六中学、乐平市私立洪马中学为景德镇市重点中学。同日,确认景德镇市第七中学为艺术特色学校,景德镇市第二十六中学为市重点建设中学。2009 年,乐平三中、浮梁一中、昌江一中 3 所高中被评为省重点中学。昌河中学、市七中、市十六中、市田家炳外国语学校、乐平市洪马中学(民办)5 所普通中学确认为江西省重点建设中学。2010 年,全市有 23 所高中,在校学生 2.33 万人,毕业生 9436 人,专任教师 1869 人。省重点高中为景德镇一中、景德镇二中、乐平中学、乐平三中、浮梁一中、昌江一中,省重点建设高中为乐平四中、昌河中学、市七中、市十六中、市田家炳外国语学校、乐平市洪马中学(民办)。

招生计划。1986 年,全市高中共招生 3047 人。1989 年,招生 2864 人。1990 年,高中(含职业高中)由市中招办按全市各高中、职业高中的容量和实际情况拟制招生方案,下达招生计划,全市统一执行。当年招

生3289人。1991年,开始执行"同级重点高中不得兼报"的原则,依据报名人数,由市中招办划定重点高中、普通高中、职业高中的最低控制线,招生3253人。1996年,开始执行"先录重点高中,再录中专、职高、普高"的招生政策,招生3355人。1999年,市直重点普通高中的招生开始从统招指标中划出2%的计划向薄弱初中(即非热点初中)倾斜(俗称"倾斜指标")。倾斜计划的录取,按学校计划数在报考重点普通高中统招线下的考生中从高分到低分录取。共招生4344人。2003年,初中历史、地理、生物会考成绩作为中考的考查成绩,考查成绩不计入升学总分,作为录取重点高中的参考成绩,历史、地理、生物会考不及格者,不能录取重点高中的统招。市重点高中的招生,从统招指标中划出3%的比例向薄弱初中倾斜。全市高中招生8530人。2006年,全市高中招生10980人。2010年,全市高中招生7166人。

高考。1986年,全市有4183人参加高考,考入大中专院校1011人。1989年,全市有3925人参加高考,考入大中专院校1114人。1992年,全市有4644人参加高考,考入大中专院校1481人。1996年,全市有4004人参加高考,各类大专院校录取1650人,录取率为41.21%。文科名列全省前列,其中景德镇一中张炜夺得1996年高考江西省"文科状元"。1998年,景德镇市高考考生高校录取率为36.87%,比全省平均录取率31.91%高出4.90%,名列全省各地市第二位。其中景德镇一中的理科实验班有8人被清华大学录取,40余人被北京大学等一流名校录取。

2001年,全市参加高考考生4978人,各类高等院校录取3356人,录取率为67.42%,高出全省平均录取率4.80%,在全省11个设区市中名列第二位。其中景德镇二中的理科实验班全班56人高考平均596分,其中600分以上有36人,650分以上15人,余超以701分夺得2001年高考江西省"理科状元"。2002年,全省高考实行"3+X"方案,"3"是指语文、数学、外语,为每考生必考科目,其中数学仍分文、理科,英语听力考试成绩全部计入总分;"X"为小综合,即文科考生考政治、历史、地理3科的小综合,理科考生考物理、化学、生物3科的小综合。考试时长为语文150分钟,数学、外语各120分钟,综合150分钟。语文、数学、外语各150分,小综合300分。当年,全市有5304人参加高考,各类大专院校录取3584人,录取率居全省第二。景德镇一中学生黄逾轩,以709分的成绩夺得江西省高考"理科状元"。2010年,全市有11150人报名参加高考,本科第二批次以上(含保送生提前录取,本科第一批次)录取3490人,录取率占全市报考人数的31.30%。

表34-1-4　**1986—1991年景德镇市普通高校、中专录取人数表**　单位:人

年份	考生数	重点	本科	省专	地专	中专	合计
1986	4183	196	135	120	240	320	1011
1987	4050	181	183	141	265	262	1032
1988	4830	197	196	105	472	229	1199
1989	3925	175	145	111	467	216	1114
1990	4219	131	140	151	461	232	1115
1991	4549	120	144	137	460	247	1108

表34-1-5　**1992—1997年景德镇市普通高校、中专录取人数表**　单位:人

年份	重点院校		一般院校		大专		专科以上	中专
	文	理	文	理	文	理		
1992	14	122	24	218	291	527	1196	285
1993	5	160	35	234	457	488	1379	269
1994	12	121	30	320	409	540	1432	220
1995	22	154	62	320	349	563	1470	182

续表 34-1-5

年份	重点院校		一般院校		大专		专科以上	中专
	文	理	文	理	文	理		
1996	51	200	88	275	388	460	1462	188
1997	15	221	46	381	323	351	1337	153

学制课程。1986—2010 年,景德镇市所有高中学制皆为三年。(为"早出人才、快出人才",省重点中学的少数高中"实验班"仍实行两年学制)

1986—1996 年,全日制高中开设课程为政治、语文、数学、外语、物理、化学、生物、地理、体育、艺术欣赏、音乐、美术、劳动技术等 14 门。1997—2000 年,全市进行第一轮普通高中新课程方案试验(高中课改)。以推进素质教育为重点,以搞好活动课、任选课为难点,制订蹲点挂靠制度。由市教研所教研员蹲点到一两所学校了解、指导、督促新课程方案的试验工作,每学期写一份情况总结,交市试验领导小组办公室。各科教研员下到学校听课达 600 节,提交总结达 30 份,并对理、化、生实验教学进行专项调查,提交专题调查报告。

2000 年,市教育局规定高中生在校活动时间不超过 7 小时,周课程总计不超过 34 节。作息时间分春秋季,冬夏季参照适当调整。2001 年,普通高中有必修课、选修课,还有研究性学习课程。2003 年以前,各学科教材多用人民教育出版社版本。当年实施普通高中新课程,开设课程为语文、外语、数学、政治、历史、地理、物理、化学、生物、信息技术、通用技术、音乐、美术、体育与健康、研究性学习、社区服务、社会实践等 17 门。高中各年级的学生用教科书、音像教材、教辅由各普通高中在省教育厅印发的目录中选订。2008 年,普通高中新课程各科必修学分 116 分,选修Ⅰ学分不低于 22 分,选修Ⅱ学分至少 6 学分。秋季普通高中新课程实验用书多为人民教育出版社版本、北京师范大学出版社版本。普通高中新课程实验教辅为人民教育出版社版本、北京师范大学出版社版本、中国地图出版社版本。2010 年春季,普通高中新课程实验用书为人民教育出版社版本、北京师范大学出版社版本、中国地图出版社版本等。

办学条件。1986 年,全市中小学(幼儿园)占地面积 215.27 公顷。全市普通中学校舍建筑面积 30.94 万平方米,其中教学用房 14.39 万平方米、生活用房 11.93 万平方米、其他用房 4.62 万平方米。按地域划分,城市校舍建筑面积为 10.55 万平方米,县镇校舍建筑面积为 4.20 万平方米,农村校舍建筑面积为 16.20 万平方米。1989 年,全市学校占地面积 180.87 公顷,全市普通中学校舍建筑面积 43.93 万平方米,其中教学用房 24.69 万平方米、生活用房 14.63 万平方米、其他用房 4.61 万平方米。

1990 年,全市中小学(幼儿园)占地面积 180.87 公顷,全市普通中学校舍建筑面积 41.67 万平方米,其中教学用房 24.60 万平方米、生活用房 14.72 万平方米、其他用房 2.35 万平方米。1996 年,全市中小学(幼儿园)占地面积 228.86 公顷,全市普通中学校舍建筑面积 51.09 万平方米,其中教学用房 23.82 万平方米、办公用房 4.93 万平方米、生活用房 22.34 万平方米。

2000 年,全市中小学(幼儿园)占地面积 215.13 公顷。全市普通中学校舍建筑面积为 60.17 万平方米,其中教学用房 28.10 万平方米、办公用房 5.92 万平方米、生活用房 26.15 万平方米。按地域划分,市直厂矿校舍建筑面积 16.82 万平方米,昌江区校舍建筑面积 3.04 万平方米,浮梁县校舍建筑面积 12.31 万平方米,乐平市校舍建筑面积 27.99 万平方米。2004 年,加快优质高中建设,景德镇一中、景德镇二中、乐平中学、浮梁一中相继建成学校实验楼、图书馆、教学楼、综合楼、学生公寓等配套设施,改善办学条件。

高中学校选介。景德镇一中位于景德镇市新厂街道程家山,学校占地面积 16.34 公顷,建筑面积 39365 平方米,为公办全日制高级中学。1985 年,学校设有 37 个教学班,在校初、高中学生 2466 人,教职工 179 人,其中专任教师 118 人,高中毕业生 379 人,有 215 名学生被高等院校录取,有 94 名学生被中专录取,获市政府奖金 5000 元。1994 年,被省教委评为优秀重点中学。1996 年,更名为江西省景德镇一中。是年,初中部划出,专办高中,成为一所全日制高级中学。1998 年,高中毕业生 687 人参加全国高考,有 403 人被高等院校录取,其中 11 人被清华大学和北京大学录取。1999 年,高中毕业生 728 人参加全国高考,有 469 人被高等院校录取,其中有 4 人被北京大学和清华大学录取。2004 年,被省教育厅评为江西省优秀重点中学。

1986—2010年，先后获全国体育卫生先进单位、全国卫生工作先进单位、全国勤工俭学先进单位、全国中学实践教育先进学校、全省德育先进学校、省爱国主义教育先进学校等称号。从1985年起，1987年、1992年、1994年、1996年、1998年五届连续获评省级文明单位。

景德镇二中位于景德镇市太白园，学校占地面积7.73公顷，建筑面积4万余平方米，为公办全日制完全中学。1986年，为省重点中学。1996年，更名为江西省景德镇二中。2006年，新加坡南华中学开始在学校招收优秀初三毕业生，先后有16人考取新加坡南华中学、淡马锡初级学院。学校成为全市唯一一所"中新办学交流项目基地学校"，开创全市初中毕业生公派海外留学的先河。2010年，学校设有教学班68个，在校学生3700人，教职工317人，一线教师291人，其中特级教师2人、中学高级教师126人、一级教师127人。至2010年，学校建成完备的教学基地，形成爱国主义教育基地、实验电教基地、科技信息基地、江西省足球训练基地，被列为江西省优质高中建设工程学校、江西省德育示范学校，获江西省现代技术教育先进学校称号。学校火炬学雷锋小组一直保持省、市学雷锋先进集体称号，先后获全国新长征突击队、全国学雷锋先进集体、全国三好学生先进集体等称号。

昌河中学位于景德镇市朝阳东路，占地面积2.6公顷，建筑面积11939平方米。1986年，为昌河飞机制造厂职工子弟中学，1995年更名为昌河飞机工业公司职工子弟中学。2005年6月，昌河飞机工业公司职工子弟中学更名为景德镇市昌河中学，学校移交地方管理。2010年，学校分生活、教学、运动三大功能区。主体建筑呈"凹"字形，几幢主体建筑的走廊连接为一体，有多功能现代化的理、化、生实验室6个，微机教室4个、语音教室3个。运动场全面改造成全塑胶地面的高标准的体育馆。另有多功能的健身房、体操房、音乐厅、学术报告厅等。设有教学班42个，在校学生2400余人，教职工146人，其中有高级职称85人、中级职称44人、全国优秀教师1人、特级教师1人。至2010年，学校先后被评为江西省重点建设中学、江西省现代技术教育示范学校、江西省先进学校、江西新课程改革示范校、国家留学基金委出国留学选拔基地校、全国航空特色学校，获得全国教育管理科研优秀成果奖等。

乐平一中位于乐平市长寿路418号，占地面积约13.30公顷，建筑总面积5万余平方米，为公办全日制高级中学。1986年，称乐平县第一中学。1995年，被评为江西省优秀重点中学。2000年，学校实施初、高中分离，由完全中学改为高级中学。当年高一招收11个班，新生548人。学校设有教学班27个，在校学生1465人，教职工140余人。2004年4月，学校成为首批省优质高中建设工程项目学校，并获国家开发银行贷款2000万元。学校规模进一步扩大，教学班增加到39个，学生2246人，教职工190余人。2007年10月，收购校园东侧原气门厂土地2公顷。2010年，学校有综合楼、6栋教学楼、科技实验楼、叶青图书馆、电教馆、体艺馆、东风亭仿古读书长廊、塑胶跑道标准田径场、篮球场、教工宿舍楼和4栋学生宿舍楼等，配备有多媒体教室、电子阅览室、天文台、语音室、微机室、理化生实验室，是全省校园网建设首批学校。设有教学班87个，在校学生5600余人，专任教师356人，其中特级教师1人、高级教师112人，研究生学历20余人，地市级以上学科带头人、骨干教师60余人。至2010年，学校先后获全国群众体育先进单位、教育部现代教育技术实验学校、教育部贯彻《学校体育工作条例》优秀学校、江西省中小学德育示范学校、第五至第九届江西省文明单位、省科研兴校先进单位、省园林化单位、省体育传统项目优秀学校、省电化教育先进单位、省电化教学仪器管理示范单位、省勤工俭学先进单位、省信息技术教育装备先进学校等称号。

乐平三中位于乐平市洎阳北路东侧洪家路38号，占地面积9.18公顷，总建筑面积达4.09万平方米，绿化面积3.78万平方米，为公办全日制高级中学。1986年，称乐平县第三中学，为三年制高中学校，当年试办初中。1987年，正式招收初中新生2个班，成为完全中学。1992年9月，学校更名为乐平市第三中学。1998年，被列为景德镇市重点中学。2002年，被列为省重点建设普通中学。2003年8月，初中部分离出去，成为一所全日制普通高级中学。2009年，晋升为省重点中学。2010年，学校设有教学班73个，在校学生4500余人，教职工327人，其中市级骨干教师、学科带头人20人，省级骨干教师7人，全国优秀教师1人。至2010年，学校先后获得江西省现代教育技术示范学校、省活动课示范学校、省新教材试教先进单位、省绿色学校、省家长函授学校先进教学点、省"三五"普法达标单位、省园林化先进单位、省培养体育后备人才示范学校、全省教育系统"规范管理年"活动先进集体、省中小学(幼儿园)平安校园示范校等称号，并连续4次被授予江西省文明单位称号。

浮梁一中位于浮梁县城南面民福路。学校占地面积为11.43公顷,建筑面积40322平方米,为公办全日制高级中学。1990年,浮梁一中成立。1992年,初中部开始招生。1996年,高中部正式招生。2002年,被批准为江西省重点建设中学。2009年4月,被列为江西省重点中学。2010年,学校有综合教学大楼、科技大楼、图书楼,设有教学班67个,在校学生4200人,教职工249人,其中特级教师2人、省级学科带头人2人、市级学科带头人6人、省级骨干教师10人、市级骨干教师12人。至2010年,学校先后获全国贯彻《学校体育工作条例》优秀学校、江西省现代化教育技术示范学校、省优秀体育传统项目学校、省培养体育后备人才学校、省教育系统工会工作先进单位、全国教育系统先进集体、省人民群众满意学校、省第十三届文明单位、省培养体育后备人才示范性中学、省绿色学校等称号。

昌江一中位于景德镇市瓷都大道218号,学校占地面积8.12公顷,建筑面积3.18万平方米。是跆拳道世界冠军吴静钰的母校,其前身为枫树山中学。1986年,称古城中学。1998年,昌江中学和古城中学合并组建成立昌江一中。初创时校园面积为1.31公顷,设有教学班6个,在校学生300人,教师36人。2003年,学校开启二期工程建设,先后投入2600万元资金,建设科技楼、报告厅、新校门、校前广场、田径场、图书馆,装备微机室、多媒体教室和实验室,改善办学条件。2004年,被列为市级重点中学。2006年,被列为江西省重点建设高中。2009年,被列为江西省重点中学。设有教学班44个,在校学生2760人,教职工181人。2010年,被确定为全国教育科学重点课题实验学校。学校先后获江西省第八届、第十届、第十一届文明单位、省文明安全校园称号。

表34-1-6　**1986—2010年景德镇市高中基本情况一览表**　单位:所、人

年份	学校数	在校学生数	毕业生数	招生数	专任教师数
1986	31	10365	3507	3047	696
1987	19	10037	3382	3043	672
1988	18	9615	3126	3234	643
1989	18	9071	3121	2864	656
1990	18	9664	2822	3289	655
1991	18	8978	2878	3253	694
1992	18	9295	2620	3094	767
1993	17	8872	3339	3068	734
1994	18	9152	2677	3155	725
1995	17	9152	2696	3291	777
1996	18	9409	2991	3355	815
1997	18	9997	2830	3650	890
1998	18	10394	3174	3674	899
1999	19	11137	3284	4344	931
2000	20	12273	3475	4687	1062
2001	20	14347	3500	6193	1103
2002	20	18351	3981	7948	1331
2003	20	22055	4303	8530	1433

续表 34－1－6

年份	学校数	在校学生数	毕业生数	招生数	专任教师数
2004	26	25581	5438	9795	1632
2005	27	27248	8141	10531	1774
2006	32	29538	7785	10980	1961
2007	28	29402	8563	9840	2063
2008	28	29470	9264	10333	2090
2009	25	26804	9736	7792	1878
2010	23	23343	9436	7166	1869

特殊教育

景德镇市聋哑学校　1986年，景德镇残疾儿童入学率很低，少数在普通学校跟班学习。1989年9月，市教育局筹建聋哑学校。10月18日，首批招收12名听力残疾学生入学，在市工人文化宫租借教室开学上课。1992年2月，正式批准校名为景德镇市聋哑学校，为市教育局直属单位。10月28日，市聋哑学校教学大楼建成并投入使用，结束有校（生）无房的状况。1993年，市聋哑学校在初中各年级开设陶瓷美术课。1994年，在校学生41人，教职工18人，其中专任教师13人，实行小学和初中九年制义务教育办学形式。12月，省政府授予市聋哑学校特殊教育先进单位称号。中国教育电视台教育新闻、《中国教育报》相继对办学成果作专题新闻报道。1996年，学校设有教学班7个，在校学生58人，教职工24人，对聋哑儿童实施文化、职业技术、语训康复三结合的教育办学形式，完成九年制义务教育。是年，在初中各年级开设缝纫课。1998年7月21日，举行首届初中生毕业典礼，聋哑初中毕业生12人。1999年9月，学校启明楼竣工，首次招收盲童入学，学校规模扩大。

2000年1月，学校更名为景德镇市特殊教育学校，在校学生98人，专任教师21人。5月6日，市特殊教育学校三年级学生聂致阳为挽救1名落水儿童而英勇牺牲。6月13日，市教委召开全市教育系统向聂致阳学习动员大会，向舍己救人的好少年聂致阳学习。12月20日，中国残联主席邓朴方在视察市特殊教育学校时，为这位少年题词“无声壮举，灿烂人生”。后聂致阳被民政部追授“革命烈士”称号。2001年9月，被省教育厅列为江西省中小学特殊教育实验基地。9月，在原有聋部初中班基础上办聋部普通高中，按全日制聋校试验教材（人教版）开齐课程。是年，开设缝纫、绘画、舞蹈、按摩等职业教育课程。2002年，市特殊教育学校被评为江西省绿色学校，校长梁亮生获全国特殊教育先进工作者称号。2003年12月，在第六届全国残疾人运动会上，市特殊教育学校学生彭佳夺得女T60组4×100米接力赛第3名和女F60组三级跳远第5名的成绩，被省体委、省残联确定为下届远东残疾人运动会和2008年北京残奥会运动员的培养对象。

2004年，学校设有18个教学班，在校学生231人，教职工63人。8月，学校首届高中毕业生全部考取大学，实现市聋生考上大学零的突破。学校盲部初中开设保健按摩课程。是年，市特殊学校开办综合性高中，每年盲、聋生各招1个班，每班定额为15人。2005年，学校设有19个教学班，在校学生243人，当年获全省特殊教育先进学校称号。2006年，在全国残疾人田径锦标赛上，彭佳获女子F60组跳远银牌。2007年，有6位聋生和1位盲生参加普通高考，全部被录取。至2008年，市特殊教育学校占地面积1.24公顷，建有启音楼、启明楼、华敏综合楼、学生宿舍等建筑，设有语训室、微机室、多功能室、理化生实验室、画室、律动室、按摩室等专业教室。盲部也开办普通高中课程，学制三年。学校依据国家教育部全日制中学高中各科课程标准，试用人教版普校教材，逐步与特殊教育院校招生要求接轨，开设语文、数学、英语、政治、物理、美术等课程，制订符合盲聋生心理、生理特点和知识水平的各科教学计划，为教室配备“三机一幕”，兴建物理、化学、生物实验室。是全省唯一集聋、盲教育为一体，提供康复教育、义务教育、高中教育和职业教育的省级示范学校。学校逐步与特殊教育高等院校接轨，增开职业技能性课程，聋部有陶瓷美术、缝纫；盲部有按摩。2009年，组织参加全省第二届特殊学校技能比赛,教师李爱花获全能一等奖。是年,在全省第三届“金色童年”少年才艺大赛中,市特殊学校学生表演的舞蹈《同梦想同追求》获特等奖。2010 年,市特殊学校占地面积 1.72 公顷,建筑面积 6888 平方米,就读学生 192 人,当年招生 35 人。

其他特教学校　1979 年 3 月 1 日,复办盲人教育,校名为市盲人业余文化学校,招收盲人青年职工,学制三年。1983 年,复办市聋哑人业余夜校,学制一年。1986 年,乐平镇一小创办智障儿童辅读班。1987 年,市第六小学试办弱智儿童辅读班,招生 9 人。经 5 年学习辅导,完成初等教育学业,于 1992 年 7 月小学毕业离校。1992 年,全市有特殊教育学校 2 所,共 10 个班,其中弱智班 7 个、聋哑班 3 个,在校学生 133 人,教职工 11 人。2004 年,乐平市创办启智学校,形成以随班就读为主体,以特殊教育学校为骨干的特殊教育办学模式。是年,浮梁县特教学校建成开办。2005 年,全市特殊教育工作形成以市、县(市、区)、两级特殊学校为骨干,涵盖学前教育、义务教育、高中教育及职业教育各个层次的特殊教育格局。2006 年 12 月,昌江区丽阳中心小学被评为江西省特殊教育先进学校。2008 年,全市有特殊教育学校 3 所,在校生 267 人。2009 年,全市有特殊教育学校 3 所,在校生 241 人,其中市特殊教育学校 198 人、浮梁县特殊教育学校 24 人、乐平市特殊教育学校 19 人。至 2010 年年底,全市有特教学校 3 所(市特殊教育学校、乐平市启智学校、浮梁县特殊教育学校)。在校学生 255 人,教职工 68 人,其中专任教师 61 人。全市在普通学校随班就读的残疾学生有 384 人,其中小学 93 人、初中 291 人。

教学研究

常规教研　80 年代初,景德镇市中小学教学研究所成立,组织一年一次的青年教师练兵活动,采取层层推荐的办法,以课堂教学为突破口,开展“在实践中学习,在实践中提高”的教学研究活动。1986 年 11 月,制定《关于组织听课网,建立听课、评课制度的几点暂行规定》,规定每年 10 月或 11 月定为开放听课月,每学年对全市或部分学校同学科教师进行一次开放的公开教学。厂办学校或附近市直中小学结成对子,互派教师听课,观摩教学。是年,启动农村复式教学研究。至 1990 年,景德镇市农村复式教学研究受到省内外教研部门和专家关注,天津师范大学教育系副教授王德玲到鹅湖镇进行专题调研。市农村复式教学“统一规划、合理布局、分类指导、强化常规”的做法被省教研组在制定《江西省农村复式教学管理条例》中吸收借鉴。

1992 年,将青年教师练兵活动内容扩充为 5 项(粉笔字、钢笔字、即兴演讲、现场写教案和上课),当年举行第一届青年教师五项全能竞赛。是年,在九江市召开的全国复式教学研讨会上,浮梁县教研室代表景德镇市出席活动并作交流发言。1998 年 3 月,市政府印发《景德镇市全面实施中小学素质教育方案》,提出指导思想、目标和任务,全面启动中小学素质教育工作。2000 年,全市基本形成“校与校合作,片与片互动,教学、竞赛、教研一体”的教研模式。2001 年 2 月,市教委下发《关于开展全市性“课堂教学开放月”活动的通知》,确定从 2001 年开始,至 2010 年,每年的 3 月、10 月,全市各中小学全面开放课堂教学,开展公开课教学,各校均接受外校听课,并组织本校教师到外校听课。各学校教师每年在外校听课不少于 5 节,并参加评课议课,此项内容作为学校和个人教学工作评估的依据之一。

学科竞赛　学科竞赛活动是课堂教学的延伸和拓展,有利于激发学生学习兴趣和发现学生个性特长,也反映学校办学水平。1986—2010 年,全市中、小学生参加经国家批准的各学科竞赛,均取得较好成绩。景德镇一中、景德镇二中、乐平中学多次获得数学、物理、化学、生物等学科竞赛的前三甲较好表现。1986 年,在全国初中数学联赛中,景德镇二中获(江西赛区)全省学校团体总分第二名,景德镇二中王凌云、乐平中学李毅、景光学校霍晓明获一等奖。是年,在全国高中数学联赛中(江西赛区),陈志昂获一等奖,被选送参加全国数学夏令营。1989 年,在全国首届“祖冲之杯”数学竞赛中,景德镇市获团体总分第一名,个人前三名是二中学生查郁敏、邹健旺、张振刚。是年 8 月,景光中学学生霍晓明参加国际第三十届数学奥林匹克大赛,以 41 分的成绩名列第二,获得国际数学奥赛金牌奖,这是景德镇市也是江西省第一块中学生国际学科奥赛金牌。是年,在全国初中数学联赛中,景德镇二中获全省团体总分第一名。

1991 年 5 月,在全国初中联赛中,景德镇一中获全国初中数学竞赛(江西赛区)团体总分第一名,景德镇二中获团体总分第二名。是年,在第二届“希望杯”全国数学邀请赛中,市五中学生刘忠琴为江西省夺得唯一一枚金牌。1994 年,景德镇一中获全国高中化学竞赛(江西赛区)团体第一名。1996 年,在全国青少年计算机等级赛中，景德镇二中高一学生罗辉获一等奖，选拔为江西省参加香港回归后举办的“全国青少年信息学”奥林匹克赛选手。1997 年，在全国第六届“华罗庚金杯”少年数学邀请赛中，市初中组熊健、小学组漆添各夺得一枚金牌，取得历届华杯赛的最好成绩。1999 年，景德镇一中高二学生孙景峰作为全省唯一选手，在呼和浩特市参加第五届全国青少年生物和环境科学考察活动赛事并获三等奖；景德镇一中学生张增寅参加 2000 年 3 月在澳门举办的第 17 届全国青少年信息学奥林匹克竞赛，是省代表队成员（共 3 人）。

2003 年，在全国初中数学联赛中，景德镇市获（江西赛区）地市团体总分第二名；景德镇二中获学校团体总分第一名，初中化学竞赛获团体二等奖。在全国高中数学联赛中，景德镇一中获（江西赛区）团体总分第二名，景德镇一中蒋明、万时凯选拔参加全国数学冬令营，学校还获得全国高中化学竞赛团体总分第三名。是年，在全国中学生物理竞赛中，景德镇二中学生蒋明获理论成绩最佳奖，另有 5 人获一等奖。在首届“希望杯”全国数学邀请赛中，市第七小学生袁晨旭获一等奖，另有 14 名学生获二等奖。2005 年 1 月开始，凡是以中、小学生为对象的学科竞赛和科技活动项目，须经省教育厅批准公布才生效。2010 年，由景德镇一中候智健、梁瑾源、徐正单，一中分校喻竞哲、余德钧，景德镇二中张璇 6 位同学组队，在北京举行的第一届世界数学团体锦标赛中获少年组第三名。次年，按照教育部规定，初中、小学赛事全面停止。

课题研究　课题研究是教育科研的一项重要内容，是提高办学水平和教学质量的重要手段和途径。1986 年，对课题研究进行探讨和尝试，其中《农村复式教学研究》《小学语文教学中的地位与作用》分别从识字、阅读、作文 3 个子课题进行探讨，撰写教研文章。1997 年，申报省级科研课题“以‘三位’一体之力，促素质教育发展——地区推进素质教育模式研究”，经论证立项，并顺利通过结题。

2000 年，开始进行市课题研究工作，对之前立项或未申报立项的研究项目进行全面梳理，完善程序，重新登记。2003 年，成立景德镇市中小学教育教学课题研究与实践基地建设工作领导小组，下设办公室，与市教研所合署办公，加强对全市中小学教育教学科研工作的指导，推动基础教育课题研究和实验基地建设。是年 9 月，制定《关于进一步改善和加强我市中小学教学研究工作的意见》，提出具体目标任务：建立“以校为本”的教研制度，形成民主、开放、高效的教学研究机制；建立以课题研究为龙头，以研究和解决教学中的问题为内容的教学研究常规运行模式，推进中小学教研工作常规化、制度化；建立和形成点面结合、条块交错、中心辐射、上下联动的中小学教学网络，发挥各级教研组织和网络的作用；建立与基础教育课程改革相适应的教研评价体系，发挥评价的激励和改进功能，促进学生、教师和学校的共同发展；建立和健全科学、规范、有序、高效的教研工作机制，为教学研究提供必要的组织保证和政策、经费支持。之后，全市教育系统课程研究工作有章可循，研究课题数量增加，质量明显提高。

2004 年 10 月，制定《景德镇市中小学加强课题研究与实践基地工作的意见》，为各学校确定实验基地建设和课题研究项目提出指导意见。是年，出台《景德镇市中小学教育教学课题研究与基地建设管理办法实施细则（试行）》，课题研究、基地建设同步启动。2009 年，市第一小学高尚元承担的“开发利用教学资源，促进学生和谐发展”、市文艺小学谢芳承担的“基于多元智能的小学音乐教学校本”、昌江区荷塘中学洪东亮承担的“编写运用〈瓷都三字经〉创作市情教育途径”等课题，被评为省级优秀课题。2010 年，市教研所曾前明承担的“在新课程理念下化学学习方式的研究”、昌江一中应发宝承担的“应用性物理课程资源的开发与利用”、市第六小学郭军承担的“充分开发和利用社区资源，优化小学教学”等课题被评为省级优秀课题。是年，复刊《景德镇教育》，为教学研究、经验交流和宣传教育打造一个平台。至 2010 年年底，全市进行的教研课题获得全国级立项 10 个（系子课题），结项 8 个；省级课题立项 358 个，结题 268 个，其中有近 1/3 被评为优秀课题。建立国家级教育教学实验基地 1 个、省级实验基地 4 个。

第三节　中等职业教育

职业教育

学校设置　1986 年，全市城乡有农业、职业中学 12 所。其中初中 2 所、职高 6 所、初高中合办 4 所，共有教学班101个。在校学生4326人,其中,职高班88个,学生3816人;初中班13个,学生510人。专任教师270人。1987年4月27日,市电子职业技术高级中学(第八中学)成立,当年招生250人。1988年1月7日,市第十一中学高中部更名为市高级职业中学,设置财会、环保等5个专业,在校学生500人。11月10日,市建筑职业中学被省教委列为第一批示范职业高中。

1990年,全市城乡有农业、职业中学13所,其中初中2所、职高11所,共有教学班83个,在校学生3749人。其中职高班70个,学生3118人;初中班13个,学生631人。专任教师271人。1993年,浮梁县东埠职业中学与鹅湖中学合并,组建成立浮梁县职业高级中学。是年,市建筑职业中学与江苏省扬州建筑工程学校联合举办扬州建筑工程学校景德镇班,招首届学员39人,9月下旬,在市建筑中学举行开学典礼,中专班系工业与民用建筑专业,学员来自景德镇、乐平、浮梁、波阳等地区。1995年,市陶瓷职业技术高级中学被省教委评定为省级重点中学。当年全市城乡有农业、职业中学12所,含初中2所、职高6所、初高中合办4所,共有教学班84个。在校学生3052人,其中,职高班79个,学生2757人;初中班5个,学生295人。专任教师326人。1996年8月12日,乐平市职业中学在乐平镇第二小学校区正式开办,设微机、服装、植保3个专业。1999年,乐平市首家民办职业学校英才职业高中正式开学,采取全封闭寄宿管理,在校学生1485人,开设种植、养殖、家电维修、农机、畜牧等专业。是年,市外国语学校成立,是全市首家专门的外国语种专业学校。

2000年,市陶瓷职业高中被列为全省首批国家重点职业高中,全市有职业中学12所。共有教学班80个,在校学生3542人。其中职高班71个,学生3044人;初中班9个,学生498人。专任教师299人。2002年,市旅游学校成立,设在市第十一中学,是景德镇市第一所专门培养导游人才的职业高中。2004年,市陶瓷职业中专更名为景德镇第一高级职业中学。是年,市机械中专、高级职业中学(市旅游学校)和电子职业中学三校整合,组建成立景德镇第二高级职业中学。2005年,第二高级职业中学被列为省重点职业学校。2006年,乐平市教育局创办景德镇昌航职业技术学校。全市有职业高中15所,在校学生9214人,专任教师650人。2007年1月,市委、市政府下发《关于大力发展职业教育的实施意见》和《景德镇市职业教育"十一五"发展规划》。4月,景德镇第一高级职业中学改为景德镇第一中等专业学校,其办学性质由职业高中改为普通中专。2008年,全市职业教育面向市场,对接工业园区,调整专业设置,立足本市、立足工业园区、立足支柱产业,培养技能型人才,采取"工学结合、校企合作"多样化办学模式,在3个县区实施县级中等职业学校建设,浮梁县职业中学进入省级职业教育示范学校行列。是年,乐平市、浮梁县、昌江区3个县级职教中心开工建设。2009年3月,在景德镇第二高级职业中学的基础上,设立江西省景德镇机电工程学校。是年,昌江区职业教育中心成立。2010年,全市有职业高中24所,在校学生10017人,专任教师653人。

学制专业　学制沿革。1986年,景德镇市农业、职业中学初中为三年制,高中有二年制、三年制、四年制。四年制高中属城市职中,在校学生仅30人。1987—1995年,职业中学高中四年制无在校学生。1996年,职业中学高中四年制在校学生仅19人。1997年后,职业中学高中四年制无在校学生。1999年,乐平市民办英才职业高中学制二年。此后,全市职业高中学制均为三年。2004年后,全市农业、职业中学初中无在校学生。

专业设置。1986年,各职业中学文化课程使用教育部颁发的高中乙种教材及相应教学大纲,专业课、实习课按行业实际需要设置。1987年,市第十一中学高中部命名为景德镇市高级职业中学,共开设文秘、幼师、财会、旅游、环保等5个专业。2000年,全市各类中等职业学校共开设陶瓷美术、幼师、旅游、计算机应用、机械加工、电子技术应用、武术保安等30个专业,初步形成以陶瓷美术为龙头、其他专业门类各具特色的职业教育专业体系。2006年,景德镇市陶瓷美术、机械加工、旅游与酒店管理3个专业被评为江西省精品专业。2010年,各职业中学设有陶瓷美术、幼师、机电、商贸、旅游、机械加工、电子商务、工艺美术、会计电算化、航空服务、物流服务与管理、美术绘画、市场营销、计算机应用等30个专业,其中精品专业8个。是年,对全市职业学校专业设置进行普查,统一规范命名,实行规范化管理。

学校选介　市第一高级职业中学。位于景德镇市珠山区朝阳路222号,校园占地面积2.13公顷,建筑面积1.86万平方米。新校区位于景德镇市西郊二亭村,占地面积13.30公顷。前身为市第六中学。1983年,创办第一届陶瓷职业班。1987年8月,成立市陶瓷职业技术高级中学。1991年,经国家教委批准列为省级重点职业中学。1994年,经省教委批准为景德镇市陶瓷职业技术中等专业学校。1995年,被省教委评定为省级重点中学。1999 年,获省教育工会颁发的学校民主管理先进单位称号。2000 年,被教育部列为国家重点职业中等专业学校。2004 年,更名为景德镇第一高级职业中学。2007 年,改称景德镇第一中等专业学校,其办学性质由原职业高中改为普通中专。2008 年,引进“北大青鸟”的模块化教学模式,培养大批计算机适用型人才。2010 年,代表江西省参加全国中职学校学生技能作品展洽会,以“泥与火交融、教与学的结合”为参展主题,获得一等奖。

市第二高级职业中学。西校区位于景德镇市瓷都大道中段,东校区位于景德镇火车站原十一中,是一所全日制综合性中等职业学校。占地面积 7.05 公顷,建筑面积 19500 平方米。2003 年,市机械中专、高级职业中学(市旅游学校)电子职业中学三校整合,组建成立景德镇第二高级职业中学。是年,被省教育厅评定为江西省文艺中等职业学校。2005 年,被列为省重点职业学校。2009 年,在市第二高级职业中学的基础上,设立江西省景德镇机电工程学校。2010 年,学校有教职工 207 人,其中专任教师 121 人,包括高级教师 32 人、中级教师 71 人、双师型教师 45 人。

浮梁县高级职业学校。位于景德镇市东部黄泥头,学校占地面积 6.70 公顷,建筑面积 3.20 万平方米。前身为东埠职业中学、南安农中、洪村职业中学、鹅湖中学、黄泥头中学。1993 年,浮梁县东埠职业中学与鹅湖中学合并,组建成立浮梁县高级职业中学。1999 年,迁入黄泥头中学,改称浮梁县高级职业学校。学校以“博学博爱、自立自强、精业敬业、泰然泰来”为校训,实行“开门办学、封闭管理”的准军事化管理模式。2001 年,获市第十届学生军训会操一等奖。2007 年,被列为江西省示范中等职业学校。2010 年,学校建有大型教学楼、计算机实训楼、电子电工实训楼、机械加工实训楼、综合实训楼等,有教职工 56 人,专任教师 47 人,其中高级教师 23 人、中学一级教师 27 人、中学二级教师 6 人。

乐平市职业中学。位于乐平市金山工业园,占地面积 2800 平方米,建筑面积 2876.50 平方米。1996 年 8 月 12 日,在乐平市东大街状元巷乐平镇第二小学校区创办乐平市职业中学,开设服装、微机、文艺、植保等 4 个专业,5 个教学班,在校学生 271 人,教职工 35 人。学校借助外来资金、设备联合创办乐平市职业中学电焊实习工厂和服装实习工厂,实行“以校扶厂、以厂养校”,为教学和学生实习创造条件。2000 年 2 月 22 日,与乐平市教师进修学校合并,实行一个机构、两块牌子、一套人马。2003—2012 年,学校先后迁到乐平矿务局一中,原新港中学校区办学。

表 34－1－7　**1986—2010 年景德镇市职业中学基本情况一览表**　单位:所、人

年份	学校数				毕业生数		招生数		在校学生数				教职工数	
	总计	初中	职高	初高中合办	初中	职高	初中	职高	初中		职高		合计	专任教师
									班数	人数	班数	人数		
1986	12	2	6	4	124	623	177	1930	13	510	88	3816	394	270
1987	16	2	12	2	148	929	271	2002	13	593	102	4098	419	310
1988	15	1	13	1	99	869	239	1402	10	456	86	3914	430	285
1989	16	2	14	—	81	1074	299	1467	8	377	76	3459	444	280
1990	13	2	11	—	238	1256	255	1400	13	631	70	3118	414	271
1991	17	1/1	9/3	/3	128	754	257	1443	14	625	74	3340	463	333
1992	19	1	11/3	/4	177	903	190	1433	12	535	76	3184	478	333
1993	20	1	7/12	—	162	1050	105	1439	5	261	84	2917	408	301
1994	17	1	16	—	54	1027	122	1614	5	268	83	2997	477	324
1995	16	1	15	—	69	977	136	1781	5	295	79	2757	455	326
1996	12	1	11	—	61	686	145	1697	9	463	70	3321	468	314

续表 34-1-7

年份	学校数				毕业生数		招生数		在校学生数				教职工数	
	总计	初中	职高	初高中合	初中	职高	初中	职高	初中		职高		合计	专任教师
									班数	人数	班数	人数		
1997	12	1	11	—	159	1260	183	1542	9	487	86	3605	451	332
1998	10	1	5	4	159	1168	177	1477	9	502	83	3183	399	309
1999	11	1	10	—	144	1094	162	1470	9	505	80	3192	391	302
2000	12	1	11	—	173	1225	168	1439	9	498	71	3044	373	299
2001	12	1	11	—	169	1064	108	1450	—	469	—	3167	382	330
2002	12	1	11	—	156	995	169	1499	—	482	—	3142	394	326
2003	7	1	6	—	—	585	39	1076	—	64	—	2599	388	321
2004	6	—	6	—	—	829	—	2502	—	—	—	4607	441	369
2005	11	—	11	—	—	1030	—	2892	—	—	—	6511	643	523
2006	15	—	15	—	—	4357	—	2625	—	—	—	9214	811	650
2007	16	—	16	—	—	1450	—	5046	—	—	—	11317	758	593
2008	17	—	17	—	—	1860	—	3734	—	—	—	10213	818	639
2009	22	—	22	—	—	2632	—	4565	—	—	—	11123	875	656
2010	24	—	24	—	—	5657	—	2483	—	—	—	10017	913	653

说明:1."学校数"系"独立设置的学校",1986 年,初中 13 个班、高中 39 个班,还有"普通中学附设农、职业班"高中 49 个。1991—1993 年"/"后为"附设普通中学的职业中学"

2."教职工数"含专任教师、行政工勤人员、校办工厂农场职工

普通中专

1986 年,全市有中专学校 2 所,即景德镇师范学校(以下简称师范)、江西省景德镇陶瓷学校(以下简称瓷校)。1987 年 7 月,成立景德镇市体育运动学校,仍保留体育中学,实行两块牌子、一套人马,受市体委和市教育局双重领导。1988 年 4 月,在市卫生局职工中等专业学校的基础上组建成立景德镇市卫生学校。2002 年,瓷校升格为全日制普通高等职业学校,同时撤销瓷校建制。2004 年,景德镇师范学校并入景德镇高等专科学校,次年撤销师范学校建制。至 2005 年,全市有中专学校 3 所,共培养毕业生 27976 人。2010 年,全市有中专学校 3 所,在校学生 2933 人,专任教师 114 人。

景德镇师范学校　位于景德镇市莲花塘,占地面积 2.8 公顷,建筑面积 2 万平方米。1985 年,学校建筑面积 10600 平方米,建有教学楼、实验楼等,在校学生 658 人,教职工 94 人,其中专任教师 42 人。1987 年,定为正县级单位建制。1992 年 11 月,景德镇市师范学校图书楼竣工并投入使用,建筑面积为 1692 平方米,由省教委、市教育局、景德镇师范共同投资建成。1993 年 12 月,在全省中等师范学校常规管理、教学水平、青年教师和学生基本技能考核评估中,景德镇师范学校获得常规管理、团体操、文艺演出 3 个单项第一,被评为全省先进师范学校。2004 年,在编在岗教职工 101 人,其中专任、兼职教师 68 人,教师队伍中有研究生 10 人(含在读研究生)、高级讲师 26 人、讲师 35 人,其中部分教师具有双学历。在校学生最多时有 1500 余人。5 月 28 日,市师范学校并入景德镇高等专科学校。

江西省景德镇陶瓷学校　位于景德镇市东郊,占地面积 2.4 公顷,建筑面积 2.03 万平方米。1980 年 9

月，从景德镇陶瓷学院分离出来，恢复景德镇陶瓷学校，隶属于省轻工业厅。1986 年，景德镇陶瓷学校为正县级建制，办学规模 800 人。设有陶瓷装饰材料、特种陶瓷、陶瓷美术 3 个专业，其中陶瓷装饰材料为当时全国唯一专业，招收初中毕业生，学制四年。1989 年，在全省中专学校率先开设陶瓷美术和陶瓷设计专业。1991 年 11 月，成立陶瓷专业。1995 年 3 月，增设财务会计电算专门化、工业造型设计、机电技术应用专业。1996 年 6 月 13 日，增挂江西省工艺美术学校校牌，办学规模增至 1800 人，实行一校两牌的办学模式，填补了省内工艺美术学校的空白。1999 年，增设服装表演、工艺雕塑、环境艺术设计、工业造型设计 4 个专业。2000 年 3 月，通过全省中专学校办学水平评估，达到 A 级，跨入省重点中专行列。是年 8 月，被列为全省首批国家级重点普通中等专业学校。2002 年，学校共有 4 个系、16 个专业，在校学生 2800 余人。是年，学校升格为全日制普通高等职业学校，更名为江西省陶瓷工艺美术职业技术学院，同时撤销景德镇陶瓷学校建制。

景德镇市体育运动学校　位于景德镇市石洪路 1 号，占地面积 4.67 公顷，建筑面积 2.71 万平方米。1987 年 8 月，成立景德镇市体育运动学校，为正县级单位建制，仍保留体育中学，实行两块牌子、一套人马。1998 年，开设田径、射击、跆拳道、摔跤、拳击、皮划艇、赛艇、举重 8 个专业，学制三年。2005 年，学校被国家体育总局授予全国高水平后备人才基地称号。2006 年，学校教学设施有综合大楼 1 幢、教学大楼 1 幢、田径场 1 个、射击场 1 个、综合力量训练房 1 座、重竞训技练房 1 座。2010 年，学校有教职工 88 人，其中专任教师 20 人，专任教练 25 人。至 2010 年，学校共为全国优秀运动员训练单位输送优秀后备人才 124 人，其中有女子跆拳道奥运会金牌得主吴静钰，赛艇（双人、四人）奥运、亚运会金牌得主金紫薇，飞碟双向世界杯、世界锦标赛金牌得主张冬莲等。

景德镇市卫生学校　位于景德镇市中华北路 317 号雷峰山北坡上，学校占地面积 3.25 公顷，建筑面积 2.35 万平方米。1988 年 4 月，景德镇市卫生学校成立。原名景德镇市卫生局职工中等专业学校，隶属景德镇市卫生局，是全民所有制事业单位，副县级建制，内设办公室、人事、保卫、财务、总务、学生、教务、科技等处室。1991 年，市卫生学校增设助产士专业，学制三年，每年招收小中专学生 50 人，学员主要来自乐平、浮梁及昌江区的农村地区，毕业后大部分实行定向分配。1993 年，市卫校在其校址雷峰山东侧，莲花塘风景区西面，扩大红线范围 1 万平方米。1998 年 11 月，市卫校向省教育、卫生等上级部门申请开设成人中专部获得批准。2001 年 12 月 18 日，与江西医学院联合开办江西医学院高等成人医学教育景德镇分部，设有护理、临床医学专业大专、本科层次成人教育。2006 年 9 月，与九江学院联合办学，开展护理学、临床医生专业大专、本科层次教学。11 月，与永修卫生职业学校联合创办景德镇市卫校永修分校，招收护理、检验等专业学生。2007 年，学校建立校园网管理平台，实现管理网络化。学校有多媒体教室 4 间、语音室 1 个、电教室 1 间。教职工 103 人，专任教师 80 人，其中副高职称 23 人、中级职称 8 人、助理讲师 27 人，教员 15 人。常设专业有护士、助产士、检验士、药剂士 4 个专业，学制三年。2010 年 9 月，增设农村医学专业，首届招生 60 人。至 2010 年，市卫生学校先后为国家培养卫生职业技术人员 9100 人，其中护士 4410 人、中医医士 100 人、公卫医士 50 人、大专医师 38 人、妇幼医士 806 人、医士 146 人、助产士 1281 人、检验士 1353 人、农村医士 603 人、卫生保健 170 人、药剂士 143 人。

景德镇市技工学校　位于景德镇市昌江河西岸，瓷都大道东侧兴华路地段，占地面积 2.9 公顷，建筑面积 2.31 万平方米。1985 年，学校隶属市劳动局，为正科级建制。开设陶瓷工艺、陶瓷美术、卫生瓷制造、电瓷、焦化煤气、仪表、电子、制冷、机械、电工等专业。在校学生 1005 人，有教职工 99 人，其中专任教师 36 人、实习教师 6 人、兼课教师 32 人。1988 年，学校升格为正县级建制，内设办公室、总务、财务、保卫、学生管理、教务、实习、培训、招生、就业等处室。1991 年 7 月 12 日，在全省职业技术教育大会上，被评为全省职业技术教育先进单位。1992 年，学校占地面积 2.20 万平方米，办学规模 1200 人，有教职工 136 人，其中高级职称 7 人、中级职称 26 人、初级职称 52 人，开设陶瓷工艺、陶瓷矿山、陶瓷装饰、机械加工、机电、汽修、建筑、化工、焦化、粮食、给水、商业经营、耐火材料等专业。1993 年 3 月，被省政府授予江西省重点技工学校称号。1996 年 12 月，为景德镇市下岗工人义务开办计算机培训班，新华社向全国播发相关报道。2007 年 9 月，招收学生 569 人，培训学员 2813 人，比 2006 年增长 4 倍。2010 年，学校有专任教师 127 人，其中文化基础课教师 29 人、专业理论课教师 49 人、实习指导教师 49 人。至 2010 年，学校先后开设陶瓷美术、电子技术应用、计算机应用与维修、汽车维修、模具制造、数控加工、幼儿教育、电子商务、财会、酒店服务等27个专业,共培养各类技能人才3万余人。

第四节　高等教育

院校设置

1986年,景德镇市有普通高等院校2所,即景德镇陶瓷学院(以下简称陶院)和景德镇教育学院。在校学生1647人,教职工725人。1993年4月28日,景德镇教育学院改名为景德镇高等专科学校(以下简称高专)。2002年4月28日,江西省陶瓷工艺美术职业技术学院(以下简称省工艺美院)挂牌成立。其前身为江西省陶瓷学校、江西省陶瓷工艺美术学校(一校两牌,属省重点中专)。省工艺美院的挂牌成立标志着景德镇市高等职业教育开办。至此,全市有普通高等学校3所,在校学生8663人,教职工1305人。2004年5月27日,景德镇陶瓷职工大学、市广播电视大学、市教师进修学校、市师范学校4所学校并入景德镇高专。至2010年,3所高校在校学生2.29万人,教职工2303人。

院校简介

景德镇陶瓷学院　办学规模。景德镇陶瓷学院是中国陶瓷工业学科最全、门类最全、专业最全的高等院校。1984年,陶院成为全国第二批具有硕士学位授权的单位之一。老校区位于景德镇市东郊陶阳南路,占地面积18公顷,建筑面积8万平方米。1993年,设有陶瓷研究所、陶瓷机械系研究所、陶瓷美术研究所和3个附属工厂。1998年,列入省管高校,不再隶属国家轻工部,实行中央与地方共建,以江西省管理为主。1999年7月,中国轻工业陶瓷研究所并入陶院。

2000年,办学规模进一步扩大,成立热能工程系和社会科学系,新设3个本科专业、6个高职专业。2001年,陶院获得招收攻读学士学位和硕士学位的外国留学生资格。材料工程系、美术系、机械电子工程系和工业管理工程系分别更名为材料科学与工程学院、设计艺术学院、机械电子工程学院、工商学院。是年,陶院湘湖新校区建成。占地面积106.70公顷,建筑面积56余万平方米。2002年12月,在体育教育部基础上成立体育系,计算机系更名为信息工程学院,设立科技艺术学院。2005年,博士后工作站被列入优先申办的重点工作。2008年4月,国家日用及建筑陶瓷工程技术研究中心博士后科研工作站在陶院揭牌。2009年,陶院将10个教学院系整合为8个教学分院。12月,被国务院学位办批准为2008—2015年博士学位授权立项建设单位,根据《江西省2008—2015年新增博士、硕士学位授予单位立项建设规划》,制定《景德镇陶瓷学院申博立项建设规划实施方案》,陶院启动博士点建设工作。成为教育部确定的31所独立设置的本科艺术院校和94所有资格招收享受中国政府奖学金攻读硕士、学士学位留学生的高校之一,面向大陆及港澳台地区招生。是年,新增为艺术硕士专业学位研究生培养单位,填补了江西省艺术硕士专业学位研究生教育的空白。2010年,调整为7个教学分院,陶院有新老校区3个,即湘湖新校区、新厂校区、中国轻工业陶瓷研究所校区。总占地面积140公顷,总建筑面积45.40万平方米。

专业设置与学科建设。1986年,陶院设有4个系,2个硕士学位授予点,9个专业。1993年,设有工程、机械、美术、企业管理4个系,11个专业,2个硕士学位授予点。1996年8月,工艺美术设计学科和硅酸盐材料学科被确定为江西省高校重点学科,轻工机械学科被列为“九五”江西高校重点建设学科(经省专家组评审)。1997年,设有4个系,17个专业。工艺美术设计学科被确定为中国轻工业总会重点学科。1999年,制定《2000—2005年陶瓷学院学科建设与发展规划》和《陶瓷学院本科教育发展计划》,成功申报英语、信息与计算科学、环境工程、国际经济与贸易4个本科专业,拓宽了学科结构,并组织美术学、热能工程等5个硕士点的申报工作。

2000年,申报设立自动化、公共事业管理、陶瓷艺术等3个本科专业和陶瓷艺术设计、装潢艺术设计、电脑美术设计、计算机应用、机电一体化、市场营销等6个高等职业技术教育专业,学科结构进一步扩宽,并设置热能工程、美术学、机械设计及理论3个硕士点,使陶院硕士点由原来的2个增至5个。2002年,新增硕士生导师10人,申报博士点2个、硕士点14个、本科专业4个、高职专业2个,专业增至26个,专业面更加贴近经济建设对人才的需求,形成以工科为主,艺术、理学、经济、管理、教育结合得较为合理的专业机构,有6个专业被评为江西省首批本科品牌专业。2004年,确立26个专业课程,完成《陶瓷造型》等4门省级优质课程上网展示与公开教学工作,工业设计、会计学、计算机科学与技术、英语、信息与计算机科学、国际经济与贸易6个专业被评为第二批全省高校本科品牌专业。2005年,学校共有9个院系,22个本科专业,7个硕士研究生专业,2个专业硕士学位点。

2006年2月,新增科学技术史、材料学2个一级学科硕士授予点,美学、产业经济学、思想政治教育、文艺学、艺术学、考古学及博物馆学、概率论与数理统计、机械电子工程、微电子学和固体电子学、控制理论与控制工程、计算和应用技术、环境工程、会计学、企业管理等14个二级学科硕士授予点,共有一级学科硕士授予点2个、二级学科硕士授予点21个、专业学位硕士授予点3个、省示范性硕士点5个。2007年,出台《景德镇陶瓷学院学科建设管理办法》,重点建设设计艺术与陶瓷文化、陶瓷材料工程与机械、陶瓷经济与管理等三大学科群,重点加强材料学、设计艺术学2个申博点和4个支撑点的建设,学科建设步入快速发展的轨道。

2009年,新增粉体材料科学与工程、广告学、考古学3个本科专业。材料学学科成为省第一批重点学科,被新增为艺术硕士专业学位研究生培养单位,填补了江西省艺术硕士专业学位研究生教育的空白。2010年,调整为7个教学分院,共40专业,包括学校特色专业7个,其中3个国家级重点专业和4个省级重点专业,涵盖工、理、经、管、文、法、教育学7个学科门类。硕士研究生专业23个,专业硕士学位点4个。是年,优先建设博士立项学科和支撑学科,材料工程与科学、艺术学成为省高水平学科。艺术学、电子科学与技术、机械工程等9个学科成为一级学科硕士授权点。成功申报工程硕士专业学位,动力工程新增领域建有2个省高水平学科、3个省级重点学科、15个省部级科研平台。

1986—2010年,陶院不断加大教学投入,确保生均设备费、图书资料满足人才培养需要,加强校园网、电子图书馆、多媒体教室等数字化教学设施建设。2010年,学校图书馆建筑面积2.11万平方米,馆藏纸质书122.20万册,完成校园网络化建设,建立办公自动化系统。学校有各类实验室、语音室、多媒体室、运动场、实习工厂、游泳池等设施,总面积3.47万平方米。仪器设备总价值约16310万元,学生人均1.22万元。

教学科研。1986年,刘桢主持的"镇窑的构造及砌筑技术的研究"课题,获轻工业部科技进步三等奖。1993年,出科研成果和立项研究的部、省级项目18个,通过部、省、市技术鉴定4项,国家"八五"攻关项目"陶瓷原料原砂综合利用研究"2个分项目通过专家论证,耐火陶瓷炊具获国家高新技术博览会金奖。国产ER系列添加剂和快速水分测定仪获国家高新技术博览会银奖。是年,吕品昌副教授的雕塑作品《阿福之家》在第三届全国体育美术展览中获一等奖,吕品昌获全国优秀教师称号,享受国务院政府特殊津贴。1995年5月25日,材料工程系于长风、朱小平等进行的"新型轻质复合隔热材料的研究"项目,通过轻工总会的鉴定。12月5日,张永明等进行的"生物陶瓷膜分离器的研究"项目,通过江西省科委的鉴定。12月26日,胡张福、欧克英、缪松兰、彭蔗修、曾峰等进行的"八五"国家攻关项目"高岭土·瓷石矿尾砂综合利用工艺的研究""尾砂综合利用制品试验研究"两项课题的研究成果通过国家鉴定,研究水平均为国内领先,填补国内空白。是年,美术系教授周国祯《本土意识的崛起——谈泥条盘筑陶瓷》论文获江西省高校社科优秀成果二等奖。1996年,陶院承担的江西省重点科研项目"链式干燥机CAD的研究""化学液相沉淀法制备镉红陶瓷颜料的研究",通过省科委组织的专家鉴定。副教授肖尊文与江西医学院第一附属医院共同承担的国家"八五"攻关项目"复合活性羟基磷灰石生物陶瓷开发研究"项目,通过省科委和省医药管理局联合组织的专家鉴定。1998年,副教授肖任贤主持的"TY70－155可调试组合隔膜泵"通过省、市专家组鉴定。是年,陶院承担的"钛酸铝陶瓷研制""抗菌生物瓷材料的研究"通过专家组鉴定,两项科研成果均达到国内领先水平。1999年,教授周健儿等主持的"利用废匣钵及劣质原料制造的耐热陶瓷"和副教授孙国梁等主持的"化学液相沉淀法制备镉红陶瓷颜料的研究"获省科研进步三等奖。是年,陶院获得省教委颁发的优秀科研成果一等奖1项、人文社科成果二等奖1项,在全国工艺美术作品评比中,获金奖1项、银奖2项、铜奖6项。

2000年,陶院承担的国家"九五"科技攻关项目"高档日用瓷烧成及装饰工艺技术研究",轻工总会下达的科技重点项目"钛酸铝陶瓷材料的开发",通过国家轻工业局联合组织的专家鉴定。周健儿课题组受企业委托研制开发的"大规格钛酸铝——堇青石蜂窝陶瓷"成功实现产业化生产,批量生产的3批产品均出口美国,并以技术入股与新余市新亚新集团合资建立股份有限公司,注册资本1500万元,陶院占股份20%。是年,获省级教学成果奖二等奖3项、三等奖1项,第二届中共工艺美术大师精品展金奖3个、银奖2个、铜奖2个,首届中国工艺美术精品展金奖1个、银奖2个、铜奖2个,在江西省设计大赛中获金奖1个、铜奖2个。2002年,全年省级教改项目共立项15项,其中省重点项目3项、省教育厅资助项目7项、经费自筹项目5项。获省第八批教学成果一等奖1项、三等奖5项。2004年,推进人才培养模式改革,由3个试点专业推广到8个试点专业,完成国家教育项目"21世纪初一般工科院校人才培养模式改革的研究与实践"的总结、报奖工作。全市共有院教改立项732项、省级教改立项262项,获得省优秀教学成果一等奖3项、二等奖5项,评出院级教学成果252项。是年,陶院教授秦锡麟被国家授予推进中国现代陶瓷艺术教育与国际交流特殊贡献奖,是全国唯一获此殊荣的艺术家。

2005年,教育部对陶院进行普通高等本科教学工作水平评估,在全国首批通过并获得"良好"评价。是年,完成国家、省部级项目成果鉴定和验收4项。"钛酸铝——堇青石质大规格蜂窝陶瓷的研究开发"和"陶瓷产品CAD集成软件的开发"项目成果分别获得省科技进步二等奖、三等奖,"景德镇陶瓷振兴与发展的对策"项目成果获省社科优秀成果二等奖。陶院承担的"一般院校工科人才培养模式改革的研究与实践"获国家教学改革成果二等奖,实现国家级教学成果奖零的突破。2007年,陶院组织申报的"低膨胀陶瓷材料的研究及其应用"项目,以94.49的全省第一高分,被评为省科技进步一等奖,实现零突破,被省科技厅推荐参加国家科研进步成果奖的评选。是年,陶院在北京中国美术馆举办师生陶瓷艺术作品展。秦锡麟创作的青花釉里红《春意盎然》、周国桢的雕塑作品《静观》和施于人的青花斗彩罐《多子多福》3件作品被中国故宫博物院永久收藏。2008年,陶院主持完成的"高性能低膨胀陶瓷材料的研制及其应用成果"获国家科技进步二等奖。是年,获得省科技进步三等奖12项、省优秀新产品一等奖1项、省教育科学优秀成果三等奖2项。陶院被评为全省科技创新先进单位。2009年,完成国家教育改革项目"一般高等院校理工科专业规范研究"。是年,科研创作获国家级项目15项、省部级项目43项、发明专利授权5项、实用新型专利2项。获省科技进步奖和自然科学奖各1项、省高校科技成果一、二、三等奖各1项,省社会科学研究优秀成果奖7项,中国轻工业联合会科技进步奖2项。是年,陶院教师作品在第十一届全国美术作品展中,获金奖1项、铜奖1项,入选全国美展13项,创造江西省近60年以来参加全国美展的最好成绩。2010年7月30日,教授张纯主持的国家软件科学课题"构建景德镇陶瓷产业技术创新战略联盟研究"在北京通过验收。

教师与学生。1986年,陶院有教职工594人,其中专任教师245人,教师中具有正高职称1人、副高职称36人,在校学生总数为1112人。1996年,陶院本科招生并轨,1997年本专科全部并轨,一律实行缴费上学。2004年,全校招生1365人,其中研究生11人、本科生1185人、高职生169人,在校学生3930人。是年,建立陶院招生就业网,拓宽毕业生就业渠道,采取"走出去、请进来"的方式,举行25次毕业生就业招聘会,邀请200余家单位到陶院招聘。加强毕业生跟踪调查,先后组织3个调查组赴广东、山东、福建、浙江等地,了解毕业生工作情况,使毕业生就业率在90%以上,顺利通过省教育厅专家组的评估检查。2006年,共招收本、专科新生3829人,在校学生13329人。招收全日制研究生145人,在校研究生621人。2007年,全年共招收本、专科新生3994人,在校学生15000人。是年,共招收全日制研究生154人、在职研究生110人,全日制研究生达433人,在职研究生241人。2009年,全年招收本、专科新生4583人,在校学生达16810人。是年,陶院做好毕业生的就业指导和毕业设计工作,拓宽就业渠道,搭建就业创业平台,毕业生就业率稳步提高,本科生就业率名列全省前茅,研究生就业率名列全省第四。2005—2009年,本科生一次性就业率居全省高校前列。

2010年,全年招收本、专科新生4898人,在校学生12367人。学校有专任教师724人,生师比17:1;高级职称人数424人,其中教授139人、副教授285人,高职比为54.1%。专任教师中硕士以上人数423人,占专任教师的54.0%,其中博士135人,占17.2%。有国家级有突出贡献中青年专家3人,享受国务院政府特殊津贴28人,新世纪百千万人才工程国家级人选2人,国家级教学名师1人,全国优秀教师2人,教育部新世纪优秀人才3人,教育部高校专业教学指导委员会委员6人,"井冈学者"2人,"赣鄱英才"555工程人选17人,省主要学科学术和技术带头人培养对象6人,高校中青年学科带头人和骨干教师66人,省级教学名师12人,新世纪百千万人才工程省级人选26人,省政府特殊津贴9人,省"井冈之星"青年科学家6人,省文化艺术学科带头人4人,联合国教科文组织国际陶艺学会会员2人,中国工艺美术大师、中国陶瓷艺术大师、中国陶瓷设计艺术大师共28人。

陶院校训。崇德尚学,陶冶成器。

80年代陶院新厂校园

2010年陶院湘湖校园

景德镇高等专科学校 办学规模。景德镇高等专科学校(以下简称高专)是景德镇市唯一一所地方全日制多学科的普通高校。高专的前身为景德镇市教育学院。1993年6月22日,在景德镇市教育学院的基础上组建成立景德镇高等专科学校,副地级建制。2001年9月,高专12项系列工程竣工,具备满足3000名学生就读的能力。10月,成立招生就业指导办公室。2003年10月,高专制定《景德镇学院(筹)2004—2007年发展战略规划》。2004年5月28日,景德镇陶瓷职工大学、电大景德镇分校、景德镇师范学校、市教师进修学校4所学校并入高专,形成师范与非师范,文、理、工、经、管、法、艺、体等多学科的综合办学格局,涵盖全日制本专科教育、成人教育、中等教育和在职培训。11月,成立学校招生就业工作处。2005年,设立招生科、就业科。2007年,学校占地面积达65.40公顷,总建筑面积8万平方米。至2010年,校区经过扩建,占地面积67.10公顷,校舍建筑面积28.20万平方米,学生人均38.10平方米,其中教学行政用房18.60万平方米,学生人均25.10平方米。

专业设置。1986年,学校6个专业分别改称6个系,即中文、数学、物理、化学、英语、农学系。1988年,增设体育系。1990年,增设政史系。1993年,增设艺术系,共设有9个系14个专业。2000年,增社会科学系。是年,与江西师大联合办学,招收汉语言文学、物理教育专业本科生。2002年,政史系与社会科学系合并,组建财经与法律系,将应用化学系与生物系合并,组建生物与化学工程系。2003年,新增专业有计算机科学教育、生物学教育、财务会计、陶瓷美术、电脑艺术设计、音乐教育、综合理科教育、旅游英语、旅游管理、商务英语、城市绿化与物业管理。2005年,新增专业有影视多媒体、计算机网络技术、通信技术、计算机辅助设计与制造、汽车检测与维修技术、文秘(涉外英语)、材料工程技术、国际贸易实务。2006年,新增专业计算机信息管理、动漫设计与制作、资源环境与城市管理、金融管理与实务、初等教育(师范)等。是年,高专中专教育部更名为基础教育系。2009年,艺术系更名为艺术设计系,基础教育系更名为教育系。2010年,中文系更名为人文科学系,物理与应用电子系更名为机械电子工程系,数学与计算机系更名为数学与信息工程系,财务与法律系更名为经济与管理系。至2010年,学校设有39个专科专业,6个本科专业,涵盖文学、理学、工学、艺术学、管理学等学科门类,其中省级特色专业7个、省级示范专业7个。

教学科研。1986—2010年,学校注重提高教学质量,构建有特色的实践教学体系。新建20多个教育教学实习基地,开辟第二课堂,开展实验实训,提高学生综合素质。先后制定景德镇高等专科学校《科研成果奖励条例》《科研经费管理暂行办法(试行)》《校级科研课题管理办法(试行)》《科研工作量要求及科研成果计分细则(试行)》。

1991—1992年,市教育学院农科系承担"浮梁鸡培育""美国火鸡引进及饲养"课题,培育适合当地生长的蛋肉两用良种鸡,美国火鸡体型大、经济价值高、鸡肉胆固醇含量低。高告权撰写的《矩阵变换的研究与应用》获1992年江西省第三次高校优秀教学成果三等奖。1994年,章荣庆主持的课题"景德镇陶瓷职业技术教师的需求与培养”、胡伯坚主持的课题“师范生基本技能微格训练的科学实验”被定为国家教师师范教育发展项目,是景德镇高专首次获得国家级科研课题项目。1999年,胡伯坚等主持的师范教育发展项目改革课题“师范生基本技能微格训练”获省教育改革二等奖。2006年,20余项科学研究课题获省级立项,吴丁申报的“梅花草原系统研究”课题获国家自然科学基金立项。2008年,李美珍申报的“陶瓷粉彩装饰艺术课程改革与创新”获省教学成果二等奖。2010年,组织申报教育科学研究“十二五”规划课题26项,立项11项,其中重点课题1项;省级教改课题36项,立项1项,其中重点课题1项;省社会科学规划艺术项目课题10项,立项5项。青年教师田双申报的“中国亚热带地区三种古老植物比较谱系地理学研究”项目,获国家自然科学基金立项,资助金额27万元。是年,学校获省第四届教育科学优秀成果三等奖1项。至2010年年底,发表论文418篇,其中全国中文核心刊物90篇,人大复印资料题录3篇,SCI收录6篇;出版书籍44部,其中专著12部;校级立项课题117项,市科技局立项课题11项,省级立项课题45项,国家自然科学基金(国家级)立项1项。

设备设施。1986—2010年,学校不断加大资金投入,实施教学基础设施建设,购置教学仪器设备,改善办学条件。2005年,投资3000万元,新建3栋学生公寓、1栋教学大楼,改建艺术楼、健身馆,完成建筑面积4万平方米,新建8个篮球场,改造综合楼等。投资500万元,采购教学仪器设备等。2006年,加大基础设施建设,投资270万元,新建1幢学生活动中心,面积4100平方米;投资1400万元,新建2幢学生公寓,面积15674平方米;投资2600万元,于3月18日开工建设图书馆,面积2.09万平方米,年底完成主体工程并进行装修和设备安装,2007年6月竣工交付使用,馆藏纸质图书容量达92.30万册,有中外期刊1200种、电子图书21万种,馆内设有社科、理工、艺术、工具书、精品书、期刊、电子阅览室等借阅图书场所,可同时容纳3500位读者阅读;投资360万元,完成校田径场改造面积1.62万平方米;投资40万元,新建1幢物理系汽车实验工厂,面积600平方米。学校校舍总面积达21万平方米,教学行政用房达11万平方米。2009年,基础设施架设共投资7000万元,新建学术交流中心大楼、教学实验大楼、陶艺实验楼和学生公寓;投资800万元,购买教学仪器设备,重点装备计算机应用、陶瓷设计、动漫设计、物理、生化等实验室。至2010年,学校有电化教学大楼、艺术大楼、图书馆、健身馆、学生活动中心、多功能文体活动中心、塑胶运动场以及篮球场8个、风雨灯光球场10个、羽毛球场6个,教学仪器设备总值5668万元,学生人均教学仪器设备值4000元。

教师学生。1986年,高专有教职工176人,其中专任教师83人,在校学生502人。1987年,教师中具有副高职称7人,在校学生总数489人(全日制),163人(成人教育)。1999年,有教职工236人,其中专任教师149人,有正高职称4人、副高职称29人,全日制在校生总数为1282人。2001年,学校取得外国文教专家的资格,并于当年9月聘请第一任外籍教师来校任教。2003年,面向全国22个省市招收学生1630人,在校学生4000余人。2005年,在全国29个省(市、自治区)招生3003人。2006年,学校由在景德镇地区招生扩大到在全省招生,全年招收新生2456人。是年,加强毕业生就业指导,组织人员赴浙江等地进行就业考察,为毕业生就业开辟渠道;组织毕业生“双选会”20场,发布就业信息100条。毕业生一次就业率达88.72%,名列全省专科院校第二名。2007年,教职工总数620人,其中专任教师386人,正高职称24人,副高职称115人,教师中博士研究生2人,具有研究生学历人数114人。面向全国30个省(市、自治区)招生3066人,在校学生7000余人。2008年,规范招生管理,采取对等、单项等多种形式,面向全国30个省(市、自治区)招生,全年共招生3122人。至2010年,学校有专任教师458人,其中具有高级职称的教师196人,占专任教师总数的43%;具有研究生以上学历的教师244人,占专任教师总数的53%。全校有学生9137人,招生2869人,毕业生实际就业率每年均在85%左右。

校训。1986—2010年,学校以“自强不息、泽土惠民”为校训,以“文明、和谐、开放、奋进”为校风,以“敬业爱生、德艺双馨”为教风,以“勤学、善悟、求实、创新”为学风。

江西陶瓷工艺美术职业技术学院　办学规模。江西省陶瓷工艺美术职业技术学院(以下简称工艺美院)是一所公办综合性普通高等学校,前身为江西省景德镇陶瓷学校、江西省工艺美术学校。学校占地面积33.33公顷,建筑面积27万平方米。1986年,江西省景德镇陶瓷学校收归省轻工业厅直接领导和管理。1996年,增挂“江西省工艺美术学院”校牌,按“一校两牌”模式办学,为正处级建制,隶属江西省轻工业厅。

2000 年,通过江西省重点普通中专学校办学水平评估,达到 A 级标准,被省政府列为省级重点普通中专学校。2002 年,升格为全日制普通高等职业学校,更名为江西省陶瓷工艺美术职业技术学院,为正处级建制,同时撤销江西省工艺美术学校、江西省景德镇陶瓷学校,隶属江西省轻工行业管理办公室。2010 年,省教育厅、省财政厅批准工艺美院为江西省示范性高等职业院校。2011 年,升格为副厅级事业单位。

专业设置。2002 年 4 月,升格为大专院校,首批设置有陶瓷艺术设计、装潢艺术设计、雕塑、陶瓷工程、陶瓷装饰材料 5 个专业。2003 年 9 月,新增信息工程系、工商管理系。2007 年,工艺美术系改为艺术设计系;信息工程系改为数字艺术系。2009 年,学校有材料工程与机械工程学院、陶瓷艺术学院、设计艺术学院、数字艺术学院、经济管理学院、公共基础部、中专部、成教学院。2010 年,学校共有 4 个系(教学分院)、1 个中专部、1 个成教学院,共 32 个专业。其中陶瓷工程技术、陶瓷艺术设计为教育部、财政部"提升专业服务产业发展能力"建设专业;陶瓷工程、陶瓷装饰材料、陶瓷艺术设计、雕塑艺术设计、机电一体化、建筑装饰材料及检测、影视动画(陶瓷设计方向)为全省高校特色示范专业。"陶瓷粉彩装饰"课程为国家级精品课程。

教学科研。2002—2003 年,制定和完善《教学工作规程》《教学质量监控体系》《课堂考勤周报制度》《教师业务档案管理条例》等一系列文件。学校实行主考课程试题库建设,逐步实行"教考分离"的方法。进行教学方法与教学模式的改革,推行"双证制"教学改革。2004 年,制定《科技项目管理办法》《科技成果奖励条例》,采取激励措施,鼓励教师开展教学科研活动。工艺美院教师承担的"景德镇陶瓷科技教育资源整合的研究"被列为省级人文项目,"CNC 技术在传统机床的应用研究"被列为市级项目。2005 年,建立全省高职高专第一个国家级电子商务师培训鉴定中心,658 名应届毕业生获得相应的从业资格证书。2007 年,学校以"省高职高专办学水平评估体系"为指南,修订和完善 20 多个专业的教学计划,编写近 500 门课程的教学大纲,并通过省检。2010 年,组织立项国家级教改课题 1 项、省部级教改课题 18 项,获教育部精品课程 1 门、省级精品课程 3 门。是年,教授陈华龙主持的"高职高专陶瓷工程材料专业基于工作过程课题体系改革与建设"项目,获省教学成果二等奖。教授李文跃主编的"图案与装饰基础"课程获全国精品课程二等奖。至 2010 年,工艺美院获各类省级课题立项 100 项,全校教师获得各类教研成果 600 余项,其中主编、参编教材 32 部,发表第一作者(或独撰)论文 380 余篇。其中教师李文跃主持的"陶瓷新彩装饰"课程获国家级精品课程,填补学校空白。

设施设备。2002—2010 年,工艺美院加大教学投入,改善办学条件。学校有教学大楼、图书馆、体育馆、运动场。图书馆藏书 27.36 万册,多媒体教室 18 个,语音室 5 个,合计座位数 3000 座;教学用计算机 921 台;实验室 20 个,仪器设备总值 2131.69 万元。拥有 2068 平方米的体育馆、400 米塑胶跑道田径运动场等。学校有中央财政支持职教实训基地 2 个;省级人才培养模式创新试验区 3 个;江西省高等职教专业技能实训中心 2 个;有集教学、培训、生产、科研于一体实训室 70 个;稳定的校外实训基地 117 个;有多个国家和省级技能鉴定中心,学校还被教育部确定为全国中小学陶瓷培训基地。学校与国内外多家知名企业签订校企合作协议。有 80 余个校外实习和就业基地,能满足各个专业实训内容的要求。

教师学生。2002 年,工艺美院有教职工 199 人,其中专任教师 91 人,教师中具有正高职称的 17 人、副高职称的 42 人。由省内招生扩大为全国招生,在校学生 2800 人,专职教师 91 人。2003 年,全年共招收新生 1040 人,其中大专班 574 人、中专班 466 人,全国 15 个省、市的 300 名新生到校,是工艺美院发展史上的一个突破。拓宽毕业生就业渠道,在广东、福建、浙江、江苏、上海、山东、湖南、广西、江西等地建立固定就业网点,举办毕业生就业指导讲座,联系用人单位,毕业生就业率达 95%。2006 年,全年招收新生 1526 人,积极探索"订单式"培养模式,与福建最大的日用陶瓷企业冠福现代家用股份有限公司签订战略框架协议、订单式培养合作协议;对毕业生就业采取"走出去、请进来"的方式,召开毕业生双选会,为毕业生提供 60 家用人单位、2000 个用人岗位,就业率在 90% 以上。至 2010 年,学校有教职工 377 人,其中专任教师 274 人,正高职称 29 人、副高职称 75 人。在校生总数为 4035 人。有国家级教学名师 1 人,享受国务院政府特殊津贴 2 人,国家级工艺美术大师 5 人,省级工艺美术大师 5 人,省级陶瓷美术家 3 人,高级工艺美术师 15 人,教育部专业教学指导委员会委员 6 人,省级学科带头人 1 人,省级教学名师 5 人,省级中青年骨干教师 16 人,入选"江西省新世纪百千万人才工程"2 人。学校坚持"不求所有,但为我用"的原则,聘请 50 余名中国艺美术大师、美术院校名师、大型企业技术骨干和能工巧匠作为学校的兼职教师及客座教授,建立人才共享机制。

校训。工艺美院校训是“强技立身、厚德树人”,以“主大师、重双师、育新人”为人才强校战略。

第五节　成人教育

职工教育

文化教育　80年代初,根据教育部《关于职工初中文化补课工作若干问题的通知》,组织全市青壮年职工初中文化补课统考7次,3科成绩合格的有4886人。1986年,由于部分职工未参加考试或一二科成绩不合格,于4月6日组织青壮年职工初中文化补课第8次(最后一次)统考。试卷分语文、数学、物理、化学、历史、地理等科,统一命题,统一试卷,统一考试时间,统一评分标准。是年,先后成立江西省浮南矿职工业余高中,招收职工文科高中2个班、学员80人,理科高中2个班、学员80人。江西省黎明制药厂职工业余高中招收职工理科高中1个班、学员40人,江西电化厂职工业余学校招收职工理科高中1个班、学员50人。一矿两厂职工高中入学,毕业考试由市教育局统一组织。学生毕业考试及格,国家承认其职工高中毕业学历。当年全市有职工学校15所,其中高中8所、初中7所,学员520人,高中342人、初中178人。1988年,成立景波机械厂职工高中,开设文、理科班各1个,每班招收学员30～40人。

90年代,随着国有企业改制,职工学校相继停办,职工教育的职责转入教育部门和社会机构,由各类成人大、中专院校和成人自学考试取代。

专业培训　80年代,职工专业培训主要由企业举办。为适应陶瓷、工交、商贸、服务等行业的发展,开始创办成人技术培训学校,开展成人专业培训。1986年,市民建市委会与市工商联合办景德镇市建联业余学校,招收工商、财会专业学员50人,当年全市有职工技术培训学校5所,在校培训学员190人,其中全脱产学员35人、业余函授学员155人。1987年,全市有职工技术培训学校18所,开设专业培训班62个,在校培训学员2830人,其中全脱产学员980人、业余函授学员1850人。1988年,全市有职工技术培训学校7所,开设专业培训班60个,在校培训学员2105人,其中全脱产学员443人、业余函授学员1662人。

1990年,市新厂街道办事处成立景德镇市业余学校,开设缝纫、家电维修等职业技术培训。当年全市有职工技术培训学校7所,开设专业培训班60个,在校培训学员1966人,其中全脱产学员122人、业余函授学员1844人。1993年,随着企业改制不断加大,大批职工下岗分流,其中部分职工待业失业,劳动部门开始启动职工再就业培训。1998年,制定实施职工再就业培训计划,至2000年,全市培训20534人,其中陶瓷企业下岗职工9627人、其他工业企业下岗职工10907人。2002年,全市再就业培训8239人。2009年,全市再就业培训8764人。至2010年,全市累计再就业培训92145人。

农民教育

扫盲教育　1949年以来,扫除文盲经过早期的卡片识字、办“识字”班速成式扫盲,到后来结合科学种田对农民科普式扫盲,青少年中新文盲逐渐减少,扫盲任务逐年减轻。1985年4月,根据《江西省农村扫除文盲标准和检查验收试行办法》,先后对鹅湖区、昌江区、蛟潭区检查验收,全市农村青壮年总数为121331人,文盲、半文盲为16078人,无盲率为87.75%。1986年,全市开设扫盲班402个,参加学习的青壮年文盲9525人,当年脱盲人数2095人。1988年,开设扫盲班26个,扫除青壮年文盲992人。至90年代后,进入高标准扫盲验收阶段。

1991年,省政府发出《关于继续做好扫盲工作的通知》,分配给景德镇市参加扫盲学习的人数为1.90万人。市政府以文件形式将省政府下达的扫盲人数指标分解到所辖县(市、区),乐平市(县)6400人、浮梁县3500人、昌江区1100人。当年实际脱盲人数1.10万人,其中妇女脱盲人数5500人,脱盲后巩固提高人数4000人。教育部门特别是农村学校仍然是扫盲工作的主力军。1992年,全市有204所学校开设农民扫盲班360个,共扫除青壮年文盲12350人。

1993年,国家将基本普及九年制义务教育与基本扫除青壮年文盲两项工作并为“两基”工作任务,扫盲成为教育工作的重要内容。是年,珠山区“两基”工作各项指标经省检查组确认达到省定标准。1994 年,全市有 193 所学校开设农民扫盲班 221 个,共扫除青壮年文盲 8369 人。是年,珠山区为国家首批 554 个“两基”达标县之一。1996 年,制定全市扫盲规划,实行目标管理。全市有 131 所学校开设农民扫盲班 371 个,共扫除青壮年文盲 7770 人。是年,乐平市、昌江区“两基”工作先后通过省教委的评估验收。1997 年至 1998 年年底,全市共扫除青壮年文盲 55788 人,青壮年文盲率由 1990 年第四次全国人口普查时的 13.05% 下降到 3% 以下。全市各县(市、区)相继通过省级评估验收,达到国家规定的基本扫除青壮年文盲的标准。1999 年,全市有 288 所学校开设农民扫盲班 502 个,扫除青壮年文盲 7018 人,全市青壮年非文盲率达到 98.60%。是年,浮梁县代表景德镇市接受国家扫盲抽查验收,认定各项指标均达国家标准,顺利通过国家验收。

2000 年,全市有 247 所学校开设农民扫盲班 410 个,扫除青壮年文盲 4580 人。是年,开展“两基”工作“回头看”和“两基”目标自查工作。之后“两基”的年检、抽查、复查工作成为常态。至 2010 年,全市的青壮年文盲率控制在 2% 以下。

技术培训 1986 年,全市农村成人教育的工作重心由扫盲转向高一层次的科普和实用技术培训。1989 年,全市有农民技术培训学校 3 所,开设专业培训班 10 个,在校学员 258 人。1991 年,全市有农民技术培训学校 91 所,开设专业培训班 335 个,在校学员 15508 人。1995 年,全市有农民技术培训学校 99 所,开设专业培训班 247 个,在校学员 75746 人。1999 年,全市有农民技术培训学校 652 所,开设专业培训班 670 个,在校学员 105436 人。

2000 年,全市有农民技术培训学校 459 所,开设各式专业培训班 591 个,在校学员 98004 人。是年,乐平市历崌山成人文化技术学校被教育部授予成人教育先进单位称号。2004 年,开始对农村劳动者和已进入非农业就业的农民工开展转移前的就业引导性培训,制定农村劳动力转移培训计划,当年开办农民工转移培训缝纫班 14 期,培训 1605 人。2005 年,市劳动就业局举行全市培训农村剩余劳动力转移培训,受训人数有 4000 余人次。在农村成人文化培训中,村级文化技术学校培训 9086 人次,乡(镇)成人文化技术学校培训 5497 人次。2006 年,开始实施农村劳动力技能就业计划、阳光工程、农村劳动力转移培训计划、星光科技培训、雨露计划等培训项目,全年培训农民工 133273 人。2007 年,农村劳动力转移培训计划更名为“金蓝领工程”,当年培训农民工 29919 人。2009 年,实施“金蓝领工程”,培训农民工 28115 人。2010 年,全市各培训机构开展订单培训、定向培训、技能培训,促进培训与就业无缝对接,全市培训农民工 16782 人。

家函教育

1986 年 5 月 6 日,市家庭教育研究会成立。1992 年 8 月,江西省家长函授学校景德镇分校成立。第一期招收培训学员 2016 人。1993 年,第二期招收培训家长学员 5024 人,比第一期多招学员 3008 人,被评为全省家庭教育先进单位。1994 年,第三期招收培训家长学员 6108 人,连续两年被评为全省家庭教育先进单位。1996 年,第五期招收培训家长学员 6496 人,新增初、小学生家长学员 1340 人。是年 10 月,市家长函授分校被国家教委、全国妇联评为全国优秀家长学校。1997 年 6 月,为加强对青少年的思想品德教育,景德镇一中分校家长函授点先后开办 5 次家长函授面授课活动,请专人授课,家长参加学习人数达到 100%,被江西省家长函授学校授予办学先进单位称号。1999 年 1 月 8 日,市教育学会家庭教育专业委员会成立大会在景德镇师范艺术楼召开,大会选举产生 51 名首届理事会理事。

2000 年 1 月 8 日,举办“蝴蝶百科知识”瓷都家教杯竞赛,选拔选手 526 人参与角逐,评选出初中、小学组学生各 12 人,与其父母组成 24 个代表队,进行第二阶段初中、小学分组决赛。3 月 5 日,评选出小学组一等奖 3 个、中学组一等奖 3 个,市第二中学、4321 厂小学分别获中、小学团体总分一等奖。至 2001 年,市家长函授学校创办的《医疗、学校、家庭、社会》刊印 3 期。社区教育开始启动,全市“学校、家庭、社会”三结合的教育架构初步形成。被全国妇联、国家教委授予全国家庭教育工作先进集体称号。2002 年,家长函授教学不断延伸,在全省率先增设高一新生家长面授课,培训家长学员 1 万余人。2003 年,开展巡回家长讲座,举办“家教不出门”活动,全年培训家长学员 16289 人。2004 年,招收培训家长学员 12140 人,其中小学 4031 人、初中 4728 人、高中 3381 人。为家长学员授课 172 节,接待家长及学生心理咨询 100 多人次,并免费赠阅《景德镇家庭教育发展论坛专辑》3000 册,供学员学习参考。多次开展“家教杯”乒乓球、跳绳、棋类等项目的比赛活动,促进家庭成员交流。2005年,招收培训家长学员12681人,其中小学4085人、初中5393人、高中3203人,为家长学员授课162节。学校连续14年被评为省家庭教育工作先进单位,并被评为第一届江西省双合格家庭教育工作先进集体和优秀(示范)家长学校。2007年3月10日,省家庭教育巡回报告团首场报告会在市青少年校外活动中心露天广场举行,1000多名家长、老师和学生参加报告会。至2010年,市家长函授学校先后3次获全国家庭教育工作先进集体,连续18次获全省家庭教育先进单位称号。

成人中等教育

80年代,景德镇市成人教育的工作重心由文化补习教育转向中等专业教育,成人中等专业教育一度兴盛。市电子、机械工业、财政、商业等部门相继开办成人中等专业学校,先后创办市财会职工中等专业学校、景华无线电器厂职工中等专业学校、市机械职工中等专业学校、市商业职工中等学校。1986年,全市有职工中等专业学校4所,在校学生528人,教职工55人。1988年,市教师进修学校成立。是年,全市有成人中等专业学校8所,在校学生804人,教职工192人,其中专任教师98人。

1992年,全市有成人中等专业学校6所,其中职工中等专业学校4所、教师进修学校2所,在校学生956人,教职工237人,其中专任教师114人。1998年,随着高等教育规模扩大,成人学历层次要求提高,成人中专教育受到相应影响,成人中等专业学校在校学生逐年减少。1999年,市财会职工中等专业学校停办成人中专学历教育班。2004年,市机械职工中等专业学校并入市第二高级职业学校。是年5月28日,市教师进修学校成建制并入景德镇高等专科学校。至2004年,全市成人中专教育共培养毕业生3741人。2005年,成人中专作为独立的教学单位已不再列为全市教育统计的学校类别。

景德镇市商业学校　位于景德镇市黄泥头,占地面积8000平方米,建筑面积2735平方米。1985年3月7日,市商业职工中等学校创办,是一所培养商业人才,以财经、商贸为特色的成人中等专业学校,隶属市商业局。1986年,招收全市商业、供销、粮食、物资行业在职职工学员,进行全脱产正规化教育。成人中专脱产班学制为2年,半脱产为3年。1991年9月,学校自筹资金26万元,新建1幢综合性的教学大楼,建筑面积1183平方米,内有中型阶梯教室、图书馆、阅览室、体育活动室,还有可容纳400余人的多功能大厅,方便教学和学生业余文化活动。至1992年,为全省商业系统输送426名中级商业企业管理以及专业技术等方面人才。8月,被国家教委授予全国成人中等专业教育先进学校称号。1998年,学校招生对象转为面向全市招收应届初中生,进行职业化教育。1999年,成人中专脱产班学制,高中学历为2年,初中学历为3年;半脱产高中学历为1年制。开设专业有财务会计、涉外会计簿记、商业经营、企业管理等。2002年,学校划归市教育局管理。

景德镇市财会学校　位于市财政局院内,占地面积870平方米,建筑面积520平方米。1985年,市财会职工中等专业学校成立,首批面向全省招生50人,招生对象为高中学历在职财会人员,由省教委颁发成人中专文凭。1987年,招生100人,学制2年,招生对象由高中学历改为初中学历,录取方式由考试入学改为免试入学。1989年,财校扩大招生,举办中华会计函授中专、半脱产成人中专、乡镇财政干部培训等多种形式教育和培训。1995年,与江西省财务会计学校联合举办企业财务普通中专班,招生人数110人。1996年,与国家教委中南考试中心联合举办计算机等级考试,填补景德镇市计算机等级考试空白。5月,财校与中南财经大学联合举办会计、金融专业自考本科班,会计专业招生171人、金融专业招生137人,其中金融专业本科自考填补江西省空白。2000年,财校转变办学方式,停办成人中专学历教育班,承担全市财政干部教育和财会人员培训工作,增挂市财会培训中心牌子,成为全市会计人员继续教育培训基地和会计电算化考试基地。当年财校与江西财经大学联合举办财政专业在职研究生课程班,招收学员50人。2002年,市财会职工中等专业学校最后一批成人中专毕业。2004年4月,筹建会计电算化考试培训基地。全年举办会计人员培训班19期,培训1453人;会计电算化培训班6期,培训330人。2005年,举办2期财政干部部门预算培训班,培训乡镇财政干部92人;会计人员培训班29期,培训2700人。2006年,举办会计培训班13期,培训1483人,会计电算化培训班6期,培训243人。2009年,举办2期农村财会人员财政支农政策培训,培训乡镇会计88人。2004—2010年,市财校共培训会计人员8000余人,培训会计电算化人员4000余人。

景德镇市机械中专学校　位于昌江区道士坞,占地面积7119.40平方米,建筑面积1960平方米。1985

年，市机械中专学校成立，隶属市机械工业局，主要招收全市机械工业系统内在职职工学员，进行专业技术培训。1991 年，开始与省机械学校联办普通中专班，招收应届初中毕业生。1997 年，学校正式招收应届初中毕业生，进行职业化教育。中专脱产班学制为高中学历 2 年，初中学历为 3 年，开设的专业有机械加工与制造、计算机及应用、企业财务与会计、工业企业管理、工艺计划与统计等。2004 年 7 月，学校划归市教育局主管。是年，成建制并入市第二高级职业学校。

景德镇市教师进修学校　位于珠山区新村西路 244 号，占地面积 2450 平方米，建筑面积 2440 平方米。1988 年 6 月，景德镇教师进修学校成立，隶属于市教育局，主要承担全市小学校长和在职中小学教师的系统培训。1991 年 4 月，学校并入景德镇师范学校，实行两块牌子、一套人马，合署办公。1993 年，学校从景德镇师范学校分离出来，恢复教师进修学校。1998 年，对全市幼儿园教师 56 人进行上岗前培训。2002—2003 年，举办全市小学语文、数学骨干教师培训班 2 期。2004 年 5 月 28 日，学校成建制并入景德镇高等专科学校，与景德镇电大分校组建景德镇高专继续教育部，承担全市中小学教师培训工作。

成人高等教育

1986 年，国家教委实行成人高等学校全国统一招生。1987 年，全市有成人高等学校 3 所，即江西省广播电视大学景德镇分校（以下简称电大）、景德镇陶瓷职工大学（以下简称陶瓷职大）和昌河工学院。2004 年 5 月 28 日，经省政府批准，电大与陶瓷职大并入景德镇高等专科学校，以整合教育资源筹建景德镇学院。是年，昌河工学院停止招生。至此，全市 3 所成人高校作为单独的学校形式不复存在。之后，全市成人高等教育工作分别由市 3 所普通高校中的成教部或成教学院分别承担。至 2010 年，全市成人高等教育共培养本、专科毕业生 15086 人。

昌河工学院　位于景德镇市东郊昌河机械厂园内，占地面积 2500 平方米，建筑面积 1500 平方米，是一所国家教育部备案的成人高等学校。学校内设机构为院长办公室、总务室、工科教研室、文科教研室、电工电子实验室、力学实验室、微机室、图书馆。1986 年，在校学生 175 人，教职工 29 人，其中专任教师 18 人。另外还聘请公司高级工程技术人员和管理人员担任兼职教师，进行授课和对毕业生进行论文指导。学校开设的专业有工业企业管理、工业会计、汽车制造与维修、会计电算化、计算机应用、数控技术、机电一体化、电子电器、机械加工及制造。学制为全脱产三年。1995 年开始，学校陆续与南昌航空工业学院、郑州航空工业管理学院、中南民族学院、南京航空工业学院等院校联合开办“专升本”班。2000 年 12 月，昌河飞机集团公司决定将昌河技校、厂办中共党校、昌河工学院三校合并，成立昌河培训中心。2004 年，集团公司决定昌河工学院停止招生，将工作重点转至在职员工的岗位培训。2007 年 7 月，昌河工学院最后一批毕业生毕业离校。

景德镇陶瓷职工大学　位于景德镇市莲花山，占地面积 2.4 公顷，总建筑面积 1.21 万平方米。1986 年，称景德镇陶瓷职工大学。是全国唯一的一所以日用陶瓷为主体，专业较为齐全的成人高等学校，隶属江西省陶瓷工业公司，为正县级自收自支事业单位。设有陶瓷工艺、陶瓷热工、陶瓷美术设计、陶瓷原料矿物工程等专业，学制三年。教职工 106 人，其中专任教师 64 人。1988 年，设有教学班 24 个，在校学生 741 人。全日制专业有陶瓷工艺、陶瓷热工、陶瓷原料矿物工程、陶瓷美术设计；业余学制的专业有陶瓷装饰材料、工业企业管理、文书秘书、党政干部专修、财务会计、审计学；电大全脱产专业有工业企业管理、党政干部专修、财务会计、土木建筑学；中共党校中专班专业有马列主义基础理论、干部自学辅导等，学制 2 ~ 4 年。至 1988 年，学校共培养毕业生 756 人（其中大专生 693 人、中专生 63 人），短期培训各类人才 3100 人次。

进入 90 年代，学校逐步由单一的职工教育培训向职工教育和全日制普通高等教育相结合的方向发展，先后与上海铁道学院、南京东南大学、江西师范大学等高校合作培养全日制普通高等教育大专学生。1994 年，根据市场需求，开设陶瓷工程、陶瓷美术、装潢设计、财会经贸、行政管理专业，学校有专任教师 59 人，其中副教授以上职称 18 人、讲师 29 人。1995 年，学校加强基础设施的建设和改造，新建艺术楼、理化实验楼、图书馆等，将原来的校办工厂改建为陶瓷实习基地，学校建筑面积由原 1.21 万平方米增至 2.10 万平方米。1996 年，江西师范大学景德镇美术大专部挂牌成立，首次举办普通高等教育，设 2 个班，面向江西省内招生 50 人，9 月 2 日正式开学。1999 年 6 月 28 日，景德镇市教育委员会接管陶瓷职大。8 月 27 日，学校由陶瓷行业归口到教育行业管理，列入市财政差额拨款单位。学校在职教职工 99 人，退休 16 人，资产总值 589.20

万元。市财政自1999年起从教育事业费中增拨20万元,由市教委作为专款拨付给陶瓷职大,并计入教育事业费拨款基数,逐年增长,经费不足部分由市教委统筹解决。至2001年,江西师大景德镇美术大专班招生人数增加到9个教学班,美术专业普通高等教育在校生达200人。是年,全国中小学陶艺培训基地在学校挂牌成立。陶瓷培训基地可一次性接待300人实习。2004年5月28日,景德镇陶瓷职大成建制并入景德镇高等专科学校,筹建景德镇学院。至2010年,学校为社会输送大专毕业生6000人,开展各类培训6000余人次,赖德全、李文跃等中国工艺美术大师,刘升辉等省级高校教学名师均为该校毕业生。

电大景德镇分校　位于景德镇市中华南路208号,1984年4月13日,江西广播电视大学景德镇分校成立,占地面积2000平方米,建有1栋教学楼,18间教室。为市属成人高等学校,县团级单位建制。

1986年,开始编辑出版《瓷都电大报》,至80年代末,学校先后招收化工、土建、党政、机械、中文等六大类18个专业,近3000名学员,学生毕业率达到96%。1987年,内设机构有党委办公室、校长办公室、教务处、总务处、学生管理处,面授辅导兼职教师110人。学校的电教设备器材,基本上能满足学生的视听需要。学校还建有图书馆、阅览室、文体活动室。1989年12月26日,江西广播电视大学景德镇分校办学10年,共招收全科学生3417人、单科学生460人,向全市各条战线输送毕业生1942人、单科结业生441人。1995年起,学校承担《南京经济区域广播电视大学学报》的编辑工作。是年,试点招收"注册视听生",面向基层、农村、边远山区招收具有高中、中专、职业高中、技校毕业证书的学员,经教育主管部门审核后免试入学。学生可自主选择学习时间和部分选修课程,以自学和收听收看广播、录音、电视、录像课为主,加上必要的教学辅助,毕业后由中央电大颁发国家承认的大专学历毕业证书。1999年,设有汉语言文学、文秘、英语、财务会计、工商管理、行政管理、金融、市场营销、旅游、法学、高级护理、计算机信息管理、工艺与民用建筑等30个专业,在校学生2000余人。2003年,电大分校在保留原校址的基础上,搬迁到景德镇工人新村西路办学。至2003年,先后培养8000多名专业技术人才,其中成人中专毕业生54人、成人大专毕业生5496人、普通专科毕业生488人、注册毕业生206人、开放教育专科毕业生1346人、开放教育本科毕业生654人。2004年5月28日,电大景德镇分校并入景德镇高等专科学校。因广播电视大学教学由中央电大和江西电大垂直管理,故保留原电大景德镇分校的牌子,主要承担景德镇地区的广播电视教育的任务。

自学考试

1984年5月,景德镇市自学考试首次开考。1986年,自学考试设1个考点。1988年9月15日,景德镇地区高等教育自学考试辅导站在市教育学院成立。1991年以后,自学考试工作由新成立的景德镇市招生考试委员会负责。1996年5月,市财校与中南财经大学联合举办会计、金融专业自考本科班开学。会计专业招生171人,金融专业招生137人,其中金融专业本科自考为全省首次。1998年5月,自学考试报名人数6887人,其中本科2146人、专科4741人。共开考44个专业,全市共设一小、二小、五小、六小、十一小、十二小、乐平一小、市财校、景德镇监狱学校9个考场。2002年1月,省自考办批准,市电化教育馆承办全国计算机登记考试景德镇考点的考务、考试工作。2009年5月,省工艺美院申报的"硅酸盐工程"(专科段)获国家自学考试委员会批准为全国自考专业。2011年1月9日,景德镇市自学考试设3个考点(市第二十六中、市高专、乐平五中)、110个考场。全市共报考4430人,79个专业、275科。

第六节　教育管理

教育督导

1984年,市教育局设立教育督导室。1992年,成立景德镇市教育督导室。随后,各县(市、区)政府也先后成立教育督导室。市、县(市、区)两级政府教育督导室按照《教育督导暂行规定》,坚持督政与督导相结合,督察与指导相结合,综合督导与专项督导相结合,开展系列教育督导活动。10月30日,市教育督导室对市直部分中小学管理制度建设进行督导评估,并提交《关于城市部分中小学学校管理制度建设督导报告》,这是中华人民共和国成立后景德镇市的第一份教育督导报告。1993年5月,市政府聘任首届督学12人,其中专职督学5人、兼职督学1人、特约督学6人。1994年,市教育局制定《景德镇市中小学管理督导评估方案》,4月18—22日,市教育督导室会同县(区)督学对市第二中学、第五中学、第六中学、浮梁县湘湖小学、昌江区竟成小学等11所中小学,乐平市8所中小学,按照"督导评估方案"进行试评。6月,市教育局成立学校管理督导评估小组,教育督导工作全面实施,并逐步制度化、规范化。

2000年12月28—29日,开展普通高中教学工作检查,先期检查市一中、二中、三中、七中4所普通高中(完中)的教学工作。检查学校的教学常规管理、教学研究、实验教学和现代教学技术运用四大方面的工作。2002年1月,市教委对市一中、二中、七中、陶瓷职中等4所高中的教学情况进行检查,2月20日下发《关于对市直部分学校工作教学工作检查情况的通报》。对4所高中检查的基本过程和教学工作情况、学科教学情况作出评价,分别对做得好的方面、存在的问题进行通报,提出建议。

2005年10月,市教育局会同市教育督导室在县级自查自评的基础上,对县(市、区)中小学校管理进行督导评估。之后,每年对县级教育进行一次督导评估。2006年,开展全市中小学办学督导检查,对公办民助学校进行规范整改,撤销"校中校"3所,进一步规范学校办学行为。2009年,市教育督导室从3月开始,用3年时间,在学校完成常规性自评基础上,分3批(次)对市直各中小学进行实施素质教育督导评估。至2010年,市教育督导室还先后对中小学校、幼儿园执行《中华人民共和国九年义务教育法》《中华人民共和国未成年人保护法》《中华人民共和国教师法》《中华人民共和国民办教育促进法》等政策法规进行督导评估。同时,根据市民对教育方面反映的强烈问题,对教师职业道德、学校安全、学生作业负担等进行专项督导检查。

教师管理

教师队伍　1986年,全市中学有教职工4468人,其中专任教师3360人,包括公办教师3125人、民办教师235人;职业中学有教职工394人,其中专任教师270人;小学有教职工7892人,其中专任教师7137人,包括公办教师3988人、民办教师3149人。1991年,全市拥有幼儿教职工1363人,其中专任幼儿教师1086人,包括公办教师832人、民办教师254人;小学教职工7376人,其中专任教师6981人,包括公办教师5241人、民办教师1740人。1994年,制定《关于加强教职工管理的补充建议》,对全市各学校的专业技术人员进行分类统计造册,建立管理档案。1996年,全市中学有教职工5918人,其中专任教师4915人,包括公办教师4888人、民办教师27人;小学有教职工7556人,其中专任教师7235人,包括公办教师6566人、民办教师669人;幼儿园有教职工1254人,其中专任幼儿教师1165人,包括公办教师1031人、民办教师134人。

2000年,全市中学有教职工6286人,其中专任教师5494人。2003年1月1日,乐平市区域内8所省属企业子弟学校教师312人、学生3997人全部划归地方政府管理。2004年,全市教育系统教师队伍引进本科以上毕业生138人,其中市直引进56人。开展教师职称评定工作,全市参评中级职称教师达1555人,参评高级职称达417人。2005年,启动"511名师工程",全力打造一支爱岗敬业、师德高尚、治学严谨、勤奋向上的高素质教师队伍,面向大、中专院校招录一批紧缺专业毕业生充实到教学岗位上。年内共有2149人获得中、高级专业职称。2006年,全市中学有教职工7473人,其中专任教师6634人;小学有教职工7656人,其中专任教师7309人。2010年,全市中学有教职工7108人,其中专任教师6517人;职业中学有教职工913人,其中专任教师653人;小学有教职工7263人,其中专任教师7034人。

表34-1-8　**1986—2010年景德镇市教师情况一览表**　单位:人

年份	教职工数				专任教师				民办教师	
	高校	中专	中学	小学	高校	中专	中学	小学	中学	小学
1986	725	318	4468	7892	314	175	3360	7137	436	3285
1987	800	367	4711	8137	346	183	3594	7390	361	3314
1988	613	417	4913	8077	256	221	3772	7371	326	2957
1989	629	415	5167	8110	260	218	4021	7497	317	2861
1990	632	408	5186	8149	244	211	4049	7547	324	2909

续表34－1－8

年份	教职工数				专任教师				民办教师	
	高校	中专	中学	小学	高校	中专	中学	小学	中学	小学
1991	643	419	5406	7376	273	206	4265	6981	225	1695
1992	871	420	5593	7239	409	190	4419	6845	224	1547
1993	926	428	5725	8011	425	220	4468	7682	281	2115
1994	852	414	5567	7249	385	199	4557	6942	61	990
1995	833	395	5785	7271	393	212	4821	6944	55	779
1996	839	404	5918	7556	401	206	4915	7235	42	679
1997	791	414	5982	7811	374	216	5043	7454	29	619
1998	796	407	5905	7963	366	222	5074	7529	27	432
1999	813	418	6102	8059	385	243	5259	7687	23	271
2000	786	422	6286	8192	397	245	5494	7817	58	43
2001	828	441	6554	8253	430	258	5617	7765	—	—
2002	906	479	6743	8333	526	253	5853	7914	—	—
2003	1286	274	6869	8095	748	161	5919	7665	—	—
2004	1683	174	7161	7753	971	109	6239	7401	—	—
2005	1807	163	7398	7672	1480	100	6417	7274	—	—
2006	1891	166	7473	7656	1576	104	6634	7309	—	—
2007	2009	181	7458	7448	1193	113	6601	7153	—	—
2008	2079	171	7326	7444	1353	111	6535	7146	—	—
2009	2205	179	7113	7367	1461	114	6486	7065	—	—
2010	2339	178	7108	7263	1525	114	6517	7034	—	—

说明:“高校”为普通高等学校,“中专”为普通中等专业学校,“中学”为普通中学,“小学”为普通小学

教师培训　1986年,根据国家教委颁发的《中小学教师合格证书试行办法》,全市开始实行中小学教师考核合格证书制度,教师合格证考试首次开考。全市有5145名不符合学历要求的中小学教师(含农村民办教师和厂矿学校教师)参加考试,其中小学教师3900人、初中教师978人、高中教师267人。1987年,成立市教师进修学校,承担全市小学、幼儿园教师脱产进修和短期培训。1991年7月20—23日,市教研所举办初中一、二年级语文、数学、外语、历史、地理、生物、物理及小学语文、数学、音乐教师的义务教育实验教材培训班,以及下学期高一生物、历史任课教师培训班,共计500余人参加培训。10月,景德镇一中聘请校内在全市享有盛誉的中学高级和一级职称的40位老教师,出任40位青年教师的业务指导老师。这在景德镇教育界尚属首次。14日下午举行“拜师会”,40对“师徒”举行合同签字仪式,“师徒”代表发言表决心,“拜师会”明确方向和任务。几年后,许多青年教师成为一中的教学骨干。1992年,建成浮梁教育电视台,利用“一台(浮梁县教育电视卫星接收发射台)、四站(四座基准差转站)、二十四点(卫星接收录放点)”,在全省率先开展农村教师远程培训工作。1994年,制定《景德镇市进一步加强对青年教师培养工作的意见》和教师培养培训规划,向省内外院校输送100名教师参加脱产和函授进修。1996年7月14日至8月9日,市教育局和省外语培训中心联合举办景德镇地区中学英语教师培训班,聘请6位美籍教师到培训班授课。

2000年6月10—12日,市教委、市电化教育馆在市二中多功能电教室举办首期计算机辅助CAI教学课

件制作培训班。聘请湖北省电教馆馆长张代培、湖北省电教馆多媒体软件开发中心主任胡才发授课,各县(市、区)和市直中小学教师70人参加培训。2002年2月19日,江西师范大学与市教委联合开设的研究生课程进修班在景德镇二中多媒体教室举行开学典礼。这是继华东师大之后开设的第二批研究生课程进修班。研究生班开设现代教育技术专业,参加学习的教师80人。是年7月8日至8月2日,南京爱德基金会派出3名外籍教师,到景德镇市培训中小学英语教师,全市英语教师100余人参加培训。2007年始,开展全市中小学、幼儿园教师远程培训,每年有1.5万人参加远程培训。2008年,市教育局推荐中小学各学科骨干教师772人参加省级培训,举办全市心理健康教育骨干教师培训班等专项培训,共培训教师6147人。2010年,市教育局组织农村县(市、区)集中收看全省农村中小学教师"国培计划"启动实施工作视频会议,并召开"国培计划"实施动员会。至2010年年底,全面完成6684名班主任的专题培训工作。

教师待遇 政治待遇。1985年,第六届全国人大第九次会议作出决定,将每年9月10日定为教师节。从1986年开始,市、县(市、区)于每年9月10日举行庆祝活动,表彰奖励优秀教师、先进教育工作者。1986—1990年,市教育局从政治上关心教师进步,在市直学校发展党员358人。推荐、输送、选拔县(处)、科级干部146人。从2005年开始,市教育局每3年在全市范围内评选、表彰100名优秀教师和先进教育工作者。同时,积极推荐优秀人才参与全国、全省各项评优评先活动。至2010年,全市中小学教师中有1人获国务院政府特殊津贴,17人获全国优秀教师称号,2人获江西省劳动模范、五一劳动奖章,19人获江西省特级教师称号,15名校长被评为江西省中小学优秀校长。

住房待遇。1986—1990年,新建教师宿舍3.26万平方米,新增住房516套。1991—1995年,新建教工住房7.36万平方米,计1200套。1995年,采取市教育局、学校、个人三方集资建房方式,筹措集资款362万元,新建教工住房271套,计7150万平方米。各县(市、区)也以集资建房形式改善教师住居条件。至年底,城镇教职工人均住房面积达到9.1平方米,切实改善教师的居住、生活条件。1995年,制定城市教工集资建房暂行办法,新建城镇教工住房191套。是年,市教育系统参与全市住房制改革,开始向教职工优惠出售公有住房部分产权。1997年开始,按成本价向教职工出售公有住房,职工拥有全部产权,发放产权证和契税证。1998年,市直学校和单位实施教工住房公积金制度,至年底,归集32万余元。

工资待遇。1985年工资改革,全市教师实行由基础工资、职务工资、工龄工资和奖励工资组成的结构工资制,并实行教龄津贴补助。1991—2007年,教师实行事业单位专业技术人员工资待遇,另加课时津贴、季度奖、年终奖金等,工资待遇与其他行业同类人员相同。2008年1月开始,义务教育学校实行绩效工资制度。是年,提高中小学教师津补贴。2009年1月1日,浮梁县义务教育阶段学校教师实施绩效工资制度。是年12月,乐平市1893名教师享受艰苦边远地区特殊津贴。至2010年,全市城乡学校教师工资水平与公务员相应人员的工资收入大体持平。

教育经费

经费来源 1986—2010年,景德镇市教育经费的主要来源是各级政府的财政拨款,包括教育事业费拨款和教育附加经费(教育附加和地方教育附加)。除财政拨款外,预算外收入包括学杂费、教育附加税费、捐资助学、勤工俭学收入也是教育经费的一个重要来源。1994年,景德镇市出台《关于多渠道筹措教育经费的实施办法》,拓宽教育经费筹措渠道,全市教育经费投入由政府单一投入的体制逐步转向国家、社会、学校、集体、个人等多渠道筹措教育经费的体制。当年全市教育事业费拨款5351万元人民币,城市教育附加费428万元人民币,筹措校建资金1200万元人民币,获世行贷款96万美元,争取邵逸夫捐款80万元港币。1995年,市教育局多渠道筹措教育经费,农村抓好1.50%~2%的教育费附加的征收。抽调人员成立征收队伍,与城建、审计部门协同征缴,共筹措校建经费2000万元。1998年,全市教育事业费拨款9793万元,城市教育附加费778万元,基建拨款69万元,多渠道筹措校建资金3577.44万元,完成省教委年度目标2400万元的149.06%。

2000年,全市教育事业费拨款1.28亿元,城市教育附加费793万元,基建拨款118万元,筹措校建资金3792.76万元,为历年之最,完成省教委下达的校建目标2200万元的172%。2002年,全市教育事业费拨款2.02亿元,城市教育附加费848万元,基建拨款174万元,筹措校舍建设资金6713.87万元。2005年,教育事业费拨款3.02亿元,城市教育附加费1203万元,基建拨款318万元,争取上级部门支持补助校建项目68个,资金达1312万元。征收地方教育附加390万元,招商引资共完成内资5456万元人民币和外资100万美元。2010年,全市教育事业费拨款8.09亿元,城市教育附加费2333万元。

经费支出　1986—2010年,景德镇市教育经费支出包括个人部分和公用部分。1994年,全市教育经费总收入9623万元,总支出9432万元,其中个人部分支出5548万元、公用部分支出3884万元。1999年,全市教育经费总收入1.95亿元,总支出1.91亿元,其中个人部分支出1.16亿元、公用部分支出0.72亿元、基本建设支出0.03亿元。

2006年,全市教育经费总收入5.46亿元,总支出5.27亿元,其中个人部分支出3.39亿元,公用部分支出1.78亿元,基本建设支出0.1亿元。2010年,全市教育经费总收入10.74亿元,总支出10.49亿元,其中个人部分支出6.75亿元,公用部分支出3.74亿元。

经费管理　1986—2010年,全市教育经费实行集中管理、统一调配、监督使用。市本级由市财政作出预算安排,县(市、区)则由同级财政作出预算安排。教育主管部门负责编制本级教育事业费和教育基本建设投资预算和决算,报同级财政部门核定列入当年财政预算,拨入教育拨款专户,由教育主管部门直接下拨到中小学。中央财政转移支付用于教育的经费、城乡教育费附加、基本建设地方附加、城市维护建设税用于教育的部分经费、教育基建资金等专项经费,由财政部门划入教育拨款专户,实行专项管理,直接下拨到中小学。全市中小学校按规定收取的学杂费、择校费、借读费均归入市财政预算外资金专户管理,实行收支两条线。各专项资金的使用均采取严格程序管理,接受审计部门的监督。

1996年,市、县(市、区)教育局对加强教育经费管理,做到年初有预算、年中有小结、年末有决算总结,并建立财务管理制度,各单位坚持收支预算"一支笔"审批,专款专用项目管理制度,对教育经费做到严格管理、合理使用。对"世行贷款"项目、"义教工程"项目,邀请市财政、审计部门共同检查。1997年,依据《江西省政府关于进一步做好农村教育事业费附加征收管理使用的通知》,严格执行农村教育事业附加费征收对象、基数、比例,建立和完善农村教育事业费附加的管理体制、执行农村事业费附加的使用方向、建立"双线"征收责任制,"征、管、用"奖罚机制,加强监督和审计。2008年以前,全市教育经费财政拨款采用"经费包干"方式,即在上一年度教育经费拨款总额的基础上,根据当年财政增收情况适度增长,将教育经费"打包"拨付给教育主管部门统筹安排经费支出。2008年开始,全市所有教育经费的收支统一纳入部门预算管理,即根据各项经费拨款的定额标准,参考预计财政增收状况,确定教育经费预算收支,并由财政部门通过国库支付系统拨付,教育经费财政拨付基本实现"二个增长"(即教育事业费、生均事业费、生均公用经费逐年增长),保障全市教育事业的持续发展。2010年,严禁乱收费、乱办班、乱补课行为,对城市中小学教师补课、托管、收费情况进行专项督察。共查处教育乱收费19.16万元,违规人员得到处理,违规收费全部予以清退。随着教育经费的持续增长,全市各级教育主管部门、各学校接受审计部门的定期审计,专项资金使用管理接受财政、审计部门的经常性检查,教育主管部门负责人、学校负责人接受任中或离任审计,市教育主管部门对所属学校(单位)开展内部审计。

勤工俭学　1986年3月18日,景德镇市校办工业公司改名为景德镇市勤工俭学办公室,指导和管理全市各学校的勤工俭学。当时,勤工俭学是补充学校经费的重要渠道,全市各中小学因地制宜开办工厂、农场,为学校提供经济收入。全市勤工俭学收入达84万元,比上年增长24%,按学生人均收入7.97元,高于全省学生人均收入2.97元,列全省第二位。1988年,市勤工俭学办公室获全国中小学勤工俭学先进集体称号。1994年,在全市735所中小学校中,有98%的学校开展勤工俭学活动,校办企业和产值均比上年有较大幅度增长,全市勤工俭学纯收入达503万元,比1993年增长15.63%,按学生(三年级以上学生)人均计算的纯收入达21.10元,比1993年增加3.59元,上缴国家税金62万元,比1993年增长14.81%,用于补助教育经费达285万元。其中用于修建教学用房3.56万平方米,累计金额36万元,用于购置教学设备45万元。1996年,全市有校办工厂69个、第三产业企业162个、农场(基地)598个,全市勤工俭学总收益达943万元,比1995年增长29.36%,按学生人均计算的纯收入40.19元,用于补充教育经费759万元。2002年,随着国有企业改制,校办企业大幅减少,全市校办工厂有26家、农场(基地)296个;全市勤工俭学收入1496万元,按学生人均计算的纯收入71元,用于补充教育经费534万元。2010年,全市有校办工厂5个、第三产业企业8个、农场(基地)14个,全市勤工俭学收入24.69万元,用于补充教育经费10.70万元。

表34－1－9　　1994—2010年景德镇市教育经费收入一览表　　单位:万元

年份	总收入	教育事业费拨款	城市教育费附加	基建拨款	年份	总收入	教育事业费拨款	城市教育费附加	基建拨款
1994	9623	5351	428	0	2003	36285	21788	843	419
1995	10683	5940	496	30	2204	42743	25696	963	134
1996	14450	8035	516	55	2005	47987	30260	1203	318
1997	15751	8211	585	0	2006	54588	31936	1756	428
1998	16501	9793	778	69	2007	71546	51838	2072	20
1999	19461	10821	694	179	2008	78736	56823	2279	1021
2000	22754	12805	793	118	2009	87127	64009	2532	279
2001	27107	16352	710	0	2010	107419	80859	2333	0
2002	33568	20235	848	174					

表34－1－10　　1994—2010年景德镇市教育经费支出一览表　　单位:万元

年份	总支出	个人部分	公用部分	基本建设支出	年份	总支出	个人部分	公用部分	基本建设支出
1994	9432	5548	3884	0	2003	36266	23525	11288	1453
1995	10433	5908	4495	30	2204	41665	27964	12557	1144
1996	14152	8200	4116	1836	2005	48445	31504	15059	1882
1997	15301	8826	5259	1216	2006	52703	33883	17798	1022
1998	16287	10065	4960	1262	2007	70276	50478	18718	1080
1999	19089	11647	7214	228	2008	78802	52723	25037	1042
2000	21889	14095	7670	124	2009	86055	56453	29323	279
2001	27847	17303	9169	1375	2010	104885	67453	37432	0
2002	33805	21995	10400	1410					

第七节　机　构

市教育局

1986年,市教育局内设秘书科、人事科、普通教育科、职业教育科、综合教育科、厂办教育科、体育卫生科、计划财务科。1991年,内设组织科、办公室、计划财务科、人事科、普通教育科、综合教育科、职业教育科、厂办教育科、体育卫生科、政教科、宣传科。1996年8月23日,市教育局更名为市教育委员会。设11个职能科室:党委办公室、办公室、计划财务科、人事科、保卫科、普通教育科、职业技术教育科、综合教育科、体育教育科、政治教育科、教育督导室。2002年10月23日,市教育委员会复名市教育局,设10个职能科室:党委办公室、行政办公室、人事科、计划财务科、保卫科(武装部)、政治教育科、基础教育科(市托幼工作办公室)、综合教育科、社会力量办学管理科、教育督导室。2010年,市教育局内设党委办公室、行政办公室、人事科、计划财务科、学校安全维稳办公室(武装部)、政治教育科、基础教育科(市托幼工作办公室)、综合教育科、职业教育科、教育督导室10个职能科室,行政编制36人。

下属单位

市中小学教学研究所　1984年5月11日,撤销市教育局教研室,成立景德镇市中小学教育研究所,副县级事业单位。隶属市教育局领导,定编20人,内设办公室、中学教研室、小学教研室、图书资料室。2006年,增设教育科研室。2010年,内设办公室、中学教研室、小学教研室、图书资料室、教育科研室,定编25人。

市电化教育馆　1984年4月17日,成立景德镇市电化教育馆,副县级事业单位,隶属市教育局。市电教馆、教育技术装备站、教育电视台“三块牌子、一套人马”,合署办公。1998年,内设办公室、装备科、研究科、技术科。2010年,定编26人,办公地点市瓷都大道1369号。

市教育督导室　1984年1月24日,市教育局内设督导室。1992年10月,市教育局内设督导室撤销,成立景德镇市教育督导室,副县级事业单位,由市教育局代管,定编12人。1996年8月,市教育局更名为教育委员会,设立教育督导室,对外保留市教育督导室。2010年,市教育局内设教育督导室,对外称市教育督导室,实行两块牌子、一套人马。

市学生资助管理中心　原名为景德镇市教育发展中心,科级事业单位,隶属市教育局,定编3人。2012年,更名为景德镇市学生资助管理中心。

市招生考试办公室　1985年,成立景德镇市招生考试办公室,为市教育局下属科级事业单位。1991年,成立景德镇市招生考试委员会,下设办公室,挂靠市招考办,负责日常工作。2010年,定编8人,办公地点在市电教大楼3楼。

市勤工俭学办公室　1984年,市教育局设立生产供销科,对外称景德镇市校办工业公司,两块牌子、一套人马。1986年4月,景德镇市校办工业公司改称为景德镇市勤工俭学办公室,科级事业单位,隶属市教育局,定编9人。2010年,定编15人,办公地点在市中华北路144号。

市中小学校舍建设办公室　1991年12月,成立景德镇市中小学校舍建设办公室,科级事业单位,隶属市教育局,定编6人。2010年,定编13人,办公地点在市电教大楼12楼。

县(市、区)教育局

乐平市教育体育局　1985年,乐平县教育局设秘书股、人事监察股、计划财务股、教育行政股、教研室、电教仪器站和工会。局机关干部共45人。1986—1990年,乐平县教育局机关先后增设勤工俭学办公室、校建办、纪检组(后改为纪检监察室)、电大工作站、高招办、中招办、党委办公室。1993年1月,乐平县教育局更名为乐平市教育局。5月,设立教育督导室。

1996年10月,乐平市教育局更名为乐平市教育委员会,并与原体育委员会合署办公,负责全市教育、体育事业。2002年9月,乐平市教育委员会复名为乐平市教育局。2008年,增设信息中心。2009年,增设安全稳定股、社会力量办学管理股。2010年4月,乐平市教育局更名为乐平市教育体育局,下设教学研究室、电大工作站、教育督导室等3个副科级事业单位和教育工会、武装部、团委、青少年学生校外活动中心,内设党委办公室、秘书股、人事股、计划财务股、教育行政股、社会力量办学管理股、安全稳定股、高等院校招生办公室、中等学校招生办公室、校建办公室、勤工俭学办公室、电教仪器站、信息中心、纠风室等14个职能股(室、站)。

浮梁县教育体育局　1989年8月,浮梁县恢复建制,蛟潭、鹅湖两区教育局随区建制撤销,成立浮梁县教育局。1993年11月,县直机关机构改革,撤销县教育局、科学技术委员会、体育运动委员会,组建浮梁县教育科技体育局,负责全县教育、科技、体育工作。

1995年,科委从中划出,更名为浮梁县教育体育局。1996年4月,成立浮梁县教育委员会、浮梁县体育运动委员会(合署办公)。

2002年9月,更名为浮梁县教育体育局。2010年,局机关内设党政办公室、教育股(含中招办、托幼办)、综教股、人事股(含机关工会)、计财股(含教育会计核算中心)、体卫股(含武装部)、教育工会、校建办公室、勤工俭学办公室、高招办、教研室、教育电视台（含装备站、仪器站、电教馆）、教师进修学校、纪检监察室（含综治办、信访办）、督导室、教育信息网站。

昌江区教育体育局　1984年，昌江区教育局成立。1996年8月26日，昌江区教育局更名为昌江区教育委员会，内设党政办公室、组织人事股、计划财务股、教育股、校舍建设办公室、督导室、勤工俭学办公室。2003年9月20日，昌江区教育委员会、昌江区科学技术委员会、昌江区体育运动委员会合并，组建昌江区教育科技体育局，内设办公室（内含综治公、普法办）、人事股、计划财务股、教育股、科技管理股、体育卫生股、教育督导室等职能股室。2007年，昌江区科学技术职能析出单设，改名为昌江区教育体育局，下设党政办公室、人事股、计财室、教育股、体育卫生股、督导室等股室。

珠山区教育局　1984年1月5日，珠山区教育局成立。1986年，区教育局机关办公地点位于市第九小学校内（中山南路老弄口24号）。局机关内设机构有办公室、计划财务室、教研室、电化教育站。1990年8月，区教育局机关办公地点迁入市第二幼儿园内（何家洼13号）。

1997年6月，珠山区教育局更名为珠山区教育委员会。2002年10月，珠山区教育委员会更名为珠山区教育局。2010年，区教育局内设机构有党政办公室、教育管理办公室、计划财务室、教学研究室、校舍建设办公室、教育督导室、勤工俭学办公室、电化教育教学仪器装备站、高等院校招生考试办公室、教育工会、会计核算中心。

学术团体

景德镇市教育学会　1980年，景德镇市教育学会成立，为群众性教育学术团体。1985年，召开首届会员代表大会，进行换届选举。2004年，召开第五届会员代表大会，选举产生名誉理事长1人、理事长1人、副理事长6人、秘书长1人。市教育学会下设中小学语文、数学、艺术、信息技术、外语、化学、历史、地理、生物、政治等学科专业委员会。市教育学会与教研部门一道开展课题研究，组织学术讨论与讲座，主办《景德镇教育》专刊，为教师提供交流平台。各学科专业委员会组织开展优质课和论文评选、交流活动。乐平市、浮梁县、珠山区、昌江区分别成立二级教育学会。

景德镇市企事业学校研究会　1990年，景德镇市企事业学校研究会成立，选举产生理事长4人、秘书长1人。成员单位有浮南矿子弟学校、740厂子弟学校、地方铁路子弟学校、523厂子弟学校、999厂子弟学校、昌河飞机工业公司子弟小学、昌河飞机工业公司子弟中学、印刷机械厂子弟学校、景陶瓷厂子弟学校、原料总厂子弟学校、602所子弟学校、景德镇铁路小学、景德镇铁路中学、电瓷电器工业公司子弟学校、897厂子弟学校、景德镇发电厂子弟学校、4321厂子弟学校、陶瓷装饰材料厂子弟小学、华风瓷厂子弟学校、859厂子弟学校、景波机械厂子弟学校。研究会组织学校之间学习、交流，举办教师培训、教研、课改、赛课、论文评选等活动。2004年，随着国企改制，国有企业自办学校先后移交地方政府，市企事业学校研究会自行终止。

第二章　科学技术

20世纪90年代，景德镇市实施"科技兴市"和"可持续发展"战略，强化科学技术第一生产力的功能，坚持"自主创新、重点跨越、支撑发展、引领未来"的科技工作方针，围绕全市国民经济和社会发展总体目标，推进科技和经济的紧密结合，推行科技体制改革，制定科技发展规划，加强科技管理，开展科技交流，实施科技成果转化，推进工贸结合、产学研一体化，促进高新技术及其产业发展，培植一批技术含量高并具有规模效益的支柱性产业，形成学科门类齐全、比较开放的科学技术体系。到2010年，景德镇市先后获国家、省级、市级科技成果387项，全市专利授权986件，技术合同交易总额达46521.49万元；拥有省级以上创新型企业20家，经省高新技术企业认定管理办公室认定的省级以上高新技术企业17家，国家和省级工程技术研究中心、重点实验室7个，省级创新团队6个；批准建立10个市级生态农业科技示范基地。全市科技事业得到蓬勃发展，科技创新实力不断提高，科技支撑体系不断加强，成为经济和社会发展的强大推动力量。

第一节 科技体制改革

科研机构改革

1986年8月,市委、市政府召开全市科技工作会议,推动科技体制改革,制定《关于〈贯彻中共中央关于科学技术体制改革的决定〉的实施意见》,全市科技体制改革全面展开。

1994—1995年,按照国家科委、国家体改委《关于分流人才,调整结构,进一步深化科技体制改革的若干意见》,市科委转化科研机构的运行机制,运用市场手段对一些内部管理、运行机制较好,有市场发展前景的科技开发机构加以扶持。1999—2000年,改变政府机构对科学技术工作的宏观管理,扩大研究机构的自主权,使其面向市场自主经营,成为独立、自主的研究开发实体。在运行机制方面,改革拨款制度,开拓技术市场,克服单纯依靠行政手段管理科学技术工作,在对国家重点项目实行计划管理的同时,运用经济杠杆和市场调节,使科学技术机构具有自我发展的能力和自动为经济建设服务的活力。在组织结构方面,改变研究机构与企业相分离,研究、设计、教育、生产脱节,军民分割、部门分割、地区分割的状况;加强企业的技术吸收与开发能力和技术成果转化为生产能力,促进研究机构、设计机构、高等学校、企业之间的协作和联合,并使各方面的科学技术力量形成合理的纵深配置。同时推动传统产业改造升级、高新技术研究及产业化、民营科技发展、重大科技成果推广应用、良种产业化。机构改革的重点为研制开发与运用新材料、新工艺和带共性、基础性的电子信息技术和先进制造技术等领域。

2001年,以景德镇陶瓷学院为依托单位,联合中国轻工业陶瓷研究所、省陶瓷研究所和市特种陶瓷研究所等组建江西省陶瓷工程技术研究中心。2002年,按照市场经济要求,运用现代企业运行机制,协调组建中国陶瓷研究院,优化陶瓷科技资源。建立以企业为主体,高等院校、科研所为依托,产学研紧密结合的技术创新体系,形成以市场为导向的技术开发体系。是年12月5日,在景德镇陶瓷学院组建国家日用陶瓷及建筑陶瓷工程技术研究中心,并通过国家科技部组织的专家组论证。2003年,景德镇市优化配置陶瓷科技教育资源,以陶瓷科研院所机构改革为突破口,提出景德镇陶瓷科技教育资源整合方案并上报省政府。9月19日,省政府致函科技部,12月29日科技部批准实施《省部共建景德镇国家陶瓷科技城区域创新试点工程方案》。2004年,市政府和省科技厅共同制定《景德镇国家陶瓷科技城研发基地资源整合方案》,建设景德镇国家陶瓷城,推进技工贸相结合,产学研一体化,发展新兴陶瓷工业。2005年,整合陶瓷学院与陶瓷研究所的全国日用陶瓷质量监督检验中心、景德镇市陶瓷产品质量监督检验站、国家日用及建筑陶瓷工程技术研究中心的分析测试中心和萍乡工业陶瓷国家测试中心的科技资源,组建江西省陶瓷质量监督检验中心的方案获省质量监督局审核批准。

2006年,根据国家质检总局《关于同意筹建国家陶瓷产品质量监督检验中心(江西)的批复》和省质量技术监督局《国家陶瓷产品质量监督检验中心(江西)整合筹建方案》要求,联合建立江西省陶瓷检测中心,并注册成为独立事业法人单位,当年获得质检总局授权。开展日用、建筑、卫生、工业陶瓷,陶瓷辅料和包装材料等产品的检测,并承担陶瓷产品质量仲裁检验和陶瓷产品科技成果检测鉴定等工作。2007年6月,以陶瓷学院院属陶瓷研究所的全国日用陶瓷质量监督检验中心、景德镇市陶瓷产品质量监督检验站、国家日用及建筑陶瓷工程技术研究中心的分析测试中心(含华夏建陶研发中心)和萍乡工业陶瓷国家测试中心为成员单位,正式组建国家陶瓷产品质量监督检验中心(江西),当年分析测试中心承担6472组(批)陶瓷样品的检测。2008年,景德镇陶瓷学院牵头,国家日用及建筑陶瓷工程技术研究中心、中国轻工业陶瓷研究所、景德镇环球陶瓷有限公司、景德镇陶瓷股份有限公司、萍乡华山高技术陶瓷有限公司等发起组建江西省第一个陶瓷行业产学研产业联盟,建立以企业为主体、产学研结合、实施市场化、多元化投融资和促进成果转化的有效机制,成为国家技术创新体系的重要组成部分。2010年4月,景德镇市被科技部批准为国家创新型试点城市。11月,国务院正式批复同意景德镇高新区升格为国家级高新技术产业开发区,实行国家高新技术产业开发区政策。

科技计划管理制度改革

1986年,随着国家科技计划管理制度改革深入,市科委继续在抓好科研、中试、新产品3项科技计划的基础上,新增科技火炬计划、星火计划、软科学研究计划、科技成果推广计划、社会发展科技计划,并对科技计划进行相应的分类,对科技计划项目实行项目合同制全过程管理,把重点放在有技术资源优势、有广阔市场前景、经济效益高的技术开发项目上。

1999—2000年,建立科技计划项目库,引入科技评估机制,组织各行业和第一线的科技专家对征集的科技项目进行评估论证。2000年,景德镇市把科技进步放在提高经济增长的质量效益、推动科技发展的关键技术上,以提升科技创新、推广、运用及转化科技成果为重点,发挥科技的推动和支撑作用。

2001年,以陶瓷新材料、机电一体化等高新技术和传统产业急需的关键技术攻关为重点,组织科技攻关项目、重点新产品计划和火炬计划项目的实施,开发出一批高新技术产品,增强企业自主创新能力。2003年,遵循"创新、产业化"的指导方针,引进竞争机制,实行重大科技项目联系制度,推进科技计划管理改革。2005年,坚持突出重点、加强集成、明确目标、滚动扶持的原则,改进科技计划项目安排,重点扶持全市经济建设的支柱产业、主导产业和特色产业。2006年,全市科技计划新增加知识产权、社会发展、制造业信息化、重大项目配套等项目。加强知识产权保护。

2008年,加大在工业、医疗卫生、生物科学与软科学项目计划的比重。2009年,推进以企业为主体、科技研发为依托、产学研一体化的运作方式,形成符合企业发展需要的完整的科技创新体系。同时加大特色工业、农业、医疗卫生项目计划的比重,注重低碳经济、节能减排及县(市、区)科技平台建设,培育一批具有自主知识产权的高新技术及产品。2010年,增加"六个一"(江西科技创新"六个一"工程,即主攻10个优势高新技术产业;培育100个创新型企业;实施100项重大高新技术成果产业化项目;建设10个国家级研发平台;办好10个国家级高新技术产业特色基地;组建100个优势科技创新团队)工程专项、科技入园入企计划、重点新产品专项计划、工业科技攻关计划、农业科技攻关计划。同时继续资助重点技术领域,确保重大产业专项计划的实施。

科技拨款制度改革

1986年,景德镇市按照国家规定,对新建开发性专业科研机构实行企业化管理体制,国家不再拨给事业费。11月,市政府颁布实施《景德镇市关于改革科技拨款制度的暂行规定》,改革科技拨款制度,实行有偿合同制,加强科技管理项目,并新增科技贷款项目。市属科研机构科学事业费由市财政局委托市科委统一管理,实行二级拨款。对不同类型的科研单位实行事业费分类管理,对社会公益类科研机构实行全额经费包干制,对从事技术开发类的机构实行差额拨款制。全面实行有偿技术合同制,同时设立科技发展基金。此后,全市科研经费的投入逐年增长。

1999年,经国务院批准设立科技型中小企业技术创新基金,通过拨款资助、贷款贴息和资本金投入等方式扶持和引导科技型中小企业的技术创新活动。景德镇市"十五"期间有"轻质高效防弹陶瓷复合装甲"和"注射成型高性能氧化锆基结构陶瓷制品中试"等8个项目列入科技部中小企业科技创新基金项目;"十一五"期间有"环境友好型固定化微生物悬浮陶瓷载体的中试"等5个项目列入国家中小企业科技创新基金项目。至2010年,全市累计获得国家、省创新基金项目65项,争取科技部、省科技厅的项目资金3000万元。

第二节　科技管理

科技计划管理

1986年,市科学技术委员会负责全市的科技计划管理,主要是组织科技宏观预测及科技发展战略研究,组织制定全市中长期科技发展规划(含科技事业发展规划),会同有关业务部门提出年度科技计划的选题指南,编制下达年度科技计划和专项计划等。

中期发展规划　科技发展“七五”计划。1986年,编制《景德镇科学技术发展“七五”计划》,把有技术和资源优势,市场前景广阔、投资少、见效快、周期短、经济效益高的技术开发项目(即“星火计划”项目)列入科技“七五”计划,重点包括日用陶瓷新技术、新工艺和新产品开发,山区资源合理利用和林业、林产品综合开发,建材产品开发,日用生活小产品开发,养殖业新技术示范推广等方面。计划安排包括乡镇企业。

科技发展“八五”计划。1990年,编制《景德镇科学技术发展“八五”计划》,本着重点突出和切实可行的原则,抓好陶瓷工业技术改造、科技攻关和产品开发;组织全市有关部门开展建立省级高新区的规划编制,经省政府批准成立省级高新技术产业开发区,实施科教兴国战略,大力发展高新技术产业,重点开展新产品开发工作;开展陶瓷、无氟压缩机、汽车、机械、电子等行业的科技攻关;在陶瓷行业,争取国家有关部门支持,围绕陶瓷全行业的技术问题开展科技攻关,并列入国家有关计划,同时开展特种陶瓷的研究,开发出蜂窝陶瓷、防弹陶瓷。

科技发展“九五”计划。1995年8月,编制《景德镇科学技术发展“九五”计划及2010年远景规划纲要》,提出之后15年全市科技发展的指导思想、战略目标、工作方针、重点任务、主要指标,坚持以实施科教兴国战略为指导,重点解决陶瓷、无氟压缩机、电子、汽车、精细化工、轻工业、机械等行业的技术难题。“九五”期间,全面落实“科技是第一生产力”的思想,坚定不移地实施“可持续发展”战略,把科技进步放在提高经济增长的质量、效益和社会发展上。优化科技资源配置,提高技术研究和开发能力,使生产力布局日趋合理。先后出台科技政策法规,优化科技环境,加大科技投入,使科技水平和实力迈上新台阶。

科技发展“十五”规划。2000年6月,编制《景德镇科学技术发展“十五”规划》,坚持“有所为,有所不为”原则,突出重点,加强对经济和社会发展需求的分析,把解决经济和社会发展中的重点、难点和热点问题作为首要任务,重点实施高效农业及良种产业化、高新技术研发及产业化、传统产业改造升级、中小企业技术创新、民营科技企业发展、重大科技成果推广应用及引智“六大”工程。

科技发展“十一五”规划。2005年,编制《景德镇科学技术发展“十一五”规划》,围绕全市经济社会发展的需要,组织实施重点科技工程和重大科技攻关,加快科技人才队伍、科技基础条件平台建设,整合科技资源,构建以企业为技术创新主体、产学研相结合的区域创新体系,大幅度提升科技创新能力。加快科技成果转化,发展高新技术产业,重点发展现代农业、工业(电子信息、新型陶瓷、航空与汽车、医药化工、光电一体化),注重社会发展、科技环境与平台建设。

年度计划　市科委每年根据市科技、经济和社会发展规划,国家产业政策及科技发展规划、计划,制定发布下一年度的科技计划项目指南,明确科技计划支持的范围、领域和方向,逐年编制年度各类科技发展计划,并组织实施。“七五”期间,全市实施各类科技计划209项,其中国家“星火计划”2项,省级“火炬计划”、“星火计划”、重点计划等46项。“九五”期间,全市实施各类科技计划412项,其中国家“863”计划、“火炬计划”等26项,省级“火炬计划”“星火计划”等181项。“十五”期间,全市实施各类科技计划685项,其中国家“星火计划”“火炬计划”等56项,省级“火炬计划”“星火计划”等163项。“十一五”期间,全市共实施各类科技计划940项,其中国家“星火计划”“火炬计划”等53项,省级“火炬计划”“星火计划”等264项,市级各类计划项目623项。

表34-2-1　**2003—2010年景德镇市组织实施各级科技计划项目一览表**　单位:项、万元

年份	国家级	省级	市级	共计	科技经费
2003	8	25	104	137	1905.30
2004	10	34	97	141	2987
2005	21	20	81	122	3975
2006	7	37	127	171	5357.40
2007	7	54	81	142	6414.80

续表 34－2－1

年份	国家级	省级	市级	共计	科技经费
2008	13	52	127	192	8238.35
2009	13	52	144	209	8283.35
2010	13	69	144	226	18280

专项计划　1986 年，根据国家科委对科技计划的分类，市科技计划也做相应的分类，当年增加“星火计划”和软科学研究计划。1989 年，增加“火炬计划”。1990 年，增加科技成果推广计划。1996 年，设立社会发展科技计划。2004 年，增加科技条件平台建设计划。2006 年，增加知识产权、社会发展、制造业信息化和重大项目配套计划。2009 年，增加低碳经济、节能减排及县（市、区）科技平台建设计划。

星火计划。1986—2000 年，景德镇市单列“星火计划”项目。1986 年安排 6 项，“七五”期间安排“星火计划”项目 32 项。通过各级“星火计划”项目的实施，新增产值 1.09 亿元，新增利税 722 万元，带动农民 2.30万户致富。“八五”期间，承担国家和省级“星火计划”10 项。“九五”期间，承担国家和省级“星火计划”32 项。2001 年，实施“星火计划”7 项。2002 年，实施“星火计划”8 项，其中国家“星火计划”2 项、省级 6 项。2003 年，实施国家“星火计划”项目 6 项。2006 年，实施“星火计划”项目 6 项。“星火计划”的实施带动农民致富，推动农村经济和社会全面发展，加快农业现代化和农村工业化的进程。

软科学研究计划。1986 年，开始单设软科学研究项目计划。“七五”期间，下达市级软科学研究计划 35 项，开展“景德镇市科技发展战略研究”“长江流域经济发展对我市的影响及对策”等软科学课题研究。“八五”期间，下达市级软科学研究计划 35 项。“九五”期间，下达市级软科学研究计划 31 项。“十五”期间，完成软科学研究计划 66 项，其中省级软科学研究计划 13 项。“十一五”期间，下达市级软科学研究计划 134 项。通过软科学研究计划调研，为全市的高新技术产业布局、地区经济和社会协调发展提供依据，对促进重大项目的战略实施发挥了重要作用。

火炬计划。1989 年，市科委设立“火炬计划”。“火炬计划”是由国家科委牵头组织实施的一项旨在促进高新技术研究成果商品化、产业化、国际化的指导性计划，重点发展新型材料、生物技术、电子和信息、机电一体化、新能源、高效节能及环境保护等 6 个领域。

科技成果推广计划。1990 年，实施科技成果推广计划，以信贷资金支持科研院所和企业先进成熟的科技成果在全市大面积推广应用，形成规模效益，促进经济增长和社会发展。1995 年，承担省级科技成果推广计划 4 项。1997—1999 年，承担科技成果推广计划 12 项，其中国家 3 项、省级 7 项、市级 2 项。2001—2005 年，承担科技成果推广计划 23 项，其中国家 1 项、省级 4 项。2006—2010 年，下达科技成果推广计划 22 项。

社会发展科技计划。1996 年，市科委实施社会发展科技计划。以提高人的生活质量与自身素质为中心，以指导性为主的滚动性科技发展计划，目的是改善生存发展环境，调整人与自然之间的关系，促进社会事业及相关产业的科技进步，推动经济与社会相互协调和可持续发展。2003—2004 年，实施社会发展科技计划 21 项（含指导性项目 5 项）。2006—2010 年，实施社会发展科技计划 33 项（含指导性项目 7 项）。

知识产权管理

1986—2010 年，专利申请量为 1801 件，其中发明专利 322 件，实用新型专利 631 件，外观设计专利 848 件；专利授权量 992 件（其中 1986—1997 年为 215 件，2006—2010 年为 777 件）。同期，全市陶瓷专利申请量 659 件，其中发明专利 109 件、实用新型专利 80 件、外观设计专利 470 件，占全市专利总申请量的 36.60%。

专利管理与代理　1985 年 4 月 1 日，《中华人民共和国专利法》施行。景德镇市知识产权工作以开展专利代理和专利管理为重点。1986 年，全市专利申请量 7 件，其中发明专利 4 件、实用新型 3 件。是年，市科委派科技干部 3 人参加中国专利局在北京举办的专利代理人培训班。1987 年，派科技干部 4 人参加在合肥举办的专利代理人培训班。经考试，有科技干部 7 人获得中国专利局颁发的专利代理证书。至 1990 年，全市举办各种类型的“专利法”学习班 11 期，参加学习人数计 790 人次。同期，向中国专利局申请 128 件专利，其中职务发明专利56件、非职务发明专利72件,实施专利技术29件,实施率为22.60%,新增产值2560万元,创利税500万元。1991年,全市有专利代理机构1家,专利代理员6人,当年专利申请量34件,其中发明专利5件、实用新型16件、外观设计13件,专利授权量26件。

2000年,全市专利申请量29件,其中发明专利2件、实用新型12件、外观设计15件。2004年起,市政府开始设立专利发展基金,每年由市财政安排专项经费10万元,用于资助专利事业的发展。是年,全省开展首届"专利发明十杰"评选活动,景德镇市有3人获此称号;市农牧渔业科学研究所的发明专利——绿茶生物保鲜方法获第九届中国专利奖优秀奖。2005年,景德镇市高岭专利事务所成立,是一家社会专利中介服务机构,受理专利申请代理工作。

2006年,全市专利申请量164件,其中发明专利27件、实用新型46件、外观设计91件;专利授权量53件。是年3月,市科技局颁布实施《景德镇市专利费资助暂行办法》,审批市专利资助项目2项。2009年,全市专利申请量264件,比2008年增长37.50%,其中发明专利49件、实用新型88件、外观设计127件,专利授权量175件,比2008年增长17.40%。2010年,全市专利申请量313件,比2009年增长18.60%,其中发明专利63件、实用新型103件、外观设计147件,专利授权量284件,比2009年增长62.30%。

表34-2-2　**1986—2010年景德镇市专利申请及专利授权情况表**　单位:件

年份	专利申请公开量				专利授权量
	发明	实用新型	外观设计	合计	
1986	4	3	0	7	6
1987	3	10	2	15	10
1988	7	22	6	35	22
1989	2	16	4	22	16
1990	1	16	18	35	28
1991	5	16	13	34	26
1992	6	20	6	32	25
1993	5	10	7	22	17
1994	14	17	4	35	19
1995	5	25	—	30	20
1996	4	20	3	27	16
1997	4	6	15	25	10
1998	4	15	15	34	—
1999	3	12	17	32	—
2000	2	12	15	29	—
2001	1	7	26	34	—
2002	6	3	44	53	—
2003	7	17	23	47	—
2004	7	9	25	41	—
2005	15	12	63	90	—

续表 34－2－2

年份	专利申请公开量				专利授权量
	发明	实用新型	外观设计	合计	
2006	27	46	91	164	53
2007	40	63	86	189	116
2008	38	63	91	192	149
2009	49	88	127	264	175
2010	63	103	147	313	284

知识产权保护　2000 年，市科委专门组织专家进行论证，协助市中级人民法院知识产权庭、市工商局等执法单位，查处“日用陶瓷软模”技术成果归属纠纷、“‘古典园林’釉中彩陶瓷餐具”专利侵权案。2002 年 11 月 29 日，景德镇市知识产权局成立，承担全市知识产权保护工作，处理知识产权侵权投诉案件。至 2009 年，共受理专利侵权投诉案件 7 件、假冒专利案件 6 件，依据专利法和专利行政执法办法进行处理。2005 年 6 月 30 日，景德镇市被国家知识产权局列为国家知识产权试点城市。当年全市专利申请数量达 90 项。

2006 年，开展国家知识产权试点工作。4 月，市科技局与福建南平、浙江金华、安徽黄山等四省九地市专利执法局在浙江金华签订协作协议，建立专利执法协作网。9 月 25 日，国家知识产权局和景德镇市政府合作共建中国陶瓷知识产权信息中心，中国陶瓷知识产权信息中心“落户”景德镇市。11 月 28 日在景德镇陶瓷学院举行揭牌和网站开通仪式，进入正常运作。是年，制定《景德镇市 2006—2010 年知识产权发展和保护纲要》《景德镇市专利申请及专利实施资助办法》。首次在 2006 年景德镇国际陶瓷博览会上设立保护知识产权投诉中心专柜，开展保护知识产权宣传、咨询和服务活动。2007 年，市知识产权局被国家知识产权局授予全国知识产权培训工作先进集体称号。2008 年 10 月 27 日，市政府出台《景德镇陶瓷知识产权保护办法》，并从 12 月 7 日开始施行。是年，市科技局和知识产权局在景德镇国际陶瓷博览会上设立保护知识产权投诉中心，受理专利投诉。在“3・15”消费者权益保护日，配合市工商局等部门开展“打假”活动。在中国知识产权中心开展陶瓷专利对接、洽谈会，提供陶瓷专利技术网上服务。2009 年，市知识产权局获得全国知识产权培训工作先进集体称号和全省知识产权工作先进集体称号。2010 年 6 月，市知识产权局选派人员参加国家、省知识产权局和市政府法制办举办的执法人员培训班学习，有 6 人取得全省统一颁发的专利行政执法（监督）证。是年，市知识产权局组织人员到全市知名陶瓷企业调查了解企业在保护知识产权方面存在的困难和问题，处理专利纠纷案件，帮助企业解决实际问题。

技术市场管理

技术市场　1985 年，市科委及各县区科委先后设立技术市场。全市的各大企业、研究所及陶瓷学院也都相继成立技术市场。是年 7 月，景德镇市技术贸易中心成立，为正科级差额事业单位，编制 7 人。1991 年，更名为景德镇市技术市场开发中心。1991—1992 年，全市技术市场不断发展壮大，办理技贸许可证的单位有 42 家，其中部、省、市属企事业单位 20 家，科技中介机构 4 家，科技研发机构 6 家；集体性质 10 家，个体 2 家。1993 年，经审批成立技术贸易机构 22 家。5 月，组织全市技术贸易机构的管理人员 101 人，参加江西省技术市场经营与管理人员资格广播函授学习，主要内容是“技术市场经营与管理”课程。11 月 20 日，参加全省统一考试，100 人合格，获得技术市场经营与管理资格。1994 年，完善技术市场管理，首次对已领取技贸许可证的机构进行年检，当年审批成立技术贸易机构 13 家。1996 年，对全市 53 家技术贸易机构进行年检，参检率 100%，超过省下达的 21 家的年检任务，完成技术市场交易网网员单位 20 家。1999 年，市技术交易市场成立。通过加强技术市场管理，促进全市科技成果向现实生产力转化。

2001 年，全市技术市场呈现逐步活跃的态势，通过培养科技中介服务机构、培训经纪人等措施，促进技术市场健康发展。2003 年，发展技术中介服务机构为科技与经济结合牵线搭桥，指导建立乐平市生产力促进中心、浮梁县技术市场。全市科技中介服务体系的雏形初步形成。年内,市生产力促进中心为市洁宝环境工程有限公司的景德镇市城市垃圾资源及处理工程项目技术转让提供中介服务。2004 年,推进技术中介服务机构发展,支持市技术市场开展技术中介服务,全市通过技术市场接受技术咨询 232 人次。是年,成立景德镇市生产力促进中心陶瓷科技园分中心。2005 年,借助深圳国际高新技术交易会、江西省科技成果见面推介会等平台和生产力促进中心、技术市场开发中心等开展技术交易、技术咨询,技术交易额持续上升。

2006 年,组织企事业单位人员带项目参加深圳第十届国际高新技术交易会、江西省科技成果见面推介会,展示景德镇市科技成果。当年市生产力促进中心、技术市场开发中心接待技术咨询人员 455 人次。2007 年,从各高校、科研院所征集科技成果和专利项目 315 项,从中精选出 150 项,建立网上技术市场资源库,为建立网上技术市场打好基础。同时,利用国内科技展览、交易、洽谈等平台,组织科技项目和企业参会。年内共组织 13 个项目参加第九届深圳高新技术交易会、江西省科研成果与企业见面推介会。2008 年,建立以企业为主体、市场为导向、产学研相结合的技术创新体系,推荐国家日用及建筑陶瓷工程技术中心申报国家首批技术转移示范机构,并获批准。2009 年,开展网上技术合同的认定登记工作,拓展技术市场网络平台的服务功能,拓展网络培训、网上交易、网络咨询等功能,提升网络服务速度和数据库规模,建立规范的江西省技术、人才、项目对接等科技活动的网络服务信息平台,为企业提供各类信息。2010 年,组织 15 项科技成果在南昌举行的中部科技博览会上推介,组织 6 个高新技术成果在深圳高新技术成果交易会上展出。

技术贸易 1990 年,景德镇市正式启动技术市场服务。当年登记技术合同 919 项,技术合同交易额 4419.93 万元。1991—1992 年,全市认定登记技术合同 203 项,技术合同交易额 1896 万元。2000 年,认定登记技术合同 58 项,技术合同交易额 2000 万元。

2003 年,全市开展技术合同认定登记。当年认定登记技术合同 24 项,技术合同交易额 2380.13 万元,技术交易额 2142.11 万元。经登记的技术合同交易额与技术交易额比 2002 年增长 110.07%,超额完成省科技厅下达的 2000 万元的任务。2004 年,技工贸总收入比 2003 年增长 75.62%;技术交易额比 2003 年增长 64.30%。2005 年,技术交易、技术咨询额持续上升,比 2004 年增长 12.20%;全年实施国家科技兴贸计划项目 1 项,即 CD100 宽温小型高性能铝电解电容器,获得 30 万元经费支持。

2006 年,经认定登记技术合同 38 项,技术合同交易额 2625.93 万元。是年,技术交易额 2430.93 万元。2008 年,继续抓好技术合同登记工作。当年认定登记技术合同 54 项,技术合同交易额 1902.33 万元,其中技术交易额 1811.40 万元。2010 年,经认定登记技术合同 54 项,技术合同交易额 5549 万元,其中技术交易额 4725 万元,技术合同交易金额与技术交易额分别比 2009 年增长 177.30%、162.40%。

表 34-2-3 1990—2010 年景德镇市技术合同与技术贸易交易一览表 单位:项、万元

年份	登记技术合同数	技术合同交易额	技术交易额	年份	登记技术合同数	技术合同交易额	技术交易额
1990	919	4419.93	—	2002	37	3391	—
1991—1992	203	1896	—	2003	24	2380.13	2142.11
1994	45	1541.78	—	2004	15	3762	3518.54
1995	—	1618.51	—	2005	33	4221	2859.49
19997	33	1680	—	2006	38	2625.93	2430.93
1998	65	2001.93	—	2007	24	742.60	706.60
1999	79	1623.35	-	2008	54	1902.33	1811.40
2000	58	2000	—	2009	50	2001	1801
2001	—	3165	—	2010	54	5549	4725

民营科技企业管理

景德镇市民营企业起步于80年代。1994年，首次开展民营科技企业统计调查，对全市17家科技民营企业的概况、人员构成、企业收支、课题成果获奖情况进行调查，为指导民营科技企业改革、发展提供依据。

1996年，全市民营科技企业发展进程加快，当年经认定审批的民营科技企业共有26家，其中新认定的企业9家。1998年，市科委制定《关于大力发展民营科技型企业的决定》，组织人员赴周边省市进行考察，借鉴民营科技型企业的发展经验，促进全市民营科技型企业发展。2000年，继续发展民营科技企业，新认定审批压电陶瓷应用研究所、景德镇环康科技开发有限公司、华良高新技术发展有限公司为民营科技企业。

2001年，把发展民营科技企业作为扶持民营经济发展的一项重要工作，做好协调服务，新认定审批民营科技企业7家，民营科技企业总数38家，民营科技企业年收入达5700万元，比2000年增加2300万元。2002年，开展申报评选先进民营企业及优秀民营科技企业家活动，推荐申报省先进民营科技企业4家、省优秀民营科技企业家3人。是年，全市经认定审批的民营科技企业35家，其中新认定审批3家，全市民营科技企业资产总额2.58亿元。2005年，民营科技企业快速发展，经认定审批的民营科技企业40家，总收入4.50亿元。形成以机械、电子为主体，陶瓷、信息和技术中介服务为辅的民营科技企业格局，研究生产范围涉及机械、邮电通信、计算机技术、陶瓷、农业技术推广及服务等领域。

2007年，全市经认定审批的民营科技企业58家，其中新认定的企业11家，民营科技企业资产总额达17.44亿元。在民营科技企业中，国有经济企业和集体经济企业有4家，私营和个体经济企业20家，有限责任公司和其他企业32家，港澳台及外省投资企业2家。科研院所和国有企业及其派生的科技公司逐渐淡出，非公有制形式的民营科技企业占绝大多数。2008年，全市经认定审批的民营科技企业68家，其中新认定的企业10家，民营科技企业资产总额达22.10亿元。在民营科技企业中，国有经济企业和集体经济企业有7家，私营和个体经济企业21家，有限责任公司和其他企业38家，港澳台及外省投资企业2家。2010年，全市经认定审批的民营科技企业79家，其中新认定的企业4家，民营科技企业资产总额达51.40亿元。在民营科技企业中，国有经济企业和集体经济企业有7家，私营和个体经济企业29家，有限责任公司和其他企业41家，港澳台及外省投资企业2家。

第三节　科技交流

国外智力引进

1986年后，景德镇市加大对外科技交流，通过引进国外智力，推进陶瓷原料处理、成型工艺、高温烧结、工业蜂窝陶瓷技术等方面发展提高，达到国内工业化生产的先进水平。1988年，景德镇石膏模具厂从联邦德国克脑夫公司引进石膏粉生产线与生产技术，并于1991年投产，开发出高强度的石膏粉新产品，质量达国内一流水平。该技术被列为1992年国家级重点新产品推广项目，投产后改变了全市优质石膏粉供应不足的局面。1990年10月22日，景德镇市成立引进国外智力领导小组，副市长柯尔荣任组长，市科委、市经委、市计委有关领导任副组长，办公室设在市科委。1991年，市科协先后邀请德国多特蒙德大学博士昂格曼、日本友人浅贝熏到市作"人体功效学"学术报告和"关于窑业技术发展状况"的学术讲座。市盐酸学会利用日本陶瓷科技社团到景德镇市考察之际，与日本专家加藤英二就有关世界陶瓷前沿科学进行交流。

1996年5月9—13日，泰国国家科学部科学服务局研究部主任苏勒达率领泰国"小规模陶瓷工业和质量促进"考察团一行5人到市考察，寻求科技合作与交流伙伴。1998年，市科技局担负引进外国智力职能，开始启动引进外国智力工作。是年5月，泰国农业部博士埃穆率领泰国茶叶科技考察团到市考察茶叶生产和加工技术。考察团重点考察浮梁县茶叶局和景德镇得雨公司，中泰双方还就茶叶种植、保鲜技术进行交流。1999—2000年，从国外引进核桃、优良蔬菜品种栽培及示范等项目，改善全市农业结构，增加农民收入。其中从日本引进的水稻"V"型施肥技术，建立示范推广点2个，推广面积达1.09万公顷，产值增长6.80%，经济收入增加656万元。为景德镇以优质稻为支柱的商品粮基地高产稳产提供了技术支持。

2001年7月,聘请法国医疗专家卡尔到市开展技术交流和医疗活动,提高景德镇市的痔疮及肠癌治疗水平。2002年8月25—26日,以朝鲜煤炭机械研究所所长高机男为代表的科技代表团一行5人到景德镇市,就全市的改革开放和科研体制改革与发展的情况进行考察。先后在德宇集团、华意压缩机股份公司参观考察,并交流发展的情况。是年,市引进外国智力工作职能由市科技局划入市人事局。

对外合作开发

1986年,市委、市政府确定陶瓷工业向"大陶瓷"发展战略转变。2月,市科委与中科院上海硅酸盐研所、华东化工学院进行合作,确定以引进消化国内科研院所成熟的科研成果为主,立足市场需求,选择具有一定技术优势的产品进行开发,建立科研、生产新型陶瓷中间实验基地。2000年,市政府与北京理工大学联合开展"现代城市数字化管理研究及系统建设"项目,以计算机网络为载体,利用该校研制成功的CIS等系统,对景德镇市城市空间和原始信息进行获取、处理、存储管理,建立城市城建规划,城市水、电、煤气、通信、下水道等管网管理供应系统和城市交通道路管理系统等20个子系统,对全市经济、社会的发展和城市变化进行全面监控,并能做出快速反应,将决策信息迅速传到政府各个部门,形成一个智能化的城市。

2001年,市发电厂得到上海电力学院的技术支持,并获得上海市科委4万元科技经费的支助,通过双方共同努力,解决防止锅炉结垢的技术问题,降低能耗。6月18日,在南昌赣沪科技合作项目洽谈会上,引进"澳门南德温肉牛优良品种"在昌江区示范养殖。2003年12月29日,科技部批准实施《省部共建景德镇国家陶瓷科技城试点方案》,陶瓷科技城作为国家区域科技创新试点正式启动。省部合作共建在江西省、景德镇市都是第一次,被列为省政府、科技部2004年重点工作之一。2004年,景德镇市国际科技合作领导小组成立,副市长谢茹为组长。制定国际科技合作规划,在全省率先设立国际科技合作科作为开展国际科技合作的常设机构,建立从市到县(市、区)、从管理部门到基层企业的联络员工作体系。2005年,昌河、景德镇陶瓷股份有限公司等单位的33个项目与北京大学、清华大学、中科院自动化所和工程所等高等院校、科研院所合作实施。其中,景德镇陶瓷学院教授周健儿与法国欧洲膜技术研究中心合作的"三氧化二铝复合微滤膜修饰改性及应用的研究"项目获国家重点国际科技合作计划资助70万元。

2006年,全市承担和主持国家、省级重点科技攻关项目与科研项目100余项,其中与法国合作的"用于水处理的纳米修饰陶瓷膜的制备研究""无公害陶瓷装饰材料用熔剂的中试"等项目取得初步成果,并向陶瓷企业推广。2007年,景德镇精密陶瓷有限公司与美国合作的高性能纳米陶瓷材料开发及其制备技术的科研项目列入江西省国际科技合作计划,获15万元的资助;景德镇法蓝瓷实业有限公司与国家日用及建筑陶瓷工程技术研究中心建立校企科技合作关系;华意电器总公司、德宇集团、陶瓷股份有限公司等单位以项目为纽带,分别与北京大学、清华大学、中科院自动化所和工程所开展科技交流合作。2008年,组织科技项目及成果参加深圳中国国际高新技术成果交易会等国内科技会展,开展科技交流活动。8月,市政府与中国科学院建立科技合作和交流联系制度,共同编制景德镇市先进陶瓷产业发展规划大纲;中科院派科技骨干到景德镇市挂职,专门负责工程陶瓷产业、科研孵化和产业集成。同时,市高技术陶瓷企业与中科院对接,以中科院上海硅酸盐研究所为核心,以景德镇陶瓷学院为基础,培养一批具有博士学位的高技术陶瓷人才。

2009年8月28—30日,由科技部政策法规司主办,江西省科技厅、中国产学研合作促进会协办,景德镇科技局、景德镇陶瓷学院承办的景德镇陶瓷科技城建设专题研讨班在景德镇陶瓷学院举办。全省各地生产力促进中心,全市科研院所、大专院校、相关大中型企业及民营科技企业,各县(市)区科技系统的代表共200余人参加研讨班学习。邀请9位国内知名专家学者就"名牌战略与策划实施""创新环境与产业发展""科技创新与传统产业的再造"等专题进行授课,开展研讨与交流。11月,景德镇市申报的国家直升机国际科技合作基地获科技部批准,中国直升机研究所和昌河飞机工业集团公司成为直升机国际科技合作基地的重点单位。11月7日,科技部授予昌飞公司、中国直升机设计研究所、景德镇陶瓷学院国家级"国际科技合作基地"称号,授牌仪式在昌河飞机工业集团公司举行。直升机设计、制造领域,陶瓷材料领域3个国家级"国际科技合作基地"落户景德镇。2010年11月16日,在深圳高交会上,景德镇市组织K14B发动机、纳米环保陶瓷刀等6个高新技术产品参加高新技术成果展。景德镇市隆政食品有限公司与深圳隆帮食品有限公司合作生产的"中华菜标准化调味高汤系列产品"成功签约,投资额1000万元。

科技成果对接

2001年，市科委实施科技开放战略，借助国内外著名大学和科研院所的科技、人才优势，促进景德镇产学研结合，加快科技创新、科技成果转化与产业化的进程。2003年，景德镇市利用在南昌举办的江西省科技成果推介会及在深圳举办的第五届中国国际高新技术成果交易会，展示科技成果，推介科技项目，与国内外高等院校、科研所、企业建立友好关系，开展科技合作与交流，促成602所的科技成果交易，技术交易额为150万元。是年，在第五届中国国际高新技术成果交易会上，成功促成德宇集团“得雨活茶”科技成果经营权交易，技术交易额为2000万元，并扩大“得雨活茶”的出口及国内市场的占有量。2004年，景德镇市把开展国际科技合作作为科技交流工作的重点，参加各种科技对接会及高新技术成果交易会，展示科技成果，推介科技项目。2005年，加强与省内外高等院校、科研院所的联系，为全市企业开展科技合作牵线搭桥。对取得具有自主知识产权的科技成果项目，利用深圳国际高新技术交易会、江西省科技成果见面推介会搭建的平台，展示和推介科技成果及项目50个，签约项目4个，签约资金3500万元。

2007年10月18日，景德镇高技术成果展在中国陶瓷博物馆举行，62家国内外知名高校、著名研究所、知名外企展示高技术陶瓷新成果、新产品、新装备1000余件，其中高技术陶瓷新成果有高性能结构陶瓷、功能陶瓷、陶瓷复合材料三大类。展会接待参观人员10万人次，达成合作或销售意向合同2000万余元。2008年，景德镇市4个项目在深圳高交会上进行成果推广展示。是年，乐平市蔬菜局参加江西省推介会，与江西中远现代农业投资开发有限公司现场签约，签约金额达500万元。2009年10月12—13日，由省政府主办，省科技厅、发改委、工信委等6家单位共同承办，江中集团协办的江西技术、人才、项目对接会在南昌举行，景德镇市组织有关部门及企事业单位代表团40余人参加。市瓷局在专题推介会上对市陶瓷产业发展及规划做推介发言，景德镇陶瓷学院展示6项最新科技成果，市南瓷绝缘子公司、开门子陶瓷化工集团、同惠公司、德宇集团、科宏公司进行项目签约，签约金额1.79亿元。此外，市科技局还组织30个需求项目参会。

高技术陶瓷论坛

2005年起，景德镇市以高技术陶瓷论坛为平台，坚持“走出去，请进来”的原则，开展国际科技合作与交流。每年召开1次。10月12日，景德镇高技术陶瓷论坛召开，来自清华大学新型陶瓷与精细工艺国家重点实验室、中科院上海硅酸盐研究所高性能结构陶瓷国家重点实验室等52家著名研究机构以及日本东芝陶瓷公司、中材高新材料股份有限公司、德国赛琅泰克陶瓷等63家高技术陶瓷企业223名代表参加会议。国内外知名专家和企业家围绕高性能结构陶瓷、功能陶瓷、陶瓷复合材料三大高技术陶瓷作专题研究报告，中国工程院院士李龙土、江东亮分别作《功能电子陶瓷领域国内外发展状况》《先进陶瓷的制备科学》的专题报告，其他与会教授及企业家17人作特邀报告。2006年10月17—19日，“2006景德镇高技术陶瓷国际论坛”在景德镇陶瓷学院召开，来自美国、德国、日本的30余位海外专家与清华大学等国内50余所本科院校以及风华高科、中材高新等大型企业集团在内的50余位企业代表出席论坛。日本组织18位来自大学、企业、信息机构的代表到会交流。论坛征集学术论文60余篇。会上，中国工程院院士、清华大学教授李龙土，中国科学院院士、山东大学教授蒋民华在会上分别作《功能陶瓷材料研究与应用新进展》《氮化硅陶瓷轴承的产业化现状与发展对策》专题讲座，中材高新副总裁张伟儒作《固体发光材料及照明革命》专题报告，其他教授及企业家16人作特邀报告，3人作书面发言。2007年10月17日，景德镇高技术陶瓷国际论坛召开，中国工程院院士、中国人工晶体研究院教授、材料专家沈德忠，澳大利亚工程院院士程一兵，中科院上海硅酸盐研究所所长罗宏杰，景德镇陶瓷学院院长周健儿以及来自国内外高技术陶瓷领域的科技及产业界的专家、学者、企业家等200余人参加。论坛以“加强交流，促进粉体制备加工、检测及其应用技术的科学发展”为主题，收到涉及国家发展高技术陶瓷科技产业最新政策、先进陶瓷粉体材料、透明陶瓷、国家高技术陶瓷及产业的科研现状、纳米新材料的发展及未来的应用等高技术陶瓷论文90篇，宣读论文18篇。

2008年10月17日，景德镇高技术陶瓷国际论坛上，中国科学院院士、清华大学教授李龙土，中国科学院院士、北京科技大学教授葛昌纯，中国工程院院士、中国建筑材料科学研究院教授顾真安，中国工程院院士、中科院物构所教授洪茂椿及美国、日本、葡萄牙等国内外陶瓷界200余位知名学者和专家参加会议。会上宣读学术论文百余篇，并进行研讨和交流。2009年10月17—19日，由科技部、省政府共同主办的“2009中国（景德镇）

高技术陶瓷国际论坛”在景德镇举行。论坛以“加强自主创新,促进高技术陶瓷产业化”为主题,围绕国际陶瓷材料与工程发展现状、水平与趋势、产品最新动态等专题进行交流和讨论。中国工程院院士王玉明、张兴栋、张文海及美国、日本、西班牙、澳大利亚、法国、韩国等海外专家与国内高技术陶瓷领域及产业界的专家、学者、企业家200人参加论坛。论坛期间,王玉明、张兴栋、张文海及国外专家作主题演讲。专家、学者、企业家们就高技术陶瓷联合研发、成果转化、产学研合作等问题进行广泛研讨,并就陶瓷产业技术合作等问题形成共识。论坛共征集论文140篇,出版了论文集。2010年10月22—24日,由科技部、省政府共同主办“2010中国(景德镇)高技术陶瓷国际论坛暨第十六届全国高技术陶瓷学术年会”在景德镇市举行。600余位中外专家学者、企业家到会,宣读特邀报告和专题学术报告143篇,257份专业学术论文进行书面交流展示,涵盖信息功能陶瓷材料、结构陶瓷材料、能源材料、环境友好陶瓷材料、生物医用陶瓷材料、纳米材料科学与技术、陶瓷材料技术、特种耐火材料等8个方面。

第四节　科技成果与转化

科技成果

国家级奖励　国家发明奖。1987—1997年,市红星瓷厂“氧化坦坩埚”获1987年国家发明四等奖;市建国瓷厂“陶瓷彩虹釉”获1989年国家发明四等奖;市陶瓷传感器研究所“天然瓷石(土)制作的湿敏电阻元件”获1991年国家发明四等奖;景德镇陶瓷学院“吸振式系列振动筛”获1993年国家发明四等奖;市种禽场“板鸡制作方法”获1997年国家发明四等奖。

国家“星火计划”奖。1992年,市原料总厂“陶瓷废尘、废渣在陶瓷原料中的应用”获国家“星火计划”三等奖。

国家科技进步奖。1984年,国家开始设立科技进步奖。1997年,景德镇市华意压缩机厂“E1370Y型冷压缩机”获1997年国家科技进步三等奖;景德镇陶瓷学院“高性能低膨胀陶瓷材料的研制应用”获2008年国家科技进步二等奖。

省级奖励　省科技进步奖。至2010年,景德镇市获省级科技进步奖118项,其中一等奖2项、二等奖26项、三等奖90项。

省“星火计划”奖。1988年,省科委设立省“星火计划”奖。1992年,市农科所“家禽优良品种及饲养技术推广”获省“星火计划”三等奖。1995年,景德板鸡实业公司“景德板鸡系列产品开发”获省“星火计划”一等奖。

省自然科学奖。2009—2010年,景德镇市获省级自然科学三等奖2项。其中景德镇陶瓷学院“钙钛矿型铁电铁磁材料的研究”“蛋白质元胞自动机图的构建及其应用研究”获省自然科学三等奖。

省发明奖。1997年,市种禽场“板鸡制作方法”获省级发明奖四等奖;2010年,景德镇陶瓷学院“环境友好型陶瓷透水砖的研制和开发”获省级发明奖三等奖。

市级奖励　1988年2月23日,市政府发布《景德镇市科学技术进步奖励办法》,设立科学技术进步奖评审委员会,优秀科学技术成果奖改称为市科学技术进步奖,奖励分为3个等级,奖励标准为一等奖800元、二等奖500元、三等奖300元。1989年1月9日,全市科学技术进步奖励暨表彰大会召开,表彰奖励全市1983—1986年获国家、省级科技成果奖项目和根据市政府颁发的《关于景德镇市科学技术进步奖励办法》评选的科技成果项目。其间获国家、省级科技奖的单位和个人共有79项;获市级科技进步奖82项:一等奖42项、二等奖15项、三等奖25项。1994年5月9日,市政府对《景德镇市科学技术进步奖励办法》进行修改,重新发布《景德镇市科学技术进步奖励办法》,调整为一等奖2500元、二等奖1200元、三等奖600元。获奖项目属于个人完成的,奖金全部发给个人,属单位完成的,按照贡献大小分配,主要完成人员所得的奖金不得低于奖金总额的60%。2007年,为加大奖励力度,调整为一等奖10000元、二等奖5000元、三等奖3000元。

1986—2010年,全市有345项成果获市科学技术进步奖,其中一等奖24项、二等奖90项、三等奖231项。

表 34－2－4　　1986—2010 年景德镇市获国家发明奖项目一览表

项目名称	获奖单位及主要发明人	获奖等级	获奖年份
氧化坦坩埚	市红星瓷厂:王应民、江民德	四等奖	1987
陶瓷彩虹釉	景德镇市建国瓷厂:邓希平	四等奖	1989
天然瓷石(土)制作的湿敏电阻元件	景德镇市陶瓷传感器研究所:陈建国	四等奖	1991
吸振式系列振动筛	景德镇陶瓷学院:包忠有、汪达	四等奖	1993
板鸡制作方法	景德镇市种禽场:刘浩元、詹周荣	四等奖	1997

表 34－2－5　　1986—2010 年景德镇市获国家"星火计划"奖项目一览表

项目名称	获奖单位及主要人员	获奖等级	获奖年份
陶瓷废尘、废渣在陶瓷原料中的应用	景德镇市原料总厂:汤烫、刘政、郭帮明、龚建华、何庆明、徐平康、曹吉华	三等奖	1992

表 34－2－6　　1986—2010 年景德镇市获国家科技进步奖项目一览表

项目名称	获奖单位及主要人员	获奖等级	获奖年份
E1370Y 型制冷压缩机	景德镇市华意压缩机厂:吴样才、符念平、朱辉、周友新、伍国财	三等奖	1997
高性能低膨胀陶瓷材料的研制及其应用	景德镇陶瓷学院:周健儿	二等奖	2008

表 34－2－7　　1986—2010 年景德镇市获省级发明奖项目一览表

项目名称	获奖单位	获奖等级	主要完成者	获奖年份
板鸡制作方法	景德镇市种禽场	四等奖	江伟辉、缪松兰、周健儿、顾幸勇、刘健敏	1997
环境友好型陶瓷透水砖的研制和开发	景德镇陶瓷学院	三等奖	江伟辉、缪松兰、周健儿、顾幸勇、刘健敏	2010

表 34－2－8　　1986—2010 年景德镇市获省级自然科学奖项目一览表

项目名称	获奖单位	获奖等级	主要完成者	获奖年份
钙钛矿型铁电铁磁材料的研究	景德镇陶瓷学院	三等奖	江向平、李月明、曾敏、朱志刚	2009
蛋白质元胞自动机图的构建及其应用研究	景德镇陶瓷学院、东华大学	三等奖	肖绚、林卫中、邵世煌	2010

表 34－2－9　　1986—2010 年景德镇市获省级"星火计划"奖项目一览表

项目名称	获奖单位	获奖等级	获奖年份
家禽优良品种及饲养技术推广	景德镇市农科所:刘浩元、季清熙、詹周荣、尹成龙、蒋国斌	三等奖	1992
景德板鸡系列产品开发	景德板鸡实业公司:刘浩元、詹周荣	一等奖	1995

表 34-2-10　　1986—2010 年景德镇市获省科技进步奖项目一览表

项目名称	完成单位	获奖等级	主要完成者	获奖年份
中华人民共和国国家标准日用陶瓷名词术语 GB5000—85	景德镇陶瓷学院等	二等奖	缪松兰等	1986
冷净混合发生炉煤气焙烧日用青花细瓷工艺	市华风瓷厂、市陶瓷工业设计院	二等奖	吴莹、虞雪琴、李钢平等	1987
景德镇古陶瓷博览区设计与营造	市建筑设计院、市陶瓷工业设计院	二等奖	黄浩、周松、熊善根等	1987
各式陶瓷灯具	省陶瓷研究所	二等奖	秦锡麟	1988
[BN3813 3802 4501]声表面波滤波器	999 厂	二等奖	陈国荣	1988
JW1252W JW1221W 精密扫频仪	市无线电厂	二等奖	陈颂平	1988
ZKTJ125 250/1.14 型真空开关管	897 厂	二等奖	袁素芳等	1988
4CX1000A 型金属陶瓷发射管	国营 740 厂	二等奖	胡寿生等	1989
稀土釉下仿粉彩瓷研制	景德镇市红旗瓷厂	二等奖	李文钟、徐煜坤、江恒山、徐瑞坤、江国孟、朱士荣	1992
耐热陶瓷炊餐具(中试)	景德镇陶瓷学院	二等奖	周健儿、马光华、顾幸勇、晏清、李月明、朱小平	1994
AE1370Y 型制冷压缩机	景德镇华意电器总公司华意压缩机厂	二等奖	吴样才、符念平、朱辉、章林赋、张文英、周友新	1996
CH1018 微型车研制	昌河飞机工业公司	二等奖	—	1997
PZ1740 四开单色自动平版胶印机	景德镇市印刷包装机械有限公司	二等奖	张解雄、熊荷生、汤荣富、邱圣乐、陈礼生、吴权	1998
绿茶生物保鲜技术(得雨活茶)	景德镇市得雨活茶有限公司	二等奖	刘浩元、詹周荣、蒋国滨、黄国平	1998
陶瓷工业热力学系统动态变化的研究	景德镇陶瓷学院	二等奖	胡国林、章义来、钟瑞、蒋鉴华、罗民华	1998
CAD/CAM 技术在高地板大型模具设计制造中的应用	昌河飞机工业公司	二等奖	—	1998
四开单色、多色变频胶印机	江西中景集团有限公司	二等奖	陈礼生、王仲芳、郭明、王少华、邱圣乐、张解雄	2002
釉中彩“黄万寿”	景德镇陶瓷股份有限公司	三等奖	邵徽刚、胡谋浪、孙飞、谭宝铭、余水林	2002
昌河直升机 CIMS 应用示范工程	昌河飞机工业(集团)有限公司、北京航空工业研究所、西北工业大学	二等奖	董瑞华、胡海银、余枫、卢廷钧、周新民、袁辉等	2003
直升机工装数字化测量技术的应用与研究	昌河飞机工业(集团)有限责任公司	三等奖	梁武根、郭昌森、徐大淼、徐剑波、李保建、周锦坤	2003
直 11 型航拍中继机研制	中国航空工业第 602 研究所、昌河飞机工业(集团)有限责任公司	二等奖	丁仪、余枫、徐逸俊、张先华、周金虎、李萌等	2004

续表 34-2-10

项目名称	完成单位	获奖等级	主要完成者	获奖年份
钛酸铝—堇青石质大规格蜂窝陶瓷	景德镇陶瓷学院	二等奖	周键儿、汪永清、陈虎、王德林、冯青、顾幸勇等	2004
直升机结构快速设计/制造技术及其应用	昌河飞机工业(集团)有限责任公司、中国航空工业第602研究所	一等奖	黄传跃、周金虎、张景新、杨国平、胡茂和等	2006
JN43-80型顶装焦炉改为捣固焦炉新技术开发	景德镇市开门子陶瓷化工集团有限公司	二等奖	郝来春、黎景平、吴小平、汪卫华、吴克建等	2006
低膨胀陶瓷材料的研制及其应用	景德镇陶瓷学院、修水康顺瓷业股份有限公司、萍乡市美景环保陶瓷有限公司、江西拓扑工程有限公司	一等奖	周健儿、马光华、顾幸勇、李月明、朱小平、汪永清、陈虎、王德林、冯青等	2007
直升机大型复合材料桨叶整体热模压成型技术及设备	昌河飞机工业(集团)有限责任公司	二等奖	余枫、徐金根、刘云平、陈正生、周新民、李萌等	2008
AE1350SHU、AE1360SHU深冷压缩机	华意压缩机股份有限公司	二等奖	吴景华、陈永安、黄卫华、杨任平、崔　磊、金文辉	2009
基于VPM系统的跨国多方数字化协同设计与管理技术研究及应用	中国直升机设计研究所、南京航空航天大学	二等奖	黄传跃、谢文秀、陈阳平、韩志忠、于春江等	2009
油茶平衡施肥关键技术及效应研究	江西农业大学、鹰潭市林业局、新余市渝水区林业局、景德镇市林业科学研究所、宜春市袁州区油茶局	二等奖	郭晓敏、牛德奎、胡冬南、刘苑秋、涂淑萍等	2010
环保型系列硫硒化镉包裹颜料及其产业化	景德镇陶瓷学院、湖南金环颜料有限公司	二等奖	孙国梁、欧阳小胜、邓美兰、周曙光、唐燕超等	2010

表 34-2-11　　1983—2010年获全市科技进步一等奖、二等奖项目一览表

项目名称	获奖单位	获奖等级	完成人员	获奖年份
熔融石英—黏土质匣钵	市陶瓷窑具厂	一等奖	倪予廉等	1983—1986
模滚压成型工艺中试	市宇宙瓷厂技术科	一等奖	刘银仔等	1983—1986
防霉技术	市出口纸箱厂、上海微生物研究所	一等奖	熊承云等	1983—1986
TYMB600半自动烫金模切两用机	市印机总厂	一等奖	睦在明等	1983—1986
TCLT0750/60压滤机	市陶机厂	二等奖	黎增春等	1983—1986
QX25-2.2潜水电泵节能专用电机	乐平县电机厂	二等奖	石道相等	1983—1986
氮化钛仿金镀瓷雕	市雕塑瓷厂	二等奖	熊钢如等	1983—1986
可发性PS泡沫包装材料	市第一塑料厂	二等奖	江其发等	1983—1986
景德镇市中药资源普查	市中药资源普查领导小组	二等奖	孙兴龙等	1983—1986
景德镇市地质构造概况及地震趋势探讨	市地学学会	二等奖	喻子鑫	1983—1986

续表 34－2－11

项目名称	获奖单位	获奖等级	完成人员	获奖年份
猪瘟一次性免疫	市畜牧兽医站	二等奖	蒋肇英等	1983—1986
微型计算机科技人员管理系统	市科委干部科	二等奖	潘渊等	1983—1986
GW4－220(PW)/1250 高压隔离开关	市电瓷电器工业公司	二等奖	陈奇等	1983—1986
E312C 电子数字频率计	市无线电厂	二等奖	余勇关	1983—1986
农村省柴灶	市科委、市农牧局能源科	二等奖	汪金坤等	1983—1986
45#高岭土的应用研究	市红星瓷厂	二等奖	王应槐等	1983—1986
JS－8G 型放电计数器	市电瓷电器工业公司	二等奖	陈建平等	1983—1986
原料废水净化处理	市为民瓷厂	二等奖	刘儒生等	1983—1986
多毛菌防治油茶绵蚧壳虫试验研究	市林科所	二等奖	覃茂华等	1983—1986
JDG－22.5M 电热辊底烤花隧道窑	省陶瓷工业公司窑炉建筑工程处	一等奖	江龙、丁帮炎、丁细毛、曹红昂、袁国华	1987—1991
陶瓷颜料复烧电热自动链板窑研制	轻工部陶研所	一等奖	虞雪琴、朱素琴、权衡、鲍善农、余瑶生等	1987—1991
BCD－185L 双门四星级家用电冰箱	华意家用电冰箱厂	一等奖	王水华、胡金泉、蒋泽荣、沈光宇	1987—1991
“七专”G_3DG_{142}高频低噪声晶体管标准和可靠性升级攻关技术	市三六无线电厂	一等奖	郭帮杰、杜键、胡建强、杨志忠、张小琴等	1987—1991
SN1644－ECP、SN1644－ECR 射频十级连接器	市元件五厂	一等奖	詹昌吉、胡子琦、朱福贵、曾贤铭、方光武	1987—1991
JW3381、JW3371 型通用电子计数器	市无线电厂设计所	一等奖	张君、吴声泉	1987—1991
AB 瓦楞纸箱(板)	市纸箱厂	一等奖	王镇生、夏任辉、范景克、黄筱又等	1987—1991
ABS 板材	市第一塑料厂	一等奖	许方红、谢锦炎、冯光等	1987—1991
家禽优良品种(种蛋、蛋鸡、肉鸡、肉鸭、禽苗)及饲养技术推广	市农牧渔科研所	一等奖	刘浩元、季清熙、詹周荣、尹成龙、蒋国斌	1987—1991
TF 型蜂窝活性炭	市新型陶瓷材料实验所、中国人民解放军环境科学研究中心	一等奖	汪祥麟、陈魁学、张长茂、王文章、乔惠贤、吴国强	1987—1991
微电子技术在电烤花炉中的推广应用	市微机应用办公室	一等奖	—	1987—1991
MJC 陶瓷滤料过滤技术的研究	市新型陶瓷材料实验所、重庆建筑学院	二等奖	姚雨霖、袁国文、陈民权、王圃、张伯周、黄文良	1987—1991

续表 34－2－11

项目名称	获奖单位	获奖等级	完成人员	获奖年份
艺术瓷雕	市雕塑瓷厂	二等奖	刘远长、张耕夫、张来平等	1987—1991
硅线石质耐火材料	市耐火器材厂	二等奖	王家泉、刘东如、刘国文等	1987—1991
稀土宝石绿玲珑日用瓷	市光明瓷厂	二等奖	徐志军、周志云、汪慧英	1987—1991
特大型釉口薄胎碗	市艺术瓷厂	二等奖	陈学敏、黎吉厚、熊友根等	1987—1991
AJN 锅炉拱砖	市耐火器材厂	二等奖	范福金、张景生、陈玲光等	1987—1991
TCIE2800×4000 球磨机	市陶机厂	二等奖	刘建军、黄真、刘经坤、孙荣生、李细毛	1987—1991
BCD－200 自动显温双门电冰箱、BCD180 双门大冷冻室电冰箱	市华意电器公司	二等奖	欧阳振帮、余健、江赤波、周新文、李文、余天顺	1987—1991
离子软氮化工艺	市气门厂	二等奖	查祝利、朱浩森、邹萍玲	1987—1991
QS20－7.515－7.5 充水式潜水电泵	乐平县电机厂	二等奖	曹子平、蔡忠民、朱春鉴、王德倪、吴春炎	1987—1991
JWR1632 函数信号发生器	市无线电二厂	二等奖	牛宏科、刘新华、沃剑之	1987—1991
GW_7－220(DW)型户外交流高压隔离开关	市电瓷电器公司	二等奖	周金福、陈奇、邓细堂、陈军武、沈桂生、赵虎坤	1987—1991
4M5 型 125 摩托车发动机 H13 钢压铸模具热处理工艺	江西水上动力有限公司	二等奖	孙喜兰、何建明、杨兴茂	1987—1991
露天堆垛储粮综合防治的试验研究	乐平县粮食局、景德镇市粮食局、江西省粮油储运公司	二等奖	梅荣坤、刘经伟、李剑秋、张辉宜、郑伟	1987—1991
低克重强韧瓦楞原纸	市造纸厂	二等奖	张复如、郭卿君、陆均等	1987—1991
江西薪炭林树种私营造技术研究	市林科所	二等奖	严为椿、邹秋贵、曾火旺	1987—1991
杂交水稻制种高产技术推广	市种子管理站、乐平县种子管理站、浮梁县种子管理站	二等奖	罗松林、安建国、徐寿昌、徐振华、陈尧三等	1987—1991
优生染色体技术	市医科所、市第一人民医院、市妇幼保健院、市第二人民医院	二等奖	方力平、涂笑平、李军士、刘顺华、刘爱珍等	1987—1991
稀土釉下仿粉彩瓷研制	市红旗瓷厂	二等奖	李文钟、徐煜坤、江恒山、徐瑞坤、江国孟、牛仕荣	1987—1991
工业企业信用等级微机评估系统	市农业银行	二等奖	戴保钢	1987—1991
中、日、美、英、德、苏、法七国陶瓷专利法技术调研	轻工部陶研所	二等奖	熊国亮、吴静娴、王可鸣、江正廉、刘黄沙等	1987—1991

续表 34-2-11

项目名称	获奖单位	获奖等级	完成人员	获奖年份
乐平县乡镇工业污染源调查	乐平县环保局	二等奖	陆长青、李宝山、余昌辉、朱小平、吴恒春	1987—1991
AE1360Y型无氟压缩机	华意压缩机厂	一等奖	—	1994—1995
SK410汽车仪表板总成	市一塑厂	二等奖	—	1994—1995
《昌九景》金三角中的景德镇市域发展研究	市计委、市科委	二等奖	—	1994—1995
国产ER添加剂在等静压成型工艺中的应用研究	景德镇陶瓷学院	二等奖	—	1994—1995
BCD-192W无霜电冰箱、BCD-215电冰箱	华意家用电冰箱厂	二等奖	—	1994—1995
绿茶生物保鲜技术(得雨活茶)	市得雨活茶有限公司	一等奖	刘浩元、詹周荣等	1996—1997
PZ1740四开单色自动平版胶印机	市印刷包装机械有限公司	一等奖	张解雄、熊荷生、汤荣富、邱圣乐、陈礼生等	1996—1997
BCD-238无氟双绿色电冰箱	华意压缩机股份有限公司电冰箱厂	二等奖	欧阳振帮、余健、李文等	1996—1997
高白釉玉风2号杯研制	江西省玉风瓷厂	二等奖	刘少平、毛冬田、胡观明等	1996—1997
TC33660全自动液压压砖机	景德镇陶瓷学院、市陶瓷机械厂	二等奖	张柏清、曹佃良、俞进保、魏钢栋、汤国兴等	1996—1997
高温霁兰釉中彩瓷中、西餐具	市宇宙瓷业有限公司、市瓷用化工厂	二等奖	付昆、李延令、黄镇宗等	1996—1997
景德镇市国有资产产权管理信息系统	景德镇陶瓷学院	二等奖	郭建晖、刘坤庭、岁金明、高周、黄弘、蒋先伟	1996—1997
非侵入性检测肺动脉嵌压的研究	市第二人民医院	二等奖	乐美成、江旭初、肖大鹄、陈海洋、江兴玉、宁芳	1996—1997
旱稻旱育床土配肥试验示范推广	市农技站	二等奖	罗松林、朱景潮、肖学军、方建华、汪国梁等	1996—1997
绿茶生物保鲜技术(得雨活茶)	市得雨活茶有限公司	一等奖	刘浩元、詹周荣、蒋国滨、黄国平	1998
PZ1740四开单色自动平版胶印机	市机械局	一等奖	张解雄、熊荷生、汤茶富、邱圣乐、陈礼生等	1998
BCD-238无氟双绿色电冰箱	华意压缩机股份有限公司电冰箱厂	二等奖	欧阳振邦、余健、李文等	1998
高白釉玉风2号杯研制	江西省玉风瓷厂	二等奖	刘少平、毛冬田、胡观明等	1998
TC3360全自动液压压砖机	景德镇陶瓷学院、市陶瓷机械厂	二等奖	张柏清、曹佃良、俞进保等	1998
高温霁兰釉中彩瓷中、西餐具	市宇宙瓷业有限公司、市瓷用化工厂	二等奖	傅昆、张俊声、李延龄等	1998

续表 34－2－11

项目名称	获奖单位	获奖等级	完成人员	获奖年份
景德镇市国有资产产权管理信息系统	景德镇陶瓷学院	二等奖	郭建晖、刘坤庭、罗金明、高周、黄弘、蒋先伟	1998
非侵入性检测肺动脉嵌压的研究	景德镇市第二人民医院	二等奖	乐美成、江旭初、肖大鹄等	1998
早稻旱育床上配肥试验示范推广	市农技站	二等奖	罗松林、朱景潮、肖学军等	1998
四开系列单色、多色变频胶印机	江西中景集团有限公司	一等奖	—	2001—2002
釉中彩高档日用瓷规模化生产工艺研究	陶瓷股份有限公司	二等奖	—	2001—2002
CKTI/35/350 型固定陶瓷真空电容器	江西万平电子有限公司	二等奖	—	2001—2002
钛酸铝——堇青石质大规格蜂窝陶瓷	景德镇陶瓷学院	一等奖	周健儿、汪永清、陈虎、王德林、冯青、顾幸勇、马光华	2005
直升机工装数字化测量技术的应用与研究	昌河飞机工业(集团)有限公司	二等奖	梁武根、郭昌森、徐大森、徐剑波、李保健、周锦坤、范援非	2005
陶瓷产品 CAD 集成系统	景德镇陶瓷学院、省火炬高新技术发展总公司	二等奖	章义来、周玖成、彭永康、董如春、张战成、陈树芳、余时瑞	2005
基于 VIN 条码的汽车生产管理系统	昌河飞机工业(集团)有限公司	二等奖	李小华、卢廷钧、杨力、杨莹、梅哲、廖琼、许松	2005
高级乳白中温瓷	景德镇陶瓷股份有限公司	二等奖	王新华、袁剑秋	2005
FDG－59 联动活门研制技术	昌河飞机工业(集团)有限公司	二等奖	毛才信、聂发兴、胡忠泼、程会祥、张鹏飞等	2005
非化学植物保护和综合栽培技术在无公害蔬菜生产中的应用与推广	市植保植检站、昌江区植保植检站、乐平市植保植检站、乐平市晓园蔬菜协会、浮梁县植保植检站	二等奖	余发根、徐国平、何寿斌、袁文清、余宏培、杜茶英、吴宝荣、程新田	2005
8KN、12KN、16KN 铁道棒形瓷绝缘子	景德镇南瓷绝缘子有限公司	一等奖	朱文浩、冉波、张正铜、刘少华、于春喜	2007
高纯氧化铌钽陶瓷坩埚	景德镇市科宏特种陶瓷有限公司	二等奖	袁勇、匡国珍、戴和平等	2007
注射成型制备高性能氧化锆基结构陶瓷制品	景德镇市新纪元精密陶瓷有限公司	二等奖	谢志鹏、曾兴华、邹滨、曾国华、胡俊	2007
精细陶瓷连续式燃气烧结炉	江西省陶研所海泰窑炉开发中心	二等奖	李猛、尹霞、余耀民等	2007
HYH 系列超轻型压缩机	华意压缩机股份有限公司	二等奖	吴景华、陈永安、黄冬平等	2007

续表 34－2－11

项目名称	获奖单位	获奖等级	完成人员	获奖年份
福瑞达乘用车开发	江西昌河汽车股份有限公司	二等奖	蔡速平、姚念军、何新贵等	2007
农林飞机抗坠毁试验技术研究	中国航空工业第602研究所	二等奖	赵翔、王翔、杨丛青等	2007
折叠作动筒组件加工工艺研究	昌河飞机工业(集团)有限公司	二等奖	戴秋华、丁云清、徐义平等	2007
冠状动脉PTCA及支架置入临床应用	景德镇市第一人民医院	二等奖	雷铭、刘志辉、聂增新、占亚平、熊福水等	2007
体外循环下人工瓣膜置换术	景德镇市第二人民医院	二等奖	王学民、王福荣、陈隆斌等	2007
放射介入子宫动脉栓塞术治疗子宫肌瘤临床应用	景德镇市第二人民医院	二等奖	周景俭、詹士华、刘霄妮等	2007
吻合器在消化道手术中的应用	景德镇市第三人民医院	二等奖	朱路光、孟伟文、吴兴春等	2007
国产药物涂层支架在冠心病介入治疗中的临床应用	景德镇市第一人民医院	二等奖	刘志辉、聂增新、文一平等	2007
航空大型复杂复合材料构件数字化工艺设计及整体成型制造	昌河飞机工业(集团)有限公司	一等奖	徐德明、陈正生、汪心文、江跃、周阳富等	2010
精益制造信息系统开发与应用	昌河飞机工业(集团)有限公司	二等奖	陈刚、程功明、张诚等	2010
JD4740F四开四色胶印机	江西中景集团有限公司	二等奖	徐有发、况小春、宁小平等	2010
辊道窑网络化控制系统的研发	景德镇陶瓷学院	二等奖	冯浩、汪结、曹利刚等	2010
K14B－A发动机	江西昌河汽车股份有限公司	二等奖	童政荣、石辉森、王虹宇等	2010
数字档案馆开发与应用	中国航空工业第602研究所	二等奖	叶静、陈华、江卓逞等	2010
焦炉炭化室压力与粗煤气传输系统综合控制	景德镇焦化工业集团有限责任公司、安徽工业大学	二等奖	蔡景章、周敏建、张世峰等	2010
低温日用细瓷研究与应用	景德镇陶瓷学院	二等奖	周健儿、胡青峰、冯青等	2010
一种新型隔热抗菌活化陶瓷器皿	江西省陶瓷研究所	二等奖	刘少平、尹霞、张君良等	2010
低温烧结新型电真空氧化铝陶瓷元件工业化大生产的研究	景德镇神飞特种陶瓷有限公司	二等奖	郑红卫、陈虎、罗民华等	2010
白花檵木繁育关键技术研究与应用	江西德宇集团	二等奖	刘浩元、李晓滨、詹周荣等	2010
低温等离子射频消融治疗肥大型鼻炎、扁桃体炎临床观察	景德镇市第二人民医院	二等奖	杨国华、高辉澄、江美娇等	2010

续表 34－2－11

项目名称	获奖单位	获奖等级	完成人员	获奖年份
数字减影全脑血管造影术在缺血性脑血管病中的应用	景德镇市第一人民医院	二等奖	曹铭华、张将、江顺福、吴明超等	2010
乌司他丁对危重患者脏器功能保护作用的研究	景德镇市第二人民医院	二等奖	吴犇、吴凡、朱建明、陈小琴、高燕、朱雯、万晓珍	2010
胆道术后自制双腔 T 型管引流胆汁回输的研究	景德镇市第一人民医院	二等奖	张将、周毅、余燕滨、叶旸、杜强、纪刚、张福庆	2010
急性前壁心肌梗死延迟 PCI 术后超声心动图对心功能的临床观察	景德镇市第一人民医院	二等奖	雷铭、刘志辉、文一平、占亚平、周乐琴、施国颖等	2010

成果转化

1986—2010 年，景德镇市从计划经济向市场经济转型过程中，逐步实施科技体制改革，全市科技成果不断涌现，成果转化进一步加快，培植了新的经济增长点。

土壤识别与优化施肥技术　由航空航天部直升机所和福建省农业科学研究院共同完成，通过把航空参数识别和结构优化设计的理论方法、计算机软硬件技术与农业土肥科学融为一体，根据土壤原有肥力情况和水稻生产对氮、磷、钾元素的依赖关系以及相互的影响，运用系统识别与优化的方法计算出当年生产所需氮、磷、钾肥的最佳投放比例和数量。

水稻薄露灌溉技术推广　项目获市科技进步一等奖。1997—2000 年，市水稻薄露灌溉技术推广工作领导小组组织实施“水稻薄露灌溉技术推广”项目，采取政府启动和市场驱动相结合，科技与经济部门协作，发挥农技推广队伍的作用，将薄露灌溉技术推广与“吨粮田”建设、旱床育秧、“化控”技术、优化施肥、综合病虫害防治等技术相结合，取得增产效果。4 年平均新增粮食 2290 万千克，增加收入 2410 万元。

调控稻田人工生物圈　由航空航天部第 602 所、福建省农业科学研究院共同研制，1992 年获科技部科技进步一等奖。主要根据主体农业的基本原理和物能、时空结构优化原则，通过改变稻田内部的物质循环，实现农业的持续发展。示范实验结果表明：与常见耕作方法相比，可少施化肥 50%～70%，少用农药 30%～50%，水稻增产，每亩还多养多收鲜鱼 250 千克以上。经过 3 年对大面积示范田的验收，1992 年平均亩产稻谷 1000 余千克、鲜鱼 507.5 千克。解决农业面临稻田污染、土壤退化、成本过高等问题，是农业生产领域一项突破，属世界领先水平。

瓷土废尘、废渣在陶瓷原料中的应用　项目由市陶瓷原料总厂承担，获国家“星火计划”三等奖、省“星火计划”一等奖。第一次在全国陶瓷行业中实施对废尘、废渣的综合利用。通过项目实施，市陶瓷原料总厂年新增产值 120 万元，新增利税 40 万元，每年减少 3000 吨废尘、废渣的环境污染，具有经济和社会效益。

PZ1740 四开单色平板胶印机　项目由市印刷包装机械有限公司开发研制，获市科技进步一等奖。是一种运用国际运行的 B 系列纸张的大四开胶印机，项目整机性能达到国内先进水平，主要技术参数在国内同类机型中处于领先地位，性能优良、自动化程度高。产品适应范围大、工作稳定可靠、操作方便，其套印的准确度和精密度达国内一流水平，具有良好的经济和社会效益。2000 年，市印刷包装机械有限公司凭借该项目技术获科技部授予全国 CAD（计算机辅助设计）示范企业称号，被评为江西省高新技术企业。

得雨活茶　项目由江西德宇集团研究，先后获市科技进步一等奖、省科技进步二等奖。1999 年，得雨活茶被江西省科学委员会认定为高新技术产品。2006 年“绿茶生物保鲜方法”被评为国家发明专利金奖。得雨活茶摒弃常用的化学、物理保鲜技术，根据微生物菌膜阻氧的基本原理，采用生物与物理相辅的保鲜方法，长时间（可长达 5 年以上）保持新茶特色的色、香、味，解决了绿茶长久保鲜问题，填补国内外茶叶保鲜的一项空白。保鲜的茶叶在反季节上市，提高绿茶的附加值，活跃茶叶市场，并通过“公司加茶农”半紧密型加工

经营方式增加茶农收入。

环保型纳米陶瓷粉体产业化及其推广应用 项目由陶瓷学院研制,获省科技进步三等奖。环保型纳米陶瓷粉包括纳米搞菌粉、远红外粉和光催化粉,具有抑菌、自洁和氧化降解有害物质以及活化水等功能。产品耐热温度达1300℃,用于陶瓷釉的红外线法向辐射率为0.90,抗菌率为99.90%,细菌发育阻止浓度MIC值ppm低,抗菌能力强,解决国内环保功能纳米陶瓷材料制造的技术瓶颈,并完成产业化,实现环保功能陶瓷材料及其应用产品的跨越式发展。产品先后在江西省景德镇市、兴国县,山东省淄博市,河北省唐山市以及广东省等产瓷区的8家企业大批量工业化生产,产品出口美国、日本和欧洲等地区。至2010年,产品累计销售收入达20亿元,实现利税3.80亿元,创汇2070万美元。

得雨红豆杉紫杉醇初提物 由江西德宇集团研制,2009年获江西省科技进步三等奖。主要以生物酶解法为基础,采用现代提取分离技术及设备,使有效成分相对集中,保留植物体中的基本活性物质。经上海中科院查新,其产品技术为国际先进水平。江西德宇集团采用该技术从南方红豆杉枝、叶中提取紫杉醇,提取率是国内其他品种的2~3倍,提取物中紫杉醇含量高达0.40‰。初提物紫杉醇含量不低于1.63%,且红豆杉植物初级生产量利用率高,各项目生物活性指标均高于国内其他的基地。超低温萃取率达到紫杉醇含量0.03‰(枝叶)和0.10‰(果实)。国内一般提取方法是从红豆杉树根、树皮中提取,而成果技术是按规程从枝叶中提取,真正实现可持续发展。至2010年,江西德宇集团建成两条中试生产线,投产后新增1600万元产值,新增利税620万元。

第五节 高新技术

政策支持

1994—2010年,景德镇市大力发展高新技术产业,鼓励和支持高新技术企业走从小到大、滚动发展,优化高新技术企业发展的政策环境。景德镇国家高新技术产业园区、景德镇陶瓷工业园区建立后,市委、市政府对两个高新产业园区实行优惠政策,在财税方面给予支持。在享受国家和省、市政府的优惠政策外,园区享有特殊优惠政策:对生产性外商投资企业,经营期在10年以上的,从开始获利的年度起,前2年免征企业所得税地方分成部分和地方部分所得税,第3年至第5年减半征收企业所得税地方部分所得税(简称"二免三减")。经有关部门认定为先进技术型的外商投资企业,在享受"二免三减"税收优惠后,仍为先进技术型企业的可以延长3年减半缴纳企业所得税地方分成部分。对投资额大、科技含量高、附加值高的项目,以及从沿海内迁景德镇市增加税源的生产加工企业,建成后3年内,企业上缴的增值税其地方享受部分采取先征收再拨补给企业。在工业园区内兴建的高科技、高附加值、高市场占有率、有利于培植财源的项目,经财政和园区行政主管部门对项目进行审查后给予贴息补助。工业园区内列入省级以上技术改造项目和科技开发项目的增值税地方分成部分予以先征后返。对经市科技行政部门认定的科技型企业,以第1年的纳税额为基数,3年内纳税比上年增长的地方留成部分的50%,由受益财政同级政府用于奖励该企业科技创新等。

2001年,景德镇市召开技术创新工作大会,制定《贯彻〈关于加强技术创新,发展高科技,实现产业化的决定〉的实施意见》,出台一系列关于加强技术创新工作的政策和优惠政策,对单位和个人从事技术转让、技术开发业务和与之相关的技术咨询、技术服务业务取得的收入,免征营业税;中央直属科研机构以及省、地(市)所属的科研机构转制后,至2003年内,免征企业所得税和科研开发自用土地的城镇土地使用税等。2007年,颁布《景德镇专利资助暂行办法》,对专利申请人给予资助。设立专利费资助专项资金,鼓励支持景德镇市范围内单位和个人申请专利,取得知识产权保护。2010年,景德镇市打造特色优势产业集群,加快创新体系构建,夯实技术创新基础。实施创新人才与引智工程,制定一系列的政策、办法和具体措施,为全市经济社会快速发展创造良好的环境和政策支撑。是年4月,景德镇市被科技部确定为国家创新型试点城市。

高新技术园区

1994—2010年,景德镇市把两个园区(景德镇国家高新技术产业园区、景德镇陶瓷工业园区)作为高新技术产业发展的龙头，作为技术创新和产业化的平台，以此带动全市经济快速发展。

景德镇国家高新技术产业园区　1994年10月，景德镇高新技术产业开发区创建，为全省首批省级高新技术产业开发区。园区由建成区和新区两部分组成。建成区位于东城区，面积约5万平方千米，东起白虎湾，西至省陶瓷研究所，南至南河602所，北至东二路。新区位于景德镇西城区城郊接合部，下辖吕蒙乡，辖区面积50平方千米。2002年，市政府同意新区规划控制用地范围约为31平方千米。2010年，按照"城市向西发展、工业向南聚集"的发展格局，高新区成为承载全市八大战略性新型产业的主战场。新区辖区面积50平方千米，工业规划面积30.85平方千米。11月29日，景德镇高新技术产业开发区升级为国家级高新技术开发区。是年，景德镇高新技术产业开发区投产工业企业有200余家，规模以上企业67家，基本形成以汽车零部件产业基地为龙头的汽摩配产业，以华意、密胜家电、美菱为代表的家电产业，以半导体新材料、威富尔新能源、石墨热场系统及石英坩埚为主导的光伏产业，以新昌南炼焦、立信药业为代表的医药化工产业。

景德镇陶瓷工业园区　进入21世纪后，景德镇市高新技术产业呈现快速发展的局面。2004年年初，市政府将浮梁工业园区整体划拨组建景德镇陶瓷工业园区，作为省部共建景德镇国家陶瓷科技城产业基地。10月，陶瓷工业园区正式全面开工建设。园区地处景德镇西北门户，辖区面积27.40平方千米，园区总体规划面积104平方千米。园区以陶瓷产业为主导，规划4个重点产业园，即高新技术陶瓷产业园、高档日用陶瓷和陈设艺术瓷产业园、精品建卫陶瓷产业园、LED产业园。园区管委会为市政府派出机构，参照公务员法管理的县级单位。2006年，省政府批准园区为省级开发区，省级特色工业园区。2008年5月，园区被批准为国家火炬计划陶瓷材料及制品产业基地。2010年，省政府批准园区陶瓷产业为省特色产业、重点扶持项目，园区为省级生态工业园、江西省陶瓷产业基地。累计入园陶瓷企业105家，其中有神飞特陶、同惠电子、正宇奈米、兴勤电子等高技术陶瓷企业25家，金意陶、乐华、特地等精品建卫陶瓷企业8家，法蓝瓷、望龙、隆祥、三雄、博大、吕艺、宝瓷林、广龙等高档日用瓷、艺术瓷及陶瓷相关配套企业72家。园区陶瓷产业门类齐全，产业配套能力增强，产业聚集效应明显，产业链完整。

高新技术企业

景德镇市高新技术企业起步于90年代。1995年，出台《景德镇市高新技术开发区高新技术企业认定条件和办法》。1997年，经省科委认定江西东风药厂股份有限公司、华意压缩机股份有限公司、景德镇瓷厂、江西景华电子有限公司、中国直升机设计研究所为江西第一批区外高新技术企业，全省第一批共有18家。1998年，经科委认定740厂为区外高新技术企业。2000年，培植高新技术企业，推动高新技术企业发展壮大，经科技部认定华意压缩机股份有限公司为国有重点高新技术企业；省科技厅认定897厂为省级区外高新技术企业。

2001年，大力培植高新技术企业，华意压缩机股份有限公司、景德镇瓷厂、江西德宇生物食品集团被认定为国家"火炬计划"重点高新技术企业和省级区外高新技术企业，占全省区外高新技术企业的16%，继续保持景德镇市区外高新技术企业数居全省前列的位置。2002年，经省科技厅认定江西化纤化工有限公司为区外高新技术企业，全市高新技术企业总数达10家。是年，江西德宇生物食品集团获"十五"第一批国家科技创新星火龙头企业称号，全国56家，江西仅此1家。2003年，全市高新技术企业初具规模，当年新增省级高新技术企业1家，经认定的省级高新技术企业总数达11家。2005年，江西省农产品生物保鲜工程技术研究中心落户景德镇市，填补景德镇空白。

2006年，全市有国家高新技术企业2家、省级高新技术企业15家。2007年，新增省级高新技术企业4家，全省高新技术企业总数达19家。2008年，全市有高新技术企业26家，其中国家高新技术企业6家、省级高新技术企业20家。2010年，江西昌河汽车有限公司、江西景航航空锻铸有限公司、江西天新药业有限公司被批准为2010年江西省第二批高新技术企业。是年，江西中景集团有限公司被江西省高新技术企业协会评为江西省优秀高新技术企业。

高新技术产业化

高新技术产业　90年代，景德镇市开展高新技术产品研究与开发工作。1999年，发展高新技术产业，用高新技术改造传统产品，在研发的"得雨活茶""AE1360Y无氟压缩机"等一批高新技术产品中，得雨活茶保鲜技术无形资产价值超亿元;“AE1360Y无氟压缩机”年产30万台,年产值达1.40亿元。2000年,华意压缩机股份有限公司研究开发介质为R600a的AE1360MH无氟压缩机,并形成产业化,仅半年时间,产品生产10万台,实现产值3200万元。

2001年,全市高科技产业总产值14亿元,占全市工业总产值的11%。2003年,全市高新技术产业化步伐加快,高新技术产业增加值占工业增加值的比重是27.62%,高新技术产业增加值占GDP的比重为14.40%,名列全省第一位。2004年,全市高科技产业总产值74.04亿元,高新技术产业增加值占GDP的比重11.69%。2008年,全市高科技产业总产值104.60亿元,高新技术产业增加值29.5亿元,高新技术产业增加值占GDP的比重为9.10%,名列全省第三位。2010年,全市高新技术产业增加值占GDP的比重为9.68%,高新技术产业增加值占规模以上工业增加值的比重为27.92%,均列全省第三位。

陶瓷产业　景德镇市是老工业城市,陶瓷产业比重大,技术创新能力和产业适应市场能力比较弱。90年代起,随着高新技术不断发展,景德镇利用高新技术和先进适用技术改造提升陶瓷等传统产业,以信息化带动工业化,把开发运用新材料、新工艺,具有共性、基础运用的电子信息技术以及先进制造技术推广应用作为传统产业改造升级的重要手段,提升企业创新能力和整体产业产品档次。

1993年,间歇窑开发成功并推广应用,不仅能够烧制大件的陶瓷产品,而且提升景德镇陶瓷产品的整体质量。1996年,市陶瓷行业开展技术改造,整合技改资金,组建景德镇陶瓷股份公司,其所属的景德镇瓷厂引进德国等静压生产线,技术达到国际先进水平。1998年,“陶瓷产品CAD集成系统”开发成功,构建ASP陶瓷信息化平台,成为全国陶瓷用户的公共平台。ASP陶瓷信息化平台利用信息技术进行陶瓷产品设计、产品缺陷分析、企业管理、产品供销等,提升陶瓷企业的创新能力和管理水平。

2001年,景德镇提出“大陶瓷”概念,大幅度提高陶瓷技术创新水平。“十五”期间,开展纳米技术、稀土元素、复相增韧技术在陶瓷中应用的研究,不断开发功能陶瓷、结构陶瓷新产品和新技术。同时,加快高新技术陶瓷产品的升级,支持、推动功能陶瓷、结构陶瓷产品规模化生产,促进高新技术陶瓷产业快速发展。2005年9月,景德镇陶瓷股份公司的“红叶”牌陶瓷成为全国著名商标,产品成为国家领导专供瓷、国家礼品瓷、上海APEC会议用瓷、新中国成立60周年纪念瓷。这些高科技含量项目的实施,提高了传统企业的技术水平和市场竞争力。2008年,“高性能低膨胀陶瓷材料及其产业化”的研究开发成功,克服了低膨胀陶瓷材料在产品开发过程中存在的缺陷,生产出大量高耐热陶瓷炊餐具、大规格蜂窝陶瓷、轻质筑炉耐火材料和高级低膨胀耐酸砖等,形成一批具有国际先进水平完整成熟的低膨胀陶瓷产品生产技术。高性能低膨胀陶瓷材料在国防安全、国民经济建设领域中有广泛的应用,促进了景德镇高新技术陶瓷产业的发展。

2009年,“环保型纳米陶瓷粉体产业化及其推广应用”技术开发成功,突破影响国内环保功能纳米陶瓷材料制造的技术瓶颈,实现产业化,促进国内环保功能陶瓷材料及其应用产品的跨越式发展。环保型纳米陶瓷粉体先后在江西省景德镇市、兴国县,山东省淄博市,河北省唐山市,广东省等产瓷区的8家企业大批量工业化生产,其产品出口美国、日本和欧洲等地区。2010年,陶瓷项目争取国家资金2973万元。其中,景德镇陶瓷股份公司的“节水技改”项目获国家发改委422万元资金支持;景德镇振兴陶瓷开发有限公司和鹏飞建陶有限公司的“陶瓷窑炉节能技术改造”项目分别获301万元、202万元资金支持;特地陶瓷的“高档日用陶瓷及高温硬质陶瓷材料产业化项目”获国家发改委480万元资金支持;神飞特陶的“冷等静压低温烧结新型电真空氧化铝陶瓷元件产业化”项目获国家发改委372万元资金支持;景德镇大川陶瓷有限公司“氧化钙陶瓷插芯精密注射成型用颗粒”、景德镇市新纪元精密陶瓷有限公司“新型透明陶瓷发光管的制备与中试”两个项目分别获得科技部中小企业创新基金70万元和90万元资金支持。

机械电子产业　1996年6月,华意压缩机股份有限公司开发数十种新产品,实力增强,成为景德镇市上市公司之一。1999年,公司承担“AE1390M无氟压缩机”科技项目,经过两年攻关,解决降低运行噪音、提高性能系数(C.O.P)等技术难题,提高产品的科技含量和市场竞争力。2000年,华意压缩机股份有限公司被科技部认定为国有重点高新技术企业,公司及其控股子公司产品占据国内市场20%以上。

2000年,景德镇市印刷包装机械有限公司改制后更名为江西中景集团有限公司,承担国家科技攻关计划、“火炬计划”,省高新重大产业化扶持资金等项目,公司四开系列胶印机的研制和生产能力跨入全国先进行列，产品实现人机对话。2008 年，中景集团有限公司年利税 5000 万元，产品形成四开两大系列(660 系列、740 系列)20 个品种，做到"两年更新、五年换代"，成为江西省首批、景德镇首家依照新办法进行认定的国家高新技术企业。公司开发的"PZ1740 四开单色自动平版胶印"项目，获省级科技进步二等奖、市级科技进步一等奖。是年 3 月，江西德乐信电子有限公司(前身为江西省国营胜利器材厂)通过技术创新，形成完整产业链，产品得到国内国际知名企业的认可，生产效益大幅度提高。

高新技术企业示范工程　1998—1999 年，昌河飞机工业(集团)有限公司承担的"昌河汽车并行工程"和"昌河直升机 CIMS 应用示范工程"项目被列入国家 863/CIMS 关键技术应用项目和国家 863/CIMS 应用示范项目，并通过国家级专家组的验收评审。其中"昌河直升机 CIMS 应用示范工程"项目获得国家 863/CIMS 主题项目中的最高评分，得到验收评审专家好评。昌河飞机工业(集团)有限公司被科技部授予全国 CAD 应用工程示范企业和国家 863/CIMS 应用示范企业称号。"昌河汽车并行工程"项目被国家 863/CIMS 主题评为优秀项目。"九五"期间，景德镇市制造业信息化企业有 6 家被授予江西省 CAD 应用示范企业，占江西省授权示范企业总数的 20%。2 家企业被科技部授予国家级 863/CIMS 应用示范企业、全国 CAD 应用工程示范企业，景德镇陶瓷学院成为全省 3 家地区级的 CAD 培训站之一。2002 年，景德镇市被省科技厅确定为第一批制造业信息化工程示范市。

2007 年，全市通过项目、资金、政策的支持引导，推动企业成为技术创新主体，支持企业开展技术创新，培育高新技术企业。2008 年，全市高新技术企业享受国家增值税由 25% 下调至 15% 的优惠政策。是年，景德镇市发展高新技术产业，构筑高新技术产业发展平台，被科技部批准为国家火炬计划陶瓷新材料及制品特色产业基地。2010 年，景德镇高新技术产业开发园区被国务院批准升级为国家高新技术产业开发区。4 月，景德镇市被科技部列为国家创新型试点城市。

制造业信息化工程　2001 年，建成陶瓷资源信息网，并设立全国主要陶瓷矿产原材料资源数据库。2002 年 5 月，景德镇陶瓷学院与江西省火炬高新技术发展总公司合作，共同开发"陶瓷产品 CAD 集成系统"，研究开发出的"陶瓷坯釉料配方 CAD 系统"和"陶瓷产品缺陷分析多媒体咨询系统"等多项陶瓷产品设计单元软件，作为景德镇市"九五"期间研发的具有自主知识产权的制造业信息化应用软件被列入国家 863/CIMS 单元目标产品项目。其中"陶瓷产品 CAD 集成系统"获国家版权局软件登记，被列入国家科技型中小企业创新基金项目。是年，市陶瓷企业实施制造业信息化工程，运用计算机设计技术进行陶瓷产品器型设计、花面设计，通过不断创新，取得明显的效益。2004 年，景德镇陶瓷学院承担的江西省科技计划项目"制造业信息化科技工程技术咨询服务和培训体系建设"通过验收。陶瓷学院形成完善的培训师资、设备与课程体系，并在景德镇高等专科学校建立校训点。是年，市科技情报研究所与陶瓷学院共同承担"制造业信息化培训基地建设"项目(江西省科技厅 2003 年的招标项目)，并依托制造业信息化培训基地开展信息化培训工作。全年举办 AcutoCAD 工程制图、办公软件等多种信息专业培训班，培训人员 300 人次。2005 年，推广应用制造业信息化技术，提高传统产业技术水平。江西玉风瓷厂、陶瓷股份公司等陶瓷企业运用"陶瓷产品 CAD 集成软件"设计新产品和新画面，新产品增加 60%，花面质量也有很大提高。当年，江西玉风瓷厂生产的玉风牌产品获国家免检产品、江西名牌产品等称号。全年在信息化软件、硬件和数字化设备技术方面，景德镇列入部以上科技攻关计划项目 12 项，取得研究成果 10 项，在国家版权局登记软件 2 个。

"十一五"期间，按照省科技厅的要求，景德镇市开展以"甩图纸"为标志的设计制造一体化、无纸化和以"甩账表"为标志的企业信息流、物流、资金流及经营管理业务集成应用的示范工程建设，并带动中小企业推广应用。建立以 ASP 为代表的制造业信息化公共服务平台，为中小企业提供网上产业链协作和共性技术资源服务，提升中小企业、骨干企业和集团企业的信息化水平。完善技术服务、人才培训等体系建设，逐步构建专业化、网络化、市场化的新型制造业信息化服务网络体系，促进制造业信息化可持续发展。2006 年，景德镇陶瓷学院承担江西省重大科技招标项目"面向陶瓷行业的 ASP 应用服务平台"建设。ASP 应用服务平台在为企业提供行业资讯、企业门户网站、企业管理系统、产品设计系统、电子商务等应用服务的基础上，也为陶瓷行业及其制造业企业提供信息化整体解决方案和专业化的技术支持，成为制造业信息化技术应用的咨询服务体系。当年，全市取得制造业信息化相关技术成果、技术专利、软件著作权和新产品等 37 项。其中技术成果11项,包括昌河飞机公司5项、昌河汽车有限公司2项、直升机所3项、景德镇陶瓷学院1项;专利11项,软件2项,开发的新产品13项。是年,景德镇市申报省级制造业信息化示范市,并通过省科技厅组织的专家验收。华意压缩机股份有限公司的变频压缩机研制和景德镇亮堂升降照明电器有限公司的新型电动式可升降照明电器研究2个项目被列入江西制造业信息化专项。2008年,昌河汽车有限公司公司自主研发完成整车设计、开发和试制工作,成功开发出昌河福瑞达单双排车,节约产品开发费百万元,当年5月上市销售,市场销售良好,企业年新增产值超过5亿元。2009年,昌河飞机公司、中国直升机研究所、江西中景集团和昌河汽车有限公司4家企业获省级制造业信息应用示范企业。在景德镇陶瓷股份有限公司、景德镇金意陶陶瓷有限公司、景德镇市焦化工业集团、江西中航光学设备有限公司进行推广应用,取得较好的经济效益。通过实施制造业信息化工程,全市示范推广应用企业新产品研发周期缩短30%以上,主导产品市场占有率提高10%以上。示范企业新增产值5亿元,相关产业实现产值10亿元。

农业实用技术研究与推广　1988年,直升机所与福建省农业科学研究院共同完成的"土壤识别与优化施肥技术"科技成果通过部级鉴定,获全国"星火计划"成果展览会金奖、国家发明奖、科技部科技进步一等奖;1991年又获中国专利优秀奖,被中国专利局列为向农业推荐首批推广的专利技术之一。该技术成果是科学施肥领域中的一项重大突破,具有国际领先水平。至1992年,在全国六省累计推广5000万亩,增产粮食生产20亿千克,创造纯效益12亿元。1992年,建立黄坛名贵中药材示范基地、美国王鸽饲养示范基地等3个省级"星火计划"示范基地以及东安水果示范基地、乐平蔬菜新品种引种示范基地,促进县(市、区)支柱产业的形成和县域经济的发展壮大。同时,生物制种技术、无性繁殖茶苗、无土栽培等技术的攻关,推动现代农业技术的发展。1998年,由市农科所高级农艺师雷明新等人,经过10年的艰苦努力,对国际优质稻Basmati进行改良,选育出水稻新品系——"景农5号"。4月18日,在江西省农作物品种审定会上,被育种专家全票通过,正式命名为"赣晚籼28号"。这是1949年以来景德镇市首次被审定通过的水稻品种。"赣晚籼28号"的成功培育和推广水稻二系、三系杂交制种等良种良法的应用,改善了景德镇水稻品种结构。是年,推进板鸡系列产品产业化和生物保鲜技术的开发,加快景德镇市农业产业化进程。

2000年,通过推广应用科技成果,全市农作物及畜、禽、水产优良品种覆盖率在90%以上。通过组织实施农业科技计划项目,新增产值1.5亿元,新增利税1千万元,带动3.44万户农民致富。2002年,江西德宇集团启动得雨活茶基地建设项目,建立以黄山山脉为主,包括安徽休宁县、婺源县等地在内的得雨活茶基地8000公顷,其中景德镇市4000公顷。当年,茶叶销售收入2.20亿元,利税4400万元,新增产值3500万元,新增利税680万元。基地建设带动广大茶农的增收,受益茶农约24万人,毛收入达1.44亿元。江西省德宇集团成为茶叶产业的龙头企业和公司加农户模式的典范。是年,江西省农产品生物保鲜工程技术研究中心依托江西省德宇集团落户景德镇,填补景德镇市没有农业工程技术研究中心的空白。2004年,江西德宇集团承担实施国家农业科技成果转化基金项目"生物法生产得雨活茶及其系列产品",解决茶叶的保鲜技术难题,使贮存两三年的绿茶始终保持新茶一样的鲜绿和清香。当年"得雨活茶"成为人民大会堂的国宴用茶。是年,德宇集团建立8000公顷有机茶生产基地,培训技术骨干1150人,生产"得雨活茶"90吨,销售收入3800万元,利税300万余元,带动茶叶基地25万人受益,毛收入达1.50亿元。

2005年,浮梁利民水稻研究所承担实施国家农业科技成果转化基金项目"高产优质杂交晚稻新组合'先农16号'高产、高效生产技术集成与示范",培育出早稻三系杂交新组合A906和A402两个适应性强、米质口感好的早稻新品种。2006年,组织申报国家、省级科技计划,其中乐平市优质高效蔬菜基地建设项目被列入国家科技富民强县专项行动计划,获得科技部支持的科技经费191万元。乐平市传统蔬菜产业通过富民强县项目的实施,引进新优品种,研发出乐平特色的种植技术模式,注册的"绿乐"商标成为江西省著名商标,产业规模再上新台阶。2007年,浮梁县利民水稻研究所承担的国家农业科技成果转化项目"'先农16号'高效生产技术集成与示范"通过省科技厅组织的验收。通过项目的实施,建立340公顷水稻高产示范区,辐射全省示范推广4万公顷,每公顷增1200千克,取得重大社会经济效益。是年,江西德宇集团承担的国家"星火计划"重点项目"生物保鲜技术在食用菌生产中的应用"为全市发展食用菌生产提供科技支撑。2008年,项目实施单位保鲜食用菌产品年产量达到260吨,新增产值884万元,新增利税197万元。是年,浮梁县申报的"优质茶生产技术集成示范与推广"项目获国家富民强县试点县专项行动计划立项,国家资助164万元。通过富民强县项目实施,培育一批科技示范户,有机茶生产、优质茶生产等实用技术的良种良法得到推广,农民科技致富能力增强。当年浮梁县利民种业有限公司申报的"高产高抗旱稻新品种杂合A402选育及推广"和乐平市金福农业开发有限公司申报的"乐平花猪杂交与推广"项目,经科技部批准,列入国家"星火计划";以浮梁县西湖茶叶协会为龙头组织实施的省级山江湖可持续发展示范基地建设项目"西湖茶区高山老茶园综合开发和治理"以及"当地名优茶选育及基地建设"项目,共完成高山老茶园开发治理13.3公顷,提高茶农收入,控制水土流失,改善生态环境。是年,杨石村60户茶农茶叶收入由2007年的4000元提升到9000元,有1/3以上的茶农茶叶收入突破万元大关。2008年,景德镇市获批第一个省级农业科技园"乐平生态农业科技园"。

2009年,以江西德宇集团为主要实施单位申报的国家科技支撑计划"白花檵木药用成分提取关键技术研发与示范"项目,争取到科技部立项,获得1100万元支持。当年乐平市江西好雨生态农业有限公司申报的"出口蔬菜安全生产过程控制技术试验示范"项目,获得国家农业科技成果转化资金计划项目立项,获资金支持50万元。通过实施该项目,熟化青花菜、黄瓜、甘蓝等出口蔬菜安全生产过程控制技术,引进棚内气象数字化监测系统,制定乐平市出口蔬菜生产技术规程,提高蔬菜生产的技术水平,带动农民致富。是年,江西中远投资集团有限公司申报的千名科技人员入企项目"蔬菜集约化育苗关键技术攻关"获科技部立项,获资金支持40万元,项目建立工厂化育苗中心1000平方米、育苗温室1.33公顷(包括占地面积2.50亩的控温、控湿、控二氧化碳智能温室1栋,占地面积17.50亩的连栋大棚)、果菜类蔬菜标准化示范种植基地1330公顷,辐射带动周边县市蔬菜标准化种植基地2万公顷。2010年,浮梁县新佳现代茶叶生态示范基地获得省科技厅的批准,是首批省级鄱阳湖6个生态农业示范基地之一。乐平市中远现代农业投资开发有限公司申报的乐平(中远)蔬菜科技园被批准为省级农业科技园。是年,浮梁县成为国家农业科技支撑计划"中部山区新农村信息化关键技术研究与应用"项目的信息化建设试点县,建立9个新农村信息化服务示范点,并利用现代先进信息技术培养出一批"土专家""田秀才"。

第六节　自然观测

气象观测与服务

设施建设　NOVELL局域网。1994年7月21日,市气象NOVELL局域网建成,乐平市气象远程终端建成运行,结束工作站单轨运行历史,实现气象资料、数值预报产品、卫星云图、省地预报指导产品、传真图、雷达回波图等资料的实时快速、准确传递,气象实时业务系统功能增强。

气象雷达

卫星综合应用业务系统。1997年10月,建成9210卫星综合应用业务系统。1998年1月1日投入业务运行,改变过去单一由邮电线路传输,资料传输速度加快,传输容量大。1999年,乐平市气象局建成PCVAST小型卫星单收站,并投入业务使用。

多普勒雷达。1998年6月16日,

启用罗家机场的多普勒天气雷达,每小时向市主要领导发布定点、定量、定时降水预报,提前12小时定性报出洪水进城的水位预报。2000年,罗家机场多普勒雷达资料的应用业务系统建成,在防汛抗洪气象服务、人工影响天气、气象联防协作等工作中发挥作用。

防灾通预警短信服务系统。2006年,市政府下发《关于景德镇市防灾减灾手机短信服务系统(防灾通)建设方案的通知》,依托电信、移动、联通3家通信运营商,建成灾害预警平台,由市气象局管理、发布,各级党政领导、防汛责任人、各灾害管理部门人员以及社会公众均能及时收到全市各涉灾部门的灾害预警信息,基本满足在5~10分钟之内预报强对流天气的预警时效。至12月,全市有25万用户订制防灾减灾手机短信,订制率超过38%。

气象灾害预警预报平台。2007年,市气象局应用新一代可视化、人机交互气象灾害预报预警平台,并完成Mi caps2.0应用本地化,建立市级(流域预报中心)综合业务平台,系统有资料查看、资料编发、预报会商、预报制作、流域预报等功能,基本涵盖预报服务的各个方面。通过组织开发暴雨、强对流、大雪、大雾等灾害性天气的预报方法,提高全市重大气象灾害预报的准确率和时效性,逐步实现对各种灾害性天气气候事件的实时动态诊断分析和预警预测。

区域自动气象站。2005年11月,开始建设景德镇市区域自动气象站。监测要素分别有单要素(雨量)、两要素(气温、雨量)、四要素(气温、雨量、风向、风速)和六要素(气温、雨量、风向、风速、湿度、气压)四类。2007年,全市建成中尺度加密自动气象站41个,实现所有乡镇均布有中尺度站,在城市关键位置、中型以上水库及高速公路沿线布有中尺度站,为开展乡镇预报提供精细化服务。至2010年年底,全市建成57个区域自动气象站,其中单要素站7个、两要素站19个、四要素站23个、六要素站8个。

气象观测　1986—2002年,市气象局每日按北京标准时03:00、06:00、09:00、12:00、14:00、18:00、21:00、24:00进行8次气压、气温、湿度和风向风速、云量云状、日照、降水、能见度以及日蒸发量、天气现象、地面状态、最低草温等项目的观测,每日02:00、08:00、14:00、20:00向汉口拍发4次天气绘图报。2002年9月1日,试运行自动气象站,12月31日20时正式进入业务运行。2003年年初,景德镇市在全省率先使用雷电监测定位系统,进行雷电观测;是年4月1日起,投入太阳紫外线测报的业务。2006年,新设国家酸雨观测站,7月1日进入试运行。2007年1月1日,酸雨观测业务正式运行,20日开始负离子观测和资料的实时传输。

气象预报　预报制作。80年代,天气预报工具为图、资、群结合,经过单站预报指标、数理统计方法、天气图、传真图、MOS预报等方法,制作天气预报。

1991年,建成计算机网络天气预报远程终端,摆脱"收听预报加看天"的天气预报模式。1998年1月,取消手工绘制天气图,天气图、卫星云图等图形图像信息采用计算机屏幕显示,逐步建立新天气预报业务流程。2003年,micaps2.0气象信息综合分析处理系统投入使用,为预报员提供业务预报的工作平台,帮助用户检索各种气象数据,显示各种气象数据的图形图像,对数据、图形进行编辑和输出。2008年3月,micaps3.0系统投入业务运行。5月10日起,灾情直报2.0系统正式投入业务运行,系统将各级气象台站实时灾情直报、决策服务信息、预警信号发布信息和灾情旬月报等上报业务集约在同一业务平台上。

预报发布。1986年,只发布天气预报。2000年,增加人体舒适度、穿衣指数、紫外线指数等生活指数预报。2003年6月起,市气象局、市人大环资委、市环保局联合发布空气污染指数预报。2004年,制定《景德镇市突发性气象灾害预警信息发布制度》,对外发布台风、暴雨、高温、寒潮、雷雨大风、大风、冰雹、雪灾、大雾、道路积冰等10种气象灾害蓝、黄、橙、红色四级预警信息。

预报种类。1986—2010年,按时效划分,有临近、短时、短期、中期、长期预报;按内容划分,有一般性天气预报和灾害性天气预报;按性质划分,有天气预报和天气警报;按服务对象划分,有公众预报,专业、专项预报与决策预报。

气象服务　人工影响天气。1986—1995年,景德镇市利用土火箭进行人工影响天气作业。1993年,人工影响天气增设三七高射炮1门。1996年,以高炮为主进行人工影响天气作业,主要应用于人工增雨。2000年11月18日,市气象局首次开展人工消减雨试验,保障瓷博会顺利召开。2001年夏季,采用火箭和高炮开展人工增雨作业。2002年7—8月,乐平配合市气象局用高炮开展人工增雨作业。2003年以后,由于高炮机动性能差、作业成本高等原因而停用。第一套、第二套标准化地面火箭作业系统相继投入使用,逐渐成为主要的人工影响天气作业工具。2003 年,在城区周边、乐平市、浮梁县等地实施增雨作业 34 次,发射增雨炮弹 299 枚、火箭弹 67 枚,支持防旱抗旱工作。

2005 年,开展以增加水库蓄水、缓解高温干旱等为目的的人工增雨作业 30 多次,发射火箭弹 CA 4 枚,取得较好的增雨效果。2006 年,市县两级人工增雨移动作业分队装备建设标准化,达到一辆车、一台火箭发射架、一套移动技术支撑系统、一部 GPS,并统一着装的"五个一"要求。2008 年,开展以净化城市环境为目的的人工增雨作业,开创人工增雨作业应用新领域。2009 年,人工增雨作业 41 次,发射增雨火箭弹 97 枚,有效缓解干旱灾害。2010 年,全市首次开展多地区联合人工增雨作业,并利用人影作业指挥系统准确定位,取得良好的作业效果。

决策服务。80 年代,由纸质《旬报》《月报》登载春播、汛期、寒露风等重要农事季节中长期预报,改用《气象信息与咨询》向地方党政领导、有关部门寄发。90 年代后期,重大天气预报服务采用《气象呈阅件》的书面形式直接呈送市委、市政府主要领导。针对转折性天气、重要农事季节、节假日天气、春运、高考、中考以及地方重大社会活动期间的决策服务,使用纸质《专题气象预报》。21 世纪后,以手机短信方式向地方党政领导、有关部门等传递气象信息,特别重大的灾害性天气警报、预报信息,通过电话报告或当面报告。

公众服务。1986 年,每天早晚两次通过景德镇市广播站向社会发布 1 ~ 3 天的天气预报。1987 年开始,《景德镇日报》每天刊登当日及次日的天气预报。1988 年,市气象局安装气象警报发射机,成立气象广播电台,通过给用户安装的警报接收机传递气象信息。1989 年 1 月 1 日起,景德镇电视台每晚发布景德镇地区及周边城市和风景旅游点 24 小时天气预报。1994 年 12 月 28 日,市有线电视台在有线 1 台和 3 台向公众分 4 个时次播出气象信息,17:00 预报由卫星云图动画显示和文字预报解说组成。是年,通过邮电局开通寻呼机发布天气预报服务。1995 年,提供中文群呼天气预报服务。是年,市政府建立局域网,可随时调看市气象台的天气预报资料。1998 年 1 月 1 日,开通"121"天气预报自动答询电话。

2000 年,对"121"系统进行更新换代,增加电话容量,开设人体舒适度预报、穿衣指数、城市气象服务 4 个分信箱。2004 年下半年,通过省气象局平台开通手机气象短信服务。2005 年 3 月 20 日,市气象局将县局的"12121"天气咨询业务整合在一起,与电信部门签署全市范围新的"12121"气象信息服务合作协议 ,全市"12121"天气咨询业务统一由市气象台制作发布,每天制作 4 次,并随天气变化进行订正,移动号段的拨打量较大,最高的一天为 3 万余次,月拨打量最高为 40 余万次。是年,市气象局与市电视台、市人民广播电台、报社及移动、联通、电信等相关单位签订突发性气象灾害预警插播协议,全年对外发布预警信息 21 次,其中有寒潮预警、暴雨预警、道路结冰预警、雪灾预警。

2006 年 6 月 5 日 15:30 分,市气象局首次发布最高等级的气象灾害"雷电红色预警信号",有关单位及时采取预防措施,未发生人员伤亡。是年,市气象局和市水文局联合在"12121"中发布水位信息,平时每天定时更新一次,防汛期间每小时更新实时信息。同时,开通实时闪电预报信息。2009 年,共对社会发布预警信息 120 次,涵盖暴雨、寒潮、大风、高温、雷电、大雾等灾害气象。全市逾 3000 万人次免费通过手机短信接收到气象灾害预警信息。另外,通过"12121"、电视天气预报、游走字幕、大屏幕电子显示屏等形式向社会公众发布预警信息。乐平市通过遍布农村的广播系统向广大农民发布气象灾害预警信息。2010 年,共对社会发布预警信息 140 次,全市逾 4000 万人次通过手机短信接收到气象灾害预警信息。

农业服务。80 年代,"农民热线"播出有关农业技术语音,安排农业气象专家 24 小时接听咨询电话。1993 年,乐平市、浮梁县及市郊乡(场)建立农用气象警报系统,覆盖率达 100%。2000 年 10 月,成立市农村经济信息中心,组建农村经济信息网业务平台,业务运行挂靠市气象台。2001—2005 年春播期间,市气象局派出农业气象人员实地了解春播进展情况,掌握春播动态。

2006 年春播期间,市气象局参与市科技局组织的送科技下乡活动,先后到鹅湖镇、鱼山镇、丽阳乡、荷塘乡等粮食主产区进行现场咨询;"农民热线"人员为全市农业技术人员培训班讲课,培训乡镇干部及农业技术人员 100 多人。在农经网上开通春耕备耕服务专栏,向有关农业科技人员及种养大户提供针对性强的气象服务。2007 年,组建农村气象灾害信息员队伍并建立气象信息员的管理制度。2009 年,全市农业合作社负责人的手机号码均纳入“防灾通”气象预警信息发布系统,第一时间向农业合作社负责人发送气象预警信息100余次。每旬发送旬预报,帮助掌握天气变化,安排农业生产。同时,利用新农村建设信息网,为农业合作社提供信息发布、技术咨询服务。2010年,各乡镇农村气象信息服务站相继挂牌。服务内容主要是产量预报(早稻、晚稻趋势预报和定量预报)、农气情报(定期预报春播、汛期、寒露风)及全年农气条件评述、农用天气旬报;不定期情报包括农业生产专题服务、农业气象灾害预报和警报、新农村建设网信息服务等工作。

防雷系列服务。1990年开始,市气象局开展防雷服务,主要与市劳动局联合在市区开展避雷针安全检测服务。1991年以后,在公安、消防部门的支持下,市气象局和乐平市气象局均开展避雷设施检测和避雷设施安装业务。2003年年初,防雷装置检测检验工作进入办证大厅,防雷系列服务成为市气象局科技服务的主要项目。2010年5月,逐步开展雷击风险评估工作。

应急服务。2006年,市政府办公室下发《景德镇市气象灾害应急预案》,该预案是全市突发公共灾害应急体系中的首个应急预案。市气象局成立突发性公共灾害应急气象服务指挥部,配备应急气象服务后备人员。5月8日,在市富祥药业有限公司盐酸泄漏事件中,应急气象服务得到应用。2008年6月,全市先后出现4次强降水过程。6月7日,市气象局启动Ⅲ级气象灾害应急响应,通过电视台游走字幕的形式发布暴雨预警信息。7—9日,通过向防汛责任人和社会公众发布暴雨预警信息4次,逾30万人收到预警信息。

水文观测

监测站　1986年,市水文局下辖虎山、渡峰坑、潭口、樟树坑、深渡、竹岭、荷塘、蛟潭8个水文站,35个基本雨量站,3个山洪水位站,18个山洪自动监测雨量站,16个水质站,1个地下水站,2个墒情站。1999年1月1日,蛟潭水文站停测。至2010年,全部观测站点实现水位、雨量自动测报,各水文站全部实现缆道测流。

乐平虎山水文站。属饶河水系乐安河,为大河控制站,国家重点水文站,位于乐平市鸬鹚乡石里村。主要测验降水、水位、流量、泥沙、蒸发、水温、岸温等项目,集水面积6374平方千米。至2010年,实测最高水位30.73米(1967年6月20日),最低水位19.53米(1978年9月5日);最大流量10100立方米/秒(1967年6月20日),最小流量4.80立方米/秒(1967年10月10日)。

景德镇渡峰坑水文(二)站。属饶河水系昌江,为大河控制站,国家重点水文站,位于景德镇市西郊垦殖场庄屋下村。主要测验降水、水位、流量、泥沙、蒸发、水温、岸温等项目,集水面积5013平方千米。至2010年,实测最高水位34.27米(1998年6月26日),最低水位20.83米(1978年8月23日);最大流量8600立方米/秒(1998年6月26日),最小流量1.28立方米/秒(1978年8月27日)。

景德镇潭口水文站。属饶河水系昌江,为区域代表站,位于浮梁县兴田乡潭口村。主要测验降水、水位、流量等项目,集水面积1760平方千米。至2010年,实测最高水位62.94米(1996年7月1日),最低水位49.36米(1959年10月26日);最大流量4990立方米/秒(1996年7月1日),最小流量0.33立方米/秒(1978年9月8日)。

景德镇樟树坑水文站。属饶河水系昌江,为大河站,国家重点水文站,位于浮梁县浮梁镇樟树坑村。主要测验降水、水位、流量等项目,集水面积3327平方千米。至2010年,实测最高水位42.53米(1998年6月26日),最低水位27.12米(2009年1月19日);最大流量5240立方米/秒(1959年4月11日),最小流量0.095立方米/秒(2006年10月29日)。

景德镇深渡水文站。属饶河水系东河,为区域代表站,位于浮梁县臧湾乡深渡村。主要测验降水、水位、流量等项目,集水面积464平方千米。至2010年,实测最高水位49.34米(1998年7月22日),最低水位43.18米(2010年12月8日);最大流量1320立方米/秒(1998年7月22日),最小流量0.13立方米/秒(1978年9月6日)。

景德镇竹岭水文站。属饶河水系马家水,为小河站,位于浮梁县臧湾乡竹岭村。主要测验降水、水位、流量等项目,集水面积20.1平方千米。至2010年,实测最高水位57.40米(1998年7月22日),最低水位54.21米(1986年10月15日);最大流量90.80立方米/秒(1998年7月22日),最小流量0.012立方米/秒(2007年11月17日)。

景德镇荷塘水文站。属饶河水系荷塘水,为小河站,位于昌江区荷塘乡路家岭村。主要测验降水、水位、流量等项目,集水面积16.30平方千米。至2010年,实测最高水位46.36米(2010年7月15日),最低水位43.38米(1978年8月30日);最大流量82.90立方米/秒(2010年7月15日),最小流量0.028立方米/秒(1991年10月12日)。

景德镇蛟潭水文站。属饶河水系建溪水,为小河站,位于浮梁县蛟潭村。主要测验降水、水位、流量等项目,集水面积115平方千米。实测最高水位48.26米(1990年7月2日),最低水位43.36米(1982年11月21日);最大流量403立方米/秒(1990年7月2日),最小流量0.04立方米/秒(1985年9月13日)。

监测项目　1986年,景德镇水文监测项目主要是降水量、水位、流量、泥沙、蒸发量、水温、岸温等。至2010年,监测项目主要是降水量、水位、流量、泥沙、泥沙颗粒分析、蒸发、水温、岸温、水质、墒情、地下水等。监测设施有吊船过河索、水文缆道(手动、电动)、木质测量船、铁壳测量船、测桥、绞车、铅鱼、水尺码头、标志索、浮标投放器、自计水位井,雨量、蒸发观测场,以及雨量、水位自动监测系统,自动测流系统等。

降水量观测。1986年,使用SJ1型虹吸式自记雨量计。1993年4月,使用DY1090A型遥测雨量计。2000年5月,开始使用JDZ05－1型雨量计等仪器设备自动进行降水量监测。

水位观测。1986年,使用SW－40型日记型水位计。1993年,使用HCJ－1型自记水位计。2000年,使用YCZ－2A－101型遥测水位计等自动进行水位监测仪器设备。

流量测验。测验设备经历手工操作、半机械化、机械化、电动化发展过程。渡峰坑水文站PC－1500微机用于缆道系统,使水文缆道实现自动测流取沙、数据采集存贮、成果计算和打印等功能。

泥沙和泥沙颗粒分析。使用粒径计法分析悬移质输沙率颗粒,使用筛法分析推移质颗粒,粒径较小时,则用粒径计法。

蒸发观测。采用改进后的E601型蒸发器,作为统一定型仪器,采用人工方法观测。

水质监测。1986年,监测昌江和乐安河位于景德镇段的所有检测项目。2010年,水质监测仪器设备主要有电光分析天平、分光光度计、酸度/离子计、电导率仪、表层水温计、玻璃温度计、电热手提式压力蒸汽灭菌器、数字显示测汞仪、电子天平、可见分光光度计、电热干燥箱、生化培养箱、电热恒温水浴锅、超级恒温器、离子沉淀器、恒温培养箱、生物显微镜等。采用人工方法观测。

地下水监测。2009年4月,在市水文局院内建立1处地下水观测站,5月1日开始进行地下水位、水温观测,采用遥测自动传输方法。

墒情监测。2004年,景德镇山田站由市防汛办建设,位于昌江区丽阳镇。采用遥测自动传输方法。

水文服务　传递。1986年,水文观测站采用手摇电话把水情电文发给县邮电局总机,然后由总机房转发给有关单位。1993年后,市水文局采用昌江流域水文自动测报系统,对全流域进行实时雨情水情传递,情报及时准确,预报时效加长。水雨情监测信息自动采集、自动传输。2001年5月,建成国家防汛指挥系统工程景德镇水情分中心示范区工程,水情报讯采用卫星通信、GSM、超短波和PSTN多种信道互为备份组成报讯通讯双保险。

预报。1986年,主要编制暴雨径流、水位相关法及单位线法进行预报作业。2000—2010年,采用数学模型和电子地理信息系统技术,实现预报自动化、智能化,提高洪水预见期和精度。防汛关键时期适时采用滚动预报。

发布。2000年,水雨情信息根据汛情,选择传真、电话、网络、会议会商,或编发“水情通报”、“水情雨情展望”、“重要水情信息”、手机短信等,向防汛指挥部门和服务对象发布。2002年,汛期开通“8121”“16888010”“16888011”水情信息查询电话,方便群众了解水情。2004年,通过手机短信发送水情情报,更快速地将水情信息运用到防汛决策。2005年,新建景德镇水情信息网页(http// :10.36.194.5/jdzwb),实现水情信息共享。2007年1月5日开始,市政府网站首页发布景德镇水情雨情信息,扩大水文信息社会共享范围。

水环境监测　1986年,有青塘渡口、吕蒙桥、渡峰坑、接渡、乐平县5个水质监测断面。1992年,开展江西省与安徽省界河断面潭口站的水质监测。2002年,开展景德镇市供水水源地水质监测。2002—2005年,市区监测点为洋湖水厂、观音阁水厂。2003年,在乐安河乐平市的对照断面乐平县浮桥调整为洎阳大桥水质监测断面,对浯溪口水库5个断面进行连续2天水质监测分析。2006年,增加黄泥头水厂监测点。2007年,为了解鱼山闸坝对昌江水质的影响程度和范围,在丰水期和枯水期分别对昌江上、中、下游进行水质监测。是年,增设乐安河戴村、镇桥、电化厂和昌江关山4个市界河流水质监测断面。2009年,景德镇市水质监测实行水功能区划。采用两级体系,一级水功能区分4类,二级功能区是在一级功能区中的开发利用区分7类。2010年,开展潭口、浮梁、渡峰坑和吕蒙等断面水质监测,昌江渡峰坑以上河段水质达Ⅱ类地表水标准,渡峰坑至吕蒙河段水质丰水期达Ⅲ类水地表水标准,枯水期达Ⅳ类水地表水标准,吕蒙至关山河段水质全年达Ⅲ类水地表水标准。是年,市水环境监测中心在全市范围内设16个水质监测站点,检测范围包括地表水、饮用水、地下水、污水等,同时承担市区地表水、地下水资源质量调查、评价、水资源论证,开展市供水水源地水质“旬报”监测。

水质分析　2000年,编制完成《景德镇市主要河流及重点水库水质水资源分析评价报告》。2002年7月开始,进行全市水资源质量评价,每季度制作1次浮梁大桥、渡峰坑、吕蒙桥、接渡大桥、洎阳桥监测断面水质监测成果表,每月制作1次界河潭口监测断面水质监测成果表,每旬制作1次供水水源地水质监测成果表。是年,开始编写《供水水源地结果报告表》。2008年2月起,每月编发1期《景德镇市水资源质量通报》,内容包括重点河段、供水水源地、界河水体的水质状况。2009年,开展全市26个排污口调查,编制《景德镇市重点入河排污口名录》;编制完成《景德镇市水域纳污能力及限制排污总量意见》。2010年,景德镇主要供水水源地洋湖水厂、观音阁水厂水质为Ⅰ类,黄泥头水厂为Ⅱ类,评价结果分别为优良和良好。

表34-2-12　**2010年景德镇市主要供水水源地水资源质量监测结果表**　单位:毫克/升

单一水源地名称	采样时间	采样位置	高锰酸盐指数	氨氮	亚硝酸盐	挥发性酚	pH
洋湖水厂	6月22日 9:25	Ⅰ	1.4	0.08	0.014	<0.002	7.6
		Ⅱ	2.1	0.08	0.014	<0.002	7.6
		Ⅲ	1.8	0.09	0.014	<0.002	7.6
观音阁水厂	6月22日 9:45	Ⅰ	1.7	0.09	0.014	<0.002	7.6
		Ⅱ	1.7	0.09	0.012	<0.002	7.6
		Ⅲ	1.5	0.09	0.013	<0.002	7.6
黄泥头水厂	6月22日 8:35	Ⅰ	2.7	0.10	0.016	<0.002	7.7
		Ⅱ	2.9	0.11	0.015	<0.002	7.7

表34-2-13　**2010年景德镇市水资源行政区纳污能力情况表**

水资源三级区	河流		湖泊			
	COD纳污能力(吨/年)	氨氮纳污能力(吨/年)	COD纳污能力(吨)	氨氮纳污能力(吨)	总磷纳污能力(吨)	总氮纳污能力(吨)
乐平市	32978.30	1168.40	500.90	19.70	0.98	8.75
浮梁县	12583.44	510.85	0.00	0.00	0.00	0.00
市　区	11979.60	554.18	41.60	2.05	0.10	1.03
总　计	57541.34	2233.43	542.50	21.75	1.08	9.78

表 34-2-14 2010 年景德镇市水资源行政区污染物入河(湖、库)限制排放量情况表

水资源三级区	河流		湖泊			
	COD 限制排放量(吨/年)	氨氮限制排放量(吨/年)	COD 限制排放量(吨)	氨氮限制排放量(吨)	总磷限制排放量(吨)	总氮限制排放量(吨)
乐平市	18460.40	673.41	500.87	5.53	0.46	12.12
浮梁县	5029.1	203.7	0.0	0.0	0.0	0.0
市　区	7252.7	438.3	41.6	2.05	0.10	1.03
景德镇市	30742.2	1315.41	542.47	7.58	0.56	13.15

防震减灾

地震监测 1986 年,在浮梁经公桥中学、峙滩中学、蛟潭中学、鹅湖中学和市一中设有地震群监测点。在市农业科学研究所、市水务局跃进水库设立两个宏观哨(站)。2004 年 7 月,景德镇市遥测地震台站监测房工程顺利完工。2007 年 6 月,与省地震网络数字信号连接,实现自动传输,同时设立地震监测设施保护标志,配备值班维护人员,维护周围环境和设施保护。

防震减灾宣传 1988 年,汤元芳在《华南地震》发表《浅谈土地电机制和土地电突跳与临震》论文,阐述对土地电机制的认识及如何利用其预测地震活动。该论文获景德镇市 1983—1987 年优秀学术论文一等奖。2006 年 7 月 28 日,江西省九江—瑞昌 5.7 级地震 1 周年之际,市科技局、市地震办开展以"关注地震灾害、提高防震意识、建设安全家园、构建和谐社会"为主题的防震减灾宣传教育活动。2010 年,在浮梁县开展"地震安全农居示范工程"宣传教育和示范工作。是年 5 月,在市人民广场和社区开展地震宣传日、宣传周活动。市地震办举办宣传《中华人民共和国防震减灾法》和《江西省防震减灾条例》大型防震减灾宣传活动,印发各种防震减灾科普知识宣传册、宣传单,邀请专家作现场答疑。现场展出各类宣传展板 150 块,设宣传橱窗 7 个,发放科普宣传册、宣传单 9000 余份,现场解答 2000 余人次。同时邀请省地震局专家到景德镇市中小学作地震科普知识专题报告会和防震减灾知识讲座。珠山区科技局以"防震减灾,从我做起"为主题,在景德镇发电厂居民社区开展防震减灾宣传活动;昌江区科技局以"增强防震减灾意识,提高防震减灾能力"为主题,在区政府大院门前开展宣传活动;乐平市科技局在中心广场开展防震减灾宣传咨询活动。

应急救援 2005 年,市政府设立地震应急指挥部,统一指挥协调抗震救灾工作。市财政每年安排防震减灾专项资金用于防震减灾工作。2006 年 12 月,制定《景德镇市地震应急预案》,对全市各县(市、区)防震减灾工作机构情况进行检查,加强防震减灾工作力量,设立防震减灾工作部门,承担各级防震减灾工作领导小组的日常工作。

第七节 管理机构

市科学技术局

1986 年,市科学技术委员会内设办公室、科技干部管理科、技术开发科、规划调研科、成果应用科,行政编制 29 人。2002 年 10 月,市科学技术委员会更名为市科学技术局,为市政府主管科技工作的行政部门,正县级建制。内设办公室、科技管理科、工业科、农村与社会发展科(市地震办)、专利管理科(市知识产权局)5 个科室。行政编制 16 人(其中纪检监察专项编制 2 人),事业编制 6 人(其中市知识产权局 3 人)。2003 年,市知识产权局成为市科技局的一个工作部门,内称专利管理科。2010 年 11 月,市科学技术局增设国际科技合作科,行政编制增加 1 人。

下属单位

市地震办公室 1983 年 11 月,挂靠市科委的市地震办公室撤销。2003 年 6 月,恢复防震减灾工作管理

机构,下设办公室,行政编制4~5人,归口市科技局管理。2005年,市政府设立地震应急指挥部,由分管副市长统一指挥协调防震减灾工作。2010年,市地震办公室成立防震减灾服务中心,与市科技开发服务中心合署办公,两块牌子、一套人马。

市技术市场开发中心　1985年7月,景德镇市技术贸易中心成立,为正科级差额拨款事业单位,编制7人。1991年12月,更名为景德镇市技术市场开发中心。

市知识产权局　1985年10月,市专利事务所成立,事业单位,科级建制,隶属市科委,挂靠市科技情报研究所。1990年6月,改为市科委直属管理。市专利事务所有专职专利管理干部1人,专职专利代理员2人、兼职专利代理员3人、企业专利工作者8人。2002年8月,市知识产权局成立,为副县级事业单位,定编3人。2003年,市知识产权局成为市科学技术局的一个工作部门(内称专利管理科)。

市科技开发服务中心　1986年,市技术开发服务公司为正科级差额拨款事业单位,编制13人。2010年12月,更名为景德镇市科学技术开发服务中心。

市特种陶瓷研究所　1986年6月,新型陶瓷材料实验所由市科技开发公司划出成立,隶属市科委,为正科级事业单位,实行企业管理。1991年12月,更名为景德镇市特种陶瓷研究所。2002年10月,整建制划归市瓷局管理。

市科学技术情报研究所　1988年4月,市科学技术情报研究所升为副县级事业单位,定编26人, 内设办公室、情报调研室、文献信息室、综合计划室、技术开发室。

市生产力促进中心　2002年10月,开始组建市生产力促进中心。2008年4月,设立市生产力促进中心,与市科学技术情报研究所合署办公,两块牌子、一套人马,隶属市科技局。下设企业促进部、科技交流部、网络信息培训部、专家论证部。

景德镇陶瓷产品设计中心　2008年,景德镇陶瓷产品设计中心成立,为副县级单位,与市科技情报研究所、市生产力促进中心合署办公,三块牌子、一套人马,是面向全市乃至全国陶瓷行业的创新设计、信息交流、人员培训的公共服务平台。至2010年,景德镇陶瓷产品设计中心建成陶瓷产品设计基地、陶瓷产品试制转化基地、陶瓷产品设计成果展示及推介基地、陶瓷产品设计中心网站。

县区科技局

乐平市科技局　前身是乐平县科学技术委员会。1986年,其工作重点是农业科技发展和农村科普活动。1992年9月,因撤县建市(县级市),改称乐平市科学技术委员会。2002年10月,更名为乐平市科技局,内设人事秘书股、综合计划股、科技管理股3个职能股室。行政编制8人,工勤事业编制1人。下设防震减灾局(副科级单位)、生产力促进中心2个事业单位。

浮梁县科技局　1984年,鹅湖区、蛟潭区科学技术委员会成立,负责农业科技发展和农村科普活动。1989年4月,因撤区复县,合并设立浮梁县科学技术委员会,定编8人。1990年12月,内设人事秘书科、计划财务科、成果应用科、调研科、星火计划办公室、科技情报室6个职能科室。1994年1月,浮梁县科学技术委员会、科学技术协会与县教育局、体委合并,组建浮梁县教育科技体育局,内设科技股负责科技工作。是年5月26日,撤销科技股,成立浮梁县科学技术办公室,设人秘股和综合股,职能独立,定编5人。1995年5月,恢复浮梁县科学技术委员会,内设人秘股、开发股、科技管理股、科学技术普及股,定编9人。1995年6月,县科协换届后,与县科委合署办公。2002年10月,浮梁县科学技术委员会更名为浮梁县科学技术局,内设秘书股、综合股,定编8人。

昌江区科技局　1984年6月,昌江区科学技术委员会成立,有干部职工3人,下属技术市场有干部职工6人。2002年,区科委、区教委、区体委合署成立区教育科技体育局。2007年,成立昌江区科学技术局,行政编制2人,内设办公室、农业社会发展科、市场信息科、知识产权局、生产力促进中心、科技服务中心。

珠山区科技局　1984年5月,珠山区科学技术委员会成立,有干部职工3人。2003年2月,更名为珠山区科学技术局 ,内设党政办公室、综合办公室、科技管理办公室、科技信息中心,行政编制3人。

高新技术开发区经济发展局　1994年成立,内设科技科、企业服务科、统计科,有干部职工10人,负责市高新技术开发区的科技管理等方面的工作。

陶瓷工业园区科技及社会事务管理局　2004年11月成立,行政编制6人,负责陶瓷园区的科技管理等方面的工作。

市气象局

1986年,称景德镇市气象台,设气象业务科、专业气象综合经营科、人秘科。1992年3月,市气象台改为市气象局,为正县级单位,原气象业务科改为气象台,专业气象综合经营科改为服务科,人秘科不变。1995年5月,增设综合经营科。1996年9月,成立气象广告公司。11月,成立人工影响天气办公室。

2002年4月,景德镇市气象局设综合管理科,直属事业单位为气象台、科技服务中心、防雷装置质量检测检验所。人员编制50人,其中管理人员12人、直属事业单位27人、县局11人。2005年4月,设综合管理科(人事科)、业务科技科(政策法规科、雷电防护管理局)。2007年5月,成立财务核算中心(直属事业单位)。2010年5月,市气象局内设局办公室(人事教育科、计划财务科、监察审计科)、业务科技科、政策法规科3个管理机构。下设市气象台(市环境预报中心、市农村经济信息中心、市气象科学研究所)、市气象科技服务中心、市防雷装置质量检测检验所、市气象局财务核算中心4个直属事业单位。人员编制53人,参照公务员法管理人员编制12人,直属事业单位编制27人,县(市)气象局编制14人。

1986年,乐平县气象站隶属市气象局。1990年5月28日改称气象局,为双重领导管理和双重计划财务体制的全民所有制的正科级事业单位,是国家二级气候观测站。1993年9月1日,省农业气象业务实施,乐平市气象局为二级农业气象观测站,观测项目为棉花、油菜。2000年10月,组建乐平市气象局。2007年6月,浮梁县气象局成立,编制6人。

市水文局

1986年,市水文站为省水利厅派驻机构,设人秘科、业务科,管理虎山水文站(乐平县)和荷塘水文站(昌江区)。1989年1月,市水文站定为相当于副处级的事业单位,编制48人,内设办公室、水情科、测资科、水质水资源科4个副科级机构;下设乐平虎山水文站、景德镇昌江水文勘测队2个正科级站(队)。1993年3月,更名为江西省水利厅景德镇市水文分局。1994年3月,增挂景德镇市水环境监测中心牌子。

2003年11月,编制调整为65人。2005年8月,更名为江西省景德镇市水文局。2006年6月,内设机构为办公室、水情科、水质水资源科、测资科、自动化科,下设昌江水文勘测队、乐平虎山水文站。2007年5月,经省水利厅、景德镇市政府批准,市水文局实行双重领导管理体制,增挂"景德镇市水文局"牌子。2008年3月,增设地下水监测科和组织人事科,为副科级内设机构,在地下水监测科增挂水资源科牌子。是年8月,省编委同意市水文局(市水环境监测中心)为江西省水文局管理的副处级全额拨款事业单位,设办公室、组织人事科、水情科、水质监测科、测资科、自动化科、地下水监测科(水资源科)7个副科级机构,设昌江水文勘测队、乐平虎山水文站,为正科级机构。7个水文站,人员编制65人。9月,参照公务员法管理。

防震减灾机构

2003年6月,市政府恢复防震减灾工作管理机构,下设市地震办公室,行政编制5人,归口市科委管理。2005年,市政府设立地震应急指挥部,由分管副市长统一指挥协调防震减灾工作。2010年,市地震办成立防震减灾服务中心,与市科技开发服务中心合署办公,两块牌子、一套人马。

第三十五篇　文　化

第一章　文化艺术

20世纪90年代,随着社会主义市场经济的发展,景德镇市文学艺术事业也在改革中发展。文学创作门类繁多,尤其是小说、诗歌、散文出现较多的中青年作者和作品;戏剧、歌舞、音乐、电视剧创作也出现一批反映景德镇陶瓷文化的高品质作品。至2010年,全市社会文化网络体系与图书管理网络体系形成,市图书馆被列为国家一级图书馆。文化市场日益兴起,一个以城市为中心、县城为依托并向乡镇辐射的多种类文化市场初步建立,不断满足广大群众对文化生活的需求。景德镇域内文化遗产丰富,有古文化遗址、古建筑、古街区、碑刻、石雕、匾额等,其中御窑遗址考古发掘被评为2003年全国十大考古新发现之一,高岭土矿遗址被评为首批国家矿山公园。同时,对外开放步伐不断加大,以传承弘扬陶瓷文化为主旨的文化交流活动日益增多,景德镇市各项文艺事业蓬勃发展。

第一节　文学艺术

文学

1986年6月1日,国内第一部反映瓷城风貌和生活的长篇小说《瓷魂》出版。至2010年,景德镇市文学形式主要有诗歌、散文、小说、报告文学、文学评论与专著等。文学创作主要有长篇小说《在地球上做客》《瓷都人》《真心英雄》等;散文、报告文学有散文集《心海沉浮》《莲塘听雨》《深水静流》,报告文学《瓷路》等;诗歌有诗集《知青岁月》《情缘》《夏天的梦》等;文学评论、专著有《耳目一新红河谷》《景德镇古今诗抄》《比较写作学》等。

表35-1-1　　**1986—2010年景德镇市部分文艺创作出版获奖一览表**

年份	作者	作品名称	出版社或奖项
1986	杨毅	《瓷魂》	长江文艺出版社
1990	姚飞熊	《中国瓷都景德镇》	江西省对外宣传一等奖
1990	武剑	《兔子忌长尾巴》《老虎与狐狸》《跳蚤》《狐狸行使审查权》	辽宁少儿出版社
1990	吴海云	《瓷都纵横》	中国华侨出版公司
1990	漆德三	《陶瓷纵横》	轻工业出版社
1990	郑鹏	《景德镇瓷艺纵观》	江西科学技术出版社
1990	程少波	《诗人·画家》	—
2003	余淑英	《蝶恋花·鼓浪》	第三届“新世纪之声”征文评选一等奖

续表 35－1－1

年份	作者	作品名称	出版社或奖项
2004	景德镇市委宣传部	《世界华人咏瓷都诗词大赛获奖作品集》——景德镇千年华诞专辑	作家出版社
2004	韩晓光	《景德镇古今诗抄》	作家出版社
2005	喻作云	《七律·天师府》	中华诗词学会　江西省诗词学会主办“龙虎山国际诗词联赛”三等奖
2006	华丽亚	《病了童年》	入选“江西二十世纪六七十年代出生作家作品联展”
2006	龚农民	《深水静流》	作家出版社
2006	韩晓光	《莹窗琐语》	远方出版社
2006	韩晓光	《心湖帆影》	作家出版社
2007	华丽亚	《瓦楞上的阳光》	入选省作协作品集《希望在山》
2007	徐金源	《庭院月色》	作家出版社
2007	景德镇诗词学会	《景德镇诗词》	北京图书馆出版社
2008	吴荃芝	《断云幽梦》	作家出版社
2010	张忠铭	《结缘陶瓷与诗文》	中国作家出版社,中国作家金秋笔会二等奖

戏剧

演出团体　市京剧团。位于珠山中路群英堂。1986 年,市京剧团内设秘书科、演出科,编制 65 人。2003 年 9 月,因群英堂剧场拆迁,团部搬至原市政府大院内。2007 年 4 月,由差额拨款事业单位改为全额拨款事业单位。2009 年,设有艺术科、演出科、办公室。编制 78 人,其中具有大专以上学历 8 人、中专学历 30 人、高中学历 28 人。有副高职称 12 人、中级职称 36 人、初级职称 30 人。2009 年 7 月,并入景德镇艺术剧院。

京剧票友协会。1992 年 1 月 24 日,市京剧票友协会成立,会员 20 人。下设同乐社、九九九票社、莲社路社区、方家弄票社等多个活动票社。当日,在市群艺馆小剧场举行首场迎春演出。2004 年 4 月 11—17 日,举行第二届中华京剧票友艺术节。来自新加坡和北京、上海、内蒙古、河北、江西、广东、湖北、安徽、新疆、河南、贵州以及景德镇的海内外 280 余名京剧票友,7 天内演出 13 场,共献上《野猪林》《追韩信》《谢瑶环》《空城计》《锁麟囊》《智取威虎山》《沙家浜》《红灯记》等 200 余个传统、现代剧目。2010 年,票友协会有会员 80 余人。

市赣剧团。1986 年,景德镇市赣剧团在编 67 人。1988 年 11 月,在艺术表演团体体制改革中,被撤销。

景德镇学区京剧班。1996 年 9 月 18 日,江西省文艺学校景德镇学区京剧班开学。共招收学员 34 人,年龄最小的 11 岁,最大的 14 岁。2001 年 10 月 26 日,学员全部毕业。此后,未再举办。

乐平赣剧团。1986 年,全团演职员工 108 人。至 2000 年,演职员工 95 人,其中高级职称 3 人,中级职称 15 人。创作、改编、移植剧目 100 多个,其中保留剧目 40 多个,折子戏 30 多个。2003 年 7 月,乐平市赣剧团成立景德镇市黄梅戏剧团。2005 年,首次制作发行戏剧音像出版物。是年,获全国文化工作先进集体称号。2010 年,按照成立以来送戏下乡传统,当年下乡演出 400 场。

演出场所　群英堂剧场。位于景德镇市珠山中路 10 号,剧场面积 2469 平方米,由前厅(4 层)、观众厅、观众楼厅、休息室、舞台、后楼(3 层)组成。观众厅(含观众楼厅)可容纳观众座位 1324 位。舞台为镜框式,台口宽 14 米,高 7 米;舞台深度 18 米,舞台空间高 15 米,两侧各有一个 67.50 平方米的附台;台口设有 24.80平方米的乐池。舞台上部建有天桥,装置吊杆 4 道,装备大幕、二道幕、天幕等;舞台两侧建有灯光楼,装有面光与耳光。后楼一楼设有化妆间、服装间等,各约30平方米。剧场除供演出、开会外,还先后成为市京剧团、市文工团、市歌舞团的驻地和排练场地。2003年9月,群英堂剧场因城区改造被拆除。

大众剧场。位于景德镇市斗富弄路82号,1997年12月拆倒重建。新建的大众剧场由前厅(3层)、楼梯间、观众厅、观众楼厅、舞台、演员化妆室、放映室组成,以钢筋水泥建造。前厅占地约200平方米,观众厅占地约650平方米,内设观众席位1100位。舞台台口宽10.34米,高9.60米,为镜框式;舞台深度10.60米,舞台空间高10米左右,上、下场门附台各34.20平方米。舞台占地240平方米,台后设有化妆室,占地约30平方米。舞台上部建有天桥,装置吊杆四道,装备大幕、二道幕、天幕,台两侧建有灯光楼,装有面部与耳光。剧场电器功率60千瓦。

市政府礼堂(御窑剧场)。位于景德镇市珠山中路原市政府大院内,占地面积约为1500平方米。观众厅约440平方米,有696个座位,另有楼座约200个。舞台离地高1.35米,进深8米,台口呈镜框式,宽12米,高约7米。台口两侧设有灯光楼。舞台面积约250平方米,高达9米。两侧设有附台,并设有休息室、化妆室。礼堂除供开会之用外,还经常作为举办文艺晚会和接待剧团演出之用。2003年,市政府办公楼搬迁后,礼堂划给市文化局做剧场使用,改名为御窑剧场。2006年6月8日凌晨,因电路老化引起火灾将剧场烧毁。

群众文化活动中心剧场。位于景德镇市昌南大道98号市群众文化活动中心院内,2006年始建。剧场坐东朝西,建筑面积约为7300平方米,剧场主要分为东西两区,东区为办公区域,共分为3层,面积约2400平方米;西区为剧场,在南西北面共有6扇门可进出剧场。剧场观众厅分为上下2层,共有观众席位1054座,一层有812座,二层有242座。舞台离地高1.40米,进深17米,台口呈镜框式,宽16米,高约8米;台前有乐池呈扇形,深2米,宽3.20米。舞台共有自动升降吊杆25杆,灯光200余个,环绕立体声音响及大型胶片电影放映机2台。舞台面积约270平方米,高约20米。两侧设有附台共210平方米,并设有休息室、化妆室。主要承接全市大型会议、演出、电影放映等。

戏剧创作　1986年,吴国珊、王新翔创作的京剧《北魏魂》获首届江西"玉茗花"戏剧节剧目二等奖。1992年,市艺研所创作、市京剧团演出的京剧《风雨督陶路》,获第三届江西"玉茗花"戏剧节剧目一等奖。1999年,京剧《景德镇》获第五届江西"玉茗花"戏剧节剧目二等奖。2001年,甘华创作的大型话剧《铁警忠魂》,演出36场。2008年,吴国珊创作的大型话剧《好人陈伟进》参加市委宣传部组织的汇演,获优秀奖。2009年,谢慎修创作的戏曲《水点桃花》,获第八届江西"玉茗花"戏剧节剧目二等奖。2010年,文化局组织创作采茶戏《阳光每天都新鲜》。

表35-1-2　　1986—2010年景德镇市部分戏剧创作演出剧目一览表

年份	剧种	剧目	作者	演出单位或个人	获奖情况
1986	小戏曲	《嘭嚓嚓》	甘华	—	获上海戏剧学院学员习作二等奖
1986	儿童剧	《渔夫和金鱼的故事》	甘华	—	获全省幼儿文艺会演一等奖
1986	京剧	《北魏魂》	吴国珊、王新翔	—	获第一届江西"玉茗花"戏剧节演出二等奖、剧本创作二等奖、导演三等奖、音乐二等奖、布景设计奖、服装设计奖
1988	—	《押送启示录》	汪宗林	—	获全市剧本征集评选获二等奖
1988	—	《番君吴芮》	江元龙、姚飞熊	—	获全市剧本征集评选获二等奖
1989	—	《女囚》	汪宗林	—	获第二届省"玉茗花"戏剧节创作演出舞美、音乐等13项奖
1989	小品	《麦子》	甘华	—	获全国安全文艺会演一等奖
1990	小戏曲	《采访》	甘华	—	获市政府优秀作品奖

续表 35－1－2

年份	剧种	剧目	作者	演出单位或个人	获奖情况
1991	—	《这就是生活》	谢慎修	—	获全省优秀剧本征集获提名
1991	小品	《中秋月儿圆》	甘华	—	获全国安全文艺会演一等奖
1992	京剧	《风雨督陶路》	市艺研所：江元龙、汪宗林、谢慎修等	市京剧团	获第三届省“玉茗花”戏剧节14项16个奖项（含导演一等奖、作曲一等奖、主演一等奖）；1996年获省政府文艺创作奖
1993	—	《瓷都风情》	市歌舞团	市歌舞团	江西音乐舞蹈艺术节获19个奖项
1995	历史京剧	《秋风颂》	市京剧团	市京剧团	获第四届省“玉茗花”戏剧节剧本、导演、舞美、演出等10项奖
1995	—	《秋风赋》	李小农	—	获第四届省“玉茗花”戏剧节剧本创作二等奖；1996年获省政府优秀文艺创作奖
1995	—	《雨夜》	谢慎修	—	获首届景德镇市戏剧小品大赛戏剧小品创作一等奖
1995	小话剧	《探亲》	甘华	—	获南京军区会演一等奖
1996	京剧	《景德镇》	江元龙原创	市京剧团	1996年获市剧目评选二等奖；第四届省“玉茗花”戏剧节三等奖；省《影剧新作》发表
1998	独幕话剧	《探亲》	—	—	获南京军区空军文艺汇演一等奖
1999	小话剧	《烟草风波》	甘华	—	获省烟草系统文艺汇演二等奖
1999	京剧	《景德镇》	—	—	获第五届省“玉茗花”戏剧节剧目二等奖，剧本创作三等奖，音乐创作二等奖，张建强和张耀鸿、陈丽分获表演一等奖和二等奖
2001	大型话剧	《铁警忠魂》	甘华	演出36场	—
2003	小话剧	《拜年》	甘华	—	获全省煤矿系统会演二等奖
2004	—	《追排》	李小农	—	获江西省“三个一”工程文艺会演小戏小品类创作奖
2004	—	《热土》	谢慎修、汪宗林	央视六套播出	—
2005	大型话剧	《青山情》	吴国珊	演出十余场	—
2006	—	《瓷都先锋赞》	谢慎修	全市主题文艺晚会公演	—
2008	大型话剧	《好人陈伟进》	吴国珊	—	参加市委宣传部组织的会演获优秀奖
2009	京剧	《水点桃花》	谢慎修	—	获第23届田汉戏剧奖剧本二等奖；第八届省“玉茗花”戏剧节特别剧目奖，创作、导演、舞台美术设计二等奖，灯光设计、绘景制景奖，表演一等奖、二等奖；首届省繁荣工程优秀剧本扶持奖、省第四届艺术节特别演出奖等
2009	戏曲	《烈日秋霜》	—	乐平市赣剧团	获第八届省“玉茗花”戏剧节优秀剧目奖，创作、音乐二等奖

电影　电视

发行放映单位　市电影公司。位于珠山区莲花塘,后迁至市人民电影院5楼。1986年,设有办公室、电影发行放映科、计划财务科、发行放映宣传科、器材供应科、技术科、保卫科等职能科室,在编职工96人。其中大专以上学历18人、中专学历的53人、高中学历25人;有副高职称2人、中级职称14人、初级职称14人。2010年,在编职工89人,其中副高职称2人、中级职称10人、初级职称19人。

人民电影院。位于珠山区中山北路30号。1986年,观众席位1100个。1991年,再次进行改建,观众席位760个。2003年10月,停止放映电影。

已经停业的红卫电影院

红卫电影院。位于景德镇市中山南路。1986年,观众席位1050个,放映机35毫米。1991年,停止放映电影。

东郊电影院。位于珠山区珠山东路。1986年,观众席位1114个,放映机35毫米。2003年11月,停止放映电影。

光明电影院。位于珠山区珠山东路125号(休闲广场北侧)。1979年新建,观众席位1550个,放映机35毫米。2006年,拆倒重建。2011年11月11日开映。影院面积2326平方米,影厅数4个(其中3D厅数2个),座位数510个。

嘉禾电影院。位于景德镇市广场南路。2009年11月开业。影院面积2600平方米,影厅数6个(其中3D厅数3个),座位数864个。

其他放映场所。市群英堂除承担演出任务外,也放映电影。1994年4月28日,群英堂剧场与香港华兴实业公司联合,首次引进美国低音大炮筒电影。县区文化馆设放映队,在县(乡)文化馆(站)放映,到自然村巡回露天放映。

影视创作　专业剧组。1986年,丁慈良、马鲁剑、米年丰集体创作,市电视台编导录制并播放的第一部电视剧《理解万岁》,于1987年4月25日制作完成,在西安市举行的第五届大众电视金鹰奖授奖大会上,获优秀单本剧奖。为江西省第一次获"金鹰奖"。1988年,王新翔、陈赞梁原创,董晓弟、东方改编,市文化局、广电局联合录制的电视剧《酒烧心》,获全国戏剧电视剧"金三角杯"三等奖。1991年9月4日,由景德镇电视台、福建电视台和九江市话剧团联合摄制的三集电视连续剧《督陶官唐英》,10月11日在景德镇电视台首次播出,作为"第三届中国瓷都——景德镇国际陶瓷节"的献礼片。2004年6月,赵本夫编剧,平江锁金导演,赵雅芝、斯琴高娃、刘卫华等主演的25集电视剧《青花》在景德镇实景拍摄,通过赞美景德镇悠久灿烂的陶瓷文化,揭示瓷业史上的人间真情,2005年7月9日在北京电视台首播。2004年9月,李云良编剧,桑华导演,李若彤、杨子、吴晓敏主演的电影《青花》在景德镇实景开拍,2005年4月在全国公映。12月25日,吴国珊、曹达富创作的儿童电视剧《小院》在景德镇开拍,电视剧以市第二中学学雷锋小组事迹为原形而创作的首部儿童电视剧,通过独特的瓷都风情、生动曲折的剧情和热烈的少儿激情展示新世纪少年儿童的高尚情操。2008年10月19日,卢建中、熊诚编剧,吴子牛总导演,伊能静、夏雨、黄梅莹、赵文瑄、宁静、刘德凯主演的26集电视连续剧《大瓷商》在景德镇开拍。2009年12月在央视八套黄金档开播。2010年10月,竟成镇农民影视中心周元强执导的电视剧《妈妈您在哪》,获首届中国西安国际影像节二等奖。同年,吴国珊创作、成志超导演的电视剧《天生无才也有用》,在浙江横店影视城开拍。至2010年,全市共创作与拍摄电视、电影76部,其中竟成镇农民影视中心创作拍摄65部。

农民影视剧制作中心。1990年,周元强被文化部评为全国先进文化站长。1992年,昌江区竟成镇文化站站长周元强,带领农民自筹资金,自编自导自演自拍电视剧《里村星火》,为全市第一部农民自拍电视剧。2005年,竟成文化站被中共中央宣传部、文化部、广电总局、新闻出版总署授予全国服务农民服务基层文化建设先进集体称号。是年，周元强被人事部、文化部授予全国文化系统先进工作者称号，被评为全国十大时代新闻人物。2007年4月29日，国家广电总局批准成立全国首个农民影视剧制作中心——竟成镇文化站农民影视剧制作中心。是年6月24日，《人民日报》头版刊登竟成文化站的事迹，文章用“开机”“首播”“圆梦”三个小标题报道竟成镇文化站站长周元强15年拍剧历程及其成就。2008年，周元强被省委宣传部、省文明办评为江西省十大井冈之子。至2010年，共拍摄各类题材的电影和电视剧65部136集。电视剧《妈妈您在哪》《快乐乡村》分别获第一、二届中国西安国际影像节二等奖，电视剧《知青岁月》获第二届中国西安国际影像节三等奖，《幸福家庭行动》获第二届全国新农村电视艺术节好作品奖、全国优秀电视节目二等奖，电视剧《正骨柔情》获第三届全国新农村电视艺术节好作品奖。

表35-1-3　　　　1986—2010年景德镇市部分影视作品一览表

年份	作品名称	作者	演出单位	获奖情况
1986	《理解万岁》	丁慈良、马鲁剑、米年丰	景德镇电视台录制并播放	获全国第五届大众电视金鹰奖
1986	《同龄女友》	胡康戎、戴崇安改编	广西电影制片厂拍摄	—
1987	《沉醉》	江元龙（主笔）	省电视台首放，深圳、澳门等地播出	获全国播映荣誉奖；市文联等评三等奖
1988	《龙床恨》	胡仲愚、胡康戎	珠海电视台录制	—
1988	《酒烧心》	王新翔、陈赞梁原作，董晓弟、东方改编	景德镇市文化局、景德镇市广播电视局联合录制	获全国戏曲电视剧《金三角杯》三等奖
1988	《荧屏后的魔爪》	周丹亚	江苏影像出版社摄制发行	—
1988	《追踪黑杀手》	吴国珊	湖北电视剧制作中心、扬子江音像出版社摄制发行	—
1989	《沉醉》	江元龙、何明炎	江西电视艺术制作公司录制	—
1991	《霜重枫叶红》	汪宗林	中央电视台	获电视金鹰奖提名；1992年获全国戏曲电视剧进取奖
2004	《热土》	谢慎修、汪宗林	2004年由江西影视家协会、景德镇市委宣传部联合拍摄，央视六套播出	—
2005	《小院》	曹达富、吴国珊	由江西省电视台拍摄并播出	—
2005	《爱的奉献》	谢红	《影剧新作》（2005.3期）	—
2008	《邻居是个宝》	吴国珊	景德镇电视台播出	—
2008	《妈妈您在哪》	吴国珊	景德镇电视台播出	2010年获首届中国西安国际影像节二等奖
2009	《乔迁之喜》	吴国珊（并出任导演）	景德镇电视台播出	—
2010	《天生无才也有用》	吴国珊	在《东南卫视》等4个卫视频道及《东方电影》等8个地面频道播出	获2010年度东方电影频道收视率排行榜第一名
2010	《正骨柔情》	吴国珊	景德镇竟成影视剧制作中心	获全国第三届新农村电视艺术节好作品奖
2010	《投资风波》	吴国珊	景德镇电视台播出	—

舞蹈　音乐

演出单位　市歌舞团。团部设在群英堂院内，1986年，内设办公室、演出科、艺术科，全团在编人员68

人。2007年4月,由差额拨款事业单位改为全额拨款事业单位。2009年7月,并入景德镇艺术剧院。

市瓷乐团。1991年,创制瓷编磬。1998年,创制瓷编钟、瓷二胡、瓷管钟、瓷笛、瓷箫、瓷鼓系列。1999年成立歌舞团瓷乐队。2001年11月,市瓷乐团成立,与市歌舞团一个机构,两块牌子。2007年4月,市瓷乐团从市歌舞团单列出来,为市文化局下属正科级自收自支事业单位。团部设在景德镇市古窑民俗博览区,内设行政办公室、演出科、演员管理中心。在编人员24人。2009年7月,并入景德镇艺术剧院。

景德镇艺术剧院。2009年7月,由景德镇市歌舞团、景德镇市京剧团、景德镇市瓷乐团合并成立,为文化局下属副县级全额拨款事业单位。对外保留市歌舞团、市京剧团、市瓷乐团牌子。内设办公室、艺术创作中心、营销中心、演艺中心、舞美工程中心、演职人员培训中心,均为副科级。编制193人(其中全额拨款事业编制157人,市瓷乐团自收自支事业编制36人)。院部设在景德镇群众文化活动中心。2010年,在编166人,其中副高职称12人、中级职称40人、初级职称53人。

舞蹈创作　1986年,桂莲花创作的舞蹈《我们相聚在树林里》获江西省首届聋哑人调演优秀节目二等奖。1988年6月,市群艺馆在瑶里乡谢家村和兴田乡潭口村分别发现民间灯舞《青狮白象灯》《珍珠灯》,后编入《中国民间舞蹈集成·江西卷》。1991年,市歌舞团创作的舞蹈《青花舞》获江西省音乐舞蹈艺术节一等奖。是年,毛玉荣创作的舞蹈《瓷娃娃》获江西省少儿艺术节一等奖。市歌舞团创作演出的《青花舞》入选华东七家电视台举办的春节文艺晚会。1996年,桂莲花创作的群舞《瓷妹子》获江西省第二届音乐舞蹈艺术节调演创作、表演三等奖。2002年,金小平、胡玲创作表演的舞蹈《昌江潮》获江西省第三届音乐舞蹈艺术节创作表演一等奖。2003年,胡伟华创作的舞蹈《欢天喜地》获江西省第二届中小学生、幼儿艺术节一等奖。2005年,邓欢、侯文娟、吴婵娟等表演的大型舞蹈诗《瓷都风情》之“粉彩舞”获江西省第六届音乐舞蹈艺术节表演一等奖。2009年,章静、李芳创作的舞蹈《昌江之梦》,杜琴创作的舞蹈《青花叠翠》,获江西省第七届音乐舞蹈艺术节创作二等奖。毛玉荣等创作的舞蹈《瓷花朵朵开》获江西省第九届少儿艺术节一等奖。2010年,舞蹈《好一片艳阳天》获江西省首届农民文艺会演二等奖。

景德镇陶瓷博览区瓷乐表演

表35-1-4　　1986—2010年景德镇市舞蹈创作演出部分剧目一览表

年份	作品名称	作者	演出单位或个人	获奖情况
1986	《我们相聚在树林里》	桂莲花	—	江西省首届聋哑人调演优秀节目二等奖
1996	《瓷妹子》	桂莲花	—	江西第二届音乐舞蹈艺术节调演创作、表演三等奖
2002	《昌江潮》	金小平	胡玲等	江西省第二届音乐舞蹈艺术节舞蹈创作一等奖、舞蹈表演一等奖
2002	《青花叠翠》	金小平	刘群等	江西省第三届音乐舞蹈艺术节获舞蹈创作二等奖、舞蹈表演二等奖

续表 35－1－4

年份	作品名称	作者	演出单位或个人	获奖情况
2004	《三阳开泰》	金小平	刘群、郭群、邓欢等	江西省"三个一"工程文艺调演获演出一等奖、创作奖
2004	《水土火》	—	朱振涛等	江西省"三个一"工程文艺调演获演出二等奖
2005	《瓷都风情》	江南大学艺术系	市歌舞团	江西省第六届音乐舞蹈艺术节获优秀剧目奖
2005	《瓷都风情》之"开窑出瓷"	杜琴、李晓雯、林文婷、刘璐	—	江西省第六届音乐舞蹈艺术节获舞蹈创作一等奖
2005	《瓷都风情》之"傩神与火神舞"	—	于海霞、王鲁、姜永心、赵雷等	江西省第六届音乐舞蹈艺术节获舞蹈表演一等奖
2005	《瓷都风情》之"粉彩舞"	—	邓欢、侯文娟、向翌、吴婵娟等	江西省第六届音乐舞蹈艺术节获舞蹈表演一等奖
2005	《瓷都风情》之"瓷矿工与妹伢子舞"	—	朱磊、贺业辉、曲冰等	江西省第六届音乐舞蹈艺术节获舞蹈表演二等奖
2005	《瓷都风情》之"彩绘姑娘舞"	—	江文婷、刘群任琼等	江西省第六届音乐舞蹈艺术节获舞蹈表演二等奖
2005	《瓷都风情》	江和汉、朱良、余德兴	—	江西省第六届音乐舞蹈艺术节获作曲二等奖
2005	《瓷都风情》	—	刘少军	江西省第六届音乐舞蹈艺术节获配器二等奖
2005	《瓷都风情》	—	—	江西省第六届音乐舞蹈艺术节徐德林、杨俊获领唱二等奖
2005	《瓷都风情》之"老瓷工与妹伢仔舞"	—	市歌舞团舞蹈队	江西省第六届音乐舞蹈艺术节获舞蹈表演三等奖
2005	《瓷都风情》之"祭窑舞"	—	市歌舞团舞蹈队	江西省第六届音乐舞蹈艺术节获舞蹈表演三等奖
2005	《瓷都风情》之"坯房佬与彩绘姑娘舞"	—	市歌舞团舞蹈队	江西省第六届音乐舞蹈艺术节获舞蹈表演三等奖
2005	《瓷都风情》之"火神舞"	—	市歌舞团舞蹈队	江西省第六届音乐舞蹈艺术节获舞蹈表演三等奖
2005	《瓷都风情》之"玲珑舞"	—	市歌舞团舞蹈队	江西省第六届音乐舞蹈艺术节获舞蹈表演三等奖
2009	《昌江之梦》	章静、李芳编舞	付丽、江文婷、郭群等	江西第七届音乐舞蹈艺术节获舞蹈创作二等奖、舞蹈表演二等奖
2009	《青花叠翠》	杜琴、朱良	江文婷等	江西第七届音乐舞蹈艺术节获舞蹈创作二等奖、作曲奖、舞蹈表演三等奖
2009	《火炼》	胡伟华编导	饶文婷、王强等	江西第七届音乐舞蹈艺术节获舞蹈创作三等奖、舞蹈表演三等奖
2009	《老俵·家园》	余祖录、朱良、李芳、肖继根	—	江西第七届音乐舞蹈艺术节获创意统筹奖
2010	《激情迷彩》	—	—	江西省"金色童年"少儿文艺大赛舞蹈表演二等奖

音乐创作　1986—2010年,全市音乐工作者创作了一大批具民族特色和强烈时代气息的作品,将音乐创作推向新的繁荣。1991年,杨长雄创作的歌曲《中国扬帆远航》获“爱党之歌丛唱”二等奖。1996年,肖继根、周国华创作的歌曲《太平窑》,获全国华夏原唱音乐作品征集评选专业组歌词创作一等奖,入选《中国原创音乐作品集》,中国文联出版社出版。1998年,顾正明创作的歌曲《中国之舟》获江西省“五个一”工程奖,杨长雄创作的歌曲《我是太阳、我是月亮》获“连环杯”创作奖。2001年,肖继根、朱良、王国华、江和平等创作的瓷乐演奏《绿满瑶乡》获第二届全国少数民族文艺会演演出一等奖。2004年,邹国旺创作的歌曲集《你走向我,我走向你》由北京艺术与科学电子出版社出版。2007年,占贵生创作的歌曲《乡情牵我回故乡》获《心声歌刊》《全国歌词、歌曲创作大赛》优秀奖。2009年,邓薇演唱的器乐《瓷都畅想曲》获第七届江西音乐舞蹈艺术节乐器表演二等奖。2010年,徐新华作词、肖继根作曲的歌曲《这就是我的家》获全国首届“‘唱家乡的歌’原创歌选·感动中国”创作成就奖,入选《中华之春·中国民族选粹》。江妙民主编的歌曲集《瓷都歌声》由百花洲文艺出版社出版,共收入全市词、曲作者创作的歌曲100首。是年,无伴奏原生态表演唱《摘菜籽》、音画诗《浮梁——崛起的新县城》获江西省首届农民文艺会演一等奖。

表35-1-5　**2010年景德镇市《瓷都歌声》收录作品一览表**

作品名称	作者	作品名称	作者
《沁园春·高岭》	李昕曲	《千年一梦》	李幼容词、铁源曲
《不息的窑火》	肖继根词、熊纬曲	《景德镇》	王泽州词曲
《神圣之土　神圣之火》	秦庚云词、沈传新曲	《千年期待》	曹达富词、杨长雄曲
《彩绘姑娘》	肖继根词、江和汉曲	《太平窑》	肖继根词、周国华曲
《一块小瓷片》	王天保词、肖继根曲	《欢迎您到瓷都来》	肖继根词、姚泉荣曲
《你走向我　我走向你》	田波词、邹国旺曲	《瓷博会,陶瓷的世界》	章耀华词、叶萍曲
《瓷都我的故乡》	邹玮词、肖继根曲	《我心中唱着美的赞歌》	肖继根词、占贵生曲
《陶瓷圣火代代相传》	江妙民词、罗靖曲	《莲影瓷魂曲》	曹达富词、占国新曲
《china火圣》	吴国珊词、占亚东曲	《擂釉料的婆娘们》	肖继根词、王艳青曲
《千秋瓷魂》	李战和词、肖继根曲	《青花情》	宇光词、钟敏曲
《精品名瓷甲天下》	肖继根词、孟勇曲	《沁园春·高岭》	余德兴曲
《美丽的家乡景德镇》	欧阳建华词、叶萍曲	《我是快乐的烧窑工》	王天保词、邹国旺曲
《瓷城美》	王天保词、施建峰曲	《春光永驻彩瓷上》	王天保词、黄本森曲
《瓷的传奇》	刘坚词、邹杰群曲	《抬起头往前走》	曹达富词、江和汉曲
《匣钵》	黄萌词、宇林曲	《瓷工的风采》	肖继根词、江和汉曲
《追求也依然》	黄镇生词、肖琳曲	《故乡的青花瓷笛》	陈平词、邹国旺曲
《你在说什么呢?昌江》	黄河浪词、周国华曲	《乡情》	邵振森词、周国华曲
《诉说镇巴佬》	吴国珊词、占亚东曲	《祖国美美的》	许继荣词、刀小宝、勤音曲
《童话的世界》	吴苏宁词、顾正明曲	《外婆逢人把她夸》	江妙民词、邹国旺曲
《我们从小玩泥巴》	徐新华词、朱良曲	《亲爱的老师,你好》	肖继根词、江和汉曲
《快把心打开》	曹达富词、杨长雄曲	《童年的小雨》	江妙民词、江和汉曲
《童年的心愿》	黄萌、李静芳词　罗遒曲	《我们是快乐的瓷娃娃》	江妙民词、江和汉曲

续表 35－1－5

作品名称	作者	作品名称	作者
《八只小瓷猫》	颂今词、刀小宝曲	《瓷花开遍全中华》	江妙民词、顾正明曲
《放牛娃新歌》	王梅超词、钟敏曲	《展翅飞翔》	谢玉红、何红英词　郑超怡、江妙民曲
《瓷娃娃的歌》	曹达富词、邹国旺曲	《梦中的紫荆花》	江妙民词、罗遒曲
《捏瓷泥》	易臻伟词、邹萱萱曲	《时钟和心儿说话》	黄萌词、罗遒曲
《老作坊》	叶晓颖、刘建军词　刘建军曲	《梦幻的童年》	黄萌、李静芳词　王艳青曲
《岁岁年年我忘不了你》	江琳娜词、刘少军曲	《我们与世纪同行》	郭进词、江妙民曲
《我的美丽我自信》	徐新华词、占亚东曲	《我们是瓷都的好少年》	陈欣星、陈忠词曲
《梦想同追求》	江妙民词、乐明曲	《健康的帆船，旗帜飞扬》	江妙民词曲
《前进吧，我们的焦化集团》	曹达富、蔡景章词　江和汉曲	《瓷都供水之歌》	小华词、小月改词　罗遒曲
《瓷都长运之歌》	谢慎修词、肖继根曲	《华意之歌》	曹达富词、邹国旺曲
《天使的仁爱》	曹达富、江妙民词　江和汉曲	《我们开创未来》	章耀华、张韬词　邹国旺曲
《金鼎之歌》	江妙民词、邹国旺曲	《我们是人民的"铁税官"》	章耀华词、邹国旺曲
《瓷都杏园，永远的春天》	肖继根、晓松词　朱良曲	《瓷都工行之歌》	江妙民词曲
《浮梁县国税廉政文化之歌》	江哲词、邹国旺曲	《景德镇宾馆之歌》	章耀华词　邹国旺曲
《瓷都师范生之歌》	黄镇生词、叶萍曲	《乐平国税之歌》	江哲词、邹国旺曲
《华达之歌》	章耀华词、邹国旺曲	《我最棒》	李文宏词、徐湘曲
《前进，迈步新的起点》	章耀华词、邹国旺曲	《我们一起走向未来》	章耀华词、邹国旺曲
《让人们生活得更美好》	肖继根词、钟敏曲	《乡情牵我回故乡》	江妙民词、邹国旺曲
《新农村迎来了新气象》	章耀华词、邹国旺曲	《这一片绿色》	章耀华词、黄华曲
《喊一声老表格外亲》	章耀华词、叶萍曲	《浮梁，古老的茶香》	江妙民词、杨长雄曲
《林海之歌》	徐新华词、朱良曲	《红色的土地　绿色的家园》	章耀华词、叶萍曲
《亲亲家园》	黄小名词、余德兴曲	《鄱阳湖，我的母亲湖》	王天保词、肖继根曲
《好美好美的江西》	汪茶英词、江和汉曲	《三宝迷人的陶庄》	黄萌词、江和汉曲
《青青的小草》	望安词、叶萍曲	《油菜花开》	江妙民词、占贵生曲
《春风把心花吹开》	曹达富词、江和汉曲	《这就是我的家乡》	徐新华词、肖继根曲
《古镇之歌》	徐家兴词、占亚东曲	《又是桃花盛开时》	王天保词、肖继根曲
《活力新浮梁》	曹达富词、占亚东曲	《守望故乡》	李凌霄词曲
《鄱阳鸟》	朱灯复词曲	《良军，我的好兄弟》	江妙民词、罗遒曲

曲艺创作　1986 年后，全市曲艺创作不断增多，种类有小品、相声等。1989—1991 年，甘华创作的小品《妻子》《中秋月儿圆》先后获全国安全会演一等奖。1990 年，李人标创作的小品《望子成龙》获江西省桑海杯比赛大会创作三等奖。5 月，董晓弟创作的革命故事《夜袭瓷城》、彭桂林创作的新故事《酒主任出口记》、曹达富创作的相声《老子与儿子》获江西省新故事、相声"宜春杯"大奖赛创作三等奖。1994 年，胡凌漪、李人标创作，洪亦修、周园表演的相声《脑子公司》获江西省第四届少儿艺术节相声创作、表演二等奖。郭惊、

周园表演的小品《烤白薯》获江西省第四届少儿艺术节小品表演三等奖。1998年,李小农创作,张蝶、黄萌、周园表演的小品《水酒与茶蛋》获江西省戏剧小品、曲艺比赛小品创作三等奖、表演二等奖。1999年,李小农创作的小品《水酒与茶蛋》获江西省曲艺小品比赛创作三等奖、表演三等奖。2000年,曹达富创作的少儿小品《生日》在市群众艺术馆开演,获文化部群星奖创作金奖。2006年,桂莲花创作的器乐小品《西班牙斗牛士》获江西省第三届艺术节展演甲组器乐一等奖。2009年,甘华创作的小品《大爱无言》获景德镇市现代戏汇演二等奖。

美术 书法 摄影

美术 1986年9月,中国书画函授大学景德镇分校成立并开学,设国画班、书法班,招收学员300人。1987年7月,俞华春创作的漫画《流水作业战》获全国第二届《工人日报》漫画大赛优秀作品奖。1989年,钟连生的《敦煌印象》现代重彩画系列(8幅作品),参加美国"远东画廊"展出。1991年8月29日,市雕塑瓷厂的捏雕《秋色·竹菊》和圆雕《三个和尚的梦》,市艺术瓷厂的《双面对称百蝶园》87厘米薄胎斗笠碗,省陶瓷研究所的《色釉装饰水乡瓶》等工艺美术作品,获全省首届工艺美术百花奖珍品奖。1993年8月20日,景德镇龙珠画院在景德镇宾馆举行成立大会暨书画联谊会。画院首批聘请28名书画艺术家和陶瓷美术家担任画师。1994年,谢明创作的《春暖鸭先知》,获江西省第四届小儿艺术节绘画一等奖。1996年,中国书画函授大学景德镇分校停办。

2000—2001年,宁勤征创作的《香雪》《荷塘月色》分别获首届、第三届中国工艺美术大师精品博览会金奖;詹明荣创作的中国画《蓝色月华》获首届法国巴黎"金棕树杯"书法绘画大赛金奖。2003年,宁勤征创作的《山村瑞雪》《乡村金曲》分别获第四届中国工艺美术大师精品博览会金奖、银奖。2007年,陈其松创作的《盛世年华》获第八届中国工艺美术大师作品金奖。2009年,孟福伟创作的美术作品《生死时速》获第十一届全国美展金奖;张婧婧创作的《弧》获第十一届全国美展铜奖。2010年,孙立新创作的《吉祥莲枝》获首届中国非遗博览会金奖;徐岚创作的《秋歌》获第九届全国陶瓷艺术设计创新评比金奖;熊军创作的《山居图》获首届中国历史名瓷烧制技艺大赛金奖;涂少波创作的《昭君出塞》获第九届全国陶瓷艺术设计创新评比银奖。周云鹤创作的《觅》,赵婷创作的《闲庭漫步》,王小英创作的《红果飘香》等工艺美术作品,获第十三届中国工艺美术大师精品博览会金奖。

书法 20世纪80年代,景德镇书法受陶瓷文化影响,创作水平有所提高,涌现不少优秀书法作品,有些作品在国内外产生一定影响。1988年,余志华的书法作品获全军书法作品展览一等奖。是年6月,全市首届农民书画展在市群艺馆举行,72位农民作者的102幅作品参展。1995年,张保增的书法作品《兴神州伟业、结世界良缘》获"祖国万岁'候隆杯'95世界华人书法艺术作品大赛"书法金奖。1997年,举办迎"1997年香港回归书法展",共展出作品300余件。2002年,汪开潮创作的《青少年硬笔书法指导》,由江西美术出版社出版发行。2004年,董卫平的书法作品获江西省首届楹联展三等奖;石建繁的书法作品获第四届少儿艺术节书法二等奖。2007年,举办全市青少年"创文明城市、做文明市民"书法赛及展览,共展出作品120余件,分别评出一、二、三等奖,优秀奖50人。是年,董卫平的书法作品获首届中国普洱茶乡书法艺术节优秀奖。2009年,董卫平的书法作品分别获第三届中国书法兰亭奖艺术奖、永乐宫第二届国际书画艺术节优秀奖等。

摄影 20世纪80年代,景德镇涌现出许多优秀摄影作品,到景德镇取景摄影的爱好者亦不断增多。1988年9月,日本广播协会"海上丝绸之路"摄影队首席导演铃木肇一行5人到景德镇市拍摄采访。1990年10月1日,高跃祖拍摄的组照《景瓷之誉》和东方庆的组照《瓷韵》,获全省第十三届摄影艺术展览银奖。1994年,饶晓丽的《开放》获中国当代摄影艺术理论研讨会优秀摄影作品奖。1998年,陈一光的《来吧,孩子》获全军抗洪抢险摄影作品展优秀奖。是年,承办"1998年江西抗洪抢险先锋赞巡回摄影展",共展出大型摄影图片334幅,展现全省军民抗洪抢险精神,全市各界群众约2万人观看展片。1999年,饶晓丽的《都市的音符》获际摄影艺术研讨会金牌奖。2006年,许建华的《陶瓷作坊》获"咱们工人有力量"全国首届摄影作品大展入选奖。2007年6月5日,举办"绿色瓷都、生态瓷都、魅力瓷都"摄影图片展,共展出作品150幅,评出一等奖2人、二等奖4人、三等奖10人、优秀奖20人,共有2000余人观看图片展。2008年,林益军的《闹元宵》在"婺源——中国美丽的乡村"全国摄影大展作品征集中被评为优秀优秀作品;林益军的《捕获》于2009年获中国摄影"探路者"杯人与自然摄影之约全国摄影大展三等奖。2009年4月,文化部"中国茶文化"摄制组一行12人到景德镇专题取景拍摄。

第二节 群众文化

群众文化机构

市群众艺术馆 1986年,称市群众艺术馆。位于景德镇市马鞍山路5号,面积2104平方米。1986年,在编人员42人,其中副高职称2人、中级职称22人、初级职称11人。1987年,下设市少儿业余文艺学校,开设舞蹈、语言、器乐、声乐、绘画、书法等培训班。1988年,将音乐舞蹈部、戏剧辅导部、少儿辅导部、美术摄影部及行政办公室更名为文艺辅导部、调查研究部、少儿工作部、美术摄影部和行政办公室。2005年7月,内设机构有办公室、美术摄影部、调查研究部、文艺部、文化产业部。2010年,在编人员39人,其中副高职称5人、中级职称11人、初级职称11人。

县区文化馆 乐平市文化馆。位于乐平县西大街73号。1986年,乐平县文化、图书、博物馆合署办公,1个机构3块牌子。1989年,文化馆分设为副科级事业单位,内设办公室、业务股、报刊发行站。1997年,内设办公室、调研部、辅导部、音乐部、美术摄影部、文艺服务部、文化艺术中心。在编人员15人。2010年8月搬至乐平市文化中心3楼。

浮梁县文化馆。1989年12月,浮梁县文化馆成立,面积1690平方米,与图书馆、博物馆三馆合一于浮梁县综合文化大楼,位于浮梁县朝阳大道26号。1989年12月,确定为浮梁县文化广播电视局直属(副科级)事业单位,编制7人。2005年,文化馆和图书馆仍合署办公,编制4人。2010年,编制4人。

昌江区文化馆。1986年,昌江区文化馆负责组织开展全区群众文化活动,并辅导节目排练。2008年,馆址搬至曙光路394号,馆舍面积达800平方米。2010年,编制8人。

珠山区文化馆。1986年,隶属于珠山区文化广播电视局。1988年1月,确定为区文化局直属(副科级)事业单位,编制5人。2010年,编制10人。

城市社区文化中心 市群众文化活动中心。2007年9月,市群众文化活动中心成立,位于昌江区昌南大道98号,占地面积4公顷,建筑面积2.19万平方米。中心内建有剧场、圆形会议厅、多功能展示厅和综合楼等4栋各有特色、功能不同的建筑,是开展群众文化、会议接待、文化演出、报告讲坛、电影放映、书画展览、少儿培训、休闲娱乐的综合性活动场所。中心剧场建筑面积7300平方米,共有观众席位1054座,可承接大型会议、演出、电影放映等;圆形会议厅共4层,面积约3500平方米,二楼为会议厅可容纳200余人,可承接中、小型会议,拍卖、舞会等;多功能展示厅共3层,一、二层面积共约6000平方米,可承接各类展览等,负一层为大型地下停车场面积约3000平方米;综合楼共3层,面积约3000平方米。2010年,在编人员43人,其中中级职称7人、初级职称8人。

县区群众文化活动中心 2008年,昌江区群众文化活动中心成立,位于曙光路394号,面积800平方米,与昌江区文化馆共同使用。是年7月,珠山区群众文化活动中心成立,位于沿江东路51号,内设舞蹈培训室、声乐培训室、书画培训室、器乐培训室、图书阅览室、电子阅览室和多功能厅等场馆。2010年4月,乐平市群众文化活动中心成立,位于乐平市东风北路。内设贵宾室、道具室、男女化妆室、服装室等。

乡镇文化站 80年代,全市群众文化工作无统一机构名称,公社和街道设文化室,垦殖场由工会管理,多为党委宣传委员或宣传干事负责。后统称文化站,属乡(镇)、街道、场行政的职能部门。1988年,丽阳乡文化站成立。90年代,乡镇、街道文化站发展迅速。1996年,乐平市有文化站26个,其中一级文化中心站2个(乐河、乐平镇),一级文化站1个(历岖山)、二级文化中心站12个(镇桥、接渡、众埠、涌山、南港、洪岩、共库、洄田、坳上、高家、金鹅山、后港)、三级文化站11个(文山、塔前、观峰、礼林、洺口、临港、双田、浯口、科山、鸬鹚、乐港)。2000年,乐平市仅存文化站10个,多数被村委会俱乐部取代。昌江区共有乡(镇)场、街道文化站7个。2005年,浮梁县经公桥、臧湾、王港、鹅湖、湘湖5个乡镇文化站仍有综合性群众文化活动场所。2006年,竟成镇综合文化站成立,面积3600平方米,内设镇文化中心站、青年活动中心、老年活动中心。2009年,乐平市完成塔前镇、红岩镇、镇桥镇、临港镇、接渡镇5个乡镇文化站建设。2010年9月,新枫垦殖场综合文化站成立,位于昌江区新枫路14号,面积350平方米,文化活动场所内设有图书阅览室、多功能活动室、文化信息资源共享工程基层服务点、能够满足社区居民文化活动需求,同时免费提供职工服务。

群众文化活动

群众歌咏月 从1980年开始,每年都举办全市群众歌咏月活动。1986年,以“五讲四美”为主题,举办第七届全市群众歌咏月活动。2009年8—9月,举办第三十届全市群众歌咏月活动,组织爱国歌曲大家唱活动近400场次,参与演唱者近4万人次,观众达80余万人,群众参与面达90%。2010年6月9日,在景德镇中国陶瓷博物馆广场,承办中央电视台《激情广场》“爱国歌曲大家唱”江西·景德镇篇暨市第三十一届群众歌咏月大型文艺演出活动,现场5000余名群众分34个方阵分别演唱《在希望的田野上》《我和我的祖国》等歌曲,歌唱祖国歌唱家乡。至2010年歌咏月共举办31届,活动坚持“大唱爱国歌曲,引人奋发向上”的宗旨,每届都有一个鲜明的主题,参与人数达数10万人次。市党政军主要领导登台同群众一起引吭高歌,每届都进行评比授奖。歌咏月活动成为全市人民展示精神风貌的平台,成为唱响先进文化主旋律的阵地。

2009年景德镇群众歌咏月活动现场

表35-1-6 **1986—2010年景德镇市群众歌咏月活动一览表**

年月	届次	活动主题
1986.5—1986.9	第七届	五讲四美
1987.9	第八届	纪念“八一南昌起义”秋收起义和创建井冈山革命根据地六十周年
1988.9	第九届	瓷都在改革中前进
1989.8—1989.9	第十届	中华——光辉的四十年
1990.12	第十一届	高歌迎新年
1991.6—1991.7	第十二届	党的阳光照征程
1992.8—1992.10	第十三届	庆祝党的十四大
1993.12	第十四届	《光辉照千秋》——隆重纪念毛泽东100周年诞辰
1994.9	第十五届	走向辉煌
1995.9	第十六届	筑成我们新的长城
1996.9—1996.10	第十七届	红军不怕远征难
1997.10	第十八届	高举旗帜,再创辉煌　踏上跨世纪的征程
1998.12	第十九届	辉煌的20年

续表 35－1－6

年月	届次	活动主题
1999.8—1999.9	第二十届	歌唱祖国
2000.11—2000.12	第二十一届	迈向新世纪
2001.12	第二十二届	欢歌新世纪
2002.10—2002.11	第二十三届	跟着共产党走
2003.7—2003.8	第二十四届	弘扬井冈精神，兴我美好江西
2004.12	第二十五届	《瓷之韵》——欢庆瓷都千年华诞
2005.8—2005.9	第二十六届	家和万事兴
2006.9—2006.10	第二十七届	红军魂
2007.5—2007.8	第二十八届	弘扬革命传统共建和谐瓷都
2008.9—2008.10	第二十九届	创文明城市促科学发展
2009.7—2009.9	第三十届	祖国在我心中
2010.5—2010.6	第三十一届	《激情广场》“爱国歌曲大家唱”江西·景德镇篇

卡拉OK歌手大奖赛　1997年4月，市群众艺术馆举办首届全市机关干部暨青少年卡拉OK歌手大奖赛。2003年6月，举办“兴我美好江西”全市第六届机关干部暨全市青少年卡拉OK大奖赛。2007年1月，举办“和谐之声”第九届机关干部暨全市青少年卡拉OK大奖赛，在选拔出的100名选手当中，有31名歌手分别获十大歌星、十佳歌手和优秀歌手称号。2010年3月1日，市委宣传部、市文化局主办，市群众艺术馆承办的全市第十二届机关干部暨全市青少年卡拉OK大奖赛在昌河文化活动中心举行。经选拔产生36名优秀者进入决赛，共评出一等奖2人、二等奖4人、三等奖6人。至2010年，共举办13届，每届都有一个鲜明的主题，每届参加人数近200人，从中评选出“十大歌星”“十佳歌手”，让年轻文艺人才脱颖而出。

表 35－1－7　　1997—2010年景德镇市卡拉OK歌手大奖赛一览表

年月	届次	活动主题	时间	届数	活动主题
1997.4	第一届	迎接党的十五大和香港回归，纪念建军、秋收起义、井冈山革命根据地创建70周年	2004.12	第七届	欢庆瓷都千年华诞
			2005.12	第八届	迎新春、颂和谐
1999.4	第二届	迎接建国50周年和澳门回归祖国	2007.1	第九届	和谐之声
			2008.12	第十届	唱红歌、迎奥运
2000.4	第三届	贯彻落实“三个代表”重要思想	2009.1	第十一届	纪念改革开放30周年
2001.4	第四届	《唱支山歌给党听》——隆重庆祝建党80周年	2010.3	第十二届	歌唱春天
2002.5	第五届	塑造江西人新形象	2010.12	第十三届	创先争优
2003.6	第六届	兴我美好江西			

老干部艺术节　2009年5月4—5日，由市群众艺术馆承办的景德镇市首届老干部艺术节开幕，展示老干部精神风貌，丰富老年人精神文化生活。演出4场，演职人员400余人，各类节目80余个。2010年5月27日至6月12日，举办第二届老干部艺术节，参加人数达300余人。演出节目有舞蹈、独唱、葫芦丝演奏、包粽子比赛、碰鸭蛋比赛、巴乌独奏、拉丁舞、健身操、花鼓戏等。

农民艺术节　2008年12月,市群众艺术馆承办景德镇市首届农民文化艺术节开幕,展示景德镇市改革开放30周年社会主义新农村建设的丰硕成果和广大农民群众的崭新精神风貌。其间,又组织首届农民艺术精品下乡巡回演出10余场,农民观众达1万余人。2009年2月9日,在御窑厂举办农民艺术节闭幕颁奖会演和美术、摄影作品展览,颁发优秀组织奖、表演奖、美术奖、书法奖共计57个。

广场活动　2001年9月27—30日,市委宣传部、市文化局、市体委联合举办的"迎国庆——广场文化活动周",首演式在市人民广场隆重举行。2003年9月30日至10月7日,"2003中国·瓷都文化庙会"在市人民公园举行,国贸金秋商贸节暨体彩文化活动周在国贸广场举行。安庆黄梅戏、吴桥杂技、东北摇滚和二人转等节目受到欢迎。2004年4月22日,市群艺馆承办的"建设平安和谐瓷都,共创富民兴市大业"广场群众文艺活动在市休闲广场启动,并举行首场文艺演出,全市13支群众文艺表演队伍的400余名业余爱好者,表演腰鼓、秧歌、木兰扇、走旱船等十几个节目。2007年6月3日,在市中山北路步行街口启动"欢乐步行街,文化大舞台"活动,活跃市民业余文化生活。2010年9月27日,由市委宣传部、市文化局、市体委联合举办的"迎国庆——广场文化活动周",首演式在市人民广场举行,至30日连续举行4场文艺演出。

送文化下乡　1991年12月,市文化局、市老建办组织剧团送戏下乡,深入浮梁、乐平等农村32个点,代表各支农扶贫挂钩单位,进行为期20天的新年慰问演出,共演出39场,观众达6.50万人次。1996年12月,根据中共中央宣传部、国家科委、农业部、文化部等十部委联合下发《关于开展文化科技卫生"三下乡"活动的通知》,市文化系统在每年的元旦、春节期间,均组织人员开展送戏、送图书、送春联下乡活动。2001年1月10—18日,市文化局分别赴乐平、昌江、浮梁等地开展"三下乡"演出活动,共演出33场。同时送春联1300余副,送书1000余册,送电影36场。

2003年1月14日,市文化局组织40余人的"送文化下乡"小分队,以"宣传十六大,全面奔小康"为主题开展文艺演出,并向农民朋友赠送春联2000余幅。2005年1月9日至3月9日,景德镇市"名剧名人下基层"文艺展演及文化下乡活动在瑶里首次开展,随后陆续奔赴全市边远乡村开展文艺演出。2006年1月9日,市文化局开展"送温暖、献爱心"文化下乡活动,组织市京剧团、歌舞团和市群艺馆的艺术家深入农村,为农民送去歌舞、京剧、小品等文艺节目和500幅春联。2010年,市艺术剧院送戏下乡,创作演出《醉鼓迎新春》《"非转农"风波》和《三喜临门》等节目,受到农民朋友的欢迎。

第三节　图书阅览

市图书馆

位于景德镇市马鞍山路。1999年,因馆舍重建,停止对外开放活动。2003年,在原址重建的新馆落成,面积达6000平方米。2004年4月对外开放。

藏书　1986年,市图书馆藏书41万册。2010年,藏书51万册,其中,古籍3.10万册,善本11部71册。善本中包括全国珍贵古籍康熙二十一年(1682)版《浮梁县志》及明刻本古籍5部27册。另有景德镇地区方志与陶瓷类古籍40多部200余册,各类宗谱30部226册,还藏有文渊阁本《四库全书》《古今图书集成》《四部丛刊》等大型影印古籍图书。

借阅　1987年,办理借阅证9057个。2005年,办理借阅证2243个。借阅人数达6万余人次,外借图书册次达10.57万。2006年,办理借阅证2743个,借阅人数达12.20万人次,图书流通12.86万次。2009年,办理借阅证2395人。2010年,办理借书证2000余张。累计办理各类借书证1.80万张,当年接待读者10.80万人次(其中少儿读者近5.50万人次),图书流通近14万册次。

文化信息资源共享工程　2004年5月,全国文化信息资源共享工程设备在景德镇市图书馆安装调试成功,成为江西省第一家共享全国文化资源用户。至2010年,全市设10个文化共享工程网点,分别在景德镇消防特勤中队、乐平市塔前镇嬴里村、珠山区周路口街道广场社区、市老年大学、昌江区荷塘乡、昌江区丽阳乡、珠山区新村街道洪家山社区、浮梁县经公桥乡、珠山区石狮埠街道发电厂社区、珠山区梨树园社区。

盲人阅览室　2008年9月，盲人综合阅览室建成开放。至2010年，藏有盲文图书1000余册，语音资料500余份。

公共数字图书馆　2009年1月，市图书馆开通公共数字图书馆，网址为http://www.jdzlib.cn/。网上所有资源免费向读者开放，提供阅览的图书门类包括社会科学和自然科学类，又分26小类，涵盖所有门类。

市图书馆学会　1985年1月21日，市图书馆学会成立。选举产生第一届理事会，共有会员105人。1986年12月18日，召开会员代表大会，选举产生第二届理事会，有会员205人。1991年5月8日，召开会员代表大会，产生第三届理事会，有会员194人。1997年8月30日，召开会员代表大会，产生第四届理事会，有会员186人。2010年3月30日，召开会员代表大会。选举产生第五届理事会，共有会员110人。

江西景德镇陶瓷文化资源库　2008年12月，江西省重点文化项目“江西景德镇陶瓷文化资源库”在市图书馆启动，市图书馆承担项目的建库任务。2009年6月，江西景德镇陶瓷文化资源库建成对外开放。陶瓷文化资源库按9个栏目分布，分别是进入页、总说、陶瓷发展略史、陶瓷文化遗存、传统制瓷工艺、瓷业行规习俗、瓷坛文化名人、瓷坛文学艺术、瓷都千年辉煌、陶瓷传世文献。资源总量文字约30万字。视频428分21秒，图片2653幅。资源库设置传世资料栏目设民国(含民国)以前各历史时期景德镇制瓷资料，包括《浮梁县志》《元史》《宋重要辑稿》《南窑笔记》《景德镇陶录》《天工开物》《江西通志》等；传统制瓷工艺栏目设原料生产、坯胎制作、装饰、烧炼等；陶瓷考古栏目内设古窑场、古作坊、古瓷器等；瓷业轶事栏目内设民间传说、故事等；行规习俗栏目设瓷业习俗、行规、瓷业生产准则和规范。瓷坛名人栏目设知名工匠、艺术大师等；珍贵墨彩栏目设颜真卿、柳宗元、白居易、王安石、乾隆、唐英等大家作品；文学艺术栏目设诗歌、楹联、音乐、歌舞、戏曲、影视等。

珠山讲坛　2010年3月，由市图书馆主办的“珠山讲坛”开讲，主旨是传播知识，播撒文明，启迪智慧，丰富人生，是一项公益城市文化活动。它立足全市，服务全民，贴近百姓，贴近生活，是完全属于景德镇人自己的《百家讲坛》，赢得了社会的关注和市民的欢迎。当年共举办13期。

表35－1－8　　2010年珠山讲坛内容一览表

时间	主讲人	内容	时间	主讲人	内容
3月20日	董晓弟	红楼梦	7月24日	袁运超	家教的若干体会和建议小学
4月17日	张学文	话说景德镇12345	8月21日	张德山	督陶官唐英及其制瓷成就
5月5日	武顺理	珍惜健康促进健康	9月18日	余琍萍	浅谈张艺谋的电影艺术
5月22日	陈创华	环保你我他	10月23日	周荣林	景德镇柴烧瓷窑
6月19日	冯云龙	识一方水土谈历史地位	11月23日	韩晓光	题画诗纵横谈
6月26日	袁运超	家教的若干体会和建议初中	12月18日	冯云龙	探瓷都之源，品名茶之乡
7月17日	董晓弟	初论《红楼梦》人物刻画艺术			

县区图书馆

乐平市图书馆　1986年前成立。2008年新馆落成，位于乐平市大连新区东风路，面积5048平方米，藏书30万册(其中电子书15万册)。工作人员31人(其中公益性岗位人员12人)。全年接待读者13万人次，借阅图书18万册次。

浮梁县图书馆　1989年，浮梁县图书馆成立，与文化馆合署办公。位于浮梁县朝阳大道，面积50平方米，藏书800册，工作人员3人。当年接待读者200人次，借阅图书500册。1999年，新建浮梁县图书馆，面积580平方米，藏书1.70万册，工作人员2人。接待读者400人次，借阅图书800册。2010年，浮梁县图书馆扩建后面积1120平方米。藏书1.70万册，工作人员2人。全年接待读者500人次，借阅图书1000册。

昌江区图书馆　2009年2月，昌江区图书馆成立，设在景德镇市曙光路，面积1000平方米，为区文化局所属股级全额拨款事业单位，人员编制6人。2010年，馆藏图书5000册，工作人员4人。全年接待读者

1.20万人次,借阅图书2.40万册。

学校图书馆

景德镇陶瓷学院图书馆　1986年前始建。2000年4月,新厂校区图书馆建成开放,面积6900平方米。2006年9月,湘湖校区逸夫图书馆正式开放,面积2.10万平方米。2010年,图书馆馆舍建筑面积共2.80万平方米,有工作人员75人。馆藏的纸质文献总量107万册,并购有超星数字图书馆、中国知网、万方数据知识服务平台、读秀学术搜索、艺术博物馆图片库、(台北)故宫在线、华艺世界美术资料库、Springer外文数据库、EBSCOhost外文数据库、工程索引文摘库、Elsevier期刊数据库(镜像)、金图外文数字图书馆、中外专利数据库平台(江西站)和中外陶瓷专利数据库服务平台等20种中外文电子信息资源。与景德镇市图书馆实现书目资源共享。图书馆采用借阅一体化的管理模式,设有社科借阅室、科技借阅室、美术借阅室、报刊阅览室、外文与工具书阅览室、中文陶瓷阅览室、特藏室与总还书台。新校区逸夫图书馆有阅览座位1600余个,设有电子阅览室和研究生检索室,拥有检索电脑100余台。老校区图书馆有阅览座位600余个。

景德镇高等专科学校图书馆　1986年前始建。藏书5000余册。1986年,馆藏图书达3万余册。2005年,馆藏图书达22万余册。2010年,馆藏纸质图书87.80万册。有超星(含读秀学术搜索)电子图书、方正Apabi电子图书、“书生之家”电子图书、中国知网全文数据库等多类电子资源和报刊资源1200余种。图书馆下设办公室、技术部、采编部、流通部、阅览部,工作人员30人。馆舍面积2万余平方米,安装有现代化的网络通信设施、消防系统以及电子监控保安系统。开设8个阅览室,分别为社科阅览室(3间)、理工阅览室、艺术阅览室、工具书及精品书阅览室、期刊阅览室及电子阅览室,另设一个密集架书库。阅览室大多为大开间,面积达1000余平方米,并实行藏、阅、借一体化。可提供1720个阅览座位。

江西陶瓷工艺美术职业技术学院图书馆　1986年前始建。2005年,建筑面积1万平方米的新馆竣工并投入使用。馆藏纸质图书文献近50余万册,期刊300余种,其中专业图书借阅室藏书22余万册、综合图书20余万册、教师图书5余万册、工具书2万余册、资料书1万余册。图书馆阅览座位360个。电子阅览室设有120台电脑,电子文献方面开通万方数据库、中国知网数据库,有超星电子图书6.50万种。建立光盘外借室,藏有光盘3857张。全馆实行计算机管理,设有10T的磁盘阵列存储系统。2010年,有工作人员20人。设有馆长室、办公室、采编部、流通部、期刊部、情报部、文献检索教研室、网络中心技术部与电子阅览室。

景德镇第一中学图书馆　1986年,景德镇一中图书馆藏书量5万册左右,工作人员2人。1999年,工作人员增至5人,机构设置包括流通书库、学生阅览室、教师阅览室。2004年,新馆落成并投入使用,馆舍总面积约3400平方米,设有流通书库、基本书库、学生阅览室、电子阅览室、教师阅览室等。2006年,引进北京龙之脊公司的图书管理系统,实行计算机管理。2010年年底,馆藏图书量10万余册。

农家书屋

2007年3月,按照国家新闻出版总署的统一部署,景德镇市新闻出版局在全市开展农家书屋的建设工作。当年在浮梁县瑶里镇瑶里村建立全市第一家农家书屋。至2010年,全市农村共建成农家书屋328家,其中乐平市171家、浮梁县115家、昌江区39家,高新区3家。每家书屋藏书1700册,全市农家书屋藏书共计55.76万册。

第四节　文化市场

书店

1986年,景德镇市国有经营书店仅新华书店1家,由市文化局管理。位于景德镇市珠山中路1号,书店在全市的发行网点有4处,全年发行图书合计366.78万册,销售金额达220万元。干部职工共58人。1993年10月,划归江西省出版局、江西出版总社(江西出版集团)管理。2000年,新华书店在全市的发行网点有3处,干部职工共63人,全年发行图书合计421.06万册,销售金额1600万元。2004年,局、社分家,划归江西出版总社(江西出版集团)管理。2005 年 8 月,由于办公营业综合大楼拆建,新华书店办公地址搬迁到新德园民政局干休所。2007 年 7 月,景德镇市新华书店改制,成立江西新华发行集团有限公司景德镇市分公司,景德镇市新华书店划归江西新华发行集团有限公司景德镇市分公司。

2009 年,有门市网点 2 处,门市营业面积 2400 平方米(中心门市部营业面积 2000 平方米,位于市莲社北路名仕嘉苑 8 栋;东郊门市部营业面积 400 平方米,位于市新厂西路 262 号),门市常备图书品种 10 万余个。5 月,江西新华发行集团有限公司景德镇市分公司划归江西出版总社(江西出版集团)下属中文传媒股份有限公司(上市公司)管理。10 月,办公地址搬至莲社北路名仕嘉苑 8 栋,建筑面积 7376.88 平方米。2010 年,新华书店在全市的发行网点有 3 处,干部职工共 31 人,全年发行图书合计 336.12 万册,销售金额 2689 万元。至 2010 年,市区共有个体经营性书店 43 家。

表 35-1-9　　**2010 年景德镇市个体经营性书店情况一览表**　　单位:平方米

书店名称	地址	经营面积	书店名称	地址	经营面积
乐淘杂志部	新厂东二路一中后门	20	建筑书店	沿江西路 60 号	70
新厂益友图书音像店	东一路部陶瓷研究所	60	群星书店	广场北路 167 号	14
良师书店	新厂西路 556 号(6 号店)	80	鸿发书屋	沃尔玛广场	6
小杨新旧书屋	新厂部陶研所 8 号店	18	同喜书店	樊家井 102 号	—
桃源书店	二中对面	60	翰缘艺术书店	广场南路 1 号	8
新起点书店	新厂天翼路	50	乐天旧书店	陶院旁边	15
里村书店	瓷都宾馆旁店面	12	广场书店	图书馆旁边	20
艺林书店	广场南路 12 号	20	西路书店	广场西路	6
华城书店	太白园	20	金太阳书店	瓷都国际华城 112 号	8
文星书店	中山南路 325 号	10	一天艺术书店	广场南路 57 号	30
求知特价书店	新厂瓷校 4 号店面	20	瓷都书店	珠山中路南门头	45
光明书店	光明电影院西侧出口	6	益品斋书店	中华南路 418 号	20
诚章书屋	马鞍山路	25	考试书店	新村西路华兴楼 20 号	12
小燕子书屋	陈家街 1 附 1 号	20	山城书社	中山路步行街	20
陶瓷艺术书店	广场南路 98 号	8	鑫华书店	昌河一区 427 栋 7 号	47
老邱古旧书店	广场南路 308 号	10	华中希望读书社885 第二特许店	中华北路 186 号	8
博大书屋	新村西路莲花山庄	15			
诚信书屋	新厂东一路 555 号	18	新潮文具书店	市六中边	16
永昕书社	新厂林荫路数码园 27 号	60	东南书店	枫树山综合大楼 1-8 号	—
智慧书店	沃尔玛广场	10	昌江书店	昌江一中	—
世纪书店	新村北路九中 JB-2 号	28	润杰书店	昌江一中	—
怡人学习书店	一小隔壁	5	怡人学习书店	市十一小学隔壁	—

音像店

1985年,景德镇市新村家电服务部开业,为景德镇首个获准经营录音磁带、唱盘的私营店铺,店面设在市妇幼保健院旁。2000年以后随着家用电脑的普及而减少。至2010年,全市音像制品经营单位有74家。

网络营业场所(网吧)

2002年,景德镇市第一家网吧——树人网吧,在新村北路财政局旁开张营业。2003年3月26日,景德镇市互联网上网营业服务业协会成立,90余名网吧业主投票选出协会理事会成员28人和会长1人。2004年8月,全市网吧共有157家,电脑终端总量5240台,从业人员471人。至2010年,全市有网吧176家,其中市文广局直接审批37家,昌江区审批18家,珠山区审批2家,乐平市审批67家,浮梁县审批52家。

电子游艺厅

1998年,景德镇市首个电子游艺经营单位——光明游戏室,在光明电影院内开张营业。之后,经营户迅速扩大,达到100余家,学龄儿童沉迷其中,影响未成年人的教育和成长。2002年,根据文化部统一部署,全市开展电子游戏场所专项整治,市城区电子游戏经营场所压缩到19家,经营秩序明显好转。至2010年,市辖区内的电子游艺厅有65家,其中市文广局审批19家、乐平市审批27家、浮梁县审批19家。

KTV(卡拉OK厅)

1991年,景德镇市首个卡拉OK厅——温情东南亚卡拉OK厅在东郊瓷校对面开张营业。2007年7月1日起,将80%歌舞娱乐场所日常管理按行政区域划给珠山、昌江两区文化局负责。2008年10月,再次将城区歌舞娱乐场所管理权限全部下放珠山区、昌江区文化行政部门负责。至2010年,市辖区内歌舞娱乐场所105家,其中珠山区管辖的67家、昌江区管辖的5家、乐平市管辖的24家、浮梁县管辖的9家。

第五节　文化产业

示范基地

2006年,景德镇市通过示范引导、政策鼓励,推动文化产业示范基地建设。至2010年,全市共有11家文化产业示范基地。其中景德镇法蓝瓷实业有限公司和陶瓷历史博览区被确定为国家级文化产业示范基地;环球哈哈尼有限公司、三宝陶艺研修院、佳洋陶瓷有限公司、市雕塑瓷厂被确定为省级文化产业示范基地;市陶瓷研究所被确定为省级文化产业试验基地;景德镇精益斋陶瓷博物馆、锦绣昌南——中国瓷园等11家单位被确定为市级文化产业示范基地。在示范基地的示范带动下,全市民营文化单位达5000余家,从业人数8万余人。2009年,全市文化产值实现85.50亿元。2010年,实现103.50亿元。

产业效益

1996年,全市电影放映4921场,收入300余万元,仅光明电影院放映2600场,收入180余万元,创历史最好水平。

2002年,全市文化收益3727.10万元。其中演出收入33万元,接待外来文艺团体演出收入136万元,文化市场经营营业额3144.60万元,各项艺术培训收入88万元,文化系统各单位门面租赁收入80.50万元,文化旅游门票收入245万元。2003年,全市文化市场经营机构429家,从业人员3300余人,完成固定资产投资2.10亿元,经营收入6155万元,创税923万元。2004年,文化事业和文化产业单位新创增加值达到6.77亿元,其中文化基础设施、文博馆藏建设、社会文化娱乐场所投资以及国家对基本建设补助共计4.08亿元,各类文化市场经营户以及各类演出团体实现产值2.52亿元,文化系列活动创收益0.17亿元。2005年,全年实现文化产业产值新创增加值9.22亿元,比2004年增长136%。2001—2005年,全市文化设施建设总投入79.94亿元,全市文化产业增加值18.33亿元,在文化文博单位的社会就业人数有3500人。

2008年,全年实现文化总产值1.96亿元,比2007年增长43.50%,其中各类文艺商业演出收入146万元,比2007年同期增长46%;文博旅游门票收入676万元,比2007年增长41.25%;旅游产品销售收入1.11亿元,比2007年增长16.72%;首届现代陶瓷艺术品拍卖收入3448万元;其他文化收入4300万元。2009年,全年实现文化创意产业产值11.30亿元,比2008年增长20%。其中实现社会文化产值9.55亿元,歌舞娱乐场所、网吧、音像等文化市场实现文化产值4.66亿元,近60家民营文化企业创意文化产值3.57亿元,包括海畅法蓝瓷创文化产值0.70亿元、哈哈尼创文化产值0.62亿元。2010年,实现文化产值24亿元。其中文化旅游产值(含文博旅游设施建设投入)11.22亿元,歌舞娱乐场所、网吧、音像等文化市场实现文化产值8.17亿元,民营文化企业产值3.75亿元,其他文化产值0.86亿元。文广系统国有文化单位20家,民营文化企业60家,文化市场经营单位400余家,从业人员近3万人。

2006—2010年,全市文化设施建设总投入305.17亿元。全市文化产业增加值40.62亿元,随着文化产业规模的增长,社会就业人数达2.70万人。

第六节　文化交流

国内交流

走出去交流　1986年1月18—27日,景德镇陶瓷艺术名家作品展在香港尖沙咀新港中心举行。应中艺(香港)有限公司邀请,以胡仲愚为团长的13人组成代表团赴港参加展览活动。1989年4月7日,景德镇市陶瓷历史博物馆在香港艺术馆举办景德镇珠山出土永乐、宣德官窑瓷器展。共展出景德镇珠山御窑遗址出土的永乐、宣德官窑瓷器98件,展期历时3.5个月,参观人数超过1万人次。12月5日,景德镇市京剧团麒派老生王全喜在武汉演出《清风亭》《乌龙院》《四进士》《赵云截江》等7台剧目。

1992年4月,景德镇市陶瓷考古研究所在香港大学冯平山博物馆举办景德镇出土五代至清初瓷器展,展品337件(含瓷片标本),展期2.5个月。1996年2月25日至6月28日,市陶瓷考古研究所在台湾台北鸿禧美术馆、高雄市立美术馆举办景德镇出土明初官窑瓷器展,展品达120件。台湾海峡交流基金会董事长辜振甫观看展览。1999年8月,市瓷乐团参加昆明“世博会”江西活动周活动,演出12场。10月,市瓷乐团赴南昌,参加江西音乐舞蹈艺术节活动,演出2场。10月9日,市陶瓷考古研究所在北京炎黄艺术馆举办景德镇出土元、明官窑瓷器展,展出元、明官窑精品400件,展期3个月。

2001年9月,市瓷乐团赴北京,参加中央电视台国际频道第五届“彩虹奖”颁奖晚会演出。10月,景德镇市瓷乐团赴上海,参加第二届上海国际艺术节演出。2002年5月1日,景德镇官窑博物馆、景德镇市陶瓷考古研究所在浙江省博物馆举办大明王朝极盛期官窑展,展期3个月,54件罕见的官窑之宝亮相杭州。9月,市瓷乐团随文化部艺术家代表团赴香港,参加庆祝国庆53周年暨香港回归5周年专场演出。2003年,景德镇陶瓷馆在澳门举办景德镇陶瓷精品展。9月29日,瓷艺留馨——景德镇现代陶瓷文化展在澳门葡京酒店日丽厅开展,为期10天,共展出30件现代瓷艺精品。2004年7—9月,由景德镇陶瓷馆与香港中文大学文物馆共同举办的薪火英华——20世纪景德镇瓷艺回顾展在香港中文大学文物馆展出。展出的现代陶瓷精品近200件,其中161件来自景德镇陶瓷馆馆藏珍品。12月17日,由景德镇、黄山两地市委宣传部、文化局共同主办的黄山——景德镇摄影艺术交流展在黄山市昱中花园广场举行,景德镇市摄影工作者的50余幅作品参加联展。2005年1月15日至4月15日,市陶瓷考古研究所、景德镇官窑博物馆在广东东莞市博物馆举办皇帝的瓷器——景德镇历年出土明代官窑瓷器精品展。4月26日至6月26日,市陶瓷考古研究所、景德镇官窑博物馆在深圳博物馆举办景德镇珠山出土官窑瓷器展。

2006年5月4日至8月30日,景德镇出土的120件明代御窑瓷器珍品在北京大学校庆中展出。5月31日至6月8日,“民族瑰宝、馆藏珍品”——景德镇近现代陶瓷艺术精品展在珠海博物馆开幕,共展出60件陶瓷精品,包括洪宪瓷、珠山八友瓷、文革瓷、名人名作瓷等。2007年1月12日,景德镇“珠山八友”陶瓷精品首次在北京展出。4月26日至6月15日,市陶瓷考古研究所组织118件不重复的明代永乐瓷赴北京首都博物馆展出。2008年9月15日,明瓷精粹——景德镇明初百年御窑出土瓷器展在中国科技大学开展,参展的展品是市陶瓷考古研究所从数千件藏品中精选出的78件(套)明洪武、永乐、宣德以及成化时期御窑瓷器,展期1个月。2009年3月20日,市考古研究所、景德镇陶瓷馆携国宝——"元青花缠枝牡丹纹梅瓶"等10件元青花瓷赴北京参加青花的记忆——元代青花瓷文化展,展期3个月。11月30日至12月10日,在北京国家大剧院开展新中国成立60周年景德镇陶瓷成就成果展。2010年1月28日,景德镇陶瓷馆和天津博物馆联合举办的古风·新韵——景德镇民国陶瓷艺术珍品展开幕式在天津博物馆一楼大厅举行,展出的116件(套)瓷器选自景德镇陶瓷馆和天津博物馆馆藏的民国时期景德镇生产的陶瓷珍品。4—6月,皇帝的瓷器——景德镇珠山出土"明三代"官窑瓷器特展在上海世华艺术馆开展,展出景德镇御窑厂遗址出土的153件官窑瓷器。

请进来交流　1986年4月25—27日,诗人、作家张光年和文艺评论家曾镇南到景德镇市参观讲学。5月29日,京剧演员、言派艺术创始人言菊朋第三代传人言兴朋到景德镇献艺,演出言派名剧《打金砖》等。11月22日,上海戏剧家参观团48人到景德镇,越剧演员范瑞娟、傅全香和魔术师莫非先等在雕塑瓷厂为工人演出节目。1987年5月16日,上海越剧演员戚雅仙、毕春芳、周宝奎等率上海静安区越剧团到景德镇演出《卖油郎》《玉堂春》等剧目。1989年1月20日,北京京剧演员携江西省京剧团,到景德镇演出《诓妻嫁妹》《金玉奴》等剧目。24日晚,与景德镇市京剧团王全喜、刘珠玲、刘松龄等联袂演出《玉堂春》。10月4日,京剧表演艺术家何玉蓉到景德镇献艺,在群英堂剧场演出汪派名剧《哭祖庙》《刀劈三关》和《马前泼水》。2001年10月11日,20世纪江西书画名家与新秀作品展览在景德镇市陶瓷大世界开幕,共展出书画作品130余幅。2002年2月9日,中央电视台《欢乐动画城》走进景德镇大型游艺活动在景德镇市开幕,活动历时1个月。2004年9月20日,由中国图书馆学会、全国中小型公共图书馆联合主办,市文化局承办的2004全国中小型公共图书馆合作与发展理论研讨会在景德镇宾馆召开。11月23日,齐齐哈尔市仓西画院书画展在景德镇市开展,促进南北书画艺术的相互交融。

2006年9月22—25日,由中国文物学会文物修复专业委员会与市文物局联合召开的第五届全国文物修复技术研讨会在景德镇市召开。26日,2006东方国际模特大赛江西赛区总决赛在景德镇市帝景会馆落下帷幕,经过海选、初赛和复赛,有60名选手闯入总决赛。2007年4月26日至5月2日,南京画家端木宁肃工笔画展在景德镇美术馆举行。10月21日,中国首届"千年瓷都杯"全国书画大赛精品展在市美术馆开幕,市领导以及香港、辽宁、陕西和景德镇市书画界、陶瓷美术界人士出席开幕式。参赛的600余名书画家分别来自全国20多个省市,参赛作品700余幅。2008年4月14日,省委宣传部、井冈山歌舞团编排的大型情景歌舞《井冈山》在市群众文化活动中心演出。9月19日,应市政府邀请,收藏家、北京观复博物馆馆长马未都率近百名收藏发烧友、北京主流媒体记者到景德镇,进行为期3天的文化交流活动。2009年1月7—8日,甘肃省文化厅副厅长张明一行携甘肃省歌剧院创作的大型乐舞《敦煌韵》到景德镇演出并考察景德镇历史悠久的陶瓷文化。6月12日,国际当代版画艺术作品展在景德镇市举行,展出65件精品。12月18日,由市文化局主办的盛中国、濑田裕子——小提琴·钢琴演奏会在景德镇市群众文化活动中心剧场举行。2010年6月9日,由中共中央宣传部、中央文明办等十部委共同举办的《激情广场》爱国歌曲大家唱·景德镇篇暨市第31届群众歌咏月活动在中国陶瓷博物馆广场举行。

国际交流

出国交流　1986年1月31日至2月27日,翟筱翔、姚大因应邀随中国工艺美术代表团赴日本参加在东京高岛屋举办的第五届"大中国展",并现场献艺。1993年4月26日至5月11日,市陶瓷考古研究所(简称市陶瓷考古所)在日本佐贺县九州陶瓷文化馆举办中国景德镇出土古瓷展。1994年9月1日,由市政府主办,市外事办公室承办,市陶瓷考古所、市陶瓷馆协办的景德镇陶瓷展在日本濑户市开幕,展期26天。9月3日至10月31日,市陶瓷考古所所长刘新园赴美国底特律、纽约、芝加哥、堪萨斯、旧金山、华盛顿、波斯敦等城市进行为期2个月的学术交流和讲演活动,是美国华盛顿国家博物馆建馆以来在该馆进行学术讲演的第一个中国人。1995年1月28日,市陶瓷考古所在日本大阪市立东洋陶磁美术馆、东京出光美术馆、热海MOA美术馆举办景德镇官窑展。此次展品115件(套),展期5个月。8月15日至9月23日,市陶瓷考古所在英国伦敦索士比展厅举办成化官窑的重建——景德镇珠山出土成化官窑瓷展,展品数量计120件。1997

年10月18日至11月18日，市陶瓷考古所所长刘新园赴德国海德堡大学讲学，并受聘为客座教授。1998年11月10—15日，刘新园应邀赴英国伦敦苏富比拍卖公司参加世界各地陶瓷贸易研究会，发表“元末与明初官窑外销瓷器考”的演讲。1999年6月7日，市陶瓷考古所藏品“明代宣德青花云龙纹蟋蟀罐”被选定参加在瑞士洛桑奥林匹克博物馆举办的中国体育5000年——艺术与传说展览。

2000年8月19—21日，市群艺馆组织少儿艺术团一行19人，赴日本濑户市访问演出。2001年11月15—18日，市陶瓷考古所副所长江建新应韩国汉城梨花女子大学博物馆邀请参加国际学术研讨会，发表《陶瓷史研究方法上“发掘”的意义》的演讲。2002年5月，市瓷乐团赴日本，随中共中央代表团参加中日邦交正常化30周年文艺演出。10月，市瓷乐团受文化部委派，随江西艺术家代表团赴白俄罗斯、亚美尼亚等国家进行访问演出。2004年1月20日至2005年1月，由市政府与日本国际文化艺术振兴会共同举办，市文化局、景德镇陶瓷馆承办的景德镇千年陶瓷文化展在日本东京、大阪、名古屋、横滨、札幌、仙台、福岗、青森等多个城市巡回展出。展品选自宋代至当代的陶瓷精品123件，其中有宋代的影青瓷，元代的枢府瓷、青花瓷，明代永乐、宣德的官窑瓷，清代的粉彩、颜色釉、象生瓷等，还有现代名人名作等。5月13日至7月31日，由巴黎中国文化中心主办，江西省文化厅、景德镇陶瓷馆、市陶瓷考古所承办的燃烧的辉煌——12世纪至18世纪景德镇古瓷精品展在法国巴黎中国文化中心举行，展览被列为中国文化年在法国十大展览之一，是江西省唯一的赴法中国文化年项目。展品包括宋、元、明、清各历史时期的精品63件，其中有元代浮梁瓷局生产的抠府瓷；明代永乐、宣德官窑瓷；清代康熙、雍正、乾隆朝的青花粉彩、颜色釉等宫廷用瓷佳品，不少为首次出国展示。法国总理拉法兰夫人、司法部长佩尔邦夫妇、法国文化部长德瓦布尔、中国驻法国大使赵进军先后参观展览。2005年，市陶瓷考古所的元青花五爪龙纹围棋罐、青花菊纹荷叶盖罐、青花莲池鸳鸯纹碗、青花莲池纹窝盘等16件标本，参加中国丝绸博物馆举办的黄金、丝绸、青花瓷——马可波罗时代的时尚艺术展。2月28日，由景德镇陶瓷馆监制的2座高5米共7层的巨型青花装饰瓷塔运往日本，参加在大阪举办的食品博览会，此塔为食博会主体标志物，将长期陈列大阪关西国际机场候机厅。5月，市瓷乐团赴日本，参加大阪“食博会”活动，专场演出32场。9月，市瓷乐团赴瑞典，参加斯德哥尔摩“哥德堡”号中国之旅起航仪式演出。启航仪式结束后，女子瓷乐团参加为期1周的中瑞文化交流活动，在瑞典全国作巡回演出。2006年9月11—26日，奇瓷神韵——中国景德镇瓷器文化展在哈萨克斯坦展出。

2007年2月，市瓷乐团赴新加坡，参加“春城洋溢华夏情”活动，共计演出6天17场。3月27日，作为2007年“俄罗斯中国年”活动6个艺术展览之一的“白色的金子”——中国瓷器精品展，在莫斯科特列恰克夫美术馆开展，参展瓷器作品共119套(件)，其中国家一级文物4套(件)、二级文物11套(件)、三级文物6套(件)，历时7个月，在俄罗斯3个城市进行巡展。2008年春节期间，市群艺馆组织“瓷娃娃”艺术团赴新加坡参加第十五届春城洋溢华夏情文化艺术旅游展演活动。5月20日，受文化部外联局的委派，市文化局主办的江西景德镇精品瓷器展在巴林展出，为期10天。参展70件(套)陶瓷精品均由市陶瓷馆提供。6月15日，市陶瓷馆高级工艺美术师孙立新应邀赴哈萨克斯坦，参加该国艺术家国际外景绘画节，12个国家的艺术家应邀参加。2009年4月16—30日，“白金——永恒的典藏”景德镇瓷器展在哈萨克斯坦阿拉木图市的卡斯捷耶夫国家艺术博物馆举行。

外来交流　1993年6月8日，俄罗斯摇滚歌舞团到景德镇演出，这是外国艺术表演团体首次到景德镇演出。11月16日，俄罗斯马戏团应邀到景德镇献艺。2001年4月27日，日本爱知县艺术大学教授加藤伸也，助教太田公典率师生22人到景德镇市研修陶瓷艺术。2002年6月10日，来自美国、英国、加拿大、俄罗斯、哈萨克斯坦和中国香港等地的20余位陶艺家，在古窑瓷厂进行研修活动，体验中国瓷都古老的制瓷工艺并参观古窑的镇窑和陶瓷历史博物馆。8月2日，日本濑户市爱知县少年合唱团联盟理事长、濑户市音乐协会会长伊藤定一率濑户市音协访问团到景德镇市进行民间友好访问，并与景德镇市的小朋友一起演唱歌曲《故乡》。2003年6月20日，来自美国、英国、加拿大、俄罗斯、哈萨克斯坦和中国香港等地的20余位陶艺家参加在景德镇市古窑瓷厂举办的国际陶艺研修活动。2004年6月28日，第33届世界儿童画精品展暨景德镇市少儿“建设美好江西、共塑瓷都新形象”美术、书法大赛作品展在新落成的景德镇市美术馆展出。8月20—30日，华人画家姚迪雄画展在江西陶瓷工艺美术职业技术学院展览厅展出。9月8日，挪威当代陶艺精品展在市美术馆开展。9月9—11日,在景德镇市举行联合国教科文国际陶艺协会世界陶艺家瓷都行活动,来自美国、英国、法国、丹麦、挪威、西班牙等15个国家的60余位世界陶艺家参加考察活动。其中,世界陶艺家协会主席托尼·弗兰克与副主席雷士·曼宁也同期抵抵达景德镇市。10月16日,景德镇陶瓷馆与英国斯托克市立陶瓷馆签署合作交流备忘录,结为友好博物馆。22日,世界产瓷区市长手模展在景德镇陶瓷历史博览区展出。26—29日,中国古陶瓷学会2004年景德镇年会暨景德镇千年陶瓷文化研讨会在景德镇陶瓷学院举行,来自英国、美国、意大利、澳大利亚、瑞典、日本、新加坡、马来西亚等国家以及国内各地代表200余人参加研讨会。

2005年2月20日,乌克兰国家电视台摄制组一行3人到景德镇市,围绕陶瓷文化、历史遗址、城市建设进行为期2天的拍摄。4月21日,新加坡著名画家黄矶法向景德镇陶瓷馆捐赠其作品“秋菊”瓷瓶,陶瓷馆领导向黄矶法颁发收藏证书,作品由陶瓷馆永久珍藏。2007年1月9日,法国国立亚洲吉美艺术博物馆一行抵达景德镇市,与陶瓷民俗博览馆进行学术文化交流,双方就加强两馆间交流与合作达成初步共识。2008年4月25日,日本TBS电视台《世界不可思议发现》栏目组到达景德镇,对陶瓷历史文化的研究成果、古窑遗址、现代陶瓷艺术拍摄专题片,详细介绍景德镇瓷器通过海上丝绸之路走向欧洲、中东的历程。2009年5月10日,中韩两国八省市著名书画家大型笔会暨中国美术家协会会员颁证仪式在市陶瓷历史文化博览区举行。13—14日,俄罗斯装饰艺术博物馆馆长巴扎洛娃·玛瑞亚尼塔(BARZHANOVA · MARGARITA)一行到景德镇市考察。

第七节　文物普查与保护

文物普查

1984年,开始第一次全市文物普查,主要普查对象为古遗址,至1986年结束。2001年2月至2002年2月,市文化局组成古文化遗址普查办公室,并抽调专业人员10人,对市区范围内的古建筑(包括古作坊、窑坊等)、古瓷窑遗址进行全面摸底调查。市区范围内共有古建筑134处,古瓷窑遗址38处,其中具有保护价值、拟列为市保单位的21处。2007年4月,根据《景德镇市第三次全国文物普查实施方案》,市文化(文物)局组织5个普查队(组)走遍全市的50个乡镇、街道,深入全市社区居委会、行政村、自然村,普查覆盖率达到100%。全市普查不可移动文物770处(其中新发现585处),登记消失文物共20处,全面摸清不可移动文物家底。普查文件容量为6.44GB,照片、图近5000张。普查成果整理出版《景德镇市第三次全国文物普查成果图文选集》,文稿7.12万字,照片928张。

2008年,制定全市文物普查实施方案,组建文物普查队,举办文物普查培训班,各县(市、区)均成立文物普查小组,各文博单位进行文物及馆藏品的建档、拍照、清仓盘库等工作,开展工业普查和代表性建筑的普查以及文物的野外调查。至年底,全市普查191处不可移动文物,其中新发现51处。2009年,推进全国第三次文物普查,全市共普查不可移动文物1065处,其中新发现898处,普查覆盖率达100%。至2010年,全市文物普查工作基本结束。

文物保护

1990年,根据国家文物局的统一要求,每年5月18日国际博物馆日、6月14日中国文化遗产日、12月4日法制宣传日,都举行文物保护宣传活动,宣传《中华人民共和国文物保护法》和《江西省文物保护管理办法》等法律法规。1991—1992年,市文化局贯彻“保护为主,救护第一”的文物工作方针,弘扬陶瓷文化,宣传文物保护法。抢救清理出一批元、明官窑瓷片标本,通过“多级分类、系列复原”的方法,修复各类器皿400余件,其中50余件是海内外孤品。1993—1994年,文物保护管理工作把“抢救、保护”放在工作的首位,加强文物保护单位的调查,研究制定全市各级文物保护单位的维修规划,按照“先救命后治病”的原则,先后完成祥集弄民宅,博览区明清古建筑群,浮梁古县衙、瑶里新四军留守处和勒功乡迎官阁等处的维修和虫害治理,妥善处理遗留的湖田古窑址保护与直升机研究所基本建设的矛盾,协助省文物主管部门重新研究制定湖田古窑址的保护规划。为配合御窑长廊建设，抢救发掘一批明初官窑瓷片，修复成118件洪武、永乐官窑器物，为景德镇市古陶瓷研究提供宝贵的实物资料。1996年，把“有效保护，合理利用，加强管理”作为文物工作的首要任务，利用宣传材料、幻灯、画廊等多种形式，宣传文物保护法。1999年，国保单位祥集弄民居进行全面维修。

2000年，市政府转发《关于加强历史文化名城保护的紧急通知》，解决基本建设和文物保护的矛盾，制定湖田古窑遗址的保护方案和规划，划定重点文物保护区。市陶瓷考古所配合旧城改造，对御窑厂遗址进行连续40个昼夜的抢救性发掘，获得明代官窑瓷片2.50吨，其中弘治青花龙纹、拆带龙纹碗盘等为珍贵标本，填补了古陶瓷藏品空白。2001年，陶瓷考古研究所根据多级分类、系列复原的工作方法，整理出一整套纪年款的明、清官窑的重要标本；湖田窑Ⅱ区考古发掘揭示出宋、元、明3个时期的窑业遗存，对研究宋、元、明时期湖田窑业技术的发展状况有重要价值，属重大考古发现。是年，湖田宋元作坊遗址保护房工程竣工并通过省有关部门验收。2002年，完成《湖田古窑址保护展示规划》基础性工作，收集、整理、编写有关资料3万余字，图纸10余幅。2003年，开展“5·18”世界博物馆日和文物保护宣传周活动，散发宣传材料3万余份。市陶瓷考古研究所按照快清洗、快分类、快修复、快入库的“四快”管理方式，对御窑遗址出土的永乐、宣德等瓷片进行分类、整理并修复御窑古瓷200余件。2004年，在杨梅亭和黄泥头遗址开展宣传《中华人民共和国文物保护法》活动，并向群众分发《景德镇市人民政府关于加大保护湖田窑遗址的通告》。编制完成明清御窑厂遗址、湖田窑遗址保护和发展规划。2005年，公布第三批市级文物保护单位18处，全市有县级文保单位46处、市级文保单位35处、省级文保单位7处(8点)、国家级文保单位2处(3点)。

吊脚楼古瓷窑遗址

2006年，市政府下拨2000万元补偿款后，从开发单位收回刘家弄旧城开发土地，保护刘家弄作坊群、吊脚楼窑址，并将其列入市级文物保护单位。是年，御窑遗址被国家文物局公布为国家重点文物保护单位。2007年，各县市区相继成立文物局。景德镇成立市陶瓷文化遗产研究保护中心，加强对文物保护工作的组织领导和实施。建立健全文物行政执法工作制度，完善文物的安全监督机制，与各文博单位签订年度文物安全责任状。市文化局设立御窑遗址管理处，负责管理御窑厂遗址的保护和建设，并划定保护范围和建设控制地带。成立百年老宅工程项目部和保护刘家弄作坊群、吊脚楼窑址工程项目部，对城区古建筑进行易地保护。2007—2011年，国家文物局下拨御窑厂遗址项目保护经费950万元，国家发改委下拨的遗址保护研究项目经费1.23亿元。2008年，市财政配套2400万元资金用于御窑遗址保护。2009年，《御窑厂遗址保护规划》通过国家文物局评审并批复，省政府公布实施。2010年，经国家文物局批准立项，景德镇市启动《景德镇御窑厂国家考古遗址公园规划》编制、申报工作，开展御窑遗址考古公园环境整治和居民动迁。至年底，动迁安置住户132户，拆除面积1.4万平方米，占总拆迁面积69.80%。

文物保护单位

高岭古矿遗址　位于浮梁县鹅湖镇高岭山。高岭土古矿区开采于明万历时期，万历中期至清乾隆时期为开采旺盛期，清乾隆以后虽有开采，但为数不多，为该矿的衰落期。高岭土古矿遗址分布甚广，方圆数千米，有几十处古矿洞。1987年，高岭土矿遗址被公布为江西省文物保护单位。其保护范围东至查坑林场、南至婺源、西至千坑林场、北至东埠街。2001年6月25日，国务院公布高岭古矿遗址为国家重点文物保护单位。2005年8月23日，高岭古矿遗址被评为首批国家矿山公园。

高岭古瓷土矿矿洞

湖田古窑遗址的宋代马蹄窑

湖田窑遗址　1982年,湖田窑遗址列入国家重点文物保护单位。1985—1999年,市陶瓷历史博物馆和市陶瓷考古研究所先后进行13次抢救性考古发掘。出土大量的青花瓷墩子碗、渣斗碗、莲子碗、盘、碟、高足杯、小杯、器盖、罐、钵、枕、炉、灯盏、砚滴、粉盒、器盖、象棋、围棋等以及漏斗形匣、平底碗状覆烧匣、桶形匣、垫饼和垫圈等窑具。发掘整理出房屋残墙、路面、水沟、柱础、砂池、蓄泥池、练泥池、淘洗池、轮车基座等遗迹。2001年,在遗址上加盖保护房,并常年对观众展出开放。

御窑遗址　2002年10月至2005年1月,由市陶瓷考古研究所、北京大学考古文博学院、江西省文物考古研究所联合组成景德镇明、清官窑遗址考古队,对珠山北麓等地进行连续3年的考古发掘。共布探方16个,实际发掘面积1543平方米,发现晚清江西瓷业公司发行所建筑遗迹1处,清理明初葫芦形窑炉遗迹7座,馒头形窑炉14座。葫芦形窑年代为明洪武至永乐时期,葫芦形窑炉遗迹在官窑遗址中属首次发现,馒头形窑炉年代为明宣德至万历时期。此外,还发现埋藏明永乐和宣德早期官窑落选贡品挖坑掩埋的瓷器30处(窝)以及沿坡倾倒的成化、弘治时期瓷片5处,出土在小坑窝状的瓷片绝大多数可以复原,其中不少品种是罕见的官窑遗物。御窑遗址考古发掘被评为2003年全国十大考古新发现。2004年,御窑遗址考古又发现以孔雀绿釉为主的明宣德官窑瓷片和明代正统年间的龙缸瓷片等珍贵文物。2006年,公布为国家重点文物保护单位。

记者在御窑遗址考古发掘现场采访

2010 年 10 月,御窑遗址成功入选国家考古遗址公园立项名单,为江西省首个。

浮梁古县衙　位于浮梁县旧城,始建于唐代,现存县衙大堂保存完整,为清代建筑,原为衙署建筑群中的金公祠。修缮后的县衙有中门、衙院、正堂、二堂、内室和厨房 6 个部分。1987 年 12 月,公布为江西省文物保护单位。1999 年,浮梁古县衙被列为文物旅游景区。2005 年,被评为国家 AAAA 级旅游景区。

浮梁古县衙建筑群

红塔　位于浮梁县旧城,与县衙相邻。始建于宋代,原名西塔,又称大圣宝塔,因受雨水侵蚀致使塔身通体被外渗的泥浆砌体(以红壤为主)染红,故称红塔。塔体 6 角 6 面,外体 7 层,底部须弥座和顶部刹座共分 9 个部分。内体依外体 7 层,在各层间增设夹层,累计 14 层,塔体总高为 40.47 米。1986 年前,公布为江西省文物保护单位。1987 年,红塔维修工程竣工,并正式对外开放。1999 年,红塔被列为文物旅游景区。2005 年,被评为国家 AAAA 级旅游景区。与红塔隔江相对的有文昌塔(白塔),清代建,七层后加二层,塔后有文昌庙。50 年代末废,墙砖运往市里建人民电影院。

涌山洞穴遗址　1947 年,江西省地质调查所章人骏报道发现古动物化石,经杨钟健鉴定为华南各地常见的"大熊猫——剑齿象"动物化石。1962 年 11 月,中国科学院古脊椎动物与古人类研究所黄万波、计宏祥、邱子峰 3 人,在江西省文物管理委员会郭远谓及乐平县文化馆程养年的协助下,对涌山洞穴遗址进行科学发掘,结果发现大量动物化石和几件打制石器,但由于"这次发现的材料还不很丰富",打制石器存有异议。1982 年,中国科学院学者再次撰文指出"1962 年发现几件石件,其中一件人工痕迹清楚"(见李炎贤的《华南旧石器时代的相对年代》一文,发表于 1982 年 11 月《人类学学报》)。1987 年 12 月,公布为江西省文物保护单位。

涌山商周人类遗址洞穴

乐平坑口古戏台　位于镇桥镇坑口村,始建于清道光二十五年(1845)。2001 年 2 月,被列为市级重点文物保护单位。2006 年 11 月,被列为江西省文物保护单位。

乐平浒崦名分堂双面戏台　位于镇桥镇浒崦村,建于清同治十一年(1873),是由晴台、雨台、厢楼、祠堂四面环合的一组建筑。双面台,当地人称为"晴雨台""鸳鸯台"。晴台三间四柱三凤楼两硬山,重檐双翘歇山顶。戏台里外遍布戏台人物故事百余幅,雕镂精致,装饰豪华。雨台呈敞口伸出式,悬山顶,整体气势与繁华程度虽不及晴台,但典雅、秀美。2007 年 7 月,被列为江西省重点文物保护单位。

老城区保护

1982 年 2 月,景德镇为国务院首批公布 24 座历史文化名城之一。最重要的组成部分为景德镇老城区按照《景德镇市历史文化名城保护办法》划分的老城区区域是:北至观音阁 400 米狭长地带,西临昌江河,南至浙江路以南 260 米,东至莲花塘(佛印湖),总面积约 2.99 平方千米;昌江及其沿岸景观视线走廊;湖田古窑遗址保护区;枫树山陶瓷古建筑保护区;三闾庙明清古街保护区。老城区地下几乎都有窑业堆积,地面上还遗存有古作坊、窑房、民居、会馆、寺庙、商铺等。1999 年 3 月 15 日,市政府发布《关于切实保护御窑厂遗址的通告》。2004 年 3 月,市政府下发《关于加强景德镇市文物工作的若干意见》《关于加强保护湖田窑遗址的通告》。2006 年 8 月 31 日,市政府发布《关于保护国家重点保护单位“御窑厂遗址”的通告》。9 月 8 日,市新农村建设领导小组、市文物局下发《关于加强我市新农村建设中文物保护工作的意见》。是年,组织编写《景德镇老城区十大旅游景区解说词》《景德镇陶瓷文化遗产解读》《景德镇老城区传说故事》;出版《湖田窑遗址考古发掘报告》《景德镇民间故事》《景德镇瓷业习俗图释》。2011 年 6 月 22 日,市政府制定《景德镇历史文化名城保护办法》。

考古研究

古遗址　落马桥窑址。80 年代初,市红光瓷厂院内的基建工地发现一元代窑址,市陶瓷历史博物馆筹建处立即派出专业人员到现场进行抢救性考古发掘。清理出土遗物有印花白瓷、青花瓷,以青花小件为多,瓷胎略粗。上述遗物曾在东南亚大量出土,而其中书写“头青”“黄”“吴”“戴彩”等文字的瓷柱与青花八思巴文研钵(工匠使用之物)均为初次发现,在出土瓷器同一地层遗物中还有一个用青料书写“辛巳”二字的瓷片,这个瓷片对确定上述遗物的烧造年代极为重要。

元青花瓷器残片釉香炉修复件

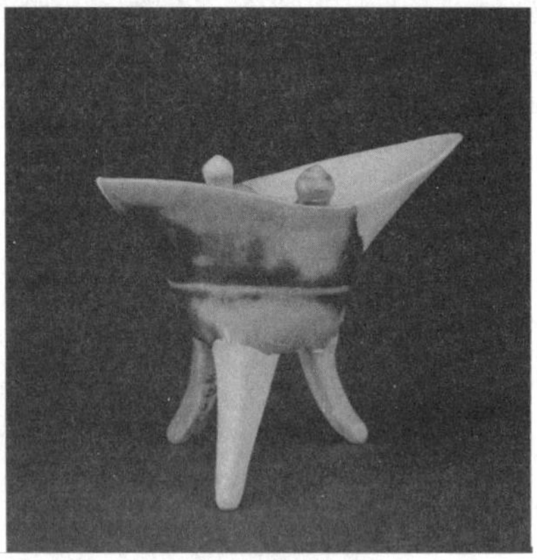

铜红釉酒盅修复件

元甜白釉香炉修复件

枫树山北宋程璘墓。80 年代初,枫树山林场金龟山基建工地发现一合葬墓。经清理遗物有北宋刻水禽纹影青渣斗、斗笠碗、铜镜、妆盒及金、银、水晶、玛瑙等器皿。该墓为夫妇合葬墓,墓主程璘为北宋晚期的“知二广经略安抚史”,卒于宣和元年(1119),右(北)为夫人陈氏宜人墓室。

灵安瓷土矿遗址。1986 年,经考古发现宋代灵安瓷土矿遗址。位于湘湖镇灵安村凤凰嘴、粘坡两处。是今浮南瓷土矿矿脉西南沿线一个重要的古代矿址。开采于北宋中期,明清时期达到极盛,留存数十处古代开矿遗迹。

成化官窑遗址。1987 年 5 月,景德镇市在复建龙珠阁时,推土机推出一些有成化年款的细薄瓷片,陶瓷历史博物馆的专业人员进行抢救性发掘。出土器物有斗彩葡萄盏、斗彩团花花鸟纹薄胎杯、底部书有“天”字款的斗彩海马盖罐、不见于文献记载和传世的祭红白龙大碗、宝石蓝白凤大碗、素三彩鸭薰、青花花果纹大盖盒、白地绿彩灵芝纹三足炉、绿彩香盒以及斗彩八宝纹大碗等,出戟尊、鼓钉洗均为首次发现。

礼林九林壁画墓遗址。1987 年 4 月,九林石榴山盗掘墓葬案件发生后,省考古队赶至现场,进行抢救清理发掘。发掘报告认为该墓属单室墓,因多次被盗,随葬品甚少。报告发表在 1987 年第五期《江西画报》。是年 12 月,乐平博物馆在维修复建该墓过程中,发现该墓右侧又暴露出一墓穴,经清理后发现是一座女室墓,据考证当属北宋宰执王刚中夫妇合葬墓。女室墓出土瓷器 3 件,属二级文物。

元代官窑遗址。1988 年 5 月,在珠山北侧离地表深约 1.50 米沟渠中,发现明初堆积层下有一批元代官窑瓷器残片,经考古专业人员进行抢救性发掘,整理、修复品种有罕见的青花扁圆盖盒、桶式盖盒、围棋罐等,纹饰有元代典型的龙凤纹以及金刚宝杵、姜芽海水、折带云等,以龙纹为最多。据考证,其龙的造型与英国大卫基金会收藏的一件有“至正十一年”纪年题记的大瓶上龙纹一致,但大瓶的元青花龙纹均作三爪或四爪,唯独此次发现的龙纹全为双角五爪。此次发掘证实珠山地区为元官窑即浮梁瓷局的所在地，明、清御窑厂就是在元官窑的基础上创建的。

正统官窑遗址。1988 年 11 月初，景德镇御窑厂西侧基建工地发现明代官窑瓷片，市考古专业人员进行抢救性发掘，发掘出明代瓷窑遗址 5 座，并在窑群的西侧发现一条长 17 米宽 2 米的巷道中填满龙缸瓷片，瓷片堆积厚达 1.30 米。根据上下两层有纪年的遗物，印证《明实录》等权威文献，确定中层龙缸残片是明正统七年(1442)北京皇宫奉天、谨身、华盖 3 大殿告成，英宗帝诏景德镇御窑厂烧造的"青花白瓷缸"，因有变形开裂等弊病不能进京而被砸毁并埋藏在巷道内。经修复的青花大龙缸，腹径 88.50 厘米，口径 71 厘米，高 74.50 厘米，为明代官窑最大的瓷器。这次发掘为研究明"空白期"瓷器提供了重要实物资料。

宣德官窑遗址。1993 年 1 月，市政府在大院东侧破围墙新建御窑商品长廊，市陶瓷考古研究所根据明、清御窑厂范围的文献记载，预测该地段如挖墙基可能会有遗物出现，即主动组织专业人员进行抢救性考古发掘，获得数以万计的宣德官窑瓷残片。经过清洗、整理，复原出百余件宣德官窑器。品种有青花茶菊纹大盖罐、造型各异鸟食罐、十余种不同纹饰蟋蟀罐、仿宋名窑的紫釉、黑釉和青釉碗碟和仿伊斯兰金银器的青花钵、水罐、扁壶等。这些瓷器除极个别外，90% 以上都有确切的纪年，款字有六字款(大明宣德年制)和四字款(宣德年制)两种，款式有青花、刻花、单排、横排、竖排、双行竖排和三行竖排之分，矾红款、铁绘款和青花四字篆文款在传世品中极为少见。修复的百件宣德官窑器中有 30 余件是孤品。

明初官窑。1994 年 7 月在珠山南麓发现，市陶瓷考古研究所立即进行抢救性发掘，历时 2 个月，获瓷片 2.50 吨，经过整理，修复出洪武、永乐早期珍贵的官窑瓷器 118 件。出土的遗物进一步证实明洪武二年(1369)朱元璋已在景德镇设置官窑；出土的永乐青花瓷器有 80% 以上都能与伊朗阿德卑尔回教寺院和土耳其托普卡普・沙赖博物馆收藏的传世品相印证，证实该类遗物是永乐大帝为郑和第四次下西洋而生产的，也进一步说明明初官窑不仅生产御用瓷，而且也大量生产外销瓷。

永乐官窑遗址。1999 年 7 月，景德镇市珠山中路原市建工局地段(御窑厂)实施旧城改造时发现。经市陶瓷考古研究所清洗、分类、整理、修复成器物有明永乐青花鸡心壶、永白釉瓷镈、青花云龙海水纹歇爵山盘、青花地刻白云龙纹梅瓶、青花凤纹梅瓶等一批永乐瓷器，其中青花地刻白云龙纹梅瓶是 328 件瓷片粘合起来的。此次发掘出的永乐青花地刻白云龙纹梅瓶，青花鸡心壶、瓷镈、歇爵山盘均属首次发现。

蛟潭商周古文化遗址。1999 年，江西省考古队对九景高速公路支线浮梁路段进行考古调查，发现浮梁境内蛟潭大桥北侧有 1 处商周时期文化遗址。2000 年 11 月，省考古队对遗址进行抢救性发掘。遗址位于蛟潭镇蛟潭村后的山坡上面积 2000 余平方米。发掘面积为 886 平方米，均在公路改造的红线范围，布方共计 26 个，层位最深处距地表约 0.80 米，堆积可分 4 层，红烧土带状 1 处，灰坑 4 个，出土遗存有石器、陶器、玉器及各种生活遗迹。石器主要有磨制两面钻双孔的石刀、磨制无孔石刀、段锛、磨制两刃锛、石斧、磨制两刃石戈、刮削器、柳叶石石族，还发现崇拜男人生殖器的石祖，说明当时主要劳动力以男人为主；代表性陶器主要有瓮、尊、折肩罐、杯、盏、纺轮、圈足器、凹底器，质地为红褐色夹砂陶、软质和硬质泥灰陶 3 种，纹饰施以方格纹、绳纹、凸弦纹、菱形纹、网纹、编织纹、叶脉纹、曲折纹、云雷纹、回纹、水草纹等，纹样以拍印为主，少量刻划；玉器有玉环等，从遗存特征分析，断定为商周时期的文化遗址。是浮梁县境内首次发现商周遗址。

御窑遗址。2002 年 6 月，国家文物局批准：景德镇珠山御窑遗址发掘工作由北京大学考古文博院、江西省文物考古研究所、市陶瓷考古研究所联合开展。10 月 9 日始，进行 2 个月的封闭式发掘，第一阶段发现元末明初窑址和江西瓷业公司发行所遗迹。发掘出一大批仿哥窑的各种罕见器型小罐和永乐梅瓶、碗以及宣德红釉碗、靶盏器物瓷片数篓，引起专家学者关注。

2003 年 2 月，景德镇市陶瓷考古研究所修复珠山御窑遗址出土的破损瓷器，历时 8 个月修复明代永乐、宣德、成化、弘治官窑瓷 200 余件。器型有梅瓶、僧帽壶、梨形壶、小罐、碗、盘、靶盏、香炉、花盆、爵等。是年 10 月 13 日至年底，北京大学考古文博院、省文物考古研究所、市陶瓷考古研究所联合考古队，再次在珠山御窑遗址考古发掘，获得大量书写"大明成化年制""大明弘治年制"款的贡余瓷，其中一件明洪武时期白釉碗的内底部刻有"局用"二字款("局"当指"瓷局"，沿用了元代瓷局的名称)，其中出土的宣德青花调色碟、正德青花阿拉伯文方盘和瓷栏板均为以往所不见或罕见的御窑遗物。

2004年,景德镇明清御窑遗址考古发掘,在出土大量官窑瓷器的同时,出土馒头形窑遗迹14座,集中分布在御窑遗址西侧,以小砖砌制而成,均由窑前工作面、窑门、火膛、窑室、烟道、排烟孔、烟囱、护窑墙等部分组成,规制较小,面积约700平方米。属明宣德至万历时期,为明史文献记载提供可靠物证。4月11日2003年度"全国十大考古新发现"评选活动揭晓,御窑遗址考古首次入选。10月12日,中央电视台新闻频道对考古成果进行现场直播。2006年2月2日,景德镇市珠山明、清御窑遗址考古发掘获2003—2004年度全国田野考古二等奖。

丽阳民窑遗址。2005年7月中旬,由故宫博物院、省文物考古研究所和市陶瓷考古研究所联合组成考古队,对丽阳乡古窑址进行3个月的发掘,发现元代和明代早期的瓷器窑炉各一座,出土大量宋、元、明时期的瓷器残片以及装在匣钵内完整的"夹生饭"瓷器。出土遗物有五代青瓷、宋元青白瓷、明代青花、仿龙泉釉、仿哥釉、白釉瓷器等。器类有碗、盘、高足碗、高足杯、罐、执壶、炉、盏等。10月19日,耿宝昌、李辉炳、刘新园、权奎山等14位考古专家对丽阳民窑遗址进行实地考察,确认丽阳乡碓臼山龙窑内大量完整初烧瓷器遗迹现象尚属全国首次发现。论证彭家村瓷器山明代早期偏晚的葫芦窑,填补了明代景德镇地区葫芦窑的发展序列的空白。2006年3月,由国家文物局指导中国文物报社、中国考古学会主办的"2005全国十大考古新发现"评选活动揭晓,丽阳乡瓷器山元代龙窑遗址入围项目名单。

耿宝昌在丽阳古窑址考古发掘现场

铜锣山、道塘里、凤凰山民窑址。2006年2—10月,省文物考古研究所、景德镇民窑博物馆、分别对市区南环公路建设范围的铜锣山、道塘里和凤凰山古窑址进行抢救性考古发掘。共计发掘面积1917平方米,揭示龙窑遗址2座、制瓷作坊遗址3处、练泥池1个,出土一批青釉、酱(黑)釉、影青瓷器和窑具标本,影青瓷器和匣钵窑具占出土物的绝大部分,可复原的器物达数百件。通过考古发掘和研究,发现铜锣山、道塘里和凤凰山3窑址是北宋时期以烧造影青瓷为主,兼烧少量青釉、黑釉瓷器的窑址。其中铜锣山、道塘里窑址时代主要在北宋早中期,其上限当在北宋早期或可早到五代晚期,下限当在北宋中晚期,超不出南宋。凤凰山窑址的时代集中在北宋中晚期。凤凰山以烧瓷壶为主,其他两窑以烧杯、碟、碗、盏为主。

浮梁凤凰山宋代龙窑遗址

观音阁窑址。2007年9月25日至12月30日,北京大学文博学院、省文物考古研究所、市陶瓷考古研究所组成联合考古队,对景德镇老城区北端的观音阁明代瓷窑址进行发掘,发掘面积600余平方米,发现一批明代作坊遗迹、制作工具,出土明代中后期重要瓷器标本数千件。

太平庙遗址。2008年发现。位于昌江区鲇鱼山镇新柳村东南方向2000米郭璞峰铁军岭水库东北侧。仅见1座现代修建的简易庙宇、1棵树径约4米的罗汉松以及残损的经幢、砖石等。经幢上残存有"大清乾隆仲夏月吉旦日　南无阿弥陀佛如来　离怖畏如来　身如来"等楷体刻字。由此可推断该遗址下限为清乾隆年间。

程家堰遗址。2008 年发现。位于浮梁县湘湖镇东安村，始建于明初一处村落水利设施遗址，相传元末明初时期，朱元璋与陈友谅在鄱阳湖大战时，朱元璋部队路经程家庄。军民们到此饥饿困乏，在私塾先生江永一好心的劝说下，村大户程百万慷慨解囊劳军。后朱元璋大胜建立明朝后，曾拨银万两在此修造功德楼。但在程百万的建议下改修万岁桥，并在桥旁 200 米外造一座宽约 200 米的水堰，竖碑为“程家堰”。

塘下古匣钵土矿遗址。2008 年发现。位于浮梁县湘湖镇古田村塘下村北面，由金家塘、程家塘、锅底塘 3 处组成。面积有 5000 平方米。矿址生产瓷器所需要的匣钵，烧造时期基本上和旁边的窑址年代相同，应为北宋中期。

古建筑　梅岭村张氏祠堂。2001 年调查。位于浮梁县瑶里镇梅岭村，整体建筑布局严谨，用材考究，号称江南第一祠。祠堂坐北朝南，依中轴线从外到内有：照壁、泮池、广场、门楼、正方形天井、大堂、横长方形天井、寝堂。门厅为面阔 7 间进深 3 间，两侧是大理石雕的外八照壁。前堂“崇本堂”为面阔 5 间进深 3 间，用材硕大，木雕精美。后寝为面阔 5 间进深 5 间，供奉张氏祖先。整个祠堂始建于明代，清代重修，长近 77 米，宽 17 米，面积 1300 平方米，是浮梁县最大的家族祠堂，对研究祠堂建筑的布局有重要参考价值。

大花桥。2001 年调查。位于浮梁县湘湖镇东安村白竹山西北，始建于宋代，是一座单拱石桥。长约 8 米、宽约 3 米、高约 4 米。相传此地形似美女献花，故取名为“大花桥”。

永济桥。2003 年调查。位于浮梁县湘湖镇荞麦岭村旁，始建于清代，是一座三拱石桥。时因修桥资金困难，村民们纷纷捐资，永济后人，故称“永济桥”。桥长 40 余米，宽 6 米、高 8 米。原景白公路经过此桥。

判官桥。2005 年调查。位于昌江区丽阳乡丽阳村，长 23 米、宽 4.50 米、高 5 米，单拱。面积 103.50 平方米。建于昌江河港汊（小港上河）上。由红石砌筑。桥南侧约 8 米处建有一新桥和一土地庙。桥的建筑年代不明。

瓷商宅院。2007 年调查。位于浮梁县勒功乡沧溪村上村小组，始建于清末民国初，是座三间五架砖木结构的建筑，面积约 200 平方米。此屋是朱佩泽做瓷器以及研究瓷艺的民居。屋外砖雕，屋内木雕加以装饰，雕刻以动物纹、植物纹为主，雕刻手法精致、细腻。民居木架结构完整。

郎树桥。2007 年调查。位于浮梁县湘湖镇双凤村郎树村小组。长 22 米、宽 4 米，是一座单拱石桥。始建于宋末元初时期，清末胡氏从乐平搬迁于此，此村因桥而得名。

双源桥。2007 年调查。位于浮梁县湘湖镇前程程家村，建于清道光十五年（1835），是一座亭桥合一的廊桥。桥上建有双源亭，亭内梁上写有“国泰民安、风调雨顺”。由工程师德英、齐任胜建造。

祁门木业公所。2008 年调查。位于珠山区石狮埠街道半边街社区中山北路 780 号，坐西朝东，面阔 11.80米，进深 17.20 米，面积约 202 平方米，2 层砖木结构，3 进 2 天井，清水作，杉木用材，内部高度达 7 余米，西南侧有门通陪屋，陪屋有门通昌江河岸。内部北侧有板梯通二楼，木构建少有木雕纹饰。外立面大门上方有青石浮雕楷书“祁门木业公所”字样。为安徽祁门经营木业者的办事机构和落脚住宿的场所。

北乡公所。2008 年调查。位于珠山区石狮埠街道太平巷社区朝阳巷，坐东朝西，主体建筑 2 层砖木结构，2 进 3 开间布局，面阔 10.80 米，进深 15.10 米，面积约 172 平方米，总占地面积约 318 平方米。主体建筑前有一小院落，院门为八字门斗，门斗东侧隐约可见墨书楷体竖列“北乡公所”字样；主体建筑青石门框，内部木构件少有木雕装饰，后堂有门通陪屋；陪屋东侧墙上方嵌有一小碑，阴刻“北斗书院己墙己地”字样。

鄂城别墅。2008 年调查。位于珠山区昌江街道再胜弄社区小黄家上弄 50 号，坐东朝西，面阔 11.80 米，进深 15 米，面积 177 平方米，2 层砖木结构，2 进 3 开间布局，浅八字形门斗，门斗上方的木构件塌毁，只有残留的痕迹，青石门框，上有青石碑刻，楷书“鄂城别墅”；内部梁架及木构件少有木雕装饰。此建筑是湖北鄂城到景德镇经营陶瓷者的会馆。

慈义畈上村张承毛民居。2008 年调查。位于昌江区鲇鱼山镇慈义行政村畈上自然村，坐西南朝东北，相传是在太平天国军烧了老宅后重建而成，为晚清建筑。住宅窗扇等木构件雕刻纹饰较精美，有人物戏文、钱纹、动植物纹饰等。

港南王立元民居。2008 年调查。位于昌江区鲇鱼山镇港南村，现为港南村老年人活动中心。二层砖木穿斗抬梁式结构，2 进 3 开间布局，用材较大，内部梁架和窗户隔扇有木雕装饰，麻石鼓形柱础。

黎氏宗祠。2008年调查。位于昌江区丽阳乡丽阳村,2层砖木结构,2进3开间布局,面阔12.60米,进深23.20米,面积292.32平方米。清水作;垂篮为实心无雕镂纹饰;梁柱用杂木。门前有四个大旗杆石。

江家祠堂。2008年调查。位于珠山区昌江街道大黄家弄社区中山南路,坐东朝西,2层砖木结构,2进3开间布局,八字门脸,高台阶,内部梁柱板壁全部油漆,梁架有木雕装饰,东南侧有陪屋,后堂被改造为药房。1949年,祠堂被军管会接管,后改为中医院门诊部,历年来许多著名老中医坐堂问诊,在景德镇及周边地区影响较大,江家祠堂后来成为景德镇中医院的代名词。2000年,改称“国医堂”。

吴家村恭睦风水塔。2008年调查。位于浮梁县黄坛乡吴家村恭睦组村头,是建于清代道光年间的风水塔。塔为六边形砖石结构,残高7米,占地面积2平方米,存4层。在第3层上有6个长方形窗户,用于村民祭祀活动,是浮梁县发现的村落风水建筑的典型代表。

大原桥。2008年调查。位于昌江区荷塘乡陈湾村,长约14米,宽4.50米,面积约63平方米,高5米,单拱石桥。拱上嵌有青石碑,上刻“光绪乙未年大原桥　穆长林司建”字样。

毓秀桥。2008年调查。位于浮梁县臧湾乡仓下村李家组,始建于清代,是一座青石单拱桥。桥长15米,宽5.40米,高3.20米,桥拱中间的青石刻有“毓秀桥”3个大字。是当地村民筹资所建,方便东北两乡行人来往。

儒嘉桥。2008年调查。位于浮梁县经公桥镇新田村附近,是一座建于明万历九年(1581)的青石单拱桥。由此推断该桥不晚于明万历九年(1851),旁碑刻2块。其一为修桥碑,其二为金家村禁赌禁丐碑刻。由当地村民出资,王大源主建,石匠洪文进建造的桥,后人称之为“儒嘉桥”。至2010年,保存良好。

乐平秧畈明代古石坝。位于弋阳县曹溪镇横桥小店村西北侧,石二山东北麓小溪上,是众埠镇秧畈地区一座明代水利工程建筑,距乐平、弋阳两地边界两公里许,保存完好。古石坝系拦河滚水坝,小型储水灌溉工程建筑,由主坝和副坝两部分组成。建坝小溪,水源充足,流域面积142平方千米,石坝西南1000米五雷山东麓有乾岩洞,洞内有一窟泉水,此处石灰岩裂隙发育,地下水源丰富,是石坝枯水期主要水源。

乐平车溪敦本堂戏台。位于乐平市涌山镇车溪村朱氏宗祠敦本堂内,始建于清乾隆十一年(1746),属祠堂戏台,三间四柱三凤楼式。重檐双戗歇山顶。戏台额楼层次丰富,雕镂精细,不仅戏台隆重精美,气势恢宏,而且整个建筑规模宏大,功能齐全,堪称饶徽二州祠堂戏台之代表。

乐平涌山昭穆堂祠堂台。位于乐平市涌山镇涌山村,建于明崇祯年间,属祠堂台,堂内地面、台阶全部由青石铺就,每根立柱都刷上了朱红油漆,门枋一律漆成绿色,整幢建筑雕梁画栋,敷金施彩的雕刻与气宇轩昂的高檐、艳丽华美的藻井浑然一体,极尽奢华。古色古香、飞檐翘角的戏台矗立在眼前,各种雕刻更是千姿百态,生动逼真。戏台装饰精美,是乐平市唯一一座明代戏台。

集祥弄瓷商宅第　2009年6月11日至9月13日,对祥集弄3号民宅后厅厢房坍塌部位按原样进行恢复;对11号民宅后右厢房进行落架整修,对民宅多根受损的木构件进行修补。对11号民宅的附属建筑烧水间墙体开裂下沉,进行屋面、墙体拆除并恢复原样。

碑刻石雕匾额　国学师牌楼。1986年调查。位于浮梁县峙滩乡英溪村。现今残存石雕、斗拱、基座旧址,门罩中央刻有“国学师”楷书3字,右侧题款为“巡按江西监察御史胡鑰为”11字,左侧题款为“□□司业前翰林院金达立”11字,周围装饰纹样模糊不清。至2010年,保护程度一般。

金家禁赌禁丐碑。1986年调查。位于浮梁县经公桥乡金家村中,碑为两通,其上分别刻有“奉宪严禁赌博碑”和“奉宪严禁强丐碑”两块,立于清光绪元年(1875)。

白云禅寺碑刻。1986年调查。位于浮梁县经公桥镇鸦桥新村山谷中,始建于清乾隆年间。禅寺经过两次重修,存碑刻3通,详细记载当时出资人、禅寺面积、修造时间等。

乡先生增祀朱克已公碑。1986年调查。位于浮梁县勒功乡沧溪村下村小组中三贡坊旁。为明代次宰戴珊所提,名为《乡先生祠增祀朱克已朱公记》楷书12字,碑刻详细的记录修建蜚英坊的缘由和宋代理学士朱宏的业迹,并作出高度评价。

锦里禁赌禁伐碑刻。1988年调查。位于浮梁县兴田乡锦里村锦里陈家小组,石碑通高1.50米,宽0.60米,分别是禁伐和禁赌碑。前者为清嘉庆年间,后者为清同治年间。碑上各刻有300余字,字迹清晰可辨,碑额上书“奉宪永禁赌博”和“奉宪严禁伐杉松”等字。

凤岗程氏贞节坊。2005 年调查。位于昌江区鲇鱼山镇凤岗村，坐北朝南，正反面都刻有锦绣、莲瓣、人物等纹饰；可见“抚江西等处□务知部右□光□副□御□督江西全省□布政使□二次□李兰□中宪大夫□级二□知饶州府□时□大清雍正□录五次”等残存的楷书刻字。

百岁坊。2007 年调查。位于浮梁县江村乡柏林行政村儒林自然村中央，坐北朝南，是座四柱三门的明崇祯四年的砖石牌坊。坊高 5 米，宽 6 米，厚 0.80 米。坊分 2 层，顶层书有“圣旨”二字，二层刻有“昇平人瑞”四字。砖石雕刻动物、福禄寿等图案，形象生动，栩栩如生，采用深浮雕形式。在“文化大革命”期间“圣旨”二字已被毁，其他部分保存甚好。

茶培石刻（戴星母墓石碑）。2008 年调查。位于浮梁县浮梁镇茶培村，始建于明弘治十八年（1506）。遗存石龟 1 个，位于石碑下。碑刻有五爪龙纹，反映墓碑主人地位较高。

革命旧址　抗敌阵亡将士纪念碑。2007 年调查。位于珠山区新厂街道新厂社区轻工业陶瓷研究所大院西侧竹林内，花岗岩石材，高 200 厘米，宽 83 厘米，厚 15 厘米，15 行 32 列，近 500 字，楷书，刻于 1940 年元旦，由江西第五行政区动员委员会暨浮梁各界抗敌后援会敬立。碑文记述国民党军队二十一军所部一四六、一四七、一四八师，在军长陈仁寿率领下抗击日军的事迹。

皖赣铁路遗址。2008 年调查。位于浮梁县兴田乡潭口村西 300 米，皖赣铁路是连接景德镇、赣东北、皖南地区的交通线。抗战期间，由于日本军队向景德镇方向推进，中国军队炸毁皖赣铁路阻挡日军，留下潭口村的铁路遗址。

童坊村革命烈士纪念塔。2009 年调查。位于昌江区荷塘乡童坊村西侧，修建于 1960 年，占地面积约 1320 平方米，塔基面积约 4.41 平方米，高约 10 米，四方形。碑文北侧上方以水泥塑“革命烈士纪念塔”，下方塑“人民英雄　永垂不朽　邵式平题”；塔前立有一块大理石碑，上面刻有“荷塘革命根据地简介”。1930 年 8 月，方志敏亲临荷塘指导革命斗争，是年 9 月在童坊村成立苏维埃政权。荷塘乡在革命战争中有 11 人牺牲。2006 年，被列入昌江区爱国主义教育基地。

乐平界首红十军创建地。旧址位于乐平市众埠镇界首村，建筑面积近 300 平方米，清代民居风格，旧址内陈列有红十军建军的照片、图表等珍贵的历史资料。为市爱国主义教育基地。1990 年 7 月 22 日，红十军建军 60 周年纪念大会在乐平召开，汪东兴、饶守坤、吴官正等党和国家领导人及中央、省市各界代表 1000 余人到界首瞻仰红十军建军旧址。

瑶里改编旧址。位于浮梁县瑶里镇，由程家祠堂、华仁寺、敬义堂组成。1938 年 2 月 10 日，在皖赣边区革命根据地经历 3 年游击战争严峻考验的 3 支红军游击队，在中共中央东南分局的领导的部署下汇集瑶里，改编为抗日义勇军，开赴抗日前线，编入中国国民革命军陆军新编第四军第一支队第二团第三营。改编期间，在程家祠堂召开各界群众抗日动员大会，并宣布将江西抗日义勇军第一支队正式编入新四军序列。1988年，皖浙赣边区红军游击队瑶里改编纪念碑在浮梁县瑶里乡揭幕。2000年7月，公布为江西省文物保护单位。

博物馆

景德镇陶瓷民俗博物馆　1984 年开馆，称景德镇陶瓷历史博物馆，位于昌江区西郊（枫树山）蟠龙岗。2004 年 7 月，更名为景德镇陶瓷民俗博览馆，内设办公室、保卫科、群工部、古建筑保护部、陈列部、藏品保管部、园林部、文化产业部。2007 年 2 月，再次更名为景德镇陶瓷民俗博物馆。2010 年，在职人员 58 人，其中副高职称 3 人、中级职称 3 人、初级职称 8 人。

馆内异地保护的 12 栋明清古建筑为江西省文物保护单位。设有陶瓷民俗、瓷文化碑廊、制瓷七十二道工序图、明清古建筑展示等基本陈列。是集明、清古建筑保护，陶瓷民俗展示，生态园林，旅游接待为一体的文博事业单位，先后被评为全国中小学爱国主义教育基地、全国科普教育基地、国家 AAAA 级旅游景区、江西省园林化单位、江西省爱国主义教育基地称号。

景德镇陶瓷馆　1986 年，位于莲社北路 21 号，占地面积 7000 余平方米，展厅面积 528 平方米，馆名由郭沫若题写。由江西省陶瓷公司管理。2002 年 8 月，划归文化部门管理。2004 年 4 月 13 日，景德镇陶瓷馆被省委宣传部、省科学技术厅、省教育厅、省科学技术学会首批命名为江西省青少年科普教育基地。2009 年 8 月,景德镇陶瓷馆增挂景德镇中国陶瓷博物馆的牌子,实行一个机构,两块牌子。2010 年,在职人员 36 人,其中副高职称 6 人、中级职称 5 人、初级职称 6 人、享受国务院政府特殊津贴 1 人。

景德镇陶瓷馆

景德镇官窑博物馆　1998 年 11 月 18 日成立,坐落在景德镇市中心龙珠阁。明、清两代在此设立御窑,并派太监锯此坐镇,监造皇宫用瓷。这里留下了明清两代大量珍贵文物。1982 年至 2000 年年初,景德镇陶瓷考古研究所为配合市政建设,在景德镇珠山官窑遗址发现了元代、明代的官窑埋藏落选贡品的场所。经抢救发掘出丰富的遗物,并且经过十数年的艰辛整理,采取"多级分类、系列复原"的方法修复出了官窑瓷器数千件。景德镇龙珠阁官窑博物馆多年来所展览的展品就是从这千余件中选出的有代表性的精品。

湖田民窑博物馆

景德镇民窑博物馆　2003 年 6 月 23 日成立。前身为原景德镇市陶瓷历史博物馆湖田窑陈列馆,位于全国重点文物保护单位湖田古瓷窑遗址保护区内。收藏陈列湖田窑各个历史阶段生产的各类典型器物和历次考古发掘出来的珍贵文物标本,保护管理宋、元、明各个重要历史时期的窑炉、制瓷作坊遗迹。9 月 25 日,首次举办湖田民窑精品展、古代窑炉遗址展和古代窑炉遗迹展。馆内馆藏文物有宋代的青白釉盘口壶、青白釉凸弦纹蒜头瓶、影青瓷印章,元代的黑釉高足杯。

景德镇"十大瓷厂"博物馆　位于景德镇市风景路 55 号,毗邻珠山八友(月圆楼)群雕,距龙珠阁仅百米之遥。建筑面积约 1000 平方米。景德镇"十大瓷厂"博物以展示 80 年代景德镇建国、景兴、为民、人民、宇宙等十余家大型陶瓷生产企业的颜色釉、青花、青花玲珑、粉彩、釉中彩、雕塑瓷、薄胎瓷以及民族用瓷、国礼瓷、出口瓷等产品及文史资料。后迁往珠山东市。

精益斋陶瓷博物馆　2010 年 12 月成立,位于浮梁县旧县衙景区内,占地面积约 1.30 万平方米。有藏品数千件,其中以民国至"文化大革命"时期的瓷器为主,其中不乏精品,如程门浅绛花鸟瓷板、珠山八友瓷、7501 毛主席用瓷等。

景德镇皇窑陶瓷艺术博物馆　2010 年 12 月成立,位于景德镇陶阳北路 118 号,占地面积 4068 平方米。是集收藏、保护、展示、研究、教育、传统技艺再现为一体的专题景德镇陶瓷艺术类博物馆,馆内收藏二级文物 20 件、三级文物 60 件、一般文物 80 件、现代陶瓷收藏品 260 件。展厅分景德镇古瓷片标本展、古陶瓷展、方云峰瓷艺展、黄云鹏瓷艺展、现代名家作品展、高仿精品展、制瓷原料展、古镇窑、手工制瓷作坊、手工绘瓷作坊等十部分,系统展示景德镇从五代至现代千年瓷器实物以及从制瓷原料到古瓷窑、手工制瓷作坊、手工绘瓷作坊的制瓷全貌。

御窑工艺博物馆　2010 年成立,位于珠山中路御窑厂遗址西侧,面积约为 1320 平方米,是由会议厅改建而成的。陈列以小而精致的手法来进行布置，展示出土瓷片、御瓷复制精品，并辅以图文并茂的文献资料、声光电设施。场馆分上下二层，主要展示御窑遗址考古图片、清代著名督陶官唐英生平、陶治图说（制瓷工艺）以及制作御用瓷器所需的原料、窑具以及当时工匠进行成型、彩绘、填色等传统制瓷过程。

乐平市博物馆　1985年，乐平文物陈列室改称乐平县博物馆。1992年，改名为乐平市博物馆，为副科级事业单位，设馆长室、行政股、业务股，编制10人。2010年，馆内有藏品1400余件，如涌山车溪出土的商代圜底绳纩陶罐，韩家出土的战国青铜铎铃，城区李家岭出土的宋代胡人牵马瓷像以及在镇桥、涌山等地征集到的元代釉里红玉壶春瓶等文物，从不同的层面反映乐平各个历史时期的政治、经济、文化。

浮梁县博物馆　1989年成立，隶属于浮梁县文化广播电视局，属全额拨款事业单位，无馆藏文物，与文物保护管理所合署办公。2000年，浮梁县博物馆落成，建筑面积800余平方米，融库房、展厅、办公于一体。编制2人。2010年，工作人员10人。馆藏文物120余件，博物馆管理的各级文物保护单位有31处，其中国家重点文物保护单位1处、省级重点文物保护单位3处、市级文物保护单位7处、县级文物保护单位20处，另外还有民间古建筑200余幢，省级文物保护单位县衙、红塔开辟为文物旅游景区，2005年被评为国家AAAA级旅游景区。

表35－1－10　　**2010年景德镇陶瓷馆馆藏文物选录表**

年代	藏品	作者	年代	藏品	作者
南宋	影青十二生肖魂瓶	—	清·雍正	祭红釉玉壶春瓶	—
元代	花缠枝带座蒜头瓶	—	清·雍正	冬青釉刻花纹豆	—
元代	青花缠枝牡丹纹梅瓶	—	清·雍正	青花淡描丛竹小碗	—
元代	卵白釉童子观音瓷雕	—	清·雍正	仿哥窑天球瓶	—
明代	青花瑞果梅瓶	—	清代	青花葫芦纹葫芦瓶	—
明代	青花折枝花斗笠葵瓣碗	—	清·乾隆	粉彩百鹿双耳斛桶瓶	—
明代	青花石榴花鸟盘	—	清·乾隆	外粉红低温釉内粉彩蔬果纹窝盘	—
明·宣德	青花一束莲盘	—	清·乾隆	珊瑚红南瓜瓷雕	—
明·景泰	青花“樵夫指路”人物坛	—	清·乾隆	霁蓝釉描金将军罐	—
明代晚期	五彩瑞兽纹坛	—	清·乾隆	斗彩勾莲图盘	—
清·康熙	古彩万寿无疆麻姑献寿盘	—	清·乾隆	厂官釉瓶	—
清·康熙	天青釉如意耳梅瓶	—	清·乾隆	粉彩鸡缸杯	—
清·康熙	青花山水凤尾尊	—	清·乾隆	粉彩九桃天球瓶	—
清·康熙	五彩十二月花杯	—	清·乾隆	仿木纹碗	—
清·康熙	青花山水棒槌瓶	—	清·乾隆	粉彩镂空套瓶	—
清·康熙	青花鹿鹤图凤尾尊	—	清·乾隆	珐翠釉狮雕水注	—
清·康熙	五彩鱼藻纹盘	—	清·同治	浇黄雕山水笔筒	—
清·雍正	冬青釉绳纹尊	—	清末民国初	浅绛彩山水图狮耳瓶	王少维
清代	祭红釉鱼尾瓶	—	民国	粉彩翠竹图瓷板画	徐仲南
清·雍正	青花折枝花果天球瓶	—	民国	粉彩山水图文具	汪野亭
清代	鳝鱼黄无柄花浇	—	民国	粉彩“鱼草”图水盂	邓碧珊
清·雍正	茶叶沫有把花浇	—	民国	青花釉里红牵牛花图方肩瓶	王步

续表 35－1－10

年代	藏品	作者	年代	藏品	作者
民国	粉彩八哥图瓷版	毕伯涛	明代	楷书	刘振之
民国	粉彩木兰还乡图瓶	王大凡	清·顺治	书法	何采
民国	粉彩红梅图瓷版	田鹤仙	明·嘉靖	草书	周天球
民国	粉彩桃园结义图瓷版	王琦	清·康熙	书法	许岳
民国	粉彩“冬雪山水”图瓷板画	汪大沧	清·康熙	书法	陆起东
民国	粉彩寿带梅花图瓷板画	程意亭	清代	对联	施圣川
当代	墨彩岳飞图蝠耳瓶	—	晚清	篆书	无名氏
当代	窑彩罗汉诵经瓷雕	—	清·康熙	山水图	赵乾
当代	粉彩开光花鸟图瓶	刘雨岑	清代	人物图	周丞
当代	铁骨泥描金开光双耳瓶	—	清·康熙	隶书	王民
当代	三阳开泰颜色釉扁肚瓶	—	清代	春江下白帝行书	王澄
现代	五彩花鸟图将军罐	—	清·光绪	兰竹图	张之翼
现代	仿钧釉三足炉	—	清·康熙	山水图	陈菁
清代	八仙图卷	黄慎	清代	玉铭写真图	俞朝诗
清·同治	俞朝诗《程佐平写真图》	俞朝诗	清代	墨荷图	芹甫箕
清·同治	《程用舒写真图》	俞朝诗	清·康熙	草书	王潢
清代	苍然故旧情行书	查士标	清·康熙	行书	王仕云
清·康熙	攀图	樊圻	清·康熙	行书	吴景运
清·康熙	山水图	邹喆	清·康熙	山水图	郑淮
清代	灵丹济世图	胡达	清代	五伦图	李廷樑
清·康熙	花鸟图	沈铨	清·康熙	山水图	高岑
清·康熙	山水图	吴宏	清代	书法	石岩

表 35－1－11　　**2010 年景德镇官窑博物馆馆藏文物选录表**

年代	藏品	年代	藏品
宋代	影青刻水禽纹渣斗	宋代	影青捏塑龙虎枕
元代	卵白釉印龙纹靶盏	元代	青花五爪龙纹围棋罐
明·洪武	青花蕉叶竹石纹执壶	明·洪武	青花缠枝四季花卉纹浅碗
明·洪武	青花锦地垂云莲纹折沿盘	明·洪武	釉里红缠枝牡丹纹大碗
明·洪武	釉里红地白缠枝莲纹大碗	明·永乐	青花海浪刻白龙纹扁壶
明·永乐	青花海水仙山双耳三足炉	明·永乐	青花湖石鸡冠花纹大窝盘
明·永乐	青花梵文大勺	明·永乐	金彩花卉纹敛口钵
明·永乐	白釉三壶连通器	明·永乐	绿地酱彩龙纹小碗

续表 35－1－11

年代	藏品	年代	藏品
明·宣德	青花螭龙纹梅瓶	明·宣德	青花缠枝牡丹纹军持
明·宣德	青花方流直颈壶	明·宣德	青花鱼藻纹多棱金钟碗
明·宣德	青花海怪纹大盘	明·宣德	青花螭龙砚滴
明·宣德	青花蟾形五毒鸟食罐	明·宣德	青花行龙纹蟋蟀罐
明·宣德	青花鹰雁纹蟋蟀罐	明·宣德	斗彩鸳鸯莲池纹盘
明·宣德	红釉凤首注	明·宣德	蓝地白鱼藻纹碗
明·宣德	洒蓝刻龙纹钵	明·宣德	青釉带座梅瓶
明·宣德	天青釉靶盏	明·宣德	黄釉梨形壶
明·宣德	孔雀绿釉靶盏	明·宣德	孔雀绿釉青花鱼藻纹盘
明·正统	青花双耳球花纹瓶	明·正统	青花龙纹大缸
明·正统	青花海水纹碗	明·正统	青花八宝纹碗
明·成化	青花穿花龙纹鹤颈瓶	明·成化	青花云鹤纹三足冲耳炉
明·成化	青花缠枝莲托八宝纹鼓形熏	明·成化	青花花鸟纹盖盒
明·成化	青花宝相花纹侈口小碗(一对)	明·成化	斗彩(半成品)鸡缸杯
明·成化	斗彩高士杯	明·成化	青花龙凤纹盘
明·成化	釉里红龙纹碗	明·成化	矾红海水青花龙纹碗
明·成化	斗彩应龙纹天字盖罐	明·成化	斗彩锦盆堆纹碗
明·成化	斗彩折枝葡萄纹高足杯	明·成化	红地绿彩灵芝纹三足香炉

第八节　非物质文化遗产

非物质文化遗产普查

2005 年 3 月，景德镇市开始非物质文化遗产普查工作。历经 4 年，共调查、收集非物质文化遗产线索 845 条，并将这些资源进行整理，其中民间文学类有 628 个(条)、民间音乐类有 184 个(条)、民间舞蹈类的有 8 个、民间手工技艺类的有 19 个、民间习俗类的有 5 个、民间美术类的有 1 个。收集整理文字资料 10 册，音像资料 22 份，图片 1056 张，实物 136 件。是年，制定下发《景德镇市民族民间文化保护工程实施方案》。当年完成“景德镇手工制瓷工艺”“景德镇瓷业习俗”“乐平古戏台建造工艺”等 3 项国家级非物质文化遗产代表作的申报工作。其中“景德镇手工制瓷工艺”和省文

吹釉

化厅申报的"景德镇传统瓷业营造技艺"被文化部列为第一批国家非物质文化遗产保护项目。

2006年,市政府制定《景德镇市非物质文化遗产普查工作计划(方案)》。2007年,市政府下发《关于加强我市非物质文化遗产保护工作的意见》《景德镇市级非物质文化遗产名录申报评定暂行办法》,建立景德镇市非物质文化遗产保护工作部门联席会议制度。是年,搜集整理一大批非物质文化遗产的资料和实物,通过专家评议审定后,公布首批40项市级非物质文化遗产保护名录,其中包括民间故事142篇、民歌90首、民间舞蹈8个、民间工艺19项(含陶瓷制作技艺14项)、民间习俗和民间美术6项。2008年,出台《景德镇市传统制瓷技艺代表性传承人认定与管理暂行办法》,评选并授予4位手工制瓷老艺人"手工制瓷技艺"优秀传承人称号。市政府给10位老艺人颁发"景德镇市首批传统制瓷技艺传承人"证书,11名老艺人入选江西省第一批省级非物质文化遗产项目代表性传承人,"景德镇传统青花瓷制作技艺"等6项非物质文化遗产入选江西省第二批省级非物质文化遗产保护名录;新确定2家市政府第二批授牌的陶瓷名家个人艺术馆。2009年,"景德镇传统手工制瓷技艺"通过文化部审核,正式申报联合国教科文组织"人类非物质文化遗产代表作名录",为江西首个入围的保护名录。景德镇市进入国家级非物质文化遗产名录的有2项、省级10项、市级52项。入选国家级非物质文化遗产项目代表性传承人4人、省级12人、市级10人。2010年,完成全省非物质文化遗产普查验收工作。

非遗传承人在利坯

"十大文艺集成"工程

1979年开始,根据文化部的安排,景德镇市开展"十大文艺集成"的搜集整理工作,编辑出版《景德镇文化志》《景德镇戏曲志》。收集整理《景德镇文物志》《景德镇民间故事集》《景德镇民谣集》《景德镇民歌集》《景德镇曲艺曲目》《景德镇曲艺音乐集》《景德镇采茶戏曲目》《景德镇民间器乐曲曲目》等一批资料,保留一大批文化艺术类的第一手资料,其中不乏从民间收集上来的非物质文化遗产资料。2006年开始,以这些资料为蓝本,深入到社区、乡村进行印证和甄别,确定民间文艺类的非物质文化遗产项目。

非物质文化遗产保护名录

2006年,景德镇市开始《非物质文化遗产保护名录》的申报、建立工作,至2011年,建立市级非物质文化遗产名录51项,其中14项进入省级非物质文化遗产名录、2项进入国家级非物质文化遗产名录。

表35-1-12 **景德镇市市级非物质文化遗产一览表**

	项目	类别	项目	类别
第一批市级非物质文化遗产名录	景德镇民间故事	民间文学	景德镇传统青花瓷制作技艺	传统技艺
	景德镇民间歌谣46首	民间文学	景德镇传统粉彩瓷制作技艺	传统技艺
	景德镇民间谚语440句	民间文学	景德镇传统古彩瓷制作技艺	传统技艺
	景德镇民歌90首	民间音乐	景德镇传统珐琅彩瓷制作技艺	传统技艺
	景德镇民间器乐曲35首	民间音乐	景德镇传统玲珑瓷制作技艺	传统技艺
	景德镇曲艺音乐59首	民间音乐	景德镇传统雕塑瓷制作技艺	传统技艺
	景德镇民间瓷乐艺术	民间音乐	景德镇传统特种工艺瓷制作技艺	传统技艺
	手狮舞	民间舞蹈	景德镇传统制瓷柴窑烧成技艺	传统技艺
	打蚌壳	民间舞蹈	景德镇传统制瓷工具制作技艺	传统技艺
	马灯舞	民间舞蹈	景德镇瓷用毛笔制作技艺	传统技艺

续表 35－1－12

	项目	类别	项目	类别
第一批市级非物质文化遗产名录	跳魁星	民间舞蹈	浮梁县碱水粑制作技艺	传统技艺
	九老图	民间舞蹈	浮梁功夫红茶制作技艺	传统技艺
	瑶里镇长明村青狮白象灯	民间舞蹈	荷塘乡手工竹编技艺	传统技艺
	兴田乡潭口村珍珠灯	民间舞蹈	鱼山镇根雕技艺	传统技艺
	丽阳乡叫化子灯	民间舞蹈	景德镇瓷业习俗	民间习俗
	景德镇手工制瓷技艺	传统技艺	景德镇瓷业祭拜习俗	民间习俗
	景德镇传统瓷窑作坊营造技艺	传统技艺	景德镇传统瓷业语言词汇	民间习俗
	乐平传统戏台建造技艺	传统技艺	景德镇中秋烧太平窑节俗	民间习俗
	景德镇传统制瓷原料加工配制技艺	传统技艺	竟成镇风火仙师祭祀	民间习俗
	景德镇传统颜色釉瓷烧制技艺	传统技艺	景德镇民窑陶瓷美术	民间美术
第二批市级非物质文化遗产名录	饶娥传说	民间文学	糖画制作技艺	传统技艺
	泪滩双月	民间文学	景德镇传统影青瓷烧制技艺	传统技艺
	乐平桥板龙灯	民间舞蹈	景德镇传统釉里红瓷烧制技艺	传统技艺
	乐平手狮舞	民间舞蹈	景德镇传统薄胎瓷制作技艺	传统技艺
	景德镇传统陶瓷书法	民间美术	景德镇陶瓷乐器制作技艺	传统技艺
	洄田排粉制作技艺	传统技艺		

表 35－1－13　**景德镇市省级非物质文化遗产一览表**

项目	类别	说明
景德镇手工制瓷技艺	传统技艺	第一批省级非物质文化遗产名录（2006 年）
景德镇传统瓷窑作坊营造技艺	传统技艺	
乐平传统戏台建造技艺	传统技艺	
景德镇瓷业习俗	民间习俗	
景德镇民间故事	民间文学	第二批省级非物质文化遗产名录（2008 年）
景德镇传统青花瓷制作技艺	传统技艺	
景德镇传统制瓷柴窑烧成技艺	传统技艺	
景德镇民窑陶瓷美术	民间美术	
浮梁功夫红茶制作技艺	传统技艺	
荷塘乡手工竹编技艺	传统技艺	

续表 35－1－13

项目	类别	说明
景德镇传统粉彩瓷制作技艺	传统技艺	第三批省级非物质文化遗产名录(2010 年)
景德镇传统颜色釉瓷烧制技艺	传统技艺	
景德镇雕塑瓷手工制作技艺	传统技艺	
景德镇瓷用毛笔制作技艺	传统技艺	

表 35－1－14　**景德镇市国家级非物质文化遗产一览表**

项目	类别	说明
景德镇手工制瓷技艺	传统技艺	第一批(2006 年)
景德镇传统瓷窑作坊营造技艺	传统技艺	

非物质文化遗产传承

非物质文化遗产代表性传承人　2008 年,开展非物质文化遗产代表性传承人的推荐、确认和公布工作。至 2011 年,确认、公布国家级非物质文化遗产项目代表性传承人 4 人、省级非物质文化遗产项目代表性传承人 41 人、市级非物质文化遗产项目代表性传承人 115 人。

表 35－1－15　**景德镇市国家级、省级非物质文化遗产传承人一览表**

姓名	项目名称	项目类别	备注
王炎生	景德镇手工制瓷技艺	传统技艺	第三批国家级(2009 年)
陈圣发	景德镇手工制瓷技艺		
曹开永	景德镇手工制瓷技艺		
余云山	景德镇传统瓷窑作坊营造技艺		
工炎生	景德镇手工制瓷技艺——手工做坯	传统技艺	第一批省级(2008 年)
陈圣发	景德镇手工制瓷技艺——手工利坯		
曹开永	景德镇手工制瓷技艺——手工剐坯		
江海南	景德镇手工制瓷技艺——手工刹合坯		
何国平	景德镇手工制瓷技艺——手工拉坯		
孙同鑫	景德镇手工制瓷技艺——手工青花绘制		
王华民	景德镇手工制瓷技艺——手工青花绘制		
江汉	景德镇手工制瓷技艺——陶瓷粉彩		
余云山	景德镇传统瓷窑作坊营造技艺——挛窑		
余和柱	景德镇传统瓷窑作坊营造技艺——挛窑		
冯宗淼	景德镇传统制瓷柴窑烧成技艺		
冯上论	景德镇传统制瓷柴窑烧成技艺		

续表 35-1-15

姓名	项目名称	项目类别	备注
田峰	景德镇民窑陶瓷美术	传统美术	第二批省级（2011 年）
于文来	景德镇手工制瓷技艺——圆器剐坯	传统技艺	
袁西北	景德镇手工制瓷技艺——琢器拉坯		
周腊秀	景德镇手工制瓷技艺——圆器画坯		
汪申芳	景德镇手工制瓷技艺——圆器画坯		
陈繁国	景德镇手工制瓷技艺——琢器画坯		
朱丹忱	景德镇手工制瓷技艺——传统陶瓷书法		
徐建建	景德镇传统雕塑瓷制作技艺——圆雕		
聂福寿	景德镇传统雕塑瓷制作技艺——捏雕		
张军	景德镇传统雕塑瓷制作技艺——镂雕	传统技艺	第二批省级补充（2011 年）
孙立新	景德镇传统青花瓷制作技艺		
邓希平(女)	景德镇传统颜色釉瓷烧制技艺		
刘晓玉(女)	景德镇传统颜色釉瓷烧制技艺		
胡家旺	景德镇传统制瓷柴窑烧成技艺——把桩		
余恂铨	景德镇传统制瓷柴窑烧成技艺——驼坯		
盛松柏	景德镇瓷用毛笔制作技艺		
李兆麟	景德镇手工制瓷技艺——画红	传统技艺	第二批省级补充（2011 年）
钟振华	景德镇手工制瓷技艺——半刀泥刻花装饰		
孙燕明	景德镇手工制瓷技艺——高温颜色釉配彩绘		
邵继柏	景德镇手工制瓷技艺——青花油料配制技艺		
蓝国华	景德镇手工制瓷技艺(古彩)		
李文跃	景德镇手工制瓷技艺(墨彩)		
黄云鹏	景德镇手工制瓷技艺(青花)		
熊建军	景德镇手工制瓷技艺(粉彩)		
陈培火	景德镇手工制瓷技艺(雕塑)		
江建民	景德镇手工制瓷技艺(青花釉里红)		
付长敏(女)	景德镇手工制瓷技艺(粉彩)		
钟福洪	景德镇手工制瓷技艺(雕刻)		

表 35－1－16　**景德镇市市级非物质文化遗产传承人一览表**

项目类别	项目名称	姓名
民间文学	景德镇民间故事	余昌华、邓滨
传统音乐	景德镇民间歌曲	刘继莲
传统舞蹈	乐平手狮舞	汪发干、汪盛炎
	乐平桥板灯	盛新才
	潭口镇长明村青狮白象灯	施政仕
	兴田乡潭口村珍珠灯	汪家久
传统美术	景德镇民窑陶瓷美术	王惟熙、田峰、饶伟华
传统技艺	景德镇手工制瓷技艺——圆器做坯	王炎生
	景德镇手工制瓷技艺——圆器利坯	陈圣发
	景德镇手工制瓷技艺——圆器剐坯	曹开永、于文来
	景德镇手工制瓷技艺——琢器做坯	何国平、邓邵平、袁西北
	景德镇手工制瓷技艺——琢器利坯	洪国忠、乐厚生、周庆伦
	景德镇手工制瓷技艺——琢器雕镶	何胜其、洪金玲
	景德镇手工制瓷技艺——刹合坯	江海南
	景德镇手工制瓷技艺——配釉	陈金保、李彩云
	景德镇手工制瓷技艺——琢器揚釉	吴桂娥、范国卿
	景德镇手工制瓷技艺——圆器画坯	周腊秀、汪申芳
	景德镇手工制瓷技艺——画红	李兆麟、李永峰、颜冬梅、章鹤翔、严亮华、杨继生
	景德镇手工制瓷技艺——陶瓷书法	朱丹忱
	景德镇手工制瓷技艺——传统珐琅彩制作技艺	熊建军
	景德镇手工制瓷技艺——琢器画坯	於彩云、吴云萍、陈繁国、余国琴、黄晓红
	景德镇手工制瓷技艺——圆器装坯	徐文元
	景德镇手工制瓷技艺——半刀泥刻花装饰	钟振华
	景德镇手工制瓷技艺——高温颜色釉彩绘	孙燕明
	景德镇手工制瓷技艺——青花釉料配制技艺	邵继柏
	景德镇传统瓷窑营造技艺	余云山、余和柱
	景德镇传统制瓷柴窑烧成技艺	冯宗淼、冯上论、胡家旺、郭镇荣、余恂铨、江政良等 20 人
	景德镇传统青花瓷制作技艺	孙同鑫、王华民、孙立新、汪春麟、黄国军、黄云鹏、江建民
	景德镇传统颜色釉烧制技艺	邓希平、刘晓玉、李瑞祥、张筱帆、张秋发
	景德镇传统粉彩瓷制作技艺	江汉、邹宝林、龚田根、范自魁、杨修勇、邹剑英、李文跃、付长敏
	景德镇传统古彩瓷制作技艺	李文遥、蓝国华
	景德镇传统雕塑瓷制作技艺	徐建建、戴尧生、聂福寿、张军、陈培火等 9 人

续表 35－1－16

项目类别	项目名称	姓名
传统技艺	景德镇传统制瓷原料配制技艺	张剑
	景德镇传统玲珑瓷制作技艺	胡春霞
	景德镇传统特种工艺瓷制作技艺	杨广源
	景德镇传统制瓷工具制作技艺	胡北京
	乐平古戏台建造技艺	张文仕
	乐平洄田排粉制作技艺	朱明贵
	浮梁功夫红茶制作技艺	江秋辉、江森盛
	浮梁碱水粑制作技艺	吴金生、吴德开
	景德镇瓷用毛笔制作技艺	盛松柏、盛玉华
	荷塘乡手工竹编制作技艺	鄢合美、刘世龙
	糖画制作技艺	涂明平

非物质文化遗产保护　2008 年，在开展非物质文化遗产代表性传承人的推荐、确认和公布工作的同时，开展非物质文化遗产项目生产性保护示范基地的推荐、确认和公布工作。景德镇有景德镇佳洋陶瓷有限公司、景德镇古窑瓷厂列入国家级非物质文化遗产传统技艺、景德镇手工制瓷技艺项目生产性保护示范基地。

第九节　管理机构

市文化和广播电影电视局

1986 年，市文化局机关内设党委办公室、纪检组、人事秘书科、艺术科、文化科、文物科、基建财务科、保卫科，人员编制 26 人。1989 年，设立监察室、出版发行管理科。1990 年，设立法制科。1997 年，设立文化市场科。1999 年，撤销出版发行科。2002 年，市文物局成立，与市文化局合署办公，两块牌子一套人马。文化科改为群文科，计划财务科改为产业发展科。2010 年 4 月，市文化局与市广播电影电视局合并成立市文化和广播电视局。局机关内设党委办公室、行政办公室、监察室、艺术科、群文科、文物科、产业发展科、文化市场科、宣传科、电影科、广电科、保卫科、网络中心。人员编制 23 人。

市陶瓷考古研究所

1989 年 6 月，景德镇市陶瓷考古研究所成立，其前身为市陶瓷历史博物馆考古部。所址位于祥集弄民宅内，下设办公室、考古资料陈列馆、田野考古工作室，为正县级文博事业单位。2010 年，在职人员 18 人，其中研究员 2 人、副研究员 2 人、馆员 3 人、助理馆员 1 人。

县区机构

乐平市文化旅游广播影视新闻出版局　1986 年，称乐平县文化广播电视局，内设办公室、事业股、文化股、广播站、音像管理股、劳动服务部等机构，在职干部职工 35 人，下辖文化馆、图书馆、博物馆、赣剧团、电影公司、新华书店、电视台、广播站、861 台等。1987 年 10 月，机构改革，乐平县文化广播电视局分为乐平县文化局和乐平县广播电视局，文化局迁址乐平剧院东端大楼办公。1996 年 10 月，文化局、广播电视局合并，称乐平市文化广播电视局。至 2000 年，设秘书股、人事股、财务股、文化市场管理股、审计股、新闻宣传股、文化艺术股、广播电视事业股、保卫股、科贸公司、发展公司、供片站等机构，下辖电视台、有线电视台、广播电台、文化馆、博物馆、图书馆、赣剧团、电影公司、861台等单位,编制68人。

浮梁县文化旅游广播影视新闻出版局　1989年12月,浮梁县文化广播电视局成立,编制10人,在浮梁县朝阳大道26号办公。下设文化馆(图书馆)、博物馆(文物管理所)。1998年成立广播电视台。2002年1月成立县旅游局,与县广电局合署办公。同年12月,合并为县广电局文物旅游股。2003年有线电台部分析出成立有线电视浮梁县分公司。2010年10月,更名为浮梁县文化广播影视新闻出版局,内设秘书股、文化艺术股、广播电影电视股、文物股,编制8人。

昌江区文化广播影视新闻出版局　1984年,昌江区文化广播电视局成立。1996年,昌江区文化广播电视局与昌江区旅游局合署办公,两块牌子一套人马。2010年5月,更名为昌江区文化广播影视新闻出版局,内设机构及下属单位有办公室、人秘股、文化市场综合执法大队、电影放映队、版权局、文化馆、图书馆、文物管理所、昌江广播电视管理中心及6个乡镇广播电视站。全局干部职工20人,广播电视中心23人。

珠山区文化旅游广播影视新闻出版局　1984年8月,珠山区文化广播电视局成立,在珠山区政府大院内办公。1987年8月,更名为珠山区文化局。1996年10月,更名为珠山区文化广播电视局。2002年3月,更名为珠山区文化局。2006年4月,更名为珠山区文化旅游局。2007年8月,更名为珠山区文化旅游广播电视局(增挂珠山区文物局牌子)。2009年,迁至景德镇市沿江东路51号办公。2月,增挂珠山区新闻出版局(版权局)牌子,实行"一个机构、两块牌子"管理。2010年5月,更名为珠山区文化旅游广播影视新闻出版局(挂区文物局、区版权局牌子),内设3个科,编制4人。

下属单位

1986年,景德镇市文化局下属企事业单位有13家。分别为市歌舞团、市京剧团、市电影公司、市图书馆、市群众艺术馆、市新华书店、市古窑瓷厂、市陶瓷历史博物馆(2003年更名为陶瓷民俗博物馆)、市文物商店、艺术创作研究所、群英堂剧场、游艺场、大众剧场。2010年,景德镇市文化和广播电影电视局下属单位有17家,分别为景德镇艺术剧院、市艺术创作研究所、市群众艺术馆、市图书馆、市群众文化活动中心、市电影公司、市陶瓷考古研究所、市陶瓷民俗博物馆、市古窑瓷厂、景德镇陶瓷馆、市民窑博物馆、市文物商店、游艺场、大众剧场、市演出管理站、市文化稽查支队、市文化工会。

景德镇市艺术创作研究所　1986年,市文化局剧目创作室改称景德镇市艺术创作研究所,为市文化局直属文化事业单位,编制14人。2010年,设在景德镇市昌江大道29号,在编人员13人,其中具有大专以上学历11人,中专学历的2人。有副高职称2人、中级职称3人、初级职称3人。

市群众艺术馆　1986年,坐落在景德镇市马鞍山路5号,面积为2104平方米,在编人员42人,其中,有副高职称2人,中级职称22人,初级职称11人。2010年,在编人员39人,其中,副高职称5人,中级职称11人,初级职称11人。

市图书馆　1986年,位于景德镇市马鞍山路27号,设有借阅部、采编部、辅导部、办公室,工作人员36人。2010年,设有办公室、文化产业部、借阅部、采编部、少儿部、特藏部、社会工作部、网络技术部,工作人员40人。其中高级职称3人,中级职称12人,初级职称11人。

市电影公司　1986年,坐落于景德镇市莲花塘,设有办公室、电影发行放映科、计划财务科、发行放映宣传科、器材供应科、技术科、保卫科等职能科室,在编职工96人。2010年,在编职工89人。

市文化稽查支队　1989年10月成立,为副科级事业单位,并定事业编制9人。2003年3月,升为正科级事业单位。2006年4月,增加文物执法职能,事业编制扩充为11人。2008年8月初,列入参照《中华人民共和国公务员法》管理单位。2009年9月20日,成立市文化市场管理工作领导小组。2010年12月,市文化市场稽查支队、市广播电视稽查支队合并为市文化市场综合执法支队,共有人员12人。

景德镇艺术剧院　2009年7月,由市歌舞团、市京剧团、市瓷乐团合并成立景德镇艺术剧院。市歌舞团、市京剧团、市瓷乐团的牌子依然保留。

市非物质文化遗产研究保护中心　2005年3月,景德镇市民族民间文化保护工程领导小组成立,领导小组组长由市政府主管副市长担任,2007年,改称为景德镇市非物质文化遗产保护工程领导小组。同时,成立景德镇民族民间文化保护工程市级中心,与市群众艺术馆合署办公。2009年,改称为景德镇市非物质文化遗产研究保护中心。下辖的县(市、区)也成立相应工作机构。2012年3月,市编委将"景德镇市非物质文化遗产研究保护中心"从群艺馆剥离出来,成立独立的法人单位,专门从事非物质文化遗产的保护工作。

第二章　党史与地方志工作

1986—2010年,市委党史工作办公室(简称市委党史办)征集各种地方党史资料、文献资料、回忆录、照片,编纂出版《景德镇党史资料》《景德镇地方党史学习参考资料》《景德镇人民革命斗争史略》《难忘的岁月》等书籍。1998年,成立景德镇市党史党建研究会,会员百余人。2001年,在全市范围内建立党史联络员队伍,成为全市党史队伍的重要补充。至2010年,景德镇党史编纂研究和宣传工作取得丰硕成果,党领导景德镇人民进行奋斗、建设和改革的光辉历史得以载入史册。

1985年3月,景德镇市启动首轮修志。5月,市委、市政府下发《景德镇市志编纂方案》,部署各专志的编修工作。1986年3月,市八届人大常委会第29次会议通过《关于加紧编纂〈景德镇市志〉的决议》。1989年6月22日,编委会下发《景德镇市志总体编纂工作的建议意见》《景德镇市志总纂篇目》《景德镇市志编纂行文暂行规定》。《景德镇市志(有记载—1985)》编纂从1991年第一卷的出版,到2009年第五卷的出版,历时19年,共计416.20万字。同时各县(市、区)相继开展县(市、区)志的编纂,2010年《珠山区志》的出版,标志着全市首轮修志工作全面结束。至2010年,全市共出版地市级综合志书1种,县(市、区)级综合志书6种、行业、部门志22部。

1992年,启动《景德镇年鉴》的编辑工作,每年1部。1994年后,乐平市、浮梁县先后启动综合年鉴编辑。至2010年,共出版市级综合年鉴1种、县(市、区)级综合年鉴2种、专业年鉴7种。

第一节　党史征研

党史丛书编纂

1986年,市委党史办通过走访、座谈、录音、查档、实地调查和录音等方法,收集整理出版一批地方党史书籍。1990—1991年,内部编纂出版《血战东南》(上、下),30万字。书中载有中央顾问委员会委员饶守坤、方志纯、汪东兴等人的专著和回忆文章。1995年8月,市委党史办与市委组织部、市档案局共同编纂出版《中共景德镇市组织史资料》(1925年7月—1987年10月),由中共党史出版社公开发行,记载从1925年至中共十三大召开这一时期景德镇党的活动和党组织发展历史演变的过程。同月,乐平市委党史办编纂《中共乐平党史大事记》,内部发行。9月,珠山区委党史办编纂《中共珠山区党史大事记》,内部发行。是年,市委党史办与市档案局、市地方志办公室、市委党校合作撰写《抗日战争景德镇史录》。

《中国共产党景德镇地方史》《中国共产党景德镇历史大事记》

1996年后,按照《景德镇党史工作五年规划》和省委党史研究室的要求,开始收集整理新民主主义革命时期(1926—1949)景德镇地方党史资料,并先后整理出版。1998年,乐平市委党史办编辑《风苑千秋》,由新华出版社公开发行。1999 年,编辑出版《景德镇革命风云录》,书中收录皖赣边革命苏区开展革命活动的史料和老一辈革命家的回忆文章。2000 年 7 月,浮梁县委党史办公开出版《中共浮梁县党史大事记》。2001 年,编辑出版《中国景德镇历史大事记 1919—1949》。2006 年,编写《中国共产党景德镇地方史》(第一卷),24.50 万字,由中共党史出版社公开出版发行。至 2010 年年底,累计查阅档案 2000 余卷(册),座谈走访 150 余人(次),搜集图片资料 2000 余张,整理党史资料 440 万字,包括专题资料 100 份 7.20 万字,图像资料约 1 万字,文物资料 0.50 万字,手稿及实物 8 件;收集其他史料 525 万余字。先后编印《邓小平同志对陶瓷工人的关怀》《情暖井冈——第三代中央领导集体与景德镇》《千年窑火》《景德镇革命旧遗址图片集》《中国共产党景德镇历史图志》等书籍。

党史专题研究

1986 年后,市委党史办把党史专题编纂和研究作为工作重点,着手党史专题征集撰写,开展专题研究。至 1992 年,征集红十军、景德镇解放前地下党活动等地方史资料 22 万字。先后编印《中共赣东北特委初期组织沿革及斗争略述》《瓷都景德镇的新生——浮梁县解放纪实》《江西千名英烈传略》等 14 篇专题论述,85 万余字,收录在《景德镇革命风云录》出版发行。

1993 年,开始开展社会主义时期党史资料的征编和专题研究工作。1994 年,召开纪念皖赣边苏区创建 60 周年大会,召开专门研讨会评选出 13 篇获奖论文。1995 年,在纪念世界反法西斯暨抗日战争胜利 50 周年征文活动中,《中华民族伟大精神在抗日战争中的决定意义》一文获全省理论研讨会优秀奖。1997 年,开展庆祝香港回归、中共十五大召开以及“三个七十周年”等重大纪念活动,先后撰写以景德镇地方革命斗争史为主要内容的专题文章 13 篇,在《景德镇日报》《景德镇党刊》刊发。

2001 年,在景德镇市纪念建党 80 周年论文研讨活动中,市委党史办组织撰写的《方志敏人生价值观主导因素与现代青年教育》论文获得全市二等奖。2004 年,在纪念邓小平 100 周年诞辰论文研讨会上,《世纪伟人瓷都行》《科学发展观创新的重大意义》两篇文章分获全市理论研讨评比二、三等奖。2007 年,市委党史办撰写《江西省最早称为“市委”的地方党组织》一文。2008 年,开展纪念改革开放 30 周年征文评选活动,全市党史系统征集理论文章 4 篇,其中一篇获得全省三等奖。2010 年,在网络、报刊及各类刊物等媒体上稿党史文章 30 余篇。6 月,征集 95 篇综述材料、1100 幅图片,撰写 42 篇专题论文,基本完成编纂《中国共产党执政实录(2000—2010)》的前期材料收集工作。

第二节　党史宣传教育

1986 年后,市委党史办以皖浙赣边苏区革命史宣传为主阵地,结合重大节庆文艺活动,开展党史宣传活动,拓宽党史宣传教育阵地。1988 年 5 月 11 日,在瑶里举行纪念皖浙赣边区红军游击队瑶里改编和新四军驻景德镇办事处成立 50 周年庆典大会。市长舒圣佑主持,市委书记欧阳志凤作题为《发扬革命传统,建设文明繁荣的新瓷都》的讲话。1990 年 7 月 10 日,红十军建军 60 周年纪念大会在乐平县举行。市委副书记、代市长殷国光在会上宣读元帅徐向前,中央顾问委员会常委杨得志、余秋里,委员饶守坤、白栋材、汪东兴,老同志方志纯,湖北省人大常委会主任黄知真等人给纪念活动的题词以及方志纯、黄知真、马长炎和胡德兰的贺电。省委书记毛致用、省长吴官正出席纪念大会。红十军前辈饶守坤、汪东兴应邀出席大会并讲话。

1994 年 8 月 8 日,在土地革命战争时期的皖赣分区委所在地,浮梁县兴田乡龙源村,举行一系列纪念皖赣边苏区创建 60 周年大会活动。市、县六套班子和省有关部门的领导以及全市各界代表、邻县代表和老同志代表共 200 余人出席大会,兴田、峙滩两个乡组织上万群众参观革命遗址。1995 年,市委党史办与市委宣传部联合举办纪念抗战胜利 50 周年图片展,用史实揭示日本侵略者的罪行。

1996 年,举办纪念中国共产党成立 75 周年党史教育图片展,在市珠山大道宣传窗展出历史图片资料《辉煌壮丽的史诗》。1997 年,开展庆祝香港回归、中共十五大召开以及“三个七十周年”等重大纪念活动。市委党史办通过组织撰写宣传党史文章、与市电视台联合摄制放映党史专题片等,开展党史宣传和革命传统教育活动；乐平市委党史办开展"邮电杯党史知识竞赛"；浮梁县委党史办举办图片展；珠山区委党史办召开座谈会。是年，市委党史办与市电视台联合赴昌江区南山沙陀庙、竟成小学翠云寺和浮梁县瑶里、兴田、天宝、臧湾等15个乡（镇）、村，实地摄制大革命、土地革命战争、抗日战争、解放战争四个时期的地方党史教育电视专题片，并在市电视台《百事通》节目中播出，首次系统地将景德镇市地方革命史和革命旧址搬上电视荧屏。

1998年，市委党史办在市区宣传栏举办"辉煌20年图片展"，纪念中共十一届三中全会召开20周年。组织征订发行一批党史书刊，其中征订图片80余套、党史书籍100余册，超额完成《党史文苑》征订任务。"七一"前夕，乐平市委党史办纪念建党77周年，编写《风范千秋》党史丛书，由新华出版社出版发行3000册，并与有关部门联合举办党史知识竞赛。1999年，举办纪念景德镇解放50周年征文，市委党史办在《景德镇日报》上发表史料性文章8篇。是年，开展纪念"五四运动"80周年座谈会、纪念皖赣边苏区创建60周年等党史宣传教育活动。2000年，乐平市委党史办纪念红十军建军70周年，撰写纪念文章《20世纪的中华之魂》，并与有关部门联合举办知识竞赛。

2001年，市委党史办与市电视台联合拍摄《寻找革命先辈的足迹》10集电教片，"七一"前夕在电视台黄金时段连续播放，宣传党的光辉业绩。2002年，继续发行《党史文苑》和党史书籍，做好党史育人工作，利用史实开展党的宣传和教育。2003年，市委党史办宣传教育工作连续第8年被评为全省先进单位，方玉荣、施坤顺被评为全国党史系统先进个人。2004年，组织全市撰写文章，纪念邓小平100周年诞辰，其中"世纪伟人瓷都行""科学发展观创新的重大意义"两篇文章在《景德镇日报》刊发。

2005年，纪念世界反法西斯暨抗日战争胜利60周年，组织召开理论研讨会，撰写5篇论文，并在《景德镇日报》上刊发，其中《中华民族伟大精神在抗日战争中的决定意义》论文获全省优秀奖。2007年，浮梁县委党史办走访景德镇当年西进支队故地，搜集史料，撰写《浮梁赤子黔疆颂，领袖朱批示万民》纪念文章在《景德镇党刊》上刊发。2008年，纪念改革开放30周年，分别为机关干部、入党积极分子、老干部和武警战士上党史课12场（次）。2009年，到武警消防部队、学校、社区宣讲党史、"红色故事"7次，组织社会力量编写历史典故和"红色故事"40余篇，其中"方志敏同志在篁坞""中共浮乐婺中心县委旧址所在地"等12篇新编党史故事在《景德镇党刊》连载。参与由景德镇市地方党史故事改编的电视连续剧《血魂》的修改和审定工作。2010年，市委党史办继续在《景德镇党刊》上开辟党史专栏，每期发表1篇红色经典故事，连载12篇新编党史故事。当年推进党史宣传教育进机关、学校、社区、厂矿、军营、农村活动，参加讲座和听课人员达800余人。

第三节　志书编纂

市志编纂

《景德镇市志略》　1987年下半年起，市地方志办公室在制定《景德镇市志》编纂提纲的基础上，编成《景德镇市志略》，概括地记述景德镇市的自然经济和社会的历史，1989年6月出版。全书分设政区、自然环境、城市建设、陶瓷、工业、农业、交通邮电、财政贸易、经济管理、党政群团、政法、军事、文化、名胜古迹、社会风俗、遗闻佚事、诗文选辑、人物传记共18编，计43.20万字。

《景德镇市志（有史记载—1985）》　1991年第一卷出版发行，至2009年第五卷出版发行。第一卷为综合类及政治类；第二卷为陶瓷类，以突出景德镇陶瓷生产的特点；第三卷、四卷为经济类；第五卷为文化与社会类。所载内容时间上限起自有文字记载或有考文物始，下限至1985年止。

《景德镇市志》（第一卷）。分设概述、大事记和建置、自然环境、政制沿革、共产党、政府、人大、政协、劳动人事、人口、城建、军事、民政、民主党派、群团、公安、司法、外事侨务旅游17个部分，共计85万字。1989年下半年开始总纂，1991年11月出版。

《景德镇市志》（第二卷）。又称《中国瓷都·景德镇市瓷业志》分设综述、瓷业原料、瓷器制作、瓷器装饰、瓷业经营、瓷器品种、瓷器贸易、瓷业厂矿、陶瓷科技、陶瓷教育、瓷业人物、瓷业文物、瓷业习俗共13篇，配有一级陶瓷文物彩照50幅、插图176幅,记载人物600人,其中传记人物108人。全书129万字,分上下册。全面、系统记载景德镇近2000年的瓷业历史,是一部集景德镇瓷业资料之大全的专业资料性著作。1996年4月24日,市政府办公室下发《关于批转市地方志办公室制订的〈景德镇市志〉(陶瓷卷)编纂工作方案的通知》,成立以副市长为主任委员的陶瓷志编委会,组成陶瓷志总纂组,到2004年11月出版发行。2007年,被评为景德镇市社会科学优秀成果奖一等奖。

《景德镇市志》(第三卷)。分设农牧渔业志、林业志、水利志、茶业志、蔬菜志、乡镇企业志、电力工业志、电子工业志、机械工业志、轻化工业志、建筑材料工业志、建筑业志、医药志13个专志,计50万字。1994年4月和7月分上下两册总纂送审,1995年5月出版发行。

《景德镇市志》(第四卷)。分设计划、统计、物价、标准计量、工商行政管理、财政、税务、金融、审计、交通运输、邮电、粮食、商业、对外贸易、物资、房地产管理、环境保护共17个专志,计73万字。1995年12月完成总纂送审,1996年8月1日出版发行。

《景德镇市志》(第五卷)。分设教育、科技、文化、卫生、体育、广电、新闻出版、民俗、宗教、方言、文物、人物共12个专志,计80万字。2001年开始编纂,未成。2005年重新制定编纂方案和篇目,第二次启动编纂,未成;2007年年初第三次启动编纂,至年底编纂完成初稿,2008年12月底经省地方志办公室终审合格后付梓,2009年6月出版发行。

《景德镇市志》(1—5卷)

表35-2-1　1986—2009年景德镇市级志书出版一览表

书名	主编	副主编	上限	下限	始修时间	终审定稿	出版单位	出版时间	字数(万)
《景德镇市志略》	林景梧	—	有记载	1985	1987	1988.10	上海汉语大词典出版社	1989.6	43.2
《景德镇市志》(第一卷)	林景梧	吴仁生、李欣	有记载	1985	1989	1991	文史出版社	1991.11	85
《景德镇市志》(第二卷)	黄梅玲、江寿如	—	有记载	1985	1996.5	2004.6	方志出版社	2004.11	128.2
《景德镇市志》(第三卷)	冯世祥、吴仁生、李欣	江寿如	有记载	1985	—	1994.9	方志出版社	1995.5	50
《景德镇市志》(第四卷)	吴仁生、江寿如	余济时	有记载	1985	—	1996.8	方志出版社	1996.8	73
《景德镇市志》(第五卷)	陈新平	江寿如	有记载	1985	—	2008.12	黄山书社	2009.6	80

县(市、区)志编纂

《乐平县志(有记载—1985)》　分设地理、政党、政权、政协和社团、治安和司法、民政和内务、军事、农业、工业、交通和邮政、城乡建设与环境保护、财经贸易、综合经济管理、科教文卫、民情风俗、人物共16编,计78.70万字。1982年3月8日,启动编纂工作,搜集资料至1984年10月。1985年3月开始编纂。1986年1月汇总铅印成初稿,4月编纂送审稿。1987年4月上报审批。1987年12月出版发行。是江西省出版的第五部新修县志。

《乐平市志(1985—2000)》　分设区划和环境、居民、改革开放、城乡建设和环境保护、水利、农林渔牧、工业、交通和邮电、商贸和旅游、金融和保险、财税和审计、经济管理、政党、地方国家机关、政协和社团、军事、治安和司法行政、劳动和人事、民政和宗教、思想道德建设、教育和科技、卫生和体育、文化和新闻、著作、人物和先进集体共25篇,计83.50万字。2000年,开始筹备,2001年4月开始编修,2002年9月中旬送审稿,2002年9月出版发行。

《浮梁县志(有记载—1993)》　分设建置区划、自然环境、人口、政党、政权、政协、社会团体、政法、军事、民政、人事劳动、城乡建设、交通邮电、经济综合管理、财政税收、金融保险、农业、林业、茶业、水利水电、工业、商业、粮油经营、教育科技、文化、卫生体育、社会风土、人物、附录共29篇133章130余万字。1991年启动新编修,1999年1月出版发行。

《浮梁县志(1994—2005)》　分设政区、人口,政党、群团,人大、政协,政府、人民武装,公安、法治,人事、民政,城建、房产、环保,交通、邮电,土地、矿产,农业、林业,茶业,水利、电力,工业、招商引资,商业贸易,经济综合管理,财税、金融,教育、体育,科技、文化,旅游,卫生、计划生育,方言,人物,附录共23篇,计102.40万字。2005年1月开始编修,2009年2月出版发行。

《昌江区志(有记载—2000)》　分设自然环境、政区、人口、城建环保、工业、交通邮电、农业、中共昌江区委、人民代表大会及其常务委员会、昌江区人民政府、人民政协、军事、社会团体、民政、政法、经济综合管理、旅游业、教科文卫体、社会生活、人物共20章,计90万字。2001年7月启动编纂工作,11月开始收集资料,编纂初稿。2004年停修。2005年4月再次启动。2007年7月印成清样送审,11月11日定稿付印。2008年2月出版发行。

《珠山区志(有记载—2003)》　分设建置区划、街道、自然环境、人口、城市建设、环境保护、中国共产党地方组织、人民代表大会、人民政府、人民政协、群众团体、政治综治、军事、工业、财政税收、金融、经济开发、商业贸易、民政、人事劳动和社会保障、综合经济管理、教育、科技、体育、文化、医疗卫生、民情风俗、人物共28章,计90万字。1996年12月,编纂工作启动,下发编目征求意见稿,之后停滞。2004年3月1日再次开展编纂工作。2008年7月开始总纂。2010年7月出版发行。

表35-2-2　　1986—2010年景德镇县区级志书出版一览表

书名	编纂单位	主　编	副主编	始修	定稿	出版单位	出版时间	字数(万)
《乐平县志》(有记载—1985)	乐平县地方志办公室	刘祖三	华守煌	1982.3	1987.3	上海古籍出版社	1987.12	78.70
《乐平市志》(1985—2000)	乐平市地方志办公室	余盛仁	—	2000	2002	方志出版社	2002.9	83.50
《浮梁县志》(有记载—1993)	浮梁县政府	冯云龙	冯剑平 郑双红	1991	1998.12	方志出版社	1999.1	136.30
《浮梁县志》(1994—2005)	浮梁县地方志编纂委员会	冯云龙	李景春	2005.1	2008.12	方志出版社	2009.2	102.4
《昌江区志》(1979—2000)	昌江区地方志办公室	张立权	—	2001.7	2007.11	三秦出版社	2008.2	90
《珠山区志》(1970—2003)	珠山区地方志办公室	李洪涛	程启勇	2004.3	2010.6	江西人民出版社	2010.7	90

部门(行业)志编纂

1986年,首轮新方志编纂过程中,市直部门在搜集资料的同时,开展行业修志的编纂工作。11月6—9日,江西省首次城市志专志稿评议会在市华光饭店举行,对景德镇市的《人民代表大会志》《电子工业志》稿进行评议。1987年,由市人大常委会编纂的《景德镇市人民代表大会志》内部出版。1991年7月,《景德镇市交通志》由上海社会科学院出版社出版。1992年10月,《景德镇市政协志》由中国文史出版社出版。1994

年12月,《景德镇市科技志》内部出版。至2010年,全市公开发行行业、部门志3部,内部发行19部。

表35-2-3　　1986—2010年景德镇行业志、部门志出版选介表

书名	编纂单位	主编	副主编	始修时间	出版单位	出版时间	字数(万)
《景德镇市人民代表大会志》(1934—1987)	市人大常委会	程振武	—	1986	—	1987.6	—
《景德镇市工商行政管理志》(1903—1986)	市工商行政管理局	黄华祥	孔宪胜	1986	—	1989.12	16
《景德镇市民政志》(1840—1988)	市民政局	蒋志让	徐小龙	1986.5	—	1990.4	34.50
《景德镇发电厂志》(1969—1987)	景德镇发电厂	邹文生	—	1987	—	1990.4	12.60
《景德镇市农业志》(1840—1985)	市农牧渔业局	胡孔林	—	1985.7	—	1990.8	10
《景德镇市劳动人事志》(1949—1985)	市劳动人事局	汪华元	胡永林	1987.8	—	1990.9	25
《景德镇市交通志》(618—1985)	市交通局	胡作恒	周崇政、周则尧	1985.2	上海社会科学院出版社	1991.7	20.20
《景德镇市政协志》(1949—1989)	政协景德镇市委员会文史资料研究委员会	石奎济	许文质、陈海澄	—	中国文史出版社	1992.10	25
《景德镇市粮食志》(1652—1985)	市粮食局	汪用华	詹协生	—	—	1993.11	7.50
《景德镇市商业志》(有记载—1992)	市商业志编纂委员会	汪锡侯	—	1986.6	—	1994.6	41.20
《景德镇市科学技术志》(有记载—1990)	市科技局	—		1989.2	—	1994.12	28
《景德镇市自来水志》(1956—1995)	市自来水公司	税炳泉	—	—	—	1995.7	8.80
《景德镇市邮电志》(1370—1995)	市邮电局	江汉川	汪协民	1992.7	—	1998.3	30
《景德镇报业志》(报业史发端—1996)	景德镇日报社	吴海云、唐忆秋	—	1986	—	1999.6	18
《景德镇市城乡建设志》(有记载—1990)	市建设局	张陆明	—	1991.5	江西科学技术出版社	1999.11	30
《景德镇市军事志》(有记载—1987)	景德镇市军分区	樊剑平	邹寿清、史升恒	1986.4	—	2000.10	13
《江西省景德镇市烟草志》(有记载—2002)	市烟草专卖局江西省烟草公司景德镇市分公司	—	—	1990.6	—	2002.12	22.60

续表 35－2－3

书名	编纂单位	主编	副主编	始修时间	出版单位	出版时间	字数（万）
《景德镇市戏曲志》（有记载—1989）	市文化局	江华、黄声辉	潘一莹、吴巨龙	1984.8	—	2003.7	39.30
《景德镇市军事志》（1988—2005）	市军分区	罗承农	林瑞士 刘模曾	2001	—	2009	60
《人民瓷厂志》（1951—2010）	《人民瓷厂志》编纂委员会	杨一志	刘建华	2010	—	2010.12	—

第四节　年鉴编辑

市级年鉴

1993 年 12 月，由市政府主办，市地方志办公室承编的首部综合年鉴《景德镇年鉴（1991—1992）》出版发行。全书设 28 个类目，共 1788 条目 70 万字，彩照 83 幅；从各方面翔实记述全市的政治、经济和社会发展等方面的大事、要事、新事。为江西省第一部地市级年鉴。1994 年 10 月，《景德镇年鉴（1993）》《景德镇要事录（1986—1990）》合编本出版发行，共计 75 万字。2004 年 10 月《景德镇年鉴（2004 年）》出版发行，装帧由小 16 开改为大 16 开。至 2010 年 10 月，连续出版 18 部，均为内部出版。

《景德镇年鉴》

表 35－2－4　　1993—2010 年地市级综合年鉴编辑出版一览表

书名	主编	副主编	出版时间	字数（万）	印数（册）
《景德镇年鉴（1991—1992）》	叶永强、吴仁生	蔡三源、饶亚明	1993.12	70	1500
《景德镇年鉴（1993）》	叶永强、吴仁生	蔡三源、饶亚明	1994.10	75	1000
《景德镇年鉴（1994）》	冯世祥、蔡三源	饶亚明、陈金春	1995.10	89.1	1000
《景德镇年鉴（1995）》	冯世祥、蔡三源	饶亚明、陈金春	1996.10	84	1000
《景德镇年鉴（1997）》	胡长福、蔡三源	饶亚明、鄢霁野	1997.9	70	1000
《景德镇年鉴（1998）》	吴仁生、胡长福、蔡三源	鄢霁野、艾春龙	1998.9	70	800
《景德镇年鉴（1999）》	胡长福、蔡三源	饶亚明、鄢霁野	1999.9	70	1000
《景德镇年鉴（2000）》	胡长福、黄梅玲、蔡三源	—	2000.10	64	1000
《景德镇年鉴（2001）》	黄梅玲	陈金春	2001.9	65	1000
《景德镇年鉴（2002）》	黄梅玲	陈金春	2002.11	65	1000
《景德镇年鉴（2003）》	黄梅玲	陈金春	2003.10	65	1000
《景德镇年鉴（2004）》	黄梅玲	陈金春	2004.10	64	1000
《景德镇年鉴（2005）》	黄梅玲	陈金春	2005.10	65	1000

续表 35－2－4

书名	主编	副主编	出版时间	字数（万）	印数（册）
《景德镇年鉴(2006)》	黄梅玲	陈金春	2006.10	65	1000
《景德镇年鉴(2007)》	陈新平、陈金春	—	2007.9	83	1000
《景德镇年鉴(2008)》	陈新平、陈金春	—	2008.8	83	1000
《景德镇年鉴(2009)》	陈新平	李治平	2009.9	83	1000
《景德镇年鉴(2010)》	江寿如	李治平	2010.9	60	500

说明:《景德镇年鉴(1995)》及以前的记述内容为当年内容,之后记述的为上一年度内容。

县级年鉴

《乐平年鉴》 1994年5月,乐平市年鉴编纂委员会开始编纂《乐平年鉴(1993)》,为乐平市首部地方综合性年鉴,1995年5月内部出版,全书设25个类目,彩照12幅,计45万字。主要记述1993年度内乐平市在两个文明建设中的大事、新事、要事。至2010年连续出版17部,其中《乐平年鉴(1998)》为正式出版,其余为内部出版。

《浮梁县年鉴》 浮梁县史志档案局承编。2004年9月底,《浮梁县年鉴(2004)》出版发行,内容分为综合情况、动态信息、辅助资料三大部分31个类别,共55万字。主要记载2001—2003年浮梁县经济建设和社会发展的基本情况。至2010年,两年一鉴,连续出版3部。

行业年鉴

《景德镇陶瓷工业年鉴》 1986年,由江西省陶瓷工业公司编纂,至1988年连续出版3部。

《景德镇统计年鉴》 1987年,由市统计局编纂,内部出版。至2010年,连续出版14部。

《景德镇市交通年鉴(1991—1993)》 1994年12月,由市交通年鉴编纂委员会编纂,内部出版,设15个类目13个分目180个条目,共计10万余字,有彩照25幅。

《景德镇市中级人民法院年鉴》 1998年,由市中级人民法院年鉴编辑委员会编纂,计10万字,内部出版。至2010年,连续出版13部。

《浮梁教育年鉴(1996—2000)》 2001年12月,由浮梁县教育局编纂,内部出版,全书计43万字。

《中航工业昌飞年鉴(1999—2008)》 2009年10月,由昌河飞机工业(集团)有限公司编纂,内部出版,共计31万字。

《景德镇昌河汽车年鉴(2004—2008)》 2009年11月,由中航工业江西昌河汽车有限公司编纂,内部出版,共计20万字。

第五节 地情书籍编纂

1986年12月,《景德镇市概况》内部出版,计14万字,由市地名办公室编纂。1988年,《景德镇市地名志》内部出版,计100万字,由市地名办公室编纂。1989年10月,《中国历史文化名城〈景德镇〉》由中国建筑工业出版社出版,全书计14万字。1994年9月,《现代景德镇陶瓷经济史》由中国书籍出版社出版,全书计40万字。2008年2月17日,《当代中国城市发展》丛书(景德镇卷),由市政府主编,市地方志办公室承编,全书计30.90万字,由当代中国出版社出版发行。

景德镇地情资料书籍

表35－2－5　　**1986—2010年景德镇地情书出版一览表**

书名	编纂单位	主编	副主编	出版单位	出版时间	字数（万）
《景德镇市概况》	市地名办公室	汪水传	—	—	1986.12	14
中国航空工业史丛书《第六〇二研究所所史》《第六〇二研究所专题史》《第六〇二研究大事记（1968—1982）》	第602研究所所史编辑组	王旭光	周巨元、黄明律	—	1986.8	23.40
《景德镇市地名志》	景德镇市地名办公室	汪水传	—	内部出版	1988.12	100
中国历史文化名城《景德镇》	《景德镇》编写组	林景梧	汪宗达、万千、周国俊、黄浩	中国建筑工业出版社	1989.10	14
《景德镇陶瓷古今谈》	江西省政协文史资料研究委员会市政协	杨永峰	—	中国文史出版社	1991.12	32
《现代景德镇陶瓷经济史》	—	汪宗达、尹承国	—	中国书籍出版社	1994.9	40
《中共浮梁党史大事记》	浮梁县委党史办	郑赞辉	张国新、王元昌	江西人民出版社	2000.12	25
《中国共产党景德镇历史大事记》	市党史工作办公室	施坤顺	方玉荣	新华出版社	2001.8	28.30
《景德镇古树名木》	市林业局	吴光辉	占地潮、袁河清	—	2001	—
《浮梁四绝》	—	程关森	—	作家出版社	2005.7	20
《浮梁茶叶宝鉴》	浮梁县老科学技术工作者协会	黄崇焘	—	江西省人民出版社	2005.12	45
《浮梁人物》	浮梁县史志档案局	冯云龙	李景春	—	2006.3	35
《家园厚土》	—	龚农民	—	湖北美术出版社	2006.8	—
《中共浮梁地方史》	浮梁县史志档案局	冯云龙	冯军全	中国文史出版社	2007.7	28
《乐平古戏台》	政协乐平市委员会	张良华	吴长寿、汪志明王细妹、洪翠华	江西人民出社	2008.9	3
《浮梁民间传说》（第一辑）	浮梁民间传说故事集编纂委员会	冯云龙	舒怀仁、程联合吕学儒、吴逢辰王元昌	中国文联出版社	2008.9	39.40
《昌江区名人名产名胜》	昌江区政府	张立权	—	内部出版	2008.10	13
《浮梁民俗》	浮梁县老科技工作者协会	吴逢辰	刘贵德、李日辉吕学儒、金根阳	江西人民出版社	2009.1	70
《浮梁民间传说》（第二辑）	浮梁民间传说故事集编纂委员会	冯云龙	舒怀仁、程联合吕学儒、吴逢辰王元昌	中国文联出版社	2009.9	52
《老镇》（景德镇百条里弄）	瓷都晚报社	叶道春	—	江西科学技术出版社	2010.1	—
当代中国城市发展丛书《景德镇》	市地方志办公室	《景德镇》课题组	—	当代中国出版社	2011.6	30.90

第六节 工作机构

景德镇市委党史办公室

1982 年 4 月,景德镇市委党史资料征集领导小组与市地方志办公室合署办公。1984 年 4 月,市委党史资料征集领导小组办公室改称市委党史资料征集办公室,归口市委办公室。党史办成立之初,没有配备专职干部。1986 年 11 月,定为副县级机构。1988 年 1 月 1 日,市地方志办公室与市委党史资料征集办公室分设。1990 年 10 月,由副县级升格为正县级,为市委直属事业单位,设置秘书科和编研科,编制人数由 2 人增加到 10 人。

县区党史机构

乐平市委党史办公室 1985 年,乐平县委党史办归口县委办公室。1997 年,党史办直属乐平市委,承担全市范围内党史资料征集、整理、研究、编纂和组织开展党史宣传教育等工作。

浮梁县委党史办公室 1990 年 3 月,浮梁县委党史办公室成立。1994 年,党史办并入县委办公室,设党史股。1996 年,党史办为县委直属事业单位。2003 年 9 月,县委党史办与县地方志办公室、县档案馆合并,组建县史志档案局,为县委、县政府直属正科级事业单位,定编 7 人。

昌江区委党史办公室 1980 年 5 月,昌江区史组改称昌江区委区史办公室。1996 年 8 月,易名为区委党史办公室,为区委直属事业单位,负责全区范围内党史资料收集和党史编研工作。

珠山区委党史办公室 1985 年 5 月,珠山区史志办公室成立。1991 年 10 月,区委党史办公室成立。1996 年,区委党史办为区委直属事业单位,负责全区范围内党史资料收集和党史编研等工作。

市地方志编纂委员会

1986 年 7 月,市委调整地方志编纂委员会,委员由 30 人增加到 36 人,市长欧阳志凤仍兼任主任委员。1988 年 2 月,市政府调整编委成员为 18 人,市长舒圣佑任主任委员。1993 年 1 月 6 日,市地方志编纂委员会组成人员调整为 16 人,市长任主任委员;8 月 31 日,市委成立《景德镇年鉴》编纂委员会,市委书记任主任委员,市委副书记、市长 3 人任副主任委员;市人大常委会主任、市政协主席、市纪委书记、市委秘书长、军分区政委、副市长 6 人任委员。

2007 年 4 月 6 日,市政府对市地方志编纂委员会主任委员、副主任委员及《景德镇年鉴》编审委员会主审、副主审、总纂、主编人员进行调整。8 月 2 日,调整景德镇市地方志编纂委员会成员,委员由有关单位领导 12 人组成,市委书记任顾问,市长任主任委员;调整《景德镇市志》(第五卷)编纂委员会,设委员 15 人。市委书记为顾问,市长任主任委员。

市地方志办公室

1986 年,市地方志办公室与中共市委党史资料征集办公室合署办公,内设秘书科、编纂科、资料室,事业编制 12 人,为市直属机构。1987 年 3 月 28 日,资料室改名为资料科。1988 年 1 月 1 日,市地方志办公室与中共市委党史资料征集办公室分设。2 月 28 日,批复市地方志办公室为市政府直属正处级事业单位,内设秘书科、资料科。2002 年 10 月 23 日,机构改革后,市地方志办内设志书业务科、年鉴编纂科、综合科,事业编制 11 人;领导职数 1 正 1 副。2007 年 9 月 6 日,市地方志办公室参照公务员法管理。2010 年 12 月 8 日,市地方志办内设综合科、方志科、年鉴科,编制 11 人,领导职数 1 正 2 副。

县区地方志机构

乐平市地方志办公室 为乐平县政府办公室下属副科级事业单位。1981 年 8 月,成立县志编纂委员会,县长任主任委员,有关部门领导任委员,并随着领导的更迭而调整。1992 年 9 月,因撤县设市更名为市地方志办公室,核定行政编制 2 人。1997 年 8 月 18 日,为市政府办公室下属副科级事业单位,领导职数 1 人。2000 年 9 月,乐平市地方志编纂委员会成立。2002 年 12 月 16 日,机构改革后,为市政府办公室下属副科级事业单位。

浮梁县史志档案局　1989 年 3 月 8 日,浮梁县政府办公室成立,含地方志工作职能。12 月 8 日,浮梁县地方志编纂委员会成立,委员 19 人,县长为主任委员。1993 年,县政府办内设县地方志办,为县方志编纂委员会办事机构,编制数为 2 人。2003 年 9 月,县党史办、县地方志办、县档案馆合并,组建县史志档案局,为县委、县政府正科级直属事业单位,编制 7 人。2008 年,参照公务员法管理。

昌江区地方志办公室　1997 年,昌江区地方志编纂委员会成立,区长任主任委员,区委、区政府分管领导任副主任,区直机关负责人 22 人任委员。同时成立区地方志编纂委员会办公室,设主任 1 人,归口区政府办公室管理。2003 年 2 月 22 日,经区人民政府批准,保留昌江区地方志编纂委员会办公室,为区政府直属副科级事业单位。事业编制 7 人,领导职数 1 人。2010 年,事业编制 5 人。

珠山区地方志办公室　1985 年 5 月,珠山区史志办公室成立。1991 年撤销。1997 年 1 月,珠山区志编纂委员会成立,区长任主任委员,分管副区长任副主任委员,副主任委员由区政府办公室主任、区委办公室副主任、区政府办公室副主任担任,委员由区直机关负责人 14 人担任。1998 年 8 月,珠山区地方志编纂委员会办公室成立,为区政府直属副科级事业单位,编制 2 人。2007 年 11 月,为参照公务员法管理单位。

第三章　档案管理

1986 年前,景德镇有市级综合档案馆,县(区)综合档案馆共 5 个。1988 年,《中华人民共和国档案法》实施,各级党委和政府加强对档案工作的领导,市、县(区)档案局先后恢复,局馆合署办公。各级各类档案馆作为档案事业的主体地位得到巩固和发展,全市档案馆建筑总面积发展到 1.20 万余平方米,实现库房、办公、阅览三分开。各档案规章制度相继建立,档案管理有法可依、有章可循。同时,档案收集与馆藏资料迅速增加,档案信息资源面向社会开放,为群众提供优质档案信息服务。

第一节　档案馆建设

馆库建设

市综合档案馆　1986 年,市综合档案馆位于景德镇市风景路 46 号,馆库面积 930.95 平方米,砖混结构。2001 年,因年久失修,墙体风化严重,地基下沉,楼面预制板变形。经专业机构鉴定为危房,不能继续作为馆库使用。2003 年 1 月 20 日,市政府决定将珠山东路 21 号原市乡镇企业局 2～6 层办公用房,移交市档案局(馆),面积 1077.57 平方米,并将部分民生档案移至此楼,便于市民查阅。2005 年 6 月 3 日,将风景路 46 号市档案馆库房中的部分档案移至市陶艺中心(景德镇学院陶艺中心)暂厝。6 月 5 日,市武警部队调军车两辆、武警 30 余人与市档案局(馆)人员共同将市档案馆库房中的 52 个全宗,1.87 万卷档案移至陶艺中心 3 个教室内。市档案局(馆)形成一馆三地的局面。2006 年,新建市档案馆项目列入江西省档案事业发展“十一五”规划和景德镇市国民经济和社会发展“十一五”规划。2010 年,启动建设市档案馆库的规划。

专业档案馆(室)　1986—2010 年,全市房产、城建、教育、税务、电力、卫生、人事、金融等行业都先后建有专业档案馆(室)。2008 年 10 月,市房产档案馆迁入广场南路房产大楼一楼,面积 2500 平方米。2010 年,财政拨款 300 万元,启动市城建档案馆馆库建设,面积 2500 平方米,馆址位于景德镇市瓷都大道 1020 号院内。

县(市、区)综合档案馆　至 2010 年,县(市、区)综合档案馆库面积达 1894 平方米。各金融、供电、教育、房产、建设及执法部门都建有规范的馆库,建立管理制度。

乐平市档案馆。1986 年,位于乐平市迎宾大道 492 号市委大院,建筑面积 725 平方米,库房面积 543 平方米,馆藏量 3.36 万余卷(册)。2010 年,获国家县级馆库建设资金扶持,乐平市档案馆库建设启动,新馆库面积为 1605 平方米。

浮梁县档案馆。1986 年为蛟潭区档案馆、鹅湖区档案馆。地址分别在蛟潭镇、鹅湖镇办公大楼,馆藏案卷分别为 2900 卷、3210 卷,库房面积分别为 24 平方米、22 平方米。2010 年,浮梁县档案馆在县政府 6 楼东侧办公,库房面积 88 平方米。馆藏案卷 2.08 万卷。

昌江区档案馆。1984 年 6 月成立。1986 年,昌江区档案馆位于戴家弄老办公楼,面积 20 平方米,馆藏量为 1109 卷。2010 年,昌江区档案馆搬至昌江区政府大院西 2 楼,面积 20 平方米,馆藏量为 4012 卷。

珠山区档案馆。1984 年 7 月成立,属区级综合档案馆,为珠山区委、区政府直属正科级事业单位,定编 3 人,馆址在市中山北路 227 号中共珠山区委办公室 2 楼。1995 年,迁入区政府办公室 6 楼。至 2010 年,有全宗 48 个,案卷 5186 卷,其中文书档案 2480 卷、婚姻档案 2419 卷。

馆藏建设

1986—2010 年期间,由于各级各类档案馆库的改造与兴建,新增馆库面积 1684.60 平方米,为馆藏量的增加创造条件。至 2010 年,全市各级各类档案馆馆藏量达 48.63 万余卷。档案结构较之 1986 年以前更合理,内容更丰富。全市各级各类档案馆馆藏种类有:文书档案、声像档案、照片档案、电子档案、城市建设档案、房产档案、手工陶瓷工艺流程照片档案、陶瓷名人档案、《浮梁县志》、婚姻档案等。地籍档案暂厝在国土资源局档案库房内。

表 35-3-1　　**1986—2010 年景德镇市部分档案馆藏统计表**

年份	市城建档案馆		市房产档案馆		企业档案馆			县(市、区)综合档案馆		
	案卷(卷)	接收(卷)	案卷(卷)	接收(卷)	全宗(个)	案卷(卷)	接收(卷)	全宗(个)	案卷(卷)	接收(卷)
1986	—	—	—	—	—	—	16864	—	—	10377
1987	—	2450	—	—	—	—	12941	—	—	4881
1988	—	264	—	—	—	—	12190	—	—	5433
1989	—	325	—	—	—	—	11460	—	—	5459
1990	—	539	—	—	—	—	10931	—	—	5310
1991	—	458	—	—	—	—	13030	—	—	5511
1992	—	772	—	—	—	—	11990	—	—	5928
1993	—	571	—	—	—	—	11079	—	—	5916
1994	—	469	—	—	—	—	22116	—	—	5614
1995	—	713	—	—	—	—	21089	—	—	4606
1996	—	360	—	—	—	—	11654	—	—	4924
1997	—	1081	—	—	—	—	13214	—	—	5091
1998	—	971	—	—	—	—	14565	—	—	5357
1999	8642	640	—	—	2	27668	23442	315	78407	5517
2000	9604	962	—	—	2	29346	23564	315	79139	5871
2001	10566	647	—	—	2	30620	22981	315	80094	5566
2002	11253	687	—	—	2	32421	31340	315	80436	5567
2003	11940	1110	—	—	2	34385	18870	315	80936	5940

续表 35－3－1

年份	市城建档案馆		市房产档案馆		企业档案馆			县(市、区)综合档案馆		
	案卷(卷)	接收(卷)	案卷(卷)	接收(卷)	全宗(个)	案卷(卷)	接收(卷)	全宗(个)	案卷(卷)	接收(卷)
2004	12627	1639	—	—	2	37802	95826	315	81482	6145
2005	13314	2317	—	—	2	40902	37142	315	81926	6170
2006	16826	3512	—	—	2	45632	31165	340	85867	9861
2007	20123	3297	—	—	2	47166	40263	340	91358	9180
2008	24236	4113	—	—	2	50361	26356	340	92698	7908
2009	29115	4879	208526	—	2	56134	30970	345	95796	9425
2010	34730	5615	234148	—	5	84628	75980	536	132820	8437

第二节　规章制度

法制宣教

1988 年 1 月,《中华人民共和国档案法》实施,市档案局组织档案法宣传活动。以宣传车上街宣讲,到县(区)进行宣讲的形式,提高全社会依法管理、利用档案的意识。1990 年,印刷档案法单行本 3000 份,编制《档案工作文件汇编》,宣传贯彻机关档案工作办法和工作条例,促进机关档案工作走上法治轨道。1996 年,摄制反映全市档案工作新貌的电视片《瓷都兰台之光》,在景德镇电视台黄金时段二次播出。2010 年,开展档案法制宣传,各新闻媒体采用稿件 8 篇,其中《中国档案》杂志采用 1 篇,“中国档案网”采用 1 篇,《江西档案》采用 4 篇,“江西档案网”采用 2 篇。至 2010 年,全市各级各类档案馆共组织档案法宣传达 20 余次,平均每年进行 1 次,在市人民广场、浮梁县广场及乐平市进行宣传并接受市民的咨询;举办图片展 4 次,利用报纸、电视等媒体宣传档案法 30 余次;张贴档案法、《江西省档案管理条例》1000 余张,印发宣传单 3000 余份;到十大瓷厂进行档案法宣讲 10 次,为陶瓷系统各瓷厂档案科的建立奠定基础,城建档案馆先后组织摄影巡回展 2 次。

1986—2010 年,市档案局组织县(市、区)档案局以及城建档案馆、房产档案馆、企业档案馆,每年举办 1 次《中华人民共和国档案法》《江西省档案管理条例》培训班,加强法制学习,提高档案人员法制观念,依法治档,建立一支档案执法监督队伍,全市共有档案执法监督员 22 人。至 2010 年,全市共举办档案法培训班 96 次,培训人员 2600 人次。特别是和省陶瓷共同举办培训班,轮训十大瓷厂的全部档案人员。

制度修订

1987 年,市档案局、市物价局联合下发《景德镇市档案利用收费办法》。1988 年,根据档案工作的特点,对全市档案管理制度进行规范,建立健全《档案库房管理制度》《档案馆档案开放制度》《档案鉴定与销毁制度》《档案统计检查制度》《接待利用制度》《接收征集档案资料制度》《档案馆保密制度》《档案馆安全保卫制度》《查阅档案须知》等。1989 年,市档案局转发国家档案局制定的《机关档案工作业务建设规范》《关于机关档案保管期限的规定》《文书档案保管期限表》《机关文件材料归档和不归档的范围》4 个法规性文件,要求全市各单位结合实际贯彻实施,促进全市机关档案工作、业务建设规范化和科学化。1990 年,制定《景德镇市档案事业发展“八五”规划(1991—1995)》,为开创档案工作新局面奠定基础。是年,与市财政局共同印发《景德镇市会计档案管理办法》。

2008 年,市长李放签发市长令,颁布《景德镇市档案管理办法》,10 月 23 日正式实施。2009 年,市档案局、市国资委联合印发《关于我市国有改制企业档案处置工作的通知》,对改制企业的档案处置进行规范。2010年,市档案局印发《关于做好市政府机构改革档案处置工作的通知》,明确撤并单位档案的处置。是年,市政府办公室转发《景德镇市档案工作规范化管理意见》,市档案局编制《档案工作规范化管理实用手册》。至年底,全市各级各类档案馆共制订并实施16项管理制度。

执法检查

市档案局和县(市、区)档案局每年都组织1~2次的实施档案法大检查,把档案法制建设纳入全市法制建设中。自1987年始,在召开全市档案局(馆)的工作会议上,都把法制建设纳入议题,提出执法检查的意见,并制定整改意见通知书。1990—1994年,促进陶瓷系统档案法的贯彻实施,分别下到十大瓷厂进行执法检查,完善各瓷厂的档案工作体制,确保陶瓷档案的完整,从源头保证弥足珍贵的陶瓷档案不流失。2003年,开展为期两个月的档案行政执法检查,共检查100余家单位,下发50份整改通知书,推动档案工作开展。2005年,开展档案执法检查,集中时间,突出重点,共检查市直属单位100余家,对检查中所暴露的问题及时提出整改意见,签发限期整改通知书33份。2008年,开展全市档案执法检查,共检查103家单位,发出限期整改通知5份。2010年,市档案局下发《关于开展档案行政执法检查的通知》,共检查107家单位。1988—2010年,市档案局共组织进行20次执法检查,市直单位全部进行自查,20%的单位进行互查,重点抽查400个单位,下发整改通知180份,提出整改意见106条。

第三节　收藏与利用

档案接集

1986年,市档案馆因库房问题未能大规模接收档案。全市各机关、单位、企业档案各自保存。1988年,《中华人民共和国档案法》颁布实施,为丰富馆藏,其他档案馆加强不同门类、各种载体档案的收集与接收,接收进馆的档案资料迅速增加。当年,市、县(市、区)档案馆接收档案5433卷,市城建档案馆接收档案264卷,企业档案馆接收档案1.22万卷。1993年,接收市委社教办1991—1992年档案(资料)30卷(册),市革委落实集体所有制企业政策办公室1982—1984年回收入员档案72卷。1995年,接收市首届陶瓷节组委会档案31卷,照片389张,陶瓷资料照片270张。1998年,征集党和国家领导人视察景德镇市的照片19张,资料140册。当年市、县(市、区)档案馆接收档案5357卷,市城建档案馆接收档案971卷,企业档案馆接收档案4565卷。1999年,征集《浮梁报》和接收市职改办1986—1992年档案356卷。

2001年,接收档案478卷,资料142册。2002年,接收档案210卷(册)。2003年,市档案馆建立“陶瓷名人”档案资料库,主要征集中国工艺美术大师、省工艺美术大师以及中、青年“陶瓷名人”和著名民间陶瓷艺人的档案资料。2004年,开始“陶瓷名人”建档工作,建立25个“陶瓷名人”档案,征集接收教授、省工艺美术大师作品实物档案14件,建立29个“陶瓷名人”档案全宗,此项工作被列入景德镇市20项亮点工作之一。是年,接收破产企业859厂档案900卷。2010年,征集郭沫若亲笔书写“中华向号瓷之国”七律真迹一幅。当年市、县(市、区)档案馆接收档案8437卷,市城建档案馆接收档案5615卷,市房产档案馆接收档案2.56万卷,企业档案馆接收档案7.60万卷。1988—2010年,还接收部分撤并单位的档案,即市瓷都宾馆、859厂档案。

县(市、区)档案馆依照国务院《档案馆通则》接收各单位自管档案,征集档案有家谱、照片等不同门类的档案。县级专业档案馆加强接收力度,馆藏量普遍增加。县综合档案馆由315个全宗增至536个全宗,馆藏档案由1.38万卷增至16万卷;专业档案馆由0.25万卷增至26.88万卷;企业档案馆由1.69万卷增至64.10万卷。

档案整理

1989—1992年,市档案馆整理民国浮梁商会档案144卷,整理历史资料40件,县(市、区)整理现行档案

5892 卷。1998 年，抢救整理各种珍贵档案 3024 卷。2004 年，档案文书立卷改革，推行第一个专业标准。为推行新的行业标准，市档案局举办档案文书立卷改革培训班，培训 40 余人。组织基层档案员 10 余人赴北京等地区学习考察，并对一线单位进行指导，全市各单位 2002 年度档案，均实行按件整理。2010 年，指导本级立档单位完成近 10 万件文书档案整理。

档案保管

档案设施　1988 年，市档案局按照国家档案局、国家技术监督局规定的档案装具标准，对全市档案装具统一标准，全部采用牛皮纸质的文书档案封底封面，统一文书档案柜、科技档案柜、会计档案柜标准，对档案装用具实行统一监制，保证档案用品的质量。2001 年后，随着新的归档文件整理方法的实行，自 2002 年起，与新的规范与标准相匹配的档案装用具全面推行。

库房管理　1986—2010 年，全市各级各类档案馆均实行"三分开"，即办公、库房、阅览三分开。全市各综合档案馆和专业档案馆均设立档案管理科，对库房及档案的查阅、接收、管理实行专人、专岗。制订《库房管理制度》《库房安全制度》《查阅登记制度》《温湿度记录制度》等一系列维护档案完整与安全制度，保证档案的安全，确保库房温湿度符合档案的存放标准与条件。对库房的档案柜和密集架进行统一编号，统一排放，案卷按全宗和全宗号顺序排列存放；城建档案馆按项目竣工时间为序排列存放。编制库房存放指南。但也有部分单位因办公室用房不足，保管粗放。

在《档案法》颁布以前，全市档案工作不规范，装用具简陋，以手工检索为主。1988 年后，档案工作开始步入法制化的轨道。自 90 年代开始，将计算机管理档案工作列入工作计划，并纳入档案馆升级达标的一项重要评审内容。

1991—1992 年，市档案馆晋升为省二级先进档案管理合格单位，省陶瓷工业公司档案室被评为全国档案系统先进单位。全市有 16 个档案室档案管理升级，其中 6 个晋升省一级先进档案管理单位，8 个晋升省二级先进档案管理单位，2 个晋升省三级先进档案管理单位。1993 年，市档案局获全省档案管理工作先进单位。

2007 年，推进档案信息化建设，进行馆藏档案目录级数据库构建，其中民国档案目录数据全部完成。建立景德镇档案信息网页，包括局馆概况、工作动态、政策法规、服务指南、业务园地、文档查询、网上展厅等栏目，由专业人员负责信息更新。2008 年，开展档案信息库编录工作，全市编录案卷级目录 1046 条，文件级 2.97 万条。市档案局政务信息在市政府政务信息网公开。2009 年，继续推进档案规范化管理，全市有 20 家单位晋升省级档案规范化管理单位。

2010 年，市政府办公室转发《景德镇市档案工作规范化管理意见》，规范档案管理的方法和措施。编制《档案工作规范化管理实用手册》，统一档案工作规范化标准，组织规范化管理等级考评。当年，全市有 11 家单位完成档案工作规范化管理等级达标。市档案馆被省档案局授予全省档案管理工作先进单位称号。市城建档案馆、市房产档案馆自 2000 年始开始档案管理软件开发，至 2010 年基本实现档案的电子化管理。

档案保护　1998 年起，市档案馆对馆藏部分民国档案进行抢救修复，乐平市档案馆对馆藏部分历史档案资料进行抢救修复，共计修复档案 1.69 万卷。全市各级各类档案馆根据景德镇地区的气候特点、特征，结合库房现状，开展档案的"防火、防盗、防光、防虫、防尘、防潮、防霉、防高温、防有害气体"的保护工作。市城建档案馆库房设置防火、防盗的报警系统。

表 35-3-2　**2010 年景德镇市各级各类档案馆面积、设备及装具一览表**

类别	建筑面积（平方米）				主要设备					档案装具	
	总面积	库房	办公	查阅	微机（台）	空调（台）	复印机（台）	除湿机（台）	大型打印机（台）	密集架（列）	档案柜（台）
市档案馆	931	404	427	60	10	15	2	2	1	—	500
1 市 1 县两区档案馆	1894	769	1052	141	23	19	3	10	2	91	202

续表 35－3－2

类别	建筑面积(平方米)				主要设备					档案装具	
	总面积	库房	办公	查阅	微机(台)	空调(台)	复印机(台)	除湿机(台)	大型打印机(台)	密集架(列)	档案柜(台)
市城建档案馆	2500	1500	900	100	28	15	3	1	3	104	25
市房产档案馆	2500	1200	920	380	21	20	1	3	—	166	3
企业档案馆	4418.45	2494.2	793.75	602.5	54	12	16	17	4	233	369
总计	12243.45	6367.2	4092.75	1283.5	136	81	25	33	10	594	1099

档案编研

1986 年 11 月，市档案学会成立，承担学术研究的工作。1988 年，市档案局设立编研科，各县(市)区综合档案馆将编研工作职能纳入管理科。1994 年，市档案局编辑的《景德镇科技人物名录》由江西省科技出版社出版发行。名录收录了 1021 名在陶瓷、机械、电子、航空、文教、卫生等各条战线的科技优秀人才，反映景德镇当代科技队伍的状况。1995 年 5 月，市档案局、市档案学会主办的《景德镇档案》创刊，是全省地市级首个档案刊物，全国设区市档案馆中创办档案刊物也不多见。1999—2010 年，《景德镇档案》共编印出版 42 期，发表学术论文百余篇。其中《景德镇陶瓷文化与档案》《陶瓷档案的一般构成》《对关停并转企业档案的处置》《谈谈村级如何建档》等多篇论文获奖。

2006 年，开展学术交流与研讨，浮梁县档案局的《浮梁衙署史话》在第六次全省档案学会优秀成果评选活动中，被评为优秀论文。2009 年，编纂的大型图书《景德镇市名人名产名胜》重点记述景德镇市各行各业的拔尖人才和名胜古迹以及享誉世界的陶瓷产品，记载区域内的土特产与小吃，是对外系统推介景德镇的图书，由中国档案出版社出版发行。2010 年，市档案学会获全国先进社会科学团体称号。至 2010 年，市档案局除参与组织史志的编修外，还编写《景德镇市档案工作大事记》《利用档案效果实例》《各种会议汇编》《各种文件汇编》《全宗介绍》《库存档案指南》等。

县(市)区综合档案开展档案史料的编纂和科研工作，编纂《大事记》《文件汇编》《利用效果实例》等；市城建档案馆参与编纂《城建档案大事记》，创办《城建档案通讯》，至 2010 年共印刷 46 期。

《景德镇名人画册》《景德镇城建档案》

档案利用

1986 年，开展档案利用工作，在服务方式上，注重从封闭型、半封闭型向开放型转变。接待查阅档案人员 409 人次，利用档案资料 1367 卷(册)。1990 年，市档案局为供电局提供征地及购地手续原始凭证，解决土地纠纷。1991 年，接待查阅档案人员 5592 人次，利用档案资料 1.17 万卷(册)，向社会开放档案 1.82 万卷，利用馆藏档案编印文件汇编和参考资料 35 件。1992 年，香港商人根据陶瓷实物档案，生产“五女罗汉”(原传统产品是“五子罗汉”)，得到外商的赞许。1998 年，全市各级各类档案馆建立、健全档案检索体系，改善馆藏结构，分期分批开放历史档案，设立单独的阅览室，为查阅者提供良好的查档环境，并采取查阅档案、提供档案复制件、出具证明等方式开展服务，当年接待档案查阅 2529 人次，利用档案资料 8455 卷(册)。是年 12 月，经省交通科学研究所和省交通工程质量检测站对昌江大桥的检测，认定大桥存在严重的损伤和“疾病”，技术状况属于第四类危桥，如不及时进行维修和处理，将严重威胁人和车辆的安全。市政府拟拆除昌江大桥，在其下游另建新桥，但需花费巨额资金。得知此信息，市城建档案馆及时向专家们提供昌江大桥自 1962 年以来设计、施工、竣工及养护、检查和维修等有关档案资料共 24 盒，图纸 170 余张，并复制有关图纸 60 余张。依据馆藏的城建档案，工程技术人员很快制定大桥检测方案和加固整修工程设计方案，而不需要重建，节省大量资金，仅桥下水文地质勘查的费用就节省 30 余万元。从 2000 年 7 月到 2001 年 2 月，经过半年的紧张施工，昌桥大桥加固整修工程正式竣工通车。

2000 年，接待查阅档案人员 2104 人次，利用档案资料 5994 卷（册），资料 671 册。2002 年，接待查阅档案人员 3491 人次，利用档案 4680 卷，资料 523 册。2004 年，开发档案信息资源，设立现行文件阅览服务中心，对全市党政 35 个职能部门 1996 年以来无密级的文件，经审查筛选、分类、编目，于 10 月 1 日正式向社会开放，实现从历史档案到现行文件向公众开放的重大转变。2006 年，接待查阅档案人员 3315 人次，利用档案资料 5768 卷（册）。2008 年，接待查阅档案人员 4174 人次，利用档案资料 66356 卷（册）。2010 年，接待查阅档案人员 6000 人次，利用档案资料 7200 卷（册），出具证明 780 份，查阅率 100%，为群众提供优质的档案信息服务。至 2010 年，市档案馆共为社会各界提供档案资料 4. 82 万卷（册），接待查阅者 3. 69 万人次；县（市）区档案馆共提供档案资料 16. 17 万卷（册），接待查阅 6329 人次；市城建档案馆共提供档案资料 5. 86 万卷（册），接待查阅 3268 人次；市房产档案馆共提供档案资料 8678 卷（册），接待查阅 5268 人次；各企业档案馆共提供档案资料 13. 36 万卷（册），接待查阅 4169 人次。

业务指导与培训

业务指导　1987 年，恢复市档案局，设立业务指导科，配备专职业务干部 4 人，把业务指导作为档案管理的重点工作。将全市各单位分成 6 个协作小组，分组定人对全市 128 个单位进行文书档案业务指导。

1990 年，重点对各大瓷厂的档案工作进行业务指导，光明、红旗、人民、为民、宇宙、艺术、红光、雕塑、瓷用化工、新华等各大瓷厂相继设立档案科，负责做好档案资料的收集、整理与保管工作。大部分瓷厂建立实物档案室。1996 年，市档案局业务指导科工作人员，深入基层单位指导档案工作，帮助基层档案员熟悉档案业务知识，掌握档案的收集、整理、保管和利用的专业技能。

2001 年，市档案局先后对景德镇水泥厂、景陶瓷厂等 4 家企业档案工作进行指导，确保档案妥善处理和顺利移交，保证国有企业档案在转制过程中不受损失。2005 年，组织专人用 3 个月时间，深入市十大瓷厂开展档案调研，主动介入，对宇宙瓷厂等改制企业的档案工作进行指导。2006 年 9 月，对宇宙瓷厂、利民制药厂等改制破产企业的档案工作进行指导和检查，确保改制企业档案的完整与安全。2009 年，全市国有企业改制工作全面铺开，市档案局与市国资委联合印发《关于我市国有改制企业档案处置工作的通知》，维护国有改制企业档案齐全、完整和安全。2010 年，开展国有改制陶瓷企业的档案处置工作调查，提交《关于市国有改制陶瓷企业档案处置工作的调研报告》，制定《国有改制陶瓷企业的档案处置工作方案》，对改制陶瓷企业档案处置进行业务指导。至 2010 年，市、县（市、区）档案局业务指导部门工作人员深入市（县）直机关、企事业单位业务指导累计达 2000 余人次，接待上门咨询 500 余人，指导升级达标 63 个单位。浮梁县史志档案局主动上门督导西湖、三龙、经公桥等乡镇将档案整理后，移交县档案馆。

业务培训　1987 年，档案业务培训主要是采取举办档案专业培训班，研讨会以及外出参观学习等形式，实行统一管理，分级培训的方式。市档案局负责市直机关、市属企事业单位及县（区）档案局、城建档案馆、各专业企业档案馆档案人员的培训，县（区）档案馆负责县（区）直属机关、企事业单位和乡（镇）、街道档案人员的培训工作。1988 年，全市档案工作人员实行持证上岗，组织全市档案人员持证上岗业务培训班 1 期，培训 93 人次。1990—1999 年，市档案局为陶瓷系统的企业举办培训班，集中培训 3 次，办公室主任、档案科长、档案工作人员参加。下到各瓷厂进行培训 7 次，讲解“陶瓷档案的一般构成”和《归档文件材料范围》。同时，还先后到检察院系统、公安系统、法院系统进行档案业务知识培训。1993 年，市档案局与江西大学中文系、南昌广播电视中专联合开办“文秘专业”“档案专业”学历班，学制 3 年，共培养大中专学员 260 人。1997 年，举办档案业务培训 5 期，培训 200 余人。2003 年，举办档案业务培训 1 期，培训 108 人。2006 年 5—6 月，组织全市档案人员持证上岗业务培训班 2 期，共培训 120 余人。1986—2010 年，市档案局共举办培训班 24 期，培训人员达 2400 人次；乐平市档案局共举办培训班 20 期，培训人员达 1600 人次；浮梁县史志档案局共举办培训班18次,培训人员达860人次;珠山区、昌江区档案局共举办培训班16次,培训人员达1200人次。市城建档案馆共举办培训班13期,培训工程项目部档案和资料员达300人次。

第四节 管理机构

市档案局

1983年11月28日,撤销市档案局,保留市档案馆。1987年11月4日,恢复市档案局,实行局馆合署办公,两块牌子一套人马,编制16人。1988年2月2日,增设编研科。1994年7月增设保卫科。2002年,内设办公室、法规科教科、档案管理科、信息调研中心。2004年,成立市现行文件利用中心。2006—2010年,内设科室有办公室、业务指导科、法规科教科、档案管理科、现行文件利用中心。编制22人。领导职数1正2副。为副科级事业单位。

县(市)区档案局

1986年,县(区)没有档案局,只设档案馆。1989年,浮梁县恢复档案局,局馆合署办公,为副科级事业单位,定编6人。1991年,乐平市恢复档案局,局馆合署办公,定编8人。2003年机构改革,浮梁县将党史、地方志、档案局合并,更名为浮梁县史志档案局,为正科级事业单位,定编7人。是年,昌江区档案局成立,定编7人。珠山区档案局成立,局馆合署办公,编制7人。2010年,全市有档案局5个,均为市、县(市)区直属事业单位(参公)。

专业档案馆和企业档案馆

2010年,市城建档案馆有工作人员16人,市房产档案馆有工作人员20人,昌飞公司档案馆有工作人员30人,昌汽公司档案馆有工作人员8人,焦化公司档案馆有工作人员3人,602所档案馆有工作人员17人。

第四章 社会科学联合会

1985—2010年,景德镇市社会科学联合会(简称市社科联)先后召开3次代表大会,选举产生3届理事会。根据《景德镇市社会科学研究"九五"时期(1996—2000)规划》和《景德镇市社会科学研究"十五"时期(2001—2005)规划》,先后召开各类学术研讨会,开展学术交流和调研活动,创办学术期刊《社联工作》《社科论苑》和《决策参考》;编辑出版《树立科学发展观,共塑瓷都新形象》《树立社会主义荣辱观教育读本》《发展中的探索》等书籍;组织社科成果评选,涌现出省社会科学优秀成果奖62项、市社会科学优秀成果奖4892项。全市社科事业繁荣,学术活动活跃。

第一节 代表大会

市社科联第一次代表大会

1985年8月28日,在市群众艺术馆4楼会议厅召开,出席大会代表314人。大会听取筹备工作报告,正式成立市社会科学联合会。会议选举产生市社会科学联合会第一届理事会,理事40人、常务理事13人、副主席5人、主席1人。讨论、修订并通过《景德镇市哲学社会科学学会联合会章程》,讨论和制定"七五"期间景德镇市社会科学发展规划要点和工作意见。

市社科联第二次代表大会

1990 年 3 月 30 日，在市群众艺术馆 4 楼会议厅召开，出席大会代表 377 人。选举产生市社会科学联合会第二届理事会，理事 48 人、常务理事 18 人、副主席 5 人、主席 1 人。

市社科联第三次代表大会

1998 年 12 月 18 日，在市委 2 楼会议厅召开，出席大会代表 181 人。大会审议通过市社科联第二届理事会工作报告、新的社科联章程、社科研究“九五”后期课题和工作要点，选举产生市社会科学联合会第三届理事会，理事 45 人、常务理事 19 人、专职副主席 2 人、兼职副主席 2 人、主席 1 人。

第二节　社科联组织

市社会科学联合会

1985 年 8 月 28 日，市社会科学联合会成立，设办公室、学会工作室和学术研究室 3 个科级机构，处理日常工作。至 2010 年，市社联所属团体会员 29 个，个人会员 2 万余人。

县区社科联

1987 年 11 月，乐平县社会科学联合会成立。至 2010 年，有会员 3500 人。1995 年 3 月，浮梁县社会科学联合会成立。至 2010 年，有会员 1500 人。1999 年 9 月，珠山区社会科学联合会成立。至 2010 年，有会员 1200 人。2009 年 11 月，昌江区社会科学联合会成立。至 2010 年，有会员 1200 人。

社科联学会、研究会

1985 年，市社科联成立后，一大批学会和县（区）社科联相继成立。1986 年，市农村金融学会、档案学会、党史党建研究会、卫生经济学会成立。1987 年，市钱币学会、陶瓷会计学会成立。1990 年，市粮食经济学会成立。1991 年，市检察官协会、会计学会、广播电视学会成立。1993 年，市劳动和社会保障学会、财政学会成立。1995 年，市城市金融学会成立。2000 年，市老年体育科学学会成立。2003 年，市地方税务研究会、旅游协会成立。2004 年，市监察学会成立。2010 年，市新四军研究会、调查研究会成立。至 2010 年，市社科联所属团体会员 29 个，个人会员 2 万余人。

第三节　主要活动

学术活动

学术研讨　1987 年 2 月，市社科联受市政府委托与市经济体制改革研究会、市经济学会等 5 家群众性学术团体共同发起召开陶瓷管理体制改革研讨会，对改革全市陶瓷管理体制、实行政企分开、组建企业集团、调整陶瓷生产经济结构等重大问题进行讨论，并将研讨成果提交市委、市政府。是年 6 月，配合市委宣传部组织召开全市首次社会主义初级阶段理论研讨会，与会 60 余名理论工作者就全市经济体制改革和陶瓷经济发展问题进行探讨，提出见解和建议。

1991 年 5 月，与市委宣传部、市外宣领导小组共同举办全市对外开放对外宣传发展战略研讨会。分析瓷都对外开放和对外宣传的现状、特点，探讨对外开放的发展趋势、潜力以及规划、目标、重点和主要措施，对陶瓷经济与文化、外经贸易、引进外资、投资环境、建立开发区、办好陶瓷节等重点问题开展讨论，并提出许多建设性意见供市领导决策。5 月 24 日，与市委组织部、宣传部、政研室、讲师团、党校、党建学会联合举行全市党建理论研讨会，对党建理论和实践问题进行分析和阐述。研讨会共收到论文 132 篇，入选论文 65 篇，优秀论文 30 篇。1992 年 12 月，与市委政研室、市科委、市国土办共同举办景德镇市策应长江三角洲及沿江地区开放开发和经济发展研讨会。从瓷都经济、文化活动的不同角度,寻求浦东和长江开发开放带来的历史机遇,积极呼应、策应长江开放开发,努力跟进或跻身沿江经济格局,全力实施有瓷都特色的外向型经济。研讨会提交的32篇论文编辑成《长江开放与瓷都振兴》一书,计23万字。1995年3月21日,与市委党校、市委讲师团联合召开"解放思想、发展经济"研讨会,分析和讨论经济工作的重点、难点问题,提出解决方法和措施。研讨会共收到论文28篇,其中12篇被评为优秀论文。4月,配合市委宣传部、市直机关工委、市委讲师团联合召开"机关党建理论研讨会",市直机关党委所属总支、支部共60余人参加会议,并就推动全市机关党建工作,更好地为经济建设服务进行讨论。5月,会同市委宣传部、市老干部局、市关心下一代工作委员会召开全市关心下一代工作理论研讨会,分析探讨新形势下青少年教育的重点、难点,探讨解决办法。

1996年6月,召开全市邓小平建设有中国特色社会主义理论研讨会,入选论文36篇,其中13篇评为优秀论文。8月,开展关于发展全市农业经济、引导农民致富的专题调研活动,并会同市农业局、市农业经济学会召开研讨会。市农业系统主管局领导和一大批农业专家学者参与调研和撰写论文,研讨会人选论文40余篇,其中10篇获一等奖。1997年6月,与市委宣传部会同有关部门联合举办"一国两制"庆回归理论研讨会,会上有38篇论文进行交流,获奖论文12篇,其中一等奖2篇、二等奖4篇。1999年6月,与珠山区委、区政府,市文明办联合开展全市"创建城市优美环境"研讨会,收到论文29篇。12月3日,联合市委政研室、市体改委、市经贸委共同召开全市国有企业改革和发展研讨会。应邀到景德镇市作调研的国家计委经济研究院教授常修泽、省计委副主任胡幼桃出席研讨会,参加研讨会的还有市有关综合部门、大中型企业、主办单位及社科联学会代表60人,收到论文33篇,并整理后发表。

2002年6月7日,就如何"塑造江西人新形象"召开理论研讨会,共收到论文15篇,分别在《景德镇日报》专栏刊登。11月27日,在市委党校"举办全市社科界学习宣传贯彻十六大精神研讨班",市部分专家学者、县(市)区社科联主席、学会(协会、研究会)秘书长等50余人参加研讨班。《景德镇日报》在《知与行》栏目中刊登研讨班7位学员的研讨文章。2003年7月17日,召开全市社科理论界"开放景德镇、信用景德镇"理论研讨会,市委宣传部、市社科联、市文明办的领导和全市社科理论界部分专家、学者及市社科学会(协会、研究会)秘书长、县(市)区社科联主席40余人参加研讨。12月7日,与市经济管理学会联合召开"入世后中国陶瓷经济发展"研讨会,并邀请市委政研室、市经贸委、市统计局、市瓷局等单位的主要领导和景德镇陶瓷学院的专家学者进行研讨,分析中国陶瓷现状和发展战略,结合入世后的新形势,就中国陶瓷尤其是景德镇陶瓷如何适应新的市场条件进一步发展展开研讨。

2004年5月28日,召开全市社科界"共塑瓷都新形象"研讨会,市部分专家学者和市社科联学会(协会、研究会)秘书长及县(市、区)社科联主席30余人参加。与会专家学者们围绕瓷都在加快经济建设、弘扬先进文化、实现文明生活等方面存在的不足等开展研讨。12月13日,与市旅游局联合召开全市创建"江南旅游都市"理论研讨会,市有关专家学者和资深导游围绕如何进一步做大做强做优全市旅游产业,创建"江南旅游都市"提出意见和建议,发表旅游理论研讨文章12篇。

2006年5月15日,与市委宣传部联合举办全市"树立社会主义荣辱观"研讨会,市社科界部分专家学者、市社科联特约研究员和市属学会(协会、研究会)秘书长、县(市、区)社科联主席共50余人参加研讨,并就学习、宣传、践行活动提出建设性意见。2008年4月30日,组织全市各个学会(协会、研究会)、县(市、区)社科联的社科工作者及特约研究员相继开展"继续解放思想、加快陶瓷产业发展""继续解放思想、推进新型工业化""继续解放思想、推进新型城镇化""继续解放思想、推进现代农业化"等论坛研讨活动。

学术交流　学术论坛。1988年6月,与市金融学会牵头,联合省内南昌、九江、萍乡、新余、鹰潭等城市社会科学工作者和金融理论工作者,在景德镇召开"中心城市新型资金运行机制"理论研讨会暨闽浙赣皖四省九地市金融学会秘书长座谈会,就新形势下资金在中心城市运行的特点与模式、信贷结构的优化与产业结构、产品优化的关系等理论问题展开讨论和磋商。1991年10月29日,全省社科联协作会首次在景德镇举行,全省11个地市社科联30余名代表出席会议。临川、宜丰、南康3个县社科联和昌河飞机制造厂社科联的代表应邀到会。协作会总结交流各地的工作经验,研讨地市社科联的工作任务。

2003年10月29日,协助省社科院在景德镇市举办2003年华东地区六省一市社科院院长联席会,交流社科研究工作经验。2004 年 4 月 8 日,市社科联主办的“甲申春季瓷都发展论坛”在景德镇宾馆会议厅举行,市委讲师团、政研室、党校,市经贸委、市财政局等 16 个部门的有关负责人和市社科联特约研究员及社科工作者近百人就如何“树立科学发展观,加快建设新瓷都”这一主题开展研讨,并在《景德镇日报》发表《大力开展科学发展观教育》《坚持三个不动摇,落实科学发展观》等 17 篇论文。

2006 年 9 月 11 日,与市委宣传部、市广播电视台联合举办“科学发展、和谐创业”电视论坛,特邀请享受国务院政府津贴专家、省政协常委、省社科联副主席、研究员汪玉奇为嘉宾主持,邀请市经贸委、发改委,市委政研室、讲师团、农工部,市高新开发区等部门专家学者参加。6 名嘉宾围绕“科学发展、和谐创业”这一主题,发表演讲。2007 年 7 月 23 日,与市委宣传部、市发改委、景德镇日报社、市广播电视局、市广播电视台共同举办“和谐精神与科学发展”2007 年瓷都发展论坛,以“创新创业、共建和谐”为话题,展开讨论与演讲。9 位演讲嘉宾从各自工作实际和科研成果出发,充分阐述“创新创业,共建和谐”的重要性与必要性。2009 年,与市委宣传部、景德镇日报社、城市信用社联合举办 4 期瓷都发展论坛,围绕“科学发展,加速崛起”这一主题,结合景德镇市经济发展现状进行探讨与研究。

调研活动。2002 年 6 月 20 日至 8 月 20 日,组织开展“百名会员下基层”大型调研活动,全市 27 个调研小组,120 名会员参加,针对 83 个课题进行调研,形成调研文章 100 余篇。其间,共发表电视新闻稿件 62 篇,广播稿件 45 篇,专题论文 4 篇。其中,在江西电视台发稿 5 篇,《社会传真》节目中播出 2 条新闻专题。《景德镇日报》连续刊登《乐平市临港镇村级“三个代表”学习活动记事》《浮梁县寿安镇投资修路兴业记》等来自基层一线的调研文章。

2004 年,市社科联与市委政研室联合就“减轻农民负担”工作进行调研,并形成调研报告。2006 年,市税务学会组织调研活动,126 名会员组成 28 个专题调研小组,形成调研文章 88 篇。2008 年,市社科联配合做好环鄱阳湖生态经济区考察调研工作,完成对古窑、旧城城址、刘家弄吊脚楼、三宝村等实地考察调研工作。2010 年,市统计学会开展调研活动,形成《景德镇在鄱阳湖生态经济区中的发展目标》《金融支持经济发展如何作为研究》的统计分析报告,为市委、市政府指导全市经济工作服务。

社科期刊与专著　《社联工作》。市社科联主办的不定期的内部交流刊物。1982 年,由市社科联筹备组编印的《社联通讯》改刊而成,是社会科学各学术团体的交流平台,反映各学会学术研究动态,刊登理论学习材料和社科知识,转载省内外社科资料、文摘及科研信息。1987 年停办,共出刊 12 期。

《社科论苑》。由市社科联主办的综合性社会科学杂志。1987 年 3 月创刊,原名《瓷都研究》,1989 年,更名为《瓷都论苑》,全国公开发行。1990 年,再次更名为《社科论苑》,共出刊 24 期。刊载市经济等各领域有关经济发展战略、经济体制改革、外向型经济、工业经济、陶瓷经济、企业管理、农村经济、乡镇企业方面的论文 400 余篇,200 余万字。市内发送市党政机关和领导、市各经济主管部门、各大企事业单位、农村各乡场,同时与外地省市 100 多个机构交流。

《决策内参》。市社科联创办内部刊物,1999 年创办,是全市社科工作者学术交流和建言献策的平台。2005 年,该刊物与市委政研室的内部资料性刊物《调查报告》两刊合并,保留《决策内参》的刊名,至 2010 年年底,《决策内参》出刊 46 期,刊登文章 800 余篇。

《树立科学发展观,共塑瓷都新形象》。2004 年 9 月,由市社科联与市委宣传部、市科协联合编辑,分为总论篇、专题篇、政策篇,共 21 万字。市有关方面领导、专家学者及长期从事一线工作的社科工作者,从多角度多层面阐述“共塑瓷都新形象”的背景、内涵、意义以及景德镇市所采取的措施,取得的成绩,存在的问题和解决的方法。

《树立社会主义荣辱观教育读本》。2006 年 5 月,由市社科联与市委宣传部联合编辑,该书就“八荣八耻”分 8 个专题作讲解,共 3 万余字,并刊印 4000 余册分发各县(市、区),为全市学习社会主义荣辱观辅导读本。

《发展中的探索》。2009 年 9 月,以纪念中华人民共和国成立 60 周年为契机,市社科联在市委宣传部的支持下编辑出版。该书辑录改革开放尤其是新世纪以来,市社会科学界近 150 篇优秀论文,内容涉及景德镇市 政治、经济、文化、法制、社会建设等方面的研究成果,集中反映一个时期瓷都社科界的研究水平与学术成果。

研究成果

市社会科学优秀成果　1985—2010 年,市社科联先后 10 次组织全市优秀社科成果评奖,共评出 489 项优秀社会科学成果(其中一等奖 23 项,二等奖 152 项,三等奖 314 项)。

省社会科学优秀成果　1986—2010 年,市社科联先后 14 次组织参加江西省社会科学优秀成果评选活动,共有 46 项获奖。

表 35 - 4 - 1　**1986—2010 年景德镇市参加江西省社会科学优秀成果评选获奖项目一览表**

成果名称	获奖年份	所获奖项	作者	单位
高晓声系列小说艺术探略	1986	三等奖	谢海泉	江西省陶瓷工艺美术职业学院
试论图书馆的性质	1986	三等奖	胡劲松	景德镇 602 研究所
唐窑及其工艺技术成就研究	1986	三等奖	钟起煌	中共景德镇市委
			罗学正	景德镇陶瓷职工大学
陶瓷工业技术人才需求趋势及特点	1989	二等奖	吴大选	景德镇陶瓷学院
无产阶级政党领导下多党合作的理论和实践	1989	三等奖	吴高民	景德镇陶瓷学院
给爱者	1989	三等奖	徐静静	乐平县第二中学
豆腐菜 200 种	1989	三等奖	张德生	景德镇市体委
刘心武两篇纪实小说的“宽爱”主题与“心析”艺术	1989	三等奖	谢海泉	江西省陶瓷工艺美术职业学院
美术陶瓷的新风格与粗质材料	1989	三等奖	周国桢	景德镇陶瓷学院
发展职业技术教育必须树立的几个观念	1989	三等奖	倪少成	景德镇市教育局
论外来文化对中国陶瓷艺术的影响	1991	三等奖	罗学正	景德镇陶瓷职工大学
论高校青年教师的心理需要与工作积极	1993	三等奖	叶忠华	景德镇教育学院
安娜·卡列尼娜和苔丝悲剧之比较	1993	三等奖	王　群	景德镇教育学院
陶瓷经济概论	1993	三等奖	吴建中等	景德镇市社联
中国陶瓷经济发展研究	1995	二等奖	郭建晖	景德镇陶瓷学院
国有企业债务问题探讨	1999	三等奖	舒晓琴	中共景德镇市委
面向新世纪的企业党员教育	1999	三等奖	杨金云	中共景德镇市委组织部
加强财务工作建设适应形势发展需要	1999	三等奖	黄乐平	乐平市供销合作社
加大支农力度促进农业产业化发展	1999	三等奖	朱胜旺	景德镇市农业银行
国有资本管理概论	1999	三等奖	郭建晖	景德镇陶瓷学院
从景德镇官窑的书款制度看岱吉屯“至正年制”款彩瓷碗的年代及其他	1999	三等奖	欧阳世彬	景德镇陶瓷学院
工业企业管理	2000	二等奖	郭建晖	景德镇陶瓷学院
高度重视、积极防范地方财政债务风险	2000	三等奖	王林泉	景德镇市财政局
十五世纪景德镇民窑研究	2000	三等奖	欧阳世彬	景德镇陶瓷学院
陶瓷艺术文化审美	2000	三等奖	陈雨前	景德镇陶瓷学院

续表 35－4－1

成果名称	获奖年份	所获奖项	作者	单位
景德镇陶瓷私营经济现状及发展研究	2002	二等奖	郭建晖	景德镇市政府
注重关心爱护　加强教育引导	2002	三等奖	周　萌	中共景德镇市委
运用财政资金政策手段　支持我省旅游业加速发展	2002	三等奖	吴黎明	景德镇市财政局
国企改革中的股票期权激励和约束机制	2002	三等奖	左和平	景德镇陶瓷学院
日本陶瓷受中国文化影响的演进	2002	三等奖	詹　嘉	景德镇陶瓷学院
中国景德镇陶瓷文化研究丛书	2006	一等奖	陈雨前	景德镇陶瓷学院
景德镇陶瓷振兴发展的思路与对策	2006	二等奖	周健儿	景德镇陶瓷学院
监督权力有效运行的重大举措——学习《中国共产党党内监督条例(试行)》的体会	2006	三等奖	刘德意	中共景德镇市委
中国陶瓷产业集群研究	2006	三等奖	张　纯	景德镇陶瓷学院
景德镇瓷录	2006	三等奖	陈海澄	景德镇市政协
现代陶瓷艺术史研究的心理图示	2006	三等奖	张甘霖	景德镇陶瓷学院
景德镇市老城区陶瓷历史文化遗产的保护和利用	2006	三等奖	江　华	景德镇市文化局
崛起之路——来自实践前沿的报告	2006	三等奖	虞国庆	景德镇市政府
国家风景名胜区经营权研究	2007	二等奖	谢　茹	景德镇市政府
中国现代陶艺批评理论的形式与方法研究	2007	三等奖	张甘霖	景德镇陶瓷学院
污染密集产业转移及其实证研究	2009	二等奖	黄　勇	景德镇陶瓷学院
建筑陶瓷工业园(基地)发展规划与对策	2009	二等奖	黄　弘	景德镇陶瓷学院
“景德镇学”——景德镇之魂	2009	三等奖	陈雨前	景德镇陶瓷学院
当代中国陶艺研究方法与学术创新	2009	三等奖	肖　绚	景德镇陶瓷学院
挖掘陶瓷文化内涵　推动瓷都和谐发展	2009	三等奖	马玉玲	中共景德镇市委
我国农村集体建设用地法律问题研究	2009	佳作奖	黎　平	景德镇陶瓷学院

第三十六篇　新闻　出版

第一章　广播电视

20世纪90年代,是景德镇市广播电视事业成长壮大、整合发展时期。市级广播电视媒体,由景德镇人民广播电台、景德镇电视台和景德镇有线电视台三台分设,通过"网台分离,三台合一",整合组建成立景德镇市广播电视台。广播电视台站建设得到较快发展,节目内容丰富、形式多样,社会效益提高,经济实力壮大,创作出许多优秀获奖作品。媒体形态由单一的传统广电媒体发展为拥有平面媒体、电子媒体、网络媒体等多种业态的现代传综合性媒体。

第一节　广播电台

台站建设

设施设备　1986年,市广播电台设在景德镇市莲社北路10号。1990年,对播出机房的配电柜进行设计安装,对635型录音机进行技术改造,三大指标(即:杂音电平、频率响应、失真度)达到甲级机指标,确保安全播出。1991年,市广播电台制作、播控设备有602录音机8台,635、636、637型开盘式录音机15台,4012、4014型播控设备2台。1994年,对4座中波发射铁塔进行全面整修。1999年9月,市广播电台投资40余万元改造装修专业技术用房200余平方米。11月,市广播电台搬迁到景德镇市瓷都大道1073号广播电视中心办公。

播放发射　1986年,市广播电台播出频率为中波1467千赫,调频104.3兆赫,分别使用7.5千瓦中波发射机和100瓦调频发射机播出。是年,中波广播"一塔多频"的科研试验获得成功,并投入使用。1987年,加强与县区广播站联系,形成中波、调频和有线广播相结合的广播传输网络,使市广播电台的覆盖率达到全市城乡人口80%以上。1994年,调频广播频率改为96.5兆赫。1998年6月底,景德镇遭受百年不遇的特大洪水,市广播电台发挥广播优势,24小时不间断向全市播放汛情和救灾通告,使工矿企业和沿河地区及时做好人员、物资的转移,降低洪灾损失。1999年10月27日,在马鞍山发射台新设的1000瓦调频广播发射机上塔开播,发射功率由原来的100瓦增加到1000瓦;发射天线相对高度由原来的15米增加到117.50米;覆盖半径也由不到10千米扩大到50千米,覆盖珠山、昌江、浮梁全境及乐平、鄱阳、婺源部分地区。

管理运营　1986年,自办频率每周7播,全天分3次播音,播出时间共计8小时45分钟。1991年4月1日起,实行新的节目时间表,全天分两次播音,时长11小时30分。7月25日开始,市广播电台开办《全市企业广播站联播》节目。1994年1月26日,节目组合形式,由过去的单个节目编排改版为大时段综合板块节目。每天分早、中、晚3个时段,7个板块节目播出。节目播出形式采用直播和录播相结合的方法,以直播为主。开通热线电话与听友沟通谈心。10月11日,成功对景德镇置镇990周年庆典暨第五届国际陶瓷节开幕式的实况进行现场直播。是年,广告创收10万元。1995—1997年,电台广告创收分别为8万元、12万元和12万元。2000年1月1日起,市广播电台广告由市广电局广告管理委员会统一管理,业务活动相对独立。是年,获全省广播电视技术维护先进集体三等奖。2001年,获全省广播电视系统"创三好"先进集体二

等奖。是年12月28日，市广播电台正式并入市广播电视台。

新闻、社教类节目

1986年9月1日开始，市广播电台新闻部调整采编结构，实行采编分开，把70%以上的力量放到采访第一线，自采稿件在原有基础上增加30%。从9月15日起增办新闻节目，开办每天1次《简明新闻》和一周1次《外台信息》节目。10月15日，实行新的节目时间表，其中新闻类节目有《景德镇新闻》《简明新闻》《瓷城风貌》《外台信息》，每周播出9小时40分钟；社教类节目有《学习节目》《知识与生活》《青年之声》，每周播出3小时30分钟。是年，市广播电台的1篇新闻稿和1个专题节目被评为全省优秀广播稿（节目）。1988年9月18日，开办每周1期《闽浙皖赣四省毗邻地区广播新闻联播》节目。10月16日，开办主持人板块节目《空中沙龙》。1989年9月11日，播出全省百家广播台站联办的《庆祝建国四十周年大联播》节目。开辟国庆专栏《前进中的瓷城》和《四十春秋话成就》，反映景德镇市40年和改革开放10年的发展变化。

1991年4月1日，开办每日1期的主持人综合板块节目《七彩昌江》，每期30分钟。1994年1月26日，播出全新主持人直播板块节目，共分早、中、晚3个时段。其中早时段是由以新闻类节目为主的《瓷都早安》《珠山漫步》2个综合板块节目组合而成。全天播出新闻10次，其中9次正点播出。9月4日，新辟星期天特别节目《瓷都风景线》。1995年1月1日，对节目做出调整，增设新闻性板块节目《景广时空》，其中新播出述评性栏目《热点透视》和具有地方特色的方言类栏目《毛仔趣谈——凡人小事》。1996年1月1日，增设《社会广角》，通过新闻追踪、新闻述评、社会热点难点问题的分析，为听众解疑释惑，为瓷都改革开放和两个文明建设服务。此外，还推出《改革之旅》《瓷都热土》《社会扫描》《法制园地》《巾帼风采》《人生红绿灯》等新闻社教类节目。1997年，开辟《瞭望香港》《迎回归、爱中华》等5个专栏。6月，播出“迎回归、庆七一”新闻稿200余条、专稿10篇，上中央2条、省台5条、省级外台50余条。1999年，开辟《辉煌的50年》新闻专栏，庆祝建国50周年。2000年，成功对“全市第10届运动会”和“九景高速公路开通”等事件进行现场直播。

表36-1-1　　1986—2001年景德镇人民广播电台新闻节目获奖一览表

年份	类别	名称	奖项
1986	录音访问	瓷瓯响彻中南海	省二等奖
1986	消息	为我国陶瓷出口贸易作出贡献的“小字辈”	省三等奖
1986	配乐通讯	高超技艺高尚人	省三等奖
1986	听众信箱	“爸爸妈妈呀！请尊重和理解你们的儿女吧”	省三等奖
1987	评论	这股钓鱼风何时了	省二等奖
1987	通讯	一个区办小厂“发迹”的奥秘	省二等奖
1987	连续报道	“四·二九”长途汽车失火事件	省三等奖
1988	系列述评	滑坡后的反思——华风瓷厂采访启示录（1～5）	全国三等奖 省一等奖
1988	专稿	为了玲珑走向世界——记全国优秀女企业家、市光明瓷厂厂长徐志军	省一等奖
1988	节目组合	空中沙龙	省三等奖
1989	消息	欢迎您，国际奥林匹克数学竞赛金牌获得者	省三等奖
1988	系连报道	国运兴、景瓷盛	省三等奖
1988	节目组合	空中沙龙第41期	省三等奖
1988	少儿节目	不乱花钱的孩子	省三等奖
1990	少儿节目	吴瑾辉同学谈学习方法和体会	省二等奖

续表 36－1－1

年份	类别	名称	奖项
1990	消息	我市农村科学种田热悄然兴起	省三等奖
1990	消息	三十年未中断的广播	省三等奖
1990	系列报道	景德镇国际陶瓷节	省三等奖
1990	专稿	在尊老荣誉碑下	省三等奖
1991	消息	无铅毒粉彩颜料在我市研制成功	省一等奖
1991	评论	活力来自何方	省一等奖
1993	消息	景德镇开发陶瓷文化旅游事业，推动外向型经济的发展	省一等奖
1994	新闻专题	愿为火烛照后生——访景德镇市高专教师、市优秀教育工作者童光侠	省三等奖
1994	主持人节目	缤纷晚霞	省三等奖
1995	新闻专题	路，在不断追求中	省二等奖
1995	消息	我市治理大气污染成效显著	省三等奖
1995	少儿节目	瓷都小画家	省三等奖
1996	消息	景德镇市焦化煤气总厂厂庆突出为工人庆功	省三等奖
1996	新闻专题	春天，在理解中长驻	省三等奖
1996	综合板块节目	相会在今宵	省三等奖
1997	消息	紫荆吐艳，皓壁生辉	省一等奖
1997	系列报道	物竞天择，适者生存——中国瓷都洁具厂被兼并的启示	省三等奖
1998	消息	是谁调动了他们的积极性	省三等奖
1998	评论	“抓大事”与“抓小事”	省三等奖
1998	新闻专题	警徽，在洪水中闪光	省三等奖
1998	通讯	党旗，在洪流中飘扬	省三等奖
1999	消息	危师傅下岗	省二等奖
1999	消息	我市在全国率先为非公有制企业人员评定技术职称	省三等奖
2000	消息	购股——与企业一道走向民营	省二等奖
2000	消息	通车现场话“九景”	省三等奖
2000	评论	我拿什么奉献给你，我的游客？	省三等奖
2000	对农节目	一颗敬业心，万家计生情	省三等奖
2001	消息	市政府启动留住人才战略，11 名陶院毕业生落户股份公司	省三等奖
2001	系列报道	放心肉，怎叫人放心	省三等奖
2001	评论	在开发中弘扬陶瓷文化	省三等奖
2001	对农节目	土地流转，农民的选择	省三等奖

文艺、娱乐类节目

1986年，市广播电台文娱类节目有《银屏歌声》《广播影视》《名作欣赏》《昌江文学》《戏曲舞台》《空中乐坛》《广播书场》《欢笑晚会》等节目，每周播出36小时20分钟。另外，周三和周日还播出1小时的调频立体声文艺节目。1987年，开办《每周一歌》《听众点播》等节目，制作《瓷都歌会》《瓷城之春》《赣剧唱腔欣赏》等戏曲、音乐专题8个，名曲、戏剧欣赏6个，广播剧1个。1988年10月12日，开播《全省文学节目大联播》专题节目。1989年3—8月，市广播电台举办《〈柳溪杯〉全国特别征歌》参征活动，精选10首创作歌曲录制成立体声节目送中央人民广播电台参加建国40周年的全国特别征歌活动。其中歌曲《我是太阳、我是月亮》获得全国广播新歌特别奖。

1990年，开设《瓷乡文艺作品专辑》《我爱瓷都音乐专辑》等一批富有地方特色的文艺节目。其中《那一片相思云》在中央人民广播电台主办的《全国电台〈每周一歌〉征集活动》中获创作歌曲银歌。1993年7月中旬，在市群英堂举办《七彩昌江》大型综艺晚会。1994年1月26日，推出《缤纷晚霞》和《文苑大观》两个晚时段文艺娱乐类板块节目。1995年1月1日起，在每周日推出《文化长廊》《歌迷天地》《多彩乐园》《昌江唱晚》和《广播书场》等文艺娱乐类板块节目。1996年1月1日，新增《黄金100分》节目。同时，新辟《今天我主持》节目，推出《新歌亮相》《CD金曲》《幸运点歌》等娱乐节目。1997年1月1日开始，市广播电台重新调整节目，调整后的《星期天特别节目》以文艺综合性节目为主，由《缤纷周日》和《欢乐瓷都》两个板块节目组成。2001年，市广播电台与省台联合录制的广播剧《铁窗英魂》，在2000年度中国广播剧评选会上获得连续剧一等奖之后，又获中宣部第八届“五个一”工程奖，实现景德镇市“五个一”工程奖零的突破。

表36-1-2　　**1989—2001年景德镇人民广播电台文艺节目获奖一览表**

年份	类别	名称	奖项
1989	综合文艺	听众点播	省三等奖
1989	戏曲专题	柔润甜美，清晰真切——介绍我市京剧演员周莉莉的演唱艺术	全国地市州盟文艺二等奖
1989	文学专题	高岭情思	全国地市州盟文艺二等奖
1989	配乐散文	皖赣线抒怀	全国地市州盟文艺二等奖
1989	配乐散文	春归何处	全国地市州盟文艺二等奖
1994	音乐专题	百首歌曲颂瓷都——为瓷都景德镇置镇990周年庆典展播	省二等奖
1994	戏曲专题	梅韵永存后继有人	省三等奖
1997	音乐专题	古曲新韵跃瓷瓯	全国地市州盟文艺一等奖
1997	系列专题	瓷的传说	全国地市州盟文艺二等奖
2000	广播剧	铁窗英魂	中国广播剧奖一等奖
2001	广播剧	铁窗英魂	中宣部第八届“五个一工程”奖

经济、生活类节目

1986年，市广播电台办有《听众点播》《预告节目》《天气预报》《广播体操》和《广告》节目，每周播出6小时25分钟。在《青年之声》节目中开辟《生活的困惑征问征答》专题，为青少年听众提供咨询服务。1994年1月26日，开办《空中服务台》，内设《热线导购》《商品荟萃》《为您指南》3个子栏目。为供购双方提供对话通道，为听众播送商品信息和选购、保管、使用商品等方面的知识。1995年1月1日，与市消费者协会联办《消费者之声》节目，接受消费者通过热线电话的投诉，由记者调查落实，并作出公开答复。1996年，推出《周末经济板块》节目，除每30分钟插播1次的《信息快车道》外，全天设有7大节目，20余个小栏目。为听众提供各种经济信息，介绍商品知识，评述市场动向。1997年1月1日，新推出午时段板块节目《1467直播室》，设有《空中商业街》《每日经济》《市民话消费》《产品大世界》《经营之道》《经济沙龙》等栏目。1998年

1 月 1 日,新推出经济、服务类板块节目《1467 周末特别版》,内设《产品追踪》《热线访谈》《百家店》《周末股评》《专家讲座》《闯市场》等栏目。该节目面向市场、面向社会,快节奏为听众提供市场信息,在厂家与商家,商家与顾客之间架起一座空中桥梁。1999 年 1 月 1 日,市广播电台在每天上午 10:00 ~ 11:00 开通供求、投诉、采购 3 条热线,为听众提供经济生活方面的服务。在午时段,新增 1 档服务性栏目《喜庆点播》,采用预约录音的方式录制节目。2000 年,新推出 1 档《的哥,你好》板块节目。

第二节　电视台

台站建设

设施设备　1986 年,市电视台位于景德镇市莲社北路 10 号。1988 年 12 月 24 日,配合省广电厅更新改造的南昌—庐山—景德镇微波电路全面竣工投入使用,为八频道转播江西电视台节目提供更加稳定、清晰的信号源。是年,六频道电视发射机实现"一主一备",保障安全播出。1989 年,新建 3 米卫星地面站 1 座,解决教育电视的信号源。1990 年,对部分发射、视频设备进行技术改造;在马鞍山电视发射台新建高压供电线路,达到两路高压供电,避免因供电故障引起停播。1991 年,投资 20 万元,添置一批摄录、编辑、特技设备。新建面积 200 平方米制作、办公楼 1 栋。市电视台摄制、播出设备共有 3/4 摄像机、录像机 8 套,5 型编辑机 8 套,9 型编辑机 1 套,5 型播放机 3 套,1G 小微波 1 套,控制设备 1 台。1992 年,新修建的演播室投入使用。购置安装高压除尘器和发射机散热管道,提高发射机的可靠性。1993 年,筹资 30 万元,新建播控室、微波和卫星接收站。1994 年,先后添置 9 型编辑线 1 条,M900、日立 ZOWE - B 摄像机台各 1 台,演播室用日立摄像机 1 台,索尼 6800 录像机 1 台和彩监等设备。1995 年,投资 124 万元,对电视发射台的所在地——马鞍山山体滑坡进行加固治理,保障机房和铁塔的安全。同时投资 52 万元,添置 BE 摄像机 1 台,编辑线 1 条,微波 2 套,加密解码器 4 台。1997 年,投资 80 万元,购置索尼 Betacam 编辑系统 2 套,索尼 Betacam 摄录一体机 1 台,索尼 9 型编辑系统和摄录设备各 1 套。1998 年,投资 50 万元,添置采编设备;投资 16 万元,对马鞍山发射塔进行除锈刷漆防腐处理。1999 年 6 月 28 日,市电视台迁入景德镇市瓷都大道 1073 号广播电视中心。是年,投资 80 万元,新添摄录、演播、播出等设备,进行播出系统升级改造。经过技术改造后的市电视台成为全省首家播出自动化的电视台。具备摄录、制作、播放、传送、发射等系统功能,并具有制作各种专题、专栏节目和现场直播大型活动的能力。2001 年,市电视台完成市广电中心至马鞍山发射台光缆传输建设工程。是年,改造发射台用电线路,改铁路供电为市网供电。自筹资金安装 1 台 50 千瓦备用发电机组。

播放发射　1986 年,市电视台用六频道 1000 瓦发射机播出自办节目,八频道 1000 瓦发射机转播江西电视台节目。2 月,建成卫星地面接收站,3 月 1 日,十三频道 1000 瓦发射机正式开播,转播中央电视台第一套节目。1987 年 2 月 21 日,市电视台十九频道 1000 瓦发射机开播,转播中央教育电视节目。12 月 27 日,暂用二频道 50 瓦发射机转播中央电视台第二套节目。1988 年 12 月 24 日起,由二十五频道 1000 瓦发射机正式转播中央电视台第二套节目,同时停止使用二频道。1989 年,更新六、八两个频道的天馈线系统,发射和收看效果改善。1993 年 12 月 19 日,市电视台借助有线返传技术,首次现场直播建台 10 周年综艺晚会。1994 年,改造六、八频道天线,由蝙蝠翼天线改为双核对称偶级子天线,提高发射功率,被评为全省广电技术维护先进台(站)。1996 年 2 月 5 日,利用微波电路每周两次向江西台回传两次新闻节目,结束送录像带在省台上新闻的历史,增强新闻节目的时效性。1997 年,购置专用设备接转江西卫视信号,提高江西卫视节目图像的清晰度。将经公桥电视差转台的发射功率由原来的 10 瓦增大到 50 瓦,扩大市电视台信号的覆盖面。

管理运营　1990 年 7 月,市电视台首次面向社会公开招考录用 2 名电视播音员。1991 年,自办频道每周七播,共设有 10 个固定栏目,多个阶段性栏目,每天自办和引进节目播出 5 小时。当年广告创收 62.90 万元。1992 年,全年播出广告 581 条,广告创收 126.10 万元。是年,被评为全省广播电视系统宣传工作"创三好"先进单位,获全省技术维护二等奖。1993 年,全年播出广告 522 条,广告创收 209.80 万元。获全省广播电视系统宣传工作"创三好"先进单位和技术维护先进台(站)。1995 年 3 月 1 日,市电视台对全台原有节目进行全面改版，增加播出时间，自办和引进节目由原来每天播出 5 小时增至 8 小时。全年广告创收 271.20 万元。1996 年，广告收入 306.10 万元。被省广电厅、人事厅评为 96 年度省广播电视系统先进单位。1997 年，广告创收 382.30 万元。获得全省广电系统“创三好”活动二等奖。1998 年，广告创收 427.90 万元。1999 年 8 月 30 日起实行全天播出，从每天 8:18 开播至 23:30 结束。2000 年 1 月 1 日起，市电视台广告业务划归市广电局广告中心办理。2001 年 12 月 28 日，市电视台正式并入景德镇市广播电视台。

新闻、社教类节目

1986 年 1 月 1 日起，市电视台《景德镇新闻》节目，由原来每周 2 次正式增加到每周 4 次（首播 2 次，重播 2 次）。当年制作电视专题片 10 部，其中专题片《瓷都异珠》在南京、重庆、哈尔滨等 60 余家电视台播出。《瓷都景德镇》译制成英语、日语等版本。1987 年 11 月 1 日，开办《十八地市电视台新闻联播》，加强长江中、下游赣、皖、苏三省十八地市之间的横向联系，服务各地改革开放、社会发展和经济建设。1988 年 4 月 1 日，市电视台《景德镇新闻》节目由原来每周播出 4 次，增至播出 6 次（即一、三、五首播，二、四、六重播）。7 月 2 日，开办《南京经济协作区域电视专题联播》节目；7 月 10 日，《十八地市新闻联播》更名为《南京经济协作区新闻联播》。1989 年 11 月 27—30 日，市电视台录制的纪录片《瓷都景德镇》在日本东京举办的“第七届国际（观光）旅游会议暨旅游资源展销会”上展播。

1991 年 4 月 29 日，开办社教类主持人综合板块节目《瓷都大观》；拍摄的《艺术百蝶薄胎大碗》等 3 条新闻在美国旧金山“华申台”播出，实现向海外发稿“零”的突破。全年播出新闻 1678 条，其中图像新闻 1171 条。1992 年 12 月 8 日，市电视台开播《友邻采风》专栏节目。全年播出新闻 1531 条，其中图像新闻 973 条。1993 年 1 月 24 日，市电视台将《瓷都大观》节目更改为《瓷都览胜》主持人综合板块节目；2 月 18 日，《名城掠影》专栏节目开播。全年播出新闻 1950 条，时长 1560 分钟。1994 年 3 月 13 日，开播主持人板块节目《珠山眺望》，这一节目是在对《瓷都览胜》节目进行改版后更名的。5 月起，市电视台的新闻节目扩版增容，将原来的周三新闻扩为周五新闻，新闻播出量增加 25% 以上，全年发稿量达 2500 余条。1995 年 3 月 1 日起，将周五新闻扩充为周六新闻，全年新闻发稿量达 2800 余条。是年，市电视台摄制的外宣片《变化中的中国——来自景德镇的报道》获全国第三届对外影视片金桥奖二等奖，这是景德镇市电视片第一次获国家级政府奖。1996 年 4 月 1 日，推出新闻性专栏节目《新闻广场》。4 月 9 日，市电视台与中央电视台、省电视台联合采制的新闻《复杂的事简单办》在央视《新闻联播》中以头条提要的显著位置播出，这在市电视台历史上尚属首次。1997 年，市电视台录制的外宣片《走进瓷都》获中国第四届金桥奖一等奖，地市级单位仅景德镇一家。全年播出新闻 3500 余条。1998 年 6 月 21 日，在美国举办的第二次中国江西电视周活动中，展播《走进瓷都》，该片还在美国科斯拉电视网、美洲东方电视台播出。1999 年 2 月 1 日，市电视台对新闻节目进行全面改版，推出以时政类消息报道为主的《景德镇新闻》和以社会类消息为主的《新闻广角》，同时停办《新闻广场》节目。全年播出新闻达 5000 余条。2000 年 1 月，开办电视板块节目《话说陶瓷》。2001 年，市电视台对俗称“七层楼”的五六十年代地标性建筑——景德镇饭店及迎宾路 2 栋大楼控制爆破实况，进行现场直播。这种对全市人民瞩目的新闻事件进行现场直播，尚属首次尝试。

表 36－1－3　　**1986—2001 年景德镇电视台新闻节目获奖一览表**

年份	类别	名称	奖项
1986	专题片	绿满瓷都	全国金牛奖、省三等奖
1986	消息	我国目前最大的巨型陶瓷壁画在艺术瓷厂绘制完成	省三等奖
1987	消息	景德镇市破获非法销售废品瓷案件，销毁废品瓷五万件	全国城市台三等奖、省一等奖
1986	消息	胜利瓷厂生产出低铅粉彩瓷，使我国陶瓷装饰原料和技艺获得突破性进展	省三等奖

续表 36-1-3

年份	类别	名称	奖项
1987	消息	鲇鱼山枢纽蓄水通航,孙中山夙愿正在变成现实	全国城市台二等奖、省二等奖
1987	连续报道	整顿音像市场	全国城市台三等奖、省三等奖
1987	专题片	玲珑生辉	省三等奖
1987	专题片	瓷城处处是春天	省三等奖
1987	消息	舰载直升机升空飞行	南京区域经济二等奖
1987	消息	古窑烧制成功釉里红大花瓶	南京区域经济表扬奖
1988	专题片	景德镇古建筑风姿	省二等奖、南京区域二等奖
1988	消息	宇宙瓷厂确保产品质量,自行砸碎近3万件不合标准的彩盘	省三等奖
1988	消息	八百多条采金船乱采乱挖,昌江已向人们显示“黄牌”	省三等奖
1988	消息	王光秀捐献文物	南京区域一等奖
1988	消息	成化瓷的考古发现,填补了制瓷史的空白期	南京区域三等奖
1988	专题片	瓷苑瑰宝《民间青花瓷》	省二等奖
1988	消息	国营昌河飞机制造厂实行计分分配法,搞好退伍军人安置工作	省三等奖
1988	消息	景市十六家瓷厂“过堂考试”,光明、为民瓷厂荣登榜首	省三等奖
1988	专题片	时代芳香	南京区域二等奖
1988	消息	小煤窑整顿刻不容缓	南京区域二等奖
1988	消息	霍小明获国际数学奖金奖	南京区域二等奖
1988	消息	海峡两岸开展首次古陶瓷交流	南京区域三等奖
1988	消息	鱼类个体户自我限价	南京区域三等奖
1990	消息	彩虹釉轰动尤里卡,邓希平誉为女骑士	全国三等奖、省一等奖
1990	专题片	流光溢彩话瓷灯	省一等奖、南京区域一等奖
1990	系列报道	党旗在我心中	省三等奖
1990	消息	红十军精神永放光芒	上海区域二等奖
1991	消息	这样的瓷器市场让人放心	省二等奖、上海区域一等奖
1991	消息	一手绝技为人民——记章文超	省三等奖
1991	消息	搞好国有大中型企业	省三等奖
1991	专题片	蜡烛头的光彩	省三等奖、全国城市台二等奖
1991	消息	薄胎大碗烧制成功	上海区域三等奖、南京三等奖
1993	专题片	品陶斋	省二等奖
1993	消息	昌河飞机制造公司致力改革,向现代企业制度迈进	省三等奖
1993	专栏节目	珠山眺望	省三等奖
1995	新闻专题	当洪水袭击乐平的时候(上、下)	省三等奖

续表 36－1－3

年份	类别	名称	奖项
1995	人物类节目	山沟里的水文人	省三等奖
1995	外宣片	变化中的中国——来自景德镇的报道	全国第三届外宣片“金桥奖”二等奖
1996	消息	复杂的事情简单办	全国二等奖、省一等奖
1996	人物类节目	两个老人和一座桥的故事	省二等奖
1996	消息	同样的灾情,不同的态度	省三等奖
1997	外宣片	走进瓷都——来自景德镇的报道	全国“金桥奖”一等奖、省二等奖
1997	文教类节目	陶艺家李茂宗	省二等奖
1998	文化类节目	夏日家园	省一等奖
1998	新闻专题	快刀斩“三乱”	省二等奖
1998	消息	大型瓷板画在景问世	省二等奖
1999	短片	瓷园争妍世博会	省二等奖
1999	消息	“玉风”走上依法维权路	省三等奖
1999	消息	千年遗址,面临盗挖	省三等奖
2000	消息	女子欲轻生,警民齐相救	省二等奖
2000	长片	在笑声中成长	省二等奖
2000	短片	周銮书和《中国历代景德镇瓷器》	省三等奖
2001	消息	景德镇市明代陶瓷考古发掘取得重大成果	省二等奖
2001	专题	景德镇印象	省二等奖
2001	新闻现场直播	景德镇饭店控制爆破拆除现场直播	省二等奖
2001	短片	大院	省三等奖
2001	短片	陶瓷名家余仰贤	省三等奖

文艺、娱乐类节目

1986 年,市电视台摄制《理解万岁》《被开除的村庄》等电视剧 6 集,《陌路情》《归》《破碎的心》《祸乍起》等短剧、小品 7 个。1987 年,摄制《风雨年华》《名誉》《玉佛遗恨》等电视剧 8 集。是年,电视剧《理解万岁》获全国第五届大众电视金鹰奖。1988 年 5 月 14 日,市电视台摄制的戏曲电视剧《酒烧心》获全国第三届戏曲电视剧金三角奖。5 月 15—17 日,承办的全国第三届戏曲电视剧评奖大会文娱晚会在市体育馆举行,沈小岑、吴海燕、向梅、梁波罗、茅善玉等著名歌唱家、表演艺术家应邀参加演出。1989 年,市电视台通过与全国城市电视台交换,获得各类节目 1200 余小时;摄制电视节目《红盾上的金星》《幸福在流失》。

1990 年,摄制戏曲电视剧《霜重枫叶红》、电视剧《WP 行动》;首次尝试面向全国发行 6 集电视剧《马可・波罗》。1991 年,市电视台与市艺研所首次举办电视短剧、电视小品征集活动;摄制完成电视剧《督陶官——唐英》《情与仇》《玉娘恨》3 部(7 集),电视短剧《爱心的延伸》和电视小品《一分钱的折光》《大丈夫宣言》3 部;实况录制大型歌舞《相聚在瓷都》。全年播出各类文艺节目 1100 多小时。3 集京剧电视剧《霜重枫叶红》在全国第六届优秀戏曲电视剧评选活动中被评为进取奖。1992 年,景德镇市影视制作中心成立,以实业保障电视剧,摄制完成电视剧《龙船迷踪》《鄱阳情》《路在脚下》3 部 5 集,电视小品《越轨》《三死一生》2 集。购买、交换近 1300 小时的各类文艺节目。1993 年 12 月 19 日,首次现场直播《闪光的岁月——景德镇电视台建台 10 周年综合文艺晚会》,汇集歌舞、相声、器乐、戏曲、口技、书法等 10 余个节目。摄制完成《朱德在南昌》等电视剧 3 部 7

集。全年购买播出文艺节目共计1200余小时。2000年2月4日,市电视台推出全国城市电视台百台联播新春文艺晚会。5月,与市有线台联合摄制的音乐电视片《瓷的故乡》,由上海海文音像出版社制作成VCD正式出版发行。2001年,引进播出70集革命历史纪录片《风云八十年》、20集大型人物系列片《忠诚》和30集音乐纪录短片《回声——成长的歌》,纪念中国共产党诞生80周年。

经济、生活类节目

1986年,市电视台办有《为您服务》《观众之友》《观众点播》《地方名茶》《青年之友》等生活服务类专栏节目。1989年,市电视台通过代办,向中央电视台推出为期播放半年的华意电器总公司产品广告1条;为华意电器总公司、昌河飞机制造厂等8家单位,向全国城市电视台推出广告8条;从全国和华东地区吸引广告74条在市电视台播出。

1991年1月1日,开辟《天气预告》节目。1992年5月,市电视台开辟《点歌台》有偿服务节目,为有需求的观众提供礼仪活动平台。针对当地瓷业不做广告的特点,上门提供量身打造的服务,上半年首次将市光明瓷厂名瓷推向荧屏,下半年又大幅度优惠为市景兴瓷厂做广告。加强横向联系,吸引外地产品广告,全年共播出外地广告196条。1995年3月1日,开办服务性栏目《百事通》。1996年,将《点歌台》扩展为《点播台》,相声、小品、戏曲、歌舞都可以点播,满足观众不同需求。《天气预报》也改为6家气象预报,加报浮梁、乐平、都昌、波阳和婺源天气情况,更精准地服务群众的生产和生活。1998年3月,推出经济类栏目《证券信息》。2001年8月30日,推出《快乐女人》专栏节目,为女性观众提供生活指南和服务。

第三节　有线电视台

台站建设

设施设备　1991年10月5日,市有线广播电视站建成并开通,办公地点设在景德镇市莲社北路10号。设有编辑制作室30平方米,口播室20平方米,演播厅140平方米,主机房63平方米以及录像带片库、办公室等。主要设备有:300MHZ双向邻频前端机1台、摄像机2台、VO3/4编辑线1条、录像机8台、卫星广播接收机柜1台、卫星电视地面接收站3座、双声道录音机4台、字幕机1台以及播控等设备。1992年春节前夕,架设全长3.20千米贯穿珠山中路,跨过昌江连接东西城区的主干线,提高有线广播电视覆盖范围。1993年,前端及主干线放宽大器全部换为进口设备,提高节目传输质量。1994年,市有线电视台购置数十万元的摄录设备,主要有JVC摄录一体机2台,松下摄像机4台,索尼背包机1台,JVC、松下、索尼编辑机3套。1995年,投入60余万元,添置仪器设备和摄录编设备。1996年,投资70余万元,添置摄录播放设备,使新闻拍摄、制作、播出全部采用"贝塔康姆"系列产品,提高新闻播出质量。同时,还投资30余万元,在新的"广电中心"大楼建成360平方米的演播厅。1997年,对有线电视网络的供电系统进行全面改造,更新主干线、分支干线17千米。1998年2月28日开始,整顿改造主干线30千米,并将主干线全部改为60伏馈电系统。为避免停电造成停播事故,斥资10余万元,在播出机房增设5千瓦大型UPS不间断电源。1999年6月28日,市有线电视台从景德镇市莲社北路10号,搬迁到景德镇市瓷都大道1073号广电中心大楼办公。当年加大资金投入力度,建造新闻演播室、导播室,扩建中心机房,建成4座卫星地面站。市有线电视传输干线达110千米,市区覆盖率达98%。具备摄录、制作、播放、传送等系统功能,并具有制作各种专题专栏节目和现场直播大型活动的能力。2000年,投资20余万元,更新部分摄录设备,装修启用新的新闻演播室。

播放传输　1991年,用8个频道转播电视节目、5个频率传送5套调频广播节目和立体声广播节目。1993年,传输11套电视节目和4套调频广播节目。1994年12月28日开始,每天以18个频道播出电视节目,其中自办节目两套,即综合类节目和文艺类节目,每天播出时间共计26小时30分;每天还用4个频率传送广播节目。1995年12月28日,开通中央电视台4个卫星电视加密频道。1996年年初,建成由市有线台到浮梁县的微波电路。年底,又建成景德镇市—波阳古县渡—乐平市的微波电路,扩大自办节目的覆盖面。1999年9月,铺设从珠山大桥至光明电影院地下光缆1500米,景德镇市有线电视传输干线首次光缆化。国

庆期间,将省光缆干线接入有线电视中心机房,实现省4套电视节目传到市、市2套电视节目传到乐平、新闻可回传到省中心机房的目标。2000年,实施有线电视干线的更新改造,将30伏馈电改为60伏馈电,将部分国产放大器改为进口放大器;采用先进的1550系统,将部分主干线同轴电缆传输改为光缆传输。春节前夕,架设有线电视机房至黄泥头11.50千米的光缆干线,确保远距离传输有线电信号质量。架设钢绞线15千米,为全市有线电视城网光缆改造的后续工程做好准备。2001年5月11日,开通多媒体数据广播系统。至年底,安装数据广播250余户,名列全省第二。年底前开通30套电视节目,使经过线路改造的5个居民小区近2000户用年内收看到新增的电视节目。是年,完成景德镇市城区42.50千米有线电视光缆主干线的熔接工作,开通40个光节点,使全市有线电视网络传输效果有质的飞跃。

管理运营　1991年,有线广播电视入户安装费为200元,视听维护费为每月每户5元,当年安装用户1600户收入40余万元。至1992年2月1日,昌江河以西有400余户装上有线电视。4月13日起,市有线电视节目频道播出时间,由原来的每天7:00提前到6:00开播,23:00左右结束。全年安装用户1.20万户,收入255万元。1993年,安装用户3.50万户,收入602万元。1994年12月28日,市有线电视台挂牌成立,拥有直接用户5万余户,全年有线电视收费544万元。1995年,拥有直接用户5.30万余户,有线电视收费422万元,广告创收25万元,获全省广播电视系统"创三好"先进集体一等奖和技术维护先进集体一等奖。1996年,拥有直接用户5.50万户,有线电视收费566万元,广告创收140万元。再次获全省广电系统"创三好"工作一等奖,同时获全省广电系统技术维护工作三等奖。1997年2月,推行优质服务,小毛病24小时内修复,大故障48小时排除,被省委宣传部确定为全省新闻出版系统精神文明示范单位,当年,为全省有线电视台唯一一家示范单位。拥有直接用户5.70万户,有线电视收费498万元,广告创收196万元。1998年,拥有直接用户5.90万户,有线电视收费469万元,广告创收271.10万元,被评为全市1998年度广告经营先进单位。1999年,拥有直接用户6万户,有线电视收费401万元,广告创收376.60万元。2000年1月1日起,市有线电视台广告业务划归市广电局广告中心。6万有线电视用户列入电脑管理,结束手工登记用户的历史。2001年,拥有直接用户6.60万户,有线电视收费563万元。是年12月26日,实施"网台分离",成立江西省广播电视网络传输有限公司景德镇分公司。12月28日,市有线电视台并入景德镇市广播电视台。

新闻、社教类节目

1994年12月28日,《有线电视新闻》开播,为一档周四新闻节目,其中周日为新闻评述栏目,节目时长10分钟。1995年,开辟《新闻集锦》专栏节目和《百姓逸事》《人物聚焦》《新闻述评》等固定小栏目;12月28日,推出新闻板块节目《瓷都纵横》,由《有线电视新闻》《新闻性专栏》和《卫视新闻集锦》3部分组成,节目时长20分钟。新闻节目由每周播出4次改为每日新闻;节目时长由每周48分钟增至140分钟,全年播发新闻1900余条。1996年年初,在《有线新闻》节目中开辟《有线电视网联播》栏目,为全市基层有线电视台站和通信员提供一个发布新闻的平台。是年,还开辟《精神文明之歌》新闻专栏,推出《"九五"头年看新招》《六朵金花花更艳》《重点工程巡礼》《企业改革排头兵》《凡人新事文明风》系列报道和《蓝天大地共此时——景德镇机场校飞纪实》《风从东方来——首航大视野》和《众志成城战洪魔》等专题报道。12月20日,组织并播出一台《百姓逸事》栏目,开播100期特别节目,许多在该栏目中被报道过的人在节目里与观众再次见面,这在景德镇市电视节目中属首次。当年有线台播出新闻3318条,其中画面新闻2325条;上中央电视台新闻2条,上省有线台新闻200条。有14件作品在省、市优秀节目评比中获奖。1997年1月1日,新设《晚间报道》新闻节目,节目时长5钟。围绕邓小平逝世、香港回归和中共十五大召开3件大事,进行全方位、多层次报道。推出《小平逝世、万民同悲、山河共泣》《众人争说回归情》《万民欢腾庆回归》《展示新成就、迎接十五大》等专栏。当年播出新闻3700余条,其中中央电视台采用3条、省有线电视台采用182条。

1998年5月1日,市有线电视台对《瓷都纵横》新闻板块节目进行大幅度改版,把《有线晚间报道》并入其中,增设综合板块节目《瓷都纵横》(周日版),节目时长30分钟。6—7月间,景德镇市遭受百年不遇特大洪水侵袭,有线台先后推出《万众一心抗洪魔》《万众一心降洪魔》《防汛不眠夜》《凌晨的决战》《乐平军民群情激昂战洪灾》等特别报道和《悲壮昌江——聚焦'98抗洪救实》特别节目。6月26—30日,共播发抗洪救灾稿件108条,平均每天播发21.60条,比正常情况下发稿量翻一倍。灾后又先后开设《弘扬抗洪精神》《重建家园,发展经济》等专栏。7月31日,市有线电视台与市中级人民法院合作,对公开审理卢镇林、冯镇钱抢劫案的实况,进行长达5小时30分的现场直播,首开江西省电视直播法院庭审的先河。当年共播出新闻3756条,其中画面新闻2817条;上中央新闻2条,上省有线台新闻183条,名列全省地市县有线台首位。1999年5月2日,大型综合板块节目《瓷都纵横》(周日版),增设观众有奖参与活动。是年,向中央台发稿2条,省有线台发稿156条。2000年5月1日,对新闻节目做出重大调整,新闻板块节目《瓷都纵横》改版为《有线新闻视线》,内设《有线新闻》《卫视新闻》《网站资讯》等小栏目;综合板块节目《瓷都纵横·周日版》改版为《周日视线》,定位于"报道生活、服务生活、提升生活"。摄制完成《瓷都景德镇》《山清水碧瑶里秀》旅游电视片。

表36-1-4　　1995—2001年景德镇有线电视台新闻节目获奖一览表

年份	类别	名称	奖项
1995	消息	我市陶瓷老企业通过技术改造焕发生机	省三等奖
1995	连续报道	利剑出鞘	省三等奖
1995	生活服务类节目	健康十分钟	省三等奖
1996	消息	景德镇成为国际陶艺交流中心	省三等奖
1996	新闻专题	美国人在瓷都	省三等奖
1996	栏目类节目	七彩生活	省三等奖
1996	系列片	昌江行	省三等奖
1997	消息	盲人"看世界"	省三等奖
1997	新闻专题	'97秋交会启示录	省三等奖
1997	生活服务类节目	七彩生活	省三等奖
1998	人物类节目	"男保姆"	省一等奖
1998	消息	凌晨的决战	省三等奖
1999	短片	百年好合	省三等奖
1999	栏目	瓷都纵横·周日版(5月9日)	省三等奖
2000	消息	义务普查员	省三等奖
2000	科教节目	古瓷民乐奏新声	省三等奖
2001	消息	巨型瓷板肖像画《邓小平》在景德镇烧制成功	省三等奖

文艺、娱乐类节目

1991年10月5日,市有线电视台成立开播后,专辟一个频道播出电视剧、故事片、卡拉OK金曲等文艺娱乐类节目。1992年3月,开设《动画廊》专栏。10月,播出《艳阳》《爱在深秋》《收获季节》等文艺节目。1995年,为庆祝建军68周年和纪念中国人民抗日战争暨世界反法西斯战争胜利50周年,7月30日和9月30日,市有线电视台先后承办和现场电视直播大型歌舞晚会《战士的歌》和《〈筑成我们新的长城〉——全市群众歌咏月比赛》。其中《战士的歌》受到市委、市政府通报表彰,获奖金1万元,江西电视台9月8日晚播出这台晚会的实况录像。5月开始,先后现场直播或实况录制《全市戏曲小品比赛》《妇女读书活动竞赛》等八场文艺、教育、竞赛类节目,做到平均每月有一台此类节目。

1996年1月27日,开办时长5分钟的专栏节目《下周荣屏》;1月28日,推出时长25分钟的综艺板块节目《欢乐时光》;6月4日,开播时长15分钟的综合性文化栏目《文化大视野》。有线台自办的文艺娱乐类栏目节目。8月,派出精干力量协助中央电视台录制《1996中秋特别节目》景德镇主会场晚会的全部镜头,被央视列为协拍单位。1997年,为喜迎和庆祝香港回归祖国,市有线电视台于6月26日、6月29日,分别录制播出《全市迎香港回归集邮知识竞赛》和《全市迎接香港回归祖国专场文艺晚会》,6—7月,还组织播出电视系列片《今日香港》。9月7日,推出综艺板块节目《快乐街》,节目由《听歌品味》《漫步五线谱》《迷你剧场》《松轻片刻》等4个小栏目组成,周日播出,时长10分钟。1998年,市有线台创作摄制1部音乐电视片《祖国,我为你唱首歌》;举办并录播一台《〈快乐街〉开播一周年文艺晚会》。2000年,协助中央电视台《中华艺苑》栏目拍摄市歌舞团瓷乐队演奏电视片。2001年1月1日,开办文化类栏目《文化星空》,内设《文化资讯》《陶瓷人物》《星星草》《视野》等子栏目。开播《非常周末》《视线》《娱乐现场》《音乐风云榜》等引进栏目。

经济、生活类节目

1992年4—5月,开播《大众健美操》《中老年健身操》和《老年迪斯科》等节目,为中老年人业余文体生活提供服务。1992—1993年高考前夕,市有线站与市教研所联合举办《高考指南》《九三年高考前指导讲座》,为考生提供指导意见与咨询服务。1995年年初,在全市率先开办带气象云图的《天气预报》节目和适时天气预报,以及邻市县、风景名胜地区天气预报。同时推出《经济信息》《市场行情》等经济服务类栏目;10月,开辟《健康10分钟》专栏,指导人们预防疾病,健康生活。1996年4月16日,开办生活服务类专栏节目《七彩生活》,时长15分钟,内设《绚丽人生》《大众健康》《消费顾问》等10余个小栏目。当年开发电视底线游走字幕业务,在7月抗洪抢险期间,不分昼夜通过底线游走字幕的形式,同时在6个电视频道中播出水情信息和抗洪抢险通告332条次996分钟,为市民安全转移和抢救财产争取时间。全年无偿播放抢险救灾、停水停电等各类通知、通告和公益广告,累计折算金额达25万元。

1997年1月1日,市有线台在《瓷都纵横》节目中,开设《商贸经纬》《人文之窗》等栏目,加强经济生活方面的报道。1998年5月3日,在《瓷都纵横》(周日版)综合板块节目中,开设《消费服务》《休闲时光》《生活寄语》等经济生活类栏目。在“6·26”和“7·23”抗洪抢险期间,无偿播出讯情、险情和救灾广告信息1219条次,全年公益广告免费金额达78万元。1999年5月2日,在综合板块节目《瓷都纵横·周日版》中,增设《商海观潮》《城市节拍》《诗意生活》等经济生活类栏目。2000年5月7日,在《周日视线》板块节目中开设《生活全景》《百姓期望》等生活服务类栏目。2001年1月3日,将《七彩生活》节目,改版为《生活直通车》栏目,内设《缤纷看台》和《瓷都美食城》两大板块。还开办《热线点歌》《相知情缘》生活服务类栏目。

第四节　广播电视台

台站建设

设施设备　2002年,市广播电视台投资200余万元,添置更新电视采、编、播设备,建成新闻综合广播音频工作站,实行全电脑自动播出。2003年,投资100余万元,对演播厅、编辑房和发射机房进行全面改造,更新发射台控制桌和电视墙,购置3台全固态电脑自动电视发射机和1台广播调频发射机。增加电视数字摄录一体机。2004年,交通音乐广播在景德镇商城购置200余平方米工作用房,12月6日由金昌利商场搬迁入新址办公。是年,投入120万元建设虚拟演播室,投入50余万元增加6台数字录播设备、4套非线编录设备;投入20余万元改造演播室;投入15万元建设“景视网”网站;投入12余万元购置25台办公电脑。2005年,投入100余万元,增加数字录制设备和非线编录设备;投入10余万元解决八楼演播厅灯光和漏水问题。投入近10万元为景视网站添置服务器硬盘,架设10兆办公专用光缆,以及对广播音频工作站进行更新升级。2007年,购置摇臂、摄录机等一批外录设备;更新新闻综合广播的音频工作站服务器,改造全台总电源。2008年,投入资金100余万元,添置节目生产部门的数字录播和非线编录设备,更新广播播出和网站设备,改造八楼演播厅,推进广播电视数字化、网络化。2009年,对电视硬盘播出的主控电脑进行全面维护,增加1台主控电脑作为备份。对新闻广播音频工作站服务器进行全面升级改造,对马鞍山发射铁塔实施除锈防腐处理。2010年,投入资金100余万元,对新闻编辑系统进行数字化改造,更新部分电视外录设备,增设电视

硬盘播出系统备份。至2010年年底,全台固定资产为1814万元。在自办节目设备方面,广播频率拥有2套音频工作站系统,其中制作站4套、播出和编排站各2套。电视频道拥有各类摄像机47台(套)、录放像机12台、EDIUS非编工作站12套、松下编辑线1条、格非电视硬盘播出系统1套。在发射设备方面,拥有调频广播发射机4台,其中107兆赫、93.6兆赫3000瓦分别转播央广《中国之声》和江西台新闻广播节目,96.5兆赫、106.2兆赫1000瓦分别播出市台新闻综合广播节目和交通音乐广播节目。拥有电视发射机5台,其中13频道、19频道3000瓦和8频道1000瓦分别转播央视一套、七套和江西卫视节目,6频道3000瓦播出市台一套节目;32频道1000瓦移动多媒体电视(CMMB)转播中一、中三、中五、中十三和景德镇传媒节目。

播放发射 2002年8月8日,市广电台第二套广播节目《瓷都交通音乐广播》开播,播出频率为调频106.2兆赫,功率100瓦,每天连续播出16个余小时,在市区主要街道、商店等公共场所安装调频广播音箱150余个,开创全市专业广播先例。2003年,交通音乐广播的发射功率由100瓦增至1000瓦。完善播控中心设备,实现电视新闻节目数字化播出。2004年6月19日,交通音乐广播又新增1000瓦调频发射机,覆盖乐平、鄱阳、万年等赣东北地区,并在乐平建立工作站。2006年6月18日,投资100余万元的电视硬盘播出系统投入使用。2007年,为"景视网"站添置新的主服务器,确保广播电视视频、音频节目顺利传输和用户访问。2008年,完成景德镇市电视节目在乐平、浮梁入网落地工作,解决当地观众看不到、看不好市电视节目的难题。2010年,在全省首家运用卫星接收与硬盘播出系统联网转码播出;新闻综合广播启用新落成的直播室,完成数字直播系统升级改造,并同"瓷都人网"合作,实现广播节目网络同步播出。

管理运营 2001年12月28日,市广播电视台在原市广播电台、电视台、有线电视台的基础上组建成立,实行"三台合一,网台分离"。台址在景德镇市瓷都大道1073号广电中心大楼。市广播电视台自办3套电视节目、1套广播节目,即新闻综合频道、经济生活频道、文体影视频道和新闻综合频道。2002年,市广播电视台电视广告采取广告创收、栏目创收和节目创收"三管齐下"的办法,经营创收金额突破700万元,创收额在全省11个地市电视台中排名第四,增幅第一。获2002年度全省广播电视技术维护一等奖。2003年1月2日,市广播电视电台在新闻综合广播公开招聘总监;3月18日,新闻综合广播全面改版,两套广播频道设有30余个栏目,每天播出量达34小时,比2002年增加6小时;广告创收近100万元,是原广播电台年创收的5倍。当年开播《电视购物》节目,开办广电计算机公司,全年广播电视广告创收880万元。11月20日,在电视节目中心试点推行制片人制度,打破身份界限,通过招投标书、竞标评审、签订合约等一系列公开透明的程序,有3人成为房地产类、陶瓷类和女性类电视栏目的制片人。同时,通过"电视节目主持人大奖赛"的形式,从来自全国各地228名参赛者中,选拔20名主持人后备人才,并聘用4人为正式的电视播音员、主持人。新闻综合广播面向社会招聘10余名节目主持人。2004年年初,在已有广播电视媒体的基础上,又新增数字媒体,开通广电网站——"景视网"。6月18日,由广告中心改制的景德镇市华厦广告发展有限公司挂牌成立,全年经营收入1054.10万元。市广播电视台被评为2004年度全省广播电视系统先进单位。

2005年1月1日,对电视节目中心新增的4档栏目和新闻中心的1档新增栏目实行制片人制度,全年经营收入959.80万元。2006年4月,录用播音员2人,全年广告创收936.70万元。2007年1月4日,国家广电总局批复同意,市广电网站"景视网"通过国际互联网开办两项信息网络传播视听节目业务,使其成为全省首批,景德镇唯一一家开办此类业务的网站。全年广告创收962.50万元。

2008年10月,交通音乐广播与景德镇广播电视报社重组,频道总监竞聘为报社社长,实现资源整合,优势互补,利益共享格局,全年广告创收1047.40万元。2009年8月,对原有3个电视频道重新定位,一套为新闻综合频道、二套陶瓷文化频道、三套影视娱乐频道。9月,通过面向社会公开招标,对广播电视广告实行代理制,10月1日起正式委托景德镇时间广播电视广告有限公司代理广告经营。当年广告纯收入为1038.20万元。10月16日,瓷博会开幕前夕,陶瓷文化频道和该频道主打栏目《陶瓷视界》正式开播,对影视娱乐频道实行制播分离,频道与《光线传媒》合作,频道通过部分广告时间置换的方式,由《光线传媒》提供每天6档日播娱乐节目,不少于5小时的节目内容,共同打造影视娱乐频道。

2010年6月29日,在全台范围内公开竞聘新闻综合广播总监,并面向全国公开招聘记者、播音员和主持人9人。10月11日,新闻综合频道推出一档主打的电视新闻板块节目《今日看瓷都》。11月25日,新闻综合广播在围绕“直播瓷都、服务瓷都、娱乐瓷都”基础上，进行全面改版。全年广告纯收入 1099 万元。

新闻、社教类节目

2001 年 12 月，市广播电视台主打的电视新闻节目《景德镇新闻》开播，时长 15 分钟，每晚 19∶40 在新闻综合频道首播，并在全新的时段实现 3 个频道跨频道播出。2002 年，在新闻节目中，开辟《展示新成就、喜迎十六大》《游在瓷都》《重点工程巡礼》《精心经营城市、建设美好家园》《“双创”活动在身边》《建文明瓷都、做文明市民》等大型阶段性栏目。全年播出电视新闻 4800 余条，广播新闻 4000 余条。1 月 22 日，对电视新闻节目《景德镇新闻》进行扩版，在过去的《时政要闻》《动态消息》《国际时讯》基础上增设《新闻小专题》，节目时长由过去 15 分钟增加到 20 分钟。8 月 8 日，新开播的瓷都交通音乐广播推出一档杂志性的新闻栏目《开门看世界》。2003 年 3 月 18 日，改版后的新闻综合广播，新开办《大众呼声汇编》《小兵周悦话说天下》《农村新报道》《社会聚焦》《军事报道》《体坛快讯》等栏目。

2004 年 1 月 1 日，对电视《景德镇新闻》节目进行改版，新闻节目按内容归类播出。改版后的《景德镇新闻》形成以时政消息、经济新闻、主题报道、社会新闻、新闻专题和媒体链接等六大类的版块模式。推出电视版《大众呼声》。将原每周日的《一周要闻回顾》，改版成 20 分钟的访谈类节目——《百姓话题》。新闻综合广播开办《午间新闻超市》《新闻聚焦》等新闻栏目。交通音乐广播新开办《新闻早班车》《新闻现场》《每日新闻点播》等新闻性栏目。制作完成电视专题片《御窑春秋》《总把昌南换靓容》。9 月，组织“全国知名电视台瓷都行”活动，包括澳门莲花卫视、东方卫视、南京电视台、昆明电视台等 30 余家电视台派出近百名记者到景德镇市进行异地采访，并在各地电视台播出《瓷都行》专题节目。9 月初，协助凤凰卫视完成《凤凰大视野——景德镇》5 集电视专题片的制作，11 月在凤凰卫视播出。10 月 12 日，配合中央电视台完成大型新闻直播节目《景德镇珠山官窑考古》的录制工作。2005 年 1 月 10 日，开播一档以社会新闻、民生新闻、深度报道、热点追踪为主，兼及资讯服务的电视板块节目《新闻晚 8 点》。7 月 3 日，《昌南对话》和《百姓话题》合并推出电视访谈类栏目《昌南对话》，节目时长 20 分钟。全年共播发电视新闻稿 3130 条，广播新闻稿 4350 条。

2006 年年初，开辟《回顾“十五”，展望“十一五”》专栏，该专栏采取“故事 + 成就 + 图表 + 声音”的形式，突破以往的成就性报道的传统模式。11 月 1 日，新闻综合广播与市纪委、市监察局联合开办《政风行风热线》节目。全年电视《景德镇新闻》发稿 4380 条，《新闻晚 8 点》发稿 940 条，《昌南对话》播出 53 期，广播《景德镇新闻》发稿 4550 条。2007 年 1 月 1 日，新推出一档评论类节目《城市广角》，节目以城市建设、城市管理为主要报道内容，时长 10 分钟。“五一”国际劳动节期间，市广播电视台和中央电视台联手打造一档大型新闻类直播节目《劳动最光荣——景德镇篇》，在央视黄金时间直播 1 小时 30 分。广播专题《瓷都天更蓝》获第十届江西新闻一等奖，电视纪录片《球痴刘金铭》被评为中国电视外宣“彩桥奖”一类节目。采制完成 5 集系列人文纪录片《天南地北瓷都人》，制作外宣专题片《跨越千年，再创辉煌——世界瓷都、艺术之城景德镇》和瓷博会专题片《相聚 CHINA》等。

2008 年，电视纪录片《陶窑》在第十届国际与玻璃艺术电影节上获联合国教科文组织颁发的最佳文化遗产奖和本届电影节的最佳陶瓷艺术纪录片奖。4 集陶瓷文化系列专题片《中国瓷都景德镇》制作成中文版和英文版，瓷博会期间由华中科技大学电子音像出版社发行。与中央电视台合作完成的专题片《中国瓷器——文明与碎片》在央视《中国财经报道》中播出。在全市首届群众喜爱的节目栏目评选活动中，广播节目《大众呼声》，电视栏目《昌南对话》《新闻晚 8 点》被评为群众喜爱的节目栏目。2009 年，电视片《中国瓷都景德镇》获中广协第十一届电视外宣“彩桥奖”金牌节目。与市公安局合办电视栏目《瓷都公安》。

2010 年 1 月 31 日，市广播电视台与珠山区联合打造一档电视栏目《古镇珠山》，栏目分 4 部分，即“珠山资讯”“里弄社区”“深度报道”“政策发布”，为周播节目，每期 15 分钟。10 月 11 日，整合原《景德镇新闻》《新闻晚 8 点》《昌南对话》节目，开播一档电视新闻板块节目《今日看瓷都》。下设《景德镇新闻》《今日播报》《今日视线》和《昌南对话》4 个子栏目，为日播节目，时长 35 分钟。11 月 25 日，新闻综合广播进行全面改版，推出《新闻视野》和《瓷都新播客》两档新闻类直播节目，提速品牌栏目《大众呼声》的回复，做到当天投诉，当天回复。当年交通音乐广播开办两个新闻板块节目《马上播报》和《新闻会客厅》。广播新闻《我国自主研发首架大型民用直升机成功首飞》获第十八届江西新闻一等奖。

表 36-1-5　　2002—2010 年景德镇市广播电视台广播新闻节目获奖一览表

年份	类别	名称	奖项
2002	消息	一个韩国商人说,中国充满了希望	省一等奖
2002	系列报道	微笑服务:一个沉重的话题	省二等奖
2002	连续报道	陶瓷文化走进新进代	省三等奖
2003	消息	景德镇明清官窑遗址取得重大考古发现	省二等奖
2003	消息	透明拆迁使 5000 名下岗职工得实惠	省二等奖
2003	系列报道	从东风到蓝博,他们走过了一个时代	省三等奖
2003	公众性节目	关爱司机	省三等奖
2004	消息	一清代破损瓷在景市合而为一	省一等奖
2004	公众性节目	校园搜身事件	省二等奖
2004	消息	三峡最后一批移民落户浮梁	省三等奖
2004	评论	振兴陶瓷希望在人才	省三等奖
2004	公众性节目	大众呼声	省三等奖
2005	消息	景德镇民窑考古有重大发现	省二等奖
2006	消息	景市再现元代青花瓷烧制工艺	省二等奖
2006	消息	江南婚书文化展亮相瓷都	省三等奖
2006	消息	新源村海选金点子建设新农村	省三等奖
2006	专题	瓷都的里弄陶瓷文化	省三等奖
2007	专题	瓷都天更蓝	省一等奖
2007	消息	景德镇土锅成为"中国制造"注解	省一等奖
2007	专题	情暖初冬——帮扶交通事故困难当事人募捐纪实	省二等奖
2007	消息	"7501 瓷"生产线修旧如旧,昔日风采依然	省三等奖
2007	消息	乐平蔬菜产业蓬勃发展,八成蔬菜运销全国	省三等奖
2008	专题	农民导演周元强	省二等奖
2008	消息	深山坞里的广播声	省三等奖
2008	消息	我市妥善安置灾区学生,让他们尽快走出地震后的阴影	省三等奖
2008	专题	瓷都奥运火炬手情系地震灾区	省三等奖
2009	消息	我市首例多病发症的甲型 H1N1 流感危重患者在市第一医院康复出院	省二等奖
2009	消息	珠山区倾力打造便民服务热线平台	省三等奖
2009	专题	特别关注——醉酒滋事需要惩戒	省三等奖
2010	消息	我国自主研制首架大型民用直升机成功首飞	省一等奖
2010	专题	发扬中华民族传统美德的平凡孝子汤太平	省三等奖

表 36－1－6　　2002—2010 年景德镇市广播电视台电视新闻节目获奖一览表

年份	类别	名称	奖项
2002	消息	直Ⅱ型机获得国家生产许可证	省一等奖
2002	消息	无烟瓷都火更旺	省二等奖
2002	连续报道	侦破“2·10”系列杀人案特别报道	省三等奖
2002	消息	景德镇为三千特困职工赠送互保金	省三等奖
2003	消息	珠山官窑遗址考古取得重大发现	省二等奖
2003	消息	结构调整,农民增收之路	省二等奖
2003	消息	浮梁县惊现云豹	省三等奖
2003	消息	景市警方抓获盗挖御窑遗址罪犯	省三等奖
2003	纪录片	窑火·瓷韵	省三等奖
2004	消息	全国最后一批三峡移民抵达景市	省一等奖
2004	长纪录片	御窑春秋	省一等奖
2004	消息	邓小平百年诞辰纪念瓷在景市面世	省三等奖
2004	专题片	总把昌南换靓容	省三等奖
2004	十佳栏目	百姓话题	省三等奖
2005	消息	瓷瓶传真情,两岸一家亲	省二等奖
2005	新闻专题	亲切勉励,巨大关怀	省二等奖
2005	专题片	苏珊的中国情	省二等奖
2005	评论	景德镇日用陶瓷路在何方?	省二等奖
2005	消息	戴孝从军,忠诚感天	省三等奖
2006	消息	直十一武装直升机完成靶试	省二等奖
2006	专题	盲生影像	省二等奖
2006	专题	相聚瓷博会	省三等奖
2006	消息	国内最大规模元青花藏品在景开展	省三等奖
2006	专题	钓人的金龟	省三等奖
2007	纪录片	陶窑	省二等奖
2007	消息	全国首家农民影视制作中心诞生	省三等奖
2007	消息	景德镇出土重要陶瓷标本填补晚明外销瓷考古空白	省三等奖
2007	消息	“千手观音”中的瓷都女孩	省三等奖
2007	纪录片	球痴刘金铭	中国电视外宣“彩桥奖”一类节目
2008	专题	夺冠	省一等奖
2008	专题	两岸瓷源	省一等奖
2008	消息	两岸艺术家喜聚瓷都共绘《和谐之春》	省二等奖

续表 36-1-6

年份	类别	名称	奖项
2008	纪录片	中国瓷都景德镇	省二等奖
2008	消息	江西景德镇自主创新,让传统陶瓷产业焕发生机	省三等奖
2008	十佳栏目	昌南对话	省三等奖
2008	纪录片	陶窑	国际陶艺电影节最佳陶瓷艺术纪录片奖、联合国教科文组织最佳文化遗产奖
2009	电视片	中国瓷都景德镇	中广协第11届电视外宣“彩桥奖”金牌节目
2009	专题	瓷器·景德镇	省二等奖
2009	纪录片	成长	省二等奖
2009	专题	千年檵花	省二等奖
2009	消息	建国六十周年庆典用瓷在景德镇烧制完工	省三等奖
2009	消息	世界上最古老、体积最大的蛋形窑复烧成功	省三等奖
2010	专题	冬兰与她那些身边的好心人	省二等奖
2010	消息	老妪意外落水,众多市民合力营救	省三等奖
2010	消息	迄今世界最早带纪年款元青瓷惊现瓷都,元青瓷烧造史推前16年	省三等奖
2010	专题	窑的变迁——龙窑	省三等奖
2010	消息	我国自主研制的首架大型民用直升机成功首飞	省三等奖

文艺、娱乐类节目

2002年4月1日,市广播电视台对文体影视频道节目内容和编排做出重大调整。主要是办好“影视剧场”播放国内外影视大片,办好《欢乐时光》等互动性栏目,每天播出时间18小时以上。7月28日,新闻综合广播对节目进行改版调整,开办《艺术园地》《文学之友》《你的故事我的歌》《好歌飞扬》等栏目。8月8日,交通音乐广播开播,推出《动感旋律》《阳光音乐网》《广播书场》《欢乐时空》等栏目。2003年3月18日,新闻综合广播全新改版,新推出《往日情怀旧时歌》《小麻雀总动员》《竖起耳朵深呼吸》《瓷娃娃乐园》《娱乐百分百》《轻谈浅唱》等栏目。市广电台实况录播《全市万众一心抗非典》大型文艺晚会。

2004年3月16日,“2004上海国际时装模特大赛中国总决赛”颁奖晚会在景德镇市举行,市广播电视台对晚会进行现场直播。8月8日,交通音乐广播开办一档娱乐性栏目《城市擂台》,每天15:00播出,时长60分钟。同时,还办有《七度诱惑》《零点音乐》等节目。10月“置镇千年暨瓷博会”期间,举办《瓷的故乡》演唱会和《瓷文化电影周》,与文化局合作制作一套音乐光碟《奇瓷神韵》和《瓷都之恋》。是年6月,由赵本夫编剧,平江锁金导演,赵雅芝、斯琴高娃、刘卫华等主演的25集电视剧《青花》,在景德镇实景拍摄,通过曲折的故事和鲜明深刻的人物刻画,赞美景德镇悠久灿烂的陶瓷文化,揭示景德镇瓷业工人的真情和骨气,2005年7月9日在北京电视台首播。12月25日,吴国珊、曹达富创作的儿童电视剧《小院》在景德镇开拍。《小院》以市第二中学学雷锋小组的先进事迹为原形创作的首部儿童电视剧,以独特的瓷都风情、生动曲折的剧情和热烈的少儿激情展示新世纪全市少年儿童的高尚情操。

2005年,市广播电视台主办或承办“首届瓷都之星电视歌手大奖赛”“共建美好家园——瓷都十佳楼盘颁奖晚会”“清风伴我行文艺晚会”“全国企业相声小品会演”“瓷都小学生知识竞赛”等活动,并进行实况录播和现场直播。2007年2月8日，摄制完成第一部方言电视剧《租个女友回家过年》，春节期间在电视台播出。年初，现场直播“和谐瓷都——景德镇市”2007迎春晚会。8月8日，交通音乐广播开播5周年，举办主题为“魅力五年、激情四射”的焰火晚会。是年，与景德镇市竟成影视剧制作中心合作摄制完成反映农村青少年题材的电视剧《妈妈您在哪》。同时，完成以此为背景的长纪录片《农民导演和城里演员》。2008年，市广播电视台成立影视剧制作协会，摄制大型方言电视栏目剧《景德镇故事》（上、下集）——《邻居是个宝》。在全市首届群众喜爱的节目栏目评选活动中，《超级娱乐百分百》被评为群众喜爱的栏目。10月19日，卢建中、熊诚编剧，吴子牛总导演，伊能静、夏雨、黄梅莹、赵文瑄、宁静、刘德凯主演的26集电视连续剧《大瓷商》在景德镇开拍。2009年1月，摄制完成并播出本土栏目剧《景德镇故事——乔迁之喜》。4月，创作完成景德镇市本土首部大型广播剧《好人陈伟进》，该剧共分5集，每集时长20分钟。8月，打造影视娱乐频道，每天推出《娱乐特快》《娱乐现场》《音乐风云榜》《影视风云榜》《最佳现场》和《帮帮忙》等六档娱乐节目和影视剧。12月，电视连续剧《大瓷商》在央视八套黄金档开播。2010年春节期间，市广播电视台摄制播出本土系列栏目剧《景德镇故事》兔年贺岁片《投资风波》4集。8月，新闻综合广播推出《965音乐点歌台》栏目。10月，竟成镇农民影视中心周元强执导的电视剧《妈妈您在哪》，获首届中国西安国际影像节二等奖。是年，吴国珊创作、成志超导演的电视剧《天生无才也有用》，在浙江横店影视城开拍。至2010年，全市共创作与拍摄电视、电影76部，其中竟成镇农民影视中心创作拍摄65部。

表36－1－7　　　　**2004—2010年景德镇市广播电视台广告文艺节目获奖一览表**

年份	类别	名称	奖项
2004	公益广告	莫伸手，伸手必被抓	省三等奖
2005	综艺节目	娱乐百分百	省三等奖
2006	少儿电视节目	快乐攀岩，热情体验	省三等奖
2007	音乐节目	跃动的旋律——汽车广告歌曲	省三等奖
2008	广播剧	好人陈伟进	省三等奖
2009	文学节目	瓷的传说	省三等奖
2010	电视音乐节目	匣钵	省二等奖

经济、生活类节目

2001年12月20日，市广播电视台经济生活频道主打栏目《都市特快》开播，栏目由原景德镇有线电视台《有线新闻视线》整合而来。每天1期，每期15分钟，下设《市民话题》《记者见闻》《热点近踪》《观众中来》《生活全景》《百姓逸事》等栏目。2002年4月22日，推出全新的经济类栏目《瓷都房地产报道》，节目时长15分钟，内设子栏目有《时事政策》《本市动态》《共同家园》《信息平台》《产业风采》和《特别关注》等。7月18日，新闻综合广播节目进行改版调整，办有《多味早茶》《天气预报》《与你同行》《七彩生活》《景广供求热线》《天天有约》《蒂达之声》《轻轻地告诉你》《都市丽人》《市民与社会》《青春有你更精彩》《男士时间》等经济生活服务类节目。8月8日，新开播的瓷都交通音乐广播，开办《空中商业街》《快乐方向盘》《每日英语》《午后多媒体》《公交伴你行》《交广警务通》《交通信息网》《律师热线》《人在旅途》《锵锵兄妹行》《祝福一线》《动力加油站》《热线大放送》等经济生活类节目。2003年1月3日，开办一档富有地方特色的电视栏目《陶瓷纵横》，设有《瓷苑撷英》《瓷艺之旅》《精瓷欣赏》《产业风采》和《信息大放送》等子栏目，节目时长15分钟。3月18日，改版后的新闻综合广播，推出《财经报道》《健康快车》《走遍东西南北》《校园风景线》《生活全接触》《魔力英语900秒》等经济生活类节目。4月10日，《都市特快》改版为《瓷都经济生活》板块，内设《信息点击》《视点评说》《数字时代》《旅游都市》《美食家专列》《健康直通车》等栏目。5—6月，利用广播和电视，每天播发景德镇市的《“非典”疫情公告》千余条次，保障市民对疫情的知情权；同时播放“非典”预防办法等科普知识，提高市民“抗非”能力。

2004年1月1日,新开办一档女性生活类电视板块节目《女人百分百》,内设《女人宝典》《非常关注》《亲子中心》《向左走向右走》《视觉工场》等子栏目,节目时长15分钟。7月1日,开播一档以报道旅游景点、线路、纪念品、旅行社、宾馆等方面的信息和资讯服务为主的电视栏目《瓷都旅游》,节目时长10分钟。10月瓷博会期间,在《瓷都房地产报道》《瓷都纵横》《女人百分百》和《瓷都旅游》等栏目中,推出《瓷博会亮点》《瓷都文化景观》《瓷都韵事》《景德镇旅游概况》等节目。是年,新闻综合广播开办《百姓消费》《健康讲座》《车行天下》《少儿天地》《瓷都夜话》等经济生活类栏目。交通音乐广播也推出《907帮忙热线》《完全汽车时间》《TV视点》《与法同行》《健康直通车》等生活服务类节目。2005年1月,新开办《TV车视》《少儿大舞台》《法制档案》和《健康直通车》等4个生活服务类电视栏目。1月1日开播《少儿大舞台》,主要子栏目有《校园小精英》《家家有宝》《星星看台》《共读时刻》等。同日开办《法制档案》,主要讲述老百姓身边的法案故事,内容涉及公检法大案和老百姓关心的经济、文化和社会等各个层面。

2006年1月2日,将《TV车视》栏目改版扩展为《TV时空》生活服务类栏目,内设《瓷都体育》《TV车视》等子栏目,节目时长15分钟。2007年3月,对《健康直通车》电视栏目进行全新的改版,开设《信息动态》《饮食与健康》《保健预防》《家庭药箱》《健康小专题》和《运动与健康》等子栏目。4月6日,将《少儿大舞台》升级改版为《瓷都教育》,主要子栏目有《校园资讯》《直击中高考》《校长访谈录》等。2008年1月26日,交通音乐广播联合鸿远家电举办第二届家电团购会,日销售额30万元。年初,交通音乐广播开办《纵横山水间》旅游休闲类栏目。《瓷都房地产报道》,新增设用真实的案例教大家如何买房卖屋的子栏目《产权交易连线》,同时在原有家装栏目的基础上,新增《建材品牌榜》,使建材行业成为栏目创收的新亮点。11月28日,《瓷都房地产报道》栏目组与市有关部门联合举办"景德镇市第六届房交会",整个房交会共售出127套商品房,成交额达3622万元。12月,开办《数码时代》电视栏目,是一档报道IT、通讯、家电最新行业动态,介绍电脑软件、硬件、数码产品知识的生活服务类节目。是年,开展全市首届群众喜爱的节目栏目评选活动,《人在旅途》《欢乐方向盘》《交广警务通》《景广供求热线》《百姓消费》《与法同行》等广播节目;《时尚生活》《瓷都旅游》电视栏目被评为群众喜爱的节目(栏目)。

2009年10月16日,开播陶瓷文化频道的主打栏目《陶瓷视界》,其子栏目有《动态》《沙龙》《创业故事》《城市记忆》《瓷艺景德》《珠山讲坛》等,是一档日播的主持人板块节目,时长15分钟。同日,举行庆祝新中国成立60周年暨陶瓷文化频道开播陶艺家笔会。2010年11月25日,新闻综合广播全面改版,开办《965帮忙热线》《昌南印象》《时尚手册》《爱车天天汇》《健康心感觉》《空中红娘》《快乐成长》和《空中门诊》《健康咨询台》《健康大药房》等生活服务类节目。

第五节　精品节目

广播电台精品节目

《简明新闻》　1986年9月15日开办。节目以短文字和快速度,及时发布全市政治、经济、文化、科技等方面信息,让广大听众能从节目中获取对自己的工作、生活有益的信息。节目时长5分钟,每天播出4次。

《外台信息》　1986年9月15日开办。把各兄弟城市在贯彻党的对内搞活,对外开放的一系列方针、政策中,具有一定新闻价值的政治、经济、文化、体育、科技等各种信息,传播给全市听众,加强兄弟台之间的横向联系,以推动景德镇市的两个文明建设。

《空中沙龙》　1988年10月16日推出的主持人板块节目。节目为融新闻性、政治性、信息性、文艺性、知识性于一体的"杂志型"节目,主要内容是评价社会现象和新闻事件,传播知识与信息,为听众提供娱乐及其他服务。主要栏目有《社会大特写》《蓝色的港湾》《八面来风》《趣谈一分半》《信息与文摘》等。1988—1989年,获江西省优秀广播节目三等奖。1991年4月1日停办,其内容融入《七彩昌江》节目中。

《文学之窗》　1988年10月推出的全新改版节目,前身为《昌江文学》。主要播发景德镇市作者创作的短小文学作品,对质量较高的稿件配以音乐,使作品悦耳动听,受到听众欢迎。节目培养了一批青年作者。

《七彩昌江》 1991年4月1日开办的主持人综合板块节目。该节目融指导性、知识性、趣味性、服务性、娱乐性于一体,从各个角度反映多彩的生活。从周一至周日的主打栏目分别是:《社会纵横》《生活调色板》《艺苑漫步》《人生绿草地》《青春世界》《蓝色的港湾》《星期快乐园》。每天固定栏目有《知识日历卡》《每日金曲》《请君珍藏》《每日文摘》《开心三分钟》《每日一谜》等,有浓郁地方特色的方言栏目《镇巴佬谈评》。1994年1月26日停办,内容分解于市广播电台改版后的各节目之中。

《大众呼声》 1994年1月26日开播的一档主持人直播舆论监督类节目,基本定位是"为百姓解难,替政府分忧"。对听众提出的问题,能当场回答的就当场回答解决,一时难以解答的或有代表性的,邀请相关单位领导走进直播室做专题节目。节目发挥新闻舆论监督作用,每年接听热线电话近1500个,回复率100%,帮助解决问题达75%左右,群众满意率达90%以上,赢得瓷都百姓和社会各界的赞誉。获2004年江西广播优秀节目三等奖,第十二届江西新闻奖三等奖。2008年被评为全市听众最喜爱的广播节目。

《昌江经济潮》 1994年1月26日推出的一档主持人直播经济类板块节目。设有《经济短波》《消费指南》《供求双方》《空中导购》《金融天地》《股市传奇》《乡镇内外》《企业之声》《经营之道》《市场回音壁》《今日新话题》等。1996年1月1日停办,内容分解融入市广播电台《周末经济板块》等节目之中。

《空中服务台》 1994年1月26日开播的一档主持人直播板块节目,是广播电台星期天特别节目中开辟的一个经济、服务类节目。内设3个主要栏目,其中《热线导购》通过热线电话为供购双方提供对话通道;《商品荟萃》播报景德镇市或外埠商品售息;《为您指南》传播选购、保管、使用商品等方面的知识。

《瓷都风景线》 1994年9月4日开播的一档主持人直播板块节目,为星期天特别节目的一个板块,客观、真实地反映瓷都和瓷都人五彩斑斓的社会生活,激发人们对生活和瓷都这片土地的热爱。主打栏目有《人物素描》《社会焦点》《百姓百事》《金榜题名》等。

《景广时空》 1995年1月1日改版后的一档主持人直播板块节目,有3种编排形式,每日常设栏目有《景德镇新闻》《热点透视》《八面来风》《毛崽趣谈》等;隔日穿插栏目有《消费者之声》《集思广益》《社会扫描》《听众来信》;不定期栏目有《金色升腾》《瓷都英模》等。

《毛崽趣谈——凡人小事》 1995年1月1日推出的一档具有浓郁地方特色的方言类节目。是在《镇巴佬谈评》基础上调整和创新而形成的。由一男一女两位主持人主持,他们一问一答,一个操景德镇方言,一个讲普通话,播出风趣幽默,市民喜闻乐见。内容上注重群众关心的热门话题,讲述老百姓身边的人和事。收听率在其他节目中位居前列。1996年后改为周播节目,时长不变。1997年改版为《家乡人说家乡事》,开通热线电话,请听众参与讨论,增强节目的互动性和亲近感。1998年改为《镇巴佬谈评》。2000年停办。

《热点透视》 1995年1月1日开办的评述性节目。节目就群众关心的热点、难点问题进行透析,为群众解疑释惑,在政府和市民之间搭起一座理解和沟通的桥梁。同时有分寸地披露和鞭挞社会生活中的落后面,分析其根源,提出解决问题的办法和措施。1996年改为周二、四、六播出,时长5分钟。

《消费者之声》 1995年1月1日开办的主持人直播经济服务类节目。节目融参与性和服务性为一体,围绕听众在日常消费中遇到的问题,开通热线、受理投诉,其后派出记者找有关部门、单位或被投诉对象调查落实,在下期节目开播时公开作出答复,节目时长10分钟,每周播出2期。1997年共受理听众投诉近千人次,回复率为100%,解决问题率达90%,群众满意率达95%以上。2003年更名为《百姓消费》,2008年被评为全市首届群众喜爱的栏目。

《黄金100分》 1996年1月1日新辟的主持人直播板块节目。内设《开心大法官》《假日擂台》《点诗点文》《心香一瓣》等栏目。播出时开通热线电话,让听众参与,阐述观点、妙问趣答、吟诵诗文、抒发情怀。该节目的对象以年轻听众为主。

《周末经济板块》 1996年1月1日推出的主持人直播板块节目。节目围绕经济问题作报道,提供各种经济信息,介绍商品知识,评述市场动向,介绍商界名流,架起工商企业联系千家万户的桥梁。全天设有7大节目,20余个小栏目,其中有《里弄100天》《竞争与谋略》《信息广场》《china瓷都》《经济时钟》《闯市场》《点子公司》《律师热线》等。

《1467直播室》 1997年1月1日新开办的主持人直播板块节目,由《音乐航班》《空中商业街》《每日经济》《潇洒人间》4 个节目和 12 个子栏目构成,以经济类为主,其中穿插部分服务类、知识类、娱乐类内容。

《人生留言簿》 1997 年 1 月 1 日新辟的交友服务节目。每周二在晚时段播出。参与交友者在节目中自我介绍的同时,提供 1 篇积极向上的哲理诗篇或别有风趣的小品文,把枯燥乏味的简单介绍,变成具有可听性、欣赏性,有着深刻思想内涵的交友节目,深得听众喜爱,参与交友的信件,最多时一天可收 40 多封。

《情系金话筒》 1998 年 1 月 1 日推出的主持人直播板块节目,报道内容为市民关注的热点问题和有价值的新闻事件;报道形式以录音访问为主。同时还开辟出 5 分钟作为听众热线参与时间。

《歌坛新秀》 1999 年 1 月 1 日开播的文艺娱乐性节目。旨在发掘景德镇市音乐人才,推出瓷都歌坛新秀,得到全市歌唱爱好者的热烈响应和踊跃参与。

《的哥,你好》 2000 年 1 月 1 日开办的主持人直播对象性板块节目。节目既是出租车司机及车迷的良朋,又是广大听众的益友,还是"的哥"与乘客沟通的桥梁。内设《汽车时尚》《好歌伴你行》《边走边说》等栏目。2003 年停办,其内容和功能被交通广播的节目所吸收和取代。

电视台精品节目

《法制教育》 1987 年 6 月 15 日开播。是配合普法教育,与全国各城市电视台联合开办,主要以电视小品的形式,反映和介绍各种典型案例、法律规范和防范措施,使观众从中既受到教育,同时又丰富文化生活。

《能人列传》 1987 年 6 月 29 日开播,节目在全国各城市电视台的配合与支持下联办节目,让观众了解全国各地在改革开放和精神文明建设中涌现出来的新人新事,感染和鼓舞市民观众。

《荧屏歌舞》 1987 年 10 月 7 日推出的文艺娱乐类节目。节目以资料编辑与电视台录制相结合,集国内外歌舞之精华,既有观众熟悉的国内外著名歌星、舞星的演出,又有生活在观众身边的市内优秀专业与业余歌手演出的节目。表现的内容和形式时代感强,生活气息浓,健康向上、生动活泼、短小精悍。

《十八地市新闻联播》 1987 年 11 月 1 日开播的一个新闻类节目,主要反映长江中、下游赣、皖、苏十八地市改革开放,两个文明建设的成就和经验;宣传先进典型、模范人物的精神风貌和优秀事迹;提供经济文化、科学技术信息;介绍各地风土人情、风景名胜和社会生活动态等方面的内容,具有报道面宽、信息量大、可视性强、表现手法新颖和地方特色浓郁等特点。

《南京经济协作区域电视专题联播》 1988 年 7 月 2 日开播。是南京经济区域电视台协作网的南京、合肥、南昌、镇江、扬州、马鞍山、芜湖、铜陵、安庆、黄山、九江、景德镇等 12 个台联办的一档专题类节目,宣传各区域内两个文明建设的新成就、新风貌,促进各台专题节目的发展。

《南京经济协作区新闻联播》 1988 年 7 月 10 日开播,是由《十八地市新闻联播》更名而来的。十八地市毗邻苏皖赣三省,同处长江中下游,经济文化的联系历史悠久,在改革开放加强横向经济联系的基础上成立南京区域经济协调会。是为及时交流区域经济的改革经验,传播经济、科技信息和各种社会动态,促进区域经济的发展和精神文明建设,提高各地市知名度而开办的一档联播类新闻节目。

《瓷都大观》 1991 年 4 月 29 日推出的一档主持人综合板块节目,节目融思想性、知识性、艺术性、趣味性、服务性、娱乐性为一体,展示瓷都各条战线的新风貌、新风尚,寓教育于娱乐之中,设有《瓷都见闻》《新闻透视》《名人名作》《瓷苑新秀》《精品欣赏》《市场与管理》《生活指南》《柜台内外》《法制园地》《党团生活》《少儿天地》《教育园地》《蓝盾之光》《红绿灯下》《职工之友》《今日一乡》《农林科技》《影视天地》《荧屏歌声》《新片介绍》等子栏目。节目固定主持人,根据节目形式、内容的需要,不定期邀请嘉宾客串参与节目。

《先睹为快》 1992 年 1 月 25 日开办的一档服务类节目,节目主要是向广大电影、电视观众预告市里即将上映的电影和电视台播出的电视节目预告及内容介绍,及具体放映和播出时间安排,帮助广大影视观众有选择地观赏电影和电视节目。

《友邻采风》 1992 年 12 月 8 日推出的一档联办节目,是由闽浙赣三省的南平、三明、泉州、金华、丽水、衢州、上饶、鹰潭、抚州、新余、九江、景德镇 12 家电视台联合开办。节目的宗旨是加强各地市电视台的横向联系,繁荣电视荧屏,推动三省毗邻地区经济和精神文明建设。重点反映各地的人文景观、风土人情和传统文化以及在改革开放中涌现出的新人和新事,展示各地经济发展和精神文明建设的风貌。

《瓷都览胜》 1993 年 1 月 24 日推出的一档社教类主持人板块节目,由《瓷都大观》改版创新而成。节目贴近生活，短小精悍，可视性强。设有《开心九十秒》《体育绝活》《珍闻趣事》《蓝盾之光》《红绿灯下》《精品欣赏》《名人名作》《瓷苑新秀》《来自企业的报告》《农林科技》《今日一乡》《卫生与健康》《生活与保险》《市场见闻》《柜台内外》《少儿天地》等十几个小栏目，从生活的不同侧面，反映瓷都人民的精神风貌。为促进双向交流，加强观众的参与意识，增强节目的互动性，该节目中的一些小栏目还设置特邀主持人。

《每周世界风云》　1993 年 2 月推出的一档引进节目，节目围绕世界最近发生、引人注意的国际问题，内设《时事荟萃》《时事点评》《时事答题》《新闻人物》等小栏目。内容丰富多彩，声图并茂，制作精良，成为观众了解世界、增长知识、开阔视野的窗口。

《名城掠影》　1993 年 2 月 18 日推出的一档区域性联播节目，由大理、大同、苏州、扬州、泉州、绍兴、荆州、宜宾、洛阳、桂林、柳州、景德镇等历史文化名城电视台联办。节目内容丰富，形式清新，主要反映各历史文化名城经济建设成就和具有地方特色的风光、风情、风貌。节目风格独特，富有情趣。

《珠山眺望》　1994 年 3 月 13 日开辟的一档主持人综合板块节目，是在《瓷都览胜》基础上进行改版后更名的。节目保留《珍闻趣事》《红绿灯下》《精品欣赏》《热门话题》等栏目外，新增《法制园地》《名城掠影》，增加信息量，拓宽报道面。

《瓷都党建》　1994 年 10 月 3 日与市组织部联办节目，宗旨是在新形势下进一步加强党员的思想理论教育，党纪党规教育，宣传优秀党员、基层党组织的先进事迹和典型经验，全面提高党建工作水平。

《广角 600 秒》　1995 年 3 月 5 日开办的一档述评性节目，主要反映全市社会、文化、经济、生活等方面社会关注的热点、难点和焦点事件，探讨深化改革，扩大开放中的新情况、新问题，发挥新闻舆论的导向和监督作用，采用访谈加综述的方式报道。做到正面报道生动活泼，给人启迪；批评性报道让人信服，使人反省。

《百事通》　1995 年 3 月 1 日推出的一档服务性节目，本着“就教于行家，服务于社会”的宗旨，集知识性、趣味性、服务性为一体，采取主持人演播室解答、现场采访、实际操作、观众参与等多种形式采编、制作。1997 年 9 月对节目进行调整，改由《艺苑风》《百事通》《今宵乐》3 个小栏目组的“红、绿、蓝”板块节目，向观众介绍生活、科技、医疗、陶瓷、文化艺术等方面的知识。

《新闻广场》　1996 年 4 月 1 日推出的深度报道节目，是在原《周末谈》基础上发展而来。包括时政深度报道、社会新闻、百姓家事、批评报道等。1997 年 4 月，将《新闻广场》改版为由《广角 600 秒》《文化长廊》《法制天地》《走进生活》《寻常百姓》《特别报道》组成的杂志型板块节目。每天播出 1 个小栏目，每次 8 分钟。方便观众全方位、多角度、快节奏了解党的方针政策，掌握时代信息，追踪社会热点，反映各种诉求。

《新闻广角》　1999 年 3 月推出的说报式新闻板块节目。经 3 次改版，形成播报节奏快、同期声到位的现场报道，主持人流畅自如、平实幽默、风格独特。节目内设《时政摘要》《广角新闻》《城外新闻》《证券信息》4 个子栏目。

《话说陶瓷》　2000 年 3 月 19 日开播的一档具有浓郁地域特色的文化类板块节目。节目以瓷都千年历史为背景，以电视语言为表现手段，以展示当代瓷都人前进轨迹为宗旨，发掘和传播景德镇陶瓷文化的历史传承性、艺术兼容性和浓郁的地方特色、鲜明的时代特征，为发展瓷都知识经济，扩大对外文化交流服务。每期一个话题，在《瓷路》中讲述器型、工艺、窑种的起源及发展简史；在《瓷韵》中欣赏有代表性的名瓷佳作，并由专家点评；在《瓷趣》中讲述与之相关的奇闻轶事，绝技绝活；在《瓷缘》中则介绍本土和外地与瓷结缘的名家大师。以视觉形象和艺术语言去“游历瓷路风景，点评瓷韵英华，笑谈瓷趣百事，畅叙瓷缘真情”。

有线电视台精品节目

《有线电视新闻》　1994 年 12 月 28 日开播，节目以经济宣传为重点，同时力求多反映群众、反映基层、反映现实生活，寻求新闻性、思想性、知识性、趣味性的统一和融合。

《健康 10 分钟》　1995 年 10 月 27 日与市健康教育馆联办的一档服务性节目。节目主要是向全市人民普及健康科普知识，指导人们健康生活，树立正确的健康观念。

《瓷都纵横》　1995 年 12 月 28 日开办的新闻板块节目。节目由《有线电视新闻》《新闻性专栏》和《卫视新闻集锦》3 部分组成。其中《有线电视新闻》内设《时政要闻》《经济快讯》《综合信息》等栏目；《新闻性专栏》包括《人物聚焦》《全市有线电视网联播》《百姓逸事》《市民话题》《周末访谈》《记者述评》《一周新闻撷要》等。1997年1月1日，节目进行改版，从中分出《卫视新闻集锦》，新辟《晚间报道》。改版后节目由《有线新闻》和《新闻栏目》构成。

《下周荧屏》 1996年1月27日开办的文化资讯专栏节目。主要向观众介绍下周在有线电视台播出的部分电视剧、文艺节目等内容；同时在《新片预告》中介绍市电影公司近期准备上映的国产、进口大片。

《欢乐时光》 1996年1月28日推出的综艺板块节目。内设《荧屏点播》《音乐彩虹》《曲苑漫步》《空中舞台》《梨园览胜》等若干小栏目，适应不同年龄、不同层次观众的喜好和需要，其中《荧屏点播》为有偿服务节目，观众点播自己所喜欢的1首歌、1支曲、1段相声、1个小品或1出戏曲片段。

《七彩生活》 1996年4月16日开播，是一档在原《健康十分钟》基础上改版推出的生活服务类节目。设有《知识窗》《绚丽人生》《大众健康》《消费顾问》《瓷都美食城》《心声约会》《有奖问答》《有奖竞猜》《观众信箱》等小栏目。

《文化大视野》 1996年6月4日开播的综合性文化类节目。以拓展文化视野、关注文化事件、评述文化现象、介绍文化人物、弘扬陶瓷文化为宗旨。内设《文化传真》《艺苑漫步》《热门话题》《名人访谈》《艺海泛舟》《瓷路芳菲》《艺坛新秀》《说古论今》《七嘴八舌》《文化沙龙》《新书快递》《流行色》《文化简讯》等若干小栏目。

《快乐街》 1997年9月7日开设的主持人综艺板块节目。由《听歌品味》《漫步五线谱》《迷你剧场》《轻松片刻》等4个小栏目组成，采用主持人串接方式，融欣赏性、娱乐性、趣味性于一体。

《瓷都纵横·周日版》 1998年5月3日开办的新闻综合板块节目，节目定位于“关注热点，报道生活，服务消费”。内设《市民话题》《百姓逸事》《商贸经纬》《休闲时光》《消费服务》《有视调查》《生活寄语》《街头即景》《新闻回送》。1999年5月2日，对节目进行调整，增设“观众有奖答题”的互动参与活动，推出《商海观潮》《城市节拍》《街头西洋景》《诗意生活》等一些小栏目。

《有线新闻视线》 2000年5月1日开播，是在《瓷都纵横》基础上改版更名后的新闻板块节目。以“关注热点、服务经济、放眼全球”为节目定位。节目内含《有线新闻》《卫视新闻》《网站资讯》3部分，形成高密度、大容量的“新闻与信息总汇”的节目特色。其中主打栏目《有线新闻》中设立的《市民话题》《记者见闻》《观众中来》《有视观点》等小栏目，强化舆论引导和新闻监督的功能与作用。

《周日视线》 2000年5月7日，在原《瓷都纵横》（周日版）基础上进行改版推出的新闻综合板块节目。节目定位于“报道生活，服务生活、提升生活”。除保留原有《百姓逸事》《城市节拍》《街头西洋景》《诗意生活》等栏目外，另调整设立《生活全景》《生活近景》《乡音大客串》《百姓调查》等栏目。

《文化星空》 2001年1月1日开播的文化类节目。节目旨在弘扬景德镇陶瓷文化，推介陶瓷名人名作，展示瓷都新人、新作、新风格、新材质、新观念。设有《文化资讯》《陶瓷人物》《星星草》《视野》等子栏目。

《生活直通车》 2001年1月3日，在原《七彩生活》基础上改版的主持人文化类板块节目。内设《缤纷看台》和《瓷都美食城》两个板块。《缤纷看台》集消费、健康、休闲于一身，汇衣、食、住、行于一体。

广播电视台精品节目

《景德镇新闻》 2001年12月20日开播，是由原景德镇电视台《景德镇新闻》和景德镇有线电视台《有线新闻视线》两档新闻节目整合而成。节目内容包括时政要闻、经济建设成就报道、社会各项事业发展动态报道、精神文明建设成就报道、重要先进典型事迹报道、文体社会新闻报道、舆论监督报道及当日重大国际事件报道。2002年1月22日，节目时长由15分钟增至20分钟，在3个电视频道滚动播出，并对原有小栏目《时政要闻》《动态消息》《国际新闻》的基础上增设新闻小专题。2004年1月1日，再次进行改版，新增设固定栏目《媒体链接》和不定期栏目《今日头条》《新闻背景》《记者追踪》《编辑点评》等。原有的《新闻聚焦》与新闻综合广播的《大众呼声》联动，推出每周播出3期的电视《大众呼声》节目，原周日播出的《一周新闻回顾》改版为20分钟的《百姓话题》节目。

《都市特快》 2001年12月20日开播，由原景德镇有线电视台《有线新闻》整合而来，为经济生活频道的主打节目，定位为“服务经济、服务陶瓷、便利市民、提升生活”。内设《市民话题》《记者见闻》《热点追踪》《观众中来》《生活全景》《百姓逸事》等栏目。2003年4月10日，改版为《瓷都经济生活》板块节目。

《飞越城市》 2002年1月5日开播，是一档由全国60个重点旅游城市电台联办的大型双向主持人广播直播节目。以"推介城市文化、增进城市交流"为宗旨，以宣传城市历史、文化、风土人情、游览圣地为主要内容。设有《城市名片》《城市链接》《城市热线联盟》等栏目，两地主持人共同直播，异地交流，实现城市之间的经济合作、文化交流、旅游推介等多元化的宣传。

《瓷都房地产报道》 2002年4月22日开办的主持人说报方式为主的电视节目。主要是解读房地产方针政策；介绍全市房地产动态和交易信息；展示产业风采；分析房地产现状和走向；报道全市城市建设、房地产开发的成就。内设《时事政策》《本市动态》《共同家园》《信息平台》《产业风采》和《特别关注》等子栏目。

《人在旅途》 2002年8月8日，交通音乐频道开播时推出的晚间谈话类主持人广播直播节目，每周一至周六21:30～23:00播出。为都市孤单、寂寞族排忧解难，为各个年龄段的人群提供情感诉求和交流空间。设有《心灵驿站》《情感芳草地》《都市情感故事》《愈夜愈美丽》等小栏目。2004年，节目改版后以情感互动交流为主，注入一定的文化含量，体现平等的人性人文关怀。被评为2008年全市首届群众喜爱的节目。

《欢乐方向盘》 2002年8月8日，交通音乐频道开办的服务娱乐类主持人广播直播互动节目，节目集路况信息、生活提示、沟通交流、汽车资讯、旅游指南为一体，由主持人通过资讯、音乐、短信及热线互动等多种形式，让人们在驾驶途中获得一份快乐的心情。被评为2008年全市首届群众喜爱的节目。

《交广警务通》 2002年8月8日，交通音乐频道开播的服务类主持人广播直播互动节目，以普及交通安全常识为主要内容，同时针对行业管理、行政执法中出现的焦点热点问题推出投诉热线。由主持人与记者一同主持，当场记录所反映的问题，再由记者深入到现场去调查了解，协助解决，并在次日的节目中进行通报。定期邀请执法人员作客直播室现身说法，交流沟通。被评为2008年全市首届群众喜爱的节目。

《锵锵兄妹行》 2002年8月8日，交通音乐频道推出的本土方言广播直播节目。节目由本土笑星毛仔、主持人杨琳以兄妹称谓联袂主持。节目第一个环节奇闻趣事，主持人以调侃的方式戏说新闻；第二个环节喜剧故事，主持人用演播的方式，表现整个故事内容。节目风格亲切、风趣、幽默，一男一女，一问一答的"羊毛"组合，在"土的掉渣"的方言主持中，谐话连篇、包袱不断，为市民送去快乐，获得较高收听率。

《陶瓷纵横》 2003年1月3日开办的富有地方特色的专业陶瓷电视节目，旨在"展示陶瓷文化，沟通世界信息"，设有《瓷业资讯》《瓷苑撷英》《瓷艺之旅》《精瓷欣赏》《产业风采》《信息大放送》《边走边看》等子栏目。节目主要介绍相关的政策精神，发布生产、经营、销售、创作和评比等信息；寻访陶瓷遗迹，趣说陶瓷史话，鉴赏陶瓷精品，推介陶瓷名家。2007年8月摄制纪录片《陶窑》，在第十届国际陶瓷与玻璃艺术电影节上获联合国教科文组织颁发的最佳文化遗产奖和最佳陶瓷艺术纪录片奖。

《景广供求热线》 2003年3月18日，新闻综合频道全面改版时推出的公益服务类主持人广播直播节目。主要是通过电波为供需双方传递招聘、求职、求购、求租、出售等各类信息，为他们架起一座空中沟通和联系的桥梁。被评为2008年全市首届群众喜爱的节目。

《百姓消费》 2003年3月18日，新闻综合频道全面改版时与市质监局、市工商局、市消协等部门联办的广播民生栏目，以平民化的视角，实时解读消费生活中的疑难困惑，权威揭露消费生活中的假冒伪劣，为消费者仗义执言，提供各类咨询与服务。设有《有事您就说》《消费资讯》《消费新主张》《权威推荐——榜上有名》等子栏目。2008年被评为全市首届群众喜爱的节目。

《娱乐百分百》 2003年3月18日，新闻综合频道开办的娱乐类主持人广播直播节目。受众定位于青年朋友，主持人通过报道娱乐动态，用声音记录娱乐界的大事小情，以娱记独特的眼光评点旧忆新闻；在做娱乐节目的同时，为晚间听众朋友送去一份轻松和快乐。获2005年度江西省优秀广播综艺节目三等奖，并被评为2008年全市首届群众喜爱的节目。

《健康直通车》 2003年4月10日开播，为《瓷都经济生活》板块节目的一个栏目。9月26日扩容改版，在《名医名院》《名医专访》《药品市场》《医疗快讯》《投诉热线》等子栏目基础上，新增《健康教育与生活》小栏目。为生活服务类主持人电视板块节目，宣传卫生、健康、文明的生活方式，进行大众健康教育，传播家庭、环境、饮食、衣着卫生及个人生理、心理卫生知识，传授妇女儿童、青少年、老龄人等各类人群的保健常识及良好的生活习惯。

《女人百分百》 2004年1月1日开播的专为女性受众群体服务的主持人电视板块节目。旨在“张扬个性、传递女性心声”,设有《女人宝典》《非常关注》《亲子中心》《向左走,向右走》《视觉工场》等5个子栏目。2005年节目更名为《时尚生活》。

《瓷都旅游》 2004年7月9日开播的资讯服务类主持人电视板块节目。以报道旅游景点、线路、纪念品、旅行社、宾馆、休闲等方面的信息为主要内容。先后开设《瓷都风情》《好山好水好心情》《出行百事通》《行行摄摄》《旅游新视野》《旅游会客厅》《美食地图》《出游小帮手》等栏目。2008年被评为全市首届群众喜爱的节目。

《与法同行》 2004年8月8日,由原《律师热线》改版的咨询服务类主持人广播直播节目。通过热线电话,对听众在工作、生活中碰到的一些麻烦或者纠纷提供法律咨询服务。特色内容有案例分析,每期节目,主持人都会推出一些案例让听友打进电话参与评析,在寓教于乐中获得法律知识。2008年被评为获全市首届群众喜爱的节目。

《城市擂台》 2004年8月8日,交通音乐频道开办的一档娱乐类主持人广播直播互动节目。由主持人从景德镇市和乐平市两个城市不同的特征入手,以人文景观、民俗特点、经济环境等为基本素材,推出热线16866168、1250和短信平台,让乐平的听友回答景德镇的问题,景德镇的听友回答乐平的问题,以推出擂主的方式进行。融知识性、娱乐性、趣味性于一体,配以紧张、刺激的音效,吸引两城听众踊跃参与。

《时尚生活》 2005年1月1日推出的生活杂志型主持人电视节目,前身是《女人百分百》。节目改版后更丰富市民文化生活,节目风格清新、明快,贴近百姓、贴近生活。内容集中在消费、时装、美容、IT、文化、人物、理财等板块,触角遍及衣食住行等各个方面,是瓷都人了解时尚潮流和现代生活方式的指南。节目还新增《生活看点》《时尚衣族》《扮靓容颜》《直击315》《人物背影》等栏目。2008年被评为全市首届群众喜爱的节目。

《少儿大舞台》 2005年1月1日推出的少儿类主持人电视板块节目。主要报道少儿学习、游戏、服饰、体育、艺术和与少儿有关的教育、生活等方面的信息资讯。设有《校园小精英》《家家有宝》《星星看台》《共读时刻》等主要子栏目。电视专题《盲生影像》获2006年度江西省县市优秀新闻节目二等奖。2007年改版为《瓷都教育》。

《法制档案》 2005年1月1日推出的法制类主持人电视节目。以主持人说报和电视配播语言相结合的方式,讲述老百姓身边的法案故事,内容涉及公、检、法大案要案及老百姓关心的政治、经济、文化和社会生活多个层面大事。每期节目反映一案一事或一人,通过案件线索,人物命运,故事情节吸引观众,以案说法,宣传普及法律知识。2008年停办。

《新闻晚8点》 2005年1月10日开播的民生类电视新闻节目。节目关注民生、聚焦热点、展现生活,以全新的理念和视角,反映、报道老百姓身边的事、身边的呼声、身边的现象,与《景德镇新闻》风格迥异,互为补充。节目的定位语是“生活零距离,社会全接触,新闻晚8点”。主要子栏目有《记者目击》《现场同期声》《大众呼声》《DV眼》等。2008年被评为全市首届群众喜爱的电视节目。2010年改版为《今日播报》。

《昌南对话》 2005年7月3日推出的新闻谈话类电视节目,是由《百姓话题》和原《昌南对话》改版合并而成的。以演播室嘉宾对话和室外采访拍摄相呼应,内容丰富,形式多样。坚持“内容高品位、嘉宾高层次,选题系列化、节目互动性”的定位和原则,传播陶瓷文化,展现瓷都崭新风采,紧扣社会热点难点,服务百姓生产生活。2008年,获江西省电视“十佳栏目”三等奖和全市首届群众喜爱的节目。

《TV时空》 2006年1月2日推出的杂志型电视节目,它的前身是2004年9月16日开播的电视栏目《TV车视》。报道体育赛事,群众体育以及汽车生产、销售、装饰、交通、物流等方面的信息和资讯服务内容。节目包括体育类和交通汽车类栏目。

《政风行风热线》 2006年11月1日,由新闻综合频道与市纪律检查委员会、市监察局联合开办的一档舆论监督类广播直播节目。通过广播平台,城建、卫生、教育等20余个政府职能部门及与老百姓生活息息相关行业的领导走进直播间,与听众进行热线对话,当场解决和答复听众提出的在社会生活中遇到的问题。

《少儿教育》 2007年4月6日,由《少儿大舞台》扩容改版为教育类主持人电视板块节目。节目时长、播出周期和频道不变。以“宣传教育、关注教育、服务教育”为宗旨,引导全社会关心、支持瓷都教育事业;坚持以人为本，教育未成年人树立正确的人生观、价值观和世界观。设有《直击中高考》《校长访谈录》《校园资讯》《教师风采》《星星看台》等主要子栏目。2009 年上半年，增辟《老年教育》栏目，受到老年观众的欢迎。

《城市广角》 2007 年 1 月 6 日开播的一档新闻舆论监督类电视节目。以城市建设，城市管理为主要报道内容。报道全市在加快城市建设、推进城镇化进程，加大城市管理和土地管理中出现的新变化、取得的新成就、积累的新经验、涌现的新典型，同时针对违法侵占国有、集体土地和乱搭乱建行为以及个别人不爱卫生、不守秩序、不讲文明的行为予以曝光。

《数码时代》 2008 年 12 月 30 日开办的信息服务类电视节目。报道 IT、通信、家电最新行业动态；介绍电脑软硬件、数码产品知识；让数码引领时尚，走进家庭。内设《E 视界》《手机秀》《数码影像》《数码之家》《通讯前沿》等子栏目。

《瓷都公安》 2009 年 3 月 5 日由市广播电视台与市公安局联办的一档电视节目。展示瓷都警方为确保瓷都良好的治安、交通等秩序，采取的各种有效措施，展现瓷都民警为保障瓷都经济、社会发展顺利进行和市民的安居乐业而做出的积极奉献与良好形象。下设《警情播报》《服务指南》《警察故事》《警史访谈》等栏目，并由公安民警担任节目主持人。

《陶瓷视界》 2009 年 10 月 16 日开播的文化类主持人电视板块节目。节目立足景德镇陶瓷，全面、忠实记录景德镇陶瓷的特色和魅力，表现景德镇人的进取精神和丰富的内心世界。被江西省广电局收听收看小组誉为“栏目定位独特，极具景德镇地域特色和文化意蕴，是地市台中一档特色鲜明，有较高品位的电视节目”。内设《动态》《沙龙》《深度》《课堂》《擂台》《百科》《外埠》《创业故事》《城市记忆》《瓷艺景德》《珠山讲坛》等栏目。

《古镇珠山》 2010 年 1 月 31 日由市广播电视台与珠山区共同打造的一档联办电视节目。节目定位为“展古镇风貌、绘珠山发展、访里弄文化、讲社区故事”。节目集新闻性、专题性、互动性为一体，主要由珠山资讯、里弄社区、深度报道、政策发布四部分内容组成。是广大电视观众了解珠山区的重要窗口。

《清风车影》 2010 年 5 月 1 日打造的一档汽车服务类电视节目。节目突出知识性，趣味性和参与性，紧贴当地汽车消费环境，提供车坛最新动态，介绍汽车维修保养、装饰方法，开展车友交流，探讨汽车文化，引导汽车消费。设有《新闻快车道》《汽车顾问》《我爱我车》《购车指南》等主要子栏目。

《今日看瓷都》 2010 年 10 月 11 日开播的一档电视新闻板块节目。节目整合原有《景德镇新闻》《新闻晚 8 点》《昌南对话》3 档新闻类节目，以“资讯平台、人生舞台”为定位，以景德镇时政、民生新闻为主体，下设《景德镇新闻》《今日播报》《今日视线》《昌南对话》4 个子栏目。

《快乐成长》 2010 年 11 月 25 日，新闻综合频道全新改版开播的景德镇市唯一一档广播少儿节目。以“构建少年儿童的精神家园，搭建家长、教师与孩子心灵沟通桥梁”为定位，为儿童健康成长服务。

《瓷都新播客》 2010 年 11 月 25 日开播的一档民生类广播新闻节目。节目以“公民新闻、平民视角”，用老百姓自己的声音，播报自己的所见、所闻、所感。

《昌南·印象》 2010 年 11 月 25 日推出的一档具有本土特色的广播文化类节目。节目“把玩陶瓷，品味人生”，立足于景德镇深厚的文化底蕴，收集各类有关瓷器最即时最权威的信息，介绍景德镇街巷里弄、百姓轶事、坊间传说，是景德镇对外传播的“文化名片”。

第六节　有线网络

城区网络建设

1991 年 6 月，市广播电视局开始筹建景德镇有线广播电视站。10 月 5 日，景德镇有线广播电视站成立，负责全市有线电视的网络建设和管理。传输网络按同轴电缆单向 300M 网建设，拥有 5000 户城区用户。1994 年 12 月 28 日，撤站设台，成立景德镇市有线广播电视台。1999 年 9 月，景德镇有线电视台对铜芯干线进行光缆改造，将机房从莲社路搬迁至市广电中心大楼，从广电中心大楼铺设地下光缆至莲花塘原机房近

5000米,同时将国家广电总局和省广电局主干光缆一同接入广电中心大楼机房,并连通了乐平市、浮梁县。实现省4套电视节目传送景德镇市,市2套广播电视节目传到乐平,并对传输信号做光源链入的双备份。2000年,实施网络干线更新改造,将部分主干线同轴电缆传输改为光缆传输,全年架设光缆干线11.50千米。2001年12月26日,江西广电网络景德镇市分公司成立,承担全市广播电视网络建设和管理工作。2003年,架设光缆线路5.70千米,全市光缆主干线下地全长达33千米,改造11个小区,总计5501户。发展新用户5291户,总数达7.50万户。2004年,完成市区地下管网建设75千米,广电光环网铺设123千米,景德镇城区光缆铺设46千米,省一级干线铺设9.60千米,省二级干线铺设34千米。2005年,推进网络建设,新装有线电视2504户,新发展数字电视80户,网络改造实现有线电视节目传输光缆化,管道建设长达61千米,全市架设光缆总长度达129.70千米,电视用户达73379户。2006年,管道建设长达66千米,架设光缆总长81千米,电视用户达7.50万户。全面完成有线电视传输网改造,全市新装有线电视4600户,新发展数字电视526户。至2010年,有线电视网络覆盖12万户,其中在册数字电视用户10户。有线电视网从单向发展到双向的宽带HFC交互式网络,从单纯的300M射频传输改造成为以光缆为骨干网的860M光缆同轴混合传输网,建立4个前端分机房,300余个光站。

县区网络建设

乐平市有线电视网络　1992年1月,乐平县文化广播电视局采用300兆赫邻频传输方式开始筹建县有线电视网络。1996年5月,由300兆赫升级为550兆赫邻频传输网络,开通35个光接点,传输有线电视节目35套。至2002年,发展用户1.50万余户。2003年,城区铺设地下管道光缆主干网40余千米,网络升级为750兆赫传输,逐步进行分配网工程改造,由原同轴电缆改为光纤网络传输,并对全市各乡镇架设主干光缆网300余千米,2000余千个光节点,4000余千米的光缆维护。2004年,进入网络升级改造阶段,开通与省、市公司联网数字化,城区有线电视用户1.80万户,光纤传输有线电视节目60余套,数字机顶盒用户400余户。至2010年,城区有线电视数字化用户达4.10万余户,农村有线电视数字化用户约4.30万户,收费用户2000户,户户通用户4.23万户,全市有线电视覆盖范围达95%以上。

浮梁县有线电视网络　1993年,县文化广播电视局筹建浮梁县有线电视站,架设电视电缆25千米,1994年1月试播,播出电视节目12套,首批用户200户,10月正式开播。1996年,改造机房前端设备,增设卫星接收天线,节目增加到25套,用户达到800户。1998年1月4日,筹建浮梁县广播电视台,有线电视站纳入其中。同时更新机房设备,扩大信号传输网络,试播《浮梁新闻》和电视广告业务。2001年,架设光缆35千米,将网络延伸至周边乡镇,用户达2200户。2002年10月,与省、市光缆联网后借助省广电光缆与沿线乡镇电视站联网,由300MHZ升级为550MHZ,电视节目增至26套。2003年10月,浮梁县广播电视台的网络传输部分析出,省广电网络传输有限公司以资产评估变现加股份的形式将其整合。2004年1月1日,成立江西省广播电视网络传输有限公司浮梁县分公司。到2005年年底,县城与洪源镇、蛟潭镇、经公桥镇、湘湖镇、寿安镇、三龙乡、黄坛乡、740厂有线电视联网,传输光缆达200千米,网内用户增至4000余户。2007年,城区铺设管道20千米,网络改造升级为750MHZ。2008年,完成9个乡镇的光缆联网,实现全县乡乡通有线电视光缆。至2010年,城网数字电视用户5000户,农网数字电视用户5000户,安装户户通0户,全县有线电视覆盖率60%以上。

管理与服务

2009年,成立用户呼叫中心,设全省96123统一客服号,另设1个固定电话号码,公布用户办理各类业务及投诉报修渠道,实行24小时接待用户工作制。服务人员接到用户办理各类业务和电视线路维护等需求,采用手机信息、微信等方式派工,一般故障在8小时内修复,重大故障24小时内修复。对报修电话进行限时回访,并听取用户的意见和建议。营业大厅等服务窗口人员实行"三个统一"(统一着装、统一工号、统一文明用语)。维修、安装实行分片定人管理,方便用户,并且实行银企联网收费,加强与集团用户联系合作,主动上门服务。

收费标准

1991年,景德镇有线广播电视站成立后,全市有线电视网络收视维护费为5元/月。1994年12月28

日，景德镇市有线广播电视台成立后，城乡居民收视维护费为 8 元/月。1998 年开始，城乡居民收视维护费为 15 元/月。2010 年，基本收视维护费：城区居民用户 24 元/月，每一同名、同址、同账户的城市居民用户最多可安装 3 个副终端，其中一个副终端免收收视维护费，其余副终端收视维护费为每终端 5 元/月。农村居民用户 20 元/月，每一同名、同址、同账户的城市居民用户最多可安装 3 个副终端，其中一个副终端免收收视维护费，其余副终端收视维护费为每终端 5 元/月。移机费 20 元/次。过户手续费 10 元/次。智能卡工本费 40 元/卡。增值业务收费根据运行成本和市场需求自主制定收费标准。

第七节　机构人员

市级机构

景德镇人民广播电台　1986 年，景德镇人民广播电台和市广播电视局实行“两块牌子、一套人马”，合署办公，人员编制 34 人，内设总编室、新闻编辑部、文艺编辑部、技术部。1987 年，撤销台总编室，其职能划归局总编室。1989 年 9 月，增加人员编制 3 人。1990 年 5 月，增设广告信息部、播音部。1991 年 1 月 1 日，景德镇人民广播电台正式与市广播电视局分设，成为隶属市广电局的副县级全额拨款事业单位。2 月 27 日，市广播电台编制中划出 11 人，分配到市广电局、市电视台，调剂后市广播电台人员编制 26 人。3 月 18 日，新闻编辑部更名为新闻部，文艺编辑部更名为文艺部，技术部更名为技术制作部，广告信息部更名为经济信息部；增设办公室、专题部；播音部不变（以上均为副科级）。中波台更名为景德镇人民广播电台发射台（对外称“806”台），划归景德镇人民广播电台管理，原正科级不变；发射台人员编制 11 人。1994 年 10 月 17 日，增编 2 人，编制共计 28 人。2000 年 5 月 24 日，恢复总编室，与播音部两块牌子、一套人马。2001 年 12 月，市广播电台编制 39 人（含市电台 28 人和 806 台 11 人），内设办公室、总编室（播音部）、新闻部、文艺部、专题部、经济信息部、技术制作部和发射台（806 台）。是年 12 月 28 日，并入景德镇市广播电视台。

景德镇电视台　1986 年，景德镇电视台是市广播电视局所属的一个部门，人员编制 24 人。1987 年 8 月 17 日，设立新闻部、文艺部和技术部。1989 年 9 月 20 日，增编 7 人。1990 年 5 月，增设广告信息部。1991 年 1 月 1 日起，景德镇电视台与市广播电视局正式分设，成为隶属于市广电局的副县级差额拨款事业单位。2 月 27 日和 10 月 25 日，分别增编 6 人和 1 人，人员编制 38 人。3 月 18 日，技术部更名为技术制作部，广告信息部更名为经济信息部；增设办公室、专题部和景德镇电视台发射台；新闻部、文艺部照设不变（以上均为副科级）。1996 年 12 月，全台共计人员编制 58 人。2001 年 12 月，市电视台人员编制 63 人，内设办公室、新闻部、文艺部、专题部、经济信息部、技术制作部和发射台。是年 12 月 28 日，并入景德镇市广播电视台。

景德镇有线电视台　1991 年 10 月 5 日，景德镇有线广播电视站建成开通。为江西省第一座地市有线广播电视站，有工作人员 16 人（其中编制 5 人）。1992 年 7 月 16 日增编 8 人。1993 年 2 月 19 日，批复为正科级自收自支事业单位。1994 年 12 月 28 日，景德镇有线电视台挂牌成立。为隶属市广播电视局的副县级自收自支事业单位，人员编制 28 人。内设办公室、新闻部、文艺部、工程部、技术部和经济信息部。1995 年 12 月 12 日，核定人员编制 43 人。至 2000 年 1 月 21 日，自收自支编制陆续增至 109 人。2001 年 4 月 9 日，景德镇市有线电视网络中心成立，与景德镇有线电视台合署办公，实行两块牌子，一套人马。内设机构为：办公室、新闻部、文艺部、工程部、技术部和经济信息部。是年 12 月 28 日，“三台合一”，景德镇有线电视台节目采编、制作部门并入景德镇市广播电视台，并入人员编制 42 人。

景德镇市广播电视台　2001 年 12 月 28 日，景德镇市广播电视台挂牌成立，为江西省第一家设区市级广播电视台。是在景德镇人民广播电台、景德镇电视台、景德镇有线电视台的基础上，实行“网台分离、三台合一”而成立。为隶属市广播电视局的正县级差额拨款事业单位，人员编制 144 人。2003 年 10 月 11 日，内设总编室、办公室、技术部、财务管理部、产业开发部、新闻中心、对外宣传中心、电视节目中心、广播节目中心、广播电视发射中心和广告中心等 11 个部门。2010 年 4 月 1 日，市广播电视台由市广播电视局管理事业单位调整为市委直属正县级事业单位。12 月 26 日，内设办公室、总编室、人力资源部（人事科）、财务管理部、技术中心、新闻中心、新闻综合广播、交通音乐广播、社会教育中心、广告经营管理中心、广播电视发射中心(含806台)、艺术中心、专题部、产业开发部以及工会、后勤中心等16部(室)中心。下辖景德镇市广播电视报社、景德镇市广播电视服务部、景德镇市广播电视网络中心等3家事业单位。人员编制144人,为差额拨款事业单位。至年底,全台在岗员工总数为218人。其中在编人员114人;大专以上文化程度187人;高级职称10人、中级职称26人、初级职称45人。

江西广电网络景德镇分公司　2001年12月26日,江西广电网络景德镇市分公司成立,隶属于江西省广播电视网络传输有限公司。内设8个部门,有干部员工127人,其中大专以上学历63人。2010年,内设行政人事部、财务部、资产管理部、技术部、用户服务中心、市场营销部、经营管理部、工程运维部8个部门,有干部员工83人。

县区机构

乐平市广播电视台　1993年6月,乐平市广播电视台成立,位于洎阳街道办事处登高山(东湖公园风景区内),内设办公室、总编室,下设广播电视新闻中心、广播电视技术管理中心、广告经营中心3个事业单位,人员编制76人,记者19人。2010年,内设办公室、总编室、新闻部、专题部、技术部、广告中心,人员编制76人,记者19人。

浮梁县广播电视台　1998年,浮梁县广播电视台成立,是浮梁县文广新局下属单位,位于浮梁县朝阳中大道26号,内设新闻部、总编室、广告部、技术部。记者4人。2013年,浮梁县广播电视台升格为正科级事业单位,从县文广新局分离,办公地址在浮梁县工人文化宫,内设办公室、新闻部、总编室、广告部、技术部。人员编制16人,记者10人。

下属单位

景德镇市广播电视服务部　1986年,位于景德镇市中山南路5号,为市广播电视局所属的正科级事业单位。1994年1月20日,市广播电视局批复同意实行事业单位企业化性质管理。6月4日,核定市广播电视服务部事业编制12人。2003年2月开始,广电服务部的国营和大集体职工待岗,辞退临时工,其经营店面向社会招租,解决服务部职工待岗期间所需费用。职工待岗期间的单位编制不变,核定的待岗收入、待遇不变。2010年12月26日,景德镇市广播电视服务部划为景德镇市广播电视台下属事业单位。

景德镇市广播电视网络中心　2001年4月9日,景德镇市有线电视网络中心成立,与景德镇有线电视台合署办公,实行两块牌子、一套人马,为市广播电视局下属副县级自收自支事业单位。是年12月26日,实行"网台分离",12月28日,实行"三台合并",景德镇有线电视台的网络技术部门撤并入江西省广播电视网络传输有限公司,成立景德镇市分公司,其中从事网络技术和维护的67名在编人员划入景德镇市有线电视网络中心;从事新闻宣传的部门和人员划入景德镇市广播电视台。2010年12月26日,实行"局台分设",景德镇市有线电视网络中心(不包括从事网络技术和维护的67名在编人员)从市广播电视局剥离,撤并为景德镇市广播电视网络中心,划为景德镇市广播电视台下属事业单位。

第二章　报　刊

1986—2010年,在景德镇市域内发行的报纸主要有《景德镇日报》《景德镇广播电视报》《瓷都晚报》。县(市)报纸有《乐平报》《浮梁报》,社团机关、大中院校、厂矿企业报在不同时期也办有报纸。《景德镇日报》是中共景德镇市委机关报,国内统一刊号CN36－0012,前身是《景德镇报》。1986年,"文化大革命"中停刊的《景德镇日报》正式复刊。1995年,《景德镇日报》告别"四开小报"的历史,迈进了"对开大报"的行列。2000年1月,《景德镇日报》每周一、三增出《生活周刊》《新闻周刊》。原《星期刊》设为《双休周刊》,每周出版。2003年,《景德镇日报·新周末》改为《都市导刊》。2009年,景德镇日报《文化周刊》正式出刊。至2010年,《景德镇日报》始终坚持党报党性原则,把握正确舆论导向,秉承"新闻强报、典型立报、特色兴报、经营活报”的办报理念，充分发挥“喉舌”和“桥梁”作用，为瓷都的改革、发展和稳定提供精神动力和舆论支撑。《瓷都晚报》是景德镇市都市类主流媒体，全国发行，国内统一刊号 CN36－0061。2003 年 10 月 20 日创刊，主管单位是景德镇日报社。瓷都晚报社建立采编、经营、行政管理等一系列制度，改革人事和分配制度，实行“全员聘用、双向选择、能进能出”的用人机制和“底薪＋业绩”的绩效工资制。

第一节　《景德镇日报》

版面设置

正报　《景德镇日报》正报一版为要闻版，二版为综合新闻版，三版为专题专版，四版为时事政治或广告信息版。

1986 年，《景德镇日报》复刊后，经济新闻部推出《经济论坛》《金顾问》《经营能手》《信息服务》《乡音》《陶瓷长廊》等系列栏目。1987 年，报社机制由编采合一变为编采分家。总编室负责一至四版的编辑出版，记者部负责新闻采访。3 月，调整版面，新辟《信息天地》《记者来信》《新闻漫画》《服务站》等栏目。1991 年，增设《市场风景线》《企业天地》《独家新闻采访》《独家新闻》等栏目，新辟《为农民增收服务》栏目。1992 年 10 月 8 日，创办《星期天》，为四开四版，新辟《热门话题》《星期专稿》《社会广场》等专栏专版，增设综合性的文艺副刊版面《龙珠阁》。1995 年，新辟《知与行》理论专版。1997 年 2 月 10 日，《景德镇日报・星期刊》由过去对开四版改为四开八版正式出刊，改版后继续保留原有的《综合新闻》《生活》《文体天地》《社会・广场》等版面，同时新开辟《环球博览》《经济广角》《星期文荟》《珠山》等专版。

2002 年 1 月 5 日，《景德镇日报》的新闻・生活・双休 3 个周刊合一，改为《景德镇日报・新周末》，对开十二版。2003 年 7 月 2 日，特辟第一块专版——《交通安全版》，每周三在三版刊出。2005 年 1 月，创办《景德镇日报・乐平新闻》周二刊、《景德镇日报・浮梁新闻》周一刊，均为对开四版大报。2009 年 11 月起，《景德镇日报》天天出彩版。2010 年 5 月 1 日，《景德镇日报》版型由“770”改为“720”，横窄 5 厘米，《文化周刊》版型改“瘦长报”。

副刊　2003 年 8 月 1 日，《景德镇日报・都市导刊》出刊，对开四版。四个版面分别是一版全市重要新闻和重大社会新闻，二版《围城内外》《生活空间》或《文体大观》，三版《龙珠阁》或《法制时空》《环球采风》，四版《美食周刊》《旅游周刊》《健康养生》或《置业周刊》。2005 年 12 月，《景德镇日报・都市导刊》是四开八版。一版为重要新闻和重大社会新闻。二版至八版分别为《民生报道》《阅读天下》《新闻调查》《社会写真》《旅游周刊》《人间传奇》《瓷坛纵横》《今日聚集》《居家购物》《特别关注》《瓷都新闻》《瓷都之子》《世象掠象》。2009 年 10 月 28 日，《景德镇日报・都市导刊》改为对开四版。一版为要闻版，二版为《社会民生》或《城事民情》，三版为《都市聚焦》《消费理财》或《网事・闲情》，四版为广告专题版。

文化周刊　2009 年 7 月，《景德镇日报・文化周刊》正式出刊，四开八版。一版为要闻版；二版至八版分别为《文化长廊》或《文化纵横》《景德博文》或《陶瓷纵横》《艺苑新苗》或《艺苑百家》《陶瓷人物》或《盛世收藏》《文化产业》等。

新闻报道

重大决策宣传　1987 年 4 月 16 日，开辟《浮梁纪行》专栏，特派农村采访组开展 3 个月的巡回采访。至 7 月 16 日，写出稿件 40 篇，其中见报稿件 32 篇。10 月 10 日至 12 月 29 日，开展“乐平纪行”采访活动。

1990 年 10 月 12—14 日，景德镇首届国际陶瓷节举办，报社以二、三版通版进行报道。1991 年，开展《发展外向型经济大讨论》，刊登讨论文章 40 余篇。1993 年 1 月，在一版开展“农村奔小康”头条新闻竞赛活动，发稿 50 余篇，介绍和推广一批农民致富的经验和典型。1994 年 9 月 1 日，推出大型系列报道《瓷都迈向新纪元》。报道分 16 个专题，分别记述景德镇各条战线，各县、市、区的社会经济发展。开辟《走出困境振雄风》《把握好改革、发展和稳定的关系》系列评论栏目。设立《思想政治工作为经济建设服务经验介绍》《先锋谱》《切实抓好一上一下工作》《全力抗旱、誓夺粮棉丰收》《国庆专稿》《紧密联系实际，贯彻四中全会精神》《整顿作风振精神,团结一心思进取》等专栏。1995 年,市陶瓷改革进入关键时刻,3 月 4 日新辟《达产达标志在必得》专栏,推出“不用扬鞭自奋蹄”等系列报道,及时反映全市 22 项重点工程建设情况。6 月,刊发《乡企迈上快车道》深度报道。二季度总编室推出《走出困境振雄风》《千方百计地支持陶瓷振兴》等陶瓷改革专栏。9—10 月,指定专人对亏损企业艺术瓷厂进行跟踪报道,推出《困难与希望同在》陶瓷企业图片专栏,对国有大中型企业如何摆脱困境,加快发展进行连续报道。

1996 年 7 月,在要闻版开辟《国有企业“领头雁”风采录》系列报道,宣传一批走在改革前列的基层领导,发稿 50 余篇。8 月 8 日,开设《劳模风采》专栏,发稿 20 余篇。1997 年 2 月 16 日,配合全市经济工作会议,在一版开辟《创名牌,增效益,奋力开拓市场》专栏,发稿 30 余篇。1998 年 1 月 15 日,全市经济工作会议召开,在一版开辟《打好国有企业改革攻坚战》专栏,发表《认清形势,统一思想,牢牢把握经济工作的主动权》评论员文章。1 月 20 日,在一版发表《全力以赴打好农村奔小康攻坚战》评论员文章。2 月 11 日,在二版开辟《农村奔小康攻坚年活动》专栏,介绍全市推进农村奔小康攻坚年的各项活动及典型经验,历时半年发表文章近百篇。3 月,开展“下岗再就业”报道,设立《转变择业观,下岗竞风流》专栏,连续推出 21 篇下岗工人走进个体、私营企业就业、创业求发展之路的报道。

2000 年 5 月 26 日,配合全市深入学习贯彻江泽民“三个代表”重要思想,借鉴绵阳经验,开辟《学习绵阳经验,加快国企改革》专栏,推出国企改革重点报道。在一版设《向百姓问计,靠群众创新》栏目,在二版开辟《民营,风风火火闯市场》专栏。7 月 18 日,由《上饶日报》《抚州日报》《景德镇日报》《鹰潭日报》协作的新闻特刊《四方》试刊与读者见面,旨在为四地市经济发展沟通信息、推广典型、交流经验、启迪思路、创造良好舆论环境。10—11 月,开辟《瓷都“九五”辉煌》专栏,集中宣传景市“九五”期间取得的成就。12 月 6 日,在一版开辟《瓷都“九五”前瞻》专栏,在二版专版推出《“十五”,瓷都再铸新辉煌》《“十五”,瓷都改革谱新篇》《“十五”,瓷都发展新机遇》《“十五”,瓷都走进新时代》特别报道。2001 年 4 月 25 日,省委书记孟建柱到景德镇考察,为景德镇建设“经济重镇,旅游都市,特色瓷都”的发展定位指明方向。2002 年 3 月 15 日至 4 月 26 日,在一版推出《上下齐努力　备战黄金周》专栏,刊发 12 期,开展评选“景德镇新十景”活动,参选群众达 1.40 万人次,报纸加印 1.50 万份,推出十景专版二期。当年把宣传建设现代城市作为一项重要任务,在要闻版推出《建文明瓷都做文明市民》专栏报道创建现代城市新进展、新经验;在经济新闻版推出《瓷都经济与城市建设》专栏,新辟《市民广场》专栏,以“大家谈的形式”,集中刊发市民群众的建议和呼声。同时推出评论员文章 5 篇。2003 年,新闻报道坚持“富民兴市”的主旋律,推出《“富民兴市”系列报道》40 余篇、《“富民兴市”面对面》专题报道 50 篇以及《记者工业园走笔》《市民城市走笔》《居民小区走笔》等专题报道近百篇。8 月 6 日,市委八届六次全会召开,增刊《崛起强音》——景德镇两年大发展巡礼。设立“春来潮涌”“腾飞平台”“诗画都市”“纵横跨越”等专版,以铜版纸彩印,对开二十四版。

2004 年,宣传中央“一号文件”,加强“三农”方面的报道。在一版开辟《种养大户话增收》专栏,在经济部《县市区专版》开辟 3 个专版《贯彻一号文件破解两大课题》,在科技版开辟《科技兴农》专栏,介绍农业实用技术优秀项目和科技推广先进个人,在经济版开辟《抓住契机,实现农民增收粮食增产》专栏。4 月 21 日起,在头版开辟《加强作风建设,树立机关新形象》专栏,刊发稿件 48 篇,多层次、多角度宣传全市各系统、各单位开展机关作风集中教育的动态、做法和经验。6 月 25 日,在一版推出《迎千年华诞,振瓷都雄风》专栏。7 月 5 日,开辟《现代陶瓷科技巡礼》专栏。10 月,国际陶瓷研讨会和首届国际博览会召开,“两会”期间,报社创下历次宣传报道之最,共计 128 块版面,采用文字 100 万余字,照片 1100 余张。报道景德镇 1000 多年的制瓷历史,内容涉及世界各产瓷区。景德镇千年华诞庆典活动期间,10 月 10 日,出版纪念特刊《千年一梦遥》,共 56 个版面,是《景德镇日报》创刊以来在 1 天时间内出版版面最多的报纸。在 2004—2009 年连续 6 届瓷博会报道中,共刊发稿件千余篇,新闻图片 600 幅,专版 200 块。2005 年,全市举力开展主攻工业,推进工业化进程。《景德镇日报》在一版刊发《主攻工业,推进工业化进程》的报道文章 13 篇。5 月 19—25 日,在头版头条位置上推出“发展与战略”专题系列报道 7 篇,对过去几年经济和社会发展进行全面地审视与思考。

2008 年 1 月 3 日,推出《以新型工业化为核心,在自主创新中实现新突破》的特别报道,对全市做大经济总量、推进经济重镇的建设进行观察与思考。1 月 8 日,刊发《以优秀陶瓷文化为底蕴,开拓进取做强文化产业》专题报道，展示全市推行“三四五”文化工程、发展文化产业的新成就和新亮点。3月31日至4月16日，在第一版头条，推出《解放思想、科学发展》专栏，系列报道全市改革开放以来取得的新成果和新经验。6月17日起，围绕“经济发展、民生改善、党建创新、新农村建设”4个主题，用“新闻眼”透视城郊经济多元发展，推出《来自官庄村的系列报道》。同时，开展奥运报道，在二版推出《迎奥运专版》。8月9日，一至四版对奥运会开幕式的盛况及相关信息作重点报道。奥运会期间，每天推出1期奥运专版，在一版开设《奥运看台》专栏。8月25日，一版以大标题、大图片和整版规模报道奥运会闭幕式的盛况。是年，配合创建全国文明城市活动，《景德镇日报》全方位、多角度地连续报道广大市民的创建热情和取得的成效。组织策划科学发展、改善民生等系列报道和“神七”飞天特别报道。此外，推出纪念改革开放30周年系列报道，景德镇日报社与市文联举办《改革开放三十年科学发展看瓷都》系列文学、美术、摄影作品等赛事活动。2010年4月7日，在一版开设《建设鄱阳湖生态经济区，探索科学发展新路》专栏，组织记者采写《景德镇奏响低碳陶瓷“交响乐”》《126项工程助推瓷都绿色崛起》《一城平安网，满目和谐事》等一批稿件，推出专栏14期，刊发稿件23篇、图片2幅。6月，开展加快发展八大新兴产业和推进新型城镇化的宣传，在一版开辟《集中力量抓项目——加快培育壮大八大战略性新兴产业》和《多快好省抓建设——加快推进新型城镇化和城市建设》专栏，对全市八大新兴产业和126个重点项目进行跟踪报道。派出12名记者，推出专栏136期，有关稿件（含图片、言论）280篇（幅），全面展示城市建设新亮点。6月9日，中央电视台《激情广场》“爱国歌曲”大型文艺演出在景德镇市上演。《景德镇日报》以一版大头条，二、三版通版，双面彩印形式全方位报道活动盛况。

重大主题宣传　1993年1月，《景德镇日报》在一版开辟《贯彻十四大精神、真抓实干迈大步》《学习贯彻十四大精神笔谈会》等专栏。在《学与思》专版刊发专题文章，阐释邓小平建设有中国特色社会主义理论，编发学习《邓小平文选》第三卷的评论文章。1996年，围绕江泽民讲话精神和全国宣传部长座谈会精神，开设《精神文明之花》专栏，发稿30余篇。1997年，在中共十五大召开前夕，组织开展中共十五大宣传报道，完成《展示新成就、迎接十五大》的大型系列报道，并将报道汇集成《历史的跨越——瓷都五年巡礼》一书，印发1000册。中共十五大召开期间，转发新华社重大消息19篇。1998年，先后开辟《学习十五大文件，领会十五大精神》《十五大精神与实践笔谈》等专栏。是年，部署开展改革开放20年的大型系列报道：组织《我看20年》征文活动，历时半年，发稿50篇，9月2日起，在二版开辟《翻天覆地20年》专版，连续4个月，出专版30个；9月3日，在一版推出《老照片、新变化》图片专栏，发照片30余幅；新辟《瓷都走向辉煌的20年》专栏。1999年，开展迎接新中国成立50周年系列宣传报道，推出《回眸五十年，迈向新世纪》专题系列报道。

2001年5月29日，《景德镇日报》刊发长篇通讯《亲切的关怀，殷切的期望——江泽民视察瓷都纪行》，在一版开辟《扎实有效地开展“三个代表”重要思想学习教育活动》和《解放思想，扩大开放，加快发展》专栏。6月7日，组织建党80周年宣传报道。在一版开辟《党的光辉历程80年》《为党旗添光彩》专栏，在二版开辟《在鲜红的党旗下》专栏，在三版推出《“北斗星杯”——建党80周年报告文学征文》。2002年，深化“三个代表”重要思想的宣传。在一版开辟《实践“三个代表”树党员新形象》《扎实实践“三个代表”》专题专栏，发稿60余篇。2月，推出《“十五”开局看发展》系列报道，开展“展示新瓷都，喜迎‘十六大’”和学习、宣传、贯彻中共十六大精神的新闻宣传工作。新辟《深入学习贯彻党的十六大精神》《谈思想、谋发展、奔小康》《学习宣传贯彻十六大》等栏目。

2005年1月，加大先进性教育活动宣传力度，先后开辟《保持党的先进性为党旗增辉》《党员先进性教育活动在基层》专栏，推出系列评论员文章，共刊发482篇稿件，100余幅图片。《景德镇日报》刊发长篇通讯《瓷都春日暖意浓》。8月20日，报社刊发长篇特别报道《亲切的关怀　永恒的记忆——胡锦涛总书记考察景德镇纪实》一文。2010年，在一版开辟“创先争优”活动专栏，共刊发稿件80余篇，宣传基层党组织发挥战斗堡垒作用和党员先锋模范作用的典型。

重要事件宣传　1998年，全市遭受两次特大洪水袭击，报社派遣10余名记者奔赴抗洪第一线。6月27日，以整版图文并茂地展现“二十万军民战洪图”的情景。9月3日起，在一版开辟《记者灾区行》《抗洪精神颂》专栏，采访小组赴浮梁、昌江、珠山、乐平灾区，行程近千里，涉及15个乡镇，完成报道20篇、照片20幅。《抗洪精神颂》专栏先后刊发5篇评论员文章和10个抗洪抢险先进集体和个人典型事迹。

2003年,面对突如其来的非典,报社派出记者坚持在一线采访,刊发通讯《爱心构筑“桥头堡”》《同心筑起钢铁长城》《2003年,谁是最可爱的人》《弥足珍贵的“零”》等系列稿件。3月,报社记者对被乡亲们称为“贴心人”的浮梁县鹅湖镇农技站10名工作人员进行采访,撰写长篇通讯《真情弹拨民心之弦》在头版头条刊发。2005年4月,系列报道市枫树山林场浮南分场党支部副书记詹良军扑救森林火灾时身负重伤,全身烧伤面积达85%,医治无效不幸牺牲的事迹,讴歌新时代英雄。2006年4月,推出《建设新农村,描绘新家园》专栏,对在深化建设社会主义新农村建设中涌现的新典型进行宣传报道,掀起建设新农村高潮。

2008年1月中旬,全市遭遇持续低温雨雪灾害。报社派遣记者分赴一线采访,及时、迅速、准确地宣传报道市委、市政府抗寒救灾的各项举措、全市灾情和在抗寒救灾中涌现出的先进事迹以及灾后重建的具体工作。1月29日至2月9日,一、二、四版刊发党中央、国务院和国家各部委、省委、省政府和其他兄弟省市抗寒救灾的工作部署、应对措施,刊发消息、通讯、评论员文章等23篇,图片9幅。在一版推出两期大专栏《迎战风雪,我市上下倾力防冻救灾》,刊发消息34篇,发布公告2篇、紧急调度令2次,刊发评论文章2篇、通讯及现场特写5篇,图片10幅。在一、二版推出4期《团结一心、抗寒救灾》专栏,刊发消息、通讯41篇,图片6幅。是年,“5·12”四川汶川特大地震灾害发生后,《景德镇日报》展开大力宣传。在一版开辟《万众一心抗震救灾》大专栏4期,刊发全市党员干部、群众悼念地震受难者以及支援灾区建设的消息104篇,图片24幅。在二版推出1期《众志成城、紧急行动、一方有难、八方支援》专版,刊发图片7幅、专稿特稿3篇。出版中部资讯抗震救灾专版2期,反映中部各省市抗震救灾文章18篇,图片11幅,评论文章1篇。在三版推出《龙珠阁》专版,刊发以悼念死难者及为灾区人民祈福为主要内容的副刊文章、散文5篇,诗歌3篇。在四版刊发地震救灾情况稿件12篇,人民日报社论及评论员文章4篇、图片11幅。发布景德镇市向四川地震灾区捐赠公示3批,市红十字会地震募捐明细表2次。此外,《都市导刊》与正报联动,围绕抗震救灾重建家园连续刊发6期特刊,刊发消息、通讯等100余篇,图片40余幅,评论6篇。2010年7月13日起,全市抗洪救灾进入关键时期。报社开展抗洪报道,在较短的时间内完成重大典型稿件《为了群众的安危》的采写,刊发后受到群众好评。至7月19日,在正报和《都市导刊》发表各类抗洪文字报道40篇、图片23幅,编辑版面5块。

出版发行

印刷出版 1986年7月始,《景德镇日报》报纸印刷由铅字活版印刷改为平台单色胶版印刷。1988年8月,出版部从新华印刷厂搬到广场北路的景德镇日报社出版大楼,首次启用对开双色平版胶印机印刷,增加了报纸的色彩,速度比原来提高1倍。1991年1月20日,《景德镇日报》分别完成激光照排机房的安装调试及人员培训工作,在当日报纸的二、三版面利用激光照排技术首次试刊。5月1日,报社筹集资金170万元购买邮电部杭州通信设备厂生产的华光四型激光照排系统设备,结束36年的手工拣字、排版的方式。在全省率先实现电脑排版和胶版印刷配套,各版均用激光照排技术,实行电子排版。1992年6月1日,报社深化内部改革,出版部开始实行目标责任管理。

2000年6月,《景德镇日报》购买WS-B型轮转胶印机,改双色平版胶印为三色轮转胶印,印报速度提高四倍。2001年1月1日,出版第一份彩报,共16版。2002年,出版《景德镇日报》万期纪念特刊,彩印56版与读者见面,同时还编印金箔纪念册1本。2003年,《景德镇日报》派员赴上海商谈购买彩色轮转印刷机及附设设备。10月1日,引进的PSL2606A型六色轮转胶机和彩色制版系统正式启用。印刷技术又上一个新台阶。2004年第一季度,江西省报协印工委根据全国报协印工委制订的“管理暂行办法”和“实施细则”,对江西省参评的14家报纸印刷质量进行检测评比。《景德镇日报》3个月的抽检平均分为94.98分,排列第4位,进入国家印刷质量优秀报纸的行列。2009年11月起,《景德镇日报》天天出新出彩。仅此一项,1年增加印刷费用20万元。12月,报社利用200万元财政资金,自筹100万元,购置印报机和照排机,可印瘦长报和双面彩,印刷质量大幅度提高。

报纸发行 1986年,市邮电部门调整报刊发行,实行“计划发行,区别范围,扩大零售,发展代办”的新业务方针,鼓励报业自行发行或转给别的渠道发行。1987年7月1日,《景德镇日报》正式开始自办发行。当年面向社会招聘22名投递员,分别在乐平、浮梁两县建立发行站,以各乡、场文化为站基础,建立乡、场发行网络。1989年,自办发行量达到11000份。

1992 年 10 月起,《景德镇日报》恢复邮局发行。2003 年 3 月 18 日,在市区主要街道增设 56 个“阅报栏”。2003—2010 年,《景德镇日报》发行年年稳中有升,年发行量稳定在 14000 份左右。

第二节　《瓷都晚报》

版面设置

2003 年 10 月 20 日,《瓷都晚报》创刊。创刊之初,《瓷都晚报》为周六刊,周日无报,版面为四开十二版。2004 年 1 月扩容为四开十六版,10 月 20 日扩容为四开二十版。2008 年,对各版面进行调整,要闻版为导读,刊登景德镇市和国内外重要新闻。时政版主要报道来自市委、市政府及市直部门的动态消息、会议新闻、政策解读。关注版报道重要时政新闻、民生新闻,重大社会突发事件新闻,国际国内特大新闻或故事性强的人物新闻。民生版以政法新闻、社会新闻为主,追求题材的多样化。热线版定位为民生投诉专版。社区版定位轻、巧、活的街区新闻,反映社区人文故事和邻里长短。焦点版定位大型新闻策划版。人物版定位新闻人物,讲述人物故事。话题版引领读者切入第二新闻落点,引导舆论。江西版、中国版、国际版,体育版、娱乐版报道省内、国内外重要新闻和文体新闻。2010 年 1 月 4 日,改版为周一十六版,周二至周五二十四版。

报道内容与特色

2003 年创刊后,《瓷都晚报》始终坚持唱响主旋律,打好主动仗。时政宣传主要是“中共党代会”“人大会”“政协会”和市委、市政府重大决策部署。经济宣传主要是“瓷博会”“陶瓷展”“招商会”企业发展等。2004 年,发生太原“景瓷被砸事件”和武汉“陶瓷展销被狂风突袭事件”。晚报派记者与当地媒体联动,连续报道,维护参展商利益。7 月 10 日至 8 月 16 日,针对“轻工总会”封都事件,派出采访小组赴北京、广东、河北、山东、四川等地采访,推出《来自产瓷区的报道》,用当地人的语言证明瓷都称谓属于景德镇。10 月 18 日报道首届“瓷博会”。2004—2010 年,每年推出“瓷博会”专题报道,出特刊 1 期。

2006 年 2 月 13 日,开通市民援助热线电话 8280110,在市民与各职能部门、窗口单位之间架起沟通桥梁。农民工讨工钱系列报道和《拍卖在恐吓中进行》《一元管理费管住了什么?》《我拿品牌来威胁你》《58 元买一瓶“水”、天价!》等监督报道,披露事实真相,引起管理部门和社会各界关注,推动问题解决。2 月 20 日,系列报道市第一小学五(10)班“白血病男孩”袁某的困境,筹集到 10 万余元。《爱心送给小汪靓》《为瘫痪少女张爱琴募捐》《花季男孩患肾病、天涯论坛发帖拯救》《救助心脏病女孩刘芸》等新闻也为病患者提供了救助。2008 年 5 月 12 日,汶川地震,每天至少推出两版“抗震救灾、众志成城”特别报道,最多一天 12 个版。5 月 17 日,在市人民广场举行“10 万份晚报大义卖,集结爱心献灾区”大型公益活动。是年,晚报开辟老镇专版,采访报道全市百条里弄。2010 年年初,整理编纂成《老镇》一书。是年 4 月,云南干旱,晚报与市教育局联手,推出“我为灾区送瓶水”宣传活动。中国工艺美术大师王锡良与联合国文化总署张文祥共同创作瓷板画《送水》,义卖后捐赠。全市学生捐款近 20 万元,为 7 所学校捐建爱心水池。7 月 15 日,全市遭遇特大洪水,先后用 29 个版面报道军民抗洪抢险、灾后自救事迹。

获奖新闻

2004 年,陈俊绮《唤醒沉睡千年的卧龙》获得 2004 年度“中国晚报新闻奖”二等奖。张钧和《社区干部期待摘“牌”减负》《老教授疾呼陶瓷历史不容淡漠》分获二三等奖。2008 年,涂伟明《瓷都“无影脚”所向披靡》、张钧和《江西将投资 5000 万兴建御窑厂遗址保护设施》分别获 2008 年度《中国晚报》“赵超构新闻奖”一二等奖。胡萤《陶院有一帮大学生老板》《香港中华总商会前会长包机逛集市》和朱星林《几分钟,朱志峰等人救了五条人命》分别获 2008 年度中国晚协“赵超构新闻奖”一二三等奖。2010 年,徐国凤《瓷都有个 73 岁的高中生》和朱星林《AC313 昨日一飞冲天》获 2010 年度中国晚协“赵超构新闻奖”二等奖。

附属周刊与媒体

周刊　2003 年 10 月 25 日,推出《壹周杂志》,四开十六版。2004 年 1 月 6 日,推出《校园周刊》,四开四版,周二出刊,《瓷都晚报》小记者发表作文提供平台。1月7日,推出《楼周刊》四开四版,设楼市、数码、家电、家居等版面。2007年1月9日,推出《生活周刊》,四开四版,旅游、健康、美食、时尚等版面。1月11日,推出《炫周刊》,四开八版,设有文化茶馆、城市魅力、城南旧事、红娘俱乐部、书香门第、体坛风云、影视娱乐等版面。11月,《炫周刊》并入《壹周杂志》。2008年6月7日,《壹周杂志》更名为《景德镇壹周》,每期八版,设有新闻、房产、陶瓷、生活、文化等版面。2009年1月6日,推出《文体周刊》,四开八版,设有体育、足球、娱乐、星闻、影视等版面。10月13日,《校园周刊》更名为《成长周刊》,四开八版周六出刊。2010年1月,《生活周刊》改为四开八版,周二出刊。1月4日,《文体周刊》停办。1月7日,《楼周刊》更名为《家周刊》,四开八版,周四出刊。1月15日,推出《乐平壹周》,四开十六版,周五出刊,设有封面报道、特别关注、一周时政、民生民情、特别报道、乐平楼市、家居生活、财富故事、校园风采、小荷尖尖、健康资讯、洎水有约、走遍乐平、红娘之家等版面。

旗下媒体 景德镇手机(台)报。2008年年初,市委宣传部要求市委外宣办、瓷都晚报社、景德镇移动公司3家单位联手创办新媒体——景德镇手机台。6月6日,省委对外宣传办公室网络新闻处批复同意筹建景德镇手机台。8月6日,景德镇手机台在江西省11个地市率先开通。9月16日,经市委外宣办授权,省通信管理局为瓷都晚报社控股的瓷都晚报新闻发展有限公司颁发江西省增值电信业务经营许可证(SP代码:10629003)。9月20日,瓷都晚报新闻发展有限公司制定景德镇手机台管理编辑流程:由《瓷都晚报》提供新闻采编内容,负责日常编辑工作,市委外宣办(市政府新闻办公室)负责新闻的审核和管理,移动、电信公司负责技术支持。景德镇手机台下设景德镇移动手机报和景德镇天翼手机报。至2010年,发展用户近万名。

景德镇C网。景德镇C网是瓷都晚报新闻发展有限公司创办的景德镇主流门户网站,2007年度筹办,2008年9月16日,经省通信管理局许可,10月20日正式开通。办公地址在景德镇市广场北路616号,主管单位瓷都晚报社,域名为:www. c0798. com和www. c0798. cn。

景德镇C网为市民提供当地新闻、生活资讯、娱乐休闲等信息服务,逐渐成为介绍景德镇政治、经济、文化特别是陶瓷等方面发展动态的互动网络平台。设有一个类似图书馆分类方式的主题目录,分新闻类、特色类、图库类、社区类,方便读者查找信息,有《瓷都晚报》电子版、《瓷器》杂志电子版、《名堂》杂志电子版。网页设有社会、时政、天下、文体、现场、乐平、深度、生活、房产、陶瓷、小记者、视频、全有信息、团购、飘飘团、瓷器街、手机台、影像景德镇、论坛、红娘、博客、瓷都棋牌等栏目。景德镇C网坚持原创性、特色性、民生性、本土性的特点,原创性本土新闻达60%以上,每天信息更新40%以上,日点击率4000次以上。

《瓷器》杂志。2008年9月,瓷都晚报新闻发展有限公司设立瓷器部,实行采编合一。2008年10月,《瓷器》杂志创刊,前身是《瓷都晚报·瓷周刊》。经江西省新闻出版局批准,以《瓷都晚报》增期形式出版的陶瓷类生活杂志。《瓷器》杂志每月1期,每期36页,"诠释陶瓷艺术、传播陶瓷文化、享受陶瓷生活",内容涉及陶瓷行业深度报道、陶瓷人物、陶瓷历史和陶瓷资讯等。

DM《名堂》杂志。2008年3月,瓷都晚报社开始出版DM杂志《名堂》,双月刊,采用全彩色铜版纸印刷。主要有特别策划、城事、地理、读盘记、封面人物、服饰、流行、陶瓷、美食、博客等栏目,内容包括地方文化、经济、商业发展等。是现代城市生活读本,投放区域主要是中高端社区会所、金融证券高端客户中心、宾馆酒店、茶楼酒吧、美容美发等机构和场所。

发行与广告

印刷发行 2003年10月,《瓷都晚报》在九江日报印务公司印刷,晚报样式与普通都市类报纸无异。2004年后,改由浙江衢州日报印务公司印刷。其间,晚报样式全面改革,对接浙系晚报,转为瘦长型报纸,编排简单、清新、干净,成为江西省业界首份瘦长型报纸。

2003年10月至2005年1月,报纸发行走自办与邮政代发两条途径。在自办发行中,发行商在景德镇设有昌河、新厂、陶瓷大世界、枫树山、广场北路、里村6个站点。2004年,调整为新厂、陶瓷大世界、枫树山、里村4个站点,投递员30人。乐平市及浮梁县城区、乡镇、自然村由邮政代发。2005年1月,全面实行自办发行,2006年2月,站点合并为华阳小区1个,2007年7月搬回晚报社。《瓷都晚报》创刊1个月,日发行量突破1万份,2010年日发行量超过3万份。

广告经营　创刊至2005年12月31日,《瓷都晚报》广告由代理商经营。2006年1月后,由瓷都晚报新闻发展有限公司实行多元化经营,即以版面经营为主,同时开展多种社会经营。2006年12月8日,首次承办景德镇市房地产交易会。12月16日,首次举办车展。2009年4月25日,首次承办景德镇春季婚博会。2010年7月3日,首次举办瓷都家装文化暨家装建材团购会。10月14日,举办景德镇艺术陶瓷发展峰会。11月8日,开展"2010《瓷都晚报》地产风云榜评选活动"。各种社会活动提升《瓷都晚报》知名度和公信力,推动报纸广告业务增长。是年,广告销售收入突破1000万元。

第三节　《景德镇广播电视报》及其他报纸

广播电视报

1985年7月20日,《景德镇广播电视报》创刊,国内统一刊号为CN36－0025/04－12。主办单位是市广播电视局,最初为四开四版周报。1986年7月18日,主要内容和栏目有《一周广播电视节目预告》《广播剧、电视剧介绍》《本市一周要闻》《影视评介》《荧屏信息》《影视论坛》等。当年每期平均发行量为4.50万份,通过邮局投递和零售两条途径发行。1987年1月1日改由编辑部自办发行。6月13日,《景德镇广播电视报》从第100期开始,改用新五号字印刷,每期登稿量增加1000余字。新辟《瓷都纵横》《影视人物》和副刊《昌江声屏文艺》等栏目。是年,《景德镇广播电视报》的详细介绍被列入《中国报刊大全》(1987年版)。每期发行6万份。全年发行总量312万份,单价0.06元。1988年,开辟《视听信息》《影视杂议》《听众点播》《戏剧欣赏》《周末谭》《陶瓷纵横》《电视小品》《音乐欣赏》《知识窗》《广角镜》《生活顾问》《荧屏诗抄》等栏目。1989年8月,《景德镇广播电视报》改为胶版印刷,新增《影视信息》《人物专访》《艺术漫笔》《征文选登》《好歌词选登》等栏目。发行数比1988年减少约5%,报纸每份单价0.15元,盈利7万元。

1990年,在全国广播电视报华东地区1990年度优秀稿件评选活动中,市广播电视报推荐7篇作品参评,6篇获奖,其中专稿《一支难忘的歌——访著名女中音歌唱家关牧村》获一等奖。是年,新辟《影视趣闻》《屏前幕后》《电视知识》等栏目。平均每期发行数为6万份,节假日可达8万份。发行范围除景市外,还有波阳、婺源、万年、余干等县的毗邻地区。1991年,《景德镇广播电视报》实现激光照排,使每版发稿量由5900字增至6700字,每期平均发行量为7万份。1993年1月1日,经国家新闻出版总署核准,《景德镇广播电视报》转为正式报纸,国内统一刊号为:CN36－0037。5月7日,经省新闻出版局同意,市广播电视报由原四开四版正式扩为四开八版。1994年7月16日,市广播电视报举行创刊9周年书画会,市陶瓷美术界、书画界著名大师、专家胡献雅、王锡良、张松茂、泰锡麟、王隆夫、周国桢、王恩怀、王怀俊、熊汉中、朱乐耕等题字作画,集体创作巨幅国画《长春画》以示庆贺。当年发行量178万份,经营收入80.80万元。1995年4月22日,省新闻出版局批复同意每月在原四开八版的正报基础上,增出四版为《月末版》。《月末版》开辟《声屏文艺》《影视世界》《社会热点》《影视故事》等栏目。当年发行量145万份,经营收入86.40万元。

1996年4月12日,《景德镇广播电视报》进行全新改版,综合新闻版(一版)设《影视要闻》《周末谭》《瓷都简讯》《龙珠阁下》栏目;声屏艺苑版(二版)设《星光灿烂》《影视谈屑》《各抒自见》《荧屏内外》《空中沙龙》《三言两语》栏目;生活家庭版(三版)设《憩园》《亲情小品》《家常话》《读书角》《天南海北》《百味人生》《萤窗随笔》《朝花夕拾》《情思录》《家庭医生》《蔬果佳肴》《芬芳四季》《动物世界》栏目。在省报协报纸印刷质量第二次质评会中,《景德镇广播电视报》获全省第二名。当年发行总量为125万份,经营收入122.90万元。1997年,全国城市广播电视报刊华东地区优稿评选中,市广播电视报选送的7篇作品全部获奖,其中《警惕影视浪费》《创作不是儿戏》获一等奖。同时,这2件作品还分获1997年度全国城市广播电视报刊优稿一、二等奖。当年发行总量128万份,经营收入111.60万元。1998年1月1日,改名为《江西地市广播电视报·景德镇广播电视》,国内统一刊号CN36－0025/04。当年发行总量131万份,经营收入107.20万元。1999年3月18日,在一版新辟《主持人频道》栏目,历时4个月,推出市电台、电视台和有线台主持人(播音员)13人,编发介绍文章13篇。9月2日至10月17日,在头版位置推出《我市广播电视事业发展50年大事记》专栏5期,记录、反映全市广电事业发展的重大事件和闪光历程。9月30日至2000年1月13日,在新开辟的《声屏天地,辉煌50年》专栏里,推出15期《系列访谈》,系统地反映景德镇市广播电视系统的改革思路、创新意识和发展措施。当年总发行量129万份,经营收入110.20万元。

2000年4月6日至6月8日,市广电报在一版开辟《七彩声屏》栏目,将市广电系统3台的6个名牌栏目推向读者,通过文字与听众、观众交流沟通,起到“扬报纸之长处,补声屏之不足”的作用。9月14日至11月30日,头版开辟《风雨广电人》专栏,将市广电系统屏前幕后的故事讲述给广大读者。2000—2002年,全年报纸发行总量和经营收入分别为128.50万份、131.50万份、130万份和100.50万元、101.20万元、94.90万元。2003年,首期改版为四开十二版,开办《社会广场》和《为您服务》两个专版。4月24日至6月19日,开辟专版、专栏,刊登抗击“非典”的文章、特稿、专访、图片和标语。2004年1月起,《景德镇广播电视报》,扩版为四开十六版。8月19日,使用新的刊号:国内统一刊号CN36-0025/04-12。2005年11月10日,市广播电视报在一版用整版刊登徐林正的特稿《“乐平佬”许还山——历经坎坷的守望者》和许还山的五幅电影剧照,介绍这位景德镇“本土籍”的著名表演艺术家的人生之路,专稿介绍全国著名的“本土籍”艺术家。2006年7月7日,更名为《景德镇广播电视周报》,彩色印刷由原来的4版增加至8版,版面和栏目也做出相应的调整与改版。在江西广播电视奖(报刊类)2006年度优秀作品评选中,参选作品“送8中7”。获1金4银2铜的佳绩,名列全省各广电报前茅。2008年,改版为《瓷都广播影视周刊》。改版后的周刊由原来的十六版扩容为三十六版,由原先的新闻纸升级为全铜版纸彩色印刷。2010年,《周刊》进行全面改版,其中第一版为景德镇市重大新闻,第二版为本土民生新闻,第三、四版刊登国内外焦点新闻及法制新闻、娱乐新闻等。开辟《健康》《美食》《旅游》《陶瓷》《情感》等栏目。1—6月,品牌广告30万元,软文宣传费20余万元,栏目创收10余万元。《周刊》每周辟出一个版面免费发布招工信息,1—6月发布上千条。

表36-2-1　　**1989—2010年景德镇市广播电视报获奖作品一览表**

年份	类别	名称	奖项
1989	评论	喜睹京剧之芳华	华东广电报二等奖
1989	评论	救救孩子	华东广电报二等奖
1989	专访	我拍电影就是要说点什么——访西影青年导演黄建新	华东广电报优秀奖
1990	专稿	一支难忘的歌——访著名女中音歌唱家关牧村	华东广电报一等奖
1989	专稿	心静气清,返璞归真——访著名电影剧作者王一民	华东广电报二等奖
1989	专稿	盈盈秋色逐人来	华东广电报二等奖
1989	言论	广播电视报新闻性浅议	华东广电报三等奖
1989	标题	精英荟萃陶瓷节,八方宾客赞瓷都	华东广电报三等奖
1989	评论	艺术家的春兰秋菊	华东广电报三等奖
1991	评论	“美”与“丑”之艺术辩证	华东广电报一等奖
1991	评论	走出沼泽	华东广电报二等奖
1991	专访	斑斓七彩映昌江	华东广电报三等奖
1991	专访	梦回南疆——天府之国访艾芜	华东广电报三等奖
1991	评论	还是来一点幽默	华东广电报三等奖
1991	评论	敢遣深情上笑端	华东广电报三等奖
1997	言论	创作不是儿戏——我眼中的劣片《敌后武工队》	全国城市、华东广电报一等奖、省三等奖

续表 36－2－1

年份	类别	名称	奖项
1997	言论	警惕影视浪费	全国城市、华东广电报一等奖
1997	通讯	海内存知己，天涯若比邻—— 日本 NHK 佐贺放送局长佐藤胜访谈	华东广电报二等奖、省二等奖
1997	言论	深刻的真实——有感影片《孩子王》	华东广电报二等奖、省二等奖
1997	消息	景德镇市广电局、日本佐贺放送局 广播电视交流合作协议在我市举行	华东广电报三等奖、省二等奖
1997	言论	人人争说秦始皇	华东广电报二等奖
1997	言论	匪夷所思	华东广电报三等奖
1998	通讯	倾听声音	省一等奖
1998	专访	毕淑敏掠影	省二等奖
1998	图片	一组新闻图片	省二等奖
1998	版面	1998 年 4 月第一期第一版	省二等奖
1998	评论	忧思“文艺行情”	省二等奖
1998	消息	市广电局召开文献片《周恩来》座谈会	省三等奖
1998	专访	“触电”是一种甜美的折磨——著名女作家胡辛访谈录	省三等奖
1998	通讯	“NHK”印象	省三等奖
1998	评论	脸红什么？	省三等奖
1998	论文	适应变化，探求发展	省三等奖
1999	评论	锁不住频道	省一等奖
1999	专访	歌坛“儒生”郁钧剑	省二等奖
1999	消息	全市广电工作会规划四年蓝图	省三等奖
1999	评论	净化屏风	省三等奖
1999	版面	1999 年 10 月 7 日第一版	省三等奖
2000	论文	扬长避短，“小题大做”——浅谈《景德镇广电报》开展舆论监督的体会	省三等奖
2000	论文	合时，实用，多样，鲜活——关于广电报“知识专版”的编辑体会与思考	省三等奖
2001	评论	佛头着粪	省二等奖
2001	消息	直播《瓷都景德镇》圆满成功	省三等奖
2001	评论	并非小题大做	省三等奖
2001	版面	景德镇广电报第 52 期第一版	省三等奖
2002	评论	治“三乱”的另招	省二等奖
2002	评论	超级模仿秀	省三等奖

续表36-2-1

年份	类别	名称	奖项
2002	版面	26期第一版	省三等奖
2003	评论	如此"戏说"当诛	省一等奖
2003	评论	此路不通	省二等奖
2004	评论	此风断不可长	省二等奖
2004	专稿	泥腿子导演收了个博士徒	省二等奖
2004	评论	断代之忧	省三等奖
2004	专访	艺高德馨好传薪	省三等奖
2004	摄影	邓小平诞辰百年纪念瓷问世	省三等奖
2005	评论	谁为恶俗买单	省二等奖
2005	评论	莫让良心哭泣	省三等奖
2005	论文	试析广电报副刊烹饪特色	省三等奖
2006	评论	锦上添花与雪里送炭	省一等奖
2006	评论	何以善始,不得善终	省二等奖
2006	专稿	绝境逢生	省二等奖
2006	专访	黄江火和毛主席像章的一生情	省二等奖
2006	论文	副刊不副	省二等奖
2006	专稿	我市弱势群体生存速写	省三等奖
2006	专访	戚大师其人其"指"	省三等奖
2007	评论	"卖血供读"是和谐社会之痛	省二等奖
2007	消息	景德镇名瓷为"中国文化盛宴"添国宝"大菜"	省三等奖
2007	评论	电视"情"归何处	省三等奖
2007	专稿	瓷都股民:直面4000点从生相	省三等奖
2007	专稿	车祸:生命不能承受之痛	省三等奖
2008	消息	金镶玉,喜相"钰"——我市奥运健儿吴静钰勇夺跆拳道金牌	省二等奖
2008	专稿	生死豪情——追记全国抗震救灾模范、解放军二炮驻赣某部排长陈大柱	省二等奖
2008	论文	"小巧"何以失大真——新闻作品中通病"矫情"种种	省二等奖
2008	专访	我辛苦,我快乐,我自豪——市医院陈伟良赴川抗震救灾"日记"	省三等奖
2008	论文	真情担道义,妙手做文章——从景德镇广播电视报舆论监督栏目《大众呼声》运作理念看舆论艺术	省三等奖
2009	专稿	瓷都勇士骑单车去拉萨	省二等奖
2009	消息	我市首例甲流重症病人在一院康复出院	省三等奖

续表 36-2-1

年份	类别	名称	奖项
2009	广告	四季春晖房地产	省三等奖
2010	专稿	尿毒症患者的乐观人生	省三等奖
2010	消息	《激情广场》激情飞扬	省三等奖
2010	摄影	漂流中的美丽风景	省三等奖
2010	论文	优化整合,科学发展,稳步前进	省三等奖

其他报纸

1986年,景德镇高等专科学校创办《景德镇高专报》。1988年,景德镇陶瓷学院创办《陶瓷学院报》。1990年,景德镇军分区创办《瓷都国防教育报》。1994年,团市委创办《瓷都青年报》。市科协创办《金桥科技报》。1996年,市卫生局创办《健康导报》。至2010年,全市社团机关报、厂矿企业报和专业报共有14种。

表 36-2-2　　**1986—2010年景德镇市获得省内刊号的报纸一览表**

报纸名称	主办单位	创刊日期	刊期	说明
《瓷都青年报》	团市委	1994.7	周刊	—
《金桥科技报》	市科协	1994.7	半月刊	—
《瓷都国防教育报》	景德镇军分区	1990.8	季刊	1994年12月前为月刊
《当代人才报》	市人事局	1995.1	半月刊	—
《健康导报》	市卫生局	1996.1	月刊	—
《银幕天地》	市电影公司	1990.9	月刊	1990.9—1990.12为《瓷都影讯》;1991.1—1992.11为《景德镇电影》
《陶瓷信息报》	景德镇市经济信息中心、江西省陶瓷销售公司、中国轻工总会陶瓷研究所	1985.9	半月刊	—
《陶瓷学院报》	景德镇陶瓷学院	1988.4	旬刊	—
《景德镇高专报》	景德镇高等专科学校	1986	半月刊	1993年5月以前为《教育学院报》
《昌河报》	昌飞公司	1983.1	周刊	—
《乐平矿工报》	乐平矿务局	1981.5	周二刊	—

第四节　机构人员

景德镇日报社

1985年,景德镇报社编制103人,实际人数有179人,其中包括聘用编辑记者12人。1986年7月1日,《景德镇报》改为《景德镇日报》,报社下设办公室、总编辑室、经济新闻部、政教科技部、时事编辑部、文化副刊部(星期专刊)、新闻研究通联部、经理部、驻乐平记者站。1988年10月,社址由莲花塘市人防办二栋三楼迁至广场北路81号。1990年12月,景德镇日报社不再设党组,改设社委会。1997年4月23日,恢复设立党组。设10个职能部室:总编室、经济新闻部、政教新闻部、文化副刊部、时事编辑部、群众工作部、《新周末》编辑部、办公室、经理部、出版部。

2002 年 10 月，景德镇日报社为市委直属正县级事业单位，有事业编制 105 人。设社长 1 人，总编辑 1 人，副总编辑 3 人，纪检组长 1 人；正科职数 10 人，副科职数 20 人。至 2010 年年底，报社编制数为 105 人，专业技术人员中有副高职称 12 人，中级职称人员 25 人。

瓷都晚报社

2002 年 11 月 25 日，市委宣传部成立《瓷都晚报》筹备小组。2003 年 7 月 31 日，瓷都晚报社成立。8 月 11 日，与浙江省金华市唐臣房地产营销策划有限公司签订媒体广告发行承包代理合同，引进民间资本作为办报启动资金，开创江西省业内引进民间资本办报的先例。10 月 10 日，瓷都晚报社确定为副县级自收自支事业单位，定编 58 人，实行独立核算。是年 10 月 11 日，批复领导职数设社长 1 人、副社长 1 人、总编辑 1 人、副总编辑 2 人。设编辑中心、采访中心、营销策划中心、公共关系部。创办之初在市广场北路 616 号(工商局大院内)办公，共有 35 人，1 台电脑。后来迁至景德镇市昌江大道 408 号。

2006 年 1 月 1 日，瓷都晚报社进行文化体制改革，与江西唐臣经贸发展有限公司合作，成立由瓷都晚报社控股(股权 51%)的瓷都晚报新闻发展有限公司。2007 年 7 月 6 日，新闻发展公司整体收购景德镇市唐臣广告传播有限公司。2008 年 3 月 3 日，新闻发展公司引入民间资本，成立景德镇市一通发行有限公司。

2010 年，新闻发展有限公司设行政中心、采编中心、广告中心和乐平记者站，有行政劳资部、财务部、总编室、时政部、社会部、副刊部、客户部、客户房产部、客户商业部、资讯部、发行部，共 101 人，发行员 29 人。3 月 30 日，新闻发展公司、唐臣广告传播有限公司、一通发行有限公司被列入江西省第二批经营性文化事业转制企业名单。

景德镇市广播电视报社

1986 年，在景德镇市莲社北路 10 号办公。1988 年 6 月 3 日，正式设立《景德镇广播电视报》编辑部，为市广电局下属科级事业单位，实行企业化管理，独立核算，自负盈亏。1993 年 7 月 21 日，景德镇广播电视报社成立，属自收自支企业化管理的正科级事业单位，人员编制 10 人。报社下设办公室、财务室、编辑部、广告部、发行部，员工人数(含聘用)15 人。2008 年 10 月，市广电报社与交通音乐广播组合，实现资源整合，优势互补。2009 年 1 月 15 日，市广电报社和交通音乐广播迁入市恒业类摩尔街 12 栋联合办公。2010 年 12 月 26 日，市广播电视报社划为市广播电视台下属事业单位，编制 7 人。

第三章　网络媒体

2001 年前，景德镇市互联网为窄带接入，主要是采用电话 Modem 拨号和 ISDN 方式。2001 年 5 月 17 日，随着主城区和部分社区开通 LAN 方式接入，景德镇市开始进入宽带互联网时代。2006 年，加强互联网传播音频视频等新技术业务管理，强化网上信息安全管理，遏制非法、有害信息传播。10 月 16 日，景德镇电信创办中瓷网，为企业、商家、艺术家搭建专业陶瓷综合商务平台。2007 年 5 月，景德镇市全面优化数据网。2008 年，IP 城域网出口扩容至 20G。

2009 年，景德镇市互联网出口带宽扩容到 40G。5 月，设立景德镇网络文化研究中心，为全额拨款正科级事业单位，编制 2 人。2010 年，建立中共市委理论学习中心组专题网站——景德镇理论网。

第一节　景德镇在线

网站创办

2002 年 4 月 8 日，景德镇市组建官方新闻网站——景德镇在线，设编辑部、采访部、技术部、频道中心等部门,员工20人。6月19日,“景德镇在线”网站正式开通运行,成为全省第一家地市级新闻网站。2005年4月,景德镇在线网站进行全面股份制改组,成立景德镇在线新闻网络传媒有限公司,总股本为460万元,其股份结构为:国有资产控股51%,民营资本控股49%,由编辑部、制作中心、频道中心、传媒产品事业部、IT产品事业部、客服服务部、财务部、综合办公室组成。2010年10月,景德镇在线微博正式开通。

网站运营

2002年,景德镇在线网站成立初期,有8个栏目、20个专栏。2006年,景德镇在线新闻网络传媒有限公司开设网上瓷器街及瓷都商城,以“消费联盟”的形式组织商家进驻电子商城,开通“易付宝”交易担保平台,使网上交易有第三方平台作为保证。至2010年,公司有专业员工30余人,注册用户4万余户,成员网站300余家,十大频道11个专刊近200个栏目,日均发稿200余条,日均访问近万次。涵盖新闻、传播、策划、技术、网络运营推广、广告制作及承办不同规格的庆典、展会活动等业务。

主要活动

2003年7月15日,景德镇在线开展以抗击“非典”为主题的“夏日倾情游瑶里”活动,350余名来自景德镇市及周边地区爱好旅游网友参加活动。网友们畅游瑶里原始森林、南山瀑布,举行拔河、竹筏比赛等活动。2006年8月26日晚,由市委宣传部、市民政局联合主办、景德镇在线、景德镇慈善会办公室承办,开门子集团、市文化局协办的“e网情深——开门子爱心之夜慈善晚会”在星空大剧院举行,30名品学兼优的贫困大学新生现场接受捐助8.30万元。2007年4月8日,由中国桥牌协会主办、市体育总会和景德镇在线新闻网承办的2007年“昌河汽车杯”全国桥牌协会锦标赛在景德镇市开赛。大赛共有来自北京、上海、广东、四川、香港等省、市、自治区,以及中建、化工、火车头、煤矿、石化等行业体育协会75个代表队500余人参赛。2008年10月,创办全市首个创业孵化基地,由市劳动就业服务管理局主办,景德镇在线新闻网投资500余万元建成,旨在帮助瓷都失业青年创业。至2010年,基地有26家实体创业企业、6家创业孵化企业进驻,带动就业100余人,项目类型有电脑组装、数码产品销售、维修服务、软件应用、电子商务等。

第二节　政府网站

网站管理

1999年6月,“中国·景德镇”市政府门户网站成立。7月1日,市政府网站正式开通运行,为江西省首家地市级政府网站,由市政府办公室管理。10月,市政府网站安全领导小组成立,下发《市政府办公室计算机管理暂行规定》,对信息发布、审核、登记维护及有害信息监视、处理等进行明确规定,建立上网信息保密审核、日常检查、安全事故案件报告等制度,设立专职安全管理人员2人,专业技术人员2人。2007年,市政府门户网站转由市信息化工作办公室承办。2008年5月,市网络文化建设和管理领导小组成立,6月设立办公室,属市委宣传部内设科室,核定行政编制2人。进行涉景网络舆情的监控、分析与报送,撰写《网上涉景舆情》报送省委外宣办及市主要领导。8月6日,景德镇手机台开通。10月,由《瓷都晚报》筹办的景德镇C网开始运营。2010年,开展整治互联网和手机媒体淫秽色情及低俗信息工作,治理景德镇互联网环境。

网站栏目

1999年,“中国·景德镇”网站栏目有宣传景德镇的信息、市长信箱,安全教育等内容。2007年,围绕政府网站的“政务公开、公共服务、公众参与”三大主要功能对网站进行全新的规划设计,在进一步丰富宣传瓷都、展示瓷都内容的基础上,将过去简单的“纯宣传型”网站改版为以“政务公开”为主,集三大功能为一体的综合门户平台。主要栏目有:走进瓷都、政务公开、服务市民、服务企业、投资瓷都、旅游休闲、书记信箱、市长信箱。2008年,将政府信息公开平台和政府网站后台管理系统进行整合,以公众服务为导向,提升多元化服务和在线办事能力,并于2009年正式上线。同时,“中国·景德镇”网建设政府信息公开平台和专栏,将市直各部门需要公开的信息全部集中管理,对各类信息进行分类,建立索引目录,向社会公开,方便公众查询和使用。增设“百件实事网上办”(教育、医疗卫生、劳动保障、交通出行和公用事业)专栏。2010年,启动2011版的建设工作,通过市民办事、企业办事、场景化服务、按部门分类、个人和企业生命周期、服务绿色通道、公共服务、便民信息、查询服务、表格下载、在线申报、办件查询、办件公示等多种信息分类方式、栏目和功能的完善,为社会公众和企业、投资者、旅游者提供功能完善、服务便捷、及时响应、及时反馈的政府服务。围绕重点工作和公众关注热点,通过书记信箱、市长信箱、行政复议、网上信访、民声通道、在线咨询、监督投诉、民意调查、在线访谈以及论坛等栏目,以文字和面对面交流等多种形式实现政民互动交流。

第四章 出 版

1999年,市新闻出版局成立统一,对全市印刷业实行行业管理,改变过去多头管理、印刷市场混乱现象。开展版权宣传工作,做好版权登记和版权保护工作,推行政府机关和企业软件正版化,落实软件正版化安装工作;发挥国营新华书店主渠道作用,做好出版物发行工作;加强出版物市场监管,净化出版物市场环境,协调有关部门共同做好“扫黄打非”,促进出版物市场繁荣有序。

第一节 出版管理

宣传培训

2000年11月10日,举办全市首届印刷企业厂长(经理)法律、法规学习班,宣传党和国家的新闻出版方针、政策及有关法律、法规,规范“两证一照”制度。2001年,开展整顿和规范全市印刷市场秩序活动,将新修订的《中华人民共和国印刷业管理条例》印成小册,送给各印刷业负责人。2002年,开展“国际知识产权日”宣传(咨询)活动,走上街头散发宣传知识产权保护及有关法律、法规知识传单800余份。2003年,市新闻出版局和印刷业负责人签订“守法经营责任书”,并将《印刷业管理条例》《印刷企业制度》制成宣传条框,由各印刷企业张挂上墙。2005年,《江西省出版物管理监管条例》发布,市新闻出版局组织印刷业负责人学习宣传。2007年4月20—26日,以“保护知识产权、促进创新发展”为主题,发放《著作权知识宣传资料》3000余份,在景德镇电视台“昌南对话”专栏就版权问题开展专题讲座,增强全社会的知识产权保护意识,营造尊重知识产权、鼓励自主创新的氛围。同时,组织全市1800余人参加全省著作权百题知识竞赛活动。7月17—18日,在瑶里举办印刷企业法人(经理)培训班,学习国家印刷管理条例、江西省出版监督管理条例及《印刷品承印管理规定》,全市共有100余人参加培训。2008年4月25日,举办景德镇陶瓷版权文化与产业发展专题讲座,邀请省版权局专家主讲,全市100余名陶瓷创作设计人员和企业代表到场听讲。制作1期电视法制节目,以案说法,普及知识产权保护知识。2010年,宣传、普及《中华人民共和国著作权法》和版权保护知识,利用新闻媒体对加强陶瓷版权保护的宣传,在《景德镇日报》《瓷都晚报》、广播电台、电视台开辟专栏,进行陶瓷版权的宣传和知识解答,并就陶瓷版权的侵权典型案例和相关问题在市人民广场开展法律知识和解答。

版权保护

2000年,为贯彻落实国家有关版权保护的法律法规,市新闻出版局宣传普及著作权法律知识,依法保护版权,打击侵权盗版,开展版权保护工作。2002年,市新闻出版局先后为省陶瓷研究所创作的《奔马》《三羊开泰》《婺源古民居》等作品进行知识产权登记保护。2003年,对省陶研所创作的《金猴献寿》《古韵彩盘》和高级工艺美术师创作的《富贵图》《荷趣图》艺术瓷瓶及陈海澄的著作《瓷录》等20余件作品进行版权登记保护。2004年,办理108件陶瓷艺术作品版权登记。2006年,采取上门服务形式,为陶瓷艺术作品著作权人办理约100件陶瓷作品版权登记保护。同年,查处陶瓷产品侵权案件4起,对侵权假冒陶瓷产品进行收缴处理。2007 年，为陶瓷艺术作品著作权人办理陶瓷作品版权登记 60 件。在市雕塑瓷厂设立陶瓷版权服务站，由专人负责服务站日常工作，提供版权咨询服务，受理版权纠纷投诉，代理版权登记。陶瓷版权服务站在试运行的基础上，在全市各陶瓷市场和创作基地推广，逐步实现陶瓷版权受理工作全覆盖。当年为陶瓷艺术作品著作权人办理陶瓷作品版权登记 90 件。2009 年，对新中国成立 60 周年庆典用瓷、全国青花玲珑瓷和日用陶瓷设计大奖赛获奖作品办理版权登记。全年陶瓷艺术作品版权登记达 160 件。2010 年，在景德镇陶瓷协会、省陶研所、景德镇陶瓷股份公司成立陶瓷版权服务站。全市版权登记数达 198 件。

软件正版化

2005 年，开展政府机关软件正版化工作，组织人员参加全国地市级人民政府软件正版化培训，开展市政府机关单位软件正版化摸底、统计、核查工作，推进政府机关软件正版化工作到位。2008 年，全市推行企业软件正版化工作，市政府成立正版软件工作领导小组，办公室设在市新闻出版局，拟定全市首批使用正版软件企业名单，并对这些企业现有使用计算机种类、数量，正版软件、盗版软件的种类、数量进行摸底，完成首批正版化企业软件采购、安装工作。2010 年 5 月 13 日，全市召开推进企业软件正版化工作会议，选定昌飞、昌河铃木、环球陶瓷等 21 家企业作为全市第二批推进使用软件正版化工作实施单位，安装正版软件。

出版审批

2003 年，加强印刷业管理，与印刷业负责人签订“守法经营责任书”，办理年检换证工作。2004 年，市新闻出版局优化政务环境，制定“行政审批项目指南”流程图，推行行政执法责任制。2007 年，对全市 7 种连续性内部资料及 4 家驻市记者站进行年度核验；对 59 家印刷企业和 100 余家复印、打印单位以及 100 余家出版物零售、出租单位进行年审，在年审中加强对企业的监管，发现和处理问题。先后对全市各单位 30 余个内部出版物予以审读、审批，保证新闻出版政策法规的有效执行。

第二节　文化市场监管

规范市场

1986—1998 年，全市印刷业由市委宣传部、市文化局兼管，印刷市场较为混乱。1996 年，制定《社会零件印刷行业管理暂行办法》，将社会零件印刷行业纳入文化市场管理范围，健全证照，规范经营。1998 年 7 月，按照《中华人民共和国音像制品管理条例》，依法加强音像市场管理，全年共取缔无证经营点 32 个，查处利用电脑设备进行赌博的场所 15 个，收缴电脑赌博设备 74 台，收缴非法 VCD 光盘 3750 盘，录像带 25 本等。

2000 年，对出版物市场监管采取日常检查与突击检查相结合，稽查人员每月不少于 4 天的稽查管理。春节前夕，与市容局联合对年画市场进行分片划点管理，对无证经营、临时设点销售年画的 12 处摊点进行清理。2001 年，文化稽查支队深入到市区各“网吧”摸底调查，宣传有关政策，举办经营场所负责人法规倍训班，对市区 77 家符合开办条件的互联网经营场所核发“网上互联网文化经营许可证”。9—11 月，与公安、工商等有关部门对沿河卡拉 OK 经营场所进行专项整治。市文化局在总量压缩 30% 的基础上，严格审核条件，规范经营秩序，聘请经营地居委会干部为业余监督员开展监督。通过集中整治，沿河路建成集文明、健康、有序的卡拉 OK 文化娱乐一条街。

2002 年，联合市公安局对出版物市场进行清理，共检查出版物经营店 16 家，收缴杂志、非法出版物等 56 本，淫秽色情出版物和有害卡通“口袋本”书等 100 余册，查封取缔违规经营的“三无书店”。2005 年，市文化局派出“首席代表”进驻市政府行政服务中心，办理文化行政审批事项。是年，市文化局会同公安、工商等部门出动 300 余人次，检查经营场所 5500 余次，其中网吧 2300 次、音像市场 1500 次，出动车辆 2000 余台次，查处违规经营 44 起，收缴盗版音像制品 2 万余张（盒），并集中销毁。通过整治，全市的网吧总量下降 15%，连锁或规模经营的网吧上升 10%。聘请 200 余名“五老”（老干部、老战士、老专家、老教师、老模范）网吧义务监督员，参与市网吧管理，防止未成年人进入网吧。全年受理群众举报投诉 43 起，全部查实结案。

2006年,市新闻出版局配合全国“反盗版百日行动”,7月15日起在全市开展为期100天的“打击盗版音像和计算机软件制品”专项行动,共收缴盗版音像制品3.28万张、计算机软件240张、图书3562册,取缔音像制品经营站2家,关闭计算机软件制品销售店6家,处罚违法违规经营单位11家。2007年,加强与公安、工商、文化、城管等部门的协作,建立联席会议制度,开展联合执法,对出版物市场进行专项整治,查处非法出版物65本、盗版读物385本、报纸800余份、刊物150余册,取缔摊点2个。是年,网吧监管实行分片联点包干责任制,明确执法监管责任人,以禁止网吧接纳未成年人为重点,严格处罚标准,实行严管重罚。确保12318举报电话24小时畅通,对举报线索均在第一时间派员到现场调查处理;提高网吧及网络游戏管理科技水平,全市网吧安装视频监控平台系统,有效遏制网吧违规经营行为。全年开展“寒假、春节期间网吧专项整治行动”“全市学校及周边治安环境整治行动”以及“反盗版天天行动”,并连续开展“零点”“假日”“周日”等突击行动,以及文物市场突击检查行动。共出动检查人员690余人次,检查经营单位3087家次,查处违法经营单位41家次,停业整顿3家,共销毁盗版光碟6200余张、赌博机60台。

2008年2月1—29日,组织稽查人员对全市出版物市场展开集中整治,对游商地摊、无证经营行为一律取缔,对经营盗版音像、电子出版物、计算机软件,非法出版物一律收缴,当年共查缴非法出版物1965册、淫秽色情出版物2927册、盗版图书5262册、盗版教材教辅1.26万余册(张)、非法报纸(期刊)6270份、盗版音像制品16630张(盒),删除网络有害信息2106条。2009年9月20日,成立市文化市场管理工作领导小组。是年,市文化局压缩精简审批项目9项,只保留文化行政许可项目12项。2010年,保留文化行政许可项目14项。是年4月,对景德镇电视台和浮梁电视台违规播出广告进行查处并责令其整改,联合工商、公安、国安等部门,处理浙江商城违法销售卫星地面接收设施的经销店,对全市企、事业单位和宾馆酒店的境外卫星电视监控平台进行检查并换发许可证。

“扫黄打非”

1986—1991年,对全市书报刊、音像市场、娱乐市场进行清理整顿,先后与公安、工商等一部门联合发出《关于加强歌舞厅演奏乐队及演奏、演唱人员管理的通知》《关厂进一步加强电子游戏机娱乐活动管理的补充通知》《关于录像放映违章处罚细则的联合通告》等文件,对文化市场集中进行8次较大规模的扫黄行动,共收缴黄色非法出版录音录像带2000余盒,黄色非法出版物900余册。1993年,制定《景德镇市营业电子游戏机娱乐活动管理暂行规定》《景德镇市各类社会文化艺术比赛管理暂行规定》《关于加强镭射录像带管理的通知》《关于加强营业性街头卡拉OK管理的通知》等一系列法规性文件,开展全市性音像清理整顿,严格书报刊号审批管理制度,全年共收缴黄色和非法出版物711册,非法音像带500余盒,并对新华印刷厂为浙江义乌非法盗印中国新闻出版社挂历一事进行处罚。1998年4月,对学校周边环境进行整治,清理关停学校200米以内的电子游戏机室、桌球室、卡拉OK厅、录像厅等12家,并查处少数歌舞厅色情表演和少数娱乐场所利用电脑设备进行赌博的行为。

2000年春节前后,开展非法出版物专项稽查,清理学校周边出版物市场,共查缴含有淫秽色情、恐怖暴力内容的非法卡通读物及封建迷信、侵权盗版等读物4259册。当年全市共出动执法车辆130辆/次,执法人员680余人辆/次,查处违法违规印刷20起,查缴邪教内容类书籍1.10万余册,气功类非法出版物2800余册,非法侵权盗版书刊3.60万余册,非法印刷品5000余张,侵权盗版(黄色)音像制品2.10万余盒。2001年,市“扫黄”“打非”工作领导小组制定《关于全市2001年“扫黄”“打非”行动方案》,3月起全面展开清理整顿出版物市场、学校周边环境,查缴淫秽、色情、气功类、非法政治性出版物行动。共查处无证经营、销售侵权盗版读物的非法摊点(店)30余家,收缴政治类、气功类书刊300余册,黄色淫秽、封建迷信,内容格调低下非法出版物300余册。

2003年,共出动执法车434辆/次,出动执法人员837人/次,检查印刷业621家/次,检查出版物经营单位967家/次,取缔无证经营“摊点”67家,破获案件8起,行政处罚6人,批评教育4人,查缴非法音像制品(电子软件)2830张,收缴非法书刊3.22万册。出版物市场秩序得到明显好转,市新闻出版局被国家版权局授予全国版权工作先进单位称号。

2004年9月22日,市新闻出版局、市教育局在市人民广场联合开展“万名师生拒绝盗版、远离淫秽色情出版物"大型签名活动。10月18日，在市公安局协助下，在市汽车西站附近2家旅社，查处2处非法销售盗版图书窝点，当场收缴大部头盗版图书447套。2005年，查缴有政治问题的陶瓷产品80余件，查缴淫秽色情"口袋本"图书及有害卡通本画册及《点拨》《锁定中考》等教材教辅读物1347册，查缴盗版音像制品光盘、电子出版物2.01万张。2006年，"扫黄打非"、查缴非法出版物、打击侵权盗版行动中，共出动执法人员1805人/次，出动执法车辆1371车/次，检查印刷业763家/次，检查发行经营单位1572家/次，查处违规经营32家/次，取缔无证经营店(摊)79家，打击无证经营游商(贩)31个，收缴各类非法出版物3.27万册，盗版VCD 3.85万张，盗版DVD 1367张，盗版软件325张。

2007年，开展"扫黄打非"的春季、夏季、秋季三大战役，市"扫黄打非"办联合市新闻出版、市版权、市公安、市文化、市工商、市城管等部门开展打击非法出版物专项行动。检查印刷复制企业71家、发行经营单位121家，取缔无证经营店17家、非法游商2个。检查违规经营店16家，行政处罚8家，收缴盗版出版物1106册、不健康报纸200余份、淫秽色情出版物123本、各类非法报纸800余份，取缔摊点2个，检查网吧14个。4月14日上午，对收缴非法出版物进行公开销毁，包括非法音像制品及软件1000张、非法出版物1984册、盗版熊纲瓷板画236块、盗版高梅生薄胎碗26个。

2008年8月13—14日，组织市珠山区、昌江区及市邮政报刊发行管理中心执法人员，首次对市区出版物经营店、书报刊亭及复印打字业进行检查，共检查出版物经营店47家、书报刊亭22个、复印打字业31家，查缴各类盗版出版物275册、盗版光盘630余张、非法报纸573份。2009年，开展"扫黄打非"专项行动，检查出版物零售摊点300余个次，取缔非法游商、无证经营摊点128个。收缴各类淫秽色情"口袋本"图书、卡通画册600余册(张)，光碟5764张(盒)；删除有害信息315条，关闭淫秽色情网站48个，破获淫秽网站案件1起。2010年1月，对手机销售点、手机维修点、手机医院、网吧等相关场所进行排查，删除淫秽色情图片。全年取缔游商小贩8个，收缴光盘1854张。至2010年，查缴各类政治性非法出版物4298册(张)。

第三节　机　构

江西省新闻出版局景德镇分局

1986年，出版工作由市委宣传部、文化局监管。1999年9月，江西省新闻出版局景德镇分局成立，为江西省新闻出版局(江西省版权局)的派出机构，属正处级参照公务员法管理事业单位，内设综合管理科(办公室)、扫黄打非办(出版物市场稽查支队)。办公地址在景德镇市新华书店内。

景德镇市新闻出版局

2004年12月，新闻出版管理机构下放至地方，江西省新闻出版局景德镇分局更名为景德镇市新闻出版局。2005年11月，办公地址搬迁至昌江大道31号。人员编制8人，内设综合管理科(办公室)、扫黄打非办(出版物市场稽查支队)。2012年5月，景德镇市新闻出版局与景德镇市文化和广播电影电视局合并，更名为景德镇市文化广电新闻出版局。设有新闻出版(版权)科。

第三十七篇　卫生医疗　体育

第一章　卫生医疗

1986—2010年,景德镇市开展爱国卫生运动,改善公共卫生环境,保障人民身心健康,创建卫生城市,建立健全社区卫生服务网络,提高农村医疗卫生服务水平,完善新型农村合作医疗制度,探索医院运行管理机制改革,完善公共卫生防控体系。全市卫生经费投入逐年增加,基础设施不断完善,先后建成市疾控中心实验室、市传染病院和市急救中心,市第一人民医院、市第二人民医院、市第三人民医院、市第四人民医院等单位也多渠道筹集资金,不断完善开展基础设施建设。人才引进加快,卫生技术人员队伍继续扩大,2007年开始陆续制定优惠政策吸引医学博士生、硕士生到景德镇市工作,提高医院学历层次和技术水平,至2010年,全市卫生系统引进博士生1人、硕士生63人,培养全省卫生系统中青年学科带头人7人,录用本科临床类毕业生近400人。农村卫生设施逐步完善,率先在全省实现新农合全覆盖,全市有12个乡镇卫生院,26个一般卫生院,237个村卫生室达到国家建设标准,参合率达到99%,新农合统筹资金使用率达91%。社区卫生进一步发展,主要健康指标和总体医疗质量高于全国平均水平,全市有省一星级社区卫生服务机构5家、二星级14家、三星级11家,"15分钟社区卫生服务圈"基本形成。在基本医疗指标方面,全市孕产妇死亡率9.7/10万,5岁以下儿童死亡率9.08‰,居民人均期望寿命大幅提升至75岁。

第一节　爱国卫生

城乡卫生创建

卫生城市创建　1986年2月,市爱国卫生运动委员会(简称爱卫会)对全市62236户居民进行卫生检查,评出最清洁户25895户、清洁户35697户、不清洁户644户。1987年3月,组织城区各街道办事处与临街1622个单位、门店和775户临街住户签订"门前三包、门内达标"卫生责任书。6月,组织开展全市农村1县3区城镇爱国卫生运动检查评比,乐平县城关镇获第一名,并被推荐参加全省城镇爱国卫生检查评比。1988年12月,市爱卫会首次组织对市四套班子及人武部机关进行卫生检查。1989年1月起,将每月最后1天定为全市卫生日。是年3月31日至4月30日,全市开展第一次爱国卫生月活动,参与爱国卫生月卫生清扫活动的军民达1.5万余人。

1990年8月20日,市委、市政府召开"创建卫生城、迎接陶瓷节"动员大会。9月23—26日,景德镇市接受江西省城市卫生检查团实地检查。1991年9月2日,在华意冰箱厂召开全市首次大中型企业爱国卫生工作经验交流会。1992年4月20日,组织对城区主要道路、里弄和单位进行卫生抽查。1993年1月16日,景德镇市在1992年度全省城市卫生检查评比中获第一名。1994年9月21—23日,省爱卫会组织对景德镇城市卫生进行检查。1995年12月11日,省政府授予景德镇市当年度江西省卫生城市进步奖。1997年,开展创建省级卫生庭院活动,昌河飞机公司等64个单位被省爱卫会授予江西省卫生庭院称号。1999年5月28日,在市政府礼堂召开全市创建卫生城市动员大会,提出创建卫生城市新举措,由市政府主要领导与珠山区、昌江区以及有关单位主要领导签订责任状;成立创建卫生城市督查组,采取明察暗访的形式,重点督查责任部门、单位创卫任务的落实；抽调相关部门人员组成市容综合执法队，集中整治违反市容和环境卫生管理规定的现象；设立市民举报电话，及时处理市民反映的市容卫生问题；加大新闻宣传和舆论监督作用，设立专栏、专题片和追踪报道，提高市民创卫意识。6月19—20日，接受第四次全国城市卫生检查江西检查团第一分团11人的创卫检查，认为景德镇市创卫工作全民动手、管理规范、效果明显，迈上了新的台阶。

2002年1月23日，市委、市政府召开全市市容环境综合整治动员大会。9月3日，召开全市创建省级文明卫生城市动员大会。2003年，市政府制定《景德镇市爱国卫生工作管理暂行办法》，明确爱国卫生工作的基本方针、组织机构、管理与监督等。3月7日，市"双创"办（创省级文明城市和卫生城市）在全市范围内组织"万人上街清扫垃圾大行动"。是年，市爱卫会决定命名景德镇机场、景德镇火车站、景德镇汽车西客站、乐平汽车站为景德镇市爱国卫生先进单位，并授予铜牌。2004年2月18日，景德镇市被命名为江西省卫生城市。4月23日，市创建文明卫生城市活动指挥部对2003年度景德镇市文明卫生庭院进行表彰，全市共有96个市级文明卫生庭院，其中乐平市25个、浮梁县15个、珠山区35个、昌江区21个。4月28日，市委、市政府授予市交通局等65个单位全市创建省级文明卫生城市先进集体称号，授予罗莉等112人全市创建省级文明卫生城市先进个人称号。2005年6月21日，市政府向省爱卫会申报国家卫生城市。9月5日，制定《景德镇市创建国家卫生城市工作实施方案》并组织实施。2006年，省爱卫会命名景德镇市陶瓷馆、市委宿舍大院等36个单位和小区为江西卫生庭院称号。2007年6月18日，市政府向省爱卫会正式递交申报国家卫生城市的报告。8月22—24日，省爱卫会组织专家分成7个组，到景德镇市就创建国家卫生城市进行首次技术指导，通过查阅资料、实地查看、指出问题，为创建工作提出指导意见。2009年8月5日，市委、市政府召开全市迎接江西省卫生城市复核工作部署会。9月22日，召开省级卫生城市暗访情况通报会，部署创建省级卫生城市问题整改。12月15—18日，省爱卫会组织专家到景德镇市进行省级卫生城市评审考核，景德镇通过省级卫生城市复核。2010年，景德镇市被继续命名为江西省卫生城市。

卫生乡村创建　改水。1986年，市爱卫办派人参加全国农村改水学习班，当年全市新增16880人饮用安全卫生自来水。1987年，市政府将农村改水列入全市国民经济发展"七五"规划，决定从1988年起市财政列支农村改水专项经费。1989年9月，全市58个乡（场）开展农村饮水情况调查。1991年1月，组织开展全市"七五"农村改水工作检查。是年，农村改水受益人口达4.8万人。1992年，省拨农村改水经费4万元、市财政拨款20万元进行改水，受益人口58575人，其中使用自来水28553人，农村改水累计受益854983人，占全市农村人口的89.56%，其中饮用自来水217849人，占22.82%。1998年12月，浮梁县被列入全国爱卫会受援助的灾区饮用水卫生项目县，受援助物资总金额38万元。2003年，乐平市洪岩镇实施乡镇卫生基础设施建设，改水改厕和除"四害"，被省爱卫会命名为景德镇市首个江西省卫生镇称号。2005年，景德镇市新农村建设试点启动，至2006年新增改水（自来水）农户4013户。2007年，全市新增改水（自来水）农户14284户，改水率达95%。2009年，完成改水10210户，改水率97.10%；全市兴建集中供水工程589处，解决了23.70万农村人口的安全用水问题。2010年，全市新农村建设点完成改水、改厕比率高于省下达标准。当年底，全市农村改水累计受益人口90.15万人，改水受益率为98.86%，其中自来水受益率为60.16%。

改厕。1986年，乐平县众埠乡汪家村结合旱厕、猪牛栏改造开展沼气池建设试点。1987年，景德镇市农村自发开展"两管五改"工作，推动农村改厕。1991年，累计完成农村改厕863个。1992年，完成农村改厕424个，历年累计完成农村改厕1287个，其中无害化和沼气厕所911个。1995年，乐平市投入改厕专项基金60万元，至年底建成各种无害化厕所3036个，并于12月被省爱卫会授予全省农村卫生厕所建设先进县（市）称号，获奖励5万元。1996年2月9日，市爱卫会制定《景德镇市"九五"期间农村改厕粪管工作规划》。2000—2003年，开展创建"江西省农村无害化厕所建设先进县"活动，开展沼气池和无害化厕所建设，农村卫生厕所普及率逐步提高，浮梁县和乐平市被省爱卫会授予全省农村卫生厕所建设先进县称号，各获奖励5万元。2004年5月28—29日，省爱卫办在乐平市举办全省农村爱国卫生示范镇改厕技术培训班。2005年，全市新农村建设试点启动，至2006年新增改厕（水冲厕）农户2005户，新增沼气池690个。2006年12月，中央补助省农村改厕（血防）项目（乐平市镇桥镇）经费20万元。次年，中央补助省农村改厕（血防）项目（浮梁县蛟潭镇）经费25万元。2007年，全市新增改厕（水冲厕）农户13350户，改厕率达93%；新增沼气池

962 口,居住环境改善。2009 年,改厕 9745 户,改厕率 95.20%。2010 年 12 月,景德镇市完成中央农村改厕项目,建造 6600 个农村无害化厕所。全市累计改造农户卫生厕所 17.46 万个,改厕普及率为 80.12%,农村改厕受益户达 18.25 万,受益人口为 73 万。

除害防病

1986 年,结合爱国卫生月活动和冬春二季环境整治活动开展统一灭鼠,夏季主要进行灭蚊、灭蝇、灭蟑。1990 年 5 月 18 日,市爱卫会召开全市电猫厂家座谈会,推广器械灭鼠。1991 年,投放灭鼠毒饵 12 万包,市区鼠密度实测为 2.40%(粉迹法)。5 月 16 日,市爱卫会召开全市卫生杀虫剂管理工作会议,实施卫生杀虫剂生产、销售许可证制度。1992 年,投放灭鼠毒饵 14 万包,市区鼠密度 3.50%,达到规定的灭鼠标准,景德镇市被全国爱卫会授予灭鼠先进城区。1994 年,春季灭鼠投放鼠药 10 万包,城区灭鼠效果达标。1998 年 4 月 16 日,下发《关于开展全市鼠药市场清查整顿活动的通知》,明确全市鼠药市场清查整顿的范围和对象。2000 年 4 月,对全市 1996—1999 年因鼠药中毒的住院患者病历资料进行调查分析,研究加强鼠药管理的对策。2002 年 6 月,全市开展收缴"毒鼠强"行动,打击投毒犯罪活动,共收缴含有"毒鼠强"成分的急性灭鼠毒饵近 4 万包,捣毁加工鼠药窝点 8 处。2003 年 8 月 8 日,市政府出台《景德镇鼠害与卫生除害预防控制管理规定》,就鼠害和卫生除害的预防和控制提出综合防治措施。9 月,开展首次秋季公共卫生周活动,主题是"讲卫生、除四害、保健康"。12 月,全市城区除"四害"工作通过省爱卫会组织的达标验收。2009 年 5 月,全市开展"清洁家园健康奥运"为主题的爱国卫生月活动,集中开展环境卫生综合整治和以灭鼠为重点的"除四害"活动。2010 年,围绕创建国家卫生城市要求,开展病媒防治工作的专业培训,组织开展春秋两季灭鼠和夏季灭蚊、灭蝇、灭蟑活动。全年共投放灭鼠药 20 万包(其中公共场所 9 万包),灭蟑药 1.40 万包,全市"四害"密度控制在标准范围以内。

宣传教育

1986 年 4 月,市爱卫会、市卫生局加强卫生宣传,在全市设立宣传站 298 个,设置宣传橱窗 200 个,编发《灭鼠专刊》1200 份,绘制大型卫生宣传画 2 幅,市电视台播放《怎样灭鼠》专题片。1987 年 10 月,召开首次全市卫生宣传健康教育工作座谈会,组织参加江西省"健康为人人,人人要健康"摄影作品展,选送 18 件 21 张,有 4 张作品入选。1988 年 4 月 7 日,全市中小学校开展吸烟有害健康教育,并印发"给家长的一封信"。

1990 年 4 月,市爱卫会设立全市爱国卫生月健康咨询站(点)67 个,宣传卫生知识、进行健康咨询服务;印发卫生月宣传资料 6000 份,卫生宣传标语 1 万张,各县区、各街道发到属地各单位张贴。是年 12 月 17 日,市爱卫会、市卫生局主办、市健康教育馆承办全市卫生科普展览。1992 年,乐平县重点抓好中小学校和农民健康教育,成为全省 12 个初级卫生保健试点。1993 年,市健康教育馆结合卫生城市创建,实施"九亿农民健康教育行动"。1994 年 10 月 18 日,成立景德镇市农民健康教育行动领导小组,并制定《景德镇市执行农民健康教育行动的实施意见》。1995 年 3 月,卫生系统内部刊物《健康导报》发行,每月 1 期。4 月,市健康教育馆与市电视台合作开辟《广角 600 秒》《健康百事通》等栏目,与有线电视台联合开办《健康 10 分钟》专栏。1996 年 5 月 31 日"世界无烟日",市爱卫会在市区开展吸烟与肺部疾病健康咨询。是年,组织开展控烟活动,华意压缩机厂、焦化煤气总厂第一化工厂、江西东风制药厂等被评为"无烟单位"。1998 年 8 月,编印《灾后防疫防病宣传资料》4 期近 10 万张,直接发到农村灾区。是年 10 月 1 日,实施《景德镇市部分公共场所禁止吸烟暂行规定》。

2000 年 5 月 31 日,在市政府大院门前进行"世界无烟日"健康咨询活动。同日,市爱卫会、市教育局组织开展中小学生"拒吸第一支烟"签名活动和控烟情况调查,并开展控烟征文竞赛,评出一、二、三等奖。6 月,停刊的《健康导报》更名为《健康之友》继续出版。2001 年 3 月 27 日,市爱卫会举行"健康大课堂"开学典礼,举办中老年妇女保健知识培训,全年共举办培训班 6 期,培训 1000 余人。是年,制定《景德镇市医院健康教育工作规范》,就医院健康教育的组织形式、任务与方法、经费与设备等提出具体要求,明确市健康教育馆为全市健康教育的指导中心,指导各级医院和社区健康教育工作。2003 年 4—10 月,结合非典防治开展健康教育和卫生宣传,共编印宣传资料 7 种,印刷近 50 万份,绘制宣传板块 300 余块,举办培训班 6 期,撰写新闻科普稿 56 篇,制作专题 18 辑,开通两条健康咨询热线,举行咨询活动 15 次。是年 12 月 16 日,成立景德镇市健康教育及健康促进领导小组，副市长谢茹担任组长。2005年5月31日，卫生系统召开全市"卫生工作者与控烟"座谈会，参加会议的市直医疗卫生单位分管领导及专业人员30余人，就控烟工作进行交流和探讨。

2006年4月16—21日，市卫生局、市健康教育所与上海市健康教育所影视中心联合拍摄一部《常见职业病的预防》科普宣传片。5月19—26日，市爱卫会联合景德镇陶瓷学院开展以"均衡营养、适量运动"为主题的公益宣传实践活动。2007年5月25日，市爱卫会、珠山区爱卫会、市健康教育所在第七小学联合举办学校控烟健康知识讲座，开展"致家长一封信"控烟征文竞赛活动。5月30日，在人民广场开展大型控烟宣传咨询活动，展出画板12块，散发宣传资料600余份，答复咨询200余人次。是年，市爱卫会开展"健康教育社区行"活动，建立社区健康教育台账、社区健康教育阵地，为全市101个社区统一制作健康教育专栏。2008年5月8日，市爱卫会启动健康素养监测、烟草控制干预和健康素养综合干预项目，对工作人员进行培训。是年5月27日，在市人民广场举办全民健康生活方式行动启动仪式。8月7日，在市广播电视中心演播厅联合举办全市"中医院杯"农民健康知识竞赛。2009年4月8日，市爱卫办举办全市基层爱卫及社区幼托机构手足口病防治培训班。4月15日，市爱卫会在全省率先成立"景德镇市健康教育讲师团"，并举行讲师受聘仪式。是年，编印《健康金钥匙》医学科普书籍。2010年4月10日，市爱卫办举办2期全市街道社区干部健康教育培训班。5月26日，市卫生系统召开全面禁烟动员暨项目启动会，决定5月31起局机关办公大楼全面禁烟。12月，市爱卫办、市健教所组织人员开展控烟健康教育进军营活动，为100余名部队官兵作控制吸烟专题讲座。

第二节　卫生防疫

公共卫生

公共场所卫生　1989年7月，市卫生局规定全市经营性质的公共场所都必须取得"公共场所卫生许可证"。1993年9月，对公共场所和市场化妆品卫生质量进行抽检。1999年6月，建立全市美容美发业的基本卫生档案。2000年5月，开展全市重点公共场所卫生执法检查，重点整治中小旅店（无星级宾馆及旅店）、理发美容店、洗浴场所、歌舞厅及游泳场（馆）等卫生问题突出的场所。2003年，对全市158家小旅社、美容美发厅、公共浴室、歌舞厅等公共场所进行卫生监督。2005年9月，申报卫生部公共场所卫生监督管理量化分级试点地区。2007年7月，重点就公共场所卫生、饮用水卫生、食品卫生等方面制定相关措施。2009年7月起，在全市住宿业、游泳、沐浴、美容美发等公共场所推行卫生监督量化分级管理制度。2010年7—8月，开展"六小"（即小餐饮店、小食品店、小浴室、小美容美发厅、小歌舞厅、小旅店）行业卫生集中整治检查，内容包括场地卫生、经营执业许可、从业人员健康证、卫生消毒设施等。

食品卫生　1986年，全市卫生部门检测产销食品1607件，合格率为82.90%。至1987年，市工商局、标准计量局、商业局、卫生局、食品工业协会5部门两次联合下发《关于加强冷饮制品监督管理的联合通知》。是年2月，全面换发新食品卫生许可证。1988年5月，市卫生局、公安局、工商局联合下发《关于加强食品卫生监督查处在食品中使用罂粟壳（籽）等违法行为的通知》。1991年，根据食品卫生法监督检查各种食品检样1603件，合格数998件，合格率62.26%，处罚违法经营616户（次），罚款金额4570元。1992年，卫生执法工作以"打假"为中心，打击制售伪劣食品，查处销毁伪劣食品近万千克。1993年9月，开展对月饼生产、销售卫生监督监测。1994年，食品监督覆盖率95%，行政处罚76户、罚款14户、责令停业改进5户、没收和销毁处理不合格食品5000千克。1995年，配合市人大进行全市食品卫生视察，发现问题及时提出整改意见，共罚款6000元。当年食品卫生监督、监测覆盖率85%。

1996年，夏秋季在全市组织一系列食品卫生监督检查，对生产经营情况进行监督抽检并通报结果。11月，全市开展白酒生产经营市场专项检查。1997年5月，开展保健食品市场检查整顿，对全市保健食品生产经营进行监督检查；9月，开展河豚鱼卫生监督，严禁鲜河豚鱼在宾馆、饭店、酒家作为餐桌菜肴。是年，组织"食品卫生宣传周”“食品卫生监督执法抽检”活动,停业整顿5户、警告15户、罚款6200元,销毁不合格食品4400千克。1998年3月,市农办、市卫生局、市工商局联合下发《关于加强蔬菜残留农药卫生监督确保人民食菜安全的通知》,预防食菜农药中毒事件发生;11月,开展学校食品卫生和儿童食品的监督,指导学校管理食品卫生。1999年5月,处置景德镇陶瓷学校学生食物集体性中毒事件,94名中毒学生经市三院救治后全部痊愈。2000年,组织市本级食品卫生大检查3次,没收销毁霉变花生1700千克、不符合卫生要求的啤酒3.03万瓶,食用油800千克,福尔马林水发食品1000余千克,餐饮业抽查28家85件,合格率72%。2002年,以卫生专项打假为重点组织对保健食品、粮食制品、调味品、健康相关产品以及农贸市场、餐饮食堂及学校周边商户进行重点整治。全市检查食品生产、加工、经营户3300户,查出无证照437户,其中警告97户、责令整改340户、取缔9户、吊销卫生许可证2户;没收各类假冒伪劣副食品及“三无”(无生产日期、质量合格证、生产厂)食品8000余千克,价值12万余元。是年10月1日起,在全市统一发放新式卫生许可证、健康证。

2003年7月,组织卫生监督人员在全市范围内开展啤酒市场秩序专项整治行动。同时开展为期3个月的小型餐馆(饮食店)综合整治,检查食品经营单位1107户。2005年9月,对全市餐饮业及学校食堂开展食品卫生安全监督检查。2006年6月1日起,按照新颁布的《食品卫生许可证管理办法》,严把准入关,对餐饮业进行卫生许可量化评分,未达到分值要求的,不予发放卫生许可证。2007年6月,制定《景德镇市食品卫生许可证年度审核工作暂行规定》,加强市食品卫生许可证年度审核工作。10月,市卫生局组织开展全市餐饮消费安全专项整治,与各餐饮单位签订《食品卫生安全承诺书》。2008年,开展大中型餐饮单位卫生专项执法检查,抽查餐饮单位554家,查处案件45起,罚没款金额3.84万元;取缔无卫生许可证单位130家,吊销卫生许可证单位35家。同期开展全市食品卫生监督量化分级管理评审,获评A级7家、B级23家、C级5155家。2009年5月,制定《景德镇市卫生监督量化分级管理制度实施方案》,对学校食堂及餐饮业开展为期4个月的打击违法添加非食用物质和滥用食品添加剂专项整治,对580余家火锅店、餐饮店、学校食堂、食品生产经营单位食品原料采购和管理进行监督检查。至年底,共出动执法人员6000余人次,检查2742家单位,全市餐饮服务卫生监督量化分级管理达100%。2010年6月27日至11月底,市疾控中心启动国家食品安全风险监测项目,共监测食源性致病菌250件,化学污染物及有害因素38件。9月21日开始,市卫生局在全市餐饮服务环节开展地沟油和餐厨废弃物专项整治行动,至年底,共检查餐饮单位1934户,查处案件52起,罚没款金额10.60万元,取缔无卫生许可证单位53家。

职业卫生 1988年,市卫生局、市劳动人事局、市乡镇企业管理局联合开展全市乡镇(街道)企业劳动卫生基本情况调查。是年10月起,开展尘肺流行病学调查。1990年10月,市职防所开展职业病漏报调查,逐步摸清全市劳动卫生职业病防治情况。1993年3月,全市有国有生产企业468家,17万职工;有外资、乡镇、个体企业2万家,10万职工。其中有9.20万人接触有害生产因素,占34.1%。11月,“铅中毒对陶瓷彩绘女工子代影响”课题通过国内10余名专家和省卫生厅统一组织的鉴定。是年,全市尘肺病人增至2501人,各种职业病中毒和职业病损伤及死亡逾1000人。1995年,全市劳动卫生监督覆盖率达90%。1998年9月,全市职业病诊断鉴定组成立。2002年11月4日起,市卫生局、经贸委、公安局、工商局、技术监督局、国家税务局、地方税务局、总工会联合开展有毒有害化学品生产、销售和使用专项整治,共检查104家;抽查41家单位射线防护和建档工作。2003年,开展乡镇企业、农村个体工商户职业病危害专项整治。2005年1—4月,完成全市职业病危害因素普查建档工作。2006年起,职业病报告统计数据通过健康危害因素监测信息系统进行网络直报。2008年,重点对全市36家存在职业病危害较重且规模较大的用人单位组织卫生监督检查。2009年,完成职业卫生控制效果评价17家、职业卫生日常评价26家、放射卫生日常评价17家;完成职业健康检查8933人次,其中接触粉尘类作业人员4029人次,接触化学物质类作业人员4071人次,接触物理因素(不含电磁辐射)作业人员612人次,接触放射性物质作业人员221人次。2010年6月1日,明确珠山区和昌江区职业卫生和放射卫生监督管理工作职责。8月,经省专家组评审,省卫生厅审查,市第一、第二、第三人民医院,市疾控中心、乐矿第一职工医院、乐平市人民医院、乐平大连新区综合医院、乐矿医院取得职业健康检查资质。是年,市卫生监督所开展职业卫生执法“双向告知”行动,对涉尘用人单位负责人和接触粉尘作业者开展职业病防治法和尘肺病防治知识培训。全年职业卫生共监督检查284户次,下发监督意见书

246户次，处罚3家。是年底，职业卫生现场监督职责划归市安全生产监督局。

学校卫生　1986—1994年，逐步加强学校卫生监督工作，至1995年监督覆盖率达100%。1996年，开展学生常见病防治工作。是年11—12月，市卫生局、市教育局联合在市师范学校、卫生学校和市直部分中小学开展学生体格健康检查工作。1997年8月，对全市幼教人员进行预防性健康检查，要求全市从事托幼工作的人员每年必须体检，必须持"健康证"上岗。1998年4月，下发《关于加强学校卫生与安全管理，防止事故发生的紧急通知》，开展全市学校卫生检查，杜绝学生中毒等安全事故发生；11月，开展学校食品卫生和儿童食品的监督，以学校食品卫生管理为重点，指导学校做好食品卫生工作。2000年8月，开展全市学校卫生监督执法检查。2001年，市综治委统一部署，对21所学校食堂和307家学校周边饮食摊点进行卫生执法检查，对不符合卫生要求的56家食品经营户和34家食堂下达整改通知书。2004年12月27—29日，市卫生局、教育局、工商局联合对各县（市、区）、市直学校和托幼机构及周边环境食品卫生安全专项整治工作进行督查。2006年6月，市卫生局与教育部门联合对全市大、中专院校、中小学校食品卫生及饮用水卫生安全和传染病防治情况进行检查，下达卫生监督意见书144份。同时检查小型餐馆、小型副食品店441家，取缔无证经营户44家，吊销卫生许可证1家，行政处罚14家，收缴假冒伪劣食品725千克。是年11月27日至12月1日，开展全市学校食品卫生、饮用水卫生专项检查，建立学校卫生监督档案。2010年4—5月，对全市学校和托幼机构开展春季传染病防控监督检查；5—10月，组织全市各级卫生监督机构对普通高等院校、中小学校以及托幼机构开展卫生监督检查，并督促整改检查中发现的问题。

饮用水卫生　2003年8月，市卫生局颁布《景德镇市二次供水卫生监督管理工作实施方案》，内容包括二次供水的定义、监督管理方式等。2007年7月，开展全市饮用水卫生监督。2009年，对全市生活饮用水卫生进行监督检查。督查内容有：对市政供水、二次供水单位，自备水、直饮水单位进行监督及资料建档；对水源水、出厂水在洪水期、枯水期两次进行分析检测；每月对管网末梢水进行监控监测。2010年，对35家物业小区二次供水进行专项监督检查，对没有按标准执行的小区分别下达监督意见书。

放射卫生　1986年6月，市卫生、经委、劳动、总工会联合开展工业卫生建档监督。1988年，市卫生、公安、科技、劳动4部门联合监督全市有放射性因素的工业企业和医疗单位建立放射卫生档案。1991年11月，对全市建筑材料开展放射卫生监督监测。1992年6月起，核发放射性同位素和射线装置工作许可登记证。1993年3月，对全市放射防护"三证"发放工作进行检查验收。1995年12月，对全市放射卫生综合监督管理工作进行检查。1997年12月，下发《放射工作人员健康管理规定》，开展放射工作人员的培训和健康检查工作。1998年1月，在全市范围内清理核查放射源，加强对放射源的管理。1999年4月，开展全市医疗卫生单位放射工作人员个人剂量监测。2000年10月，开展全市放射源安全检查。2004年10月起，全市开展对射线装置（含医用CT、医用诊断X线机、工业探伤、伴生X线电器产品等）作业场所的监督监测和年度审验，并进行安全达标整改，消除安全隐患。2006年，检查18家医用辐射机构。2008年，对全市28家医疗机构的放射诊疗设备进行性能和防护检测，共检测18家，效果控制评价3家。是年，组织放射工作人员防护培训班2期，培训人员175人，对165名放射工作人员个人剂量和18家医用辐射机构进行监测。2010年，全市放射卫生监督共检查60户次，下发监督意见书43户次，主要问题是放射建档不规范，从业人员防护意识不强，放射防护设施未安装到位等，并限期整改到位。

计划免疫

1986年4月25日，开展"全国儿童预防接种宣传日"活动，此后每年例行开展；10月，省计划免疫考核组对景德镇市卡介苗接种进行考核，接种合格率和卡痕率均为100%，名列全省之首，受到省卫生厅表彰。是年，全市有9个乡卫生院推行儿童计划免疫保险合同制。

1991年3月4—9日，联合国儿童基金会、世界卫生组织、卫生部统一抽样评审组对乐平市儿童计划免疫第二个85%达标进行联合评审，并予通过。1993年，开展首次"全国消灭脊灰炎强化免疫日"活动，制定"景德镇1993年消灭脊髓灰质炎强化免疫活动的行动计划"。12月5日，市党、政主要领导参与强化免疫日活动，为儿童喂服疫苗，全市强化免疫日活动二轮服苗率达95%以上，脊灰炎病例比上年大幅度下降，报告5例，仅确诊1例。1994年，组织开展第二次脊灰强化免疫活动，全市共有90588名4岁以下儿童接受免疫，继续保持全年无“脊灰”病例发生。1996年,完成第三次全国消灭脊灰炎两轮强化免疫和第四次全国消灭脊灰炎第一轮强化免疫。乐平市代表景德镇市接受国家卫生部检查组进行的儿童计划免疫第三个85%(以乡镇为单位)达标审标检查,AFP监测报告率1.06/10万,达到国家标准要求,继续保持无脊灰炎病例出现。1999年12月,市委书记参加免疫日活动,为儿童喂服糖丸,全市连续6年无脊灰病例发生。

2000年,以乡为单位,卡介苗、麻疹、脊灰、百日咳疫苗接种率保持在95%以上。2004年2月1日,正式将新生儿乙肝疫苗接种纳入儿童计划免疫,规划免疫扩展为五苗七病。是年,乐平市3个乡镇发生麻疹疫情局部流行,经应急接种等控制处理,很快被扑灭。2005—2006年,开展儿童计划免疫以乡为单位接种率达90%以上达标活动,乐平市、浮梁县通过验收。2007年,市卫生局组织对全市所有接种单位进行资质论证,共论证接种门诊68个、接种点24个、接种室9个,培训接种人员319人。是年,全市各级疾控中心开展预防接种门诊信息化建设。2008年5月1日,将扩大国家免疫规划工作纳入政府民生工程,全市儿童国家免疫规划疫苗免费接种覆盖面达100%;乙肝疫苗、卡介苗、脊髓灰质炎疫苗、百白破疫苗、麻疹疫苗等常规疫苗以乡为单位目标儿童接种率达到95.30%;流脑、乙脑疫苗、麻腮风、甲肝减毒活疫苗等新增疫苗以乡为单位目标儿童疫苗接种率达到86.70%。2009年9—11月,市卫生局组织对全市范围内1995年1月1日至2008年12月31日期间出生的儿童免费接种一次麻疹疫苗,接种率达96.69%;对1994—2001年出生未接种乙肝疫苗的人群进行乙肝疫苗补种活动,接种率达97.77%。是年,组织开展全市计划免疫接种率调查,儿童国家免疫规划免费接种覆盖面达100%、疫苗常规接种率达96.70%、新增疫苗接种率94.80%;开展麻疹强化免疫及乙肝查漏补种活动,全市接种麻疹疫苗289901针次,接种率达97.76%;统一全市预防接种门诊标识,开展对学校、托幼机构入托、入学新生查验预防接种证工作。

2010年,市卫生局对全市申报标准化预防接种门诊建设的8家示范接种单位进行检查验收,其中有6家达标,达标率75%。是年1—3月,全市范围内开展甲型H1N1流感疫苗接种工作,共为中小学生、教师、服务从业人员等接种11万人次;开展8月龄至4周岁儿童的麻疹强化免疫活动,共接种目标儿童98123人,接种率98.20%。是年11月30日,市疾控中心获省疾控系统首次免疫规划技能比武大赛三等奖。

传染病防治

性病、艾滋病防治 1986年,景德镇市性病、艾滋病防治工作主要由市皮肤病院承担。1987年10月,市卫生防疫站首次开展对重点人群艾滋病监测。1993年12月,李建、漆安平、李跃武等医生的“自体主动免疫疗法控制性病疣复发的实验研究”项目通过市科委组织的专家鉴定。1997年,乐平市发现首例输入性女性艾滋病病人,市卫生防疫站、市皮肤病院、乐平市防疫站联合对该病人进行流行病学调查与随访管理。2000年10月,市三院收治一女性患者,初筛结果阳性,后经省艾滋病确认实验室诊断,为全省首例由当地初筛诊断后经省确诊的艾滋病患者。11月3日,该患者死亡。2001年,举办全市艾滋病性病防治培训班。5月,市皮肤病医院和市中心血站建成艾滋病初筛中心实验室,并通过省卫生厅组织的考核验收。2003年3月和11月,市一院和市妇幼保健院先后建立艾滋病初筛实验室,并通过省卫生厅组织的考核验收。2004年,市政府成立艾滋病防治工作委员会,并召开全市艾滋病防治工作会议,形成多部门合作的联合防治机制。是年,市本级投入8万元用于艾滋病防治工作。11月,市皮肤病医院向卫生部申请到艾滋病免费治疗药品。12月1日,开展“世界艾滋病日”大型宣传咨询活动,至2010年每年均开展此项活动。

2005年,启动全球基金艾滋病项目,开展哨点监测和重点人群检测,加大主动监测力度,将落实“四免一关怀”政策作为艾滋病防治的主要政策措施,实施综合干预管理。珠山区和乐平市得到全球基金第四轮艾滋病项目支持。11月5日,市卫生局将艾滋病防治工作由市皮肤病医院划归市疾控中心,组建市艾滋病初筛实验室专家库。2006年4月6日,启动吸毒人群艾滋病哨点监测项目;4月13日,市艾防委办公室印发《江西省景德镇市艾滋病防治战略规划》;5月20日,启动男男同性恋哨点监测项目;9月22日,景德镇市全球基金艾滋病项目启动,项目办设在市卫生局,主要负责对艾滋病实施免费治疗。当年,市卫生局组织对全市所有筛查实验室进行重新验收,新增初筛室6个。市疾控中心对公安、司法监管场所羁押人员定期进行艾滋病检测。2008年1月1日,启动国家级性病艾滋病监测项目。8月25日,市艾防委召开景德镇市遏制与防治艾滋病行动计划中期评估工作会议。11月27日,在市委党校举办全市领导干部艾滋病防治知识培训班。是年，全市建立艾滋病防治自愿咨询检测服务点 17 个，提供免费自愿咨询检测 1376 人次，为 12 人提供免费抗病毒治疗。

2009 年 1 月 23 日，市疾控中心艾滋病确证实验室检测资质获省卫生厅正式批准，承担艾滋病确证检测任务，结束艾滋病筛查标本要送南昌（省疾控中心）确证的历史。6 月，由省卫生厅主办、市医学会和市一院联合承办《基层医务人员艾滋病抗病毒治疗》培训班，培训 147 人。8 月，《艾滋病防治条例》列入全市领导干部普法考试内容进行考核。2010 年 1 月 1 日，新一轮艾滋病综合防治项目启动，周期为 5 年。市疾控中心编印《我们在行动——景德镇市艾滋病性病防治工作图册》；3 月 8 日，市疾控中心开通“瓷都性艾科 QQ 群”网络，开展艾滋病宣传咨询活动。

疟疾防治　1986 年，全市疟疾发病 264 人，发病率为 2.16/万。此后全市每年都集中开展灭蚊和预防疟疾工作。2000 年，经省考核组鉴定，乐平市达到基本消灭疟疾部颁标准。2001 年，昌江区达到基本消灭疟疾标准。2009 年 1 月至 2010 年 6 月，全市完成消除疟疾行动网络疫情报告基线调查，疟疾传染源监测工作乡镇监测覆盖率达 86.67%，年血检率 100%。2010 年 11 月 1 日，市血地办、市疾控中心通过各县（市、区）达到基本消灭疟疾的部颁标准。11 月 5 日，市卫生局、市血地办联合市发改委、教育局、科技局等 15 部门制定并下发《景德镇市消除疟疾行动计划（2010—2015 年）》，要求珠山区、昌江区在 2013 年，乐平市、浮梁县在 2014 年通过县级消除疟疾工作考评阶段目标，以市为单位 2015 年通过省级组织考评的市级消除疟疾工作考评总目标。11 月 11 日，全市消除疟疾行动工作会议在市疾控中心召开，消除疟疾行动正式启动。

表 37－1－1　**1986—2010 年景德镇市疟疾发病一览表**　单位：人、/‰

年份	人口数	发病数	发病率	年份	人口数	发病数	发病率
1986	1219882	264	2.16	1999	1427800	2	0.01
1987	1236133	180	1.46	2000	1430000	1	0.01
1988	1254843	51	0.41	2001	1443100	0	0
1989	1270029	124	0.98	2002	1462000	0	0
1990	1296537	33	0.25	2003	1479999	0	0
1991	1343463	16	0.12	2004	1505700	0	0
1992	1328829	30	0.23	2005	1508300	0	0
1993	1338653	3	0.02	2006	1536200	0	0
1994	1362572	4	0.03	2007	1561800	0	0
1995	1365899	0	0	2008	1539017	1	0.01
1996	1384991	0	0	2009	1550039	0	0
1997	1397700	3	0.02	2010	1577989	0	0
1998	1419920	2	0.01				

表 37－1－2　**1997—2010 年景德镇市“三热”病人血检情况表**　单位：人、%

防治阶段	年份	血检计划数	实际血检数	任务完成数	阳性数	阴性数
基本消灭疟疾阶段	1997	3000	2885	96.17	0	2885
	1998	7500	7195	95.93	0	7195
	1999	14140	9800	69.31	2	9798
	2000	14204	9030	63.57	1	9029

续表 37-1-2

防治阶段	年份	血检计划数	实际血检数	任务完成数	阳性数	阴性数
后期管理与监测阶段	2001	14140	3665	25.92	0	3665
	2002	4241	0	0	0	0
	2003	4485	2579	57.5	0	2579
	2004	4500	0	0	0	0
	2005	4530	0	0	0	0
	2006	4145	2054	49.55	0	2054
	2007	2350	1137	48.38	0	1137
	2008	2350	2159	91.87	1	2158
	2009	2500	2373	94.92	0	2373
消除疟疾阶段	2010	3210	3215	100.16	0	3215

结核病防治　1986 年 1 月,市结防所率先开展结核病纤维支气管镜的检查、异物支取及肺泡灌洗等技术,并取得良好的治疗效果。是年,首次开展高校新生入学结核病筛查体检工作。90 年代初,每年在高校开展筛查工作,每年平均体检人次为 3000 余人。1986—2010 年,每年的 3 月 24 日,市卫生局、市五院均开展世界防治结核病日大型义诊宣传咨询活动。

1990 年 5 月,市结防所和浮梁县疾控中心在瑶里镇开展全国第三次结核病流调工作。1992 年 6 月,市结防所首家开展酶联免疫收附试验,引进测定结核抗体的新技术。2001 年 3 月,首次开展结核病流行病学抽样调查,结果显示活动性肺结核患病率为 865.7/10 万,传染性肺结核患病率为 331.5/10 万,明显高于全国全省水平。2003 年,实施世行贷款、英国政府赠款结核病控制项目以及日本政府援助结核病项目。2004 年 6 月,成立市结核病防治工作领导小组,在市结防所设结核病项目工作办公室。当年召开全市结核病防治会议,省、市级财政每年投入近 100 万元进行结核病防治。是年,在乐平市、浮梁县、珠山区、昌江区开展肺结核流行病学抽样调查,结果显示全市肺结核患病率为 606/10 万,涂阳肺结核病患病率为 183/10 万,其中城区肺结核患病率为 603/10 万,涂阳肺结核病患病率为 203/10 万。2004—2008 年,景德镇市争取国际卫生项目支持,对肺结核病人实行免费治疗,共免费治疗活动性肺结核病人近 5000 余人,其中传染性病人 3000 余人,治愈率达 90%。2005 年 6 月,上海市健康教育所影视中心、市卫生局、市健康教育所联合拍摄《肺结核病治》专题片。2006 年,举办结核病防治培训班,规范结核病疫情登记与统计、网络直报和数据库工作。是年,超额完成新发涂阳病人的确诊任务,对新发现的传染性肺结核病人全部施行免费治疗,治愈率达 87.30%。2007 年,启动第五轮全球基金结核病项目。2008 年,新发肺结核病人治愈率 92%,发现和治疗新发涂阳肺结核病人 715 例,完成全年任务数的 125%。2010 年,推行现代结核病控制策略,全市新发现涂阳病例 636 例,任务完成率 112.7%,并全部实行免费治疗,治愈率达到 94.20%。

伤寒、副伤寒防治　1991 年 5 月,浮梁县黄坛中学暴发伤寒疫情,共收治病人 48 例。2004 年 10 月,陶瓷学院老校区内发生副伤寒疫情,共发病 60 余例,至 11 月底疫情被控制。2006 年 4 月 10 日至 5 月 17 日,市疾控中心指导浮梁县及时控制蛟潭中学的甲型副伤寒疫情。是年,在乐平、陶瓷学院等地实施由市疾控中心承担的省级疾病监测项目,开展鼠疫监测、伤寒及副伤寒监测,至年底如期完成。2007—2010 年,全市未发生伤寒、副伤寒暴发疫情,每年虽有散发病人,但都得到及时治疗。

丝虫病防治　1986 年 12 月,市卫生防疫站对全市 31 个乡(镇)146 个行政村和 7 个农村厂矿进行丝虫病普查,共血检 105638 人,占农村人数 50.10%;查出微丝蚴阳性者 7 例,阳性率 0.006%。1987 年 10 月,经省卫生厅组织省、市、县专家对乐平市、浮梁县(含昌江区)防治工作进行全面考核,认定景德镇市达到卫生部的"基本消灭丝虫病"标准。1988—1990 年,乐平市连续 3 年开展基本消灭丝虫病监测,结果达到部颁标准。1996 年,省、市、县卫生防疫站对乐平市、浮梁县的 3 个村进行病原学监测,开展防治工作,对查出的病人给予正规治疗。1998 年 5 月,省卫生防疫站组织对乐平市 2 个村丝虫病监测工作进行现场抽查;12 月,省卫生厅组织专家评审确认景德镇市(浮梁县、昌江区)达到部颁“消灭丝虫病”标准。2000 年 12 月,确认乐平市达到部颁“消灭丝虫病”标准。2003 年,市血吸虫病地方病防治办公室对乐平市、浮梁县、昌江区的 3 个乡(镇)4 个村 2384 人进行监测,未检出微丝蚴阳性病人。2004 年 3 月,根据市卫生局《关于加强丝虫病防治工作》文件精神,对复查出的 49 人进行再次复检,结果为死亡 3 人、外出 21 人、外迁 2 人、重复计算 1 人,血检 22 人均为阴性。同时为发现的 35 例慢性丝虫病人建立专门档案。2005 年,全市对丝虫病纳入常规监测。至 2010 年,乐平市连续监测 8 个村,均未检出微丝蚴阳性者。

麻风病防治 1986 年 5 月 7 日,市政府召开全市麻风病防治工作会议,部署防治工作。1987 年 6 月,根据世界卫生组织推荐的方案,对麻风病实施联合化疗。1990 年,全市麻风病防治的职能由卫生局防保科划归市血地办管理,浮梁县的麻防业务工作由原市皮防所改为县防疫站管理。1992 年,市卫生局成立景德镇市麻风病防治工作“八五”规划领导小组。1994 年,乐平市经自查达到部颁基本消灭麻风病标准。1995 年,景德镇市区经自查达到部颁基本消灭麻风病标准。1996 年,浮梁县经自查达到部颁基本消灭麻风病标准。1997 年 4 月 1 日,省血地办组织专家进行考核,确认全市基本消灭麻风病。此后,1999 年、2002 年、2004 年、2008 年,全市发现麻风病人各 1 例,都进行联合化疗。2005 年起,市血地办、市皮肤病院把麻风病防治宣传单分发到各街道、社区、乡村,并与市健教馆合作到疫区大、中、小学举办麻风病防治知识讲座。至 2010 年,先后印制发放宣传单 2 万份,绘制麻风病防治宣传展板 10 块。到基层开展麻风病防治宣传、咨询、义诊。

突发性传染病防治 1987 年 6 月,因波阳船民水路输入污染昌江河水引起霍乱疫情(病人 5 例、带菌者 15 例,均为稻叶型)。1988 年 5 月,黎明制药厂因食用毛蚶引发甲型肝炎暴发流行。市卫生局、市疾控中心有效处置后,上述两起疫情得到控制。1996 年 2 月,浮梁县福港乡东港村暴发麻疹疫情;5 月,昌江区荷塘中学发生甲肝和市福利院发生细菌性痢疾疫情;7 月,浮梁县兴田乡城门村洪灾后因水井污染暴发细菌性痢疾疫情。1999 年 8 月中旬至 10 月中旬,全市 4 个县(市、区)相继发现霍乱(01 群小川型)疫情,发生病例 74 例,查出健康带菌者 47 例。上述疫情,市疾控中心及时处置后都得到有效控制。

2003 年年初,国内出现“非典”疫情,4 月 17 日,市委、市政府召开全市预防非典工作会,成立市预防非典协调小组,市财政拨付预防非典专项资金 50 万元。同日,市卫生局召开卫生系统预防非典工作动员大会,制定印发预防和控制非典预案,成立各级预防非典领导小组和组建专业技术队伍。当月 23 日,省督导组到景德镇市督导。5 月 1 日,省委副书记王君和省人大常委会副主任朱英培、省政协副主席黄定元率省督查组一行到市车站、机场、医院、学校检查非典防治工作。8 月 13 日,全市防治非典表彰大会召开,卫生系统 7 个先进集体和 39 位先进个人获得表彰。9 月 28 日,市卫生系统举行防治非典实战演习。11 月 28 日,市政府拨出 50 万元捐款作为防非典一线医务人员特殊补贴。至年底,全市设立发热门诊 42 个,诊疗发热病人 20189 人、留观 1850 人,专家会诊 16 次,未发现非典病例;全市开通预防非典热线电话 18 条,接受市民咨询 1. 20 万人次,印发各类预防非典宣传资料 50 万份,举办各类培训班 30 期。2004 年 7 月,市卫生局编印的反映抗击非典先进事迹《2003 年最可爱的人》一书出版发行。2005 年 7 月 31 日至 8 月 8 日,有效处理 1 起(3 例)可疑人感染猪链球菌病疫情。

2007 年 6 月 6 日,市疾控中心处置珠山区幼托机构手足口病聚集性疫情。7 月 4 日,处理市特殊教育学校流行性腮腺炎疫情,为该校盲人部 30 多名学生免费接种麻疹腮腺炎联合减毒活疫苗。2009 年 8—9 月,市疾控中心处置 4 起学校突发甲型 H1N1 流感聚集性疫情公共卫生事件(未分级),对所有现症病人全部按医疗方案治疗,大部分染病者治愈,少部分进行治疗后监测。11 月 1 日,确诊 1 例甲流重症患者,在省专家组的指导下,经定点医院全力抢救,23 日痊愈出院。

地方病防治

血吸虫病防治 1986 年 1 月,市委血吸虫病地方病防治(简称血地防)领导小组召开扩大会议,通报由鄱阳县划入昌江区的鱼山乡徐湾村血吸虫病疫情、螺情,部署防治工作。1987 年 8 月,市委血地防领导小组在昌江区鱼山乡政府召开第二次扩大会议,督促防治工作。1988 年 7 月,全市对来自疫区,有疫水接触史的

人员以及血吸虫病治疗满两年的老病人进行查治。11 月,撤销市委血防领导小组,由分管副市长担任市政府血防领导小组组长,血地办设在市卫生防疫站。1989 年 1 月,市政府召开血防领导小组扩大会议,继续做好宣布消灭螺情疫情地区的巩固监测工作,重点监测鱼山乡徐湾村;6 月,市血防站由湘湖卫生院迁至曙光路。1990 年 10 月 30 日,市血地办正式成立,设在市卫生局。1995 年 3 月,市血地办对徐湾村进行查螺,在大溪湖稻田至八公桥 700 米处,查到活螺 2800 只,死螺 390 只,镜检发现感染性钉螺 2 只,阳性率 0.51%,在源湾查病 123 人,检出间凝阳性 2 人,并给予治疗。4 月,市血防人员对徐湾村八公桥新发现的有螺地段进行药物灭螺,灭螺面积 1334 平方米。1996 年 8 月,市血地办向市政府建议将八公桥地段约 6.67 公顷水田改为旱地,市政府抄告昌江区政府落实水改旱任务,并进行综合灭螺。1998 年 10 月,市血地办对抗洪抢险部队、灾区学生等进行血吸虫病检查,共检查 540 人,发现 3 人间凝阳性,并给予治疗。1999 年 3 月,市卫生局在全市开展"卫生防疫千人大行动",发放传单和宣传防疫手册。2002—2004 年,市政府有关部门先后印发《景德镇市综合治理血吸虫病防治工作的意见》《景德镇市血吸虫病重大疫情应急处理预案(试行)》《景德镇市学校预防控制血吸虫病健康教育工作方案》,强化血防工作。2008 年,省寄研所初步复核认定,昌江区为血吸虫病传播阻断地区。2010 年,开展预备役工兵团、武警部队防洪疫水接触后预防血吸虫病工作,220 名官兵服用吡喹酮预防,为武警 HIA 查血吸虫病 155 人。

碘缺乏病(地方性甲状腺肿病)防治 1986 年,市卫生局、市防疫站在昌江区、乐平县部分乡(镇)和厂矿,对 200054 人进行碘缺乏病普查,查出地甲病人 931 人,总患病率为 0.47%。1988 年 7 月 22 日,市血地办印发《景德镇市地甲病查治实施方案》,对全市 27 个乡的 26 万人进行地甲病普查,开展防治。是年,乐平县通过省血地办组织的基本控制地甲病考核达标。1989 年,浮梁县、昌江区开展碘缺乏病普查,调查 25 个乡(场)1586 个自然村,调查率为 96.71%;两地共调查 235392 人,其中病区乡 139047 人,查出地甲病人 9341 人,患病率为 6.72%。1991 年 12 月,省血地办组织专家抽查昌江区的荷塘乡,浮梁县的鹅湖、瑶里、蛟潭、西湖等 5 个乡(镇)2959 人,查出病人 31 人,患病率 1.05%;抽查 5 所中学、15 所小学 7~14 岁学生 3083 人,查出病人 8 例,生理肿大 186 人,肿大率 6.29%。同时对碘盐含碘量、碘缺乏病防治知识、病区人群尿碘水平和各项资料进行审核,认定浮梁县、昌江区均达到基本控制地甲病标准。1996—2009 年,市盐务局累计供应碘盐 117211.09 吨,查处非碘盐 740.84 吨,保障全市居民食用合格碘盐;同期,市卫生局、市疾控中心共调查居民和学生 780417 人,查出甲状腺肿大者 17282 人,投服碘油胶丸 40959 人次,检测批发、零售及居民食用盐 29938 份。1999 年 8 月 23 日,市血地办印发《景德镇市碘缺乏病防治监测实施办法》,继续开展监测工作。是年,市卫生局及盐业公司不断强化食盐加碘防治碘缺乏病干预措施,全市设立碘盐销售点 1262 个,遍布全市各乡村。2009 年 9 月 15—25 日,根据《景德镇市 2009 年消除碘缺乏病目标县级考核评估工作方案》,市卫生局、市发改委、市盐务局和市疾控中心组织进行综合考评,结果符合消除碘缺乏病标准。

地方性氟中毒防治 2004 年前,全市未开展地方性氟中毒防治工作,地方性氟中毒尚待调查证实。2005 年 11 月 15 日,市卫生局、市发改委、市财政局联合制定景德镇市重点地方病防治规划(2005—2010 年),并于 2006 年 4 月 20 日转发各县(市、区)政府,市政府各部门,市直有关单位。2007 年,开展地方性氟中毒线索调查工作,在此基础上制定全市的调查方案。针对不同类型(饮水型和煤烟型)的地方型氟中毒,开展水质含氟调查,在燃煤污染严重的矿区开展病情调查(氟斑牙调查)。2009 年,根据卫生部要求,乐平市被确定为江西省燃煤污染型地方性氟中毒现况调查项目县,并开展现况调查,查出镇桥、双田镇 17 个行政村为轻病区,8~12 岁儿童氟斑牙患病率大于 30%,病区总人口数为 41242 人,病区户数为 10400 户。2010 年,开展地方性氟中毒、地方性砷中毒、布鲁氏菌病的流行病学调查,并根据调查结果制订相应的防治措施。

职业病防治

矽肺防治 矽肺病是陶瓷工人的多发病。1986 年,工业卫生综合档案显示:全市 252 家企业 15.20 万职工中,受到职业危害的人数有 4.60 万,占建档数 30.24%,其中接触粉尘的 2.40 万人,接触毒物的 2.18 万人,接触物理因素的 2.16 万人,以接触粉尘危害的职工最多;全市接尘职工依次为陶瓷 10446 人、煤炭 6594 人、机械 1490 人、建材 1444 人,煤炭行业有 35.88% 的工人接触矽尘。1986—1989 年,市职业病防治所开展为期 4 年的尘肺病流行病学调查,共调查 9 个陶瓷厂矿职工 14316 人,其中接尘人数 7950 人、矽肺患病 872

人，患病率10.98%。1991年，景德镇市参与中美合作“矽肺与肺癌关系”课题研究，完成宇宙、光明、人民、景陶、红星、为民瓷厂和陶瓷原料总厂共1.10万人的样本和作业场所有关物质监测分析，为开展尘肺病防治、粉尘综合治理、疾病调查、死因分析提供准确的依据。

1991—1992年，市劳动卫生职业病防治所先后承担和完成矽肺与肺癌关系、ZPP在铅中毒诊断上的应用、稻壳灰致尘肺病、微量元素与职业有害因素作业工人健康的关系等研究；组织开展全市尘肺病流行病学调查。1993年3月，全市调查468家国有生产企业17万余人，2万家外资、乡镇、个体企业10万余人，其中9.20万人接触有害生产因素，占全部生产人员34.10%。是年，尘肺病人增至2501人（1983年是1206人），各种职业中毒、职业损伤及死亡逾1000人。2005年6月，市疾控中心组织专业人员为全市30年以上工龄的1139名陶瓷作业工人进行免费健康体检。2006—2010年，市疾控中心每年均对200名接触矽尘的作业工人进行定期体检，尘肺病人患者人数逐年下降。

铅中毒防治　1986年，工业卫生综合档案显示，全市接触铅的瓷业工人达5239人，占接触有毒物人数的79.09%，空气含铅最高超标10倍。1993年11月13日，市职业病防治所、市妇幼保健院开展“铅中毒对陶瓷彩绘女工子代影响”的研究课题；通过国内10余名专家和省卫生厅组织的鉴定，该课题处于国内领先水平，为预防儿童铅中毒提供依据。2003年8月，全市开展有害化学品生产、销售和使用专项整治工作。2004—2010年，随着陶瓷企业改制和生产工艺的革新，全市铅中毒患者逐年减少，市职防所收治的多为慢性铅中毒患者。“十一五”期间，共完成职业健康检查1.50万人次，职业卫生监测75家，放射卫生监测50家，职业病危害预评价4家，职业病危害控制评价13家，处理中毒事故6起，发表论文6篇，科研立项2项。

慢性病防治

1991年9—10月，市卫生局开展第三次全国高血压病抽样调查，抽调市区5个居委会4000名15岁以上人员。1992年5—6月，开展全市居民死亡原因抽样调查。1993年9—10月，珠山区开展居民死因调查；结果表明市民死亡原因前六位依次是慢支炎、恶性肿瘤、脑血管意外、心脏病、传染病、意外事故，恶性肿瘤死亡病人中，以肺癌、胃癌、肝癌构成比例最高。2005年2月16日，市疾控中心设立慢性病防治科。10月16日至11月5日，市疾控中心参与由联合国儿童基金会、江西省疾控中心组织的儿童伤害调查项目。2006年，为全市1324名高血压病人和680名糖尿病病人建立疾病档案。是年，市四院、市残联、市健康教育所联合开展世界精神卫生日义诊咨询活动，此后每年均例行开展该项活动。2007年5月8日，市疾控中心配合省级监测点完成卫生场所被动吸烟调查问卷工作。县及县以上医疗机构死亡报告显示：造成居民死亡的原因是心脑血管病、糖尿病、肿瘤、意外伤害和下呼吸道疾病等，前十位死因中慢性病占七席，心脑血管病占总死因中的1/4。8月14日，景德镇市首家慢性病综合防治示范点在602所社区挂牌，省卫生厅疾控处、省疾控中心、省疾控中心慢防所领导参加揭牌仪式。2008年5月22日，市卫生局、市疾控中心等单位在市休闲广场举行“全民健康生活方式行动”启动仪式。2009年5月31日，市爱卫办、市疾控中心联合倡导在全市疾控机构创建“无烟单位”活动。9月17日，中国宋庆龄基金会副主席张文康率调研组一行30人到景德镇市考察控烟及慢性病防治工作，对该项工作取得的成绩给予肯定。2010年5月31日，市卫生局在市疾控中心开展全市疾控机构控烟知识竞赛活动。是年，市疾控中心获2009年度全省疾控系统新闻宣传先进集体称号。

第三节　妇幼保健

妇女保健

妇幼保健发展　1986年3月28日，市妇幼保健院获省五好（领导班子好、党员队伍好、工作机制好、工作业绩好、群众反映好）保健院称号。1994年8月，市妇幼保健院获中国爱婴医院最高审评委员会确认的爱婴医院称号。2005年，在全市乡镇卫生院开展“母婴安全乡卫生院”创建活动。2006年4月，市卫生局对验收合格的11所乡镇卫生院授予母婴安全乡卫生院称号。2007年，全市21所乡镇卫生院达母婴安全乡卫生院标准。2008年，全市农村县（市）建成规范化的“产科急救中心”2个，有21所乡镇卫生院达到“母婴安全

乡”的建设标准,为100%的贫困孕产妇提供住院分娩补偿。2009年,全市推广使用全省统一的《孕产妇保健手册》,开展母婴安全乡卫生院的创评,全市24家乡镇卫生院获母婴安全乡卫生院称号。2010年1月12日,省卫生厅授予景德镇市妇幼保健院为三级甲等妇幼保健院。1月25日,省卫生厅授予乐平市妇幼保健院为二级甲等妇幼保健院。5月1日,珠山区正式启动免费婚前医学试点工作。至年底,全市共有24家乡镇卫生院获得母婴安全乡卫生院称号;全年为29631名35~39岁的农村妇女完成宫颈癌检查,对13042名农村孕产妇住院平产分娩实施补助,为15475人次生育妇女提供补服叶酸,组织孕产妇死亡评审,全年孕产妇死亡率9.70/10万。

妇科病诊治　1986年起,市妇幼保健院在全市城乡每年都进行妇科病查治,为厂矿企业的女职工开展子宫肌瘤、宫颈癌等妇科病检查。1994年1月,市保健院引进阴道超声技术用于妇科病检查,该技术采用高频、高分辨率的特殊探头进行腔内超声探查。1995年1月,引进电脑近红外乳腺诊断仪,是检查乳腺癌及其他乳房疾病的最新设备。1999年4月,市首例人工授精在市妇幼保健院获得成功。9月,市妇幼保健院妇产科在省内率先采用“笑气”吸入法为分娩产妇镇痛。2001年11月,市妇幼保健院成功开展腹腔镜微创妇科手术。2003年1月7日,市妇幼保健院获省卫生厅批准为景德镇市首家“开展丈夫精液人工授精技术”单位。2006年6月,市妇幼保健院在腹腔镜下成功开展子宫全切除术和全子宫切除加双附件切除术。2007年12月,市妇幼保健院邀请“中国百万妇女乳腺普查工程”江西定点医院肿瘤医院专家到市开展“中国百万妇女乳腺普查工程”活动,为全市女性服务。2009年,加强城乡妇女保健工作,在全市开展以防治妇科病为主要内容的妇幼保健卫生知识的宣传教育,并对妇科病进行查治。2010年,省卫生厅给部分乡镇卫生院和社区卫生服务中心下拨了妇科治疗仪、红外线乳腺透照仪、半自动生化仪等设备。

儿童保健

健康检查　1986年,根据国家卫生部《城乡儿童保健工作要求》,对城乡儿童实施保健监测和系统管理。1991—1992年,全市推行“母子一条龙”管理,开展儿童系统管理和监测,开展儿童佝偻,小儿贫血、小儿肺炎、呼吸道感染、龋齿等病发病情况普查和智力测试,共有12275名儿童普查普治工作。1993年,市妇幼保健院购进儿童电脑营养评价仪1台,开设儿童营养评价检查项目,根据评价情况提出建议。1994年4月,引进小儿弱视协调仪1套,同时设立儿童眼保健科,开展儿童眼保健工作。1998年,引进儿童智商测试仪,对儿童多动症、抽动症、强迫症、情绪障碍、精神发育迟滞等儿童心理病患进行诊断。2003年,开展全市新生儿听力缺陷筛查项目。2006年,引进全自动多功能儿童健康测评系统,监测儿童生长发育健康,并对发现的问题进行早期监测,为早期预防提供科学依据,填补景德镇市儿童发育监测的空白。2007年,进一步推广“关爱儿童”项目,将儿童保健适宜技术在全市推广,在城市开展儿童体格、智能发育监测工作,在农村推广应用“儿童保健卡”。是年,景德镇市试运行全省“出生医学证明”管理软件,并在全省率先开展打印签发“出生医学证明”工作。是年,市妇幼保健院在全市首家开展新生儿听力筛查,让幼儿在不知不觉中轻松完成检测。2009年,在全市推广使用全省统一的《儿童保健手册》。2010年,能开展儿童生长发育体检、营养监测和儿童内分泌、早教等综合性咨询服务。是年,组织婴幼儿死亡原因分析,全年5岁以下儿童死亡率为9.08‰。

儿科常见病诊治　1986年,对全市散居儿童实行全面管理,小儿贫血由1983年的74.41%下降到54.13%,佝偻病由1979年的23.34%下降到4.15%。是年,市卫生局成立优生与出生缺陷监测协作领导小组,开展外血高分释G带和绒毛直接培养制备染色体,羊水培养及制备染色体等检查技术在诊断中应用的优生科研,填补景德镇市优生工作空白。1993年,市妇幼保健院儿外科成功引进肛前瘘直肠内修补术。1995年4月,引进婴儿高压氧舱,以提高婴儿血氧分压,改善组织供氧,改善脑细胞代谢,促进脑部组织的修复而达到治疗目的。1997年4月,引进胎儿心电图机,用于诊断胎儿先天性心脏病及胎儿宫内缺氧症等。1998年10月6日,市妇幼保健院设置儿外科,安排病床15张。1999年10月,市妇幼保健院引进儿童智商测试仪,对儿童多动症、抽动症、强迫症、学习困难、情绪障碍、品行障碍、精神发育迟滞等儿童心理疾患进行诊断。11月,设立新生儿重症监护病房(NICU)。2001年1月11日,市妇幼保健院首例人工授精婴儿顺利诞生。10月,为1位仅2个月龄的婴儿成功实施先天性一期巨结肠手术。2006年,该院开展羊水染色体检测、试管婴儿相关实验室技术、新生儿筛查等新项目。2008年2月28日,市妇幼保健院率先在全市成立小

儿早教及脑损伤早期康复室。是年9月，全国部分地区相继发生婴幼儿因食用含三聚氰胺奶粉导致泌尿系统结石的事件，市卫生局采取措施，组织医疗机构开展婴幼儿筛查、诊断和治疗工作，至年底共接诊、筛查食用含三聚氰胺奶粉婴幼儿5.40万人，确诊患病407人，其中绝大多数症状轻微，在门诊随诊治疗；累计住院72人，全部治愈出院。2009年，市妇幼保健院NICU病室为避免交叉感染，保证患儿健康成长，新增设"无家属陪护病房"服务项目，填补景德镇市空白。2010年，全市共筛查儿童白血病102例、先心病1609例，开出审批表127份，先后安排46名先天性心脏病患儿及7名白血病患儿到省各定点医院进行免费治疗。

第四节　中西医疗

中医

医疗发展　1986年10月，中医科职能从市卫生局医政科划出单独设置。1988年3月，在全市卫生系统公开招聘中医院院长。10月，江西中医成人教育部景德镇辅导站成立，并开设函授大专班。1989—1991年，市卫生局中医科3次被省卫生厅授予先进科室称号。1990年，市三院成立创伤中医外科。1991年年初，市中医院承办江西中医学院成人教育中医专业大专函授班，24人获得毕业证书，8人获得高等教育中医专业自学考试毕业证书。当年江西中医学院外培生南斯拉夫学员3人，到市三院进修考察针灸等中医传统疗法。是年，市政府批转市卫生局《关于加强我市中医药工作的意见》，对中医药事业发展给予政策支持；落实中西医"并重、并存、并举"的方针，发挥中医药作用，市中医院急诊科通过省卫生厅组织验收。1992年，市中医院成立骨伤分院。1994年，在全市率先成立交通事故抢救中心。

1995年，市卫生局组织65人参加中医执业资格考试。1996年，市一院分设中药科，并设中药房和中药库。11月，市中医院成立江西省骨伤诊疗中心。1998年9月，市卫生局召开吴承忠老中医学术经验研讨会暨行医70周年纪念大会，省卫生厅发来贺电。1999年，市中医院新的门诊大楼竣工交付使用。2001年，景德镇市张瑾、张海水、王荣昌、李栩堂、余海泰、万良政被评为江西省第二批名中医。乐平市中医院通过第一轮等级医院评审，被省卫生厅授予二级甲等中医院。2002年9—10月，举办全市中医类别全科医师培训，30名学员通过考评全部合格。2003年，市卫生局组织中医院走出困境专题调研组，通过参观、学习、讨论形成调研报告和改革方案，由职工民主选择发展方向。

2005年1月16日，江西省中医院定点医疗协作医院挂牌仪式在市中医院举行。11月22日，省卫生厅在市中医院设立"省中风偏瘫专科"。2008年4月，市卫生局获全省中医工作先进市。7月1日，市中医院被省卫生厅确立为全省开展中医药文化建设和中医"治未病"工作重点单位。8月1日，"120"急救中心景德镇市中医院分站正式运行。8月27日，经国家中医药管理局专家组评估，珠山区获全国中医药特色卫生服务示范区称号。11月4日，市政府印发《关于促进中医药事业发展的意见》，对传统中医给予扶持，将中医机构纳入新农合直补机构并给予优惠政策，扩大中医药报销范围。12月，乐平市通过省卫生厅专家组考评，获江西省农村中医药工作先进县(市)称号。是年，市中医医院争取"国家级重点地市级中医医院建设项目"1100万元，实施中医综合大楼改扩建项目。工程共10层，总建筑面积8500平方米，总投资2400万元。

2009年8月30日，在市人民广场组织开展"中医中药中国行"江西省景德镇市活动。22名老中医义诊，30名中医药人员进行中医养生保健演示，266条中药谜语竞猜，50块中医药展板宣传，发放各类科普宣传资料2万余份。是年，市卫生局对全市57名民间师承或确有专长的中医药人员进行医师资格考试认定；同时组织对"十一五"期间国家及省下达的共计投资430万元的16个中医药建设项目进行中期评估。

2010年，市卫生局完成全市989家各级各类医疗机构的中医基本现状调查工作，组织专家对乐平、浮梁、珠山3个县(市、区)的基层中医药推广项目进行评估；完成市中医医院、乐平市中医医院的创等级医院初评、上报；完成全市25名中医乡村医生中专教育培训、15名中医类别全科医师培训和110名中医、中西医师资格考试及13名确有专长中医人员招录工作。是年，市第一医院通过国家中管局全国综合医院中医药工作示范单位的考评；12月，市广播电台开通《中医讲坛》栏目。

医疗技术　1987年10月,市第二人民医院老中医黄其波发明“金针电疗法”。1991年,市卫生局组织中医、中医护理总查房和病历检查,规范统一全市中医病历。是年,市中医院采用外固定支架治疗四肢骨折45例,小针刀治疗软组织性粘连500例,取得良好效果,临床治愈率达95%;运用旋转复位手法治疗颈、腰椎后关节紊乱,骶骨药物注射治疗腰椎间盘脱出症都有独特疗效,有效率达98.50%。此外,还自行设计尺骨鹰嘴整复固定器、颈椎病牵引架,多功能牵引床及骨伤病康复练功器具等康复医疗器械。1992年9月,市中医院成立全市第一家骨伤患者康复理疗室。1993年,市卫生局组织90人参加高教中医专业本、专科段的考试,67人参加全市中医个体开业人员考试考核。1995年,市第四人民医院引进开展抗精神病合并电针治疗精神疾病技术。2009年,市中医医院开展“治未病”工作,分别于7月14日、24日,8月13日开展“三伏”灸和12月22日、31日开展“三九”灸。是年,中医医院针灸科申报江西省卫生厅重点科研课题针刺术调整血脂的临床研究,并参加国家重点支撑计划中药灯盏生脉胶囊干预缺血中风二级预防的多中心、前瞻性研究,实现中风病的预防治疗与国内外接轨。2010年1月9日,开展“三九”灸的天灸疗法,“天灸疗法”充分体现祖国医学的“简、便、廉、验”的特色,是中国医学中预防医学思想的体现。

医学成果　1987年,市二院组织研发的“唐毅然老中医妇科电脑诊断系统”获省卫生厅课题立项。1994年,引进和推广中医药新技术10项,其中市中医院引进3项,市直一、二、三院各引进2项,市中医院引进1项。1996年3月,由省中医药研究所心内科专家、主任医师汤益明与市第二人民医院内科主任医师万士荣共同承担的《中医药防治老年人舒张功能不全的临床及基础实验研究》,通过省级科技成果鉴定,获1997年江西省科技进步三等奖。1998年6月,市科委组织有关专家对市中医院的《速效腰痛冲剂临床应用》进行鉴定,认定该课题达省内先进水平,制剂工艺填补省内空白,临床应用治疗效果明显,具有推广前景。2002年,市中医院科研项目“强骨灵胶囊”和“尺骨鹰嘴骨折复位固定器”通过市级鉴定。2010年12月,市第二人民医院潘华、市中医院方陶的研究课题“中药内服加外熏洗治疗类风湿性关节炎”,获市科学成就进步三等奖。

医案入书　1991年,市中医院成立“汪氏外科、徐氏儿科、蔡氏伤科,中医症候、经方、针灸、耳医”等7个研究室,编辑出版《老中医经验》一、二辑和《吴承忠杂病讲稿缀遗》;整理汇编张了然的《医案》、唐毅然的《妇科经验》、汪渭中的《外科医疗经验》等医学书籍。1998年1月,由市第三人民医院副院长、副主任医师杨东镇担任常务副主编的《中国中医特治新法大全》一书由中国中医药出版社出版发行。2000年5月,杨东镇主编的《蛇伤诊疗和蛇等相关动物的综合养殖利用》一书,由江西省科学技术出版社出版。2002年,市卫生局组织市名老中医编写《张了然医案》《吴承中医案》《中医针灸杂谈》《唐氏学术经验选集》4部专集。2005年,珠山区中医师石祥根,编纂《癫、狂、痫、郁症鉴别诊断与治疗》一书,由江西省科技出版社出版发行。

西医

医疗发展　1986年,市第一、第二、第三人民医院全面实行院长负责制,按照所有权和经营权分离的原则,进一步放宽政策,扩大卫生机构的自主权,增强医疗卫生单位的活力。1987年开始,市卫生局对各县、区卫生局和市直医疗卫生单位,实行“卫生防病、妇幼保健、医疗质量、药品管理、食品卫生、挖潜节支、思想政治工作、职业道德教育、文明单位建设”等目标管理责任制,每年由市卫生局组织人员进行考核。1992年,市卫生局对在岗乡村医生进行系统业务培训提高,全市有800名乡医接受函授教育(即“红色证书工程”),年内全市报本科16人,报专科86人。是年,历时3年的乡医正规化教育完成,全市667名在岗乡医通过毕业考试,占应受教育人数的80.60%。

2001年5月,市卫生局启动“百十”工程。2002年,市直医疗卫生单位下乡医疗队20余支,诊治人数2000余人,免费赠送药品及医疗器械价值7万余元,举办医务人员培训班10余次,为农村培训医务人员100余人次。2003年3月,开展“百十”工程,资助全市10个重点建设学科和百名优秀中青年医学技术人员,投入专项经费20.90万元。9月,市卫生局举行“百十”工程授牌仪式,对“百十”工程进展情况进行督查。2005年,在全市各级各类医院开展“以病人为中心、以提高医疗服务质量为主题”,以“群众满意医院”建设活动为载体的医院管理年活动。2006年,“百十”工程第一轮活动结束,市妇幼保健院儿内科、市二院骨科、市一院肝胆外科被授予市重点学科建设达标单位;市妇幼保健院妇产科、市三院血液科、市二院心内科、市一院眼科被授予市重点学科建设基本达标单位。另有39名医务人员被授予卫生系统优秀中青年医学技术人才的称号。年内，对通过验收的7个重点学科及39名优秀中青年医学技术人员给予表彰及奖励，每个重点学科奖励2万元，优秀个人奖励2000元。是年，市继续医学教育工作代表省卫生厅接受卫生部考评并获得卫生部表彰，受到省卫生厅表彰。

2007年，全市卫生系统开展临床技能培训和大比武活动。活动中培训医务人员累计2144人次，覆盖率达95%以上，考核通过率在90%以上。是年，市一院参加全省临床技能竞赛获得团体第三名，列设区市第一；参赛人员中4人获得"技能标兵"，列设区市第一。2008年1月25日，在市二院开展全市卫生系统开展临床技能大比武竞赛，年内参与全省"双百"评选活动，4名乡镇卫生院院长、5名乡村医师被评为优秀乡镇卫生院院长和优秀乡村医生，1名乡村医生被评为全国优秀乡村医生。是年，实施"万名医师支援农村卫生工程"，配齐社区卫生服务机构基本设备和人员，培训全科医师40人、社区护士54人、社区卫生管理人员60人、社区卫生业务骨干60人。同时，通过鼓励社区卫生人员参加夜校学习，推广社区卫生适宜技术，培训医务人员274人。2009年，全市卫生系统共引进硕士生40人、博士生1人，选拔中青年学术和技术带头人培养对象35人，选出第一批中青年学术和技术带头人7人，选拔12名医学本科生到农村工作，选调市卫生人才服务团成员12人到县乡医院挂职。2010年，全市卫生系统共有62个课题通过初审，全系统有研究生61人，录用本科临床类毕业生近400人。

医疗技术　1986年5月9日，市第一人民医院成功为一位心脏粘液瘤患者进行低温体外循环（人工心肺机）心内直视手术。1987年7月15日，市第一人民医院为一位右半肝巨大海绵状血管瘤患者进行规则右半肝切除术。1988年8月28日，市第一人民医院组成手术组，成功进行同种异体肾移植手术。1989年1月，市第一人民医院儿科引进换血疗法治疗ABO溶血引起的高胆血症新生儿获得成功。11月，市第一人民医院五官科开展喉癌全喉切除术获得成功。1991年，市第一人民医院引进的"超选择性内脏动脉插管技术"，使全市在肿瘤疾病的诊治技术获突破性进展；市第一人民医院传染科在省内首次引进自体LAK细胞回输技术治疗慢性活动性乙型肝炎。12月，市第三人民医院成功引进自体骨髓移植（ABMT）技术，在全省率先开展ABMT工作，采用大剂量化疗加ABMT治疗晚期复发和无骨髓转移的实体瘤4例，填补省内该项技术空白。1993年，市第三人民医院完成的"自体骨髓移植"技术分别通过省卫生厅和市科委组织的专家鉴定。是年，市第一人民医院启用经皮穿刺技术，并参加当年的省科技成果展览。8月，市第一人民医院眼科主治医师董巧云等为1位因患右角、巩膜部分穿孔继发青光眼、瞳孔闭膜患者施行右板层角巩膜移植联合白内障中外除虹膜全切除手术获得成功，使患者重见光明。1994年1月，市妇幼保健院成功引进阴道超声探查技术。1995年2月，市第二人民医院骨科为1名33岁的男性双髋关节僵直患者施行左全髋关节mckee－Farrar型体置换术，获得成功。

1996年4月，市第四人民医院引进PCR基因诊断技术，用于肝炎、结核、性病系列和肿瘤、优生优育、遗传病的检测。11月，市第三人民医院内二科采用最新核氖激光血管照射治疗1名50岁因驱虫药脑炎并发精神病女患者，获得成功，市第三人民医院使用从美国引进的新材料、新技术"隐形义齿"。1997年4月，市第一人民医院口腔科首次采用羟基磷灰石人造骨充填患处，先后为1例较大上颌骨囊肿及1例外伤性鞍鼻患者实施整复手术。1998年12月，市第一人民医院放射科成功对一患者开展插管式小肠双重对比造影术，解决对小肠检查的困难。同月，市第一人民医院首次成功引进十二指肠镜进行十二指肠乳头插管、胰胆管造影的新技术。1999年1月，市第二人民医院脑外科主治医师王学明成功为1位"重症结核毁损肺"患者和1位肝脏组织受损面积达三分之二的患者分别实施"心包内全肺切除术"与"右半肝切除术"，这两项手术都属高难手术。3月，市第二人民医院在支气管镜下为1名50天的男婴成功取出异物，为市最小年龄的支气管镜手术；同时成功开展1例半喉切除及颈前带状肌修复手术，重建喉功能。10月，市第二人民医院首次成功运用Dick方法实施脊柱骨折手术，治疗1名不稳定性第一腰椎骨折并不全性截瘫患者。12月13日，浮梁县黄坛乡港口村村民周冬芳在市第二人民医院产下3名健康男婴，此例3胞胎在全市尚属首例。

2001年3月2日，市第一人民医院成功实施第11例自体骨髓移植术。是年，市第二人民医院开展放射介入治疗恶性肿瘤、子宫肌瘤技术；市第三人民医院成立白内障治疗中心，引进全套进口白内障超声乳化手术设备，采用国际上先进的白内障超声乳化摘除联合人工晶体植入术；市第二人民医院在全省率先成功开展碘125组织间植入技术,也称“体内咖玛刀”。2004年,市第二人民医院在全省率先运用“植入碘-125微粒子”技术,开展低能量射线植入肿瘤组织内持续放射性治疗肿瘤。9月,引进德国关节镜在全市率先开展骨关节诊断治疗技术。

2005年3月,市第一人民医院五官科开展全市首例“功能性鼻内窥镜手术”。5月19日,市第二人民医院医务人员采用体外循环的方式,成功地为1位先天性心脏病患者进行房间隔缺损修补手术。10月,市第二人民医院骨科成功地为1位102岁老人开展股骨粗隆间骨折切开复位鹅头钢板内固定手术,为百岁老人行外科手术在全市尚属首例。10月31日,市皮肤病医院引入国际先进的毛发移植设备,成功开展自体毛发移植术,填补市空白。是年,市第一人民医院成功抢救1例心脏骤停9次的病人;并先后开展“经颈椎前路减压椎骨十内固定”“经椎体前路治疗腰椎联合伤”“经腰椎后路椎体附件肿瘤摘除术”等新技术,这些新技术填补全市医疗空白。2006年1月,市第三人民医院在全市率先引进双联腹膜透析治疗尿毒症新技术;2月,开展首例鼻内镜下鼻腔内囊激光造口术,取得满意疗效。是年6月,市第一人民医院成功开展7例体外循环心脏直视手术,手术成功率100%;7月28日,市第三人民医院五官科在上海同济大学附属医院教授指导下,率先开展全市首例喉癌治疗新型手术。

2007年6月30日,市第三人民医院外二科在上海同济大学附属医院教授指导下,在全市率先为69岁高龄髋关节炎患者实施全髋关节置换手术,术后恢复良好;市第一人民医院外一科实施“股骨上段肿瘤根治性切除和带股骨上段全髋骨关节假体置换术”,根治切除肿瘤保留肢体,并重建肢体功能,在国内属先进治疗方法,为全市首例。2009年5月18日,全市“光明·微笑”工程在市第一人民医院正式启动,当年全市累计完成白内障患者免费手术4501例、唇腭裂患者免费手术214例。11月23日,首例重症甲型H1N1流感患者痊愈出院。是年,市第一人民医院利用微创技术先后开展数字减影全脑血管造影术、腹腔镜下直肠癌根治术、腹腔镜+胆道镜联合技术独立完成胆囊切除+胆总管切口取石+T管引流术、腹腔镜+超声刀“远程”摘除甲状腺瘤等手术,上述先进技术的应用,提升市医疗技术水平。

2010年,推进“光明·微笑”工程,全年完成白内障手术1505例,并建立长效机制;开展儿童“白血病”“先天性心脏病”免费救治工作,全年白血病筛查102人、确诊10例、送省治疗7例,先心筛查1609人、确诊131例、送省治疗46例;启动全市儿童白血病、先天性心脏病免费救治工作,全市累计筛查白血病102例、先天性心脏病1609例,安排46名先心患儿及7名白血病患儿到省各定点医院进行免费治疗。是年,市第二人民医院开展全市首例主动脉夹层内覆膜支架植入术、完全性心内膜垫缺损矫治术;利用微创技术对椎体压缩性骨折实施球囊扩张成形术;心血管内科引入介入技术,投资近50万元引进球囊反博器,改善心肌梗塞及严重心衰病人的冠脉供血;呼吸内科利用微创技术对肿瘤病人实施球囊扩张成形术等。

医学成果　1986年2月,市卫生局医药学会开展医学优秀论文评选活动,共收医学会、中医学会、护理学会、药学会、防痨协会参评的学术论文689篇;经学会复审小组复评,选出一等论文28篇、二等论文94篇、三等论文186篇。

1991年12月,市第二人民医院内科万士荣、王小明研制的“无创心功能微机分析系统”获省科技进步三等奖。1991—1992年,市劳动卫生职业病防治所完成矽肺与肺癌关系的研究、ZPP在铅中毒诊断上的应用、稻壳灰致尘肺病的研究、尘肺病流行病学调查、微量元素与职业性有害因素作业工人健康的关系等研究课题,并参与全国铅中毒诊断标准的修订。1992年8月,市二院施建楼等医生首创的“直肠癌扩大根治、盆腔联合脏器清除技术”通过省科委组织的鉴定,并在9月全省科技成果评比中,获全省卫生创新二等奖。1992年12月28日,市皮肤病院李建、漆安平、李跃武等开展的“自体主动免疫疗法控制性病疣复发的实验研究”通过市科委组织的课题鉴定。

1993年3月11日,市卫生局根据《景德镇市卫生局技术创新奖励办法(试行)》,首次颁发技术创新奖,其中一等奖2项(市第一人民医院外科潘育智等完成的“尸体肾移植”,市第二人民医院儿科盛曾荫等完成的“营养不良儿液体疗法方案”),二等奖22项,具体为:市第二人民医院外科江训经等完成的“伤段切除缩短前臂断臂再造”,市第二人民医院外科江训经等完成的“带血管蒂肌、皮、骨瓣转移术的临床应用”,市第二人民医院外科魏有林等完成的“阴茎阴囊对合皮管二期修复尿道下裂”,市第一人民医院儿科章慧等完成的“脐静脉换血术抢救新生儿胆红素脑病,新生儿败血症”,市第一人民医院妇产科刘顺华等完成的“显微外科输卵管吻合术”,市第一人民医院眼科金美玲等完成的“白内障囊袋内摘除术加人工晶体囊袋内植入术”,市第一人民医院口腔科邓胜华等完成的“打孔皮瓣头发移植术”,市第一人民医院五官科王家辉等完成的“喉全切除术”,市第一人民医院外科杨峰等完成的“侧脑室腹腔分流术治疗脑积水”,市第一人民医院外科计胜水等完成的“左肾上腺嗜咯细胞瘤手术”,市第三人民医院放射科陆士荣等完成的“输尿管阴性结石的X线诊断”,市第二人民医院儿科盛曾荫等完成的“高频喷射呼吸机抢救早产儿呼吸衰竭”,市第一人民医院五官科刘福林等完成的“喉显微手术”,市第三人民医院内科谢嘉德等完成的“24小时动态心电图自动分析对心律失常的诊断”,市第二人民医院外科余璟等完成的“Martin手术治疗全结肠型先天性巨结肠症”,市第一人民医院外科方金保等完成的“膀胱粘膜代尿道一期成形术治疗先天性尿道下裂”,市一院口腔科刘振华等完成的“下颌骨截除立即自体肋骨移植术”,市一院内科陈多佳等完成的“纤维结肠镜检查术”,市第二人民医院妇产科孙月华等完成的“宫腔镜(子宫内窥镜)临床应用”,市职防所余建华等完成的“ZPP在铅中毒诊断上的应用”,市中医院张瑞麟完成的“针刀药治疗软组织损伤”,市中医院张瑞麟等完成的“外固定支架治疗小腿骨折(复合固定器)”。

1995年12月,市第三人民医院吴钟山、方木水等完成的“自体骨髓移植技术”,获江西省卫生厅年度技术创新一等奖。1996年11月27日和12月16日,市第二人民医院江旭初、乐美成、江训经分别主持的“透析对尿毒症病人左室舒张功能的影响”“非侵入性检测肺动脉嵌压的研究”“异体骨的采集、贮存和临床应用”通过市科委组织的课题鉴定。1998年3月,市第二人民医院余红主持研制的“带空心针游标卡尺在眼科的应用”通过市科委组织的课题鉴定,并获得全市卫生系统科技创新一等奖。2004年12月,市第一人民医院曹铭华等开展的“脑出血微创清创清除治疗技术”通过市科委组织的课题鉴定。

2006年3月9日,市第一人民医院曹铭华等完成的“脑出血的微创消除治疗”和乐平市人民医院周继良等人的“梗阻性黄疸的低张CT增强扫描研究”被评为景德镇市科学技术三等奖。2009年1月22日,市政府授予市第一人民医院雷铭等完成的“冠状动脉PTCA及支架置入临床应用”、市第二人民医院王学民等人的“体外循环下人工瓣膜置换术”、市第二人民医院周景俭等人的“放射介入子宫动脉栓塞术治疗子宫肌瘤临床应用”、市第三人民医院朱跃光等人的“吻合器在消化道手术中的应用”、市第一人民医院刘志辉等研发的“国产药物涂层支架在冠心病介入治疗中的临床应用”为景德镇市科学技术二等奖;授予市第一人民医院董启云等完成的“白内障超声乳化摘除技术的临床应用”、市第二人民医院吕志华等人的“经皮穿刺(颈)腰椎间盘切吸术的临床应用与研究”、市第一人民医院汪建军等人的“应变量率成像定量评价风湿性二尖瓣狭窄患者左心室功能”、市第二人民医院江兴华等人的“钛激光治疗泌尿系统结石术后监测CRP的临床意义”为景德镇市科学技术三等奖。2010年1月5日,市妇幼保健院医师刘姝参加省卫生厅组织的“孕妇学校师资授课技能比赛”,以“高高兴兴迎接新的生命”课题获得该项比赛第三名。

医疗设备

1986年,随着全市卫生系统院长负责制的实行,各卫生机构自主权不断扩大,引进医疗设备不断增多。1991年5月,市第二人民医院引进HP500型彩色多普勒超声仪。是年8月,市卫生防疫站引进SP3700型气相色谱仪。1995年,全市共引进6项医疗设备,其中市妇幼保健院3项、市第一人民医院2项、市第二人民医院1项。2000年,全市共引进3项医疗设备,分别为市妇幼保健院引进的意大利百胜集团公司彩色多普勒超声诊断仪、美国I-STAT手套式西气分析仪和市三院引进的丹麦Madson型双通道诊断型电测听仪。2010年,市皮肤病院引进德国百康变应原检测仪。

表37-1-3　　1991—2010年景德镇市医疗卫生单位引进医疗设备一览表

时间	设备名称	引进医院
1991.5	HP500型彩色多普勒超声仪	市二院
1991.8	SP3700型气相色谱仪	市卫生防疫站
1992.10	8800型第三代全身CT扫描诊断仪一台	市一院

续表37-1-3

时间	设备名称	引进医院
1993.12	前列腺射频治疗仪	市三院
1994.1	日本产800毫安东芝X光诊断机、BT-4医用直线加速器	市一院
1994.10	美国产MeT5900带中心监护设备的多功能监护仪、国产动态心电图机、心电图监护仪为组机1台、分机5台组成的配套设备	市一院
1995.4	小儿弱视协调仪	市妇幼保健院
1995.4	婴儿高压氧舱	市妇幼保健院
1995	BJ-4驻波直线加速器	市一院
1995.8	美国CELL—DRN1600型全自动血球计数仪	市二院
1995.10	超九彩色多普勒超声仪器	市一院
1995.10	电脑近红外乳腺诊断仪	市妇幼保健院
1996.4	胎儿心电图机	市妇幼保健院
1996.4	PICKER IQ、PREMIER第四代全身CT扫描机	市一院
1997.5	2MT-I型微波肿瘤治疗机	市三院
1997.10	自动血培养仪和自动细菌鉴定仪	市一院
1997.10	最新式血透机和美国太空试验室研制的动态血压监测仪	市三院
1998.3	美国贝克曼Delta5型全自动生化分析仪	市二院
1998.3	NHE型多功能心电工作站(又名:高频心电检测仪)	市三院
1998.4	KJ-I型彩色经颅多普勒	市三院
1999.2	“奥林巴斯”电子内镜系统	市一院
1999.3	美国AIM全套腹腔镜系统和技术	市一院
1999.3	最新一代“彩色多普勒脑血流分析仪”(即彩色多普勒脑血管超声诊断仪)	市三院
1999.6	多弹头自动导航射频癌症治疗仪	市二院
1999.9	美国OK镜第三代产品OK-III近视矫治镜	市一院
1999.12	美国菲利浦全新CT扫描仪	市二院
1999.12	美国威龙公司原装全新电子胃镜	市三院
2000.11	意大利百胜集团公司的彩色多普勒超声诊断仪、美国I-STAT手套式西气分析仪	市妇幼保健院
2000.11	丹麦生产Madson522型,最新一代的双通道诊断型电测听仪	市三院
2001	德国EBM公司44万像素高分辨率电子内窥镜	市二院
2001.11	前列腺汽化电切镜	市一院
2002.2	日本SF-3000型全自动五分类血球仪	市二院
2002.7	韩国产麦迪逊SA-8000EX型三维自由臂彩色多普勒超声诊断仪	市三院
2002.9	全自动荧光定量基因分析仪	市一院

续表 37-1-3

时间	设备名称	引进医院
2002.9	瑞士罗氏公司生产的电化学发光免疫分析仪	市妇幼保健院
2002.10	全省首台高科技 F51-5500MA 电视数子减影 X 线程控系统	市三院
2002.10	市一院与中国科学院北京在恒医疗设备有限公司合作，在市建立首家 X—刀治疗科室	市一院
2003	低剂量数字化 X 光机（LDRD-OICD）	市二院
2003.4	PICRER. PQ2000 螺旋 CT	市三院
2003.5	市皮肤病医院与南京医软软件公司合作开发医用软件，对医院实行"一卡通"式管理	市皮肤病医院
2003.8	瑞士罗氏 2010 电化学发光免疫检测仪	市妇幼保健院
2003.11	德国爱克发公司生产的 CR 拍片机及数字化拍片成像系统	市一院
2004	全省首台胶囊式内窥镜	市二院
2005.5	美国最新的多系统妇产科数码治疗仪	市妇幼保健院
2005.7	日本光电数字化脑电图机	市妇幼保健院
2005.7	高科技医疗设备——钬激光	市一院 市二院
2006.10	美国 GE 新一代 16 排 CT 机（Brightspeed Elite）	市二院
2006.10	直接数字放射成像系统—法国 STATIF 斯达福公司第三代直射式太空 CCD（DR 产品）	市三院
2006.11	美国 GE-Signa HDel.5T 高场强磁共振扫描机	市二院
2006.11	瑞士费米全自动酶免检测系统	市中心血站
2007.1	国内先进的美国杰西产等离子刀系统	市二院
2007.7	日本富士能十二指肠镜	市二院
2007.8	YC2200-6 型高压氧舱	市二院
2007.9	美国 GE 公司生产的 JNNOVA2100 平板大 C 臂机	市二院
2007.9	丹麦 MADSEN 公司的听力检测设备、美国 GE 公司的 Voluson-730-Pro 实时四维彩色多普勒超声诊断仪	市妇幼保健院
2008.6	美国进口的膝关节被动运动仪和宫腔阴道一体机	市三院
2008.9	飞利浦大型平板 C 臂机	市一院
2009	美国宫腔镜、SRF608 胎儿脐血流检测仪、双能 X 线骨密度检测仪、PHENIX 神经肌肉刺激治疗仪、"视动性眼震仪""手持式美国 SURESIGH 视动筛选仪""婴幼儿选择性注视检查卡"	市妇幼保健院
2010.11	德国百康变应原检测仪	市皮肤病院

医疗机构

市直医疗机构　全市有市第一人民医院、市第二人民医院、市第三人民医院、市妇幼保健院、市疾控中心、市第六人民医院、市口腔医院、市急救中心、市中心血站、市第四人民医院、市中医院、市第五人民医院 12 个市直医疗机构。

县（区）医疗机构　乐平市有乐平市人民医院、市中医院、市妇幼保健院、市疾控中心。浮梁县有浮梁县医院（县中医院）、县妇幼保健所、县疾控中心。珠山区有区疾控中心、区妇幼保健所。昌江区有区疾控中心、区妇幼保健所。

厂矿医院　全市有昌河职工医院、602所职工医院、南昌大学景德镇医院(铁路医院)、乐平矿务局第一医院、乐平矿务局第二医院、乐平一建公司职工医院、江维凤凰友好医院、景德镇监狱医院8个厂矿医疗机构。

民营医院　全市有乐平大连医院、乐平红十字会医院;浮梁金氏正骨医院(湘湖)、浮梁洪源正骨医院、浮梁新华医院;昌江区红十字会医院6个民营医疗机构。

农村乡镇卫生院　乐平市乡镇卫生院19个:乐平镇(乐平市第二人民医院)、接渡、高家、众埠、临港、塔前、洪岩、礼林、乐港、名口、涪口、双田、后港、涌山、镇桥、塔山、南港、鸬鹚、农科园卫生院;浮梁县乡镇卫生院17个:蛟潭、鹅湖、经公桥、湘湖、洪源、寿安、西湖、勒功、江村、峙滩、兴田、三龙、黄坛、瑶里、臧湾、王港、浮梁卫生院;昌江区乡镇卫生院4个:竟成、荷塘、鱼山、丽阳卫生院。

城镇社区卫生服务中心　珠山区范围有社区卫生服务中心8个太白园街道、新村街道、新厂街道、周路口街道、里村街道、石狮埠街道、昌河街道、昌江街道;乐平市范围有社区卫生服务中心3个:洎阳街道景丰门、洎阳街道联盟、塔山街道;昌江区范围有社区卫生服务中心3个:景航、西郊街道北片、竟成镇。

卫生所、服务站　乐平市有村卫生室296个,社区卫生服务站3个,个体诊所42个;浮梁县有村卫生室322个,个体诊所37个;昌江区有村卫生室91个,社区卫生服务站9个,个体诊所43个;珠山区有社区卫生服务站13个,个体诊所110个。

医院简介

市第一人民医院　位于景德镇市中华北路317号。是景德镇市建院最早的一所集医疗、教学、科研、疾病预防与保健为一体的三级甲等综合医院,是卫生部指定的国际紧急救援中心网络医院,省政府指定的司法鉴定医院,也是南昌大学、赣南医学院、江西中医学院、宜春医学院、南昌大学抚州分院、井冈山大学医学院指定的教学医院。2010年年底,医院占地6.67公顷,工作用房建筑面积5万余平方米。在岗员工1411人,其中专业技术人员1156人,有高级技术人才164人(其中正高职称40余人),博士生、硕士生80余人。拥有包括国务院特殊津贴获得者、全国卫生先进工作者、全国三八红旗手、省市劳动模范、江西省优秀医生、省卫生科技先进工作者、省市拔尖人才等一大批德技双馨的学科带头人。医院开放床位1000张;设有临床一、二级专业科室40余个,医技科室10余个;医院拥有高、精、尖现代化医疗设备100余台(套)。先后开展心脏介入、体外循环心脏直视、微创肝胆等一大批省内先进、市内领先的新技术。医院每年承担省、市级科研项目10余项。至2010年,有10余项科研成果获省、市级科技进步奖。

市第二人民医院　位于景德镇市广场北路3号。是一所集医疗、教学、科研、预防保健为一体的三级甲等综合医院。1986—2010年,医院占地面积由3.54公顷扩大到5.72公顷。至2010年年底,医院在岗员工1152人,其中专业技术人员883人,有高级技术人才151人,其中正高33人、副高118人,全院博士生、硕士生45人。拥有包括国务院、省政府特殊津贴获得者、全国卫生先进工作者、全国医德医风标兵、全省卫生系统先进个人、全市十佳青年等一大批德技双馨的学科带头人。医院开放床位805张。年门诊量达36万人次,出院人数31928人。设有临床一、二级专业科室25个,医技科室10个。建立系统内容量最大的数字图书馆,设有省内一流的集影像、功能检查、小手术等一体化大急诊科,全市首家静脉输液配置中心,一体化手术室。先后引进全市首台16排螺旋CT、1.5T核磁共振、大C臂机、64排螺旋CT以及PET-CT等一大批国内外先进仪器设备。成功开展肾移植、主动脉夹层腔内

90年代,景德镇第二人民医院住院部大楼

隔绝术、三腔起搏器安装、肝动脉插管化疗栓塞术、椎间孔镜技术等多项高难度手术。先后有百余篇学术论文在核心期刊发表,有多项医学科技成果获省、市科技创新和进步奖。与南昌大学医学院联合在全市率先开办医学研究生班,60 名职工成为攻读研究生学员。

市第三人民医院　位于景德镇市朝阳路 76 号。是三级甲等综合医院。2007 年,增挂昌江区人民医院牌子。是南昌大学医学院、赣南医学院、江西中医学院等 12 所高中等医学院校指定点教学、实习基地。是江西省住院医师规范化培训基地。至 2010 年年底,医院占地面积 5.40 万平方米,建筑面积 3.60 万平方米,编制床位 508 张,设有 26 个临床科室和 13 个辅助科室,1 个综合性门、急诊部。先后成立或组建重症医学科(ICU)、内六病区(呼吸、神经内科)、内镜中心、消毒供应中心;引进 Phillps 多排螺旋 CT 机、核磁共振(MRI)、直接数字摄影太空 CCD · DR 系统、全自动生化分析仪等价值 5000 余万元现代化医疗设备,并实现全院计算机网络化管理。有享受国务院、省政府特殊津贴 3 人,市级拔尖人才 6 人,省级中青年专家 1 人,省医学会各专业委员会常委委员 14 人。医院临床成功运用内镜下粘膜剥离术治疗胃肠道肿瘤、经皮内镜引导下胃造瘘术、腹膜透析技术联合治疗急性重症胰腺炎、直肠癌腔镜下切除手术等数十项医疗新技术、新项目。

市妇幼保健院　位于景德镇市珠山东路 143 号。是全市一所集医疗、保健、科研与教学为一体的三级甲等妇幼保健专科医院,是上海复旦大学附属儿科及妇产科医院、南京市妇幼保健院、省妇幼保健院以及省肿瘤医院等国内省内知名医院的定点技术协作单位,是唯一经省卫生厅批准“夫精人工授精”技术指定医院,不孕不育治疗疗效达国家规定标准。至 2010 年年底,医院占地面积 2945 平方米,开放床位 175 张,拥有员工 351 人。其中:专业技术人员 331 人,高级职称专业技术人员的 36 人,中级职称 135 人,研究生 4 人;年门诊近 26 万人次,出院病人近 1.20 万余人次,平均病床使用率 110%。医院引进大批先进医疗设备,重视开展学术研究,2 位儿科医师被评为省儿科专业学会学术委员;医院曾多次获得国家、省和市先进称号。

市中医医院　位于景德镇市瓷都大道中段紫薇路 57 号,是一所融临床、科研、教学、预防、保健、康复为一体的综合性三级甲等中医医院,为江西省特色中医医院。是江西省中医药大学等医学院校的教学医院,是国家级中医类别全科医生和中医住院医师规范化培训基地。2010 年 11 月,景德镇市中医医院占地面积为 3.33 公顷,业务用房 2 万余平方米,绿化面积 2 万余平方米;开放床位 400 张,设有 32 个临床、医技科室。拥有全国老中医药专家学术经验继承工作指导老师 1 人;江西省名中医、省百千万人才、政府津贴、省学科带头人等德技双馨专家 10 人;硕士生导师 3 人,高级职称 45 人(博士 4 人),中级职称 105 人,硕士以上学位 22 人。拥有 1.5T 高磁场核磁共振、16 排螺旋 CT、彩超、高清腹腔镜、电子胃镜、血透机、全自动生化仪、C 臂机、U100 激光碎石机,经皮肾镜,等离子电切镜、糖尿病风险评估仪、精神压力测试仪、人体分析仪、动脉硬化测定仪、骨密度检测仪、舌面脉信息采集体质辨识系统、微波治疗仪、中药煎药机、膏方煎药机、针刺手法治疗仪、三维多功能牵引床、电脑骨伤治疗仪等一大批高精尖医疗设备。设有国家级临床重点专科针灸科,国家重点培育专科推拿科,江西省重点专科骨伤科、中风病科、肛肠科、急诊科、康复科、创伤科,江西省临床重点专科老年病科、妇科、肾病科、脾胃科以及一批市、院重点专科。医院在中风后遗症、各部位复杂骨折、颈、腰椎间盘突出、肛肠疾病的治疗以及腹部外科、泌尿外科腔镜技术具有明显优势与特长。

市第四人民医院(精神病院)　位于景德镇市西郊石岭岭上 19 号。1987 年 8 月,更名为景德镇市第四人民医院,同时设立景德镇市精神卫生研究中心,以收治精神病患者为主。至 2010 年年底,医院占地面积 2.68 公顷,全院员工 190 人,卫生专业技术人员 126 人,其中高级职称 5 人,中级职称 58 人,初级职称 63 人。设精神一(女)、二(男)、三(男)科和心理科,有床位 180 张,中西医结合科设病床 20 张。先后引进 PCR 基因诊断技术和美国产醒脉通治疗仪、德国 12 导 12 项心电图机等先进设备。医院坚持以精神科为主导,以心理科为龙头,骨伤科和社区卫生服务为两翼,致力打造专科特色和品牌。

市第五人民医院(肺科医院)　位于景德镇市高新技术开发区梧桐大道 30 号。创建于 1988 年 3 月,是一所以呼吸内科、泌尿外科为特色的专科医院。医院有员工 220 余人,其中专业技术人员占 85%。2008 年 10 月,经市编委批准,市结防所正式更名为市第五人民医院,增挂市传染病医院牌子;开放床位 500 张,医疗业务科室 15 个,在全省同级同类医院中都位于前列。至 2010 年,医院先后引进一批高精尖医疗设备和大学学历(中级职称)以上专业技术人员 50 余人,占医院专业技术人员的 40%;拥有副教授级以上医、护人才 10

余人,专业涵盖结核、泌尿、美容、内科、药剂、护理等,先后在国家级刊物发表论文、论著近百篇。

市第六人民医院(景德镇市皮肤病院医疗美容医院) 位于景德镇市昌江大道58号。创建于1988年7月,原称市皮肤病防治所。2008年6月,增挂景德镇市第六人民医院牌子。是年,景德镇市珠山区石狮埠街道社区卫生服务中心落户六院。至2010年,由单一的皮肤病专科医院,发展成为一所集皮肤病、性病、医疗美容、中医、康复、内科、外科、妇科等医疗、教学、科研、预防为一体的“大专科,小综合”医院。医院由第六人民医院(总部)、市皮肤病医院(广场门诊部)组成,下辖一个街道社区卫生服务中心;占地面积约1万平方米,其中建有1栋面积7000多平方米的综合楼,拥有固定资产3000余万元,员工140余人,专业技术人员占78%,其中正高级职称1人、副高级职称7人、中级职称41人。逐步形成一套人马、三块牌子的发展格局。设有病床60张,科室10余个,年门诊约6万人次、住院人次3000余例。同时,医院也是江西省中医学院、宜春学院教学基地,市级群众满意医院,国家级性病门诊艾滋病监测哨点,市医保定点医院,珠山区、昌江区、城镇职工、居民医保定点医院,珠山区优抚定点医院及乐平、昌江、浮梁、鄱阳等县区新型农村合作医疗定点医院。

市口腔医院(牙病防治所) 位于景德镇市中华北路1号。1987年2月,市口腔医院恢复成立,为全民所有制事业单位,是集口腔预防、医疗、科教于一体的口腔专科医院,并设市牙病防治指导组。设立有医院门诊部、河西门诊部、广场门诊部、南门头门诊部、健牙门诊部(电厂)。2005年年初,在原牙病防治所的基础上,筹备创建景德镇市口腔医院,开设以口腔为主的口腔内科、口腔外科,儿童口腔科,口腔修复科(下设技工室)、正畸中心(设计算机固定正畸辅助设计室)、牙防宣教科、口腔专家特诊室、牙体美、容洁齿中心、放射科、中心消毒室及住院部和手术室(筹)等,开展各个相关的医疗服务项目。先后引用开展固定正畸技术,隐形义齿,铸造烤瓷等一系列口腔医学先进技术。2010年,有职工33人,口腔专业技术人员占95%,其中:高级职称5人、中级职称18人、初级职称20人。本科以上人员28人,占总数95%。主要医疗服务项目为口腔内、外科诊疗,儿童口腔疾病诊治,口腔修复、正畸技术、口腔种植技术,计算机固定正畸辅助设计,并提供口腔修复的铸造、烤瓷、隐形牙的工艺设计与制作,口腔颌面全景X射线诊断技术,开展EMS超声洁治服务。全院拥有各类口腔全电脑综合治疗机计30台(套),开展运用计算机辅助设计技术及电子病历;投入使用先进水平的菲曼特综合治疗机。在口腔种植、超声洁牙、固定正畸、烤瓷牙、铸造牙及隐形义齿的运用拓宽义齿修复等领域,达到全省领先水平。

乐平市第二人民医院 民营医院,位于乐平市洎阳中路271号。是一所新建的集医疗、教学、科研、预防、保健、急救于一体的综合性医院。医院总占地面积2.31公顷,总建筑面积55172.68平方米,主要包括综合大楼,辅助楼,感染楼,直线加速器房,污水处理房等。至2010年,医院按照二级医院规模设计实施,总投资2.30亿元人民币。规划床位900余张,一期展开床位499张。内外儿妇设置齐全,拥有学科带头人的高、中级职称医、护、技人员80余人。医院投入7000余万元添置一批进口原装大型设备,主要有64排螺旋CT、1.ST磁共振、800mA数字减影血管造影X线机、平板DR、检验流水线全套、四维彩超、富士能胃肠镜、瓦里安放射治疗机等。

乐平市大连医院 民营医院,位于乐平市大连路与人民路交叉口。始建于2007年12月,占地6.40公顷,开放床位120张,设有临床、医技等30余个科室,职工240人,其中专业技术人员180人,有中级职称以上专业技术人员30余人。拥有微创外科、肿瘤科、烧伤科等重点科室。

浮梁(洪源)金氏正骨医院 民营医院,位于浮梁县洪源镇。始建于2002年,医院占地0.57公顷,开放床位60张,设有7个临床、医技科室;至2010年,有职工42人,其中专业技术人员36人,中级职称以上专业技术人员7人;有中医骨病科、骨伤科、手足外科额、疼痛科4个重点科室。

浮梁县湘湖正骨医院(景东医院) 民营医院,位于浮梁县湘湖镇古田村。始建于2008年12月,医院占地0.67公顷,开放床位60张,设有7个临床、医技科室;至2010年,有职工80余人,其中专业技术人员56人,中级职称以上专业技术人员8人,市级专业技术拔尖人才1人;设有创伤骨科、颈肩腰腿痛科、手足显微外科3个重点科室。

昌江区红十字会医院 民营医院,位于高新区。始建于2010年,核定病床80张,设有10余个临床科室，有职工130人，专业技术人员86人。其中主任医师3人，副主任医师5人，主治医师10人。医院重点科室为手足显微外科、骨科、腔镜外科。

医疗援外

1986—2010年，全市共派出援外医疗队18批计67人次，主要援助对象为突尼斯、乍得、摩洛哥等国家，每次援外时间为1～2年。援外医疗队是由市卫生局从市第一人民医院、市第二人民医院、市第三人民医院、中医院、妇幼保健院、皮肤病院、市疾控中心、乐平市人民医院、乐平市中医院等单位，抽派内科、外科、妇产科、骨科、儿科、眼科、耳鼻喉科、针灸科、皮肤科、放射科、麻醉科、检验科的医技人员组成。援外医疗队为接受援助国家的医院培养医疗骨干并开展医疗服务。景德镇援外医疗队员技术精湛、医德高尚、服务真诚，先后获得援外医疗模范队长、援外医疗先进个人的称号和受援助国卫生部和受援省官员颁发的荣誉证书。1991年5月，景德镇市卫生局被江西省卫生厅评为援外医疗队派遣先进单位，在卫生部、省卫生厅援外医疗队建立30周年纪念大会上作典型发言。

表37－1－4　**景德镇市援外医疗队及医生情况表**

援助国家	批次	出国时间	姓名	性别	工作单位	科别	技术职称
突尼斯	八	1987.10.18	徐丽文	女	市第三人民医院	眼科	主治医师
			涂秀英	女	市第二人民医院	妇产科	主治医师
			帅建平	男	市皮肤防治所	皮肤	医士
			王志德	男	市卫生局	司机	技师
			童性良	男	市第一人民医院	普外科	主治医师
			聂和平	男	市第一人民医院	骨科	医师
			计胜水	男	市第一人民医院	泌外科	医师
			王家辉	男	市第一人民医院	五官科	医士
			李玉珍	女	市第一人民医院	小儿科	主治医师
			吴国兰	女	市第一人民医院	妇产科	主治医师
			周丽仙	女	市第一人民医院	针灸科	主治医师
			王时英	女	市第一人民医院	麻醉科	麻醉师
			袁松尧	男	市第一人民医院	放射科	主治医师
乍得	三	1991.7.22	万瑾萍	女	市中医医院	针灸科	主治医师
突尼斯	十	1992.4.12	周建华	女	市第一人民医院	妇产科	主治医师
			张学林	男	市第一人民医院	检验科	主治医师
突尼斯	十一	1994.5.15	沈国荣	女	市第二人民医院	心内科	主治医师
			涂秀英	女	市第二人民医院	妇产科	副主任医师
			吴国兰	女	市第二人民医院	妇产科	副主任医师
			吴贵仁	男	市第二人民医院	司机	—
			吴明	男	乐平市人民医院	外科	副主任医师（分队长）
			张玉林	男	市第一人民医院	厨师	—
乍得	五	1995.7.20	余慧珍	女	市第一人民医院	麻醉科	主治医师

续表 37－1－4

援助国家	批次	出国时间	姓名	性别	工作单位	科别	技术职称
突尼斯	十四	2000.8.8	董启云	女	市第一人民医院	眼科	副主任医师
			刘福林	男	市第一人民医院	五官科	副主任医师
			汪四河	南	市第一人民医院	放射科	医师
			邹江丰	女	市第一人民医院	皮肤科	主治医师
			余野如	男	市第一人民医院	厨师	—
			沈国荣	女	市第二人民医院	心内科	副主任医师
突尼斯	十四	2000.8.8	王超英	女	市第二人民医院	针灸科	主治医师
			方木水	男	市第三人民医院	心血科	副主任医师(分队长)
			李明	男	市第三人民医院	儿科	主治医师
突尼斯	十四	2000.8.8	陈华贵	男	市卫生局	司机	高级工
摩洛哥	—	2001.3.26	程明宇	女	市第一人民医院	妇产科	副主任医师
			饶云龙	男	市第二人民医院	矫形外科	主任医师
突尼斯	十五	2002.9.9	方木水	男	市第三人民医院	心内科	主任医师
			李娟	女	市第二人民医院	针灸科	副主任医师
			熊作群	男	市第二人民医院	矫形外科	副主任医师
			李彬	女	市皮肤病院	皮肤科	主治医师
			熊佑生	男	市第一人民医院	放射科	副主任医师(分队长)
			郑元龙	男	市第一人民医院	耳鼻喉科	副主任医师
			黄灵	女	市第一人民医院	眼科	副主任医师
摩洛哥	—	2003.4.1	孙建国	男	市第一人民医院	麻醉科	副主任医师
突尼斯	十六	2004.10.12	胡京平	女	乐平市人民医院	妇产科	主治医师
摩洛哥	—	2004.10.14	熊祖国	男	市第二人民医院	眼科	主任医师
摩洛哥	—	2005.10.27	熊作群	男	市第二人民医院	矫形外科	副主任医师
			江丹火	女	市妇幼保健院	妇产科	副主任医师
			李海华	男	乐平市中医院	骨科	副主任医师
突尼斯	十七	2006.10	邹发东	男	乐平市人民医院	儿科	副主任医师
			朱伟	男	乐平市人民医院	眼科	副主任医师
			梁文珍	女	市皮肤病医院	皮肤科	主治医师
			饶云龙	男	市第二人民医院	矫形外科	主任医师
			王超英	女	市第二人民医院	针灸科	副主任医师
			胡志杰	男	市第二人民医院	放射科	主治医师
			刘建平	男	市第二人民医院	普外科	副主任医师

续表 37-1-4

援助国家	批次	出国时间	姓名	性别	工作单位	科别	技术职称
突尼斯	十七	2006.10	涂石夫	男	市第二人民医院	厨师	工人技师
			张秀苇	女	市疾控中心	针灸科	主治医师
			吴福生	男	市卫生局	司机	工人技师
			刘贻如	男	市第一人民医院	针灸科	副主任医师
			袁瑛	女	市宏图瓷厂	厨师	工人技师
乍得	七	2007.5.17	吴兆亮	男	乐平市人民医院	放射科	主治医师
突尼斯	十八	2008.10	章建民	男	市第二人民医院	普外科	副主任医师
			熊祖国	男	市第二人民医院	眼科	副主任医师
			李海华	男	乐平市中医院	骨科	副主任医师
乍得	八	2009.6.3	程明宇	女	市第一人民医院	妇产科	主任医师
乍得	八	2009.6.3	余佩忠	男	乐平市中医院	骨科	主治医师
突尼斯	十九	2010.10	胡志杰	男	市第二人民医院	放射科	主治医师

第五节　医疗管理

管理体制改革

1986 年，经市委、市政府批准，市第三人民院、市妇幼保健院、市卫校首批试行院（校）长负责制。全市建立 32 个不同类型、各具特色的医疗、防疫、保健联合体。1988 年 4 月 18 日，市委办公室、市政府办公室转发市卫生局、市体改委关于贯彻省政府《关于城市医院改革若干政策暂行规定的实施细则》的通知。4 月 19 日，成立景德镇市城市医院招聘院长领导小组。1991 年，继续坚持和完善院（站、所）长负责制、综合目标管理责任制、院科两级核算制。1992 年 8 月，市政府印发《景德镇市人民政府贯彻〈江西省人民政府关于进一步加强农村卫生工作的决定〉实施细则》。10 月，市政府办公室印发《景德镇市卫生局关于深化卫生改革的意见》，并召开全市卫生改革座谈会。是年，各医疗机构推出改革新举措：市中医院、牙防所、药检所实施综合改革措施；市第二人民医院率先实行"一院二制"，成立"中外合资景德镇市第二医院 CT 诊断中心"。

1993 年 3 月 19 日，市长殷国光出席全市卫生工作会议，就加快卫生改革步伐提出"三保三放"要求，即保证农村卫生战略重点、城市多放一点，保证预防保健重点、医疗逐步多放一点，保证基本医疗卫生服务、特殊医疗服务逐步放开。1994 年，市第二人民医院实行技术经济责任制，对十八桥门诊部试行定额核算、口腔科独立核算、专家门诊挂号费提成奖励。市妇幼保健院实行工资实绩与奖金挂钩，季度工作质量检查，严重医疗差错事故处理的 10 条改革办法。1996 年，市第四人民医院推行责、权、利相结合的科主任负责制和目标管理责任制，首次实行职工的效益工资与科室的管理、业务收入挂钩，按月兑现。1997 年，市妇幼保健院实行专业技术聘任管理试点，在妇产科设置 1 个正高、2 个副高、6 个中级岗位，实行竞争上岗。通过述职答辩、科学考核，择优聘用专业技术人员 8 人。实行护士长竞争上岗。这些改革在全市尚属首例。

2000 年，市卫生学校制定《教职员工停薪留职、离岗、调动管理规定》和《待岗、下岗、内退人员管理条例》，市卫生局会同市人事局对大中专毕业生实行人事代理制。是年，浮梁县政府下发《县直医疗卫生单位全员合同制实施方案》《县直医疗卫生单位人事分配制度改革意见》，在全县医疗卫生单位全面推行全员聘用合同制。2001 年，市卫生局成立卫生体制改革办公室，制定《卫生体制改革方案》，明确各项卫生改革推进步骤,全面实行新进人员人事代理制。同时各医疗机构加快改革步伐,市第二人民医院推行公开竞聘制,把部分科室主任、护士长等职务拿出来公开竞聘。市第三人民医院开始在全院推行绩效工资制。2002 年 3 月,市卫生局举行科级职位竞争上岗演讲会,将人事科科长、规划财务科科长、医政科科长、法制与卫生监督科科长、疾病控制科科长、中医科科长、基层与妇幼卫生科科长 7 个科级职位实行“双向选择、竞争上岗”。是年,启动推行医疗保险、医疗责任保险、养老保险三项配套保障制度改革,市直 14 个医疗卫生单位参加医疗保险和养老保险,10 个单位参加医疗责任保险。2003 年,加强卫生体制改革,对新进人员继续实行人事代理制,市第一人民医院、市第三人民医院、妇幼保健院继续实行绩效工作制;部分医院开始实行病人选医生,市卫生局机关实行中层干部竞争上岗。2004 年,撤销市卫生防疫站,设立市疾控中心和市卫生监督所。2009 年,启动新一轮医药卫生体制改革,完成改革组织机构的设置、实施方案的制订、宣传氛围的营造。

2010 年,市委、市政府印发《关于深化医药卫生体制改革的实施意见》,提出深化医药卫生体制改革的总体目标和主要任务、具体做法、保障措施。市卫生局召开医改部署会,市卫生局与县(市、区)卫生局签订责任状。是年,启动乡镇卫生院综合配套改革,按每千农业人口 1.20 个卫生技术员的标准,为全市乡镇卫生院核定人员编制 1275 人,建立多渠道补偿机制,各级财政对乡镇卫生院工作人员工资实行全额补助。同时实施人事分配制度改革,开展内、外绩效考核,由县人社、卫生、财政等部门对乡镇卫生院开展绩效考核,确定绩效工资总额,再由乡镇卫生院对其医务人员进行考核,有效提升个人绩效工资水平。

医疗制度改革

1986 年,公费医疗经费连年超支,继续采取经费定额包干办法。1991 年,开展市级公费医疗改革,实行单位、个人、医院三挂钩。3 月,乐平推出加强农村卫生工作的 10 条政策性倾斜措施。从 7 月 1 日起,全市实施《市级公费医疗改革实施细则(试行)》,实行公费医疗经费与个人负担适当挂钩。规定全年经费超过包干部分的金额按年龄档次分担,负担最高 15%,最低 3%,个人支付超支的限额为 120 元。至 1992 年 6 月,全市公费医疗经费总支出 395.93 万元,与 1990—1991 年同期相比,经费支出减少 203.24 万元,下降 33.97%;人年均支出减少 104.25 元,下降 31.10%。

1992 年,农村推行集资(合作)医疗制度,合作医疗覆盖率达 34%。8 月,市政府贯彻《江西省人民政府关于进一步加强农村卫生工作的决定》,并出台实施细则。1995 年,浮梁县在各乡(镇、场)设置卫生工作办公室,管理乡、村两级医疗、防疫、保健工作。

2004 年,省政府批准乐平市列为第二批全国新型农村合作医疗试点县。11 月 15 日,成立景德镇市新型农村合作医疗领导小组,指导乐平市新农合试点。2005 年,乐平市参合农民 38.21 万人,参合率达 80.30%,中央、省、市、县补贴新农合经费共 1337.81 万元,当年参合农民报销受益面达 35%。卫生部主办的全国新型农村合作医疗管理干部培训班在景德镇市举办。2006 年,浮梁县被省政府批准开展新型农村合作医疗试点工作,全市新农合工作覆盖面达 90.95%,位居全省前列。乐平市借助新农合解决农村五保户住院医药费,并在全省新型农村合作医疗试点工作会议上作经验介绍,两县(市)共为参合住院农民补偿费用 2182.54 万元。2007 年,新农合覆盖全市农村县(市、区),参合农民 80.67 万人、参合率 86.75%;参合农民自缴经费和县、市、省、国家配套经费共筹集 4092.4 万元,资金使用率达 88%。全面超额完成民生工程下达的工作指标,乐平市被评为全省新农合试点工作先进县。10 月 8 日,市一院作为市级定点医疗机构直补试点单位与乐平市、昌江区、浮梁县农医局签订直补协议,对参加新农合的农民就诊时实行直补。

2008 年,全市统一新型农村合作医疗工作方案,统一报销比例,并完善各项管理制度,加强对基金和定点医院的监管。新农合工作实现农村地区全覆盖,参合农民 86.50 万,参合率 92.33%。6 月起,全面推行新农合“直补”。全市县、乡级定点医疗机构 53 家、市级医疗机构 8 家、省级医疗机构 2 家,参合农民出院即时报账率达 90%。2010 年,新农合筹资标准 150 元,农民参合率达 99.07%,补偿封顶线由 3 万元上调至 5 万元,统筹基金使用率达 87.51%,参合农民一次报账率 90% 以上,政策范围内住院费报销达 69.40%。

医政管理

执业准入　1986 年后,景德镇市卫生局严把医疗机构、从业人员和医疗技术的准入关,依法规范诊疗行为,加强医疗机构的管理,打击非法行医。1990 年 12 月 11 日,市政府批转景德镇市卫生局《关于医疗机构整顿验收标准》。1991年1—6月，市卫生局在清理整顿的1321个医疗机构中，登记、审批1163个，限期整改148个，取缔10个。通过清理，使医疗机构名称统一，除市直医疗单位按专业特点定名不变外，对企业设20张病床以下单位统称卫生所，对个体开业者一律定名为诊所。

1992年，市卫生局继续加强医疗机构的行业管理，对已发“执业许可证”的177个各类医疗机构进行年检。1994年，对全市社会医疗机构和个人行医者进行执业检查，重点整治无证行医和游医药贩，全市检查医疗机构125家，限期整改9家，取缔不合格诊所10家，审核新发4家医疗机构执业许可证。1995年，市卫生局完成全国医师资格、护士执业资格考试，分别有161人和145人参加考试；组织高、中、初级卫生专业技术资格考试，其中高级79人参加考试，初级、中级639人参加考试。

1996年，出台《景德镇市医疗机构管理规定》，对医疗机构的执业资格、审批权限、登记校验手续和执业管理作出明确规定，规范医疗机构的执业条件和诊疗活动。是年，印发《景德镇市医疗机构管理规定实施方案》，开展医疗机构整顿，对浮梁县、珠山区、昌江区社会医疗机构及个体医生进行执业资格考试，参考人员66人，考试合格52人。评审社会医疗机构44所，限期整改3所、取缔2所，抽检108所个体医生的临床用药和感染管理情况，对全市70余所医疗机构颁发第一批执业许可证。1999年，整顿社会医疗机构134家，核准成立新的医疗机构7家，变更57家，查封无证行医10家，行政处罚38家。

2001年10月，经省卫生厅认定，全市首批医务人员2426人获医师资格，其中执业医师2157人、执业助理医师269人。是年，开展医疗机构整顿，检查医疗机构102家，查处非法行医机构15家、非法行医人员26人，整治游医、巫医、性病治疗窝点4个。2002年，实施医生准入制，对全市医疗机构进行医师注册和组织医师执业资格考试。2月，办理2001年医师资格考试合格人员医师资格证书，并发放“医师执业证书”2046份。2003年，组织217人参加年度全国医师执业考试综合笔试，完成1200余人次高护技能考核报名工作。2005年，继续开展医疗机构整顿，取缔无证诊所70家，现场处罚黑诊所8家，吊销执业许可证9家，暂停执业人员37人，清理非卫技人员38人。2004—2010年，市卫生局每年进行医师执业和护士执业考试。

医疗质量管理　1986年，市卫生局在全市卫生系统开展创“三优”（优良道德、优质服务、优美环境）和创“六好医院五好站（所）”活动。1988年9月30日深夜，市卫生局组织检查市直9个医疗卫生单位的值班岗位责任、操作技术、病历质量等方面的工作，对发现的问题提出整改意见。

1990年，分别组织全市县以上医院医务科长、护理部主任、检验科主任、中医科主任联合查房及病案讨论、护理质控项目检查。1991年，开展临床检验、质控、护理质量、护理操作技术、病理质量检查。1993年，制定《景德镇市医疗区域发展规划》，加强医疗急诊工作和护理质量的规范化管理。2004年，在全市卫生系统开展以病人为中心、以提高医院服务质量为主题，以“群众满意医院”创建为载体的医院管理年活动，加强医院管理，规范医疗服务，提升医疗质量。3月，在全市卫生系统开展“创建群众满意医院”活动，全市有25家医院参与创建活动，开展这一活动作为提升医院医疗服务质量的重要举措。是年，市妇幼保健院被评为中国质量万里行质量诚信示范单位。

2005年，市第一人民医院、市第三人民医院、市妇幼保健院3家医疗机构获省级群众满意医院称号；市皮肤病医院、乐平市人民医院、市中医院、市第二人民医院、市结核病防治所、市口腔医院、市昌河职工医院、乐平市中医院8家医疗机构获市级群众满意医院称号。2008年，全市各医疗机构开展创建等级医院活动，市第一人民医院被省卫生厅授予成为全市首家三级甲等综合性医院。10月1日，全市各级各类医疗机构全面启用统一格式的通用门诊病历，方便群众就医，规范诊疗行为，促进医疗机构之间患者医疗信息共享。2009年，市第二、三人民医院分别通过评审，被省卫生厅授予三级甲等综合性医院。是年，全面启动“医疗质量万里行”活动，开展医疗安全百日专项检查，对医疗质量和医疗安全的薄弱环节开展全面排查督导。加强重点科室、重点环节医疗安全管理，逐步建立医疗技术临床应用、医疗质量专业控制等管理的长效机制。2010年10月，市第一人民医院代表景德镇市接受省卫生厅组织的“医疗质量万里行”活动督查，获省专家好评。是年，继续开展创建等级医院活动，昌河医院被省卫生厅授予二级甲等综合性医院称号。

医疗事故鉴定　90年代，全市医疗事故技术鉴定由市医疗事故技术鉴定委员会负责。2002年9月，根据《中华人民共和国医疗事故处理条例》，由市医学会组织医疗事故鉴定。2003年，市医学会成立医疗事故鉴定办公室,承担医疗事故鉴定工作职能。2005 年,全市发生医疗事故 13 起。2010 年,医疗事故 12 起。

表 37 - 1 - 5　　2005—2010 年景德镇市医疗事故技术鉴定案例统计一览表　　单位:起、%

年份	受理	鉴定	医疗事故	事故率%
2005	21	21	13	62
2006	17	17	7	41
2007	16	16	5	31
2008	42	29	11	38
2009	36	26	13	50
2010	28	21	12	57

药政管理

1986 年,市卫生局邀请部分人大代表、政协委员视察 12 个药品生产、经营和使用单位;市药学会、药检所、医药公司等单位利用图片、照片、标本在街头举行真假药材展览,展出标本 80 余种,参展人数 5000 人次;全年组织伪劣药品检查 4 次,查出伪药 21 种,劣药 264 种,折合人民币 10.20 万元。是年,加强毒麻药品管理,严格做到"五专"(专人负责、专柜加锁、专用账册、专用处方、专册登记),统一印制"麻醉药品专账""麻醉药品专册登记表"和"麻醉药品专用处方笺"。

1991 年,贯彻实施《中华人民共和国药品管理法》,监督药品产、供、用单位 300 家,完成药品检样 640 件,查处伪劣药品 72 种,价值 10 万元,查处药案 6 起。1993 年,开展《中华人民共和国药品管理法》执法检查,对获"三证"("药品经营许可证""营业执照""GPS 认证证书")的药品产、供、用单位检查率 100%,检验覆盖率 100%。全年药品检样 860 件,合格率 86.6%,查获假劣药品 27 种,查处药案 24 起。1994 年,出台《景德镇市社会医疗机构用药管理暂行办法》《景德镇市个体诊所用药管理暂行办法》《药品准用证》等制度,从 7 月 1 日起正式实施,进一步规范医疗机构、个体诊所用药管理。是年,开展《中华人民共和国药品管理法》执法大检查和日常监督,全市已获"三证"单位监督覆盖率 100%,全年药品检样 663 件,合格率 93.30%;立案查处药案 19 起,金额 48 万元,查出假劣药品 39 种。

1996 年,对全市药品产、供、用单位进行全面检查。全年药品执法监督立案 28 起,审结 21 起;查获假劣药品 149 种,价值约 22.80 万元,罚没款 8.46 万元;抽检药品 692 件,合格率 94.90%。1997 年,开展药品执法大检查 2 次,检查药品产、供、用单位 391 家,检查覆盖率 100%;查处药案 23 起,查获假劣药品价值 6.25 万元。1998 年,组织灾后药品市场执法大检查,检查药品产、供、用单位 64 家,查获假劣药品 12 种,价值 3.50 万元,责令 3 家单位限期停产整顿。全年查处药案 10 起,没收假劣药品价值 8.30 万元,罚没款 6.88 万元。是年,全市"三证"单位监督覆盖率 100%,审验药品产、供、用单位 43 个(均合格),换发"药品准用证" 38 个、计量年检 17 个,继续推行埠外药品报验制度。

2002 年 5 月 12 日,景德镇市首次药品集中采购在市第一人民医院开标。全国各地 20 余家代理经销公司,代理 300 余家药品生产企业参加投标,开标药品包括心血管、消化、抗肿瘤、生物制品 4 大类 800 余个品种。2003 年 7 月,市政府批转《景德镇市第二批药品集中招标采购实施方案》,整体让利患者金额 890 万元,招标药品降低约 27%。2005 年,市卫生局组织全市第三批药品集中招标采购活动,药品降价幅度平均为 28.10%,招标让利 1200 万余元。2006 年,全市 18 家医疗单位参加药品集中招标采购,中标 597 个品种 963 个规格,累计采购药品金额 8000 余万元,患者年减负 2800 万余元,药品收入下降 15%。

2008 年 12 月 9 日起,全市 22 家政府创办的县及县以上非营利性医疗机构全部纳入集中招标采购范围,共有 9011 个药品品规中标,降幅达 31.26%,患者年减负 3000 万元。2009 年 12 月 18 日,市政府在浮梁县蛟潭中心卫生院召开全市国家基本药物制度试点工作启动大会,印发《建立国家基本药物制度实施方案》。在 3 个农村县(市、区)启动基本药物制度试点,其所属乡镇中心卫生院取消药物加成。全市共有 22

家县以上医疗单位参与以省为单位的网上药品集中招标采购，药品价格降幅达37.80%，直接让患者年减负约8764万元。2010年，景德镇市将国家基本药物目录药品全部列入新农合报销药品目录，并提高15%的报销比例；全市县以上医院22家参加全省药品网上集中采购，直接让患者年减负3411.06万元，全市基本药物价格下降15%。12月底，全市所有乡镇卫生院和政府创办的社区卫生服务机构全部实施国家基本药物制度，提前1年完成全覆盖目标。药品网上集中采购后，药品价格下降，但由于同质价高的新药不断出现，医生、医院与高价药的利益链条没有斩断，滥用药、用高价药现象十分普遍，单病种的治疗费用逐年上升。同质药品在医院的价格远远高于药店售价。

血液管理

1986年，全市各医院临床用血靠有偿献血的办法解决，血源供应由市红十字会输血站负责，拥有输血员300余人，基本满足各医院用血量。1995年10月，市中心血站成立，承担采集管理血液，并向全市医疗单位供应，对全市县医院血库进行技术指导。1996年，市中心血站租用景德镇市医科所办公楼2楼（兴华横路13号）作为办公地点。1997年3月18日，市中心血站开始按国家卫生部规定的血液管理"三统一"（统一设置采供血机构、统一管理血源、统一采供血）的原则和对血液进行法定项目检验的规定运行。

1998年5月8日，在老市政府（现御窑厂）门口，由景德镇市红十字会、景德镇市卫生局、景德镇市中心血站联合举行纪念"5·8"红十字会日暨无偿献血活动，实现景德镇市无偿献血零的突破。从8月18日开始，向医疗单位提供成分血。10月1日，《中华人民共和国献血法》正式实施，无偿献血纳入法制化发展轨道。11月26日，开展第二次无偿献血活动，市委书记舒晓琴、市长刘爱才带头参加无偿献血。至12月31日，全市参加无偿献血总人数304人，总献血量64800毫升。

2000年，组织两次无偿献血活动，共有553人参加无偿献血活动，献血量达11.06万毫升。当年全市无偿献血占7%。2001年，有2534人参加无偿献血，献血量达50.68万毫升，比上年增长78.40%。2月，市中心血站HIV抗体初筛实验室通过省厅验收。是年，市中心血站正式向乐平供血。2003年6月，市中心血站新的采供血大楼投入使用，大楼面积2000余平方米，配置必备的采供血设备。无偿献血快速发展，当年共有4000余人参加无偿献血，献血量达80万毫升，占全市临床用血量的37%。2004年，市卫生局与市公安局、市监察局和市食品药监局组成联合检查组，开展为期1年的非法采供血（单采血浆）专项整治，检查全市20家临床用血医疗机构的采供血液情况，对重点地区和整改不彻底的单位进行重点检查。11月24日，开始机采血小板，填补全市无偿机采血小板的空白。2005年11月9日，在昌江广场对面设置第一个无偿献血屋。

2006年，引进瑞士费米全自动酶免检测系统，采取自动加样和自动前后处理系统，避免手工误差，保障临床用血安全。是年，市献血办、中心血站、合作医疗办就农民无偿献血免交新型合作医疗自缴费作出规定：农民无偿献血200毫升可免交本人次年全年的参合费；献血400毫升，可免交本人和直系亲属次年全年的参合费。当年无偿献血比率由1998年的4%上升至98%，实现临床用血100%来自于自愿无偿献血的目标。2009年9月，市中心血站自筹资金购置1辆金龙献血车，定期在乐平西门广场采血。2010年，全年共有9819人参加无偿献血，献血量达332万毫升，较2009年增长5.30%。全市共设置5个采血点，有流动采血车3辆，供应全市18家医疗机构临床用血318万毫升。是年，市中心血站为临床提供机采血小板56个治疗量。至12月底，全市有1309人和16个单位获全国、全省无偿献血表彰，其中获全国无偿献血奉献奖金奖4人、银奖21人、铜奖88人；获全省无偿献血奉献奖金奖35人、银奖74人、铜奖342人；获全省无偿献血促进奖个人8人、单位10个；获全省无偿献血先进个人金奖64人、银奖72人、铜奖583人；全省无偿献血志愿服务先进个人18人、先进单位6个。全市参与无偿献血人数近9万人，无偿献血的单位和部门达110个。

表37-1-6　**1996—2010年景德镇市采供血情况一览表**

年份	供血量(ml)	采血量(ml)	成分					
			全血(ml)	红悬(U)	血小板(U)	冷沉淀(U)	新鲜冰冻血浆(ml)	普通冰冻血浆(ml)
1996	1067000	1100000	1100000	—	—	—	—	—

续表 37-1-6

年份	供血量(ml)	采血量(ml)	成分					
			全血(ml)	红悬(U)	血小板(U)	冷沉淀(U)	新鲜冰冻血浆(ml)	普通冰冻血浆(ml)
1997	1212500	1250000	1250000	—	—	—	—	—
1998	1248000	1300000	1300000	—	—	—	—	—
1999	1351000	1400000	1400000	—	—	—	—	—
2000	1728000	1800000	1800000	—	—	—	—	—
2001	1824000	1900000	1900000	—	—	—	—	—
2002	2059380	2019000	2019000	—	—	—	—	—
2003	2233040	2200040	1919440	1403	121	—	28600	62750
2004	2458744	2434400	1132200	6511	279	—	371800	223700
2005	2456138	2384600	713000	8358	82	32	634600	190900
2006	2600000	2500000	175200	11624	858	186	839000	396200
2007	2980601	2852250	62050	13951	3035	233	810550	658500
2008	2883367	2746064	45464	13503	3142	262	782650	599250
2009	3344379	3155075	14475	15703	3296	356	828100	734400
2010	3502262	3319680	158480	15806	3661	483	862550	830400

第六节 管理机构

市卫生局

1986年4月,市卫生局设党办、纪检组、团委和秘书、防保、医政、药政、劳动人事、老干部、审计等12个科室,市爱卫办、公医办、红十字会挂靠市卫生局。编制40人(不含挂靠机构),领导职数4人。1987年8月,增设中医科。2004年11月,市红十字会办公室从市卫生局划出,列为群团机构。2008年11月,增设应急办。2010年11月,设办公室、党委办公室、人事科、规划财务科、卫生应急办公室、医政科、中医科、疾病预防控制科、农村卫生科、妇幼保健与社区卫生科、行政审批服务科(食品安全综合协调与卫生法制监督科)、血吸虫病地方病防治领导小组办公室、爱国卫生运动委员会办公室等13个职能科室和纪工委(监察室)。机关行政编制34人,后勤服务编制5人。

卫生事业单位

市卫生学校 1986年,市卫生学校位于景德镇市中华北路317号,为正县级单位,设医疗、护理、检验、中医等专业。1988年10月,设党办、校办、人事保卫处、教务处、学生处、总务处、财务处、科技处。2010年,市卫校设专业为护士、助产士、检验士、药剂士专业,学制三年。设党办、纪检、监察室、工会、团委、校办、人事处、教务处、总务处、财务处、学生处、科技处、保卫处、招生就业办公室。先后培养卫生职业技术人员9100人,其中护士4410人、中医医士100人、公卫医士50人、大专医师38人、妇幼医士806人、医士146人、助产士1281人、检验士1353人、农村医士603人、卫生保健170人、药剂士143人。

市疾控中心 1986年,市卫生防疫站位于珠山区中华北路301号,内设行政管理科、消毒科、防疫科和化验科；后由于职能的不断拓宽，内设科室调整为卫生科、防疫科、检验科、卫生宣教科和办公室，编制 10 人。2004 年 5 月，撤销市卫生防疫站，分别设立市疾控中心和市卫生监督所。市疾控中心为全额拨款副县级事业单位，地址迁至曙光路 319 号，占地面积约 6667 平方米，设办公室、信息管理科、流行病科、计划免疫科、检验科、结核病科、血吸虫病地方病科、职业病预防管理科（市劳动卫生职业病防治所）、性病艾滋病科、药品器械科、慢性病科、应急办、财务科等 14 个职能科室，并设临床部、预防接种门诊部。2010 年，在职职工 128 人，专业技术人员占职工总数的 86.70%，其中高级职称占 10.80%、中级职称占 44.1%、初级职称占 45%。开展 11 个类别 564 个参数检测，建有艾滋病筛查中心和确证实验室、PCR（分子生物学）实验室、尿碘实验室、万级（局部百级）洁净实验室、血清学实验室、BSL－2（病毒分离鉴定）等功能实验室。

市卫生监督所　2005 年 2 月创建，位于景德镇市广场北路 463 号（租市工信委房屋）及景德大道 98 号（借市国土局房屋）。是在撤销原市卫生防疫站和市劳动卫生职业病防治所基础上组建的卫生综合监督执法机构，为市卫生局所属副县级事业单位。2008 年 8 月，改为参照公务员法管理。2010 年 12 月，全所人员编制数 64 人，在职员工 63 人。设办公室、法制综合科、卫生行政许可受理审批中心、应急办、环境卫生监督科、医疗与传染病监督科、职业卫生监督科等 7 个职能科室。

市卫生学会办公室　1984 年 8 月，市医药学会办公室成立，下设医学会、中医学会、护理学会。1986 年，成立市药学会、防痨协会、卫生经济学会、中西医结合研究会筹备组和学会工作委员会。1988 年，市学会办开展 1983—1987 年优秀科技论文评选，成立中西结合研究会。2003 年 9 月，定为全额拨款正科级事业单位，编制 7 人。内设办公室、继续医学教育办、医疗事故技术鉴定办。直管市医学会、市护理学会，市防痨协会（挂靠市五院）、市实验动物学会（挂靠市疾控中心）、市预防医学会（挂靠市卫计委）、市针灸学会及中医药学会、市中西医结合学会（挂靠市三院）。2007 年 9 月，更名为市卫生学会办公室，编制职能不变。

市医疗急救中心　80 年代，市“120”急救伴随市场需求产生。2002 年起，挂靠在市第二人民医院，办公地点设在市二院急诊科。2005 年，利用国债项目资金为市“120”注入 120 万资金和 3 辆急救设备齐全的依维柯救护车。2006 年 3 月，在“120”基础上设立市医疗急救中心，隶属市卫生局。地址位于市中华南路 48 号市第二人民医院第二门诊部的第五、六、七楼，共 1189.66 平方米。2007 年，市卫生局决定，由市一院、二院、三院、中医院、保健院 5 个网络医院各赞助 10 万元，市医疗急救中心再向以上 5 个网络医院各借 10 万元，合计 100 万元作为筹建资金。2008 年 5 月，采取“网络医院投入、卫生局检查验收、急救中心整体借用、实行全面管理”的独立运作模式组建。是年，在市一院、市二院、市三院、市中医院首批设立 4 个急救分站。2008 年 8 月 1 日零点，市“120”特服电话从市二院切换到市医疗紧急救援中心，120 急救电话由该中心统一受理。市医疗紧急救援中心与“110”“119”“122”联动，参加突发公共事件的紧急救援。是年 11 月 26 日，市医疗急救中心正式揭牌成立，为全额拨款事业单位，地址迁到景德镇市景北大道东侧。正科级建制，设办公室、急救科、调度科、培训科、车辆管理科、院后服务科、财务科、总务科，人员编制 23 个。

市中心血站　1995 年 10 月成立，位于景德镇市西路新区 128 号，面积 2000 余平方米，设办公室、血源管理科、检验科、成分制备科、质量管理科、供血服务科。为公共卫生事业单位，定编 17 人。2010 年，职工 38 人，本科学历 10 人。卫生专业技术人员 28 人，其中获得高级职称 3 人、中级职称 10 人。主要业务项目有辖区范围内无偿献血者的招募、血液的采集、检测与制备，临床用血供应以及医疗用血的业务指导等工作。

市健康教育所　1989 年 2 月 20 日，景德镇市卫生宣教馆成立，为副科级单位，归口市卫生局，编制 4 人；8 月 19 日，更名为市健康教育馆，为正科级事业单位，定编 4 人。1997 年，编制增至 7 人。2005 年，更名为市健康教育所。2009 年，编制增至 8 人。承担全市健康教育工作的组织协调和具体实施，承办卫生系统的新闻宣传、卫生咨询和健康教育工作，编印发行《健康之友报》和卫生系统网站运行。

县（市、区）卫生局

乐平市卫生局　1986 年，设人事秘书股、医政药政股、防疫保健股、计财审计、爱国卫生运动委员会办公室等股室。2008 年，增设公共资源管理中心和会计核算中心。2010 年，设秘书、人事（老干部）、规财、审计、医政、基妇、执法监督、疾控股、监察室和公共资源管理中心、团委、党委办公室、会计核算中心、人武部、工会办、爱卫会办公室等股室。行政编制 14 人，工勤编制 3 人。乐平市卫生系统有县、乡、村 3 级医疗卫生单位

460家。其中县级医疗卫生单位6家,有乐平市人民医院、中医医院、妇幼保健院、疾控中心、卫生监督所、农医局;乡镇卫生院19所(其中中心卫生院6所);驻乐厂矿医院1所;民营医院7所;个体诊所76个;村卫生室350个(含分所),覆盖全市所有村委会;其他医疗机构6家。

浮梁县卫生局　1989年,恢复浮梁县建制,撤销鹅湖、蛟潭两区卫生局,合并成立浮梁县卫生局,设人事秘书股、防疫保健股、医政药政股。2002年12月,设秘书股、医政股、初级卫生保健股、卫生法制股。2010年10月,核定局机关行政编制10人,其中公务员9人、机关工勤人员1人。县直卫生系统有4家县直医疗卫生单位,其中综合性医院1个(县人民中医医院),专科医院1个(县妇幼保健院),其他机构2个(县疾病预防控制中心、县卫生监督所)。

昌江区卫生局　1986年,设办公室、人秘股、医政股、防疫保健股、爱卫会办公室、公费医疗办公室。1988年3月,增设中医股。2010年12月,设办公室、综合业务股、卫生应急办公室、爱卫办、红十字会办、血地办,机关行政编制3人,爱卫办、红十字会办事业编制4人。区直卫生系统有11个区直医疗卫生单位,其中乡镇卫生院有鲇鱼山镇中心卫生院、丽阳镇卫生院、荷塘乡卫生院、吕蒙乡卫生院、西郊垦殖场卫生院;其他机构有区疾病预防控制中心、区卫生监督所、区健教馆、区农医局、区妇幼保健计划生育服务中心。

珠山区卫生局　1986年,设办公室、防保股、医政药政股。2010年5月,设办公室、医政药政股、控预防控制股、卫生应急管理办公室、妇幼保健与社区卫生股、卫生法制监督股,机关行政编制5人。全区卫生系统有5个区直医疗卫生单位,分别是区疾病预防控制中心、区卫生监督所、区健康教育所、区妇幼保健所和新村街道社区卫生服务中心。

第二章　体　育

1986年后,随着《全民健身计划纲要》的施行和《中华人民共和国体育法》《全民健身条例》的颁布,景德镇市各级党委、政府越来越重视群众体育工作,各县(市、区)成立全民健身工作领导小组,加强对全民健身工作的领导,市直机关、各行业、乡镇、街道和行政村加强组织建设和设施建设,体育健身设施不断完善。全民健身活动日趋普及,基层体育活动组织遍布城乡社区,职工体育、农民体育、学校体育、残疾人体育、老年人体育全面发展。篮球、乒乓球、足球等仍然是广大群众喜爱的体育项目,健身气功、太极拳、木兰拳等项目成为群众特别是中老年人广泛参与的体育活动,在各级竞赛和大型活动中,展示了景德镇市的新形象、新风采;棋类协会常年开展的业余培训和竞赛活动,坚持普及与提高并重,参加国家级、省级竞赛成绩优异。元旦环城跑持续开展,参加环城跑人员包括各级领导和社会各界群众,市民夹道观看助威,场面宏大,气氛活跃。2000年后,户外群众体育活动兴起,多以QQ群的形式召集,开展登山、摄影、徒步、野营等活动,形成新的休闲锻炼方式。市体委(体育局)等有关部门多次被评为全国全省群体工作先进单位,并涌现出一批群众体育的先进群体和先进个人。

第一节　群众体育

全民健身公共服务体系

1996年,市体委制定《景德镇市实施社会体育指导员技术等级制度办法》,加强对社会体育指导员从事经营体育活动的规范化管理。3—5月,组织开展全市社区体育情况及晨练点、辅导站、体育俱乐部、活动中心辅导人员的情况摸底调查。共有13个街道办事处257个居委会建立固定晨练点、指导站29个,辅导人员33人。是年,根据国家体委的部署,开展全国第四次体育场地普查工作,对全市体育场地进行实地普查。全市体育场馆向市民开放9580次,其中用于体育活动7560次,参加活动群众达11.02万人次。

2001年,开展“关爱生命、增强体质”国民体质监测活动,深入机关、厂矿、学校、幼儿园等16个单位,对1116人进行国民体质测试。共建国民体质测试网点6个,培养国民体质测试人员46人,持续开展国民体质的测试工作。2004年,开展全国第五次体育场地检查工作,对全市73个有场地单位,714个体育场地进行实地检查,取得真实可靠的第一手资料。

2000年8月31日,“中华炎黄圣火”全民健身传递活动

2009年年底,建成120平方米的体质监测中心,配备监测器材和15人的体质测试队伍,建立监测制度,确定监测对象1816人,开展体育科普知识宣传和科技咨询工作。是年,景德镇市体育场地总面积53.13万平方米,人均面积0.35平方米。全市行业体协有11个、单项协会28个、民间俱乐部5个、健身气功活动站点33个。全市42个乡镇9个街道实现老年体育组织和辅导站点全覆盖,成立各级老年体协281个,会员有1.70万余人。2010年,景德镇市制定《全民健身实施计划(2011—2015年)》,全民健身事业纳入国民经济和社会发展规划,其经费纳入财政预算,其工作写入《政府工作报告》,形成全民健身公共服务体系。

1998—2010年,全市通过体育彩票公益金配备和自建全民健身路径47条,乡镇农民工程1个,村级农民工程70个,人均体育场地面积达到0.60平方米。体育人口达57.67万人,占全市总人口的36.50%,国民体质合格率提高到85%,逐步建成市、县(市、区)、街道(乡镇)、社区(村)四级健身设施网络。

职工体育

1986年,全市体育活动社会化改革加快,厂矿企业自办运动队,经常举办篮球、桥牌、太极拳、木兰拳、木兰扇、排球、棋类、毽球、门球等体育活动,经济效益较好的单位频繁组队参加国家、省内外赛事交流活动。是年,在第七届省运会航空模型比赛中,昌河飞机制造厂获得三枚金牌;红星瓷厂联办省女子曲棍球二队,成为全市第一个厂办专业队。1987年,全市教育、公安、煤炭、铁路等7个行业系统及85个基层单位建立体育协会,黎明制药厂联办省围棋队,192个全民企事业单位共举办576项次体育竞赛,参加人数达6.86万人。

1990年,全市开展迎亚运、迎陶瓷节百日群众体育活动,中断近30年的市直机关篮球赛重新开赛。1991年,昌河飞机制造厂、黎明制药厂、九九九厂等单位举办职工运动会。是年,全市31个大中型企业成立体协,基层厂矿企业体协达148个。1993年,市城建开发公司、昌河分别举办全省“城建开发杯”职工篮球赛和“昌河杯”元老排球赛。1995年,国家颁布实施《全民健身计划纲要》,全市积极落实“全民健身一二一工程”,在机关和企事业单位开展创体育先进单位活动和冬季锻炼活动,推广第七套广播体操,恢复工间操制度。市体委与市总工会、市直机关党委联合举办全市职工拔河和游泳比赛。1996年,昌河运动员谭学斌在全国工人运动会上打破大众体育自行车5000米障碍赛记录。1997年,以迎香港回归为主题,各行业体协举办全市门球、足球和篮球等活动。1998年11月,景德镇市承办全国职工射击比赛,来自北京、上海、杭州等7支代表队60名运动员参赛。

2000年以后,职工体育发展出现新变化,受企业改制的影响,厂矿企业开展体育活动的热情有所降低,职工体育活动由单位举办逐步演变成由协会主导、单位赞助的模式,举办形式上相互融合,体育协会的组织功能日益增强。2002年11月,全国职工射击比赛在福建省三明市举行,市射击协会派队参赛,取得团体总分第五名的成绩。是年,景光电子有限公司与各单项体协联合举办全市篮球、排球等10余项比赛。2004年,组织机关干部职工参加江西省机关运动会,获得地市组二等奖。2005年,市直机关举办全市第八套大众广播体操比赛。2006年9月,市烟草公司参加省烟草系统第二届职工乒乓球比赛,获得团体总分第三名。10—11月,举办全市第十三届“钟声杯”教工排球赛、“社保杯”门球赛和全市职工羽毛球赛。2007年,市直机关、学校和企事业4000余名干部职工参加万人长跑活动。2008年1月,市公安系统和银行金融系统分别举办“前卫杯”和“金融杯”篮球赛。6月,组队参加江西省第二届机关运动会,共获得金牌14枚、银牌4枚、铜牌13枚,团体总分第二名。2009年5月,举办全市公安系统运动会暨男子篮球锦标赛。2010年,参加江西省第三届机关运动会,获得金牌13枚、银牌7枚、铜牌5枚,取得金牌总数第二和团体总分第三的成绩。

农村体育

农民运动会　1986年,农村群众体育活动逐渐普及,部分乡镇(厂)、行政村开展农民体育竞赛,并初步形成制度。1987年,乐平县和3个农村区(蛟潭区、鹅湖区、昌江区)均设置体育委员会,配备专职干部。是年节假日期间,乐平县接渡乡、历崌山乡、洪岩乡;蛟潭区勒功乡、经公桥乡、西湖乡;昌江区竟成乡、鱼山乡、荷塘乡;鹅湖区鹅湖乡、臧湾乡都举行篮球、武术、跑步、象棋、骑车、桌球等项目比赛,参加人数达5364人。是年,举办全市农民篮球比赛,农民象棋比赛和农民乒乓球选拔赛。1988年,举办全市农民丰收杯篮球赛,农民乒乓球选拔赛,并组队参加全省农运会男女篮球、乒乓球、武术、田径比赛,农民运动员周元强、邓志铭获乒乓球男子组第七名、第八名。农民武术运动员汪新柱获传统拳三等奖,周元强还参加全国农运会乒乓球比赛。是年,昌江区竟成乡、乐平县历崌山乡举办乡农民运动会,乐平县接渡乡在端午节前后举行龙舟竞渡活动,国庆节期间举行篮球比赛等活动。是年,昌江区竟成乡文化站创办景德镇市第一所乡办乒乓球业余体校。全市1县3区56个乡(镇)都建有文化站(室)、青年之家,农民喜爱的如篮球、武术、举石墩、挤棍、龙舟等传统体育活动在农村广泛开展。1989年,竟成乡举办首届农民运动会,有615人参加5个项目(篮球、乒乓球、射击、棋类、田径)的比赛。

1990年,经公桥镇举办第三届镇农民运动会,有300余人参加球类、田径、拔河等项目的角逐。乐河镇举办首届农民运动会,有17个代表队437名运动员参加球类、田径、拔河、挤棍等8个项目的比赛。是年,昌江区的竟成乡、鲇鱼山镇、丽阳乡、吕蒙乡、荷塘乡,乐平县的乐河镇、临港乡,浮梁县的经公桥镇、寿安乡、蛟潭镇、罗家桥乡、勒功乡、三龙乡成立乡镇体委。1991年,景德镇市农民体育协会成立,挂靠市农业局,由局长兼任主席。县区先后兴建篮球场、田径场、乒乓球室、羽毛球场、旱冰场、门球场、举重房等一批体育场所,并经常举办篮球、长跑、乒乓球、羽毛球、门球、武术表演和中国象棋等项目比赛。1992年,乐平市、昌江区、浮梁县分别举办农民篮球、乒乓球、羽毛球、龙舟、棋类等比赛活动。竟成乡举办全乡第二届农民运动会,端午节举办全乡龙舟比赛。1993年,经公桥镇举办第五届农民运动会,并每年举行一届农民运动会。竟成乡承办华东地区钓鱼比赛。1996年,乐平市被国家体委授予全国武术之乡,九龙乡和接渡镇篮球运动突出,被誉为篮球之乡,鹅湖区农民连续举办多届“丰收杯”篮球赛。1997年6月30日香港回归之前,昌江区荷塘乡组织龙舟18条,竟成镇自制龙舟20条,开展迎回归狂欢劲舞及系列体育活动。9月10—28日,乐平市举办首届农运会,17支参赛代表队900余人参赛。竞赛项目有拔河、挤棍、推土车、篮球。当年全市县(市、区)乡镇均开展农村特色的舞龙、龙舟、挤棍、自行车载重、中国象棋、推土车、篮球、乒乓球等活动,共计117次。

90年代,昌江区村民抬龙舟下河比赛

2009年10月12日,乐平市镇桥镇举行庆祝新中国成立60周年全民健身活动农民趣味运动会,全镇27支代队500余名农民运动员参加“菜地种菜”“男子单手挤棍”“男女混合拔河”“男女自行车50米慢行”“男女抗洪搬沙包负重竞跑”“抗旱保苗(挑水)”等6个项目比赛。

健身活动　1990年，中国农民体协在全国开展亿万农民健身活动。市县体育部门组织“送体育下乡”活动，为农村的文体站和学校送去体育器材和书籍，培训农村体育骨干，组织当地农民开展体育活动。每逢重大节日，1县3区都举办农民篮球赛、棋类比赛、武术表演等体育项目竞赛活动。9月中旬至11月下旬，景德镇市举办迎亚运、迎陶瓷节百日群众体育活动。全市各乡、镇都举行体育竞赛，浮梁经公桥镇、乐平乐河镇举行较大规模的综合性农民运动会。10月底，市体育局组建市农民体育（田径）代表队，13名运动员参加为期1周的集训后，参加11月初举办的江西省第二届农民运动会田径比赛。是年，竟成乡组队参加全省体育先进乡乒乓球邀请赛，并获男子团体和男子单打第五名。11月，乐平县农民体协举办全县农村篮球比赛。2001年，在第十一届省运动会射击比赛项目中，景德镇市获金牌1枚、铜牌4枚。2010年，在全国农耕健身大赛中，获稻田抓鱼、车水抗旱比赛总分第三名，获晒场收谷项目比赛单项1金1银。

表37-2-1　　1993—2007年景德镇市“亿万农民健身活动”获奖一览表

年份	先进集体（乡镇）	先进个人	级别
1993	乐平市乐河镇、洪岩乡，浮梁县经公桥镇，昌江区竟成乡	—	省级
1999	乐平市乐平镇、浮梁县鹅湖镇、昌江区荷塘乡	胡友琳、王志学、俞小平	省级
2000	乐平市乐平镇、浮梁县瑶里镇	—	省级
2001	乐平镇	—	国家级
2002	乐平市镇桥镇、乐港镇，浮梁县蛟谭镇、瑶里镇	周长波、饶国霞、刘拓平、汪峙生等8人	省级
2004	乐平市乐港镇	—	国家级
2005	乐平市众埠镇、涌山镇、塔前镇，浮梁县洪源镇、王港乡，昌江区鲇鱼山镇	汪春艳等8人	省级
2006	乐平市众埠镇	—	国家级
2007	乐平市高家镇、临港镇，浮梁县洪源镇、湘湖镇，昌江区鲇鱼山镇，高新区吕蒙乡	陈名祥、吴林春、彭永新等6人	省级

表37-2-2　　1995—2010年景德镇市参加全国、全省农民体育赛事获奖情况一览表

年份	活动名称及项目	获奖情况
1995	全省第三届农运会中国象棋地市（男子）组	团体冠军
1995	乒乓球男子团体比赛，女子单打	亚军
2002	第十一届省运会射击比赛	金牌1枚，铜牌4枚
2004	全国第五届农运会中国象棋	团体第二名
2004	全省第五届农运会中国象棋	男子团体冠军，女子团体亚军
2005	全省农民象棋比赛	乐平乐港镇，瑶里镇分获女子团体一、二名
2006	全省农民乒乓球大赛	乐平众埠镇或女子团体和个人第一名
2008	全省第六届农运会	获19金、8银12铜，一等奖16个，二等奖2个
2008	全国首届小康村篮球赛浮梁瑶里村代表江西参赛	比赛优秀组织奖
2009	第十五届全国农民象棋比赛	快棋个人第三名，双人赛第三名
2009	全省“国庆60周年”百城千村农民趣味运动会	乐平市镇桥镇、浮梁县蛟潭镇、峙滩乡获最佳组织奖
2010	全国农耕健身大赛	稻田抓鱼、车水抗旱团体总分第三名，晒场收谷项目比赛单项1金1银

老年人体育

1986—2010年,景德镇因地制宜、因人制宜,就地就近开展棋类、门球、乒乓球、台球、太极拳(剑)、木兰拳(扇)等老年人喜爱的健身活动。1995—1996年,市老年体协被评为全省"实施全民健身计划"先进单位。

2000年7月,市老年体育教育中心大楼落成。2002—2003年,市老年体协两次被省体育局授予先进单位称号。至2004年,共评出全国健康老人5人,全省健康老人5人。2008—2009年,市老年体协连续两年获全国体育总会全民健身活动先进单位表彰。至2010年,全市共新建老年活动室466个,总面积2万余平方米;露天活动场所54个,占地面积约6万平方米;多功能活动场所250余处,占地面积15万平方米;添置各类健身器材560余套(件)。全市乡镇(街道)共有老年体协57个、行政村老年体协498个、社区老年体协115个、市直团体会员52个,全市老年体协会员10万余人,老年体育辅导站559个,科普宣传员2000人,国家一级裁判员18人。经常参加晨练、晚练和健身活动的老年人达12万人,占全市老年人口总数的65%。

表37-2-3　1987—2009年景德镇市老年体协参加全国全省赛事获奖情况一览表

时间	活动名称及项目	获奖情况
1987.10	省第二届老年人运动会	门球团体第三名,象棋个人第三名
1988.10	全国十二城市老年人门球赛	团体第二名
1992.12	全国部分城市老年人"三杯"篮球邀请赛	第四名
1994.10	第五届部分城市老年篮球协比赛	男子第四名
1994.12	全省老年人交谊舞比赛	第二名
1997.4	全省老年人乒乓球比赛	团体总分第二名,女单银牌1枚
1999.5	全省第四届老年人运动会	获1金、4银、3铜
2000.9	国际太极拳锦标赛(河南焦作举行)	获42式太极拳老年组个人金牌
2004	全省第五届老年人运动会	获4金6银3铜
2005.9	全国健身秧歌比赛	获3个一等奖,优秀创编奖
2005.11	全省农民象棋比赛	女子组包揽前三甲
2006	全省秧歌赛	4个一等奖
2007	"香港紫荆花"中老年艺术大赛	金奖
2008.10	省首届老年门球赛	冠军
2009	全省首届老年人健身大会秧歌大赛	规定套路金奖,自编套路银奖
2009	省第六届老年人运动会	获5金4银

表37-2-4　1986—2009年景德镇市老年人体育赛事活动一览表

时间	赛事活动名称	主要内容
1986.6	重阳节登山活动	市老年体协组织100余名老年人举行全市老年人重阳节登山活动。此后,每年举行重阳节登山活动
1988.3	老年人门球百队赛	举办全市老年人门球百队赛,100余支球队参赛
1989.3	"三八"老年妇女门球赛	举行全市"三八"老年妇女门球赛,146人参加,此后每年一次
1990.10	全市第三届老年人运动会	9个代表团1060名运动员参加
1992.4	全市"社会保险杯"门球比赛	市社保局与市老年体协联合举办全市"社会保险杯"门球比赛

续表 37－2－4

时间	赛事活动名称	主要内容
2000. 7	新建市老年体育教育中心大楼	市老年体育教育中心大楼落成，建筑为六层楼房，面积 2320 平方米
2001. 7	瓷都老年人万里健步行	开展“瓷都老年人万里健步行”活动。至 2004 年，全市参与“健步行”活动的老年人达 8 万，占老年人总数的 50%，发出健步行登记卡 3. 60 万张，体育彩票 3400 张，110 人获健步行明星称号
2002. 8—2003. 3	老年人健身知识竞赛	市老年体协在全市开展老年人健身知识竞赛活动，印发洪昭光教授讲座稿 1. 50 万份，《老年健身知识竞赛 100 题问答》3000 份，选拔组队参加全省老年人健身知识竞赛
2002. 8—2002. 9	全市第四届老年人运动会	举行全市第四届老年人运动会，设健步行、门球、射击等 12 大项，41 个代表团 287 个代表队参赛
2003. 6	—	市老年体协艺术团成立
2004. 9	—	市老年体协举行成立 20 周年庆祝大会
2005. 7	—	全市老年人乒乓球比赛在老年体协乒乓球室举行，共有 24 个单位。122 名运动员参赛
2006. 6	全民健身大会展示活动	举办“全力申办省运会”全民健身大会展示活动，1000 余人参加
2006. 9	首发旅游专列	“景德镇千年瓷都名天下”赴北京观光旅游专列开行，全市 1200 多人参加，开创全省老年健身旅游活动三个第一
2007. 8	“十万老年人参加全省百万老年人健步走向北京奥运会”的启动仪式和北京奥运会倒计时揭牌仪式	举办“十万老年人参加全省百万老年人健步走向北京奥运会”的启动仪式和北京奥运会倒计时揭牌仪式，3500 余人参加。乐平市、浮梁县分别举行启动仪式
2007. 9	“三抗杯”老年人门球比赛	景德镇市“三抗杯”老年人门球比赛在铁道部俱乐部内举行，12 支代表队参赛，新厂和邮政队分别获得了乡村组和城市组的冠军
2008. 3	市第五届老年人体育运动会	举行景德镇市第五届老年人体育运动会，设 14 个大项，共有 48 个代表团、2184 名男女运动会参加
2008. 8	全民健身健步走	举办“全民健身与奥运同行·10 万老年人健步走向北京奥运会倒计时 1 周年活动”
2008. 11	景德镇市第五届“社保杯”离退休老年人门球锦标赛	40 余支代表队，400 余人参赛，景德镇供电公司和陶瓷学院队分获团体冠、亚军
2009. 08	全民健身日	举行“首个全民健身日·景德镇赛区启动仪式”
2009. 09	第六届“老运会”健身球操比赛	—
2009. 11	第六届“社保杯”老年门球锦标赛	在市老年体育中心举行，共有 40 支代表队近 500 人参赛。经过 3 天 68 场角逐，电信获得冠军，自来水一队、昌江村队分获亚军和季军

特殊人群体育

1986 年后，景德镇以盲校、聋哑学校和特殊教育学校为重点，开设特殊人群体育课，组织社区、福利院、学校和社会上的残疾人参加适合他们的各类体育活动，并在各种赛事中取得好成绩。1987 年，江西省第二届残疾人运动会上，市运动员吕长林、李镇获游泳项目金牌。李镇被评为 1987 年度“瓷都十大新闻人物”。8 月，在唐山举行的第二届全国残疾人运动会上，李镇夺得男子组 A2 级 100 米蛙泳和 50 米仰泳 2 枚金牌，打破该级别两项全国纪录。1989 年 12 月，在全国伤残人游泳比赛的百米蛙泳短池项目中，李镇以 1 分 30 秒 10 的成绩超过荷兰人创造的 1 分 42 秒 11 的世界纪录。1990 年 5 月，在昆明举行的全国伤残人游泳锦标赛上，李镇获得男子 B8 级 100 米蛙泳金牌和 S9 级 100 米仰泳铜牌。1992 年 3 月，在广州举行的第三届全国残疾人运动会上，李镇获得男子 B7 级 100 米仰泳铜牌，龙涛（女）获得女子气手枪第四名。1994 年，在北京举行的第六届远东及太平洋地区残疾人运动会上，李镇获得 S9 级 100 米蛙泳银牌，杨华获得 400 米自由泳第四名。1998 年，全国工人运动会残疾人游泳项目上,李镇打破该年龄组100米蛙泳世界纪录。2006年,市特殊教育学校学生彭佳代表江西省参加全国残疾人田径锦标赛,夺得女子乙组F60级三级跳远银牌。

第二节　学校体育

课程设置

1987年,省教育行政部门根据教育大纲编写全省中、小学体育教材并颁布实施,全市学校体育教育有了统一的教材。全市各级学校实行每周2节体育课,每天1小时的课外活动和每天2操(课间操、眼保健操)的体育锻炼制度。体育课的教学内容根据不同年级设定,小学低年级以游戏为主,辅以队列、体操、田径等,高年级以田径为主;中学主要教授体育基本知识和田径、体操、球类、武术等;高等院校主要教授体育基本理论和运动技能,使学生在身体全面锻炼的基础上,较熟练掌握和运用一二种运动技能。1990年,全市各级各类学校开始实施教育部、国家体委联合颁发的《学校体育工作条例》,规定体育教学的范围,应遵循的规律以及对学生进行体育考试,成绩列入学生档案等。1995年,国家实行中考、高考加试体育和体育加分政策,全市中、小学校体育课列入学生必修课,成为学生学业成绩考试科目。学校的体育教学进一步规范。

《国家体育锻炼标准》实施

1986年,全市中、小学生全面实施国家体委颁发的《国家体育锻炼标准》,把《标准》纳入各级各类学校体育工作,各学校做到体育锻炼"达标"与体育教学、"达标"与"课余训练""体育竞赛"三结合。市体委和市教育局实行全市体育工作联席会制度,研究部署学校体育工作,坚持每年一次对学生的"达标"情况进行检查验收,并对成效较好的集体和个人予以表彰奖励。学校体育工作进一步改善,学生体质得到提高。1997年,全市达到《标准》总人数共计78.85万余人次。1989年,市第十一小学被国家体委、国家教委授予施行《国家体育锻炼标准》工作先进单位称号,珠山区体委教研员邓林凌和一中高三班主任黄新被授予全国施行《国家体育锻炼标准》先进个人。

表37-2-5　　1986—1997年景德镇市达到《国家体育锻炼标准》的学生人数统计表　　单位:人

年份	总人数	及格				良好				优秀			
		合计	大中专	中学	小学	合计	大中专	中学	小学	合计	大中专	中学	小学
1986	29818	8384	275	5204	2905	15571	790	8910	5871	5863	251	2971	2641
1987	23683	16208	650	4820	10738	5641	145	2762	2734	1834	44	552	1238
1988	32397	19274	—	11848	7426	9168	—	4844	4324	3955	—	2737	1218
1989	66347	45542	—	—	—	14777	—	—	—	6028	—	—	—
1990	50035	32520	—	—	—	12030	—	—	—	5485	—	—	—
1991	50372	32490	920	19824	11746	12593	719	5291	6583	5289	332	2385	2572
1992	72087	46980	2035	29501	15444	18595	1122	6252	11221	6512	643	2773	3096
1993	63534	47478	1790	25072	20616	11501	1196	6277	4028	4555	376	2708	1471
1994	68752	47422	2077	25987	19358	14592	1062	7696	5833	6738	397	3766	2575
1995	67437	42505	1999	22428	18078	18248	1072	9841	7335	6684	371	4187	2126
1996	75216	53650	2247	29152	22251	14919	1482	7899	5538	6647	492	3806	2349
1997	88296	58266	—	—	—	21546	—	—	—	8484	—	—	—
总计	788537	513957	—	—	—	191173	—	—	—	83407	—	—	

雏鹰起飞竞赛活动

1993年，国家体委、教委和团中央3家单位联合组织“雏鹰起飞”5项（50米、跳高、跳绳、踢毽、游泳）体育竞赛活动，参加对象为城乡10岁以下的男、女小学生。1994年8月，市“雏鹰起飞”小学生体育活动受到省体委、省教委、团省委的通报表彰。市十二小的高云璐（女，50米跑）、沈艳红（女，踢毽）和姚起力（男，踢毽）3人获1994—1995年度国家“雏鹰起飞”小学生体育活动单项小能手称号。至2010年，每年5月举行此项竞赛，各项目前六名的成绩报省体委，然后由省体委选出好的成绩报国家体委。

训练班（队）工作

1986年，市政府批准建立全市体育训练领导小组，统一领导、协调全市的体育训练工作，副市长柯尔荣任组长。每年举办一次小学生田径运动会、中学生田径运动会、中小学生“三好杯”比赛（中学组是篮、排、足球；小学生是小篮球、小足球和乒乓球）并形成制度。是年8月，由市体委与珠山区教育局联合主办，十二小承办的珠山儿童业余田径运动学校，为市体校及各中学输送几百名身体素质过硬，具有一定体育特长的“小运动员”，学校先后10余次被授予全国、全省先进体育传统项目学校，全国体育先进学校，全省业余训练先进单位等称号。

至2010年，全市具有体育特色的中、小学校不断出现，先后创建6所省级体育传统项目学校，分别为市一中（排球）、市二中（篮球）、昌河中学（足球）、乐平中学（田径）、市十二小（田径）、市十七小（田径）；建立12所市级体育传统项目学校，分别为市五中（田径）、师范附小（田径）、景光学校（田径）、市三中（篮球）、市十二中（篮球）、浮南矿学校（篮球）、市七中（排球）、市八中（排球）、九九九厂学校（排球）、市四中（足球）、市六中（足球）、发电厂学校（足球）。另外在全市中小学还设立26个训练点，在训人数达2947人。

特色体育进校园

棋类活动　1987年8月，组建象棋协会和围棋协会，在青少年体育中经常性地开展培训，普及棋类知识，主办各种棋类竞赛等活动，在国家及省级棋类竞赛中景德镇都取得优异成绩。1996年，年仅10岁的市少年组象棋手刘昱，在广州乐昌举行的全国少年象棋大赛中夺得第八名，次年在成都全国少年象棋赛上跃入第四名。2007年5月，在全省体育传统项目学校棋类比赛中，景德镇市获象棋初中组男子团体第一名，小学组团体第二名，国际象棋小学组男子团体第三名。2008年11月，江西省第一家经注册的围棋学校正式成立，围棋学校引入全新的教学理念，在寓教于乐中普及青少年围棋知识。

足球进校园　80年代初，市发电厂子弟小学连续四次取得全省小足球赛冠军，受到团中央、教育部、国家体委通报表彰。90年代，景德镇市坚持每年暑假开展中小学生“三好杯”足球比赛。2001年，市八中腾飞足球队夺得全省青少年足球锦标赛冠军，取得代表江西省中学足球队到上海参赛荣誉。2002年，又夺得全省中学生足球男子甲组比赛的冠军。

2007年，市实验小学少儿足球训练基地举行挂牌剪彩仪式，小学校园里足球场首次铺设人工草皮。是年，市实验小学在全省学校足球四级联赛小学组比赛中夺得冠军。9—12月，全市22所小学400余名小学生参加“圣象杯”小学生足球联赛，球队、球员数为全省之冠。

2008年，景德镇有5名少年足球队员被选送到国家青少年希望队集训。组队参加全国“泰达杯”全国少年足球赛，获95—96年龄段男子组冠军，97—98年龄段获亚军，少儿女子足球队被北京整体引进就读训练。市少年足球队员杨鑫被选送英国切尔西预备队集训。当年市二中被授予省级足球训练基地称号，为江西省首家以校园为依托建立的省级足球训练基地。7月，由省体育局、省教育厅主办，省足球协会承办的2008年江西省学校足球联赛在景德镇二中足球场举行，景德镇二中足球队夺得初中组冠军。2010年，市实验小学五年级学生李慈达被选入西安浐灞少年足球俱乐部。

至2010年，每年举行全市中小学足球比赛。当年全市16所初中、30所小学开展校园足球活动，历时5个月，进行380余场比赛，千余名小运动员参赛，为提高足球运动水平奠定良好的基础。景德镇市被评为全国10个校园足球积极城市之一，并成功入选全国首批校园足球布局城市。

第三节　竞技体育

训练设施

1986年6月,市游泳场一期工程竣工,室外成人池、少儿池、儿童池3个游泳场地投入使用。1992年,市体校400米标准田径场全面竣工使用。是年,昌江区体育综合训练楼建成并投入使用,用于举重、乒乓球项目训练。1996年,体育馆西侧建成4层的训练楼。体育运动学校在原有的训练设施基础上,建成1280平方米的室内综合训练馆。是年,乐平市建成标准田径场,昌江区新建综合训练馆(江西省跆拳道训练基地)。

训练体制

1986年开始,全市竞技体育落实国家奥运战略,贯彻"造好苗子,从小培养,交流训练,打好基础,积极提高"的训练方针。至80年代中期,竞技体育训练体制实行改革,市体育运动学校初中改为4年制;停办高中班,改办中专班。中专班分为两类,承办江西省体育运动学校中专班,学制4年;景德镇市师范学校体育师资班,学制3年。1987年8月,省政府批准景德镇市体育运动学校为中专学校(正县级单位),保留原体育中学,为国家队、省队、体育院校输送体育后备人才。1988年,市体育后备人才是从学校代表队→体育传统项目学校→校训练点→体校普运班→体校重点班→体校中专班中层层选拔,形成金字塔形的体育训练网络。

90年代后期,市体校采取与县(市、区)布局训练网点共建训练基地的方式,选派专职教练员下网点进行各项目的业余训练,同时与乐平江南武馆、恒豹武校联合办校,训练资源共享。1998年,全省实行中专招生并轨改革,国家不再包分配,市体校的招生规模受到较大影响。进入21世纪后,与教育部门合作,深化体教结合,先后在景德镇二中、市十三中、浮梁一中、浮梁二中、昌江一中、乐平洪马中学等学校开办体育特色班,与五中联办体育班,充分利用体育、教育两个部门的资源开展业余训练,缓解运动员的学训矛盾,扩大训练规模。市体育馆少儿业余体校、市游泳场(十八小)少儿游泳学校均承担培养输送少儿乒乓球、羽毛球、武术、散打、游泳等项目优秀体育苗子任务,训练对象为小学生。

训练规模与项目

1986年,各级政府把体育工作列入目标管理,建立以体育部门为龙头,教育部门为基础,厂矿企业为补充的3条线训练体制,训练规模、项目开展得到巩固和提高。至1994年,全市在训人数769人,教练员(含兼职)76人。先后开设射击、田径、篮球、排球、游泳、乒乓球、羽毛球、武术、散打、体操、足球、曲棍球、无线电工程、航空模型、航海模型、棋类、射箭、举重、毽球、自行车、桥牌、门球等20余个大项。

20世纪90年代中后期,随着国家《奥运争光计划纲要》的颁布和实施,以及全省实行中专招生并轨改革。景德镇市结合全运会、省运会目标,在项目布局、教练员配备、物力财力投入上作相应的调整,新增设摔跤、柔道、拳击、跆拳道和水上等项目,曲棍球、无线电工程、航空模型、航海模型、射箭、毽球、桥牌、门球等项目不再开展。

进入21世纪,全市继续完善项目布局,突出以训练工作为中心,注重体育后备人才的培养,夯实竞技体育基础。摔跤、射击、游泳、跆拳道等项目的传统优势进一步巩固。增设县(市、区)训练网点,与市属学校开办体育特色班、联办体育班。至2010年,增设网球项目,取消柔道、体操项目,其他项目不变。在训运动员数为551人,专职教练员32人。

人才输送

1986—2010年,景德镇共向优秀训练单位输送后备体育人才134名。其中有2008年北京奥运会上分别夺得跆拳道女子49公斤级和女子四人双桨赛艇金牌的吴静钰、金紫薇以及蔡烨清、张冬莲、范彦溥、张婵莺、刘露芳等一批优秀体育人才,同时为全市企事业单位和中小学培养大批的体育干部和体育教师。

表 37－2－6　　1986—2010 年景德镇体育人才输送统计表　　单位：人

项目	1986—1996 年	1997—2009 年	2010 年	项目	1986—1996 年	1997—2009 年	2010 年
田径	21	3	1	网球	1	—	—
射击	19	17	—	空海棋	3	—	—
男子排球	2	—	—	划船	3	3	2
举重	5	1	—	体操	1	—	—
游泳	5	1	2	拳击	1	—	5
乒乓球	3	—	—	射击	1	—	—
羽毛球	6	1	—	无线电测向	1	—	—
曲棍球	13	—	—	围棋	1	—	—
女子篮球	1	—	—	摔跤	—	—	8
武术	2	—	1	合计	89	26	19

表 37－2－7　　1995—2010 年景德镇籍运动员参加国际国内大赛成绩一览表

年份	比赛名称	姓名	项目	名次
1995	世界杯射击比赛	范彦溥	100 米移动靶	金牌
1996	世界杯游泳比赛	张婵莺	400 米自由泳	金牌
1996	国际羽毛球公开赛	刘露芳	女子单打	金牌
1998	世界杯射击比赛	蔡烨清	女子气手枪	金牌（获 2000 年悉尼奥运会射击赛靶位）
1998	第四十七届世界射击锦标赛	蔡烨清	女子运动手枪	金牌
1998	第十三届亚运会	蔡烨清	女子气枪	团体金牌，个人银牌
1998	第十三届亚运会	蔡烨清	女子运动步枪	金牌
2000	第 27 届奥运会	蔡烨清	女子气手枪	第八名
2001	第九届全运会	徐　宇	赛艇	金牌
2003	第五届全国城运会	吴静钰	49 千克级跆拳道	金牌
2003	第五届全国城运会	金紫薇	赛艇	金牌
2004	第 28 届奥运会	金紫薇	赛艇	第四名
2004	第 28 届奥运会	何　静	皮划艇	第七名
2005	第 3 届世界大学生运动会	吴静钰	跆拳道	金牌
2005	第十届全运会	吴静钰	跆拳道	金牌
2005	第十届全运会	金紫薇	赛艇	金牌

续表 37-2-7

年份	比赛名称	姓名	项目	名次
2006	亚洲锦标赛	吴静钰	跆拳道	金牌
	第十五届亚运会	吴静钰	跆拳道	金牌
		金紫薇	赛艇	金牌
		张冬莲	射击	团体金牌
2007	世界锦标赛	吴静钰	跆拳道	金牌
	世界赛艇锦标赛	金紫薇	赛艇四人双桨	金牌
2008	第29届奥运会	吴静钰	跆拳道	金牌
		金紫薇	赛艇四人双桨	金牌
2010	第16届亚运会	吴静钰	跆拳道	金牌
		金紫薇	赛艇四人双桨	金牌

第四节　运动竞赛

市运动会

第八届市运会　1986年3—6月,景德镇市第八届运动会在市体育馆、田径场以及乐平县和昌江区等场馆举行,设足球、篮球、排球、乒乓球、田径、游泳举重等11个比赛项目。其中田径、举重、棋类设少年组,游泳设少年、儿童组,武术设老年组,航空模型、航海模型,射击进行测试选拔。共有来自各区县和系统29个代表团参赛。举重项目有14人40次破17项全市最高纪录,其中教育系统的伍景波1人5次破3项全市少年纪录;田径项目10人10次破9项全市最高纪录,9人9次破6项全市少年纪录;游泳项目5人10次破5项市纪录,1人1次破1项市少年纪录,4人8次破5项市儿童纪录。

第九届市运会　1990年9—11月,在市田径场、市体育运动学校、市游泳场、市体育馆等场馆举行。比赛项目设篮球、足球(男子)、乒乓球、门球、羽毛球、田径、游泳、举重、射击、三项棋(围棋、中国象棋、国际象棋)共10项。其中门球设老年组;田径、游泳设成年、少年和儿童3个组;其余项目均设成年组和少年组。表演项目设体操、武术以及航空模型3项,各区县和系统32个代表团2192名运动员参赛。举重项目有昌江区的杨智辉、徐小贵、李平洲3人15次打破9项省少年纪录,另有5人17次破10项市纪录,3人11次破9项市少年纪录;田径项目有8人9次破8项市纪录,4人4次破4项市少儿纪录,14人8次破7项市儿童纪录;游泳项目有8人16次破8项市纪录,9人15次破9项市少年纪录,4人5次破3项市儿童纪录;射击项目有1人1次破1项市纪录,5人4次破3项市少年纪录。

运动会设县区组和系统组,分别计算奖牌和总分。昌江区以71金8银9铜的成绩排在各县区奖牌榜第一位;教育系统以1530.50分在各系统奖牌总分榜名列第一。乐平县代表团、航空航天代表团、建工代表团获体育道德风尚奖,另外有21个代表队、185名运动员、27名裁判员以及13名工作人员获体育道德风尚奖。

第十届市运会　2000年8—10月,在县(市、区)及单位场馆举行。比赛项目设游泳、篮球、排球、足球、田径、举重射击等10项。共有来自各区县和系统25个代表团2076名运动员参赛。教育系统以2404分和106块金牌、77块银牌、45块铜牌的成绩排在总分和奖牌榜第一位。运动会共有3人(女1人)达到一级,51人(女21人)达二级,105人(女36人)达三级,另外还有61人(女32人)达到少年级。田径方面20人(次)破14项纪录、1人平1项市最高纪录,4人破3项市少年纪录,34人(次)破8项、1人平1项市儿童纪录。来自市腾飞学校的陈俊在50米蝶泳比赛中,打破市少年纪录。共有17个代表队、222名运动员、60名裁判员

以及33名工作人员获体育道德风尚奖。

第十一届市运会　2009年6—9月，分期分项在市体校、高专等单位场馆举行，比赛设田径、游泳、篮球、足球、乒乓球、羽毛球、网球、跆拳道、射击、象棋、围棋、桥牌等16个项目，是历届运动会项目最多的一届。其中门球、钓鱼、健身球操及武术为老年组项目，射击为领导干部组项目，乒乓球、羽毛球设成年组、中小学组和领导干部组，田径、游泳、篮球、足球、象棋设成年组和中小学组，跆拳道及围棋分别为初中组和小学组项目。各县、市、区以及单位共43个代表团3502名选手参赛，参赛代表团及参赛人数都创下新的纪录。运动会对成年组和学生组分别计算奖牌和总分：珠山区代表团以总分495分，21块金牌、15块银牌、18块铜牌的成绩夺得总分榜和奖牌榜第一。44个代表队、269名运动员、4名教练员和35名裁判员获体育道德风尚奖。

2009年9月，第十一届全市运动会开幕式

省运动会

1986—2010年，江西省举办第七届至第十三届运动会。每届运动会前市政府都进行专项部署，市体育局具体组织参加省运会的各项目比赛。在七届省运动会上，景德镇市金牌总数处在第二、三名，团体总分保持前列。

在第七届省运会中，景德镇代表队破全省纪录3人4次3项，获中国象棋、射击甲组团体第一名；在第八届省运会中，超全国青少年纪录1人1次1项、破全省纪录9人5次5项、破全省青少年纪录4人1次、破全省青少年乙组纪录12人4次4项，获射击男子组、女子组、男子少年组团体第一名；在第九届省运会中，平世界纪录1人1次1项、破全省纪录13人4次5项、破全省青少年纪录69人36次36项，获游泳女子组、射击女子组团体第一名；在第十届省运会中，破全省纪录4人5次5项、破全省青少年纪录32人32次12项、破全省少年纪录4人4次4项，获乒乓球女子甲组、羽毛球男子乙组团体第一名；在第十一届省运会中，破全省青少年纪录2人2次2项；在第十二届省运会中，破全省青年纪录9人3次3项、破全省青少年纪录7人3次3项；在第十三届省运会中，破全省青少年纪录3人1次1项。

表37-2-8　**1986—2010年景德镇市参加江西省运动会成绩一览表**　单位：分

年份	届次	地点	名次			总分	金牌排名	总分排名
			金	银	铜			
1986	第七届	南昌市	31	18	20	—	3	4
1991	第八届	南昌市	61	43	43	—	2	2
1994	第九届	上饶市	116.50	101.50	67	3249.50	2	3
1998	第十届	宜春市	116.50	101.50	67	3249.50	2	3
2002	第十一届	南昌市	120.72	75.50	73	2902.75	2	3
2006	第十二届	新余市	150	58	37	3652	3	3
2010	第十三届	鹰潭市	120.75	52.50	47	3253.50	3	3

表 37 -2 -9　　1986 年景德镇市获第七届省运会单项第一名一览表

项目组别		小项	姓名/单位
田径	成年男子组	三级跳远	邓鸣生
	少年男子组	100 米	尹海平
		跳高	曹立华
	成年女子组	100 米	谌小娟
		跳高	魏珍
	少年女子组	100 米栏	万日花
举重	成年男子组	100 千克级	潘光明
		110 千克级	邓德华
射击	男子甲组团体	自选步枪 60 发卧射	景德镇队
		自选步枪 3×40	景德镇队
		气步枪 60 发	景德镇队
		气手枪 60 发	景德镇队
	男子甲组个人	小口径自选步枪 3×40	王尚荣
		自选手枪慢射	伍景生
	男子乙组个人	小口径自选步枪 60 发卧射	黄献忠
	女子甲组团体	标准步枪 60 发卧射	景德镇队
	女子甲组个人	气步枪 40 发	万福妹
		小口径步枪 3×20	袁光红
	女子乙组团体	小口径步枪 3×20	景德镇队
		气步枪 40 发	景德镇队
		标准步枪 60 发卧射	景德镇队
射击	女子乙组个人	小口径标准步枪 60 发卧射	刘晓红
		气步枪 40 发	刘晓红
		小口径步枪 3×20	谭水娟
		小口径手枪 60 发	陈芳梅
航空模型	—	国际级牵引模型滑翔机 F1A(B 组)	吴匠
	—	二级橡皮筋模型飞机	江丽平*
航海模型	男子	F1 - V 级	江小春*
棋类	围棋	—	余忠华

说明:“*”表示破省纪录

表 37－2－10　　1991 年景德镇市获第八届省运会单项第一名一览表

项目组别		小项	姓名/成绩
田径	成年组男子	100 米	万先明　10 秒 9
		400 米栏	王　健　54 秒 4
		4×100 米接力	43 秒 5
		4×400 米接力	3 分 27 秒 3
		三级跳远	邓鸣生　15.87 米
		链球	姜兴东　61.56 米
	少年甲组男子	200 米	董玉成　22 秒 9
		400 米	杨友清　50 秒 9
		110 米栏	徐　飞　15 秒 6
		4×100 米接力	43 秒 5
		4×400 米接力	3 分 31 秒 6
	少年乙组男子	标枪	许志强　61.54 米
	少年甲组女子	标枪	常素芳　46.12 米
游泳	少年乙组男子	50 米自由泳	高小召　26 秒 50
		200 米自由泳	高小召　2 分 15 秒 24
		400 米自由泳	乔文涛　4 分 45 秒 76
		800 米自由泳	高小召　9 分 53 秒 72
		50 米仰泳	乔文涛　33 秒 23
		—	乔文涛　1 分 10 秒 13
		4×50 米自由泳接力	1 分 57 秒 90
		4×50 米混合泳接力	2 分 15 秒 99
	少年乙组女子	800 米自由泳	张婵莺　10 分 22 秒 09
射击	男子团体成年组	气步枪 60 发	景德镇队　1 706 环＊
	男子团体少年甲组	小口径自选步枪 60 发卧射	景德镇队　1 730 环
		小口径自选步枪 3×40	景德镇队　3 288 环
		气步枪 60 发	景德镇队　1 660 环
		标准手枪	景德镇队　1 616 环
		十米移动靶 30＋30	景德镇队　1 602 环＊
	男子个人少年甲组	小口径自选步枪 3×40	王　勇　1 205 环
		小口径自选步枪 3×40 跪射	王　勇　374 环
		气手枪 60 发	伍华滨　664 环
		自选手枪速射	熊　健　848 环
		标准手枪	陈华明　545 环

续表 37 -2 -10

项目组别		小项	姓名/成绩
射击	女子团体少年甲组	手枪慢加速射	景德镇队 1 694 环
		小口径标准步枪 3×20	景德镇队 1 673 环
		气步枪 40 发	景德镇队 1 127 环
		气手枪 40 发	景德镇队 1 129 环
	女子个人少年甲组	气手枪 40 发	袁 杨 470 环
		小口径手枪 60 发	蔡烨清 683 环 *
曲棍球	女子组	—	景德镇队
体操	儿童甲组男子	全能	卢小江 1090.20 分
	—	自由体操	卢小江 18.30 分
	—	吊环	卢小江 18.40 分
	—	双杠	卢小江 17.25 分
	—	单杠	卢小江 18.80 分
	青少年组女子	全能	邵学群 37.30 分
	—	自由体操	邵学群 9.35 分
	—	跳马	邵学群 9.00 分
	—	高低杠	邵学群 9.50 分
皮划艇	男子少年组	500 米单人皮艇	刘军相 1 分 59 秒 9
		500 米双人皮艇	刘军相 熊利水 1 分 51 秒 8
		500 米单人划艇	夏 炎 2 分 21 秒
		500 米双人划艇	夏 炎 张玉强 2 分 9 秒 6
		1000 米单人皮艇	刘军相 4 分 3 秒 5
		1000 米双人皮艇	刘军相 熊利水 3 分 50 秒 9
		1000 米单人划艇	夏 炎 5 分 4 秒 6
		1000 米双人划艇	夏 炎 张玉强 4 分 26 秒 9

说明:“ * ”表示破省纪录

表 37－2－11 **1994 年景德镇市获第八届省运会单项第一名一览表**

项目组别		小项	姓名
田径	男子乙组	100 米	凌 健 10 秒 8
		200 米	凌 健 22 秒 4
		400 米	凌 健 49 秒 8
		800 米	马小文 1 分 57 秒 5
		4×100 米接力	43 秒 5
	男子丙组	100 米	梁 俊 11 秒 2
		200 米	梁 俊 23 秒
		800 米	毛启龙 2 分 02 秒 6
		1500 米	毛启龙 4 分 15 秒 4
		5000 米	毛启龙 16 分 32 秒 0
		200 米栏	陈 江 26 秒 3
		跳远	梁 俊 6.44 米
		标枪	郭 亮 71 米
		链球	姜国强 44.52 米
	女子乙组	铅球	吴艳敏 12.85 米
		铁饼	吴艳敏 44.84 米
游泳	男子丙组	50 米自由泳	欧阳欢 29 秒 46
		50 米仰泳	于 斌 34 秒 70
		100 米仰泳	于 斌 1 分 17 秒 23
	女子甲组	50 米自由泳	张婵英 27 秒 72 *
		100 米自由泳	张婵英 59 秒 47 *
		200 米自由泳	张婵英 2 分 27 秒 67
		400 米自由泳	张婵英 4 分 45 秒 31
		800 米自由泳	张婵英 9 分 55 秒 96
		100 米仰泳	张婵英 1 分 10 秒 69
		4×100 米自由泳接力	4 分 23 秒 57
		4×100 米混合泳接力	4 分 59 秒 57
	女子乙组	50 米自由泳	朱 骄 30 秒 22
		100 米自由泳	朱 骄 1 分 05 秒 49
		50 米蝶泳	吴丽庐 35 秒 43
	女子丙组	50 米自由泳	万 婷 31 秒 20
		100 米仰泳	余书岚 1 分 19 秒 85

续表 37－2－11

项目组别		小项	姓名/成绩
举重	男子甲组	91 公斤以上级	费保国　　270 千克
	男子乙组	54 公斤级	陆　涛　　207.5 千克
射击	男子个人超龄组	小口径自选步枪 3×40 跪射	周丹戈　　385 环
	男子个人甲组	气手枪 60 发	章建民　　657 环
		飞碟双向 125 靶	张海成　　125 中
		10 米移动靶混合速射	宋成明　　460 环
		小口径自选步枪 3×40 立射	杨　正　　356 环
	男子个人乙组	气步枪 60 发	刘　伟　　564 环
		小口径自选步枪 60 发卧射	李景华　　581 环
		小口径自选步枪 3×20	刘　伟　　547 环
		10 米移动靶混合速射	郑　成　　360 环
	男子团体甲组	气手枪 60 发	景德镇队　　1631 环
	男子团体乙组	气步枪 60 发	景德镇队　　1652 环
		小口径自选步枪 60 发卧射	景德镇队　　1713 环
	女子个人甲组	小口径标准步枪 60 发卧射	万晓春　　682 环
		气步枪 40 发	何　影　　478 环
		气手枪 40 发	潘红仙　　469 环
	女子团体甲组	小口径标准步枪 60 发卧射	景德镇队　　1741 环
		小口径标准步枪 3×20	景德镇队　　1641 环
		气步枪 40 发	景德镇队　　1129 环
		气手枪 40 发	景德镇队　　1082 环
乒乓球	女子甲组	单打	徐　虹
羽毛球	男子甲组	单打	孙　亮
		双打	孙　亮　吴　彬
	男子乙组	单打	孟　凛
		双打	孟　凛　廖　捷
体操	女子乙组	个人全能	张　艳　　72.225 分
		高低杠	张　艳　　9.275 分
柔道	男子乙组	+71 公斤级	戴立新
赛艇	女子甲组	500 米单人双桨	孙广霞　　2 分 04 秒 00
		500 米双人双桨	何红燕　刘慧卿　1 分 51 秒 00
		2000 米单人双桨	孙广霞　　8 分 41 秒 30

续表 37－2－11

项目组别		小项	姓名/成绩
赛艇	女子甲组	2000 米双人双桨	何红燕　刘慧卿　8 分 13 秒 00
		6000 米单人双桨	孙广霞　27 分 53 秒 30
	女子乙组	500 米单人双桨	王光荣　2 分 03 秒 50
		500 米轻量级单人双桨	卢运萍　1 分 58 秒 80
		2000 米单人双桨	王光荣　9 分 19 秒 70
		2000 米轻量级单人双桨	卢运萍　9 分 10 秒 39
皮划艇	男子甲组	500 米双人皮艇	朱建高　武志刚　1 分 45 秒 90
		1000 米单人皮艇	张跃民　4 分 15 秒 70
		1000 米双人皮艇	朱建高　武志刚　3 分 47 秒 80
		5000 米单人皮艇	张跃民　22 分 38 秒 70
		5000 米双人皮艇	朱建高　武志刚　21 分 52 秒 00
		500 米单人划艇	栾同林　2 分 08 秒 90
		1000 米单人划艇	栾同林　4 分 44 秒 10
		5000 米单人划艇	栾同林　25 分 17 秒 30

说明:“＊”表示破省纪录

表 37－2－12　　**1998 年景德镇市获第十届省运会第一名一览表**

项目	组别	姓名	小项	项目	组别	姓名/单位	小项
田径	男子甲组	冯全华	800 米	田径	男子甲组	冯海霞	3000 米竞走
		梁　俊	跳　远			冯海霞	5000 米竞走
		许　滨	100 米			刘陆陆	跳　高
		王　森	200 米			张亚庆	铁　饼
		王　森	400 米			李　娜	200 米
		吴浩勇	5000 米			李　娜	400 米
		吴浩勇	10000 米		女子丙组	涂维维	跳　远
		郭春喜	5000 米竞走		男子丙组	付　亮	400 米自
		景德镇队	4×100 米接力	游泳	女子乙组	万　婷	自游泳全能 50 米自 100 米自
		张洪伟	撑竿跳高		女子甲组	朱　娇	50 米自
		马洪杰	跳　高			张婵莺	100 米自　200 米自 100 米仰　100 米蝶
		许　滨	跳　远			景德镇队	4×100 米自接力
		王　森	三级跳远			景德镇队	4×100 米混接力
		马洪杰	十项全能				
		许鸿飞	3000 米				

续表 37－2－12

项目	组别	姓名	小项
体操	男丙女子甲组	张 艳	跳马(并列)
	女子甲组	张 艳	自由体操(并列)
举重	男子乙组	徐志彬	+85 公斤总成绩
	男子甲组	李立国	105 公斤总成绩
		吴 猛	+105 公斤总成绩
	女子甲组	李佩云	69 公斤总成绩
		肇 娜	75 公斤总成绩
射击	男子	景德镇队	团体总分
	女子	景德镇队	团体总分
	男子甲组队赛	景德镇队	10 米移标速 30＋30
	男子甲组个人赛	夏少彬	标准手枪
			手枪速射
	男子乙组个人赛	冯志伟	10 米移混速 20＋20
	男子乙组个人赛	陈 俊	标准手枪
		周 飞	10 米移标速 30＋30
		谢振翔	手枪速射
		刘 伟	步枪 60 发卧 小口径步枪 3×20
		宁盛林	气手枪 60 发
	男子丙组队赛	景德镇队	步枪 60 发卧
	男子丙组个人赛	程 君	手枪速射
		汪 俊	气手枪 60 发
	男子飞碟	张海成	双多向 125 靶
	女子甲组队赛	景德镇队	步枪 60 发卧
	女子甲组个人	万晓春	步枪 60 发卧
	女子乙组队赛	景德镇队	小口径步枪 3×20
		景德镇队	气手枪 40 发
		景德镇队	步枪 60 发卧
	女乙个人	朱敏艳	小口径步枪 3×20
	女乙个人	郑春榕	步枪 60 发卧
射击	女子丙组队赛	景德镇队	气步枪 40 发
		景德镇队	10 米移标速 20＋20
		景德镇队	小口径步枪 3×20
	女子丙组个人赛	丁 玮	气步枪 40 发
		黄 慧	10 米移标速 20＋20
		曹 云	小口径步枪 3×20
	飞碟	张冬莲	双向 75 靶
皮划艇	女子丙组	罗丽玲	200 米单人 500 米单人
划艇	男子丙组	李建宽	1000 米单人 1000 米双人
赛艇	男子甲组	徐 宁	500 米轻量级单人双桨
		景德镇队	团体总分
羽毛球	乙组	金玉鑫	男子单打
		金玉鑫 郑 涛	男子双打
	甲组	刘露芳	女子单打
		孙 量	男子单打
柔道	女子丙组	张军霞	44 公斤级
		邵 丹	48 公斤级
		万 敏	52 公斤级
		徐 娜	57 公斤级
	女子甲组	彭云鲜	52 公斤级
	男子丙组	陈志敏	66 公斤级
国际式摔跤	丙组古典	袁建柏	63 公斤级
	甲组自由式	胡 超	63 公斤级
		屈小辉	69 公斤级
		唐星虎	56 公斤级
		王志国	78 公斤级
		郑 瑞	78 公斤以上
篮球	男子	景德镇队	少年组
	女子	景德镇队	少 年 组

表 37－2－13　　2002年第十一届省运会第一名一览表

项目	组别	姓名/单位	小项
田径	女子甲组	罗　洁	400米
		杨　洁	链　球
	男子乙组	胡　晶	400米
		景德镇队	4×100米接力
	男子丙组	陈　文	400米
		邵哲明	标　枪
		章俊华	链　球
	女丙	石　慧	跳　高
游泳	女子乙组	马　文	400米自　800米自
举重	男子丙组	袁　君	48公斤总成绩
	女子甲组	卢丽霞	53公斤总成绩
		李克新	69公斤总成绩
	女丙	冯　虹	+53公斤总成绩
射击	男子	景德镇团体	团体总分
	女子	景德镇团体	团体总分
	男子甲组	景德镇团体	10米移队赛
		耿红兵	10米移
		景德镇团体	小自步3×20队赛
		陈治治	小自步3×20
		景德镇团体	60发卧队赛
		伍冬平	60发卧
		景德镇团体	气步枪队赛
		陈治治	气步枪
		景德镇团体	慢射队赛
		景德镇团体	手枪速射队赛
		陈　俊	手枪速射
	女子甲组	景德镇团体	气步枪队赛
		吴小春	60发卧
		景德镇团体	气步枪队赛
		景德镇团体	小口径步枪30+30
		丁　玮	小口径步枪30+30
射击	女甲	李慧娟	10米移动靶
		张冬莲	双向飞碟市
		景德镇团体	气手枪
	男子乙组	景德镇团体	慢射队赛
		江　俊	慢　射
	女子乙组	景德镇团体	10米移动靶队赛
		黄　慧	10米移动靶
		景德镇团体	60发卧队赛
		景德镇团体	小自步3×20队赛
	男子丙组	景德镇团体	气步枪队赛
		王家瑜	气步枪　60发卧
		景德镇团体	10米移20+20队赛
		景德镇团体	60发卧队赛
		景德镇团体	手枪速射队赛
		胡　斌	手枪速射
	男子丙组	景德镇团体	小自步3×20队赛
	女子丙组	景德镇团体	气步枪队赛
		戴　玮	小口径60发步3×20 气步枪　60发卧
		景德镇团体	运动手枪15+15队赛
		景德镇团体	小自步3×20队赛
皮划艇	女子甲组	王　敏	200米单人皮艇 500米单人皮艇
	男子甲组	谭　创	500米单人划艇 1000米单人划艇
赛艇	男甲	徐　宇	2000米轻量级 单人双桨
	女甲	金紫薇	2000米双人双桨
体操	女子甲组	程江虹	自由体操
	女丙	曾楚涵	高低杠
	男子丙组	崔北景	全　能
		黄宇铭	单　杠
拳击	男甲	徐海辉	60公斤级
	男子乙组	徐志彪	+67公斤级

续表 37－2－13

项目	组别	姓名/单位	小项
国际式摔跤	男子乙组古典	范阿文	54 公斤级
		李招生	69 公斤级
	男乙自由	徐建平	54 公斤级
		丁　振	76 公斤级
柔道	男子甲组	徐志清	60 公斤级
		何　轩	66 公斤级
	女子乙组	许　丹	48＋公斤级
		柴莉莉	57 公斤级
跳水	女子甲组	蔡婵婵	1 米板　3 米板
跳水	男子丙组	万鹏飞	陆上项目
乒乓球	女子甲组	景德镇团体	团体总分
		陈　晨	单　打
	男甲	杨　楠 韩　刚	双　打
	男子丙组	景德镇团体	团体总分
		罗智伟	单　打
羽毛球	女甲	江　舟 李　委	双　打
	女子丙组	陈嘉成	单　打
武术套路	男子甲组	蔡廷武	南拳全能　刀棍全能
	女子甲组	吴　芳	长拳全能　枪剑全能
散打	小团体	阮铁钢 朱　鹏	48～52 公斤级
		黄金毛 沈向群	56～60 公斤级
		盛江华 饶品峰	75～80 公斤级
跆拳道	男甲	程伏平	67～72 公斤级
	男丙	甄　亮 严　冬 刘　康 黄晓波	50～54 公斤级
	女子乙组	汪　娜 黄　丽	35～39 公斤级
	女子丙组	徐　庆 汪建凤 赵春霞 吴静钰	42～47 公斤级
篮球	男子	景德镇队	
航海模型	小团体	万　晨 汪　鹏	F3－V\F3－E
		胡　云 张　浩	F5－E\S－P25
	单项团体	王　朔 毛锐晶 李　彬	PLA－2
		胡　斌 李　翔 殷立军	P1B－2

表 37－2－14　**2006 年景德镇市获第十二届省运会第一名一览表**

项目	组别	姓名/单位	小项
游泳	男子甲组	龚子超	100 米蛙　200 米蛙
	女子甲组	吴　霜	200 米蛙
	男子乙组	汪钟煌	400 米自
	男子乙组	汪钟煌	50 米仰
		吴周四海	50 米蛙　100 米蛙
		叶　洋	50 米蝶　100 米蝶
		汪钟煌	200 米混
		景德镇队	4×100 米接力
		景德镇队	4×50 米混合泳接力
	女子乙组	叶　洋	50 米自
		吴紫羽	50 米蝶　100 米蝶
		景德镇队	4×50 米混合接力
拳击	男子甲组	程文龙	72 以上公斤级
	男子乙组	汪海龙	45 公斤级
国际式摔跤	男子古典甲组	黄　飞	66 公斤级
		陈志文	74 公斤级
		孙文杰	＋84 公斤级
	男子自由组	徐　赟	50～55 公斤级
		罗伟俊	66 公斤级
		邓　达	＋84 公斤级
	男子自由乙组	江春光	42～46 公斤级
	女子组	刘　佳	51 公斤级
		罗琼英	59 公斤级
皮划艇	男甲皮艇	孙　欢	1000 米单人皮艇

续表 37－2－14

项目	组别	姓名/单位	小项
跆拳道	男子甲组	韩晓华	72 以上公斤级
	女甲	吕　霞	55 公斤级
	男乙	石　康	54 公斤级
羽毛球	男子乙组	江　泱	单　打
网球	女子甲组	杨茜茜	单　打
足球	男子	景德镇队	—
篮球	男子	景德镇队	—
柔道	女甲组	赵娜景	48 公斤级
柔道	女子乙组	李慧娟	52 公斤级
		肖丽萍	52 公斤级
武术散打	女乙	程　芸	枪剑全能
	男子甲组	谭双和	52 公斤级
	男乙	李　龙	77.5 公斤级
射击	男子甲组	李　进	50 米自步卧
		蔡少震	50 米自步 3×20
		李　进	10 米气步枪
		杜　伟	25 米标手速 60 发
		景德镇队	50 米小自步 60 发卧
		景德镇队	50 米小自步 3×20 发卧

项目	组别	姓名/单位	小项
射击	男子甲组	景德镇队	10 米气步 60 发
		景德镇队	25 米标手速 60 发
	男子乙组	伍　超	10 米气步枪 60 发
		万　鹏	10 米移动靶 30＋30
		景德镇队	50 米自手慢 60 发
		景德镇队	10 米移动靶 30＋30
	女子甲组	于剑超	50 米小运步 60 发卧 50 米小运步 3×20 10 米气步枪 40 发
		景德镇队	50 米小运步 60 发卧
		景德镇队	50 米小运步 3×20
	女子乙组	张亚军	50 米小运步 60 发卧
		刘　琪	50 米小运步 3×20
		张亚军	10 米气步枪 40 发
		占　维	10 米移 20＋20
		景德镇队	50 米小运步 3×20
		景德镇队	50 米小运步 60 发卧
		景德镇队	10 米气步枪 40 发
	男乙	刘泱泱	25 米标手速 60 发
举重	女子甲组	冯　虹	69 以上公斤级

表 37－2－15　　**2010 年景德镇市获第十三届省运会第一名一览表**

项目	组别	姓名/单位	小项	项目	组别	姓名/单位	小项
田径	—	王小娴	100 米栏	拳击	—	胡建英	54 公斤级
		漆　懿	400 米栏			黎润民	62 公斤级
游泳	—	汪钟煌	100 米仰	国际式摔跤	—	王桥志	60 公斤级
		陶　爽	200 米仰			秦　风	84 公斤以上级
		叶　洋	100 米蝶			余祥彬	50～55 公斤级
		景德镇队	4×100 米混合接力			范成龙	60 公斤级
		喻杨乐夫	50 米仰　200 米仰			朱康威	84 公斤以上级
		章矗磊	100 米仰　200 米仰			杨　涛	66 公斤级
		侯子玉	100 米仰　50 米蛙			李慧娟	55 公斤级
		余心悦	50 米蛙　100 米蝶				

续表 37－2－15

项目	组别	姓名/单位	小项
射击	—	刘泱泱	25 米标准手枪速射
		汪祖保	10 米移 30＋30
		＊景德镇队	25 米标准手枪速射
		景德镇队	10 米移 30＋30
		景德镇队	25 米标准手枪速射
		吴　鹏	50 米自步 60 发
		吴　鹏	10 米气步 60 发
		全　超	50 米自手慢 60 发
		余盼龙	25 米标准手枪速射
		吴　鹏	50 米小自步 3×20
		景德镇队	10 米气步 60 发
		景德镇队	50 米小自步
		景德镇队	25 米标准手枪速射
		张亚军	50 米小运步卧 60
		于剑超	50 米气步 3×20
		张亚军	10 米气步 10 发
		景德镇队	＊50 米小运步卧 60 发

项目	组别	姓名/单位	小项		
射击	—	景德镇队	50 米小运步卧 3×20		
		汪　珊	50 米小运步卧 60 50 米小运步 3×20 10 米气手 40 发		
		景德镇队	50 米小运步 40 发		
		景德镇队	10 米移 20＋20		
划船	—	夏文雷	2000 米单人双桨		
		高　飞	500 米单人皮艇 1000 米单人皮艇 800 米单人皮艇		
		吴子浩	6000 米双人划艇		
柔道	女甲	江媛缘	57 公斤级		
武术套路	男子	黄梦辉	枪剑全能		
武术散打	男子甲组	武晓全	48 公斤级		
		范佳欢	56 公斤级		
		张　华	65 公斤级		
	男乙	郑　超	77.5 公斤级		
其　他	政策性带牌		60.25	2.5	6

说明:"＊"表示破省纪录

第五节　民间体育

体育协会及俱乐部

市体育总会　1990 年 3 月 19 日成立,为全市群众性体育组织。主席由市体委(体育局)主要负责人担任,副主席由体育、公安、工业、商业、农业、教育、财政、民政、总工会、妇联、团委等部门负责人担任。1997 年,指导乐平市、浮梁县、昌江区、珠山区挂牌成立体育总会组织。2010 年,选举产生第五届委员会。全市共发展有行业体育协会 11 个,单项体育协会 23 个,民办非企业单位 6 个。市体育总会办公室为其办事机构,为市体育局直属事业单位,编制 4 人。

行业体育协会　1986—2010 年,依托行业主管单位相继成立火车头体协、煤炭体协、钟声体协、前卫体协、卫生体协、农民体协、电信体协、个体者体协、航空体协、电力体协、老年人体协。

单项体育协会　1986—2010 年,先后成立射击协会、足球协会、田径协会、钓鱼协会、信鸽协会、武术协会、象棋协会、乒乓球协会、桥牌协会、体育舞蹈协会、木兰拳协会、门球协会、围棋协会、篮球协会、跆拳道协会、登山协会、轮滑协会、健身气功协会、自行车运动协会、游泳协会、台球协会、羽毛球协会、网球协会。

体育组织选介

市武术协会　1987 年成立,由各阶层武术爱好者、社会拳师、体育工作者自愿组成。并经政府社团管理机关核准登记,具有法人资格的非营利群众专业社会团体。2010 年,有会员人数 1000 余人。协会的主要工作是加强群众性武术活动组织管理；推广新编武术套路，培养武术骨干人才；以竞赛为杠杆，推动全民健身活动不断深入开展，经常组织少儿规定套路武术比赛和中、青年，老年人太极拳、剑比赛。达到“重在参与”“我健康我快乐”的宗旨。

市象棋协会　1987 年成立，包括象棋、国际象棋两个棋种。协会每年平均举行全市性大型比赛 1～2 次，中、小型赛事多次。2005 年举行的市“鹏飞足陶杯”象棋甲级联赛，首开全国地方性象棋甲级联赛先河。2009 年开始举行的景德镇市季度棋友赛，2013 年季度棋大赛开始举行总决赛，并发展成公开赛形式，从而成为景德镇市棋类传统品牌赛事。协会组队参加各级比赛成绩斐然，取得省级象棋比赛金牌 100 余枚，全国性比赛金牌 4 枚。

景德镇市足球协会　1990 年 6 月成立，首批单位会员 16 个，个人会员 320 人。并举办首届“足球杯”足球比赛。协会组织广大足球运动爱好者开展足球比赛及业余训练，提高瓷都足球运动水平。

市木兰拳协会　1997 年成立，会员在成立之初即达 4000 余人。晨练点遍布城市大街小巷、休闲广场。以推广国家规定的套路 28 式木兰拳、38 式木兰扇，48 式木兰剑为主。采取派出去、请进来的办法提高广大会员的业务能力和协会的整体水平。协会多次代表景德镇市参加省历届运动会，夺得金牌数枚。2008 年参加香港比赛获冠军。在全市举行的大型活动中，木兰拳协会表演的木兰拳（扇、剑）出场气势宏大，表演精彩生动，受到观众的一致好评。

景德镇棋院　2002 年成立，是瓷都最早从事围棋教学的专业教育机构，负责全市少儿围棋定级定段工作。成功举办一系列大型围棋活动赛事，拥有一支棋艺精湛，综合素质高的专职教师队伍。棋院秉承“教棋育人”的宗旨，对每个前来学棋的孩子，在棋品、人品、心理素质等多方面进行教育和培养。通过自编多套教材，形成一套具有特色的教学管理体系，教学成效显著，多年来为景德镇市培养一批高水平的少儿棋手。是省内首家围棋进课堂师资选派单位，常年担任市一小、七小、实验小学、昌河小学、商业保育院、市委机关保育院、妇联实验幼儿园、昌河幼教中心、602 所幼儿园等多所小学及幼儿园的围棋教学及校队选拔指导工作，义务普及棋艺人数达数万人。

市信鸽俱乐部　2008 年 10 月成立，共有会员 86 人，协会本着促进人与自然的和谐发展，坚持以人为本、服务会员的理念，倡导文明养鸽，科学育鸽训鸽，丰富了会员及爱好者的业余生活。市信鸽俱乐部与信鸽协会联合举办多项目、多级别的信鸽竞翔赛事活动。组织 2300 多羽信鸽参加 300 千米项目赛、500 千米幼鸽赛、500 千米特比环大奖赛、700 千米成鸽赛等多项赛事，信鸽竞翔比赛成绩不断刷新景德镇市的纪录。在大型活动现场放飞数千羽信鸽，场面宏大，为活动增添喜庆氛围。

悠游户外俱乐部　2006 年成立，负责人剑客随风（网名，下同）。由热爱户外运动的爱好者组成，为非赢利性的民间组织，由理事会实施管理，均是义务工作。会员自愿加入，主要有自由职业者、企业管理者、公务员、教师、艺术家等。活动宗旨是致力于户外运动的推广和发展，倡导融入山水、户外运动、绿色环保的生活方式。通过俱乐部的网络平台，让大家更好地了解家乡、认识自然、体悟文化、强身健体、休闲娱乐。俱乐部的活动对非会员开放，活动经费采取 AA 制，每次活动的车费、餐费当次结清。也接受社会捐助，用于举办年会、文艺活动、年度奖励、购置安全装备等支出。

2006 年 5 月 1 日，俱乐部成立后举办第一个活动是徒步婺源山水，时间 3 天。2007 年参加安徽首届马鞍山国际户外挑战赛，获个人第九名的好成绩。是年 9 月，俱乐部在舟山举行的首届华东地区海岛户外挑战赛获第一名。

悠游户外俱乐部挂牌

到2010年,俱乐部的活动地点有舟山、武夷山、黄山、庐山、九华山、牯牛降、武功山、三清山等,走遍附近婺源、浮梁、乐平的山峰河谷、古村古道。景德镇电视台、《瓷都晚报》均多次报道。俱乐部组织户外活动一般在周末两天,多数自带帐篷、炊具野营。内容包括古道探幽、野外宿营、登山穿越、溯溪探源、山地越野、探洞漂流等活动。俱乐部还经常组织会员进行有关环保、公益等活动,传授基本的野外生存、自救互救知识。不定期举办沙龙,交流户外活动经验和经历以及举办户外活动知识讲座、摄影展览等。

2010年驴友们为婺源县阆山小学全体学生捐赠书包、文具

悠游俱乐部在组织户外活动的同时,培养了一批户外体育活动的人才,他们又另外组建户外活动QQ群或俱乐部,发展户外体育运动。如叶子、二两一歌、林子等分别组建星空户外群、赣鄱彩绸漂流群、林子户外群,乐平的唯依风颖成为户外旅行组织"徒步中国"江西分部的负责人之一。

第六节 体育产业

体育彩票

1997年,体育彩票销售为即开型彩票,后逐渐发展成为门类齐全、极具市场竞争力的彩票品种。是年在市人民广场开展2次即开型大卖场销售活动。1999年,在市人民广场举行一次大型即开型彩票大卖场销售活动,事先广泛宣传,吸引来自景德镇城乡及周边县市的群众热情参与,销售额达140余万元。

2001年开始,景德镇市正式开始销售电脑体育彩票,为江西省4个电脑体育彩票销售示范点之一。全年共开设70个体彩单机网点,彩票销售额在全省领先,超额完成省体育局下达的指标。2002年,全市完成电脑型体育彩票847万余元,即开型体育彩票完成100余万元,提前30天完成任务。此后,景德镇市体育彩票销售额连年增长、渠道拓宽,至2010年网点数达到191个,年电体彩销量历史性突破4000万元。

表37-2-16　　2001—2010年景德镇市电脑体育彩票销售一览表　　单位:万元

年份	销售网点	销售额	年份	销售网点	销售额
2001	46	620	2006	104	2471
2002	70	968	2007	143	2947
2003	73	1375	2008	161	2643
2004	80	1058	2009	189	2537
2005	89	2223	2010	191	4000

产业经营

本体产业　20世纪90年代以前,全市体育产业管理仅限于体育稽查工作,内容涵盖羽毛球、乒乓球、篮球等体育项目活动特许经营管理。1998年,落实国家《体育产业发展纲要》精神,市体育产业管理中心成立,开展以体育设施开发和体育技术资源运用为内容的各类体育经济活动,为全市体育活动提供配套服务。2008年,市体育馆拆除,市体育本体产业发展停滞。

延伸产业　市体育宾馆。1998年成立,主营住宿餐饮与体育广告业务,住宿部有客房50间,为体育系统竞赛等活动提供配套服务。2008 年，随市体育馆拆除而撤销。

市体育馆。前身为市体育场，80 年代，坐落在市中心，项目种类有溜冰、足球、跑步等。90 年代，在市人民广场北侧兴新建室内灯光球场，命名市体育馆，能承接大型竞技比赛与大型活动。2008 年拆除。

体育用品商店。20 世纪 70 年代由市体育劳动服务公司成立，主要经营体育用品、运动服装、运动鞋帽、文教用品等。1997 年，体育劳动服务公司被撤销，商店关闭。

景德镇市室外游泳池。1985 年建成，每年 6—8 月对外开放经营，2005 年拆除。2010 年建成室内短池游泳训练馆，用于少儿训练。

第七节　设施经费

公共体育场地

1986 年 7 月 1 日，市游泳场露天游泳池开放，为景德镇市首座游泳池。鹅湖、蛟潭两区分别建成简易体育场和灯光球场。1988 年，市中心体育场内观众看台全部安装座椅，体育项目种类有溜冰、足球、跑步等。

20 世纪 90 年代，全市掀起兴建体育场馆的热潮。乐平县新建 250 米跑道的田径场，昌江区综合训练楼投入施工，浮梁县灯光球场平地工程完工。1991 年，在市人民广场北侧兴新建室内灯光球场，观众座椅增至 3500 个，正式命名为景德镇市体育馆，北侧修建体育科研楼。对外承接大型的体育单项比赛，提供大型活动场地租赁服务。1996 年，市体育馆兴建 4 层的训练大楼，并通过筹资运作建成奥林匹克大厦。

2000 年，根据城市建设的布局调整，市中心的市田径场改造成休闲广场，市政府择地新建体育中心。2003 年，市体育中心建设启动，位于市区西北的石岭村，用地 27.87 公顷。拟建设 1 场 3 馆 1 校（主体育场、体育馆、游泳馆、综合训练馆和体育运动学校）。2004 年 5 月，一期主体育场工程正式开工建设，至 2009 年年底，主体育场主体土建工程基本完工。其间，为筹集市体育中心建设资金，老城区的体育设施先后转让拆除。2006 年市游泳场露天游泳池拆除。2007 年市体育运动学校搬迁至新址，原址上新建市老年人体育中心，含标准门球场 4 个，2008 年 11 月建成。2008 年市体育馆拆除。2010 年 5 月，市少儿室内游泳训练馆建成，为标准室内 28 米 8 道游泳训练馆。其间，浮梁县健身广场、珠山区综合健身馆、乐平市田径场和昌江区综合健身馆（江西省跆拳道训练基地）相继建成，景德镇市各县区摘除无体育场馆的帽子。

学校体育场地

1986 年，景德镇学校体育“三缺”（缺少体育老师、缺少体育经费、缺少体育场地）问题存在时间较长，部分学校操场很小，连开展课间操活动操场上都站不下所有的学生。大部分学校的田径运动会都是在市田径场举行，各级少年体校训练设施均落后于兄弟省市。至 21 世纪初得到逐步改善，新建或扩建的学校都能按国家要求规划建设体育场地设施（如景德镇高专、景德镇陶瓷学院、市五中、梨树园小学和市体育运动学校等），省级重点中学（景德镇一中、二中、浮梁一中和乐平中学）均按要求改建、扩建成 400 米塑胶跑道的标准田径场和人工草皮足球场，并安装简易看台。部分中小学先后新建、改建足球场地，以适应全市开展“足球进校园”和全国校园足球活动的需要。

1988 年，市体校改造射击、摔跤等训练场馆，同时扩建教室和宿舍。1996 年，建成两层训练房，用于摔跤、柔道、举重训练。2007 年 10 月，市体育运动学校搬迁至市体育中心南侧，新校区建设有标准射击馆 1 座、简易田径场 1 个、风雨跑道 1 条和简易综合训练馆 1 座。

体育经费

1986 年以后，景德镇市的体育事业经费一直被列入全市财政支出序列，体育事业经费逐年增长。举办全市运动会和参加全省运动会的经费专项拨付，保证市内体育活动的正常开展和外出参加体育比赛。

表 37－2－17　**1986—2010 年景德镇市体育经费情况一览表**　单位:万元

年份	事业经费	专项经费	体育彩票公益金	合计	说　明
1986	34	30	—	64	江西省第七届运动会景德镇市第八届运动会
1987	63	—	—	63	—
1988	45	—	—	45	—
1989	71	—	—	71	—
1990	82	20	—	102	景德镇市第九届运动会
1991	86	35	—	121	江西省第八届运动会
1992	77	—	—	77	—
1993	69	—	—	69	—
1994	84	42	—	126	江西省第九届运动会
1995	102	—	—	102	—
1996	124	—	—	124	—
1997	265	—	—	265	—
1998	254	60	—	314	江西省第十届运动会
1999	341	—	—	341	—
2000	389	—	—	389	景德镇市第十届运动会
2001	467	—	—	467	—
2002	586	90	34	710	江西省第十一届运动会
2003	650	—	30	680	—
2004	734	—	40	774	—
2005	867	—	66	933	—
2006	916	160	55	1131	江西省第十二届运动会
2007	988	660	90	1738	市体育中心项目建设经费
2008	931	—	60	991	—
2009	1065	100	110	1275	景德镇市第十届运动会
2010	1071	200	80	1351	江西省第十三届运动会

第八节　管理机构

市体育局

2002 年 9 月,市体委更名为市体育局,内设办公室、群众体育科、竞技体育科、体育经济科,编制 15 人,工勤 2 人。下辖 7 个直属事业单位。2010 年,编制情况无变化。

县(市、区)教育体育局

1986 年,乐平县、珠山区、昌江区均设有教育体育局或体育局,为区(市、县)政府主管体育工作的部门。

2002 年,因机构撤并,昌江区体委与教育局合并,称教育体育局。乐平市体委与教育局在名称上与教育局合并,对外称教育体育局,但仍分开办公,各司其职。是年,珠山区体委改名为体育局。1989 年浮梁县恢复县制,鹅湖区体委和蛟潭区体委合并成立浮梁县体委。2002 年,浮梁县体委与教育局合并,称教育体育局。设体育股管理体育工作。

直属事业单位

市体育运动学校　1985 年,市体育中学进行学制改革,初中改为四年制,高中部设为中专班,承办江西省体校景德镇田径班、射击班(学制 4 年)和景德镇师范体育师资班(学制 3 年)。1987 年 7 月,经省政府批准,成立景德镇市体育运动学校(中等专业学校,正县级单位),仍保留体育中学。学校两块牌子、一套人马,受市体育局和教育局双重领导,以市体育局为主,其办学模式一直未变。有编制 85 人,其中教育编制 26 人,体育编制 59 人。

表 37－2－18　　**1986—2010 年市体育运动学校训练专业设置情况一览表**

年份	专业设置
1986—1989	射击　田径　女子篮球　男子排球
1990—1991	射击　田径　女子篮球　举重
1992—1995	射击　田径　举重　摔跤　柔道　皮划艇
1996—1998	射击　田径　举重　摔跤　柔道　皮划艇　跆拳道
1999—2011	射击　田径　举重　摔跤　柔道　皮划艇　跆拳道　拳击

市体育中心　1986 年,称市体育馆,有编制数 30 人,内设办公室、场馆科、保卫科和业余体校。职责是负责市体育中心的建设、管理、运营和维护,承担全市乒乓球、羽毛球、体操和武术(散打)4 个项目的训练竞赛任务。1998 年,成立景德镇市体育产业管理中心,人员编制安排在市体育馆。2008 年,市体育馆与市体育产业管理中心合并,成立市体育中心(正科级),迁至市体育场内(迎宾大道)办公。

市游泳场(市游泳学校)　1985 年 1 月成立,人员编制为体育教师 19 人,文化教师 15 人,土地带劳动力职工 1 人。1992 年 12 月,经市政府批准成立市游泳学校(又称市第十八小学),实行三块牌子一套人马,由市体育局、市教育局双重管理,以市体育局为主。既是开展游泳、网球等运动项目的训练单位,又是义务教育学校,设有办公室、教务处、政教处、总务科、财务科、场馆科、训练科和保卫科等。

市体育科学研究所　1986 年,为市体育运动委员会的内设科室——体育研究室。1988 年年底,市体研室与市体校的医务室合并为选才、医务、营养三位一体的工作室,为市体校的训练工作服务。1992 年,景德镇市体育科学研究所正式成立,从市体育运动学校划入 10 个编制。主要职能为从事运动员科学选才、运动员骨龄鉴定、国民体质检测与体育科学研究工作,是江西省唯一一家设区市专业体育科研机构。

青少年体育俱乐部　1986—2010 年,全市共创建国家级青少年体育俱乐部 1 个,省级 5 个。

表 37－2－19　　**2010 年景德镇市省级以上青少年体育俱乐部一览表**

名称	成立年份	级别
市体育馆青少年体育俱乐部	2001	省级
市第八中学青少年体育俱乐部	2002	省级
市十八小学青少年体育俱乐部	2003	省级
乐平市体育馆青少年体育俱乐部	2004	省级
浮梁县阳光青少年体育俱乐部(浮梁一中)	2009	国家级

第三十八篇　风俗　方言

第一章　风　俗

景德镇是闻名中外的瓷都,千年窑火不断,自古“工匠八方来,器成天下走”。全国各地的能工巧匠聚集于此,他们的民风民俗与居住地的乡土风情以及瓷业生产的行规、陶瓷文化习俗,经过长期的互相熏陶、互相渗透有机地融为一体,逐渐形成了地域特色鲜明的民风民俗,并随着时代的发展、生活水平的提高而变化。

景德镇历史悠久,有着浓厚的江南生活习俗,主食上以南方稻米为主,兼食面条、米粉。因为地处山区,菜肴方面除了传统蔬菜之外,还有地域特色的山珍野味特产以及腌制菜肴。在小吃方面,有独具特色的饺子粑、碱水粑、冷粉等。20 世纪 80 年代中期以后,宴请宾客由过去多半在家主厨烹饪转而到宾馆酒楼招待,以彰显主人热情大方和仪式隆重。衣着由原来的“缝缝补补”,进而追求时髦、新颖,附属物品多用丝织品,“穿金戴银”之风较盛行。居住方面,棚户区和简易住房开始减少,取而代之的是商品房和单位集资房,且向着“美观、配套、宽敞”的居住条件发展。出行方面,由步行、自行车等传统方式向现代的电动车、摩托车、小轿车发展。此外,KTV、网吧、茶楼、美容等娱乐休闲方式逐渐成为新的消费时尚。

节令风俗,既沿袭传统部分,也舍弃封建迷信成分。婚事,既保留传统的婚嫁习俗,又赋予了新的内涵。寿庆因人因事而异,以求一乐。丧葬习俗开始简化,政府开始推广火葬,逐渐摈弃传统的丧葬习俗。所有的传统习俗活动,都少不了吃这一环节,都要宴请吃喝。在保留传统节日习俗的基础上,开创新兴的节日,丰富了人民群众的生活。西方的圣诞节、情人节等受到年轻人的欢迎。众多的节令风俗,通过在民众中沿用、继承,使其适合国情,更利于民情风俗的淳化。

第一节　生活习俗

饮食

景德镇的本土饮食受到其气候、地理、传统等因素的影响,形成极具当地特色的饮食文化。从饮食习惯、饮食结构、饮食口味、饮食器具和烹调方式等方面来说,各个区域都有各自的特点,但没有绝对的界限。食材的使用广泛而多样,食品原料以稻米、畜禽、河鲜、山珍为主。景德镇地区以生产稻米为主,畜禽为猪牛羊鸡鸭鹅,水产有河鲜,还有种类繁多的山中飞禽走兽蛇虫和山珍菌藻。山间的蕨菜和苦槠子也是当地特有的食材,苦槠子生长在瑶里高山上,以它为原料可制作苦槠豆腐、苦槠粉丝、苦槠粉皮等。当地居民多为陶瓷从业者,劳动强度大,需要补充油水和更多的盐分,口味以咸辣为主。因此景德镇饮食味浓、油重、主料突出,居民口味偏好咸、香、辣,烹饪手法多为烧、焖、蒸、炖、炒。许多本土传统菜肴都有其渊源和特殊的人文内涵。像瓷泥煨鸡、窑工知四肉等,便与景德镇陶瓷文化息息相关。

景德镇城区的原住居民并不多,是一个典型的移民城市。据史籍记载,唐初,景德镇及浮梁全境人口不足一万。随着瓷器产业的迅速发展,外来移民也迅速增多,移民中除大批来自都昌、乐平、丰城的瓷工外还有南昌来的船民和码头工、徽州地区的非瓷商户。因此,千年瓷都美食汇集了全国“八大菜系”精华,又结合自身特色形成了独有的饮食风味。

主食　传统主食素以稻米为主食，一日三餐，两干一稀。20世纪80年代后，人民生活基本达到温饱，生活改善。城乡民户多食籼米、粳米。进入90年代，景德镇人的日常主粮仍以大米饭为主，兼以适量面制品。到21世纪，随着保健意识的提高，医学界、营养学界的提倡和宣传，对大米"食不厌精"的追求仅维持两三年时间，人们又开始转向崇尚糙米粗粮，但这种风气在城镇始终未造成大的影响，因为糙米粗粮口感不佳，亦不适合人们的口味和习惯，故选食大米精糙还是由人各取所需。但在城区部分居民中，对主食渐次出现"复旧"现象，对传统的玉米、小米、荞麦、豆类、薯类等杂粮愈加青睐。随着人民生活水平提高，逢年过节，包括节假日双休日、纪念日，人们照样备办丰盛家宴。

菜肴　干货、腌制品是当地农家菜的一大特色。比如腌腊肉、板鸭、笋干、腌菜、干菌菇类、干豆制品等，特别是景德板鸭，外形较干，状如平板，肉质酥烂细腻，香味浓郁，有"干、板、酥、香"的特点。乡村民户家家腌菜，为常备菜；开春，浮梁山区竹笋上市，多晒制笋干，市郊村民多种青菜，晒制干菜。农历年前，有鲜鱼活禽，也多喜制成干鱼腊鸡，以便长期贮藏。浮梁盛产的香菇、黑木耳、野葛粉、山竹笋、冬竹笋、苦槠豆腐、蕨菜、干豆角、茶树菇等山珍特产风味独特、口感纯正，在景德镇饮食体系中占有重要地位。荤菜主要为猪肉。蔬菜四季吃鲜，春夏秋最旺。秋末腌制的豇豆、扁豆、辣椒、萝卜等是冬春的常备菜。

90年代后，人民生活不断改善，菜肴日趋讲究。进入21世纪以后，随着经济的发展和居民收入的增加，肉鱼、蛋类食品成为大多数居民的日常食品。绿色食品、有机蔬菜成为人们追求的消费时尚。过去"不时不食"传统观念，因反季节蔬菜的出现而逐渐淡薄；无公害蔬菜生产的推广，反映人们对净化环境的迫切要求和期望。以景德镇传统方法烹饪制作的瓷泥煨鸡、苦槠豆腐、乐平狗肉、景德板鸭、窑工知四肉成为景德镇地方经典名菜和小吃，被《舌尖上的中国》收录。

小吃　景德镇特色小吃有冷粉、饺子粑、清汤、碱水粑、煎饼、油墩子、油条麻糍等，各类小吃遍布街头巷口。冷粉和饺子粑是景德镇当地最常见的早餐，价格便宜。冷粉：粉条过水后，放入腌菜、桔皮、香葱、豆豉、辣椒酱等拌料，香辣可口。饺子粑则是用鹅湖晚米磨粉，用开水和好揉面成团，擀成皮状包上馅料。蒸好后，透过薄薄的皮可以隐约看见里面的馅料，晶莹剔透。一般用萝卜丝、虾皮、韭菜、豆干、鸡蛋等作为馅料，口味分为辣的和不辣的。碱水粑是久储不坏的一种浮梁当地小吃，它以大米磨浆，用早稻杆烧灰滤水做碱水，再用特制粑筛猛火蒸熟，厚约10厘米。食用时切成薄片，以当地腊肉、大蒜等炒食。油条包麻糍是乐平的民间小吃，景德镇市区街头也有售卖。将新鲜滚热的麻糍平铺在油条上，再把油条对折，放到芝麻砂糖堆中滚一滚。吃起来既有油条的香脆，又有麻糍的黏糯，香甜诱人。乐平桃酥，多次在中国食品博览会等活动中摘得奖牌，被誉为"中国桃酥王"。除此之外，辣椒粑、龙娇瓜子、乐平狗肉、油炸清汤等都是当地的特色小吃。

景德镇饺子粑。传说，景德镇戴家弄沿河一带有位名叫周贤的瓷板小商，为了躲避官府搜捕，隐姓埋名，漂流异乡。数年后，返回家乡却找不到家人，原来戴家弄附近经常涨水，无法生存，他的妻儿早已外出谋生，不知下落。周贤悲痛投江。一位米商将他救起，听完他的遭遇后，这位米商告诉周贤，几年前曾救下一位女子，正是周贤的妻子。两口子相聚后便在徽帮米行开了一家小吃店，卖蒸饺。他们用晚米淘洗滤干，蒸至五分熟后扒开晾凉，磨成干米粉，成米皮后包入农家腊肉、笋干、豆干、韭菜，做成饺子粑。这一小吃流传开来，逐渐形成了瓷都人民所喜爱的饺子粑。

浮梁碱水粑。浮梁碱水粑是一个流传千年以上的古老点心品种。它的主要原料是大米，辅料则是草木灰浸泡的碱水。大米经浸泡、磨浆、熬浆、成型、蒸熟几套工序方可完成。是浮梁地区和景德镇长期盛行的一道拳头点心。米浆加入碱水经熬制成米团，已接近成熟，它的可塑性强，能做成各种形状，同时也可包放甜馅和咸馅，用木刻印子印出各种形态的碱水粑，如寿桃形、鲤鱼形等，农村中逢年过节、办喜事都必做碱水粑，走亲访友也少不了带上碱水粑。碱水粑一个最大的好处是易携带，可存放较长时间不变质。当地流传一个故事，当年抗金名将岳飞率岳家军路过浮梁，为军粮犯愁，当地百姓送碱水粑劳军，岳飞品尝后，认定碱水粑是上等的行军食品，即着令家家户户赶做碱水粑为军粮。在景德镇和浮梁地区，炒碱水粑当主食的势头越来越旺，而辅料也变换多样，用鸡蛋炒、用酸咸菜淡炒。是大众早餐食品，也是酒席的主食。

乐平白切狗肉。乐平狗肉传统烹制工艺有2000多年的历史，望之黄莹油亮、闻之香气扑鼻、食之回味无穷。特别是接渡镇的清蒸狗肉是最具特色的传统做法，历经数百载而不衰。相传很久以前，乐平接渡镇咀上邹家村有一家夫妻小酒店,店内生意一般。一日,在乡下做爆竹的岳父见女儿酒店生意不好,很是着急。突然想起自己的好友邹来福烹制的乐平狗肉十分好吃,便捎信让女儿买来狗肉,请好友到店用祖传技艺烹制狗肉。乐平文官秀才马端临(字贵与,号竹村,众埠楼前村人,12岁中秀才)到店,便感觉到狗肉香气扑鼻,品尝后更是赞不绝口,为小店笔墨书写了“乐平白切狗肉店”招牌。自此,夫妻小酒店专门经营乐平狗肉,生意兴隆。乐平狗肉是用一把稻草秆蒸熟狗肉,用文火不加盐蒸熟后,肉质鲜嫩,软硬适宜,鲜美爽口,营养丰富。食用时,一定要配置农家特制的土酱油。

服饰

衣服　20世纪80年代后,服装商店充斥市场,任由选购,民间服饰多样化。进入90年代,农村、城镇男女服饰均向休闲式、宽松式、高档化发展。80年代初期被人们所青睐的涤卡、的确良、尼龙等化纤衣料,进入90年代即被摒弃,代之流行的是麻、毛、丝绸、化纤混纺等衣料,纯棉衣料成为人们的首选衣料。唐装、羽绒、保暖服饰逐年流行。90年代中期,青年男女着装出现一个显著的特点,即男青年,尤以在党政机关上班的男青年在上班或亲友聚会时,兴西装革履,而时髦的女青年则喜欢超短裙、小背心等时装。中、老年男女喜欢休闲式的服装。休闲服装基本上分为T恤、恤衫和套装3类,男女特征也分明。恤衫吸纳柔姿装的优点,选料和款式变化繁多,穿着内外皆宜,尺码宽松但亦可收腰,花色多样且具个性化,又适合景德镇地方气候环境特点,令人一见即喜。

鞋子　20世纪90年代后,市民均以皮鞋、旅游鞋、塑料鞋、胶鞋替代布鞋。但因布鞋轻便透气,有些老人仍喜穿着。农民由赤脚下田劳作转为多穿着高筒农田靴下田。皮鞋成为市民穿鞋主流,既舒适又美观大方。皮鞋有棉皮鞋、休闲型皮鞋之分。棉皮鞋厚实柔软、防水保暖;休闲型的皮鞋是在便装鞋的基础上再作改良,糅合柔姿的特点,但更显一种家居风貌甚至具原始的“野气”。常年穿高跟的青年女性渐多,时髦女青年喜冬季穿加厚底格鞋,夏季穿加厚底凉鞋。

发型　20世纪80年代前,男性发式称“西装头”,中式的有平顶头(或称板头),少数人剃光头。女性兴发,发型有各种式样,姑娘多扎两条辫子或剪短发。90年代与80年代相比,中老年人的发式无太大变化。90年代中期,中年男女理发时染黑、打摩丝的增多。青少年男女打彩色摩丝,将头发染淡黄色的时有所见。青壮年男性休闲洗发渐增,保持发型整洁、一丝不乱。中青年女性,留有与脸形、身材相互搭配的发型,其中不少女性好烫大波浪发型,凸显高贵优雅。青年女性扎辫子的减少,留披肩发、马尾巴发型的增多,美容、化妆的增多。

宅居

80年代,城乡居民居住条件逐步得到改善,多层楼房和砖木结构瓦房逐渐代替低矮房和土草房。1990年以后,城市住房制度进行改革,城市居民由单位分配住房,变成自己购买住房。城区商品房建设到处展开,小区建设和管理也日益完善,居民基本都住上环境条件优越的单元楼房。2000年以后,随着新农村建设发展,许多乡村由政府规划,建起统一的楼房院落,呈现出欣欣向荣景象。农村家居设施不断更新,各类家用电器(电视机、洗衣机、电扇、空调)等大幅度增加。城市商品房建设向高档、小高层、配停车位发展,家居装修档次不断提高,高档家具、家用电器(电视机、电冰箱、空调、微波炉、电热水器、燃气灶、电话、手机、电脑等)进入普通居民家庭。人民群众的日常生活由于现代科技成果普及经济实力的提高而更加丰富、便捷、舒适。

出行

历史上景德镇是草鞋码头,人们出行,富人骑马或坐轿,一般人靠步行;物资交流,重者靠四轮木制太平车、木制红车;轻者肩担背驮。中华人民共和国成立后,自行车、小板车开始进入城乡居民家庭,城市有公共汽车。80年代,城市有公共汽车、昌河牌厢式出租车(俗称“面的”)、机动三轮车、脚踏三轮车;农村有长途汽车、机动“四轮”、机动“三轮”,阴雨无阻。1990年后,摩托车开始进入富裕家庭,有些人开始骑摩托车载客,以赚钱补贴家用,乘坐摩托车俗称“打摩的”。2000年以后,私家汽车开始进入城乡富裕家庭,外出长途乘坐火车已经是人们的一般选择,城乡居民在节假日外出乘坐飞机往返也习以为常。市内出行开始盛行乘坐出租车和摩托车。

娱乐休闲

传统孩童游戏 旧时农村未成年的儿童，没有娱乐场所，便在上学或放学路上玩弹珠子、老鹰捉小鸡、踢毽子、打陀螺、滚铁环、摔泥巴、跳房子、投沙包、跳皮筋、捉迷藏、木头人等游戏。

弹珠子。旧时，男孩子经常一下课便趴在地上玩弹珠子的游戏，在地面上画一个圆圈，各人在圆圈中放玻璃彩珠若干，轮流用大拇指将珠子弹射圆圈中的珠子，入圆圈的珠子被撞出就归自己所有，常胜者便赢回很多弹珠。

老鹰捉小鸡。又叫老猫逮小鸡。一群人竖排，后者抱住前者腰，不能松开，相成一队（称小鸡），另一人（老鹰或猫）冲进队伍中逮或抓。领头人可以与猫或老鹰搏斗，后人相互躲闪。

打陀螺。传统陀螺为上圆下尖的木制品，用一支木棍前拴绳子抽打旋转。各地玩法不同，有将陀螺旋放或抽到一定距离外的规定范围内，看谁放得准，看谁旋得久；也有先将一陀螺旋放后，其他人站在一定距离之外用旋转着的陀螺去打击之，看谁打得准，看谁旋得久；还有用鞭子抽着陀螺上斜坡；或抽陀螺越过各种障碍，看谁先到达终点的陀螺竞速比赛等。

滚铁环。圆形铁环在地上滚动，孩子手持小竹竿跟在后面，小竹竿的铁钩能及时调整铁环滚动的方向以及保持铁圈的平衡。小铁环在前面滚，孩子在后面追，其乐融融。

跳皮筋。跳橡皮筋（跳绳）是女孩子最喜欢的课间游戏。两个人拉着皮筋，从脚踝、膝盖、腰部级级提升，甚至到手举起来的高度。这时谁能腾空而起用脚勾下皮筋，便成为孩子们心中的赢家。

捉迷藏。首先选定一个范围，大家经过猜拳或一定规则之后，选定一个人先蒙上眼睛或背着大家数数，可长可短，而其他人必须在这段时间找到一个地方躲藏，时间到后那个人去找其他人，最先找到的人为下一轮找的人。没有被找到，且最后回到出发点没有被寻找者发现的人，将不参与第二局的猜拳，直接成为躲藏者。

打水漂。打水漂是当年孩童们喜爱的活动之一。孩子们放学后，到河边挑选扁平的石片，贴着水面向前甩出，石片旋转着在水面跃进，打出一波又一波的水圈，谁的水圈多为胜。

滚珠车。滚珠车主要由一块木板和三个轴承轮子构成。孩子们喜欢选择水泥斜坡地面，从坡顶上快速滑下，享受快速运动的快乐。

斗鸡。是一种儿童游戏，参与者同时向前盘起一条腿，用双手抓住脚腕，单脚着地，互相碰撞，跌倒或双脚落地者则为输。“斗鸡”对场地的要求不高，是孩子们课余时间常用的娱乐方式。

现代成人休闲娱乐 1990年后，城乡娱乐场所日益增多，娱乐形式丰富多彩，卡拉OK、KTV、桌球、喝茶、美容等娱乐休闲方式逐渐在市、县城区成为新的消费时尚。特别是电脑的普及和信息网络的覆盖，网络游戏成为许多人特别是年轻人娱乐休闲的重要形式。

麻将、扑克。打麻将、打扑克等是市民普遍的娱乐方式。2000年以后，街头小巷很多一楼的宿舍被改成棋牌室出租。玩麻将的人四人租一张麻将桌玩，有四人约好去玩，也有陌生人聚在一起玩，一般都有彩头，根据不同人群而有差别，但以消磨时间为主，输赢总体不大。

卡拉OK。20世纪90年代起，人们把“卡拉OK”作为时髦的一种文娱活动。逢年过节或各种活动多以举办卡拉OK兼跳舞尽兴结束。亲戚朋友、同窗或同事聚会，亦兴唱。市场销售专用光碟品种繁多，青年人喜欢唱流行歌曲。年轻人以唱台湾歌手邓丽君的情歌为时髦，中年以上人士则喜欢唱怀旧歌曲和经典歌曲。卡拉OK丰富了人们的文化生活，起到宣泄和调节、放松效果。

上网。随着现代科技的发展，20世纪90年代，计算机开始出现，尤其是2000年以后，电脑等开始普及，电脑游戏出现，网吧开始应运而生，许多年轻人包括中小学生开始涉足网吧，在网吧里打游戏。限制未成年人上网也成为政府文化稽查管理的一项重要工作。

美发。20世纪90年代以后，随着生活方式的转变和生活水平的提高，一些年轻人开始打造自己的发型，打扮自己，美发慢慢从城市扩展到农村。

户外。随着人们对健康的要求提高和业余时间的增多，部分市民开始户外活动，比如户外登山、户外单车、户外跑步、户外摄影、户外游泳等等，而且逐步成立各种户外俱乐部，户外QQ群、微信群，一批热爱户外运动的人士结成团体进行户外运动。

第二节　礼仪习俗

婚嫁

20 世纪 90 年代后,因男女外出打工、经商者多,异地婚姻增多,男女双方自由恋爱,网恋或通过婚姻中介机构介绍的也不少。择定婚期后,男方送上择吉日帖("送日子")和迎亲彩礼,同年端午节和中秋节男方须向女方"送大节",并向女方亲眷赠礼品,预示当年要迎亲。届时,男女双方分别宴请亲朋好友,女方家办宴席所需菜、烟、酒和茶点等物,由男方 3 日前送到,若在饭店设宴待客,则由男方结账。女方所陪嫁妆大有高档家具、衣箱、被子、电器(如电视机、电冰箱、洗衣机),小到鞋架、洗衣板等。男方婚宴视家庭状况,有在家宅、有在酒店宾馆举办,客人拿红礼包(现金)庆贺,俗称"喝喜酒"。

进入 21 世纪,农村女青年多向男方索要房屋、现金,结婚费用呈逐年上涨趋势,结亲仪式多在酒店举行,婚庆仪式多请婚庆公司主持。婚宴规模和形式越来越铺张奢华,如高档轿车组成长长的婚车队,几百人参加的盛大婚宴。

生寿诞

生育　实行计划生育后,人们的生育观念逐渐改变,生男生女一个样。90 年代后,孕妇多在医院产科分娩,产房有空调可控制室温。婴儿出生满月,须择日剃头。是日,设酒席,宴请亲友,称"满月酒"。席间,抱婴儿与亲友相见。亲友皆须馈赠衣服、玩具等礼物,亦有赠红纸包(现金)。父母给婴儿摄像、摄影留念也渐渐增多。婴儿出生满一周年,称"周岁"。2000 年后,城镇子女过生日效西方礼俗,行"吹蜡烛,吃生日蛋糕",有的父母亲点播电视歌曲,以为祝贺。

寿诞　逢生日仅在小家庭内杀鸡,吃蛋、面条,庆贺其生日,均曰"做生日"。80 年代,景德镇人做生日,除了周岁之外,一般做九不做十,比如九周岁、十九周岁、五十九周岁、六十九周岁等。20 世纪 90 年代以后,只设宴请客,不举行拜寿仪式,城乡皆兴摆生日糕,有的在电视台、酒店大屏幕点歌、打字幕为老人祝寿,有的请剧团或电影队到屋场演戏或放电影祝寿,并答谢亲友,有的子女包车、坐飞机陪父母到外地旅游拍摄生日录像,以表示对父母的孝敬。

丧葬

土葬　为传统习俗丧葬主要形式,自送终至安葬,仪节繁琐。病人弥留之际,亲属子女必须火速赶回,守候身边,验听遗嘱,谓之"送终"或"送老"。70 岁以上的人寿终正寝,称之为"喜丧"或"白喜事"。守孝一般丧家要停柩 3 日,子女披麻戴孝,孝眷服白。出柩前请道士(有的地方为风水先生)选定墓穴,选择吉日吉时。出柩归山时,扬幡列队,鸣锣开道,吹打乐,沿途撒纸钱,燃放爆竹。安葬后,逢"七"则祭,即人死后第 7 天为头七,"七七"49 天为满七。春节门前贴绿纸对联。信教市民去世后,信徒们聚集送别,唱赞歌。

火葬　1980 年,建成景德镇殡仪馆,专为死者办理丧事和火化等业务。二十世纪八九十年代,各县相继建立殡仪馆、火葬场,多在殡仪馆追悼大厅举行追悼仪式,向死者遗体告别。少数也出现逝者被火化后又土葬现象,只是棺木换为骨灰盒,将死者骨灰置入棺木内土葬。2000 年后,火葬开始在农村推行。

第三节　节庆新风

传统节日

旧时节令很多,自年初至年终,几乎月月有节。改革开放后,发展了一些新兴的节日,也适当保留了一些传统节日,但在群众中还流传一些旧时节日。

春节　属农历年节。一般从农历头年十二月下旬起,包括小年、除夕,一直到元宵。正月初一零点至拂晓前甚为重视，各家焚香点烛，燃放鞭炮。开门出行，邻里互相拜遇，名曰拜年。1990 年以后，随着电视机普及，吃过“年夜饭”，全家人聚在一起看中央电视台春节联欢晚会，逐步成为城乡居民“守岁”的重要内容，许多人随着晚会节目的高潮燃放爆竹，欢闹同嬉戏通宵。大年初一一早，亲戚朋友会互相走动相互拜年。2000 年以后，随着电话、手机的普及，相距较远的亲友从开始电话拜年到手机短信拜年。由于物质生活水平提高，城市居民家庭年夜饭和大年初一中午的团圆饭开始到饭店举行，并且规格档次逐年上升。

元宵节　也称上元节，时间在农历正月十五日。1990 年以后，每逢元宵节夜晚，市民便在人民广场组织燃放礼花。

清明节　清明日城乡居民均到墓地培土挂纸祭扫祖坟。学校、工厂、机关等单位则组织学生、工人、干部到烈士纪念塔献花圈祭扫，以缅怀先烈，寄托哀思，进行传统教育。

端阳节　农历五月初五，又称端午节。旧时家家门上挂艾草以驱毒虫秽气。早上吃粽子、咸蛋，中午饮雄黄酒。这一天，有龙船竞渡的习惯，儿童挂红蛋、香袋。1990 年后，端阳节前后成为卫生大扫除的日子，驱蚊、灭鼠，以保安康。一些家庭还保持原有饮食习惯，因为雄黄有微毒，已很少人饮雄黄酒，而以其他饮料代替。

中秋节　农历八月十五日为中秋节，与春节、端阳节为旧俗大节。此日，尽可能做到合家团圆共度佳节，至亲好友还要互赠月饼，相邀赏月。乡间在青少年中还有玩用稻草扎成的草龙灯，以庆丰收。还有“烧宝塔”“送瘟神”等活动。

重阳节　农历九月九日，旧时常囊茱萸系臂，采菊沽酒，食粟粽花糕。好友相约登高远眺。1990 年后，重九登高，成为体育活动和民兵军事训练的一项内容。

冬至　90 年代前，宗祠、会馆都有隆重的祭祀活动，各宗祠按丁发放“冬至肉”，发放男丁饼。90 年代后，此习已不存在，但祭祖之习仍有少数地方保留。

腊八　农历十二月初八。旧俗过年有的从这一天算起。所谓“腊八腊八，挦鸡杀鸭”，即是为过年做好准备。农村多从这时起，打年糕（用糯米粉做糕）、宰年猪、扫扬尘、洗家具、有的人家还用红枣、红豆和大米煮粥，名腊八粥。

小年　一般为农历十月二十四日。因景德镇城区居民来自四面八方，习俗各异，故从二十三日至二十七日都有过小年的。过小年这一天必须扫扬尘（有的在腊八）搞卫生，晚间则备酒加菜，以示庆祝。

除夕　农历一年的最后一天，这一天各家布置堂屋、悬灯结彩、张贴春联或年画。晚间要先陈设祭品祭拜天地祖先，然后举行家宴，吃团年饭。饭后，到处点灯，小孩手提灯笼、燃放鞭炮，大人则给小辈压岁钱，并围炉喝茶吃茶点，坐以待旦，叫作“守岁”。后随着电视广播发展，家庭成员都围坐电视机前看春晚节目，等待新年的开始。

新兴节日

元旦（1 月 1 日）　节日期间，机关团体、学校、工厂、街道等单位多举行各种文化娱乐活动，俗称过“阳历年”。或召开年终总结会，安排部署新的一年工作计划。元旦法定假 1 天，为便于工作、休息，将双休日调至元旦，前后计 3 天，称“小长假”。

情人节（2 月 14 日）　20 世纪 90 年代后，此俗渐在域内流行，倍受年轻一代青睐，届时年轻人会郑重其事地为恋人选择礼物，参加情人节之夜舞会，亦有用玫瑰花、巧克力等礼物表达爱意。

国际妇女节（3 月 8 日）　节日期间，妇女享受半天假期，市、县（区）、乡（镇）机关各级妇女组织皆举行庆祝活动。

劳动节（5 月 1 日）　节日期间，市、县（区）、乡（镇）各级工会组织相继召开座谈会议，评选劳动模范，表彰先进典型，以多种形式举行庆祝活动。“五一”劳动节法定假 1 天，为便于工作、休息，将一双休日调整在劳动节前后计 3 天，俗称“五一”小长假，有人外出旅游。

青年节（5 月 4 日）　节日期间，机关、团体、厂矿、学校、青年学生组织开展各种纪念活动，举行入团宣誓，参与学雷锋做好事行列。

母亲节（5 月的第二个星期日）　20 世纪 90 年代后，此俗渐在域内流行。是日，家人团聚，不能回家过节的子女,或通过电话,或手机发送吉祥短信祝贺母亲节日快乐;有的子女奉送康乃馨、生日蛋糕等礼物;亦有出资或陪伴母亲外出旅游等方式,以示对母亲的敬意。

儿童节(6月1日) 节日期间,家长给孩子添置新衣或学习用品,学校、幼儿园(所)举行文化娱乐活动,孩子们登台献艺,欢庆节日。

父亲节(6月的第三个星期日) 20世纪90年代后,此俗渐在域内流行。子女除奉送鲜花品种与母亲有异外,其余习俗与母亲节近似。

教师节(9月10日) 节日期间,市、县(区)、乡(镇)对所在地学校教师走访慰问,组织教师健康体检,召开座谈会议,表彰先进典型,发扬尊师重教传统,尊重知识、尊重人才,调动教师教书育人积极性。

国庆节(10月1日) 节日期间,市、县(区)、乡(镇)等机关、工厂、学校、部队张灯结彩举行庆祝活动,或举办工农业建设成果展览、书画摄影作品展览,或文艺演出、游园、体育活动。国庆节法定假日3天,为便于休息、工作,将国庆节前、后两个双休日合并为7天,俗称"十一黄金周",有越来越多的人选择以外出旅游、观光方式欢度节日。

圣诞节(12月25日) 20世纪90年代后,域内盛行。节前,教堂及个别家庭、部分商场置圣诞树立圣诞老人像,增添节日气氛。人们走上街头,尽情欢庆,张扬个性,放松心情。25日白天,基督教堂举行圣诞礼拜。

文明新风

文明祭祀 每年传统清明节、中元节、冬至,焚纸钱、烧冥物、放鞭炮的行为导致空气污染加重,影响群众身体健康,对全市完成空气质量改善目标,落实环保突出问题整改极为不利且存在较大的火灾隐患。市文明办倡导政府各部门、企事业单位职工及党员干部将率先垂范,带头用环保的形式开展祭祀活动,以文明的方式表达对先人的追思之情,用实际行动影响和带动家人、朋友及身边群众。

"祭先烈"主题党日 每年的清明节,市直机关、学校、企事业单位、群众团体都到革命烈士陵园开展以"祭奠革命先烈"为内容的主题党日活动。党员干部、职工、市民、学生向烈士墓献花并鞠躬致敬,表达对先烈的敬仰之情。

学习雷锋 1963年,毛主席号召全国人民向雷锋同志学习。此后景德镇一直保留着学习雷锋的活动,弘扬扩大并创新。在景德镇市珠山区昌河街道昌盛社区,形成了"1+8"学雷锋志愿服务模式,打造了"爱心帮帮团"志愿服务品牌,旗下分为爱心助老、爱心助残、爱心助困、爱心助学、妇女维权、爱心赈灾、社区文化、爱心环保八个学雷锋服务队伍,昌盛社区"爱心帮帮团"旗下的八支学雷锋服务队伍,秉承"奉献 友爱 互助 进步"的服务宗旨,每周至少开展一次学雷锋活动,形式丰富多样。多媒体室每周至少两次的"夕阳红合唱团"志愿者活动最受欢迎,夕阳红合唱团为昌盛社区老年居民自发组成的文化爱好志愿者,平均年龄达64岁,共计360人。

爱心献血 市文明办和市中心血站,每年组织机关干部职工、大中学校学生、企业职工开展学习雷锋奉献爱心献血活动,缓解全市中心血站供血不足。市中心血站装备采血车,驻点在市休闲广场、新厂等处,方便市民献血。

第二章 方 言

景德镇方言有狭义和广义两种概念。狭义的景德镇方言专指景德镇市区方言,或者叫"镇巴佬话";广义的景德镇方言则指市辖区内的所有城乡居民使用的方言。

根据语音系统和词汇系统的特征,狭义的景德镇方言属赣语区,而浮梁方言属徽语区,乐平方言则属吴语区。

从地缘关系看,景德镇地处赣东北地区。从语音系统看,景德镇方言与赣语区的权威方言南昌话基本一致;声母系统基本相同;韵母系统稍有不同;声调系统方面,调类基本一致,差别仅在于调值不同。从词汇系统方面看,除个别词语外,绝大多数常用词与南昌话相同。

浮梁方言属徽语区,浮梁县与安徽省接壤,东邻安徽休宁县,北连安徽祁门县和东至县,地缘关系密切。而从语音特征上看,古全浊声母清化,今读塞音和塞擦音声母的字,不论平仄绝大多数读送气清音,用汉语拼音拟音的话,如:“步”不读 bu 而读 pu,“道”不读 dao 而读 tao,“在”不读 zai 而读 cai;还有,古鼻音韵尾的字,许多字今读已无鼻音韵尾,或鼻化或脱落;古去声今分阴去阳去等等,都非常符合徽语区的语音特点。

乐平方言属吴语区。首先,从历史沿革来看,乐平县地的归属历朝历代屡经变换,仅在秦始皇一统天下之前,就先后属楚、属吴、属越,而其间归属吴越之时,因此吴越文化的影响在所难免。

现代乐平地理位置,虽与现代吴语区并不紧邻,但其曾经所属的古代饶州即现在的上饶市却与吴语区的浙江接壤,语言习俗或多或少互有影响。比如吴语区的人把茄子称为落苏,这是古代吴国越国的叫法,而乐平方言也这么叫,只是语音上稍有差别:落索仂。此外,乐平方言中的指示代词“伊”,如“这边”“那边”说“伊边”,“这个”“那个”说“伊个”,与吴语的代词体系不无关系。乐平曾经是历史上两次大移民的中转地,移民中或许有相当一部分留下来定居乐平者,一些特殊语音和特殊词汇渗入了乐平方言。

比如乐平方言说“书”“树”及“水”这些字时,声母不是 sh[ʂ]而是 f[f];说“师(傅)”“事(务)”及“使(用)”这些字时,声母韵母不是 shi[ ]而是 hê[h]。乐平方言的特殊词语“癞腮”(音 laisai[lai · sai ·],肮脏)、“哩”(音 sali[sa · li],完蛋了)、“浸为之”(音 jinweizi[tinuəi ts],故意)、“斧实”(音 fusi[fu · s],用尽全力)、“毗省”(音 zisang[tsɿ˥sɑŋ],全神贯注)、“黠快”(音 jiakuai[tia · khuai],机灵)、“尴盖”(音 gangai[kan˩ · kai˥],富有),等等,与普通话或赣语词汇都相去甚远。

景德镇市区的方言之所以撇开浮梁方言,在南昌方言的赣方言基础上形成并发展,是因为景德镇作为一个以瓷业为主兴起的都市,八方而来的工匠最初使用的是各自的方言,但这些工匠中都昌帮、抚州帮、南昌帮所使用的方言均属赣语区,南昌为赣之首府。自然占据景德镇方言赣语区领先位置。

语言都是发展的,方言也一样。受现代汉语共同语——普通话推广的影响而产生变异。

第一节 语音系统

景德镇市区方言声韵调

声母(20 个,包括零声母)

p 拜班布波	p^{h} 败办普破	m 门麻米毛	f 发冯红会火
t 到冻带对	t^{h} 盗动大推	n 五嗯你	l 难兰里任
ts 左謶哄骗组主找	ts^{h} 坐除车吵	s 丝少社书	tɕ 救猪进奖
$tɕ^{h}$ 旧住近请	ȵ 年软鱼验	ɕ 喜写想笑	k 高甘家跤
k^{h} 靠苦跪共	ŋ 我哑安矮	x 海浩黑汗	ø 袜二衣为王黄

韵母(58 个)

ɿ 子纸四次	i 米地以洗	u 粗故夫吴	y 句娶输猪雨
a 把化蛇架者	ia 姐野提惹	ua 瓜夸瓦话	o 波多错火饿科
uo 果禾锅窝	ε 许~里:那里“扯”音te,拉扯	iε 去鱼锯搣拗断	uε “聒”音kue,~叫
yε 靴	ai 开栽改海	uai 歪快怪坏	ei 回会肺悔
uei 味对水贵	au 包到早高	iau 表小要叫	εu 后走烧漏
iεu 狗扣藕口	iou 流球休有	an 班摊艰颜	uan 关款弯还
on 搬贪干安	uon 官宽碗欢	yon 全捐悬远	εn 扇展灯省~市
iεn 天尖根烟	ən 本门分真	in 宾冰金阴	uən 滚春文混

yn 军群云旬	ɑŋ 冷坑硬撑	iɑŋ 饼病零影	uɑŋ 横梗咣
ɔŋ 帮江方长	iɔŋ 养姜香两	uɔŋ 光黄网狂	iuŋ 勇凶穷共
uŋ 东工风空	aʔ 八发杀答	iaʔ 吃壁锡	uaʔ 刮袜滑
ɛʔ 得黑色贼	iɛʔ 铁接切叶	uɛʔ 国	yɛʔ 月雪绝缺
ɔʔ 各盒末恶	iɔʔ 药脚削雀	uɔʔ 活龌阔	ɨt 直湿汁
it 急力踢七	ut 骨屋出熟	yt 桔屈婿	iut 内六绿局
n̩你姆~妈	ŋ 嗯~呢		

声调(5个)

阴平 33 · 开初婚三诗夫乌猪	阳平 213 ˩ · 陈时才平流泥王梨
上声 35 · ˥ 古苦赌柳李煮挤小	去声 42 盖爱送共用社厚让
入声 5 急出黑白七十学读	

浮梁方言声韵调

声母(24个,包括零声母)

p 布波饱百	p^{h} 步盘袍怕	m 木妹马麻望白	f 冯飞挥虎
v 未望文	t 到都冬争	t^{h} 太团断初	n 难兰灵邻
l 路老脑罗糯	k 怪监感归	k^{h}开确去考	ŋ 咬饿偶安
x 红彗后华	tɕ 遮者车专	tɕ^{h} 川键气其	ȵ 元言年鱼
ɕ 嬉希弦掀	ts 节借左姐	ts^{h}坐鬈惨秋	s 丝三色写
tʂ榨渣诈	tʂ^{h}插差岔杈	ʂ沙纱梳师	ø 文话围认运样圆移

韵母(46个)

ɿ 资撕此紫	i 日支知渠检	u 误虎古母木	y 女出虚书
ɚ 儿耳二	yi 权圆船	a 太介带买	ia 解药央香
ua 快刮怪横	F 哥河妹盖腿	uF 回灰会	iɛ 蛇姐野舌雪
yɛ 靴缺月	ɔ 做爬架花辣	iɔ 脚药叫要	uɔ 多瓜夸瓦罗
ai 得特敌锡	ai 尺直只	uai 国	ei 米本匹踢
uei 围贵柱	ou 赌锄都鹿	iou 斗头绿流丑欲	au 高钩走各
iau 条烧	l̃ 剑闪点嫌	ɑ̃生争省幸甥	u ɑ̃横
ɔ̃ 三班胆坦兰	i ɔ̃昌姜秧张娘	u ɔ̃官万间关	aŋ 放党桑讲床
uaŋ 黄汪光广筐况	ən 心短林酸	iən 今阴沉巾	uən 棍困昆温
yən 军准云群勋	ãl 冷病请听声	ia l̃ 镜赢正程	ɛ̃满盘全看
i ɛ̃枪浆良亮	y ɛ̃圆拳船穿	iuŋ 穷胸琼	uŋ 孔中红翁东
n̩你	ŋ 嗯		

声调(6个)

阴平 213 ˩ · 高开婚月白	阳平 35 · ˥题蛾时徐
上声 42 体使水古	阴去 24 盖抗汉
阳去 11 ˩近厚共柱社越	入声 33 · 急一七发缺

乐平方言声韵调

声母(21个,包括零声母)

p 帮布波壁	p^{h}怕盘步病	m 门莫网蚊	f 肥血虚水
v 院雨热入	t 东到中连	t^{h}同道冲太	n 南脑糯内
l 兰老路罗	ts 祖糟招正	ts^{h}仓昌从凑	s 丝诗扇双

tɕ 今节将供供养	tɕʰ全齐千七	ȵ 牛年严人	ɕ 西相线小
k 怪家主转	kʰ开跪春住	ŋ 安袄硬鱼	x 灰胡含事玩
ø 二伊碗文			

韵母(56 个)

ɿ 资纸字四	i 比米取旅	u 夫无手抽	ʉ 猪住除区
ɯ 雨虚书水	a 马把蛇家下	ia 爷夜也惹	ua 化瓜话寡
o 多坐可科火	uo 过窝禾	ɛ 二耳靴事	iɛ 去锯佢他
ɯɛ 靴	ai 台开盖界	uai 乖歪快坏	ei 杯妹腿对
uei 灰葵贵煨	au 宝讨交咬	ɛu 头走瘦烧招	iɛu 口狗藕表苗
iu 酒牛油休秋	an 办担闲晏	uan 关惯弯玩	ɛn 安汗灯根恩远
iɛn 边尖件软转	uɛn 官宽碗欢	ə̠n 本门准军顺春	in 心民因引瓶
un 困混文魂	ɑŋ 冷声耕省	iɑŋ 醒青饼影	uɑŋ 横梗咣
ɔŋ 忙江双长	iɔŋ 娘姜香两羊	uɔŋ 汪光黄广	oŋ 宗东朋风
ioŋ 胸勇龙共	uoŋ 翁	əʔ 得黑直十	iʔ 一粒集笛日
uʔ 骨谷器木	ʉʔ 入域熨～贴	aʔ 发杀答甲石	iaʔ 迹席吃壁
uaʔ 刮袜滑	ɛʔ 鸽钵不缺出	iɛʔ 月雪绝灭铁	uɛʔ 国扩阔
ɯɛʔ 血越	ɔʔ 各学盒末桌	iɔʔ 药脚削雀	uɔʔ 郭活龌阔
iuʔ 六绿菊玉	m̩姆～妈	n̩嗯～呢	ŋ̍五蕹～菜

声调(6 个)

阴平 21š˩高开婚山	阳平 55 ˥时穷寒鹅	阳入 32 白杂直敌六绿一
上声 213š˩·古口好少	阴去 25š˥派庆盖汉	
阳去 33 ·败近概帽	阴入 34 ·八扎汁滴铁	

除此之外,三种次方言中,都有同样两个特殊的辅音,即吸气塞擦音:一个近似于“吱”,但它是上齿与下唇内侧成阻的,且气流倒吸,音长稍长,表示否定答复;一个近似于“渍”,但它是舌面与上齿龈内侧成阻的,且气流倒吸,音长短促,只发一声,表示反感或不耐烦;若连发两声以上,则表示赞叹。

第二节　方言常用词语及特色词语

常用词语来自《方言词汇调查表》,但这里只收集了与普通话有差异的部分,特色词语指超出《方言词汇调查表》之外的本地特有的词或短语。

由于有些方言词有音无字,为便于阅读,下面的词汇表中一律用同音字加引号标注,如:“坎”子(现在);而有些方言词虽已考证出本字,但因太生僻电脑无法输入,表中一律用两个字作偏旁加方括号组合表示是一个字,如:[虫寒][虫堇]仂=蟥螼仂(蚯蚓)。

每个词条后都有三个标注项目,第一行是方言词的常用字;第二行是注音符号,为国际音标和五度竖标,力求准确标注每个字的声母韵母及声调调值,以方便专业读者模仿发音;第三行特别使用了“近音字模拟注音”,以方便不懂国际音标的非专业读者模仿发音。

近音字模拟注音时,尽量按它们的普通话标准语音来读。

不过,近音字毕竟无法保证绝对精准地模拟方音,特别是声调调值的高低曲折变化,只能大致相似。而有些方言中特有的声母和韵母,只能采用多个汉字组合注音,这种情况本文会在这些注音汉字下面加下划线表示须快速连读。如:“捏**地哟嗯**”,后三字快速连读,能模拟出乐平话“亮”的发音。

常用词语

表38-2-1　　**景德镇方言常用词汇对照表**

词目	标注项目	景德镇市区话	乐平话	浮梁话
太阳	方言词	日头	日头	日头
	国际音标注音	ȵit˥ tʰeu˩	ȵit˧ tʰεu˥	i˩ tʰiou˧˥
	近音字模拟音	“腻头”	“腻头”	“意头”
月亮	方言词	月光	月亮	月光
	国际音标注音	ȵyεt˥ kuɔŋ˧	ȵiεʔ˧˥ tiɔŋ˧	yε˧ kuaŋ˧˩
	近音字模拟音	“虐**锅嗯**”	“捏**地哟嗯**”	“掖广”
闪电	方言词	霍闪	打霍闪	掣霍
	国际音标注音	xɔʔ˥ sεn˥˧	ta˧˩ xuɔʔ˧˥ sεn˥	tɕʰiε˧ xau˧
	近音字模拟音	“忽闪”	“打霍闪”	“怯号”
刮风	方言词	刮风/起风	起风	发风
	国际音标注音	tɕʰi˧˥ fuŋ˧	tɕʰi˧˩ fuŋ˩	fɔ˧ fuŋ˧˩
	近音字模拟音	“奇风”	“起风”	“佛讽”
下雨	方言词	落雨	落雨	落雨
	国际音标注音	lɔʔ˥ y˧˥	lɔʔ˥˧ ɯ˧˩	lau˧˩ y˥˧
	近音字模拟音	“落鱼”	“落舞”	“老玉”
下雪	方言词	落雪	落雪	落雪
	国际音标注音	lɔʔ˥ ɕyʔ˥	lɔʔ˥˧ ɕiεʔ˧˥	lau˧˩ siε˧
	近音字模拟音	“落雪”	“落斜”	“老瑟”
虹	方言词	虹	虹	虹
	国际音标注音	kɔŋ˥˧	kɔŋ˥	kaŋ˧˥
	近音字模拟音	“**个嗯**”	“**哥嗯**”	“刚”
上面	方言词	上头	高“统”	上头//高头
	国际音标注音	sɔŋ˥˧ tʰεu	kau˩ tʰuŋ˧˩	ɕiõ˩ tʰiou // kau˧˩ tʰiou
	近音字模拟音	“**丝哦嗯**头”	“高统”	“**希哟嗯**　**提优**” //“搞**提优**”
下面	方言词	滴嘎//豚底	豚底	下头
	国际音标注音	tiʔ˥ ka//tuʔ˥ ti˧˥	tuʔ˧˥ ti˧˩	xo˩ tʰiou
	近音字模拟音	“滴嘎//都底”	“都底”	“豁**提优**”
白天	方言词	日上	日里	日里
	国际音标注音	ȵiʔ˥ sɔŋ	ȵiʔ˥˧ li˥	i˧ lei˥˧
	近音字模拟音	“腻上”	“腻里”	“意里”
晚上	方言词	夜间	夜么	夜晏
	国际音标注音	ia˥˧ kan˧	ia˧ mə˥	iε˩ ŋõ˧˥
	近音字模拟音	“亚赶”	“呀么”	“噎**嗯安**”
早晨	方言词	早间	乌天光仂	清早
	国际音标注音	tsau˧˥ kan˥	u˩ tʰiεn˩ kuɔŋ˩ nə	tsʰən˧˩ tsau˥˧
	近音字模拟音	“凿尴”	“乌天**过嗯**呢”	“惩造”
傍晚	方言词	断夜边	挨夜	旁夜
	国际音标注音	tʰuεn˥˧ ya˥˧ piεn˧	ŋai˥ ia˧	pʰaŋ˧˥ iε˩
	近音字模拟音	“团亚边”	“**嗯挨**呀”	“旁掖”

续表38-2-1

词目	标注项目	景德镇市区话	乐平话	浮梁话
上午	方言词	上昼//昼上	上昼	上昼
	国际音标注音	sɔŋ˥˧ tɕiu·˧	sɔŋ˧ tu˧˥	ɕiõ˩ tɕiou˧˥
	近音字模拟音	“上揪^揪上”	“**<u>思哦嗯</u>**都”	“香揪”
中午	方言词	当昼	昼时	昼时
	国际音标注音	tɔŋ˧ tɕiu·˧	tu˧˥ si˥	tɕiou˧˥ ɕi˧˥
	近音字模拟音	“当揪”	“都思”	“揪习”
下午	方言词	下昼	下昼	下午
	国际音标注音	xa˥˧ tɕiu·˧	xa˧ tu˧˥	xo˩ u˥˧
	近音字模拟音	“哈揪”	“哈都”	“豁物”
今天	方言词	今朝	今朝	今朝
	国际音标注音	tɕin˧ tsau·˧	tsən˩ tseu˩	tɕiən˩˧ tɕio˩˧
	近音字模拟音	“今朝”	“增**<u>则悟</u>**”	“今**<u>积哦</u>**”
明天	方言词	明朝	明朝	明朝
	国际音标注音	miaŋ˩˧ tsau˧	miaŋ˥ tsɛu˩	mã˧˥ tɕio˩˧
	近音字模拟音	“**<u>咪昂</u>**朝”	“**<u>迷昂</u>**　**<u>则悟</u>**”	“忙**<u>积哦</u>**”
大前天	方言词	先前日	先前日	大前日
	国际音标注音	ɕiɛn˥˧ tɕʰiɛn ˩˧ ȵi?	ɕiɛn˩ tɕʰiɛn˥ ȵi˥	tʰa˩ tɕʰin˧˥ iʔ˧
	近音字模拟音	“现前腻”	“现前腻”	“他亲意”
大后天	方言词	晏后日	晏后日	夜后日
	国际音标注音	ŋan˥˧ xɛu˥˧ ȵi˥	ŋan˧˥ xɛu˧ ȵi˥	ia˩ ɕiu˩ iʔ˧
	近音字模拟音	“**<u>嗯按</u>**后腻”	“**<u>嗯按</u>**后腻”	“讶休意”
从前	方言词	先老早	早先	以前
	国际音标注音	ɕiɛn˧ lau˧˥ tsau˧˥	tsau˩˧ ɕiɛn˩	i˥˧ tsʰi˧˥
	近音字模拟音	“先牢凿”	“早现”	“易岑”
现在	方言词	“嘎”子//“坎”子	“坎”子	立脚儿
	国际音标注音	ka˩˧ tsɿ	kʰiɛn˧ tsɿ	lai˩˧ tɕion˧
	近音字模拟音	“嘎子”//“坎子”	“**<u>克演</u>**子”	“徕**<u>积哦嗯</u>**”
我	方言词	我//我侬	吾	我
	国际音标注音	ŋɔ˧˥//ŋɔ˧˥ luŋ˥	ŋa˩˧	uo˩˧
	近音字模拟音	“**<u>嗯哦</u>**^**<u>嗯哦</u>**咙”	“**<u>嗯啊</u>**”	“我”
你	方言词	你//你侬	你	尔
	国际音标注音	n̩˧˥// n̩˧˥ luŋ˥	ȵi˩˧	n̩˩˧
	近音字模拟音	“嗯^嗯咙”	“你”	“嗯”
他	方言词	渠	渠	“枯”
	国际音标注音	tɕʰiɛ˩˧	tɕʰiɛ˥	kʰu˧˥
	近音字模拟音	“且”	“切”	“枯”

续表38-2-1

词目	标注项目	景德镇市区话	乐平话	浮梁话
整天	方言词	梗日//一日到夜	一日到夜	整日
	国际音标注音	kiɛn˦ ȵiʔ˥// iʔ˥ ȵiʔ tau˧˩ ya˧˩	iʔ˦ ȵiʔ˧˩ tau˦ ia˧	tɕiaĩ˧˩ i˨˩˦
	近音字模拟音	“**割延**腻”	“一腻到呀”	“**几燕**一”
整夜	方言词	梗夜//一夜到天光	通天夜工	整夜
	国际音标注音	kiɛn˦ ya˧˩ // iʔ˥ ya˧˩ tau˧˩ t^{h}iɛn˧ kuɔŋ˧	t^{h}uŋ˨˩ t^{h}iɛn˨˩ ia˧ kuŋ˨˩	tɕiaĩ˧˩ iɛ˩
	近音字模拟音	“**割延**亚”	“通天呀工”	“**几燕**噎”
刚才	方言词	将脚//刚脚	将刻仂	刚脚儿
	国际音标注音	tɕiɔŋ˧ tɕiɔʔ˥	tɕiɔŋ˨˩ k^{h}iɛʔ˦ nə	kaŋ˨˩˦ tɕion˧
	近音字模拟音	“将**即哟**”	“**即哟嗯**　**刻叶**　呢”	“刚**即哟**嗯”
牧牛	方言词	暎牛	看牛	放牛
	国际音标注音	iaŋ˧˩ ȵiu˨˩˦	k^{h}ɛn˨˩ ȵiu˥	faŋ˦ iou˦
	近音字模拟音	“样扭”	“**克嗯**牛”	“放油”
垃圾	方言词	屑衣	屑仂	垃“塞”
	国际音标注音	ɕiɛʔ˥ i˧	ɕiɛʔ˦ nə	lu˦ sa˩
	近音字模拟音	“屑衣”	“邪呢”	“炉撒”
窗户	方言词	窗眼（坎）	窗眼仂	牀窗
	国际音标注音	tsɔŋ˧ ŋaŋ˥	ts^{h}ɔŋ˨˩ ŋan nə	k^{h}ũm˧˩ ts^{h}ɔ̃˨˩˦
	近音字模拟音	“**次哦嗯**　**嗯俺**”	“**次哦嗯**　**嗯俺**　呢”	“困**次哦嗯**”
偏屋	方言词	厦屋	旁屋	陪屋
	国际音标注音	sa˦ uʔ˥	p^{h}ɔŋ˥ uʔ˧˩	p^{h}ɛ˦ u˧
	近音字模拟音	“啥屋”	“**铺哦嗯**屋”	“**铺欸**屋”
厨房	方言词	灶下	厨下	厨下
	国际音标注音	tsau˧˩ xa˧	k^{h}ʉ˥ xa˧	tɕ^{h}y˦ xo˩
	近音字模拟音	“造哈”	“枯哈”	“渠呵”
厕所	方言词	茅厕	东司	茅司
	国际音标注音	mau˨˩˦ sɿ	tuŋ˨˩ sɿ	mau˦ sɿ˦
	近音字模拟音	“卯司”	“东司”	“茅司”
筅帚	方言词	筅帚	筅帚	筅帚
	国际音标注音	ɕiɛn˦ tɕiu˥	ɕiɛn˨˩˦ tsu˥	sĩ˧˩ tɕiou˧˩
	近音字模拟音	“嫌揪”	“筅租”	“渗揪”
桌子	方言词	桌子	台盘	桌仂
	国际音标注音	tsɔʔ˥ tsɿ	t^{h}ai˥ mən˥	tau˧ liɛ
	近音字模拟音	“桌子”	“台门”	“到列”

续表38-2-1

词目	标注项目	景德镇市区话	乐平话	浮梁话
小凳子	方言词	杌子	细凳仂	矢凳
	国际音标注音	uʔ˥ tsɿ	ɕi˧˥ tɛn˧˥ nə	ti˧ tãi˧˥
	近音字模拟音	"屋子"	"细**得嗯**呢"	"滴担"
肥皂	方言词	洋碱	肥皂	洋肥珠
	国际音标注音	iɔŋ˩˧ kan˧˥	fei˥ tsʰau˧	ȵiõ˧˥ fei˧˥ tɕy˩˧
	近音字模拟音	"**一哦嗯**竿"	"肥操"	"**尼哦嗯**肥举"
家里	方言词	屋里	屋里	家里
	国际音标注音	uʔ˥ li˦	uʔ˦ ti˥	ko˩˧ lei˦
	近音字模拟音	"屋里"	"屋滴"	"可雷"
门槛	方言词	门槛	落栋	屋屈儿
	国际音标注音	mən˩˧ kʰan˧˥	lɔʔ˥˧ tuŋ˧	u˧ tɕʰyn˩
	近音字模拟音	"门槛"	"落栋"	"屋屈嗯"
台阶	方言词	勃坎	踏步仂	"包"级
	国际音标注音	pɔʔ˥ kan˥	tʰaʔ˦ pʰu˧ nə	pau˧ tɕi˧ ·n
	近音字模拟音	"勃坎"	"踏铺呢"	"包级嗯"
公种猪	方言词	猪公	"胎"猪	猪郎
	国际音标注音	tɕy˧ kuŋ˧	tʰai˥ kʉ˧˩	tɕy˩˧ naŋ˧˥
	近音字模拟音	"拘公"	"胎孤"	"举囊"
母猪	方言词	猪婆	猪娘	猪母
	国际音标注音	tɕy˧ pʰo˩˧	kʉ˧˩ ȵiɔŋ˥	tɕy˩˧ mo˥˧
	近音字模拟音	"拘颇"	"孤**泥哦嗯**"	"举墨"
小猪	方言词	猪崽子	猪豚仂	矢猪儿
	国际音标注音	tɕy˧ tsai˧˥ tsɿ	kʉ˧˩ tʰən˥ nə	ti˧ tɕyn˩˧
	近音字模拟音	"拘宅子"	"孤腾呢"	"滴举嗯"
公鸡	方言词	鸡公	鸡公	鸡公
	国际音标注音	tɕi˧ kuŋ˧	tɕi˧˩ kuŋ˧˩	tɕi˩˧ kuŋ˩˧
	近音字模拟音	"鸡公"	"鸡公"	"挤拱"
母鸡	方言词	鸡婆	鸡嫫	鸡母
	国际音标注音	tɕi˧ pʰo˩˧	tɕi˧˩ mo˥	tɕi˩˧ mo˥˧
	近音字模拟音	"鸡颇"	"鸡摸"	"挤墨"
孵小鸡的母鸡	方言词	菢鸡婆	菢鸡嫫	菢鸡嫫
	国际音标注音	pʰau˥˧ tɕi˧ pʰo˩˧	pʰau˧ tɕi˧˩ mo˦	pʰu˩ tɕi˩˧ mo˥˧
	近音字模拟音	"泡鸡颇"	"泡鸡摸"	"仆挤墨"

续表38-2-1

词目	标注项目	景德镇市区话	乐平话	浮梁话
小鸡	方言词	鸡崽子	鸡崽子	夿鸡儿
	国际音标注音	tɕi˧ tsai˧˥ tsɿ	tɕi˩ tsai˨˩ tsɿ	ti˧ tɕin˨˩
	近音字模拟音	“鸡宅子”	“鸡崽子”	“滴挤嗯”
蛋	方言词	子	卵	子
	国际音标注音	tsɿ˧˥	lɛn˨˩	tsɿ˥˧
	近音字模拟音	“子”	“卵”	“字”
鳖	方言词	脚鱼	团鱼	团鱼
	国际音标注音	tɕiɔʔ˥ ȵiɛ˧	tʰɛn˥ ŋʉ˥	tʰɤ̃˧˥ y˧˥
	近音字模拟音	“脚**泥耶**”	“团**嗯唔**”	“团鱼”
蚯蚓	方言词	蟥蠖	蟥蚓伆	“园”头儿
	国际音标注音	xon˨˩ tɕin˦	xɛn˥ in˦ nə	kʰaŋ˧˥ tʰioun˧˥
	近音字模拟音	“罕蠖”	“痕音呢”	“扛**题油**嗯”
蜘蛛	方言词	刨煞	蟢蟢网伆	蜘蛛
	国际音标注音	pʰau˨˩ saʔ˥	ɕi˨˩ ɕi˦ mɔŋ˨˩ nə	tɕi˨˩ tɕy˨˩
	近音字模拟音	“跑萨”	“喜喜**抹嗯**呢”	“挤举”
蟑螂	方言词	[虫察]婆子	[虫察]毛伆	蟑螂
	国际音标注音	tsʰaʔ˥ pʰoʔ˥ tsɿ	tsʰaʔ˧˥ mau˦ nə	tɕiõ˨˩ laŋ˧˥
	近音字模拟音	“察泼子”	“察毛呢”	“**挤哦嗯**螂”
蜻蜓	方言词	蠊虮	蠊虮伆	蜓丝伆
	国际音标注音	kɔŋ˧ tɕi	kɔŋ˩ tɕi˨ nə	tʰaĩ˧˥ sɿn˨˩
	近音字模拟音	“**格哦嗯**即”	“**格哦嗯**几呢”	“谈丝嗯”
蝉	方言词	“蛱”闹子	“虮呀”伆	铜铃
	国际音标注音	tɕɪa˥˧ lau˥˧ tsɿ	tɕi˥ ia˥ nə	tʰuŋ˧˥ naĩ˧˥
	近音字模拟音	“驾涝子”	“机呀呢”	“铜南”
蝙蝠	方言词	“叶”老鼠	檐老鼠	啪啪老鼠
	国际音标注音	iɛʔ˥ lau˦ ɕy˨	iɛn˥ lau˦ fɯ˦	pʰai˧ pʰai˨ lau˥˧ ɕʰy˥˧
	近音字模拟音	“叶劳虚”	“烟老富”	“拍拍涝序”
蚊子	方言词	蚊子	蚊虫	蚊虫
	国际音标注音	uən˨˩ tsɿ	mən˥ tʰuŋ˦	mən˧˥ tʰuŋ˧˥
	近音字模拟音	“稳子”	“闷通”	“门同”
苍蝇	方言词	苍蝇	乌蝇伆	苍蝇
	国际音标注音	tsʰɔŋ˧ in˨	u˩ in˩ nə	tsʰaŋ˨˩ laĩ˧˥
	近音字模拟音	“苍蝇”	“乌蝇呢”	“厂蓝”
跳蚤	方言词	虼蚤	虼蚤	“蛷”子
	国际音标注音	kiɛʔ˥ tsau˨	kiɛʔ˧˥ tsau˦	tɕiou˥˧ tsɿ˨
	近音字模拟音	“**隔耶**蚤”	“**隔叶**蚤”	“救子”

续表38-2-1

词目	标注项目	景德镇市区话	乐平话	浮梁话
蟋蟀	方言词	蟋蟋	蟋蟋	蟋蟋
	国际音标注音	ɕiʔ ɕiʔ	ɕiʔ˧˥ ɕi˦	ɕiʔ ɕiʔ
	近音字模拟音	“蟋蟋”	“蟋蟋”	“蟋蟋”
鸟儿	方言词	鸟子	鸟仂	雀儿
	国际音标注音	tiɛu˧˥ tsɿ	tiɛu˧˩ nə	tsiɛn˧
	近音字模拟音	“叼子”	“屌呢”	“**次掖**嗯”
翅膀	方言词	叶甲	翼膊	翅翼儿
	国际音标注音	iɛʔ˦ kaʔ˦	iɛʔ˧˥ po	tɕia˧ iɛn˧
	近音字模拟音	“叶嘎”	“叶膊”	“加叶嗯”
麻雀	方言词	麻雀	家鸟仂	麻雀儿
	国际音标注音	ma˧˩ tɕ^{h}iɔʔ˦	ka˩ tiɛu˦ nə	mo˧˥ tsiɛn˧
	近音字模拟音	“马雀”	“嘎屌呢”	“摩**次耶**嗯”
八哥	方言词	八哥	八萨仂	八哥鸟
	国际音标注音	paʔ˦ ko˧	pa˧˥ saʔ˧˥ nə	bɔʔ˧ kə˧ tiau˥˧
	近音字模拟音	“八哥”	“八萨呢”	“剥哥屌”
蚕豆	方言词	蚕豆	蚕豆	安豆仂
	国际音标注音	ts^{h}uɛn˧˥　t^{h}eu˥˧	ts^{h}ɛn˥ t^{h}ɛu˧	ŋõ˧˥ t^{h}ioun˩
	近音字模拟音	“传透”	“**册嗯**透”	“**嗯安**　**提油**嗯”
豆角	方言词	豆角子	豆其仂	豆结
	国际音标注音	t^{h}eu˥˧ kɔʔ˧ tsɿ	t^{h}ɛu˧ tɕ^{h}i˦ nə	t^{h}iou˩ tsiɛ˧
	近音字模拟音	“透咯子”	“透其呢”	“**提油**　**字耶**”
番薯	方言词	红薯	薯	红薯
	国际音标注音	fuŋ˧˩ ɕy˧˩	fʉ˥	xuŋ˧˥ ɕy˥˧
	近音字模拟音	“讽许”	“夫”	“红序”
马铃薯	方言词	土豆	马铃薯	洋芋头
	国际音标注音	t^{h}u˧˥ t^{h}eu˥˧	ma˧˩ tin˥ fʉ˥	ȵiõ˧˥ y˩ t^{h}iou˧˥
	近音字模拟音	“涂透”	“马盯夫”	“娘迂**提油**”
茄子	方言词	落索	落索仂	落苏
	国际音标注音	lɔʔ˦ sɔʔ˦	lɔʔ˧˥ soʔ˦ nə	lau˧˩ sɿ˧˩
	近音字模拟音	“落索”	“落索呢”	“老死”
南瓜	方言词	南瓜	番瓜	北瓜
	国际音标注音	nan˧˩ kua˧	fan˩ kua˩	pai˧ kuo˧˩
	近音字模拟音	“赧瓜”	“番瓜”	“掰果”

续表38-2-1

词目	标注项目	景德镇市区话	乐平话	浮梁话
丝瓜	方言词	丝瓜	天萝仂//蔓瓜仂	磨瓜
	国际音标注音	sɿ˧ kua˧	tʰiɛn˩ lo˥ nə//man˥kua˩nə	mo˦ kuo˩˧
	近音字模拟音	"丝瓜"	"天萝呢"蔓瓜呢"	"磨果"
蕹菜	方言词	蕹菜	蕹菜	蕹菜
	国际音标注音	ŋ̍˥˧ tsʰai˥˧	ŋ̍˩ tsʰai˦	ŋuŋ˦ tsʰa˦
	近音字模拟音	"嗯菜"	"嗯才"	"**嗯翁**才"
辣椒	方言词	辣椒	"骚"胡椒	番椒
	国际音标注音	laʔ˥ tɕiɛu˧	sau˩ xu˧ tɕiɛu˩	fõ˩˧ tsiɛ˩˧
	近音字模拟音	"辣椒"	"骚胡椒"	"仿**字也**"
青苔	方言词	青苔	青皮	青釉
	国际音标注音	tɕʰiaŋ˧ tʰai˧	tɕʰiaŋ˩ pʰi˥	tsʰaĩ˩˧ iou˩
	近音字模拟音	"枪苔"	"炝批"	"惨优"
桔子	方言词	桔子	桔仂	柑仂
	国际音标注音	tɕyʔ˥ tsɿ	kiʔ˥˧ nə	kɤ̃˩˧ liɛ˧
	近音字模拟音	"桔子"	"**格一**呢"	"梗列"
柚子	方言词	柚子	长生果仂	柚子
	国际音标注音	iou˥˧ tsɿ	tʰɔŋ˥ sɛn˩ kuo˩˧ nə	iou˩ tsɿ˧
	近音字模拟音	"柚子"	"**特哦嗯** **色嗯**果呢"	"优子"
板栗	方言词	大栗子	大栗仂	栗仂
	国际音标注音	tʰai˥˧ liʔ˥ tsɿ	tʰai˧ tiʔ˦ nə	lei˩˧ liɛ˧
	近音字模拟音	"太栗子"	"太滴呢"	"蕾列"
荸荠	方言词	荸秋	"菜"仂	荸休
	国际音标注音	pʰu˦ tɕʰiu˥	tsʰai˦ nə	pʰu˦ siu˦
	近音字模拟音	"仆秋"	"才呢"	"仆休"
男人	方言词	男個	男客	男個
	国际音标注音	non˩˧ ko	nɛn˥ kʰaʔ˦	nõ˦ ko˧
	近音字模拟音	"暖个"	"能**客啊**"	"暖个"
女人	方言词	女個	女客	女個
	国际音标注音	ȵy˦ ko	ȵy˩˧ kʰaʔ˦	y˥˧ ko˧
	近音字模拟音	"**泥鱼**个"	"女**客啊**"	"遇个"
老年人	方言词	老人家	老人家	老人家
	国际音标注音	lau˦ ȵin˧ ka	lau˩˧ ȵin˥ ka˩	lau˥˧ iən˦ ko˩˧
	近音字模拟音	"牢您**格啊**"	"老您**格啊**"	"涝延葛"

续表38–2–1

词目	标注项目	景德镇市区话	乐平话	浮梁话
老年男人	方言词	老倌	老伪	老头子
	国际音标注音	lau˧˥ kuon˧	lau˧˩ nə	lau˥˧ tʰiou˧˥ tsɿ˥˧
	近音字模拟音	“牢倌”	“老呢”	“涝**提油**子”
老年女人不敬	方言词	老嬷头	老嬷伪	老太婆
	国际音标注音	lau˧˥ ma˧ tʰɛu˧˩	lau˧˩ maʔ˥ nə	lau˥˧ tʰa˦ pʰo˧˥
	近音字模拟音	“牢妈**特偶**”	“老妈呢”	“涝塔婆”
男孩子	方言词	崽伪子	崽崽伪	男桑
	国际音标注音	tsai˧˥ liʔ˥ tsɿ	tsai˧˩ tsai˥ nə	nõ˧˥ sã˥˧
	近音字模拟音	“宅伪子”	“崽崽呢”	“暖桑”
女孩子	方言词	女崽伪	妹头伪	女崽
	国际音标注音	ȵy˧˥ tsai˧˥ li	mei˧ tʰɛu˥ nə	y˥˧ tsa˥˧
	近音字模拟音	“**泥鱼**宅伪”	“妹头呢”	“遇乍”
婴儿	方言词	毛伢头	毛毛	毛毛
	国际音标注音	mau˧˩ ŋa˧ tʰeu˧˩	mau˥ mau˩	mau˧˥ mau˧˥
	近音字模拟音	“卯**嗯阿**　**特偶**”	“猫冒”	“毛毛”
男青年	方言词	男崽伪	后生崽伪	青头郎
	国际音标注音	nuɛn˧˩ tsai˧˥ li	xɛu˧ saŋ˩ tsai˧˩ nə	tsʰãi˧˩ tʰiou˧˥ laŋ˧˥
	近音字模拟音	“暖宅伪”	“后桑崽呢”	“惨**提油**郎”
大姑娘	方言词	女崽伪	后生妹伪	大姑娘
	国际音标注音	ȵy˧˥ tsai˧˥ li	xɛu˧ saŋ˩ mei˧ nə	tʰa˩ ku˧˩ ȵiõ˧˥
	近音字模拟音	“**泥鱼**宅伪”	“后桑妹呢”	“她鼓娘”
中医师	方言词	郎中	郎中	中医师
	国际音标注音	lɔŋ˧˩ tsuŋ˧	lɔŋ˥ tsuŋ˩	tuŋ˧˩ i˧˩ xɛ˧˩
	近音字模拟音	“**勒哦嗯**纵”	“**勒哦嗯**纵”	“筒椅喝”
厨师	方言词	厨倌	大师傅	厨师
	国际音标注音	tɕʰy˧˩ kuɛn˧	tʰai˩ sɿ˧fu	tɕʰy˧˥ xɛ˧˩
	近音字模拟音	“取倌”	“太四夫”	“渠喝”
傻子	方言词	艄头	“搬”子	痴子//拗子
	国际音标注音	sɛn˧˩ tʰeu˧	pɛn˩ tsɿ	tɕʰi˧˩ tsɿ//au˧˥ tsɿ
	近音字模拟音	“**舍嗯**头”	“**不呃嗯**子”	“起子〃拗子”
瘌痢头	方言词	髻头子	瘌痢头	瘌痢头
	国际音标注音	kʰaʔ˥ tʰeu˧ tsɿ	laʔ˧˥ tiʔ˧˥ tɛu˥	lo˧˩ lei˩ tʰiou˧˩
	近音字模拟音	“咔头子”	“瘌滴头”	“裸雷**提友**”
父亲面称	方言词	爸爸	爹爹	爸爸
	国际音标注音	paʔ˥ paʔ	tiɛ˩ tiɛ˨	pa˧˩ pa˧
	近音字模拟音	“爸吧”	“爹爹”	“把吧”

续表38-2-1

词目	标注项目	景德镇市区话	乐平话	浮梁话
父亲引称	方言词	爷	老子	父亲
	国际音标注音	ia˨˩˧	lau˨˩˧ tsɿ	fu˩ tsʰən˨˩˧
	近音字模拟音	“雅”	“老子”	“父逞”
母亲面称	方言词	姆妈	姆婆	姆妈
	国际音标注音	m̩˥˧ ma˧	m̩˨˩˧ mɛ˥	m̩˨˩˧ ma˨˩˧
	近音字模拟音	“姆妈”	“姆嚜呃”	“姆马”
母亲引称	方言词	娘	姆婆	娘亲
	国际音标注音	ȵiɔŋ˨˩˧	m̩˨˩˧ mɛ˥	ȵiɔ̃˧˥ tsʰən˨˩˧
	近音字模拟音	“娘”	“姆嚜呃”	“娘逞”
祖父面称	方言词	公公	公伪	大大
	国际音标注音	kuŋ˦ kuŋ˦	kuŋ˧˩ nə	tʰa˩ tʰa˧
	近音字模拟音	“公公”	“公呢”	“他他”
祖母面称	方言词	婆婆	嫲婆	嫲嫲
	国际音标注音	pʰo˨˩˧ pʰo˧	ma˨˩˧ mɛ˥	ma˩ ma˧
	近音字模拟音	“颇坡”	“马嚜呃”	“妈妈”
夫之父引称	方言词	公老子	公公	公伪
	国际音标注音	kuŋ˦ lau˧˥ tsɿ	kuŋ˧˩ kuŋ˨	kuŋ˨˩˧ liɛ˧
	近音字模拟音	“公牢子”	“公公”	“拱列”
夫之母引称	方言词	婆	婆子	婆伪
	国际音标注音	pʰo˨˩˧	pʰo˥ tsɿ	pʰo˧˥ liɛ˧
	近音字模拟音	“颇”	“颇子”	“婆列”
伯父	方言词	大爸	爸伯	伯伯
	国际音标注音	tʰai˥˧ paʔ˥	paʔ˥˧ pɛʔ˧˥	pa˦ pa˦
	近音字模拟音	“太爸”	“爸不呃”	“八八”
伯母	方言词	大姆妈	大娘	娘娘
	国际音标注音	tʰai˥˧ m̩˧ ma˦	tʰai˧˩ ȵiɔŋ˥	ȵiɔ̃˧˥ ȵiɔ̃˧˥
	近音字模拟音	“太姆妈”	“太泥哦嗯”	“泥哦嗯 泥哦嗯”
叔叔	方言词	叔叔	“胡呃”	叔叔
	国际音标注音	suʔ˥ suʔ˥	xu˥ ɛ˧	ɕiou˦ ciou˧
	近音字模拟音	“叔叔”	“胡呃”	“休休”
婶母	方言词	婶子	婶婶	婶婶
	国际音标注音	sən˧˥ tsɿ	sən˨˩˧ sən˥	ciən˥˧ ɕiən˥˧
	近音字模拟音	“绳子”	“婶婶”	“现现”

续表38-2-1

词目	标注项目	景德镇市区话	乐平话	浮梁话
姑母比父大	方言词	姑娘	姑娘	姑娘
	国际音标注音	ku˧ ȵiɔŋ˨	ku˩ ȵiɔŋ˨	ku˩˧ ȵiõ˦˥
	近音字模拟音	“姑**泥哦嗯**”	“顾**泥哦嗯**”	“古**泥哦嗯**”
姑父	方言词	姑爷	爷爷	姑父
	国际音标注音	ku˧ ya˩˧	ia˥ ia˨	ku˩˧ fu˩
	近音字模拟音	“姑雅”	“押押”	“古夫”
姨母比母大	方言词	大姨娘	大姨	大姨
	国际音标注音	t^{h}ai˥˧ i˩˧ ȵiɔŋ˨	t^{h}ai˧ i˥	t^{h}a˩ i˦˥
	近音字模拟音	“太椅**泥哦嗯**”	“太衣”	“她姨”
姨母比母小	方言词	小姨娘	小姨	小姨
	国际音标注音	ɕiau˦˥ i˩˧ ȵiɔŋ˨	ɕiɛu˩˧ i˥	siɛ˥˧ i˦˥
	近音字模拟音	“小椅**泥哦嗯**”	“小衣”	“涩姨”
姨父	方言词	姨爹	姨父	姨父
	国际音标注音	i˩˧ tia˨	i˥ fu	i˦˥ fu˩
	近音字模拟音	“椅**滴阿**”	“衣服”	“姨父”
舅父	方言词	母舅	母舅	舅舅
	国际音标注音	mu˦˥ $tɕ^{h}$iu˦	mu˩˧ $tɕ^{h}$iu˦	$tɕ^{h}$iou˩ $tɕ^{h}$iou˩
	近音字模拟音	“模秋”	“母秋”	“秋秋”
舅母	方言词	舅母	舅母	舅妈
	国际音标注音	$tɕ^{h}$iu˥˧ mu˨	$tɕ^{h}$iu˧ mu˨	$tɕ^{h}$iou˩ ma˩˧
	近音字模拟音	“秋母”	“秋母”	“秋马”
弟弟引称	方言词	老弟	弟郎	老弟
	国际音标注音	lau˦˥ t^{h}i˨	t^{h}i˧ lɔŋ˨	lau˥˧ t^{h}ei˩
	近音字模拟音	“牢梯”	“梯**勒哦嗯**”	“涝忒”
儿子	方言词	崽	崽	崽
	国际音标注音	tsai˦˥	tsai˩˧	tsa˥˧
	近音字模拟音	“宅”	“崽”	“在”
女儿	方言词	女	女 // 妹仂	女崽
	国际音标注音	ȵy˦˥	ȵy˩˧ // mei˧ nə	ȵy˥˧ tsa˥˧
	近音字模拟音	“**泥鱼**”	“女”//“妹呢”	“遇在”
女婿	方言词	郎	郎丈	郎丈
	国际音标注音	lɔŋ˩˧	lɔŋ˥ ts^{h}ɔŋ˧	nõ˦˥ $tɕ^{h}$iõ˩˧
	近音字模拟音	“朗”	“**勒哦嗯**　**次哦嗯**”	“囊抢”

续表38-2-1

词目	标注项目	景德镇市区话	乐平话	浮梁话
岳父引称	方言词	丈人(老子)	丈人老子	丈人
	国际音标注音	tsʰɔŋ˥˧ ȵin˧	tsʰɔŋ˦ ȵin˥ lau˩˧ tsɿ	tɕʰiõ˩ iən
	近音字模拟音	“**次哦嗯**您牢子”	“**次哦嗯**您老子”	“抢**延嗯**”
岳母引称	方言词	丈母娘	丈母	丈母
	国际音标注音	tsʰɔŋ˥˧ mu˧ ȵiɔŋ˩˧	tsʰɔŋ˦ mu˧	tɕʰiõ˩ mu˥˧
	近音字模拟音	“**次哦嗯**母**泥仰**”	“**次哦嗯**母”	“抢木”
妯娌	方言词	妯娌	妯娌	叔伯母
	国际音标注音	tɕʰyʔ˧ li˥	tsʰuʔ˧˥ ti˥	ɕiou˦ pa˦ mu˥˧
	近音字模拟音	“屈娌“	“触滴”	“休八木”
连襟	方言词	连襟	两姨夫	两姨夫
	国际音标注音	liɛn˩˧ tɕin˧	tiɔŋ˩˧ i˥ fu	liõ˥˧ i˧˥ fu˩˧
	近音字模拟音	“脸襟”	“**滴哦嗯**衣服”	“亮移斧”
表兄弟	方言词	老表	老表	老表
	国际音标注音	lau˧˥ piau˧˥	lau˩˧ piɛu˩˧	lau˥˧ pei˥˧
	近音字模拟音	“牢表”	“老表”	“涝辈”
同年结同年	方言词	老庚	老庚	同岁
	国际音标注音	lau˧˥ kiɛn˦	lau˩˧ kiɛn˩	tʰuŋ˧˥ sei˨˦
	近音字模拟音	“牢格烟”	“老**格宴**”	“同谁”
头	方言词	头	头骨仂	头
	国际音标注音	tʰeu˩˧	tʰɛu˥ kuʔ˧˥ nə	tʰiou˧˥
	近音字模拟音	“特偶”	“头骨呢”	“提油”
脖子	方言词	颈	颈	颈
	国际音标注音	tɕiaŋ˧˥	tɕiaŋ˩˧	tɕiaĩ˥˧
	近音字模拟音	“奖”	“奖”	“见”
牙床	方言词	牙疆	牙龈仂	牙齿坝
	国际音标注音	ŋa˩˧ tɕiɔŋ˦	ŋa˥ ȵin˥ nə	ŋo˧˥ tɕʰi˥˧ po˨˦
	近音字模拟音	“**嗯啊**　**即哦嗯**”	“**嗯啊**您呢”	“**嗯哦**气婆”
身躯	方言词	文身（指上身）	文身	身体
	国际音标注音	uən˩˧ sən˧	uən˥ sən˩	ɕiən˩˧ tʰei˥˧
	近音字模拟音	“稳身”	“温渗”	“显忒”

续表38-2-1

词目	标注项目	景德镇市区话	乐平话	浮梁话
脚后跟	方言词	脚胻	后胻伆	脚后胻
	国际音标注音	tɕiɔʔ˥ tsaŋ˧	xɛu˧ tsaŋ˩ nə	tɕio˧ ɕiou˩ tã˩˧
	近音字模拟音	"**即哦**脏"	"后仗呢"	"**即哦**休躺"
肘	方言词	斗胻	斗胻	手胻
	国际音标注音	teu˩˧ tsaŋ˧	tɛu˧˥ tsaŋ	ɕiou˥˧ tã˩˧
	近音字模拟音	"斗脏"	"斗仗"	"秀躺"
赤着身	方言词	打露卵	打灯笼	打露卵
	国际音标注音	ta˧˥ lu˥˧ luɛn˧	ta˩˧ tɛn˩ luŋ	ta˥˧ lou˩ nõ˥˧
	近音字模拟音	"达露卵"	"打灯笼"	"打搂囊"
痱子	方言词	痱子	"糙"伆	"糙"
	国际音标注音	fei˥˧ tsɿ	tsʰau˧˥ nə	tsʰou˧˥
	近音字模拟音	"痱子"	"曹呢"	"愁"
中暑	方言词	闭痧	发哩//闭哩汗	闭痧
	国际音标注音	pi˥˧ sa˧	faʔ˧˥ ti // pi˧˥ ti xɛn˧	pei˧˥ ɕio˩˧
	近音字模拟音	"闭痧"	"发滴"//"闭滴汗"	"背**希哦**"
疟疾	方言词	打摆子	打皮寒	打皮寒
	国际音标注音	ta˧˥ pai˧˥ tsɿ	ta˩˧ pʰi˥ xɛn˥	ta˥˧ pʰei˧˥ xɤ̃˧˥
	近音字模拟音	"达白子"	"打披寒"	"大陪寒"
上衣	方言词	褂子	褂伆	绑身
	国际音标注音	kua˥˧ tsɿ	kua˧˥ nə	paŋ˥˧ ɕian˩˧
	近音字模拟音	"褂子"	"褂呢"	"棒显"
袖子	方言词	衫袖	袖伆	衫袖
	国际音标注音	san˧ tɕʰiu˥	ɕiu˧˥ nə	sã˧˥ a siu˩
	近音字模拟音	"三袖"	"袖呢"	"衫啊袖"
毛线	方言词	头绳	头绳伆	头绳
	国际音标注音	tʰeu˩˧ sən˧	tʰɛu˥ sən˥ nə	tʰiou˧˥ ɕiaĩ˧˥
	近音字模拟音	"**特偶**森"	"**特欧**森呢"	"**提油**嫌"
内短裤	方言词	裤头子	裤兜伆	裤裆
	国际音标注音	kʰu˥˧ tʰeu˩˧ tsɿ	kʰu˧˥ tɛu˩ nə	kʰu˧˥ taŋ˥˧
	近音字模拟音	"裤**特偶**子"	"裤**得沤**呢"	"裤裆"
手帕	方言词	手捏子	手捏子	手捏儿
	国际音标注音	seu˧˥ ȵiɛʔ tsɿ	ɕiu˩˧ ȵiɛʔ˥˧ tsɿ	ɕiou˥˧ ȵiɛn˧
	近音字模拟音	"手捏子"	"朽捏子"	"秀捏嗯"

续表38-2-1

词目	标注项目	景德镇市区话	乐平话	浮梁话
手套	方言词	手套子	手套仂	手摸儿
	国际音标注音	seu˦ tʰau˥˩ tsɿ	ɕiu˩˧ tʰau˦ nə	ɕiou˥˩ mon˩˧
	近音字模拟音	“手套子”	“朽淘呢”	“秀摸嗯”
尿片	方言词	褯片	尿皮仂	屎含
	国际音标注音	tɕʰia˥˩ pʰian˥˩	ȵiɛu˧ pʰi˥ nə	ɕi˥˩ xã˦
	近音字模拟音	“恰片”	“尿皮呢”	“戏含”
吃早饭	方言词	喫早饭	喫朝饭	喫朝饭
	国际音标注音	tɕʰiaʔ˥ tsau˦ fan˦	tɕʰiaʔ˦ tɛu˩ fan˧	tɕʰiai˧ tɕio˩˧ fõ˩
	近音字模拟音	“掐早饭”	“掐兜饭”	“<u>**期艾**</u>　<u>**即哦**</u>饭”
吃中饭	方言词	喫昼饭	喫昼饭	喫昼饭
	国际音标注音	tɕʰiaʔ˥ tɕiu˥˩ fan˦	tɕʰiaʔ˦ tu˦ fan˧	tɕʰiai˧ tɕiou˦ fõ˩
	近音字模拟音	“掐救饭”	“掐读饭”	“<u>**期艾**</u>揪饭”
吃晚饭	方言词	喫夜饭	喫夜饭	喫夜饭
	国际音标注音	tɕʰiaʔ˥ ia˥˩ fan˦	tɕʰiaʔ˦ ia˧ fan˧	tɕʰiai˧ iɛ˩ fõ˩
	近音字模拟音	“掐亚饭”	“掐呀饭”	“<u>**期艾**</u>耶饭”
锅巴	方言词	锅巴	锅皮仂	结皮
	国际音标注音	kuo˧ pa˧	kuo˩ pʰi˥ nə	tsiɛ˧ pʰei˦
	近音字模拟音	“锅巴”	“锅皮呢”	“<u>**字耶**</u>陪”
米汤	方言词	饮汤	饮汤	饮汤
	国际音标注音	in˦ tʰɔŋ˧	in˩˧ tʰɔŋ˩	iən˥˩ tʰaŋ˩˧
	近音字模拟音	“银汤”	“饮汤”	“咽躺”
馄饨	方言词	扁食//清汤	包面	清汤//扁食
	国际音标注音	piɛn˦ sɿ //tɕʰin˧ tʰɔŋ˧	pau˩ miɛn˧	tɕʰin˩˧ tʰã˩˧ // pĩ˥˩ ɕiai˧
	近音字模拟音	“扁食”	“包面”	“寝坦”并<u>**希艾**</u>”
瘦肉	方言词	腈肉	实肉	实肉
	国际音标注音	tɕiaŋ˧ ȵiuʔ˥	sɿʔ˦ ȵiuʔ˥˩	sɿʔ˦ iou˧
	近音字模拟音	“将<u>**泥物**</u>”	“实<u>**泥物**</u>”	“实优”
买肉	方言词	斫肉	斫肉	斫肉
	国际音标注音	to˥˩ ȵiuʔ˥	to˧ ȵiuʔ˥˩	˧ to˧ iou˧
	近音字模拟音	“剁<u>**泥物**</u>”	“多<u>**泥物**</u>”	“多优”
买布	方言词	扯布	剪布	扯布
	国际音标注音	tsʰa˦ pu˥˩	tɕiɛn˩˧ pu˦	tɕʰiɛ˥˩ pu˦
	近音字模拟音	“查布”	“剪布”	“<u>**期披**</u>布”

续表38-2-1

词目	标注项目	景德镇市区话	乐平话	浮梁话
弄饭	方言词	“攎”饭	“攎”饭	“攎”饭
	国际音标注音	luʔ˥ fan˥˧	luʔ˧˥ fan˧	lou˩ fõ˩
	近音字模拟音	“撸饭”	“卢饭”	“搂饭”
猪耳朵吉祥语	方言词	猪顺风	猪耳朵	顺风
	国际音标注音	tɕy˧ sun˥˧ fən˧	kɨ˩ ɛ˧˩ to	ɕyən˩ fuŋ˧˩
	近音字模拟音	“居顺风”	“孤耳朵”	“掀讽”
猪舌头吉祥语	方言词	口条	招财	舌头
	国际音标注音	kʰiɛu˧˥ tʰiɛu˦	tsɛu˩ tsʰai˥	tɕʰiɛ˧˩ tʰiou˧˥
	近音字模拟音	“口条”	“招财”	“写提油”
猪骨头吉祥语	方言词	元宝	骨头	元宝
	国际音标注音	ȵyɛn˧˩ pau˦	kuʔ˧˥ tʰɛu˥	ȵyẽ˧˥ pau˥˧
	近音字模拟音	“<u>**泥远**</u>宝”	“骨头”	“<u>**泥元**</u>报”
烤火	方言词	炙火	“焊”火	炙火
	国际音标注音	tsaʔ˥ fo˧˥	xɛn˧˥ fo˧˩	tɕiai˧ xuo˥˧
	近音字模拟音	“匝火”	“痕火”	“<u>**即挨**</u>火”
解大便	方言词	屙屎	屙屎	放屎
	国际音标注音	ŋo˧ sɿ˧˥	ŋo˩ sɿ˧˩	faŋ˧˥ ɕi˥˧
	近音字模拟音	“<u>**嗯哦**</u>食”	“<u>**嗯哦**</u>屎”	“防戏”
遗尿	方言词	来尿	来尿	来尿
	国际音标注音	lai˧˥ ȵiau˥˧	lai˥ ȵiɛu˧	la˧˥ sei˩
	近音字模拟音	“来尿”	“来尿”	“揦谁”
做梦	方言词	眠梦	眠梦	发梦天
	国际音标注音	miɛn˧˥ muŋ˥˧	miɛn˥ muŋ˧	fo˧ muŋ˩ tʰi˧˩
	近音字模拟音	“眠梦”	“眠梦”	“佛梦挺”
说不利的话坏人好事	方言词	打破嘴	打破嘴	打破嘴
	国际音标注音	ta˧˥ pʰo˥˧ tsui˦	ta˧˩ pʰo˧˥ tɕi˥	ta˥˧ pʰɤ˧˥ tsei˥˧
	近音字模拟音	“达破嘴”	“打婆叽”	“大婆最”
订婚	方言词	定亲	“褡”鞋样伪	订婚
	国际音标注音	tʰiaŋ˥˧ tɕʰin˧	taʔ˧˥ xai˥ iɔŋ˧ nə	tʰãi˧˥ xuən˧˩
	近音字模拟音	“<u>**提样**</u>亲”	“答嗨样呢”	“谈混”
相亲	方言词	看人家	察样	看家
	国际音标注音	kʰon˥˧ ȵin˧˩ ka˦	tʰaʔ˧˥ iɔŋ˧	kʰɤ̃˧˥ ko˧˩
	近音字模拟音	“看拧嘎”	“踏样”	“看果”

续表38-2-1

词目	标注项目	景德镇市区话	乐平话	浮梁话
相亲	方言词	看人家	察样	看家
	国际音标注音	kʰon˦˨ ȵin˨˦ ka˧	tʰaʔ˦˥ iɔŋ˧	kʰɤ̃˦˥ ko˨˦
	近音字模拟音	“看拧嘎”	“踏样”	“看果”
新郎	方言词	新郎官	新姐夫	新郎官
	国际音标注音	ɕin˧ lɔŋ˨˦ kuɛn˧	ɕin˨˩ tɕia˨˦ fu	sən˨˦ naŋ˦˥ kuõ˨˦
	近音字模拟音	“新**罗嗯**官”	“新甲夫”	“审囊管”
新娘	方言词	新娘子	新嫂	新娘子
	国际音标注音	ɕin˧ ȵiɔŋ˧ tsɿ˦˥	ɕin˨˩ sau˦˥	sən˨˦ ȵiõ˦˥ tsɿ˦˨
	近音字模拟音	“新**尼哟嗯**子”	“新勺”	“审娘字”
开脸	方言词	绞脸	开面	开面
	国际音标注音	tɕiɛu˦˥ liɛn˦˥	kʰai˨˩ miɛn˧	kʰɤ˨˦ mĩ˨˩
	近音字模拟音	“嚼连”	“开面”	“可民”
哭嫁	方言词	哭嫁	哭嫁	打油
	国际音标注音	kuʔ˨ ka˦˨	kʰuʔ˧˨ ka˦˥	ta˦˨ iou˦˥
	近音字模拟音	“哭嘎”	“哭旮”	“大油”
背新娘	方言词	驮新娘	驮嫂子	驮新娘
	国际音标注音	tʰo˨˦ ɕin˧ ȵiɔŋ˨˦	tʰo˥ sau˨˦ tsɿ	tʰo˦˥ ɕiən˨˦ ȵiõ˦˥
	近音字模拟音	“妥新**尼哟嗯**”	“托嫂子”	“驮显娘”
怀孕	方言词	“宽”肚	兜哩肚	有肚
	国际音标注音	kʰuan˦˨ tʰu˦˨	tɛu˨˩ li tu˨˦	iou˦˨ tʰou˨˩
	近音字模拟音	“宽吐”	“兜哩肚”	“又偷”
坐月子	方言词	蓄月子	打月伢	做产妇
	国际音标注音	ɕiuʔ˨ ȵyɛʔ˨ tsɿ	ta˨˦ ȵiɛʔ˦˥ nə	tsõ˦˥ ɕiã˨˦ fu˨˩
	近音字模拟音	“蓄虐子”	“打捏呢”	“做显妇”
生孩子	方言词	生崽	看崽	生崽
	国际音标注音	saŋ˧ tsai˦˥	kʰɛn˨˩ tsai˨˦	ɕiã˨˦ tsa˦˨
	近音字模拟音	“桑宅”	“看崽”	“显在”
运气好	方言词	走时	走时//行时	运气好
	国际音标注音	tseu˦˥ sɿ˨˦	tsɛu˨˦ sɿ˥ //ɕin˥ sɿ˥	yən˨˩ tɕʰi˦˥ xau˦˨
	近音字模拟音	“走死”	“走撕//行时”	“元奇浩”
运气不好	方言词	倒霉	倒霉	霉气
	国际音标注音	tau˦˥ mi˨˦	tau˨˦ mei˥	mɤ˦˥ tɕʰi˦˥
	近音字模拟音	“倒米”	“倒眉”	“磨奇”
合伙	方言词	佮伙	打伙	打伙
	国际音标注音	kɔʔ˨ fo˦˥	ta˨˦ fo˨˦	ta˦˨ xuo˦˨
	近音字模拟音	“各佛”	“打伙”	“大货”

续表38-2-1

词目	标注项目	景德镇市区话	乐平话	浮梁话
斟酒	方言词	酾酒	酾酒	酾酒
	国际音标注音	sai˧ tɕiu˧˥	sai˩ tɕiu˧˩	ɕia˧˩ tsiou˥˧
	近音字模拟音	“筛酒”	“筛酒”	“遐**字又**”
作客时讲客气	方言词	作礼	作礼	作礼
	国际音标注音	tsɔʔ˥ li˧˥	tsoʔ˩ li˧˩	tsauʔ˧ lei˥˧
	近音字模拟音	“作梨”	“作礼”	“遭累”
丢脸	方言词	跌鼓	跌鼓	跌鼓儿
	国际音标注音	tiɛʔ˥ ku˧˥	tiɛʔ˥˧ ku˧˩	tiɛ˧ kun˥˧
	近音字模拟音	“跌鼓”	“跌鼓”	“跌故嗯”
聪明	方言词	精神//黠	停当	聪明
	国际音标注音	tɕiaŋ˧ sən˧ //tɕiaʔ˥	tʰin˥ tcŋ˧˥	tsʰuŋ˧˩ mãi˧˥
	近音字模拟音	“将森”// “夾”	“听当”	“宠蛮”
利索	方言词	飕飗	飕飗//麻利	蛮快
	国际音标注音	saʔ˥ liɛu˥˧	saʔ˧˥ liɛu˧//ma˥ li˧	mõ˧˥ kʰua˧˩
	近音字模拟音	“萨料”	“萨料”// “麻利”	“蛮夸”
能干	方言词	飕飗	能干	行
	国际音标注音	saʔ˥ liɛu˥˧	nɛn˥ kɛn˧˥	ɕiən˧˥
	近音字模拟音	“萨料”	“能干”	“闲”
占到了便宜	方言词	喫赢收	打赢家	捡便宜
	国际音标注音	tɕʰaʔ˥ iaŋ˧˩ ɕiu˧	ta˧˩ iaŋ˥ ka˩	tɕĩ˥˧ pʰĩ˧˥ i˧˥
	近音字模拟音	“掐养休”	“打央嘎”	“禁贫移”
说话	方言词	话事	话事	讲话儿
	国际音标注音	ua˥˧ sɿ˥˧	ua˧ xɛ˧	kaŋ˥˧ uon˩
	近音字模拟音	“袜四”	“哇喝”	“杠窝嗯”
闲聊贬义	方言词	噍牙額	话闲事//操嘴劲	谈话儿
	国际音标注音	tɕʰiɔʔ˥ ŋa˧˩ kau˧	ua˧ xan˥ xɛ˧ //tsʰau˩ tɕi˧˩tɕin˧˥	tʰõ˧˥ fon˩
	近音字模拟音	“雀**嗯啊**高”	“哇含喝”// “操几劲”	“谈佛嗯”
聊天无贬义	方言词	谈评	聊天	谈话儿
	国际音标注音	tʰan˧˩ pʰin˧˩	tiɛu˥ tʰiɛn˩	tʰõ˧˥ fon˩
	近音字模拟音	“袒品”	“叼天”	“谈佛嗯”
逗弄人	方言词	“提点”	“色”人	撩人
	国际音标注音	tʰia˧˩ tiɛn˧˥	sɛʔ˧˥ ȵin˥	liɛ˧˥ iən˧˥
	近音字模拟音	“**提亚**点”	“色您”	“列延嗯”

续表38-2-1

词目	标注项目	景德镇市区话	乐平话	浮梁话
撒谎	方言词	乱雀//打谎	打乱话	扯谎
	国际音标注音	ta˧˥ fɔŋ˧˥//luɛn˥˧ tɕʰɔʔ˥	ta˨˩ lɛn˧ ua˧	tɕʰiɛ˥˧ xuaŋ˥˧
	近音字模拟音	“乱<u>七哟</u>// 达黄”	“打乱哇”	“切晃”
吵架	方言词	相骂	相骂	吵聊
	国际音标注音	ɕiɔŋ˧ ma˥˧	ɕiɔŋ˩ ma˧	tʰo˥˧ liɛ˨˩
	近音字模拟音	“相骂”	“相妈”	“拓咧”
点头	方言词	舂头	啄头	舂头
	国际音标注音	tsuŋ˧ tʰeu˨˩	to˩ tʰɛu˥	tuŋ˨˩ tʰiou˧˥
	近音字模拟音	“宗头”	“朵头”	“总<u>**提油**</u>”
跑	方言词	跑	波	跑//波
	国际音标注音	pʰau˧˥	po˨˩	pʰau˧˥//pɔ˧
	近音字模拟音	“刨”	“波”	“刨”波”
蹲	方言词	跍	“沉”	踞
	国际音标注音	kʰu˧˥	tsʰən˥	tɕʰyɛ˧˥
	近音字模拟音	“苦”	“称”	“瘸”
站	方言词	徛	徛	徛
	国际音标注音	tɕʰi˥˧	tɕʰi˧	tɕʰi˧˥
	近音字模拟音	“气”	“欺”	“棋”
双脚往上跳	方言词	蹤	窜	蹤
	国际音标注音	tsuŋ˥˧	tsʰɛn˧˥	tsuŋ˧˥
	近音字模拟音	“纵”	“蚕”	“宗”
搂抱	方言词	揄	揄	抱
	国际音标注音	luɛn˧˥	lɛn˨˩	pʰau˩
	近音字模拟音	“孪”	“卵”	“抛”
藏（物）	方言词	弆	园	园
	国际音标注音	kiɛ˧˥	kʰɔŋ˧˥	kʰaŋ˧˥
	近音字模拟音	“<u>**咯爷**</u>”	“扛”	“扛”
玩	方言词	戏	戏	戏
	国际音标注音	ɕi˥˧	ɕi˧˥	ɕi˧˥
	近音字模拟音	“戏”	“习”	“习”
捉(泥鳅)	方言词	搚	搚	搚
	国际音标注音	kʰa˧	kʰa˩	ko˨˩
	近音字模拟音	“咔”	“咔”	“卡”
拧紧螺丝	方言词	㪷	捩	转
	国际音标注音	tɕiu˥˧	tiɛʔ˧˥	tɕyɛ̃˧˥
	近音字模拟音	“救”	“跌”	“卷”

续表38-2-1

词目	标注项目	景德镇市区话	乐平话	浮梁话
用手聚拢散乱的东西	方言词	摅	摅	摅
	国际音标注音	lu˧	lu˩	lou˩˧
	近音字模拟音	“撸”	“路”	“鲁”
舀	方言词	搲	搲	搲
	国际音标注音	ua˦˥	ua˩˧	uo˥˧
	近音字模拟音	“娃”	“瓦”	“卧”
用指头、棍棒等轻击轻点	方言词	厾	厾	厾
	国际音标注音	tuʔ˥	tuʔ˥˧	tou˧
	近音字模拟音	“督”	“督”	“兜”
塞	方言词	筑	筑	筑
	国际音标注音	tsuʔ˥	tsuʔ˥˧	tou˧
	近音字模拟音	“族”	“足”	“兜”
端	方言词	掇	端	掇
	国际音标注音	to˥	tɛn˩	tɤ˧
	近音字模拟音	“掇”	“**得嗯**”	“得”
拉扯	方言词	“得”	扐	扯
	国际音标注音	tɛ˧	paŋ˦˥	tsʰiɛ˥˧
	近音字模拟音	“得”	“帮”	“切”
眼馋	方言词	睺	睺	想
	国际音标注音	xɛu˦˥	xɛu˥	siaŋ˥˧
	近音字模拟音	“**喝乌**”	“**喝乌**”	“**丝盎**”
惦记	方言词	忺	忺	想
	国际音标注音	tɕʰiɛn˥˧	tɕʰiɛn˦˥	siaŋ˥˧
	近音字模拟音	“欠”	“前”	“**丝盎**”
亲嘴	方言词	打嘣	嗅嘴	“透”嘴
	国际音标注音	ta˦˥ puŋ˥˧	ɕiuŋ˦˥ tɕi˩˧	tou˧ tsei˥˧
	近音字模拟音	“达蹦”	“熊几”	“偷最”
挨打	方言词	驮打	挨打	驮打
	国际音标注音	tʰo˩˧ ta˦˥	ŋai˥ ta˩˧	tʰo˦˥ ta˥˧
	近音字模拟音	“妥达”	“**嗯挨**打”	“驮大”
挨骂	方言词	驮骂	挨骂	驮骂
	国际音标注音	tʰo˩˧ ma˥˧	ŋai˥ ma˧	tʰo˦˥ mo˩
	近音字模拟音	“妥骂”	“**嗯挨**妈”	“驮摸”
忘记	方言词	忘记	来记哩	不记得
	国际音标注音	mɔŋ˥˧ tɕi˥˧	lai˥ tɕi˦˥ li	pei˧ tɕi˦˥ tei˧
	近音字模拟音	“**莫哦嗯**记”	“来急哩”	“杯急咄”

续表38-2-1

词目	标注项目	景德镇市区话	乐平话	浮梁话
知道	方言词	晓得	晓得	识得
	国际音标注音	ɕiau˧˥ tə˦	ɕiɛu˧˩ təʔ	ɕiai˥˧ tei˧
	近音字模拟音	“晓得”	“**写乌**得”	“**戏爱**吔”
生气	方言词	发牯	着气//发躁	发牯
	国际音标注音	fa˦ ku˧˥	tsʰoʔ˥˧ tɕʰi˧˥//faʔ˧˥ tsau˧˥	fo˧ ku˥˧
	近音字模拟音	“发牯”	“错奇”//“发凿”	“佛故”
担心	方言词	着膈	着膈	着膈
	国际音标注音	tsʰɔʔ˦ kiɛʔ˦	tsʰoʔ˥˧ kiɛʔ˧˥	tɕio˧ tɕia˧˥
	近音字模拟音	“错**膈爷**”	“错**膈爷**”	“**七哟**掐”
害怕	方言词	着吓	着吓	着吓
	国际音标注音	tsʰɔʔ˦ xaʔ˦	tsʰoʔ˥˧ xaʔ˧˥	tɕio˧ xa˧
	近音字模拟音	“错哈”	“错哈”	“**七哟**哈”
痒痒	方言词	痒人家	痒人	痒人
	国际音标注音	iɔŋ˧˥ ȵin˧˩ ka˨	iɔŋ˧˩ ȵin˥	ȵiõ˥˧ iən˧˥
	近音字模拟音	“**哟嗯**您嘎”	“**哟嗯**您”	“**尼哟嗯**延”
很甜	方言词	鲜甜	津甜	蜜甜
	国际音标注音	ɕiɛn˧ tʰiɛn˧˩	tɕin˩ tʰiɛn˥	mei˧˩ tʰĩ˧˥
	近音字模拟音	“鲜舔”	“尽天”	“美停”
很酸	方言词	揪酸	揪酸	巴酸
	国际音标注音	tɕiu˧ suɛn˧	tɕiu˩ sɛn˩	pa˧˩ sin˧˥
	近音字模拟音	“揪酸”	“揪**色嗯**”	“巴酸”
很香	方言词	馞香	馞香	馞香
	国际音标注音	pʰuŋ˧ ɕiɔŋ˧	pʰuŋ˧˥ ɕiɔŋ˧˩	pʰuŋ˧˥ ɕiõ˧˩
	近音字模拟音	“嘭**戏哟嗯**”	“朋**戏哟嗯**”	“朋**喜哟嗯**”
很臭	方言词	“豁”臭	“幅”臭	“白”臭
	国际音标注音	xɔʔ˨ tsʰɛu˥˧	fʉʔ˧˥ tʰu˧˥	pʰa˧˩ tɕʰiou˧˥
	近音字模拟音	“**喝哦**臭”	“幅涂”	“耙求”
很淡	方言词	刮淡	“极”淡	巴淡
	国际音标注音	kuaʔ˦ tʰan˥˧	tɕiʔ˧˥ tʰan˧	pa˧˩ tʰõ˩
	近音字模拟音	“刮叹”	“极摊”	“把**拖嗯**”
很黑	方言词	墨乌	乜乌	漆乌
	国际音标注音	məʔ˦ u˧	miɛʔ˥˧ u˩	tsʰei˧ u˧˩
	近音字模拟音	“**墨呃**乌”	“灭乌”	“催五”
很圆	方言词	揪圆	揪圆	揪圆
	国际音标注音	tɕiu˧ yɛn˧˩	tɕiu˩ ɯɛn˥	tsiou˧˩ ȵyẽ˧˥
	近音字模拟音	“揪远”	“救**乌呃嗯**”	“走**尼圆**”

续表38–2–1

词目	标注项目	景德镇市区话	乐平话	浮梁话
很轻	方言词	飘轻	飘轻	屁轻
	国际音标注音	pʰiɛu˧ tɕʰiaŋ˧	pʰiɛu˩ tɕʰiaŋ˩	pʰei˦ tɕʰiã˧˩
	近音字模拟音	“飘**七肮**”	“**瞥乌　七盎**”	“陪**七俺**”
很韧	方言词	揪韧	揪韧	揪韧
	国际音标注音	tɕiu˦ ȵin˥˧	tɕiu˥ ȵin˧	tsiou˧˩ yən˩
	近音字模拟音	“揪拧”	“揪您”	“走烟”
很呆	方言词	咔木	夹木	咔木
	国际音标注音	kʰaʔ˥ muʔ˥	kaʔ˦ muʔ˦	kʰaʔ˥ muʔ˥
	近音字模拟音	“咔木”	“嘎木”	“咔木”
很湿	方言词	拉湿	浔湿	透湿
	国际音标注音	laʔ˥ sɿʔ˥	ti˦ sɿʔ˥˧	tʰiou˦ ɕi˧
	近音字模拟音	“辣湿”	“滴湿”	“**提油**希”
很干	方言词	焦干	焦干	焦干
	国际音标注音	tɕiɛu˧ kɔn˧	tɕiɛu˩ kɛn˩	tsiɛ˧˩ kɤ̃˧˩
	近音字模拟音	“**接乌　哥哦嗯**”	“**接乌　哥嗯**”	“**渍也**耿”
很瘦	方言词	坑精鬼瘦	刮瘦	刮瘦
	国际音标注音	kʰaŋ˩˧ tɕiaŋ˧ kuəi˧˥ sɛu˥˧	kuaʔ˧˧ sɛu˩˥	kua˧ ɕiou˧˥
	近音字模拟音	“骯江鬼**色乌**”	“刮**色乌**”	“刮修”
很壮（肌肉多而结实）	方言词	滚壮	得壮	滚壮
	国际音标注音	kun˧˥ tsɔŋ˥˧	tɛʔ˧˥ tsɔŋ˩˥	kun˥˧ tsɔŋ˩
	近音字模拟音	“滚**渍哦嗯**”	“得**渍哦嗯**”	“滚**渍哦嗯**”
次、差	方言词	“锁”	“醒”	“脱”
	国际音标注音	so˩˧	ɕiaŋ˩˧	tʰo˩˧
	近音字模拟音	“锁”	“想”	“妥”
不驯服不顺从	方言词	暬戾	犟	“野皮”
	国际音标注音	ŋau˩˧ liɛʔ	tɕiɔŋ˩˥	ia˧ pʰei˧˥
	近音字模拟音	“**嗯袄**列”	“**即哟嗯**”	“呀陪”
调皮	方言词	顽皮	顽	调皮
	国际音标注音	uan˩˧ pʰi˩˧	xuan˩˥	tʰiɛ˧˥ pʰei˧˥
	近音字模拟音	“晚痞”	“**呼按**”	“铁陪”
刻薄	方言词	刻薄	刻薄	刻薄
	国际音标注音	kʰɛʔ　pʰɔʔ	kʰiɛʔ˧˥ pʰoʔ˧˧	kʰɤ˧ pʰau˩˧
	近音字模拟音	“**可爷**破”	“**可爷**破”	“刻跑”
奸诈	方言词	雀薄	刁	奸
	国际音标注音	tɕʰiɔʔ　pʰɔʔ	tiɛu˩˥	kua˜˩˧
	近音字模拟音	“**七哟**破”	“**跌乌**”	“关”

续表 38-2-1

词目	标注项目	景德镇市区话	乐平话	浮梁话
热闹	方言词	闹热	闹热	闹热
	国际音标注音	lau˥˧ lɛʔ˥	nau˧ ɯɛʔ˧	lau˩ iɛ˧˩
	近音字模拟音	“唠嘞”	“孬**乌呃**”	“捞也”
熨贴	方言词	平正	熨贴	利落
	国际音标注音	p^{h}iaŋ˧˩ tsaŋ˧	ɯʔ˧˥ t^{h}iɛʔ˧˥	lei˩ lau˧˩
	近音字模拟音	“**皮痒**章”	“乌贴”	“勒老”
伶俐	方言词	黠	黠快//带黠	干净
	国际音标注音	tɕiaʔ˥	tɕiaʔ˧˥ k^{h}uai˧˥ // tai˧˥ tɕiaʔ˧˥	kuãn tɕ^{h}iãŋ˧˥
	近音字模拟音	“**即呀**”	“**即呀**快//带**即呀**”	“关**其扬**”
肮脏	方言词	“液屑”//邋塌	“癞腮”//“腥死哩”	腌臜//邋屑
	国际音标注音	iɛ˩ ɕiɛʔ/ laʔ t^{h}aʔ	lai˩ sai˩ // ɕin˧˥ sɿ˧˩ li	ŋa˧˥tsa//la˧˩ sɛ˧
	近音字模拟音	“液屑”//邋塌	“癞腮//腥死哩”	“**嗯啊**杂//揦色”
长相漂亮	方言词	排场	排场	排场
	国际音标注音	p^{h}ai˧˩ ts^{h}ɔŋ˥	p^{h}ai˥ t^{h}ɔŋ˧	p^{h}a˧˥ tɕ^{h}iõ˧˥
	近音字模拟音	“排**次哦嗯**”	“拍**特哦嗯**”	“爬**其哟嗯**”
高（用于人）	方言词	莽	莽	高
	国际音标注音	maŋ˧˥	maŋ˧˩	kau˧˩
	近音字模拟音	“忙”	“莽”	“搞”
事情不顺利	方言词	结赖//郎抗	结赖	结赖
	国际音标注音	tɕiɛʔ˥ lai˩// lɔŋ˧˩ k^{h}aŋ˥	tɕiɛʔ˧˥ lai˧	tɕiɛ˧ la˩
	近音字模拟音	结赖// “**嘞哦嗯**抗”	“结赖”	“结拉”
我们	方言词	我人//我些人	吾人	我嗯
	国际音标注音	ŋɔ˧˥ n̠in˧ //ŋɔ˧˥ ɕiɛʔ˥ n̠in˧	ŋa˧˩ n̠in˥	uo˧˥ n̩˧˥
	近音字模拟音	“**嗯哦**"**嗯哦**些您”	“**嗯啊**您”	“我嗯”
你们	方言词	你大家	你大家	“唔嗯”
	国际音标注音	n̩˧˥ t^{h}ai˥˧ ka˥	n̠i˧˩ t^{h}ai ka	u˧˥ n̩˧˥
	近音字模拟音	“你太嘎”	“你太嘎”	“唔嗯”
他们	方言词	渠些人	渠大家	“枯新”
	国际音标注音	tɕ^{h}iɛ˧˩ ɕiɛʔ n̠in˧	tɕ^{h}iɛ˥ t^{h}ai ka	k^{h}u˧˥ sin˧˥
	近音字模拟音	“且些您”	“切太嘎”	“枯新”
自己	方言词	自间	自间	自家
	国际音标注音	ts^{h}ɿ˧ kan˧˥	ts^{h}ɿ˧ kan˧˩	sɿ˩ ko˧˩
	近音字模拟音	“慈敢”	“慈敢”	“**四葛**哦”
这里	方言词	箇里	伊里//恁里	“勒”头
	国际音标注音	kɔ˧˩ li	i˩ li // nə˧˩ li	lei˧˥ tau˧
	近音字模拟音	“果里”	“意里//**呢耳**里”	“雷刀”
那里	方言词	许里	伊里//恁里	“尼”头
	国际音标注音	ɛ˧˩ li	i˥ li // nə˥ li	n̠i˧˥ tau˧
	近音字模拟音	“欸里”	“衣里//呢里”	“尼刀”

续表38-2-1

词目	标注项目	景德镇市区话	乐平话	浮梁话
这个	方言词	箇个	伊个//恁个	“勒”个
	国际音标注音	kɔ˧˩ kɔ	i˩ ko˦ // nə˧˩ ko˦	lei˧˥ kɤ˧˥
	近音字模拟音	“果个”	“意个//**呢耳**个”	“雷格”
那个	方言词	许个	伊个//恁个	“尼”个
	国际音标注音	ɛ˧˩ kɔ	i˥ ko˦ // nə˥ ko˦	ȵi˧˥ kɤ˧˥
	近音字模拟音	“欸个”	“衣个//呢个”	“尼格”
这些	方言词	箇些	伊些//恁些	“勒”些
	国际音标注音	kɔ˧˩ ɕiɛʔ	i˩ ɕia˩ // nə˩ ɕia˩	lei˧˥ siɛ˧˩
	近音字模拟音	“果些”	“意下//呐下”	“雷**丝也**”
那些	方言词	许些	伊些//恁些	“尼”些
	国际音标注音	ɛ˧˩ ɕiɛʔ	i˥ ɕia˩ // nə˥ ɕia˩	ȵi˧˥ siɛ˧˩
	近音字模拟音	“欸些”	“衣下//呢下”	“尼**丝也**”
哪里	方言词	哪里	何里//何处	何际
	国际音标注音	la˧˥ li	xo˥ li˧˥ // xo˥ tʰu˧	xa˧˥ tɕi˧˩
	近音字模拟音	“搠里”	“**何哦**离//**何哦**突”	“哈几”
谁	方言词	哪个	何个	谁个
	国际音标注音	la˧˥ kɔ˥˧	xo˥ ko˧˥	ɕi˧˥ kɤ˧˥
	近音字模拟音	“搠个”	“**何哦**个”	“习格”
什么	方言词	么得	么仂	什么
	国际音标注音	mɔʔ˦ tɛʔ˦	mo˧˩ nə	ɕi˧˥ mɤ˧˥
	近音字模拟音	“墨得”	“抹呢”	“习么”
这样	方言词	箇样	恁样	“勒”样
	国际音标注音	kɔ˧˩ iɔŋ˦	nə˩ iɔŋ˧	lei˧˥ ȵio˩
	近音字模拟音	“果**哟嗯**”	“**呢耳**　**哟嗯**”	“雷**尼哟嗯**”
那样	方言词	许样	恁样	“尼”样
	国际音标注音	ɛ˧˩ iɔŋ˦	nə˥ iɔŋ˧	ȵi˧˥ ȵiõ˩
	近音字模拟音	“欸**哟嗯**”	“呢**哟嗯**”	“尼**尼哟嗯**”
怎样	方言词	郎个	何样	何样
	国际音标注音	lɔŋ˧˩ kɔʔ˦	xo˥ iɔŋ˧	xɤ˧˥ ȵiõ˩
	近音字模拟音	“**啷哦嗯**个”	“**何哦**　**哟嗯**”	“何**尼哟嗯**”
故意	方言词	“浸”为	“浸”为子	故意
	国际音标注音	tɕin˥˧ uəi˧	tɕin˧˥ uei˥ tsɿ	ku˧˥ i˧˥
	近音字模拟音	“浸微”	“浸微子”	“孤移”
无缘无故地	方言词	好莽得//飘空得	好端端个	好好嗯个
	国际音标注音	xau˧˥ maŋ˧˥ tə˦ //pʰiɛu˧ kʰuŋ˧ təʔ˦	xau˧˩ tɛn˩ tɛn˩ ko	xau˥˧ xau˥˧ n̩ kɔ
	近音字模拟音	“好莽得//飘空得”	“好**得嗯**　**得嗯**个”	“好好嗯个”

表38–2–2

景德镇市区话特色词语一览表

词目	国际音标	词义
“就己”	tɕiu˦ tɕi˦	神气活现，自以为了不起
“发牯”	faʔ˧ ku˦	发脾气
“提我箇点”	tʰia˨˧ ŋɔ˨˧ kə□ tiɛn˨˧	开我的玩笑
“舞舞啫啫”	u˨˧ u˨˧ tsɛ˦ tsɛ˦	胡扯回避正题
“嫑左我”	piau˥˩ tsɔ˦ ŋɔ˨˧	不要拿我开涮
“好哽”	xau˦ kaŋ˦	胡搅蛮缠极了
“糙闪”	tsʰau˩ sɛn˦	装疯卖傻
“棱箇”	lən˨˧ kə□	完整的
“挤挤杠杠”	tɕi˦ tɕi˦ kaŋ˥˩ kaŋ˥˩	挤挤挨挨
“梗劲”	kaŋ˦ tɕin˧	发生语言和肢体冲突
“寻半头”	tɕʰin˨˧ pɔn˥˩ tʰou□	挑事
“不做唧”	pu˧ tsu˩ tɕiʔ□	不吭声
“打踏皮”	ta˦ tʰaʔ□ pʰiʔ□	爽约，让人空等
搣断	miɛʔ□ tuɛn˩	俗字作“灭”断。折断
“瑟笑箇”	sɛʔ□ ɕiau˥˩ kɔ□	如愿以偿后咧开嘴笑的样子
“招盖”	tsɛu˧ kai˥˩	留神，注意
“攒劲”	tsan˦ tɕin˥˩	使劲；努力
“液些”	iɛ˩ ɕiɛ˧	肮脏
“垢刮”	kiɛu˦ kuaʔ□	身上的积垢
包总	pau˥˩ tsuŋ˦	总是
匣钵	xaʔ□ pɔʔ□	装瓷坯入窑烧煅的窑具
釉果	iou˥˩ kuɔ˦	用作瓷釉的制瓷原料，即瓷土的一种
高岭	kau˧ liaŋ˦	制造瓷土的原料
瓷石	tsʰɿ˨˧ saʔ□	制造瓷土的原料
花乳石	fa˧ lu˦ saʔ□	一种瓷石，用于制瓷土的原料
釉灰（灰釉）	iou˥˩ fəi˧	制造瓷铀的原料
白土	pʰaʔ□ tʰu˦	制造匣钵的原料，主要有乐平白土，产于该市小陂
老土	lau˦ tʰu˦	制造匣钵的原料，主要产于市区马鞍山
子土	tsɿ˦ tʰu˦	制造匣钵的原料，主要产于市区马鞍山
辘轳车	luʔ□ luʔ□ tsʰa˧	手工制造圆形瓷器的旋转车
水碓	sui˦ tuəi˧	利用流水作动力的水车
晒架	sai˥˩ ka˥˩	晾晒瓷坯的木架
炼泥	liɛn˥˩ ȵi˨˧	制作瓷坯瓷土团的工序

续表38-2-2

词目	国际音标	词义
做坯	ʦuɔ˥˧ pʰi˧	用瓷土团制作瓷坯的工序
毛坯（头坯）	mau˩˧ pʰi˧	瓷器坯胎的雏形
修坯	ɕiu˧ pʰi˧	用坯刀修整瓷坯不规则的地方，并磨光瓷器表面，分初、精修两道工序
利坯	li˥˧ pʰ˧	旋坯
印坯	in˥˧ pʰ˧	用模具印压瓷坯使之定型的工序
上釉	sɔŋ˥˧ iou˥˧	将瓷坯涂上瓷釉的工序。有蘸、荡、浇、涂、吹、捺等方式
蘸釉	ʦan˥˧ iou˥˧	陶瓷施釉技法之一。也称“浸釉”。将坯体浸入釉中片刻后取出，利用坯的吸水性使釉浆附着于坯上
荡釉	tʰɔŋ˥˧ iou˥˧	陶瓷施釉技法之一。用勺舀釉注于器内，把坯器稍振荡，务使釉浆满布坯体，后倾出多余釉浆，这时将坯体继续回转，使器口不留残釉
浇釉	ʨiau˧ iou˥˧	大型器物的一种施釉技法。手工操作是在盆或钵上架一木板，瓷坯置于木板上，用勺取釉浆泼浇器物。浇釉机操作，将坯件置于旋转的机头上，边转边浇釉，由于离心力的作用，使釉浆均匀附挂在坯上。盘碟类制品也多用此法
涂釉	tʰu˩˧ iou˥˧	陶瓷施釉技法之一。又称“刷釉”。即用毛笔蘸釉浆涂于器坯上。此法只宜用于上颜色釉或同一器物上施数种不同色釉时用之
吹釉	ʦʰui˧ iou˥˧	陶瓷施釉技法之一。又称喷釉。用竹筒一节，一端蒙以细纱，蘸釉浆后，于另一端用口吹釉于坯面，反复喷吹使坯表施一层厚度均匀的釉。吹釉多用于琢器和大型圆器
捺釉	laʔ□ iou˥˧	陶瓷施釉技法之一。用毛笔蘸釉在器坯上捺，使釉凝敷于坯体上
捧坯	pʰuŋ˧˥ pʰi˧	将坯件运送到另一工序场地
装坯	ʦɔŋ˧ pʰi˧	将上釉后的瓷坯装入匣钵的工序
柴窑	ʦʰai˩˧ iau˩˧	用松木作燃料烧制瓷器的旧式瓷窑
槎窑	ʦʰɔ˧ iau˩˧	用杂树枝作燃料烧制陶、瓷器的旧式瓷窑
满窑	mɔŋ˧˥ iau˩˧	将装有瓷坯的匣钵装入窑内，满窑的技师叫驮坯
溜火	liou˧ xuɔ˧˥	开始烧窑时用小火
紧火	ʨin˧˥ xuɔ˧˥	逐步转入大火（高温）烧窑，又叫“赶余堂”
沟火	kiɛu˧ xuɔ˧˥	将火焰引到窑两旁及窑尾烧不到的地方
上熮	sɔŋ˥˧ liaŋ˩˧	烧窑烧至坯体将熟时，往窑的火眼处加速投柴
闭火	pi˥˧ xuɔ˧˥	停止烧火，并将炉口封闭，谓之闭火
开窑	kʰai˧ iau˩˧	窑炉冷却后出瓷器，谓之开窑

续表38-2-2

词目	国际音标	词义
揽窑	lan˦ iau˨˦	专门造瓷窑和修补瓷窑的工匠
把桩	pa˦ tsɔŋ˦	烧瓷窑的指挥者，又叫火头
收兜脚	ɕiou˦ tɛu˦ tɕiɔʔ□	将烧好的瓷器（装在匣钵内的）搬出瓷窑的工人
看色	kʰɔn˥ sɛʔ□	检验瓷器成色（好坏等级）的技师，又称选瓷
正色	tsən˥ sɛʔ□	餐、琢器具瓷的一等品
次色	tsɿ˥ sɛʔ□	餐、琢器具瓷的二等品
正脚	tsən˥ tɕiɔʔ□	有跤、黑、渣痣等毛病的瓷器
下脚货	xa˥ tɕiɔʔ□ fɔ˥	最差的瓷器，仅好于废品
圆器	yɛn˨˦ tɕʰi˥	圆形瓷器，如“饭菜碗、茶酒杯（盅）”等等圆形无柄的瓷器
脱胎器	tʰɔʔ□ tai˦ tɕʰi˥	薄胎瓷器，又叫胎器，脱胎器的次品叫二白釉
灰可器	fei˦ kʰɔ˦ tɕʰi˥	表面多灰斑为灰器，多渣点为可器，合称灰可器。属质量差的瓷器，
四大器	sɿ˥ tʰai˥ tɕʰi˥	指正德大碗、正德宫碗、鲜花大碗、鲜花宫碗四种大的瓷器
四小器	sɿ˥ ɕiau˦ tɕʰi˥	指发汤碗、发饭碗、冬青石器、冬青汤碗四种小的瓷器
正德碗	tsən˥ tɛʔ□ uɔn˦	明正德年间制造或仿明正德年间制造形制的碗
和合器	xɔ˨˦ xɔʔ□ tɕʰpi˥	有盖的餐具瓷。又叫和合盘
琢器	tsɔʔ□ tɕʰi˥	与圆器不同，用模具印制和用手捏制成型的瓷器，如：汤匙、带柄茶杯、茶壶、人物、鸟兽等非圆形的瓷器
玲珑器	lin˨˦ luŋ□ tɕʰi˥	镂空瓷胎，用釉填充而成的精细瓷器，釉填充的孔点像晶莹的米点，分布规则有序且半透明
粉定	fən˦ tʰin˥	按宋代河北定窑型制制造的瓷器
博古器	pɔʔ□ ku˦ tɕʰi˥	装饰有各种花纹花边的碗、盘、盆、酒壶、茶壶，过去多供茶楼酒馆用
素胎	su˥ tʰai˦	没有上釉的白胎瓷（已经烧成器），又叫石胎
满尺	mɔn˦ tsʰaʔ□	计量盘子、瓷板大小的单位，瓷盘有十寸叫满尺
炉寸	lu˨˦ tsʰuən˥	5~7 寸型号的瓷盘
件	tɕʰiɛn˥	瓷瓶体积大小的计量单位
坯彩	pʰi˦ tsʰai˦	成品瓷的颜色釉彩，分普通彩、电光彩、洋金彩（镶金边）、粉彩、古彩、釉上彩、釉下彩等种类
茭草	kau˦ tsʰau˦	传统捆扎瓷器的精拣稻草
窑变	iau˨˦ piɛn˥	釉色在窑内烧制过程中发生意料之外的变化
窑爽	iau˨˦ sɔŋ˦	火力不够，瓷未烧熟

说明：词语无本字的用引号表示

表38–2–3　**乐平话特色词语一览表**

词目	国际音标	词义
么伪场下	mɔ˩˧ nə□ tʰɔŋ˥ xa˧	什么地方，什么处所
何刻伪	xɔ˥ kiɛʔ˦ nə□	几时
漏口	lɛu˧ kʰiɛu˩˧	流哈拉子
食头碗伪	sʅʔ˦ tʰou˥ uɛn˩˧ nə□	膝盖
螺蛳骨伪	lɔ˥ sʅ˩ kuʔ˦ nə□	脚踝骨
帷	tɕiɛu˩˧	擦，抹，“帷下干”：擦擦干
“长”到	tsʰɔŋ˦	剩下。“长”到个饭：剩下的饭
不对刀	puʔ˦ tei˦ tau˩	他们俩人不和
气不过劲	tɕi˦ pu□ kuɔ˩ tɕin˦	气不忿儿
打麻打岔	ta˩˧ ma˥ ta˩˧ tsʰa˩˧	插嘴
寻事屑伪	tɕʰin˥ xɛ˧ ɕiɛʔ˦ nə□	挑眼儿
“扳俏”	pan˩ tɕʰiɛu˦	摆架子，仗着自己有特长，故意为难有求于自己的人
“作俏”	tsɔʔ˦ tɕʰiɛu˦	摆架子，仗着自己有特长，故意为难有求于自己的人
“残破”哩	tsʰan˥ pʰɔ˦ li□	糟蹋了；夭折
空帐	kʰuŋ˥ tsɔŋ˦	欠债，“空你十块钱”
“扬”起手来	iaŋ˦ tɕʰi su˩˧ lai	举起手来
谈评，操嘴劲（贬）	tʰan˥ pʰin˥//tsʰau˩ tɕi˩˧ tɕin˦	谈天
打哄	ta˩˧ xuŋ˩˧	骗人
打脚肚伪	ta˩˧ tɕiɔʔ˦ tu˩˧ nə	巴结
“托”	tʰɔʔ˦	选择
“孟”警觉	muŋ˧ tɕiaŋ˩˧ kɔʔ˧	没注意
舷限	ɕiɛn˥ xan˦	旁边
结“作”	tɕiɛʔ˦ tsɔʔ˦	坚固
鉼	piaŋ˩˧	（音饼）僵持不下。“鉼得伊里都不作声”：互不相让僵持在那里都不说话
“将唧”	tɕiaŋ˩ tɕiʔ□	低劣的，差的
“斧实”	fu˩˧ sʅ□	狠劲地。“斧实打”狠劲地打；“斧实掠哩一大把。”着着实实地抓了一大把
“打一箍”	ta˩˧ iʔ kʰu˩	打一圈。酒桌上意为敬酒挨个儿敬一圈
“弧”过去	xu˥ kuɔ˦ tɕʰiɛ˦	扔过去，抛过去
“把火搒乌”	pa˩˧ xuɔ˩˧ paŋ˥ u˩	把电灯拉灭。
“到阔”	tau˦ kʰɛʔ˧	到处。（“到阔寻都寻不到”：到处找都找不到）
“横来舞式”	uaŋ˥ lai˥ u˩˧ sʅ□	横，训读汪。胡来
“直个伪”	tiʔ˦ kɛʔ nə	一个劲地，持续不断地
“富头癫脑”	fuʔ˦ tʰɛu˥ tiɛn˩ nau˩˧	昏头颠脑，晕头转向

续表38–2–3

词目	国际音标	词义
勤力“忙眼”	tɕʰin˥ liʔ˧˥ maŋ˥ ŋan˩˧	勤快，努力
“忙眼”点伢	maŋ˥ ŋan˩˧ tiɛn□ nə	快点
软哩	ŋiɛn˩˧ li	累了，疲软了
灵“当”	lin˥ tɔŋ˥	机灵
时刻伢	sɿ˥ kiɛʔ˧˥ nə	经常
“亲啱是”	tɕʰin˩ ŋan˩ sɿ˧	刚好
“款啱好”	kan˧˥ ŋan˩ xau˩˧	恰好，正好
快当	kʰuai˧˥ tɔŋ˩	即将
“消消”	ɕiɛu˩ ɕiɛu˩	差点儿
随身	tɕʰi˥ sən˩	马上
感谢你盂话	kɛn˩˧ ɕia˧ ŋ̥i˩˧ muŋ˧ ua˧	幸亏你没说
委实	uei˩˧ sɿʔ˥˧	实在
扼断	ŋɔ˩˧ tɛn˧	拗折
“真瘥”	tsən˩ sɔ˥	真差劲；好瘥：很次
“默到”	mɛʔ˧˥ tau˧˥	暗自惦记着，算计着，企图
“话嘿”	ua˩ mɛ˧	难道说……，表示不以为然“话嘿，就是你会做，人家不会？”
諟諟諮諮	ti˩ ti˩ tɛ˩ tɛ˩	说话没有条理而又唠叨不已
得脸不过	tɛʔ˧˥ liɛn˩˧ pɛʔ˥˧ kuɔ˧˥	洋洋自得
“隔孽”	kɛʔ˧˥ ŋ̥iɛʔ˥˧	不和，积怨，有矛盾
“莱伢”	tsʰai˧˥ nə	荸荠，“荠”训读“莱”
“凭在”	pʰin˥ tsʰai˧	任凭。“任凭你，你划料就是。”
“划料”	xua˥ tiɛu˧	考虑，盘算
“还盂话着”	xa˥ muŋ˧ ua˩ tɔʔ□	还没头绪，八字还没一撇
“左是”	tsɔ˩˧ sɿ□	索性
“尴盖”	kan˩˧ kai˧˥	富有
“招该”	tsɛu˩ kai˩	关注，留意，注意
“好劳”	xau˩˧ lau˥	能干。“你真好劳哦”（你真能干，反语语气）
“洒”哩	sa˩˧ li	糟糕了
“刮艚”	kuaʔ˥˧ tsʰau˥	糟糕
“刮鳖”	kuaʔ˥˧ piɛʔ˧˥	受挫
“喇鳖”	la˩˧ piɛʔ˧˥	傲慢，自高自大
“达哇”	tʰa˩ ua˧	仍旧，还是

续表38-2-3

词目	国际音标	词义
“撒开”	saʔ˥˧ kʰai˩	算了
忽霎	xuʔ˦˥ saʔ˥˧	猛然，一霎那
假演仂	ka˩˧ iɛn˩˧ nə	假装
隔拗	kaʔ˦˥ ŋau˨˦	相差；逊色
丁八	tiɛn˩ pɔ˩	训读“颠波”，性交。本字参见魏子云《金瓶梅词话注释》：“‘丁八’以字形喻男女相合也。”
“骜掂”	ŋau˥ tiɛʔ˦˥	任性，固执不顺从
“斗霸”	tɛu˨˦ pa˨˦	作对头
蜀拢	tɛu˨˦ luŋ˩˧	组装起来；凑集起来
“打乱话”	ta˩˧ lɛn˧ ua˧	胡说八道
“哇巧事”	ua˧ ʨʰiɛu˩˧ xɛ˧	说得轻巧
“扮法”	pan˨˦ faʔ˦˥	玩弄法术、手段
舞神扮鬼	u˩˧ sən˥ pan˨˦ kuei˩˧	七搞八搞
“笨子”	pɛn˧ ʦɿ	训读“般子”，傻瓜，呆子
“卵屣’	lɛn˩˧ suŋ˥	无能的男人
“踅燕仂”	ʦan˧ iɛn˨˦ nə	踢毽子
“看仂”	kʰɛn˨˦ nə	现在，此刻
[蹬]起来	tən˥ ʨi□ lai˥	竖立起来
搣	pei˩	弄。“搣贼（训读张）哩”：弄好了
“注尚点仂”	ʦɿ˨˦ saŋ˨˦ tiɛn□ nə	（音资桑）注意点儿，认真点儿，正经点儿
挳仗	kaŋ˩˧ ʦɔŋ˨˦	（音岗仗）吵架
“躿精鬼瘦”	kʰaŋ˩ ʨin˩ kuei˩˧ sɛu˨˦	瘦不啦叽的
“盂淘”	muŋ˧ tʰau˥	没有。“盂淘票子。”没有钱
栽氼泅仂	ʦai˩ miʔ˦˥ ʨʰiu˥ nə	（氼音密）扎猛子，一头潜入水下
夻夻个仂	ti˥ ti˥ kɔ˨˦ nə	（夻音滴）小小的
第回	tʰi˧ xuei˥	下回。“第回来嬉过”（下回再来玩）
“绺人”	liu˩˧ ȵin˥	膈肢人，使人发笑
“捷快”	ʨiaʔ˦˥ kʰuai˨˦	（音夹快）机灵，反应快
“带黠”	tai˨˦ ʨiaʔ˦˥	（音带夹）滑头
“结人”	ʨiɛʔ˦˥ ȵin˥	烦人，让人焦虑
“膈到”	kiɛʔ˦˥ tau˨˦	担心、惦念。“又膈老婆又膈崽”
“液皮”	iɛ˧ pʰi˥	嘻皮笑脸，没皮没脸
“形死哩”	ɕin˥ sɿ˩˧ li	脏死了，乱极了
“形恶三态”	ɕin˥ ŋɔʔ˥˧ san˩ tʰai˨˦	又脏又乱

表38-2-4　　**浮梁话特色词语一览表**

词目	国际音标	词义
嵌定	kʰɔ̃˩ tʰaĩ˩	刚好
圞个	lən˧˥ kɔ□	完整的
嚼蛆	ʦʰia˧ ʦʰei˩˧	没有根据的乱说话
清廉	ʦʰaĩ˩˧ lĩ˧˥	干净不拖泥带水
造恶	ʦʰau˩ ŋauʔ˧	指做了有罪恶感的事
积刻	ʦaiʔ˧ kʰaiʔ˧	形容词，积极努力
现形	ɕĩ˧˥ xaĩ˧˥	丢人现眼
着实	ʨʰiɔ˧ ɕiʔ˧	结实地
怯劲	ʨʰiɛʔ˧ ʨin˧˥	害怕
结豚	ʨiɛʔ˧ touʔ˧	最后、最末尾
即溜	ʨiʔ˧ liu˧˥	敏捷，反应快
知觉	ʨi˩˧ kauʔ˧	知晓
益人	ŋaiʔ˧ in˧˥	（食物）有营养，能使人身健壮
号吓	xau˧˥ xaʔ˧	叫魂的俗称
行凶	xã˧˥ ɕiuŋ˩˧	要强、厉害。渠～得很
行时	xã˧˥ ɕi˧˥	也称走时。指走运，幸运
邋遢	lɔ˩˧ tʰɔʔ˧	不干净
伶俐	laĩ˧˥ lei˩	干净
痨	lau˩	毒杀。“勒是老鼠药，～老鼠个”
替回	tʰei˩ xuɛ˥˧	反悔。输了钱就不能～，赖皮是不行的
斣	tiu˧˥	凑合在一起
讲古	kaŋ˥˧ ku˥˧	指讲民间故事、传说、历史掌故。隔壁王老头儿晓得～
铰	kau˥˧	用剪刀剪
焅	kauʔ˧	微火慢煮，使收汤汁。～红薯
佮伙	kɛʔ˧ xuɔ˥˧	打伙，合伙
揩	kʰa˩˧	一般是指无意识的，非自主地擦到什么东西
掗	ŋɔʔ˧	硬把东西送给对方或卖给对方
咭	ʨip35	痒。哈～
抈	yɛ˧	折断
敞	ʨʰiɔ̃˥˧	把成堆的东西摊开
挦	ʨʰĩ˧˥	拔毛。～鸡毛儿
走相	ʦau˥˧ siɔ̃˧˥	失去了原来的样子
蹳	ʦĩ˧˥	抬起脚后跟用脚尖站着或用脚抵住后加力向前蹬

续表38-2-4

词目	国际音标	词义
奀	ti˦	形容某样东西“小”
陶	tʰau˧˥	长，长短的长
蘯	tʰaŋ˩	上下左右的摇动
塌	tʰɔ˧	手脚在物体上来回的擦，以去掉手脚上的沾住的脏物
不搭界	pu˧ tɔ˧ ka˧˩˦	不相干
打洋尘	ta˥˧ iɔ̃ tɕin˧˥	也称“扫洋尘”
打平伙	ta˥˧ pãi˧˥ xɔ˥˧	几个人凑份子买东西吃
翻古	fɔ̃˧˩˦ ku˥˧	老人讲述传说或民间逸事
发始	fɔ˧ ɕi˥˧	求婚。又称“看人家”
乜个	mɛ˧ kɛ˧˩˦	什么。“要乜个？”要什么？
冇兴	mau˧˥ xãi˧˩˦	没有兴趣或身体不舒服
冇取	mau˧˥ tsʰei˥˧	形容词，没有能耐
婆老儿	pɔ˧˥ lə˞˥˧	夫妻
便当	pʰĩ˩ taŋ˧˩˦	方便
擎	pʰiɛ˧	击打
盘	pʰən˧˥	搬运
暴	pʰau˩	乍，刚刚开始。新来～到
不得	piɛ˧ tai˧	不会，不可能
嫑	pia˧˥	不要的合音，相当于“别”
滗	pai˧	挡住渣滓或泡着的东西，把液体倒出
络儿	lə˞ʔ˦	依照所装的物件的形状，用线结成的网状的小袋子
尥	lia˩	挣脱。也写作“撂”

方言情景对话小品

窑工对话（景德镇市区话）甲：奀毛啊，你在做么得哟？宴后日就要满窑得，叫你请揽窑箇师傅来一下，你请得不？（奀毛啊，你在做什么呀？大后天就要满窑了，让你请修理窑的师傅来一下，你请了没有？）

乙：请得请得，我昨日就跟渠哇得个。（请了请了，我昨天就跟他说过了）

甲：约正得时间不啰？（约好了时间吗？）

乙：时间冇约正吔，渠哇是哇今朝来，早间不来就昼上来。（时间没约好，他说是说今天来，早上不来就上午来）

甲：箇都到得十一点得，到底么得时间来嘞？你捉稳渠上昼会来不啰？（这都到了十一点了，到底什么时间来呢？你确定他上午会来吗？）

乙：算不到，渠箇下子忙得死。不晓得等下子会来啵。（说不定，他这段时间忙得要命，不知道再过一会儿会不会来）

甲：呃就有点子浮。你个种个舞，呃不等你办死得气！（那就有点儿不靠谱。你这样搞，那岂不被你搞砸了！）

乙：拢个晓得渠嘞！早晓得渠会打我踏皮，闯末请过一杂师傅！（我怎么知道他呢！早知道他会放我的鸽子，我索性另请一位师傅！）

甲:渠不是浸为打你踏皮吧?依哇渠不是呃种人。有些人有点子本事,就好就己样个。(他不是故意放你鸽子吧?按说他不是那种人。有一种人有点儿本事,就很了不起似的)

乙:嗯呢,渠不会是浸为个。(是的,他不会是故意的)

甲:箇样个,我再去寻一下渠。你把窑里个屑衣扫下起。(这样,我再去找一下他。你先把窑里的垃圾扫一下)

乙:哦,我昨日夜间扫得个。(哦,我昨天晚上扫过了)

甲:满窑个时间到得,驮坯个来得吧?(满窑的时间到了,驮坯的师傅来了吧?)

乙:来得,在呃里装坯。箇些匣缽都要搁进去吧?(来了,在那儿装坯。这些匣缽都要放进去吧?)

甲:要哦。招盖脚下,箇里有杂勃坎。(要放的。留神脚下,这里有个台阶)

甲:把桩师傅来得啵?(把桩师傅来了吗?)

乙:来得,在看火。(来了,正在观察窑里的火候)

甲:烧得几久?(烧了多久?)

乙:有几久得,将脚点个火,坎子还在溜火。(没多久,刚刚点的火,现在还在用小火溜火)

甲:你晓得么得时间紧火不?(你知道什么时间加大火力紧火吗?)

乙:不晓得,到得时间把桩师傅会哇个。(不知道,到了时间把桩师傅会说的)

甲:不错个。勒后呢?(不错的。然后呢?)

甲:勒后就一径个让渠烧。(然后就一直让它烧)

甲:哎,奀毛,你做么得哦?(哎,奀毛,你干什么呢?)

乙:把桩师傅哇个,窑尾火小很得,要沟一下火。(把桩师傅说的,窑尾的火太小了,要沟一下火)

甲:烧得两日得,差不多得吧?(烧了两天了,差不多了吧?)

乙:把桩师傅哇得,快当上熮得。(把桩师傅说了,快要上熮了)

甲:记得哈,把桩师傅哇得上熮,你就攒劲往火眼加柴火嘞。(记住啊,把桩师傅说了上熮,你就使劲往火眼里加柴火)

乙:好哦。么得时间闭火嘞?(好哦。什么时间闭火呢?)

甲:呃要听把桩师傅个,不要闭早得火,也不要闭晏得火,闭早得火会烧爽得,闭晏得火又会烧老得。(那要听把桩师傅的,不能闭早了火,也不能闭晚了火,闭早了火会烧得欠火候,闭晚了火又会烧过了头)

乙:哦。么得时间开窑嘞?(哦。什么时间开窑呢?)

甲:开窑也不要开得早很得,早很得会风惊,就是炸釉,舞得不好还会惊裂。(开窑也不能开得太早了,太早了会风惊,就是炸釉,弄不好还会惊裂)

谈婚论嫁(乐平话)甲:你里妹仂真排场,哇哩人家不嘞?(你家闺女真漂亮,许了人家没有?)

乙:还盂哦,达哇是单身。(还没有哦,仍然是单身)

甲:听哇城里有一个后生崽仂,跟渠戏得巧好呢个,头回吾在街上看到过,你里妹仂在前头直个仂波直个仂波,伊个崽崽仂在后头直个仂搲直个仂搲。吾还以为多时就谈成哩啰。(听说城里有一个小伙子跟她特别要好,上次我在街上看见过,你家闺女在前面一个劲儿地跑,那个小伙子在后面一个劲地追。我还以为早就谈成了)

乙:何里哟,还盂哇着!(哪里哟,八字还没一撇!)

甲:你就不想早点仂哇正人家?你也早点仂抱外甥仂哇!(你就不想早点儿定下亲事?你也早点儿抱外孙呀!)

乙:话噻,吾何样不想哇！你也晓得个,坎子细人仂个事吾人老嬷仂也管不到。吾左是懒管得渠。我跟渠哇哩个:“你何样想,吾不管,你想何刻仂结婚,想嫁么仂样个老公,你自己划料,吾凭在你。不过吾跟你哇:人心无足,喇叭无启,你心气也不要高很哩,过得去就罢哇。”(这话说的,我怎么不想呀！你也知道的,现在小孩子的事我们老太婆也管不了。我干脆懒得管她。我跟她说过的:“你怎么想,我不管,你想几时结婚,想嫁什么样的老公,你自己考虑,我听凭你决定。不过我跟你说:人心不足,喇叭没有底,你心气也不要太高了,过得去就可以了。”)

甲:伊是坎子个社会哦,早先吾人何里有恁么好,想何样就何样,都不是娘老子做主,嫁鸡随鸡,嫁狗随狗,嫁把芒槌揃到走。(这是搁现在的社会哦,从前我们哪里有这么好,想怎么样就怎么样,还不都是父母做主,嫁鸡随鸡,嫁狗随狗,嫁给洗衣槌就只有抱着走)

乙:嗬！是哇嘞,吾做妹仂个时间,面都孟见过,就跟得吾姆么去察人家。(对,是这么说的,我做闺女时,面都没见过,就跟着我妈去上门相亲)

甲:哎,你去察人家,渠家里打发哩你么仂?(哎,你去上门相亲时,他家给了你什么见面礼?)

乙:也孟打发么仂,就不是一块的确凉卡叽。(也没给什么见面礼,还不就是一块的卡布)

甲:孟包票子把你呀?(没包钞票给你呀?)

乙:包哩,100块。过后褡鞋样仂,把哩吾一块表,满打满算千把块钱。(包了,100元。后来到我家相亲扎鞋样子时,给了我一块手表,总共也就1000来块钱)

甲:哇嚓！1000块,那个年头1000块,真尴盖吔！(哇！1000块,那个年头1000块,真阔气呢!)

乙:何里有你家里尴盖哦。哎,你做新嫂个时间,吾亲啱在睽鸡,转身忽霎看到你,哇,伊真是个停当妹仂。(哪里有你们家阔气哦。哎,你做新娘时,我正好在看守鸡,回头猛然看到你,哇！那真是个灵巧女孩)

甲:你真会哇事！你也不醒似吾哦！你也去喫哩吾个酒呀?(你真会说话！你也不比我差哦！你也去吃了我的喜酒?)

乙:喫酒吾孟到场。(吃酒我没参加)

甲:你感谢孟到场,那日仂吾真跌鼓嘞！(你幸亏没参加,那天我真是丢人呢!)

乙:伊是何样哇呢?(这是怎么说的呢?)

甲:吾一瓢仂一瓢仂敬酒,一桌打一箍,晓得喫哩几多瓢喔！(我一勺一勺地敬酒,每一桌挨个轮流敬,不知道喝了多少勺!)

乙:孟喫醉吧?(没喝醉吧?)

甲:还不喫醉！醉得跟个癫子样个！(还能不喝醉！醉得像个疯子一样!)

乙:呵呵,还有伊个事呀?过后嘞?(呵呵,还有这回事呀?后来呢?)

甲:不哇哩,快当收工哩,俺去家碌饭起,有闲再跟你哇。(不说了,快要收工了,我先回家做饭,有空再跟你说)

乙:走好哈,第回来戏过！(走好啊,下次再来玩!)

第三十九篇　人　物

第一章　人物传记

人物传记记载对景德镇的发展做出贡献的已故人士,他们在各行各业中取得了重要成就,也为后人所褒扬。景德镇首轮修志时,选录了鹅湖区、蛟潭区、珠山区、昌江区地域的历史人物,着重记载了瓷业历史人物。其时,乐平县,昌江区丽阳乡、荷塘乡划入景德镇市不久,乐平历史人物基本未载入,本志对乐平历史人物进行补录。

彭汝砺(1041—1095),字器资,昌江区丽阳人。宋治平二年(1065),年仅24岁的彭汝砺高中状元。彭汝砺中状元后,王安石欣赏其文章,举荐其为国子直讲,后升为太子中允。不久,宋神宗任命彭汝砺为监察御史。元祐二年(1087),彭汝砺调任起居舍人。元祐三年,彭汝砺迁任中书舍人。在蔡确案件中,他正直无私,不计前嫌,以至被他人诬告为蔡确的同党而落职徐州。后来,彭汝砺回到京城,先后任兵部、刑部两部的侍郎,吏部尚书。元祐八年(1094),彭汝砺再一次被告发与反对王安石变法的刘挚有牵连,被贬为宝文阁直学士,知成都府。还没有等他去成都,又降为江州知府。到任仅数月后,在江州病逝,年仅54岁。曾巩为之作《祭彭江州文》。彭汝砺一生以敢言著称,苏东坡称其"对策决科,尝魁天下之士;犯颜逆指,有古名臣之风。"《宋史》有传。著有《易义》《诗义》《鄱阳集》。

程博文(生卒年月不详),字叔敏,乐平鸬鹚樟溪村人,北宋皇祐五年(1053)进士。历官南剑(今福建南平)知州、司农少卿、湖南运判等职。其晚年隐居在文山石林处,号其舍为"丛玉",乐平古十景之一"丛玉画图",其名源于此。《宋史·食货志》《续资治通鉴长编》载:熙宁三年(1070)五月,"制置条例司言'诸路科买上供羊,民间供备几倍。而河北榷场博买契丹羊,岁数万,路远抵京,则皆瘦恶耗死。屡更法不能止,公私岁费钱四十余万缗。近委著作佐郎程博文访利害。博文募屠户,以产业抵当,召人保任,官豫给钱,以时日限口数、斤重供羊。人多乐从,得以充足岁计。除供御膳及祠祭羊依旧别圈养栈外,仍更栈养羊常满三千为额,以备非常支用'。从之。博文所裁省冗费凡十之四,人甚以为便"。即是说,除了供给政府常规需求之外,还有余力栈养3000头羊以备急用。王安石以程博文的成功经验为基础,以承包制改革科买(即政府强制性购买)之弊,是其变法内容中一重要举措。

马　存(1053—1096),字子才,乐平众埠秧畈村人,北宋文学家、著名政论家,以诗文名世。哲宗元祐三年(1088)应进士试,考官苏轼甚为赏识,以居第四中第,其以杨雄、刘向为题之政论文,当时京师竞相传诵。历官镇南节度推官,越州观察推官。著《拂膺文集》二十卷(已佚),有《马存集》十卷传世。事迹见诸《宋史翼》卷二六、《宋诗纪事》卷三二,《宋元学案》卷一亦有传。

马存长于史论政论文章,史书称其"论古今治乱之由,发为奇响,顷刻数千言",且文笔犀利,正气凛然,为苏轼所推崇,"拂膺公"美名不胫而走。马存也擅歌行体古诗,如其所作《浩浩歌》,诗的音节、格律一般比较自由,放笔直抒,豪放飘逸,《全宋诗·卷七八二》存诗8首。绍圣三年(1096),马存卒于任上。马存其诸多文章中有一篇"赠序"(古代一种惜别赠言的文字)体散文《赠盖邦式序》一直被传存,被清人李扶九选入《古文笔法百篇》,为青少年学子所诵读。曾被选入苏教版高中语文教材,编入《高中文言文阅读》(湖北崇文书局)一书,许多省市将该文列入高考阅读训练、考前习题范围。《赠盖邦式序》是一篇仅590余字的短文,是马存与友人交流对司马迁及《史记》的评说。

洪 皓(1088—1155),字光弼,《宋本方舆胜览》卷十八载“皇朝洪皓,乐平人”,即今乐平洪岩岩前村人,南宋初年著名爱国英雄,北宋政和五年(1115)进士。历官秀州(浙江嘉兴)司录、徽猷阁待制、假礼部尚书、徽猷阁直学士、提举万寿观兼权直学士院、饶州知府、饶州通判、敷文阁直学士等职,逝后谥忠宣。洪皓先祖原居婺源,其十世祖徙居岩前,世代以农为主业,至其曾祖开始兼营商业,往来于乐平与鄱阳。至其父辈,伯父洪彦昇高中进士,历任知州、御史等职。洪皓幼年在家乡读书,有资料称他“书无所不读,虽食不释卷”。

宋政和五年(1115)中进士。出任台州宁海县(今浙江宁海)主簿,不久又升迁秀州(今浙江嘉兴)司录,其间宣和六年(1124),当地闹水灾,田野一片汪洋,哀鸿遍野。他毅然开仓赈灾,甚至甘冒死罪截留上调朝廷之粮而拯救百姓,并表示“愿以一身易十万人命”,被当地老百姓敬称为“洪佛子”。南宋建炎三年(1129),洪皓知泗州(今江苏盱眙北)兼淮南、京东等路抚谕使,对付叛军李成。五月,宋高宗准备将都城由杭州迁往建康(今南京),以避金兵锋芒。洪皓不顾职位卑微,上书谏阻。他的意见虽未被采纳,但却因此为高宗赏识。高宗特意召见他,擢升其为徽猷阁待制,假礼部尚书,任大金通问使,率队出使金国。八月,赴金国至太原,被金扣押,十二月被迁往云中(今山西大同市),在同行的副使被诱降的情况下,洪皓宁死不屈。在滞留近一年后,绍兴元年(1131),洪皓被流放到距燕山3000里的苦寒不毛之地——冷山(今黑龙江五常境内的大青顶子山)。直至绍兴十三年(1143)绍兴和议成,洪皓回归南宋。返朝后高宗和韦太后在后殿召见他,宋高宗称赞“忠贯日月,志不忘君,虽苏武不能过”,故史书称其“独处冷山,节侔苏武”。因忤权奸秦桧而被贬,在地方如饶州、英州等地任职,直至绍兴二十五年(1155)秦桧死后召回。卒于南雄(今广东南雄)越大庾岭途中,终年68岁,谥为“忠宣”。

洪皓在金国的15年间,向女真族传播汉文化,教授《论语》《大学》《中庸》《孟子》等儒家经典。又将金国的自然地理、风土人情、礼仪制度等,用文字记下,南归后写成《松漠纪闻》,使宋人加深对金国的了解。著有《文集》《春秋纪咏》《姓氏指南》《松漠纪闻》二卷、诗集《鄱阳集》四卷、词集《鄱阳词》一卷。有子洪适、洪遵、洪迈,皆史册有传。

徐 衡(1075—1156),又名衡卿,字季平,乐平塔前下徐村人,北宋崇宁二年(1103)进士。北宋末年外族入侵之际,为报效朝廷,进入武学堂,白天研讨兵书战法,早晚练习刀、枪、剑、戟及弓马之术,演练阵法。宋徽宗赵佶崇宁五年(1106)中武举,并夺得武科第一名,成为唐宋以来江西地界的第一位武状元。历官右班殿直、晋宁知军、江东提刑、江东西路廉访使等职。北宋亡,高宗即位后,徐衡曾转任康州(今广东德庆一带)防御使以及提举京师防务。徐衡中状元后,在知晋宁军,主管江南数省官员监察事务的江南东、西路廉访使及广东路提刑按察使等,每一处任上,皆能恪尽职守、廉洁奉公。

重和元年(1118)秋,长江两岸连降多日暴雨,洪水泛滥,灾情严重。徐衡时任江南东西两路廉访使,他沿途考察灾情后,紧急调集官仓及富户粮食500万斛,钱15万吊用来赈灾。又冒着未经许可将获罪的危险,把各地上缴给皇上的贡米,就地储存,用来赈灾,及时解救灾区饥民。徐衡在赈灾中,精打细算,严督实查,既不漏掉一个应救济的对象,也不使一个贪婪之徒获利,赈灾官员亦不敢贪赃谋私。同时,命造船以利交通,发药以治疾病,妥善安排饥民的生养死葬,行施舍、免捐赋、缓刑法等,取得较好效果。灾区很快恢复了正常的生产生活秩序,少有背乡离井、逃荒要饭的,深受百姓赞誉。宋徽宗认为他行事果断,身体力行,颁旨嘉奖,并赠锦袍一件,并下旨将徐衡的救灾之法在其他灾区推广。

徐衡在广东路提刑按察使(提点刑狱公事)任上时,有大盗刘隆(外号刘花三)活动猖獗,武艺出众,狡猾过人,横行乡里,作恶多端,官府深以为患。徐衡到任后不久,即着手除害之策。可刘隆狡兔三窟,擒而不得。为了不走漏消息,徐衡只身单骑闯刘隆老巢,面陈大义、晓以利害,终逼得刘隆率众认罪受罚,当地百姓感其恩德。徐衡在朝为官数十年,忠于职守,政声尚佳,得朝廷褒扬、百姓赞誉。

王刚中(1103—1165),字时亨,乐平礼林上府前村人,南宋绍兴十五年(1145)进士第二(榜眼)。历官洪州(今南昌)教授、秘书省校书郎、著作佐郎、中书舍人、龙图阁待制知成都府兼四川制置使、进敷文阁直学士、礼部尚书、端明殿学士、签书枢密院事、同知枢密院事(副宰相)等职。逝后赠资政殿大学士、光禄大夫、谥恭简。王刚中从小聪颖好学,勤奋读书,博闻强记。考中进士时,宋高宗把他排为殿试第二,即榜眼。按照惯例新科状元榜眼探花先要去拜谢当朝宰相。其时秦桧任宰相,王刚中不趋炎附势,拒不拜见秦桧。秦桧把已授朝廷职位的王刚中贬到洪州(南昌)。直至秦桧死后,王刚中才回朝廷任职。

南宋初年宋高宗为选拔戍边良将,任命力主抗金的王刚中任职成都知府,兼四川制置使。宋高宗四年(1134),金兵入侵时,他夜驰200里,调兵遣将,集中十万大军,一举击败金兵。王刚中在成都任职期间,修缮学堂,兴修水利,深得百姓拥戴。宋孝宗期间从礼部尚书任至枢密副使,始终主战抗金,兴兵备战,选拔精兵良将,屯垦戍边,主战派得到朝廷重用。

王刚中一生刚毅正直,清廉严明。重办学、重农政,体恤百姓,颇有政声。

王克明(1112—1178),字彦昭,宋代名医。《宋史》载,其原籍为饶州乐平县,后徙居湖州乌程(今属浙江),是宋代绍兴、乾道年间的名医。从小就得脾胃疾病,久治不愈。王克明因此带病学医,刻苦钻研《难经》《素问》等医籍经典,掌握医学要领,治愈了自己的顽疾。后来,王克明以行医为业,足迹遍及江、淮、苏、湖之间,针灸之术尤为精到。其时,士大夫都争相与其交游,名闻四方。绍兴三十二年(1162)春,金兵攻打海州,海州危急。宋将张子盖带兵驰救,军队中突然流行起严重的传染病,王克明当时恰好在军中,在他的医疗防治下,疫情得以解除。后来,他在初试时就被礼部选中,多次担任"医官"职务。最后他升迁到翰林医痊局,并被赐"金紫"(唐宋后一般指金鱼袋及紫衣,宋朝能着紫衣、持金鱼袋一般在四品官阶以上)。淳熙五年(1178)王克明去世,享年66岁。清陈梦雷等编写《古今图书集成》,王克明入《古今图书集成〈医部全录医术名流列传〉》。

洪　适(1117—1184),字景伯,号盘洲,系风节名臣洪皓的长子,乐平洪岩岩前村人,登南宋绍兴十二年(1142)博学宏词科进士。清乾隆十七年(1752)版《乐平县志》述,"适字景伯,金山乡人"。历官秘书省正字、台州通判、荆门知军、徽州知州、尚书户部部中、司农少卿、翰林学士兼中书舍人等职,擢端明殿大学士,签书枢密院事,并官拜尚书右仆射兼枢密使(宰相)。

绍兴二十五年,在荆门军(今湖北当阳、荆门)任知军时,重在修复农政,向朝廷上书,"应诏上宽恤四事:轻茶额钱、它州代贡礼物,辟试闱以复旧额,蠲官田令不种者输租"(见《宋史》卷三七三),安抚因灾难和战乱而流离失所的农民。在徽州任知州时,深入婺源等县巡察田赋、茶税、徭役情况,严令惩治贪官污吏,"有虐吾民者必劾"。出任京官后,洪适力主整治军政,励精图治,增强国力,加强国防,力图收复中原。宋绍兴三十二年(1162),在抵御金军南侵淮东的海州(今连云港)、符离两次大战中,洪适"总领淮东军马钱粮""究心调度,供亿无阙"。宋隆兴二年(1164),金军再犯淮南,洪适参与军机,奋起抗击,直至金兵北撤休战。由于南宋朝廷羸弱,政令难行,积重难返。洪适夙愿难酬,48岁时辞官归隐。晚年专事金石研究和著述,留下学术著作颇丰。逝后谥文惠。

洪　迈(1123—1202),字景卢,号容斋,又号野处,乐平洪岩岩前村人,洪皓第三子,绍兴十五年(1145)进士,南宋著名文学家。历官起居舍人、秘书省校书郎兼国史馆编修官、吏部员外郎,以及吉州(吉安)、赣州、建宁(福建建瓯)、婺州(浙江金华)、镇江、绍兴等地知州知府等职。后进敷文阁直学士、直学士院,官至翰林院学士、资政大夫、端明殿学士,宰执(副相)、封魏郡开国公、光禄大夫,逝谥"文敏"。

洪迈小时候每天读书数千言,博览群书,史书称其"过目辄不忘,博极载籍,虽稗官虞初,释老言行,靡不涉猎"。故三兄弟都能中博学宏词科,于是"三洪""文名满天下""以文章取盛名""以文学闻望"。洪迈研读司马光《资治通鉴》这一巨著,竟然三次抄完全书,足见其笃学求知功夫至深。

洪迈在朝为官时,极力主张抗金,爱国气节一如其父。时亦曾执节使金,大智大勇与金交涉。金兵南犯,建康告急的战事中,身为参议军事的洪迈,力促惊慌失措、意欲退兵的枢密院事叶义问于京口御敌,终使迎战获胜并收复部分失地。洪迈任地方知府知州多年,在各地兴农政、修水利、革时弊、精吏治,政绩口碑甚佳,百姓称誉,孝宗赞赏。

洪迈著书40余部,如文集《野处类稿》、志怪笔记小说《夷坚志》,编纂的《万首唐人绝句》、笔记《容斋随笔》等等,都是流传至今的名作。《容斋随笔》五集74卷1220则,尤负盛名。其中,《容斋随笔》16卷329则、《容斋续笔》16卷249则、《容斋三笔》16卷248则、《容斋四笔》16卷259则、《容斋五笔》10卷135则。洪迈自述云《容斋随笔》写作逾经40年,是其多年博览群书、经世致用的智慧和汗水的结晶。被《四库全书总目提要》推为南宋笔记小说之冠,被历代名人誉为"垂范后世"的佳作。

彭大雅(？—1245),字子文,昌江区丽阳人。南宋嘉定十年(1217)进士。绍定五年(1232),蒙古遣使臣来与南宋王朝商议夹攻金国的事,之后南宋也派遣使者到蒙古国。彭大雅当时作为书记官一同随行,他将亲身见闻写成《黑鞑事略》一书,书中叙述了蒙古国的地理、物产、语言、风俗、赋敛、贾贩、官制、法令、骑射等事,详备简要,是研究蒙古历史的珍贵资料。彭大雅在任四川安抚制置副使兼重庆知府时,三次主持修筑重庆城,在抗击蒙古人入侵南宋的战争中,遏制了蒙军的灭宋进程。彭大雅从四川致仕后,回到家乡丽阳,躬耕垄亩,乐守山林泉石,过农耕生活,写有《丽阳八景》组诗。彭大雅去世后,南宋王朝念其功高,封他为忠烈英卫侯,封其父亲为灵祐侯。重庆人纪念这位功绩卓著的重庆知府,将他列为重庆历史文化名人,建庙塑像。

马廷鸾(1222—1289),字翔仲,号碧梧,乐平众埠楼前村人。马廷鸾"早年丧父,家境贫寒,甘贫力学"。与弟甫"带经而锄、饭牛而诵","简编之乐,弦诵之声,或鸡三号,或夜参半,忘食已晡,燃薪欲旦",20岁时就以文才名扬于饶、徽二州,聘为童子师并执教万全书院;24岁就于乡试中举;25岁春闱会试一举夺冠列贡士第一,旋于殿试名列进士第四。

马廷鸾初仕池州儒学教授,躬身教育6载。后进京供职20余载,历任户部架阁、太学录、校书郎、秘书省正字、秘书少监、起居舍人兼太子右庶子、国史院编修官、实录院检讨官、礼部侍郎等,后任端明殿大学士、参知政事兼同知枢密院事、进右丞相兼枢密使。南宋理宗宝祐年间朝廷由外戚当权,马廷鸾在皇帝面前敢于直言。他提出"强君德,重相权,收直臣,防近习"的主张,逆权臣,受排挤。《宋史·马廷鸾传》载"初,丁大全令浮梁,雅慕廷鸾,弥欲钩致之,马廷鸾不为动"。

马廷銮通研书经,学术著作颇丰,著有《六经集传》《语孟会编》《读庄笔记》《楚辞补记》《碧梧玩芳集》(其中仅诗词就有191首)。《文献通考》是马氏父子共同撰写而成的。他以其为人处世的"四留"格言作为传世家训,要求后代儿孙诵记践行。"四留"家训即:留有余不尽之巧以还造化,留有余不尽之禄以还朝廷,留有余不尽之财以还百姓,留有余不尽之福以还子孙。

马廷鸾处南宋时期,国运衰败,辞去相职回家隐居不愿出仕。晚年过着身居"茅檐"下、甘食"豆芋羹"的清贫生活,但仍"位卑未敢忘忧国",自与百姓同忧乐。他多次捐资修筑陂塘堰坝,改善农田水利条件。重视家乡弟子的教育,捐资办学,免费教育农家贫困学子。元初,支持县城创办慈湖书院,为家乡教育出力。

黎廷瑞(1250—1308),号芳洲,昌江区丽阳人。南宋咸淳七年(1271)进士及第,受官迪功郎。后调任广东肇庆府任司法参军。南宋灭亡后,黎廷瑞隐居山中十年,与鄱阳县皇岗的吴存、鲇鱼山鹊湖的徐瑞等诗人交往深厚。元世祖至元二十三年(1286),黎廷瑞在饶州府学做学官。在任府学学官的前后五年里,他极为重视学校的建设,受到后人褒扬。著有诗集《芳洲集》三卷,清代史简将其编入《鄱阳五家集》中。

马端临(1254—1340),字贵舆、号竹洲,乐平众埠楼前村人,中国古代宋元之际著名的历史学家。著有《文献通考》《大学集注》《多识录》等多部著作。其中《文献通考》是中国古代典章制度方面的集大成之作,体例别致,史料丰富,内容充实,评论精辟。《四库提要》评之"门类既多,卷繁帙重……虽稍逊《通典》之简严,而详赡实为过之,非郑樵《通志》所及也"。以其内容最丰、时限最长、考证最精,被历代史学家推崇并称为"三通"之首,得到元英宗、清乾隆皇帝的好评。

马端临出生于封建官僚家庭,其父马廷鸾登进士第后,任南宋国史院编修官与实录院检讨官,后在咸淳年间任右丞相。马廷鸾博学多才,藏书甚富,对历史文献资料的收集和整理,有丰富的学识且为人正直,治学严谨,对子女的教育也极其严格。故端临家学亦有所承,受父亲的影响,博览群书,接触到很多的史籍文献。20岁时,就漕试第一,得中解元,以荫补承事郎。马端临一生幕其父之气节,拒仕元廷,归乡耕读,潜心治史,热心办学,隐居不仕。

马端临先后任慈湖、柯山二书院山长、台州儒学教授,一面专心执教,教授乡里,一面潜心著述《文献通考》。元至治二年(1322),出任台州儒学教授,专心办学至病逝,享年87岁。《文献通考》耗费了马端临的毕生精力,他从宋朝咸淳九年(1273)开始准备,元至元二十七年(1290)开始纂写,直至元至治二年才告竣,是年刊印于世。《文献通考》348卷,记上起三代,下终南宋嘉定五年(1212)的典章制度,是从上古到宋宁宗时的典章制度通史,简称《通考》。全书叙事条分缕析,评述精审透彻,资料丰富翔实,是一部记叙中国历代典章制度的专著,是研究宋史的一部基本史籍。

沐　英(1345—1392),字文英,原籍乐平鸬鹚石里村,乾隆十七年版《乐平县志》载,“祖贯乐平人,定远籍”,本姓李。其父以戍卒入籍定远(今安徽定远县)。文英少年时父母双亡,流浪街头,被朱元璋收养为子,改名朱英。沐英成年后,跟随朱元璋征战,逐渐练就了一身好武艺,成为带兵打仗的将校。参与南征福建、讨伐吐蕃、占领川藏等战役,功勋卓著。明朝定鼎后,皇帝赐其姓沐(沐浴皇恩之意),仍名英,任征西副将军、征南右副将军等职。明洪武十四年(1381),沐英与大将军傅友德征战云南,屡建战功,得到朱元璋重用,受命镇守云南。

沐英在云南主政的十余年间,屯田戍边,广修农政,开河筑渠,曾广浚八百里滇池,为当地百姓颂为德政,是明初著名的戍边大臣。48岁染疾无治,后被朝廷追封为黔宁王。

刘　炳(1331—1399),字彦昺,昌江区义城(今鲇鱼山镇义城村)人。自幼博览群书,尤以诗文著称。明代洪武初年,刘炳向朱元璋献书言事,在朱元璋与陈友谅“大战鄱阳湖”时,出谋划策,屡立战功。后官至大都督府掌记。朱元璋平定天下后,刘炳到山东东阿当了两年知县,后病归故里。刘炳告老还乡后,仍然勤于学业,且工于诗文,名列《明史·文苑传》,是明代江西诗派(又称江右诗派)的代表人物之一。所著《刘彦昺集》九卷被编入《四库全书》。明代著名文学家、史学家宋濂和危素等为他的诗文集作序。宋濂称刘炳的诗“脍炙人口而不厌”。“清初三大儒”之一的王夫之在《姜斋诗话》中用“高华”一词称赞刘炳的诗。

刘　莘(1388—1467)字志尹,鲇鱼山镇义城人,自幼苦读勤学,明永乐十六年(1418)考中进士。宣德十年(1435)任考功员外郎,奉命考核裁剪繁冗及失职官吏多达600余人,奉职廉洁。因有功绩,升为福建参议,后又调任山东参议。在山东为官时,大兴水利,防洪抗旱,常入工地与民同劳,并时而备酒携食慰问劳民,民众感动至深,无不奋力,使工程顺利提前完工。刘莘为官清廉,家无蓄积,旧客常来,应酬艰难,69岁时以山东布政使司之职告老,隐居丽阳镇同子坞村。刘莘自明永乐十六年,中经洪熙、宣德、正统之景泰二年(1451),历任五朝。明正德三年(1508),山东巡抚为其立进士牌坊纪念,上书“山东参议刘莘告老”八个字。牌坊于与“文化大革命”期间倒塌,坊址已建民宅。著有《恩荣集》《获轩稿》。

余　祐(1465—1528),字子积,号讱斋,昌江区丽阳镇人,著名思想家、教育家胡居仁的弟子。明弘治十二年(1499年)进士。历官南京刑部员外郎、山东副使、云南布政使等职。殁葬利阳镇(今丽阳镇)。一生深研理学,编著《性书》《文公经世大训》《游艺至论》等,为其师胡居仁编有《居业录》《敬斋集》等。《明史》有传附于胡居仁之后,称“其弟子余祐最著。”余祐事迹后载入黄宗羲著《明儒学案》一书。

戴　儒(1488—1571),字汝真,乐平洺口戴村人,明嘉靖五年(1526)进士。历官工科给事中、太仆寺少卿、大理寺右少卿、应天(今南京)府尹、都察院左佥都御史。

据明工部尚书、都察院副都御史朱衡撰文,都察院左都御史、户刑二部尚书葛守礼书丹,南北户工三部侍郎文选司郎中张守直篆盖的戴儒墓志铭述,戴儒和朱衡、葛守礼、张守直三人,他们都刚正不阿,不畏强权,有共同的抱负和见解,成了莫逆之交。均与严嵩(时任宰相)父子格格不入。戴儒在御史任中,能恪守其职,扶正除恶,惩贪治腐,公正廉洁,朝野均声誉好,口碑佳。墓志铭记载了戴儒惩贪官,不畏强暴,“清查二十四监局人匠,岁省光禄米一十七万石”;针对“寺马多凋耗”的严峻现状,他“严查得空户数万家,以均其役”……,对贪官污吏进行惩处。戴儒敢谏忠言,不枉本职。在处理皇帝“称宗袝庙”(后逝者以称“宗”,入先祖庙祭祀)之事上,他不顾嘉靖皇帝的愤怒,提出“称宗则可,袝庙则不可”。在应天府任上,他赈灾荒,修水利,心系民众。他远庙堂,归隐家乡,躬田园,“超然物外”,著有《鸿源集》《奏议》,育儿孙,严谨治学,乐此不倦。

陈文衡,字惟平,昌江区鲇鱼山凤岗村人。自幼聪明过人,勤奋好学,喜爱诗文。明嘉庆四十三年(1564)参加乡试,中甲子科举人。明穆宗隆庆二年(1568)中戊辰科进士。历官仁和知县、监察御史、广东副使、湖广参政、山东按察使、广西右布政使等职。陈文衡一生持廉守正,勤于理政,堪为表率,后因积劳成疾,病逝于京,享年59岁。《广东通志》举其为名宦,《鄱阳县志》有传。

陈文衡中进士后,初授仁和县知县。在仁和县任职期间,因理政才能卓越,经上司考功叙议,升任刑部主事,旋改任监察御史职,负责监视纠察以及祭祀、军情大事。陈文衡办案严谨不苟、奉公守廉,得到朝廷的器重,并被委派到宣大总督辖区,巡按宣府、大同、山西藩镇的官吏职守、赋役、仓储以及盗贼和社会治安情况。其时,代藩发生王位继承权之争,在处理藩王内部争斗中,陈文衡妥善处置,多次拒贿赂于署外。同时,惩处刁民贪吏,维护藩镇稳定。万历初,御史刘台弹劾权臣张居正弄权违法,反遭诬陷入狱。时任言官的陈文衡愤愤不平,上疏解救刘台,反贬至安徽庐州任推官之职。万历十年(1582)张居正卒,神宗亲政。陈文衡在庐州任职七年后迁南工部主事。万历十六年升任广东按察副使。四年后,调任湖广参政督理槽储之事,终授山东按察使、广西右布政使等职。陈文衡为官数十年,廉洁奉公,忠于职守,政绩卓著,得到朝廷的嘉奖。病卒,归葬故里。

范文程(1596—1666),字宽斗,号辉岳,明代生员,祖籍乐平双田镇范家村,乾隆十七年(1752)版《乐平县志》述,“祖贯乐平人,沈阳籍”。为官40余年,官至大学士、议政大臣、太傅兼太子太师,历经努尔哈赤、皇太极、顺治、康熙四帝,为清初政治家,开国元勋。清康熙皇帝曾亲笔为他写下“元辅高风”的匾额。

范文程为顺治九年(1652)版《乐平县志》作序时署名“邑人范文程”。历版《县志》载范文程为乐邑学官所作《重修儒学记》一文,开篇即说“吾里乐平为饶郡岩邑(险要之城),理学文章甲于江右”。万历四十六年(1618),范文程投奔努尔哈赤,参与军国机密,为得力幕僚。皇太极继承汗位后,又将其召为亲信谋臣,参与后来破旅顺、收平岛、讨朝鲜、抚蒙古等一系列军事行动。清兵入关后,顺治登基,范文程主张施“仁政”“爱百姓”,举行乡试、会试,开科取士,以收人才,安抚明皇室孑遗,举用废官,制定与推行一系列怀柔政策,这些举措多为清廷所采纳。

胡翘元(1726—1787),字羽尧,号澹园,乐平洪岩镇峤崛山小坑村人,清乾隆二十六年(1761)进士。胡翘元4岁识字,6岁熟背《四书》《毛诗》,9岁就读毕《五经》《左传》,执笔能文,人称“神童”。中进士后,入翰林院庶常馆学习深造,期满后被钦点翰林,在翰林院任庶吉士、编修。后历官江南道监察御史、广东乡试考官、户科掌印给事中、巡城御史、光禄寺卿、巡漕御史、鸿胪寺卿、山东学政等职。同治《乐平县志》卷八载,胡翘元乾隆五十二年(1786)升鸿胪寺正卿(掌管朝会、国宴、接待礼仪),第二年督学山东时,“病甚,犹力疾阅卷,亲属宾客劝阻,弗听,曰:‘吾一日可活,即代朝廷效一日劳。’竟卒于登州官署”。胡翘元“在官公余,惟沉酣经史,凡诸子百家,稗官说部,各有所批”,一生勤奋好学,博览众书且笔耕不辍。著有《周礼会通》《易研》《书经辑要》《道德经诠注》《文选精理》以及《诗绎》等多部著作,参与《四库全书》《江西婺源清华胡氏勋贤统谱》等的纂修。他的书法也名噪一时,内廷绢帖多出自其手。

胡翘元“前后三入台谏,骨鲠自矢,敷照数十章,多奉旨允行。”任巡城御史期间,能够公正执法。任巡漕御史期间,巡察淮安漕务,能够据实直接向皇帝明谏。清代“五百里内不为官”一说,即是胡翘元提出“延请幕友有期限”的建议,而为乾隆帝批示施行的。《清实录乾隆朝实录》:“戊寅……谕、前因御史胡翘元条奏、各衙门延请幕友。恐日久弊滋。定以五年更换。并不准延请本省之人及邻省五百里以内者。”

汪守和(1764—1836),字惟衣,号巽泉,乐平城区儒林汪家人,清嘉庆元年(1796)一甲二名进士(榜眼)。历官新喻(原江西新余县)教谕、翰林院侍讲、侍读学士、内阁学士、户礼二部侍郎、奉天府丞兼学政、浙皖苏三省学政、左都察御史等职,官至户部、吏部、工部尚书等职。

汪守和以其才华横溢、精善书法,名列皇榜前茅,初任翰林院编修,提任翰林院侍讲、侍读学士及国史办编修。又四次出任各省学政,多次主持各种考试,一生中多与文章打交道,为清廷办教育、主考务、阅卷试、选人才。即使在朝廷任御史、各部尚书期间,仍在主持科举考试。道光十一年(1831),江苏洪水泛滥,灾情严重,学政汪守和邀请富户赈灾捐资,带头捐俸银300两。不到10天得赈银数万两,购来粮米,使许多灾民得以渡过难关。凡遇荒年,他家门口必设棚施粥,以济灾民。每年冬天,用自己的俸银广制冬衣,以助贫寒之人。而汪守和自己却一生节俭,乘坐的一部旧马车多年不更换,家居简陋,穿着朴素。为人治家则“接物谦恭,家训最肃(见同治《乐平县志》卷八)”。清人吴昆田《汪巽泉师事略》述其“不苟取与,有柳下惠之风,仕宦四十年,薨之日,一贫如洗”。

道光十二年(1832),汪守和从江苏学政提升礼部尚书不久,就两次赴满洲、奉天主持乡试;道光十三年,任吏部尚书,又主持国子监阅卷。次年调任工部尚书,皇上又派其阅卷差。任都察院左都察御史时,又承担殿试试卷阅勘。

道光十六年(1836),汪守和带病主持考务,以至延误治疗而逝,道光皇帝敕谕称其“性行纯良,才能称职,报国勤劳,鞠躬尽瘁”,并追赠太子太保衔。

汪道诚(1783—1854),字勉旃,号砺轩,乐平乐港里汪村人。清朝嘉庆年间武状元,历任乾清门头等侍卫、福建诏安营游击、泉州城守营参将、福州城守副将、天津镇总兵、代理浙江提督等职。官至云南提督、威武将军。幼年时,随父习武,阅读兵家经典著述,时人称"躯干奇伟,颇通兵家言",且十八般兵器样样都会使,特别是骑射学得出众,人称其有"万夫不当之勇"。

清嘉庆十二年(1807),25岁时乡试中武举,并夺魁(即武解元)。嘉庆十四年进京赴试,又高中武进士。是年九月,57名天下武举于太和殿前策试,汪道诚钦点为头名状元,并加封御前头等侍卫,入直乾清门。嘉庆十七年,汪道诚丧假期满回京供职,在紫禁城里担任侍卫,后在福建上杭、泉州、漳州、福州任参将、副将等,后又授福建协副将,升直隶天津镇总兵及云南鹤丽镇总兵。又于道光十四年(1834)冬,道光十六年(1836)春,两署任浙江提督。道光三十年(1850),咸丰元年恩给一品,加封威武将军。咸丰二年(1852),汪道诚告老还乡回乐平,优游田里,亲掌家政,并著书立说,有《六合长矛阵》《抬枪演炮图说》等军事著作传世。

咸丰四年(1854)七月,汪道诚病逝于福建寓所。福建巡抚代奏皇上,奏曰:"汪道诚天性忠厚,忠君勤业数十年,与人无毫发私,事上官必敬,待僚属必诚,平生宦业所至,无不化险为吉,中外称其为福将……"。获御批:"赐祭葬如制,并予谥勤果,给碑价银两。"是年,汪道诚棺送回乐平,安葬在同心桥马家。汪道诚生前穿戴的朝服、花翎帽与使用过的一柄大刀,一直收藏在里汪村。

石景芬(1801—1876),字志祁,号芸斋,乐平涌山厚田村人,清道光二年(1822)进士。石景芬幼年时勤读诗书史籍,苦练书法,他的蝇头小楷、寸楷在当时县州生员中首屈一指。中进士后殿试时,道光皇帝极为欣赏,钦点翰林。历官翰林院编修、庶吉士,江南道、湖广道监察御史,甘肃平凉、浙江金华知府,皖南兵备道以及甘肃盐运使、四川省盐茶道台等职。

石景芬为官数十年,他在平凉、皖南、金华任上参与了镇压回民起义、太平军、小刀会。凡在任上皆有政绩,且为官清正廉洁。在翰林院、工部职上,办事干练,做事负责、遇事敢言;在两道监察御史任上,深入民间察访,弹劾贪官,决不徇私;在几地知府职上,不携眷属,不庆生辰,且在主持府学生员考试中,拒受贿赂;在兵备道及多年带兵任上,从不"吃缺",凡有缺额兵饷结余粮饷一律充作公用。尤其在任盐茶道、盐运使等肥职上,亦能自律自重,不敛财贪墨,不中饱私囊。史载他几十年为官至告老还乡,几乎没置田产,未建华丽房舍,以"物不求余随处足,事如能省即心清"作为处世格言,写成对联挂在家中来教育后代。

石景芬精于碑帖、金石研究,地方志著作颇丰。一生收集1000余种碑帖和金文,汇集成一部集书法剖析、金石研究、训诂考证于一册的巨著《金石集》。同治三年(1864),受聘主修《饶州府志》,同治六年,邀请主编《南安府志》和《大庾县志》。除志书外,尚写有《诵清阁文钞》《诗集》《长城金镜》各4卷。擅于书法的石景芬抄录柳宗元所撰《饶娥碑记》全文,刻于石碑上,此碑一直被保存。

石景芬晚年还乡后,致力教育事业,咸丰年间在家乡厚田创办墨庄书院,培育农家子弟。同治初年,又应邀在县城翥山书院(市区老为民厂内)执教讲学,后被饶州知府聘至芝阳书院任教,67岁时又赴赣州执教于濂溪书院,直到74岁才归返家乡。

袁闻柝(1821—1884),字警斋,乐平接渡袁家新屋场村人。自幼秉承父志,行医济世,后弃医习武,致力团练事务。咸丰十年(1860),因解左宗棠在乐被围缺给养之困,为左赏识并举荐以军功五品、官阶从九品在左部任职。同治十年(1871),受林则徐女婿、台湾海防大臣沈葆桢委派,出理台湾海防重任。同治十二年(1873),台湾阜南山民不满贪官污吏的横征暴敛,举行暴动,朝廷派福建布政使进剿,袁闻柝则主张"安抚为宜"。袁闻柝在台湾,非常注重传播大陆的先进文化,广开学堂,不分贵贱,招收山民子弟,进行教育。他还利用懂医的优势,用家传秘方,为山民送医送药,号脉看病。面对明治维新后日趋强盛而觊觎台湾的日本,袁闻柝积极备战,抵御外侮,他与高山族山民,戮力同心驱日军,团结一致护宝岛,使得"牡丹社之役"获得大胜。光绪元年(1875)任台湾知府,后历任福宁知府等职。光绪九年(1883)袁闻柝离任时,在台北基隆港口,几千高山族同胞跪献"万民伞",哭泣送别。袁闻柝在台致力民族和睦,安抚高山族山民,精心治理台湾。光绪十年(1884),在福宁府任上病故。

连战祖父连横所撰《台湾通史·卷三十三·袁闻柝列传》,谓"徕民开垦,给牛种,以拓巴垄卫大陂之野,来者渐集。广设学堂,教番黎""闻柝富胆略,勇于任事"。连横评道"开山之役,为台大事……闻柝……之力也”。时至今日,台湾省台东县妈祖庙右厢仍立袁闻柝塑像祭祀之。

江式训(1904—1930),浮梁诰峰村人,早年就读江村北斗书院,后入读上海南洋大学(今上海交大),参加过上海“五卅运动”。毕业后,在景德镇工作。1926年加入中共党组织。1927年3月,按党组织安排,以国民党员公开身份,进入国民党浮梁县党部工作。大革命失败后,身份未暴露,1928年担任国民党浮梁县党部第四区监察委员,继续从事中共的地下工作。1929年2月,秘密参加中共浮梁县委成立大会。11月,景德镇赣东北特委因叛徒出卖严重受挫,江式训按党组指示迅速撤离,在诰峰村遭敌围捕时渡河脱险。后化名江立身、江范斋等,潜入国民党首都南京,在南京党组织的安排下,负责与在江西井冈山进行武装斗争的领导人通讯联络,传递情报。1930年7月16日,南京地下党组织的“南京暴动”失败,在南京夫子庙广场被捕。8月12日,被枪杀于南京雨花台。

汪汝梅(1877—1944),字幼丹,乐平城区儒林汪家人。自幼聪颖过人,发奋向学,19岁进学中秀才,25岁中举人。汪汝梅毕业于日本中央大学,曾任袁州审判厅厅长、民国江西省议会秘书长、民国国会众议院议员。

在清末废科举、兴学堂之时,汪汝梅转而接受现代教育,于光绪三十一年(1905)考取前清官费,赴日本攻读法律,宣统元年(1909)毕业于日本中央大学。他在留日期间加入孙中山创建的同盟会。辛亥革命后,任江西第一届省议会秘书长、赣省法官养成所教务长。1916年,当选为民国第一届国会众议院议员,1917年8月,出席在广州召开的非常国会,参加护法运动。

1938年版《儒林汪氏宗谱》“世系谱”记述:“汝梅,行后,乳名德后,字孔达,号幼丹,别号石禅。五年补第一届众议院议员,六年国会遭非法解散,随孙总理暨海军赴粤护法,组织大元帅府,九年随粤军回粤,选举总理为非常大总统,以支持危局,十一年陈炯明叛变,举兵攻海南士敏土议员招待所,仅以身脱难走香港,旋得孙总理发给川资返沪,适黎大总统复位,召集国会,遂入京供职。”

在近现代,汪汝梅是乐平第一位出国留学的前清举人,是乐平第一位参加孙中山创建的中国同盟会会员,第一位江西省议会秘书长,第一位民国国会众议院议员,第一个电灯股份有限公司的董事长,是恢复重建乐平中学的倡导者,是乐平民国时期有影响的书法家。2000年,被尊为1900—2000年“乐平百年人杰”之一。他工书法,民国时期乐平县城店铺招牌多出自其手。

李尚庸(1887—1966),名向荣,字咏岑,号用勤,乐平镇桥渡头村人,毕业于保定陆军军官学校。20世纪上半叶与欧阳武、伍毓瑞、傅朝枢、龚师曾、彭程万、王明选等人合称“江西八老”,并被尊为八老之首。

李尚庸20岁以前在家乡读私塾。光绪三十三年(1907),投考江西陆军小学,宣统二年(1910),转入南京陆军第四中学。辛亥革命期间,李尚庸一度在“海容”号兵舰上任参谋,后又转入南京鼓楼军校就读。翌年,李尚庸被举荐进入保定陆军军官学校一期炮科,1913年10月,第十期毕业,任江西第九混成旅见习官兼随营学校教官。1913年后,李尚庸历任随营学校教官、营副、军部参谋、少校团副、营长等职。1924年,在广州沙头桂军军官学校任教,由张治中介绍加入国民党,旋入黄埔军校,历任教官、军校特别党部常委、兵器主任教官、军械处长。后任长洲要塞司令部参谋长、代理司令、虎门要塞威远总台台长。任职期间,将全部罚没物质变价,更新了清朝遗留下来的炮台装备,兴办了生产合作社性质的劳动习艺所,名震珠江三角洲。

1927年,李尚庸由武汉政府任命为江西省政府委员、省党部常委、省建设厅厅长,继任南昌市长兼公安局长。3月,辞去兼任的公安局长之职,举荐朱德担任公安局长。1929年7月,国民党政府以李尚庸反抗中央、破坏党务的罪名,将他撤职听候查办。李尚庸将其任职期内节余款3.7万元全部作了移交,然后潜往上海。1931年,广东反蒋,陈济棠邀请李尚庸任其少校参议。1937年,返回家乡,为复办乐平中学出力。1939年春,李尚庸担任广东省政府、第七战区中将顾问,并兼任广东省政府和第七战区驻赣购粮处主任,常驻江西战时省会泰和县和赣州等地,为其筹划拨运军粮民食。后又兼任江西移民委员会副主任,协调赣粤两省移民事宜,将广东省东江地区大部分灾民迁移到赣南各县定居。1945年,国民党中央政府令江西征购余粮200万石,李尚庸策动抗粮,迫使国民政府减除150万石。事后,国民党政府曾派人暗杀李尚庸,因其有旧部救援未遂。1949年4月,解放大军渡江南下,李尚庸邀集其他七老等知名人士,组织“应变会”。利用他的旧部等关系,掌握公安机关武装和其他私人武装,筹措款项和大米,策应解放军南下。

1950年,李尚庸被邀请为江西省各界人民代表、省人民政府委员。1952年5月,李尚庸参加民革,历任民革江西省委委员、民革中央团结委员。1954—1963年,当选为江西省第一届至第三届人民代表大会代表、省人民委员会委员,并任省民政厅副厅长。

李家俊(1920—1986),江西南昌人。1946年,于景德镇天翼中学高中毕业后,承父业主持经营“李和兴”老字号五金商店,生意兴隆。1949年后全力支持新中国经济建设,1954年将全部商业资产率先与市国营人民铁工厂公私合营,为景德镇最早接受社会主义改造的私营企业。合营后任人民铁工厂副厂长。1954年,任江西省首届省人大代表,后续任二届、三届省人大代表。1956年,经民建江西省南昌工委批准加入民建组织,为全市最早加入民建的会员之一。1957—1966年,任市城市建设局副局长、市人民委员会委员。民建景德镇市委会成立后任第一、二、三、四、五、六届副主任委员,工商联景德镇市第一、二、七届副主任委员。后被强制下放农村劳动,曾任政协江西省第四届委员。

余翰青(1904—1987),江西乐平人。早在民国时期就享有盛名,系“珠山八友”同期名家。曾任教于东方艺术专科学校。1955年,调入“陶瓷美术技艺学校(陶院前身,校址市一中)。成了景德镇陶瓷学院建院之初仅有的几位副教授之一。他集陶瓷美术家、国画家、陶瓷美术教育家于一身,系景德镇陶瓷学院美术系副教授、中国美术家协会会员、景德镇书画院顾问、文物管理局鉴定委员,1959年首批“陶瓷美术家”。从事陶瓷美术和中国画创作、教学60余年。著有《花鸟画技法》《教案札记》,参与编写教科书《陶瓷彩绘》第二篇釉下彩的四、五、七章,计十几万字。他创作的粉彩作品《枇杷莲子》瓶被作为国宝,珍藏在北京展览馆。为建国瓷厂绘制300件粉彩《孔雀牡丹》瓶一对(系没骨洗染法)、300件《百鸽图》瓶一对,均为国内外博物馆收藏。1955年,市委第一书记赵渊调他筹办“陶瓷美术技艺学校”(景德镇陶瓷学院前身),并担任专业课老师兼班主任,为新中国的陶瓷美术事业培养急需的人才。1986年,在香港“中艺”举行的景德镇陶瓷名作展上,余老的8件陶瓷艺术珍品轰动香港、创汇百万。香港《文汇报》《明报》《华侨日报》等均撰文盛赞。

黄庭理(1896—1991),江西浮梁人。1920年,考取东南大学。毕业后,分配到江西省立湖口农业试验场和永修棉场工作多年。后离职返乡,向当时的县政府承担开垦荒芜已久的60亩莲塘,以作为从事棉花研究的实验地。1948年,农业部棉产改进处在江西彭泽芙蓉地区建立赣北棉场,黄庭理被聘用到彭泽芙蓉赣北棉场担任棉花研究工作。1950年,棉产改进处引进一批“岱字十五号”让黄庭理实验试种。黄庭理细致观察其生长优势,切实做到三防(防病、防虫、防涝),过好三关(整地播种关、中耕施肥关、铃蕾掉落关),在历年亩产百多斤的基础上实现了亩产籽棉204.205斤,这是历史性的飞跃。1951年3月,省人民政府评选他出席首届英模大会,获二等农业劳模称号,继而又出席北京全国科学研究大会。1954年,发生特大洪水,圩堤冲泻,棉地受涝,黄庭理组织抢险队奋不顾身地抢救出800余株“岱字十五号”到附近山地培植。终于在这800余株棉种内选育出“彭泽一号”“彭泽三号”“彭泽四号”3个品种。这些优质品种,在全国被大面积推广,还输送到苏联、越南、保加利亚等国,为祖国赢得了荣誉。1958—1966年,黄庭理连续被选为省人民代表。1983年,中国棉花学会评定他“高级农艺师”职称,并吸收他为中国棉花学会会员。1985年,获全国农作物品种审定委员会颁发的国家科学技术进步一等奖。

许凌青(1897—1994),又名许鸿,谱名许祇隆,乐平洺口村人。1922年8月,经董必武、陈潭秋两人介绍,许凌青在学校加入中国共产党。1924年,许凌青与董必武等组建中共湖北区委员会,许凌青被选为委员长兼青年部长,并任国民党湖北临时省党部常务委员。12月,许凌青利用学校放寒假之机,回到乐平传播马克思主义,发展了一批革命青年,并介绍汪庭光、夏威伯、黎国华、汪兴等同志加入中国共产党,创建中共乐平县支部,汪庭光任支部书记。1925年,创办国立武昌商科大学附属九江高级中学(该校被誉为江西革命四校之一),并创建中共九江支部。1926年5月,被开除党籍。他虽被迫离党,但仍在江西继续从事革命活动。1929年,许凌青创办饶州芝阳乡村师范学校,任校长,致力培育革命青年,响应磨盘山方志敏、邵式平义举。1930年6月,被国民党捕解南昌,在狱中受尽酷刑而坚贞不屈。1931年“九一八”事变后,与齐燕铭、许德珩、李达等在北平共组“华北民众抗日同盟”,屡作抗日演讲。后于1933年东渡日本,留学于早稻田大学研究院。

1935年,回国在北平大学任教,与齐燕铭等参加“一二·九”爱国运动。1937年9月,在北平被日军以抗日罪逮捕。抗日战争期间,他在军委总政治部设计委员、陆军大学中将总教官身份的掩护下,为中共从事情报工作。1945 年,抗战胜利后,许凌青在重庆与谭平山、冯玉祥、王昆仑等,争取国民党的民主人士,帮助组建"三民主义革命同志会"(即"民革")。是年 8 月,许凌青由重庆转到南京,在任伪国防部新闻局研究专员职务的掩护下,继续为共产党搜集敌高级军政情报,直到南京解放。

1949 年,南京解放。许凌青回到乐平老家。5 月,动员许鹄、许鹏等投诚,帮助中国人民解放军和地方政府做解放乐平的工作。是年 12 月 26 日,许凌青为中央政务院秘书厅资料室主任。后为中南军政委员会委员、中南军政委员会文化部副部长以及文史馆长及参事室主任等职。1954 年,中南大区撤销,许凌青调河南省,任第一届河南省人民代表大会代表、省人民政府委员、省政协常委、省教育厅副厅长。1979 年后,继任河南省政协常委和省人大代表至退休。

石天行(1917—1994),原名石联任,又名石竹,乐平后港大田村人,著名戏剧家石凌鹤胞弟,曾任江西省科学院院长、中共江西省委党校校长、江西省顾问委员会委员等职。

1937 年 7 月,石天行独身前往上海,投身革命,先在上海文化界内地服务团工作,后任安徽省动委会第 36 团团长,为唤起全民抗战疾走呼号。1938 年 4 月,加入中国共产党,先后任中共江苏省委组织部干事,仪征、天长、天高等县县委副书记、书记,中共中央华东局秘书,华东局党报《大众日报》编委,金州及沈阳两纺织厂厂长、党委书记。解放后,石天行回江西工作,先后任江西省木材公司总经理、省建工局局长、省委工业部副部长等职。中共十一届三中全会后,先后担任江西省科委副主任、科学院院长、省委党校校长、省顾问委员会委员等职。晚年先后担任江西诗社社长、《江西诗词》主编、中华诗词学会常委、江西诗词学会会长。著有《惜余诗草》。

张雪中(1899—1995),原名张达,字通明,乐平乐港明户张家村人。1924 年,在上海读书时,弃文从武,考入黄埔军校一期,先后参加对叛军陈炯明、刘震寰、杨希闵的讨伐战,以勇猛善战从少尉排长升至上校团长。1934 年,升任 89 师少将副师长,后任国民党 19 集团军总司令、国防部中将参议等职。1937 年 8 月,南口战争打响,时任 13 军参谋长的张雪中率部参战,阻击日军进攻达一月之久。在台儿庄战役中,张雪中率 89 师在临城与峄县之间与日军激战,始终守住阵地并迅速完成反包围,使日军全线溃退,是台儿庄大捷中三个著名师长之一。

1938 年,张雪中率部投入武汉会战。1939 年,转入随枣会战。是年秋,张雪中升任 13 军中将军长。1940 年 5 月至 1944 年年初,张雪中先后参加枣宜会战、豫南会战、豫中会战。1944 年底,张雪中奉命率 13 军快速奔驰贵州组建黔桂湘司令部,指挥抗击日军,迅速收复战略要地独山,使日军溃退。抗战后期至 1945 年年初,在昆明成立盟军中国战区陆军总司令部,张雪中任第三方面军副司令官,亲临前线指挥对日反击,率军先后攻克河池、德胜、宜山、柳州、阳朔、桂林等重镇,荣获青天白日勋章和美国政府授予的自由勋章。抗战 14 年,张雪中身经百战是有功之将军。解放战争中,张雪中任国民党第 19 集团军总司令。1995 年 6 月,病逝于台北。

石凌鹤(1906—1995),原名联学,乐平后港大田村人,书香世家出身。1927 年,加入中国共产党。是年,石凌鹤在家乡乐平积极开展革命活动,发展党组织,宣传群众,宣传革命。1928 年,遭国民党反动派通缉,改名石炼顽流亡日本,在一家私立学校学美术,继续进行革命活动。不久又因参加反日游行被日本政府驱逐出境。1929 年年底回到上海,加入夏衍组织的上海艺术剧社,并经夏衍介绍加入"中国左翼作家联盟"。以石凌鹤为笔名,在《申报·电影专刊》发表了大量电影评论,并发表《千古恨》等多篇连载小说。

"九一八"事变后,石凌鹤创作《黑地狱》等多篇话剧剧本,并与左联同仁联合导演《扬子江风暴》《赛金花》等著名话剧歌剧,宣传抗日。抗日战争全面爆发后,石凌鹤在上海参与创作和导演《保卫卢沟桥》《火海中的孤军》等一系列宣传抗日的戏剧。1938 年到武汉,在郭沫若领导的政治部三厅工作,带领演剧第八队和孩子剧团,开展如火如荼的抗日剧艺活动。在衡阳将湖南花鼓戏《十劝郎》改编为《劝夫从军》,以群众喜闻乐见的形式宣传抗日思想。1941 年,在重庆导演郭沫若的话剧《棠棣之花》和大型歌舞剧《法西斯丧钟响了》,很受抗战群众欢迎。

解放后,石凌鹤出任江西省文化局长。他将古老乐平腔为主的饶河调与广信调合并,定名为赣剧,使赣剧逐渐成为一个大剧种。他改编传统剧,引进新剧目,唱腔、乐队、服装、道具都进行改革,创作、改编一大批戏曲剧目,其中最为成功的是“三记一行”,即《珍珠记》《还魂记》《西厢记》和《西域行》。

胡献雅(1902—1996),江西南昌人,教授,1925 年毕业于上海美专。专攻花鸟,师从国画大师刘海粟、潘天寿。他的诗、书、画及陶瓷彩绘蜚声海外,是海内外博物馆收藏的珍品。30 年代,胡献雅与张道藩等数十人联名发起成立全国美术协会,并当选为中华全国美术协会第一届理事。作品《牡丹》被送往加拿大国际艺术博览会展出并获金奖。1943 年秋,他在抗战年代的江西省省会泰和开创了江西历史上第一个美术专门学校“立风艺专”,并任校长兼教授,同时受聘为国立中正大学名誉教授。是年,中国政府向英国首相丘吉尔和美国总统罗斯福分别赠送由胡献雅创作的《红梅图》《苍鹰图》两幅国画,其中《红梅图》收藏在大英博物馆。1958 年,胡献雅主持创办景德镇陶瓷学院美术系,任教授。1960 年,为北京人民大会堂江西厅作《松鹰》《荷花翠鸟》两幅大型国画及书画屏风 3 套。1982 年,美国《纽约华侨时报》连续 3 次刊载胡献雅国画作品。1984 年,中国美协、江西省文化厅等联合在北京中央美术学院展厅为他举办个人画展。他将国画艺术运用于陶瓷装饰,瓷与国画相得益彰,开辟了国画陶瓷艺术的先河。先后担任中国书画函授大学景德镇名誉校长,省第一届至第四届政协委员,省第五届人大常委、中国文联委员、中国美术家协会理事、省文联副主席、省美术家协会主席、省文史研究馆名誉馆长等职务。

施于人(1928—1996),浙江余姚人,原名施文林。景德镇陶瓷学院教授、硕士研究生指导教师,系中国美术家协会会员、中国工艺美术学会高级会员、中国陶瓷美术学会理事、中国古陶瓷研究会理事、中国高等院校工业设计学会理事、景德镇市政协第七届常务委员。主要从事艺术教育、陶瓷研究、陶艺创作三个领域的研究,景德镇陶瓷学院创始人之一。中国当代美术教育家和创作设计家。1948 年,考入杭州国立艺专学习绘画,后转入杭州中央美术学院华东分院。1952 年,随院系调整转学入北京中央美术学院实用美术系,师从祝大年、梅健鹰、邓白、郑可教授。1953 年,随北京专家组,到景德镇参加“建国瓷”“出国展览瓷”的设计制作,由他创作设计的陶瓷美术作品选送欧洲 10 余个国家展览,并被中外博物馆收藏。1954 年,中央美院毕业后留校在研究生室进修深造。1955 年调到景德镇陶瓷技艺学校,筹备美术学院。并于 1958 年参与组建景德镇陶瓷学院。他汲取景德镇传统陶瓷工艺技法、中国古代文人画风、西方现代绘画流派之所长,融合古朴粗犷的原始艺术和质朴明快的民间艺术的情境趣味,创造出既具传统风味又有时代新意的作品风格。1976 年,施于人复出,组织景德镇艺人为首都机场烧制大型壁画《森林之歌》,堪称中国当代陶瓷壁画的典范之作,他的著作《陶瓷彩绘》,论文《剪纸的应用与做法》《景德镇青花瓷》《颜色釉在日用瓷上的应用》《艺术瓷的设计问题》等,对陶瓷和艺术界产生影响。他的作品多次参加国内陶瓷展览,并赴日本、新加坡等国家和中国香港、澳门地区展销,深得藏家喜爱。

马长炎(1913—1997),乐平众埠共树里村人。1930 年,参加红军。1932 年,加入中国共产党。第五次反“围剿”后,随粟裕、黄道在闽北坚持游击斗争。初任省委机关教导队队长,后任红军独立师第六纵队政委。

抗战初期,马长炎任新四军三支队五团二营副营长,先后参加繁昌保卫战等战斗。皖南事变中,他率部顽强抗击敌人,身负重伤仍带领 70 余人突出重围。到江北后,先后任新四军七师五十七团政委、第二十一旅旅长,在含山、全椒、和县、江浦等地与日伪浴血奋战。解放战争时期,马长炎任华野第六纵队十七师副师长,华东野战军南下大队长、第九〇师师长,参加淮海战役和渡江战役。参加革命以后,马长炎参加过第五次反围剿、三年游击战争、抗日和解放战争大小战斗数百次。

中华人民共和国成立初期,马长炎先后任水利工程第一师师长、治淮委员会秘书长,具体负责指挥治淮工程。1956 年,出任安徽省委常委、副省长。1980 年,被选为安徽省人大常委会副主任。1983 年辞职,从事军史研究,出任中国新四军历史研究会常务副会长,研究新四军军史。

朱绍熹(1908—1998),安徽泾县人。13 岁时进董裕泰丝线店学艺。1928—1931 年,应聘至景德镇第九小学、景德镇女子公学任教。后经办朱德兴丝线店,兼营百货批发,成为景德镇工商界代表人士。1947 年至解放前夕,曾先后被推选为景德镇商会理事和浮梁县银行襄理。中华人民共和国成立初期,朱绍熹带头认购人民胜利折实公债,并为市政建设筹募资金和加强物质交流而四方奔走。1951 年,积极参加抗美援朝保家卫国的捐献活动，与全市商界同仁共同集资捐献“景市工商号”飞机一架。1952 年，朱绍熹任景德镇市工商联筹备委员会主任，组织私私联营建新百货商店，并牵头集资创办国光瓷厂，任经理兼董事长。1955 年，协助景德镇市一部分公私合营企业解决扩建中资金短缺的问题，率领工商界代表五人赴上海与上海市工商管理局和工商联洽商，与上海批发商达成企业资金与劳资两方实职人员转到景德镇市的协议。在全行业公私合营高潮中，他率先主动将自己的企业申请公私合营。1956 年 7 月，参加中国民主建国会。1957 年 1 月，任民建筹委会副主任委员。1957 年 7 月，民建市委会成立，朱绍熹任副主任委员。1957—1965 年，任景德镇市商业局副局长。先后任省政协委员、市政协副主席、民建市委会主委、市工商联主委。

晏　清（1921—1998），江西修水人，景德镇陶瓷学院教授。历任江西萍乡瓷厂技术员、业务科长，奉新师范学校教员，九江瓷厂技师。曾任教于江西省劳动局创办的景德镇技工学校，讲授窑炉课程和指导烧窑操作技术，培养了大批的陶瓷热工技术员。1958 年，参加景德镇陶瓷学院筹建，建校后一直主讲热工设备课程。50 年代初，晏清教授参与窑炉改革，不断探索煤窑烧制瓷器方法。1956 年、1957 年，方形倒焰窑和圆形倒焰窑分别研制成功并顺利投产，到 1959 年圆形窑在景德镇广泛普及。1962 年，为市华电瓷厂设计第一条煤烧隧道窑（长 60 米）并投入生产，达到生产连续化、周期短、产量大、质量高的效果。

刘自强（1935—1998），江苏江宁人，中共党员。1955 年，列席青年团景德镇市第四届代表大会。从 1959 年开始，历任第三、四、五、六、七届景德镇市政协委员，第六、七届政协常委，第九届市人民代表大会代表。1985 年，作为先进个人获市政协为四化服务事迹展览。1985 年、1988 年先后评为四化建设先进个人。1979 年曾代表景德镇市少数民族赴北京出席中华人民共和国成立 30 周年庆典活动。1982 年，景德镇市回民事务管理小组成立，任主任，并参与制定相关的管理规则，完善管理小组的机构职能。1988 年，在他的筹备下，成立“景德镇市清真寺管理小组”。他担任市回民工委会主任后，做了大量的富有成效的工作，先后重新修整清真寺，恢复清真寺的功能；争取上级拨款 5 万元修整回民餐厅，解决穆斯林用餐等一系列问题。

陈齐达（1936—2000），浙江淳安人，高级农艺师。1959 年，毕业于浙江金华农校农作物专业，后分配到淳安县农业局。1975 年，调迁浮梁县工作，系中国农学会和作物学会会员、九三学社景德镇市委员会副主任委员。历任景德镇市鹅湖区农业局副局长、局长，区政协副主席、浮梁县副县长、县政协副主席等职，1985 年 2 月，加入九三学社，是九三学社景德镇市委会创始人之一。他一生学农爱农为农，情系嘉禾。特别是担任浮梁县副县长以后，带领干部群众改造低产田，实行产业结构调整，改革耕作制度，大力繁育水稻良种，提高粮食产量，为浮梁县粮食增产和农民增收作出了贡献。一直在基层从事农业技术推广工作，在水稻品种选育和高产栽培方面有丰富的实践经验。他在单季改双季、高秆改矮秆、二熟改三熟、稀植改密植等农业技术改革中成绩显著，尤其是常规水稻改杂交水稻中贡献突出。曾获江西省“有突出贡献的中青年专家”“人民最满意的公务员”“全国十佳党外人物”“全国农村科技先进个人”等称号，被人们称为“好县长”“好老师”。

周志鸿（1910—2002），字瑞鹏，号俊卿，出生于江西省于都县农民家庭。幼读私塾，1933 年，考入江西省立医科学校外科班学习。1938 年毕业，被征调至国民政府军政部 137 后方医院任少校军医，为抗日受伤将士服务。1939 年，调任景德镇第八防疫医院任医师，景德镇被日军轰炸后，被调往皖南抗日前线巡回医疗。1941 年，周志鸿辗转回到赣州，任江西医科学校附属医院医师。1945 年，赣州被日军侵占，校方要求医职员工自动疏散，周志鸿回于都老家率家小北上，原拟到景德镇开业行医，抵乐平时受到在乐亲友、同学的大力援助和挽留。1946 年，在乐平开业行医，取名“志华医院”。周志鸿运用所学西医外科技术和现代仪器听诊断病，主刀首创外科和妇产科系列手术，如阑尾切除术、良性肿瘤摘除术、气管切开术、截肢术、剖腹产等。

乐平获得解放后，成立乐平县医务工作者协会，周志鸿被推选为协会主席。1951 年，周志鸿被任命为乐平县人民卫生院院长，他全身心投入卫生院的组建、创办，到 1967 年周志鸿卸去院长之职时，医院医务人员已由建院时的 9 人增至 300 人，病床由 1957 年的 50 余张增加到 250 余张，并有多种先进的医疗设备，被江西省定为 10 个重点建设医院之一，上饶地区“六好医院”第一名，江西医学院教学医院。

1953 年，周志鸿被省政府任命为乐平县人民政府委员，从 1955 年 10 月开始，历任乐平县人民政协 1 ~ 5 届副主席，第六届政协常委，第七届政协委员。1958 年 3 月，加入中国共产党。1960 年，被聘为江西省医学科学院特邀研究员。

柴荣生(1915—2003),乐平礼林洄田庄屋下村人,少小在家乡读私塾,13岁随舅父到景德镇一瓷厂学手艺。1930年参加红军。入伍后,成为在乐平成立的红十军的一名战士,后随部队转战闽浙赣地区,经历了三、四、五次反"围剿"。1934年10月,随部队开始长征,柴荣生所在部队担任主力红军的前锋。历经四渡赤水、过雪山草地等艰苦斗争后,转战青海时,受命率连队返回赣南。此后他与他的连队100余人在闽浙边界山区坚持长达3年的游击斗争。

抗战开始后,柴荣生连队改编为新四军第一支队特务连,投入攻打新风店车站日军的战斗。此次战斗获得大胜,消灭日军500余人,这是新四军成立后第一次大胜仗,大灭了日军的气焰,大长了新四军的军威,柴荣生火线升任特务营长。抗战14年,柴荣生率部转战大江南北,先后经历了打盐城、击江阴、战黄桥、袭浙东等打击敌伪顽的战斗,直至抗战胜利。

解放战争期间,柴荣生任华野十兵团28军65师师长,先后参加了消灭国民党军快速纵队(坦克兵)的战斗,参加了消灭74师张灵甫的战斗、渡江战役、解放大上海战役。解放初期还到苏皖浙边界天月山区剿匪,彻底肃清国民党残部。柴荣生任华东军区教导旅参谋长期间,于1952年6月赴朝鲜战场,参加汉城会战,在消灭美骑兵第一师一个营、土耳其军一个旅和英军装甲师的战斗中立下新的战功。回国后,柴荣生历任松江军分区、徐州军分区司令员,江苏省军区副司令员。1982年10月后离休。

林景梧(1929—2003),江西浮梁人,副编审,方志专家。解放后,先后在市委秘书处、调研室、市委组织部、市政府办公室工作,曾任市人民委员会副秘书长兼办公室主任、市体委主任、昌江区副区长、区人大常委会副主任、市地方志编纂委员会副主任兼办公室主任、市地方志协会主席。1989年,被评为副编审。他淡泊名利、勤于笔耕、潜心修志。编著的主要成果有:《景德镇市1949—1982年大事记》《景德镇市志略》、主编大型历史文化名城丛书《景德镇》。他主编的《景德镇市志》(第一卷)曾获全国方志成果二等奖。著作主要有《瓷都史话》《佛印》等。撰写各类文章、论文3000余篇。与人合作的著作有《高岭》《陶瓷习俗》,其中《高岭》曾被译为日文出版。此外,还参与《现代景德镇陶瓷经济史》《中国国情丛书一百县市经济社会调查·景德镇卷》的编写和编务工作。并为市档案局总纂《景德镇市科技人物名录》。退休后,还分别担任《浮梁县志》《枫树山林场志》的审读和顾问,继续为修志事业发挥作用。

敖镜秋(1931—2003),江西清江人,教授级高级工程师。1949—1952年,在云南军区(二野四兵团)政治部电影队工作。1952年,就读于四川大学物理系,大学毕业后留校任教。1959年,在北京化工学院"全国先进技术推广班"任教。1964年,调入中国轻工业部陶瓷研究所工作,任高级专业评审委员会(工程技术系列)主任委员、部所(工程技术系列)学术委员会主任。享受国务院政府特殊津贴。

1987年1月,加入九三学社,先后任九三学社景德镇市直属小组组长、市支社委员会主委,九三学社景德镇市委会主委,曾任省政协委员、市政协委员。敖镜秋是全国陶瓷工业战线上老一辈科技工作者,陶瓷界知名专家。在40余年科研工作期间完成科研项目14个,其中获省级二等奖2个,获部、省级三等奖7个,市级四等奖2个;论文、译文近60万字;1981—1984年,完成全国日用陶瓷质量监督检测中心的筹建工作,制定标准14个,均被批准为国标与部标。

胡献瑾(1925—2004),江西南昌人,民革党员,高级农艺师。1948年7月,毕业于台湾国立中正大学农学院农艺系。1949年6月,参加工作。1981年,评为农艺师。1987年,评聘为高级农艺师。先后在江西省农林管理处三湖果树园,省农业厅,浮梁县农科林、农技站、农科所,景德镇市良种场、市共大分校、市种子(站)公司工作。在推行优良品种水稻育苗移栽技术、牛栏粪堆沤作基肥、合理密植方面,做了许多实验和研究。50年代,推广双季稻种植、磷肥施用、紫云英(红花草)种植;60年代,推广矮秆良种;70年代中后期,推广水稻良种"先锋一号""红410",并从事杂交水稻"汕优2号""汕优6号"试验和示范;80年代,推广杂交水稻。多次获省农业厅及市政府嘉奖。他倡议引进推广"二九丰""73-07"取得可喜成绩。曾任市良种公司副经理、调研员,市政协委员,昌江区政协委员,先后被评为市劳动模范、市先进工作者等称号。

胡焕文(1941—2005),江西鄱阳人,大学学历,教授。1965年,毕业于江西大学数学系。1984年8月,加入中国民主促进会。1985年6月,加入中国共产党。先后任民进市委会副主委、景德镇高专数学系主任、景德镇教育学院教务处处长、市政协学习文史委员会副主任、民进市委会专职副主委,曾任省人大代表、市人大代表、市政协委员。从事教育工作几十年,而后进入民主党派机关工作,在工作中以身作则、严于律己、任劳任怨,具有高度的事业心和责任感。他善于合作共事,积极参政议政,善于思考,能捕捉广大群众关心的社会难点、热点问题,赢得群众的好评。胡焕文经常组织民进会员开展社会服务活动,深入农村基层开展“三下乡”活动。

詹良军(1968—2005),江西浮梁人,中共党员,曾任枫树山林场浮南分场党支部副书记。2005 年 4 月 5 日,浮梁县湘湖镇境内进坑坞山场(枫树山林场辖区)突发森林火灾。詹良军接到火警报告后,立即带领分场的同事们,一起火速赶到火灾现场,全力投入扑灭森林火灾战斗。因山高坡陡,林木葱茂,植被丰厚,加之当天风力在 7 ~ 8 级,经过 2 个余小时的奋力扑救,火势仍无法控制。詹良军指挥人群撤离火场,自己最后一个下山,不幸被大火烧成重伤,全身烧伤面积达 85% ,最终医治无效,于 4 月 20 日逝世。2005 年 11 月 1 日,经民政部批准,授予詹良军为革命烈士称号。

朱其宝(1938—2007),江苏南京人,本科学历,研究员,中国直升机设计研究所型号总设计师。1962 年,先后任国营伟建机器厂设计所设计员,602 研究所总体设计室设计员,602 研究所第四研究室任组长、室副主任、总设计师助理、副总设计师、型号总设计师、研究员。先后参加多项直升机研制,主管总体旋翼设计工作。

1984 年起,主持直 11 型机的立项论证与研制,先后被国防科工委任命为直 11 型机第一副总设计师、总设计师。先后获得江西省科学大会奖,国防科工委优秀报告奖;航空航天工业部科学技术进步奖一等奖。1999 年,荣立中航工业一等功。是年,被《科学中国人》编入中国专家人才库。2001 年纪念航空工业创建 50 周年时,中国航空工业第二集团公司授予朱其宝有突出贡献总师的称号。2001 年,荣立国防科工委国防科技工业武器装备型号研制一等功。2001 年 11 月 15 日,直 11 型机研制获国防科技工业武器装备型号研制银奖,2003 年获得国防科学技术奖一等奖,2004 年获国家科学技术进步奖二等奖。

陈菊花(1926—2008),江西抚州人,中共党员,曾任景德镇市妇联主任。1959 年,陈菊花调入厂部主管后勤食堂管理工作,任伙食主任兼事务长。当时正值三年困难时期,她严格要求工作人员洁身自好,她自己更是以身作则。

1973 年 7 月,全市第九次妇女代表大会召开,陈菊花在大会上作工作报告,号召全市妇女积极参加社会主义革命和社会主义建设,在三大革命斗争中充分发挥“半边天”作用。会上,陈菊花当选为景德镇市妇联主任。是景德镇妇女的“排头兵”和“领头雁”,她带领机关干部深入基层,了解妇女实际困难和问题,广泛开设扫盲班,帮助大量妇女识字认字;带领广大妇女开展生产运动,鼓励农村妇女广泛开展“双学双比”竞赛活动,激励城市妇女广泛开展“巾帼建功”活动,为景德镇市的社会主义发展做贡献,是全市家喻户晓的劳动模范。先后被评为全国“三八红旗手”、省先进工作者、省“五好职工”。

刘新园(1937—2013),湖南澧县人。1962 年毕业于江西大学,同年任景德镇陶瓷学院美术系教师。1965 年起在景德镇陶瓷馆从事陶瓷考古工作。1987 年任景德镇陶瓷历史博物馆副馆长。1989—2011 年任景德镇陶瓷考古研究所所长、研究员。1987—2004 年任景德镇市政协副主席。

刘新园先后被复旦大学、中国科技大学、南昌大学、德国海德堡大学聘为客座教授,景德镇陶瓷学院名誉教授。应邀在日本东方学会(亚洲与北非人文科总会)、大英博物馆、英国东方陶瓷学会、美国弗利尔美术馆、台北故宫博物院、香港艺术馆、德国海德堡大学等机构作专题学术演讲数十次。1994 年,在第八届约翰·亚历山大·波普纪念会上发表学术报告,并荣获学术勋章。

20 世纪 70 年代初开始,刘新园以景德镇古陶瓷为研究对象,将考古资料和文献史料相结合,在陶瓷工艺、艺术、经济领域以及文献考证等方面取得重要的成果。其代表作《景德镇湖田窑考察纪要》《景德镇宋、元芒口瓷器与覆烧工艺初步研究》《景德镇湖田窑各期典型碗类的造型特征及其成因考》《高岭土史考》《蒋祈〈陶记〉著作时代考辨——兼论景德镇南宋与元代瓷器工艺、市场及税制等方面的差异》《元代窑事小考》《元青花特异纹饰和将作院所属浮梁瓷局与画局》等,成为研究中国陶瓷史的划时代之作,多篇重要论著被译成日文、英文,在日本《贸易陶瓷研究》、英国《东方陶瓷学会会刊》等国外重要学术杂志上发表。

刘新园主持景德镇明清御窑遗址的考古发掘工作,出土器物在日本、英国以及中国台湾、香港地区展出,编纂出版明初、宣德、成化官窑的专题研究图录,撰写的《景德镇明御厂故址出土的明初永乐瓷器之研究》

《景德镇出土明成化官窑遗迹与遗物之研究》《明宣宗与宣德官窑》等长篇论文和专著《明宣德官窑蟋蟀罐》,对国内外古陶瓷研究产生深远影响,弘扬了中华陶瓷文化。

1987 年,刘新园获国家科委授予的“有突出贡献中青年专家”的称号,并享受国务院特殊津贴。2001 年获国家文物局颁发的“郑振铎、王冶秋文物保护奖”,2002 年获劳动人事部和国家文物局颁发的“全国文物系统先进工作者”称号。

第二章 人物简介

人物简介记载 1986—2010 年间对景德镇发展作出重要贡献的人物,主要是景德镇籍或长期在景德镇工作的人士。他们在政治、经济、社会文明、陶瓷、文化、教育、体育、医疗等各行各业作出了重要成就。分为四大类,第一类是烈士、战斗英雄、人民功臣和一等功以上获得者,主要记叙各类为国为民牺牲的军、警、电力以及社会人士;第二类是获得国家表彰的先进人物,主要是在工业经济、社会发展、教育、体育、科研等方面获得国家级表彰;第三类是为国家、省、市经济社会发展做出特殊贡献的知名人士;第四类为中国工艺美术大师。

第一节 烈士、战斗英雄、人民功臣

洪国珍 1948 年生,江西进贤人。1965 年 12 月,开始在福建 6586 部队服役,1969 年,转业后在乐平县车辆监理站、乐平公路段、乐平公路分局工作。1994 年 7 月 30 日为了保卫国家财产,被歹徒砍了 11 刀,缝合 128 针,伤好后,依然工作在平凡的岗位上。1999 年 9 月 1 日,出席全国公安保卫战线英模代表大会。

邱宝龙 1956 年 12 月生,昌江区西郊街道人,1976 年 12 月入伍,1979 年 2 月曾参加对越自卫反击战,战斗中负枪伤,为伤残四级。先后获得 1 个三等战功、2 个二等战功,被中央军委授受全国战斗英雄称号。1985 年退伍安置到景德镇市华风瓷厂。

邓亚炯 1969 年生,江西丰城人。曾任市公安局珠山公安分局副局长。1998 年 6 月 25—26 日,景德镇市遭遇特大洪灾,邓亚炯与洪水英勇搏斗 30 余个小时,独自解救出被洪水围困群众 80 余人。1998 年,被省委、省政府授予“全省抗洪抢险功臣”称号,同年 9 月 18 日,被授予全国公安战线二级英模称号。

石礼勇 1971 年生,江西乐平人。生前系萍乡市武警支队上区中队代理司务长。1997 年 8 月 15 日,在江西省萍乡市上区龙合村围捕重大持枪杀人犯战斗中牺牲。

余文庆 1972 年生,江西乐平人。生前系江西赣东北供电公司输电线路分公司副班长。2010 年 7 月 27 日,在江西余干抗洪保电因救落水同事牺牲。

李文华 1972 年生,江西乐平人。生前系乐平市公安局城北派出所民警。2000 年 10 月 10 日下午,江西省乐平市公安局民警李文华在乐平市第三中学执行公务时,遭持刀犯罪嫌疑人袭击,不幸牺牲。

夏　霆 1973 年生,江西新建人。生前系珠山区公安分局民警。1994 年 12 月入伍。1999 年 3 月 31 日,在执勤中看到一名持刀歹徒抢夺女青年的金项链,他不顾个人安危,徒手与歹徒展开殊死的搏斗,在搏斗中歹徒的尖刀刺进了他的胸膛,他忍受剧痛,将歹徒制服,后因失血过多牺牲。市委、市政府领导先后对夏霆英勇事迹作了批示,号召全市公安机关,全体民警要立即开展向夏霆学习。1999 年 7 月 13 日,经江西省民政厅批准其为烈士。1999 年 12 月,被公安部追认为全国二级英模。

吴利明 1974 年生,江西乐平人。生前系乐平市公安局城西派出所联防队员。1998 年 1 月凌晨 2 时许,吴利明在乐平市城区追捕一盗窃犯罪嫌疑人员时,被歹徒用刀刺成重伤,经抢救无效于1月12日中午牺牲。

毕文雄　1977年生，江西乐平人。生前系南京军区消防第十一旅战士（列兵）。1996年2月10日，在福建省连江县川石岛山林火灾中牺牲。

胡　佳　1977年生，江西浮梁人。生前系中国人民解放军73911部队业务技术员。2007年3月5日，在南京军区工作中，因二氧化碳中毒牺牲。

朱新周　1978年生，江西乐平人。生前系赣东北供电公司输电线路分公司员工。2010年7月27日，在江西余干抗洪保电因救落水同事牺牲。

齐　斌　1979年生，江西浮梁人。生前系94710部队上尉、某通讯连连长。2006年6月3日，在安徽省广德县预警飞机失事中壮烈牺牲。

王　旭　1979年生，江西景德镇人。生前系西藏仲巴县武警中队班长（士官）。2001年6月24日，在西藏仲巴县柴曲电站工地执行围堰抢险任务时，因路基塌方，驾驶的装载机翻进河中牺牲。

郑　群　1982年生，江西浮梁人。生前系景德镇市公安局珠山分局刑警大队民警。2008年6月20日，在执行任务中，为制止歹徒持枪行凶挺身而出，不幸被歹徒开枪击中腹部，经抢救无效牺牲。

甘　泉　1985年生，江西乐平人。生前系江西赣东北供电公司输电线路分公司员工。2010年7月27日，在江西余干抗洪保电因救落水同事牺牲。

邹吉波　1986年生，江西乐平人。生前系江西赣东北供电公司输电线路分公司劳务派遣员工。2010年7月27日，在江西余干抗洪保电因救落水同事牺牲。

第二节　获得国家表彰人物及奥运会冠军

刘夏石　1936年生，研究员。1958年，毕业于南京航空学院飞机设计专业。曾任市政协副主席、市人大副主任、中国直升机设计研究所科学技术委员会副主任、研究室主任，高技术研究中心主任兼科学与艺术研究部主任，系中国科协第三届委员、中国航空学会与中国力学学会理事、中国复合材料学会理事、南京航空航天大学兼职教授、全国人大代表。

刘夏石是全国著名的航空航天专家和力学专家，长期从事歼击机、直升机与力学的技术基础科学研究，同时参与各种新型号的设计、研究以及军民融合等工作，在现代农业、陶瓷创新与国家级新药研制等方面都有成就。曾获国家级突出贡献科技专家、中青年有突出贡献专家、全国五一劳动奖章、全国优秀科技工作者、全国劳动模范。负责的科研工作先后获全国科学大会奖3项，国家发明二、三等奖3项，国家星火计划二等奖1项，国防科技成果二等奖1项，部科技进步一等奖4项，部科技进步二、三等奖多项以及中国专利优秀奖1项等。先后发表2本专著和100余篇论文。

杨金槐　1944年生，安徽来安人，本科学历，研究员级高级工程师，曾任昌河集团公司董事长、总经理。先后获得全国劳动模范、全国五一劳动奖章。在他的带领下，形成了一个以昌河（集团）公司为母体，跨行业、跨地区、跨所有制、拥有20余个分（子）公司的大型企业集团。汽车产品方面，昌河成功地探索出一条“一次规划，分步实施，重点突破，滚动发展”的道路。在国家没有大投入的情况下，昌河汽车依靠自我积累，形成了规模效应和品牌效应。2003年，当选为全国人大代表。

刘浩元　1945年生，江苏常熟人，国务院特殊津贴获得者。先后在江苏常熟食品公司、市河西农机厂养鸡场、市农业科学研究所工作，历任种禽场技术员、副场长、场长、研究所副所长、景德板鸡实业公司经理、市农业局副局长、市农业科学研究所所长、江西德宇集团总经理、市政协副主席。长期从事科研工作，先后获“绿共生物保鲜技术”“景德板鸡制作方法”等多项国家发明专利。曾当选获全国劳动模范、全国人大代表。

李金霞　1961年生，江西临川人，曾任昌江区西郊街道森林社区党工委书记、居委会主任。在担任社区书记、主任工作中，她以社区为家，视居民为亲人，踏踏实实为群众服务，真心实意为百姓办实事做好事，努力营造一个“民有所呼、我有所应”“我为人人、人人为我”的和谐社区。先后获全国优秀社区工作者、全国三八红旗手、全国优秀党务工作者等称号。当选中共十七大代表。

金紫薇 1985年生,辽宁沈阳人,中国赛艇运动员。2000年,金紫薇就读于景德镇市体育运动学校。2001年,进入江西水上运动学校,2003年,进入国家队。曾获北京奥运会获得赛艇女子四人双桨冠军、全国城市运动会女子单人双桨冠军、世界杯女子八人单桨亚军、第十届全国运动会女子双人双桨第一名、多哈亚运会获女子单人双桨金牌。

吴静钰 1987年生,江西景德镇人,中国女子跆拳道队运动员,亚运会、奥运会双料冠军。曾获北京奥运会跆拳道女子49公斤级金牌、广州亚运会跆拳道49公斤级冠军、全国跆拳道冠军赛47公斤冠军、全国城市运动会47公斤级冠军、全国跆拳道锦标赛47公斤冠军、世界青年锦标赛49公斤级冠军,成为中国跆拳道运动史上首位大满贯运动员。

第三节 为地方发展做出贡献的科技界人士

黄 浩 1936年生,广东中山人。1959年毕业于西安冶金建筑学院建筑学专业,高级建筑师,国家特许一级注册建筑师,1992年获国务院颁发政府特殊津贴。先后任景德镇陶瓷工业设计院副院长,景德镇市建筑设计院总建筑师,景德镇市建设局副局长、总工程师,为景德镇古建修复、建设作出重要贡献。是中国建筑学会理事、资深会员,中国传统民居专业学术委员会副主任委员,中国历史文化名城保护专家委员会委员。

刘远长 1939年生,江西吉安人。中国工艺美术大师。市雕塑瓷厂厂长。1980年创作“飞天天女散花”获景德镇瓷美术百花一等奖。1981年主持和创作“水浒108将”大型瓷雕群。1988年创作的“牯牛”立在庐山牯牛岭街心公园。1992年创作“楚魂”人物像获江西省“大师奖”。他创作的《哈哈罗汉》瓷雕像广受人们喜爱。1991年,刘远长主持引进澳大利亚波特欧肯公司液化石油气梭式窑,并试烧成功,引发了景德镇烧瓷工艺的深刻变革。

蒋新桐 1938年生,江苏江阴人,研究员,中国直升机设计研究所总设计师。先后在国营秦岭电工厂(中航工业电源)、国营峨嵋机械厂(中航工业成飞)、中国直升机设计研究所工作,任设计员、副主任、总师办主任设计师兼第一研究室主任、副总设计师、总设计师、科技委主任、602所高级专务、研究员。担任过直8直升机副总设计师、直9武装直升机总设计师、直9海军改进型直升机总设计师、国家某重点工程型号第一任总设计师。主持负责的直9某型直升机研制项目获航空航天工业部科学技术进步奖二等奖,主编的《军用直升机飞行品质规范(GJB902—1990)》获航空航天工业部科学技术进步奖二等奖,负责组织领导的“直9武装直升机研制”获航空航天工业部科学技术进步奖一等奖,主持的“直9海军改进型直升机研制”于2002年获国防科工委科学技术进步奖一等奖,主持的“旋翼系统原理样机研制”于2003年获得国防科工委科学技术进步奖一等奖。

邓希平 女,1942年生,江西兴国人。1984年,担任景德镇建国瓷厂副厂长、总工程师,中国工艺美术大师。主攻传统颜色釉,创建景德镇建国瓷厂颜色釉科研所和开发部。1995年,她成立建国瓷厂邓希平工作室。2010年,成立邓希平陶瓷艺术馆和景德镇颜色釉陶瓷艺术研究院。她研究的“窑变釉里藏花”生产工艺,创造出“凤凰衣釉”“羽毛丝釉”“翎羽釉”“彩虹釉”等一系列全新的窑变釉,开辟了窑变艺术创作的新天地。其中陶瓷彩虹釉获国家发明奖、第39届尤里卡国际发明博览会金奖,个人荣获比利时王国骑士勋章。大件郎红釉新配方获国家科技进步奖,代表作品《300件郎红釉美人肩花瓶》多次被选作国家领导出访礼品。是景德镇颜色釉领域的国家级有突出贡献专家,景德镇传统颜色釉瓷烧制技艺代表性传承人。

刘福令 1943年生,山东莱阳人,研究员,中国直升机设计研究所所长。先后任中国直升机设计研究所历任二室、五室设计员、主任工程师、研究室主任、副总设计师、中国直升机设计研究所所长。参加过直6、直7、直8、直9、某重点型号、直11等型号的研制工作,是直8陆军运输型直升机总设计师。曾获得国家科学技术进步奖42项,省部级科学技术进步奖近20项。被评为航空航天工业部先进工作者、中国航空工业总公司有突出贡献中青年专家、江西省劳动模范。2011年4月，获航空报国特殊贡献奖。

周健儿　1952年生，博士，二级教授，博士生导师，国务院政府特殊津贴获得者。曾任景德镇陶瓷学院院长。主持承担国家自然科学基金、973预研、863高科技计划、科技支撑、国际合作等以及省、部级重点科研项目46项。获国家科技进步二等奖1项，省级科技进步一等奖2项、二等奖4项，三等奖2项；轻工业部科技进步三等奖1项，省社会科学优秀成果二等奖1项。先后主持承担国家、省级教学研究项目6项，获国家优秀教学成果二等奖1项，江西省教学成果一等奖3项，二等奖2项。发表学术论文206篇，其中SCI、EI收录70篇，出版学术著作7部。获授权发明专利20项，实用新型专利12项，转化科技成果15项。

蔡速平　1963年生，江西人，大学本科学历，教授级高级工程师。曾任昌河飞机工业集团公司车间主任、飞机工艺处处长兼党支部书记、昌河铃木汽车有限责任公司（中日合资）中方总经理、昌河飞机工业集团公司副总经理、昌河航空工业有限公司副总经理期间兼任昌河模夹具制造公司总经理、昌河直升机公司副总经理、昌河汽车股份有限公司总经理、昌河进出口公司董事长、中国航空汽车工业总公司总经理、北京汽车集团有限公司副总经理。

左丽华　1964年生，江西高安人。1986年，毕业于北京航空航天大学，在中国直升机设计研究所就职，历任系统室液压组专业组长、情报室副主任、系统专业副总师兼系统研究室主任。获国防科技进步奖等奖3项，三等奖1项，航空科技进步奖一等奖2项，二等奖1项。作为专业副总师负责多项重点型号系统综合，在系统研制方面起着技术领头作用。

吴希明　1964年生，享受国务院政府特殊津贴专家。先后担任设计员、型号主任设计师、专业副总师、中航工业直升机公司研发中心型号总设计师、国家某重点工程总设计师、国家863飞机基础技术主题专家、中航工业首席专家。亲自参与或主持了包括直8、直9、直11和国家重点工程等多个系列直升机的研制。先后入选国家“新世纪百千万人才工程”、国防科工委511人才，获“中国十大杰出青年”“2004年度中国十大科技新闻人物”，首届“航空航天月桂奖”“中央企业十大杰出青年”、江西省“突出贡献人才奖”、第三届“十大井冈之子”等称号，曾4次荣立部级型号研制一等功，4次获省部级以上科技成果奖。

吴景华　1962年生，江西都昌人，本科学历，高级工程师，华意压缩机股份有限公司总工程师。先后主持完成了HYE系列超轻型压缩机、HY大排量座簧系列压缩机、HYS系列小型高效压缩机以及HYB系列超小型迷你压缩机等四大系列，并牵头完成了全无氟新型制冷剂的替代和R290新型环保混合工质压缩机的开发。先后获得三项国家新产品一等奖（AE1350Y无氟压缩机、HY55MTUY压缩机等）、五项省级科技计划（低电压运行无氟压缩机等）、三项国家火炬计划、两项省级火炬计划、五项省级优秀新产品一等奖、一项国家科技进步奖三等奖。

第四节　中国工艺美术大师（第1~3届）

王锡良　1923年生，安徽黟县人，中共党员，陶瓷美术家，享受国务院政府特殊津贴。系中国美术家协会会员。1955年进入轻工业部陶瓷工业科学研究所。1979年由轻工业部授予首批“中国工艺美术大师”称号；2005年获中国工艺美术学会“工艺美术终身成就奖”。代表作有粉彩《采茶扑蝶》圆盘、《太平窑》年画、《岁朝图》茶具、《荷叶》茶具、《革命摇篮井冈山》大型壁画（悬挂在北京人民大会堂江西厅），粉彩《明月松间照》《黄山》大型壁画、粉彩《春风拂栏露华浓》瓷瓶等。

王隆夫　1931年生，江西浮梁县人，号“昌南子”。出身于“陶瓷世家”，是中国工艺美术大师，景德书院院长，中国美术家协会会员，第八届全国政协委员。祖父王昌彬曾任晚清御窑总办。王隆夫擅长运用粉彩绘制古代人物画，兼及山水、意笔花鸟。作品以古装人物为主，用笔苍劲古拙，立意气势磅礴，能融绘画、金石、诗画为一体。其作品粉彩八仙过海薄胎瓶、粉彩夜宴图瓷板等获国家级专业评比一、二等奖和金杯奖。王隆夫曾出席全国第二、三届工艺美术代表大会，获全国艺代会银牌奖。王隆夫多次应邀赴国外参展及技艺交流,不少作品被国内外馆收藏机构收藏。

张松茂 1934年生,江西鄱阳人,中国工艺美术大师、中国陶瓷艺术大师,中国工艺美术终身成就奖获得者,享受国务院政府特殊津贴,素有“牡丹大王”“瓷坛泰斗”之美誉。系中国美术家协会会员、中国陶瓷美术家学会理事、市文联名誉主席、市美协名誉主席。2008年被世界手工艺理事会(WEC)授予“首届亚太地区手工艺大师”称号。其作品选材有人物、山水、花鸟等,尤以大型瓷版画和巨幅瓷壁画见长。1997年,其作品“紫归牡怀图”被省政府选定为赠予香港特别行政区的礼品。2010年,其创作的《三顾茅庐》瓷板画以1300万元的价格拍卖。

王恩怀 1935年生,景德镇人。从小随父亲王步学艺作画,后又师从珠山刘雨岑研习绘瓷技艺。1954年就职于轻工部陶研所,从事陶瓷美术创作设计。1964年调景德镇为民瓷厂,任厂美研所名誉所长。1993年被授予中国工艺美术大师称号,享受国务院颁政府特殊津贴。1980年,他创作的粉彩《牡丹玉兰》获全国陶瓷评比一等奖;《牵牛花》15头咖啡具,获景德镇首届陶瓷美术“百花奖”一等奖。他创作设计的山茶花、梅竹、红白桃花、水仙等花纸装饰,被外交部确定为国家用瓷花面。

唐自强 1940年生,湖南长沙人,中国工艺美术大师。是中国工艺美术学会高级会员。享受国务院政府特殊津贴。1964年,毕业于景德镇陶瓷学院美术系雕塑专业。1980年调入省陶瓷工业公司工艺美术研究所,5年后调入省陶瓷研究所。他设计的瓷雕作品有100多种投入生产,作品远销日本、韩国、新加坡、马来西亚、泰国等国和中国港、澳、台等地。他的青花和新彩瓷画有较高水准,将《清明上河图》创造性以工笔青花装饰在3只150件的敞口钵上,在香港展出时引起关注。2000年,他绘制的五块一套的大型新彩瓷版画《清明上河图》陈列在江西省陶瓷研究所;瓷雕《唐代仕女》被江西省工艺美术馆收藏。2002年1月,他创作的色泥关公被中国历史博物馆收藏。

李　进 1940年生,江西南昌人,陶瓷美术家,中国工艺美术大师,享受国务院政府特殊津贴。曾任中国美术家协会江西分会会员、中国工艺美术学会会员、景德镇市美术工作者协会常务理事。师从“珠山八友”之一的王大凡先生。长期在中国轻工业陶瓷研究所从事陶瓷艺术创作和研究,把“八大山人”绘画风格引入陶瓷。其擅长人物画,兼工花鸟、动物、山水,作品多次参展获奖。其中粉彩“水仙花”“钟馗”1982年分获全国陶瓷美术评比一、二等奖。《孔雀东南飞》1983年获轻工业部优秀花面奖。《杜十娘》1984年获江西省文艺创作二等奖。其作品先后送日本、美国、加拿大、新加坡等国家及中国香港参加“名人名作展”。

秦锡麟 1942年生,江西南昌人,1964年毕业于景德镇陶瓷学院美术系,先后任景德镇陶瓷学院党委书记、院长、教授,《中国陶艺》和《陶瓷学报》杂志主编,中国工艺美术大师评审委员会评委、中国陶瓷艺术评审委员会主任委员、中国陶瓷协会副理事长、中国工艺美术学会副理事长、中国美术家协会陶瓷专业委员会委员、省文化艺术联合会副主席、市文化艺术联合会名誉主席、联合国教科文组织国际陶艺学会会员。1987年被授予国家级有突出贡献的专家称号,1988年被授予“中国工艺美术大师”称号,1991年享受国务院“政府特殊津贴”,并连续当选为第七届、第八届、第十届全国人大代表。秦锡麟陶艺作品新颖、大方、豪放、凝重、独具一帜,具有浓郁的时代感和东方艺术特色,开创了现代民间青花艺术发展新路。有60多件作品被大英博物馆、中国故宫博物院、中国历史博物馆、中国工艺美术馆珍宝馆等收藏,并有不少作品作为国礼赠送给外国首脑。编有《现代民间青花艺术》等。

第三章　人物名录

人物名录主要收录1986—2010年间在景德镇工作过的副地(厅)级党政军领导干部、副高以上专业技术人员、国家和省市级陶瓷技能大师、全市英模先进人物以及景德镇籍在外各类人才。

第一节　党政军领导

表 39－3－1　　1986—2010 年全市地(厅)级以上领导一览表

姓名	籍贯	职务	姓名	籍贯	职务
欧阳志凤	江西萍乡	市委书记	徐希扯	上海	市委常委
江国镇	江西都昌	市委书记	郑荣辉	安徽泾县	市委常委
殷国光	江苏海门	市委书记	管日顺	江西抚州	市委常委
舒晓琴	江西宜春	市委书记	王延汉	—	市委常委
方综	江西乐平	市人大常委会主任	杨金云	江西兴国	市委常委、组织部部长
李孝来	安徽太湖	市人大常委会主任	刘道清	—	市委常委
周庭祥	江西景德镇	市人大常委会主任	管正川	江苏丹阳	市委常委
马博维	江西景德镇	市人大常委会主任	郭建晖	江西景德镇	市委常委、副市长
舒圣佑	江西玉山	市人民政府市长	殷金水	江西南昌	市委常委
刘爱才	江西东乡	市人民政府市长	陈兴超	浙江诸暨	市委常委、副市长
李放	黑龙江乌兰	市人民政府市长	王力农	江西鄱阳	市委常委、政法委书记
杜学秀	山东文登	市政协主席	梁高潮	江西余干	市委常委、市纪委书记
廉润生	黑龙江肇东	市政协主席	黄河	江西石城	市委常委、组织部部长
程新饶	江西婺源	市政协主席	夏修全	江西德安	市委常委
龚农民	浙江义乌	市政协主席	占勇	江西鹰潭	市委常委、农工部部长
查炳炎	安徽黟县	市政协主席	马玉玲	江西上高	市委常委、宣传部部长
程伟	江西景德镇	武警广东省总队政委	汪立耕	江西景德镇	市委常委、统战部部长
彭水根	江西景德镇	上海警备区司令员	方哲夫	安徽铜陵	市人大常委会副主任
胡高团	江西浮梁	武警天津指挥学院训练部长	吴早来	江西鄱阳	市人大常委会副主任
刘祖三	江西乐平	市委副书记	谢家超	江西萍乡	市人大常委会副主任
黄木华	江西鄱阳	市委副书记	万彩凤	江西鄱阳	市人大常委会副主任
张桂生	江西南城	市委副书记	周国祯	湖南安仁	市人大常委会副主任
张忠信	江苏乐平	市委副书记	陈焕新	江西都昌	市人大常委会副主任
李亚平	山东海阳	市委副书记	余南甫	江西乐平	市人大常委会副主任
周萌	江西丰城	市委副书记、市纪委书记	王中信	安徽黟县	市人大常委会副主任
樊耀	江西南昌	市委副书记	王伟科	江西婺源	市人大常委会副主任
刘德意	江西鄱阳	市委副书记、副市长	王光秋	江西乐平	市人大常委会副主任
傅卓成	江西进贤	市委副书记	洪国良	江西婺源	市人大常委会副主任
文有铭	—	市委常委	熊国材	湖南双峰	市人大常委会副主任

续表 39-3-1

姓名	籍贯	职务	姓名	籍贯	职务
李水根	江西高安	市人大常委会副主任	蒋仁德	江西都昌	市政协副主席
马宁	山东海阳	市人大常委会副主任	王遐	江西乐平	市政协副主席
余仰贤	江西新建	市人大常委会副主任	程正棠	安徽黟县	市政协副主席
梁莉莉	江西遂川	市人大常委会副主任	严裕才	浙江江山	市政协副主席
夏山东	江西新建	市人大常委会副主任	杨启村	浙江杭州	市政协副主席
叶永强	安徽黔县	市人大常委会副主任	吴奇山	江西都昌	市政协副主席
冯上延	江西都昌	市人大常委会副主任	汪宗达	安徽黔县	市政协副主席
伍枝勤	江西乐平	市人大常委会副主任	柯尔荣	江苏	市政协副主席
余昭安	江西都昌	市人大常委会副主任	周国俊	江苏无锡	市政协副主席
喻长林	江西临川	市政府副市长	李建中	江西南昌	市政协副主席
周华保	江西景德镇	市政府副市长	刘浩元	江苏常熟	市政协副主席
李萍文	江西南昌	市政府副市长	王守之	上海	市政协副主席
谢茹	浙江奉化	市政府副市长	李昌华	重庆	市政协副主席
黄康明	江西鄱阳	市政府副市长	陈长生	江西都昌	市政协副主席
于秀明	江西鄱阳	市政府副市长	曹秋珍	江西万年	市政协副主席
方府春	江西万年	市政府副市长	王祖庆	江西浮梁	市政协副主席
章培荣	江西浮梁	市政协副主席	潘义忠	江苏苏州	市政协副主席
刘夏石	福建福州	市政协副主席	何炳钦	江西婺源	市政协副主席
刘新园	湖南澧县	市政协副主席	童第云	江西奉新	市政协副主席
方寒程	江西乐平	市政协副主席	张春萍	江西景德镇	市政协副主席
李友祥	山东烟台	市政协副主席	周建新	安徽太湖	市政协副主席

说明:担任多个职务的,以最后职务为准

第二节　专业技术人员

表 39-3-2　　1986—2010 年全市主任医师、主任药师、主任护师、主任技师一览表

姓名	籍贯	职务	姓名	籍贯	职务
吴钟山	江苏南京	市三院主任医师、大内科主任	施建槎	广东海丰	市一院主任医师
宋仲麟	江西万载	市三院主任医师	芦鸿复	江西乐平	市一院主任医师
涂本凡	江西景德镇	市三院主任医师	盛曾荫	浙江慈溪	市二院主任医师
王锡周	吉林东丰	市一院主任医师	刘耀华	江苏靖江	市食药检所主任药师
柴江忠	浙江临海	市二院主任医师	贺恒伟	安徽	市二院主任医师

续表 39－3－2

姓名	籍贯	职务	姓名	籍贯	职务
黄竞存	江西景德镇	市二院主任医师	徐恒臣	辽宁营口	昌飞医院主任医师
唐毅然	江西婺源	市二院主任医师	王瑜	江西都昌	昌飞医院主任医师
汪元治	江西婺源	市二院主任医师	杨申明	江西鄱阳	昌飞医院主任医师
汪渭忠	江西婺源	市中医院主任医师	樊仲华	江西南昌	乐平人民医院主任医师
潘育智	广东梅县	主任医师	曹乔松	江西南昌	市一院主任医师
汪梅芳	湖北大冶	市二院主任医师	陈珊梅	江西南昌	市妇幼保健院主任医师
胡观凤	江西都昌	市劳卫职防所主任医师	谢慧华	江西丰城	市二院主任医师
刘顺华	江西南昌	主任医师	吴国兰	安徽黟县	市一院主任医师
吴水福	江西乐平	乐平市人民医院主任医师	涂秀英	江西进贤	市二院主任医师
童淑琴	浙江绍兴	市二院主任医师	杨衍林	江西瑞金	市一院主任医师
王中甫	浙江江山	市三院主任医师	冯秉明	江西都昌	市二院主任医师
崔士友	江西鄱阳	主任医师	余雅琴	安徽休宁	市卫生学校主任技师
徐石源	江西余干	市五院主任医师	王昌荣	江西乐平	主任中医师
江宜忠	广东普宁	市一院主任医师	黄玉梅	江西景德镇	市食药检所主任技师
李栩堂	安徽黟县	市一院主任中医师	胡兵	江西南昌	市一院主任医师
潘山龙	江西丰城	市二院主任中医师	于功琴	黑龙江哈尔滨	中航工业昌飞主任医师
张和平	江西丰城	市一院主任医师	余定湖	江西奉新	乐平人民医院主任医师
吴少廷	江西浮梁	主任医师	潘行悌	江西广丰	乐平人民医院主任医师
万士荣	江西进贤	市二院主任医师	余运能	江西乐平	乐平人民医院主治医生
杨贞洪	江西广丰	市三院主任医师	程祥步	江西乐平	乐平中医医院主任医师
程国才	江西乐平	市一院主任医师	石少华	江西乐平	乐平人民医院主任医师
胡国鑫	安徽黟县	市中医院主任中医师	汪敏中	江西乐平	乐平人民医院主任医师
杨满庚	江西乐平	乐平人民医院主任医师	熊作群	江西丰城	市二院主任医师
朱金斗	江西乐平	乐平人民医院主任医师	王根权	江西婺源	市二院主任医师
涂忠钦	江西南昌	市一院主任医师	沈国荣	江西都昌	市二院主任医师
刘振华	江西都昌	市一院主任医师	艾伟民	江西景德镇	市三院主任医师
童性良	浙江嵊县	市一院主任医师	方木水	江西景德镇	市三院主任医师
章茂根	江西南昌	市二院主任医师	余少良	江西都昌	市一院副院长、主任医师
黄筱兰	江西临川	市妇幼保健院主任医师	袁江水	江西景德镇	市一院主任医师
张瑾	江西萍乡	市二院主任中医师	刘棋明	江西抚州	市妇幼保健院主任医师
万良政	江西丰城	市中医院主任中医师	江渭臣	江西都昌	市中医院主任中医师
任燮安	江西丰城	昌飞医院主任医师	徐祖梅	江西景德镇	主任护师

续表 39－3－2

姓名	籍贯	职务	姓名	籍贯	职务
邵建军	江西景德镇	市食品药品检验所主任药师	刘建平	江西南昌	市二院主任医师
胡剑农	江西南昌	乐平人民医院主任医师	胡国义	江西鄱阳	市妇幼保健院主任医师
吴明	江西进贤	乐平人民医院主任医师	胡菊生	江西景德镇	市疾控中心主任医师
张佩旺	江西乐平	乐平人民医院主任医师	赖丽文	江西修水	市三院主任医师
魏有林	江西新建	市二院主任医师	岑小杰	江西景德镇	市中医医院主任医师
江梦武	江西鄱阳	市妇幼保健院主任医师	李娟	江西萍乡	市二院主任中医师
杨峰	河北赤城	市二院主任医师	利新发	江西都昌	市皮肤病医主任药师
江兴玉	江西景德镇	市二院主任医师	赵奕池	黑龙江哈尔滨	昌飞医院主任医师
曹铭华	江西都昌	市一院主任医师	刘丽华	江西景德镇	市一院主任医师
王子婵	江西鄱阳	市二院主任医师	曹南华	江西都昌	市妇幼保健院主任医师
饶云龙	江西临川	市二院主任医师	朱跃光	江西景德镇	市三院主任医师
秦永斌	江西景德镇	市五院主任医师	周彤	江西乐平	市三院主任医师
金万新	江西景德镇	市二院主任医师	吴锦梅	江西景德镇	市妇幼保健院主任护师
余钢成	江西景德镇	市妇幼保健院主任医师	李怀珍	江西鄱阳	市一院主任医师
饶筱荣	江西景德镇	市三院主任中医师	刘福林	江西宜丰	市一院主任医师
谭学锋	江西景德镇	市一院主任中医师	邵建敏	江西景德镇	市三院主任医师
黄夏雨	江西景德镇	市中医院主任中医师	余建国	江西鄱阳	乐平人民医院主任医师
罗多夫	江西景德镇	市公安局刑警支队主任法医师	胡国翔	江西乐平	乐平人民医院主任医师
方华	江西乐平	乐平中医医院主任医师	邹昀	江西乐平	乐平人民医院主任医师
周景俭	江苏溧阳	市二院主任医师	吴华	江西鄱阳	市三院主任医师
朱少波	江西鄱阳	市二院主任医师	陈艳屏	江西新建	市二院主任医师
董晓明	江西景德镇	市二院主任医师	余恕玉	江西都昌	市二院主任医师
赵赛菊	江西景德镇	市三院主任医师	詹武华	江西都昌	市二院主任医师
吴民	江西鄱阳	市二院主任医师	曹碧珍	江西景德镇	市三院主任医师
于秀旺	江西景德镇	市三院主任医师	宋仁忠	江西万年	市三院主任医师
杨筱池	江西景德镇	市妇幼保健院主任医师	张令弘	江西南昌	市三院主任医师
余清	江西景德镇	市妇幼保健院主任医师	付秋德	安徽	市一院主任医师
熊福水	江西东乡	市一院主任医师	刘岑	江西鄱阳	市一院主任医师
张志华	江西都昌	市一院主任医师	聂增新	江西都昌	市一院主任医师
张将	江西南城	市中医院主任医师	王素珍	江西宜黄	市一院主任医师
黄灵	江西瑞金	市一院主任医师	文一平	江西永新	市二院主任医师
江兴华	江西都昌	市二院主任医师	殷建秀	陕西	市一院主任医师

续表 39 -3 -2

姓名	籍贯	职务	姓名	籍贯	职务
俞成叙	江西婺源	市三院主任医师	陈熙鸣	浙江	乐平中医医院主任中医师
祝笑敏	江西景德镇	市疾控中心主任医师	钱雁平	江西景德镇	市二院主任医师
叶芳平	江西景德镇	市妇幼保健院主任医师	周继良	江西乐平	乐平市人民医院主任医师
朱普生	江西余干	市三院主任中医师	刘霄妮	江西都昌	市二院主任医师
王祉武	江西鄱阳	市一院主任中医师	万永民	江西南昌	市二院主任医师
黄卿	江西都昌	市一院主任医师	谢敏波	江西抚州	市二院主任医师
程明宇	江西乐平	市一院主任医师	聂武琼	江西瑞昌	市二院主任医师
王小明	江西都昌	市二院主任医师	吕志华	江西浮梁	市二院主任医师
江新民	江西都昌	市二院主任医师	邹兰林	江西东乡	市二院主任中医师
杨斌	江西鄱阳	市二院主任医师	李莉	江西上饶	市三院主任护师
卢阳春	江西鄱阳	市二院主任医师	郑赐久	江西浮梁	海南建设厅主任医师(部队期间)
乔桂花	江西鄱阳	市二院主任医师	方志荣	江西浮梁	解放军413医院主任医师
朱小明	江西景德镇	市妇幼保健院主任医师	汪国勋	江西浮梁	江西防疫站主任医师
金明周	江西乐平	昌飞医院主任医师	汪贵林	江西鄱阳	中航工业昌飞主任医师
陈睿	江西萍乡	昌飞医院主任医师	汪元治	江西浮梁	市二院主任医师

表 39 -3 -3　1986—2010 年全市高级工程师、高级经济师、高级政工师、高级会计师一览表

姓名	籍贯	职务	姓名	籍贯	职务
武厚忠	江苏南通	昌飞研究员级高级工程师	徐定远	浙江临海	昌飞研究员级高级工程师
魏淑乔	河北安国	昌飞研究员级高级工程师	吴持孝	上海	昌飞研究员级高级工程师
王润民	江西南昌	昌飞研究员级高级工程师	丁祖寿	江苏无锡	昌飞研究员级高级工程师
范哲有	江苏溧水	昌飞研究员级高级工程师	杨金槐	安徽来安	昌飞研究员级高级工程师
蔡铭远	江苏无锡	昌飞研究员级高级工程师	张一民	江苏常熟	昌飞研究员级高级工程师
李万新	江苏盐城	昌飞研究员级高级工程师	秦丕江	黑龙江哈尔滨	昌飞研究员级高级工程师
王建秋	江西新建	昌飞研究员级高级工程师	冯章明	江苏句客	昌飞研究员级高级工程师
韩乐理	安徽巢湖	昌飞研究员级高级工程师	鲁志鸿	江西	昌飞研究员级高级工程师
傅婷婷	福建泉州	昌飞研究员级高级工程师	刘建立	河北饶阳	景航锻铸研究员级高级工程师
池大杰	福建福州	昌飞研究员级高级工程师	严绳武	浙江	昌飞研究员级高级工程师
倪延芳	黑龙江哈尔滨	昌飞研究员级高级工程师	王可麒	山东蓬莱	昌飞研究员级高级工程师
杨锄非	湖南邰东	昌飞研究员级高级工程师	李德山	吉林通化	昌飞研究员级高级工程师
王正元	江苏靖江	昌飞研究员级高级工程师	胡德龙	浙江宁波	昌飞研究员级高级工程师
蔡光辉	江西新余	昌飞研究员级高级工程师	李冠咏	广东揭西	昌飞研究员级高级工程师

续表39－3－3

姓名	籍贯	职务	姓名	籍贯	职务
林培明	上海	昌飞研究员级高级工程师	卢廷钧	江西武宁	昌飞研究员级高级工程师
杨开天	重庆永州	昌飞研究员级高级工程师	安效军	安徽东至	昌飞研究员级高级工程师
许干	安徽利辛	昌飞研究员级高级工程师	王景福	江西安义	昌飞研究员级高级工程师
吴祖墩	福建福州	昌飞研究员级高级工程师	李小华	江西宜春	昌飞研究员级高级工程师
贾学文	辽宁黑山	昌飞研究员级高级工程师	吴德铨	湖南长沙	昌飞研究员级高级工程师
苏青林	黑龙江哈尔滨	昌飞研究员级高级工程师	陈先慧	安徽	昌飞研究员级高级工程师
周锦坤	上海	昌飞研究员级高级工程师	徐文光	安徽东至	昌飞研究员级高级会计师
贝庆方	重庆	昌飞研究员级高级工程师	阙祖杓	江西鄱阳	昌飞研究员级高级经济师
周世宁	上海	昌飞研究员级高级工程师	胡良官	江西进贤	昌飞研究员级高级工程师
陈怡容	江苏南京	昌飞研究员级高级工程师	杨国平	江西樟树	昌飞研究员级高级工程师
叶守明	上海	昌飞研究员级高级工程师	蔡速平	江西南昌	昌飞研究员级高级工程师
姜永明	江苏南通	昌飞研究员级高级工程师	石辉森	江西泰和	昌飞研究员级高级工程师
邓海流	安徽六安	昌飞研究员级高级工程师	朱月明	安徽歙县	昌飞研究员级高级工程师
董瑞华	辽宁盖县	昌飞研究员级高级工程师	张向军	江西瑞昌	昌飞研究员级高级工程师
徐枝和	江西乐平	昌飞研究员级高级工程师	陈正生	江西景德镇	昌飞研究员级高级工程师
徐厚训	浙江宁波	昌飞研究员级高级工程师	熊顺祥	江西丰城	昌飞研究员级高级工程师
周显忠	黑龙江肇东	昌飞研究员级高级工程师	蒋林生	江西上饶	昌飞研究员级高级工程师
周志发	江西莲花	昌飞研究员级高级工程师	曾凡伟	江西景德镇	昌飞研究员级高级工程师
余枫	贵州遵义	昌飞研究员级高级工程师	程冬久	江西景德镇	昌飞研究员级高级政工师
李萌	江西永丰	昌飞研究员级高级工程师	鲍长安	上海	昌飞研究员级高级工程师
陈乌富	福建莆田	昌飞研究员级高级工程师	周金虎	江西峡江县	昌飞研究员级高级工程师
张宝祥	江苏泰兴	昌飞研究员级高级工程师	刘爱樟	浙江淳安	市水文局高级工程师
李明华	江西景德镇	昌飞研究员级高级工程师	施新民	江西余干	景航锻铸研究员级高级工程师
王贤玉	江西广丰	昌飞研究员级高级工程师	聂小铭	江西上饶	昌飞研究员级高级工程师
龙金生	湖南醴陵	昌飞研究员级高级工程师	童政荣	江西广丰	昌飞研究员级高级工程师
徐恒武	辽宁营口	昌飞研究员级高级经济师	罗云	江西景德镇	昌飞研究员级高级工程师
杨金槐	安徽来安	昌飞研究员级高级工程师	刘明珠	江西吉安	昌飞研究员级高级工程师
吕顺发	江西景德镇	昌飞研究员级高级工程师	姚念军	山东曹县	昌飞研究员级高级工程师
胡海银	江西鄱阳	昌飞研究员级高级工程师	陈其南	安徽安庆	昌飞研究员级高级工程师
方仁国	安徽铜陵	昌飞研究员级高级工程师	漆德三	江西高安	昌飞研究员级高级政工师
徐有肯	浙江天台	昌飞研究员级高级工程师	施晓春	江西南昌	昌飞研究员级高级工程师
朱永明	江西高安	昌飞研究员级高级工程师	陈光辉	江西樟树	昌飞研究员级高级工程师

续表 39 - 3 - 3

姓名	籍贯	职务	姓名	籍贯	职务
黎光韬	江西萍乡	昌飞研究员级高级工程师	张泽清	江西鄱阳	昌飞研究员级高级工程师
胡海泉	江西景德镇	江西省陶瓷研究所教授级工程师	陈刚	江西上饶	昌飞研究员级高级工程师
周新民	江西临川	昌飞研究员级高级工程师	王志云	江西九江	昌飞研究员级高级工程师
张晓阳	江西瑞金	昌飞研究员级高级工程师	严诏荆	江西泰和	昌飞研究员级高级工程师
黄根华	浙江龙游	昌飞研究员级高级工程师	王少谦	江西余干	昌飞研究员级高级政工师
袁辉	江西永修	昌飞研究员级高级工程师	朱建华	安徽黟县	市建筑设计院教授级高级工程师
胡忠泼	江西高安	昌飞研究员级高级工程师	张河明	江西景德镇	景德镇陶瓷工业设计研究院教授级高级工程师
徐圣良	江西鄱阳	市水文局高级工程师			
熊皓	江西余江	市规划局教授级高级工程师	廖济生	江西九江	昌飞研究员级高级工程师
林东	湖北光华	昌飞研究员级高级工程师	吴智翔	江西临川	昌飞研究员级高级工程师
王珙珙	江西龙南	昌飞研究员级高级工程师	李婺	江西兴国	昌飞研究员级高级工程师
毛志华	江西九江	昌飞研究员级高级工程师	钱栋祥	江西景德镇	昌飞研究员级高级工程师
刘国太	江西高安	昌飞研究员级高级工程师	方鹏飞	安徽青阳	昌飞研究员级高级工程师
徐金根	江西乐平	昌飞研究员级高级工程师	刘秀华	山东济南	昌飞研究员级高级工程师
刘云平	黑龙江哈尔滨	昌飞研究员级高级工程师	齐钢花	河南郑州	昌飞研究员级高级工程师
凌庄怀	江西萍乡	昌飞研究员级高级工程师	余建华	江西都昌	昌飞研究员级高级政工师
詹俊英	江西都昌	市建筑设计院教授级高级工程师	王耀	浙江余姚	景德镇陶瓷股份公司教授级高级工程师
袁勇	江西景德镇	轻工陶所教授级高级工程师			
李亚萍	江西景德镇	轻工陶所教授级高级工程师	谭振华	江西永新	昌河汽车研究员级高级工程师
乔现东	江西南昌	昌飞研究员级高级工程师	鲍长安	上海	昌河汽车研究员级高级工程师
杨力	湖南株洲	昌飞研究员级高级工程师	周安华	江西上饶	昌河汽车研究员级高级工程师
侯隆震	江西都昌	昌飞研究员级高级工程师	谢晓林	江西万安	昌河汽车研究员级高级工程师
徐德朋	江西鄱阳	昌飞研究员级高级工程师	石辉森	江西泰和	昌河汽车研究员级高级工程师
王云龙	江西余江	昌飞研究员级高级工程师	黄桂峰	江西南昌	昌河汽车研究员级高级工程师
廖竹青	江西南昌	昌飞研究员级高级工程师	裴和德	江西波阳	昌河汽车研究员级高级工程师
周小峰	江苏常州	昌飞研究员级高级工程师	丁恒青	江西萍乡	昌河汽车研究员级高级工程师
崔贵生	山东平原	昌飞研究员级高级工程师	陈长才	江西临川	昌河汽车研究员级高级工程师
张建平	江西景德镇	轻工陶所教授级高级工程师	黎新根	江西南昌	昌河汽车研究员级高级工程师
夏新民	江苏丹阳	昌飞研究员级高级工程师	余海涛	江西九江	昌河汽车研究员级高级工程师
黄勇前	江西上饶	昌飞研究员级高级工程师	胡勇	湖北浠水	昌河汽车研究员级高级工程师

表39-3-4　　1986—2010年全市大学教授一览表

姓名	籍贯	职务	姓名	籍贯	职务
周健儿	江苏吴县	景德镇陶瓷学院教授	占腊生	江西都昌	景德镇陶瓷学院教授
陈水生	江西	景德镇高专教授	杨冰	安徽长丰	景德镇陶瓷学院教授
张学文	江西赣州	景德镇陶瓷职工大学教授	柳炳祥	江西九江	景德镇陶瓷学院教授
顾幸勇	江西广丰	景德镇陶瓷学院教授	蔡付斌	江西万年	景德镇高专教授
章荣庆	江西景德镇	景德镇高专教授	李从松	湖北武汉	景德镇陶瓷学院教授
喻江鑫	江西景德镇	景德镇高专教授	王正矩	江西南昌	景德镇高专教授
黄河浪	江西景德镇	景德镇高专教授	徐松林	江西景德镇	景德镇高专教授
王光珩	江西景德镇	市委党校教授	胡林荣	江西南昌	景德镇陶瓷学院教授
洪志华	江西婺源	景德镇陶瓷学院教授	张纯	安徽望江	景德镇陶瓷学院教授
何炳钦	江西婺源	景德镇陶瓷学院教授	成岳	江苏如东	景德镇陶瓷学院教授
章义来	安徽贵池	景德镇陶瓷学院教授	余小荔	江西都昌	景德镇陶瓷学院教授
周永正	江西广丰	景德镇陶瓷学院教授	邹晓松	江西乐平	景德镇陶瓷学院教授
陈雨前	江西新余	景德镇高专教授	金晓虹	江西奉新	景德镇高专教授
宁钢	江西余江	景德镇陶瓷学院教授	余琍萍	江西都昌	景德镇高专教授
罗贤海	江西广丰	景德镇陶瓷学院教授	杜慧春	浙江永康	景德镇高专教授
高友良	江西彭泽	景德镇陶瓷学院教授	王绳嫒	江西潘阳	景德镇高专教授
刘维良	江西景德镇	景德镇陶瓷学院教授	徐文辉	江西丰城	景德镇高专教授
黄丽萍	江西安远	景德镇陶瓷学院教授	王伯建	安徽庐江	景德镇高专教授
刘小丽	湖南湘乡	景德镇陶瓷学院教授	吴建平	江西黎川	景德镇陶瓷学院教授
黄焕义	江西临川	景德镇陶瓷学院教授	夏光华	江西新建	景德镇陶瓷学院教授
余勇	江西永修	景德镇陶瓷学院教授	吴南星	安徽宿县	景德镇陶瓷学院教授
吴坚强	安徽休宁	景德镇陶瓷学院教授	戴哲敏	江西婺源	景德镇陶瓷学院教授
江伟辉	安徽黟县	景德镇陶瓷学院教授	张景辉	江西都昌	景德镇陶瓷学院教授
李月明	江西宁都	景德镇陶瓷学院教授	肖绚	江西都昌	景德镇陶瓷学院教授
冯青	江西都昌	景德镇陶瓷学院教授	吴丁	江西都昌	景德镇高专教授
曹春生	江西都昌	景德镇陶瓷学院教授	胡继平	安徽黟县	景德镇高专教授
余金保	江西都昌	景德镇高专教授	郭小丽	河北献县	景德镇高专教授
余锋	江西景德镇	景德镇高专教授	徐国基	江西景德镇	景德镇高专教授
熊冬根	江西南昌	景德镇高专教授	韩文华	江西临川	景德镇高专教授
钱钶	浙江淳安	景德镇高专教授	王安维	江西浮梁	景德镇高专教授
黄弘	江西高安	景德镇陶瓷学院教授	余端略	江西都昌	景德镇高专教授
冯浩	江西景德镇	景德镇陶瓷学院教授	刘升辉	江西都昌	景德镇高专教授
刘阳	湖南祁东	景德镇陶瓷学院教授	胡祥青	江西鄱阳	景德镇高专教授

续表39－3－4

姓名	籍贯	职务	姓名	籍贯	职务
朱寿民	江西乐平	景德镇高专教授	黄顺发	江西都昌	景德镇高专教授
张德山	安徽	景德镇高专教授	叶水英	江西万年	景德镇高专教授
李建英	江西景德镇	景德镇高专教授	罗子林	江西星子	景德镇高专教授
黄志坚	江西南丰	景德镇高专教授	余勐	江西贵溪	景德镇陶瓷学院教授
梁邦福	江西修水	景德镇高专教授	范希贤	江西浮梁	景德镇高专教授
张小萍	江西余干	景德镇高专教授	陈树发	江西乐平	景德镇高专教授
吴笑萍	江西景德镇	景德镇高专教授	万成	江西景德镇	景德镇高专教授
徐艳芳	江西都昌	景德镇高专教授	彭怀松	江西景德镇	景德镇高专教授
宁左	江西余江	景德镇高专教授	曾园根	江西丰城	景德镇高专教授
袁建新	江西景德镇	景德镇高专教授	吴健辉	湖南浏阳	景德镇高专教授
徐骏	江西临川	景德镇高专教授	王幸斌	江西景德镇	景德镇高专教授
洪燕	安徽歙县	景德镇高专教授	蔡新安	江西丰城	景德镇高专教授
何裕宁	江西修水	景德镇陶瓷学院教授	江平汉	江西乐平	景德镇高专教授
范跃农	江西临川	景德镇陶瓷学院教授	邵庄	安徽怀宁	景德镇高专教授
鄢涛	江西乐平	景德镇陶瓷学院教授	吴年进	江西浮梁	省陶瓷研究所教授
李萍	江西潘阳	景德镇陶瓷学院教授	王艳香	河北承德	景德镇陶瓷学院教授
曹建文	江西高安	景德镇陶瓷学院教授	汪和平	江西都昌	景德镇陶瓷学院教授
吴丹桂	江西景德镇	景德镇高专教授	朱棉霞	江西鄱阳	景德镇陶瓷学院教授
吴隽	江西都昌	景德镇陶瓷学院教授	张珍	江西高安	景德镇陶瓷学院教授
朱永红	江西鄱阳	景德镇陶瓷学院教授	周思中	江西万年	景德镇陶瓷学院教授
罗二平	江西高安	景德镇陶瓷学院教授	黄胜	江西九江	景德镇陶瓷学院教授
金文伟	浙江龙泉	景德镇陶瓷学院教授	詹棠森	江西余干	景德镇陶瓷学院教授
石棋	江西都昌	景德镇陶瓷学院教授	郑昕芾	江西浮梁	景德镇高专教授
刘属兴	江西都昌	景德镇陶瓷学院教授	舒新兴	安徽黟县	景德镇高专教授
曹良足	江西都昌	景德镇陶瓷学院教授	方文龙	江西乐平	景德镇高专教授
杨应慧	江西丰城	景德镇陶瓷学院教授	陆涛	江西丰城	景德镇高专教授
殷耀如	安徽太湖	景德镇陶瓷学院教授	叶艺林	江西乐平	景德镇高专教授
余建荣	江西南昌	景德镇陶瓷学院教授	王景姗	江西南昌	景德镇高专教授
朱练平	江西高安	景德镇高专教授	郝海望	江西浮梁	景德镇高专教授
张苏波	江西玉山	景德镇高专教授	汪永清	江西浮梁	景德镇陶瓷学院教授
冯绍华	江西都昌	景德镇高专教授	付弟雯	江西高安	景德镇高专教授
程云	江西浮梁	景德镇高专教授	汤国兴	江西临川	景德镇陶瓷学院教授
乐茂顺	江西东乡	景德镇高专教授	余孝平	江西都昌	景德镇陶瓷学院教授
李美珍	江西都昌	景德镇高专教授	陈丽萍	福建漳州	景德镇陶瓷学院教授

表 39-3-5　　1986—2010 年全市其他副高及以上职称人员一览表

姓名	籍贯	职务	姓名	籍贯	职务
秦锡麟	江西余干	省陶研所所长、研究员	刘少平	江西景德镇	江西省陶瓷研究所研究员
刘新园	湖南澧县	景德镇陶瓷历史博物馆研究员	詹嘉	江西都昌	景德镇陶瓷大学研究员
曾春生	江西新干	景德镇日报社高级编辑	詹运德	江西彭泽	市广播电视台高级记者
黎昌科	江西赣县	市广播电视台高级记者(内聘)	江建新	江西景德镇	市考古研究所文研究馆员
刘浩元	江西景德镇	江苏常熟市农科所副所长 高级畜牧兽医师	孙燕明	江西景德镇	景德镇陶瓷 工业协会自然科学研究员
熊钢如	江西丰城	省陶瓷工业公司副经理 市陶瓷馆馆长、陶瓷研究所所长 高级工艺美术师、研究员	魏望来	江西景德镇	景德镇日报社高级编辑
王伯建	安徽	景德镇日报社总编辑、高级编辑	金志农	江西浮梁	江西农业大学研究员
程冬久	江西浮梁	九江昌河汽车有限公司研究员	李益华	江西浮梁	故宫博物院研究员
周荣林	江西新余	景德镇陶瓷民俗博物馆调研员 文博研究员	叶东来	江西浮梁	研究员
杜明华	齐齐哈尔	昌飞社会科学研究员	邓希平	江西景德镇	市建国瓷厂(国家非遗传承人)
郭立	江西赣州	景德镇陶瓷大学研究员	傅长敏	江西景德镇	景德镇陶瓷民俗博物馆 (国家非遗传承人)
冯云龙	江西浮梁	浮梁县史志档案局新闻系列编审	汪光潮	江西浮梁	国家非遗传承人
张吟玲	江西景德镇	中国轻工业陶瓷研究所研究员			

表 39-3-6　　1988—2010 年景德镇市中国工艺美术大师一览表

姓名	授予单位	年份	姓名	授予单位	年份
张松茂	轻工业部	1988	王怀俊	国家发改委	2006
秦锡麟	轻工业部	1988	饶晓晴	国家发改委	2006
唐自强	轻工业部	1993	余仰贤	国家发改委	2006
王恩怀	轻工业部	1993	黄卖九	国家发改委	2006
李进	轻工业部	1993	宁勤征	国家发改委	2006
王隆夫	轻工业部	1993	赖德全	国家发改委	2006
戴荣	轻工业部	1997	李文跃	国家发改委	2006
徐庆庚	轻工业部	1997	李菊生	国家发改委	2006
张育贤	轻工业部	1997	吴锦华	国家发改委	2006
熊刚如	轻工业部	1997	宁钢	国家发改委	2010
刘远长	轻工业部	1997	刘升辉	国家发改委	2010
何叔水	国家发改委	2006	朱正荣	国家发改委	2010
徐亚凤	国家发改委	2006	张正海	国家发改委	2010
杨苏明	国家发改委	2006	沈盛生	国家发改委	2010

续表 39－3－6

姓名	授予单位	年份	姓名	授予单位	年份
范敏祺	国家发改委	2010	袁世文	国家发改委	2010
赵紫云	国家发改委	2010	彭竞强	国家发改委	2010
徐江云	国家发改委	2010	曾亚林	国家发改委	2010
涂序生	国家发改委	2010	舒立洪	国家发改委	2010
涂冀报	国家发改委	2010	蓝国华	国家发改委	2010
聂乐春	国家发改委	2010	戴玉梅	国家发改委	2010

表 39－3－7　　2003—2010 年景德镇市中国陶瓷艺术大师一览表

姓名	年度	姓名	年度	姓名	年度
汪桂英	2003	戴玉梅	2010	涂序生	2010
刘平	2003	范敏琪	2010	涂翼报	2010
戚培才	2003	蓝国华	2010	徐江云	2010
舒惠娟	2003	刘升辉	2010	袁世文	2010
熊汉中	2003	聂乐春	2010	曾亚林	2010
陆军	2003	宁钢	2010	张正海	2010
陆如	2003	彭竞强	2010	赵紫云	2010
涂金水	2003	沈盛生	2010	朱正荣	2010
曾维开	2003	舒立洪	2010	程爵旺	2010

说明：授予单位为轻工联合会、陶瓷工业协会

表 39－3－8　　1995—2010 年景德镇市江西省工艺美术大师一览表

姓名	年度	姓名	年度	姓名	年度
戴荣华	1995	杨苏明	1995	彭竞强	1997
王恩怀	1995	戚培才	1995	曾维开	1997
李进	1995	徐亚凤	1995	余仰贤	1997
王隆夫	1995	章文超	1995	程曲流	2001
刘远长	1995	黄卖九	1995	李文跃	2001
张育贤	1995	熊汉中	1995	夏忠勇	2001
徐庆庚	1995	候一波	1995	王采	2001
唐自强	1995	裴足喜	1997	胡光震	2001
熊钢如	1995	刘平	1997	章亮	2001
王怀俊	1995	舒惠娟	1997	沈盛生	2001
田慧棣	1995	何叔水	1997	宁勤征	2001

续表 39－3－8

姓名	年度	姓名	年度	姓名	年度
徐子印	2001	聂乐春	2006	解强	2010
赖德全	2001	涂序生	2006	李少景	2010
曹木林	2001	徐江云	2006	武育伦	2010
张正海	2001	黄水泉	2006	汪春麟	2010
涂翼报	2001	黄勇	2006	刘志为	2010
吴胜华	2001	喻冬华	2006	欧阳桑	2010
刘伟	2001	曾亚林	2006	徐岚	2010
饶晓晴	2001	程永安	2006	赵美云	2010
袁世文	2001	舒立洪	2006	邱启先	2010
蓝国华	2001	周鹏	2010	余磁	2010
朱正荣	2001	王卫平	2010	况冬苟	2010
王怀治	2006	喻木华	2010	吴兰芳	2010
方文贤	2006	钱梅玲	2010	冯金玲	2010
王秋霞	2006	李映华	2010	黄杨	2010
王跃林	2006	张中闻	2010	董伟	2010
王淑凝	2006	傅长敏	2010	余宾	2010
冯叔文	2006	吴能	2010	张慧	2010
孙同鑫	2006	徐硕	2010	张晓东	2010
孙燕明	2006	杨青	2010	姚慧云	2010
李一新	2006	熊国辉	2010	於彩云	2010
张吟玲	2006	洪南雨	2010	汪平孙	2010
余效团	2006	蔡玲玲	2010	魏晓阳	2010
赵紫云	2006	涂志浩	2010	龚华	2010
邱含	2006	刘清云	2010	熊军	2010
陈敏	2006	曾瑾	2010	曹爱勤	2010
戴玉梅	2006	梁小平	2010	胡绍宇	2010
范敏祺	2006	高峰	2010	张小红	2010
俞军	2006	邓幼堂	2010	俞有桂	2010
赵明生	2006	江建民	2010	戚耀辉	2010
胡景文	2006	杨曙华	2010	洪康民	2010
俞海青	2006	涂少波	2010		

说明:授予单位为江西省人民政府

第三节 全市英模、先进人物

表 39－3－9　　1986—2010 年景德镇市全国劳动模范一览表

姓名	单位	年份	姓名	单位	年份
占班贵	乐平矿务局鸣山煤矿	1989	艾早红	宇宙瓷厂	2000
刘浩元	市农牧渔业科研所	1990	华福寿	乐平市蔬菜研究所	2000
方水生	乐平市众埠镇	1995	王步梅	乐平市乐港镇	2003
袁耀辉	昌河飞机工业公司	1995	胡绍雄	浮梁县供销社	2003
吴彩云	红光瓷厂	1995	吴跃	中国直升机设计研究所	2000
刘浩元	江西板鸡实业公司	1995	吴希明	中国直升机设计研究所	2009
杨金槐	昌河飞机工业(集团)有限责任公司	2000	余枫	昌河飞机工业(集团)有限责任公司	2010

说明:由全国总工会授予

表 39－3－10　　1986—2010 年景德镇市全国“五一劳动奖章”获得者一览表

姓名	单位	年份	姓名	单位	年份
刘夏石	中国直升机设计研究所	1989	杨金槐	昌河飞机工业公司	1998
赵春佑	昌河飞机制造厂	1991	喻慧英	市百货纺织品总公司	1998
吴田金	市新华瓷厂	1991	张育贤	中国轻工业陶瓷研究所	1999
陈焕新	市人大常委会	1992	张松茂	中国轻工业陶瓷研究所	2000
占炎盛	乐平市酿酒厂	1992	郑可敦	中国轻工业陶瓷研究所	2000
黄淑贞	市光明瓷厂	1992	罗多夫	市公安局刑侦支队	2001
杨平根	景德镇电信	1993	魏智素	国网景德镇供电公司	2002
刘远长	市雕塑瓷厂	1993	王光辉	乐平市公安局	2004
蒋春旺	市印刷机械总厂	1993	王安维	景德镇高专	2007

说明:由全国总工会授予

表 39－3－11　　1986—2010 年景德镇市全国“三八红旗手”一览表

姓名	单位	年份	姓名	单位	年份
余小云	市第二人民医院	1995	左丽华	中国直升机设计研究所	2007
杨国范	市第七中学	1997	曹铭华	市第一人民医院	2008
曹秋珍	市妇联	1999	万露	万客隆超市贸易有限公司	2009
林培明	昌河飞机工业(集团)有限公司	2000	陈根荣	民革景德镇市委员会	2010
李金霞	昌江区西郊街道森林社区	2004	孙中慧	市教育局	不详
王玉萍	市妇联	2006	杨国范	市教研所	不详

说明:由全国妇联授予

表39-3-12　1986—2010年景德镇市享受国务院特殊津贴人物一览表

姓名	单位	年份	姓名	单位	年份
章文超	市艺术瓷厂美术研究所	1991	周淞	市建筑设计院	1992
武厚忠	昌河飞机制造厂	1991	王正芳	市农业技术推广站	1992
王恩怀	为民瓷厂产品研究所	1991	黄浩	市建设局	1992
王润民	昌河飞机制造厂	1991	牛水龙	市红光瓷厂	1992
李妙良	中国轻工业陶瓷研究所	1991	王建秋	昌河飞机制造厂	1992
刘夏石	中国直升机设计研究所	1991	徐庆庚	省陶瓷研究所	1992
樊蒲	市政府	1991	莫煦农	昌河飞机制造厂	1992
陈颂平	市无线电厂	1991	刘远长	市雕塑瓷厂	1992
刘新园	市陶瓷历史博物馆	1991	刘浩元	市农牧渔业科研所	1992
潘文复	市艺术瓷厂	1991	李廷干	市建筑设计院	1992
唐自强	省陶瓷研究所	1991	沈根度	市枫树山林场	1992
秦锡麟	省陶瓷研究所	1991	陶柱献	市电瓷电器工业公司	1992
邓希平	市建国瓷厂	1991	金坤阳	—	1993
刘翮天	市政府	1991	符气美	市林业勘察设计队	1993
王锡良	中国轻工陶研所	1991	丁志仁	乐平市政协	1993
吴钟山	市第三人民医院	1991	张松茂	中国轻工陶研所	1993
胡世才	市枫树山林场	1991	沈玉良	昌河飞机工业公司	1993
周国桢	景德镇陶瓷学院	1991	张熙年	中国轻工业陶瓷研究所	1993
张炳瀛	昌河飞机制造厂	1991	丁祖寿	昌河飞机工业公司	1993
池大杰	昌河飞机制造厂	1992	万立渊	市土肥站	1993
魏淑乔	昌河飞机制造厂	1992	蔡光辉	昌河飞机工业公司	1993
韩乐理	昌河飞机制造厂	1992	吴样才	华意电器总公司	1993
范哲有	昌河飞机制造厂	1992	李廷干	市建筑设计院	1993
杨锄非	昌河飞机制造厂	1992	朱开暖	景德镇市陶瓷机械厂	1993
敖镜秋	中国轻工业陶瓷研究所	1992	孙宝忠	昌河飞机工业公司	1993
付婷婷	昌河飞机制造厂	1992	王正元	昌河飞机工业公司	1993
黄文楼	乐平市人民医院	1992	徐志军	省陶瓷工业公司	1993
韦鸿端	市瓷用化工厂	1992	张邦宏	景德镇陶瓷学院	1993
周显忠	昌河飞机制造厂	1992	陶柱献	市电瓷电器工业公司	1993
黄伯美	市人民瓷厂	1992	万世杰	市印刷机械总厂	1993
戚培才	省陶瓷研究所	1992	胡春秀	昌河飞机工业公司	1993
虞雪琴	省陶瓷工业公司	1992	林培明	昌河飞机工业公司	1993

续表 39－3－12

姓名	单位	年份	姓名	单位	年份
董瑞华	昌河飞机工业公司	1993	江联	省陶瓷研究所	1997
刘浩元	市农牧渔业科研所	1993	姚永康	景德镇陶瓷学院	1997
袁耀辉	昌河飞机工业公司	1993	杨金槐	昌河飞机工业公司	1997
周健儿	景德镇陶瓷学院	1993	龚循明	市青年画院	1997
余枫	昌河飞机工业公司	1993	黄承恭	中国直升机设计研究所	1997
熊汉中	市陶瓷研究所	1994	倪先平	中国直升机设计研究所	1997
李进	中国轻工业陶瓷研究所	1994	万士荣	市第二人民医院	1998
胡启元	中国直升机设计研究所	1994	董瑞华	昌河飞机工业公司	1998
宋仲麟	市第三人民医院	1994	吕顺发	昌河飞机工业公司	1998
冯其全	景德镇市水文局	1994	徐恒武	昌河飞机工业公司	1998
江国良	陶瓷工业设计院	1994	詹周荣	德宇集团	1998
沈杰	市新华瓷厂	1994	杨俊严	中国直升机设计研究所	1998
魏克勤	市元件五厂	1994	陈道莹	中国直升机设计研究所	1998
胡金水	华意电器总公司	1994	蔡建秀	景德镇二中	1998
潘铁政	江西景华电子有限公司	1994	符念平	华意电器总公司	1998
林列	四三二一厂	1994	童淑琴	市第二人民医院	1999
熊钢如	江西省陶瓷工业公司	1995	程国才	市第一人民医院	1999
余仰贤	中国轻工陶研所	1995	胡寿生	景光电工厂(740 厂)	1999
苏青林	昌河飞机工业公司	1995	徐厚训	昌河飞机工业(集团)有限公司	1999
顾幸勇	景德镇陶瓷学院	1995	郑允钦	百花洲文艺出版社	1999
陈怡枢	中国直升机设计研究所	1995	武智理	景德镇一中	1999
李冠咏	昌河飞机工业公司	1996	朱乐耕	景德镇陶瓷学院	1999
林忠明	市林业科研所	1996	郭建晖	市人民政府	1999
邓莉丽	景德镇陶瓷学院	1996	李萌	昌河飞机工业(集团)有限公司	1999
马光华	景德镇陶瓷学院	1996	郭光海	中国直升机设计研究所	1999
程金送	中国直升机设计研究所	1996	张雅明	中国直升机设计研究所	1999
陈昱林	中国直升机设计研究所	1996	叶耀宾	景光电工厂(740 厂)	1999
徐华英	中国直升机设计研究所	1996	冯章明	昌河飞机工业(集团)有限公司	2000
张学文	景德镇陶瓷职工大学	1996	徐枝和	昌河飞机工业(集团)有限公司	2000
余少良	市第一人民医院	1996	赖德全	市陶瓷研究所	2000
董小明	市建筑设计院	1996	胡海银	昌河飞机工业(集团)有限公司	2000
吴持孝	昌河飞机工业公司	1997	罗幼明	中国直升机设计研究所	2000

续表 39－3－12

姓名	单位	年份	姓名	单位	年份
徐敏	中国直升机设计研究所	2000	樊天恒	景光电子有限公司	2005
缪其南	中国直升机设计研究所	2000	张柏清	景德镇陶瓷学院	2005
魏传栋	中国直升机设计研究所	2000	徐文光	昌河飞机工业(集团)有限公司	2006
王安维	景德镇艺术瓷厂美研所	2000	朱永明	昌河飞机工业(集团)有限公司	2006
叶守明	昌河飞机工业(集团)有限公司	2001	胡良官	昌河飞机工业(集团)有限公司	2006
唐景峰	昌河飞机工业(集团)有限公司	2001	范敏祺	市陶瓷文化研究所	2006
周世宁	昌河飞机工业(集团)有限公司	2001	卢廷钧	昌河飞机工业(集团)有限公司	2006
吴希明	中国直升机设计研究所	2001	曾桂保	景德镇日报社	2006
倪志东	中国直升机设计研究所	2001	杨峰	市第三人民医院	2006
聂小铭	昌河飞机工业(集团)有限公司	2002	王贤玉	昌河飞机工业(集团)有限公司	2008
李小华	昌河飞机工业(集团)有限公司	2002	刘火生	昌河飞机工业(集团)有限公司	2008
周贵荣	中国直升机设计研究所	2002	石辉森	昌河汽车有限责任公司	2008
曾本银	中国直升机设计研究所	2002	李贵镇	市残疾人美术家协会	2008
黄传跃	中国直升机设计研究所	2002	涂翼报	市陶瓷研究所	2010
黄水泉	景德镇中国陶瓷博物馆	2002	孙燕明	景德镇陶瓷协会	2010
宁勤征	景德镇陶瓷馆	2004	王安维	景德镇高等专科学校	2010
邓景辉	中国直升机设计研究所	2004	周新民	昌河飞机工业(集团)有限公司	2010
吴跃	中国直升机设计研究所	2004	徐靖	市陶瓷协会	2010
王荇卫	中国直升机设计研究所	2004	孙滨生	昌河飞机工业(集团)有限公司	2010
朱止荣	市陶瓷研究所	2004	俞海青	景德镇陶瓷研究院	2010
涂翼报	市陶瓷研究所	2004			

表 39－3－13　　**1986—2010 年景德镇市全国优秀教师称号一览表**

姓名	单位	年份	姓名	单位	年份
钱立秋	浮梁一中	1989	吴慧燕	市第一小学	1989
金梅莲	昌江区小港嘴小学	1989	王富银	乐平中学	1991
严会宽	昌江中学	1989	王建忠	市第六中学	1991
汪大梁	乐平市第三中学	1989	孙萍	市群星学校	1991
盛火枝	乐平中学	1989	庄其筠	市第十六小学	1991
熊地根	乐平教师进修学校	1989	程木娇	乐平众埠中学	1993
李德焱	乐平文山中学	1989	朱维民	浮梁县蛟潭中学	1993
王焕	江西东风制药厂幼儿园	1989	刘光明	景德镇一中	1993
黄桂英	乐平市涧田乡中心小学	1989	段银仙	昌江区竟成小学	1993

表 39－3－13

姓名	单位	年份	姓名	单位	年份
徐松柏	景德镇一中	1995	胡惠	浮梁一小	2005
吴乃兴	乐平市第三中学	1995	石少华	景德镇一职	2005
程文铨	市第六小学	1995	吴晓敏	昌江区小港嘴小学	2005
陈庆祥	昌江区黄泥头中学	1995	盛四新	浮梁一小	2006
张忠英	昌江区教研室	1995	黄秀华	乐平三中	2007
王旺霞	乐平中学	1998	史洁	市第二十二小学	2007
叶树开	景德镇一中	2001	范玉红	市第七小学	2009
席建中	乐平中学	2001	史清秋	昌江区官庄小学	2009

说明:1995 年前为国家教委授予,1998 年以后为教育部授予

表 39－3－14　**1986—2010 年全市获江西省劳动模范称号人士一览表**

姓名	单位	年份	姓名	单位	年份
胡继民	景德镇市公安局昌江分局	1987	朱有泉	乐平矿务局桥头丘煤矿	1995
孙根太	中共珠山区委政法委	1988	王忠胜	市政工程处设施养护队	1995
王有凤	乐平市梅岩乡养猪场	1989	余忠辉	中国瓷都洁具厂动力分厂	1995
赵春佑	中航工业昌河飞机工业	1990	程金令	宇宙瓷业有限公司	1995
段林生	乐平市岈崌山乡	1990	蒋利国	景兴瓷厂成型三分厂	1995
黄文楼	乐平市人民医院	1990	吴田金	新华瓷厂三车间	1995
朱粉枝	乐平市工矿贸易综合商场	1990	吴乃兴	乐平市第三中学	1995
汪为权	塔前税务所	1990	吴样才	华意电器集团	1995
夏志金	乐平市镇桥金山村	1990	李红梅	乐平市纺织厂	1995
刘进文	景德镇市青花文具瓷厂	1990	余为光	乐平市镇桥镇	1995
彭玉珠	珠山区计生委	1990	彭天河	乐平市坎上乡	1995
吴文圣	浮梁县瑶里镇白石塔村	1990	罗多夫	景德镇市公安局刑侦支队	1995
胡强华	市检察院	1995	刘义贵	青花文具瓷厂	1995
聂小才	四三二一厂	1995	李冬莲	景德镇恩冠陶瓷有限公司	1995
黄赛英	市啤酒厂	1995	徐仲华	市邮电局	1995
胡如岑	邮电部景德镇通信设备厂	1995	吴钟山	市第三人民医院	1995
张金水	昌江区竟成镇前街村	1995	郝来春	焦化煤气总厂	1995
吴文圣	浮梁县瑶里乡白石塔村	1995	喻慧英	市百货纺织品总公司	1998
朱开茂	浮梁县鹅湖镇敬老院	1995	刘福令	中国直升机设计研究所	1999
蔡建秀	景德镇二中	1995	郭水英	市蔬菜水产公司	2000
许其韩	乐平矿务局	1995	吴春柳	乐平市后港镇	2000

续表 39-3-14

姓名	单位	年份	姓名	单位	年份
程日龙	江西省涌龙水泥有限公司	2000	汪长河	浮梁县湘湖镇洞口村	2005
汪如付	江西省为民机械厂	2000	胡益青	昌南雨针茶叶有限公司	2005
曾名胜	景德镇发电厂	2000	曹桂喜	鹅湖"老曹土特产店"	2005
童月香	鹅湖镇创业村	2000	王虹宇	昌河汽车有限责任公司	2008
徐中元	湘湖镇东安园艺场	2000	陈健	昌河汽车有限责任公司	2008
洪青云	洪源瓷厂	2000	孙滨生	昌河飞机工业(集团)有限公司	2010
王步梅	乐平市乐港镇蔬菜协会	2000	方玉兰	乐平市财政局	2010
吴全	昌河飞机工业(集团)有限公司	2000	李思红	乐平市接渡镇	2010
刘火生	昌河飞机工业(集团)有限公司	2001	叶质量	乐平市双田镇	2010
王志青	景德镇市国家税务局	2005	汪长勇	乐平市商务用车有限公司	2010
余望龙	景德镇望龙陶瓷有限公司	2005	柴正海	乐平市洪岩镇	2010
欧阳琦	市鹏飞建陶公司	2005、2009	徐朝梁	中国直升机设计研究所	2010
谢应煌	昌河飞机工业(集团)有限公司	2005	汪洋	景德镇市珠山书画研究院	2010
万秀英	江西省玉风瓷厂	2005	魏敏	景德镇发电厂	2010
马琴	景德镇移动公司	2005	张育贤	中国轻工业陶瓷研究所	1999
王曼丽	乐平市金鹄生态园	2005	郑可敦	中国轻工业陶瓷研究所	2000
徐松泉	众埠镇林水工作站	2005	张松茂	中国轻工业陶瓷研究所	2000
石凌华	乐平市后港镇	2005	邓金根	中国轻工业陶瓷研究所	1956
叶青	江西锦溪水泥公司	2005	朱芳桃	浮梁县峙滩流口村	不详
叶豪发	乐平市众埠镇	2005	李小荣	景德镇啤酒有限公司	2000
胡春生	珠山区环卫局	2005	符念平	华意电器总公司	2000
李建章	瑶里旅游有限公司	2005	王文镳	市教育局	不详

表 39-3-15　　**1986—2010 年全市获江西"省五一劳动奖章"人物一览表**

姓名	单位	年份	姓名	单位	年份
周西华	沿沟煤矿	1998	王勇	浮梁县地税局	2009
杨金槐	昌河飞机工业(集团)有限公司	1999	朱建华	珠山区环卫局	2006
万秀英	江西省玉风瓷厂	2001	郑小兰	市第一小学	2006
欧阳琦	鹏飞建陶	2003	邵毓飞	市审计局	2008
余海波	浮梁县政协	2004	吴才有	市教育局	2002
王光辉	乐平市公安局城西派出所	2004	罗多夫	市公安局刑侦支队	2001
朱润元	浮梁供电公司鹅湖供电所	2009			

说明:由省总工会授予

表 39－3－16　**1986—2010 年全市获江西省特级教师一览表**

姓名	单位	年份	姓名	单位	年份
张铨晖	乐平中学	1989	聂小涛	乐平中学	2007
韩振铁	景德镇市第七中学	1989	占发龙	景德镇一中	2007
金仲华	昌河中学	1989	刘煜	市昌河中学	2007
程宇维	昌江区教研室	1989	韩林昌	景德镇二中	2007
温中元	市中小学教研所	1999	邓家瑞	景德镇二中	2010
傅汉涛	景德镇一中	1999	丁明武	景德镇一中	2010
王富银	乐平中学	1999	罗英	市第五中学	2010
吴春兰	乐平一小	1999	汪芳	景德镇市第十六中学	2010
熊以情	市中小学教研所	2004	黄金水	乐平市第五中学	2010
武智理	景德镇一中	2004	朱晓芳	浮梁县寿安镇中心学校	2010
钱立秋	浮梁县第一中学	2004	应发宝	市昌江一中	2010
曾前明	市昌江一中	2004	余秋凤	市第七中学	2010
钱立秋	浮梁县一中	2005	黄金水	乐平五中	2010
应继祥	浮梁县一中	2007	金虹	乐平一小	2010
严剑	市中小学教研所	2007			

说明:1989 年前由省教委授予,1999 年以后为省教育厅授予

表 39－3－17　**景德镇荣立二等功以上军人一览表**

姓名	部队代号及职务	立功受奖时间
催海亮	32303 部队	1952
齐炳芳	上饶武警大队二中队副班长	1957
邱宝龙	对越自卫反击战	1979
刘兴	福州军区守备二师	1985
殷金水	武警景德镇市支队支队长	1986
肖兴华※	武警景德镇支队六中队副中队长	1992
黄文兴	武警景德镇支队一中队代理中队长	1995
李德根※	乐平 80415 部队班长	1995
郭秋林	武警景德镇支队乐平中队战士	1997
戴亚君	武警景德镇支队宣传股干事	1997
欧阳小武	武警景德镇支队九中队政治指导员	1997
余凤保	75232 部队班长	1999
洪清军	75553 部队教导队教练班长	2000
马建鑫	68302 部队班长	2002

续表 39－3－17

姓名	部队代号及职务	立功受奖时间
周智源	武警景德镇市支队支队长	2002
徐小龙	武警景德镇市支队副参谋长	2002
张景如	武警景德镇市支队运输股股长	2002
汪利江	31656 部队二级军士长、技师技师	2003
牛道文	65172 部队士官	2004
吴春生	中国边防海警四级士官	2005
元朝芳	武警景德镇市消防支队特勤中队班长	2008
谢松高	武警景德镇市支队副政委	2008
程敏真	空军 94028 部队副师长	2009
涂江伟	武警景德镇市中队政治指导员	2010

说明:※为荣立一等功

表 39－3－18　　**1986—2010 年全市公安系统模范人物一览表**

姓名	单位	荣誉称号	授予单位	年份
谢华	珠山公安分局	全国优秀人民警察	公安部	1993
罗多夫	市公安局刑侦支队	全国优秀人民警察	公安部	1994
吴天然	昌江公安分局刑警大队	全国优秀人民警察	公安部	1995
邓成江	珠山公安分局	全国优秀人民警察	公安部	1996
殷金水	市公安局交警支队	全国公安学济南交警先进个人	公安部	1996
柴添胜	市公安局	全国优秀人民警察	公安部	1996
谭久生	市公安局看守所	全国优秀人民警察	公安部	1997
邓亚炯	市公安局昌江分局	全国公安系统二级英雄模范	公安部	1998
黄海泉	市公安局巡警支队	全国公安系统抗洪救灾先进个人	公安部	1998
程殿福	市公安局看守所	全国公安系统抗洪救灾先进个人	公安部	1998
夏霆	市公安局珠山分局	全国公安系统二级英雄模范	公安部	1999
梁勃	珠山公安分局刑警大队	全国优秀人民民警	公安部	1999
李文华	乐平市公安局城北派出所	全国公安系统二级英模	公安部	2000
王光辉	乐平市公安局刑侦大队	全国优秀人民警察	公安部	2000
江期军	市公安局巡警支队	全国优秀人民警察	公安部	2003
姚双朝	浮梁县公安局刑侦大队	全国优秀人民警察	公安部	2003
陈伟进	昌江公安分局治安大队	全国公安机关爱民模范	公安部	2010

表39－3－19　　1986—2010年全市教育系统模范(先进)人物一览表

姓名	单位	荣誉称号	年份
汪良秀	乐平中学	全国教育系统劳动模范	1986
岳剑琴	市第七小学	全国人民教师奖章	1986
蒋锋	市第七中学	全国勤工俭学先进个人	1988
邓林凌	珠山区教育局	全国执行《国家体育标准》先进个人	1989
张小珍	市第一小学	全国学校卫生工作先进个人	1989
洪荒	昌江区教育局	第四届全国人口普查国家级先进个人	1990
陈德华	乐平市接渡中学	全国优秀体育教师	1991
邵光华	市第四中学	全国优秀体育教师	1992
余志君	市第十二小学	全国业余体校先进个人	1992
汤元芳	市第一中学	全国优秀教育工作者	1993
黄新	景德镇一中	全国优秀班主任	1993
厉翠君	市第十一小学	全国群众体育先进个人	1993
陈晓荷	市十七小学	全国教育系统劳动模范	1993
徐松柏	市第一中学	全国教育系统劳动模范	1995
毛达生	市师范学校	全国先进教育工作者	1995
张驰	市第六小学	全国一级雏鹰奖章	1995
张喜瑞	市第十二小学	全国体育传统项目学校先进工作者	1995
饶玉新	昌江区教委	第二届中华扫盲奖	1997
朱爱民	浮梁县教育体育局	第二届中华扫盲奖	1998
巢安海	市第二中学	全国模范教师	1998
罗秋红	市第二中学	全国优秀青少年科技辅导员	1998
刘咸理	乐平市教委	第三届“中华扫盲奖”先进个人	1998
胡华东	市第十七小学	第八届全国运动会群众体育先进个人	1998
黄镇敏	乐平中学	全国学校体育卫生工作先进个人	1999
李惠娟	市第八小学	全国优秀辅导员	2000
叶顺德	市第十七小学	全国体育工作先进个人	2001
梁亮生	市特殊教育学校	全国特殊教育工作先进个人	2001
金丽霞	浮梁第一小学	全国全面体育先进个人	2001
邹梅英	乐平六小	全国模范教师	2004
曹椿华	昌江区第三小学	全国巾帼标兵	2005
朱燕	乐平一小	全国优秀少先队辅导员	2005
刘华珍	昌江区第二小学	国家模范教师	2007
梁宪平	景德镇一中	全国模范教师	2009

表 39-3-20　　1986—2010 年景德镇市中航昌河飞机工业先进(模范)人物一览表

姓名	荣誉称号	年份	姓名	荣誉称号	年份
余枫	航空航天工业部十大杰出青年	1990	徐恒武	航空工业劳模	2004
张宣明	涡轴六发动机设计定型工作二等功	1997	聂小铭	航空工业劳模	2004
翟宝峰	全国重视老龄工作功勋奖	1998	阳佳烈	中央企业劳模	2004
林培明	江西省十大杰出妇女	1999	刘火生	中华技能大奖	2004
刘火生	江西省十大能工巧匠	2001	王泉中	全国技术能手	2005
	全国技术能手	1999	唐景峰	国防科工有突出贡献中青年专家	2005
曹雪荣	全国志愿者助残先进个人	2000	孙滨生	全国技术能手	2006
刘锡华	全国先进居委会主任	2000	李军	中航空工业集团第二届“十佳青年”	2006
杨金槐	全国质量管理先进工作者	2000	邓晓峰	江西省青年岗位能手	2006
	江西省优秀厂长(经理)	2003	梁东	江西省青年岗位能手	2006
董瑞华	航空工业劳模	2001	聂小铭	有突出贡献的中青年专家	2007
吴和旺	航空工业劳模	2001	王贤玉	有突出贡献的中青年专家	2007
邓生	航空工业劳模	2001	童铁峰	全国技术能手	2007
唐景峰	有突出贡献的中青年专家	2002	林丽	全国技术能手	2007
李萌	有突出贡献的中青年专家	2002	聂小铭	第五届江西省杰出青年企业家	2007
吴全	全国企业优秀思想政治工作者	2002	乔现东	全国优秀工会工作者	2008
杜明华	全国优秀工会工作者	2003	李康荣	全国技术能手	2008
罗云	中航二集团首届十佳青年	2003	余枫	2007 年度江西省优秀企业家	2008
侯莉勤	江西省青工技术能手	2003	王斌	2007 年度省优秀企业家	2008
阳佳烈	航空工业劳模	2004			

表 39-3-21　　1986—2010 年中国直升机设计研究所先进(模范)人物一览表

姓名	荣誉称号	年份	姓名	荣誉称号	年份
刘夏石	全国优秀科技工作者	1986	刘福令	中航总公司有突出贡献专家	1997
张申豪	首届中国青年科技创业奖	1994	李祖钊	中航总公司有突出贡献专家	1997
王必安	全国职工文化先进工作者	1994	倪先平	中航总公司有突出贡献专家	1997
王玉坚	全国优秀青年企业家	1995	李家云	江西省职业十佳标兵	2001
冯连文	中航总公司保卫工作先进个人	1997		航空工业劳动模范	2002
陈育兰	中航总审计工作先进个人	1997	吴希明	国防科技工业有突出贡献中青年专家	2002
郑文心	中航总公司青年有突出贡献专家	1997		第十五届中国十大杰出青年	2004
汪国宁	中航总公司优秀质量工作者	1997		全国优秀科技工作者	2010
吴国培	中航总公司优秀质量工作者	1997	吴跃	国防科技工业有突出贡献中青年专家	2007
蒋新桐	国防军工部门某工程先进个人	1997	黄传跃	中航工业集团有突出贡献中青年专家	2007

续表 39－3－21

姓名	荣誉称号	年份	姓名	荣誉称号	年份
邓景辉	中航工业集团有突出贡献中青年专家	2007	文丽辉	国防科技工业巾帼建功标兵	2008
徐文兆	中航工业集团技术能手	2008	—	—	—

表 39－3－22　　1986—2010 年全市优秀企业家一览表

姓名	单位	荣誉称号	年份
方霞云	浮梁县洪源瓷厂	全国乡镇企业家	1993
张复和	市纸业有限公司	全国包装优秀企业家	1995
欧阳琦	市鹏飞建陶有限责任公司	全国民营科技企业家贡献奖	2006
蔡景章	市焦化工业集团公司	江西省优秀企业家	2008
赵水涛	市春涛包装公司总经理	中国十大著名策划专家	2007
白岗	江西江维高科股份有限公司	省优秀企业家	2008
叶青	江西锦溪水泥有限公司	省优秀企业家	2008
陈为民	江西天新药业有限公司	省优秀企业家	2009

表 39－3－23　　1986—2010 年全市获精神文明奖励类人物一览表

姓名	单位	荣誉称号	年份
程长雪	乐平市老龄委	全国老有所为奉献奖	1998
计德昕	浮梁县经公桥镇人大主席	全国敬老好儿女金榜奖	1998
陈毛仔	昌江区竟成镇昌江村老协	全国老有所为奉献奖	1998
余桃香	珠山区周路口街道	全国敬老好儿女金榜奖	1998
胡芳兰	胡芳兰中医皮肤诊所	“中国好人榜”上榜好人	2008
游芳	市良友宾馆	“中国好人榜”上榜好人	2009
朱志锋	浮梁县浮梁镇洋湖村	“中国好人榜”上榜好人	2009
卓朝炬	驻市某部政治	“中国好人榜”上榜好人	2009
朱润元	浮梁供电鹅湖所	“中国好人榜”上榜好人	2009
欧阳琦	鹏飞建陶	“中国好人榜”上榜好人	2010
蔡水元	新村街道夜叉坞社区	“中国好人榜”上榜好人	2010

第四节 景德镇籍在外知名人士

表39－3－24　　1986—2010年景德镇籍在外人士一览表

姓名	籍贯	单位及职务	姓名	籍贯	单位及职务
马步英	江西景德镇	省科学技术委员会副主任	付盛	江西景德镇	猎豹移动公司CEO
马承祖	江西浮梁	省司法厅党组书记、厅长	鲍杰军	江西景德镇	佛山欧神诺陶瓷股份公司董事长
方金勇	江西浮梁	武警水电二总队参谋长、副总队长	郑一明	江西景德镇	中共中央编译局当代所国外处处长
朱民安	江西浮梁	上饶市政府党组成员、副市长	施焕德	江西景德镇	洪都航空集团制造部副部长
李煌	江西浮梁	省公安厅党委委员、纪委书记、督察长	叶祖德	江西景德镇	洪都航空集团公司
汪兆雄	江西浮梁	北京军区268医院主任医师(副师级)	刘洪德	江西景德镇	国防科工委
陈光明	江西浮梁	省国家安全厅党委委员、副厅长	何刚	江西景德镇	省人民检察院反贪污贿赂局
杨春成	江西浮梁	陕西西安某部	郑允钦	江西景德镇	百花洲文艺出版社作家
俞选民	江西浮梁	陕西空军指挥所副司令员	方金勇	江西景德镇	武警水电二总队
俞飞民	江西浮梁	湖北宜昌武警水电总部后勤部部长	康明	江西景德镇	上海市测绘院浦东分院
郑京平	江西景德镇	国家统计局综合司司长、新闻发言人	郑华盛	江西浮梁	南昌航空工业学院教授
金志农	江西浮梁	江西农业大学党委委员、副校长	朱平辉	江西浮梁	厦门大学教授
席晟	江西浮梁	国家审计署投资司司长	董光昌	江西浮梁	浙江大学教授
聂文亮	江西浮梁	江西人寿保险公司党委委员、副总经理	李清濂	江西浮梁	郑州机械专科学校教授
董晓健	江西浮梁	省国资委副主任、党委委员	侯祖开	江西浮梁	工程兵工程学院教授
张春枝	江西浮梁	中国国际航空公司市场部总经理	方俊明	江西浮梁	华东师大教授、博士生导师
戴长林	江西浮梁	最高人民法院刑事审判第三庭庭长	戴长林	江西浮梁	最高人民法院教授
江映天	江西浮梁	湖北省高级人民法院院长	胡祥福	江西浮梁	南昌大学法学院副院长、教授
江林	江西浮梁	广东省公安厅副厅长	王高峰	江西浮梁	美国克拉姆森大学教授
林炳南	江西浮梁	外交部外交司司长	汪胜前	江西浮梁	江西科技师范学院教授
操长松	江西浮梁	贵州省人大常委会副主任	李秋发	江西浮梁	南京政治学院上海分院教授
程历艰	江西浮梁	武汉钢铁设计院党委书记、院长	朱中明	江西浮梁	武汉大学教授
李镇	江西浮梁	广东省公安厅厅长	董光谱	江西浮梁	江西农业大学教授
姚星	江西景德镇	腾讯公司副总裁	程绍尧	江西浮梁	第一军医大学教授
李超	江西景德镇	京东集团副总裁	郭建辉	江西景德镇	江西省科学院党组书记

附　录

一、重要文献

中共江西省委办公厅、江西省人民政府办公厅 关于转发《景德镇市发展外向型经济战略的基本构想》的通知

办发〔1991〕13 号

各地、市、县委，各行署，各市、县人民政府，省委各部门，省直各单位：

省委、省政府原则同意景德镇市委、市政府报来的《景德镇市发展外向型经济战略的基本构想》，现转发给你们。

我省毗邻沿海开放地区，又具有一定的物质技术基础，发展一些外向型产业和产品有着较好的条件。希望各地、各部门结合自己的实际，积极而稳妥地推进这项工作。特别是要以市场为导向，重视以“嫁接”形式招商引资，改造现有企业，使一些产品能尽快打入国际市场。景德镇市应根据这个基本构想，尽快制订具体方案，认真组织实施，有计划、有步骤地实现既定奋斗目标。

1991 年 7 月 25 日

国家计划委员会关于《景德镇罗家机场扩建工程项目建议书》的批复

计交通〔1991〕1976 号

江西省计划委员会：

你委《关于景德镇罗家机场扩建工程项目建议书的报告》（赣计能字〔1991〕10 号）及《关于景德镇罗家机场扩建问题的补充报告》（赣计能字〔1991〕79 号）均悉，现批复如下：

一、同意扩建景德镇罗家机场。

二、扩建规模按起降 B737 机的技术要求进行设计，跑道道面厚度可适当留有发展余地，在保障飞行安全和生产、生活必需设施外，其他附属设施尽量从简。

三、工程总投资控制在 xxxx 万元以内，其中利用科威特政府贷款 xxx 万美元，外汇本息由你省负责偿还；配套资金由你省集资解决。

四、具体事宜请商有关方面解决。

国家计划委员会

1991 年 12 月 6 日

江西省人民政府关于撤销乐平县设立乐平市的通知

赣府字〔1992〕272 号

景德镇市人民政府：

根据民政部《关于江西省撤销乐平县设立乐平市的批复》（民行批〔1992〕106 号），经国务院批准，同意撤销乐平县，设立乐平市（县级），以原乐平县行政区域为乐平市的行政区域，不增加机构和人员编制。

为便于对乐平市的管理和促进其经济的发展,省人民政府决定仍由景德镇市管辖,并由省实行计划单列。请接此通知后,立即着手做好有关撤县设市的各项准备工作。设市工作结束后,要专题报告省人民政府。

1992 年 11 月 4 日

省政府景德镇现场协调会议纪要

(一九九二年十一月二十五日)

一九九二年十一月二十四日至二十五日,舒圣佑副省长在景德镇市召开现场协调会议,专题研究和协调景德镇陶瓷技术改造和部分重点工程建设中的问题。参加会议的有:省政府副秘书长兼办公厅主任朱英培、省经委副主任张玲君、省轻工厅副厅长孙潜、省人民银行行长钱宝生、省工商银行副行长谢芳森、省中国银行副行长陆宝元、省建设银行副行长张卓群、省投资公司总经理赖勖惠和景德镇市委书记江国镇、市长殷国光及各位副市长、市政府有关部门、部分重点企业的负责同志等。

与会同志对景德镇陶瓷重点技术改造工程和其他主要重点建设项目进展情况进行了实地考察和了解,听取了市政府关于今年以来经济发展、重点项目建设和明年经济发展思路的汇报。会议认为,近两年来景德镇市坚持改革,扩大开放,加快了经济发展步伐,工农业生产、商业供销、粮食扭亏和城市建设、市场建设等方面的工作都有了新的变化、新的突破、新的经济效益。尤其是陶瓷工业重点技术改造项目,在国家有关部委和省市各方面的大力支持下,工作进展较快,正在探索一条高水平、高起点、高效益的改造路子。

会议指出,景德镇要以陶瓷为重点,大力调整产品结构、产业结构和技术结构。陶瓷技术改造要坚持"技术高水平、产品高档次、单件瓷高换汇率、经济高效益和品种多样化"的要求,相对集中人力、物力、财力打"歼灭战",争取项目上一个成一个,生产出高质量的产品,创造好的效益,树立新的声誉。同时加快其他工业的发展,切实抓好第三产业,特别要在搞活流通上下功夫。

会议强调,发展陶瓷生产和做好当前的各项经济工作,首先是要认真学好党的十四大精神,转换脑筋,解放思想,大力推进社会主义市场经济,切实抓好企业转换经营机制的各项工作;政府各部门要转换职能,下放权力;企业领导要增强"四自意识",把转换经营机制和承包责任制结合起来,不断提高企业竞争力。其次,要抓样板、树典型。对已竣工投产的技改项日和重点工程,要完善经济责任制,实行目标管理,限期达产达标。再次,要大胆选拔和培养一批德才兼备、懂经济、干实事的干部。

会议本着支持和帮助的原则,着重研究了景德镇重点工程和陶瓷技术改造中的有关问题。会议确定的具体意见如下:

一、景德镇电厂扩建工程利用外资今年需 300 万美元,由省中国银行与省投资公司抓紧落实,确保需用。新建 220KV 蛇垄变电站所需资金,由景德镇供电局向省电力局写出专题报告,请省计委会同省电力局、省投资公司研究解决。

二、罗家机场扩建工程所需资金,由景德镇市政府落实还款措施,提出具体还款计划报省建设银行,由省建设银行负责解决。

三、中国卫生洁具厂建设项目超概算问题,请省计委在十二月五日前审查批复并追加投资规模;超概算所需资金由省投资公司负责解决。目前该厂急需流动资金 400 万元由省建设银行解决,其贷款规模请省人民银行协调解决。要求该项目在明年一季度末投料联动试车,并实现持续生产。

四、华意压缩机项目今年内进口散件急需 150 万美元,请省中国银行负责解决。今年建设资金缺口 800 万元(含规模),请省工商银行和省人民银行在今年十二月底前分别解决 400 万元。该项目国内配套资金超出国家批准的部分,要尽快严格按程序报批。

五、华风瓷厂磨光砖生产线项目超概算问题,请省经委会同省轻工业厅在十二月五日前审查批复。该项目资金缺口 483 万元,请省工商银行解决 233 万元,景德镇市工行解决 250 万元。项目投产急需流动资金

300 万元，由省工商银行在今年十二月十五日前给予安排。

六、昌河飞机制造厂微型车成套模具引进所需的 1200 万美元，由省中国银行进行论证，论证后从明年一季度起分期分批安排。该厂急需技改资金 300 万元，由省工商银行在今年年底前给予安排。小型直升机进口散件所需 500 万美元由省中国银行论证后再定。

七、中国银行景德镇支行年内缺人民币资金 1800 万元，由省中国银行安排规模，省人民银行今年年底前安排资金 1000 万无，其余 800 万元由景德镇市中行调剂解决。

八、省人民银行今年内再拿出 2000 万元，除已安排华意压缩机项目 400 万无、景德镇市中行 1000 万元外，其余 600 万元由市人民银行安排用于重点项目。今年陶瓷技术改造尚需 3000 万元，待十二月份省人民银行到北京向人民银行总行汇报回来后，请省政府副秘书长朱英培召集有关部门专题研究。

九、省中国银行愿意和光明瓷厂进行合资或合作事宜，建议景德镇市政府和省陶瓷工业公司给予考虑。省政府支持和赞成景德镇为民瓷厂、红星瓷厂和外商合资，以便嫁接外资改造老企业，优惠政策应当给，但要防止上当吃亏。有关这两个厂和外商合资的协议，请省经委认真审查把关。

十、省经委、景德镇市政府要加强对景德镇陶瓷技术改造及其他重点技改项目的组织协调，坚持一旬一调度。项目资金一定要精打细算，十分注意节约，分清轻重缓急，统筹安排，及时到位，以保证工程急需和项目按期投产。

二、景德镇宋代监镇官

自宋始，朝廷设监镇官，辖治景德镇。《宋吏部条法残本》记："尚书左选格：选阙，饶州浮梁县知县……右注通判次第二任知县，次知县人。破格差注：选阙，饶州浮梁县知县……右注初任知县次酬奖改官。"

"尚书左选格：选阙，监饶州浮梁县景德镇酒税兼烟火公事……右注亲民，次监当人。"尚书左选阙"榜一月，无人愿就阙，侍左等处通差，如同日有京朝官愿就即先差京朝官，次大使臣、次选人、次小使臣。"侍郎左选申明"尚书左选通差阙，监饶州浮梁县景德镇税兼烟火公事……专选阙监吉州庐陵县永和镇税兼烟火公事。"

上述史料显示，景德镇监镇官的差注与浮梁县知县一样，都属于尚书左选，所不同的是浮梁县知县差注"通判"，其次"第二任知县"，再次"知县人"。当破格差注时，注"初任知县"，其次奖励改官。而景德镇监镇官差注"亲民官"或有监镇经历的"监当人"。具体操作为张榜公布差阙，任够条件的人报名揭榜，先注亲民官，如无人就，再注监当人。当尚书左选无人愿就景德镇时，则移作侍郎左选处通差阙，其差注顺序为京朝官、大使臣、选人、小使臣。吉州永和镇监镇官为侍郎左选专选阙，其地位比景德镇低一格次。

照年序检索出的宋代景德镇监镇官员辑录如下：

齐　护

齐护（998—1045），江西德兴人，生于宋真宗十六年（998），仁宗景祐三年（1036）在浙江中举人，即任景德镇窑丞，辅佐监镇官，专司窑业和监烧御器，连续十年忠于职守，尽心窑务。庆历五年（1045）护送御器途经婺源下槎，因行从误毁御器，为尽忠尽义，遂吞器而亡。受到朝廷表彰。婺源人把他当作窑神，立庙供奉。

宋官制并无窑丞这一职事。齐护以举人身份直接入仕，说明窑丞属于无官阶的小吏差事。

据《嵩峡齐氏宗谱》载，齐护为江西齐氏始祖齐亮七世孙，居江西德兴齐村。齐护的一位族侄齐士宽（992—1063），长他 6 岁，进士及第，累官工部尚书，后辞官隐居婺源山头。

余尧臣

余尧臣（1037—1083），广东韶关人，宋仁宗时期四大名谏之一余靖孙子，宣义郎，元丰五年（1082）提举景德镇瓷窑博易务，一年后，卒于任上。

前引李焘《续资治通鉴长编》载，宣义郎余尧臣请置景德镇瓷窑博易务获准并就任。同书卷三四又记："元丰六年（1083）十月甲戌二月承事郎饶州茶税务余舜臣言：'臣兄尧臣献策景德镇瓷窑博易务，蒙朝廷付以使事，推行其法，方且就绪，以勤官而死，乞委臣勾当，诏令赴阙。'中书审其人材可否以闻，已而舜臣至乞上殿，乃复诏令归本任。"苏轼《东坡志林》卷五也记："近者余安道孙献策榷饶州陶器，自监榷，得提举，死焉。偶读《太平广记》，贞元五年（798），李白子伯禽为嘉兴乍浦下场杂盐官，侮慢庙神以死。以此知不肖子，代不乏人也。”

从余尧臣任职过程判断,其监景德镇应是尚书左选通差应阙,甚至有可能由王安石授意赴任。

尚大伸

尚大伸(1117—1178),字长道,相州安阳人,承议郎。出身官宦世家,曾祖父官金吾卫大将军,祖父官大中大夫,父亲官国子司业祭酒、朝请大夫直龙图阁,南宋名臣周必大姐夫。著有《家集》十五卷、《陶诗》一卷。

据宋文献《文忠集》记载,尚大伸生于政和七年,以父荫将仕郎,绍兴五年补右迪功郎,历监西京中岳庙,临江军新淦尉,吉州司户防军用新淦捕盗,赏除承务郎,代理赣州安远、瑞金两县知县,又代理筠州上高知县,“闻以母夫人杜氏年高,求监饶州景德镇,视事不一月,丁杜夫人忧”。绍兴二十五年六月,服阙,知赣州宁都县并受赐绯衣银鱼,签书威武军节度判官厅公事、西外宗正簿文佐武昌军。淳熙五年(1178)夏,病死在任上。

该文集又记:“惟吾伯母实公之姊,靖康兵乱,公年尚幼,依伯父入蜀,乱定来江南,伯父谓我女先早孤而贤,命归公,重两家之好,险阻三十年,共立尚氏门户。”

由上述并结合《文忠集》卷三十六《伯母安人尚氏墓志铭》及《文忠集》卷三十六《先夫人王氏墓志铭》记载可知,尚大伸既是南宋宰相周必大姐夫,又是周必大伯母的内侄,可谓亲上加亲。尚大伸监镇应是尚书左选应阙,于绍兴二十二年(1152)到任,但因母丧丁忧,任期不足一月。

莫　濛

莫濛,湖州归安人。生卒年不详,享年61岁,以祖荫补将仕郎,两魁法科。宋高宗三十年(1160),以户部员外郎身份监景德镇陶19个月。累官工部侍郎,卒于鄂州知州任上。

《宋史》卷三百九十《莫濛传》记,绍兴年间,莫濛“除户部员外郎,朝廷遣蒙措置浙西、江淮沙田芦场,上语之曰:‘得此可助经费,归日以版曹处卿。’濛多方括责,得二百五十三万七千余亩。言者论其丈量失实,征收及贫民,责监饶州景德镇。起知光化军……复旧职,召见,上谕曰:‘朕常记向措置沙田甚不易。’濛谢曰:‘职尔,不敢避怨。’上曰:‘使任责者人人如卿,天下何事不成’……”

《建炎以来系年要录》也载:“绍兴二十九年正月以莫濛经量沙田芦场失实,责监饶州景德镇税”“绍兴三十年秋七月,右朝奉郎(《宋史》注员外郎与朝奉郎同阶)监烧浮梁县景德镇税务莫濛知光化军。”

上述揭示,绍兴二十九年(1159),因国库空虚而牟利心切的高宗向莫濛面授机宜并许诺事成奖赏,濛便赴浙西、江淮丈量沙田芦场。可能受高宗影响,丈量颇多失误,伤及百姓利益,被谏官弹劾。安置在景德镇监陶应是高宗直接指定,即所谓“堂除”,也说明监陶是个不错的差使。在景德镇监镇19个月后迁升知光化军。应是莫濛在景德镇干得不俗。

罗　愿

罗愿(1136—1184),字端良,号存斋,徽州歙县呈坎人,宋吏部尚书罗汝辑子,荫补承务郎,任景德镇监镇,宋乾道二年(1166)进士,后历任鄱阳知县、赣州知事、鄂州知事,人称罗鄂州。《宋史》卷三百八十《罗汝辑传》附有《罗愿传》。称鄂州罗愿“博学好古,法秦汉,为词章高雅精炼,朱熹称重之。有《鄂州小集》七卷、《尔雅·巽》二十卷。知鄂州,有治绩”。

元曹宏斋《鄂州太守存斋罗公愿传》载罗愿:“绍兴二十五年(1155)荫补承务郎,授临安府新城县监税,连丁内外艰。服阙,监饶州景德镇税,有能名,乾道元年(1165)监南岳庙,遂踵世科……”

宋洪适《盘州文集》卷七十七《俞淑人墓志铭》记:“龙图阁学士新安郡侯罗公讳汝辑之夫人也,绍兴二十八年(1158)八月终,积封淑人。四子:颉泉州市镇务,颂镇江府挑岸,愿饶州景德镇,颒临安府新城税……”同书《罗尚书墓志铭》也有类似记述。

《安徽罗氏世源流》:“罗汝辑,字彦济,号湛室老人,生于宋哲宗元祐四年(1089),敕封新安开国侯,卒于绍兴二十八年(1158)五月丁亥日时。”

绍兴二十八年因父罗汝辑、母俞淑人双双病亡,罗愿回家守孝丁忧。按宋人丁忧三年计,约于绍兴三十一年(1161)任景德镇监镇。照其经历,应是在尚书左选中以第二顺序监当人身份应阙。在镇一个任期三年,期间,政声卓著,“有能名”。于乾道元年转监南岳庙,后止步于鄂州知事。

赵善应

赵善应(1118—1177),字彦远,皇室后裔,居余干,修武郎。好读书,藏书三万册,著有《唐书录遗》。南宋名相赵汝愚之父,终于主管台州崇道观任上。

据《宋史·宗室世系表》推之,赵善应为宋太宗长子汉王赵元佐六世孙。育有四子三女,其中长子赵汝愚(1140—1196)系南宋宗室名臣,他在光宗禅位于宁宗的"绍熙内禅"中立下功劳,由吏部尚书拜右相。

宋朱熹《晦庵先生朱文公文集》卷九二《笃行赵君彦远墓碣铭》载赵善应"自建炎初补承信郎,八迁至修武郎,历监秀州崇德、饶州余干、安仁县、景德镇之酒税,潭州南岳庙、江南路兵马都,监主管台州崇道观。卒后五年,汝愚逢宋祀恩始更赠为通直郎"。照赵善应以上经历,其监景德镇酒税当是在尚书左选中,以第二顺序监当人的身份应阙,就职时间大约在隆兴二年(1164),一任三年。

据《宋史》记载,武散官官阶从下而上依次为承信郎、承节郎、保义郎、成忠郎,忠训郎、秉义郎、从义郎、修武郎等。上述赵善应供职七地,由承信郎八迁修武郎,其监景德镇时的官阶应为忠训郎。赵善应在死后五年,遇宋祀恩,由武散官正八品修武郎赐转为文散官从六品通直郎。

《饶州府志》褒奖赵善应的人品至孝至善,"亲病,尝刺血和药以进"。母亲属兔,终不食兔;父终肺疾,再不食肺。母丧,"哭泣毁瘠,终日俯首柩旁。"有美食定与弟弟共尝。某地闹水灾,他必忧形于色,如此时有同僚宴饮,总以不合时宜为由使之作罢。他"夏不火草,冬不破坏"。为的是保护动物的生存环境,不至于无窝可归,无食可觅。

庞谦孺

据宋韩元吉《南涧甲乙稿》卷二二《祐甫墓志铭》记载,庞谦孺(1117—1167),字祐甫,晚号白蘋老人,单州(今山东单县)人,寓居吴兴,绍兴十年(1140)荫补将仕郎,第二年监南岳庙,后历泰州海陵县尉、两浙西路提点刑狱干办公事、江南东路转运司干办公事、镇江府观察推官,授右文林郎。"乾道三年(1167)权监饶州景德镇"。但他代监镇没几天就因病而亡。

该墓志铭又记:"皇祐中有相仁宗,而公于颍国谥庄敏者,其曾大父也;颍公之子朝奉大夫讳元中者,其祖也;大夫之子忠训讳敏孙者,其父也。"可知,庞谦孺出身官宦世家,曾祖父庞籍,仁宗朝宰相,谥号庄敏;祖父庞元中官朝奉大夫;父庞敏孙官忠训郎。庞谦孺擅诗文,著有《白蘋文稿》十卷,晚年信佛,"好释氏学"。

庞谦孺以右文林郎身份监景德镇,文林郎属选人,官阶低于景德镇监镇这一职事官的一般要求,只能"权监镇"即"代监镇"。按照低级权官的任职程序,庞谦孺无需通过吏部而是由江南东路转运司直接差遣。

潘 岱

《潘氏宗谱》源流序记"潘大敏生三子……三岱,官待制。宋乾道戊子(1168)三月以监陶得之饶州府浮梁景德镇"。该源流序由潘岱作于淳熙十年(1183)。其中记述宋代名将潘美为潘岱八世祖。潘美二子存义,三子存礼迁浮梁,四子存信迁景德镇。潘岱属于其长子存智支,存智迁婺源槎溪。

潘美(925—991),字仲洵,大名府人,宋代开国元勋,累官同平章事,卒后追中书令,赐谥号武惠。

万俟传

万俟传,生卒年不详,开封阳武人,承事郎,宋宰相万俟卨孙。宋张栻《南轩集》卷四十《宜人王氏墓志铭》载,淳熙二年(1175)秋,右朝议大夫德庆府宋知府妻王氏病亡。王育二子一女,子宋文仲官全州青湘县主簿,宋刚仲任袁州州学教授,一女"适承事郎监饶州景德镇万俟传"。

宋孙觌《鸿庆居士集》卷三十六《宋故特进观文殿大学士河南郡开国公致仕赐少师万俟公墓志铭》载:"公讳卨,字元忠,姓万俟……孙男女九人,男曰侃、曰传、曰倬、曰侣,女尚幼……"

可知,万俟传系宋知府与室人王氏女婿,万俟卨孙子。万俟卨(1083—1157),南宋初期,依附秦桧,后升任宰相,《宋史》将其列为"奸臣"。

另据载,万俟传在任景德镇监镇时曾与好友王炎有书信来往。王炎(1138—1218),婺源人,乾道五年(1169)进士,调崇阳主簿,后知饶州。他在《双溪类稿》中收录《回万俟监镇启》书信,信中提到万俟监镇先人系丞相,印证其为万俟卨之孙。信中还自省"炎半生不偶,千里倦游",本文推断,他们通信时间应是王炎30岁中进士以后的事。

由此可推知，万俟传任景德镇监镇应在乾道五年（1169）以后，但也不会晚于宜人王氏病亡的淳熙二年（1175），即乾道五年至淳熙二年起任。

李齐愈

《浮梁县志》（康熙）记："长芗书院，宋庆元三年（1197）监镇李齐愈请于郡，建书院于镇市西。"可推之，李齐愈任监镇在绍熙五年（1194）至庆元六年（1200）期间，任期三年。李齐愈的真实姓名可能叫"季齐愈"。他信息待考。

周　颢

宋楼钥《攻媿集》卷九十四《少傅观文殿大学士致仕益国公赠太师谥文忠周公神道碑》载："周必大孙颢，宣义郎，新监饶州浮梁景德镇兼烟火公事。"宋周必大《文忠集》卷首《年谱》载："绍熙元年（1190）庚戌三月二日，孙颢生。"《周氏族谱》载："颢，字德臣，绍熙庚戌三月二日寅时生，祖文忠，荫恩补承事郎，监饶州浮梁县景德镇，阶宣义郎，娶张氏，生一子，寿芮，奉新主簿。"

由上述可知，周颢，吉州庐陵人，绍熙元年（1190）生，卒年不详。宣义郎，景德镇监镇（任职年代待考）。祖父宋丞相周必大（1126—1204），进士，南宋名臣，累官至左丞相，卒后赐谥文忠。周颢出生时，必大年六十五，已进封益国公。

赵与愘

赵与愘（1206—？），字敬儒，号诚父，皇室后裔，居婺源。明程敏政《新安文献》卷九十三《赵司法传》载："赵司法希衢，祖伯固从南渡居婺源……子与愘年十八暨弟与慜同登嘉定十七年（1224）武举授承信郎、本郡酒官仕岳鄂见知运使，宪使监饶之浮梁景德，摄邑事有冤狱久未明，与愘受委不六日而决，丞相嘉之，超迁不就，从常调至秉义郎，后五领文解遇覃恩，廷合对转京官都护新班承事郎而终。"

由上可知，赵与愘生于开禧二年（1206），十八岁时与弟弟同中武举，授承信郎，后监景德镇。期间遇镇一件久拖未断的冤案，赵与愘敢于担当，果断处之，只用6天就圆满破案，受到丞相嘉许，并准备破格提拔，但被他婉拒，只按常规接受秉义郎，后转文散官，终于承事郎。

据《宋史》记，武散官共五十二阶，从承信郎至秉义郎共六阶，由此可推之，赵与愘由郡酒官到监景德镇每个岗位都干满任期，且业绩不错。据《宋史·宗室世系表》推之，赵与愘为宋太祖长子燕懿王赵德昭九世孙。其监景德镇的时间大约在绍定年间（1228—1233），应为尚书左选通差应阙，任期三年。

强子魁

强子魁，生卒年不详，河南人，南宋理宗时期进士，曾任饶州通判，后监景德镇。刘新园在《宋元时代的景德镇税课收入与其相关制度的考察》中引《河南强氏族谱》："子魁，伯达公子，宋绍定戊子（1228）以文学进，任饶州通判，以监陶迁浮梁景德镇，子遂家焉，终葬李施渡（里市渡）大路口。"

《宋史·职官七》载：通判"职掌倅贰郡政，凡兵民、钱谷、户口、赋役、狱讼听断之事，可否裁决，与守臣通签书施行……南渡后，设官如旧，人则贰政，出则按县。有旅之事，则专任钱粮之责"。

强子魁以从六品仅次于饶州知州的通判身份监景德镇，是以第一顺序亲民官在尚书左选中应阙，足见其时景德镇窑业的发达及其在朝廷中的地位。其监景德镇时间大约在绍定三年（1230）至嘉熙四年（1240）。

三、诗歌散文选录

景德镇赋

汪天行

巍巍高岭，悠悠昌江。天下陶瓷，此乃故乡。高岭之山，非以仙名，却蕴炼金之矿床；昌江之水，不以龙灵，而涌润玉之波扬。五大发明乃于斯地，旷世奇珍享誉四方。汉名新平，唐称昌南，宋谓景德，县署浮梁。天际连吴楚，地气接荆扬。四面松山三面水：山水之间，鸟语花香。一城瓷器半城窑：窑炉内外，溢彩流光。皇室御品，天下无双；黎民用物，户户珍藏。海上丝绸之路，郑和七下西洋。“薄如纸、白如玉、声如磬、明如镜”，惊煞天下仙客，喜煞宫中帝王。

斯地三省通衢。南临逶迤之峰至武夷，北倚匡庐之秀渔米乡，东连黄山之岳看云起，西望彭蠡之水叹汪洋。自古水路通畅：始昌江、入鄱阳、汇长江，达海通江。又有山路绵长：走高岭、过驿道、连徽州，至沪毗杭。其瓷其茶皆上品，其名其声远播扬。工匠八方来兮，绘精美绝伦之国粹；器成天下走兮，获海内海外之颂扬。繁忙市井，茶运瓷输多舟航，大千世界，达官显贵广珍藏。

斯地文史悠久。“新平冶陶，始于汉世，兴于宋元，盛于明清”。千年制瓷工艺，万代传世华章。印坯利坯画坯，成就多少工匠。柴窑民窑官窑，难为千百把桩。唐白釉、宋影青、元青花、明清粉彩、玲珑色釉，端的是满目琳琅。更有浮红茶香，取万国博览金奖！斯镇虽则小矣，名传五洲四洋。但看大唐盛世，接踵瓷贾茶商。又见宋元明清，比肩蚁聚云翔。知否“昌南”之名，乃与国名同唱！原来“瓷器之国”，却是缘起昌江。高岭山下，风车水碓如似水流年不尽流淌；昌江河中，大舟小舟载青花粉彩栉比帆墙。嗟夫！唐时白居易《琵琶行》里颂浮梁，绝也！宋代赵恒公“景德”年号赐地方，伟哉！元之忽必烈督陶官设御窑厂。由此景德，尊为天下瓷王！熊熊窑火兮生生不息，冉冉烟云，炼万世之奇珍；悠悠庶民，铸千秋之瓷魂！得三阳开泰，烧祭红瓷香；担担瓷土兮源源不断。陶霍筑窑，瓷名扬于四海；唐英督陶，瓷艺耀乎帝皇！开鬼斧薄胎，塑神工雕像。窑工童宾，不让将邪，为拯陶门，舍身赴火。以躯祭窑，以骨为薪，以血着色，以气化神。奇瓷神韵皆贡品，布列宫廷万国藏！

斯地风光优美。瑶里村落，明清遗风今犹在；古驿道边，枯藤老树又新篁。十八渡口，舟帆再扬；南门头里，釉果飘香；明清园中，斗拱飞墙；五股尖上，百鸟飞翔；原始林中，冬暖夏凉；浮梁衙内，紫气重光；红塔檐下，碱水粑香；莲花塘底，藕硕丝长；玉田湖畔，碧波荡漾；洪岩仙境，绝色山光；三闾庙边，思古牵肠；历博馆内，诗满亭廊；锦绣昌南，处处作坊；陶瓷城里，人流如蝗。便汪湖瀑布，不让九天银河落；更南山粉黛，常引远客不回乡；古窑遗址，游人如织终不断，昌南大道，车阵似蚁总成行。“中国历史文化名城”“中国园林城市”“中国优秀旅游城市”“中国文化名镇”“国家名胜风景区”“国家森林公园”“中国最值得外国人去的50个地方”，块块匾额闪金光！听瓷乐、戏瓷土、绘瓷瓶、写瓷景，经济重镇、旅游都市、特色瓷都寄厚望！

斯地再造辉煌。华夏名镇有四，唯我景德名扬。千年古镇，雅韵之邦。声名显赫，名震八方。珠山八友去兮，佳作万世流芳。龙珠阁下掩兮，朝廷命官恭藏。谁言千年古镇，只为昔日花黄？但看昌江两岸，又是闻莺柳浪。得雨活茶，特贡人民大会堂。“红叶”陶瓷，奉与华夏之心脏。精益斋主，更有传世之品藏。环球陶瓷，成宜家、麦得隆之全球供应商。法蓝瓷艺，惊日韩、欧美亚之四海众同行。昌河直升机，腾云驾雾排空去，华意压缩机，首个不用氟利昂。高速纵横东西南北，机场连通四面八方。大街小巷，人气兴旺。“浙江路”上，商贾繁忙。仿古街里，前店后坊。港商台商浙商，纷至沓来抓机遇，国企民企私企，奋勇争先拓市场！部所省所市所，大师云集多才俊，省外境外国外，招商引资走四方。兴市富民千秋事，重振雄风造辉煌！

路漫漫兮其修远，风萧萧兮赣水长。今日昌江，舵满帆张。乘长风破万里浪，挟雷电越五大洋。全民创业齐奋起，和谐瓷都共筑忙。古镇崛起在望，人民再续华章。早有宏伟蓝图，更逢国运盛昌。恭请世人瞩目，看我古镇飞扬！余有诗赞，恭书短行。

诗云:

昌南昌盛始汉唐,云追雾想好地方。
青花釉醉天下客,粉彩香闻月宫娘。
瑶里山外唱高岭,琵琶行里颂浮梁。
千年古镇风又起,今人再造新辉煌!

浮梁古城:远去的历史牧歌

汪春荣

古城繁华随风而逝

悠悠历史古城,三面群山环抱,数不清的古树古樟蕴成幽深苍远之势。巍峨高大的城门楼上有一个八角亭,亭角有风铃响,有八角之音,亭中有副对联气势非凡:文照胜朝晖,紫烟连霄汉。

只一句就写出了古城历史上的辉煌。令人想起那帆船云集、游人如织、车水马龙的热闹景观。这是旧时古城的缩影,离现在已相当久远了。

历史悠久的古城布局形似八卦,城墙高1.6丈,宽丈许,全长20余里,是历代浮梁县治所在。据《浮梁县志》记载,它始建于唐朝元十一年(817),历经唐、宋、元、明、清至民国诸代风风雨雨长达1100多年。

昔日的古城,沉睡在昌江河畔,残垣断壁充满了神秘和悲壮。流连在故事中的古城,企望看见远逝的历史辉煌。然而,他们都早已消失在灯火阑珊处,惟有古城废墟上散发出的野草清香和岁月沧桑。古城根下,一片片盛开的鲜花,唤醒对昨日奢华的追忆。

老街上的记忆和传奇

原先的古城旧街,那条曾经布满李氏家族历史碎片和李三保深深脚印的古城旧街,还有那条被古代文人白居易、苏东坡、黄山谷、佛印、颜真卿、柳宗元、王安石、黄庭坚、范仲淹、杨万里等乘着酒兴、骑着毛驴流连往返的古城旧街,古景依旧,古风依旧,旧街的概念仍属于那个遥远的年代。眼前依然是无声无语的河水,西风残壁,逝者如斯,该有多少侠客和传奇?该有多少动人的故事和传说?

山川依旧在,几度夕阳红?

面对故事传说堆起的古城,感受着古人心头的苍凉,能不动情?能不思想?在我的想像中,唐朝大诗人白居易曾在这里的茶楼上品过茶,诗僧佛印曾在宝积寺讲过经……

走在古城,也许会产生一种错觉:不知今夕何夕、身在何处,不知自已走在繁华似锦的盛唐,还是沐浴在宋时雨中,吹拂着元朝的风,抬头望明时的月。此时一切历史的古典气象和神韵已融化在古城的空气中,仿佛近在眼前,却似乎可望不可及,历史的旖旎映象到这座古城的灵魂中,随手拾一块残砖断瓦,都会令我感觉到历史的凝重和幽远。

千百年来,紧紧依恋着古城的昌江水流得清静。历史上一度吵醒昌江水的,是著名诗人苏东坡、黄山谷和诗僧佛印,他们的诗坛佳话曾感动了一代又一代痴情男女。他们泛舟昌江的故事被明代散文家魏学伊在散文《核舟记》中作了生动的描述,这段历史故事在浮梁祖辈传颂,几乎家喻户晓,妇孺皆知。

应该感谢古城人,仍为古城完整地保存、修复并增加了许多诱人的新景点,使我对古城的诚笃之心、炽热之爱有一个放达的场所。巡视着古朴诱人的古城,心头有一眼清泉不停地涌,清冽、甘甜,思绪也濡湿如水而难以言传了。耳边老在回响着宝积寺残壁上一幅名闻遐迩的上联:"两手把大地山河捏瘪搓圆洒向空中毫无色相,"据说百余年竟无一人对上精妙的下联。我想,今天的古城人已经用自身的行动写好了下联,而且将写出更多更好的下联。

一群白色的鹳鸟从青山处飞来又在古城上空飞翔,顺着鸟翅的白,我发现古城像唐诗宋词一样古老而深远,仿佛千年、百年遵循着诗词韵律,走入五言七绝中,永远永远……

中国第一古县衙

黄昏在千年古城里开放,夕阳艳丽地红着,像是一杯泼洒的葡萄酒,把整个黄昏都浸在微微的醉意里。

无意间地哼一声浮梁的民间小调，声音就会化为一片落霞，粘惹在飞扬的柳絮上或者是昌江岸边的蒲公英花轮上，柔柔地让每一个行者感到黄昏的温存。踩着静静的有些许落寂的细碎残阳，漫不经心地在古城里行走，就会看见江南第一衙成片的瓦屋顶和错落有致的马头墙，古县衙屹立于古城，笼罩在一片晚霞之中，仿佛在倾诉历尽了千年的沧桑，所有的权势和威严都消失在朝代的更迭中，捡也捡不回觅也觅不到踪影。

第一次认识浮梁，是在白居易《琵琶行》“相逢何必曾相识，前月浮梁买茶去”的诗句里，当然只是一掠而过，没有留下什么印象。当古县衙突然耸立在我眼前的时候，我才真正意识到这是一处绝不应该被一掠而过的古县衙。

“七品芝麻官”，是人们对古代县官的通俗叫法，而浮梁县署是全国惟一的五品县衙。为何得此殊荣？因为浮梁县“水土宜陶”，在一千多年的时间里一直是全国的制瓷中心，朝廷派出的督陶官是正五品，在等级森严的封建社会，正七品的浮梁县令不能直接向督陶官汇报工作，于是浮梁知县得以钦赐正五品衔，所以浮梁县署占地6万多平方米，房屋300余间，比一般县级衙署规模大得多，它是我国惟一保存完好、县衙级别最高、建筑规模最大、建造时间最长的五品县衙，也是全国仅存的几处古县衙之一，故称“中国第一古县衙”。

步入古县衙，鸣冤的大鼓，威严的石狮，拴马的石柱，在岁月的烟云里变得朦胧，惟有几株苍翠欲滴的古柏万年青，还能忆起往日的情愫。再行几步，衙院、大堂、二堂及三堂由南而北依次排列在中轴线上，错落有致，廊道相接浑然一体。代表徽派建筑的青砖黛瓦马头墙和中国特色的古县衙在这里体现得淋漓尽致。大堂前那幅“欺人如欺天，毋自欺也；负民即负国，何忍负之”的匾联亦成为为官者人格的借鉴。大堂与二堂之间，是一处天井。在这封闭的古县衙中，也只有仰仗这天井使人与天地相通，融于自然了。

我走出古县衙站在台阶上东望昌江，一条青龙似的玉带向南奔涌，河风带着土地的味儿飘进古城，飘来一阵很古典的声音：惟有无言的台阶是唐朝的，惟有踩在脚下的是真实的。我蹲下来抚摸唐代的台阶，手指感到了一种永远的沁凉。不知有多少人从这台阶上踏过，匆匆的脚步把原本粗糙的石条踩得细腻光滑。石条铁青的面孔也经唐风宋雨明时月，成为一种严格意义上的古代标志。

如今，那些令人悲哀的历代王朝的背影已随风消逝，惟有这千年的古县衙成为游者探幽访古的佳境。

千年红塔千年风霜

红塔夕照，大雁南归，为浮梁古代八景之一。红塔的雄姿被一位僧人写进了诗歌。诗歌到现在还很动人和出名。这首诗歌便是佛印大师写的：

塔古钟声寂，山高月上迟。古塔私自笑，有梦复何痴？

塔壁上拓刻着这首诗，字是清人唐英写的。唐英，清朝督陶官。性情渗透了笔墨，字是又流畅又潇洒。

美丽的传说，千年的景观，固守着一种久远、古朴的文化韵味，传播出一种令人心醉的浓浓乡情。上千年来，每当游人仰视它，无不为它巍峨耸立的雄姿感动得泪湿衣襟……

《浮梁县志》记载：西塔寺在西隅，唐太和六年(833)僧度创。塔高十三丈，宋建隆二年(961)县黎文表倡造，明万历三年(1575)塔重修。塔身六角七层，高40.47米，塔座85平方米，是一座具有江南特色的楼阁式宝塔。它为中国名塔谱72座名塔之一，与西安大雁塔、开封铁塔、安庆镇江塔、南京灵谷塔、苏州木塔、杭州六和塔齐名，是江西建造时间最早、迄今保存最好，塔身最高的江西第一塔。始称“西塔寺”塔，始名“西塔”，又称“大圣宝塔”。后因塔身长年受雨水侵蚀，致使塔身被外渗红壤浆液染红，故而又得俗名“红塔”。

经过了唐风宋雨的洗礼，红塔就这样默默地站着，这一站就站了千年。

前无古人，后无来者，念天地之悠悠，独怆然而涕下……

唐朝诗人陈子昂的千古悲歌，好像专为红塔而唱。

红塔独踞江南，庄严显赫，乃历代著名风景名胜，凡来浮梁的名僧名士必登高揽胜，流连忘返。红塔入门处一幅对联引人注目：出入有僧皆佛印，往来无客不东坡。

夜游红塔好像去赴一个千年的约定，美丽而神圣。沿着风情万种的古城一步步接近梦里的天堂，我知道这样小心翼翼是怕惊扰了一泓春梦。

夜深深，在红塔边缓缓散步，看风中低语的古树，看树叶滑落潭水，看绿苔暗侵石阶，看夜鸟梦呓巢穴，看红塔结构出种种复杂的故事，看老藤凝思深夜的含蓄，看红塔四周呈现出一种独有的寂静。一仰头，参天古柏的缝隙间晃出古城的月亮,小小的一弯冷月,朦朦胧胧。红塔周围极像一片仙境圣地。

我,只是个普通的凡人,当然无力站在历史的高峰挥舞手臂指点江山、激扬文字,只能默默地漫步在山路上捡几块被岁月风雨冲涮过的历史碎片。

我想,浮梁也属兵家必争之地,当年的将帅在交战空隙,是否会偷闲来看一看红塔,可红塔把这些历史风云变化都看在了眼里,它心里就装着这些历史故事一站就是千年,不想自己也成了后来者凭吊和议论的对象。

站在月光下,看千年红塔,心里不禁默诵着佛印的诗句,想一想也已走入历史的诗僧佛印,心里顿时平静如水梅香暗涌。

我是景德镇

黄 辉

春秋的笔墨,
书写我筚路蓝缕的篇章。
吴越的战火,
燃烧着我炽热的胸膛。

我从东晋走来,
新平是我的乳名。
长大后,
我就成了隋唐的陶阳。

昌江之南,
请叫我一声昌南!
我虽生长在江南,
却有雄性的阳刚。

高岭——
跳动着我坚实的肌块。
我让南山洞开,
好让昌江的潮水拥抱太平洋。

他们说我是千年瓷都景德镇,
他们说我是世界瓷都景德镇。
我的名字如雷贯耳,
化作黄钟大吕的绝响!

我刺肤纹身,
精心显示的那些图形,
是中华的图腾,
飞扬在世界的东方。

我气冲霄汉,
登上明清御窑的巅峰。
我光射斗牛,
让寰宇闪耀着瓷国的荣光。

你们的马车,
已载满景德镇制走向归程。
我答应过你们,
春天即将到来,而春天已经到来……

瓷都三字经

洪东亮

1、瓷史篇

景德镇,号瓷都,瓷文化,誉全球。
秦汉前,地属番,晋新平,镇昌南。
唐置县,名易三,曰新昌,曰浮梁。
宋真宗,年号冠,景德名,千载传。
贡陶础,献陶兽,陈以来,名始著。
唐青瓷,假玉器,五代时,创白瓷。
宋青白,饶玉夸,赢御名,耀中华。
元青花,釉里红,彩绘兴,瓷誉隆。
设瓷局,元代始,建官窑,产御器。
明御窑,集大成,五彩艳,斗彩珍。

清康乾，称盛世，昔陶阳，十三里。
传青花，玲珑瓷，颜色釉，粉彩瓷。
称神技，数薄胎，夺天工，有瓷雕。
白如玉，明如镜，薄如纸，声如磬。
著陶记，载陶说，撰陶录，咏陶歌。
行九域，及外洋，瓷之国，都名扬。

2、瓷人篇

陶瓷史，泥与火，人辈出，才俊多。
晋赵慨，师主尊；明童宾，封窑神。
唐陶玉，霍仲初，名瓷匠，世所崇。
周丹泉，工仿古；精薄胎，昊十九。
李窑技，魏氏传；崔公窑，民窑冠。
督陶官，推唐英，陶图成，留英名。
月圆会，王琦倡，聚八友，于珠山。
王大凡，落地彩；刘雨岑，水点法。
青花王，称王步；曾龙升，擅雕塑。
毕老虎，谓渊明；胡献雅，国画精。
今瓷人，艺传承，誉大师，世家称。

3、地灵篇

我瓷都，地广袤，倚鄱湖，八县交。
管珠昌，辖浮乐，地灵秀，物丰饶。
昌江河，源祁门，达长江，泽瓷城。
御窑址，龙珠阁，为城徽，势巍峨。
博览区，古作坊；陶瓷馆，名瓷藏。
湖田村，民窑址；高岭山，载瓷史。
明青园，雕塑馆；祥集弄，品陶斋。
莲花塘，佛印湖；三闾庙，遗风古。
旸府山，寺名扬；虹桥起，新昌江。
古名镇，称丽阳；今荷塘，美名扬。
郭璞峰，月亮湖，冷水尖，风景殊。
旧城西，宋红塔；古县治，第一衙。
瑶里秀，金竹翠，诸仙奇，玉田美。
洪岩洞，称仙境；翠平湖，菜乡兴。
众埠街，诞十军，红土地，建功勋。
浮梁茶，古驰名；今得雨，国宴饮。
矿藏富，聚宝盆，煤矿业，兴乐平。

4、人文篇

涌山岩，旧石器；沽演村，新石遗。
尚礼教，兴书院，古浮梁，育英贤。
汉吴芮，封长沙；宋汪澈，佐君王。
李椿年，改革家，朱貔孙，谏名夸。
理学家，数朱宏；教育家，吴迁公。
鄱饶地，古昌江，遗址在，见沧桑。
彭汝砺，状元郎；彭大雅，事略传。
刘彦昺，开国功；陈文衡，廉吏颂。
倡理学，有余祜；史惺堂，名士风。
昔洎水，文阜殷，饶娥孝，汩滩情。
洪公节，容斋书；马氏文，通考著。
袁闻柝，固海防，抗日寇，泽台湾。
戴良谟，数学家；汪兼山，法学家。
古戏台，赣剧兴；石凌鹤，剧家名。

5、崛起篇

新中国，百废兴，陶瓷业，焕新生。
日用瓷，工艺精，艺术瓷，享盛名。
建筑瓷，发展快，工业瓷，兴未艾。
门类全，分工细，产学研，创高新。
兴教育，建陶校，育桃李，满天下。
重科研，立陶所，汇精英，结硕果。
畅交流，搭平台，瓷博会，呈异彩。
窑火旺，瓷乐响，舞翩跹，颂华章。
筑机场，通高速，昔码头，今坦途。
建重镇，兴旅游，创特色，新瓷都。

四、人文轶事

里弄叙事诗(选辑)

甘发群

景德镇老城区的里弄，四通八达，历经了数百年的风雨沧桑，不仅是景德镇老百姓的居住场所，更是千年陶瓷历史文化发展演化的重要舞台。每一个里弄都有一段自己的故事，充满着诗情画意和历史的传奇，作者用娓娓诗行，把散落一地的光阴串起，汇成如歌的岁月，再现瓷都绵长厚重的历史。

景德镇古弄堂之一药王弄

药王弄接迎祥弄，弄里曾将药王供。
会馆都昌何处寻，心思费尽也无用。

景德镇古弄堂之二枯树弄

疾病偶流行，强说树有精。
问安兴庙宇，求福乞神明。

景德镇古弄堂之三观音岭

古镇曾经庙宇多，观音岭上庙临坡。
东从枯树横街起，西至犁头嘴上窝。

景德镇古弄之四单、双栅门

明末清初匪盗勤，时间不定扰街民。
栅门惟有石头做，铁壁铜墙防入侵。

景德镇古弄之五迎祥弄

遥思五代阴阳弄，辗转多年都是痛。
直到明中更迎祥，人丁兴旺逐遗梦。

景德镇古弄堂之六龙缸弄

龙缸弄里制龙缸，六座民窑技艺强。
窑里有时来不急，厂东立即可帮忙。

景德镇古弄堂之七毕家上弄

毕家上弄源于宋，两户人家笔业红。
生意兴隆通四海，一时茂盛傲群雄。

景德镇古弄堂之八彭家弄

唐末许多彭姓来，宋时瓷业已花开。
坯房到处人兴旺，住户居民一排排。

景德镇古弄堂之九方家弄

方家上弄地头高，不惧江河水浪淘。
下弄西接江畔路，当年会馆已云消。

景德镇古弄堂之十毕家下弄

清朝瓷业许多行，钉钉雨靴也一方。
菩萨令公无事事，奉新会馆坐深堂。

景德镇古弄堂之十一詹家弄

柴窑砌砌保吃穿，唐代首推当姓詹。
宋末元初成闹市，洪都书院也情牵。

景德镇古弄堂之十二福寿弄

此弄原型似寿房，棺材生意也曾忙。
为图吉利将名改，福寿之称更久长。

景德镇古弄堂之十三程家上巷

程氏兴村早在秦，宋时此巷已闻名。
祠堂戏院随风逝，多少流光总驻停。

景德镇古弄堂之十四上陈家弄

传言古镇在明朝，陈氏家族已富豪。
生意远播通四海，谦虚谨慎不招摇。

毕家上弄

陈家弄

景德镇古弄堂之十五五龙桥

五龙山上月当空，一曲流溪绕碧丛。
庵里和尚行善事，石桥修得万年荣。

五龙桥

景德镇古弄堂之十六酱油弄

酱油弄里酱油行，数百年来酱溢香。
此刻重游谈旧事，几人还忆卖油郎。

景德镇古弄堂之十七犁头嘴

宋时已有犁头嘴，东靠蔡家街末尾。
西望五龙桥的头，转弯又羡江家美。

景德镇古弄之十八罗汉肚

古镇幽寻罗汉肚，莲花岭北半边坞。
唐朝盛世移居来，一住千年几百户。

景德镇古弄之十九木鱼墩

偶然忆起木鱼墩，多少游人印象深。
唯我重游新世界，一时尤显格外亲。

景德镇古弄堂之二十苏家畈

苏家畈上碧云天，一片蛙声闹雨田。
偶有游人寻栈宿，广阳公所正炊烟。

景德镇古弄堂之二十一东司岭

东司岭乃都司岭，清代乾隆命此景。
一晃厂西多少年，唯余山色恋云影。

景德镇古弄堂之二十二小南门

明代中期路必经，御瓷方可渡边停。
山西会馆今何在，赣剧京腔梦里寻。

景德镇古弄堂之二十三新安巷

明代徽商业已昌，新安书院远名扬。
如今偶忆昔时景，几许游人泪有殇。

景德镇古弄堂之二十四百花图

宋有文王八卦图，牌坊耸立镇邪污。
南山多少妖魔鬼，到此谁能不被诛。

景德镇古弄堂之二十五百花弄

莫看寒门四壁清，明朝此弄子频生。
多儿纵使难如愿，前仆后来不绝耕。

景德镇古弄堂之二十六沟沿上

元朝古镇也辉煌，郊外沟沿起院墙。
弄里青石铺路面，潺流一股暗通江。

景德镇古弄堂之二十七半边街

唐宋时期街已闹，明朝某日人失笑。
半边街道入昌江，后世谁知旧时貌。

景德镇古弄堂之二十八刘家码头

刘家码头半边街，滚滚财源岸上来。
除运四方高岭土，其它便是老窑柴。

景德镇古弄之二十九蔡家街

清末浮梁蔡姓来，沿途一路把门开。
辛勤耕作成街市，百世流通总不衰。

蔡家街

景德镇古弄堂之三十大镜头
八字门东大井头,一汪井水特清幽。
只因别处同名忌,终是还称大镜头。

景德镇古弄堂之三十一油行弄
明末弋阳邵志明,二人兄弟苦经营。
油坊开得风声起,全靠善良好品行。

景德镇古弄堂之三十二沈家祠
沈家建祠在明初,独占鳌头望四图。
三姓兰朱还有李,当年自叹总不如。

景德镇古弄堂之三十三徐家街
徐人东晋已经商,一代尤超一代强。
此户不言承诺许,谁家还敢乱称王。

景德镇古弄堂之三十四上江家弄
宋末江家族已兴,辉煌腾达在明清。
莫瞧璀璨风云去,此地依然百业峥。

景德镇古弄堂之三十五茶园塘
宋代窑前一口塘,槎柴无数等人扛。
瓷坊生意成和败,且看居民忙不忙。

景德镇古弄堂之三十六求知弄
青阳会馆今何在,米店猪行已不开。
此弄原为求子弄,游人多少识由来。

景德镇古弄堂之三十七旗杆弄
李施渡口一旗杆,无语江边多少年。
笑看花明还柳暗,唯余碧水未长眠。

景德镇古弄堂之三十八篾丝弄
霍姓宋时做篾丝,一家独秀正逢时。
勤劳致富虽难得,温饱问题可把持。

景德镇古弄堂之三十九太平巷
太平巷乃平安巷,三角坦挨巷口旁。
昔日名称荒废掉,无非只是盼和祥。

景德镇古弄堂之四十上当铺弄
明初此地当铺开,一样兴荣聚有财。
人善人逢接地气,天长日久喜无灾。

景德镇古弄堂之四十一龙船弄
宋初已有五王庙,菩萨华光佑火烧。
更是神龙常摆尾,年年正月闹元宵。

景德镇古弄堂之四十二朝阳巷
话说民国有姓张,曾经富贾在浮梁。
偶来景德兴房产,专竖门楼只向阳。

景德镇古弄堂之四十三低头弄
抚台大院弄低头,陈氏当年何等牛。
自打门坊拆去后,再谈昨日已含羞。

景德镇古弄堂之四十四罗家坦
罗家大院门前坦,南北朝时人迹罕。
宋代柴行生意兴,明清依旧盆箱满。

景德镇古弄堂之四十五扫帚弄
莫看微微条帚弄,也成生计把人供。
许多百姓求存难,以此持家代耕种。

景德镇古弄堂之四十六薛家坞
隋唐薛氏有先民,曾出尚书第一人。
借问薛公何处在,阎罗殿里正称臣。

景德镇古弄堂之四十七草鞋弄
只要用心慢慢撑,草鞋买卖也谋生。
一枝独秀风光好,不怕抢来不怕争。

景德镇老弄堂之四十八老门头
弄口曾经老栅门,当年璀璨向谁询。
宛陵书院今难觅,唯见人民厂近邻。

景德镇古弄堂之四十九樊家井
马鞍山外本凄凉,樊氏移居掘井忙。
因有源头活水至,荒丘从此遍瓷坊。

景德镇古弄堂二百二十五豆腐弄(斗富弄)
豆腐弄里多富强,钱庄对耸两瓷行。
逢年过节比花炮,数代难分谁短长。

地名轶事

景德镇的街巷里弄称谓丰富多彩,形象生动,各具特色。将它们有机组合一下,会发现不少故事。

以陶瓷生产取名:龙缸弄、瓷器街、窑里弄、陶瓷弄。

以数字为名首取名:半边街、一心桥、二亭下、三闾庙、四图里、五间头、六家坞、七甲里、八角井、九黄岭、十字弄、百花园、千佛楼、万年街。

以地形方向取名:东风弄、东门头、南门头、西瓜洲、北虎山、中渡口、大弄口、小塘街、梨头嘴。

以动物取名:牛氏弄、牛角弄、狗峦尖、狐狸庙、鸟家弄、大狼尖、石狮埠、羊角山、老虎坞、鸡公山、老鼠嘴、猴王庙、鹿角尖、野猪岭、犀牛坞、象山、蛇山、白蛇坞、龙船弄、凤凰山、狮子弄、蛤蟆桥。

以飞禽取名:麻雀坞、高鹤尖、鸬鹚坞、画眉楼、画眉岭、鹰山、大鸡头。

以水族取名:鲇鱼山、鲤鱼桥、虾乐坑、海螺坞、螺蛳墩。

以植物取名:莲花塘、芙蓉枣树下、腊梅山、柏树下、桐源、桦坞里、柳家湾、柿树坞、勾栗坑、茶叶坞、桂花弄、梅家岭、樟树下、樟树坑、樟树弄、梨树园、杨树岭、槠树林、石榴园、枫树山、苦槠山、枣树岭、槐树山、杨桃尖、桃花弄。

与颜色取名:红星弄、黄家洲、蓝田坞、青峰岭、青石街、翠云路、紫茶园、紫云岩。

以菩萨取名:观音堂、财神弄、韦陀桥、土地弄、哪吒庙、泗王庙、东王庙。

以生活用品取名:酱油弄、油盐弄、丝瓜棚、豆芽井、冬瓜岭、西瓜洲、烟囱里、荞麦岭、药王弄、筷子弄、扫帚弄、纱帽弄、草鞋弄、爆竹弄、篾丝弄、麻布袋、犁头弄、铁丝弄、风车弄、棋盘街、丝线街。

以行业取名:典当弄、当铺弄、油行弄、酱油弄、花篾弄、篾丝弄、铁匠弄。

以建筑取名的有:湖北书院、饶州会馆、观音岭、雷锋寺、龙王弄、晏公庙、土地庙、九皇宫、沈家祠、兰家祠、吴家祠。

以姓氏命名:称街的有陈家街、徐家街、蔡家街等;称巷的有陈家巷;弄称的最多,有毕家弄、刘家弄、江家弄、金家弄、钟家弄、彭家弄、詹家弄、侯家弄、许家弄、牛氏弄。

以姓氏结合地形命名:涂家坦、苏家畈、董家岭、薛家坞、何家洼、马家井。

以人物形象或景象命名:武举弄、龙船弄、板房弄、圣节巷、纸马弄、青石街。

以特征建筑物命名:旗杆弄、牌楼弄、单栅门、双栅门、园栅门、童关栅门、小桥上、三间头、五间头、大井头、方井头、八角井、龙珠阁、马鞍山。

以吉祥祝福之意命名:迎瑞弄、迎祥弄、祥集弄、福寿弄、财神弄、太平弄、太和弄、求子弄、赛宝坦、广益弄、公园路、友谊路、绣球弄、福寿弄。

五、工业历史

乐平区域煤炭历史简述

乐平是全国百万吨重点产煤县(市)和江西省三大重点产煤县(市)之一。其煤炭开采,历史悠久。远在唐朝就有人挖取表层煤作燃料。封建统治者往往以保护“龙脉”“风水”为由,禁止开采。如清康熙五十三年(1714)、乾隆四十五年(1780),乐平知县两次在凤游山勒石立碑,“永绝挖煤,以保县脉”。浮梁县民挖煤者数人被押。嘉庆十八年(1813),知县陈瑞球亦出公告,禁止在登高山等地挖煤。鸦片战争以后,乐平县煤禁渐开,始有人公开集资开采,如道光年间县民汪乾斋、邹用周等合资开采鸣山煤炭;光绪十六年(1890)至光绪三十三年,饶州候补道朱子春、江苏县丞蒋如松、本县乡绅钟毛狗、程大钧等人先后在钟家山一带开采;民国八年(1919 年),绅士马鲲在桥头丘开采,最高日产量在 180 篓(约 15 吨);以后继采者不断。据不完全记载,从道光年间到中华人民共和国成立前夕,先后设厂开采者有 40 余家,其中西乡鸣山、叶家源一带有鄱乐煤矿公司、厚生厂、永和厂、同春厂、和生厂及振兴厂等,南乡桥头丘、钟家山一带有丰乐公司、春丰厂、协昌厂、凤仪厂、复兴厂、尚义厂等,北乡涌山、科山一带有开源公司、昌隆公司、利镇公司、利和厂等,东乡官木岭、竹山里一带有洪丰厂、老马厂、万林厂、万全厂、福利厂等。这些煤矿,除鄱乐煤矿公司以新法开采外,其余都是以土法开采(油灯照明、手拖肩挑、攀援进出),常因水患为害,事故不断,效益不佳而中途关闭。

资源勘探　清乾隆五年(1740),江西巡抚岳浚组织各级官府对全省煤炭资源进行详细勘察,发现全省13府79县中有10府25县有煤炭。同治八年(1869),鸣山开始矿井田地质勘探,德国人李希霍芬在乐平煤矿区用磨钻施工3个钻孔,工程量93.06米,创江西省钻探之先例。1916年,资源委员会翁文灏又在乐平煤矿区鸣山一带施工3个磨钻,工程量37.47米。

1955年4月开始,地质部江西办事处乐平队(465队)开展勘探。

1957—1958年,由省地质局涌山桥地质队进行普查勘探,提交《焦岭坞——南山岭矿区地质报告》。1962年,由华东煤炭工业基本建设公司第五勘探队进行勘探。

1965年,提交《涌山桥勘探区精查地质报告》。1967—1968年,湘赣钻探指挥部四工区进行补勘,1969年,提交《涌山桥勘探区三井田精查(补充)地质报告》。

1962—1965年,华东煤炭工业公司第五勘探队在省地质局涌山桥煤矿地质队勘探的基础上进行勘探,并提交《涌山桥勘探区精查〈最终〉地质报告》,1966年1月,由华东煤炭工业公司审查批准。

1979—1983年,省煤田地质勘探公司223队进行深部(-400米~-800米)勘探,提交《涌山桥勘探区深部详查勘探地质报告》。1984年11月26日,由省储委批准。

1954—1983年乐平矿区地质勘探情况表

报告名称	勘探程度	提交单位	提交时间	探明储量(万吨)	煤系	煤种	利用情况
乐平县桥头丘鸣山矿区综合地质报告鸣山矿区补充资料	精查	二二三地质队	1963.8	2082.2	p21	气肥煤	已利用
乐平县波乐煤田竹山里矿区普查最终补充地质报告	普终	二二三地质队	1964.5	411.46	p21	气肥煤	已利用
乐平县红胜矿区红卫井田最终地质报告	普终	湘赣煤田指挥部	1966.1	248.9	p21	气肥煤	已利用
乐平县官木岭矿区补仓最终地质报告	普终	湘赣煤田指挥部	1966.12	314.83	p21	气肥煤	已利用
乐平县桥头丘矿区红兴井田最终地质报告	最终	湘赣煤田指挥部	1967.6	942.1	p21	气煤	已利用
乐平县涌山桥勘探区三井田精查(补充)地质报告	精查	湘赣煤田指挥部	1968.9	2511.84	t3a	无烟煤	已利用
乐平县涌山矿区横路井田最终地质报告	最终	二二三地质队	1969.9	549.35	p21	无烟煤	已利用
乐平县涌山桥矿区深部详查勘探地质报告	详终	二二三地质队	1983.9	4889	t3a	烟煤	已利用

煤炭工业　乐平矿区最早开办煤矿的是南部矿区乐平鸣山立井。50年代,省工业厅在乐平钟家山建设河西井、婺源县董家山煤矿进行煤炭开采。

1916年,由沪商谢天锡开办鄱乐煤矿公司,设鄱阳洪门口。1918年,沪商谢天锡根据翁文灏日本矿师田村和渡边的调查,鄱乐公司在乐平鸣山建起两座20米深立井,矩形断面4.8米×2.3米,建有机修厂、锅炉房、发电厂。采用汽动空气压缩机供风凿岩机凿岩,蒸汽齿轮绞车提升,蒸汽泵排水。运煤至乐安河边的铁路,还购置了多艘轮船。1921年,公司迁到鸣山。1925年,日产煤300吨,1928年,因工潮关系,日产下降20%,1930年,因水淹停产,1932年,恢复生产,日产百余吨。1936年6月,因矿业经营不振,鄱乐公司将鸣山矿权委托给新乐煤矿公司全权经营,改名"新乐煤矿公司乐平矿厂"。抗日战争全面爆发后,矿区常遭敌机侵袭,生产备受影响。1942年夏,日本侵略军进抵鄱阳时,国民党当局唯恐被敌人利用,遂由第三战区下令将矿井自行破坏，直至1944年方恢复生产。1947年3月，新乐公司将煤矿卖给淮南煤矿，由宋子良（宋子文之弟）接办，改名“江南煤矿公司乐平矿厂”。宋子良投资12亿，雇用员工矿警1400余人，月产煤炭2500余吨；同时在横门里开拓新井，蔡嘉厚在汪家山等地开办的厚生煤矿也作价并入江南公司。1948年7月上旬，该矿工人因物价飞涨、贷币贬值而罢工。矿方动员复工布告云：“因物价暴涨，煤价赶不上物价，亏损甚巨。经工头请求，已允井下工每日由16万元增至24万元（其余工种类推），多数工人犹不共体时艰，坚持非法斗争已达7天之久，限于9日上午7时一律复工，逾期一律解雇……”罢工后，日产下降到七八十吨。解放前夕，国民党军企图破坏矿井，矿工们自动组织护矿委员会保护了矿井安全。1949年4月30日，中国人民解放军第五兵团派出范垂新、胡连城为代表接收了矿井一切财产。从此矿权回到人民手中。

自清道光年间至1949年的乐平煤炭产量，有资料可查者近130万吨，其中鸣山一带共采83.7万吨，桥头丘一带共采22.1万吨，钟家山一带共采23.9万吨。官木岭矿区早在300年前就已开始开采，小窑遍地。1966年，进行了全面调查，据已调查的36个老窑资料，前人开采的主要煤层为C煤组。

1950—1953年，乐平县主要是接办解放前官绅留下的旧矿，年产3000吨左右。1954年起，省、县、乡（社）、村（队）先后建设新井，原煤产量大幅上升，1978年，总产量达139万吨，超过从道光年间至1949年产量的总和。70年代末期，镇桥公社（现镇桥镇）先在镇桥金山靠礼林边界开一煤矿，后又在乐港鸣山山北翼（乐鸣煤矿东北）开一煤矿，两次开的煤矿都因煤层不稳定、缺乏资金、技术力量和供电等问题被迫关闭。

官木岭矿区80年代以前开采的小煤窑其编号为：八号老窑、九号老窑、十号老窑、十一号老窑。80年代后开采的小煤窑有：马家湾煤矿、赵家煤矿。90年代开采的小煤窑有：联营、华东、赵家老井、环秀、开发、发达、红胜、马鞍山、赵家村、前进、友谊。已取得采矿许可证的有；永乐、凤凰山、仙发、鑫星4个小井。

县、乡、村先后开办煤矿47家，除中途合并、关闭、报废矿井外，1984年仍有煤矿33家。

县办：东方红、叶家源。

乡办：涌山五一、涌山王家桥、涌山夹口岭、涌山农科所、后港、科山、双田上冲坞、双田红山、礼林陈家、浯口、乐港龙溪、乐港烟火山、乐港鸣山、乐港程家。

村办：涌山枫林、涌山乡涌山、涌山刘家、涌山麻姑路、涌山长松岗、涌山金家坞、涌山东岗、科山月形、科山界首、科山兰桥、科山上徐、科山陈家、科山下徐、双田华峰、双田横路、双田和平、双田新睦。

1984年以后，乐平放宽政策，乡办、村办和农民联办的小煤窑增多，产量显著提高，煤炭工业发展步入快车道。1984年，煤炭总产量188.5万吨，比1978年增长35.9%，其中省办煤矿产煤142万吨，占总产量的74.92%；县办煤矿产煤4万吨，占总产量的2.19%；乡村煤矿产煤42.5万吨，占总产量的22.89%。

陶瓷企业领导名录

1958—2010年江西省陶瓷工业公司党政领导一览表

单位	党组织主要领导			行政主要领导		
	姓名	职务	任期	姓名	职务	任期
市工商管理局（科）	—	—	—	崔云树	局长	1949.5—1953.1
				崔　全	市工商管理局（科）副局长	1953.1—1953.3
市陶瓷生产管理局	—	—	—	曾　朴	副局长（主持工作）	1953.4—1953.6
市工业局	—	—	—	曾　朴	局长	1953.10—1954.12
				张云程	局长（副市长兼）	1955.3—1956.1
省陶瓷工业公司	—	—	—	吉福润	经理（市委副书记兼）	1956.1—1957.3
市工业交通局	—	—	—	许信如	局长	1957.4—1958.2

续表

单位	党组织主要领导			行政主要领导		
	姓名	职务	任期	姓名	职务	任期
市陶瓷工业公司(局)	梁玉亭	党组书记	1959.4—1960.10	梁玉亭	局长	1958.11—1960.10
	杨永峰	党组书记	1960.11—1962.9	杨永峰	局长	1960.11—1961.4
	张云程	党组书记	1962.9—1965.2	梁玉亭	局长	1961.4— 1963.5
				张云程	局长	1963.5—1964.12
省瓷业公司	吉福润	党委书记（市委副书记兼）	1965.3—1968.11	王尚德	经理(市委副书记兼)	1964.12—1968.11
省陶瓷工业公司	杨永峰	党的核心领导小组主要负责人	1968.12—1970.12	杨永峰	革委会主任	1968.12—1970.12
	李德胜（军代表）	主持党组织工作	1970.12—1971.12	李德胜（军代表）	革委会主任	1970.12—1971.12
	李可时	党委书记（市委副书记兼）	1971.12—1975.4	李可时	革委会主任（市委副书记兼）	1971.12—1973.4
	杨永峰	党委书记	1975.5—1977.12	曾　朴	革委会主任、经理	1973.6—1977.11
	王元芝	党委书记（市委常委兼）	1977.12—1979.8	王元芝	革委会主任（市委常委兼）	1977.12—1979.8
	胡仲愚	党委书记（市委常委兼）	1983.9—1986.3	冯上松	副经理（主持工作）	1983.9—1984.10
	冯上松	副书记(主持工作)	1983.9—1984.10	刘翩天	经理	1984.7— 1989.5
	徐希祉	书记(市委常委兼)	1989.5—1993.6	徐希祉	经理(市委常委兼)	1989.5—1993.6
	刘明寿	书记(副厅)	1993.6—1998.5	刘明寿	经理(副厅)	1993.6—1998.5
	孙本礼	副书记(主持工作)	1998.5—1999.1	孙本礼	主持工作	1998.5—1999.1
	王卫国	书记	1999.5—2001.8	王卫国	经理	1999.5—2001.8
	黄康明	书记	2001.8—2002.8	黄康明	经理	2001.8—2002.8
	郜景苏	书记	2002.9—2009.4	郜景苏	经理	2002.9—2009.4
	方霞云	书记	2009.4—2011.6	方霞云	经理	2009.4—2011.6

1950—2009 年景德镇国营、集体陶瓷企业领导一览表

瓷厂	职务	姓名	任职时间	职务	姓名	任职时间
建国瓷厂	党委书记	吴兆繁	1950—1957	党委书记	刘龙浪	1978—1985.1
		胡仲愚	1957.7—1959		李映春	1985.1—1990.2
		雄大演	1959—1966		邵继海	1990.2—1990.12
		高志清	1966—1969		江秋顺	1992.7—1994.10
		江兴文	1971—1975		姜土生	1994.10—1999.5
		胡仲愚	1975—1977		余喜来	1999.5—2009.12
		钟起煌	1977—1978			

续表

瓷厂	职务	姓名	任职时间
建国瓷厂	厂长	王隆武	1953—1954
		曾　朴	1954—1956.3
		李福厚	1956.3—1958.8
		熊仁保	1958.8—1960
		杨国璋	1960—1964
		康一忠	1964—1966.9
		江献民	1966.9—1968
	革委会主任	徐希圣	1968—1978
		李国良	1969—1974
		胡仲愚	1975—1977
	厂长	周山东	1977—1979.9
		王泰辰	1979.9—1986
		刘龙浪	1982—1984.1
		李映春	1984.1—1985.1
		肖公铎	1985.1—1988.1
		刘明寿	1988.1—1990.2
		卢万兴	1990.2—1992.1
		王卫国	1992.1—1994.2
		李映春	1994.2—1994.10
		钟永祥	1994.10—1995.5
		冯友根	1995.5—1996.4
		汪金林	1996.4—1999.5
		邵铭亮	1999.5—2009.12
人民瓷厂	党委书记	石　毅	1956.1—1957.8
		徐希圣	1957—1958.2
		王德科	1958.2—1959.8
		余宝恩	1959.8—1967.1
		李道伦	1969.2—1970.12
		邵卖生	1971.1—1973.3
		熊大演	1974—1978
		程振武	1978—1981
		赵敬森	1981—1984
		吴云程	1984—1987
		张志坚	1988.9—1995.2
		王松涛	1995.2—1995.10
		杨一志	1996.7—2009.12
	厂长	王隆武	1956.1—1957.8
		方哲夫	1957—1958.2
		万德彪	1958.2—1959.8
		李惠新	1959.8—1965.5
	革委会主任	李道伦	1969.2—1970.12
		邵卖生	1971.1—1973.3
		李克华	1973.3—1973.9
		张国华	1973.10—1974.3
		张　江	1974.4—1974.9
		熊大演	1974.10—1978
	厂长	赵敬森	1979—1981
		余忠谋	1981—1984
		王金阳	1984—1990.2
		刘明寿	1990.2—1991.8
		张志坚	1991.8—1995.2
		肖振松	1995.2—1995.11
		张继新	1995.11—1997.5
		李学锋	1997.5—1999.5
		刘贵学	1999.5—2002.6
		余　平	2002.6—2009.12

续表

瓷厂	职务	姓名	任职时间	职务	姓名	任职时间
新华瓷厂	党委书记	胡　芝	1965—1968.12	厂长	李正辉	1978.6—1981.8
		洪兆全	1969.4—1973.2		陈新龙	1981.10—1985.3
		黄明龙	1973.3—1975.12		程　进	1985.3—1987.12
		余宝恩	1975.12—1977.9		王贫如	1988.1—1989.2
		江献民	1977.10—1988.8		牛水龙	1989.2—1992.4
		金细根	1988.8—1992.4		金细根	1992.4—1999.6
		江龙明	1992.4—2007		郭银苟	1999.6—2005.3
	革委会主任	洪兆全	1969.4—1973.2		徐志坚	2005.3—2009.12
		黄明龙	1973.2—1975.12			
		余恩宝	1975.12—1977.10			
		江献明	1977.10—1978.6			
艺术瓷厂	党委书记	张保贤	1957.12—1959.3	革委会主任	汤伯衡	1970.7—1973.2
		韩　光	1959.3—1961.4		余宝恩	1973.2—1975.12
		张国华	1961.4—1961.5		李道伦	1975.12—1977.4
		杨延荣	1961.5—1963	厂长	蒋桂生	1977.4—1979.11
		方哲夫	1963—1970		周山东	1979.11—1984.1
		汤伯衡	1970.7—1973.2		余玉松	1984.1—1985.1
		余宝恩	1973.2—1975.12		潘文复	1985.1—1987.8
		李道伦	1975.12—1980.12		刘汉文	1987.8—1993
		秦宪波	1981.6—1985.1		曾维开	1993—1994.8
		余玉松	1985.1—1993.12		万国忠	1994.8—1995.2
		魏晓阳	1993.12—2003.11		魏晓阳	1995.2—1997.1
		黄爱民	2003.11—2009.12		余振泰	1997.1—1999.5
	厂长	张松涛	1961.11—1969		李明祥	1999.5—2002.11
	主持革委会工作	秦宪波	1969.6—1970.4		周景平	2002.11—2009.12
景兴瓷厂	党委书记	金世范	1961.8—1963.12	厂长	赵　俊	1980.7—1984
		武　祖	1966.12—		金世范	1963.12—1964.5
		黄纪元	1971.2—1975.7		余用长	1964.5—1966.10
	革委会主任	曾元生	1971.2—1976.3		张玉山	1966.12—
	党委书记、革委会主任	江兴文	1975.10—1980.7		舒诗成	1984.10—1985.4
				革委主任	张国华	1969.1—1970.4
	党委书记	龚同如	1983.11—1988.7	厂长	冯上俊	1985.3—
		余仰贤	1988.7—		钱铜山	1989.2—

续表

瓷厂	职务	姓名	任职时间	职务	姓名	任职时间
光明瓷厂	党委书记	舒永鑫	1961.8—1963.3	厂长	熊开生	1961—1964
		洪明发	1963—1973		江兴文	1965—1966
		余传雨	1974—1977	革委会主任	洪明发	1968—1973
		黄纪元	1978—1979		余传雨	1974—1977
		江秋顺	1980—1985.1	厂长	江秋顺	1978.10—1979.12
		王泰辰	1985.1—1987.5		钱同山	1980.12—1984.12
		余忠谋	1987.5—1992		徐志军	1985—1992
		肖永康	1992—2002.10		肖永康	1992—1998
		刘火金	2007.4—2009.12		廖寿金	1998.2—2002
					廖寿金	2002.10—2009.12
东风瓷厂	党委书记	方哲夫	1957.12—1962	厂长	江兴文	1959.1—1962
		孙景典	1962.11—1971.3	代厂长	舒永鑫	1963.4—1964.10
		孙德仁	1971.10—1973	革委会主任	任健生	1969—1971.9
		邵卖生	1978.10—1982.9		孙德仁	1971.10—1973
		陈金泉	1982.9—1985.6	厂长	余忠谋	1978.10—1981.4
		章　达	1984.8—1985.10		余略尧	1981—1982.9
		刘汉文	1985.11—1987.9		章　达	1982.9—1984.8
		陈新龙	1987.9—1990.9		杨国钧	1985—1990.9
		江共孔	1992.9—1996.7		陈新龙	1990.10—1992.9
		徐晓峰	1996.7—2008		袁剑秋	1992.9—1999.10
		缪炎生	2008—2009		徐晓峰	1999.10—2009.1
红星瓷厂	党委书记	张宝贤	1955—1958	厂长	艾贵保	1959—1960
		李子贞	1958—1959		胡　芝	1960—1968
		艾贵保	1960—1968	革委会主任	余宝恩	1968—1970
		江孝仁	1972—1976		陈金泉	1977—1982
		郭贵林	1977—1981	厂长	黄　新	1982—1985
		黄华祥	1981.7—1987.6		李亚平	1985—1988.9
		崔小平	1987—1989.2		胡志龙	1988.10—1992.8
		江秋顺	1989.3—1992.7		冯上俊	1992.8—1994.8
		舒园如	1992.8—1996.5		黄庭辉	1994.8—1996.4
		陈济民	1996.5—1997.5		江镇生	1996.4—1997.5
		杨景华	2004.1—2006.7		艾华强	1997.5—2002.11
		林伟伟	2006.7—2009.12		余时康	2002.11—2005.3
	厂长	张宝贤	1955—1958		马和平	2005.3—2009.12
		刘凤山	1958—1959			

续表

瓷厂	职务	姓名	任职时间	职务	姓名	任职时间
红旗瓷厂	党委书记	舒永鑫	1958.8—1961.7	厂长	陈金泉	1960—1969
		刘敦学	1962—1964	革委会主任	陈金泉	1972—1973
		孙福田	1966—1970		舒永鑫	1973—1975
		程　进	1971—1973.4		高志清	1978—1979
		王德科	1972—1973	厂长	周日辉	1980—1981
		高志清	1973—1975		余用长	1982—1983
		蒋仁德	1977—1979		王泰辰	1983.2—1984.1
		周日辉	1980—1981		李映春	1984.1—1987.2
		曹正金	1983—1986		余忠谋	1987—1988.7
		余忠谋	1987.2—1988.4		黄开涛	1988.8—1992.9
		牛水龙	1988.8—1989.1		陈家泉	1992.9—1994.9
		青恒鉴	1989.1—1994		王平国	1994.9—1995.8
		刘贵水	1996.5—1998.12		刘贵水	1995.8—1996.5
		刘子力	1998.12—2009.8		刘子力	1996.5—2009.8
	厂长	冯期珍	1959—1960		余喜来	2009.8—2009.12
宇宙瓷厂	党委书记	李福厚	1958.9—1963	革委会主任	吴金榜	1968—1969
		宋树春	1963—1964		艾贵保	1969—1973.6
		吴金榜	1964—1968		秦红生	1973.6—1975.6
		艾贵保	1969—1973.6		杨延荣	1976.4—1978.6
		秦红生	1973.6—1975.6	厂长	赵敬淼	1978.6—1979.2
		杨延荣	1976.4—1978.6		陈新龙	1980.12—1981.8
		吴永春	1978.6—1983.9		樊　蒲	1981—1983
		赵　俊	1983.9—1985.10		刘汉文	1983.9—1985.4
		吴报华	1985.11—1992		舒诗诚	1985.4—1991
		吴德才	1994.11—1995		陈家泉	1991—1993.6
		冯友根	2001.2—2009.12		王松涛	1993.7—1994.11
	厂长	陈玉芳	1958.9—1960.11		胡小牛	1994.11—1996.4
		史来水	1960.11—1963			
		蒋桂生	1963—1966	总经理	冯有根	1996.4—2009.12

续表

瓷厂	职务	姓名	任职时间	职务	姓名	任职时间
为民瓷厂	党支部书记	杨永峰	1957.10—1959.5	革委会主任	郭连山	1968.5—1969.5
		文子谅	1960.11—1961.11		徐希圣	1969.5—1970.4
		刘光希	1961.11—1964.8		王元芝	1970.4—1971.12
	党委书记	汤伯衡	1964.9—1966.9		唐启发	1971.12—1977.4
		郭连山	1968.11—1969.5	厂长	游梦笔	1977.4—1978.8
		徐希圣	1969.5—1970.4		钱同山	1978.11—1981
		王元芝	1970.4—1971.12		刘汉文	1982.3—1983.10
		唐启发	1971.12—1974.4		於石生	1983.10—1990.9
		游梦笔	1977.4—1979.8		杨国钧	1990.9—1993
		蒋桂生	1979.8—1984.10		欧阳寿阳	1994.8—1995.2
		吴仁赣	1984.11—1988.5		吴柏祥	1995.2—1995.12
		廖豫辛	1989.1—1993		艾华强	1995.12—1996.12
		吴柏祥	1995.2—1995.12		吕学祥	1996.12—1999.5
		张小良	2002.11—2009.12		谬炎生	1999.5—2000.8
	筹建处主任	杨永峰	1957.10—1959.5		王新华	2001.10—2002.4
	副厂长(主持工作)	文子谅	1960.11—1962.2		孙　飞	2002.4—2003.12
	厂长	刘沛然	1963.1—1968.5		朱丽芳	2003.12—2009.12
华风瓷厂	总支书记	杨延荣	1978.6—1985.3	副厂长、厂长	赵克锐	1984.5—1985.3
	党委书记	舒德辉	1984.12—1990.1		陈家泉	1985.2—1988.8
		王金阳	1990.2—	厂长	舒德辉	1989.4—1990.1
	主任	杨延荣	1978.6—1985.3		王金阳	1990.2—
红光瓷厂	党委书记	占国良	1961.9—	主持党政工作	侯绍魁	1978—
		王文俊	1962.4—	党委书记	侯绍魁	1979—
		舒永鑫	1964—		钱同山	1987.5—
	党的核心小组负责人	杨国璋	1968.5—		程　进	1988.6—
		李道伦	1970.3—	厂长	冯期珍	1961.9—
	党委书记	李道伦	1971—1975.11	革委会主任	杨国璋	1968—
		黄纪元	1975.2—		余用长	1970—
		董淑元	1975.2—	厂长	青恒鉴	1985.5—1989.2
		郭贵林	1977.4—		冯上俊	1989.2—

续表

瓷厂	职务	姓名	任职时间	职务	姓名	任职时间
曙光瓷厂	党委书记	刘文柱	1964—1965	厂长	刘龙浪	1963—1965
		余柄林	1965—1968		江惠民	1965—1968
		陈培林	1968—1970.6	革委会主任	陈培林	1968—1970.6
		许庆喜	1971—1975.6		余铁华	1970—1971
		徐荣生	1975—1977.10		许庆喜	1971—1974
		江冬旺	1980.8—1989		徐荣生	1975—1977.10
		邹英杰	1989—1990.2	厂长	邹英杰	1984—1989
		傅　坤	1994.9—1995.12		王景华	1989.1—1994
		姜兆坤	1995.12—1999.5		陈火根	1994.9—1995.11
		张小良	1999.5—2004.1		张小良	1995.11—2002.11
		饶有盛	2004.1—2006.7		杨景华	2002.11—2004.1
		陈鑫铨	2006.7—2009.12		黄庭辉	2004.1—2009.12
雕塑瓷厂	党委书记	郑文清	1956—1960	厂长	康一忠	1956—1960
		陈培林	1960—1965		陈火根	1960—1967
		朱宗代	1965—1966	革委会主任	黄菊德	1967—1969
		黄菊德	1967—1969		朱长寿	1969—1971
		朱长寿	1969—1971		熊大演	1971—1972
		熊大演	1971—1972		张　江	1972—1973
		张　江	1972—1973		舒永鑫	1973—1975
		舒永鑫	1973—1975		程　进	1975—1979
		程　进	1975—1979	厂长	吴云程	1979—1982
		吴云程	1979—1984		熊钢如	1982—1986
		张荣发	1984—1985		金宜鹄	1986—1989
		余略尧	1985.5—1986.3		刘远长	1989—1997.8
		曾维开	1986—1993		胡喜璋	1997.8—1998.8
		刘远长	1997.8—1999.5		陈正兰	1998.8—2001.4
		胡喜璋	1999.5—2009.1		何一钢	2001.4—2003.6
		何一钢	2009.1—2009.12		许绍文	2003.6—2009.12

说明:本资料由景德镇十大瓷厂博物馆提供并参照《景德镇陶瓷古今谈》(杨永峰著)

六、编纂纪实

2011 年 10 月 26 日，市政府召开全市续志编修工作动员大会

2013 年 12 月 11 日，市委书记刘昌林（左三）到市地方志办检查调研

2017 年 9 月 21 日，市地方志编纂委员会召开《景德镇市志(1986—2010)》初审会。图为会议现场

2018 年 12 月 10 日，省地方志办召开《景德镇市志(1986—2010)》复审会。图为评审专家及编纂人员合影

2019 年 7 月 30 日，市地方志编纂委员会举行全体会议，终审并原则通过《景德镇市志(1986—2010)》

索 引

本志索引为主题索引，采用主题分析法编制。全部标引词按首字的汉语拼音音序排列，首字相同按第二字音序排列，以此类推。标引词后的阿拉伯数字表示内容所在的页码。序、概述、大事记、方言、人物、附录、编后记等均不选入索引。

C

D

G

K

M

N

P

Q

R

S

T

W

X

Y

Z

说明:部分条目字数较多,在索引中使用简称。

编纂始末

2011年10月，景德镇市正式启动市志二轮编修工作。市委、市政府办公室印发《关于〈景德镇市志(1986—2010)〉编纂实施方案》，明确任务分工、体例要求和时间安排。市地方志办举办全市续志编修工作业务培训班，下发志书篇目和续志编写须知，逐步推进景德镇市志续修工作。

一、学习培训阶段。2012年，市地方志办成立市志编辑部，由李景春拟定资料收集篇目，江寿如指导编辑人员的培训和志稿的修改。编辑人员李景春、饶璟、龙荣芬、吴军、鲍文芳、李清然分工负责，指导各承编单位的专志初稿编纂。由于受到景德镇地方志馆装修布展、单位搬迁、负责人变动以及编辑人员初次参与修志等因素影响，编纂工作进展缓慢。

二、初稿组织阶段。2015年11月，市地方志编纂委员会下发《关于进一步加快推进第二轮〈景德镇市志〉编修工作实施办法》，召开编纂委员会全体会议，常务副市长史文斌要求各承编单位广泛搜集资料，真实反映景德镇历史发展脉络。之后，市地方志办调整编辑部分工，由李景春任总纂，负责编辑部工作，重新修订志书篇目。同时，外聘有关人员参与修志。修志工作重新推进。

编辑部进行分工。由李景春负责上卷和中卷的金融财政审计篇、瓷业篇组稿，饶璟协助；李清然负责中卷其他部分组稿，张科里、段晓惠协助；赵席忠负责下卷组稿，石卉珍、吴军协助。为加快推进市志编纂工作，编辑人员分两个组，在副主任李景春、宁恭武的带领下，分头对各承编单位资料收集工作进行指导、督导。到2017年9月基本完成《景德镇市志(1986—2010)》初稿，并召开初审会，邀请省地方志办和景德镇市有关专家参加评审，指导下一步编纂工作。

三、审核修改阶段。2018年年初，针对中卷编纂进度落后的状况，再次调整编辑部分工。由饶璟负责上卷的修改完善，李景春继续负责中卷经济管理篇、工业篇、瓷业篇、金融篇、财税保险篇组稿和其他部分的补充完善，赵席忠、石卉珍负责下卷的补充完善。经过一年的努力，编辑部基本完成《景德镇市志(1986—2010)》的修改完善，送省地方志办复审。12月，由省地方志办在景德镇组织召开复审会，专家组对市志复审稿进行评议，在提出进一步修改意见的同时，同意《景德镇市志(1986—2010)》通过复审。

四、总纂完善阶段。2019年2月，市志编辑部将志稿送各承编单位复核，要求单位负责人签字盖章。景德镇市地方志编纂委员会召开全体会议，市长梅亦要求市志各承编单位认真履行职责，以对历史负责的态度严把志书质量关。4月，总纂李景春开始对《景德镇市志(1986—2010)》复审稿正文进行总纂统稿，完善篇目、平衡内容、斟酌文字、规范体例，责任编辑赵席忠、饶璟、石卉珍进行校对完善，形成市志终审稿。

2019年7月，市地方志编纂委员会召开全体会议，对市志进行终审评议，市志编委会各委员对志稿进行点评，提出进一步修改意见后，原则通过终审。按照终审会的意见，编辑部继续组织做好后续的资料审核补充工作。由饶璟负责上卷的审核校对，石卉珍负责下卷的审核校对。李景春继续进行总纂统稿工作(下卷)，搜集编辑彩页图片、补充正文插图；补充完善瓷业篇；重新编写大事记、综述、专记、附录，选录审核人物资料。2020年2月，全部志稿正式交付方志出版社，进入出版流程。期间，李景春、饶璟、石卉珍配合出版社三审三校，对志书进行多轮补充、审核、校对。12月2日，副市长、市志编委会副主任张良华主持召开《景德镇市志(1986—2010)》再审会,同意志书定稿印刷。

在《景德镇市志(1986—2010)》的编纂过程中,得到市委、市政府领导的关心和支持,市委书记钟志生要求编纂人员以对历史负责的态度,确保志书质量。市长、市志编委会主任刘锋多次指导编纂工作,要求确保质量、确保时间完成修志工作。副市长熊皓从启动编纂工作开始一直从各个方面协调、支持市志编修工作,督促承编单位领导重视、支持修志工作,协调解决遇到的困难。省地方志办专家组梅宏、周慧、杨志华、张棉标、胡瑞云、邵天柱等对本志稿进行审核把关,提出了很多宝贵意见。

《景德镇市志(1986—2010)》启动编纂以后,市委办、市政府办、市委组织部、市委宣传部、市财政局等单位高度重视修志工作,各科室分工负责,主动作为,提供了系统、详实的资料。市人行中支、市建设局、市公安局、市瓷局、市交通局、市统计局、市人社局、省陶瓷工业公司等承编单位做到经费落实、队伍落实,执笔人员认真负责,主要负责人亲自审稿,按时完成编纂任务。在人物资料的选录过程中,得到市人大、政协,市委组织部、宣传部、政法委、纪委等部门领导的支持。图片编纂过程中,得到市城建档案馆以及潘旺福、郑筱卿、欧阳胜辉、王镇炼、徐天泽等摄影届人士的支持,提供了反映景德镇各个领域发展概貌的历史图片。在编纂过程中,景德镇御窑博物院祝松星、白光华对御窑遗址保护内容进行审核把关;乐平市地方志办、浮梁县史志档案局对本志提出了很多修改意见。

在此,对关心和支持《景德镇市志(1986—2010)》编纂工作的各级领导、各位专家表示诚挚的感谢!向各承编单位执笔人员、为志书提供各方面资料的热心人士表示诚挚的感谢!

编　者

2020 年 12 月